◇  　各参考用例の区切り．
;  　1) 訳語の並記において，カンマ (, ) より大
　　 2) 用例において並記（言い替え）を区切る．
(  )  1) 直前の語の展開形，略記形，または複数形を囲む．
　　　　　例　random access memory (RAM)
　　　　　　　CAD (computer-aided design)
　　　　　　　a BBS (*pl. BBSes*)
　　 2) 読みにくい漢字や，ローマ字で表記される語の読みを囲む．
　　　　　　　UNIX(ユニックス)
　　 3) 省略可能な部分を囲む．
　　 4) 補足，注を囲む．
[  ]  　[  ]内は直前の表現と言い替えられる．
　　　　　例　get [gain] access
　　　　　　　（get access でも gain access でもよい）
〜　 1) 英語見出し（名詞）の冠詞情報や複数形を示すときに，見出し語の代わりとして用いられる．
　　　　　例　*a* 〜, *the* 〜, 〜*s*, 〜*es*
　　 2) 和文で省略部分を表す．
...  　英文の省略部分を表す（和訳文の〜に相当）
　　　　　例　exert an effect on...
　　　　　　　〜に影響を及ぼす
<  >  　英文中で，動詞や名詞と共に用いられる前置詞や副詞を示す．
　　　　　例　及ぶ extend <to>
〈  〉  　和文中で，主語，目的語などがどのような種類のものであるかを示す．
　　　　　例　〈光〉をさえぎる
　　　　　　　〈日付，年代など〉から始まる
<do>, <do...>　動詞の原型で始まる動詞句を表す．
　　　　　例　plan to <do...>

Unno's Real English Dictionary

# ビジネス技術
# 実用英和大辞典

海野文男＋海野和子［編］

日外アソシエーツ

# Unno's Real English Dictionary

## English-Japanese

©2002 by Nichigai Associates, Inc.
Printed in Japan

●制作スタッフ● 星野 裕／岩本謙一／松本千晶／和田 淳
装丁：萩原典夫(テン・クリエーション)

# はじめに

　この辞典は、実務翻訳に携わる私たち二人が自らのために蓄積した英語表現集をもとに、辞典として必要な部分を補いながら発展させてきたものです。収録した英語表現はすべて、英語圏で作成された文書や印刷物などから拾った、生きた実例です。仕事にそのまま使えるような有用な用例を、英語または日本語のキーワード（英和または和英）で引けるように整理しました。ボリュームが増えたために、今回の改訂では英和と和英を一冊にまとめることができず分冊となりました。『ビジネス技術　実用英和大辞典』（以下、英和編と呼ぶ）がひと足先に刊行され、一カ月ほど置いて『ビジネス技術　実用和英大辞典』（以下、和英編と呼ぶ）が刊行されます。用例の中には、英和にのみ収録したものや、和英にのみ入れたものもありますが、英和と和英は表裏一体ですので、ここでは両方についてまとめて述べます。見出し数および用例数は、次のようになっています。

・英和ーー見出し19,937　　子見出し1,271　　用例83,363件　　参考用例 82件
・和英ーー見出し22,494　　子見出し 140　　用例85,511件　　参考用例275件

　辞典の特徴を知った上で有効にお使いいただくために、もう少し細かくご説明しましょう。

(1) 他の辞典と併用する二冊目の辞典

　本書は、「これ一冊で大方用が足りるように」との意図で作られたものではありません。メインに普通の英和／和英辞典を用意していただき、二冊目として補助的に使用されることを想定しています。というのも、この辞典づくりの発端は、既存の辞典が知りたいことすべてには答えてくれない不満から、それを補う情報を収集し始めたことだったのです。
　私たちは二人とも日英方向の翻訳をしていましたし、仕事を離れても、もっと自在に英語で表現できるようになりたいという思いがあり「この日本語を英語で何と表現するのだろう」という疑問を常に持っていました。辞典では調べがつかなくても、英語国で作成された文書をい

ろいろと見ていると、その中に答えが見つかることがあります。なるほど、こう言えばいいのか、と。そうして集めた実例が、自然発生的にこの辞典になったのです。和英方向の問題意識を持って用例を収集したことが、和英編ではそのまま役立つはずですし、英和編においても他の辞典と違った観点で編集されたことになり、ひとつの特徴になっているのではないかと思っています。

　十分に網羅的ではありませんが、ほかの辞典を補う情報が豊富ですので、お手持ちの辞典の代わりにではなく、相互に補い合うものとしてお使いいただければ幸いです。

(2) 受け身の英語ではなく英語での発信に

　英和編と和英編を、単に前者は英語を読むためで後者は英語を書くため、というふうには捉えないでください。上の(1)で述べたように、英文を理解することよりは英語で表現することに重きを置いて編集してあります。英語を読むには英和編を、英語を書いたり話したりするには和英編と英和編の両方を役立てていただけたらと思います。

　英和編は、見出し語がどのような意味で用いられるかを示すだけでなく、見出し語の使い回しを示すことも目的としています。名詞については、可算か不可算かの情報をできるだけ示しました。また、どんな前置詞、動詞、形容詞と連語を成すか(コロケーション)がわかる用例を示すようにしました。英文を組み立てるにあたって、どの英単語を使えばよいかをまず和英編で見当をつけ、それから英和編でその単語を引いて実際の組み立て方を調べるといった使い方をお勧めします。

　英和編については、見出し別に用例を並べただけでなく、見出し語自体の意味の説明にもある程度力を注いで編集しました。一方、和英編は、集まった用例をどれかの見出しの下に配して整理しただけであり、他の辞典で調べがつく重要な基本的表現は必ずしも含まれていません。

(3) 用例は、ネイティブによる自然な英語から取材

　用例は、英語圏(主に米国、その他カナダや英国など)で作成された文書からとったものです。ほかの言語から英語に翻訳されたと思われるものは、対象から除きました。インターネット上の文書からもとりましたが、非英語国のサイト、ネイティブでない人によって書かれたと思われ

る文書、あるいは入力ミスや誤用と思われるものを排除するよう心がけました。抽出するにあたって、用例として不要な部分を削ったり、指示語を具体的なものの名に変えたり、固有名詞を架空の名にするといった程度の加工は施しました。

　各用例には和訳をつけました。英和編に限らず和英編においても、和訳を英語の後に配置しましたが、これは英語表現が先に存在したのであり、和訳はそれの理解を助けるために私たちがつけたものだからです。

　和訳は、翻訳のお手本になるような性格のものではありません。用例の前後の文脈が断ち切られているため、実際に翻訳するときとはどうしても異なった言い回しになる場合があります。また、普通は訳さない the をくどいほどにまで「その」とか「それらの」と明示的に訳しました。これは、日本では不定冠詞 a を使うべき時にまで the を使ってしまうきらいがあるために、この辞典では a と the の違いを際立たせようと意図したものです。辞典という性質上、英文と和文の対応が取りやすいよう直訳に近い訳し方をした場合も少しはありますが、学習辞典ではないので、全体の傾向としてはためらわず意訳を入れるようにしました。((意訳))と断らないで意訳してあることもありますのでご了承ください。

(4)　実際に即した生きた用例

　　取扱説明書、仕様書、案内書、報告書、プロポーザル、契約書、論文、ホームページなどの文書を作成するときにそのまま使えるような表現を集めました。メディアで使用される表現も多数収録しましたので、新聞、雑誌を読むときに役立ちます。

(5)　豊富な言い替え

　　見出し語の意味だけでなく、用例の訳でも [　]（部分的言い替え）、および ;（用例全体の言い替え）記号を使って言い替えました。多少くどく感じますが、探している言葉を思い付くための発想の助けになったり、言葉が持つ意味の幅の広さを示せるものと思います。

(6)　今の時代を反映

　　時事用語については、網羅的にではありませんが、海外の媒体に現れる重要語を、最新のものも含めて収録しました。日進月歩の技術分野の

用例についても、新しい表現を追加しています。ただし、古い話題の用例もあります。古いものについては、一部差し替えましたが、英語表現として現在も参考になる用例は残しました。

以上を踏まえて、状況によってこの辞典と他の辞典をうまく使い分けていただけたらと思います。それでは、お急ぎの方は以降の序文を読み飛ばして、本書とどうぞよろしくお付き合いください。

さて、今回の改訂までに至った経緯などをざっと書いておきましょう。辞典のもとになる用例収集は、先に海野文男が1983年から少しずつ始め、80年代末頃には書きためた表現が大学ノート30冊ほどになりました。それを表現集としてまとめようと、1990年に入ってから思い切って二人とも翻訳の仕事を休んでコンピュータに入力し始めました。やっていくうちに辞典の形にしようと考えるようになり、大プロジェクトに発展して作業が思ったより長引いてしまいました。生活資金が続かなくて途中しばらく翻訳の仕事に戻ったりもしましたが、幸いにも各方面から援助を受けながら何とか曲がりなりにもまとめることができ、1994年1月に『最新ビジネス・技術実用英語辞典 英和・和英』として発表しました。これが本書の事実上の初版にあたります。以後、翻訳の傍ら細々と辞典に追加、修正、差し替え、削除などの手を加え、紙媒体と電子(CD-ROM)媒体で何度か改訂してきました。紙媒体では初版から数えてこれが3回目の刊行となります。

皆様には辞典をお使いになる前に読んでいただくつもりのこの序文ですが、これを書いているのは、辞典本文の校正が完了した後です。長期に渡る大変な作業が終わってほっとひと息といった時期にあたります。終わって解放されて、充実感に浸りたいところですが、本書の初版を出したとき以来、改訂を重ねても、この時期どうもいい気分になれたことはありません。

校正原稿全体に目を通す段になって、辞典の粗が見えるからなのです。校正とはいっても、特に今回の改訂版の場合、文字の誤りを直すだけでなく追加・変更も可能だったのですが、それでも時間的制約というものがあ

ります。内容を良くしようとすると際限がないので、それよりは、誤りや不備をなくすことに極力時間を振り向けなければなりません。時間に追われるように目を通しながら、無数に手を入れるのですが、終わった後は、全部直し切れていないのではないか、何かとんでもない不備を見落としたのではないか、という不安がいつもつきまとい、後味の悪さばかりが残ってしまいます。

　それでも、初版のときに原稿が手を離れた後1カ月ほどひどく落ち込んでいたのに比べると、今回はましかもしれません。ボリュームが増えた分、見直しがたいへんにはなりましたが、日外アソシエーツ編集局との長年のやりとりにより原稿データの受け渡しと処理がずいぶんスムーズになって、校正で能率良く手を入れることができました。また、これまで長い間に、気づいた箇所についてはその都度変更を加えてきましたので、全体としては良くなっているつもりです。

　お使いになってお気づきの点などありましたら、インターネットでお知らせください。次に示す海野のウェブサイト内、辞典コーナーに「誤植・間違い・ご提案 送信フォーム」を用意してあります（万が一、下記URLが急に使用不能になって移転先へのご案内もできなくなったら、辞典名でネット検索しておいでください）。

　　　CyberScope　　　http://www.hi-ho.ne.jp/unnos/

　増刷りあるいは次の改訂があるかどうかはもちろん今のところわかりませんが、機会があれば皆様からのご指摘等について可能な限り反映させていただきます。

　　2002年9月中旬

海野　文男（うんの　ふみお）
海野　和子（うんの　かずこ）

## 謝　辞

　このような大きな辞典をまとめることができたのは、何よりまず、土台となる初版をなんとか世に出すことができたからです。名称が今と異なり『最新ビジネス・技術実用英語辞典　英和・和英』でしたが、1994年にこの名で刊行されたものが事実上の初版と言えます。これを出すまでに、各方面から大きなご支援を賜りました。改めて感謝する意味で、初版の謝辞を次のページに掲載させていただきます。一部の方々には、その後の改訂でも引き続きお世話になりました。厚く御礼申し上げます。

　加えて、改訂を重ねることのできた今だから言えることですが、初版を出すにあたっていい出版社に巡り会えてここまで辞典を発展させることができたのは、たいへん幸運でした。出版社探しをしていた当時、特定の分野に絞った用語辞典などと違って、このような辞典は、それまでなかっただけにひと言で特徴を説明しにくく、何の権威も名声もない個人が発表するというのは、それまでの出版界の常識ではおそらく無謀に見えるようなことでした。ページ数の多い辞典は、製作コストがかかるだけに、刊行するかどうかの見極めは厳しくなります。英語を仕事などで使った経験のある個々人にはある程度ご理解いただけても、出版社が企業として刊行を決定するには非常に難しいものがあることを、外部の人間ながら肌で感じていました。原稿内容を見て刊行とそのための援助を申し出てくださった日外アソシエーツ株式会社の英断に、いまさらながら敬服し、感謝いたします。

　また、今回、この改訂版を発表することができたのは、これまでの版を支持してくださる方々がいたおかげです。読者カードや手紙やインターネットで励ましの言葉もいただき、元気づけられました。また、@nifty 翻訳フォーラムの皆様、お一人お一人のお名前をあげられませんが、いろいろとたいへんお世話になりました。ほかに、ご指摘やご要望なども寄せていただきました。産業翻訳者で『英語屋さん ─ ソニー創業者・井深大に仕えた四年半』、『英語屋さんの虎ノ巻』他著者の浦出善文氏からは貴重な情

報とご提案をいただきました。産業翻訳者の加藤隆太郎氏、ならびにその他の方々からも種々のご指摘をいただき、ありがとうございました。

　初版以来、辞典データを修正・変更・削除などしながら内容を少しずつ増やしてきました。データが増えた分、新たな不備が生じているかもしれませんが、総じて前より良くなったのではなかろうかと思っています。支持してくださった皆様のおかげで、再び版を改めるチャンスを与えられたことに感謝いたします。

　新規に追加した用例の一部は、日外アソシエーツ提供、NICHIGAI/WEBサービス「コンピュータ/技術用語辞書ファイル」の毎月の新規用例としてアップするときに、星野氏や松本氏にデータ書式上の問題も合わせて内容をチェックしていただきました。その際に貴重なご指摘をいただくことも多く、本書にそれを反映させることができました。いつもお世話になり、ありがとうございます。

　この改訂版を編集するにあたって、今回も日外アソシエーツ株式会社から様々な面で強力なバックアップをいただきました。深く感謝申し上げます。

　改訂版の制作では、日外アソシエーツ編集局の和田氏と星野氏にたいへんお世話になりました。これまでの長年の連絡により、当方の辞典データベース上での編集と、後工程である編集局での作業がよりスムーズにつながったこともあって、校正は体力的にきつい夏のさなかではありましたが、前回改訂時より一段と能率的に進めることができました。便宜を図っていただけて、ありがたいことと思っています。また、いつもながら星野氏には最後の最後まで五月雨式の追加修正のお願いをしてしまいましたが、それに応えてくださってありがとうございました。

2002年9月中旬

海野文男<br>
海野和子

## 初版「最新ビジネス・技術実用英語辞典 英和・和英」の謝辞

　この辞典ができるまでには，少しずつ用例を収集し始めた1983年から数えると，11年の歳月がかかっています。主に海野文男が個人のデータとして収集したものを元に，1990年の年頭から二人で本格的にほぼ4年がかりでデータを整理しながら用例を追加して完成させました。その間，資料集めや資金の借り入れなどの面で多くの方々にお世話になりました。

　資料集めに際しては，特にカナダ在住の弟でコンピュータ関連の設計技術者である海野浩と，同じくカナダのGeorgina Pikeさんに定期便で大量に送っていただいたのをはじめ，大原秀哉氏，永野豊・澄江夫妻，その他の方々にご協力いただき，深く感謝いたします。

　辞典のために4年間は翻訳の仕事をほとんど休んだため，貯金だけでは生活できず，必要な文献や機材もそろえられないため，永野豊・澄江夫妻と金昌鎮・早苗夫妻に多額の資金を融資していただきました。さらに日外アソシエーツ株式会社からは，大高社長のお取り計らいによって異例の額を融通していただき，何とか最後まで息をつなぐことができました。もしも資金が続かなかったら，この辞典は永久に日の目を見ることなく終わったかもしれません。公的機関や金融機関からの援助や融資はいっさい受けられなかった中で，私達の辞典作りに理解を示して下さりご協力下さったことに，心より感謝の意を表します。本当にありがとうございました。また，資金難の状況のもとで，永野孝・千恵子，永野豊・澄江，金昌鎮・早苗，および式井正義・良子の各ご夫妻にはたびたび生活物資を恵んでいただくなどのお世話になり，ありがとうございました。

　辞典の編集については，その道の権威であられる明治大学の堀内克明教授から貴重なご助言を賜りました。また，「技術英語のすべて」そのほかの著者平野進氏からも励ましのお言葉をいただきました。お茶の水女子大学生活科学部教授の中島利誠先生と，東京都立大学名誉教授で東京都立工業高等専門学校長であられる飛田満彦先生からは，貴重なご示唆をいただきました。ここに御礼申し上げます。

　私達だけで解決できない英語の疑問点については，友人であり米国在住の翻訳家であるNick Voge氏から知恵を借りました。航空便でやりとりしたり，来日中の忙しい中をわざわざ私達の作業場まで足を運んでくれたりして，親身になって協力してくれたことを，心から有り難く思っています。

　データのコンピュータ処理については，海野和子の兄の山田周司からプログラミングに関する有益な情報を提供してもらいました。また，万一に備えてデータのバックアップを保管してもらうなどの協力もしてもらい，感謝しています。

使用したコンピュータは，途中で増えて3つのプラットフォーム（PC-9801, FM-TOWNS，およびDOS/V）合計7台になり，データ処理やCD-ROM検索などに二人で常時5台以上を稼働させました。昨年は集中的に，比較的古いコンピュータや周辺機器に故障が続発し，何度も作業の中断に泣かされました。大晦日にコンピュータが動かなくなるということもありましたが，正月休み明けを待ってNECメンテナンス部へ持ち込み泣きついたところ，その日のうちに修理して下さいました。迅速な対応に感謝いたします。

　辞典の編集作業のうち，和英の部で見出しにひらがなの読みをつけることと配列の微調整は日外アソシエーツのほうで行っていただきました。フロッピー原稿をお預けした後の汎用コンピュータでの処理は安心してお委せすることができ，心強いものがありました。原稿が大幅に遅れた上，私どもの原稿に数多くの不備な点があったにもかかわらず，最大限のバックアップをして下さった日外アソシエーツ編集局の北原様をはじめ，出版課の吉井様，編集センターの菅谷様，その他の担当の方々に，厚く御礼申し上げます。

　この辞典が，資金的な困難を乗り越えて完成させることができ，私達の希望通り一般の人に手の届く価格で出版させていただけたのは，日外アソシエーツ株式会社に巡り会うことができたからです。資金的に行き詰まって，このプロジェクトが暗礁に乗り上げていた時，「朝日新聞」（1992年10月5日夕刊）に掲載していただいたおかげで，よい出版社に出会うことができました。窮地から救って下さったことは，感謝の念に堪えません。また，「日本経済新聞」（1992年11月28日夕刊），および「通訳・翻訳ジャーナル」（1993年1月号）でも紹介していただき，ありがとうございました。掲載記事でこの辞典のことを知った方々のうち何人かからは，励ましのお言葉をいただき，元気づけられました。

　以前仕事をいただいていた朝日新聞社ジャパンクウォータリー編集部の大石悠二編集長にも，今回の辞典の件でお世話になりました。精神的ご支援を賜り，心より感謝いたします。いつも私達に仕事を下さる翻訳会社の皆様，せっかくの仕事の依頼を辞典のために断ってばかりで申し訳ありませんでした。

　最後に，3歳と5歳の娘達に，夏休みもとらず正月も休みらしく過ごさず，一度も遊園地に連れていってあげられなくていろいろ迷惑をかけたけれど，時には励ましの声をかけながら辛抱強く見守ってくれてありがとう。そして娘達をいつもみて下さることによって私達を支えて下さった保育園の先生方に，感謝の意を表します。

1993年11月初旬

海野文男
海野和子

# 凡　例

## 1　見出し
(1) 配列はアルファベット順とし，ハイフンその他の特殊記号は配列上無視した．
(2) 見出し語の略語または展開形は，見出し語の後に（　）で示した．
(3) 米国と英国でつづりが異なる場合は，米国式を優先させた．英国式は，米国式の後に併記するか，または参照見出しとした．
(4) 全く異なった意味を持つものでも，つづりが同じ場合（例：mean）は一つの見出しにして，意味の違いは語義番号で区分した．
(5) つづりの最後に s が付くものと付かないものとで意味が異なる場合は，適宜，別の見出しを立てた．

## 2　品詞・語義分類と子見出し
(1) 品詞または語義による分類は，必要最低限の範囲で 1, 2, 3 …の語義番号を付けて区分した．品詞や語義上では分類の必要があっても用例がほとんど無い見出しについては，区分しなかった．
(2) それぞれの品詞別に語義番号を 1, 2, 3 …と振るのではなく，例えば語義番号の 1 と 2 は名詞，3 は動詞といったふうに分けた．
(3) 品詞については，原則として名詞と動詞は語義番号を分けた．しかし，名詞と形容詞はしばしば同じ区分にまとめたし，用例がほとんど無い見出しについては，名詞と動詞の区分もしなかった．
(4) 子見出しは，それぞれの語義分類の下ではなく，最後の語義分類の後に配置した．
(5) 熟語動詞（例：take up）は動詞（take）の子見出しとしたが，その名詞形（take-up）は単独の見出しとして立てた．
(6) 訳語間はカンマ「，」で区切り，文法的な扱いが異なるときや，意味が大きく異なるときはセミコロン「；」で区切った．

## 3 品詞

品詞情報は，必要に応じて以下のように表示した．

| | |
|---|---|
| n. | 名詞（ただし，ほとんどの場合，名詞に関する情報を示す *a*～，～*s*, *the*～, Ⓤ などを n. の代用として使用） |
| adj. | 形容詞 |
| adv. | 副詞 |
| v. | 動詞 |
| vi. | 自動詞 |
| vt. | 他動詞 |
| prep. | 前置詞 |
| pron. | 代名詞 |
| conj. | 接続詞 |
| interj. | 間投詞，感嘆詞 |

## 4 名詞

| | |
|---|---|
| *a*～, *an*～ | 可算．または，常に単数形だが不定冠詞を冠する |
| Ⓤ，無表記 | 不可算 |
| ～*s*, ～*es*, *-ies* | 通例複数形 |
| (*pl.* ) | 複数形の綴りを示す |
| ((単のみ)) | 常に単数形（*a*～, *an*～ の） |
| ((単扱い)) | 単数扱い |
| ((複扱い)) | 複数扱い |
| ((単／複扱い)) | 単数扱いまたは複数扱い |

## 5 記号の使い方

《　》　当該の表現が用いられている分野や話題，状況を示す．

例　《カメラ》
　　《印刷》

省略されているもの

| | | | |
|---|---|---|---|
| 《CG》 | コンピュータグラフィックス | 《軍》 | 軍事 |
| 《AV》 | 音響映像（機器） | 《史》 | 歴史 |
| 《OA》 | ＯＡ（機器） | 《車》 | 自動車 |
| 《コンピュ》 | コンピュータ | 《社》 | 社会(学) |
| 《コン通》 | コンピュータ通信 | 《植》 | 植物(学) |
| 《通》 | 通信 | 《心》 | 心理(学) |

| | | | |
|---|---|---|---|
| 《光通》 | 光通信 | 《商》 | 商学, 商業 |
| 《スポ》 | スポーツ | 《農》 | 農学, 農業 |
| 《ビジ》 | ビジネス | 《半導》 | 半導体 |
| 《遺伝工》 | 遺伝子(工学) | 《品管》 | 品質管理 |
| 《宇》 | 宇宙(開発) | 《物》 | 物理(学) |
| 《株》 | 株式(市場) | 《流体》 | 流体力学 |

(( )) 文法的情報その他のことわり書きを囲む.
　　　例　　((商標名)),　((通例 the ～)),
　　　　　　((単のみ)) (常に単数形),　((複扱い)) (複数扱い),
　　　　　　((比喩的)),　((意訳)),　((直訳)),
　　　　　　((口)) (口語, くだけた表現),　((俗)) (俗語),
　　　　　　((米)) (American English),　((英)) (British English)

Ⓤ　名詞が不可算であることを示す.

→　参照してほしい見出し語を示す.

↔　反対語, 対照語, 対をなす語を示す.

−　常に他の語と連なって用いられる日本語につける.
　　　例　　−化

▶　用法注記. 語の使い方, 意味, 間違いやすい点, 文法的な注意など.

(*)　注. 専門的な用語の事典的な略解, または個々の用例の状況説明や補足.

◆　各用例・文例の冒頭.

㊟　この記号以降は, 見出し語を用いた用例ではなく, 参考用例であることを示す.

◇　各参考用例の区切り.

;　1) 訳語の並記において, カンマ (,) より大きな区切りを示す.
　　2) 用例において並記 (言い替え) を区切る.

( )　1) 直前の語の展開形, 略記形, または複数形を囲む.
　　　　例　　random access memory (RAM)
　　　　　　　CAD (computer-aided design)
　　　　　　　a BBS (*pl. BBSes*)
　　2) 読みにくい漢字や, ローマ字で表記される語の読みを囲む.
　　　　　　　UNIX (ユニックス)
　　3) 省略可能な部分を囲む.
　　4) 補足, 注を囲む.

[ ] [ ] 内は直前の表現と言い替えられる．
  例 get [gain] access
   （get access でも gain access でもよい）

～ 1) 英語見出し（名詞）の冠詞情報や複数形を示すときに，見出し語の代わりとして用いられる．
  例 *a* ～ , *the* ～ , ～*s*, ～*es*
 2) 和文で省略部分を表す．

... 英文の省略部分を表す（和訳文の～に相当）．
  例 exert an effect on...
   ～に影響を及ぼす

< > 英文中で，動詞や名詞と共に用いられる前置詞や副詞を示す．
  例 及ぶ extend \<to\>

〈 〉 和文中で，主語，目的語などがどのような種類のものであるかを示す．
  例 〈光〉をさえぎる
   〈日付，年代など〉から始まる

\<do\>, \<do...\> 動詞の原型で始まる動詞句を表す．
  例 plan to \<do...\>

## 記号類

**#** (a number sign, a pound sign, a sharp) 数字の前につけて「番号」の意味.

**&** (an ampersand) andを意味する. (＊本辞典では, &を含む見出し語については, &の部分を"and"に置換したスペルと同等に配列してある. たとえば, R&Dは "randd" と同等の位置)

**( )** (a left/right paren, an opening/a closing parenthesis)

**＊** (an asterisk, a star)

**< >** (less/greater than, a left/right angle bracket)

**@** (an at sign, at)

**[ ]** (a left/right square bracket, an opening/a closing bracket)

**^** (a caret, a hat, a circumflex)

**{ }** (an opening/a closing brace, a left/right curly brace)

**|** (a bar, a vertical bar, a vertical line, an or-bar, or) (＊コンピュータでは, |記号はよくorの意味で用いられる)

**2D, 2-D** → two-D
**3D, 3-D** → three-D

## A

**a, an** 《不定冠詞》1《可算名詞について》ある, 一つの, 一人のとある, さる; 〜というものはすべて (= any) ◆for a second or two 1〜2秒間
2《固有名詞について》〈会社〉の製品, 〈人〉の作品, 〜という名の人〔組織, etc.〕, 〈人〉と同様の[に類する]人, (同名のうちの)一者, 〜家の人 ◆Congress created a National Commission on New Technological Uses of Copyrighted Works (CONTU) to study the situation. 《米国》議会は, その状況を調査するために, 「著作権のある作品の技術用途に関する国家委員会(CONTU)」という組織を設けた. 《参考》future Nissans 将来〔今後〕の日産の製品
3《不可算名詞について》1種類の, 一定量の, (動作などの)1回の, ある具体的な; (修飾された抽象名詞や物質名詞の前につく)
4 〜につき, 〜あたりの, 〜ごとに (= per) ◆a $100-a-head reception 一人頭[1人(当たり)]100ドルがかっている歓迎会[披露宴] ◆$300-a-day hospitals 1日につき300ドルの病院 ◆smoke four packs of cigarettes a day タバコを1日(当たり)4箱吸う

**A** アンペア(→ ampere) ◆a current of 15A 15アンペアの電流

**A1, A-1** adj. (= prime, first-class, first-rate) 最高の, 一級の, (超)一流の, 素晴らしい, 優秀な; 第一等級の(＊船舶の格付けで); n. ◆be rated (as) A1 第一級であると評価されている ◆tires and brakes in A1 condition [shape] 最高[最良]の状態[ベストコンディション]のタイヤとブレーキ

**A0, … A4, … A10** adj. 《用紙などが》A0, 〜 A4, 〜 A10(サイズ[判])の ◆an A4 [A4-size(d)] notebook A4版ノート(パソコン) ◆an A4 color scanner A4版のカラースキャナ ◆an A4-size (8.3 in. x 11.7 in. or 210 mm x 297 mm) document A4サイズ[A4判, A4版](8.3×1.7インチまたは210×297mm)の文書 ◆an A0-size pinch-rolling plotter A0(用紙)サイズのピンチローリング式プロッタ ◆an International Organization for Standardization (ISO) Size A4 document 国際標準化機構(ISO)規格A4サイズの文書 ◆It can cope with up to A3-size paper. それはA3サイズ[A3判, A3版]の用紙まで扱える.

**AA** adj. 〈等級が〉AAの次のランク[第2ランク]の; 《北米》〈電池が〉単3の ◆four AA cells 《北米》単3(乾)電池4本 ◆Power is provided by four AA batteries. 《北米》電源は, 単3電池4本で供給される.

**AAA** adj. 〈格付けが〉トリプルA格[第1ランク, 最上位, 最高位]の; 《北米》〈電池が〉単4の; (the American Arbitration Association) アメリカ仲裁協会《略語形にtheは不要》 ◆2 AAA batteries 《北米》単4電池2本

**AAAS** (American Association for the Advancement of Science) the 〜 全米科学振興協会

**AAMA** (American Automobile Manufacturers Association) the 〜 米自動車工業会

**AARP** (the) 〜 (the American Association of Retired Persons) 全米退職者協会

**AASHTO** (the American Association of State Highway and Transportation Officials) 米国州道路交通運輸担当官協会 (＊国土交通省訳), 全米ハイウェイ・交通協会《略語形にtheは不要》

**aback** (be taken aback by [at]…の成句で)〜に驚く[びっくりする, 不意を打たれる, めんくらう, あっけにとられる] ◆I cannot help being taken aback by the increase of fanaticism in this land 私は, この国における狂信的思想の高まりに驚き[戸惑い]を禁じ得ない

**abandon** vt. 〜を捨てる, 廃する, 放棄[放擲(ホウテキ)]する, 破棄する, あきらめる ◆abandoned cars 乗り捨てられている車, ポイ捨て[放置]車 ◆an abandoned house 廃屋 ◆an abandoned mine 廃鉱 ◆abandon further research それ以上研究を進めることを断念する; 研究を打ち切る ◆abandon radical economic reforms 急進的な経済改革を断念する ◆abandon the edited version of a file 《コンピュ》編集した[編集中の]ファイルを(ディスクに保存しないで)放棄[破棄]する

**abandonment** ①放棄, 断念; ②自暴自棄 ◆the abandonment of Marxist-Leninism マルクス=レーニン主義の放棄[破棄]

**abate** vt. 〜を減じる, 和らげる; 《法》〈不法行為〉を排除する, 〜を中止する, 〜を無効にする; vi. 衰える, 弱まる, 和らぐ, 減る ◆The rising temperature trend shows no signs of abating. 温度の上昇傾向(温暖化)は, 一向に衰える[弱まる]兆しをみせない. ◆Reports of UFO sightings have abated immensely over the years. UFO(未確認飛行物体)を見たという報告は, 年と共に激減している.

**abatement** (an) 〜 減少[軽減, 緩和], 減額, 廃止[禁止, 除去] ◆the abatement of aircraft noise 航空機騒音の低減[軽減, 削減, 減少] ◆pollution-abatement facilities 汚染低減設備 ◆tax-abatement policies 減税政策

**abbreviate** vt. vi. 略記する, 短縮する ◆be abbreviated as… …と略される ◆an abbreviated explanation 概略説明 ◆an abbreviated trial 簡易裁判 ◆abbreviated dialing 《電話》短縮ダイヤル ◆abbreviate the word "decibel" as "dB" 「decibel」という語を「dB」と省略する[短縮する, 略す] ◆it is usually done on a very abbreviated basis [in a very abbreviated manner] それは通常, 非常に簡略化したやり方で[極めて簡易に, 至って略式に]行われる ◆That information is available in abbreviated form at no charge from… その情報の要約版は, 〜から無料で入手できます. ◆use an abbreviated form of the Nazi salute ナチス式の敬礼を簡単にした形を[略式に]用いる(＊日本でひところ選手宣誓でよく用いられていたあのやり方) ◆Office automation is commonly abbreviated to OA. オフィスオートメーションは, 一般にOAと略記[省略]される. ◆"Quasar" is the abbreviated name for a quasistellar [quasi-stellar] object. 「クェーサー(準星)」は, quasistellar object (恒星状天体) の略称である. ◆The most important challenges can be described in abbreviated form as follows: 最重要課題は, 簡略な形で述べると[要約すると, かいつまんで言えば, 端的に言うと, 話をはしょると]次のようになる. ◆Tokyo Business Machines Corporation shall hereafter be known in abbreviated form as TBM. 東京ビジネスマシーンズ社を, 以下, 省略した形で[略称で, 略して]TBMと呼ぶ. ◆The station went back on the air in Mid-July on an abbreviated basis, airing the Iran-Contra Hearings during the day and shutting down at night. この放送局は, この度(イラン)コントラ事件の公聴会を放送し夜間は休むといった格好で(営業)時間を短縮して7月中旬に放送を再開した.

**abbreviation** ①短縮, 略記; an 〜 略語, 略号, 短縮形, 省略形 <of, for> ◆an abbreviation of its full name それのフル

# A

ネームの略[略称,略語,簡略形,省略形,短縮形]◆company names in full or abbreviation 会社の省略しない[《意訳》正式]名称または略称[略号]◆the propagation path loss is 40 dB/dec, where "dec" is an abbreviation of decade 伝搬路損失は40dB/decである。ここで"dec"とはdecadeの省略形である◆DTE is an abbreviation for "data terminal equipment." DTEとは、data terminal equipmentの略称である。

**ABC** アルファベット; the~ 基本, イロハ ◆When it comes to this disease, doctors, like children, must learn their ABCs. この病気のことになると、医師らも子供と同じように基礎を勉強しなければならない。

**abduct** vt. ~を拉致[誘拐]する ◆She was abducted in broad daylight on July 1, 1993. 彼女は、1993年7月1日の白昼にら致された。

**abend** an~ (= an abnormal end)《コンピュ》異常終了, エラー終了; vi. ◆when a program abends 《コンピュ》プログラムが異常終了すると ◆when an abend occurs 異常終了が起きると ◆If... fails, the computer can abend. もし~が動作不良を起こすと、コンピュータは異常終了することもある。

**aberrant** adj. 常軌を逸した, 正道を踏み外した, 常道を外れた, 異常な, 《医》異常[異常性]の, 《医》異所性の, 《医》迷走性の, 《医》迷入性の; an~《生物》変態種, 常軌を逸している人[変わり者, 奇人, 変人]◆The digital temperature and pressure monitoring gives us the earliest possible alarming if aberrant conditions occur during production runs. このデジタル温度・圧力監視は、もしも生産操業中に異常状態が発生したら可能な限り早く警報を出してくれる。

**aberration** (an)~ 収差 ◆corrected for spherical and chromatic aberration 球面収差および色収差に対する補正が施されて ◆The new regulations are full of aberrations. これらの新しい規制には、常軌を逸している[型破りな, 破格な]事項が多い。

**abeyance** 囮(一時的)休止, 停止, 中断;(in~の形で)中断された状態で, 休止して ◆in abeyance for more than two years 2年以上にわたって中断されて[一時中止状態になって] ◆The plan will be held in abeyance until 1994. この計画は、1994年まで一時見合わせということになりそうである。

**abide** v. (abode/abided) vt.《主に否定・疑問文で》~を我慢する[耐える]; ~を甘んじて受ける; vi.(ある状態に)とどまる, ~のままである, 残る, 存続する(~law-abiding)◆Here are some rules which should be abided by: 1.... 2.... 3....《意訳》守るべきルールを以下に掲げます。1.~ 2.~ 3.~ ◆Treaties should be abided by both parties. 条約[協定]は双方が守らなければならない;順守[遵守]する必要がある。(*by byは誤植ではない)

**abide by** (abided)~を遵守する[している], ~に従う, ~を甘受する ◆abide by a decision 決定に従う ◆abide by regulations 規程[規則, 法規, 規則]を順守する ◆abide by state laws 国の法律を守る ◆abide by the IS-41 standard IS-41標準規格に準拠する ◆agree to abide by a court order not to <do> ~をしてはならないという裁判所の命令に従うことに同意する ◆those who abide by the law 法律を守る人々

**ability** (an)~ できること, 能力, 技量, 力量, 《機器などの》機能, ~能 ◆enhance the ability of computers to <do> コンピュータの~する能力を強化する ◆evaluate your ability to <do> ~するあなたの能力を評価する ◆inhibit their ability to <do> 彼らの~する能力を阻害する ◆one's ability at doing something 何かをする能力 ◆the ability of the alloy to be machined その合金の機械加工性 ◆the ability to make a decision 判断力[判断力(を下す)能力], 判断力 ◆young research workers of proven ability 能力があることが証明されている[実力が認められている]若手研究員ら ◆the ability of the human brain to <do> ~する人間の脳の能力 ◆no matter what their level of abilities, persistence or risk-taking 彼らの能力や粘り強さ危険負担がどの程度のかといったことには一切お構いなしに ◆the ability to adjust the spacing between lines in fine increments 行間隔を微調整する能力 ◆the film's ability to be push-processed for greater flexibility (撮影時の露光

の)自由度を増進させるための、フィルムの増感現像処理能力(*フィルムが増感現像処理を受けることのできる能力) ◆these players have different swings and varying levels of athletic ability このプレーヤーたちは、スイングはそれぞれ異なるし、選手としての実力レベルもまちまち[いろいろ]である。 ◆It is a great ability to be able to hide one's ability. 能ある鷹は爪を隠す。(*La Rochefoucauld の言葉) ◆I will try to answer them to the best of my ability 私の能力の許す限り[私の力の及ぶ限り, 精一杯, 極力, できる限り, 最大限]それらについてお答えしていこうと思っています ◆The ability to switch from reverse to normal video is a nice feature. 反転表示から通常表示に切り替えできること[機能]は、すばらしいフィーチャーだ。 ◆There are no belts or trophies, though ability levels are designated by colored shirts. 《意訳》ベルトとかトロフィーはないが、能力[実力]レベルはカラーシャツで識別できるようになっている。

**able** adj. <to do...> ~できる, ~する能力[資格]がある; 有能の, 才能のある, 有為な, 甲斐性のある, みごとな, 立派な ◆an able engineer 有能な技術者 ◆become able to <do...> ~できるようになる ◆It should be designed to be able to function as a distributed system. それは分散型システムとして機能できるよう設計されなければならない。 ◆The YBM manager said he expected a variety of proprietary 193-nm resists to come on the market, with chip makers able to choose from a number of different products. YBM社の同部長は、各社独自開発のさまざまな193nmレジストが発売されるようになり、チップ・メーカーは多数の異なった[多様な]製品のなかから選べるようになるだろうと述べた。

**-able, -(i)ble** ~できる, ~可能な ◆a display easily readable in any ambience どんな場所でも読みやすいディスプレイ ◆Emphasis is laid on the mass production of reasonably priced items for the widest reachable public. 重きは、(訴求できる限り)できるだけ幅広い大衆に向けて値ごろ感のある商品を大量生産するということに置かれている。

**able-bodied** adj. 身体が健康で丈夫な, 強壮な ◆able-bodied people; the able-bodied 健常者(の人たち)

**ABM** an~ (antiballistic missile) 弾道弾迎撃ミサイル ◆the ABM (Anti-Ballistic Missile) Treaty 《軍》ABM(弾道弾迎撃ミサイル)条約

**abnormal** adj. 異常な, 正常[普通]でない, 並外れた, 異様な, 変態的な ◆under abnormal conditions 異常時に ◆abnormal vibration (機械の)異常振動 ◆an abnormal event 異常事象;異常 ◆an (an) abnormal termination; an abnormal end (= an abend)《コンピュ》異常終了 ◆under abnormal circuit conditions 回路に異常がある時に ◆when abnormal conditions are encountered 異常(な状態)[異状]に際して ◆after the occurrence of an abnormal condition 異常(状態)が発生したあとで ◆an abnormal voltage was detected 異常電圧が検出された ◆excessively loud or abnormal sounds coming from anywhere in the vehicle どこか車内部から発生している、特別大きな音または異常な音[異音] ◆An abnormal amount of rain fell in July. 異常な量の雨が、7月に降った[7月に降った雨の量は異常に多かった]。 ◆If not, the computer comes to an abnormal end [an abend]. そうでないと、コンピュータは異常終了する。

**abnormality** (an)~ 異常(であること), 異常性 ◆a power [disk] abnormality 電源[ディスク]の異常 ◆genetic abnormalities 遺伝的な異常 ◆cause chromosome abnormalities 染色体異常を引き起こす

**abnormally** adv. 異常に ◆The level is abnormally high. レベルが異常に高い。

**aboard** adv. ~に乗って[搭乗して, 乗船して, 乗車して]; prep.〈乗り物〉の中へ ◆at a press conference held aboard the anchored ship Discovery 停泊中のディスカバリー号の船上で開催された記者会見(の席)で ◆get aboard a plane 飛行機に乗り込む[搭乗する] ◆get [come] aboard a ship [boat, vessel] about to start 出航間近の船に乗り込む[乗船する] ◆get [come] aboard a train 列車に乗る[乗車する] ◆install...

**abrasion**

aboard a ship　～を船に設置する[取り付ける,搭載する]◆passengers aboard a packed street tram　すし詰めの路面電車の乗客◆place... aboard a ship　～を船に乗せる[乗船させる,搭載させ,持ち込む,搭載する]◆electronic equipment aboard an aircraft　航空機に搭載されている電子機器◆the group arrived aboard two planes in Bombay　一行は、2機に分乗してボンベイに到着した◆they were forced aboard a steamboat and shipped off to...　彼らは強制的に蒸気船に乗せられ、～に向けて送り出された

**abode**　an ～ 住所, 住居;《abide の過去, 過去分詞》◆he took up his abode with his uncle　彼は叔父の家に身を寄せた

**abolish**　vt. ～を廃止する, 止めにする, 破棄する◆abolish the use of the chemical Freon　化学物質フレオンの使用をやめる◆They abolished all use of Latin.　彼らはラテン語の使用を全廃した。◆The People for the Ethical Treatment of Animals (PETA) wants to abolish the use of laboratory animals for medical research.　動物の倫理的扱い[待遇]を求める人々《米国の動物愛護団体で略称はPETA》は、医学研究に実験動物を使用することを止めさせたいと考えている。

**abolishment**　n 廃止, 撤廃, 破棄◆the abolishment of capital punishment　死刑廃止◆in the event of the abolishment of a route　(交通)路線が廃止される[廃線の]場合は

**abolition**　n 廃止, 撤廃◆the abolition of nuclear weapons　核兵器の廃絶

**A-bomb**　an ～ (= an atomic bomb) 原子爆弾

**abort**　vi., vt. 流産する, 中止する, 中途でやめる, 失敗に終わる,《コンピュ》《実行中の作業》を(エラーなどのせいで)中途[途中]終了[中止]させる,〈プログラム〉が異常終了する; n. ◆abort an ongoing operation　進行中の運転動作を打ち切る◆abort the edit　《コンピュ》その編集を中止する(▶suspend の場合は後にまた再開 resume できるのに対し、abort はエラーなどのせいで中途で完全にやめてしまう)◆press CONTROL-C to abort a command　《コンピュ》CTRL-Cキーを押してコマンド(の実行)を中止させる◆when a program aborts　《コンピュ》プログラムが異常終了すると◆In the past, ALTE was sometimes referred to as "near-miss" SIDS or "aborted crib death."　過去において、ALTE(乳幼児突発性危急事態)は、時には「ニアミス」SIDS(乳幼児突然死症候群)あるいは「未熟形乳幼児突然死症候群」と呼ばれていた。

**abortion**　(an) ～ 妊娠中絶, 堕胎, 流産; an ～ 流産した計画など◆the French-made abortion pill RU486　そのフランス製人工妊娠中絶ピルRU486

**abound**　vi. たくさんいる, 多い, 富む, 広がって[広まって]いる, 蔓延(マンエン)している◆IBM compatibles abound　IBM互換機は山ほどある◆rumors abound about...　～について色々多く取り沙汰されている◆the domestic hardware market abounding with products from...　～から供給された商品が豊富にある国内ハードウェア市場◆Such stories abound in many households.　《意訳》そんな話は、どこの家庭でもざらにあることだ。◆Opportunities abound for U.S. firms seeking to sell their wares in Japan.　日本で商品を売りたいと思っている米国企業にとって機会はいくらでもある。

**about**　1　約[およそ, ざっと]～, ～ごろに, ~格好の, ～近く, ～のまわりを[に]◆at about 30 degrees north latitude [south latitude]　北緯[南緯]30度付近で◆in about 1971　1971年ごろに◆lowered by about the same amount　ほぼ同じ分だけ下げられた◆only about half the risk of...　～の危険性のわずか2分の1ほど[程度]◆on or about February 2, 1999　1999年2月2日かその前後[2月2日頃]に◆rotate about the axis　その軸のまわりを[軸を中心に]回転する◆a cost savings of about [approximately] 30 percent　コスト節減、約30％の費用節減◆be concentrically arranged about the center　中心のまわりに同心円状に配置されている◆particles about the size of those in cigarette smoke　タバコの煙に含まれる粒子と同じくらいの大きさの粒子◆at about the time you're reading this　これをあなた[皆さん]が読んでいるころに(*手紙や記事など)◆Roughly speaking, very roughly, that 60 percent amounts to about $5,000 per immigrant household.　大ざっぱに言って、それも非常にアバウトな数字で、その60％という金額は移民一世帯あたり約5千ドルとなる。◆They believe supermarket brands are about as good in quality as national brands.　彼らは、スーパーマーケットブランド(品)はナショナルブランド(品)にほぼ匹敵する品質であると思っている。

2　～について, ～に関して, ～をめぐって◆About the System Disk　「システムディスクについて」(*About...は節や欄の見出しに使われることがある)◆I was too young to know what the relocation was all about　私はまだ小さすぎて、強制移動とはいったい何なのか知らなかった◆There is nothing very new or startling about the new car.　この新車に関しては特に目新しいとかびっくりするとかいったものは何にもない。

**be about to <do>**　～しようとして(いるところで)◆the situation is about to change　状況は今まさに変わろうとしている

**about-to-be-**　adj. もうすぐ～になろうとしている◆about-to-be destroyed buildings　もうじき取り壊されることになっているビル◆their about-to-be-worthless cash　まもなく価値がなくなろうとしている彼らの現金

**above**　prep. adv. ～の上(方)の[に], ～の上部の[に],〈数値が〉～より上の[で], ～を上回って[超える], 前述の(▶厳密な意味では「～以上」とは訳せないが、概数を言う場合はその表現を当てはめることができる)◆as above　同上(*表中などで)◆from above　上から; 上の方から, 上より, 上から見下ろすようにして, 俯瞰(フカン)[鳥瞰]的に; お上方から, 当局から; 天から, 天界から◆as above; as described above; as indicated above; as mentioned above; as said above; as written above; as I said above; as was mentioned above　上記のごとく◆be several notches above...　～よりも数段階上である◆by order from above　上からの命令によって◆the point on the surface directly above...　その面上で～の真上に位置する点◆at frequencies above 16 MHz　16メガヘルツ以上の周波数で◆send all above-listed items to...　上に列記したすべての品物[上記全品]を～に送る◆decelerate from above 4000 rpm　4000回転／分より上(の回転速度)から減速する◆the caps lock key is directly above the shift key　キャップスロックキーはシフトキーのすぐ上にある(*キーボードの話)◆there is little clearance from above　上方からの隙間はほとんど無い◆If you view the pad from above, it should look like...　そのパッドを上から[俯瞰(フカン)的に]見ると、～のように見える。◆Same as above, but with a wider top.　同上。ただし、より幅広の天板付き。◆Temperatures of 10 degrees or more above normal have been commonplace in the southern half of Western Australia since New Year.　通常を10℃以上上回る温度では、西オーストラリア州の南側半分の地域において年初来当たり前のことになっている。

**above all**　何より, 何よりまず, なかんずく, とりわけ, 第一に, 何はさておき◆Above all, I want to thank Ms. Ella Griesbach and Mr. John Saleski.　とりわけ[中でも、特に]、エラ・グリースバッハ女史とジョン・サレスキー氏に感謝いたします。

**above-average**　adj. 平均以上の (= higher-than-average, better-than-average)

**aboveboard**　adv., adj. 開けっぴろげな, オープンにして, 隠しだてない, 公明正大な[に], 正々堂々と◆operate in an aboveboard manner　ガラス張りで運営[経営]する

**aboveground, above-ground**　地上の, 地上の～◆an above-ground spectrometer　地上の分光計◆the aboveground parts of...　～の地上部分◆Storage tanks for gasoline and solvents are above-ground and built on...　ガソリンおよび溶剤の貯蔵タンクは地上式で～の上に建造されている。◆They are conducting an intensive above-ground survey of an ancient petroglyph site.　彼らは古代岩面陰刻のある場所の徹底した陸上調査を行っている。

**above-market**　adj. 相場以上の◆at above-market prices　相場以上[の(通り相場より高い)]価格で

**above-mentioned**　adj. 前述の, 前記の, 上記の, 上に述べた, 以上の, くだんの

**abrasion**　(an) ～ 摩耗, 摩滅, すりへり, 磨損, すり傷, 擦傷◆steel wool abrasion resistance　スチールウールに対する耐

**abrasive**

摩耗性［耐擦傷性］ ◆because of its exceptional resistance to abrasion　その並外れた耐摩耗性のために ◆he suffered an abrasion to his left knee　彼は左の膝に擦り傷を負った ◆lack resistance to abrasion　耐摩耗性に欠ける ◆offer great resistance to abrasion　優れた耐摩耗性を持っている

**abrasive** adj. 研磨(用)の, 研削させる; an ~ 研磨剤, 研削剤 ◆his abrasive remarks　神経を逆なでするような彼の発言 ◆(an) abrasive cloth　研磨布 ◆an abrasive product　研磨剤製品 ◆an abrasive belt　研磨帯［ベルト］ ◆abrasive grain used for sandblasting　サンドブラスト［砂吹き研磨］用の砥粒 ◆abrasive machining　砥粒加工 ◆Abrasives will scratch its plastic surface.　研磨剤［クレンザー］を使うと,（それの）プラスチック表面に傷がつきます.

**abreast** adv. 横に並んで, 肩を並べて <with, of> ◆keep [stay, be] abreast of...　~に後れないようにしている; ~に（後れを取らずに）ついていくようにしている ◆keep a person abreast on...　~についての最新情報を〈人〉に絶えず流しておく ◆to keep the figure abreast of inflation　その数字をインフレに見合うようにするために ◆in order to stay abreast of worldwide competitors　世界中の競争相手と肩を並べているために［伍して競争するために］ ◆for the purpose of keeping [in order to keep] abreast of global technology developments　国際的な技術の進展に後れないようにするために ◆training which keeps employees abreast of advances in state-of-the-art technologies　社員［従業員］を最新技術の進歩に取り残されぬ［進展に遅れ］ないようにしておくための訓練 ◆The protesters marched 20 abreast through the capital.　これらの抗議の群衆は, 横に20人ずつの隊列を組んで首都をデモ行進した. ◆They marched four abreast.　彼らは, 4列縦隊で行進した.

**abroad** adv. 外国［海外］で［へ, に］, 渡航して; 広く, 広まって ◆at home and abroad [overseas]; abroad and at home　国の内外で ◆from abroad　海外から ◆invest abroad　海外［対外］投資をする ◆go abroad for study　勉学［留学, 遊学］のために海外渡航する ◆tourists both from home and abroad; tourists from (both) home and abroad　国内および海外からの［国内外からの］旅行者 ◆travel abroad [overseas]　海外旅行する ◆To protect itself, the company is moving abroad.　自己防衛のために, 同企業は海外進出を進めている.

**abrupt** adj. 突然の, 急な, いきなりの, 出し抜けの, 短兵急の, 急峻な, 唐突な ◆abrupt variations in the amplitude of the signal　信号の振幅の急激な変動 ◆Avoid abrupt steering, braking or acceleration that could cause a skid.　スリップを引き起こす可能性のある急ハンドル, 急ブレーキ, および急加速をしないようにしてください.

**abruptly** adv. 突然, 突如, 不意に, 唐突に, いきなり, 急に, 藪から棒に, 出し抜けに, 短兵急に, がらりと, がらっと, あっけなく, ぷっきらぼうに ◆change abruptly　急峻に変化する ◆when stopping or starting abruptly　急停止または急発進時に

**ABS** 1　(anti-lock brake system) an ~ 《車》アンチロックブレーキシステム
2　(acrylonitrile butadiene styrene) アクリロニトリル・ブタジエン・スチレン ◆ABS resins　ABS樹脂 ◆an ABS and plywood case reinforced with aluminum　ABS（アクリロニトリル・ブタジエン・スチレン樹脂）および合板製で, 補強にアルミが使用されているケース

**abscissa** the ~ 横座標 (= the horizontal coordinate, the x-coordinate)

**absence** (an) ~　無いこと, 不在, 欠席, 欠如 ◆by virtue of the absence of...　~が無い［の欠如の, が消失した］ために ◆die by virtue of the absence of brain function　脳機能の消失により死亡する ◆in the absence of...　~無しに［~が無いので, ~が欠けた状態で］ ◆notice the absence of...　~が無い［いない］ことに気が付く ◆regardless of the presence or absence of...　~の有無にかかわらず ◆the worker-absence rate on Monday mornings　月曜の朝の欠勤率 ◆record programs in one's absence　番組を留守録する

**absent** adj. 不在の, 無い, 存在しない, 欠けた, 欠席の; ぼんやりした ◆brain-absent babies　無脳症の赤ん坊

**absentee ballot** an ~ 不在者投票［不在投票］（用紙） ◆accept absentee ballots　不在者投票を受け付ける ◆cast an absentee ballot　不在者投票する

**absentia** （in absentiaの形で）不在のときに ◆There's no point in trying him in absentia.　彼を欠席裁判にかけてみても意味がない［なんにも始まらない］.

**absent-minded** ぼんやり［うっかり］した, うわの空の ◆Smart people may be absent-minded about daily unimportant things, but with their work, they are meticulous.　頭の切れる人たちは, 日常の取るに足らないようなことには無神経［無関心, 無頓着, 注意を払わない］でいても, 仕事については几帳面である.

**absent-mindedly** adv. 上の空で, 放心の態(テイ)で, ぼんやりして, ぽかんとして, 茫然自失して, 心ここにあらず(の体)でボーっとして, つくねんと, うっとりと ◆listen inattentively [absent-mindedly] to...　~を上の空で［ぼんやりしながら］聞く

**absolute** adj. 絶対の, 絶対的な, 全くの, 完全な,《意訳》文句無しの,《化》無水の ◆absolute alcohol [ether]　無水アルコール［エーテル］（＊水が混じっていなくて純粋） ◆(an) absolute pressure　絶対圧力 ◆an absolute address　《コンピュ》絶対アドレス（→a relative address, an indexed address） ◆in the event of absolute necessity only　絶対に必要な場合のみ; やむを得ない場合に限って ◆with absolute confidence　100パーセント自信を持って ◆minimize... to the absolute extent possible　これ以上は絶対に無理だというところまで~を最小化する; ~をとことんまで［極限まで, ぎりぎりの限度まで徹底的に］小さくする ◆If there's an absolute necessity for that, we can...　もしも絶対に［どうしても］必要ならば, 我々は~することができる. ◆I have absolute confidence in him.　私は彼に全幅の信頼をおいている. ◆the number of parts is kept to an absolute minimum　部品の数［部品点数］は絶対的に最小値に維持され［徹底的に抑えられ, とことん抑えられ］ている. ◆It is an absolute necessity.　これは絶対に［是非とも］必要なことなのだ; これは不可欠である. ◆They are of absolute necessity.　それらは, 絶対に［どうしても］必要である; それらは必須［不可欠］である ◆Extreme measures were taken to keep weight to an absolute minimum.　重量を極限にまで抑えるために, 思い切った手段が取られた［過激な措置が講じられた］.（＊an absolute minimum＝もうこれ以下にはできない絶対的最小） ◆Married couples with children have declined in absolute numbers while the population has grown.　人口が増加した一方で, 子供のいる夫婦の絶対数が減少した.

**absolutely** adv. 完全に, 全く, すっかり, 全面的に, とことん, とうてい, まるで, 全然, 実に, 本当に, 申し分なく, いかにも, 絶対に, どうしても, 是非とも, 無条件に, 極めて, 大変, はなはだ, すこぶる,（もの）すごく, 確実に, くっきりと, きっぱり, 固く, 断固, 断然, 厳しく, 厳格に ◆an absolutely necessary condition　絶対必要［必須, 不可欠な］条件 ◆I absolutely have to <do...>　絶対に［是非］~しなくてはならない ◆it's absolutely necessary　それは絶対に必要である［必須だ, 絶対必要不可欠だ, 欠かせない, 欠くことができない］ ◆Make absolutely certain [sure] that...　絶対に~であるように［必ず~になっていることを確認］すべし,（＊be sure）... ◆when absolutely necessary　絶対［どうしても］必要な場合に ◆no one uses... unless absolutely necessary　やむを得ない場合以外は, ~を使う者は誰もいない ◆You are absolutely correct in stating that...　あなたが~であるとおっしゃっていることは全く正しい. ◆Before reversing, make absolutely certain there is no one behind your vehicle.　バックする前に, あなたの車の後ろに誰もいないことを必ず確認すること. ◆"Was I satisfied with the sonic quality of MiniDisc? Absolutely," he said without hesitation.　「ミニディスクの音質に満足したかって? 全くそのとおり」と, 彼はきっぱりと言った［言い切った］.

**absolute pitch** 絶対音感 (= perfect pitch) ◆develop absolute [perfect] pitch 絶対音感を身につける; 〈人に〉絶対音感がつく ◆he has absolute [perfect] pitch 彼には絶対音感がある ◆musicians with absolute [perfect] pitch 絶対音感のある音楽家たち

**absolute temperature** (an) ~ 絶対温度 ◆where T is the absolute temperature (temperature in kelvin) ここでTは絶対温度(ケルビン温度)を指す(*数式の説明で)

**absolute zero** (the) ~ 絶対零度 ◆approach absolute zero 絶対零度に近づく ◆at temperatures near [close to] absolute zero 絶対零度近く[近傍]の温度で ◆before absolute zero is reached 絶対零度に到達する前に

**absolution** (an) ~ 免罪,放免,赦免,罪障の消滅 ◆The verdict was a "virtual absolution" of the politician's crimes. (陪審員による)評決は、その政治家の犯罪の「事実上のみそぎ」であった.

**absorb** vt. 〈液体,音,熱,衝撃など〉を吸収する,引き受ける, 〈人〉を熱中させる[の心・注意を奪う] ◆absorb water 水を吸う,吸水する ◆absorb ultraviolet rays 紫外線を吸収する ◆a reaction in which heat is absorbed 熱が吸収される[吸熱]反応 ◆a sound-absorbing material 吸音材 ◆a water-absorbing polymer crystal 吸水ポリマーの結晶 ◆the amount of heat absorbed 吸収された熱量 ◆the heat-absorbing capacity of... ~の熱吸収容量 ◆if the games are so absorbing that I lose track of time これらのゲームが時間が経つのも忘れるほど夢中に[没頭,熱中]させるものならば

**absorbance, absorbancy** 吸収度,吸光度 (= extinction)

**absorbency** 吸収性,吸水力,吸光度 ◆fibers with superb water absorbency 優れた吸水性を持つファイバー; 吸水性に優れた繊維 ◆have excellent water absorbency ~には優れた吸水性がある;《意訳》~は吸水性に優れている

**absorbent cotton** 脱脂綿

**absorber** an ~ 吸収するもの,吸収材,吸収体,吸収装置; 緩衝材 (= a shock absorber)

**absorptiometer** an ~ 吸光光度計

**absorptiometric** ◆absorptiometric analysis 吸光光度分析

**absorption** 〔吸収 <in, into, by> ◆by absorption 吸収によって ◆an absorption coefficient 吸収率 ◆an absorption line 〈スペクトルの〉吸収線,暗線 ◆an absorption spectrum 吸収スペクトル ◆the absorption law 吸収則[律](*ブール代数の) ◆the absorption of water 吸水 ◆ensure high contrast and sharp images through the absorption of glare ギラツキの吸収により高いコントラストとシャープな画像を実現する

**absorptive** adj. 吸収性の ◆an absorptive material 吸収材

**abstention** (an) ~〈投票の〉棄権, 〔〈~を〉控える[節制する,慎む]〕こと <from> ◆abstention [abstinence] from (eating) flesh [meat] 肉(食)を断つこと ◆It was adopted with 83 votes in favor, 27 against with 24 abstentions. それは賛成票83, 反対票27, 棄権24で採択された.

**abstinence** 〔〈食べ物・飲み物・快楽などを〉断つこと, 節制, 禁欲, 禁酒 <from> ◆abstinence from (eating) meat 肉(食)を断つこと ◆a severe abstinence syndrome occurs [develops] ひどい[重い,強い,激しい]禁断症状が起きる[出る]

**abstract** adj. 抽象的な, ~ 抜粋, 要約, 要旨, 摘要, 抄録, 抄本, アブストラクト, 論文要録; v. 抽出する,抜粋する,要約する,取り除く ◆abstract concepts 抽象概念 ◆abstracts from the following documents: 次に掲げる文献の要約 ◆abstracts of articles from numerous scientific journals published in the United States 米国で出版されている数多くの科学雑誌の記事のアブストラクト[要約,梗概,抄録,要約,抜き書き]

**absurd** adj. 不合理な,理屈に合わない,ばかげた,こっけいな,途方もない,べらぼうな

**absurdity** 〔ばからしさ,不合理,不条理,荒唐無稽; an ~ ばかげたこと,たわいもないこと ◆to underscore the absurdity of war 戦争の愚かさを強調するために

**absurdly** adv. 不合理[不条理]に, ばかげて, ばかみたいに, ばかばかしいほど, べらぼうに, めっぽう, 途方もなく ◆high-quality butter (imported from New Zealand and Ireland) is absurdly cheap at around $1.50/pound 高品質バター(ニュージーランドおよびアイルランドからの輸入物)は、1ポンド当たり1.5ドルとばかみたいに[べらぼうに,めっぽう]安い

**abundance** n.《単のみ》豊富,潤沢,多量,多数 ◆(an) abundance of... 豊富な[たっぷりの] ~ ◆have... in abundance ~を豊富に[たくさん]持っている ◆American abundance アメリカの豊かさ ◆enjoy abundance 豊かさを享受する ◆in sufficient abundance 十分豊富に[豊かに]; たっぷり ◆produce... in relative abundance ~を比較的豊富に[多く,大量に]産出する ◆There is an abundance of... ~が豊富に[豊かに,ふんだんに,多数,たくさん,大量に,たっぷり,いっぱい,たんまり,十分に]ある ◆if an abundance of lubricant is fed to... ~に潤滑剤が多量に供給されると ◆It provides an abundance of both positive and negative air ions. これは,多量の正・負両方の空気イオンを供給する. ◆The abundance of extra features make operating the VCR a bit complicated. 付加機能が豊富なため,本ビデオデッキ[VTR]の操作はちょっと複雑です. ◆Fresh produce can be hard to find at Russian markets but late summer is a period of relative abundance. 新鮮な農産物をロシアの市場で見つけるのは難しいが,夏の終わりのころは比較的多く出回っている時期である.

**abundant** adj. 豊富な, 豊かな, 潤沢な ◆a naturally abundant element 天然に豊富に存在する元素 ◆provide abundant information 豊富な情報を提供する ◆to obtain and enjoy an abundant lifestyle 豊かなライフスタイルを得て享受するために ◆the most abundant element on the Earth 地球上で最も豊富に存在する元素 ◆with abundant and elaborate footnotes, references and cross-references きめ細かな脚注,参照,および[他の箇所の参照などという]相互参照指示を満載して ◆(The [Its]) abundant features include... 豊富なフィーチャー[機能,装備]には, ~ が含まれている。;《意訳》機能は豊富で, ~などができる[備わっている].

**abundantly** adv. 豊富に, たくさん, (enough and to spare) あり余るほど, (exceedingly)極めて ◆we have... abundantly at command 私たちには,自由にできる[使える]~がふんだんに[たくさん]ある

**abuse** vt. 誤用[酷使,悪用,濫用,乱用]する,虐待する,口汚くののしる,誹謗する; (an) ~ 誤用[酷使,悪用,濫用,乱用],虐待,暴言[誹謗,悪口] ◆a drug-abuse scandal 薬物乱用スキャンダル ◆caused by abuse 誤用が原因の[で] ◆a feeling of being abused ひどい扱いを受けたという感じ[思い] ◆abuse [misuse] a person's position [power] 〈人〉の地位[権限]を濫用する ◆make a full-scale investigation of research-fund abuses among all universities and colleges (意訳)すべての総合大学と単科大学を対象に研究費の不正使用[流用]に関する徹底調査を実施する ◆Don't abuse the cord. 電源コードを,乱暴[手荒]に扱わないでください. ◆It appears built to take a lot of abuse. それは相当の酷使に耐えるように造られているように見える. ◆As computers become less expensive, more sophisticated and easier to operate, the potential for abuse increases. コンピュータが低価格化および高性能化し,より簡単に操作できるようになるにつれて,悪用される可能性も高まっている.

**abusive** adj. 悪口の,ののしりの,誹謗の,虐待の,酷使する

**abutment** an ~ 迫持(セリモチ)台[受け](*迫持 = an arch), 橋台; (an) ~ 接合[隣接](点) ◆an abutment of a beam bridge ある桁橋の橋台(のうちの一つ)

**ABWR** (advanced boiling water reactor) an ~ 改良型沸騰水型軽水炉

**abyssal** adj. 深海の,深海底の; 計り知れない (unfathomable) ◆an abyssal plain 深海平原 ◆an abyssal zone 深海帯 ◆the abyssal seafloor 深海底

**ac, AC, a.c., a-c** (alternating current) 《電気》AC(の),交流(の),交番電流(の) ◆a 6-V AC adapter (出力が)6ボルトのACアダプター ◆an AC-operated timer AC電源

**A**

式タイマー ◆a 3-pin AC plug　3ピン[3P]ACプラグ(*特に接地[アース]端子付きの) ◆117 VOLTS AC-DC [AC or DC]　《表示》AC/DC 117V(*交直両用機器の) ◆an ac plasma display　AC[交流電源式]プラズマディスプレイ ◆an ac-powered portable PC　交流(電源)式ポータブルパソコン ◆operate on AC power　AC電源で動作する ◆The adapter is AC powered.　本アダプターは、AC電源で働きます。 ◆The unit works [operates] either on batteries or AC current.　そのユニットは、電池ででもAC電流ででも動作する。(*AC currentの正しい訳は交流電流であり、この語自体に電源の語義はないが、AC電源と訳すようなう使われ方をする) ◆The PC-compatible laptop is powered either through the AC power line or through an internal rechargeable battery.　この(IBM) PC互換のラップトップ機は、AC電灯線もしくは内蔵充電電池から電源が供給される。 ◆The power supplies accept ac inputs of 100, 120, 220, 230 or 240V for worldwide applications.　これらの電源装置は、世界中で使用できるよう100, 120, 220, 230または240VのAC入力を受け付けます。

**Ac**　アクチニウム (actinium) の元素記号

**academia**　(an)～学界 ◆both in academia and industry　学界・産業界両方において ◆Out of a job as ..., he is moving into the world of academia.　～としての職を失い、彼は学界に入ろうとしている。 ◆The work will be carried out by industry and academia.　この研究は産学(協同[共同, 協力, 連携])で進められることになっている。

**academic**　adj. 学問的な、学究的な ◆academic freedom　学問の自由 ◆an academic degree　学位 ◆an academic institution　学術機関 ◆a new academic year　新学年度 ◆the academic community　学界 ◆the academic world [sphere]　学界 ◆academic scientific research　学術科学研究 ◆excel in academics　学業成績が優秀である ◆in academic and industry circles　学界および産業界において ◆academic discounts are being offered　学校関係向けの割引[《意訳》学割]があります ◆mix students of different academic abilities together　学力差のある生徒たち[学生ら]を(クラス分けしないで)一緒にする ◆List price for XyzQuick is $199; the academic price for instructors and students is $125.　XyzQuickの表示価格[定価]は199ドルで、教員および学生向け学術(割り引き)価格は125ドルである。

**a cappella, a capella**　adj., adv. 〈歌唱が〉楽器による伴奏なしで[の]、無伴奏で[の]、アカペラで[の]

**accede**　vi. (～に)応じる、同意する <to>; (～を)継ぐ、継承する(～に)[加盟[加入]する <to> ◆accede to a cut in...　～の削減に応じる[同意する] ◆accede to the throne　王位を継承する; 王位に就く; 皇位を継ぐ; 即位する ◆accede to the Nuclear Non-Proliferation Treaty　核不拡散条約に加盟する ◆we don't think it (is) right to accede to requests like this　私たちはこのような要求に応じることは正しくない[応じるべきでない]と思っている

**accelerate**　vi., vt. ～する、加速度を増す、促進する、スピードアップする、はやめる、拍車をかける ◆accelerated life testing; an accelerated life test　《工業》加速寿命試験 ◆an accelerating tube　《放射線》加速管 ◆an accelerated weather [weathering, weatherability] test　屋外暴露試験; 促進耐候性試験; 促進暴露試験; 加速風化試験 ◆accelerate the adoption of...　～の採用のテンポを速める ◆be accelerated to high velocities　高速に加速される ◆accelerate learning time　修得するまでの時間を短縮する ◆accelerate software production　ソフトウェアの制作をスピードアップ[促進]する ◆accelerate the tendency to rely on overseas production　海外生産依存の傾向を加速する; 海外生産への傾向を強める ◆unless the phase-out of ozone-depleting substances is accelerated　オゾン層を減少させる物質の段階的全廃が速められない限り ◆accelerate tiny fragments of matter to nearly the speed of light　物質の小さなかけらをほとんど光の速度近くにまで加速する ◆while the car is being accelerated from idle to high speed　車がアイドル状態から高速に加速されている間に ◆The car even accelerates well in top gear.　この車は、トップギアでもなく[みごとに]加速する。 ◆The opposite of accelerated depreciation is straight-line.　加速減価償却の反対は、直線式[定額]償却である。 ◆The car can accelerate in fifth gear from 30 to 50 mph in 11.1 seconds.　この車は、5速で30mphから50mphに11.1秒で加速できる。 ◆Yet the phaseout timetable for these compounds has been "accelerated" by the gnomes in Vienna.　それにもかかわらず、これら化合物の段階的廃止の予定表がウィーンの小鬼どもによって「早めら[《意訳》]前倒しさ、繰り上げら」れてしまった。(*the gnomes in Vienna =「国連のこっぱ役人ども」ぐらいの意)

**acceleration**　《物理》加速、促進　◆undergo acceleration　加速される[を受ける] ◆an acceleration factor (CPUなどの)加速[加速度]倍数; 《QC》加速係数 ◆an acceleration lane　加速車線 ◆the acceleration of gravity　重力の加速度 ◆an acceleration of 3G　3Gの加速度 ◆full-throttle acceleration　スロットル全開加速 ◆under hard acceleration　急加速時に ◆be able to withstand acceleration forces of an earthquake two to three times stronger than ...　～の2倍から3倍の強さの地震の加速力に耐えられる ◆To increase acceleration, one must increase the force or decrease the mass.　加速度を増すには、力を増やすか質量を減らすかしなければならない。

**accelerator**　an ～加速器、アクセラレータ、《車》アクセル ◆a particle accelerator　《物》粒子加速器 ◆press down on the accelerator　アクセルを踏む ◆Based on the 68030, the add-in accelerator runs at 33.33 MHz with zero wait states.　《コンピュ》68030マイクロプロセッサを搭載したこのアドイン[内蔵型増設]アクセラレータは、33.33MHzでノーウェイト動作する。

**accent**　(an)～強勢、強調(点)、アクセント; an ～アクセント符号、なまり[方言] ◆put [place] the accent on ...　～にアクセント[重点]をおく ◆Mr. Kissinger's heavily German-accented statements　キッシンジャー氏のドイツ語なまりの強い声明

**accentuate**　vt. ～を強める、強調する、際立たせる、引き立てる、目立たせる、アクセントを置く ◆accentuate the lower audio frequencies　《音響》低域を強調する[持ち上げる、上げる]

**accept**　vi., vt. 受け入れる、受容する、受け付ける、認める、承認する、了解する、容認する、承服する、甘んじる、甘受する、受理[受諾]する、受納[受領]する、領収する、《品管》合格にする、《コンピュ》確定する ◆an accept light　合格表示灯 ◆accept a conforming item　《品管》良品を通す[合格にする] ◆start [begin] accepting orders　注文を受け始める; 受注を開始する ◆a generally accepted pattern of behavior　世間一般で良しとされている行動様式 ◆accept seniors on a short-term basis　お年寄りを短期間預かる ◆Telephone Orders Accepted　電話によるご用命も電話でのご注文を受け付けています ◆it has come to be accepted as a masterpiece　それは傑作[秀作, 名作, 名画, 名著]と認められる[《意訳》位置付けられる]に至った ◆accept the lot on the basis of satisfactory results of inspection and laboratory testing　検査結果およびラボテストの結果が基準を満たしているならば、そのロットを受け入れる[合格にする] ◆Click OK to accept the selection.　《コンピュ》OKをクリックして選択(内容)を確定します。 ◆The DAC accepts serial data input at up to 12.7 MHz.　そのD/Aコンバータは、12.7MHzまでのシリアルデータ入力を受け付ける。 ◆This command accepts the full wildcard construction.　《コンピュ》このコマンドではワイルドカード構文がフルに使用できる。 ◆The syringes accept the disposable stainless needles.　それらのシリンジには、使い捨てステンレス針を取り付けることができます。 ◆At first, I had a hard time accepting the fact that my brother had died. ... I still have a hard time accepting his death.　最初は、私の兄弟が死亡したという事実を受け取れず[《意訳》死んだなんて信じられなかった]... いまでもまだ彼の死を信じられないでいる。 ◆Bids faxed or mailed to any location other than the specified address or fax number will not be accepted.　指定の住所またはファックス番号以外の部署にファックス送信あるいは郵送された入札は

受理されません。◆Either genetically engineered food will become accepted by consumers or it will be rejected as unsafe and unnecessary. 遺伝子組み換え食糧は、消費者に受容されるようになるか、安全でなく必要でもないものとして拒絶されるかのどちらかだろう。◆Merchandise that has been abused, mistreated or used shall not be accepted for return. 誤用したり、手荒な取り扱いをしたり、一度使用したりした商品については、返品引き取りはいたしかねます。

**acceptability** 回合格、受け入れ[受領]可能性、受諾[応諾]できること、十分であること、満足なこと、妥当性、容認性、受容性 ◆the establishment of criteria for determining the acceptability of... ～の合格[《意訳》合否]を判定するための基準の確立

**acceptable** adj. 受け入れることが[受理]できる、許容できる、容認[受忍(ジュニン)]できる、まずまずの、まあまあの、そこそこの、(十分とはいえないが)一応[ひとまず、とりあえず]満足できる、無難な ◆an image of acceptable quality まあまあの[そこそこの、一応は満足できる]画質の画像 ◆in a way [at a location] mutually acceptable to Alice and Dana アリスとダナ双方にとって[アリスとダナが互いに]受け容れられる方法[場所]で ◆more acceptable levels of overcrowding 比較的がまんできる程度の[それほどひどくはない]定員超過 ◆produce very acceptable morphing images on a PC screen パソコン画面上に十分なレベルの[十分満足できる]モルフィング画像を生成する ◆reduce combustion noise to an acceptable level 燃焼騒音を許容レベルにまで低騒音化[静音化]する ◆to bring them up to acceptable quality 容認できる品質[合格線]にまでそれらを持って行くために ◆decibel tests found the noise to be within acceptable limits 音量テストは騒音が許容限度内におさまっていることを明らかにした ◆even when the pollution falls within legally acceptable limits その汚染が法律上容認できる限度内であっても ◆install... to be sure exhaust emissions are within acceptable limits 排気ガスが確実に許容限度内に収まる[合格圏内に入る]ようにするために～を取り付ける ◆the search for an acceptable standard has taken several years 許容し得る標準規格の模索に数年かかった ◆they weighed 10 percent less than was acceptable for their height. 《意訳》彼らは、背丈に対して適正な体重の下限を10%下回っていた ◆set acceptable noise levels for everything from barking dogs to lawn mowers and power tools to club music and portable radios 咆哮(ホウコウ)する犬から芝刈り機、はたまた電動工具からクラブの音楽や携帯ラジオに至るあらゆるものに対して受忍限度レベルを設定する(＊騒音条例制定の話で) ◆It is perfectly acceptable to slurp your noodle soup. 汁物の麺をすすって食べて一向に構いません。(＊西洋ではダメ) ◆the automaker has acceptable limits of noise この自動車メーカーは騒音に対する許容限度を定めている ◆the country's budget deficit is exceeding acceptable limits この国の財政赤字は容認できる限度を超えている ◆This is acceptable from a functional standpoint. これは機能面からみて[《意訳》実用的見地からして]容認できる。◆They have moved past the "needing improvement" phase to the "acceptable" stage. これら[の製品]は「改善を要する」段階を過ぎて「一応満足できる[まあ使える]」という段階に入った。◆U.S. Postal Service officials admit some of the delays have been "less than acceptable," but say that... 米郵政公社の当局者は、それらの遅配の一部について「容認できる限度を越えている」と認めたものの、～であると言っている。◆Acceleration is decent (zero to 60 mph in maybe 10 seconds) and the shifter's degree of smoothness is very acceptable, as is pedal feel. Visibility is good. (発進時の)加速はそう悪くはない(0～60mphがおそらく10秒)、そして、シフトレバーの滑らかさの程度はペダルフィールとほぼ同様かなり満足できる[非常にいい線行ってる]。視界は良好。

**acceptably** adv. (十分とは言えないが)とにかく[一応、ひとまず、十分とはいえないが一応我慢できる程度に、まあまあ、まずまず、そこそこに、無難に ◆The program ran acceptably on my Macintosh. このプログラムは、私のMacintoshでひとまず満足に[無難に]走った。

**acceptance** (an) ～ 受け入れ、受容、承認、受理、受諾、受領、受約、領収、引き受け、《商》合格、採用 ◆gain wide market acceptance 広く市場で受け入れられる ◆acceptance testing; an acceptance test 受け入れ[受け渡し、受け取り]試験[検査] ◆(an) acceptance inspection 受け入れ検査 ◆the probability of acceptance 《商》合格確率 ◆acceptance quality standards 受け入れ品質基準[規格] ◆find widespread acceptance in the home market 一般家庭市場で広く受け入れられる ◆gain increasing acceptance (一般大衆に)ますます受け入れられる ◆give [offer] tacit acceptance to... ～に対して暗黙の了解をする ◆have had a hard time gaining acceptance among consumers 消費者に受け容れてもらうのに苦労[難儀、難渋]した ◆pass an acceptance test 受入試験を通る、受け入れ検査に合格する ◆public acceptance of nuclear power 原子力の社会的受容性 ◆the acceptance of the status quo 現状を甘んじて受けること; 現状の甘受 ◆(the) acceptance of trainees from overseas 海外からの研修生の受け入れ ◆achieve [gain] widespread (consumer [market]) acceptance (消費者に幅広く[市場に広範に])受け入れられるようになる ◆it is now gaining wide market acceptance それは市場で広く受け入れられるようになってきている ◆a buyer may revoke an acceptance of nonconforming goods 買い手は仕様不適合品について(いったん出してしまった)合格を取り消すことができる ◆materials go through rigorous incoming inspection before acceptance 材料は受け入れに先立って厳しい搬入検査を経る[《意訳》厳重な検収が行われる] ◆tough seat belt and drunken driving laws implemented in the past decade have gained broad public acceptance 過去10年に実施された厳しいシートベルト着用および飲酒運転防止法は広く社会的な支持を得た ◆It is too expensive for mass public acceptance. それは一般大衆に受け入れられるには高価すぎる。◆This method is only now nearing widespread acceptance in the semiconductor industry. この方法は、今になってようやく半導体業界で広く受け入れられ[採用され]ようとしている。(＊near＝近づく) ◆Our goal is to achieve widespread acceptance of digital television. It is incumbent on industry to spark the demand for DTV. 我々の目標は、デジタルテレビが広範に受け入れられるようにすることである。デジタルテレビの需要に火をつけるのは産業界の責任[責務]である。◆The system has successfully completed acceptance testing and should be deployed in the next few months. 同システムは受入試験[受け入れ検査]に合格して、あと数カ月で配備されることになっている[《意訳》運用開始の運びとなる]。◆At commissioning time, OBM engineers will assist with acceptance testing and receive the client acceptance certificate issued at the completion of commissioning tests. (大規模設備などの)就役時に、OBM社の技術者は引き渡し[受け入れ、受渡、受領]試験[検査]を補佐し、就役試験完了時に発行される顧客の受入証明書を受領する。

**acceptor** an ～ (手形の)引受人、《半導》アクセプタ、《通》通波器; an ～ 《生・化》受容体、受容器、受体 ◆an acceptor level 《半導体》アクセプタ準位

**access** 1 回 (情報への)アクセス、(通信機能によるソフトウェア的な)接続、(求める情報に)行き着くこと、(データの)入手・書き変えをする機会[自由、権利、許可、便]、(サービス、機関などの)利用[使用]およびその機会[権利] ◆have access to... ～にアクセスできる; ～へのアクセス権を持つ; ～に入れる ◆get [gain, obtain] access to... ～にアクセスする、～へのアクセス権を得る、～を利用する、～が利用できるようになる; ～に入る ◆block [guard] access to... ～にアクセスできないようにする ◆an access line 《通》加入者線 ◆by remote access from another site 別のサイト[場所]からのリモートアクセス[遠隔接続]により ◆impose [place] (an) access restriction on...; put an access restriction on [to]...; apply access restriction to... 《コンピュ》～にアクセス制限をかける[加える、《意訳》設ける] ◆allow continuous high-speed access to the Internet インターネットへの常時高速接続[つなぎっぱなしの高速アクセス]を可能にする ◆customer access to services supported by an ISDN 総合デジタル通信網によっ

# access charge

てサポートされているサービスを顧客が利用する[できる]こと ◆enhance access to the information　その情報に行き着きやすい[が見つけやすい]ようにする ◆immediate [instant] access to a specific picture　《AV》特定の画像への即時[《意訳》高速]頭出し ◆make repeated accesses to the database　そのデータベースに繰り返しアクセスする（▶accessは原則として▣であるが，ここでは複数回のアクセスを複数形で表している） ◆use passwords to guard access to sensitive files　重要ファイルへの侵入を防ぐためにパスワードを使う ◆provide a group of users with shared access to files of data　ユーザーのグループ[複数のユーザー]がデータファイルに共有アクセスできるようにする ◆control employees' access to long-distance dialing on an individual extension basis　従業員による長距離[市外]電話の利用を内線ごとに管理・規制する ◆All users must have full access rights to databases.　ユーザー全員がデータベースに対してフル[完全]アクセス権限を持っている必要がある． ◆A password must be presented to the system before access can be obtained.　《コンピュ》アクセス権を得る[アクセスが許可される]ためには，システムにパスワードを提示しなければならない． ◆Floppy disk drives may take as much as 0.5 second for an access.　フロッピーディスク装置は，1回のアクセスに0.5秒もかかることがある． ◆The video disc player provides instant access to any given still-frame picture.　このビデオディスクプレーヤーは，どのコマの静止画像にでも瞬時に飛ぶことができる． ◆The wireless remote control has a ten-key numerical pad for direct access to any selection.　このワイヤレスリモコンには，選んだどの曲にでもダイレクトにアクセスできる[ダイレクト選曲の]ための数字テンキーパッドがある． ◆If the box next to I Want To Be Able To Give Others Access To My Files is checked, click the box to remove the check mark, and then click OK.　《コンピュ》「ファイルを共有できるようにする」の横のボックスにチェックマークがついていたら，そのボックスをクリックしてチェックマークを外します．次に「OK」をクリックします． ◆Tourism is an industry that spreads wealth quickly and directly from advanced countries and regions, to areas that often have little other access to the economic affluence of urban societies.　観光は，富を進んだ国や地域から，往々にして都市社会の経済的豊かさの恩恵にあずかる機会をほとんど持たない地域へと，急速に直接伝える産業である．
**2** ▣《場所に》行く[入っていく，侵入する]ことまたはその手段《機会，便》，交通の便《交通事情》，立ち入る，《点検，保守，情報などの》作業の目や手が届くこと，《人に》近づくこと，《市場への》参入 ◆be hard [←easy] of access　近づきにくい[←やすい] ◆be easy [←difficult] of access　《人，場所が》近づきやすい[←にくい] ◆an access door　保守整備用[点検用，改め用]の扉，点検扉[口，窓] ◆an access road [roadway]; roads for access purposes　《プラントなどの施設の》敷地に通じる[取り付け道路，連絡道路] ◆an access-limited [access-restricted] area　立ち入り制限地域[区域]；《コンピュ》アクセス制限区域 ◆ease of access for service　《直訳》サービス[修理・点検]のための手の届きやすさ；《意訳》修理性[の良いこと] ◆increase U.S. access to Japanese markets　米国の日本市場への参入機会を増やす ◆mount the fuse externally for easy access　簡単に手が届くよう[《意訳》ヒューズ交換を楽にするために]，ヒューズを外部に実装する ◆in a secure room with controlled access; in an access-controlled secure room　入室[《意訳》出入口]が管理されている安全な部屋 ◆a controlled-access highway　進入[乗り入れ]規制されているハイウェイ ◆improve [promote] market access for particular products　特定の製品のマーケットアクセスを改善[促進]する；特定の製品がより市場に参入しやすくなるようにする ◆a biometric access control device which is based on the identification of human faces　《意訳》生物測定学の応用により顔で本人確認をする入室[入退出]管理装置 ◆Slightly out of center, but with easy access to Orly Airport.　中心部からは少し離れていますが，オルリー空港への交通アクセス[交通の便，足の便]は良好です．（*ホテルのパンフレット） ◆Remove the plastic cap for access to the screw.　ネジに《作業の手が》届くようにするために，プラスチックのキャップを取り外します．；《意訳》プラスチックキャップを取り外すとネジが見えます． ◆The burglar has gained access to the vault.　この泥棒は，金庫室に入った． ◆The toilet is designed for wheelchair access.　そのトイレは車椅子で入れるように設計されている． ◆Due to limited access and lack of intersections, freeway driving can be safer.　乗り入れ[進入]に制限が設けられていることと交差点がないため，フリーウェイでの運転のほうが安全であるとも言える． ◆You must remove the entire lid of the facsimile to gain access to the cables　これらのケーブルに《作業の手が》届くには，本ファクシミリのふた全体を取り外さなければならない． ◆Increasingly, access to buildings, rooms and vaults will be controlled by computerized machines.　だんだん，ビルや部屋や金庫室への立ち入りは，コンピュータ化された機器によって管理されるようになっていくだろう． ◆Road work will limit visitors' access to the Xxx Memorial.　The memorial will remain open during the work, but parking will be extremely limited.　道路工事のため，Xxx記念館へ《行く方》の交通の便が悪くなります．記念館は工事中開いていますが，駐車は極めて制限されます．
**3** vt. アクセスする（*データの読み取り，書き込み，変更などをする），《離れた情報処理システムに》アクセスする[《意訳》接続する] ◆access personal files from a workstation　ワークステーションから個人ファイルにアクセスする ◆in an easy-to-access location　交通アクセスの良好な場所に；交通の便の良い所に；楽に行ける（便利な）位置に；手の[目の]届きやすいところに（*easy-to-<do> = 簡単に〜する） ◆access the contents of a random-access memory　ランダムアクセスメモリーの内容にアクセスする ◆files accessed via a tree-structured directory system　《コンピュ》ツリー構造のディレクトリシステムを介してアクセスされるファイル ◆I would like to know how to access information about [on]...　〜についての情報にアクセスする方法［〜に関する情報の入手法］を知りたいのですが ◆The 2040GT's serviceability is excellent:　all the components are easy to access.　2040GTの保守性はきわめて良好である．すべての部品は楽に手が届くようになっている． ◆The law firm has announced its adoption of CD-ROM technology for accessing legal information.　この法律事務所は，法律関係の情報を参照するためのCD-ROM技術の採用を発表した． ◆We've created the center with your needs in mind, conveniently locating our centers in a central, easy-to-access location.　私達は（医療）センターを開設しましたが，それにあたっては皆さんのニーズを念頭に中心部のアクセスの良好な［交通の便がいい］場所にサービスを立地することにしました．（*病院の話）

**access charge**　an 〜《通信》アクセスチャージ，接続料金 ◆a monthly access charge of $29.99　月額29.99ドルのアクセスチャージ[接続料金]

**accessibility**　▣アクセスできること[しやすさ]，近づき[行き，手の届き，入手，利用］やすさ[やすいこと] ◆accessibility of components　《点検・修理・整備などをする際の》部品への手の届きやすさ ◆provide accessibility of information　情報への手の届きやすくする ◆the easy accessibility to the library　その図書館が利用しやすい［図書館の便がよい］こと ◆areas of limited accessibility　《狭いなどの理由で》届きにくい[入りにくい]箇所；《保守などの》作業性の悪い場所 ◆accessibility features that make it easier for persons with disabilities to use computers　障害を持つ人たちにとってパソコンを使いやすくするためのユーザー補助機能 ◆Easy accessibility should be maintained for service.　《修理点検》サービスの際に楽に《対象物の所まで》行くように［簡単に《手が》届くように］なっていること ◆Graphics present a huge accessibility problem for people who are blind or visually impaired. Obviously, these elements cannot be seen by a blind person, and...　グラフィックスは，目の見えない人や視力障害を持つ人にとってとてつもなく大きな利用上の問題になる．当然，これらの要素は盲人には見ることができず，〜（*ホームページについて）

**accessible**　adj. アクセスできる[しやすい]，手が届く，接触可能な，理解しやすい ＜to＞ ◆complex yet accessible tunes

複雑でそれでいて親しみやすい曲(の数々) ◆the accessible edges of toys　玩具の接触可能なエッジ;手や指などで触れるおそれのある縁部 ◆be easily accessible by automobile [car, train, plane] from...　(～へは)～から自動車[車,列車,飛行機]で簡単に行ける ◆make the information easily accessible to the user　この情報をユーザーが簡単に利用できるようにする ◆make the station more accessible to persons [those] with disabilities　障害を持つ人たちにとって駅をもっと利用しやすくする ◆all functions are accessible through icons　すべての機能は,(画面の)アイコンからアクセス[使用,実行]できる ◆a wheelchair-accessible deck that just out over the Potomac River　車椅子で行けてポトマック河に突き出ている[を眼下に臨む]展望台 ◆128 Kbytes of dual-access 25-nsec SRAM that is accessible by both the host and the board　ホストと基板の両方からアクセス可能な128キロバイト, 25ナノ秒のデュアルアクセス・スタティックラム ◆EuroDisney is easily accessible on the RER 1 line of the Paris train system.　ユーロディズニーへは, パリの列車交通システムのRER一番線で楽に行ける。 ◆Fold it back until the adjusting screw is accessible.　調整ネジが届くようになるまで,それを折り返してください。 ◆Accessible technical information reduces customer support costs.　技術情報が分かりやすいと,カスタマサポート費用を減らす効用がある。 ◆CAD systems become increasingly accessible to designers, engineers, and architects as hardware and program costs decrease.　ハードウェアとプログラムの値段が下がるにつれ, CAD[コンピュータ援用設計]システムは,設計者,技術者,建築家などにとってますます手の届きやすい[身近な]ものになってきている。

**accession**　① (官職・高位への) 就任<to>, ② (王位・皇位の) 即位<to>; ③ 増加する[増える]こと<to>; an ～ 増えた[追加された] もの<to>; ④ 加入[加盟]<to>; (an) ～ (図書の) 受け入れ<to>; (an) ～ 賛成, 同意 <to>, vt. <新著書籍など>を図書館の受け入れ台帳に記載[記入, 登録]する ◆the accessioning of new books　新着図書の受け入れ台帳への登録 ◆the accession of new books　新着書籍の受け入れ ◆a list of new accessions to the library　図書館の新着図書のリスト ◆facilitate the accession of new countries, notably China, to the WTO　中国を始めとする新しい国々の世界貿易機関への加盟を促進する ◆Lists of new accessions to the library are issued regularly.　当図書館が受け入れた新着図書のリストは, 定期的に発行されています。

**accessorily**　adv. 副次的に, 補助的に, 付加的[付け足し的]に, 付帯的に, 付属的に, 従犯[共犯, 幇助]的に ◆devices that are used accessorily in heart surgery　心臓手術で補助的[副次的]に用いられる道具・器具

**accessory**　an ～ 付属品, 装備品, アクセサリー, 従犯人, 補機; adj. 副次の, 付属[従属, 付帯, 付随]的な, 従犯の, ②《地質》類袋, 随伴 ◆accessory factors　付随的[付帯的]な要因 ◆standard accessories　〈車などの〉標準付属品 [アクセサリ] ◆an accessory machine　補機 ◆aircraft engines and associated accessory equipment　航空機エンジンと関連補機 ◆suspenders are included as accessories of pants　サスペンダーはズボンの付属品として付いている ◆Designed as an accessory to the notebook computer, it plugs into the PC card slot and allows you to <do...>　これ(＊本製品)はノート機のアクセサリとして設計されており, PCカードスロットに差し込むと, ～できます。(＊この文脈での an accessory は別途付属品で, ノート機用の周辺機器のこと)

**access point**　an ～《通信》アクセスポイント, 接続点 ◆a multispeed access point　複数の通信速度に対応しているアクセスポイント ◆provide [create, set up] an access point　アクセスポイントを提供する[新設する,開設する,設ける,設置する]

**access time**　《コンピュ》アクセス時間, アクセスタイム, 呼び出し時間 ◆sub-5-ns access times　5ナノ秒以下のアクセス時間 ◆The erasable optical disk drive has an access time of only 25 thousandths of a second.　この書き換え可能型光ディスクドライブのアクセスタイムは, わずか千分の25秒である。

**accident**　an ～ (不慮の) 事故, アクシデント, 付帯的要件 ◆by accident　偶然に ◆in an accident　事故で ◆a big accident　大きな事故, 大事故; 大きな偶然 ◆a major [serious] accident　大きな[重大な]事故, 大事故 ◆an accident-free car　無事故車 ◆a small [little, minor] accident　小さな事故; 小事故 ◆an accident site　事故現場 ◆the scene of an accident　事故現場 ◆accident prevention; the prevention of accidents　事故防止 ◆a fatal traffic(-related) accident　死亡交通事故 ◆an accident investigation report　事故調査報告書 ◆an accident-plagued [-prone] auto　事故多発車 ◆(a) scientific accident investigation　科学的事故調査 ◆an accident causing [resulting in] injury or death　人身事故 ◆an Accident Investigation Board report on...　～に関する事故調査委員会報告書 ◆at the time of an accident　事故時に ◆avoid an accident　事故を避ける[回避する] ◆can (possibly) lead to accidents [an accident]　事故につながることもある; 事故の原因となりうる ◆conduct an aircraft accident investigation　航空機事故調査[捜査]を行う[実施する] ◆he had stumbled onto this idea by a big accident　彼はこのアイデアを大きな偶然によって思いついた ◆in the event of an accident　万一事故が起きたら; 万一の事故の際に ◆in the event of a nuclear accident　万が一核事故が発生した場合に ◆prevent accidents　事故を防止する ◆rubbernecking delays caused by an accident　事故の見物(渋滞)による遅れ(＊運転手が野次馬根性で首を伸ばすようにして見ようとするため) ◆the keys are easy to press by accident　これらのキーは間違って[誤って, うっかりして]押しやすい; 偶然に[ふとしたことで]押されやすい ◆accident-free driving　無事故運転 ◆five years of accident-free performance　5年間無事故でやってこられたという実績 ◆unless the car has been in an accident　その車に事故歴がない限り ◆Cluttered areas invite accidents.　散らかっている作業場は, 事故を招く。 ◆He has been accident-free for 34 years driving tractor-trailers.　彼は, トレーラートラックの運転を34年間無事故で通してきている。 ◆When did the accident happen?　事故が発生したのはいつだ。 ◆The lower the illumination, the clearer can be the correlation between the illumination level and occurrence of accidents.　照度が低ければ低いほど, 照度のレベルと事故の発生の間の相関がよりはっきりと認められるようになる。

**accidental**　adj. 偶然の, 偶発的な, たまたま起こった, ふとした, 思いがけない, 不時の, 不慮の, 不測の, 事故の, 不注意の, 過失による, 付随的な, 本質的でない ◆accidental injury　事故による傷害 ◆(an) accidental homicide　過失致死 ◆avoid accidental starting　〈機械などが〉突然に起動するのを防ぐ ◆eliminate accidental shorting　偶発的な短絡(事故)をなくす ◆in case of accidental overheating　万一誤って[間違って]過熱した場合には ◆prevent accidental contact with conductors　電線との不慮の接触を防ぐ ◆to avoid accidental damage　偶発的な損傷を避けるために ◆the likelihood of an accidental [unplanned] pregnancy　計画外[予定外]の妊娠の可能性 ◆protect against accidental erasure of data [recordings, files, a hard disk]　(順に)データ[録音/録画/記録, ファイル, ハードディスク]の誤消去を防止する ◆determine whether or not this was an arson or an accidental fire　この火事が放火だったのか失火だったのかを調べて突き止める ◆Our meeting at the airport was purely accidental.　空港で私たちが会ったのは全く思いがけないことだった。 ◆This action protects your users from accidental lockouts.　(意訳) このアクションが[これによって], ユーザーがロックアウトされてしまう事態を防止します。

**accidentally**　adv. 偶然, 偶然的に, ふと, 思いがけず, 知らずに, 図らずも, 不用意に, 誤って, 間違って, 事故で ◆accidentally contact electrically hot equipment　(むき出しで)通電状態の機器に誤って[うっかり]触れてしまう ◆to minimize the risk of a password being accidentally revealed　パスワードが何かの拍子に漏れてしまう[知られてしまう]危険を最小限にするために ◆This is a method for protecting your hard disk from being accidentally erased by IBM's FORMAT command.　これは, IBMのFORMATコマンドによりハードディスクが誤消去されるのを防止するための方法です。

**acclaim** vt. ～に対して熱烈にかっさいする、～を賞賛する; vi. かっさいする ◆the film has met with widespread acclaim from [among]... この映画は、～からの［～の間で］幅広い賞賛を得た ◆a product highly acclaimed for quality and reliability 品質と信頼性で高い評価を受けている製品［絶賛を博している商品］ ◆the widely acclaimed performance of laser-guided weaponry in the war その戦争で広く賞賛されたレーザー誘導式の兵器類の性能

**acclimate** vt., vi. 〈新しい環境などに〉順応する［させる］ ◆People are becoming more and more acclimated to computers, and eventually many will be using them to do day-to-day transactions. 人々はますますコンピュータに慣れてきており、やがては多くの人が日常の事務処理にコンピュータを用いるようになるだろう．

**accommodate** 1 vt. 〈入れ物などが〉～を収容できる、〈ばらつきや相違〉を吸収する、～を適応［順応］させる、～に対応する、便宜をはかる、～を考慮する、和解させる、調停する、〈人〉に〈金品を〉貸す［融通する，用立てる］<with> ◆this lodge can accommodate up to 5 people このロッジは5人まで収容［宿泊］できます ◆The model has a large system enclosure to accommodate additional storage. この機種は、増設記憶装置を収容するためにシステム筐体が大きくなっている．◆This channel can accommodate any moderately sized optical fiber. この溝は、ほどほどの太さならどんな光ファイバーでも収納できます．◆The monitor automatically compensates for picture height and width to accommodate various graphics standards. このモニターは、いろいろなグラフィックス規格に対応するために、画面の高さと幅を自動的に補償［(意訳)補正］する．◆The software can accommodate the variations between different makes of hard disk drives. このソフトウェアは、ハードディスクドライブのメーカー間による相違に対処できる．◆The PLL (phase-locked loop) method has the advantage of varying the sampling frequency to accommodate variations in the horizontal interval. PLL（位相同期ループ）方式は、標本化周波数を変化させて水平走査間隔の変動を吸収してしまうという利点を持っている．
2 vi. ～に適応する［順応する，対処する，対応する］<to> ◆Pneumatic actuation devices inherently accommodate to wear. 圧搾空気式作動装置は、（空気の弾力性のおかげで）本質的に摩耗（によるガタ）を吸収・順応してしまう．

**accommodation** □収容（力），適応，調節，〈目の〉遠近調節；～s 宿泊設備［施設］，宿舎，収容施設；(an) ～ 調停，和解，〈商〉融通（手形），融資 ◆overnight accommodations （通例～s)宿泊設備［施設］ ◆married-student accommodations 結婚している学生用の宿舎 ◆mutual accommodation between A and B AとBの相互和解 ◆make a major accommodation to new methods in...-ing ～する新しい方法を大幅に取り入れる ◆This action of focal length adjustment is called accommodation and allows us to see near objects as well as far objects. 焦点距離調節のこの動作は遠近調節と呼ばれ、これにより私たちは近いところにある物体も遠いところにある物体も同じようによく見ることができるのです．

**accompaniment** an～ <to> ～に伴うもの，付き物，付属物，伴奏 ◆sing popular ballads to the accompaniment of prerecorded tapes 流行歌を録音済みテープの伴奏［カラオケ］に合わせて歌う

**accompany** vt. ～に付属する［付き，随伴する］、～に添える［付属として付ける，添付する，同封する］、～に同行［同伴，随行］する、～に伴奏をつける、〈人、他の楽器〉の伴奏をする；vi. 伴奏をする ◆accompanied with grated daikon radish 大根おろしが添えられて ◆an interpreter will accompany you 通訳が同行します ◆as an accompanying specification 添付仕様書として ◆the beds [seams] of coal and accompanying strata 炭層と合層 ◆a storm accompanied by lightning and thunder 稲妻と雷鳴を伴った嵐 ◆read the identifying tags which accompany batches of work 仕掛け品のロットに付いてくる認識［識別］票を読み取る ◆the kind of institutional resistance that usually accompanies such a revolution そのような改革に通常伴う［付き物の］体制側からの抵抗 ◆The accompanying chart lists some raw data for comparison purposes. ここに掲げた［ここに示す，次の，上の，右の，左の］表に、比較のために一部の生データを一覧で示す．(*accompanyingは、添付や付属に限らず、同じ場所、同じページに示されているものを指すこともある) ◆In any case, the number of accompanying staff must be kept to an absolute minimum. いかなる場合でも、随行職員数［随行団の人数］は（とことん）最小限に抑えなくてはならない．◆The computers will be accompanied with edutainment software for the use of the children. これらのコンピュータには、子供用のエデュテインメントソフトが添付されることになっている．◆The instrument requires only a few simple entries on its accompanying keyboard for system control and data analysis. 本測定器は、システム制御とデータ解析を行うのに、付属のキーボードから2～3の簡単な入力を必要とするだけだ．

**accomplish** vt. ～を達成する，遂行する，果たす，やり遂げる，やり終える，～を踏破する，～に到達する ◆accomplish earth resources surveys 地球資源探査を実施し終える ◆to accomplish what you have in mind 思っている［考えている］ことを成し遂げる［達成する，実現する，成就する］ために ◆Switching between them can be accomplished in only 3 msec. それらの間の切り替えは、わずか3ミリ秒で行う［完了する、済ませる］ことができる．◆In vacuum-tube amplifiers, neutralization can be accomplished as illustrated in Fig. 15-7. 真空管アンプにおいては、中和は第15-7図に示すごとく達成することが可能である［実現できる，行える］.

**accomplished fact** an ～ (= a fait accompli) 既成事実 ◆be [become] an accomplished fact 現実のものである［現実になる，実現する］；既成事実である［となる］ ◆By 1860, universal suffrage for white males had become an accomplished fact. 1860年までに、白人男性の普通選挙権が実現した．◆The cloning of mammals has become an accomplished fact and an accessible technique. 哺乳動物のクローニングが現実のものとなり［実現して］手の届く［利用可能な］手法となった．

**accomplishment** □成就，完成；an～ （一つの）業績［功績，仕事］；（しばしば～s）教養，たしなみ，芸，作法 ◆a sense of accomplishment 成就感，達成感 ◆real accomplishments 実際にやり遂げた結果・成果［業績］；実績

**accord** (an) ～ 同意，合意，一致，調和，協議，協定；vi. ～と一致［調和，照応］する，にかなう；vt. ～を与える，授ける，許す，和解［和睦］させる ◆of one's own accord ひとりでに；おのずから ◆reach accord with...on... 〈人や団体〉と～について合意にこぎつける ◆reach an interim accord on... ～について暫定的な合意にこぎつける ◆he was accorded a place of honor 彼には栄光［栄誉，名誉］の座が与えられた ◆The talks ran into several logjams before an accord was reached. 合意に達するまでに、話し合いは何度か行き詰まった．

**accordance** □一致，調和
**in accordance with** ～に従って，～と一致して，～に応じて ◆be priced in accordance with distance 距離に応じて料金が設定されている ◆in accordance with the ticking of the internal clock 内部クロックの時間刻みに合わせて（*内部クロックに同調して） ◆the creation of "Green" PCs in accordance with the U.S. Government's Energy Star and European Nutek standards 米国政府のエナジースター基準および欧州のNutek基準に準拠［適合］して「環境にやさしい」パソコンを創ること ◆in accordance with written inspection instruction sheets 成文［明文］化されている検査指示書に従って

**according** adj. 一致した
**according to** 〈情報源〉によると；～の通りに，～に一致して，～に従って［準じて，則って (ノットッテ)］，～に応じて，～によって ◆according to... 〈情報源〉によると；～の通りに，～に一致して，～に従って［準じて、則って (ノットッテ)］，～に応じて，～によって ◆according to Maxwell's equations マクスウェルの方程式によると ◆classes organized according to ability 能力別に分けられているクラス ◆differ according to whether... ～かどうかによって異なる ◆if all goes according to plan [sched-

ule] すべて予定どおりに行けば ◆regulate the volume of air according to... 〜に応じて空気量を調節[調整]する ◆sort the list according to the values in the leftmost column 《コンピュ》その表を、一番左の列[欄]の値によって[に基づいて、をキーにして](昇順/降順に)ソートする ◆Workers are paid according to how much cloth they produce. 作業者は、布地の出来高に応じて支払われている。 ◆Grippers are divided according to whether they are mechanical grasping devices or some other physical principle is used to retain the object. グリッパーは、機械的つかみ装置であるか、あるいはそれ以外の物理的原理で物体を保持するものであるかによって分類される。

**accordingly** adv. それに応じて、それ相応に、それなりに、その分、それだけ;従って、それゆえに ◆As the service expands, more employees will be added accordingly. 本サービスの拡充に伴い、その分[それだけ]従業員が増員されることになるだろう。 ◆Conditions will be muddy and potentially cold, so dress accordingly. 状況としては[地面が]ぬかるみでどろどろになっていて、また寒い可能性がありますので、それなりの身支度[格好]をしてください。

**accordion** an〜 アコーディオン ◆an accordion hose じゃばらホース ◆a white accordion-pleated shade アコーディオンプリーツつきの白いシェード (＊蛇腹状の折り目がたくさんあるランプ笠)

**account** 1 回顧慮、重要性;(an)〜 評価、判断、理由、根拠、説明、記述 ◆on this [that] account この[その]ために(＊理由を表す表現) ◆take it into account それを考慮に入れる ◆by all accounts だれの話からしても;どこに聞いても;どう見ても ◆by most accounts たいていの人が言うことには;ほとんどの人の話では ◆read a newspaper account of the plight of... 〜の窮状についての新聞記事を読む ◆on account of being a penniless hitch hiker 文無しの[無銭]ヒッチハイカーであったために ◆give true-to-life or even real-life accounts of... 〜について現実味のある[如実に]描写をしたり、さらには実話も描く (＊映画の話) ◆There are many variables to take into account. 考慮[計算]に入れるべき不確定要素がいくつかある。

2 an〜 預金高、(預金口)口座、明細(書)、勘定書、掛け勘定、つけ、アカウント、顧客、得意先、取引先;〜s 勘定、収支 ◆open an account 口座を開設する ◆settle [square, balance] (one's) accounts with... 〈人、物事〉に決着[けり、決まり、結末]をつける;〜に恨みを晴らす;〜と勘定を清算する;〜に借りを返す ◆accounts payable 買掛金、買掛金勘定、支払勘定、未払金 ◆accounts receivable 売掛金、売掛債権、受取勘定、確定勘定 ◆an account day (株)受け渡し日[当日](= a pay day) ◆a [the] settling of accounts 清算[決済] (特に殺人による)邪魔者の始末[片付け] ◆settlement of accounts; the [a] settlement of accounts (株)決算[清算、決済] ◆a depositor account number (DAN) 預金者口座番号 ◆add [put, deposit] money into one's account 口座に入金する ◆our largest account 弊社の最大の得意先 ◆the accounts department 経理部 ◆transfer funds between accounts 口座から口座へ資金を移動する[振り替える] ◆until past accounts between them are settled 彼らの間の過去(の関係)が清算されるまで ◆there will be some settling of accounts after 20 years of fratricidal strife 20年間にわたる内乱の末に、何らかの決着を見ることだろう ◆My employer pays my salary into my bank account. 雇い主は給料を私の銀行口座に振り込む。

**account for** v. 〜の理由を説明する、申し開きをする、理由[ゆえん、いわれ、わけ、根拠]である、明細を明らかにする、使途を説明する、〜の原因となる、〜の責任を負う[負う]、〜の割合を占める、(比率を示して)〜になる[相当する] ◆account for more than 90 percent of the total 全体の90％以上を占める;総額の90％以上になる[相当する] ◆call [bring] a person to account for... 〜について〈人〉の(...の責任)を追及する ◆the POWs and MIAs yet to be accounted for 依然として消息[安否]がわからない戦争捕虜や戦闘中に行方不明になった者 ◆we can account for why we did it 私たちは、私たち

がなぜそれをしたか釈明できる ◆a detailed list to account for how joint money is being spent (共同で出し合った)拠出金がどのように使われているのかを説明するための詳細なリスト ◆flavonoids in red wine may account for the so-called French paradox – people in France eat more fat than Americans yet suffer far fewer fatal heart attacks 赤ワイン中に含まれるフラボノイドが、フランス人は米国人よりも脂肪を多く摂取しているくせに致命的な心臓発作になることがはるかに少ないという、いわゆるフランス人の逆説のゆえんであろう ◆There's big money that's not accounted for. 大きな額の使途不明金がある。 ◆He was insistent that all expenditures be meticulously accounted for. 彼は、すべての支出は細目にわたってきちんと(使途の)説明がついている[(意訳)ガラス張りである、明朗である]べきだと主張した。 ◆Otherwise he would have to account for his conduct in civil proceedings. さもないと彼は、彼がした行為を民事訴訟で釈明しなければならなくなるだろう ◆The topology differences of the two circuits may account for the difference in output swings. これら2つの回路の構成部品配置の相違が、出力振幅の違いの理由となって[出力振幅の違いに現れて]いるのであろう。 ◆Word-processing tasks account for at least 75% of all personal-computer use and 65% of annual software sales. 文書作成作業は、パソコン利用全体のうちの少なくとも75パーセントを、また年間ソフト売上高の65パーセントを占めている。

**accountability** 回(説明する)責任[責務]、結果責任 ◆enhance efficiency and accountability 《意訳》仕事の能率を向上させ、また責任の所在をもっとはっきりさせる ◆They use their political clout to escape accountability for their actions. 彼らは、自分らが犯した行為の責任を逃れるために、自分たちの政治的影響力を行使する。

**accountable** adj. 説明[釈明]する義務[責任]のある、説明のつく ◆become more accountable to the public 民衆に対し、より責任を取るようになる ◆a philosophy that holds individuals accountable for their acts 個人個人[個々人]の行為の責任はそれを行った本人に負わせるべきであるとする考え方 ◆hold front-line employees accountable for the quality of their product 第一線[現場]の従業員らに自分たちの(製造する)製品の品質に対する責任を持たせる

**accountancy** 回会計[経理]の職[業務] ◆accountancy software 会計経理処理ソフトウェア ◆by accountancy firm Price Waterhouse 《意訳》会計事務処理請負業者であるプライスウォーターハウス社により

**accounting** 会計、経理、課会 ◆an accounting error 経理[会計]上のミス ◆handle the files of data generated by accounting operations 会計業務によって生成されたデータのファイルを取り扱う ◆There is no accounting for tastes. 《直訳》好みには説明はつけられない;《蓼》蓼(タデ)食う虫も好き好き

**accouterments** 装備、装備品、装着品 ◆easily swapped accouterments including alternative hatches, spoilers, hoods, and wheel covers 代替えハッチ、スポイラー、ボンネット、ホイールカバーなどの簡単に交換できる装着[装備]品 ◆The room has all the accouterments of white-collar work – desks, chairs on casters, a file cabinet. この部屋には事務の仕事に付き物の、机、キャスター付きの椅子、そして書類キャビネットといった備品がすべてそろっている。

**accredit** vt. 認可する、〜に資格認定を与える、〜を[真実[本当]であると]認める、〜を(基準を満たしているとして)認証[認定]する、信任する、〜を〈人の〉功績とする<to>、〈人〉に(〜を)帰属させる<with> ◆in an ISO9002 accredited facility ISO9002認証済み[ISO9002認定]施設で ◆be tested by a PMC-accredited independent test laboratory and by third-party auditors PMCが認定した独立系テストラボおよび第三者監査[検査]機関によって試験される ◆We are ISO9001 accredited. 弊社はISO9001認証取得済みです。

**accreditation** (資格)認定、(正式)認可、公認 ◆the JAB (Japan Accreditation Board for Quality System Registration) 日本品質システム審査登録認定協会 (＊国際的な環境管理・監査

の規格であるISO14000シリーズの規格取得での日本の窓口的機関》◆a letter of accreditation from [signed and sealed by]... 〜が発行[署名捺印]した資格認定証 ◆gain ISO-9002 accreditation ISO9002認証を取得する ◆the National Accreditation Council for Certification Bodies (NACCB) 認証機関認定評議会（*英国貿易産業省唯一の認定機関）◆the company is now applying for BS5750 accreditation for its business group operations 同社は現在自社事業グループ部門に適用されるBS5750認定を取得すべく申請を出しているところである

**accredited** adj. 〈団体，人などから〉公認の，認可された，〈大使などが〉信任状を与えられた，(一定の水準や品質に達していると)認定された ◆YBM is an ISO9001-accredited company. YBMはISO9001認証(取得)[ISO9001認定]企業です。

**accretion** (an)〜 付着[たい積，増大](したもの) ◆anti-accretion 付着防止(の) ◆ice accretion 着氷 ◆the accretion of wet snow on transmission lines 送電線へのべた雪の着雪 ◆blemished by 200-year accretions of bird excrement 200年にわたる鳥のふんの付着[堆積]で汚れて

**accrue** vi. 〈利益などが〉(〜から，〜に)生じる[もたらされる]<from, to>, (結果として)増える; vt. 〈利益など〉を得る ◆they have accrued [accumulated] enormous mileage entitling them to fat awards 彼らは，気前のいい景品がもらえるマイレージを大量に貯めた[蓄積した]（*航空会社のマイレージ・サービスの話）◆benefits begin to accrue 利点が生じ始める[プラスに転じ始める] ◆the oil should be replaced at given time intervals irrespective of the mileage accrued オイルは，累積飛行[走行]距離とは無関係に定期的に交換する必要がある

**accumulate** vt., vi. 蓄積する，たい積する，累積する，積もり積もる ◆accumulate funds 資金を蓄える ◆their accumulated fortunes 彼らが築いた財産[蓄財] ◆accumulate more data データをもっと蓄積する ◆accumulate red ink 赤字をため込む ◆pay accumulated bills たまった勘定を払う ◆prevent snow from accumulating 雪が積もらないようにする ◆use one's accumulated knowledge to <do...> 〜するのに蓄積した知識を使う ◆accumulate enough experience in real estate sales to <do...> 〜するのに十分な不動産販売の経験を積む ◆scrub years of accumulated grime from the curbstones 歩道の縁石の何年にもわたってこびりついた汚れをこすり落とす ◆the banks' $25 billion worth of accumulated bad debts これらの銀行の250億ドルに上る累積不良債権[積もり積もった不良債権] ◆We have accumulated technologies that allow us to <do...> 弊社は、〜できる技術を蓄積してきました。 ◆use their accumulated knowledge to solve problems across several disciplines 彼らの蓄積された知識を使って数種類の学科[学問分野]にまたがる問題を解く ◆Snow fell but did not accumulate. 雪は降ったが積もらなかった。 ◆If you accumulate 15 points under the Demerit Point System, .... 減点制で15点累積する[15点になる]と ◆How much would I accumulate by the time I am 60? 私が60歳になるまでにいくら貯まるだろうか

**accumulation** ①蓄積，積み重ね; an〜 蓄積した物，たまった物[金額] ◆accumulations of up to 7 inches were reported (最高)7インチまでの積雪が報告された ◆the accumulation of charge 電荷の蓄積 ◆the accumulation of empirical experience (理論ではなく，観測や実験に基づいた)実際的な経験の積み重ね[蓄積] ◆prevent accumulation of cholesterol in the liver コレステロールが肝臓にたまるのを防ぐ ◆with little concern for the accumulation of dirt 塵が積もることなど気にもせずに ◆counter the accumulation [buildup] of static electricity 静電気の蓄積を抑える ◆when there is an excessive accumulation of food or gas in the stomach 胃の中に食べ物あるいはガスが過剰にたまっているとき ◆He also has a year's accumulation of rust on him. 彼にはまた，1年間分のさびも積もっている。 ◆They may become clogged due to dust or sand accumulation. それらは砂ぼこりや砂がたまって[積もって]詰まる可能性があります。 ◆The license is suspended for an accumulation of six demerit points. 免許が、6点の減点累積で停止(処分)となる。

**accumulator** an〜 アキュムレータ，蓄積装置，累算器，累算機構，蓄電池(= an accumulator battery)

**accuracy** ①精度，精密度，正確さ，確度(ある決まった度合いのaccuracyは可算) ◆a repeat accuracy of 0.1% 0.1%の繰り返し精度 ◆a test that has a high degree of accuracy 精度の高い試験；非常に精密[正確]なテスト ◆be determined with great accuracy 非常に正確に測定されている ◆insure accuracy 精度を保証する[正確なものにする] ◆obtain data with high accuracy 高い精度でデータを得る ◆supply correction values of sufficient accuracy for... 〜向けに十分な精度の[十分に正確な]補正値を得る ◆the accuracy of measuring and testing equipment 測定器と試験装置の精度 ◆the waveform loses accuracy 波形は精度[正確さ]を欠くようになる；((意訳))波形が崩れる ◆transfer all data with 100% accuracy 全データを百パーセント正確に[100%の正確さで]転送する ◆within a given accuracy ある一定の精度内で ◆measure... with extremely high accuracy 〜を極めて高い精度で測定する ◆measure... with a high degree of accuracy 〜を高い精度で測定する ◆the degree of accuracy needed to land in zero visibility 視界ゼロの中で着陸するのに必要な精度 ◆travel accuracies of better than .0001" per inch (誤差が)1インチ当たり0.0001インチ以下の(高い)移動精度（*精度がbetterということは、誤差がその値以下という意味）◆perform automated multi-element analyses with high precision and accuracy 高精密・高精度自動化多元素分析を行なう ◆achieve ±1 or 2% of output accuracy by using a trim pot トリマー抵抗器を使って±1ないし2%の出力精度を達成する ◆a technique that enables computers to read handwriting with greater accuracy より正確にコンピュータが手書き文字を読めるようにする手法 ◆the output can be adjusted to good accuracy despite the poor tolerance of Vref 出力レベルは、基準電圧Vrefの甘い許容誤差にもかかわらず，相当高い精度で調整できる ◆I always question the accuracy of what I see on television. 私はテレビで観るものの信憑性(シンピョウセイ)を常に疑ってかかっている。◆This ammeter is of only moderate accuracy. この電流計は、ほどほどの精度しかない。 ◆Extremely small ink droplets are applied with an accuracy of 0.0015". 極めて小さいインクの粒が、0.0015インチの精度で(紙の上に)印加される。 ◆The linear motion table has an accuracy of travel within .0001" per inch. この直線運動[直動(チョクドウ)]テーブルは、1インチ当たり(の誤差が) 0.0001インチ以内という(高い)移動精度です。

**accurate** adj. 正確な，精密な，厳密な ◆a super-accurate atomic clock 極めて正確な[超高精度]原子時計 ◆accurate to 1/100 inch 100分の1インチの精度で ◆accurate to within one millimeter 1mm以内の精度で ◆when accurate focus is achieved （意訳）正確に焦点[正しくピント]が合うと；きちんと合焦すると ◆It is believed to be 97% accurate. それは、97%正確だと考えられている。

**accurately** adv. 正確に，正しく，的確に，明確に，ぴたりと ◆calibrate it as accurately as possible それをできるだけ正確に較正[調整]する ◆can be predicted more accurately より正確に予測できる

**accustomed** adj. (〜に)慣れている，習慣になっている，いつもの，例の ◆be accustomed to... (ing) 〈物事〉に慣れている[〜することに慣れている]；〜が板についている ◆become [get] accustomed to... 〈人など〉が〜に慣れる[慣れてくる]；〜が板についてくる

**ACDA** (Arms Control and Disarmament Agency) the 〜《米》軍備管理軍縮局

**ACEA** (the Association of European Automobile Manufacturers) 欧州自動車生産者連盟，欧州自動車製造業者協会(略語形にtheは不要，略語は仏語名称の頭字号)

**acerbic** adj. すっぱい，辛辣な，厳しい，手厳しい ◆an acerbic vaudevillian 毒舌家[毒舌を吐く]お笑いタレント

**acetate** 《化》酢酸塩，アセテート ◆acetate transparencies アセテート製のトランスペアレンシー（*OHPフィルムやスライドフィルムのこと）

**acetone** 《化》アセトン

**acetylene** ①アセチレン(ガス) ◆an acetylene torch アセチレントーチ

**achieve** vt. ～を成し遂げる, 〈高水準の性能・品質〉を実現する, 勝ち取る, 〈功績〉をあげる; vi. 目的を達成する ◆achieve a state of equilibrium 平衡状態に達する[なる] ◆achieve [attain] proper focus 正確にピントを合わせる ◆achieve light weight 軽量化[軽量化]を実現する[達成する, 果たす] ◆achieve the seemingly impossible 一見不可能な事を成し遂げる; 出来(るわけは)ないと思われていることをやってのける ◆it became possible to achieve competitive prices 競争力のある価格を実現することが可能となった ◆achieve maximum conductivity できる限り高い伝導性[導電性]を得る ◆a method for achieving a specific result ある特定の結果を得るための方法 ◆once that standardization has been fully achieved 一旦その標準化が完了してしまえば ◆That objective was successfully achieved. この目的は成功裏に達成された。 ◆as a sign Japan is intent on achieving economic recovery 日本が経済[景気]回復を果たそうと懸命になっている現れとして ◆It gives readouts on maximum speed achieved. それ(=計器)は最高到達速度の測定値を表示する。 ◆Superfine magnetic particles help achieve a high packing density. 超微粒子磁性体は高記録密度の実現を助ける。

**achievement** ①達成[実現, 成就]すること; an ～ 達成されたこと, 偉業, 業績, 功績 ◆a certificate of achievement 学力[成績]証明書 ◆standardized (academic-)achievement tests 共通学力試験 ◆Concrete achievements include... 具体的な業績[成果]は, ～などつ。(*an achievement = result gained by effort) ◆his sales achievements 彼の販売成績[業績, 実績] ◆outstanding achievement in... ～における著しい功績 ◆the degree of achievement of an objective [objectives, a goal, goals] 目的[目標]の達成度 ◆one of the greatest achievements of the history of mathematics 数学の歴史上最も大きな業績の一つ ◆that self-esteem occurred after a student achieved a high degree of academic achievement その自信は, 学生が高い学業成績を達成した後に生まれた[修めた後に出てきた] ◆Ensure that employees are recognized for achievements. 従業員(について)は, やったこと[手柄, 功績, 業績, 成績]がちゃんと認められるようにすべし。

**Achilles(') heel** the ～, one's ～ 唯一の弱点, 最大の弱み,一番の泣き所, 《比喩的な意味で》アキレス腱 ◆the plan has an Achilles' heel この計画にはアキレス腱がある ◆It is the Achilles' heel of the program. これがその計画のアキレス腱[唯一の弱点]だ。 ◆The car's aerodynamic drag is an Achilles' heel of sorts. この車の空力抵抗[抗力]は, ちょっとしたアキレス腱だ。

**Achilles' tendon** an ～ 《医》アキレス腱 ◆she broke [tore, ruptured, slashed] an Achilles' tendon in a race 彼女はレース中にアキレス腱を切って[断裂して]しまった ◆My mother recently sustained an Achilles' tendon rupture which was surgically repaired. 私の母は最近アキレス腱を断裂して手術で治した。

**achromat** an ～ 色消しレンズ, アクロマート(= an achromatic lens)

**achromatic** adj. 無色の, 色消しの, 無彩の, 色収差を補正した

**acid** ①《種類が an ～》酸 ◆acid-proof [acidproof] grease 耐酸グリース ◆acid-resistant 酸に強い ◆a strong [weak] acid 強[弱]酸 ◆resistance to acids 耐酸性 ◆an acid bath 酸浴槽[酸洗いタンク] ◆acid-resistant glass 耐酸ガラス ◆be resistant to acids ～には耐酸性がある ◆be strongly [weakly] acid 強酸性[弱酸性] ◆excellent acid resistance 優れた耐酸性 ◆special acid-soluble glass 特殊な酸溶性ガラス ◆a total acid value [number] of 0.05 mg KOH/g or less 0.05mgKOH/g以下の全酸価(*酸価=試料100g中に含まれる酸性成分を中和するのに要する水酸化カリウムKOHのmg数) ◆It is slightly acid. これは, 弱酸性である。 ◆be printed on acid-free paper 中性紙に印刷されている ◆We acid-bath the part or sandblast it, which takes it down to the bare metal. Then,

we... 私どもでは, その部品を酸洗い[する]かサンドブラストをかけるかして地金を出します。それから, ～

**acidic** 酸性の, 酸を生じる ◆be hydrolyzed under acidic conditions 酸性の状態で加水分解される ◆make the solution acidic 溶液を酸性にする

**acidification** 酸性化 ◆the process of acidification of precipitation 降水の酸性化の過程

**acidify** vt., vi. 酸性化する, すっぱくする[なる]

**acid rain** 酸性雨 ◆acid-rain-producing sulfur-dioxide emissions 酸性雨を生じさせる亜硫酸ガス[二酸化硫黄]の排出

**ACIR** ◆the U.S. ACIR (Advisory Commission on Intergovernmental Relations) 米国の政府間関係省間委員会

**ACK** (acknowledgment, acknowledge) 《通》(アック), 肯定応答(信号)

**acknowledge** vt. 認める, 承認[了解, 了承, 承諾]する, 確認する, 感謝する, 通知する ◆an acknowledge (ACK) character 《通》肯定応答文字 ◆acknowledge receipt of an interrupt 《コンピュ》割込(信号)を受け取ったことを(送信側に)通知する ◆acknowledge the errors and wrongs of the past 過去の過ちや間違いを認める ◆acknowledge receipt of the down payment [downpayment] 頭金の受領を確認する ◆VW's interiors have long been acknowledged as the best in the business. フォルクスワーゲンの内装は長年業界随一との定評がある。 ◆I would like to take this opportunity to acknowledge the contributions of these individuals, without whom this book would not have been published. この機会に, 私はこれらの皆様の貢献に感謝を致したく存じます。これらの方々なくしてはこの本が出版の日を見ることはなかったでしょう。 ◆President Clinton acknowledged last night that he had had an inappropriate relationship with Monica Lewinsky and deceived the American people about it. 昨夜クリントン大統領は, モニカ・ルインスキーさんと不適切な関係を持ったことを認め, そのことでアメリカ国民を欺いていたことを白状した。

**acknowledgment** (an) ～ 承認[了解, 了承, 承諾](すること), 確認, 通知, 認知;《通》肯定応答[確認応答](ACK); ～s (著者などによる)謝辞 ◆an acknowledgment signal 《通》応答信号 ◆negative acknowledgment (NAK) 《通》否定応答 ◆his acknowledgment signature 彼の了承[了解, 承知]した旨の署名 ◆There is a growing acknowledgment that... ～という認識が高まりつつある ◆Acknowledgment of receipt of responses will not be made [issued]. 応札[応募書類]の受領確認はいたしません[発行しません]のでご了承ください。

**ACLU** (American Civil Liberties Union) the ～ 全米[米国]自由人権協会

**ACOA** (Adult Children of Alcoholics) アダルトチルドレン ▶特に単数, 複数をはっきりと示したい場合は an ACOA (pl. ACOAs) ◆アルコール依存症の親のもとで育った大人になった子供。家族関係の心の傷を負ったまま大人になった人たちの総称でもある。adult childrenだけだと「成人した子供たち」の意味になる。

**acoustic** adj. 音響(学)の, 聴覚上の, アコースティックの, 〈楽器が〉電気によらない[生(ナマ)の]; n. ～s《単扱い》音響学; ～s《複扱い》音響(特性) ◆an acoustic coupler 音響カプラー(*電話の受話器を使ってデータを転送する装置) ◆an acoustic instrument 生楽器 ◆an acoustic insulating material 防音[遮音]材 ◆(an) acoustic reflection 音響反射 ◆an acoustic sensor 音響センサー ◆an acoustic tile 防音[吸音]タイル ◆an acoustic wave 音波 ◆acoustic music 生楽器による音楽(*電気音響装置を通さない) ◆an acoustic-suspension woofer アコースティック・サスペンション・ウーファ ◆listening-room acoustics リスニングルームの音響特性

**acoustical** 音響の, 音響学の, 音響上の ◆acoustical energy 音響エネルギー ◆an acoustical signal 音響信号

**acoustooptic** 音響光学の, 音響光学的な ◆an acoustooptic modulator 音響光学変調器

**ac-powered** 《電気機器の》交流電源使用の, 交流給電式の

**acquaint** vt.〈人に〉～を知らせる<with>;《受身で》～を知る<with> ◆after becoming acquainted with this notation この記号表記法を知った上で ◆a half-hour "get-acquainted" computer class　30分間のコンピュータ入門教室 ◆The objective of this chapter is to acquaint the reader with some of the basic concepts and statements of the language.　本章の目的は、この言語の基本的な概念と命令のいくつかを読者に知らせることにある。

**acquaintance** an ～人、知り合い;(an) ～知っていること、面識、見知っていること、知識、知合 ◆deepen acquaintance with...　～とのつき合い[交友関係]を深める ◆long-time-no-see acquaintances　ご無沙汰している[久方ぶりの]知人たち[知り合い達、知人달]

**acquire** vt. ～を獲得する、取得する、得る、手に入れる、習得する、身につける、〈企業〉と合併[統合]する ◆acquire a fix on the target　目標の位置を求める ◆acquire a special skill　特殊技能を習得[獲得]する ◆acquire computer literacy　コンピュータを使う能力を身につける ◆acquire skills through vocational education　職業教育を通して技能を習得する[身につける] ◆acquire skills to move up the ladder　段々と上に上がっていくための技術を習得[獲得]する ◆Waveform data can be acquired through an IEEE-488 interface.　波形データは、IEEE-488インターフェースを介して収集できる。

**acquisition** (an) ～獲得(したもの)、取得(したもの)、(企業)買収 ◆data acquisition software　データ取得[収集]ソフトウェア ◆land acquisition　土地の取得 ◆an acquisition tone 入力確認音(＊コンピュータや電卓の) ◆on-the-job skill acquisition　実地での技術の修得 ◆high-speed data acquisition　高速データ取得[収集] ◆large mergers and acquisitions　大型企業合併・買収 ◆simplify product acquisition　製品の調達を簡略化[簡素化、簡単に]する ◆the acquisition of higher skills　より高度な技能の習得;より高い技術を身につけること ◆the acquisition of personnel skilled [with skills] in...　～(分野)の技術を持った職員の獲得[確保] ◆the Pentagon's CALS or Computer-Aided Acquisition and Logistic Support system　(米)国防総省のCALS、即ち生産・調達・運用支援統合情報システム ◆the acquisition of such products as supercomputers or milling machinery　スパコンやフライス盤といった製品の調達[入手] ◆new acquisitions to the library　図書館の新着図書

**acquit** vt.〈人〉～を無罪とする、～を(～から)放免する<of> **acquit oneself**　(まあまあ良く)行う、(満足できる程度に)ふるまう;〈義務、責任など〉を遂行する[果たす]<of> ◆The speaker system acquitted itself very well in high-power tone-burst tests. 本スピーカーシステムは、大出力トーンバースト試験で非常に立派な挙動を見せた。

**acre** (略 a., A.) an ～ one ～エーカー(＊面積の単位)、4047平方メートル;～s 土地、地所

**acreage** (an) ～(単のみ)エーカー数、(エーカー数で表した)面積 ◆acreage reduction programs　減反制度 ◆by ending mandatory idling of acreage　強制的な休耕地を止めることにより ◆own a large acreage of land　エーカー数の大きい[広い、(意訳)]坪数の大きな]土地を所有する ◆grow more crops on less acreage　より少ない面積でより多くの作物を栽培する

**acronym** an ～ 頭字語 ◆The term nylon is an acronym for "Now you look out, Nippon!" ナイロンは、「さあ日本よ、今度はお前が気をつける番だぞ」の頭字語である。

**across** 1 prep. adv.〈幅の)別に端から端まで、両端に、直径で、端子から端子まで、一間に、横に渡して、差し渡しで; adj. 横(方向)の ◆spacious six-across seating　ゆったりした横に6人掛けの座席配置(＊飛行機などの) ◆the voltage across the capacitor そのダイオードの両端の電圧 ◆place a capacitor across the diode　そのダイオードの両端にコンデンサを並列に接続する[そのダイオードにコンデンサをパラに抱かせる] ◆the capacitor placed across the diode　(電気)ダイオードの両端に接続されているコンデンサ;ダイオードに並列に入れてある[パラに抱かせてある]コンデンサ ◆The canal, at its narrowest (point), is 75 feet across [wide].　この運河は、最も狭いところで幅75フィートである。 ◆The disc measures 4.72

inches across.　その円盤は、差し渡し[直径]4.72インチである。 ◆The voltage spike across the freewheeling diode is approximately 10V. 転流ダイオード(の両端)にかかる電圧スパイクは約10Vである。(＊acrossは、ダイオードには通じる2つの端子間の意) ◆A character is represented as a series of bits running across the tape. 《コンピュ》文字は、テープの幅方向に並ぶ一連のビットによって表される。 ◆On the panel, messages can run 14 characters across and 11 lines down.　パネルに、横14文字、縦11行のメッセージが表示できる。 ◆Across the bottom of the screen are several buttons that correspond to your function keys.　画面の一番下に、ファンクションキーに相当するボタンが数個横に並んでいます。 ◆Firm covers should be fixed across the power switches to avoid accidental turning off of server power.　サーバーの電源の偶発的な切断[遮断]を防ぐために、電源スイッチに(端から端まで)差し渡して[全面を覆うように]しっかりとしたカバーを取り付けなければならない。 ◆Press PF10/11 (LEFT/RIGHT) to scroll across a report that exceeds a single screen in width. 《コンピュ》1画面に収まらないレポートを横[左右]にスクロールするには、PF10/11(左/右)キーを押します。 ◆The divider is inserted into the side wall slots across the width of the container. 仕切り板は、容器の幅方向の端から端まで渡すようにして側壁のスロットに差し込まれる。

2 prep. ～全体にわたって、～中(ジュウ)の[で] ◆across a wide area 広い地域にわたって ◆across the Continent 欧州本土全域にわたって ◆all across America アメリカ中[アメリカ全土]で ◆begin selling... at 150 stores across Japan 日本全国150店舗で～を売り出す[～の販売を開始する] ◆process orders from across the country for...　全国[国中]から集まる～の注文を処理する[さばく]

3 prep. adv. 越えて、またがって、一間で、交差して、横切って、横断して; adj. 交差した、十文字の ◆the ability to search across multiple databases 複数のデータベースにわたって(横断的に)検索できる能力 ◆transmit data across telephone networks 電話網の境界を越えて[異なった電話網間で]データを伝送する ◆The paragraph is split across a page boundary.　その段落は、ページの境目で分割されて[ページまたがりになって]いる。 ◆Whenever a word is encountered that needs to be broken across two lines, the word processor's hyphenation algorithm finds a suitable place within the word to insert a hyphen.　ワープロのハイフネーションのアルゴリズムは、2行にまたがるように分ける必要のある語に行き当たるたびに、その語の中の適切なハイフン挿入箇所を見つける。

4 prep. 向こう側に ◆sit across a table from a person　〈人〉とテーブルをはさんで(向かい側に[差し向かいで、対面で、反対側に])座る ◆My computer is across the room from a large south-facing window, and in the afternoon the glare on the screen can be fierce unless I draw lightproof blinds.　私のコンピュータは南向きの大きな窓から見て部屋の反対側にあり、午後になると遮光ブラインドでも引かない限り、画面上のぎらつき反射は強烈になることがある。

**across-the-board** adj. 全般的な、全体的な、全面的な、軒並みの、全員を対象とした、一律の;《主に米》全部門の形でも使用) ◆an across-the-board raise　一律の賃上げ ◆an across-the-board tax cut　全面[一律]的な減税 ◆due to TBM's across-the-board staff cuts　TBM社の全般的な[全部門を対象にした]人員削減のせいで ◆propose a 4% cut across the board in defense spending　防衛支出の一律4パーセント削減を提案する

**across-the-line** ◆across-the-line starting ( = full voltage starting) 全電圧始動[起動]; 直入れ起動[始動]

**acrylic** アクリル酸の、アクリル製の; n. アクリル樹脂 ◆a blanket woven of acrylic　アクリル製[素材]の毛布

**ACSA** (acquisition and cross-servicing agreement) an ～ 物品役務相互融通協定(＊自衛隊と米軍の間の特定の協定を指す場合は定冠詞theがつく)

**act** 1 an ～ 行為、所業、法令、証書 ◆a piracy act　海賊行為、著作権抵触行為 ◆they have committed acts of terrorism　彼ら

はテロ行為を働いた ◆be convicted under the Highway Traffic Act　道路交通法違反を宣告される ◆he was caught in the act of selling a controlled substance　彼は, 規制対象薬物密売の現行犯で逮捕された ◆the acts of lighting a cigarette, smoking, and putting it out　タバコに火を付ける, 吸う, そして消す動作 **2** vi. 行動する, 実行する, 作用する, 作動する, ふるまう, 果たす; vt. ~を務める ◆act as...　~(として)の役割を果たす ◆act as...（圏serve as...)　~として働く, ~の働きをする, ~の役を[役目を]務める, ~としての役割を演じる[機能を果たす], ~として働く[作用する, 機能する], ~の代わりになる, ~となる, ~である ◆act with moderation　行動を慎む, おとなしくしている ◆Sinatra's phenomenal acting prowess　シナトラのすばらしい演技力 ◆rain acts as a lubricant　雨は(路面の)潤滑剤の働きをする ◆a centrifugal force acts opposite to a centripetal force　遠心力は向心力[求心力]と反対の方向に作用する ◆copper braided tubing that acts as a shield　シールドの役目をする銅編み組み管

**in the act of...**　~の最中で, ~しようとしているところで, ~しようとして ◆except when in the act of overtaking and passing　追い越しをしかけようとしているとき以外は

**act on, act upon**　~に作用する, ~に影響を及ぼす; 〈主義, 情報〉に従って[基づいて]行動する ◆be acted upon by...　~の作用を受ける ◆act on a person's advice [warning, information]　〈人の〉アドバイス[注意, 情報]に従って行動する ◆a force that acts on...　~に作用する[働く, かかる]力

**actinide**　an ~《化》アクチニド(*原子量89から103までのアクチニド系列元素のなかの一つ) ◆actinide elements　アクチニド元素

**actinide series**　the ~《化》アクチニド系列

**actinium**　アクチニウム(元素記号: Ac)

**action**　(an) ~ 行動, 活動, 実施, 実行, 行為, 所業, 〈人や機械の〉動作, 所作, 操作, 措置, 処置, 《意訳》対策, 格闘[戦闘], アクション; an ~ 動き, 動かし方; 訴訟, 効果; an ~ by the action of...　~の作用[なせる業]で ◆be in action　動作中[運転中]である ◆be out of action　(故障などの原因により)運転休止している ◆take action　行動をとる[起こす]; 行動に出る; 措置[処置, 手段, 対策, 対応策, 手立て]を講じる[講じる]; 手を打つ[施す], 対処する, 対応する ◆go into action　動作[運転]状態になる ◆put... out of action　(損傷を与え)~を使用[動作, 運転]不能にする ◆a course of action (pl. courses of action)　方法, やり方, 方針, 道, とるべき行動, 行動方針, 事の進め方, 身の振り方や処し方, 出処進退, 手順, アプローチ ◆an action plan　行動[実行, 実施]計画 ◆an action program　アクション・プログラム; 実施[実行, 行動, 運動]計画 ◆a double-action fastening　2動作留め具(*留めるのに2段階の手順を要する) ◆a system in action　稼働[実働, 実動, 動作, 活躍]中のシステム ◆a videotape showing ThyDraw in action　ザイドロー(ソフト)の実演をやってみせているビデオテープ ◆by a burning action　燃焼作用によって ◆by the action of light energy　光エネルギーの作用によって ◆discuss future courses of action　今後の方針[これからの対応(の仕方)]について議論する[審議する, 話し合う, 討議する, 討論する, (みんなで)検討する] ◆initiate some kind of action toward...　~に向けてのなんらかの行動を起こす ◆mimic the action of the brain　人間の脳の働きをまねる ◆put a plan into action　計画を実行に移す ◆stand ready for action　すぐに行動に移れる用意が出来ている; 戦闘準備が整って[完了して]いる ◆take some positive action　何らかの積極的な措置をとる ◆through chemical action　化学作用により ◆under the action of heat and pressure　熱と圧力の作用下で ◆a machine with a wide radius of action　広い行動半径を持つ機械 ◆the erosive action of the hot gases　高温のこれらのガスの侵食作用 ◆Unless action is taken soon,...　措置がすぐにでも取られないと, ~ ◆a heavy-breathing, fast-action flick　息づかいの激しい, 速い立ち回りの[スピードアクション]映画(*a flick は俗語で映画) ◆band-aid-like tariff actions　応急処置的な関税措置 ◆through [via, using, with] simple drag & drop actions [operations]; using a simple drag and drop interface

簡単なドラッグ&ドロップ操作で ◆the best course of action for... is to <do>　~にとっての最善の方針は, ~することである ◆a course of action he can take　彼が取ることのできる行動 ◆Error:... Explanation:... Action(s):...　エラー:~ 説明:~ (とるべき)処置[対策, 対処, 対応]:~ (*取扱説明書などに用いられる表現) ◆find it difficult to put words into action　言葉に出して言ったことを実行に移すことは難しいものだと感じる ◆get a chance to see the new engine in action　その新しいエンジンが実際に動いて[働いて, 活躍して]いるのを見る機会を得る ◆implement action required to correct defectiveness　欠陥を是正するために必要な措置を実行する ◆institute an action against a person　人を相手取って訴えを起こす ◆subject it to the action of heat [pressure, fire, water, X rays, radiation]　それが熱[圧力, 火, 水, エックス線, 放射線]の作用を受けるようにする ◆under action of two opposing forces　向きが反対の2つの力の作用のもとで ◆High speed action cuts maintenance time by up to 75%...　2高速運動により, 保守時間を最高75%短縮 ◆mechanical actions that create letters and numbers on paper　紙の上に文字や数字を形成する機械動作 ◆potential buyers can see the products in action　購入を考えている人たちは製品が実際に働いているところ[製品の実演]を見ることができる ◆send out electrical signals that tell the robot what actions it should perform　ロボットにどんな動作をすべきか命令するための電気信号を送出する ◆unless strong action is taken to prevent it　それを防ぐための強力な措置が取られない限り ◆A credit card call requires action by an operator.　クレジットカード通話は, 電話交換手による取り扱いを必要とする. ◆A power failure has put the factory out of action.　停電が, 工場の機能を麻痺させた. ◆Please tell me what course of action to take.　どうする, どうすればよいのか私にお教えください. ◆The pop-up flash automatically swings into action when needed.　この跳ね上がり式ストロボは, 必要な時に自動的に(勢いよく上がって)動作に入る. ◆Just complete and mail this coupon. Or, for faster action, call our toll-free number!　このクーポンに(必要事項を)記入して郵送してください. また, お急ぎの場合は弊社のフリーダイヤル番号にお電話をお掛けください. ◆Knowledge USED is power! One may have a high IQ (intelligence quotient) but until that potential is put into action, it is useless.　(意訳)知識は使ってこそ力になる. 知能指数(IQ)が高くたって, その可能性を実践するまでは役に立たない. ◆The supplier shall take prompt action to correct conditions which might result in defective supplies or services.　部品供給メーカーは, 不良品または欠陥サービスを結果的に生じる恐れがある状態を是正するために迅速な措置を講じなければならない.

**in action**　活動して, 動作中[稼働中, 操業中, 運転中]で, 働いて, 活躍中で, 作用して, 戦闘中で, 交戦中で ◆see Windows NT in action　Windows NTが動いているのを見る ◆All these machines are fast, and they'll stay in action for long periods.　これらの機械はすべて高速動作するので, 長いこと[(意訳)末永く]活躍し続けることであろう. ◆He was killed in action there.　彼はそこで戦闘[交戦]中に殺された[戦死した].

**activate**　vt. 活性化する, 促進する, 励起させる, 作動[始動, 稼動]させる, 導通状態にする, activeな状態にする; vi. activeな状態になる, 発動する (→inactivate) ◆activated carbon [charcoal]　活性炭 ◆a sound-activated switch　音声作動式スイッチ ◆a voice-activated dialing telephone　音声(による指示)でダイヤルできる電話 ◆activate and deactivate terminal equipment　端末[宅内]装置を起動させたり停止させたりする ◆the U.S. action to activate the 1974 Trade Law 301 apparently violates the General Agreement on Tariffs and Trade　1974年通商法301条を発動させるという米国の措置は明らかにGATTに違反している ◆Pop-up menus can be activated by pressing...　ポップアップメニューは, ~を押すことによって呼び出せる[画面に表示できる] ◆The unit is activated by a pushbutton.　このユニットは, 押しボタンで作動させ[ONにし]ます.

**activation**　活性化, 賦活(フカツ), 起動, 活動化 ◆during activation　立ち上げ中に ◆the activation of T lymphocytes　Tリ

ンバ球の活性化［賦活］ ◆cause the activation of an audio alert 警報装置の起動を引き起こす［を作動させる］ ◆On [Upon] activation, each module examines the state of... 《電子機器, コンピュ》起動［立ち上げ, 電源投入］時に, 各モジュールは～の状態を調べる。 ◆the activation of serial ports is performed in logical order シリアルポートの起動は論理順に行われる

**active** adj. アクティブな, 積極的な, 活動中の, 活気のある, 有効な, 活性の, 能動的な, 《文》能動態（の形）の, 実際の ◆active safety 《車》(衝突)予防安全性（*ハイテク制御などを用い衝突を避けることを可能にする安全性）◆active trading 《株》活発な商い ◆(an) active power 有効電力 ◆an active volcano 活火山 ◆active elements [components, parts] 能動素子［部品］ ◆an active coal mine 操業［稼働］している炭坑, 稼行炭鉱 ◆a radio-active singer ラジオで活躍している［ラジオで曲がよくかかる］歌手 ◆a surface-active substance 界面［表面］活性物質 ◆a very active 2-year-old 非常に活発な2歳児 ◆a very active grain market 非常に活発な穀物市場 ◆be active against fungi かびを抑えるのに効果がある ◆become chemically active 化学的に活性化する ◆become [get, grow] active 盛んになる［活発化する, アクティブになる］（*電子回路でのbecome activeは,「アクティブになる, 動作（可能）状態になる」, ロジック回路では「アクティブになる＝真になる」）◆bring [place, put, transfer] this technology into active use 《直訳》この技術を実際の使用に持っていく［移行させる］；《意訳》この技術を実用に供する［実用化する］ ◆trading was very active 《株》売買取引［商い］は非常に活発だった ◆We need their active cooperation. 我々には彼らの積極的な協力が必要だ。 ◆windows not in active use 《コンピュ》(開いていない)使用中でないウィンドウ ◆bring [put] previously used buildings back into active use 以前使用されていた建物を再び実際に使用する［実用に供する］ ◆people leaving active duty 現役を退こうとしている人々（*特に軍人に用いられる表現）◆the Association has become very active in looking for violators of late この協会は最近違反者を発見することにかけて非常に活発に［大活躍するように］なってきた ◆active-duty strength 常備兵力 ◆became sexually active at 9 彼は9歳にして性的に活発になった［《意訳》目覚めた］ ◆IBM has begun to play an active part on the VESA XGA (eXtended Graphics Array) technical committee IBM社はVESA XGA（拡張グラフィックス・アレイ）技術委員会で積極的な役割を演じ［活躍］始めた ◆... the line stays active [remains asserted] 《電子》その(信号)線はアクティブに保たれる（*アクティブはアサートとも）◆the most concentrated products with 100 percent active ingredients 有効分100%の最高に濃縮された製品 ◆when the transistor enters into its active region このトランジスタが(自分の)動作領域に入る際に ◆Equipment that is not in active use, or soon to be put into active use, should not be stored in laboratory space. 実際に使用中でない機器, あるいは近く実際に使用され(始め)る機器は, 実験スペースに置いてはいけない。 ◆This signal is active LOW [is asserted low]. 《電子》この信号は, アクティブLOWである［LOWレベルのとき真である］。 ◆A sleep mode maximizes battery time when the modem is not in active use. 休眠モードでは, モデムが実際に使用されていない間の電池の持ち時間をできるだけ伸ばします。 ◆There is a very active effort going on in terms of how to try to cope with this issue. この問題にどう対処［対応］すればいいかのといった観点からの非常に積極的な取り組みが進展中である。

**active-low** 〈制御信号が〉アクティブローの, Lowの状態でアクティブとみなされる ◆The line over the signal name is a notation to tell you that the pin is active low. 《電子》信号名の上のバーは, そのピンがLOWレベルのときアクティブであることを示す記号です。

**actively** adv. 積極的に, 能動的に, 自発的に, 活発に, 盛んに, 勢いよく, 大いに［目覚ましく］活躍して, エネルギッシュに, 精力的に；実際に ◆actively traded stocks 活発に取り引きされている株; 人気株; 花形株 ◆actively promote sales of... ～の販売を積極的に促進する; ～の販売攻勢をかける ◆as many as 350 are actively engaged in espionage 実に350名がスパイ活動を積極的に展開している ◆... have been studied actively ～は盛んに研究されて［《意訳》～の研究は盛んに行われて］きた ◆He has been actively involved in the pro-democracy movement since his release from prison in 1965. 彼は1965年の釈放［出獄］以来, 民主化要求運動で活躍してきた。

**activism** ①積極［直接, 実力］行動主義 ◆By the late sixties, activism had become mainstream at the University. Many students wanted change, and they became more vocal in demanding it. 60年代遅くまでに, 積極［直接, 実力］行動主義はこの大学［本学］において主流となった。多くの学生は改革を望んでいたので, 彼らは改革を(求めて)いっそう声高に叫ぶようになった。

**activist** n. an～；adj. 活動家 ◆an activist student 活動家の学生, 学生活動家［運動家］ ◆an anti-war [antiwar] activist 反戦活動家; 戦争反対運動に熱心な人 ◆a human-rights activist 人権擁護活動家

**activity** (an～) 活動(状態), 行動, 行為, 営み, 取り組み, 営為, 作業, 業務, 働き, 活躍, 作用, 動作, 機能; 活気, 活況, 活力, 活性 ◆anticancer activity 制癌作用 ◆a human activity; human activities; the activities of humans 人間の活動［営み］ ◆an [the] activity ratio 《コンピュ》《ファイルなどの》使用［利用］率 ◆a center of activity 活動の中心 ◆[the] file activity ratio ファイル使用率［利用率］ ◆broaden one's activities 活動を広げる ◆conduct [carry out] political activities 政治活動［政治的な取り組み］を行う ◆have [possess] activity against fungi ～にはカビを抑える作用がある；《意訳》～は, かびを抑えるのに有効である ◆show [display] great activity in helping... ～を助けるのに大活躍する ◆document-preparation activities 文書作成作業［業務］ ◆activity of natural killer cells decreased ナチュラルキラー細胞の活性が低下した ◆perform daily living activities, such as climbing stairs and opening doors 階段を上るとかドアを開けるといった日常生活での動作を行う ◆prior to the performance of one or more activities いくつかの作業の遂行に先立って ◆merge all activities under a single organizational structure すべての機能［業務］を一つの組織機構の下に統合する ◆the arrival of a department store in a mall typically means a stepping-up of activity among surrounding retailers 商店街にデパートがやって来るということは, 一般的に周りの小売業者の間における活気づけ［景気づけ］を意味する ◆For children attending camp, studies and activities centered on using computer software, the Internet, and e-mail to research... 合宿に参加した子どもたちにとって, 学習と活動は, ～を調査するためのコンピュータソフト, インターネットおよび電子メールの使用が中心となった。 ◆Lack of activity, dull eyes, dull hair, loss of appetite and general emaciation are signs of illness. You should not hesitate to take your hamster to your veterinarian if you think he is ill. 不活発さ, どんよりした目, 艶のない毛, 食欲不振および全身的なやつれは, 病気の兆候です。具合が悪いと思ったら, ためらわずに(あなたの)ハムスターをかかりつけの獣医に持って行くようにしてください。

**act of God** an～ (pl. acts of God) 不可抗力, 天災, 神のなせる業, 神業 (カミワザ) ◆in the case of acts [an act] of God 不可抗力による場合は

**actual** 実際の, 現在の ◆in actual fact 実際［現実］には ◆actual numbers [figures] 実際の数字［数値］; 実績値［額］; 実績 ◆an actual measured value 測定した実際の値; 実測値 ◆actual measurement data 実測データ ◆actual heights 実際の高さ ◆a particular person's actual dimensions ある人の実際の寸法［《意訳》実測値］ ◆not yet in actual use まだ実用化されていない ◆test... under actual conditions ～を実際の状況下でテストする；～を実動試験する ◆the actual conditions of a given country ある特定の国の実際の有様・状態［実態, 実情, 実状］ ◆actual and projected annual sales 年間の販売実績と予測［予想］ ◆the actual results of Japan's market-opening efforts 日本の市場開放努力の実績 ◆be determined by actual measurement of... ～の実測により求められる ◆

**adaptable**

test the IC dynamically under actual operating conditions　そのICを実働状態で動的に試験する　◆those responsible for carrying out the actual cleaning and disinfection operations　実際の清掃および消毒作業の実施を担当する人たち；洗浄・滅菌を実践する担当作業員ら　◆Students will participate in a "mock" testing situation in preparation for the actual testing which will take place on May 18th, 23rd and 24th.　学生は5月18日、23日、24日に行われる予定の本番［実際の試験］に備えて「模擬（的な）」試験（状況）に参加します。

**actuality**　n 現実、現実性、実際、実在；*actualities* 現状、現実、実情　◆in actuality　現実には、実際には、現に、実際上（は）、実態は

**actualization**　実現化、現実化　◆self-actualization　自己実現　◆toward actualization of a global village　グローバルビレッジの実現［《意訳》地球村の成立］に向けて（*たとえば、インターネットにより世界はつながれ1つの地球village に変わる）

**actualize**　vt.　～を現実化する、現実のものにする、実現する、実現化させる、～をリアリスティック［写実的］に描写する；vi. 現実化［実現化］する、現実（のもの）となる、実現する

**actually**　adv. 現実に、現に、実際に、実際には、実は、実のところ、その実、事実、本当に、真に、まさに　◆an actually measured value　実際に測定した値；実測値　◆actually act [function, serve] as...　実際のところ［実用上］への機能を果たす　◆it could actually happen　それは実際に起こり得る　◆it is actually close to useless　それは、実のところほとんど役たたずだ

**actual size**　実際の大きさ［寸法］；実物大の、実寸の、現尺の、原寸大の　◆in actual size　実寸［実物大］で　◆an actual-size image of the disk　そのディスクの実物大イメージ　◆Master artwork for the circuit pattern is prepared at 25 times actual size.　回路パターンのアートワークマスターは、実寸の25倍の大きさで作成される。

**actuary**　◆a life insurance actuary　生命保険のアクチュアリー［保険数理士、保険数理人］

**actuate**　vt. 作動［始動］させる、発動する、駆動する、動かす　◆an actuating lever　作動レバー　◆actuate a lever　レバーを動かす　◆be hydraulically actuated　油圧により駆動される［動かされる］　◆A piston device is used to actuate the gripper.　ピストン機構がグリッパを動かすのに用いられている。

**actuation**　（機械の）作動［始動］、〈スイッチ、バルブなどを〉動かすこと、操作　◆Actuation of the gripper is controlled by...　グリッパの動きは～によって制御される。　◆The push-button switch has an electrical life of 1,000,000 actuations minimum at full load.　この押しボタンスイッチは、全負荷で最低1,000,000回作動の電気的寿命がある。

**actuator**　*an* ～　アクチュエータ、作動［動作］装置、駆動部、機械的操作機構、操作装置　◆a hydraulic actuator　油圧作動装置［アクチュエーター］

**acumen**　見抜く力、抜け目なさ、洞察力、眼識、鋭敏さ、明敏、手腕、才能　◆his business acumen　彼のビジネスにおける鋭い目［慧眼（ケイガン）］

**acute**　adj. 鋭い、鋭利な、鋭角の、鋭敏な、切実な、〈苦痛、感情が〉激烈な、〈病気が〉急性の　◆an acute angle　鋭角　◆an acute triangle　鋭角三角形　◆have acute hearing　鋭い耳をしている　◆provide a broad range of services for both acute and subacute patients　急性期患者および亜急性期患者の双方を対象にした幅広い（医療）サービスを提供する

**acutely**　adv. 鋭く、鋭敏に　◆Depressed persons may feel acutely aware of an inadequacy in meeting responsibilities.　落ち込んで［意気消沈して］いる人は、責任を十分に果たせないことを痛切に感じ［痛感し］ているのかもしれない。

**ad**　(advertisement) *an* ～ 広告　◆the pictures in those ads　それらの広告に載っている写真　◆various ads for speakers　スピーカのいろいろな広告　◆ads loaded with claims about being the best　最高のものであるなどと能書［宣伝文句、謳い文句］を並び立てている広告

**AD, A.D.**　《年代の前か後ろにおいて》西暦［紀元］～年（▶世紀にも用いられる）　◆from January 1, 9999 BC to December 31, 9999 AD　紀元前9999年1月1日～西暦9999年12月31日まで

**A/D**　(analog-to-digital) アナログからデジタルへの　◆an A/D converter　A-D［A/D］変換器

**ADA**　(Americans With Disabilities Act) *the* ～ 障害を持つ［障害のある］アメリカ人法、アメリカ障害者法; (American Dental Association) *the* ～ 米国歯科会、米歯学会

**adapt**　vt., vi. 適応する［させる］、適合する［させる］、順応する［させる］〈to〉　◆adapt the services to the needs of...　これらのサービスを～のニーズに合うようにする　◆adapt to a changing environment　変化しつつある環境に順応する　◆species unable to adapt themselves to environmental changes　環境の変化に順応できない種　◆adapt products to a customer's special needs　製品を顧客の特殊なニーズに合うようにする［合わせて改造する］　◆adapt products to the demands of the market　製品を市場の要求［要請、需要］に合わせる　◆adapt the machines to home use　それらの機械を家庭用に改造する［《意訳》開発し直す、転用する］　◆a flexible manufacturing center capable of adapting to shifts in consumer demand　消費者の要求の変化に適応できる適応性のある生産拠点　◆by constantly adapting to better meet our customers' needs　常に〔弊社の〕お客様のニーズにより的確に応えるための対応をすることにより　◆develop ultra-high-performance equipment and then adapt its unique characteristics to real-world products　超高性能機器を開発し、そしてそれからその機器のユニークな特性を実際の製品に応用する　◆Military life is more regimented than civilian life, and some people have trouble adapting to the discipline.　軍隊での生活は民間の生活よりも管理・統制されており、規律に慣れるのに苦労する者もいる。　◆Of all the blooming plants in the world, African violets could well be the best adapted to growing indoors.　世界の花の咲くすべての植物のなかでも、アフリカスミレ［セントポーリア］は室内での生育［育成、栽培］に最適だといえるでしょう。　◆Several of her works such as "Murder on the Orient Express" and "Death on the Nile" were adapted for film.　「オリエント急行殺人事件」や「ナイルに死す」など、彼女の作品の数点は映画化された。　◆We also specialize in adapting our terminals to meet the unique needs of our customers.　私どもは、個々のお客様独自のニーズに合わせて弊社製の端末機を仕様変更することも専門にしております。

**adaptability**　適応性、適応力、順応性、適合性　◆adaptability to climate change　気候の変化への順応性　◆demonstrate adaptability to the needs of...　～のニーズへの対応性がある ことを実証する　◆a videotape describing the adaptability of the car for use by people with disabilities　この車が障害者用に適していることを説いているビデオテープ

**adaptable**　adj. 適応できる、適合できる、順応できる　◆adaptable to customer needs　消費者のニーズに（柔軟に）応えることが可能　◆adaptable to production usage　生産に使用できる　◆a substance adaptable for use as...　～として利用［活用］できる物質　◆be adaptable to future standards　将来の［今後にでてくる］標準規格に対応可能である　◆designed to be highly adaptable to changes in...　～の変化によく順応できるように設計されている　◆It is readily adaptable for arc welding applications.　それは、すぐにアーク溶接用に応用がきく。　◆Because computer technology changes so rapidly, operators must be adaptable and willing to learn.　コンピュータ技術は非常に移り変わりが速いので、オペレータは順応性があり進んで勉強するようでなければならない。　◆Each of our boards is adaptable so you can amplify and extend its capabilities to meet your own particular needs.　弊社の各ボードは、改造可能ですので、お客様［貴社］自身の特定のニーズを満たすように機能を増強したり拡張したりすることができます。　◆The system was not easily adaptable to cameras that use interchangeable lenses with varying focal lengths.　このシステムは、いろいろな焦点距離の交換レンズを用いることのできるカメラに適応させることが、容易ではなかった。

**adaptation** ①適応, 適合; ②順応, 調節; (an) ～ 改作［改造, 翻案, 脚色, 焼き直し, 作り変える］すること; an ～ 改作［脚色, 焼き直し］したもの［版］ ◆a stage adaptation of the story of Moby Dick 白鯨という物語の劇場上演用に脚色［焼き直し］されたもの［劇場上演版］ ◆automatic adaptation to line voltages 《電気製品》《直訳》電圧への自動追従; ((意訳))自動電圧切換え(＊世界中の電灯線にそのまま接続できる電源アダプターの話です。日本のAC100V, 米国の117V, 欧州大陸の220V, 英国の240Vなどに無段階で対応する) ◆Color You See Is Color You Get (CYSICYG, pronounced KISSYKIG), an adaptation of the term WYSIWYG  WYSIWYG（ウィジウィグ）という語をもじった Color You See Is Color You Get（略: CYSICYG, "キッスィーキグ"と発音) ◆make adaptations on commercial equipment to meet the unique demands of Census processing 国勢調査結果処理のための特殊な要求を満たすために一般業務用機器に改造を施す ◆make all adaptations necessary to make the software comply with the local laws そのソフトウェアが現地の法律に準拠するよう必要な改造［手直し］を全て行う

**adaptive** adj. 適応できる, 適応性のある, 適応［順応］するのを助ける ◆adaptive equalization 《通》適応等化 ◆AD-PCM (adaptive differential pulse code modulation) 適応差分パルスコード変調(＊CD-ROMに音声データを記録するのに使用する差分予測符号化方式) ◆an adaptive front-lighting system (AFS) 《車》配光可変型前照灯(＊常に進行方向を照らすようヘッドライトのビームの向きがハンドルの切り方に自動追従する) ◆provide such adaptive equipment as wheelchairs, splints, and aids for eating and dressing 車いす, 添え木, および食事や着替えのための補助器具などの補装具［自助具, ((意訳))福祉用具］を提供する

**adaptor, adapter** an ～ アダプター, 変換器［装置］ ◆an adaptor to convert a mini to an extra-mini plug （3.5mmφの）ミニプラグから（2.5mmφの）極細ミニプラグに変換するアダプター

**ADB** (Asian Development Bank) the ～ アジア開発銀行

**ADC** an ～ (analog-to-digital converter) AD［A/D］コンバーター, アナログデジタル変換器

**add** vt. ～を加える, 添える, 付け加える, 追加する, 添加する, 付加する, 上乗せする, 加算する, 足す, 加味する, 設ける, 増設する; vi. <to> ～を増す, 増加する ◆add paper [toner] 紙［トナー］を補給する ◆add substance to... ～に実質を付与する ◆add distilled water to each cell 各々のセル［単電池］に蒸留水を加え加筆［補充, 補給］する ◆Added to that, ... そこへ持ってきて; さらに; その上; しかも; その他に ◆add ink as needed 必要に応じてインクを補充する ◆add more RAM to your computer コンピュータにRAM［コンピュータのメモリー］を増設する ◆add some visual interest to your graphs 見た目のおもしろさをいくらかグラフに添える ◆add the word to the supplemental dictionary その単語を補助辞書に登録［追加］する ◆Add to this, ... その上に［しかも, さらに］, ... ◆an anti-oxidant is added to... 酸化防止剤［抗酸化剤］が～に添加される ◆differentiate the product with added values 付加価値によってその商品を差別化する ◆add a pinch of salt ひとつまみの塩を加える ◆Add lines 10 through 13 （10）～（13）までの計＿＿（＊納税申告書の用紙より） ◆enzymes add cleaning power to detergents 酵素は洗剤の洗浄力を増す ◆add balance shafts to the engine to quell its mighty shaking 強力な振動を抑えるためにエンジンにバランスシャフトを付ける ◆entirely new products that add something previously unknown to our lives such as home video cassette recorders 私たちの生活に今まで知らなかった何かを与えてくれる, 家庭用ビデオデッキ等の全く新しい商品 ◆Buying a stereo camcorder will add about $100 to your tab.  ステレオのカメラ一体型ビデオを購入すると, 100ドルほど出費が増え［余計にかさみ］ます。 ◆When HX adds, the H bonds to that carbon already richer in H's.  HX（ハロゲン化水素）が付加する場合, H（水素）は, すでにHの多い方の炭素に結合する。 ◆You can add software and hardware to the system, as you require.  必要に応じて, ソフトやハードをシステムに追加［増設］できます。 ◆Bass at lower-than-audible frequencies adds to the realism by actually shaking viewers.  可聴周波数より低い低音は, 観客を実際に揺さぶることによって臨場感を増す。 ◆There has been a rapid proliferation of foods, drinks and supplements with herbs and other components added to them.  ハーブやその他の成分を加えた［添加した］食品, 飲み物, サプリメント［栄養補助食品］の急速な普及があった。

**add up** 計算が合う, つじつまが合う ◆add up the cost of all parts 全部品のコストを積算［累計］する ◆The numbers just don't add up.  計算がどうも合わない。

**add up to** 合計して～になる, 結局～になる ◆What it all adds up to is that. . .  結局どういうことになるかというと, ～である。 ◆All of these changes add up to a radically improved system.  これらの変更・改造が全部合わさって, (結果的に)徹底的に改善されたシステムになるのである。

**added** いっそうの, 更なる, 余分の, 付加的な ◆for added performance 性能アップのために ◆for added protection against injury けがに対するいっそうの防護のために ◆for added safety いっそうの安全を確保するために; 更に用心のために; 念には念を入れて; 駄目押しに

**added value** ①付加価値 ◆create added value 付加価値を生み出す ◆increase the added value of. . .  ～の付加価値を上げる ◆provide added value for consumers 消費者に付加価値を提供する ◆take on added value ～に付加価値がつく ◆produce raw materials with no added value 付加価値のない原材料を生産する ◆An oil painting signed by the artist always has added value.  画家のサインのある油絵には, 間違いなく付加価値がついています。

**addendum** an ～ (pl. -da) 補遺, 付録, 付加物 ◆addendum information 補足［追加］情報; 追記 ◆Addendum:. . .  追記: ～

**adder** an ～ 加算器 ◆an adder-subtracter 加算減算器［回路］; 加減算器

**addict** an ～ （麻薬などの）常用者［依存者］, (悪いことの) 常習者, 熱狂的愛好者; vt. （人）を中毒［依存症］にする, （～に）ふけらせる［溺れさせる］, やめられなくさせる<to> ◆Japanimation addicts 日本製アニメにハマっている人［マニア］たち ◆a female heroin addict 女性のヘロイン常用者［依存者］; ヘロイン中毒の女性 ◆be addicted to alcohol アルコール常用［依存］症; 中毒症にかかっている ◆a heroin-addicted woman ヘロイン中毒［依存］の女性 ◆if you are addicted to the use of alcohol or a drug もしもあなたがアルコールまたは薬物を常用しているなら

**addiction** (an) ～ 依存症［中毒］, 嗜癖（シヘキ）, 沈溺（チンデキ）, 耽溺（タンデキ）, 常用（癖）, 常習 (cf. poisoning) ◆alcohol addiction アルコール中毒（症）(= alcoholism) ◆physical addiction (薬物による)身体依存 ◆work addiction 仕事嗜癖 ◆a mother's addiction to alcohol 母親のアルコール依存症 ◆cause addiction 中毒［薬物依存, 常用癖］を引き起こす ◆their addiction to tobacco 彼らのタバコ嗜癖 ◆her decades of addiction to diet pills 彼女の何十年間に及ぶダイエットピルの常用癖

**addictive** adj. (続けて使うと)中毒［嗜癖性, 依存症, 常用癖］を生じさせる ◆an addictive drug 依存［嗜癖（シヘキ）性］を生む(性質のある)薬物 ◆Steroids, which appear to be addictive, can harm the mind.  常用癖性があると思われるステロイド［筋肉増強剤］は, 心をむしばむこともある。

**add-in** adj. 《電子機器》（内蔵型・組込式）増設の,《コンピュ》アドインの; an ～ (pl. add-ins) （組み込み型）増設部品, (内蔵型)増設装置, アドイン（ソフト） ▶本体内部への増設, 特に回路基板上への電子部品の増設を指す。 ◆a hardware add-in 増設ハードウェア(＊内蔵型／組み込み型の) ◆an add-in card 増設［アドイン］カード ◆an add-in to Word 7.0 《コンピュ》Word 7.0のアドイン（ソフト） ◆DVD-ROM drives are now starting to be included as standard equipment in PCs and are also available as add-in options from several manufacturers.  DVD-ROMドライブが, 標準装備としてパソコンに内蔵

**address**

[搭載され,組み込まれ]始めており,また数社のメーカーからは内蔵増設オプションユニットとして入手することもできる.

**addition** ①加えること,加算,足し算,加法,付加,追加,添加;an ~ 加えられたもの,増築部分 ◆with the addition of... ~を付加[追加,増設,装着]することにより ◆make an addition to... ~に追加する[付け加える] ◆undergo addition (reactions) 〈化学物質が〉付加反応する ◆an addition (operation) 足し算[加算] ◆perform 3 additions 加算を3回行う ◆improved by the addition of... ~の付加によって改善された ◆without (the) addition of... ~の付加なしで;~を加えない[付け加えない,足さない,付け足さない,入れない]で ◆without the need for the addition of... ~を加える[付け加える,付加する,足す,付け足す,入れる]必要なしに ◆With the addition of an optional expansion card,... オプションの拡張カードを増設することにより, ◆With the addition of an optional head rest,... オプションのヘッドレストの装着により, ◆by stepwise addition of... ~を徐々に加えることにより ◆optional additions for any of the workbenches それらの作業台のどれにでも使えるオプションの追加部品(＊additions is 個々の追加部品の意) ◆require the addition of at least 16MB of memory 少なくとも16メガバイトのメモリーの追加[増設]を必要とする ◆the addition of a reflected wave to a direct wave 反射波を直接波に加えること ◆produce a floor plan for an entire residence or an addition to a home 住宅全体または増築部分の間取り図を作成する ◆... an alkyl radical is introduced into an organic compound by substitution or addition ~アルキル基が置換反応もしくは付加反応により有機化合物に導かれる ◆Fragrance is a common addition to detergents. 香りは,洗剤類に広く一般に用いられている添加物である. ◆The LM-256 is the latest addition to our family of lightmeters. LM-256は,弊社露出計ファミリーの最新モデル[最新製品]です.(＊an addition とは,加えられたものの意) ◆This specification is an addition to Quality Control Specification QC-202. 本仕様書は,品質管理仕様書QC-202に対する付録[(意訳)補遺(ホイ),補足]である. ◆For healthful menus, steaming is an ideal cooking method because the fish remains moist without the addition of fat. 健康的なメニューのために,蒸すのは理想的な調理法です,というのは油脂を加えることなく魚肉がしっとりとした状態を保てるからです.

**in addition** (それに)加えて,合わせて,さらに,その上,また,その他に,あまつさえ,挙げ句の果てに

**in addition to** ~に加えて,~のほかに,~の上に,~とともに ◆In addition to that,... そこへ持ってきて;さらに;その上;しかも;その他に ◆in addition to having strength 強度がある上に ◆in addition to being fast and efficient 高速で効率がよいことに加えて ◆I started doing translation work in addition to performing my regular duties as a branch manager of... 私は,~の支店長としての通常の職務に加えて[(意訳)という本業を勤める傍ら,という本業の片手間に(二足のわらじを履いて)]翻訳の仕事を始めた. ◆This specification is in addition to and not in derogation of other purchase order requirements. 本仕様書は,発注者の他の要求条件[要件]を緩和するものではなく補う性質のものである.

**additional** adj. 追加の,割増の,付加的な,補足[補助]の,余計な,その他の,更なる ◆additional storage 《コンピュ》増設記憶装置 ◆As an additional plus,... その上さらに,~を ◆be available at additional cost 別途費用で入手できる[(意訳)別売されている];追加[割増]料金で使用できる ◆for additional protection 保護をいっそう確実なものにするために;更に確実な保護を求めて ◆install additional switches 交換機を増設する ◆receive an additional 10% discount さらに10%割引してもらう ◆have the additional [carry the further] advantage of being able to <do...> ~はさらに~できるという利点も持っている;~には~できるという長所もある ◆Additional features include... その他の特徴としては,~などがある. ◆In the next round of surveys, additional attention should be given to... 次回の調査では,もっと[さらに,いっそう]~に留意すべきだ ◆an urgent need for additional engineering and management expertise いっそうの技術的および経営上の専門知識を緊急に必要とすること ◆One additional factor that must be taken into account is that... もう一つ考慮に入れなければならないファクター[要因]は,~だということである. ◆provide additional information necessary to produce parts 部品製造に必要な補足情報を与える ◆write additional data to a CD-R disc that already contains data すでにデータが書き込まれているCD-Rにデータを追記する ◆additional workstations are scheduled for installation in the office ワークステーションが,オフィスに増設される予定になっている ◆eliminate the additional labor normally associated with conventional tape removal 従来のテープ除去作業にまつわる余計な労力をなくす ◆purchase hardcopy documentation at additional cost 冊子体の取扱説明書を別途(料金を払って)購入[別購入]する ◆With additional software, you can add sound to your slide shows. ソフトを追加すれば,(あなたの)スライド・ショーに音を加えることができます.

**additive** adj. 付加的な,加法の; an ~ 添加物,添加剤 ◆an additive process (三原色の)加法混色法 ◆an additive polarity transformer 加極性変圧器 ◆an additive dispenser; an additive dispensing system 添加剤を(一定量)添加する装置 ◆fuel with metallic additives 金属添加剤入り燃料

**add-on** adj.《コンピュ》増設機器[装置]の,拡張用の; an ~ (pl. add-ons) 増設[拡張]機器[装置](圆expansion; cf. add-in) ◆add-on memory 増設メモリー ◆an audio add-on device オーディオ付加装置 ◆an external add-on hard disk drive 外部[外付け]増設ハードディスクドライブ

**address** 1 an ~ 宛名[宛先,所在地,住所],敬称[肩書き],式辞[挨拶のことば]; an ~《コンピュ》番地[アドレス] (= a location) ◆(a) change of address 住所変更 ◆a change-of-address notice 住所変更通知 ◆E-mail address, postal address, and telephone number 電子メールアドレス,住所,および電話番号 ◆titles of address, such as Dr., Mrs., and Baron 博士,夫人,男爵などの敬称 ◆can hold 10,000 address entries 1万件[1万人分]のアドレス(エントリ)を保存できる ◆mail samples to the given address 所定の住所に見本を郵送する ◆place the data into memory at the given address 《コンピュ》そのデータを,メモリーの指定されたアドレスに入れる ◆an address and telephone number where readers can get further information 読者がより詳しい情報を得ることのできる問い合わせ先住所と電話番号 ◆The linker operates in the highest ranges of the 68030's address space. 《コンピュ》リンカーは,68030(マイクロプロセッサ)のアドレス空間の最上位領域で動作する.

2 vt. 〈手紙,言葉〉を宛てる[向ける] <to>;〈集会・団体に〉演説する ◆he addressed an immense throng in Prague 彼はプラハの大群衆に向かって演説をした ◆Address comments concerning... to the address below. ~についてのご意見は以下の住所へお寄せください.

3 vt. (= deal with, = discuss) ~を扱う,~に取り組む,~に対処する,~に応える ◆address a problem 問題に対処する[取り組む,あたる] ◆address specialized requirements 専門化された[特殊な]要求に対処[対応]する ◆address these needs これらのニーズに応える ◆... left two issues unaddressed ~は案件[争点,問題,課題]を2件積み残した ◆address the important issues concerning... ~に関する重要な問題に取り組む[あたる] ◆as serious domestic problems remain unaddressed 深刻な国内問題への対応[対処]がなされていないことのときに ◆products that address specific application areas 特定の応用[利用]分野向けの製品 ◆address a wide variety of image processing challenges 画像処理の多種多様な課題に取り組む ◆a tool designed specifically addressing operator comfort and efficiency 使う人の快適性と効率を特に(意訳)考えて作られている工具 ◆A new form of... addresses this limitation. 新しい形の~がこの制約を(意訳)解決している. ◆This report addresses the critical questions surrounding... 本報告書は~を取り巻く重要な問題を扱っている. ◆This book is designed to address a wide spectrum of interests and needs. 本書は,幅広い関心とニーズに応えるよう意図されている.

**addressable** 4 vt. 《コンピュ》アドレス指定する、データをアドレスによって参照する ◆use logical addressing 《コンピュ》論理アドレッシング[論理アドレス指定(方式)]を使用する ◆A 32-bit processor can directly address a much larger memory. 《コンピュ》32ビットプロセッサは、はるかに大きなメモリーを直接アドレス指定できる。

**addressable** adj.《コンピュ》アドレス指定できる、アドレスで参照できる ◆bit-addressable local memory ビットアドレス指定が可能なローカルメモリー

**addressee** an ~ 〈郵便物の〉名宛て人、受取人、受信人 ◆POSTAGE WILL BE PAID BY ADDRESSEE 料金受取人払(＊受け取り人払い郵便物の表記) ◆To protect sensitive information, you should mark the envelope "Personal & Confidential" or "To Be Opened By Addressees Only." 機密情報を守るために、封筒には「個人宛、親展」あるいは「名宛人(本人)が開封すること」と表記してください。(＊日本語の「親展」自体が、名宛人本人による開封を要求する)

**adduce** vt. 提示する、例証としてあげる ◆the evidence adduced by the group その団体により提示[引用]された証拠

**adenomatous** adj.《医》腺腫(センシュ)様の、腺腫性の ◆familial adenomatous polyposis(FAP) 家族性大腸腺腫(センシュ)症(＊多数のポリープが大腸にでき、ほぼ確実に大腸癌に進行する)

**adept** adj. 熟達[熟練]した ◆he proved himself adept at dodging... 彼は、〜を回避する[かわす]ことに長けていることを示した

**adequacy** 囗妥当性、十分であること、適切さ ◆confirm the adequacy of the existing law 現行法の妥当性[的確性]を確認する ◆check the adequacy of the connection to the structural frame 構造骨組みへの接続の妥当性[接続が適切かどうか、《意訳》接続強度が十分かどうか]を調べる ◆question the adequacy of the testing required under FDA regulations 米食品医薬品局(FDA)の規定により求められている試験の妥当性に疑問を投げかける ◆verify the adequacy of measuring and testing equipment 測定器と試験機(が使用目的にかなっているかどうか)の妥当性[的確性]を検証する

**adequate** adj.(条件、基準などに)かなう、(能力[性能、容量]的に)十分な、充分な、足りた、適切な、適当な、適格の、妥当な、適した、打ってつけの、ふさわしい、相応の、相当な ◆be adequate for... -ing [to do...] 〜するのに十分である ◆be adequate to [for]... 〜に十分である[適している、かなっている] ◆airways of adequate size (鉱山)十分な大きさの風道 ◆a signal of adequate quality 十分に品位の高い信号 ◆be adequate for each of those purposes それらの目的のいずれにもかなっている ◆be more than adequate 十二分である ◆maintain... at adequate levels 〜を十分なレベルに維持する ◆The less-than-adequate students who now attend college are pressuring college faculties to dumb down curricula. これらの学力不足の現役学生たちは、大学の教職員らにカリキュラムの水準を引き下げさせる圧力要因となっている。 ◆Although calcium alone cannot prevent or cure osteoporosis, an adequate daily intake of calcium and vitamin D plays an important role in maintaining bone health. カルシウムだけでは骨粗鬆症(コツソショウショウ)を予防したり治療したりすることはできないが、カルシウムとビタミンDの日々の適量摂取は骨の健康を維持する上で重要な役割を演じる。

**adequately** adv. 充分に、十分に、適切に、適当に、うまく、相応に、満足いくように ◆at an adequately large voltage (ある条件下において)十分に大きな電圧で ◆No one can adequately answer the question. その質問に満足に答えられる者は誰もいない。

**ADF** (automatic document feeder) an ~ 原稿自動送り装置(＊複写機、イメージスキャナーなどの)

**adfreezing** 氷着(＊氷結により物同士がくっついてしまうこと)

**ADH** (automatic document handler) an ~ 《コピー機》原稿自動送り装置

**ADHD** (attention deficit hyperactivity disorder) 注意欠陥・多動性障害、注意欠陥多動症、注意力欠如・多動性症候群

**adherability** 囗付着性[接着力、密着強さ] ◆measure the adherability of laminate plies 積層層間の付着性[接着力、密着強さ]を測定する ◆Since most of the surface area of... is stone, which is much less porous than plaster, algae adherability will be reduced. 〜の表面積の大部分は、プラスターよりも孔が少ない石なので藻類の付着性は減じられることになります。

**adhere** vi. 付着する、粘着する <to> ; 〜に固執する、〜に忠実である、〜に準拠している <to> ◆adhere to a new standard for... 〜の新しい標準規格に準拠する ◆adhere to the ISO disk format ISO(国際標準化機構)のディスクフォーマットに準拠する ◆adhere to this principle この原理に従っている ◆prevent solder from adhering to contacts はんだが接点に付かないようにする ◆adhesive labels that adhere directly to... 〜に直接貼れる粘着ラベル ◆flour these cuttings to prevent them from adhering to each other これら切り分けたものが互いにくっつかないように小麦粉[メリケン粉]を振りかける ◆Until now, the military has generally adhered to "buy America" guidelines on high-tech gear, but... これまで、軍は、ハイテク機器についてはおおむね「米国製品を(優先)購入すべし」という基本方針を守って来たのですが... ◆Scheduled delivery dates are strictly adhered to. 予定の納期はしっかりと守ります[遵守/厳守/確守いたします]. (＊広告) ◆Industry-standard operating system environments are adhered to. 業界標準のOS環境に準拠しています。 ◆All safety procedures shall be strictly adhered to by all parties servicing and maintaining this equipment. 本機器のサービスおよび保守を担当している当事者は全員、すべての安全手順を厳密に遵守しなければならない.

**adherence** 囗遵守、順守、規格・仕様などに適合[合致]していること、準拠、結着[付着、密着](性)、執着、固執、固守、堅守、しっかりと守ること、確たる支持、忠実 ◆the adherence of the coatings それらのコーティングの付着強度[付着力] ◆adherence to international standards 国際規格への準拠 ◆adherence to Lehman specifications レーマン社の仕様に準拠[適合]していること ◆In adherence to this strategy,... この戦略に則って、 ◆to check adherence to safety standards 安全規格を守って[遵守]しているか調べるために ◆require strict adherence to all Environmental Protection Agency (EPA) regulations 米環境保護局(EPA)の全規則・規制を厳重に厳正に遵守することを要する ◆the coating has excellent adherence このコーティングは、優れた付着・密着性[粘着力・付着力]を持っている ◆to ensure adherence to VA specifications (直訳)VA仕様の遵守を確かにするために; (意訳)VA仕様を確実に守[順守]させるために; VA仕様への適合を徹底させるべく ◆ThyEdit's strength is its adherence to the traditional Windows paradigm. ザイエディット(ソフトウェア)の強みは、伝統的なWindowsパラダイムを踏襲していることにある。 ◆The company is emphasizing adherence to international standards. 同社は国際標準(規格)に準拠していることを強調している。

**adherent** adj. 粘着性の、付着する、固執する; an ~ 粘着物; an ~ 支持者、信者、信奉者、弟子、手下 ◆wash it free of adherents それを洗浄して付着物[(意訳)接着した汚れ]を除去する ◆both systems have their adherents 双方のシステムは共にそれぞれの支持者を得ている

**adhesion** 囗粘着[付着、密着](力、性、度); (an) ~ 《医》癒合[癒着](箇所) ◆adhesion properties 粘着性 ◆adhesion water 付着水 ◆an adhesion [a peel, a peeling, 〈ゴムの〉a friction] test 剥離試験 ◆an adhesion test; adhesion testing 付着性[接着力、粘着力、粘着、剥離、密着強さ]試験 ◆enhance the adhesion level 《タイヤ》粘着摩擦力のレベルを上げる ◆measure the adhesion properties of... 〜の付着性[接着力、密着強さ]を測定する ◆promote toner adhesion トナーへの付着性[接着性、密着性]をもっと良くする[向上させる] ◆the adhesion of water to... 水の〜への付着 ◆The car has good speed, good brakes, and good adhesion. この車は、すばらしいスピード、良いブレーキ、そして良好な接着性[(路面への)密着性、接地性]を

持っている．◆The car responds quickly to the steering wheel even at the limit of adhesion.  この車は，接地粘着力[タイヤのグリップ力]を失いそうになるギリギリの時でさえも敏速にハンドルに追従する．◆Coatings shall be permanently bonded to the glass substrates with sufficient adhesion to resist removal by Scotch tape (3M brand, #810 frosted).  塗膜は，スコッチテープ(3Mブランド, No. 810半透明)で剥がれない十分な接着力[付着力]でガラス基板に永久的に接着していること．(＊剥離テストで, permanently は「容易に取れないように」の意)

**adhesive** adj. 粘着性の，接着性の，くっつく，はりつく，粘着剤の，のり付きの; an ~ 接着剤 ◆粘着剤, 粘着剤, 粘着テープ[シール，ラベル], ばんそうこう ◆an adhesive skin patch 貼り薬[パップ剤, 貼付剤] ◆(a) self-adhesive [(an) adhesive] tape 粘着テープ ◆a self-adhesive [an adhesive] label [sticker] 粘着[糊付き，糊のいらない]ラベル[シール] [▶(self-)adhesive の類語に, stick-on, sticky, gummed がある) ◆a hook and loop-type adhesive  マジックテープの類の接着テープ ◆a fast-setting adhesive  速く固まる接着剤 ◆a medium-strength adhesive  中強度の接着剤 ◆adhesives used for perfect [adhesive] binding of books, magazines, catalogs and manuals  書籍, 雑誌, 型録, マニュアルの無線綴じ用の接着剤 ◆an adhesive-backed nameplate  接着剤付き銘板(＊裏面に接着剤が付いている) ◆they are all adhesive-backed  それらはすべて裏に接着剤がついている

**ad hoc** adj., adv. 特別な[に]，その場限りの[で]，臨時の，特例の，ある目的[問題]に限っての，当たりな[的に] ◆on an ad hoc [ad-hoc] basis  (ある事柄に限って)特別に，その場限りで，その場その場で，ケースバイケース ◆Ad-hoc Group on Problems of Digital Transmission  デジタル伝送の問題担当の特別部会 ◆an ad hoc committee to look into the matter  この件を調べるための特別委員会

**adiabatic** adj. 断熱の，断熱的な ◆adiabatic compression  断熱圧縮

**adjacent** adj. 近傍の，付近の，隣接の，(すぐ)横の ◆in adjacent areas of Iraq  イラク(に隣接する)周辺地域に[の] ◆in an adjacent room  隣室で ◆spacing between adjacent channels  隣接チャンネル間の間隔(確保) ◆within the same or adjacent buildings  同じビルもしくは隣り合ったビル内に ◆the guard adjacent to the operating handle  操作ハンドルの隣のガード ◆A is adjacent to B  AはBに隣接している ◆A and B are adjacent [next] to each other  AとBは隣接している ◆an inverted delta symbol (▽) adjacent to the part number  部品番号のそばの[すぐ横の, 傍らの]逆三角形記号(▽)

**adjoin** vt. ～に隣接する，～と隣合う，を(～に)結び付ける; vi. (～に)隣接する<to>

**adjunct** an ～ 付加物，付属物，添加物，添加剤，《文法》付加[修飾]語・句; adj. 付加的な，副次的な，補助的な ◆a senior adjunct fellow  上級補助研究員(＊公立の研究機関などの) ◆He is also an adjunct professor at...  彼は〈大学〉における助教授[準教授]でもある．

**adjunctive** adj. 付属[付加, 補助]的な ◆it was approved yesterday as adjunctive therapy to control...  それは～を抑えるための補助[補完]的な療法として昨日承認された

**adjust** vt., vi. 調整する，調節する，適合[整合]させる[する]，加減する ◆adjust the device to operate as desired  望み通りに装置が働くように設定する ◆adjust the height, width, angle, and shape of...  ～の高さ，幅，角度，および形状を調整する ◆inflation-adjusted data  インフレ調整済みデータ ◆adjust contrast and brightness via slide controls  コントラストと輝度をスライドつまみで調節[調整]する ◆adjust the amount of attenuation of a signal  信号の減衰量を調整[調節, 加減]する ◆adjust the setting of a temperature regulator  温度調整[調節]器の設定を調整[調節]する ◆computer production is being adjusted downward  コンピュータ生産は下方調整局面に入っている ◆each unit can be adjusted in shape or dimensions depending on...  各ユニットは，～によって[合わせて]形状や寸法を調節できる[変えられる] ◆Adjust the seat to its highest position using the lever.  レバーにて，座席を最高

位置に調整してください．◆The brakes need adjusting.  ブレーキは調整が必要だ．◆The headband adjusts to the shape of the head.  このヘッドバンドは，調整により頭の形に合わせられます．◆Turn the power off before adjusting the DIP switches.  DIPスイッチを調整[設定変更]する前に，電源を切ってください．◆The built-in power supply automatically adjusts to changes in voltage.  内蔵電源は，電圧の変化に反応して自動調整する．◆If you enter a tunnel on a bright day, give your eyes a chance to adjust – slow down.  明るく晴れた日にトンネルに入る場合は，目に(暗さに)慣れるための機会を与えてください．さらに，減速してください．

**adjustable** adj. 調整[調節]可能な ◆adjustable feet  アジャストフット[調節脚](＊机などのがたつきをなくすためのもの) ◆adjustable-height front seat belts  高さが調節できる[変えられる]フロントシートベルト ◆an adjustable-rate (home) mortgage  調整利率(住宅)抵当ローン; 利率変動型の住宅ローン ◆an adjustable-speed motor  可変スピード[速度]モーター ◆an extensively adjustable driver's seat  幅広い調整が利く運転者席 ◆a height-adjustable seat belt  高さ調整可能シートベルト ◆The seat's vertical position is power-adjustable.  このシートの垂直位置[高さ]は，電動調整[調節]できる．

**adjustment** (an)～ 調整，調節，手直し，精算，調節，順応，整合，調停[解決] ◆make an adjustment to...  ～に調整を加える ◆(a) fine [↔coarse] adjustment  微動[↔粗動]調節; 微[↔粗]調整 ◆an adjustment clerk [correspondent]  (顧客からの)苦情[クレーム]を受け付ける係 ◆an adjustment knob  調整[調節]つまみ ◆pivot adjustments  ピボット調整 ◆a policy of adjustment [controlled] inflation; a controlled inflation policy; an adjustment inflation policy  調整インフレ政策 ◆be under adjustment for the better  よい方へ調整を受けている最中である; 改善に向けて調整中である ◆make minor adjustments to...  ～に小さな手直しを施す ◆undergo [go through] an adjustment phase  調整局面を経験する[通過する，経る] ◆The display was badly in need of adjustment.  同ディスプレイは調整を施す必要が大いにあった ◆the market is clearly in an inventory adjustment phase  市場は明らかに在庫調整局面に入っている ◆as the brakes become worn and move out of adjustment  ブレーキがすり減って調整がずれてくるにつれて ◆counsel children and youth who have difficulties in social adjustment  社会に適応[順応]するのが難しい子供や若い人達を相手にカウンセリングする ◆make a few quick adjustments for the American market  米国市場向けに急ぎの改造[変更]を数点施す ◆Adjustments to the brakes may be required as wear occurs.  摩耗するにつれ，ブレーキに調整が必要になることがある．◆If..., it will not stay in adjustment.  もし～だと，その調整が狂う[ずれる]ことになる．◆The brakes are out of adjustment.  ブレーキが，調整不良である．◆The condition should be corrected by adjustments to the car.  その状態は，車に調整を施して是正しなければならない．◆The knob gives fine adjustment.  そのつまみで微調節ができる．◆The adjustment is made by turning the bypass screw.  本調整は，バイパスねじを回すことによって行います．◆school authorities' efforts to respond to the adjustment problems of newly arrived immigrants  新着移民[着いてからまだ日の浅い移住者]が持つ順応上の問題に対処して[当たって]いこうとしている学校当局の努力[取り組み] ◆Industrial production and business investment look set to enter an adjustment phase simultaneously.  工業生産および企業投資は，同時に調整局面に入ろうとしているようにみえる．

**administer** vt., vi. 管理する，治める; vt. ～を施す[投与する] ◆administer a prescribed remedy  処方された対応策を施す ◆have the nurse enter each shot as it is administered  注射する都度それを看護婦[師]に記入してもらう(＊予防接種の話)

**administration** 運営，経営，管理[監理, 管轄]; 管理部門，行政，支配，統括，執行; an～ 〈集合的, 単／複扱い〉行政官; the～《しばしば the A-》(米)政府，行政当局，政権(時代), 政府機関, 主管庁，管理局，省，一局; 〈薬などの〉投与，〈注射などを〉すること ◆an administration [administrative] building  (管理部門

が入っている)管理棟, (工場などの)事務所 ◆the Taiwan Railway Administration　台湾鐵路管理局 ◆central [centralized] administration　中央[集中](運転)管理 ◆the administration of a company　会社の管理部門 ◆the Clinton Administration　クリントン政権 ◆at midnight on March 3, the Administration changed hands and the new President, Thomas Jefferson, told his acting Secretary of State to <do...>　3月3日の真夜中に政権が交代し, 新大統領トーマスジェファーソンは国務長官代理に～するよう指示した

**administrative**　adj. 上記administration上の, 運営・管理業務にかかわる ◆administrative costs　管理費 ◆administrative litigation　行政訴訟 ◆an administrative assistant　部長[課長, 係長]補佐; 担当者の補助役 ◆a national administrative body; an administrative body　国家の行政機関 ◆administrative machinery; an administrative machine　行政機構 ◆an (executive and) administrative organ [organization]　行政機関[機関] ◆the Administrative Inspection Bureau　《(日)行政評価局(＊元はthe Administrative Inspection Bureau 行政監察局) ◆carry out administrative reforms　行政改革を行う[実行する] ◆create an administrative body　管理機関を創設する ◆fresh-out-of-college administrative assistants　管理部門の補助的な作業を行う大学出たての職員; 新卒の駆け出し一般職社員 ◆give administrative guidance on...　～についての行政指導をする ◆the administrative and executive branch(es) [department(s)] of a government　政府の行政機関 ◆the administrative building of the University of Ottawa　オタワ大学の本館 ◆a thorough reform of administrative structures and procedures　行政機構および行政手続きの徹底的な改革 ◆do clerical and administrative work such as typing, word processing, setting up appointments, answering phone calls, reading or routing mail, filing, etc.　タイプ打ち, ワープロ, アポ取り, 電話応対, メールの閲覧あるいは転送, ファイリングなどの事務・管理系の仕事をする[事務を行う]

**administrator**　an ～ 管理[監理]者[人], 事務官, 行政官, 為政者 ◆a system administrator　システムアドミニストレータ; システム管理者; シスアド

**admiral**　an ～ 海軍大将, 海軍司令官, 提督 ◆Admiral Dennis C. Blair, Commander-in-Chief of the US Pacific Command, is...　米太平洋軍の司令官であるデニス・C・ブレアー(海軍)大将は,

**admirer**　an ～ 賛美者, ファン, (女性に対する男性)崇拝者 ◆I myself am a deep admirer of Chinese culture.　私自身, 中国文化を深く賞賛いたす者であります.

**admissible**　adj. 許せる, 認められる, 容認できる, 許容-, 可容-, 受け入れられる, 入学可能な, (証拠が)適格であると認められる ◆the maximum admissible concentration　最高許容濃度

**admission**　1　入ること(の許可), 入会料, 入場料 ◆a college admissions exam [test]　大学入試(▶admissionにsがついていることに注意) ◆an admissions prospectus　入学案内, 入学要項 ◆an admissions officer at...　～学校の入学事務局員 ◆an opening for the admission of fluid　液体を流入させるための開口部 ◆No charge for admission!; Admission free　入場無料 ◆an aperture for the admission of light and air　光と空気を採り入れる[取り込む]ための開口部 ◆work in the admissions office of [at] a school [university, college]　学校[大学]の入学事務局に勤める ◆The charge for admission is five dollars.　入場料は, 5ドルです.
2　an ～ (事実であると)認めること ◆an admission by top management that excess conservatism is sapping vitality from...　過度の保守性が～から活力を奪っているということを経営首脳部が認めること

**admit**　～が入ることを許す, ～を入れる, ～を中に通す; (事実と)認める, 白状する ◆be used to admit air into...　～に空気を入れるために使用されている ◆an opening to admit light　光を入り[差し]込ませるための開口部 ◆one has to admit that...　～ということは認めざるを得ない ◆he admitted to an inappropriate relationship with her　彼は彼女との不適切な関係を認めた ◆he admitted to having an inappropriate relationship with her　彼は彼女と不適切な関係を持ったことを認めた ◆She admits to being a shopaholic who especially loves to hunt for...　彼女は(自分が)格別～あさりをするのが大好きな買い物中毒者であることを認めている. ◆The lens is able to admit a lot of light.　そのレンズは多量の光を内部に入れることができる.

**admixture**　(an) ～ 混合, 混和, 混入; an ～ 混合物, 混合材[剤], 混和材[剤], 添加材[剤], 混ぜ物, 夾雑物 ◆freedom from admixture of any foreign substance [matter]　異物が混入していないと[夾雑物(キョウザツブツ)の混入が皆無であると]いうこと

**adobe**　□アドベ, 日干し煉瓦, 日干し煉瓦を作るための粘土; a ～ 日干し煉瓦造りの家 ◆a whitewashed adobe fort　白塗りされているアドベ[日干し煉瓦]造りの砦[要塞]

**adolescence**　□青春期, 青春期, 青年期(＊思春期から大人に至る過渡期. 男子で約14～25歳, 女子で約12～21歳. ただし法律的には成年で終わる), 思春期, 年頃 ◆As boys enter adolescence,...　少年が青年期[青春期, 思春期]を迎えるにつれて ◆pass through adolescence　青年期[青春期]を通過する[通り過ぎる]; 思春期を経験する

**adolescent**　adj. 青年(期)の, 青春[青年]期に特有な, (情緒的・知性的に)未熟な, 青くさい; an ～ 青年男子[女子], 青年, 若者, 若人, 若い人 ◆a foul-mouthed adolescent　口汚い若者 ◆an adolescent girl　年頃の女の子, 思春期の少女 ◆three adolescent males　3名の青年男子[若い男性, 若者]

**adopt**　vt. ～を採用する, 探る, 採択する, 採り入れる, 取り入れる, 養子にする ◆adopt a new method　新しい方法を採用する[取り入れる] ◆adopt a resolution　決議案を採択する ◆adopt new technologies　新技術を採り入れる ◆adopt protectionist measures　保護主義的施策をとる ◆have a track record of being adopted into clinical practice　～には, 臨床診療への採用実績がある ◆This standard has begun to be adopted by other countries as well.　この標準規格は, 他の国でも採用されるようになってきた. ◆It has come to be adopted by an increasing number of organizations of disabled people.　それは, ますます多くの障害者の組織[団体]に採用されるようになった.

**adoption**　(an) ～ 養子縁組, 採用, 採択, 採り入れる[取り上げる]こと, 受け入れること[受容] ◆Apple's adoption of the PowerPC chip　アップル社によるPowerPCチップの採用 ◆by virtue of the adoption of...　～の採用[採択]により; ～を採用したおかげで ◆come [move] into widespread adoption　～の採用が進む[増える]; ～が普及する ◆encourage the widespread adoption of...　～の幅広い採用を奨励[促進]する; ～の広範な普及を促す ◆its adoption has been widespread　それは幅広く採用されてきた ◆submit A to B for possible adoption into C　C(規格など)に採用されるためのA(原案など)をB(検討委員会など)に提出する ◆the adoption of CDMA as an industry standard　CDMAを業界の標準規格として採用すること ◆(the) widespread adoption of...　～の広範にわたる採用; ～の(幅広い)普及 ◆through [by, thanks to] the adoption of...　～の採用により ◆the combined adoption of these two methods　これら二つの方法の併用 ◆help propel the new technology into widespread adoption　この新技術を(幅広く)普及させる助けをする ◆the adoption rate of...　in the United States　米国における～の採用率 ◆their inability to enforce existing laws justifies adoption of new laws　既存の法律を彼らが執行できないということは, 新しい法律を採用する正当な理由となる ◆the several digital HDTV broadcast systems being considered for adoption in this country　この国で採用が検討されている数種類のデジタル高精細度テレビジョン放送方式 ◆the Federal Communication Commission's adoption of the HDTV broadcast system developed by Zenith and AT&T　米連邦通信委員会による, ゼニス社とAT&T社が開発した高精細度テレビジョン放送方式の採択 ◆the adoption of 486 chips in notebooks had been slower than in desktops (lagging by up to a year)　(パソコンのCPUである)486チップのノートブック機への採用は, デスクトップ機への採用よりもテンポ

が遅かった(遅れをとること最高1年) ◆true 32-bit software is still a year or two from widespread adoption　本当の32ビットソフトが広く採用されるようになるのは1～2年先の話だ[普及するまであと1～2年かかる] ◆The principle set out in this document should be capable of adoption to many water management issues.　本文書に提示されている原則[基本方針]は、多くの水管理問題に適用可能であろう. ◆But it could take two or three years for the technologies to reach widespread adoption, and Internet users cannot wait that long.　だがこの技術が広範な採用[普及]に至るまでに2～3年はかかるだろう. そしてインターネットユーザーはそんなに長くは待ってはいられない. ◆Some protocols achieve widespread adoption and usage, and persist as long-term industry standards. Others never achieve widespread acceptance, or... プロトコルの中には、幅広く受け用あるいは使用されるようになって、長期にわたり業界の標準規格として生き残るものがある. 一方で、広く受け入れられることが全然なかったり、～ものもある.

**adoptive** adj. 養子をもらった, 養子縁組による, 養子をとりたがる, (*言語が)外来語[借用語]を取り入れる傾向がある ◆adoptive parents　養子縁組による親, 義親, 養父母, 養い親

**ADPCM** (adaptive differential pulse code modulation) 適応差分パルスコード変調(*CD-ROMに音声データを記録するのに使用する差分予測符号化方式)

**ADSL** (asymmetric digital subscriber line)(an)～ 非対称デジタル加入者線[回線]

**adsorbent** 吸着性の; an～ 吸着剤[体, 媒]

**adsorption** 吸着

**adsorptive** 吸着作用の, 吸着性の, 吸着質の ◆adsorptive activity 吸着作用

**adult** an～ 成人, 大人(オトナ, タイジン), 成年者; adj. 成熟した, 大人の, 成人専用の, アダルトものの, 裏～ ◆adult videos アダルトビデオ; 裏ビデオ ◆adult-only titles アダルトもの(*CD-ROMやビデオゲームなどの) ◆adult children of alcoholics (ACOA)　アダルトチルドレン(→ACOA) ◆adult education and lifelong learning　成人教育と生涯学習[教育] ◆adult entertainment establishments　風俗営業店; 風俗店 ◆ "adult" preecorded videotapes 　「アダルト物」ビデオソフト ◆adult-rated movies　成人向け映画 ◆the Law Regulating Adult Entertainment Businesses, etc.　《日》風俗営業等の規制及び業務の適正化等に関する法律; 風俗営業取締法; 風営法 ◆adolescents and young adults who isolate themselves from society　引きこもりの青年や少年[青少年, 若者] (*young adults: 約13才から17才の少年少女)

**adulteration** ①混ぜ物をすること, (混ぜ物による)粗悪化, 異物混入; an～ (混ぜものをしてつくった)粗悪品 ◆prevent food adulteration　食品への異物混入を防ぐ[防止する] ◆prevent insanitary conditions that will cause direct product contamination or adulteration　製品の直接的な汚染あるいは(異物)混入を引き起こすような不衛生[不潔]な状態(になるの)を防ぐ

**adulterous** adj. 姦淫[姦通, 密通, 不義, 不倫, 浮気, 不貞]の ◆carry on an adulterous affair with... ～と不義[浮気]関係を続ける ◆he killed his adulterous wife　彼は不倫[浮気]妻を殺害した

**adultery** ①姦淫, 姦通, 密通, 不義, 不倫, 浮気, 不貞 ◆commit adultery　姦淫[姦通, 密通, 不義, 不倫, 浮気]する; 不貞を働く; 邪淫戒を犯す ◆Mrs. Smith sought divorce on grounds of adultery.　スミス夫人は, (配偶者の)不倫[浮気]を理由に離婚を請求した.

**adulthood** (an)～(通例単数形)大人であること, 成年の時期, 成熟期 ◆enter adulthood　大人になる; 成人する

**ad valorem** adv. 《ラテン語》価格に応じて(according to value), 価値に応じて(according to value); adj. 従価の ◆pay an ad valorem tax [duty] on... 〈物品〉の従価税を払う

**advance** 1 vt. ～を進める, 進歩させる, 〈テープなど〉を(前方に)送る, 〈期日〉を早める; vi. 進む, 進歩する, 昇進する ◆advance hypotheses　いくつかの仮説を提起する ◆

stock prices advanced sharply in May　株価が5月に急伸した ◆advance one record at a time　《コンピュ》1レコード(先へ)進む[進める] ◆technology is advancing rapidly in the industry (この)業界では, 技術は日進月歩の[長足の]発展を遂げつつある ◆... and advancing technology changes their definitions continually　そして, 進歩している技術[技術の進歩]はこれらの定義を絶えず変えてしまう

2 (an)～ 前進, 進行, 前進, 発達, 向上; an～ 前貸し(金), 前払い(金); (通例～s)〈人に〉言い寄る[近づく]こと, 口説き <to> ◆scientific [technological] advances　科学[技術]の進歩[発展] ◆an [the] angle of advance　前進角(*プロペラなどの) ◆the advance of technology　技術の進歩 ◆a film advance system　《カメラ》フィルム巻き上げ機構 ◆the rapid-paced advance of technology　長足の技術の進歩 ◆Pakistan's advances toward becoming a nuclear power　パキスタンの核保有国化へ向けての前進 ◆the rate at which technical advances are made　技術の進歩の速さ[ペース] ◆Her amorous advances were unrequited.　彼女のなまめかしい誘惑[言い寄り]は(相手にされず)無為に終わった. ◆He was paid $20,000 as an advance on a book he is writing.　彼は, 現在執筆中の本の(印税)前渡し金として2万ドル受け取った. ◆Advances in digital techniques have also contributed to the market's growth.　デジタル技術の進歩も, この市場の成長に寄与した. ◆The publisher gave him a whopping $300,000 advance on a book contract. 出版社は, 本の出版契約で彼に30万ドルというべらぼうな額(の印税)を前渡しした. ◆These products are advances on previous designs.　これらの製品は, 従来設計を進化[向上, 発展]させたものである.

3 adj. 前もっての, 先発の, 前進している ◆with no advance notice　予告無しに ◆advance payment　前払い[金の前渡し, 前納] ◆advance sheets　(本の)内容見本刷り ◆an advance order 予約注文 ◆an advance(-sale) ticket　前売り券 ◆an advance sign　予告標識 ◆give [receive] advance notice of...　～の予告[事前通告]をする[受ける] ◆give them advance notice　彼らに前もって[事前に]知らせる ◆have an advance booking　(座席などの)先行予約をしてある ◆receive an advance payment for an order of...　～の注文に対する前金[前払い金, 前渡し金]を受領する ◆there is no advance sale　前売りはありません ◆Price: $30 per vehicle; advance sale only. 料金: 車1台につき30ドル, 前売りのみ.

**in advance** <of>　(～の)先を行って, より先んじて; (～に)先立って, あらかじめ ◆in advance of his visit　彼の訪問に先立って ◆well in advance of the holidays　長期休暇のずっと前に ◆without letting us know in advance　前もって我々に知らずに[我々に予告無しに] ◆an idea far in advance of the times　はるかに時代の先を行っている[時代を先取りをしている]考え ◆be required 60 days in advance of...　～の60日前に必要とされている ◆make arrangements as far in advance as possible　できるだけ早いうちに[早くから]手配しておく ◆the tickets cost $10 if bought in advance　チケットは前売りで買えば10ドル ◆make product announcements far in advance of shipping new products　新製品の出荷よりもはるかに早い時点で製品発表をする

**advanced** adj. 進んだ, 進んでいる, 進歩した, 高度な, 先進の, 高度先進の, 高性能の, 上級の, 高級の, 前進の, 改良型の, 新～, 《コンピュ》《指定のしかたなどが込み入って》詳細な ◆become more advanced　(より)高度化する ◆advanced equipment　高度化された装置; 高機能機器 ◆advanced search　高度[詳細, 拡張]検索(*一般に, 検索条件の指定のしかたが複雑なものを指す) ◆an advanced cruise missile　新型巡航ミサイル(ACM) ◆an advanced gallery　先進坑道 ◆an ASV (Advanced Safety Vehicle)《日》先進安全自動車 ◆an ATF (Advanced Tactical Fighter)　高性能戦術戦闘機 ◆an ABWR (advanced boiling water reactor)　改良型沸騰水型軽水炉 ◆ASET (the Association of Super-Advanced Electronics Technologies)《日》(技術研究組合)超先端電子技術開発機構《略語形にはtheは

## A

**advance guard**

不要》 ◆more advanced settings 《コンピュ》より詳細[高度]な設定, ◆press the Advanced button 《コンピュ》詳細[詳細設定, 高度]」ボタンを押す ◆become technologically advanced 技術面で高度化する ◆advanced techniques for cleaning engine emissions 先進[高度先進]エンジン排気ガス浄化技術 ◆be in an advanced state of construction 建設[工事]が進んだ状態にある ◆advanced-technology robots of the future 未来の高度先進技術ロボット ◆an advanced-level guide 上級用ガイドブック ◆As civilizations became more advanced, 文明が発達する[進む, 進化する]につれ, ◆by making the system more technologically advanced このシステムを技術的により高度化することによって ◆his leukemia had reached an advanced stage 彼の白血病は(相当)進んで[進行して]いた ◆new standards for the photo industry called the Advanced Photographic System 新写真システム(APS)と呼ばれる, 写真業界の新標準 ◆make advanced technology products as easy to use as the telephone 先進技術製品を電話のように使いやすくする ◆since he is in the advanced stages of the disease [illness] 彼はその病気の進んだ段階にあるので; 彼にその病気が進行しているせいで ◆the most advanced optical coating systems available today 今日手に入る最も進んだ光学コーティングシステム; 今日に於ける最新鋭光学コーティングシステム ◆two adults are being treated for advanced malignant melanoma 大人2人が目下, 症状の進んだ[進行した]悪性黒色腫で治療を受けている ◆advanced samples produced from less than complete production tooling (まだ)完全な状態になっていない生産設備で生産された(本生産に入る前の)先行サンプル ◆The PRO807's advanced computer control maximizes productivity. PRO807の先進コンピュータ制御は, 生産性を最大限に伸ばしてくれる. ◆The "advanced information age" is a buzzword frequently used in Japan to describe the country's glittering high-tech future. 「高度情報化時代」は, 日本でハイテク未来のことを言うのにしばしば[一般的に]用いられる流行語である.

**advance guard** an~ 先兵(隊), 前衛部隊 ◆a 300-man advance guard will be sent to... ahead of... ~に先立ち300名の先兵が~にさし向けられることになっている ◆he called Coke and Pepsi the advance guard of American capitalism in its design to take over the world 彼は, コークとペプシのことを, 世界取っ取りをもくろんで[企てて]いるアメリカ資本主義の先兵と呼んだ

**advancement** ①進步, 発展, 前進, 前送り, 推進, 促進, 振興, 増進, 向上, 繁栄; 地位が上がること, 立身出世, 昇進, 栄達, 栄進 ◆the promotion and advancement of science and technology 科学技術の振興[奨励]と推進 ◆for the advancement of science 科学の進歩[振興]のため ◆the advancement or postponement of the date of... by a single day ~の日取りの1日繰り上げまたは繰り下げ ◆to facilitate technological advancement within the industrial community 産業界における技術進歩の促進を図るために ◆to promote the advancement of science and technology 科学技術の進歩を促すために

**advantage** (an) ~ 有利な点, メリット, 優位, 優位点, 利点, 利益, 恩恵, 強み, 特長 ◆have the advantage over... ~より優位に立っている; ~は~に対して有利である ◆use it to the advantage of...; use it to one's advantage それを~に(とって)有利になるように[都合よく]使う ◆with advantage 有利に ◆bring about significant advantages to... (人など)に相当の利益[著しい恩恵, 多大のメリット]をもたらす ◆have a huge cost advantage over... ~は~と比べてコスト面で大いに優位に立っている[~に対しコスト的に極めて有利である] ◆hold a 2-to-1 advantage over... in number 数の上で~に対して2対1の優勢である ◆the advantages far outweigh the drawbacks 長所は短所を補って余りある ◆undermine its cost advantage それのコスト面での有利さ[コスト優位性]を徐々に突き崩す ◆the biggest advantage to the removable PCM-CIA hard disk drives 着脱可能なPCMCIAハードディスクドライブの最大の利点 ◆the advantage and disadvantages of hard drives ハードディスク使用の良い点と悪い点 ◆In addition to a cost advantage,... コスト面での有利さに加え, ~ ◆this method has an [the] advantage that we can... この方法には私たちが~できるというメリット[利点, 強み, 長所, 取り柄, 特長, (意訳)特徴]がある ◆be evaluated on the basis of advantages and disadvantages to the Government. 政府にとって有利か不利かという(判断)基準で査定される ◆The big advantage of xxx is its cost. xxxの大きな利点[優位点]は, コストにある. ◆work to everyone's benefit – not to the advantage of a privileged few 少数の恵まれた人達に有利に[都合よく]作用するのではなく, すべての人々の利益になるように働く ◆It offers a 50% performance advantage over... これは, ~より50%性能が上だ. ◆It offers substantial price advantage. それ(*商品など)は, 価格面でかなり得だ. ◆offer advantages to customers who wish to produce small or prototype runs 少量生産とか試作品の製造をしたい顧客に利便性を提供する ◆This system has an advantage in its suitability for...-ing... このシステムは, ~するのに適しているという点で有利である. ◆you need to know the options and their respective advantages and disadvantages これらの選択肢, ならびに個々の選択肢の利点と不利益[長所と短所, 一長一短, 損得, 利害得失]を知る必要があります ◆Beryllium alloys provide advantages in the design of... ベリリウム合金は, ~の設計でいろいろ好都合な点を持っている ◆If..., there is an economic advantage in using the existing systems rather than the new system. もし~ということであれば, 新規のシステムでなく既存のシステムを使用することに経済上の利点がある. ◆Let's take advantage of the fact that children like television. 子どもがテレビ好きなことをうまく利用しようではないか. ◆Low price is an advantage. 低価格が~メリット[利点, 強み, 長所, 特長, (意訳)特徴]である. ◆The advantage in power lay with the Macintosh. 能力の軍配が, マッキントッシュに上がった. ◆The advantage of the use of a light-metal alloy is obvious. 軽金属合金を使用するのが良いことは, はっきりしている. ◆The circuit also offers other advantages in that... この回路は~であるといった別の長所も備えている. ◆This model has the advantage of extreme simplicity. このモデルには, 極めて単純であるという利点がある. ◆What are the advantages and features of a living trust? 生前信託の利点[優位点]および特徴とはなんですか. ◆Distributed systems have a number of advantages over standalone systems. 分散型システムは, スタンドアローン型システムに比べて数多くの点で有利である[優る]. ◆Inkjet printers have the advantages of being inexpensive, fast and printing on ordinary paper. インクジェット式プリンターは廉価で, 高速で, かつ普通紙に印字するという利点[メリット, 強み, 特長]がある. ◆There are many other types of handheld devices. Each product has advantages and disadvantages. 多くの種類のハンディータイプ機器があり, 各製品には一長一短がある. ◆The system boasts another advantage in its capability to <do> 本システムは, ~する能力があるというもう一つの利点を誇っている. ◆Ac servomotors have the advantage of being cheaper to manufacture than dc servomotors. ACサーボモーターは, DCサーボモータよりも安く生産できるという利点がある.

**take advantage of...** 〈機会, もの〉を(うまく)利用する, ~に乗じる[付け込む, 付け入る], ~を駆使する ◆advantage may be taken of... ~が利用できるかもしれない ◆take advantage of a relaxation of restrictions 規制緩和の機会をうまくとらえて利用する ◆take advantage of [exploit] size mismatches 大きさの不釣り合いをうまく活かす ◆take advantage of the cheap local labor to build cars 車の組み立てに[生産, 製造]に現地の安い労働力を利用する ◆to take full advantage of your hi-fi camcorder あなたのハイファイビデオムービーカメラをフルに生かすために ◆Take advantage of this operation to clean the lid. この作業の折を利用して[作業のついでに], ふたを掃除してください.

**to advantage** 有利に, 効果的に, 引き立つように, 追い風になるように, 都合よく ◆if [when] used to advantage 上手に用[うまく活用]すれば ◆use... to great advantage ~を大いに効果的に使う ◆be displayed to advantage against the backdrop of... 背景に引き立つように展示[陳列]されている ◆

**advisory**

if it can be used to advantage　それが効果的に[うまく]使えれば　◆turn the problem to advantage by using plants that tolerate wet soil　水気の多い土壌に耐える植物を使うことによってこの問題を逆手に取る（＊水はけが悪い花壇で）　◆Your innate abilities can be utilized to advantage in the following fields: acting, entrepreneur, impresario, entertainment director, luxury industries, ...　あなたの天賦の才能は、次に掲げる分野でうまく発揮させる[活かす]ことができます: 俳優業, 起業家, 興行主, 芸能ディレクター, 高級品産業, 〜

**advantageous** adj. 有利な, 便利な　◆be advantageous to [for] ...　〈人〉にとって有利である　◆at an advantageous price　有利な価格で　◆it is not advantageous to <do>　〜することは有利ではない　◆it may become advantageous in the long run　それは長い間には[長い目で見れば]有利になる可能性がある

**advent** the 〜 <of> (〜の)到来[出現]　◆with the advent of the B-2 Stealth bomber　B2ステルス爆撃機の登場により　◆That picture is about to change with the advent of ...　その状況は、〜の到来[出現]で変わろうとしている。　◆The advent of VCRs in the 1970s revolutionized our use of leisure time.　1970年代におけるビデオデッキの到来は、私たちの余暇の使い方に大きな変革をもたらした。

**adventitiously** 偶然に, 偶発的に, 付随的に, 外因的に　◆It was found adventitiously that...　〜ということが偶然に発見された

**adverse** 不利な, 不都合な, 逆の, 反対の, 悪〜, 非〜, 逆〜, 不〜　◆used in adverse environments　劣悪な環境[悪条件下], 逆境で使用される　◆to minimize the occurrence of adverse reactions (医薬品の)副作用[薬害反応, 拒絶反応, 拒否反応, 有害反応]の発生を最小限に(食い止める)ために　◆under adverse light conditions　《意訳》《撮影》十分な明るさの得られない悪条件下で　◆the direct adverse effect of alcohol on the brain アルコール[飲酒](がもたらす)の脳への直接的な弊害[悪影響]　◆result in consequences adverse to safety　安全を脅かす結果となる　◆the larger the fluctuation, the more adverse the impact　変動が大きければ大きいほど, その影響はそれだけ悪さが強くなる[((意訳))その悪影響は深刻化する, その弊害は大きくなる]　◆It has the adverse effect of increasing...　それは, 〜を増加させる弊害[弊害]を及ぼす。

**adversely** adv. 悪く, 悪いように, 悪い方向に, ためにならないように, 不利に, 不利益に, マイナスに　◆adversely affect air safety　空の安全を脅かす　◆without adversely affecting the environment　環境に悪影響を及ぼすことなく　◆The company says its second quarter revenues were adversely affected by unfavorable foreign exchange fluctuations.　同社は, 不利に動いた外国為替変動が災いして第2四半期の収益は悪かったと述べている。　◆The supplier shall assure that repairs to a part do not adversely affect quality function or durability.　部品納入メーカーは, パーツの修理が部品機能や耐久性に悪影響を及ぼさない旨の保証をすること。

**advertise** v. 広告[宣伝, PR, 公示, 発表]する　◆heavily advertise to women　女性を対象に盛んに宣伝する[((意訳))訴求する, 訴えかける]　◆products advertised as environmentally friendly　環境に優しいと宣伝されている製品　◆a well-advertised brand part　よく宣伝されているブランドものの部品　◆The new system works as advertised.　この新システムは宣伝通りに働く。

**advertisement** (an) 〜 (略 ad) 広告[宣伝], 公示　◆run [place, post] an advertisement in...　〜に広告を打つ[出す, 流す, 載せる, 掲載する]　◆write attention-getting advertisements　注目される広告[人目にとまる宣伝, ((意訳))注意を引くPR文句]を書く　◆carry recruitment advertisements (for jobs in a field)　(新聞や雑誌などの媒体が)(働き口の[ある分野での])募集広告を掲載する　◆The advertisements for this model talk about "a study in beauty to the last detail".　この車種の広告類は, 「細微・末端にまでわたる美の研究」と謳っている。

**advertiser** an 〜 広告主, (CMの)スポンサー　◆In the past, advertisers would buy time on six to eight stations.　昔は, 主は6局から8局でコマーシャル番組のスポンサーをしていたものだ。

**advertising** 回広告[宣伝](活動), 広告業　◆the Advertising Council　((米))広告協議会; ((日))公共広告機構　◆classified advertising in the New York Times　ニューヨークタイムズ紙(に掲載)の案内広告　◆an advertising agency specializing in the production of cable TV ads and commercials　有線テレビ広告およびコマーシャルの制作を専門にしている広告代理店　◆All sales begin with some form of advertising.　あらゆるセールスは, 何らかの形の宣伝(活動)から始まる[広告に端を発する]。

**advice** 回アドバイス, 助言, 勧めの言葉, 意見, 忠言, 忠告, 勧告, 慫慂(ショウヨウ), 指導(のことば), 心添え, 苦言; 回(上位の者に対する)進言, 具申; ((通例 〜s))通知, 報告　◆get a person's advice on...　〈人〉から〜についてアドバイスを受ける　◆seek advice from...　〈人〉の助言を求める[乞う, 仰ぐ]　◆a piece [bit, word] of advice　一つの忠告　◆dispense advice　助言を与える　◆My advice is not to <do>　私は, (あなたは) 〜しない方がよいと思いますよ。　◆take a person's advice to <do>　〜するようにとの〈人〉の忠告に従う　◆this is not just a general piece of advice to the effect that...　これは〜という趣旨[趣意, 意味内容]の単なる一般的なアドバイス[助言, 忠告]ではない　◆give [offer] advice on [about] ...　〜についての助言を与える　◆In 1995, NRPB issued formal advice on the dangers of sunburn and the link with skin cancer, including malignant melanoma.　1995年にNRPB(英国放射線防護庁)は, 日焼けの危険性ならびに悪性黒腫を始めとする皮膚癌との関連について公式な忠告を発した。

**advisable** adj. 勧めてよい, 勧めることができる, 得策な, 賢明な　(↔inadvisable)　◆It is advisable [recommendable] to <do>　〜した方が賢明です, 〜することをお勧めします, 〜すると良いでしょう　◆Reservations are advisable.; Bookings are advisable.　予約(されること)をお勧めします。　◆Your fryer is protected against overheating by a thermostat, but it is advisable to attend the appliance while it is cooking.　《取扱説明書》お買い上げのフライ揚げ器は, 過熱しないようサーモスタットで保護されてはいますが, 調理中はそばに付いているようお勧めします[そばを離れないようにしてください]。

**advise** vt., vi. 忠告する, 忠告する, 勧める, 教える, 慫慂(ショウヨウ)する　◆I'd advise you not to <do>　〜しないようお勧めします。　◆it is advised to <do>　〜することをお勧めします; 〜するとよいでしょう　◆Please be advised that...　〜ということをお知らせします[ご案内します, お知らせください]; 〜であることにご注意[留意, 気をつけて]ください; 〜よう[〜ですので], お願いいたします。　◆unless advised otherwise in writing by...　〈人〉から書面にて別途[特に]指示が無い限り　◆You are strongly advised not to <do>... 《皆様には》〜しないよう切にお願いします。　◆They should be advised of the danger of...　〜の危険を彼らに知らせておかなければならない。　◆Although you are strongly advised against it, you can...　決してお勧めはできませんが, 〜することが可能です　◆he was advised not to drink alcohol but given a green light for usual activity　彼はアルコールは控えるようにとのアドバイスがでて通常の活動はしてもかまわないとOKがでた　◆He advised against practicing too much.　彼は練習しすぎないように助言した。　◆I advised her to have her eyes checked.　私は, 彼女に目を診てもらうように勧めた[診てもらったらがいいよと言った]。　◆Please advise us of your special requirements.　何か特別ご要望がございましたらお知らせください。　◆Velden Purchasing will advise the supplier where such certifications apply and provide instructions.　ヴェルデン社の購買部は, そのような認定が必要な場合には納入メーカーに通知しまた指示を与える。

**adviser, advisor** an 〜 <to, on>(〈人, 団体〉の, 〜についての)アドバイザー, 顧問, 顧問役, 相談役, 助言者　◆an adviser to President Clinton　クリントン大統領の顧問

**advisory** adj. 助言の, 忠告の, 勧めの, 勧告の, 顧問の, 諮問〜, 相談の; n. an 〜 勧告(文書), アドバイザリ; -ries 気象通報, 気

**advocacy** 26

象注意報 ◆a research and advisory group 研究諮問グループ ◆issue [send out, mail] an advisory letter informing... 〜を通知する通達［注意書，勧告書，指導書，忠告書］を発行［送付，郵送］する ◆an advisory against using well water 井戸水は使用しないようにという旨の勧告［(意訳)警告］ ◆issue an advisory to the effect that... 〜であるという趣旨の通達［注意書，勧告，指導書，忠告書］を出す ◆This announcement is not a solicitation for bids, but an early advisory on upcoming projects. この発表は入札の応募［呼びかけ］ではなく，今後の事業の予告です。 ◆The U.S. State Department lifted a travel advisory warning to tourists against going to several areas of Peru because of possible guerrilla attacks. 米国務省は，ゲリラによる襲撃の恐れからペルーのいくつかの地域には行かないよう旅行者に旅行勧告［旅行上の注意の呼びかけ］をしていたが，それを解除した。

**advocacy** 擁護，支持 ◆a consumer-advocacy group 消費者擁護団体 ◆do some policy advocacy （若干の）政策提言を行う（＊非営利組織NPOなどが）

**advocate** vt. 擁護する，支持する，弁護する，唱道する，主張する，唱える，標榜する，勧める；an 〜 支持［擁護］者 ◆gun-control advocates 銃規制を唱える人々 ◆advocate conservation of natural resources 天然資源の保護を訴える ◆a human-rights advocate 人権擁護者 ◆an advocate of free expression 表現の自由の擁護者 ◆advocate privatization of the Postal Service 《米》郵政公社の民営化を唱える ◆I am not advocating being sloppy about... 何も私は〜に対してぞんざいであることを擁護する［だらしなくてよいと言っている］訳ではない ◆those who advocate allowing assisted suicide or euthanasia 幇助（ホウジョ）による自殺あるいは安楽死を擁護［標榜］する人々 ◆Consumer advocates and the parents of some E. coli poisoning victims have accused the agency of being too sympathetic to the interests of the meat industry. 消費者擁護団体および大腸菌中毒犠牲者の一部の親たちは，同政府機関に対し，あまりにも食肉業界の利益を擁護する側に回っていると非難した。

**AE** (autoexposure)《カメラ》自動露出

**aegis** 《under the aegis of... の形で》〜の保護［庇護，後援，支持］を受けて ◆an Aegis destroyer; a destroyer equipped with the Aegis system イージス艦，イージスシステム搭載艦

**Aeneolithic** adj. 銅石器時代の ◆the Aeneolithic age [era, period] 銅石器時代（＊新石器時代から青銅器時代への過渡期 (transitional period)）

**aeon** → eon

**aerial** adj. 空気の，大気の，気体の，空中の，気中-，《配電》架空- ◆aerial photography 空中［航空］写真［術［法］］ ◆(an) aerial discharge 大気中への排出［放出］；空中放電；空中発射 ◆an aerial distribution line 《強電》架空配電線 ◆an aerial bombing raid on... 〜に対する空襲 ◆an aerial-spraying program 空中散布計画 ◆a bow gun for aerial discharge of high-explosive shells 高性能爆薬を使用した砲弾を空中［(意訳)海上］発射するための艦首砲（＊潜水艦の海中発射と区別して の「海上」） ◆conduct aerial surveys of two sites 2箇所について空中からの調査［探査，査察］を行う；2箇所の空中測量を実施する ◆An aircraft is used to carry out aerial distribution （農薬の）空中散布を実施するのに航空機が使用される

**aero** 航空機の，航空の，空中の ◆low-profile aero headlights 《車》低背型空力ヘッドライト［前照灯］

**aerobatics** 《複扱い》アクロバット［曲芸］飛行；《単扱い》曲芸飛行術 ◆perform aerobatics 曲芸飛行をする

**aerobic** adj. 好気性の，好気性の（＊微生物が），好気的の；エアロビクスの，有酸素の ◆aerobic bacteria 好気性の菌［細菌］ ◆aerobic exercise 有酸素運動 ◆an aerobic studio [class] エアロビクススタジオ［教室］ ◆I do aerobic dancing three times a week. 私はエアロビクスを週3回やっています。

**aerobics** 《単or複扱い》エアロビクス ◆an aerobics instructor エアロビクス［有酸素運動］のインストラクター

**aerodynamic** adj. 空気力学の，航空力学の，流線形の，空力（クウリキ）-；aerodynamics n. 《単扱い》空気力学，航空力学 ◆aerodynamic efficiency 空力効率 ◆a novel aerodynamic sports car 目新しい流線形をしたスポーツカー ◆run aerodynamic simulations 空力シミュレーションを行う ◆the car's aerodynamic drag この車の空力抵抗［抗力，空気抵抗］

**aeronautic, aeronautical** adj. 航空の，航空学の，航空術の ◆an aeronautical safety system 航空安全［保安］システム ◆supply [provide] marine, land and aeronautical mobile communications services using a network of satellites and ground earth stations 衛星と地上地球局のネットワークを用いて，海上・陸上・航空移動通信サービスを提供する

**aeronautics** 《単扱い》航空学，航空術（＊航空機の設計，製造，操縦を対象とする研究や技術）◆the aeronautics industry 航空機産業

**aerophobia** 空気恐怖症，嫌気症，飛行［飛行機，高所］恐怖症 ◆she developed aerophobia 彼女は飛行(機)［高所］恐怖症になった

**aerosol** an 〜 (= an air spray) エアスプレー製品（＊高圧容器とその内容物）；(an) 〜 《液体や固体の》浮遊粒子［微粒子］，浮遊粉塵，煤煙や煙霧など，エーロゾル，エアロゾル ◆an aerosol can [bomb] （充填ガス入り）スプレー缶 ◆a cleaning agent in aerosol form エアゾールの清浄剤 ◆in 12 Oz. aerosol cans 12オンスのエアゾール［スプレー］缶入りで

**aerospace** 航空宇宙（産業），大気圏と宇宙空間; adj.

**aesthetic** adj. 美的な，耽美的な，審美的な，美しい，美術の，趣味の良い，センスのいい ◆aesthetic contemplation 観照；観想 ◆a body aesthetic salon ボディエステのお店 ◆have no aesthetic sense 美的感覚を持ち合わせていない ◆our aesthetic sense 我々の美的感覚［センス］ ◆your aesthetic sensibilities あなたの美的感覚 ◆Its practical value can only be measured in aesthetic terms. その実用価値は，美的観点からのみ評価することができる。

**aesthetically** adv. 美的に，耽美的に，審美的に，美術的に ◆be more aesthetically pleasing than... 〜よりも美しい［美的にすぐれている，美麗である］ ◆in an aesthetically pleasing manner 見た目に美しいように ◆in addition to being aesthetically pleasing [pleasant] 美しいこと［センスのよさ，趣味がいいこと］に加えて

**aesthetician** an 〜 エステティシャン ◆Makeup artists are supposed to have a license to touch someone's face if they are using the title of aesthetician or cosmetologist. メーキャップアーティストがエステティシャンまたは美容師の肩書きを使用するには，人の顔面に触れるための免許を取得することになっている。(＊米国では)

**AF** (autofocus)《カメラ》自動焦点（式の） ◆an AF SLR 自動焦点一眼レフ

**afar** adv. 《from afar の形で》遠方から，ずっと離れたところから

**AFC** (automatic frequency control) 自動周波数制御

**affair** an 〜 関心事，問題，出来事，事件；〜s 仕事，業務，事情，情勢 ◆foreign affairs 外国の事情，外務，対外事務，対外政策，外交問題 ◆the state of affairs of [in, with]... 〜の状況［情況，情勢，形勢，事情，有様，様子，模様，動静，状態，事態，実状，実情］ ◆be responsible for consumer affairs 消費者問題の担当である ◆convey the true [real, actual] state of affairs 実情［本当のありさま，実際の様子，実際の事情，実態］を伝える ◆handle an affair pertaining to... 〜に関する案件を処理する ◆survey nearly 800 system engineers for their current state of affairs 800人近くのSEを対象とした実態［実情］調査をする ◆the move reflects a sad state of affairs at Filmex この措置はフィルメックス社における嘆かわしい実態［現状，状態］を反映している ◆the awful state of affairs in this country where gang members routinely kill people for... ギャングの組員が〜といった理由で日常茶飯事のように人殺しをするこの国のひどい実情［実状，国情］ ◆"The current state of affairs is just awful," he said, referring to... 〜に言及して，「現状は全くひどいものだ」と彼は言った ◆this makes routine entries a one-click affair 《コンピュ》これにより，機械的入力操作はクリック一発で済むようになる ◆I really find this state of affairs with Republicans criticizing Republican candidates very offensive. 私はまことにもって、共和党員が共和党の候補者を非難しているこの状況ははなはだ不愉快に[苦々しく]思っている。

**affect** 1 vt. ~に影響[悪影響、累]を及ぼす、響く、たたる；~を侵す、冒す、〈病気などが〉~を襲う、〈災害などが〉~を見舞う、~の心を大きく[強く]動かす、感動[感銘]させる、動転させる ◆apply... liberally to the affected area ~を患部にたっぷりと塗る ◆drought-affected regions 干ばつの被害を受けた地域 ◆immigration from climate change-affected countries 気候変動の被害を被っている国々からの移民 ◆part requirements which affect safety 安全にかかわる部品の要件 ◆If..., the proxy server performance will be affected 《コンピュ》《意訳》~すると、代理サーバーのパフォーマンスが低下します。 ◆include appropriate notes on affected drawings 対象となっている[該当する]図面に然るべき注釈を書き入れる[加える]（*ここでのaffected drawingsとは、仕様変更の影響を受ける図面という意なので、意訳すると上記のようになる） ◆select the folders the rule will affect ルールの（適用）対象とするフォルダを選択する（*コンピュータの話で） ◆contaminants that affect sensitive connector surfaces and circuit traces ダメージを受けやすいコネクタ表面や回路パターンをおかす汚染物質 ◆when the outcome of one event affects [has an effect on] the outcome of another [a second] event, ある イベント[出来事、事件]の結果が別の[次の、第二の]イベントの帰趨に影響を及ぼす[を左右する]場合 ◆Factors that may affect [can influence] these results include: これらの結果に影響を及ぼす[結果を左右する]可能性がある要因として以下のものが挙げられます。 ◆Rain can seriously affect your vehicle's stability. 雨は、車の安定性に深刻な影響[重大な悪影響]を及ぼすことがある。 ◆Spray from other vehicles can affect your vision. 他の車両の水しぶきで（あなたの）視界が悪くなることがある。 ◆The font change affects new text you type in the Message box. 《コンピュ》フォントの変更は、メッセージボックスに新たに入力するテキストに反映される（*フォントを変更すると、それ以後メッセージボックスに入力するテキストは新しいフォントで表示される） ◆Your driving judgment is particularly affected by alcohol. あなたの運転する際の判断力は、とりわけアルコールによって鈍ってしまう。 ◆A small amount of alcohol will affect you more than it usually would if you have less food in your stomach. 胃袋に食べ物があまり入っていないと、少量のアルコールで通常の場合以上も利いてしまうことがある ◆Control items are parts designated by Velden Corporation as affecting compliance with safety regulations. 管理品目とは、ヴェルデン社により安全規定の順守の対象に指定されている部品のことである。 ◆Road conditions and surfaces affect the stability of a motorcycle much more than that of a car. （さまざまな）道路状況や路面状態は、車の場合よりもずっと大きくモーターバイクの安定性に響く。 ◆The electronic keyboard is not only becoming pervasive across the U.S. but is also affecting the way music is learned and appreciated. 電子キーボード楽器は、米国全土で普及しつつあるばかりでなく、音楽の学習や鑑賞の仕方にまで影響を及ぼしつつある。 ◆Any significant change in the amount of power generation or electricity demand within one utility's service area will affect all other interconnected utilities. ある電力会社の供給エリア内における発電量あるいは需要の大幅な変動は、互いに接続されている[（系統）連系している]他の電力会社すべてに影響を及ぼす[波及する]。

2 vt. ~のふりをする、~を装う、~を好んで用いる、~（の状態）になる傾向がある

**affection** (an) ~ 《単の》愛情、愛、好意、愛着、好きな気持ち <for> ◆be strengthened by a bond of genuine affection ~は純粋な愛情の絆によって強められる ◆poverty and a lack of affection 貧困と、愛情の欠如

**affiliate** 1 vt. ~を支部とする[メンバーに入れる]；《affiliate oneself with で》~と合併[提携、連合、合同]する、~に加盟[加入]する；~の起源をたどる、《法》~の父を決める; vi. ◆foreign-affiliated companies 外資系企

業 ◆a church-affiliated college ミッション系の大学 ◆the government-affiliated Export-Import Bank of Japan 政府系の日本輸出入銀行 ◆This website is not affiliated with(,) or [nor] endorsed by... 当Webサイトは~と関係なく、承認されてもい[公認でもあり]ません

2 an ~ 加盟[加入]者、会員、支部、付属団体、関連会社、系列［従属］会社（*他の会社、特に多国籍企業によって、部分的または全面的に所有され管理される、支社、子会社、共同企業体など）

**affiliated** adj. 加盟の、関連の、系列の、支部の、付属の、従属の ◆an affiliated [=associated] company 子[系列、関連、連系、同族、傍系]会社 ◆an affiliated group 系列[関連]（企業）グループ

**affiliation** (an) ~ 加入、入会、提携、関係~、系列~、(非嫡子の）父の決定

**affinity** (an) ~ 好み、相性、密接な関係、類似性、似点; (an) ~ 《化》親和性、親和力 ◆develop an affinity for... ~が好きになる ◆have an affinity for... ~に（心が）引かれる、~が好きだ ◆have an affinity for water ~には親水性がある（= be hydrophilic [water-receptive]） ◆have [lack] an affinity for... ~する親和性がある[ない] ◆lack an affinity for water 親水性が無い［を持たない] ◆There is a close affinity between A and B. AとBの間には著しい類似性[密接な関係]がある。

**affirm** vt., vi. 断言する、主張する、言い切る、誓う、言う ◆It has been affirmed that... ~ということが確認された。 《参考》The company is determined to reaffirm its position of technological leadership. その会社は、技術面における指導的地位を再び確固たるものにする決意である。

**affirmative** adj. 肯定的な、肯定の ◆an affirmative-action program (雇用・教育の人種・男女間の）差別撤廃運動計画[制度] ◆as an affirmative response to... ~に対する肯定的な応答として ◆We answer that question in the affirmative. その質問に対する我々の答えはイエスだ。

**affirmative action** 《米》アファーマティブアクション［積極的差別是正措置]（*雇用などにおける人種や性別による差別をなくして機会均等を図るために、積極的な行動を起こそうという趣旨の制度） ◆Clinton's affirmative-action policies クリントンの少数派優遇政策

**affix** vt. ~を貼る、付ける、添える、書き添える、〈印〉を押す; an ~ 接辞[接頭辞、接尾辞] ◆affix a stamp to a letter 手紙に切手を貼る ◆affix one's seal [stamp] upon... ~に印を押す ◆the warning label affixed to... ~に貼ってある注意書きラベル ◆it's firmly affixed to... with four screws それは4個のねじで~にしっかり取り付けられている ◆Every encrypted e-mail is affixed with a digital signature as a guarantee for the genuineness and origin of the e-mail. 暗号化された各々の電子メールには本物であるという保証と電子メールの送信元の証(アカシ)としてデジタル署名が添付されて[施されて]いる。

**affixation** 回付けること、付着、添付、固定；回押印、捺印；回《文法》接辞添加 ◆stickers for affixation to... ~に貼る[貼り付ける]ステッカー[シール、ラベル] ◆the affixation of the corporate seal to the document その書類への社印の押印[捺印] ◆examples of methods of affixation and positions of the copyright notice on various types of works 各種作品[（意訳）著作物]への著作権表示の貼り付け方法と貼付位置[箇所、場所]の例

**afflict** vt. 苦しめる、悩ます ◆be afflicted with shopaholism 買い物中毒［依存症］にかかっている ◆financial troubles afflicting the world's airlines 世界の各航空会社を苦しめている財政困難[財政難] ◆if you are afflicted with impaired eyesight 視力減退でお悩みなら、視力が低下している人は ◆Parkinson's disease, a degenerative brain disorder characterized by body tremors, is thought to afflict about 1.5 million Americans. 身体がふるえるという特徴がある脳変性疾患であるパーキンソン病は、約150万人に上るアメリカ人を苦しめていると考えられている。

**affluence** *an* ～ 流入, 豊富な供給; ⦿豊かさ, 裕福 ◆As much as possible, avoid the appearance of affluence. できるだけ, 裕福［金持ち］に見えないようにすべし. (＊安全に旅行するための心得)

**affluent** *adj.* 豊かな, 裕福な, 富裕な, 豊富な, ～に富む<in>, 豊かに流れる, あふれんばかりの ◆live an affluent life 裕福な生活を送る; 《意訳》ゆとりのある生活をする ◆shape a more affluent society より豊かな社会をつくる ◆the least affluent members of society 社会の最も裕福でない構成員たち; 《意訳》社会で最も貧しい人たち ◆the most affluent of our society 私たちの社会の最も裕福な人たち; 社会の最上流層 ◆tips, techniques and strategies to help you become financially affluent 裕福［金持ち］になるのに役立つ［になるための］秘訣やテクニックや戦術

**afford** *vt.* 《can affordの形で》～を買う［持つ］だけの余裕がある;《can afford to <do>の形で》～するだけの余裕がある; 与える, 提供する, もたらす ◆can't afford to be without... ～なしでは到底やっていけない［済ませない］; ～はとても手放せない ◆can no longer afford scrapes with customers お客と喧嘩［衝突］なんぞしている余裕はもはやない ◆cannot afford the expenses of... ～の費用を出す余裕が無い ◆bring the system into a price range that individuals can afford そのシステムを個人が購入可能なコストの範囲［価格帯］に入れる ◆cannot afford the time [money] to visit... ～を訪れる時間［金(カネ)］の都合がつかない ◆"But be realistic; stay within the boundaries of what is possible and what you can afford." 「ただし, 現実的であること. 無理しないでできる範囲にとどめましょう.」(＊結婚式の計画を立てる話で)

**affordable** *adj.* 入手可能な,〈価格が〉手頃［手軽］な, 無理なく手が届く ◆affordable housing for people of low income 低所得者にとって手の届く住宅 ◆at an affordable price 無理しなくても出せる価格で; 低価格で ◆at an affordable price (pl. at affordable prices) 手頃な価格［値段］で ◆at a very affordable price たいへん求めやすい価格で; 非常に手軽に買える価格で ◆be outside affordable limits ～は, 価格が手が届く範囲を出てしまっている ◆in an affordable price range 手頃な［手の届く, 求めやすい, 普及］価格帯で［の］ ◆offer an affordable way of... -ing ～するのに, 費用的に無理しなくても済む方法を提供する ◆to make multimedia affordable マルチメディアを価格的に身近なものにするために ◆it has become affordable even for home users それは一般家庭のユーザーにさえも手が届くようになった ◆make it even more affordable for... ～にとって, それを価格的にいっそう手が届きやすくする ◆make it very affordable for a wide range of users 《意訳》それを普及価格化する ◆produce... in a price range that is affordable to small businesses 小企業にとっての手の届く価格帯の～を生産する ◆If past experience is any guide, HDTV sets will be affordable even for the home. 過去の経験からして, HDTV（ハイビジョン）テレビは一般家庭でも手が届くようになるだろう

**affordably** 手軽に ◆an affordably priced camera お手ごろ価格の［廉価版の, 普及価格の］カメラ;《意訳》普及タイプ［普及版, 普及型］カメラ ◆an affordably priced VCR お手軽価格［《意訳》普及タイプ, 普及型, 普及版］のVTR［ビデオデッキ］ ◆be affordably priced 手頃な価格がつけられて［お手軽価格になって］いる

**AFGE** (American Federation of Government Employees) *the* ～ 米政府職員連盟

**Afghanistan** アフガニスタン ◆the United Nations Office for Coordination of Humanitarian Assistance to Afghanistan (UNOCHA) 国連アフガン人道援助調整事務所

**AFI** (American Film Institute) *the* ～ アメリカ映画協会

**aficionado** *an* ～ 熱中者, 愛好者, マニア, ファン, 凝っている人［凝り屋］ ◆aficionados of stamps and coins 切手とコインの愛好家［マニア］ ◆several animal aficionados 数人の動物愛好家

**AFL-CIO** (American Federation of Labor and Congress [Labor-Congress] of Industrial Organizations) *the* ～ 米国労働総同盟産業別会議 (＊労働組合の全国的組織)

**afloat** *adj., adv.* 水に浮かんで, 漂って, 破産せずに ◆as long as the boat can remain afloat 船が沈まないでいる限り ◆for keeping afloat a sick economy 病んでいる経済が沈没［破綻］してしまわないようにしておくために ◆The firm borrowed heavily to stay afloat. この会社は, 経営が立ち行けるようにしておくために多額の借金をした.

**AFN** (the Armed Forces Network) アメリカ軍［米軍］放送網 《省略形はtheは不要》

**afoot** *adv., adj.* 進行中で［の］ ◆something interesting is afoot 何か面白いことが起こっている ◆Moves are afoot to <do> ～をしようという動きが進行中である ◆there's also an effort afoot to <do...> ～をしようという取り組みも進んでいる［動きもある］ ◆There is no plan afoot to change that. それを変えようという計画は持ち上がっていない.

**aforementioned** 前に［先に］述べた, 前述の, 上述の, くだんの ◆the aforementioned company 前述の［前記の, 件の（クダンノ）］会社

**afraid** *adj.* <of, to do> ～を恐れて, こわがって; <that> (懸念して［残念ながら］) ～ではないかと思う ◆Do not be afraid to ask for assistance. 助けを乞う［援助を要請する］のに物怖じしていけません. ◆Maybe the economy won't slow as much as we're all afraid of right now. たぶん経済は, 我々の誰もが今現在恐れているほどの減速はしないのかもしれない.

**afresh** *adv.* (もう一度) 新たに, 新規に, 改めて, 再び, 再度 ◆forget the past and start afresh 過去を忘れ新規まき直しをする ◆The information does not have to be fed in afresh. その情報は, 再度［新たに］入力される必要はない.

**African** *adj.* アフリカの, アフリカ人［黒人］の; *an* ～ アフリカ人［黒人］ ◆on the African continent アフリカ大陸で

**African-American** *n. an* ～ (pl. African-Americans) アフリカ系アメリカ人; *adj.*

**AFT** (automatic frequency tuning) 自動周波数同調; (automatic fine tuning) 自動微同調

**AFTA** (the ASEAN Free Trade Area) アセアン自由貿易地域 《略語形はtheは不要》

**after** *prep., adv., conj.* (時間, 順序の点で) 後に［で］, 次に, ～の後に, ～の末に, ～の上, ～を終えて, ～を過ぎて, ～のあげく(に) ◆soon after... ～の直後に ◆after a few minutes 数分後に ◆after a lapse of a few seconds 数秒過ぎた後で; 数秒経過した上 ◆after-dinner speeches ディナーの後のスピーチ ◆after prep school 予備校を出た後で ◆appear one after another 続々と［次々］と現れる; 相次いで登場する ◆until after one's first birthday 1歳の誕生日を過ぎるまで ◆after becoming acquainted with this notation この記号表記法を知った上で ◆hand down... to those who come after us ～を後の世の［これから生まれてくる］人々に伝える ◆within five years after the date of... ～の日から (起算して) 5年以内に ◆for a period of five years after the date of... ～の日から5年間の期間 ◆re-create the very earliest fraction of a second after the Big Bang ビッグバン直後の一瞬を再現する ◆within 5 seconds after a call is initiated 通話開始後5秒以内に ◆Clean thoroughly after using. 使用後は, 完全に汚れを落としてください. ◆South Korea is third in chip production, after the U.S. and Japan. 韓国は, 米国と日本に次ぐ第3位のIC生産国である. ◆Breast cancer is the No. 3 killer of American women, after heart disease and lung cancer. 乳癌は, 心臓病と肺癌につぐアメリカ女性の死因の第3位である. ◆Videophones will be installed only after the ISDN system has reached a high level of sophistication. テレビ電話は, ISDNシステムがある程度高度化［発達］して初めて設置されることになるだろう. ◆Moscow has overtaken the notoriously costly Zurich and Geneva to become the world's most expensive city after Tokyo and Osaka, Japan. モスクワは, 物価高で悪名高いチューリッヒとジュネーブを抜いて, 日本の東京と大阪に次ぐ世界 (第3位) の物価高都市となった.

**after all** → all

**afterglow** ①残照, 夕焼け; ①あとに残る快い味わい［なごり, 余韻, 余情, 想い出］◆the afterglow (of...) should last a long time （〜の）余韻［《意訳》余韻］は長いこと続くだろう ◆Both are still basking in the afterglow of having just gotten engaged. 二人は, 調ったばかりの婚約の余韻に依然として浸っている.

**afterheat** ①《原子力》余熱 ◆the afterheat of a reactor's core 原子力の炉心の余熱（*運転停止した後の）

**afterimage, after-image** an〜 残像

**aftermarket** an〜 アフターマーケット（*自動車・パソコン等の販売後に生じる修理, 追加装備, 拡張部品などの需要に応えるための市場）, 二次的な市場 ◆an aftermarket add-on part 製品購入後に付け加える部品（*自動車やコンピュータを購入したあとに, 付け加えるような別売り部品のこと） ◆aftermarket computer supplies アフターマーケットコンピュータ用品（*本体購入後に, ユーザーが性能向上や拡張などの目的で追加購入する製品）

**aftermath** an〜 結果, 余波 ◆in the immediate aftermath of the Soviet downfall ソ連崩壊直後に ◆in the aftermath of the Challenger explosion チャレンジャー号の爆発事故の余波で ◆the universe was formed in the aftermath of a gigantic explosion 宇宙は大爆発の直後に形成された

**afternoon** (an)〜 午後 ◆the opening of an afternoon session 《株》午後の立ち会い［後場］の寄り付き ◆an early-afternoon thunderstorm 昼下がりの雷雨 ◆by early afternoon 正午を少し過ぎた［回る］までに ◆during (the) early afternoon; in the early afternoon 午後の早いうちに; 昼下がりに ◆schedule... first thing in the afternoon 〜を午後いちに予定する ◆until early afternoon 正午を少し過ぎた［回る］頃まで（継続して） ◆in broad daylight early yesterday afternoon 昨日の昼下がり［正午を少し過ぎた］真昼間に

**after-sales** adj. 販売後の ◆after-sales gains from service and support サービス［修理］やサポート業務から上がる販売後［《意訳》商品流通後］の利得

**after-sales service** (an)〜 販売後における修理関連サービス, アフターサービス

**after-school** adj. 放課後の ◆an after-school drop-in center （生徒が）放課後に立ち寄れるセンター（*児童センターのようなもの. 対象は小学生に限らず, 中学生, 小学〜高校生のあたりとさまざま） ◆offer after-school child care 学童保育を（提供）する ◆operate an after-school care center 学童保育センターを運営する ◆subsidize after-school day care 学童保育に補助金を出す

**aftershock** an〜 余震, 揺り返し ◆damage from aftershocks 余震による被害

**aftertreatment** (an)〜 後処理, 後処置, 後療法 ◆even higher washfastness can be obtained by aftertreatment with fixatives 色止め剤を使った後処理により, いっそう高い洗濯堅牢度が得られる

**afterward, afterwards** adv. その後, それから, 後で, 後になって, 後から, 後刻, 後に ◆shortly afterward その後間もなく ◆expect a profit in 1995 and afterward 1995年以降に利益が出るだろうと予想する ◆in an interview afterward その後のインタビューで ◆we all went out to dinner afterwards 私たちはその後全員で食事に出かけた

**afterword** an〜 あとがき, 後記, 追記 ◆I think I wrote about it in a preface or afterword to "...'' 私は〈〈書物〉〉の前書き［序文］か後書き［結びの言葉］に, それについて書いたと思う.

**Ag** 銀 (silver) の元素記号

**again** adv. もう一度, 再度, 再び, また, またもや, 重ねて, （もう一度）繰り返して, 改めて, さらにまた, なおその上に ◆again and again; over and over again 何度も（繰り返して）; 幾度（イクド, イクタビ）も; 幾度となく; 繰り返し繰り返し; 重ね重ね; 毎々; 返す返す; くれぐれも ◆to once again try to catch the eye of... もう一度［今一度］〜の目を引こうと ◆Again,

---

as is the case with other Welsh castles, be prepared for a bit of a hike to get to the castle. やはり, ウェールズの他の城と同様に, この城にたどり着くにはちょっとしたハイキングの覚悟が必要です.

**against** prep. 〜に逆らって, 〜に抵抗［対抗］して, 〜に挑む, 〜と対照して, 〜を背景に ◆check A against B AをBと照らし合わせる［突き合わせる, 突き合わせて調べる］ ◆a $10 billion trade surplus against the U.S. 100億ドルの対米貿易黒字 ◆Citizens Against Government Waste (CAGW) 《無冠詞》政府の無駄遣いに反対する市民（*ワシントンDCの非営利団体） ◆a metal-against-metal sound 金属どうしが当たる音 ◆laws against selling illegal copies 違法複写品［不正コピー］の販売を取り締まる法律 ◆X is checked against Y. XはYと突き合わせてチェックされる. ◆have been in an uphill fight against Internet fraud インターネット上の詐欺に立ち向かう苦しい戦い［苦戦］をしてきている ◆the dollar's long decline against the yen 日本円に対するドルの長期低落［下落］ ◆turn the crankshaft against the normal direction of rotation クランクシャフトを正常回転の逆の方向に回す; クランクシャフトを逆回転［逆転］させる ◆It's against the law. それは, 法律に反して［違反して］いる. ◆Never interrupt a questioner by saying "I know what you're driving at, let me explain.'' This can turn the audience against you. 質問者に対して「おっしゃろうとすることは分かっています. それについてご説明しましょう」などと言って腰を折ることのないように. これをすると聴衆を敵に回す［聴衆の反感／反発／不興を買う］ことになります.

**over against...** (= as over against, as opposed to, in contrast with) 〜に対して, 〜に比べて, 〜と対照して; (= directly opposite to) 〜のま向かいに; (= in front of) 〜の前に; (= facing) 〜に面して

**AGC** (automatic gain control) 自動利得制御

**age** 1 (an)〜 年齢, 月齢, 年かさ; 古さ, 古くなること; ①寿命［有効期間］, 加齢［高齢］, (→ age limit) ◆due to age 年のせいで, 年齢［《意訳》加齢］による ◆regardless of age 年齢を問わず, 年齢不問で ◆(an) age determination 《生物の》年齢査定; 〈岩石などの〉年代測定; 〈遺物や発掘物について〉いつ頃の時代のものか鑑定すること ◆at 16 years of age 16歳で ◆at the age of 25 25歳（という年）で ◆before age 13 13歳になる前に ◆by age 15 months; by the age of 15 months 月齢［生後］15カ月（になる）までに ◆password age control パスワードの有効期限［期間］の制御 ◆boys who are between 10 and 16 years of age 10歳から16歳までの年少の少年たち ◆latchkey children ages 7 to 12 7歳から12歳までの（年齢の）鍵っ子 ◆the age bracket of 10 to 15; the 10-to-15 age bracket 10歳から15歳までの年齢層 ◆women ages 19 to 39 19歳から39歳の女性 ◆a chicken stiff with age 年とって堅い肉質のチキン ◆at the earliest possible age 少しでも年齢的に早い時期に; できるだけ年をとらないうちに; できるだけ若いうちに ◆every boy under the age of eight 8歳未満の少年はみな ◆the determination of the ages of minerals [ancient objects] 鉱物［古代の物体］の年代測定 ◆same-age peers 同じ年齢［おないどし, 同い年］の仲間 ◆the age-hardening of an aluminum alloy アルミ合金の時効硬化 ◆the over-40 age bracket 40歳以上の年齢区分 ◆a tree gnarled of age 長い年月を経て節くれ立っている木 ◆become unusable due to age 古くなって使いものにならなくなる ◆I say... from age's vantage （亀の甲より）年の功［劫］ということで, 私は〜と言う ◆its colors fade with age それは古くなると色があせる ◆use... as an age-determining factor [an age determinant] 〜を年齢を判定するための材料［《意訳》年齢形質］として用いる ◆his father had reached the age of 95 彼の父は, 95歳（という年）になった. ◆Bone density progressively decreases with age. 骨密度は年齢と共に累進的に減少する. ◆Check the cables for cuts, punctures, cracks and age. これらのケーブルを, 切り傷, （何か鋭いものでつかれてあった）穴, 亀裂, および老化がないかを点検してください. ◆His thin white beard adds ten years to his apparent age. 彼は, まばらな白いあご髭のせいで（実際の年

## A

より）10歳ふけて見える ◆Kids [Children] of all ages will love these. 年齢を問わず,子供はこういうものが好き(なもの)だ. ◆The hoses become brittle with age. これらのホースは,古くなるにつれ脆くなる. ◆As fate would have it, Ellen and Walter fell in love despite the difference in their ages. 運命の定めで,エレンとウォルターは歳の差にもかかわらず恋に落ちた. ◆The current facility, due to age deterioration, is reaching the end of its useful life. 現在の施設は老朽化のために寿命が尽きつつある. ◆Among older singles, women outnumber men by a ratio of 100-to-74 in the 40-49 age bracket and 100-to-57 in the 50-59 range. 年配の単身者の間で女性は男性の数を上回っており,その比率は40-49歳の年齢層［40代］で100対74, 50-59歳の年齢層［50代］で100対57となっている. ◆While this film is designed for ages 8-12, a sister version for older audiences (ages 13-adult) is also available. この映画は8歳から12歳向けですが,もっと上の年齢(13歳から大人まで)の観客のための姉妹版もあります.
**2** the ~ 時代,世代 ◆the age of television テレビ時代 ◆be in advance of the times; be ahead of the age ~ は時代を先取りして［時代の先を行って］いる ◆in this day and age (of budget cuts) (予算削減の)昨のうてのご時勢では ◆new-age training methods 新時代のトレーニング法 ◆over the ages 長い間にわたって ◆even in today's automated age 今日の自動化時代においてさえ ◆in the age of bows and swords 弓矢と刀の時代に ◆space-age materials 宇宙時代の材料 ◆living in the computer [electronic] age,... このコンピュータ［電子化］時代に生きて［あって］, ◆in this age of the $53.9 million Van Gogh ゴッホの絵が5390万ドルもするようなこの時代［ご時勢］に ◆we are in an age of globalization 我々はグローバリゼーションの時代を生きている ◆a bad business decision in this day and age stands the risk of becoming criminal activity ビジネス上の不適切な判断は,この現代においては［当世では］犯罪行為になる危険すらある. ◆The West moves into the age of electronic banking. 西側諸国はエレクトロバンキングの時代に突入する,時代を迎える.
**3** vi., vt. 年をとる,加齢する,古くなる,老化する［させる］,老朽化する,経年変化する,枯れる［らす］,熟成する［させる］,寝かす ◆an aging nuclear reactor 老朽化している原子炉 ◆diagnosis for aged deterioration 経年劣化の診断 ◆age new equipment 新しく製造された機器をエージングする ◆It ages rapidly. それは,急速に老化する. ◆Aging bridges pose risks. 《意訳》老朽化している橋［老朽橋梁］は危険である. ◆The bridges are aging. これらの橋は老朽化している. ◆The non-drying solid adhesive will not age. この不乾性固形接着剤は,経年変化［老化］しません.
**come [be] of age** 成年になる,成人になる,大人になる,一人前になる ◆CD-ROM is finally coming of age as a publishing medium. CD-ROMはようやく出版媒体として市民権を得つつある［立ち上がってきている］. ◆This technology is coming of age. この技術は十分といえる程度まで発達［成熟］してきている.

**aged** adj.《数詞の前に置いて》~歳の; 年取った,高齢［老齢］の,(年)老いた; 年数を経た,古びた,古びた,老化した,老朽化した; 熟成した; the ~《集合的に,複数に》高齢者,老人,年寄り ◆to help the aged お年寄り［老人］を支援するために

**age limit** an ~ 年齢制限 (→ limitに用例) ◆there is no age limit for being in love 恋をするのに,年齢制限はない［年は関係ない］

**agency** (an) ~ 仲介［媒介,作用,活動］,媒介者,代理［取り次ぎ,特約］店,他の会社にサービスや労務を提供する会社［業者］,(政府)機関［部局,庁］,外交,独立行政法人 ◆through [by] the agency of... ~ の作用で,~ の斡旋［仲介,取り立ち,とりなし,口利き］で ◆an authorized sales agency 正規販売代理店 ◆government agencies 政府機関 ◆the FAA (Federal Aviation Agency) 《米》連邦航空局

**agenda** an ~ (pl. ~s)《元々は agendumの複数形だが,通例単数扱い》議事日程(表),予定表; an ~, ~s (集合的に)協議事項,議題 ◆Commission meeting agendas; agendas of [for] Commission meetings 委員会の議題［(意訳)審議内容］ ◆the first item [topic, subject] on the agenda 議事日程の第一審議項目［議題,議案］ ◆Subjects on the agenda include:... 議事日程にのっている議題［審議事項］には以下のものがある. ◆unveil an action agenda for making U.S. high technology preeminent again 米国の高度先端技術を再び卓越したものにするための行動指針［行動計画］を明らかにする ◆the "Common Agenda for Cooperation in Global Perspective"（日米間の）「地球的協力のための共通課題」 ◆If that's the hidden agenda, it needs to be exposed and defeated. もしそれが隠された意図であるなら,暴いて挫折させる［打ち砕く］必要がある.

**agent** an ~ 代理人［店,業者］,代行者,取次店,仲介［周旋］人［業者］,差配人,外交員,セールスマン,手先［スパイ,(特殊)工作員,諜報部員］,(運動選手などの)マネージャー,《コンピュ》エージェント,ある働きをするもの［人］,薬剤,-剤,-薬,作用物,助剤,原因物質,動作因,《文法》動作主 ◆a chemical agent 化学薬品［薬剤］ ◆a distribution agent 販売代理店 ◆an insurance agent 保険外交員［取扱者］ ◆a secret agent (man) (男性の)秘密諜報部員［情報部員,スパイ,諜報要員,特務工作員,秘密捜査員,密偵］(※→「スパイ」も見よ) ◆a blowing agent for making plastic foam 発泡プラスチックを作るための発泡剤 ◆an agent for Nanox ナノックス社の代理店 ◆attack by chemical agents 化学薬品による腐食 ◆sabotage caused by agents of...〈国〉の工作員による破壊活動［妨害行為］ ◆FBI gents are on the front line of the fight against crime. 連邦捜査局の捜査官らは犯罪との戦いの第一線［最前線］に立っている.

**agglomeration** (U)塊になること,凝塊の形成,凝集,集塊; an ~ 塊(カタマリ),凝塊 ◆the agglomeration of fine particles 微粒子の凝集 ◆use selective oil agglomeration to recover ultrafine coal from tailings 尾鉱［選炭廃物］から超微紛炭を回収するために選択性オイル・アグロメレーション［OA］法を用いる

**aggravate** vt. ~を悪化させる,(一層)ひどくする,(更に)悪くする,一層はなはだしくする［激化させる,重くする,大きくする,深める］,~ に輪をかける,拍車をかける; (人)を怒らせる,いらいらさせる,悩ませる ◆without aggravating the red ink 赤字を悪化させないで ◆This will only aggravate the problem. これは問題を悪化させるだけだ.

**aggregate** adj. 集合した,総計の,集合—; (an) ~ 集合体,集積,総計; (an) ~ 骨材,砕利,砕石(サイセキ); vi. 一体になる,総計で(~に)なる<to>,集約する; vt. 総計で~になる ◆in the aggregate 全部で,総計で,全体で,全部の,全体的［全般的］に,集めた,総じて,総和で ◆lightweight aggregate 《土木,建築》軽量骨材 ◆aggregate personal income 個人所得総計［総額］ ◆an aggregate of $9,000 9,000ドルの総額 ◆speak an aggregate of 20 languages 合計20カ国語を話す ◆the aggregate amount of... ~ の合計量 ◆they weigh an aggregate of 90 kg それらの総重量は90キロになる ◆Now on behalf, not only of our own women members, but women in the aggregate, I wish to take this opportunity of thanking Joseph W. Walker for him... さて,私ども女性会員のみならず女性全体［全女性］を代表し,この機会［この場］をお借りして,~ くださったジョセフ・W・ウォーカーさんに感謝いたします.

**aggregation** (an) ~ 集合,凝結,凝集,集約 ◆random samples taken from an isolated aggregation of parts which are essentially alike and which were produced from the same production process 同一生産工程で生産され本質的に差異のない部品からなる隔離集団［集合］から抜き取られたサンプル

**aggression** Ⓤ攻撃性(*フラストレーションが原因の),敵対的な態度［姿勢］; (an) ~ 侵略,侵害,攻撃 ◆a non-aggression pact 不可侵条約 ◆an act of aggression (pl. acts of aggression) 侵略行為

**aggressive** adj. 積極的な,精力的な,意欲的な,大胆な,思い切った,果敢な,強気の,鼻息の荒い,押しの強い［しつこい］,攻撃的な,攻撃性のある,好戦的な ◆aggressive solicitation 積極的［精力的］な(企業)誘致,強引な勧誘［客引

き］◆aggressive panhandling しつこい物乞い ◆an aggressive exporter 精力的な輸出業者 ◆an aggressive investor 積極攻勢に出るタイプの新製品の市場投入に意欲的[積極的]である ◆be aggressive in the introduction of new products 新製品の市場投入に意欲的[積極的]である ◆souvenir vendors are aggressive in hawking their wares 土産物屋は呼び売りするのに至極積極的[強引ながらい熱心]である ◆The company has made an aggressive drive into the investment market.  同社は投資市場に大攻勢をかけて参入した。 ◆U.S. and Australian beef exporters are launching aggressive sales drives.  米国とオーストラリアの牛肉輸出業者は販売促進[販促]攻勢に打って出ている。(*攻勢 = 積極的に攻めてかかること) ◆Companies that make aggressive use of technological innovation gain an enormous advantage.  技術革新を果敢[積極的]に活用する企業は、極めて大きな利益を得る。 ◆Perhaps a small rear spoiler would create a more aggressive look for the car.  後部エアスポイラーがもっと小さかったら、多分この車はもっと精悍で攻撃的な外観になるだろう。

**aggressively** adv. 積極的に、攻撃的に、侵略的に ◆start aggressively marketing... 〜を積極的に販売し始める ◆If you're a defensive player in your favorite sport, try playing more aggressively.  もしも好きなスポーツであなたが守備タイプのプレーヤーだったら、もっと積極的に攻めて出るようにしよう。

**agile** adj. 身の(こなしの)軽い[軽快な]、頭の回転の速い、機敏な、俊敏な、敏捷な、敏活な、敏速な ◆agile players 軽快な身のこなしの選手たち ◆small, agile companies 身軽に小回りの利く小企業 ◆the concepts of agile manufacturing that enables companies to shift from mass manufacturing of one type of product to more flexible production methods 一種類の製品の大量生産から、より柔軟な[((意訳))多品種少量]生産法への移行を可能にする迅速[((意訳))小回り]生産構想

**agility** ① 速さ、素早さ、機敏さ、敏捷さ ◆without loss of agility 敏捷さ[機敏さ]を損なわずに ◆a dog agility contest 犬の障害物競走競技会 ◆mental agility 頭の回転の速さ ◆move with remarkable [incredible] agility 驚くほど[信じられないほど]軽快に[きびきびと]動く ◆with great agility 非常に素早く[きびきびと、軽快に、《コンピュ》サクサクと] ◆his bodily agility was remarkable 彼の体の敏捷さ、すばしっこさ、身の軽さ、動きの切れ]は素晴らしかった ◆revolutionize this company to have the speed and agility of a small enterprise 小企業が見せるような素早い対応性と敏捷性[小回り性、高速性]を身につけるよう、この会社を大幅に改革する ◆He's a big man who has the agility of a smaller man. 彼は、小柄な人間に備わっている敏捷さ[機敏さ、すばしっこさ、身の軽さ]を備えている大男[巨漢]だ。

**aging** ① 加齢、老化、老朽化、高齢化、エージング、枯らし、ねし、熟成、経年変化、老朽化、《金属》時効現象(*金属材料の諸性質が時間の経過とともに変化すること)；《電気》エージング(*工場出荷前に、初期不良を除くためと特性安定化のために製品に通電すること。バーンイン burn-in、「枯らし」とも呼ばれる) ◆after aging エージングした後に[で] ◆anti-aging cosmetics 老化を防ぐ[抗加齢]化粧品 ◆aging baby-boomers 高齢化しつつある団塊の世代 ◆an aging aircraft [airplane] 老朽機；機齢の高い航空機[飛行機] ◆経年 ◆deterioration caused by aging 加齢[老朽化]による(機能の)悪化[低下](*人や動物について)；経年劣化(*機器や品物について) ◆due to aging and wear 老化および摩耗のため ◆measure the degree of aging 老化の程度[進み具合]を測定する ◆occur with aging 加齢[年をとる]と共に発生する ◆renovate aging plants [facilities] 老朽化している工場[施設]を改修する ◆resistance to deterioration from aging 経年劣化に対する耐性、耐経年変化 ◆the aging of the baby boomers 団塊の世代の高齢化 ◆the reliability of aging [= aged] aircraft 経年機[老朽機]の信頼性(*この用例では複数形) ◆because we are an aging society ((意訳))私たちの国は高齢化社会なので ◆Aging-rate specifications are 4 to 6 ppm for the first year and then 3 ppm per year thereafter.  経年変化率の仕様は、初年で4から6ppmでその後は年率3ppmである。

**agitation** ① (人心の)動揺、感情の高ぶり、不安、興奮、激昂；(an) 〜 扇動、アジ、社会運動、社会不安、騒ぎ、騒動、騒乱；① かき混ぜ、かき回し、撹拌；《擾乱(ジョウラン)》 ◆an agitation system 撹拌装置 ◆mechanical agitation 機械による撹拌 ◆thermal agitation [disturbance] 熱じょう乱 ◆the thermal agitation of electrons 電子の熱じょう乱 ◆through agitation with saline 食塩水を用い撹拌する[かき混ぜる]ことにより ◆without further agitation さらに[それ以上]撹拌しないで ◆X should mix readily with Y with minimum agitation.  Xは、最小限の撹拌[ちょっとかき混ぜるだけ]でYと簡単に混ざり合うこと。

**agitator** an 〜 撹拌器、かき混ぜ機、ミキサー、扇動する人、煽動者、扇動的な政治活動家[運動家、宣伝員、遊説員] ◆a rotary agitator 回転式撹拌機 ◆a double-motion agitator 二重運動撹拌機 ◆an agitator for mixing paints and liquids ペンキや液体を混合するための撹拌機

**ago** 前に、以前に ▶現在を基準にする。過去のある時点から「どれだけ前に」という場合は、before を用いる。 ◆a long time ago 長いこと前に；かなり前に；ずっと前に；大分昔に ◆from [since] long ago 古くから；昔から ◆some time ago しばらく前に、先ごろ、先般 ◆as long ago as 1977 1977年という昔に；ずいぶん以前の1977年に ◆not long ago つい先ごろ、ついこの間、つい最近、このほど ◆on a same month year-ago basis 前年同月比で ◆only a little while ago ほんの少し前に、さっき、昨しがた ◆the year-ago quarter 前年同四半期 ◆the plan from three years ago 3年前からの計画 ◆an event that was unheard of not so very long ago 少し前には聞いたこともないようなできごと ◆net income was up 84 percent over the same year-ago period 純所得[純益]は前年同期比84%増であった ◆Prices are about half what they were one year ago.  価格は1年前の半分位になっている。

**agonize** vi. 〜(のことで)激しく苦しむ、ひどく悩む、もだえる、苦悶[苦悶、煩悶]する<over>；苦闘する；vt.《人》を苦しめる、もだえさせる ◆Essay: It is 1945, and President Truman is agonizing over whether or not to drop the atomic bomb. Write a paragraph advising him what to do.  小論文：時は1945年。トルーマン大統領は原子爆弾を投下すべきか否か頭を抱えて悩んでいる。どうすべきか彼に助言を与える短文を書きなさい。

**agony** (an) 〜 苦しさ、苦しみ、痛み、苦痛、心痛、心の悶え、苦悶、苦悩、苦渋、四苦八苦、煩悶(ハンモン)、懊悩(オウノウ) ◆the agony of choice 選択の苦悩[苦渋] ◆an agony-filled [agony-ridden] face 苦渋に満ちた[苦悩の色がにじんだ]顔

**agrarian** adj. 土地[農地]の、農業《農業、農民、((意訳))農村》の、土地所有権の、土地分配の ◆(an) agrarian [agricultural] society 農業社会

**agree** 1 vi. 同意[合意]する、(〜と)同感する、〜にくみする、承服[承諾]する、応ずる、照応する<with, to, in>；vt. 〜を認める<that> ◆agree to a treaty 条約に同意する ◆agree to differ 意見[見解]の相違を互いに認め合う ◆as previously agreed upon; as was [has been] previously agreed upon かねてからの取り決め通り；かねがね同意を見ていたように ◆I agree with you regarding... 私は〜に関してあなたと同感です。 ◆agree in principle to a plan 計画に原則的に同意する ◆Scientists generally agree that... 科学者たちは、〜ということでおおむね見解が一致している。 ◆follow agreed-upon rules 合意に基づいたルールに従う ◆the previously agreed-upon U.S.-Soviet summit (開催が)かねてより合意[同意]済みの米ソ首脳会談 ◆within an agreed-upon period of time 合意した[同意した、協議して決めた、協定した、折り合いのついた、意見の一致を見た、取り決めた、申し合わせた]期間内に ◆I couldn't agree with you more.  全く仰せの通り[おっしゃる通り、同感、大賛成]です。 ◆I generally agree with you on your points, but...  私は、全体的には[概して、おおむね、おしなべて、大体、大方]あなたのおっしゃる点に賛成なのですが、... ◆I agree entirely with your opinion on the matter.  この件について、私はあなたと全く同感です。 ◆President Bush and German Chancellor Gerhard Schroeder agreed to disagree about the Kyoto Protocol  ブッシュ大統領とゲアハル

ト・シュレーダードイツ首相は, 京都議定書については合意しないことで合意した ◆It was agreed that this project should be delayed until after the move into the new building. この事業計画は, 新しいビルへの移転後まで延期するべき [後ろ倒しすべき] であるということで合意をみた [同意を得た].
**2** vi. 合致する, 適合する <with> ◆Be sure your power supply agrees with the nameplate marking. 電源が銘板の表示と一致するようにしてください.;《意訳》一致するか確認してください.

**agreement 1** (an) ~ 意見の一致, 合意, 同意, 了解, 承諾; an ~ 協定, 契約, 協約, 取り決め ◆abide by an agreement 協定に従う ◆come to [reach] an agreement <with> 合意に達する, 折り合いがつく ◆break an agreement 取り決めを破る ◆cancel an agreement with... ~との協定 [契約] を解除する ◆by mutual consent [agreement] 当事者同士の合意によって; 相互の合意に基づいて [の上で, のもとに], 納得 [得心] ずくで; 双方協議の上 (*2者間の場合); 申し合わせのとおり; 相談ずくで ◆as there is little agreement about... ~についての合意がほとんどないために ◆a technology exchange agreement 技術交流協定 ◆a U.S.-brokered agreement 米国のとりなしにより結ばれた協定 ◆reach a tentative agreement on... ~に関して暫定的な合意にこぎつける ◆under a licensing agreement ライセンス契約のもとに [で] ◆under an agreement reached between A and B A と B (双方) が達した合意のもとに ◆a joint development agreement between Femex and Nanotronics フェメックス社とナノトロニクス社との間の共同開発協定 ◆we are in complete agreement 我々の間で意見は完全に一致するている ◆Agreement on international standards takes years. 国際規格が同意を見るまでに何年もかかる. ◆he appears to be in broad agreement with Mr. Christopher 彼はクリストファー氏と大筋で [基本的に] 意見 [見解] が一致しているようだ
**2** 🔲 〈物事の〉合致 [一致], 呼応 ◆in agreement with... ~に合わせて; ~と一致して; ~と整合が取れて ◆be in good [exact, perfect, close, some] agreement with... ~とよく [正確に, 完全に, ほぼ, いくらか] 一致している ◆agreement is extremely good (解などが) 極めて良好な一致を見る ◆to bring the Chapter's bylaws into agreement with those of the Association 《意訳》本支部の内規と協会の会則の整合化を図って ◆check to see if both answers are in reasonable agreement 双方の解が理にかなって合致しているか確かめる ◆the degree of agreement between theoretical and measurement values 理論値と測定値の一致の度合 ◆agreement between two answers improves as... ~するにしたがって, 2つの解はよく一致するようになる ◆Good agreement between theory and measurements is observed. 理論と実測の間に良好な一致がみられる. ◆Here there is good agreement between A and B. ここで, A と B はよく一致している. ◆The computational results were found to be in good agreement with the experimental data. これらの計算結果は実験データとよく一致していることが分かった [よく整合が取れていることが判明した]. ◆Empirical data derived from frequency-response tests performed on these couplers show close agreement with the theory. これらのカプラに対して行われた周波数特性試験から得られた実験データは, 理論との緊密な [良好な] 一致を示している.

**agribusiness** 🔲 《集合的》農業関連産業 (*農業ばかりでなく農業機械産業から農産物の加工・貯蔵・販売まで含む); an ~ 農業・食糧関連会社 [企業] ◆an agribusiness giant; a giant agribusiness company; a multibillion-dollar agribusiness 巨大な農業・食糧関連企業 ◆increase agricultural subsidies 農業関連産業向け補助金を増やす

**agricultural** adj. 農業の, 農学の, 農耕の ◆agricultural produce 🔲 農作物, 農産物 ◆an agricultural cooperative [association] 農業協同組合 ◆an agricultural implement 農機具 (= a farm implement) ◆residual agricultural chemicals; agricultural chemical residues 残留農薬 ◆agricultural expansion 農業の規模拡大 ◆in agricultural districts 農村部に [の] ◆in agricultural land 農地 [田畑, 耕作地] に ◆

under the Common Agricultural Policy 共通農業政策下で (*欧州連合の) ◆agricultural chemicals including [such as] fertilizers, herbicides, insecticides and fungicides 肥料, 除草剤, 殺虫剤, 防かび剤 [殺菌剤] などの農薬

**agriculture** 農業, 農学, 農耕 ◆the Department of Agriculture; the Agriculture Department (米国の) 農務省 ◆LISA (low input [low-input] sustainable agriculture) 低投入持続型農業 ◆the Ministry of Agriculture, Forestry and Fisheries of Japan 《日》農林水産省 ◆supply [provide] water for agriculture 農業用水を供給する

**agrochemical** adj. 農薬の; an ~ 農薬 ◆Monsanto was originally a manufacturer of agrochemicals and pharmaceuticals. モンサントは元来, 農薬と医薬品のメーカーだった.

**agroindustrial** 農工業の ◆an agroindustrial complex 農工業コンビナート

**AGV** an ~ (automated guided vehicle) (pl. AGVs) 自動搬送台車; 無人搬送車 [台車] (*生産工場内で使用される)

**ahead 1** adj., adv. 進んで, 前方へ, 前進して; (他に) 先行して [先駆けて, 勝って] <of>; 将来に向けて, 今後 ◆ahead of all others 他に先駆けて [先行して]; いち早く ◆always look far ahead 常に遠い先を見る ◆be (many) years ahead of... 何年も~よりもはるかに先を行っている ◆be quite a bit ahead of the pack 他の者 [他社] よりもはるか先を行っている ◆far ahead of all others 他の追随を全く許さないで; だんトツで; ぶっちぎりで; 独走態勢で ◆in the years ahead この先数年の間に ◆look ahead 前方を見る ◆the firm is pushing ahead with its plan to <do...> 同社は~する計画を前に進めている [前進させている, 推し進めている, 推進である] ◆the headlights illuminate a wide area ahead of the vehicle これらのヘッドライトは車の前方の広い面積を照らす ◆be going ahead full throttle 全開で前進中である ◆a car ahead of its time 時代の先取りをしているクルマ ◆be miles ahead of the competition 競争相手のはるか先を行って [他を圧倒的に引き離して] ◆score far ahead of the others in price vs. performance 価格対性能比で他製品を引き離すダントツ [ぶっちぎり] の成績を上げる ◆the areas directly ahead of the intake valves 吸気弁のすぐ先 [前方] の箇所 ◆The task ahead is to <do...> 今後の仕事は, ~することである. ◆to get the product to market ahead of the competition 競合各社に先駆けて [いち早く] 製品を市場投入するために (*the competition = 競争相手) ◆to keep the U.S. ahead of other countries in the development of... ~の開発 (競争) で米国を他の国々の先頭に立たせておくために ◆assess the conditions and road surface ahead of you あなたの前方の (交通) 状況や路面を判断する ◆By making this switch ahead of the other carriers, Cathay Pacific will... この切り替えを他の航空会社に先駆けて [先行して] 実施することにより, キャセイパシフィックは... ◆come out ahead with this powerful new technology この強力な新技術で (他に) 先んじる ◆constantly stay one step ahead of one's rivals ライバルより常に一足先を行く; 競争相手を常に一歩リードし続ける ◆contributions to... are running at least 3 percent ahead of last year's levels ~への寄付は前年比少なくとも3パーセントの伸びを見ている ◆Efforts are moving ahead to develop... ~の開発作業が進行している. ◆We are trying to get ahead of others in developing... これら企業は, ~の開発をめぐって一番乗り競争 [先陣争い] を繰り広げている; 彼らは先を争って~を開発 [しようとし] ている ◆solutions that can put you weeks - even months - ahead of your competitors あなた [貴社] にライバルと何週間も, いや何カ月もの差をつけさせることを可能にしてくれる解決策 ◆a simple solution to being one step ahead of a power failure is a UPS 停電に一歩先んじる [備える] ための解決策は無停電電源装置である ◆Bookings are about 13% ahead of last year's level. 予約は (現時点で) 昨年を約13％上回っている. ◆The American market is two to three years ahead of the Japanese market. 米国市場は2年から3年日本市場に先行している. ◆The company intends to go full speed ahead with its plan. 会社は, 全速力で計画を進めるつもりだ. ◆These signs warn of dangerous or unusual conditions ahead. これらの標識は、行く手の危険なもしくは通常とは異なる状況を警告するものである。◆The sign warns of a railroad crossing ahead. この標識は、前方に踏切があることを警告している。 ◆They are ahead of times with their ideas. 彼らは考え方で時代の先を行っている。 ◆The system is still a generation or two ahead of any competition. そのシステムは、依然として、どの競合品と比べても1～2世代先を行っている。 ◆When it comes to miniaturization, Japan has always been ahead of the rest of the world. こと小型化のことになると、日本は常に世界の先端を切って走ってきている。 ◆Add some visual interest to your graphs, but don't let the look get ahead of the content. 見た目のおもしろさをグラフに添えるようにしてみてください。ただし、見た目に負けてしまり、見た目が内容よりまさることの〔内容が見た目に負けてしまわ、見た目が内容より勝っている〕ないようにしてください。 ◆By examining oncoming traffic, he is able to get clues about conditions up ahead. 対向車の流れを調べることにより、彼はこの先の状況〔行く手の状況〕の察しをつけることができる。 ◆When passing another vehicle at night, make sure it's safe to do so by checking ahead and behind you for other traffic. 夜間に、他の車両に追い越しをかけるときは、前後方向に他の走行車両がないかチェックして、追い越しをしても安全であることを確認すること。

**2** 《時間的に》先立って、～より前に <of>, 〈予定〉より早めて <of> ◆know the cost ahead of time 費用を事前に〔前もって〕知る ◆ask ahead of time that a wheelchair be made available 《直訳》車イスを貸してもらえるようあらかじめ頼んで〔予約手配して〕おく ◆make one's product announcements months ahead of the show ショーに何カ月も先立って製品発表を行う ◆open a new plant two years ahead of schedule 予定より2年早く新しい工場をオープンする ◆be expected to decline still further in the years ahead 今後何年かは〔この先数年は〕なおいっそう低下するものとみられている ◆improve the effectiveness of decision making by planning ahead 前もって計画することにより意思決定の効率を改善する ◆warm up the engine two to three hours ahead of time 2～3時間前に〔前もって〕エンジンを暖機運転する ◆Whatever can be done ahead of time, I do. あらかじめ〔事前に、先回りして、早めに〕やっておけることは何でも、私はします。 ◆The Interior Ministry moved the night curfew ahead two hours, from 11 p.m. to 9 p.m. 内務省は、夜間外出禁止令を午後11時から午後9時へと2時間早めた〔前倒しにした〕。

**AI** (artificial intelligence) 人工知能 ◆an AI vision engine 人工知能視覚エンジン（＊エンジンは、心臓部の装置の意）

**AIA** (American Institute of Architects) the ～ 全米建築家協会

**AIADA** (American International Automobile Dealers Association) the ～ 全米輸入車販売者協会

**aid** 1 vt. 《人》を助ける〔手伝う〕、救恤(キュウジュツ)する、支援〔援助〕する <in, to do, with>; vi. <in> 〈において、～のことで〉助けになる、助長〔促進〕する、《直訳》〈～する〉効果がある ◆computer-aided manufacturing (CAM) コンピュータ支援生産 ◆to aid in prison breaks 監獄破り〔脱獄、牢破り、牢抜け〕《するの》を助けるために ◆to aid (in) the implementation of... ～の実施を支援するために ◆you have aided the escape of a murderer あなたは殺人犯の逃亡を手助け〔幇助（ホウジョ）〕した ◆aid engineers in the design of engines 技術者がエンジンの設計をするのを助ける ◆provide decision makers with sufficiently detailed information to aid in determining whether to <do...> ～するかどうかについての決定を助ける〔を支援する、に役立つ〕十分な詳細情報を（意思決定者に）提供する（＊丸カッコ内は、和文としてはくどいので省いてかまわない） ◆You aided her to escape [aided her in her escape]. 君は彼女が逃げるのを手助けした。；君は彼女の逃亡を幇助（ホウジョ）した。 ◆The ENIAC computer was built to aid in calculations for firing guns and dropping bombs. エニアック計算機は、大砲の発射や爆弾の投下のための計算を支援するためにつくられた。 ◆Data available from the manufacturer aids in selecting the proper time-delay relays. メーカーのデータは、適切な緩動継電器を選ぶのに役立つ。 ◆Fortunately, M76 is located near a bright star which aids in locating the correct field to search. 都合のいいことに、M76 (星雲) は、正に探索すべき視野を探り当てるのに助けになる〔役立つ〕明るい星の近傍に位置しています。

**2** (an) ～ 補助、扶助、救恤(キュウジュツ)、支援、応援、手助け（となるもの）、補助器具、助剤、助手、補佐役、援助者 ◆with the help [aid] of... ～の助け〔力〕を借りて、～の支援を得て、～の援助で、～の助力によって、～を使って〔利用して〕、～の幇助（ホウジョ）で ◆render aid to... ～に援助を与える ◆an aid recipient country [partner]; an aid-receiving country; an aid recipient [receiver]; a recipient country 被援助国 ◆U.N. aid-giving agencies 国連の援助機関 ◆Western aid-givers 西側の援助国 ◆an emergency aid convoy 緊急援助物資輸送隊 ◆be used as a filter aid 濾過助剤として用いられる ◆developed with the help of foreign aid 外国からの援助を使って開発された ◆without the aid of mechanical parts 機械部品を使わずに ◆high-technology aids for the disabled 身体に障害を持つ人たちのためのハイテク補助器具〔自助具〕

**AID** (Agency for International Development) the ～ 《米》国際開発局； (artificial insemination by donor) 非配偶者間人工授精（＊第三者に精子を提供しくもらう）

**AIDS** (acquired immune deficiency syndrome; acquired immunodeficiency syndrome) エイズ、後天性免疫不全症候群 ◆become [be] infected with the AIDS virus エイズウイルスに感染する〔している〕

**AIH** (artificial insemination by husband) 配偶者間人工授精

**ail** vi. 患う、病む; vt.《特にWhat ails you?の形で》苦しめる、悩ます ◆shore up ailing companies 体力が落ちてきている〔経営不振の、弱体化している〕会社にてこ入れする〔虚弱化している〕〔調子の悪い、不調の〕企業を強化する

**aileron** an ～ 《飛行機の》エルロン、補助翼 ◆a bias [skew, Frise, balanced] aileron 《航空機》バイアス〔スキュー、フリーズ／フライズ、バランス〕エルロン ◆raise the right aileron and lower the left aileron 右の補助翼を上げて左の補助翼を下げる

**ailing** adj. 《慢性的に》病んで〔患って、苦しんで〕いる、不調の、調子の悪い、経営難の、弱体化している ◆the ailing dollar 病んでいるドル ◆resuscitate ailing hospitals 経営難に陥っている病院を復活させる〔再活性化する、立ち直らせる〕

**ailment** an ～ 《慢性で軽症の》病気、病（ヤマイ）、不具合、疾患、《社会などの》病弊 ◆a coronary ailment 冠状動脈疾患 ◆your car's ailments あなたの車の不具合

**aim** 1 vi. ～をねらう、目ざす、～に照準をあてる、～を意図する <at, to do>; vt. ～を《～に》向ける <at> ◆aim a weapon at a target 武器を目標に向けてねらいを定める ◆aim sensors at the Sun センサーを太陽に向ける ◆aim the TV camera at... テレビカメラを～に向ける ◆an experiment aimed at determining... ～の測定を目的とする実験 ◆perform a study aimed at developing... ～の開発をねらいとした〔～の開発につけた〕研究を行う ◆the antenna is aimed at... アンテナは～に向けられている ◆cameras aimed at professionals プロ向け〔プロ用〕のカメラ ◆improperly aimed headlights 向きが適正でないヘッドライト ◆an antismoking campaign aimed at young people 若者を対象とした禁煙キャンペーン ◆a sedan aimed right at GM's J-car market ゼネラルモーターズのJカー市場に照準をぴったり合わせたセダン ◆If you aim for this goal and achieve it,... この目標を目指して達成したならば、 ◆This new organization aims to <do...> この新設機関は、～することを目的とする ◆The model aims at the European market. この機種は、欧州の市場にねらいをつけている。 ◆This model is aimed at professionals. この機種は、プロ向けである。 ◆The instrument cluster aims lots of meter dials in your direction. この（＊自動車の）インストルメント・クラスタ〔計器群〕は、多数のメーター指針盤をあなた〔ドライバ〕の方に向けている。

**2** (an) ～ ねらい、照準、的、目標、意図、趣旨 ◆with the aim of...-ing ～することを目指して〔～することを目的に〕 ◆Our aim is to <do...> 我々の目標は、～することである。

**air** 34

take dead aim at... 〜にぴたりと狙いをつける ◆In order to accomplish the aim of the preceding paragraph,... 前項の目的を達するために ◆with the aim of reducing the cost of... -ing 〜するコストを削減するねらい[目的]で ◆solely with a personal aim and without pecuniary interest 金銭的利益を得る目的のためでなく、ただ単に個人が楽しむためだけの目的で ◆The aim of the Demerit Point System is driver improvement. 減点制のねらいは、運転者の向上にある.

**air** 1 ①空気, 大気; the 〜 空中, 放送(電波); an〜 様子, 態度;《形容詞的に》航空の, 圧気–, 気中–; adj. 空気の, 放送[空路]の, 空軍の, 放送の ◆buy air time （放送番組の）スポンサーになる ◆air pollutants 空気[大気]汚染物質 ◆air pollution 大気汚染 ◆air quality （屋内の）空気質; 大気質(= atmospheric quality) ◆an air mass 気団 ◆(an) air velocity [speed] 風速, 気流速度, 空気の流れる速度, 空気流速度 ◆an air condenser《電気》空気コンデンサ(= an air capacitor),《機械》空気冷却器 空冷式コンデンサ[復水器](= an air-cooled condenser) ◆the volume of air 空気量, 風量 ◆transportation by air; air transportation 航空[空路]輸送 ◆an air circuit breaker 《電気》気中遮断器 ◆an air-speed [airspeed] indicator 風速指示器;《航空》対気速度計 ◆an air waybill [airwaybill, AWB] 航空(貨物運)送状 ◆(an) indicated air speed (IAS) 《航空機》指示対気速度 ◆the Clean Air Act 《米》大気浄化法 ◆air-traffic control 航空交通管制 ◆an air break [air-break] switch 《強電》気中開閉器 ◆an air-insulated switch [substation] 空気絶縁開閉器[変電所] ◆a pneumatic air-driven motor 空気圧原動機; 空気動モータ; エアーモーター ◆the Air Self-Defense Force 《日》航空自衛隊 ◆air-dried lumber 大気[天然, 自然]乾燥材; 大気調質木材(= natural-seasoned lumber) ◆air temperature drops 気温が下がる ◆an air [airline] hostess エア・ホステス,（女性の）客室乗務員,《古》スチュワーデス ◆an indoor-air-quality problem 屋内[室内]空気の問題 ◆assume [put on, wear] an air of importance ことさらに重々しく装う; もったいぶる, 尊大ぶる; 容体ぶる ◆contaminants in the air 空中[大気中]の汚染物質 ◆drift through the air 空中を漂う ◆fly through the air 宙を飛ぶ ◆launch [mount, carry out] an air strike against... 〜に対して空爆を開始する[行う] ◆occur in the air 空中で起きる ◆per cubic foot of air 空気1立方フィート当たり ◆release... into the air 〜を空気[大気]中に放出する ◆transparent cellular air cushioning 透明な気泡緩衝材[エアクッション] (*俗に「プチプチ」と呼ばれる梱包材. 米国Sealed Air Corporationの商標名AirCapやBubble Wrapなどの名称) ◆upward and downward air currents 上昇気流と下降気流 ◆air-operated 圧搾空気作動式の ◆an air-driven tool 空気駆動式の工具 ◆an air-powered tool 圧縮空気を動力源にしている工具 ◆an outside-air temperature gauge 外気温度計 ◆adversely affect air safety 航空の安全を脅かす ◆an alloy with high resistance to oxidation in air 空気中で高い耐酸化性を持つ合金 ◆block out air currents 空気の流れをシャットアウトする[締め出す] ◆discharge solvents into the air 溶剤を大気中へ放出する ◆do not permit the passage of air 空気を通さない; 気密性がある ◆make a digital recording of songs received over-the-air 曲をエアチェックしてデジタル録音する ◆minute variations in air pressure can affect people's thinking [mental activity] 気圧の微小変動[変化]は人々の嗜好[精神活動]に影響を与えうる可能性がある ◆the blower has an air velocity of 180 mph この送風機の風速[空気吐出速度]は毎時180マイルである ◆the temple has an air of stateliness and majesty この寺は荘厳さと威厳を漂わせている; この寺には風格と威厳が漂っている ◆to prevent it from absorbing moisture from the air それが空気中の湿気を吸うのを防ぐ ◆tuberculosis is spread through the air 肺結核は空気感染する ◆the forces exerted by air in motion 流動力によって及ぼされる力 ◆a new computer that permits more precise control of air-fuel ratio management より高精度な空気燃料(混合)比[空燃比]管理制御を可能にする新しいコンピュータ ◆Rice is sown from the air. もみは、空中からまかれる[空中散布される]. ◆The alloy oxidizes very slowly in dry air. この合金

は, 乾燥した空気中では非常に緩慢に酸化する. ◆The expansion of air travel will continue. 飛行機での旅行は, 拡大し続けるであろう. ◆Noise is basically a pressure wave traveling through the air. 騒音とは, 基本的には空気中を伝達して行く圧力波である. ◆This is rather like a real-life battle situation where one side has established air supremacy. これは, 一方の側が制空権を確立[確保]した場合における実戦の戦況にいくらか似ている.
2 vt. 空気にさらす, 風に当てる, 放送する, 公表する; vi. 外気に当たる, 放送される ◆air a prime-time special ゴールデンアワー特別番組を放送[放映]する
**by air** 飛行機で, 空路で, 航空便で, 無電[無線]で ◆travel by air 飛行機で行く; 飛行機にのる; 空路で旅行する; 空の旅をする
**off the air** 放送されて[して]いない, 電波を発射していない; 放送電波から直接の ◆go off the air （放送番組が）打ち止めになる;（放送局が）放送[送信]が終わる
**on (the) air** 〈無線局が〉送信中で, 〈番組が〉放送中で ◆come on the air at 5 o'clock 〈番組が〉5時に放送[送信]を開始する ◆the program goes [is put] on (the) air every day この番組は毎日放送されている ◆Nick is on the air every week. ニックは毎週ラジオ[テレビ]（放送）に出て[出演して]いる. ◆The station came on (the) air in August 1966. この局は, 1966年8月に放送を開始した.

**air bag** an〜 《車》エアバッグ ◆a standard air bag for the driver 標準装備の運転者用[運転席]エアバッグ

**airblast** an〜 エアブラスト, 高圧空気の送風[吹き込み, 噴射], 空気の激しい噴流, 衝風（爆発などによる）衝撃波 ◆an airblast circuit breaker 《強電》空気遮断器（*切断動に圧搾空気により消弧する方式の）

**airborne** adj. 空中や風で運ばれる, 風媒の, 空気中を伝達する, 航空機搭載の, 飛行機搭載の ◆airborne dust 空中浮遊ダスト; 飛塵; 風塵(フウジン) ◆an airborne system 航空機に搭載され[てい]る[航空機搭載]システム ◆an airborne instrument 航空機搭載計器 ◆airborne poisons 風で運ばれる[空中浮遊]毒物 ◆an airborne RF power amplifier 航空機搭載用高周波電力増幅装置 ◆airborne particles from cars and smokestacks 車や煙突から吐き出される浮遊粒子状物質 ◆airborne particulate matter ①浮遊粒子状物質 ②（風で運ばれる）（粉などが）風で飛び散り[飛散し]やすい ◆be easily airborne （粉などが）風で飛び散り[飛散し]やすい ◆to prevent the release of airborne asbestos fibers 《意訳》石綿の繊維が風に乗って飛散するのを防ぐために（*石綿は肺癌を引き起こす）

**AirCap** ◆AirCap packing material エアーキャップ[エアキャップ]梱包材（*梱包用の気泡緩衝材で俗には「プチプチ」と呼ばれる）. AirCapは米国Sealed Air Corporationの登録商標. 同社はほかにBubble Wrap, PolyCapなどの商標も有する）

**air-condition** vt. 空気調和する, 空調する, 冷暖房する ◆It is designed to operate in non-air-conditioned environments. その装置は, 空調のない環境でも使えるように設計されている.

**air conditioner** an〜 エアコン, 空気調和装置, 空調装置, 冷暖房装置, 調温調湿装置 ◆a window air conditioner 窓枠取付式エアコン

**air conditioning** 空調, 空気調和, 冷暖房; air-conditioning adj. ◆install central air conditioning セントラル空調[集中冷暖房を設置する ◆the air conditioning in my car 私の車のエアコン[空調] ◆for year-round air conditioning in homes 家庭の年間を通じての空調のために

**air-cooled** 空冷(式)の ◆an air-cooled engine 空冷エンジン

**air-core(d)** （コイルが）空心[空芯]の ◆an air-core [air-cored] coil 空心[空芯]コイル ◆an air-core transformer 空心変成器

**aircraft** an〜《単複同形》航空機 (*飛行船や気球を除く航空機, つまり飛行機, ヘリ, グライダー等の総称) ◆by aircraft 航空機で, 航空機によって ◆about 850 aircraft of various types 850機ほどの各種航空機 ◆an 800-passenger ultra-high capacity aircraft　800人乗りの超大型旅客機　◆two U.S. aircraft carriers, the Kitty Hawk and the Independence　2隻の米航空母艦[空母]キティーホークとインデペンデンス

**air dam**　an～《車》エアダム(＊高速走行時に空気の流れをせき止め車の接地性を高めるもの。スポイラー a spoiler とも呼ばれる)

**air-dry**　vt. ～を空気中で乾かす, 自然乾燥させる, 風干しする, 風乾する; adj. 完全に乾燥した　◆to allow the film to air-dry more easily　フィルムがより自然乾燥しやすくなるように　◆To prevent water-spotting, don't allow silverware to air-dry.　水滴の跡がつくのを防ぐために, 銀製の食器類は自然乾燥させないこと。

**air drying, air-drying**　(木材などの)自然[天然]乾燥, 大気乾燥[調気](＝natural seasoning)

**airflow**　(an) ～　空気の流れ, 空気流, 気流　◆supply high-velocity airflow　高速の(空)気流を送り込む

**airfoil**　an～　(航空機の)翼(＝《英》an aerofoil「エーロフォイル」)　◆an airfoil section　翼断面　◆ヘリコプターの回転翼などの)

**Air Force One**　(an) ～《米》エアフォースワン, 大統領用機　◆aboard Air Force One　(米国の)大統領専用機に搭乗して

**airframe**　an～　機体(＊航空機, ロケット, ミサイルなどのエンジン部分を除いた)　◆an F-16 airframe　F-16戦闘機の機体

**airfreight**　回航空貨物, 航空貨物輸送料; vt. 航空貨物輸送する, 空輸する　◆15 tons of airfreighted goods　15トンの空輸された貨物　◆send it by airfreight　それを航空貨物で送る, それを空路で貨物輸送する

**airing**　(an) ～　風に当てること, 虫干し, 通風　◆公表, 公開; an～　気持ちなどを外に出すこと, 外気浴, 散歩, 外出, ドライブ; an ～　放送, 放映　◆go out for an airing　外気浴に出かける

**air-launched**　航空機から発射された, 空中発射式の　◆an air-launched cruise missile　空中発射巡航ミサイル(ALCM)

**airlift**　an～　空輸, 空輸作戦(＊特に緊急時に陸路や水路で到達できない場所への); vt. ～を空輸する　◆the postwar Berlin airlift　戦後のベルリン大空輸作戦(＊第二次世界大戦後のソ連によるベルリン封鎖時代の)

**airmail**　回航空郵便[航空便]　◆by airmail　航空便で　◆an airmail letter　航空書簡　◆a sheet of airmail paper　航空便箋

**airplane**　an～　飛行機(＝a plane); vi. 飛行機で行く

**air pollution**　大気汚染　◆air-pollution control　大気汚染の抑制[防止]

**airport**　an～　空港　◆at a large [major] hub airport　拠点となる大空港で　◆an intra-airport light railway system　空港内ライトレール[軽快電車]システム(＊path電車)

**airship**　an～　飛行船　◆the (airship) Hindenburg　飛行船ヒンデンブルグ号　◆arrive by airship　飛行船で到着する　◆a Zeppelin-shaped airship　ツェッペリン型の飛行船

**airsickness**　回飛行機酔い　◆minimize airsickness　飛行機酔いをできるかぎり減らす

**airspace**　(an) ～　領空, 空域, 空間, 空間隙, 空気層, 通気隙, (卵の)気室　◆international regulations prohibit unauthorized entry into a nation's territorial airspace　国際法規は他国の領空への無許可[不法]侵入を禁止している

**air spray**　an～　エアスプレー製品

**air terminal**　an～　空港ビル, 空港バスの市内ターミナル; an～　避雷針の支持物(＊避雷針と, それを留める金具や基礎など), 避雷塔

**airtight**　adj. 気密性のある　◆an airtight seal　気密封止材　◆Double-pane windows with airtight seals are essential for good noise reduction.　気密シールの施されている複層ガラス窓は, 十分な騒音低減のために必須です。

**airtightness**　回気密性　◆test the airtightness of...　～の気密性の試験をする; ～を気密試験する

**air-to-air**　adj. 航空機から航空機への, 空対空の; adv. ◆an air-to-air missile　空対空ミサイル(AAM)

**air-to-ground**　adj. 航空機から地上への, 空対地の; adv. ◆an air-to-ground missile　空対地ミサイル(AGM)

**airwave**　adj. 電波の

**airwaves**　n. ラジオやテレビの放送電波　◆be broadcast over the airwaves　電波にのせて放送される　◆record a program right off the airwaves　番組をエアチェックする　◆this was the first time he went on the airwaves himself　彼自身が電波にのった[放送に出た]のはこれが初めてだった　◆TV ads for... will hit the airwaves starting Monday　～のテレビコマーシャルは月曜から放映されることになっている

**airway**　an～　航空路; ～s(単数扱い)航空会社; an～《医》気道[気管], 換気路, (放送)チャンネル, 通気坑道　◆establish an open airway by tilting the forehead back so that the casualty can breathe easily　額を後方に傾けることによって負傷者が呼吸しやすくなるように気道を確保する

**airwaybill**　an～　エアウェイビル, 航空(貨物)運送状　◆Saturday I will ship the memory card back to you. As soon as I have an airwaybill number, I will send you a message.　土曜日にメモリーカードを貴社に返送いたします。エアウェイビル[航空(貨物)運送状]の番号が分かり次第お知らせいたします。

**airworthiness**　《航空》耐空性　◆an airworthiness directive (AD)　《航空》耐空性改善命令(AD)

**aisle**　an～　(座席間の)通路　◆a single-aisle jet　(座席の)通路が1本のみのジェット機　◆store aisles; a store's aisles　店の売り場の通路　◆an aisle seat　通路側の座席　◆from [on] both sides of the (congressional) aisle　《米》共和党および民主党[与野党]双方から[で]

**ajar**　adj., adv. 少し開いて, 半開きで　◆Place lids slightly ajar on pans and simmer chicken 8 to 10 minutes.　鍋の蓋を少し開けて[ずらして], チキンを8～10分とろ火で煮ます。　◆with the door ajar 4 inches　ドアを4インチ開けた[半開きにした]ままで　◆Both tests found the doors could become ajar when a passenger pushed or fell against them.　いずれのテストにおいても, 乗員がドアを押したりドアに倒れかかったりした場合にドアが開いてしまう可能性があることが明らかになった。　◆Extend shower curtains so they dry thoroughly and leave shower doors ajar so that air can circulate inside the enclosure.　シャワーカーテンは完全に乾くように広げておいてください, またシャワー室のドアは室内に空気が循環できるようしあけて[半開きにして]おきます。

**a.k.a., aka**　(also known as) ～としても知られる, ～とも呼ばれる[言う], 別名[別称]～の, またの名を[一名]～(という), ～の異名をとる, こと～

**akin**　adj. 血族の, 同族の, 同類の, 類似して, 似ている, 近い<to>　◆with a feeling akin to awe　畏怖に近い念を抱いて; 畏敬に似た感情を持って　◆CineAlta provides a digital 24P system that delivers pictures akin [comparable] to traditional 35mm film.　CineAltaは従来の35mm映画に類似する[《意訳》匹敵する, 肉薄する]映像を提供するデジタル24Pシステムです。

**Al**　アルミニウム(aluminum)の元素記号

**à la, a la**　～によった, ～式[流]の[に]　◆spaghetti à la Florence　フィレンツェ風スパゲッティ　◆should anything go awry, à la Chernobyl　チェルノブイリ風に[のように], もし何か異常が発生したら

**à la carte**　(according to the card の意のフランス語から) adv., adj. 献立法によって(の), 一品料理で(の)　◆à la carte dishes　(複数の)一品料理　◆an à la carte order　メニューから好みの料理を選んでの注文　◆a meal ordered à la carte　好みの料理を個々に注文しての食事　◆dine à la carte　メニューから一品ずつ選んで注文して食事する　◆order à la carte　献立表から一品ずつ注文する　◆There also is an à la carte menu.　(意訳)一品料理の注文もできる。　◆Side dishes are (offered) à la carte.　付け合わせ料理は, 一品料理として出されている[好みに応じてメニューから選べる]。

**alarm**　1　an～　警報, 警報器, 警報装置; 回恐怖, 驚き, 不安　◆give [raise, issue] an alarm　警報を発する　◆give the

**alarm clock**

**A**

alarm to... 〈人〉に警戒を呼びかける ◆a fire alarm sounded [went off] 火災報知器が鳴った;火災警報装置が鳴動した ◆generate an audible alarm 警報音を発する ◆issue an alarm about... 〜について警戒を呼びかける[警報を発する,警告する] ◆notify operators of alarm conditions 運転員に警報状態を知らせる[(意訳)異常を通知する] ◆sound an alarm indicating that... 〜であることを知らせる警報を鳴らす[警報音を発する] ◆Once an alarm is raised, the operator can... 警報が起きる[発生する]と,オペレータは〜できる。 ◆sound the alarm about the potential dangers of ... ing... 〜すること の(潜在的な)危険性について警鐘を鳴らす[警告する] ◆the alarm was raised by CIX subscriber Swami Anahata who had downloaded... その警告[(意訳)この警告は,〜をダウンロードしてしまったCIX会員Swami Anahataによって発せられた(*コンピュータウイルスの記事で)] ◆In the mornings, he wakes up without an alarm around 7 o'clock. 毎朝,彼は目覚ましなしで7時ごろに目を覚ます。
**2** v. 警報を発する,心配させる,驚かす ◆What really alarms the music industry about the digital audio tape is its sound quality. 音楽[レコード]業界がデジタルオーディオテープに懸念を抱いている本当の理由は,その音質にある。

**alarm clock** *an* 〜 目覚まし時計 ◆set an alarm clock 目覚まし時計をセットする[かける] ◆Just don't forget to set your alarm clock. とにかく目覚ましをかけるのを忘れないで。 ◆The alarm clock rings [goes off] at 5:00 a.m. 目覚まし時計が朝方の5時に鳴る。

**ALB** (anti-lock brake) *an* 〜 アンチロックブレーキ;(anti-lock braking) ⓤ アンチロックブレーキ(をかけること)

**albeit** *conj.* たとえ〜でも,〜ではあるが,〜にもかかわらず,〜とはいえ,〜であろうとも ◆albeit on the strength of high growth expectations たとえ高成長〜の期待[(意訳)この先高い伸びがあるだろうという思惑]に支えられているとしても ◆I am prepared to agree, albeit reluctantly, to... [to <do...>] 私は,不本意ながら〜(すること)に同意する用意がある。 ◆However, progress, albeit slow, is being made to rectify those wrongs. とはいえ,それらの過ちの是正が,遅いながらも進展している。

**albino** *an* 〜 (*pl. -nos*) (*メラニン色素が先天的に欠乏する疾患の人や動物) 白子(シラコ,シロコ),アルビノ,先天性白皮症の人,異常に色素を欠いた植物 ◆an albino blues guitarist 先天性白皮症[白子(症)]のブルースギターリスト ◆a very large albino python 非常に大きなアルビノ[白色異変種]のニシキヘビ

**ALC** (automatic level [light, load] control) 自動レベル[光量,負荷]制御;(autoclaved lightweight concrete)軽量気泡コンクリート

**ALCM** *an* 〜 (air-launched cruise missile) (*pl. ALCMs, air-launched cruise missiles*) 空中発射巡航ミサイル

**alcohol** ⓤ(*種類は *an* 〜)アルコール ◆an alcohol lamp アルコールランプ ◆rubbing alcohol 消毒用アルコール(*メタノールやプロパノール) ◆a soft cloth moistened with denatured alcohol 変性アルコールを含ませた柔らかい布 ◆under the effect of alcohol 酒に酔った状態で;酒気を帯びて ◆have a high alcohol content 高いアルコール含有量[アルコール度]を有している ◆Gin has a high alcohol content. ジンのアルコール度が高い。

**alcoholic** *an* 〜 アルコール中毒者,アル中 ◆alcoholic [alcohol] poisoning アルコール中毒 ◆alcoholic drinks アルコール飲料

**Alcoholics Anonymous** 匿名断酒会,アルコール中毒者の(自助)更生会 ◆attend a meeting of Alcoholics Anonymous [an Alcoholics Anonymous meeting] 匿名断酒会に出席する

**alert** **1** *adj.* 〈〜に〉注意[油断]を怠らない<*to*>; *n.* 注意,警戒[警報],(通,電話)呼び出し,(コンピュ)アラート[通知] ◆an audible alert 警報[警告](音) ◆it sounds an alert if... もし〜なら,それは警告音[警報]を発する ◆Stay alert. 油断するな[警戒を怠るな,ぬかるな]。 ◆a systems monitor with a nagging electronic voice alert うるさい[耳ざわりな]

電子(合成)音声警報の鳴るシステム監視[モニター]装置 ◆Alert is by beeper or silent vibration. 《意訳》着信は,電子ブザーまたは無音の振動により通知されます。(*ポケベルや携帯電話など) ◆Be alert to children and obey the maximum speed limit indicated on the sign. 子供に注意し,また標識に表示されている最高制限速度を守ること。 ◆On April 28, 1987, FDA issued a safety alert relating to Lyodura dura matter processed by B. Braun Melsungen. 1987年4月28日に,米食品医薬局は,B・ブラウン・メルスンゲン社が処理・加工したライオデュラ硬膜に関する安全警告を発した。
**2** *vt.* 〜に警報[警告]する,〜の注意を喚起する,警戒態勢をとらせる ◆alert the operator to... 操作員に〈異常,エラーなど〉の発生を知らせる[知らせる] ◆alert them to the dangers of some solvents 一部の溶剤の危険について彼らの注意を促す ◆you should be alerted to... 〜に対してとっさの対処ができるよう心して[心構えして]いなければならない ◆a fault indication system that alerts the control room of any malfunction in the equipment 機器になんらかの誤動作が発生した場合に(注意を喚起するために)制御室に通知する故障表示システム ◆to alert the driver when a predetermined speed is being exceeded 所定の速度を超過しているときにドライバーの注意を喚起するために ◆Rachel Carson alerted the world to the dangers of chemical pesticides in her bestselling book Silent Spring. レイチェル・カーソンは,彼女のベストセラー著書『沈黙の春』の中で,化学農薬の危険について世界に向けて警告を発した[警鐘を鳴らした]。

**(be) on the alert** 用心[警戒]して,よく気をつけて ◆A driver should be on the alert for pedestrians. 運転者は,歩行者に対し注意を怠らないようにしなければならない。 ◆Be on the alert for approaching trains. 接近してくる列車に[列車の接近に]警戒せよ。

**alexithymia** アレキシサイミア,失感情症,失感情言語化症(*自分の感情や心の傷を読み取ったり感情を表現することができない)

**alga** *an* 〜 (*pl. algae*) 藻(モ),藻類(ソウルイ) ◆an algae bloom, or red tide 藻の大増殖[異常発生]すなわち赤潮(*赤潮を単独で書くときは a red tide のように不定冠詞が付く) ◆a red algae that causes so-called "red tides" いわゆる「赤潮」の原因となる紅藻類

**algebra** 代数(学)

**algorithm** *an* 〜 アルゴリズム,演算規則,計算手順,計算法 ◆a computational algorithm 計算アルゴリズム ◆construct [devise] an algorithm アルゴリズムを構築する

**alias** *an* 〜 エイリアス,エリアス,別名,偽名,異名,変名

**aliasing** 《電子》エイリアジング[エイリアシング],(低解像度の画像に見られる曲線部の)ぎざぎざ,(アナログ信号を標本化する際の)折り返しエラー ◆an anti-aliasing filter アンチエイリアジング[折り返し防止]フィルター(*A/Dコンバータの前に入れるローパスフィルタでサンプリング周波数の1/2の周波数よりも高い成分を阻止し,成分が折り返し現象として標本化出力に現れるのを防ぐ)

**alien** *an* 〜 在留外人[外国人滞在者],異邦人,異国人,異人,エイリアン[宇宙人,外人];*adj.* 在留外国人の,外国人の,異国の,<*to*> 〜 相いれない,異質の,無縁の ◆a foreignborn alien 外国生まれの外国人[外人] ◆it is profoundly alien to them それらは彼らにとって非常に異質なものである ◆at a time Americans felt things Japanese were most alien アメリカ人が日本の物事を最も異質なものとして感じとっていたときに

**alienate** *vt.* 〈人〉を遠ざける,疎遠にする,離反させる,疎外する,遊離する,乖離する,浮き上がらせる;〜と不和[不仲]になる;《法》譲渡する ◆a group which was alienated by... 〜によってのけものにされたグループ ◆tend to alienate potential customers (見込み)客を離反させて[逃がして,離散させて]しまう傾向がある ◆he hates to alienate anyone 彼は,誰とも疎遠になりたくない

**alienation** *n.* 遠ざけること,疎遠,離反,疎外,遊離,浮き上がらせること;不和,不仲;《法》譲渡 ◆voter alienation

有権者の選挙離れ ◆a sense of alienation from co-workers  仕事仲間[同僚]から疎外されているという感じ ◆have a feeling of alienation caused by... ～が原因の疎外感にさいなまれている ◆sense an alienation between A and B  AとBとの間の乖離を感じ取る ◆the growing alienation of Congress and the public  度合いが深まりつつある議会と一般大衆との乖離

**alighting gear**  回降着装置(*航空機やスペースシャトルなどの)

**align**  vt. (一直線に)並べる, 調整する, 整合させる, 位置合わせする; 提携[連合, 団結]させる<with>; vi. 整列する, 提携する<with> ◆neatly align... ～をきちんと[まっすぐ, 一直線に]そろえる[並べる] ◆right-aligned (= flush right)  〈枠内や行内で〉右詰めに[右寄せ]された ◆to keep the edges of the boards aligned  これらの板の縁[へり, 端]を揃えておくために ◆align parallel to the applied magnetic field  加えられた磁界に平行に並ぶ ◆align the holes in the paper with the sprocket pins  用紙の穴をスプロケットのピンにそろえる[合わせる] ◆be fully aligned with the standards [specifications]  これらの規格[仕様]に完全に合致して[従って, 準拠して, 沿って]いる ◆the nails must be aligned  釘は(1列に[まっすぐ])並んでいなければならない ◆align the pins over the socket holes  ソケットの各穴のちょうど上にピンがくるようにする ◆center the text or align it on the right, left, or both sides  《コンピュ》テキストを中央揃え, 右寄せ, 左寄せ, または(文字間隔の調整により)両端揃えする[均等割り付け]する ◆he'd even gone to a chiropractor to "get himself aligned"  彼は「整体」のために脊椎調整療法士のもとさえも訪れた ◆Align the tabs on the back of the bulb with the indentations in the mounting ring.  電球の後ろに付いているタブを取付けリングのくぼみに合わせてください。 ◆Point the tube toward the sun and align the tube until its shadow disappears.  チューブを太陽に向け, 影ができないように(向きを)調整してください。 ◆With these bolts loose, align the blade square to the fence.  これらのボルトを緩めた状態で, ブレードがフェンスに対して直角になるよう調整してください。 ◆The midrange and high-frequency drivers are vertically aligned near the top of the enclosure.  中音と高音のスピーカーは, エンクロージャー[スピーカーボックス]のてっぺん近くで縦方向にまっすぐ並んでいる。

**aligner**  an～ ◆a mask aligner  《半導》マスクアライナー

**alignment**  回アライメント, アラインメント, 整列, 配列, 並び, 配向, 調整, 整合, 心合わせ, 位置合わせ[-詰め, -寄せ, -揃え], 《意訳》ずれをなくすための調整; 回連合(すること); an～ 連合(したグループ) ◆perform wheel alignment  ホイール・アライメント[アライメント調整]を行う ◆place pipeline sections in proper alignment  管路の各区間をきちんと整列させる[並べる] ◆the magnetic alignment of nuclei of hydrogen  水素原子核の磁気的な配向 ◆the molecular alignment in glass  ガラス中の分子の並び ◆to bring A back into alignment with B  AをまたBと正しい位置関係になるように ◆order a front-end alignment  《車》フロントエンド・アライメントを頼む[依頼する] ◆If these mechanisms go out of alignment,...  これらのメカの調整が狂う[ずれる]と, ◆keep the cutting edges in alignment  それらの切削端が(ぴったり)合っている状態に保っておく ◆Make sure A is in proper alignment with B.  AがBと正確な位置関係にあることを確かめてください。 ◆Check alignment to make sure the pulley is in the right place.  位置合わせをチェックして, プーリーが適正位置にあるよう調整してください。 ◆The spacecraft's protective dust shields were peppered with particles at a rate of 100 impacts a second, a bombardment that swung its antenna out of alignment with a tracking station in Australia.  宇宙船の宇宙塵防護盾へい板に, 1秒当たり100回の衝突率で粒子が打ち込まれた。この衝撃は, オーストラリアの追跡ステーションに向けられていた宇宙船のアンテナの調整を狂わせてしまった。

**alike**  同様に[で], 同じように, 一様に, 共に; 区別なく, 問わず ◆be exactly alike  全く同様である ◆be quite alike  かなり似通っている ◆be somewhat alike  多少[幾分]似ている ◆ for both small- and big-time users alike  小口ユーザー, 大口ユーザーの区別なく双方にとって ◆they are alike in appearance  それらは外観上良く似通っている ◆be used by small companies and large corporations alike; be used by small and large firms [businesses] alike  企業の大小[規模]を問わず使用されている ◆Business travelers and tourists alike can enjoy...  ビジネス旅行客も観光旅行客も(区別なく[一様に])～をエンジョイできます。 ◆No two men are alike.  十人十色 ◆Canadians and Americans alike must face up to...  カナダ人もアメリカ人も同様に～を直視しなければならない ◆Known as "radio heaven" to frequent visitors, the museum has grown from 140 radios when it opened in 1989 to 325 models today. No two are alike.  来館の常連には「ラジオ天国」として知られているこの博物館は, 1989年開館当時のラジオ台数140から現在の325にまで増えた。(コレクションには)どれとして似たようなものはない[1台1台みな違う機種ばかりだ]。

**alimony**  回別居中の配偶者や離婚した元配偶者に対して支払う金, 扶助料, 扶養料, 別居手当, 離婚手当 ◆a man paying alimony to his first wife  最初の妻だった女性に扶養料[扶助料, 別居手当]を払っている男性

**alive**  adj. 生きて(いる), 存命する, 現存している; 活気ある, 生き生きと, 活発で; 活動して, 作用して; (～に)気がついて[敏感で, 聡い(サトイ)]<to>, (～を)知って[分かって, 認識して]<to>; (～で)満ちて[にぎわって]<with>; 電気が通じて[来て]いる, 電源が入っている ◆become alive to the necessity of improving...  ～を改善する必要性に気がつく; ～を向上させる必要があることを認識するようになる ◆roads [streets] alive with traffic  交通の激しい[車の往来が多い]道路[通り] ◆their stores are alive with traffic  彼らの店は客足が多くて活気がある[活況を呈している, 盛況だ, 盛っている] ◆this plan is still alive  この計画はまだ生きて[なお存続して, 依然として命脈を保って]いる ◆to get the microphone to come alive  マイクが動作する[入る, 働く, 通じる]ようにするために ◆a microphone that is alive all of the time  常時生きて[電源が入って]いるマイク ◆The trial judge was alive to the feelings and concerns of the victims. He was also aware that...  この予審判事は, 被害者らの感情[心情]と心配事を非常によく知って[分かって, 認識して]いた。彼は～ということも認識していた。 ◆Andy Warhol would have been 74 years old today had he still been alive.  アンディ・ウォーホルは, 生きていれば今日で74歳だ。 ◆The Kyoto Protocol on global warming is still alive despite Washington's abrupt pull-out.  温暖化に関する京都議定書は, 米国政府の突然の離脱にもかかわらず命脈を保っている。 ◆By fall, the soil had come "alive" with billions of microorganisms and millions of rapidly multiplying earthworms.  秋までに, 土壌は何十億個の微生物と高速増殖する何百万匹ものミミズで「活力」を取り戻した[「生気」を回復した]。 ◆Two construction workers were buried alive in a landslide triggered by Bart's pounding rains in Oita Prefecture.  大分県でバート台風(*1999年の台風18号)の叩きつけるような雨により引き起こされた地滑りで建設作業員2名が生き埋めになった。

**alkali**  (an)～ (pl. -s, -es) アルカリ, 塩基性物質; adj. (= alkaline) excellent alkali resistance  優れた耐アルカリ性 ◆research into alkali-aggregate reaction (AAR) in concrete  コンクリートのアルカリ骨材反応の研究 ◆resistance to alkalis  耐アルカリ性

**alkaline**  adj. アルカリ性の, アルカリー ◆an alkaline cell  アルカリ電池 ◆an alkaline-manganese battery [cell]  アルカリマンガン電池 (= an alkaline battery [cell]) ◆products that are extremely alkaline  非常にアルカリ性の強い製品 ◆the alkaline hydrolysis of a fat  脂肪のアルカリ加水分解 ◆The solution is slightly alkaline.  この溶液は, 弱アルカリ性である。

**alkalinity**  (an)～ アルカリ性, アルカリ度 ◆waste water with strong alkalinity of over pH12  pH(ペーハー)12を上回る強アルカリ性の廃水[廃液] ◆Some alkalinity is necessary for good algae production. An alkalinity of 20 ppm or more is necessary for proper algae growth and, therefore, good fish production.

**all**

**all** adj., pron., adv. 全部［全体］(の)、すべて(のもの)、あらゆる(もの)、万端、万事、悉皆(シッカイ)、全-、全面、完全-; adv. すっかり、全部、全く、まるで、ことごとく、こぞって、そっくり、もっぱら ◆all this [the] while この間ずっと ◆of all times [time] 古今未曾有(ミゾウ)、古今無双、古今独歩の、古今を通じて ◆all my books 私の全蔵書; 私が持っているすべての本 ◆All that glitters is not gold. 《諺》輝くものすべてが金ではない; 光るもの必ずしも金ではない。 ◆all these questions これらの質問すべて ◆an "all-services" adhesive kit 万能接着剤キット ◆an all-wool blazer 純毛［毛100%］のブレザーコート ◆at all locations in space 空間のどの位置においても ◆if all goes well 万事うまく行けば; 順調［順当］に行けば; (すべて)うまく行ったら ◆in all of 1990 1990年全体を通して; 1990年の年間で ◆in all of North America 北米全体で[にわたって] ◆in the interest of all concerned 当事者一同［関係者全員］のために ◆the names of all of us 我々全員の名前 ◆we did all we could to <do> 〜するために我々にできることはすべてやった ◆(with) all things considered (= all in all, on balance) 諸般の事情を考え合わせた結果［勘案の結果, 結局］ ◆businesses all over the country 全国の企業 ◆the hardest and densest of all woods 木材の種類全体のうちで一番硬質かつ緻密な木材 ◆all-manual page assembly 完全手作業のページ組 ◆an all-beef patty 牛肉100パーセントのパティー(＊パティはハンバーグ用などの、挽肉を平たい円形に整えたもの) ◆the all-in cost of a worker 労働者1人当たりのすべて込み込みのコスト ◆The best news of all is that... なかでも一番いい知らせは、〜ということだ。 ◆a drivetrain whose parts are all made by the same manufacturer 《意訳》すべて同一メーカー製の部材で作られているドライブトレイン［動力伝達機構］ ◆A single mouse click is all that is required to <do...> マウスを一回クリックするだけで〜できて[〜が済んで, 片づいて]しまう。; 〜するにはマウスを一回クリックするだけで済む。 ◆...can be formed into all manner of shapes and sizes 〜は、あらゆる［いかなる, どんな］形［形状］や大きさにも成形可能である ◆Check [Select] all that apply. 当てはまるものすべてにチェック印をつけて［該当するものをいくつでも選択して］ください; 複数回答可(＊アンケートで) ◆he had made all possible preparations for ensuring that... 彼は、必ず〜なように万全の準備をした［用意万端整えた］ ◆it's advantageous to us all それは、我々全員にとって有利である ◆lock in all their straight-from-the-farm freshness それら(農産物)の農場直送の鮮度をそっくり［まるまる］封じ込める ◆Of course, not all the news is bad. もちろん、ニュースの全部が全部よくないとは限らない。 ◆Thank you for all your kindness to us. いろいろと(私たちに)ご親切に(していただき)ありがとうございます。 ◆the power plant supplies virtually all of its electric energy to... この発電所は電力のほぼ全量を〜に供給している ◆there are 200 in all 全部で[都合, 合計, 総計, 合わせて, 締めて]200ある ◆make sure all available seat belts are used 使用可能なシートベルトは(一つ)残らず使用されていることを確認する ◆the airlines have all possible security measures 航空会社は可能な限りあらゆる安全保障対策を講じている(最中である) [《意訳》万全の警戒態勢を敷いている] ◆All DACs are tested to a maximum clock rate of 8.47 MHz. D/Aコンバータは全数、最高8.47MHzのクロック速度で検査されている。 ◆All you have to do is (to) press this button. このボタンを押しさえすればいい。 ◆No one defines it because it is more useful politically when it is undefined – when it means all things to all people. 誰もそれを定義しないのは、曖昧なままほうが、つまりすべての人々にとって何にでも好都合だからだ。《玉虫色》のほうが、政治的に好都合だからだ。 ◆That is about all there is to her official biography. 彼女の公の履歴でわかっているのはそれくらいのものだ。 ◆The doctors are doing all they can. 医師らはできる限りのことをしている。 ◆The wagon is designed to be all things to all people. このワゴン車は万人向きに設計されてい

る。 ◆A light touch on the accelerator is all you need to maintain constant speed. アクセルに軽く(足で)触れている程度［だけ］で速度は十分維持できます。 ◆All of these features which we now refer to as multimedia will become standard. 私たちがマルチメディアと呼んでいるこれらの機能はすべて、標準になっていくだろう。 ◆A single 1.5 volt battery is all that is needed to operate the unit. このユニットを働かすのに必要なのは、1.5ボルト電池1本だけです。 ◆Tighten the nut until all of the free play is gone in the drum. ドラムの遊びが完全に［遊隙がまったく］無くなるまで、そのナットを締めてください。 ◆No special tools are required for assembly: a torque wrench is all that is needed. 組み立てるのに特別な道具は必要ありません、トルクレンチ1本あればそれだけで十分です。 ◆It is over 20 years since the death of Maria Callas and she is still regarded as one of the greatest singing actresses of all time. 没後20年以上にもなるが、マリアカラスは依然として古今を通じて最も偉大な歌う女優の一人として評価されている。

**after all** 結局(は)、詰まるところ、いろいろあったが、結論として、やはり、要するに、畢竟(ヒッキョウ)、しまいには、ついに、とうとう、究極のところ、それでも(結局は)、しょせん、何としてでも ◆After all, I'm just a welder. しょせん[どうせ]俺はしがない溶接工さ。

**at all** 《否定文》全然、全く、根っから、皆目(カイモク)、まるで、てんで、どだい、少しも、いささかも、毛頭も《疑問文》いったい、少しでも;《条件文》少しでも、仮にも、かりそめにも、いやしくも;《肯定文》本当に ◆not...at all 全然［全く, いささかも, 少しも, ちっとも］〜でない (圖not in the least; not the least) ◆without any constraints at all 全く制約［束縛］を受けずに ◆we couldn't find anything wrong with the drive at all ドライブ装置になんらの異常も認められなかった ◆I don't think it's possible at all to eliminate such risks. 私はそういうリスクをなくすことは、どだい不可能だと思っています。

**all but** ほとんど ◆he all but died; he is all but dead 彼は死んだも同然だ ◆she all but lost it 彼女はそれをほとんど失ってしまった

**all in all** 全体的に見て、全体としては、概して言えば ◆All in all, it's hard to avoid gangs in Chicago. だいたいにおいて、シカゴでギャングを避けるのは難しい。 ◆All in all, its performance is good. その性能は全般的に見て［概して］良好である

**all out** 総力をあげて (→ all-out) ◆go all out 総力をあげる

**all over** 一面に、いたるところ、そこいらじゅう、どこもかしこも、(残る)隈無く、全〜に、〜中に; あらゆる点で［徹底的に, すっかり］ ◆all over Africa アフリカ全土[中]で ◆sold all over the Western Hemisphere 西半球のいたる国々[西半球全域で]売られて

**all told** 全部で、合わせて、締めて、総計で、合計すると ◆cost $2,000 all told 締めて2000ドルかかる ◆The company expects some 20,000 attendees, all told. この会社は、総計約2万人の来場者があるものと予想している。

**all-ages** adj. 子供から年寄りまでの、老いも若きもの ◆an all-ages fun-time wonderland 年齢を問わず誰でも楽しく過ごせるような所

**all-around, all-round** adj. 多才な、万能の、オールラウンドの; 総合の、全般的な、包括的な ◆an all-around athlete 万能選手(= a generalist athlete) ◆Disney is an all-around entertainment maker. ディズニーは総合娯楽メーカーである。

**all-day** 一日中の、終日の、一日がかりの、まる一日の ◆all-day production of cars 車の終日生産(＊24時間操業の記事で使われていた表現、日本語の「全日」と同様にあいまいな使われ方がされている行)

**allegation** (an)〜 申し立て、言い立てること、主張、陳述 ◆If the allegations are substantiated, then an anti-dumping levy will be applied. これらの申し立てが証明されることになれば、アンチダンピング課税が適用されることになるだろう。

**allege** vt. 申し立てる、言い立てる、主張する、(十分な証拠なしに)言う ◆It has long been alleged that... 長いこと〜であると言われてきている; 〜であると噂されて久しい ◆Nancy

Lee had her marriage annulled because, she alleged, her husband, Peter Mace, became a slob after they tied the knot in 1993. ナンシー・リーは、夫ピーター・メイスが1993年の結婚以後ぐうたらになったと申し立て結婚を解消した。

**alleged** (十分な証拠なしに)申し立てられた、(～と)言われている[伝えられている]、(～したものと)されている、(～であると)疑い[容疑]がかけられている ◆an alleged conservative commentator 保守的だと言われているニュース解説者 ◆his alleged drinking problem 噂されている彼の飲酒問題

**allegedly** 申し立てによると、伝えられるところでは、(～の)言うところによると、(～であると)されて ◆illegal loans allegedly arranged by a branch manager for stock manipulation 株価操作用資金として支店長が手配したと伝えられている不正貸付け

**allegiance** □忠誠 ◆a feeling of allegiance 忠誠心

**allegory** an～ 寓意(グウイ)物語、寓話、譬え話(タトエバナシ); □寓喩(グウユ)、アレゴリー ◆Medieval allegories often used animals as characters. 中世の寓意物語[寓話]は、よく動物を登場者に使った。

**all-electronic** adj. 全電子式の、完全に電子化されている ◆an all-electronic camera 全電子(制御)式カメラ

**allelopathy** 《植》アレロパシー、他感作用(＊他の植物が放出する毒物により発育が阻害されること。異種植物同士の相性が悪いこと)

**all-embracing** adj. 網羅した、総合的な、包括的な ◆an all-embracing electronics manufacturer 総合電子メーカー

**Allen** (コネチカット州のAllen Manufacturing Co.から) ◆an Allen hex socket driver 六角穴ねじ用のドライバー ◆an Allen hex socket screw 頭部に六角形のくぼみが彫ってあるねじ

**allergy** a～ アレルギー、過敏症 ◆in order to avoid a milk allergy ミルク[牛乳]アレルギー(になるの)を避けるために

**alleviate** vt. (苦痛など)を軽くする、減少させる、軽減する、和らげる、鎮める、癒す、改善する、改良する ◆alleviate pain 痛みを緩和[軽減]する ◆alleviate the increasing number of traffic tie-ups 増加を見せている交通渋滞を軽減[緩和]させる

**alley** an～ (pl. ～s) 路地、横丁、小路(コウジ、コミチ)、小径、小道、ボーリング場のレーン、ボウリング場

**alliance** (an)～ 連合、結合、提携、協力、協調; an～ 同盟条約、協定; an～ 《単/複扱い》同盟[提携]しているグループ ◆an alliance of software and hardware companies ソフトウェアの会社とハードウェアの会社からなる企業連合 ◆create a corporate alliance with... ～と企業提携する ◆form a temporary alliance of convenience 方便として[便宜上、都合上、政略上]一時的に手を結ぶ ◆in alliance with... ～と提携[連合、同盟、協力、結託、縁組み]して ◆enter into a technology-based alliance with an indigenous firm 現地企業と技術提携をする ◆companies are hurriedly forming alliances 企業各社は、あわただしく[先を争うように]業務提携関係を結んでいる ◆the company has announced it is considering an alliance with IBM to <do...> 同社は～するためにIBMとの(業務)提携を考えている[検討中である]と発表した ◆the PowerPC line that resulted from an alliance of IBM, Motorola Corp., and Apple Computer Inc. IBM、モトローラ、アップル・コンピュータ社の連合から生まれたPowerPC系列 ◆Through alliances with large corporations, small niche companies can take advantage of... 大企業との提携により、小規模なニッチ企業は～を活用することが可能となる。

**alligator** an～ ワニ ◆an alligator clip わにロクリップ ◆an alligator effect (仕上げの)ワニ肌のような凹凸ができてしまう現象(＊似た表現に、オレンジピール = an orange peel effect)

**all-important** adj. 極めて重要的、肝心な、肝心要の、なくてはならない ◆modernize the country's all-important energy sector この国の肝心要のエネルギー部門を近代化する ◆an all-important precondition 極めて重要な前提条件

**all-inclusive** すべて含んだ[込みの]、込み込みの ◆an all-inclusive price すべて込み込みの値段

**all-in-one** すべてが一つになった、一体型の、すべての機能が1つの筐体(キョウタイ)におさまった、《本が》これ1冊ですべて足りる ◆an all-in-one video system 一体型ビデオシステム

**all-new** 全く新しい ◆They share so many components with other models that they can't really be called all-new cars. これらは、他の車種と非常に多くの部品を共用しているので、本当のところ全くの新型車とは呼べないものである。

**all-night** adj. 終夜の、徹夜の、夜通しの ◆an all-day all-night carnival 終日終夜ぶっとうしのカーニバル

**allocate** vt. ～を割り当てる、配分する、確保する ◆a list of unallocated numbers 欠番のリスト ◆allocate [appropriate] a fund to [for] a purpose 資金をある目的に割り当てる[振り分ける、充てる] ◆allocating and deallocating memory 《コンピュ》メモリーの割り当て[確保]と開放 ◆allocate bonuses according to merit 功績に応じてボーナスを割り当てする ◆the frequency bands allocated to various services 各種(無線)サービスに割り当てられている周波数帯域 ◆allocate storage space to logically separate areas known as files 《コンピュ》記憶空間を、ファイルという論理的に分離した領域に割り当てる

**allocation** □割り当て、割り振り; an～ 割り当てられたもの ◆the allocation of resources 資産の分配 ◆the allocation of vehicles 配車(＊多数の車をどこへ振り向けるかの手配) ◆frequency allocations by international treaty 国際協定による(各国への)電波の)周波数配分 ◆despite a modest increase in the budget allocation for education this year 今年教育向け予算割り当て額に小幅ながら増加があったにもかかわらず ◆make a supplementary budget allocation to keep the agency operating 同局を運営していくために追加予算を割り当てる ◆this was a wise allocation of abilities これは、賢明な能力の配分であった ◆allocation of funds is based on the number of patients treated 資金の配分は、治療した患者数に基づいている ◆the allocation of memory between the operating system and a user program 《コンピュ》オペレーティングシステムとユーザープログラムとの間のメモリーの割り当て

**allot** ～を割り当てる、配分する ◆Monospaced typefaces allot each letter of the alphabet the same amount of space. モノスペースの書体では、各アルファベット文字に同じ量のスペースを割り当てる。

**all-out** 総力をあげての、全面的な、徹底的な ◆(an) all-out [(a) total] war <against, between> 全面戦争、総力戦 ◆an all-out assault [attack] on... ～に対する総攻撃 ◆be making an all-out effort to <do...> ～するために総力[全力]をあげて取り組んでいる ◆an all-out strike may not be averted 全面ストは避けられない[免れ]ないで[不可避で]あろう ◆we must wage an all-out, unified effort <for, to do...> 私たちは総力をあげて[結集して]、一丸となった運動を展開しなければならない ◆The so-called "Marco Polo Bridge incident" quickly escalated [developed] into an all-out war between China and Japan. いわゆる「マルコ・ポーロ橋(＊蘆溝橋)」事件』は、急速に中国と日本の間の全面戦争へと拡大[発展]していった。

**allow** 1 vt., vi. 許可する、認める、与える、可能にする、(妨げない程度に)許容する、受け入れる、対処する ▶多くの辞書では「可能にする」の訳語がないが、〈物〉が主語の場合はほとんどこの意味で用いられる。類語のpermitについては、どの辞書にも「可能にする」の語義がある。allowもpermitも「可能にする」の意で用いられることができる。 ◆... have allowed [permitted]... 〈新発明、新技術など〉が～を可能にした[によって～が可能になった] ◆pollute much more than allowed 許されているよりもはるかに多く汚す; 許容限界を大幅に超えて汚染する ◆allow more American penetration of the Japanese market 日本市場への米国(製品)のいっそうの浸透を可能にする ◆allow the cellular industry its optimum potential 携帯電話業界に将来の発展に向けての最大限の可能性を与える ◆publish letters as space allows 誌面[紙面]の

許す限り投票を掲載する ◆The user is allowed to specify the precision with which to <do...> ユーザーに、〜する精度を指定することができる。 ◆a playground that has been allowed to become dilapidated 荒れるがままに(ほったらか[任されて、放置])されてきた遊び場 ◆a playground that has been allowed to become dilapidated 荒廃[老朽化]するに任せられている運動場; 荒れるがままに放置されている遊び場 ◆Allow the cutter to rise to its full height. カッターを、最高位置まで上昇させてください。 ◆Do not allow the battery terminals to become shorted. 電池の端子をショート[短絡]させないでください。 ◆Do not allow the cord to touch hot surfaces. 高温になっている面にコードを触れさせないで[コードが触れないようにして]ください。 ◆Radiation levels were many times higher than allowed. 放射線レベルの、許容レベルの何倍も高かった。 ◆The program allows graphics rotation to any angle. その(コンピュータ)プログラムは、図形を任意の角度に回転できる。 ◆The soft wrist strap allows the skin to breathe. この柔らかい手首ベルトは、皮膚呼吸を妨げません。 ◆This will allow the motor arm to rise to the "up" position. これにより、モーターアームは「上」位置まで上昇できるようになる。 ◆This allows maximum security to be achieved with low manpower requirements. これによって、少ない人手で最大の安全を確保することが可能になる。 ◆Resulting die size reductions have allowed Rexel Corp. to sample the chip in a 132-lead plastic quad flat-pack. 結果としてのICチップの小型化により、レクセル社はそのチップを132ピンのプラスチック製クアド・フラットパックに実装して試作することが可能になった。 ◆The period while the amber light is on allows time to clear the intersection before cross traffic begins to flow. 黄色の燈火が点灯している期間は、横断する交通が流れ始める前に交差点を空ける時間的余裕を与えるためのものである。
2 vt. 〜を(〜のために)見越す <for>; vi. 〜を見越しておく、考慮する <for> ◆allow for errors 誤差を見込んでおく[見越しておく、計算に入れる、考慮する]; 誤差に対する余裕をとっておく ◆allowing for the circumstances 事情を考慮して ◆allow sufficient space between... 〜の間に十分なスペースをとる[みておく] ◆allow for a considerable margin of error かなり大きな誤差をあらかじめ考慮[計算、勘定]に入れておく ◆so as to allow for future replacement or addition of other modules 将来における取り替えあるいはその他のモジュールの追加に備えるために[増設に対処すべく] ◆There is a need to allow for variations in... 〜のバラツキを見込んでおく必要がある。 ◆Naturally, Microsoft had to allow for backward compatibility with applications supporting... 当然ながらマイクロソフト社は、〜をサポートする応用ソフトに下位[後方]互換性を織り込まなければならなかった。 ◆The use of replaceable fingers allows for wear. 《ロボット》交換可能な指の使用で摩耗に対する対処をしている。 ◆Allow a few seconds for the bit to reach its maximum speed prior to drilling. 穴開けを始める前に、(ドリル)ビットが最高速度に達するための時間を数秒見てから[とって]ください。 ◆The facility should be designed and built to allow for future expansion. 施設は将来の拡張を考慮に入れて[見越して、視野に入れて、にらんで]設計・建設されなければならない。 ◆It is important to allow for sufficient time to pass between the administration of the medication and the collection of the blood sample. 薬剤投与から血液検体採取まで十分な(経過)時間を見ておく[置く、あける、取る]ことが大切です。

**allowable** adj. 許容できる ◆the allowable level of lawn-mower noise 芝刈機騒音の許容レベル
**allowance** 許容、許可; an 〜 許容差、許容誤差、許容量、公差、ゆとり、余裕; an 〜 手当、小遣い、加俸、付加給; an 〜 割引; an 〜、〜s 酌量 ◆a bend allowance table 曲げ許容量表 ◆make allowance for future change 今後の変化に備える ◆make allowance for delays 遅れるかもしれないことを考慮に入れて、遅れを見込む; 遅れに対する余裕をとっておく ◆an emissions allowance has to be decided for each nation or corporation 排出枠は国ごとにあるいは企業ごとに決定される必要

がある ◆Your baggage allowance is 30 kg. あなたの(無料航空機搭載)荷物の許容重量は30キロです。 ◆Allowance should be made for the effect of temperature on gage reading. 計器の読みに及ぼす温度の影響を考慮に入れる[見込んでおく]こと。 ◆Always make allowance for sudden or unexpected pedestrian actions. 意表をつくようなまたは思いがけない歩行者の行動を常に念頭[計算]に入れて(心構えをして)いること。 ◆This proposal has the drawback of not making any allowance for future replacement of... このプロポーザルには、将来〜を取り替える[交換する]ための備え[対処、対応、配慮]を一切していないという難点がある。 ◆Make extra allowance in your driving when carrying more passengers or more load than you are accustomed to carrying. ふだん乗せ慣れているより多い人や荷物を運ぶ際は、運転に格別の配慮をしてください。

**alloy** an 〜 合金; vt. 〜を(まぜ合わせて)合金にする ◆an alloy element 合金元素 ◆alloys of copper 銅の合金 ◆an alloy of copper and zinc 銅と亜鉛の合金 ◆a shape-memory alloy 形状記憶合金 ◆Gold can be alloyed with other metals to increase strength. 金は、強度を上げるために他の金属と混合して合金にできる。

**all-purpose** あらゆる目的に合う[適した、応える、対応した、使用できる]、多目的の、万能-、汎用- ◆for all-purpose use 万能[汎用、多目的]用途向けの

**all right** 大丈夫、よろしい、O.K.、申し分ない[なく]、けっこう ◆everything is all right すべて順調である; 万事うまく[首尾よく、具合よく]いっている; (意訳)何も異常[異状]はない; すべて[こっちは、無事に]進んでいる ◆All right, we'll do as you say. よろしい、おっしゃる通りにしましょう。 ◆Is it all right if I go with you? ご一緒してもよろしいですか? ◆That is perfectly all right [alright] with me. 私はそれで完全にO.K.です[それで一向に構いません、全く結構です]。

**all-season** オールシーズンの ◆an all-season tire オールシーズン・タイヤ

**all-star** adj. スター総出演[総出場]の、オールスターの; an 〜 オールスターチームの(ある一人の)選手 ◆an all-star game (プロ野球の)オールスターゲーム; (夢の)球宴 ◆an all-star cast オールスターキャスト、人気俳優総出演、顔見世(興行)

**all-terrain** adj. (車やオートバイが)全地形型の、不整地走行用の、オールテレーン、オールテレイン- ◆an ATV (all-terrain vehicle) オールテレイン[オールテレイン]ビークル、全地形型車両、(通称)四輪バギー (＊不整地走行用レジャー車[オフロード車])

**all-time** adj. 史上最も、空前の、歴代の ◆an all-time low (of)a record low) 過去[今までの、史上]最低(の水準)、空前の低さ、(過去)最低記録、(史上)最安値 ◆an all-time record amount 記録破り[過去最高記録]の金額 ◆climb to [reach, hit, amount to] an all-time high of $170 million 過去最高の1億7千万ドルに上る[達する] ◆reach [hit] an all-time high of $... 史上最高値(サイタカネ)の〜ドルに達する ◆An all-time high of 65% said... これまでで一番多い[過去最高の]65％の人が 〜と言った。 ◆antimilitary sentiment was at an all-time high 反軍国主義感情は、かつてない高まりをみせていた ◆be at an all-time high [low] of... 〜の史上[過去]最高[最低]水準にある ◆he ranks fourth on UCLA's all-time list 彼はUCLAで歴代4位である ◆his credibility is at an all-time low 彼の威信[信用]は、今までにない[かつてない]ほど落ちている ◆Newborn life expectancy has reached an all-time high of 76.1 years. 新生児の[出生時]平均余命は、過去最高の76.1歳に達した。 ◆In 1987 Ford Motor Co. posted an all-time industry high of $4.6 billion in profits, with sales of $71.6 billion. 1987年に、フォード自動車会社は、716億ドルの売り上げで業界史上[過去]最高の46億ドルの利益を計上した。

**allure** vt. 〜を魅惑する、誘う; an 〜 魅力、魅惑 ◆make them more alluring [appealing] to customers それらを、顧客にとってもっと魅力のある[顧客に対してより訴求力のある]ものにする

**alluvial** adj. 《地学》沖積(チュウセキ)の; 沖積期の; ⦿沖積堆積物(an alluvial deposit) ◆rich [fertile] alluvial soil 肥沃な沖積土

**all-wave** （ラジオが）オールウェーブの, 全波受信の ◆an all-wave receiver オールウェーブ受信機(*長波, 中波, 短波（ならびにFM）が受信できるもの)

**all-weather** 全天候型の, どんな天候でも使用できる ◆an all-weather body 《車》全天候型の車体

**all-wheel** 全輪の ◆all-wheel drive 《車》全輪駆動 (cf. full-time 4-wheel drive)

**all-you-can-eat** ◆an all-you-can-eat-and-drink restaurant 食べ放題, 飲み放題のレストラン ◆The price of the party includes an all-you-can-eat buffet. パーティーの参加費にはバイキング代が含まれている.

**almighty** （全知）全能の; the Almighty 全知全能の神, 万能の; adv.《口》非常に, とても, ものすごく ◆because the almighty computer had done everything for him 万能のコンピュータが彼のために何もかも処理してくれたので

**almost** adv. ほぼ, ほとんど, 〜と言ってもいい, 大方, 九分通り, すんでのところで, あやうく, 〜しそうになる ▶類語 almostとnearlyの使い方の比較: (1) almostとnearlyのいずれも, all, every, always, 動詞の否定形の前に使用できる. (2) very, pretty, not, moreの後には, nearlyは使用できるがalmostは使用できない. (3) almostは, anyならびにno, none, never, nobody, nothingなどの否定語の前に使用できるが, nearlyは使用できない. ◆revenues tripled to almost $74 million 7,400万ドル近く[弱, 足らず]へと3倍に増えた ◆Almost all of them say that... ほぼ全員が〜だと言っている ◆with almost no loss of clarity 明瞭度をほとんど損なわずに ◆The car's look is almost exotic. その車の外観は, ほとんど風変わりといってよいくらいだ.

**alnico** アルニコ(*鉄, ニッケル, アルミが主成分の永久磁石用合金) ◆an alnico magnet アルニコ磁石 ◆a cast [sintered] alnico [AlNiCo] magnet 鋳造［焼結］アルニコ磁石

**alone** ただ〜だけ, 単独で, 単体で, 孤立して ◆used alone or in combination with... 単独でまたは〜と組み合わせて［併用して］使用されて ◆through the use of voice commands alone 《コンピュ》音声（で入力する）コマンドのみの使用で ◆He is not alone in his complaint. 文句を言っているのは彼だけではない. ◆However, Britain is not alone. だが, 英国に限ったことではない. ◆She is not alone in her experience. 彼女が経験したことは（決して）特殊な［珍しい］ケースではない. ◆The problem simply can't be solved on a go-it-alone basis. この問題は, 成り行きまかせにしておいては決して解決できない. (*simplyは否定文中では, 全く, 絶対的に, 断じて, 全然など) ◆Incoming President Lincoln pledged to leave slavery alone where it already existed. 新しく大統領に就任するリンカーンは, すでに奴隷制度が存在するところでは制度には手を触れずにそのままにしておくと公約した. ◆Sales in Japan alone soared from 1,265 cars in 1985 to 8,513 in 1990. 販売車数は, 日本国内だけでも1985年の1,265台から1990年の8,513台へと急上昇した. (*輸入車の話) ◆The laptop is available alone or bundled with the word processing software. 本ラップトップは, 単体［単独］で, またはそのワープロソフトと抱き合わせで売られている.

**along** 〜に沿って, 〜をたどって, 〜を伝わって, 長手方向に, 前進して ◆advance [go, move, forward, progress, travel] along the path of democratization [miniaturization, evolution] 《順に》民主化［小型化, 進化］の道を進む［たどる, 歩む］ ◆a line along the length of a belt ベルトの長手方向に入っている線 ◆guide the saw along a penciled line 鉛筆で書いた線に沿ってのこぎりを導く ◆move along an arc 円弧に沿って［弧を描くように］移動する ◆be divided along industry lines into eight groups 産業別に8つのグループに分けられている ◆the shortest distance between the two points measured along the surface 表面に沿って測った2点間の最短距離 ◆as the mobile unit moves along the road 移動体が道路をたどって［道路伝いに］移動するにつれ ◆divide the optic fiber bundle at any point along its length その光ファイバーバンドルを, 長手方向における任意の点で[任意の長さに]区切る ◆If no agreement is reached along the lines of what U.S. negotiators propose,... 米国側交渉者の提案するような線に沿った形での合意にもこぎ着けないならば, ◆Of all the known nonfossil energy sources, only two are far enough along in their development to be counted on. 知られている非化石エネルギー源すべての中で, たった2種類しか当てにに［頼りに］できるほどまで開発が進展していない.

**along with** 〜と共に［一緒に］, 〜を従えて, 〜に加えて［添えて］, 〜の他に, 〜と協同［協調, 協調］して, 〜と調子を合わせて, 〜に同調して ◆post the original message in the language it was written along with the translation 元のメッセージをそれが書かれたときの言語で訳文と併記して掲載する ◆Fees go up along with the level of services. 料金はサービスの程度と共に上がる［サービスの水準に伴って上昇する］.

**alongside** 横に並んで, 傍らに, 横付に ◆The novel is being written alongside the screenplay. この小説は映画のシナリオ［脚本, 台本］と並行して執筆が進められている. ◆For the foreseeable future, new communications systems will have to live alongside the old. 当分の間, 新規の通信システムは旧式のものと共存を余儀なくされるだろう.

**alopecia areata** ⦿《医》円形脱毛(症) ◆an alopecia areata sufferer 円形脱毛［脱毛症］に悩んでいる人

**aloud** adv. 声を［声に］出して, 聞こえる声で; 《古》大声で, 声高く ◆a machine that can read books aloud to the blind 目の不自由な人のために本を音読できる機械

**alphabet** an〜 アルファベット, （ある言語の）一組の（表音）文字 ◆a character of an alphabet あるアルファベット体系の1文字 ◆each letter of the alphabet アルファベットの各文字 ◆Hiragana is a set of about 50 phonetic characters [an alphabet of 50 phonetic sounds]. ひらがなは, 約50音の文字のセット［五十音字］です. ◆A perfect pangram would contain only the 26 letters of the alphabet and still make a complete and grammatically correct sentence. 完璧なパングラムとは, アルファベットの26文字のみを含み, かつ文法的に正しい完結したセンテンスとして成り立つものです. (*完璧なpangramではないがThe quick brown fox jumped over a lazy dog.が昔から有名)

**alphabetical** adj. アルファベットの, 英字式の, 英字の, 欧字の, ABC順の ◆in alphabetical order アルファベット順に (*AからZへ向かって昇順に)

**alphabetically** アルファベット順（で昇順）に, ABC順に ◆sort information alphabetically 情報をアルファベット順に並び替える ◆Hotels are listed alphabetically, with a brief introduction for each. ホテルはアルファベット順にリストアップされており, 各々に簡単な説明が添えられている.

**alphanumeric** adj. 英数字の, 英文字と数字の; n. 〜s (= alphanumeric characters) 英数字 (*アルファベット, 数字の他に, 特殊記号も含む) ◆display both alphanumeric and graphic output in multiple colors 英数字出力とグラフィック出力の両方とも多色で表示する

**alpinist, Alpinist** an〜 アルプス登山家, 登山家 ◆the UIAA (International Union of Alpinist Associations) 国際山岳連盟

**already** もう, 既に, もうすでに, もとから, 《意訳》ただでさえ; 《意訳》現在では, 今では ◆a pump that already existed 《*過去の時点に》すでにあった［既存の, 既設の］ポンプ ◆as has already [previously] been discussed; as already [previously] discussed; as discussed already [previously] すでに述べた［前述］したように; 既述したとおり ◆As I have already said... すでに申し上げました通り ◆Documents sent through a fax modem must already be in an electronic form. ファックスモデムで送られる文書は, すでに電子的な形になっていなければならない. ◆Tetratech created the service out of capabilities that already existed in the firm's network, in response to customer needs. テトラテック社は, 顧客のニーズに応えて, 自社のネットワークの既存の機能を基にこのサービスを創設した.

**already-existing** すでにある[存在する], 既存の, 既設の ◆already-existing equipment すでに存在している[既存, 既設]の機器

**A**

**alright** adj., adv. 《all rightのくだけた書き方》元気で[に], 大丈夫で, 構わない, 差し支えない, どういたしまして, いいんですよ, よろしい, 承知した, 申し分なく, ちゃんと ◆It's perfectly all right [alright] to download them for your personal use. 個人的に使用する目的でそれらをダウンロードされても一向に構いません[全く差し支えありません].

**ALS** (amyotrophic lateral sclerosis) 筋萎縮性側索硬化症

**also** 〜も, 〜もまた, しかも ◆be also equipped with the ability to <do...> 〜するための機能も備えて[装備して, 搭載して, 兼ね備えて]いる ◆Originally designed for..., the component can also be used in... 元々〜用に設計されたこの部品は, 〜にも流用できる[転用可能である]

**alter** (部分的に)変える[変わる], 変更する, 変質させる[変質する] ◆Prolonged heating will alter the quality of the oil. 長時間の加熱が, 油を変質させることになります. ◆A keyboard allows information in the display to be altered or new data to be input. キーボードによって, 表示されている情報を変更したり新しいデータを入力することができる.

**alteration** 変更, 改変, 変化, 変質; an〜 1件の変更 ◆an alteration zone 《地質》変質帯 ◆without any alterations いかなる変更もせずに ◆The improvement has been accomplished without any alterations to the car's original engine. この改善は, 車々のエンジンに何らの変更も加えないで達成された.

**alternate** 1 adj. 交互の, 交替の, 一つおきの; かわり[ほか]に使える[選べる], かわりの, ほかの; an〜 代替, 代理, 補欠, 代役 ◆alternate energy sources 代替えエネルギー一覧(▶alternativeを使う方がより一般的) ◆an alternate [alternative] track 《コンピュ》代替トラック ◆an even-odd, alternate-day driving ban (ナンバープレートの)偶数・奇数による隔日運転禁止(策, 令) ◆on alternate days 1日おきに[隔日に] ◆work alternate shifts 交替(制)で働く ◆indicated by alternate long and short dashed lines 一点鎖線で示されて ◆an alternate way to keep the nut from turning ナットが回転するのを防ぐための代わりの方法[代案] 2 v. 交互にする[なる], (電流, 磁束が)交番する ◆the polarity alternates in time 極性が時間の経過につれて交番する ◆Issues abstracted from hardware and software focus, and each contains... (雑誌の)号ごとにハードウェアとソフトウェアに交互に焦点をあて, 各号には〜

**alternately** (= alternatingly; in an alternating manner) かわるがわる, 交替で, 一つおきに, かわりばんこに ◆alternately raise and lower the temperature 温度を(交互に)上げたり下げたりする ◆alternately accelerate and decelerate the right and left engines 左右のエンジンを交互に加速させたり減速させたりする

**alternating** 交流の, (電流, 磁束などが)交番している ◆a disk marked with alternating transparent and opaque stripes aligned radially 透明と不透明の縞が交互に放射状に並んでついている円盤

**alternating current** 交流, AC, 交番電流 ◆120/220 Volts 50/60 Hz or "AC only" means your shaver must be operated only with alternating current and never with direct current. 120/220V 50/60Hz, または「ACのみ」とは, シェーバーは, 交流のみを使い, 決して直流で働かせてはならないという意味です.

**alternatingly** → alternately

**alternation** (an)〜 交代, 交互になる[交番する]こと, ひとつおきの配列 ◆alternation of generations occurs 世代交代[交番]が起きる

**alternative** adj. どちらかを選ぶべき, 代替えの, 代替(ダイタイ)の, 〜に取って代わる[〜の代わりの]<to>, 他の, 別の, 非主流の; an〜 選択肢, 一つ(いくつか)の, ほか選択可能な方法, 代案 ◆alternative rock 非主流ロック ◆alternative sources of energy; alternative energy sources 代

替[代替え]エネルギー源 ◆(an) Alternative Dispute Resolution (ADR) 裁判外紛争解決[処理]; 裁判外紛争処理機関[制度] ◆alternative distribution channels 別の流通経路 ◆alternative wheel covers 代わりの[代替え]ホイールカバー ◆an alternative-fuel car 代替え燃料車(*ガソリンに代わる燃料を使用する車) ◆an alternative path 迂回経路 ◆a potential alternative supplier 候補に上がっている代わりの納入業者 ◆as an alternative to... 〜の代替え(品)として ◆have no alternative but to <do> 〜するほかない ◆perform alternative rock music オルタナティブ[非主流]ロック音楽を演奏する ◆introduce an alternative to the plan その計画に取って代わる代案を提案する ◆make a choice among several alternatives いくつかの選択肢の中から選ぶ ◆more modern alternatives to the models already on the market 既に市場に出回っている車種[機種]に取って代わるべきよりモダンなもの

**alternatively** adv. もう一つの選択肢として, 一方

**alternator** an〜 《車, 航空機》オルタネーター[交流発電機] ◆General Motors insists on labeling the alternators as generators. ゼネラル・モーターズはオルタネータには発電機と表示すべきだと言っている.

**although** conj. 〜ではあるが, 〜だけれども, 〜であるものの, 〜とはいえ, そうはいっても, たとえ〜でも ◆although small in number 数的に小さいが; 数[人数, 個数, 件数]は少ないものの; 少人数とはいえ; たとえ小勢[小所帯]でも

**altimeter** an〜 高度計 ◆an aneroid altimeter アネロイド高度計

**altitude** (an)〜 高さ, 高度, 海面からの高さ[海抜, 標高]; 〜s 海抜の高い地域(= a high area, elevated regions) ◆at high altitude(s) 高高度で ◆a high-altitude flight 高高度飛行 ◆(high-)altitude sickness 高山病, 山岳病 ◆1000 feet of altitude above sea level 海抜[標高]1000フィートの高度 ◆at an altitude of about 100 km 高度約100kmで ◆from this altitude この高さ[高度]から ◆in the altitude range of 20-80 km 20キロから80キロの高度範囲で ◆the altitude of a flying object 飛行物体の高度 ◆a high-altitude ski resort town 高標高地のスキーリゾート町 ◆What is our altitude? 今どのくらいの高度ですか. ◆reach an altitude of about 20,000 feet 約2万フィートの高度に達する

**altogether** adv. 全く, どだい, 全然, てんで; 全体で, 総計で; 全体的に, いっしょくたに, まるご ◆prevent it altogether それを完全に予防する ◆the last chapter can be skipped altogether 最後の章全体を読み飛ばしても構わない ◆there are 200 altogether 都合200ある ◆The meeting, though in some respects successful, was, taken altogether, a failure. ミーティングはいくつかの点で成功だったものの, 全体的にみて失敗だった.

**alum** みょうばん(= aluminum sulfate 硫酸アルミニウム)

**alumina** アルミナ(*酸化アルミニウム aluminum oxide = Al₂O₃の通称) ◆alumina cement アルミナセメント

**aluminum** アルミニウム(元素記号: Al) ◆an all-aluminum engine オールアルミ[全アルミ製]エンジン

**always** 常に, 常々, いつも, 常時, 必ず ◆as always いつもの通りに, いつものように ◆the best does not always mean the most expensive 最高のものが一番値が張るとは限らない ◆Things change, but not always for the better. 物事は変わるが, いつも[必ずしも]良い方に変わるわけではない. ◆The distinction between A and B is not always easy to make. AとBの区別[見分け, 見境]がいつも簡単につくとは限らない. ◆CAUTION: Always turn off amplifier before plugging or unplugging any speaker connections. 注意: スピーカ接続プラグを抜き差し[挿抜, 着脱, 脱着]する前に, 必ずアンプの電源を切ってください. ◆The machines are always left turned on. To use them, simply press "Local PC" on the podium's control panel. これらの装置は常時電源が入っています. 使用の時は教壇の操作盤の「Local PC」を押すだけです.

**Alzheimer's disease** アルツハイマー病[症]

**Am** アメリシウム(americium)の元素記号

**a.m., am, A.M., AM** (ante meridiem) 午前 ◆at 7:30 a.m. 午前7時半に ◆between (the hours of) 10 a.m. and 5 p.m. 午前10時から午後5時の間に ◆The museum was open for business as usual from 10 a.m. to 5:30 p.m. 博物館は平常どおり午前10時から午後5時半まで開いていた。

**amalgam** *an〜* アマルガム；混合［融合］したもの ◆a metal amalgam 金属アマルガム ◆an amalgam of mechanics and electronics 機械工学と電子工学の融合

**amalgamate** vt., vi.〈金属〉を水銀といっしょにアマルガム化する、アマルガムになる；合併［融合］する ◆amalgamated treatment [processing]《環境》共同［広域］処理 ◆amalgamated waste stowage and dumping facilities 広域［共同］廃棄物保管［貯蔵］および投棄（処分）施設

**amass** vt.〜をためる、蓄積する；vi. 集結する ◆SyQuest has amassed technology that Iomega obviously feels it can use. サイクエスト社は、アイオメガ社が間違いなく使えるという感触を持つような技術を蓄積してきた。 ◆Taiwan has amassed one of the world's largest foreign-currency reserves, estimated at $75 billion. 台湾は、750億ドルと推定される世界でも屈指の外貨準備高を蓄積した。 ◆Today JETRO continues to amass information about the U.S. economy, but has switched its focus. 今日ジェトロ（日本貿易振興会）は米国経済に関する情報を引き続き収集・蓄積して行くものの、関心の的を変えた。

**amateur** adj. アマチュア［しろうと］の；*an〜* しろうと、愛好家 ◆amateur astronomy アマチュアが趣味でやる天文学 ◆amateur radio (= ham radio) アマチュア無線 ◆an amateur astronomer 天文学ファン ◆a (radio) amateur; an amateur radio operator; a ham アマチュア無線家 ◆a rank amateur アマチュアの素人 ◆amateurs who can put some pros to shame プロ顔負けのアマチュア；玄人はだしの素人 ◆an amateur radio station アマチュア無線局 ◆in an amateur [amateurish] way（しろうとっぽく）下手くそに

**amaze** vt., vi. 〜をびっくり［仰天、驚愕］させる ◆I was amazed how quickly the trackball felt natural and intuitive to use. 私は、このトラックボールを使うことが自然かつ直感的に感じられるようになるのがあまりにも早かったので驚いてしまった。

**amazing** adj. 驚くべき、驚くほどの、驚嘆［驚異］すべき、驚異の、目を見張る、目覚ましい、意外な、たまげた、あきれた ◆The improvement in throughput is amazing. スループットの向上には、驚くべき［目を見張る］ものがある。

**Amazon** *the〜* アマゾン川；*the〜s*《ギリシャ神話》アマゾン［女戦士］、大勝りの大女 ◆along the Amazon (River [river]) アマゾン川に沿って ◆in the Amazon basin アマゾン流域に［の］

**ambassador** *an〜* （男仕の）大使、使節 ◆Ambassador Thomas S. Foley, U.S. Ambassador to Japan （無冠詞）トーマス・S・フォーリー駐日米大使

**ambassadress** *an〜* 女性大使、女性使節、大使夫人

**amber** 回こはく；adj. こはく色［黄色］の ◆an amber signal light 黄色の信号灯

**ambidextrous** adj. 両手利きの、極めて器用な、非凡な器用さを持つ、二心ある、二枚舌を使う ◆an ambidextrous glove 左右どちらの手にもはめられる［両手用の］手袋（*a glove は一対ではなく片方の手袋のこと）

**ambience** *an〜* 環境、雰囲気 ◆an ambience enhancement circuit《音響》臨場感強調回路 ◆a display easily readable in any ambience どんな場所でも読みやすいディスプレイ

**ambient** adj. 周囲の、まわりの、環境の、とりまいている、雰囲気の ◆ambient light 周囲光、環境光 ◆(an) ambient noise 周囲［環境］のノイズ［雑音、騒音］（測定などの際に問題になる）バックグラウンドノイズ、背景雑音 ◆(an) ambient temperature 周囲温度、室温、気温、大気温度、環境温度、外界の温度（*測定切の温度と対比する場合。◆(an) ambient temperature [temperatures] 室温中（この表現の場合は無冠詞）◆an ambient temperature of 0 to 40°C 0〜40°Cの周囲温度 ◆at ambient temperatures near 0°C 0°C近くの周囲温度で ◆environmental factors such as ambient temperature 使用環境

温度などの環境的要因（*装置の話で） ◆operate in ambient temperatures of 0 to 50°C 0〜50°Cの周囲温度で動作する ◆can operate in ambient environments of -60°F to 125°F 華氏-60度から120度の周囲環境中で動作できる

**ambiguity** 回あいまいさ、不明瞭［不明朗］さ、多義性；*an〜* あいまいな語句表現 ◆ambiguities in treaties 条約の曖昧な点 ◆because of ambiguities in details with this project このプロジェクトの詳細が不透明なせいで ◆eliminate ambiguity in...  〜の不明確［曖昧さ］をなくす ◆fall [get, lapse, retract, run, slip] into ambiguity 曖昧になる；曖昧模糊［漠然］としてくる；明確さを欠いてくる；不明確になる；ぼやけてくる、あやふや［うやむや］になる；（旗幟［旗色］が）はっきりしなくなる ◆in an effort to avoid any ambiguity どこにも曖昧［不明確、不明瞭］なところが無いようにするために ◆express your message clearly, succinctly and without ambiguity （あなたの）メッセージをはっきりと簡潔に、そして曖昧さを排除して表明する

**ambiguous** adj. あいまいな、不明瞭な、いろいろに解釈できる ◆his ambiguous pronouncements 彼の要領を得ない意見 ◆create ambiguous search words by using wildcards ワイルドカードを使って曖昧検索キーワードを作る

**ambition** (*an*)〜（功名心、権力欲、出世欲などの志）大望、大志、野望、野心、夢、意欲、覇気

**ambitious** adj. 大志を抱いた、野心に満ちた、熱望して、目標の高い、野心的な、意欲的な、大がかりな、覇気のある ◆an overambitious development plan 気負い［意気込み］すぎている開発計画

**ambivalence** アンビバレンス、相反する［矛盾した、愛憎相半ばした］感情［態度］、両価性、両面価値、ためらい［心の動揺］、二律背反

**ambulance** *an〜* 救急車

**ameba, amoeba** *an〜* (pl. -bas, -bae) アメーバ、アミーバ（*単細胞の原生動物）

**amenable** adj. 適用できる、対象となる、従う（べき）、適する、素直な、従順な、快く従う、協力的な、影響を受けやすい <to> ◆be most amenable to 〜に非常に［極めてよく、最も］適している

**amend** vt.〜を修正する、変更する、改正する、追加修正する、（特許）を補正する；vi., vt. 改心する、改める ◆Amend the soil to a depth of 12 inches with compost, peat moss or other organic material. 土壌を12インチの深さまで、堆肥やピートモス、その他の有機肥料を使って改良してください。

**amendment** (*an*)〜 修正、改正案、訂正、追加、補正 ◆make a number of amendments to... 〜に修正を多数加える ◆...can be changed only through constitutional amendment 〜は憲法の改定によってのみ変更可能である

**amenity** （生活・居住環境の）快適さ；*an〜*, amenities 快適さを提供する設備や装備や施設や機能など ◆a full load of luxury amenities 《車》盛りだくさんの豪華な（クルマの走りを楽しいものにしてくれる）快適装備 ◆local amenity taxes 地域生活環境税 ◆His fishing vessel is well-equipped with amenities. 彼の漁船には快適装備が十分に備わっている。

**America** アメリカ ◆the United States (of America); the U.S.A.; the U.S. アメリカ合衆国、米国 ◆the Americas' [Americas] market 米州市場 ◆in all of North America 北米全体で ◆in the market of the Americas 米州市場［の］ ◆computer user groups in Asia, Africa, the Middle East, the Americas, and Europe アジア、アフリカ、中東、米州および欧州のコンピュータユーザーグループ ◆Executive Officer Phil White said revenues were up more than 50 percent in each of the company's three worldwide sales regions (the Americas, Europe, and the Asia/Pacific market). 幹部役員フィル・ホワイトは、世界における同社の3販売地域（米州、欧州、およびアジア太平洋市場）のいずれにおいても収入［売上高］は50％を上回る増加［伸長］だったと述べた。

**American** adj. アメリカの、米国人の；*an〜* （一人の）アメリカ人；*the〜s* 米国人（全体）、米国市民；回米語 ◆in American English 米語で

**American Dream** *the* 〜 アメリカン・ドリーム ◆pursue the American Dream アメリカン・ドリームを追い求める ◆to realize the American Dream アメリカン・ドリームを実現させるために

**Americanize** vt. アメリカナイズ[アメリカ化, 米国化, アメリカ風に]する; vi. 米国化する, アメリカ風になる, 米国に帰化する ◆become Americanized アメリカナイズ[米国化]される

**americium** アメリシウム(元素記号: Am)

**amiable** 好意的な, 愛想のよい ◆She has an amiable personality. 彼女は円満な性格をしている.

**amicable** 友好的な, 平和的な ◆an amicable settlement 円満解決 ◆find an amicable solution 円満な解決策を見つける

**amicably** adv. 友好的に, 円満に, 丸く, 平和的に, 穏便に ◆the company wanted to settle this issue amicably 同社はこの問題を円満に解決することを望んでいた

**amid, amidst** prep. 〜の真ただ中に, 〜のまん中に, 〜の真っ最中に ◆amidst enemies 敵の中に ◆a considerable number of domestic producers failed amid [amidst] fierce market competition かなりの数の国内生産者が熾烈な市場競争の最中(サナカ)に倒産した

**amidst** prep. → amid

**amity** 回 (国家間の)友好(関係), 修好, 修交, 和親, 親善, 親睦 ◆a peace and amity treaty; a treaty of peace and amity 平和友好条約 ◆amity among nations 国家間の友好(関係)[修好, 修交, 和親, 親善, 親睦] ◆coexist in amity with China 中国と仲良く[友好的に]共存する ◆conclude an amity treaty [a treaty of amity] 友好[修好, 修交]条約を結ぶ ◆the Treaty of Peace and Amity between the United States and the Empire of Japan 日米和親条約(*1854年に江戸幕府がCommodore Perryと締結した. the Kanagawa Treaty「神奈川条約」とも)

**ammeter** *an* 〜 電流計

**ammonia** 回《化》アンモニア, アンモニア水(ammonia water) ◆aqueous ammonia; (an) aqueous ammonia solution, (an) ammonia solution アンモニア水; アンモニアの水溶液 ◆ammonia-smelling urine アンモニア臭い尿 ◆the use of ammonia as a refrigerant アンモニアを冷媒[冷凍剤, 冷凍機]に用いること

**ammoniacal** adj. アンモニア(性)の, アンモニアを含む, アンモニアのような ◆(an) ammoniacal solution アンモニア性の水溶液

**ammonium** アンモニウム, アンモン ◆ammonium sulfate 硫酸アンモニウム, 硫安(*土壌に窒素分を補給するための化学肥料として用いられる)

**among** 〈三者以上〉の間に[で], 〜の中で, 〜に混ざって ◆among others; among other things とりわけ, 中でも, なんずく, 特に(とりわけて言えば), いろいろと[数]ある中で ◆rank first among... 〜の中で1位である ◆Among those in attendance were... 参列した人々の中には, 〜がいた. ◆Among the consequences:... 主だった結果を挙げてみると, ◆Chief among them is... 主なものとして一つには〜が挙げられる. ◆select from among four chassis 4種類のシャーシの中から選ぶ ◆the wide dispersion of guns among ordinary citizens 一般市民の間での銃器の広範な普及 ◆High among the demonstrators' demands is... デモ隊の要求事項のうち主だったものは〜である. ◆Principal among these are: これらの内, 主なものは以下の通りである. ◆Among the others scheduled to attend are A, B, C, and D. その他に出席予定者として名を連ねているのは, A氏, B氏, C氏, ならびにD氏である. ◆Mr. Laufer is among the 2,500 employees given their walking papers on Jun. 1. ラウファーさんは6月1日に解雇通知を受け取った2,500名の従業員の中に含まれている. ◆There is cutthroat competition among researchers for grant money [among researchers to do...]. 研究者の間[研究員同士で]補助金をめぐって[〜しようとする]熾烈な競争がある ◆Environmental scientists report that Poland's pollution problems from power plant coal ash are among the severest in Europe. 環境科学者らは, 発電所から排出される石炭灰を原因とするポーランドの公害問題は欧州でも一番ひどい部類に入ると報告している. ◆Some 500 spiritual dignitaries from 100 nations were in attendance. Among them: ..., ..., and... 100カ国から約500名の宗教界の高僧[高徳の聖職者, 権威者, 重鎮, 大物]が列席した. 主だった列席者は〜である. ◆Among those slated to attend: Korea's Hyundai and Japan's Mitsubishi, both major trading companies, as well as the Texas-based construction firm Brown & Root. 出席が予定されている企業は, ともに大手貿易会社である韓国の現代と日本の三菱商事, ならびにテキサスに本社を構えている建設会社ブラウン&ルートなどです.

**amorphous** アモルファスの, 非結晶の, 非晶質の, 無定形(質)の ◆amorphous silicon アモルファスシリコン ◆a less-reflective amorphous state 《意訳》反射率の低いアモルファス状態(*光ディスクの記録層の) ◆amorphous objects like clouds 雲のような不定形の物 ◆an amorphous silicon solar cell [photovoltaic cell] アモルファスシリコン太陽電池 ◆change a recording layer from crystalline to amorphous 記録層を結晶からアモルファスに変化させる

**amortization** (an) 〜 償却, 年賦償還, 割賦償還[償却] ◆a five-year amortization period 5年の償却期間

**amortize** vt. 〜を償却する, (割賦)償還する ◆amortize... over three years 〜を3年で償却する

**amount** 1 *an* 〜 金額, 額, 量, 分量 ◆in trace amounts 微量の[で, に] ◆a large amount of power; large amounts of power 大きな量の電力, 大きな電力量, 大電力量, 大量[多量]の電力 ◆the amount of data データ量 ◆the amount of diffusion 拡散量 ◆the amount of tilting 傾斜量 ◆large amounts of software 大量のソフト ◆lowered by about the same amount ほぼ同じ分だけ下げられた ◆Nutmeg, in just the right amount, can... 適量[ほどほど]のナツメグは, 〜 ◆project a production amount 生産高[生産量, 生産量, 産出量, 生産台数, 発電量]を予測する; 制作にかかる金額の予想を立てる ◆the required amount of... 〜の必要な量[所要量] ◆use it a good amount それをたっぷり[しこたま, たくさん, どっさり]使う ◆massive amounts of information 膨大な量の情報 ◆a small [little] amount of liquid cleanser 少量の液体クレンザー ◆the right amount of light 適正光量 ◆a considerable amount of testing かなり多くの試験 ◆an impressive amount of compatibility 感心するほどの互換性 ◆a tolerable amount of cheating まあ許せる程度のごまかし[いんちき] ◆be present in relatively high amounts 比較的多量に存在する ◆calculate sales amounts and tax amounts based on current or prior rates 販売額[売上高, 販売高]および税額を現行の税率または以前の税率に基づいて計算[算出, 算定]する ◆require an unacceptable amount of disc swapping 《意訳》いやになるくらい何度ものディスク交換を要する ◆rewind the tape a small amount テープを少し[少し]巻き戻す ◆the amount of storage available on the disk このディスクの空き記憶容量 ◆the amount of ultraviolet transmission 紫外線の透過量 ◆the output voltage changes by the same amount 出力は, 同じだけ変化する ◆eliminate a substantial amount of tape hiss テープヒスを大幅に除去する ◆an unusually large amount of gas use in any given billing period could mean that there was an error in the meter reading ある特定の料金請求計算期間のガス使用量が異常に多い場合は, 検針に間違いがあったことを意味して[《意訳》指して]いる可能性がある ◆These pollutants exist in the atmosphere in variable amounts. これらの汚染物質は, それぞれさまざまな量で大気中に存在している.

2 vi. 〜という金額[量, 額]になる, 〜に達する, 結果的に〜になる <to> ◆So far this year Japanese direct investment in Europe has amounted to $6.5 billion, nearly double the 1990 level. 今年度に入ってからこれまでに, 日本の対欧州直接投資は1990年の水準のほぼ2倍の65億ドルに達した[上った].

**amp** 1 (amperage, ampere)

2 (amplifier) *an* 〜 アンプ, 増幅器 ◆a mobile amp 《音響》クルマ搭載用[車載]アンプ

**amperage** (an) 〜 《電気》アンペア数 ◆a high-amperage alternator (自動車用の)大電流交流発電機 ◆a low-voltage high-amperage current flows through the pin　低電圧の大電流がピンを流れる　◆a trickle or slow charge of low amperage　低い電流値での弱電流充電または緩速充電

**ampere**　an～, one～　《電気》アンペア　◆a 120-ampere alternator　《車》120アンペアの交流発電機　◆500 amperes of current　500アンペアの電流

**ampersand**　an～　アンパサンド, &［アンド］記号

**amphibian**　adj. 両生の　◆a guidebook to reptiles and amphibians of South America　南米のは虫類と両生類についてのガイドブック

**amphibious**　adj. 陸海［水陸］両用の

**ample**　十分な, 十二分の, 豊富な, 豊かな, 多量の, 多額の, たくさんの, 潤沢な, ふんだんな, でっぷりとした, かっぷくがよい, 肉付きのよい, ふくよかな, 豊満な, 立派な, 広い, ゆったりした　◆ample flexibility　十分なフレキシビリティ　◆by taking ample time to <do...>　～するのに十分［ジュウブン］時間をかけて　◆We have ample time for...　我々には、～のための時間がたっぷりある。　◆The 230-watt power supply should be more than ample for any boards you're likely to add.　230ワットの電源部は、増設の可能性のあるどんな基板に対しても十二分の容量があるはずである。

**amplification**　増幅, 拡大　◆the amplification of ac signals　交流信号の増幅

**amplifier**　an～　アンプ, 増幅器　◆a low-noise radio frequency amplifier　低雑音高周波増幅器　◆a Class A stereo power amplifier　A級動作ステレオパワーアンプ［電力増幅器］　◆the first amplifier stage in a receiver　《電気》受信機の初段増幅器段

**amplify**　～を増幅する　◆The sensor's output voltage is amplified to drive the readout instrument.　センサの出力電圧は、表示器を駆動するために増幅される。

**amplitude**　(an)～　振幅　◆an amplitude-modulated signal　振幅［AM］変調されている信号　◆an increase [a decrease] in the amplitude of...　～の振幅の増加［減少］　◆cause decay in the amplitude of...　～の振幅の減衰を引き起こす　◆changes in amplitude　振幅の変化　◆oscillate with maximum amplitude　最大振幅で振動する　◆signals of very small amplitude　極めて振幅の小さい信号　◆small-amplitude waves　振幅の小さい波　◆the amplitude of the output　出力の大きさ　◆vary [increase, decrease] in amplitude　～は振幅が変化［増加, 減少］する　◆vary with the amplitude of...　～の振幅と共に変化する　◆an input signal of greater [lesser] amplitude　より大きい［小さい］振幅の入力信号　◆an amplitude-modulated carrier　振幅変調されている搬送波　◆a square wave of current having a peak-to-peak amplitude of 100 ma　100ミリアンペアのピークツーピーク振幅を持っている方形波電流　◆Above this frequency, the output waveform loses amplitude and shape.　この周波数より上では、出力波形は振幅が減少し形が崩れる。　◆Both outputs are of the same amplitude.　双方の出力の振幅は等しい。　◆The video signal is amplitude modulated.　ビデオ信号はAM変調されている。

**amplitude modulation**　(AM) 振幅変調, AM　◆use amplitude modulation to transmit sound　音声を伝送するのに振幅変調を用いる

**amply**　adv. たっぷりと, 十分に, 十二分に, 存分に, 優に, 広く, 広々と, 詳しく

**Amsler**　◆an Amsler testing machine　アムスラー試験機（＊コンクリートや鉄筋の圧縮・引張強度を測定する）

**AMT**　(Association for Manufacturing Technology) the ～《米》製造技術協会（＊the National Machine Tool Builders Association「全国工作機械製作者協会」とも呼ばれる）

**amuse**　vt. 〈人〉をおもしろがらせる, 楽しませる

**amusement**　アミューズメント, 娯楽, 遊興, 遊戯；～s 楽しみごと, ゲームマシン, 電動遊具　◆an amusement arcade　ゲームセンター［ゲーセン］　◆an amusement park　遊園地

**amusing**　おもしろい, 愉快な, 楽しい, （おもしろ）おかしい, 興味ある

**amylase**　アミラーゼ（＊酵素の一種）

**an**　《不定冠詞》→ a

**anabolic steroid**　an～　アナボリック［同化促進］ステロイド（＊筋肉増強剤として用いられる）　◆Since the 1950s, some athletes have been taking anabolic steroids to build muscle and boost their athletic performance.　1950年代から、一部の運動選手は筋肉を増強し運動能力を高めるためにアナボリックステロイド［筋肉増強剤］を服用してきている。

**anachronism**　(an)～　アナクロニズム, 時代錯誤; an～　時代遅れの人［物］　◆Across the world, communism is largely viewed as an anachronism.　全世界［世界中］で、共産主義は一般に時代遅れのものと見られている。

**anaerobic**　adj. 《生》嫌気性の, 無気の, 無酸素性の　◆anaerobic bacteria (those that grow in the absence of oxygen)　嫌気性細菌（無酸素の状態で生育するもの）

**anagram**　an～　アナグラム（＊言葉の綴りの順番を変えてつくった別の意味を持つ言葉）　◆silence is an anagram of license　サイレンスはライセンスの綴りを入れ替えたもです　◆anagrams like Elvis and lives　Elvisとlivesのようなアナグラム（＊文字の順序を入れ替えてつくった語）

**analog**　adj. アナログ式の; an～　類似物, 相似形　◆an analog-to-digital converter　A/D変換器, A-Dコンバータ　◆an analog camera（圖）a non-digital camera）アナログカメラ（＊しばしばデジタルスチルカメラと区別してフィルム式スチルカメラ［銀塩カメラ］の意味で用いられるが、アナログビデオカメラやそれと同じ方式で画像を記録するスチルカメラも含まれるので注意）　◆change it from analog to digital form　それをアナログからデジタルに変換する　◆It can be seen as an analog to...　それは、～と類似したものとして見ることができる。　◆The density of the spot can be varied in an analog fashion.　（印刷される）点の濃度をアナログ的に変化させることができる。　◆The telephone network remains analog.　電話網も、アナログのままでいる。　◆They can be taken with a conventional analog camera and scanned, or taken with a digital camera and transferred to the computer.　それら（＊そのような写真）は、従来のアナログカメラ（＊ここではフィルム［銀塩］カメラのこと）で撮ってスキャナで読み込むか、あるいはデジタルカメラで撮ってコンピュータに転送することができる。　◆However, this copyguard circuitry does not prevent the sound from being recorded in nondigital, or analog, form.　しかしこのコピーガード回路は、非デジタル、つまりアナログ形式での録音を妨げることはない。　◆The first electronic analog camera was developed in the mid-1980s by Sony. The Mavica camera used analog video technology to record an image.　初の電子アナログカメラは、1980年代中頃にSONYによって開発された。このMavicaカメラは、画像の記録にアナログビデオ方式を使用していた。

**analogous**　adj. 類似の, 相似の, 例えられる <to, with>　◆in an analogous fashion　同様に　◆be closely analogous to...　～と近似して［著しく似て］いる　◆make analogous use of a transformer for replacing a choke coil　変圧器をチョークコイル代わりに代用する; トランスをチョークに転用［流用］する（＊(an) analogous use = 類似した用途）　◆In a neural network, the unit analogous to the biological neuron is the processing element (PE).　神経回路網［ニューロコンピュータ］における、生体のニューロンに相当する構成単位はプロセシングエレメント(PE)である。

**analogue**　→ analog

**analogy**　圖類推; an～　類似(性), 類推, 類例, 相似, 例え, たとえ話 <between, to, with>　◆by analogy　類推から; 類推によって　◆in perfect analogy to...　～と全くそっくりに　◆on the analogy of...　～らの類推によって　◆after [following] the analogy of...　～の類推にならって　◆by false [mistaken] analogy　誤った類推から　◆design B in direct analogy to the design of A　Aの設計をそのまま真似てBを設計する

**analysis**　(an)～　(pl. analyses)分析, 解析, 鑑定　◆in the last [final, ultimate] analysis　結局, 結局として, 要するに, と言うことは, いわば, 結論的に言うならば, つまるところ, とのつまり, 畢竟(ヒッキョウ)は, 究極(クッキョク)するに, 煎じ詰

**analyst**

めて[煮詰めて]言えば、究極のところ; 究極的には; 帰するところ; 結論として ◆conduct [do, make, perform, carry out] (an) analysis 分析[解析、鑑定]する ◆analysis technologies 分析[解析]技術 ◆an analysis system 解析[分析]システム ◆the analysis of results 結果の解析[分析] ◆numerical analysis 数値解析 ◆an analysis program 分析プログラム ◆methods of analysis 分析[解析、検討]法 ◆analysis of Mr. Kennedy's DNA ケネディー氏のDNAの鑑定 ◆an analysis report on... 〜に関する分析報告書 ◆conduct a cost-benefit analysis 費用便益を分析する ◆perform analyses on data データを分析する ◆samples prepared for analysis work 分析作業のために用意されたサンプル[標本、試料、供試体] ◆through analysis of the sentence's syntax 文の構文解析により ◆according to a financial analysis prepared by... 〜が作成した財務分析[表(書)]によると ◆a computer analysis of body postures 身体の姿勢のコンピュータ解析 ◆a detailed analysis of the problem その問題の詳細な分析[解析、検討] ◆design verification and fault analysis 設計の検証と欠陥の解析 ◆the results of chemical and radiological analysis [analyses] of samples from... 〜から取得したサンプルの化学分析および放射線分析の結果 ◆In the final analysis, it may be impossible to say... 結論として、〜だと言うことはできない。 ◆A comprehensive analysis of... showed that... 〜の総合的な分析により〜ということが判明した。

**analyst** *an* 〜 分析者, 分析者, アナリスト, (政治、経済などの)評論家、解説者、精神分析学者[精神分析医] ◆a system analyst システム分析家 ◆an analyst of international politics 国際政治分析家[評論家]

**analytic, analytical** *adj.* 分析的な, 解析的な ◆analytical [analysis] equipment 分析機器 ◆analytical results 解析[分析]結果 ◆an analytical balance 化学天秤 ◆an analytical method 解析[分析]方法 ◆an analytical technique 解析[分析]手法 ◆an analytic model 《言語》分析モデル ◆analytical testing; an analytical test; an analysis test 分析テスト[試験] ◆analytical data on... 〜に関する解析データ ◆an analytical model of... 《科学》〜の解析モデル ◆online analytical processing (OLAP) オンライン分析処理 (*データベースを多元的に解析し、さまざまな角度から検索・集計してデータを活用する) ◆analytical reports that track the sales trends of... 〜の販売動向を追っている分析報告書

**analyze, analyse** 《後者は英綴》*vt.* 〜を分析する, 解析する, 鑑定する ◆analyze data concerning... 〜に関するデータを解析する ◆an analyzing system 解析[分析]システム ◆analyze the results of these tests これら試験の結果を解析[分析]

**analyzer** *an* 〜 アナライザー, 分析器, 解析装置, 検光子 ◆a frequency analyzer 周波数分析器 ◆The polarizing plate serves as both polarizer and analyzer その偏光板が、偏光子と検光子の両方の役目をする

**anastigmat** *an* 〜 (= an anastigmatic lens) アナスチグマート (*非点収差(astigmatism)と像の曲がりが補正されているレンズ)

**anastigmatic** 非乱視の, 《光》非点収差のない, 非点収差の補正された ◆anastigmatic correction 非点収差補正

**anatomy** 解剖, 解剖学, 分析; *an* 〜 解剖学的組織・構造, 解剖図

**ancestor** *an* 〜 祖先, 先祖, 前身, 先行[先代]モデル[機種、車種], 《コンピュ》上位(オブジェクト[クラス]) ◆a common ancestor 共通の祖先[先祖]

**ancestry** (集合的に)祖先, 先祖 ◆their common ancestry 彼らの共通の祖先[先祖]

**anchor** 1 *an* 〜 アンカー, 留め金, 固定具, (ケーブルなどの)引き留め金具, いかり, 総合司会者, ニュースキャスター, 人気者[番組] ◆a relay anchor リレーの最終走者, 最終滑者, アンカー ◆as the anchor on the 400-meter relay team 同400mリレーチームの最終走者として

2 *v.* (〜に)固定する, 留める, 〈ケーブルなど〉を引き留める, 留める <to>; (番組の中心となる)ニュースキャスターをつとめる ◆anchor the topmost shelf to the wall with brackets 一番上のたなをブラケットで壁にしっかりと固定する ◆steel pilings anchored into bedrock (打ち込まれて)しっかり基盤に固定されている鋼鉄製の杭 ◆The car's rear end is anchored by 245/45VR-16 tires on eight-inch aluminum wheels. この車の後部は、8インチアルミホイールにはかせた245/45VR-16タイヤで接地(固定)されている。 ◆Rubber-band lines are anchored at the starting point and stretch to the cursor position, extending and contracting as the cursor moves. 《コンピュ》ラバーバンドラインは、始点で固定されカーソル位置まで伸びていて、カーソルの動きに伴って伸縮する。

**anchorage** *a* 〜 停泊地, 泊地, 投錨地, 錨地; (*an*) 〜 停泊料; (*an*) 〜 固定するもの, 定着部, 固着部, (鉄塔などの支線を留めるために地中に埋めた)引留基礎; (*an*) 〜 頼りの綱, 心の支え[よりどころ] ◆During strong winds, there is a danger of them being ripped from their anchorage and injuring people. 強風時に、それらが根元から引きちぎられて人にけがをさせる危険がある。(*パラボラアンテナの話です)

**Anchorage** アンカレッジ(*米国アラスカ州の都市)

**anchorman** *an* 〜 (*pl. -men*) アンカーマン, (メインの)ニュースキャスター, 総合司会者 ◆he is the anchorman of the division 彼はこの部門で非常に頼りにされている男だ

**ancien regime** *an* 〜 旧体制[古い政治・社会組織, 旧制度]; *the* 〜 アンシャンレジーム(*特に1789年のフランス革命以前の政治・社会体制) ◆preserve [maintain] one's [the] ancien regime 旧体制[古い組織や体質]を維持する ◆what transpired in Russia in 1991 was the collapse of an exhausted and inept ancien regime 1991年にロシアで起こったことは、時代にそぐわない疲弊しきった旧体制の崩壊であった

**ancient** *adj.* 古代の, 太古の, 昔の; 古来の, 古くから[太古から, 昔から, 大昔から]の; 古めかしい, 古臭い, 古色然とした ◆ancient, traditional performing arts 古来の慣習[古式]にのっとり ◆examine an ancient burial mound 古墳を調査する ◆ladies-in-waiting in ancient-style costumes 古式ゆかしい装束を身にまとった侍女たち ◆since Microsoft's Windows 3.1 (which seems ancient today) conquered the market マイクロソフトのWindows 3.1(今日では大昔[太古]のことのように思われる)が市場を席巻して以来 ◆Two British geologists say they have discovered the ancient cities of Sodom and Gomorrah. 英国の地質学者2名が, 古代の都市であるソドムとゴモラを発見したと述べた。

**ancillary** *adj.* 補助的な, 付随的な, 従属的な, サブ的な, 副次的な, 付属的な; *an* 〜 ancillary的な物[人] ◆ancillary equipment 補助機器[装置] ◆worksheets and other ancillary materials 練習問題用紙およびその他の補助教材

**and** 〜と, 〜や, 〜や〜, 〜兼, および, ならびに, また, 〜に加えて, 同時に, さらに, そのうえ, しかも, そして, それから, 〜すると; 〜付きの ▶X, Y(,) and Zのように, andを使って列記する場合, 文法的には andの前のカンマは要らないことになっている。 ただし, X と Y&Z という意味でない限りは, X, Y, and Z のように, andの前にカンマを付ける方が読みやすく, 誤解される心配もない。特に理工系分野では, カンマをつけるのが普通とされている。 ◆A and/or B A, B, または A と B の両方; A および/または B ◆A basic file system supports the creation of files, the reading and writing of data from and to files, and file deletion. 《コンピュ》基本的なファイルシステムでは, ファイルの作成, ファイルからのデータ読み取りおよびファイルへのデータ書き込み, ならびにファイルの削除をサポートする。

**and/or** および/または ◆A and/or B A および/または B; A かつ/または B; A および(または) B; A, B, またはその両方[その双方, 両者]; 《厳密でなくアバウトには》A や B[A と か B, A したり B したり]

**AND** 《コンピュ》《常に大文字》*n. an* 〜 論理積演算子, 論理積 (= logical conjunction); *v.* (ANDs, ANDed) 論理積演算をする, 〜の論理積をとる

**andesite** (*an*) 〜 安山岩 ◆(an) andesite (rock) 安山岩

**android** *an* ～ アンドロイド, 人造人間, 人間そっくりの[人間型, ヒト型]ロボット ◆an intelligent android 知性を持つ人造人間

**anecdote** *an* ～ アネクドート, 逸話, 逸事, 小話, 一口話, 珍談, 奇談, 秘話 ◆an anecdote about... ～についての逸話[小話] ◆he offers so many anecdotes and digressions that his basic argument often gets lost 彼はあまりにも多くの挿話を挟んだり脱線[話の寄り道]をするので, 基本的議論[論旨, 本筋]がぼやけてしまうことがよくある

**anechoic** adj. エコーの無い, 無響の, 電波暗室の ◆an RF anechoic chamber 電波無響[無反射]室, 電波暗室

**anemic** 貧血症の, 元気のない, 馬力の出ない ◆a very anemic 0.4 percent climb 極めて力ない0.4%の上昇; 弱々しい0.4パーセントの微増 ◆because of anemic sales 売れ行き不振のため ◆an anemic 80-watt power supply (たった)80ワットの(容量しかない)貧弱な電源ユニット ◆expects the anemic dollar to decline 15% vs. the yen 弱いドルが円に対して15%下落すると予想する ◆The engine produces an anemic 70 hp at 5000 rpm. そのエンジンは, 5000rpmで70馬力の弱々しい出力を発生する.

**anemometer** *an* ～ 風速計

**anencephalic** ◆anencephalic newborns (= anencephalics) 無脳症の新生児

**aneroid** アネロイド式の, 液体を用いない ◆an aneroid manometer; an aneroid pressure gauge [gage] アネロイド圧力計 ◆Most barometers are of the aneroid type. ほとんどの気圧計はアネロイド型である.

**anesthesia** 麻酔, 感覚[知覚]の喪失[消失, 麻痺] ◆under local [general] anesthesia 局部[全身]麻酔で

**aneurysm** *an* ～ 動脈瘤(ドウミャクリュウ) ◆a pulmonary aneurysm 肺動脈瘤

**anew** adv. もう一度新しく[再び, 再度](again), 新たに[改めて](afresh), 別の形でしたて ◆discuss anew... ～について改めて論じる[述べる] ◆alter a program already in progress instead of junking it and starting anew 《意訳》一からやり直す[新規まき直しをする], 既に走っている計画を(途中)で変更する(*junk = 捨てる) ◆Romance blossoms anew. ロマンスが再び[再度, 新たに, もう一度, 改めて, 別の形で]開花する. ◆Mary and Tom will run off together and begin life anew in a small fishing village. メアリーとトムは駆け落ちして, 小さな漁村で新たな生活を始める[心機一転出直す, やり直す].

**angel** *an* ～ 天使, 天使のような人; *an* ～ (= a guardian angel) 守り神, 守護神; *an* ～ 《俗》ベンチャー起業家に事業資金を提供する投資家, 金蔓(カネツル)の後援者, パトロン ◆It is "angel investors" who fund the start-ups, while venture capitals (VCs) start backing the companies at a later stage. 駆け出しのベンチャー企業に資金提供するのは「エンジェル投資家」たちであり, 一方ベンチャーキャピタル会社はもっと後の段階になってこれらの企業への資金援助を開始するのである.

**anger** ①怒り, 腹立ち, 立腹; vt., vi. 怒らせる, 怒る ◆cannot help but feel a flash of anger every time... ～するたびにムカッと来ずにはいられない ◆his pent-up anger 彼の鬱積(ウッセキ)した怒り

**angle** 1 *an* ～ 角度[角], 観点[視点, 視度, 見地, 立場], 様相[局面] ◆at any angle 傾いて[ある角度の傾斜をもって] ◆ an acute [↔obtuse] angle 鋭角[↔鈍角] ◆an angle of elevation; an elevation angle; an ascending vertical angle 仰角 ◆an [the] angle of reflection [incidence] 《順に》反射[入射]角 ◆a formed [an extruded] angle 成形[押出]アングル材 ◆a 60°angle bend 60度の角度の曲げ ◆at a 90°angle 90度の角度で ◆at an arbitrary angle with respect to... ～に対して[～を基準に]任意の角度で ◆cutting angle adjustments 切削角の調整 ◆descend in an angle of about 55 degrees 約55度の角度で降りる ◆form an angle of 45° 45度の角度をなす ◆from any angle どんな角度からでも ◆a steep windshield angle 《車》フロント(風防)ガラスの急な傾斜角度 ◆approach an old problem from a new angle 古い問題に新しい A

度から取り組む ◆at an angle of 60 degrees 60度の角度で ◆at an angle of approximately 90° 約90度の角度で ◆at angles up to 30° 最高30度までの角度で ◆attack the problem from every conceivable angle 考えられるすべての角度からこの問題に取り組む ◆cutting tips with an 18°angle 角度が18度の刃先 ◆if viewed from one angle and at a considerable distance ある角度[一方向]からかなり離れて見てみると ◆look at the situation from another angle この状況を別の角度から見てみる ◆the angle which A forms with B AがBと成す角度 ◆at any angle from 0 to 35 degrees from the vertical 垂直線を基準として0から35度までの任意の角度で ◆the angle between the incident ray and the normal to a reflecting surface 入射光線と, 反射面に対する垂線との角度 ◆... there is no restraint on carbon's achieving these angles 炭素がこれら[の結合]角度を成すのに何ら制限はない ◆The knob is at a convenient angle for a seated operator. そのつまみは, 着座している操作員にとって具合のいい角度に取り付けられている. ◆The sign also indicates the angle that the railroad tracks make with the roadway. この道路標識は, 鉄道の線路が車道と交わる角度をも示している. ◆The tool supports rotation to any angle in thousandths of a degree. 《コンピュ》そのツールは, 千分の1度きざみの任意の角度での回転をサポートする.

2 vt., vi. 角度を付ける, 傾ける, 曲げる, 曲がる; (話の内容を)歪曲させる ◆The cutting blade is angled at 29°. 刃には29°の角度が付いている. ◆The gauges are correctly angled. これらのゲージ類は適正に傾斜している[には適正な傾斜が付けられている].

3 vi. (釣り竿で)〈魚を〉釣る[竿釣りする]<for> ◆recreational angling items レジャー用の釣り具 ◆the ROK agreed to observe the trawl and squid-angling fishing prohibition zones in the offshore areas of Japan 韓国は日本の沖合海域における底引き漁業およびイカ一本釣り漁業禁止区域を遵守する旨同意した

**angle bracket** *an* ～ 山[山形, 三角]括弧(*＜または＞の片方), 《機械, 建築》角ブラケット, 壁[ウォール]ブラケット, 角飾り, 隅持ち送り

**angle of view** *an* ～ 《光学》画角, 写角 ◆change the angle of view 画角[写角]を変える(*ズームレンズで) ◆A wide angle of view enables you to eliminate a cluttered foreground. 広い写角[画角]は, うるさい前景の除去[《意訳》処理]を可能にしてくれます. ◆Wide-angle lenses, due to their increased angle of view, will enable you to include people in the viewfinder without having to point the camera directly at them. 広角レンズは写角[画角]が広いので, 人物にカメラを直接向けなくても人物をファインダー内に入れることができます.

**angler** *an* ～ 釣りをする人, 釣り好きの人, 釣り人, 釣り師, 太公望; *an* ～ (anglerfish) チョウチンアンコウ ◆an angler who goes fishing every weekend 週末ごとに釣りに出かける釣り師[太公望, 釣りファン]

**angry** adj. 怒った(ような), 怒りの, 腹を立てた, 立腹した, 荒れ模様の, 激しい ◆become [get] angry いかる, おこる, 腹を立てる, 立腹する

**angstrom** (A, A) オングストローム(*光波長・長さの単位) ◆angstrom resolution measurement オングストローム(のオーダー)の分解能で行う測定 ◆grow semiconductor films just a few angstroms thick 僅か数オングストローム厚の半導体薄膜を成長させる

**angular** adj. 角度の, 角の, かどのある ◆a CAV (constant angular velocity) disc 角速度一定[定角速度]ディスク(*一定の回転数で使用するタイプの記録媒体) ◆an angular frequency 角周波数 ◆angular acceleration 角加速度 ◆angular displacements 角変位 ◆have constant angular speed ～は一定の角速度を持っている; ～は角速度が一定である ◆marked with angular degrees 角度で目盛られている; 角度目盛付きの ◆with constant angular speed 一定の角速度で; 角速度一定で

**anhydr-, anhydro-** 《化》無水の, 無水物の

**anhydride** *an* ～《化》無水物 ◆acid anhydrides （いろいろな）酸無水物 ◆acetic anhydride 無水酢酸
**anhydrous** *adj.* 《化》無水の, 無水の ◆anhydrous ethyl alcohol 無水エチルアルコール
**aniline** 《化》アニリン
**animal** *an* ～（植物と対比して）動物, 四つ足動物,（人間以外の）獣, 哺乳動物; 動物の ◆an animal welfare organization 動物愛護団体 ◆animal therapy 動物介在療法（＊動物との触れ合いを治療に活かす）◆an animal clinic [hospital] 動物病院 ◆an animal doctor 動物のお医者さん, 獣医師 [医] (= a veterinarian [vet], an animal specialist) ◆be high in animal(-based) protein ～は動物性タンパクを多く含んでいる ◆microscopic animals called zooplankton 動物プランクトンと呼ばれる微小動物 ◆It was effective in animal trials.　それは動物実験で有効だった。
**animate** *vt.* ～に生命を吹き込む, ～を生きているように動かす, 動画 [アニメ] 化する, ～に生気 [活力] を与える; *adj.* 生きている, 生き物のように動く, 生き生きした ◆an animated film　アニメ映画 ◆an animated slide show　動画スライド・ショー（＊複数のプロジェクタを用いてマルチスクリーンやディゾルブの手法で画面に動きを出している）
**animation** 回動画 [アニメ], 動画 [アニメ] 化, 動画 [アニメ] 制作; 生気, 活気, 息吹, 熱気, 生気を与えること, 生き生きさせること ◆animation cels　アニメのセル画 ◆"Japanimation" (a term used by Americans to refer to Japanese animation) 「ジャパニメーション」（アメリカ人が日本製アニメを指すのに使っている用語）
**anime** アニメ ▶和製英語だった「アニメ」が英語圏でも使われるようになってきた。◆an anime fan　アニメファン ◆an anime junkie　熱狂的アニメファン; アニメ中毒 [依存症] の人 ◆the Japanese "anime" series Astroboy Vol. 1-10 ($24.95 each) 日本製「アニメ」シリーズ鉄腕アトム第1巻から10巻まで（各24.95ドル）◆The term "anime" is preferred in this newsgroup over "Japanimation" as the latter seems to be offensive to some people. 「アニメ」という用語のほうが「ジャパニメーション」よりも当ニュースグループでは好まれます, 理由は後者が一部の人たちの感情を害するように思われるからです。
**anion** *an* ～陰イオン, アニオン
**anionic** *adj.* 陰イオンの, アニオン（系）の ◆an anionic surfactant　アニオン（系）界面活性剤
**anisotropic** *adj.* 異方性の, 非等方性の ◆an anisotropic material　異方性の材料
**anisotropy** *(an)* ～異方性, 非等方性 ◆an anisotropy constant　異方性定数 ◆magnetic anisotropy　磁気異方性
**anneal** *vt.* ～を焼きなます, 焼鈍（ショウドン）する ◆Machinability of this alloy is good in the annealed condition.　この合金は, 焼きなまし状態での機械加工性 [可削性, 切削性, 被削性] が良好である。
**annealing** アニーリング, アニール, 焼きなまし, 焼きもどし, 焼鈍（ショウドン）◆Annealing is done at 1600 °F followed by slow furnace cooling.　焼きなましは, 華氏1600度で加熱してから（引き続き）炉内徐冷することにより行われる。
**annex** *an* ～付加物, 別館, 建て増し; *vt.* ～を付加 [添付] する ◆as per the draft constitution annexed to the present 本報告書に添付の定款原案のごとく（See the annexed paper）（添付別紙を参照）;（別添を見よ）◆an annex to the National Air and Space Museum opens　国立航空宇宙博物館の別館が開館する
**anniversary** *an* ～（～周年）記念,～周年祭;～周年記念の, 例年の ◆a wedding anniversary　結婚記念日 ◆mark one's silver anniversary　25周年を迎える ◆on the 20th anniversary of her death　彼女の20回目の命日 [21回忌] と ◆Happy (first [2nd, 3rd, 4th]) anniversary!　記念日おめでとう [～周年を祝って,～周年] ! ◆In 1991, the company celebrated the 70th [70 year] anniversary of its foundation.　1991年, 会社は創業70周年を祝った。
**annotate** *vt., vi.* (～に) 注釈 [注解, コメント] をつける ◆annotate a schematic circuit diagram　回路図に注釈を書き込む

**annotation** *an* ～注釈, コメント; 回注釈をつけること ◆make an annotation　注釈する; コメントをつける ◆make annotations on the drawing　図面に説明 [注釈, 注解, 注記事項] を加える
**announce** *vt.* ～を発表 [公表, 公示, 告知, 通知], ～と言明 [宣言] する, ～を告げる; *vi.* アナウンス役を務める ◆announce a price cut　値下げを発表する ◆a yet-to-be-announced game　まだ発表されていない [未発表] のゲーム ◆a visual signal to announce the occurrence of...　～の発生を知らせるための視覚信号 ◆Femtex has announced it will begin manufacture of...　フェムテックス社は～の生産を開始すると発表した。◆The company has announced plans for...　その会社は～の計画を発表した
**announcement** *(an)* ～発表, 公表, 宣言, 言明, 告知, 公示, 声明 ◆a new product announcement　新製品発表 ◆make announcements of new products or services　新製品または新サービスの発表を行う ◆prior to public announcement of...　～の公表に先立って ◆special announcements about new products from Xxx　新製品についてのXxx社からの特別発表 [特別なお知らせ] ◆public-service announcements that promote safety 安全推進公共広告
**annoy** *vt., vi.* 悩ます, 困らせる, いやがらせる, いらだたせる, うるさがらせる, 怒らせる, 腹を立たせる, 迷惑する, 当惑する, むっとする ◆Are you tired of telemarketers calling your home and annoying you?　家に電話をかけてくるうるさい [迷惑な] 電話勧誘販売業者にうんざりしていますか? ◆Have you ever felt ANNOYED by others' criticism of your drinking? 他人から飲酒を非難されて, 「気にさわった」ことがありますか。
**annoying** *adj.* うるさい, 邪魔っ気な, 迷惑な, 不快な, 腹の立つ, 腹立たしい, いらいらさせる, 苛立たせる, 困った, 厄介な, 面倒くさい, 世話のやける, 憎らしい ◆an annoying flicker in the screen image　画像の気になるちらつき ◆silence annoying squeaks　不愉快なきしり音を抑えて静かにさせる
**annual** *adj.* 年間の, 年次の, 例年の, 年1回の; *an* ～年鑑, 年報 ◆an annual report　年次（営業）報告書 ◆an annual medical checkup　年1回の健康診断 [診察] ◆at an annual rate of 20 to 25 percent　20～25パーセントの年率で ◆the aggregate annual income of...　～の総年収 ◆the company's estimated annual billings　その会社の推定年間売り上げ ◆an average annual [yearly] growth rate of approximately 2.6 percent　約2.6％という年平均成長率 ◆At the annual meeting of the American Association for the Advancement of Science (AAAS), ... 全米科学振興協会の年次総会で ◆If annual expenditures exceed annual revenues, ...　歳出が歳入を超過した場合は, ◆the government increased annual spending on..., by $225 million 政府は～への歳出を2億2500万ドル増やした ◆the company achieved an annual turnover of more than $60 million in the last financial year　同社は前業績 [事業, 会計] 年度に6千万ドル超の年商を達成した [上げた]
**annually** *adv.* 毎年, 年1回 (ずつ), 毎年1度, 年間で ◆During the 1980s, Powertek's earnings rose 20% annually.　1980年代に, パワーテック社の収益は年率20％伸びた。◆Inflation is rising past 20% annually.　インフレは, 年率20％を超えて上昇している。
**annul** *vt.* ～を取り消す, 無効にする, 〈禁止など〉を解除する, 廃棄する
**annular** *adj.* 環状の, リング状の ◆an annular eclipse; a central eclipse;（口）a ring-shaped eclipse [a "ring of fire" eclipse] 金環食 ◆an annular ring　円環 ◆an annular shape　円環形
**annunciator** *an* ～（呼び出し元などを）音や光を発して知らせる表示器 [表示盤, 報知器, 警報器], 信号表示器, 知らせる人
**annus horribilis** *an* "annus horribilis" 「ひどい年」（＊1992年11月に英国のエリザベス女王が演説で使用した。a horrible year を意味するラテン語）

**anode** *an*〜 陽極、プラス極、アノード、〈真空管の〉プレート ◆anode dissipation （真空管の）陽極損失(= plate dissipation) ◆the anode current of a tube　真空管の陽極電流

**anodize** *vt.*〈金属の表面〉に電解液中で陽極酸化処理を施して、〈アルミニューム〉にアルマイト処理する ◆anodized aluminum　アルマイト処理されたアルミニウム（＊アルマイトは和製英語）

**anomalous** *adj.*　異常な、変則な、異例の ◆anomalous weather　異常気象 ◆anomalous propagation　異常伝播 ◆handle anomalous I/O conditions　異常I/O状態を処理する

**anomaly** (*an*)〜　異常、異状、変則、例外、異形、偏差、変態、例外的なもの ◆during voltage anomalies　電圧異常時に ◆anomalies in the earth's magnetic field　地磁気の異常（＊鉄塊の影響などによる） ◆events or anomalies occurring over a period of minutes or hours　数分とか数時間にわたる期間に [分単位あるいは時間単位で]発生する事象や異常 ◆The brake testing revealed an anomaly.　このブレーキ試験で、異常が発見された[認められた]。このブレーキ試験の結果、（1件の）異常があることがあからさまになった[判明した]。◆He described the launch as "picture perfect, absolutely no anomalies to report."　彼は打ち上げを「絵に描いたように完璧で、報告するような異状は全くなし」と形容した.

**anonym** *an*〜 匿名、偽名、変名、匿名者、無名氏

**anonymity** ①匿名（トクメイ）、無名、作者不詳 [不明] ◆ "The United States stands ready to help," said a State Department official who requested anonymity. 「米国は、いつでも救助の手を差し伸べる用意が出来ている」と、匿名を希望したある国務省官僚は述べた。

**anonymous** *adj.* 匿名、無記名の、作者不詳 [不明]の、作者 [発信者、etc.]がどこのだれだかわからない、匿名性の；無名の；はっきりした個性 [特徴]のない ◆an anonymous letter　匿名 [差し出し人不明] の手紙 ◆somewhat anonymous synth sound　あまり個性のない [特徴のはっきりしない]、パッとしない]シンセサイザーサウンド ◆according to one lobbyist who asked to remain anonymous　名前は出さないで欲しいと言った [匿名を希望した] 一人のロビイストによると

**anorexia** ①拒食症、食欲 [食思] 不振、食欲減退、食欲消失、無食欲 ◆adults with anorexia　拒食症の成人 ◆to cure her anorexia　彼女の拒食症を治療するために ◆She has a serious eating disorder called anorexia nervosa.　彼女は神経性食欲不振症 [アノレキシア] と呼ばれる重度の摂食障害を持っている。◆Your daughter appears to suffer from anorexia nervosa.　お嬢さんは神経性の拒食症にかかっているようです。

**anorexic** *adj.* 拒食症の、食欲不振の、*an*〜（神経性）拒食症 [食欲不振症の] 人 [患者] ◆become [develop] anorexic　拒食症になる [かかる] ◆she is anorexic　彼女は拒食症である

**another** *adj.* もう一つ [一人] の、別の、さらなる、新たな；*pron.* もう一つのもの [もう一人の人]、別の [ほかの] もの [人] ◆another person　別の人 [ほかの人、余人]；他人 ◆another 6 dB is obtained　さらに6dBが得られる ◆a thing brought in from another place　よそから持ち込まれた物 ◆glee at another's misfortune　他人の不幸を喜ぶこと ◆replace it with another　それを別のものと交換する ◆vary from one database system to another　〜はデータベースシステムごとに [データベースシステムによって] 異なる ◆Another paper, the Rheinische Post, said...　別紙ラィニッシェポストは、〜と報じた。◆This is another reason why...　〜はもう一つのいうもう一つの理由である。◆Another 100 people were feared dead.　さらに [そのほか、それ以外に] 100名が死亡したものとみられている。◆as you crack one case after another　（君が）事件を次々と解決していくにつれて [「ゲームの話で」 it will take another hundred years or so to 〈do...〉　〜するのにあと [今後、この先] 100年ほどかかるだろう ◆develop a program on one system, debug on another and execute on still another　プログラムをある [コンピュータ] システム上で開発し、別のシステムでデバッグして、更に別のシステムで実行する ◆if the individual concerned had a key role in the IT task and cannot be replaced by another person　当事者 [当人] がITの仕事において重要な役割を持っていて他の人に代えられない場合 [余人をもって替えがたい] 場合 ◆one disappointment after another leads me to the conclusion that...　次々と期待を裏切られて、私は〜という結論に達する ◆Get going part-time and still hold down another job.　他の仕事に就いたまま、パートタイムで始めなさい。《意訳》二足の草鞋を履きなさい。◆One way or another, it is going to happen.　いずれにせよ [どっちみち、ともかく、ともあれ、とにかく]、それは起こることになっている。◆Size is another important consideration.　サイズも重要な検討事項です。◆The company has furloughed another 49 employees.　会社はさらに従業員49人を一時帰休させた [一時解雇した]。◆In one industry after another, American companies have lost their lead to foreign competitors.　次々というろいろな業界において、米国企業は海外の競争相手にリードを奪われる。◆Will Jerusalem become another Cold War Berlin, split into Palestinian and Jewish sections?　エルサレムは、パレスチナ人地区とユダヤ人地区に分割され、第二の冷戦下のベルリンになるのであろうか。◆Fifty percent of its content is produced in Japan. Mexican suppliers provide another 30 percent. The rest comes from the U.S. and other sources.　それの中身 [部品]の50%は日本で生産される。メキシコの供給業者がもう30%提供し、残りは米国および他の供給国から来る。

**ANSI** (the American National Standards Institute) 米国国家規格協会、米規格協会(省略形はthe は不要)

**answer** 1 *an*〜　答え、受け答え、返答 [返事、回答、応答、応弁]、解答 [正解、解]、報復、弁解、申し開き、対応 [解決] 策 ◆a test answer sheet　試験の答案用紙 ◆arrive at the true answer　正解 [正しい答え] を得る [に到達する] ◆grand challenges awaiting answers　答え [解決] が待たれている遠大な課題 ◆FAQs and (Their) Answers　（標題）よくある質問と回答（＊FAQs = frequently asked questions）◆I don't know the answer to whether...　私は〜かどうかの答えを知らない。◆if no answer comes back in 50 s　50秒で応答が返ってこない場合は ◆War is not the answer.　戦争は答えではない。《意訳》戦争では何にも解決できない。◆Check all the appropriate answers to questions Q1 through Q8.　質問Q1からQ8について該当する [当てはまる] すべての答えにチェック印を付けてください。(＊アンケートの質問でなく試験問題文なら、appropriate は「適切な、適当な」と訳せる) ◆Class size reduction is not the answer to Nevada's failing education system.　クラスの少人数化は、ネバダ州の破綻しつつある教育制度に対する答えにはならない。◆For every project you undertake, these questions will yield different answers.　取り組むプロジェクトごとに [によって]、これらの質問に対する答えは異なったものになるだろう

2 *vt., vi.*（〜に）答える、返答 [回答、応答、答弁] する、応じる、応える、報いる、反論する、抗争する ◆an automated answering system　自動応答システム ◆a phone-answering machine　留守番電話装置 ◆answer a recruitment advertisement in...　〜に掲載されている募集広告に反応 [（を見て）応答] する ◆Sometimes it takes a while for questions to get answered.　質問に返答がある [レスがつく] までしばらく時間がかかることがあります。(＊ネット上などで)

**antagonism** (*an*)〜　敵対（関係）、反目、対立、対抗、抗争、敵意、反感、いがみ合い、《医, 生, 薬》拮抗（作用）◆The antagonism between Christians and Muslims is 500 years old.　キリスト教徒とイスラム教徒との間のいがみ合い [反目、対立、抗争、敵意、敵対（関係）]は500年の昔にわたるものだ。

**antagonistic** ◆an antagonistic muscle　拮抗筋 ◆a conference between the antagonistic sides　互いに張り合う [敵対する、対立する、拮抗する] 二者間 [陣営どうし] の会議

**antarctic** *adj.* 南極の；the Antarctic　南極（地域）、南氷洋、南極海 ◆the Antarctic Circle　南極圏 ◆the Antarctic Ocean　南氷洋；南極海 ◆the 1959 Antarctic Treaty　1959年に締結された南極条約 ◆under the Antarctic ozone hole　南極のオゾンホールの下で

**Antarctica**　（無冠詞）南極大陸(= the Antarctic Continent)

**antecedent** adj. 〜に先立つ[先行する], 〜以前の <to>; an 〜 <of> 先行するもの・人, 前例, 前件; 〜s 先祖, 前歴

**antedate** vt. 〈書類〉に実際より前の日付をつける, 〜に先行する; an 〜 さかのぼった日付

**antenna** an 〜 (pl. 〜s) アンテナ, 空中線 (=《英》an aerial); 〜 (pl. 〜s, -nae)《生物》触角, 感触器, (カタツムリの)角 ◆an antenna duplexer アンテナ共用器(*ひとつのアンテナを送信と受信の両用にするための) ◆reorient the receiving antenna 受信アンテナの向きを変える ◆Japanese firms are opening so-called antenna offices, in Brussels and other European capitals, to monitor E.C. actions and look for business opportunities. 日本企業は, ECの動きを探って商売の機会を見つけるために, いわゆるアンテナ事務所をブリュッセルや他の欧州の首都に開設しつつある.

**anterior** 前方の, 前部の, 前面の; 〜より前の <to>

**anteroposterior** adj.《医, 生物》前後の, 前後方向の, 背腹の ◆along the anteroposterior axis 《生物》前後方向の軸に沿って

**anthracite** 無煙炭 ◆anthracite (coal) 無煙炭

**anthrax** 《口》炭疽(病), 脾脱疽(ヒダツソ) ◆pulmonary anthrax 肺炭疽(病) ◆die of pulmonary [inhaled, inhalation] anthrax 炭疽(症[病])で死亡する ◆one employee contracted the skin form of anthrax 従業員一人が皮膚炭疽症にかかった

**anthropomorphic** adj. 人に似せた, 擬人化した ◆anthropomorphic male and female phantoms 男女の疑似人体[人体模型] ◆a three-fingered anthropomorphic hand 《ロボット》人の手に似た3本指のハンド

**anthropophobia** 対人恐怖症, 対社会恐怖症

**anti** an 〜《口》反対者

**anti-** adj. 反対の, 反の, 反〜の, 〜防止の, 〜対策の ◆anti-inflation policies 反インフレ政策; インフレ対策; インフレ抑制策 ◆an anti-alien group 外国人排斥グループ ◆an anti-discrimination law 人種差別禁止法 ◆anti-dumping measures ダンピング[不当廉売]防止措置 ◆anti-Nazism 反ナチズム ◆an anti-AIDS drug エイズ治療薬 ◆an anti-Mafia prosecutor マフィア対策検察官 ◆anti-American protesters 反米を唱える抗議者たち ◆anti-Establishment anger 体制に対する怒り ◆anti-foreign anti-immigrant nationalists 外国排斥・移民反対を唱える国粋主義者たち ◆anti-fur-coat folks (動物愛護の観点から)毛皮のコートに反対する人々 ◆an anti-biotechnology activist バイオテクノロジーに反対する活動家 ◆an anti-crisis program 危機管理計画 ◆an anti-medfly campaign 地中海ミバエ撲滅運動 ◆an anti missile system ミサイル防御システム ◆an anti-rejection [antirejection] drug (拒絶反応を抑える)免疫抑制剤 ◆an anti-skid surface スリップしにくい[滑りにくい]表面 ◆anti-aging skin-care products 老化防止スキンケア商品 ◆anti-Americanism 反米主義 ◆a rising anti-base sentiment 高まっている反(軍事)基地感情 ◆an anti depression drug; an anti-depressant (精神の抑鬱(ヨクウツ)状態を改善する)精神賦活剤 ◆growing anti-Japanese sentiment in the U.S. 米国において高まりをみせている反日感情 ◆President Reagan's anti-Japan tariffs レーガン大統領の対日関税 ◆anti-competition tactics as bid rigging and price fixing 競争をさけるための, 入札の談合や価格協定などの策略 ◆Antimatter is composed of antiparticles. 反物質はいろいろな反粒子から成り立っている. (*antiquarks 反クォーク, anti-electrons 反電子, antineutrinos 反ニュートリノ[反中性微子]などの)

**anti-aircraft** 対空の, 防空の ◆an anti-aircraft gun 高射砲, 高角砲 ◆an anti-aircraft missile 対空[対空]ミサイル

**antibacterial** adj. 抗菌性の ◆form a protective antibacterial film over raw, inflamed tissue 炎症を起こしている生傷の患部組織の上に抗菌性の保護皮膜を形成する ◆because of the strong antibacterial [antiseptic] properties of propolis プロポリスの強力な抗菌作用のために

**antibiotic** 抗生物質の; an 〜 抗生物質 ◆The first antibiotic to receive widespread attention was penicillin. 広く注目を集めた最初の抗生物質は, ペニシリンである.

**antibody** an 〜 抗体, 抗毒素

**anticancer, anti-cancer** 抗癌の, 制癌の ◆an anti-cancer drug [agent] 制癌剤 ◆an anticancer effect 制癌効果 ◆an anticancer substance 制癌物質

**anticipate** vt., vi (〜を)予期する, 予想する, 期待する, 事前に察する ◆anticipate the needs of future tenants 将来のテナント[店子(タナコ), 借家人, 居住者, 入居者, 住人]のニーズを先取りする ◆It is anticipated that... will... 〜ということが予期されている. ◆Anticipating that... will [may, would]..., 〜だろうと予期して[予見して, 予想して, 期待して, 事前に察して, 見越して, 当て込んで] ◆Anticipating its adoption as a standard, the company is... それが規格として採用されることを当て込んで[予見して], この企業は〜 ◆What we anticipate seldom occurs.; What we least expect generally happens. 予期[予見]することはめったにおこらず, 概して予想だにしない[思ってもみないような, 思いがけない, 意外な]ことこそ起こるものだ. ◆the transition (in demand) that has taken place was much faster than anyone had anticipated (需要の)移り変わりは, 誰もが予期していたよりもはるかに速いペースで起きた ◆The more you brake, the more you waste gas. Anticipate traffic conditions such as traffic lights. ブレーキを踏めば踏むほど, ガソリンを無駄にします. 交通信号灯などの交通の状況を予期[予見]しましょう[状況の先を読みましょう]. ◆We are meeting the needs of data recording challenges of today and anticipating the needs of tomorrow. 弊社は今日のデータ記録という課題のニーズに応え, また明日のニーズに対しても先回りして対処を考えています.

**anticipation** 《口》予期, 予想, 期待, 先手を打つ[機先(キセン)を制する]こと ◆in anticipation of... 〜を見越して; 〜を期待して; 〜を当て込んで ◆In anticipation of Food and Drug Administration approval,... 米食品医薬品局の認可がおりることを見越して, ◆in anticipation of future threats 将来の脅威に備えて ◆in anticipation of the growing demand for IT services,... 《意訳》情報技術サービスの需要の高まりに期待を寄せて; ITサービスの需要増を予期して[予想して, 見込んで, 当て込んで] ◆with a sense of anticipation 期待感をもって ◆Thanking you in anticipation. まずはお願いまで. (*依頼の手紙の結びの決まり文句) ◆the retailer is expanding in anticipation of more customer traffic この小売業者は, 客足の増加を見込んで[当て込んで]業務拡張[拡大]を図っている ◆After six years of anticipation, it finally happened. 6年越しで待ち望んでいた末に, それは遂に起こった[実現した]. ◆Throughout their schooling, they rationalize the sacrifices they are making with the anticipation that by deferring pleasure and indolence now, they will reap greater rewards in the future. 学校に通っている間中, 彼らは, 今楽しいことや楽をすることを先送りすることによって将来より大きな見返りを得ることを期待して, 払っている犠牲を合理化するのである.

**anticorrosion** 《口》耐食[耐触], 防食, 防錆 ◆produce a new electrogalvanized steel that has superior anticorrosion characteristics 極めてすぐれた防錆特性を持つ新種の電気亜鉛めっき鋼を生産する (▶ 不可算名詞steelに冠詞aがついているのは「ある種類の」の意)

**anticorrosive** adj. 耐食[耐触, 耐食, 防錆]の; an 〜 さび止め[錆止め]剤, 防錆剤, 防食剤 ◆an anticorrosive steel pole 防錆[さび止め]処理が施されている鉄柱 ◆a flammable, toxic liquid used as an anti-corrosive 防蝕剤として用いられている可燃性の有毒液体 ◆red-lead zinc chromate anticorrosive paint 鉛丹ジンククロメートさび止め[防錆]ペイント

**antidumping** ダンピング[不当廉売]防止の ◆an antidumping agreement アンチダンピング[反不当廉売]協定 ◆impose a 20% antidumping penalty on the sale of... 〜の販売に対し20%の反ダンピング課徴金を課す

**antiferromagnetic** adj. 反強磁性の; an 〜 反強磁性体 ◆an antiferromagnetic substance [material] 反強磁性体[材料]

**antifoaming** adj. 泡立つのを止める, 泡を消す, 消泡の ◆an antifoaming [antifoam] agent 消泡(ショウホウ)剤; 泡消し剤; 発泡防止剤

**antifouling** adj. 汚れ止めの, 汚損防止の, 防汚の ◆(an) antifouling paint 汚損防止塗料; 汚れ止め[防汚]ペイント ◆antifouling performance 防汚[防汗防損]性能

**antifriction** an～ 減摩剤[材], 潤滑剤; 回減摩; adj. 減摩(性)の

**antigen** an～ 《医》抗原 (cf. an antibody) ◆a Prostate Specific Antigen (PSA) test 前立腺特異抗原検査 (＊腫瘍マーカーであるPSAの濃度を調べる血液検査)

**antiglare, anti-glare** まぶしさを抑える, ギラツキ[反射, 映り込み]防止の, 防眩の ◆an antiglare filter 〈画面の〉ギラツキ[外光反射, 映り込み]防止フィルター ◆The gauges are roofed with an antiglare overhang. これらのゲージ類は, 防眩のためのひさし[張り出し, 出っ張り]が上部に付けられている。

**antigovernment, anti-government** adj. 反政府(勢力)の ◆an anti-government [antigovernment] activist 反政府活動家

**anti-inflammatory** adj. 抗炎症性の; an～ 抗炎症剤, 消炎剤 ◆They have anti-inflammatory action. それらには抗炎症作用がある。

**antiknock** アンチノックの, ノッキング[異常燃焼]防止の ◆an antiknock additive for gasoline ガソリン用アンチノック添加剤 ◆have a higher antiknock quality より高いアンチノック性を有している ◆increase the antiknock quality of gasoline ガソリンのアンチノック性を向上させる

**anti-lock** アンチロックの,〈急ブレーキ時に車輪が拘束されることにより起きる〉回転停止を防止する ◆an anti-lock brake アンチロックブレーキ

**antimicrobial** adj. 抗菌性の; an～ 抗菌剤 ◆an antimicrobial agent 抗菌剤 ◆the Society of Industrial Technology for Antimicrobial Articles (SIAA) 《日》抗菌製品技術協議会 ◆a broad antimicrobial activity 幅広い抗菌効果 ◆render... antimicrobial ～を抗菌性にする

**antimony** アンチモン (元素記号: Sb)

**antinoise, anti-noise** adj. ノイズ[雑音, 騒音]を抑制する ◆antinoise ordinances [bylaws] 騒音防止条例 ◆antinoise products ノイズ対策製品 ◆antinoise ear plugs 防音[遮音]用の耳栓

**antinuker** an～ 原子力反対派の人, 反核運動参加者

**antioxidant** an～ 酸化防止剤, 抗酸化剤[物質],〈ゴムに添加する〉老化防止剤 ◆a rubber antioxidant ゴム用の酸化[老化]防止剤 ◆The ascorbic acid is used as an antioxidant to slow rancidity. アスコルビン酸は酸敗を遅らせるための酸化防止剤[抗酸化剤]として用いられている。

**antiperspirant** adj. 発汗抑制性の, 制汗性の; (an)～ 制汗剤, 発汗抑制剤 ◆antiperspirant deodorant 《種類は an～》制汗デオドラント(剤)

**antipollution** 汚染防止, 公害防止 ◆an antipollution plan 公害[〈大気・環境〉汚染]防止計画 ◆antipollution measures 公害防止策

**antiquake** ◆antiquake designs 耐震設計

**antiquate** ～を時代遅れにする, すたれさせる ◆an antiquated but tried-and-true rocket 時代遅れにはなっているが[前近代的ではあるが]実績があり信頼のおけるロケット

**antique** 年代物[時代物]の, 旧式の, 古めかしい, 古風な, 時代遅れの, 骨董の, 古美術の; an～ 骨董品, 古美術品, 古物 ◆an antique boat in mint [pristine] condition 新品同様[美品]の年代物ボート ◆The public take along their believed-to-be-valuables and a team of experts either make their day or let them down gently 一般の人が自分で価値があると思っている物品《お宝》を持ってきて, 専門家の一団《鑑定団》が(判定して) 大喜びさせたりちょっとがっかりさせたりする (＊「お宝鑑定団」に似た英国BBCの人気番組the Antiques Roadshowの話)

**antiquity** 太古, 古代, 大昔; 古いこと, 古風 ◆since antiquity 大昔から

**antireflective** ◆an antireflective coating 反射防止コーティング

**anti-roll** アンチロールの, 横揺れ防止の ◆double-wishbone suspension with anti-roll bars 《車》アンチロール[横揺れ防止]バー付きダブルウィシュボーン形式のサスペンション

**antirust** さび止めの, 防錆(ボウセイ)の; an～ 防錆剤, さび止め(剤)

**anti-satellite** 対人工衛星の ◆anti-satellite (ASAT) weapons 対衛星兵器

**antiseptic** 殺菌の, 滅菌の, 消毒の; an～ 消毒剤, 殺菌剤, 防腐剤

**antismoking** 禁煙の, 喫煙反対の, 嫌煙の ◆an antismoking campaign 禁煙キャンペーン ◆antismoking gum 禁煙ガム

**antisocial, anti-social** adj. 反社会的な, 非社交的な, 社交嫌いの; an～ 反社会[非社交]的な人 ◆an antisocial misfit 非社会的な[非社交的な, 交際嫌いの, 社交嫌いの, 人間嫌いの]不適応者 ◆antisocial computer geeks 反社会的[非社交的, 人間嫌い]なコンピュータおたく族

**antistatic** adj. 静電[静電気, 帯電]防止の,《無線通信》空電(static = atmospherics)の影響を極力減らす(空電とは雷など大気中の放電現象によって生ずる電磁波[雑音電波]のこと) ◆an antistatic additive 帯電[静電]防止添加剤 ◆an anti-static bag 帯電防止バッグ; 静電防止袋 ◆an antistatic filter 〈画面の〉帯電防止フィルター ◆antistatic coatings 静電気対策[静電防止, 帯電防止]コーティング ◆an anti-static agent 帯電防止剤 ◆an antistatic conductive brush 導電性の除電ブラシ

**antisubmarine** adj. 対潜水艦の, 対潜～ ◆an antisubmarine aircraft 対潜機 ◆anti-submarine warfare 対潜戦

**antitakeover** adj. 会社乗っ取り防止の, 乗っ取りに対抗する ◆an antitakeover clause 〈企業〉乗っ取り防止条項

**anti-theft** 盗難防止の

**antithesis** 対照させること; the～〈of〉〈～の〉正反対 ◆as the antithesis of... ～のアンチテーゼ[反対命題]として

**antitracking, anti-tracking** adj. 耐トラッキングの, 対追尾～ ◆It has good anti-tracking properties. 《電》それは良好な耐トラッキング性を有している。

**antitrust** adj. 反トラストの, トラスト規制[取り締まり]の, 独占禁止の ◆violate antitrust laws 反トラスト法[独占禁止法]に違反する

**antivibration** adj. 防振の ◆antivibration products 防振用の製品

**antiviral** an～ 抗ウイルス物質[剤] (= an antiviral agent [drug]); adj. 抗ウイルス性の,〈ソフトなどが〉対コンピュータウイルスの ◆an antiviral program 《コンピュ》ウイルス対策プログラム

**antivirus** (= antiviral) n. an～ 抗ウイルス物質[剤]; adj. 抗ウイルス(性)の, 対コンピュータウイルスの ◆antivirus software ウイルス対策[抗ウイルス]ソフト ◆make regular antivirus checks of all files すべてのファイルについて定期的にウイルス対策チェックをする

**anvil** an～ アンビル, 金床(カナトコ), 金敷(カナシキ)

**anxiety** 心配, 不安, 懸念, 憂慮, 切望; an～ 心配の種, 心配事 ◆feelings of anxiety 不安感 ◆minimize anxiety by...-ing ～することにより不安をできるだけ小さくする ◆his controversial statements caused anxiety among... 彼の問題発言は, ～の間に動揺を引き起こした

**anxious** adj. 心配して, 気がかりで, 気遣って, 気をもんで, 懸念して, 憂慮して, 案じて, 不安で, 苦になって; ～したくて仕方なくて, ～したがって, 欲しがって, 強く望んで, 切望[渇望, 熱望, 念願]して, 焦がれて ◆make them anxious about the future 彼らに行く末を案じさせる ◆Electrical engineers are anxious about job stability. 電気技術者らは, 雇用の安定に不安を持っている。

**any** 1 《肯定文で》任意の, いずれかの, どんな〜でも, いかなる〜も, いくらでも; もしあれば[いれば]; どれでも[だれでも]すべて, あらゆる ◆any number of...-s 《複扱い》任意の数[不特定多数]の〜; 多くの〜 ◆at any time いつでも, いつ何時でも ◆if any 《挿入句》もし(いくらかでも)[多少なりとも])あれば; 《場合によっては任意》必要ならば, 該当するならば ◆in any case; in any event; at any rate とにかく, ともかく, どのみち, いずれにしても, どんな場合でも ◆at any desired time いつでも好きな[任意の]時に ◆at any given time 任意の時点において ◆in any location at any time いつどこででも ◆in any of these instances (これらの例の内の)いずれの場合も ◆any (desired) number of times 何度でも(好きなだけ); 任意の回数 ◆any number between 0 and 9 0から9までの任意の数 ◆any number from 0 to 9 0から9までのいずれか[任意]の数字 ◆avoid possibilities of any altercation 口論に発展する可能性をいずれも避ける ◆create waveforms of any size 任意の大きさの波形を[どんな大きさの波形でも]作る ◆in any part of the region その地域のどこにおいても ◆the conduction of any one transistor いずれか一つのトランジスタの導通 ◆under any weather conditions どんな天候の時も ◆any decimal number in the range 0-255 0〜255の範囲内の任意の10進数 ◆any servicing other than the above cleaning 上記のクリーニング以外の一切の整備 ◆Knowledge of... is required for a license of any class. 級のいかんにかかわらず免許証の取得には〜の知識が必要です。◆Any prolonged heating will alter the quality of the oil. 長時間の加熱はおしなべて[例外なく], 油を変質させることになります。◆Each $69.99; any 2 or more, each $55.99 各69.99ドル, どれでも2個以上は, 各55.99ドル ◆Hit any key to return to EZ-Print. 《コンピュ》EZ-Printに戻るのにいずれかのキーを押してください。◆It will fit comfortably into any size briefcase. これは, どんな大きさのブリーフケースにもしっくりと収まります。◆Make any needed repairs before using your electric tool. 電動工具をお使いになる前に, 必要な修理はすべて済ませておいてください。◆Mix white and any other color to create beautiful pastel shades. 白と何かほかの色を混ぜて, いろいろな美しいパステルカラー[柔らかくて淡い感じの中間色]をつくりましょう。◆Remove any floppy disks from your drives. ドライブからどのフロッピーディスクも[ドライブに入っているフロッピーディスクがあれば全て]取り出してください。◆Respect of human rights is a universal value in any country. 人権の尊重はどの国においても[国を問わず]普遍的な価値観である。◆Stainless steel tops are available in any size bench. どのサイズの作業台にもすべてスレンレス製天板が用意されています。◆There are any number of laptops that perform better than this machine. この機械よりも性能のよいラップトップ機なら, いくらでもある。◆We also replace any defective part to ensure complete operation of the fire alarm system. 弊社では, 火災警報システム[装置]が完璧に動作するよう, 不良部品があればその交換も行っております。◆PART as used in this specification is any material, part or assembly in any stage of fabrication which is to become a component of a Velden Corporation product. この仕様書で使用されている「部品」とは, ヴェルデン社の構成要素であって, 製造段階を問わずすべての材料, 部品もしくは組立品のことである。
2 《否定文で》少しも, ちっとも, 全然, いくらも, 何も, 何の(ナシノ), どれも, だれも, どんな〜も ◆with no warranty of any kind なんらの保証もなしに ◆without any need to <do...> 全く[全然, 一切]〜する必要なしに ◆without sacrificing any of the car's basic goodness その車の基本的な良さ[美点]を全く犠牲にすることなく ◆The word is not in any of the dictionaries. この語はどの辞書にも載っていない。
3 《疑問文, 条件文で》何か, どれか, どんな, いくらか, どれだけか ◆If you change your mind for any reason after..., 〜の後で何らかの理由で気が変わった場合は,

**anybody** だれか, どなたか, だれでも
**anyhow** いずれか, とにかく; なんとしても, どうしても, いずれにしても, それでも; いいかげんに; 一体(全体)

**anymore** もはや, これ以上は (any longer); 最近では, 昨今では, 今日では (nowadays)
**anyone** だれか, だれも, だれでも ◆Easy enough for anyone to use! 誰にでも使えるほど簡単! (*宣伝で) ◆Can anyone account for...? だれか〜を説明できますか。◆for anyone who would like to familiarize himself or herself with key concepts of the field この分野の基本的な考え方を知りたいと思っている人々のために ◆I don't take orders from anyone! I do things my way. 私は, 他の指図も受けない[人の指示には従わない]。私は自分のやり方でやる。◆Now anyone can cut graphics like a pro. 今や誰でもプロのようにグラフィックスのカッティングができます。(*宣伝で) ◆The Xxx is a very low maintenance machine and easy for anyone to use. Xxxは, 非常に保守が少なくて[ほとんど手入れの要らない]機械で, どなたでも簡単にお使いいただけます。◆Anyone interested can download a free working software demo from the ABC website, http://www.abcpower.com. 興味をお持ちの方は, ABC社のウェブサイト[ホームページ]http://www.abcpower.comから実際に使える無料デモソフトをダウンロードできます。(参考) by products that any one of us can buy in a store 誰もが店で購入できる製品によって (*爆弾テロの話で)

**anything** 何か, 何も, 何でも ◆Almost anything goes here. ここじゃ, たいていのことがまかり通る。; ここは, ほとんど何でもありだ。(*規制やルールが極めて緩くて) ◆don't do anything 何もしない ◆If the result is anything other than zero 《コンピュ》結果がゼロ以外の(値)ならば ◆the ability to sell anything 何でも売ってしまう能力 ◆a lenient, liberal, anything-goes system 《口》寛大で自由気ままにやっていい制度; 規制の緩い自由放任制 ◆be more important than anything else 何よりも[何にも増して]重要である ◆if anything goes wrong 万一何かまずいことになったならば ◆The injury is between the first and second metatarsal bones of his foot and it has been determined there isn't anything we can do for it other than let it rest. 負傷したのは彼の足の第一および第二中足骨[蹠骨(ショコツ)]の間で, 安静にしておくこと以外なす術が無いことが分かった。

**if anything** 何かあるとすれば[しいていえば], どちらかといえば, (あるいは)むしろ, (それどころか)むしろ ◆Pushing yourself to work harder won't have the effect that you hope. If anything, it could undermine your efforts. もっとしっかり働けと自分に強いても期待通りの効果をおさめられないかもしれない。むしろ, それが努力を台なしにしてしまう可能性だってある。◆Unfortunately, the situation does not appear to be getting any better. If anything, it's getting worse. 残念ながら, 状況は少しも好転しているようには見えない。むしろ, 悪化しつつある。

**anytime, any time** いつでも; 常に, いつも ◆anytime after 5 p.m. 午後5時以降いつでも ◆anytime soon 今すぐにでも ◆for use at anytime いつでも使えるように ◆at any time within the previous three years 過去3年の間のいずれかの時点で ◆enable people to communicate with each other on an anytime and anywhere basis 人々がいつ[随時]どこででも互いに交信[通信]できる[連絡がとれる]ようにする

**anyway** (= anyhow) どうしても, いずれにしても, どのみち, にもかかわらず, いいかげんに, いったい, 何しろ, 何分(ナニブン) ◆the it's-on-TV-anyway mentality どうせテレビでやるから(実際に見に行かなくともよい)という例の考え方

**anywhere** どこかに, どこへも, どこででも, どこにでも ◆anywhere at any time いつどこでも ◆from anywhere in the world 世界中どこからでも ◆make "anytime, anywhere" communications a reality 《意訳》通信が「いつでも, どこでも」行えるようにする ◆put the cost at anywhere between $2 million and $4 million そのコストを200億ドルから400億ドルの間とする ◆allow wireless faxes and e-mail to be sent and received anywhere and anytime 無線ファックスや電子メールの送受がいつでも, どこでもできるようにする ◆a computer that automatically switches hundreds of phone calls from anywhere to anywhere 何百本もの通話をどこからどこへで

**apparatus**

も自動交換するコンピュータ ◆be still not anywhere near the number of... 〜の数にはまだほど遠い ◆deal in large orders of anywhere from 100,000 to 1 million shares 十万株から百万株の大量注文をさばく ◆test a new generation of hand-held phones that can be used to place calls to anywhere in the world via satellite 衛星経由で世界中どこへでも電話がかけられる新世代ハンディーホンのテストをする ◆Bob has a first-class, round-trip airline ticket to anywhere he wants. ボブは行き先自由のファーストクラス往復航空券を持っている。 ◆The swivel base permits placement almost anywhere. 回転台があるので、ほとんど場所を選ばずに設置できる。 ◆A BufferPack can be inserted anywhere between a PC, a printer-sharing device, and a printer. 《意訳》BufferPackは、パソコンから出てプリンタ共有装置を経由してプリンタに至る間の任意の箇所に挿入できる。 ◆Designed to go anywhere, the AFM-2500 operates on internal rechargeable battery or 110/220 VAC. どこででも使えるよう設計されているため、AFM-2500は内蔵充電電池またはAC 110/220Vで動く。

**ANZUS, Anzus** アンザス（*Australia, New Zealand, the U.S.の頭文字、これら三国間の安全保障機構）◆the ANZUS alliance アンザス同盟 ◆the ANZUS [Anzus] Treaty アンザス条約

**AOM** an 〜 (acoustooptic modulator) 音響光学変調器, AOM
**aorta** n 〜 (pl. -tas, -tae) 大動脈
**aortic** adj. 《医》大動脈の ◆He died May 15 at Fiarfax Hospital after emergency surgery for a ruptured aortic aneurysm. 彼は5月15日にフェアファックス病院で大動脈瘤破裂の緊急手術を受けた後に死亡した。

**AOTS** an 〜 (Association for Overseas Technical Scholarship) 《日》財団法人 海外技術者研修協会
**apace** 速いペースで, すみやかに, 迅速に, 急速に, スピーディーに ◆even as the Information Age proceeds apace 情報化時代が速いペースで進行している時にあってさえ ◆HDD development has continued apace. ハードディスク装置の開発は、速いペースで続いた。

**apart** 隔たって, 離れて; ばらばらに, 個別に, 別々に ◆two voltages 60° apart in phase 位相が60度離れている2つの電圧 ◆discuss these questions apart from other issues これらの問題を別途協議する ◆the machines are way too far apart これらの機械は遠く離れすぎている ◆at three points 120 degrees apart 120度ずつ離れた3点で ◆short wooden stakes were hammered in the ground a few inches apart 短い木の杭[棒]が数インチの間隔を開けて地面に打ち込まれた ◆They were arrested just four days apart. 彼らは2人が4日間の差をおいて[4日違いで]逮捕された。 ◆But what sets this firm apart from others is Kissinger, who... だが、この会社が他の会社と違うのは、〜であるキッシンジャー氏が居るということだ。 ◆High quality sets the DS-1500 apart from other desoldering systems. DS-1500は、高い品質で他の（*他社の）はんだ除去システムを引き離しています。 ◆The remainder of the receive circuitry, apart from the waveform shaping circuit, is the reverse equivalent of the send circuits. 受信回路の残りの部分は、波形整形回路を除いて送信回路を逆にしたものに相当する。

**apartheid** ◆apartheid policies （南アの）アパルトヘイト[人種隔離政策]（*1991年に廃止）
**apartment** 《米》an 〜 (1戸分の)（賃貸）マンション[アパート]（《英》a flat); an 〜 (一棟の)集合住宅(= an apartment house) ◆a five-story apartment 5階建の集合住宅
**apathy** 回無感動, 無関心, 冷淡,《医》感情鈍麻 ◆bureaucratic apathy 官僚の無力[無気力, やる気のなさ, 熱意の欠如, 物臭げさ]

**ape** an 〜 尾のないあるいは短いサルモンキー, 旧世界猿, 新世界猿, 人似猿, 類人猿, テナガザル, 大型のサル; an 〜 まねする人; adj. （通例 go ape で）しゃぎ過ぎる, 狂騒になる, 盛りがつく; vt. 〜を猿真似する ◆an ape-man known as Australopithecus 猿人の一種として知られるアウストラロピテクス[オーストラロピテクス]

**APEC** (the Asia Pacific Economic Cooperation)《略語形にしては不要》アジア太平洋経済協力会議
**aperiodic** 非周期性の, 非周期的な, 非振動の, 非同調の, 非反復性の ◆an aperiodic antenna 非同調アンテナ[空中線]（= a nonresonant antenna 非共振アンテナ） ◆aperiodic waves 非周期波; 非振動波 ◆aperiodic tasks 不定期に[随時必要に応じその都々に]発生する作業

**aperture** an 〜 アパーチャ, 開口(部), 穴, 窓, （レンズの）口径, （カメラの絞りの）開き, 開度 ◆aperture priority 絞り優先 ◆full aperture; maximum aperture （カメラの絞りの）どん開き ◆full [maximum] aperture （レンズの）開放 ◆a manual aperture-set button 手動絞りセットボタン ◆at an aperture of f/5.6 絞りf5.6で ◆full-aperture metering 《カメラ》開放測光 ◆synthetic-aperture radar 合成開口レーダー ◆a high-aperture-ratio active-matrix liquid-crystal display 高開口率アクティブマトリックス液晶ディスプレイ ◆achieve about 40 percent to 50 percent aperture ratios per pixel ピクセル当たり約40%～50%の開口率を達成する ◆achieve a very high aperture ratio of more than 93% 93%を上回る非常に高い開口比[開口率]を達成する ◆select a large lens aperture (for example, f2.8 or f3.5) レンズの絞りを（たとえばf2.8とかf3.5のように）大きく開ける ◆Choosing a wide aperture will help you shoot at a faster shutter speed. 大きく開いた絞り値に設定すると、より速いシャッタースピードでの撮影が可能になります。 ◆The monitor has [provides] a 0.25mm aperture grille pitch. このモニターのアパーチャグリルのピッチは0.25mmである。（*ブラウン管式ディスプレイの） ◆The telephoto lens has a focal length of 2,032mm and an aperture ratio of f/10. この望遠レンズの焦点距離は2,032mmで開口率はF10である。

**apex** the 〜 頂点, 頂上, 頂端, 絶頂,《天文》向点
**aphorism** ◆an aphorism about... 〜についての警句[箴言(シンゲン), 金言, 教訓の言葉, 格言, ことわざ]
**API** (American Petroleum Institute) the 〜 アメリカ石油協会
**apiece** adv. 1個につき; それぞれ, 各々, 各自
**apologize** vi. わびる, あやまる, 謝罪する, 陳謝する ◆Telecom News apologizes [We apologize] for any inconvenience this may have caused. テレコムニュースは、このことでご迷惑をおかけしましたことをお詫びいたします。(▶もしも何らかのご迷惑をおかけしたらそれについてお詫びすると意味で、決まり文句, inconveniences と複数形にすることも) ◆We apologize for the error. 間違いを、お許しください[お詫びします]。

**apology** (an) 〜 わび, 謝罪 (の言葉[断り]), 陳謝, 弁明; 申し訳程度のもの ◆issue an apology to... 〜に詫び状を出す ◆a letter of apology (pl. letters of apology) 謝罪の書状, お詫びの手紙, 詫び状 ◆advertise a public apology 謝罪広告を出す ◆but the company makes no apologies だがこの会社は謝ることを全然しない ◆demand apologies from... 〜に謝罪を迫る ◆write a letter of apology to... 〜に謝罪の手紙[詫び状]を書く ◆Please accept our apologies for the mistake. 間違いを、どうかご容赦ください。 ◆Please accept my apologies for not responding in a more timely manner. 返事が遅くなってしまいましたことをお詫び申し上げます。 ◆I owe you so many apologies I don't know where to begin. 《意訳》ただただ申し訳なくて何とお詫びしてよいのかわかりません。

**apoptosis** 回アポートシス, 細胞の自殺[自滅, 枯死] ◆cell death by apoptosis アポートシス[自殺]による細胞の死 ◆cells undergoing apoptosis アポートシス[自殺]中の細胞 ◆to induce apoptosis in tumor cells 《意訳》腫瘍細胞をアポートシス[自殺]に導くために

**apostrophe** an 〜 アポストロフィ記号(')
**app** (application) an 〜 (pl. apps)《コンピュ》アプリケーションプログラム, アプリ, 応用ソフト ◆the apps [applications] business 応用ソフト（の開発, 販売などの）業務

**apparatus** (an) 〜 (または a piece of 〜) 器具, 道具, 装置, 機械, 器官,（組織の）機構, -器 ◆a gymnastic [gymnastics] apparatus （器械）体操用の器械 ◆a stationary induction apparatus 《強電》静止誘導器 ◆an apparatus used to <do> 〜す

るのに用いられる器具 ◆The whole apparatus is buried underground. その設備全体が，地下に埋設されている．

**apparel** 回《集合的》アパレル，衣料品，衣類，衣服 ◆an apparel store [retailer] 衣料品店 ◆women's [men's, children's] apparel 《順に》婦人[紳士，子供]衣料品 ◆the U.S. textile and apparel industry 米国の繊維アパレル産業

**apparent** adj. 目に〔はっきり〕見える，識別できる，明らかな，明白な；皮相的な，見掛けの ◆(an) apparent power 皮相電力 ◆an apparent life-threatening event (ALTE) 乳幼児突発性危急事態（＊発症が予測できず原因が不詳という）◆an increasingly apparent [obvious] trend ますます顕著になっていきている傾向 ◆apparent density 見掛け密度 ◆the apparent position of the Sun at a given time ある時間における太陽の視位置 ◆To make these effects more apparent,... これらの効果をいっそう〔見た目に〕明らかなものにする［よりはっきりと発現させる］ために，◆It is apparent [clear] from Fig. 8 that... ～であることは第8図から明らかである ◆The advantages of... become apparent once we consider... ～を考えてみれば，～の利点は明らかになる．◆A vast majority of vehicles involved in accidents have no apparent defects. 事故に関係した車の大多数には，明らかな欠陥[異常]と思われるものは何もない．◆He ate his breakfast, consisting of poached eggs, toast and coffee, with apparent relish. 彼は，ポーチドエッグ[落とし卵]とトーストとコーヒーからなる朝食を見るからにうまそうに食べた．

**apparently** adv. 見たところ［どうやら，どうも］～らしい［のようだ］，事実上，外見上，一見〔したところ〕，いかにも～らしく見える；明らかに，どうみても ◆Apparently, they have been thinking along the same lines. 彼らも同じ線に沿って考えていたように見受けられる．

**apparition** an ～ 幻影，幽霊；回《具体例は an ～》〈幽霊などの〉出現 ◆a ghostly apparition; an apparition of a ghost 幽霊の出現 ◆Reports of apparitions of the Virgin Mary are widely believed in the Philippines, where about 85 percent of the people are Roman Catholic. 聖母マリアが《各地で》現れた［出現した］という報告が，人口の約85パーセントがローマカトリック教徒というフィリピンでは広く信じられている．

**appeal** 1 vi. 訴求する，訴える，上告[上訴]する；vt. ～を上訴する ◆appeal to vision 視覚に訴える ◆build cars that appeal to everyone 万人が受けるクルマを造る ◆it won't necessarily appeal to everyone それは万人に受けるとは限らない ◆We carry a diverse range of merchandise that appeals to Japanese tastes. 私どもは日本人《のお客様》の好みにアピールする幅広い品揃えを用意しております．
2 (an) ～ 魅力，アピール；an～ 懇願，呼びかけ，訴求，上告，上訴 ◆the United States Court of Appeals for the Federal Circuit (CAFC) 米国連邦巡回控訴裁判所（＊特許・知的財産権関係を専門に取り扱う）◆a day after making a televised appeal for peace テレビ《放映》で和平への訴え［呼びかけ］をした翌日に ◆products with mass-market appeal 一般大衆市場にアピールする商品［訴求力のある商品］◆the appeal of this car この車の魅力 ◆topics of wide appeal 広い層に受ける話の種 ◆make proposals that have wide popular appeal 幅広い一般大衆にアピールする［受けのいい］提案をする ◆they are considering a direct appeal to Queen Elizabeth 彼らはエリザベス女王に直接訴える［直訴する］ことを考えている ◆An appeal to a higher Court may immediately be made against the ruling of the judge. 裁判官［判事］の判決に対して《不服を申し立てるのに》，より上級の裁判所への上告［上訴］は即刻行うことができる．◆Macy's offers a line of casual wear whose name makes a bold appeal to youth purity taste. メイシーデパートは，ヤッピーの好みに大胆に訴求するカジュアルウェアの商品系列を持っている．◆The American Red Cross made an emergency appeal yesterday for blood donors, saying supplies are short in three states and 10 major cities. 米国赤十字社は，《血液の》供給が3州および10都市で不足していることから献血者を募集する緊急の訴え［呼びかけ］をした．◆Surgeon General Antonia Novello called on the alcoholic beverage industry yesterday to stop airing television commercials with direct appeal to young people. ア

ントニア・ノベロ公衆衛生局長官は，昨日アルコール飲料業界に対し，若者に直接的に訴えかける［《意訳》抵抗感なしにすんなりと受け入れられてしまう］ようなTVコマーシャルの放映を止めるよう訴えた［求めた］．

**appealing** adj. 訴求力のある，アピールする，引き立つ ◆an appealing car 魅力ある車 ◆to make soccer more appealing to American fans サッカーをアメリカのファンにとってより魅力的な［ファンに対しより訴求力のある］ものにするため ◆new, refined, more appealing versions of existing products 既存の製品より洗練された，もっとアピールする［訴求力のある］新製品

**appear** vi. 現れる，登場［出現，出演，出場］する，お目見えする，姿を見せる，《世に》出る，発表される，出版される，掲載される，発生する，生まれる，出頭［出廷］する，《コンビニ》《画面に》表示される；～らしく見える［思われる］，～なようだ，～の模様である ◆a hole appears 穴が生じる ◆appear [come] on the market 《新製品が》市場に出る［発売される］◆there appears to be a growing trend among... to <do...> ～の間で～しようという気運［機運］が盛り上がりつつあるように見受けられる ◆an article that appeared in Time magazine on June 5, 1989 1989年6月5日号のタイム誌に掲載された［出た，表示された］記事 ◆A new menu appears (on the screen). （画面に）新しいメニューが現れる［表示される，開く］．◆a small amount of distortion appears 歪みが少量発生する ◆use time-lapse photography to make the actor appear to move more quickly 俳優が（もっと［実際より］）速く動いているように見せる［見せかける］ために低速度［コマ落とし］撮影法を用いる ◆A report had appeared in the Wall Street Journal to the effect that... ～であるという趣旨の記事がウォールストリートジャーナルに出た［掲載された］◆French and U.S. negotiators appear to be coming close to an agreement. フランス側および米国側の折衝者は合意に近づきつつある様子［模様］である．◆His new book is due to appear in the near future. 彼の新作の本は近々に発売の予定である．◆It appears built to take a lot of abuse. それは，相当酷使しても大丈夫なように造られているように見える．◆It appears that this material has a bright future. この材料の前途は，明るいように見える．◆The suffering appears especially torturous in the eyes of the children. この苦しみは，子供たちの目にはことのほか拷問のように残酷なこととして映っています［見えているのです］．

**appearance** (an) ～ 出現，登場，出場，出演，発行，出版，掲載；(an) ～ 外観，外見，見てくれ，見かけ，格好，様相，体裁，容姿，風采，たたずまい ◆outward appearances 外観 ◆enhance the appearance of... ～の見栄え［見た目，見かけ］を良くする ◆have a silvery appearance 銀のような外観をしている ◆he made a mental note of the man's appearance 《意訳》彼はその男の《外観上の》特徴［顔かたちや身なり］を記憶した ◆the final appearance of documents 文書の最終仕上げ段階での体裁 ◆an appearance of great depth can be given to a shot 《意訳》大きな奥行きの深さを被写的に表現［非常に奥行きのある感じられる写真に］することが可能である（＊遠近法で）◆avoid any appearance of a sweetheart arrangement なれ合いの取り決めには決して見えないようにする ◆the car's broad-shouldered appearance その車の幅広の外観 ◆a long-awaited convertible will make its appearance next spring 待望のコンバーチブル車が来春登場［お目見得］することになっている ◆an appearance of great depth can be given to a shot 写真に視覚的な［見た目上の］奥行きの深さを与えることが可能である ◆You shouldn't judge people by appearances. 人を外見で判断してはならない．◆The car is very similar in appearance to the Chrysler-Maserati two-seater. この車は，クライスラー・マセラティのツーシーターと見てくれが非常に良く似ている．◆A built-in random number generator turns lights and sound equipment on and off at irregular but plausible intervals (depending on the time of day), to give the house a "lived-in" appearance. 内蔵の乱数発生器は，家に「誰か居る」という様子［気配，感じ］を出すために，ライトや音響機器を不規則ではあるがまことしやかに思える間隔で（時刻に依存して）オン・オフする．◆The Beatles figures, sculpted by Xxx, will be released over a two month period, with George and Ringo making their appearances next month and Paul and John waiting until January, 2000.　Xxx氏によって彫られたこれらビートルズのフィギュア[彫像人形]は2カ月にわたって発売の予定で、ジョージとリンゴは来月のお目見え、そしてポールとジョンは2000年1月までのお預けとなる。

**appeasement**　(an)～なだめること, 鎮める[静める]こと, 鎮静, 緩和, 宥和(ユウワ)(政策), 妥協, 譲歩, 慰撫(イブ), (欲望などを)満足[充足]させること　◆adopt a policy of appeasement [an appeasement policy] toward Iran　対イラン宥和政策を採る

**append**　vt. ～を(文書やデータの)最後[後尾]に追加する, 補遺として後ろに付ける <to>(→prepend); ぶら下げる　◆append a semicolon to the expression　《コンピュ》その式の後ろにセミコロンを付ける　◆append new records to the database file　《コンピュ》そのデータベースファイル(の最後)に新しいレコードを追加する　◆append the two-letter condition name as a suffix to...　その2文字からなる条件名を接尾語として～の後ろに付ける　◆the names of... were appended to the document　～の名前が書類に追記された

**appendage**　an ～付加物, 付属物[付属品], 付き物,《生物》付属器官, 付属肢, お付きの者[お供, 従者, 随行員, 子分, 取り巻き]　◆as an appendage to [of] a PC　パソコンへ[の]付加[付属,《意訳》外付け]装置として

**appendix**　an ～ (文書やデータの後尾に付加された)補足, 付録, 添付されているもの　◆an appendix to a document　書類の付録[補遺, 付表]　◆Appendix B　付録[添付]B(*巻末の)　◆in the Appendix to this Treatise　本論文の付録で　◆Appendixes attached to the Specification　仕様書の付表[補遺, 付録, 添付書, 付属文書]　◆Appendixes provide supplementary information at the end of the specification.　補遺[付録, 付表, 添付書類]は仕様書の巻末で追加[補足]情報を補うものである。

**appetite**　(an)～食欲, 欲求, 欲望, 渇望, 需要, 意欲 <for>　◆an appetite for sex; a sexual appetite　性欲, 肉欲, 色欲, 情欲　◆Mike has a big [strong] appetite for sex.　マイクは性欲が旺盛だ[強い]。　◆blunt the edge of one's appetite　食欲を減退させる　◆if the carmaker plans on satisfying our automotive appetites over the long haul　もしこの自動車メーカーが、長期にわたって我々のクルマに対する欲求[クルマに望むこと]に応えるつもりがあるのであらば　◆There's a big appetite for new information.　新しい情報に対する需要は大きい[旺盛だ]。

**apple**　an ～リンゴ, リンゴに似ている果実; an ～リンゴの木(= an apple tree)　◆malic acid derived from apples　リンゴ由来のリンゴ酸

**apple-polish**　vt.〈人〉のご機嫌を取る, ～にごまをする, へいこらする; vi. ごまをする, へつらう　◆if you do too much apple polishing　ごますり[ご機嫌取り]をし過ぎると

**applet**　an ～《コンピュ》アプレット, 小さなアプリケーションプログラム[応用ソフトウェア](= a mini-application)　◆launch an applet　アプレットを起動する

**appliance**　an ～ (特定用途向けの)器具, 機器, 用具, 器械, アプライアンス　◆an electrical appliance　電気器具[電器]　◆a home appliance [boiler] repairer　家電[ボイラー]の修理工　◆a manufacturer of electric appliances　電気器具[電器]メーカー　◆home-appliance users　家庭用電気器具[家庭用電器, 家電品]のユーザー

**applicability**　応用性, 適用可能性, 応用範囲, 適用範囲　◆expand its applicability to...　それの〜への適用を拡大する　◆laws of universal applicability　すべての場合に適用できる法律; 普遍的な法律　◆limit its applicability　それの適用[応用]範囲を制限する　◆rules of general applicability　一般に当てはまるルール　◆studies that have no practical applicability　実際の役に立たない[実用にならない]研究　◆this applicability of the death penalty　死刑[極刑]の適用性　◆widen its applicability　それの応用[適用]範囲を広げる　◆Upon..., the law ceases to have applicability.　～次第, この法律は効力を失う[失効する]。　◆have (a) wide applicability in the synthesis of...　～は～を合成する上で広く適用できる; ～の合成に広範な応用がきく; ～の合成で応用範囲が広い　◆advanced technical training that has direct applicability to many civilian sector jobs　民間部門の多くの職種にそのまま応用のきく[活かせる]先進技術研修(*軍隊で受ける教育の話です)　◆he had recognized the applicability of nuclear energy to submarines　彼は核エネルギーを潜水艦に応用できる[役立てられる]ことに気付いた　◆A number of these laws are of continuing applicability.　これらの法律の多くは継続的に適用される性質のものである。　◆Those solutions are likely to have broad applicability to the global problems of tomorrow.　これらの解決策は, 今後の地球規模の問題に広範に応用できるようになりそうだ。

**applicable**　adj. 適用[応用]できる,《意訳》適用される, 当てはまる, 該当する, 当該～, 適切な, 妥当な,《意訳》関連する　◆if applicable; where applicable　該当する[当てはまる]場合(には)　◆applicable safety standards　当該安全規格;《文脈によっては》関連する安全基準　◆applicable inspection and test instructions　該当する検査・試験方法指示書　◆The experiments to which this technique is applicable are...　この手法が適用可能なこれらの実験は, ～　◆the technology is applicable not just to supercomputers, but to less costly workstations as well　この技術はスパコンばかりでなく, より安価なワークステーションにも応用が可能である　◆Your application may not be considered if the following applicable documents are not furnished:　以下の関連書類が提出されない場合, (あなたの)願書は審査されないことがあります。

**applicant**　an ～申し込み者, 出願者, 応募者, (入社, 入学)希望者, 志願者, (免許などの)申請者　◆a job applicant　求職者　◆applicants for Classes A, C, D and F　A, C, DおよびF級への申請者

**application**　1　①応用, 適用, 利用, 使用, 実用; an ～応用例, 適用[応用]分野, 用途, 応用例, 利用例, 使用例　◆an application area　応用[適用]分野[領域]; 利用範囲　◆an application purpose　応用[適用]目的; 応用目的; 用途; 申し込みの[申請]目的; 塗布[塗る]目的　◆an applications satellite　実用衛星　◆during the application of a voltage pulse　電圧パルス印加中に　◆electronics applications　エレクトロニクスの応用[電子化]例　◆find widespread application　広範な用途に供される[広く応用される]　◆from theory to practical application　理論から実際の応用まで　◆the application of a test voltage to...　～への試験電圧の印加[課電]　◆the direction of application of (a) force　力の印加方向; 加圧方向　◆widen [extend, increase] the scope [sphere] of application of...　～の適用範囲[領域]を広げる[拡大する]　◆an application-specific integrated circuit (an ASIC)　特定用途向けIC　◆as an area of application of the ideas and methods of commutative algebra　可換代数の考え方および方法の応用分野として　◆the range of applications of photonics　フォトニクスの応用範囲　◆a field with increasing applications to medicine　医学への応用がさかんになってきている分野　◆examine its application to various circuits　各種回路への応用を検討する　◆Example applications for the system include...　このシステムの応用例[適用例;《意訳》使用例, 活用例]として～などがあります。　◆find wide application in measuring instruments　計測器に広く応用されている　◆high-quality products for a great many fields [areas] of application　非常に多くの応用分野向けの高品質製品　◆the largest field of application of such devices　そのような素子の最大の応用分野　◆tailor the test instrument to one's own application　自分の用途[使用目的]に合うように, この試験器に手[改造]を加える　◆It finds extensive application in such fields as...　これは, ～などの分野で広範に活用[利用]されている。　◆the application of the technology to achieving a change in the environment　環境に変化をもたらすために, その技術を適用[応用]すること　◆This paper describes actual application examples utilizing Xxx technology to boost...　本論文では, ～を高めるためにXxx技術を使用する実際の応用例[適用事例, 使用例, 活用例]について述べます。　◆a number of applications for which the low-loss waveguides can be used　低

**application-specific**

A

損失導波路が使用できる多くの用途 ◆In applications where such switching is not software controlled,... そのような切り替えがソフト的に制御されない応用例においては、◆Chlorine has a wide range of industrial applications. 塩素は、工業で広範に使用されている。 ◆It is of limited application. それの用途[応用]は、限定されている。 ◆Medical applications are also being rapidly developed. 医療面への応用の開発も急速に進みつつある。 ◆Optical tapes may find important applications. 光テープには重要な用途[応用先, 適用先, 使用先, 利用先]がみつかるかもしれない。 ◆The invention had few practical applications. その発明はほとんど実用にならなかった。 ◆They have a number of applications in animated movie production. これらはアニメ映画の制作で多くの応用例がある。 ◆Atomic clocks have important applications in navigation and communications systems. 原子時計には、航法システムや通信システムにおいて重要な使い道がある。 ◆In the future, robot applications will no doubt extend to fields outside of manufacturing. 行く行くは、ロボットの使用が製造以外の分野にも及ぶのは間違いない。 ◆Its main application is for calibration of timing equipment and precision clocks. それの主要な用途は、タイミング機器および高精度[精密]クロックの較正用である。 ◆The r.f. filter is suitable for use in telecommunications or instrumentation applications. その高周波フィルタは、電気通信や計測アプリケーションでの使用に適しています。

2 an~《コンピュ》アプリケーション(プログラム), 応用ソフト ◆launch [open, start] an application 《コンピュ》アプリケーション(プログラム)を起動する[開く, 開始する] ◆set up an application アプリケーション(プログラム)をセットアップする ◆the application layer 《通》アプリケーション層(*国際標準化機構(ISO)の開放型システム間相互接続(OSI)参照モデルの最上位層である第7層) ◆business-application software 《コンピュ》ビジネスアプリケーションソフト[業務用ソフト] ◆an application-software package アプリケーション[応用]ソフトウェアパッケージ ◆share data between applications 《コンピュ》アプリケーション間でデータを共有する ◆MS-DOS-based applications running on the VMEbus VMEバスで走るMS-DOSベースのアプリケーション

3 (an)~ 塗布, 〈力, 熱など〉を加えること, 印加 ◆after an automatic brake application 自動制動をかけた後に ◆a point of application of a force 力の印加点 ◆upon the application of heat 熱を加え次第 ◆the application of the primer to prevent corrosion 腐食防止のための粗面[地肌]塗り ◆ionize the gas through the application of a voltage of about 180 volts ガスに約180Vの電圧を印加することによってイオン化する ◆... the output is available at low impedance for direct application at the input of the next stage 次の段の入力に直接加えられる低インピーダンスの出力が得られる

4 (an)~ 申し込み, 申請, 願書 ◆an application form 申請[申し込み]用紙 ◆an application purpose 申請[申し込み]の目的; 適用[応用]目的; 用途 ◆an application for approval 承認[許可, 許認可](を得るための)申請 ◆applications for the job その就職口への応募 ◆fill out an application (form) 申請書[表, 申込書]に記入する ◆two export-license applications 2件の輸出ライセンス申請 ◆file an application for a substantial increase in local telephone rates 市内通話料金の大幅値上げ申請を出す ◆Operators who want to drill an oil or gas well in Pennsylvania must first file an application for a permit with the Department of Environmental Protection (DEP). ペンシルバニア州における石油あるいはガスの掘削を希望する業者は、まず環境保護庁に許可申請を出さなければならない。

**application-specific** adj. 特定用途向けの
**applied** 応用の, 応用- ◆solve an applied problem 応用問題を解く
**apply** 1 vt. <to> ~に応用する, 利用する, 適用する; vi. 該当する, 当てはまる ◆apply [assign] the same rules to similar cases 同じルールを似たようなケースに当てはめる ◆The concept can be applied to...-ing その考えは~することに応用できる ◆Similar comments apply to... 同じようなことが~について言える ◆apply a fabric softener in the rinse cycle 繊維製品用柔軟剤を、すすぎのサイクルで使う ◆apply economic sanctions against a country ある国に経済制裁を科す ◆This Specification applies to... 本仕様書に... 適用する。 ◆apply the techniques of differentiation in finding the voltage across the resistor 抵抗の両端の電圧を求めるのに微分の手法を応用する ◆The provisions of this Act shall not apply with respect to the construction and operation of... この法令の諸条項は、~の建設および運用に関しては適用されない。 ◆Circle all that apply. 当てはまるものすべてに丸をつけてください。 ◆Similar considerations apply to software. 同様な考慮事項が、ソフトウェアにも当てはまる。 ◆These characteristics apply for an environmental temperature of 25°·10/-5°C. これらの特性は、25°·10/-5°Cの環境温度に適用される。 ◆Digital CCD technology is being applied to facsimile systems in the form of single-line, high-density elements. デジタルCCD技術は、シングルライン高密度素子の形でファクシミリに応用されている。 ◆With recent improvements in ISDN technology, it has become possible to apply data communications much more extensively. 近年のISDN技術の進歩により、データ通信をより広範に応用できるようになった。

2 vt. <to>~を(~に)塗布する[付ける, 貼る, かける, 施す], 〈力, 熱〉を加える[かける], 〈電圧〉を印加する, 〈ブレーキ〉をかける ◆apply X rays X線を照射する ◆(an) applied voltage; (a) voltage applied 加えられている[加えられた]電圧; 印加電圧; (*ヒューズの話で)給与電圧 ◆apply a drop of light oil to... ~に軽油を1滴注油する ◆apply makeup to a face 顔にメーキャップを施す[化粧をする] ◆apply power to a load 負荷に通電する ◆by strong negative pressure applied on... ~にかかっている強い負圧[陰圧]により ◆Apply a light coating of grease to... ~にグリースを薄く塗布する ◆apply a thermal barrier coating to a surface 表面に遮熱[断熱]コーティングをかける[施す, 塗布する] ◆apply a voltage between the plates 電極間にある値の電圧を加える(→印加) ◆the first coat of paint applied to the surface その表面に塗布されているペンキの地膚塗り ◆Apply a thin film of grease. グリースを薄く塗ってください。 ◆Then the surface is applied with a lasting textured finish. それから、この面には、耐久性のある型押し仕上げが塗布される[《意訳》施される]。

3 vi. 申請する, 申し込む ◆apply for a job 求職の申し込みをする ◆these conductive paints (patent applied for) これらの(特許出願済み)導電性ペイント ◆He applied for his first driver's license. 彼は、初めての運転免許証を申請した。

**appoint** vt. 〈人〉を(~として, ~の職に, ~することを)指名[任命]する<as, to, to do>, 〈日時, 場所〉を指定する, 指示する, ~に設備[備品]を施す; vi. 指名する ◆a court-appointed trustee 裁判所に任命された管財人 ◆live in a modern, well-appointed house 近代的な調度の整った家に暮らす ◆I came at the appointed time 私は約束の[予約]時間に来た ◆if it is not returned by the appointed time もしそれが定刻までに返却されないと ◆about one-third of those individuals appointed to assistant professor positions at MIT were eventually awarded tenure マサチューセッツ工科大学で助教授(の職位)に任命された者のうち約3分の1には結局テニュア[終身在職権]が授与された ◆He was appointed president of Xxx, Inc., on August 28, 1996. 彼は1996年8月28日にXxx社の社長に任命された[《意訳》就任した。] ◆Thanks to the long wheelbase, the highway ride is smooth. The interior is comfortable and well appointed. 長いホイールベース[軸距]のおかげでハイウェイでの乗り心地はスムーズである。室内は広く装備がよく整っている。

**appointment** (an)~ 約束, 取り決め, 予約, アポ(イント)[会う約束]; 〈人〉~ 任命, 指定, 任命, (任命された)地位, 公職, 役職 ◆by appointment 取り決め[申し合わせ]により ◆be eligible for an appointment as a commissioned officer 将校[士官]に任官される資格がある ◆break an appointment (会う)約束を破る[反故にする] ◆make an appointment by letter [telephone] 手紙[電話]で面会の予約[アポイント]を取る ◆without appointments or invitation 約束[アポ]も招待[呼ばれること]もなしに; 飛び込みで ◆write [call] for an appointment 面会の予約[アポイント]を取るために手紙を書く[電話する] ◆your appointment for the driving test あなたの運転実技試験(受験)の予約 ◆If you find you are unable to keep your appointment, please notify the office at least three hours before your appointment. もしもお約束が守れないことに[約束の時間に来られなく]なりましたら、少なくともお約束の時間の3時間前までに事務所までお知らせください。

**appraisal** (an) 〜 評価, 評定, 査定, 値踏み ◆(a) performance appraisal 勤務評定, 勤務成績評価, 業績評価, 業績考査, 人事考課

**appraiser** an 〜 評価[査定, 鑑定]する人, 鑑定人[鑑定士]、査定官

**appreciable** adj. はっきりそれと分かる, 測定可能な; かなりの, 相当の ◆appreciable distortion かなり[はっきり認められるほど, 容易に検出できるほど, 容易に感知できるほど]の歪み ◆change by an appreciable amount それと分かるほど[無視できないほど]変化する ◆Should the power outage last for an appreciable time,... (もし)停電がかなりの時間続くようであれば

**appreciate** vt., vi. 〜を正当に評価する, 〜の有難味は[良さが]分かる, 価値を上げる[が上がる], 鑑賞する, めでる ◆appreciate the program's prowess in... -ing このプログラムの〜する能力の有り難み[すばらしさ]が分かる ◆I should appreciate your finding out whether... 〜かどうかお調べいただけると有り難く存じます[幸いです]。 ◆We (would) appreciate your linking to us!; We highly [greatly] appreciate your link! 《ネット》リンクしていただけると幸いです; リンクを歓迎します。; リンクは大歓迎! ◆we appreciate the efforts of the Clinton administration 我々はクリントン政権の取り組みを高く評価する ◆I would appreciate your opinion on the above. 上記についてご意見をお聞かせ[お寄せ]いただけると幸い[幸甚]です。 ◆We are not sure this development is fully appreciated by the consumer. 私共には、この開発が消費者から十分歓迎されるかどうか自信がありません。 ◆You have to spend considerable time behind its wheel to appreciate its virtues to the fullest. かなりの時間運転してみないことには、この車の真良さは十分には分からない。 ◆We would greatly appreciate it if you would also complete the survey questions that follow, but that is optional. よろしければ、その下のアンケートの質問にもお答えください。ただし、これは必須ではありません[お差し支えなければでけっこうです]。

**appreciation** (an) 〜 正当な評価[認識, 理解], 感知, 察知, 識別, 鑑賞, 価値が上がること ◆a music appreciation class 音楽鑑賞クラス ◆the appreciation of the yen versus [against] the dollar ドルに対しての円高 ◆the rapid appreciation of the yen 円の急騰; 急激な円高 ◆the yen's appreciation 円高 ◆he expressed his appreciation for her willingness to <do...> 彼は、彼女からの喜んで〜しましょうという申し出に対して感謝の意を表した[表明した] ◆an appreciation of more than 40% in the value of the yen against the dollar ドルに対して40%を超す円の騰貴[円高] ◆"I'd like to express our appreciation to the government of Iran, which used its influence with... in order to <do...>." 「〜するために〜に対する自らの影響力を行使してくださったイラン国政府に感謝の意を表します」

**apprehend** vt. 〈犯人=ホシ〉を逮捕する[捕らえる, 挙げる]; 〜を(頭で)把握する, 理解する, 認識する, 認める ◆before they were apprehended by the police 彼らが警察に逮捕される前に ◆The Border Patrol apprehended 1.3 million illegal crossers last year. 国境警備隊は昨年130万人に上る不法越境者の身柄を拘束した。

**apprehension** ⑪または〜s 不安, 心配, 懸念, 心細さ, 危惧の念, 憂慮, 杞憂, 気遣い; ⑪捕らえること, 逮捕; ⑪頭で捕らえること, 理解, 把握, 思い込み, 感知 ◆during the apprehension of the suspect その容疑者の検挙の際に ◆there is apprehension that... 〜ではないかという懸念がある ◆apprehensions of illegal immigrants in El Paso have gone down by 81 percent since... 〜以来、エルパソにおける不法移民の逮捕件数は81パーセント下がった ◆But even if there was apprehension about what was to come, there was a sense of relief. だが、先行きへの不安はあったにしろ、安堵感があった。

**apprehensive** adj. 不安げな, 心配して, 心配そうな, 気がかりな, 危惧の念[懸念]を抱いて, 気遣って; 理解力の鋭い, 理解のはやい ◆she at first was apprehensive about coming to the United States 彼女は初め、米国に来るのが不安だった

**approach** 1 vt., vi. 〈〜に〉近づく, 接近する, 近づく;〈仕事など〉に取りかかる,〈研究・問題など〉に取り組む ◆approach zero ゼロに近づく ◆as 1997 approaches 1997年が近づくにつれて ◆a train is approaching 列車が接近してきている ◆at speeds approaching 575 m.p.h. 時速575マイルに迫る[近い]速度で ◆With 1997 approaching, Hong Kong is... 1997年が差し迫ってきて[間近になって]いるので、香港は〜 ◆Xxx approached Yyy with a proposal to establish a joint venture in Indonesia with the objective of... ing Xxxは、〜する目的のジョイントベンチャー[合弁企業]をインドネシアに設立する提案をYyyに持ちかけた ◆The subject is approached from three directions. このテーマは、3つの方向から扱われてる[3つの観点からアプローチされている]。 ◆As the year 2000 approaches, the computer era nears 56 years. 西暦2000年が迫り来るにつれ、コンピュータ時代は56歳に近づく;(意訳)西暦2000年で、コンピュータ時代は56歳になろうとしている。 ◆This chapter approaches the subject of applying OA systems to office work. 本章では、OAシステムをオフィスでの仕事にどう生かすかという主題に迫ってみる。 ◆This hi-fi VCR offers outstanding sound that approaches the quality of compact disc digital sound. このHi-Fiビデオデッキは、CDのデジタルサウンドの音質に迫るすばらしい音を聞かせてくれる。

2 an 〜 接近, 〜に入る道[口], (着陸時の滑走路への)進入, 近似, 問題解決への取り組み方[方法, 手法] ◆make one's approach [an approach] to... 〜に近づく[接近する];〈滑走路〉などへ進入する ◆his approach to the job 彼の仕事のやり方 ◆in this approach このアプローチでは ◆the approach of 1997 1997年が到来しつつある[近づいている]こと ◆while on landing approach to... 〜の着陸進入中に ◆a signal indicating the approach of a vehicle 車両の接近を示す信号 ◆at an approach to a grade 坂の登り口のところで ◆he made sexual approaches to [toward]... 彼は性的関係を持とうとして〜に言い寄った ◆new approaches to preventing the disease その病気に対する新しい予防法 ◆take [adopt] a novel approach to the problem of... 〜の問題に当たるのに斬新な方法を取る ◆approaches to the making of video programs ビデオソフトの制作のしかた ◆adopt the relatively unusual approach of... -ing 〜するという比較的珍しいアプローチを採る ◆There are two general approaches to finding the values of... 〜の値を求めるのに、2つの一般的な方法がある。 ◆The standard approach is through the provision of a file system... 《コンピュ》通常のアプローチは、ファイルシステムを設けることである。 ◆His new approach to the issue was motivated by realization that... 彼のその問題の新たな扱い方は、〜であるといった認識に動機付けされていた。 ◆He presents an approach for estimating some of these indirect factors. 彼はこれらの間接要因のいくつかを評価するための手法を提案している。 ◆The software package is worth studying for its approach to the problem of... そのソフトは、〜という問題にどう取り組んでいるか[をどう処理しているか]という点で、研究してみる価値がある。 ◆This approach of separating the two problems greatly simplifies the task of arriving at a solution. 2つの問題を別々に扱うというこのアプローチによって、解決の作業が大幅に簡単になる。

**appropriate** 1 adj. 適切な[妥当な, しかるべき, 適当な, 適正な, ふさわしい, 該当する, 対応する]<to, for>;特有[固有]の ◆as appropriate; as [if, when, where] deemed appropriate 適宜 ◆where appropriate 適切な[必要な, しかるべき]

箇所で[場合に];必要に応じて;適宜 ◆an appropriate example 適例 ◆an appropriate authority しかるべき[該当する,当該,所轄の]当局[官庁]/役所,官庁] ◆a pan of appropriate size ちょうど良い[適当な]大きさの平鍋 ◆in an appropriate manner 適切に ◆make appropriate use of... ~を適正[適切]に使用[利用]する ◆notify the appropriate authorities 関係当局に通報する ◆the appropriate use of force 妥当な武力[実力]行使 ◆weight appropriate to one's height 身長に見合った体重 ◆approval by the appropriate government agencies 当該政府機関[官庁]による認証 ◆it is appropriate to <do> ~することは妥当である ◆The appropriate section describes... 適切な節で~について述べる[《意訳》~については別の節で述べる] ◆until all edges are of an appropriate length すべての辺が適当な(同じ)長さになるまで(*lengthが単数形なので「同一の」長さ) ◆use appropriate weapons at appropriate times 適切な武器を適切なときに使う;その場その場に合った武器を使う ◆use language appropriate to the child's level of understanding 子供の理解力のレベルに合った言葉を使う ◆at appropriate points in the manufacturing process 製造工程の適切な箇所に ◆give children responsibilities appropriate to developmental levels 子どもに発達段階に応じて責任を持たせる ◆create [craft] a legal system appropriate to their circumstances 彼らがおかれている状況に対応した[即した,沿った]法制度をつくる[《意訳》整備する] ◆equipment meeting the appropriate ANSI standards しかるべき[該当する,当該]ANSI規格を満たしている機器 ◆open and close the gate at the appropriate times 適時にゲートを開閉する ◆To the extent appropriate, all guidelines shall be applied to... 適宜,全ガイドラインを~に適用するものとする.(*to the extent appropriate = 適切な程度に) ◆Please check the appropriate box. 該当する四角(□)に✓を[はまる枠(の中)にチェック印を]つけてください. ◆To launch a report, click the appropriate button. 《コンピュ》レポートを起動するには,該当する[(そのレポートに)対応する]ボタンを押します. ◆Wear a tie that is appropriate to the occasion. その場にふさわしい[合った]ネクタイを着用しなさい. ◆Indeed, I did have a relationship with Miss Lewinsky that was not appropriate. 確かに,ルインスキーさんとの不適切な関係を持ちました. ◆The help of a professional interpreter should be sought where appropriate. 必要に応じて[適宜]プロの通訳に助けを求めるべきである. ◆Check all the appropriate answers to questions Q1 through Q8. 質問Q1からQ8について該当する[当てはまる]すべての答えにチェック印を付けてください.(*アンケートの質問でなく試験問題文なら,appropriateは「適切な,適当な」と訳せる) ◆Letters will be published as space allows and as deemed appropriate by the editors. 投書は,誌面の許す限り,編集部がふさわしいと判断するものについて掲載します.

2 vt. ~を充当する<to, for>,〈予算〉を計上する<for>,~を自分のものとして使う ◆appropriate money for... ~のために金を充当する ◆... appropriate land for the new airport 〈国などが〉新空港(建設)のための用地を収用する ◆within the limits of the budget appropriated 割り当てられた予算の枠内で

**appropriately** adv. 適切に,正しく,適正に,妥当に,しかるべく,適当に,適宜に,ふさわしいように,適度に,ぴったり ◆be not necessarily properly [appropriately] designed ~は必ずしも適切に設計されてはいない ◆be appropriately recognized within both academic and industry circles 学界内と産業界内の両方で正式に[しかるべく]認められる ◆they used appropriately-shaped tree limbs for clubs 彼らは適当な形をした木の大枝[格好な太い枝]を棍棒に使った ◆Combine flour, baking soda and salt in appropriately sized bowl. 適度な大きさのボウルで粉,重曹,塩を混ぜ合わせる.(*bowlの不定冠詞が省かれている.レシピでは冠詞がよく省かれる) ◆The shift lever is appropriately sporty-looking. このシフトレバーも,それ相応にスポーティーに見える.

**appropriateness** 回適切である[適している]こと,適正さ,妥当性,ふさわしさ ◆make a judgment as to the appropriateness of ... ing ~することの妥当性について判断を下す;

~することが適切か[妥当か,ふさわしいのか]どうかの判定をする ◆question the appropriateness of having them serve as tutors 彼らに教師役を務めさせることの妥当性を疑問視する[に首を傾げる] ◆Questions were raised about the appropriateness of the company's accounting practices. 同社の経理慣行の妥当性について疑問(の声)があがった[出た].

**appropriation** (an) ~ 充当,割り当て,充当金;回横領,着服,専有 ◆the Senate [House] Appropriations Committee 米国上院[下院]歳出予算委員会 ◆reduce the operating budget appropriation by an average of 33 percent for Xxx and by 36 percent for Yyy 運営[営業]予算割り当てを《意訳》Xxx向けで平均33%, Yyy向けで36%削減する ◆The mayor approved the appropriation for the new gymnasium. 市長は,新体育館(建設)のための予算支出を承認した. ◆Between 1990 and 1994, defense appropriations for nonmilitary purposes more than trebled. 1990年から1994年の間に,非軍事目的のための防衛支出は3倍以上に増えた. ◆The accountant was arrested for his appropriation of company funds. その経理担当者は,会社の金を横領したかどで逮捕された.

**approval** 回承認,許可,認可,許諾可,決裁,裁可,是認,賛成,賛同,協賛 ◆award a seal of approval to... ~に正式な認可を与える;~に(信頼できるとか優良であるなどの旨の)認定を与える ◆bear an approval seal from... ~には~の承認印[認め印]が(押されて)ある ◆give an approval seal [a seal of approval] to... ~に承認[承認印,認可印,(品質)保証印,極印,太鼓判,折り紙]を与える ◆give... one's stamp of approval ~に承認[認定]印を与える ◆grant [give] approval to a project プロジェクト[事業]に対して認可[承認]を与える ◆require [call for] the approval of... 〈人など〉の承認を要する[必要とする] ◆without prior Edmund approval エドモンド社の事前の承認無しで ◆without receiving prior approval from... ~から事前に許可[了承]を得ないで ◆a procedure to apply for approval for the use of... ~の使用の承認を得るための申請手続き ◆subjects requiring unanimous approval 満場一致[全会一致,出席者全員]の決裁を要する案件 ◆become [shall be, will be] effective upon approval by [of]... ~(人など)の承認があり次第有効になる;~の承認をもって発効する[効力を発する] ◆approval of the use of... has been withdrawn because of... ~という理由で~の使用許可が撤回された ◆have a 90 percent approval rate [rating] 〈国家の首長など〉が90パーセントの支持率を得ている ◆present... to the customer for approval 承認を得るために~を顧客に呈示する ◆prior to receiving approval for marketing... ~の販売認可を受ける前に ◆the approval-issuing authority will assign the document number 許可当局が書類番号を振る ◆require Gray Corporation approval prior to volume shipment of parts 部品の大量出荷の前にグレイ社の承認を必要とする ◆Femtex has applied to the Federal Communications Commission for approval of its plan to build... フェムテックスは,米連邦通信委員会に,同社の~建設計画について承認[許可,認可]を得るために申請を出した. ◆The printer has FCC Class B and VDE Class B approval. 本プリンターは,FCCおよびVDEクラスB認証取得済みである.(*VDE = Verband Deutscher Elektrotechniker ドイツ電気技術者協会) ◆(The) Seller shall provide approval drawings after receipt of order. 売り手は受注後に承認(のための)図面を提出することとする. ◆You must obtain approval from DEP for these activities: (以下を)行う(ための)これらの業務についてDEPから承認を得る必要があります. ◆If FDA approval is granted, a stockpile of anthrax vaccine can be used on military personnel. 米食品医薬品局の承認が下りれば[認可が得られれば],炭疽菌ワクチンの備蓄を軍事要員[兵士,軍人]に対して使用できる. ◆The manufacturer shall submit drawings for approval prior to fabrication. 製造業者[メーカー]は,製造に先立ち承認を得るための図面を提出するものとする. ◆Dr. Mendell is waiting on the FDA approval for "off-label" use of gentamicin and he estimates this will take 3 to 5 months. メンデル医師は,ゲンタマイシンの「適応外使用」に対するFDAの承認がおりるのを待っているところであり,これには3~5カ

月かかるものとみている。(＊この用例では wait on/upon = wait for）◆Each year, the Association bestows its seal of approval on products of outstandingly functional and innovative design.　毎年この協会は，著しく機能的かつ革新的なデザインの製品に（推薦の）認定印を授与して［折り紙をつけて，太鼓判を押して］いる。◆The French-made lotion will be submitted to the Food and Drug Administration for approval.　そのフランス製のローションは，食品医薬品局に認可を得るために提出される。

**on approval**　（商品を検査してみて，試しに使ってみて）よかったら購入するという条件で ◆equipment sent on approval　試用販売［使ってみて気に入れば購入さもなければ返品という］条件で（客先に）向け出荷された機器

**approve**　vt. 承認［認可，許可，裁可，承諾，是認，賛成，賛同，協賛］する; vi.　よしとする <of> ◆an approved [authorized] drawing　承認された図面，承認図 ◆government-approved textbooks　国定［検定］教科書 ◆a DOT-approved helmet　《米》運輸省の認証取得済みのヘルメット;（《訳》運輸省お墨付きのヘル（＊DOT = Department of Transportation) ◆approve a shipment to...　～向けの出荷を許可する ◆approved for shipment　出荷の承認が取れて ◆be officially approved by...　公認されている ◆before being approved for production　本生産開始の承認前に ◆UL-listed and CSA-approved switches　UL規格およびCSA規格認証取得済みスイッチ ◆Approved by:___ 承認:___（＊図面その他の文書の端の承認者サイン欄の表記）(略記: APPROVED, APPD, APP) ◆Members of both groups unanimously approved... -ing　両団体のメンバーは，～することを満場一致で可決した ◆All connectors are UL and CSA approved. コネクタはすべて，ULおよびCSAの認証を受けている。(＊「ULおよびCSA規格取得済み」とも訳せる）◆It is a serious depravity that can in no case be approved of.　それは決して認められ［容認でき］ないひどい行為である。◆To be on the safe side, check your owner's manual first to see if this method is manufacturer-approved.　念のために，取扱説明書を見て，この方法がメーカーの認めているものかどうかについて確かめてください。

**approved**　adj. 承認［認可，是認，許諾］された，正当な，定評のある

**approx.**（= approximately）

**approximate**　1 adj. おおよその，概算の，近似の，概略の ◆obtain an approximate expression　近似式を求める ◆an approximate value　近似値，概算の値 ◆a result obtained by approximate calculation　近似計算［概算］により求められた結果 ◆obtain [find] an approximate solution to...　～の近似解を得る［求める］◆the approximate value of these items　これらの物品のだいたい［おおよそ］の価値［価格］◆An approximate calculation indicates that... 近似計算は～であることを示している; 概算によると，～ということになる。◆All sizes listed are approximate. 表示されている寸法はすべておおよその［概算］値です。◆The approximate time of their arrival will be five o'clock.　彼らのおおよその到着予定時刻は，5時です。
2 vt., vi.　～に近づける，近づく ◆～を見積もる ◆approximate the cost at ¥150,000　費用を¥150,000に（概算）見積もりする ◆approximate the value of a JFK letter at $3,000　ジョン・F・ケネディの手紙1通の価値［値段］を3,000ドルに概算見積もりする ◆Several times each month, six-member B-52 crews keep in training by flying exercises that closely approximate what they would do in a retaliatory strike against the country.　毎月数回，B-52爆撃機の6人編成の乗組員が，同国に対する報復爆撃時に遂行する任務を実戦さながらにシミュレーションする飛行訓練によってコンディションを維持している。

**approximately**　adv. 約，ほぼ，だいたい，おおよそ，概算で; ほとんど ◆devices with approximately the properties desired　ほぼ要求される通りの［望ましい］特性を有する素子

**approximation**　(an) ～　近づくこと，接近，隣接; an ～　近いもの，概算，概算見積もり額，近似値，近似 ◆an approximation method　近似法 ◆a rough approximation of a sine wave　正弦波にほぼ似ている波形 ◆make approximations to simplify calculations　計算を簡単にする

めに近似化する ◆What you see on the screen is only an approximation of the final printed output.　あなたが画面の上で見るものは，最終的な印字出力のおおまかな［おおよその］様子でしかない。

**appurtenance**　～s 付属品，付加物 ◆construct a new maintenance facility and associated [related] appurtenances at...　～に新規整備施設および関連付属設備を建設する

**appurtenant**　adj. 付属の，従属して ◆appurtenant buildings and structures　付属建屋および付属構造物［施設］◆perform other appurtenant work as required　必要に応じ，その他の付帯作業［工事］を行う ◆all incidental work appurtenant to the successful relocation of the lighthouse　この灯台を成功裡に移設するために付随する付帯工事［作業］のすべて

**APS**　(the Advanced Photographic System; the Advanced Photo System) 新写真システム（《略語形にtheは不要》）

**apt**　adj. ～（し）やすい，しそうな; 適切な，賢い，さとい，飲み込みがはやい，（～が）得意な［（～の）才能がある］<at> ◆work that is apt to splinter　（とかく）割れやすい加工物 ◆Lawyers, in arguing cases, are apt to say anything in their attempts to help out their client.　弁護士は，弁護をする上で，依頼者を救済しようとして何でもかんでも喋りがちである。

**aptitude**　回《具体的には an ～》適性，素養，素地，才能 ◆an aptitude test　適性試験［検査］◆an aptitude for tests　《実力はともかく》テストで点数を取る能力; テスト（の点数かせぎ）が得意なこと ◆have an aptitude for languages　語学の才［才能，素質］がある;《意訳》外国語の筋がいい ◆one's aptitude for... -ing　～する才能［素質，筋］◆by testing applicants' aptitude for particular jobs　《意訳》応募者の職業適性を検査することによって ◆take a full blown aptitude test to discover areas you didn't know you had an aptitude for　本格的な適性テストを受けて，自分に向いている［適性がある］とは知らなかった分野を見つける ◆Both artists showed [displayed, demonstrated] an early aptitude for music.　両アーティスト共に早く［幼少の頃］から音楽の才を見せた。

**aptly**　adv. 適切に，巧みに，うまく，ふさわしく，よく合うように，的を射た［核心を衝いた］ように ◆It has been aptly said [put] that...　～とはうまいこと言ったものである。; ～とは至言［適言］だ。◆It has been aptly said that two's company and three's a crowd.　2人だと仲間，3人だと仲間割れとは言い当てている（うまいこと言ったものだ）。

**AQL**　(an) ～　(acceptable quality level)《品管》合格品質基準［水準］

**aqua**　n. 水，水溶液 ◆aqua pura　《ラテン語》純水（＊省略形は aq. pur.）

**aquaculture**　回水産養殖 ◆(an) aquaculture fish　水産養殖魚 ◆an aquaculture producer　養殖業者 ◆aquaculture industries; the aquaculture industry　養殖業，養殖業界

**aqua regia**　王水 ◆Gold dissolves in aqua regia.　金は王水に溶ける。

**aquatic**　adj. 水の，水生の，水中［水上］の ◆an aquatic animal [plant]　水生動物［植物］◆aquatic life　回《総称》水生生物 ◆living aquatic resources　水産資源 ◆the aquatic fauna [flora] of a region　ある地域の水生動物相［植物相］

**aqueous**　adj. 水のような，水を含む，水溶性の，（岩石の）水成の ◆(an) aqueous [(a) sedimentary, (a) hydrogenic] rock　水成岩 ◆an aqueous-based cleaner　水性洗浄剤 ◆aqueous ammonia　アンモニア水 ◆in an aqueous [water] solution　水溶液中で

**aquifer**　an ～　帯水層 ◆A deposit of rock containing groundwater is known as an aquifer.　地下水を含む岩石の層は帯水層として知られている。

**Ar**　アルゴン (argon) の元素記号

**Arab**　an ～　アラブ［アラビア］人，アラブ［アラビア］馬; the ～《集合的に》アラブ［アラビア］人 ◆an Arab country　アラブのある国 ◆Arab countries [states]　アラブ諸国 ◆the Arab world　アラブ世界 ◆the United Arab Emirates (UAE)　アラブ首長国連邦 ◆the Arab-Israel Six Day War　アラブ・イスラエル6日戦争

**Arabic** adj. アラブ(人)の, アラビア語[文字]の; ⦿アラビア語 ◆an Arabic figure [numeral] アラビア[算用]数字(*0, 1, ~ 9のいずれか)

**A  arbitrary** 任意の, 自由に決めてかまわない, 恣意的な ◆after an arbitrary length of time elapsed 任意時間経過後に; ある時間過ぎた後で ◆an arbitrary number of... -s 任意の[適当な]数の~ ◆arbitrary-sized 任意の大きさの ◆character strings of arbitrary length(s); an arbitrary-length character string 任意の長さ[任意長]の文字列 ◆... of arbitrary length 任意の[適当な]長さの~

**arbitration** 調停, 裁定, 仲裁, 《コンピュ》アービトレーション ◆the International Court of Arbitration for Sports (ICAS) 国際スポーツ仲裁裁判所(*千葉すず選手がシドニー五輪の選考から落とされたことで水泳連盟の決定を不服として訴えたのが日本初の調停ケース) ◆submit [refer] a dispute to arbitration 争議(の解決)を調停[《仲裁》裁定]に委ねる ◆refer an issue to a third party for arbitration 問題の調停を第三者に委ねる

**arbor** an ~ (機械の)アーバ, 軸, 心軸, 心棒 ◆Place the saw blade on the arbor shaft. ノコ刃を取り付け軸に取り付けてください。(*an arbor shaft = 切断・切削用工具を取り付ける軸)

**arc** an ~ アーク, 弧, 円弧, (アーク放電の)電弧, 弧光 ◆an arc-extinguishing medium 消弧剤(*電流の遮断を速くするためにヒューズに封入) ◆an arcing horn アークホーン(*落雷などにより送電線に発生する異常電圧を放電させるため) ◆an arc-suppression coil 《送電》消弧リアクトル(= a Petersen coil) ◆arc suppression 《電気》消弧(*水銀整流管などの) ◆1 second of arc; 1 arc second 1アークセカンド[秒角] ◆an arc-shaped specimen 円弧状の試験片 ◆to prevent a restrike of the arc 《電》再点弧を防止するために ◆When the arc is reinitiated, ... 再点弧されると, ... ◆perform arc-resistance testing 耐アーク試験を実施する ◆The tone arm swings in and out along an arc over the disc surface. (レコードプレーヤーの)トーンアームは, レコード盤の表面上を, 弧を描くように内周側や外周側に向かって移動する。

**arcade** an ~ アーケード(商店)街; an ~ ゲームセンター ◆an amusement [video, a penny] arcade ゲームセンター, ゲーセン ◆an arcade game (ゲームセンターの)ゲーム(機)(*高画質・高音質の業務用のもの. 広義には家庭用のものも含む) ◆a video arcade computer gaming machine 《意訳》業務用コンピュータゲーム機

**arcane** adj. 秘伝を受けた[少数の]者のみが理解できる, 秘密の, 奥義の, 奥深くて難解な ◆an arcane smile 不可解な[不気味な, 意味の悪い]微笑[笑み, 笑顔]

**arch** an ~ アーチ, 迫持(せりもち), 弓形の門, (足の)土踏まず; v. 弓形になる[する]

**archaeological** adj. 考古学の, 考古学上の, 考古学的な ◆(an) archaeological excavation 考古学調査上の発掘 ◆archaeological prospecting [prospection] 遺跡探査(*地中レーダ探査, 電気探査, 磁気探査による実際の発掘を伴わないし下調動の調査) ◆a study of archaeological finds 出土品の研究 ◆conduct an archaeological survey of... ~の考古学調査を行う

**Archeozoic** the ~ (era) 《地》始生代; adj.
**Archie** 《ネット》(*インターネットで, anonymous FTPサーバーに保存されているファイルを検索するツール)

**architect** an ~ 建築家, 建築技師[技術士, 技術者], 設計技師, 立案者, 創始者 ◆architect Frank Lloyd Wright 建築家フランク・ロイド・ライト

**architectural** adj. 建築学の, 建築術の, 建築上の, 建築用の ◆an architectural plan 建築関係の図面; 建築設計図

**architecture** ⦿建築学, 建築術; (の), 建築様式; (an) ~ 構造, 構築, 構造, 設計, 《コンピュ》アーキテクチャ

**archival** adj. (文書などの)永久[長期]保存の, 保管の ◆(an) archival backup 《コンピュ》アーカイバルバックアップ (*以前行ったバックアップ以降に変更のあったファイルと新規のファイルのみコピーし直すこと) ◆for archival storage of data データの長期保管用に ◆for permanent archival storage (情報を)永久的に保管[保存]しておくために ◆internal documents produced mainly for archival or reference purposes 主として(長期)保管や参照の目的で作成された内部用書類

**archive** 1 n. (通例 ~s)古文書[公文書]保管所, 公文書館, 資料館, 資料室, 資料庫, 文書収蔵庫, 保管資料, 保管文書; an ~ 《コンピュ》アーカイブ, バックアップファイルの格納場所, 書庫ファイル (*複数のファイルを, 圧縮してまたはそのままで, 一つにまとめたファイル), 過去ログ ◆a film archive 映画保存機関[保管所] ◆update old versions in an archive 《コンピュ》アーカイブ[書庫ファイル]内の旧バージョンのファイルを更新する ◆transfer records that are no longer accessed frequently from a current file into a historical or archive file 《コンピュ》頻繁に見ることのなくなったレコードを, 現在のファイルから履歴ファイルまたはアーカイブ[記録保管]ファイルに移す

2 vt. 〈記録, 文書〉を資料館[資料室, 《意訳》資料集]に入れる, (長期)保管資料にする ◆archive 〈ファイル〉をアーカイブする[長期保存用媒体にコピーする, 《圧縮して》書庫ファイルに入れる] ◆archived files 《コンピュ》アーカイブされた[記録保管用の場所に入れられた]ファイル ◆The archiving program shrinks and combines files to take less space. 《コンピュ》アーカイブプログラムは, 記憶容量を節約するために複数のファイルを圧縮して一つのファイルにまとめる。

**archiver** an ~ 《コンピュ》アーカイバ ◆a file archiver 《コンピュ》ファイルアーカイバ(*1個または複数のファイルを, 圧縮してあるいはそのまま, 1つの保存用ファイルにまとめるプログラム)

**archivist** ◆a military archivist 軍の記録管理者
**arctic** adj. 北極の; the Arctic 北極(地域), 北極海 ◆the Arctic Ocean 北極海 ◆the Arctic Oscillation 《気象》北極振動 ◆inside the Arctic Circle 北極圏内で

**area** an ~ 場所, 地域, 領域, 区域, 野(や), 範囲, 部分, 部位, 面積 ◆an application area 応用[適用]分野[領域]; 利用範囲 ◆a telephone area code; an area code; a city code 電話の市外局番 ◆an area of memory 《コンピュ》記憶装置のある一領域 ◆areas of depigmentation (皮膚の)白斑の箇所[部分] ◆areas that should be biopsied 生体組織検査[生検]しなければならない部位 ◆Dallas-area hospitals ダラス地域の病院 ◆implement improvements on an areawide [area-wide] basis 改善を地域全体を対象にして[全地域的に]実施する ◆in many areas of experimental research 多くの実験的研究分野で ◆in the area of information management 情報管理の分野で ◆in the Ottawa area オタワ地域で ◆list by geographic area 地域別に一覧にする ◆a low-lying area 低い地域, 低地, 低い土地 ◆skin eruption in the diaper area おむつのあたる部分の発疹 ◆reduce the effective area of the headlights ヘッドライトの有効面積を減らす ◆an area more than seven times the size of Switzerland スイスの大きさの7倍以上の面積 ◆As computers spread into wider application areas, ... 《直訳》コンピュータがより幅広い適用範囲において広がるにつれて; 《意訳》コンピュータの利用範囲の拡大にない ◆Jamborees are held in areas of the country. ジャンボリーがこの国の所々[いろいろな地域]で催されている ◆This device is ideal for use with laptops in confined areas. この装置は, 狭い場所でラップトップコンピュータと一緒に使うのに理想的である。 ◆The injected area will turn red in two days if the person has TB. もしも結核にかかっていれば, 注射した箇所が2日で赤くなる。 ◆The utility furnishes electricity throughout its Virginia service area. この電力会社は, 同社のバージニア供給区域[《意訳》電力圏内]全域に電気を供給している。

**arena** an ~ アリーナ, 競技場, (競争の場である)市場, (活動の)場, 舞台 ◆a sports arena スポーツ競技会場 ◆Toshiba's first two entries in the 12X arena 東芝が12倍速(CD-ROMドライブ)の(市場)領域[部門]に投入した最初の2モデル ◆Viewtron's dominance in the high-end monitor arena 高級モニター市場におけるビュートロン社の優勢 ◆Xxx Consultants is a small, specialist consultancy with many clients in the creative business arena such as A, B and C. 《意訳》Xxxコンサルタントは、クリエイティブ・ビジネスの領域［場、舞台］で活躍するA, B, Cといった数多くの少数精鋭コンサルタント会社です。 ◆Our fear is that somehow reproduction has shifted away from an act that creates a family into an arena in which money, profit and benefit for others start to enter. 我々の恐れるところは、生殖がどうゆうわけか［どうしたことか、何かしら］家族を作るという行為から離れ、金、利益、および他人への恩恵がからんでくる場へと変わってしまったことである。(＊人工授精の話)

**ARF** (ASEAN Regional Forum) the ～ アセアン地域フォーラム

**argillaceous** adj. 粘土質の ◆(an) argillaceous rock 粘土質の岩石

**argillite** 粘土質岩

**argon** アルゴン（元素記号: Ar）

**arguably** adv. 《文全体を修飾して》論証［議論によって証明］できることだが、もしかして、多分、恐らく、もしかすると［場合によっては、あるいは］～かもしれない ◆this English band is arguably the best in the world at the moment この英国のバンドは、目下のところ恐らく世界で最も優れている（といってもいいだろう）

**argue** vt., vi. 言う、述べる、説く、唱える、論じる、主張する、言い張る、議論［論議］する、論争する、論陣を張る、～ということを示す［証明する、立証する］<that, to be>；〈人〉を説得して～させる［～を指し示すものとして用いる］<into, out of> ◆Proponents argue that... 賛成派の人たちは、～であると唱えて［説いて、論じて、論陣を張って］いる。 ◆scientists argue about whether... 科学者らは～かどうかについて論じている ◆There is no point in arguing about... [whether...] ～について［～かどうか］議論しても意味がない［なんにもならない, 何にも始まらない, 無駄だ］ ◆It is one of those immutable laws of nature you can't argue with. それは誰も逆らえない厳然たる自然の摂理の一つである。 ◆It is still hotly argued from a safety standpoint. それは安全という見地から、相変わらず熱い論争が展開されている。

**argument** 1 an ～（筋道だてて述べられた）論［主張、議論］；口論論［立論］すること、議論をすすめること；(an) ～（意見の異なる者どうしの間の）論争［口論、論議、議論、討論］；an ～（賛否の）理由［論拠、論点］<for, against>；an ～ 《文学作品などの》要旨、梗概（コウガイ）、筋 ◆our argument as to... ～に関する我々の論 ◆his well-stated arguments regarding the article この記事に関してうまく述べられた彼の議論 ◆Following a similar argument, we can postulate... 似たような理由［論拠］で、我々は～を仮定することができる。 ◆The arguments raged. 議論は荒れた［激しく戦われた］。
2 an ～《数》独立変項, 引数（ヒキスウ）, 変数, 《複素数の》偏角 ◆an argument to the function その関数への［関数に渡される］引数 ◆pass arguments to a subroutine [procedure, function] サブルーチン［プロシージャ, 関数］に引数を渡す ◆The function is called with two arguments. この関数は、2 つの引数で［を指定して］呼び出される。

**arise** vi. 生じる、起きる、発生する、生まれる、現れる；立ち昇る、立ち上がる ◆power loss arising from [out of] eddy currents 渦電流に起因する［が原因の、による］電力損失 ◆when a problem arises 問題が生じたときに ◆If there arises [Should there arise] a need to address this issue further,... この事柄に関してさらに対処する必要が生じたら ◆in case a problem may arise もしも問題が起きたら ◆interference arising internally 内部で発生している妨害 ◆The late 1970s were exciting times; personal computers were coming into their own, and new applications were arising every day. 1970年代末期はエキサイティングな時代だった。パソコンは市民権を獲得しつつあったし、新しいアプリケーションが毎日生まれていた。

**aristocracy** 貴族政治（の国）; the ～ 貴族［華族］、貴族［華族］社会［階級、制度］

# arithmetic
n. 算術, 算数,《四則演算程度までの》演算［計算］; adj. 算術の, 演算の, 数値計算の ◆an arithmetic progression 等差数列 ◆an arithmetic sum 算術和 ◆floating-point arithmetic 浮動小数点演算 ◆A 32-bit processor can perform arithmetic at least twice as fast. 32ビットプロセッサは、算術[数値]演算を少なくとも2倍の速さで行うことができる。 ◆Regardless of educational background, installers must be good at simple arithmetic. 学歴のいかんを問わず、据付工は簡単な算数は良くできなければならない。

**arm** 1 an ～ 腕、アーム、腕木、腕金；(ホイートストンブリッジの)辺；(会社などの)部門 ◆with open arms 両手を広げて; 大歓迎して; 大歓迎されて; 心から; 諸手を挙げて(賛成[支持, 賛同]して) ◆a robotic arm ロボットの腕 ◆This is a great shot in the arm for the housing industry. それは住宅産業にとって大きなカンフル注射[剤]である。 ◆Arianespace is the commercial arm of the 13-nation European Space Agency. アリアンスペース社は、13カ国が加盟している欧州宇宙機関の商業部門である。
2 ～s 兵器、武器、武具、剣戟（ケンゲキ）、干戈（カンカ） ◆an arms race 軍備拡張［軍拡］競争 ◆arms control negotiations 軍備管理［制限］交渉 ◆arms-reduction talks 軍備縮小会議, 軍縮交渉 ◆the ACDA (Arms Control and Disarmament Agency) 《米》軍備管理軍縮局 ◆IDEX-96 international arms fair IDEX 96国際兵器見本市 (＊IDEX＝International Defense Exhibition)
3 vt. 武装する; vt. ～を（～で）武装させる［身を固めさせる］、～に〈武器など〉を持たせる［備える］<with> ◆a conventionally armed long-range bomber 通常兵器を装備［搭載］した長距離爆撃機 ◆Armed robbery is on the increase. 武装強盗が増加傾向［増える方向］にある。 ◆Armed with this information about..., sales staff can... ～に関するこの情報を武器に［～情報で武装して］、営業部員は～することが可能となる。

**arm's length** 腕を伸ばした距離, 少し離れた位置関係；《取引や交渉で》当事者がそれぞれ独立を保った関係 ◆an arm's-length transaction [deal] お互いに対等な立場での取引; 価格操作なしの取引（＊外為規制の厳しい低開発国につくった子会社工場などの部品輸出などで、あらかじめ利益を上乗せして価格を高くして子会社からの送金を不要にするなどの操作を指して） ◆reporters and photographers were not allowed within arm's length of the stealth planes 記者やカメラマンはステルス機のすぐそばに寄る［近寄る, 接近する］ことは許されなかった ◆Nancy is still keeping Bill at arm's length, which frustrates him. ナンシーは依然としてビルに対して距離を置いて［よそよそしくして］いる。そしてこのことが彼にフラストレーションを与えている。 ◆The expectation that the public employee will routinely apply arm's-length principles in his relations with friends and relatives is unrealistic. 公務員が友人や親類との関係にアームズレングス［関係者優遇の禁止］原則を決まって適用するであろうという期待は現実的ではない

**armature** an ～ アーマチュア, 電機子,（電動機［モーター］の）電動子,（発電機の）発電子,（リレー［継電器］の）接極子［接片］; an ～《動植物》防護器官（＊とげ・歯・殻など）; an ～（制作中の影像を支える）補強材（仮枠） ◆the armature of a generator 発電機のアーマチュア［電機子, 発電子］ ◆the armature of a motor 電動機［モーター］のアーマチュア［電機子］ ◆the armature of a motor [generator] モーター［発電機］のアーマチュア［電機子］

**armchair** an ～ 肘掛け椅子, 安楽いす ◆an armchair critic 口先だけで批判し実行のともなわない人 ◆an armchair pundit 机上の空論を振り回す学識者 ◆an armchair strategist 机上で戦略を練る人

**armed forces** the ～（陸・海・空を総称して）軍, 軍隊(＝the armed services) ◆The highest Western estimate places the Soviet armed-forces personnel at 5.2 million. 西側でのソ連の兵員の最高見積もりは、520万人である。

**armor, armour** （後者は英綴り）◆よろいかぶと, 甲冑, ◎装甲用鋼板, ◎《集合的に》装甲車両, 装甲部隊, 機甲部隊;

⓾〈動植物の〉固い防護器官（＊殻, 甲, 甲羅など）◆an armored cable　外装ケーブル ◆an armor-piercing incendiary bomb　徹甲焼夷弾（テッコウショウイダン）

**aroma** *an* ～ いいにおい, 芳香, 香気, かぐわしい香り ◆a faint aroma of...　～のほのかな芳香 ◆He said he was met with an overpowering aroma of marijuana as he started to descend the basement stairs.　地下室の階段を下り始めた時に強烈なマリファナの匂いがしたと彼は言った.

**aromatherapy** ◆aromatherapy massage　アロマテラピー[芳香療法]マッサージ

**aromatic** 香りのよい, よい香りのする, 芳香のある, 芳香性の, 芳香族の ◆an aromatic compound　芳香族化合物 ◆aromatic aldehydes　芳香族アルデヒド

**around** 1　*adv.* ぐるりと, 取り巻いて, 囲むように; あちこちに; 存在して ◆the second time around　2回目に; 2度目に ◆pass [hand] the pictures around　これらの写真を回し見する[回す, 回覧する] ◆if he is still alive [living, around] 彼が（もし）まだ生きていれば［存命ならば］ ◆when nobody is around to answer the call　電話に出る人が誰もいないとき ◆that idea has been around for a long time　（意訳）そのアイデアはずいぶん古くからある; その考え方［着想］はかなり昔から提案されている ◆All around, the air was filled with the smell of burning oil.　まわり中［辺り一帯］で, 空気は焼けた油の臭いで充満していた. ◆Headroom and legroom are plentiful all around.　ヘッドクリアランス［上方空間, 頭上スペース］とレッグスペース［足元の空間］は, 全体に（わたって）たっぷりしている.（＊自動車などの居住空間） ◆I was not around during the Second World War, being born in 1956.　私は1956年生まれで, 第二次世界大戦中は存在しなかった［（この世に）いなかった］. ◆DAT technology in one form or another has been around since the 1970s.　DAT（デジタルオーディオテープ）技術は, なんらかの形で1970年代から存在している.

2　*prep.* ～の回りに［を］, ～を囲んで, ～を回って, ～の近く に,〈数値〉あたり［ぐらい, 前後, ごろ］で ◆a metal shield around the x-ray tube　X線管の周りの［を包んでいる］金属シールド ◆in and around major cities　主要都市およびその周辺［近郊］で ◆information services around the world　世界中の情報サービス ◆operate around 40 MHz　〈機器が〉40MHz あたりで動作する ◆standardization around the PC architecture　PCアーキテクチャまわりの標準化 ◆a system built around the 68010 32-bit microprocessor　32ビット68010マイクロプロセッサをベースに［核として］作られているシステム ◆cut a spiral groove around the resistor　抵抗器の外周にらせん状の溝を切る（＊円柱状の被膜抵抗器の製造工程で正確に抵抗値を出すために） ◆do not use spaces around the equals (=) sign　《コンピュ》等号（＝）の前後にスペースを使用しないでください ◆place a white cloth around the antenna　アンテナに白い布を巻き付ける ◆wrap electrical tape around the outside of the wire　電気工事用テープで電線の外側をぐるりと巻く ◆in and around Nagano City where the Games are centered　（五輪）競技が集中している長野市内およびその周辺［の］ ◆Police had erected metal fences all around the building.　警察はその建物の周囲［全周］に柵を巡らせた. ◆All of these systems are built around an electronic brain or CPU.　これらすべてのシステムは電子頭脳, つまりCPUを中核にして作られている. ◆Picturephones will be as common around the house as the telephone by 2000.　テレビ電話は, 2000年までに（普通の）電話のように家庭のそこここに置いてある身近なものになっているであろう. ◆Apply the caulking compound or plaster with a putty knife.　Scrape off the excess from around the hole before it dries.　コーキング材あるいは漆喰（シックイ）をパテナイフで塗ります. 余分についた分は乾燥する前に穴の周囲[周辺, 周り]からこそぎ落とします. ◆During inspiration, the mask is under considerable negative pressure. This may cause unfiltered, contaminated air to be drawn in from around the mask.　吸気時に［息を吸う間］, マスクの内部にかなりの陰圧になる. これにより濾過されないままの汚染された空気がマスクの周り[周囲, 縁, 周部]から吸い込まれてしまう.

**around-the-clock, round-the-clock** 《around- は主に米》24時間休みなしの, 終日の ◆operate round-the-clock 24時間操業する ◆an around-the-clock task　24時間仕事の, round-the-clock manufacturing　24時間生産[製造] ◆maintain round-the-clock protection　一日中［四六時中］保護する ◆run the around-the-clock operation　24時間［終日］操業［運転, 営業］を行う

**arouse** *vt.*〈感情, 興味など〉を起こさせる, 喚起する, 生じさせる, そそる,〈怒りなど〉を招く[買う, 呼ぶ], 誘発する, 引き[巻き, 呼び]起こす, 醸す, かき立てる, 高ぶらせる, 激昂させる, 興奮させる, 興奮する ◆〈人〉を刺す, 目覚めさせる ◆aroused emotion　高ぶっている感情 ◆arouse a desire for the product　その商品が欲しいという気持ちを起こさせる ◆arouse demand for...　～の需要を喚起する［呼び起こす］ ◆arouse the central nervous system　中枢神経系を覚醒［興奮, 刺激］する ◆arouse the excitement of...　〈人〉に興奮を覚えさせる ◆arouse the interest of...　〈人〉の興味をそそる［かきたてる］

**ARPA**（the Advanced Research Projects Agency）〈米国防総省の〉高等[先端]研究計画局（略記号はtheI は不要）(→ DARPA)

**arrange** *v.* 整理する, 並べる, 整列させる; 手筈を整える, 準備する, 手配する［手はずする］, 設定する, 示し合わせる; 脚色[編曲]する ◆arrange... by name　～を名前順に並べる[整列する, 配列する] ◆arrange for a medical checkup　健康診断の[検診を受ける]手続きをする ◆arrange...on a plate ～を皿に盛り付ける（＊深皿の場合は in [on] a dish） ◆arrange systematically　規則正しく配列する; 整然と並べる; 整理する ◆be arranged alphabetically　アルファベット順に並べられている ◆It has been informally arranged that...　～と非公式に取り決められた［内々に決まった, 内定した］ ◆should be prearranged; should be arranged beforehand [in advance]　～は前もって手配して［手当して, 手配合わせして, 手はずを整えて］おかなければならない; ～については, あらかじめ示し合わせて［事前協議して（決めて）］おくべきである ◆data arranged according to weeks, months, and years　週別, 月別, 年別に整理されているデータ ◆two pulleys arranged diametrically opposed from each other　互いに対称位置に配置されている二つのプーリー[滑車, ベルト車] ◆arrange additional disk space by deleting other files　《コンピュ》ほかのファイルを消すことによって, 追加ディスクスペースを設ける［ディスクスペースを増やす; ディスクスペースを空ける］ ◆Dates for political negotiations have still to be arranged.　政治交渉の日程は, これから取り決めなければならない［まだ決められていない］. ◆The procurement of land should be arranged speedily by the State Governments so that additional projects can be executed without any delay.　更なる事業計画が遅滞なく実施できるよう, 土地の調達は州政府によって迅速に手配されるべきである［州政府が早急に手当する必要がある］.

**arrangement** 1　*an* ～ 配列, 配置, 整理, 配列されたもの ◆an arrangement of rows and columns　行と欄［横と縦］の配列 ◆blood-vessel arrangements in the eye's retina　目の網膜の血管の走り方のパターン ◆Parts are stored in random arrangements in bins.　部品はばらばらの向きで容器に保管される.

2　(*an*) ～ 装置, 設備, 制度, 機構, 仕組み ◆a credit card reader or other form of validation arrangement　クレジットカードリーダーまたはその他の照合装置 ◆this arrangement is designed to maintain stability during sharp cornering　この仕組は［仕掛け, 装置］は, 急旋回時に安定性を維持する目的で作られている ◆An interesting side benefit arose from this arrangement.　興味深い副次的な利点が, この仕掛け[工夫, 仕組み]から生じた.

3　～s<for>（～の）手配, 準備, 手はず ◆make arrangements for...　～の手配をする ◆make arrangements with a person for...　人と～の打ち合わせをする ◆amid tight [heavy] security arrangements　厳重な警戒［厳戒］態勢の中で ◆if we do not make the correct arrangements　もしも私たちが適切な手立てを講じないならば ◆The arrangements for the symposium were made at last.　シンポジウムの準備［手配, 手筈, 御膳立

て]がようやく整った. ◆Late homework will not be accepted unless you make arrangements beforehand. 宿題は、提出期限を過ぎると、あなたが前もって［事前に］手続きしておかない限り受け付けられません.
**4** (an) ～ 調停, 決着, 取り決め, 申し合わせ, 協定 ◆make an arrangement with... 〈人〉と取り決め[協定]を結ぶ、約束する, 申し合わせる ◆come to an arrangement 折り合いが付く, 和議[和解, 示談]が成立する ◆The new proposal must coexist with the present arrangements. 新しい提案は現行の取り決めと併存できなければならない.

**arranger** an ～ arrangeする人, 編曲者, 生け花を活ける人, 幹事 ◆In 1996, six Japanese banks were in the globe's top 40 arrangers of international syndicated loans. Now there are none. 1996年には、邦銀6行が世界の上位40国際協調融資主幹事(銀行)の仲間に入っていた. それが今では全滅だ. (＊an arranger = 主幹事)

**array 1** an ～ アレイ(ダイオードアレイやアレイアンテナなど、素子を規則的に並べたもの)、〈数〉配列 ◆an array with 60 elements 《コンピュ》要素が60個の配列 ◆a linear 256-element array 《集積回路》一次元配列の256素子アレイ ◆initialize each row of a two-dimensional array 《コンピュ》2次元配列の各行を初期化する
**2** an ～ <of> 数多くのいろいろな～ ◆a dazzling array of products ずらりとそろった各種製品 ◆an array of scientists 大勢の(いろいろな)科学者ら ◆an array of potent, highly specialized new therapeutic drugs on the market 市場に勢ぞろいしている強力な、非常に専門化されている新しい治療薬 ◆Between these extremes exist a dense array of system configurations to suit the needs and pocketbook of any corporation. (最上位機種から最下位機種の)両端の間には、どの会社のニーズや予算にでも合わせられるシステム構成が目白押しに控えている.

**arrears** (《複扱い》)遅れ、滞り、延滞、滞納; (《複扱い》)滞納金、未納金、未払い、滞っている[未決の]仕事 ◆a member in arrears 支払いが滞っている[支払いを延滞している]メンバー ◆be paid in arrears さかのぼって(遅れればせながら)支払われる ◆payments are in arrears 支払いが滞納している ◆the amount of arrears 未払いの金額 ◆be in arrears with interest payments 利子の支払いを滞らせている ◆there are huge arrears of work to be done 片付けなければならない遅れ遅れになっている仕事が山積している ◆the work on the tunnel is badly in arrears トンネル建設工事はひどく遅れている

**arrest** vt. ～を止める、阻止する、抑える、くいとめる; 逮捕する、捕縛(ホバク)する ◆arrest... on suspicion of burglary 押し込み強盗の容疑で～を逮捕する ◆arrest rotational motion 回転運動を止める ◆information leading to the arrest of Osama bin Laden オサマビンラディン氏の(身柄)拘束につながる情報 ◆arrest the decline in the fertility rate 出生率の低下を止める[低劣に歯止めをかける] ◆Mayor Marion Barry was arrested [taken into custody] on drug charges マリオン・バリー市長は薬物乱用の容疑で逮捕された［(《意訳》)身柄を拘束された] ◆the arrest of... on suspicion of drunken driving 飲酒運転容疑による～の逮捕

**arrestor, arrester** an ～ arrestするもの, 避雷器, 逮捕する人 ◆the breakdown voltage of a 12-kV-rated lightning arrestor (《意訳》)定格12kVの耐雷素子[避雷器]の導通[放電, 動作]開始電圧 (＊ZnO素子などの)

**arrhythmia** 〈医〉不整脈 ◆suffer from arrhythmia [an irregular heartbeat] 不整脈になる

**arrival** an ～ 到着, 出現, 到来, 登場, 入荷, 着荷; an ～ 到着したもの、届いたもの、新着図書、新生児 ◆the arrival of a fax ファクスの着信 ◆asparagus' arrival in stores; the arrival of asparagus on the store shelves アスパラガスの入荷(＊店で) ◆estimate the time of arrival at a destination ある目的地への到着時刻を予想する ◆the times of arrival and departure from a job 出退[出勤および退出]時刻 ◆work is almost always interrupted by the arrival of a fax or a telephone call 仕事は、ファクスの着信やかかってくる電話でほとんどいつも中

断させられる ◆Line control characters are deleted upon arrival at a terminal. 《通》回線制御文字は、端末機側で受信[着信]時に削除される. ◆The PC486FX is the latest arrival to stand out from the competition. PC486FXは、競争相手に差をつける最新型機です.

**arrive** 到着する、着く、届く、到来する、到達する、やって来る、達する、成功する、成し遂げる <at> ◆arrive at a conclusion ある結論に達する ◆when November arrives 11月が来ると; 11月の声を聞くと ◆arrive at the correct diagnosis of the trouble その障害の原因の正確な診断にたどりつく ◆arrive at the true answer 正解[正しい答え]を得る[に到達する] ◆the times when [at which] trains arrive and depart 列車の出発および到着する時刻; 列車発着時刻

**arrogant** 高慢な, 傲慢な(ゴウマン)な, 横柄な, 尊大な, 僭越な, 不遜な, 思い上がった, 威張っている, 生意気な ◆The president is arrogant to all the employees. 社長は、全従業員に対し威張った[尊大な、横柄な、ごうまんな]態度をとっている.

**arrow** an ～ 矢, 矢印, 矢線 ◆a double-headed arrow 矢先が2つ［二重]の矢印(->>, ▶ ▶); 両方向［双方向］の矢印(←) ◆the up, [down, right, left] arrow key 上[下, 右, 左](向きの)矢印[方向, カーソル]キー ◆an up [upward-pointing, up-pointing] arrow 上向きの矢印(↑) ◆be marked with an arrow (←) ～には矢印(←)が付いている ◆in the direction of the arrow 矢印の方向に ◆move only in the direction shown by the arrow 矢印で示された方向にのみ移動する ◆The arrows in the diagram indicate flows of data. 図中の矢印はデータの流れを示す. ◆The nut is indicated by the arrow. そのナットは(図中で)矢印で示されています. ◆You can use the down arrow to move to the next field. 《コンピュ》下向きの矢印(↓)を使うと次のフィールドに移動できます. ◆The direction of the individual current components is indicated by the arrows. 各々の電流成分の方向は、矢印で示してあります.

**arsenic** ヒ素〈元素記号: As〉

**arsenide** (an) ～ 砒化物(ヒカブツ)

**arsonist** an ～ 放火犯人, 放火魔 ◆investigate whether a serial arsonist is behind a string of suspicious fires in... ～において一連の不審火の背後に連続放火魔がいるのではないかと調べる

**art** (an) ～ 芸術[美術], デザイン, 技巧[技術, 技, 技能], 処理方法[過程]; ～s はかりごと, 人文科学, 教養科目 ◆an art museum; a museum of art 美術館 ◆an art gallery; a gallery of art ギャラリー; 美術品展示場; 画廊; 美術館 ◆album cover art(s) 《無記訳された ～s》; (an) album cover design (pl. ～s) アルバムのジャケットデザイン ◆learn the art of subterfuge from... 言い逃れ[逃げ口上]の術(スベ)[やり方, 仕方, 方法]を〈人〉から習う ◆the art of survival 生き残る術(スベ); 存続するための術(ジュツ); 生存法 ◆the machine maker's art その機械メーカーの技術

**artery** an ～ 動脈, 〈交通網, 伝達網などの〉幹線 ◆the right and left pulmonary arteries 左右の肺動脈 ◆a major [main] transport artery 輸送の大動脈[主要幹線]; ＊(道路, 運河, 鉄道など) ◆control the main artery traffic in a city 市内の幹線道路[大動脈]の流れを管理する

**artfully** 巧みに, 巧妙に, 技巧的に, うまく ◆The synthetic materials are tastefully and artfully applied. それらの合成材料は、センス良くまた巧みに用いられている.

**article** an ～ 物[品物, 物品, 商品], (同種のものの)1つ[1品, 1点], 記事, 箇条, 条, 条項, 約定, 第一条, 冠詞 ◆an article number 品番; 項目番号 ◆an article number (新聞などの)記事の番号; (法令などの)条項の番号 ◆article numbering 品番を振ること ◆small articles 小物 ◆a list [listing] of articles 物品のリスト[物品の目録, 品目] ◆as an article of food 食品(1品目)として ◆he is creating a draft of a 20-point [20-article] oath 彼は20項目から［20箇条の］誓文の草案をつくっているところだ ◆in your article on... ～についての貴誌の記事の中で ◆meet Article 700 of NFPA 70-1978 NFPA 70-1978(規格)の第700条を満たす ◆This article covers... 本稿は〜について述べる。◆The EPS solicits editorial material and articles from engineers. EPS誌は技術者からの原稿を募集します。(*editorial material and articles は「編集素材および記事」だが、まとめて「原稿」とした)◆Unfortunately, the article never explains what criteria were used to select the products reviewed. けしからんことに、この記事では、評価対象とする製品をどんな基準で選定したのか全く説明がない。

**articles of incorporation** (会社の)定款 ◆unless prohibited by the bylaws or articles of incorporation [association] 社則もしくは会社定款により禁止されていない限り

**articulate** adj. 関節のある、〈発音が〉歯切れの良い、はっきりした; 明瞭[明確]に表現できる; v. 明瞭に発音する、明確に表現する、関節でつなぐ[つながる] ◆a fully articulated rotor 完全関節回転翼(*ヘリコプターの) ◆a six-axis articulated arm, electric servo driven robot 6軸多関節アームを持つ電気サーボ駆動ロボット

**articulation** 回明瞭な表現[発音]、(音響、通)明瞭度(*前後の脈絡のない言葉を正確に聞き取れる率. cf. intelligibility, readability)、分節、接合[連結]、《音響》アーティキュレーション(*レガート奏法(スラー)、スタッカートなどの使い分け); an〜 関節[節、継ぎ目] ◆an articulation test 《音響、電話》明瞭度試験

**artifact** an〜(*自然物と対照して)人工物、加工品、工芸品、製品; 《考古》人工遺物;《生》(*固定化された細胞や組織の中の)人為構造、人為結果; 《化》人工遺物 ◆catalogue and computerize approximately 20,000 archaeological artifacts 人工遺物[出土品、発掘資料]約2万点を登録しコンピュータで扱えるよう電子化する

**artificial** adj. 人工の、人造の、疑似の、人為的な、作為的な、合成の、化学合成の、人工的に作られた、模造の、不自然な、意図的に作った ◆a large artificial lake 大人造湖 ◆an artificial antenna 疑似アンテナ ◆an artificial smile 無理して作った笑い[作り笑い、巧笑] ◆artificial light 人工の灯り ◆artificial reality 人工現実感(*疑似環境とも. virtual reality 仮想現実(感)と同義のコンピュータを利用して疑似的な3次元空間を作り出すNASA生まれの技術. 仮想世界を体験するためにディスプレイを内蔵したヘルメットを用いる) ◆artificial aging 人工熟成[老化];《金属》人工焼戻し、高温》時効 ◆simulate artificial life 《コンピュ》アーティフィシャルライフ[人工生命]を模擬する ◆give mouth-to-mouth artificial respiration マウス・ツー・マウス[口対口]人工呼吸を施す[行う]

**artificial intelligence** (AI) 人工知能 ◆artificial-intelligence software 人工知能ソフトウェア

**artificially** adv. 人工的に、人為的に、不自然に、わざとらしく、意図的に、無理に ◆artificially high prices 人為的につり上げられた高水準の価格

**artisan** an〜 職人、熟練工、工匠

**artist** an〜 アーチスト、アーティスト、表現者、芸術家、美術家、画家[画伯]、芸能人、芸人、音楽家、歌手、俳優、舞踊家、達人、大家(タイカ)、名人 ◆a con artist (= a confidence [con] man) 取り込み詐欺師、ペテン師 ◆artists' renderings of new cars 新車の完成予想図

**art paper** 回(種類は an 〜)(英)アートペーパー、アート紙 (=《米》coated paper)

**artwork** 回芸術[工芸]品、《印刷》(文字原稿に対して)図版、《電気》アートワーク(*プリント回路基板生産用のパターン原版) ◆camera-ready 2x artwork 倍寸の版下アートワーク ◆Master artwork for the circuit pattern is prepared at 25 times actual size. 回路パターンのアートワークマスターは、実物の25倍のサイズで作成される。

**as** 1 〜と同程度に、〜と同じくらい、〜ほど、〜だけ、実に ◆a strong-as-steel clear nylon 鋼鉄のような透明ナイロン材料 ◆as long ago as [as early as] 1977 1977年という昔に[早くも1977年には] ◆for periods as long as several years 数年もの長期にわたって ◆last for as little as a microsecond 1マイクロ秒ほどしか持続しない ◆laptops that perform as well as or better than this machine この機械と同等またはそれよ

り上の性能のラップトップです ◆the U.S. created three times as many new jobs as did Western Europe during the eighties 米国は、80年代における雇用を西欧の3倍創出した ◆It's as big a problem as terrorism once was. それは、かつてのテロと同じくらい大きな問題である。◆You can only add as many ISA cards as you have ISA slots available. 空いているISAスロットの数と同数までのISAカードしか追加することができません。◆The coefficient of friction of the bearing is as low as 0.001. この軸受の摩擦係数は、0.001という低さである[0.001より小さい; 小さく、0.001である]。◆Fortunately, Jamaica is no longer as vulnerable to disaster as it was 37 years ago. 幸いなことに、もはやジャマイカは37年前ほど災害に対して弱くはない。◆Letters will be published as space allows and as deemed appropriate by the editors. 投書は、誌面の許す限り、編集部が適切と判断するものについて掲載します。◆The British subjects took almost twice as much aspirin twice as often as did their American counterparts. 英国の被験者は、米国の被験者のほぼ倍の量と頻度でアスピリンを服用した。◆The icy surface was being evaporated at a rate two to three times as fast as scientists had predicted. 凍りついている表面は、科学者らが予想した速さの2倍から3倍のスピードで蒸発していた。◆The T-80 tank costs nine times as much to produce as the older F64 and is more expensive to maintain. T-80型戦車は旧型のF64に比べて9倍の生産コストがかかり、維持費も余計にかかる。◆There doesn't seem to be but half as much cod around this year as there was a year ago. I've got to fish twice as hard, use twice, maybe three times as much gear as I used to in order to catch the same amount of fish. 今年は1年前の半分しかタラがいないようだ。同じ量揚げするのに、これまでの倍頑張って、2倍、いやもしかしたら3倍漁具を使わなくてはならない。

2 〜のごとく、〜のように、〜と同様に ◆as always いつものとおりに、いつものように ◆(just) as with... (ちょうど)〜と同様に; (まるで)〜(の場合)と同じように; (まさに)〜のように ◆accept [embrace] them as they are ありのままの(状態の)[実像の、実際の姿の、素顔の]彼らを受け入れる ◆..., as in: 次のように(*図などが続く場合) ◆as in previous years 例年のごとく ◆as is widely predicted 広く一般に予想されているとおりに[ように] ◆as never before in history 歴史上かつてなかったほどに ◆as required 必要[要求]に応じて; 要求されるがごとく ◆see things as they are 物事をありのままに[情況をありていに]見る ◆much as in dot matrix printing ドットマトリクス印刷において[での場合]とほぼ同様に ◆Ultrasound is used, as are optical means, to determine... 超音波は、光学的手段と同様に、〜を計測するために用いられている。◆The new system works as advertised. この新システムは宣伝どおりに働く。◆Just as xxx has changed, so has our coverage of it. xxxが変化したのと同様に、我々のそれの取り上げ方も変わった。◆Switching was a specialism as was transmission. 交換は伝送と同様に、専門分野であった。(*上の後ろが倒置されている) ◆It can be measured as watts per square meter, as for any form of electromagnetic waves. それは、他のすべての電磁波についてと同様に、1平方メートル当たりのワット数で計測される。

3 〜の通り、〜のままに ◆an as-built [as-fitted, as-made] drawing 完成図 ◆on an as-needed basis 必要に応じて; 必要が生じた場合に; その都度、随時 ◆working conditions as they are 現状のままの労働条件 ◆the earth will not remain as it is now 地球は現在の状態のままでいることはないだろう

4 〜するときに、〜しながら; 〜につれて、〜に従って ◆increase as the temperature increases 温度が上昇するにつれて[温度上昇に伴って]増大する ◆as the academic year nears a close 学年の終わりに近づくにつれて ◆The speed of the drill press will decrease as the load is increased. ボール盤の(回転)速度は、負荷の増加に伴って下がる。◆Shortages of workers – particularly skilled workers – are expected to sharpen as unemployment hovers at record low rates. 人手[労働力]不足、特に熟練労働者の不足は、失業率が記録的な[空前の、過去最低の]低率で推移している中で逼迫の度合いを増すものとみら

れている。◆Since 1980, more than 200 new U.S. semiconductor companies have been formed as the development of microchip technology has surged forward. 1980年以来、マイクロチップの技術開発の躍進に伴って、200社を超す米半導体製造会社が設立された。
5 〜なので、〜だから、〜というのは〜だから (= because, since)
6 〜する限りでは
7 《譲歩》〜だが、〜でも
8 それは〜なのだが ◆as is often the case in Peru ペルーでしばしばそうであるように ◆As will be seen in Chapter 5,... 第5章で後述するように、〜.
9 〜として、〜であるとして ◆Music is stored as 16-bit data on the CD. 音楽は、16ビットデータとして[の形で]CDに格納されている。
**as...as possible, as...as one can** できる限り、できるだけ、努めて、なるべく、極力 ◆serve an area as large as possible なるべく広い地域にサービスを提供する ◆concentrate the light into as small an area as possible この光をできるだけ小さな範囲に集中させる[絞り込む、集束させる] ◆Hold it as nearly vertical as possible. できるだけ垂直に持ってください。(*vertical には「少し」とか「とても」という度合いはないので、as vertical as とするとおかしい。ここでのnearlyは大切) ◆Manufacturers are attempting to create packages that can be employed in as wide a variety of settings as possible. メーカーは、できるだけ広範な状況で使用できるパッケージをつくるよう試みている。 《参考》 We must strive to make the air as clean as technical possibilities allow. 我々は、技術的に可能な限りできるだけ大気をきれいにするよう努力しなければならない。
**as for** 〜について言えば、〜に関しては(どうかというと)；〜については「〜の場合」のように[と同様に]
**as if, as though** まるで〜であるかのように、あたかも〜のように ▶通常、後ろに仮定法が続くが、現実が強い場合や、単に様態を言う時は直接法を用いる。◆as if to <do> あたかも〜するかのように ◆It looks as if [though]... それはあたかも〜のごとく見える ◆The computer continued running as if nothing had happened. コンピュータは、まるで[あたかも]何事もなかったかのように走り続けた。
**as is, as-is** 《中古品など》現状[原状]のままで、そのままで、素のままで、現状有姿で ◆on an "as is" basis 「現状のまま」で；そのままで；現状有姿で[のまま] ◆sell it as-is それを現状[原状]のまま売却する ◆If this legislation is enacted as-is,... この法律がそのまま制定されるとすると、 ◆All information is distributed on an "as is" basis without warranties of any kind, express or implied. 情報は、明示的であるか黙示的であるかを問わずいかなる保証もなく、そのまま[あるがまま、現状ベースで]配信されています。
**as it is** (ところが) 実際[現状]は、現に、既に；現状のままで、そのままで (→ as 3)
**as long as, so long as** 〜と同じだけ長い(間)、〜ほども長い[長く]；〜である限り、〜である以上は
**as much (...) as** 〜と同量[等量, 同程度]の、〜倍の (→ as 1)；〜ほども (たくさん) ◆take as much as 0.5 second 0.5秒もかかる
**as of** 《〜日》現在で、〜時点で、《〜日》より ◆as of a certain date ある特定の日現在で ◆as of Jan. 31 1月31日現在[の時点]で ◆as of this point in time 現時点では[現時点で見た限り] ◆as of this writing これ[この原稿]を書いている時点では ◆The company recently announced that as of April 1 the salaries of top executives will be sliced by about 10%. 同社は、4月1日付けで最高幹部らの給与を約10%減俸すると最近発表した。
**as such** (従って[よって])そのように、そういうものとして、そういうものだから；それ自体では ◆if processors are not equipped as such もしプロセッサがそのように装備されていないなら；《意訳》プロセッサが非対応の場合 ◆No tire, unless specifically designed as such, should be regrooved or recut. タイヤは、特にそのように設計されていない限り、決して新たに溝をつけたり切ったりしてはならない。◆The government requires any foods treated by irradiation to be labeled as such. 政府は(放射線)照射加工を施した食品は、その旨[そのこと]をラベルにて表示[標示]するよう求めている。 ◆There are more and more movie theaters equipped with this new type of technology. Presently, there are 14 theaters in operation equipped as such. この新しいタイプの技術を装備した映画館がますます増えています。現在、14の映画館が対応して営業しています。
**as to** 〜については、〜に関して(の)；〜に応じて、〜に従って ◆a question as to... 〜についての質問 ◆conclusions as to the circuit behavior 回路の挙動に関する結論 ◆Consumers will be the ultimate judges as to which of the new technologies survive economically. それらの新技術のうちどれが経済的に生き残れるかを最終的に決める[決定する]のは消費者である。
**as well as** 〜ばかりでなく[〜のみならず、〜はもとより、〜はむろんのこと]〜も；ならびに；〜と共に；更には[それにも；〜と同じくらい上手に[うまく, 良く]；〜に負けず劣らず；《(下から)訳して》〜も〜と同様に
**as yet** 今のところまだ、今までのところ ◆an as-yet-unproved technological advance 今のところまだ実証されていない技術進歩 ◆As yet, Japan has no formal diplomatic relations with North Korea. 今のところまだ、日本は北朝鮮と正式な外交関係[国交]がない。
**As** ヒ素 (arsenic) の元素記号
**asap, a.s.a.p., ASAP** (as soon as possible) ◆it should be rectified ASAP それはできるだけ[可及的]速やかに是正すべき；それを至急[大至急]訂正する[正す、直す、改める]こと ◆The longer the spill is on the carpet, the more difficult it will be to remove. With that in mind, always clean spills ASAP. こぼしたものがカーペットについている時間が長ければ長いほど、除去が難しくなります。そのことを念頭に置いて、常にこぼし汚れはできるだけ早く落とします。
**asbestos** 🔊 アスベスト, 石綿; adj. 石綿で織った、石綿を含有する ◆asbestos-containing materials アスベスト[石綿]を含有している建材
**ascend** vi. 上昇する、あがる、のぼる、高まる, vt. 〜を[に]のぼる ◆an ascending vertical angle (= an angle of elevation) 仰角 ◆check numbers in ascending order 番号を昇順にチェックする ◆sort data in ascending numeric order データを数字の昇順[小さい方から順]に並び替える
**ascension** 🔊 のぼること、上昇、昇天、(王位などへの)即位 ◆Christ's ascension into Heaven キリストの昇天 ◆investors attempt to ride the crest of the company's ascension 投資家達は同社の上昇[台頭、興隆、隆盛、隆昌]の波に乗ろうとする
**ascent** (an) 〜 上昇、のぼること、上り坂[勾配]、昇進、出世 ◆ascent/descent speed 昇降速度 ◆during ascent and descent 上昇・下降中に；昇降中に ◆make a steep ascent 急上昇する ◆the ascent of air 空気の上昇 ◆the ascent of Jesus into heaven イエスの昇天
**ascertain** 〜を確かめる、確認する、突きとめる、見極める、見定める、把握する ◆ascertain facts 事実(関係)を確認する；情報の裏を取る ◆ascertain whether... 〜かどうか確かめる ◆ascertain the needs of the user ユーザー・ニーズを突きとめる[把握する] ◆to ascertain why so many major accidents are occurring in... なぜそれほど多くの大事故が〜で発生するのか確かめる[把握する、確認する]ために
**ascertainment** 🔊 確かめる(突き止める、見極める)こと、確認 ◆the ascertainment of the need [necessity] for... 〜の必要性の確認 ◆the positive ascertainment of its limits その限界の確実な把握[明確な確認]
**ascetic** adj. 禁欲主義の、禁欲的な、苦行の、(風貌や態度が)厳しい、行者[修行者]のような；an 〜 禁欲主義者、苦行者、修行者、行者、修験者 ◆practice [conduct, perform] ascetic exercises (苦しい[つらい])修行[行、荒行、苦行、難行]をする
**ASCII** (American Standard Code for Information Interchange) the 〜 《コンピュ》(アスキー)、米国規格協会情報交換標準

コード ◆ASCII characters ASCII文字 ◆convert a character to its ASCII code 文字を(対応する)ASCIIコードに変換する ◆the text in ASCII code ASCIIコードで表現された[書かれた]テキスト ◆standard ASCII representations of numbers 数字を標準ASCIIコードで表現[ASCIIコード化, ASCIIコード変換]したもの

**ascribable** adj. <to> (〜に)帰する[起因する, 依る](と察せられる), (〜の)せいであろう, (〜が)原因である(と思われる)(＊推量が入っている) ◆be ascribable to... 〜は〜に起因している[〜は〜に帰することができる](と推察される) ◆side effects that are considered ascribable to... 〜に帰せられると考えられる[〜に起因するとみられる, 〜が原因であろう]副作用

**ASCS** (Agricultural Stabilization and Conservation Service) the 〜 (米国の)農業安定保全局

**ASDF** (Air Self-Defense Force) the 〜 (〈日本〉)航空自衛隊

**ASDL** (Asymmetric Digital Subscriber Line) 《略語形展開形ともに無記訳または 〜s》非対称のデジタル加入回線[加入者線](＊ADSL, HDSL, SDSL, VDSLなどをまとめて xDSL と呼んでいる)

**ASEAN** (the Association of Southeast [South-East] Asian Nations) 《略語形ではthe は不要》アセアン, 東南アジア諸国連合 ◆ASEAN nations [countries] アセアン諸国(＊無冠詞のこの用例では不特定の国々を指す. the を付けるとASEANに加盟している諸国のすべて, あるいは特定のアセアン諸国となる) ◆the ASEAN Regional Forum (ARF) 東南アジア諸国連合フォーラム

**ASEM** (Asia-Europe Meeting) the 〜 アジア欧州会議, アジア・ヨーロッパ首脳会議

**aseptic** adj. 無菌の, 無菌性の, 感染防止の, 防腐処理[処置]された; 活気のない, 感情や暖かみの欠如した ◆aseptic packaging 無菌包装 ◆aseptic procedures [医]無菌処置

**asexual** adj. 性別のない, 生殖器官のない, 無性の ◆an asexual generation 無性世代 ◆asexual reproduction 無性生殖 ◆an asexual young woman 無性的[中性的]な若い女性

**asexually** 〜 multiply asexually 無性繁殖する

**ash** 回または 〜es 灰, 魔燼, 火山灰; 〜es (骨を焼いた)灰, 遺灰, 遺骨 ◆lay... in ashes 〜を灰にする[焼き尽くす, 焼失させる] ◆an ash sensor 灰分計(＊鉄の放射性同位元素がでるエックス線を線源に使い紙の灰分を燃やさずに連続的に調べるもの) ◆burn [be burnt, be reduced] to ashes 焼けて灰となる; 灰燼(カイジン)と化す[に帰す] ◆rise from the ashes がれきと化した廃墟から再興[復興]する ◆His ashes have been scattered under a weeping willow tree. 彼の遺灰[遺骨]はシダレヤナギの木下に撒かれた[散骨された]. (＊散骨は「自然葬」とも呼ばれる) ◆Non-combustible ash content shall be 0.5 to 3.5 percent. 不燃性の灰含有量[灰分]は, 0.5から3.5パーセントまでとする.

**ashamed** adj. (〜を)恥じている[恥じ入っている, 恥ずかしく思う]<of, that, for>, 〜することが恥ずかしい[恥ずかしくて〜できない]<to do> ◆I felt extremely ashamed of myself being part of a society which could not... 自分が〜できないような社会の一員であることは, 何とも慚愧(ザンキ)に堪えない思いだった[非常に慚愧の念にかられた, 慚愧の極みだった].

**Asia** アジア ◆the OCA (Olympic Council of Asia) アジア・オリンピック評議会 ◆the United Nations Economic and Social Commission for Asia and the Pacific (ESCAP) 国連アジア太平洋経済社会委員会(エスキャップ) ◆stability in the Asia-Pacific region アジア・パシフィック地域における[アジア太平洋地域の]安定 ◆the United States should withdraw its forces from Japan and other countries in East Asia 米国はアジアにおける日本およびその他の国々から軍を撤退させるべきである

**Asian** adj. アジアの, アジア人の, アジア的な; an 〜 アジア人 ◆Asian Americans; Asian-Americans アジア系アメリカ人; アジア系米国人 ◆the Asian Continent アジア大陸 ◆the Asian region アジア地域 ◆the Asian economy; Asia's

economy アジア経済 ◆the South Asian Association for Regional Cooperation (SAARC) 南アジア地域協力連合 ◆in some Asian countries アジアの一部の国々で ◆Malaysia proposed an East Asian Economic Group (EAEG) マレーシアが東アジア経済圏(構想)を提唱した

**ASIC** (application-specific integrated circuit) an 〜 特定用途向けIC

**aside** 脇に, 脇の方へ, どいて, はずれて, 離れて, 別にして; an 〜 余談, わきぜりふ ◆As an aside,... 余談になるが[話はそれるが] ◆move aside to get out of a person's way 〈人〉の邪魔にならないよう脇にどく[よける] ◆Set some money aside for a rainy day. まさかの時に備えて, いくらでもいいからお金を貯めなさい[貯金すべし].

**aside from...** 〜は別にして, 〜とは別に, 〜はさておき, 〜を除いて, 〜のほかに, 〜から離れて

**as-is** そのままに[で], 現状のままに[で](→ as の下の as is) ◆the as-is status of used cars 中古車の手を入れてないそのままの状態

**ask** vt., vi. 尋ねる[問う, 問い質す, 聞く, 伺う], 求める[請う, 願い出る]<for>, 頼む[頼る], 要求する[必要とする, 請求する]<for> ◆ask for a raise 給料を上げてくれるようお願いする[頼む] ◆ask heretofore unasked questions about... 以前には尋ねられることのなかった〜についての質問をする ◆Could I ask you to <do...>? 〜していただけませんでしょうか. ◆I must ask you not to <do> 〜なさらないようにしていただきたい ◆First, we were asked to fill out all the necessary forms and documents required by... 私達はまず, 〜が要求しているすべての必要書類や文書に記入するよう求められた. ◆You will also be asked about how much alcohol you drink and if you smoke. あなたは, 飲酒量と喫煙の有無についても尋ねられる[質問される, 訊かれる, 聞かれる]でしょう. ◆... And so, my fellow Americans, ask not what your country can do for you; ask what you can do for your country. 〜そして国民の皆さん, 国が自分に何をしてくれるかを問うのでなく, 国のために自分は何ができるかを問うてください. (＊故John F. Kennedyの大統領就任演説の有名な一節. ただし, 和訳は正訳ではありません) ◆Residents in the Falls Church area have been asked to keep their water usage to a minimum for the next three days. フォールズチャーチ地域の住民は, 向こう3日間水の使用を最低限に抑えるよう要請された[求められ]た. ◆When using prescription medicine, ask your doctor about any possible side effects which could affect your driving. 処方薬を使用する場合, 担当医に, 車の運転に何か悪い影響を及ぼす副作用の可能性がないかについて聞いてください.

**ASK** (amplitude shift keying) 《通》振幅シフトキーイング, 振幅偏移変調(＊搬送波の振幅の大小あるいは有無によりデジタルビットの0と1を表現するデジタル変調方式)

**asked-for** 求められている ◆the world's most asked-for protocol analyzer 世界で一番求められているプロトコルアナライザー

**askew** adj. 片側に寄った, 斜めの, 傾いだ(カシイダ), 曲がった, ゆがんだ; adv. 片方に寄って, 斜めに, 傾いて, 曲がって, 歪んで ◆a mirror that hangs askew on the wall 斜めに[傾いて, かしがって, 曲がって]壁にかかってる鏡

**asking price** an 〜 売り手がつける値段, 言い値, 売り指値(サシネ)

**asleep** 眠って, しびれて, 不活発で ◆fall asleep 眠り込む[眠りに落ちる] ◆fall asleep easily when reading 読書中に眠り込みる[寝てしまい]やすい

**ASME** (American Society of Mechanical Engineers) the 〜 米国機械学会, 米国機械工学会

**ASP** an 〜 (application service provider) アプリケーション・サービス・プロバイダ(＊ユーザーに, アプリケーションを自分のパソコンに導入することなくインターネット経由でASPのサーバーから実行できる. ASPはデータの管理も請け負う)

**aspect** (an) 〜 外観, 外見, 様子, 相, 局面, 側面, 面, 向き, 見方, 見地, 顔つき, 表情, 《文法》時相 ◆an aspect (length-to-width) ratio アスペクト(縦横)比 ◆another aspect that should not be ignored　無視してはならないもう一つの側面　◆from the aspects of both health and safety　健康と安全の両方の側面[両面]から　◆Viewed from another aspect, ...　別の[違った]面から見てみると、◆courses in all aspects of information technology　情報技術（ＩＴ）全般について教えるコース　◆1. General economic and political aspects　《標題》1. 経済および政治の概況（*general aspects＝全体的な様子, 全般的な面[状況]）　◆from the technical aspects of building a web page for commerce　商用ウェブページ構築上の技術的側面から　◆the technical aspects of cellular systems　セルラー電話システムの技術面　◆examine the Vietnam War from the aspect of how it changed the United States　ベトナム戦争を、アメリカがこの戦争によってどう変わったのかという切り口から考察する　◆The menu displays options that control all aspects of chart creation.　このメニューには、グラフ作成のあらゆる面[《意訳》グラフを作成するためのあらゆる機能や設定]を制御するオプションが表示されます。　◆You can outsource the handling of all aspects of your computer system to us.　御社のコンピュータシステムに関するすべての局面を我が社にアウトソーシングできます。/《意訳》貴社コンピュータシステムの運用全般を弊社にお任せいただけます[ご用命ください]。　◆These factors are likely to make information management one of the most important aspects of computer systems.　これらの要因によって、情報管理はコンピュータシステムの最も重要な側面の一つとして位置付けられそうだ。

**aspect ratio**　an～縦横比,〈タイヤの〉偏平[扁平]率, アスペクトレシオ　◆tires with an aspect ratio taller than 55　アスペクト比[偏平率, 扁平率, アスペクトレシオ]が55以上のタイヤ

**asperity**　(an)～（表面上の）でこぼこ, 凹凸（オウトツ）, ざらざら;（語調, 気性, 態度の）荒々しさ　◆surface asperities　表面の凹凸[でこぼこ, ざらざら]　◆remove asperities [irregularities]（表面の）凹凸[でこぼこ, ざらざら]をなくす　◆microscopic asperities on the surface　その表面上の微小な凹凸[でこぼこ]

**asphalt**　Uアスファルト; vt.～をアスファルトで舗装する　◆an asphalt jungle　（大都会の）のアスファルトジャングル

**aspheric, aspherical**　adj. 非球面の　◆an aspheric [aspherical] lens　非球面レンズ

**ASPI**　（Advanced SCSI Programmable Interface）《コンピュ》（*米アダプテック社が提案したSCSI機器接続規格》

**aspirant**　an～志望者, 志す人,（～を）得たいと望む[求めようとする]者,（～に）あこがれる者,（～を）めざして[狙って]いる者＜after, for, to＞　◆a lady soldier aspirant　女性兵士志望者

**aspirate**　vt. ～を吸気する, 吸引する, 吸い込む　◆a normally [naturally] aspirated sedan　《車》（エンジンが）自然吸気式[ノーマルアスピレーション, 無過給式]のセダン

**aspiration**　1　U吸気, 呼気, 吸引　◆normal [natural] aspiration　《車》自然吸気(方式), 無過給(方式)　◆the aspiration of the air　《エンジン》吸気　◆by vacuum aspiration　真空[陰圧]吸引により　2　(an)～大望, 向上心, 覇気, 野心, 熱望,（強い）望み, 抱負, 志（ココロザシ）, 壮志,（将来への）夢　◆The aspirations of OA equipment designers continue to rise.　OA機器設計者の意欲が引き続き高まっている。　◆Her aspirations knew no bounds: She had her eyes on the prosecuting attorney's job.　彼女の野心は際限を知らなかった[目標はこの上なく高かった]。彼女は地方検事[検察官]の職に就くことを目指していたのである。

**aspire**　vi.＜to, after, to do＞目指す, 志す, 望む, 熱望する, 切望する, あこがれる, 求める, 狙う, 願う　◆aspire to greatness　偉く[偉大に, 立派に]なりたいと望む, 大志[青雲の志（ココロザシ）]を抱く,〈本人〉が立身出世を願う[大成を願う]　◆countries aspiring to join the European Union　EU加盟を希望している国々　◆Aspiring sincerely to an international peace based on justice and order, ...　正義と秩序を基礎とする国際平和を誠実に希求し、◆I aspire to be like those people, because...　私は、～なので、その人たちのようになりたいと思う。

**assassin**　an～暗殺者, 刺客　◆Both Lincoln and Kennedy died by the hands of assassins.　リンカーンとケネディーは二人とも暗殺者の手によって死亡した。

**assault**　vt. ～を激しく攻撃する, 襲う, 侵攻する; n. (an)～猛攻撃, 襲撃, 侵攻　◆an assault rifle　襲撃用ライフル銃　◆on suspicion of assault　暴行の容疑で　◆a frontal assault on the traditional liberal arts curriculum　伝統的な教養課程のカリキュラムに向けられた正面切っての攻撃　◆assault the old conveyor-belt way of doing things　与えられた事だけやっていればよしとするような旧態依然の仕事のやり方を攻撃［強く非難］する　◆define a rifle or pistol as an "assault weapon"　ライフルやピストルを「襲撃用銃器」であると定義する

**assay**　vt.〈鉱石, 薬物〉を分析試験する, 試金する, ～を評価[査定]する; vi. 含有している　◆試金, 分析, 検査　◆be used in the assaying of precious metals　貴金属の品位分析[試金]に用いられている　◆The ore assays high in copper.（分析の結果）この鉱石は、銅の含有量[率]が高い。

**assemblage**　U寄せ集めて組み立てること, 組み立て; an～（物の）集まり, 組み立てて作ったもの, 集合体; an～（人の）集まり, 集団, 集会, 会衆　◆an assemblage of switches　スイッチを寄せ集めて組み立てたもの[集合体]

**assemble**　vt. ～を組み立てる, ～を集める; vi. 集まる, 集合する, 寄り合う, 参集する, 会合する　◆assemble parts into products　部品を組み合わせて[組み立てて]製品にする　◆These sheds assemble easily with a few simple tools.　これらの物置は、簡単な道具を数点使うだけで楽に組み立てられます。　◆The storage unit assembles with a screwdriver.　本収納ユニットは、ねじ回し1本で組み立つ[ます]。　◆The unit comes completely assembled.　本ユニットは完全に組み立てられた状態で納品される。　◆The Mercury Cougar is assembled from the same building blocks used by other Ford divisions.　マーキュリー・クーガーは、フォード社の他の部門で使用している構成部品と同じものを用いて組み立てられている。

**assembler**　an～組み立て工,《コンピュ》アセンブラ　◆a macro assembler　マクロアセンブラ　◆an assembler-level debugger　《コンピュ》アセンブラレベルのデバッガ

**assembly**　U組み立て, 組み付け, 集合, 結社, 集成, 集約; an～組立品, 組み付け品, アセンブリ, アッシー; an～集会, 会議, 議会　◆a fuel assembly　《原子力》燃料集合体（*これをいくつか集めて炉心を構成する）　◆page assembly [makeup, layout]　ページ組み　◆allow freedom of assembly　結社[集会]の自由を許可する[認める]　◆a new Renault auto-assembly plant　ルノーの新しい自動車組み立て工場　◆a static-sensitive assembly　静電気による損傷を受けやすい組み立て品　◆do final assembly of...　～の最終組み立てを行う　◆during final assembly　最終組み立て時に　◆violate constitutional rights to freedom of association and freedom of assembly　憲法で保障されている結社の自由と集会の自由を侵害する　◆assembly robots at Ford Motor Company assembling cars　フォード自動車会社で車を組み立てている組立ロボット　◆contract out the assembly of various models　いろいろな車種[機種]の組み立てを外注に出す　◆convene a loya jirga, a grand national assembly of tribal elders and other Afghan representatives　部族の長老およびその他のアフガン代議員が出席する国民大会議であるロヤ・ジルガを召集する　◆when the State Assembly reconvenes in January　州議会が1月に召集される際に　◆The tool requires some assembly prior to use.　本工具は、使用前にいくらかの組み立てを要します。

**assembly line**　an～組み立て[組み付け]ライン, 生産[製造]ライン　◆assembly-line workers　組み立てラインの作業員　◆an assembly-line method of producing...　～を流れ作業的に生産する方法　◆fresh-off-the-assembly-line 1999 models　組み立てラインを離れたばかりの1999年型モデル[機種, 車種]　◆take good ideas from the drawing board to the assembly line　いいアイデアを製図板[設計]から組み立てライン[生産]にまで持って行く　◆As global warming fears motivate us to clean up our act, a new breed of emission-free [zero-emission] automobiles will be rolling off assembly lines.　地球温暖化の

恐怖から私たちが自らの行いを清く正しく改めようという気になるに従って、排気ガスを出さない新種の自動車が〈新製品として〉組み立てラインを離れる[《意訳》]続々立ち上がる]ことになるだろう.

**assent** vi. 同意[賛同, 賛成, 協賛]する <to>; n. 同意, 賛同, 賛成, 協賛

**assert** 1 vt. 〜を断言する, 主張する, 言い切る, (権利, 要求などを)主張[擁護]する
2 《電子》《制御信号》をアサートする[アクティブにする, 真の状態にする] ▶《電子》assert, assertion は, 制御信号をアクティブ, すなわち真 (true) にすることを表す. 制御信号には, レベルがHIGHの時アクティブと見なされるもの (active-high) と, LOWの時アクティブと見なされるもの (active-low) があり, 後者は信号名の上にバーが付く. これによる混乱を避けるため, assert, assertion は, レベルにかかわらずアクティブにすることを表す. 反対語は negate, negation, deassert, deassertion. ◆...the line stays asserted [remains active]　その(信号)線はアサート[真, アクティブ]に保たれる ◆This signal is asserted LOW [is active low].　この信号はLOWレベルでアサートされる[アクティブLOWである].

**assertion** (an) 〜 断定, 断言, 主張; 《電子》アサートすること; 《コンピュ》表明(*プログラム中の) ◆an assertion clause　《コンピュ》表明句(*プログラミングでの) ◆The request signal will be disabled upon assertion of XXX.　その要求信号は, XXX(信号)がアサート[真]になる時に禁止される.

**assertive** adj. 断言的な, 断定的な, 独断的な, 自己主張的な, 強い[特徴的な]香り[芳香]がする ◆assertive [assertiveness, assertion] training　《心理》断行訓練(法)(*自分の要求を敢意のないやり方で効果的に主張できるようにするための行動療法) ◆assertive herbs such as rosemary, sage and bay leaves　ローズマリー, セージ, 月桂樹の葉などの特徴ある強い香り[匂い]がするハーブ ◆Be more assertive where romance is concerned.　恋愛に関しては, もっと強気[積極的]に出なさい. ◆If you want something, be aggressive, be assertive, stick your neck out, make your voice heard. Don't sit back and wait for things to happen.　何か欲しかったら, 積極的になり, 自己主張し, あえて危険を冒して, 自分の言い分を聞き入れてもらうようにすべきだ. 傍観者のように何かが起こるのを待っているだけではいけない.

**assertiveness** ◆(self-)assertiveness training　自己主張できる[自信をつける, 押しを強くする]ための訓練; 《心理》断行訓練法 ◆to build assertiveness　押しを強くするために, 自分の意思[主張, 考え, 意見]をはっきりと[自信を持って]表明できるようになるために

**assess** vt. 〜を評価する, 査定する, 値踏みする, 推定する ◆assess the amount of strain　《意訳》ひずみの量を測定する ◆assess the effect of adding...　〜を追加することの効果を評価する ◆assess the feasibility of observations of space debris being in orbit　軌道上にいる間に宇宙の浮遊物[ゴミ]の観測が実施できる見込みがないか探る ◆assess the scientific and technical feasibility of directed energy weapons (DEW)　指向性エネルギー兵器の科学技術面での実現の可能性を評価する ◆assess whether each fruit is of packable quality, or should be rejected　各々の果物について(出荷)梱包可能なものか, あるいは撥ねるべきものかを評価[《意訳》]判定する(*選果作業で) ◆The report assesses the state-of-the-art in disk manufacture.　本報告書はディスク生産の最新技術事情を評価したものである.

**assessment** (an) 〜 アセスメント, 評価, 査定, 値踏み, 評定, 判定 ◆make an assessment as to...　について判定[評価, 判断]を行う ◆make an assessment of...　〜の評価[判定]をする ◆a psychiatric [psychological] assessment　精神[心理]鑑定 ◆the assessment of taxes　租税の査定[評価] ◆a careful assessment of whether...　〜かどうかの念入りな評価 ◆an (overly) optimistic assessment of...　〜の(極度に)楽観的な評価 ◆conduct safety assessments of...　〜の安全性評価を行う ◆do technical assessments　技術面の評価を行う ◆the assessment on your house　あなたの家の評価額

There are three items of assessment:　以下に示す3つの評価項目があります. ◆assessments of how we spend dwindling resources　減少しつつある財源をどう使うかの判断 ◆he will have to make his own assessment of the situation　彼は, 彼自身の状況判断をしなければならなくなるであろう ◆perform an assessment to determine the economic impact on the industry　この業界への経済的な影響を評価する ◆sometimes outsiders can make more honest assessments of a situation　時として部外者の方が, より公正な状況判断をすることができる ◆the strict assessment of the degree of similarity between A and B　AとBの類似性の度合いの厳密な評価 ◆The ophthalmologist can make a remarkably accurate assessment of the seriousness of hypertension by examining the retina with an ophthalmoscope.　眼科医は, 検眼鏡による眼底検査をすることによって, 極めて正確に高血圧の重要判定をくだすことができる.

**asset** an 〜 資産[財産]の一項目, 価値あるもの, 《比喩的》財産(となるもの), 利点, 長所, 強み, 取り柄 ◆accumulate assets 資産を蓄積する[増やす, 蓄える] ◆nonperforming assets　不良資産 ◆perform asset management　資産管理[運用]をする ◆previous experience is an asset　昔の経験は財産である

**asshole** an 〜(卑)尻の穴, くそ野郎, ばか ◆"There's Adam Clymer – major league asshole from the New York Times."　「ほらあそこにニューヨーク・タイムズのメジャー級のくそ野郎, アダム・クライマーがいる」*大統領候補George W. Bush氏がマイクに気付かず副大統領候補Dick Cheney元国防長官にささやいた言葉. 2000年9月)

**assign** vt. 〜を割り当てる, (値)を代入する, 〜を指定する, 対応付ける, 付与する, あてがう; 任命する, 配属する, 就かせる ◆an assigned task　割り当てられた[あてがわれた]作業 ◆assign a value to a variable　変数に値を代入する ◆be assigned overseas as a...　〜として海外勤務を命じられる ◆XX: Spare – not assigned.　《電子》〈番号, 記号など〉: 予備 – 割り当てなし[空き, 未使用] (*接続ピン・ビット・機能などの割り当てを示す図表で) ◆assign him as special envoy to Afghanistan　彼をアフガニスタンへの特使として任命する ◆assign portions of the work to subcontractors　その仕事の部分部分を下請け業者に割り振る ◆he was assigned to a Patriot missile battery　彼はパトリオットミサイルの砲兵中隊に配属された ◆He was assigned to a high school for gifted students.　彼は才能のある生徒のための高校に入れられた. ◆One officer will be assigned to each substation full time.　警察官一名が各交番に常駐[配置]される[駐在する]ことになっている. ◆Each letter is assigned a specific width that depends on its shape.　各文字にはその形状に応じた幅が割り当てられる. ◆Each unit has a serial number assigned by the manufacturer.　各ユニットには, メーカーが振ったシリアルナンバー[通し番号, 《意訳》製造番号]がついている. ◆The bitmap display assigns 1 bit of memory to each pixel on the screen.　《コンピュ》ビットマップ表示は, 画面上の個々の画素にメモリーを1ビットずつ割り当てる[対応させる]. ◆Most jobs are assigned by the country with little regard for a person's qualifications or preferences.　ほとんどの仕事は, 個人の資格や希望はほとんど考慮されずに国家によってあてがわれている. ◆When I graduated from Nursing School in 1975, I was first assigned to an old ward with cancer and leukemia patients.　私が1975年に看護学校を卒業した当時, まずは癌患者と白血病患者のいる古い病棟に配属された[回された]. ◆One of the first patients I was assigned to take care of was a 21 year old girl recently diagnosed with acute myeloblastic leukemia.　私が介護を受け持った[担当した]最初の患者の一人は, 少し前に急性骨髄芽球性白血病と診断された21歳の若い女性でした. ◆Six guards have been assigned to watch him around the clock, to protect him from attacks by inmates angered by the bribe scandal.　疑獄事件に憤慨する他の収監者たちの襲撃から守るために, 6名の看守が彼を四六時中監視するよう張りつけられた.

**assignable** adj. (原因を)〜のせいに[〜に帰する]ことができる, 決めつけることができる <to> ▶一部の英和辞典で

は assignable の語義として「見逃せない」という訳語がつけられているが、少し的外れである。文脈上そのように訳せる場合はあるかもしれないが、語自体にはそのような意味はない。◆an examination of production processes for determination of an assignable cause （帰するところの）原因を特定するための生産工程の調査

**assignment** (an) ～ 割り当て［アサイン、アサイメント］、指定、代入、任命 ◆dynamic channel assignment 《通》ダイナミックチャンネル割り当て ◆carry out an assignment 任務を遂行する ◆RS-232 pin assignments 《電子》RS-232ピン（への各機能）の割り当て ◆take an assignment at headquarters 本部［本社］で任じられた職務につく; 本社に着任する ◆assignments of frequencies in each country 各国における（運用目的別の）周波数割り当て ◆the assignment of top priority [the highest priority] to measures to reduce... ～削減策を最優先（課題）とする［最優先に据える］こと ◆he was on assignment from the United Nations to write about... 彼は、～について書き記すという国連の任務についていた ◆On his first overseas assignment, he has been to six Arab countries. 最初の海外勤務で、彼はアラブ6カ国を訪れた。◆Some schoolchildren were given the assignment of writing draft letters to Santa. 一部の生徒にはサンタ宛ての手紙の下書きを書く宿題が出された。◆The upper part of the screen shows the function-key assignments, while the lower part is assigned to text display. 《コンピュ》画面の上部はファンクションキーの割り当てを表示し、下部はテキストの表示に割り当てられている。

**assimilate** ～を同化する、吸収する、（考えなどを）採り入れる、（知識などを）習得する ◆assimilate information 情報を吸収する ◆assimilate into Japanese society 日本社会に同化する［溶け込む］ ◆assimilate new technologies 新しい技術を吸収する［取り入れる、導入する］ ◆become assimilated into a different world 違う世界に同化される ◆immigrants and their assimilated American-born children 移民とアメリカ文化に同化している彼らのアメリカ生まれの子どもたち ◆they assimilated the English style of living かれらは英国風の生活様式を身につけた ◆help the reader to assimilate this new knowledge 読者がこの新しい知識を自分のものにするのを助ける

**assimilation** 回同化（作用）、消化、吸収; 同化（政策） ◆a forced assimilation policy 強制的な同化政策 ◆the assimilation of immigrants 移民の同化 ◆(the) assimilation of laws 法の血肉化 ◆the assimilation of the Constitution 憲法を同化すること ◆the rapid assimilation of women in the workplace 女性の職場への急速な進出 ◆Japan's amazingly rapid assimilation of Western ways 日本の驚くほど速い西欧の流儀や考え方の同化［咀嚼（ソシャク）］（＊咀嚼＝思想などを十分に理解して自分のものにすること）

**assist** <in, at, with> 手伝う、手助けする、援助する、支援する、加勢する、補佐する、幇助（ホウジョ）する ◆an assisted-suicide charge 自殺幇助罪 ◆(a) doctor-assisted suicide 医師の介助［手助け、幇助（ホウジョ）］による自殺

**assistance** 回手伝い、助力、援助、支援、応援、協力、力添え、補助、補佐、介助、サポート、助太刀（スケダチ） ◆without assistance 援助なしに ◆without the assistance of an operator 電話交換手の介助無しに ◆obtain assistance from... ～の援助を得る ◆provide assistance to earthquake victims 地震の被災者に援助［救援］の手を差し伸べる ◆provide technical assistance to... ～に技術援助を与える ◆receive assistance from... ～の援助を受ける ◆Seek assistance if necessary. 必要なら援助を求めること。◆seek external assistance in...-ing ～するに当たって外部の援助を求める ◆the provision of assistance 援助の提供 ◆Tokyo's official development assistance (ODA) 日本の政府開発援助（ODA） ◆without the assistance of... ～の援助［介添え、支援、助力］無しで ◆they are profoundly deaf (beyond assistance by hearing aids) 彼らは（補聴器が助けにならない）重度の難聴である ◆operator assistance is not required 電話交換手の介助はいらない ◆render all possible assistance to... ～に出来る限りの

---

援助を与える ◆she had difficulty securing an assistance dog for her disabled husband 彼女は身体障害者の夫のために介助犬を手に入れるのに苦労した ◆the assistance of an appropriate professional should be sought 適当な専門家の助けを求めなければならない ◆without operator assistance; without the assistance of an operator 電話交換手の補助無しに ◆A friend who is in trouble may seek your assistance. Offer moral support. 困っている友人があなたの助けを乞うかもしれません。精神的にサポートしてあげましょう。

**assistant** an ～ 手伝いをする人、アシスタント、助手、補佐役、助太刀（スケダチ）、《化》助剤; 副-、助- ◆U.S. Assistant Defense Secretary Joseph Nye said... 米国防次官補ジョゼフ・ナイ氏は～と語った。◆Condoleezza Rice Assistant to the President for National Security Affairs コンドリーザ・ライス大統領補佐官（国家安全保障担当）（＊和文ではマスコミでの一般的な肩書きに従った） ◆The Nye Report of 1995 (after Joseph Nye, a former Assistant Secretary of Defence and a Harvard Professor), said that... 1995年のナイ報告（ジョゼフ・ナイ元国防次官補、現ハーバード大教授にちなむ）では、～と述べられていた。

**assistant professor** an ～《米》助教授（＊身分が長期的に保証されていない。準教授 an associate professor の下に位置する）

**associate** 1 vt. <with> 関連させる、関連づける、対応付ける、～を仲間に入れる、～というと（～を）連想する、《意訳》〈分類など〉; vi. <with> 交際する、提携する ◆associated gas （原油などと一緒に産出される）付随ガス（= gas-cap gas 貯留層のガスキャップガス、solution gas 溶解ガス） ◆difficulties associated with the use of liquid helium 液体ヘリウムの使用に伴う困難 ◆eliminate the side effects associated with injections 注射にまつわる副作用をなくす ◆basic management tasks associated with software development projects ソフトウェア開発プロジェクトに付随する基本的管理業務 ◆Each user has a password associated with the user's name. 各ユーザーには、ユーザー名に対応付け［割り当て］られたパスワードがある。◆The task ahead of African countries today is overcoming ethnocentrism and vices associated with it. 現在アフリカ諸国が直面している今後の課題は、自民族中心主義およびそれにまつわる［付き物の］諸悪を克服することである。2 n. an ～（正式会員に次ぐ資格の）准会員、(2年制大学修了による)准学士号; an ～ 同僚、つきあいや取引のある相手（＊個人や会社）、仕事仲間、共同事業者、取引先、提携先; adj. 准-、仲間［同僚］の、提携、共同、付随、(付属)の、連想の ◆associates in a law firm ある法律事務所の勤務弁護士たち ◆have an associate('s) degree 准学士号を持っている（＊短期大学［短大］卒の） ◆notify business associates and friends of the number change 仕事関係の人や友人に番号の変更を知らせる

**associated** adj. 関連［関係、連合、連動］している、関連性のある、関連［対応］付けられた、連結された、共同された、付随している、関連-、連合-、合同-、系列-、付属- ◆become associated with... ～と付き合うようになる［仲間になる］ ◆an associated company 《主に英》関連［系列］会社（＊a subsidiary に比べて株の親会社保有の割合が小さく、20-50%） ◆associated equipment 関連機器 ◆become closely associated with... ～と緊密な（提携）関係になる ◆the risk of vaccine-associated paralytic poliomyelitis (VAPP) from the oral polio vaccine 経口ポリオワクチンに起因するワクチン関連麻痺の危険性 ◆verify (the) proper operation of desktop workstations and associated peripherals デスクトップワークステーションおよび関連する［付随する、つながっている］周辺機器の正常動作を確認する

**associate professor** an ～《米》準教授（＊日本の助教授に相当。長期的に身分を保証されている）（→ assistant professor）

**association** 連合、合同、提携、交際、共同、関連、連系、結合、結社、《化》（分子やイオンの）会合; an ～ 協会、組合、（団体の名称として）-会、-協会、-協議会、-工業会、-連合会、-協同組合、-振興会、-学会、-機構 ◆in association with... ～と共

同で; ～に関連して ◆a savings and loan association　貯蓄貸付組合 ◆association of input with output　入力と出力の連係 ◆establish file associations　《コンピュ》ファイルの関連付けを行う ◆my fortuitous association with Mr. Wagner　ふとしたことから始まった私のワグナー氏との付き合い ◆the right to freedom of association　結社[集会]の自由を享受する権利 ◆it lends itself to association with images　それは画像との関連付けやすい[関連付けが容易である] ◆through Honeywell's alliance with Bull and Bull's association with NEC　ハネウエルのブルとの(業務)提携およびブルのNECとの提携を通じ ◆Values of r close to either -1 or +1 indicates a high degree of association.　rの値が-1または-1に近いことは、関連度の度合い[相関関係]が高いことを示す。

**associative**　adj. 結合の, 連想の, 相関の, 相互の ◆the associative law　結合則[律] (＊ブール代数の)

**assort**　vt. ～を分類する[仕分ける], 〈店など〉に品揃えを行う; vi. (～と)同類である(agree in kind), 調和する(harmonize), 交わる[交際する] (associate)<with> ◆Being able to truly assort a store specific to a market will allow us to <do...>　特定の市場に照準を合わせて実に適切に店の品揃えが行える ので、私どもは～することが可能になります。 ◆We have many assorted types and sizes of ropes in stock. Please call for details.　弊社では数多くの種類ならびにさまざまな太さのロープを取り揃えて在庫しております。詳しくはお電話にて問い合わせください。

**assortment**　[U]分類, 仕分け, 組み合わせ; an ～　いろいろなものの取り揃え[取り合わせ] ◆have a wide assortment of merchandise　幅広い品揃えをしている ◆a back room for the assortment of merchandise　商品の仕分けをするための奥の部屋 ◆offer (customers) a wide assortment of clothing　〈店など〉が幅広い種類の衣料品を取り揃えている ◆the company has a large assortment of products　同社は多くの種類の商品を取り揃えている ◆they are available in a wide assortment of sizes to fit almost any job　ほとんどの使用目的に対応できるよう、それらは幅広いサイズが取り揃えられて(売られて)いる ◆We provide [offer, have, carry] a wide selection [assortment, range] of boats and motors for you to choose from.　弊社では、お客様にお選びいただけるようボートおよびエンジンを幅広く取り揃えて[の豊富なラインアップをご用意して]おります。 (＊ちなみに, an abundant lineup of... とすると「和製英語」になってしまう)

**ASSP**　(application-specific standard product) an ～　特定用途向け標準製品 (＊特にICチップの)

**assume**　vt. ～だと仮定する[考える, 見なす, 想定する, 決めてかかる, 思いこむ], ～を前提とする; 〈職〉につく, 〈責任〉を負う; 帯びる, 呈する ◆assuming that...　～であると想定して[～であるものとして, ～ということを前提として, ～であると仮定して, (意訳)～の場合には] ◆assume a positive charge　正の電荷を帯びる ◆It is generally assumed that...　通例～であると想定されて[見られて, 思われて]いる ◆it is widely assumed that...　～であると広く信じられている ◆It's assumed as certain that...　～であるということは確実だと思われている ◆assume a dominant position in...　～において優勢な位置を占める ◆there is every reason to assume that...　～であると考えるに足る十分な理由がある; (意訳)(どう見ても)～だと思われる ◆assuming that your loan is for $1 million or less　あなたのローンが100万ドル以下として[であることを前提として, の場合には] ◆assume the problem lies within the unit itself　問題はそのユニット自身の内部にあるのではないかと推定する[にらむ, 踏む] ◆the relationships between X and Y can assume many mutually different aspects　XとYとの間の関係は互いに異なるいろいろな様相を[呈する可能性がある ◆Depress..., so that the vane may assume their correct positions.　羽根が正しい姿勢をとれるように～を押し込んでおく。 ◆Assume that R is very large.　R (の値)は非常に大きいものとする。 ◆A variable can assume any of a given set of values.　変数は、ある一群の数値のうちのどの値でも取ることができる。 ◆I assume I'll get a raise.　私は, 昇

給してもらえると思っています。 ◆If they are equal, the data is assumed to be correct.　それらが等しければ[合致すれ]ば、データは正しいものと判断される。 ◆If a value is not specified, it is assumed to be zero.　値が指定されない場合、(値は)0と見なされる[解釈される]。 ◆If you do not specify the number of decimal places, 0 is assumed.　小数点以下の桁数を指定しない場合、0((の値)が取られる[0(を指定したもの)と見なされる, (桁数は)0となる]。 ◆It is assumed that the reader has at least a minimum knowledge of the UNIX Operating System.　読者は、少なくとも最低限UNIX基本ソフトの知識があるものとする[想定する]。 ◆Malthus assumed that food would be the limiting factor for population.　マルサスは、食糧が人口増加を制限する要因であろうと想定した。 ◆The inverse resistance is almost always assumed to be infinite.　逆方向抵抗は、ほとんどの場合無限大と見なされる。 ◆COM programming knowledge will be strictly assumed as the course focuses only on the relevant changes brought by COM+.　《意訳》このコースではCOM+(へのアップグレード)にともなう変更点にのみ焦点をあてるので、(受講者が)すでにCOMプログラミング知識を持っていることが大前提[絶対条件, 必須条件]です。

**assumption**　(an)～想定, 仮定, 仮説, 前提, 見なすこと, 想定; (an)～引き受け, 就任 ◆(based) on the assumption that...　(当然)～であるものと(仮定)して ◆make an erroneous assumption about...　～について誤った仮設[仮説]を立てる ◆on the assumption that... would...　～であろうとう想定のもとに ◆the analysis contains incorrect assumptions about...　この分析は, ～についての誤った仮説[仮定, 前提]を含んでいる ◆with the assumption that...　～と仮定して ◆if the assumption is made that the memory board costs the same as...　もしそのメモリーボードの値段が～と同じだと仮定すれば ◆under the assumption that computers never make mistakes　コンピュータは決して間違えないという想定のもとに[ものと仮定して] ◆Last, but not to be left to assumption, is the availability of AC power for operation of the equipment and projector.　最後に, 決して(勝手な)想定にまかせてはプロジェクタを動作させるためのAC電源があるかどうかということだ。(＊セミナーの会場設定)

**assurance**　[U]確信, 自信, 確実性; an ～　保証, 請け合い, 約束, 確約, [U](英)保険 ◆quality assurance　品質保証 ◆make assurance double [doubly] sure　念には念を入れる; 駄目押しする; ダメを押す; 万全を期する; 石橋を叩いて渡る; 用心の上にも用心をする; 繰り返し念を入れて[くれぐれもよく] 確かめる ◆the assurance of the quality of goods and services　モノとサービスの品質の保証 ◆with some assurances of safety　ある程度の安全の保証があって ◆Assurances of participation have come in from around the country.　参加する旨の確約が全国から舞い込んで来た。 ◆Each tool carries the following assurances:　各々の工具は、以下の事を保証します。 ◆He offered no promises, gave no assurances of any kind.　彼は何の約束も保証[請け合い]もしなかった。 ◆They were interviewed with the assurance of anonymity.　彼らは, 名前は伏せておくという保証のもとで[約束で]インタビューを受けた。 ◆We can say with assurance that the AVX-2000 is an engineering tour de force.　我々は, AVX-2000は技術が生み出した傑作であると断言できる[自信を持って言える]。

**assure**　vt. <of, that>〈人〉に(～を)保証する, 請け合う, 確信させる, 納得させる, 安心させる, 太鼓判を押す; (= ensure)〈物事〉を保証する, 確実なものにする ◆MAD (Mutual Assured Destruction)　相互確証破壊 (＊冷戦時代に米ソが, 文明が消滅しかねないほどの大量の核兵器を所有し互いに牽制し合ったことを指す) ◆to ensure [insure, assure, make sure, make certain, guarantee] that...　必ず～であるようにするために; 万全を期するべく ◆You can rest assured (that)...　～なので, 安心していられます[ご安心ください] ◆we can assure customers of a steady stream of products in high volume　弊社は、顧客に対し製品を大量に安定供給できる旨確約できる ◆you are assured that... will...　きっと

〜でしょう ◆assure that supplies conform to purchase order requirements 納入品が発注書の要件に合致していることを保証する ◆checks made to assure the accuracy of testing equipment 試験装置の精度を保証するために実施される検査 ◆Rest assured, this will not affect your shipping charges. この場合でも送料は変わりませんのでご安心ください。 ◆But I can assure you that he is the least likely of all conceivable things to happen. けれど私は、これは起こりうるすべての事態のうちで[あらゆる可能性の中]で一番起こりそうにない[ありそうにない]ことだと断言できます。 ◆Endurance is assured by the use of hardened rods and class 25 ball bearings. 耐久性は、焼き入れロッドとクラス25のボールベアリングの使用により保証されています。 ◆I am assured by those competent to judge that his stories are very well written. 批評眼[鑑識眼]のある人(の太鼓判[が折り紙を付けたこと])のおかげで、彼の小説が非常によく書かれていることについて私は確信できる[間違いないと思う]。 ◆To assure safety and reliability, repairs should be performed by Lehman Service Centers. 安全性と信頼性を保証するために、修理はレーマン社サービスセンターで行われなければならない。 ◆With these industry-leading specs, you're assured optimum performance throughout extended periods of use. これらの業界随一の仕様により、長期にわたる使用期間全体を通して最高の性能が保証されます。

**astable** adj. 無安定の、非安定の、無定位の
**astatic** 無定位の
**astatine** アスタチン(元素記号: At)
**asterisk** an 〜 星印(＊)、アステリスク、アスタリスク; vt. 〜に星印をつける ◆marked with an asterisk 星印(＊)が付いている ◆An asterisk (＊) denotes... (図表などで)星印(＊)は〜を示す。
**astern** 《船舶,航空》後方の[に、へ]
**astigmatic** 乱視の、非点収差の;非点収差を補正する;物事を正しく見られない ◆correct astigmatic aberration 非点収差を補正する
**astigmatism** ①乱視、非点収差; ②事実誤認、物事の曲解 ◆a person with astigmatism 乱視の人 ◆be free from astigmatism 非点収差がない
**ASTM** the 〜 (American Society for Testing and Materials) 米国材料試験協会
**astral** adj. 星の、星形の、星気の、心霊の、霊の、霊魂の、精霊の、幽体の ◆astral projection (the practice of your mind escaping your body) 幽体[対外]離脱(体から魂が抜け出ること)
**astride** adv., prep. またがって、脚を大きく広げて ◆a country lying astride Europe and Asia 欧州とアジアにまたがる国(＊トルコの話で) ◆be [sit] astride a bicycle [bike seat, saddle, horse] 自転車[自転車のサドル, 鞍, 馬]にまたがっている[跨る] ◆a nuclear plant discovered to be astride an earthquake fault 地震断層の上に(またぐように)乗っているということが判明した[分かった]原発 ◆Burmese troops attacked refugee encampments astride the Thai-Burmese border. ビルマ軍がタイ・ビルマ国境をまたぐようにして広がる避難民野営地を攻撃した
**astringent** adj. 収斂(シュウレン)性の(＊粘膜組織や皮膚を引き締める)、厳しい、(批判などが)痛烈な、渋い[渋味のある]; (an) 〜 収斂剤、アストリンゼント[アストリンゼン](＊化粧水) ◆Tannin is astringent. タンニンは渋い(味がする)。(＊タンニンはお茶をはじめとする多くの植物の渋の総称)
**astronaut** an 〜 宇宙飛行士、アストロノート
**astronomer** an 〜 天文学者
**astronomical** adj. 天文の、天文学の、天文学上の; 天文学的な、桁外れに大きい、膨大 ◆an astronomical observatory 天文台 ◆an astronomical telescope 天体望遠鏡 ◆during astronomical observations 天体観測中に
**astronomy** 天文学 ◆an astronomy satellite 天文衛星
**asunder** adv., adj. 離れて、別々に、ばらばらに、別個の、異なって ◆fall [come] asunder ばらばらになる;分解する;崩壊[瓦解]する ◆put [pull] asunder 〜をばらばらにする[分解する] ◆put back together the community that has been ripped asunder ばらばらになったコミュニティーを元通り一つにする ◆they are poles apart [asunder] 彼らの「天地の開き[差、相違]」がある ◆after the Iron Curtain was torn asunder in 1990 1990年に鉄のカーテンがずたずたに引き裂かれた後で

**asylum** ①保護[庇護]、亡命、避難; a 〜 避難所、保護施設、(駆け込み寺的な)聖域、救護施設、(難民などの)収容所、《以下は稀》精神病院、養老院、孤児院、育児院 ◆an asylum seeker 庇護[亡命]希望者 ◆women seeking asylum 庇護[保護、亡命]を求めている女性たち ◆respect the "right of asylum" of refugees 難民の「庇護を受ける権利」を尊重する ◆The United States granted political asylum to them. 米国は彼らに政治亡命を認めた。 ◆They were granted political asylum by the US Government. 彼らは米国政府から政治亡命を認められた。 ◆In an attempt to reduce the numbers of refugees seeking asylum in Europe, governments are placing a number of obstacles in their path. 欧州で亡命を求める難民の数を減らそうとして、各国政府は(そこに至る道に)数々の障害を設けつつある。
**asymmetrical, asymmetric** adj. 非対称形をしている、非対称性の、非対称型-、非相称的な ◆be asymmetrical 非対称形をしている ◆asymmetric synthesis 《化》不斉合成(＊右旋性 dextrorotatory または左旋性 levorotatory [右手系または左手系]の化合物の一方のみを生成させようとする) ◆an ADSL (asymmetric digital subscriber line) 非対称デジタル加入者線 ◆to address asymmetrical threats such as terrorism テロなどの非対称脅威に対処するために
**asymmetry** 非対称(性)、非相称、ひずみ
**asynchronous** adj. 非同期(式)の、非同時(性)の ◆asynchronous serial transmission 非同期直列伝送 ◆in asynchronous mode 《通》非同期[(意訳)]たれ流し, 無手順]モードで ◆asynchronous to the clock クロックとは非同期で ◆in asynchronous transmission 非同期伝送において[非同期の場合は]
**at** 〈位置, 時点, 段階, 程度〉で[において、にある]; 〜の状態で、〜という状況で; 〈会社など〉の; 〜に向かって、〜をめがけて ◆an at sign (@) アットマーク ◆at Chrysler... クライスラー社において; クライスラー社は ◆purchase books at up to 30% discount 書籍を最大3割引で購入する ◆At Digital Switch Corporation, we are committed to... デジタルスイッチ社は、〜に専心しています。 ◆The engine produces 161 hp at 5900 rpm. このエンジンで、5900rpmで161馬力発生する。
**At** アスタチン(astatine)の元素記号
**at-a-glance** 一目見ての、一目で分かる、一覧になった、早見系の ◆an at-a-glance chart 一覧表、一目で分かるように作成されているチャート ◆an at-a-glance guide to laser diodes レーザーダイオードの一覧表[早見表] ◆it gives you an at-a-glance picture of... それは、〜の様子を一目瞭然にしてくれる
**ATB** (all-terrain bike) an 〜 マウンテンバイク(= a mountain bike)
**ATF** the 〜 (= the Bureau of Alcohol, Tobacco and Firearms) (米国)連邦アルコール・たばこ・火器局; an 〜 (Advanced Tactical Fighter) 高性能戦術戦闘機
**athlete** an 〜 アスリート、運動競技の選手、競技者、スポーツマン
**athletic** adj. 運動競技の、体育の、運動の、運動選手用の、スポーツマンのような、活発な、筋骨たくましい ◆an all-girl athletic team 女子運動競技[スポーツ]チーム ◆the IAAF (《2001年7月まで》International Amateur Athletic Federation); (《2001年8月から》International Athletic Federation) 国際陸上競技連盟 (＊賞金大会へのプロ選手の出場により, Amateur の文字がそぐわなくなり、正式名称から外されたが略称は変わらない)
**at-home** adj. 在宅での、自宅での、自宅用の、居ながらにしての ◆at-home care 在宅介護 ◆at-home shopping ホームショッピング(＊通信販売による) ◆at-home movies 家庭で見る映画

**Atlantic** adj. 大西洋の, 大西洋岸の, 大西洋に臨む; the 〜 (Ocean) 大西洋

**ATM** (automatic [automated] teller [telling] machine) an 〜 現金自動預払機, 現金自動預入払出機, 自動窓口機; (asynchronous transfer mode) 《通》非同期転送モード ◆an ATM (asynchronous transfer mode) exchange ATM(非同期転送モード)交換機

**atmosphere** (an) 〜 大気, 空気, 気圏, 環境, 雰囲気, (周り[場]の)空気, たたずまい, 媒体ガス, 媒体, ガス体, 気圧; an 〜 ムード ◆the earth's atmosphere; the atmosphere of the earth 地球の大気圏 ◆the general circulation of the atmosphere; the atmosphere's general circulation 大気大循環 ◆at one atmosphere; at a pressure of one atmosphere 1気圧で ◆at [under] a pressure of 600 atmospheres 600気圧で[気圧のもとで] ◆in a corrosive atmosphere 腐食性の雰囲気中で ◆in an atmosphere of hydrogen [(an) inert gas] 水素[不活性ガス]雰囲気中で[の] ◆in a normal-atmosphere environment 通常の気圧[1気圧]の環境の中で;《意訳》大気中[気中]で ◆read the atmosphere of a place 場の空気を読む ◆sterilize in an atmosphere of steam 水蒸気の雰囲気中で殺菌する ◆under a pressure of 2,000 atmospheres 2,000気圧のもとで ◆under controlled atmosphere 管理された雰囲気のもとで ◆within the Earth's atmosphere 地球の大気中[大気圏内]で ◆nuclear testing in the atmosphere 大気圏内での核実験 ◆the constant release of chlorofluorocarbons into the atmosphere 大気中へのフロンの絶え間ない放出 ◆the buildup of carbon dioxide and other greenhouse gases in the atmosphere 大気中での二酸化炭素および他の温室効果ガスの蓄積 ◆Do not operate the unit near flammable liquids or in gaseous or explosive atmospheres. 本ユニットを, 引火性の液体の近傍あるいはガス雰囲気または爆発性雰囲気中で動作させないでください。

**atmospheric, atmospherical** 大気(中)の, 雰囲気の, ムードの, ◆(an) atmospheric disturbance 大気の擾乱(＊嵐などの形で現れる) ◆(an) atmospheric temperature 大気温度; 気温 ◆atmospheric pollution 大気汚染 ◆atmospheric pressure 大気圧, 気圧 ◆atmospheric sciences 大気科学 ◆the atmospheric general circulation 大気大循環 ◆atmospheric monitoring equipment 大気観測機器 ◆an optical infrared atmospheric communications system 赤外線大気圏内光通信システム ◆at 1 atmospheric pressure 1気圧で(＊1 atm pressure = 760 mmHg = 10² kilopascals) ◆at atmospheric temperatures and pressures 大気温度[常温]・大気圧[常圧]で ◆sharp drops in atmospheric pressure 急激な気圧の低下 ◆the separation of atmospheric gases 大気(を構成している)ガスの分離 ◆under atmospheric pressure 大気圧の下で; 常圧下で ◆highly accurate satellite-based atmospheric temperature measurements 衛星からの高精度な大気温度の測定 ◆the atmospheric concentration of $CO_2$ and other greenhouse gases 二酸化炭素その他の温室効果ガスの大気中の濃度 ◆contain. . . under less than standard atmospheric pressure 標準気圧より小さい圧力のもとで〜を収容している;《意訳》負圧[陰圧]の状態で〜を収容している

**atmospheric pressure** (an) 〜 大気圧, 気圧 ◆at pressures above [below] atmospheric pressure 大気圧[気圧]よりも高い[低い]圧力で ◆measure pressures exceeding atmospheric pressure 大気圧よりも高い圧力を測る

**atmospherics** 《複扱い》空電, 空電雑音, 大気雑音(＊空電(雑音)は static とも。雷など大気中の放電現象によって生ずる電磁波[雑音電波]のこと);《複扱い》雰囲気, ムード ◆interference from atmospherics 《無線通信》空電[雑音[ノイズ])による(受信)障害; 空電妨害 ◆《アマ無線》QRN ◆Receivers equipped with Dolby Surround sound can re-create the full atmospherics of the movie theater, from the screams of jets passing overhead to the seat-shaking rumble of helicopter gunships. ドルビーサラウンドサウンド装備のレシーバーは, 頭上を通り過ぎて行くかん高いジェット機の騒音からヘリコプターガンシップの座席を揺るがす振動音まで, 映画館の雰囲気を忠実に再現できる。

**atoll** an 〜 環礁, 環状珊瑚礁(サンゴショウ) ◆nuclear testing on [in, at] the Mururoa Atoll ムルロア環礁での核実験

**atom** an 〜 原子 ◆an atom smasher 粒子加速器, 原子破壊器 ◆atoms of gallium ガリウム原子 ◆in a Cesium 133 atom セシウム133原子内で[の] ◆each atom of chlorine liberated from a CFC フロンから遊離した各々の塩素原子

**atomic** adj. 原子の, 原子力の, 原子の, 原爆の ◆an atomic bomb (= an A-bomb) 原子爆弾 ◆an atomic bomb victim 原子爆弾の被害者; 被爆者 ◆atomic weight 原子量 ◆an AFM (atomic force microscope) 原子間力顕微鏡 ◆an atomic frequency standard 《原子時計》原子周波数標準 ◆the Vietnam Atomic Energy Commission ベトナム原子力委員会 ◆an atomic-fuel processing plant 核燃料処理工場 ◆an atomic action is executed 《コンピュ》アトミックアクション[不可分処理]が実行される ◆the Japan Atomic Energy Research Institute (JAERI) 日本原子力研究所(原研)(略語形はthe は不要) ◆the Japan Atomic Power Company 《日》日本原子力発電会社 ◆the Nagasaki Atomic Bomb Museum 長崎原爆資料館

**atomic clock** an 〜 原子時計(＊原子の振動を基準にしている超高精密時計。セシウム原子共鳴振動を利用したものが代表的で, これは協定世界時 UTC (universal time coordinated)の基準時として採用されている)

**atomicity** 《コンピュ》原子性

**atomizer** an 〜 アトマイザ, スプレー, 噴霧器 ◆an atomizer bottle アトマイザー[スプレー]容器

**atop** 〜のてっぺん[頂上]に ◆the region sits atop large mineral deposits, including coal, iron and manganese この地域は石炭, 鉄, マンガンをはじめとする鉱床の真上に位置している ◆A small daughterboard sits atop the expanded memory board. 小さなドーターボードが拡張メモリーボードの上に乗っている。

**atresia** 回《医》閉鎖, 閉鎖症(＊身体にあるべき管, 孔, 腔が先天的に無いか, 病気の後遺症による閉鎖) ◆pulmonary atresia (先天性の)肺[呼吸器]の閉鎖症

**atrocity** 回凶暴, 極悪非道, 残忍性; an 〜 残虐行為

**attach** vt. <to, on> 〜を取り付ける[付ける, くっつける, 添付する, 付する],《コンピュ》アタッチする,《法》差し押さえる,《意味, 重要性》が(〜に)あると考える[を(〜に)置く];(受身または不帰的に)<to>〜(一時的に)所属させる[配属する], (〜への)愛着[愛情, 執着]を抱かせる; vi. 付く ◆attach the cover to. . . 〜にカバーを取り付ける ◆a card attached with your name on it あなたの名前が記載されたカード ◆open [save] an attached file [an attachment] (電子メールの)添付ファイルを《順に》開く[保存する] ◆tags attached to merchandise in stores 店の商品に付けられている[付いている]商札 ◆schools attached to mosques イスラム教寺院の付属学校 ◆at Hershey Medical Center (a hospital with a medical school attached) ハーシー医療センター(付属の医学学校がある病院)で ◆as mentioned on the attached paper (Appendix 1) 添付別紙(別添1)に記載の通り ◆as per the attached drawings; as per the drawing attached (hereto) 添付図面[付図](記載)のとおりに示すように] ◆I have attached. . . ; I have attached herewith. . . ; I have herewith attached. . . ; I attach herewith. . . ; I herewith attach. . . (ここに)〜を添付しました[します] ◆Please find attached (herewith). . . ; Attached (herewith) please find. . . 《資料など》添付いたしましたので御ご覧ください》 ◆You will find attached (herewith). . . ; Attached (herewith) you will find. . . ここに〜を添付します ◆attach a file to an e-mail message 電子メール(メッセージ)にファイルを添付する ◆send the graphic as a separately attached file 《ネット》そのグラフィック(データ)を添付ファイルとして送る ◆the telephones attached to the office's telephone network オフィスの電話網に接続されている電話 ◆This is a photo I snapped this morning. 添付してあるのは僕が今朝撮った写真です。 ◆Each computer comes attached with a camera. 各々のコンピュータにはカメラが(セットで)付いてくる。 ◆Please find attached [I have attached] a copy of the invoice. インボイ

スの写しを添付いたします（のでご確認［ご査収］ください）． ◆The cover is attached with three screws. カバーはネジ3本で取り付けられて［ビス止めされて］いる． ◆The acyl group of an acid becomes attached to the N of the amine. 酸のアシル基はアミンのNに付く［結合する］． ◆The auto dialer attaches between the handset and the base of a Touch-Tone phone. この自動ダイヤル装置は、（プッシュ）ボタン式電話機の受話器と本体ベースの間に接続する． ◆The monitors come in four case colors to match the kind of computers that they will be attached to. モニターは、接続するコンピュータの種類に合わせて（お選びいただけるよう）4つのキャビネット色を（とり）揃えてあります．

**attached** adj. 添えられた［添付の］、取り付けてある；（〜に）属する［付属の，所属の］；〜付き［専属］の<to>；（〜に）愛情を抱いて［慕って、傾倒して、心服して］いる<to>

**attachment** ①取り付け，付加，付着，連結，接続，《法》差し押さえ；(an)〜愛着，愛情；an〜付属品［装置］，付加物［装置］，用途別装備品，接続機構，《ネット》添付ファイル［添付の］；an〜差し押さえ令状 ◆their attachment to powerful men 強い男性に惹かれる彼女らの心 ◆feel an attachment to... 〜に対する愛着を感じる ◆procure an air compressor including all necessary attachments 必要な付属品一切込みで空気圧縮ポンプを1台調達する ◆their attachment to old ways and old values 昔ながらのやり方や価値観への彼らの執着 ◆according to the drawings contained in the attachments to the specifications 仕様書の添付書類［付表］に記載されている図面に従って ◆a small cylindrical attachment added to... 〜に付加的に取り付けられている小形の円筒形アタッチメント ◆describe... in detail as an attachment to (the main body of) the Specification 仕様書（の本文）への追記［補記，《以下意訳》関連・付属情報，付帯事項，添付書類・文書，付表］として〜について詳細に記載する ◆A secure means of attachment must exist between the vehicles. それら車両のあいだにしっかりとした連結手段がなければならない． ◆I felt a real sense of attachment to this passport with its pages overflowing with visas and stamps. 私は、各ページに査証や判が所狭しと押されているこのパスポートに真の愛着心を覚えた． ◆The mail reader can launch an application for each attachment based on file extension. 《コンピュ》メールリーダーは、添付ファイル［添付の］に対して、ファイル拡張子に基づく（適切な）アプリケーションを起動することができる．

**attack** 1 vt. 攻撃する，襲う，腐食する，侵食する，侵す，冒す、〈問題など〉に取りかかる［着手する、取り組む］；vi. 攻撃する ◆attack a problem 問題に取り組む ◆chemically attack the material その材料を化学的に侵す［腐食させる］
2 (an)〜攻撃，襲撃；an〜非難，発作，着手［取り組み、開始］ ◆(an) attack time 《電気》アタックタイム ◆a well-ordered plan of attack on... 〜に対する理路整然とした攻略法 ◆our mode of attack 我々の（問題の）取り組み方 ◆resist attack by solvents 溶剤におかされにくい ◆a very fast attack time of 1 ms 非常に高速な1msの動作開始時間 ◆high resistance to attack by chemical agents 化学薬品に対する高い耐腐食性 ◆improve resistance to attack by most chemicals ほとんどの化学薬品に侵されにくくする、ほとんどの薬品に対する耐（薬品）性を向上させる ◆the top-selling detergent is under attack from... 一番売れているその洗剤は、〜からの攻勢を受けている ◆X is (coming) under increasing attack from Y to <do...> Xに対してYから〜という非難［風当たり］が強まっている ◆titanium is capable of resisting attack by body fluids, acids, and alkalis, within the human body チタンは人体内の体液や酸やアルカリによる腐食に耐えられる［に対して耐腐食性がある］ ◆The theory has come under considerable attack. この理論は、少なからず攻撃［批判、非難］を受けるようになった． ◆We no longer need to defend Western Europe against an attack by the U.S.S.R. 我々はもはや西欧をソ連の攻撃から守る必要がない．

**attain** （目的，目標，望みなど）を達成する，に到達する，達する、得る，獲得する，手に入れる ◆attain full speed 最高速度に達する ◆attain increased capacity 能力を拡充する ◆attain prominence 目立つようになる，有名になる，著名になる，傑出する，頭角を現す ◆attain the ability to <do> 〜する能力を得る ◆to attain correct exposure 適正露出を得るために

**attainable** adj. 到達［達成］できる ◆an attainable goal 到達可能なゴール；達成［実現］可能な目標

**attainment** ①到達，達成；〜を習得したもの；〜s 業績，成績，功績，技術，技能，技量，腕前，学識，博学，教養 ◆high educational attainment 高学歴 ◆the attainment of a master's degree 修士号の獲得 ◆the attainment of Middle East peace 中東和平の実現 ◆the attainment of perfection 完璧さの達成 ◆the attainment of price stability 価格の安定化；価格を安定させること；価格の安定を実現させる［確保する］こと ◆a current non-attainment area 現在まだ（基準に）達していない地域 ◆move towards attainment of one's primary objective 第一目標の達成［《意訳》実現］に向けて進む ◆They are men of attainments. 彼らは非常に博学［博識］な男性達だ．

**attempt** 1 vt. 〜を試みる［企てる］ ◆Do not attempt to <do> 〜しようとしないでください ◆be detained on suspicion of attempting to smuggle... 〜の密輸未遂容疑で拘留される
2 an〜試み，企て，努力，挑戦，小手調べ，（1回の）試行，《意訳》（1回の）失敗 ◆in an attempt to <do...> 〜しようとして ◆after a third attempt [try] 3回目の試行の後；3回やってみた後で；《場合によっては》（試行に）3回失敗すると ◆as a first attempt 小手調べとして ◆in an attempt to seize power 権力を奪い取ろうとして ◆yet another Renault comeback attempt 巻き返しを図ってのルノー社のさらなる努力 ◆Although the attempt proved [was] unsuccessful,... 試み［企て，計画］はうまく行かなかったが［不成功に終わったが、失敗したが］， ◆the company's first attempt to <do> その会社の〜するという初の試み［企て］ ◆if a new standardization attempt is successful 新たな標準化へむけての努力［取り組み］が実れば ◆Little attempt had been made to <do...> ほとんど〜しようという試み［努力］がなされてこなかった． ◆Suspend a user for thirty minutes if too many password attempts 《コンピュ》パスワードの試行回数が多すぎると［パスワード入力の失敗回数が制限を越えた場合に］そのユーザーを30秒間停止（*の合文で、if以降は省略されホ不定をな形、末尾にtake placeなどがあればよい） ◆a foiled attempt to assassinate former President George Bush 妨害されて挫折［頓挫］したジョージ・ブッシュ元大統領暗殺計画 ◆I succeeded at the first attempt. 1回目の試み［挑戦］でうまく行った． ◆we have already made several attempts to <do> 我々は、〜しようと既に数回試みた ◆A female detective who had just foiled a robbery attempt was shot in the back by a fellow officer. 強盗事件を未然に阻止した直後に女性刑事が同僚の警官に背中を撃たれた． ◆Under the UNHCR's Operation Reunite, attempts are being made to trace parents. 国連人間居住センターの「再会作戦」のもとで、両親探しの試みが行われている．

**attempted** 未遂の ◆be charged with the attempted murder of... 〈人〉の殺人未遂で告訴される

**attend** 出席する，参列する，列する，伴う，世話する，手入れする、付き添う，〈学校に〉行く ◆be attended with risk [pain] 危険［痛み］を伴う ◆items to be attended to やらなくてはならない事項 ◆attend to too many things at once 一度にあまりにも多くのことに気を配る［注意を払う］ ◆details are attended to with painstaking care 細かい点／細部にまで念入りに気が配られて［手配りが十分に行き届いて］いる；微に入り細をうがつ［細にわたる］注意［配慮］でうまく行った． ◆while attending Temple University テンプル大学に行きながら［在学中に］ ◆attend the appliance while it is operating 器具の動作中そばに付いている ◆If for any reason you cannot attend class, please leave word on my answering machine. 何らかの理由で授業に出られず［講習に出席でき］ない場合は、私の留守番電話にメッセージを残しておいてください． ◆We recommend that you have a qualified shop attend to the fuel system for you when you suspect a problem. 何か問題があるのではないかと思うときには、燃

**attendance**

料系統の手入れは(自分でしないで)資格を持っている整備工場に行ってもらうようお勧めします．

**attendance** (an) ～ 出席，参列，そばに付いていること，世話すること; an ～ ⟪単のみ⟫参列[出席]者数 ◆in attendance 参列して; 出席して; 列席して ◆check attendance 出欠をとる ◆an attendance record 勤怠記録; 出欠の記録; 出勤[出席]簿（の記録）◆attendance rates at high schools 高校における出席率 ◆poor attendance at department stores デパートにおけるにぶい客足 ◆without humans in attendance ⟨機器などの運転が⟩無人で ◆with the attendance of about 400 guests 来賓約400名の出席[列席，参加]を得て; 400人ほどのゲストを迎えて ◆Among those in attendance were... 参列[列席]者の中には，～がいた． ◆In attendance were... Also present were... 会議[出席]者は，～であった．また，～も同席していた[～の顔もみられた]． ◆maintain an average 95 percent daily attendance rate 毎日平均95パーセントの出席率を維持する ◆Theater attendance is shrinking. 劇場・映画館への客足が遠のいている． ◆We will also be making consideration(s) to boost the attendance. 私たちも，出席者[参加者]を増やすための配慮もしようと思っています． ◆The meeting was called to order at 2:15 p.m. and attendance was noted. 41 academic senators were present. 会は午後2時15分に開会宣言され，そして出席が取られた．41名の理事が出席した．(＊大学の理事会)

**attendant** adj. 〜に伴う[付随的な，付帯的な]，付き添いの; an 〜 〜に付添い人，随行員[者]，随員，お供の人，出席[参列，参会]者 ◆a flight attendant（旅客機の乗客の世話をする）客室乗務員（▶「スチュワーデス」の代わりに性別に関係なく用いられる語）◆attendant circumstances 付随[付帯]的な事情 ◆without the assistance of an attendant 無人で ◆massive tire dumps and attendant large fires 大規模な古タイヤ投棄場とそれに付き物の大火事 ◆assess the risks attendant on breathing your neighbor's fumes あなたの隣に[そばに]いる人のタバコの煙を吸うことに伴う危険を推定する (＊受動喫煙) ◆the Mexican crisis and its attendant contraction in capital inflows メキシコの危機とそれに伴った(意訳)連動した資本流入の縮小[減少]

**attendee** an 〜 参加者，出席者，臨席者，参列者，(見本市などの)来場者，入場者 ◆This year, 48,056 attendees at the Consumer Electronics Show marveled at... 今年は，コンシューマーエレクトロニクスショーで48,056人の入場者[来場者]が〜に目を見張った．

**attention** 1 回注意，注意力，注目，関心，興味 ◆grab someone's attention ⟨人⟩の興味[関心]を奪う[強く引く] ◆receive attention 注目される ◆call attention to... 〜への注意を呼びかける[喚起する] ◆concentrate attention on... 〜に専念する ◆ADHD (attention deficit hyperactivity disorder) 注意欠陥・多動性障害[注意欠陥多動症，注意欠如・多動性症候群] ◆attention-getting ads 人の注意を惹く[注目される，(意訳)]広告 ◆attention-grabbing [attention-getting] 人の注意を引く; 関心を呼ぶ; 注目を集める; 人目[関心]を引く ◆capture [garner] enough industry attention 業界の注目を十分集めるのに引く，惹く] ◆come to international attention 世界的に注目を浴びるようになる ◆It merits attention. それは注目に値する． ◆make oneself the center of attention 関心の的になる ◆provoke national attention 全国の関心をあおる[かき立てる] ◆receive widespread attention 広く注目される ◆with due attention to... 〜に十分注意を払って ◆the recent shift of attention to... 最近〜に関心が移ってきていること ◆an attention-getting event 人目を引くイベント[催し物] ◆an attention-seeking question 注目を集めるための[目立ちたいためにする]質問 ◆All the attention has been focused on... 〜がもっぱら関心を集めた． ◆Attention is being given to... 〜が目下注目されている ◆Attention must be directed toward... 〜に注目する[目を向ける]必要がある ◆be worthy of close [careful, great, particular, special] attention 刮目(カツモク)に値する ◆Great attention should be given to... 〜に大いに注意を払わねばならない ◆World at-

tention has focused on... 世界中の注目[世界の耳目(ジモク)]が〜に集まった; 世界が〜に注目した ◆attract the attention of the operator 運転員の注意を喚起する ◆engage the attention of the scientific world 学術界の関心を引く ◆I should like to draw your attention to the fact that... 私は，〜であるということに皆さんの注意を引きつけたい[(意訳)喚起したい，促したい]と思います． ◆Public attention remained riveted on... 世間[社会]の目は，〜に釘付けになったままだった． ◆world attention is focused on... 世界的に注目が[世界の関心が]〜に集まっている ◆an audio or visual alarm or other attention-getting device 聴覚式や視覚式の警報装置，あるいはそのほかの方式の注意を促すための装置 ◆take part in activities that require attention or skill 注意力[集中力]あるいは技術を必要とする活動に参加する ◆the I'm-lonely-someone-come-and-pay-attention-to-me cry（赤ちゃんの）「寂しいよ，誰か来てかまって」という泣き声 ◆Attention is now focusing on what caused the oil spill. 今は，油流出事故がなぜ起きたのかに関心が集まっている． ◆In closing, I thank you very much for your attention.《意訳》以上で．[最後まで，]ご静聴ありがとうございました． ◆I want to direct your attention to the pie chart behind me. 私の後ろにある円グラフをご覧ください． ◆Most attention focused on Gorbachev's treatment of the past. 関心はゴルバチョフの過去の扱いにほとんど集中した． ◆In the current political climate, those who make the noise get [draw, attract] the most attention. 現在の政治状況にあっては，声高にスタンドプレーする者が一番注目を集める[ひく]． ◆It will certainly attract the attention of the more progressive customers. それは間違いなくより進歩的な顧客層の関心を引くであろう． ◆Mammalian cell culture is the center of attention at many companies. 多くの企業で，哺乳動物の細胞培養は関心的となっている． ◆The car requires too much attention in straight-ahead driving. この車は，直進運転時に過度の(ドライバーの)注意力を必要とする． ◆The gold standard has been gaining renewed attention in government circles as well. 金本位制は政府関係者[政府筋，官辺筋]の間でも再認識されてきている．

2 回気配り，目配り，心づかい，配慮，考慮 ◆attention to every detail きめ細かな配慮 ◆lavish attention on a client 顧客に行き届いた心配りをする ◆a hazard requiring urgent attention 緊急な対処を要する危険要因 ◆an almost obsessive attention to detail 極端なまでのきめ細かい配慮 ◆meticulous attention to detail きめ細やかな配慮[対応] ◆Pay particular attention to... 〜には特に気をつける[留意する，注意する，配慮する]こと ◆do jobs that require attention to detail 細かい神経を使うことを要求される仕事をする ◆Prompt attention and repair may prevent damage to... 迅速な手当[処置]と修理を行えば，〜に損害を来さずにすむ場合もある． ◆Toyota's attention to owners' needs in designing its cars トヨタの，車づくりにおけるドライバーのニーズへの気配り ◆For this reason, a lot of attention has been paid to the development of... この理由により，〜の開発に多くの注意が払われた． ◆the extra attention invested in the suspension bushings and sound deadening サスペンション・ブッシングおよび吸音対策に注ぎ込まれた特別の配慮 ◆Special attention has been paid to ride, seats, entry ease, colors and interior options. 特別の注意[配慮]が乗り心地，座席，乗り込みやすさ，色，そして内装オプションに対して払われた． ◆In our opinion, audio is no less important than video so we are paying a special attention to the sound quality. 我々の意見では，オーディオ[音響]はビデオ[映像]に負けず劣らず重要だと考えています．だから音質には特別注意を払って[特にこだわって]いるのです． ◆Standing heights are only accomplished without shoes. Examinees are instructed to stand at the position of attention and keep their head facing directly forward. 身長測定は必ず靴を脱いで行う．受験者は，気を付けの姿勢で立ち頭部を真っ直ぐ前方に向けようと指示を受ける． ◆To cope with the low speed and high error rate of voice-grade telephone lines, facsimiles must be designed with particular attention to effective use of available bandwidth and to error detection and correction. 音声帯電話線の低速度と高い誤り率に対処するために，ファ

クシミリは、(所与の)利用可能な帯域幅の効率的使用[有効活用]ならびに誤り検出と誤り訂正に特に配慮して設計する必要がある。

**attention span** *an* ～ 注意力持続時間 ◆have a short attention span 集中力が続かない

**attentive** *adj.* 注意深くしている、気をつけている ◆attentive service 行き届いた[痒い所に手が届く]サービス ◆keep the audience attentive 聴衆の注意を引き付けておく

**attentiveness** ①注意を行き届かせていること, 気遣い, 心遣い, 気配り, 思いやり ◆caution and attentiveness to details きめ細かな注意と気配り

**attenuate** *vt., vi.* 減衰させる, 弱める, 減じる; 希薄にする, 希釈する ◆an attenuating patch cord 《AV》減衰抵抗入り接続コード(＊ライン出力をマイク入力に接続するための) ◆attenuate unwanted signals 不要信号を減衰させる ◆use a live, attenuated type of rubella vaccine (毒性を)弱めた生きた(ウイルスを含む)タイプの風疹ワクチンを用いる ◆the output is attenuated slightly because of the shunt resistor 出力は, シャント抵抗のせいで若干減衰される

**attenuation** ①減衰, 希釈, 希薄化; (*an*) ～ 減衰量 ◆a maximum attenuation of 3.75 dB/km at 850nm (波長)850ナノメートルにおける1キロメートル当たり3.75dBの最大減衰量(＊光ケーブルの話) ◆a transmission attenuation of 40 dB 40 デシベルの伝送減衰(量) ◆attenuation of signals through resistive networks 抵抗網による信号の減衰 ◆vary the amount of attenuation 減衰量を変える ◆A filter is used to provide 96-dB/octave attenuation. 96dB/Oct.の減衰を与える[得る, 確保する]ためにフィルターが使用されている.

**attenuator** *an* ～ アッテネータ, 減衰器

**attest** *vt., vi.* 証明する, 立証する, 確証する, 証言する ◆a document signed and attested to by... 〈人〉によって署名および(記述内容が正しい旨が)証明されている書類 ◆attest to the fact that... ～であるということを証明[立証, 実証]している; ～ということを裏付けている[証拠立てている, 証言している]

**attitude** *an* ～, *one's* ～ 態度, 姿勢, 構え, 腰 ◆attitude control 姿勢制御 ◆an attitude-control rocket engine 姿勢制御用のロケットエンジン ◆a change of attitude 態度の変化 ◆adopt a "no retreat, no surrender" attitude 「不退転, 不撓不屈(フトウフクツ)」の姿勢[態勢, 構え]を採る ◆control attitude 姿勢を制御する(＊飛行体などの) ◆control the attitude of... in flight ～の飛行姿勢を制御する ◆maintain [take, adopt] a hard-line attitude toward [about]... ～に対して[～に関して]強硬姿勢を続ける[取る, 採る] ◆make one's position [attitude] clear 立場[態度]をはっきりさせる, 旗幟(キシ)[旗色(ハタイロ), 旗印]を鮮明にする ◆need gyroscopes to sense attitude 姿勢をセンシング[感知]するのにジャイロスコープを必要とする(＊ロケットの話) ◆I took [assumed] a defiant attitude toward them. 私は彼らに対して挑戦的な姿勢をとった[けんか腰になった, 開き直った].

**attn., Attn.** (for the) attention (of)の ～宛[＊送り先・届け先を表す] ◆ATTN: RETURNS DEPT. 宛先: 返品受け付け部門(＊輸送カートンなどの標示文句で)

**attract** *vt.* ～を引き寄せる, 引き付ける, 引く ◆attract a nearby body 近くの物体を引き付ける ◆attract foreign capital 外国資本を誘致する ◆use bargain-priced items [loss leaders] to attract customers 客集め[客寄せ]のためにバーゲン価格の商品[目玉商品]を使う ◆The plant has trouble attracting workers and is 30 people short. この工場は労働者を集めるのに苦労しており, 30名人手が足りない. ◆We must attract him to our side.; We must win him over to our side. 我々は彼を味方につけなければならない[引き込む必要がある].

**attraction** ①引力, 吸引; *an* ～ 人[客]を集めるもの, (客引き・客寄せのための)呼び物, 出し物, アトラクション ◆the forces of attraction 吸引力, 引力 ◆the Earth's attraction for an object ある物体に働く地球の引力

**attractive** *adj.* 引き寄せる, (興味, 関心を)そそる, (人を)引きつける, 魅力的な ◆the attractive forces between A and B

A B 間の引力 ◆The car's seats are plenty attractive. この車の座席はとても魅力的だ.(＊plentyは口語) ◆These factors make high-speed CMOS chips attractive for use in telecommunications equipment and microcomputers. これらの要因は, 高速CMOSチップの電気通信機器やマイクロコンピュータへの使用を魅力あるものにしている.

**attributable** *adj.* <to> ～に帰する[起因する, 原因する, 依る], ～のせいである[結果である, たまものである] ◆the company's success is directly attributable to its investment in research and development この会社の成功は, 研究開発への投資が直接的な原因である

**attribute** *vt.* ～を(～の)せいにする, (～に)帰する <to>; *an* ～ 属性, 特質 ◆attribute the company's success to... その会社の成功を, ～のおかげであるとする ◆attribute its excellence to their unceasing hard work それが卓越していることを彼らの絶え間ない懸命の努力の成果[たまもの]であるとする ◆on-the-job accidents and injuries attributed to human error 人為ミスによる業務上の事故ならびに傷害 ◆Mr. Robinson attributed his success to his partners. ロビンソン氏は, うまくやれたのは仲間のおかげだと言った. ◆Zenith attributes its losses to primarily to fewer sales of color television sets. ゼニス社は欠損[損失]は主にカラーテレビの売れ行きが落ちたせいだとしている. ◆The inorganic matter–minerals and trace elements–causes many of the health, environmental, and technological problems attributed to coal use. この無機質(鉱物および微量元素)は, 石炭の使用にまつわる[付き物の]健康上, 環境上, および技術上の多くの問題を引き起こしている.

**attrition** ①摩損, 摩滅, 摩滅, 消耗, 減少, 縮小, 弱体化, 自然減 ◆through [by] attrition 自然減により ◆a high attrition rate 高い損耗率 ◆in a war of attrition with... ～との消耗戦で ◆jobs opened through normal attrition 自然減によって生じた雇用口 ◆The company expects to reduce its work force by 1,500 over five years through attrition. この会社は, 自然減により全従業員数を5年にわたり1,500人削減できるものと見ている.

**attune** 1 *vt.* 調律する, 調和させる, 一致させる, 合わせる <to> ◆The system is attuned more directly to user needs. 同システムは, ユーザーニーズにより緊密に沿うよう合わせてある.
2 *vt.* 〈人〉に(～を)十分理解[認識]させる, 〈人〉に(～を)よく分かるようにする, (～に)敏感にする <to>; (attuned to... の受身形で) 〈良さ, 違い, 重要性など〉がよく分かって, ～に対する鑑識眼[観賞眼]を持って, ～に対する反応が良い ◆attuned to the subtleties of... 〈人が〉～の微妙な違いが分かって ◆Designers of database systems are always attuned to the idea that seeking is expensive. データベースシステムの設計者らは常に, シーク(磁気ディスクのヘッドが目的のデータ記録位置に行く動作)は高くつく(時間がかかる)ということをよく分かっている.

**ATV** (all-terrain vehicle) *an* ～ オールトラインビークル, 全地形型車両, (通称)四輪バギー[オフロードバギー](＊不整地走行用レジャー車) ◆ATV (advanced television [TV]) 次世代テレビジョン(＊EDTV, HDTV, digital HDTVなどを総称して)

**Au** 金 (gold) の元素記号

**auction** (*an*) ～ 競売, 競り, 競り売り; *vt.* ～を競売[競り]にかける <off> ◆by auction 競売により, 競り(売り)で ◆a public auction 公売, 競売 ◆put... up for auction ～を競売[競り]にかける ◆attend an auction of vintage cars ビンテージカーの競売に顔を出す

**audibility** 耳に聞こえること, 聞こえ具合, 聴力, 可聴性, 聴感, 聴度 ◆frequencies within the audibility range of the human ear 人間の耳の可聴範囲内の周波数 ◆if the horn has lost a considerable amount of its audibility, もし警笛の聞こえ具合[(意)識力]クラクションの鳴り]がかなり悪くなっていたら

**audible** *adj.* 聞こえる, 可聴(式)の, 音響(式)の ◆audible noise 耳に聞こえる[可聴音の]雑音 ◆over the entire audible frequency range; throughout [across] the audible frequency range

全可聴周波数帯域にわたって; 可聴周波数帯域全体を通して ◆use a non-audible frequency range of 1.2MHz　1.2MHzの非可聴周波数帯を使用する　◆use an audible frequency range of 300Hz to 4kHz　（意訳）300Hzから4kHzまでの可聴周波数帯を使う（＊普通20Hz～20kHzとされる可聴周波数帯域全体のうちの300Hz～4kHz部分を使う）　◆The unit will produce an audible tone when static charges are detected.　静電荷を検出すると本ユニットは，音を発します。　◆The system's 20-inch subwoofer speaker can produce bass at lower-than-audible frequencies – sonics that add to the realism by actually shaking viewers.　本システムの20インチのサブウーファースピーカは，可聴周波数より低い周波数，すなわち実際に観客を揺さぶって臨場感を増すといった音響効果を生み出すことができる。

**audience**　*an* ～（集合的に）観衆，観客，お客さん，聴衆，視聴者，聴取者，読者，（情報などの）受け手，客層，見込み客，対象となる消費者　◆audience measurement technology　視聴率測定技術　◆a target audience; an intended audience; an audience in mind; an audience of interest; an audience to be reached [addressed]　対象とするオーディエンス［観衆，観客，聴衆，視聴者，聴取者，読者，(情報などの)受け手，客層，見込み客，消費者］　◆be aimed at an upscale audience　裕福な客層［各筋］に照準があてられている　◆the audiences of local television and radio stations　地元のテレビ局およびラジオ局の視聴者（層）　◆before a near-capacity audience of 3,000 mourners　ほぼ満員［いっぱい］の3,000人にのぼる葬儀参列者を前にして

**audimeter**　*an* ～ 視聴率メーター

**audio**　adj. オーディオの，可聴周波数の，音声の; n. 音声の送信・受信・再生，可聴音，《AV》（映像に対して）音声　◆an audio book　オーディオブック（＊カセットテープ化された，耳で読む本）　◆an audio fan　オーディオ・ファン　◆an audio response unit (= a voice response unit)　音声応答装置　◆an audio-frequency signal　可聴［音声］周波信号　◆the audio-frequency region　オーディオ［可聴，音声］周波数領域　◆an audio phone message　音声電話メッセージ（＊電子メッセージ）　◆a home audio product maker　家庭向けオーディオ［製品］メーカー　◆a new audio compression technology　新しい音声圧縮技術　◆the CD audio market　CDオーディオ市場　◆the tape deck's audio quality　そのテープデッキの音質　◆a telephony product with very high audio quality　非常に高音質の電話（技術応用）製品　◆two-channel audio　2チャンネル音声　◆the camera's audio-signaling self-timer　このカメラの，音で知らせるセルフタイマー

**audiocassette**　*an* ～ オーディオカセット（テープ）　◆(an) audiocassette tape　オーディオカセットテープ　◆an audiocassette version of...　...のオーディオカセット版　◆books on audiocassettes　本のオーディオカセット版，録音図書; オーディオブック　◆It is also available on audiocassette for $5.99.　これはオーディオカセット版も販売されていて，定価は5.99ドルである。

**audiophile**　*an* ～ オーディオファン，ハイファイマニア　◆the audiophile market　オーディオファン（を対象にした）市場

**audiovisual, audio-visual**　adj. 視聴覚の，オーディオヴィジュアルの，音響映像の，音声・映像再生の; n.《通例 ～s》音声と映像，視聴覚材料［教材］，音響映像機器　◆an audiovisual system　音響映像［AV］システム

**audit**　*an* ～ 監査，会計監査［検査］，決算報告書; vt. ～の会計検査を行う，～を監査［チェック］する，〈コース〉を聴講する　◆the Board of Audit　《日》会計検査院　◆an audit team; an auditing team　監査チーム　◆perform [conduct] a detailed audit on...　...の詳細な監査［会計検査，経理調査］を実施する　◆an audit committee entirely made up of outside directors　社外重役のみで構成される監査委員会　◆conduct an internal audit of records to determine compliance with...　～を遵守しているか調べるために，記録の内部監査を行う　◆The audits are to be performed in accordance with standard procedures by appropriately trained individuals who do not have direct responsibility for the matters being audited.　これらの監査は，監査対象事項に

直接の責任を有しない適切な訓練を受けた者により，書面による手続きに従って実施されるものとする。

**audition**　①聴くこと，聴覚，聴力; *an* ～（＊歌手や俳優などの）オーディション，実技［採用，登用，新人発掘］試験，試聴; vt. ～のオーディションをする; vi. オーディションを受ける　◆auditions for a Broadway musical　ブロードウェイ・ミュージカルのオーディション［出演者選考審査］

**auditory**　adj. 耳の，聴覚の　◆an auditory hallucination　幻聴　◆the auditory sense　聴覚　◆cause paralysis of the auditory nerve　聴神経の麻痺を引き起こす

**auger**　*an* ～ オーガー，地面・氷・材木などに穴を開けるための大型の螺旋状の錐（キリ）［ドリル］，木工錐，ボートぎり，螺旋状のスクリュー　◆carry an ice auger and fishing gear　アイスドリルと釣り具一式を携行する（＊螺旋状の刃が付いている氷上釣り［穴釣り］用の）　◆Stored in an attached hopper, the pellets are automatically augered into the "firepot," or cooking area of the grill.　（燃料）ペレットは付属のホッパーに入っていて，自動的にグリルの加熱調理部分である「火壺」にスクリュー回転式に供給される［送給される，送り込まれる］。（＊バーベキュー用の）

**augment**　v. ～を増す，増大する　◆augment security　警備を増強［強化］する　◆a computer-augmented environment　電脳強化環境　◆augment body parts with machines　からだの部位を機械でおぎなう　◆augment low-rev thrust　低速回転域の推力を増強する　◆augment the utility of the case　そのケースの有用性を増す　◆find a way to augment one's income　所得を補う［収入の足しにする］ための方法をさがす　◆music can augment a scene　音楽によって場面を盛り上げる［場面の雰囲気を高める］ことが可能である　◆augment breasts that have shrunken or sagged　しぼんだり垂れたりした胸を豊かにする　◆augment the rate of a chemical reaction　化学反応の速度を上げる［速める］

**augmentation**　*(an)* ～ 増加，増大，拡大，増強，増員，増額; *an* ～ 増加物，付加物　◆get a breast augmentation　豊胸手術を受ける　◆undergo augmentation mammaplasty　乳房増大手術を受ける　◆The further augmentation of police personnel to prevent violence on public transport would be an expensive undertaking.　公共輸送機関における暴力防止のための警察職員をより一層増員［増強］することは，高くつく事業［（意訳）非常に金のかかること］になりかねない。

**Aum**　◆the Aum Shinri Kyo religious cult　オウム真理教

**auspices**　《複扱い》主催，後援，援助，賛助，庇護，保護;（よいことが起こる）前兆，吉兆　◆under the auspices of...　...の主催［後援，賛助，肝いり］で，◆under favorable auspices　幸先よく

**auspicious**　adj. さい先のよい，縁起のよい

**austenitic**　《金属》（鉄鋼が）オーステナイト系の　◆austenitic stainless steel　オーステナイト系ステンレス鋼; オーステナイト（型［系］）不銹鋼

**austere**　adj. 厳しい，厳格な，禁欲的な(ascetic)，質素な，耐乏の，簡素な，飾り気のない　◆live an austere life　質素な［耐乏］生活を送る

**austerity**　①厳しさ，厳格さ，質素［簡素］さ; ②《戦時下などの》耐乏生活;《通例 ～ties》禁欲生活，耐乏生活　◆whilst wartime austerity　戦時下の耐乏生活の間　◆the austerity measures imposed on South Korea by the IMF　国際通貨基金が韓国に課した金融引き締め措置［緊縮財政政策］

**Australia**　オーストラリア，豪州

**Australian**　adj. オーストラリア［豪州］の，オーストラリア人の; *an* ～ (pl. ～s)（一人の）オーストラリア人

**authentic**　adj. 確かな，確実な，信用［信頼］できる，本当の，真正な，真実な，本物の，正真正銘の，本場の，根拠のある，典拠のはっきりした，本人の，本心の

**authenticate**　vt.（本人，本物であることを）確認する［確かめる］，認証する，真贋（シンガン）鑑定する，～の正当性を証明する　◆authenticate a signature　署名の（真贋（シンガン））鑑定をする; 署名の確認をする　◆authenticate messages　《通》

メッセージ(が不正なものでないこと)を認証する ◆authenticate personal identification 本人(であること)を確認する ◆A college professor who authenticated the handgun said that it was priceless. 拳銃を(真贋)鑑定した大学教授が、その銃はきわめて貴重なものだと言った。

**authentication** 回真贋(シンガン)鑑定,本人確認,確認,認証 ◆a letter of authentication (pl. letters of authentication) (真贋)鑑定書 ◆authentication of art objects 美術品の真贋(シンガン)鑑定 ◆user authentication through IDs and passwords 発信者識別番号およびパスワードによるユーザーの確認[認証] ◆perform validation and authentication of subscribers to control fraud 《通》不正使用を防止するために加入者の確認と認証を行う

**authenticity** 回信憑性(シンピョウセイ),信頼のおけること,正真正銘であること,真実性,真正性,確実性 ◆the authenticity of the documents この文書が本物であるということ ◆the authenticity of the information この情報の信憑性(シンピョウセイ)[信頼性]

**author** 1 an~ ~著者[筆者,作者,作成者,制作者],作家,著述家,著作者,著作[品] ◆a science fiction author サイエンスフィクション作家
2 vt. ~を書く[著す],~の著者である ◆a multimedia authoring tool 《コンピュ》マルチメディア制作[開発]支援ツール ◆author a book 書物を著す

**authoritative** adj. 権力を持った,正式な(official),当局の,権威のある,厳然たる,権柄(ケンペイ)ずくな,命令的な,権威のある,信頼すべき,信頼できる ◆an authoritative magazine (国a prestigious magazine, a renowned magazine, a leading magazine) 権威ある雑誌;((意訳))一流[有力,高級,名門]誌

**authority** 回権力,権威,職権,許可,認可,管轄,管理権; an~ ~権威者,大家; the authorities 当局,管轄官庁,お上,為政者 ◆one's own authority 自分自身の責任で ◆be under the authority of... ~の管轄[支配]下にある ◆be under a person's authority 〈人〉の管轄下に置かれている ◆have the authority to <do> ~する権限を持っている ◆exceed one's authority 〈人〉の権限を越えたことをする; 越権行為をする ◆(a) competent authority; competent authorities 当該官庁, 所轄の役所; 所管[管轄](の)(の)官庁; 関係省庁 ◆the authorities concerned 当該[関係]省庁; 当局 ◆act on one's own authority 独断で勝手に行動する ◆a person in a position of authority 権力[権限]のある(地位にいる)人 ◆be vested with the authority [power] to <do...> ~する権限が授けられている; 職権[権能]を与えられている ◆conveyance without authority 認可をとっていない[無認可]譲渡 ◆people [those] in authority 権限[権力]のある人たち ◆The Human Fertilisation & Embryology Authority (the HFEA) 《英》ヒトの受精および胚研究認可局 ◆under cover of authority 権力を笠に着て ◆a leading authority in waste recycling and pollution control 廃棄物再利用および公害対策の指導的立場にある権威者 ◆an authority-invested instructor 権限を与えられているインストラクター ◆change the location of authority over... from... to... ~に対する権限の所在を~から~に変える[移す] ◆he became a respected authority in his field 彼は斯界(シカイ)[その道]で尊敬を集める権威となった ◆we must invest authority in qualified individuals so they are empowered to make fast decisions [意訳] 物事々を、意思ある[資格のある,適任の,能力ある]者が迅速に意思決定できる権限を持てるよう、彼らに権限を与える必要がある ◆Approval by the Lehman inspector does not constitute authority to ship. Shipping authorization and instructions will be issued by Lehman Production Control. レーマン社の検査員による(検査合格)承認は、即出荷許可ということにはならない。出荷の許可および指示はレーマン社生産管理部より出されることになっている。

**authorization** (an~) ~許可,認可,決裁,認定,公認,権限を付与すること,授権,《通信》認証 ◆obtain authorization 許可[許可,認可]を得る ◆a credit authorization terminal クレジット[信用]照会端末 ◆a written authorization 書面にての認定[認証書] ◆issue [give, grant] shipping authorization 出荷の許可を出す[認可する] ◆without proper authorization しかるべき認可なしに; 無断で; 不正に ◆under authorization from the FCC FCCの認可のもとで[を受けて]

**authorize** vt. 〈人〉に権限を付与する,許可を出す,~を認可する,認定する ◆authorize a person to <do> 〈人〉に~する権限を与える ◆be authorized to <do> ~する認可を受けている; ~する権限がある ◆authorize payments to contractors 契約業者への支払いを承認する ◆government-authorized 政府から認可されている; 政府公認の; 政府のお墨付きの ◆authorize the operation of motorcycles モーターバイクの運転を許可する

**authorized** adj. 権限が付与された,(正式な)承認を受けている,正規の,正当な,特約店の,認定[認可,認証]された,公認の,欽定の ◆an authorized distributor 正規販売代理[正規販売,販売特約]店 ◆an authorized service center 正規[特約,指定]サービスセンター ◆our authorized distributor [dealer] nearest you 最寄りの弊社指定[正規,特約]代理店[販売店] ◆an authorized Motorola service station モトローラの正規[特約]サービスステーション ◆this lubrication should be done by an authorized service shop (潤滑のための)この注油は認定[特約]サービス店で行ってもらわなければならない ◆The information should not be made available to anyone except authorized persons. この情報を、関係者以外の者の利用に供してはならない。 ◆Unless the information matches up with the characteristics of authorized persons, entrance is denied. その情報が(立ち入りを)許可された人の特徴と一致しない限り、入室[立ち入り]は拒否される。

**authorship** 回作者[原作者,著者]であること,著述業; 回出所(シュッショ),出処(デドコロ),根源 ◆be of unknown authorship 作者不詳[不明]である; 詠み人知らずである ◆works of unknown authorship 作者不明[不詳]の作品

**autism** 回自閉症 ◆people with autism 自閉症の人達

**autistic** adj. 自閉症の ◆an autistic child 自閉症の子ども

**auto** 1 (automobile, automotive) adj. 自動車の,車の; (automobile) an~ ~自動車,車 ◆an auto accident 自動車事故 ◆an auto [automobile] junkyard 廃車投棄場 ◆廃車パーツを安く売っている) ◆an auto manufacturer 自動車メーカー[製造業者] ◆auto-emission standards 自動車排ガス規制基準 ◆an auto-parts store 自動車部品店 ◆an auto-carrying freighter 自動車輸送船 ◆an auto parts supply store 自動車部品供給店 ◆an accident-plagued auto 事故多発車 ◆at the Detroit Auto Show デトロイト自動車ショーで ◆fuel-economy standards for autos 車に対する燃費基準 ◆increasing numbers of autoborne visitors coming into town 車に乗って町に来来する[車で町に乗り込んでくる]ますます多くの観光客
2 (automatic) adj. 自動(式)の,無人(式)の ◆a slim auto-everything camera 何から何まで自動の[全自動]薄型カメラ 《参考》The instrument incorporates autoranging and autozeroing. 本測定器には、自動レンジ切り換え機能と自動ゼロ設定機能が備えられている。

**autobiographical, autobiographic** adj. 自伝の,自叙伝の,自伝的な,自伝風な ◆an autobiographical novel 自伝的[自叙伝的]小説

**autocollimator** an~ オートコリメータ ◆a dual-axis autocollimator 《光》二軸オートコリメータ ◆an automatic autocollimator 《光》自動式のオートコリメータ

**AUTOEXEC.BAT** 《コンピュ》(オートエグゼク・バット)(*MS-DOSが起動すると最初に自動的に実行されるファイル)

**autoexposure** 自動露出[露光](の) ◆an autoexposure system 《カメラ》自動露出システム

**autofocus** オートフォーカス式の,自動焦点式の ◆an autofocus SLR 自動焦点一眼レフ

**autogeneration** 回自家発電 ◆Autogeneration and Combined heat and power plants 自家発電および熱・電気複合利用プラント (*見出しより)

**autograph** an~ (有名人の)サイン,自筆[自署],花押(カオウ); vt. ~にサインする ◆get an autograph from... 〈有名

人〉にサインをしてもらう ◆an autographed poster　サイン入りのポスター　◆a painter's autograph [signature]; (the) signatures of painters　画家の署名　◆I asked for his autograph　私は彼にサインをお願いした　◆Xxx signed his autograph for me on the back of a CD cover　XxxさんはCDジャケットの裏にサインをしてくれた　◆"I'm a big fan of yours. May I have your autograph?"　「私は，あなたの大ファンです．サインいただけますか．」

**autologous** adj.《生，医》自己の，自系の，自己由来の，自家移植の ◆(an) autologous blood transfusion　自己血輸血　◆autologous blood donation　自己血輸血のための採血（＊俗にpre-donationと呼ばれる．手術前の患者から採血しておきそれを手術に用いる）

**automaker** an～　自動車メーカー［製造業者，会社］

**automaking** 自動車製造，クルマ造り ◆a Japanese automaking giant　日本の大手［大手日系］自動車製造会社 ◆the Detroit automaking area　デトロイトの自動車製造地域　◆as one of the world's largest automaking nations　世界最大の自動車生産国の一国として

**automate** vt. ～を自動化する，オートメーション化する ◆an automated guided vehicle (AGV)　自動搬送台車; 無人搬送車［台車］（＊生産工場内で使用される）　◆a robot-automated manufacturing line　ロボットによる自動生産ライン　◆automate a task　作業を自動化する　◆automate clerical work　事務作業をコンピュータ化する　◆automate these steps　これらの手順を自動化する　◆government systems became highly automated　政府のシステムは高度に自動化された［非常に自動化が進んだ］　◆Film loading, selection of film speed and flash activation all became totally automated.　フィルム装着，フィルム感度設定，フラッシュの発光はすべて完全自動化された．

**automated** オート化されている，自動化されている，自動式の ◆an automated production line　自動化［化］生産ライン ◆an automated reservation system　自動予約システム　◆even in today's automated age　今日の自動化時代においてさえ　◆an automated library system　自動化［コンピュータ化］された図書館システム

**automatic** adj. 自動式の，オートマチック式の; an ～　自動装置，自動式の機器，オートマチック車 ◆an automatic shutoff function　オートシャットオフ機能　◆an automatic teller machine (an ATM)　現金自動預払機［現金自動預入払出機，自動窓口機］　◆an automatic transmission [shift]　（車）オートマチックトランスミッション［自動変速機］（▶無記号ならば，自動変速を意味する）　◆automatic operation　自動車操作 ◆automatic [automated] chip-placement equipment　チップ部品用の自動装着装置［実装機］　◆in the automatic mode　自動モード時で ◆introduce automatic control to the manufacture of...　自動制御を～の製造に導入する;《意訳》～の製造を自動［オートメ化］する　◆make... more automatic　～を以前に増して自動化する　◆set the switch on "automatic"　そのスイッチを「自動」にセットする　◆totally automatic picture-taking　完全自動の写真撮影　◆under [by] automatic control　自動制御によって

**automatically** adv. 自動的に，自動で，独りでに，自ら，自ずから（オノズカラ），自発的に，自然に，機械的に，必然的に，そのまま，短絡的に，即，すぐに ◆Approval of this plan does not automatically constitute approval of funding for implementation.　この計画の認可は，それがそのまま，すぐに，即，短絡的に，実施への財政支援［財政支出］の承認ということにはならない．

**automation** オートメーション，オート化，自動化，自動制御 ◆as a result of automation　オート化［自動化］した結果 ◆automation of manufacturing systems　製造システムの自動化　◆by expanding automation　自動化を拡大［推進］することにより　◆design-automation tools　設計自動化ツール ◆make an investment in automation　自動化［オート メ化］投資をする　◆take advantage of automation　自動化を活用する　◆the introduction of automation　自動化［自動制御］の導入 ◆cut staff by a third through automation　自動化により人員を

3分の1削減する　◆The system does not lend itself to automation.　このシステムは，自動化しにくい［オートメーション化には向いてない．オート化するには不向きだ］．　◆Many of them were moved through school by automation-promotion policies but learned little on the way.　彼らの多くはところてん［エスカレーター］式に学校は出たものの，その間勉強はほとんどしてない．

**automatization** 回自動化，オートメ化 ◆the degree of automatization has reached a high standard　自動化の程度が高水準に達した; 自動化が高度に進んだ　◆Automatization of information systems functions progressed rapidly in the seventies.　情報システム機能の自動化は1970年代に急速に進展した．

**automatize** vt. ～を自動化する，オートメ化する ◆automatize mail processing　郵便処理作業を自動化する

**automaton** an～　自動装置，自動人形，ロボット，マイコン搭載の電子機器，制御機器，機械的に行動する人［動物］ ◆soulless corporate automatons　魂の抜けた会社人間ロボットたち　◆treat workers as mere automatons　労働者［従業員］を単なるロボットとして扱う

**automobile** an～　自動車，車 ◆by automobile　自動車で ◆the automobile [automotive, auto] industry　自動車業界［産業］　◆an automobile repair shop　自動車修理工場 ◆automobile exhaust emissions　自動車の排気ガス　◆compulsory [mandatory] automobile liability insurance　強制加入の自動車損害賠償責任保険［自賠責保険］　◆curtail automobile use　車の使用を減らす

**automotive** 自動車の ◆an automotive air conditioner　カーエアコン　◆an automotive manufacturer　自動車メーカー ◆automotive pollution　自動車公害 ◆the automotive age　自動車時代; モータリゼーション時代 ◆an automotive storage battery; a storage battery used in automotive applications　自動車用［車載用］蓄電池（＊＝a car battery） ◆automotive design　自動車の設計［クルマ造り］　◆an automotive amplifier　《音響》車搭載用アンプ　◆leading-edge automotive technology　先端［最先端］自動車技術　◆storage batteries (designed [intended]) for automotive use　自動車用蓄電池 ◆your automotive passions　あなたのクルマに対する情熱 ◆the MIT/Industry Consortium on Advanced Automotive Electrical/Electronic Components and Systems　自動車用先進［先端］電気に関するマサチューセッツ工科大学と産業界のコンソーシアム　◆an automotive connoisseur friend of mine has several cars　カーマニアの私の友人は数台車を持っている

**autonomous** adj. 自治の，自治権のある，自主的な，自発的な，自律的な，自律神経的な，独立した，自己 ― ◆on an autonomous basis　自律的に　◆an autonomous division（企業など）の独立部門　◆an autonomous (robot) vehicle　自律型（ロボット）車両　◆autonomous maintenance by operators　運転員による自主的な保守［保全］　◆autonomous recovery　《宇宙》（衛星などの）自律的回収; 《工業》（障害などからの）自律的回復;（アルコール中毒患者や薬物使用者の）自力更生（＊注意:Web上で調べた限りでは，この表現が経済的な「自律的回復」の意味で使われているのは日本発あるいは日本についての述べた文書ばかりだった）　◆autonomous regions　《中国など》の自治区 ◆the Autonomous Palestine Territories; the autonomous Palestinian areas; the Autonomous Areas of Palestine; the autonomous territories of Palestine　パレスチナ自治区 ◆autonomous recovery from a failure　障害からの自律的回復

**autonomously** adv. 自律的に，自治的に，自主的に ◆a spacecraft capable of autonomously rendezvousing and docking with satellites　衛星とランデブーしてドッキングしたりできる宇宙船 ◆fly either autonomously or under remote human pilot control　《機械が》自律的に［(意訳)単独で］あるいは人間による遠隔操縦制御で飛行する

**autonomy** 自治，自治体，独立権，自主権，自主，自律，自立，《医》自動能; a～　自治団体，自治体 ◆act with a high degree of autonomy　大いに自主性［主体性］をもって行動する　◆Technical professionals want a high degree of autonomy.　技術系専門職の職員は（仕事をする上で）高度な自主・独立性を求

めたがる． ◆Under a 1984 Sino-British pact, Hong Kong is to stay capitalist while enjoying "a high degree of autonomy" for at least 50 years after 1997. 1984年の中英協定のもと，香港は1997年以後少なくとも50年間は「高度な自治」を享受しながら資本主義体制を維持することになっている． ◆The indigenous population has grown increasingly vocal in requesting that the Government grant it more autonomy by creating more indigenous reserves or expanding existing ones. 先住民は，政府はより多くの原住民保留地を設けるなり既存の居留区を拡大するなりしてもっと自治を認めるべきだという要求をますます強めてきている．

**autopsy** an ~ ◆conduct [perform] an autopsy 検視［検死］（解剖）を行う ◆An autopsy failed to reveal the cause of death. 検死［検視，検屍，剖検，司法解剖］では死因を解明できなかった． ◆An autopsy is performed on the body by Dr. Keene Garvin, a forensic pathologist. 死体の検死解剖がキーン・ガーヴィン病理監察医により行われた．

**autoranging** （計測器の）レンジ自動切り替え式の ◆an autoranging DVM レンジ自動切り換え式デジタル電圧計 ◆an autoranging input from 90 to 264V ac AC90Vから264Vまでの自動電圧切り換え入力

**auto-tracking** オートトラッキングの，自動追跡・追従式の

**autotransformer** an ~ 単巻(タンマキ)変圧器［トランス］

**autoworker** an ~ 自動車産業［製造，工場］労働者 ◆U.S. autoworkers 米自動車産業で働く労働者

**autumn** (an) ~ 秋，秋季，秋期，《比喩的》（人生などが）勢いを失い始める頃［夕暮れ，黄昏(タソガレ)，初老期］ ◆a fall [(英)an autumn] sales campaign 秋季［秋期］セールスキャンペーン ◆in the autumn of 2000 2000年の秋に ◆in the autumn of life 人生の黄昏［夕暮れ，初老期］に ◆If all goes well, the new facilities should all be ready by the late autumn of 2003. 万事順調に進めば，この新施設は2003年晩秋［秋遅く］までにはすべて準備完了の運びだ．

**auxiliary** adj. 補助の，予備の，副～，サブ～，《車》オージリアリの; n. an ~ (pl. -ries) 補助機械，補機，補助設備，補助材料，助剤，《文法》助動詞(= an auxiliary verb) ◆an auxiliary power generator 予備発電機 ◆an auxiliary power transformer 制御用変圧器（＊整流設備用の） ◆an auxiliary transmitter [substation] 予備送信機［変電所］ ◆auxiliary equipment [machinery] □補機 ◆auxiliary storage (= secondary storage) 補助記憶装置 ◆an auxiliaries power transformer 《発電所》補機械・設備用変圧器 ◆an auxiliary power transformer 《強電》補助用電源変圧器 ◆a 60-kVA auxiliary power unit [APU] 容量が60kVAある（航空機用）補助電源装置 ◆a gas turbine generator and its auxiliaries ガスタービン発電機およびその補機 ◆function [act] in an auxiliary manner 補助的に機能する［働く］ ◆need a auxiliary light source 補助光源を必要とする ◆an auxiliary seven-pin mini-DIN connector for signal input from an external VCR, laserdisc player or camcorder 外部VTR, レーザーディスクプレーヤー，またはカメラ一体型ビデオからの信号入力用補助［予備］7ピンミニDINコネクタ

**AV, A-V, a-v** (audiovisual) 視聴覚の，音響映像の ◆The "AV" in the product's name stands for Audio Video. 製品名の「AV」はオーディオ・ビデオを意味します． ◆The product is aimed primarily at "corporate AV (audiovisual) professionals" for use in producing in-house video. この製品は，社内でのビデオ制作に使ってもらえるよう主として「企業のAV（視聴覚）専門家」向けに照準が合わせられている．

**av.** (average)

**availability** 入手のしやすさ［可能性］，可用性，可用度，有用性，有効化，利用（可能）度，利用可能性，利用可能率 ◆an availability factor; availability 稼働率 ◆a high-availability system 高可用性［高可用度，高稼働率］システム ◆airline seat availabilities 飛行機の空席状況 ◆the easy [ease of] availability of guns in the United States 米国における銃の入手しやすさ ◆enhance the availability and reliability of large-scale servers 大規模サーバーの可用性［可用度］および信頼性を高める ◆

notify Saxon by telephone of shipment availability 出荷可能である旨をサクソン社に電話で通知する ◆the availability of low-cost, special-purpose processors 低コスト特殊用途向けプロセッサの入手のしやすさ ◆within 90 days of the commercial availability of... ～の発売から90日以内に ◆because of the decreasing availability of choice suburban land 郊外の一等地が入手しにくくなってきていることにより ◆All items are subject to availability. 全品在庫限り; 全品売り切れ御免; 全品につきまして，品切れの場合はご容赦ください． ◆It is scheduled for availability during the middle of 1993. それは1993年中頃に入手の予定になっている． ◆The choice depends on the availability of an air supply. この選択は，（圧搾）空気の供給（設備）の有無にかかっている． ◆Over one million units were sold in the first three years of availability. 発売されてから3年で100万台以上売れた． ◆The flat-packing concept saves money on shipping costs, minimizes warehouse space and helps ensure instant availability for shoppers. （家具を購入後に組み立てる）フラット梱包方式は，輸送費用を節約し，倉庫スペースを最小限におさえ，買い物客にとっては必ずすぐ入手できるということで助かる．

**available** 1 adj. 入手できる，（提供されて［空いて］いて）使用できる［使用可能な，利用可能な，利用できる］，有効な，〈人が〉（電話や会議などに）出られる ◆available energy 《機》有効エネルギー; 利用できる［使用可能な］エネルギー［電力］ ◆available power 《通》有能電力; 《電気》可能出力，可能発電力 ◆available-power gain 《電気》有能電力利得 ◆the available technology （現時点で）利用［実用］可能な技術 ◆be widely available 普及する［広まる，一般化する］ ◆be immediately available to you すぐに入手［利用］できる ◆be made available (to someone) （～にとって）入手［利用］可能となる ◆facilities made available for use 使用に供されている施設 ◆the making available of... to... ～を～に提供すること ◆the maximum available bandwidth 最大利用［使用］可能帯域幅 ◆at least three megabytes of available hard disk space 少なくとも3メガバイトのハードディスク空き領域［容量］ ◆available memory and disk space 《コンピュ》メモリーとディスクの使用可能な容量［空き領域］ ◆the available space in the combustion chamber 燃焼室の利用可能なスペース［(要訳)容量］ ◆if help is not available 手助けが得られない場合には ◆make HDTV more widely available 高品位テレビをもっと広く利用できるようにする ◆make this spectrum available for use by the private sector この周波数帯を民間部門の使用に供する［民間部門が利用できるようにする］ ◆as an example of making do with what is available あり合わせのもので間に合わせる（方法の）一例として ◆as soon as a bed becomes available in a care center there その地域のどこかの介護センターでベッドの空きが出次第 ◆maintain deer populations at levels that are suitable to the available habitat シカの群の全頭数を所与の［利用可能な（＊有限の）］生息環境に適した水準に維持する ◆make more disk space available by erasing unwanted files 不要なファイルを消すことによって，使用可能なディスクスペース［空き領域］を広げる［増やす］ ◆make the records readily available to the inspector それらの記録を検査員が即座に使えるようにする ◆the manufacturer's careful consideration of user suggestions, market realities, and the available technology ユーザーの意見，市場の実情，および（現時点で）利用［実用］可能な技術をメーカーが慎重に考慮すること ◆Actual performance figures are not yet available. 実際の性能値（データ）は，まだ手に入らない． ◆Is kerning (inter-character spacing) available? カーニング（文字間隔調整）機能はあるのか． ◆Room service is available. ルームサービスがご利用［ご用命］いただけます．; ルームサービス承ります． ◆The company has made available its Fall 2001 product catalog. 同社は2001年秋物カタログを用意した． ◆By 1999, the network will be made available for general use. 1999年までに，このネットワークは広く一般の使用に供される［一般に開放される］ことになっている． ◆Inspection and test performance records are maintained and available for review. 検査成績および試験成績の記録は，維持管理されていつでも［すぐに］調べ

**available light**

られるようになっている。(＊maintain は "keep a diary" の keep と同義で、記録を「つける」の意) ◆These two extra carriers were neatly nestled into the available bandwidth. 《電子》こ れら2つの追加搬送波は、既存［現存］の帯域内という具合 に収められた。 ◆Many more facilities could be made available using existing, non-ISDN technology. 既存の非ISDN技術を 使っても、さらに多くの機能が提供できそうだ。 ◆Battery drain is a key feature to consider in portables. Check the amount of use time available when you are actually talking on the phone. 電 池の消耗が、携帯型機の場合重要な特徴です。実際に通話す る際の使用可能時間はどのくらいなのかチェックする必要があ ります。
**2** adj. 〈商品など〉が入手可能な［売られている、市販され ている、出まわっている、供給される、在庫がある、 すぐに供給できる〕 ◆already available application programs 既に市販されて［出回っている］［既存の］アプリケーション ソフト ◆... is available in six colors. 〜の色は6色（取り揃 えて）ある ◆commercially available RISC processors 市販さ れているRISCチップ ◆the diversity of available products 入手可能な［（現在市場に）出回っている］製品の多様性 ◆be slated to be available by the end of this year 《製品が》今年末 までに［今年中に］発売の予定である ◆make... available to ulti- mate consumers 最終消費者に〜を提供する ◆know exactly what's available before you start shopping 買う前に、どんな ものがあるか［出回っている］のかを正確に知る ◆All surface- mount components are available taped and reeled. 表面実装部 品は、すべてテーピング梱包されリールに巻いて納品されま す。 ◆A mouse is available as an option. マウスは、オプショ ンです［オプション品として用意してあります］。 ◆FX486 is now available for everyone. FX486機は、今やどなたにでもお買 い求めいただけます。 ◆It'll be many years before it is widely available. それが広く出回る［普及する］までには何年もかかる だろう。 ◆The sampler is available from Mikrosaft for $29.95. この試用集［試食版、お試しパック］はミクロザフト社から 29.95ドルで発売されている。(＊見本ソフトの入ったCD-ROM の話) ◆They are available in many configurations and materials. これらの製品は、数多くの形状ならびに材料の中からお選び いただけます。 ◆Most models and options are available imme- diately from stock! ほとんどの機種とオプション類は在庫より即納可！ ◆Single-lens reflex (SLR) cameras are available for a few hundred dollars each. 一眼レフカメラは1台数百ドルで 手に入る。 ◆The xxx monitor series is available in screen sizes of 7", 9", and 12". xxxモニターシリーズは、7, 9, および12 インチのスクリーンサイズ（の製品）がそろっている。 ◆NX Removable Disk Subsystems are available with 200, 400, or 800 megabytes of unformatted storage. NXリムーバブルディスク サブシステムは、アンフォーマット時の記憶容量が 200, 400, 800メガバイトのものをとりそろえてあります。 ◆Our 386- based motherboard is available in a 25 MHz model or 33 MHz models. 弊社の386CPUを核としたマザーボードは、25MHz タイプ一種と33MHzタイプ数種の中から［の中から］お求めい ただけます。 ◆The accessories listed in this manual are available at extra cost from your local dealer at Nanotronics Service Center. 本マニュアルに記載のアクセサリ類は、別料金にてお近く の取扱店またはナノトロニクス社のサービスセンターにてお 買い求めいただけます。 ◆The first demonstration unit of the ETS-1460 will be available in August and deliveries will begin in the late fall. ETS-1460機の初めてのデモ・ユニットが出 てくるのは8月で、出荷開始はこの秋遅くなっていとい うことになっている。 ◆The Takt-20 Series of clock oscillator modules is available at any frequency in the 4- to 200-MHz range. Takt-20シリーズのクロックオシレータモジュールは、4から 200MHzの範囲のどの周波数のものでも供給［納品］可能です。

**available light** 自然光 ◆available-light photography 自 然光写真撮影（法） ◆the camera's available light performance このカメラの自然光撮影性能

**avalanche** an〜 雪崩(ナダレ), 電子なだれ(現象); an〜 <of> (〜の)殺到 ◆an avalanche photodiode アバランシェ・ フォトダイオード ◆avalanche photodiodes (APDs) （複数個の）アバランシェ・フォトダイオード

**avarice** Ⅱ〈富に対する〉強欲、貪欲(ドンヨク) ◆the bottom- less avarice of drug manufacturers 製薬メーカーの底なしの強 欲［貪欲、貪婪(ドンラン)、欲深さ］ ◆Avarice knows no bounds [limits]. 欲［強欲］には切りがない［際限がない、限りがない］。

**avatar** an〜（インド神話での神の）化身、権化; an〜 《コン ピュ》（仮想空間における）アバター［分身、化身］ ◆An avatar is a 3-D graphical icon that represents the user in virtual space. ア バター［分身、化身］とは、仮想空間内でユーザーを象徴する3 次元グラフィカルアイコンである。 ◆The program lets users create cartoon representations of themselves called avatars. 同 プログラムを使うと、アバター［分身、化身］と呼ばれる自分 自身の漫画チックな肖像画をつくれる。

**avenue** an〜 手段、方法、道、大通り ◆The fast-food chain felt a strong need to try new avenues that might help ease its worker shortage. 同ファーストフードチェーンは、従業員不 足の解消の助けになるやもしれない新しい手段を試みる必要 性を強く感じた。

**average 1** adj. （加算）平均の、並の、普通の、標準的な; n. an〜 平均（値） ◆higher-than-average [better-than-average, above-average] 平均より高い［良い］、標準より上の ◆lower- than-average [below-average] 平均より低い［少ない］、標準よ り下の ◆on average [on an average, on the average] 平均し て; 概して ◆an average-income family 平均所得世帯 ◆an average value of $17,000 17,000ドルの平均額 ◆an [the] av- erage American; average Americans 平均的な［標準］のアメ リカ人 ◆draw above-average attention 並々ならぬ関心を引く ［注目を呼ぶ］ ◆in average homes 平均的な［標準］家庭で ◆at an average of 82.5% of capacity 平均82.5%の操業率［稼 働率］で ◆the average yearly cost of a private college 私立大 学に通わせるのに必要な年間平均費用 ◆an average operating life of 20,000 hours 2万時間の平均動作寿命 ◆Oil-Immersed Transformers with 65°C Average Winding Rise 《標題》温度上 昇65°C 油入変圧器 (＊どういうわけか、日本語になると「平均」「巻線」が省かれるらしい) ◆on an average of 16 times a month 月に平均16回 ◆on the average of once a day 1日 1回平均で ◆the average price of a single-family home 一世 帯住宅の平均価格 ◆at a rate more than three times the average 平均の3倍以上の率［速度］で ◆five years' income for an aver- age working man in Japan 日本の平均［標準］的勤労男性の 年収の5年分 ◆men who are average or below average in looks ルックスが十人並み以下の男性たち ◆The average of 11, 13, 18, and 22 is 16. 11, 13, 18, および22の平均は、16である。 ◆ During the past 130 years, the U.S. economy has suffered a re- cession on the average of once every 4.3 years. 過去130年間で、米国経済は、平均して4.3年に1度の頻度で景気後退に見舞 われてきた。 ◆Optical character readers of this kind will come within reach of the average user. この種の光学式文字読取装 置は、平均的ユーザーの手の届く範囲に入ってくるだろう。 ◆ Young people spend an average of 13 hours a week in sports or other exercises. 若い人は、週平均13時間スポーツその他の運 動をして過ごしている。
**2** v. 〜を平均する、平均して〈値〉である ◆averaging me- tering 《カメラ》平均測光 ◆averaging of the data produced a 95% probability that... これらのデータを平均することにより、95パーセントの確率で〜であるということがわかった ◆ The compression ratio averages 20:1. 圧縮率は平均20:1である。 ◆The deficit averages out to about $120 per resident. （自治体の）赤字は住民1人当たりの平均で約120ドルになる。 ◆ These ingots average about 99.7% purity. これらのインゴット の平均純度は約99.7%である。 ◆The number of demonstra- tions averaged about 500 a year between 1987 and 1989. 1987 年から1989年にかけて、デモの件数は年平均で約500件だった。

**average-size** 平均［標準］的な大きさの

**avert** vt. 〜を防ぐ、避ける、回避する、よける、かわす、免れる、《意図》阻止する; avert... from... 〜を〜からそらす［そむけ

る, 転じる] ◆avert an accident 事故を防ぐ[回避する] ◆avert one's eyes from... ～から目をそらす[そらさせる]

**aviation** 航空学, 航空術, 航空機産業 ◆aviation technology 航空機技術 (*航空機の製造と飛行に関する技術)

**avid** 熱心な, 熱烈な, どん欲な ◆an avid taper 熱心な自家録音[録画]家 ◆his students have an avid interest in... 彼が教えている生徒たちは, ～に強い興味[知的好奇心]を持っている. ◆Kids are avid buyers of albums–people under 19 make up the largest percentage of music consumers. 《意訳》子どもたちは, 熱烈なアルバム購入層だ. 19歳未満の人口が音楽消費者の一番大きな割合を占めている.

**avionics** (単扱い)航空電子工学 (aviation electronics からの造語)

**avoid** vt. ～を避ける, よける, 回避する, 忌避する, ～が起こるのを防止する ◆avoid becoming infected 感染しないようにする; 感染を防ぐ[防止する]; 感染予防をする ◆avoid causing local overheating 局部的な過熱を引き起こすのを避ける ◆avoid detection by... 〈検知器, 人など〉に見つからないようにする ◆avoid possibilities of any altercation 口論に発展する可能性を一切避ける ◆avoid the necessity for...(ing) ～する必要をなくす ◆Avoid the use of... ～の使用は避けてください; ～は使わないようにしてください ◆avoid waste 無駄を省く ◆to avoid customs duties 関税 (の支払いを) を逃れるために ◆to avoid damage to the equipment その機器に損傷をきたさないようにするために ◆to avoid foods from sticking together 食品が互いにくっついてしまわないように ◆collisions that could have been avoided 避けようとすれば回避できた[防げた] 衝突事故 ◆Avoid contact with the coasting blade. 惰性回転しているブレードに触れないようにしてください. ◆If you try to avoid inspection, you may be subject to up to a $25,000 fine and/or one year in jail. 検査を忌避しようとした場合, 2万5千ドル以下の罰金もしくは1年以下の禁固, またはその両方に処せられることがある. ◆Many care givers want to be paid "off the books," in cash, so they can avoid taxes. 多くの介護者は, 税金を回避できるよう[賃金の]「闇」での現金払いを望んでいる. ◆Avoid areas that are wet, oily, or subject to extreme temperatures or direct sunlight. 水気や油気のある場所や, 極端な温度になったり直射日光が当たったりする場所を避けてください.

**avoidance** 回回避, 忌避(キヒ) ◆a collision avoidance system 衝突回避[防止]システム ◆avoidance of waste 無駄の排除

**avow** vt. ～を率直に認める, ～を[～だと]公言[明言]する ◆an avowed opponent of... 自他共に許す[認める]～の反対者 ◆Muhammad Xxx, the self-avowed "prince" of Saudi Arabia, is... 例の自称サウジアラビアの「王子」であるムハンマドXxx氏は,

**AVR** (automatic voltage regulator) an ～ 自動電圧調整器, 定電圧電源装置

**AWAC** ～＝AWACS ◆an AWAC reconnaissance plane 空中警戒偵察機

**AWACS** (Airborne Warning and Control System) ◆AWACS (Airborne Warning and Control System) planes AWACS(空中警戒管制システム)機 ◆an AWACS radar plane AWACSレーダー機 ◆five E-3 AWACS aircraft E3空中警戒管制機5機 (*aircraftは単複同形)

**await** vt., vi. 待ち受ける[構える], 予期する ◆a long-awaited chance 久しく到来が待たれていたチャンス ◆await the delivery of... ～が送り届けられるのを待つ ◆have been long awaited 長いこと待ち望まれていた ◆but he said a final determination will have to await further investigation しかし彼は最終判断は今後の調査[研究, 捜査]を待ってからになるだろうと述べた ◆Quite often treatment will be started while the result is awaited. (検査)結果を待っている間に治療が開始されることがよくある. ◆This technique awaits further investigation by R&D specialists. この手法は, 研究開発スペシャリストによる今後の研究に待たなければならない. ◆Scientists have impatiently awaited the historic launch through three years of delays caused by the shuttle's problems. 科学者らは, シャトルの故障が原因となった3年にわたる再三の(打上げ)延期の間ずっとこの歴史的打ち上げをしびれを切らして待っていた.

**awake** adj. 目をさまして, 起きて, 眠らないで; vi. 目ざめる, 起きる; vt. 目ざめさせる, 呼び起こす, 呼びさます

**awaken** vt., vi. 目ざめる, 目ざめさせる ◆awaken the public to the danger of... 人々を～の危険に目覚めさせる ◆to awaken a person (眠っている)人を起こすために ◆The corporation has finally awakened to the fact that... その企業が, ついに～であるという事実に目覚めた.

**award** an ～ 賞, 賞金, 奨学金; an ～ 審判, 判決, 裁定, 裁定額; vt. 与える, 授与する, 贈る, 認める ◆win [receive] an award 賞を受賞する ◆an award ceremony 授賞[受賞]式 (*授賞は賞を与えること, 受賞は賞をもらうこと) ◆an award for an outstanding performance 傑出した演技に対して送られる賞 ◆an award-winning actor 受賞した俳優 ◆hold an award 賞を受賞している ◆present an award 賞を授ける[授与する]; 授賞する ◆pay product liability damage awards 製造物責任損害賠償金を支払う ◆However, both women were awarded a consolation prize of $1,000, each. だが, 双方の女性にそれぞれ1,000ドルずつ残念賞が授けられた[授与された, 贈られた]. ◆In order for a product to be awarded the Ecolabel, a dossier of information must be prepared showing that... 製品のエコラベルを取得するためには, ～であることを証明する情報を記載した書類一式を作成しなければならない..

**awardee** an ～ 受賞者, 受給者 ◆a contract awardee 契約を請ける側, 契約をもらう企業

**awarder** an ～ 与える[授ける, 授与する]人, 契約を出す側[(意訳)発注者] ◆The prequalification procedures allow the contract awarder to judge interested companies objectively and help to reduce the time required for purchasing activities. この事前資格審査手続きにより, 契約を出す側[《意訳》発注者]は(入札に)関心を寄せる企業を客観的に審査でき, また購入手続きに要する時間を短縮できる.

**aware** adj. 気付いて, 知って, 存じて, 意識して, 認識して, 分かって ◆become aware of... ～に気が付く ◆in less environmentally aware times 環境に対する意識がもっと低かった時代に ◆make... aware of... 〈人〉に～について気付かせる ◆to make children environmentally aware 子供たちに環境に対する意識を持たせる[植え付ける, 芽生えさせる]ために; 子供たちの環境に対する意識を高めるために ◆without her being aware of it 彼女にそれを気付かれないで ◆without your being aware of it あなたがそれに気付かない[それを知らない]うちに ◆Be aware that... ～であることを承知しておいてください[～なので注意してください] ◆"The Green Consumer: A Guide for the Environmentally Aware" 「グリーン・コンシューマー: 環境(問題)に対する意識の高い人たちに送る手引き書」(*本のタイトル) ◆people are more environmentally aware than ever 人々の環境に対する意識は以前に増して高まっている ◆It has made us well aware of the possibilities of... そのことは, ～の可能性を私たちに十分気付かせて[認識させて]くれた ◆As you are aware, blues are at the root of jazz. ご承知[ご案内, ご存じ]の通り, ブルースはジャズのルーツ[根っこ]にあります. ◆Drivers should be particularly aware of children. 運転者は, 子供に特に気をつけなければならない. ◆However, there are some basic points to be aware of when considering a layout. しかしながら, レイアウトを考える際に留意すべき[知っておくべき]いくつかの基本的な点[事項]がある. ◆It should be made certain that candidates are aware of... from the beginning. はなから候補者[志望者, 志願者]に～を周知徹底しておかなければならない.

**awareness** 回気付いて[知って, 分かって, 存じて]いること, 自覚, 意識, 認識 ◆an awareness-building campaign 意識高揚運動 ◆an awareness that... ～であるといった認識 ◆create awareness among the public about... 一般大衆に～に対する意識を持たせる[芽生えさせる] ◆foster awareness of... ～に対する意識を養う ◆raise awareness of ecological problems

環境問題に対する意識を高める［高揚させる，向上させる］ ◆raise public awareness about... ～に関する一般人の意識を高める［高揚させる，向上させる］ ◆there is a renewed awareness that... ～という再認識（の気運）がある ◆there is growing environmental awareness in Japan 環境に対する意識が日本で高まっている ◆to develop an awareness of marine issues 海洋問題に対する意識を啓発するために ◆to promote a deeper awareness of nature and the biosphere 自然および生物圏に対する認識を深めるために ◆awareness of the importance of being educated 《意訳》教育を受けている［教育がある］ということがいかに大切［重要］であるかという認識 ◆heighten public awareness of environmental issues 環境問題に対する世間一般［一般大衆］の意識を高める ◆redesign packaging to reflect the public's increasing environmental awareness 環境に対する社会の意識の高まりに応えるべくパッケージングを変える ◆renew the employees' awareness of safety precautions 従業員の安全注意事項に対する認識を新たにさせる；職員の保安上の予防対策を再認識させる ◆there is strong environmental awareness across the country 環境に対する強い意識が，この国全土にわたってある ◆with a renewed awareness that being a great manager demands a well-balanced personality and sound ethical behavior in business as well as in private life 立派な管理職でいるためにはバランスのとれた人柄と，ビジネスならびに私生活における健全かつ倫理的な行動［《意訳》品行方正さ，清廉潔白さ］が必要なのだと認識を新たにして ◆It has become a matter of public awareness. それは，広く一般に認識されることとなった． ◆It increased his awareness of the problem. それは，その問題についての彼の意識を高める［向上させる］ことになった． ◆The need for... has become a matter of public awareness. ～の必要性が広く認識されるようになった． ◆There is a growing awareness among Western leaders of the need for workable solutions. 西側諸国の指導者の間で，実行可能な解決策が必要であるという認識が高まっている． ◆Barbara has been most influential on issues that concern her deeply or where her husband is lagging in awareness, like AIDS, the homeless, civil rights and education. バーバラは，エイズ，路上生活者，公民権，教育などといった，彼女が深く関心を持っている，あるいは彼女の夫（＊ブッシュ米大統領）の認識が遅れている問題において，最も大きな影響力を持っていた．

**awash** adj. 冠水して，あふれて <in, with> ◆be awash in red ink 赤字であっぷあっぷしている ◆Even with the world awash in crude oil, ... 世界で原油がだぶついているのに ◆the world is awash in [with] oil 世界には石油がだぶついている ◆Japan is awash in a sea of information. 日本には情報があふれている［氾濫している］． ◆They are small in number but awash in cash. 彼らは小勢だが金はうなっている． ◆Political campaigns are awash in contributions from interest groups, fueling widespread public cynicism about politics. 政治運動は，利益団体からの献金まみれになっており，このことが一般大衆の政治に対する冷笑的批判《意訳》不審》を煽ることになっている．

**away** adv. 去って，消えて，隔たって，（遠く）離れて，距離のある，留守に，不在で，どんどん ◆4 km away from... ～から4キロ隔たっている ◆at a distance D away 距離Dを隔てて ◆home and away matches [games] ホームの試合とアウェイの試合 ◆just a mouse-click away マウスをクリックするだけで選択［制御］することができる ◆objects 110 m away 110メートル離れたところにある物体 ◆the tower is 4 km away そのタワーは4キロ離れたところにある ◆a mobile unit 8 km (5 mi) away 8km（5マイル）隔たったところの移動中 ◆two hours away from the town 町から2時間かかるくらい離れている ◆With the election just two days away, ... 現状は選挙をわずか2日後に控えて［選挙も余すところあと2日と迫って］， ◆with the twenty-first century now just six years away 21世紀を残すところわずか6年にして ◆hold the mouse with its cord facing away from you マウスのコードを向こう側に向けてマウスを持つ ◆The remote control lets you control... from up to 50 feet away. このリモコン装置で，50フィートまで離れた場所から～を操作できます． ◆turn pot handles away from the front of the stove 深鍋の取手をガス台の前面部から遠ざけるように向こう側へ向ける ◆A low-priced system may be five to ten years away. 低価格システム（が出てくるの）はあと5～10年先になるだろう． ◆It is a year to 18 months away from completion. 完成までまだ1年から1年半かかる． ◆They are a decade away from becoming operational. それらは実用化まであと10年かかる． ◆The product might still be as much as a year away from release. その製品が発売されるまでには，まだ1年もかかるかもしれない． ◆This research is still years away from clinical application in man. この研究は，ヒトへの臨床応用までにはまだ何年かかかる． ◆We were two or three tiny paragraphs away from a political settlement. 政治的解決までにあと2～3段落の隔たりがあるだけだ．［《意訳》(小異はともかく），おおむね政治的決着を見たようなものだ．] ◆With the opening only weeks away, the tempo of work has quickened. 開催まであとわずか数週間となって［あと数週間に迫り］，作業のペースが早まった．

**awe** ①畏れ（オソレ），畏敬の念；vt. ～に畏敬の念を起こさせる ◆evoke awe-struck feelings 畏怖の念を呼び起こす［喚起する］

**awesome** adj. 畏敬［畏怖］の念を起こさせる，恐ろしい，ものすごい ◆toxic wastes, which now total an awesome 300 million tons generated each year 現在年に3億トン生じている恐ろしい［ぞっとする］量の有害廃棄物

**awful** adj. 恐ろしい，すさまじい，ものすごい，ひどい ◆"The current state of affairs is just awful," he said, referring to... ～に言及して，「現状は全くひどいものだ」と彼は言った．

**AWG** (American Wire Gauge) the ～（エイダブリュージー），米国の針金ゲージ［線番号］規格 ◆wire sizes 20 through 32 AWG AWG（アメリカンワイヤーゲージ）20番から32番までの線径 ◆designed to cut up to 20 AWG .032" wire AWG20番 .032インチ径の針金まで切断できるように作られている

**awhile** adv. しばらく，少しの間 ◆for awhile 《口》しばらく［ちょっと］の間（▶正式には for a while）◆wait awhile ちょっと［しばらく］待つ ◆After awhile, he told me that... しばらくして，彼は～だと私に言った．

**awkward** adj. 不器用な，ぎこちない，不自然な，あぶなかしい，ぶざまな，不格好な，下手な，稚拙な，拙劣な，手際の悪い，へまな，まずい，気まずい，きまり悪い，いやな，難しい，答えにくい，困った，厄介な ◆an awkward interface 下手に設計されているインターフェース ◆an awkward way of entering equations やりにくい［不便な］数式の入力方法（＊キーボードを使って数式を入力する話）◆at an awkward time 具合の悪い時に ◆awkward clients 気難しい顧客 ◆make... awkward to use ～を使いづらくする ◆Computers can translate text with readable but often awkward-sounding results. コンピュータは文章を，読めることは読めるが大抵の場合どこかぎこちなく聞こえるといったような出来ばえで翻訳することができる．

**awning** an～①日除け，サンシェード，日覆い，雨覆い，雨除け，天幕 ◆a storefront awning 店先の天幕［日よけ，風よけ，雨よけ，雨覆い］（＊キャンバス地やビニール製のもの）

**awry** adj., adv. 斜めに傾いて［曲がって］，ゆがんで，間違って，誤って，うまいこと行かなくて，まずいことになって ◆something is beginning to go awry with the vehicle's suspension この車のサスペンションが何か［どこか］おかしくなり始めている ◆Security systems can signal back to a central location when something is awry. セキュリティシステムは，何か異常があると中央拠点［センター］へ通報することができる． ◆Ray had a brilliant mind that went awry all too soon. He was in his 50s when the first hints of Alzheimer's disease stole his ability to hold a job. レイは，かつて聡明な頭脳を持っていたが，あまりにも早くおかしくなってしまった．彼の就業能力を奪うこととなったアルツハイマー病の最初の兆候が現れたのは彼が50歳代のことだった．

**axenic** adj. 無菌の, 純粋培養の ◆an axenic animal 無菌動物 ◆axenic conditions 無菌状態 ◆be cultured under axenic conditions 無菌(状態の下で)培養[純粋培養]されている

**axial** adj. 軸の, 軸状の, 軸方向の, 軸流の ◆an axial fan 軸流ファン ◆an axial-flow compressor [jet engine, pump] 軸流圧縮機[ジェットエンジン, ポンプ] ◆axial loads 軸方向の荷重 ◆push the shaft in the axial direction 軸方向にシャフトを押す

**axiom** an~ 自明の理, 格言[金言], 《数》公理 ◆all axioms of Boolean algebra ブール代数のすべての公理

**axis** an~ (pl. axes) ◆an [the] axis of rotation 回転軸 ◆the Axis (powers) 枢軸国(＊第二次世界大戦前から戦中にかけての日独伊三国) ◆a multi-axis machine tool 多軸工作機械 ◆the axis of a drill ドリルの中心軸 ◆on both the horizontal and vertical axes 水平・垂直両方向の軸上に ◆rotate about the vertical axis 垂直軸を中心に回転する ◆the horizontal axis (グラフの)横軸 ◆an off-axis Ritchey-Chrétien telescope 軸外しリッチー・クレチャン[クレチアン, シュレチェン]方式の望遠鏡 ◆a six-axis robot 6軸ロボット ◆a load parallel to the axis of rotation 回転軸方向の荷重 ◆the Earth rotates on its axis at an angle 23.5 degrees from vertical 23.5度傾いて自転している ◆the x axis indicates [represents] the cost X軸はコストを示す ◆travel in the direction of the x-axis X軸方向に移動する ◆The computerized machine tool operates on nine axes. このコンピュータ化された工作機械は, 9軸動作する. ◆The earth rotates on its axis in about 23h 56min. 地球は, 地軸を中心に約23時間56分で1回転する. ◆The major axis is the longer axis of the ellipse and the minor axis is the shorter axis of the ellipse. 長軸とは楕円の長い方の軸であり, 短軸とは楕円の短い方の軸である.

**axle** an~ 《自動車・機械》軸, アクスル, 車軸, 輪軸, スピンドル, 心棒 ◆a car's front axle 車の前車軸 ◆an axle shaft 車軸

**axon** an~ 《生》軸索, 軸索突起 ◆the "insulation" on the axons of the nerve cells 神経細胞の軸索を覆っている「絶縁体」

**azimuth** (an) ~ アジマス, 方位, 方位角 ◆an azimuth angle 方位角 ◆azimuth alignment; (an) azimuth adjustment アジマス調整(＊アナログのテープレコーダの場合, 録音・再生ヘッドのギャップがテープ走行方向に対して正確に90°になるようにする); 水平方向の角度[方位角]の調整 ◆provide an azimuth for the study of... ～の研究に方向性を与える ◆provide an azimuth to one's thinking 思考[思考, 考え方]に方向性を与える ◆the elevation (up and down) angle and azimuth (left to right) angle of a dish (意訳)パラボラアンテナの仰角(上下方向の角度)と水平方向角(左右の角度) ◆alternate azimuth angles minimize cross talk (意訳)アジマス角度を交互に変えることによりクロストークをできるだけ小さくすることができる(＊テープ上で隣り合うトラックに互いに異なるアジマス角度で記録[録音, 録画]することにより) ◆an azimuth angle of tilt of -6 degrees (回転磁気ヘッドの)＋6度のアジマス傾斜角度 ◆the tracks are recorded at different azimuth angles これらのトラックが(互いに)異なるアジマス角度で記録[録音, 録画]されている ◆the ability to adjust the optical axis in both azimuth and elevation 光学軸を水平・上下の両方向に調整できる能力

## B

**b** (bit, bits) 《コンピュ》ビット; (binary) 《コンピュ》(＊例 0111b = 2進数 0111)

**B** (アルファベットの)ビー; ホウ素(boron)の元素記号; (byte, bytes) 《コンピュ》バイト ◆B-grade movies B級映画 ◆B-positive blood B型(肝炎ウイルス)陽性血液 ◆A B-movie is a movie with a limited budget. (意訳)B映画とは限られた予算で撮られた[低予算]映画のことである. (＊Bはbudgetの略であって, B級の意ではない)

**Ba** バリウム(barium)の元素記号

**babble** v. 聞き取れないまたは意味のない言葉をしゃべる, 〈乳児が〉喃語(ナンゴ)をしゃべる[バブバブ言う], ぺらぺらしゃべる; 〓 ◆Some babies can babble in wordlike syllables at four months. 赤ちゃんによっては, 4カ月で言葉のような音を発する喃語(ナンゴ)をしゃべることができる.

**baby** a~ 赤ん坊, 赤ちゃん, 赤子, 赤児, 嬰児, みどりご, ベビー, 小児, 小型のもの; adj. 小型の ◆a Baby Bell; a Baby Bell company ベビーベル電話会社(＊米国AT&T社から分離して多数のBaby Bells = RBOCs (regional Bell operating companies)地域ベル電話運営会社ができた) ◆a baby-to-be 産まれてくる[おなかの中の]赤ちゃん ◆a baby (feeding) bottle 哺乳びん ◆use baby talk 赤ちゃん言葉[語]を使う ◆Children with a full set of milk [baby] teeth should brush for at least a minute. 乳歯がすべて生えそろっている子どもは, 少なくとも1分間は歯磨きをしなくてはならない. (＊乳歯は, 脱落歯(deciduous teeth)とも)

**baby-boom, baby boom** a~ ベビーブーム ◆a baby-boom mother ベビーブームの時期に生まれた[団塊の世代の]母親 ◆the postwar baby-boom generation 戦後のベビーブーム[団塊の]世代

**baby-boomer, baby boomer** a~ ベビーブームの時期に生まれた人, 団塊の世代の人(圖全児同]ビートルズ, リストラ]世代) ◆the baby boomer generation 団塊の世代 ◆the children of baby boomers 団塊ジュニアたち

**baby bust** a~ 低出生率の時期 ◆the Third World is approaching a baby bust 第三世界は低出生率時代に近づいている

**baby buster** a~ 出生率の低い時期に生まれた人(＊特に1965年～1977年に生まれた世代をGeneration Xと呼ぶ)

**baby food** ベビーフード, 離乳食

**bachelor** a~ 独身[独り身, 独り者, 単身者, シングル]の男, 未婚の男性, チョンガー, 学士 ◆a Bachelor of Arts 文学士(号) ◆a Bachelor of Science 理学士(号)

**Bacillus anthracis** 炭疽菌 ◆Anthrax is caused by the bacterium Bacillus anthracis. 炭疽病は炭疽菌という細菌で起こる.

**back** 1 n. the [one's] ~ 裏, 裏面, 背面, 背, 背中, 裏手, 後奥; a~ 後衛; adj. 背の, 後ろの ◆behind someone's back 〈人の〉知らない間に[知らないところで]; 〈人に〉隠れて[黙って] ◆on the back of... ～に引き続いて, ～に加えて ◆a back plate 背面電極 ◆open-back [→closed-back] headphones 背面開放型[→背面密閉型]ヘッドホン ◆at [from] the back of a stage 舞台の奥で[奥から] ◆back issues [numbers] of magazines 雑誌のバック・ナンバー[既刊号](▶back numbers よりも back issuesの方が圧倒的によく使われる) ◆in the back of this User's Guide このユーザーズガイドの巻末に ◆on the back of each card 各カードの裏側に[後ろに] ◆on the backs of their hands 彼らの手の甲に ◆place the baby on his or her back 赤ちゃんを仰向けに寝かす ◆put the baby on its back; place the baby on his or her back その赤ちゃんを仰向けに寝かせる ◆a connector on the back of the unit 本ユニット背面[裏面]のコネクタ ◆See Instructions on Back 裏面の指示をご覧ください. ◆a load came off his back (比喩)彼が背負っていた重荷が下りた; 彼の肩の荷が下りた ◆a magnetic stripe on the back of a bank card キャッシュカードの裏面の磁気ストライプ ◆he is gaining strength in his back 彼は背筋力が増しつつある ◆sit at the back of the plane 飛行機の後部座席に座る ◆sit in the back of the car 車の後部座席に座る ◆situated at the back of... ～の後ろに位置している ◆straighten up one's back while walking 歩行中背中をしゃきっとさせる[背筋を伸ばす] ◆through jacks at the back of the amplifier アンプの裏面にあるジャックを通して ◆It's a load off my back. これで背中[(意訳)肩]の荷がおりて楽になる. ◆The back panel has an AC power connector and four expansion slots. 背面[後ろ側の, 裏面]パネルには, AC電源コネクタと4つの拡張スロットが付いている.

2 adv. 後ろに, 逆に, 元通り, 元へ戻して, 応えて, 再び ◆put the cap back on 元通りキャップをする, キャップを

元に戻す ◆as far back as the mid-1950s　はるかさかのぼって1950年代中頃に ◆convert the digital signals back into analog　これらのデジタル信号を元のアナログに変換して戻す ◆he was back on the job yesterday　彼は昨日仕事[職場]に復帰した ◆mounted just back of the front panel　前面パネルのすぐ後ろに取り付けられている ◆put [place] it back into position　それを元の位置に戻す ◆to put these lands back into productive use　これらの土地を生産的な利用形態に再び戻す[再転換する] ◆two inches back from the front edge of the counter　台の前端から2インチ下がって[手前に] ◆we first heard about it back in 1998　私達は、遡って1998年に初めてそのことを聞いた ◆stimulate the economy back into expansion　経済[景気]を刺激して再び拡大に導く ◆he said this matter was now back for deliberation　彼は、本件は審議[討議、協議、評議]のために現在差し戻されていると述べた ◆if we want to bring the crime rate back down to the levels of the 1950s　犯罪率を1950年代の水準にまで戻したいのなら ◆way back when you were still young　かつてあなたがまだ若かったずっと昔に[遠い昔に、大昔に] ◆when the diode is back-biased　ダイオードに逆方向バイアスがかかっていると ◆If they want me back, I would be more than happy to be back.　もし彼らが私に戻ってきて欲しいと思っているのなら、私は喜んで復帰するだろう。 ◆Well back from the intersection, signal your intention to turn left.　交差点の十分手前で左折の合図を行うこと。

**3** vt., vi. 後退する[させる], 戻る[戻す], 後援する, 裏打ちする, 背をつける, 伴奏する ◆a mortgage-backed security; an MBS　住宅ローン担保証券; アセット・バック[資産担保付き]証券 ◆a battery-backed RAM disk　バッテリーバックアップされているRAMディスク ◆an adhesive-backed applique　裏に接着剤がついているアップリケ ◆back up one record at a time　《コンピュ》1レコードずつ上[前]に戻る (*画面で上のほうに表示されているレコードに移動する) ◆Corinth backs the 2040AT with a two-year warranty.　コリント社は、2040AT機を2年保証でサポートしている。 ◆Our data terminals are backed by the technology and reliability that come from 50 years of experience.　我が社のデータ端末機は、50年の経験によって蓄積された技術と信頼性によって裏打ちされています。

**back and forth**　前後に(= to and fro), 〈前後[左右]に〉行ったり来たり ◆back-and-forth motion　前後の[往復]運動 ◆bounce back and forth between the two mirrors　2つの鏡の間を行ったり来たりして反射する

**back down**　後に引く, 引き下がる, 退陣する; 撤回する<on>, 取り消す<on>, 譲歩する<on> ◆he refused to back down on his plan to <do>　彼は、~するという彼の計画を撤回する[取り消す]ことを拒んだ ◆I do not back down on what I said.　私は前言を撤回しない。

**back off**　少し後ろへ下がる, ~から下がる, 《口》引き下がる, 《口》(人への追及や要求を)やめる[ゆるめる] ◆back off the lock nut　ロックナットを後退させる

**back to back**　背中合わせに; 助け合って, 持ちつ持たれつで; (二つの事柄が)連続して, 続けざまに, 引き続き, 相次いで ◆bond two disks back to back　2枚のディスクを背中合わせに接着する ◆a back-to-back basis　背中合わせに; 連続して

**back up**　v. 後援【支持, 補強, 加勢, 助太刀(スケダチ)】する, 後押しする, バック[後退, 後退]する, 〈交通〉が渋滞する, 滞る, 《コンピュ》(データなどの)バックアップコピーをとる ◆back up a car　車をバック[後退, 後退]させる; 後ろ向きに進ませる ◆back up all data to floppy disks　すべてのデータをフロッピーディスクにバックアップする ◆back up on a highway　ハイウェイ上で<バックする[後ろ向きに進む, 後退する]; 〈交通〉が渋滞する, 滞る ◆traffic backed up on Interstate 75 in both directions　交通が州間高速道路75号線に下で両方向とも滞った[渋滞が発生した] ◆Mistakes can be corrected on the screen simply by backing up and retyping.　誤りは、画面上で戻ってタイプし直すだけで訂正することができる。

**back-and-forth**　adj. 前後[左右]に動く, 行ったり来たりの

**backbone**　a ~ 背骨, 脊椎, 背柱, 脊梁; the ~ <of> (~の)基幹, 根幹, 幹線, 主軸, 屋台骨, 大黒柱, 主力, 《ネット》バックボーン, 《意訳》基幹通信網; 回肩, 気骨, 強い気性, 気概, 意地, 根性, 筋金 ◆a coward to the backbone　骨の髄まで[徹底的に、とことん]臆病な奴 ◆Small business is the backbone of our economy.　零細企業および小企業は我が経済の礎である。

**back-channel**　a ~ 裏ルート; adj. 正式[正規]のルートを通さない、裏ルートの ◆back-channel contacts [negotiations]　裏(ルート)での折衝相手[交渉]

**backdate**　日付をさかのぼってつける, 遡及(ソキュウ)して適用させる ◆a backdated document　日付がさかのぼって付けられている[実際より前の日付がついている]書類

**backdrop**　a ~ (劇場の)背景幕, 背景, 背景状況, 後景 ◆against a [the] backdrop of...　~を背景にして; ~という状況をバックに ◆Against this backdrop,...　こういった背景から; そうした背景の中で; 《意訳》こうした状況の中で、このため ◆These four factors serve as a backdrop to...　これら4つの要因が~の背景をなしている ◆With... as a backdrop,....　~を背景として, ◆With this as a backdrop to...,　これを~の背景として ◆highlight his lead falsetto vocals against an orchestral backdrop　オーケストラをバックに彼のリードファルセットのヴォーカルを浮かび上がらせる

**back-end, backend**　a ~ 後端, 後部, 最後尾; adj. バックエンド[後端, 後部, 後置(型), 最後尾]の, 《原発》後処理の (*放射性廃棄物処理, 発電所の解体・撤去, 核燃料処理などのバックエンド処理) ◆backend costs after reactor shutdown　(原子)炉停止後の後処理コスト[費用] ◆move the item at the backend of the queue to the front of the queue　アイテムをキュー(待ち行列)の最後尾からキューの先頭に移動させる

**backfill**　n. 《土木》埋め戻し, 裏込め, 埋め戻し[裏込め]材; v. 埋め戻し[裏込め]する ◆backfill materials　埋め戻し[裏込め]材 ◆backfill a hole　穴を埋め戻す ◆break up backfill soil well　埋め戻す土をよく砕く ◆constructed on backfilled areas instead of solid ground　固い地盤ではなく埋め戻された場所に建設された ◆When backfilling the hole, moisten the soil well, but don't firm it with your feet to eliminate air pockets.　穴を埋め戻す際は、土を十分湿らせてください。ただし、空隙をなくそうとして足で踏み固めることはしないでください。

**backfire**　a ~ (エンジンの)バックファイア[逆火(ギャッカ, サカビ), 吹き返し], (草原や森林などの火事が燃え広がるのを防ぐために風下にわざと放つ)迎え火; vi. バックファイアを起こす, 裏目に出る, 期待していたのとは逆の結果が出る ◆this strategy may backfire　この戦術は逆効果になる[裏目に出る]可能性がある ◆his good intentions backfired　彼の善意が裏目に出た[逆効果になった, 仇になった] ◆If the engine backfires during a cold-start,...　エンジンがコールドスタート[冷えた状態からの起動]時にバックファイア[逆火(サカビ), 吹き返し, 逆爆]を起こす場合は,... ◆As with any tools, read the manual completely, or it could backfire on you!　どのツールについても言えることだが、マニュアルは完全に読むべきだ。そうしないと結果は自分に跳ね返ってくるだけだ。 ◆Being too critical or assertive could backfire. Take a low-key approach and show sensitivity.　批判的すぎたり自己主張が強すぎたりすると裏目に出る[逆効果になる]ことがあります。控え目なアプローチをとり、他人への思いやり[心遣い]を示すようにしましょう。 ◆Trading sexual favors for advancement is likely to backfire – on both parties.　昇進を交換条件にした性交渉[セックス]の同意は、当事者双方に良くない結果として跳ね返ってくる可能性がある。

**backflow, back-flow**　(a) ~ 逆流, 還流 ◆prevent backflow of power to...　電力が~に逆流するのを防ぐ

**background**　a ~ 背景, 遠景, 環境, 目立たない位置, バックグラウンド; one's ~ 経歴, 素性; 〈雑音などが〉自然界に存在する, 《観測機器的》外来の ◆in the background　背景[で] ◆background noise　バックグラウンドノイズ[暗騒音, 地騒音(ジソウオン)] ◆background processing　《コンピュ》背景[バックグラウンド]処理 ◆easy-listening background music　イージーリスニングのバックグラウンド・ミュージック ◆1.

Background to the Report 《見出しで》1. 報告書の背景 ◆(a) background knowledge concerning... ～に関する予備知識 ◆a person's family background 〈人〉の育った家庭環境 ◆as a background to the development of... ～の開発[発展, 発達]の背景として ◆at a routine background briefing 定例の背景説明(会)で ◆blur the background 《撮影》背景をぼかす ◆have a background in mathematics 数学のの心得がある ◆historical background about the Vikings バイキングをめぐる歴史的背景 ◆people with middle-class backgrounds 中流の人々 ◆regardless of background 経歴を問わず ◆against the background of free-trade talks with Washington 米国政府との自由貿易交渉を背景とし ◆NASA's Cosmic Background Explorer (COBE) satellite NASAの宇宙背景放射探査衛星 ◆appear herein as background history この文書中に歴史的背景として出てくる ◆be displayed against a dark background 暗い背景をバックにして表示されている ◆computerized background checks of would-be handgun buyers 拳銃購入希望者のコンピュータによる身元調査 ◆display black characters on a white background 白地に黒文字を表示する ◆interruptions caused by background computation 《コンピュ》バックグラウンド計算による割込 ◆run detailed background checks on customers 顧客の詳細な信用調査をする(信用調査は,相手方の資産状態,営業成績,信用などを調べること) ◆by way of background to integrated systems 統合化システムの背景として ◆Miss Morinaga, a Californian of half-Chinese and half-Japanese background 日系・中国系半々のカリフォルニアっ子モリナガさん ◆These materials provide background information for events leading up to the revision of... これらの資料が～の改訂に至るまでの出来事の背景情報[裏話, 経緯(ケイイ, イキサツ)]を語っている

**background music** バックグラウンドミュージック(*映画や放送番組のバックでなる音楽; 店などで流れている音楽; = elevator music; easy-listening music)

**backlash** (a)～ ガタ, バックラッシュ, 遊び, 背隙 ◆a backlash-free micrometer バックラッシュのないマイクロメータ ◆a zero-backlash lead screw バックラッシュのない親ねじ ◆backlash and play 《機械》ガタ[バックラッシュ]と遊び ◆a microscope with no [zero] backlash バックラッシュのない顕微鏡 ◆an aligner that is free of backlash バックラッシュのないアライナー[整列装置, 位置決め装置, 位置合わせ装置] ◆it is free of backlash それにはバックラッシュがない

**backlight** 1 回逆光, 背面照光, 背面照明, バックライト; a ～ バックライト(灯[管]) ◆a backlight (correction) switch 《カメラ》逆光補正スイッチ ◆a cold cathode backlight 冷陰極バックライト管[灯] ◆severe back-light, high-contrast scenes with bright sun in the background 《カメラ》まぶしい太陽が背景に入っていて逆光が強くコントラストの激しい[照度差の激しい]場面
2 vt. ～を背面から照らす ◆a backlit display 《コンピュ》バックライト付きディスプレイ ◆a backlighted subject 《カメラ》逆光の被写体 ◆a liquid-crystal display with backlighting バックライト[背面照光]付き液晶ディスプレイ

**backlog** a～ 抱えて[たまって]いる未処理分[手持ち分] ◆a backlog of orders たまっている[抱えている](ひとまとまりの)注文[受注]残 ◆have a backlog of jobs [repairs] 未処理の仕事[これからやらなければいけない修理・修繕]がたくさんたまって[山積して]いる ◆work off an order backlog - mostly from Europe and North America 主に欧州および北米から請けた受注の注文残[受注残]をさばく ◆with a backlog of orders that will take at least five months to fill さばくのに最短で5カ月はかかるであろう注文残[受注残]を抱えて ◆Boeing's five- to six-year backlog of aircraft orders from U.S. and foreign airlines ボーイング社が抱えている, 米国内および国外の航空会社から請けた航空機受注の5～6年分の注文残[積み残し分] ◆Boeing has a record $54 billion backlog of orders for 1,049 planes. ボーイング社は, 1,049機分540億ドルに上る記録的な注文[受注]残をかかえている.

**back-office** adj. (企業の)バックオフィス部門の, 事務部隊の, 裏部隊の ◆back-office employees 管理部門の従業員

**back order, back-order** a～ 受注[注文]残; 《on ～の形で》(商品が)受注残になって ◆have back orders [back-orders] on... ～の注文残[受注残]を抱えている ◆Do you carry back orders? 貴社はバックオーダー[受注残, 注文残, 繰り越し注文]を抱えていますか. ◆Some machines are on six-week back-order. 機械の中には6週間受注残になっているものもある.

**backplane** a～ 《コンピュ》バックプレーン, 背面, 裏面 ▶コンピュータと周辺機器を相互接続する電気信号経路. 回路基板を差し込むスロット(厳密にはスロットではなく, その奥のソケット)が複数集まっているもの. ◆a 12-slot card cage with J1 and J2 backplanes 《コンピュ》J1およびJ2バックプレーンを装備した12スロットカードケージ(*このカードケージには6つのスロットのバックプレーンが2つある)

**back road** a～ 交通量の少ない(舗装されていない)田舎道

**backroom** a～ 奥の部屋, 秘密の研究室, 密室, 裏舞台; adj. 舞台裏での, 裏工作の, 裏交渉の, 密室の, 裏で勢力を振るう[黒幕の], 秘密の研究に従事している ◆backroom Japanese politics 日本の密室政治 ◆cut [do] a backroom deal to <do...> ～するための秘密[闇取引, 密室, 舞台裏]取引をする

**backscatter** n. 後方散乱; vt. 後方散乱させる ◆(a) backscatter radar 後方散乱レーダー ◆backscatter [backscattering] occurs 後方散乱が発生する ◆backscatter spectroscopy 後方散乱分光法

**backseat, back seat** a～ 後部座席, 後ろの座席; 末席, 下座(シモザ), 低い地位, 二の次, 後回し, 第二義 ◆take a back seat <to> (～に)引けをとる; 二の次[後回し]になる; 第一線から退く ◆often relegate quality and professionalism to the backseat [back seat] 往々にして品質とプロ意識[根性, 精神]を二の次にする ◆price takes a back seat to reliability 値段よりも信頼性のほうが大事だ; 信頼性は価格に優先する ◆ride in the back seat 《車》後部座席に乗る ◆This new model won't take a back seat to any desktop machine on the market. この新型は, 市場に出回っているどのデスクトップ機にも引けはとらないであろう. ◆Soon after, customer interest showed its fickle nature, affordability took a back seat to quality and luxury features. まもなく, 顧客とは移り気なもので, (選択の基準としての)品質および豪華フィーチャーが前面に出て, 値頃感が二の次[後回し]になった.

**back-seat driver** a～ 車の客席から運転者に余計な指図をする人, (比喩的に)しゃばり[おせっかい]屋

**backside** a～ 裏, 背面, (葉などの)下面[下側の面], 後部; a～(俗)尻, 臀部 ◆the front side or the back side [the frontside or backside] of a flyer ちらし[びら]の表面(オモテメン)また は裏面(ウラメン, リメン)

**backspace** vi. (コンピュータ, タイプライターで)1文字戻る(1つ左の文字位置に戻る); n. バックスペース(制御コード); B- (Backspaceキーの名前)

**backstage** adv. 舞台裏[楽屋, 袖]で[に, へ], 内密に[裏で](= behind the scenes), 私生活で(= in private); adj. 舞台裏の

**backup** adj. バックアップの, 代替の, 予備の, 補充の, 後備の, 副-, 後詰-, 支持-; (a) ～ 予備(品), 代替(品), バックアップコピー; ⓒ(背後からの)後押し, 後援, 後ろ盾 ◆a backup supply 予備品 ◆backup personnel 補充[補欠]要員 ◆backup protection 《強電》(リレー[継電器])による後備保護(*主保護 = primary protectionと対をなす) ◆a backup bulb 予備の電球 ◆act as backup バックアップ[代替わり]として働く ◆a reliable backup to satellites 信頼性のあるバックアップ[補完]衛星(*衛星が使用不能に陥った場合に使うためのもの) ◆for data backup データバックアップのため ◆serve as a backup Meteosat backup メテオサット(気象衛星)のもう1基の補完衛星 ◆a clock with battery backup バッテリーバックアップ付きのクロック ◆make [create, save] a backup (copy) of... 《コンピュ》〈データなど〉のバックアップをとる[バックアップ

コピーを作成する, バックアップコピーを保存する] ◆a two-gigabyte digital audio tape (DAT) drive designed for data backup データバックアップ[データ保存]用に設計されている2GBデジタルオーディオ(DAT)ドライブ装置 ◆files modified since the last backup 前回のバックアップ以後に変更が加えられたファイル ◆make [create] backup copies of entire hard disk drives ハードディスクドライブ全体のバックアップコピーをとる; ハードディスクドライブの内容を全部バックアップコピーする ◆with back-up to retain programmed memory for one week in the event of a power failure 万一の停電の場合にプログラム[予約設定]されたメモリーを1週間維持するためのバックアップ[(意訳)停電補償]付きで ◆Backup copies should also be made of applications software. アプリケーションソフトのバックアップコピーも作っておかなければならない. ◆Back up your hard disk and store the backup in a safe place. ハードディスクのバックアップをとって, バックアップを安全な場所に保管してください. ◆These memory backup periods range from ten to sixty minutes. これらのメモリーバックアップ時間は10分から60分である. ◆Streaming tape is used for keeping backup copies of disk data. ストリーミングテープは, ディスク内のデータのバックアップコピーをとって[保存して]おくために使用される. ◆Without backup by other nations, the country sinks into civil war, revolution, famine, etc. 外国の後押しを受けたの[後援, 援助]がないと, この国は内戦, 革命, 飢餓などの淵に沈んでしまう. ◆We make regular backup copies of most files to protect against loss through disk failure, disaster, or human error. 私たちは, ディスクの事故, 災害あるいは人為ミスから守るために, ほとんどすべてのファイルのバックアップコピーを定期的に取っています.

**backward** a~ 後ろに[へ], 後方に[へ], 逆[方向]に, 後向きに, 進む方向に逆に ◆a backward current of... ~の逆流 backward supervision 《通》逆方向監視 ◆a backward country 後進国(*英日ともに現在は使用されていない用語) ◆go backward in time 時間を逆戻りする ◆provide backward compatibility with... ~と下位[後方]互換性を保つ ◆rotate the crankshaft backward クランクシャフトを逆回転させる ◆to preserve [maintain, retain] backward compatibility with... ~と下位[後方]互換性を保つために ◆move forward or backward one page frame 前または後ろに1ページレーム分だけ移動する ◆while the vehicle is rolling backward 自動車が後退[後進]しているときに

**backwater** a~ (ダムなどで)せき止められた水, よどみ; a~ 文化の陥没地帯, 停滞している状態, 活気のない地域[環境], 沈滞している分野 ◆an economic backwater 経済的に立ち後れている地域

**backyard** a~ 裏庭; adj. 裏庭での ◆a backyard mechanic 趣味で機械いじりをする人 ◆not-in-my-backyard resistance by communities to new disposal sites and incinerators 新規の投棄処分場や焼却炉に対する地域住民の, 自分の近所に建設されるのはイヤだ, といった反対(*行政側からでは「住民エゴ的な抵抗」とみえるかもしれない)

**bacteria** (bacteriumの複数形)バクテリア, 細菌 ◆bacteria-free water 無菌水

**bacterial** adj. バクテリアの[による], 細菌性の ◆bacterial contamination of... ~の細菌汚染 ◆(the) bacterial leaching of copper from sulfide ores 硫化鉱石からのバクテリア[微生物]による銅の浸出[(意訳)製錬]

**bactericidal** adj. 殺菌の ◆a bactericidal agent 殺菌剤; (意訳)消毒薬 ◆a bactericidal lamp 殺菌灯

**bacterium** a~ (pl. bacteria) バクテリア, 細菌 ◆People who eat raw oysters, beware: A bacterium in the shellfish can cause diarrhea and even death. カキを生食する人は注意してください, この貝の中に潜むバクテリア[細菌]は下痢を招くことがあり, 死さえも招くことがあります.

**bad** adj.(worse, worst) 悪い, 劣った, 悪くなった, 腐った, ひどい, 役立たずの, 汚染されている, 悪しき, 悪質な, 不良の, 不正な, ダメな ◆go bad (なまものなどが)悪くなる ◆a bad bulb 不良電球 ◆a bad sector 《コンピュ》不良セクタ ◆

bad assets 不良資産 ◆bad news 悪い知らせ; 〈相場などの〉悪材料[弱材料] ◆during bad times 不況[不景気]の時に ◆if the alternator goes bad 仮に(車の)交流発電機がだめになる[いかれる] ◆over a bad road 悪路上で ◆stop [give up] a bad habit 悪癖をやめる[返上する] ◆"bad" cholesterol (low-density lipoprotein, or LDL) 悪玉コレステロール(低密度リポ蛋白, LDL) ◆it might not [wouldn't] be a bad idea to... ~することはあながち悪い考えではないだろう ◆the bank reduced its bad loans to $90 million as of Sept. 30 この銀行は9月30日現在で不良債権を9,000万ドルにまで減らした ◆Things are going from bad to worse. 事態は, 悪化の一途をたどっている. ◆Events marched relentlessly from bad to worse toward the worst possible. 事態は, 最悪の極みに向かってどんどん悪化の一途をたどった. ◆Today's Gen-Xers are worse off financially than their baby-boom counterparts. 今日の団塊ジュニアたちは, 団塊の世代よりも金銭的に恵まれていない[金回りが悪い, 懐具合が悪い]. ◆Cholesterol, long considered the bad guy of coronary ailments, can be either friend or foe. 冠状動脈疾患の悪玉と長い間考えられてきたコレステロールは, 味方かもしれない敵かもしれない.

**badger** a~ 《動》アナグマ; vt. ~を(しつこく)悩ます, 困らせる, (~するよう)うるさくせがむ<to do...> ◆badger her to straighten out her curls 巻き毛を直毛にするよう彼女にうるさく迫る[再三再四忠告する]

**badly** adv. 非常に, とても, 著しく, 大いに, すっかり, ひどく, 悪く, 下手に, まずく, つたなく, 拙劣に, 粗末に, 誤った風に, 不適切に, 是非 ◆want [need]... badly 《口》~がぜひ欲しい ◆badly want... ~をひどく欲しがる

**bad-mouth** vt. ~の悪口を言う, 手きびしく非難[批判]する, ロぎたなくののしる; adj.

**bad news** 回悪い[よくない]知らせ, 凶報, 悪材料; 回厄介者, 嫌われ者, 困り者, 迷惑な奴 ◆stocks decline [drop, fall] on bad news 株は悪材料を嫌気(イヤキ)して下がる[嫌って下落する]

**bag** a~ バッグ, 袋, カバン; vt., vi. 袋に詰める, 袋状にふくらます[ふくらむ] ◆a reclosable poly bag 何度でも口が開閉できる[開閉自在のチャック付き]ポリ袋 ◆pack... in bags ~を袋詰めする (参考) Warning: To avoid danger of suffocation, keep this bag away from babies, and children. DO NOT use in cribs, beds, carriages or play pens. (意訳)注意: 窒息事故防止のため, この(ポリ)袋を乳幼児の手の届くところに置かないでください. ベビーベッド, ベッド, ベビーカー, ベビーサークルでは決して使用しないでください.

**baggage** 回旅行かばん, トランク, 手荷物, 携帯装備; a~ うるさげな女 ◆a baggage locker 荷物ロッカー

**bail** 1 回保釈, 保釈金; a~ 回保釈証人; vt. 〈判事などが〉~を保釈させる, (保証人となって)~を保釈してもらう<out>, ~の窮地を救う<out>, 〈物品〉を委託する 2 vt., vi. <out> (船)の船底から水を汲み出す, 〈水〉を(船底から)かい出す; a~ あか取り(*船底の水をかい出すための器具) ◆to bail out failing Japanese banks 経営難に陥って[破綻に面して]いる日本の銀行を救済するために 3 a~ (バケツ, やかんなどの)つる[取っ手], (タイプライターなどの)紙押さえ

**bailout** a~ (航空機からの)パラシュートでの脱出, (公的資金援助による銀行など金融機関の緊急的)救済, 緊急財政援助 ◆as part of a bailout of two failing banks 経営難の銀行2行に対する救済措置の一環として ◆President Bush's savings and loan bailout ブッシュ大統領が発動した貯蓄貸付組合の救済

**bait** (a)~ (つり針, わなにかける)餌(エサ), おとり, わな; vt. 〈針, わな〉に餌を付ける

**bake** vt. 焼く, 焼き締める, 焼き付けする, 加熱乾燥する; vi. 焼ける; n. ◆baking enamel 焼き付けエナメル ◆outdoor furniture covered with an electrostatic, baked-on finish 静電塗装焼き付け仕上げが施されている屋外用調度品

**bakeout** 焼出し,真空ベーキング(＊真空引きしながら加熱することにより,表面からガス抜きする処理)
**baker** a～ パン屋,パン(焼き)職人 ◆a baker's dozen 13個(＊昔,パン屋が量目不足を恐れ1個まけたことから)
**baking** 焼くこと,焼き付け,ベーキング,焼成 ◆a baking finish 焼き付け塗装(仕上げ)
**balance** 1 (a)～《単のみ》バランス,釣り合い,兼ね合い,均衡,平衡,安定,調和,(心の)平衡[落ち着き],決定権,支配力; the～ 優勢,優位; a～ 天秤,はかり ◆keep [lose] one's balance バランスを保つ[失う] ◆strike a balance between A and B ＡとBの(間の)バランス[釣り合い,均衡,調和,平衡]をとる ◆an analytical balance 化学天秤 ◆a sense of balance 平衡[バランス]感覚 ◆a top-loading precision balance 上のせ式精密天秤 ◆a stable balance in Europe 欧州における安定均衡(＊かつての冷戦時代の東西両陣営の軍事力の) ◆lack in balance バランス[均衡]を欠いている ◆restore (some) balance to...～に均衡を(いくらかでも)回復する[取り戻す] ◆the balance is achieved バランス[均衡]がとれる ◆throw the balance toward...～が優勢となる状態にする ◆maintain perfect balance in any position どんな姿勢でも完全な平衡を保つ ◆expect supply and demand to be in rough balance by 2000 需要と供給[需給]が2000年までにほぼ均衡するであろうと予想[予測]する ◆have the best balance between the old and new aspects of...～の古い面と新しい面のバランスが最もよくとれて ◆When this happens, the balance is tipped in favor of...　これが起きると,～の方にとって有利な状態となる。 ◆He lost his balance on the roof. 彼は屋根の上でバランスを失った。 ◆The car's chassis offers an excellent balance of stability and responsiveness. この車のシャーシは,安定性と応答性の絶妙のバランスを持っている。 ◆With Watson as a guiding force, there will be a balance between science and technology. ワトソン氏を指導力としているからには,科学と技術の間の均衡がとられるだろう。
2 a～《通例 the ～》(差引)残高,差額,差引勘定,残金,残額,残り,残余 ◆a nation's trade balance ある国の貿易収支 ◆the balance on his account 彼の口座の残高 ◆the balance of the work その仕事のやり残し分 ◆If you have a balance due, attach the payment. 差し引き不足額があれば,(不足額分の)支払いを添付してください。
3 v. 天秤にかける,均衡[平衡]させる,差し引き勘定する,～と均衡する<with> ◆a balanced-budget bill 財政均衡法案 ◆balance on one foot 片足でバランスをとる ◆to better balance work and family 仕事と家庭のバランスをもっとうまく取るために ◆a load-balancing function 負荷を平衡[均衡]化させるための機能 ◆color-balancing filters カラーバランスフィルター ◆daylight-balanced color negative film 昼光型用ネガカラーフィルム(＊balanced は,適正なカラーバランスが得られるよう,3つの補色感光層の感度が調整されているということ) ◆balance the benefits against the required expenses 恩恵と必要経費を天秤[はかり]にかける ◆he has difficulty balancing his family time and workload 彼は家族と一緒に過ごすための時間と仕事(量)とのバランスを取るのに苦労している ◆supply and demand will be roughly balanced during most of the 1990s 需要と供給(量)は1990年代のほぼ全体を通してだいたい均衡しているだろう
**in [into] balance** バランス[釣り合い,均衡,平衡]がとれた状態で[に] ◆bring... into balance ～をバランスのとれた状態にもって行く ◆keep... in balance ～をバランス[均衡,釣り合い]のとれた状態にたもつ ◆supply and demand is in balance 需要と供給は均衡している;需給バランスが取れている
**be [hang, lie] in the balance** どっちつかずの[宙に浮いた]状態である,懸案になっている,未決のままである,保留状態になっている,先行きが不透明である,予断を許さない ◆At the moment this issue hangs in the balance. 今のところこの問題は懸案になっている[未決のままだ] ◆The future of Mideast peace negotiations hangs in the balance. 中東和平交渉の行方は予断を許さない[不透明である]。
**off balance** バランス[釣り合い,均衡,平衡]がとれていないで,バランスが狂って[崩れて],バランスを失って,不安定で,(心の)落ち着き[平静]を失って ◆throw... off balance (= throw... out of balance) ～のバランス[均衡]を乱す[失わせる,崩す] ◆keep... off-balance ～のバランスを崩したままにしておく ◆thrown off-balance by... ～によってバランスが崩れる
**on balance** (= with all things considered) 勘案の結果,諸般の事情を考え合わせた結果,結局
**out of balance** バランス[釣り合い,均衡,平衡]がとれていないで,バランスが狂って[崩れて],バランスを失って,不安定で ◆get out of balance バランスを失う[乱す,崩す,欠く] ◆an out-of-balance tire バランスが狂って[崩れて]いるタイヤ ◆if the budget gets more than three percent out of balance もしも予算の均衡が3%より大きく崩れると ◆to prevent the budget from going out of balance 予算の均衡が崩れないようにするために
**strike a balance** <between A and B> ＡとＢの釣り合い[均衡]をとる,ＡとＢを合わせた折衷案を見いだす,決算する
**tip the balance** 均衡を崩す ◆tip the balance in favor of...～にとって有利なように均衡を崩す ◆tip the balance of power more toward the environmentalists 力の均衡をより環境保護運動推進者側に[に有利方に]傾ける
**balance out** 帳尻を合わせる ◆If one sound's crests coincide with another sound's troughs, they balance each other out. The result is silence. もしある音の山が他の音の谷と重なると,互いに打ち消しあう。その結果,静けさが生じる。
**balanced** adj. バランス[均衡,釣り合い,均整]のとれた,かたよっていない,精神的に安定している ◆a balanced modulator 平衡変調器[平衡変調回路]
**balance of payments** a～《単のみ》国際収支 ◆balance-of-payments surpluses 国際収支の黒字 ◆create balance-of-payments difficulties 国際収支面での困難を招く ◆improve the Russian balance of payments ロシアの国際収支を改善する ◆the nation's balance of payments deficit has been improving この国の国際収支の欠損[赤字]は改善してきている
**balance of trade** a～《単のみ》貿易収支 (= a trade balance) Japan's balance of trade 日本の貿易収支
**balance sheet** the～ バランスシート,貸借対照表(タイシャクタイショウヒョウ),損益勘定書,《比喩的》財政[経営]状態,経理内容 ◆dress up the balance sheet 貸借対照表を粉飾する ◆rebuild the balance sheet 財政(状態)を建て直す ◆off-balance sheet trading 財務表に載らない簿外[オフバランス]取引 ◆a high-quality company with good balance sheet 財政[経営]状態のよい優良会社(＊balance sheet は無冠詞で使われていた) ◆the company has a solid [strong] balance sheet この会社の経営[財政]状態は健全である ◆last year's sales helped to build the balance sheet 昨年の売り上げが財政面での強化の助けになった
**bald** adj. はげた,毛のない,ぼうずの,むき出しの,飾らない[率直な] ◆a bald eagle 白頭[ハクトウ]鷲,ハクトウワシ(＊アメリカ合衆国の国鳥で,国章に図案化されている) ◆a bald-headed man; a man with a bald head はげ頭[禿頭(トクトウ)]の男性
**balk** vt. ～を邪魔する,妨げる; vi.〈馬などが〉急に立ち止まって進まなく[動かなく]なる,(～に)ひるむ[躊躇する]<at>,(～するのを)ためらう<at... ing>,(～を嫌がる<at>;《野球》ボークをする; a～ 妨害,障害,ボーク ◆Negotiations on possible co-hosting the 1988 Games broke down when North Korea balked at opening up its borders to thousands of journalists and foreign visitors. 《意訳》1988年オリンピックの共同開催の可能性をめぐっての交渉は,北朝鮮が何千人にものぼるマスコミ関係者および外国からの観戦客に国境を開けることを踏躇したことから決裂した[物別れに終わった]。
**ball** a～ ボール,球,玉,球状[だんご状]のもの ◆a ball bearing ボールベアリング,玉軸受 ◆a ball valve ボールバルブ,玉弁 ◆a ball grid array (BGA)《半導体》ボールグリッドアレイ ◆a ball joint 玉継手 ◆wind [roll] the wire into a ball その針金を巻いて球状にする[丸めて玉にする] ◆you can diplomatically throw the ball back

in the interviewer's court by saying, "......" 「〜」と言って面接試験官に外交的にボールを投げ返すことができます

**ballad** a ~ バラード, バラッド, 民間伝承の物語詩, 物語詩［譚詩(タンシ)］, 伝説歌謡, 物語風の大衆歌謡, 民謡, スローテンポのロマンチック［感傷的］な歌 ◆orally transmitted folk ballads 口頭伝承された［歌い継がれてきた］民謡

**ballast** バラスト, バラス, 砂利, 底荷; a ~（蛍光灯や水銀灯の）安定器, 安定抵抗器 ◆track ballast 鉄道線路用の砕石 ◆a fluorescent light ballast 蛍光灯の安定器 ◆the ballast water of a freighter 貨物船のバラスト水 ◆He struggled to gain control of the submarine and blew one ballast tank to speed the assent. 彼は潜水艦を制御しようと苦闘した. そして上昇[浮上]を速めるためバラスト［浮力調整用］タンクの一つに対してブロー操作を行った.（*blow = バラストタンクに圧縮空気を吹き込み海水を一気に排出して緊急浮上の浮力を得る）

**ballistic** 弾道の, 弾道学の; 衝撃の ◆a ballistic missile 弾道弾, 弾道ミサイル ◆a ballistic trajectory 弾道軌道

**balloon** a ~ 気球, ゾンデ, 風船, バルーン, (漫画の)吹き出し, (形容詞的に)ふくらんだ; vi. ふくらむ, ふくれあがる, (急速に)増加する, 気球に乗る; vt. ふくらます ◆a balloon frame (2x4インチ材を使用して)枠組み構築工法［ツーバイフォー工法］でつくった構造躯体 ◆a weather balloon 気象観測用気球［ゾンデ］ ◆balloon framing 枠組み壁工法, 壁工法, ツーバイフォー工法 ◆a balloon-borne radiosonde 気球に取り付けられているラジオゾンデ ◆as was suggested by last month's trial balloon that... 〜という趣旨・内容の先月の探りで示唆されていた通り ◆float [launch, send up, put up, raise, hoist, send aloft] a trial balloon to test whether... (比喩に)〜かどうか試すために観測気球［アドバルーン］を揚げる ◆send aloft a balloon observer 観測気球を揚げる

**ballpark, ball-park** a ~（米）野球場［球技場］,〈数量などの〉およその見当［範囲］; adj. 概算の, おおまかな, だいたいの ◆I paid him – in ball-park figures – between $320 million and $350 million from 1979 to 1983. 私は彼に, 1979年から1983年までに, 概算で3億2000万ドルから3億5000万ドル支払った.

**ballpoint** a ~ ボールペン(= a ballpoint pen) ◆a push [twist](-action) ballpoint pen (順に)ノック式［回転式］ボールペン（*いずれも芯の出し入れが可能な retractable タイプ）◆a retractable ballpoint pen 芯が引っ込められる［しまえる, 出し入れできる］ボールペン ◆write... on... with a ballpoint pen ［文字など］を〜にボールペンで書く

**ballroom** a ~ 舞踏室, 舞踏［ダンス］場 ◆a ballroom dance, ballroom dancing 社交ダンス

**balm** (a) ~ バルサム (*種々の植物から採れる芳香性の樹脂), 香油, 芳香(fragrance), 鎮静剤［和らげる］もの

**balun** a ~《無線》バルン, バラン, 平衡不平衡変成器 ◆To connect a balanced line to an unbalanced line, a device called a balun is required. BALUN stands for BALanced to UNbalanced line transformer. 平衡ラインを不平衡ラインに接続するにはバラン［バルン］と呼ばれる素子が必要である. BALUNとは, 平衡不平衡線路変成器を略したものである.

**balustrade** a ~ 手すり, 欄干 ◆the balustrade of a staircase 階段の手すり

**bamboo** ◆tender (young) bamboo shoots 柔らかいタケノコ

**Bamiyan** バーミヤーン (*アフガニスタン中部にある州および都市の名) ◆construct replicas of the Bamiyan Buddha statues (アフガニスタンの)バーミヤンの仏像のレプリカを建立(コンリュウ, ケンリツ)［造立(ゾウリュウ)］する

**ban** vt. 〜を禁止する, 禁じる; a ~ 禁止, 禁制 ◆impose a ban on... 〜を禁止する ◆lift [remove, end, eliminate] a ban on... 〜を解禁する;〜の禁止を解く［解除］する ◆a ban on the sale [dumping] of... の〜販売［投棄］で禁止 ◆an even-odd, alternate-day driving ban （ナンバープレートによる）偶数・奇数による隔日運転禁止(策, 令) ◆an import ban 輸入禁止（措置, 令） ◆ban the use of... 〜の使用を禁止する ◆in defiance of a ban 禁止令をものともせずに［無視して, 尻

目に］ ◆products banned for use by Olympic athletes オリンピック選手が使用を禁止されている製品 ◆lead was banned from use in gasoline 鉛はガソリンへの使用が禁止された ◆ban nonessential use of fluorocarbons in aerosols フロンのエアスプレー製品への不要不急の場合における使用を禁止する

**banana** a ~ バナナ ◆a banana plug バナナプラグ (*テスターのリード線をテスター本体に接続するための, プラグの先端の金属接点部分がババナの形状に似ている) ◆slip on a banana skin バナナの皮を踏んで滑る ◆a banana jack バナナジャック (*バナナプラグを挿入する差し込み口)

**band** 1 a ~ バンド, ベルト, 帯, 輪, 帯域, 周波数帯; vt. ~ を帯状のものでくくる ◆a band of frequencies; a frequency band 周波数帯; 周波数域 ◆a band-pass filter 帯域［バンドパス］フィルター ◆in-band signaling 帯域内周波信号 ◆at lower frequency bands より低い周波数帯で ◆within the speech band (300Hz-3400Hz) (電話の)通話帯域 (300Hz〜3400Hz) 内で ◆over a wide frequency band 広い周波数域にわたって ◆signals lying within a certain band of frequencies; signals in a frequency band ある周波数帯内に存在している信号 ◆signals outside this band; signals which lie outside this band この(周波数)帯域外の信号 ◆divide the 16-bit 44.1-KHz digital signal into 52 sub-bands 16ビット44.1kHzのデジタル信号を52の帯域に分割する ◆operate in the M band (60 GHz to 100 GHz) Mバンド(60GHz〜100GHz)で動作する ◆smaller firms that are not able to keep up with the wave of digitalization in the industry have started to drop by the wayside or have banded together to bolster their positions 業界のデジタル化の波についていけない規模の小さな会社は, 脱落し始めたり, 地位を固めるために連合を組んだりした ◆This filter provides excellent out-of-band rejection. 本フィルターは, 優れた帯域外リジェクション［除去・阻止特性］を示します.
2 a ~ 一団, 一隊, 一行, 楽団, 楽隊, (音楽)バンド［グループ］

**bandage** a ~ 包帯; vt. 〜に包帯をする ◆a gauze bandage ガーゼの包帯

**band-aid** n. Band-Aid《商標名》バンドエイド; a ~ バンドエイドの類のばんそうこう; band-aid adj. (問題の解決や故障の修理の)応急処置的な, 急場［当座, その場］しのぎの, 一時の間に合わせの, 弥縫策（ビホウサク）の ◆a Band-Aid remedy [approach, measure, solution, treatment] 弥縫策, 応急処置, 一時しのぎの措置 ◆band-aid-like tariff actions 応急処置的な関税措置

**band spectrum** a ~ 帯(タイ)スペクトル

**bandwagon** a ~（パレードの先頭を行く)楽隊の乗っている車両 ◆climb [jump] on the bandwagon 時流に乗る［投じる］ ◆They rushed onto the satellite TV bandwagon. それらの会社は衛星TV事業に我先に飛びついた. ◆Many manufacturers are eager to jump on the desktop publishing bandwagon. 多数のメーカーが(今もてはやされている)デスクトップパブリシングに参入したがっている.

**bandwidth** (a) ~（周波数)帯域幅 ◆a bandwidth of 100 kHz 100キロヘルツの(周波数)帯域幅 ◆the bandwidth of an amplifier system 増幅器システムの(周波数)帯域幅 ◆The bandwidth is the frequency range used by a signal. (周波数)帯域幅とは, 信号によって使用される周波数レンジ［周波数範囲］のことである. ◆The speech bandwidth of the public telephone network is too constricted to allow efficient communication between computers. 公衆電話網の通話帯域幅は, 狭すぎてコンピュータ通信が効率良くできない.

**bank** a ~ 銀行, 列, 一群,《コンピュ》(メモリー)バンク, プール, たまり, 立坑口, 岸, 堤, 土手, 堤防 ◆a bank president 銀行の頭取 ◆a bank statement 銀行口座取引明細 ◆a battery bank 蓄電池バンク, 一群の蓄電池 ◆a commercial bank 商業[市中, 民間, 普通]銀行 ◆a bank card 銀行［バンク, キャッシュ］カード ◆one's main banks [bankers] メーンバンク, 主要取引銀行 ◆the Bank of England イングランド銀行 (▶同一文書内での反復を避けるために Britain's central bank 「英国の中央銀行」, the British central bank「英国の中央銀

どとよく言い換えられる）◆bank switchable memories 《コンピュ》バンク切り換え可能な記憶装置 ◆rivers overflowed their banks 河川は堤防[堤, 土手]を越えて氾濫した ◆We are banking on your understanding and support. 私たちは皆様方のご理解とご支援を当てに[頼りに]しています[《意訳》～を賜りたく存じます］．◆ATMs are designed to be used by bank customers without the assistance of bank personnel. 現金自動預払機は，銀行の顧客が行員の助け無しで使えるように設計されている．
**banker** a ～ 銀行経営者，銀行家，銀行役員（＊一般行員は a bank employee [clerk]），〔賭博の〕胴元，胴親
**bank holiday** a ～ 銀行の定休日[休業日, 休日]；《英》(国の)祝日
**banking** ①銀行業務,銀行経営,金融；②盛り土,築堤 ◆the banking industry 銀行業[業界] ◆an electronic banking system [network] 電子決済システム[ネットワーク] ◆Citicorp, the nation's largest banking institution 米国最大手の金融機関であるCiticorp
**bankroll** vt. ～の資金の面倒を見る, ～に出資する；a ～ 資金 ◆a startup bankroll 事業開始資金 ◆two venture capital companies bankrolled Xxx with $2 million ベンチャーキャピタル2社が, Xxx社に200万ドル出資した ◆Fujitsu had bankrolled Poqet Computer and later bought the whole company. 富士通はPoqet Computerに資金供給[出資]していたが, 後になって完全買収してしまった．
**bankrupt** adj. 破産した, 破綻した, 転けた(コケた) 支払い不能に陥っている；a ～ 破産者,支払い不能者 ◆go bankrupt 破産する；(経済)破綻する；立ち行かなくなる；(経済的に)荒廃[没落, 沈没, 壊滅]する；(経営などに)つまずく ◆Many families go bankrupt paying dowries for their daughters. 多数の家族が娘の結婚の持参金の支払いで破産している．(＊インドで)
**bankruptcy** (a) ～ 破産,倒産,〔会社[経済]〕破綻,会社などがこけること ◆go into bankruptcy 破産する；〔経済〕破綻する；立ち行かなくなる；(経済的に)荒廃[没落, 沈没, 壊滅]する；転ける(コケる) ◆file for bankruptcy (protection) 破産(保護法適用)の申請をする ◆emerge from bankruptcy 破産から脱出する[立ち直る] ◆(a) personal bankruptcy 個人破産 ◆a state of bankruptcy 破産状態 ◆the Bankruptcy Act [Code] （米国の）連邦破産法 ◆the laws of bankruptcy 破産法 ◆declare bankruptcy voluntarily 自己破産宣言をする ◆file bankruptcy 破産を申告する ◆push a company into bankruptcy 会社を倒産に追い込む ◆hover on the verge of bankruptcy 経済的破綻に瀕して；倒産寸前する ◆the Chapter 11 bankruptcy laws （米国）連邦破産法第11条の法律 ◆the company suffered dramatic losses and declared bankruptcy 同社は, 巨額の損失をこうむり, 破産宣言をした
**banner** a ～ 旗，横断幕, たれ幕, 旗印,〔新聞の〕全段抜き大見出し, バナー（＊インターネットのホームページに表示される, 普通は横断幕形をしているロゴ。リンクアイコンもこう呼ぶ）◆atrocities carried out under the banner of justice 正義の御旗のもとに行われた残虐行為 ◆it handles banner printing, manually fed envelopes, and transparencies 《コンピュ》《直訳》それは, バナー(連続用紙)印刷, 手差し[手動給紙]による封筒, およびOHPフィルムを扱える
**banquet** a ～ 宴会,宴,酒宴,饗宴, 祝宴, 賀宴, 佳宴, 宴席, 酒盛り, 晩餐会；a ～ ごちそう；vi. 宴会に出る, ごちそうを食べる；vt. ～を宴会を開いてもてなす ◆a banquet hall （大）宴会場 ◆a banquet room 宴会室[ルーム]
**bar** 1 a ～ 棒, バー, バール, 金てこ, 材木, 棒鋼,《音楽》小節線（ジュウセン), 2 a ～ 酒場, バー, 飲み屋；b ～ claw bar バール, 金てこ, 鉄梃（カナテコ）（＊一方の端が釘抜き, 他端が互がねになっている工具。a ripping bar, a wrecking bar とも）◆a menu bar 《コンピュ》メニューバー ◆a sushi bar 寿司バー ◆if bar-hopping is a favorite pastime もしバーを飲み歩くのが好きなら
2 a ～ 障害,障壁；the ～ 法廷, 審理, 審判；the ～, the Bar 法曹界 ◆Many graduates of the law school do not pass the bar (exam). その法律学校[法学部]の卒業生の多くは司法試験に合格しない[を通らない]．
3 vt. ～に横木を渡す, ～を閉じる, 禁じる, 妨げる, 除外する ◆bar a serious economic crisis 深刻な経済危機[恐慌]を防ぐ
4 a ～ (pl. ～s) バール（＊圧力の単位）
**bar none** 例外なく, 他と比べどこより[どれより]も, 断然, 全く, 文句なしに, すべて[全体, あらゆるもの]の中で (with no exceptions) ◆Mr. Mansfield called the U.S.-Japan tie America's "most important bilateral relationship, bar none." マンスフィールド氏は日米関係を, 米国にとって「ほかのどの国との間よりも重要な二国間関係」と呼んだ．
**barber** a ～ 床屋, 理髪師, 理容師；vt. 〈人〉の散髪[調髪, 整髪]をする；vi. 理髪業を営む, 床屋をする ◆a barber shop 床屋, 理髪店, 理容室 ◆a barber's license 理容師免許 ◆a rotating barber's pole 床屋の回転式サインポール（＊赤, 白, 青の3色の）
**bar chart, bar graph** a ～ 棒グラフ, 棒図[図表], 帯グラフ, 横線図表, 横線工程表 ◆a percentage bar chart 帯グラフ（＊構成比を棒で表すグラフ）◆The solid-state level meter has a 16-segment bar graph. このソリッドステート・レベルメータは, 16目盛り区分の[16段階に長さが変わる]棒グラフの形で表示します．（＊1列に並んだ16個の棒素子で1本の棒グラフが構成されている）◆Bar graphs become meaningless with too many bars. 棒グラフは, 棒の数[項目数]が多過ぎると意味が難しくなってしまう．
**bar code, barcode** (a) ～ バーコード ◆a bar code reader (scanner) バーコードリーダー(スキャナー) ◆a bar-code wand バーコードワンド（＊バーコードをなぞって読み取るためのペン状のもの）◆read the bar code on merchandise 〈機械が〉商品のバーコードを読み取る
**bare** 1 adj. 裸の, むき出しの, 露出した, あらわな, あからさまの,〈戸棚や家が〉空っぽの, 丸腰の, 裸-, 素-；<of> ～ が無い ◆a bare room 殺風景な部屋 ◆a bare wall むき出しの[なにも飾ってない(殺風景な)]壁 ◆bare facts 虚偽や粉飾のない[包み隠しのない, 赤裸々な, ありのままの]事実；真実 ◆a house almost bare of furniture ほとんど家に家具が無い家 ◆bare electrical wires むき出しになっている電線；裸電線 ◆designed to allow bare amateurs to <do…> 全くの素人[ド素人, ずぶの素人]が～できるよう設計されている ◆with (one's) bare hands 素手で ◆a bare-breasted bimbo 胸をはだけて[あらわにして]いる売春婦 ◆a bare six-speed CD-ROM drive 内蔵用の6倍速CD-ROMドライブ（＊化粧キャビネットに入っていない金属ケースのままの状態のドライブ装置）◆if a wire is bare in a certain spot 電線がある箇所で[一部](被覆が破れて)露出していたら ◆Water and oxygen seep through the crack in the paint and attack the bare metal. 水や酸素がペンキのひび割れから染み込んで地金を腐食させる．
2 adj. かろうじての, やっとの, ～だけの, ほんのわずかの
3 vt. ～をむき出しにする, あらわにする, 露出させる ◆a navel-baring shirt おへそをだす［みせる］シャツ ◆it had to be hand-sanded down to bare metal それは地金を剥き出しにするために手作業でサンドペーパーがけしなければならなかった．（＊さびを取るため）
**bare bones** n. 骨子, 要点, 最小限度, 骨と皮の人；bare-bones adj. ◆a bare-bones TV stand シンプルな[飾り気のない, 実用本位の]テレビ台 ◆a low-cost, bare-bones PC 低価格の最低限の装備しか持たないパソコン ◆downsize the library's personnel to bare bones 図書館職員を(必要に)最低限にまで人員整理する ◆strip the system down to bare bones そのシステムから最小限の機能のみを残して余分なものをすべて取り去る ◆win two statewide elections on shoestring budgets and bare-bones staff 乏しい予算と最小限のスタッフで2度の州選挙に勝つ[で当選する]
**barely** ◆～ができて, ほとんど～ない ◆be barely able to <do> ～するのがやっとのことである ◆a barely legible sign ほとんど読めない標識 ◆a barely perceptible 0.1 percent increase 《意訳》0.1%の微増 ◆barely enough space for... ～をやっと収容できるスペース ◆barely navigable

roads　やっとのことで通れる道路　◆because there are barely enough players to practice　練習が行える最低限の頭数の選手しかいないので　◆a dusty road barely wide enough for a car車が1台かろうじて通れる幅しかないほこりっぽい道　◆reduce the noise level of the fan to a barely audible level　通風ファンの騒音レベルをほとんど聞こえないくらいのレベルまで低減させる　◆firefighters barely escaped a flashover by exiting through the window　消防士らは窓から脱出することによって辛くも[かろうじて、やっとのことで]爆燃を逃れた　◆first-time buyers who have barely enough money to buy a home　かろうじて住宅が購入できる金しか持っていない一次(住宅)取得者たち　◆She was barely into her 20s when she died last year of multiple organ failure.　彼女が昨年多臓器障害で亡くなったのは、20代になったばかりのことだった．　◆... salaries are barely enough to cover utilities, groceries and medical costs　給料は公共料金や食糧や医療費がぎりぎりまかなえるだけしかない　◆The driver and passenger barely escaped before the truck was fully engulfed in flames.　運転手と同乗者はトラックが完全に火だるまになる直前にかろうじて[危機一髪で、ぎりぎりセーフで]難を逃れた．

**bargain**　1　a～　取引、契約、協定、好条件の取引[売買]、お買い得品、特価品、割安品、見切り品　◆bargain-basement prices　掘り出し物[特売、格安]価格、特価　◆bargain hunting by individual and institutional investors　個人投資家および機関投資家による押し目買い　◆bargain-hunting consumers　バーゲンあさりの客たち　◆bargain-priced Chilean wines　特売価格のチリ産ワイン
2　v.　(取引、売買)の交渉をする、駆け引きする、掛け合う、取引する、取り決める　◆collective bargaining rights　団体交渉権　◆use one's bargaining power to <do...>　～するのに交渉力を行使する

**bargain basement**　a～　(*デパートなどの)特価品売り場、特売場; bargain-basement adj. 特価の、安物の、品質の悪い、粗悪な　◆a bargain-basement fare　格安運賃　◆at a bargain-basement sale　特売で; バーゲンで　◆sell them at a bargain-basement price of $1 each　それらを、1つ1ドルの特価価格[特価、格安な値段]で売る　◆they bought land at bargain-basement prices　彼らは掘り出し物価格で土地を購入した　◆the United States was becoming a bargain basement　アメリカは特価品売り場[特売場、(意訳)草刈り場的存在]になりつつあった(*円高ドル安で日本企業などがビルや不動産を買いまくっていた頃の話)

**barge**　a～　平底荷船、はしけ、バージ船; v.　～をはしけで運ぶ、(はしけなどの)のろのろ進む　◆barges carrying cargoes between ships and wharves　本船と埠頭の間を行き交い貨物の運搬をしているバージ船[平底の荷船]

**bar graph**　a～　(→ bar chart)

**barium**　バリウム(元素記号: Ba)　◆a barium titanate capacitor　チタン酸バリウムコンデンサ　◆a barium sulfate contrast agent　硫酸バリウムの造影剤(*日本で日常は単にバリウム」と呼んでいるもの)　◆drink barium sulfate　バリウムを飲む

**bark**　1　a～　(犬などの)ほえる声[鳴き声]、銃声; vi. ほえる、どなる <at>; vt. ～とどなって言う
2　a～　木の皮、樹皮; vt. 木の皮をむく　◆the bark of a tree; tree bark　樹皮

**barograph**　a～　記録気圧計、自記気圧計　◆an aneroid barograph (= an aneroidograph, a barometrograph)　自動記録式[自記]アネロイド気圧計

**barometer**　a～　バロメーター、気圧計; a～ <of>　(～の)指標　◆an aneroid barometer that measures atmospheric pressure　大気圧を測るアネロイド[空盒(クウゴウ)]気圧計　◆As a barometer of America's competitive position, the U.S. trade deficit has become the era's most closely watched economic statistic.　アメリカの競争力の位置付けを測るバロメーターとして、米国の貿易収支の赤字は、この時代最も注視されて見守られる経済統計となった．

**barometric**　気圧の　◆barometric pressure　大気圧(*気圧計による表示から)　◆changes in barometric pressure　気圧の変動　◆sense changes in barometric pressure　気圧の変化[大気圧の変動]を検知する　◆caused by barometric pressure changes on the surface　地上での大気圧の変化[気圧の変動]により生じた

**barrage**　a～　《通例単数形》(友軍援護のための)集中砲火、弾幕、つるべ打ち、(質問の)集中砲火[質問攻め]、(手紙などの)殺到; v. 弾幕射撃を浴びせる、～に〈質問などを〉浴びせる<with>; a～ (灌漑用)ダム、堰　◆get [meet, receive, suffer, face, elicit] a barrage of questions from...　～から質問攻めにあう[質問の集中砲火を浴びる、矢継ぎ早に質問される]　◆field [respond to] a barrage of questions about...　～に関し矢継ぎ早に[連射砲のように]繰り出される質問をうまくさばく[質問に答える]　◆President Boris Yeltsin is facing a barrage of criticism for reportedly being drunk during state visits to Germany and Ireland.　ボリス・エリツィン大統領はドイツおよびアイルランドへの国賓としての公式訪問の間酒気を帯びていたとの報道で非難の集中砲火を浴びている．

**barrel**　a～　たる、円筒形のもの、胴、(カメラレンズの)鏡胴、バレル、銃身、砲身、〈ボールペンなどの〉(軸)本体　◆a cylinder barrel　シリンダ胴(*エンジンなどの)　◆the barrel of a fountain pen　万年筆の軸[軸円]

**barren**　adj. (特に雌や女性が)子ができない、不妊の、不毛の、実を結ばない、作物ができない; ～с 荒野　◆barren fields [farmland]　土地のやせている畑　◆barren land [wastes, (a) wasteland]　不毛の地[荒野]; 荒れ地、やせ地　◆a barren moonscape　荒涼とした月面の(ような)風景　◆a barren mountain　(草や木の生えていない)禿げ山　◆a barren couple　子供ができない[不妊の]カップル　◆(a) barren and unproductive debate　不毛で何も生まない議論[討論、論争]　◆barren (store) shelves　品物がほとんど置いていない[ほぼ空の]商品陳列棚　◆become [get, go] (more) barren of...　～には～が(さらに)無くなる[いなくなる、乏しくなる]　◆his barren apartment　彼の殺風景なアパート　◆after eight hours of barren negotiations with...　～との間での、これといった成果のなかった8時間にわたる折衝[交渉]の後で　◆to turn a once-barren, 200-mile river section into salmon-accessible waters　かつて魚の棲めなかった200マイルに及ぶ河川区間をサケが遡上できる水域に変えるために　◆65 percent of the public feels he is very barren of ideas　一般大衆の65%の人たちが、彼は非常に発想に乏しいという感じを抱いている　◆The heavyweight division is somewhat barren right now, with Mike Tyson imprisoned and...　重量級部門は、マイク・タイソンが刑務所に入っていたり～だったりして、現在どちらかというと見るべきものがない[選手に欠ける]．

**barrier**　a～　バリアー、バリヤー、壁、障壁、防壁、柵、仕切り、境界、垣根　◆a nontariff barrier (to trade)　非関税障壁　◆a trade barrier　貿易障壁　◆the blood-brain barrier (BBB)　血液・脳関門　◆a fire-resistive barrier　耐火壁　◆a barrier to entering...　～に参入する際の障壁[参入障壁]　◆overcome language barriers　言葉の壁を克服する　◆break through the 640-Kbyte memory barrier of MS-DOS　《コンピュ》MS-DOSの640キロバイトの記憶容量の壁を突き破る　◆extend DOS size beyond the 640K barrier　《コンピュ》DOSのサイズを640キロバイトの壁を越えて拡大する　◆store data beyond MS-DOS's 640K barrier　《コンピュ》データをMS-DOSの640キロバイトの壁を越えて記憶する　◆an invisible barrier that keeps them from ... ing　彼らが～するのを阻んでいる見えない壁　◆Ice becomes a barrier to shipping in winter.　氷が冬期に海上輸送の障害となる．　◆Nikkei index broke the 30,000-yen barrier.　日経インデックスは30,000円の大台を突破した．　◆It was not feasible a decade ago because of cost and technical barriers.　10年前にはコストや技術面での費用[立ちはだかっていて、それは実現できなかった．　◆Japan, in particular, is accused of erecting barriers against American imports.　とりわけ日本が、米国からの輸入品に対する障壁を設けていると非難されている．　◆The need for a keyboard poses the biggest barrier to most Japanese users. キーボードが必要なことは，たいていの日本人ユーザーの最も大きな障害となっている．

**barrier-free** barrierのない，バリアフリーの ◆a barrier-free European market （関税）障壁のない欧州市場 ◆(a) barrier-free architectural design 障壁のない［バリアフリーの］建築設計（＊身体障害者や高齢者に配慮し段差などの障壁をなくした設計）◆He has been involved in barrier-free design for 20 years. 彼はバリア(ー)フリーデザイン［障壁のない設計］を20年間手がけてきている．

**barrow** a～（手押し式の）一輪車，猫車，手車，屋台車；a～《考古》塚，古墳；a～（幼獣の時に）去勢されたブタ ◆a two-wheel(ed) barrow 二輪の手押し車；二輪車

**barycenter** a～重心 ◆the barycenter of an area [a volume] 面積［体積］の重心

**barycentric** 重心の ◆barycentric coordinates 重心座標 ◆barycentric energy 重心エネルギー

**basal** adj. 基本的な，基本の，基礎の，基部の，底の，底部の，基底の，窩底の ◆basal metabolism 基礎代謝；維持代謝 ◆(a) basal cell skin cancer 基底細胞皮膚癌 ◆the [a] rise in basal body temperature 基礎体温の上昇 ◆the basal portion of the mound 土塁の根元の部分 ◆determine a person's basal metabolic rate (BMR) 基礎代謝率を求める

**base** 1 a～ベース，基礎，基盤，基底，基底，土台，台座，脚，根拠地，基地，本拠地，墨，底辺，底面，地塗り ◆a base circle 基礎円［基円］（＊歯車の製図で）◆a base diameter 基礎［ベース］直径（＊歯車の製図で）◆a base isolation device [system]（ビル用の）免震装置 ◆a base isolator 免震装置（＊ビル用の）◆a base station 基地局 ◆an air base 空軍基地 ◆(a) base tangent length （歯車の）またぎ歯厚 ◆a cordless telephone base (unit) コードレス電話の親機（＊子機はhandset）◆a base-load power station ベースロード発電所（＊電力需要は，土台となる部分とその上に載る形の変動部分からなる．この基本部分の需用を満たすために連続運転される発電所．通常，あまり以価格の得意でない原子力発電が用いられる．）◆a cobalt-base alloy コバルト基合金 ◆a base [subbase] course （道路の）路盤（＊表層と路床に挟まれた中間層）◆at a ground base 地上基地 ◆at the base [foot] of Mt. Fuji 富士山の麓（フモト）［裾野］で，富士山麓で ◆create a substantial user base かなり大きなユーザーベース［ユーザー層］をつくる ◆the base of a light bulb 電球の口金 ◆the muscle at the base of the wrist 手首の付け根のところの筋肉 ◆a display on a tilt-and-swivel base 回転チルト台付きのディスプレイ ◆chemically transform rust into a blue/black compound that binds well to the base metal beneath it さびを，下の地金に強く結合する青ないし黒の化合物に化学的に変えてしまう ◆unless my handset is attached to my base 子機が親機に取り付けていない限り（＊コードレス電話）◆As the base of personal computers expands, ... パソコンの基盤の拡大にともない ◆remain faithful to the existing customer base by offering traditional designs 伝統的な設計・デザインを提供することにより，既存［現存］の顧客層の基盤［顧客ベース］に忠実であり続ける ◆He's shoring up his political base. 彼は（凋落気味の）支持基盤固めをしている．◆The base $1 Metro fare will remain unchanged. 1ドルの地下鉄初乗り［初乗］運賃は変わりません．◆The tree measures 56 feet in total circumference at the base. その木は根元で全周56フィートある．◆The car has a base price of $16,899. Equipped with options, the drive-away price is $20,723. この車の車両本体価格は16,899ドルである．オプションを装着しての店頭渡し価格は20,723ドルである．

2 a～基本，基準となる数，基数，(対数などの)底，基線，基数 ◆a base 16 number 16進数 ◆a base rate of $18 per month 月額18ドルの基本使用料 ◆a number system having a base 12 12を基数とする数体系 ◆on a base of 100 100を基準として［ベースに］（＊比率の表現）◆the base-16 number system 16を基数とする数体系 ◆a numeral written in base 10 10進法で書かれた数 ◆at a base price of $20,000 2万ドルの基本価格［（オプション等を含まない）本体価格，基準価格］で ◆convert decimal numbers to the base 16 (hexadecimal) numbering system 10進数を，底が16の記数法（16進）に変換する

3 a～主成分，基剤，基材，ベース，（化）塩基 ◆a base material 基礎的な材料［原料］，支持［基体］材料，支持体，基板，母材，基材，義歯床材，路盤［路床］用の材料 ◆a strong base 強塩基 ◆a water base detergent 水性洗剤 ◆about 1.3 tons of cocaine in base and finished form 原材料および完成品の形での約1.3トンにのぼるコカイン ◆a highly-refined petroleum base solvent 高度に精製されている石油系溶剤

4 vt. ～を（～に）基づかせる <on, upon>，～のbaseを（～に）おく，～のbaseとなる；(based on の形で形容詞的に)～に基づいて，～に基礎［基盤］をおいて，～を基礎［土台，本拠地］として，～を核［中核，心臓部］として，～を下敷き［たたき台］にして，～を基材として（→ -basedも参照）◆a home PC based on a Pentium Pro Pentium Pro搭載のホームパソコン ◆be based on a standard ある標準規格に準拠している ◆a system based around 74 iWARP chips 《コンピュ》74個のiWARPチップをベース［中核］にしたシステム ◆calculate the gross pay based on the number of hours worked 総賃金を労働時間数に基づいて計算する ◆make one's selection based on price and performance 価格と性能に基づいて［を基準に］選択する ◆standards on which to base facsimile design ファクシミリ設計のよりどころ［もと］となる規格

5 adj. 卑しい，下劣な，〈金属が〉卑の

**baseball** ⓅⓁ野球，ベースボール；a～野球ボール ◆the BBWAA (Baseball Writers' Association of America) 全米野球記者協会 ◆play baseball 野球をする

**baseband** a～ベースバンド，基底帯域; adj. ◆a baseband signal ベースバンド［基底帯域］信号

**baseboard** a～《建築》（壁が床と接する下側の部分に張られた）幅木，腰板（= a skirting board）

**-based** (= based on [in, at]...) adj. ～をbaseとする ◆an Ottawa-based firm オタワに本社を置く［オタワを本拠地とする］会社 ◆a sensor-based systems センサーをベースにして［使用して］いるシステム ◆a Windows-based software application Windows対応のアプリケーション ◆a zero-based array from s 《コンピュ》ゼロで始まる～の配列 ◆text-based interaction 《コンピュ》テキストベースの対話 ◆68040-based processor boards 《コンピュ》68040を核とする［搭載した］プロセッサボード ◆a broad-based coalition government 支持基盤の広い連立政権 ◆a broad-based popular movement 底辺の広い民衆運動 ◆a computer-based (= computer-aided) text-preparation system コンピュータによる［を用いた］テキスト作成システム ◆a gold-based fixed exchange-rate standard 金を本位貨幣とする固定為替相場制 ◆a Los Angeles-based employee ロサンゼルス（支社など）で勤務している社員；ロサンゼルスに配属されている従業員 ◆a solvent-based acrylic coating 溶剤を基剤にしているアクリル樹脂塗料 ◆mouse-based cursor control マウスによるカーソル制御 ◆PC-based image processing パソコンによる画像処理 ◆start a home-based business 自宅を拠点とする［拠点として，《意訳》事務所にして］事業を始める ◆much of the protest is student-based 抗議の大部分は学生主体である ◆the Geneva-based International Commission of Jurists ジュネーブに本部を置く国際法律家［法曹］委員会

**baseline, base line** a～ベースライン，基礎線，基準線，基線，基底線 ◆VLBI (very long baseline interferometry) 《電波，天文》超長基線電波干渉法

**basement** a～地下室，地階，（構造物の）最下部［基礎の部分，基底部，基盤］; adj. basementの ◆(a) basement membrane 《生》基底膜 ◆(a) basement rock; a basement complex (= a fundamental complex) 《地》基盤岩

**base metal** (a)～卑金属; (a)～地金，母材 ◆a base metal such as steel 鋼鉄などの卑金属

**bash** vt. ～をたたく，ぶんなぐる，たたいて～こます<in>，たたきこわす，打ちのめす<up>，厳しく非難する；a～（口）強打; vt.（口）～を強く打つ，（ぶん）なぐる，ぶちのめす，打ち壊

す ◆Japan bashing by Washington ワシントン[米国政府]による日本叩き

**basic** 1 adj. 基礎の, 根本的な, 基本的な ◆a basic configuration 基本構成 ◆a basic law 基本法 ◆a basic pay 基本給 ◆basic industries 基幹産業 ◆basic research 基礎研究 ◆basic impulse insulation levels (BIL) 《高圧送配電》基準衝撃絶縁強度 ◆basic mode control procedures for data communication systems データ通信システム向けのベーシック手順 (*国際標準化機構(ISO)プロトコルの一種) ◆go back to the basic values 根本的な価値基準[価値観]に立ち返る ◆cure the industry's basic problem of overcapacity この業界の根本的な設備過剰問題を解決する ◆All still-video cameras operate on the same basic principle. スチルビデオカメラ[電子スチルカメラ]はすべて, 同じ基本[動作]原理で働く。 ◆the nation has met the basic conditions of joining the World Trade Organization この国はWTOに加盟するための基本条件を満たした ◆This reaction is basic to many industrial processes. この反応は, 工業における数多くの工程にとって基本的なものである。 ◆The basic idea behind building a third Seawolf was to preserve these skills until the next-generation sub was ready for construction. 3隻目のシーウルフを建造することの背後[《意訳》根底]にある考えは, これらの技能を次世代潜水艦の建造態勢が整うまで保存[温存, 維持]しておくことである。 2 adj. 《化》塩基性の ◆basic catalysis 塩基性触媒作用 ◆be strongly basic 強い塩基性である 3 n. ~s 基本, 基礎, 原則, 基本的事項 ◆stick to the basics 基本に忠実でいる ◆back to the basics 基本に帰って; 根本に立ち戻って, 《意訳》原点回帰して ◆the basics of good driving 上手な運転の基本[いろは] ◆heed these presentation basics これらのプレゼンテーションの基本に留意する[注意を払う] ◆teach the basics of how the free enterprise system works 自由企業制度はどのように機能するのかという手ほどきをする

**BASIC** (beginner's all-purpose symbolic instruction code) 《コンピュ》ベーシック, BASIC言語

**basically** 基本的には, 本質的には, 根本的に, 元来 ◆but the underlying technologies are basically the same だが土台になっている技術は元来同じである ◆Noise is basically a pressure wave traveling through the air. 騒音とは, 基本的には空気中を伝達して行く圧力波である。

**basin** a~ 洗面器[たらい](のような形の容器), 《英》料理用のボール, (浅くて丸い) 水溜め[池], 流域, 盆地, 入り江, (陸上または海底の) くぼ地, 《地質》構造盆地 ◆a yacht basin ヨット用の船だまり ◆a double-basin kitchen sink 二槽式の流し

**basis** a~ 基盤, 基礎, 根拠, 論拠; 基本原理, 原則, 基準, 主成分, 主剤 ◆on the basis of... ～をベースに; ～に基づいて[立脚して, 依拠して]; ～を基盤[基盤, 礎, よりどころ, 立脚点, 根拠, 土台, 叩き台, 下敷き]で; ～を踏まえて; ～を根拠に ◆on a commercial basis 商業ベースで ◆on a daily basis 毎日[日々, 毎日] ◆on a dollar basis ドルベースで, ドル建てで (= in dollar-denominated terms) ◆on a low-risk basis 低リスクで ◆on an as needed basis 必要に応じて; 必要が生じた場合はその都度; 必要に応じて随時 ◆on a proportional basis 比例して ◆on a semipermanent basis 半永久的に ◆on a weekly basis 毎週[週ごとに] ◆on a worldwide basis 世界的に ◆on a country-by-country basis 国別に[国ごとに], 国単位で ◆on a record-by-record basis レコード単位で; レコード別に ◆become a basis for... [a basis to do...] ～の[～するための]ベースとなる ◆on the basis of a detailed analysis of the problem その問題の詳細な分析に基づいて ◆serve as a basis on which to <do...>; serve as a basis for <...ing> ～するためのベースとなる ◆With that as the basis of future deliberations,... それを今後の審議の基盤[土台, たたき台, 下敷き]として, ◆With this as a basis (to do...) これを(～するための)基礎[基盤, 土台, 原点, 基点, 叩き台, (基本／根本)原理, 原則]として, これを基本に[基準に] ◆With this as a basis, we developed... これをベースに[土台, 基盤, 叩き

台, 下敷き(オオモト)]にして, 我々は～を開発した。 ◆a photosensitive film on a basis of paper [glass, metal] 紙[ガラス, 金属]上の感光膜 ◆collaborate on a basis of mutual trust and respect お互いの信頼と敬意(という基盤)の上に立って共同で行う ◆he explains his basis for believing that... 彼は, 彼自身が～であると信じている根拠を説明する ◆lay the basis for capitalism 資本主義の基盤をおく ◆the offer did not form a basis for discussion そのオファーは, 話し合いの叩き台[出発点]にはならなかった ◆find no basis to substantiate an allegation that... ～であるという申し立てを証明するに足る何らの根拠も見出せない ◆Prices are still rising on a year-on-year basis. 物価は依然として対前年比ベースで上昇し続けている。 ◆Semiconductors form the basis of transistors and computer chips. 半導体は, トランジスタやコンピュータ用のICチップの根幹をなすものである。 ◆The test serves as a basis for additional training. この試験は, さらに訓練をする際の基盤[土台, たたき台, 下敷き]となるものである。 ◆Growth in 1986 is expected to swell to 3%, largely on the basis of a doubling of private consumption, from 1.5% to 3%. 個人消費が1.5%から3%へ倍増するということを主な根拠に, 1986年の成長は3%に増大するものと見込まれる。

**bask** vi. 日なたぼっこする; <in> (～に)浴する, 包まれる, 浸る, 浴する, (～を)浴びる ◆bask in applause 喝采を浴びる ◆bask in the hot sun 暑い太陽を浴びる ◆In 1990, the United States was in the midst of recession, while Japan was still basking in the afterglow of the bubble economy. 1990年に日本が依然としてバブル経済の余韻に浸っていた当時, 米国は景気後退のまっただ中にあった。

**basket** a~ バスケット, かご

**bass** 《音響》低域, 低音域 ◆deep bass 重低音 ◆the bass range 低音域, 低域 ◆a bass-reflex port バスレフ[位相反転]ダクトの穴 (*スピーカーボックスに設けられたこの孔からウーファー背面の振動が逆相で外部に放出され低音を増幅する) ◆a bass-reflex enclosure バスレフ方式[位相反転型]のスピーカーボックス ◆his warm bass (voice) 彼の暖かみのある低音の声 ◆reproduce bass frequencies 《音響》低域周波数を再生する ◆when listening to music that has heavy bass 重低音の入った音楽を聴いているときに ◆Subwoofers give you the deep bass sound like thunder on the roar of trucks passing by. サブウーファは, 雷鳴とかトラックが何台もそばを通り過ぎていくときの大きなとどろき[轟音]のような重低音を出す[聴かせてくれる]。

**bastion** a~ 砦(トリデ), 要塞(ヨウサイ) ◆a bastion host 《ネット》要塞ホスト

**batch** a~ バッチ, ロット, 一つかみ, 一束, 《コンピュ》一括~ ◆in small batches 小ロットで, 少数単位で, 少しずつ ◆a batch file 《コンピュ》バッチファイル ◆batch processing 《コンピュ》バッチ[一括]処理 ◆a batch of work 《製造》1ロット分の仕掛け品 ◆small-batch production 小ロット[少量]生産 (*文脈により「多品種少量生産」ともなりえる) ◆a batch of glass 1バッチ分のガラス (*1回にまとめて溶融する分のガラス) ◆produce batches of many different parts 部品を多品種少量生産する ◆flexible batch-size manufacturing ロット規模の多品種少量生産 ◆be offered for sale in batches of 10,000 or so 10,000個ほどの単位で販売されている ◆place a batch of originals in the automatic document feeder 原稿の束を自動原稿給紙装置にセットする ◆produce small batches of a variety of products (製品を)多品種少量生産する ◆transfer bits in a byte batch, not one at a time 《コンピュ》ビット(データ)を, 1ビットずつではなくバイト単位で転送する ◆Since batch processing is supported, even complex analyses require only a few keystrokes. 《コンピュ》バッチ[一括]処理がサポートされていますので, 複雑な分析でさえ数回キーをたたくだけです。

**bath** a~ 浴槽, 浴, (処理)槽, タンク ◆a public bath 公衆浴場 ◆an acid bath 酸浴槽[酸洗いタンク] ◆a plating bath めっき槽[浴槽] ◆Nina Ricci bath products ニナリッチの入浴関連製品[用品]

**bathe** v. 入浴させる、湯浴みする、洗う、浸す、(〜に)入る、-浴をする、be bathed in... 〜でびっしょり[〜まみれ]になっている；《英》水浴び[水遊び]をする、泳ぎに行く ◆a bathing beach 海水浴場 ◆a media-bathed forum マスメディアの注目を浴びている公開討論会 ◆bathe in the Adriatic Sea アドリア海で海水浴をする

**bathroom** a〜 バスルーム、浴室[湯殿、風呂場]、トイレ[お手洗い、便所] ◆Remember to wash your hands after you use the bathroom. トイレの後は必ず手を洗い[手洗いを励行し]ましょう。(＊励行＝規則などを破らずきちんと実行する)

**bathtub** a〜 バスタブ、浴槽、湯船、風呂桶 ◆fill a bathtub with water 浴槽[風呂おけ]に水を張る[溜める、注水する]

**bathtub curve** a〜《品管》バスタブ曲線 ＊製品の典型的故障率パターンのこと。故障率が使用初期と寿命末期で高く、浴槽の断面図のようなグラフ曲線になることから)

**bathymetric** adj. 等深線の、測深学の ◆a bathymetric chart [drawing, (survey) map] 等深線図；同深線図；海底[湖底]地形図(= a bathygram)(＊音響測深器のデータから作成した図) ◆a bathymetric sonar system 海底地形図を作成するためのソナーシステム

**batter** vt., vi. 強く続けざまに打つ、たたき壊す、たたきのめす、こきおろす ◆The large American cars have been battered and beaten by the government and by surging import competition. 大型の米車は政府から叩かれ、また急増する輸入競争によりたたきのめされてきた。

**battered** adj. 〈人が〉(家庭内暴力によって)傷ついた[虐待された] ◆a battered child 虐待された子供

**battery** a〜 バッテリー、電池、蓄電池、(装置など)一組[一式]、組、一連 ◆a battery indicator バッテリー残量表示器 ◆a flat [dead] battery 上がってしまって[消耗しきって]いる電池；《意訳》電池切れ ◆a lead-acid (storage) battery 鉛蓄電池 ◆battery exhaustion 電池切れ ◆battery-protected バッテリーバックアップされた ◆a nickel-metal hydride (NiMH) battery ニッケル水素電池 ◆a coin-type lithium battery コイン型リチウム電池 ◆a battery of pens 一組[一揃い]のペン ◆a clock with battery backup バッテリーバックアップ付きのクロック ◆an absolutely fresh battery 全く新しい電池 ◆a rechargeable NiCad battery 充電式ニッカド電池[バッテリー] ◆a weak battery (放電して)残量が少ないバッテリー ◆change batteries; change the battery [batteries] 電池[バッテリー]を交換する ◆if the battery goes dead もしもバッテリーがなくなって[消耗して、上がって]しまうと；電池の残量がなくなると ◆indicate remaining battery time 電池の残り時間を表示する ◆operate on three AAA batteries 《北米》単4電池3本で動作する ◆replacement of weak or dead batteries (電気が)無くなりかけた電池や切れた電池の交換 ◆a removable and rechargeable battery pack 脱着可能な充電式バッテリーパック ◆insert the batteries positioning each as shown 電池を(図に)示されたような配置・向きで入れる ◆he made a total of 23 battery changeovers during the run 彼は、競走中に電池の交換を計23回行なった(＊電気自動車レースの) ◆the battery was sometimes exhausted after only 70 minutes of use バッテリー[電池]は、たった70分の使用で上がって[無くなって、切れて]しまうことが時々あった ◆A lithium battery backs up the RAM. リチウム電池がRAMをバックアップします。 ◆Battery life is rated at 2½ hours. 電池の持ち[持続時間、使用可能時間、寿命]は、(定格で)2時間半となっている。(＊特に「寿命」は充電できない使い捨ての乾電池などの場合) ◆For power, each unit requires two AAA batteries. 《北米》電源は、各ユニットに単4電池2本が必要である。 ◆Recharge your batteries in an ideal environment. 理想的な環境で充電してください[英気を養ってください]。 ◆The battery may run down in an hour. 電池は1時間で切れる[上がってしまう]かもしれない。 ◆The nicad battery is completely dead. このニッカド電池は、完全に消耗している。 ◆There is also battery back-up of the memory. 記憶装置のバッテリーバックアップもあります。 ◆The screwdriver works off a battery. このネジ回しは、電池で働く。 ◆The unit works either on batteries or AC current. そのユニットは、電池ででもAC電源ででも動作する。 ◆Built-in rechargeable batteries give up to five hours of continuous use. 内蔵の充電池で最大5時間の連続使用が可能である。 ◆The battery-saving features include screen dimming, hard drive shutdown, and CPU standby. 《コンピュ》バッテリー節約機能として、画面減光、ハードディスク停止、およびCPU待機などがある。 ◆Power is supplied by a pair of button batteries good for 80 hours of continuous operation. 電源は、2個のボタン電池で供給され、80時間連続使用[連続駆動]できる。 ◆Normal battery operation time is 8 hours. This may vary depending upon how much the receiver audio is present and how much you transmit. 《意訳》電池(で運用した場合の)使用時間は通常8時間ですが、受信機からどれだけ音声が出ているかや送信の量によって左右されます。

**battery-backed** ◆battery-backed SRAM バッテリーバックアップ付きスタティックラム ◆battery-backed-up non-volatile memory バッテリーバックアップ式不揮発性記憶装置

**battery-operated** adj. 電池式の、電池駆動の、バッテリー運用の ◆a battery-operated player バッテリー駆動[運用]のプレーヤー

**battery-powered** adj. ◆battery-powered portables 電池式[バッテリー駆動]の携帯機 ◆capable of battery-powered operation 電池駆動による動作が可能な

**battle** (a)〜 戦闘、闘い、戦い、戦争、闘争、交戦、合戦、バトル；the〜 勝利、成功 vi.(〜と)戦う＜with＞; vt. 〜と戦う ◆a soldier killed in battle 戦死[戦没]者 ◆after hard-fought battles with the enemy 敵との激しい戦い[激戦、激闘]の後に ◆a legal battle over patent rights 特許権に関する法廷での闘い ◆lose ground in the battle for market share マーケットシェア争奪戦で形勢が不利になる ◆be involved in a legal battle regarding a scandal surrounding the collapse of the bank その銀行の破綻を取り巻く不祥事に関する法廷での争いに巻き込まれている ◆in the ongoing legal battle between A and B ＡとＢとの間で現在進行中の法廷での闘い[法廷闘争]で ◆It's an uphill battle. これは苦しい闘いである。 ◆The under-$30,000 "affordable luxury" segment is shaping up as a major battle field. 3万ドル以下の「手の届くぜいたく品」市場部門は、一大戦場として形を成しつつある。

**battlefield, battleground** a〜 戦場、戦い[闘争]の場、戦陣 ◆The Unix workstation market has turned into a battleground for competing designs. ユニックス・ワークステーション市場は、競合する設計がぶつかり合う戦場と化した。

**battleship** a〜 戦艦、戦闘艦 ◆the Space Battleship Yamato 宇宙戦艦ヤマト

**baubiology** 囗バウビオロギー、建築生物学、環境共生建築(＊ドイツ語 Bau-biologie から。健康と環境に優しい住宅やビルを目指す)

**baud** 《単複同形》《通》ボー(＊データ転送速度の単位) ◆at a lower baud rate より低いボーレートで ◆operate at 2,400 baud 2,400ボーで動作する ◆operate at speeds of up to 9600 baud 最高9,600ボーまでの速度で動作する ◆a 9600-baud send and receive fax modem 9600ボーの送受信ファックスモデム ◆with serial input speeds of up to 38.4 Kbaud 最高38.4キロボーまでのシリアル入力速度で

**baud rate** (a)〜《通》ボーレート(＊データ転送において、1秒間に処理される信号エレメント数。1信号エレメントは、1ビットから数ビットであり、毎秒当たり伝送できるシンボル数であることからシンボル・レートとも。cf. bps)

**bauxite** 《鉱》ボーキサイト ◆the production of aluminum from bauxite ボーキサイトからのアルミニウムの生産

**bay** 1 a〜 湾 ◆on reclaimed land in Tokyo Bay 東京湾内の埋立地で ◆all of the wineries in the seven counties bordering the San Francisco Bay サンフランシスコ湾に臨む7つの郡にあるすべてのワイン醸造所 ◆become mayor of Richmond, a city on San Francisco Bay サンフランシスコ湾に面しているリッチモンドの市長になる

2 a〜 建物や部屋の中の仕切られた一区画[空間]; a〜 張り出し窓[出窓](= a bay window); a〜《コンピュ》(ドライ

ブ)ベイ ◆a 5-bay desktop case 《コンピュ》《ドライブ》ベイが5個あるデスクトップ筐体(キョウタイ)
3 □(猟犬の)うなり声[ほえ声];(at, toを前に置いて)吠え, 逃げ場のない状態;((atを前に置いて))距離をおいた[近寄れない]状態; vi. 低く長くほえる; vt. 〜にほえつく, 〜を追いつめる ◆hold [keep]... at bay 《敵, 病気など》を寄せつけない ◆an animal at bay 追いつめられた動物 ◆inflation remains at bay インフレは抑えられて[抑制されて]いる ◆use antibiotics to keep infections at bay 感染症を予防する[防ぐ]ために抗生物質を使う ◆What kept the Soviets at bay was the U.S. nuclear umbrella. ソ連を抑え込んで[封じ, 制して]いたのは米国の核の傘であった.

**BBS** (bulletin board system, bulletin board service) a〜 (pl. BB-Ses) 《ネット》(電子)掲示板, 電子通信ネット(＊インターネットを使用しないもの. 以前のNifty-Serve, CompuServeなど) ◆a BBS operator 《ネット》シスオペ ◆programs downloaded from BBSes BBS[《意訳》パソコン通信ネット]からダウンロードされたプログラム ◆This freeware program is widely available on many BBSes. このフリーウェアプログラムは, 広く多くのBBS[《意訳》パソコン通信ネット]で入手可能である.

**BC, B.C.** 《年代, 世紀の後ろにおいて》紀元前
**BCC, bcc, BCC:, bcc:** (blind carbon copy) 《ネット》a〜 (＊送信するメールについて当の相手に知られずにほかの人にも知らせたい場合に, BCC欄でアドレスを指定して送る同報メール. →CC) ; vt. 〜を[〜に]BCCで送信する
**BCD** (binary-coded decimal) 2進化10進数, 2進化10進表記 ◆in BCD (notation) 2進化10進数で[表記]で
**be** 《be動詞》◆If..., (then) so be it. もしも〜なら, それでよい[それはそれでよい]. ◆information to be conveyed 伝達されることになっている情報 ◆you think a lot about what you hope you'll be 自分が将来何になりたいかについてたくさん思いをめぐらす ◆Ombrophobia: Fear of rain or of being rained on. 雨恐怖症: 雨の恐怖あるいは雨に降られる恐怖. ◆Recycling will be a big growth industry in the 1990s. リサイクルは1990年代に一大成長産業になるであろう.
  **be it [they, he, she] A or B** 《挿入句として》AであれBであれ, AであろうとBであろうと, AといいBといい, AにしてもBにしても, AにしろBにしろ, AにせよBにせよ, AでもBでも, AあるいはBといった, AやBなどの ◆all computers, be they small ones or mainframes, ... 小型にしろ, 大型にしろ, コンピュータはすべて〜 ◆the new technology-be it A, B, or C-... AであれBであれ, あるいはCであれ, 新技術は〜 ◆Be it data communications, memories, gate arrays, or microsystems, the latest technology will be on display at... データ通信, メモリー, ゲートアレイ, あるいはマイクロシステムといった最新技術が, 〜において展示される(ことになっている).

**Be** ベリリウム(beryllium)の元素記号
**beach** a〜 ビーチ, 砂浜, 浜辺, なぎさ, 海浜, 海辺, 海岸, 湖岸, 渚, 岸, 岸辺, 磯, 波打ち際; vt. 〜を浜[岸]に引き揚げる ◆a beach ball ビーチボール
**beachhead** a〜 橋頭堡, 上陸拠点, (事を起こす)足掛かり[出発点](= a foothold) ◆establish a North American beachhead 〈企業〉が北米(上陸)進出]拠点を築く ◆gain a beachhead overseas (海外進出のための)外国における足がかりを得る[つかむ] ◆secure [establish, set up] a beachhead at [in, on]... 〜に橋頭堡[上陸拠点, 足場]を確保する[築く] ◆find a beachhead from which to expand operations and sales into Eastern Europe and the European Union 業務を拡大して東欧および欧州連合に販売の手を広げるための足掛かりを見つける ◆our schools now serve as a beachhead in the war against indifference 私たちの学校は, 今では無関心との戦いの拠点となっている
**beacon** a〜 ラジオビーコン, 無線標識, 灯台, 水路[航路]の標識[灯明], 目印, 信号灯, 信号塔; a〜 かがり火, のろし; a〜 警告[指針]となる人[もの] ◆an overhead beacon (交通標識の)架空信号灯[燈火] ◆a huge entrance sign acted as a beacon to guide us out of the parking lot 入り口の巨大な看板がまさに駐車場から出る私たちを誘導する目印になった ◆Article 9 is a shining beacon to the world's people who yearn for a peaceful world. 第9条は, 平和な世界を希求する世界中の人々にとっての輝かしい灯台[明るい指針]です.

**beam** 1 a〜 ビーム, 光線, 光束; 梁(ハリ), 桁(ケタ), さお ◆a beam of particles 粒子ビーム ◆a light beam 光線 ◆a through-beam sensor 透過ビーム型[透光式]センサー ◆a high-energy, fast-moving electron beam 高エネルギー高速移動電子ビーム[線] ◆switch to high beam (ヘッドライトを)ハイビームに切り換える, ヘッドライトを上向きに切り換える ◆beams of radiation emerge from... 〜から放射線ビームが出て来る ◆use invisible infrared beams of light 目に見えない[非可視]赤外光線を用いる ◆Switch to low beam lights when you are within 150 m (500 ft) of an oncoming vehicle. 対向車との距離が150メートル(500フィート)以下になったら, ロービームに切り換えてください[ヘッドライトを下向きにしてください].
2 vt. 〈光線, 電波〉を発する, 送る, 送出する; vi. にっこりほほえむ, 光を発する ◆beam pictures of the demonstration to the United States そのデモの絵を(電波にのせて)米国に送信する

**bean** a〜 豆; a〜 《俗》頭(ドタマ), おつむ, 脳味噌; a〜 価値のないもの; a〜 《通例否定文で》ぴたっと一文; 〜と《口》《通例 full of beans の形で用いる》元気[活気], ばかなこと; 〜s《通例否定文で》ちいさして, さほど ◆bean sprouts もやし
**bean-poleish** adj. ひょろひょろのっぽの, ひょろ長い
**bear** 1 vt. 〜を載せる, 支える, 運ぶ, 我慢する, 耐える, 担う, 負う, 抱く, 持つ, 生む, 出産する ◆〜が記載されている, 〜が書いてある ◆an interest-bearing account 利息を生む口座 ◆a data-bearing [an information-bearing] surface 《意訳》データ[情報]が記録されている表面; データ面(＊ハードディスク, CD, DVD, 磁気テープなどの) ◆Bearing this in mind, ... このことを念頭に置いて, (→ mind の77 in mind) ◆bear some [a certain amount of] resemblance to... 〜にある程度[多少, いくらか, 幾分]似ている ◆bear the cost of... 〜の費用を負担する ◆bear the weight of... 〜の重量を支える ◆bear transportation for (業訳) 〜までの輸送に耐える ◆calculate the bearing capacity of foundations 《土木》基礎の支持力を算出する ◆cost bearing by beneficiaries 受益者による負担 ◆nitrogen-bearing wastes from farms 農場から流出する窒素を含む汚水 ◆the bearing of costs [expenses] 費用の負担 ◆trees of nut-bearing age ナッツが結実できる樹齢[結果年齢]の木々 ◆particles bearing electrical charges 電荷を帯びている[帯電している]粒子 ◆a missile-bearing warship ミサイルを搭載して[積んで]いる軍艦[艦艇] ◆an information-bearing signal 情報をのせて運ぶ信号 ◆a photograph-bearing business card 写真入りの名刺 ◆a water-bearing layer 《地》水を含んでいる層(＊an aquifer「帯水層」をやさしく説明するとこうなる) ◆bubble-bearing amber 気泡の入っている琥珀 ◆equal bearing of costs and burdens of meeting energy shortages エネルギー不足に対処するための費用と負担の公平な分担 ◆placard-bearing residents プラカードを持った住民たち ◆plutonium-bearing fuel プルトニウムを含有する燃料 ◆women of child-bearing age; women in child-bearing years 子供が産める[出産可能]年齢の女性たち ◆Finally, it has to be borne in mind that... 最後に, 〜であるということを覚えておかなければならない[しっかりと認識しておく必要がある]. ◆improve the load-bearing capacity of a [the] soil 《土木》土の地耐力[載荷能力]を増す ◆reduce the populations of malaria-bearing mosquitoes マラリアを運ぶ[媒介する]蚊の個体群[個体数]を減らす ◆Form 850 copies bearing the inspector's sample approval signature 検査員の見本承認の署名が載っている書式850の副本 ◆the cost is borne by everyone who pays taxes 費用は税金を払っているすべての人[納税者全員]で負担している ◆Auschwitz's main gate, which still bears the infamous, ironic German phrase "Arbeit Macht Frei" ("Work Makes You Free") 「労働は自由をもたらす」という悪名高き皮肉なドイツ語の言葉が依然として掲げられているアウシュビッツの正門

[書いてある]アウシュビッツ(強制収容所)の正門 ◆In closing, I want to thank you for bearing with me. これで私の話を終わりにしたいと思いますが，辛抱強くお聴きいただき[ご静聴]ありがとうございました． ◆It bears the date of manufacture. それには製造日が記載[製造年月日が表示]されている． ◆Meals, transportation and other miscellaneous expenses shall be borne by the contractor. 食事代，交通費およびその他の雑費は契約者の負担とする．
2 a～ クマ，《株》売り方[弱気筋](↔a bull); adj. 《株》《相場が》下がり気味の

**bear out** vt. 〈話など〉を裏付ける，証拠立てる，証明する[確証，立証]する，支持する；担ぎ出す，運び出す[去る]，vi. 《絵画》《色》が効果的に出る ◆if borne out by further tests 更なるテスト[今後の実証]で実証された[裏付けられ]れば ◆this year's five intense hurricanes bear out a theory advanced by Gray and colleagues a number of years ago 今年の強烈な五つのハリケーンは何年も前にグレイらが唱えた説を実証[立証]した ◆the view that computer literacy is a valuable skill is borne out by the findings of the survey コンピュータ活用能力は非常に役に立つ特技であるという見方は，この調査の結果が実証して[裏付けて]いる

**bearer** a～ 持参人，運送人，運搬人，運び屋，～を持つ(役目の)人，実を結ぶ植物 ◆an information-bearer channel 《通》情報伝達[搬送，伝送，ベアラ]チャンネル ◆the bearer of the passport そのパスポートの所持者

**bearing** (a)～《単数形的》関連，つながり; (a)～《単数形のみ》態度，たたずまい，(立ち居)振る舞い，動作; a～ 方位，方位角，方向; a～ ベアリング，軸受け，支点，支承，支持点 ◆have a [no, some] bearing on... ～と関係がある[ない，多少ある] ◆get [find, take] one's bearings 方角[位置]を確かめる，《比喩》進むべき道を見つける ◆have a direct bearing [no direct bearing] on... ～と直接的な関係がある[関係はない] ◆a bearing angle 方位角 ◆a straight [tapered, spherical] roller bearing 円筒[《順に》円錐，針状，球面]ころ軸受 ◆bearing stress 支持応力，側圧応力，側圧支持応力，支圧応力，《航空機》面圧応力 ◆take a compass bearing; take a bearing with a compass コンパスで方位を測る ◆we lost our bearings 我々は，方向を見失った(＊比喩的にも) ◆The car has a regal bearing. そのクルマには，王者の風格[貫禄，た たずまい]がある ◆The front wheel bearings are of the tapered roller type. 前輪の軸受けは，勾配ころタイプのものである．

**bearish** adj. クマのような，乱暴[粗暴]な，《株》弱気の，下がりぎみ[軟調]の ◆bearish market conditions 下げ調子[弱気]の市況; 軟調な市況 ◆if the stock market gets bearish 株式市場[市況]が下落傾向になると[下がり気味になると，軟調化すると] ◆The stock market has been bearish since... 株式相場は，～以来弱含み[軟調]で推移してきている

**beat** 1 vt., vi. 〈続けざまに〉打つ[たたく]，〈～に〉打ちつける，照りつける，泡立てる[〈強く〉攪拌する]，泡立つ，〈心臓が〉鼓動する；～を打ち負かす[破る，下す，退ける]，克服する，～に勝る，勝つ ◆a floor of beaten earth; a beaten floor たたき，土間 ◆beat one's competition 競争相手に勝つ ◆beat out a strong German team 強豪[強敵]ドイツチームを負かす[破る，下す，退ける] ◆beat travel fatigue and stress 旅の疲れとストレスを克服する ◆to beat inflation インフレに対抗するために ◆tutor spoiled kids on how to beat [conquer, overcome] the SAT 甘やかされて育ったガキどもに大学進学適性試験攻略法を教えてやる ◆People tell us that the "tactile feel" of our keyboard beats anything they've ever used. 当社のキーボードのキータッチは，お客様から，これまで使ったことのあるどの製品にもまさるとの評判をいただいております． ◆Some industries have been hit so hard that they are not expected to recover. The auto industry, for example, won't recoup from the beating it has taken from Japan for a long time – if ever. なかには回復が見込めないほど打撃を被った産業がある．たとえば，自動車産業は，日本から受けた打撃から当分の間立ち直れないだろう．(＊if everは「たとえ回復できるとしても」)

2 a～〈連続して〉打つこと，鼓動[脈拍]，うなり，拍子[ビート]，〈警官などの〉巡回[受持ち]区域 ◆a beat signal うなり[ビート]信号 ◆County police patrol the mall as part of their regular beat. 郡警察は，この商店街[ショッピングセンター]を彼らの通常の巡回区域の一部としてパトロールして[見回って，巡回して，巡視して，警邏して]いる．

**beautician** a～ 美容師 (= a cosmetologist)

**beautification** 回美しく[立派に]すること，美化 ◆engage in environmental beautification activities 環境美化活動に参加する

**beautiful** adj. 美しい，麗しい，申し分のない[りっぱな，見事な] ◆The Victorian mansion is pretty on the outside and even more beautiful on the inside. ビクトリア朝風のこの館は外装がきれいだが，内装はそれに輪をかけて美しい．

**beautifully** adv. 美しく，みごとに，立派に，すばらしく，よく，うまく，巧みに，首尾よく，調子よく，快適に，ぴったりと ◆a beautifully made movie 見事な出来栄えの映画 ◆a beautifully written article うまく書かれている記事 ◆play the piano beautifully ピアノを上手に弾く ◆print beautifully on plain paper 普通紙に美しく[きれいに]印刷する ◆I have 138,000 miles on the car and it runs beautifully. この車は走行距離が13万8000マイルだが，すばらしい走りをする．

**beauty** 美，美貌(ビボウ); a～ 美しいもの ◆a beauty salon [shop, parlor] 美容院，美容室 ◆a sense of beauty 美的感覚 ◆Beauty and the Beast 《映画》美女と野獣 ◆have a high level of visual beauty 非常に高いレベルの視覚的[見た目の]美しさを持っている ◆Sleeping Beauty 《映画》眠れる森の美女 ◆The beauty of (using) this approach is that... このアプローチ(を用いること)の美点[いいところ，良さ，取柄，長所，強み，特長，《比喩的に》味噌は，～ということだ．◆The beauty of Windows is its ease of use. Windowsの美点[特長，良さ]は，使いやすさにある．

**because** (なぜならば)～という理由で，～だから，～ゆえに，～ので，～ですので，～なもので，理由は[なぜなら]だから，というのは～だから，～ということから ◆That's because... それは，～だからです． ◆This is because... これは[それは，というのは]，～だからです．

**because of** ～のために，～のせいで，～につき ◆because of waiting for... ～を待っているせいで ◆because of undesirable effects on humans 人間に好ましくない影響を及ぼすという理由で

**become** vi. ～になる，～化する; vt. ～に似合う，ふさわしい，適する ◆become narrower 狭くなる; 狭まる ◆the value becomes 1 値は1になる ◆we do not know what has become of him 私たちは彼がどうなったのか知らない[分からない] ◆move him one step closer to becoming the next prime minister 彼を次期首相[総理大臣]の座に一歩近づける ◆the instantaneous value becomes zero 瞬時値がゼロになる ◆Brighter colors become me. 明るめの色のほうがあなたにには似合う． ◆Image sensors are becoming denser. イメージセンサは高密度化している． ◆The higher the estrogen level, the likelier it becomes that more than one egg has matured. エストロゲンのレベルが高ければ高いほど，複数の卵子が成熟した可能性が高くなる．

**becoming** adj. <to> 似合う，ふさわしい ◆It's ill-becoming for... to <do...> ～するなどは〈人〉に似あわない[ふさわしくない]ことだ．

**bed** (a～)～ベッド，寝床，就寝，睡眠; a～ 床，苗床[花壇]，地層[《地》単層]，水底，土台，下地，路盤 ◆a coal seam [bed] 炭層[《地》石炭の層] ◆bedded deposits 成層鉱床 ◆a 30-bed hospital 30床の病院 ◆be dragged from bed ベッドから引きずり出される[(比喩，意訳)たたき起こされる] ◆die in one's bed 自分のベッドでやすらかに亡くなる; 自宅で病死する; 老衰で往生する［(意訳)畳の上で死ぬ」 ◆get ready for bed 寝るための準備[寝支度]をする ◆go to bed before the 11 o'clock news 午後11時のニュースが始まる前に寝る ◆served on a bed of crisp, fresh lettuce パリパリの新鮮なレタスを敷き詰めた上に盛りつけて出される ◆I was getting ready to go to bed 私は寝る用意［寝支度］をしていた ◆accommodate surgical patients postanesthetically, on an emergent basis, until a bed can be found 術後中の手術患者を（空き）ベッドが見つかるまで緊急避難的に受け入れる［収容する］ ◆to ensure emergently admitted surgical patients receive safe, quality care while waiting for an inpatient bed assignment and transfer 緊急入院が認められた手術患者が、入院ベッドがあてがわれてそこに移されるまで待っている間に安全で質の高い介護を確実に受けられるようにするために

**bedding** 〔口〕寝具, 下地［土台］, 敷きパテ, 《地》層理［成層］

**bedeck** vt. 《通例受身》〜を（〜で）飾る［飾り立てる］<with> ◆a flower-bedecked mall 花で飾られた商店街

**bedfellow** a〜 寝床を共にする人, 仲間 ◆Politics makes strange bedfellows. 《意訳》政治の世界では、奇妙な［思いもよらない, 意外な, とんだ, とんでもない］連合ができることがある。 ◆Misfortune [Adversity, Misery] makes strange bedfellows. 同病相憐れむ。

**bed of roses** a〜 幸せで心地よい状態, 安楽な境遇 ◆And being a university professor is no bed of roses, either. そして、大学教授であることも決して気楽な家業ではない。 ◆They predicted the peace conference will not be a bed of roses. 彼らは、和平の会議はスムーズにいかないだろうと予測した。 ◆"I've had a lot of unusual experiences. Life has not been a bed of roses," he says. 「私は普通の人が経験しないようなことをたくさん体験してきた。人生は楽じゃなかった」と、彼は言う。

**bedridden** adj. 寝たきりの,（病）床に伏したままの ◆become bedridden 寝たきりになる；《意訳》臥床（ガショウ）生活を送ることになる ◆bedridden senior citizens 寝たきり老人たち ◆She was bedridden at the time. 彼女は当時寝たきりだった。

**bedrock** 〔口〕岩盤, 基礎, 基礎岩盤, 基盤岩, 床岩；〔口〕根底, 根本原理；〔口〕根拠 ◆a bedrock [basic, fundamental] principle underlying... 〜の底流をなしている基本原則, 〜の基礎となっている根本原理 ◆at bedrock prices 底値で ◆be founded on bedrock 基盤［基礎］の上に基礎を置いている

**bedroom** a〜 寝室 ◆a bedroom from [community] ベッドタウン ◆two bedrooms with a combined dining room and kitchen 寝室2部屋とダイニング・キッチン[2DK]

**bedside** 〜s ベッドわき,（病人の）枕もと；adj. ベッドのそばの, 枕もとの ◆a bedside table ナイトテーブル ◆bedside nursing 臨床看護 ◆a bedside monitor [monitoring system] 臨床モニター機器（*医療用監視装置） ◆a doctor with a good bedside manner 臨床に臨む［患者に接する］態度のよい医師 ◆have [display] a very good bedside manner 〈医師や看護婦〉は, 非常に思いやりのある態度で患者に接している ◆a wireless communications system that sends bedside patient data directly to doctors and other care givers 患者の臨床データを医師およびその他の看護職員に向けて直接送信する無線通信システム ◆The book is more of a bedside read than a reference book. 《意訳》この本は調べものをする本というよりは、むしろ（就寝前に軽く）ベッドの中［寝床］で読むのに適している本だ。

**bedside manner** a〜 臨床で患者に接する際の医師の態度や振る舞い, 診断・治療における患者の扱い方 ◆Most health professionals agree on the need for doctors and nurses alike to practice better bedside manners during increasingly short sessions with patients. ほとんどの医療専門家は, ますます短くなっている（患者の対面）診療の間に医師も看護婦も患者にもっとよい接し方をする必要があるという点で意見が一致している。

**bedsore** a〜 床擦れ, 褥瘡（ジョクソウ） ◆bedsores form [develop] 床ずれ［褥瘡（ジョクソウ）］ができる ◆covered with bedsores いろんなところに床ずれ［褥瘡］ができて ◆prevent bedsores 床ずれ［褥瘡］を防ぐ ◆bedridden people who have bedsores 床ずれ［褥瘡（ジョクソウ）］ができている寝たきりの人 ◆Patients develop bedsores due to lack of movement and regular position changes. 患者は, 身体の動きが少な

すぎることや定期的な体位交換頻度が低すぎることが原因で床ずれ［褥瘡（ジョクソウ）］ができる。

**beef** 〔口〕牛肉, ビーフ；〔口〕《口》筋力, 筋肉；〜s《口》文句, 不平, 苦情, 愚痴 ◆Structurally, the car has been injected with new beef. 《口》構造的に, その車に新たな補強が施された。 ◆The major beefing comes from the two substantial steel rods. 《口》主に補強はこれら2本の頑丈な鋼製ロッドにより施されている。

**beef up** 《口》〜の強度を上げる, 〜を強化［増進, 補強］する, 強める ◆menus have been beefed up メニューの充実［拡充］が図られました（*牛肉を増やしたという話ではない） ◆our radically beefed-up product line 私たちの根本的に強化された商品ライン；徹底的に充実化が図られた我が社の商品系列 ◆beef up international monitoring to detect violations 違反を発見するための国際的な監視を強化する［強める］ ◆both sides have beefed up military forces along the frontier 双方とも国境沿いに軍を増強した ◆the NTSB asked RSPA to beef up its monitoring and enforcement of pipeline safety programs nationwide 米国家運輸安全委員会（NTSB）は調査特別計画局（RSPA）に対し, 監視を強化するとともにパイプライン安全プログラムの全国的な実施を強化［《意訳》徹底化］するよう求めた ◆The company beefed up its research staff. この会社は, 研究職員［研究陣］を増強した。 ◆he has repeatedly called for a beefing-up of U.N. military capabilities in Bosnia 彼は再三再四ボスニアにおける国連の軍事力増強を要求してきた ◆The landing gear was strengthened and the brakes beefed up for safer landing. 着陸装置ならびにブレーキは, より安全に着陸できるように強化された。

**beeline** a〜 最短直線コース ◆make a beeline for... 《口》〈人, 物, 場所〉を目指して一直線に突進する

**been** beの過去分詞 ◆He has been dead for five years. 彼は死んで［亡くなって］5年になる。 ◆The ratio of male to female lawmakers in both houses has been about 50-to-1. 両院における国会議員の男女比は, ほぼ50対1で推移してきた。

**beep** 1 a〜 《ピーッやピーッという》発音音, 発信音, 電子音；〔口〕ビーッ音, 警告音 ◆a warning beep 警告音［警告のための電子音］ ◆beep tones 警告音（*ハイテク製品の電子ブザー音を指す他に, 特に電話で会話が録音されていることを本人に知らせるための音） ◆If a beep is heard,... ブザーが鳴ったら… ◆if..., you will hear a beep which indicates a mistake 〜すると, 誤りであることを示すピッという音が鳴ります ◆The electronic beeper sounds a series of long beeps as a camera shake warning at slow shutter speeds. この電子ブザーは, 遅いシャッタースピード時のカメラブレ警報［警告音］として, 一連のピーッピーッという長い電子音を出す。 ◆The electronic beeper sounds two short beeps the instant the autofocus system has attained proper focus. この電子ブザーは, 自動焦点システムが正確なピント合わせを達成した瞬間, ピピッと電子音を2回短く発します。

2 vi., vt.《ピー, ピピッ, ピーなどの》電子音を発する［鳴らす］ ◆produce a beeping sound; make a beep 〈ピッとかピーという〉電子音を発する

**beeper** a〜 電子ブザー, 電子音を発する部品, ポケベル（= a radio pager）

**beer** 〔口〕《種類はa〜》ビール, 麦酒; a〜 1缶[1本, 1杯]のビール ◆a beer bottle ビールびん ◆a beer hall ビアホール ◆a dozen kinds of draft beer 12種類の生ビール ◆at a Munich beer garden ミュンヘンのビアガーデンで ◆drink beer and wine ビールとワインを飲む ◆he has a beer belly 彼はビール腹をしている

**beer-belly** ビール腹の, 太鼓腹の

**befall** vt.〈よくないこと〉が〜に起こる［降りかかる］; vi.〈よくないこと〉が（〜に）起こる［生ずる］<to> ◆But it would be a grave mistake to exaggerate the economic difficulties that have befallen the nation. 《意訳》だが, この国に降りかかった［《意訳》この国を襲った］経済的困難をことさら大げさに言うことは大きな間違いであろう。

**befitting** adj. 適している, 適切な；ふさわしい, 相応な；似合う, 似つかわしい ◆the possibility of Japan's taking action befitting its economic status　日本が自国の経済的地位にふさわしい行動を取る可能性

**before**　1　prep. 〜より(以)前に, 〜より先に, 〜の前に, 〜しないうちに　◆before anything else　まず, まず第一に, 真っ先に　◆before and after...　〜の前後に　◆the day before yesterday　一昨日［おととい］　◆the year before last　一昨年［おととし］　◆before anyone [everybody] else　他に[他非に]先駆けて［先行して］; いち早く　◆before being approved for production　本生産開始の承認前に　◆just before closing time　終了時刻直前に［間際に, ぎりぎりで］　◆not... before 1996 at the earliest　早くとも1996年より前ではない［((意訳))早くて1996年以降である］　◆she puts work before everything　彼女は仕事を最優先にしている　◆immediately before becoming a resident of Ontario　オンタリオ州の居住者になる直前に　◆Allow the motor to reach full speed before cutting.　切削開始前に, モーターを最高速度に到達させてください［モーターが最高速度に上がるのを待ってから切削を初めてください］.　◆The mobile telephone can be used for just 75 minutes before needing a recharge.　この移動電話機［携帯電話, ケータイ］は, 1回の充電で75分しか使えない.　◆This sign is erected 30 m (100 ft) before a pedestrian crossover.　この標識は, 横断歩道の30メートル（100フィート）手前に立てられている.　◆Offering customized – and profitable – products to consumers has been a dream of manufacturers since long before the dawn of the Internet.　個別注文仕様の（そして実入りのいい）商品を顧客に提供することは, インターネットの夜明けのはるか以前から製造業者の夢だった.（*直販によって）　◆Expectations run high before the show. Some attendees look forward to evaluating bleeding-edge technologies or being briefed on the current state of a pet architecture.　ショウの開幕前には, 期待が高まるものだ. 来場者の中には, 超最先端技術を評価することを楽しみにしたり, ひいきのアーキテクチャの現況［現状］について話を聞くのを心待ちにしたりする人たちがいる.
2　adv. 以前から, かつて, 今まで, 既に　◆as before　前と同じように, 以前と同様に, 依然として, 今までどおり, 相変わらず, 従前の通り　◆more than ever before　かつて［これまでに］ないほど; これまで以上に; 以前［従前, 従来］にも増して; よりいっそう　◆as never before (in history)　（歴史上）いかつてないほどに; 過去にその例を見ないほどに　◆enjoy freedom of speech like never before　言論の自由をかつてないほど享受する　◆technology is transforming our lives as never before　技術は私たちの生活をかつてないほど変えつつある　◆receive more press attention than ever before　これまで以上に［以前に増して, いっそう］報道機関から注目される　◆require more education and skill than ever before　これまで以上に教育と技能を必要とする　◆with an ease never before possible　かつてなかった容易さで　◆with a precision never before possible　今まで実現できなかった［かつて達成不可能だった, 従来にない］精度で　◆be advertised as having "twice as much U.S. content as before"　(意訳)-は「米国製部品を従来比2倍使用している」と宣伝されている　◆in ways that were impossible before　以前には不可能だった方法で　◆people are not as enthusiastic about religion as before　人々は, 以前ほど宗教に熱心ではない［昔ほど信心深くない］　◆the movie industry is thriving as [like] never before　映画産業は, かつてないほど好況である［これまでにない好況を呈している］　◆The current need not be as large as before to <do...>　〜するのに, 電流は以前ほど大きくなくてもよい.　◆Cornering stability is up to 10% better than before.　コーナリングの安定性は, 以前に比べて最高で10パーセント良くなっている.　◆Government-subsidized health systems are under pressure as never before.　政府の経済援助で成り立っている公共医療制度は, いまだかつてないほどの（批判の）圧力にさらされている.　◆I say this to you fans because we, the Lakers, need your support more than ever before.　私はこのことをファンの皆さんに申し上げる. 私たちレイカーズは（これまでにないほど）皆さんからの一層のご支援を必要としているからです.　◆Never before has a single test instrument been so all encompassing, so productive, so reasonably priced.　単体の試験装置がこれほどまでに（測

定項目や機能が）網羅的でかつ生産性に優れ, またこれほど手頃な価格がつけられていたことは, いまだかつてなかった.　◆We have to be careful that we get the level of service we had before. Ideally, we will receive better service than we had before.　以前と同じ水準のサービスが受けられるように注意している必要がある. 理想としては, 以前よりもいいサービスが受けられるようになるはずだ.
3　conj. 〜する前に, 〜しないうちに, 〜する以前に　◆How long will it be before...?　〜までにどのくらいかかるだろうか.（▶before の後は, 未来形ではなく現在形）　◆It will probably be several months before...　〜するまでは, 多分数カ月かかるだろう.（▶beforeの後は, 未来形ではなく現在形）　◆the time that elapses before...　〜するまでに経過する時間　◆stop water pollution before it starts　水質汚濁［汚染］を未然に阻止する　◆determine how much a drawing can be scaled up before granularity becomes noticeable　《コンピュ》ぎざぎざ［粒状性］が目立ってこない範囲で, 図面をどの程度まで拡大できるか調べる　◆It will be at least 15 years before such a move occurs.　そのような動きが起こるのは, 少なくとも15年ほど先のようだ.　◆It may still be a few years before motion video is stored as a digital signal.　動画ビデオがデジタル信号として保存されるようになるまで, あと数年かかるだろう.　◆The company has been in this industry since before it was an industry.　この企業は, この業界が成立する以前からこの業界にいる.　◆The key to outperforming competitors in the race for survival is the ability to come up with new products before anybody else does.　生き残りをかけた競争［生存競争］で競合各社を出し抜く鍵は, 他社に先駆けて［いち早く, 先行して］新製品を出すことである.

**before long**　間もなく, ほどなく, やがて, じきに, 今に, 近い将来, 近く, 近々に〈キンキンニ〉, 近々〈チカヂカ〉, 近日中に, 遠からず　◆It is to be hoped that DAT recorders will be allowed to enter this country before too long.　デジタル・オーディオ・テープレコーダーが, 近々にこの国に入る許可が下りるよう望まれる.

**beforehand**　前以に, 前もって, あらかじめ　◆be furious at not being consulted beforehand about...　-に関して事前に相談［((意訳))根回し］がなかったことに対して激怒している　◆they announced some weeks beforehand that...　彼らは, 〜であると何週間か前に発表した［予告しておいた］.　◆Ask beforehand about rates and fees.　料金と手数料について, あらかじめ［事前に, 前もって］聞いておいてください.

**beg**　v. 請い求める, 乞う, 懇願する　◆Mexico has begged the U.S. for financial assistance to <do...>　メキシコは米国に〜するための経済援助を懇願した.　◆For years, I have begged young readers, "If you smoke, quit now. If you don't smoke, don't start!"　長年, 私は若い読者に対して「タバコを吸っている人は, 今（すぐ）やめましょう. 吸っていない人は, 吸い始めないで」と懇願して［訴えて］きました.　◆Mexico has begged the U.S. for financial assistance to cover foreign debt obligations and bank bailouts.　メキシコは, 対外債務契約および銀行救済に対処するための経済援助を米国に懇願［要請］した.

**beggar**　a 〜　乞食, 物もらい, 物乞い, 貧乏人［生活困窮者］, ((口))奴　◆a beggar woman　女性の乞食［物乞い, おこもさん］　◆he returned as a beggar in disguise　彼は乞食に変装して［乞食姿に身をやつして］帰ってきた

**begin**　vt., vi. 始める［始まる, 開幕する］, 開始する, 着手する, 〜しだす ‑ing　◆begin cutting　切削を始める　◆beginning in 1990　1990年から［以降］　◆To begin with, it's light.　まず第一に, それは軽量である.　◆educate the public, beginning with children　まず子供から始めて, 大衆を啓蒙する　◆The book begins with a review of...　本書は, 〜の概要説明から始まる.　◆he will attend the university and play soccer beginning in the fall of 2000　彼は2000年の秋から大学に行ってサッカーをすることになっている　◆measure the intensity of the light beginning from the instant of launch of the light pulse　光の輝度を光パルスの発射の瞬間から測定する　◆All interface names begin with an I.　インターフェース名はすべてIで始まる.　◆In 1942, the Battle of Midway began during World War

**beginner** 98

II. 1942年, 第二次世界大戦中にミッドウェー海戦の幕が切って落とされた. ◆Oil which is beginning to go dark should be changed. 黒ずみ始めている油は, 交換しなければなりません. ◆Production began last December. 生産は昨年の12月に始まった[《直訳》立ち上がった].

**to begin with** まず第一に, 他はさておき, なんと言っても, 何よりまず, 第一, どだい, そもそも; 初めに, 手始めに, 最初に, そもそも, どだい ◆It will be published monthly to begin with. それは, 当初毎月1回刊行されることになっている. ◆They shouldn't have been placed in these facilities to begin with. 彼らは, そもそも[はじめから, はなから, どだい, 元来, もともと]これらの施設に入れられるべきではなかったのだ. ◆The Sphinx's limestone, fragile to begin with, erodes rapidly when it comes in contact with water. スフィンクスの, 何よりまず脆い(モロイ)石灰岩は, 水に触れると急速に侵食されてしまう.

**beginner** $a \sim$ ビギナー, 初心者, 初学者, 未経験者; $a \sim$ 創始者, 開祖 ◆a beginners' course 初心者[初級, 入門]コース ◆he works as an instructor for both beginner and experienced courses 彼は初級者向けコースと経験者向けコースの両方の教官をしている (*motorcycle safetyの話です) ◆A special parent-child beginner bridge course will be held this Sunday and next at... 特別親子初心者向けブリッジコースが今週と来週の日曜に〜において開催されます.

**beginning** $a \sim$ (the $\sim$ <of>) 〜の初め, 頭の部分, 冒頭, とばロ; $a \sim$ 始まり, スタート, 淵源(エンゲン), 嚆矢(コウシ); 〜s 初めの頃, 初期, 当初 ◆from the beginning はじめから[最初から, はなから]; 始端から[ことの発端から, 頭から, 冒頭から]; 元来[元々, そもそも] ◆from the (very) beginning (全く)最初から; のっけから; はなから ◆a beginning-of-tape mark テープ始端マーク ◆a person with the beginnings of presbyopia 老視になり始めの[なりだした]人; 老眼初期の人 ◆at the beginning of 1995 1995年の初め[冒頭]に ◆at the beginning of an editing session 編集作業の最初に ◆at the beginning of September 9月初めに[上旬に] ◆at the beginning of the 1990s 1990年代の初頭に ◆since the beginning of this year 今年のはじめ[年頭]から; 年初来; 今年に入ってから ◆at the beginning of the universe 宇宙の始まり[開闢(カイビャク)]で ◆months after the beginning of the next fiscal year 次の会計年度に入ってから何カ月か後に ◆find the beginning of a program 《AV》番組の頭出しをする ◆match the beginning or end of a line (検索で)行の前方または後方を一致させる; 行の前方または後方一致検索をする ◆We are seeing the beginning of the end of... 私たちは〜の終わりの始まりを見ている ◆at the beginning of the decade that will end the century 今世紀を締めくくる[最後の]10年のはじめに ◆He reminisced about the beginnings of personal computers. 彼はパソコンの黎明期[草創期, 発足期]の追想を書いた[述べた]. ◆This is only the beginning of proving my innocence. これは私の身の潔白を証明するほんの手始めに過ぎない. ◆Fast-forwarding from the beginning of a tape to a spot 20 minutes in, for example, took 43 seconds. たとえば, テープの始端[頭]から20分の位置までの早送りは43秒かかった.

**begrudging** adj. いやいやながらの, しぶしぶの, 不承不承の ◆he was forced by circumstances to offer begrudging support to his rival 彼は諸状況で[事情に迫られて], 余儀なく自分のライバルに支援を差し伸べなくてはならなくなった[敵に塩を送らざるを得なくなった]

**behalf** 《利益, 支持, 擁護(成句で用いられる)》◆in [on] a person's behalf 〈人〉のために; 〈人〉を代表して; 〈人〉の代わりに[代理で] ◆act on behalf of... 〜を代表する[〜の代わりをする, 〜の代理をする]

**behave** vi. ふるまう, 行動する, 動作する, 挙動する, 作用する; vt. 《behave oneselfの形で》〈人・やつ〉〈自己をコントロールして〉ふるまう ◆Detergents behave differently on polyester and nylon. 洗剤は, ポリエステルとナイロンに対して異なった働き方をする[特性を示す]. ◆The car behaves ineptly when driven over anything but smooth pavement. この車の挙動は, スムーズな舗装路以外の走行ではぎこちない.

**behavior** (a) 〜 挙動, 動作, 動き, 振舞い, 習性, 行動, 行状, 行為, 素行, 品行, 言動, 所作, 態度, 接し方 ◆a model for the behavior of... 〜の挙動モデル ◆mimic the behavior of the human brain 人間の脳の働きをまねる ◆A resembles B in behavior. AとBの挙動が似ている. ◆The system must exhibit predictable behavior. システムと言うものは, 予測可能な挙動を示さ[予測できる動き/動作を見せ]なければならない.

**behavioral** adj. 行動の, 挙動の ◆a behavioral synthesis tool (LSI設計用の)動作合成ツール

**behemoth** $a \sim$ 巨獣, 巨大なもの, 巨大企業 ◆software behemoth Microsoft ソフトウェアの怪物企業マイクロソフト ◆Through the years, it has become a behemoth with many add-on features not originally envisaged by... 年月を経て, それは当初〜が予想していなかったような追加機能を多数取り込んで巨大なものになった[巨大化した].

**behest** $a \sim$ 《単のみ》命令, 強い要請, 懇請 ◆change producers at the behest of Mrs. Arnold and her husband アーノルド婦人とその夫君の命令でプロデューサーの首をすげ替える

**behind** prep., adv. 後ろに, 背後[陰, 裏, 背景]に, 遅れて, 劣って, 後に残って ◆from behind (...) 背後[後ろ]から; 〜の後ろ[向こう]から ◆situated just behind... 〜のすぐ後ろに位置している ◆a connector hidden behind a door ドアの裏に隠されているコネクタ ◆factors behind... 〜の(背景にある)要因 ◆the economics behind CIM CIM(コンピュータ統合生産)の経済的側面[経済性] ◆be [get] behind with one's payments 支払いが遅れている[遅れる] ◆look behind for traffic (道路上で)後方確認する; 《意訳》後続車両の確認をする ◆the technology behind this high-performance machine この高性能マシンの背後にある技術 ◆sales are running behind what they were a year ago 売上高は前年割れで[対前年比を下回って]推移している ◆stay at least 2 m (6 ft) behind the rearmost door of a street car 路面電車の最後尾の扉の最少なくとも2メートル(6フィート)後ろにいる ◆the dangers of planes flying too closely behind each other 航空機が互いに前後に接近しすぎて[十分な間隔をとらずに]飛行する危険 ◆Don't allow anyone to stand behind the circular saw. 丸ノコの後ろに誰も立たせないでください. ◆He is behind on house and car payments. 彼は住宅と車の支払いが滞っている. ◆Behind the increases in output are numerous mechanical changes. 出力の増加の裏には数多くの機械的変更がある. ◆The tactical commander must make the decision as to whether or not patients must be left behind. 戦術司令官は, 患者を置き去りにすべきか否かの判断をしなければならない. ◆He considers Japan to be behind the United States in terms of penetration of personal computers and software. 彼は, パソコンとソフトの(市場)浸透という観点から日本は米国に立ち後れていると考えている. ◆If you hear that someone has been talking about you behind your back, do you retaliate by spreading a rumor about that person? 仮に誰かがあなたの陰口を叩いていると言うことを聞いた場合, あなたはその人の噂を広めて仕返しをしてやりますか.

**behind-the-scenes** adj. 秘密裡の, 内幕の, 舞台裏の, 暗躍の ◆a behind-the-scenes investigation 内密の調査 ◆a behind-the-scenes story 舞台裏の話[楽屋話, 内輪話, 裏話, 内幕, 内情] ◆give a behind-the-scenes glimpse of... 〜の舞台裏[内幕, 内情]をかいま見させてくれる ◆expose the backroom dealings and behind-the-scenes maneuvers of the corporate lobby 秘密取引[闇取引]や企業ロビーによる舞台裏工作活動[暗躍]を暴露する

**behold** vt. 〜を見る; interj. ほら;《lo and behold! の形で》なんと[みると]〜ではないか[できた/ありませんか], 驚いた ◆be terrifying to behold 見るのも恐ろしい ◆"Open, Sesame!" And lo and behold, the huge rock rolled away, revealing the gaping mouth of the cave. 「開けゴマ!」 そして驚いたことには「なんと」大岩がゴロゴロと動いて洞穴の入り口がぽっかりと姿を現したではありませんか.

**being** 《be動詞の現在分詞と動名詞》◆come into being 現れる, 出現する, 生まれる, 誕生する ◆at least for the time being 少なくとも当座[当面, (ここ)しばらく, さしあたり, 当分の間,

ひとまず]は ◆GATT came into being in 1948 as... ガットは1948年に〜として生まれた。 ◆a nation that came into being brandishing the slogan "..." 〜というスローガンを振りかざして誕生した国家 ◆Humans are free beings, they are not robots. 人間は自由な存在であって、ロボットではないのだ.

**belated** adj. 遅ればせながらの、遅蒔きながらの、遅れて到着した、〈列車などが〉延着した、遅きに失した、手遅れになった、時機を逸した、時代遅れの(out-of-date) ◆begin a belated reassessment of... 〜の遅きに失した再評価[見直し]に着手する

**belch** vt., vi.(煙, 水蒸気, ガス, 火, 音などを)吐き出す<out>; ゲップする ◆a belching smokestack もくもくと煙を吐き出している煙突

**belie** vt. 偽って伝える、正しく伝わらない、矛盾する、裏切る, 欺く, 裏腹である、(予想や期待とは)違う[異なる]、うそである[間違っている]ことを示す ◆he moved with an agility that belied his 47 years 彼は47歳という年齢を忘れさせるような敏捷さ[軽快な動作、(俊敏な)身のこなし、(抜群の)体の切れ]で動いた ◆The system produces powerful, wide-range sound that belies its small size [compact dimensions]. この(スピーカー)システムは、小型サイズに似合わずパワフルでレンジの広い音を出す.

**belief** (a) 〜信じていること、信念、確信、意見、見解、考え、所信、判断、信仰、信用、信頼 ◆under a belief that... 〜という信念のもとに ◆there is a growing belief among... that... 〜 だという確信[見方, 見解]が〈人々〉の間で高まって[広まって]きている ◆They share a belief that... 彼らはともに、〜だと信じて[考えて]いる ◆in the belief that there is no real chance of a collision 実際に衝突する可能性は無い(だろう)という考えで

**believe** vt. 〜を信じる、思う、確信している; vi. <in> 〜 (の存在)を信じる、〜を信頼[信仰]している ◆believe in a free-market economy 自由市場経済を信奉する ◆believe in God 神を信ずる[信仰する] ◆a mystery vessel believed to be a North Korean spy ship 北朝鮮のスパイ船と思われる[工作船とみられる]不審船 ◆Believe it or not,.... 〜(口)信じられないかもしれないけれど、実際〜なんだ. ◆I believe that it is of utmost importance to <do...> 私は〜することが最も大事[《意訳》必要]だと信じて[確信して]います. ◆It is believed that... 〜であると信じられて[考えられて]いる ◆those who believe in Jesus キリストを信仰する人々; キリスト教徒 ◆instruct all operators to set aside any believed-to-be-nonconforming units 不適合と思われるユニットは何であれ脇にどけておくよう、作業員全員に指示する(*nonconforming = 仕様書/標準/規格などに適合していない = 不適合な) ◆ if you find out that the product is of lower quality than you believed it would be もしも商品の品質が思っていたより悪いと分かったら ◆AIDS is believed to have jumped from monkeys to man. エイズはサルからヒトに(飛び)移った[飛び火した]と考えられて[との見方がされて]いる. ◆He is believed to be 25 to 30 years old. 彼は、25歳から30歳と思われている[みられている]. ◆We believe the above test results to be correct. 我々は、上記の試験結果は嘘偽りの無い正しいものであると信じます. ◆Police believe the same thieves committed 12 burglaries using the same modus operandi. 警察は、同じ窃盗一味が同じ手口を使って12件の押し込み強盗を働いたものと見ている. ◆It's hard to believe 10 years have passed since the introduction of the first version of YouWrite. YouWriteの最初のバージョンの市場投入から10年経ったとは信じがたい. ◆The release of chlorofluorocarbons into the atmosphere is believed to be thinning the ozone layer that protects living things from dangerous ultraviolet rays. フロンの大気中への放出は、生命を危険な紫外線から守っているオゾン層を薄くしつつあると考えられている.

**belittle** vt. 〈人〉を小ばかにする、見くびる、軽蔑する、いやしめる、けなす、過小評価する、軽んじる、〜を小さく見せる ◆belittle them as country bumpkins 彼らを田舎者といってけなす[田舎っぺと呼んで小ばかにする]

**bell** a〜 ベル, 鈴(リン), 電鈴, 呼び鈴, 鐘, 釣り鐘 ◆a telephone bell 電話のベル ◆bell-shaped ベルの形状をしている、釣鐘形の

**Bell** (Alexander Graham Bell)(*電話機を発明し、米国でベル電話会社を創立した) ◆a (regional) Bell operating company; a BOC (pl. BOCs); an RBOC (pl. RBOCs), a regional Bell telephone company; a Bell company; a Baby Bell 《米》(地域)ベル系電話会社[ベル電話運営会社](*米国AT&T系の地方電話会社) ◆Bell Telephone Laboratories ベル研究所 (参考) Nynex, one of the American regional Bell operating companies (RBOCs) or "Baby Bells," provides telephone service in New York state and New England.

**belligerency** ◆The right of belligerency of the state will not be recognized. 国の交戦権は、これを認めない.(*憲法第9条)

**bell jar** a〜 ベルジャー, ガラス鐘(*理化学実験室などで使う釣り鐘型をした被い/容器) ◆a Pyrex glass bell jar パイレックス・ガラス製のベルジャー

**bellows** a〜 (pl. bellows) 蛇腹, ふいご(▶1個のふいごはa pair of bellows, a bellows, bellowsのいずれでもよい) ◆a bellows thermostat 蛇腹式サーモスタット ◆the built-in bellows allows you to get close in for tabletop stuff without macro lenses or extension tubes 内蔵の蛇腹によって、マクロレンズあるいはエクステンションチューブを使わずにテーブル上の物体を接写することが可能になる

**bells and whistles** 《コンピュ》必要とはされないが楽しいまたはあると便利なソフト機能 ◆devoid of bells and whistles 余分[余計]なものがない ◆Try to ignore the bells and whistles that you don't need. 《コンピュ》(機種選定の際に)必要としない余計な機能や装備等は、無視するようにしましょう. ◆With new notebooks being introduced almost daily, it seems that the only way to gather attention is to add even more bells and whistles. 新型ノート機がほとんど毎日といっていいくらい[《意訳》連日のごとく]市場投入されるなかにあって、注意を引くには更にお飾り的な機能を追加[より多機能化]するくらいの手しかないようだ. ◆You don't have to buy bells and whistles if you don't want them. There are plain-Jane versions (entry-level models) that should meet your requirements. 余分な機能や装備は欲しくなかったらお金を出す必要はありません. あなたの要件にかなう簡素[基本構成]版(入門モデル)がありますから.

**bellwether** a〜 群れの先導をする鈴付きの雄羊, 指導的役割をはたす人や物、今後の動向を示す役割をはたす人や物、先行指標 ◆bellwether companies (業界で)指導的な企業

**belly** a〜 腹, 腹部, 胃
**go belly up** 《俗》(魚が腹を上にするようにして)死ぬ, だめになる (= fail) ◆My car's climate control went belly-up. 俺の車のエアコンがぶち壊れちまった.

**belong** <to> 〜に属する[所属する, 帰属する], 〜の一員である <to> ◆a sense of belonging 帰属意識 ◆belong to a group あるグループに属している ◆This software is intended exclusively for use by persons belonging to, or affiliated with, Princeton University. このソフトウェアはプリンストン大学に籍を置く者、あるいはプリンストン大学関係者専用です.

**beloved** adj. 最愛の, 大切な ◆my beloved children 私の愛する[愛しい, 最愛の]子どもたち ◆play one's beloved guitar 愛用のギターを演奏する

**below** prep., adv. 下に, 下方へ, 階下に, 〜より下流に, より下位で, 未満で, 下回って, 割り込んで; (後に続く文章を指して)以下に[次に] ◆directly below... 〜の直下の[に] ◆the table below 以下の[以下に示す]表 ◆army officers (colonels and below) 陸軍将校たち(大佐以下の) ◆as shown [indicated] in the diagram [figure] below 下図に示すように ◆a strip of land below 31 degrees north latitude between... 〜に挟まれた北緯31度以南の細長い土地 ◆at or below 3.25 percent 3.25パーセント以下で ◆be a few notches below... 〜よりも数段階下である ◆directly below... 〜のまっすぐ下

の[に], 〜の直下[真下]の[に] ◆from below upward 下から上に向かって[上方に] ◆immediately below... 〜の直下の[に], 〜のすぐ下[真下]の[に] ◆a building with two levels [stories] above ground and three levels [stories] below 地上2階, 地下3階のビル ◆personal computers priced below $1,000; PCs priced at below $1,000 千ドルを切る価格のパソコン ◆growth rates fell to zero and below 成長率はゼロ以下に落ちた ◆sell... at as much as 34 percent below fair prices 〜を適正価格の34%も安く売る ◆the reflection of sound waves back from below (the surface of) the sea bottom 海底下からの音波の反射(*海底下の地層からのという意) ◆the screw head must seat below the surface ねじの頭は表面[つらいち]より下に潜っていなければならない ◆the unemployment rate dropped below 7 percent 失業率は7%を割った[割り込んだ, 切った] ◆when the revs are below 4500 rpm 回転数が4500rpmを切っている[以下の]時に(*belowは厳密にいうと「未満」) ◆tear off the form 1" below the last printed line 最後に印字した行から1インチ下がったところで用紙を切断する ◆the wheat price dropped to 50 cents a bushel or below 小麦価格はブッシェル当たり50セント以下に下がった[50セントを切った] ◆the probability that 50 percent of the measured data are equal or below a given level 測定値の50パーセントが所定レベル以下である確率 ◆From the Start menu, select the control panel as shown below: 下図に示すようにスタート・メニューからコントロールパネルを選択します。 ◆Remove the lower part of the lock from below. ロックの下部を下から取り外してください。 ◆The circuit configuration is as shown below. 回路構成は, 以下に示す通りである。 ◆The change in the signal is below the sensitivity of the measuring instrument. その信号の変化分は, 測定器の検出感度[測定限界]以下である。

**below-average** 平均以下の(*厳密には「平均未満の」), 平均に達しない, 平均を下回る

**below-cost** 原価を割った, 採算割れした, 出血価格の ◆at a below-cost price 原価[採算]割れの価格で

**below-freezing** 氷点下の, 零下の ◆below-freezing air 氷点下の温度の空気

**below-market** 市場価格を下回った, 市価を割った ◆at below-market prices 市場実勢価格以下で; 通り相場以下の値段で ◆below-market interest rates 市場(実勢)平均金利以下の利率(*厳密にはbelowは「未満」)

**belt** a〜 ベルト, 帯, 調帯(チョウタイ), 分布地域, 地帯; vt. 〜をベルトで締める, 〜を巻く, 〜をベルトで腰につける ◆a conveyor belt; a belt conveyor コンベアベルト; ベルトコンベア[=と同じもの, 前者の方が一般的] ◆a steel-belted radial 《車》スチールベルト入りラジアルタイヤ ◆take up belt slack ベルトのたるみを取る[無くす] ◆belt-driven double overhead cams 《車》ベルト駆動[ベルトドライブ方式の]ダブルオーバーヘッドカム ◆Always belt yourself. (安全)ベルトはいつも締めるように。 ◆Shoulder belts must never be worn without a lap belt. 肩ベルトは, 決して腰ベルトなしで(単独で)着用してはならない。

**belt conveyor** ベルト・コンベア[コンベヤ](= a conveyor belt)

**belt-tightening** (金融, 出費などの)引き締め[緊縮](政策), 出費を抑えること, 耐乏する生活 ◆at a time of national belt tightening 国家財政の引き締め時に ◆belt-tightening measures 冗費節減策, 金融引き締め[緊縮]策 ◆recall the belt-tightening days of World War II 第二次世界大戦の耐乏生活時代を思い出す

**beltway** a〜 《米》(都市を取り巻く)環状道路(=《英》a ring road) ◆"A Beltway mentality" that exists in Washington ワシントンに巣食う米国版「永田町メンタリティー」 ◆live inside [outside] a beltway 環状道路[環状線]の内側[外側]に住む

**bench** a〜 ベンチ, 長腰掛け, 作業台, 工作[組工]台, 裁判官席

**bench-made** 手作りの, 注文製作の, あつらえの ◆bench-made [bespoke] tailoring 注文[あつらえ]仕立て; 調製(*背広などの)

**benchmark** a〜 ベンチマーク, 水準点, 水準基線, 標線, 基準 ◆run benchmarks under MS-DOS 4.01 MS-DOS 4.01でベンチマーク(テスト)を走らせる ◆how quickly a computer can execute a benchmark program コンピュータがどのくらい速くベンチマークプログラムを実行できるか ◆The U.S. benchmark crude, West Texas Intermediate, dropped about 20 cents a barrel to $15.53. 米国の標準[基準]原油であるウエスト・テキサス・インターメディエートは, バレル当たり20セント下がり15.53ドルになった。

**bench-test** a〜 ベンチテスト, 台上[机上]試験[検査]; vt. 〜をベンチテストする ◆bench-test the starter to isolate the problem 障害を突き止めるために始動モータを作業台上で試験する

**bend** 1 vt. 〜を曲げる, 〜を曲解する, 〜を〈に〉屈服させる<to>, 〜を〈に〉向ける[傾注する]<to>; vi. 曲がる, 湾曲する, かがむ, 〈に〉屈服する[折れる, 従う]<to> ◆a bending block 《板金》曲げ台, 折り曲げ台 ◆a bending fatigue test 曲げ疲れ[疲労]試験 ◆bend rules 規則を曲げ[曲解する, 歪曲する] ◆bent into a 75°angle for hard-to-get-at places 届きにくい箇所での作業のために75度の角度に曲げられて ◆if the cover is dented or bent もしカバーがへこんでいたり曲がっていたりしたら ◆Never bend or coil... with a radius of bend less than... 決して〜を〜未満の曲げ半径で曲げたり巻いたりしないでください。 ◆The amplifier module is designed with flexible printed circuits that allow the module to bend through 120 degrees of unrestricted movement. アンプモジュールはフレキシブルプリント回路で設計されているので, 動きが拘束されることなく120度の範囲にわたって曲げることができます。 (参考) overbending to compensate for springback 《板金》跳ね返りを補正するための曲げ越し(*材料を過剰に曲げること)

2 a〜 曲がり, 湾曲部, 曲がっている箇所 ◆a bend allowance 曲げ許容量 ◆a ninety degree bend 90度の曲がり ◆a sieve bend 《鉱山・炭鉱》弧形ふるい, 弧状篩 ◆a [the] degree of bend 曲げ角度 ◆a bend [bending] tester; bend [bending] test equipment; bend testing equipment 曲げ[折り曲げ, 屈曲]試験機 ◆a 60°angle bend 60°の曲がり ◆a bend in a tube チューブの曲がり ◆a bend in the bar その棒の湾曲箇所 ◆a minimum bend radius; the minimum radius of bend 最小折り曲げ半径 ◆bends in a waveguide 導波管の湾曲部 ◆make a straight-line bend 直線曲げをする ◆make [form] a straight-line bend 《板金など》直線折り曲げを行う ◆The bender features a degree-of-bend control, which allows settings from 0°to 180°。 この曲げ機械には, 0〜180度の設定が可能な曲げ角度調整装置が(特長として)備わっている。 ◆Use a pencil to scribe each line whether it is a bend line or a cut line. 曲げ線であれ切断線であれ, 各々の線を鉛筆でケガキをして[けがいて]ください。 ◆Microsoft got where it is by not being complacent, by aggressively marketing, by continually improving its products and not missing the next bend in the road. マイクロソフト社がここまでこられたのは, 自己満足することなく積極的にマーケティングを推し進め, たゆみなく製品を改良し, 先の変化を読み誤らずにやってきたからである。

**bending** (a) 〜 曲げ, 屈曲 ◆a bending [bend] test (折り)曲げ試験, 屈曲試験 ◆(a) bending strength 曲げ強度[強さ] ◆bending stress 曲げ応力 ◆by repeated bendings of... 〜の繰り返し曲げ[反復屈曲]により ◆it was weakened from too many bendings with pliers それはペンチで幾度も曲げられたことにより脆弱化した

**beneath** 〜の(真)下に ◆a major quake had occurred beneath Kobe 神戸に直下型大地震が起きた ◆both from beneath the floor and from behind the walls 床の下からも壁の向こうからも ◆strata beneath the ocean bottom 海底下の地層[堆積層] ◆pump water from an aquifer beneath their land 彼らの土地の地下にある帯水層から水をポンプで汲み上げる ◆situated beneath the surface of the earth 地下にある

**beneficial** adj. (〜にとって)有益な[ためになる, 利益になる, 有利な]<to>, 受益の, 《意訳》有用[便利]な ◆it seems more beneficial to invest in... 〜に投資するほうが有利な[有益な, 得の, 得策の, ためになる]ように思われる ◆be beneficial to the environment 環境にいい

**beneficiary** a 〜利益[恩恵]を受ける人, 受益者,〈遺産, 保険金, 手形, 信用状などの〉受取人,〈年金などの〉受給者, 信託受益者 ◆beneficiaries of grants 補助金の受取人(たち) ◆non-poor Medicaid beneficiaries （低所得者向けの）医療扶助制度を利用している貧しくない受給者たち

**benefit** 1 (a) 〜利益, ため, 恩恵, 便益, 便宜, 利点, メリット; (a) 《しばしば 〜s》年金, 給付金,〈給付〉手当; a 〜慈善興行, チャリティショー ◆benefits 諸手当 ◆an insurance benefit 保険給付 ◆apply for unemployment benefits 失業給付の申請をする ◆benefits arising from... 〜から生じる[もたらされる]利益 ◆be of great benefit to... 大いに〜にとってためになる ◆the benefits of competition 競争がもたらす様々なメリット ◆benefits congressmen enjoy because of their office 国会議員が享受している諸便宜[役得, 特権] ◆offer customers major cost benefits 顧客に大きなコストメリットを提供する ◆research and development benefits to society 研究開発が社会にもたらす恩恵 ◆it will be a great benefit to... それは, 〜にとって大きな恵みとなることだろう ◆there is a belief that benefits will accrue from the mere introduction of technology into... 単に〜に技術を導入さえすれば便益がもたらされることになるという考え[見解, 意見]がある ◆the point at which benefits begin to accrue is hard to define メリットが出始める点[どこから増加に転じ始めるか]を特定するのは困難である ◆All products must provide [offer] benefits to customers. すべての商品は顧客に便宜/便益を提供するものでなければ[《意訳》お客様に使っていただいて役に立たなければ]ならない. ◆The benefits brought about by the use of an ASP (application service provider) are indeed far-reaching. ASP（アプリケーション・サービス・プロバイダー）を利用することによりもたらされる便益[利点, メリット]は実に広範にわたります. ◆The productivity benefits from allowing managers to prepare their own documents are quite clear-cut. 管理職層に自分で文書を作成させることによる生産性面での諸々の利点は, かなり明確[明解]である. 2 vi. 利益を得る, 得をする; vt. 〜のためになる, 〜を利する ◆benefit all concerned parties 関係するすべての者[関係者一同]のためになる ◆benefit from the effects of... 〜の効果の恩恵を受ける ◆benefit from constructive criticism 建設的な[前向きの]批判を活かす[有り難く利用する] ◆benefit from the dollar's drop ドルの下落[ドル安]の恩恵に浴す ◆The new plant will benefit the town. その新工場は, 町の利益になる.

**benighted** adj. 無知の, 未開の ◆benighted users 何も分からないユーザー

**benign** adj.〈人が〉優しい[慈悲深い],〈気候が〉温和な,〈病気が〉良性の ◆a benign polyp 良性のポリープ
**benign neglect** [U] ◆practice benign neglect toward... 〜に対して無為無策[不作為]を決め込む; 〜をほったらかしにする ◆treat... with benign neglect（直訳）〜を無為無策[の策]をもって扱う; 〜をほったらかしにする ◆adopt [pursue] a policy of benign neglect toward... 〜に対して無策[不作為]の策[結果良しとして無視]の方針

**bent** (bendの過去・過去分詞形) adj. 曲がった, 湾曲した, カーブした; 心を傾けた[決心して, ひたすら〜しようとして, しきりに〜したがって, 熱血の]<on...-ing> cf. hell-bent ◆become bent 曲がる(ってく)る, ゆがむ[ゆがんでくる], よじれる(てくる)る, ねじれ(てくる)る ◆a trestle bent トレッスル橋脚 ◆If Hitler had been bent on world conquest [dominance],... ヒトラーが世界征服[支配, 君臨]をもくろんで[を狙って, の野望に燃えて]いたのであれば ◆suicidal Japanese kamikaze pilots (who are) bent on crashing their aircraft into allied warships 連合国の戦艦に自分たちの飛行機を体当たりさせる決意でいる日本の自殺的神風操縦士ら[《意訳》体当たりさせようと決死の覚悟の神風特攻隊]

**benthic** adj. 底生の, 底生性の, 深海底の ◆deep-sea benthic ecosystems 深海底生生態系

**berate** vt.〈人〉を(〜のことで)がみがみと叱りつける[強く叱責する, 厳しく非難する]<for> ◆berate him; scold him vehemently 彼をがみがみと叱る ◆He berated "antisocial elements" for attempting to "direct the masses toward anarchy." 彼は「反社会分子」を「大衆を無政府状態に誘導」しようとしていると厳しく非難した.

**bereave** vt.〈人〉から(肉親など大切なものを)奪う<of> ◆victims and their families; victims and bereaved families 犠牲者および遺族の方々

**beriozka** a 〜ベリョースカ（*旧ソ連時代に外貨でのみ買い物ができた店）

**berkelium** バークリウム（元素記号: Bk）

**berm** a 〜斜面や堤防の頭頂部あるいは根元の狭長な土地[通路], 犬走り[犬行（イヌユキ）], (方言)路肩 ◆an embankment berm 堤防の犬走り（*堤防に沿った平らな部分を指し, 頂部, 斜面の途中, あるいは底部に設けられた道路として使われる場合もある）

**berth** a 〜寝台, (船を)停泊させる場所[水域], バース, 錨地（ビョウチ）, 接岸[係船]岸壁, 埠頭, 操船余地, 駐車[停車]余地[場所], 職, 地位, 階級; v. 停泊させる[する], 〜に寝台を割り当てる, 寝台で寝る ◆a container berth コンテナバース[埠頭] ◆a cruise ship berth 大型観光船を接岸させるための岸壁[埠頭] ◆give (a) wide berth to...; give... a wide berth《俗》〜との間に十分な安全距離をとる, 〜を敬遠する[避ける, よける], 〜に近寄らない;〈人〉に大幅な自由裁量[行動の自由, フリーハンド]を与える ◆in an upper berth [a lower berth] 上[下]段寝台 ◆seek a berth in the top 10 トップテン[ベストテン, 上位10者]の地位[への食い込み]を狙う ◆sleep in a berth behind the cab 運転室の後ろの寝台で眠る（*長距離便トラックの） ◆the upper berth is accessible by a ladder（意訳）上段の寝台[ベッド]は梯子でのぼれるようになっている ◆give a wide berth to a bicyclist 自転車に乗っている人との安全距離を十分に広く取る ◆the ship glided away from its berth in Jamaica Bay 本船はジャマイカ湾の岸壁から離岸した ◆Give anyone with a get-rich-quick scheme a wide berth. うまい儲け話を持ってくる人は（誰であっても）避けること. ◆Give negative people a wide berth. 消極的な人たちとは距離を置くこと. ◆In junior high school, everybody gave him a wide berth. 中学校当時, 皆（いやがって）彼には近寄らなかった. ◆He became chief operating officer and will be given a wide berth to get the company back to normal. 彼は最高経営責任者となった. そして会社を平常[常態, 軌道]に戻すために大幅な自由裁量[行動の自由]が彼に与えられるだろう.

**beryllium** ベリリウム（元素記号: Be）◆beryllium bronze ベリリウム青銅

**beset** vt. 〜を襲う, 攻撃する, 悩ます, 取り囲む, つきまとって[ついて回って]苦しめ続ける ◆be beset by a very serious financial crisis 極めて深刻な財政危機に襲われている

**beside** 〜のそばに, 傍らに, 隣に, 脇に, 横に; 〜と並んで, 同列に比べて; 〜を外れて, 〜とは関係なくて; 〜にくらべて, へして, はたで; be beside oneself <with>（〜で）我を忘れて, 逆上して ◆road shoulders immediately beside the traveled portion are soft 通行部分のすぐ脇の路肩は軟弱である

**besides** さらに, それに, その上, あんまさえ, しかも, 〜に加えて, おまけに, 〜のほかに, 〜の傍ら, 〜を除いて ◆Besides being easy to load,... 充填が簡単な上に, ...

**bespoke** bespeakの過去・過去分詞形; adj. (custom-made)あつらえの, 注文して作らせた; 誂えとする, (予約)注文品を作っている ◆bespoke tailoring 注文[あつらえ]仕立て, 調製（*背広などの）

**best** adj. 一番[最も]よい, 最善[最良, 最優良, 最右翼, 白眉]の, 上のない, 一番の, 好適な, 最適な, 圧巻の, 随一の, 一きっての; adv. 最高に, 最もうまく, この上なく, 最適に; n. the 〜一番よいこと[者, 物], 最善, 一番, 圧巻（*本や劇などの中でもっともすぐれた部分or場面）, （〜の中で）最も優れている

もの [（〜の）最右翼、（〜の）白眉］ <of>, one's 〜 自己のベスト ◆draw the best out of... 〜から能力［性能］を最大限引き出す ◆during [in, at] the best of times ベスト［最高、最善、最良、絶好調］の（状態の）時に［時期に］ ◆... (perhaps) may be best thought of as... 〜は［〜のことを］、（たぶん）〜とでもみなせば一番いい［〜みたいなものだと理解すればよい］だろう ◆put... to the best possible use; make the best possible use of... 〜を最大限に（有効）活用する,《意訳》徹底的に利用する (*bestに「有効」の意味が含まれている) ◆the best and (the) brightest 俊秀［俊英、俊才、俊逸、俊傑、秀才］たち ◆the next [second] best solution 次善の解決法 ◆the ten best movies of 1998 1998年のベストテン映画 ◆the best single method for... (ing) 〜（する）ための唯一最善の方法 ◆best-quality copper pipes 最高の品質の銅パイプ ◆it would be best to <do> 〜するのが最善の策であろう ◆one of the best-liked athletes 最も好かれている選手の一人 ◆BEST BEFORE: JAN 23 96 （食品のパッケージ上の標示文句）賞味［消費］期限: 96年1月23日 ◆BEST WHEN USED BY DATE ON SIDE OF CAP 《意訳》賞味期間［品質保持期限、消費期限］はキャップ側面に表示してあります. (*ビン詰め食料品の表示文句) ◆determine what is best (suited) for your needs 何が客側のニーズに最適なのかを突き止める；客側のニーズにベストのものを見極める ◆it works best at high humidities それは高湿度において最も良く働く［効果をあらわす］ ◆The best way to do this is to divide... 〜をするための最善の策［最良の方法］は、〜を分割することである. ◆choose the program that best suits [fits] your needs あなたのニーズに最適なものを選定する ◆the editors' choices of the ten best cars sold in Canada 編集者らが選んだカナダで販売されている車の上位10車［ベストテン］ ◆what he was best at was taking pieces of existing music and transforming them into something different 彼が最も得意としたのは、既存の曲を取り上げてそれを何か違ったものに改造してしまうことだった ◆what might best be described as "..." 〜とでも言う［呼ばれる］べきもの ◆Backing-up is best done very slowly. （車の）バック［後退、後進］は、うんとゆっくり行うのが一番いい. ◆It's best not to drink alcohol before driving – anytime. いかなる時も、車に乗る前はアルコールを飲まないのが最善の策である. ◆Make the best possible use of your creativity. あなたの創造力［独創性］を最大限発揮させなさい. ◆Practice is the best way to learn how to handle skids. 練習は、スリップにどう対処すればよいのかを体得するための最良の方法である. ◆The best way to do that is operating in a more unified way. これを行うための方法は、より統一のとれた経営をすることである. ◆The work is best left to a professional mechanic. この作業は、プロの整備士に任せるのが最善の策である. ◆We want it to be the best of any car in its class. 我々は、この車をクラス最高のものにしたいと思っている. ◆They feel they are doing the best they can in the face of overwhelming odds. 彼らは、圧倒的に不利な状況にあるわりにはここまでできれば御の字［と感じている［よくぞ健闘している、ここまでできれば御の字］と感じている.；彼らは、圧倒的に不利な状況にあってこれが精一杯という、と感じている. ◆Even in the best of times, sudden stock market swoons quickly remind average investors of the worst of times. 絶好調の時にでさえ、突然の株式相場《意訳》株価）の下げは、即座に平均的な投資家に最悪の時のことを思い出させてしまう. ◆This web site describes the hardware, software, and people that made the system the best thing of its kind for many years. このウェブサイトは、本システムを何年間にもわたり同種の中で最高のものにしたハードウェアとソフトウェアそして人々についての物語です. ◆We package things as best we can and use new packaging materials of proper quality to minimize the chances of damage during shipping. 小社では商品をできる限りうまく梱包するようにしています. また輸送中に損傷を受ける可能性をできるだけ小さくするために適切な品質の新しい梱包材料を使用しています.

**at best** 〔文語形 at the best〕、（強調形 at the very best）最善［最高、ベスト、《意訳》限度］で（も）、せいぜい、たかだか、良くても、関の山に、一番良く［多く］見たところで、どうひいき目にみても ◆Evidence that greenhouse warming has already started is at best tenuous. 温室効果による温暖化がすでに始まっているといった根拠は、どうひいき目に見ても希薄だ. ◆I personally see a 50-50 chance of a double-dip recession and, at the very best, a halting recovery. 《意訳》私個人としては二段落ち込みの景気後退の（起こる）確率は五分五分であると見ています. そして（もし最悪の復興があるとしても）足取りのおぼつかない回復というのが関の山といったところでしょう.

**do [try] one's best** 最善［ベスト、全力、力の限り、手］をつくす、最善の努力を払う、粉骨砕身する、精一杯やる <to do> ◆we will do our best to <do> 私どもは、最善を尽くして〜する所存です ◆she tried her very best to <do> 彼女は、〜するために［〜しようと］最善を尽くした ◆We'll do our best to set it right. 私たちは、それを正すために最善を尽くします.

**bestow** vt. 〜を授(サズ)ける［授与する、与える］<on, upon> ◆bestow a Ph.D. degree on... 〈人〉に博士号を授ける

**best-seller** a〜ベストセラー（作品［商品］）、売れっ子作家 ◆a best-seller among low-end personal computers 下位機種［低価格、入門レベル］パソコンの中のベストセラー

**best-selling** adj. ベストセラーの、最もよく売れる ◆a best-selling author ベストセラー作家 ◆a best-selling novel ベストセラー小説

**bet** （金銭）を賭ける<on>,《話》きっと〜だと思う；a〜賭事、賭金、賭けをする対象 ◆If you try it, I bet you'll love it. あなたも試してみればきっと好きになるでしょう. ◆In buying a camcorder, your best bet is to know exactly what's available before you start shopping. カメラ一体型ビデオを購入する場合、買う前にどんなものが出回っているのかを正確に知るのが一番だ. (*your best bet is to <do> は、人にアドバイスを与える場合に使う)

**beta** a〜ベータ(β) ◆a beta user [tester] 《コンピュ》β版ユーザー［試用者］ ◆start beta tests of software ソフトのβテストを開始する ◆test [try] Windows 95 betas 《コンピュ》Windows 95のβ版を試す［試用する］(*betasと複数形になっているのは、ベータ版がさらにβ1〜β3と複数に分かれているため) ◆to beta test software ソフトウェアをβテストする；ソフトをβ版テストにかけるなど ◆The company plans to start beta testing later this year of its DBMS software. この会社は、自社製品であるDBMSソフトのβテストを今年遅くに開始する予定である. (*laterは単に、これを書いている時点よりも後という意味なので特に訳さない)

**betray** 裏切る、背く、暴露する ◆The car's chassis betrays its age on lumpy city streets. この車のシャーシ［車台］は、都市部のでこぼこ道ではそれが古いものであることを露呈してしまう. (*新型車のくせに設計の古いシャーシを搭載していると批判している文)

**better** よりよい、より望ましい、より優れている、より適切な、増しな；〜より勝っている、〜を凌駕(リョウガ)している <than> ◆Better still,... さらに（良いことに） ◆get better 良くなる ◆±3dB or better ±3dB以内 (*周波数特性の偏差「あばれ」についての仕様での表示) ◆a change for the better 好転、改善、向上 ◆a more expensive, better-equipped car もっと値の張る、より装備の充実した車 ◆And what's better, ... さらに良いことには、 ◆be an order of magnitude better 1桁上である ◆Better yet, ... さらに良いことには、... ◆... change for the better よくなる；好転［改善］する ◆foster better service サービス向上を促進する ◆Their technical skills get better. 彼らの技能は向上する［腕が上がる］. ◆to change the world for the better 世界をもっとよくするために ◆better-made products もっと品質［出来栄え、仕上がり］が良く作られている製品 (*well-made の比較級) ◆better-quality より高品位な、より品質がよい ◆better-than-expected results 予想を上回る［期待以上の］結果 ◆improved temperature control through better thermal coupling between heaters and sensors 《意訳》ヒーターとセンサーの熱結合の改善を通してもたらされた温度制御［調節］の改善 ◆I think it would be better if we... 私は、〜した方がいいのではないかと思います ◆it might be better if you don't..., 〜しない方がいいかもしれない ◆The sooner that happens the better.  それが起きるのが早ければ早いほど良い． ◆be called "xxx" for want of a better word [for lack of a better term]  他にもっといい言葉 [用語] がないので「xxx」と呼ばれている ◆slightly superannuated technology is often much better than no technology at all  少しばかり古くなった技術でも技術が全然ないよりはよっぽどましだということはよくある ◆to gain a better understanding of how the human body reacts to heavy work in outer space  大気圏外空間における重労働に対し，ヒトの身体はどんな反応を見せるのか，といった問題についてより良く理解するために ◆Expectations for a better Indo-Pakistan climate had started to rise when. . .  印パ情勢改善に向けての期待が，~を契機として高まり始めた． ◆Mr. Jackson's effort to <do. . .> appears to be faring no better.  ジャクソン氏の~しようという取り組みはこの上なくいい調子 [絶好調] で進んでいるようである． ◆This is a small penalty to pay for better mileage.  これは，燃費の改善に対して払う小さな代償である． ◆Your finances take a turn for the better.  あなたの財政状態 [懐具合] は好転するでしょう．(＊占いの話です) ◆Better-quality tapes will cost more per tape and more per recording hour.  より高品質のテープは，テープ単価も録画時間あたりのコストももっと高い． ◆It is better to have the gap a little too large than too small.  間隙は，少し大き目にしておくほうが小さ過ぎるよりも望ましい [好ましい] です． ◆The output voltage regulation shall be +/- 4% or better from 0% to 100% of rated load.  出力電圧変動率は，定格負荷の0%から100%の範囲で±4%以下 [以内] であること． ◆There are other changes for the better in the works so stay tuned!  そのほかにもいくつかの改良について準備中ですので，今後もご注目ください [ご期待ください，お楽しみに]． ◆The manufacturer says that in performance, the graphics controller betters a standard VGA card by ten times.  メーカーによると，そのグラフィックス・コントローラーは通常のVGAカードに比べて10倍性能がいいということである． ◆There are any number of laptops that perform as well as or better than this machine.  この機械と同等かそれを上まわる性能の [この マシンに近い性能の] ラップトップ機は，いくらでもある． ◆Women employed in the formal economy are significantly better off financially than their rural counterparts.  正式な経済の枠組みの中で雇用されている女性は，農村部で働く女性よりもはるかに経済的に豊か [裕福] である．(＊文脈上，counterpartには「働く」の意味合いが含まれる)

### better half
◆his better half  《滑稽》彼の配偶者 [(終生の) 伴侶，奥方，妻，細君，妻君，結婚した相手，女鶴，良配] ◆So it was natural that she should become my better half.  そういうわけで彼女が私の連れ合い [女房，妻，伴侶，カミさん，よめはん] になるのは当然のことだったのだ．

### betterment
□改善，改良 ◆significantly contribute to the betterment of people's lives  人々の生活の向上に大きく寄与する ◆make contributions toward [to, for] the betterment of society  社会をよくするための貢献をする ◆strict standards and criteria for the preservation and betterment of the environment of Roseville  ローズビルの環境の保全と改善へ向けての厳しい基準および条件 ◆make a contribution to the betterment of society on a smaller scale  比較的小さいながらも社会をよくすることに貢献する

### better-than-average
並より上の，平均以上の

### between
~の間に [中] の，~の仲間内で ◆in between  中間に，間に，合間に ◆add. . . in between  ~を中間に追加する [挿入する] ◆between 1980-1990 inclusive  1980年から1990年の間に(▶inclusiveは，1980年と1990年も含まれることを明示している．between 1980-1990の場合，厳密には1980年と1990年が含まれない) ◆between 1 p.m. and 2 p.m.  午後1時と2時の間に；午後1時台に ◆fall somewhere in between the two extremes  それら両極端の間のどこかに当たる [する] ◆Between these extremes exist. . .  これらの (両極端の) 中間に位置するものとして~がある． ◆indicate only black or white, with no shades of gray in between  中間調 [階調] なしの黒か白のみで表示する ◆one of the in-between L models (商品系列の) 中間に位置するいくつかあるL機種のうちの一機種 ◆remove all shims from between them  それらの間からはさみ金を全部取り除く ◆an adapter that plugs in between the keyboard and the PC  キーボードとパソコンの間にプラグで接続するアダプタ ◆between the instant when. . . and the instant when. . .  ~の時点から~の時点までの間 ◆Everything in between is part of a gray area.  中間のものはすべて合法・非合法を決めがたい． ◆It operates for up to a month between battery recharges.  それ (装置) は，(直訳) バッテリーを充電してから次の充電まで [(直訳)] 1回のバッテリー充電で] 最高1カ月間動作する． ◆The truth is probably somewhere in between.  多分，真実はその中間 (のどこか) にあるのだろう． ◆Insulation Resistance: 100 megohms min. ● 500VDC is applied to between terminals for 1 minute.  絶縁抵抗：最低100MΩ．●端子間にDC 5000Vを1分間印加する． ◆Print speeds for wire matrix printers range between 60 and 250 characters per second.  ドットマトリックスプリンタの印字速度は，60～250文字／秒である． ◆Systems for document filing and retrieval cover a fairly broad spectrum. At one end are. . . At the other end are. . . In between are. . .  文書検索システムの種類はかなり幅が広い．下は~．上は~．中間には~というものがある． ◆The nickel-cadmium battery pack is specially manufactured for Nanotronics to stretch the time between charges.  本ニッケルカドミウムバッテリーパックは，充電間隔を伸ばすべく [1回の充電で長持ちするよう] ナノトロニクス社向けに特別に製造されています． ◆Videout Tech is the only company in the world that delivers field-proven frame grabbers for every application from commercial to full Military Specification. . . and everything in between.  ビデアウトテック社は，商業用から正式な軍用仕様 (米軍用MIL規格) まで，そしてその間に位置するあらゆるアプリケーション向けに現場実績あるフレームグラバーを納品する世界で唯一の会社です．

### between-meal
adj. 間食の，おやつの，食間の ◆between-meal sipping  食事と食事の間の一杯

### bevel
ベベル，傾斜が付いている面，斜面，開先，角度定規；vt., vi. (-eled/-elled, -eling/-elling)（刃を斜めに寝かせぎみにして）切る，面取りする ◆a beveled nail slot  V字形をした釘が入る溝 (＊釘抜きの端部の形容より) ◆cut. . . at a bevel  ~を (切削部が斜めになるよう) 傾斜して切る

### bevel gear
a~  かさ歯車，ベベルギア

### beveling
《加工》面取り (= chamfering)

### beverage
a~  飲み物，飲料 ◆a hot beverage  熱い飲み物 (＊お茶やコーヒー) ◆an alcoholic beverage  アルコール飲料

### beware
vi. (~に) 用心する [気をつける，注意する，警戒する] <of>; vt. ~に気をつける，~するよう気をつける <that節>，~かに気をつける <wh節> ◆Beware of a wolf in sheep's clothing.  羊の皮をかぶったオオカミに気をつけなさい． ◆Beware of mixing business with pleasure.  仕事と遊びを一緒にしないよう注意しなさい．

### bewilder
vt. ~を当惑 [困惑] させる，うろたえさせる，まごつかせる，とまどわせる，面食らわせる，あきれさせる

### bewilderingly
adv. あきれるほど，戸惑いを覚えるほど，戸惑わせるほど ◆it's bewilderingly stupid  それはあきれるほどばかげている ◆a bewilderingly incoherent answer to a reporter's question as to why. . .  ある記者のなぜ~なのですかという質問に対する，面食らうほど支離滅裂な答え

### beyond
~の方へつ，~のかなたに，~を越えて，~以上に，〈能力など〉の及ばない，〈制御など〉できない ◆beyond normal limits  通常の範囲を超えて ◆it never got beyond the demonstration stage  それはデモの段階を出ることはなかった (＊製品化までには至らなかったという意) ◆move beyond one's core business  本業の殻を破って他の分野に進出する ◆through the '90s and beyond  90年代 (全体を) を通し，また それ以降もずっと ◆a sense of spaciousness beyond the actual dimensions of the rooms  部屋の実際の寸法 [大きさ] 以上に [よりも] 広々としている感じ ◆due to circumstances beyond a person's control  やむを得ない事情のため；よんどころない事情があって ◆replace crumpled parts that are beyond repair  く

しゃくしゃになった修理不能部品を交換する ◆oppose continuing the B-2 stealth bomber project beyond the 20 planes already on order 既に発注がかけられている20機以降B-2ステルス爆撃機計画を継続することに反対する ◆the sales are way beyond expectations 売れ行きは予想をはるかに上回っている ◆Stop before entering the intersection, if the roadway beyond is blocked with traffic. 交差点の向こう側の車道が渋滞してふさがっていたら、交差点に入る前に停止すること。◆The houses have been left vacant and have deteriorated almost beyond repair. それら家屋は空き家状態のまま放置され、修繕できないほどまでに荒廃してしまった。◆Beyond September, future meetings are slated for early November in Los Angeles, and for early January in San Diego. 9月以降、今後のミーティングは11月初旬にロスで、次に1月上旬にはサンディエゴで予定されている。◆they had perfected a technique to grow the cells indefinitely without their developing beyond an embryonic state 彼らは細胞の発達を胚芽状態にとどめて[状態よりも先に進まないようにして]いつまでも[永久的に]増殖させる方法を完成させた

**bezel** a～(時計・メーター類・ヘッドライトなどの)ベゼル[表綾、《意訳》エスカッション]、ノミなどの刃の傾斜面、宝石などの傾斜したカット面、宝石の受け座 ◆the bezel of a watch 腕時計のベゼル(＊目盛板の保護ガラスの周りのリング状の金物。各種機能を持たせた回転式ベゼルもある) ◆the gold bezel of the tuning dial 同調ダイヤルの周りを囲んでいる金色のベゼル[《意訳》エスカッション](＊年代物ラジオの) ◆the front bezel of the 3.5-inch drive bay 《コンピュ》3.5インチドライブ用のベイのフロントベゼル

**Bi** ビスマス(bismuth)の元素記号
**bi-** 2倍の、2つの、2回の、重-、双-、両-(cf. semi-)
**biannual** adj. 年に2回の(= twice-yearly)、半年[半期]ごとの(= semiannual) (cf. biennial)
**bias** 1 (a) ～ 偏見、先入観、予断、バイアス ◆a reverse bias applied to... ～に印加されている逆バイアス ◆the investigation is conducted fairly, without bias [prejudice] of any kind 本捜査は厳正に、いかなる種類の予断も排除して実施されている ◆correct the data both from land-based and from marine observations to eliminate potential sources of bias バイアス[偏り]の原因となり得るものを取り除くために、陸地における観測と海上における観測結果の両方からデータを補正する

2 vt. ～にバイアスをかける、～をかたよらせる、～に先入観[予断]を持たせる ◆(be) reverse-biased 逆バイアスがかかって ◆a self-biased flip-flop 自己バイアス形のフリップフロップ ◆a fix-biased tube 固定バイアスがかかっている真空管 ◆bias the reception level up [down] 受信レベルを上がる[下がる]方向に偏らせる ◆the diode D is back-biased by the drop across R ダイオードDには、R両端の電圧降下により帰還バイアスがかかっている ◆The transistor is biased below cutoff. このトランジスタは、カットオフ(領域)以下にバイアスがかけられている。◆This is a performance car and the suspension set-up is biased strongly toward the "handling" side of the equation. これは高性能車であり、サスペンションの設定は「ハンドリング」側に大きく振られている。

**biaxial** adj. 二軸[双軸]の ◆a biaxial crystal 二軸[双軸]結晶
**Bible Belt** the～バイブル・ベルト(＊特にキリスト教信者の多い米国の南部を指す)
**bibliographic** adj. 書誌の、書誌学的な、図書の、文献の、書籍の、書物の ◆a bibliographic list 文献一覧表
**bibliography** a～ 参考文献一覧、文献[書誌]目録、図書目録、著作一覧; 目書誌学
**bicycle** a～ 自転車(＊bikeの方がよく使われる); vi. 自転車で行く、自転車に乗る ◆a motor-assisted bicycle 原動機付[原付]自転車
**bicyclist** a～ 自転車に乗っている人
**bid** 1 vt. <(to) do> ～に(～するように)命じる、〈人〉に〈あいさつなど〉を告げる[述べる]、〈ある金額の値〉をつける[入れる]; vi. (競争入札で) (～に)値を付ける <for, on>;

(人と)競り合う <against>、(～を)得ようとする <for> ◆a competitive bidding [bid] system 競争入札制度 ◆the company was disqualified from bidding to renovate the building この会社は、その建物の修繕事業の入札参加資格を剥奪された ◆The FCC had denied the company permission to bid in the auction because... 連邦通信委員会は、～であることから同社が出していた競売入札許可申請を却下した。
2 a～ 買い手がつける値段[付け値、指値(サシネ)] (cf. an asking price 言い値)、入札、入札の機会[順番]、《トランプ》ビッド、(～を得ようとする)努力[試み] <for> ◆in a bid to <do...> ～しようとして、～することをめざして ◆issue a solicitation for bids for... 〈品物など〉の入札募集を発表する ◆respond to a solicitation for bids 入札の呼びかけ[応募]に応じる; 応札する ◆win a contract bid 契約を落札する ◆All Bids must be received by the date and time of the opening. 入札はすべて開札の日時までに必着とします。◆With two bloated, state-owned oil explorers unable to develop India's petroleum potential, the government invited private bids to develop small and medium-size oil and gas fields. 肥大化した国営石油探鉱企業2社はインドの潜在的石油資源を開発できないでいるので、政府は中小規模油田およびガス田の開発を進めるために民間に入札募集をかけた。

**bidder** a～ 入札者[せり手]、命令者 ◆a winning bidder (競争入札の)落札業者 ◆corporate bidders 入札参加企業 ◆the highest bidder 最高入札者; 落札者 ◆the contract goes to the lowest bidder 契約は最低価格入札者に行く ◆Names of bidders will not be announced until the successful bidder has been chosen. 入札者の名前は、落札者が決まるまで公表されないことになっている。

**bidding** 回命令[指図、要請]、入札[競り] ◆(competitive) open bidding 一般競争入札(＊competitiveはなくてもよい) ◆through competitive bidding 競争入札により ◆place contracts without competitive bidding [without (using) a competitive bidding process] 競争入札なしに契約を出す[《意訳》随意契約する] ◆the company has been disqualified from the bidding この会社は、その入札に参加する資格を失った ◆although the law requires that any contract worth more than $10,000 be put to competitive bidding 法律では、1万ドル以上の金額の契約は何であれ競争入札にかけられることが要求されているのだが

**bidirectional** adj. 二方向(性)の、双方向[両方向]の、対話式の ◆Data is transmitted bidirectionally over normal telephone-wire pairs. データは、通常の電話線対を通じて双方向[両方向]に伝送される.

**bid rigging** 談合、入札不正操作 ◆a bid-rigging scheme 談合

**biennial** adj. 2年に1回の、2年ごとの、〈植物が〉二年生の (cf. biannual) ◆a biennial art exhibition 2年ごとに[2年に1度]開催される美術展覧会; 隔年開催展; ビエンナーレ

**bifocal** adj. バイフォーカルの、二焦点の、二重焦点の、複焦点の、遠近両用の ◆a bifocal<s> のレンズ; ～遠近両用の ◆a bifocal eyeglass lens 遠近両用の[2焦点メガネレンズ ◆wear bifocal glasses 遠近両用眼鏡を装着する[メガネをかける]

**bifurcate** vt., vi. 二又に分岐[枝分かれ]する、2つの部分に分ける ◆a bifurcated fiber optic bundle 二または分岐している光ファイバーバンドル ◆bifurcate into two... 2つの～に枝分かれする ◆the emergence of a "bifurcated" labor market 「二極分化[二極化]した」労働市場の出現 ◆if portions of two or more data items appear between adjacent boundaries, or if certain boundaries bifurcate a single data item もしも、隣合う境界の間に複数個のデータ項目が出現した場合、または、一つのデータ項目が境界によって分断されているならば、

**bifurcation** 二又分岐、2つに分かれること ◆rising bifurcation of the labor market 労働市場において強まっている二極分化[二極化]

**big** adj. 大きい、大物の、重大な、大規模の、大振りの、大柄の; adv. 偉そうに、大きなことを、大量に、多額に、寛大に ◆in a big way 大々的に、大いに、大きく、大がかりに、大規模

に，本格的に，華々しく，派手に ◆big news 大ニュース ◆big science 巨大科学 ◆big-volume producers 量産[大量生産]メーカー ◆buy big まとめ買いする ◆the notion that bigger is better 大きいことはいいことだといった考え ◆too-big-to-fail entities presenting systemic risk to the financial system and the economy 《意訳》金融システムおよび経済にシステミックリスクとなるほどに大きすぎてつぶせない企業 ◆The biggest drawback is that... 最大の欠点は～であるということだ. ◆a big lathe is preferable to a small lathe 大型旋盤の方が小型旋盤よりも望ましい ◆The reason why it's not so big a problem to us is because... なぜ私たちにとってそれがさほど大きな[たいした]問題でないかというと，～だからです. ◆he will take the reins of this small-time-turned-big operation 彼は，吹けば飛ぶような前身から大きく成長したこの事業の手綱を握ることになっている ◆To buy big, you need plenty of storage space. 大量購入[まとめ買い]するには，広い保管[収納]場所が必要である.

**big bang** ◆according to the big-bang [Big Bang] theory 《宇》ビッグバン説によると ◆the 1986 "Big Bang" 1986年の「ビッグバン」(＊1986年10月27日に行われた英国証券制度の大改革のこと，これによりロンドン証券取引所での取引ルールが大幅に変更された) ◆the "big bang" creation of the universe ビッグバン[大爆発]による宇宙の創造

**Big Blue** (＊IBM社のニックネーム)

**Big Board** the ～ ビッグボード (＊ニューヨーク証券取引所the New York Stock Exchangeの通称)

**big-budget** ◆big-budget investments 高額(予算)の投資

**big-city** ◆big-city consumers 大都市[大都会]の消費者 ◆in big-city hospitals 大都市の病院で

**big name** a ～ 有名な[一流の]もの, 有名人, 権威者; big-name adj. 有名[著名]な, 一流の ◆a big-name maker 有名[一流]メーカー

**big-ticket** 高額の ◆big-ticket items like television sets, VCRs, and personal computers テレビやビデオデッキやパソコンなどの高額商品

**big-time** adj. 一流の, トップクラス[トップランク, トップレベル]の, 最大級の, 大物の, 大～ ◆a big-time college [company] 一流大学[企業] ◆a big-time politician 大物政治家[政治屋] ◆a big-time kingpin 大中心人物; 大親分; 大親玉, 大ボス

**bike** a ～ 《口》自転車(a bicycle), 《米口》モーターバイク(a motorcycle), バイク ◆a folding bike 折り畳み自転車

**bilateral** adj. 2国間の, 両国間の, 双務的な, 相互の, 双方の, 《意訳》互恵的; 左右の, 《生》左右相称[対称]の, 両方向[二方向, 双方向]性の ◆a bilateral trade agreement 二国間通商協定

**bilaterally** adv. 双方で, 双務的に, 二国間[両国間]で, 《生》左右相称的に ◆be bilaterally symmetrical 《生物》左右相称である ◆Any remaining differences are to be negotiated bilaterally between Kuwait and Iraq 残る意見の相違（があれば，それら）はクウェートとイラク二国間[両国間]で折衝することになっている

**bilingual** adj. 2カ国語を（母語として同程度に）自由に話せる[使える], 2カ国語による ◆a bilingual broadcast 二カ国語放送 ◆allow bilingual text entry 2カ国語でのテキスト入力を可能にする ◆bilingual Spanish/English children スペイン語と英語の2カ国語が話せる子供たち ◆The conference will be bilingual, with papers issued in both English and French. 会議は，論文は英語とフランス語の両言語で発行され，2カ国語で開催される.

**bill** 1 a ～ 請求書, 証書, 証券, 為替手形, ビラ, 紙幣, 法案[議案]; a bill of exchange 為替手形 ◆a bill of health (船員の)健康証明書 ◆a bill of lading 積荷[船荷]証券 ◆a bill of material(s) 部品表, 材料表, 資材表 ◆ $\sim$ medical bills 医療費 ◆the Bill of Rights (基本的)人権宣言; 《米》権利宣言 (＊憲法修正第1条～10条); 《英》権利章典 ◆The bill, which became law last month, is... 先月法律となったこの法案は, ◆Gas, electricity, water and the telephone bills all tripled. ガス料金, 電気料金, 水道料金, 電話料金のすべてが3倍になった. (＊同居人が増えたという話で)

2 vt. ～に（～の）請求書を送る<for>, ～に請求する, ～を勘定書きに記入する, ～を目録にする, ～を（ビラ, 印刷物で）広告[発表]する ◆bill clients by the hour 顧客に時間単位[時間決め]で課金する ◆the total amount billed その合計請求額 ◆bill the company's customers 会社の顧客に請求書を発行[発送]する

**billable** adj. 勘定[料金, 支払い]が請求できる;（稀）告訴[起訴, 告発]されるべき, 告訴に値する(indictable) ◆billable calls 料金が請求できる[有料]通話

**billboard** a ～ 大型の屋外広告板[掲示板]; vt. ～を目立つように大型の屋外広告板に掲載して宣伝する, ～を大々的に販売促進する ◆enact a tough ordinance outlawing rooftop signs and billboards 屋上看板や大型屋外看板を禁止する厳格な条例を制定する

**billiard** adj. ビリヤードの; ～s（単扱い）ビリヤード, 玉突き, 撞球（ドウキュウ）◆play billiards ビリヤード[玉突き]をする ◆a billiard ball ビリヤード[玉突き]の球 ◆a billiard [billiards] player ビリヤード[玉突き]をする人 ◆a billiard cue ビリヤード・キュー; 玉突きの棒 ◆a billiard hall [lounge, parlor, room, saloon] 玉突き場

**billing** ①請求伝票発行業務, 宣伝・広告,（プログラムなどの）ターに掲載される, 俳優の）順位, 序列,（広告代理店などの）取り扱い高 ◆billing data [information] 課金データ[情報] ◆computerized billing コンピュータ化された料金請求書の発行 ◆for billing purposes 課金の目的で ◆handle billing 料金請求（書の作成および発行）業務を行う ◆the company's estimated annual billings その会社の年間の推定年間売り上げ ◆~ billings from XYZ Corporation will be issued monthly XYZ社からの請求書は毎月発行されることになっています

**billion** a ～ 十億; adj. 1億の ◆debts amounting to billions of yen 何十億円にも上る負債

**billionaire** a ～ 億万長者, 大富豪, 大変なお金持ち ◆become a billionaire 億万長者[大富豪, 大変なお金持ち]になる (＊少なくとも10億ドルの資産がある) ◆a forty-six-year old American billionaire named Bill Gates 46歳のビル・ゲイツという名前の米人億万長者 ◆Yoshiaki Tsutsumi, 59, ranks first in Forbes magazine's annual listing of the world's billionaires. 堤義明氏(59)はフォーブス誌による年間の世界長者番付で第1位[筆頭]になった. (＊1993年当時の話)

**bill of lading** (略B/L) a ～ (pl. bills of lading) 積荷[船荷]証券, B/L(ビーエル)

**billow** n. （通例 ～s）大波, 大波のように大きくうねる（渦巻く, 逆巻く）もの (＊音, 煙, 炎など); vi. 大きくうねる［波打つ］◆billows of smoke rise from chimneys もうもうとした[もくもくと]煙が煙突から立ち上る ◆cottony, billowing clouds ふわふわとして雲の塊のように湧き上がる[湧き起こる]雲 (＊積乱雲[入道雲]や積雲のようなむくむくとした雲)

**bimetal** (a) ～ バイメタル (＊熱膨張率の異なる2種類の金属を貼り合わせたもの. 温度変化に伴って反るのが特徴); adj. → bimetallic ◆a bimetal thermostat バイメタルサーモスタット[自動温度調節器, 恒温器]

**bimetallic** adj. 二種の(接合した)金属を用いた, 二種の金属から成る, 《経》(金銀)複本位制[両本位制]の ◆a bimetallic thermometer バイメタル温度計

**bimonthly** adj., adv. 2カ月に1度の, 隔月の;《不適切な説あり》1カ月に2回の (▶この意味ではsemimonthlyが好ましい); n. a ～ 隔月誌

**BiMOS** (bipolar MOS)《半導》(バイモス)

**bin** a ～ 大箱, ゴミ箱, 収納箱, 置き場, 貯蔵所 ◆a tool storage bin 工具収納容器

**binary** 2値の, 2項の, 2進の, 2進法の, 2成分の, 2元の; n. a ～ 2進数, バイナリファイル; ②2進表現, バイナリコード ◆in binary 2進法で; バイナリで ◆in binary form [format]《コンピュ》バイナリ(形式)で ◆in binary notation [representation] 2進表記[表現]で ◆a binary file 《コンピュ》バ

イナリファイル ◆a binary number　2進数 ◆a binary relation 《コンピュ》二項関係 ◆a dyadic [binary] operation　二項演算 ◆binary phase-shift keying　2進[2値]移相偏移変調 ◆a binary decision diagram (BDD)　二分決定グラフ ◆a binary representation of a decimal number　10進数のバイナリー[2進]表現 ◆in binary-coded decimal notation　2進化10進数[表記]で ◆a set of opposing metaphors (sometimes referred to as a binary opposition or dichotomy)　一組の相対する暗喩[比喩](よく二項対立あるいは二分法と呼ばれる) ◆binary signals with just two decision levels　2つの識別レベルしか持たない2値信号 ◆convert decimal numbers to the base 2 (binary) numbering system　10進数を、底が2の記数法(2進法)に変換する

**bind**　v. (bound) 束ねる、縛る、義務付ける、結びつける、製本する、結合する、固まる、動かなくなる、《コンピュ》バインドする; n. ◆it's a step toward binding the world economy into a unified whole　これは世界経済の一本化[統合化]へ向けての一歩である ◆These molecules are weakly bound together.　これらの分子は、弱い結合をしている。 ◆Striking a key on the edge rather than at the center causes it to bind.　キーの真ん中でなく端の方をたたくと、(キーが)ひっかかる。

**binder**　a ～　バインダー、綴じ込み表紙、製本屋、結束装置、接着剤、固着剤、成形剤 ◆cut rice with a binder　バインダー[稲刈り機]で稲を刈る(＊刈り取った稲を自動的にbindする[束ねる]ことから)

**binding**　(a) ～　(本の)表紙、製本、結合、装丁、束縛(する物)、(スキーの)ビンディング[締め具]; adj. 拘束力を有する、義務的な ◆a legally binding agreement　法的拘束[力]のある協定 ◆leave a binding margin on a plot　(プロッタ出力)図面に綴じ代を残す ◆the tight binding between A and B　AB間の緊密な結合 ◆place a legally binding cap on the amount of money spent each year for...　毎年～に使う金額に法的拘束力のある上限を設ける

**binding force**　(a) ～　結合力; (法的)拘束力[《以下は意訳》]強制力、実効性、執行力; 人々を束ねる[まとめる]力; 結束力、団結力 ◆a nuclear binding force　原子核の結合力 ◆have binding force　～は(法的)拘束力を持つ; ～には拘束力[強制力、実効性]がある ◆have no legal binding force upon...　～に対して法的拘束力を持っていない ◆the binding forces between the ions [atoms] of...　～のイオン[原子]間の結合力

**binge**　a ～　どんちゃん騒ぎ、ばか騒ぎ、パーティー、暴飲暴食、牛飲馬食、したい放題 ◆a binge drinker　酒を飲み過ぎる人; 暴飲家 ◆binge eating and drinking during special occasions such as holidays　休日などの機会における暴飲暴食 ◆I go on a buying [shopping] binge when I'm upset.　私は、気分がいらいらしていると、ものを買いまくって[やたらに買い物して]しまいます。

**binocular**　adj. 双眼[両眼](用)の; n. ～s 双眼鏡、双眼顕微鏡 ◆a binocular (eyepiece) microscope　双眼顕微鏡 ◆a good pair of binoculars　いい双眼鏡一つ ◆watch [observe] the night sky through binoculars　夜空を双眼鏡で見る[観察する] ◆be visible, both to the naked eye and through binoculars　裸眼でも双眼鏡でも見える

**binomial**　adj. 《数》二項の、二項式の; 《生》二命名法の、二命名法[二名法]による ◆a binomial distribution　二項分布 ◆the binomial theorem　二項定理

**bio**　(→ biography)

**biochemical**　adj. 生化学の、生物化学的な、生化学的な ◆biochemical warfare　生物化学戦 ◆biochemical weapons　生物化学兵器 ◆It has a low biochemical oxygen demand.　その(物質の)生物化学的[生化学的]酸素要求量は小さい。(＊BOD値が小さい)

**biocomputer**　a ～　バイオコンピュータ

**biodegradability**　生分解性、腐敗分解性 ◆test the biodegradability of...　～の生分解性について調べる

**biodegradable**　adj. 生分解性の、腐敗分解性の ◆biodegradable plastics　生分解性[腐敗分解性]プラスチック ◆biodegradable products　生分解性の製品(＊微生物により分解される) ◆It is completely biodegradable.　それは、完全に生

分解性である。 ◆These cleaning agents are biodegradable.　これらの洗浄剤には、生分解性がある。

**biodegradation**　生分解 ◆be broken up by the natural process of biodegradation　自然の生分解過程により分解される

**biodiversity**　生物の[生態的]多様性 ◆the biodiversity convention　生物の多様性保全条約(＊1992年にブラジルで開催された地球サミットで米国を除く153カ国が調印した) ◆the preservation [protection] of biodiversity　生物の[生態的]多様性の保全[保護]

**bioengineer**　a ～　バイオ工学研究者[技術者] ◆(a) bioengineered food　バイオ食品

**bioengineering**　バイオエンジニアリング、生物工学、生体工学 ◆bioengineering of food(s)　食品のバイオ工学

**bioethical**　バイオエシックスの、生命倫理の ◆bioethical issues [problems]　生命倫理問題

**bioethicist**　a ～　a bioethicist at the University of Minnesota　ミネソタ大学の生命倫理審査担当者[委員]

**bioethics**　《単扱い》バイオエシックス、生命倫理(学) ◆a bioethics committee　バイオエシックス[生命倫理]委員会

**biography**　[U] 伝記文学; a ～　伝記、一代記、(人の)生涯(＊伝記のタイトルとして)、経歴[プロフィール](＊経歴紹介文の見出しとして) ◆a short biography [bio] of...　(人)の略歴[簡単な経歴](＊経歴紹介そのものではなくても、経歴紹介文のこと) ◆Updated the biography [bio] page to reflect Xxx's return to...　経歴[プロフィール]ページに、Xxx氏が～に帰ったことを反映させて[加筆して]更新。(＊ホームページの更新履歴の表現)

**bioinformatics**　[U] バイオインフォマティクス、(＊コンピュータを駆使した)生命情報科学、生物情報処理 ◆a bioinformatics expert　生命情報科学の専門家 ◆Bioinformatics is the application of computer technology to the management of biological information.　バイオインフォマティクス[生命情報科学]とは、生物学的情報の管理にコンピュータ技術を応用することである。

**bioinsecticide**　a ～　生物農薬、昆虫農薬(＊害虫を天敵で退治する) ◆a bioinsecticide derived from the seeds of a tropical tree　熱帯樹の種子から採取したバイオ殺虫剤

**biological**　生物学の、生物学的な ◆biological arms　生物兵器(＊細菌を使った) ◆biological waste treatment; (the) biological treatment of waste(s)　廃棄物の生物処理 ◆a biological clock located in the brain　脳内にある生物[体内]時計 ◆a biological material　生物材料 ◆methane gas (that is) of biological origin　生物起源のメタンガス ◆her biological mother and father　彼女の生物学上の両親[生みの親、実父母] ◆a court battle between two adoptive parents and a biological father over the future of a 9-month-old boy　月齢9カ月の男児の将来を巡っての養母・養父と実の父親との間の法廷闘争 ◆The system shall have provision, by design, for biological shielding to minimize area radiation dose.　システムには、区域の放射線量を極限まで減少させるための生体遮蔽を設けるよう、設計上の対応がなされていなければならない。

**biology**　生物学、生態学; the ～　(特定の地域・環境の)動植物相(＊生息する動植物の全種類)[生態] ◆molecular biology　分子生物学

**biomass**　[U] バイオマス、生物量、生物現存[現在]量、生物体総量、生物燃料(＊木屑など生物由来の資源) ◆the gasification of biomass; biomass gasification　バイオマスのガス化 ◆promote the use of biomass for energy production　エネルギー生産へ向けてのバイオマスの使用[生物資源の利用]を促進する

**biomedical**　生物医学的な

**biomedical engineering**　生物医学工学、生体医用工学

**biomedicine**　生物医学; バイオ医薬品(＊組み替えDNA技術により生産されるもの)

**biometric**　adj.; ～s [U] 生物測定[統計]学、計量生物学 ◆biometric security　生物測定学を応用したセキュリティ[警備、機密保護](＊個人個人で異なる指紋、声紋、目の網膜の血管の模様や虹彩などの生物学的特徴を計測し鍵代わりに利用する

セキュリティ］ ◆biometric identity verification (BIV)　バイオメトリック［生体］個人認証 (*指紋, 声紋, 目の虹彩などにより人物を特定する)

**biometry**　生物測定（学）

**bioremediation**　Uバイオレメディエーション (*微生物を利用して汚染された土壌や地下水に含まれる有害物質を分解して環境を修復する技術) ◆bioremediation of petroleum contaminated soil　バイオ［微生物］を(油の分解に)用いる石油汚染土壌の修復

**BIOS**　(basic input output system) a ~ "バイ・オス" と発音 《コンピュ》(バイオス) (*オペレーティングシステムの一部で, 周辺機器制御のためのサブプログラムの集まり) ◆an IBM PC AT-compatible BIOS　IBM PC/AT互換のBIOS ◆upgrade an older personal computer with a new BIOS (Basic Input Output System)　旧型のパソコンに新しいバイオスを載せ替えて更新する

**biosafety**　Uバイオセーフティ (*感染性を有する試料を用いる生物実験施設で実施される安全性管理) ◆from biosafety level 2 (BSL 2) to level 4 (BSL 4)　《生》バイオセーフティーレベル2〜4 (*BSL2〜4は物理的封じ込めレベルP2〜P4とも呼ばれる。未知の感染性微生物を外部に出ないよう厳重に管理しつつ研究するための施設。2001年現在, BSL4は日本では未稼働)

**biosensor**　a ~ バイオセンサー

**biosphere**　the ~ (地球の)生物圏 ◆the absorption of carbon dioxide by the global biosphere　地球生物圏による二酸化炭素の吸収

**biosynthetic**　adj. 生合成の, 生物によって合成された, 生物体により［生きている細胞内で］つくられた ◆biosynthetic engineering　生合成工学

**biotechnological**　adj. バイオ(テクノロジー)の, バイオテックの, バイオ工学の, 生物工学の, 生命工学の ◆biotechnological research　バイオ工学の研究

**biotechnologist**　a ~ バイオ工学研究者

**biotechnology**　バイオテクノロジー, バイオ工学, 生物工学, 生命工学, 生物技術, 生命工学技術 (*まだ定訳がない) ◆a biotechnology firm [company]　バイオテクノロジー会社［企業］ ◆biotechnology(-derived) food(s)　バイオ食品 ◆the biotechnology industry　バイオテクノロジー産業 ◆an Israeli life-science/biotechnology start-up　イスラエルの生命科学／生命工学ベンチャー企業

**bioterrorism**　Uバイオテロリズム, 生物テロ ◆bioterrorism [biological terrorism] using anthrax　炭疽菌を使ったバイオテロリズム［生物テロ］

**biotope**　a ~ ビオトープ, 野生の動植物の生息・生育空間, 生息［棲息］場所, 自然保護地

**bipartite**　adj. 2部構成の, 2部［2通］作成の, 二者間の, 相互の (cf. tripartite)

**biped**　a ~ 二足動物; adj. 二本足の(two-footed), 脚を二つ持つ(having two feet) ◆a biped walking robot　二足歩行ロボット

**bipolar**　adj. バイポーラ, 双極性の, 二極性の, 両極性の ◆bipolar impulses　(正負)両極性インパルス ◆an RF power bipolar transistor　バイポーラ高周波パワートランジスタ

**birch**　a ~ シラカバ, 樺(カバ), シラカンバ, カバノキ; the ~ (シラカバの枝の鞭を使った)むち打ち[体罰]; vt. (人など)を木の枝のむちで打つ, ~に体罰を与える ◆Certain sugar-free chewing gum is sweetened with the natural sugar alternative xylitol, extracted from wood chippings of the silver birch in Finland. 無糖チューインガムの中にはフィンランドの白樺の木のチップ［砕片］から抽出した砂糖の天然代用物であるキシリトールで甘みがつけられているものがある。

**bird**　a ~ 鳥 ◆over 40 percent of the bird species of South America　南米の鳥類の種の40％以上 ◆To kill two birds with one stone, we should...　一石二鳥を狙うためには, 我々は...しなくてはならない。

**bird's-eye view**　a ~ 鳥瞰図(チョウカンズ), 俯瞰図 (フカンズ) ◆get [command, have, take] a bird's eye view of...　~を俯瞰(フカン)［概観］する; ~(全体)を高いところから見おろす

**birefringence**　複屈折 (= double refraction)

**birefringent**　adj. 複屈折の ◆a birefringent material　《光》複屈折材料

**birth**　(a) ~ 誕生, お産, 出産, 分娩; U生まれ, 家柄, 血統; U誕生, 起源, 出現, 発生 ◆give birth to...　~を産む[生む]; ~を誕生させる; ~の原因となる ◆a birth certificate　出生証明書 ◆begin at or shortly after birth　出生と同時に, または生後間もなく始まる ◆my birth mother　私の生みの親［実母］ ◆the post-baby-boom birth dearth　ベビーブームが去った後の少産(化) ◆she is the birth mother and biological mother of the child　彼女は, その子供の生みの親であり実母である ◆the ongoing birth dearth continues in many parts of the developed world　現在進行している少産化［少子化］は先進世界の多くの地域で継続している

**birthday**　a ~ 誕生日, 誕生記念日; adj. 誕生日の ◆between the second and third birthdays　満2歳になってから3歳の誕生日を迎えるまで(の間) ◆to wish him (a) happy birthday　彼に誕生日おめでとうを言う［彼の誕生日を祝福する］ために ◆sing Happy Birthday to...　〈人〉のためにハッピーバースデイの歌を歌う

**birthplace**　a ~ 出生地, 誕生の地, 発祥地 ◆the birthplace of democracy　民主主義の発祥の地 ◆the birthplace of Jesus　キリスト生誕の地 ◆my birthplace　私の生まれた所[出生地]

**birthrate, birth rate, birth-rate**　a ~ 出生率 ◆a marked rise [decline] in birthrate　出生率の大幅な増加［減少］ ◆industrial nations experienced declining birthrates and an increase in adult populations　工業国は, 低下する出生率《(意訳)出生率の低下, 少子化》および成人人口の増加を経験した ◆Demographers say a birthrate of 2.1 children per woman is necessary for a country to maintain its population.　人口統計学者は, 国が人口を維持していくには, 女性1人当たり2.1児の出生率が必要だと言っている。(*不特定の国について) ◆Over the next 50 years, the number of older people in society will rise dramatically while the birthrate is falling.　この先50年にわたり, 出生率が低下する［(意訳)少子化が進む］一方で社会に占める高齢者の数は劇的な増加をみるだろう。

**BIS**　(Bank for International Settlements) the ~ 国際決済銀行

**B-ISDN**　(broadband-integrated services digital network) a ~ 広帯域総合デジタル通信網

**bismuth**　ビスマス(元素記号: Bi)

**bisphenol**　(a) ~ 《種類は可算》ビスフェノール ◆when heated, clear, plastic, polycarbonate baby bottles released small quantities of bisphenol-A, a chemical that has been found to act like a hormone in the human body　加熱した場合, ポリカーボネイト製の透明プラスチック哺乳ビンは, 人体内でホルモンのような働きをすることが分かっているビスフェノールAを少量放出した

**bistable**　adj. 2安定の, 双安定の, フリップフロップの ◆a bistable multivibrator　双安定［二安定］マルチバイブレータ

**bit**　1　a ~ 《工具の》先の［刃の］部分, ビット, タガネ, ドリル(の刃); 小片; adv. ちょっと ◆a drill bit　《工具》ドリルビット (*穿孔用ドリルの刃先) ◆a drill bit　ドリルビット; ドリルの(らせん状の)刃; (錐などの)穴あけ工具 ◆I am not a bit sleepy　私は少しも［いささかも］眠くない ◆Can you be a bit more specific?　もう少しくわしく話してくれませんか。 ◆This section will probably be revised quite a bit in the future.　この節は, おそらく今後かなり［相当, 大幅に］修正されることになるだろう。

2　a ~ 《コンピュ》ビット (*データの単位, a binary digitより, 8 bits = 1 byte) ◆8-bit characters　8ビット［単位］文字 (*ビットのことを単位と呼ぶことがある) ◆a bit slice processor　ビットスライスプロセッサ ◆8 bits of information　8ビット(分)の情報 ◆a bit set to 1　《コンピュ》1にセットされているビット ◆If this bit is set [→cleared]　もしもこの

ビットがセット[→クリア, リセット]されていたら ◆the two highmost bits of the field 《コンピュ》そのフィールドの最上位の2ビット ◆one, one-and-a-half, or two stop bits per character 《通》1文字あたり1, 1.5, または2ビットのストップビット ◆the 2 bits at the high end of the ID field 《コンピュ》IDフィールドの最上位の2ビット ◆a 32-bit processor with internal data paths only 16 bits wide 内部データ経路が16ビット幅しかない32ビットプロセッサ ◆A switch in the ON position encodes a logical 1 in the corresponding address bit. スイッチがONならば、それに対応するアドレスビットは論理上の1にコード化される。 ◆Bit 0 represents the left mouse button, bit 1 corresponds to the right mouse button, and bit 2 represents the middle mouse button. 《コンピュ》ビット0は左のマウスボタンを表し、ビット1は右のマウスボタン、ビット2は中央のマウスボタンを表します[に対応しています].

**bite** vt., vi.(〜を)かむ、(蚊などが)刺す; a〜 かむこと、腐食、(虫に)さされること ◆an angle of bite 《機械》かみ角 ◆cut... into bite-size pieces 〜を一口大に切る ◆Impale the meat with your fork and cut off a bite's worth with your knife. 肉をフォークで突き刺しナイフで一口大に切ります。 ◆The tires' "cling" rubber also helps bite into rain-slick roads. これらのタイヤの「粘着」ゴムも、雨でつるつるの路面に食いついていくのを助ける。

**bite-size(d)** 一口大の ◆crisp bite-sized [bite-size] wafers パリパリの一口大のウエハース

**bitmap, bit map** a〜 《コンピュ》ビットマップ、ビット写像 v.《bit-map とも書く》ビットマッピングする、ビット写像する ◆a bitmapped font ビットマップフォント(= a raster font) ◆a bitmapped image ビットマップイメージ ◆bitmapped graphics ビットマップグラフィックス(= raster graphics) ◆in the bitmap format ビットマップ形式で

**bitter** adj. 苦い、苦味のある; つらい、苦しい、悲しい、悲痛な; 激しい、激烈な、猛烈な; ひどい、冷酷な、苛酷な; (寒さなどが)厳しい、肌寒い、肌を刺す、身を切るような; 辛辣な、皮肉な、棘のある、とげとげしい、手痛い、手厳しい; 憎らしい、にがにがしい、憎しみ[敵意、悪意]に満ちた、恨み重なる、くやしい ◆a bitter legal battle 苦い目に合った法廷闘争 ◆a bitter-tasting crystal 苦味のする結晶

**bitterly** adv. 苦く、苦々しく、ひどく、激しく、痛烈に、激しく、激烈に、容赦なく、つらく、つらく、冷酷に、敵意に満ちて、憎らしげに、厳しく、手厳しく、辛辣に、身を切られる[肌に迫る]ように

**bituminous coal** 瀝青炭(レキセイタン)

**bitwise** adj., adv.《コンピュ》ビット単位[ごと]の[に]、ビットに関する

**bivalent** adj. 2価の; bivalence n.

**biweekly** adj., adv. 2週間に1度(の)、隔週(の);(《不適切な説あり》1週間に2回の(▶この意味ではsemiweeklyが好ましい); n. a〜 隔週誌

**bizarre** 怪奇な、奇妙な、変てこな、とっぴな、風変わりな、一風変わった ◆"bizarre" experiments such as test-tube "cloning" of human beings 試験管内[体外]でのヒトの「複製づくり」などの「奇怪[異様]な」実験

**Bk** バークリウム(berkelium)の元素記号

**bla, blah** 〇《俗》ばかばかしいこと、たわごと ◆Blah blah blah [Bla bla bla.] なんとか、かんとか…

**black** adj. 黒い、黒の、黒ずんだ、黒い、真っ暗な、先の暗い[暗たんとした]、凶悪な、不吉な; n. 黒、黒色; a〜 黒人; 〇暗闇; the〜 黒字 ◆be [stay] in the black 黒字である[いる] ◆end 1993 in the black 黒字を計上して1993年の(収支)を絞める(くくる) ◆get back in the black 黒字に戻る ◆pan-head black oxide finish screws なべ頭の黒色酸化皮膜処理[黒染め]ねじ ◆pull the company back into the black 会社を黒字に戻す ◆She roasted the pepper until its skin turned black 彼女は胡椒を皮が黒くなるまで煎った。 ◆the company is back in the black 会社は、再び黒字になっている ◆to bring... into the black 〜を黒字にする[黒字転換]させるのに ◆turn black with gangrene 壊疽(エソ)[脱血]で黒変する ◆he succeeded in turning red ink into solid black 彼は、赤字から堅実な黒字への転換に成功した ◆his operation could go into the black next year 彼の事業は来年には黒字になるかもしれない ◆much of the Femtex black ink came from sale of... フェムテックス社の黒字の大半は〜の売上から上がったものである ◆print 3 pages per minute in color and 12 pages per minute in black 《プリンタが》カラーで3ページ/分、モノクロで12ページ/分(の速度で)印刷する ◆she has a black belt in aikido 彼女は合気道の黒帯を持っている[有段者である] ◆ABC's bottom line turned into the black this year. ABC社の総決算は、今年黒字転換した。 ◆In 1987, after years of deficit, the balance of payments was brought into the black. 何年も続いた赤字の後に、国際収支が1987年に黒字転換した。

**black and white** 〇白黒[モノクロ]映像、墨絵、文書[書面、印刷] ◆in black and white 黒と白[白黒]で[の]; 文書[書面]にして; 印刷されたものとして; 活字になって; 物事を白か黒かで[いいか悪いか(のどちらか)で]、善悪という観点で、是々非々で]みて

**black-and-white** adj. 白黒の、モノクロの(*特に白黒のブラウン管や写真について)、白か黒かを[善悪を、是か非を]はっきりさせた、割り切った(考え方の) ◆a black-and-white display 白黒[モノクロ]ディスプレイ ◆they tend to view things in black-and-white terms 彼らは物事を白か黒かで[白黒をつけて、是か非をはっきりさせて、是か非かで]捉えようとするきらいがある

**blackbody, black-body** a〜 《物》黒体 ◆a blackbody radiator 黒体放射体

**black box** 〇ブラックボックス(*中の仕組みが不明で複雑な働きをする電子装置); a〜 《口》フライトレコーダー

**blacken** v. 黒くする[なる]、(名誉など)を傷つける[汚す] ◆blackening surface treatment 黒染め表面処理 ◆a face blackened with coal dust 炭塵で黒くなった顔 ◆an area of vegetation which has become blackened from burning (火災で)燃えて黒化した植生域

**black list** a〜 ブラックリスト、要注意人物[企業、団体、組織]の一覧表 ◆draw up a black list of those [anyone] involved in fraud against... 〜を相手にした詐欺[不正]行為に関与している者のブラックリストを作成する

**black lung** 〇炭鉱肺、炭塵肺、炭坑塵肺症 ◆his father fell ill with black lung disease 《意訳》彼の父は炭塵肺で病気になった[黒肺塵症にかかった、黒色肺で病を得た]

**blackmail** 〇ゆすり、恐喝(キョウカツ)、いたぶり、ゆすり取った金品; vt. 〜をゆする[恐喝する、いたぶる] ◆practice blackmail 恐喝[脅迫]する ◆blackmail a country with nuclear bombs ある国を核爆弾で脅す ◆by extortion or blackmail ゆすりや脅し[脅迫]によって ◆submit [yield, succumb, knuckle under] to blackmail by... (人など)の脅しに乗る[屈する、屈服する] ◆the Clinton administration has been blackmailing Japan with oblique threats to undo their military alliance クリントン政権は、軍事同盟の解消といった二次的な脅迫をつきつけて日本を脅してきた ◆They were blackmailed into becoming agents. 彼らは脅迫されてスパイ[諜報員]に仕立て上げられた。

**blackout** a〜 停電(= a power blackout)、消灯、舞台暗転、一時的意識喪失、《字》ブラックアウト(*大気圏突入時の通信不能)、暗黒視症(*急激なGの変化によるパイロットの一時的失神); a〜 報道管制(= a news blackout) ◆a blackout curtain 暗幕 ◆a communications blackout 通信の途絶 ◆a radio blackout ラジオブラックアウト(*特定の周波数で一時的に無線通信が不能になること) ◆a temporary blackout (通信などの)一時的中断 ◆a black-out plane (敵に見つからないように)灯火を消した飛行機 ◆The other day we had a long blackout, late at night, when the computer was off. 先日、深夜コンピュータが切ってあったときに、長い停電があった。

**black sheep** a〜 (ある集団の)厄介者、面汚し、憎まれ者、困り者、もてあまし者 ◆he became the "black sheep" of the family 彼は家族の「面汚し」になった ◆I was the black sheep in my father's eyes. 私は親父からは厄介者と思われていた。

**bladder** a～ 膀胱(a urinary bladder), (魚の)浮き袋, (*フットボールなどの)ゴム製の内袋 ◆the swim [air] bladder of fish 魚の浮き袋

**blade** a～ ブレード, 刃, ナイフ, のこ刃, 羽根, ペーン, 翼, 翼板, 穂先, 腕木 ◆aircraft-engine turbine blades 航空機エンジンのタービン羽根[翼] ◆a moving saw blade 回転しているノコ刃 ◆the blade of a screwdriver ねじまわしの平らな先端部分[平先] ◆titanium jet engine turbine blades チタン製ジェットエンジンタービン羽根[動翼] ◆a three-bladed propeller 3枚羽根のプロペラ ◆lose by a blade-thin margin 紙一重の差で負ける

**blame** 1 vt. ～を(～のことで)責める[とがめる, 非難する, なじる]<for>, (～を)～のせいにする<for>, ～を(～の)せいにする<on> xxx be to blame for... xxxに～の責任がある; ～はxxxのせいである; xxxは～の原因で I'm to blame for this これは私の責任です; これは私のせい[私の不徳の致すところ, 自分が至らなかったせい]です ◆the industry blames liberalization for the sad state of affairs この業界は, 嘆かわしい現状を自由化のせいにしている ◆the operator was [is] not to blame 操作員が悪かったわけではない ◆To a certain degree, I am to blame for not having paid more attention as to whether... ～かどうかについてもっと注意を払わなかったことは, ある程度私の落ち度だ. ◆It is easy to blame Japan for our economic problems. 我が国の経済問題を日本のせいにするのは簡単だ[経済問題で日本を悪者扱いにするのは安易だ]. ◆Some of the delay can be blamed on a slow-moving bureaucracy, but not all. 遅れの一部については, 動きの鈍い官僚機構のせいにすることはできるが, 全責任をかぶせるわけにはいかない..

2 回非難, とがめ; the～ 責任 ◆be eager to pin the blame on others 他の人に責任を負わせ[責めを負わせ, 罪を着せ]たがっている

**blank** 1 adj. 何も書いてない[記録されてない], 白紙の, 空白の, 余白の, 空の, 未完成の, 半完成の ◆a blank character 《コンピュ》空白文字, ブランクキャラクタ ◆a blank field 空欄[空所]; 《データベース》データの書き込まれていないフィールド ◆a blank tape ブランク[生(ナマ), 未録音, 無録画, 空(カラ)の]テープ ◆blank medical forms 未記入の健康診断の用紙 ◆(Remainder of page intentionally left blank.) 〈以下余白〉 ◆The remainder of this page is intentionally left blank. 省略したもの) ◆Reverse Intentionally Left Blank 裏面白紙 (*印刷もれでないことを示す表示用語)

2 a～ 白紙, 記入用紙, 余白, 空白, 空白文字, 空欄, 記入欄の, 半完成品, 盲板, 素材, 抜板, 空白(時間的な)ブランク, 空虚 ◆fill in blanks on a form 用紙の空欄を埋める[記入欄に記入する] ◆fill in the blanks [blank spaces] 空欄に記入する[空欄を埋める] ◆a fill-in-the-blank(s) type format [form] 空欄記入式[型]の書式[用紙] ◆remove trailing blanks from a character string 《コンピュ》文字列の後ろ[後尾]の空白(文字)を取り除く(*たとえば, "abc　　　" を "abc"にするという意味) ◆The store sells single quantities of high-quality blanks for $8.50 each. 同店は, 品質の良いブランクメディアを単品[バラ]売りで1枚8ドル50セントで売っている. (*CD-Rの話で)

3 vt. 空にする, 白くする, 消す, 無効にする; vi. ～ blank (out) [erase] a cell 《コンピュ》セル(の内容)を消去する ◆the laptop blanks the screen and puts itself to "sleep" ラップトップが画面を消してスリープ状態に入る

**blank check** a～ 白地(シラジ)(式)小切手; (比喩的)白紙委任, 自由裁量(権), 好き勝手, 行動の自由, フリーハンド I am prepared to help him, but I am not prepared to give him a blank check. 私は彼を支援するつもりだが, 好き勝手にさせるつもりはない.

**blanket** adj. 包括的な, 総括的な, 一括の, 一律の, 全体で共通した, ～ 毛布, 《原子力》ブランケット ◆a blanket order 一括注文 ◆carry around a security blanket 〈幼児が〉安心

[愛用]毛布を持ち歩く <under, in, on> a blanket [carpet] of snow 雪のじゅうたん[一面の雪, 積雪](をかぶって, の上を) ◆be engulfed in a blanket of flames 一面の炎(の海)に包まれている

**blare** vi. 〈ラジオなど〉が大音量でがなり立てる, 鳴り響く; vt. ～を大きな音で[ガンガン]鳴らす, 〈新聞など〉が～をはでにかき立てる; (a) ～ガンガン鳴る音, (トランペットなどの)うるさい音 ◆the blare of movie sound tracks 映画のサウンドトラックのガンガン鳴り響く音

**blast** 1 vt., vi. 発破をかける, 爆破する, ぶっぱなす, ぶちこわす[にする], 大きくて耳障りな音を出す, 鳴り響く, ～をしおれさせる[枯らす] ◆blast a boom box 大型ラジカセを大音量で鳴らす ◆blast a bridge with artillery 橋を大砲で爆破する ◆blast a horn 警笛を鳴らす ◆blast open the side of... ～の側面に発破で穴を開ける

2 a～ 発破, 爆破, 爆発, 爆風, 打撃, 強いひと吹き, 〈らっぱなどの〉音, (打撃やらっぱの)一発; 送風, 噴射空気, ブラスト ◆a blast furnace 溶鉱炉; 高炉 ◆a bomb blast 爆弾の爆発[炸裂, 破裂] ◆a nuclear blast 核爆発 ◆the blast of stereos ステレオがガンガン鳴っている音 ◆at full blast (ステレオなどの)音を最大に上げて ◆by the use of an air blast 空気の噴射を利用して ◆go full blast 全速力[(エンジン)全開]で進む ◆Mount St. Helens' 1980 blast (= the 1980 Mount St. Helens eruption) セントヘレンズ火山の1980年の噴火 ◆an explosive device went off with a huge blast 爆弾が大音響とともに爆発した ◆send a blast of compressed air through the hole 圧搾空気を噴射して穴に吹き込む ◆an innovative air-intake system that can suck air full blast from a wide-mouth intake 広口吸気口から空気を激しい勢いで吸引する革新的な空気取り入れシステム ◆deliver powerful jet blasts for cleaning electrical systems 電子装置を洗浄するために強烈に(洗浄ガスを)噴射させる ◆The radio is on full blast. ラジオが, 音量最大になっっている.

**blast off** 〈ロケットなど〉が打ち上げられる, 発射される ◆blast off from Cape Canaveral ケープカナベラルから発射される[打ち上げられる] ◆the space shuttle Endeavor blasted off on its maiden voyage スペースシャトル・エンデバー号は, 処女航海に向け離陸した

**blast furnace** a～ 高炉, 溶鉱炉, 熔鉱炉, 衝風炉 ◆(portland) blast-furnace slag cement 高炉セメント (*製鉄所の副産物であるスラグを原料の一部として使用, ポルトランドセメントとは通常のセメントのこと)

**blasting** (a)～ 発破, 爆破; (a)～ 噴射, 吹き付け, 放屁; 回過負荷[過大入力]による音の歪み; 回(大気現象, 電気, 霜などが)草木を枯らすこと, 薫殺(シュクサツ) ◆use blasting 発破を使う ◆an electric blasting cap 《破破・爆破用の》電気雷管 ◆Topping shall be accomplished by blasting with explosives. 上部の除去は爆薬を用いた発破により実施すること.

**blast-off** 〈ロケットなどの〉発射[打ち上げ]回(= takeoff) ◆on [after] blast-off 〈ロケットなどの〉発射[打ち上げ]時[後]に ◆during a rocket blast-off ロケットの発射[離昇]時に

**blatant** adj. あくどい; あからさまな, 露骨な, 見え透いた, 図々しい, 厚かましい; はなはだしい; あからさまな ◆blatant nepotism あざとい[悪辣(アクラツ)な, あくどい, いけずうずうしい, 目に余る]縁者びいき

**blatantly** ◆laws concerning cigarette sales blatantly ignored by minors 未成年者らが公然と[堂々と]無視しているタバコの販売に関する法律

**blaze** 1 a～ 火, 火炎, 閃光, 強い輝き, 燃え立つこと; vi. 火炎を上げる, 燃え立つ, 光り輝く

2 a～(樹皮をはいでつけた)白いあと, (牛馬の顔の)白ぶち; vt. 〈樹木〉に皮をはいで目印をつける, 樹木の目印で(道)を示す

**blaze a [the] trail** 道しるべ[先鞭]をつける, 先駆者となる, 道を開く, 開拓する

**blazer** a～ 〈衣〉ブレザー ◆a Burberry blazer バーバリー社製のブレザー(コート[ジャケット])

**blazing** a 燃えるような，焼き付くような，強烈な，著しい，〈色が〉鮮やかな ◆blazing speed ものすごいスピード

**bleach** 漂白する，さらす; (a) ～ 漂白剤，ブリーチ ◆(a) household bleach 家庭用漂白剤 ◆oxidative bleaching 酸化漂白 ◆Overexposure makes pictures bleached-looking. 露出オーバーだと写真が白っぽく見えるようになる。

**bleak** adj. 吹きっさらしの，荒涼とした，寒々とした，お寒い，冷厳な，厳然たる，見通しの暗い，わびしい，気のめいるような ◆a bleak desert 荒涼たる砂漠 ◆make prospects for... bleak ～の見通しを[前途を]暗い[厳しい，悪いものにする ◆relatively bleak economic prospects 比較的暗い経済[景気]の見通し ◆the bleak condition of the education system in the United States 米国の教育制度のひどい状態 ◆the reality in the industry is bleak この業界の現実は[状況，現況]は厳しい

**bleed** 出血する; ブリードする，抽気する，ガス[空気]抜きする ◆bleed the brakes 〈車の〉ブレーキの空気抜き[抽気]をする（*油圧ブレーキ系統に気泡が入るとブレーキのききが悪くなり危険なので，空気を抜く）◆This company is bleeding cash. この企業は資金[赤字]を垂れ流している。 ◆the enormous downsizing of GM's cash-bleeding North American operations 赤字を垂れ流しているゼネラル・モーターズ社の北米事業部の大合理化

**bleeder** a ～ ブリーダー，ブリーダー抵抗，通気口，放出口，流出装置，放出弁 ◆a 10,000-ohm bleeder 10KΩのブリーダー抵抗器

**bleeding** 回出血，放出，抽気，にじみ; adj. 出血している，出血性の ◆internal bleeding; an internal hemorrhage 内出血 ◆control heavy bleeding 大出血を抑える

**bleep** a ～ 発振音（*かけた電話が話中の時のツー，ツーといつような断続音の個々の音片）

**bleeper** a ～ ポケットベル

**blemish** a ～ 欠陥，キズ，欠点，汚れ，汚点，瑕疵（カシ）◆a blemish on the surface of a disk ディスクの表面上のきず[欠陥，汚点]

**blend** 1 vt. ～を混合する，混和する，交える，配合する，調和させる〈with〉; vi. 混ざる，とけ合う，融合する ◆blend chemicals into rubber ゴムにいろいろな化学物質・薬品を混ぜ込む[混合する] ◆blend into the background [scenery] 背景[風景]に溶け込む ◆blend into the crowd 群衆[人込み]に紛れ込む ◆blend with one's surroundings 周囲に溶け込む ◆a polymer made by blending acrylonitrile-styrene copolymer with a butadiene-acrylonitrile rubber アクリロニトリル・スチレン共重合体とブタジエン・アクリロニトリルゴムを混合してつくられるポリマー ◆gasoline blended with 20% of anhydrous ethyl alcohol 無水エチルアルコールを20%混合してあるガソリン ◆attractive and sturdy file cabinets designed to blend in with the office environment オフィス環境に溶け込むようにされている魅力的かつ堅牢なファイルキャビネット ◆Black and white blend to make gray. 黒と白を混ぜると灰色になる。 ◆MTBE is blended into gasoline to reduce carbon monoxide emissions. （オクタン価を高める）メチル・ターシャリー・ブチル・エーテルは一酸化炭素の排出を減らすためにガソリンに混入さ[ブレンドさ]れている。

2 a ～ 混合（物），混紡，配合，ブレンド ◆a blend of A and B AとBを混ぜたもの ◆The car offers a remarkable blend of ride, road feel, and comfort. この車は，乗り心地，路面感覚，ならびにコンフォート[快適さ]のすばらしい調和を備えている。 ◆To make a blend, different fibers are mixed together before the yarn is spun. 混紡を作るには，糸を紡績する前の段階で異なった繊維を混ぜ合わせる。

**bless** 恵む，祝福する ◆The Jaguar XJ-S is blessed with the bloodlines of its forebears. ジャガーXJ-Sは，前身[先行]車種の血統[血筋，毛並み]の良さに恵まれている。 ◆They have been married seven years and have been blessed with four children. 彼らは結婚して7年経ち，4人の子供に恵まれた。 ◆At an average elevation of 2,100', Hidden Valley is blessed with ideal conditions for winter skiing. ヒドウン・バレーは平均高度が2,100フィートで，冬スキーに理想的な条件に恵まれている

**blessing** a ～ 有り難いもの，恩恵，恵み，天恵，幸福，祝福; ～ 祈り; 回賛成，賛同，是認，認可 ◆This is really a serendipitous blessing for masses of people suffering from... これは，～に苦しんでいる大勢の人々にとって，まさに思いがけない天の恵みである。

**blind** adj. 目が見えない，盲目の; a ～ ブラインド，よろい戸，日除け，盲板; v. ～に目隠しする，～の目をくらます ◆a blind area [region] (= a shadow area [region]) 不感区域（*レーダの電波が届きにくい区域）; 難視聴地域; 受信不良地域 ◆a blind hole 盲穴（メクラアナ）; 止まり穴; 貫通していない穴; 上下の板の穴がずれていてリベット打ちなどができない穴（の一方）◆a blinding dust storm 目をくらます砂嵐 ◆blind oncoming motorists （自車のヘッドライトで）対向車の運転者の目をくらます ◆draw a lightproof blind 遮光ブラインドを引く ◆they turned blind eyes to... 彼らは～を見て見ぬふりをした ◆turn a blind eye to [toward, on] ... ～を大目に見て見逃してやる，～を見て見ぬ振りをする，～を看過[黙過]する，～を不問に付す，～を無視する ◆sort... in case-blind ASCII collation order 《コンピュ》～を大文字・小文字の区別をしないでASCII照合順に並べる ◆Blind obedience to authority is out. 権威に対して盲目的に服従するのは今どきはやらない。

**blind alley** a ～ 袋小路[行き止まり]，行き詰まり，展望の開けない見込み[出口]のない状態，デッドロック（= a cul-de-sac）

**blindness** 回目が見えないこと，盲目，盲，失明; 無知(ignorance)，無分別の(want of moral perception)，無鉄砲[無鑑識]の(recklessness) ◆an eye disease that can lead to blindness 失明につながる眼病 ◆cause temporary blindness 一時的な失明を引き起こす

**blind spot** a ～ 死角，盲点，《放送》受信不能[不良]地域，難視聴地域，電波不感帯[圏外](= a dead spot, (a) dead space) ◆Even if your rearview mirrors are correctly positioned, there still exists, on each side of the vehicle, a blind spot. たとえあなたの（車の）バックミラーが正しくセットされていても，車の両サイドに死角がある。 ◆Make allowance for the blind spot at the back corners of your vehicle to ensure that another vehicle is not hidden from view. 車の後部の死角を考慮にいれ，他の車両が隠れて見えないことのないよう気をつけること。

**blink** 1 点滅する[させる]，明滅する[させる]，まばたく，（目を）しばたく ◆the LED will blink or just simply light up 発光ダイオードは点滅[ついたり消えたり]するか，あるいはただ点灯する

2 a ～ まばたき，点滅，明滅 ◆transfer megabytes of data in the blink of an eye 何メガバイト分ものデータを瞬く間に転送する ◆It all happens in the blink of an eye. これらすべて一瞬のうちに起きる。

**on the blink** (口)〈機器が〉いかれて，調子が悪い ◆go on the blink (口)〈機器が〉いかれる，動作がおかしくなる，調子が悪くなる，調子が狂う，故障する ◆The tape recorder is on the blink again. (口)またテレコがイカレた[テレコの調子がおかしくなった]。

**blip** a ～ （オシロスコープの）小さな光の点[光点，輝点]，《意訳》（レーダースクリーン上などの）映像[船影]，ビッという電子音，ブリップ ◆a blip on an oscilloscope オシロスコープの光点[輝点] ◆track a blip on the radar screen レーダースクリーン上で映像を追う[追跡する]（*船影ならば[船影]）◆the object [blip] on the radar screen disappeared altogether 物体[機影，船影]はレーダースクリーンから完全に消えた[消失した，消滅した]

**blissful ignorance** 幸せな無知，《意訳》知らぬが仏的なめでたいバカ ◆college-graduates who went out into the world in blissful ignorance of their ignorance 自らの無知さ加減に気付いていないおめでたさで世の中に出て行った大卒たち ◆Should the doctor keep silent and let the patient live his remaining days in blissful ignorance? 医師は告知をせずに，患者に残された期間を何も知らないで過ごさせるべきであろうか。

**blister** a~（皮膚の）水［火］ぶくれ,（水ぶくれのような）ふくれ, ブリスター; vt., vi. 水［火］ぶくれができる［をつくる］, ふくれ［かえる肌］を生じる

**blistering** adj. 水ぶくれができるほど熱い,（スピードが）ものすごく速い, ぶっちぎりの ◆The car has a top speed of 180 m.p.h. and can go from 0 to 60 m.p.h. in a blistering 4.2 sec. この車は最高速度が時速180マイルで, 0→60マイル／時をぶっちぎりの4.2秒で加速できる.

**blitzkrieg** a~ブリッツクリーク, 電撃戦（＊ドイツ語のBlitz「稲妻, 電光」とKrieg「戦争」の合成語から）◆wage a blitzkrieg 電撃戦をしかける

**blizzard** a~ブリザード, 猛吹雪, 雪嵐, 暴風雪,（郵便物などの）殺到, -攻め ◆a pink-slip blizzard; a blizzard of pink slips 解雇の激しい嵐, 大量解雇の嵐 ◆blizzard babies ブリザードベイビー（＊猛吹雪で外出できない間につくられた）◆a blizzard of mail 郵便物の殺到 ◆during a blizzard 猛吹雪の間に ◆even under blizzard conditions 暴風雪の状態下においてさえ; 猛吹雪の時でさえ ◆the company was soon hit by a blizzard of lawsuits 同社は間もなく訴訟攻めに遭うことになった

**bloat** vt., vi. ふくらませる［ふくれる］, 膨張［肥大化］する［させる］◆become a bloated bureaucratic organization 肥大化［巨大化］した官僚体質の組織になる［団体へと化す］◆a feeling of bloating in the upper abdomen (area) 上腹部の膨満感 ◆you may feel stomach bloating 胃部［（意訳）腹部］に膨満感を覚えることがある（かもしれません）◆today's standard office applications are annoyingly bloated with useless features 今日の標準的オフィス用応用ソフトは, 使い道のない［無駄な］機能でわずらわしく感じるほどに肥大化している ◆PC software has become bloated and slow. パソコンのソフトは肥大化して遅くなった［(（意訳）動作が重くなった）］. ◆This new version of YouWrite has avoided the bloat that has afflicted the new versions of Xxx and Yyy. 《コンピュ》YouWriteのこの新バージョンは, XxxやYyyの新バージョンを悩ませている（プログラムの）肥大化［大きくなり過ぎること］を避けた.

**block** 1 a~ブロック, 端子板, 版, 区画,《鉄道》閉塞区間;（形容詞的に）塊-, 塊状-, 分割-, 部分-, 街区の ◆a block cipher 《コンピュ》ブロック暗号（＊共通鍵の一種）◆a block letter [capital] ブロック体の文字（＊太さが一定でセリフserifと呼ばれる髭飾りのない字体, サンセリフsans serif）◆a block of wood （木の）角材 ◆a block section 《鉄道》閉塞区間(= a block) ◆a (crustal) block 《地》地塊 ◆a telephone connecting block 電話線のローゼット ◆a (massive) block lava 塊状溶岩 ◆a block-signal system 《鉄道》閉塞信号システム ◆We look at... in 15-year blocks. 私たちは, ～を15年単位で見ている. ◆Files are broken into 2K-byte blocks. 《コンピュ》ファイルは2Kバイト単位でブロック化される. ◆The contents of a file are stored in one or more blocks. 《コンピュ》ファイルの内容は一つまたはそれ以上のブロックに保存される.

2 vt. ～をふさぐ, 閉鎖［閉塞］する, 遮る, 妨げる, 妨害する, 阻止する, ブロックする; vi. be blocked with... ～で詰まっている［ふさがっている］, ～が来て詰まってくる ◆a blocking capacitor 阻止コンデンサ（＊増幅段間に入れ交流信号のみを通し直流を阻止するためのもので, a coupling capacitor とも）◆block a person's path 〈人〉の行く手を遮る ◆block a person's progress 〈人〉の前進をはばむ ◆block a person's view 〈人〉が見るのに邪魔になる［〈人〉の視界を遮る］◆block the opening of the tube その管の口をふさぐ ◆block unauthorized duplication （音楽やコンピュータのソフトの）不法コピーを阻止［防止］する ◆insusceptible to pore blocking （小孔が）目詰まりしない ◆launch (an) ad-blocking service 広告受信拒否サービスを開始する（＊携帯電話の）◆a list of e-mail [sender] addresses to be blocked 電子メール受信拒否アドレスのリスト（＊リストにある送信元［発信元］からのメールを受信しない）◆if the line is blocked 配管が, 詰まって［閉塞（ヘイソク）して］いる場合は ◆you can block calls you don't want in California カリフォルニア州では出たくない電話は阻止することができる ◆a packaging material that 100% blocks the entrance of oxygen 酸素の侵入を100%阻止［シャットアウト］する包装材料 ◆block calls to foreign countries from pay phones in New York City's Times Square ニューヨーク市のタイムズスクエアにある公衆電話からの外国宛ての通話を阻止［（発信）規制］する ◆if the caller does not have Caller ID blocking turned on 電話をかける人［発呼者］が発信者電話番号非通知に切り換えておかなければ ◆it blocks the sightlines between the guests on the sofa and those gathered around the fireplace ソファーに腰掛けている客と暖炉のまわりに集まっている客の相互の見通しを遮ってしまう［妨げる, 害する］◆The company claims that the pantyhose can block up to 90 percent of the ultraviolet rays. 同社は, そのパンストは紫外線を90%までカット［遮断］できると言っている.

**block out** 締め出す ◆The enclosure can improve performance by blocking out dust, air currents, and even vibrations. この筐体は, 塵や空気の流れ, また振動さえも締め出して［シャットアウトして］性能を向上させることができます.

**blockage** 閉塞, 封鎖, 遮断; a～（パイプなどに詰まって閉塞させている）障害物 ◆cause a blockage 閉塞を引き起こす ◆if there is a blockage もし閉塞があると ◆produce a blockage 閉塞(を生じ)させる ◆provide blockage of UV rays 紫外線をブロック［阻止, ストップ］する ◆when a blockage occurs in a line 管路に閉塞が起きると ◆provide complete blockage of the ultraviolet spectrum 紫外線スペクトルを完全に遮断する［遮る］◆eliminate call blockage through an automatic routing of overflow calls あふれ呼の自動経路指定により通話不通を解消する

**blockbuster** a～一区画破壊できるほど強力な爆弾,（映画, 小説の）大ヒット作, 影響力の大きな人や物 ◆a blockbuster success 大ヒット, 大当たり, 大ヒット

**block diagram** a～ブロックダイアグラム, 構成図（＊システムの各構成要素を四角で表し, 各構成要素を適切な線でつなぐことによってそれらの関係を表したもの）

**blood** 囲血, 血液, 血潮, 血統, 血縁, 血筋 ◆a splash of blood 血が飛び散ること; 血しぶき ◆a blood(-derived) product 血液製剤 ◆a blood-clotting agent; (a) blood-clotting medicine 血液凝固因子製剤 ◆a blood donor's card 献血者カード ◆a call for blood (donors) 献血をお願いしますという呼び掛け ◆a donor with type A blood; a donor who has type A blood 血液型が A型の献血者 ◆a level of alcohol in the blood 血液中の［血中］アルコール濃度 ◆a no-holds-barred blood match 禁じ手なし［何でもあり, ノールール］の血みどろの試合［マッチ］◆cause a decrease in blood cell count 血球数の減少を引き起こす ◆give [donate] blood 献血［供血］する ◆inject [bring] new blood into government; infuse government with new blood 政府に新しい血をそそぎ込む［注入する, 入れる］◆I signed in blood 私は血で署名した（＊血判状）◆prevent another Bosnia-type blood bath 第二のボスニア型の大虐殺［大殺戮］を防ぐために ◆the donation of blood; (a) blood donation 献血, 供血 ◆use loudspeakers to call for blood donors （意訳）スピーカーを使って献血をお願いしますかけする ◆have an unacceptably high blood-alcohol level 血中アルコール濃度が容認できないほど高いレベルにある ◆drive a motor vehicle with more than 0.08% alcohol in the blood 血中アルコール濃度が0.08％を超える状態で自動車を運転する ◆He is one-eighth Japanese by blood. 彼には8分の1日本人の血が流れている. ◆What Israel and Palestine need is a solution, not a blood bath. イスラエルとパレスチナに必要なものは, 血の海［流血の惨事］ではなく解決策だ. ◆Bright-red blood may appear as streaks on toilet paper or adhering to fecal residue. 赤い鮮血はトイレットペーパーに筋状に現れるか, 最後に残っていて出た便に付着しています.（＊hemorrhoids「痔」で）

**new blood** 新しい血; 新しい（若い）人たち, 新人（＊新しい考え方や新たな活力の源として）◆bring in new blood 新しい血を入れる［新しい人を加える］◆inject new blood into an ineffectual bureaucracy 無能な官僚組織［機構］に新しい血

**bloodless** を注入する ◆The Kremlin leadership found itself in desperate need of new blood. クレムリンの指導部は、新しい血を入れることをひどく必要としていた。

**bloodless** *adj.* 血の足りない、血の気のない、貧血の、無血の、流血無しの、生気[元気、バイタリティー]のない、冷血な、無情な、((比喩的に))血の通ってない[人間味に欠ける、無味乾燥な、いやみな]、《医》手術無の ◆a bloodless incision is made with a laser レーザーを用いて非観血的切開が行われる ◆bloodless surgery; a bloodless operation 非観血的な手術、((場合によっては))輸血を伴わない手術 ◆stage a bloodless coup d'etat 無血クーデターを遂行する

**bloodline** *a~* 血統、血筋、(血統の意味での)毛並み

**blood pressure** (*a*) ~ 血圧 ◆he has a blood pressure of 110 over 68 彼の血圧は上が110で下が68である ◆produce an increase in blood pressure 血圧を上昇させる ◆Mr. Clinton's blood pressure was 128 over 80, considered within the normal range. クリントン氏の血圧は上が128、下が80で、正常と考えられる範囲内であった。

**bloodshed** 回流血、殺人、虐殺、殺戮 ◆to prevent more [further] bloodshed 更なる流血を防ぐために ◆an effort to avoid unnecessary bloodshed 無用[無駄]な流血を避ける努力 ◆the invasion was effected virtually without bloodshed 侵攻は事実上無血で遂行[完遂]された

**bloodstream** the [one's] ~ 血流 ◆the amount of alcohol present in your bloodstream あなたの血流中のアルコール量

**blood sugar** 回血糖 ◆a sudden drop in blood sugar 血糖(値)の急激な低下

**blood vessel** *a~* 血管 ◆blood-vessel arrangements in the eye's retina 目の網膜の血管の走り方のパターン

**bloody** *adj.* 出血している、血まみれの、血みどろの、血生臭い、血の気の多い、血に飢えた、残忍[残酷、残虐]な;((英俗))呪われた、忌まわしい; *adj., adv.* ((英俗、強調語として))ひどい[ひどく]、どえらい[どえらく]、やけに、やたらに ◆a bloody novice ド素人;ずぶの素人

**bloom** 1 *vi.* 開花する、花をつける、〈花が〉咲く、(粉末などが)異常発生する; *vt.* 開花させる、~に反射防止コーティングを施す ◆cause... to bloom ~を開花させる
2 (*a*) ~ 花、(果物や野菜の葉の上に生じる)蝋(ロウ)のような白い粉、ニス塗布面の湿気で曇った部分; *a~* (プランクトンや青粉などの)異常発生、大量発生、水の華 ◆an algae bloom 藻類の大量発生[異常発生、大増殖] ◆a cucumber with a powdery bloom on its dark green skin 濃い緑色の表面が粉っぽいブルームで覆われているキュウリ (*bloom自体、野菜・果物・葉の表面を覆う白い粉の意味) ◆At bloom time, in late April and early May, the pond becomes a riot of color. 花の咲く時期の4月下旬から5月上旬には、この池は百花繚乱となります。

**bloomer** *a~* 花を咲かせる[顕花]植物;(能力的に)完全発達段階に到達した人; *a~* とんまな失敗、ドジ ◆a late bloomer 遅咲き[晩成型]の人

**blooming** ブルーミング、(CRT の)焦点ボケ(= defocusing) ◆antiblooming circuitry 焦点ボケ防止回路(CRTの)

**blot** *a~* しみ、汚れ、〈名声などの〉汚点[きず]; *vt.* ~にしみをつける、~を汚す、~(についているもの)を吸い取る、〈液体など〉を吸い取る、 *vi.* 吸い取る、にじむ

**blotch** *a~* 欠点、汚点、〈皮膚の〉しみ[できもの、あざ]; *vt.* ~にしみ[斑点]をつける、~をよごす; *vi.* むらになる ◆ink blotches インクの染み

**blow** 1 *a~* 打撃、一撃、衝撃 ◆deal a blow to... ~に打撃を与える ◆overshadowed by a double blow of dwindling domestic sales and long-running doldrums in global chip markets 国内販売の減退と世界半導体市場の長期不振という二重の打撃[ダブルパンチ]で業績に暗雲を投げかけられる
2 *vt., vi.* 吹く、吹いて膨らませる、送風する、パンクする、爆発する[させる]、<up>、ヒューズがとぶ[をとばす]、(写真)を引き伸ばす、(データ)を ROM に書き込む ◆a horn blows 警笛[クラクション]が鳴る ◆a tire blows タイヤがパンク

する ◆blow air into them それらに空気を吹き込む ◆blow air on the rear window リアウィンドウに空気を吹きつける ◆blow from the west (風が)西から吹く ◆the fuse blew ヒューズが飛んだ ◆a blowing agent for making plastic foam 発泡プラスチックを作るための発泡剤 ◆these lasers can blow holes in razor blades これらのレーザーは、カミソリの刃に穴を(ぶち)開けられる ◆using either mechanical agitation or blowing with dry air 機械撹拌法あるいは乾燥空気吹き込み法を用いて ◆a suicide bomber blew himself up in a passenger bus 自爆テロ犯がバスの車中で自爆した(*a passenger bus とは、一般の乗客が乗車している乗り合いバス) ◆the 28-year-old trader who blew a billion dollars, broke a bank and stunned the world 10億ドルの大穴をあけ、銀行を破綻に追い込んで世界を驚かせた28歳のトレーダー(*日本の株価指数先物取引で英 Barings Bank を倒産させた Nick Leeson の記事で) ◆The first step is to check all the fuses; replace any that are blown. まず、ヒューズをすべてチェックします。溶断して[切れて、飛んで]いるものがあったら取り替えてください。 ◆The volcano blew millions of tons of dust and particulates into the atmosphere. その火山は、大気中に何百万トンもの粉塵や微粒子を吐き出した。 ◆The blown engine is strong enough to move the car at a healthy clip without effort. その過給エンジンは、車をかなりの速度で難なく動かすのに十分強力である。(*a blown engine は「爆発したエンジン」ともとれるが、ここでは blown = supercharged)
3 *a~* 一吹き、送風、吹き入れ

**blow off** *a~* 〈木の葉など〉が吹き飛ばされる、~を吹き飛ばす、吹き飛ぶ、吹き払う、噴きだす; <at> (~に対して)腹を立てる、怒る ◆a strong gust of wind blew the plane off the runway and down an embankment 強い突風が、飛行機を滑走路から吹き飛ばし盛土から突き落とした

**blower** *a~* 吹くもの[人]、送風機[装置] ◆an air blower エアブロア;送風機[装置]

**blowhole** *a~* (鋳物の)ブローホール[巣、鋳巣(イス)、気泡]、通風孔、通気口、噴気孔、(クジラなどの頭頂部にある呼吸のための穴)鼻孔[噴水孔、呼吸孔、潮吹き孔]、(アザラシやクジラなどが空気を吸いにくる)氷の中の穴 ◆All welds shall be free of cracks, blowholes, slag, and other irregularities. すべての溶接部[溶接箇所]は、クラック[割れ、亀裂]、気泡、スラグ、その他の異状がないこと。

**blow-in** ◆a blow-in card 綴じ込み葉書(*雑誌などのページ間に挟み込むもの)

**blowoff** *a~* 〈気体の〉吹き出し[放出]、放風、吹き消し[吹き消え]; ◆a blowoff valve ブローオフバルブ[吹き出し弁、大気放出弁]

**blowout** *a~* 破裂、パンク、噴出、〈ヒューズが〉飛ぶこと[溶断]、ごちそう[宴会]、楽勝[一方的な勝利] ◆a tire blowout タイヤのパンク ◆cause a fuse blowout ヒューズの溶断を引き起こす;ヒューズを飛ばす ◆rear-wheel tire blowouts 後輪タイヤのパンク ◆if a tire blowout occurs もしタイヤがパンクしたら

**blow-up** *a~* 引き伸ばし写真

**blue** *adj.* 青い、憂鬱な、ふさいだ; (*a*) ~ 青、青色; the ~ 青空、青天 ◆remove heat-caused blueing [bluing] from chrome exhaust pipes クロムめっきされた排気管の高熱によるブルーイング[青焼け]を除去する (*口語では chrome は「クロムめっき」の意で用いられる)

**blue blood** 回貴族の血統、名門(の家柄); *a~* 貴族、名門の出の人 ◆a blue-blood company [bank] 名門企業[銀行]

**blue-blooded** *adj.* 貴族の生まれの、名門の出の

**blue chip** (ときに Blue Chip)*a~* 《ポーカー》ブルーチップ(*点数の高いチップ)、優良[一流、花形]株[銘柄]; blue-chip *adj.* (投資や株が)安全かつ確実に利益があがる、優良な、一流の ◆a blue-chip company 優良企業 ◆a blue-chip [good] investment; a safe, sure investment 安全確実な投資

**blue-collar** 賃金労働をする、ブルーカラーの ◆blue-collar workers ブルーカラー労働者(*肉体労働に従事する労働者)

**blueprint**　a ～　青写真, 青焼き, 青図, 設計図　◆a design blueprint　設計青写真[青図], 設計図　◆a blueprint for our future　私たちの将来の青写真　◆a set of rolled-up blueprints　巻いてある青図[青写真]1組　◆create blueprints for the restructuring of...　～の再建の青写真を作る　◆The EPA is expected to use Los Angeles' plan as a blueprint for a federal program that will include cities like Chicago and New York.　環境保護局は, ロスの計画を, シカゴやニューヨークなどの都市を含む連邦国家全体の計画の叩き台として使うであろう[下敷きにする もの]とみられている.

**blue-ribbon**　adj. 最高の, 最高級の, 第一級の, 卓越した, 最優秀の, 精選された, 特選の, 一等賞の　◆a blue-ribbon advisory committee [board, commission, task force, council, panel]　学識経験者からなる諮問機関[*a committee [board, commission, task force]は「委員会」, a councilは「審議会」, panelは「小委員会, 部会」]

**Bluetooth**　◆Bluetooth is a low-power and short-range radio link technology that allows up to eight devices, such as portable PCs and mobile phones, to wirelessly communicate with each other.　ブルートゥースとは, 小電力[低出力]短距離[近距離]無線リンク技術のことで, これにより最高8台までのポータブルパソコンや移動電話等の装置相互間の無線受信が可能になる.

**blunder**　v. (非難されるべき)大失敗を犯す, ポカミスをする, ヘマする; a ～　大失敗, ヘマ, ドジ, ポカミス, 失点, 落ち度, 過失　◆make [commit] a blunder　ポカミスをする; ドジを踏む; ヘマをする; 失策を演じる　◆Scientists are also eager to avoid blunders.　科学者とて, ヘマを避けるのに汲々としている.

**blunt**　鈍い, とがっていない, 鋭くない　◆a blunt knife　切れ味の鈍いナイフ　◆blunt the edge of...　～の刃の切れ味を鈍らせる

**blur**　vt. ぼかす, 曇らす; vi. ぼやける, あいまいになる, かすむ, にじむ; a ～　ぼやけて見えるもの[箇所]　◆a blurred picture　ピンぼけ写真　◆become [get] blurred beyond recognition　何が何だか分からないほどにまで, ぼやける[ぼける, はっきりしなくなって, 曖昧になって, 不明確・不鮮明になって]くる　◆blur away backgrounds　《撮影》背景をぼかす[ぼかしこむ]　◆blur the ultimate location of responsibility　責任の最終的な所在を曖昧にする　◆cause the image to appear blurred　画像がぼやけてみえるようにする　◆This allows the generation of motion blur effects.　これによって動きによるブレの効果を出すことができる.

**blurriness**　◆Visual blurriness or tunnel vision?　目の霞[かすみ目]あるいは視野狭窄はありますか.（*問診票で）　◆she can read without blurriness in the morning　彼女は朝のうちは(文字が)ぼけることなく[ぼけていないで]読める

**blurring**　①《輪郭・境界・形などの》はっきりしなくなること[ぼける, ぼかす, ぼかし, ぼかしをかける, かすむ, にじませる, ぼんやりさせる]こと, 不鮮明化, 《写真》ボケ, 《写真》ブレ; adj. ◆apply a small amount of blurring to the image　画像にぼかしを少しかける[加える, 入れる]　◆Blurring occurs at all distances.　《光学》距離を問わずぼけが生じる.　◆Blurring is similar to reducing the resolution of the image, so you want to be careful.　ぼかしをかけることは画像の解像度を低下させることに似ているので注意してください.

**blurry**　adj. ぼやけた, かすんでいる　◆blurry vision from time to time　時々症状が現れるかすみ目

**blustery**　adj. (強風が)吹きすさぶ, (嵐が)荒れ狂う; (大声を)張り上げた[はったりの]　◆Despite blustery and changeable weather conditions, ...　荒れ模様の変わりやすい天気にもかかわらず; 荒れた天候不順を押してではあったが

**BMD**　(Ballistic Missile Defense)　弾道ミサイル防衛
**BMR**　(basal metabolic rate) (a) ～　基礎代謝率
**BNC**　◆a BNC connector (= a bayonet Neil-Concelman connector)　《電子機器》BNCコネクタ（*同軸ケーブル接続用）
**BNFL**　(British Nuclear Fuels Ltd.)　英国核燃料公社

**board**　1　a ～　板, 基板, 盤, 台; vt. ～に板を打ち付ける　◆a circuit board　《電子》回路基板　◆board density　基板実装密度　◆a memory expansion board　メモリー拡張基板; 増設メモリー[RAM]ボード　◆boarded-up windows　板張りされている窓　◆board-level simulation of PLD designs　《電子》PLD設計のボードレベルのシミュレーション　◆The bare board (without components) is also referred to as a printed wiring board.　ベアボード(部品無しのもの)は, プリント配線板とも呼ばれる.　◆The board is a standard depth, double-height card.　《コンピュ》そのボードは標準奥行きの, ダブルハイトのカードである.　◆These new connectors allow up to at least a 20% savings in board real estate in comparison with the standard...　これらの新しいコネクタを使用すると, 通常の～と比較して最も控え目に見積もった場合でも基板実装面積を(最大)20%まで節減[低減]できます.

2　委員会, 役員会, 重役会, 評議会, 理事会　◆a board meeting　重役会議, 取締役会　◆a board member　委員会のメンバー[委員]; 役員; 取締役; 重役; 理事　◆serve on a board　重役会[取締役会, 理事会, 監査役会]の一員である　◆the just-formed 12-member board　12名から成る設立されたばかりのその委員会

**across the board**　全面的に, 全般的に, 全体的に, 軒並みに, 一律に, 一様に　◆airline stocks fell almost across the board　航空会社の株が軒並み下落した　◆We're going to stop projects across the board. We're going to slow down the pork barrel.　私たちは(公共)事業全般に待ったをかけようとしています. そして政府助成金による地元利益誘導型事業をペースダウンさせます.

**boarding**　①板張り, 板囲い; ①(《集合的に》板; ①搭乗, 乗車, 乗馬; ①(まかない付きの)下宿　◆a blue-blood boarding school　全寮制の名門学校

**boarding pass**　a ～　搭乗券（*旅客機の）　◆passengers were given boarding passes　乗客には搭乗券が渡された

**boarding school**　a ～　全寮制の学校, 寄宿学校　◆after being sent to an all-girls boarding school at age 16　16歳で全寮制の女学校に入れられた後で

**boat**　a ～　ボート, 小舟～大型船, 船, 船の形をした容器; v. by boat　船で(*船舶の種類や大小は問わない)　◆a "don't rock the boat" attitude toward...　～に対する「事なかれ主義的」態度「「やぶをつついて蛇を出すことを避ける」姿勢」　◆miss the boat　《俗》(時流, 進歩, 風潮, 傾向などに)乗り遅れる(*一部の辞書の訳に「好機を逸する」とあるが, むしろ「遅きに失する, 後手に回る, 後手後手になる, 出遅れる」訳の方が近い) (cf. miss the bus → bus)　◆one's don't-rock-the-boat mentality　波風は立てるなといった考え方, 事なかれ主義

**in the same boat**　同じ船に乗って, 一蓮托生(の運命)で, 運命共同体で, 同じ境遇[苦境, 窮地, 状況]で, 行動[境遇]を共に, 同じ道を行く　◆they're in the same boat we're in [with us]　彼らは私たちと同じ境遇[苦境, 窮地, 状況]にある　◆We are all in the same boat.　私たち全員は同じ運命共同体に属している　◆We are all in the same boat, so let's all row in the same direction.　私たちは一蓮托生の運命だ. だから皆で力を合わせて同じ方向に向かって進もうではないか.

**bobbin**　a ～　糸巻き, ボビン, 巻き枠, 巻き型

**bobo**　◆A bobo is a bourgeois bohemian.　ボボとはブルジョア・ボヘミアンのことだ. (*インターネット関連で脚光を浴びて億万長者になっても成金趣味に走らずに質素なライフスタイルを続ける人)

**BOC**　(Bell operating company) a ～　(pl. BOCs)《米》ベル系電話会社（*米国AT&T系の地方電話会社）(→ Bell)

**BOD**　(biochemical oxygen demand) 生物化学的[生化学的]酸素要求量　◆the BOD of industrial waste　工場廃水のBOD

**bode**　vt. ～の前兆となる, 〈人〉に～の前兆となる; vi. (bode well [ill] for... の形で) ～によい[悪い]前兆となる　◆Demand for its communications antennas is increasing at a solid pace, which bodes well for the next few years.　同社の通信アンテナの需要は, 堅調なペースで伸びており, この調子だと2～3年先まで続伸しそうだ.

**bodily** adj. 体の, 身体的な, 肉体の, 肉欲の; adv. 丸ごと, そっくり ◆bodily injury 身体傷害, 危害 ◆AIDS is transmitted through bodily fluids, especially semen and blood. エイズは, 特に精液や血液などの体液を通して感染する.

**body** a 〜 ボディ, ボデー, 身体, 胴体, 本体, 本文, 筐体 (キョウタイ), 物体, 塊, 車体, 船体, 肉体, 死体 ◆in a body 身体の中に[内に; 一丸[一団, 一体]となって; みんなで, 大勢]こぞって, 大挙して ◆a body shop 《車》車体修理場[整備工場] ◆a car body 車体[どんがら] ◆body copy 《無冠詞》本文 ◆body parts 《車》車体部品 ◆an auto [automobile] body shop; a body shop 自動車の車体修理[整備]工場 ◆a human body model 人体モデル[模型] ◆a camera body カメラボディー[本体] (*交換レンズを取り外したカメラ本体) ◆a body fat monitor; a body composition analyzer 体脂肪計 ◆(a) body length measurement 体長測定(*生物の) ◆the body of an email message 電子メールの本文 ◆the Body Shop ボディーショップ (*世界の国々で天然の原料から製造したボディーケア製品のチェーン店展開をしている英国の化粧品会社) ◆a body-centered cubic lattice [crystal structure] 体心立方格子[結晶構造] ◆a standards setting body 標準規格制定機関 ◆a body's absolute temperature ある物体の絶対温度 ◆remain in the bodies immersed in water 水につけてある物体 ◆the basal body temperature method of family planning 基礎体温式の家族計画[オギノ式避妊・受胎調節]法 ◆a plastic-bodied car プラスチックボディー車 ◆be housed in a lightweight, compact body 軽量でコンパクトなボディーに収められて[筐体に収納されて]いる ◆So the friends all went in a body to the lodge of the Red Fox. こうして友人は, こぞってレッドフォックスのロッジに行った. ◆Body weight measurements were done [taken, performed] using different weight scales. The weight was taken with the subjects clothed but without shoes. 種々の体重計を使い体重測定が行われた. 体重は, 被測定者が着衣したまま, ただし靴は脱いだ状態で, 測定された.

**body and soul** 《副詞句》身も心も

**body capacitance** 人体が持つ静電容量 (*この容量のせいで, 手や身体が電子回路に接近すると同調がずれたり雑音が混入したりすることがある) ◆a body-capacitance alarm system ボディーエフェクトを利用した警報システム

**body fat** 四体脂肪, 《俗》〜 体脂肪率 ◆a chicken with less than 5 percent body fat 体脂肪率5%未満のニワトリ ◆have [maintain] a body fat of less than 10% 《順に》10%未満の体脂肪率である[を維持する] ◆His percentage of body fat is down, and he's moving pretty well. 彼の体脂肪率が落ち, 彼の動きはかなりよくなっている. (*スポーツ選手の話) ◆Body-fat screenings, which are painless and done by an electrical-impedance procedure, will be held from 2 to 4 p.m. 体脂肪検査 (無痛の電気インピーダンス法によって行われます) は, 2時から4時まで実施します.

**bodywork** 車体, 車体構造, 車体製造, 車体修理, 車体まわりの作業 ◆the bodywork of the Porsche 928S4 ポルシェ928S4の車体[ボディフレーム] ◆the bodywork of an aircraft 航空機の機体

**bog** (a)〜 湿原, 湿地, 沼地, 沼沢地; a〜《英俗》(屋外)便所; vi. 泥沼にはまり込む, 動きが[身動]がとれなくなる, にっちもさっちも行かなくなる; vt. 《通例受身》〜を泥沼にはまり込ませる, 〜の動きを取れなくする ◆in marshlands and peat bogs 湿地帯[沼沢地]および泥炭湿原で[に]

**bogus** adj. にせの, いんちきの, でっちあげの ◆a bogus bill 偽札, 偽造紙幣 ◆a bogus company 幽霊会社 ◆bogus documents 偽造書類, 偽造文書 ◆bogus therapy いんちき[あやしい, 怪しげな]療法 ◆a bogus asylum seeker 偽装亡命希望者 ◆bogus campaign promises 《実行に移す考えさらさらない》空達挙公約 ◆his bogus allegations 彼の虚偽の証言 ◆the story is bogus その記事は, 真実を伝えていない[でたらめだ] ◆counterfeiters passed $9 million in bogus bills 通貨偽造者らは, 900万ドル相当の偽造紙幣を流通させた.

**boil** v. 沸騰する[させる], 沸く, 沸かす, 煮沸する; a〜, the〜 沸騰, 煮沸 ◆bring... to a [the] boil 〜を沸騰させる ◆come to a boil 沸騰する ◆a boiling-water reactor 沸騰水(型原子)炉 ◆a boiling kettle 沸いている[煮立っている]やかん ◆boiled potatoes ゆでたジャガイモ ◆boil off [boil-off] gas ボイルオフガス, 気化分 (*液化天然ガス=LNGが貯蔵タンク内の周囲の熱により気化した分) ◆boil the liquid under a reduced pressure その液体を減圧下で沸騰させる ◆reach a full boil 完全に沸騰する ◆higher-boiling compounds 沸点のより高い化合物 ◆My idea boils down to the following: 私の考えを煮詰めると以下のようになる. ◆The liquid boils at 65°C. この液体の沸点は65°Cである. ◆The liquid boils in the range 73-78°C. この液体の沸点は73〜78°Cの範囲である. ◆Remove cabbage and continue cooking liquid over high heat until it boils down to about 4 cups. キャベツを取り出して, 汁が4カップほどの量に煮詰まるまで強火で加熱し続けます.

**boil down** 煮つまる, 煮詰める, 煎じ詰める, 沸騰させて水分を飛ばして濃縮する, 要約する (summarize) ◆it all boils down to one fact that... これはすべて〜という一言に煎じ詰められる[一点に集約される]: 〜だということに尽きる ◆What it boils down to is... このことを煎じ詰め[煮詰め]れば, (結論的に) 〜といえる. ◆The problems boil down to (the fact) that... 要するに[要約すると], 煎じ詰める[煮詰める]と, (となの) つまり, さしずめ], これらの問題は〜ということになる. ◆What all this boils down to says that Japan is way behind in research of... 煎じ詰めれば[煮詰めると, 結局, (とどの) つまり], これらはすべて, 日本が〜の研究ではるかに立ち遅れているということを示している.

**boiler** a〜 ボイラー, かま, 蒸気缶 ◆boiler tubes ボイラー管 ◆a boiler makeup water treatment system ボイラーへの補給水を処理するための装置

**boilerplate** a〜 ボイラー板, ボイラープレート, 定型文[定型句, 決まり文句], (繰り返し)使い回しされる文, 使い古された文句; v. よく使用される文句を継ぎはぎ[合成]するようにして文書を組み立てる, 定型だけ差し替えた文書をいくつも作成する ◆can store and insert boilerplate text 短文[定型句, 定型文, 決まり文句]を登録および挿入できる ◆a set of boilerplate templates (e.g., letter, memo, fax, etc.) 《コンピュ》よく使うひな形文書[定型書式] (たとえば, 手紙, メモ, ファックス等) の一式 ◆You can create a boilerplate form from any existing document or template. 《コンピュ》既存の文書やテンプレートからボイラープレートが作成できます. (*宛名など一部の語句だけを自動的に差し替えて何部も作成できる機能の話) ◆Boilerplate real estate contracts still favor the seller, to the buyer's detriment, some industry professionals say. 標準的な内容の[紋切り型の, 様式の決まった, 決まり文句で固めた, ありきたりの]不動産契約書は, 依然として買い手に不利益を与える格好で売り手が得するようになっていると一部の業界専門家は示している.

**boiling point** (a) 〜 沸点, 沸騰点 ◆the boiling points of the normal paraffins ノルマルパラフィン類の沸点 ◆a liquid with a boiling point of 132°C 沸点が132°Cの液体 ◆The boiling point of a liquid can be reduced by lowering the external pressure. 液体の沸点は, 外部圧を下げることによって降下させることができる.

**bold** adj. 神経が太い, 厚かましい, ず太い, 大胆な, 豪胆な, 度胸のある, 果敢な, 思い切った, 力強く奔放な, 〈印字などが〉ボールドフェースの[太字の, 肉太の] ◆bold, italicize, or underline text テキストを太字, イタリック体, または下線付きにする ◆(*bold が動詞として用いられている) ◆the numbers in bold type 太字で印刷されたそれらの数字 ◆Bold ideas are required to <do...> 〜するには大胆な発想が必要だ. ◆a bold attempt to compete with the industry's giants 業界大手と張り合おうとする果敢な試み

**boldface** (a) 〜《印刷》太字体, 肉太活字体, ボールドフェース ◆boldface numbers 太字の[活字で印刷されている]数字 ◆be displayed in boldface type 《DTP》太字で[画面上]に表示される ◆boldface word 単語を太字にする

**bolometer** a～《理》ボロメータ

**bolster** a～長まくら, 支持物, 支え; vt.（しばしばupを伴う）支える, 支援する, 励ます, 増強する ◆bolster sluggish sales 売れ行き不振にてこ入れをする ◆bolster inherent weaknesses of the system このシステム固有の弱点を強化する

**bolt** a～ボルト, かんぬき, 稲妻; vt. ボルト締めする, ボルト留めする ◆a bolt out of the blue; a bolt from the blue 青天のへきれき, 思いもよらぬ出来事, 突然出現した商品など ◆a bolted joint ボルト継手 ◆a cable retaining bolt ケーブル留めボルト ◆a drum mounting bolt hole ドラム取付ボルト穴 ◆a hex [hexagon] head bolt 六角（頭）ボルト ◆appear like a bolt of lightning （稲妻のごとく）突然現れる ◆reinstall the thermostat mounting bolt そのサーモスタット取付けボルトを元に戻す ◆Do not overtighten the bolts. それらのボルトを締め付け過ぎないでください。◆It is bolted to the chassis. これはシャーシにボルト止めされている。◆The enclosure can be bolted to an optical table. この筐体（キョウタイ）は, ボルト締めによって光テーブルに取り付けることが可能である。◆They are joined with bolts. それらはボルトで接合されている。◆Torque the bolts to 4.0 mkg. ボルトを4.0mkgのトルクで締めてください。

**Boltzmann** ◆the Boltzmann distribution is used ボルツマン分布が用いられる ◆use a Boltzmann equation ボルツマン方程式を使う［活用する］◆kT (where k is Boltzmann's constant and T is temperature in K) kT（ここでkはボルツマンの定数, Tはケルビン温度である）

**bomb** a～爆弾, 爆発物; the～核爆弾, 核兵器; a～高圧容器, スプレー缶（= an aerosol bomb, a spray can); a～《米口》大失敗, へま, 大失態; a～《英俗》大金; vt. ～を爆撃する, ～に爆弾を投下する, 爆撃する; vi. 爆撃投下する, 《米》大失敗する ◆like a bomb 《英口》ものすごく速く, 非常にうまく ◆a bomb blast 爆弾の爆発［炸裂, 破裂］◆the blast of bombs 爆弾の炸裂する音 ◆a bombed-out car 爆弾で完全に破壊されている車 ◆there is still aerial bombing of villages 村々の空爆が依然としてある ◆people in the town of Xxx were told to enter bomb shelters for several hours Xxx町の人達は防空壕に数時間入っているよう告げられた ◆A terrorist planted a bomb in an office building. テロリストが爆弾をオフィスビルに仕掛けた。

**bombardment** (a)～ボンバード, ボンバードメント, 打ち込み, 射突, 衝撃 ◆the bombardment of a surface with an ion beam イオンビームによる表面ボンバード

**bomber** a～爆撃機, 爆撃犯人［爆撃犯, 爆弾テロリスト］◆a radar-evading [-eluding, -invisible, -avoiding] bomber 《意訳》レーダーでの捕捉が困難な爆撃機

**bona fide** 《ラテン語 in good faith の意》adj. 真の, 真実の, 真正の, 本物の, 誠実な; adv. 真実に, 誠意をもって, 誠実に, 本当に ◆a bona fide purchaser [holder] 善意の取得者［所有人, 持ち主］

**bond** 1 vt. 結合する, つなぐ, 接着する, 接合する, 付着する, 保税倉庫に入れる, 担保［抵当］に入れる; vi. 接合［接着, 密着］する ◆a bonding agent 結合剤, 接着剤 ◆a bonded strain gauge 接着型ストレイン・ゲージ［歪みセンサー, 歪み計］◆a bonded magnet ボンド磁石（＊磁性粉に少量のプラスチックやポリマーやゴムをバインダーとして混ぜて成型したもの）◆bond two objects together 2つの物体をくっつけて一緒にする［接着する, 接合する, 結合する］◆their friendship was bonded 彼らの間に友情の絆ができた［結ばれた］◆adhesives that bond metals, alloys, plastics, glass and rubber – together or in combination 金属, 合金, プラスチック, ガラス, ならびにゴムを, 同じ種類川は異なる種類の組み合わせでも接着する接着剤 ◆The pin is electrically bonded to the equipment frame. そのピンは, 電気的に機器の筐体（キョウタイ）に接続されている。

2 a～ボンド, 接着剤, 結合剤, 化学結合, 保税倉庫［上屋］, 債務証書［債券, 公債, 証券］, ボンド紙 (= bond paper) ◆a national [government] bond 国債, 国が発行する債券 ◆long-term government bonds 長期国債 ◆a break in bond prices 債券価格の急落 ◆issue bonds to the general public 一般公募方式で社債を発行する, 公募債を発行する ◆carbon-to-carbon double bonds 炭素分子間の二重結合 ◆form a coordinate covalent bond 配位共有結合を生じる ◆the money can be obtained from the issuing of bonds その資金は起債により調達できる ◆Covalent bonds occur between A and B. AB間に共有結合が起きる。◆The tray holds up to 500 sheets of 20 lb. bond. この（給紙）トレーには20ポンド上質紙を500枚まで収納することができる。◆The International Club seeks to strengthen the bond of friendship between the American and foreign students on campus. 当国際クラブは, 大学構内においてアメリカ人学生と留学生の間の友好の絆を強化する［強める, 深める］ことを目指しています。

**bondage** ⓝ束縛, 捕われ（の状態）, 囚われの身, 隷従, 屈従, （＊SMプレイの）縛り［緊縛］, 農奴や奴隷の身分［地位］ ◆Of Human Bondage by Somerset Maugham サマセット・モーム著『人間の絆』 ◆those who are in bondage to alcohol [drugs] アルコール［薬物］の虜（トリコ）になっている人たち

**bonded** adj. 接着［接合, 結合］した, くっつけた, 張り合わせた, 積層～; adj. 担保付きの, 保税の, 保税品の ◆bonded goods 保税貨物［保税品, 保税物資］ ◆a bonded article 《貿》保税品［保税品目］; 《工》結合［接着, 接合］加工した品物［部品］ ◆bonded transportation 保税輸送［運送］ ◆a bonded factory [plant] 保税工場 ◆a bonded warehouse [shed] 保税倉庫［上屋］

**bonding** 接着, 接合, 結合, ボンディング, 絆 ◆metal-to-metal bonding 金属結合

**bond paper** ボンド紙, 上質紙

**bone** 1 (a)～骨 ◆cut...to the bone 〈経費など〉ぎりぎりに［最低に］切り詰める ◆broken bones knit 折れた骨がつながる［癒合（ユゴウ）する］ ◆meat on bones 骨付きの肉 ◆a bone-chilling wind 寒さが骨（身）にこたえる風 ◆a bone-in ham 骨付きハム ◆put meat on the agreement's bones 協定の骨組み［骨子］に肉をつける

2 vt. ～から骨を取る, ～に骨を入れて（作）る; vi.（口）（試験前などに）必死に勉強する［詰め込み勉強する］<up> ◆bone up for a test （口）試験に備えて一夜漬けする ◆boned, cut-up white meat 白身の骨なし切り身 ◆I have to bone up on my physics before the exam. （口）試験までに物理を一生懸命勉強しなくちゃ。

**bone density** (a)～骨密度（コツミツド）◆women typically lose bone density after menopause 女性は一般的に言って閉経後に骨密度が低下する ◆Patients in a comparison group taking a placebo had a decline in bone density of about 0.65 percent. 偽薬を服用していた対照群の患者には約0.65％の骨密度の減少があった。

**boneless** adj. 骨なしの, 骨抜きにされた;（比喩的に）土性骨［どしょっぽね, スタミナ］のない, ふぬけの, 締まりのない ◆a boneless ham ボンレス［骨なし］ハム

**bone marrow** ⓝ骨髄 ◆autologous bone marrow transplantation; an autologous bone marrow transplant 自己［自家］骨髄移植

**bonito** a～ (pl. -s, -es) カツオ ◆dried bonito shavings カツオの削り節; 花鰹（ハナガツオ）◆Mike caught a bonito. マイクはカツオを捕った［《意訳》釣った］。

**bonus** a～ボーナス, 賞与, 一時金, 臨時収入, 特別配当金, 特別報償金, 奨励金金; a～おまけ, 特典 ◆as a bonus 余禄として ◆offer a free bonus 無料特典を付ける ◆you can obtain...from the network as a membership bonus そのネットワークから会員特典として～を入手することができます ◆The CD-ROM and floppy editions each contain over 8,000 recipes, but the CD-ROM disc offers 200 photos as an extra bonus. CD-ROM版, フロッピー版共に8,000種類を超える調理法を収録しているが, CD-ROM版にはおまけとして200枚の写真が付いている。

**book** 1 a～本, 書籍, 書物, 著書［著作］, 図書; ～s 経理簿, 帳簿 ◆a hardcover [softcover, paperback] book ハードカバー［ソフトカバー, ペーパーバック］の本 ◆recorded books; books on tape; books in audiocassette format （特に盲人・視覚

障害者用の)録音図書(*カセットテープ化された、耳で読む本)◆Braille books 点字の本; 点字図書 ◆a Congressional briefing book 本の《米》議会用説明資料集 ◆be published in book form 冊子体で出版される ◆books due out this summer この夏に出る[出版、刊行、上梓、発行]予定の本 ◆consult [refer to, turn up] a book 本を参照する[調べる、参考にする] ◆in book form 本の形[書籍の形、冊子本]で ◆Rachel Carson's book "Silent Spring"; Silent Spring by Rachel Carson レイチェル・カーソンの本[著書、著作]『沈黙の春』◆This book describes... 本書は、~について書き記したものである。◆a book on repair procedures 修理手順についての本 ◆a bound document such as a book 書籍などの製本された文書 ◆mourners waited as long as five hours to sign condolence books 弔問客らは(弔意[弔問]の)記帳に5時間も待った ◆Some 900 sources of information about... have been compiled into a handy, easy-to-use book. ~に関する約900件に上る情報源が使いやすいハンディー版の本にまとめられました。

2 v. 記帳する、予約する、契約する ◆Meeting rooms may be tentatively booked by telephone. 会議室は、電話で仮予約[仮押さえ]できます。◆Her famous voice is in such worldwide demand that she is booked up for years to come. 彼女の有名な(歌)声は世界中で人気が高く、何年も先まで予約が入っている。

**off the books** 帳簿[名簿]に載っていない、記帳[登録]されていない、海外の ◆get [take] bad loans off the books 不良貸し付け[債権]を処理する ◆write the debt off the books その負債[債務]を帳簿から抹消する; 借金を帳消し[棒引き]にする ◆the possibility that many recipients are working off the books and concealing their incomes (生活保護の)受給者の多くが闇で働いて収入を隠しているのではないかという可能性

**bookbinding** 《製本(すること)、製本業、製本術、製本や装丁の技術 ◆bookbinding machinery; a bookbinder's machine 製本機

**book building** 《経》ブックビルディング、注文[需要]の積み上げ ◆The Japan Securities Dealer Association introduced the book-building system in determining the issue prices of newly introduced stocks in September 1997. 日本証券業協会は、新規公開株の発行価格を決める際のブックビルディング[需要積み上げ]方式を1997年9月に導入した。(*入札に代わり、注文を積み上げて公開株価を割り出すやり方)

**booking** (a) ~予約、契約、受注、記帳 ◆make a reservation [a booking] 予約をする ◆cancel a reservation [a booking] 予約を取り消す[キャンセルする] ◆an advance booking office 前売り指定席売り場; 前売チケット発売所 ◆get a booking in the name of Rodale ローデイルの名前で予約を取る ◆advance booking opens on October 1 先行予約[(チケットの)前売り]は10月1日に開始される

**bookkeeper** a ~ 簿記係、簿記事務員 ◆hire a part-time bookkeeper パートの経理事務員を雇う

**bookkeeping** 簿記、経理 ◆do bookkeeping 帳簿をつける、簿記をする ◆agencies beset by inept bookkeeping and sloppy management 不適切な[ずさんな、いい加減な]経理と野放図な[放漫]経営に悩まされている政府機関

**booklet** a ~ 小冊子、パンフレット ◆These handouts are bound in a booklet form [in the form of a booklet]. これらの配布印刷物は小冊子の形になっている。

**bookmaker** a ~ 本を作る業者(*出版社、製本業者、編集者、印刷業などの)、ブックメーカー[[(競馬などの)胴元、私設馬券屋、のみ屋]] ◆Now bookmakers are taking bets on how long the royal family lasts. 今ではブックメーカー[公認のみ屋]は王室の存続期間をネタにした賭けを付けている。(*英国の話)

**bookshelf** a ~ 本棚、書架、本箱 ◆a bookshelf-type speaker ブックシェルフ型スピーカ

**bookstore** a ~ 《米》本屋、書店、書肆(ショシ) (=《英》a bookshop)

**book-to-bill ratio** ~ BBレシオ、受注／売上比率[出荷比(率)] (*特に半導体業界の市況の状態を示す指標)

**Boolean** adj.《数・論》ブールの ◆a Boolean ring ブール環(*ブール代数の) ◆Boolean algebra facilitates the analysis and design of digital circuits. ブール代数はデジタル回路の解析と設計を容易にする。

**boom** 1 a ~ ブーム、にわか景気、好況、急増、急拡大、爆発的人気、人気急上昇、人気沸騰、大流行; a ~ (空洞内で響かせるような低い)ドーン[ゴーッ、ドーッ、グーン]という音[声] ◆create [set off, ignite] a boom ブームを生み出す[を巻き起こす、に火を付ける] ◆a boom industry にわか景気に沸き立っている産業[業界] ◆a boom box; a ghetto blaster 大型のラジオカセットレコーダー[ステレオラジカセ](*大音量・低音のよく出る) ◆a boom-and-bust cycle 景気循環[変動]、(意訳)好不況の波 ◆a boom car ブームカー(*大出力音響装置を搭載した車、重低音のきいた大音量で音楽を鳴らしながら走行する) ◆set off an economic boom 経済ブーム[にわか景気]を巻き起こす ◆during the 1970's oil boom オイル景気に沸いた1970年代の間に(*産油国側の話) ◆a PC boom in the server market サーバー機市場におけるパソコンブーム[パソコンの大人気] ◆due to a boom in budget PCs 低価格パソコンの人気急上昇[沸騰]によって ◆the boom in the home fax market 家庭用ファクシミリ市場の(一時的な)この活況 ◆the U.S. is in a boom period 米国は、好況期にある ◆Thanks to the boom in Microsoft Windows,... マイクロソフト・ウィンドウズの爆発的人気[大流行]のせいで、◆the Mexican economy has been enjoying a boom メキシコ経済は、これまで好景気でやってきている ◆wait for a boom in business 景気がよくなるのを待つ ◆when the oil boom turned to bust オイルブームが不況[下降]に転じたときに ◆the privatization drive which has led to a boom in Mexico's economy メキシコ経済を好況に導いた民営化推進運動 ◆Japan's economy went from boom to bust in 1990. 日本経済は、1990年に好景気[好況]から不景気[不況]へと転じた。◆The community has long enjoyed stable and steady growth, immune for the most part from the "boom and bust" cycle that has plagued much of Oklahoma since statehood. この地域社会は、オクラホマが州になってからこのかた州の大部分を悩ましてきた「好不況」の波にほとんど左右[影響]されずに、長いこと安定的かつ着実な成長を享受してきている。

2 vi., vt. にわかに景気づく[景気づかせる]、人気が沸く[を沸かせる]、ブームに沸く; ドーンと響く[鳴る、響かせる] ◆the booming of thunder 雷鳴のとどろき ◆the economy is booming here in China ここ中国では、経済が好況に沸いている[活況を呈している] ◆an area that is expected to boom in the coming year 来年にわかに活気づくと見込まれる[にわか景気にわくと思われる]分野

3 a ~ 棒、支柱、艀柱、さお状のもの、(船の通行を遮断する)防材、(水上に張る)流木止め、オイルフェンス(= a containment boom) ◆a boom microphone ブームマイク ◆place [lay, erect] containment booms around... ~の周りにオイルフェンスを張る ◆set up floating booms to trap debris while letting the water go by 水の流れは止めずにゴミだけ捕らえるための浮き[水上]流木止め[フェンス]を設置する[張る] ◆Thousands of feet of oil spill containment booms were being brought to the site. 何千フィート分ものオイル流出拡散防止フェンス[オイルフェンス]が現場に運ばれた。(*a containment boom だけでもオイルフェンスの意味がある)

**boomer** a ~ ベビーブーマー時代に生まれた[団塊の世代の]人(a baby boomer)、(口)渡りの建設労働者、新興地域に集まる人 ◆older [senior] boomers are doing much better financially than junior boomers 団塊の世代は、団塊ジュニアよりもはるかに金回りがいい

**boomerang** a ~ ブーメラン ◆a boomerang effect ブーメラン効果

**booming** 《低音の反響音[とどろく音]を発する、ドーン[ブーン、ブンブン]という音を立てること; adj. 前記のような音を立てる、とどろき渡る、にわか景気の ◆There is a booming demand for autogas (automotive LPG) – particularly in Europe. 特に欧州において、オートガス(自動車用液化石油ガス)への

極めて旺盛[活発, 好調]な需要がある. ◆The booming U.S. economy has been powered by robust consumer spending, which accounts for two-third of total economic activity. 好景気[好況, 好調]に沸く米国経済は, 全経済活動の2/3を占める堅調な個人消費に牽引されてきた.

**boomtown** a～ (工場誘致などで)にわか景気で大きく発展した町, にわか景気に沸き立つ町, 新興都市

**boomy** adj. 《オーディオ》ブーミーな, 低音が出過ぎる[響きすぎる], ボンついている; にわか景気の, (経済)ブーム的な, 活況を呈して[景気づいて]いる ◆muddy, boomy lows 《オーディオ》濁っていてブーミーな[ボンボンいい過ぎる, (締まりがなく)ボンついている]低域

**boon** a～ 恩恵, 賜物(タマモノ) ◆become a real boon for [to]... ～にとって真の恵み[たまもの]となる ◆will bring economic boons to... ～は, ～に(いくつかの[いろいろの])経済的な恩恵[恵み, メリット, 利益]をもたらすことになるだろう ◆as a great boon for small business in particular 特に[とりわけ]小企業にとって大きなメリットとして ◆The UltraSlim should be a real boon to frequent travelers. このUltraSlimは旅行によく出かける人にとってはまさに重宝と言えるでしょう. ◆China's entry into the WTO could be a boon for many stocks in the region. 中国のWTO加盟は, 同地域における多くの株にとって好材料となるであろう. ◆Personal computers look like a real boon for handicapped people. パソコンは障害者の人たちにとっての本当の恩恵であるように見える. ◆While the price free-fall may be a boon for consumers, it's obviously cutting into vendors' profits. 価格の落ち放題の下落は消費者にとっては朗報[メリット]であるが, 明らかにベンダーの利益を浸食している.

**boost** 1 vt. ～を(持ち)上げる, 高揚する, 増強する, 強調する, 増大させる ◆an economy-boosting tax bill 景気浮揚を目指している税法案 ◆boost business 商売を伸ばす[景気づける] ◆boost Germany's international competitiveness ドイツの国際競争力を強化[増強]させる ◆boost production (by) 25 percent 生産を25％上げる[増強する]; 25％増産する ◆boost production fivefold 生産を5倍に増やす ◆boost profits 利潤を増やす ◆significantly boost system performance 大幅にシステム性能をアップする ◆morale-boosting 士気[意気]高揚の; 士気[意気]を高める ◆boost production to 200,000 cars a year 年間20万台(体制)に向けて生産を増加[増産]する ◆boost spending for defense 国防支出を増加させる ◆boost the voltage of an audio signal 音声信号の電圧を上げる[昇圧]する ◆boost higher frequencies in video signals 映像信号に含まれる高い方の周波数(成分)を持ち上げる[高域を増強する] ◆The car is boosting itself to the upper reaches of the sport-box class. この車は, スポーツタイプのボックス車のクラスの上位に上がってきている.
2 a～ 景気づけ, 尻押し, 増加 ◆a bass boost 《音響》低域ブースト(回路) ◆a boost [quick] charge 急速充電 ◆a boost in oil production 石油生産の増強; 石油の増産 ◆... can result in a performance boost (結果的に)性能アップにつながる可能性がある ◆Supersymmetric particles could give a boost to superstring theory, one of the hottest ideas in theoretical physics. 超対称粒子は(もし発見されれば), 理論物理学において最も注目されているアイデアの一つである超ひも理論を活気づけることになるだろう.

**booster** a～ ブースター, ブースターロケット, 倍力装置, 昇圧器, 増圧ポンプ; a～ (= a booster shot [injection]) 効能促進剤[追加接種, 追加免疫]の注射

**boot** 1 ～s 長靴; a～ (車の)トランク[荷物室]; a～ 《コンピュ》起動 ◆the boot of a car 車のトランク[荷物室]
2 vt., vi. ブーツを履く[はかせる]; (= bootstrap) 《コンピュ》立ち上げる[立ち上がる], 起動する ◆boot up a computer コンピュータを立ち上げる ◆boot the system from [with] a floppy disk フロッピーディスクから[使って]システムを立ち上げる[起動する] ◆enable the PC to boot up from a hard-disk drive パソコンがハードディスクドライブから立ち上がれるようにする ◆hard disk booting is only possible from the first hard disk in the system ハードディスクからの立ち上げ[起動]はシステムの1台目のハードディスクからのみ可能である ◆The computer boots up from the hard disk. このコンピュータは, ハードディスクから立ち上がる. ◆The operating system boots itself in that window. 《コンピュ》オペレーティングシステムは, そのウィンドウ内で立ち上がる. ◆The computer automatically boots MS-DOS from the hard disk. コンピュータは自動的にハードディスクからMS-DOSを立ち上げる.
3 《to ～ の形で》おまけに, そのうえ ◆Even the cheesiest of cheap 1995 cars comes standard with a good four-speaker audio system (and many have cassette players to boot). 1995年型の安い車のなかの一番安いものにさえ, 結構な4スピーカ・オーディオシステムが標準装備[搭載]されている(そして多くの車にはその上[おまけに]カセットプレーヤーも搭載されている).

**booth** a～ ブース, 小間, 小さい室, 電話ボックス, 箱場 ◆an exhibition booth (見本市会場などでの)展示ブース[小間] ◆they ran a corn-on-the-cob booth during a Pleasant Hill fair 彼らは, プレザントヒルのフェアの間トウモロコシの(模擬)売店をやった

**bootleg** v. 密造する, 密売する, 海賊版[盤]を作る[商う]; (a)～ 海賊版, 海賊盤, ブートレッグ, ブートもの; adj. 海賊版の, ブートの ◆the bootlegging of programming material 放送番組から海賊版を製作すること

**bootstrap** 自力で興す[成す], 《コンピュ》～を立ち上げる (→ boot 2) ◆When he formed his company, he bootstrapped from zero. 彼は, 自分の会社を作った時, 自力でゼロから興した.

**boot-up** 《コンピュ》立ち上げ[起動] ◆during boot-up 《コンピュ》立ち上げ中に; 起動中に ◆on [upon, at] boot-up 《コンピュ》起動時に; 立ち上げの際に ◆immediately after boot-up 《コンピュ》立ち上げ直後に ◆during the computer boot-up process [sequence] 《コンピュ》コンピュータの立ち上げ中に ◆Without the password, boot-up is impossible. 《コンピュ》パスワードがないと, 立ち上げられない.

**border** 1 a～ 国境, 境界, 縁, ボーダー, 枠線, 縁飾り, 飾り罫, 輪郭 ◆cross the U.S. border illegally (米国境を違法に越える)米国に違法[密]入国する ◆a car manufactured outside U.S. borders 米国以外で製造された車 ◆on the border between A and B AB間の境界線上で[境目で] ◆sell cars south of the border 国境の南(＊米国でいえばメキシコをさす)で車を販売する ◆the sum total of goods and services produced within U.S. borders 米国内で生産されるモノとサービスの総合計 ◆The international organization Medecins Sans Frontieres – Doctors without Borders – has launched an effort to <do...> 国際組織[団体]であるMedecins Sans Frontieres(国境なき医師団)は, ～する取り組みに着手した. (＊1971年にフランスで設立されたNGO) ◆Line weights and border thicknesses are continuously variable in .01-inch increments. 線の太さと枠[縁取り](線)の太さは, 0.01インチ刻みで連続的に変えられる.
2 vt. ～に(で)境界をつける<with>, ～を(～で)縁取る<with>, ～に隣接する; vi. <on> ～と境を接する, 隣接する ◆nations bordering the Pacific 太平洋に面している[臨む](不特定の)諸国 ◆the countries bordering on Germany ドイツと国境を接している(特定の)国々 ◆He has incredible courage and confidence bordering on arrogance. 彼には, 傲慢(ゴウマン)ともいえる, 信じられないくらいの度胸と自信がある.

**borderless** ボーダーレス, 縁(フチ)なしの, 国境[境界]のない ◆a borderless community 無国籍コミュニティー[地域社会] ◆a borderless corporation 世界を股に掛けている企業; 多国籍企業 ◆a borderless economy ボーダーレス経済[エコノミー] ◆a borderless world 国境のない世界 ◆borderless terrorism 国際テロ ◆a borderless corporation 国際的な企業 ◆a borderless photograph 縁なし写真 ◆corporations are becoming borderless 企業は国際化しつつある[ボーダーレス化している] ◆in an increasingly borderless world [Europe]

ますます国境が消滅してきている世界［欧州］で ◆What the vast amount of international investment is creating is a borderless economy. この巨額の国際投資が創出しているものは、国境無き経済である。

**borderline** a～ 国境線, 境界線, 境界, 境目, ボーダーライン, どっちつかずの所［状態］; adj. ボーダーライン上の, どちらとも決めかねる, (ひっかかるかひっかからないか)すれすれの, (猥褻になるかならないかの)きわどい ◆a person with borderline personality disorder 境界人格障害の人

**bore** 1 v. 穴あけ［穴ぐり］する,《機械》中ぐりする, 押しあけて［じりじり］進む ◆bore a hole in... ～に穴をあける ◆bore holes in [into]... ～に穴を開ける ◆analyze soil boring samples for contamination with hazardous wastes 土壌のボーリング・サンプルを分析して有害廃棄物による汚染がないか調べる
2 (a)～ 口径,（円筒, 穴の）内径; a～ (きりなどで開けた)穴, 穿孔,（円筒形の）内腔 ◆a bore hole in a mining site 採掘場［採鉱現場］のボーリング穴 ◆a wide-bore instrument 大口径の楽器 ◆be of small bore 小口径である ◆the bore diameter of... ～の内径 ◆large-bore torpedo tubes 大口径の魚雷発射管
3 vt. ～をうんざりさせる, 退屈させる; a～ おもしろくない人, 退屈な仕事
4 《bearの過去形》

**boredom** 倦怠(感), 退屈, 無聊(ブリョウ), 所在ないこと, 手持ちぶさたであること ◆reduce operator boredom and fatigue オペレータの飽きと疲労を減らす ◆the boredom of being bedridden 寝たきりになっていることの退屈さ［所在なさ］

**borescope, boroscope** ～ a borescope [boroscope] inspection ボアスコープ［ボロスコープ］による検査（＊管内鏡などとも呼ばれる。レンズを組み込んだ細長い管で航空機エンジンのシリンダ内部などを目視検査するのに使ういわば機械用の内視鏡）

**boric** adj.《化》硼素（ホウソ）［ボロン］に関した, 化学結合に硼素を含む ◆From around 08:30, JCO started injecting boric acid water into the precipitation tank.　8時30分頃から、JCOは、ホウ酸水［硼酸水］を沈殿槽に注入し始めた。

**boring** 1 (a)～ 穴をあけること, ボーリング, 試錐（シスイ）, 試錐（シサン）◆a boring machine 中ぐり機械, 中ぐり盤, ボール盤,（トンネル掘削用の）掘進機,《鉱山, 炭鉱》試錐機（シスイキ）◆test [exploratory] boring [drilling] 試錐 ◆a hole-boring rig 穴あけ機, 掘削装置 ◆conduct test borings （数次の）試験的なボーリングを行う ◆a 25-foot-diameter boring machine had reached a depth of 650 feet 穿孔径25フィートのボーリング機械は深度650フィートに達した
2 adj. 退屈な, うんざりする ◆the game became downright boring ゲームは全くつまらない展開になった

**born** 《bear (子を産む)の過去分詞》◆a Texas-born Mexican テキサス生まれのメキシコ人 ◆be born out of the necessity to <do> ～する必要から生まれた ◆be in the process of being born again 生まれ変わる過程にある［生まれ変わりつつある］◆during the process of becoming born again 生まれ変わる過程の間に; 生まれ変わりの最中に ◆roadholding qualities born of years of racing research 何年にもわたる（自動車）レースの研究から生まれたロードホールディング特性 ◆He was born in India of American parents. 彼はインドでアメリカ人の両親から生まれた。

**borne** 《bear (運ぶ, 担う)の過去分詞》◆a helicopter-borne camera ヘリコプターに搭載した［積んだ］カメラ ◆autoborne tourists 乗用車で移動している旅行者 ◆dirt borne by the wind 風によって運ばれた土ぼこり ◆information borne in [by] documents 書類に載って［記載されて］いる情報 ◆river-borne silt 川水によって運ばれる［運ばれてきた］シルト, 微砂, 沈泥, 遊泥 ◆ship-borne tanks and other military equipment 艦船に搭載された戦車やその他の軍備 ◆the information borne in the genome ゲノムに含まれて［（意図）DNAに書き込まれて］いる情報 ◆document-borne information; information borne in documents 書類に載って［文書に記載されて］いる情報

**boron** ホウ素（元素記号: B）

**borough** a～ 自治町村,（大都市の）区,（アラスカ州の）郡, 選挙区,（選挙区としての）都市 ◆an area [a neighborhood] straddling the New York City boroughs of Queens and Brooklyn ニューヨーク市のクイーンズ区とブルックリン区にまたがる地域［地区］（＊東京などの区の場合はa wardが用いられている）

**borrow** vt., vi. (～を)借りる, 借用する, 流用する <from> ◆Borrowed money is a liability.　借入金［借金］とは負債のことである。◆borrow from outside sources 外部から借り入れる, 外部借り入れする ◆borrow heavily 多額の借金［借り入れ］をする ◆borrowing costs rose 借り入れコストが上昇した ◆borrow someone's recipe for success 他の人の成功の秘訣をまねる［模倣する, 採り入れる］◆due to favorable borrowing conditions 有利な借り入れ条件の［好条件で借りられる］おかげで ◆money borrowed from a lending institution 貸付［貸出］機関からの借入金 ◆The Czech word "robota" was borrowed into English as robot.　チェコ語の「ロボタ」という単語は、ロボットとして借用され英語に取り入れられた。◆Composers as disparate as Vaughan Williams, Mussorgsky and Stravinsky borrowed freely from folk music.　ヴォーン・ウィリアムズ、ムソルグスキー、果てはストラビンスキーといった全く異なる（作風の）作曲家たちが、こぞって民謡の要素をためらいなく取り入れている。

**borrower** a～ 借り手, 借用者, 貸出先 ◆regardless of the ability of borrowers to repay 借り手の返済能力（如何）を問わず

**boss** a～ 上司, 上役; ボス, 御大 (オンタイ), 親玉, オヤジさん,（プラスチック成形キャビネットなどの）円柱状の突起 ◆his boss's office 彼の上司のオフィス

**bot** a～ (a robot)《ネット, コンピュ》ボット（＊プログラムによって実現された、操作者の相手役）

**botch** vt. (= botch up)やり損なう, しくじる, しくじって［～まして, どじって, 不手際で］～をだめに［めちゃめちゃに］する; a～ (= botch-up)～まま, 出来損ない, しくじった仕事 ◆an incompetent plumber who botched a sink 流し台をだめにした脳無し［ダメな］配管工

**both** 両方の, 双方の, 二者の ◆both of them 両方［2人］とも ◆both of you あなた方2人とも［双方］◆we both; both of us 私たち二人とも［双方, お互い］◆both of these pencils これらの鉛筆両方とも ◆both you and I [me] あなたも私も［我々二人とも］（＊Iの代わりにmeを使うのはくだけた言い方）◆connected to controllers, alarms, or both 制御器か警報器、または両者に接続されている ◆in both their countries 彼ら［彼女ら］の双方の国において ◆on both sides of the U.S.-Canada border 米国とカナダの国境の両側で ◆gifts of equal value for both my mother and my mother-in-law 私の実の母と義理の母［義母, しゅうとめ］ご両人用の値段が同じ贈り物 ◆have each line justified to both margins 各行の左右余白揃えする ◆meet the needs of both the employee and the business 従業員と企業の双方の要求を満たす［に応える］◆the company will pay the freight both ways 会社が往復の送料をくだけた言いになっている ◆type on both sides of a sheet of paper to save money 金を節約するために紙の両面［表裏］にタイプする ◆a single roadway with traffic in both directions 二方向交通の単車道 ◆to promote the use of safety glass and dual-pane glass, both of which are strengths of U.S. producers 共に米国メーカーの強みである［得意とする］安全ガラスと二重板［複層, ペア］ガラスの使用を促進するために ◆Bexel and BMC have both been through tough times of late.　最近、Bexel社とBMC社は共に厳しい時期を経験してきた。◆We have two options, both of which are under consideration.　我々には2つの選択肢があり、両方とも（現在）検討を進めているところ［検討中である］。

**bother** vt., vi. ～を悩ます, 苦にする; 面倒; a～ 厄介な人, いやな仕事 ◆a no-bother camera 面倒な操作が要らない

[簡便操作の, 簡便]カメラ(＊いわゆるバカチョンカメラ)◆a plane that was bothered with cost and design problems in the early 1990s 《意訳》1990年代の初めにコストと設計上の問題につきまとわれていた航空機

**both-way** 両方向の◆both-way communication 両方向(同時)通信 (cf. two-way simultaneous communication)◆full both-way communication 完全両方向通信◆Data communication does not necessarily require simultaneous both-way conversation. データ通信は,必ずしも両方向同時対話を必要としない.

**bottle** a〜びん,圧力容器; vt. びん詰めする,ボンベに充填する◆bottle-feeding [formula-feeding] (→breast-feeding)〈赤ちゃんを〉人工栄養で育てること;ミルクを与えること(↔母乳で育てること)◆a 750-m*l* bottle of wine 750ml入りのワイン1本◆He was chugging champagne from the bottle. 彼はびんからシャンペンをごくごくと[一気に]ラッパ飲みしていた.◆whether you feed the baby by breast or bottle 赤ちゃんを母乳と人工栄養のどちらで育てるにしても◆U.S. forces in Japan are the "cap [cork] in the bottle." 在日米軍は「ビンの蓋[コルク]」である(＊日本を瓶に見立て,それが軍事大国になるのを防ぐ蓋の役を米軍が務めているから日本が周辺国に迷惑をかけずに済んでいるという日米安保や日本駐留を正当化する理論)◆The hospital nurses will show you how to give the baby a bottle. 病院の看護婦さんが赤ちゃんへのミルクの与え方を教えてくれます.

**bottleneck** a〜びんの首,隘路(アイロ),障害,ネック; adj. そこだけ狭くなっている,ネックとなる; vt., vi. (その箇所が)障害となって全体の進行を)妨げる[滞らせる],(〜の)ネックになる◆a bottleneck in a manufacturing process 生産工程のネック◆cause a bottleneck (スムースな進行,進展,運営を阻害するような)障害を引き起こす◆create [form, produce] a bottleneck (進行や運営をはばむ)障害を生む[もたらす]◆eliminate a bottleneck in... 〜のネック(になっている障害)を解消する◆find out where bottlenecks arise どこで障害が起きるのか[どこがネックになっているのか]つきとめる◆a machine that has lots of processing power but is bottlenecked on input-output 処理能力は大きいがI/Oがネックになっている計算機

**bottom** the〜底,底部,底面,最低部,下部,根元,尻,末尾◆a bottom view of... 〜の底面図◆(a) bottom fish; (a) bottom-dwelling [-feeding, -living] fish; (a) demersal fish; (a) groundling fish 底魚◆a bottom discharge centrifuge 底部排出[底排]型遠心分離機◆bottom-dwelling freshwater fishes 淡水の底魚類◆climb from bottom to top 底辺からトップの座まで上り詰める◆subbottom [sub-bottom] profiling 海底[水底]下の堆積構造を調べること;表層断面探査◆the bottom of a list [file] リスト[ファイル]の末尾◆the economy hit bottom last year 景気は昨年底を打った[底入れした]◆the inside bottom of a plate 平皿の内側の底[底面,底部] (＊料理が盛り付けられる)◆the bottom-of-the-line model 最下位モデル◆Iowa's near-bottom ranking in the list of states receiving large military contracts 軍関係の大口契約を得ている州の中で最下位に近いアイオワ州の順位◆measure the characteristics of the strata below a lake or sea bottom 湖底あるいは海底下の堆積層の特性を測定する◆rank at the bottom of a list of 10 Western nations 西側10カ国中で最下位[どん尻]である◆rank near the bottom of the list of nine これら9者中でびりに近い◆students at or near the bottom in biology, chemistry and physics 生物学,化学,物理の成績が最下位またはそれに近い生徒たち◆those at the bottom of the income pyramid 収入的に底辺[最下層]に位置付けられる人々◆Place these pieces in the bottom of the bowl. これらの小片を,ボウルの底に置いてください.◆In international math and science proficiency tests, U.S. students consistently finish last or near the bottom against other economically developed countries. 数学と理科の国際実力テストで,米国の生徒は他の経済先進国に比べてびりになるか最下位近くで終わるのが常である.◆The company builds cars the way McDonald's builds lunches: same old hamburger on the bottom, your choice of extras on top. この企業は,マクドナルドがランチを作る,つまり毎度おなじみのハンバーガーを下に,そしてお好みの追加の具を上に乗せるといったやり方で車を作っている.

**from the bottom up** 始めから,徹底的に,ボトムアップ式に,下意上達で◆an up-from-the-bottom career どん底からはい上がった[苦労してたたき上げた]経歴◆Do you expect such changes from the top down or the bottom up? そのような改革は,トップと底辺のどちらからもたらされると思いますか.◆In Tokyo, where culture was traditionally cultivated from the bottom up, department stores are bearers of culture. 文化が伝統的に下[庶民レベル]から築き上げられてきた東京では,デパートが文化の担い手となっている.

**bottom out** (相場,値段など)が最低値になる[底値に達する,底入れする],(景気後退など)が底を突く[打つ],落ちるところまで落ちる,最低[どん底状態]になる◆he thinks the market has bottomed out and could start rising next year 彼は,相場は底入れしており来年には上昇[底離れ]し始めるものと考えている◆It will pick up once the overall economy bottoms out of the recession. 経済全般が景気後退から底離れしさえすれば,それは持ち直す[回復する]だろう.◆Signs are evident that the recession is bottoming out and 1992 should be better than 1991. 景気後退が底入れしつつある兆候がはっきり見えているので1992年は1991年よりよくなるはずだ.◆The market should soon bottom out as it has already absorbed all the current negative factors. 相場は,現在あるマイナス要因[悪材料]をすべて織り込み[済みなので],間もなく底入れするはずだ.

**bottom dead center** a〜下死点(＊エンジンピストンの行程の最低位置)

**bottomless** adj. 底なしの,極めて深い(extremely deep),際限のない(boundless), 無限の(unlimited)◆our bottomless appetite for foreign goods 外国製品に対する私たちの底なしの欲望

**bottom line** the〜 決算書などの最後の行,帳尻,収支決算,計上純益,最終的な損益,総決算,最終結果,(口)最重要点,肝心なこと,要諦(ヨウテイ)◆the bottom line of the balance sheet 貸借対照表の帳尻◆software sales contributed significantly to Gigatek's bottom line ソフトの売り上げがギガテック社の総決算に大きく寄与した◆jettison the factory that has been a constant drain on the bottom line 《意訳》恒常的に赤字をたれ流している工場を切り捨てる◆But the bottom line for most protesters is to see the end of all whaling. だが,ほとんどの抗議者にとって肝心なのは,あらゆる捕鯨の終焉[最後]を見届けることである.◆But the bottom line is that the show is always a time to look at, touch and feel the latest technology. だが要は[肝心なのは],この見本市は最新技術を見て触って感じるためのひとときであるということだ.

**bottom-of-the-line** adj. (特定のメーカーの商品系列中で)一番下の[一番安い,最下位の] (↔top-of-the-line)

**bottom-up** ボトムアップ(式)の,下意上達の(cf. from the bottom up)◆a bottom-up review [assessment] 積み上げ方式による見直し

**bounce** 1 vt., vi. はずむ,はねる,はね返る[返す]<back>,すぐに立ち直る<back>, (小切手が不渡りになって)戻る◆a bounced check 不渡り小切手◆bounce a check (銀行が)小切手を不渡りにする[振出人に戻す]◆bounce back and forth between two mirrors 2つの鏡の間を行ったり来たりして反射する◆bounce back from near bankruptcy (会社が)倒産寸前(の状態)から立ち直る◆my email got bounced back to me 私の送った電子メールが戻ってきてしまった◆The ball bounced off the leg of... ボールは〜の脚に当たって跳ね返った.◆experts believe that advertising will bounce back vigorously once the economy picks up 専門家は,ひとたび景気が上向けば広告宣伝は力強く立ち直る[回復する]ものと見ている◆The autofocus camera emits an invisible infrared beam that bounces off the subject and back to the camera. 自動焦点カメラは,被

**bound**

写体に反射してカメラに戻る目に見えない赤外線光線を発射する.
2 *a*～ はね返り, はずみ, 戻り

**bound** 1 《bind の過去分詞》adj. 縛られた, 製本[装丁]された, 綴じられた, 結合した, 束縛を受けて; <to do> 義務がある, ～ということになっている; 閉ざされて ◆the bed-bound 寝たきりの人達 ◆a leather-bound diary 皮革で装丁されている[皮装, 革装]日記帳 ◆computer-bound homeworkers コンピュータにへばり付いている在宅勤務者[就労者] ◆rule-bound 規則に縛られた ◆scan a bound source document such as a book 書籍などの製本された[冊子体の]原稿を走査する ◆It can scan pages from bound printed materials. その装置は, 印刷製本された[冊子体]原稿のページを走査できる. ◆The question is bound to resonate long into the future. この問題は必ずや今後ずっと尾を引くことになるだろう. ◆The DAT's sound is so fine that it is bound to encourage home taping of prerecorded music. デジタルオーディオテープの音があまりにもすばらしいので, 音楽ソフトの自家録音をあおるはめになっている.
2 adj. ～向けの[で], ～行きの[で], ～を目指す <for, to> ◆Japan-bound workers (外国に行く)日本へ(出稼ぎに)行く労働者, ジャパ行きさん達 ◆Asia-bound [Asia-destined] goods アジア向けの(輸出)貨物 ◆homeward-bound soldiers 帰還(途上の)兵士, 帰途に[家路]につく兵隊 ◆Seoul-bound Flight 858 ソウル行き858便 ◆U.S.-bound Japanese exports 日本の対米輸出 ◆college-bound youngsters 大学に進学する(予定の)若者; 大学進学組み ◆vacation-bound tourists 休暇を過ごしに行く旅行者 ◆shipments of Chilean fruit bound for export チリ産果物の輸出向け船荷 ◆35.2% of Japan's overseas shipments are U.S.-bound. 日本の海外向け出荷の35.2%が米国向けである.
3 ～s 範囲, 制限, 限度, 限界, 境(ラチ); v. ～を限度内にとどめる, ～に境界をつける, ～と境界を接する ◆be [remain] out of bounds 範囲[限度, 限界]から外れている ◆go out of bounds 範囲[限度, 限界]から外れる ◆a bounding rectangle 境界を示す長方形; 四角い枠 ◆be within the bounds of possibility 可能な範囲にある ◆keep the rate of... within safe bounds ～の率[速度]を安全な範囲内[安全圏]で保っておく[抑えておく] ◆keep... within bounds ～が限度を超えないようにしておく; ～をほどほどに[控えめに], 度を越さぬように, 行き過ぎないように]しておく ◆step across the bounds 範囲を超える ◆within the bounds of everyday life 日常生活の範囲の中で ◆within the bounds of not harming another 他人に害を及ぼさない範囲内で; 人様に迷惑をかけない程度に留めて ◆within the bounds of the Constitution 憲法の枠内で ◆go out-of-bounds from... ～の範囲から出る ◆a peninsula bounded on three sides by the Pacific Ocean 三方を太平洋に囲まれた半島 ◆her aspirations knew no bounds [limits] 彼女の野心はとどまるところを知らなかった ◆the company's research facility, out of bounds for visitors, is said to be producing... この会社の, 来訪者立ち入り禁止になっている研究施設は, ～を製造しているとのことである ◆He is an elitist whose hypocrisy knows no bounds. 彼は, いかにも偽善に満ちたエリート主義者だ. ◆The country's ambitions seem to know no bounds. この国の野心には, 限度というものがないようだ. ◆The values normally lie within the following bounds: それらの値は普通, 以下の範囲内にある. ◆The prison is bounded by farmland on two sides, by Interstate 70 on the south and by the city limit on the north. 刑務所は, 二方が農地に面し, 南側は州間高速自動車道70号線と, 北側は市の境界線と接している.
4 vi. 〈ボールなどが〉はずむ[はね返る, バウンドする], 飛び跳ねる, おどる; vt.; ～ はね返る, はね上がること, 飛び上がること, 跳躍

**boundary** *a*～ 境界, 境界線, バウンダリ; ～ries 範囲, 限度, 境 ◆draw [mark] boundaries 境界線を引く ◆a boundary condition 境界条件 ◆a boundary layer 境界層 ◆fix the boundaries of... ～の線引きをする[境界を定める] ◆a boundary surface between A and B A と B の境界面 ◆across the boundary of the two regions 2つの領域の境界(線)を越して ◆extend the boundaries of... ～の範囲を広げる ◆extend the boundaries of jazz ジャズの幅[枠]を広げる ◆on either side of the boundary 境界のどちら側かに; 境界のどちら側にも[両側に] ◆out-of-boundary student admissions 学区外[越境]生徒の入学許可 ◆the boundaries of the region その領域の境界 ◆the boundary between A and B A と B との境[境界] ◆within the boundaries of a sovereign state 主権国[独立国]の領域内で ◆within the school boundaries [district] その学区内で[の] ◆hike the entire area from boundary to boundary この全地域[(意訳)地域全体]を端から端までハイキングする ◆share resources and information across departmental, organizational and international [national] boundaries 部門や組織の間, さらには国境を越えてリソースや情報を共有する ◆even if the levels are within normal boundaries たとえレベルが正常範囲内に収まっていても ◆Few companies are effectively selling outside their national boundaries. 国外で効果的に販売をしている会社はほとんど無い.

**boundless** adj. 限りない, 果てしない, 無限の, 広大な, 広大無辺の, 空漠たる, 茫々(ボウボウ)たる ◆boundless horizons 果てしない地平 ◆boundless joy あふれる喜び ◆his boundless curiosity 彼の飽くなき好奇心 ◆a person with boundless energy and mental capacity 活力にあふれている才知縦溢の人 ◆his ambition seems boundless 彼の野望はとどまるところを知らないように見える; 彼の野心には際限がないようだ ◆they had made their way to the fertile prairies of the boundless West 彼らは広大な西部の肥沃な大草原に向かって進んだ ◆I could see nothing beneath me but a boundless expanse of white cloud. 私の下[眼下]には, 無限に広がる白い雲以外何も見えなかった. ◆There is also a boundless supply of hashish in those parts. それらの地域にはハッシシのとめどない供給がある.

**bountiful** adj. (人が)物惜しみしない, おしげもなく(どんどん)与える, 気前のよい, 鷹揚(オウヨウ)な, 太っ腹の; 豊富な ◆Ian, Julie, God bless both of you with a long and bountiful future! (意訳)イアンさん, ジュリーさん, お二人が実り多く末永く添い遂げられますよう, お幸せに[ご多幸を祈ります].

**bounty** Ⓝ 気前のよさ(generosity); *a*～ 気前のよい贈り物, 賜物(タマモノ), 恵み, (政府の)奨励金, 助成金, 報奨金, (お尋ね者の捕縛や逮捕につながる情報提供に対する)懸賞金 ◆The FBI has placed a $5 million bounty on Osama bin Laden's head. 連邦捜査局(FBI)はオサマ・ビンラディン氏の首に5百万ドルの懸賞金をかけた.

**bout** *a*～〈レスリングなどの〉ひと勝負, ひと仕事, ひときり, (病気の)発作 ◆a (sumo) match [bout] between Taiho and Kashiwado 大鵬と柏戸の対戦[取り組み]

**boutique** *a*～ ブティック, しゃれた高級婦人服や装飾品などを扱う小規模専門店, デパートの特選売り場, 高度に専門化・特化したサービスを提供する小企業; adj. ～ (clothing) boutique salesgirl [sales woman] ブティックの女性店員 ◆The IT Consulting Industry is a highly fragmented "boutique-type" industry. 情報技術(IT)コンサルタント業界は, 非常に細分化の進んだ「ブティック型[(意訳)狭い専門分野に特化した]」業界である.

**bovine** adj. ウシ科の, ウシの, 牛の(ような), のろまな, のっそりした, のんびりした, 鈍い, 鈍感な, 鈍重な ◆ground beef from dairy cattle treated with genetically engineered synthetic bovine growth hormone 遺伝子工学により合成されたウシ成長ホルモンの投与を受けた酪農牛の牛挽き肉

**bow** vi. お辞儀する, 会釈する, (～に)屈服する[屈する] <to>; vt. 〈頭〉を下げる, ～を弓なりに曲げる; *a*～ 弓; ((しば～s の))触先(ヘサキ), 船首, 艦首 ◆a bow-shaped structure 弓の形をした[弧形]構造物 ◆a convex (bowed outward) lens 凸 (外側に湾曲している) レンズ ◆be bowed outward at the center ～は, 中心が外向きに湾曲して[曲がって]いる; (意訳) ～は, 中央部が盛り上がった[高くなった, 膨らんだ]格好になっている ◆bow to force majeure 不可抗力に屈する ◆the

**bows** [bow] **of a ship** [boat, vessel]　船のへさき[船首]　◆a maximum allowable panel [board] bow of .007" /inch　《意訳》パネル[基板]長さ1インチ当たり0.007インチの最大許容columns量of a boat.　「LOA」とは「全体の長さ[全長]」つまり船の船首から船尾までの長さのことです。(＊Over-Allの正しいスペルは overall)

**bowel**　a～《通例 ～s》《非学術的に》(特に人間の)腸, 内臓, はらわた, 内部, 奥, 奥深い場所[箇所], (大地などの)深部, 《古》哀れみや思いやりの優しい感情(が宿る場所)　◆move one's bowels (= defecate)　排便をする, 大便をする, 脱糞をする　◆to ensure comfortable bowel movements　(必ず)快適なお通じがつく[ある]ようにするために　◆to have comfortable bowel movements the next day　翌日に快便が得られる[快適なお通じがある]ように　◆Irritable bowel syndrome (IBS) is a common disorder of the intestines.　過敏性腸症候群は, ありふれた腸の障害です。(＊ストレスの影響で便秘や下痢をする。)　◆Only two days after taking the product, I began having regular comfortable bowel movements for the first time in five years.　この商品を摂取してわずか2日後に, 私は5年ぶりに規則正しく快適な通便[お通じ, 便通]があるようになりました。

**bow gun**　a～ボーガン

**bowl**　a～ボウル, どんぶり, 椀, 茶わん, 深い鉢, 便器, (スプーンなどの)くぼみ, 窪地(クボチ), すり鉢状の構造物, 円形競技場, スタジアム, シーズンが終わった後に開催される強豪招待チーム対抗のフットボールの試合　◆a water-seal sanitary bowl　下水管からの臭気を溜まることなく水で遮断する構造の衛生陶器製便器

**box**　a～箱, ボックス, (囲い)枠[欄], 四角形, 筐体(キョウタイ), 詰所; vt. ～を箱に入れる, 箱詰めする　◆a box nut　ボックスナット, 袋ナット　◆an inverse-video box　《コンピュ》強調反転した(入力処理待ちなどの)欄[領域, 枠]　◆draw a box around the title　タイトルを枠で囲む　◆pack... in boxes　～を箱に詰める　◆Place... in appropriately sized boxes.　～を適当な大きさの箱に入れてください。　◆draw a box enclosing the polygons　それらの多角形を囲む(一つの)四角い枠を描く　◆ensure that two boxes touch　《幾何》2つの四角形が《意訳》接するようにする　◆The red highlighted box above shows the location where...　上の赤く強調表示された欄[ボックス]に, その場所があります。　◆a room piled to the ceiling with dolls, balls, baby shoes, books and games, all in their boxes　人形やベビーシューズや本やゲームがすべて箱入りで天井まで積み重ね[積み上げ]られている部屋　◆By inking several boxes on the options list, I raised the total to $31,225.　私は, オプション品リストのいくつかの欄に印を付けて, (注文)合計金額を31,225ドルに膨らませてしまった。　◆The potential for incorporating more and more functions into smaller and smaller "boxes" appears to be limitless.　ますます多くの機能をいっそう小型の筐体に内蔵させることの可能性は無限のようにみえる。　◆The company has squeezed all the power of a desktop computer into a notebook-size box, complete with hard and floppy disk drives.　その会社は, デスクトップコンピュータの性能のすべてを, ハードディスクとフロッピーディスクドライブまでちゃんと付けて, ノート大の筐体に詰め込んでしまった。

**boxing**　回ボクシング, 拳闘　◆the WBC (World Boxing Council)　世界ボクシング評議会

**box office**　a～入場券[切符]売り場, チケット売場[販売所, ブース, 窓口]; 《興行の》人気; adj. 興行上の　◆a sluggish month at the box office　興行[入場料]収入が不調の月　◆generate more than $100 million in box-office revenue　1億ドルを上回る入場料[興行]収入を生む　◆Although not as well-received at the box office as "Jurassic Park," this...　興行[意訳]観客動員数]的にジュラシックパークほどの大受けはしていないが, この～

**boy**　a～(pl. ～s) 男の子, 少年, 男子(生徒[学生]), 若者, 若造, 小僧, 坊主, 下男, 男の召使い　◆an all-boys class　男子クラス　◆an all-boys school　男子校　◆a senior high school boy athlete　高校男子運動選手

**boycott** vt. ～を結束してボイコット[排斥]する, 《商品》を抗議の意味で皆で買わないようにする; a～　ボイコット　◆boycott the store　その店をボイコットする　◆cause a boycott of Japanese goods　日貨排斥[日本製品のボイコット]を引き起こす　◆organize a boycott to protest high prices　高値に抗議する不買運動を組織する

**bps**　(bits per second) 《通》(＊データ伝送[転送, 通信]速度の単位)　◆a 9,600 bps modem　《通》9,600bps(の転送[通信]速度)のモデム　◆at speeds up to 38,400 bps　最高38,400bpsの速度で　◆provide 3Mbps of international access from the U.K. to the U.S.　英国から米国に3Mbps(の伝送速度)で国際アクセスできるようにする　《参考》a 64-kilobits-per-second [2-megabits-per-second] channel　《通》(データ伝送速度が)64キロビッツ[Kbps] [2メガビット/秒(Mbps))のチャネル

**Br**　臭素(bromine)の元素記号

**brace**　1　a～ブレース, 筋かい, 筋違, 突っ張り, 方杖, 支柱, 受金物, 内ばり, 滑べり止め, (腰などにつける)コルセット, (手首などにはめる)サポーター; ～s 歯列矯正器; a～中括弧[記号 (＊ { , } のいずれか片方)　◆Braces indicate that you must select one of the enclosed values.　中括弧 { } は, 括弧内の値の中から一つを選択しなければならないことを示す。

2　vt. ～を(かすがい等で)補強する, 固定する, (悪用形で)～に対処できるよう心の準備をする, 〈手や足〉をしっかり置く[踏ん張る], ～をピンと張る, 引き締める; vi.　◆a bracing breeze　さわやかなそよ風[微風]　◆brace oneself for...　(特に良くない事柄)に対して心構えをする, ～の心の準備をする　◆brace the coil　コイルを支える　◆brace weak points　弱い[脆弱な]箇所を補強する

**brachytherapy**　(a)～ブラッキー[近接照射, 密封小線源, 移植放射線]治療[療法], ブラキーセラピー, ブラキテラピー　◆Brachytherapy is a word derived from the ancient Greek words for short distance or close (brachy) and treatment (therapy).　ブラッキー[近接照射, 密封小線源]治療とは, 古代ギリシャ語で短距離[近距離]あるいは近いという意味のbrachyと治療の意味のtherapyから生まれた単語です。

**bracket**　1　a～(L字形の)ブラケット, 取り付け[固定]金具, 腕木, 支え腕, 張出受, 持受け, 持送し; a～括弧(記号) (＊[ ], ( ), < > などの左右いずれか片一つ), (特に)大括弧[角括弧, 四角括弧] (＊すなわち[, または])　◆angle brackets　山括弧　◆round brackets　丸[小]括弧 ( ) (= parentheses)　◆(square) brackets　角[大]括弧 [ ]　◆a left [→right] square bracket; an opening [→a closing] bracket　左[→右]角括弧; 開始[＝閉じ, 終わり]大括弧 (＊[, または ])　◆higher tax brackets　税率のより高い区分　◆upper-bracket home buyers　高額所得層の住宅購入者　◆people of different age brackets　異なる年齢区分[年齢層]に属する人達　◆apply to all income brackets　すべての所得階層に当てはまる　◆customers in the upper brackets are sophisticated and know what they want　高額所得者の顧客は見識が高く自分の欲しいものがはっきりしている

2　vt. ～をブラケットで支える, 括弧[ ]でくくる, 同類として一まとめにする, 一括する, ひとくくりにする　◆an item bracketed by less-than and greater-than symbols　小なり記号(<)と大なり記号(>)で囲まれた項目

**brag**　vi. 自慢する, ほらを吹く, 誇る〈about, of, that〉; vt.　◆brag about one's accomplishments; brag about what one had accomplished　自分の業績を自慢する　◆a 17-year-old girl who brags about sleeping with more than 100 men　100人以上の男性と寝たとうそぶく17歳の少女　◆a 22-year-old stockbroker bragged to a Stockholm newspaper that he had earned more than the finance minister　22歳の株式ブローカーがストックホルムのある新聞社に, 大蔵大臣なんかよりも稼いだとほらを吹いた[大口を叩いた, 豪語した, 偉そうなことを言った]

**braid**　(a)～編み込み, 平ひも; (なわ, ひも), ～を編む, ～をよりあわせる　◆a braided shield　《電気》編み組みシールド

**Braille**　ブライユ点字(法[方式]) (＊点字を発明したフランス人 Louis Brailleにちなんで)　◆Braille characters　点字の文字　◆a Braille typewriter [printer, display, library]　点字タイプ

ライター[プリンタ, 表示装置, 図書館] ◆a Braille version of the text　同本文の点字[((意訳))点訳]版 ◆be printed in Braille　点字で印刷されている ◆translate... in [into] Braille; convert [get]... into Braille　〜を点訳する ◆(the) development of a Braille Cell Display System for the blind under contract from the National Science Foundation　全米科学財団から請けた契約のもとでの盲人向け点字セル表示システムの開発(＊図形や文字を指で触知できるように, 縦横に並べたピンの個々の凹凸によって図形や文字を表現するしくみ) ◆equipment to transcribe schoolbooks onto durable plastic pages in Braille form　教科書を耐久性のあるプラスチックのページ上に点訳(出力)するための装置

**brain**　〜脳, 頭脳, 脳味噌, 知力; a〜ブレーン, 参謀, 知的顧問, 相談仲間 ◆cudgel [beat, busy, drag, puzzle, rack, ransack] one's brains　懸命に考える, 考え抜く, 頭を絞る, 頭を絞る, 頭を悩ます, 考え悩む, 苦慮する ◆a brain drain　頭脳流出 ◆a brain-worker　頭脳労働者 ◆brain death　脳死 ◆brain-absent [anencephalic] newborns; anencephalics　無脳症の新生児 ◆be brain dead　(人) が脳死状態である ◆criteria for brain death diagnosis　脳死判定基準 ◆criteria for the diagnosis of brain stem death　脳幹の死を診断するための基準;((意訳))脳死判定基準 ◆cudgel [rack, fatigue] the brain [one's brains] in the effort to extract ideas　アイデアを絞り出すために頭[知恵]を絞る ◆a seriously brain-injured person　脳に重傷を負った人 ◆in a desperate racking of brains as to why...　なぜ...なのかということを必死にいろいろ考え悩む[〜にひどく苦慮する]中で ◆monitor his brain waves with an electroencephalograph　脳波計を使って彼の脳波を監視する ◆write with too much brain and not enough heart　頭でっかちでハートが足りない書き方をする ◆"We do brain-wave measurements the way they do in the hospitals," he says.　「私たちは病院と同じやり方で脳波の測定をしています」と彼は言う。 ◆The game appeals to people who enjoy racking their brains and using logic and trial-and-error to solve the cases.　このゲームは, 事件を解くために論理と試行錯誤によって頭をひねる[知恵をしぼる]ことが好きな人にうける[面白い]。

**brain-damaged**　脳に損傷を受けた, 頭のおかしい[いかれた] ◆They are brain-damaged because of malnutrition.　彼らは栄養失調のために脳障害をうけている。

**brainstem**　a〜((通例the〜))[医]脳幹 ◆an ABR (auditory brainstem response) test　聴性脳幹反応検査(＊耳損傷時の脳死判定で, 聴覚神経を刺激して反応をみる)

**brainwash**　vt.　〜を洗脳する<into> ◆by "mind control" or "brainwashing"　「マインドコントロール」すなわち「洗脳」により

**brainwork**　思考, 頭脳労働

**brainy**　adj. (口)頭のいい, (頭の)切れる ◆the brainy wife of a brainy professor　頭のいい[切れる]教授の聡明な夫人

**brake**　1　a〜ブレーキ, 制動機[装置, 機構], 歯止め, 抑制 ◆pull [step on] the brake　ブレーキを引いて[踏んで]かける ◆put on [apply] brakes　ブレーキをかける ◆release the brakes　ブレーキを解除する ◆a brake pad　ブレーキパッド[摩擦パッド] ◆brake lights　《車》制動灯 ◆act as a brake　ブレーキの役をする ◆control application of the brake　ブレーキのかけ具合を調節する ◆if the brakes fail　もしブレーキが効かなくなったら ◆press the brake pedal　ブレーキペダルを踏む ◆the brakes begin to take hold　ブレーキが利きはじめる ◆pump the brake pedal　ブレーキ(ペダル)を何度もシコシコと踏む[ポンピングする] ◆apply a brake to the program　その計画にブレーキをかける ◆before the application of the brakes becomes effective　ブレーキが効いてくる前に ◆when the brakes show signs of going soft　ブレーキが甘くなってきていると認められる[感じられる]場合に ◆stop the car by pulling up on the emergency (parking) brake lever　車を非常(駐車)ブレーキを引いて停止させる ◆an emergency (parking) brake とは, サイドブレーキのこと) ◆Make sure the emergency brake is applied securely.　非常ブレーキ[《車》サイドブレーキ]が確実にかかっていることを確かめてください

い。 ◆The brakes are constantly engaged even though the pedal is not touched.　ブレーキペダルに触れてもいないのにブレーキがかかったままになっている。 ◆The brake system is strong enough to bring the car to a halt from 70 mph in only 182 feet.　このブレーキシステムは, 車を時速70マイルからわずか182フィートの制動距離で停止させるほど強力である。 ◆The rise of the disease AIDS has been a powerful brake on the sexual revolution.　《意訳》エイズ禍の広がりが, このところのセックス革命の強力な歯止め[抑止力]となっている。

2　ブレーキをかける[がかかる] ◆brake to a halt　ブレーキをかけて停止する ◆under braking　ブレーキがかかっている時に ◆avoid harsh braking　急ブレーキをかけないようにする ◆brake suddenly　急ブレーキをかける ◆during hard braking　急制動[急ブレーキ]時に ◆brake the economy without skidding it into a recession　景気後退へと横滑りさせることなく[陥らせずに]経済を減速させる

**brake shoe**　◆worn-out brake shoes　摩耗した[すり減った]ブレーキシュー[制輪子]

**braking distance**　a〜制動距離 ◆The car's braking distances are the longest of the group.　この車の制動距離は, グループ中で最も長い。

**branch**　1　a〜支線, 支流, 枝路, 分岐, 《コンピュ》条件付き飛び越し; a〜支店, 出張所, 支所, 支店, 支部, 分室, 部門 ◆a branch manager　支店長 ◆a branch point　分岐点 ◆a branch temple　別院 ◆branch circuits　分岐回路 ◆a branch line　支線, 分岐線, 分岐線路, 分岐回線 ◆branches of industry　諸産業部門 ◆small branches no greater than three-eighths inches in diameter　直径3/8インチ以下の小枝 ◆divide [fork] it into three branches　それを3つに枝分かれさせる[分岐する] ◆many branches of the engineering profession　工学系職業の数多くの分野[部門] ◆open a branch office in Los Angeles　ロスに支店を開設する ◆the GOTO will cause a branch to line 200　《コンピュ》そのGOTO(命令)によって, 行番号200に分岐する ◆use fiber cable backbones linked to coaxial cable branch lines　同軸ケーブルの支線に接続されている(光)ファイバーケーブルバックボーン[幹線, 主線, 基線]を用いる

2　v. 枝分かれする[させる], 分岐する[させる] ◆branched-chain paraffins　枝分かれ鎖パラフィン ◆branch off at an angle from the conductor　ある角度をもって, その導体から(枝状に)分岐する ◆Still more conferences could branch out from [branch off] these subconferences.　これらの(メイン会議の下の)サブ会議から, さらにその下に会議が枝分かれすることもある。 ◆This statement causes the program to branch to the statement bearing the number 1000.　《コンピュ》この命令は, プログラムを行番号1000の命令へ分岐させます。

**branch out**　新規事業に乗り出す, 多角化[業容の拡大]に乗り出す ◆branch out into Europe　ヨーロッパに進出する ◆branch out into mail order sales　通信販売に手を広げる ◆branch out into new businesses　新規事業に進出する ◆The company branched out into such new areas as market research and executive recruiting.　同社は, 市場調査や管理職ヘッドハンティングなどの新規分野に進出し多角化[業容の拡大, 事業の拡張]を図った。

**brand**　1　a〜ブランド, 商標, 銘柄, 焼印, 烙印 ◆(a) brand image　ブランドイメージ ◆name-brand [↔non-name-brand, off-brand] products　有名[↔無名]ブランド商品 ◆brand loyalty　ブランドに忠実であること; ブランド信仰 ◆buy a store brand　ストアーブランド品を買う ◆established brand names　定評あるブランド ◆every brand of microcomputer　すべてのマイクロコンピュータ ◆a well-advertised brand　part　さんざん宣伝されているブランドものの部品 ◆counterfeit products carrying foreign brand names　外国ブランド名がついている偽造品 ◆sell... under one's own brand label　〜を自社ブランド[プライベート・ブランド, 独自のブランド, ハウス・ブランド]で売る ◆the loyalty of individuals to brands　個人個人のブランドへのこだわり[ブランド志向] ◆name brands that have a reputation for quality　品質で定評ある有名ブランド ◆The big brands are feeling the pressure.　大手ブランド(企

業)らは、このプレッシャーを感じている。◆Buy name brands only because this is your assurance of quality. 有名ブランド品のみを買いなさい。それが品質の保証になるのだから。◆The whole of that area is very brand-aware and very brand-conscious and they like to have different things. その地域全体が非常にブランド意識が高くまたブランド志向が強いので、彼ら(住民)は(他の人とは)違ったものを好む。
**2** vt. 〜に商標をつける、〜に焼印をおす、〜に(〜という)烙印[極印]をおす ◆in the 1940s and 1950s when artists were branded as communists 芸術家たちが共産主義者の烙印を受けた1940年代と1950年代に

**brandish** vt. 〈刀など〉を振る[振り回す]、(威嚇するように)振りかざす[振り回す]

**brand-name** adj. ブランド名の; 有名ブランドの、有名メーカー製の、ブランド品の、高級銘柄の ◆a brand-name product ブランド商品[ブランドもの]

**brand-new** adj. 真新しい、真っさらの、新品の、買ったばかりの、買い立ての、出来立ての ◆a 10-year-old model that looks brand-new 新品のようにみえる10年型の機種[車種] ◆a brand-new 1991 Volvo 真新しい1991年型ボルボ(車) ◆wear a brand-new pair of socks 真新しい[おろしたて]靴下をはく ◆using then-brand-new Boeing 707 and DC-8 jet aircraft 当時真新しかったボーイング707型とDC-8型ジェット機を使って ◆a brand-new generation of applications 全く新しい世代のアプリケーション ◆All items returned must be in brand new conditions with all undamaged boxes, manuals and accessories. 返品はすべて、新品[真っ新(マッサラ)]の状態で、箱やマニュアルや付属品も無傷でなければなりません。

**brass** ①真鍮(シンチュウ)、黄銅; the 〜, 〜es 金管(楽器)[ブラス]; the 〜 (集合的)高級将校[上層部、高級官僚、高官] ◆a brass bar 黄銅棒、真鍮棒 ◆a brass plate 真鍮プレート ◆play in a brass band ブラスバンドで演奏する、ブラスバンドの楽団員である ◆top military brass (米俗、集合名詞)軍上層部の人間、軍のお偉いさん方、高級軍人ら

**brat** a〜 (腕白)小僧、(行儀の悪い)ガキ[チビ]、やんちゃ坊主[娘]、職業軍人の子供、無作法で子供じみた[マナーが悪く大人になり切れていない]人 ◆a loudmouth brat 偉そうな口をきく若造[小僧、ガキ]

**brave** adj. 勇敢な、勇ましい、華やかな[色彩豊かな] (colorful)、素晴らしい、卓越した; a〜 勇者、アメリカインディアンの戦士; vt. 〜にに勇敢に[敢然と]立ち向かう、〜をものともしない ◆a courageous and brave soldier [warrior] 勇猛果敢な兵士[戦士] ◆open (up) a brave new world of on-line shopping オンラインショッピングの素晴らしい新世界を切り開く

**braze** vt. 〜を真鍮(シンチュウ)で作る、〜に真鍮をかぶせる; vt. 〈金属〉を(高温で)蠟付けする(ロウヅケ)する ◆a brazing alloy ろう付け用合金 ◆be silver brazed to... 〜に銀蠟付けされ(ている) ◆brazed with copper [silver, nickel] 銅[銀、ニッケル]で蠟付けされた

**brazen** adj. 真鍮(シンチュウ)製の、真鍮色の; 不快で大きな金属音の、耳障りな、厚かましい、厚顔の、鉄面皮の、図々しい、臆面もない、物知らずの、(通例次の用例で)brazen it out 図々しく押し通す、鉄面皮にやり通す ◆brazen, loudmouthed women 厚かましくて[ずうずうしくて、厚顔の、鉄面皮の]かしましい女性たち

**breach** (n)〜 違反、不履行、侵害; v. 〈契約、協定、法律など〉を破る、破砕する、〜に違反する ◆a breach of contract 契約違反、契約不履行、違約、破約 ◆a breach of this warranty 本保証の違反 ◆breach a promise of confidentiality 秘密を守るという約束を破る ◆breach [break] the sound barrier 音の壁を破る ◆breach the 640K-byte barrier 《コンピュ》640キロバイトの壁を破る[*MS-DOSの] ◆tough measures against copyright breaches 著作権侵害に対する厳しい措置 ◆The supplier is in breach of contract. この部品メーカーは、契約違反をしている。

**bread** パン; 生計、生きる糧 (カテ) ◆a bread-baking machine パン焼き器 ◆bread crumbs パンくず、パン粉 ◆fresh-baked [oven-fresh, freshly baked] bread 焼き立ての[焼き上がったばかりの]パン

**bread and butter** n. パンとバター、収入を得る[食べていく]ための手段、生活の糧(カテ)、飯の種、主たる収入源[なる事業[仕事、物])、本業; bread-and-butter adj. 飯の種の、稼ぎの中心[主体]となる、生活に直接かかわる、主体製品[商品]の、頼りになる、実益[実利]的な、温かいもてなしに対する感謝を表しての ◆a bread-and-butter letter (もてなしに対する)礼状 ◆one's bread-and-butter job 飯の種; 生活の糧 ◆the bread and butter of a company 会社の主体事業 ◆the company's bread-and-butter products その会社の主力製品 ◆the bread-and-butter car for the company その(自動車)会社の屋台骨 ◆the firm's current bread-and-butter lines この会社の現在売り上げの柱となっている商品系列 ◆his bread and butter is... -ing 彼は、生活の糧を〜することで得ている ◆stray from one's bread-and-butter business of... -ing 〜することにより収益を稼ぐという本業から逸脱している ◆the bread-and-butter issues of salary and working conditions 給与や労働条件といった基本的な問題 ◆the company has solid bread-and-butter products この会社は、(収益の)大黒柱となる製品をもっている ◆as revenues decline from traditional bread-and-butter operations such as... 〜などの伝統的主体事業[昔ながらの本業]から上がる収益が減少[《意訳》悪化]するに

**breadboard** a〜 パン切り[パンこね]用の板; a〜 試作・実験用基板、バラック配線用のボード; vt. ◆breadboard a circuit (試作・実験用基板を使って)バラック回路をつくる ◆a working breadboard circuit ready for experiments and measurements 実験や計測に供せる(実際に)動作するバラック[試作]回路 ◆Clearly, at some point in the design cycle it is necessary to build [construct] a breadboard. 明らかに、設計が一巡する間のある時点でバラック回路を組み立てる必要がある。

**breadth** (a)〜 幅、横幅、間口、幅広さ、広さ ◆more than a dozen sketches of varying length and breadth 縦横[縦の長さと横幅]の大きさがまちまちのスケッチ十数枚 ◆in villages, factories and schools throughout [across] the length and breadth of China 中国全土の村々で、工場で、そして学校で ◆to provide an even greater breadth and depth of service than before 間口[幅]と奥ゆきを一段と増したサービスを提供するべく ◆I am very impressed by the scope and breadth of information that is presented in this compact book. 私は、このコンパクトな本に載っている情報の多彩さと間口[扱っている領域]の広さに大いに感心している。

**breadwinner** a〜 一家の稼ぎ手、大黒柱、生計を立てるのに必要な手段or技術、商売道具 ◆women as breadwinners 稼ぎ手としての女性 ◆If a family's principal breadwinner dies prematurely,... 仮に世帯の主たる稼ぎ手[家計の支持者]が早死にしたとすると; もし一家の大黒柱が若死にしたら ◆She is the major [primary] breadwinner now. 彼女は、現在一家の生活[家計]を支える]大黒柱[主たる稼ぎ手]である。

**breadwinning** ⓝ生活費を稼ぐ[生計を得る]こと; adj. ◆at a time when the new company desperately needed a breadwinning product,... この新会社が必死に主力製品を(探し)求めていたころに

**break** **1** vt. 〜を壊す、折る、割る、〈約束ごとなど〉を破る、〈記録〉を破る[更新する]、〜を中断させる、〈回路〉を開く[切断する]、〜を打ち明ける; vi. 壊れる[破断する、ちぎれる]、切れる、折れる、割れる、くだける、中断する[とぎれる]、休憩する、急変する、突発する、〈株価が〉急落[暴落]する、破産する ◆(a) breaking current 遮断電流 ◆a breaking device (電流)遮断装置 ◆(a) breaking [interrupting] capacity 《電気》遮断容量 ◆a cable with a breaking load of 1,244 tons 破壊荷重1,244トンのケーブル ◆break (電気)回路を開く[*OFFにすること] ◆break a loop 《コンピュ》ループの実行を終了させる[ループを抜ける] ◆break a promise [an appointment, a date] 約束[会う約束、デートの約束]を破る[反故にする] ◆break a wheel 車輪を破損させる ◆break (off) diplomatic relations with... 〈国〉と国交を断絶する

**breakable**

break sales records　売り上げ記録を破る[更新する]　◆drivers who break speed limits　スピード違反をするドライバー　◆perform a breaking load test　破断[切断]荷重試験を行う　◆the keywords required to break the code　その暗号を解読するのに必要なキーワード　◆break forest-protection laws　森林保護法を破る　◆break (through) the 640K DOS barrier　《コンピュ》640キロバイトのDOSの壁を破る　◆hope to break free from the shackles of poverty　貧乏の束縛から自由になりたい[解放されたい]と願う　◆if the belt should break　もしそのベルトが切れるようなことにでもなれば　◆if the tape breaks　テープが切れたら　◆the sales broke the $4 billion mark　売り上げが40億ドルの大台を突破した[大台に乗った]　◆be designed [made, manufactured] to resist chipping, cracking, and breaking　欠けたり、ひび割れしたり、割れたりしにくいよう設計されて[作られて、製造されて]いる　◆if your connection should happen to be broken　《通》もしも接続が切れたら　◆the breaking of a chlorine molecule into two chlorine atoms　1個の塩素分子が2個の塩素原子に分かれること　◆Break the bread into bite-size pieces and butter them individually.　パンを一口大にちぎり一つ一つにバターを塗ります。　◆If the metal strip in the fuse is broken, the fuse must be replaced.　ヒューズ内の帯状の金属線が切れていたら、そのヒューズは交換する必要があります。　◆The coupe has broken sales records in the States for three years running.　そのクーペは、米国で3年連続で販売記録を更新した。　◆Occasionally, the wire can break inside the plastic covering and the outside looks perfectly good but no current can flow through to power the lights or radio.　ときとして、電線がプラスチック被覆の内部で断線することがある。そして、外側は全く良品のように見えるのだが、電灯やラジオをつけるための電流が伝わることが不能になってしまうのである。　**2** _a_ ～　破断、破損、破壊、切断、断絶、中断、休み、とぎれ、切れ目、裂け目、折れ目、伝れ、《電気》開路[断線]　◆without a break　切れ目なく、途切れなく、絶え間なく、間断なく、途絶えずに、絶えず、引きも切らず、ひっきりなしに、連綿と、連続と続いて；休みなく、休憩なしに　◆a page [line] break《順に》改ページ[改行]　◆a break in a cable　ケーブルの断線[箇所]　◆a break in bond prices　債券価格の急落　◆page and chapter breaks　ページ区切りや章区切り(→ page break)　◆tensile strength at break　破断点[切断点]引張り強さ；引張り切断強度　◆the mean values of load at break　破断[切断]時の荷重の平均値　◆Give me a break!　《口》ちょっと待った。；何言ってんだ。；やめてくれよ。；いい加減にしろ。；もう勤keit よ。；冗談はよしてくれ。；冗談は休み休みいえ。　◆in a break with past practice　過去の習わしにとらわれないで[従来の型を破って]　◆in case of a break in the winding　巻線が断線した場合に　◆Inspect the cables for breaks.　ケーブルを、断線がないか調べてください。　◆These patch cords have breaks.　これらの接続コードは、断線している。　◆In a time of look-alike car designs, the Honda NSX is a welcome break from the norm.　(どれもこれも)似たり寄ったりのデザインの時代にこそ、ホンダのNSXは決まった型からの歓迎すべき脱却[脱皮]である。　◆Many residents stockpile water in their homes because of breaks in service.　断水があるので、多くの住人が水を各家庭で溜めている。

break away　離れる、剥離する、離脱する、分離独立する　◆we must break away from the old methods　我々は、昔ながらのやり方から脱皮しなければならない　◆when Poland broke away from the Soviet Union　ポーランドが ソ連(の勢力圏)から離脱[離反]した際に　◆since the Baltics [three Baltic states] broke away from the Soviet Union in August 1991　バルト三国が1991年8月にソ連から分離独立して以来

break down　分解する、故障する、壊れる、決裂する、物別れになる、細分[分類]する、分析する　◆a broken-down cattle shed　壊れた牛小屋　◆negotiations over unpaid taxes broke down　未払い税をめぐっての交渉は決裂した[物別れに終わった]　◆the enzyme breaks down protein　その酵素は蛋白質を分解する　◆break down a problem into its smaller constituents　問題をより小さな構成要素に分ける　◆graphs and charts which break down hardware sales by year, country, and target market　売り上げを年度別、国別、販売対象市場別に分けて[の内訳で]表してあるグラフやチャート　◆Pulp is broken down through chemical action.　パルプは化学作用により分解される。

break even　(損得の)差し引きがゼロになる、引き合う、とんとんになる　◆it will take approximately five years for you to break even　あなたが差し引きトントンになる[元が取れる]までに5年ほどかかることでしょう

break free　逃げる　◆now you can break free from the chains of poor design...　今や、出来の悪い設計の束縛から解放されることが可能になった

break in　侵入する、《自動車、機械》をならし[なじみ、すり合わせ]運転する　◆The hoarse voice of the seaman broke in on our conversation.　船員のしわがれた声が我々の会話を遮った。

break into　割り込む、急に～しだす　◆break into a building　建物に侵入する[押し入る、闖入(チンニュウ)する]　◆break into the computer system of the bank　その銀行のコンピュータシステムに侵入する　◆break text into manageable chunks　本文を扱いやすい大きさのかたまりに分割する　◆They broke into ear-to-ear grins.　彼らは、どっと大口を開け爆笑した。

break off　折り取る、急にやめる、《契約》を打ち切る、《関係》を絶つ、(～と)分かれる<with>、破談にする　◆break off a conversation　会話を中断する

break out　突発する、勃発する、突然～しだす；抜け出る、脱出する、逃げ出す　◆break out of a slump　スランプを抜け出す[脱出する、脱却する]　◆AIDS may break out in a big way into the mainstream population.　エイズは、大勢を占める普通の人々の間で大発生する[急に広がる]かもしれない。

break through　（壁）を突破する[切り抜ける]、《難問》を克服する　◆break through enemy lines [the enemy (front) line, the enemy's line]　敵陣を突破する

break up　ばらばらにする[なる]、解体する、分解する、分割する、解散[散会]する　◆Each atom of chlorine liberated from a CFC can break up as many as 100,000 molecules of ozone.　フロンから遊離した各々の塩素原子は、10万個ものオゾン分子を分解できる。

break with　(伝統、友人など)と決別する、別れる、決裂する、たもとを分かつ

**breakable**　こわれやすい

**breakage**　(a)～破損、破壊、破損箇所[品]；破損[破壊]率[高]、損傷見越し分、損傷分の補償　◆the breakage of CP symmetry; CP symmetry breaking　《物》CP対称性の破れ (*粒子と反粒子の対の)　◆through breakage　破損したために[によって]　◆caused by a breakage of the disk drive　ディスクドライブが壊れたために引き起こされた　◆cause serious mold breakage　重大な金型の破損を引き起こす　◆look for (signs of) looseness, breakage, or missing screws or nails　ゆるみ、破損、ネジや釘の欠落の有無を確認する　◆makes it less prone to breakages　もっとそれを破損しにくくする；それをより壊れにくいものにする　◆to prevent (the) breakage of bottles and other glassware　ビンやその他のガラス製品の破損を防ぐために　◆to prevent breakage when they are carried about　持ち歩く際にそれらが破損するのを防ぐ[壊れないようにする]ために

**breakaway**　切り離せる、分離できる、(触ったり衝撃が加わるとすぐに)取れるように作られている　◆the breakaway of Soviet republics　ソ連邦を構成していた各共和国の分離　◆a cap with a breakaway skirt　(いたずら防止の目的なので、開封時に)破って取るスカート部分を持っているキャップ

**breakdown**　(a)～故障、破損、破壊、破壊、絶縁破壊、(半導体の)降伏、絶縁[絶縁体]破壊、中断、（内訳、明細、分類、分析、精算、神経衰弱　◆breakdown strength　絶縁破壊強度 (*dielectric strengthおよびelectric strengthと同義)　◆an electrical [mechanical] breakdown　電気的[機械的]故障　◆the breakdown of the talks　会談の決裂　◆a high-breakdown voltage transistor; a transistor with (a) high breakdown Voltage　降伏電圧の高いトランジスタ；(意訳)高耐圧トランジスタ　◆the breakdown of communism　共産主義の崩壊　◆the breakdown of the former Soviet Union　旧ソ連の崩壊　◆a breakdown from mishandling　手

荒い取り扱いによる故障 ◆a breakdown in the crane　クレーンの故障 ◆a breakdown occurs in...　～内で絶縁破壊が起きる ◆a breakdown of communications　通信の途絶［中断］ ◆A breakdown of major proposals:　主な提案の内訳［（意訳）内容］：（*箇条書の表題として）◆a breakdown of traditional values　伝統的価値観の崩壊 ◆a breakdown voltage of 3,000 volts　3,000ボルトの破壊［絶縁破壊, 放電開始］電圧 ◆as per the following breakdown; as described [detailed, indicated, illustrated, shown] in the following breakdown　下記の内訳の通り ◆families undergoing breakdown　崩壊しつつある［破壊が進行中］の家庭 ◆give a breakdown of casualties from each side　各側の死傷者の内訳を発表する ◆in the event of a breakdown of control equipment　（万一）制御機器が故障した場合には ◆in the event of a shutdown of control equipment　（万一）制御機器が停止した場合には ◆produce an electrical breakdown　絶縁破壊を起こさせる ◆suffer a breakdown　（機器が）故障する ◆the breakdown voltage of an arrestor　避雷器の放電［（意訳）動作］開始電圧 ◆When a breakdown occurs,...　故障が発生すると ◆due to the breakdown of the family [nuclear family]　家庭［核家族］の崩壊により ◆result in a real breakdown of trust between the employer and employee　～は, 結果的に雇用主と従業員の間の信頼関係の真の破綻（ハタン）につながる ◆The breakdown is as follows (as of July 31, 2001): ...　（2001年7月末日時点での）内訳は以下の通りで： ◆a collector-to-emitter reverse breakdown voltage of 90V　90Vのコレクタ・エミッタ間の降伏逆電圧（*トランジスタなどの半導体の場合, breakdownは「降伏」） ◆stress caused by discrimination caused her to have a nervous breakdown　差別が原因のストレスは彼女を神経衰弱にした（*a nervous breakdownの医学用語は「神経疲憊（ヒハイ）」） ◆Figure 5: The average breakdown of costs by activity for producing a small program (up to 10,000 source code statements)　第5図：小型プログラム（ソースコード命令1万まで）制作のための費用の作業別平均的内訳

**breaker**　a～（サーキット）ブレーカー, （一般家庭の）配線用遮断器, 破砕機 ◆a circuit breaker　サーキットブレーカー, 回路遮断器；（一般家庭の）配線用遮断器 ◆a Bradford coal breaker　ブラッドフォード石炭ブレーカー［破砕機］ ◆close a circuit-breaker system to restore power　電力を復旧するためにサーキットブレーカーシステムを入れる［閉じる］

**break-even, breakeven**　adj. 収支トントンの, 損益が釣合っている ◆a break-even [breakeven] point　損益分岐点 ◆we are at a below break-even point　我が社は採算ラインを割り込んだ［持ち出し］状態になっている

**break-even point**　(a)～損益分岐点 ◆exceed the break-even point　損益分岐点を超える；採算（ライン）に乗る；引き合うようになる ◆reach the break-even point　損益分岐点［採算ライン］に達する；収支トントンになる ◆rents are $40 below the break-even point　家賃［賃貸料］は損益分岐点［採算ライン］よりも40ドル下回っている ◆(*大家の立場から) Know what your break-even point is and...　（意訳）採算ラインがどこにあるのかを知ること, そして～ ◆The $15,000 rental fee for the fast machine results in a break-even point of 225,100 copies.　高速（複写）機のレンタル料金が1万5000ドルだということは, 22万5100部のコピー枚数が損益分岐点ということになる.

**breakfast**　(a)～朝食［朝飯, 朝ご飯, 朝げ］ ◆have a hearty breakfast　量と栄養がたっぷりの朝食を取る［食べる］

**break-in**　a～不法侵入, 住居侵入, 押し入り［押し込み強盗］；a～ならし［すり合わせ］運転, 試運転 ◆a break-in period ならし運転［初期故障］期間（= an early failure period, an infant mortality period） ◆after a proper break-in　適当ならし運転の後 ◆after a short break-in period　短いならし運転期間の後 ◆an electronic break-in into a Pentagon-based Air Force computer　米国国防総省に設置されている空軍のコンピュータへの電子的な侵入 ◆Seventy percent of America's top 400 corporations have experienced electronic break-ins.　米国の上位400社の70％が電子的に侵入されたことがある.（*コンピュータへのhackingで「不正アクセス」のこと）

**breaking point**　a～破壊点, 破断点, 切断点, （我慢の）限界

**breakneck**　物凄い速さの ◆at a breakneck pace　猛烈なペースで ◆at breakneck speed　猛烈な速さで, 猛スピードで

**breakpoint**　a～《コンピュ》ブレークポイント, 区切り点, 中断点 ◆The debugger allows breakpoints and traps to be set so as to halt the program's execution at certain points in the code.　《コンピュ》そのデバッガは, コード中の特定の箇所でプログラムの実行が停止するようにブレークポイントやトラップを設定することができる.

**breakthrough**　a～〈障害・壁・難関・限界〉の突破［打開, 克服, 打破］, 現状打破, 大きな進展, 飛躍的な進歩, 画期的な躍進, 画期的な発明［発見］ ◆a breakthrough SLR　画期的な一眼レフ（カメラ） ◆a dazzling breakthrough　輝かしい大躍進 ◆to find a breakthrough to Haiti's political impasse　ハイチの政局の行き詰まりから抜け出すための突破口を探るために ◆The chances for a breakthrough anytime soon are slim.　打開が今すぐにでも起きるなどといった可能性は薄い. ◆Harris has always been acknowledged as an industry innovator, at the vanguard of IC breakthroughs.　ハリス社は, IC（技術）の飛躍的な［目覚ましい］進歩の先陣に立つ業界の革新者であると常に認められてきた.（*breakthroughsと複数形なのは, 次々になされる画期的な発明や開発をさしている）◆A recent materials breakthrough by physicists at the University of Alabama has permitted current to be passed through a substance with virtually no resistance at a record of 93 Kelvin (-180°C).　アラバマ大学の物理学者による最近の材料分野での画期的な発見によって, 93K (-180°C) という記録的な温度で, ある（特定の）物質にほとんど抵抗なしで電流を流すことが可能になった.

**breakup**　(a)～崩壊, 分割, 分裂, （関係の）解消 ◆the breakup of the Japanese National Railways (JNR)　日本国有鉄道［国鉄］の分割 ◆the breakup of the Soviet Union [USSR]　ソ連の崩壊 ◆since the breakup of Bretton Woods in the early '70s　70年代初頭のブレトン・ウッズの崩壊以来

**breakwater**　a～防波堤 ◆a harbor breakwater　港の防波堤

**breast**　a～胸, 胸部 ◆breast cancer　乳癌 ◆a breast-fed [→bottle-fed] baby　母乳栄養［↔人工栄養の赤ちゃん］ ◆a woman with large breasts; large-breasted women　胸の大きな［豊かなバストの］女の人 ◆a bare-breasted bimbo　胸をはだけている［露にしている］売春婦 ◆if she has breast-augmentation surgery　彼女が豊胸手術を受ければ

**breath**　a～息, 呼吸, 様子, 気配；a～《風の》そよぎ, ひと吹き ◆run out of breath　息切れする ◆a breath deodorizer（息の臭さを消す）口臭防止剤 ◆a heavy-breathing, fast-action flick　息づかいの激しい, 速い立ち回りの［スピードアクション］映画（*a flickは俗語で映画） ◆experience shortness of breath　息切れを感じる［覚える］；息切れがする ◆hold one's breath　息を止める, 息を凝らす［殺す］, 固唾を呑む ◆It will retail for (hold your breath) $695.　それは（驚くなかれ）695ドルで小売りされることになるのだ. ◆watch...with breath held in apprehension　案じて息をこらして～（のなりゆき）を見守る；～（の行方）を固唾を呑んで見守る ◆the driver refused to take a breath(-analysis) test　その運転者は呼気（分析）検査を受けることを拒んだ（*酒気帯びチェックで）

**breathable**　adj. 呼吸に適した, 通気性のある ◆a breathable, waterproof membrane　通気性のある防水膜 ◆a nylon fabric that is waterproof, windproof and breathable　水の浸透を防ぎ, かつ風を通さずに通気性のあるナイロン生地

**breathalyzer**　a～《交通取締り用の》酒気［飲酒］検知器

**breathe**　vi., vt. 呼吸する, 吸気する, 〈気体〉を通す, 〈気ガス［防毒］マスクを介して呼吸する［息をする］ ◆breathe fresh air [new life] into the jaded city　衰退した［寂れた, 荒れ果てた］この都市に新風［新しい息吹］を吹き込む ◆nearly 150 enhancements breathe new life into the software　ほぼ150項目におよぶ強化が, 同ソフトウェアに新たな生気を吹き込む

**breather** a～ ブリーザー, 呼吸器, 通気口, 息抜きの管, 換気装置

**breathing** [U]呼吸, 息づかい; a～ 息つぎ, 休息 ◆breathing nylon fabric 通気性のあるナイロン織物

**breathtaking** 息をのむような, はっと驚くような ◆...comes to a breathtaking total of $7.5 billion ～は, 合計75億ドルという驚くべき額になる

**bred** 《breedの過去, 過去分詞》; adj. 育ちが～の, ～育ちの

**breed** 繁殖する, 増殖する; a～ 品種, 類型 ◆a TV-bred writer テレビ育ちの作家 ◆breed improvement in dairy cows 乳牛の品種改良 ◆breed lack of discipline 規律の乱れを引き起こす ◆improved breeds of rice [domestic animals] 米 [家畜] の改良種 ◆improve the breed of horses [collie] 馬 [コリー犬] の品種を改良する ◆the breeding true of an organism 生物 [微生物] の純種を生む [育てる, つくる] こと ◆They are a play-it-safe breed. かれらは, 冒険をしないタイプ [やから] だ. ◆It's fantastic that Bobby is just 19 and finished in fifth place. He is indicative of the new breed of amateurs coming up. ボビーが弱冠19歳にして5位に入ったとは素晴らしいことだ. 彼は新人類のアマチュア [選手] が台頭してきていることの表れだ [ことを示している]. ◆The city is being infested by a new breed of 2-inch-long cockroach, twice the size of the old variety. この都市には, 従来の種類の倍の大きさの体長2インチに及ぶ新種ゴキブリがはびこっている. ◆We've created a new breed of man who is not ashamed to be publicly pampered by his mother. 我々の社会は, 母親に公然とかわいがられることを恥としない新しい男性 [新人類] を創り出した.

**breeder** a～ 増殖炉 ◆an animal breeder 動物繁殖業者 [ブリーダー] ◆a fast breeder reactor 《原子力》高速増殖炉

**breeding** [U]繁殖, 生殖, 増殖, 育種, 飼育, 養殖; [U]しつけ, 育ち ◆a breeding ratio 《原子力》(増殖炉の) 増殖比 [増殖率]

**breeze** a～ そよ風, 朝飯前 [楽勝] にできること, ちょろいこと; vi. すいすいと進む, 楽々と手早くやってしまう <through> ◆on hot days with no breeze 無風の暑い日に ◆make hanging drapes and curtains a breeze ドレープやカーテンをつるすのを簡単にする ◆The car cuts through the breeze with a 0.33 Cd. この車の, 0.33というCd値《空気抵抗係数値》で風を突っ切って走る. ◆Today, flying across the Pacific is a breeze. 今日では, 太平洋横断飛行は楽勝だ.

**brethren** a～ 《brotherの複数の古い形》会員, 仲間, 同胞 ◆the car's more pedestrian brethren その車のより月並みな仲間

**Bretton Woods** ブレトン・ウッズ 《*米国ニューハンプシャー州にある保養地》 ◆the Bretton Woods system 《経済》ブレトン・ウッズ体制

**brevity** 簡潔さ; (時間的) 短さ, はかなさ ◆for brevity; for the sake of brevity; for brevity's sake; for purposes of brevity; in the interest(s) of brevity 簡潔にするために; 簡略に [するために]; 略して; 省略して; 短く [短縮して] 煩雑になるのを避けるために 《参考》 ◆For brevity, visual display terminals may also be called display terminals, or just displays. 簡略のため [略して], ビデオ式端末装置は表示端末装置, または単に表示装置と呼んでもよい.

**brew** vt. 醸造する, 醸成する, 〈お茶, コーヒー〉を入れる, 〈悪事〉を計画する [たくらむ, 起こす]; vi. 〈茶〉入る [出る], 起こりつつある; a～ 醸造酒 (*特にビール), 入れられたお茶やコーヒー, 醸造高 ◆brew a cup of tea [coffee] お茶 [コーヒー] を入れる ◆the brewing of beers 各種ビールの醸造 《参考》 ◆Prolonged steeping really will cause a bitterness as the tea is overbrewed [oversteeped]. 《意訳》《茶葉をお湯に》長い間浸しておくとお茶が出過ぎて苦みが出てくる.

**bribe** a～ 賄賂(ワイロ); vt., vi. 賄賂を使う (贈る) ◆a bribe to <do> ～するための賄賂 ◆bribe a person into...-ing 〈人〉 に～させるために賄賂をつかう ◆accept [take] a bribe 賄賂をもらう, 受け取る ◆give [offer] a bribe 賄賂を贈る [贈与する] ◆a bribe of $10,000 1万ドルの賄賂

**brick** (n.) a～ れんが; a～ れんがの形をした塊, (英) 積み木 (=《米》a block) 《形容詞的》煉瓦の, 煉瓦造りの; vt. 煉瓦で囲む [ふさぐ, 敷く] <up, in, over> ◆a red brick apartment 赤煉瓦の集合住宅

**bride** a～ 花嫁, 新婦 ◆a war bride 戦争花嫁 (*特に米軍兵士と結婚したものはa GI [G.I.] brideとも)

**bridge** 1 a～ 橋, 橋梁, 船橋, 艦橋, ブリッジ, 《電気》電橋 [ブリッジ回路], (はんだが多過ぎることによる) 短絡 ◆a bridge loan つなぎ融資 ◆a bridge pier 橋脚 ◆a bridge rectifier 《電気》ブリッジ整流器 ◆act as a bridge between A and B AとBの間の橋渡しの役をする ◆build a bridge over... ～に橋をかける ◆create three new "bridge banks" 新しい「ブリッジ [受け皿, 承継] 銀行」を3行新設する ◆the bridge crosses... この橋は, ～をまたいでいる ◆the mobile phone acts as a bridge to the Internet 携帯電話がインターネットへの橋渡しをする ◆build a strong bridge of friendship with... ～と強固な友好のかけ橋を築く ◆construct bridges across the language barrier 言語の壁に橋を架ける ◆prevent shorts by removing solder bridges 《電気》はんだブリッジを除去することによりショートを防止する ◆serve as a bridge linking government, industry, and universities 産官学を結ぶ橋渡しの役をする ◆The impact displaced a bridge girder, causing the derailment of an Amtrak train eight minutes later. 衝撃は橋桁の位置をずらしてしまい, 8分後にアムトラックの列車の脱線を招いた. 《参考》 a weighbridge scale 橋ばかり (*weighbridgeは一語)

2 vt. 橋をかける, 空隙を埋める ◆bridge a gap 間隙 [隔たり] を埋める, 穴埋めする ◆bridge over a difficulty 困難を乗り越える; 難局を切り抜ける ◆bridge the two pins with the blade of a screwdriver これら2つのピン間をドライバーの先で短絡させる

**brief** 1 adj. 短時間の, 簡潔な ◆for an extremely brief moment きわめて短い間で; 一瞬の間で; ほんのつかの間で ◆for even an extremely brief period of time 極めて短い期間であってさえ, ごく短期間だとしても ◆in a relatively brief period of time 比較的短期間 [短時間] のうちに ◆over some brief interval of time いくらかの [ある] 短い時間間隔にわたって ◆Here is a brief outline of Russian President Boris Yeltsin's schedule in Washington: 以下はボリス・エリツィン・ロシア大統領のワシントンにおけるスケジュールの概要です.

2 n. 概要, 要領書, 趣意書, (任務に関する直前の任務遂行の要領に関する) 連絡 ◆in brief; to be brief 簡単に言えば ◆news in brief ダイジェスト版ニュース, 要点をかい摘まんだ短いニュース

3 vt. 〈人〉に予備知識や指示を与えるための説明をする ◆brief a person on... 〈人〉に状況説明をする

**briefcase** a～ ブリーフケース, 書類カバン ◆briefcase-sized ブリーフケース大の

**briefing** a～ ブリーフィング, (手短な) 状況 [背景] 説明, (記者) 発表, (作戦行動に移る直前の) 最終指示, 打ち合わせ ◆during a background briefing for reporters 対記者向けの背景説明の間に ◆in the White House press briefing room 米大統領官邸の記者会見室で ◆Republican presidential nominee George W. Bush got [received] a CIA briefing on the world situation Saturday. 共和党の大統領候補に指名されたジョージ・W・ブッシュは, 世界情勢に関するCIAの定例報告を土曜日に受けた.

**briefly** adv. 簡単に [手短に] (言えば), 簡潔に, そっけなく, 短い [ちょっとの] 間 ◆To put it briefly... 簡単に言うと, ～ ◆Chapter 10 examines briefly the characteristics of... 第10章では, ～の特性について簡単に考察する. ◆when it was briefly introduced on the floor of the House これが議会で簡単に紹介 [手短に説明] された際に

**brigade** a～ 隊 ◆a fire [rescue] brigade 消防 [救助] 隊

**bright** 明るい, 輝かしい, 鮮やかな, 鮮烈な; 利発な, 賢い, 聡明な, 頭の回転の速い ◆in bright light 《照度》高輝度 [高照度, 大光量] 下で, 明るいところに [場所で] ◆an oncoming car with bright headlights ヘッドライトをハイビームにしている対向車 ◆on a bright day 晴れわたった明るい日に ◆the economic picture gets brighter 経済状況 [景気の局

面]は明るさを増している ◆pictures with brighter yellows and greens　より明るい黄色と緑を再現している写真〈▶同じ光になにも明るな色が異なる形になっている〉◆adjustable from bright to dim　（照明器具が）高輝度から低輝度まで調整可　◆brighter LEDs modified for data communication　データ通信用に改造された輝度のより高いLED〔発光ダイオード〕　◆The model's future looks as bright as the noonday sun.　この機種［車種］の前途は、真昼の太陽のように明るい［輝かしい］。　◆This material has a bright future.　この材料の前途は明るい。　◆Wear bright colored clothing to increase your chances of being seen.　目につきやすいように（鮮やかな）明るい色の服を着なさい。（＊交通安全の話より）

**brightness** 輝度, 明るさ, 明度; 白色度; 艶, 輝き, 光沢 ◆subject brightness　被写体輝度 ◆a high-intensity [high-brightness] LED　高輝度LED〔発光ダイオード〕 ◆a 17" high-resolution, high-brightness CRT　17型〔17インチ〕高解像度、高輝度ブラウン管（＊「型」はテレビの場合、「インチ」はディスプレイの場合）◆a brightness level of 7 cd/m²　7cd/m²の輝度レベル ◆a brightness [luminance, Y] signal　輝度信号 ◆adjust contrast and brightness　〈画面の〉コントラストと輝度を調節［調整］する ◆the brightness of the picture　映像の輝度 ◆The half brightness life of the backlight is rated at 20,000 hours at the recommended lamp current for full brightness of 5mA. Dimming of the backlight will extend its life.　バックライト〔背面照光ライト〕の輝度半減寿命は、フル輝度時に5mAという推奨ランプ電流で2万時間となっている。バックライトを減光すれば寿命は延びる。

**Brighton** ◆the Brighton cycle　ブライトンサイクル（＊compression → combustion → expansion からなる航空機ガスタービンエンジンの動作原理）

**brilliant** 輝く, 輝かしい, 玲瓏（レイロウ）たる, きらめく, 鮮やかな; すばらしい, みごとな, 目覚ましい ◆impart a brilliant finish to parts　部品をぴかぴかに仕上げる ◆a foreign coach with a brilliant track record　輝かしい〔燦然と輝く〕実績［業績］を持っている外国人コーチ

**brim** vt. 〜を縁まであふれんばかりに満たす; vi.〈液体が〉あふれる <over>; a 〜 縁, へり, つば ◆full to the brim　縁までいっぱいで; なみなみと; あふれるほど ◆a tank filled to the brim with water　縁までいっぱいに〔なみなみと〕水が入っているタンク ◆cast a nervous eye on brimming reservoirs　あふれそうな貯水池の方に心配気〔不安げ〕に目をやる

**brine** ①（食品保存などのための）濃い塩水〔飽和食塩水〕, 鹹水（カンスイ）; the 〜（文学で、あるいはユーモアで）海水, 海 ◆a brine-proof aluminium plate　耐塩水性のアルミ板

**bring** vt. <to>〜を（〜に）持って行く〔来る, 出る〕, 連れて行く〔来る, 出る〕, 運ぶ, 導く, 動かす, もたらす; 招く, 引き起こす, 生む; 届ける;〈状態, 行動などに〉至らせる <to, into, under>;（結果として）〜させる <to do> ◆bring many advantages　多くの利点［メリット, 利益］をもたらす ◆bring [take] them to new heights in efficiency　能率［効率］面で、それらを新たな高みに持って行く ◆bring the camera to eye level　カメラを目の高さまで持ってくる ◆bring the circuit breaker to its on position　サーキットブレーカーをオンにする［入れる］ ◆What To Bring　〈見出し〉持っていく［持ってくる, 持参する］もの ◆owing to the financial problems that German reunification has brought　ドイツの再統一がもたらした財政問題のために ◆the power station was brought into operation　発電所が稼働の運びとなった ◆We bring you valuable information on...　〜について有益な［有用な, とても役に立つ, お値打ちの, お得な, 必聴の］情報をお届け［ご提供, ご案内］します ◆... will bring grave consequences for America's national security　〜は米国の国家安全保障にとってゆゆしき結果をもたらすことになるだろう ◆bring the CIM technology into the production facilities　このコンピュータ統合生産技術を工場に導入する ◆bring the program to a state in which it runs without crashing　プログラムを、クラッシュせずに走る状態まで持っていく ◆bring the system into a cost range that individuals can afford　そのシステムを個人の手が届くコストの範囲［価

格帯］に入れる ◆develop a wave-driven artificial upwelling device that brings (up) nutrient-rich deep ocean water to the surface cost-effectively　養分豊かな海洋深層水を海面まで経済的に汲み上げるための、波の力を利用した人工上昇流〔湧昇流〕装置を開発する ◆these printers will need to be brought down in size and cost　これらのプリンタには、小型化・低価格化の必要があるだろう ◆This program was brought to you by Pepsi.　この番組をペプシの提供でお送りしました。 ◆We will mail you a written confirmation of your scheduled time. Please be sure to bring this confirmation with you on the day of your visit.　当方より貴殿の予定［ご意訳予約］時刻の確認書を郵送致します。おいでになる［ご来場, 来店］当日にこの確認書を必ずお持ち［持参して］ください。

**bring about...**, **bring... about**　〜を引き起こす, 生じさせる, もたらす, 誘発する, 招来する ◆bring about changes (in...)　（〜に）変化をもたらす ◆bring about polarization　偏光を起こさせる［生じさせる］ ◆bring about such a state　そのような状態を引き起こす ◆demonstrate the improvement brought about by using [by the use of]...　〜を使うことに［〜の使用に］よりもたらされる改善［向上］を実証する

**bring along...**, **bring... along**　連れて［持って］来る, 持参する

**bring around...**, **bring... around**　〈人〉を説得する, 〈失神した人〉を正気づける（= bring to）

**bring back...**, **bring... back**　持って［連れて］帰る, 元の状態［ところ］に戻す, 〜を思い出させる ◆If you erase a file accidentally, UNERASE will bring it back if you do it immediately.　《コンピュ》うっかりファイルを消してしまった場合、すぐに［直後］ならUNERASE（ユーティリティ）でファイルを復活させることができます。

**bring down...**, **bring... down**　下げる, 低下させる, 倒す, 撃ち落とす, 気をめいらせる ◆bring down hardware costs to within easier reach　ハードウェアの価格をもっと手が届きやすいところまで下げる ◆bring lines down for maintenance without warning　保守作業をするために警告なしにライン〔の運用〕を停止する ◆without bringing anything down but the cost　コスト以外は何も低下させることなく ◆bring down the costs of ethanol and other environmentally friendly "biofuels" to make them competitive with gasoline　ガソリンと張り合えるように、エタノールやその他の環境に優しい「バイオ〔生物由来の〕燃料」の価格を下げる ◆Over time, more competition could bring down interest rates.　《意訳》そのうちに、競争がもっと激しくなって利率［金利］が引き下げられるということもあるかもしれない。

**bring forth...**　引き起こす, 生む, 生じさせる ◆bring [put, set] forth a recommendation　勧告を出す

**bring forward...**, **bring... forward**　〈会議などの〉予定を繰り上げる, 〈提案など〉を提出する, 次の頁に繰り越す ◆plans to attain a production volume of 100,000 units per month originally set for the end of 2003 are being brought forward as far as possible　2003年の末に月産10万台に到達する［《意訳》10万台体制を達成する］という当初の計画は、できるかぎり前倒しするという方向で進んでいる ◆Xxx expo will be held over three days from 1-3 July 1993 in Sydney. The show has been rescheduled, bringing it forward from the original August dates.　Xxx博覧会は、シドニーで1993年7月1〜3日の3日間にわたって開催される。このショーは、元々8月だった会期［期日, 日程］が前倒しされたものである。

**bring in...**, **bring... in**　持ち込む, 導入する, 仲間に加わらせる,（加勢, 助っ人）を投入する,〈問題〉を提起［提出］する,〈金〉を稼ぐ,〈金額の利益〉を生む, もたらす; 警察に連行する ◆bring in outside experts to test...　〜を調べるために外部の専門家を入れる ◆use components brought in from the United States　米国から持ち込まれた〔搬入された〕部品を使う ◆a thing brought in from another country　よその国から持ち込まれた物 ◆It is expected to bring in $95 million in sales.　それは、9500万ドルの売上（高）をもたらすと見られている。

**bring... into**　〜を〜に入れる, 〜を〜の状態にする ◆bring... into life [being, the world]　〜を生む; 生み出す; 生み

**brink**

落とす ◆as its publication was bringing him into pecuniary difficulties それの出版のせいで彼は財政難に陥りつつあったので ◆bring children into the world of chess 子供たちをチェスの世界に誘い込む[引き入れる] ◆bring China fully into the world economy 中国を完全に世界経済に組み入れる[統合する] ◆these children aren't brought into life as... これらの子供たちは～として生まれてきたのではないか

**bring off..., bring... off** うまくやり遂げる

**bring on..., bring... on** 〈病気など〉を起こさせる ◆bring on factory closures 工場閉鎖を引き起こす ◆a condition brought on by prolonged exposure to heat 熱に長時間さらされることにより起きる疾患 ◆these models are experiencing downward pressure brought on by Powertek's price cuts これらの機種は、パワーテック社の値下げがもたらした[値段を]押し下げる方向の[下方, 下押し]圧力を受けている ◆It's a mechanical problem brought on by the normal wear and tear of engine components. これはエンジン部品の通常の傷みが原因の機械的な故障である。

**bring out..., bring... out** 〈製品〉を市場に出す[発売する], 世に出す;〈普段隠れている性能や本性〉を引き出す、～を際立たせる, 強調する, ～を明るみに出す ◆Bring the problem out in the open. その問題は明るみに出しなさい。 ◆When boiling corn on the cob, add a pinch of sugar to help bring out the corn's natural sweetness. トウモロコシを穂軸[芯]についたままゆでるときに、砂糖をひとつまみ加えるとトウモロコシの自然の甘みを引き出す助けになります。

**bring over..., bring... over** 持って[連れて]来る

**bring together..., bring... together** 寄せ集める,〈初対面同士〉を引き合わせる,〈不和の人同士〉を和解させる ◆bring together two design concepts 2つの設計概念をまとめて(一緒にする) ◆bring complementary companies together to create economies of scale スケールメリットを生じさせるために相補関係にある会社を合併させる ◆the facility will bring together under one roof a number of related disciplines which are presently housed in eight different locations across the campus この施設は、現在キャンパス中に散らばって8つの建物に収容されているいろいろな関連した学科を同じ屋根の下に統合[集約]することになっている

**bring up..., bring... up** 〈話題〉を持ち出す,〈子供〉を育てる, 嘔吐する ◆bring a topic up for discussion ある議案[議題]を討議[話し合い, 審議, 会議]にかける[付議する、上程する] ◆bring up a subject of conversation 話題を持ち出す ◆bring up flagging test scores 低下傾向にある試験点数を引き上げる

**brink** へり、縁、がけっぷち; 瀬戸際 ◆be on the brink of...-ing ～するか否かの瀬戸際に直面している; 今にも～しそうになっている

**brinkmanship, brinksmanship** 🔟 瀬戸際政策(*特に、国際外交で) ◆North Korea frequently uses brinkmanship as a negotiating tactic. 北朝鮮は交渉[折衝, 駆け引き]の戦術として瀬戸際政策をよく使う。

**briquette** a ～ 練炭, 豆炭, タドン; vt. ◆a charcoal [coal] briquette 木炭[石炭]の練炭[たどん, タドン] ◆a (coal-)briquetting plant 練炭[タドン]製造工場 🔟 briquette making machinery; briquette manufacturing equipment; a briquetting machine 練炭[タドン]製造機

**brisk** adj. きびきびした, 軽快な, 元気のよい, 活発な, 活況の,〈商品などの〉動きのはやい; 爽やかな, すがすがしい ◆brisk demand 活発[旺盛, 好調, 堅調]な需要 ◆a brisk maritime trade 活発な海上交易 ◆at a brisk pace きびきびとした足取りで[速いペースで] ◆do a brisk business 活発な商売をする, 活況を呈する ◆enjoy a brisk business 大繁盛する ◆ticket sales have been brisk チケットの売れ行きがよい ◆walk at a brisk pace きびきびした足取りで[速いペースで]歩行する; とっとと[さっさと]歩く ◆Demand for... is brisk. 〈商品など〉の需要が活発[旺盛, 好調, 堅調]である[呈している]。 ◆deployment of xDSL by all the large US telephone operating companies is proceeding at a brisk pace 米国内すべての大手電話運営会社によるxDSLの開発は、速いペースで進んでいる ◆real estate values have increased in this city, and sales are brisk この都市における不動産の価値が上がり、販売は活発である ◆Merger activity has been brisk among health maintenance organizations (HMOs) lately. 健康医療団体[総合健康管理機構]の吸収合併がこのところ盛んに行われてきている。

**briskly** adv. 威勢よく, 元気よく, 活発に, きびきびと, さっさと, テキパキと ◆walk briskly さっさと歩く ◆Tickets are selling [moving] briskly. チケットは、好調な売れ行きを見せている[堅調に売れている]。 ◆Introduced last year, the car is selling briskly across the Continent. 昨年に市場投入され、この車は欧州全土で売れ足が速い。

**bristle** vi, vi. 毛をさか立てる[さか立つ]; 林立する, 一杯である <with>; a ～ 剛毛, ブラシの毛 ◆large cities bristling with skyscrapers 超高層ビル[摩天楼]が林立する[ぎっしり建ち並ぶ]大都市 ◆the town was bristling with factories, including... この町は～などの工場が林立して[建ち並んで]いる ◆The bristles conform nicely to contoured work. これらの剛毛ブラシは(外周に)曲面のついた加工物[被加工物]にしっかりとなじむ(ので作業がしやすい)。 ◆Surabaja in East Java is bristling with new manufacturing plants. 東ジャワのスラバヤには、新しい製造工場が林立している。

**British** adj. 英連邦の, 英国の, 英国人の, (イギリス)英語の; the ～〈集合的, 複数扱い〉英国人 ◆British-owned companies 英国系企業

**British disease** the ～《経済》英国病

**brittle** adj. 堅くてもろい, 砕けやすい, 脆性(ゼイセイ)がある ◆make... brittle ～を脆化(ゼイカ)させる ◆become brittle 脆化する; もろくなる ◆a brittle fracture 脆性破壊 ◆a brittle point 脆化点; 脆化温度 ◆a brittle solid 脆性固体 ◆a brittle failure curve 脆性破壊曲線 ◆brittle plastics materials もろいプラスチック材料 ◆it resists becoming brittle それは脆くなりにくい[なかなか脆化しない] ◆The hoses become brittle with age. これらのホースは、古くなるにつれ脆くなる。

**brittleness** もろさ, 脆性(ゼイセイ) ◆brittleness sets in 脆化(ゼイカ)が始まる ◆if the hose appears to crack from brittleness ホースが脆化のせいでひび割れるようだったら(*ホースを曲げてみて点検する話で) ◆Inspect wires carefully for cuts, cracks, or brittleness. 切り傷やひび割れがないか、またもろくなっていないか電線を念入りに点検してください。 ◆These events have revealed a brittleness in the entire communist system. これらの事態は、共産主義体制全体のもろさを暴露した。

**broad** adj. 広い, 幅広の, 広範な, おおざっぱな, 概略の ◆a broader term 上位概念語(*シソーラスの話で) ◆collections that offer a broad view of... ～を全体的に見渡せる[～が概観できる]コレクション[展示会, 展覧会, 発表会] ◆from a broad view 広く全体的に[大きく]見て; 広い視野で[大所高所]から見て; 大局的に見て ◆have broad use as replacements for... ～の代替品として幅広く用いられる ◆in broad outline 大まかに言えば、大略をかいつまんで説明すると、あらましは、要点は ◆reach (a) broad agreement on... [to <do...>] ～について[～するということで]大筋で[大まかな, 基本的]合意に達する ◆they are in broad agreement that... 彼らは～だといった見方で大筋では[基本的には、大綱については]合意をしている ◆antennas covering extremely broad frequency ranges (*電波の)超広帯域アンテナ ◆there is broad agreement among all Iranian leaders on the tenets of Iran's foreign policy イランの指導者全体の間にイランの外交政策の基本方針に関して基本的[大筋での]合意が成立している ◆The scope of protection of... should be as broad as possible. ～の保護の範囲は、できるだけ広い範囲[可能な限り広範に]にわたるようにしなければならない。 ◆We are in broad agreement with them. 当方は、彼らとおおむね[だいたい, 基本的に, 大枠で, 大筋で, おおまかに, 大綱については]意見が一致している。 ◆Printers fall into two broad categories: impact and nonimpact varieties. プリンタは2つのおおまかな分類に分けられる。インパクト型とノンインパクト型である。

**broadband, broad-band** adj. ブロードバンド［広帯域］の（＊インターネット高速・大容量の）；(a)〜ブロードバンド ◆a broad-band amplifier 広帯域増幅器 ◆a broadband fiber-optic network 広帯域［ブロードバンド］の、(意訳)高速・大容量［光］ファイバー(通信)網 ◆Over the next few years there will be a migration to broadband. 今後数年間にわたりブロードバンドへの移行［(意訳)ブロードバンド化］があるだろう。

**broad-brush** adj. 大まかの、大づかみの、大体の、おおざっぱな ◆broad-brush claims 大まかの［大づかみの、おおざっぱの］書かれている(特許)請求の範囲［請求項］

**broadcast** 1 vt., vi.（〜を）放送［放映］する、〜を放送で流す［伝える］、(通)に出る、(通)（複数箇所へ）一斉同時通信［送信、配信］する、同時通報する、一斉送信する、《ネット》ブロードキャストする ◆broadcast multiple files to various fax machines 《ファックスモデムで》複数のファイルを各種ファックス装置に向けて一斉に送信する ◆the system includes the ability to broadcast a single fax to multiple recipients このシステムには、1本の［同一］ファックスを複数の宛先に同報配信する機能もある ◆The ceremony, hosted by..., will be broadcast live from Radio City Music Hall by CBS. その式典は、〜さんの司会で、CBSによってラジオシティミュージックホールから(実況)生放送される。

2 n. a〜 放送、放映、（2箇所以上への）一斉同報［同時通報、同時通報、一斉送信］、《ネット》ブロードキャスト（＊同じデータをLANネットワーク内のすべての宛先に配信すること cf. multicast）; adj. 放送の、広範囲にばらまかれた; adv. 広範囲に、ばらまいて ◆a broadcast message 《ファックス等の》一斉送信［一斉同報、同報通報］メッセージ ◆a broadcast satellite 放送衛星 ◆a broadcast station 放送局 ◆a stereo broadcast ステレオ放送 ◆broadcast addresses 《ファックス等の》同報通信［一斉送信、同報通報］の宛先 ◆broadcast [broadcasting] equipment 放送機器 ◆an FM radio broadcast [broadcasting] facility FMラジオ放送施設 ◆a broadcast color TV [television] camera 放送用カラーテレビカメラ ◆in a live broadcast 生放送で ◆for broadcast on short-and-medium wave frequencies 短波帯および中波帯で放送するために［の］ ◆broadcast rights to the 1998 Winter Olympics in Nagano 1998年長野冬季オリンピックの放送権 ◆Once HDTV broadcasts begin, ... ひとたび高品位テレビ［ハイビジョン］放送が始まれば、... ◆The broadcast time for... has been changed to 1 p.m. 〜の放送[放映]時間は、午後1時に変更された。 ◆It was videotaped live in the Opera House for national broadcast on CBS later this month. オペラハウスでのこの模様は実況録画されており、今月中にCBSで全国放映されることになっている。

**broadcaster** ◆the NAB (National Association of Broadcasters) 全米放送事業者連盟 ◆a terrestrial TV broadcaster 地上波によるテレビ放送業者

**broadcasting** 放送 ◆begin [commence] full-scale broadcasting 本格的な放送を始める；《意訳》本放送を開始する

**broaden** 広げる、広くする［なる］ ◆a broadened product line 間口を広げた製品［商品］系列、拡充されたラインアップ；《意訳》強化された［以前に増して充実した］品揃え ◆broaden one's product range [product line] 商品レンジを広げる; 商品の幅を拡大する; 製品系列を拡充する; 商品展開をする ◆to broaden one's knowledge 知識を広めるために ◆broaden your universe あなたの世界を広げる ◆our understanding of... can be broadened and deepened by learning about... ...についての我々の理解は、...について学ぶことで幅と深みを増すことができる ◆The company is broadening its reach in Internet-based services [in the scanner market]. 同社はインターネットベースのサービス［スキャナー市場］において事業展開を拡大しつつある。 ◆The scope of its activities have been broadened to cover a wide range of internal security threats. 国内の安全［治安］を脅かす広範な脅威に対処すべく、その(機関の)活動内容の拡充[充実]が図られた。 ◆To meet this goal, the company will "broaden distribution channels"

with a greater emphasis on indirect sales. この目標を達成するために、この会社は間接販売により力こぶを入れて「流通経路の拡充を図る」ことにしている。

**broad gage** a〜 《鉄道》広軌（= a wide gage）（＊標準軌間143.51cmより広い軌間）▶東海道新幹線などは標準軌間を使用しており、在来線より広いことから国内では広軌と形容されるが、a broad gage ではない。

**broad-leaved** adj. 広葉の ◆a broad-leaved tree 広葉樹

**broadly** 広く、おおざっぱに、おおざっぱな言い方をすれば ◆be broadly divided into... 〜に大きく分類される; 〜に大別される ◆broadly speaking 一般的に言って、大ざっぱに言うならば、大枠でいうと、概して ◆divide... broadly into three categories 〜を3つのカテゴリーに大きく分ける［大別する］ ◆claims are broadly worded 《特許》請求の範囲［請求項］は大枠［大づかみ］に記述されている ◆They are broadly grouped under A, B and C. それらは、A, B, Cに大きく分けられる［大別される］ ◆They agreed broadly on several major issues. 彼らは数件の問題について大枠で［大筋で、基本的に］合意した。 ◆The data support the idea that AIDS is unlikely to spread broadly into the general heterosexual population. このデータは、エイズは異性愛者の一般の人の間で蔓延することはないであろうとの考えを裏付けている。 ◆The history of ancient Rome can be broadly divided into two epochs, the Roman Republic and the Roman Empire. 古代ローマの歴史は大きくローマ共和国とローマ帝国の時代に二分される。 ◆These functional groups are broadly similar to the equipment shown in Fig. 10. これらの機能群は、図10に示す機器と大まか［大ざっぱ］に言って類似しているものである。

**broadside** a〜 （船の）舷側（＊水面から出ているいずれか一方の側面）、一方の舷側の全火砲あるいは、それによる一斉射撃、非難の一斉攻撃; a〜 片面刷り大判印刷物、折り畳み印刷物; adj., adv. 舷側を向けて、側面に; v. ◆the tanker was struck broadside タンカーは舷側に衝突された ◆a drunken driver broadsided his car 酔ったドライバーが彼の車の横腹にぶつかった ◆he was broadsided by a 1983 Datsun heading west 彼は、西に向かっていた1983年型ダットサンに側面衝突された ◆Her car was hit broadside by a 1985 Cadillac. 彼女の車は、1985年型キャディラックに側面衝突された。

**brochure** a〜 パンフレット［ブローシュア］、小冊子 ◆a four-page brochure 4ページからなるパンフレット

**broke** 《break の過去形》(口)文無しの、無一文の、破産した ◆go broke 破産する ◆a go-for-broke strategy 一か八か当たって砕けろ的な戦術 ◆the famous "Go for Broke" 442nd Japanese-American regiment かの有名な「当たって砕けよ」(が合い言葉)の第442日系米人「二世」連隊

**broken** 《break の過去分子形》壊れた、折れた、(外国語が)片言の、破産した ◆a broken wire 断線して[切れている]いる電線 ◆a broken piece of... 〜の破片 ◆if one of the wires is broken 仮にそれらの電線が1本断線していると ◆whether it contains a broken wire (or an open) それに断線(あるいは開路箇所)がないかどうか ◆If a hose is broken, ... ホースが破損している場合に

**broken-down** adj. 故障している、壊れている、くたびれている ◆a broken-down robot 故障したロボット

**broken line** a〜 破線（− − −）

**broker** a〜 ブローカー、仲介業者、株の仲買人、周旋屋、証券会社; vt. ◆a broker commission 仲買人[仲介者、周旋屋]の手数料 ◆a U.S.-brokered agreement 米国のとりなしにより結ばれた協定 ◆the elimination of middlemen, brokers and agents 中間業者、仲買人および代理店を無くす[排除する、省く]こと; 中抜き(すること) ◆A new report by Merrill Lynch, the nation's largest broker, predicts that... この国最大手の証券会社であるメリルリンチによる新しい報告書は、〜であると予測している。

**brokerage** 仲介(業)、仲買(業)、周旋(業)、斡旋(業); (a)〜 仲介手数料、口銭 ◆a brokerage house [company] 証券会社、仲買業者（＊他の辞典には、仲介業者、仲買人、周旋屋などと

出ているが、証券会社も含む）◆charge brokerage commissions 仲介［仲買］手数料［斡旋料］を請求する

**broket** *a* ～《コンピュ》山形括弧（*＜または＞の記号。a broken bracket をつづめた表現。an angle bracket の方が一般的）

**bromide** (*a*) ～臭化物,（特に）臭化カリウム

**bromine** 臭素（元素記号: Br）

**bronze** 青銅 ◆he came within a fraction of a second of a bronze medal 彼は銅メダルまであとコンマ何秒のところまで行った

**brood** *a* ～《集合的に》一度に孵化したひなの子、一腹の子、同族の集団、一家の子供全員; *vi.* 卵を抱く,（じっと）考え込む［思案する］, 思い詰める, 気に病む, 覆う, 低く垂れ込める ◆ brood over a lost love 失恋についてくよくよ考える

**broomstick** *a* ～ほうきの柄 ◆a witch on [riding] a broomstick ほうきの柄に乗っている［ほうきに跨っている］魔女

**Bros.** 《Brothers の略》兄弟が共同経営する会社の社名に使われる

**brother** *a* ～兄、弟、兄弟; *a* ～（男の）親友、仲間、同僚、同業者 ◆ The engine is much harsher than its two-valve brother. このエンジンは、2 バルブの兄弟よりももっと荒々しい。

**brotherhood** 回兄弟の間柄、兄弟愛、親交、盟友［友好］関係; *a* ～組合、協会、同胞団、一会、一団; *the* ～《集合的に》《組合・協会・団体などの》メンバー、同業者、組合員 ◆to attain a kind of universal brotherhood in which distinctions among races, sexes and religions were eliminated 人種差別、性差別、宗教差別が消滅した、一種の一視同仁［人類皆兄弟、世界同胞主義、八紘一宇（ハッコウイチウ）、四海同胞（シカイケイテイ）］を達成するために

**brown** *adj.* 茶色の、褐色の、浅黒い; *n.* (*a*) ～茶色、褐色; *a* ～茶色のもの; *vt.*, *vi.* 茶色［褐色］にする［なる］、日に焼く［日焼けする］、きつね色に焦がす［焼ける］◆Turn slices and grill until golden brown. 薄切りを裏返して狐色になるまでグリルで焼いてください。

**brown coal** 褐炭

**Brownian movement** *the* ～ブラウン運動 ◆the Brownian movement of air molecules 空気分子のブラウン運動

**brownout** *a* ～ AC 電源電圧の低下,（電力不足に対処するための）電力使用制限 ◆in the event of a brownout 万一（家庭用電灯線の）電圧低下が起きると

**browse** 1 *vt.*, *vi.*（本、店の商品などを）漫然と見る,（情報に）ざっと目を通す、拾い読みする,（情報の）見たいところをあちこち見る、ブラウズする、通覧する＜through＞（回 scroll through）◆browsing software 閲覧ソフト ◆browse the Web [the Internet] Web［インターネット］をブラウズする［あちこち見て回る、閲覧する］◆browse the dictionary at random 《コンピュ》辞書をあちこち自由に見る（* 検索で見つかったごく一部のみを表示するのでなく、スクロールしたり参照箇所にジャンプしたりして見る）◆browse through lengthy FTP directories to find a file ファイルを見つけるために長々と続く FTP ディレクトリに目を通す［を（見て）調べる］◆This utility allows page-by-page browsing through a file. 《コンピュ》このユーティリティを使うと、ファイルをページごとに〔画面上でスクロールしながら〕見られる［閲覧できる］。

2 *a* ～冷やかし (* 買う気なしに商品を見ること),（情報に）ざっと目を通すこと、ブラウズすること、閲覧 ◆You can type the pathname manually or use the Browse button to search for the file. 《コンピュ》（ファイルの）パス名を手入力するか、［参照］ボタンのみで探すファイルを探すことができます。(* 参照ボタンを使うと、ファイル一覧が表示される)

**browser** *a* ～ browse する人,《コンピュ》ブラウザ［閲覧ソフト］(* 特にインターネットの WWW を見るための Web [WWW] browser) ◆an Internet browser インターネット・ブラウザ［閲覧ソフト］

**bruise** *vt.*, *vi.* 打撲傷［打ち身］をつける［がつく］,（感情を）傷つける,（感情が）傷つく; *a* ～打撲傷、打ち身、当て傷、傷 ◆ a grief-bruised nurse 悲しみで傷ついている看護婦

**brunt** *a* ～〈攻撃などの〉主力、矛先（ホコサキ）、矢面（ヤオモテ）◆Who will bear the brunt of not winning...？ ～に勝てない場合、誰のせいになるのだろうか ◆she has borne the brunt of the criticism 彼女が非難［批判］の矢面に立った ◆the company has become the brunt of some industry jokes 同社は業界ジョークのさかなになった［冗談のネタにされた］◆the models took the brunt of the market drop 《意訳》これらの機種が市場の落ち込みの波をもろにかぶった ◆businesses would have to shoulder the brunt of the price increases 企業がこれらの価格上昇［値上げ］の大方の部分を負担し［かぶる、吸収し］なければならないことになるだろう ◆the region bore the brunt of Typhoon Angela's 141-mph winds 同地域がアンジェラ台風の時速 141 マイルの強風をもろに［まともに］受けた ◆ The Atlantic coast took the brunt of the storm. 大西洋岸が嵐の直撃を受けた。◆He aimed the brunt of his criticism of free trade at "Harvard think tank experts." 彼は、自由貿易に関する批判の矛先を「ハーバードのシンクタンク専門家ら」に向けた。

**brush** ブラシをかけて磨く; *a* ～ブラシ、はけ ◆brush lipstick on the mouth 紅筆で口紅を塗る ◆a brushed aluminum finish アルミのヘアラインの仕上げ（された色） ◆a brush is run over a surface 《意訳》ブラシを使って表面を擦る［なでる］◆Spray painting is fast and produces an even coating without leaving brush marks. 吹き付け塗装は、迅速で、刷毛（ハケ）目［刷毛の跡］を残さずに均一な塗装膜を作る。

**brush aside** ～を払いのける、受け入れない、無視する,（にべもなく）拒絶する、一蹴する、つっぱねる ◆Brushing aside objections by...; Brushing aside the objections of... ～の反対を突っぱねて［一蹴して、はねつけて、無視して］◆brush aside everything that does not fit into conventional patterns 従来の型にはまらないものはすべて払いのける［無視する、受け入れない］◆The agency wants to brush aside the debacle as a one-time event, but it could happen again. 同庁は、その大失態［大災害、大事故、不祥事］を一回限りの事象として簡単に片付けたがっているが、再発する可能性はある。

**brush up** （忘れかけていた）～に勉強して磨きをかける ◆ brush up one's German ドイツ語に磨きをかける

**brushless** ブラシレス式の、ブラシなしの ◆a brushless DC motor ブラシレス直流モーター

**brutalize** *vt.* ～を残忍に扱う,〈人〉を敵的に［残忍に、非人間的に］する; *vi.* 残忍［無情］になる ◆Afghanistan's people have been brutalized – many are starving and many have fled. Women are not allowed to attend school. You can be jailed for owning a television. アフガニスタンの人々は虐待されてきた。多くは飢え、逃散した。女性は学校に行くことを許されていない。テレビを所有していると投獄される。

**BS, BSc** (Bachelor of Science) *a* ～理学士（号）◆He holds a BS from the University of Pittsburgh. 彼はピッツバーグ大学の理学士の号を持っている。

**BSC** (binary synchronous communication) 2 進データ同期通信

**BSE** 回ウシ海綿状脳症（* いわゆる狂牛病）◆Prion-caused bovine spongiform encephalopathy (BSE), the brain disease of cows commonly known as mad cow disease, may infect humans and produce a similar fatal disorder called Creutzfeldt-Jakob disease (CJD). 俗に狂牛病と呼ばれる牛の脳の病気でプリオンが原因の牛海綿状脳症 (BSE) は、ヒトに感染して死に至るクロイツフェルト・ヤコブ病 (CJD) と呼ばれる同様の病気を引き起こす可能性がある。

**B.S.I., BSI** (British Standards Institution) *the* ～英国規格協会

**BTL** (balanced transformerless) ◆a BTL (balanced transformerless) amplifier BTL パワーアンプ (* 低い電圧の直流電源で大出力が得られる)

**BTO** (build to order [build-to-order], built to order [built-to-order]) ◆As expected, Xxx Corp.'s PC business will finally enter the build-to-order (BTO) market at the start of the new year. 予想されていたとおり、Xxx 社の PC［パソコン］事業部は新年初頭からついに受注生産［注文仕様生産］(BTO) 市場に参入する。

**b-to-b, B-to-B** (business-to-business) ◆business-to-business (b-to-b [B-to-B]) e-commerce 企業間(B to B)電子商取引[オンライン取引, インターネット取引, ネット取引]

**b-to-c, B-to-C** (business-to-consumer) ◆business-to-consumer [b-to-c, B-to-C] e-commerce 企業対消費者の電子商取引[オンライン取引] 企業対消費者向け市場 消費者を相手にした市場, 企業対消費者向け市場(＊電子商取引による)

**Btu** (British thermal unit) 英国熱量単位; 英熱量 ◆because CNG (compressed natural gas) has fewer BTUs than an equivalent amount of gasoline CNG(圧縮天然ガス)は等量[同量]のガソリンよりも熱量が小さいので ◆a 13,500-Btu air conditioner with a wattage of 1,700 uses 14.16 amps 英熱量13,500[13,500BTU], ワット数1,700のエアコンは, 14.16アンペア使う(＊米国120V電源の話である)

**bubble** 1 a～ バブル, 泡, 気泡, 泡沫(ホウマツ, ウタカタ)もたかた ◆an anti-static bubble pouch 帯電防止[静電防止]用の気泡シート製の袋(＊静電気で破壊されてしまうICやFETなどを入れておくためのもの) ◆(air) bubble wrap cushioning 気泡緩衝材[エアパッキン, エアクッション] (＊俗に「プチプチ」と呼ばれる類の梱包材料。Bubble Wrapは米国Sealed Air Corporationの商標名。その後に同社の商標AirCapやPolyCapなどでも知られる) ◆the collapse of the bubble economy in Japan 日本のバブル経済の崩壊 ◆the rapid evolution of oxygen gas bubbles from... ～からの酸素ガスの泡の急激な発生 ◆bubble-bearing amber 気泡の入った琥珀 ◆air bubbles trapped in the brake lines ブレーキ配管に閉じ込められている気泡 ◆Now that the country's real estate bubble has burst,... 今となっては, この国の不動産バブルが弾けてしまったので～ ◆Sales slipped slightly in 1991 as Japan's bubble economy deflated. 日本のあぶく[バブル]経済が1991年にしぼんだ折に若干売り上げが落ちた。
2 v. 泡立つ, ふつふつ[ぶくぶく]と音を立てる, ～を泡立てる ◆The oil bubbled over the edge of the container. 油が容器の縁から吹きこぼれた。

**bubble jet** ◆a Canon Bubble Jet printer キャノンのバブルジェットプリンタ

**buck** 1 a～ 《俗》米ドル; a～ (pl. ～(s)) 雄鹿, (鹿, ねずみ, うさぎなどの)雄, レイヨウ ◆a big-bucks sponsor 金持ち[マル金]スポンサー ◆give them a chance to make a buck 彼らに金が稼げる機会を与える ◆a fast-buck artist 濡れ手に(で)粟で金儲けをする(詐欺師のような)人 ◆a low-buck car 《米口》低価格車 ◆as a way to make a fast [quick] buck ぼろ儲けする方法として ◆make a quick [fast] buck by... -ing ～してあぶく銭を稼ぐ ◆see... as a terrific opportunity to make a quick buck and a very big buck ～を濡れ手に粟とばかりに大儲けできるこの上ないチャンスであると見て取る 《参考》a megabuck [megadollar] project 巨額の金をくうプロジェクト
2 vi. 〈馬が〉跳ね上がる, 《米》〈車などが〉(上下に)ガクガクと動く[急にガクンと動く], (頭を下げて)突進[突撃]する; vt. 〈馬が〉〈人, 荷〉を(背中から)振り落とす[振り落とそうとする]<off>, 《米》～にさからう[歯向かう, 強く反抗する]; → buck up
3 the ～ 《口》《ポーカー》親番の印, (決裁の)責任 ◆a buck passer 責任逃れ[転嫁]する人 ◆pass the buck to someone else 誰か他の人に責任を転嫁する ◆Someone is trying to pass the buck. 誰かが責任逃れをしようとしている。

**buck up**..., **buck**... **up** vi., vt. 元気が出る, 〈人〉を励ます, 《英》～を改善する, 《英》急ぐ ◆buck up his spirits 彼を元気付ける ◆buck up sagging spirits 沈んでいる意気を鼓舞する ◆buck up the local economy 地元経済に活を入れる ◆Buck up, Bob. You can do it. ぐずぐずせずに元気を出して, ボブ。君ならできるはずだ。

**buck converter** ◆a DC-to-DC buck converter 《電子》DC/DCバックコンバータ(＊入力直流電圧をより低い電圧の直流電圧に変換するもの。スイッチング式の降圧回路なので変換ロスが発生しない)

**bucket** a～ バケツ, 手おけ, (タービンの)動翼 ◆a bucket brigade device (a BBD) バケツリレー素子(＊a CCD = a

charge-coupled device の別名でもある。電荷をバケツリレー消火隊のごとく転送していくところ)

**bucketful** a～ バケツ1杯(の量) ◆bucketfuls of water バケツ何杯分かの水

**bucket seat** a～ バケットシート(＊スポーツカー用シート, 飛行機の操縦席などの深い座席) ◆a sport bucket seat (= a sports contoured seat) 《車》スポーツ仕様のバケットシート, スポーツシート

**buckle** a～ バックル, 胴絞め, 絞め金; v. バックルで絞める[締める], シートベルトをする, 《座屈[挫屈]する, 腰折れする ◆prevent... from buckling ～の座屈を防止する

**buckle up** バックルで留める, シートベルトを締める ◆if you are not buckled up もしあなたがシートベルトを締めていなかったら ◆Drivers who do not buckle up face a fine of up to $100. シートベルトを締めないドライバーには100ドル以下の罰金が科せられる。

**buckling** バクリング, 座屈, 挫屈, 腰折れ ◆a compressive buckling strength test 圧縮座屈強度試験 ◆a telescopic, non-buckling boom manlift 伸長式の中折れしないブームを使った作業員昇降機 ◆to prevent buckling and jamming (用紙の)折れ曲がりや紙詰まりを防ぐ(＊プリンタでの話で)

**bucolic** adj. 田園の, 田舎風の, 羊飼いの, 牧歌的な ◆in the bucolic environs of Westfield ウエストフィールドの牧歌的な近郊で

**bud** a～ 芽, つぼみ; v. 芽が出る, 芽ぐむ, 発展[発達]しはじめる ◆nip... in the bud ～の芽をつむ; ～が発展[進行]しないうちに阻止する ◆nip [crush]... in the bud ～を(まだ)つぼみのうちに摘み取る[未然につぶしてしまう] ◆nip this problem in the bud この問題が大きくなるのを未然に防ぐ ◆trees begin to bud 木々が芽吹き[芽を出し]はじめる; 木々が萌(モ)えはじめる ◆nip this situation in the bud この状況が大きくなる前に進展[拡大]しないうちにストップをかける ◆The Fed is attempting to nip inflation before it buds. 米連邦準備制度理事会は, インフレが芽吹く前に摘みとってしまおう[未然に防ごう]としている。(＊the Fed = the Federal Reserve Board)

**Buddhist** a～ 仏教徒; adj. 仏教[仏教徒]の ◆a Buddhist religious sect 仏教宗派

**budding** adj. 芽が出つつある, 発展[成長, 成功]の兆しをみせている ◆a budding author 新進作家 ◆the budding EISA bus format 発展の兆しを見せている[有望視されてきている]EISAバスフォーマット ◆I was hired as a budding English translator. 私は新米(駆け出しの)翻訳者として雇われた。

**budge** vi. 《通例否定文で》ちょっと動く, 身動きする, ～をちょっと動かす ◆a tough-to-budge nut (固く錆び付くなどして)容易に動かないナット ◆she won't [will not] budge an inch when she believes she is right 彼女は自分が正しいと思ったら梃子でも動かない ◆but he refused to budge an inch from his original stand だが彼は当初の態度[元々の姿勢]を少しも変えようとしなかった

**budget** 1 a～ 予算; ((形容詞的に))安い, 低予算の, 経済的な ◆develop a budget 予算を組む ◆a budget amount 予算額 ◆a budget item 予算項目 ◆a budget revision 予算補正[修正] ◆budget-minded shoppers 経済性意識の高い[値段に厳しい]買い物客 ◆budget-minded tourists [travelers] 低予算の[安く上げようとする, 出費を切りつめる, ケチケチ]旅行者 ◆(a) water-budget calculation 《地球》水収支の計算, 水理計算 ◆budget [low-budget] travelers 《口》(意訳)(貧乏の)つつましい]旅行者 ◆for those on a low budget 予算の少ない人達のための[人々向けの] ◆make an annual [yearly] budget 年間[年次]予算を立てる ◆make one's budget request 予算要求をする ◆secure an annual budget from... ～から年間予算を確保する ◆an overnight stay in a budget motel 安いモーテル[自動車旅行者用簡易ホテル]での一泊 ◆a zero-growth budget plan ゼロ成長の予算案 ◆budget-conscious customers 比較的予算を気にしない[金離れのいい]客 ◆the U.S. budget and trade deficits 米国の財政赤字と貿易赤字(＊かつての双子の赤字) ◆at a price within most office budgets たいていのオフィスの予算内におさまる価格で

**budgetary**

◆if your budget is tight　もしも予算がきつい[予算的に厳しい,予算に余裕がない]なら　◆during the budget-cutting years of the early Reagan administration　レーガン政権初期の予算削減の時期の間　◆After a year of budget cutbacks and tax hikes, the county posted a $7 million budget surplus.　1年にわたる予算削減および増税の結果,この郡は700万ドルの財政黒字を計上した. **2** vt., vi. 予算をたてる　◆a total budgeted amount　総予算額　◆departmental budgeting　部門別予算編成　◆The budgeted amount [amount budgeted] for this contract is $200,000.00. この契約の予算額は20万ドルである.

**budgetary**　予算の,予算上の,予算に関する　◆budgetary restraint　予算緊縮

**buff**　1　a～バフ,もみ革,《口》ファン,マニア; adj. 黄褐色の,もみ革製の　◆a film buff　映画ファン　◆a car-buff magazine　カーマニア誌　**2** vt. ～を(バフで)みがく　◆buff floors　床を磨く　◆The dashboard plastic is close-grained and buffed almost to a matte finish.　ダッシュボードのプラスチックには細かいしぼが打たれ,ほとんど艶消し仕上げになるくらいに研磨[バフがけ]されている.

**buffer**　a～バッファ,緩衝器[装置,増幅器],緩衝記憶機構,緩衝域,緩衝剤; vt. 緩衝する　◆a buffer amplifier　緩衝増幅器　◆The displayed image is buffered in the bitmap format.　《コンピュ》表示画像はビットマップ形式でバッファに入れられる.　◆The editor stores the text being edited in an editing buffer in main memory.　《コンピュ》エディタは,編集中のテキストをメインメモリー内の編集用バッファに格納する.　◆A buffer underrun occurs when the buffer becomes empty. If this happens, then the recorder has no data to write.　バッファアンダーランは,バッファが空になると発生する.これが起こると,レコーダには書き込むためのデータがないことになる.

**buffet**　1　a～食器棚,《英》ビュッフェ　**2** (a)～強い打撃,殴打,《運命,波風》にもまれること; vt. ～を打つ,打ちのめす,《波などが》もむ,～と闘争する; vi. 苦闘する,苦闘しながら進む　◆due to social and economic pressures buffeting the country　同国を激しく揺り動かしている社会的および経済的な圧力のせいで　◆The comfortable monopolies of the past are being buffeted by competition from...　過去にぬくぬくと商売してきた独占企業は,今や～からの競争の波にもまれている.　◆The region is buffeted by high unemployment and plagued by a stagnant economy.　同地域は高い失業率に翻弄され景気低迷に苦しめられている.

**bug**　1　a～虫,《機械やプログラムの》(局所的な)欠陥,不具合,不備,故障箇所,バグ,エラー; a～熱狂家,マニア; a～隠しマイク,盗聴器　◆correct [fix] a bug　バグを修正する　◆a bug fix　バグフィックス[バグ修正]　◆a bug zapper; an insect electrocutor trap　電撃殺虫器　◆find and eliminate a bug　バグを見つけて取り除く[バグ修正する]　◆get [work] the bugs out (of...)　(～から)虫を取り除く,《コンピュ》バグを取り除く,バグ出しをする　◆isolate and remove bugs　バグを切り分けして取り除く　◆track down a bug　バグのある[バグっていた]箇所を突き止める　◆make software bug-free　ソフトウェアのバグを(完全に)無くす　◆be equipped with bugs to listen in on conversations of...　～には〈人〉の会話を盗聴するための隠しマイク[盗聴器]が仕掛けられている　◆remove all of the bugs in the source file　ソースファイルからすべてのバグを取り除く　◆Philips worked the bugs out of the CD technology.　フィリップス社はCD技術からバグを取り除いた[無くした,除去した,駆除した.]　◆The software was bug-ridden.　そのソフトは,バグだらけだった.　◆Several years ago, ThyDraw was hurriedly recalled for bug fixes after its release.　数年前,ThyDrawは発売後バグフィックスのために急遽(市場から)回収されたことがある.　◆The computer system has not had all the bugs worked out of it.　このコンピュータシステムは,まだバグがすべて取り除かれていない[バグ出しが不十分だ]. **2** (俗)〈電話などに〉隠し[盗聴]マイクを仕掛ける　<in, on>,〈人〉を悩ます　◆an anti-bugging device　《口》盗聴防止装置　◆My mother has been bugging me to get married since I was in my early 20s.　母は,私が20代の初めだった時分から結婚しろ結婚しろとうるさくて,困っています.

**buggy**　a～バギー(＊特定用途向け小型四輪車)

**build**　1　vt. ～を建てる,建設する,造る,作る,築く,〈橋や道路〉をつくる[=整備する],こしらえる,構築する,組織する,樹立する,増やす<up>; vi. 建設する,高まる,強まる　◆a German-built warship　ドイツが建造した戦艦[軍艦]　◆a slightly built man　きゃしゃな体つきの男性　◆build a career　キャリアを積む　◆build a monument　記念碑を建てる　◆build a nuclear weapon　核兵器を製造する　◆built a crystal (radio) set　鉱石ラジオを組み立てる[作る]　◆a road-building project　道路建設計画　◆be available on a build-to-order [built-to-order] basis　～は受注生産[注文組立]で販売されている　◆confidence-building measures　信頼醸成措置　◆custom-built software　受注[委託]制作ソフト　◆a product built from off-the-shelf components　既製部品でつくられている製品　◆build a telecommunications infrastructure for the country　その国の電気通信基盤を築く[整備]する　◆build brand awareness among end users　エンドユーザーのブランド意識を高揚する[高める,向上させる]　◆the company has started building a unique house dubbed...　この会社は～と名付けられたユニークな住宅の建設を始めた　◆If the vents are clogged, condensation and water will build up inside...　通気孔が詰まると,結露や水が～内部に溜まって[滞留して]しまう　◆The company builds all its motors from the raw materials up to finished products.　この会社は,自社のモーターを原材料から完成品の状態にまで(一貫)生産している. **2** (a)～造り,構造; (a)～身体の造り,体つき,体格,体躯(タイク)

**build around**　～を中心[核,中核]に造る　◆The computer is built around the W65C816 chip.　このコンピュータはW65C816チップを中核[ベース]にして作られている.

**build... in [into]...**　(機械など)に<部品,機能など>を組み込む,内蔵する　◆the type of audio system built into the VCR　そのビデオデッキに内蔵されて[組み込まれて]いるオーディオ系統のタイプ　◆The drive has its power supply built into its case and plugs directly into the wall socket.　このドライブ装置は,電源部が筐体内に内蔵しており,壁のコンセントに直接プラグを差し込んで使える.　◆The unit is too small to have much shock absorbency built into the cabinet.　本ユニットはあまりにも小さ過ぎるので,衝撃吸収性(緩衝性)をたいしてキャビネットに持たせる[付与する]ことができない.

**build on**　～に基づく,～をベース[土台]にする,～に基礎を置く

**build up**　増大[増強,増加,蓄積]する[させる],〈健康〉を回復する,～を宣伝する　◆as the car's powertrain builds up speed　車の駆動系がスピードを増す[加速する]につれて　◆build up the company　この会社の体質・体力を強化する　◆if pressure builds up in the gearbox　圧力が変速機内で強まる[高まる,増大する]と　◆build up national prestige　国威を養う　◆as an unpaid volunteer to build up experience and contacts　経験を積んだり人脈を増やすために手弁当で手伝うボランティアとして　◆First, build up your forearms.　まず,ひじから手首までを強化しなさい.　◆Some tape head-cleaners allow contaminants to build up on the capstan/pinch roller assembly.　テープヘッドクリーナーの中には,キャプスタンやピンチローラー・アッセンブリーに汚れを蓄積させる[こびりつかせる]原因となるものがあります.　◆The volume of air traffic has built up to such an extent that there could be a danger to passengers.　空の交通量は,乗客に危険を及ぼす本当の恐れほどまでに増大した.

**builder**　a～建築業者,製造者,製作者,施工者　◆an organ builder　(パイプ)オルガンの製造(業)者[メーカー]　◆the NHBRC (National Home Builders Registration Council)　《英》全国住宅業者登録協会[審議会]　◆a mold builder　金型メーカー

**building**　組立,建築; a～ビル,建造物,建物,家屋,建屋,棟　◆a building site　ビル(建設)用地　◆an office building　オ

フィスビル ◆building materials 建築材料〔資材〕; 建materials 建築材料〔資材〕; 建材 ◆a building officer （市などの）建築行政担当者 ◆on a building site 建築現場で ◆permit the building of... ～の建設を許可〔認可〕する

**building block** a～ 積み木, 建築ブロック, 構成要素, 構成単位 ◆serve as the building blocks for... ～の構成要素を務めて［になって］いる ◆the fundamental building block of a neural network 神経回路網の基本構成要素 ◆The Mercury Cougar is assembled from the same building blocks used by other Ford divisions. マーキュリー・クーガーは，フォード社の他の部門で使用している構成部品と同じものを用いて組み立てられている。

**buildup, build-up** a～ 増加〔大, 強〕, 強化, 蓄積, 堆積, 沈着, 肉盛り, こびりついてできた層, 立ち上がり, 宣伝 ◆a buildup of energy occurs エネルギーの蓄積が起こる ◆the blocking of a channel by a buildup of silt シルト［砂泥］の蓄積〔堆積〕による水路の閉塞 ◆the massive buildup of the deficit 巨額の赤字の蓄積 ◆the mid-term Defense Buildup Program for 1991-1996 1991年から1996年を対象とした中期防衛整備計画（*日本の話） ◆a buildup in offensive weaponry 攻撃用兵器の増強 ◆prevent the buildup of excessive pressure 過度の圧力upを防ぐ ◆prevent the build-up of static electricity 静電気がたまるのを〔静電気の蓄積を〕防ぐ ◆the largest peacetime buildup in the nation's history その国の歴史上最大規模の平時の軍備拡張〔軍拡〕 ◆the continuing buildup of carbon dioxide and other gases 二酸化炭素やその他の気体のガスのとどまるところを知らない増加

**built** （build の過去, 過去分詞） ◆an American-engineered, Canadian-built sedan アメリカ人により設計されカナダ人によって組み立てられたセダン ◆U.S.-built cars 米国製の車

**built-in** 組み込まれた, 内蔵の, 内部に実装〔内装〕されている, 作り［造り］付けの, 固有の, 組み込み— ◆a built-in function 《コンピュ》組み込み関数 ◆a built-in storage cabinet 作り付けの収納キャビネット ◆use a stereo recorder (equipped) with built-in microphones 内蔵マイクつきのステレオ録音機を使う ◆an autofocus SLR with a built-in flash ストロボ［フラッシュ］内蔵の自動焦点一眼レフ ◆Much of Mr. Wright's designs for furniture is of the built-in type. ライト氏の手になる家具のデザインの多くは作り付け［造り付け］式のものである。 ◆The program's built-in spelling checker highlights misspelled words. 《ワープロ》本プログラムに組み込まれているスペルチェッカーは, スペルの間違っている語を強調表示します。

**built-up** （地域が）建物で密集している,（積層されていて）厚みがある, 層状の, 組立の ◆a built-up air-conditioning system 組み立て式エアコンシステム ◆a built-up district [area] 既成市街地;（都市部の住宅や建物が）密集した［集積］地区［地域］ ◆in built-up areas 既成市街地［集積地区］において ◆the implementation of drainage improvements in a built-up area 既成市街地における排水設備の整備の実施 ◆Normally, any built-up condensation will evaporate shortly after you turn on... 通常, 滞留した結露があっても～をスイッチONしてまもなく蒸発してなくなるものである

**bulb** a～ 球, 電球, 真空管,（温度計などの）球部, 球根 ◆a burned-out bulb 切れた［断線した］電球 ◆a (light) bulb 電球 ◆a 150-watt incandescent bulb 150ワットの白熱電球

**bulbous** 球状の ◆the car's bulbous nose この車の丸っこいむっくりした機首

**bulge** 1 a～ ふくれ（上がり）, ふくらみ, 隆起 ◆midriff bulge 中年太り ◆Inspect the sides and bottom for leaks, bulges, warpage, or corrosion. 側面と底面に液漏れ, 膨らみ, 反り, あるいは腐食がないか点検してください。
2 vi, vt. 膨れる, 膨らませる, ふくらむ ◆a bulging shopping bag 膨らんでいる［いっぱい詰まった］買い物袋 ◆a bulging suitcase 膨らんでいる［パンパンに詰まっている］スーツケース ◆a bulging trade surplus 膨らむ一方の貿易黒字 ◆a plastic bag bulging with... ～でふくれているプラスチックバッグ ◆their bulging bellies 彼らの太鼓腹 ◆a power curve that

bulges with 40 more horses 40馬力（曲線が上に張り出すように）増大する出力曲線

**bulimia** 過食症, 大食症, 多食症, 食欲亢進, 病的飢餓 ◆she had bulimia 彼女は過食症だった

**bulk** 容量（かさ）, 大きさ; the ～ 大部分 <of>; a～ 大きな塊, ばら荷; adj. 大量の, 大口の, 全部の,〈コンピュータ処理など〉◆a bulk power system 大容量［大電力］電力系統 ◆a bulk sale （大量／多数件の）一括売却; まとめ売り ◆bulk storage 大容量記憶装置 ◆customers of bulk power: bulk power customers 大口電力需要家［需要家］ ◆a bulk order of men's trousers 男性用ズボンの大量［大口, 大型］注文 ◆a bulk power transmission system from... to... ～から～に至る大容量送電系統 ◆increase the bulk of... ～のかさを増やす ◆the bulk of the deterioration was attributed to a widespread increase of imports 業績の悪化の大部分は, 広範な輸入品の増加によるものとされた

**in bulk** 大量に, 大口で, まとめて, 一括に; ばら で, ばら荷の状態で, 荷造りなしで, 船腹に収まったままの状態で（取引して）, 別々の容器に小分けされないで ◆buy in bulk 大量に購入する; まとめ買いする ◆when oil is stored in bulk 油が大量に貯蔵されている時に

**bulk buy** 大量に買う, 大量購入する, 大量仕入れする

**bulk buying** 大量購入,（一バイヤーがある国の特定の物品のほぼ総量を引き取る）一括購入

**bulkhead** a～ 隔壁, 防護壁, 防水壁

**bulky** かさばる, 粗大な, 大きくて扱いにくい ◆a fairly bulky camcorder かなり［相当］かさばるカメラ一体型ビデオ ◆bulky waste collection days 粗大ゴミの収集日（*大型家庭廃棄物の）◆without being bulky かさばらないで ◆Smaller Bulky Wastes: Mattress or box spring (twin or smaller), Chairs, TV's, Sinks or Toilets – $ 3.00/ea. 小さめの粗大ゴミ: マットレスまたはベッドのボックススプリング（ツインサイズ以下）, 椅子, テレビ, 流し台あるいは便器 — 一点につき3ドル

**bull** a～ 雄牛,《株》買い方［強気筋］ (↔a bear), の中心［金的］; adj. 雄の,《株》強気の（堅調の, 堅調の, 買い方の, 上向きの）, vt.《株》（値をつり上げて）買いあおる, 思わく買いをする, ～を強行する（無理に推し進める）◆behave like a bull in a china shop がさつな振舞いをする ◆take the bull by the horns 勇気を持って［勇敢に］困難に立ち向かう (meet a difficulty with courage); 果敢に正面から難局に当たる

**bulldoze** vt. ～をブルドーザーで地均しする［造成, 整地］する, 取り壊す;（口）強引に押し進む, 脅して～させる ◆bulldoze an area ある場所を地均しする ◆bulldoze a person into... （口）〈人〉に～するよう無理強い［強要］する ◆bulldoze one's way through the crowd 人混みを押し分けて進む ◆bulldoze an old house 古い家屋をブルドーザーで取り壊す

**bulldozer** a～ ブルドーザー

**bullet** a～ 銃弾, 弾丸, 黒丸（*箇条書きの各項目の頭などに付ける, 中黒より大きめの黒丸記号●）◆a bullet train 弾丸列車 ◆bulleted or numbered lists 各項目の頭に●印がついているか番号が振ってあるリスト ◆his bullet-riddled body 何発もの弾丸が打ち込まれた彼の体; 銃弾で蜂の巣のようになった彼の死体 ◆the bullet-pocked rear window 銃弾の痕［弾痕］のある後部ウィンドウ

**bulletin** a～ 公報, 掲示, 公示, 公式発表,（定期）報告, 定期出版物, 紀要, 会報, ニュース速報

**bulletin board** a～ 掲示板

**bulletproof** 防弾の ◆build bulletproof user interfaces 堅固［頑強, 堅牢］なユーザーインターフェースをつくる ◆several plates of thick, green-tinted bulletproof glass 数枚の, 緑色に着色された厚みのある防弾ガラス

**bullhorn, bull horn** a～ アンプ内蔵メガホン, ハンドマイク; vi. ハンドマイク［メガホン］でしゃべる

**bullion** 地金（*特に金や銀の）, 金［銀］塊, 金［銀］の延べ棒 ◆(solid) gold bullion 純金の地金, 金の延べ棒, 金塊

**bullish** adj. 雄牛のような, 頑固な,〈相場が〉強気の［堅調な, 堅調な〕, 上げ相場の ◆bullish investors 強気の投資家

◆bullish market conditions　上げ調子［強気］の市況; 堅調な市況　◆announce a bullish outlook <for>　強気の［楽観的な］見通しを発表する　◆in the bullish first half of '91　堅調だった'91年上期に　◆stock markets turned bullish in all parts of the world　世界各地の株式市場[市況]は上向きに転じた　◆wait for a bullish trend to appear　上昇傾向が現れるのを待つ（*株式相場の話で）　◆we continue to hold very bullish feelings about both stocks　我々は依然として両株式に好感度を持ち続けている

**bull's-eye**　a〜　標的の真ん中の黒点, 正鵠（セイコク）, 金的, 図星, 急所, 的中　◆Bull's-eye!　大当たり！; 図星だ！　◆hit the bull's-eye; get [make] a bull's-eye　正鵠（セイコク）を射る（イル）［得る］; 図星［核心, 急所, 要点］を突く; 的中［命中］する; 大当たりする; 大成功する

**bully**　v.〈人〉をいじめる, 威張り散らす; a〜　いじめっ子, 弱い者いじめする人　◆a bullied child　いじめられる子ども, いじめられっ子　◆a bully boy (pl. bully boys)　いじめっ子; 男子のいじめっ子　◆a school bully　学校のいじめっ子　◆bullying at school　学校でのいじめ　◆a victim of bully boys　いじめっ子少年たちの犠牲者; いじめに遭う子　◆Bully for you [me, them, Mr. Xxx].　よくやった; えらい; あっぱれ; でかした　◆bully her out of office　彼女をいびり出して役職から追放する; 彼女をいびり出す　◆try to bully him into silence [submission]　彼を脅して黙らせ［恫喝（ドウカツ）して服従させ］ようとする　◆if interpreted as the bullying of a small nation by a superpower　超大国による小国いじめであると取られたら　◆He overcame the taunts and bullying of classmates through determination and a gregarious wit.　彼は, 毅然とした態度と社交上［対人面で］の機転をきかすことでクラス仲間のあざけりといじめを乗り切った。　◆School authorities had failed to prevent bullying by classmates that eventually led him to commit suicide.　学校当局は, 彼を最後には自殺に至らせてしまったクラスメートによるいじめを防止することができなかった。

**bully pulpit**　a〜（個人の考えを説き広めるのに有利な）公職の地位［立場, 権限］　◆use one's office [post] as a bully pulpit to <do...>　〈公職の〉地位［立場, 職権］を利用して〜する（*自分の主義主張を実践に移すのに利用する。職権濫用の意味は特にはない）

**bump**　1　vt.〜を（〜に）ぶつける <on, against, into>, 〜にぶつかる,〈衝撃で〉どかす［飛び出させる, 押し出す, 押しのける］<from, out of> (= dislodge), 〜を〈役職, 飛行機の予約などから〉はずす <to = displace, oust>; vi. ぶつかる <into, against>, 出くわす［行き当たる, 突き当たる］<into, up>, ガタゴト［ガクンガクン］と揺れながら進む <along>　◆bump into a person　〈人〉にばったり出会う［会う］　◆bump one's head against...　〜に頭をぶつける　◆bump the desk against the wall　机を壁にぶつける　◆his car bumped into the rear of a van　彼の車はバン［小型トラック］に追突した　◆He bumped into the back of a taxi.　彼は, タクシーに追突した。　2　a〜　衝突（する音）, ぶつける［ぶつかる］こと, こぶ, 隆起, 出っ張り　◆bumps and dips　でこぼこ　◆bumps and potholes　隆起や窪み; でこぼこ　◆harshness over small, sharp bumps　《車》鋭角的な小突起乗り越え時のハーシュネス（*ハーシュネスとは, 路面の突起などを乗り越えたときなどの路面の隆起箇所に当たる時にガクンという振動）　◆when the car hits a bump　車（の底）が路面の隆起箇所に当たる時に　◆He came bump on the floor.　彼は, 床の上にドスンと落ちてきた。　◆The car pogos over bumps.　その車は,（路面）の隆起でぴょんぴょん飛び上がる。　◆The pickup has had several bumps.　この集配トラックは, 数回ぶつけられている。　◆The truck went bumps into the bus in front.　トラックがバスに正面から追突した。　◆Solder bumps connect the device to the printed-circuit board, eliminating the need for wire bonding and intermediate-level packaging.　ソルダー・バンプは, ワイヤボンディングや中間パッケージを必要とせずにデバイスを印刷基盤に接続する。

**bumper**　a〜　バンパー, 緩衝器［装置］; adj. 格別豊富な　◆bumper crop　大豊作　◆a bumper-to-bumper traffic jam　じゅずつなぎの交通渋滞　◆a fully integrated soft bumper　《車》完全に（ボディに）一体化されている柔らかいバンパー［緩衝器］　◆The car is almost pure Gaul from bumper to bumper.　その車は, 満身ほとんど生粋のおフランス人とでもいったところだ。（*Gaulはフランス人の滑稽な呼び方）

**bumpy**　adj. でこぼこだらけの, 平坦でない　◆a bumpy career　波乱に富む［波瀾万丈の］経歴　◆a bumpy road lies ahead　行く手は平坦ではない　◆a bumpy road to success　平坦でない成功への道　◆predict a bumpy road for the real estate market　不動産市場の行く手は平坦ではないと予測する

**bunch**　a〜　房（フサ）, 束（タバ）; v. 一まとめにする, 束にする［なる］, 一塊になる　◆a bunch of flowers [keys]　花[かぎ]束　◆a bunch of grapes　一房のぶどう　◆use a bunched-up cotton cloth rather than a sponge　スポンジではなく綿布を丸めたものを使う

**bundle**　a〜　バンドル, 束（タバ）, 把（ワ）, 包み, 管束, 抱き合わせ商品, 一団, 大きな〜; v. 束ねる, くくる,（異なる製品を）バンドルする［抱き合わせる］, 抱き合わせ販売する　◆a bundle of fibers; a fiber bundle　《光》ファイバーのバンドル; ファイバーバンドル　◆a ray bundle　光束　◆bundled software　抱き合わせ［バンドル, 添付］ソフト　◆make bundles of cables　ケーブルを束ねる　◆tie cables together in [into] bundles　ケーブルをまとめて束ねる　◆tie... in a bundle　〜を束ねる　◆a light-transmitting fiber optic bundle　光を伝える光ファイバーのバンドル　◆The laptop is available alone or bundled with the word processing software.　本ラップトップ機は, 単体[単独]で, あるいはそのワープロソフトと抱き合わせで売られている。

**bungle**　vt., vi. 下手にやる, しくじる, へまする; a〜へま, しくじり, 不手際　◆a bungled job　不手際な仕事

**bunk bed**　a〜　二段ベッド, 二段ベッドのいずれか一方　◆Bunk bed safety: Make sure the top bunk has guard rails on all four sides of the bed.　二段ベッドの安全: ベッドの上段の四方すべてに転落防止柵が付いていることを確認してください。

**bunker**　a〜　燃料庫, 燃油庫,《軍》掩蔽壕（エンペイゴウ）, トーチカ,《ゴルフ》バンカー (= a sand trap, a trap), 〜に燃料を積み込む,〈球〉をバンカーに打ち込んでしまう, 〜を困らせる　◆develop [get] a bunker mentality　他者の意見・批判に耳をかさず自己保身に汲々（キュウキュウ）とした精神構造を身につける

**Bunsen burner, bunsen burner**　a〜　ブンゼンバーナー

**buoy**　a〜　ブイ, 浮標, 救命ブイ［浮き袋］; v.（ブイを使って）浮かせる, 支える, 浮かぶ　◆a ring life buoy　救命ブイ［浮標, ドーナツ形の浮き袋, 浮き輪］　◆Femtex yesterday reported sharply higher earnings for the fourth quarter, buoyed by solid demand.　フェムテックスは昨日, 堅調な需要に支えられて第4四半期に大幅な増収を上げたと発表した。

**buoyancy**　浮力

**buoyant**　adj. 浮力を示す, 浮かれ調子の　◆a buoyant economy　活況を呈している［好調な, 浮揚している］景気　◆buoyant force　（液体中での）浮力　◆sales of new homes have remained buoyant　新築住宅の販売は好調であった　◆sales were more buoyant than expected　販売は予想以上に好調であった

**burble**　vi. ブクブクと泡立つような音を立てる, ぺちゃくちゃ喋る; n.《航空機》剥離（*迎え角が大きすぎた場合に翼面から層流が剥離して乱流になる。これにより揚力が激減し, 空気抵抗［抗力］が増大し失速の原因となる）　◆a burble angle [point]　《航空機》失速角, 剥離角［剥離点］, 臨界［迎え］角（*主翼の迎え角を変化させていったときに流線型の流れが乱れ始める角度）

**burden**　1　a〜　荷, 荷物, 重荷, 負担　◆become a burden　負担［重荷］になる　◆put a burden upon a person　〈人〉に負担をかける　◆burden sharing　負担分担; 責任分担　◆a constant burden on my mind　絶えずつきまとっている私の心の重荷　◆bear the burden of...-ing　〜する重荷を背負う　◆place a minimal economic burden on...　（直訳）〈人など〉に最小限の経済的な負担をかける;

《意訳》~にとって極めてわずかな経済負担にしかならない ◆achieve a more balanced sharing of burdens and responsibilities between Xxx and Yyy　XxxとYyyの間で，より均衡のとれた負担分担と責任分担を実現する ◆I don't want to be a burden on him　私は，彼のお荷物になりたくない ◆reduce the burdens on the people of Okinawa　沖縄の人々の負担を減らす ◆she is a burden on me　彼女は私の負担になっている厄介者だ ◆the burden of proof rests [lies] with him　立証責任は彼にある ◆will help minimize economic burdens (imposed) on...　~は…の経済負担をできるだけ小さくする助けに［一助と］なるであろう ◆place a significant burden on the overall performance of the gateway　ゲートウェイ全体のパフォーマンスに大きな負担をかける［負担となる］ ◆regulatory burdens that drive up costs　《意訳》コストアップを招いている規制の重圧［重荷］
**2** vt. ~に荷を担わせる，~の負担になる，~に（~を）負わせる<with> ◆be burdened with...　~を課せられて［担って，負担して］いる；~の重荷を背負っている ◆be burdened [saddled] with a heavy debt　（ずっしりと重くのしかかる）多額の負債を背負い込んで［抱えて］いる ◆burden oneself with too many responsibilities　あまりにも多くの責任を背負い込む［抱え込む］ ◆without burdening the numeric processors with these tasks　《コンピュ》数値演算プロセッサーにこれらのタスクで負担をかけることなく

**burdensome** adj.（耐えがたいほど）負担になる，厄介な ◆a burdensome debt of $5.6 billion　耐えがたいほどの重荷になっている56億ドルの負債 ◆a burdensome procedure　煩わしい手続き ◆become burdensome to...　~が〈人・会社など〉にとって煩わしく［負担に，重荷に］なってくる ◆the paperwork burdensome　その事務手続きを面倒だと感じる ◆use the least burdensome method of...-ing　~するのに煩わしさの最も少ない［一番簡単な］方法を用いる ◆become too burdensome for low- and middle-income workers　低所得から中所得の勤労者にとって負担が重くなりすぎる ◆It's bound to be a burdensome case for both companies.　これは，双方の会社にとって面倒なケースになる

**bureau** a~ 事務所，事務局，事務室，（官庁の）局，部局，引出し付き机 ◆a travel bureau [agency]　旅行代理店

**bureaucracy** 官僚主義［制度，体制，政治，支配］ ◆corporate bureaucracy　企業官僚主義，会社の官僚体質 ◆inject new blood into an ineffectual bureaucracy　無能な官僚制度［組織，機構，体制］に新しい血を入れる

**bureaucrat** a~ 官僚，杓子定規の役人

**bureaucratic** adj. 官僚主義的な，官僚体質の，お役所仕事的な，お上の，杓子定規な，非能率的な，煩雑な手続きの ◆bureaucratic parasites　官僚機構に巣くう寄生虫ども；社会の（血税を吸う）ダニ［ウジ虫］的な官僚主義者 ◆bureaucratic turf wars [fights, battles]　役所間の縄張り争い ◆an intricate bureaucratic structure　複雑に入り組んだ官僚機構［組織］ ◆bureaucratic foot-dragging　お役所仕事的な遅々とした進み具合 ◆bureaucratic malfeasance　官僚による背任［違法］行為，お役人の悪事 ◆The modus operandi is very bureaucratic.　仕事のやり方は非常にお役所的である［官僚（体質）的である］.

**burgeon** vi. 芽吹く，急成長する，急拡大する，急発展する ◆a burgeoning industrial nation [country]　新興工業国 ◆a burgeoning middle class　新興中産階級 ◆With the burgeoning of the Industrial Revolution,...　産業革命の勃興を契機として ◆the burgeoning Me generation　急速に台頭しつつあるミージェネレーション ◆Honda the automaker first burgeoned as a tiny sideline of Honda the motorcycle maker.　自動車メーカーのホンダは最初，オートバイメーカーホンダの小さなサイドビジネスとして芽を出した［成長し始めた］. ◆Ownership of tractors has burgeoned from 90,000 to 290,000 in the past two years.　過去2年の間に，トラクタの所有が90,000台から290,000台に急増した.

**burglar** a~（押し込み）強盗，泥棒，物取り ◆行為ではなく人を指す. ◆a burglar alarm　盗難（予防）警報器 ◆a burglar-alarm system　盗難警報システム（= an intrusion-alarm system） ◆"burglar tools" such as keys, picks, crowbars, bricks, etc.

鉤，ピッキング工具，バール，ジャッキ，煉瓦の塊などの「泥棒の七つ道具」

**burglarize** vt., vi.（~に）強盗に入る

**burglarproof** adj. 盗難よけの，盗難に対する予防対策が講じられている

**burglary** (a)~（押し込み）強盗，押し込み ▶人ではなく，行為を指す. ◆carry out a burglary　押し込み強盗をする ◆commit burglary　押し込み強盗を働く

**burial** 埋設，埋葬，斂葬（レンソウ）; a~ 埋葬式 ◆be disposed of by burial (in the ground)　〈放射性廃棄物など〉が地中埋設処分される ◆disposal by burial deep in the ground　地中深部への埋設処分分（*放射性廃棄物の）

**burial ground** a~（共同）墓地，埋葬地，グレーブヤード（*放射性廃棄物を地中に埋めて保管する場所）

**burn 1** vt., vi. 燃やす［える］，焼く［ける］，こがす［げる］，やけどさせる［する］，日焼けさせる［する］，ひりひりさせる［する］，焼損させる［する］ ◆burn the midnight oil　（口）夜遅くまで仕事［勉強］する ◆a coal-burning [oil-burning, gas-burning] (power) plant　石炭［油，ガス］専焼火力発電所 ◆a burnt fuse　切れた［溶断した］ヒューズ ◆a trash-burning incinerator　ゴミ焼却炉 ◆get burned playing poker　ポーカーでやけどする［大損する］ ◆prevent it from being burnt　それが焼損するのを防ぐ ◆doctors determined his lungs had not been burned　医師らは彼の肺がやけどを負っていないことを確認した ◆cleaner-burning alternative fuels like methanol, natural gas and ethanol　メタノールや天然ガスやエタノールのような，もっときれいに燃焼する［排気ガスがクリーンな］代替え燃料 ◆the heating elements may burn out if the power comes on while the tank is empty　タンクが空のときに電源が入ると発熱体が焼き切れる［焼損する］恐れがある ◆Examine the contact area for burns.　接触部に焼けがないか調べてください. ◆I have burned [burnt] my hand.　私は手にやけどしてしまった. ◆Take care not to burn your hands.　手にやけどしないよう気をつけてください. ◆The cut burns from the antiseptic.　切り傷が消毒薬でひりひりする. ◆The fire department came and began spraying the burning plane with water.　消防署員［消防隊］が来て炎上する飛行機に散水［放水］し始めた. ◆The house burned.　家が燃えた.
**2** a~ やけど，火傷（カショウ），熱傷（ネッショウ），焼損 ◆a burn-resistant videotube　焼き付きにくい撮像管 ◆a no-burn silicon rubber cord　焦げない［焼けにくい］シリコンゴムの電源コード ◆suffer severe burns　ひどいやけどを負う ◆burn marks on the boy's hands　その少年の手の火傷の跡［瘢痕（ハンコン）］ ◆protect the screen from damaging phosphor burn caused by static images　静止画による蛍光体の有害な焼き付きから画面を保護する ◆to prevent a burn from hot liquid　熱い汁でやけどしないようにするために ◆I smell the burn of paper.　紙のこげるにおいがする. ◆The burn of iodine made me wince.　ヨードチンキのひりひりする痛みで私は縮み上がった. ◆He suffered second- and third-degree burns over 55 percent of his body.　彼は身体の55パーセント以上にⅡ度とⅢ度のやけどを負った. ◆The boy suffered [sustained] burns on his chest, stomach, arms and legs.　その少年は，胸腹部および手足に火傷を負った.

**burn away** 焼き払う

**burn down** vt. 焼き払う, vi. 焼け落ちる，全焼する

**burn in [into]** ~（ブラウン管表面などが）焼き付く，焼き付ける，焼き込む；〈新しい装置〉をバーンイン［エージング］する（→ burn-in） ◆burn MS-DOS into ROM chips　ROMチップにMS-DOSを焼く［焼き込む，焼き付ける］（*ROMに書き込む write, プログラムする program などと同義） ◆All boards are burned in electrically to insure reliability.　すべてのボードは，信頼性を保証するために電気的にエージングされています. ◆To insure reliability, the sensor is burned-in at 185 ℃ for 20 hours at 15V bias.　信頼性を保証するために，このセンサーは15Vのバイアスを印加し185℃で20時間エージングされている.

**burn off** 焼いて除去する，燃え尽きる

**burnable**

**burn out** 燃え尽きる、疲れ果てる、〈電球などが〉切れる ◆when I'm feeling "burned out" 「燃え尽きた」感じがしている時に ◆The indicator bulb is burned out or the connection is bad.　表示器の球が切れているか、あるいは接続が不良である。◆He has become burned out in the job, so tired he doesn't notice when things are going wrong.　彼は仕事で燃え尽きてしまっていて、事態がおかしくなっていても気が付かないほど疲労している。

**burn up** 燃え尽きる、〈エンジンが〉燃料を大量に消費する、〈人〉を怒らせる ◆Nothing burns me up more than reading that kind of self-righteous bullshit. そういった類の独善的なたわごとを読むほど頭にくる［むかつく］ことはない。

**burnable** adj. 可燃性の、燃やす［焦がす、焼く］ことができる; n. a ~ 可燃性の［burnできる］もの ◆a non-burnable cord 焦げないコード

**burned-out, burnt-out** adj. 燃え尽きてしまっている、《写真》露出オーバーの［burnt-out の］、プッツンしてしまった；《burned-out の》〈ヒューズや電球などが〉切れている ◆a burned-out headlight　切れているヘッドライト

**burner** a ~ バーナー、火口

**burn-in** 焼き、焼き付き、《電気》バーンイン［エージング］、通電動作検査、稼働検査 (*電子部品・機器等を、特性安定化と初期不良発見のために、使用に供する前に実働させること) ◆burn-in markings　（ブラウン管の蛍光面の）焼き付き跡 ◆screen phosphor burn-in　（ブラウン管の）蛍光面の焼き付き (*長時間静止画像を表示させると生じやすい) ◆prevent image burn-in　《ブラウン管式表示装置》画像の焼き付きを防ぐ ◆automatic test and burn-in equipment　自動検査・バーンイン装置 ◆a 48-hour burn-in test period to make certain that computers will work properly　コンピュータが正常動作することを確認するための48時間稼働検査期間

**burning** 《燃焼、燃成、燃焼、焼き、焼き付け、火入れ; adj. 燃えている、焼けるような、強烈な、重大な、焦眉(ショウビ)の、火急の、喫緊(キッキン)の》 ◆a burning house　（火事で）燃えている家 ◆ban (the) open-air burning of garbage, junk and crop stubble　ゴミ、廃品、穀物の刈り株［切り株］の野焼きを禁止する (*国語辞典に出ている「野焼き」とは異なる。阪神大震災以降、雨天でのゴミの焼却に「野焼き」と呼ばれるようになった) ◆have a burning desire to <do>　ひどく~したがっている ◆prohibit the burning of garbage in private homes and gardens　個人の住宅内や庭先でゴミを焼く［焼却する］ことを禁止する ◆soothe itching and burning　かゆみと炎症を鎮める ◆sulfurous smoke from the burning of soft coal　軟炭の燃焼から発生する亜硫酸ガスを含んだ煙 ◆by the burning of fossil fuels　化石燃料を燃やすこと［化石燃料の燃焼］によって ◆detection of atmospheric levels of ozone associated with biomass burning　バイオマス燃焼に関連したオゾンの大気中濃度変動の感知 ◆Inspect the bearings for signs of burning on the rollers and races.　ベアリングを点検して、ころや軌道に焼けた跡がないか確認してください。

**burnish** vt. 〈金属など〉を磨く、艶(ツヤ)出しする、磨き仕上げする; vi. 艶［光沢］が出る; n. 光沢、つや

**burnout** 《過電流の過負荷故障、損傷、焼き付け、《ロケット》酸素と燃料を使い切ることによる燃焼終了；（働き過ぎなどに起因する）燃え尽き (*俗に言う「プッツン」) ◆be suffering from burnout (syndrome)　燃え尽き症候群にかかっている ◆mental and physical burnout　心身の燃え尽き ◆the burnout syndrome among nurses　看護婦の間に見られる燃え尽き症候群 ◆any signs of burnout should be treated immediately　なにか燃え尽きを示唆する症状が出ていたら直ちに治療しなければならない

**burnup** (a) ~ 《原発》燃焼度 (*核燃料の)

**burr** a ~ バリ、かえり、バリかえり、ささくれ、まくれ、ギザギザ; vt. ~からバリを取り除く （バリ取りをする） ◆remove burrs from...　~からバリを取る［かえりを除去する］ ◆Cutting any bolt with a saw usually leaves burrs on the threads.　どんなボルトでも、のこぎりで切断すると普通ねじ部にばりが残る。

**burrow** 穴を掘って進む ◆Grains of sand burrow their way into minute cracks, causing irreparable damage to photographic equipment.　砂粒が微細なすき間に入り込んで、撮影機材に修理不可能な損傷を引き起こす。

**burst** 1 vi., vt. (burst, burst) 爆発する［させる］、破裂する［させる］、さく裂する［させる］；《be ~ing の形で》はち切れそう［あふれんばかり］で<with>、うずうずする［<to do>】 ◆bubbles burst　泡がはじける ◆burst open　〈扉など〉がバン（と勢いよく）開く ◆I am bursting to <do>　私は、~したくてうずうずしている。 ◆the fuel tank has burst　燃料タンクが破裂した ◆be bursting with joy　喜びに満ちあふれている ◆His creativity burst at the seams.　彼の創造性が爆発した。 ◆prisons are bursting at the seams　刑務所ははちきれんばかり［パンク状態、超過密状態］になっている ◆police burst into the apartment the two shared　警察は、2人が一緒に住むアパートに突入した ◆the stuffed-to-bursting building of Paris' National Library　はち切れそうなほど詰め込まれたパリ国立図書館の建物 ◆The camera practically bursts with electronic wonders.　このカメラは、目を見張るような電子機能をはちきれんばかりに満載している。
2 a ~ バースト、破裂、爆発、連射 ◆the 3.58-MHz color sync burst signal　《TV》3.58メガヘルツのカラー同期バースト信号 ◆the laptop's burst of popularity　ラップトップコンピュータの爆発的人気 ◆enjoy a burst of popularity　爆発的人気を博す; 《電気》 ◆burst forth　噴出する、飛び出す ◆the water burst forth　水が噴出した ◆burst into...　急に［突然］~し出す ◆burst [break] into laughter　突然［ドッと］笑い出す ◆burst [break] into tears　ワッと泣き出す ◆burst into flower　パッと花が咲く ◆burst into view　突然目に飛び込んで来る
 ◆burst out　vi. 突然~し出す<... -ing>、(~から)突然出てくる［現れる］<of>; vt. ~と突然叫ぶ ◆burst out laughing　突然笑い出す ◆burst out of a room　部屋から飛び出す

**bursting** ~ ではち切れん［あふれん］ばかりで<with>、~うずうずしている<to do>

**bury** vt. ~を埋める、うずめる、埋設する、埋納する、葬る、埋葬する、敷葬（レンソウ）する、覆い隠す、没頭させる ◆a buried cable　埋設ケーブル ◆be buried 200 m underground　地下200mのところに埋められる［埋設される］ ◆detect people buried under rubble　瓦礫の下に埋まっている人を見つける ◆he was buried yesterday at Arlington National Cemetery　彼は昨日アーリントン国立墓地に埋葬された ◆signals buried in noise　ノイズに埋もれている信号 ◆10 coal miners were buried alive on the job　炭鉱労働者10名が作業中に生き埋めになった ◆a metal water-supply pipe buried in the ground　地下に埋設されている金属製の給水［送水、水道］パイプ ◆The whole apparatus is buried underground.　その装置全体が、地下に埋設されている。

**bus** a ~ (pl. -es, -ses) バス、乗合自動車、《電子》母線 ◆a bus; a busbar [bus bar, bus-bar]; a bus conductor; a bus rod; a bus wire　《電気》バス［母線］ ◆a bus cable [duct]　《電気》バス［母線］ケーブル［ダクト］ ◆a bus conductor　バスの車掌; 《電気》母線の導体 ◆a bus depot　バス発着所［ターミナル］ ◆all processors on the bus　そのバスに接続されているすべてのプロセッサ ◆data transfers on the bus　バスを通じてのデータ転送 ◆go by bus　バスで行く ◆miss the bus　(俗)(比喩的に)バスに乗り遅れる (cf. miss the boat → boat)、好機を逸する (= lose an opportunity) ◆relinquish the shared bus　（バスアービタ、プロセッサなどが）その共用バスを放棄［開放］する ◆request use of the bus　そのバスの使用を要求する ◆the flow of data along a bus　バスのデータの流れ ◆prevent other processors from obtaining a shared system bus　他のプロセッサが共用システムバスの（の制御）を得ることのないようにする ◆determine which processor can drive [actively use] the bus　どのプロセッサがそのバスを駆動［アクティブに使用］できるかを決める ◆the bus over which address and data information are passed　アドレスおよびデータ情報を伝送す

るバス ◆Address information is placed on the bus by... アドレス情報は〜によってそのバスにのせられる.

**busbar, bus bar** a〜 《電気》母線, ブスバ (→bus)
**bushing** a〜ブッシング, ブッシュ, 套管(トウカン), がい管, よめ輪, 軸受筒, 軸受, 入れ子, 内筒 ◆a porcelain bushing insulator ブッシング碍管(ガイカン)(*変電所の変圧器などから生えている角のような)
**busily** 忙しく, せっせと
**business** ①ビジネス, 事業, 実業, 事務, 業務, 実務, 仕事, 職務, 営業, 商工, 職業, 稼業, (企業などの)景気, 商取引, 取引, 売買, 用事, 用件, (すべき)事, 役目; a〜 会社, 企業, 商店; →business hours ◆go out of business 商売から手を引く, 商売を辞める, 店をたたむ, 店じまいをする, 廃業する, 倒産する, つぶれる, 破産する ◆conduct business 商売を営む ◆discuss business with... とビジネス［商談］の話をする; 〜と用談［商談］する ◆boost business 商売を(大幅に)伸ばす ◆be on a business trip 出張(旅行)中で ◆a business associate 仕事［商売］仲間; 仕事でつき合いのある人; 仕事上の関係者［協力会社］; 取引先, 共同経営者 ◆a business district 商業地区［地域］◆a business entity 事業［企業］実体, 事業主体, 経営単位［部門］, 経営体, 社内分社(の一つ), 事業部, 企業体; 《意訳》会社, 企業, 法人 ◆(a) business failure 倒産 ◆a business leader 財界指導者［首脳, トップ］; 実業界のリーダー［大立て者］; 産業界の指導的［トップ］企業 ◆a business letter 商業文(*業務用の手紙の意) ◆a business lunch 仕事の話を兼ねた昼食会 ◆a business machine 事務機; 事務機械 ◆a business operation 事業部, 事業部門, 事業部 ◆a business suit ビジネススーツ, 背広 ◆business management 業務［経営］管理; 事業［企業］経営 ◆business operations 業務, 営業(活動), 経営, 運営, (複数の)事業, 事業部門, 事業所 ◆business practices 商［ビジネス］慣行 ◆the business community 実業界, ビジネス界 ◆the business world 実業界 ◆a business meeting 営業会議, ビジネス会議 ◆a big business 大企業 ◆business-application software 《コンピュ》ビジネスアプリケーションソフト［業務用ソフト］◆a business-grade facsimile 業務用のファクシミリ ◆a going-out-of-business sale 閉店［店仕舞］セール ◆a business reengineering project 事業のリエンジニアリング［再設計, 再構築］プロジェクト ◆the CBEMA (Computer and Business Equipment Manufacturers Association)《米》コンピュータ事務機工業会 ◆a business-continuity service provider ビジネスコンティニュイティサービス業者(*不測の事態に備え企業のデータの保存や代替オフィスの提供を請け負う災害復旧ビジネス提供会社) ◆achieve a quantum leap in business performance 業績［営業実績］の飛躍的な向上を実現する ◆acquire business contacts 取引先を獲得する ◆an employee of a business establishment 事業所［会社, 企業, 商店］の(ある)従業員 ◆be alert to new business opportunities 新しい商機に敏感である［さとい］◆business is brisk 商売が活発である; 景気が良い; 好景気である; 活況である ◆cash business transactions 現金取引 ◆computers designed for business use ビジネス用コンピュータ(=a small business computer) ◆do business with the Japanese 日本人と(商)取引する ◆do business with the Japanese 日本人と商売［取引］をする ◆drive [force, squeeze]... out of business 〜を廃業［倒産］に追い込む ◆From a business standpoint, I think... ビジネスという見地［観点, 視点］から, 私は〜と考える ◆grant business rights to... 〜に事業権を与える ◆his business career 彼の職歴 ◆look for business opportunities ビジネスチャンスを探す［捜す］; 商機を探る ◆Is business good? 《何か商売になりそうな仕事はないか》 ◆offer business-grade Internet service 《意訳》ビジネス(シーン)での利用に耐えうるインターネットサービスを提供する ◆run [handle, be responsible for] the business end of... 〜の営業面に携わる ◆the owner [proprietor] of a business [establishment [entity] 事業［会社, 企業, 商店］の所有者; 社主 ◆the way the company does business その企業のビジネスのやり方 ◆travel for business reasons 商用で出張する ◆travel to Germany on business 商用［仕事］でドイツに出

張する ◆wait for a business opportunity to present itself ビジネスチャンス［商機, 事業機会］が出現する［現れる, 出てくる, 生じる, 生まれる, (意訳)訪れる］のを待つ ◆We operate as the business arm of the University 私たちは本学の実務部門［機関］として事業展開しております ◆leaders in business, government, education and the media 財界［実業界］, 官界, 学界およびメディア界のリーダー［指導者］◆carmakers doing business in Mexico メキシコで事業を営んでいる自動車メーカー ◆investments in homes, business endeavors and stocks 住宅や事業・株への投資 ◆the percentage of business use [the business-use percentage] of an asset 資産の事業専用割合 ◆manage day-to-day business operations 日々の業務の運営に当たる; 日常経営を管理する ◆within 10 business days following the occurrence of a fatal accident 死亡事故の発生後10営業日以内に ◆a home office is a taxpayer's principal [primary] place of business 本店とは, 納税者の主たる事業所のことである ◆businesses all over the country 全国の企業 ◆businesses employing fewer than 10 persons grew in number 従業員10人未満の事業所の数が増加した ◆he studied business management for two years 彼は経営管理を2年学んだ ◆the company been driven out of business 同社は廃業［倒産, 破綻］に追い込まれた ◆they started businesses without the help of banks 彼らは銀行に頼ることなく事業を立ち上げた［会社を起こした, 起業した］◆nearly 100 of the nation's most important business leaders – from AT&T to Xerox AT&T社からゼロックス社に至る米国の最も重要なビジネスリーダー的企業のうちの100社近く ◆acknowledged as the best in the business 業界で一番と認められて ◆companies whose stock remained below $1 per share for 30 consecutive business days 株価が30連続営業日にわたって1ドルを下回った［1ドル割れを起こした］企業 ◆Business turned out to be poorer than expected. 商売［商況, 景気］は予想よりも悪かった［思っていたよりも芳しくなかった］. ◆He's a really pleasant fellow to do business with. 彼は, 取引の相手として本当に気持ちのいい奴だ. ◆New business opportunities arise. 新たな事業機会が発生する. ◆Nick left the show to devote his time to new business endeavors. ニックは新規事業に時間を注ぐ［振り向ける］ためにそのショー番組を降板した. ◆Our scope of business includes... [includes the following: ...] 弊社の業務内容は〜です.; 我が社の業容は以下の通りです. ◆That's [It's] none of your business. それはあなたには関係ないことだ.; 君の知ったことじゃない.; 君(たち)の出る幕じゃない.; 余計な［大きな］お世話だ. ◆Today keyboards are about a $600 million-a-year business. 今日, キーボード楽器は年に約6億ドル規模のビジネスである. ◆What line of business are you in?; What is your line of business? ご商売は何をして［どんな業種に属して］いらっしゃいますか. ◆Discussing business at social events could give people the impression you are a bore. 社交的な催しの場でビジネスの［商売上の, 仕事の, まじめな, お堅い］話をすると, 自分は退屈な人間なのだという印象を人に与えかねません. ◆The company's noncosmetic products accounted for 5% of business in 1992. その会社の化粧品以外の製品は, 1992年には事業の5%を占めた. ◆We hope our business relationship with clients will continue well into the future. 私どもは, お客様との取引関係が末永く続くことを願っています.; 《意訳》お客様にはいつまでも引き続きご愛顧のほどお願い申し上げます. ◆We're in the business of solving tough board test problems like these. これらのような困難な基板テスト問題を解決することが弊社の仕事です. ◆Are you willing to obey all the laws concerning dogs, such as keeping yours on a leash and seeing that it doesn't do its "business" where it shouldn't. たとえば犬を革ひも［鎖］でつないでおくとか, 「用足し」をしてはいけない場所ではさせないとか... 犬にまつわるあらゆる法律を, 進んで守ることができますか.

**get down to business** 本論［本題］に入る, 本腰を入れて仕事にかかる, 本格的に取り組む ◆Let's get down to business. では, 本題に入ろう. ◆Now let's get down to business with DataCalc. それでは, DataCalcの実際の操作に入りましょう.

**business administration** 企業経営, 経営管理, 経営学

**business card** _a_ ～（仕事で使う）名刺（＊氏名の他に、会社の名称と住所、所属部署、役職が書いてあるもの）

**business college** _a_ ～ 専修学校（＊ワープロ、ファイリングなどの事務の仕事を学ぶための学校）

**business day** _a_ ～ 営業日、平日 ◆approval takes about 20 business days　承認は約20日かかる；《意訳》許可が下りるまで営業日で数えて20日ほど必要である ◆in the first five business days of August　8月の最初の営業日5日間で ◆You will receive a reply within three business days.　《意訳》休日を除いて3日間以内に返事がくる［お返事をいたします］.

**business end** _a_ ～〈道具などの〉役目を果たす先端部分、〈会社などの〉営業部門、実動［実戦］部署；_a_ ～ ビジネスの目的 ◆in the business end of an ambulance　救急車の(応急医療器具や薬品などを備え)急病人を乗せる部分に ◆the business end of a bottle　びんの口 ◆the business end of a shotgun　ショットガンの銃口 ◆those on the business end　営業面に携わっている人たち；実動［実戦］部隊 ◆special darts with suction caps on the business end　先端部分に吸盤がついている特殊なダーツ ◆he took over the business end of the studio and greatly increased the profits　彼はスタジオの営業［経営］面を引き継いで大幅に利益［収益］を伸ばした ◆A spear needs a business end.　槍（ヤリ）には刃先［穂］が必要だ.

**business graphics**　《コンピュ》ビジネスグラフィックス（＊グラフやフローチャートの作図）

**business hours, hours of business**　営業［業務、勤務、就業、事務、執務、仕事］時間 ◆after [during] business hours　営業時間後[中]に ◆during regular business hours　通常の営業時間内に ◆a business-hours phone number　営業時間中の電話番号 ◆connecting after peak business hours saves costs　業務時間帯のピーク［どこのオフィスも活発な時間帯］を過ぎてから接続するとコスト節減になる ◆《通信の話》Include a "business hours" phone number if possible.　できればお手持ちの連絡先［勤務先］の電話番号も（手紙で）お知らせください. ◆The business hours are from ten to seven.　営業時間は10時から7時までです.

**businesslike**　adj. ビジネスライクな、事務的な、ドライな、割り切った、てきぱきと能率的な ◆a businesslike instrument panel（計器類が）すっきりと実質的にまとめられている計器盤［インパネ］（＊実質的＝機能に重点をおいている） ◆in a businesslike way [manner, fashion]　ビジネスライクに；事務的に；ドライに割り切って；てきぱきと能率的に

**businessman** _a_ ～ 実業家〈責任ある地位の人をさす言葉で日本語のビジネスマンより意味が狭い〉 ◆a top businessman　大物実業家、一級ビジネスマン

**businessperson** _a_ ～ (_pl._ ～_s_, _businesspeople_) 実業家 (= a businessman, a businesswoman)

**business school** _a_ ～（大学の）商学部［大学院］、実業学校、職業学校

**businesswoman** _a_ ～ 女性実業家

**busker** _a_ ～《主に英》大道芸人（= a street performer）

**bust**　1 _a_ ～ 胸像、半身像、上半身、〈女性の〉胸部［バスト］. 2 vt. ～をこわす、つぶす、パンク[破裂]させる、解体する、破産［倒産］させる、～を打つ［なぐる］、～を逮捕する、《口》〈警察が〉〈家宅など〉を捜索する，《警察が》～に踏み込む［突入する］、《米口》～を格下げ［降格］する；vi. ～する、つぶれる、倒れる、故障する、爆発する ◆a crime-busting [crime-fighting] program　犯罪撲滅計画 3 _a_ ～（大）失敗、役立たず、だめなもの、破産、不況［不景気］（↔ a boom）、殴打（オウダ）［パンチ］、飲み騒ぎ、《警察による》逮捕、〈米口〉突入する ◆a baby bust　出生率の低い時代（＊ベビーブームの反対）. 4 adj. 破産した、倒産した

**bustle**　vi. 忙しく動き回る（＊ใ忙しく》about, around, along, up and down などの副詞を使う）、〈場所が騒がしく〉にぎわう［混雑する、ごった返す］<with>／大騒ぎ、雑踏、忙しく、あわただしさ ◆a modern, dynamic metropolis bustling with businesses　《意訳》近代的でダイナミックな、会社や商店や飲食店の喧騒であふれかえっている大都会 ◆Stores are bustling

with hurried shoppers.　店々はせわしない買い物客で混雑して［ごった返して、にぎわって］いる.

**busway** _a_ ～ 母線路

**busy**　adj. 忙しい、手がふさがって、ふさがって、取り込み中で、《電話》話し中［話中（ワチュウ）］の、せわしない、目まぐるしい、にぎやか［繁華］な、活気のある、活発な、活況を呈し、繁盛して、繁忙の、見た目にごちゃごちゃした ◆be busy doing...；《古》be busy in doing...　～するのに忙しい［多忙である］ ◆a busy line　話中回線 ◆a busy signal　話中音、話中信号 ◆a busy tone　《米》話中音（＊英国では an engaged tone）◆hands-busy tasks　手が忙しい［手がふさがる類の］作業 ◆at [in] the busy hour　混雑している時間に ◆be busy about [doing, with] many things; be busy with many affairs　いろいろと忙しい；多事多端である ◆during busy hours　混雑する時間帯に ◆owing to network congestion at busy times　最繁時［繁忙時］におけるネットワークの輻輳（フクソウ）のせいで ◆simplify a busy background　うるさい［繁雑な、ごたごたした］背景をすっきりさせる ◆the line is busy　この回線はふさがっている ◆walk down a busy street　にぎやかな通りを歩いていく；繁華街を歩く［流す］ ◆despite her busy schedule as a homemaker and wife of the vice president　主婦として、また副大統領夫人として多忙なスケジュールに追われているにもかかわらず ◆If I am busy and cannot answer the phone, ...　忙しくて［取り込み中で、手がふさがっていて］私が電話に出られない場合は... ◆resales and new-home sales are very busy　中古住宅ならびに新築住宅の売れ行きは、たいへん活発だ［好調だ、活況を呈している］；住宅の販売は、中古・新築共に非常に動きが速い ◆the number of users who can be served in a busy hour　《通》最繁時に応対可能なユーザー数 ◆People are so busy with the doing of self-preservation that they have forgotten how to be human beings.　人々は自己防衛［保身］に汲々としていて、どうすれば人間らしく生きられるのだろうなどと気を回している余裕がない.

**but**　しかし、だが、しかしながら、さりながら、されど、そうではあるが、とはいえ、ところが、でも；～のほかに（は）、～を除いて、～以外は；～が無かったら ◆nothing but...; none but...（= only）　ただ～だけ、～以外のなにものでもない、～にほかならない ◆not only A but also B　Aばかりでなく［Aもさることながら、《意訳》AはもとよりB］も；AにかわりB；《意訳》Aはむろんのこと Bも ◆all but him　彼を除いて全員 ◆good-but-not-great components　まあまあ良質の部品 ◆he couldn't but laugh [help laughing]　彼は笑わずにはいられなかった ◆the last but one　最後から2番目の ◆the next but two　2つおいて次［次から数えて3つ目、3つ先］の（もの）［に］ ◆the next day but one　一つおいて次の日［その翌々日］（に） ◆the truth is but one　真実はただ［たった］1つ ◆Prostitution long has been illegal in all but one state.　売春は長いこと一州を除きすべての州で違法だった.

**butane**　《化》ブタン

**butt**　v. 突き合わせる；_a_ ～ タバコの吸い殻、_the_ ～ <of> ～の太い方の端、台じり、尻、けつ ◆butt fusion　突き合わせ融接 ◆butt welding　突き合わせ溶接 ◆he sits on his butt [ass] all evening, watching TV while his wife does all the work　彼は、奥さんがすべての家事をやっている間、尻に根を生やして夕方から寝るまでずっとテレビを見続ける ◆The two optical fibers are butt-joined in a straight line.　2本の光ファイバーは、一直線に突き合わせ接続されている. ◆Take care that edges that will butt against one another are cut straight so when the carpet is in place the joints will be almost invisible.　お互いに突き合わせられる縁［合わせ目］は、まっすぐに切断するように注意してください. こうすることで、カーペットが所定の位置に敷かれた時に継ぎ目がほとんど見て分からなくなります.

**button**　_a_ ～ ボタン、押しボタン ◆a button battery　ボタン電池 ◆at the push of a few buttons　数個のボタンの操作で［数回のボタン操作で］ ◆at [with] the click of a button　ボタンをカチッと押すだけで；ボタン一発［一押し］で ◆at [with] the touch of a button　ボタン一発［ひと押し］で；ボタン一つで突き合わせ接続されている. ◆with [at] the push of a button　ボタンを押すだけで ◆with the ease of pushing a button　ボタンを押す(だけの)たやすさで　◆touch the release button　レリーズ[シャッター]ボタンに触れる[軽く押す](＊AFカメラでのシャッター半押しのこと)　◆with touch-of-the-button simplicity　ボタンを押すだけのたやすさ[簡単操作]で　◆at the flick of a button or a switch　ボタンかスイッチ一つの操作で[ワンタッチで,スイッチポンで]　◆the count of the number of button presses [releases] since the last call　《コンピュ》最後の(関数の)呼び出し以降にボタンが押された[放された]回数のカウント　◆three selection buttons in the upper right area of the pad　そのパッドの右上部分にある3つの選択ボタン　◆toilets that cleanse one's rump upon the press of a button　《ロ》ボタンを押すとお尻を洗浄してくれるトイレ　◆All that is required is to push a button on the dashboard to do...　ダッシュボードのボタンを押すだけです．　◆Choose [Press] the OK button at the lower left of the Color box.　《コンピュ》「Color」ボックスの左下の「OK」ボタンを選択して[押して]ください．(＊実際にはOKをクリックすることを意味する)　◆One push of a button rotates it one-fifth of a turn.　ボタンを1回押すと[ひと押しで](それは)1/5回転します．　◆You get smooth button travel and positive tactile feedback.　ボタンがスムーズに押せて,確かな押しごたえが感じられる．　◆The bit is 1 if the mouse button is down, and 0 if the button is up.　《コンピュ》そのビットは,ボタンが押されていれば1,放されていれば0である．　◆The memory can store up to 20 instrument settings for fast single-button recall.　メモリーは,20通りまでの測定器設定が保存[《意訳》登録]でき,ボタン一つで[《意訳》ワンタッチで]即呼び出せる．　◆A touch of a button makes the electroluminescent LCD readout glow for increased visibility.　ボタン一つで,EL付き液晶表示器が明るくなり視認性が増します[見やすくなります]．

**buttoned-down, button-down**　襟がボタン留め式の;　保守[守旧,墨守]的な,伝統に囚われて[型にはまって]新鮮味[独創性]に欠ける　◆a buttoned-down car　型にはまって新鮮味のない車

**buttress**　vt. ～を控え壁で支える,強化する,支持する;　a ～　バットレス,控え壁　◆buttressed by a strong yen　強い円[円高]に支えられて

**butyl**　《化》ブチル(基)　◆butyl rubber gloves　ブチルゴム手袋

**buy**　vt. ～を買う,買い求める,求める,購入する,買い付ける;　a ～　買う[(買い)求める]こと,買い物,買える物,(これから)買う物,買った物,掘出し物,お買い得品　◆a buying [purchasing] motive; a motive for buying [purchasing]...　購入動機　◆a not-so-good buy　それほど割安でもない買い物　◆feel that xxx is a poor buy compared to yyy　yyyに比べてxxxは割高(な買い物)だと感じる　◆sap consumers' appetite for buying　消費者の購買意欲をそぐ[減退させる]　◆Dell's products look a good buy　デルの製品は,割安(な買い物のよう)[お買い得]に思われる　◆he is trying to buy time　彼は時間稼ぎをしようとしている　◆young traders shouting buy and sell orders　売り注文や買い注文を叫んでいる若いトレーダーたち　◆Fujitsu had bankrolled Poqet Computer and later bought the whole company.　富士通はPoqet Computer社に出資していたが,その後同社を完全買収した．　◆Thanks for buying a Linden Drill Press.　リンデン社製ボール盤をお買い上げいただきありがとうございます．　◆This property is a real good buy.　この物件は本当にお買い得です．(＊不動産の広告で)　◆"What sort of notebook computer should I buy?"　「どんな種類のノートブック機を買えばいいのですか．」

**buy out**　vt. ～を買い取る[買い上げる,買収する];　金を払って(～から)(人)を自由にする[開放してやる]<of>　◆buy out a company　企業を買い取る[買収する]　◆buy out his share　彼の所有する株を買い上げる[買い取る]　◆his father bought him out of the army　彼の父親が金を払って彼を軍隊から除隊させた

**buyback, buy-back**　a ～　買い戻し;　adj. 買い戻しの　◆a share buy-back scheme　株の買い戻し方式　◆a stock buy-back　株の買い戻し

**buyer**　a ～　バイヤー,購入者,購買担当者,仕入れ係,買い手,買い手,販売先,需要先,消費者,発注者,《意訳》購入予定者,《意訳》買おうとする[購入を考えている]人　◆a buyer's market　買い手市場　◆potential buyers　(取引成立前の)買い手;潜在購買(層);購入する[買ってくれる]かもしれない人たち;購入を考えている人々;見込み客　◆appeal to the buyers the manufacturer has in mind　メーカーが想定している購買者層に訴求する　◆lure younger buyers　より若い購買層を引き付ける(▶「層」は意訳．共通点を持つ人々の集まりを層と呼ぶ)　◆dress the car's interior for Honda and Audi buyers　その車の内装をホンダ車やアウディ車の購入客に受けるように装飾[演出]する　◆Prospective buyers must factor in the cost of the carrying case and spare battery pack.　購入を考えている人は,携帯用ケースと予備のバッテリーパックの費用を考慮に入れる必要がある．

**buyout**　a ～　企業買収　◆accomplish a buyout　(企業)買収を達成する　◆takeovers, mergers and buyouts　企業の乗っ取り,合併,および買収

**buzz**　a ～　ブーンという持続音(▶一般の辞書の「ブンブン」という訳は不適切);　v. (機器)がブーンという音を立てる,〈人〉をブザーをならして呼ぶ　◆In the communications world, the current buzz letters are ISDN.　通信の世界で目下はやりの頭字語はISDN(総合デジタル通信網)である．

**buzzer**　a ～　ブザー(音)　▶昔ながらの電磁石を用いたブザーのこと．電子ブザーはa beeperである．　◆a buzzer sounds　ブザーが鳴る[鳴動する]

**buzzword**　a ～　(門外漢・素人にはわかったふりをかませるための難解そうに聞こえる)専門用語,(業界内や仲間うちで用いられる)用語,(専門的な響きをもつ)流行語

**BWR**　(boiling water reactor)　a ～　沸騰水型原子炉

**by**　～のそばに[の,で],～を経由して,～によって,～で,〈期限〉までに[までには];　～(の分)だけ,～の差で,～ごとに,～ずつ;　～を掛けて,～で割って　◆a list of product sales volumes by month　[月別,月毎]の製品販売高(の推移を示す)表　◆by Bernoulli's law　ベルヌーイの法則により　◆by car [automobile, hydrofoil, plane, ship, train]　車[自動車,水中翼船,飛行機,船,列車]で(＊すべて無冠詞)　◆eliminate workers by the thousands　何千人といった単位で従業者を削減する　◆lists of messages organized by subject　メッセージを主題別にまとめたリスト　◆proceed by tens　10ずつ進む　◆sales by region [salesperson]　地域[セールスマン]別の売上高　◆available by the piece or case　単品または箱(単位)で入手できる　◆a split-second, item-by-item analysis of the flight's progress　一瞬一瞬の項目ごとの飛行の進行の分析　◆the point-by-point elemental composition of a surface　表面の各点ごとの成分組成　◆constitute 50% by volume and 30% by weight　体積で50%,重量で30%を占める　◆edit the picture pixel by pixel　ピクセル単位でその絵を編集する　◆increase the treatment capacity by 200,000 cubic meters per day　(現在の)1日当たりの処理能力[容量]に20万立方メートルを上積みする　◆quarter-by-quarter corporate economic performance　四半期ごとの企業経済実績　◆be out of phase with each other by one-third of a cycle　互いに3分の1サイクルずつ位相がずれている　◆by the time there were nine minutes remaining, ...　残り時間9分になるまでに　◆by the time the tach needle nicks into the redline　タコメータの針がレッドゾーンに振れるは(とき)までに　◆listed by percentage of ...; within percentages, listed by cost per...　～のパーセンテージによって(順に)リストされ,同じパーセンテージの中では～あたりの費用によって(順に)リストされている．　◆Never carry the hair dryer by the cord.　決してヘヤードライヤのコードをつかんで持ち運ばないでください．　◆The probationary period will be extended by the length of the suspension.　(免許)停止期間の分だけ仮免許期間が延長される　◆The report covers the supercomputer market country by country.　この報告書は,スーパーコンピュータ市場について国別にまとめている．　◆The laptop comes standard with a 6 1/2- by 9 1/4-inch display and 640- by 400-pixel resolution.　そのラップトップコ

ンピュータは、6 1/2×9 1/4インチのディスプレイと640×400ピクセルの解像度が標準となっている。

**by and large** → large
**by far** → far

**bylaw, by-law, byelaw** *a* ～〈企業、団体の〉内規、内部規定、〈法律の〉付則、細則、〈(英)〉地方条例 ◆under a municipal by-law 地方条例の下で[によって]

**byline, by-line** *a* ～〈新聞や雑誌の記事の冒頭の〉筆者名を記す行 ◆The New York Post also carried several bylined stories about... ニューヨークポスト紙も〜に関する署名記事を数本掲載した。

**bypass, by-pass** 1 *a* 〜 バイパス、〈交通の混雑した街を避ける〉迂回路、脇道、側路、側道、副道、側管、補助管 ◆a bypass capacitor 〈電気〉バイパスコンデンサ、パスコン ◆a bypass valve 逃がし弁
2 *vt.* 〜をバイパスする、回避する、無視する、飛び越す、〈人〉を頭越しにする ◆you can bypass steps 2-4 手順2～4をとばす[省略する]ことができる ◆bypass traditional sales channels and go directly to consumer retail outlets 伝統的な販売チャネルを飛び越えて[販売ルートを通さずに]消費者相手の小売店に直行する ◆save a lot of bucks by bypassing a salesperson セールスマンを介さないことにより多額の金を節約する[浮かす] ◆sell cheaper tickets directly to travelers by bypassing travel agents 旅行代理店を間に入れずにチケットをより安く旅行者に直接販売する ◆The processor bypasses the slow PC XT bus and connects directly to... そのプロセッサは、PC XTの遅いバスを経由しないで[介さずに]直接〜に接続する。

**by-product** *a* 〜 副産物、副生成物、副生品、思いがけない結果 ◆a by-product of research 研究の副産物 ◆Dioxin is a toxic by-product of papermaking processes that use chlorine as a bleaching agent. ダイオキシンは塩素を漂白剤に用いる製紙工程の有毒副生成物である。 ◆Hydrogen is considered the ultimate alternative fuel. The only by-product of burning it is water vapor. 水素は究極の代替燃料であると考えられている。その燃焼による唯一の副生成物は水蒸気である。

**byroad, by-road** *a* 〜 脇道、間道
**bystander** *a* 〜 傍観者、見物人、現場に居合わせた人
**bystreet** *a* 〜 横町、裏通り
**byte** *a* 〜《コンピュ》バイト(*情報量の単位。1 byte = 8 bits. 略字を使うときは一般に、bitに小文字のbを用いるのに対し、bytesには大文字のBを用いる。たとえばMbpsとMBpsなど) ◆on a byte-by-byte basis バイト単位で ◆the number of bytes of memory メモリーのバイト数 ◆a byte-wide parallel interface バイト幅のパラレルインターフェース ◆the number of bytes transferred during a bus cycle 1バスサイクルの間に転送されるバイト数 ◆the 16-bit, or double-byte characters needed for Chinese language processing 中国語の処理に必要な16ビット文字、つまり2バイト文字(*いわゆる全角文字に相当。ただし2バイトを使用しながら半角の文字もある)

**byway** *a* 〜 脇道、間道、横道、抜け道；*a* 〜 日の当たらない研究分野

**Byzantine** *adj.* ビザンチウムの、ビザンツ帝国の、東ローマ帝国の、ビザンチン様式[派、風]の、(byzantineで)入り組んだ、複雑怪奇な ◆Russia's byzantine tax regulations ロシアの税金に関する複雑怪奇な法規

# C

**C** 1 *adj.*《北米》〈電池が〉単2の ◆4 C-size batteries 《北米》単2電池4本
2 《コンピュ》C言語 ◆written in C [in the C language] C言語で書かれている ◆a C-written image processing program C(言語)で書かれた画像処理プログラム
3 炭素(carbon)の元素記号
4 (capacitor) コンデンサ; (capacitance) 静電容量 ◆a series RC circuit 直列RC回路(*Rは抵抗器、Cはコンデンサ = capacitor)

**ca** 《circaの略》約、およそ、《年代の前につけて》〜ごろ ◆melting point of ca [ca.] 165°C 約165°Cの融点
**Ca** カルシウム(calcium)の元素記号

**cab** *a* 〜 タクシー、〈機関車の〉機関士室、〈トラック、クレーンなどの〉運転台[室] ◆a locomotive cab 機関車の運転室 ◆the driver's cab of an electric locomotive 電気機関車の運転室

**cabin** *a* 〜 丸太小屋、キャビン、船室、〈自動車などの〉居住空間、室内空間、〈航空機、宇宙船の〉機室、〈飛行機の〉客室 ◆a pressure cabin 与圧室 ◆a cabin attendant with TWA TWA航空の客室[接客]乗務員(*a cabin [flight] attendantはスチュワーデスの中性名詞形)

**cabinet** *a* 〜 〈装置の〉外装ケース[筐体(キョウタイ)、キャビネット]、整理棚; *a* 〜《しばしばthe C-)》内閣 ◆a cabinet order 内閣の命令、政令; 政府からの発注; 指物家具の注文 ◆a file [filing] cabinet 書類戸棚；ファイルキャビネット ◆a radio cabinet ラジオのキャビネット[筐体] ◆a wooden storage cabinet 木製の収納キャビネット ◆Cabinet-level 閣僚級[レベル]の ◆the Cabinet Office 内閣府(*2001年1月6日から) ◆Cabinet reshuffling; a Cabinet reshuffle; a Cabinet shakeup 内閣改造 ◆the formation of a cabinet [Cabinet] 組閣 ◆a confidential Cabinet meeting 秘密閣議 ◆Chief Cabinet Secretary Xxx 〈日〉Xxx官房長官 ◆form a Cabinet 内閣を組織する；組閣する ◆a Cabinet-rank official 閣僚レベルの(政府)高官 ◆a regular meeting of Japanese and South Korean Cabinet ministers 日韓定例閣僚会議 ◆(Japanese) Chief Cabinet Secretary Masayoshi Takemura told... 〈日本の〉武村(正義)内閣官房長官は、...と語った。(*無冠詞で) ◆a 15-drawer cabinet on casters 引き出しが15個あるキャスター付き収納キャビネット ◆This was a demand for a cabinet change which would change the Foreign Minister. これは外務大臣の更迭につながる内閣更迭の要求だった。

**cabinetmaker** *a* 〜 家具職人、指物師
**cabinetry** 〈集合的に〉高級家具、指物(サシモノ) ◆make custom-ordered furniture and cabinetry 特別注文の家具や指物(サシモノ)を作る
**cabinetwork** 〈集合的に〉(指物師がつくった)高級家具類

**cable** *a* 〜 ケーブル、電線、鋼索、索、電報; *vt.* 〜を電信で送る、〈人〉にケーブルを打つ、〜をケーブルで固定する、〜にケーブルを引く[布設する]、〜を(ケーブルで)接続する<to>、〜にケーブルを接続する; *vi.* 電報を打つ ◆a fiber-optic cable 光ファイバーケーブル ◆cable television [TV] 有線テレビ ◆a cable-TV firm 有線テレビ会社 ◆a cable [telegraphic] address (国際)電報[電信]の略号(宛名) ◆(a) flexible [non-flexible] cable 可撓性[非可撓性]索 ◆a telegram sent by cable; a cablegram 海底電信、海外電報 ◆6,600 km of electrical cables (長さ)6,600kmにおよぶ電気ケーブル ◆cable-free interdevice communications 無線による装置[デバイス]間の通信(*cable-free = wireless. Bluetooth技術などによる通信) ◆run the cable downward through... ケーブルを下に引いて〜に通す ◆a cable-ready electronic tuner ケーブルテレビ対応の電子チューナー ◆Make sure the cables are routed properly. ケーブルが正しく引き回されていることを確かめてください。 ◆When a workstation is added to a local-area network, new cabling is required to connect it to an adjacent node. ワークステーションをLANに追加する場合、それを近くのノードに接続するための新規のケーブル配線[布線、敷設]が必要になる。

**cablecast** *v.* ケーブル[有線]テレビで放送する
**cabriolet** *a* 〜 カブリオレ(*クーペ型の折り畳みほろ付き自動車)
**cache** 1 *a* 〜 貯蔵[保存]場所、隠した物; (*a*) 《コンピュ》キャッシュ ◆a 256- or 512-KB secondary cache 《コンピュ》256KBまたは512KBの2次キャッシュ ◆The unit incorporates [has] 4K bytes of cache (memory). そのユニットは4Kバイトのキャッシュ(メモリー)を内蔵[搭載]している。
2 *vt.* 〜を貯蔵[保存]する、隠す、《コンピュ》〈データ〉をキャッシュメモリーに入れる[キャッシュする] ◆cached fonts

**calibrate**

downloaded from the host computer　ホストコンピュータからダウンロードされてキャッシュに格納されているフォント

**CAD**　(computer-aided design) "キャd" と発音。日本語でも (キャド) と読む。コンピュータ援用設計　◆These tools have been CAD/CAM engineered.　これらの工具は，CAD/CAMで設計されている。

**cadaveric**　adj. 死体の，死骸の，死体との接触により引き起こされた　◆Creutzfeldt-Jakob disease associated with cadaveric dura mater grafts　死体由来硬膜の移植に関連したクロイツフェルト・ヤコブ病

**caddy**　a～ (pl. caddies) 小箱，小缶，(特にお茶の) 小容器　◆a CD caddy　CDキャディー (*CD-ROMディスクをドライブに装填する際に用いるケース。キャディーごとドライブに差し込む)

**cadmium**　カドミウム (元素記号: Cd)

**cadmium sulfide**　①《化》硫化カドミウム　◆a cadmium sulfide (CdS) cell　硫化カドミウム(CdS)(光電)セル (*ひと昔前のカメラの露出計によく用いられた輝度[光度]センサー)

**CAE**　(computer-aided engineering) コンピュータ援用[支援]エンジニアリング　◆use a CAE system to experiment with design ideas　設計上のアイデア[思いつき，着想]を試してみるためにCAE(コンピュータ援用エンジニアリング)システムを利用する

**CAFE**　(Corporate Average Fuel Economy)《米》メーカー別平均燃費法

**cage**　a～ ケージ，かご，おり，エレベーターの箱[カゴ]　◆a 12-slot card cage　《コンピュ》12スロットあるカードケージ

**cahoots**　《in cahoots with の形で》《俗》〈人〉とグルになって[結託して，共謀して，共同でたくらんで]

**CAI**　(computer-assisted instruction) コンピュータ援用学習，コンピュータ使用個別教育

**caisson**　a～ ケーソン，(水中工事用の) 潜函，a～《軍》弾薬箱，弾薬運搬車　◆caisson disease [sickness]　ケーソン病; 潜水病; 潜函病; 減圧病　◆be installed by the caisson method　ケーソン工法[方式]により設置されている　◆the casket, covered with an American flag, was carried atop a horse-drawn caisson to a hillside grave site　米国旗に包まれた棺は馬に引かせた弾薬車に載せられて丘の中腹の墓地に運ばれた (*戦没者の話で)　◆The new elevator hoistways [hoist-holes] are to be designed as independent self-supporting structures on caisson foundations.　新しいエレベーター通路[昇降路]はケーソン基礎に載る独立した自立構造として設計すること。

**cajole**　vt. 〈人〉を甘言で釣る[丸め込む], 籠絡(ロウラク)する　◆cajole a person into doing...　〈人〉をおだてて[口車に乗せて, なだめすかして, (言葉巧みに)言いくるめて, 丸め込んで, 籠絡(ロウラク)して, うまく騙して]〜させる; 〈人〉にうまいことを言って[甘言を弄して]〜させる　◆cajole kids into doing homework　子供をなだめすかして宿題をやらせる

**cake**　v. 〜を固める, 固まる,《鉱工》ケークになる; a～ (切り分ける前の)ケーキ,《鉱工》ケーク　◆a piece of cake　ケーキ一切れ; ものすごく簡単[楽]なこと　◆a blood-caked window　血糊がこびりついている窓　◆a (whole) party cake　(切り分けてない) パーティー用ケーキ　◆eat a piece of cake　ケーキを一つ食べる　◆remove caked-on crud from...　〜から固まって[固形化して]こびりついている汚れを除去する　◆...-ing has become a piece of cake　《口》〜することが簡単(なこと)になった　◆This should be a piece of cake for him.　《口》これは彼にとってしごく簡単なこと[朝飯前, お茶の子さいさい, 楽勝]のはずだ。

**calamity**　(a)～ 悲惨な状態; a～ 災難, 惨禍, 不幸な出来事　◆save...from calamity　〈人〉を惨事から救う

**calcareous**　adj. 石灰質の, 石灰性の, 石灰質の土壌で生育する[育つ], (炭酸)カルシウムの, 炭酸カルシウムを含む　◆calcareous mudstone　石灰質泥岩

**calcination**　①《セラミックスなどの》仮焼[か焼], (石灰の)焼成, (鉱石の)焙焼　◆the calcination and sintering of hard and soft ferrite materials　ハードおよびソフトフェライト材料の仮焼と焼結

**calcine**　vt., vi. か焼[仮焼]する, 焼成する, 焙焼する　◆a calcining furnace　か焼炉, 焼成炉 (*石灰岩を焼いて石灰を製造するなどに用いる)

**calcium**　カルシウム (元素記号: Ca)

**calcium chloride**　《化》塩化カルシウム

**calculate**　vt., vi. 計算する, 算定する, 算出する[弾き出す, 割り出す], 見積もる, 推測する, 予想する　◆This figure was calculated from the 1990 Census.　この数字は1990年の国勢調査から割り出されました。　◆Since sound travels through at a known rate, depth is readily calculated from the time elapsed between transmission and reception.　音はある既知の速度で伝播するので, 深度は送信から受信までにかかった時間から容易に計算[算出]できる。

**calculated**　adj. 計算された, 計画的な, 故意の, 意図された　◆It can be calculated from calculated values of...　それは〜の計算値から算出できる

**calculating**　adj. 計算をする, 計算高い, 計算ずくの, 打算的な, ある a calculating machine　計算機, 計算機械

**calculation**　①計算をすること, 見積もる[予想]すること, 目算, 打算, 熟慮; a～ 計算(値)　◆calculation [computational, computation] conditions　計算[算出, 算定]条件　◆a conversion table that facilitates calculation　計算を楽なものにしてくれる換算表　◆by (mathematical) calculation　(数値)計算によって　◆by my calculation　私が計算[試算]したところでは　◆determine radiation exposure by calculation　放射線被曝量を計算により求める[算定する]　◆do [perform] mathematical calculations　数値計算を行う　◆...have [has] been determined by calculation　〜は計算により[算出して]求められた; 〜は算出された　◆I made a mistake in calculation.; I made a miscalculation.　私は計算を間違えた[誤った]。　◆make volume calculations　体積計算をする　◆prove a calculation; test [verify] the correctness of a calculation　検算する　◆a model for the calculation of the turn-on time　ターンオン(に要する)時間の計算のためのモデル　◆It was only a mistake of calculation that caused...　〜を引き起こしたのは, 単なる誤算だった。　◆a computer must be used to perform the calculation of the amount of energy released　放出エネルギー量の計算を行うのにコンピュータを使う必要がある

**calculator**　a～ 計算機, 計算器　◆a calculator watch　計算機付き腕時計　◆a scientific calculator　関数電卓

**calculus**　①微積分学; a～ 計算法; a～ (pl. -li, 〜es)《医》石[結石]　◆a refinement calculus　《コンピュ》洗練計算 (*ソフトウェア開発での)

**calendar**　a～ こよみ, 暦, 暦法; a～ カレンダー, 年次予定表, 日程表　◆a calendar day [month, year]　暦日[暦月, 暦年]　◆solar [lunar] calendar　太陽暦[(太)陰暦]　◆in the calendar year of 2005　暦年2005年に　◆In fiscal 1998, which coincided with the calendar year, the company was...　暦年と一致している1998会計年度に, 同社は〜 (*この会社の会計年度は1月1日から12月31日ということ)

**calender**　a～ (仕上げ)カレンダー, 艶(ツヤ)出し機, 光沢機; vt. 〜をカレンダー[艶出し]仕上げする　◆calendered paper　光沢紙　◆supercalendered paper　強光沢紙

**caliber**　a～ (銃砲, 円筒などの開口部の)内径, カリバ, 口径, 直径; (a)～〈人の〉度量, 才幹, 力量, 才能, (能力としての)器,〈物の〉品質　◆the caliber of a gun　大砲の口径[内径]　◆the caliber of a tube　管の内径[口径]

**calibrate**　〜を較正[校正]する, 検量する, 〜の口径[内径]を測定する, 目盛りを定める　◆a calibrated [graduated] test tube　目盛り付き試験管　◆a vertical scale calibrated from 0 to -40 dB　0dBから-40dBまで目盛られている縦スケール　◆a voltmeter calibrated in tenths of a volt　0.1ボルト刻みで目盛られている電圧計　◆torque wrenches calibrated in newton meters　ニュートンメートルで目盛られているトルクレンチ　◆a nicely calibrated set of conventional shock absorbers　見事に調整された旧来[従来]型のショックアブソーバー1組　(▶一般の英和辞典ではcalibrateに調整や調節の訳は見あたらないが, 英語圏ではadjustの言い替えにしばしば用いられている)

**calibration** キャリブレーション, 較正［校正］, 検定, 検度, 《化》検量線作成, 目盛り定め, 目盛補正,《意訳》補正［調整, 整合］◆perform [do] (a) calibration　較正［校正］する ◆a calibration curve　《化》検量線　標線 ◆a calibration mark　標線 ◆a calibration correction value　キャリブレーション［較正, 校正］補正値 ◆a calibration expiry date　較正有効期限, 校正期限（*計測器などの）◆an outside calibration service provider　外部の較正業者 ◆carry out calibrations of hydrometers　浮きばかり［浮秤, 比重計］の較正を行う ◆drift [slip] out of calibration　～は較正が［～の校正は］次第にずれてくる ◆for calibration purposes　較正の目的で ◆the calibration of output devices　出力装置の較正［校正］◆the handling of test and calibration items　試験品目及び較正品目の取り扱い（*ここでのitemは, 項目とかではなく実際の品物）◆the meters were found to be largely out of calibration due to age(-related) deterioration　これらのメーターは経時［経年］劣化によりひどく較正が狂って［ずれて］いることが判明した ◆Calibration can be performed without any special tools.　調整は, 特別の工具なしで行えます。◆Check all gages and instrumentation for calibration status.　すべてのゲージ類及び計測装置・機器の較正状況を確認すること。◆It is important that periodical checking of calibration of the unit be performed.　本ユニットの較正を定期的に確認することが大切［肝心］である。◆Its main application is for calibration of timing equipment and precision clocks.　それの主要な用途は, タイミング機器および高精度［精密］クロックの較正用である。

**californium**　カリフォルニウム, カリホルニウム（元素記号: Cf）

**caliper**　《通例 ~s》カリパス, カリパー, キャリパ, ノギス, パス, 測径両脚器 ◆an inside [outside] caliper　外［内］キャリパス; 外［内］パス ◆a pair of calipers　カリパス（一丁）

**calk**　→ caulk

**call**　1 vt., vi. (大声で)呼ぶ,〈人〉を呼んで来てもらう, ～を招く, 電話をかける ◆a called party [user, person]　《通》被呼者 ◆a called station　《通》被呼局［被呼端末］◆a calling party　《通》発呼者（= a caller, a call originator）◆call a function [routine, procedure]　《コンピュ》関数［ルーチン, プロシージャ］を呼び出す ◆call attention to...　～への注意を呼びかける［喚起する］◆Explain your reason for calling.　電話をかけた理由を説明すること。◆"May I have him call you?"　「彼に（折り返し）電話するよう伝えましょうか」（*電話がかかってきて本人が不在のときに）◆xxx (sometimes called yyy or zzz)　xxx (yyyまたはzzzとも呼ばれる); xxx (別名 yyy, または zzz) ◆call an emergency board meeting for Monday　緊急役員［理事］会議を月曜日に召集する［催す］◆increase calling capacity threefold　通話容量を3倍に増やす ◆Sign up online... or call us by voice.　《通》オンラインで［コンピュータ通信で］加入の申し込みをするか, またはお電話ください。（*どちらも電話回線を用いないので, 電話をかけて話すことを特にcall by voice と言っている）◆The new bus, which IBM calls the Micro Channel, enables...　IBMがマイクロチャネルと呼んでいるこの新しいバスは, ～を可能にする。◆For more information call us today at 800-226-8640.　詳細については, 今日（すぐに）800-226-8640番にお電話ください。◆The meeting was called to order by Chairperson Neubauer.　会議は, ノイバウア議長により開会が宣言された。◆Call, fax or write for details, specifications, and prices today.　詳細, 仕様, 価格につきましては, 今日にでもお電話, ファックス, お手紙でお問い合わせください。◆Taiwan has been called an economic miracle for growing from an island of farmers to an island of factories in just one generation.　台湾は, たった1世代のうちに農民の島から工場の島へと成長を遂げ, 経済の奇跡と呼ばれてきた。

2 a → 叫び, 鳴き声, 呼び出し, 合図, 点呼, 通話, 呼（コ）, 招き, 訪問, 立ち寄り, 要求, 求め, 必要 ◆make [place] a call　電話をかける ◆start a call　通話を始める ◆take the call　かかってきた電話をとる ◆a call sign　《無線》コールサイン, 呼出符号（= call letters）◆a station call; a station-to-station call　無指名通話; 番号通話（= a number call）◆a call to engage in...　～への参加の呼びかけ ◆employ a receptionist to take calls　電話応対係［電話番］を雇う ◆reinitiate the call　《電話》再呼び出しする ◆U.S.-originated calls　米国からかけた［米国発信の］通話（* U.S.-originated の話で）◆despite growing calls for her ouster by House Republicans　彼女の追放を求める［要求する］下院共和党議員の（非難の）声が高まっているにもかかわらず ◆get an average of 44 calls a day　平均で1日に44件の電話を受ける ◆she received a prank phone call　彼女にいたずら［迷惑］電話がかかってきた ◆store up incoming calls on an answering machine　かかってきた電話を留守番電話機にとっておく ◆while a telephone call is in progress　通話中に ◆there are 30,000 calls per hour　毎時3万通話ある ◆issue an emergency call for blood donors to help victims of...　～の犠牲者を助けるために緊急呼び掛けをかけて献血者を募る［募集する, 勧誘する］◆the CT-2 phones can't take incoming calls　CT-2電話機は, かかってくる電話を受けられない ◆The rabbi is waiting for a call from on high.　このユダヤ教指導者は, 天からの啓示［天啓, 天命］を待っている。◆We are on call 24 hours a day, 365 days a year.　1日24時間, 年間365日の態勢［体制］で待機しています［いつでもご用命にお応えします］。◆A call for papers has been issued by the organizers of the 1992 International Electrooptic Device Meeting.　論文の募集［公募］が, 1992年開催の国際電気光学素子会議の主催者らによって行われている。

**call away**　〈人〉を（今やっている仕事などを中座させて）他の場所に行かせる

**call back**　〈人〉を呼び戻す, ～に電話をかけなおす

**call for**　～を求めて呼ぶ, ～を求めて電話する, ～を必要とする, 呼びかける, 要請する, 訴える;〈人〉を迎えに（物）を引き取りに行く ◆what is called for now is...　今必要とされているのは～である, 今必要なのは～である ◆More research is being called for to pinpoint the exact cause of...　～の正確な原因を突き止めるために更なる研究が求められている。◆Prime Minister John Major yesterday called for greater international cooperation to do...　ジョン メージャー首相は昨日～するためにいっそうの国際協力を行うよう求めた［呼びかけた, 訴えた］◆President Bush called for nations to join this war.　ブッシュ大統領は各国に向けてこの戦争に参戦するよう求めた［呼びかけた, 訴えた, 要請した］。◆The bill calls for tougher U.S. fuel-economy standards for autos and a phase-in ban on chlorofluorocarbons.　この法案は, 車に対するより厳しい米国燃費基準およびフロンの段階的禁止を要求している。

**call off**　〈計画していたこと〉の中止を宣言する,〈約束など〉を取り消す

**call on [upon]**...　〈人〉を（短期に）訪問する, ～のところに伺う,〈人〉に（～してくださいと）訴える <to do>,〈人〉に（～を）訴える ◆call on everyone to support...　～を支援してくれるようみんなに呼びかける ◆The manufacturer called on its market-research people to find market niches.　そのメーカーは, 市場調査担当者らに, 隙間市場を見つけるよう言った［命じた］。◆In Washington President George Bush called upon suppliers "to exercise special restraint" in the export of nuclear, chemical, biological and ballistic weapons.　ワシントンでは, ジョージ・ブッシュ大統領が部品供給メーカーに, 核, 化学, 生物および弾道兵器の輸出に「格別の自粛をする」よう訴えた。

**call out**　～と言って叫ぶ, ～を出動させる,〈労働者〉にストにはいるよう指令する

**call up**　〈人〉を電話呼出する, ～に電話をかける, ～を思い出す ◆call up a channel　チャンネルを呼び出す［受信する, つける, 映す］◆this program can be called up when other programs are running　このプログラムは他のプログラムが走っている最中に呼び出せる ◆Stored information can be called up to the TV screen by quoting a frame number.　保存された情報は,（その情報の）フレーム番号を指定することにより, テレビ画面に呼び出せる。(*キャプテンシステムの話)

**call upon**　(～するよう)要請する <to do>

**callback**　(a) ～ 呼び戻すこと, 再度の呼び出し, 回収, 電話をかけ直すこと［折り返しの電話］◆eliminate callbacks and

**caller** *a* ～ 電話をかける[かけてきた]人, 発呼者, 発信者, 短時間の訪問者, 《コンピュ》呼び出し元 ◆Caller ID service 発信者電話番号表示[ナンバーディスプレイ]サービス

**call-in** *a* ～ (ラジオやテレビの電話による)視聴者[聴取者] 参加番組

**calling** *a* ～ 天職, 職業

**calling card** *a* ～ 電話カード[テレホンカード] (*旅行中に特定の通話サービスを受けるためのものなど), 名刺 (a visiting card)

**call-out, callout** *a* ～ (図で各部の名称や注釈を)引出し線によって(図の外に)表記したもの

**call sign** *a* ～ 〈放送局や無線局の〉コールサイン, 呼出符号

**calm** **1** *adj.* 〈海, 天候が〉穏やかな, 静かな; 落ち着いた, 平穏な, のどかな; (a) ～ 無風, なぎ; 回平穏[平静] ◆restore a semblance of calm to the capital 首都に表面上の平穏を取り戻す[回復する] ◆Keep calm and follow these steps: 落ち着いて次の手順に従ってください. **2** *vt.* 気を静める, 気を落ち着かせる <down>; *vi.* 静まる ◆Calm down! 落ち着け

**caloric** *adj.* 熱の, 熱量の, カロリーの

**calorie** *a* ～ カロリー ◆a low-calorie diet 低カロリーダイエット ◆a reasonable amount of calories 適正な量のカロリー ◆eat high-calorie and fatty foods 高カロリーで脂肪分の多い食品を食べる ◆Capsaicin helps you to burn more calories by increasing your metabolism. カプサイシンは, (エネルギー)代謝を高めることでより多くのカロリーを燃やす助けをしてくれます. (*唐辛子の辛い味の成分)

**calorific** *adj.* カロリーの, 熱を発生する, 発熱の ◆a low calorific value 低[低位]発熱量 ◆have a rather low [high] calorific value ～の発熱量はやや低い[高い] ◆the calorific value of a gas あるガスの発熱量

**calorimeter** *a* ～ カロリーメーター, 熱量計

**Calpers** (the California Public Employees' Retirement System) 《略語形ではtheは不要》カリフォルニア州職員退職年金基金

**CALS** (Computer-Aided Acquisition and Logistics Support) 生産・調達・運用支援統合システム

**cam** *a* ～ カム (*回転運動を往復運動に変えるためのもの)

**CAM** (computer-aided manufacturing) "キャム"と発音. コンピュータ援用生産

**camber** 《車》キャンバー (*車の前面から見て, 垂線に対するタイヤの傾斜[傾斜角]); (a) ～ 反り(ソリ), 上反り(ウワゾリ)

**camcorder** *a* ～ カメラ一体型ビデオ[VTR, レコーダー], ビデオムービーカメラ, カメラコーダー, カメラレコーダー, 録画・再生ビデオ ◆an S-VHS-C camcorder S-VHS-Cカメラ一体型ビデオ

**camera** *a* ～ カメラ, 写真機, テレビカメラ, 暗箱, 撮影機 ◆a sub-camera [subcamera] サブカメラ ◆be on camera 撮影中である, テレビ放送中である, カメラの前に立っている ◆in camera 非公開で, ひそかに, 内密に, 秘密に ◆off camera テレビ[映画撮影]カメラの撮影視野から外れて ◆a camera obscura カメラオブスキュラ (*写真機の原型); 暗箱; 針穴[ピンホール]カメラ ◆a camera tube 撮像管 (= a pickup tube) ◆an all-in-one film-plus-camera box 使い捨て[使い切り]カメラ, レンズ付きフィルム ◆a point-and-click camera; a point and shoot camera 被写体に向けてボタンを押すだけの簡単カメラ (*いわゆるバカチョンカメラ) ◆a picture free from camera movement カメラブレのない写真 ◆he dodged cameras (意訳)カメラの砲列を避けた ◆prevent camera shake カメラブレを防ぐ ◆a second-hand antique camera in pristine [mint] condition 極上品[極美, 飛び切り美品, 準新品, 新品同様]の中古年代物カメラ ◆while local television cameras rolled 地元テレビのカメラが回っていた最中に

**cameraman** *a* ～ (特にテレビや映画のカメラの)カメラマン, 撮影家, 撮影技師; *a* ～ カメラ屋

**cameraperson** *a* ～ カメラマン (= a cameraman または a camerawoman)

**camera ready, camera-ready** *adj.* 《印刷》〈原稿が〉写真製版の撮影にまわせる[版下の] ◆a camera-ready layout そのまま写真製版にまわせるレイアウト[割り付け]/原稿 camera-ready artwork 版下アートワーク ◆use a DTP system to produce high-quality printed output camera ready for the printer そのまま印刷版にまわして写真製版できる高品位印字出力を得るためにデスクトップシステムを利用する

**camera-shy** *adj.* カメラを向けられるのが嫌いな, 写真を撮られるのが嫌いな

**camerawoman** *a* ～ (主にテレビや映画の)女性カメラマン, 女性撮影技師

**camouflage** 回カムフラージュ[カモフラージュ], 迷彩, ごまかし; *v.* カムフラージュする, ごまかす ◆a camouflage color 迷彩色 ◆be dressed in camouflage fatigues 迷彩服を着ている (*主語が一人であっても必ず複数形で)

**camp** 野営する, 野宿する, ～に味方する; *a* ～ キャンプ場[地], 仮設小屋, 基地, 陣営 ◆to bring Jordan back into the Arab camp ヨルダンをアラブ陣営に引き戻すために ◆Both camps are vying for adoption by consumer electronics and computer manufacturers. 両陣営は, 民生電子機器メーカーおよびコンピュータメーカーによる採用を巡って競争している. (*新しい規格の話で)

**campaign** **1** *a* ～ キャンペーン, 組織運動, 推進事業, 宣伝活動, 軍事[作戦]行動, 遊説 ◆launch [embark on] a campaign 運動に着手する ◆wage a campaign against... ～反対の運動を行う ◆a campaign promise 選挙公約 ◆conduct an effective campaign 効果的なキャンペーン[選挙運動]をする ◆launch a nationwide campaign to <do...> ～することを目的とした全国運動を立ち上げる[始める] ◆mount a 60-day sales campaign 60日間にわたるセールスキャンペーンを張る ◆mount [wage] a no-holds-barred campaign against... ～を相手に激しい大攻勢をかける ◆an awareness-building campaign aimed at... -ing ～することを目指した意識高揚運動 ◆mount [wage] a sales campaign to familiarize the country with... 国民に(国中の)人々に(～など)を知ってもらう[《意訳》紹介する]ためのセールスキャンペーンを行う[実施する; 《意訳》展開する, 張る] ◆spies who are waging a sabotage campaign 破壊[妨害]工作を行っているスパイたち ◆the company is considering a national rollout of the campaign in the fall 会社は, この秋にキャンペーンを全国展開することを検討している ◆The company launched its new product with a $30-million ad campaign. その会社は, 3000万ドルの宣伝キャンペーンを張って新製品を売り出した. **2** *vi.* 組織的な運動を起こす[行う]

**camper** *a* ～ キャンプをする人, キャンピングカー ◆go by camper キャンピングカーで行く

**camphor** 樟脳(ショウノウ)

**campus** (a) ～ キャンパス, 大学構内, 大学の分校, 校庭, 学園 ◆off-campus restaurants 構外[学外]のレストラン ◆student hangouts off campus 学外にある学生のたまり場 ◆an on-campus fight (大学)構内[学内]での喧嘩

**camshaft** *a* ～ カムシャフト, カム軸

**can** **1** *a* ～ 缶, 缶詰 ◆live out of cans 缶詰ばかり食べて暮らす **2** *vt.* ～を缶に詰める, 缶詰にする, 《俗語》～を録画[録音]する ◆during the canning of vegetables 野菜の缶詰作業中に **3** 《能力, 権能, 許可, 可能性を表す助動詞》～できる, ～することが可能である, ～してもよい[かまわない], ～し得る[でありうる], ～すること[場合, おそれ, 可能性がある] ◆areas where children can catch their fingers 子供が指を挟むおそれ[可能性]のある箇所 ◆cost overruns can wipe out profits コスト超過が利益を帳消しにしてしまうことがある[にする可能性がある, しかねない] ◆Carbon monoxide poisoning can occur at any time. 一酸化炭素中毒はいつでも起こりうる.

**Canada**

◆It can become a major problem. それは大きな問題になること[可能性,場合,おそれ]がある.

**Canada** カナダ
**Canadian** adj. カナダの,カナダ人の; a ~ (pl. ~s) カナダ人

**cancel** vt. ~を取り消す,解約する,破談にする,取りやめる[中止にする],削除する,帳消しにする,抹消する,運行[運航,運転]休止する,欠航にする,運休する; vi. <out> 打ち消し合う,相殺する,釣り合う ◆cancel a contract 契約を解約する ◆a cancel command キャンセル[取り消し]コマンド ◆a canceled check 使用済み[用済み]の小切手 ◆noise canceling circuitry 騒音を打ち消すための回路,騒音キャンセル回路 ◆an echo-canceling technique 《通》エコー消去手法 ◆a noise-canceling microphone 防騒音[接話]型マイク ◆cancel orders 注文を取り消す ◆cancel out the distortion 歪みを打ち消す ◆cancel research and development projects 研究開発プロジェクトを取り消す ◆cancel the previous setting 前回の設定を解除する[取り消す] ◆cancel the most recent change you've made to a screen 最後に画面上で行った変更を取り消す ◆I've decided to cancel my subscription to the Washington Post. ワシントン・ポストの購読を解約する[やめる]ことにした. ◆the band almost canceled right before they went on stage バンドは出番直前に(出演を)危うくキャンセル[たキャン]しそうになった ◆If the peak of one wave combines with the valley of another wave of the same strength, they cancel each other out. ある波の山が同じ強さの別の波の谷と組み合わされた,これらの波は互いに打ち消し合う.

**cancellation** (a) ~ キャンセル,取り消し,取りやめ[中止,お流れ],解約,解除,破談,相殺,運行[運航,運転]休止,欠航,運休,(スタンプの)消印の押鈕 ◆make a cancellation キャンセル[取り消し,取りやめ,撤回,中止,解除]する ◆echo cancellation 《通》エコー消去 ◆a cancellation clause 取り消し条項 ◆a 25-percent cancellation penalty 25パーセントの違約金(*契約解除などの) ◆as rationales for cancellation 解約理由として ◆the cancellation of a planned merger with... ~との予定されていた企業合併の解消 ◆the cancellation of this year's show 今年のショウの開催中止[取り止め] ◆today's cancellation of the launch of the Space Shuttle Atlantis スペースシャトル・アトランティス号の今日の打ち上げの中止 ◆No cancellation charge shall be applied prior to production. 生産にはいる前ならば,解約金は課さないものとする[いただきません]. ◆We expect that there will be few cancellations. 私どもは,キャンセルはほとんど出ないだろうと思っています. ◆Snow in the Northeast and Midwest forced the delay or cancellation of some flights to... 北東部および中西部の雪のせいで,~行き空の便の一部はやむなく遅れたり欠航[運航休止,運休]したりした.

**cancer** (a) ~ 癌,悪性腫瘍,悪性新生物 ◆cancer-linked substances such as saccharin サッカリンなどの癌につながる物質 ◆particulates are cancer-causing pollutants 粒子状物質は癌を引き起こす[発癌性の]汚染物質である ◆the risk of developing cancer of the endometrium 子宮内膜の癌になる危険性[確率] ◆undergo cancer surgery [surgery for cancer] 癌の手術を受ける ◆they are studying the possible cancer-causing properties of oral contraceptives 彼らは経口避妊薬[ピル]の発癌性について研究している(▶まだ発癌性があるとは断定できないので「possible = あり得る」が挿入されている) ◆Someone infected with hepatitis B has 100 times the normal risk of developing liver cancer. B型肝炎の感染者は,肝臓癌になる危険性[確率]が通常の100倍である. ◆During the same period, fatal uterine, cervical and ovarian cancers occurred at more than twice the normal rate. 同期間中に,致命的な子宮癌,子宮頸癌,卵巣癌が通常の2倍以上の率で発生した. ◆Women who took the Pill for more than ten years tripled their risk of developing breast cancer by age 35. 10年以上ピルを飲んだ女性は,45歳までに乳ガンになる危険性[確率]が3倍高かった.

**cancerous** 癌性の

**candela** a ~ カンデラ(*光度の単位) ◆luminous intensity expressed in candelas カンデラで表されている光度
**candescence** ⦿白熱,白熱光,白い輝き,光り輝く白さ
**candescent** 図 adj. 白熱の
**candid** adj. 率直な,包み隠しのない ◆candid snapshots of celebrities 有名人が自然体でいる[普段のままの]様子のスナップ写真
**candidacy** (a) ~ 立候補 ◆announce one's candidacy for Mayor of... in the upcoming special election 次期特別選挙で~市長[町長,村長]に立候補すると名乗りを上げる; 今度の特別選挙の~市長候補として出馬を表明する
**candidate** a ~ 候補,候補者,立候補者,志願者,志望者 ◆a candidate for the budget axe 予算大削減の候補となるもの(*不要プロジェクトなど) ◆a candidate for the Senate 上院議員候補者 ◆an officer candidate school 《軍》幹部候補生養成学校 ◆a strong supporter of a rival [competing] candidate 対立候補[対抗馬]の強力な支持者 ◆If a Renault is a candidate for your shopping list もしルノー車が購入候補に上がっているなら ◆narrow the list of candidates to two 候補の数を2まで絞る
**candidly** 率直に,ざっくばらんに; 率直に[腹蔵無く,開けっぴろげに]言うと
**candlepower** 光度(*カンデラで表される) ◆300 candlepower 300燭光
**can-do** やる気満々の,意欲的な,なせばなる精神的な ◆adopt [take] a can-do attitude toward... ~に対して,やったるぞ[ぜ]という姿勢をとる ◆tackle problems with a can-do spirit なせばなるの[チャレンジ]精神で問題と取り組む
**CANDU** ◆a CANDU (Canadian deuterium uranium; Canadian natural-uranium) reactor (= a Canadian heavy-water-moderated-and-cooled power reactor) CANDU炉[カナダ型原子炉](*D は重水 = heavy water を表す deuterium から)
**candy** (a) ~ キャンデー,飴,砂糖菓子,《英》氷砂糖 ◆individually wrapped candy 個別包装のキャンデー
**canister** a ~ (蓋付きの金属製の)缶,キャニスター ◆a tea canister 茶筒
**cannibalize** vt. ~の部品を(別の機器の修理などに使用するために)取り外す,~から部品取りする,(抜き取り部品を使って)~を修理する,〈人の〉肉を食う; vi. ◆a cannibalizing of existing restaurants 既存のレストラン同士の共食い ◆avoid cannibalizing each others' sales [most profitable products] 互いの売り上げ[最もおいしい製品]を食い合うのを避ける ◆These planes are cannibalized for spare parts. これらの飛行機はスペアーパーツ取りのためにバラされた[解体される]. ◆They are cannibalizing each other's business. 彼らは互いの商売を食い合っている.; 彼らは共食いしている.
**canonical** adj. 《宗教》宗規にかなった[正典と認められた,教会法に基づく],正統の,正規の,規範的な,標準的な,規準の,基本的な
**canopy** a ~ 天蓋,円蓋,(森林の)林冠,(飛行機の)キャノピー[風防ガラス],(パラシュートの)傘[傘[サンタイ]],庇(ヒサシ),張り出し,有蓋の(*屋根,覆い,幌などが付いたトラックについて形容詞に) ◆a canopy truck 有蓋トラック ◆the canopy over the front door 正面ドアの[玄関]庇 ◆the leafy canopy of the Brazilian rain forest ブラジルの雨林の葉の茂った林冠(*樹林の枝葉の最上層)
**cant** vt. ~に傾斜を付ける,傾斜させる, vi. 傾く; a ~ 斜面,傾斜 ◆a forward-canted engine 前方に傾斜して取り付けられているエンジン
**canteen** a ~ 〈工場などの〉食堂
**cantilever** a ~ カンチレバー,片持ち梁(カタモチバリ),突出し梁
**canvas** キャンバス(地),カンバス,ズック(地),麻布,帆布
**cap** 1 a ~ (縁なしの)キャップ,帽子,蓋(フタ),覆い,押さえ,上限,口金,雷管 ◆a cap nut キャップナット,袋ナット ◆a screw [screw-on, threaded] cap ねじ蓋 ◆a cap with a breakaway skirt (いたずら防止の目的での)開封時に破ら

て取るスカート部分のあるキャップ ◆put a cap on the amount of time 時間制限を設ける ◆put a 5-megabyte cap on... 〜に最高5メガバイトという制限[上限]を設ける ◆put the cap back on the bottle 再度びんにふたをする[キャップをはめる] ◆The fixed number of scanning lines per field puts a firm cap on vertical resolution. 1フィールド当たり何本と決まっている走査線の数は、垂直解像度に厳然たる上限を設定する.
2 vt. 〜に帽子[蓋, 覆い]をかぶせる, 〜の頂上を覆う, 〜をしのぐ, 〜を締めくくる, 〜に上限を設ける ◆be capped with snow てっぺんに雪を頂いている
3 a 〜 (a capital letter) 大文字 ◆Don't type in all caps because it is considered shouting and is rude. 《ネット》すべて大文字を使っての入力[書き込み]はしないでください. 叫んでいるように取られて失礼に当たるからです.

**capability** (a) 〜 能力, 才能, 手腕; 特性, 性能, 機能 ◆recording capability 録音[録画]機能 ◆acquire the capability to manufacture... 〜を製造する能力を獲得する ◆a democracy with a strong military capability 強い軍事力を持つ民主国家 ◆make full use of the capabilities of... 〜の能力を駆使する; 〜の機能をフルに[最大限]発揮させる ◆The system includes the capability of ...-ing このシステムには, 〜する機能がある. ◆a capability [feature, function] that comes in handy when [if]... 〜の場合に便利に使える[具合のいい, 重宝な, 役に立つ, 役立つ, 有用な, 有効な, 利用価値のある]機能 ◆an extensive built-in graph-plotting capability 幅広い[多彩な]内蔵グラフ描画機能 ◆the capability of rapid restoration of the service (電力などの)供給/(通信機関の)業務)を迅速に復旧させる能力 ◆the country may reach capability to produce nuclear arms by 1995 この国は1995年までに核兵器を製造できる能力に到達するだろう ◆the isolated nation is nearing capability to produce nuclear weapons 孤立化しているこの国は核兵器が製造できる能力に近づきつつある ◆Inkjet printers have color printing capability. インクジェットプリンタには, カラー印刷の機能がある.; インクジェットプリンタは, カラー印刷できる. ◆As new technology expands the capabilities of these popular products, ... 新しい技術がこれらの人気製品の能力を拡大させる[(意訳)新技術によりこれらの人気製品が高機能化する]のに伴い ◆The computer has built-in upgrade capability on the motherboard. このコンピュータには, マザーボード上にアップグレード[能力増強, パワーアップ, 高機能化]のための備え[対応]がなされている.(*マザーボードに拡張能力などの増設機器が接続できるようになっている) ◆So far nothing has emerged that can surpass the CRT in overall display capability. これまでのところ, 総合的な表示能力でCRTを凌ぐものは何も現れていない.

**capable** adj. 有能な, 実力のある, 〜の能力がある <of>, 〜できる <of> ◆become capable of... 〜ができるようになる; 〜が可能になる ◆an ISDN-capable telephone ISDN(総合デジタル通信網)対応の電話機 ◆a stereo-capable video disk player ステレオ対応ビデオディスクプレーヤー ◆a Windows-capable personal computer ウィンドウズができる[対応の]パソコン ◆be capable of being used in a number of useful applications 数多くの有用な使途に使用可能である ◆determine whether the plan is capable of being accomplished successfully その計画がうまく成し遂げられるかどうか見極める ◆small objects capable of being swallowed, sharp objects, and breakables 飲み込むおそれのある小さなもの, 鋭利なもの, ならびに壊れるおそれのあるもの ◆The monitor is capable of really beautiful displays. そのモニターは, 実にきれいな表示ができる.

**capacious** adj. 広々とした, 容量の大きい, (心が)大きい[広い], 包容力のある

**capaciousness** ① 広々としていること, (容量が)大きいこと, 包容力(the power of holding or containing) ◆the car's capaciousness その車のゆったりした広さ

**capacitance** (a) 〜 《電気》キャパシタンス, 静電容量 ◆a large-capacitance capacitor 大容量コンデンサ(*静電容量の大きい) ◆Greater capacitance in the power supply provides more bass and energy to musical passages. 《意訳》電源部における静電容量の増加[(*平滑コンデンサの)大容量化]により, (再生される)サウンドの低域およびエネルギーがパワーアップする.(*a musical passage = 楽節) ◆Unlike liquid electrolytic capacitors, tantalum capacitors do not lose capacitance from the "deform effect." 液体電解コンデンサと異なり, タンタル電解コンデンサは「変形現象」に起因する容量抜けを起こしません. ◆Voltage ratings range from 5 to 50 kV and capacitance ranges from 10 to 1,000 pF. 電圧定格は5〜50kVで, (静電)容量は10〜1,000pFである.(*コンデンサ = capacitors の話. pF=ピコ・ファラド. 通常は長いのでピコと呼ぶ) ◆We can increase the capacitance of a capacitor by increasing the permittivity of the dielectric material. 誘電体の誘電率を大きくして, コンデンサの静電容量を大きくすることができます[コンデンサの大容量化が可能です].

**capacitation** ① 受精能獲得(*精子の) ◆undergo capacitation 《精子》が受精能を獲得する

**capacitive** adj. 静電性の, 容量性の ◆a capacitive load 容量(性)の負荷 ◆a capacitive touch pad 静電容量式のタッチパッド(*ノートブックパソコンのポインティングデバイスなど)

**capacitor** a 〜 コンデンサ, 蓄電器, キャパシタ ◆a capacitor microphone コンデンサ・マイク(= a condenser microphone) ◆a supercapacitor スーパーキャパシタ, 超コンデンサー(*ファラド単位の超大容量をもつ電気二重層コンデンサ) ◆a tantalum capacitor タンタルコンデンサ ◆a capacitor-input rectifier circuit コンデンサ入力整流回路 ◆a three-gang variable capacitor (ラジオ用の)3連バリコン[可変蓄電器] ◆a 0.01-μF capacitor 0.01マイクロファラドのコンデンサ ◆a super large capacitance capacitor (静電容量が)超大容量のコンデンサー

**capacity** 1 (a) 〜 容量, 容積, 排気量, 収容力, 最大収容人員, 定員, (最大)許容荷重, 最大積載重量, 乗車定員, 記憶容量, 静電容量, (施設, 設備の)(最大)生産能力, 設備能力, 最大出力, 最大[最高]限度; (a) 〜 〈個人の〉(潜在)能力[素質, 才能, 器, 器量, 力量] ◆reach capacity 能力の限界に達する; 限度いっぱいになる, 容量が一杯になる; 満杯になる; パンク状態になる ◆grow [increase] in capacity 容量が増える[アップする]; 大容量化する ◆a capacity factor 設備利用率 ◆(a) load-bearing [load-carrying] capacity [ability] 耐力, 耐荷力, 耐荷重量, 荷重分担能力, 許容支持荷重; 《車》積載能力; 《土木》負担力, 支持力, 地耐力, (地盤などの)支持力 ◆a reduced-capacity tap (変圧器の)低減容量タップ ◆the capacity factor of a power plant 発電所の(設備)利用率 ◆a 2,000-capacity hall 最大収容人員[客席数]2,000人のホール ◆a high overload capacity of 200% 200%という高い過負荷容量[耐量]; 200%という大きな超過荷重容量 ◆as landfills reach capacity ごみの埋立地がいっぱい[満杯]になると; 収容限度に達すると ◆at a given level of capacity utilization 所与の稼働率[操業率]における ◆operation at (a) reduced capacity (変圧器やモーターなどの)低減容量での動作[運転], (生産工場などの)設備能力を下げての稼働[操業] ◆reduce surplus production capacity 余剰生産能力を削減する ◆the car's carrying capacity その車の積載量[輸送能力] ◆the switching capacity of the PABX その自動式構内交換機の最大交換容量 ◆the water storage [reservoir] capacity of a dam ダムの貯水[利水]容量 ◆when capacity is exceeded 能力の限界を超えた場合 ◆plants working at capacity フル操業[稼働]している工場 ◆a relatively high degree of capacity utilization in the manufacturing industry 製造業の比較的高い稼働率[操業率] ◆attract a (near-)capacity audience (ほぼ)満員[いっぱい]の客を集める ◆full-capacity taps in high-voltage windings (トランスの)高圧巻線の全容量タップ ◆a 40-diaper capacity plastic diaper pail 40枚までも入るプラスチックのおむつ用バケツ ◆achieve up to a 90-percent increase in capacity (最高)90%までの容量アップ[大容量化]を達成する ◆be well within the capacity of... 〜の容量に十分収まる[〜に十分入る]; 〜の最大能力[限度]まで余裕がある ◆build excess capacity, then flood the markets　過剰な設備をつくり、そして市場にモノを溢れさせる　◆despite considerable increases in capacity　大幅な容量アップ[大容量化した]にもかかわらず　◆the need for a quantum leap in capacity　飛躍的な容量アップ[大容量化]の必要性　◆these factories are running beyond capacity　これらの工場は能力を超えた状態で[《意訳》フル生産を通り越したペースで]稼働している　◆the sewer plant has run out of capacity　下水処理場の処理能力が限界に達して[パンクして]しまった　◆use machines to their fullest capacity　機械を能力いっぱいまで使う　◆business would be better but for a shortage of capacity　生産能力[設備容量、処理能力、輸送力]不足さえなければビジネスはもっと好調なはずなのだが　◆little research has been done on the capacity of fish to feel pain　痛みを感じる魚の能力についての研究はほとんどなされてこなかった　◆predict when servers will run out of capacity　サーバーの[処理]能力[容量]がいつ足りなくなる[逼迫する、パンクする]かを予想する　◆the information-carrying capacity of a #7 signaling link　《通》No.7共通線信号リンクの情報搬送容量　◆the meat processing plant has reached capacity　その食肉加工工場は(生産[加工])能力の限界に達して(しまっ)ている　◆a bus with [having] a designed seating capacity for 10 or more passengers, but not more than 24 passengers　乗客10人以上、24人以下の設計席席定員のバス　◆consider shutting down an additional five or six plants to bring capacity in line with demand　生産能力[設備]を需要に見合ったものにするために、更に5～6工場閉鎖することを検討する　◆As computer storage devices increase in capacity, so does the need for...　コンピュータのメモリー装置が大容量化するにつれ、～の必要性も増大する　◆Check electrolytic capacitors for reduced capacity or opens.　電解コンデンサに容量抜けや断線がないか調べてください。　◆Electrical generating capacity grew only 6.5%.　発電量[能力]はわずか6.5パーセント増加しただけだった。　◆RAM cards come in 4-megabyte and 8-megabyte capacities.　RAMカードが、4メガバイトと8メガバイトの[記憶]容量のものが売られている。　◆The automaker is operating at nearly full capacity.　その自動車メーカーは、ほぼフル操業[稼働]している。　◆The classes are filled to capacity.　それらのクラスは満員の盛況だ。　◆The factories are running at near peak capacity.　これらの工場は、ほぼフル操業[フル稼働]している。　◆The industry runs at more than 90% of capacity.　その産業は、操業率[稼働率]90％以上で稼働している。　◆The tank is filled to capacity.　タンクは、満杯になっている。　◆The tub has a two cubic foot capacity.　この容器の容積[容量]は2立方フィートである。　◆Spaceship Earth is now filled to capacity or beyond, and running out of food.　宇宙船地球号は、今や満員か定員オーバーかといった状態になっており、食糧も不足してきている。　◆The cellular network has enough capacity for [has a capacity of] 30,000 subscribers.　この移動電話網は、加入者30,000人を収容する(のに十分な)だけの容量を持っている。　◆The existing regional landfill, located in the City of Nanaimo, is nearing capacity.　ナナイモ市にある地域のゴミ埋立地[処理場]は、満杯[収容能力の限界]に近づいている。　◆These generators are typically of 300 to 500 MW capacity each.　これらの発電機は通例、1基当たりの最大出力が300から500メガワットである。　◆The power supplies are available in six industry-standard case sizes with output capacities of 0.5 to 10A.　電源装置は、6種の業界標準の筐体サイズがそろっており、出力容量が0.5Aから10Aである。　◆U.S. factories were operating at an average of 82.5% of their total capacity in March.　米国における工場は3月に平均稼働率82.5％で操業していた。

**2** *a* ～ 資格、地位、身分、立場、役割、機能、任務 ◆in an advisory capacity　顧問の立場で　◆In my capacity as mayor, I am...　市長(の立場)としまして、私は...　◆in the capacity of...　～の資格で；～の立場で；～の立場から；～の資格から　◆in a private rather than official [public] capacity　公人としてではなく一個人として　◆serve in the capacity of U.S. surgeon general　米公衆衛生長官という公的身分で[公人として](国に)仕える　◆Since 1996, Thomas has served in the capacities of producer, studio engineer, sound technician and video pro-

duction specialist.　1996年以来、トーマスはプロデューサー、スタジオエンジニア、音響技術者およびビデオ制作スペシャリストを務めた。

**3** *adj.* 容量いっぱいの、収容能力[定員]いっぱいの、フル生産の　◆a capacity crowd　満員の観衆

**CAPD**〔continuous ambulatory peritoneal dialysis〕持続的携帯型[携帯式]腹膜透析、持続的腹膜灌流(カンリュウ)透析(＊透析液を患者自身がおなかに注入して老廃物を取る)

**capillarity**　毛管現象 (= capillary action)

**capillary**　毛細管の、毛管現象の、毛状の；*a* ～ 毛細血管、毛管；細孔 ◆a capillary phenomenon　毛細管[毛管]現象 ◆a capillary tube　毛細管、毛管 ◆capillary attraction　毛管引力 ◆by capillary action　毛管作用により ◆prevent capillary action　毛管作用を防止する

**capital** (*a*) ～ 資本(金)、元金；*a* ～ 首都、首府、都(ミヤコ)；*a* ～ 大文字；*adj.* 主要な、首位の、重大な、資本の、大文字の ◆a capital error　重大な過失；大失策 ◆capital (account) balance　資本収支(＊国際収支の話で) ◆capital assets　固定資産；資本資産 ◆capital expenditure　資本支出 (= capital investment) ◆capital flight　資本逃避 ◆capital funds [stock]　株式資本 ◆capital goods　資本財、投資(生産)財 ◆capital investment　設備投資 ◆capital spending　資本支出；設備投資 ◆capital investment [expenditure, spending]　設備投資 ◆an initial capital investment of approximately US$44 million　約4,400万ドルに上る当初の設備投資 ◆a plan to move the capital from A to B　首都をAからBに移設[遷都]する計画 ◆a significant increase in the amount of capital investment　資本投資[資本投下、設備投資]額の大幅な増加 ◆capital and labor　資本家(側)と労働者(側)　◆capital participation in...　(会社など)への資本参加 ◆capital participation in American computer-related firms　米国系コンピュータ関連企業への資本参加 ◆carry out capital punishment(s) [capital sentences, the death penalty]　死刑を執行する ◆implement a capital increase 増資を行なう ◆in capital outlay planning documents　資本支出企画書類[投下資本計画文書、設備投資計画書]で[に] ◆make capital out of...　～に乗じてうまいことをする ◆promote transfer of capital functions　首都機能の移転を促進する ◆the injection of capital into banks　銀行への資本注入 ◆the long-term capital account is in deficit　長期資本収支は赤字である(＊国際収支の話で) ◆visit foreign capitals　諸外国の首都を訪問する ◆without large capital outlays　多額の資本[《意訳》設備]支出なしで ◆write... in block capitals　～を印刷字体の大文字で書く ◆a capital investment in new automated production equipment　新しい自動化[自動式、オートメ化]製造装置を導入するための設備投資 ◆become increasingly capital-intensive　ますます資本集約的である[資本集約型へと変わっていく、《意訳》設備投資を多く必要とするようになる] ◆maximize the utilization of capital　資本を最大限に活用する ◆written with a capital letter　大文字で書かれて ◆Capital recovery will take a long time.　資本回収は長いことかかるだろう。　◆It looks like a capital U.　大文字のUに形が似ている。　◆Ottawa is the capital city of Canada.　オタワは、カナダの首都である。　◆The telecommunications business is very [highly] capital intensive.　電気通信事業というものは非常に資本集約的である。(＊設備投資を多く必要とする) ◆The use of all capital letters is considered to be "yelling" and rude.　《コン通》すべて大文字を使うことは、「大声で叫んで」いて失礼だとみられてしまいます。　◆Success with the design will require a significant capital investment.　その設計の成功させるには、かなりの設備投資[資本投資]が必要でしょう。　◆In 1984, when the recovery was at its peak, capital investment surged by 15.3%.　景気回復の最盛期だった1984年に、資本投資が15.3%急増した。　◆The capital cost of the commuter rail project – which is expected to begin operations in June 2005 – is estimated to be $100 million, with a $18 million annual operating cost.　2005年6月開業[開業、運用開始、始動]予定の同通勤鉄道建設計画の資本費は1億ドル、そして年間の運転(維持)費は1800万ドルと見積もられている。

**capital gains** キャピタルゲイン, 資本利得, 資本利益, 資産売却所得, 株式売却益, 資本売却差益, 値上がり益, 増価 ◆capital gains taxes　キャピタルゲイン税

**capital-intensive** adj. 資本集約型の, 資本集約的な ◆a capital-intensive industry [company]　資本集約型の産業 [企業] ◆capital-intensive firms that regularly buy a lot of machinery　定期的に多量の機械を購入する資本集約型の会社 (＊設備投資集約型の企業のこと)

**capitalism** 資本主義

**capitalization** 回資本化, 長期資本, 証券 [株式] 資本, 投資; a～株式 [証券] の総額 (＊市場の実勢での); 回大文字の使用 ◆domestic, small-capitalization value companies　資本金の小さな国内企業 ◆companies with market capitalizations of $1 billion or less　株式時価総額 [時価資本総額] 10億ドル以下の企業 ◆no capitalization of words like "English" and "Tokyo"　「English」や「Tokyo」などの単語の書き出しに大文字を使用しないということ

**capitalize** ～を資本化する, ～を大文字で書く ◆capitalize on an opponent's error [mistake]; take (full) advantage of an [one's] opponent's error　相手 (チーム) のエラーをたくみに利用する; 敵失に乗じる ◆The new company is capitalized at $25 million.　この新会社の資本金は2,500万ドルである.

**capitalize on** ～を利用する, 生かす, 活かす, 活用する, 駆使する, ～に乗じてうまいことやる, ～に付け込む [付け入る] ◆capitalize on this expertise to <do>　～するためにこの専門技術を生かす ◆capitalize on today's advanced technology to <do...>　～するために今日の先進技術を活用する ◆capitalize on the freshness of seasonal fruits and vegetables　季節の [旬の] 果物や野菜の新鮮さを生かす ◆capitalize on these strengths of the computer as a business tool　ビジネスツールとしてのコンピュータのこれらの長所を利用する

**capital spending** 回資本支出, 設備投資 ◆do capital spending　資本支出 [設備投資] をする

**Capitol Hill** 米国連邦議会議事堂のある丘, 米国連邦議事堂, 米国 (連邦) 議会, 米議会 ◆in [outside] Nagatacho - Japan's Capitol Hill　日本版キャピトルヒルである永田町で [永田町を離れて] ◆on Tokyo's Capitol Hill, the Nagata-cho　日本の政界の中心である永田町で

**caps** (capital letters) 《コンピュ, タイプライタ》大文字 ◆a caps lock key　キャップスロックキー ◆all caps　全部大文字 (にすること) ◆initial caps　イニシャルキャップス (＊各語の頭文字だけ大文字にすること)

**capsaicin** 回カプサイシン (＊トウガラシの辛味成分) ◆Capsaicin is the active component of paprika and red and green chilli peppers.　カプサイシンは, パプリカおよび赤・青チリ唐辛子の活性成分 [活性物質] です.

**capsize** vt. (船など) を転覆させる, ひっくり返す; vi. 転覆する, ひっくり返る ◆The boat capsized.　ボートが転覆した.

**Caps Lock key** a～《コンピュ, タイプライタ》 Caps Lock (キャップスロック) キー

**capstan** a～キャプスタン, 〈テープレコーダーの〉テープ駆動機構, 車地 (シャチ), 絞盤

**capsule** a～カプセル

**captain** a～(〈地位を示す場合は無冠詞〉) 船長, 艦長, 艇長, 機長, (チームの) キャプテン [主将], (警察の) 警部 [分署長], (米陸軍) 大尉, (米海軍) 大佐, 米沿岸警備隊) 大佐, (米空軍) 大尉 ◆a team captain　チームのキャプテン; 主将

**caption** a～見出し, 表題, タイトル, 説明文, 字幕; vt. 〈写真やイラスト〉にタイトルをつける [注釈, 説明を加える] ◆a captions decoder　《ビデオ》字幕スーパー・デコーダ ◆the caption on a photograph of...　～の写真のタイトル ◆with the caption TAKING A DIVE　「ひと潜り」といい表題について ◆a closed-caption decoder　《TV》クローズド・キャプション・デコーダー ◆a caption that says, "Teen-age pregnancy"　「10代の妊娠」という見出し ◆Beneath the photograph is the caption UNSAFE AT ANY SPEED.　写真の

下には「どんなスピードでも (車は) 危険だ」というタイトルがついている.

**captive** adj. 留められている, 係留されている ◆a captive cap　つなぎ留め式のキャップ (＊本体から離れないようにつくられている)

**capture** vt. ～を捕らえる, 捕獲する, 捕捉する, 拿捕 (ダホ) する, 攻略 [制圧] する, 〈画像データなど〉を取り込む; a～捕獲 ◆a screen-capture program　《コンピュ》画面取り込みプログラム ◆capture video images　ビデオ画像を取り込む ◆the capture of a deuteron by a nucleus　原子核による重陽子の捕獲 ◆capture screens from other programs　《コンピュ》別のプログラムから画面を取り込む ◆capture on film the important moments in...　～における重要な瞬間をフィルムに捕らえる [収める] ◆He escaped capture and went underground.　彼は逮捕を免れ地下に潜った. ◆The image is captured by a frame grabber.　画像はフレームグラバにより取り込まれる. ◆Our imaging board gives you video-rate image capture, processing, and display.　小社の画像ボードは, ビデオレートでの画像取り込み, 画像処理, および表示を可能にします. ◆The sensors capture information about the environment and pass it to the controller.　これらのセンサーは周囲の状況をつかみ, その情報をコントローラーに送る.

**car** a～カー, 車, 自動車, 電車, 車両, 客車, 貨車, 鉱車, -車, (列車の) -両, エレベーターの箱, 気球のゴンドラ ◆by car　車で ◆new-car models　新車種 ◆a car navigation system [device]; an in-car navigation system　カーナビ (ゲーション) 装置, 車載用航法装置 ◆a car phone　自動車電話 ◆car-mounted transmitter　車に搭載されている [車載] 送信機 ◆a sleek car　流麗な車 ◆car audio equipment　カーオーディオ機器 ◆inspect a train's cars　列車の車両を点検する ◆1990 and later cars　1990年型以降の車 ◆if the car starts hard　車のエンジンがかかりにくい場合には ◆Six cars of a 85-car freight train derailed [jumped the tracks].　85両連結 [編成] の貨物列車の (うちの) 6両が脱線した.

**carat** a～カラット (＊宝石や真珠の重量単位. 1 carat = 200 milligrams) ◆a 2-carat diamond engagement ring　2カラットのダイヤの婚約指輪

**CARB** (California Air Resources Board) the～カリフォルニア州大気資源局 [大気資源委員会]

**carbide** n. (炭化物と同義だが, 特に) カーバイド, 炭化カルシウム (= calcium carbide); adj. 〈切削工具など〉超硬の ◆a carbide tool　超硬工具, 超硬バイト ◆a long wearing carbide steel blade　長寿命の超硬鋼鉄製の刃

**carbohydrate** (a)～炭水化物, 含水炭素

**carbolic acid**　石炭酸, フェノール (= phenol)

**carbon**　炭素 (元素記号: C) ◆a carbon copy　(カーボン紙を使って取った) カーボンコピー, 写し, 控え ◆a carbon nanotube　カーボンナノチューブ ◆carbon fibers　炭素繊維 [カーボンファイバー] ◆carbon paper　カーボン紙 ◆low-carbon steel　低炭素鋼 ◆carbon-14　炭素14 ◆a tax on carbon emissions　炭素の排出に課せられる税金; 〈意訳〉炭素税 ◆high carbon steel　高炭素鋼 ◆in the form of a carbon tax on fossil fuels　化石燃料に課す炭素税の形で ◆need to know the amount of energy consumption and the amount of carbon emissions associated with...　～に係わるエネルギー消費量および炭素排出量を知る必要がある ◆set limits on total carbon emissions and parcel out rights to emit that could be traded between businesses and perhaps countries　炭素排出総量制限 [規制] を設けて, 企業間やあるいは国同士の間でも取り引きされ得る排出権を分配する

**carbonaceous** adj. 炭素元素の, 炭素を含む, 炭素からなる, 石炭の豊富な, 炭素質の ◆(a) carbonaceous material　炭質 (＊炭素に富む物質); 〈炭素の材料〉; 炭素材料, 炭質物 ◆a carbonaceous meteorite　炭素質隕石 ◆carbonaceous matter; a carbonaceous substance　炭質 (＊炭素に富む物質), 炭質の (の物質); 炭質物

**carbonate**　～を炭酸塩化する, ～を炭酸ガスで飽和させる; (a)～炭酸塩 [エステル] ◆a carbonated beverage [drink]　炭

酸飲料 (📖 a fizzy drink, an effervescent drink 発泡性飲料) ◆ calcium carbonate 炭酸カルシウム

**carbon dioxide** ($CO_2$) 二酸化炭素, 炭酸ガス ◆ a $CO_2$ laser 炭酸ガスレーザー ◆ calculate the amount of carbon dioxide emissions from this amount of fuel この量の燃料から発生する二酸化炭素排出量を計算[算出, 算定]する ◆ We should take measures to reduce carbon dioxide generation by improving energy efficiency and conservation. 私たちは, エネルギー効率の向上と省エネにより二酸化炭素の発生を削減する対策を講じなければならない。

**carbon fiber** (a) ~ カーボンファイバ, 炭素繊維 ◆ a carbon-fiber-reinforced composite (material) カーボンファイバで補強した[炭素繊維強化]複合材料 ◆ the development of carbon fibers and carbon fiber composites カーボンファイバ[炭素繊維]および炭素繊維複合材料の開発

**carbonitriding** 浸炭窒化(法) (*金属の表面硬化法)
**carbonization** 📖炭化, 乾留, 着炭
**carbonize** (~を) 炭化する
**carbon monoxide** (CO) 一酸化炭素
**carborundum, Carborundum** 📖カーボランダム (*商標名), 炭化珪素(ケイソ), SiC ◆ carborundum abrasives カーボランダム[炭化珪素(ケイソ), 金剛砂]の研磨剤[材]
**carburetor** a~(車)キャブレタ, 気化器 ◆ an updraft [downdraft] carburetor 上向き[下向き](吸込)気化器
**carburization** (金)浸炭, 与炭, 加炭, 炭素むし ◆ the carburization of iron 鉄の浸炭焼き入れ (*英国式のスペルは carburisation)
**carburize** vt. 炭素と結合させる, 浸炭する, (意訳)~に炭素を含浸[侵入拡散]させる ◆ a carburizing furnace (金属)浸炭焼き入れ炉 ◆ a carburizing furnace (肌焼き)浸炭炉 ◆ carburized steel 浸炭鋼
**carcass** a~死体, 胴体, (建造物の)骨組み, 枠 ◆ the shiny red carcass of a new General Motors car ゼネラル・モーターズの新車のつややかな赤い車体
**carcinogen** a~発癌物質
**carcinogenic** adj. 発癌性の ◆ a carcinogenic fungicide 発癌性のある殺カビ剤 ◆ have [exhibit, display] carcinogenic properties ~には発癌性がある[は発癌性を示す]
**carcinoma** a~ (pl. -mas, -mata) 癌腫, 癌 (*epithelial cells 「上皮細胞」由来の悪性腫瘍) ◆ remove a small basal cell carcinoma 小さな基底細胞癌を切除する
**card** a~カード, 券, 札, カルテ, トランプ; a~プリント基板, 回路基板 ◆ a business [calling, visiting] card 名刺 ◆ a bank card バンクカード[キャッシュカード] ◆ a card holder (コンピュ) (拡張スロットの) 基板ホルダー ◆ a card reader カードリーダー, カード読み取り機[装置] ◆ a graphics card (コンピュ) グラフィックスカード[基板] ◆ a blow-in card 綴じ込み葉書 (*雑誌などの間に入っているもの) ◆ a downsized Ethernet card 小型化されたイーサネット・カード [基板] ◆ a battery-backed RAM card バッテリーバックアップ式RAMカード[基板] ◆ the Japanese card-exchanging ritual 日本式の名刺交換儀式 ◆ "I'd like to give my card (pause) – and perhaps I could have yours? Thank you." (意訳)「これが私の名刺です。(間をおいて)– よろしければお名刺をいただけますでしょうか。ありがとうございます」
**cardboard** ボール紙, 厚紙, 板紙 ◆ a corrugated cardboard carton [box] 段ボール箱 ◆ a mock-up made of cardboard ボール紙製の実物大模型
**card-carrying** 会員[党員]証を持っている, 正式な; 本当の, 真の
**cardholder** a~ (クレジットカードなどの)カードを持っている人, カード所持者
**cardiac** adj. 心臓の, 心臓病の, 心~ ◆ cardiac arrest 心停止; 心拍(動)停止; 心動停止 ◆ to stabilize his cardiac and pulmonary functions 彼の心肺機能を安定化させるべく
**cardinal** adj. 基本的な, 主要な, (極めて)重要な, 枢要な; a~(カトリックの)枢機卿; a~(= cardinal number) ◆ a

cardinal number 基数 ◆ cardinal principles 根本[基本]原則 ◆ cardinal rules 基本ルール ◆ the cardinal points 四方位(*north, south, east, west の順で表記される基本方位) ◆ Cardinals are the elite grouping of the Roman Catholic Church from where the Pope's successor will be chosen. 枢機卿はローマカトリック教会のエリート集団で, ここから教皇[法王]の後継者が選出される。
**cardinality** (a) ~ (pl. -ties) (数)濃度 (*集合の元の個数を表す) ◆ The cardinality of a relation is the number of tuples (that is, the number of rows). (コンピュ) 関係の濃度とは, タプルの数(つまり行数)のことをいう。
**cardinal number** a~基数(*順序を示す番号 an ordinal number ではなく, 数量を示す数)
**cardiogram** a~心電図(= an electrocardiogram)
**cardiograph** a~心電計, カルジオグラフ, 心拍動記録器 (= an electrocardiograph)
**cardiopulmonary** adj. 心臓と肺に関する, 心肺の ◆ perform [administer] cardiopulmonary resuscitation on [to]… (人)に心肺蘇生術[CPR]を施す
**cardiovascular** adj. 心臓血管の, 心血管の ◆ (a) cardiovascular disease 心臓血管[心血管]疾患; 循環系の病気 ◆ cardiovascular surgery 心臓血管外科 ◆ suspect there may be a correlation between dietary copper and a healthy cardiovascular system 食物に含まれる銅と健康な心臓血管系[循環系]との間に相関関係があるのではないかと思う
**cardioversion** (医)カルジオバージョン, 電気(的)除細動 ◆ give him the electrical shock treatment called cardioversion 彼に電気的除細動と呼ばれる電気ショック療法を施す(*心臓の細動を抑え規則正しい鼓動に復する)
**care** 1 n. 心配, 屈託, 気がかり, 気苦労, 不安, 憂慮, 用心, 配慮, 注意, 保護, 監督, 手入れ, 世話, 手当て, 看護, 介護, 医療, 治療; (a) ~心配[不安](の種) ◆ (in) care of… (略 c/o) (手紙の宛名書きで)~気付, ~方; administer care to… ~に看護[介護]を施す ◆ a care manager ケアマネジャー; 介護支援専門員 ◆ at-home care 在宅介護 ◆ health care [healthcare] 健康管理, 医療 ◆ child and dependent care expenses 扶養費 ◆ Responsible Care (米)責任ある管理(*化学薬品メーカーなどが排出物などの自主的減量目標などを公約する協定の呼称) ◆ be free from cares 何の心配ごと[屈託]もない ◆ care of videotape ビデオテープの取扱注意(事項) (*取扱説明書の見出しで) ◆ do it with some care 多少の注意を払いながらそれを行う ◆ drive with extra care 慎重の上に慎重を期して運転する ◆ exercise added care 十二分に注意する ◆ for lack of proper care 過失により ◆ get care at home 在宅介護を受ける ◆ protect… with regular care 日常の手入れにより~を守る[保護する] ◆ take care of the retired 引退した人々の面倒をみる[世話をする] ◆ take care 十分注意して ◆ an after-school day care program 学童保育制度 ◆ a terminal-care team 終末期医療チーム ◆ prevent care-giver burnout (介護・介助・看病疲れで)介護者が余裕を失ってしまうことがないようにする ◆ Exercise care to avoid…-ing. ~しないよう注意してください ◆ great care should be taken to see that… ~であるように, 大いに注意しなければならない。 ◆ Take care (of yourself)! じゃあ, 気をつけて。(*別れるときの軽い挨拶) ◆ care and cleaning of the food processor 本フードプロセッサの手入れと洗浄 ◆ fail to exercise due care in 〈doing…〉 ~するのに十分な注意を払うのを怠る ◆ give the best possible care to a patient 患者に最善の看護を施す ◆ want to exercise great care in…-ing 十分慎重にーするようにしたい ◆ a design of true genius matured and refined with loving care 手塩にかけ熟成, 洗練された真の出色のデザイン [設計] ◆ in cases where due care must have been absent 十分な注意に欠けていた[注意不十分だった, 不注意があった]ものと思われる場合 ◆ Considerable care has been exercised in the design of… ~の設計にあたっては, 相当の注意が払われた; ~の設計はかなり慎重に行われた ◆ Extra special care must be taken on the installation of… ~の据え付けは, 特に注意して行ってください。 ◆ Care is needed in implementing

text editing. テキスト編集を行うには注意を要する. ◆For longevity, treat your knives and scissors with care. 末長く使うために, ナイフやハサミを丁寧[大切, 大事]に扱いましょう. ◆I would be glad to take care of this matter. 私が, 喜んで本件の処理にあたります. ◆Take care not to burn your hands. 手にやけどしないよう気をつけてください. ◆The orphaned boy is entrusted to the care of a pious parson's wife. 孤児になったこの少年は, 敬虔な教区牧師の夫人の世話になることになった[のもとに預けられた]. ◆Unpack your Juicer with care. お買い上げのジューサーを注意して開梱してください. ◆Use care in analyzing such a reading. その測定値を分析する際は, 気をつけてください. ◆Care should be taken not to force the controls past their stopping points. これらの調節器を, 停止位置を越えて無理に動かさないように注意してください. ◆Exercise extreme care when carrying out fuel system maintenance operations. 燃料系統の保守作業を行う際には, 最大限の注意を払ってください. ◆Push the balls out of the cage, taking care not to drop them. ボールを, 落とさないよう注意しながらケージから押し出します. ◆The way you drive and take care of your vehicle plays a big part in saving gas. あなたの車の運転の仕方や手入れの仕方が, ガソリンを節約するうえで大きな役割を果たします. **2** vi. (〜について)配慮する, 心配している, 〜に興味[関心]がある <about>; 手入れ[世話, 介護, 看護]する <for>; vt. 〜したい <to do> ◆I couldn't care less whether... 〜であろうとなかろうと, 全く私の知ったことではない ◆I really don't care whether... 〜であろうとなかろうと, 全く私にはどうでもよいことだ ◆take [adopt] an "I don't care" attitude toward [about]... 〜について[〜に対して[〜について]「我関せず」[我感知せず]」の態度をとる, 「俺の知ったことか」という態度を決め込む ◆I don't care a hang about him. 彼なんて目じゃないね. (*a damn とすると語調が強すぎる場合 a hang を使う) ◆The driving forces behind for corporate penetration are technology and dollars: The technology appeals to engineers who don't care about dollars, and the dollars appeal to suites who don't understand the technology. ここで, 企業への浸透の原動力は技術と金だ. 技術は金のことを気にしない[金に無頓着な]技術者に受けて, 金は技術音痴の重役室(連中)に訴求するというわけだ.

**care for** 〜の世話をする, 面倒を見る, 手入れ[世話, 介護, 看護]する; 〜を好む ◆two nurses caring for a fallen soldier 倒れた兵士の看護をしている看護婦2名 ◆care for the food processor そのフードプロセッサーを大切に扱う ◆At this time, I am living with and caring for my aged mother, who is dying. 現在私は, 死期を迎えつつある[もう先の長くない]老齢の母と同居して身の回りの世話をしています.

**careen** (車などが)走行中に片側に傾く, (修理や清掃の目的で)(船などを)横向きにする ◆the ship careened to its starboard side 船は右舷に傾いた[かしいだ]

**career** **1** a 〜 キャリア, 出世, 経歴, 履歴, 生涯; a 〜 専門的な職業, 一生の仕事; adj. 職業的な, 専門的な, 生え抜きの[本職の] ◆build a career キャリア[経歴]を積む ◆a career counselor 進路指導の先生(*学校などの) ◆a career criminal 常習犯 ◆a career woman キャリアウーマン; 要職についている職業婦人 ◆a career college [school] 専修[専門]学校 ◆a career official [bureaucrat] 生え抜きの役人(*学校出てすぐに官庁に入って, ずっとその道一筋でやってきた); キャリア組の官僚(*日本語の「キャリア組」に相当する意味もある) ◆a career thief プロ[本職]の泥棒; 泥棒を稼業とする者 ◆career guidance books 就職案内情報関連の本 ◆career-track bureaucrats キャリア組官僚たち ◆climb the career ladder 出世する ◆form one's career as... 〜としてのキャリアを形成する ◆make a full career out of playing... 〜をプレイする[演奏する, 演じる]ことを一生の職業[生涯の仕事]にする ◆start one's solo musical career ソロ音楽活動を開始する ◆a career fair of local and regional industries 地場産業と地域産業の就職説明会 ◆teachers at advanced stages in their careers 長くやっている[年季の入っている, ベテラン]教員 [教師]たち ◆he started out his career at an early age playing in bands with cats like... 彼は若いとき[年少の頃]に〜などのジャズメンのバンドで演奏することから活動を開始した ◆hold a career [job] fair featuring recruiters from more than 150 corporations 《意訳》150社を超える企業の採用担当者が一堂に集まる就職説明会を開催する ◆seek [look for] career opportunities in New York ニューヨークにおける就職機会[《意訳》働き口, 勤め口, 就職先]を探す ◆start (out) one's [a] professional career プロ(として)活動を開始する[プロとしてのスタートを切る, 就職する] ◆he sustained a potentially career-ending eye injury 彼は, 選手生命を終わらせる可能性のある目の負傷を負った(*ボクサーの話で) ◆his career as a boxer is finished 彼のボクサーとしての経歴[ボクサー人生]は終わった ◆In their whole amateur career, they snatched away all gold medals in pairs competition except... アマチュア時代を通じて, 彼らは〜をのぞくすべての競技で金メダルをさらった ◆His career prize-money earnings exceeded $8 million. 彼がこれまでに稼いだ賞金は, 通算800万ドルを超えた. ◆Thank you for inquiring about career opportunities with [at] Xxx Company. (弊社)Xxx 会社の(社員[従業員, 人材])募集要項についてのお問い合わせありがとうございます. (*a career opportunity = 就業機会) ◆This is a career-oriented position with possibilities for advancement in the future. これは将来昇進の可能性があるキャリア志向[《意訳》昇進への道が開かれている総合職]のポストです.

**2** vi., vt. 疾走する, 暴走する ◆his car careered into a crowd of youths 彼の車は大勢の少年少女の中に突っ込んだ

**careerism** 出世至上主義(*自分の家族を犠牲にしたり倫理感を麻痺させてまで出世しようとする)

**careerist** a 〜 出世至上主義者

**carefree** adj. 心配事や苦労のない, 屈託のない, のんきな, のほほんとした, のんびりした, 気楽な ◆totally automatic carefree picture-taking 完全自動化されていて面倒なことは何もなくていい写真撮影 ◆provide an unprecedented purchasing environment in which customers can buy... in an easier and more carefree manner 顧客がより簡単に安心して〜を買える今までにない購買環境を提供する

**careful** adj. 注意[用心]深い, 慎重な, 入念な, 念入りな, 綿密な, ちょうめんな, 丹精こめた, 行き届いた, ぬかりのない, 徹底した, 正確な ◆pay careful enough attention to... 〜に十分注意を払う ◆Be extremely careful with [about, to do, in...-ing] 〜に細心の注意を払う ◆Be careful not to <do...> while mounting... 〜の取り付け作業の際, 〜しないよう注意して[気をつけて]ください. ◆Take out the unit, being careful not to damage... 〜を破損しないよう注意しながらユニットを取り出してください. ◆Being careful not to spill the oil, remove... オイルをこぼさないように注意しながら, 〜を取り外してください. ◆Be very careful when changing bulbs. 電球の交換の際は, よく気をつけてください. ◆he hasn't been careful enough in <do...> 彼は〜するのに十分な注意を払ってこなかった ◆It requires [needs] careful handling. これは, 取り扱いに注意を要する. ◆To avoid serious injury, be careful of the belt. 大けがをしないようベルトに注意してください ◆Remove all packing material, being especially careful when handling the cutter. カッターを取り扱う際には特に気をつけながら, 梱包材をすべて取り除いてください. ◆BE CAREFUL! Don't get cut by the circular saw in the event of the wrench slipping. 注意! 万一スパナが滑っても丸ノコで切り傷を負わないようにしてください.

**carefully** adv. 注意[用心]深く, 慎重に, 念入りに, きちょうめんに, ぬかりなく ◆a carefully constructed plan 綿密に立てられた[周到な]計画 ◆carefully crafted components 入念に作られた部品 ◆Read this manual carefully. このマニュアル[本書]をお読みください ◆Always handle the sharp blade carefully to avoid cuts and injuries. 切り傷やけがをしないよう, この鋭利なブレードは常に注意して取り扱うようにしてください.

**caregiving** ①介護, 看護, 養護, 世話; adj. ケア(する側)の ◆continue caregiving at home　在宅介護を続ける

**careless** adj. 不注意な, 慎重さを欠いた, ぞんざいな, 注意を怠った[の足りない], うかつな, うっかりした, 無精な ◆be careless about...　～に無頓着である ◆a careless mistake　ケアレスミス; 不注意によるミス; ポカ(ミス) ◆careless driving　不注意運転 ◆careless handling　不注意な取り扱い ◆"Careless talk costs lives" was the slogan for keeping things "hush hush".　「不用意な発言は命取り」というのが機密漏洩を防ぐためのスローガンだった。(*第2次世界大戦中の英国で) ◆Tiling a surface is not difficult. But careful planning and installation will pay off; careless work can result in cracked, uneven or loose tiles.　タイル貼りはそれほど難しくはありません。ただし, 綿密な計画とていねいな施工は, それだけの価値があります。ぞんざい[アバウト]な仕事をすると, 結果的に亀裂や凸凹や浮き上がりが発生することがあります。

**carelessly** 不注意に, うっかりして, ぞんざいに, なおざりに, 軽率に, むとんじゃくに

**carelessness** 不注意, 不始末, 注意散漫, そそっかしさ, 軽率さ, 無頓着 ◆due to [through, by] carelessness　不注意によって ◆through the carelessness of workers　作業者の不注意によって ◆be the result of carelessness　～は不注意の結果生じたものである ◆A moment's carelessness could cause loss.　一瞬の油断[不注意]は損失を招きかねない。 ◆Pickpockets watch people for signs of momentary carelessness and that's when they strike.　スリは, 獲物の一瞬のすき[油断]をうかがって, その瞬間に仕事をする。

**caret** a～ カレット, ^記号(= a circumflex, a hat), (校正用の)脱字挿入記号

**caretaker** a～ (土地, 建物の)管理人

**carfare** a～ (電車やバスの)乗車賃, 運賃, 足代

**cargo** (a)～ (pl. -goes, -gos) 荷, 積み荷, 貨物, 船荷 ◆a cargo vessel　貨物船 ◆cargo-handling equipment　荷役機械 ◆the amount of cargo [freight]　貨物量 ◆automate cargo handling　荷扱い[荷役]を自動化する ◆a vessel carrying its full cargo　貨物を満載して出航する ◆cargo-handling facilities　荷役設備を整備する ◆in the cargo bay of the space shuttle Atlantis　スペースシャトル「アトランティス号」の荷物室内で ◆the transport [transportation] of passengers and cargo　乗客[旅客]と貨物の輸送; 貨客輸送 ◆the amount of cargo handled at local berths is expected to continue declining through next year　地元の埠頭における貨物の取扱量[荷役量]は引き続き来年全般を通し減少するものと見られている

**caricature** (a)～ カリカチュア, 風刺画, 風刺マンガ, ポンチ絵, 戯画, 戯れ絵(ザレエ), おどけ絵, 狂画, 風刺画文, 風刺文; 風刺画[戯画]画法, 風刺[戯画]化; vt. ～を風刺マンガにする, 戯画化する ◆a distorted caricature　(特徴を捉え)ゆがみをまじえて描かれているカリカチュア(風刺画, 似顔絵) ◆caricatures of political figures　政治家の戯画 ◆draw a caricature of...　(人)の風刺画[戯画, ざれ絵, 世俗を諷揚した漫画]を描く ◆turn a face into a caricature　顔を戯画化する[風刺画化する, 風刺画のような絵にする](*コンピュータを使っての話で) ◆celebrity caricatures, including the Ayatollah Khomeini, Madonna, Mike Tyson, and Mother Theresa　アヤトラ・ホメイニ, マドンナ, マイク・タイソン, マザー・テレサなどの有名人の諷刺画

**carload** a～ 車1台分の積載量(*特に貨車 a freight car 1台分), two carloads of military officers　車2台分の陸軍将校

**carmaker** a～ 自動車メーカー

**Carnegie-Mellon University**　(米国)カーネギーメロン大学

**carotene** ①カロチン ◆beta carotene　β[ベータ]カロチン

**carotid** adj. 頸動脈の ◆his left carotid artery　彼の左頸動脈

**carousel** a～ メリーゴーランド, (スライド映写機の)回転式スライドマガジン, 回転式コンベア ◆a CD carousel　ルーレット式(連奏)CDプレーヤー ◆a 5-disc carousel changer　ルーレット式5枚ディスク[5連奏, 5連装]チェンジャー

**carpal tunnel syndrome**　手根管症候群(*食肉加工や組み立て製造ラインの作業に従事し手や手首を反復してよく使う人の間に発生する)

**carpenter** a～ 大工, 匠(タクミ) ◆using the carpenter's square　差金を使って

**carpentry**　大工職, 大工仕事

**carpet** a～ カーペット, 絨毯(ジュウタン), じゅうたん, 毛氈(モウセン), 敷物, 一面の広がり; vt. ～にカーペットを敷く, ～を一面におおう ◆a carpet-bombing attack　じゅうたん爆撃による攻撃 ◆a carpeted corridor　じゅうたんが敷いてある廊下 ◆the carpet-bombing of Dresden　ドレスデンに対する絨毯爆撃 ◆with thick carpeting　厚手のカーペットが敷かれて

**carpool, car pool** a～ (特に通勤のために)自家用車の所有者同士が交替で運転し, 相乗りする取り決め

**carriage** a～ (タイプライタの)キャリッジ, 往復台, (米)ベビーカー, (英)鉄道の客車(=《米》a car); ①輸送, 運搬, 運送, 輸送費, 運賃 ◆(a) carriage return　《コンピュ》復帰 ◆a third-class railway carriage　《英》3等客車(*昔の話から) ◆a women-only carriage　女性専用車両(*痴漢対策用) ◆increase the number of train carriages　列車の客車の数を増やす; 増両する

**carrier** a～ 運送[運輸, 航空]会社, 運送業者, 運搬人, 電気通信事業者, 運搬[車, 船], 搬送[台, 機械, 機器, 設備], 航空母艦[空母]; a～ 搬送波[キャリア], 担体[支持体], 保持具, 保菌者[保因者], 感染者 ◆a carrier frequency　搬送周波数 ◆a carrier gas　キャリアガス《ガスクロマトグラフィー用》 ◆a carrier wave　搬送波 ◆the chrominance carrier signal 《TV》搬送色信号 ◆a carrier-to-noise ratio (CNR)　搬送対雑音比; C/N比 ◆a new common carrier (NCC)　新規参入電気通信事業者; 新電電 ◆an unmodulated carrier　変調のかかっていない[無変調]搬送波 ◆power line carrier communication equipment　電力線搬送[電搬キャリア]方式通信機器(*送電線を通信用の伝送路として使用する) ◆a TB carrier　結核感染者 ◆a carrier of a serious hereditary disease　重大な遺伝病の保因者 ◆the aircraft carrier USS Independence　米航空母艦「空母」インデペンデンス ◆carrier-borne planes patrol southern Iraq　艦載機がイラク南部をパトロールする

**carrot** (a)～ ニンジン, 人参; a～ 《比喩的》 (人に言うことをきかせるための)飴, 餌, 褒美 ◆with a combination of carrots and sticks　あめとむちを併用して ◆Cash is being used as a carrot to prod people into doing...　人々に～させるための飴として現金が使われている

**carrot-and-stick**　〈政策などが〉飴と鞭(ムチ)の, 硬軟両様(の政策)の, 脅かしの手段[テクニック]を使っての

**carry** 1 vt., vi. 運ぶ, 携帯[所持]する, 携える, 〈乗り物が〉乗せる, 運搬する, 搬送する, 移送する, 伝える[伝わる], 持っている, 保持する, 支える, 持ち越す, 繰り返す, 〈店が〉〈商品〉を置いている ◆〈売っている〉, 〈在庫, 注文などを〉抱える ◆a carrying case　携帯[キャリング, キャリ]ケース ◆an auto-carrying freighter　自動車輸送船 ◆an information-carrying signal　情報を載せている[運ぶ, 搬送する, 伝達する, 担う]信号; 情報が乗っている(搬送波)信号 ◆a rail-carried ICBM　鉄道輸送式ICBM ◆carry current　電流を伝える ◆carry excess capacity　過剰設備を抱える ◆carry... in a jacket pocket　～を上着のポケットに入れて持ち歩く ◆carry little weight　(理由, 意見, などが)納得させるに足りない ◆carry... onto an airplane　～を機内に持ち込む ◆laws prohibiting the carrying of firearms　火器の携帯[携行]を禁じている法律 ◆outlaw [ban, prohibit] the carrying of weapons　武器の携帯[携行, 持ち運び]を違法とする[禁止する] ◆a "no-carrying-of-firearms-in-town" ordinance　「町中[市中]での火器の携帯[携行]を禁止する」条例 ◆the car's impressive carrying capacity　その車の堂々たる積載量[輸送能力] ◆a supertanker carrying 78 million gallons of crude　7,800万ガロンの原油を輸送して[「積んで, 搬載して」いる超大型タンカー ◆carry a load of 50,000 tons　5万トンの荷重に耐える ◆carry a pager unit　ポケットベルを携帯する ◆the laser's data-carrying role　レーザーのデータを搬送する機能 ◆television

carried a distorted picture of the war into American living rooms テレビは歪められた戦争の映像をアメリカのお茶の間に流した ◆the car carrying Diana and Fayed reportedly crashed ダイアナさんと(アル)ファイドさんを乗せた[の乗っていた]車は激突・大破したとのことだ ◆your loss can be carried into future years 損失[損金]は、以降の年度に繰り越せる ◆Last night, Croatian television carried an unconfirmed report that... 昨夜、クロアチアテレビは、...という未確認情報を伝えた[流した] ◆It carries a money-back guarantee. それには、払い戻し保証が付いている。 ◆I visited the local retailer that carries Sony products. 私はソニー製品を置いて[扱って]いる地元のその小売業者を訪ねた。 ◆Never carry the hair dryer by the cord. 決してヘアードライヤのコードを持って持ち運ぶことはしないください。 ◆The car carries two spare tires on the rear. この車は、後部にスペアタイヤを2本積んでいる。 ◆The detergent carries a warning label. その洗剤には、注意を促すラベルが付いて[貼られて]いる。 ◆The power pack is small and easy to carry. このパワーパックは、小型で携帯が楽である。 ◆The product carried no warning. この製品には、警告[注意]表示がなかった。 ◆These roads are either at or beyond their carrying capacity. これらの道路は輸送能力の限界に達しているか、限度を超してしまっている。 ◆The two satellites carry telephone, TV, and data services. これら2つの衛星は、電話、テレビ、およびデータサービスを搬送する。 ◆We also carry a vast array of consumable products... 私どもは〜用の[向けに]非常に幅広い[種類の]消耗品も取り揃えています。 ◆Carrying this argument a step further leads us to the additional conclusion that... この理論を更に一歩押し進めると、我々は...といったもう一つの結論に至る ◆Carry the license with you at all times when you are driving. 運転の際はいつも免許証を携帯してください。 ◆In vitro fertilization carries a low success rate and high cost. 体外受精は、低い成功率と高い費用を伴う。 ◆Today some of this data traffic is carried on the public switched telephone network (PSTN). 今日では、このデータトラフィック[通信データ]の一部は公衆交換電話網(PSTN)を通じて搬送される。 ◆Vascular operations carry steep price tags. 血管手術は、高額な費用がかかる。 ◆Ottawa rains carried six times as much radioactive iodine as is considered acceptable for drinking water. オタワの雨は、飲料水として許容できると考えられている量の6倍の放射性ヨウ素を含んでいた。
**2** n. 持ち運ぶこと、持ち運び方; (a) 〜 到達距離、〜 (足し算で1つ上の位に)繰り上がった数
**carry about** (あちこち)持ち歩く、持って歩く、持ち運ぶ、携帯する、携行する ◆carry about a little turtle in one's pocket 小さな亀をポケットに入れて持ち歩く[携行する、携帯する]
**carry along** 〜を持ち歩く[携行する、携帯する]、(熱意などで)(人)を引っ張って行く ◆be easy to carry along for reference 参考[参照]用に楽に持ち歩ける[携帯できる、携行可能である] ◆It's one that could fairly easily be carried along on a trip. それは旅行にかなり簡単に持って行ける[持ち歩ける、携帯できる、携行可能な]一台だと言えるでしょう。 ◆Right from the start he carried the audience along with him. のっけから彼は聴衆を(つかんで)ぐいぐいと引っ張っていった。
**carry away** 〜を運び去る、持ち去る; (受身形で)押し流される、〜の心を奪う、〜を夢中にさせる、〜に我を忘れさせる ◆be carried away by ocean currents 海流に流される ◆carry heat away from... 〜から熱を運び去る ◆If carried away by current or tide, your chances of returning will be few. もしも海流や潮流に(押し)流されてしまったら、あなたが(海岸に)戻れる可能性はほとんどないでしょう。 ◆It's like being carried [swept] away by a wave in a boat without any oars. それはオールが一つもないボートに乗って波に流される[さらわれる]ようなものだ。
**carry back** (人)に昔を思い出させる; (税金対策として)〜を前期に繰り戻す
**carry forward** (合計額など)を次の頁に繰り越す、(税金対策)次期に繰り越す; 〜を進展させる

**carry off** (賞金など)をさらう[獲得する]; (難局)をうまく処理する
**carry on** 〜をし続ける、続行する ◆I am a 42-year-old male, an only child – the only one in my family to carry on the family name. 私は42歳の男性で一人っ子です。つまり家族のうちで苗字[名字]を継げるのは私だけということなのです。
**carry out** 実行する、行う、成し遂げる、果たす ◆carry out capital punishment(s) [capital sentences, the death penalty] 死刑を執行する ◆carry out multiple tasks 《コンピュ》マルチタスクを実行する ◆processing is carried out in the host 処理はホスト[コンピュ]内で行われる ◆the director's ability to carry out day-to-day operations その局長の日常業務の運営能力
**carry over** 尾を引く、持ち越す、繰り越す、引き継がせる <to>
**carry through** (計画など)をやり遂げる、貫徹する
**carryability** 持ち運びやすさ、携帯性
**carry-in** adj. 持ち込みの ◆a carry-in service center 持ち込み修理サービスセンター
**carry-on** adj. 機内持ち込みの; n. a 〜 機内持ち込み手荷物 ◆carry-on baggage 機内持ち込み手荷物 ◆a piece of carry-on luggage 機内持ち込み手荷物1個
**car seat** a 〜 車の座席、《特に》幼児用の着脱可能な安全シート
**carsick** 車に酔った、乗り物に酔った ◆get carsick 車酔いする
**car stereo** a 〜 a DIN-mount in-dash car stereo DIN取り付け寸法準拠インダッシュ型カーステレオ
**cart** 〜 二輪の荷車、手押し車、リヤカー; vt. 〜を荷車で運ぶ ◆a rickety horse-drawn cart 馬に引かれたガタガタの車 ◆put the cart before the horse 《成句》本末転倒する、非論理的に優先順位を逆にする
**carte blanche** (pl. cartes blanches) 白紙委任状、自由裁量(権) ◆have carte blanche 自由裁量権を持っている ◆give... carte blanche to <do> (人)に白紙委任状を与え思い通り[好きなよう]に〜できるようにしてやる
**cartel** a 〜 カルテル、企業連合 ◆a price-setting cartel 価格を(協定して)定めるカルテル[企業連合] ◆they formed a cartel to boost prices これら企業は値上げをするためにカルテル[企業連合]を結成した
**Cartesian coordinates** デカルト座標、直角座標、直交座標
**cartographic** 地図作成[制作]の ◆a cartographic database 地図データベース
**cartography** 地図作成(法)
**carton** a 〜 (厚紙製の)カートン、ボール箱、(飲料などを輸送するためのプラスチック製)容器 ◆a carton box ボール箱、カートンボックス ◆unpack... from the shipping carton 〜を輸送梱包箱から取り出す
**cartoon** a 〜 (四コマ)漫画、風刺画、連載漫画、劇画、漫画映画、動画、アニメ
**cartridge** a 〜 カートリッジ、パトローネ、マガジン、ピックアップ、薬きょう ◆a film cartridge 《カメラ》フィルムのパトローネ ◆a font cartridge; a cartridge font 《コンピュ》フォントカートリッジ; カートリッジフォント (*DOS時代のプリンタのROMカートリッジからロードされる字体) ◆a magnetic tape cartridge 《コンピュ》磁気テープカートリッジ ◆a phono cartridge レコード再生用カートリッジ ◆a toner cartridge (OA)トナーカートリッジ ◆a cartridge tape drive 《コンピュ》カートリッジテープドライブ ◆files on a Zip cartridge Zipカートリッジに入っている[保存された]ファイル
**carve** 〜を刻む、彫る、彫刻する <out of> ◆the company appears to have carved out a niche between... and... この会社は、〜との間隙を埋める隙間市場を切り開いた[開拓した]ようである
**carving** 彫刻、彫刻術; a 〜 彫刻品、彫刻作品、彫り物

**carwash, car wash** ～ 洗車場, 洗車機 ◆a coin-operated car wash コイン式洗車場 ◆take one's car through an automatic carwash 自動洗車装置で車を洗う

**cascade** ａ～ 滝, 段状の滝の1段分,《電気》カスケード[縦続]接続, 連続的[段階的, 連鎖的, 逐次的]な過程[伝搬], ドミノ的現象, なだれ現象; vi., vt. 滝のように落ちる[垂れる], なだれを打つ, 段階的[連鎖的, ドミノ的]に起こる[伝わる],《電気》縦続接続する,《コンピュ》カスケードする ◆a cascading menu 《コンピュ》カスケードメニュー ◆cascade connection カスケード接続[結合], 縦続接続 ◆cascade open files 《コンピュ》オープンしているファイルをカスケードする[重ねて(少しずつずらして)表示する] ◆a second stage is cascaded 《電気》もう一つ別の段がカスケード接続されている ◆pull-down menus which cascade into smaller menus 《コンピュ》さらに小さなメニューにカスケードするプルダウンメニュー

**case** １ ａ～（いろいろな形状の）入れ物, 箱, 容器, 外箱, ケース, ケーシング, 活字ケース ◆a carrying case 携帯ケース, キャリングケース ◆a case shift 《コンピュ》大文字／小文字の切り換え;《テレックス》上段／下段[文字／数字]の切り換え ◆case-independence [case-blindness] 《コンピュ》大文字・小文字の区別をしないこと ◆case sensitivity 《コンピュ》大文字と小文字を区別できること[する]こと ◆case-hardened carburized steel 肌焼き[表面硬化]浸炭鋼 ◆case-hardening heat treatment （金属の）表面硬化[肌焼き]熱処理 ◆the changeover from letter case to figure case （テレックスの）下段から上段への切り換え ◆The disc is permanently mounted in a protective plastic case. このディスクはプラスチックの保護ケースの中に永久的に装着されている. ◆All comparisons involving labels and key names are upper/lower case insensitive. For example, a label called MyFile is the same as MYFILE, myfile, and so on. ラベルやキー名を含むすべての比較は, 大文字小文字の区別なしに行われる. たとえば, MyFile というラベルは MYFILE, myfile などと同じである.
２ ａ～ 場合, 事例, 例, 事実, 問題, 訴訟, 判例, 真相, 実状, 症例 ▶「～の場合（について言えば）」の意味の in the case of... には定冠詞が必要である. 定冠詞なしの in case of... は,「万が一」とか「もしも」の意味になる. 日本人は in the case of とすべき時に誤って the を落としがちなので注意. ◆in either case どちらの場合でも ◆in some cases 場合によっては[場合により] ◆in such cases そのような場合には ◆There are cases where [in which]... ～であるというケース[状況, こと, 場合]もある ◆(with) this [that, such] being the case [situation] こういった[そういう]事情[実情, 状況]なので; かようなわけで[次第で] ◆in a case [in cases] where... ～である場合に ◆in most cases ほとんどの[たいていの, 多くの]場合(は, に); ふつう ◆(just) as in the case of... （ちょうど）～の場合と同様に ◆(just) as is the case of... （ちょうど）～の場合と同様に ◆case by case; on a case-by-case basis ケース・バイ・ケースで; 場合場合で; 場合ごとに ◆as is often the case in Peru ペルーではしばしばそうであるように ◆as the case may be 状況に応じて; 事情次第で; 場合によっては[場合により]; 場合場合で ◆If this is not the case, ... そうでない場合は, ... ◆in the case of siting a new... 新しい～を立地する場合に ◆in the majority of cases たいてい, だいたい, ほとんどの場合 ◆as is the case for the other approaches その他のアプローチの場合と同様に ◆in the Toyota Corolla's case トヨタ・カローラの場合 ◆Assuming this is the case,... これが本当[事実, 実情, 真実, 実際のこと, そう]だとしたら ◆There may be cases where... ～といった場合があるかもしれない. ◆as has always been the case in telephony 電話通信技術分野で常にそうであったように ◆if that is the case もしそうであれば; そういうわけだったら ◆there have been no reported cases of loosening ゆるみが出たという例はこれまでに報告されたことはない ◆For cases where data volume is great,... データ量が大きい場合についていえば, ◆as in the case of an unknown athlete winning a gold medal 無名の運動選手が金メダルを獲得した場合と同様に ◆Ford Motor Company is a case in point. フォード自動車会社が, 好例[適

例, このいい例, それを言い当てている一例, ぴったりの例]です. ◆I have used the remedy in a great many cases of diphtheria. 私はこの治療方法を非常に多くのジフテリアの症例に用いた. ◆In all cases, reservations are advised. いずれにせよ, 予約を取ることをお薦めします. ◆Our case count has been going down steadily over the last 10 years. 私どもが扱っている件数は, この10年間にわたり着実に減ってきています. ◆This is a case of function being considerably more important than form. これは, 形よりも機能のほうがずっと重要だという一例である. ◆As is the case with any type of cutting edge or blade, even under normal use, the attachments become dull and less effective. どのような種類の切り刃やブレードでもそうであるように[あらゆる種類の切り刃およびブレードと同様に], これらのアタッチメントはたとえ普通の使い方をしていても切れ味は鈍って効果が下がってきます.

**in case (that)...** 万一～ということになったら, ～するといけないから ◆in case the oil froths up もしも油が泡立つといけないので ◆in case a problem may arise もし[万一]問題が起きたなら ◆in case of accidental overheating 万一, 間違って過熱した場合には ◆Back up the hard disk, just in case. 用心のために[万一に備えて], ハードディスクのバックアップを取ること.

**in any case** いずれにせよ, とにかく, どっちみち, ともかく, 事情はどうであれ, いかようにもせよ

**in no case** 決して[どんなことがあろうとも, 何がなんでも]～ない ◆In no case will it take more than three days. どんなことがあっても, それはせいぜい3日しかかからない.

**CASE** (computer-aided software engineering) (ケース), コンピュータ援用ソフトウェア工学; (computer aided systems engineering)

**case study** ａ～ ケーススタディー, 事例研究

**cash** １ 現金, お金, 金(カネ) ◆cash in advance 前払いで ◆pay cash down 即金[現金]で払う ◆pay (in) cash 現金払いする ◆be out of cash 金がない ◆be short of cash 金が足りない ◆be strapped [starved] for cash 金に困窮して ◆run out of cash 現金切れになる ◆a cash card キャッシュカード ◆a cash crop 換金作物 ◆a cash discount 現金割引 ◆a cash dispenser （英》キャッシュディスペンサー, 現金支払機, 現金自動預入払出機 (= an ATM) ◆a cash outlay 現金支出 ◆a cash register 金銭登録機[レジ] ◆digital [electronic] cash; E-cash [e-cash]; cybercash (= electronic [digital] money) デジタル[電子]キャッシュ（＊E-cashはDigiCash社の商標でもある. また, 大文字を使った "CyberCash" は社名） ◆a cash dispenser 現金自動支払機[キャッシュディスペンサー] ◆cash on delivery 配達時に代金引き替えで; 着金払いで ◆cash-rich 金満の; 札びらを切る ◆cash-short; cash-starved; cash-strapped 金欠の ◆cash in hand 現金現在高 ◆a cash management account 資金総合口座 ◆become a cash cow ドル箱（商品）[部門]（金のなる木, 金蔓(カネヅル), おいしい財源）になる ◆for conversion into cash 現金化[換金]するために ◆cash-poor countries （経済的に）貧しい国 ◆a computerized cash-movement network コンピュータ化された現金移動ネットワーク ◆a talented but cash-poor whiz kid from Silicon Valley 《意訳》シリコンバレーからまれた才能のある若手天才技術者 ◆accumulate a large amount of cash 多額の現金をためる ◆Shop here and receive up to 20% cash back on every purchase you make. こちらでショッピングされるお客様は, お買い上げのたびに最大2割までの割り戻し[キャッシュバック（プレゼント）]をお受け取りいただけます.
２ vt. ～を現金化する ◆cash in 〈小切手など〉を現金化する ◆cash in on... ～を利用する, ～から利益を得る, ～で儲ける ◆companies cashing in on the boom in ecotourism エコツーリズムブームに乗って儲けている会社

**cash-and-carry** adj.（販売方式が）現金払い持ち帰りの; ａ～（配達無し現金取引の）大型量販店

**cash flow** (a) ～ 現金の流入・流出, 現金の収支, 資金繰り,《経理》キャッシュフロー ◆in an effort to ease the city's cash-flow problems この都市の財政難問題を緩和しようと ◆junk bond debt that has devastated cash flows and thrown companies into bankruptcy　資金繰りをめちゃめちゃにし企業を破産に陥れたジャンク債負債 ◆We're in a cash flow crisis.　我々は、資金繰り上の危機に陥っている。

**cashier**　a〜（現金）出納係、会計係；レジ係

**cashpoint**　a〜《英》現金支払機、現金自動預入払出機（= an ATM）

**cash position**　(a)〜 キャシュ・ポジション、現金持ち高、キャッシュフロー,資金繰り ◆in order to achieve a better cash position　資金繰りを改善させるために ◆Kmart's cash position is strengthening　Kマートの資金繰りは強化されつつある；資金状態［キャッシュフロー］は好転しつつある ◆the company has a cash position of about $100 million　この会社は、1億ドルの手持ち現金がある；同社の現金手持ち高は1億ドルである

**casing**　a〜 ケーシング、外被、外皮、包装、枠、《土建》くるみ ◆a turbine casing　タービン車室 ◆fiberglass tubes for use as fuse casings　ヒューズ筒用のファイバーグラスチューブ

**cassette**　a〜 カセット、（写真フィルムの）パトローネ ◆a cassette deck [player, recorder]　カセットデッキ［プレーヤー、レコーダー］ ◆a video cassette　ビデオカセットテープ ◆a video cassette recorder (VCR)　ビデオデッキ、ビデオレコーダー ◆a dual [double] cassette deck　ダブルカセットデッキ ◆a dual-transport [dual-well] autoreverse cassette deck　ダブルカセット・オートリバース・デッキ（*dual-transportはテープ駆動メカがご（2個）、dual-wellはカセットを装着するくぼみが2個という意味であり、結局は同義である） ◆listen to audio cassettes　（オーディオ）カセット（テープ）を聴く ◆read cassette tapes（機械的に）カセットテープを読む ◆Beverly Hills Cop on cassette　『ビバリーヒルズコップ』（という映画の）（ビデオ）カセットテープ版［ビデオソフト］ ◆save the programs to an audio cassette　それらの（コンピュータ）プログラムを、オーディオカセットテープに保存する ◆look for a specific program on a long-playing cassette　再生時間の長いカセット（テープ）に録画されているある特定の番組を探す［サーチする］ ◆VHS uses a relatively larger tape cassette.　VHSは比較的大きなテープカセットを使っている。 ◆With VCRs in 54% of U.S. homes, an estimated 65 million movie cassettes were sold in 1987, and 3.3 billion were rented.　米国家庭の54%にビデオが普及し、1987年に映画のビデオカセット［ビデオソフト］が推定6,500万本売れ、また33億本がレンタルされたと見られている。

**cast**　1　〜を投げる［投じる、ほうる］、〈光など〉を放つ、落とす、追い出す、どかす、〈役〉を割り当てる、〜を鋳造する、型にはめる、キャストする ◆cast an eye on...　〜（の方）に目を投げかける［目をやる、視線を向ける］ ◆cast a shadow　〜に影を落とす［投げかける、投げる］

2　a〜 投げること、形、配役、鋳造物、《コンピュ》キャスト感情をさせる（*データ型の変換） ◆make casts　鋳物［鋳造品］を作る ◆Shooting in early morning light provides a warm cast to your color photos.　早朝の光の中での撮影は、カラー写真に暖かい色合いを加えてくれます。

**cast about [around] for**　〜を探し回る
**cast aside**　追放する、排斥する、厄介払いする
**cast away**　捨てる、難破させる
**cast back**　回顧する
**cast down**　〈地位など〉を失墜させる、卑しめる、〈目〉を伏せる；落胆させる
**cast off**　（見）捨てる、〈不要な衣服など〉を処分する、〜と絶交する、〈船〉のもやい綱を解く
**cast out**　（人）を投げ出す、追い払う、追放する
**cast up**　〈伏せていた〉目を上げる、〈漂流物など〉を〈岸に〉打ち上げる、流し寄せる ＜on＞

**caste**　0カースト（制度）、世襲的階級制度、世襲的社会階級、a〜（カースト制度における）ある一階級、社会的地位 ◆the caste system of [in] India　インドのカースト制度 ◆upper-caste families　（インドなどの）上級カーストに属する世帯 ◆forbid discrimination by caste or religion　カースト［世襲的身分］あるいは宗教による差別を禁止する

**caster**　a〜 キャスター（*家具などの足に付いている足［脚］車）、自在輪、投げる人、鋳造者 ◆a cabinet on casters　キャスター付きのキャビネット ◆The casters can roll loads up to 800 lbs. easily.　キャスターは、800ポンドまで（の荷重を）楽々と移動させられます。

**casting**　鋳造、注入成形、流し込み成形、（型への）流し込み、投げること、配役［キャスティング］ ◆a〜 鋳物、鋳造物、ダイカスト製品 ◆continuous casting　連続鋳造 ◆aluminum castings　アルミ鋳造［鋳物］部品・製品

**cast iron**　鋳鉄（チュウテツ） ◆malleable cast iron　可鍛(カタン)鋳鉄 ◆a cast-iron brake drum　鋳鉄ブレーキドラム

**castle**　a〜 城 ◆We are now the masters of our own castle.　今や、私たちは一国一城の主だ。（*自分達の店がやっと持てた等の状況で使う表現） ◆Lulled into complacency by more than a decade of exceptional returns in stocks and bonds, many investors seeking future riches have built castles in the air.　十余年にわたり株式や債券から上がる異常ともいえるほどに高い利益によって危機感が麻痺させられて、将来一財産当て込んでいた多くの投資家は空中楼閣［砂上の楼閣］をつくった。

**castor oil**　0 ひまし油
**cast steel**　鋳鋼

**casual**　adj. 普段通りの、普段用の、日常的な、形式ばらない、くだけた、無頓着な、のんきな、いい加減な、漫然とした、気軽な、ちょっとした、何気ない、さりげない、無造作な、ふとした、偶然の、不意の、思いがけない；臨時の、不定期の、不規則な ◆A casual reference was made to...　〜についてはさりげなく［さらりと、さらっと、軽く、簡単に］触れられた程度だった ◆clothes for casual wear　普段着る衣服、普段着 ◆A casual observer might overlook these minor styling revisions.　漫然と見ている人には［注意深く見ないと］、これらの小規模なスタイリングの変更は見逃してしまうかもしれない。 ◆Most ancient sites are buried and on casual observation seem invisible.　たいていの古代遺跡の場所は地中に埋まっていて、漫然と［何気なく］見ているだけではその姿をとらえることはできない。 ◆This forged check will most likely go undetected under casual inspection by the recipient.　この偽造の小切手は、（注意してよく見ることなく）一瞥するだけの受取人には見破られないで通るだろう。 ◆A friend's casual remark five years ago inspired Judith Willis to take the first steps toward founding a company that now appears to be thriving.　友達が5年前に何気なく云ったこと［なんの気なしにしゃべったこと、ふと漏らした言葉］がジュディス・ウィリスにヒントを与え、現在繁盛している様子の会社を興させるの第一歩となった。

**casually**　adv. 偶然に、ひょっこりと、ふと、何気なく、さりげなく、無造作に、普段着で ◆find a man casually urinating on the sidewalk　平然と［何食わぬ顔して、しゃあしゃあと、平気で］歩道で立ち小便している男を見つける ◆Dressing casually on Fridays has become popular in some offices.　普段着［平服］を金曜日に着用することが一部のオフィスで広まった。 ◆they talk casually about sex with one another without embarrassment　彼らは、照れないで気軽に［さりげなく］性について語り合う

**casualty**　a〜 災害、災難、傷害；《通例 〜ties》（事故、災害、戦争の）死傷者（数）、負傷者（数）、犠牲者（数） ◆a casualty estimate　死傷者数の推定、（意訳）推定［予想］死傷者数 ◆a casualty figure　死傷者の数 ◆under casualty conditions　（死傷者が出るような）大惨事［事故］の時に ◆The Korean Peninsula was hit with up to 25 inches of rain last week, causing heavy casualties and property damage.　朝鮮半島は先週最高25インチの雨に見舞われ、多数の死傷者および大きな物的損害を出した。 ◆Police reported hundreds of casualties in snow-related traffic accidents, including 27 deaths on Tuesday when snow began piling up.　警察は、雪が積もり始めた火曜日の27名の死者を始めとして、雪が関係した［《意訳》雪が原因とみられる］交通事故で何百名にもなる死傷者があったと発表した。

**cat**　a〜 猫、ネコ科の動物、意地の悪い女(a malicious woman) ◆an [a] FIV-positive cat　ネコ免疫不全ウイルス陽性の猫（*FIV: feline immunodeficiency virus = いわゆる猫エイズ） ◆it rains cats and dogs　どしゃ降り［大雨］だ；雨が激しく降る

**CAT** (computerized axial tomography) コンピュータ化体軸断層撮影（法）, CTスキャン

**cataclysm** *a* ~（大洪水や大地震などの）大災害, 天変地異, 大異変, 大変動,（社会的な）激変［大変革, 激動］ ◆in order to prevent a cataclysm in the international economy　国際経済に激変が起きるのを防止するために

**cataclysmic** *adj.* 大変動の, 激変の, ◆cataclysmic changes　激変　◆cataclysmic times　激動の時代　◆forebode a cataclysmic future　劇的変化がありそうな［大波瀾含みの］将来を予示する

**catalog** 1 *a* ~　カタログ, 目録　◆ready-made catalog-order devices　（意訳）(特注品でない) 既製の定番素子　◆a card catalog that is placed [stored] on microfiche　マイクロフィッシュに収められたカード目録　2 *vt.* ~の目録を作る, ~を目録［カタログ］に載せる, ~を登録する, ~を分類整理する; *vi.* 目録を作成する, 目録に載る　◆a cataloging system for library books　図書館の本を整理分類し目録を作るシステム　◆catalog data　データを整理する　◆catalog... into a library [list, directory]　~をライブラリ［リスト, 名簿］に登録する　◆catalog... into the library under a name　~をある名前でライブラリに登録する　◆Each index can catalog up to 250,000 pictures.　《コンピュ》1つの索引に最高25万画像まで登録できる。

**catalysis**　触媒作用［反応］　◆by catalysis　触媒作用により　◆by means of chemical catalysis　化学触媒反応によって　◆under conditions of basic catalysis　塩基性触媒作用のもとで

**catalyst** *a* ~　触媒　◆in the presence of an acid catalyst　酸触媒の存在下で　◆the primary catalysts that created the term electronic mail　電子メールという言葉を生み出した主だった要因

**catalytic** *adj.* 触媒（作用）の　◆a catalytic converter　触媒コンバータ（* 自動車の排気ガス中の一酸化炭素, 窒素酸化物, 未燃焼の燃料を減少させるためのもの）　◆catalytic cracking processes　接触分解プロセス

**catalytically** *adv.* ◆catalytically cleaned-up emissions　《車》触媒作用で浄化された排気ガス

**catalyze** *vt.* ~に触媒作用を及ぼす　◆catalyze the oxidation of A to B　AがB酸化してBになる際に触媒の働きをする　◆the acid-catalyzed alkylation of...　酸の触媒作用を利用した~のアルキル化　◆under certain catalyzed conditions　ある触媒条件のもとで

**cataphoresis** (*a*) ~ (= electrophoresis) 電気泳動

**catastrophe** *a* ~　大災害, 破滅的［壊滅的, 激甚（ゲキジン）］災害, 大惨事, 悲劇, 天変地異, 大変動, 激変, 破局, 破滅, カタストロフィー; *a* ~ （悲劇的な）大詰め, 大団円　◆face financial catastrophe　経済的破局に直面する

**catastrophic** *adj.* 破局的な, 悲劇的な, 突発的な, 天変地異の, 悲劇的な, 悲惨な, 破滅的な, ◆ (a) catastrophic failure　壊滅的な故障（* 前兆なしに突然発生するタイプの故障, cf. deterioration failure）; 突発故障, 破局; 壊滅

**catch** 1 *vt.* つかまえる, 捕らえる,〈野球のボールなど〉をとる（キャッチする, 捕球する〉,〈頭で〉把握する, 理解する, 引っかける, はさむ,〈風邪〉にかかる; *vi.* ◆catch hold of...（→ hold）　~をしっかりとつかむ［つかまえる］　◆a catch-all party　包括政党　◆a method for [of] catching salmon; a salmon fishing method　シャケを獲る方法; 鮭の漁法　◆become [get] caught in the gap between A and B　AとBのすきまに挟まれる　◆get caught in moving parts　動いている部品に挟まれる　◆salmons just caught out of the river by a hook and line　釣り針と釣り糸［釣り竿］を使って川で釣られた取れたてのシャケ　◆when your tires get caught in the groove　車のタイヤが轍（ワダチ）にはまると　◆come up with a plan to "catch and pass Japan" in manufacturing technology　製造分野での「日本に追い付き, 追い越せ」という計画を打ち出す　◆reduce the possibility that someone's fingers or toes could be caught in the gap　手や足の指が隙間に挟まれる可能性を減らす［挟まれることのないようにする］　◆if the ribbon is caught in the space between...　リボンが~の間に引っ掛かった［はさまった］場合は　◆Be careful not to get your fingers caught in the moving linkage.　可動リンク機構に指が巻き込まれ［挟まれ］ないよう注意してください。　◆Trawl surveys: Scientists catch fish with a trawl net and record what they catch and note the changes when they fish the same area later.　トロール調査: 科学者らは底引き網で魚を獲って, 漁獲物を記録し, 後で同じ海域で採捕した時に変化を書き留める［記録する］。　2 *a* ~　捕らえること, 捕らえたもの, 捕獲量, 漁獲量, 水揚げ（量）; *a* ~　受け金具, 留め具, 止め金, 掛け金　◆an annual catch of 25 tons of bass　年間25トンに上るバスの漁獲量［水揚げ高］　◆a relatively heavy [high, large] catch of fish　比較的大きな漁獲高［水揚げ高］　◆declines in fish catches　漁獲高［漁獲量, 水揚げ高］の減少　◆play catch with...　（人）と［（物）を使って］キャッチボールをする　◆set a TAC (total allowable catch)　漁獲可能（総）量［(漁獲)割当量］を設定する　◆91 percent of the total commercial salmon catch　商業漁業によるサケの総漁獲高［水揚げ高］の91%　◆Alaska salmon catches reached record levels during the '80s.　アラスカサーモンの漁獲高［水揚げ高］は80年代に記録的な水準にまで増加した。　◆In the fish store, a fresh catch of octopus was on sale.　魚屋では, 取れたての（活きのいい）タコが売られていた。

**catch on**　人気を博する, はやる, 流行する; ~の意味が分かる, ~を理解する

**catch out**　（わざと失敗させようと）〈人〉を引っかける,〈うそ, 偽り, ごまかしなど〉を見破る,〈誤りなど〉を見つける

**catch up**　~に追いつく <with>; 追い上げる, 巻き返す,《経済競争的の意訳》追撃する; 急に~を持ち上げる;《受身の形で》~に巻き込まれる［つかまる］<in>; ~の遅れ［不足］を取り戻す, ~を挽回する <on>　◆Avoid getting caught up in office politics.　職場での派閥抗争［権力闘争, 足の引っ張り合い］に巻き込まれないようにしなさい。　◆expand production quickly to catch up with demand　需要に追いつく［需要を満たす］べく生産を急速に拡大する　◆Fortunately, May's good weather should allow builders to catch up on construction time they lost in April.　幸いにも, 5月の好天で, 建築業者らは4月に失った工期が挽回できそうである。　◆The country is having great difficulty trying to catch up to the technological level of Japan and the West.　同国は, 日本および西側諸国の技術水準に追いつこうとして非常に苦労している。　◆Japan is catching up with the U.S. – and often surpassing it – in creating the cutting-edge products that long were the turf of U.S. firms.　長いこと米国企業の独壇場［牙城］であった最先端の製品を創るうということにおいて, 日本は米国を追い上げつつある, いやむしろところか追い越している場合も多くある。

**catchment**　集水;（学校などの）通学圏,（商店などの地理的）集客,（役所などの地理的）管轄［所管］,（病院などの地理的）担当　◆a catchment area [basin,《まれに》zone]　流域, 流域面積, 集水域［区域］(= a drainage area)　◆a school's catchment area [zone]　学校の通学圏（*その学校に通う生徒の地理的範囲）, 学校の通学区域［学区域, 学区］　◆the catchment area of a local office　地方事務所［出張所］の担当［管轄, 所轄］区域　◆the catchment area of a supermarket [a convenience store, a department store]　スーパー［コンビニ, デパート］の集客圏［《意訳》商圏, 商勢圏］

**catchphrase, catch phrase** *a* ~　キャッチフレーズ,（広告などの注意や興味を引きつけるための）うたい文句, 惹句（ジャック）, 標語, スローガン

**catch-up**　追い上げ　◆play catch-up with...　〈国, 企業など〉~を追い上げる［《意訳》追撃する］　◆Russia is playing a game of catch-up with the West in modernizing its military technology　ロシアは軍事技術の近代化で西側に追撃戦を挑んでいる

**catchword** *a* ~　標語, 宣伝文句, キャッチフレーズ, 惹句（ジャック）, スローガン,（辞書の各ページ上部の）欄外見出し語

**categorize** *vt.* ~を分類［類別］する　◆commonly categorized as...　一般に~として分類されている　◆categorize and keep track of your records, tapes and CDs　持っているレコード, テープおよびCDを分類・管理する（*コンピュータを使って

整理する話で）◆categorize microprocessors broadly in terms of the number of bits of data they handle at each step マイクロプロセッサを，1ステップで扱うデータビット数によって大別する

**category** *a* ～ カテゴリー，範疇（ハンチュウ），種類，部類，分類，部門，区分，類，型，商品分野 ◆*a* category killer カテゴリーキラー，特定の商品分野にしぼった安売り小売業者 ◆fall roughly into ten categories based on... ～に基づいて10のカテゴリーに大別される ◆fall under [within] this category この部類［部，部門，分類，分類区分，種類］に入る［収まる，該当する，当てはまる，適合する］ ◆in the goods category [sector] 《経》モノの分野で［の］ ◆out-of-category services カテゴリーに属さない［範疇に入らない］サービス ◆put... in the category of... ～を～の分類に含める ◆search and select magazines by category 雑誌をカテゴリー［ジャンル指定］検索して選ぶ ◆*a* whole category of nuclear weapons ありとあらゆる核兵器［核兵器の部類に属するものすべて］ ◆come [fall] under the category of "discretionary spending" 「裁量［消費］支出」の範疇［科目，項目］に入る ◆Printers fall into two broad categories: impact and nonimpact varieties. プリンタは2つのおおまかな分類に分けられる［(意訳)2つの種類に大別される］。インパクト型とノンインパクト型である。 ◆There are five basic categories for traffic signs and markings: 交通標識および標示には5つの基本的なカテゴリーがある。 ◆In the balloting, the car outpolled all the others in the categories of engine, transmission, ergonomics, comfort, ride and value. 投票では，この車はエンジン，ミッション，人間工学，快適性，乗り心地および価格の（評価）項目で，他車を尻目に最高得点を獲得した。 ◆Once HDTV broadcasts begin, a number of new product categories should appear in both audio and video shops. ひとたびハイビジョン放送が始まれば，オーディオ店とビデオ店双方に数多くの新製品部門が出現することだろう。

**cater** v. 仕出し［配膳，出張料理，受託調理，産業給食］サービスをする，用命を受ける，要求に応える，娯楽を提供する，迎合する ◆cater to a variety of needs 多様なニーズを満たす ◆cater to the needs of black boys 黒人少年らのニーズに応じる ◆run a catering business 受託調理［産業給食］業を経営する ◆a software firm catering to business needs ビジネス分野でのニーズに応えているソフトウェア会社 ◆resorts that cater to youngsters 若者の要求に応じるリゾート ◆stores that cater almost exclusively to the rich 主に金持ちを相手に［もっぱら富裕層を客にし］ている店 ◆the following books cater to children ages 3 to 6 以下に掲げる本は，3歳児から6歳児向けである

**catering** ケータリング，出前，配膳［仕出し，出張料理，弁当・給食サービス］業，配食業 ◆a catering firm 配膳［仕出し，出張料理，弁当・給食］会社 ◆three catering services offering delivery of meals 食事の仕出しをしている仕出し屋［業者］3軒

**caterpillar** a～ キャタピラ，無限軌道，無限軌道車両（＊キャタピラ式トラクター，戦車など），毛虫 ◆a caterpillar track 無限軌道

**catfish** a～ (pl. ～, ～es) ナマズ ◆to determine whether catfish can predict earthquakes ナマズが地震を予知できるのかどうか調べるために

**catharsis** (a)～ 《心》カタルシス，浄化（＊ドラマや音楽を通じて感情の起伏を疑似体験することにより，激しいあるいは剣呑な感情を発散させ浄化すること）；(a)～ 《医》便通，排便，瀉下（シャカ） ◆a cleansing catharsis 精神的［心理的，心的，情緒的］な浄化 ◆writing the diary was a catharsis for her その日記を付けることが彼女にとってのカタルシス［抑圧された心理・情緒の解明・浄化］であった

**catheter** (a)～ カテーテル（＊体腔や器官に挿入して用いる医療用導管．体液の排出や薬剤の注入に用いる），導尿管 ◆a balloon catheter バルーン［風船付き］カテーテル ◆insert a catheter into a vein カテーテルを静脈に挿入する

**cathode** a～ ー 陰極 ◆a cold cathode fluorescent tube 冷陰極蛍光管

**cathode ray** a～ 陰極線
**cathode-ray tube** (CRT) a～ 陰極線管，CRT，ブラウン管
**cathodic** adj. カソード［陰極］の ◆cathodic protection 電気防食；陰極保護；陰極防蝕（＊地中に埋設された金属パイプなどは，電位的に陰極側になるようにすることで電気化学的用による腐食［電食］から保護できる）

**catholic** adj. 普遍的な，包括的な，幅広い，寛大な
**Catholic** a～ カトリック教徒；adj. カトリック教(会)の ◆the Catholic Irish Republican Army カトリック系アイルランド共和国軍

**cation** a～ カチオン，陽イオン（→an anion）
**cationic** 陽イオンの，カチオン(系)の ◆a cationic surfactant カチオン(系)界面活性剤

**CAT scan, CT scan** a～ CTスキャン，コンピュータ断層撮影 (CAT = computerized axial tomography)
**CAT scanner, CT scanner** a～ CTスキャナー，コンピュータ断層撮影装置

**CATV** (community antenna television) CATV, 共同アンテナテレビ，有線テレビ ◆receive CATV 有線テレビを受信する ◆a CATV cable 有線テレビケーブル

**catwalk** a～ 高所(中空)の狭い連絡通路，（ファッションショーでモデルが歩く張り出し）ステージ ◆a worker fell 30 feet from a catwalk to the ground 作業員が猫走り［作業用通路］から30フィート下の地面に落下［転落］した ◆on a catwalk above the auditorium 講堂の高い所に設けられている通路の上で ◆Recently she strode the catwalk at a fashion show for expensive outdoor gear. 《意訳》最近彼女は，高級外出着のモデルとしてファッションショーの（張り出し）舞台を歩いた。

**Caucasoid** adj. コーカソイド［白色人種，白人種，白人］の；a～ 白色人種の人，白人 ◆the Caucasoid race 白色人種

**caulk, calk** vt. 〈すきま〉をふさぐ，充填［封止］する，（板の継目を折り曲げてたたきつぶして）かしめる，コーキング［コーキン］する；a～ 充填材 ◆caulk pipe joints 配管の接合部をふさぐ［充填封止する］

**caulker** a～ かしめ工具，コーキン工

**caulking** 隙間を塞ぐこと，継ぎ目に補充すること，かしめ，コーキング［コーキン］，気密［水密］充填，填隙

**cause** 1 vt. ～の原因となる，～を引き起こす，～をもたらす，〈損失，誤解，軋轢など〉を生じさせる（原因となる）～にさせる ◆cancer-causing radon 発癌性のラドン（ガス） ◆cause a loss of protection 保護を失うことになる ◆cause bulimia 過食症を引き起こす［誘発する］ ◆cause permanent damage to... ～に永久的な被害を与える ◆without causing major damage to... ～に重大な損害［損害］を来さずに；～に甚大な被害を及ぼさずに ◆noise-causing turbulence 騒音発生の原因となる乱流 ◆cause a change in motor torque モーターのトルクに変化を起こさせる ◆caused by its being too vulnerable to... ～に対して（それが）あまりにも脆弱だったために引き起こされた ◆cause the charging system to short out 充電系に短絡を来す［招く］ ◆unreliability causing usage drop-off 利用の激減を招いている信頼性の欠如 ◆cause the engine to increase in speed by increasing the supply of fuel 燃料の供給を増やしてエンジンのスピードが上がるようにする ◆clipping distortion caused by lack of amplifier power アンプの出力不足に起因するクリッピング歪み ◆garbled data caused by static electricity 静電気のせいで化けてしまった［ぐちゃぐちゃになった］データ ◆Nicotine causes the blood vessels to constrict. ニコチンは血管を収縮させる。 ◆Volcanic ash can cause engine failure. 火山灰はエンジン故障の原因となる。 ◆This condition may cause you to think the motor is at fault. この状態だったら，モーターが不良だと思ってしまうかもしれません。 ◆The use of attachments not recommended or sold by the appliance manufacturer may cause hazards. 器具メーカーが推奨したり販売したものでないアタッチメントの使用は，事故の原因になることがあります。 ◆The use of other accessories, not recommended by Lehman, may cause in-

jury. レーマン社推奨でない他の装備品の使用は、傷害のもとになることがあります。
**2** *a* ～ 原因, 要因, 元凶, 理由, 事由, 主義, 主張, 大義 ◆become a cause of... ～の原因となる ◆a leading cause of... ～の主な原因の一つ ◆be caused by a cause other than... ～以外の原因[理由]で引き起こされる ◆become a cause for concern 心配[頭痛]の種になる ◆become a direct cause of... ～の直接的な原因(の一つ)となる ◆become a root cause of... ～の根本的な一因になる(\*the root cause of... と定冠詞なら「根本原因」) ◆become a [the] cause of... ～の原因[要因]となる ◆be considered to be a cause of... ～は、～の原因の一つ[～の一因]であると考えられている(\*不定冠詞a はいろいろな原因も考えられることを暗示している) ◆eliminate the cause of... ～の原因を取り除く[無くす] ◆to find a cause for the irregular heartbeat 動悸の原因を究明するために ◆track down the cause of errors エラーの原因を究明する ◆a chain of cause-and-effect [cause-effect] relations 一連の因果関係 ◆determine an assignable cause 帰するところの原因を特定する ◆determine the cause of the failure その故障の原因を特定する ◆get to the causes behind the customer's problems 顧客が抱える問題の背後にある原因に迫る ◆the causes and effects of chemical reactions 化学反応の原因と結果[因果関係] ◆a head injury that eventually became the direct cause of his two suicide attempts ついには彼の2度にわたる自殺未遂の直接原因となった頭部傷害 ◆to find the cause of the Sept. 20 crash of a USAir 737 at New York's La Guardia Airport 9月20日にニューヨークのラ・ガーディア空港で起きたUSエア737便の墜落事故原因を究明する ◆Field-proven hardware gives the customers less cause to fear that... 実績あるハードウェアは、顧客が抱く～という不安の種を減らしてくれる。 ◆Problems [Symptoms]: ... Causes: ... Remedies [Corrective actions, Solutions]: ... 故障(内容)[症状, 現象, 異状]: ～ 原因[点検箇所]: ～ 処置[直し方, 対策, 処処方法, 対応策]: ～(\*取扱説明書, 修理マニュアルなどによく用いられる表現) ◆More than 100 Canadians have died serving the cause of peace. 100余名のカナダ人が平和の大義のために貢献して死亡した。(\*United Nations peacekeeping missions「国連の平和維持任務」) ◆This is one of (the) causes of confusion [stress]. これは混乱[ストレス]の一因である ◆This was one of the direct causes of the accident. これは事故の直接原因の一つであった。 ◆Table E lists engine problems, probable causes, and suggested remedies. 表Eに、エンジントラブルならびに考えられる[推定]原因と対処のしかたを示します。 ◆"ES" test failure shall be cause for the supplier to stop production shipments immediately. 「ES」試験が不合格の場合には、この理由により部品納入メーカーは即刻出荷を中止しなければならない。 ◆Most people with bullet wounds do not die. Some people without bullet wounds do die. Therefore, bullet wounds are not a direct cause of death. 銃弾で負傷した人のほとんどは死なない。銃弾を受けてもなかには死ぬ人がいる。よって、銃創は死の直接の原因ではない。(\*屁理屈の例)

**cause-and-effect** 原因と結果の, 因果の

**caustic** adj. 苛性(カセイ)の, 焼灼(ショウシャク)性の, 腐食性の ◆caustic soda 苛性ソーダ ◆Mortar is mildly caustic. If it splashes on your skin, wash it off with water. モルタルには、多少肌荒れを起こす性質があります。皮膚についたときは水で洗い流してください。(\*caustic = 苛性の = 動物組織を腐食させる性質がある) ◆The original reason for using gold was its imperviousness to chemical attack from the somewhat caustic inks of the early years. 金を使う元々の理由は、多少腐食性のあった初期のインクによる化学的侵食に対して金には耐性[耐薬品性]があったからだ。(\*万年筆のペン先の話)

**caution** 1 (*a*) ～ の 注意, 用心, 慎重(さ), 警告, 警戒, 訓戒, 注意事項 ◆with caution 注意[用心, 警戒]して ◆exercise caution 気をつける, 用心する ◆cautions as to... ～に関する注意(事項) ◆cautions in...-ing ～する際の注意事項 ◆a few words of caution; some words of caution いくつかの注意(事項) ◆require (extra [some]) caution (特別[多少])注意

を要する ◆Use caution not to <do...> ～しないよう注意してください。 ◆with extra caution 特に気をつけて[特に注意を払って] ◆Extreme caution must be taken to <do> ～するように細心の注意を払ってください ◆Extreme caution should be exercised when... ～の際は注意の上にも注意しなければならない ◆serve as a caution against assuming... ～だと決めてかからないようにすることを促す役割を果たす[警告となる, 戒めである] ◆we must proceed with extreme caution 我々は極めて注意深く進む必要がある ◆Due caution should [must] be exercised in the production and handling of... ～の生産および取扱いには十分な注意を払わなければならない[払う必要がある] ◆cautions about procedures which might be hazardous to your person (あなたの)身体に危険が及ぶ恐れのある手順についての注意事項 ◆One caution that must be heeded while working with this tool is that... このツールを使用しての作業でひとつ注意しなくてはならないのは、～ということである。 ◆But, one word of caution. Make sure... ただし、ひと言注意しておきます。～であることを確認するようにしてください。 ◆There was no caution label on the packaging or the pillow. 包装にも枕にも、注意表示ラベルは付いていない。 ◆CAUTION: May explode if recharged or disposed of in fire. 注意: 充電したり火にくべたりすると破裂するおそれがあります。(\*乾電池の注意書き) ◆Extreme caution is required around this circular saw to prevent possible injury. 万一の傷害を防ぐために、この丸ノコ盤の周辺では格別の注意が必要である。 ◆It is significantly toxic so that great caution must be taken with its use. これは極めて有毒であるので、使用にあたっては十二分に注意しなければならない。

**2** v. 注意する, 警告する, 用心させる ◆caution against the indiscriminate use of... ～をむやみに[漫然と]使用することのないように注意する ◆caution against thinking of... as a panacea ～を万能薬と[～が万事解決してくれると]考えるのはよくない[危険である]と警告する ◆Dermatologists caution against overdosing Retin-A. 皮膚科専門医は、レチンAの過度の使用を避けるよう警告している。 ◆Police caution women not to take rides from strangers. 警察は女性に対し、知らない人から誘われた車には乗らないよう注意を促している。 ◆We caution people not to use elevators when there is a fire alarm. 私たちは、火災警報発生時にはエレベーターを使わないよう注意を呼びかけています。

**cautious** adj. 用心深い, 慎重な ◆become more cautious in making investment decisions 投資の決定を下すのにもっと慎重になる

**CAV** (constant angular velocity) 一定の角速度, 角速度一定 (cf. CLV) ◆a CAV (constant angular velocity) disc 角速度が一定のディスク(\*回転数を一定にして信号を記録・再生するタイプの記録媒体) ◆use constant angular velocity (CAV) recording 角速度一定[定角速度] (CAV) 記録(方式)を用いる(\*ディスクを一定の回転速度で回転させてデータを読み取るようにするもの。ディスクの中心に近いほどデータが密に記録されることになる)

**cave** a ～ 洞穴, 洞窟, 洞, ほら穴, 横穴, 穴居 ◆limited-access caves; restricted caves; caves that are known to have access restrictions placed on them (内部に)入るのに制限が設けられている洞窟; 立ち入りが制限[禁止]されている洞窟; 立ち入り制限があることが知られているほら穴

**cave in** 陥没する[させる], 落盤する[させる], 崩壊する[させる], 落ち込む[ませる] ◆The ceiling of a coal mine in northern Vietnam caved in on a group of miners, killing at least three people. ベトナム北部の炭鉱で落盤が発生し坑内人グループが下敷きとなり少なくとも死者が3名でた。

**cave-in** ～ 陥没, 落盤, 崩壊

**caveman, cave man** a ～ (pl. cavemen) 穴居人, (口)粗暴[粗野]な男 ◆in the days of the cave man 穴居人の時代に; 石器時代に; 原始時代に

**cavitation** キャビテーション, 侵食損傷, 《水力発電水車》空洞化, 空洞現象[発生, 形成]

**cavity** *a* 〜 空隙、穴、空洞、腔、キャビティ、くぼみ、空所、空隙、巣、鋳 [気孔] 巣; *a* 〜 空胴 (共振器); *a* 〜 金型 ◆Samples from each cavity of a multiple-cavity die [mold] shall be checked for conformance to dimensional requirements.　多数個 [数個] 取り金型の個々のキャビティーから取られたサンプルは、寸法要件 [《意訳》基準寸法] に合致しているか検査するものとする。

**CB**　(citizens' band) ◆a CB transceiver　シチズンバンドトランシーバー

**CBO**　(Congressional Budget Office) *the* 〜　米議会予算局

**CBOT**　(Chicago Board of Trade) *the* 〜　シカゴ商品取引所

**cc**　(cubic centimeters) (シーシー)、立方センチ; CC (chief complaint)《医》

**CC, cc, CC:, cc:**　(carbon copy) 《ネット》*a* 〜 (*送信するメールの内容を当の送信先相手以外の人にも知らせておきたい場合に、CC欄にアドレスを指定して送る同報メール); vt.　〜を [〜に] CCで送信する　◆send a cc [a cc: copy] to...《ネット》〈人〉にCCメールで [メールをCCで] 送信する　◆I cc [I've CCed] this email [message, note] to...　このメールを〈人, 宛先〉に (も) CCで送信しておきます。(*送信されるメールに書く表現) ◆I have CCed him on this email.　私はこのメールについて [メールを] 彼にCCで送信しておいた。

**CCD**　(charge-coupled device) *a* 〜 (シーシーディー)、電荷結合素子　◆a CCD camera　CCDカメラ

**CCIR**　*the* 〜　国際無線通信諮問委員会 (▶現在はITU-Rに変わっている) ▶CCIRは仏語の頭字。英語の表記はthe International Radio Consultative Committee. 国際電気通信連合ITUの委員会の一つで無線通信に関する技術上の問題を検討し意見を表明し勧告を行う。

**CCITT**　*the* 〜 (the Comité Consultatif Internationale de Télégraphie et Téléphonie、または the International Telegraph and Telephone Consultative Committee) 国際電信電話諮問委員会 (*現在のthe ITU-Tの前身) ▶国連の機関である国際電気通信連合ITUの常設機関の一つ。現在は、電気通信標準化局 ITU-TS (Telecommunication Standardization Sector) に変わっている。　◆a CCITT recommendation　CCITT勧告　◆the ITU-TS (formerly known as the CCITT)　ITU-TS (旧CCITT)　◆CCITT Recommendation V.24　(無冠詞) CCITT勧告V.24

**CCS**　(hundred-call-seconds)《通》百秒呼 (*トラフィック量の単位)

**CCTV**　(closed-circuit television) 閉回路テレビ

**Cd**　1　カドミウム (cadmium) の元素記号　◆a CdS cell　CdS光電セル (*CdSは硫化カドミウムの化学記号)　2　(coefficient of drag, drag coefficient) *a* 〜《流体》抗力係数　◆The car cuts through the breeze with a 0.33 Cd.　この車は、0.33というCd値 [空気抵抗係数値] で風を突っ切って走る。

**CD**　1　(compact disc) *a* 〜 (*pl. CDs, CD's*) (シーディー)、コンパクトディスク (→ CD-ROM) ◆a CD player　《AV》CDプレーヤー　◆the CD audio market　CDオーディオ市場　◆achieve true CD-quality sound reproduction　真にCD並み音質のサウンド再生を実現する　◆the technology for putting video on CD　ビデオをCDにのせる [CD化する] 技術　◆Their CDs have sold 10,000 to 15,000 each.　彼らのCDは、「タイトル」に付き1万から1万5千部 [枚] ずつ売れた。　◆British Airways has put the entire maintenance manual for a Boeing 757 on CD.　英国航空は、ボーイング757型機の整備マニュアルをまるごとCD-ROM化した。　◆Dozens of reference books, from Grolier's Academic American Encyclopedia to Roget's Thesaurus, have appeared in CD form, and many more are on the way.　『Grolier's Academic American Encyclopedia』から『Roget's Thesaurus』まで何十点の参考図書がすでにCD-ROM化され、さらに数多くの図書がCD-ROM版として発売される予定である。　2　(certificate of deposit) *a* 〜 (*pl. CDs, certificates of deposit*) (定期) 預金証書、譲渡性 (定期) 預金証書

**CDC**　(Centers for Disease Control and Prevention) *the* 〜　米疾病管理予防 [米疾病対策] センター

**CD-I**　(compact disc interactive) 対話型コンパクトディスク

**CDMA**　(code division multiple access) 符号分割多元接続

**CDO**　◆a surge in the issuance of synthetic CDOs (Collateralized Debt Obligations)　合成債務担保証券発行の急増

**CD-R**　(CD recordable) (*a*) 〜 (*pl. CD-Rs*) 書き込み可能な [追記型] コンパクトディスク (*一度だけ書き込める。書き換えできるのはCD-RWと呼ぶ) ◆a CD-R disc　CD-R (追記型コンパクト) ディスク　◆a CD-R drive　CD-R装置 [ドライブ]　◆Some CD-R blanks can hold 80 minutes of audio, or about 700MB of data.　《意訳》ブランクCD-Rディスクの中にはオーディオが80分記録できるものがあり、これは約700MBのデータに相当する。

**CD-ROM**　(compact disc-read-only memory) (*a*) 〜 (*pl. CD-ROMs*) (シーディーロム) ◆a CD-ROM drive [player]　CD-ROMドライブ [プレーヤー]　◆a six-disc drive　6枚チェンジャー; 6連装ドライブ (*CD-ROMドライブ); 6連装ドライブ (*CDプレーヤー)　◆a terminology database on CD-ROM　CD-ROM版の専門用語データベース

**CD-RW**　(CD-Rewritable, CD-ReWritable) 書き換え可能なコンパクトディスク

**CdS**　(cadmium sulfide) ◆A CdS (cadmium sulfide) cell is placed between the base of Q2 and the emitter of Q2.　CdS (硫化カドミウム) セルがQ2のベースとQ2のエミッターとの間に挿入されている。(*光によって抵抗値が変化する光電センサー。Qは回路図でトランジスターを表すのによく用いられる記号)

**Ce**　セリウム (cerium) の元素記号

**CEA**　(Council of Economic Advisers) *the* 〜　米大統領経済諮問委員会　◆the President's CEA (Council of Economic Advisers)　米大統領経済諮問委員会　◆according to numbers released today by the Consumer Electronics Association (CEA = formerly CEMA)　米民生用電子機器協会 (CEA, 旧CEMA) が今日発表した統計によると (*CEMAは現在はもうないがConsumer Electronics Manufacturers Associationの略)

**cease**　vi. やむ、終わる; vt. 〜をやめる、中止する　◆cease conduction　導通しなくなる　◆cease doing something; cease to do something　何かすることをやめる [中止する]　◆cease operating　(vi. として) 運転 [動作, 稼動, 操業, 営業, 業務] 停止する; 〈企業など〉が営業廃止 [廃業] する (圓cease operations) ◆if the United States ceases to be a global military power　米国が世界の中軍大国でなくなれば　◆the charging suddenly ceases　突然充電がやむ　◆after conduction ceases　導通しなくなると; 導通が無くなると　◆when production of... ceased　〜が生産中止 [打ち切り, 完了, 終了] になった時　◆pray for the ceasing of conflicts and violence that are taking place in...　〜で起きている武力衝突や暴力が止む [終わる, 治まる] ことを祈る　◆In 1991, Pan American World Airways ceased operations.　1991年に、パンアメリカン航空は営業停止、廃業した。　◆If the embedded chip malfunctions due to..., the device may cease operating or produce inaccurate data.　もしもこの埋め込みチップ [内蔵IC] が〜のせいで誤動作すると、装置が動作停止するか不正確なデータを生成することがあり得る。

**Ceefax**　シーファックス (*英国BBCが行っているテレテキスト [文字多重放送] サービス)

**CEFTA**　(the Central European Free Trade Agreement) 中欧自由貿易協定 (*略語形にtheは不要) (*ポーランド、ハンガリー、チェコ共和国、スロバキア、スロベニアによる)

**ceiling**　*a* 〜 シーリング、天井、内張り、最高限度、上昇限度　◆a ceiling light　天井灯　◆ceiling-mounted　天井取付け式の; 天井に設置されている　◆set ceilings on prices; set [put] a ceiling on prices　価格に上限を設ける　◆a ceiling-hung projector　天井から吊り下げるタイプの [天井収量型の] 吊下げ式 (の, 天吊り) プロジェクタ　◆a monthly ceiling of $10　10ドルの月額限度　◆eliminate the 640 kilobyte memory ceiling　640キロバイトのメモリーの上限をなくす　◆have a growth ceiling　〜には成長の限界がある　◆hit a ceiling in performance　性能面で天井を打つ [上限に到達する]　◆set ceilings on prices; set a ceiling on prices; set price ceilings　価格に上限を設ける　◆set price ceilings in certain markets　特定の市場において価格の上限を設ける　◆suites with high ceilings　天井の高いスイート

ルーム ◆wireless transmitters in ceilings 天井裏に設置されている無線送信装置 ◆a wall of mirrors that rises to the ceiling 天井まで届く壁一面の鏡 ◆eliminate the 640 kilobyte memory ceiling that applies to DOS-based programs DOSプログラムに当てはまる640キロバイトのメモリーの上限をなくす ◆it should send sales of... skyrocketing through the ceiling それによって〜の売り上げはおそらく天井知らずになる ◆The budget ceiling for the project is $3 million. このプロジェクトの予算の上限［予算枠］は、300万ドルである。

**ceilinged** ◆high-ceilinged 天井の高い

**celebrate** vt., vi. 祝う, 祝賀する, 誉めたたえる ◆celebrate 25 years of publication 創刊25周年を祝う

**celebration** 祝賀, 賞賛; a〜 祝賀会, 祝典 ◆in celebration of... 〜を祝って, 祝して, 祝賀して ◆This special issue is part of the celebration of xxx's fifteenth year of publication. この特別号は、xxx誌創刊15周年の祝賀記念の一環である。

**celebrity** a〜 著名人, 名士, 有名人, よく名の知られた人,（マスコミで露出度の高い大物）タレント［芸能人, スター］; 囮名声 ◆celebrity-chasing paparazzi 有名人を追いかけるパパラッチ（カメラマン） ◆celebrity-studded そうそうたる面々（が出演［列席］）の

**celestial** adj. 天空の, 天体の, 天界の, 最高の ◆a celestial body 天体 ◆make celestial observations 天体観測をする ◆observe celestial objects 天体を観測する

**cell** a〜（個々の）電池, 素電池, 細胞, 槽, 隔室, 格子, 箱, 個室, 独房, 小室,《コンピュ》セル（*表計算ソフトで, 行と列で区切られた個々の欄［升目］）◆a cell phone （口）ケータイ（= a (mobile) cellular phone; a cellular mobile phone with 携帯電話の口語形） ◆a cell site セル基地局（*セルラー式移動電話網の a radio base station site のこと） ◆an electrolytic cell 電解槽 ◆a half-cell reaction 半電池反応 ◆be open-celled [closed-celled] 〈プラスチック発泡材料〉は連続気泡［独立気泡］構造をしている ◆four AA cells 《北米》単3（乾）電池4本 ◆in each lattice cell 格子の各々の目［升目］に; 個々の基盤目に ◆mammalian cell culture 哺乳動物の細胞培養 ◆photovoltaic cells used in solar batteries 太陽電池に使用されている光起電力セル ◆Each row is formed by 20 cells. 《コンピュ》各行は20個のセル［欄］からなる。 ◆The charger will charge D, C, AA, AAA, N and 9V cells. 《北米》本充電器は、単1, 単2, 単3, 単4, 単5, および9V電池を充電します。 ◆The worksheet is matrix of cells. 《コンピュ》ワークシート［作業表］とは、縦横に［升目状に］セル［升］が組んだものである。 ◆Turn your cell phone, or beeper, off - or at least put it on vibration mode. 携帯電話またはポケットベルは、電源をオフにするか,（でなければ）せめてバイブレーションモードにしてください。

**cellular** adj. 細胞(状)の,《通信》セルラー式［小ゾーン方式］の, 携帯［移動］電話の ▶小ゾーン式とは、地域をセル, つまり小ゾーンに分割し、各地域の基地局を結ぶことによって地域全体をカバーする方式のこと ◆a cellular phone セルラー式［小ゾーン式, セル, 移動, 携帯］電話 ◆a cellular subscriber 携帯［移動］電話加入者 ◆a cellular mobile telephone system セルラー［小ゾーン式, セル］移動電話システム; 携帯［ケータイ］電話システム ◆CTIA the Cellular Telephone Industry Association)（米）携帯電話工業会(省略形にtheは不要])

**celluloid** セルロイド ◆celluloid photographic film セルロイド製の写真フィルム（*昔の）

**cellulose** セルロース, 繊維素 ◆cellulose nitrate 硝酸セルロース, 硝化綿, 綿火薬, 火綿, セルロイド（の主成分）◆cellulose nitrate film 硝酸セルロース・フィルム（*昔使われたが、引火しやすく危険なので今日では使用されない）◆Plant food contains indigestible cellulose or fiber. 植物由来の食べ物には消化できないセルロース［繊維素］ファイバーが含まれている。

**Celsius** セ氏の, 摂氏（セッシ）の ◆Why is water's volume smallest at 4 degrees Celsius [centigrade]? どうして水の体積は, 摂氏4度で最も小さくなるのですか?

**cement** セメント, 接合［接着］剤; 〜を（接合剤で）接合する, 強固にする, セメントを塗る ◆be cemented to... 〜に接着

されている ◆Portland cement ポルトランドセメント（*普通のセメントの正式名称） ◆in order to cement progress 進歩を確固たる［搖るぎない, 不動な］ものにするために ◆two plates cemented together 貼り合わせてある2枚の板

**cemetery** a〜（共同）墓地, 墓所, 墓苑, 霊園, 埋葬地, 墳墓 ◆to own cemetery space before you need it （意訳）生きているうちに墓地［寿陵（ジュリョウ）, 寿蔵（ジュゾウ）］を持つために

**Cenozoic** the〜《地》新生代; adj.

**censor** a〜 検閲官,（古代ローマの）監察官, 監査官; vt. 〜を検閲する ◆censor textbooks 教科書を検閲［検定］する ◆their songs have been censored 彼らの曲は検閲を受けた ◆the Education Ministry's role in censoring accounts of Japan's wartime atrocities from public school textbooks 公立学校の教科書に日本の戦時中の残虐行為に関する記述を、検閲［検定］により載せないようにするための文部省の役目

**census** a〜 人口調査, 国勢調査; vt.〜 の人口調査を行う ◆take a census of (the population of)... （国）の国勢調査を実施する, の人口調査を行う

**centenary, centennial** adj. 100年の, 100年目の, 100年間の, 100周年の, 100年毎の, 100年祭の; a〜 100年祭, 100周年記念日 ◆mark the fifth centenary of Columbus' discovery of America コロンブスのアメリカ大陸発見500周年を記念する

**center** 1 a〜 中心, 中央, 中枢, 核, 心, 核心, 中心地, 拠点, 施設, 会館, -所, -館, センター ◆at 5mm centers 中心から中心まで5mmの間隔を取って ◆a center line 中心線（*一点鎖線で表される）◆a center plane 中心面 ◆a training center 訓練センター, 訓練所, 養成所, 研修会館 ◆center-draw 〈カーテンが〉両開きの ◆a power center 権力の中心［中枢］◆a center-left politician 中道左派の政治家 ◆a center of rotation 回転の中心 ◆a learning center 学習センター, 研修会館, 研修所, 研修所 ◆at the center of the world [universe, park] 世界［宇宙, 公園］の中心に［で, の］◆at the Los Angeles Convention Center ロサンゼルス・コンベンションセンターで ◆in the center of the viewfinder ファインダーの中央に ◆take center stage 中心的位置を占める［表舞台に出る, 前面に出る, 注目される］; 中心的存在となる ◆the lens's center レンズの中心 ◆the man at the center of the scandal スキャンダルの中心［（意訳）渦中］にいる男 ◆come to occupy center stage 中心的位置を占めるようになる; 中心的存在となる ◆the center-to-center spacing between pins ピンの中心から中心までの間隔 ◆a center-mounted trackball just below the space bar スペースバーのすぐ下、中央部に実装されているトラックボール ◆sit right at the center of... 〜のまん中に位置している ◆the center of attention at many companies 多くの会社における関心の的 ◆move the steering wheel only a few degrees from the center position ハンドルを中央位置（*直進状態）からほんの数度動かす ◆the chrominance signal having its center carrier frequency at 629 kHz 中継搬送周波数が629kHzの色信号 ◆In the center of the dashboard is an ashtray. ダッシュボードの中央には灰皿がある。

2 vt. 〜を中心［中央］に置く［位置決めする］, 芯合わせ［芯出し, 調心］する, 〜を集中させる <on>; vi. 集中する <on> ◆a self-centering chuck 自己調心チャック ◆attention at the moment centers on... 関心は目下〜に集まっている ◆center a workpiece 工作物を中央に来るように位置決めする ◆questions centered on... 質問は、〜に集中した ◆the centered subject その中の被写体 ◆talks centering on trade and military matters 通商および軍事を巡っての［中心とした, 中心に据えた］話し合い ◆a human-centered user interface 人間中心のユーザーインターフェース ◆a student-centered school system 生徒［学生］中心の学校制度 ◆center the subject in the viewfinder 被写体をファインダーの中央に持ってくる ◆a corporate information system centered on a multiuser database マルチユーザーデータベースを中核とした企業内情報システム ◆Engineering and design staff are centered in Neuss, Germany. 技術スタッフと設計スタッフは、ドイツのノイスに集結されている。 ◆Entries are syllabicated with boldface centered dots. 見出し語は、太字体の中黒［中点］（・）で音節分けしてある。

◆No earthquake has ever been recorded centering inside the District of Columbia.　コロンビア特別区内を震源とする地震は、これまでに一つも記録されていない。　◆The dead center must be exactly centered on the drill bit after it is sharpened.　デッドセンター［死心、死点、（意訳）］ドリルの軸の中心、軸心］はドリルビット研磨後には正確に芯出し［心出し］されていなければならない。
**3** adv.　◆The data in the column is aligned center [left, right].　この欄のデータは、（順に）中央揃え［左寄せ、右寄せ］されている。

**off-center, off center**　中心から外れた、中央を外れて、中心からずれた、偏心［偏芯］した、正常でない　◆shoot an off-center subject　（ファインダー内の）中央［中心］から外れた被写体を撮る　◆an off-center hole in a phonograph record　レコード盤の偏心［偏芯］している穴　◆place the subject off-center　（ファインダー中で）被写体を中心からずらす　◆once the steering wheel is moved off center　ハンドルが中心から外される［ずれる］と

**center on [upon, round, around]...**　～に集中する、～を話題の中心［関心の的］にする、～を焦点とする　◆exhibits centering on science, technology and the environment　科学、技術、および環境に焦点をあてた展示物　◆The spotlight centers on...　～が（世間の）注目の的となっている。　◆Much of the debate centered on the question of...　議論は、ほとんど～の問題に集中［終始］した　◆an economic growth package centered on a reduction in the tax rate on capital gains　キャピタルゲイン税率の削減を軸としている経済成長を目指しての包括的な施策　◆their concerns tend to center on a single issue rather than systemic reform　彼らの関心は制度全般の改革にではなく単一争点に集中するきらいがある　◆The contract talks likely will center on the issue of a salary cap.　契約交渉は、給料の上限問題を中心にした話し合いになりそうである。

**centering**　センタリング、《機械》調心［芯合わせ、芯出し（調整）、心立て］、《コンピュ》中央揃え
**center line**　a～センターライン、中心線、中央線　◆the center line of a drill shank　ドリルの軸柄の中心線
**center of gravity**　a～重心　◆the center of gravity of an object　物体の重心
**centerpiece**　a～（食卓の中央に置く）飾りもの、テーブルセンター; the ～ <of>〈物事の〉中核［最重要項目］　◆become the centerpiece of attention　人の目を引く一番中心となる事柄になる; 目玉になる　◆gospel singing is still the centerpiece of the show　ゴスペルの歌が依然としてこのショーの目玉である　◆information technology (IT) will become the centerpiece of reform　情報技術が改革の中心［目玉］となる　◆The centerpiece of the summit was the ceremonial signing of...　サミット（会議）の中心となったは、～の調印式だった。　◆This new particle accelerator is the centerpiece of the European Organization for Nuclear Research.　この新型粒子加速器が、欧州合同原子核研究機関の中核をなしている。

**centerweighted**　◆centerweighted averaging metering　《カメラ》中央部重点平均測光
**centigrade**　摂氏（セッシ）　◆at 20 degrees centigrade　摂氏20度で
**central**　adj.　中心の、中央の、中心的な、最も大事な、本－、集中－　◆a central conductor　中心導体（▶同軸ケーブルの話で）　◆a central control room　《原子力発電》中央制御室　◆a central control unit; ⓤcentral control equipment　中央制御装置　◆a central plane　中央平面; 中心面　◆central [centralized] control　中央［集中］制御　◆central heating　中央暖房; セントラルヒーティング　◆central management　中央管理　◆the U.S. Central Command　米国中央軍　◆As the central seat of administration, ...　政権［行政］の中心として（＊ロンドンの話で）　◆in central Java　中部ジャワで［の］　◆occupy a central position in Europe　欧州で中心的位置を占める　◆travel through Central and South America　中南米全域を旅行する　◆nations in Central and South America　中南米諸国　◆Mr. North, a central figure in the Iran-Contra scandal, is...　イラン・コントラ・スキャンダルの中心人物（の一人）であるノース氏は～　◆Central to the database management system (DBMS) is the storage system in which the information itself is held.　データベース管理システム（DBMS）の中心［中核］をなすのは、情報そのものが格納される記憶システムである。

**Central America**　中米、中央アメリカ
**central bank**　a～中央銀行　◆the governor of Japan's central bank　日本の中央銀行（＝日本銀行、日銀）の総裁
**central heating**　セントラルヒーティング、集中暖房、中央暖房
**centralization**　集中、集中化、（業務などの）集約化、（中央）集権化
**centralize**　vt.　～を中心に集める、集中化［集約化］する、中央集権化する。; vi.　中央［中心］に集まる　◆centralized management　中央［集中］管理　◆a centralized supervisory system　中央［集中］監視装置　◆centralized control of...　～の集中［統括］制御　◆centralize inventory control　在庫管理を一元化する　◆centralize the shoes in the drums　《車》ドラム内部でシューの中心を出す［芯出しをする］（＊ドラムブレーキの）
**centrally**　adv.　中心に、中央に　◆a centrally heated home [residence]　セントラルヒーティング［集中暖房、中央暖房方式］の住宅　◆a centrally planned [managed, controlled] economy　中央計画［管理］経済　◆manufacture centrally...　～を一箇所でまとめて［一元的に、集約的に］製造する　◆Although the Greek school in Buffalo is located about as centrally as possible, ...　バッファローのギリシャ人学校は可能な限り中心部付近に配置されているものの、...　◆The prices are still being set centrally by the bureaucrats.　価格は依然として中央で官僚によって決められている。　◆Rooms are centrally heated and air conditioned, with individually controlled thermostats.　（意訳）各部屋の暖房および空調は集中化［集中管理］されており、個別調整のためのサーモスタットが備わっている。

**central office**　a～中央局、電話局、中央本部、本部、本社、本店　◆a central office line　《電話》局線、加入者線路（＝a subscriber line [loop]）　◆a (telephone) central office　電話局
**centrifugal**　遠心［性］の、遠心力の、遠心力を利用した　◆a centrifugal drier [dryer]: a centrifugal drying machine　遠心脱水機　◆a centrifugal governor　遠心調速機　◆a centrifugal separator　遠心分離機　◆centrifugal force《無冠詞》　遠心力　◆a submersible centrifugal pump　水中遠心［渦巻き］ポンプ
**centrifuge**　a～遠心分離機、遠心機
**centripetal**　adj.　求心［向心］性の、求心［向心］力の、求心［向心］力を利用した　◆centripetal force《無冠詞》　求心力　◆an object experiencing a centripetal force　向心力を受けている［求心力がかかって／作用している］物体　◆Centripetal means "center seeking."　向心とは「中心に近づこうとすること［求心］」を意味する。
**Centronics**　セントロニクス社（Centronics Corporation）　◆a Centronics interface　セントロニクス インターフェース（＊DOS時代のプリンタおよびその他のパラレル装置を接続するための標準インターフェース）　◆the Centronics standard　セントロニクス規格　◆a Centronics-type [-style] interface　セントロニクスタイプのインターフェース　◆a Centronics-compatible parallel printer port　セントロニクス準拠パラレルプリンタポート
**century**　a～世紀、百年間　◆at the turn of the century　その世紀の変わり目に　◆centuries-old traditions　幾世紀も前から続いている伝統; 古来の伝統　◆century-old　過去1世紀にわたる、1世紀前からある　◆during the latter half of the 20th century　20世紀後半の間に　◆for almost a quarter-century　ほぼ四半世紀の間　◆for almost a quarter of a century　ほぼ四半世紀の間［にわたって］　◆its centuries-old history　それの何世紀もの古い歴史　◆as man heads into the 21st century　人類が21世紀に突入するに際して、（意訳）21世紀を迎えるときに　◆with the twenty-first century now just six years away　21世紀まで残すところわずか6年にして　◆computerized tomography, one of the major breakthroughs in medical diagnosis in this century　今世紀の医療診断分野における画期的発明の1つとして

あげられるコンピュータ断層撮影法 ◆one of the most important choices of the waning years of this century 今世紀末の最も重要な選択の一つ ◆We see the computer as the machine of the century. 我々はコンピュータを今世紀を代表する機械と見ている。(*20世紀の頃の話)

**CEO** (chief executive officer) a~《(役職の意味では無冠詞)》最高経営責任者, 最高経営統括役員 ◆invite the CEO of General Electric ゼネラル エレクトリック社の最高経営責任者を招待する[呼ぶ, (客として)招く] ◆Lightspan Chairman and CEO John Kernan is... ライトスパン社の会長兼最高経営責任者であるジョン・カーナン氏は... ◆company presidents, CEOs, and senior executives 各社の社長, 最高経営責任者, および幹部役員[上級管理職者]たち ◆Tim Hawkins, president and chief executive officer (CEO) of Microtex マイクロテックス社の社長兼最高経営責任者(CEO)であるティム・ホーキンス

**cephalopod** a~頭足綱の軟体動物, 頭足動物 (*タコ, イカ, オウムガイなど); adj. (= cephalopodan) 頭足類の ◆a marine cephalopod mollusk 海洋[海の]頭足類軟体動物 (*イカやタコなどの)

**CEPT** the~(セプト), ヨーロッパ郵便電気通信主管庁会議 ▶Conférence Européene des Administrations des Postes et des Télécommunications, または the Conference of European Postal and Telecommunications Administrations. 国際電気通信連合 ITU の地域委員会の一つ。

**ceramic** adj. 陶磁器の, 窯業の, セラミック(製)の; n.[(材料としての)]セラミックス; a~(個々の製品としての)陶器, 陶磁器, 窯業品 ◆a ceramic capacitor セラミック[磁器]コンデンサ ◆a ceramic filter 《電子》セラミックフィルター ◆fine ceramics (複数個の)できのいい[高級な, 美術品としての]陶磁器製品; (複数の種類の)ファインセラミックス (= advanced [engineering, high-performance, high-tech, technical] ceramics) ◆a ceramic heating element セラミック発熱体 ◆a method for measuring the self-resonant frequencies of ceramic resonators セラミック共振子[発振子]の自己共振周波数を測定する方法

**ceramics** 《(無冠詞, 単扱い)》陶芸(術), 窯業(ヨウギョウ);《(複扱い)》陶磁器類, 窯業品

**CERCLA** (the Comprehensive Environmental Response, Compensation and Liability Act) 《米》包括的環境対処[環境対策]補償責任法《(略語形にthe は不要)》(*通称スーパーファンド法)

**CERDIP** (CERamic Dual-Inline Package) a~サーディップ (*セラミック製ICパッケージの一種)

**cerebral** 脳の, 大脳の ◆those with cerebral palsy 脳性麻痺の人たち

**ceremonial** adj. 儀式の, 儀式的な, 儀式上の, 正式な, 公式の; n. ◆a ceremonial rite 儀式 ◆the ceremonial signing of... ~の調印式 ◆the Army's ceremonial unit 陸軍の儀仗兵部隊

**ceremony** a~式, 式典, 祭典, 儀式, 典礼, 形式だけの行為;[(儀礼, 礼儀, 作法, 丁重, 虚礼[形式ばること, 堅苦しさ)] ◆hold a ceremony 式をあげる; 式典を執り行う ◆perform a ceremony 式を執り行う ◆a ceremony takes place 儀式が執り行われる

**cerium** セリウム(元素記号: Ce)

**cermet** a~サーメット (*ceramic-metal の合成語. セラミック質粉末と金属粉末を混合し, 加圧・焼結して得られる複合耐熱材料. 真空蒸着による方法もある. metal ceramic, ceramal, cerametとも) ◆(a) cermet ink サーメットインク(種類は可算) (*ハイブリッドICの製造で回路パターン印刷用の導電インク) ◆a cermet resistor サーメット抵抗器

**CERN** 欧州合同原子核研究機構(略語形にthe は不要)(*本部はスイスのジュネーブ. 仏語綴りの頭字語. 英語名はthe European Laboratory for Particle Physics や the European Organization for Nuclear Research など)

**CERPACK** (CERamic PACKage) a~サーパック(*セラミック製ICパッケージの一種)

**Cerquad** ◆an alumina Cerquad package アルミナ・サークァッド・パッケージ(*セラミック製ICパッケージの一種)

**certain** adj. 確かな, 確実な, 明白な, 確信の, きっと; ある, とある, さる, 某-, ある一定の[特定の, 決まった], 何らかのある程度の, いくらかの, 多少の ◆a certain country ある国[某国] ◆certain conditions ある(一定の)条件 ◆under certain particular conditions ある特定の条件下で(の) ◆within a certain period of time ある期間内に ◆I feel certain that... 私は間違いなく~であると感じて[~であると確信して]いる ◆it became virtually certain that... ~だということがほぼ確実になった[確定した, 明白になった] ◆it is considered almost certain that... ~であることはほぼ間違いないと考えられる[確実視されている] ◆it should be made certain that... 確実に[間違いなく]~であるようにしなければならない; ~であることを確認しなければならない ◆it should be made certain whether... ~かどうか確認しなければ[確かめなければ]ならない ◆Make certain [sure] (that)... 確実に[必ず]~なようにしてください.; ~であることを確認してください.;《(意訳)》~なようにご注意して[心がけて]ください ◆One thing is certain: ... ひとつ確実に[はっきりと]言えるのは, ~ということである. ◆As Hitler's defeat became certain, ... ヒトラーの敗北が確実になってくるにつれ ◆It is still not certain whether... ~かどうかまだ不確実である[わかっていない, はっきりしない]. ◆phase out certain ozone-destroying chemicals オゾン層を破壊する特定の化学物質を段階的に廃止する ◆they have achieved a certain measure of success 彼らはある程度[一応, それなり]の成功[成果]を収めた ◆the amount that is considered to be certain to cause... 確実に~を引き起こすと考えられている量 ◆I feel certain about it. 私は, それを確信している. ◆The future is far from certain. 先行きは, 透明からは程遠い[全く不透明である]. ◆Be certain the 3-year limited warranty cards are packaged with your products. 3年限定保証書が製品に同梱されていますのでお確かめください. ◆Just how much? No one knows for certain, and even estimates vary. では, はたしてどのくらいの量であろうか. 誰も確かなところは知らないし, 見積もりさえも様々である. ◆Mexico is considered certain to adopt the Standard along with all of Central America. メキシコが全ての中米諸国と共にその標準規格を採用するのは確実だと考えられている. ◆The wording contained in... itself also seems certain to give rise to litigation ~に記載されているその文言自体も訴訟へと発展するのは必至とみられる. ◆Errors can result if directions are misunderstood. Ask questions if you are not certain about your instructions. 指示[指図, 説明]を取り違えると間違いの原因になるので, 与えられた指示がよくわからなかったら質問をすること. ◆Never give a pet to anyone unless you are absolutely certain that person wants a pet and is able to care for it properly. ペットは, ペットを欲しがっていてきちんと世話ができると絶対に確信が持てるような人にしか与えないでください. ◆This provision is highly controversial, and currently appears certain to cause a filibuster on the Senate floor. この規定条項は, 大いに賛否両論を呼ぶもので, 目下のところ上院で議事進行妨害を招くことは必至の様相である. ◆But let's not forget that two decades have passed. I am absolutely certain that he is not well-known among the younger generation. だが, 20年経ってしまったことを忘れてはならない. 彼が若い世代にあまり知られていないということは絶対に間違いないよ.

**certainly** adv. 確かに, 必ず, きっと, けだし, 疑いなく, 間違いなく; もちろん, いいとも, かしこまりました

**certainty** 確実(性), 確信; a~確実なこと[もの] ◆with certainty 確信を持って[確実に] ◆I can say with near absolute certainty that... 私は~であるとほぼ断定して言える[ほとんど断言できる]. ◆It is still impossible to say with any certainty whether... 依然として~かどうか確信を持って言うことはできない

**certificate** a~証書, 証書, 認可証, 許可証, (学業課程などの)修了証書, 資格証明書, 免状, 免許証, 証券, 株券 (試験, 検査, 検定などの)合格証 ◆a certificate of origin (pl. certificates of origin) 原産地[生産地]証明(書) ◆a (passing) certificate

合格証 ◆issue a certificate of driving competence 運転能力の認定証を発行する ◆Each trainee will be awarded a certificate upon completion of their course. 各々の訓練生［研修員，練習生］には，コース終了時に修了証書が授与される．

**certification** 検定，証明，認可，認証，免許，認定 ◆a certification test [examination] 認定［検定］試験 ◆the China Commission for Conformity Certification of Electrical Equipment (CCEE) 中国電工産品認証委員会 ◆FCC certification （米国）連邦通信委員会の認証 ◆pass [take] a certification test on... ～についての技能検定［認定］試験に合格する［を受ける］ ◆mutual recognition of type approval and certification （国家間で）型式（カタシキ）承認と型式証明を互いに認め合う［相互に認証し合う］こと ◆five different computers, each with FCC class B certification FCCクラスB認証取得済みのコンピュータ5機種 ◆receive [obtain] ISO 9000 certification ISO 9000の認証を取得する ◆receive two ISO quality management certifications ISO（国際標準化機構）の品質管理認証を2件取得する ◆these teachers have higher degrees of certification これらの教諭は上級の免許を持っている ◆Powertek was granted ISO Certifications for its plants in Germany and Austria. パワーテック社は，ドイツとオーストリアにある自社工場のISO認証を取得した．

**certified** adj. 証明された，保証された，認定された，認可された，公認された ◆a certified color 食用色素（＊米国食品医薬品局(FDA)が食用に認可した色素，a food color とも呼ばれる） ◆a certified public accountant (a CPA [C.P.A.]) 公認会計士

**certify** vt. ～を証明［保証，認定，認証］する ◆a certified reference material 《計測》認証標準物質 ◆the unit is UL-certified 本ユニットはULの認証を取得済みです ◆This is to certify that... ～であることに相違なきことをここに証明するものである．（＊署名を施した証明書の類に書く決まり文句） ◆certify the conformity of each shipment to applicable Safety Standards 各出荷が当該安全規格に合致［準拠］している旨の証明をする ◆It is certified to meet all the requirements of MIL-S-4573E. 本品は，MIL-S-4573E 規格の全規定を満たすものとして認定されている． ◆The system is FCC class B certified. 本システムは，FCCクラスBの認定を受けている． ◆They are manufactured at a ISO9002-certified factory. これらはISO9002認定工場で製造されている． ◆The connector is certified by CSA. [The connector is CSA certified.] このコネクタは，CSA規格認定取得済みです．

**cervical** adj. 子宮頚部（ケイブ）の，首の ◆prevent cervical cancer 子宮頚癌（ケイガン）を予防する

**CES** (Consumer Electronics Show) the ～ コンシューマ・エレクトロニクス・ショー ◆at this June's CES 今年6月のCESで

**cesium** セシウム（元素記号: Cs）

**cessation** (a)～ 中止，中断，（一時）停止，休止，終息 ◆without cessation ひっきりなしに，絶えず ◆a cessation of hostilities 停戦，休戦 ◆the cessation of the heartbeat 心拍停止

**cesspool** (a)～ 汚水溜（オスイダメ），汚水槽，下水溝（＝a cesspit）

**cetology** 鯨学

**Cf** カリフォルニウム［カリホルニウム］(californium)の元素記号

**cf.** 比較せよ，参照せよ（＊ラテン語 confer ＝ 英語 compare の略）

**CFC** (chlorofluorocarbon) ～s（複数か）（特定）フロン類，クロロフルオロカーボン類; a～ （ある種類の）フロン ◆a CFC-free air conditioner 特定フロンを使用していないエアコン ◆CFC-10 フロン10 ◆CFCs 11, 12, 113, 114, and 115 （特定）フロン11, 12, 113, 114, および115 ◆The non-CFC propellant is safe for ozone. この非フロン系の（スプレー用）充填ガスは，オゾンを破壊せず安全です．

**CFE** ◆the Conventional Forces in Europe (CFE) Treaty [treaty, accord, pact] 欧州通常戦力条約

**CFO** (chief financial officer) a～《役職をいう場合は無冠詞》最高財務［経理］責任者

**CFS** (chronic fatigue syndrome) 慢性疲労症候群; (container freight station) a～《海運》コンテナフレイトステーション

**CFTC** (Commodity Futures Trading Commission) the～《米》商品先物取引委員会

**CGI** (Computer Graphics Interface) a～《コンピュ》; (Common Gateway Interface) a～《ネット》

**cgs, c.g.s.** (centimeter-gram-second) ◆the cgs system; the centimeter-gram-second system CGS単位系

**chafe** 擦りむける，～を擦りむく，（ごしごし）こすりつける ＜against＞; ～にいらだつ ＜at＞ ◆chafing corrosion 《金属》擦過腐食 ◆chafing fatigue 《金属》摩擦疲労，《機械》摩擦疲れ

**chain** a～ チェーン，鎖，連鎖，チェーン店［連鎖店］（組織），（組織）系統，～s 手かせ，足かせ，絆（キズナ），束縛，しがらみ，拘束; vt. ～を鎖でつなぐ，束縛する ▶a chain は，個々の「チェーン店」や「連鎖店」の意味ではなく，それらをまとめて経営している一つの企業，あるいは一つの企業によって経営されている連鎖店全体を集合的に呼ぶ言葉である．個々の店はa chain store と言う． ◆a length of chain 1本の鎖 ◆a chain of command 命令（伝達）系統，指揮命令系統，《意訳》責任体制 ◆a chain reaction 連鎖反応 ◆a mass merchandiser chain 量販店チェーン会社; 多店舗量販店企業 ◆a fast-food burger chain ファーストフード ハンバーガー チェーン会社 ◆link them in a large chain それらをつないで大きな鎖にする ◆somebody up in the chain of command 指揮・命令系統［《意訳》責任体制］の上の方にいる誰か（《意訳》上の人） ◆the largest U.S. chain of for-profit hospitals 米国最大手の営利病院チェーン ◆the convenience-store chain 7-Eleven コンビニチェーンのセブン・イレブン ◆they went so far as to chain themselves to trees to protest the road 彼らは道路（建設）に抗議し自らを鎖で木々に縛りつけることさえした ◆Now you can break free from the chains of poor design with... 今や，～を用いて，出来の悪い設計の手かせ・足かせ［束縛］から開放されることが可能です． ◆She opened the door a crack, keeping the security chain latched. 彼女はチェーンロックをかけたままドアをほんのわずか開けた． ◆Many designers are competing by opening their own chains of stores. 多くのデザイナーたちは，自分自身の系列店を開いて競い合っている．

**chair** a～ 椅子，腰掛け; vt. ～の議長をつとめる，～を椅子に腰掛けさせる ◆the chair of a meeting 会議の議長 ◆control everything from the comfort of your chair 椅子に心地よく座ったままですべて遠隔操作する

**chairman, chairperson, chairwoman** a～《職務を言う場合は無冠詞》議長，会長，委員長，司会者，理事長，座長 ◆a vice [deputy] chairperson [《男性》chairman, 《女性》chairwoman]; 《議会の》the Deputy Speaker 副議長 ◆become chairman of... ～の会長になる ◆PLO Chairman Yasser Arafat パレスチナ解放機構のヤセル・アラファト議長 ◆(Gen.) Colin Powell, former chairman of the Joint Chiefs of Staff; former Joint Chiefs of Staff Chairman Colin Powell コリン・パウエル元統合参謀本部議長 ◆as chairman of Nanotronics ナノトロニクスの会長として ◆the late Chairman Mao Tse-tung 故毛沢東主席

**chairmanship** ⓤchairmanの職［任務］，chairmanとして務めること，chairmanの職務の遂行 ◆in the event of a change of chairmanship 議長［委員長，会長，座長］の交代があった場合 ◆during the change in chairmanship from Peterson to Powell ピーターソンからパウエルへの議長交代劇の間に

**chalk** チョーク，白墨，白亜; ～をチョークでかく，～を白亜で処理する

  **chalk up** 計上する，〈利益，得点〉をかせぐ ◆chalk up earnings of $18.6 million on sales of $327 million 3億2700万ドルの売上高で1860万ドルの収益を計上する［上げる］

**chalkboard** a～ 黒板（＊特に緑など薄い色をしている黒板）

**challenge** 1 (a)～ やりがいのある仕事，課題，難題，問題; a～ 挑戦，《決闘・試合の》申し込み，抗議，異議申し立て，問いかけ，質問，呼びかけ，誰何（スイカ），（「お前は誰だ，どこへ行く」

という）呼び止め ◆pose a challenge to... 〈人〉に挑戦をいどむ;〈人〉に難題を投げかける ◆solve difficult challenges 難しい課題を解決する ◆be ready to take on the challenges that lie ahead 前途に横たわる試練を受けて立つ[難局に立ち向かう]心構えができている ◆If there is apprehension about a challenge to the Will,... 遺言に対する異議申し立ての懸念があれば、◆practical solutions to technical challenges 技術的な課題の実際的解決策 ◆volunteers take on the challenge of teaching English ボランティアが英語を教えることに挑戦する［英語の教授にチャレンジする］ ◆address a wide variety of image processing challenges 画像処理の多種多様な課題［問題］に取り組む ◆... and now he faces the opportunity and the challenge of serving as the country's 41st President. そして今や彼は、この国の41代目大統領として務めるという機会と大仕事に直面している。◆The challenge to quality control in such an environment is to <do...> そのような環境における品質管理の課題は、〜することである。◆The next challenge for designers is to <do> 設計者にとっての次の課題は〜することである ◆The Japanese transplants pose a challenge to the domestic U.S. industry. 日系の(海外)現地工場は、米国の国内産業に競争を挑んでいる（脅威を与えて）いる。◆Walking machines present a significant challenge to the robot designer. 歩行機械は、ロボット設計者にとって大きな課題である。◆Femtex has announced it has cracked the technical challenge of interfacing its online business databases with the Internet. フェムテックス社は、自社のオンライン・ビジネス・データベースをインターネットにつなぐという課題を解決したと発表した。◆The real challenge for manufacturers is to make advanced technology products as easy to use as the telephone. メーカーにとっての真の課題は、先進技術製品を電話のように使いやすくする[簡単に使えるようにする]ことである。◆At an age when most executives are thinking of retirement, Robert Costello, 61, has just accepted the challenge of a lifetime. たいていの重役たちが引退を考えているような年代で、ロバート・コステロ氏(61歳)は、やりがいのある生涯の大仕事を引き受けたかりだ。◆Dealing with the vast quantities of waste our industrial society produces has become a major challenge for business and government. 私たちの産業社会が生み出す膨大な量の廃棄物の処理は、産業界および政府にとって大きな課題となった。◆Having been edged out in the marketplace of excellence, American companies are rising to the challenge by improving the design and performance of their products. 優良品市場で敗れてしまった米国企業は、自社製品のデザインや性能の改善をすることによって挑戦を受けて立ちつつある。◆We are committed to taking on the challenges this age of communication has created by providing state-of-the-art switching systems adaptable to the most advanced techniques of information exchange. 私ども[弊社]は、情報交換の最も高度な技法に適応できる最先端の交換システムを提供することにより、この通信の時代がもたらした課題に挑戦する所存です。
2 vt., vi. 挑戦する、いどむ、〈正当性など〉を疑う、〜を問題にする[に異議を申し立てる]、要求する、促す、呼び止めて調べる、誰何(スイカ)する ◆physically challenged [disabled, handicapped] people; the physically challenged [disabled, handicapped] 身体障害者の人々 ◆challenge the validity of the patent その特許の有効性に異議を申し立てる ◆in today's rapidly changing and ever challenging business climate 変化が速く常に厳しい今日のビジネス状況にあって;激動していて絶えず厳しい状況下にある今日のビジネス環境で ◆I have also challenged his idea of our world floating on water. 私は、我々の世界が水の上に浮いているという見方にも異論を差しはさんだ。◆Japan challenges America's reputation for creativity and innovation. 日本は、アメリカが創造性と革新性によって勝ち取った評判に挑戦を挑む。◆The products from Vexel Corporation may challenge Jonan's dominance in the high-end exposure meter arena. ヴェクセル社の製品は、高露出計市場におけるジョーナン社の優勢を脅かすかも知れない。

**challenging** adj. 挑戦的な、挑発的な; 取り組みがいのある、やりがい、はりあい、歯ごたえ]のある、やる気を起こさせる、意欲

をそそる、（状況などが)困難な[厳しい]、難易度の高い[難しい]◆tackle a challenging problem 手ごわい[手ごたえのある、歯ごたえのある、難しい]問題に取り組む[挑戦する] ◆The officers adopted a more and more challenging attitude toward the commander-in-chief. 将校らは、総司令官[最高司令官]に対して、ますます反抗的な態度を取るようになった。

**chamber** a〜 チャンバー、小室、室、房、部屋、槽、箱、空胴、空洞; a〜 会議所 ◆a single-chamber system 《政》一院制; 《工》1[単一]チャンバ方式 ◆a two-chamber [twin-chamber] system 《政》二院制; 《工》2[ツイン]チャンバ方式 ◆a lead-shielded aluminum chamber 鉛で遮蔽してあるアルミ製チャンバ ◆an RF anechoic chamber 電波無響[無反射]室、電波暗室

**chamber of commerce** a〜 商工会議所 ◆the American Chamber of Commerce in Japan 在日米国商工会議所 ◆Kosaku Inaba, chairman [president] of the Japan Chamber of Commerce and Industry, said, "..." 日本商工会議所頭稲葉興作氏は、「〜」と語った。◆The chairman of Japan's Chamber of Commerce and Industry, Kousaku Inaba, criticized... 日本商工会議所会頭稲葉興作会頭は、〜を非難した。

**chamfer** 〜を面取りする、〜のかえり[まくれ]を取る; a〜 面取りした箇所 ◆Drilled holes should be machine chamfered. ドリル開けした穴は、機械面取りしなければならない。

**chamfering** 《加工》面取り(= beveling)

**chamois** a〜 (leather) セーム皮 (*光学製品などをみがくのに用いる)

**chance** (a)〜 偶然、チャンス、巡り合わせ、縁(エン、エニシ)、機会、好機、時機、潮時、見込み、公算、可能性、確率、危険、冒険、賭け ◆by chance 偶然に ◆stand a (good, fair) chance of... -ing 〜する見込みが（十分、大いに）ある ◆a 50% chance of relapse 50%の再発率[再犯率] ◆have a good chance of surpassing... 〜を超える可能性が強い ◆have a minimal chance of success 〜がうまく行く可能性はわずかしかない[〜の成功はおぼつかない] ◆have a much better chance of surviving 生存の可能性がずっと大きい ◆lose [miss] a chance [an opportunity] to <do...> 〜するチャンス[機会、好機]を失う[逸する、逃す] ◆minimize the chances of... 〜の可能性を最小限にする ◆stand a good [fair] chance of <doing...> 〜は、〜する可能性[見込みが]が高い[強い、かなりある] ◆take a chance; take chances; take one's chance(s) 一か八か[のるかそるか、運を天に任せて、思い切って(ひとつ)やってみる;一か八か賭けてみる;一六勝負をやる;山をかける[張る];山勘で行って[ぶつかって]出る;出たとこ勝負に出る;冒険的[試み、試し]に一つやってみる;冒険を冒す;当たって砕けろ;乾坤一擲(ケンコンイッテキ)の勝負に出る ◆(the) chances are growing [increasing, rising] that... 〜となる可能性が大きく[高く、強く、濃厚]になってきている;〜となる見込みが増大しつつ[公算が増して]いる ◆the chances of George making a full recovery are slim ジョージが全快[完治]する可能性は薄い[確率は低い] ◆There is a fair chance that... 〜という公算がかなり強い ◆if the chance [opportunity] arises [offers] チャンス[機会]があれば ◆it is better to take no chances at all rather than risk failure 失敗するリスクを冒すよりも危ない橋は全然渡らないほうがまして ◆the issue might stand a chance of being resolved この問題は解決される可能性[見込み]がある ◆they are waiting for an opportunity [a chance] to <do...> 彼らは〜するの機会[チャンス]を待って[ねらって]いる ◆have a 90% chance of surviving at least five years 5年生存率は90%である ◆reduce the chance that interference may occur 干渉の起きる可能性が小さくする ◆shut Third World nations out of the chance for industrial growth 第三世界の国々から工業成長の機会[可能性]を奪う ◆Chance favors only the prepared mind. チャンスは、備えのできた知性のみに好んで行く。(*フランスの細菌学者Louis Pasteurのことば) ◆Experts say chances of a mistake are one in 4 trillion. 専門家らによると、間違いの起きる確率は4兆分の1である。◆He sees a 40% chance of its happening by year end. 彼は、年内にそれが起こる確率は40%と見ている。◆The chances for a

**changeable**

breakthrough anytime soon are slim. 打開が今すぐにでも起きるなどといった可能性は薄い。 ◆The chances of major change seem remote. 大きな変革が起きる可能性はほとんどないように思われる。 ◆There is no real chance of a collision. 実際の衝突の可能性は無い[実際には衝突は有り得ない]。 ◆They have an excellent chance of never being disciplined. 彼らが懲戒を受けずにすむ可能性は非常に高い。 ◆We gave him a second chance. 我々は彼に再度チャンスを与えた。 ◆Taking no chances, NASA pushed back the launch time. 危険を冒すことをせずに[大事をとって, 安全を期して, 安全を見て], NASAは打ち上げ時間を繰り延べた。 ◆The chances of a similar disaster occurring elsewhere are extremely remote. 同様の惨事がどこか他で起きる可能性は極めて低い。 ◆Chances are high that you won't solve the problem with that approach and will waste time and money. そのアプローチで問題は解決できず、時間と金を無駄にする可能性が高い。 ◆If you own a car built before the 1992 model year, chances are your air conditioner uses Freon. 1992年型以前に製造された車を持っているならば, 多分, そのエアコンにはフレオン[フロン]が使用されています。 ◆If you see rust on the outside, chances are good that there's more rust inside the pipes and muffler as well. 外側[外部]にさびを認めたら、排気管とマフラーの内側[内部]にもそれ以上のさびが出ている可能性が大きい[高い, 強い, 濃厚である]。 ◆If you are standing at the edge of a glory hole, chances are good that the ground you are standing on is undercut and subject to collapse. 大きな(陥没)穴の縁に立っていると, 足下の地面の下がえぐり取られていて崩落する可能性が大いにある。

**chancellor** a~ (ドイツなどの)首相, (英国などの)大臣, (一部の大学の)総長[学長], (英) (大使館の)一等書記官, (米) (衡平法裁判所の)裁判官[判事], (英)司法官, (英)(貴族な)の秘書 ◆former West German Chancellor Helmut Schmidt 《無冠詞》元西ドイツ首相ヘルムート・シュミット氏 ◆German Chancellor Gerhard Schroeder ドイツのゲアハルト・シュレーダー首相; ゲアハルト・シュレーダードイツ首相

**change** 1 v. 変える, 変わる, 変化する, 変容する, 変更する, (取り) 替える, 交換する, 更迭する, 乗り換える, 着替える, 両替する ◆a changing table (= a baby dressing table) おむつ交換台 (*普通, 下に収納用の棚や引出しがある) ◆change a diaper; change diapers; change a baby's diapers; change the diaper of a baby おむつを取り替える ◆rapidly changing city life 急速に変わりつつある都市生活 ◆see the changing of the guard 衛兵の交替を見物する ◆controls for size changing サイズ変更のコントロール[制御ボタン] ◆the changing of database structures データベース構造の変更 ◆a changing of places between A and B AとBの入れ替え ◆change a decimal to a fraction 小数を分数に変える[換算する] ◆change analog signals into digital impulses アナログ信号をデジタルインパルスに変換する ◆change from the OFF state to the ON state オフ状態からオン状態に遷移する ◆change the connection of heaters from series to parallel ヒーターの接続を直列から並列に切り換える ◆change the phase of a signal by 180° 信号の位相を180°ずらす ◆while you change film フィルム交換している間 ◆it changes between two states それは2つの状態の間で切り換わる ◆All channel changing must be done manually. チャンネル切り換えはすべて手動で行わなければならない。 ◆Changing from one cutting die to another is easy. ある抜き型から別の抜き型に交換するのは簡単です。 ◆[((意訳)) 抜き型の交換は簡単です]。 ◆It does not change its characteristics with time. それは経年変化しない。 ◆Books, magazine articles, recipes, and other non-changing information might be conveniently stored on optical discs. 書物, 雑誌記事, レシピ, その他の不変の (内容を変更・更新する必要のない) 情報は, 光ディスクに便利に保存することができそうだ。(*光ディスクが書き換えできなかった時代の話)] ◆But things change quickly in the technology field, and in the blink of an eye analog HDTV is out and new digital TV technology is coming on strong. だが, 技術の分野ではものごとの移り変わりが速く

て, 瞬く間にアナログハイビジョンは廃れ, 新しいデジタルTV技術が台頭してきている。
2 (a) ~ 変化, 変更, 変動, 変革, 改変, 変容, 変遷, 変様, 交替, 更迭, 転換, 変換, 乗り換え; a~ 着替え一式 ◆make a change to... ～に変更を加える ◆achieve a change in... ～に変化を起こす[もたらす] ◆an oil change オイル交換 ◆a tooling change 〈工場の〉(1回の) 段取り換え[ライン切り換え] ◆personnel changes 人事異動 ◆technological changes 技術変革[変遷] ◆(a) change of address 住所変更 ◆a change in temperature 温度変化 ◆a chemical change occurs 化学変化が起きる[生じる] ◆a last-minute change of plans 直前になってからの予定[計画]変更 ◆a major timetable change 時刻表[ダイヤ, (列車)運行表, 運航表]の大改定 ◆require a change at a hub airport ハブ空港で乗り換えを要する ◆require a change in Chairmanship 議長の交代を必要とする ◆save the changes 《コンピュ》変更内容[変更結果]を保存する ◆the Association entered a period of change この協会は変革期に入った[((意訳))迎えた] ◆the pace of change 変化のペース ◆with only minor changes わずかな変更だけで; ちょっと手を加えるだけで ◆the rate of change of temperature 温度の変化率 ◆about 12 changes a day 1日に約12回の交換 ◆a sex-change operation 性転換手術 ◆numerous mechanical changes 数多くの機械部分の変更(点) ◆the amount of change in voltage 電圧の変化量 ◆accommodate changes in the length of the rail レールの長さの変化を吸収する ◆a permanent change in specifications 仕様の恒久的変更 ◆bring about change in South Africa 南アフリカに変化をもたらす ◆make changes in a page of text あるページの文章に変更を加える ◆make changes in the number of poles 極数を切り換える ◆sudden changes in temperature; sudden temperature changes 急激な温度変化 ◆the amount of the change in the frequency of... ～の周波数の変化量 ◆with just the change of a catalyst 触媒を取り替えるだけで ◆before they will be a change of state (solid to liquid, liquid to gas) (固体から液体, 又は液体から気体への)状態の変化があるまでに ◆After three changes of train [plane], I finally reached... 列車[飛行機]を3回乗り換えて, 私はようやく～に着いた。 ◆chemical change which takes place under heat and pressure 高温高圧下で起きる化学変化 ◆eliminate the need for voltage changes for overseas use 海外での使用のための電圧切り換えを不要にする ◆Changes don't take effect until you reboot the computer. 〈設定の〉変更(内容)は, コンピュータを再起動するまで有効になり[反映され]ません。 ◆It looks like there may be a change of Environment Minister. どうやら環境大臣の更迭[下げ替え]がある模様だ。 ◆My car needs a change of oil. 私の車は, オイル交換が必要だ。 ◆Spend some money on yourself for a change! たまには自分のために(いくらか)お金を使いなさい。 ◆Television is going through some dramatic changes. テレビは劇的な変化を遂げつつある。 ◆That led to more change. それはさらなる変化を引き起こした。 ◆The change in lifestyle is almost revolutionary. ライフスタイルの変化は, ほとんど革命的とも言える。 ◆There are no major changes to the basic design of the hard drive. ハードディスクドライブの基本設計に大きな変更はない。 ◆This sign advises of a change in maximum speed ahead. この道路標識は, 前方で最高制限速度が変わることを知らせるものである。 ◆The built-in power supply automatically adjusts to changes in voltage. 内蔵電源は, 電圧の変化に反応して自動調整する。 ◆The 7th edition incorporates changes that have arisen due to the following: 第7版では, 以下の(出来事・事柄の)ために生じた変更を反映しています。 ◆Word processors save time when changes are needed in a document. 文書に変更が必要な時にワープロは時間を節約する。 ◆In just over several years, there has been a drastic change much like the one from horse-and-carriage days to jet travel. ほんの数年のうちに, 馬車の時代からジェット機旅行への変化に匹敵するほどの急激な変化があった。

**changeable** adj. 変わりやすい, 玉虫色の, 変更可能な ◆an operator-changeable printhead オペレータが交換できる印字ヘッド ◆a simple, easily changeable data architecture シン

プルで容易に変更できるデータ構造 ◆Springtime is usually marked by changeable weather. 春の時期は、通例天気が変わりやすいのが特徴である［一般的に天候不順である］.

**changeover** (a) ～（設備などの）切り替え, 生産ラインの［品種］切り替え, 段取り替え, 転換, 移行, (内閣などの)改造 ◆allow a changeover to newer equipment models より新しい機械への切り換えを[転換, 乗り換え]を可能にする ◆due to the changeover in fuels 燃料の切り替えのせいで ◆during a changeover between games ゲームとゲームの間の(コート)の入れ替え中に ◆face a precipitous forced changeover to CFC substitutes フロン代替物質への性急な強制的切り替えに直面する ◆the company's changeover to IBM-compatible computer production その会社のIBM互換コンピュータ生産への転換 ◆Changeover to emulate. . . is accomplished by simply plugging in the appropriate ROM chip. ～をエミュレートするための切り換えは, 対応するROMを差し込むだけで行える. ◆In many plants, such a changeover consumes a week. 多くの工場で, このライン切り替え(の段取りの)は1週間かかる. ◆The changeover was done between 1990 and 1993. この転換[切り替え]は1990年から1993年の間に行われた. ◆The carmaker promises a complete model changeover in the next year. この自動車メーカーは, 完全なモデルチェンジ(の実施)を来年に約束している. ◆The changeover is due to commence in 1995 and be completed by 1998. この切り換えは1995年に開始のして1998年に終了する予定になっている. ◆With quick changeover, you minimize downtime between processes. 迅速な(生産ライン)切り換え[段取り替え]で, 工程間の中断時間が極小化できます.

**changer** a ～ 変更する人[物], 《AV, コンピュ》〈ディスクの〉チェンジャー[自動交換装置, 連装プレーヤー, 連装ドライブ] ◆a carousel [magazine] changer 《AV》ルーレット式［マガジン式］(ディスク)チェンジャー

**changeroom** a ～ 更衣室

**changing table** a ～ (= a dressing table) おむつ交換台（* 普通, 下に収納用の棚や引出しがある）

**channel** 1 a ～ チャネル, チャンネル, 周波数帯, 通信路［通話路］; a ～ 水管, 導管, 流路, 溝, 水路, 航路, 水流, 流水路, 経路, ルート, 河道, 河床, 流床; a ～ 溝形材, 溝型材; a ～ 海峡; the (English) Channel 英[イギリス]海峡 ◆a radio channel 無線回線 ◆two-channel audio 2チャンネル音声 ◆a half-duplex channel 半二重通信路 ◆a distribution channel; a channel of distribution (pl. channels of distribution) 流通経路［販売経路, 販路］ ◆a four-channel sound system 4チャンネルサウンドシステム ◆call up a channel チャンネルを呼び出す［受信する, つける, 映す］ ◆direct channel selection 《テレビ》ダイレクト選局 ◆record [tape] another program on a different channel （別のチャンネルの）裏番組を録画する ◆tune from one channel to another あるチャンネルから別のチャンネルに切り替える; チャンネルを切り替える ◆enable an eight-fold increase in the number of channels available 《直訳》～は利用できるチャンネルの8倍の増加を可能にする;《意訳》8倍の多チャンネル化を実現する ◆record a program on that channel そのチャンネルの番組を録画する ◆transmit information over 64-Kbps channels 情報を64kbpsのチャネルで伝送する ◆Seoul eventually hopes to open channels to the North through its so-called Northern policy. 韓国政府は結局のところ, いわゆる北方政策によって北とのパイプを開くことを望んでいる. ◆This channel can accommodate any moderately sized optical fiber. この溝は, ほどほどの太さならどんな光ファイバーにも収納できます. ◆Each B channel operates at 64 Kbps for all user traffic, including voice and data transmissions. 各Bチャネルは, 音声伝送やデータ伝送を含むユーザートラフィック用に, 64Kbps(の伝送速度)で動作する. ◆Dig a channel around the base of the tent to drain water, and suspend your food about 10 feet above ground to protect it from animals. テントの基部の周りに水はけ用の溝を掘ります. そして食料は, 動物から守るために地上約10フィートのところに吊します.

2 vt. ～に溝を切る, ～を(振り)向ける, channelで運ぶ[に通す, 流す] ◆The task ahead is to channel that force into directions that save lives but preserve humanity's rich genetic heritage. 今後の仕事は, その力を人類にとっての豊かな遺伝子的遺産を保存しながら人命を救う方向に振り向けて行くことである.

**chant** vi., vt. 単調な調子で繰り返す, 詠唱する, 声を合わせて唱える, 一斉に叫ぶ; n. a ～ 単調な詠唱, 唱和, 旋律, シュプレヒコール ◆"Down with Iliescu!" "Down with communism!" the crowd chanted. 「イリエスク打倒」「共産主義粉砕」と, 群衆は声をそろえて唱えた［シュプレヒコールをあげた］.

**chaos** ①無秩序, 大混乱, 混沌, カオス ◆be in (a state of) complete chaos 全く混沌として, 全くの大混乱で ◆cause chaos 大混乱を引き起こす ◆the chaos of Black Monday ブラックマンデーの混乱状態

**chaplain** ◆become a chaplain 牧師になる

**chapter** a ～ (本などの)章, (進化, 発達史, 人生の)一区切り, (協会や団体の)支部 ◆Chapter 11 (of the bankruptcy law) 《米》連邦破産法第11条 (* 会社更生法に当たる) ◆airlines in Chapter 11 《米》連邦破産法第11条の適用を受けている航空会社各社 ◆As earlier chapters have shown, . . . 先の章で述べたように, ～ ◆As will be seen in Chapter 5, . . . 第5章で述べてあるとおり, ～ ◆The remainder of this chapter will describe. 本章ではこれより～について述べる. ◆This chapter has covered. . . この章では～を扱った[について述べた]. ◆This chapter has summarized. . . 本章では, ～の概要を述べた. ◆This chapter introduces the concepts of. . . 本章では, ～の概念[～がどのようなものであるか]について述べる. ◆earn a chapter in the TV history books テレビ史の1ページを飾る ◆This chapter has been concerned primarily with describing in some detail. . . 本章では主に～について, いくらか詳しく述べた. ◆In the earlier parts of this chapter, we have introduced examples of. . . 本章の前のほうで, ～のいくつかの例を紹介した. ◆A new chapter is opening in East-West relations. 東西関係の新しいページが開かれつつある. ◆Chapter 5 will discuss one such application of laptops. 第5章でラップトップパソコンのそのような応用の一つについて述べる. ◆This chapter looks at the issue of using integrated systems in offices. 本章では, オフィスにおける統合化システムの利用の問題について見ていくことにする. ◆This chapter devotes two sections to the principal categories of print technology, impact and nonimpact. 本章では, 2つの節を, 主要な各種印字技術, つまりインパクト式とノンインパクト式の解説に充てている. ◆This chapter has presented an overview of the rationale for decentralization and the methods of achieving it. 本章では, 分散化の理由の概要［概略］とその達成方法について述べた. ◆This chapter has provided a general introduction to character recognition technology and has described some representative OCRs. It has made a number of points: 1 . . . 2 . . . 3 . . . 本章では, 文字認識技術の概説的導入説明をし, いくつかの代表的光学式文字読取装置について述べた. 本章で次に挙げる多くの事項を考察した. 1. ～, 2. ～, 3. ～

**char** vt., vi. ～を炭にする, 黒こげにする, 黒こげになる, 炭化する, 炭化させる ◆char the cord コードを焦がす

**character** 1 ①人格, 品性; (a) ～ 性格, 気質, 性質, 特性, 特長, 形質; a ～ 人物, 作中の人物[登場人物, 登場者] ◆a cartoon character 漫画のキャラクター[登場人物] ◆a morphologic(al) character; morphological characteristics 《医, 生》形態的な特徴[形態形質] ◆characters in novels are fictitious 小説の登場人物は架空の人物である ◆All rooms have a character of their own. すべての部屋には独自の雰囲気[それぞれの個性]がある. ◆Jimmy was a unique character. ジミーは特異な人間[ユニークな存在]だった. ◆years of grime and other afflictions were hiding the ceiling's true character and beauty 何年もの汚れや傷みが天井の地と美しさを隠してしまっていた

2 a ～ 字, 文字 (▶情報を表す記号としての文字で, カンマ, コロンなどの記号や数字も含む) ◆a character generator キャラクタ[文字]ジェネレータ[発生装置] ◆alphanumeric char-

acters 英数字 ◆double-high, double-wide characters 《コンピュ》倍高倍幅文字 ◆in OCR characters OCR文字で書かれた ◆produce characters in different type fonts 違ったフォント［書体, 字体］の文字を生成する ◆store one million characters of data 百万文字分のデータを記憶する ◆text-based interaction using character-oriented displays and printers 《コンピュ》文字指向型のディスプレイとプリンタを用いての, テキストベースの対話（＊text-based [character-oriented] ↔graphic [graphical]） ◆The chat rooms are for character communication. チャットルームは, 文字通信用です.

**characteristic** 特有の, 固有の, 独特の, 特徴的な, 持ち前の; a～ 特性, 資質, 特徴, 形質, 特色, 持ち味, 指標, 標数,《数》指数部 ◆a characteristic element 特徴的な要素;《工業》特性要素 ◆(a) characteristic impedance 特性インピーダンス ◆a characteristic value 固有値; 特性値 ◆part characteristics 部品特性 ◆have special characteristics 特殊な特性［性質, 特徴, 性質］を持っている ◆the volt-ampere characteristic of a diode ダイオードの電圧・電流特性 ◆improve the aircraft's stealth characteristics その航空機のステルス特性［秘匿性］を向上させる ◆investigate the acceleration characteristics of a Cessna engine セスナ機のエンジンの加速特性を調べる ◆the volt-ampere characteristics of an ideal diode 理想ダイオードの電圧対電流特性 ◆each of Denver's microbreweries has its own distinct characteristics デンバーの地ビール醸造所にはそれぞれ独特な特質［特質, 持ち味, 味わい］がある ◆nippers with exceptional cutting ability and long wear characteristics 並外れた切削能力と長寿命性を持っているニッパー ◆Each region has its own characteristic of economic strength and weakness.《意訳》地域ごとに, 経済面での強みや弱みの特徴がそれぞれ異なっている. ◆You don't have to do a characteristic test on it. それらの特性試験を行う必要はない. ◆Much of the sibilance and hissy edginess characteristic of multipath interference has been diminished. （FM受信の）マルチパス妨害特有の歯擦音やヒスっぽくして耳障りな感じは大分なくなった. ◆The machines have special sensors that pick up personal characteristics of the people seeking entrance. これらの機械は, 入室しようとする人たちの個人的な特徴を捕らえるセンサーを備えている.

**characterize** vt. 特徴づける, 特色づける, ～の特徴・性格を描写［記述］する ＜as＞ ◆characterize the nucleus of the comet その彗星の核の特徴を調べる［述べる］ ◆clearly see the changes in skin texture and coloration that characterize the ailment その疾患を特徴づけている皮膚の表面組織や色の変化がはっきり見て分かる ◆Dengue is an acute viral disease characterized by headache, fever, pains in the joints and skin rash. デング熱は急性のウイルス性疾患で, 特徴として頭痛, 発熱, 関節痛, 発疹がみられる. ◆Several years ago we might have characterized personal computers as having relatively narrow data paths (8 or 16 bits). 数年前では, パソコンを比較的狭いデータ経路（8ビットまたは16ビット）を持っているものとして特色付けしていただろう.

**character set** a～ 文字セット（＊一組の英数字, 特殊文字, 仮名漢字文字）

**charcoal** チャコール, 木炭, 炭 ◆a sack [piece] of charcoal 1袋［1個］の炭 ◆reduce... to charcoal ～を炭にする［炭化させる］

**charge** 1 vt., vi.（人に）〈金額〉を請求する［の支払いを要求する］, ～（の支払い）を付けにする,〈人〉に課す,〈人〉を非難［告発, 告訴, 起訴］する ◆be charged with developing... ～の開発担当である ◆charge a person to ＜do＞ ～するよう〈人〉に命令する ◆charge a person with a task 〈人〉に仕事を課する ◆charge her with embezzlement 彼女を横領のかどで告訴する ◆charge him with being lazy 彼を怠け者と非難する ◆charge it to the company それを会社のつけにする ◆charge the fault on him 責任を彼に転嫁する, 罪を彼になすりつける ◆start charging for the service （今まで無料だった）そのサービスに対し課金を始める［を有料にする］ ◆the charge-it generation クレジットカード世代 ◆a toll call charged to a credit card クレジットカードに料金支払い請求が行く［カードで支払う］市外通話 ◆be charged with the prevention of fire 防火の責任を負っている, 防火担当［防火管理］責任者である ◆charge it to a credit card それをクレジットカードでの支払いにする ◆charge off as business items 仕事の経費として扱う［つける］ ◆charge on an as-used basis 従量料金制で課金する（＊データベース検索サービスなど） ◆charge the goods to him [his account] これらの品物を彼の付けにする［彼の勘定に付ける］ ◆I charged him $85 for it. 私は, 彼にその代金として85ドル請求した. ◆She was charged with devising a training course. 彼女は訓練コースの企画を担当して［任されて］いた. ◆The service charges by the amount of connect time. そのサービスは接続時間（の長さ）に基づいて料金を請求する.

2 vt. ～に装填［充填, 装入］する, 詰める, ～を充電する, みなぎらせる, 充満させる ◆a charging circuit 充電回路 ◆a charging pump 充填［加給］ポンプ ◆a charging station 充電スタンド（＊電気自動車用の） ◆(a) high charging current 大きな充電電流 ◆a battery-charging system バッテリー充電システム ◆become charged 充電される; 帯電する ◆become positively charged 正に帯電する ◆charge materials into... ～に原料を投入する ◆compute the amount of fuel charged into... ～に投入された［投入される］燃料の量をを計算［算出, 算定］する ◆negatively charged electrons マイナス［負］に帯電している電子 ◆become electrostatically charged 静電帯電する, 静電気を帯びる ◆charge the material into the mold この材料を金型に充填する ◆maintain the battery in a fully charged condition バッテリーをフル充電［満充電］の状態にしておく ◆The battery needs charging. この電池は, 充電の必要がある. ◆These aluminum collector plates are electrically charged. これらのアルミ製集塵板には（電気の印加により）帯電している.

3 vi. 突進する ＜at, into＞ ◆charge into a concrete wall コンクリートの壁に突進してぶつかる

4 (a) ～ 課せられるもの, 料金, 手数料, ［］責任, 世話; a ～ 告訴［告発］, 罪, 嫌疑, 突撃 ◆at no charge 無料［無償, ただ, 無報酬］ ◆no charge to... 〈人〉に料金を請求せずに; ～に対する無償サービスで ◆a person in charge 責任者, 係の人, 担当の人, 担当者, 受け持ちの人, 主管する（係の）人 ◆an officer having charge of... ～を担当［主管］している（～を任務としている）保官 ◆at no extra charge 追加料金無しで ◆bring a charge against him 彼を起訴する ◆designate a person in charge of carrying out... ～を行う担当者を任命する; ～を実施する責任者を設ける ◆make no charge for it それをただ［無料］にする ◆put a new person in charge of... 新しい人を～の担当に（任命）する［～の幹事役にする］ ◆put him in charge of... 彼を～の監督下に置く ◆without additional charge 追加［割増, 別途］料金なしで; 追加費用なしで;《意訳》料金の上昇を伴わずに ◆without incurring any charge 何も［全く, 少しも］料金はかからないで; 無料［無償］で ◆a free-of-charge newsletter 無料（配布）の会報 ◆a product-planning manager in charge 担当の製品企画部長 ◆come under the charge of the Xxx Ministry ～はXxx省の扱うところ［担当, 所管, 管轄］となる ◆have charge of the prevention of fires 防火の責任を負っている, 防火担当［防火管理］責任者である ◆he is in charge of the Department of Public Relations 彼は広報部門を統轄している ◆issues that come under the charge of other working groups 他の作業部会［委員会］が担当する問題［課題, 事項, 案件］ ◆make a charge of $95 for repairing... ～の修理代金として95ドル請求する ◆put an end to the investigation without the filing of criminal charges 刑事告発［告訴］せずに捜査を打ち切る ◆put them in charge of every phase of a project 彼らにプロジェクトのすべての段階を担当させる; プロジェクトを一手に引き受けさせる ◆the engineering team in charge of... ～担当の技術チーム ◆the pupils [students] she had in her charge 彼女が受け持っていた生徒［担任していた学生］たち; 彼女のかつての教え子たち ◆give security forces to detain people without charge for up to 30 days 民衆を嫌疑なしに最高30日間拘留できる権限

を治安維持部隊に付与する ◆if the carrier has taken the goods in his charge with knowledge of their dangerous character　運送業者が貨物の危険性を了解した上で貨物を引き受けた場合 ◆schools and teachers have been put [placed] under the charge of village education committees　学校および教員は、村の教育委員会の管轄下[支配下、監理下]に置かれた ◆to come under the charge of hospital staff specially trained to care for the permanently disabled　永久的な身体障害者を介護するために特に訓練されている病院スタッフの世話を受けることになる ◆without a charge to the calling party　電話をかける人に料金支払いの負担をかけずに ◆a charge proportional to the amount of use made of the network services　通信網サービスを利用した量に比例した料金[の利用に対する従量料金] ◆There is no charge to conduct a search or view headlines.　検索や見出しの表示[閲覧]には料金はかかりません[は無料です]. ◆These software programs are distributed free of charge.　これらのソフトは無料[無償]で配布されて[出回って]いる. ◆Charges for these access services are per minute.　これらのアクセスサービスの料金は、分単位(での課金)である. ◆The inspector should inspect the entire section in his charge at least once a week.　検査員は、自分が担当している区間全体を少なくとも週一回点検すること. ◆These programs are released [offered, distributed] without charge.　これらのプログラムは無償[無料]で[提供、配布]されている. ◆With two Vice Presidents in her charge, Ms. Faulkner assumes direct accountability for...　2名の副社長を配下に従えて[事業部長を部下に]、フォークナー女史は〜に対する直接的責任を背負っている. ◆After receiving the goods into his charge, the carrier shall issue to the shipper a bill of lading showing...　貨物引き受け後、運送[輸送]業者は荷主に〜を記載した船荷証券を発行するものとする. ◆Road user charges are levied on [upon] diesel powered vehicles on the basis of weight, axle configuration and distance.　道路利用者料金[道路使用料]が、重量、車軸構成および距離に応じてディーゼル車に課せられている. ◆At present, each department has charge over one export control list. The Commerce Department watches over the commodity control list, the Defense Department has the militarily critical technology list, and...　現在、各省が輸出管理リストをひとつずつ担当[管理、所管、管轄]している. 商務省は商品管理リストを監理し、国防総省は軍事的に極めて重要な技術のリストを所轄し、そして〜

5 (a) 〜 充電、帯電、電荷、投入、装入、装填 ◆a charge carrier 《半導体》電荷キャリア ◆put a battery on charge　バッテリーを充電する ◆remelt charges　投入した材料を再溶融する ◆the amount of (electric) charge　電荷の量 ◆a state-of-charge indicator　充電状態表示器 ◆the time between charges; the battery usage time between charges　充電間隔; (1回充電してから次の充電が必要になるまでの)電池使用可能時間; (充電式電池の)持ち[電池持続時間] ◆carry no electrical charge in the charge status of the battery　そのバッテリーの充電状態 ◆a trickle or slow charge of low amperage 低い電流値での弱電流充電または緩速充電 ◆It offers 90 minutes of active use from a single charge.　それは、1回の充電で90分稼働する. ◆Recharge to 95% of full charge is under 40 minutes.　フル充電[満充電]の95%まで充電するのに40分以下である. ◆The laptop runs a full eight hours on a single charge.　そのラップトップ機は、1回の充電で8時間フルに[まる8時間]働く. ◆Use a voltmeter or hydrometer to see the state of charge.　充電状態を見るのに、電圧計か比重計を用います. ◆The battery pack operates the unit for 2.5 hours on a single charge.　このバッテリーパックは、1回の充電で装置を2.5時間働かせる[使用する]ことができる. ◆The length of time a battery will provide on one charge depends on many factors.　1回の充電でバッテリーがどのくらいの時間持つかは、いろいろな要因によって変わってくる. ◆They are less prone than NiMH batteries to damage from high charge and discharge rates.　これらの(蓄電池)は、ニッケル水素電池の場合と比較して高い充放電率で使用してもダメージを受けにくい.

on a charge of...　〜の容疑[嫌疑]で、〜の疑いで、〜の廉(カド)により、〜の罪で[罪名で] ◆investigate the company on charges of unfair trade practices related to...　〜にまつわる不公正取引慣習の嫌疑[容疑]でこの会社を取り調べる ◆He was arrested on a charge of fraud.　彼は詐欺の容疑で[かどで、嫌疑で]逮捕された.

take charge of..., have charge of...　〜を担当する[受け持つ、担任する、分担する、引き受ける]、管理[監理、監督]する、(責任持ち)〜に当たる、主宰[所管、所管、管轄、管掌、掌管、所掌]する、司る、世話する、面倒みる、保管する、預かる ◆have charge of ...ing　〜することを受け持って[担当して、引き受けて、担って、(意訳)分担して]いる; 〜する面倒をみている ◆take charge of ...ing　〜することを担当する[受け持つ] ◆take charge of one's career　自分のキャリアを自分で管理する[切り開く](*自分をより生かせる仕事を求めて、職を探したり移ったり、そのために受講などによって自己啓発[自己投資]したりする) ◆take charge of every stage of construction, from design, purchase of equipment and construction work　設計から機器購入や建設工事にいたるまで建設のあらゆる段階[局面]を請け負う、一貫して[一手に]引き受ける ◆British troops will be responsible for Northwest Bosnia and the French will take charge of a southern sector that includes Sarajevo, the capital.　英国軍はボスニア北西部を担当し、フランス軍は首都サラエボを含む南部を担当する[受け持つ]ことになるだろう.

**chargeable** adj. 責め[責任、罪]を負う[負わされる]べき、告発されるべき; 課せられるべき、請求できる[すべき]、〈特定の人の勘定に〉つけるべき; 世話になる[保護を受ける]べき ◆chargeable information　有料の情報 ◆a chargeable offense　罪に問われる法律違反、告発の対象となる犯罪[非行、罪、軽罪、悪事、悪行] ◆make use of... on a chargeable basis　〜を有償利用する; 〜を有料で使う ◆The service is available on a chargeable basis.　このサービスは有料で利用できる. ◆Support becomes chargeable on an annual basis after the first 90-day period after registration.　サポートは登録後90日が経過すると、1年単位で有料となる. (*パソコンの話) ◆Standard voice directory assistance calls, after several decades of being free of charge, started to be chargeable a few years ago.　普通の人手による電話番号案内は、何十年間も無料だったが数年前に有料化が始まった.

**charge account** a 〜 売り掛け勘定 (=《英》a credit account)

**charge-coupled device** (CCD) a 〜 電荷結合素子

**charged** adj. 帯電[荷電]している; 興奮がみなぎっている、ボルテージの上がった、激しい感情や議論を呼び起こしそうな ◆a charged particle beam　荷電粒子ビーム ◆an emotionally charged atmosphere　興奮がみなぎっている[熱気に満ちた]雰囲気; 熱気でムンムンしていること

**charger** a 〜 チャージャー、充電器 ◆a fast charger　急速充電器 ◆a quick charger　急速充電器 ◆a solar battery charger　太陽電池を発電用電源に使った充電器

**charisma** カリスマ、魅力、(教祖的な)人を心服させ引っ張って行く力、指導力、統率力 ◆have [possess] charisma　カリスマを持っている ◆lack charisma　指導力を欠いている ◆the charisma of a torquey engine　トルクが太い感じのエンジンのカリスマ[魅力] ◆Chernomyrdin's critics say he lacks Yeltsin's charisma as president, despite the backing of influential industrial lobbies.　チェルノムイルジン氏に批判的な人間たちは、彼には産業界で影響力のある圧力団体からの後ろ盾があるものの、エリツィン氏が持っていたようなカリスマ[指導力]に欠けるといっている.

**charismatic** adj. カリスマの、カリスマ的な、教祖的な ◆a "charismatic" clothing boutique employee　《日》ブティックの「カリスマ」店員

**charm** (a) 〜 魅力; a 〜 お守り、(ブレスレットなどについている)小さな飾り; vt. 〈人〉を魅了する[うっとりさせる、喜ばせる]、〜に魔法をかける ◆with boundless charm　あふれんばかりの魅力をもって ◆The charm comes from somewhere deep within. その魅力は内面のどこか深いところから発せられている。

**chart** 1 a〜 チャート,カルテ,グラフ,表,図表,一覧表,線図,海図,《株》罫線(ケイセン) ◆patient charts 患者用カルテ ◆a patient's charts ある患者のカルテ[病歴] ◆turn the sales percentages into a pie chart 売り上げのパーセント比率を円グラフにする[円グラフ化する]
2 v. 〜を表にする,図化する,記録する;計画する ◆a charting package グラフ作成[描画]パッケージソフト ◆chart the future 将来を方向づける

**charter** 回(船,バス,飛行機などの)チャーター,借り上げる[借り切る]こと,貸し切り契約;a〜 憲章;a〜 特許[許可,認許,免許]状;《形容詞的に》貸し切りの,チャーターした;vt.〜をチャーターする[借り切る],〜に特許状を与える,許可する ◆a chartered ship [boat, vessel] チャーター船,雇い入れた[用船した]船舶,用船,傭船 ◆a chartered trawler 用船したトロール漁船 ◆a field trip by chartered bus 貸し切りバスで行く遠足 ◆Article 42 of the U.N. Charter 国連憲章の第42条 ◆A charter school shall be a public school, operated under a charter granted by the secretary of education. チャータースクール[特別認可校]とは,教育長官の特別認可のもとで運営される公立学校とする。

**chartist** a〜 グラフ分析家,株価チャート[罫線表,足取り表]から株価の将来を予測する専門家,株式チャート分析家,テクニカル分析家,罫線師

**chase** vt., vi. 追いかける,追跡する,追い出す,追い払う,急ぐ,追及する[問いつめる];n. a〜 追いかけること,追跡,チェイス ◆give chase to... 〜を追いかける[追跡する] ◆a car chase カーチェイス,車による追跡[シーン] ◆he is chasing an impossible dream 彼は実現できっこない[かなわない]夢を追いかけて[追って]いる ◆press photographers who were chasing [pursuing] the car その車を追跡して[追いかけて]いた報道カメラマンら

**chaser** a〜 追っ手,追跡[追走,追撃]者,狩猟家

**chasm** a〜 深い割れ目,裂け目,(岩などの)隙間,大亀裂,深淵,谷間;a〜 (意見や感情の)深い溝,隔たり,隔絶 ◆the chasm between high and low culture has become frighteningly wide 上位文化と下位文化の間の溝[隔たり]は驚くほど拡大した

**chassis** a〜 "シャスィ/チャスィ"と発音. (pl. chassis 発音が "-z" になる)(車の)シャシー[台,車台,台架], (箱形の装置などの中の)金属製の土台)シャーシー[シャーシ], シャシ

**chat** vi. チャットする,おしゃべりをする,雑談する,談笑する;(a)〜 チャット,お喋り,雑談 ◆have a chat with [about]... 〜と[〜について]お喋りする[雑談する,閑談する,無駄話する,話をする,気楽に語らう,だべる,《俗》チャットする] ◆join a chat with... 〜のお喋り[話,語らい,雑談,閑談,無駄話,世間話]に加わる ◆《ネット》〜とのチャットに参加する

**chatter** 回くだらないお喋り,無駄口,鳥のさえずり,(猿などの)キーキー鳴く声,(機械の)カタカタ[カタカタ,ガチガチ]という音;vi. ぺちゃくちゃ喋る,キーキー鳴く,さえずる,カチャカチャ音を立てる ◆chatter about... 〜についてだべる[ぺちゃくちゃおしゃべりをする] ◆chattering relays カチカチ[カチャカチャ]と音を立てて動作しているリレー ◆relay contact chatter リレー接点のチャタリング ◆residents endured teeth-chattering cold 住民らは歯ががちがちと鳴るような寒さをじっとこらえていた

**chattering** (a)〜 (リレー接点などの)チャタリング,鳥のチーチーさえずる声,キーキーいう動物の鳴き声,お喋り ◆listen to the chattering of blackbirds クロムクドリモドキのさえずりを聞く ◆chattering produced by bouncing contacts must be eliminated 接点の跳ね返りによって生じるチャタリングをなくす必要がある (* リレーの話)

**chatty** adj. 話好きな,よくしゃべる ◆a chatty doll stuffed with a microprocessor マイクロプロセッサが詰まっているおしゃべり人形

**chauvinism** 回行き過ぎたあるいは盲目的な愛国心,国粋主義,自分が属する集団・場所・人種に異常なまでの誇りを抱くこと,極端な性差別主義や姿勢 ◆white supremacy and white chauvinism 白人至上主義[白人優越論]および有色人種差別主義

**cheap** adj. 安い,安価な,廉価な,低価格の;安っぽい,趣味の悪い,低俗な,〈人が〉けちな[けちけちする] ◆buy... on the cheap 〜を安く買う ◆cheap labor 安い[安価な,低賃金]労働力 ◆Cheap things are not good, good things are not cheap. 安物は良くない,良いものは安くはない;安物は安物だけのことしかない;安物買いの銭失い;安物は高物。 ◆Hard disks are becoming increasingly cheaper. ハードディスクはますます低価格化が進んでいる。 ◆It is cheap to build. それは作るのに安く済む。 ◆Nothing feels cheap. (その製品に)安っぽい感じのするところは何もない。 ◆A new filler material made from coal ashes promises to make road repairs quicker and cheaper. 石炭がらを材料とする新充填材は,道路補修工事の迅速化と低廉化に期待が持てそうである。

**cheaply** ◆a list of places to eat cheaply in Vancouver バンクーバーで安く[《意訳》手軽に,簡単に]食べられる[食事できる]場所のリスト ◆two (people) can live cheaper [more cheaply] than one 2人で住むほうが1人で住むより安く上げられる

**cheat** vt. 〈人〉をだます,たぶらかす;vi. カンニングをする;a〜 詐欺[ぺてん,いかさま]師,不正行為,ごまかし,いんちき ◆cheat on exams 試験で不正[カンニング]をする ◆a bogus company cheated the ministry out of $10 million 偽装[幽霊,いんちき]会社が,この省から1千万ドルだまし取った

**check** 1 vt., vi. 急にまたは強制的に停止[阻止]する,妨害[防止]する,抑制[制止,掣肘(セイチュウ),セーブ]する,抑える,牽制する ◆check the flow of... 〜の流れを止める ◆to check [stem] the flow of illegal drugs into the United States 違法なドラッグ[麻薬]が米国内に流入する[流れ込む]のを阻止するために ◆until they can confirm that the drugs do check the progression of Alzheimer's disease これらの薬がアルツハイマー病の進行を本当に食い止められることを彼らが確認できるまで ◆She went down to Vancouver for another CT scan to check the progression of her cancer. 彼女は,癌の進行を調べるためのCTスキャンを再度受けるためにバンクーバーに行った。
2 (a) 抑制,阻止,防止,制止,抑止,掣肘(セイチュウ),(突然の)停止,妨害;a〜 妨げる人[もの],留め具 ◆put a check on... 〜に歯止めをかける ◆act [serve] as a check on... 〜に対して歯止め[抑止力,抑制手段,阻害要因]として働く;〜のブレーキの役割を果たす ◆keep inflation rates in check インフレ率を抑制する ◆act as a check to the arm's forward movement アームを前進させないようにするための歯止めとして働く
3 vt. 〜を調べる,調査する,検査する,点検する,確かめる,確認する,照合する,検定する,検問する,監視する,〜にチェックマーク[検印](✓)をつける;vi. (〜と)合う,一致する,符合する,〈人〉と相談[協議]する <with> ◆check A against B AをBと照らし合わせる[照合する,突き合わせて調べる] ◆allow the easy checking of... (直訳)〜の容易な確認を可能にする;〜の確認を容易にする[簡単にできるようにする,楽なものにしてくれる] ◆check... for possible mistakes 《直訳》あり得る間違いを求めて〜を調べる;《通常訳》〜に間違いがないか調べる ◆check on work progress 仕事[作業,工事]の進捗状況を調べる ◆check the condition of... 〜の状態を点検する ◆have one's eyes checked 目を診てもらう ◆(the) checking of data [information] for accuracy データが正確であることを確認する[情報が間違ってないか]の確認 ◆Check to see that... 〜であることを確認してください。 ◆check (to see) whether... 〜かどうか調べる[確認する] ◆(the) checking of incoming files for macro viruses 着信ファイルにマクロウイルスがないか確認する ◆check to be [make] sure that... 〜であることを(点検して)確認して[確かめて]ください。 ◆check available storage resources 《コンピュ》使用可能な記憶リソース(がどれだけあるか)を調べる(*check には,数量や程度を調べる意味がある) ◆check for shortage of

# checkbook

free storage 《コンピュ》(記憶装置の)空き容量が不足していないか調べる ◆Check the chain's tension. そのチェーンの張りを点検してください。 ◆thorough checks into the identity of bank depositors 銀行預金者が本人であるかどうかの徹底的な確認 ◆check and see what was entered earlier 何が既に入力されているのか調べて確認する ◆Checked by:___ 検図:___(＊図面の端の検図者サイン欄の表記。スペースの制約によりCHECKED, CKD, CKと略記されることも) ◆check with your editor for a final decision 最終判断については、編集責任者に確認をとって[相談して]ください ◆have the engine checked by a professional mechanic そのエンジンをプロの機械工に診てもらう ◆Please remember to check on whether or not reservations are required for... ～に予約が必要かどうかについて調べて[の確認を忘れないで]ください ◆take readings of the outlets to check for AC voltage それらのコンセントを、AC電圧を調べるために測定する ◆you will be checked on: (a) starting; (b) stopping; (c) turning;... あなたは (a)発進, (b)停止, (c)進路変更, ～(がうまくできるかどうか)についてチェックされます ◆Check the head for signs of wear. ヘッドに摩耗した様子が見られないかを調べて[点検して、確認して]ください。 ◆Check the rivets for tightness. リベットがしっかり締まっているか調べなさい ◆Check the screw to see that the threads are not damaged. ネジ山が損傷して[つぶれて、バカに]ないかチェックしてください ◆What is your primary job function? (Check only one) あなたの主な仕事の内容は何ですか？(一つだけにチェック印をつけてください) ◆Check that the cable to the welder is in good condition and secure. 溶接機につながっているケーブルが、良好な状態でしっかり取り付けられていることを確認してください。 ◆The drawings should be checked together to avoid mistakes. 間違いを避けるために、これらの図面を互いに照合しなければならない。 ◆If there is a catheter in place, it should be checked to be certain that there is not a kink in the tubing. カテーテルが使用されている場合は、そのチューブに玉こぶ状のねじれがないことを確認しなければならない。

**4** (a) ～ チェック, 検査, 点検, 調査, 監視, 検定, 照合, 検図 (→checkmark) ◆a check bit チェックビット, 検査ビット ◆a visual check 外観[目視]検査 ◆a check gate 検問所, 関門 ◆a self-check feature 自己診断機能 ◆a system of checks チェック機構 ◆a blood-pressure check 血圧測定 ◆as a confirmatory check on diameter 口径確認検査として ◆make a check list 点検[項目]表[点検作業手順確認書]を作成する ◆make a last check of a computer コンピュータの最終チェックをする ◆make a quick check of... ～をざっと点検する ◆make [conduct, run] a careful check of... ～を入念にチェックする ◆perform continuity checks 導通試験をする ◆run detailed background checks on customers 顧客の詳細な信用調査をする ◆checks made to assure accuracy of testing equipment 試験装置の精度を保証するために実施された検査 ◆perform dimensional checks on automobile bodies 車体の寸法チェックをする ◆A check must be made for the possibility that part of the circle lies off the edge of the screen. その円が画面の端からはみ出していないかを調べる必要がある。 ◆Daily performance checks (electrical, mechanical and visual) shall be made. 日常性能点検(電気的, 機械的および外観的)を実施すること。 ◆Prospective gun buyers could be fingerprinted and the samples sent electronically to Washington for an instantaneous check against the FBI's millions of prints. 拳銃購入希望者は指紋を採取され、FBIが保管している何百万もの指紋と即時照合のために、採取した試料は電子的にワシントンに送られるようになるかもしれない。

**5** (a) ～ 小切手, (レストランなどの)伝票, 勘定(書き); a ～ (預かり品などの)合札 ◆write [make out, draw] a check to... 〈人〉宛に小切手を切る[発行する, 振り出す] ◆pay by check [with a check] 小切手で支払う ◆pay by check for the full purchase amount 購入代金全額を小切手で支払う ◆Checks must be payable in U.S. dollars. 小切手は、米ドルの支払いにしてください。 ◆If paying by check, we will wait for your check to clear before your order is shipped. 小切手でお支払い

の場合は、小切手が現金化されてからご注文の品を発送いたします。

**6** (a) ～ チェック模様, 格子縞(コウシジマ), 縦横縞; a ～ 〈木材などの〉ひび割れ, 割れ, 割れ目 ◆a check pattern 格子縞模様

**check in** (ホテルなどで)宿泊手続きをする; (空港などで)搭乗手続きをする ◆check in at a hotel (= check into a hotel) ホテルでチェックインする ◆check in at an airport 空港で搭乗手続きをする ◆check in at least one hour ahead of time 少なくとも1時間前に[1時間前までに]チェックインする (＊空港など)

**check out** (ホテルや病院など)を勘定を済ませ引き払う[チェックアウトする], (図書館などの)〈購入品〉の精算をする[会計を済ませる], (図書などの)貸し出し手続きをする; 正しいことを確かめる[が判明する], 検査する ◆check out a hotel ホテルをチェックアウトする[引き払う] ◆check out of a supermarket スーパーのレジで支払いを済ませて出る ◆check out a video cassette ビデオカセットを貸し出し登録する ◆if it checks out もし、それが合っていることが確認できれば ◆Customers check out their own merchandise by scanning the price codes with electronic readers. 顧客らは、自分の商品[購入品]を、電子式読み取り装置で価格コードを走査することによって、会計[精算]を済ませる。

**check over** 調べる, 目を通す, 校閲する

**check up, check up on** (真偽を確かめるために)調査する, 調べる, 〈人〉の身元[素性]を調べる ◆check (up) on the progress of... ～の進捗状況を調査する(ために調べる)(＊check (up) on = 確認のために調べる) ◆The police checked up on him. 警察は、彼の身元を調査した[洗った]。

**checkbook** a ～ 小切手帳 ◆criticize Japan's checkbook diplomacy 日本の小切手外交を非難する;《意訳》日本の札びら外交をこき下ろす

**checkbox** a ～ チェック印欄, チェック欄, チェックボックス ◆mark a checkbox チェックボックスにチェック印[×印や✓印などの]印[マーク]を付ける (＊チェックマークは選択を意味し、日本での○印に相当する) ◆place a checkmark in the checkbox そのチェック欄[チェックボックス]にチェック印[チェックマーク]を付ける

**checker** a ～ チェック[検査, 点検, 照合]する人, 〈スーパーなどの〉レジ係 ◆a yellow and black checkered tailgate 黄色と黒の市松模様の尾板

**check-in** (a) ～ (ホテルなどでの)宿泊手続き, (空港での)搭乗手続き

**checking account** a ～ 当座預金口座

**checklist** a ～ チェックリスト, 照合表, 点検表 ◆Review this checklist prior to... ～に先だって、このチェックリスト[《意訳》次の事項]を確認してください

**checkmark, check mark** a ～ チェック印[チェックマーク, 照合マーク, 照合済み記号](✓) ◆Indicate by check mark whether or not... ～であるかそうでないか、チェック印で示してください。

**checkout** (a) ～ (ホテルでの)チェックアウト; a ～ 〈セルフサービス店の〉レジ, (図書館の)貸し出しカウンター ◆pay at a checkout (スーパーの)レジで支払いをする ◆computerized scanners for use in grocery store checkout stations 食品雑貨店のレジで使うためのコンピュータ化されたスキャナー ◆Laser beam scanners help reduce the number of checkout clerks needed to quickly process customers' purchases. レーザー式スキャナーは、客の購入品の処理[レジへの登録]を迅速に行うために必要なレジ係(チェッカー)の員数を削減するのに役立つ。

**checkpoint** a ～ チェックポイント, 検問所,《電気》動作確認箇所 ◆through an Israel-Lebanon border checkpoint イスラエル・レバノン国境検問所を通って

**checkroom** a ～ 手荷物一時預り所

**check sheet** a ～ チェックシート ◆check sheets for evaluating... ～を評価するためのチェックシート

**checksum** a ～ 《通》チェックサム

**checkup** *a*～ 点検, 試験, 検査, 健康診断 ◆go for a checkup 健診を受けに行く ◆have [get] a checkup 健診を受ける ◆a routine checkup 定期点検[検査] ◆regular checkups 定期健康診査[検診] ◆periodic checkups on [of] amplifiers 増幅器の定期点検

**check valve** *a*～ 逆流防止弁, 逆止め弁, 逆止弁, チェックバルブ, チェック[こう]弁, 制限弁, 不還弁, 戻り止め弁

**cheer** *a*～ 歓声, 歓呼, 声援, 喝采, 万歳; ①励まし, 激励; ①愉快, 陽気, 快活, 元気, 機嫌; ①食べ物[ごちそう] (fare); *v.* 歓声を上げる, 喝采する, 《しばしばonを伴って》声援[応援]する, 《しばしばupを伴って》元気づける[励ます] ◆Perhaps the least helpful thing one can say to a depressed person is, "Cheer up!" おそらく鬱病の人に向かって言ってためにならない最たるものは, 「元気を出して!」でしょう.

**chemical** *adj.* 化学の, 化学的な, 化学作用の; *n. a*～ 化学物質, 化学薬品, 化学製品 ◆a chemical agent 化学薬品[薬剤] ◆a chemical industrial engineer 化学工業技術者 ◆a chemical solution 化学薬品の水溶液; 薬液 ◆a chemical substance 化学物質 《意訳》(依存性を持つ・常用癖を生じさせる) 麻薬 ◆(a) chemical synthesis 化学合成 ◆chemical arms 化学兵器 (＊毒ガスなどを用いた) ◆physical and chemical analysis 理化学分析 ◆the chemical industry 化学工業 ◆the OPCW (Organization for the Prohibition of Chemical Weapons) 化学兵器禁止機関 (＊本拠地はオランダのハーグ) ◆a chemical name for the substance その物質の化学名 ◆be highly resistant to chemical attack 化学薬品による腐食に対し高い抵抗力がある; 優れた耐薬品性がある ◆chemical resistance 耐薬品性 ◆ozone-depleting chemicals オゾン〔層〕を減少させる化学薬品 ◆be in chemical combination with other elements 他の元素と化合している ◆the coating provides protection against chemical attack この皮膜は薬品に侵されないように保護してくれる; 《意訳》この皮膜は薬品に対する防蝕[耐蝕]性を持っている ◆the release of a chemical called a neurotransmitter 神経伝達物質と呼ばれる化学物質の放出 ◆Pulp is broken down through chemical action. パルプは化学作用により分解される. ◆Water has the chemical formula H₂O. 水の化学式は, H₂Oである. ◆A compound is a chemical combination of elements that cannot be separated by physical means. 化合物とは, 物理的な方法では分離できない元素同士の化学結合[化合] のことです. ◆These detergents contain water-softening chemicals like sodium citrate. これらの洗剤は, クエン酸ナトリウムなどの(硬)水を軟化させる化学物質[硬水軟化剤]を含んでいる.

**chemically** *adv.* 化学的に, 化学工程[過程, 作用]により, 化学に関連して ◆be chemically synthesized 化学合成される ◆chemically treat the surface その表面に化学処理を施す

**chemist** *a*～ 化学者

**chemistry** ①化性, 《口》相性 ◆a Ph.D. in chemistry 化学の博士号 ◆explore the chemistry between pets and people ペットと人間の《えも言われない相互》関係を探求する ◆the chemistry between us is terrible 《口》私たちの相性はものすごくいい ◆polyester and nylon, whose chemistries differ radically 化学的性質が全く異なっているポリエステルとナイロン

**chemometrics** ◆chemometrics software 計量化学用のソフトウェア

**chemoradiation, chemo-radiation** ◆chemoradiation for cancer of the esophagus 食道癌の放射線化学療法[《通称》ケモ位]

**chemotherapy** 化学療法 ◆chemotherapy patients; patients on chemotherapy; patients undergoing [receiving, being treated with] chemotherapy 化学療法を受けている患者たち ◆radiation and chemotherapy treatments 放射線療法および化学療法 ◆because of the loss of hair due to chemotherapy treatments 化学療法による脱毛のせいで

**cherish** *vt.* ～を大事[大切]にする, かわいがる, 愛おしむ, 〈希望など〉を心に抱く[胸に秘める]

**Chernobyl** 《地名》チェルノブイリ (＊1986年の原子力発電所事故が起きた旧ソ連の町) ◆a Chernobyl-scale disaster チェルノブイリ規模の災害

**cherry-pick** *v.* ～からいいものだけを選んで取る, ～のいいとこ取りをする, ～のおいしい[うまみのある]ところだけを摘み食いする ◆cherry-pick "hot specials" 超お買い得品[特別奉仕品]ばかりをあさる

**cherry picking** さくらんぼ摘み, コーヒーの木から果実を摘採すること, おいしいところ[うまみのある客層, 目玉商品]だけを摘まみ食いすること, いいとこどり ◆these customers are "cherry picking" our inventory これらの顧客は我が社の《品揃えの中の》目玉商品ばかり購入している

**chest** *a*～ 箱, 道具箱, 整理タンス, 輸送箱, 室; *a*～ 胸郭, 胸, 胸部 ◆stick one's chest out; puff out one's chest 胸を張る[そらす]; 威張る ◆a chest of drawers 整理だんす; チェスト ◆a tool chest 道具箱[工具収納キャビネット] ◆a three-drawer tool chest 3段引出し付き工具箱 ◆she is almost flat-chested 彼女はほとんど胸がない[ペチャパイだ, 貧乳だ] ◆a bunch of congressmen walking around with their chest out ふんぞり返って跋扈(バッコ)している議会議員連中

**chew** *v.* 噛む, 噛み砕く, 咀嚼(ソシャク)する; *a*～《単数形のみ》噛むこと; *a*～ 噛むもの, 噛んで食べる菓子 ◆chew gum ガムをかむ ◆As you enter planning, don't bite off more than you can chew. 立案段階に入ったら, 自分の力以上に欲張らないようにすること. ◆Generally, it is beneficial to allow dogs to chew on bones. 一般に, 犬に骨をかませることはいいことである.

**chewing gum** ①《種類はa～》チューインガム ◆a stick of chewing gum チューインガム1枚

**chick** *a*～ ひよこ, ニワトリのひな, 小さな鳥; *a*～《俗》若い女 ◆Nothing burns me up more than the "Grow hair, get more chicks" advertisements. 「毛を生やして, カワイコちゃん[ギャル]をゲットしよう」 という宣伝ほど私にとって頭にくるものはない. (＊I lost my hair at age 21. I'm 35 now. という人の弁)

**chicken** *a*～ ニワトリ, 若い鶏[雌鶏], 若い女性[小娘], 鶏肉, 臆病者, 肝試し, 《俗》チキン[鶏肉, トリ肉]; *vi.*《chicken out の形で》〈～を〉怖じ気づいてやめる[尻込みする]《of》 ◆play chicken with trains 列車で肝試しをする (＊列車がどれだけ接近するまで線路から逃げないで我慢できるかを競う) ◆decide which is the chicken and which is the egg どちらが原因でどちらが結果なのか決める ◆Do not count your chickens before they are hatched! 捕らぬ狸の皮算用はするな. ◆Such findings do not answer the chicken-and-egg question of which is cause, which is effect. そのような調査結果は, どちらが原因でどちらが結果だといったニワトリが先か卵が先かの問題に答えてはくれない.

**chide** *vi., vt.* やんわりと[優しく, 穏やかに]叱る[たしなめる], いさめる, 非難する, 建設的苦言を呈する ◆He gently chides the ministers of Sweden, Norway, Denmark and Finland about... 彼はスウェーデン, ノルウェー, デンマークおよびフィンランドの大臣を相手に...についてやんわりと苦言を呈して[諫言(カンゲン)して]いる

**chief** 最高(位)の, 長(オサ)の; *a*～ 長, 頭(カシラ), 長官, 局長, 部長, 課長, 上司, 国家元首, 親玉 ◆a chief engineer 主任技術者; 技師長; 機関長 ◆a chief executive officer → CEO ◆the U.S. Joint Chiefs of Staff 米統合参謀本部 ◆be chief economist at... ～は～の主席エコノミストである (＊無冠詞であることに注意) ◆Mr. Clinton as chief executive 最高行政官[大統領]としてのクリントン氏 ◆the chiefs of five major software companies 大手ソフトウェア会社5社の社長ら ◆He was chief of radiology at George Washington University Hospital. 彼はジョージワシントン大学病院の放射線科の部長[医長]をしていた. ◆X is President and Chief Operating Officer of A. X氏はA社の社長兼最高業務《執行》責任者である.

**chief executive, Chief Executive** *a*～《米》大統領, (ある国の) 最高行政官, (企業の) 最高経営責任者 (cf. CEO), (代表) 取締役 ▶一般の辞書ではthe Chief Executiveと出てい

**chiefly** 主に, 主として, まず第一に, 特に

**child** a～ (pl. children) 子供, 小児, 児童, 小人(ショウジン), -児, -子(シ), adj.《形容詞的に》子《従属して》 ◆a small child 小さな[幼い, 年少の]子供 ◆a child-care facility 保育施設 ◆a child restraint (= a car seat)《車》子供用カーシート, チャイルドシート(*だっこされている子供は事故の際に大人のエアバッグ代わりになってしまう。それを防止するための子供固定用シート) ◆the Convention on the Rights of the Child 子供の権利条約 ◆the ABCs of child care 育児の基礎 ◆a child-size camcorder 子供用サイズのビデオ一体型カメラ ◆aim at children 6 and up 《商品など》は6歳児以上を対象にしている ◆a "man-child" image 「とっちゃん坊や」的なイメージ ◆his adult children 彼の成人している子供達 ◆a 32-year-old father of three (children) 3人の子を持つ32歳の父親 ◆we children of the electronic age 電子時代の申し子[落とし子]である私たち ◆He is an only child. 彼は一人っ子[一粒種]だ. ◆legalize child-rearing by two same-sex individuals 同性(愛者同士の)カップル)2人による育児を法的に認める ◆on a wafer the size of a child's fingernail 子供の爪の大きさのウェーハ上に ◆travelers who have children in tow 子供連れの旅行者 ◆elderly persons who received no vaccination as children 子供の時に予防接種を受けたことのない高齢者 ◆Keep children away. 子供は, 近づけないでください. ◆Keep out of reach of children. 《小児》の手の届くところに置かないで[手の届かないところに保管して]ください. ◆They are beyond child-bearing years. 彼女らは, 子供が産める[出産可能]年齢を過ぎている. ◆In a surge of serendipity, he adopted the child of the times–plastic. Plastic was the ideal stuff for Frisbee. そう思いついて, 彼は時代の申し子[寵児(チョウジ)]であるプラスチックを採用した. プラスチックはフリスビーに理想的な材料だった. (*1948年頃の入)

**childhood** (a)～(通例単数形)幼児期, 子供の頃, 幼年時代, 子供であること, (ものごとの発達・発展の)初期の段階 [幼児期] ◆early childhood education 幼児教育 ◆ever since childhood 子供の頃からずっと

**childproof** vt. ～を子供にとって安全であるようにする, ～に子供のいたずら防止対策を施す; adj. 子供にとって安全な ◆childproof your home 住まいを子供にとって安全なものにしましょう ◆Store hazardous products on high shelves or in locked cabinets, away from food. Make sure lids and caps are sealed tightly and are childproof. 危険な[有害な]製品は, 食品とは隔離して高い棚の上とか鍵のかかる戸棚に保管してください。蓋やキャップをしっかり締めて子供が開けられないようになっていることを確認してください.

**children** (childの複数形) ◆The increase in childlessness and the trend toward (having) fewer children will result in fewer adult children to care for a greater number of older adults in the future. 子なしの増加および少子化は結果的に, 増加する高齢者の面倒をみる成人した子どもが将来減少するということになる.

**child's play** (口)⑪子供の遊び, ままごと遊び;⑪簡単な[容易な, たやすい, 造作ない, ちょろい, ちょちょいとやれる]こと, 朝飯前, 楽勝, たやすいこと[容易いこと]《取るに足らない, 高が知れた》こと, 児戯 ◆become child's play 簡単に[たやすく]なる ◆turn an intimidating task into child's play 《はたしてやれるだろうかと》不安に思っていることにしり込みするようなむずかしい仕事を極めて簡単[容易]なものにする ◆This seems child's play compared with... ～と比べたら, これは(子供の遊びみたいなもんだ[まるで簡単だ] ◆a security system that is child's play for a determined hacker to break やると心に決めたハッカーにとっては[ハッカーのその気になれば], いとも簡単に[訳もなく, 赤子の手をひねるように]破れるセキュリティシステム ◆he calls his own training "child's play" when compared to that of the monks 彼は, 修道僧の修行に比べれば自分の練

習は「ちょろい[楽な]もんだ」と言う(*スポーツの話より) ◆Parenting isn't child's play. 子供の世話をするのは簡単な[生易しい]ことではない.; 親業[子育て, 育児]は楽じゃない.

**chill** a～ 冷気, 冷え, 悪寒, 寒気, 裏ざめ, 冷淡さ; vt. ～を冷やす, 冷却する, 冷蔵する, 〈人〉をぞっと[ひやっと]させる ◆a blizzard-induced chill 暴風雪がもたらした寒気[寒さ] ◆chill the surface その面を冷却する ◆beef that is chilled to just above freezing 凍結直前まで冷やされた[氷温冷蔵されている]牛肉

**chilled** 冷却した, 冷蔵の;《鋳物》冷硬された

**chilled water** 冷水

**chiller** a～ 冷却機, 冷凍機,(ビル用の大型)冷房装置;《口》(背筋が寒くなるような)怪奇もの, 怪談 ◆a classic Japanese chiller 日本の古典怪談

**chilly** adj. 冷たい, 冷え冷えする, 寒い, 寒気がする; 冷淡な, 冷たい, すげない ◆in chilly months 寒さが厳しい月のあいだは

**chime** a～ 一組の鐘, チャイム(の音); v. ～を鳴らす, 鳴る, 〈時刻〉をチャイムで知らせる ◆chime in 話に加わる[割り込む, 口を挟む];相づちを打つ;《音楽》で調子を合わせる ◆chime with... ; chime in with... ～に同意[賛成, 共鳴]する; 共感を覚える, ～と調和[一致, 整合]する, ～に調子を合わせる, ～に相づちを打つ ◆goods whose timing of supply does not chime in with the user's needs 供給のタイミング[時機]がユーザーのニーズにマッチして[合って]いない商品[製品] ◆My pendulum clock chimes on the hour and the half-hour 私の振り子式掛時計は毎正時と30分に時を打つ[時を告げる] ◆I did not chime in with this idea at all. 私はこの考えにはまるで共感を覚えなかった.

**chimera** a～ キメラ, 鵺(ヌエ), 混成体; Chimera 《ギ神話》キメラ[キマイラ](*ライオンの頭, ヤギの胴, 蛇の尾をもつ火を吐く怪物)

**chimney** a～ 煙突

**chin** a～ 下顎(シタアゴ), 下顎の前部[先端部分] ◆Keep your chin up! 元気を出せ!; 頑張れ!; 気落ちしないで!(*しょげてうなだれて頭が下がることから)

**China** 中国(中華人民共和国) ◆the People's Republic of China 中華人民共和国 ◆in the China market 中国市場で

**Chinese** adj. 中国の, 中国人[華人]の, 中国語の; n. a～ (一人の)中国人[華人]; the ～(集合的, 複数扱い)中国人;⑪中国語;《口》中華料理(店) ◆a traditional Chinese medical practitioner 漢方医 ◆eat take-out Chinese food 持ち帰りの中華料理を食べる ◆treated with traditional Chinese medicine 中国[東洋]医学により治癒された ◆Chinese herbal medicines are effective in treating... 漢方薬は～の治療に有効である. ◆Abbreviations and symbols are fine for people who know what they mean. For me, it's like trying to read Chinese. 略語や記号は, 意味の分かる人にとってはいいけど, 私にはチンプンカンプンです.

**chink** vt., vi.(ガラス製品やコインなど)をチリン[チャリン]と鳴らす, チリン[チャリン]と鳴る; a～ チャリン[チリン]という音

**chip** 1 vt. vi. ～(の縁)を欠く,〈縁〉欠ける, 一部欠損する,《特に英》〈じゃが芋など〉をチップ状に切る,(おのやのみなどで)削り取る,〈彫像など〉を彫る,《スポ》〈ボール〉を小さく上に上げ(て敵や障害物を越えるように)打つ[蹴る]. ◆become chipped 欠ける ◆paint-chipped walls ペンキのひびわれた壁 ◆cook 0.5 kg of chipped potatoes チップ状に刻んだジャガイモ0.5 kgを調理する ◆... must be made of a highly durable material that will not chip ～は, 耐久性の高い欠けない材料で作られていなければならない

2 a～ かけら, 破片, 切れ端, 欠け, 傷; ～s 切りくず, 切粉(キリコ); ～s (米, 豪)ポテトチップ(=《英》crisps),《英》フライドポテト(=《米》French fries) ◆(potato) chips ポテトチップ ◆Keep the motor air slots clean and free of chips. モーターの空気穴を清浄に, また切りくず[切り粉]が無いようにしておいてください.

**3** a～《電子》チップ(*表面実装用の超小型電子部品), 半導体チップ, ICチップ(= a silicon chip), IC, 集積回路 ◆a chip resistor 《電子》チップ抵抗器(*表面実装用部品) ◆a ROM chip ロムチップ[読み出し専用メモリー素子] ◆custom chips 特注IC ◆a chip mounter チップマウンター; 《意訳》電子部品実装機[装着機, 装着装置](*chip-placement equipmentとも。chipはプリント基板に表面実装される超小型パーツ) ◆a one-chip [single-chip] DLP projector 単板DLPプロジェクタ(*テキサス・インスツルメンツ社が開発したDLP (Digital Light Processing)方式のプロジェクタ) ◆ceramic capacitors constructed in chip form 《意訳》チップ化されているセラミックコンデンサ ◆an on-chip random-access memory チップ内のランダムアクセスメモリー ◆hardware-specific graphics chips ハードウェアに依存するグラフィックス用チップ[半導体素子, デバイス, IC] ◆the silicon-chip society 《比喩的に》コンピュータ化[情報化]社会(*一般化した表現ではない) ◆an integrated circuit on a chip of silicon シリコンチップ上の集積回路 ◆complete chip sets for IBM-compatible computers IBM互換コンピュータ用の完全チップセット(*IBM互換機メーカーは, チップセットメーカーからCPUまわりなどの主要IC一式, つまりチップセットを購入して組み立てている場合が多い) ◆once a standard is implemented in chip form いったん標準規格がIC化されると ◆The computer is built around the W65C816 chip. このコンピュータはW65C816チップを中核にして作られている。

**chip in** 〈金など〉を出し合う, 拠出する; 〈話〉に割り込む
**chip off** (塗装などが)剥がれる, 剥離する, (塗装などを)剥がす, (サビなど)を削り落とす

**chipmaker** a～ (IC)チップメーカー, 半導体デバイスメーカー

**chipmaking** 图半導体デバイス[ICチップ]の製造; adj. 半導体デバイス[ICチップ]製造の ◆(a) chipmaking technology 半導体デバイス[IC]製造技術 ◆chipmaking equipment 半導体(デバイス)製造装置

**chipmunk** a～ 《北米産の》シマリス ◆the "chipmunk" effect that is characteristic of conventional audio tape played at higher-than-normal speeds 従来のオーディオテープを通常より速い速度で再生する際の特徴的なchipmunk効果(*chipmunkは, 音声を高速再生することによって音声ピッチが上がる現象を形容するときによく用いられる)

**chip-on-board** adj. 《電子》チップオンボードの(*基板への部品実装技術) ◆chip-on-board technology チップオンボード技術(*チップ部品を基板表面に表面実装する技術) ◆be assembled with chip-on-board (COB) technology チップオンボード(COB)技術を用いて組み立てられている ◆As chip-on-board (die- and wire-bonding bare chips to pc boards) technology made its transition from Japan to the U.S., the need for standardization became imperative. チップを基板上に直接実装する(裸チップのプリント基板上へのダイボンディングおよびワイヤーボンディング)技術が日本から米国へ移転[転移]するにつれ, 標準化が緊急に必要[急務]となった。

**chipping** n. チッピング, はつり, 削り取り, 傷取り; ～s 削り屑, 切粉, かんな屑, (道路舗装用)割栗石, 砕石, 砂利 ◆a chipping hammer (はつり)ハンマー ◆be free from chipping or cracking ～には欠けやヒビがない ◆Durable polycarbonate pitchers resist chipping and breaking. 耐久性のあるポリカーボネイト製の水差しは, 欠けたり割れたりしにくい。 ◆The vase appears to have no chipping or cracks... a nice piece for display or for use. この花瓶には, 見たところ欠けやヒビはありません。飾り物または実用にいい一品。(*骨董品のカタログより)

**chiropractic** ⑤practice chiropractic カイロプラクティック[脊柱指圧, 脊椎調整, 整体]療法を生業とする[に従事する]

**chisel** vt., vi. (～を)(たがね, のみなどで)彫る; n. a～ たがね, のみ, チゼル ◆a cold chisel 冷[冷間]たがね

**chit-chat** 雑談, 世間話; vi. 雑談[世間話]をする ◆we did a little chit-chatting and small talk 私たちは, ちょっとばかり雑談をした[だべった]

**chlamydia** a～ (pl. chlamydiae) クラミジア

**chloride** (a)～ 塩化物; さらし粉 ◆lithium chloride 塩化リチウム ◆sodium chloride 塩化ナトリウム, 食塩

**chlorinate** 〈水〉を塩素消毒する ◆chlorinated rubber 塩素化[塩化]ゴム ◆chlorinated paraffin [polyethylene] 塩素化パラフィン[ポリエチレン]

**chlorination** ⓤ塩素処理[殺菌, 消毒] ◆the chlorination of raw water 原水の塩素処理[殺菌, 消毒]

**chlorine** (元素記号: Cl) ◆mix a teaspoon of household chlorine bleach in a cup of water and apply it to the stain 塩素漂白剤茶さじ1杯を水1カップに混ぜて汚れ(箇所)に塗る[つける] ◆Chlorine-based cleaners can be very corrosive to stainless steel and damaging to some plastics. 塩素系の洗浄剤は, ステンレス鋼に対して非常に強い腐食性を示すことがあり, また一部のプラスチックを侵す恐れがあります。

**chlorofluorocarbon** (CFC) ～s 《複数扱い》(特定)フロン類, クロロフルオロカーボン類; a～ (一種類の)フロン ▶以前はデュポン社の商標名フレオンFreonsで通っていた。フロンにはCFC 11, CFC 12, CFC 113などの種類がある。 ◆trace amounts of chlorofluorocarbons (CFCs) 微量の(特定)フロン

**chlorophyll** ⓤクロロフィル, 葉緑素 ◆chlorophyll in plants 植物のクロロフィル[葉緑素] ◆chlorophyll-containing toothpastes and chewing gums クロロフィル[葉緑素]入りの練り歯磨きとチューインガム

**chock** vt. ～をくさびで固定する[止める, 締める]; a～ 車輪止め, くさび, フェアリーダ ◆chock the wheels くさび形をしたものを当てがって車輪を止めておく

**chock-full** (～が)限度いっぱい[ぎっしり]詰まって <of> ◆a magazine chock-full of information on... ～に関する情報がぎっしり詰まっている[満載の, 盛りだくさんの, 横溢(オウイツ)する]雑誌 ◆be chock-full of stories about... ～に関する記事を満載している; ～についての読み物がてんこ盛りだ ◆The dictionary is chock-full of errors. この辞書には間違いがいっぱいある。: この辞書は間違いだらけだ。 ◆The car's size-and-price class is already chock-full of tasty morsels from Japan and Europe. この車のサイズと価格のクラス[《意訳》市場]は, すでに日本や欧州からの魅力的な車で満杯だ[がひしめき合っている, が目白押しだ]。

**chocolate** (a)～ チョコレート, ～s チョコレート菓子, a～ (= a cup of chocolate)チョコレート飲料1杯, ⓤチョコレート色; adj. チョコレート(色)の ◆chocolate-covered almonds アーモンドチョコレート ◆drink a cup of hot chocolate; have a hot chocolate ホットチョコレート[ココア]を1杯飲む

**choice** 1 (a)～ 選択, 好み; ⓤ選択肢の自由; (a)～ 選択の幅[範囲, 種類]; a～ 選択肢, オプション, 選ばれたもの, 精選品 ◆by choice 好んで ◆without a choice 選択肢なしに, 選択の余地なしに, 他に選びようがなくて, 《意訳》しかたなく, 否応なしに, 強制的に ◆a choice between A and B AをとるかBをとるかの選択 ◆do... from choice ～をみずから進んで[自由意志で, 自発的に]やる ◆have no other choice but to <do>... ～する以外の他の選択肢[手段, 方法, 道, すべ]はない, ～せざるを得ない, ～するほかない, やむを得ず ～しなければならない, 余儀なく[しかたなく]～する, ◆not by choice 好き好んでのことではなく ◆freedom of choice 選択の自由 ◆the agony of choice 選択の苦悩[苦渋] ◆a wide choice of options 幅広い選択肢[種類]の豊富なオプション ◆make the best (possible) choice 最善[最良, 最高]の選択をする ◆with or without much choice in the matter その件について, もっと好むと好まざるにかかわらず[否応なしに] ◆Without much choice, they have been forced to <do...> ほとんど選択の余地なしに[半ば強制的に]～せざるを得なくされた, ～した ◆my first-choice school 私の第一志望校 ◆you'd have no choice but to <do> あなたは～せざるを得ない[するほかない]だろう ◆acknowledge that there may be little choice 選択の余地はほとんどないかもしれないことを認め

**choke**

る ◆extend the range of choices 選択の範囲[幅]を広げる ◆make a choice among several alternatives いくつかの選択肢の中から選ぶ ◆narrow the choice down to two products from Sony （機種）選定を2つのソニー製品に絞り込む ◆That left him without a choice. それにより彼には選択[選択肢, 選択の余地]がなくなった。 ◆the school of one's first [second] choice 第1[第2]志望[希望]校 ◆You have very little choice if you want to obtain... 〜を手に入れたいのならば選択の余地[幅]はほとんどない。 ◆If there's no other choice,... ほかに選択の余地がない[どうしようもない]場合には、 ◆the editors' choices of the ten best cars sold in Canada 編集部員ら[編集部]が選んだカナダで販売されている車の上位10車 ◆We have no other choice but to strike. 我々には、ストを打つほか道はない。 ◆a broad range of choices in hundreds of business and consumer product lines 何百もの業務用および民生用商品ラインの中からの幅広い選択 ◆fill an area with your choices of predefined colors and patterns 《コンピュ》ある領域を、あらかじめ定義しておいた好きな色と模様で塗りつぶす ◆FX486 has become the programmer's choice. FX486は、プログラマの方から決まって選んでいただける製品となりました。(*コンピュータの広告) ◆I didn't do it from choice. 私は、それを好きこのんでやったのではない。 ◆In that case, make water stains your first choice. その場合は、水性ステイン[着色剤]を最優先に選ぶようにしてください。(*《意訳》「できれば水性ステインを選びましょう」) ◆Our product line offers a wide range of choice. 我が社の製品系列は選択の幅が広い[種類が豊富だ]。 ◆That's a good way to narrow down your choices. それは、選択[選定]の候補を絞り込むのにいい方法である。 ◆The program is the product of choice for experienced users. このプログラムは、ベテランユーザーが好んで選ぶ製品である。 ◆There's a choice of three classes: A, B and C. A, B, Cの3つの等級から選択できる。 ◆There's no other choice but [than] to take the car to the repair shop. 車を修理場に持ち込むほか[以外に]ない。 ◆Laser discs are the home-viewing medium of choice. レーザーディスクは、一番の[真っ先に選ばれる]（映画などの）家庭観賞用媒体である。 ◆We also offer quantity discounts on the power tools of your choice. 弊社は、どれでもお好きな電動工具について大量注文割引もいたしております。 ◆InGaAs is becoming the choice for high-temperature applications in the 1-3-$\mu m$ spectrum. インジウムガリウム砒素は、1-3$\mu m$のスペクトルにおける高温用作用に選ばれるようになってきている。 ◆In menus, the key moves the cursor one choice to the right. 《コンピュ》メニューでは、このキーはカーソルを1つ右の選択項目に移動させる。 ◆It should be used as little as possible, and only in cases where there is no other choice. それをできるだけ（少しか）使用しないようにし、また他に選択の余地がない場合にのみ使用するようにすべきだ[使うとしてもやむを得ない場合に限るべきだ]。 ◆Reliability is a key factor in the choice of equipment we use. 信頼性は我々が使う機器の選定における主要な要素[ポイント]（の一つ）である。 ◆SSRIs have become the drug of first choice for most patients with depression. SSRIは、鬱病をもつほとんどの患者に対する第1[第1次]選択（治療）薬となった。 ◆If something goes wrong, users have no choice but to power-down and reset. 何かおかしくなったら、ユーザーは電源を切ってリセットするしかない。 ◆Never before have the automotive choices been so diverse and so neatly divided into clear market segments. 自動車の選択が、これほど多様でかつこれほどきちんと明確な市場区分に分けられていたことは、かつてなかった。 ◆Our full line of color CRT displays features a choice of the most popular sizes – 12″, 14″, 15″ and 17″. 当社のカラーCRTディスプレイのフルラインアップは、最も人気のあるサイズである12, 14, 15, 17インチの中からお選びいただけます[が揃っています]。(*a choice of...は選択の範囲・幅を表す) ◆The choice of which tungsten film to use is determined by the subject, situation, and photographer's taste. どのタングステン光[白熱電灯光]用フィルムを選択するかは、被写体、状況、および カメラマンの好みによる。 ◆Thermal transfer will remain the preferred choice for inexpensive facsimiles. 熱転写は、安いファクシミリ用に好んで採用され続けるだろう。

**2** adj. （等級など）上の, 上等の; 選りすぐ（エリスグ, ヨリスグ）られた, 特選の, 精選の, 優れた

**choke** **1** vt., vi. 〜を窒息させる, (のどを)詰まらせる, 《エンジン》（空気量を絞って）混合気を濃くする ◆a toy small enough to choke on （口にいれて）窒息する[喉に詰まらせる]可能性のあるほど小さい玩具 ◆waste-choked sewage drains ごみが詰まった下水溝

**2** a〜 チョーク, チョークバルブ, チョークコイル, 絞り, 《車》ベンチュリー(管) ◆a choke coil チョークコイル ◆a choke valve チョーク弁[バルブ] ◆a choke-input rectifier system 《電》チョーク入力整流システム

**cholera** 〔Ⅱ〕コレラ ◆Cholera is caused by bacteria known as Vibrio cholerae, which secrete a toxin that attacks the body's intestinal system. コレラは、コレラ菌という細菌によって引き起こされる。この菌は、身体の腸系統をおかす毒素を出す。

**cholesterol** 〔Ⅱ〕コレステロール ◆a cholesterol raiser コレステロールを増加させるもの[食品] ◆a cholesterol-lowering drug コレステロール低下薬 ◆a high cholesterol reading 高いコレステロール値 ◆a test to determine the ratio of "good" cholesterol (high-density lipoprotein, or HDL) to "bad" cholesterol (low-density lipoprotein, or LDL) 「善玉」コレステロール（高密度リポ蛋白HDL）と「悪玉」コレステロール（低密度リポ蛋白LDL）の比率を求める検査

**chomp** v. むしゃむしゃ[もぐもぐ]噛む ◆chomp on corn on the cob; chomp away at corn on the cob 軸付きのトウモロコシをむしゃむしゃ[モグモグ]噛む

**choose** vt. <to do, doing, that, wh->; vi. <from, between> 選ぶ, 選択する, 決める, 《口》望む[欲する] ◆choose a model 機種[車種]を選定する ◆choose A on the basis of B Bという判断基準］に基づいてAを選ぶ ◆choose from about 30 different models 約30種の異なるモデル[機種, 車種]の中から選ぶ ◆leave the oil at the chosen temperature 油を設定した温度にしておく ◆There are a number of...-s from which to choose. 多くの〜から選ぶことができる ◆Choose Properties in [from] the menu. 《コンピュ》メニューで[から]「プロパティ」を選択します。 ◆The instructor has a wide range of topics to choose from. インストラクターには、（講義で扱う）題目の幅広い選択の余地がある。 ◆There is a variety of styles from which to choose. 形式はいろいろな中から選べる[いろいろある]。 ◆You may choose from among eight different fonts. 8種類の異なったフォントの中から選べる。 ◆Today's users want to access and share information wherever and whenever they choose. 今日のユーザーは、好きな時に好きな場所で[時間や場所を選ばず]情報にアクセスしたり情報を共有したいと思っている。 ◆Why do so many different technologies exist? And how does the designer choose between them? なぜそれほど多くの異なった技術があるのだろうか。そして設計者はその中からどのようにして選ぶのだろうか。 ◆There are six models to choose from [six models from which to choose, six models from which you can choose]. 6機種のなかからお好きなものを）お選びいただける ◆If you are now deciding to join the growing ranks of camcorder owners, you have an incredible range from which to choose. もしあなたが、現在増えてきているカメラ一体型ビデオ所有者の一人になろうとしているなら、信じられないほど広い選択の幅があります。

**chop** **1** vt., vi. (〜を)たたき切る, ぶった切る; (細かく)切り刻む, 刻む, 細断する; a〜 切断, 斬りつけの一撃, 切断した物, 厚切りの一（リブ付き）肉 ◆(a) chopped impulse voltage 裁断衝撃電圧[*雷インパルス耐電圧強度試験での] ◆chop down a tree 木を切り倒す ◆chop manufacturing costs 20% 製造コストを20%削減する ◆chop the input signal into a train of equally spaced pulses 入力信号を細かく（切り）刻んで[ぶつ切りにして, 分割して, 細断して], 一定の間隔で並ぶ[1列の]パルスにする ◆There's a lot of deadwood to be chopped there. 首切りしなくちゃならない窓際族がそこにはごまんといる。

2 *a* 〜 印鑑, 印章; 品質, 等級; vt. 〜に押捺［捺印］する, 〜にハンコを押す ◆apply one's chop seal on the "signature" line 署名欄に印鑑［ハンコ］を押す
**chopper** *a* 〜 チョッパー
**chopping board [block]** *a* 〜 まな板
**choppy** adj. (海などが)波立っている, (風などが)変わりやすい, つっかえながらの, 途切れ途切れの ◆You might have to play around with the priority settings if the sound becomes choppy. 音がぶつぶつ途切れるように［小間切れに］なってきたら, 優先設定をいろいろとかまってみる必要がありそうですね.
**chopstick** *a* 〜 箸(ハシ)の片方;(通例 〜*s*)箸(ハシ) ◆two pairs of chopsticks 2膳の箸
**chord** *a* 〜 弦, 翼弦; *a* 〜 心の琴線(キンセン), 感情, 情緒; *a* 〜 コード, 和音 ◆strike a chord 心の琴線に触れる; 記憶を呼び起こす ◆strike [touch] a resonant chord in [with] ...  〈人〉の共鳴を呼ぶ ◆touch a sympathetic chord 〈人〉の共感をよぶ［さそう］ ◆(a) chord length コード長, 弦長, (航空機)翼弦長 ◆A three-tone chord is a triad. 3つの音［3音］の和音は三和音である. ◆The congenially priced products have struck a popular chord. 相応な値［適正な価格］が付けられているこれらの商品は, 大衆受けした.
**chore** 〜*s* 雑用, 家事; *a* 〜 骨の折れる仕事, いやな仕事 ◆do [perform] household chores 家事をする ◆share the household [cooking] chores 家事［炊事］を分担する
**choreographer** *a* 〜 (バレーなどの)振り付け師, 振付家, コレオグラファー, コリオグラファー
**CHP** ◆promote combined heat and power (CHP or cogeneration) 熱と電気の複合利用(CHPあるいはコジェネレーション［コジェネ, 電熱併給, 熱電併給］)を推進する
**christen** vt. 〈人〉に洗礼を施す,〈人, 船など〉を(〜と)命名する［名付ける］, 〜を初めて使う, 使い始める, 使い出す ◆christen them with names that reflect their characters それらに各々の性格［性質, 特質, 特性, 等］を表した名前をつける ◆his eldest son was named [christened] George 彼の長男はジョージと命名された ◆she christened the submarine Nautilus 彼女は潜水艦にノーチラスと命名した
**christening** 回洗礼をする［洗礼名をつける］こと; *a* 〜 洗礼［命名］(式)(baptism) ◆at the christening of an aircraft carrier 航空母艦の命名式で
**Christian** *a* 〜 クリスチャン, キリスト教徒, キリスト教信者; adj. クリスチャン［キリスト教徒, キリスト教信］の, 上品な, 寛容な ◆in the Christian Era year of 1032 西暦1032年に ◆the third millennium of the Christian era begins on 1st January 2001 A.D. 西暦における第3番目の千年紀は西暦2001年1月1日に始まる ◆Given that most people in the world are NOT Christian, isn't it time we abandon the Christian Era calendar? 世界のほとんどの人がキリスト教徒ではないという状況から, そろそろ西暦の使用をやめる時期ではないでしょうか.
**Christianity** 回キリスト教, 基督教, 耶蘇教
**Christmas** クリスマス, 降誕祭 ◆on Christmas Day クリスマスの日に, クリスマス降誕祭の日に(＊12月25日に) ◆on Christmas Eve クリスマスイブ［前夜］に(＊12月24日の晩に) ◆on Christmas morning クリスマスの朝に ◆a Christmas card クリスマスカード ◆a Christmas tree クリスマスツリー ◆Christmas disease クリスマス病; 第九［IX］因子欠乏症(= hemophilia B) クリスマス因子 クリスマス病; 第九［IX］因子(= factor IX) ◆during the Christmas holidays [season] クリスマス休暇［シーズン］中に ◆Christmas-born pigs クリスマス(の日)に誕生した豚 ◆the Christmas selling [shopping] season クリスマス商戦シーズン ◆travel during the Christmas-New Year holiday クリスマスから新年にかけての休みに旅行する ◆we are gearing up for Christmas sales 私たちはクリスマス・セール［商戦］に向けて態勢を整えているところです ◆Merry Christmas and Happy New Year! 楽しいクリスマスとよいお年を! ◆Merry Christmas, folks! クリスマスおめでとう, 皆さん. ◆I [We] wish you a merry Christmas and a happy New Year! 楽しいクリスマスとよいお年を!

A merry and peaceful Christmas to all. 皆様が楽しく安らかなクリスマスをお過ごしになられますようお祈り申し上げます. ◆Retailers earn about half their annual profits at Christmas. 小売業は年間の利益の約半分をクリスマスに稼ぎ出す.
**chroma** クロマ, 彩度, 色度 ◆a chroma oscillator 《TV》クロマ発振器(= a color oscillator, a chrominance-subcarrier [color-subcarrier] oscillator)
**chromatic** 色の, 色彩の, 着色［染色, 彩色］の
**chromaticity** 色度 ◆a chromaticity diagram 色度図 ◆a chromaticity diagram 色度図 ◆chromaticity coordinates 色度座標 ◆have a wide chromaticity range 〜は広い色度［レンジ］を持っている (＊フルカラー表示デバイスの話で) ◆the chromaticity coordinates of the RGB phosphors used in the monitor モニターに使用されているRGB蛍光物質の色度座標
**chromatograph** *a* 〜 クロマトグラフ, 色層分析装置, クロマトグラフィーのチャート
**chromatography** 回クロマトグラフィー, 色層分析 ◆gas [liquid, thin layer] chromatography 《順に》ガス［液体, 薄層］クロマトグラフィ
**chrome** クロム ▶正式の技術用語 chromium の代わりに非技術畑で用いられる. ◆chrome steel クロム鋼 ◆remove the heat-caused "blue-ing" from chrome exhaust pipes クロムめっきされた排気管の高熱による「青焼け」を除去する (＊口語ではchromeは「クロムめっき」の意で用いられる)
**chrominance** クロミナンス ◆the chrominance subcarrier 《TV》色副搬送波(= the color subcarrier) ◆chrominance signals クロミナンス信号［色信号］
**chromium** クロム(元素記号: Cr)
**chromometer** *a* 〜 比色計, 測色計(= a colorimeter)
**chromosome** *a* 〜 染色体 ◆a chromosome [chromosomal] abnormality 染色体異常 ◆an enzyme known as telomerase that lengthens the ends [tips] of chromosomes 〈意訳〉染色体の両端を長くするテロメラーゼと呼ばれる酵素
**chronic** adj. 慢性の, 常習的な, 習慣的な, 長期的な ◆a chronic offender 常習的な違反者 ◆a chronic disease 長年治らない病気, 慢性病, 慢性疾患, 持病, 痼疾(コシツ), 宿痾, 宿痾(シュクア) ◆a chronic disorder 慢性疾患, 慢性疾病 (＊a chronic disease よりは軽い病気) ◆Chronic cocaine use causes tolerance, withdrawal symptoms and addiction. コカインを常用すると, 耐性, 禁断［離脱］症状, および依存症［常用癖］が生じる.
**chronological** adj. (順序などが)時間的な, 時系列の, 時間［日付, 年代］順の ◆in chronological order 古い順に［年代順に, 日付順に, 時系列で, 時間を追って, 年代を追って］ ◆in reverse chronological order (年代［日付］の)新しい順に; 時間をさかのぼって ◆Add the dates in chronological order (dates should be listed in order of occurrence). それらの日付を年代順に書き加えよ(日付は起きた順にリストアップすること).
**chronologically** adv. 時間の経過順に, 時間の流れに沿って, 年代順に
**chronometer** *a* 〜 クロノメータ, 標準時計, 経線儀, 磁針儀
**chuck** *a* 〜 チャック, くわえ ◆a chuck key 《工具》チャックを絞めるための傘歯車がついている道具 ◆open the chuck jaw 《工具》チャックジョーを開く ◆insert the drill bit shank fully into the chuck そのドリルビットの軸部を完全にチャックに挿入する
**chug** *a* 〜 (低速回転のエンジンの)パッパッパッという排気音, (蒸気機関車の)シュッシュポッポという排気音; vi. 排気音を立てる, エンジン音を立てながら進む; vt. (chug-a-lug) ぐいっと一気飲みする, ごくごく飲む ◆the chugging of beer ビールを一気飲みすること
**chunk** *a* 〜 塊(カタマリ), ひとまとめ, (口)かなりの［ある程度とまった］量［部分］ ◆the largest free chunk 《コンピュ》〈意訳〉最大の連続した空き（メモリー）領域 ◆a chunk of memory; a memory chunk あるまとまった［連続した］メモリー空間［領域］ ◆break data into chunks of less than 2GB 〈意訳〉データを2GBより小さいサイズ（のチャンク［まとま

**church**

り〕)に分割する[分ける] ◆break text into manageable chunks 本文を扱いやすい大きさの塊[扱いやすい分量のまとまり]に分割する

**church** a～ 教会, 教会堂, 天主堂, 教派; 《U》礼拝; the church 聖職; the Church キリスト教の全信者, ある特定の会派の全教徒; adj. 教会の, 礼拝の ◆a church-affiliated elementary school ミッション系の小学校

**churn** 〈バターを作るために牛乳を〉かき回す
 **churn out** (《口》速い速度で大量生産する ◆churn out automobiles 自動車を大量生産する

**chute** a～ シュート, 落とし, 落とし口, 捨て口, 坑井(コウセイ), 樋(トイ)

**CIA** (Central Intelligence Agency) the ～《米》CIA, 中央情報局

**CIAJ** (the Communications and Information network Association of Japan) 《日》通信機械工業会《省略形はtheは不要》(旧: the Communications Industry Association of Japan)

**C.I.F., c.i.f.** (cost, insurance, and freight)

**cigar** a～ 葉巻, シガー

**cigarette, cigaret** a～ (紙巻き)たばこ ◆a cigarette butt タバコの吸い殻 ◆puff on a cigarette タバコを(スパスパ)一服する[吹かす, 飲む, 吸う] ◆two studies suggesting a link between cigarettes and cataracts たばこ[喫煙]と白内障の関連を示唆している2つの研究

**CIM** (computer-integrated manufacturing) (シム), コンピュータ統合生産

**cinch** a～ 《口》簡単な仕事, 楽勝の仕事, ちょろいこと, 確実なこと, 確実に期待できること

**CINCPAC** ◆at CINCPAC (Commander-in-Chief, Pacific) in Hawaii 《米》ハワイの太平洋軍司令部にて

**cinder** シンダー, (石炭などの)燃えかす, 燃え殻, (溶鉱炉の)スラグ

**cinder block** a～ シンダーブロック(＊コンクリートと粉砕した石炭灰から作った軽量建材)

**cinema** a～ (《英》映画(=《米》a movie theater [house]); the ～《英》(集合的に)映画(=《米》the movies); 《U》映画産業, 映画制作技術 ◆a ten-screen cinema [movie] complex スクリーンが10面あるシネマコンプレックス[シネコン, 複合(型)映画館]

**CIO** (chief information officer) 最高情報責任者, 情報(戦略)統括役員, 情報戦略担当役員(＊肩書きとしては「取締役情報システム部長」など) ◆He was named chief information officer (CIO) and executive vice president of the Xxx Division. 彼はXxx事業部の情報担当幹部兼副社長[専務]に任命された. ◆Jim Glenn, 53, was named chief information officer (CIO) and executive vice president of the Service Operations Division. ジム・グレン氏(53歳)は, サービス事業部の最高情報責任者[情報戦略統括役員](CIO)兼取締役副社長に任命された.

**cipher** vt. ～を暗号化する; n. (a) ～ cipher 暗号 ◆a secret key cipher engine 《コンピュ》秘匿(ヒトク)鍵エンジン

**ciphertext** 暗号文(↔cleartext, clear text) ◆in encrypted (i.e., ciphertext) form 暗号化された(すなわち, 暗号文)形式で

**circa** (略 c, c., ca, ca., cir., circ.) 《年代の前につけて》約, およそ, ～(年)ごろ

**circadian** adj. 《生理》24時間周期の, 概日の, 日周期の ◆the body's circadian rhythm 身体のサーカディアンリズム[概日リズム, 日周期]

**circle** 1 a～ 円[輪, 丸, 環], 円[環]状のもの, 環, サークル, 同好会, グループ, 界[圏], 縁線 ◆a circle graph [a pie chart] 円グラフ ◆a perfect circle 真円, 正円 ◆a number in a circle; numbers in a circle 丸数字 ◆a circle of haze around the moon 月の笠 ◆from some academic and industry circles 学術および産業界の一角から ◆his circle of friends 彼の友人の輪 ◆move in a circle 円を描いて移動する ◆within scientific circles 科学者らの仲間内で; 科学界で ◆The orbit of the Earth is nearly a circle. 地球の軌道は, ほぼ円形である.

2 vi., vt. (～のまわりを)回る, 旋回する, ～を丸で囲む ◆a circled figure 丸数字; 丸付き数字(＊数字を丸で囲んだもの. たとえば①) ◆Circle all that apply. 当てはまるものすべてに丸をつけてください. ◆Circle one only. 1つだけに丸をつけてください.

**circline** ◆a 32-watt, circline fluorescent bulb 32ワットのサークライン蛍光管

**circuit** a～ 回路, 回線, 循環路, 系統, サーキット, (自動車などの)レース場 ◆a circuit to <do>; a circuit for (the purpose of)...-ing ～するための回路 ◆a circuit board 回路基板 ◆(a) circuit-switched connection 《通》回線交換接続 ◆(a) circuit-switched data transmission service 《通》回線交換データ伝送(通信, 転送)サービス ◆a circuit switched network 《通》回線交換網 ◆a circuit-switching center (CSC) 《通》回線交換センター ◆a circuit-switching unit (CSU) 《通》回線交換装置 ◆a competition circuit (自動車レースなどの)競走路 ◆a schematic circuit diagram 回路図 ◆circuit switching 《通》回線交換(接続) ◆the U.S. Court of Appeals for the Federal Circuit 米連邦巡回控訴裁判所(＊特許と国家賠償を専門に扱う) ◆a two-circuit hydraulic brake system 系統が二重になっている油圧制動システム ◆a waveform shaping circuit 波形整形回路 ◆the components in the circuit その回路に使用されている部品 ◆some data circuits – especially the dedicated lines serving packet-switching systems 一部のデータ回線, 特にパケット交換システム用の専用回線(＊circuitsとlinesが同義で両者を併記している例) ◆transmit... over a communications circuit 〈情報〉を通信回線を通じて伝送する ◆Streams of data are sent over circuit 2 and received over circuit 5. データストリームは, 回線2で送られ回線5で受信される.

**circuit breaker** a～ サーキットブレーカ, 回路遮断器, (一般家庭の)配線用遮断器; ～s《株》(一連の)株価暴落防止措置(＊パニックを防止するための取引停止措置) ◆because of the circuit breaker tripping サーキットブレーカーが切れたために ◆reset a circuit breaker サーキットブレーカーをまたONにする[入れる] ◆institute a series of circuit breakers designed to limit panic selling 《株》パニック売りを制限するために一連のサーキットブレーカー[暴落防止措置]を設ける ◆The circuit breaker trips when... ～のときサーキットブレーカーが作動する[遮断し, 落ちる, 切れる, 飛ぶ] ◆All outlets are circuit breaker protected against overload. すべてのコンセントは, サーキットブレーカーによって過負荷から保護されている.

**circuitry** 《U》回路(＊ある機器やシステムを構成する個々の回路を全体的にまとめて), 回路配線《回路の引き回し》 ◆回路を数えたい時は, 不可算名詞circuitryの代わりにa circuitを使うとよい. ◆external circuitry (ICなどの素子の外部に実装する)外付け回路

**circular** adj. 円形の, 円-, 丸形の, 丸-, 環状の, 輪状の, 回転-, 循環-, 回覧[宣伝]ビラ; 回状; a～ 宣伝ビラ ◆a circular saw 丸のこ ◆an ICO (intermediate circular orbit) satellite 中軌道周回衛星 ◆a satellite in a circular orbit 円軌道に乗っている衛星 ◆It is circular in cross section. それの, 断面は円形をしている. ◆Pass around a circular to all relevant employees and have them sign it. 関係する従業員全員に回覧文書を回して署名してもらう. ◆The latest laser-guided bombs have a circular error probable (CEP) of about three meters. 最新のレーザー誘導爆弾の半数必中界は約3メートルである.(＊半数必中界は, 命中精度を示し, 「半数命中半径」とも. 標的を狙って放たれたとき, 半数が命中することが予想される半径で表したもの)

**circulate** vi., vt. 循環[環流, 流通, 流布]する(させる), 配布する, 回す, 流す ◆a memo circulated to workers 職員の間を回覧されたメモ ◆circulate [recirculate] completely throughout... ～の中にまんべんなく完全に循環する ◆circulating water in... : water circulating in... ～の中を流れている循環水 ◆while circulating through pipes パイプの中を循環して流れる間に ◆Rumors are circulating that... ～であるといった噂が流布して[流れて, 広まって]いる ◆The six electrons circulate over the entire benzene ring. それらの6個の電子は、ベンゼン環全体の上を回っている.

**circulating** adj. 循環する ◆a circulating pump 循環ポンプ ◆a circulating fluidized-bed combustion system 循環流動層燃焼装置[流動床燃焼システム]

**circulation** (a) ~ (血の)めぐり, 血行, 循環, 流通, 通用, 発行部数, 回覧 ◆the pulmonary circulation 肺循環; 小循環 ◆put... into [in] circulation ~を流通[流布]させる ◆the circulation of counterfeit money にせ金の流通 ◆the circulation of the blood 血液の循環 ◆to help improve circulation 循環[血のめぐり]を良くするために; 血行促進のため ◆a mass-circulation weekly 発行部数の大きい週刊誌 ◆cooled by the forced circulation of oil 油の強制循環により冷却される ◆many other versions of UNIX now in circulation 他の多くの現行UNIXバージョン ◆the old money was taken out of circulation to prevent counterfeiting 偽造を防止するために旧貨幣は流通から外された ◆up to 95 percent of all software in circulation are illegal copies 出回って[流通して]いる全ソフトの95パーセントまでが違法コピーである (*日本の話ではない) ◆Proper circulation of air over the heat sink is required. ヒートシンクの表面上には適切な空気の流通が必要である. ◆Money Magazine is the third largest financial title in the U.S. with a circulation of 1.9 million. マネーマガジンは190万部の発行部数を誇る米国第3位の経済誌である. ◆The magazine has a circulation of around 60,000 copies per month, with a 50 percent ad/editorial ratio. この雑誌の月々の発行部数が約6万部で, 広告と記事の割合は五分五分である. ◆Old-style notes will be withdrawn from circulation at the end of 1997, although banks will still change them until the end of March, 1998. 旧紙幣は1997年末に流通廃止となるが, 銀行は今までどおり1998年3月末までは両替に応じることになっている.

**circulatory** adj. 循環の ◆the human body's circulatory system 人間[ヒト]の身体の循環系

**circumcircle** a ~ 外接円

**circumference** a ~ 円周, 周囲 (の長さ), 周, 周縁 ◆the circumference of an area 地域のまわりの距離[周囲長] ◆the circumference of a circle 円の周囲[円周] ◆the overall circumference or total wire length of the loop ループの総周囲長[総延長]すなわちワイヤーの全長[耳長] ◆the ratio of the circumference of a circle to its diameter 円周率 (*= π (pi) = 3.14159265...) ◆a ring-shaped tunnel 27 km in circumference 全長[延長]27kmの環状トンネル ◆The lake has a circumference of 18 miles. この湖の周囲は18マイルある. ◆The total circumference of the lake was just covered with fish. 湖岸の全周にわたって, 実に魚で覆いつくされていた. (*多数の魚が死んだ訳より) ◆A single ligature mark – the deep impression of a rope or cord – travels the entire circumference of her neck, crisscrossing just below the base of the skull. 一本の索痕, つまり縄かひも[ロープか紐]の跡が, 彼女の首の周り全体を一回りして頭蓋の付け根の直ぐ下で交差している.

**circumferential** 円周(方向)の, 周辺の, 周囲の ◆(a) circumferential velocity 円周速度, 周速

**circumflex** a ~ 曲折アクセント記号(^, ˆ, ˜ など); adj.; vt.

**circumscribe** ~の回りに線を描く, (ある図形の回りに別の図形)を外接させて描く ◆a circumscribed circle 外接円 ◆a closed curve circumscribing a polygon 多角形に外接する閉じた曲線 ◆circumscribe a circle around a polygon 多角形に外接する円を描く

**circumstance** (a例 ~ s)状況, 事情, 経緯, いきさつ, 境遇, 環境; [複]（やむを得ない）事情, 運命; a ~ (事情を構成する一つの)出来事[事実]; [複]儀式ばったこと ◆according to the circumstances 状況に応じて; 場合[事情]によっては ◆as circumstances demand 状況に応じて, 臨機応変に ◆under [in] certain circumstances ある状況のもとでは[場合によっては] (▶can などの助動詞と共に用いる) ◆under no circumstances (どんな事情があっても)決して~ない ◆under normal circumstances 通常(は, の) ◆Under the circumstances,

CIS

... こうした状況から; こういう状態の中で; そういった事情なので; 現下の情勢から; 目下の状態[現状]では; そういう訳[経緯]で; 行きがかり上; それ故; このことより, 従って; ついては; かくなる上は ◆under the present [current] circumstances 現下[現在, 目下, 今]の情勢から; 現状では ◆in view of the circumstances; allowing for the circumstances 事情を考慮して[くみとって] ◆assess the circumstances 状況を(総合的に見て)判断する ◆be forced by circumstances to <do...> 事情に迫られて[やむなく, やむを得ず]~する; 成り行き上[いきおい] ~せざるを得ない[しかたなく~する] ◆depending on [upon] the circumstances 状況に応じて; 事情次第で; 場合によっては; 場合によりけりで; 場合に合って ◆depending on [upon] the circumstances 状況[事情]によっては (*theが省かれることも多々ある) ◆examine the circumstances under which... ~という状況を検討する ◆the circumstances surrounding... ~を取り巻いている状況 ◆under circumstances where... ~という状況において ◆under these circumstances こうした状況下で ◆because circumstances conspired against it いろいろな事情が重なりあって, それに(とって)悪いふうに作用したせいで ◆be good at adapting to changing circumstances (直訳)変化しつつある状況[(意訳)境遇や環境の変化]に順応する[馴れる, 慣れる]のがうまい ◆due to circumstances beyond a person's control やむを得ない事情のため; よんどころない事情があって ◆recoverable depending on certain future circumstances 将来の状況[今後の事情]によっては回収可能で ◆under the circumstances of a fixed point-to-point transmission 固定2地点の伝送といった状況で ◆be not permitted under any circumstances (いかなる場合・状況でも)決して許可されることはない ◆They are VERY excited. Under the circumstances, they played quite well. 彼らは非常にエキサイトしていた. 従って, かなりいいプレーをした. ◆There are even extenuating circumstances for intentionally... -ing. 意図的に~せざるを得なかったといったような情状酌量すべき状況すらあります. ◆This website is about my life and the circumstances that led me to becoming a "mental patient." このウェブサイトは, 私の人生, ならびに私が「精神病患者」になるに至った状況[経緯, いきさつ]について書いたものです. ◆The power-on-self-test feature works even in circumstances when the service diagnostics disk cannot be loaded. この電源投入時自己診断テスト機能は, (修理)サービス用の診断ディスクがロードできない状況においてさえ働く.

**circumstantial** adj. 状況の, 状況[事情]による, 付随的[二次的]な, 偶然な, 詳しい[詳細な] ◆a case built on a foundation of circumstantial evidence 状況[情況]証拠(を積み上げたもの)基に立件されている事件 ◆police have gathered enormous amounts of circumstantial evidence 警察は膨大な量の状況[情況]証拠を集めた[収集した]

**circumvent** vt. ~を回避する, 迂回する, よけて通る; ~の裏をかく, ~を出し抜く ◆allow the virus to circumvent the protection (コンピュータ)ウイルスがその防御策を免れるようにする ◆circumvent constraints of... ~の制約を回避する[受けずに済むようにする] ◆circumvent the EC's convoluted laws on telecommunications EC(欧州共同体)の複雑に入り組んだ電気通信関係の法律を逃れる[法律の裏をいく] ◆circumvent the government's ban 政府の禁止令の裏をかく ◆tricks to circumvent security systems セキュリティシステムをあざむくためのトリック ◆strategies to circumvent this problem この問題を回避するための戦略 ◆circumvent the need for a separate selection 別々に選択する必要性を避けるために ◆circumvent the need to open up the machine 機械を開けなくても済むようにする

**cirrus** a ~ (pl. cirri) 《気象》絹雲, 《植》つる[巻き鬚[ひげ]], 《生物》棘毛, 《生物》毛状突起, 《生物》触毛, (無脊椎動物の)陰茎 ◆cirrus clouds 巻雲(マキグモ, ケンウン), 絹雲(ケンウン)

**CIS** (Commonwealth of Independent States) the ~ 独立国家共同体 (*旧ソ連崩壊後の一群の共和国)

**cistern** *a* ～ 水槽, 液槽, (水洗便所の)水タンク, 貯水タンク, 貯水池, 溜池

**citation** 回引用; *a* ～ 引用文; 回召喚; *a* ～ (裁判所の)召喚状; *a* ～ 戦功をたたえて与える賞状［感状, 表彰状］ ◆make a citation from the Bible 聖書から引用する

**cite** ～を引用する, 引き合いに出す, (例, 証拠などに)挙げる, 口にする; (～のことで)〈人〉を(法廷などへ)召喚する, ～に出頭を命令する<for> ◆be cited as a reference in an article ある記事の中で参考として［参考に］引用されている ◆An oft cited complaint is... よく口にされる苦情［よく聞かれる愚痴］は, ～である. ◆cite the success of the Japanese in...-ing ～することにおける日本の成功を引き合いに出す ◆He resigned on March 5, citing mainly health reasons. 彼は, 主に健康上の理由を挙げて［理由で］3月5日に辞職した. ◆He had been cited for driving without a license on 16 separate occasions. 彼は無免許運転で16回(法廷に)召喚されて［(裁判所に)呼び出し・出頭命令を食らって］いた. ◆Those who favor the 8mm format cite its small size as a definite plus. 8mm(VTR)フォーマットを支持する人たちは, サイズが小さいということは決定的なプラス［良い点］であると言っている.

**CITES** (Convention on International Trade in Endangered Species of Wild Fauna and Flora) *the* ～ 絶滅のおそれのある野生動植物の種の国際取引に関する条約(＊通称「ワシントン条約」)

**citizen** *a* ～ 国民, 人民, 公民, 市民, 住民; (軍人, 警察官に対し)民間人, 一般人 ◆among ordinary citizens 一般市民の間で ◆a Seattle citizen (一人の)シアトル市民; シアトルの一市民 ◆he became a naturalized Japanese citizen 彼は帰化して日本の市民［日本国民］になった ◆in the Barberton Citizen Hospital バーバートン市民病院で

**citizens(') band, Citizens' Band** (CB) 市民バンド ◆on the citizens band シチズンバンドで

**citrate** (*a*) ～ クエン酸塩, クエン酸エステル ◆manganese citrate クエン酸マンガン

**city** *a* ～ 市, 都市, 都会, (ﾏﾔｺ); *the* ～ 全市民; adj. 市の, 都市の ◆a city's Common Council 市議会 ◆city-reared 都会育ち［都会っ子］の ◆New York City ニューヨーク市 ◆Tsukuba Science City 筑波研究学園都市 ◆between Kobe and Nishinomiya City 神戸市と西宮市の間で ◆big-city problems 大都市問題 ◆in the lobby of a city housing project 市営住宅(団地の建物)の玄関ホールで ◆live inside [outside] the Rockville city limits ロックヴィル市内［市外］に住む ◆outside a city; outside the limits of a city 市外に, 市外の ◆the center of a city ある都市の中心部; 都心部 ◆the city of Shizuoka with a population of about a half-million 人口約50万の静岡市 ◆rapidly changing city life 急速に変わりつつある都市生活 ◆in the Japanese cities of Tokyo and Osaka 日本都市東京と大阪で ◆as long as their operations are confined within the city boundaries 彼らの営業が市内に限られて［限定されて］いる限り ◆Fuel economy: EPA city driving...... 18 mpg, EPA highway driving...... 23 mpg 燃費: EPA市街地走行～18ガロン／マイル, EPAハイウェイ走行～23ガロン／マイル

**civil** 市民［公民］の, 一般市民の, 民間の; 礼儀正しい, 丁重な, ていねいな ◆a civil servant; a civil-service employee 公務員(＊軍関係を除いて) ◆a civil engineer 土木建築［土建］技師 ◆a civil war 内戦［内乱］ ◆civil proceedings 民事訴訟 ◆civil aviation 民間航空 ◆bring a civil lawsuit against... ～を相手取って民事訴訟を起こす(▶他の辞書で bring in となっているものがあるが in は不要) ◆during the American Civil War (1861-65). アメリカの南北戦争(1861～1865)の間に ◆the execution of civil works 土木工事の施工

**civil engineering** 土木工学 ◆civil engineering works 土木工事 ◆a civil engineering and construction contractor 土木建築請負会社; 土建業者 ◆the Civil Engineering & Construction Department of North Dakota State University ノースダコタ州立大学の土木建築学部

**civilian** 民間(人)の, 一般市民の, 民需［民生］用の; *a* ～ (軍人に対して)民間人, 一般人 ◆a civilian aircraft (pl. civilian aircraft) 民間航空機 ◆become a global civilian power 世界規模の民生大国になる ◆hand the country over to civilian rule この国を民政に移管する ◆civilian control of the military 軍の文民統制 ◆convert defense plants to civilian use 国防軍需工場を民需［民生］用に転換する ◆convert plants from military to civilian use 工場を民需転換［軍民転換, 民転］する ◆turn military facilities to civilian use 軍事施設を一般用に転用する ◆The military held power for decades before returning control to civilians in 1990. 軍部が1990年の民政移管以前何十年にもわたり政権を握っていた. ◆The national conflict claimed the lives of thousands of civilians. 内乱は, 何千人もの一般人［民間人］の命を奪った.

**civilization** (*a*) ～ 文明; 回文明［文化, 発展した, 開けた］生活, 回文明化, 開化, 教化; 回(集合的に)文明国, 文明諸国, 文明世界, 文明人 ◆China is a huge country with a huge population of 1.1 billion people and a recorded history of 5,000 years of civilization. 中国は11億人という膨大な人口を抱え, 5000年の文明の歴史を誇る巨大な国である.

**civil service** *the* ～ (集合的に)文官, 公務員(＊軍・司法・立法関係以外の); *the* ～ 行政機関, 政府官庁(＊軍関係は除く) ◆foster a civil service mentality 公務員根性［役人気質, (悪意)官僚体質］を助長する ◆assault the civil service mentality that is today throttling... 今日～を閉塞させている公務員根性［役人気質, (悪意)官僚主義的な体質］を強く非難する

**CJD** (Creutzfeldt-Jakob disease) クロイツフェルト・ヤコブ病(＊狂牛病にかかった牛の肉を人が食べることによりこの病気にかかるのではないかという疑いがある)

**Cl** 塩素(chlorine)の元素記号

**clack** (ハイヒールなどが)こつこつという音をたてる, ～をこつこつと鳴らす; *a* ～ (堅い木製の物同士などがぶつかった時に出る)こつん［カタン］という音 ◆a clack valve 羽打弁

**clad** 《clothe の古い形の過去・過去分詞》adj. 覆われた, 被覆された; vt. ～を被覆する, ～に金属被覆する ◆gold-clad relay contacts 金被覆されている［金張りの, 金引きの］リレー接点

**cladding** 被覆(すること), 被覆加工, クラッディング, 《光ファイバ》クラッド, 被覆, 外装(仕上げ), 合わせ板法, (溶接の)肉盛り ◆soluble cladding 可溶性の被覆 ◆an outer cladding 外側の被覆, 外装

**claim** 1 vt., vi. 要求する, 請求する, 主張する, 自説を披瀝する, 言う, (人命, 勝利など)を奪う ◆The manufacturer claims... メーカーによると, ～ということである. ◆the system is claimed to be highly reliable そのシステムは, 信頼性が非常に高いということである［言われている］. ◆The Challenger accident claimed the lives of seven astronauts. チャレンジャー号事故は宇宙飛行士7名の命を奪った. ◆Seventy percent of controllers claimed that their workloads adversely affect air safety. 管制官の70％が, 彼らの仕事負担量は空の安全を脅かすものであると主張した［言った］. ◆The company claims that, using its "green" machines, end users can save around $60 a year in running costs. 同社の「環境に配慮した」マシンを使うことにより, エンドユーザーはランニングコストを年間約60ドル節約できると宣伝している.

2 *a* ～ (当然の権利としての)要求, 請求, 主張, (して欲しい事項＝)申し分, 権利, (on, to), 資格, 《特許》請求事項; ～s 《特許》請求の範囲 ◆a gold-mine claim 金鉱の鉱区 ◆proprietary claims 所有権請求権［要求権］ ◆ads loaded with claims about being the best 最高のものであるという能書き［宣伝文句, 謳い(ウタイ)文句］を並び立てている広告 ◆make a claim for damages caused by an accident 事故の損害賠償請求をする ◆their claim of patent infringement is without validity 彼らの特許侵害の申し立ては妥当性を欠いている ◆big-talking maintenance-free batteries that do not live up to their claims 広告の内容よりも劣る, おおげさに宣伝されている［誇大広告の］メンテナンスフリーバッテリー ◆EXCHANGES & RETURNS: All claims will be reviewed if made within 10 days from date of shipment. (商品の)交換［お取り替え］および返品について — 出荷日より10日以内にお申し出の場合はすべて考慮(の対象と)させていただきます. ◆The company was making

false and misleading claims regarding the product's effectiveness. この会社は、その製品の効能について、誤解をまねくような虚偽の内容の宣伝をしていた。

**claimant** a～〈権利の〉主張者［要求者］，（賠償などの）請求者，（失業保険給付などの）受給者，引き取り人，《法》原告 ◆The Bureau of Land Management considers a mining claim or site abandoned and void if the claimant fails to file these documents within the prescribed period. 鉱業権者がこれらの書類を所定の期限内に提出しない場合，土地管理局は鉱区あるいは採掘［採鉱］現場が遺棄された（採掘権は）失効したものとみなす。

**clamor** vi., vt. 叫ぶ, どなる; a～叫び ◆clamor against... ～に反対して叫ぶ ◆clamor for... ～を要求して叫ぶ ◆a clamor of protest 抗議の叫び［声高な反対の声］

**clamp** a～かすがい，クランプ，締め金，締め付け（金）具；～を（締め付け具で）絞める，留める ◆a clamp bolt [screw] 締め付けボルト［ねじ］ ◆a clamping circuit クランプ回路 ◆a clamping screw 締め付けねじ ◆a voltage clamp 電圧制限回路 ◆a clamping arrangement [device, fixture, implement] 締め付け装置 ◆a clamp-on ammeter クランプオン［クランプ型］電流計

 **clamp down on** 《口》（当局などが）～に対する締め付けを厳しくする，～を取り締まる

**clamper** a～クランパー，振り止め，《TV》直流（成分）再生回路(= a direct-current restorer, a reinserter)

**clamping** 回クランプすること，クランピング，締め付け，型絞め，回，《電子》電圧波形の振幅を制限・調整・一定に維持すること; adj. ◆the clamping voltage and DC breakdown voltage of surge protective devices サージ防護装置［素子］の制限電圧および直流放電［《意訳》動作］電圧

**clandestine** adj. 秘密の，内密の，内々の，隠密の，人目を忍んでの，地下［アンダーグラウンド］の(＊政府に反対する放送局や新聞印刷物など） ◆a clandestine meeting 秘密の［人目を忍んでの］会合，密会，逢い引き，忍び逢い，逢瀬（オウセ） ◆a clandestine broadcasting station 地下放送局 ◆They had made clandestine approaches to the Irish Republican Army. 彼らは秘密裏に［水面下で］アイルランド共和国軍に接近していた。

**clank** ガチャンと鳴る［らす］; a～（鎖など金属製の物のだ）ガチャンという音 ◆clanking machines ガシャンガシャンと音をたてている機械

**clap** パチパチ［バリバリ］と音をたてる; a～拍手の音，（雷の）バリバリという音

**clarification** （液体を）澄ますこと，清めること，浄化，清澄化，解明，説明 ◆the clarification of water 水の浄化; 浄水 ◆ask for clarification on the term "anything" "anything"という語についての説明を求める ◆footnoted for complete clarification 十分に説明するために脚注がつけられている ◆seek clarification from the United States over its new policy 米国に新しい政策について説明するよう求める

**clarify** vt., vi.〈水など〉を澄ませる，浄化する，澄む; はっきりさせる［する］，明らかにする ◆clarify the roles of the public and private sectors 公共部門［《意訳》行政］と民間部門の役割（分担）を明らかにする［明確にする，明確化する，はっきりさせる］ ◆the point which needs clarifying 解明が待たれている問題点 ◆They need to be clarified concerning... これらは，～について明らかにする必要がある。

**clarity** 回透明さ, 清澄度［性］，明澄度［性］，鮮明度［性］，透明度［性］；明瞭さ，明瞭度，明快さ ◆a lack of clarity about [on, over, regarding]... ～についての［関する］透明性の欠如 ◆for the sake of clarity 理解しやすいように，はっきりさせるために ◆in the interests of clarity 単純明快に［分かりやすく］するために ◆the clarity of display in sunlight 日光のもとでの表示の鮮明さ ◆provide a clarity of sound that surpasses that of most other car stereo systems 他のたいていのカーステ・システムの音を凌ぐ透明感のある澄んだ音を出す ◆It carries conversations with greater clarity. それは，通話をより高い明瞭度で搬送する。 ◆These variable names are long only for the sake of clarity. これらの変数名が長くなっているのは，単に分かりやすくするためです。 ◆A new technology, called digital audio tape, can record music with the clarity of a compact disc. デジタル・オーディオ・テープと呼ばれる新技術は音楽をCDと同じ澄んだ音［透明感］で録音することができる。 ◆Hailed as the finest-grain color film ever made, Kodak's Ektar enables photographers to enlarge pictures to poster size with almost no loss of clarity. これまで製造された中で粒子が一番細かいカラーフィルムと呼ばれている，コダックのエクタは，写真をポスターサイズで鮮明さをほとんど損なわずに引き伸ばせる。

**clash** vi., vt. ガチャンといってぶつかる［衝突する］，激しく対立する; a～ガチャン［ガシャン］という音，衝突，小競り合い，武力衝突，不一致，不調和 ◆create a clash of opinions among...〈人々など〉の間に意見［見解］の対立［衝突］を生じさせる［引き起こす］

**class** 1 a～クラス，階級，等級，格，類，部類，種，種類，組，学級，授業，講座，《コンピ》クラス; 回上等，高級，品位，格調，センス ◆class A insulation A種絶縁 ◆class warfare 階級闘争 ◆the privileged classes 特権階級 ◆the upper [middle, lower] classes 上流［中流，下流］階級 ◆an Ohio-class submarine オハイオ級潜水艦 ◆best-in-class pulling power クラス最高の牽引力 ◆Class A operation（増幅器の）A級動作 ◆clean room facilities of Class 100 or better クラス100またはそれより高い清浄度のクリーンルーム設備(＊ここでのbetterは，数字が小さいという意, cf. cleanliness) ◆a Class 100 clean room クラス100のクリーンルーム ◆IBM XT-AT class machines IBM XTからATクラス［級］のコンピュータ ◆a Class-C radio-frequency amplifier C級高周波増幅器 ◆foreigners used to be a privileged class here 外国人はここでは特権階級だった ◆to bring truant students back to class 不登校生がまた授業を受けに出てくるようにするために ◆the results of a questionnaire sent to my Harvard class of 1957 (along with Yale and Princeton graduates of the same year) 私の同窓生である1957年度ハーバード大卒業生（ならびにエール大学とプリンストン大学の同期生）に送られたアンケートの結果 ◆If you are absent from class, it will affect your final course grade. 授業を欠席する［休む］と，最終コースの成績に響きます。 ◆So far ahead of all others, it's in a class by itself. 他の追随を全く許さず，これに肩を並べるものは皆無である。「唯一無二の存在である」。 ◆Swissair is a class of its own. スイス航空は他社とは（サービス等の点で）一線を画しています［他に類を見ません］。《広告》 ◆The adaptor is both FCC Class A and B certified. 本アダプターは，FCCクラスAおよびB両方の認定を取得している。 ◆The FORTUNE 500 is in a class by itself. フォーチュン誌による（売り上げ規模）上位500社のランキングは他に類を見ない［他のものとは一線を画している］。 ◆There is a fee for this class. この講座を受けるのには受講料がかかります。 ◆We want it to be the best of any car in its class. 我々は，この車をクラス最高のものにしたいと思っている。 ◆Students should not pass notes or carry on private conversations while class is being conducted. 学生［生徒］は，講義の最中［授業中］にノートを手渡したり私語［お喋り，雑談］をしてはならない。 ◆Class size reduction is expensive. The cost of reducing class size is proportional to the size of the reduction. クラスの少人数化は金がかかる。学級の大きさを削減［小クラス化］するための費用は，削減規模に比例する。 ◆In terms of raw power, the car's motor is at the head of a class that includes turbos from Chrysler, Audi and Volvo. 生の出力という点では，この車のエンジンはクライスラーやアウディやボルボのターボエンジン車が属するクラスの先頭に立っている。 ◆The drives offer MTBF specifications of 80,000 power-on-hours, the highest in the industry for this class of product, according to the company. これらのドライブは，このクラスの商品としては業界最高の連続通電8万時間というMTBF（平均故障間隔）仕様になっていると，この企業は言っている。

2 vt.～を分類する，～を～と見なす <as, among, with> ◆be classed as... ～として分類されている

**class action** *a*〜 集団訴訟, 集団代表訴訟 ◆file a class action suit against the company その会社を相手取って集団(代表)訴訟を起こす

**classic** *adj*. 名作［名著, 名画, 名曲］の, 傑作の, 名高い, 由緒深い, 代表的な, 典型的な, 一流の,〈ギリシャ, ローマの〉古典的な; *a*〜名作［名著, 名画, 名曲, 名盤, 名演］, 一流と広く認められている作品, 伝統的行事,〈ギリシャ, ローマの〉古典作品 ◆a classic car クラシック・カー ◆a classic example (昔からよくみられる)典型的［代表的］な例 ◆as a classic example of this kind of crime この種の犯罪の典型例として

**classical** *adj*. クラシックの, 古典的な, 古代ギリシャ［ローマ］の, 伝統的な, 正統派の ◆classical music クラシック音楽(▶classicはこの意味で使用できないので注意) ◆classical physics 古典物理学

**classification** 回格付け, 等級分け, 分類(法), 分類体系化, 種別分け, 類別, 区分化; 粒子の大きさにより分け分ける こと, 選別, 分級, 分粒; *a*〜部類, 種類, 区分, 船級 ◆gravity classification 比重選別［比重分級, 重力選鉱, 重力選炭］ ◆classification; a (systematic) method of classification; a classification method; taxonomy;《単換い》systematics 分類法 ◆a broad classification 大区分 ◆classification by industry 業種別分類［区分］ ◆classification by purpose 用途別による分類 ◆defy easy classification やすやすと分類［区分］できない; そう簡単にはどの枠にもあてはまらない ◆more common methods of classification より一般的な分類方法 ◆perform (a [the]) classification of... into... 〜を〜に分類する ◆make a classification of the engine types エンジンの種別分け［タイプの分類］をする ◆the classification between "REQUIRED" and "RECOMMENDED" is not very clear cut「必要」と「推奨」の区別［区分］があまり明確でない ◆The two basic disk classifications are rigid and flexible. 基本的なディスクの2つの分類は, ハードとフレキシブルのやり方である。(*flexibleなディスクとは, フロッピーディスク) ◆Loudspeakers are classified in several ways. The classification criteria and the corresponding categories are as follows: スピーカにはいく通りかの分類のしかたがある。分類の基準［観点］および［区分］は, 次の通りである。 (参考)(the) automatic declassification of materials 25 years old or older 25年以上経った資料の自動的な機密指定解除［解除］

**classified** *adj*. 分類された,〈新聞広告など〉項目別に分類されている, 機密扱いになっている, 秘密指定された, 極秘の ◆a newspaper classified ad [advertisement] 新聞の案内広告 (*三行広告の類) ◆classified information 機密情報 ◆classified advertising in area newspapers 地域の新聞に案内広告を出す［打つ］

**classifier** *a*〜(粒度による)選別機, 分級機, 分粒装置,(石炭などの)粗粉分離器［セパレータ］ ◆a cyclone classifier サイクロン分級機(*水中の浮遊微粒子を遠心力により粒度別に選り分ける)

**classify** *vt*. 〜を分類する, 類別する, 等級分けする,(粒子の大きさにより)選別する［分級する, 分粒する］, 〜を機密扱いに［秘密指定］する ◆be broadly classified as... 〜として大まかに区分［大区分］され(ている) ◆be classified as endangered 絶滅危惧種に分類されている ◆may be classified under four chief groups 4つの主なグループに分類できる ◆They are classified according to their application. それらは, 用途によって分類されている。 ◆Watermelons are classified according to size. すいかは, 大きさによって等級分け［選果, 選別］される。 ◆Hundreds of wines were classified into five levels of quality. 何百ものワインが5段階の品質等級に格付けされた。 ◆They are generally classified by application, principle of operation, or construction. これらは一般に, 用途別, 動作原理別, あるいは構造別に分類される。

**classroom** *a*〜教室, 学級, クラスルーム, クラス, 教場,《意訳》教育現場 ◆a classroom bully クラスのいじめっ子 ◆classroom breakdown; the breakdown of classroom discipline [order]; the loss of classroom control;《日》classroom collapse 学級崩壊 ◆classroom teachers 《意訳》教室で教える先生方 ◆trainees participate in intensive classroom training that results in them obtaining New York State Security Guard certification 研修者は, ニューヨーク州警備要員の認証が取得できる集中訓練講座に参加する［《意訳》(意訳)勉強の］ ◆Today's dysfunctional classrooms are turning out increasing numbers of illiterate children. 今日の機能不全に陥っている教室［《意訳》学級崩壊］は, ますます多くの読み書きの［《意訳》勉強の］できない子どもを生んでいる。

**classy** *adj*.(口)高級な, 上品な, 品がいい, スタイリッシュな ◆The fake-wood door panels look classy. 木に似せて作られているそのドアパネルは上品ぽく［優雅に］見える。

**clause** *a*〜(法律, 契約書などの)条項,《文法》節,《コンピュ》節［句］ ◆an antitakeover clause (企業)乗っ取り防止条項

**claw** *a*〜(動物や鳥類の)かぎ爪, 爪, 爪状のもの ◆The hard disk makers are sharpening their claws. (商機に乗じようと)ハードディスクメーカーは爪を研いでいる。

**claw hammer, claw-hammer** *a*〜釘抜きハンマー,《口》燕尾服(= a claw-hammer coat; a swallow-tailed coat) ◆Claw hammers are for driving finishing nails and removing [pulling] nails. くぎ抜きハンマーは仕上げ釘を打ったり, 釘を抜くためのものである。

**clay** 回粘土, 泥土, 陶土 ◆clay stone; claystone; clay rock 粘土岩 ◆a mock-up made of clay 粘土で作った実寸大模型

**clayey** *adj*. 粘土の, 粘土質の, 粘土の多い, 粘土を塗った ◆clayey sediments 粘土質の堆積物

**clean** 1 *vt*. 〜をきれいにする, 清浄にする, 浄化する, 掃除する, 清掃する, 片付ける,《意訳》手入れのする(*汚れをとる),《炭鉱》選炭する; *vi*. きれいになる ◆a cleaning process 洗浄工程 ◆clean [wash] raw coal 原炭を選炭する ◆a head-cleaning tape [cassette] ヘッドクリーニングテープ［カセット］ ◆an air-cleaning device 空気清浄装置 ◆easy-to-clean flux residues 簡単に除去できるフラックスかす ◆hydrogen peroxide for cleaning wounds 傷口を洗浄するための過酸化水素(水)［オキシドール, オキシフル］ ◆clean oily soils from... 〜から油性の汚れを落とす［取る］ ◆advanced techniques for cleaning engine emissions 先進のエンジン排気ガス浄化技術 ◆clean contaminants off microchips and printed-circuit boards マイクロチップや印刷回路基板から汚染物質を除去する ◆clean the oil off the mounting surface with a suitable solvent 適切な溶剤を使って油汚れを取り付け面から落とす ◆he cleaned his room by stuffing into one corner what had been spread around the floor 彼は, 床一面に散らかっていたものを片隅へ押しやって部屋を片付けた ◆Can I clean the dust that has accumulated on my...? 私の〜にたまったほこりは取り除いてよいですか。 ◆For quick preparation, buy winter squash that comes cleaned of seeds. 食事の用意を速くするのに, 種を抜いてある［種抜き］セイヨウカボチャを買い求めてはいかがでしょう。 ◆The bin is easy to clean. この入れ物は, きれいにするのが楽だ。 ◆Clean the outside of your food processor with a damp cloth, then dry with a soft cloth. フードプロセッサーの外側を湿らせた布で拭いて［外面を水拭きして］, その後柔らかい布で乾拭き(カラブキ)してください。 ◆The Japanese prepare for New Year's Day by cleaning their homes from top to bottom. 日本人は家を大掃除して元日を迎える準備をする。 ◆Flux residues can be cleaned with freon, terpene, or an aqueous solution having a saponifier concentration about 9%. 残留フラックス[融剤]は, フロン［フロン］やテルペン, あるいは鹸化剤濃度9%前後の水溶液で洗浄できる。

2 *adj*. 清潔な, きれいな,《コンピュ》〈ファイル〉の(ウィルスに)感染していない ◆clean coal 精炭(*選炭された石炭) ◆clean water きれいな水, 上水, 浄水 ◆a clean B/L (of lading) 無事故［無故障］船荷証券 ◆ultra-clean cars (あまり環境を汚染しない)超クリーンな車 ◆clean drinking water きれいな飲み水; 清浄な飲料水 ◆develop new clean energy sources 新しいクリーンエネルギー源を開発する ◆wipe the mounting surface clean 取付け面をきれいに拭く ◆clean and legible conventional gauges すっきりしていて読み

**clear**

やすい[視認性の高い]従来型の計器類 ◆a "clean hands" snap-in ribbon cartridge 手を汚さずにカチッと装着できる(インク)リボン・カートリッジ ◆Are the inspection areas clean and adequately lighted? 検査場所はきれいになっていて十分な明るさが確保されているか。 ◆The speaker system's upper range is clean and extended. 本スピーカーシステムの高域は, 冴え渡って[澄んで]いて伸びと広がりがある。 ◆Wipe it clean of dirt with a clean towel or rag. きれいなタオルかぼろ布でそれを拭いて汚れを取ってください。 ◆Coal is crushed and washed after it is mined to make it cleaner and better for burning. 石炭は, クリーン化のためとより燃焼に適したものするために採掘[採炭]後に破砕され選炭される。

**clean out** vt. ～を(すっかり)一掃する, (きれいさっぱり)掃除する, ～から金目を全部巻き上げる, ～を空にする, 〈どぶ, 池〉をさらう, ～を追い出す, ～を全部買い取る[買い尽くす, 買い占める] ◆clean out a ditch どぶをさらう ◆clean out the "deadwood" 「窓際族」を一掃する[お払い箱にする, 解雇する] ◆you need to clean out dust at least twice a year 最低年に2回はほこりを清掃[除去]する必要があります

**clean up** ～を清掃する, 洗浄する, 浄化する, 片付ける, 整頓する; 粛正する ◆clean up walls and floors 壁と床を清掃する ◆catalytically cleaned-up emissions 《車》触媒作用で浄化された排気ガス ◆clean up an audio signal オーディオ信号をクリーンにする ◆He uses a Sears Kenmore vacuum to clean up after a hard day's work. 彼は働きづめの1日の仕事が終わるとシアーズ社のケンモア(ブランド)電気掃除機を使って掃除をする。

**cleaner** a ～ クリーナー, 掃除機, 洗剤, 清浄剤, 洗浄剤; 清掃員, 掃除婦[夫], クリーニング屋 ◆a tape head-cleaner テープヘッドクリーナー

**cleaning** [U]クリーニング, 掃除, 清掃, 清掃, 脱脂, 手入れ; [U]《炭坑》精選 ◆a cleaning cassette 《AV》クリーニングカセット ◆a cleaning lady 掃除のおばさん; 掃除婦 ◆an easy cleaning crumb tray 掃除が楽なパンくずトレー(*トースターの) ◆parts in need of cleaning クリーニングの必要がある部品 ◆a cloth moistened with a mild cleaning solution マイルドな洗剤の溶液を含ませた布 ◆a thorough cleaning of the gear case 歯車箱の徹底的な洗浄 ◆The heads require cleaning. そのヘッドはクリーニングが必要だ。

**cleanliness** [U]清潔, きれい好き; 清浄度 ◆check on a ship's cleanliness 船舶の清浄度[衛生状態]を調べる ◆to improve cleanliness in the area その区域の清浄度を上げる[その作業場を清浄化]するために(*生産工場での話) ◆submit reports on quality assurance, levels of cleanliness, sanitation, and safety 品質保証, 清浄度, 衛生, および安全性に関する報告書を提出する ◆Class 100 is a standard of cleanliness which permits 100 particles of contaminant per cubic foot of air. クラス100とは, 空気1立方フィート中に汚染物質粒子100個まで許容するという清浄度の基準である。

**cleanly** adv. きれいに, みごとに, 出来ばえよく, 手際よく; adj. きれい好きな, いつもきれいにしてある ◆a cleanly styled car with smooth, flowing lines スムースな流れるような[流麗な]線ですっきりと体裁が整えられた車

**clean room** a ～ クリーンルーム, 無塵室, 防塵室, 清浄室 ◆clean-room garments クリーンルーム[無塵室, 防塵室]で着用する防塵服 ◆The electroforming, pressing, metallizing, and lacquering must be done in clean rooms with Class 100 ratings. (CD製造における)電鋳造[電鋳], プレス, 金属皮膜の蒸着, およびラッカー塗装は, クラス100のクリーンルームの中で行われなければならない。

**cleanse** vt. ～を清浄にする, 洗浄する ◆cleanse the airstream of pollutants ～の空気流から汚染物質を洗浄除去する ◆cleanse the skin with a soft damp cloth 湿らせた柔らかい布で肌をふく[清拭(セイシキ)する] (▶soft と damp の語順に注意) ◆The atmosphere cleanses itself of these solid particles. 大気は, これらの固形粒子を自浄作用できれいにしてしまう。

**cleanser** (a) ～ クレンザー, 洗剤, 磨き粉, 化粧落とし, クレンジング液[ローション, クリーム, パウダー]; a ～ 給水こし[器], 給水濾過器(ロカキ)

**cleanup** a ～ (大)掃除, 浄化, 洗浄, (後)片付け, (土地などの)汚染除去, 除染, 整理, 在庫一掃[蔵払い], 粛正, (口)大儲け ◆the cleanup of the catastrophic oil spill 大惨事となった油流出事故の油除去 ◆the high costs of environmental cleanup 環境浄化の高い代償 ◆cleanup operations following the 1986 accident at the Chernobyl nuclear power station チェルノブイリ原子力発電所における1986年の事故後の汚染除去[除染]作業 ◆a post-earthquake cleanup operation 地震後の片付け作業 ◆anti-static swabs for cleanup of organic and inorganic residues in clean rooms クリーンルーム内の有機質および無機質の残留物除去用の帯電防止綿棒 ◆Californians begin cleanup after flash floods and landslides. カリフォルニアの人々は, 鉄砲水による洪水と地滑りの後片づけを始める。 ◆Clean-ups are easy - splatters don't bake on. 掃除は簡単です- はね(飛んだもの)がこげつかないからです。(*電子レンジの話) ◆the government decided to spend about $6.8 billion in taxpayer money in next year's budget to help pay for a cleanup of the housing lenders 政府は, 住宅処理の足しにするために, 来年度予算で68億ドルの公的資金の支出をすることを決定した。

**clear** 1 adj. 澄んだ, 晴れた, 明るい, 透明な, はっきりした, 明白な, 明瞭な, 明晰な, 端的な; 空いた, 見通しのきく; ～がない, ～に接触しないで, ～から離れて 〈of〉; adv. 完全に, 接触しないで[離れて], 明らかに[はっきりと, 明確に, 明瞭に, すっかり] [全く, 完全に] ◆a clear sky 晴天 ◆clear water 澄んでいる[きれいな, 透明な]水; 清水(セイスイ), (場合によっては)浄水 ◆a clear, colorless liquid 無色透明の液体 ◆become clear 澄んで[透明になって]くる, 清澄化する; 明らか[明白]になる, はっきり[判然]としてくる, 判明する ◆make it very clear that... ～であるということをきわめて明確にする ◆a much clearer, sharper sound もっと澄んだシャープな音 ◆As is clear from the cases above, ... 上記のケースから明らかなように, ... ◆in the event of any point not being quite clear もしも(何か)はっきりしない点[わからないこと, 不審な箇所]があったら ◆It is clear from the results that... ～の結果から～であるということがはっきり分かる。 ◆it may soon become clear whether... ～かどうかは間もなく明らかになってくるであろう ◆It soon became clear that... ～でなく～であるということが明らかになった。 ◆KEEP CLEAR 近づくな, 注意 ◆keep the shoe and sole clear of snow 靴と靴底に雪がつかないように[着雪しないように]しておく ◆but he has not made his position clear しかし彼は態度を明確にしなかった ◆you may pass if the way ahead and to the rear is clear 道路前方および後方に他の車両がいない場合には追い越してもよい ◆Please keep clear of the door. ドアから離れていてください。 ◆The water is clear. この水は澄んでいる。 ◆Learning time was minimal as the instructions are clear and simple. 修得時間は極めて少なくて済んだ。というのはこの遊び方の説明が簡単明瞭だからだ。(*ビデオゲームの話) ◆Make sure that the power cord is kept clear of the cutting area. 電源コードが切断作業場所からどけてある[切断作業の邪魔になっていない]ようになっていることを確かめてください。 ◆The wires must be clear of sharp edges, high heat surfaces, moving parts, etc. これらの電線は, 鋭利なエッジや高温面や可動部品などに触れないようにしなければならない。

2 vt. 澄む[ます], はっきりさせる, 〈なぞ〉を解く, 〈邪魔物〉を除く, 一掃する, 掃討[掃蕩(ソウトウ)]する, 片付ける, 空ける, 〈疑惑など〉を除く, 離着陸[出入国, 出入国]の許可を与える, 〈障害物, 関所など〉の上を通過する, 〈手形, 小切手〉を手形交換所を通す, ～の純益をあげる, 〈勘定〉を清算する, 〈画面, データ〉を消去する, 〈カウンタ, レジスタなど〉をクリアする(*通電, ゼロ, オフ, または空白文字にする); vi. 澄む, 晴れる, すっきりする, 消える, なくなる, 〈商品が〉さばける, 出入港[離着陸]許可を得る, 〈手形が〉交換所を通る ◆clear a hurdle ハードルをクリアする ◆clear chips from... ～から切りくずを除去する ◆clear away snow from

railroad tracks　鉄道線路の除雪をする　◆clear... back to zero by clicking the Clear button　《コンピュ》クリアボタンをクリックして〜をゼロに戻す[復帰させる,((意))リセットする]　◆clear the contents of a rectangle to solid black　《コンピュ》矩形(領域)の内容をクリアして真っ黒[黒ベタ]にする　◆reset this record to zero by clicking the Clear button　《コンピュ》クリアボタンをクリックしてこのレコードをゼロにリセットする　◆The skies cleared.　空が晴れた。　◆The streets have been cleared of snow.　通りは雪が取り除かれ[除雪され]た。　◆you can accomplish clearing to end of line by outputting spaces until you reach the right margin　《コンピュ》右端に達するまでスペースを出力することによって,行末までクリアすることができる　◆I hope this will clear the questions you raise.　ご指摘の疑問(点)が,これで一掃されるといいのですが。　◆If the recording start time is set and no stop time is set, the program will be automatically cleared.　もしも録画開始時刻がセットされていて終了時刻がセットされていないと,その録画予約は自動的に解除される。

**clear away**　〜を片付ける,食事の後かたづけをする
**clear out**　〜の中身を出す,除去する,急いで立ち去る,追い出す
**clear up**　(天気が)晴れる,〜を片付ける,〈問題,誤解など〉を解く,〈病気が〉治る　◆clear up an unfinished job　やりかけの仕事を片付ける　◆clear up an unsolved problem　未解決の問題をクリアする[解く,解決する,片付ける]　◆clear up the confusion　その混乱状態を一掃する　◆infections clear up　感染症が治る　◆Hemorrhoids usually clear up with proper care, but symptoms may come and go (may flare up after a bout of constipation).　痔は,通常は適切な治療によって治まる[まります]が,症状が出たり消えたり[引っ込んだり]することがあります(一便秘した後で激しくぶり返すこともあります)。

**clearance**　1　(a)〜 除去,整理,後片付け,通関手続き,許可,離着陸許可,(船舶の)出港許可,手形交換,(形容詞的)一掃(蔵払い)の　◆a clearance sale　クリアランスセール,(在庫)一掃大売出し,売り尽くし,大棚[棚,蔵]ざらえ,蔵払い　◆clearance for take-off　離陸許可　◆get (runway) clearance from the control tower　管制塔から離着陸許可を得る　2　(a)〜 隙間,間隔,間隔,遊隙,遊び,ゆとり,余裕　◆a clearance fit　すき間[動き]ばめ　◆overhead clearance　上方の〜ゆとり　◆remove clearance between...　《機》〜間の隙間[間]を,遊隙,遊び,ゆとり]をなくす　◆the amount of clearance　間隔[ゆとり,スペース]の大きさ　◆create clearance between A and B　AとBの間にすき間を空ける　◆leave a clearance of 2 mm　2ミリメートルのすき間を残す[((意))空ける,確保する]　◆there is two inches of clearance there　そこには2インチの隙間[間隔,余裕,スペース]がある　◆there is little clearance from above　上方からのゆとりはほとんど無い

**clearance angle**　a〜 逃げ角
**clear-cut**　1　adj. 輪郭のはっきりした,明確な,画然とした,明快な　◆a clear-cut division of labor among...　〜間での労働の明確な分割[(受持ち範囲や権限の)はっきりした分業]　◆take a clear-cut stand [attitude] against [in opposing]...　〜に反対する旗幟(キシ)鮮明な立場[旗印のはっきりした態度]を取る　◆No clear-cut judgment can be made on...　〜について明確な判断[((意))シッパリと割り切れる具の断固たる判断]を下すことはできない。　◆The benefits from... are quite clear-cut.　〜からくる利点は実に明快である。　◆there was no clear-cut motive for these homicides　これらの殺人には,はっきりした[明確な]動機がなかった　2　vt. 〜をすっかり[徹底して]伐採する　◆because of the clear-cutting of trees　もれなく徹底した伐採のせいで　◆permit clear-cutting in the forest　森の木に徹底した伐採を行うことを許可する(*clear-cutting = total leveling of trees)　◆when the area was clear-cut for timber　樹木を切り出すために この地域が開発された時に(*clear-cutingは,すべての立木を切り倒すという意味がある)

**clearing house, clearinghouse**　a〜 手形交換所　◆The company has set up a clearinghouse for collectors in need of old parts for their antique boats.　同社は,年代物ボート用の古い部品を必要としている収集家たちのための情報交換所を設立した。

**clearly**　明らかに,はっきりと,画然と,截然(セツゼン)と　◆the document states clearly that...　この書類は〜であることをはっきりと謳って[明記して]いる　◆be clearly [plainly] audible [visible, recognizable, perceptible, legible]　はっきりと聞こえる[(順)に]見える,見分けがつく,知覚できる,〈文字が〉読み取れる　◆she saw the sign that clearly read, CELLULAR PHONE USE PROHIBITED IN HOSPITAL　彼女は「病院内での携帯電話使用禁止」と明記されているその標識を見た　◆The following information must be marked in a clearly legible and indelible manner on the containers:　次の情報を容器に分かりやすく[よく見えて]消えないように記載[標示,明示]しなければならない:

**cleartext**　(暗号がかかっていない)平文　◆send a password over the network in cleartext　ネットワーク上でパスワードを平文で[暗号化しないまま]送信する

**cleavage**　分割,(結晶の)劈開(ヘキカイ),層剥離,卵割; a〜 劈開面,裂け目,割れ目　◆cleavage along...　〜に沿っての劈開面　◆a cleavage plane　劈開面　◆the cleavage of the ester linkages　《化》エステル結合の切断　◆cleavage occurs at the peptide bond　切断は,ペプチド結合で起こる

**cleave**　1　vt., vi. 劈開(ヘキカイ)する,(木目などに沿って)割る[割れる],〈関係する〉,(切り)裂く,〈道〉を切り開く　◆the ester is cleaved between the carbonyl carbon and the oxygen　エステルは,カルボニル基の炭素と(その隣の)酸素の間で(結合が)切れる　◆The cleaver produces superb mirror finish cleaves.　《光ファイバ》この劈開装置は,見事な鏡面仕上げの劈開面を作る。(▶cleaveが名詞として用いられている)　◆Oxygen reacts with the double bonds and cleaves long chains into shorter-chain fatty acids.　酸素は二重結合と反応し,長い鎖を切断して短い鎖の脂肪酸にする。
2　vi. くっつく,しがみつく,固守する <to>

**cleft**　a〜 裂け目,割れ目　◆a deep cleft　深い裂け目
**clench**　〜をしっかりつかむ[握る],締めしめる
**clerical**　adj. 事務(員)の,書記の; 牧師の,聖職(者)の　◆clerical personnel　事務職員　◆clerical and administrative staff [personnel, employees, workers]　事務・管理系の職員[従業員,社員];事務職員,一般職　◆automate clerical work　事務作業をコンピュータ化する　◆due to a cutback in clerical personnel　事務職員[一般職]の人員削減のせいで　◆field staff, professional staff, and clerical workers　現場[実業部門の]職員,専門職の職員,および事務系労働者[事務職員,一般職(の従業員)]　◆it was a clerical mixup　それは事務(手続き)上の手違いによる混乱であった

**clerk**　a〜 事務員,事務職,従業員,(銀)行員,事務官,書記,店員,売り子　◆a bank clerk　銀行の出納係　◆a reservation clerk　予約係　◆data entry clerks　データ入力職員　◆the clerks at the supermarket　そのスーパーの店員たち　◆This large corporation has over 50 payroll clerks working full-time.　この大企業には50人以上の給与担当事務員が常勤で勤務している。

**clever**　adj. 賢い,利口な,利発な,頭の回転の速い;巧みな,巧妙な,上手な
**click**　1　vt., vi. 〜をカチッと鳴らす,カチッと音を立てる　◆a point-and-click camera　被写体に向けてただボタンを(カシャッと)押せばいいカメラ(*いわゆるバカチョンカメラ)　◆turn the knob counterclockwise until you hear it click　カチッという音が聞こえるまでツマミを左に回す　◆Press down the cover until it clicks into place.　カバーをカチッと閉まるまで押し下げて下さい。
2　vt. 〈ボタン〉をクリックする,《コンピュ》〜を(マウスで)クリックする, vi. クリックする <on>　◆right-click (on)...　《画面上のもの》を右クリックする(*マウスの右ボタンを押す)　◆click Cancel　《画面上の》Cancel (ボタン)を(マウ

**cling**

で）クリックする ◆single-click [double-click, right-click, left-click] on an icon 《コンピュ》アイコンをシングルクリック[（順に）ダブルクリック,右クリック,左クリック]する（*単にclick (on)...は,一般に,左ボタンでのシングルクリックを指す）◆click on an item [button] 項目［ボタン］をクリックする ◆deselect the icon by clicking elsewhere on the screen 画面のほかの場所をクリックすることによって,そのアイコンが選択されているのを取り消す ◆Position the pointer in OK and click the mouse button. ポインタをOKに位置付けて［合わせて］マウスボタンをクリックしてください. ◆To click a Toolbar button, point to it on the Toolbar, then click the left mouse button once. ツールバー（上のある）ボタンをクリックするには,ツールバーのそのボタンを指して,マウスの左ボタンを1回クリックします.

3 a～カチッという音；戻り止め,爪,《コンピュ》（マウスで）クリックすること ◆be just a click away <from> 〈ネット〉（～から）クリック一つ［一発］で届く［連絡できる］ ◆raise the lever four clicks レバーをカチッカチッと4刻み［4段階］引き上げる ◆rotate the knob until you feel a click そのツマミをクリックが感じられる［カチッという］まで回す ◆with just a click （マウスなどのポインティングデバイスで）クリックするだけで ◆simply with the click of the right mouse button マウスを右クリックするだけで ◆with either a mouse-click or a press of the Return key マウスでクリックするかリターンキーを押すことにより ◆turn the knob to one of four click-stopped settings つまみを回してカチッと止まる4つの設定位置[デテント]のうちの1つに合わせる ◆one click on a push button triggers rapid searches 押しボタンを1回クリックすると,高速サーチが始まる ◆if it takes more than five clicks of the lever to <do> もしも～するのにレバーを5段階[5刻み]以上動かす必要があるならば

**clickable** adj. 《コンピュ》〈画面上の文字や絵が〉クリッカブルな,マウスでクリックすると特定の機能が実行される

**client** a～依頼人,依頼主,得意先,取引先,顧客,客先,施工主,施主,建築主,広告主,お客様,発注先,利用者[客],契約を出す側,（カウンセラーに対し）相談者,訪れる人,《コンピュ》クライアント ◆a client/server system; a client-server system; a c/s system クライアント・サーバー・システム ◆a client state 従属国［従国,属国,付庸（フョウ）国］ ◆a company's clients ある会社の顧客（*特に,サービスを利用している客） ◆client computers on the network そのネットワーク上の[に接続されている]クライアントコンピュータ ◆support networks of heterogeneous clients 異機種クライアントのネットワークをサポートする ◆through the Confucian bonds of patron-client ties 親分・子分の関係［上下関係］という儒教的な結びつきを通して ◆As the biggest construction client, the public sector must take the lead. 最大の施主[施工主]として,公共部門が陣頭に立たなければならない.

**clientele** (a)～（集合的に）顧客たち,顧客層,依頼人たち,常連客,お得意様,得意先 ◆an upmarket [upscale] clientele 高所得の[裕福な,金持ちの]顧客層

**climate** (a)～気候； a～風潮,雰囲気,環境,状況,情勢； a～（気候的観点からの）地方[風土] ◆a subtropical climate 亜熱帯性気候 ◆short-term climate forecasts 短期気候予測[予報] ◆changes in climate occur 気候の変化[変動]が起きる ◆in cold climates 寒冷地において ◆In this shifting climate, ... この変わりつつある情勢において ◆under climate controlled conditions 空調環境下で ◆in the tropical and subtropical climates 熱帯および亜熱帯地方で ◆create a better climate for spurring innovation 革新に拍車がかかるような より良い（社会的）環境を作る ◆in the tough climate of bank consolidation 銀行の整理統合化という厳しい状況の中で ◆My car's climate control went belly-up. 俺の車のエアコンがいかれました. ◆In today's tough business [economic] climate, customers are demanding better service. 経済状況［景況］の厳しい今日,顧客はよりよいサービスを要求している. ◆Post-fabrication hot-dip galvanization provides a lasting finish for any climate. 《意訳》製造後に施される溶融亜鉛メッキは,

長寿命の[耐久性に優れた]耐候性仕上げになります. ◆A business climate survey was conducted to determine the current state of economic development in the city. 市の経済発展の現況を調べるために事業環境調査が実施された. ◆The server should be placed out of a traffic area, but in a location that has good climate control. サーバーは人の往来の激しい場所は避けて設置すること. ただし,空気調和[空調]のよく効いている場所にすること. ◆They are interested in encouraging a climate where people learn to think about the environment. 彼らは,人々が環境について考えるようになる状況をもりあげることに関心がある.

**climatic** 気候（上）の；風土の,風土的な ◆Unless the growth of fuel consumption is slowed dramatically, the world could face climatic changes leading to widespread flooding and famine. 燃料消費の伸びが劇的に減速されない限り,世界は大規模な洪水や飢饉につながる気候の異変に直面することになるかもしれない.

**climatology** ①気候学 ◆dynamic climatology 動気候学 ◆synoptic climatology 総観気候学

**climax** a～クライマックス,頂点,最高点,極点,最高潮,絶頂,〈ドラマなどの〉山場[佳境（カキョウ）] ◆reach a climax; arrive at a climax 一つの頂点［クライマックス,（最）高潮］に達する；佳境に入る ◆the drama began [was about] to reach its climax ドラマは山場[佳境]にさしかかった ◆till it arrives at its climax それが頂点［クライマックス,最高潮］に達するまで；佳境に入るまで ◆It appeared this summer's most titillating political drama was nearing a climax. 今年の夏最も興味をかき立てる政治ドラマが,一つの山場にさしかかろうとしているようにみえた.

**climb** 1 vt. vi. 登る,登攀（トウハン）する,〈太陽,煙が〉昇る,〈物価が〉上がる ◆a climbing lane 登り車線 ◆climb a gradient [slope] 坂道を登る；登坂する ◆climb over a locked gate to get into... 鍵のかかった門を乗り越えて<に>入る ◆we all climb into a cab 我々は全員一台のタクシーに乗り込む ◆climb into the world's top 10 世界で上位10位に食い込む ◆climb to the top of Mount Everest エベレスト山に登頂する ◆climb up onto the roof of a building 建物の屋根の上に登って上がる ◆the album climbed to the top of the charts in England このアルバムは,英国でチャートを上り詰めた ◆they climbed up on top of the oil tank 彼らはオイルタンクの上によじ登った ◆Expectations of climbing wages are kaput. 右肩上がりの給与［給料,賃金］への期待［希望］は,つぶれてしまった. ◆Officials expected the toll to climb still further. 当局者は死傷者の数は更に増加する［増える］ものと予想していた. ◆"Put your arms around my neck and climb onto my back," he instructed. 「俺の首に手を回して背中に乗れ[負ぶされ]」と彼は促した. ◆The number last year climbed to a record 297. 件数は昨年記録的な297に上った.

2 a～登ること,登攀,上昇,登りの場所 ◆after a climb 上昇後に ◆the climb to the top was fairly easy 山頂までの登りはかなり楽だった

**climb down** ～を下りる,(誤りを認めて)引き下がる ◆climb down the corporate ladder 会社で降格する

**clinch** 〈つき抜けた釘やリード線の先端〉を(打って)曲げて固定する ◆a clinched lead 曲げられているリード線（*電気回路基板を貫通し,はんだ面側で曲げられている線がこのように形容されていた）

**cling** vi. <to>（～に）(ぴったり)くっつく,へばりつく,しがみつく,はりつく,(しみついて)とれない,固執[執着]する ◆calm [reduce] static cling (衣類の)静電気によるまつわりつきを少なくする ◆cling to a doughnut-shaped float 浮き輪にしがみつく ◆those who cling to the status quo 現状にしがみつく人々 ◆because of Saddam Hussein's insistence on clinging to power サダム・フセインが権力に執着[固執]しているので ◆The tires' "cling" rubber also helps bite into rain-slick roads. これらのタイヤの「粘着」ゴムも,雨でつるつるのスリップしやすい路面に食らいついていくのを助ける. ◆Workers then add aluminum sulfate, which causes particles to cling together and

**clingfilm, cling film**

sink under their own weight. 作業員が次に硫酸アルミニウムを加えると、それによって粒子は凝集し自重で沈澱する．

**clingfilm, cling film** 《英》(食品用包装)ラップ (= plastic wrap)

**clinic** a～ 診療室,診療所,医院,臨床講義[室],相談室[所],教室,クラス ◆a dental clinic 歯科クリニック[診療所] ◆a hospital's urology clinic 病院の泌尿器科

**clinical** 臨床的な,臨床上の ◆a clinical path クリニカルパス;診療経路(*治療の進め方を日程表のようにまとめた治療計画書) ◆a clinical protocol 臨床試験の実施要綱;治験の実施計画 ◆a clinical transplant coordinator レシピエント移植コーディネーター(*臓器移植患者の移植前から退院後まで、医療面から生活指導にいたる幅広い支援をする) ◆a CRA (clinical research associate) 臨床開発モニター[担当者] ◆a clinical research organization 臨床試験[治験]を請け負う受託機関 ◆a third-phase clinical trial 第3相臨床試験[治験] ◆conduct [hold, do] clinical trials <of, for> 臨床試験[治験]を実施する ◆in clinical tests 臨床試験で ◆it is undergoing clinical testing それは臨床試験(を受けている最)中である ◆undergo a clinical trial 〈医薬品など〉が臨床試験[治験]を受ける ◆launch large-scale clinical trials for MK-906 MK-906の大規模な臨床試験に着手する ◆a senior clinical research associate doing pre-market testing of drugs 市場投入前の医薬品の臨床試験[治験]を行っている上級臨床試験看護婦[看護士] ◆skin products are in the advanced stages of clinical testing on humans 皮膚製品は、ヒトを対象にした臨床試験が進んだ段階にある ◆The FDA called those incidents "deviations from good clinical practices." 《米国》食品医薬品局はこれらの出来事を「医薬品の臨床試験の実施に関する基準(GCP)からの逸脱」であると呼んだ．(▶ good clinical practicesには「医薬品の臨床試験の実施に関する基準(GCP)」という定訳がある) ◆The operation breezed through its clinical tests, and has been performed on some 15,000 patients around the country. この手術は臨床試験を楽にパスし、今までに全国約15,000人の患者に対して行われてきた(実績がある).

**clinical trial** a～ 臨床試験, 治験 ◆clinical trials run by the National Cancer Institute 米国立癌研究所が行った臨床試験

**clink** v. 〈薄い金属、ガラス片など〉をカチン[チリン]と鳴らす、カチン[チリン]と鳴る;a～ カチン[チリン]という音 ◆the clink of porcelain teacups 磁器製のティーカップ同士が触れ合うカチンという音

**clinker** (a)～(溶鉱炉内にできる粘結性の塊状の物質)クリンカー、凝滓(ギョウサイ)、燃滓(ネンシ)、焼塊(ショウカイ)、金くそ; a～ 焼過れんが

**clip** 1 v. 〈～を〉切り抜く、短く刈る、刈り込む; a～ 刈り込み、《口》速度[速いペース] ◆(口)は healthy clip (口)かなりの速度で ◆at a rapid clip 《口》高速で、すばやく ◆clip [cut out] a computer-generated image コンピュータで発生させた画像を切り抜く ◆The inflation rate is rising at a 15% to 20% clip. インフレ率は、15%から20%のペースで上昇している.
2 vt. ～を(クリップで)留める; a～ クリップ,紙ばさみ、留め金具 ◆an IC test clip ICテストクリップ(*基板に実装されているICの動作試験のために、ICを上から挟むようにして個々のリードから信号を引き出す治具)

**clipboard** a～ 上部に紙ばさみがついている筆記板 ◆an electronic clipboard 《コンピュ》電子クリップボード(*あ画面表示から切り取ったデータを別の場所に貼り付けるために一時的にしておく記憶場所、概念的にこう呼ぶ)

**clip-on** クリップで取り付ける式の

**clipping** クリッピング、切り取ること、《電気》振幅制限、リミッティング; a～(新聞、雑誌などからの)切抜き ◆clipping distortion (増幅器の)クリッピング歪(ヒズミ) ◆《ダイナミクレンジに限りがあるため、波形の頭が平坦にちょん切られることにより発生する) ◆driven slightly into clipping 《電気回路》わずかにクリッピングするまでドライブされている

**clipping distortion** クリッピング歪み ◆clipping distortion caused by lack of amplifier power アンプの出力不足に起因するクリッピング歪み

**cloak** a～(背になびかせるタイプの)マント、隠すためのもの[偽装、口実、カモフラージュ]; vt. ～をおおい隠す<with, in>

**clock** 1 a～ クロック, 時計, 置時計, 掛け時計, 時刻時計, 計時機構 ◆turn [roll, put, set] the clock back <to> 時計の針を逆に回す;《比喩の過去で[昔]》の時代には時計[時間]を逆戻りさせる、過去の状態に復帰させる ◆a time-of-day clock 《コンピュ》時刻表示時機構[時計, 刻時機構] (*タイミングパルスを発生する a system clock と区別して. また、日付でなく時刻を示す機構のみを指している) ◆a clock/calendar circuit 《コンピュ》時計／日付回路(*時刻機能であって、CPUの動作クロックとは異なる) ◆turn back the clock to simpler times 《物事が》より簡単だった時代へと時計[時間]を逆戻りさせる ◆turn back the hands of the nuclear doomsday clock [Doomsday Clock] 核にまる最後の審判にまでの残り時間を示す終末時計の針を逆戻りさせる ◆regardless of what the clock says 時間に関係なく[何時でも構わずに]
2 a～(電子、コンピュ)クロック (=a system clock) (*同期をとるための基準パルス信号を発生させる回路、またはそのパルス) ◆a clock oscillator 《電子》クロックオシレータ[クロック発振器] ◆a clock (signal) generator クロック(信号)発生[生成]回路 ◆a clock period of 14 ns 14ナノ秒のクロック周期 ◆have a clock speed of 150 MHz 150メガヘルツのクロック速度を持っている ◆use clock-doubling technology 《コンピュ》クロック倍速化技術を用いる ◆at five-clock intervals 5クロックサイクルの間隔で ◆A typical small system operates on a 10-MHz clock. 一般的な小型システムは10MHzの周波数のクロックで動作する. ◆CPU's are moving to ever higher clock speeds [rates, frequencies]. 《意訳》CPUはますます高クロック化しつつある. ◆The computer has a 500-MHz clock speed. このコンピュータのクロック速度は500MHzである. ◆The internal clock synchronizes all the parts of the system. 内部クロックが、システムのすべての部分の同期をとる. ◆The fetch and execute cycle moves in accordance with the ticking of the internal clock. (命令の)取り出し～実行サイクルは、内部クロックのパルス刻みに応じて動く. ◆The coprocessor can be driven by the microprocessor's clock (synchronous mode) or by a separate clock (asynchronous mode). このコプロセッサは、マイクロプロセッサのクロックによって動作することも (同期)、別のクロックによって(非同期)動作することもできる.
3 vt. ～の時間を計る、時刻を記録する,《口》～の記録を出す,《電子、コンピュ》～をクロック制御する ◆Digital image data is clocked out of the camera at 10 MHz. デジタル画像データは、カメラから10MHzで同期して引き出される. ◆Data is clocked out of the shift register at a specified rate. データは、指定の速度でシフトレジスタから同期読み出しされる.

**clock in** (タイムレコーダで)出勤時刻を記録する、出勤[出社]する

**clock out** (タイムレコーダで)退社[退勤]時刻を記録する、退社[退出]する

**clock up** 《口》記録を出す

**clockwise** 時計方向に[の]、時計回りに[の]、右回りに[の] (←counterclockwise) ◆turn...clockwise [←counterclockwise] ～を時計方向[反時計方向]に回す ◆move in a clockwise direction 時計回り方向[右回り]に動く ◆Clockwise, from top left:... 《写真やイラストの説明で》◆Turn the dial about 60° clockwise to the red detent. ダイヤルを時計方向に60度ほど赤のデテント[クリック]位置まで回してください.

**clog** vt. ～をふさぐ、詰まらせる; vi. 詰まる ◆be clogged (up) with... ～で詰まっている、clog A with B A をBで詰まらせる ◆a clogged fuel filter 目詰まりを起こしている燃料フィルター ◆a serious traffic-clogging accident 交通渋滞を引き起こす大事故 ◆clog filters フィルターを詰まらせる ◆clog traffic for miles 何マイルにもわたって交通を渋滞させる ◆court-clogging appeals 裁判所の業務を滞らせる数々の上訴 ◆most sandpaper clogs before it wears out ほとんどの紙やす

りは，摩耗する前に［以前に］目詰まりする ◆artery-clogging cholesterol in food　食品中に含まれている動脈を詰まらせるコレステロール ◆the cartridges must be replaced when they become clogged　これらのカートリッジは，目詰まりしてきたら交換する必要がある ◆The water pump got clogged up with sand.　水ポンプが，砂で詰まってしまった．

**clogging** (a) ～ 詰まり，目詰まり，閉塞 ◆clogging occurs 閉塞が起きる ◆prevent a dangerous clogging of arteries　動脈の危険な閉塞を防ぐ ◆to avoid toilet clogging　トイレが詰まるのを防ぐために ◆check gas-fired ranges for clogging in the pilot and burner areas　種火やバーナー部分で目詰まりがないかどうかガスレンジを調べる ◆to prevent or minimize clogging of downspouts　流しの排水管が詰まるのを防ぐため，またはなるべく詰まらないようにするために

**clone** 1 a ～ 《コンピュ》クローン，そっくりのもの，《植》栄養生（＊ある個体の根分け・株分けや挿し木などから繁殖したもの，あるいは挿し木用の小枝や切り分けた種芋そのもの．種子系と対語をなす）▶ 類語には compatible (互換機，互換ソフト) がある．厳密には，クローンと互換製品の意味は異なる．クローンは内部構造までほとんど同じであるのに対し，互換製品は機能だけが同じであればよい． ◆an AT clone ATのクローン（機） ◆clones of name-brand products　有名ブランド品の類似品［まがい物，パクり商品］; 有名メーカー製の製品のクローン［互換機］

2 vt. ～のクローンを作る，そっくりのもの［複製］を作る ◆clone a human being　人間のクローンをつくる ◆clone the PC-9801　PC-9801のクローン［互換機］を製造する ◆forbid the cloning of embryo cells to produce identical humans　（遺伝的に）同一の人間［コピー人間］を作る目的の胎芽のクローニング［複製づくり］を禁止する

**close** 1 vt. ～を閉める，閉じる，閉ざす，〈スイッチ〉を投入する，閉鎖する，終える; vi. 閉じる，しまる，休業する，終わる ◆close down　～を閉める，～を閉鎖する ◆close off　～を閉め切る，閉鎖［封鎖］する ◆close out　〈商品〉を（最終値下げ）処分しようとする ◆close a switch　スイッチを閉じる［入れる，投入する，ONにする］ ◆the case [file] is closed　本件は（一件）落着した［落着を見た］ ◆the closing down of large state-owned enterprises　国有大企業の閉鎖 ◆a self-close spout　自動的に閉じる吐出口［閉まる吐水口］ ◆as the 20th century closes　20世紀も終わろうとするにつれ ◆close the block to automobiles　その区画を自動車乗り入れ禁止にする ◆close the hole in the wall with plaster　壁の穴をしっくいでふさぐ ◆the closing and opening of the gate　ゲートの開閉 ◆close a plant temporarily because of excess inventory　過剰在庫のため工場を臨時閉鎖する ◆a highway that has been closed by the posting of signs or traffic control devices　標識の掲示または交通規制装置により閉鎖されているハイウェイ ◆while the gate is closed, or is being opened or closed　門扉が閉まっている時や開閉する時 ◆The streets will be closed to vehicles and reserved for pedestrian traffic from August 13 to 17.　これらの通りは，8月13日から17日まで歩行者天国にするために車両通行止めになる．

2 vi., vt. 接近する，迫る，包囲する，～を近づける ◆close in on [upon]　〈人，場所〉を次第に包囲する，に次第に迫る ◆close on　～に徐々に迫る ◆if the heavy foliage is close in at the mobile unit　樹葉が移動体（無線機）を包み込む［覆う］ように繁茂している場合は，

3 ～ 終わり，最後，終末 ◆at the close of a meeting　閉会時に ◆as the week nears a close　週末に近づくにつれて ◆Entries close: May 27, 2000. All entries must be postmarked on or before this date.　応募締め切り：2000年5月27日．当日消印有効．

4 adj. （～に）近い［接近した，迫る，類似した］＜to＞，ほとんど［ほぼ］～で＜to＞，互角の［伯仲した］; 接近した，類似した，窮屈な，狭い，閉じた（比較級 closer の代表的な訳）もっと近い［忠実な］，より綿密［詳細］な，更に詳しい; adv. ～の近くに，すぐそばに，～に近接して，～にせまって，ぎっしりと，綿密に，密接して ◆close coupling　《電気》密結合 ◆a close tolerance

bolt　精密公差ボルト ◆a close examination　詳細［精密］な調査［考察，検査］; 吟味 ◆be within close range of base stations　基地局の近くに［近傍に，そばに］; 基地局からほど近い（距離の）ところに ◆bring A near [close] to B　AをBに近づける ◆foster closer ties with...　～との提携［関係，つながり］を緊密化する ◆get close to the 100 mark　100の大台に近づく ◆in a close(-fought) race against...　～を相手に互角に戦ったレースにおいて ◆in close quarters　狭いところで ◆keep a close eye on...　～をしっかり［厳重に］監視して［見張って］いる ◆make a minute [close] investigation of [into]...　～を詳しく調査［捜査］する，～の精査を行う ◆move closer　もっと近寄る ◆an item closer to the top of the list　そのリストの上のほうの項目 ◆be a close second　小差で2位である ◆by keeping close tabs on inventory　在庫（状況）を常時きめ細かく把握［監視］していることにより ◆finish a close second　僅差で2位に終わる ◆a close-to-ideal circuit　理想に近い回路 ◆in closer-than-arm's-length proximity to...　手を伸ばせば～に（簡単に）届くところに; ～のすぐそばに; ～に極めて接近して ◆an agency "very close to coming apart at the seams"　「崩壊寸前［直前］の」政府機関 ◆bring them closer to each other [one another]　彼らを互いに［より団結を深め，より強固に］結束させる ◆bring them closer together　彼ら（の仲）を接近させる ◆his intent is to make the race as close as possible　彼の意図は，レースを出来るだけ接戦に持ち込むことである ◆move closer to one another　互いに近づく ◆pay close attention to...　～に細心の注意を払う ◆savage shootings at point-blank and close range　至近距離および近距離からの残忍な発砲 ◆we parked as close as possible to the exit　私たちは出口にできるだけ近い場所に駐車した ◆a vehicle traveling at close to 300 m.p.h.　時速300マイル近くで走行中の車両 ◆As we get closer to the year 2000,...　西暦2000年に近づくにつれ， ◆especially when what is written is one-sided and isn't even close to the truth　書かれていることが偏っていて真実にほど遠い［事実とかけ離れている］場合には特に ◆the polls are too close to call either man a clear leader　これらの世論調査では大接戦で，どちらの人物［(意欲)候補者］がリードしているのかはっきりとは予想がつかない（＊a clear leader＝明らかにリードしている方） ◆He could sense them closer and closer with each passing minute.　彼は奴らが刻々と接近してきている［迫り来る］のが感じ取れた． ◆It's close to impossible.　それはほぼ不可能に近い． ◆No solution is close at hand.　解決にはほど遠い． ◆Salesmen - keep a small supply of business cards always close at hand.　セールスマンの場合：常に名刺を少し手元に持っていること． ◆The car is close to perfect.　その車は完璧に近い． ◆The dashboard plastic is close-grained.　ダッシュボードのプラスチックには，きめの細かいしぼが打たれている． ◆The outcomes resulting from these two approaches are very close.　これら2通りのアプローチから生じた結果は，非常に近い［似通っている］． ◆As x gets closer and closer to 2, then h approaches (the value) 0　（変数）xが2に限りなく近づくと，hは0に近づく． ◆Because of the Million Man March, we've gotten closer to God and closer to one another.　(黒人男性の)百万人大行進のおかげで，我々は神により近づけたし，お互いの団結をより強める［結束を固める］こととなった． ◆It was a very daring act to go so close to the enemy's camp as to kill some of their pickets.　敵の見張りの兵［歩哨（ホショウ），哨兵，番兵］の何名かを殺害するほどに敵陣に肉薄したことは非常に大胆な行動であった． ◆Now construction is again under way, and two of the seven are fairly close to completion.　現在建造［建設］は再開進行中であり，7基のうち2基は完成間近である． ◆The company optimized the speakers' sound for personal listening at close range.　同社はこれらのスピーカーの音を，そばで［(意欲)耳元に近い距離から］ひとりで聞く場合に最も合うように調整した． ◆The threat of Y2K is real and it grows closer with each passing day [hour].　2000年問題の脅威は本物です．そして，それは日一日と［刻々と，刻一刻と］迫りつつあります． ◆It should not be used by children, and close supervision should be given when used near children.　子供に本機を使わせてはなりません．ま

た，子供のそばで使う際には厳重に監督する［目を離さない］ようにしなければなりません． ◆The coil is made from 50 turns of #28 enameled wire, close-wound on a 1/2″-diameter coil form. このコイルは，1/2インチ径のコイルボビンに28番エナメル線を50回密着巻きして作られている．

**come [go] close to** 《後ろに名詞または -ing》すんで［もう少しで］のところで～になる，ほとんど～になる ◆come tantalizingly close to succeeding もう少しで成功するという，非常に惜しいところまでいく ◆come close to running out of... もう少しで～が無くなりそうになる

**close in** 〈日が〉次第に短くなる，迫ってくる，〈近寄って〉取り囲む ◆can close in to a minimum of 5 cm （意訳）最短撮影距離の5cmまで接近できる（*マクロレンズ使用［マクロモード］時の接写で） ◆the days close in 日が次第に短くなる（*夜が長くなっていくの意）

**closed** adj. 閉じた，閉ざされた，閉鎖した，通行止めになった，密閉した，囲まれた，覆われた，〈店などが〉閉まっている，閉店［休業，閉館］の，〈スイッチなどが〉投入された，非公開の，秘密の，閉鎖的な，排他的な，会員制の，少数に限られた，限定された，打ち切りになった，終了した，完結した，自己充足した，自立の，自給自足の，循環式の，《医》非観血的な ◆behind closed doors 非公開で ◆a closed circulatory system 《医，生物》閉鎖循環系 ◆(a) closed-cell foam 《種類は可算》独立気泡フォーム ◆closed-angle [narrow-angle, angle-closure] glaucoma 閉塞隅角緑内障（*急性緑内障） ◆a closed highway 閉鎖されている［通行止めになっている］ハイウェイ ◆a closed user group 特定の限られた［限定された］ユーザー集団 ◆a street closed to vehicles 車両通行止め［乗り入れ禁止］になっている通り ◆be bent to a closed angle of 15° 15度の鋭角に［に折り］曲げられる ◆when in the closed position 〈弁，スイッチなどが〉閉位置にあるときに

**closed-circuit** adj. 閉回路の ◆closed-circuit television (CCTV) 閉回路テレビ

**closed-door** adj. 非公開の，密室の，秘密の ◆a closed-door meeting 密室会議 ◆hold closed-door discussions [talks, consultations] 密室［秘密，非公開，非公式］協議を開く

**closedown** (a)～ 操業停止，〈工場〉閉鎖 ◆a one-day close-down 一日閉鎖 ◆announce the closedown of a plant 工場の閉鎖を発表する

**close fit** a～ 《機械》締りばめ

**close-fitting** adj. ぴったり合った

**close-grained** adj. きめ細かい ◆hard, close-grained wood 緻密な硬質材

**close-in** adj. 至近距離の，都市から［都心部］に近い ◆in a close-in suburb of a large city 大都市に隣接する［の都市部に近い］郊外に［の］ ◆take a close-in shot of... ～の近接撮影をする；～の接写写真を撮る ◆fighters for close-in air combat and land attack 近接空中戦および地上攻撃用の戦闘機 ◆close-in foliage at a transmitter site （意訳）送信機がある場所を包み込む［場所に覆い被さる］ようにして茂っている周辺の樹葉

**close-knit** adj. 密接に結び付いた，緊密な

**closely** adv. 接近して，密接に，緊密に，密に，ぴったりと，綿密に，詳細に，細密に，じっと，目を離さないで，注意をそらさないで，しっかりと，厳重に，厳密に ◆be closely related to... ～と密接に関係［関連］している ◆copy... as closely as possible できるだけ忠実に［似せて］複写する ◆examine closely and carefully 詳しく念入りに［注意深く詳細に，細密に，綿密に］調べる［検査する］；吟味する ◆it was tested closely それは綿密に試験［検査］された ◆doctors are closely watching the studies 医師らはこれらの研究（のゆくえ）をじっと注意深く見守って［に注目して］いる ◆follow another vehicle too closely 他の車両の直後にぴったりつけ過ぎて走行する ◆so that they can become more closely matched to users' needs これら（製品）がユーザーのニーズによりマッチする［より合致する，もっとぴったり合う］ように ◆Pig organs most closely resemble human organs. ブタの臓器が，ヒトの臓器に極めてよく似て［非常に近似］いる．

**closeness** 接近，近似，綿密，目が細かいこと，親近感，密閉，閉塞(感)，閉鎖性

**close-packed** adj. 隙間のないほど［緊密に，ぎっしりと］詰められた，ぎゅうぎゅう詰めの，高密度に充填されている，稠密（チュウミツ）な，びっしりと寄り集まった，密集した，〈ギュッと〉凝集された ◆a closest-packed structure 最密構造 ◆a close-packed hexagonal lattice [crystal structure] 稠密（チュウミツ）六方格子［結晶構造］

**closet** a～ 押入れ，クローゼット，納戸，収納室，小室 ◆a closeted soap opera fan 隠れた昼メロのファン ◆My nephew is gay. He came out of the closet to his family a few weeks ago on his 20th birthday. 私の甥は同性愛者です．彼は数週間前20回目の誕生日に家族に打ち明け［告白し］ました． ◆The Japanese call such people hikikomori, a term that implies closeting oneself indoors. 日本人はそういった人達のことを，室内に閉じこもることを意味する「引きこもり」と呼んでいる．

**closeup, close-up** a～ クローズアップ写真，大写し，ドアップ画像，接写写真；a～ 詳細な調査 ◆a tight close-up 近距離から撮影された接写［クロースアップ］写真 ◆zoom in for close-ups クロースアップのために徐々に拡大［ズームイン］する

**closing** 回閉じること，閉鎖，〈リレー接点やスイッチが閉じること＝〉投入；a～ 終わり，結び，終結，決算，《証券》大引け；adj. 終わりの，締めくくりの，終業の，閉店の，閉会の，引けの，大引けの，末期の ◆in closing 結びに ◆a closing brace （= right brace） 閉じ中括弧 ◆emergency road closing 緊急道路閉鎖 ◆plant closings （複数件の）工場閉鎖 ◆the closing of underperforming stores 採算のとれない店をたたむ［閉じる］こと；不採算の閉店［店仕舞い］ ◆a closing of a plant 工場閉鎖 ◆In closing [Before closing], I want to thank the members of... 最後に［終わりに，結びに，締めくくりの言葉として］，～のメンバーに感謝いたします．（*スピーチなどの最後） ◆just before today's closing (of the stock market) 今日の大引けの直前に ◆New York Stock Exchange closing prices from the previous day ニューヨーク証券取引所の前日終値［引け値，大引け値］ ◆the closing date for applications for... ～の申し込みの締め切り日 ◆In the closing session, transactions are executed at the closing prices. 大引けでは，取引は大引け値［引け値，終値］で行われる．

**closure** (a)～ 閉めること，閉じること，閉鎖，閉店，店じまい，閉会，終了，終結，〈リレー接点やスイッチを閉じること＝〉投入 ◆be slated for closure （工場などが）閉鎖される予定になっている ◆cause road closures （悪天候などが）道路の閉鎖を引き起こす ◆plant closures and scale-downs 工場閉鎖と規模縮小 ◆the closure of the two switches 《電気》それら2つのスイッチが閉じること ◆during a time interval between switch closure and steady-state conditions スイッチの投入から定常状態までの時間の間に

**clot** a～ （血液などが）凝固してできたゼリー状の）塊，血餅（ケッペイ）; vi, vt. 凝固する，凝固させる ◆a blood clotting factor 血液凝固因子 ◆a clotting factor （血液）凝固因子 ◆a clot of blood forms 血の（ぬるぬるした）塊ができる ◆dissolve a blood clot 血のかたまりを溶解する ◆blood clots caused by prolonged sitting in cramped conditions 窮屈な状態で長時間座っていたことが原因で生じた血の塊［(意訳)血栓］

**cloth** 布，布地，反物，服地，織物；a～ 布切れ，雑巾（ゾウキン）；布巾（フキン），テーブルクロス ◆a cloth diaper 布おむつ ◆wipe... with a soft damp cloth 湿らせた柔らかい布で～をふく（▶soft と damp の語順に注意）

**clothes** (複数扱い)衣類，衣服，衣服，お召し物，衣料品 ◆a clothes line [clothesline] 物干しロープ ◆a clothes pin [clothes-pin] 洗濯挟み（= (英)a clothes peg） ◆a clothes washer [dryer] 衣類の洗濯機［乾燥機］ ◆change one's clothes 服を着替える ◆To avoid serious skin problems, daily bathing and a regular change of clothes are essential. 重大な皮膚病を避けるために，日々の入浴と定期的な着替えが欠かせません．

**clothing** （集合的に）被服，衣服，衣類 ◆a lamb in lion's clothing ライオンの皮を着た［外見をした］子羊 ◆a retail clothing store 衣料品小売店 ◆children's clothing in the 4-to-6 size range サイズ4号から6号までの範囲の子ども服 ◆impose high duties on clothing imports [imports of clothing] 衣類の輸入(品)に高い関税を課す ◆wear several layers of wool or insulating clothing beneath windproof pants and a jacket 風を通さないズボンと上着の下にウールや保温性のある衣類を数枚重ねまとう ◆If the electrolyte spills on your clothing, wash it out at once or it will burn holes. もし電解液が衣服にこぼれたら、直ちに洗い流してください、さもないとこげ穴を開けてしまいます。

**cloud** 1 *a*～ 雲, 雲状のもの, 曇り[かげり, 暗雲] ◆a cloud of dust もうもうたる砂塵 ◆put a cloud over the economy's future この先の景気の雲行きを怪しくする;景気の先行きに陰りを生じさせる ◆spew forth noxious clouds of particulate-laden exhaust 粉塵を含んだ排気ガスの有毒い煙を吐き出す ◆As the clouds of recession start to thicken over a broad cross section of industries, ... 景気後退の暗雲が広範な業種にわたって厚く覆い始めているこの時期に、 ◆No sooner had the theme park opened than clouds started to appear on its horizon. このテーマパークが開業[開園]するやいなや、陰りが見え始めた。 ◆Clouds are gathering on the political and economic horizon for Japan and its prime minister, Ryutaro Hashimoto. 政局および経済面で日本と橋本龍太郎首相に陰りが出てきている。 2 vi. 〈空, 表情が〉曇る<over, up>, ぼやける[おぼつかなくなる, かげる]<over>; vt. ～を雲で覆う, ～を曇らす, ～に影をおとす ◆a clouding of the eye lens 目のレンズの曇り[混濁] ◆Ten years have now passed since the end of the Cold War, and yet nuclear weapons continue to cloud humanity's future. 冷戦が終わってから今では10年が経過したが、それにもかかわらず、核兵器は依然として人類の行方に影を落としている。

**cloudiness** 回曇天, 曇り, 暗さ, ぼんやりしている[はっきりしない, (曖昧)模糊としている]こと ◆A cataract is an opacity or cloudiness in [of] the lens of the eye. 白内障とは目のレンズの混濁[濁り]すなわち曇りのことである。

**cloudless** adj. 雲のない, 晴れ渡った ◆under cloudless skies 快晴(状態)時に

**cloudy** 曇った, 濁った; はっきりしない ◆turn water cloudy 水を濁らせる ◆if the water remains cloudy 水が濁ったままならば ◆the particles that made the water cloudy その水を濁らせたこれらの粒子

**clout** *a*～ たたく[打つ]こと, 〈野球〉強打; (a) ～ 影響力[勢力]; vt. ～をなぐる、(ボール)をひっぱたく ◆he doesn't have as much clout as he ought to have 彼はしかるべき(政治的)影響力を十分に持ち合わせていない

**clover** ⓤクローバー、シロツメクサ, 馬肥やし ◆live [be, roll] in clover (心にゆとりを持って)豊かに[贅沢に, 安楽に]暮らす

**club** *a*～ クラブ, 同好会; クラブ室 ◆a members-only club 会員制クラブ ◆the nuclear club of United States, Britain, Russia, France and China 米国, 英国, ロシア, フランス, 中国から構成される核保有国クラブ ◆I formed a Table Tennis Club at my school. 僕は学校で卓球クラブ[部]をつくった。

**clue** *a*～ (問題, 謎を解くための)手がかり, 糸口, ヒント ◆get a clue about [as to]... ～に関する手掛かり[情報]を入手する ◆provide fruitful clue to the precise impact of... ～の、の正確な影響についての情報をほとんど与えてくれない ◆give a clue to the direction of the future 今後の行方[方向性](を占う上で)のヒントを与えてくれる ◆once enough clues are gathered to identify the culprit 犯人の割り出しに十分な手がかりが集まったら ◆It may even offer a clue to the solution of another long-standing mystery – why... それは、なぜ～なのかという、その長年のなぞを解決する糸口さえも与えてくれるかもしれない。

**clumsy** 不器用な, 下手な, まずい, ぎこちない, 拙劣な

**clunk** 1 *a*～ ガラン[ゴン, ドシン]という鈍い音 ◆a distinct clunk in the automatic transmission during the second-to third gear upshift 《車》2速から3速へのギアアップシフト[ギアチェンジ]中に明らかに分かる自動変速機内での(厚い金属部品がぶつかり合うような)鈍い音 2 vt., vi.鈍い音をたてる ◆clunking sounds from beneath the car when it hits a bump 車が道路の隆起箇所に当たった際に下から聞こえるゴツンという音

**clunker** *a*～ 《米口》ぽんこつ車[機械]

**clunky** adj. 鈍い音をたてる, 鈍重な, 扱いにくい, ぎこちない, 不格好な, やぼったい

**cluster** *a*～ クラスター, 房, かたまり, 星団, (原子などの)集団, 集束爆弾; vi. 房をなす, 群がる; vt. ◆in a cluster 一つのかたまりになって; 一まとまり[団子]になって, 一団となって; 群をなして ◆in clusters (いくつもの)かたまりになって ◆a cluster bomb 集束爆弾 ◆a cluster of galaxies 銀河群 ◆a cluster bomb クラスター爆弾, 集束爆弾(＊一発の爆弾から数百個の小型爆弾が飛び散る。一部は不発弾となり地雷のように残ってしまう) ◆cluster text in the middle of the object テキストをオブジェクトの中央に寄せる(＊中央揃えにより) ◆ultradense clusters of circuit boards 回路基板を寄せ集めて構成されている超高密度の集合体 ◆front-runners arrived at... in a cluster yesterday morning 先頭集団は、昨日朝固まって～に到着した ◆link two or more workstations in a cluster as an alternative to a much larger computer system はるかに大きなコンピュータシステムを使う代わりに、複数のワークステーションをひとまとめに連結する ◆All suites housed in buildings arranged in clusters around grassy areas. スイートルームは全て、緑地の周りに数か所に固まって[いくつかのまとまりとして]配置されている建物内に収容されている。 ◆Grapefruit grows in clusters like grapes. グレープフルーツは、ぶどうのように房になって生育する。

**clutch** *a*～ クラッチ, 連動機 ◆engage [throw in] the clutch クラッチを入れる ◆disengage [throw out] a clutch クラッチをはずす ◆the engagement of the clutch そのクラッチの締結[を入れること] ◆if the clutch grabs or takes too long to engage クラッチがしるとか、あるいは入るまでに長くかかり過ぎる場合には ◆if the clutch slips on acceleration 加速時にクラッチがスリップするようなら ◆The clutch takes up nicely. 《車》クラッチがうまく入る。 ◆If you get in the clutches of a company that wants to consolidate your debts for a fee, be careful. あなたの借金[多重債務]を、手数料を取って一本化したがる整理屋の毒牙にかかったら[手中に落ちたら], 注意してください。

**clutter** vt. 〈場所〉を散らかす<up>; (a) ～ 《単のみ》(集合的)散らかっている物, (レーダースクリーン上に表示される)不要反射物 ◆clutter up a hard disk 《意訳》ハードディスクを(不要なファイルで)ごちゃごちゃにする ◆get a little cluttered 少しごちゃごちゃする(＊1ページに情報を詰め込み過ぎて見にくくなるような話で) ◆remain cluttered with... ～は～が散らかった[散乱した]ままになっている ◆tidy up a cluttered disk 《コンピュ》(不要なファイルや断片化されたファイルが散らかっている)ディスク内を整理する ◆the hard disk is cluttered with useless files ハードディスクは使用しないファイルで散らかって(圧迫されて)いる ◆trade shows are too cluttered and noisy 見本市はごちゃごちゃ, ごたごたしすぎている, 騒々しすぎる ◆work in lab-equipment-cluttered basements ラボ用の機器が雑然と[ごった]に置いてあるいる地下室で働く ◆Clean your house after getting rid of unnecessary clutter. 要らないがらくたを処分してから家の掃除をしなさい。 ◆Cluttered areas invite accidents. (乱雑にものが)散らかっている作業場は、事故を招きます。

**CLV** (constant linear velocity)一定の線速度, 線速度一定~(cf. CAV) ◆a CLV (constant linear velocity) disc 線速度が一定のディスク(＊盤の中心に近いほど回転速度を上げて、記録再生の線速度を一定にする)

**cm** centimeter(s) ◆a medium-format 6 x 6-cm camera 6×6中判カメラ

**Cm** キュリウム(curium)の元素記号

**CME** (Chicago Mercantile Exchange) the ～ シカゴ商業取引所

**CMOS** (complementary metal oxide semiconductor) "スィー・モス" と発音. 《電子》(シーモス), 相補型金属酸化膜半導体 (の) ◆CMOS (complementary metal-oxide-semiconductor) technology CMOS (相補型金属酸化膜半導体) 技術

**CMYK** (cyan, magenta, yellow and black) ◆CMYK (cyan, magenta, yellow and black) CMYK [シアン, マゼンタ, 黄色, 黒] (*プリンタではこの4色で減法混色法によりフルカラー印刷する. 表現をより豊かにするために更にライトシアン, ライトマゼンタ, オレンジ, グリーンなどを加える場合もある)

**C/N** ◆They need to have a high carrier-to-noise (C/N) ratio and low distortion. それらは, 高い搬送波対雑音比 [C/N比] および低歪みである必要がある.

**CNC** (computer [computational] numerical control) コンピュータ [計算機] 数値制御 (= stored-program numerical control)

**CNG** (compressed natural gas) 圧縮天然ガス ◆a CNG car [vehicle, automobile] CNG [圧縮天然ガス] 車 [車両, 自動車]

**Co** コバルト (cobalt) の元素記号

**co-** 《共同の, 共通の, 同等の, 相互の, 副~, 補~などの意を表す接頭辞》 ◆hardware-software co-design; hardware/software codesign ハードウェア・ソフトウェア協調設計

**Co.** (Company) (*社名の一部として)

**c/o** ((in) care of) ~気付, ~方

**coach** a ~ 大型四輪馬車, ツアードアの箱形自動車 [セダン]; 客車, バス, トレーラー; a ~ (スポーツの) コーチ, 師範, 家庭教師; v. コーチ [指導] する ◆close, nearly one-to-one coaching 一対一の [個人] 指導に近い密着指導

**coagulant** (a) ~ 凝集剤, 凝固剤

**coagulate** 凝固 [凝結] させる, 凝固 [凝結] する ◆a coagulating agent 凝集 [凝固] 剤 ◆cellulose molecules coagulate セルロース分子が凝固する ◆coagulate an area of tissue ある範囲の組織を凝固させる ◆these platelets coagulate into plugs これらの血小板は凝集して血栓になる ◆an enzyme that stops blood coagulating and breaks up clots 凝血をとめ凝血塊を分解する酵素 ◆grease that has coagulated into a glue 糊状に凝固 [凝結] してしまったグリス ◆eggs should be cooked until the whites are completely coagulated and firm 卵は白身がかたく固まるまで火を通すこと

**coagulation** 凝結, 凝固, 凝集, 凝血 ◆a coagulation factor (血液) 凝固因子 ◆blood coagulation; the coagulation of the blood 血液の凝固 ◆lead to coagulation in... ~内での凝固 [凝結] につながる

**coal** 石炭 ◆a piece of coal (= a coal) 石炭のかたまり [かけら] 一つ; 石炭1個 ◆extract coal 石炭を採炭 [採掘] する; 採炭する ◆hoist [unload] coal 《炭鉱》揚炭する ◆a bed [seam, stratum] of coal; a coal bed [seam, stratum] 炭層 ◆a coal miner 採炭員, 坑夫, 炭坑夫, 炭鉱労働者 ◆(意訳) 炭鉱労働者 ◆a coal picker 石炭を拾う人; 選炭作業をする人 ◆a coal-producing region [area] 石炭を産出する地域; 石炭生産地; 炭地 ◆a coal property 石炭のある特性 [性質] = 炭質; 石炭の鉱区 ◆a coal strike 炭鉱スト ◆a coal tub 《炭坑》炭車 (*坑内の) ◆(a) steam coal 《種類は可変》一般炭; ボイラー (用) 炭 ◆block coal; lump coal; coal in large lumps; lumps of coal; large pieces of coal; a cob of coal; a cob, a cobble 塊炭 ◆chestnut coal; egg coal; nut coal; small lumps of coal; coal in small lumps 小塊炭 ◆coal-bearing strata; coal measures; a coal-bearing formation 炭層を包含する一連の地層; 夾炭層 (キョウタンソウ) ◆coal blending 混炭 ◆coal cleaning [washing]; the cleaning [washing] of coal; the preparation of coal; coal preparation, coal dressing 選炭 ◆coal dust 粉炭 (タンジン) ◆coal gasification; the gasification of coal 石炭ガス化 ◆coal mine safety 炭鉱保安 ◆coal reserves 石炭埋蔵量; 埋蔵炭量 ◆fine coal; slack 粉炭 ◆powdered coal; pulverized coal; dust coal; coal dust; fine slack 微粉炭 ◆soft coal 軟炭 (*瀝青炭, 褐炭, 亜炭などの軟質炭) ◆unwashed [uncleaned] coal 未選炭 ◆smokeless coal; anthracite coal; glance coal 無煙炭 (*特にglance coalは輝炭と呼ばれる) ◆a coal-dust explosion 炭塵爆発 ◆a coal-storage yard; a coal yard 貯炭場 ◆

a coal-washing plant 選炭工場 ◆clean-coal technologies クリーンコール技術 ◆coal-using technologies 石炭利用技術 ◆high-sulfur [low-sulfur] coal 高 [低] 硫黄炭 ◆a coal-burning power plant 石炭だき発電所 ◆a coal-bearing area 石炭鉱床を有する地域 ◆at [in] a Japanese coal mine 日本の炭鉱 [の坑内で ◆close unprofitable coal mines 採算のとれない炭鉱を閉める [閉山する] ◆coal ash [ashes] 石炭灰 ◆coal mine gas (CMG) 炭鉱ガス (*炭層からのメタンガス) ◆coal types and ranks 石炭の種類とランク ◆integrated coal gasification, combined-cycle (IGCC) generation 石炭ガス化複合サイクル発電 (*integratedは石炭ガス化プラントと発電所が合体しているという意) ◆the liquefaction of coal; coal liquefaction 石炭の液体化 [液化] ◆a 20-percent drop in coal production 石炭生産高 [出炭量] の2割の落ち込み ◆Blending to a particular coal grade 特定の炭質を得るための (石炭の) 配合 (見出しで) ◆more difficult-to-clean [difficult-to-wash] coals より選炭しにくい石炭 (*coalsと複数形になっているのはいくつかの種類があることを表す) ◆fly ash, the by-product from burning coal at electric power plants 発電所で石炭を燃やすことから副産物として発生するフライアッシュ (*fly ashは煙突から飛散する灰) ◆The higher the carbon content, the higher the grade of coal. 炭素の含有率が高ければ高いほど, 炭質は良い [よい, 高品位] ということになる.

**coal dust** 《石炭の粉, 炭塵, 微粉炭; coal-dust adj. 炭塵 [粉炭] の ◆a coal-dust explosion; an explosion of coal dust 炭塵爆発

**coalesce** vi. 合体する, 合着する, 併合する, 癒着する, 〈折れた骨が〉癒合 (ユゴウ) する ◆coalesce into a globule 合体して球状の塊になる ◆We have to coalesce and cross color lines in order to <do...> 私たちは, ~するために一丸 [一団] となって人種の壁を突破する必要がある

**coalfield** a ~ 炭田, 石炭埋蔵地帯 ◆a low-sulfur coalfield 硫黄分の少ない炭田

**coalification** 《石炭化 (作用) ◆coalification takes place 石炭化作用が起きる ◆undergo coalification 石炭化作用を受ける ◆in order of increasing coalification 石炭化度の低いものから高いもの順に ◆the degree of coalification of a coal 石炭の石炭化度 (*a coalは, ある種類の石炭という意)

**coalition** (a) ~ 連合, 合同, 連立, 提携; a ~ 連合軍, 多国籍軍 ◆a coalition government 連立政権 ◆form a coalition government 連立内閣を作る [組織する, 組閣する] ◆the U.S.-led coalition (force) that drove Iraq out of Kuwait イラクからクウェートから駆逐した米国主体の多国籍軍

**coaly** adj. 石炭のような, 石炭の豊富な, 石炭を含む, 石炭で覆われている, 粉炭まみれになっている, 真っ黒な ◆(a) coaly shale 炭質頁岩

**coarse** 粗い, 粒 [きめ] が粗い, ざらざらしている; 粗雑な, 粗末な, 粗野な ◆(a) coarse adjustment 粗動調節 [粗調整] ◆a coarse thread 並目ねじ (*文字通り「荒目ねじ」と呼ぶ場合もある) ◆coarse-grit sandpaper 粗目 [荒目] の紙やすり ◆coarse-grained rocks 粒子の粗い岩石 ◆coarse ice crystals 粗い氷の結晶 ◆coarse-grained steel 粗粒鋼

**coast** 1 a ~ 海岸, 沿岸; the Coast 《米》 (米国) 西海岸; the U.S. Coast Guard 米国沿岸警備隊 ◆on the West Coast 西海岸で ◆the ship sank 200 miles off the coast of South Carolina 同船は, サウスカロライナ沖合い200マイルの地点で沈没した ◆a typhoon that had killed more than 80 people in the Philippines raced up Japan's eastern coast フィリピンで80名以上の命を奪った台風は, 速い速度で日本の太平洋沿岸を北上した ◆Photo: A U.S. Coast Guardsman carries a little girl from a Coast Guard cutter Wednesday in Port-au-Prince. 写真: 米沿岸警備隊員が, 水曜日ポルトプランスで沿岸警備艇から少女をかかえて降りている.
2 vi. 惰力で走る [飛ぶ], 惰力走行 [飛行] する; vt. ~を惰性で進ませる, ~の沿岸を航行する ◆70-mph coasting 《車》毎時70マイルでの惰走 [滑走] (*クラッチを切った状態での惰性による走行) ◆a coasting saw blade (スイッチを切った直後に) 惰性で回っているノコ刃 ◆We cannot afford to coast

on our reputation alone. 私たちは評判だけの上にあぐらをかいて安穏としているいる余裕はない.
**coastal** adj. 沿岸の, 海岸の ◆coastal fisheries 沿岸[沿海, 近海]漁場 ◆Rated as one of the best places to retire, Southport, North Carolina is known as a quaint, coastal seaport city. 隠居するのに最適な場所の一つとされるノースカロライナ州サウスポートは, 古風で趣のある沿岸港湾都市として知られている.
**coasting** 惰力走行[飛行, 運転], 惰行
**coat** 1 a～ 皮膜, 塗膜, 塗装, 塗り, めっき, 層, 膜; a～ 外套, 毛皮 ◆apply a second coat 2回目の塗り[重ね塗り]をする ◆the coat of arms of a noble family 貴族の紋章[家紋](＊盾の形をしている) ◆a thin coat of dust on tape テープ上に薄く層になった(＊積もった)ほこり ◆put a light coat of grease on the spindle スピンドルにグリースを薄く塗る ◆the first coat of paint applied to the surface その表面に塗布されているペンキの地膚塗り[下塗り] ◆Start with a coat of primer, then follow with three coats of enamel in the color of your choice. 地塗り[下塗り]から始めて, その後は好みの色のエナメルを3回重ね塗りします.
2 vt. ～の表面を覆う, ～に塗る[塗布する], ～に上着を着せる<with> ◆a wax-coated pill ろうをかぶせてある丸薬 ◆coat multiple layers (up to 100) (最高100層までの)多層膜コーティング[マルチコーティング]を施す ◆hair conditioners coat hair ヘアコンディショナーは, 髪をコートする[にコーティング]する ◆a disk coated with a film of magnetic recording material 磁気記録材料の膜が塗布されたディスク ◆Coat the shaft with grease. シャフトにグリースを塗ってください. ◆In a short time, the surface becomes coated with a dark-colored layer of oxide. 短時間のうちに, その表面は黒色の酸化皮膜で覆われるようになる.
**coated** adj. (表面)塗装された, 表面加工された, 被覆された, コーティングされた ◆conductive-coated 導電性塗装した ◆resin coated [RC] paper 樹脂コート紙
**coated paper** 回(種類は a～)コート紙, アート紙
**coating** a～ コーティング, 塗り, 被膜, 塗膜, 塗装, 被覆, 被覆剤 ◆a thin coating [film] of metal 薄い金属皮膜 ◆spray coating 吹付け塗装, スプレー塗装 ◆Teflon coating テフロン加工 ◆an electromagnetic coating thickness gauge 電磁式膜厚計(＊金属地肌上の塗膜の厚みを測る) ◆a hard coating for greater durability 耐久性をより高めるための硬質コーティング[皮膜, 被膜] ◆an anti-corrosion coating on the muffler and gas tank マフラーおよびガソリンタンクの防蝕塗り[塗布膜, 被膜] ◆apply a light coating of lubricant to... ～に潤滑剤を薄く塗る[塗布する] ◆apply a zinc coating to... ～に亜鉛めっきをかける[施す] ◆tough, glossy surface coatings on automobiles 自動車の強靭な光沢表面塗装[被覆] ◆The ends are then polished and covered with an acid-resistant coating. 両端は, それから研磨されて耐酸性のコーティングが施される. ◆This sheet has a strong adhesive coating that removes dirt on contact. 本シートには, 接触時に汚れを除去する強力接着剤が塗布されています. ◆Weisskote is a white, solvent-based acrylic coating in 12 Oz. aerosol cans. ワイスコートは, 溶剤を基材にしている白色アクリル樹脂塗料で, 12オンスのスプレー缶入りです. ◆The zinc coating mass is typically 20G20G (20 grams per square meter per side), but other coating masses are also available. 亜鉛めっき付着量は20G20G(各側につき1平方メートル当たり20グラム)が一般的ですが, これ以外の付着量でもご用命承ります.
**coattail** a～ 燕尾服・モーニングコートなどの後部の垂れたすそ ◆ride on the coattails of... 〈人, 物〉のおかげを深くこうむる, 〈人〉のおかげで成功[出世]する ◆He rode into politics on his father's coattails. 彼は父親の威光[七光り, おかげ]で政界に乗り込んだ.
**coax** 1 vt. 〈人〉をおだてて[説きつけて]～させる<into, out of, to do>, 〈人〉をうまく言いくるめて)～を手に入れる[取り上げる]<out of, from> ◆Mrs. Smart coaxed him into killing

her husband. スマート夫人は, 夫を殺害するよう彼をそそのかした[教唆した].
2 a～ (＝coax cable)
**coaxial** 同軸の, 共軸の ◆a 75-ohm coax [coaxial] cable 75Ωの同軸ケーブル ◆a coaxial cable 同軸ケーブル
**cob** a～ (トウモロコシの)穂軸[穂, 軸, 穂芯](a corncob), 雄の白鳥(a male swan), 乗馬用の脚の短い頑丈な馬 ◆dried corn-on-the-cob for squirrels リス用の乾燥トウモロコシ(＊穂軸[芯]についた状態の)
**COB** → chip-on-board
**cobalt** コバルト(元素記号: Co) ◆cobalt-60 コバルト60 ◆cobalt therapy コバルトでの治療; コバルト(線)療法 ◆a cobalt-60 irradiator コバルト60照射装置
**COBOL** (common business-oriented languageより)《コンピュ》(コボル)
**cochannel** adj. 同一チャンネルの ◆cochannel interference 同一チャンネル干渉
**cock** 1 a～ コック, (ガス, 水道の)栓, 蛇口, 水栓
2 (発砲するために銃の)撃鉄を起こし, (撮影の準備で)〈カメラシャッター〉を巻き上げる ◆cock the shutter 《カメラ》シャッターを巻き上げる ◆draw [cock] a bow 弓(の弦)を引く; 弓を絞って矢を射る準備をする(＊国語辞典によると「弓を引く」は矢を放つ動作も含むが, この英語表現はそこまでは意味しない)
**cockpit** a～ (航空機, 宇宙船, レーシングカーなどの)コックピット, 操縦室, 操縦席, 運転台 ◆a cockpit voice recorder コックピットボイスレコーダー, 操縦室音声記録装置
**cocktail** a～ カクテル; (a)～ 食事のコースで最初に出されるオードブルの一種 ◆a cocktail lounge カクテルラウンジ
**COCOM, Cocom** (the Coordinating Committee for Multilateral Export Controls) ココム, 《略語形にtheは不要》対共産圏輸出統制委員会(＊1994年3月31日に廃止. これに代わるワッセナー協約(新ココム)が96年に発効)
**cocoon** a～ 繭(マユ); vt. ～を(繭のように)包み込む, ～に保護被膜を吹き付ける, 行く行くのために保存しておく; vi. 繭をつくる ◆More Americans are "cocooning," spending increasing hours in front of their computer screens and televisions. ますます多くのアメリカ人がコンピュータ画面やテレビの前でより長時間過ごすようになり, 家庭にこもる[巣ごもり, 閉じこもり, おたく]傾向が進んでいる. ◆With concerns about crime, more Americans are "cocooning" by spending more time at their homes and more money on items for their homes. 《意訳》犯罪を懸念して, アメリカでは, 家庭で過ごす時間を増やしたり自宅で使うモノによりより多くのお金を使って「繭ごもり」する人が増えている[モノにもっと支出を増やそうといった「巣ごもり」傾向が強まっている]
**COD** (chemical oxygen demand) 化学的酸素要求量
**COD, C.O.D., c.o.d.** (cash [collect] on delivery) 代金着払い ◆send... c.o.d. ～を代金着払いで発送する
**code** 1 (a)～ コード, 符号, 番号, 暗号, 略号; a～ 符号[暗号]体系, (～の集合的に)(ひとまとまりの)法[規則, 規定, 規範, 規約, きまり, 規律, 習慣], 法体系 ▶コンピュータ分野では, codeは物質名詞的に不可算で用いられることが多い. 不可算名詞として扱われるのは, データの連なりとしてのコードであり, コンピュータプログラムのソースコードやオブジェクトコードなどがこれにあたる. 一方, 可算名詞として扱われるのは, コード体系, コード番号, 制御コードなどである. ◆a city code 市条例; 市外局番(＝an area code) ◆a code of conduct 行動規範[規律] ◆a trouble code 《コンピュ》障害コード(＊発生した障害の種類を表すコード番号) ◆building codes 建築規則 ◆the U.S. Bankruptcy Code [Act] 米国連邦破産法 ◆the Code of Hammurabi 《史》ハムラビ法典 ◆code division multiple access (CDMA) 符号分割多元接続 ◆8 lines of instruction code 《コンピュ》8行分の命令コード ◆a code of conduct; rules of conduct 行動規範[規則, 規律, 規定, 規約] ◆a code-sharing partner 共同運航の提携先航空会社 ◆a single character code 1文字の[1文字から成る]コード

◆enact [adopt] a broadest speech code 禁止用語の放送コードを定める[採用する] ◆maintain a strict code of conduct 厳格な行動規範[行動規準]を守る ◆write ROMable code 《コンピュ》ROM化可能なコードを書く ◆in compliance with the National Electrical Code 《米》国の電気法規に従って ◆under a code-sharing agreement [pact] with Delta Airlines Inc. デルタ航空との共同運航[コードシェア]協定のもとで ◆fetch a byte sized line of op code from memory 《コンピュ》メモリーからバイトサイズの演算コードをフェッチする ◆embed typesetting codes in the word processing file ワープロのファイルに植字のための(制御)コードを埋め込む ◆it was legal under city code それは、市の条例では認められていた[合法だった] ◆store modules in both source-code and machine-code representations 《コンピュ》モジュールを、ソースコード表現とマシンコード表現の両方の形で保存する ◆produce a large software application in excess of 100,000 source code statements 《コンピュ》10万を超えるソースコード命令文からなる大きなアプリケーションソフトを製作する ◆Macro Assembler produces relocatable object code. 《コンピュ》マクロアセンブラは、再配置可能なオブジェクトコードを生成する ◆The code in listing 2 prints a message. 《コンピュ》リスト2に示すコードで、メッセージを表示する. ◆Plastic parts are marked with a code indicating the kind of recyclable plastic used. プラスチック製の部品にはリサイクル可能なプラスチックの種類を示す符号が標示されている. ◆Your electrical code will require a dedicated circuit for your new air conditioner, so don't be tempted to pull the power from a nearby receptacle. (お住まいの地域の)電気法規により、新しく購入したエアコン用に専用の回路を設けることが必要となります。従って、手近なコンセントから電源を取ることはしないでください.
**2** コード化する、符号化する、コーディングする、プログラムコードを記述する[書く] ◆5-20g color coded masses 5gから20gまでの色分けされている分銅 ◆A byte can be coded into two hexadecimal numbers. 1バイトは、2つの16進数に符号化できる.

**codec, CODEC** ◆an analog codec (coder/decoder) アナログ コーデック(符号器・復号器) ◆an encode/decode (CODEC) chip 符号器・復号器(コーデック)チップ ◆a video software codec (compressor/decompressor) ビデオソフトコーデック(圧縮ソフトと伸張[展開,復元]ソフト) ◆Indeo, Intel's video compression/decompression software or "codec," is used to capture the video. インテル社のビデオ圧縮・伸長[展開]ソフトウェア、すなわち「コーデック」であるIndeoが、ビデオの取り込みに使用される.

**codesign** ◆hardware-software [hardware/software] codesign ハードウェア・ソフトウェアの協調設計

**co-develop** ◆Philips co-developed the compact disc (CD) with Sony in the 1970s. フィリップスは、1970年代にコンパクトディスク(CD)をソニーと共同開発した.

**Codex** ◆the joint FAO/WHO Codex Alimentarius Commission 国連食糧農業機関(FAO)と世界保健機関(WHO)が合同で組織したコーデックス委員会[コーデックス国際食品規格委員会]

**coding** コード化、符号化、コーディング、コンピュータに実行させるコード(=プログラム)を書くこと ◆a coding scheme コード[符号]体系;符号形式 ◆perform MMR coding [encoding] (*ファックスで) MMR符号化を行う

**coed, co-ed** 《coeducationの略》(男女)共学の;《coeducationalの略》adj. 共学の ◆a coed school [institution] 共学校 ◆the all-boys senior high school went coed this year その男子高が今年(男女)共学になった

**coeducational** adj. (男女)共学の ◆go coeducational 〈学校〉が共学になる[共学化する、共学制にする]

**coefficient** a～係数、率 ◆a coefficient of drag 抗力係数、抵抗係数 ◆possess a low coefficient of friction 低い摩擦係数を有する ◆the temperature coefficient of resistance at 20 degrees centigrade 20℃における抵抗温度係数 ◆The car has a drag coefficient of 0.42. この車の(空力)抗力係数[空気抵抗係数]は0.42である.

**coercive** adj. 強制的な、威圧的な;保磁力の、抗磁力の ◆have a coercive force of about 700 oersteds 約700エルステッドの保磁力を持っている

**coercivity** (a)～ (飽和)保磁力、抗磁力 ◆a coercivity of 715 Oersteds 715エルステッドの保磁力[抗磁力] ◆enhance coercivity 保磁力を高める ◆high-coercivity media 《磁気記録》高抗磁力[高保磁力]メディア[記録媒体] ◆The particles that make up the magnetic medium must have a high coercivity and a high retentivity. その磁性媒体を成す粒子は、高い保磁力と高い(飽和)残留拘束密度をもっていなければならない.

**coexist** vi. (～と)共存する、並立する <with> ◆coexist peacefully and amicably 平和的かつ友好的に共存[共生、共棲]する ◆there coexist a number of ... s いくつもの～が共存している;～が多数同時に存在 ◆A and B coexist (peacefully) as dual industry standards. AとBは、業界の2通りの標準規格として共存している[(互いにシェアの食い合いを せずに)棲み分けている]. ◆These functions can coexist in a single user interface. これらの機能は、同一ユーザーインターフェースに共存することができる.

**coexistence** 共存 ◆peaceful coexistence 平和的共存 ◆peaceful coexistence with... ～との平和的共存[共生、共棲] ◆the harmonious coexistence of man and nature 人類と自然の調和のとれた共存

**coffee** ⓤコーヒー; a～一杯のコーヒー; ⓤコーヒー色 ◆a hot cup of coffee; a cup of hot coffee 一杯の熱いコーヒー

**cog** a～歯車、(歯車の個々の)歯 ◆a voice coil actuator provides smooth, cog-free linear motion ボイスコイル式アクチュエータ[駆動部]は、がくがくしない滑らかな動きの直線運動を実現する ◆He is just a cog in the machine. 彼は、組織の中の一つの歯車に過ぎない.

**cogeneration** コジェネレーション、コジェネ、電気・熱同時発生、電熱[熱電]併給(*＝CHP, Combined Heat and Power ゴミなどを燃やし発生する熱で発電をし、その廃熱を給湯や暖房などにも利用) ◆a cogeneration power plant 電熱併給[排熱活用]型の発電所(＝a cogenerator) (*火力発電の排熱[廃熱]を地域の冷暖房や給湯に使う)

**cognizant** adj. (～を)認識して[知って、分かって]いる <of>, (～に)気付いている <of> ◆There is a need to be cognizant of the need for... ～の必要性があることを認識する必要がある

**cogwheel** a～歯車、はめ歯(ハメバ)歯車、植込み歯車

**cohabitation** ⓤ同棲、同居、共棲、共生、《フランス政治》コアビタシオン[保革共存(政権)] ◆cohabitation without marriage; unwed cohabitation 結婚せずに一緒に暮らすこと;同棲 ◆Those elections will determine the color of the next government and may end the former "cohabitation" between a conservative president and a socialist prime minister これらの選挙は次期内閣(政権)の色を決定し、保守的な大統領と社会主義的な首相というこれまでのコアビタシオン[保革共存]を終わらせることになるだろう. (*フランスの話)

**coherence** 首尾一貫していること、筋が通っていること、整合性、脈絡;《光》コヒーレンス、可干渉性、干渉性 ◆Some area codes are losing the geographic coherence. 一部の地域コードは地理的な整合性を欠くようになってきている. ◆The codes have already lost logical coherence. これらのコードはすでに、整合性を欠いて[＝論理的に首尾一貫したものでなくなって]しまっている.

**coherent** adj. 首尾一貫した、整合のとれた、筋の通った、《光》コヒーレントな(可)干渉性の、《化》凝集性の ◆produce coherent light コヒーレント光[干渉光、可干渉光]を発生する ◆produce coherent, or single wavelength, light コヒーレントな、つまり一波長の[波長の揃った]光を発生させる(*レーザーで) ◆The software must be constructed in a coherent way. ソフトは一貫性のあるように作らなければならない[整合がとれるよう構築せねばならない].

**cohesion** ① 粘着(力), 密着(力), 結合(力), 凝集(力)
**cohesive** adj. 粘着性のある, 結合力のある, 凝集力のある ◆a coordinated, cohesive master plan 《意訳》各部分部分のすり合わせがなされていてまとまりのあるマスタープラン; 全体的に統一された基本計画 ◆more than 100 discrete programming tools that are integrated into a unified and cohesive overall environment 《コンピュ》統一したまとまりのある一つの総合環境に統合された100以上の個々のプログラミングツール
**co-host** vt., vi. (〜を)共同開催[共催]する, (番組を)共同司会する; a〜 ◆The University of Pennsylvania and St. Joseph's University will co-host the event. ペンシルベニア大学と聖ジョセフ大学が, 同イベントを共同開催する.
**coil** 1 a〜コイル, 線輪 ◆a coil form コイル巻き枠[巻き型, (空芯の)巻心], コイルボビン ◆a coil spring (= a helical spring) コイルばね; つる巻[ひし巻]ばね[発条] ◆a loading coil 装荷コイル[線輪] ◆a coil of many turns 巻き数の多いコイル ◆equipment for winding transformer coils トランスのコイル[巻線]を捲くための機器[巻き機械] ◆a coil consisting of 300 turns of No. 24 wire 24番線を300回巻いてあるコイル
2 ぐるぐる巻く, 巻き付ける, とぐろを巻く, 丸くなる, 巻き付く ◆a coiled cord カールコード ◆Coil any excess lengths of wire in a small loop. 電線に余長があったら[ワイヤの長さが余ったら]小さなループ状にぐるぐる巻いておくこと. (*any＝「もしあれば」)
**coin** 1 a〜コイン, 硬貨 ◆a coin-type lithium battery コイン型リチウム電池
2 vt. 〈硬貨〉を鋳造する, 〈新語など〉を作る ◆the coining of new words 新語を作ること[造語] ◆Dr. Freudenberger coined the term "burnout" in 1970. フロイデンバーガー博士が, 1970年に「燃え尽き」という語[言葉]を作った.
**coincide** vi. (〜と)同時に起きる, (〜と)時を同じくする, 重なる, 符合する, 一致する, 合致する <with> ◆conferences coinciding with the Expo エキスポと同時期に開かれる[同時開催の]会議 ◆lay down arms as part of an Olympic truce coinciding with the Lillehammer Games リレハンメル五輪大会に時期を合わせての[戦闘を中止する] ◆make police districts coincide with wards; align police districts with wards 警察の管轄区域と行政区を一致させる[管区と区が同じくなるようにする] ◆plan the plant's materials usage to coincide with market demand and changing product specs 市場の要請と変わりつつある製品仕様に合わせて, その工場の材料[部品]使用計画を立てる ◆Dimension and extension lines must always be placed so as not to coincide with other lines of the drawing. 寸法線および寸法補助線は, 図面の他の線と重ならないよう(な位置)に引かなければならない. ◆The signing of the West German credit deal will coincide with Chancellor Helmut Kohl's scheduled visit this week to Moscow. 西独の信用供与協定の調印は, ヘルムートコール首相の今週に予定されているモスクワ訪問と時を同じくして[《意訳》モスクワ訪問に照準を合わせて]行われることになるだろう. ◆The training in robot operation and maintenance should be timed to coincide with the installation of the robot. ロボット操作・保守の訓練は, ロボットの設置と時期を合わせなければならない.
**coincidence** 同時に起こること; a〜 (偶然の)一致, 符合, 合致 ◆by sheer [pure] coincidence 全く偶然に ◆a coincidence circuit 一致回路 (*AND論理積回路の別称) ◆coincidences of input pulses 入力パルスの一致 (*複数の入力パルスが同時に入力されて時間的に一致をみること) ◆Running into him at the station was pure coincidence. 駅で彼に会ったのは全くの偶然だった.
**coincident** adj. 同時に起こる[発生する], 一致する, 符合する <with>
**coincidental** adj. 偶然の, 同時に起こる
**coin-operated** adj. (ロッカー, 販売機などが)コイン式の ◆a coin-operated washer [drier] コイン(式)洗濯機[乾燥機] (*コインランドリーに置いてあるような, 硬貨を入れると作動するもの) ◆customer-owned coin-operated telephones (COCOTs) 自営公衆電話機
**coke** コークス ◆a coke plant コークスプラント[工場] ◆a (piece of) coke コークス一個 ◆burn coke コークスを燃やす ◆produce coke コークスを製造する ◆coal becomes coke when the temperature reaches 550 degrees C (1,022 degrees F) 温度が550°C (1,022°F)に達すると石炭はコークスになる
**cold** adj. 寒い, 冷たい, 冷えた, さめた, 冷淡な, 冷酷な; n. the 〜寒さ, 冷気; a〜 風邪, 感冒 ◆get [catch] a cold; catch cold 風邪をひく ◆have a cold 風邪をひいている ◆a cold boot [start] 《コンピュ》コールドスタート (*電源スイッチオンによる起動) ◆a cold chamber 低温室 ◆a cold color 寒色 ◆a cold joint (= a dry joint) はんだ付け不良 (*加熱が不十分なために, つながっているように見えるが電気的には接続ができていない不完全はんだ付け接続箇所, 俗に「イモはんだ」とか「テンプラ」) ◆a cold room 寒い部屋; 冷蔵室; 冷凍室; 低温室 ◆a detergent designed for cold-water washing 冷水での洗濯用の洗剤 ◆cold forging 冷間鍛造[圧造, 押し出し] ◆cold fusion 常温核融合 ◆cold light 冷光 ◆cold-resistant 耐寒性[耐冷性]の ◆cold-rolled 冷間圧延[冷延]された ◆cold storage 冷蔵 ◆cold working 冷間加工 (*金属の) ◆resistance to (extreme) cold; cold resistance 耐寒性 ◆ice-cold water 氷のように冷たい水; 冷水 ◆a cold bend(ing) test [crack, flex, impact] test 低温曲げ[亀裂, ねじり, 衝撃]試験 ◆an ice-cold killer (氷のように)冷酷な殺人鬼 ◆cold resistance in hemp; the cold resistance of hemp 麻[タイマ]の耐冷性 ◆give the cold shoulder to; give... the cold shoulder 冷淡に扱う; すげなくする; 無視する; 冷遇する; ないがしろにして恥みない; 袖にする[なす, あしらう] ◆in cold climate areas 寒冷地に[の] ◆in cold climates 寒冷地においては ◆in cold weather 寒い[寒冷な]天候[気候]の時に; 寒い時候に; 寒中に; 寒空に; 寒さの中で ◆protect against heat and cold 暑さと寒さから守る ◆the words were cold as ice それらの言葉は氷のように冷酷なものであった ◆turn a cold eye to...; cast a cold eye on... (順に)に冷たい[冷淡な]目を向ける; 冷ややかな目[視線]を投げかける ◆turn as cold as ice 氷のように冷たくなる ◆urban areas in cold climate regions 寒冷地帯の都市部 ◆cold-drawn seamless steel tubing 冷間引抜シームレス鋼管 ◆A cold runs its course in 7 to 10 days. 風邪は7日〜10日で自然に治る. ◆the extreme cold of the polar regions 極地の極寒 ◆unaffected by extreme cold 極寒にびくともしない ◆If we get a bad cold snap between now and March 31, ... ひどい寒波が今から3月31日までの間にあれば ◆it must pass ICEA specifications for cold bend at -55 degrees Celsius それは -55°CにおいてICEAの低温[耐寒]曲げ仕様をクリアしなければならない ◆Do it with the engine cold. これは, エンジンが冷えている状態で[ときに]行ってください. ◆Vehicle checks should be carried out by the driver when the engine is cold. 車両点検は, エンジンが冷えている時に運転者が実施すること.
**cold-blooded, coldblooded** adj. 《生》(動物が)冷血(変温)の; 心の冷たい, 温情[人情味]が欠けている, 無情な, 冷酷な, 残忍な; 《口》血行不良の[冷え性の], 寒がり[寒がりや]の; cold-bloodedly adv. ◆a cold-blooded animal 冷血動物; 変温動物
**cold feet** 《口》おじけ, 逃げ腰 ◆get [have] cold feet about... 《口》〜におじけづく[づいている]; 腰が引ける[引けてしまっている]
**cold joint** a〜 (= a dry joint) いもはんだ[イモ付け, てんぷらはんだ, はんだ付け不良(箇所)] ◆concrete cold joints (施工不良による)コールドジョイント; コンクリートの接合不良部
**coldproof** adj. 耐寒の, 防寒の ◆a coldproof test 耐寒テスト[試験]
**cold rolling** 《金属》冷間圧延, 冷延
**cold storage** 冷蔵; 棚上げ, 保留 ◆put a plan in cold storage 計画を棚上げする
**cold sweat** a〜 冷や汗 ◆break out in a cold sweat ドッと冷や汗をかく ◆cold-sweat nightmares 冷や汗のでる悪夢

◆wake up in a cold sweat after dreaming... 〜の夢で冷や汗をかいて目がさめる
**cold war, Cold War** a〜 冷戦; the Cold War 第二次世界大戦後の米国と旧ソ連の冷戦 ◆in the post-Cold War period 冷戦後の時代に

**collaborate** 共同[協同, 協働]作業する, 合作する, 協力する, 手を組む <with> ◆conduct research, in which government, academia, and industry collaborate 産官学協同で研究を実施する ◆LANs enable workers to collaborate more effectively through shared access to information. LANは, 情報の共有アクセスを通して, 職員がより効果的に共同作業できるようにする。

**collaboration** (a)〜 協力(して働くこと), コラボレーション, 協調, 共同, 協力, 協働, 合作 ◆in collaboration with... 〜と共同で[協力して, 協調して] ◆through collaboration between Japanese and Chinese universities and companies 日中の大学や企業間の合作[協同, 共同作業, 共同研究]を通じて ◆President Clinton has called for close cooperation and collaboration between the public and private sectors in addressing... クリントン大統領は〜への取り組みに緊密な官民協力と協働を呼びかけた

**collaborative** adj. 合作[協力, 協調, 共同, 協働, 提携]による ◆establish [build] a collaborative relationship with... 〜と協力[協調, 共同, 協働, 提携]関係を確立する[築く, 構築する, つくる];〜と合作関係を組む

**collage** ①《美術》コラージュ技法; a〜 コラージュ作品 ◆a photo collage; a collage of pictures 写真のコラージュ[切り貼り絵] ◆the room is decorated with a collage of travel postcards from all over the world その部屋は, 世界中からの旅行絵はがきの寄せ集めで飾ってある

**collagen** ①コラーゲン, 膠原(コウゲン)質 ◆77 patients with various collagen diseases 種々の膠原病の患者77名 ◆adiponectin is a collagen-like plasma protein アディポネクチンはコラーゲン様血漿タンパクである

**collapse** 1 vi., 崩壊, つぶれる, くずれる, 決壊する, 折りたたむ; vt. 〜を崩壊させる, つぶす, 折りたたむ ◆collapsed sections of pipe lines パイプラインのつぶれている区間 ◆the lens barrel of the Rollei 35 can be collapsed (意訳)ローライ35 (カメラ) の鏡胴は沈胴式に(カメラ本体に)収納できる ◆Oil prices collapsed last year. 昨年, 石油価格が暴落した。 ◆So far this year, 71 banks have collapsed, compared with 48 in all of 1983 and only ten in 1981. 1983年の年間を通して48銀行, そして1981年にはわずか10行だったのに比べて, 今年はこれまでに71行がつぶれた[破綻した, 倒産した]。
2 (a)〜 崩壊, 倒壊, 陥没, (計画などの)挫折, (価格などの)暴落, (相場などの)崩落, 急激な下落 ◆a market collapse 市場の崩落 ◆the collapse of the Berlin Wall ベルリンの壁の崩壊 ◆the collapse of communism 共産主義の崩壊 ◆the collapse of the communist system 共産主義体制の瓦解 ◆the regime appears to be in the advanced stages of collapse この政権は崩壊が進んでいるように見受けられる ◆The danger of a collapse of the society and the economy is real. 社会および経済の崩壊の危険は現実のものである。

**collapsible** adj. 折りたたみ式, 折りたたみ式の ◆a collapsible lens 沈胴式レンズ(*カメラ本体に押し込まれる格好で収納できる) ◆a collapsible stroller 折り畳み式ベビーカー ◆a collapsible umbrella 折り畳み傘 ◆a collapsible tree diagram 《コンピュ》折りたたみ可能なツリー[枝分かれ]図(▶樹の小枝にあたる細目を表示されないように畳むことを collapse と言う。逆に, 伏せられていた詳細も表示することを expand と言う)

**collar** a〜 襟, カラー, (動物の)首輪; a〜 環状の部品, 留め輪, 環, 鍔(ツバ) ◆a fur-collared coat 毛皮の襟のコート

**collate** 〜を校合(キョウゴウ)する, (〜と)照合する <with>, ページをそろえる, 落丁をチェックする, (書類部印刷)・コピーするときに)部単位でページ順に揃える(*1-1-1, 2-2-2, 3-3-3 でなく 1-2-3, 1-2-3, 1-2-3) ◆collate data for publication 出版[発表]

のために資料を整理する ◆collate pages ページを順序正しく揃える ◆collate the pages of the manual マニュアルのページを順にそろえる ◆make collated sets of copies 《複写機》コピーを1部ずつ(に分けて)ページ順にそろえる(*ソートのこと)

**collateral** 担保(物件), 抵当, 形(カタ) ◆collateral damage 《軍》付帯的[付随的, 副次的]な被害[損害]; 目的のための犠牲(*空爆の巻き添え的な市民や非軍事施設などへの被害) ◆demand the house as collateral その家屋を抵当に置くよう要求する ◆offer the land as collateral その土地を担保(物件)として提供する ◆by some collateral circumstance of little or no significance 大して重要でないか全く重要でない何らかの付帯的な事情[付帯事項]により ◆The land served as collateral for the loan. その土地が借金のかたになった。

**collation** 照合, 校合(キョウゴウ), 丁合いの検査

**colleague** a〜 同僚, 同輩, 仲間, 僚友, 朋輩(ホウバイ) ◆my colleagues 私の同僚 ◆he is highly regarded among his colleagues 彼は, 仲間受けがよい ◆The values calculated by William Goddard's and colleagues' theory are in excellent agreement with experimental numbers. ウイリアム・ゴダードらの理論による計算値は, 実験値と非常によく一致している。 ◆Those wishing to have more details of this excellent clinical trial should read the Lancet paper of Collet and his colleagues (2001) [Collet et al., 2001]. このすばらしい臨床試験についてより詳しく知りたい方は, ランセット誌に掲載されたコレットの論文(2001年)[Collet et al., 2001]をぜひお読みください。

**collect** vt. 〜を集める[収集する, 集約する], 集金する, 〈失業保険など〉を受ける[受け取る, 貰う], 《主に英》〜を迎えに行く[取ってくる, 取りに行く](=pick up, fetch), 〈気, 自制心など〉を取り直す[取り戻す]; vi. 集まる, (ちりなどが)積もる, 収集する, 集金する <on>; adj. 《電話など》料金先方払いの[で] ◆collect one's thoughts 気を取り直す ◆a data-collecting system データ収集システム ◆collect taxes 税金を徴収する ◆collect unemployment insurance benefits 失業保険給付を受ける[受け取る] ◆失業保険手当をもらう[得る] ◆computer-collected data コンピュータによって収集されたデータ ◆collect fly ash from the existing coal-fired central steam plant 既設石炭焚きの中央蒸気プラントから排出されるフライアッシュ(飛散灰)を捕集する ◆collect information regarding... 〜に関する情報を集める ◆all of the previously published material is collected in topical form 以前発表されたすべての記事はトピック別にまとめられている ◆Methane is a naturally occurring gas that can explode if allowed to collect in mine passages. メタンは自然に発生するガスで, 坑道内に溜まる[蓄積する]がままにしておくと爆発するおそれのあるものである。

**collect call** a〜 コレクトコール, 料金着信払通話, 料金受信人払通話 ◆place a collect call from the Middle East 中東から着信払いで電話をかける[コレクトコールする]

**collection** ①集めること, 収集, 蒐集(シュウシュウ), 採集, 徴収, 集金; a〜 集めたもの, コレクション, 蒐集品, 所蔵品 ◆a garbage [trash] collection site (= a parkout) ごみ集積所 ◆data collection terminals データ収集端末(装置) ◆the collection of goods 集荷 ◆automate toll collection 料金徴収を自動化する ◆extortion and violent debt collection ゆすりと暴力がらみの借金の取り立て ◆make collections and deliveries 荷物の集配[集荷・配達]をする ◆a bizarre collection of the worst elements of Japanese design 日本のデザインの最悪の要素からなる奇妙きてれつな[とっぴな]寄せ集め(*自動車のデザインの話など) ◆Any collection of items of data can be considered a database. データ項目の集まりは何でもデータベースであると見なすことができる。 ◆My duties include the accession of new books into the collection and the upkeep of the catalog. 私の職務[担当する仕事]としては, 新しい書籍を受け入れて蔵書に加えることとカタログの維持管理があります。

**collective** adj. 共同の, 集合の, 集合的な, 集めた, 結集した; a〜 集団, 共同体, 共同事業, 集団農場(= a collective farm) ◆collective ownership 共同所有 ◆collective suicide 集団自

決[自殺] ◆collective housing such as apartments マンション[豪華アパートメント,共同住宅]などの集合住宅 ◆collective security against a blatant aggressor あくどい侵略者に対する集団安全保障 ◆solve these problems in a collective manner これらの問題を一括して解決する ◆the collective management of... ～の一括[一元的な]管理 ◆through collective bargaining 団体交渉[団交]を通じて ◆tap into the collective wisdom of people from around the world 世界中の人々の英知[叡知,叡智]の結集を活用する

**collectively** adv. 集合的に,共同で,集団で,ひとまとめにして,一括して ◆collectively owned enterprises 共同所有企業 ◆be collectively [generically] called... ～は総称して～と呼ばれる ◆collectively known as... ひとまとめに～と呼ばれて;～と総称されて ◆for the purpose of collectively managing individually designed employee pension plans 個々人に合わせて立てられている従業員年金プランを一括[一元的に]管理するために

**collector** a～ 集める人[装置], 蒐集家(シュウシュウカ), 集金人, コレクター, 集塵器, 集電[器, 極, 装置] ◆a cationic [an anionic] collector [鉱山,炭鉱]陽イオン[陰イオン]捕収剤(*浮遊選鉱・選炭＝浮選に使う) ◆a hazardous waste collector/hauler 有害廃棄物の収集運搬業者 ◆If you find this unit, consider it as a collector's item instead of using it. (意訳)もしこのユニットを見つけたら,使用しないでコレクターアイテム[コレクターもの,コレクターの逸品]だと考えましょう.(*年代物の珍品[掘り出し物]について)

**college** a～ 単科大学,総合大学の学部;専門学校,各種学校 ◆a business college ビジネス実務専門学校 ◆a college dropout 大学中退者 ◆a liberal arts college 教養学部 ◆an all-girl [all-female] college 女子大 ◆college-bound students 大学に進学する(予定の)生徒たち ◆a college-educated woman 大学卒の女子[女性] ◆college-bound high school graduates 大学進学組の高校卒業生たち ◆fresh from [out of] college 大学を出たばかりの大学で;大学を巣立ったばかりで;新卒で ◆get a college education 大学教育を受ける ◆go to college 大学に行く(*大学名がUniversityとかInstituteでも go to collegeで構わない) ◆on college campuses nationwide 全国の大学で

**collegiate** adj. 大学の,大学生の,大学生用[大学生向け]の

**collide** vi. ぶつかる[衝突する]<with, against>,〈利害,意見など〉相反する[全く食い違う]<with>; vt. 衝突させる

**collider** a～《物》(粒子)加速器

**colliery** a～ 炭坑,炭鉱 ◆In those days, the "lower orders" worked from 12 to 14 hours a day in the fields or in the new "collieries" (coal mines) or "mills" (factories). 当時,下層(労働者)階級は1日12時間から14時間というもの農場,新しく開かれた「山元」(炭坑)あるいは「工場(コウバ)」(工場)で働いていた.

**collimate** vt.《光》視準する,〈光線など〉を平行にする ◆a collimated light beam 平行光線 ◆The instrument produces a highly collimated pinhole beam of x-rays. この測定器は,高度に平行化されたX線のピンホール・ビームを作る.

**collimator** a～《光》コリメータ,視準儀

**collision** (a)～ 衝突,(利害,意見などの)衝突,対立,軋轢(アツレキ),不一致 ◆a collision avoidance system 衝突回避[防止]システム ◆a collision between A and B AB間の衝突 ◆a collision of A with B AとBの衝突 ◆a collision-warning device 衝突警報装置 ◆an aircraft on a possible collision course このまま進めば衝突するかも知れない航空機 ◆come into collision with... ～と衝突する ◆on a collision course このまま進myすれば衝突は避けられない ◆the collision of tectonic [crustal] plates 地殻構造プレートの衝突 ◆be thrown out of the car in a collision 衝突事故で車からほうり出される ◆come into collision with the copyright on... ～の著作権に抵触する ◆the collision-detection mechanism of Ethernet 《通》イーサネットの衝突検出機構 ◆There is no real chance of a collision. 実際には衝突の恐れはない. ◆A collision occurs when two or more stations try to transmit at the same time. 《通》衝突は,同時に複数の局が送信しようとした時に発生する. ◆Most injuries and death result from collisions at 40 mph or less.《車》ほとんどの死傷は,時速40マイル以下での衝突事故によって起きている.

**colloid** a～ コロイド,膠質(コウシツ)

**collude** vi.(～と)結託する,共謀する,(悪事を働くために)組む,つるむ,ぐるになる<with>

**collusion** 《連》共謀,結託,談合<between, with> ◆act in collusion with... ～と共謀[結託]する ◆collusion to control the market 市場を支配するための談合 ◆end the collusion between corrupt politicians and big corporations 腐敗した政治屋と大企業の癒着[結託,もたれあい]を終わらせる ◆but there can be no doubt that there exists at least covert collusion between the two だが両者の間に少なくとも密かな取り決め[秘密協定,裏取引]があることは疑い[間違い]ないだろう ◆there has been some collusion between those two companies これら2社の間になんらかの談合があった ◆they're acting in collusion to control the market 彼らは,その市場を牛耳るために談合をしている

**collusive** adj. 共謀の,ぐるの,なれ合いの,なあなあで深く結びついている,癒着の,談合による ◆"We will try to use this unfortunate incident as an opportunity to cut collusive links between politicians and businessmen and realize clean politics," he said. 「私たちは,この不幸な出来事を政治家と財界人の癒着を断ち切るための好機として活かし,クリーンな政治を実現しようとしています」と彼は語った.

**colon**(:) ◆colon-rectum [colorectal] cancer 大腸・直腸癌 ◆colon = 結腸, rectum = 直腸) ◆undergo colon surgery 結腸[大腸の一部]の手術を受ける

**colony** a～ 植民[入植,開拓,居留]地,コロニー,一領,一州,移民[移住,入植,開拓]者の(集団),(動物などの繁殖)集団,群生,営巣地,(集団)繁殖地,(細菌やカビなどの)集落,細菌叢(ソウ) ◆a writers' and artists' colony 作家・芸術家村 ◆Britain's last great colony 英国の最後の偉大な植民地(*香港) ◆colonies of microbes 微生物[病原菌]のコロニー[集落] ◆in 1748 when Iceland was a colony of Denmark アイスランドがデンマークの植民地であった1748年(当時)に ◆the former Portuguese colonies of Angola and Mozambique 旧ポルトガル領[植民地]のアンゴラとモザンビーク ◆the group went to see colonies of penguins, seals and other creatures 一行はペンギンやアザラシやその他の生物の繁殖集団[集団繁殖地]の見物に行った

**color** 1 (a)～ カラー,色,色彩,色相,色調,色度,絵の具,染料; adj. 色の,色のついた,色付きの,カラーの,有色人種の ◆a color reaction 呈色反応 ◆a color in color 色使い[配色] ◆a color test 比色試験 ◆a food color; a certified color 食用色素 ◆color saturation 《写真フィルム》色の飽和度,色の再現純度 ◆the color [chroma, intensity, saturation, color-level] control (カラーテレビの)色の濃さ調整(ツマミ) ◆people of color 有色人種の人々(*nonwhitesよりも好ましい言い方,特に黒人を指す場合が多い) ◆a color-struck society 人種差別社会 ◆color-balancing filters カラーバランスフィルター ◆apply colors [color] to... ～に色を付ける;～に彩色を施す ◆break the color line 人種の壁を破す ◆display... in multiple colors ～を多色表示する ◆fine-tune color on the monitor そのモニター(表示装置)の色の微調整を行う ◆further heating removes all color さらに加熱すると,どんな色もしなくなる[色が抜ける,無色になる,脱色される](*宝石の話) ◆have a gray-white color 灰白色をしている ◆in color mode 《コンピュ》カラーモードで ◆make heavy use of color カラーを多用する ◆plot in several colors 数色使って[多色で]プロットする ◆reproduce images in color 画像をカラーで再生する ◆since TV went color テレビがカラー化して以来 ◆with a high degree of color reproducibility 高い色再現性で ◆(a) color-safe laundry detergent 色落ちしない洗剤 ◆five floor plans rendered in four color schemes 4通りの配色をあしらった5種類の間取り(*マンションの説明で) ◆full use of colors to identify packet types and errors パケット・タイ

プおよびエラーの識別のための色の駆使 ◆… range in color black to white 〜の色は黒から白までである ◆result in a color change （結果として）色が変化する ◆scoop water the color of iced coffee from... 〜からアイスコーヒーのような色をした水をすくう ◆the color developed on pH paper リトマス紙が示した色 ◆The color tells the thickness. 厚みは，色分けされている． ◆until the color changes from yellow to orange 黄色からオレンジ色に色が変わるまで ◆when litmus paper changes color リトマス紙の色が変わるとき ◆with several pens of different colors 数本の違った色のペンを使って ◆a reaction that involves the change of color of a substance 物質の色の変化[変色]を伴う反応(*呈色反応) ◆he loves the local color of his neighborhood 彼は自分の住んでいる界隈のローカルカラー[土地の特色]がとても気に入っている ◆undergo a change in color with a change in voltage 電圧の変化に応じて色が変わる ◆Glass containers should always be rinsed and separated by color (clear, green and brown) before recycling. ガラス容器[びん]は，リサイクルする前に必ず洗って色分け[色ごとに選別]しなければならない． ◆Inkjet devices have color printing capability. インクジェットプリンタには，カラー印刷機能がある． ◆It comes in dozens of color variations. それは何十色ものカラーバリエーション[色違い，色揃え]で売られている． ◆It is dark in color. 色は濃い[暗い]色をしている． ◆The car has a two tone color combination of Ivory (bottom) and blue. この車はアイボリー(下側)と青のツートンカラーだ． ◆The graphics board displays 256 colors out of 16.7 million. このグラフィックスボードは，1,670万色中の256色を表示する． ◆The lens features high contrast and excellent color reproducibility. このレンズは，高いコントラストと優れた色再現性がある． ◆The monitor produces a crisp, bright image with excellent color purity. このモニターは，鮮明で明るく色純度に優れた画像を映し出す． ◆The graphics controller gives you a 16- or 256-color display out of a palette of 256,000. このグラフィックスコントローラーは，256,000色中の16色または256色を表示できる． ◆Radishes add a splash of color as well as crunch and tang to salads and sandwiches. ハツカダイコンは，サラダやサンドイッチにちょっとした彩りを添えるのみならず，パリパリ感とピリッとした辛みも与えてくる． ◆The lamp must have a color rendering index of 82 or greater and a color temperature of 4200 kelvin or greater. ランプは，演色評価数が82以上，そして色温度が4200ケルビン以上でなければならない．
2 vt. 〜に色をつける，彩色する，色を塗る，染める; vi. 色づく，色が変わる ◆a coloring material 着色材 ◆a highly [↔lightly] colored solution 濃い[↔薄い]色の溶液

**colorant** a 〜 着色剤[材] ◆a food colorant 食品着色剤
**coloration** 着色，彩色，呈色，発色，色合い，色使い，配色，特色; 性格上の色付け，音色上の色づけ ◆with some character colorations （なんらかの）性格上の色付けをして(*演劇の話）◆changes in skin coloration 肌[皮膚]の色の変化 ◆jaundice can cause the skin to get a yellowish coloration 黄疸(オウダン)は皮膚を黄色がかった色にすることがある ◆take on a more ideological coloration よりイデオロギー的な色彩を帯びる

**color-code** 色分けする，色で識別する ◆color-coded binder labels 色分けされて[色別になって]いるバインダーラベル ◆color-code districts on maps 地図上で地区を色分けする ◆the color-coding of food as "go for it" green, "use caution" yellow and "stop" red 「進んで摂取」を緑，「注意」を黄色，「禁止」を赤，といった色による食品の識別 ◆use color-coding to help readers find information as fast as possible 読者ができるだけ速く情報を探し当てられるように色分けする

**color-coordinate** ◆be color-coordinated to match... 〜にマッチするようカラーコーディネートされている ◆color-coordinated exteriors カラーコーディネートされた外装 ◆color-coordinate... with the color of... 〜を〜の色と調和がとれるようにする ◆wear color-coordinated clothes カラーコーディネートした[配色を考えた]装いをする ◆it is necessary to color-coordinate the kitchen, dining room and living room 台所，食堂，および居間をカラーコーディネートする[色合わせする]必要がある

**colored** adj. 着色されている，彩色が施されている，色つきの，有色人種の ◆colored people 有色人種の人々(*特に黒人を指す場合が多い) ◆colored races 有色人種 ◆the NAACP (National Association for the Advancement of Colored People) 全米有色人[黒人]地位向上協会 ◆a colored (mixed-race) woman 有色人種の（黒人と白人との混血の）女性(*南アフリカのアパルトヘイト時代における混血の呼び方) ◆a computer-colored image コンピュータで色づけ[彩色]した画像 ◆be light-colored 薄い色をしている

**colorfast** adj. 色落ちしない，退色しない，変色しない，耐変色性がある，色彩[染色]堅牢性がある

**colorful** adj. adj. カラフルな，色どりが豊かな，色とりどりの，色鮮やかな，色彩豊かな，生彩に富んだ，華やかな，派手な，多彩な ◆many colorful events and festivals 数多くの多彩なイベントやお祭り

**colorimeter** a 〜 比色計，測色計(= a chromometer)
**colorimetry** 比色法，測色法
**coloring** 着色，染色，発色; (a) 〜 着色剤，色素 ◆a coloring agent （食用）色素;（食用）着色剤 ◆(a) coloring matter 色素;着色剤[料] ◆a food coloring agent 食品着色剤
**colorization** □カラライゼーション，(白黒映画などの)カラー化，(白黒写真などへの)色付け[彩色] ◆(the) colorization of a black and white photograph 白黒写真のカラー化(*着色による)
**colorize** vt. 〈白黒映画など〉をカラー化する，カラーにする(*特にコンピュータを使って) ◆a computer-colorized movie [film] コンピュータでカラー化された映画(*昔の白黒映画に着色して)
**colorless** adj. 色のない，無色の，特色のない，退屈な，精彩を欠いた，(顔などが)青ざめた[血色の悪い，生気のない]，中立的な[偏見のない] ◆a colorless gas 無色の気体
**column** 〜 コラム，(タイプの文字位置を示す)カラム，桁，(表の)（縦の）列[欄]，〈ページ組の）段，〜 柱，円柱，支柱，水圧，-管，-塔 ◆column floatation 《鉱山，炭鉱》カラム浮選 ◆a four-column document 4段組の文書 ◆divide the page into triple [two] columns このページを3[2]段組にする ◆in column of twos 2列縦隊で; 2人[2台，2匹]ずつ並んで縦列をなして ◆move [advance] in column （1列）縦隊で[縦列をなして]移動する[進む] ◆an advertisement running [extending] across three columns 3段にまたがる[3段抜きの]広告 ◆display 12 lines by 80 columns of text per screen 1画面につき12行×80桁[文字,字]の文字[テキスト]を表示する ◆specify column widths for typesetting 《印刷》植字のために（段組の）段幅を指定する ◆they marched in columns through streets 彼らは隊列を組んで通りを行進した ◆a stratigraphic [geologic] column showing nomenclature throughout the study area 調査対象地域全域の地層の名称を示す地質柱状図 ◆show charts instead of rows and columns of numbers and letters 数字や文字を縦横に並べただけの表を使用する代わりに図表を表示する ◆TO DELETE: indicate by X in the "Omit" Column. 抹消するには − 「除外」欄に×印をつけてください． ◆It is supported on three columns. それは3本の支柱で支えられている．

**COM** 1 《コンピュ》通信ポート(= a communications port) 2 (.COMとも表記)《コンピュ》(*MS-DOSの比較的小さな実行形式ファイルの名前の拡張子) COMファイル 3 (computer output to microfilm) コンピュータ出力をマイクロフィルム化する手法
**coma** 1 a 〜 昏睡状態 2 〜 (pl. comae) 《天文》コマ(*彗星先端部の明るい雲状部分)，《光》コマ(*点光源が彗星の形にされる非対象収差)，《植》種髪，《植》葉冠 ◆coma occurs 《光》コマ収差が発生する ◆remove coma 《光》コマ収差をなくす
**comb** 1 a 〜 くし，《機》油切り ◆a comb filter くし形フィルター ◆a fine-toothed [fine-tooth] comb 歯の細かい櫛

（クシ）◆comb-filter distortion くし形フィルタ歪み ◆the comb of a rooster [cock] 雄鶏［おんどり］の鶏冠 ◆the teeth of a comb くしの歯
2 vt., vi. ～をくしですく, 徹底的に捜す ◆comb the file cabinets for the missing file どこに行ったか分からないファイルを見つけようと書類戸棚を徹底的に捜す

**combat** 1 vt. ～と戦う［戦闘する, 抗争する, 奮闘する］, ～の抑制［退治, 撲滅, 根絶, 駆除］に努める; vi. 戦う ◆combat domestic violence 家庭内暴力の撲滅を目指して闘う ◆combat environmental pollution 環境汚染と闘う ◆combat inflation インフレを抑制しようとする ◆combat software piracy ソフトウェアの盗用行為をなくそうと［不正使用を撲滅しよう と］努める ◆combat the problems これらの問題と格闘する; これらの問題の〔解決〕に懸命に取り組む ◆strategies for combating computer viruses コンピュータウイルスを駆除する［による被害防止の］ための戦術 ◆virus-combating software ウイルス対策用ソフトウェア
2 (a) ～ 戦い, 戦闘, 闘争, 論戦 <with, between, against> ◆a space combat game 宇宙戦闘ゲーム ◆combat readiness 戦闘対応［臨戦］態勢（が整っていること）◆a combat air patrol (CAP) fighter 空中警戒待機する戦闘機 ◆in a combat situation 交戦［戦闘］状態において ◆report from a combat zone 戦場からレポートする ◆combat-ready divisions 戦闘準備ができている［戦闘即応態勢にある］師団 ◆the government ordered its troops into combat readiness for the push into... 政府は～進攻に向け臨戦［戦闘即応］態勢をとるよう軍に命令した

**combatant** a～（戦場で）戦う者［兵士］, 戦士, 戦闘員; adj. 戦う, 戦闘的な, 交戦［戦闘］中の, 戦闘準備完了実戦投入を待っている ◆Are members of al-Qaeda "unlawful [illegal] combatants"? アルカイダのメンバーは「不法戦闘員」なのか.

**combination** (a) ～ 組み合わせること, 組み合わせ, 取り合わせ, (2つ以上のものを) 合わせた［複合化した］もの, 化合, 結合, 連結, 連動, 連係, 兼備, 併用 ◆a combination camera/ recorder system カメラ・VTR一体型システム（▶英語でのスラッシュは本来or の意味合いが強く, or ないしは and や and/orハイフンを用いた方が適切と思われるが, 実際に米国でこのようなスラッシュの使い方はたびたび見受けられる）◆a combination of A, B, and C A と B と C の組み合わせ ◆a combination of A or B, or varying combinations of both A, B, または両者のいろいろな組み合わせ ◆Sony's combination color TV and VCR ソニーのカラーテレビ一体型ビデオ ◆utilize A and B in combination A と B を組み合わせて利用する ◆X may be converted to Y by combination with Z. X は, Z と組み合わせることにより Y に変えることもできる. ◆in combination with another drug, Levamisole reduces the rate of cancer cell regrowth 他の医薬品との併用で, レバミソールは癌細胞の再増殖を減速する ◆the performance of an 80386/80387 combination 《コンピュ》80386 と 80387 を合わせた性能（*80386はメインのマイクロプロセッサ, 80387は80386と一緒に働くコプロセッサ）◆xxx is designed [intended] for use in combination with yyy xxx は yyy と組み合わせて使用するよう設計されている［併用して使うよう意図されている］;《意訳》xxx は yyy と一緒に使う［併せ用いる］ためのものである ◆a pocket-size combination 3-in. screen TV and cassette player ポケットに入る3型の一体型テレビカセットプレーヤー ◆the most serious nuclear reactor accident that can be expected from a foreseeable combination of factors 諸々の要因の予想されうる競合から想定される最悪の原子炉事故 ◆use a combination of front and rear brakes for effective stopping 《直訳》効果的な停止を実現するために［《意訳》フロントブレーキの効きが良くなるようにして停止するために］フロントブレーキとリアブレーキを組み合わせて使う ◆use the Ctrl-Alt-Del key combination Ctrl キーと Alt キーと Del キーを同時に押す ◆The combination of red and white forms pink. 赤と白を混ぜ合わせるとピンクになる. ◆These two forms of treatment may be used alone or in combination. これら二つの形態の治療は単独であるいは併用して使われる. ◆A POS terminal is essentially a combination cash register and intelligent computer terminal. POSターミナルは, 本質的にはレジ［金銭登録機］とインテリジェントコンピュータターミナルが一つになった［一緒になった, 合体した］ものである. ◆In order for the chemical combination of the ingredients to occur, the environment must be alkaline. これら成分［原料］の化学結合が起きるためには, 環境はアルカリ性でなければならない. ◆Nanox has announced a combination printer, fax, copier, and scanner with color-printing capability. ナノックス社は, カラー印刷機能を持つプリンタ, ファックス, 複写機, スキャナの［を1台にまとめた］複合機を発表した. ◆The card is designed to provide maximum graphics performance in combination with the company's SuperDraw graphics operating system. 本カードは, 同社の SuperDraw グラフィックスオペレーティングシステムとの組み合わせで最高のグラフィックス性能を発揮するように設計されています.

**combine** vt., vi. 組み合わせる［合わせる, 一緒にする, 集約する］, 混ぜ合わせる, 混合［合成］する, 混ざる, 化合させる［する］, 合体する, 兼ねる, 兼ね備える［兼備する, 併せ持つ］, 併用する, 相まって ～する <with> ◆(a) combined resistance 合成抵抗 ◆a [the] combined use of A and B A と B を組み合わせての使用; A と B の併用 ◆combine several files into one 数個のファイルを1つに結合する［まとめる］◆combine two files together 《コンピュ》二つのファイルを一緒にする［結合する］◆a [the] combined use of A, B, and C A と B と C を組み合わせての使用; A B C 三者の併用 ◆$5,000 in combined total 総計［合計, 総合計, 総額, 統計, 合算して］5,000ドル ◆A, B and C combined to account for 40 percent of the total production A と B と C の合算で［を合わせると］総生産高の40％にのぼる ◆combine business and pleasure 仕事と遊びを［趣味と実益を］兼ねる ◆combine the forces of many manufacturers on a single project 1つのプロジェクトに向けて多くのメーカーの力を結集する ◆combine two mono files into one stereo file モノファイル二つをステレオファイル一つにまとめる ◆deploy combined-arms armies 各種兵器の混成軍を配備する ◆streams combine to form a good-sized river 小川が集まってかなりの大きさの川になる（*同じ場所で合流するのなら「寄り集まって」）◆the color signal is combined with the luminance signal to form one video signal 色信号は輝度信号と合成され一つの映像信号になる ◆combine the various facilities of separate applications into a single cohesive system 異なったアプリケーションの種々の機能を一つのまとまったシステムに統合する ◆I.G. Farben, the giant chemicals combine dismantled by the Allies after World War II 第二次世界大戦後に連合軍により解体された巨大化学工業コンツェルン［企業合同］であるイー・ゲー・ファルベン社 ◆the books sold a combined total of a million copies これらの本は合計［総計, 合わせて］100万部売れた ◆this is a combined total for [from] A, B, and C これは, A, B, C（について）の合計［総計］です ◆The BONA 4-in-1 combines a scanner, fax, printer, and copier. この1台4役の複合機 BONA は, スキャナ, ファクシミリ, プリンタおよび複写機を融合したものである. ◆The idea of combining jazz and hip-hop is not new. ジャズとヒップホップを組み合わせる［結びつける］という思い付き［発想］は新しいものではない. ◆Propane monomer units combine to form the polymer polypropylene. プロパン単量体が結合してポリプロピレンというポリマーを生成する. ◆The two instruments combine to make a complete logic analysis system. これら2つの機器が一緒になって, 1つの完全な論理解析システムを形成する. ◆The car combines the best of European styling with the quality and reliability of Japanese imports. その車は欧州車のデザインの最も良いところと日本製輸入車の品質および信頼性とを兼ね備えて［兼備して］いる. ◆This throwaway camera combines film, a plastic lens and a shutter into one small box. その使い捨てカメラは, フィルムとプラスチックレンズとシャッターを一つの小さな箱に, まとめて［一体化して］いる. ◆When coal is burned to produce electricity, the sulfur content combines with oxygen to make sulfur dioxide. 石炭が発電のために燃やされ

ると、硫黄分は酸素と結びついて二酸化硫黄[亜硫酸ガス]を生じる。◆Combined with ever-higher clock speeds, the combination of computing power and low prices should encourage more people to buy MacOS computers. クロック・スピードの高速化と相まって、演算能力と低価格の組み合わせ[《の意訳》両立]は、ますます多くの人々をMacOS搭載コンピュータの購入に走らせるはずだ。◆The Cameradiocorder combines the functions of a camera and a radio cassette tape recorder into a single lightweight unit. このカメラジオコーダーは、カメラとラジカセテレコの機能を軽量なユニット一つに複合化したものです。◆There are around 90 naturally occurring elements on earth and they combine in varying ways to produce thousands of compounds. 地球上には天然に産出する元素が約90種類存在し、これらは様々に化合して何千という化合物を生成する。

**combined** adj. 組み合わせられた、併用した、すべてを含めた、全部合わせた、合算した、組み合わせ-、結合-、複合-、総合-、連合-

**combined cycle, combined-cycle** ◆combined-cycle generation 複合発電(＊液化天然ガスLNG焚き火力発電所で、高温の排ガスを捨てずにそのまま使ってもう一度蒸気を発生させ発電タービンを駆動し熱効率を上昇させる方式)◆a combined cycle power station コンバインド[複合]サイクル発電所(＊高熱ガスタービンまたはオイルタービンで発電し、その高温の排熱を利用して蒸気を発生させ、蒸気タービンを回すことにより更に発電して、より高い熱効率が可能となる)◆a 2,800-megawatt combined-cycle plant 出力2,800メガワットの複合発電所

**combined heat and power** (略 CHP) ⟦熱・電気複合利用(＊火力発電所が電力と共に廃熱も地域に供給することでエネルギー効率が高まる。Cogeneration コジェネレーション[コジェネ、電熱併給、熱電併給]とも)

**combiner** a～《通》結合器

**combo** a～ コンボ(＊小編成ジャズバンド), (口)組み合わせ ◆a TV-VCR unit [combo, combination] ビデオ一体型テレビ、テレビビデオ(＊テレビとビデオが一体化した[複合化・複合機化されている])◆The hardware/software combo sells for $12,000. そのハードとソフトの抱き合わせで、12,000ドルで販売されている。

**combustibility** 可燃性,燃焼力,燃焼性

**combustible** adj. 可燃性の; a～《通例～s》可燃物、可燃性物質 ◆combustible material 可燃物 ◆burn combustible waste 燃えるごみを燃やす; 可燃性廃棄物を焼却する

**combustion** 燃焼 ◆a combustion chamber 燃焼室 ◆spontaneous combustion 自然燃焼[発火] ◆by incomplete combustion 不完全燃焼により ◆combustion characteristics 燃焼特性 ◆flue gas desulfurization (of combustion gases) 煙道ガス[排ガス]の脱硫(燃焼ガス[廃ガス]) ◆The computer uses the information to modify the amount of fuel that is fed into the engine to keep the combustion as close to complete as possible. コンピュータは、その情報を利用して、燃焼を可能な限り完全に近い状態に保つようにエンジンへの供給燃料の量を変化させる。

**combustor** a～ 燃焼室(= a combustion chamber), 燃焼器, 加熱気, ごみ焼却炉 ◆an annular combustor 環状燃焼器 ◆control of emissions from small-scale combustors 小規模燃焼器から出る排出物の抑制

**Comdex** コムデックス(＊コンピュータディーラー向けの展示会)

**come** 1 vi. 来る、届く、到達する、達する、～になる ◆come into use 用いられるようになる ◆for a long time to come 今後の長きにわたって; この先当分にわたって; これからのち長い間 ◆for many years to come 今後何年にもわたって、これから先、末長く、末永く ◆its initial design concepts came from Germany それの最初の設計概念はドイツから生じた ◆things to come これから起こる[出現する、到来する、来るべき]ものたち ◆There comes a time when...[to <do...>] ～する(べき)ときが来る ◆They have come to believe that... 彼らは、～であると信じる[思う]ようになった。◆

when it comes to...[...-ing] ～のこととなると、～となると、～の話になると、～の点では、～に関して[ついて]は、～するとなれば、こと、～にかけては、～のときに[は]、～に及んで[至って]は、～では、～なら ◆expect what to come next 次に起こることを予期する ◆I thank all of you for coming. 皆様、お集まり[お越し、ご足労]いただきましてありがとうございます。(＊集会などでの挨拶) ◆It later came to mean... のちにそれは～を意味するようになった。◆study the shape of things to come 今後の動向を研究する ◆we appreciate your coming お越しいただいて[ご足労]ありがとうございます ◆when it comes to putting pressure on countries such as Japan 日本などの国に圧力をかけるといったことに[話しに]なると ◆customers who came to [into] our store 店にいらした[おいでになった、お越しになった、ご来店された]お客様 ◆prices can be expected to come down sharply 価格は急激に下がることが期待できる; 低価格化が急激に進むとみられる ◆these laws have come to be used by pro-immigration people to push their cause これらの法律は、移民受け入れ賛成派の人たちによって彼らの主張を推し進めるために利用されるようになってきた ◆The car's crisp handling comes at a price. この車のきびきびしたハンドリングは、それなりの代償[犠牲]を払って得られている。(＊ハンドリングが良くなった代わりに乗り心地が悪くなった話より) ◆The scandal came at a particularly inauspicious time. そのスキャンダルは、とりわけ都合の悪い時期に発生した。◆They will not come into wide use until 1995. それらが普及するのは1995年以降になってからだろう。◆His time of social withdrawal comes to 5 years, or almost a quarter of his life. 彼の引きこもり期間は、彼の人生のほぼ4分の1に当たる5年になる。◆They have already filed five patent applications, with more to come. 彼らはすでに5件の特許申請を出しており、まださらに申請するものがある[更なる申請が控えている]。◆One indicator of things to come in OA equipment is the ever-increasing level of integration and diversity. OA機器分野でこの先出てくる[出現してくる]もののひとつの指標は、ますます度合いを深めつつある統合化と多様化である。◆Basic engineering has come so far that just about every carmaker now has at least one passable performer. 基礎工学は、今日ほとんどの自動車メーカーも一応満足のいく性能のものを少なくとも1車種は持つほどまでに(ずいぶん)進歩した。

2 vi. 〈製品、商品が〉(～の形で[～付きで])売られて[提供されて、製造されて]いる <in, with> ◆it comes in many forms それには様々な形態のものがある ◆The EPROMs come in 24-lead windowed CERDIPs. これらのEPROMは24ピンの窓付きサーディップに実装されてくる[パッケージされている]。◆The LED lamps come in red and green. LEDランプには赤と緑がある ◆The model comes in two versions. この機種[車種]には、2つのバージョンがある。◆They come in all sizes and shapes. これらの商品はあらゆるサイズと形がそろっている。◆MS-DOS 3.3 comes standard in ROM. 《コンピュ》MS-DOS 3.3がROMの形で標準装備されている。◆The laptop comes loaded [preloaded, preinstalled] with MS-DOS 3.3. このラップトップ(コンピュータ)は、MS-DOS 3.3が導入済みで売られている。◆The program comes network-ready. このプログラムはネットワークでの使用に対応した形で売られている。◆The unit comes completely assembled. 本ユニットは完全に組み立てられた状態で納品される。◆This tape comes in 72-yard rolls. このテープは、72ヤード分を巻いたロールの形で売られている。◆Bookshelves come in kit form to be assembled by the purchaser. 購入者が自分で組み立てるよう、これはキットで売られている。◆The wide-angle telescope comes equipped with a tripod and Halley's comet handbook. この広角望遠鏡には、三脚とハレー彗星ハンドブックが(付属品として[セットで])付いて(売られて)いる。◆The laptop comes standard with one serial and one parallel port, a video port, and a built-in 3.5-inch floppy disk drive. このラップトップには、シリアルとパラレルポートそれぞれ1つ、ビデオポート1つ、ならびに3.5インチ内蔵フロッピーディスクドライブ1台[1基]が標準で付いて[装備されて、搭載されて]いる。

**come about**　起きる,起こる,〈アイデアなど〉が生まれる,生じる,発生する,現れる (= happen, take place); 向きを変える ◆ as the need for...(ing) came about　〜する必要が生じた際に ◆ The store's booming success has come about by responding to desires for hassle-free shopping and low prices.　同店の大成功は,面倒のないショッピングや低価格といった欲求に応えることによってもたらされた.

**come along**　現れる,登場する; 進歩する,上達する,うまくやる; いっしょに付いて来る ◆ be coming along　発展途上にある; 進歩[上達]している ◆ until DTP came along　デスクトップパブリッシングが出現するまでは ◆ A great day is expected, so come along and enjoy.　すばらしい一日が待っていますので,どうぞお越し[おいで,ご来場,お立ち寄り]の上楽しんでください. ◆ Erasable magneto-optical disks are coming along or are already in use in specialized applications.　書き換え可能な光磁気ディスクが登場しつつあり,また特殊用途では既に用いられている.

**come apart**　ばらばらになる ◆ They can be pulled out of the box without coming apart.　それらは,ばらばらになることなく箱から取り出すことができる.

**come around to...**　(場所)に来る,〜に達する,〜に到達する,〜に至る ◆ Corporate America seems to be coming around to the realization that...　アメリカ株式会社は,〜であるという認識に到達しつつあるようだ.

**come away**　(ある印象,感情を受けて)離れて行く ◆ The portable DAT deck's sound quality is quite good, but audio fans come away annoyed by the lack of a balance control.　その携帯型DATデッキの音質はかなり良いが,バランス調整などでオーディオファンはいらだって[逃げて]いってしまう.

**come back**　帰る,戻る,舞い戻る,戻ってくる,帰還する,復帰[復活]する,カムバックする,返り咲く; 思い出される <to someone> ◆ come back to the Earth　地球に帰還する ◆ live the rest of one's life in fear of a possibility of the cancer coming back　癌の再発の可能性を恐れながら残りの人生を暮らす ◆ Do not open the freezer again until the power comes back on.　電気がまた来る[復旧する]までフリーザーを再び開けるようなことはしないでください.(*停電後に復電するまでは) ◆ Keep your existing customers happy so they always come back to you.　いつものところに戻ってくるよう[(意訳)また来店してもらえるよう,常連になってもらうために,ご愛顧賜るために,リピートを願って]今現在いる顧客をいつも満足させなさい. ◆ The possibility of Alan's cancer coming back is very slim, said his doctor.　アランの癌が再発する可能性は非常に薄い[低い]と彼の担当医師は言った.

**come by**　そばを通る[通過する], 訪問する[訪れる,訪れる,立ち寄る]; 手に入れる[入手する,得る,獲得する,確保する] ◆ We have chosen to use capacitors because they involve no moving parts and are relatively easy to come by.　私たちはコンデンサを使用することに決めました. 理由としては,可動部品がないことと比較的入手[手に入れるの]が楽だからです.

**come close to**　(= come near to) 〜に近づく, 匹敵する; すんでのところで〜しそうになる ◆ come close to hitting the double-digit mark　2桁近くに達する; 二桁台に迫る ◆ ... come very close to the cost of...　〜のコストと非常に近づく; 〜のコストとほぼ等しくなる ◆ come close to... in terms of performance, features and price　〜は性能,機能および価格の点で〜と肩を並べるようになってくる ◆ a VCR with an audio system that comes close to matching the quality of digital recording　デジタル録音の品位に肉薄するオーディオ系統が備わっているビデオデッキ ◆ None came close to filling the gap left by his death.　誰も,彼の死によって生じた空白を埋めるには到底およばなかった. ◆ The nation comes close to feeding itself.　その国は,食糧をほとんど自給自足できるところまできている. ◆ Thus, we have not even come close to making up the ground lost since that election.　したがって,我々は,その選挙以降失った地盤の[失地]回復さえも遠く及ばない状態できた.

**come down**　降りてくる,下がる,落ちる,低下する,伝来する,意思決定する ◆ come down in size [thickness, weight, price]　(順に)小型化[薄型化,軽量化,低価格化/低廉化]する ◆ this number needs to come down below 10　この数値は10以下に下がる必要がある ◆ At first, these hybrids will cost about $4300 more than a standard car, but prices are expected to come down as production increases.　当社これらのハイブリッドカーは通常の車よりも約4300ドルほど高いが,生産台数の増加と共に価格が下がってくる[低価格化が進む]ものと期待される[予測される,みられる].

**come from**　〜から来る,〜から生じる,〜の出身である ◆ without the image degradation that can come from format conversion　フォーマット変換に起因する画像の劣化なしに ◆ radical improvements in TV image quality that come from attacking the problem at its source　問題に根源から取り組むことによって得られるテレビ画質の根本的な改善 ◆ the glitches that come from mixing and matching parts and programs supplied by different manufacturers　異なるメーカーから供給される部品やプログラムを混ぜず組み合わせることから生じる不具合 ◆ Ninety percent of its sales come from the processing of oilseeds (soybeans and peanuts).　同社の売り上げの90%は,脂肪種子(大豆とピーナッツ)の加工から上がっている. ◆ Use the Back button on your browser to return to the web page that you came from.　元のウェブページに戻るには,ブラウザのBACKボタンを使います.

**come in**　入ってくる,必要[重要]になってくる,流行し始める,〈潮が〉満ちてくる,〈順位,成績〉になる[終わる],〈状態〉になる; 〜の形で売られている (→ come 2) ◆ This is where you come in. Your task is to...　さあここで,あなたの出番[出る幕]です. あなたのすることは〜です. ◆ The harvest came in 16 million tons below the previous year and 40 million tons below 1988 target.　収穫高は前年度より1600万トン落ち込み,1988年の目標を4000万トン下回った. ◆ Natural pearls come in various shapes: round, pear, drop, egg, and others. They also come in various colors, such as white, cream, ....　天然の真珠には,球形,梨形,滴形,卵形など,いろいろな形のものがある. 色も,白,クリーム色,〜などさまざまである.

**come into**　〈状態・場所など〉に入る,〈使用〉されるようになる,〈店〉に来る[来店する],〈遺産〉を相続する[受け継ぐ],〈職・権力・政権など〉にありつく ◆ Should you forget your PIN number, you must call or come into the nearest branch office so that arrangements can be made to have a new number mailed to your home address.　暗証番号をお忘れの場合は,新しい番号のご自宅住所宛て郵送手配のために,最寄りの支店までお電話いただくかご来店いただかなければいけません.

**come into one's own**　(= gain recognition) 認められる,(比喩的)市民権を得る; (= achieve one's potential) 真価[本領]を発揮するようになる; (= receive what properly belongs to one) 正当な評価[当然の名誉]を受ける, 然るべき成功を収める ◆ The technology they are using is just now coming into its own.　彼らが用いている技術は,いま正に真価[本領]を発揮し始めている.

**come off**　取れる,抜ける,剥がれる,剥げる,外れる,離れる,剥こる,もげる; 〜という結果になる; 成功する,うまく行く; 起こる,開催される,開かれる,催される ◆ as they come off an assembly line　それら(製品)が組み立てラインを離れる際に ◆ plastic coating has come off in places　プラスチック被膜が所々剥がれてしまった ◆ the lipstick comes off on a coffee cup　口紅が落ちてコーヒーカップに付く ◆ He has just come off the graveyard shift.　彼は夜勤から上がったばかりだ.

**come on** 1　現れる,登場する ◆ Small computers first came on the market some 15 years ago.　小型コンピュータは,15年ほど前に初めて市場に登場した.
2　点灯する ◆ the light comes on　ランプが点灯する[つく]
3　(be coming on の形で)進歩している,上達している; (後ろにstrongなどの形容詞を伴って)〜になってきている ◆ Now that winter is coming on strong in north Idaho, ....　いよいよイダホの北部で冬が本格化してきている[本格的な冬になりつ

つある、冬たけなわに差しかかろうとしている]ので, ...(*11月初旬の記事より）◆USAir is really coming on strong.　USエア社は実に健闘[台頭, 勢力を伸ばし]してきている.　◆Another field in which the Japanese are coming on strong is finance.　日本が強くなって[台頭して, 幅を利かせて]きているもう一つの分野は金融である.《一昔前の話》

**come out**　出る, 結果が～となる　◆come out on top　1番[1位]になる　◆(publicly) come out of the closet　同性愛者であることを公表する[公言する, 人前で打ち明ける, 告白する]　◆until air bubbles stop coming out of the hose　ホースからの気泡の排出が止まるまで　◆if the bearing comes out but the seal remains in the hub　ベアリングは出てくるけれどもシールはハブ内に残ってしまう場合　◆The catalog comes out every other month.　このカタログは隔月で発行されている.　◆The model came out on top in our quality ratings.　この機種は, 我々の品質評価でトップ[1位, 首位]になった.　◆When the transistor comes out of cutoff, a reverse transition takes place.　《電子》このトランジスタがカットオフ領域から抜け出ると, 逆方向への遷移が起きる.

**come out with**　～を(世に)出す, 発売する, 出版する, 発表する, 公表する　◆come out with a product　商品を出す; 製品を発売する　◆by the time the software house came out with an unprotected version　そのソフト会社が(コピー防止のための)プロテクト無しのバージョンを出す[発売する]までに

**come through**　通り抜ける, 貫通する　◆when the drill comes through...　ドリルが～を貫通する際に

**come to**　～に達する, 〈金額が〉～になる　◆An oil-and-filter change and a lube job cost $35.77.　(車の)オイルとフィルターの交換, それに注油作業で, 35.77ドルになった[かかった]　◆The pressure comes to about 88 atmospheres.　その圧力は約88気圧に達する

**come up**　出世する, 頭をもたげる,〈電子機器などが〉立ち上がる　◆wait for the transmitting power to come up　送信出力が立ち上がるのを待つ　◆Once that was done, the CD-ROM drive came right up.　それが実行されると, CD-ROMドライブはすぐに立ち上がった.　◆Western Europe is coming up fast in office equipment.　西欧は事務機の分野で急速に台頭[興隆]してきている.　◆When the system comes up, it prompts for a password.　システムが立ち上がると, パスワードの入力を要求してくる.

**come up with**　考え出す, 考案する, 思い出す, 思い付く, 案出する, 発案する,〈政策など〉を打ち出す, 創り出す, 作り出す, 創作する, 開発する, 提案[提供]する, 見いだす[見つけ出す]　◆come up with ideas　アイデアを考え出す[思いつく, 考えつく, 案出する]; アイデアが浮かぶ[湧く]　◆come up with new ways to do... [ways of doing...]　～する新しい方法を考え出す[編み出す, 打ち出す]　◆come up with a variety of solutions　いろいろな解決法を考え出す[見つけ出す]　◆the manufacturer came up with a new product　そのメーカーは新製品を出した　◆come up with a plan to do...　～する計画を思いつく[考え出す, 打ち出す]　◆After World War II, the United States came up with the Marshall Plan, which helped rebuild Japan and Europe.　第二次世界大戦後に米国はマーシャルプランを打ち出し, これが日本と欧州の復興を助けた.　◆The company has come up with an imaging chip with built-in signal processing circuitry.　その会社は, 信号処理回路を内蔵した撮像チップを開発した[出した].　◆The key to outperforming competitors in the race for survival is the ability to come up with new products before anybody else does.　生き残りをかけた競争[生存競争]で競合各社を出し抜く鍵は, 他社に先駆けて[いち早く, 先行して]新製品を出すことである.

**come with**　～に付いてくる, ～に付属している, 付帯する,〈製品〉に付けて売られている[に(セットで)付いてくる]　◆the country faces the problems coming with industrialization　この国は工業化に付随する[付き物の]問題に直面している　◆physical changes that come with aging　年を取るにつれて[加齢と共に]起こる身体の変化　◆See the manual that came with your printer.　プリンタに添付の取扱説明書を参照してください　◆The case comes complete with the tools listed on this page.　本ケースには, このページに列挙した工具がすべて入って[含まれて]います.　◆The electric razor comes with a 3-year warranty.　この電気かみそりには, 3年保証が付いている.　◆The laptop comes with an AC adapter.　このラップトップにはACアダプターが, 付いて来る[付属している].　◆The system comes with 4MB of RAM (expandable to 32MB).　そのシステムは4MBのRAMを実装[標準装備](32MBまで拡張可能).　◆The model comes with 128 KB of internal cache in the CPU.　《コンピュ》その機種は, CPUに128KBの内部キャッシュが入って[実装されて](売られて)いる.　◆When I turned 40, I decided to file for divorce. The children chose to come with me.　私は, 40になったとき, 離婚の申し立てをすることに決めた. 子どもたちは私についてきてくれた.

**comeback**　a～　カムバック, 復帰, 返り咲き, 再起,〈人気の〉復活,〈健康の〉回復　◆make [stage] a comeback　返り咲く; カムバック[再起, 復帰]する; 再び盛んになる; 回復[復興]する　◆yet another Renault comeback attempt　巻き返しを図ってのルノー社のさらなる努力　◆made a full comeback to the fashion world　ファッション界に完全復帰した[を果たした]　◆Detroit's Big Three carmakers are revving up for a comeback.　デトロイトのビッグスリー自動車メーカーは, 復興に向けてエンジンをふかしている.　◆Other markets have also been on the comeback trail.　他の市場も, 回復の一途をたどっってきている.　◆When the Commerce Department reported a sharp increase in new-home sales last week, the industry hailed it as a sign that the housing industry is about to make a comeback.　商務省が新設住宅販売の急増を先週発表したことを受けて, 業界は住宅業界が間もなく回復に向かう前兆だと受け止めた.

**come-on**　a～　〈客引きのための〉目玉, 目玉商品, お勧め品, サービス品,〈ご〉奉仕品　◆as a further come-on to...　さらに加えて〈人〉に対する目玉として

**comet**　a～　彗星(スイセイ)

**cometary**　adj. 彗星の(スイセイ)　◆the icy cometary surface　その凍りついている彗星の表面

**comfort**　⑪快適さ, 心地よさ,〈車〉コンフォート; vt. ～を慰める, なだめる, 和らげる, 安心させる, 元気づける　◆passenger comfort　(車などの)乗員の快適さ[コンフォート]　◆the degree of comfort　快適度　◆increase the comfort of people in a room　室内にいる人たちが感じる快適さを向上させる　◆ride comfort　乗り心地よさ[快適な乗り心地]　◆the comfort of the occupants　乗員の乗り心地よさ　◆the handling comfort of a car　《意訳》車の操縦性　◆the riding comfort of a car　車の乗り心地　◆to ensure operating comfort for every user　《意訳》すべてのユーザーに快適操作[運転, 運用, 操作, 手術]を保証するために　◆an ergonomically designed xxx for maximum operating comfort　最高に快適な操作ができるよう人間工学に基づいて設計されているxxx　◆to improve the comfort of the passenger cabin and the ride　《自動車》キャビン[乗員室, 室内]の居住性と乗り心地を改善する[向上させる]ために　◆control everything from the comfort of your chair　椅子に心地よく[ゆったりと]座ったまますべて遠隔操作する　◆they were forced to serve as "comfort women" for Japanese soldiers during the war　彼女らは戦時中, 日本兵の(「従軍」)慰安婦」として務めることを強要された　◆The term "comfort women" is a euphemism in Japanese to describe the 75,000 to 200,000 women forced to have sex with Japanese soldiers during World War II.　「慰安婦」という言葉は, 第二次世界大戦中に日本兵との性交を強制させられた75,000人から200,000人にのぼる女性たちのことを呼ぶ日本語の婉曲な言い回しである.

**comfortable**　adj. 快適な, 心地よい, 気持ちよい, 安らぎを与える, 楽な, 気楽な, くつろいだ, 具合のよい, 無理のない,〈快適さなどの面から〉問題のない　◆a spacious, comfortable cabin　広い居住性の高いキャビン[乗員室, 室内]　◆maintain a comfortable working position　楽な作業姿勢を保つ　◆Allow agar to cool until it is comfortable to touch with your hands.　寒天を手で触って(熱すぎず)心地よく感じられるまで冷まします　◆《参考》The seat is plenty comfy.　(▶comfy = comfortable

の口語短縮形）《口》この座席はすこぶる快適だ［とても座り心地がよい］．

**comfortably** adv. 快適に，気持ちよく，心地よく，快く，楽に，安楽に，楽々と ◆VCRs that fit comfortably in the palm of a hand 手のひらに無理なく［具合よく］収まるビデオデッキ

**comforter** a ～慰める［元気づける］人［もの］，楽［快適］にしてくれるもの，《《小掛け布団(=（英）a quilt）

**comfy** (comfortableの口語形)

**comic** adj. 喜劇の; n. a ～ (= a comic book) 漫画雑誌，喜劇俳優；～s (新聞の一部に掲載される)漫画 ◆newspaper comic strips 新聞の4コマ漫画の類 ◆comic-book heroes 漫画の主人公

**coming** 1 adj. 来るべき，次の，今度の，次期の；有望な，新進(気鋭)の，今売出し中の ◆the coming Saturday 今度の［来る（キタル）］土曜日 ◆in (the) coming years この先何年かは；将来；今後 ◆in this coming month 来月に ◆over the coming three years この先3年にわたって［3年間に］ ◆over the coming years 今後何年かにわたって ◆the coming [upcoming, forthcoming] presidential election 来るべき［今度の］大統領選 ◆this coming August 来る(キタル)8月に ◆the coming generation of microprocessors 次世代のマイクロプロセッサ ◆energy prices are expected to continue to fall back to more reasonable levels in the coming months エネルギー価格は引き続き下落し，この先数カ月で［何カ月かで］，より適正なレベルに戻ると推定される［より妥当な線に復帰するものとみられる］

2 (a) ～来ること，訪問，来訪，来駕（ライガ），到来，到着 ◆a constant coming and going of personnel 絶え間ない人員の出入り［入れ替わり］ ◆monitor the comings and goings of visitors 訪問客の出入りを監視する ◆the coming of European deregulation in 1992 1992年の欧州における規制緩和の到来 ◆But the realization has been a long time coming. しかし，その実現までは長かった．

**coming of age, coming-of-age** a ～成年に達すること，成人，一人前［一丁前］になること；認知度［知名度］を確立［獲得］すること，頭角を現すこと，傑出 ◆the country's coming-of-age その国が一人前になること ◆South Koreans viewed the 1988 Summer Olympics in Seoul as something of a coming-of-age festival. 韓国の人たちは，1988年のソウルで開催された夏季オリンピックを，(国が世界の中で一人前になったという証としての)ちょっとした成人式として見ていた．

**coming-out** 女性の社交界デビュー；同性愛者［ホモ，レスビアン，レズ］であることを自分で発表［公表，公言，宣言］すること

**comma** a ～コンマ，カンマ(,) ◆a comma delimited (CSV) file 《コンピュ》カンマ区切り(CSV)形式の(テキスト)ファイル ◆use a comma for the thousands separator 3桁ごとの区切りにカンマを使う ◆The output will be divided into groups of three digits, each group separated by a comma. 出力は，3桁ずつコンマで区切られる．

**command** 1 a ～コマンド，命令，指令，指図，号令，言いつけ ◆enter [issue, invoke ] a command コマンドを入力する［出す，呼び出す］ ◆execute a command コマンド［命令］を実行する ◆(a) command history 《軍》指揮の履歴(＊部隊などの活動記録) ◆voice commands 《コンピュ》音声(で入力する)コマンド ◆immediate-mode commands 直接モードコマンド(＊コマンドをタイプ入力してリターンキーを押すとすぐに実行される) ◆at the command "halt!" 「止まれ」の命令［号令］に従って ◆establish a chain of command among... ～の間に指揮・命令系統を作り上げる ◆commands for moving the robot ロボットを動かすためのコマンド［命令］を ◆make the mistake of including a command to start underlining but forgetting the command to stop it 《コンピュ》(文章中に)アンダーラインを開始［する]コマンドを入れて，終了させる［終点を指定する］コマンドを忘れるといったミスをする ◆Sometimes direct statements are called BASIC commands. 《コンピュ》(BASICの)直接ステートメント［命令(文)］は，時としてBASICコマンドと呼ばれる． ◆These commands must be issued manually from the DOS command line or by using a communications program. 《コンピュ》これらのコマンドは，DOSのコマンドラインから手入力するか，通信プログラムによって発行されなければならない．

2 回指揮，統率; (a) ～自由にできること，言語を自由に操る能力; a ～見晴らし，眺望 ◆at [by] a person's command ～の命令［指令］で ◆be in command of... ～の指揮に当たっている ◆be under the command of... 〈人〉の指揮下にある ◆take [have] command of... ～の指揮をとる ◆a command economy 指令経済(= a planned economy「計画経済」) ◆a command post 《軍》指揮所 ◆an AWACS command and control aircraft AWACS司令・管制機 ◆all the money at her command 彼女の自由になるお金すべて ◆... during which he solidified his command of English その間に彼は英語をしっかり身につけた ◆... have a good command of computers コンピュータを自由自在に操れる［使える］ ◆have a good command of English 英語を使いこなせる［自由に話せる，上手に操れる（アヤツレル），駆使できる］ ◆have a good command of the literature of... ～の文学によく通じて［精通して］いる ◆people under his command 彼の指揮下にいる人たち［部下］ ◆because of his poor command of English 彼は英語があまりできない［うまくない，だめな］ので ◆an officer in command 指揮官 ◆forces who are under direct command from Moscow モスクワの直接指揮下にある部隊 ◆He has an excellent command of English. 彼は，英語に堪能である［英語が非常に達者だ］． ◆The seating position is comfortable and gives you a good command of the road. 《意訳》着席ポジションは快適で，道路もよく見渡せる．

3 vt., vi. 命令する，命じる，指揮する，采配を振るう，指令する，要求［強要］する，自由に使う，見渡す，〈ある値で〉売れる ◆command 10% of the market その市場の10％のシェアを占める; その市場の10％を占有する ◆command a 45% share of the market 45％の市場占有率を占める ◆The grand piano commands the living room. グランドピアノが居間にデンと鎮座している． ◆The tower commands a fine view. そのタワーからの眺め［見晴らし，眺望］はすばらしい． ◆Blue poppy seeds such as those produced in Tasmania command the highest price on the international spice market. タスマニア産などのブルーポピーの種子は，国際スパイス市場で最高値を呼ぶ［最も高い値段がつく，一番高く売れる］．

**commander** a ～指揮者，指揮する人，司令官，陸軍指揮官，海軍中佐，軍艦の副長，ロンドン警視庁(Scotland Yard)の警視長 ◆As a commander in chief, Mr. Bush said... 最高司令官として，ブッシュ氏は～と言った．(＊ブッシュ大統領当時の湾岸戦争の話から．米国大統領は陸海空三軍の最高司令官でもある) ◆the commander-in-chief of the navy of a country ある国の海軍の司令官 ◆Frederic Gregory, the commander of space shuttle Atlantis スペースシャトル・アトランティス号の船長であるフレデリック・グレゴリー

**commanding** 指揮する; 威圧するような，(威風)堂々とした; 見晴らしのよい ◆hold a commanding 46% share of the market 46％といった圧倒的な市場占有率を持つ ◆Nomura claims a commanding slice of a bond market. 野村は証券市場で高い占有率を誇っている．

**commando** a ～奇襲隊(員)，突撃隊(員)，特別攻撃隊(員) ◆the raid was executed by a commando squad この奇襲［襲撃，急襲］は奇襲部隊［突撃部隊，特攻隊］により実施された

**commemorate** vt. ～を祝う，記念する，(記念碑などが)～を記念する ◆a 132-year-old shrine commemorating Japan's 2.46 million war dead 日本の戦没者［戦死者］246万柱を追悼する［祀る］132年の歴史をもつ神社

**commemoration** 記念; a ～記念式［祭，祝典］，記念品［物］ ◆in commemoration of... ～を記念して

**commence** ～を始める，開始する，始まる ◆commence cutting 切削を開始する ◆commence one's day's work その日の仕事を始める (= 始業する) ◆prior to commencing work 工事［作業，仕事］を開始する前に ◆commence to cross the

**commencement** 198

roadway 車道を渡り始める ◆Phase 1 of the project commenced in July, 2000 [on/from July 1, 2000]. 本プロジェクトの第一期は2000年7月[(順に)7月1日]に[から]始まった. ◆ Chapter 1 commenced with an introduction to the desirable features of the LAN. 第一章は、ローカルエリアネットワークの望ましい特徴についての予備解説で始まった. ◆The government in 1982 commenced a program of office automation pilot projects. 政府は1982年にオフィスオートメーション実験プロジェクトの計画を始動させた. ◆The new plant is expected to commence operation towards the end of the year. 新しいこの工場は年末にかけて操業[稼働,運転]開始するとみられている. ◆The DSP00X1 ICs are currently sampling, with production expected to commence sometime in the fourth quarter. In quantities of 10,000, prices range from $30 to $40. 第4四半期の生産開始をめどに、DSP00X1 ICは現在サンプル出荷である. 1万個単位で、単価は30ドルから40ドル.

**commencement** (a)～開始, 始まり, 開幕, 最初, 初め; (a)～大学の卒業式, 学位授与式 ◆at a commencement ceremony 卒業式で ◆at the commencement of a chapter 章の出だしの部分で ◆at the commencement of the last session 前会期の冒頭で ◆at the commencement of the twentieth century 20世紀初頭に ◆at the commencement of this month 今月初めに ◆deliver one's commencement speech 卒業式の祝辞を述べる ◆in the event of a commencement of employment 雇用の開始が生じた場合に ◆permit the commencement of...～の開始を許可する ◆speak at a commencement 卒業式で式辞を述べる ◆within two years of commencement of production 生産開始から[生産立ち上げ後]2年以内に ◆go into 0.8 submicron technology within two years of commencement of production 生産開始後2年以内に0.8サブミクロン技術に移行する ◆In parallel with the new company's commencement of operations,... 新会社の業務開始[操業開始,《意訳》立ち上げ]と並行して,...

**commendable** adj. ほめるべき, 称賛に値する, 推奨[推賞]できる, 立派な, 感心すべき, 見上げるべき ◆he has a commendable track record in the industry 彼には、この業界で賞賛に値する業績がある

**commensurate** 釣り合った, 見合った, 相応の, ふさわしい ◆at levels commensurate with...～に対応したレベルで ◆His salary is commensurate with his ability and experience. 彼の給料は、彼の能力と経験に見合って[釣り合って]いる. ◆ If you want to earn big returns over the long run, you must accept a commensurate amount of risk. 長期間かけて《意訳》大きく稼ぎたいならば, 応分[それ相当]のリスクを甘受する必要がある. ◆Salary is commensurate with the qualifications and experience of the individual. 給与は個人の資格および経験に応じて決まる. (＊求人欄などでは、「～に応じ優遇」などと書かれている) ◆The power transformer must be commensurate in size with the output power. 電源トランスは、出力に見合った大きさでなければならない.

**commensurately** ◆Don't delay it any further on your end, because the delays become commensurately longer also. あなたの方でこのことをこれ以上遅らせるようなことはしないでください. それだけ遅れの方も長引いてしまいますから.

**comment** 1 (a)～コメント, 言明, 補足説明, 評論, 批評, 見解, (評論的)意見[感想] ◆draw angry comments from...〈人〉から怒りに満ちた批判[非難]を受ける ◆make a comment about...～についてコメントを述べる[意見を言う, 感想を漏らす, 見解を一言、一言する] ◆make a comment [comments] on...～についてコメントする[補足説明を加える]; ～に関し批評[評論, 批判的意見]を述べる ◆write one's comments 評論を書く ◆"I have no comment." 「何も申し上げることはございません」◆He declined comment on whether... ～かどうかについてコメント[意見]は差し控えたいと言った. ◆He made no comment. 彼は何もコメントしなかった. ◆present... to the customer for comment コメントを得るために～を顧客に提示する ◆ Similar comments apply to... 同じようなことが～についても

て言える. ◆There was no comment from Mr. Boutros-Ghali about... ブトロス・ガリ氏からは～について何のコメントもなかった. ◆send in their comments about material published in this magazine 本誌に掲載された記事について意見を寄せる ◆"I have no comment to make," she said. 「何も申し上げることはございません」と彼女は言った. ◆Mr. Gingrich had no comment on the appointment of Mr. Cole. ギングリッチ氏は、コール氏の指名について何のコメントもしなかった. ◆ Asked what he said to the referees, Howard said [replied], "No comment." 審判員に対して何を言ったのかと聞かれ, ハワードは「ノーコメントです」と言った[答えた]. ◆I'd like to close with a brief comment on a subject dear to most travelers – the pleasures of the palate. たいていの旅行者の皆様にとって価値あるテーマ, すなわち食の楽しみについて一言述べて私の話を締めくくりたいと思います.

2 vi., vt. コメントする, 解説する, 批評する <on, upon>; ～だと意見を述べる <that> ◆Can you comment on such matters as anorexia?" 拒食症などについて解説していただけませんか.

**comment out** 《コンピュ》〈行,命令文〉～をコメント行[文]にする, コメントアウト[コメント化]する (=remark out; →uncomment) (＊不要な命令文を, 後で復活しやすいように, 削除せずに注釈扱いにする) ◆comment out the Shell= line in the SYSTEM.INI file by placing a semicolon in front of the line 《コンピュ》SYSTEM.INIファイル内の Shell= の行の頭にセミコロンを付けることによって、その行を注釈[コメント行]にする

**commentary** a～解説書, 注解; (a)～実況放送, ナレーション ◆do commentary 解説をする ◆"Viewpoint," a commentary on commercial radio 「視点」と呼ばれている民放ラジオの解説番組 ◆a final edition that contains commentary on the day's trading 当日の売買についての解説記事が載っている最終版 ◆The handbook is a detailed and illustrated commentary on the Uniform Building Code. この便覧は、統一建築基準法についての詳しい図解解説書である.

**commentator** a～(～についての)解説[評釈]者<on>, 実況放送アナウンサー ◆a political commentator 政治評論家 ◆a radio [television] commentator ラジオ[テレビ]解説者

**commerce** 囗商業, 通商, 貿易, 交易, 商取引, 《化》工業 ◆ electronic commerce (EC) [digital commerce, E-commerce] (電子商取引 ◆It has been widely used in commerce for dyeing cloth. それは、布を染めるために工業で広く使用されてきている. ◆Last year South Korea suffered a $5 billion deficit in commerce with Japan. 昨年韓国は、50億ドルの対日貿易(収支)の赤字を出した.

**commercial** 1 adj. 商業(上)の, 通商[貿易, 交易](上)の, 取引の, 商用の, 商売の, 営業用の, 営利目的の, 市販の, 民間の, (産業用に対して)民生用の, 《化》工業(用)の ◆become [go] commercial 商品化される ◆a commercial airliner 民間(航空会社)の旅客機 ◆a commercial radio [television] station 民間ラジオ[テレビ]局 ◆commercial power (=utility power) 商用電力;《意訳》商用電源 ◆a commercial motor vehicle 商用[業務用, 営業]車 ◆a commercial electric-power generating reactor 商業用発電原子炉 ◆commercial software packages 市販のソフトウェアパッケージ ◆large commercial facilities 大型商業施設 ◆commercial inauguration of ISDN 総合デジタル通信網の商用運用開始[開始] ◆at commercial frequencies (50-60 cycles or hertz) 商用周波数(50～60サイクルまたはヘルツ)において ◆be introduced for commercial use 業務用に導入されている ◆bring... to the commercial level ～を商業[事業,《化》工業]ベースに載せる ◆bring... to the commercial stage ～を商業[市販]段階まで持っていく; ～を商品[製品]化する ◆commence commercial production of brandy ブランデーの営業生産を開始する[営業生産に入る] ◆have wide commercial use 広く業務用に用いられている ◆its commercial viability その製品化の可能性 ◆nearest to commercial availability (いろいろある中で)商品化に最も近い ◆produce... on a commercial basis 商業《化》工業]ベースで～を生産する ◆put... into commercial produc-

tion　～の商業[工業]生産化をする，《意訳》～を商品化する◆reach commercial fruition　製品化[商品化, 事業化]に至る[が実現する] ◆try to adopt it to commercial use　それを業務用に採用しようとする ◆the commercial manufacture of genetically engineered products　遺伝子工学製品の商業生産[工業生産] ◆commercial-scale production　工業[商業]規模での生産 ◆the commercial-launch market　商業衛星打ち上げ市場 ◆commercial transactions between Xxx and Yyy　XxxとYyyの間の商取引 ◆develop... for commercial production by the year 2000　西暦2000年までの営業[商業, 工業]生産[開始]を目指して～を開発する ◆make... available to the public on a commercial basis　～を一般大衆向けに売り出す[発売する, 販売する]; ～を商業ベースに乗せる ◆open the door to eventual widespread commercial use for these materials　これらの材料をゆくゆくは広範に実用化する道を開く ◆raise lobsters on a commercial level　商業ベースでロブスターを養殖する ◆ready the power plant for full commercial operation by midsummer　発電所が夏の半ばまでにフル営業運転に入れるよう準備する ◆to determine the commercial feasibility of methanol as an alternative fuel　メタノールは代替燃料として商業的に[事業として]立ち行けるのか判断するために ◆have this technology ready for commercial use　この技術を商用に供せられる[商業化できる]ところまで整える ◆Solar power, not even at the commercial stage yet, is...　まだ市販[実用化]段階にさえも到達していないソーラーパワーが，～ ◆scale up a fabrication process from a laboratory scale to a commercial scale　製造プロセスを実験室規模から工業規模へと拡大する ◆The first commercial nuclear power plant was put into operation in 1957.　初の商業用原子力発電所が1957年に営業運転を開始した． ◆Commercial applications for superconductor materials are said to be several years away.　超伝導材料の商業[工業]的な利用は数年先になるだろうといわれている． ◆Commercial production of the battery is about five years away, Mr. Stromme said.　同電池が営業[商業, 工業]生産(化)にこぎつけるまでにはあと5年程かかる，とストローム氏は述べた． ◆It has been patented as an antifungal agent but has not been developed for commercial use.　それは防かび剤として特許が下りてはいたものの実用化は《(直訳)商業的利用へ向けて開発》されていない． ◆The release of this product for commercial distribution is at least a year away.　《直訳》この製品の商業的[商品]流通へのリリースまでは少なくとも1年ある．;本製品の発売は早くて1年後[後]になります． ◆Its products are currently being tested in four countries, and commercial sales are expected to start by the end of the year.　同社の製品は現在4カ国でテスト中で，市販は今年中に開始の見通しである． ◆However, most of its applications could not reach the commercial level because the device could be operated only at very low temperatures like that of liquid helium (4.7 K).　だが，その応用例のほとんどが商業レベルに到達できなかった[工業ベースに乗れなかった]．というのは，デバイスは液体ヘリウムの温度(4.7ケルビン)のような極低温でしか動作できなかったからだ．
2　a ～(ラジオ, テレビの)コマーシャル, CM ◆run a series of television commercials　一連のテレビCM[宣伝, 広告]を流す[打つ] ◆run commercials on national television　ナショナルテレビでコマーシャルを流す ◆sing a commercial [advertising] jingle　コマーシャルソングを歌う ◆two minutes of commercials aimed at teen-age consumers　10代の消費者を対象にした2分間のコマーシャル[宣伝]

**commercialization**　[U]商業化, 商業的に応用[利用]すること, 営利化, 製品化, 商品化, 市販化, 市販化, 市場化, 市場投入化, 工業化, 実用化, 事業化 ◆fuel cells are nearing widespread commercialization　燃料電池は広く商用化[実用化]されようとしている ◆obtain commercialization rights　実用化[商品化, 工業化]する権利を獲得する ◆proceed toward commercialization　実用化に向かって進む ◆promote a technology commercialization project　技術実用化プロジェクトを推進する ◆with commercialization expected in 2005　2005年の製品化[商品化, 実用化, 工業化]をめどに[((意訳))目標に] ◆the development of business plans toward commercialization of the results of their research　彼らの研究成果の営利化[製品化, 商品化, 工業化, 実用化, 事業化]に向けて事業計画を立てると ◆a commercialization plant which demonstrates...　～を実証するための商業化[工業化, 実用化, 事業化]実証プラント ◆in order to ensure commercialization of these processes　これらの(化学)処理方法を工業化するために ◆stimulate commercialization of emerging renewable energy and energy efficiency technologies　新しく浮上してきている再生可能なエネルギーおよびエネルギー効率化[((意訳))省エネ化]技術の実用化を促進する ◆the development and commercialization of digital cellular telephones and base stations for the North American market　北米市場向けのデジタル移動電話機と基地局の, 開発および製品化[商品化] ◆the development and commercialization of this new digital recording technology for the consumer audio market　民生オーディオ市場向けのこの新しいデジタル録音技術の開発と実用化 ◆they are working on the commercialization of technologies capable of...-ing　それら企業は～可能な技術の実用化[事業化, 市場化]を目指して働いて[邁進して]いる ◆Commercialization of the product is expected in early 2004.　この製品の市販化[市場化, 発売]は，2004年の初めになると見られている． ◆Samaranch said commercialization has helped pay for...　サマランチ会長は，(オリンピックの)商業主義化は～を支払うのに助けになってきたと語った．

**commercialize**　vt. ～を商業化[商用化, 営利化, 製品化, 市販化, 市販化, 市販化, 市場化, 市場に出せるまでに, 工業化, 実用化, 事業化]する ◆the cost of developing and commercializing new technologies　新技術を開発し商用化[実用化]するためのコスト ◆It is said that the Olympic Games have been commercialized.　オリンピックは商業主義化されてきたと言われている． ◆The optical tape is not yet commercialized.　オプティカルテープはまだ商品化されていない．

**commercially**　商品[製品, 工業]化という視点から見て，営利的に，商業上，貿易上，通商上 ◆become commercially practical　実用化[商用化]される ◆It is commercially available.　それは市販されている． ◆the reactor began operating commercially in 1987　この原子炉は1987年に商業運転を開始した ◆the world's first commercially manufactured monoclonal antibody　世界で初めて商品化されたモノクローナル[モノクローン, 単クローン]抗体 ◆It has proven to be commercially feasible.　それは商業的・工業的に立ち行ける[その事業化は可能である]ことが証明された[実証された, 判明した]． ◆In the intervening years, amorphous silicon solar cells were introduced commercially.　その間の年月に, アモルファスシリコン太陽電池が製品化され, 市場投入された． ◆Prototype solar-powered cars are being tested, but none are yet commercially available.　いくつかの太陽電池式乗用車の試作品が試験中であるが, いずれもまだ市販[製品化]されていない．

**commission**　1　a ～ 委員会 ◆the Federal Communications Commission (FCC)　(米)連邦通信委員会 ◆the Lytton Commission　リットン調査団(＊国際連盟の要請で満州事変を調査しリットン報告書the Lytton Reportを発表した)
2　(a)～ 委任, 委託; 依頼, 注文, 代理(業務), 取り次ぎ(業務), 手数料, 口利き料, 口銭, 歩合; [U](犯罪を)犯すこと, 犯行 ◆a commission salesperson　歩合給の販売員 ◆a sales commission　販売口銭[手数料] ◆commission-free　手数料のかからない ◆a commission of roughly 25 percent　ほぼ25％の手数料 ◆a commission on a sale　販売手数料[口銭] ◆a sales representative who works on commission　歩合で働いているセールスレップ ◆earn commissions on...　〈商品〉の売買[仲買]手数料を稼ぐ ◆if you want to work for commissions in real estate　不動産業界で手数料を得て働きたいならば ◆"No-load" funds are purchased free of commission.　「ノーロード」ファンドは, 手数料なしで購入できる． ◆pay a 6 percent commission　6％の(売買・仲介)手数料を払う ◆under a commission from...　～の命[命令, 指示]により, ～からの委託[依頼]を受け ◆agree to pay them a percentage of the contract value as "commission"　彼らに契約金額の何パーセントかを

**commissioner**

「口銭[歩合, 手数料, 周旋料]」として支払うことに同意する (＊体よく"commission"と言っているが, 実は賄賂(ワイロ)[袖の下]）◆**if a criminal is apprehended during commission of a crime** 仮に犯罪者が犯行を犯している最中に逮捕されるとると; 《意訳》もし犯罪者が現行犯で逮捕されると ◆**Because many salespeople work on a commission or salary plus commission basis, ...** 大勢の外交販売員が歩合給あるいは歩合給プラス固定給で働いているので, ◆**she [the vessel] was brought [placed] into commission under the name Xxx** この船はXxxという船名で就役させられた［《意訳》就航した］ ◆**stop using a commission basis to pay staff who diagnose car problems** 車の故障を診断した担当者に歩合制[出来高払い]で賃金を払うのをやめる

**3** vt. 〈人〉に委任[依頼]する, 〈人〉を任命する, 〜を就役させる, 使用[運用, 稼働]開始する, 〜を仕事につける, 〜を委託する, 〈物〉の製作[制作]を依頼する, 〜を特別注文する ◆**a commissioned project** 委託事業, 委託された研究テーマ ◆**become a commissioned officer** 士官[将校]になる ◆**be commissioned to ＜do...＞** 〜するよう託されて[委任されて, 委託されて, 依頼されて, 頼まれて]いる ◆**commission a ship** 〈新造〉船を就役させる ◆**manage a commissioned [an outsourced] project** 社外に出した[外部に委託した]事業を管理する ◆**commission material for publication** 出版[掲載]のための原稿を書くように依頼する ◆**Once commissioned as an officer, ...** ひとたび将校に任官されると, 《意訳》according to a 1988 Gallup Poll commissioned by Smith & Wesson スミスアンドウェッソン社からの委託を受けて1988年に実施されたギャラップ世論調査によると ◆**she was commissioned to translate "Life of Jesus" from the German** 彼女は『イエスの生涯』をドイツ語から翻訳する依頼[委託]を受けた ◆**The company is considering commissioning production to a Chinese firm.** 同社は, 中国企業に生産を委託することを考えている. ◆**At the core of the dispute is the question of who owns the copyright to commissioned "intellectual property," be it art, writing, movies or computer software.** この論争の中心にあるものは, 注文製作された「知的所有権」(それが美術であれ, 書き物であれ, 映画であれ, あるいはコンピュータソフトであれ)の著作権を誰が所有するのかという問題である.

**in commission,** 〈機械・設備などが〉稼働中で, 使用可能状態の; 〈軍艦・軍用機が〉就役中の, 実戦配備されて, すぐに出動可能で ◆**put... in [into] commission** 〈機械・設備など〉を使用[実用]可能状態にする, 稼働させる ◆**put a ship in commission** 船を就役させる

**out of commission** 故障している, 使用されていない, 稼働していない, 〈軍艦などが〉用途廃止された ◆**Tuesday's 7.2-magnitude earthquake has put Kobe's port out of commission.** 火曜日のマグニチュード7.2の地震は神戸港を使い物にならなく[使用不能に]してしまった.

**commissioner** a 〜 委員, 理事, 長官, 局長, 弁務官, コミッショナー(＊プロorアマのスポーツ組織を代表しかつ管理統括する人) ◆**U.N. High Commissioner for Refugees (UNHCR)** Sadako Ogata said... 緒方貞子国連難民高等弁務官(UNHCR)は, 〜と述べた.

**commissioning** (名) 〜 就役 ◆**hold a commissioning ceremony** 就役式を開催する(＊新造の軍艦などの) ◆**on-site commissioning and final acceptance testing** 現地就役および最終受け入れ[受け渡し, 引き渡し, 受領]試験[検査](＊建設工事, 機器の現地据え付けなどで) ◆**He attended the commissioning of a new aircraft carrier at Norfolk.** 彼は, ノーフォークで同地の新造航空母艦の就役式に参列した.

**commit** vt. 〜をゆだねる, まかせる, 付す, 〈ある方法で〉処分[処理]する, 〈罪など〉を犯す, 〈部隊など〉を投入する, 《コンピュ》コミットする; vi. 約束する, 尽くす; **committed to...** 〜の形で〕〜にかかわって, 拘束されて, 〜を遵守[順守]して, 約束[公約]して, 〜に傾倒して, 専念[専心]して, 〜を専門にして, 〜に熱心に取り組んで, 真剣に打ち込んで, 〜を堅持する姿勢[態度]で, 〜に積極的で, 〜に送り込まれて, 〜に送り処分となって, 〜に回されて, 〜に預けられ

て, 〜に委ねられて, 〜に充当[振り向け, 投入]されて, 〜に付されて ◆**commit... to paper** 〜を紙に書く[書き記す, 書き留める, 認める(シタタメル)]; 文書化する; 明文化する; 紙に出力する; 用紙に印字出力[印刷, 記録]する ◆**commit robbery [forgery]** 強盗[偽造]を働く[犯す] ◆**20,000 U.S. troops committed to Bosnia** ボスニアに投入された2万人の米軍兵士 ◆**before committing [putting, subjecting] them to use** それらを使用に供する前に ◆**before they commit their article to press** 彼らが記事を印刷に付す[《意訳》回す, 出す, 渡す]前に ◆**commit failure [an error]** 誤り[過ち]を犯す ◆**commit half an hour to... (ing)** 〜することに30分振り向ける ◆**committed** (= permanent) **changes made to the database** 《コンピュ》データベースにコミット(確定)された変更 ◆**commit troops [the Army] to Bosnia** ボスニア[同地]に軍隊[軍]を投入する ◆**we are committed to ＜doing...＞** 私どもは, 〜にすべく傾注してまいります[鋭意取り組む所存です, 専念してまいります] ◆**commit applications to ROM** アプリケーションをROM化する ◆**the country refuses to commit the pledge to paper** 同国はその約束を紙に記す[文書で表す, 明文化する, 文書化する]ことを拒んでいる ◆**The manufacturer committed its profits to building a new plant.** このメーカーは, 利益を新工場の建設に充当した. ◆**We are committed to actively managing our services through quality control.** 弊社は品質管理を通して積極的に私どものサービスを管理してゆく所存です. ◆**Robert Harper believed passionately in the value of education yet remained firmly committed to slavery as one of the underpinnings of southern society.** ロバート・ハーパーは情熱的に教育の価値を信奉したが, 奴隷制社会の基盤の一翼を担うものとして断固として与し(クミシ)[《意訳》賛成に], 続けた.

**commitment** (a) 〜＜to＞（〜への）コミットメント, 関与, 肩入れ, 忠誠, 献身, 努力, 取り組み, 対応, 専心, 傾注, 本気, 決意, 〈方針などに〉沿う[従う]こと, 〈主義などに〉のっとること, 傾倒, 〈約束による〉拘束, 義務, 約束, 誓約,〈委員会への〉付託[委任, 委託], かかわり合い, 関係, 〈戦闘部隊などの〉投入 ◆**a commitment line** 《日》融資可能枠(＊日本の金融界で使用している用語) ◆**a record of commitments delegates had agreed to observe** 代表団が守るよう同意したコミットメント[約束]の記録 ◆**a [the] commitment of combat troops to Vietnam** ベトナムへの戦闘部隊の投入 ◆**make a commitment to a project** プロジェクトに参加する[参画する, 関係する, かかわる] ◆**make a commitment to ＜do...＞** 〜すると約束[確約]する; 〜する旨のコミットをする ◆**our commitment to excellence** 《意訳》弊社の飽くなきエクセレンスの追求 ◆**supplier commitments** 納入業者の確約[約束事項] ◆**a strong commitment to customer support** 《意訳》カスタマサポートへの熱心な取り組み ◆**companies stepping up their commitment to quality and competitiveness** 品質と競争力への対応を強めている企業 ◆**make a commitment to constant quality improvement** たゆみない品質向上へ向けての取り組みを実践する[対応を行う] ◆**our consistent commitment to customer satisfaction** お客様に満足いただくためのたゆみない専心(＊commitment＝あることに常に心を砕いていること) ◆**the telecommunications industry needs to step up its commitment to R&D** 電気通信業界は研究開発への取り組みを強化する必要がある ◆**the political commitments he made during campaign** 彼が選挙戦[遊説]中に約束した公約 ◆**with a full commitment to meeting your present and future needs** お客様の現在および将来のニーズに応えるべくひたすら全面的に努力して[心がけて, 取り組んで] ◆**British supermarkets are stepping up their commitment to online shopping.** 《意訳》英国のスーパーは, オンライン[ネット, Web]ショッピング[販売]への取り組みを強めつつある[に本腰を入れている] (＊shoppingは「買い物」だが, 売る側からみると「販売」でもある)

**committed** adj. ＜to＞〈主義, 方針〉を守って, 〜に肩入れして, 〜を貫く意志で,〈目標〉を誓って ◆**be committed to... -ing [＜to do＞]** 〜する所存[決意]である, 是非…します, 〜することをお約束します[確約致します], 〜を公約する, 〜する強い意志表明をする, 〜する方針である ◆**a procurement**

unit specifically committed to quality control and standards 品質管理および規格にとりわけ熱心な［力こぶを入れている，打ち込んでいる］調達課［購買部］ ◆WPFW-FM (89.3) is totally committed to jazz, and plays 360 degrees of it.《意訳》WPFW-FM局(89.3 MHz)はジャズ専門局です．ジャズのすべてをお聞かせします．

**committee** ａ～ 委員会 ◆set up [form, organize, establish] a committee 委員会を設ける［新設する］ ◆a committee meeting 委員の集い；委員会；委員集会 ◆a committee member 委員 ◆a CD (Committee Draft) 委員会草案 ◆the Standards Committee on Telecommunications 電気通信に関する標準化委員会

**commodious**《文語》(住居などが) 広い，広々としている ◆a commodious, graceful family car ゆったり［広々］とした優雅なファミリーカー

**commodity** ａ～ 商品，品物 ◆a commodity [commodities] market 商品市場 ◆the China Quality Certification Centre for Import and Export Commodities (CQC) 中国進出口商品質量認証中心 ◆an excise tax; a commodity tax 物品税 ◆price prospects for major primary commodities 主要一次産品の価格見通し

**commodore** ａ～ (米海軍や米沿岸警備隊の) 准将,《敬称として》提督，商船隊長，ヨットクラブの会長［総裁］ ◆In 1853-54, Commodore Matthew C. Perry led an expedition to Japan to negotiate a commercial treaty. 1853～1854年に，海軍准将マシュー・C・ペリー提督［ペリー提督］は，通商条約交渉に当たるために日本への遠征隊を引率した．

**common** adj. 共通の，共同の，共有の，公衆の，公共の，社会一般の，よくある，ありふれた，普通の，一般的な，並の；n. a ～ 共有地，公有地，入会地 (イリアイチ) ◆in common practice 一般［一般的］には；ならわしに；慣習下 ◆a common duct 共同溝 ◆a common language 共通語 ◆a common stock [share] 普通株 ◆common people 一般の人《民衆》，庶民，民，民衆，人民,《民族学》常民 ◆a common return conductor 共同帰線 ◆the EC's Common Agricultural Policy (CAP) 欧州共同体の域内共通農業政策 ◆a common digital link 共通デジタルリンク ◆a common standard 共通(標準)規格 ◆a common year 平年 (*365日の年．閏年 = a leap yearに対して) ◆... are in common use ～が通常［一般的によく］使われている ◆become common knowledge 周知のこととなる；常識になる；広く知れわたることとなる ◆be in common use today 今日よく用いられて［一般的に使用されて］いる ◆boys with common names 一般的な［多くある，よくある，ありがちな］名前の少年たち ◆come into common use よく［一般的に］使われるようになる ◆common causes of delays in processing...《意訳》～の処理を遅らせている一般的な［よくある］原因 ◆develop software for common use 共通的に使用できるソフトウェアを開発する ◆find a common thread <among, in> ～間［相通ずる］ものを見つける ◆... is a common example ～は，一般的な例である ◆the cases share a common thread これらの事件には共通点がある ◆the commonest system 最も一般的なシステム ◆problems common to electrical circuits 電気回路に共通して見られる障害 ◆It is (a) common practice to <do> ～することが一般的な方法［慣習，慣行，習わし］になっている ◆It is now (a) common practice to <do> 今では～することが普通のやり方となっている［一般的である，相場だ］ ◆X bears nothing in common with Y X は，Y となんら共通する点を持っていない ◆a common failing of four-valve engines 4バルブエンジンに共通した (軽) 欠点 ◆be presently too expensive to be common use ～は，現在のところ高価過ぎて一般的に使用されている (ほどに至っ) ていない［普及していない］ ◆embrace homosexuality as a common occurrence 同性愛を普通のこととして受け入れる ◆in common with many other automakers 他の多くの自動車メーカーと同様に ◆In recent years, it has become (a) common practice to <do>...近年～することが一般化した［一般的になった，普通となった，相場になった］ ◆mass murder is becoming common practice 大量殺人が常態化してきている ◆the 50 most common family names in the U.S. 米国で最も多い名字50種［よくある苗字上位50］ ◆the term first came into common use among... この語は，～の間で最初に一般的に用いられるようになった ◆It was common practice during that time to <do> ～することが その当時の常であった ◆interference due to the common use of the same channel 同一チャンネルの共用に起因する干渉 ◆What they have in common is that... 彼らに共通しているのは，～ということだ． ◆All of these systems have one thing in common. これらのシステムには，一つ共通点がある． ◆The most common method of input is key entry. 最も一般的な入力の方法はキー入力である． ◆Picturephones will be as common around the house as the telephone by 2000. テレビ電話は，2000年までに (普通の) 電話のように家庭のそこここに置いてある身近な物になっているであろう． ◆Point-of-sale terminals are becoming increasingly common in convenience stores. POS端末はコンビニエンスストアでますます普及しつつある． ◆Each drive weighs, looks and fits the same. Each is built with 95 percent common parts. 各ドライブ装置は，重量も外観も取り付け方も同じで，95%が共通部品で作られている． ◆Orange, iron-laden streams are a fairly common occurrence in the bituminous coal fields around the world. 鉄分を含んだオレンジ色の河川は，世界中の瀝青炭の炭田 (地域) においては，かなりよくある［よく見られる］ことだ．

**commonality** 回共通性,《意訳》互換性；ａ～ 共通点；the ～ 一般庶民，庶民 ◆commonality of components 部品の共通化 ◆increase [enhance] commonality of equipment 機器の共通化を更に進める ◆lead up to a commonality of cultures 異なる企業風土の共通化［統一化］につながる (*企業合併のあとに) ◆their commonalities in music meshed 彼らの音楽における共通部分が(うまく)噛み合った ◆there is a commonality between A and B A と B の間には，共通点が一つある ◆to achieve commonality of... on a worldwide basis 世界的に～の共通化を達成するために ◆allow [enable, permit] commonality of accessories [attachments] among [between, across]... ～間におけるアクセサリー［アタッチメント］の共通化を可能にする ◆By providing commonality among the applications and utilities, ... これらのアプリケーションおよびユーティリティ相互間に共通性を持たせることにより，～ ◆by providing commonality of parts across the two ranges これら2つの (商品) 系列間における部品の共通化により ◆the British culture has some strong commonalities with the United States 英国文化は，深く米国と共通するいくつかの点を持っている ◆The two architectures have no commonalities, so... これら2つのアーキテクチャの間には共通したところがないので，～ ◆There is a lot of commonality between the two. 両者の間には共通化が多々ある． ◆FMTVs come in 14 models, all of them have 80 percent commonality of components. FMTVには14車種あり，どれも80%の部品が共通化されている． ◆There is a high degree of commonality of components, thanks to the modular design.《意訳》モジュラー設計［標準寸法設計］のおかげで，部品の高度な共通化が実現されている． ◆Because of the higher degree of commonality achieved between A and B, substantial savings have been achieved also with C. A と B の共通化が進展したことにより，C についても大幅な節約［節減］が達成された．(*直訳は「A B 間のより高レベルの共通のせいで」)

**common-battery** ◆a common-battery (central) office《電話》共電式中央局 (*centralは省いてもよい)

**common carrier** ａ～ (公衆) 電気通信事業者 (*日本では，NTT, KDD, 第二電電などがこれに該当)，一般運送業者 (*公示料金にて乗客や貨物の公共輸送を行う業者)

**common denominator** ａ～ 公分母，共通分母；(比喩的) 共通する点，共通項，共通因子，括弧で一括りにできる事柄，(数学的には完全な誤訳であるが，すべてに当てはまる部分の意味での) 最大公約数 ◆the [a] least common denominator 最小公分母 (*他の辞書をみると，必ずthe を付けて用いるかのような印象を受けるが，不特定の最小公分母を指すときには a にもなる) ◆the [a] lowest common denominator 最小公分母; ((比喩的に))最も低い次元で共通して言えること［共通点］◆These groups share one common denominator. これらのグループの間には、相通ずるもの［共通点］が1つある。◆A common denominator among the five announcements is their PC focus. これら5つの発表に共通した点は、パソコンに焦点をあてているということである。◆But I think there are certain common denominators that appeal to people all across the nation. けれども私は、全国の人々にアピールするある種の最大公約数的なものがあると考えている。(*注意: a common denominatorの正式な訳は「公分母、共通分母」)◆In all cases, there is a common denominator which is the need for these people to... これらすべてのケースについて、1つの共通項がある。これらの人々に〜が必要だということである。

**common divisor** $a \sim$ (= a common factor) 公約数 ◆the greatest common divisor [factor]; the GCD 最大公約数

**common ground** 🔲共通の基盤、見解［意見］の一致点、妥協点 ◆have no common ground with... 〜と意見が合わない ◆be on common ground with... 〜と共通の基盤に立っている; 〜と同じ前提に基づいている ◆find common ground easily 簡単に妥協点を見いだす ◆provide a common ground for conversation 話を交わすための共通の場を提供してくれる ◆try to find common ground with your customer あなた［自分］の顧客との共通点を見つけようとする ◆work with the other on common ground 共通の基盤に立って他部門と仕事する ◆create common ground on which to build trust 信頼を醸成するための共通基盤をつくる ◆get to the common ground between you and your customer 自分と顧客との間の一致点［妥協点］に到達する ◆look for some area of common ground between yourself and your customer 自分自身と顧客とのあいだに何か相通ずるものがないかさがす (*セールステクニックとして)

**common law** (the) 〜 一般法、普通法、習慣法、英米法、不文律、不文法、コモンロー

**commonly** adv. 一般に、通例、普通、通常、よく ◆be commonly known as... ; be commonly called... 〜として一般に知られている; 通称［名、俗称で］〜と呼ばれている ◆commonly-used baud rates 通常用いられるボーレート ◆one of the most commonly used methods for... -ing 〜するために最も一般的に［よく］用いられる方法の一つ ◆the 8 most commonly used RS-232 lines RS-232の(インターフェース)の線全体の中で最も一般に使用される8本の線 ◆the sale of high-yield bonds, commonly called junk bonds 通称ジャンク・ボンド［紙くず債］と呼ばれる高利回り債の販売 ◆polystyrene, commonly called Styrofoam, threatens the environment 俗にスチロフォームと呼ばれるポリスチレンは環境を脅かしている ◆a unit of measure commonly used to describe the execution speed of supercomputers スーパーコンピュータの実行速度を言い表すのに普通使われる測定単位の一つ

**commonplace** adj. ありふれた、平凡な、珍しくない、陳腐な、常套的な; $a \sim$ ありきたりのこと［もの］、陳腐な言葉 ◆become commonplace 一般化する、普及する、当たり前に［普通に］なる、ありふれた［ありきたりの、珍しくもない、いつもの、尋常な、平凡な、月並みな、常套的な］ことになる ◆It will be as commonplace as the telephone. それは電話のように身近なものになるだろう。◆it is a commonplace occurrence それは、ありふれたこと［出来事、ざらにあること］である ◆but what is unique now probably will become commonplace in the near future だが現在ユニーク［極めて稀］なことは、おそらく近未来には普通の［当たり前の］ことになるだろう ◆Abacuses and slide rules were commonplace back in 1960. 1960年当時、そろばんと計算尺は見なれた光景であった。◆Once items such as videocassette recorders and personal computers dropped dramatically in price, they became commonplace. ビデオデッキやパソコンなどの商品が、値段が劇的に下がったとたんに普及した。

**common sense** 常識、良識 ◆common-sense tips 常識的なアドバイス ◆as dictated by common sense 常識に従って ◆be totally devoid of common sense 〜は、全く常識に欠けている; 〜には常識が全くない ◆common-sense ways to <do> 〜する常識的な方法 ◆conjure up concepts that defy common sense 常識では考えられないような概念を頭に描く ◆to me it is just common sense 私にとっては、それは常識である ◆Use common sense. 常識で判断しなさい。

**commonwealth** $a \sim$ 連邦、(国家)共同体; the (British) Commonwealth (of Nations) イギリス連邦［英連邦］(*英国、カナダ、オーストラリアなどから成る); $a \sim$ ((米)州) (*一部の州についての)、国家、(特定の)社会 ◆Great Britain and other Commonwealth countries 英国およびその他の英連邦諸国 ◆the Commonwealth of Independent States (CIS) 独立国家共同体 (*旧ソ連崩壊後の1991年に創立)

**communal** adj. 自治体の、市町村の、公共の、共同で使用する、共同社会の ◆a communal bath 共同浴場 ◆a communal dwelling 共同住居 ◆communal life 共同生活

**commune** (〜と)親しく交わる［触れ合う］<with> ◆commune with nature [the wild] 自然に親しむ［触れる］; 自然を友とする; 自然と一体になる［一体化する］ ◆but your commune with nature won't be marred by boom boxes and beer cans しかし、あなたの自然との触れ合い［交わり］が大型ラジカセやビールの空き缶によって台無しにされるようなことはないはずです ◆it's an opportunity to commune with God これは神と親しく接する機会である

**communicability** ◆equipment [database] intercommunicability 機器［データベース］間の相互交信性 ◆maintain autonomy and flexibility while allowing intercommunicability 相互交信性を確保しながらも、自律性と融通性［適応性、汎用性、自由度］を維持する

**communicate** vt., vi. 〜を伝える、伝達する、通信する、交信する、〈部屋などを〉通じて［連絡して］いる ◆communicate with the computer コンピュータと対話する ◆if within communicating distance of shore stations もしも沿岸局と交信［通信］可能な距離内［《意訳》範囲内、圏内］にいるならば ◆In this way the signal from one neuron is communicated to another. あるニューロンからの信号はこのようにして別のニューロンに伝達される。◆Information providers communicate with the database to set up new frames of information or change existing frames. 情報提供業者は、データベースと交信することによって、新規の情報画面を設けたり既存の画面を取り替えたりする。

**communication** 🔲コミュニケーション、対話、意思の疎通、伝達、通信、交信、交通、音信、連絡、通達、交通; $a \sim$ 通信によって交わされる(1回分の)情報、(文書や電話による)連絡、メール、(通信)文書、書信、書簡、通知、通達、手紙、伝言、通話、ボイスメール; 〜s《単／複扱い》通信手段、通信技術 ◆establish communications with... 〜と連絡をつける ◆a communications gap コミュニケーションギャップ［意思の疎通を欠いていること］ ◆a communications satellite 通信衛星 ◆communications capabilities 通信機能 ◆communications costs 通信費 ◆communications facilities 通信施設 ◆communications software 通信ソフト ◆data communications データ通信 ◆the communications industry 通信業界 ◆communication skills 対話術; コミュニケーション術 ◆a satellite communications network 衛星通信網 ◆voice and data communications 音声・データ通信 ◆a communication(s) revolution; a revolution in communications 通信革命 ◆a means of communication 通信［伝達］手段 ◆a method of communication [communicating]; a communication(s) method 意思や思考を伝達する方法; 通信方法［方式］ ◆computer-to-computer communications コンピュータ通信 ◆high-tech communications equipment [gear] ハイテク通信機器 ◆a breakdown of communications between... 〜間の通信の途絶［中断］ ◆a communication charge of $0.50 per minute 1分当たり50セントの通信料金［通信費、通信料］ ◆a lack of communication between A and B AとBの間の意思の疎通が欠けていること ◆a mix-up in communication; a communication mix-up 意思の疎通がうまくいかないことによる混乱［行き違い、手違い、誤解］ ◆carry out phone and data communications 電話およ

びデータ通信を行う ◆divulge the contents of a communication 通信の内容を漏らす ◆in the field of communications 通信の分野で ◆Letters are a one-way communication. 手紙は一方通行的な(種類の)コミュニケーションです。 ◆rapid interoffice communication オフィス間の迅速なコミュニケーション ◆satellite communications between ground stations 地上局間の衛星通信 ◆they are in communication with each other 彼らは互いに連絡し合って[意思を疎通させて]、コミュニケーションをとって[いる; それらは交信[通信]状態にある ◆a coherent optical communications system コヒーレントな[干渉性の、可干渉性の](レーザー光線を利用している)光通信システム ◆because of flaws in communication between departments 部門間の連絡[意志疎通]のまずさ[不手際]のせいで ◆human-horse communication 人間と馬の間の疎通 ◆the amount of communications time, measured in minutes 分単位で計った通信時間量 ◆allow [enable] reciprocal communication between parents and teachers 親と先生[父母と教師]相互間の意思の疎通を可能にする ◆because of poor communications and uncertainty about where other planes are 交信状態が悪いことと他の航空機がどこにいるのかはっきりしないことのために ◆boost employee morale by improving internal communications 社内の風通しをよくすることにより従業員の士気を高める[高揚する] ◆conduct voice and data communications over a single ISDN line 総合デジタル通信網の回線1本で音声通信とデータ通信を行う ◆foster [improve] two-way communication between A and B AB間の双方向[相互]の意思の疎通を図る; AB間の風通しをよくする ◆support communication between personal computers パソコン(間の)通信をサポートする ◆the network allows direct communication between A and B このネットワークは、AとBが直接交信[通信]できるようにしてくれる ◆there had been a communication breakdown [a breakdown in communication] between the two groups 二つのグループ間に意思の疎通の欠如があった ◆the toxin interrupts communication between nerves and muscles この毒素は、神経と筋肉間の伝達を遮断する ◆create applications that support a variety of coordination and communication procedures いろいろな協調[連係](動作)手順や通信手順に対応したアプリケーションを創る ◆the calling party and called party are in communication 発呼者と被呼者は、交信[通信]状態にある ◆Communications occur at 16 rates between 50 and 19,200 baud. 通信は、50ボーから19,200ボーまでの16段階の速度で行われる。 ◆Find a way to improve communication between you and your associates. 同僚とのコミュニケーションがもっとうまくいくようにする方法を見つけなさい。 ◆Future versions will have external communications capability. 今後のバージョンでは外部通信機能を搭載の予定です。 ◆Good relations require two-way communication. 良い関係には双方向の意志疎通[相互理解]が必要である。 ◆It seems that there has been a lack of communication between the dealership and you. 販売代理店とあなたの間で意思の疎通に欠けていた[コミュニケーションが十分に取れていなかった]ように思われる。 ◆The communication was so direct that no one outside the department was given a chance to mess it. 連絡の取り方は非常に直接的だったので、部外者が首を突っ込んで引っかき回す[混乱させる]余地はなかった。

**communion** ①〈between, with〉共有, 親交, 交わり, ふれあい, 内省; a～ 宗教団体 ◆communion with whales クジラとの親交[(心の)ふれあい, 対話]; クジラと心を通い合わせること ◆in communion with nature 自然と融和[一体化]して ◆in communion with water 水とたわむれて ◆communion with others for the sake of common growth 共に成長するための人との(心の)ふれあい[交わり] ◆He was not a man in close communion with nature and the soil. 彼は, 自然や土に深く親しむ人間ではなかった。

**communiqué** a～ 公式発表, 声明, 声明文[書] ◆issue a communiqué (公式)声明を発表する ◆a joint communiqué on [about]... 〜についての共同声明 ◆a communiqué that speaks of the need to <do> 〜する必要を謳って(ウタッテ)いるコミュニケ[声明文]

**communism** ①共産主義 ◆under (the system of) communism 共産主義(体制の)のもとで

**communist** a～ 共産主義者; a Communist 共産党員; adj. 《しばしばCommunistで》共産主義の, 共産主義の, 共産党の ◆a communist guerrilla 共産ゲリラ; 共匪(キョウヒ) ◆the ex-Communist bloc 旧共産圏;旧社会主義陣営 ◆traffic jams, a phenomenon unheard-of in communist times 共産主義時代には聞いたこともなかった現象である交通渋滞

**community** a～ 地域社会, 近隣, 特定の特徴を持つ集団(-界,-集団,-社会など), 集落, (共同生活体のある)地域[土地]; the～ 社会, 公衆 ◆in the user community ユーザーの間で ◆a (local) community 地域社会 ◆the scientific community 科学界 ◆a community college (米)コミュニティカレッジ, (地域)短期大学[短大] (*高校以上で市民権や永住権があれば誰でも入れることと毎日受講の必要がないので社会人も多い。職業・実業教育が中心で4年制大学への編入も可) ◆community antenna television (CATV) (= cable television) 共同アンテナテレビ, 有線テレビ, CATV ◆large public [community] facilities 大型公共施設 ◆a government recognized by the international community 国際社会から認められた政権 ◆community [local, regional] development 地域開発 ◆foster a sense of community 共同体意識[連帯意識, 連帯感, 一体感, 親近感, 同胞意識]を育む ◆gay communities around the world 世界中のゲイ社会 ◆in the black community 黒人社会の[において] ◆in the business community [world] ビジネス界で ◆a well-to-do bedroom community adjacent to Yonkers ヨンカーズに隣り合った裕福なベッドタウン ◆the city would prefer that violators perform community service 市は, 違反者には(罰として)むしろ地域奉仕させることを望んでいる (*罰金a monetary fine のかわりに地域奉仕をさせる) ◆As the user community has grown in size, its makeup has changed. ユーザー層の規模の拡大に従って, その構成が変わってきた。

**commutation** 通勤;《電気》コミュテーション[整流, 転流, 転換]

**commutative** adj. 交換-, 可換の ◆the commutative law 交換則[律] (*ブール代数の)

**commutator** a～ 整流子, 交換器, 交換子, コミュテータ ◆a commutator motor 整流子モーター

**commute** vi. 通勤する; vt. 変える, 替える, 取り換える, 交換する, 減刑する; a～ 通勤, 通学, 通勤路, 通勤距離 ◆commute between A and B 〈人が〉AとBの間を通う[通勤する, 通学する] ◆commute to and from offices 通勤する ◆energy-efficient methods of commuting to and from work エネルギー効率のよい通勤方法 ◆must be within a two-hour commuting distance from... 〜は〜から2時間以内で通える[通学できる, 通勤できる]距離になければならない ◆rent... within easy commuting distance 楽に通勤できるところに〜を借りる ◆to make the rush-hour commute easier ラッシュアワーの通勤・通学をもっと楽にするために ◆firms located outside [↔within] the commuting distance [range] of Jackson, Mississippi ミシシッピ州ジャクソンの通勤圏外[↔圏内]にある企業 ◆Only firms which are based or have a branch office within the commuting distance of San Diego will be considered. サンディエゴから通える[通勤できる]距離に本拠地または支店を置いている企業のみが選考対象となります。(*入札で)

**commuter** a～ 通勤[通学]者, 通勤人 ◆a commuter train 通勤列車 ◆rush-hour commuters ラッシュアワーの通勤[通学]客 ◆a commuter rail pass 鉄道の通勤定期券[乗車券] ◆commuter traffic tie-ups have become a serious problem 通勤・通学の交通渋滞は深刻な問題になった

**compact** 1 adj. ぎっしり詰まった, 目のつんでいる, 密な, 密度が高い, 密集した, 堅く詰まっている; 小型の ◆a compact car 小型車 ◆compact in size コンパクトである ◆equipment of compact design コンパクト設計の機器 ◆make... (more) compact 〜を(もっと)コンパクトに[小さく, 小型化, 簡潔に]する ◆make [render] it (even) more compact それをより(いっそう)コンパクトに[コンパクト化]する ◆an ultra-compact hand-held cellular phone 超コンパクト[超

小型］ハンディ移動電話　◆a super-compact, MD-jacket-sized body　超コンパクトなMDジャケットサイズのボディー[筐体]（＊a portable MD playerの本体）　◆make equipment as compact as possible　機器を可能な限りコンパクト化する　◆Gradually machines became more compact.　機械類は徐々に小型化した．◆It's compact and lightweight.　それは小型軽量である．
2　a～　中型自動車, (化粧用)コンパクト　◆a compact buyer 小型自動車の購入（予定）者
3　vt.　～をぎっしり詰める, 圧縮する, 凝固する, 突き固める, 固める; vi.　◆powder compacting pressure　粉体成形圧力　◆compact the soil　土を突き固める　◆compact a file into less disk space　《コンピュ》ファイルを圧縮して, より少ないディスクスペースにおさまるようにする

**compact disc**　(CD) a～　《AV》コンパクトディスク　◆a compact disc read-only memory (CD-ROM)　コンパクトディスク読み出し専用メモリー(CD-ROM)　◆make these works available on compact disc　これらの作品をCD化して発売する

**CompactFlash**　◆a 128MB CompactFlash Card [card] for digital cameras and PDAs　デジタルカメラや携帯情報端末向けの128MBコンパクトフラッシュカード

**compactor**　a～　圧縮機, 突き固め機　◆a trash compactor （台所用の）ごみを粉砕して固める装置

**companion**　a～　コンパニオン,（偶然知り合った）道連れ, 友, 伴侶, 仲間, 相棒, 傍友, 同僚, 同志, 住み込みで身の回りの世話や話し相手をする人, 付添婦,（対になっているものの）片方［一方］,《本の名前で》～の手引き［ーガイド, 携－］　◆companion animals such as dogs and cats　犬や猫のようなコンパニオンアニマル［伴侶動物］

**company**　a～　会社, 企業; a～　団体, 一団, 一行, 一座, 劇団, 一隊, 歩兵中隊; 回　交際, 会合, 来訪, 同席, 同伴, 仲間, 友達, 来客　◆a bogus company [firm]　幽霊［いんちき, 偽装, 虚偽の］会社　◆(a) company failure　会社破産, 企業倒産［破綻］　◆a company [firm] name; the name of a company [firm]　会社［企業］名, 商号,（商店ならば）屋号　◆a company owner　会社のオーナー; 主宰　◆a group of companies; a company group　企業集団［グループ］　◆midsize companies　中企業　◆a dummy company [corporation, firm]　ダミー会社［トンネル会社, 実体のない替え玉企業, 幽霊会社, ペーパーカンパニー］（＊不正などを隠すために隠れ蓑として使われる）　◆a joint-stock company 《米》合資会社;《英》株式会社　◆a related [an affiliated, an associated] company　関連［関係］企業, 連系［連邦］会社, 系列会社　◆inter-company communications　企業間通信　◆in the company of ladies　女性が居る［居合わせている］ときに［場で］　◆It takes an aggressive, company-wide effort to <do…>　～するためには積極的な全社を挙げての企業努力［取り組み］が必要である　◆part company with…　～と別れる［訣別する, 離別する, 絶交する, たもとを分かつ, 交際を絶つ, つきあうのをやめる］　◆Thanks for the company.　ご一緒してくださってありがとう．　◆the RSC (Royal Shakespeare Company)（英国の）ロイヤル・シェークスピア・カンパニー［劇団］　◆a one-company town　企業城下町（＊ほとんど一企業で成り立っているような町）　◆British-owned companies　英国系企業　◆extra-company [extracompany] messages are monitored　社外メッセージだけが監視される　◆when he formed his company 彼が自分の会社を作った時　◆He was keeping company with an airline hostess.　彼はスチュワーデスと交際していた．◆Two is company and three is a crowd.; Two's company, but three's a crowd.; Two's company, three's none.　《諺》2人なら仲間以上, 3人なら群衆［仲間割れ］．

**company-owned**　adj. 会社が所有する, 社有の　◆company-owned fields　社有地

**company-wide**　adj. 会社全体にわたる, 全社的な, 全社を挙げての, 挙社一体の, 社内こぞっての　◆companywide quality control (CWQC)　全社的［総合的］品質管理（＊total quality management (TQM)と total quality control (TQC)の同義語）　◆job worries are company-wide　雇用不安は会社全体にひろがっている　◆our

company-wide efforts to reduce variable costs　弊社の全社全部門を挙げての変動費削減努力

**comparable**　adj. 比較に値する, 匹敵する, 互角の, 類似の, 同等の, 相当する　◆in the comparable year-ago period　前年同期に［の］　◆the figure is comparable to…　この数字は〈数量〉に匹敵するものである．　◆get a comparable American product at a comparable price　類似した［同等の］米国製品を同じような価格で手に入れる　◆images comparable in quality to those of a wide-screen motion picture　画質の点でワイドスクリーン映画に匹敵する画像　◆There's just nothing comparable to the Nazi atrocities.　ナチスの残虐行為に比べられるものは何もない．　◆This battery has as much as three times the energy of a nickel-cadmium battery of comparable weight.　この電池は, 同等の重さのニッケルカドミウム電池の3倍ものエネルギーを持っている．

**comparably**　同等に, 同じ程度に　◆a comparably equipped car　同程度に装備された車　◆comparably priced products 同等価格品; 価格競合品　◆advanced capabilities not available in other comparably priced products　他の競合価格品［同等価格品］にはない先進機能

**comparative**　adj. 比較の, 比較上の, 比較による; 比較的な しての, かなりの;《文法》比較級の; 一比較級の　◆make [do] a comparative study of…　～の比較研究を行う

**comparatively**　adv. かなり, わりあい(に), 比較的(に), 比べてみると　◆a comparatively easy task　比較的やさしい作業　◆a comparatively inexpensive product　割安な製品　◆at a comparatively low cost　比較的低いコストで　◆at comparatively cheap rates　割合に安い料金で　◆the product is comparatively expensive　この製品は割高である

**comparator**　a～　比較器, 比較回路, 比較装置, 比較計, コンパレータ; a～　比較演算子 (= a comparison operator)

**compare**　1　vt. ～を（～と）比較する［比べる］<with, to>, ～を（～に）なぞらえる［たとえる］<to>　◆as [when] compared with [to]…　～と比較して［比べて］　◆compare prices between A and B　A と B の価格を比べる［値段を比較する］　◆when compared to conventional materials　従来の材料に比べると　◆up more than 45 percent compared with the same period a year ago　前年同期比45％を上回る伸び　◆compare a new fingerprint with the massive collections of prints on file　新しい指紋を, ファイルに収集されている膨大な数の指紋と突き合わせ照合する　◆compare the results to those from previous nuclear accident victims　その結果を過去の核事故被害者から得られた結果と比較する　◆when the output is small compared with the input　出力が入力に比べて小さい場合　◆compare the original checksum to the current checksum for discrepancies　元のチェックサムを現在のチェックサムと照合して食い違いがないか調べる　◆Compare features of similar products.　このような商品どうしの特徴を比較検討すること．（＊買い物の心得）　◆Expenses were down 23 percent compared to the year-earlier quarter.　経費は前年同四半期比23％減であった．　◆This can be compared to the action of a pendulum on a clock.　これは時計の振り子の動作にたとえることができる．　◆As compared to the SX10, the SX20 is lower in both speed and cost.　SX10に比べて, SX20は速度も費用も低い．

2　vi. ～に比べて～である, ～に匹敵する　◆compare favorably [advantageously] with…　～と比べて遜色がない［優劣つけがたい］; ～と伯仲している;（能力・性能など, ある観点からみて）接近している．（《意訳》接戦を演じている．）　◆compare (very) unfavorably with [to]…　～より（非常に）劣る,（大いに）～に引けを取る　◆if it compares equal [↔unequal] to zero それをと比較してゼロに等しい［等しくない］場合は（＊情報処理の話題より）　◆X cannot compare with Y.　X と Y は, 比べ物にならない．　◆But in size and majesty, nothing compares to the Queen Mary — the largest luxury liner afloat today.　大きさと威風堂々たるにおいては, 今日（海に）浮かぶ最大の大型豪華客船であるクイーンメリー号に匹敵［比肩］するものはない．　◆The ZX-9R compares favorably to its direct competition, the Honda CBR900RR and Suzuki RF900R, in the first two categories. （カワサキのスポーツオートバイ）ZX-9Rは、真っ向から競合するホンダのCBR900RRとスズキのRF900Rと、最初の2 [1番目と2番目の]（評価）部門において（実力が）伯仲している。

**comparison** (a)～比較, 対照 ◆in comparison with [to] ... ～と比較して ◆perform [make, draw] a comparison <between, with> 比較を行う ◆bear [stand] comparison with... ～と比べて遜色がない、～と肩［比べ］を並べる］ ◆for comparison purposes; for purposes of comparison 比較の［比べてみる］ために ◆if comparisons are made with... ～と比較して見るならば ◆look small in comparison with... ～と比べれば[～から見れば]小さく見える ◆make performance comparisons between A and B AとBの性能比較を行う ◆tabulated for ready comparison すぐに比較できるように［比較しやすいように］表にまとめてある ◆brand-to-brand comparisons いろいろなブランドどうしの比較 ◆X pales in comparison with Y XはYに比べて見劣りがする ◆a comparison of VHS and Beta VCRs VHSビデオデッキとベータビデオデッキの比較 ◆discuss comparisons of calculated and measured results 計算結果と測定結果の比較について検討する ◆make [perform, conduct, do] various comparisons on [between, among] them それらについて［それらの間で］いろいろな比較を行う ◆to allow easier comparison among stores 店同士の比較がもっと楽にできるようにするために（*価格を比べる話で） ◆generate the signal for comparison with the input signal 入力信号と比較するための信号を発生させる ◆a time consuming and error-prone process of manual comparison 時間がかかって間違いの起きやすい手作業による照合（*指紋の照合の話で） ◆Changes in testing make comparisons difficult, but... 試験のやり方が変わったために比較は難しいが、～ ◆The table gives a comparison of... この表には、～の比較が掲げられている。 ◆Table C: A comparison of the costs and labor currently required to construct office buildings of various sizes 表C: いろいろな大きさのオフィスビルを建設するのに現在要する費用と労働力の比較 ◆the time constant is very long in comparison with the pulse duration 時定数は、パルスの継続時間に比べて非常に長い ◆Interesting comparisons can be drawn between A and B. AとBとの間で興味深い比較ができる。 ◆The following chart provides a comparison of A to B. 下のグラフは、AとBの比較を示す。 ◆There is really no comparison between A and B. AとBは、（違い過ぎて）全く比べ物に［比較に］ならない。 ◆X does not bear comparison with Y. XとYは、比べ物にならない。 ◆The table below gives a comparison of various sheet-metal-gauge systems. 以下の表は、様々な薄板規格体系の比較を示す。 ◆The validity of the results has been checked by comparison with some existing results in the literature. 結果の妥当性［有効性］については、これら文献に掲載されている既存の結果の一部と比較［対照］することにより確認した。

**compartment** a～コンパートメント, 区分, 仕切り,（電池）室;（外国の列車などの仕切られた）客室 ◆in a compartment of a train 列車の客室に（*欧州の鉄道でよくみられるタイプの客車の場合） ◆Be sure to check the battery compartment for any damage from old, corroded batteries. 古い電池の腐食による痛みがないか必ず電池室［電池ボックス］を点検してください。

**compartmentalize** vt. ～を区画に分ける, 区画［区分］する, 区分化［分化, 区画化］する, 仕分ける, 仕切る, 部門［（意訳）専門分野ごと］に分ける ◆As science has developed, it has become increasingly compartmentalized. 科学が発展するにつれて、区分化［分化,（意訳）専門化］（傾向）がますます強まってきた。

**compass** a～コンパス, 羅針盤, 羅針儀

**compassion** 回同情, 哀れみ, 人情 ◆they are showing signs of compassion fatigue 彼らは同情疲れの色を呈している ◆we cannot help but feel compassion for them 我々は彼らに（一掬（イッキク）の）同情を禁じ得ない

**compatibility** 回（性格などの）一致［相反, 反り／ソリ］, 気（心）, 矛盾しないこと, 互換性, 適合性, 整合性, 相容性, 相反

性, 混和性, 親和性, 融和性, 併用性, 両立性, 共存性 ◆maintain compatibility with... ～との互換性を保つ［維持する］ ◆increase compatibility with... ～との互換性を高める ◆upward [↔downward] compatibility 上位［↔下位］互換性 ◆plug-and-play compatibility プラグ接続するだけで使える互換性, プラグ互換性 ◆compatibility with earlier models 先行機種との互換性 ◆compatibility with other products has been enhanced 他の製品との互換性［親和性］も高められた ◆electromagnetic compatibility 電磁環境適合性［適応性］, 電磁的適合性［両立性］, 電磁環境両立性, EMC, 電磁干渉 ◆in order to ensure compatibility between... ～間の互換性を確保する［取る］ために ◆supported for backwards compatibility 〈製品など〉後方［下位］互換性がサポートされて ◆to maintain [keep] compatibility between versions バージョン間の互換性を維持する［保つ,（意訳）取る］ために ◆to provide better compatibility among varied devices 多様［多彩］な装置間により互換性を持たせる ◆function with an extremely high degree of compatibility 極めて高い互換性をもって機能する ◆an impressive amount of downward compatibility 感心するほどの下位互換性 ◆compatibility between being Catholic and being American カトリック教徒であることとアメリカ人であることが両立していること ◆ensure [assure] interoperability and compatibility among all PCI boards あらゆるPCIボードの間に相互運用性および互換性を確保［保証, 実現］する ◆meet Microsoft's testing for Windows compatibility Windowsに対応していることを確認するマイクロソフトの試験に合格する ◆retain compatibility with previous products 先発製品との互換性を保つ ◆retain full compatibility with the older systems 先行システムとの互換性を完全に維持する［（意訳）取る］ ◆test the compatibility of the developed application programs 開発したこれら応用プログラムの互換性をテストする ◆There is [exists] no compatibility between Xxx and Yyy. XxxとYyyの間に互換性［整合性, 適合性］はない ◆Vendors are moving toward increasingly greater compatibility. （機器）製造業者らは、ますます互換性を高める［確保しようする］方向に動いて［向かって］いる。 ◆The QIC standard allows complete compatibility among drives following its format. QIC規格は、同規格のフォーマットに準拠したドライブ相互間に完全互換を実現する。 ◆The result is an increase in compatibility with computers that are less than state-of-the-art. （意訳）その結果, 最新型ではないコンピュータとの親和性が高まる［向上する］。 ◆These emulsions have excellent compatibility with white pigments such as clay, calcium carbonate and titanium dioxide. これらのエマルジョンは、白土, 炭酸カルシウム, 二酸化チタンなどの白色顔料との優れた親和性をもつ ◆We were not able to share documents or applications due to compatibility problems between the two systems' software. 私たちは2つのシステムのソフトウェア間の互換性の問題のせいで文書とかアプリを共用することができなかった。

**compatible** 1 adj. 相性がいい, 互換の, 互換性がある, コンパチの, 適合した, 親和性の, 融和性の, 共溶性の,（相互に）共存［混在, 両立］できる（↔incompatible, mutually exclusive）, 対応［準拠］している ◆upwardly compatible with... ～と上位互換［上位コンパチ］の ◆a compatible donor 適合する臓器提供者 ◆a bus-compatible board バス互換のボード ◆100 percent compatible machines 完全互換機 ◆a Centronics-compatible parallel printer port セントロニクス準拠のパラレルプリンタポート ◆an IBM PC/AT-compatible notebook computer IBM PC/AT互換のノート型コンピュータ ◆be fully backward-compatible with... ～と完全後方［下位］互換性がある ◆be 100% software compatible with... ～との完全なソフトウェア互換性がある ◆the notion that preservation of natural resources is compatible with economic growth 天然資源の保護は経済成長と両立するといった考え ◆contaminated aquifers cannot be restored to a condition compatible with drinking-water standards 汚染された帯水層は、飲料水（水質）基準に合致する状態にまで復旧させることはできない ◆Both of these therapies have become mutually compatible. これら両方の治療法は互いに両立するようになった。 ◆Her

liver proved more compatible. 彼女の肝臓のほうが適合性が高いことが判明した。(*臓器移植で) ◆The program is also joystick-compatible. この(コンピュータ)プログラムは、ジョイスティック(の使用)にも対応しています。 ◆Thanks to this arrangement, video recordings remain perfectly compatible between VHS Hi-Fi and conventional VHS VCRs. この工夫をこらした仕組みのおかげで、ビデオ録画はVHS Hi-Fiビデオデッキと通常のVHSビデオデッキの間で完璧に互換性が保たれて[取られて]いる。
2 a〜 互換のもの、(有名なソフトやハード製品を真似た)互換品[互換機](→ clone) ◆an IBM PC compatible IBM PC互換機

**compatriot** a〜 同国人, 同胞; a〜 同輩, 同僚, 仲間 ◆all our compatriots living abroad 海外に居住する我らの同胞全員

**compelling** adj. 強制的な、うむを言わせない、いやおうなしの、抑えられない、抑えがたい、やむをえない、人の心を動かさずにおかない、人をして信じさせる、説得力のある、関心をひいてやまない、興味の尽きない、思わず引き[釣り]込まれてしまう ◆It is simply wrong to take the lives of innocent human beings without compelling reasons. 人を納得させる理由もなしに、罪もない人間の命を奪うことは全く間違っている。

**compensate** vt., vi. <for> 補償する、〈影響など〉を(補ったり差し引いたりして)打ち消す[取り除く、埋め合わせる] ◆a temperature-compensated crystal oscillator (a TCXO, pl. TCXOs) 温度補償型水晶発振器 ◆a temperature-compensated overcurrent relay 温度補償(付き)過電流継電器 ◆a temperature compensated overload relay 温度補償過負荷リレー ◆a line temperature-compensating equalizer 伝送線路温度補償等化器 ◆compensate for losses 損失を補填する[埋め合わせる, 補う] ◆compensate for mold wear 金型の摩耗を補償する ◆compensate for changes in ambient temperature 周囲温度変化について補償する ◆compensate for decreases in gain 〔電子〕利得の減少を補償する[ゲインの低下を補う](*この場合は一般辞書どおり「compensate = 補う」よりも、compensateは、影響を打ち消す方向に補ったり、逆に差し引いたりする意) ◆compensate for variation in screws ねじの(寸法の)ばらつきを補償する ◆they have been justly compensated for their losses 彼らは、損失に対する正当な償い[補償]を受けた ◆a correction that is made to compensate for the effects of wind 風の影響を取り除く[差し引く]ための補正 ◆lower-income people will be compensated for the price increases 低所得層の人々は、物価上昇に対する補償を受けることになるだろう ◆an adjustment that compensates for the effects of terrestrial magnetism 地磁気の影響を補償する調整 ◆air conditioning is needed to compensate for condensation from the breath of 2.5 million visitors a year 年間250万人の来館者が吐く息に起因する結露に対応[対処]するために空調が必要である。 ◆We've given up trying to compensate for the low price with volume. 安値を量でもってカバーしようとすることは、もうあきらめた。

**compensation** 〔U〕補償, 代償, 償い(ツグナイ), 埋め合わせ; 〔U〕報酬, 俸給, 給与; (a)〜 賠償金, 補償金<for> ◆as compensation for... 〜の報酬として ◆as compensation for... 〜の償いとして ◆in compensation for... 〜の補償[償い, 埋め合わせ, 報酬]として ◆make [provide] compensation for... 〜に対する補償をする ◆pay compensation 弁償する ◆an exposure compensation button 〈カメラ〉露出補正ボタン ◆cash compensation 金の償い ◆obtain [get] compensation from the government for... 〜に対する補償を政府から得る ◆pay him just compensation 彼に正当な賠償[補償]金を支払う ◆the rate of increase of compensation 報酬の上昇率, 給料率 ◆want compensation for... 〜に対する補償を欲する ◆phase compensation must be added to... 〜に位相補償を施す必要がある ◆to successfully implement phase compensation うまく位相補償を行うために ◆give them $100 million as compensation for damages caused during... 彼らに〜中に生じた損害の賠償金として1億ドル支払う ◆compensation for top management includes salaries of $400,000 to $800,000 a year

最高首脳部の報酬には年間40万ドルから80万ドルの給与が含まれている ◆The injured worker was granted $20,000 in compensation. けがを負ったその作業員には、補償金として2万ドルが交付された。 ◆In Japan, the compensation of major CEOs is 17 times that of the average worker. 日本では、大手の最高経営責任者の報酬は平均的労働者の17倍である。 ◆The company is expected to pay more than $1.2 million in compensation for losses. 会社は損害賠償として120万ドル以上を支払うものと予想される。

**compensator** a〜 補償器[装置, 回路], (磁気コンパス用の)補償板 ◆a signal-level compensator 信号レベル補償器

**compete** vi. <with, against, for>(〜と)競争する、競合する、対抗する、張り合う、渡り合う、太刀打ちする、競り合う、競う、競演する、角逐を演じる ◆a competing product 競合[対抗]製品 ◆compete against each other [one another] 互いに競い合う[競争する](*2者間では each other、それ以上は one another) ◆compete fiercely to develop... 〜の開発をかけてしのぎを削る; 〜を開発しようと苛烈[激烈, 熾烈]な競争をする; 〜の激しい開発競争を繰り広げる ◆compete with [against] the likes of Panasonic and Philips パナソニックやフィリップスなどと[を相手に]競争する[渡り合う] ◆keep operating costs at a minimum to be able to compete on a price basis 価格で競争[値段で勝負]できるように営業経費[運転費、操業費]を最小限に抑えておく ◆six competing systems vying for FCC approval 米連邦通信委員会の承認を得ようと競い合っている6方式

**competence, competency** 能力, 技量, 力量, 手腕; 適格性, 適性; 権限; (人事考課などで)コンピテンシー[(意訳)行動特性, 業務／役割遂行能力] ◆an English competency test 英語能力[資格認定]試験 ◆teacher competency testing 教員資格[能力]試験 ◆competency tests for teachers 教員を対象とした能力[資格]試験 ◆do... with surprising competence 〜を驚くべき巧みさで行う ◆her competence in...-ing 彼女の〜することにかけての手腕[腕前, 腕] ◆to raise the level of competency of drivers ドライバのみなさんの(運転)能力[技能, 技量, 腕前]の底上げを図って ◆As companies strive to achieve "core competency [competence]," they are outsourcing specialty services rather than having them done in-house. 企業が「事業の中核をなす分野での能力・競争力,《意訳》基幹業務」を強化しようと懸命に努力するあまり、そのため、専門業務は社内でこなすよりも外部委託するようになっている。

**competent** adj. 有能な, 能力のある, 十分な資格のある; 所轄[所管, 管轄] ◆(a) competent authority; competent authorities 当該官庁; 所轄の役所; 所管[管轄]官庁; 関係官庁; 当局 ◆complain to a competent official 担当保官に苦情を申し立てる ◆in the judgment of the competent authorities of this government 同国政府の当該[所管, 管轄]当局の判断により ◆the competent authorities in Beijing 中国政府当局 ◆be recognized as competent to carry out calibrations of... 〜の較正を行う能力[資格]があると認定される[認められている]

**competition** 〔U〕競争, 競合; 〔U〕(集合的に)競争相手, 競合品, 競合他社[企業], 《意訳》商売敵(ショウバイガタキ); a〜 競技(会), 試合, コンペ, 競演, コンクール ◆survive competition from... 〜との競争で生き残る ◆a piano competition ピアノコンクール ◆international competition 国際競争 ◆a nationwide competition sponsored by... 〜後援の全国競技会[全国大会] ◆as a result of cutthroat price competition 熾烈な価格競争[激安競争]の結果 ◆based on the principle(s) of competition 競争原理に基づいて ◆beat one's competition 〈人, 企業〉の競争相手に勝つ ◆Competition among leading PC makers will intensify. 主要パソコンメーカー間の競争が激化するであろう。 ◆competition occurs 競争が起きる ◆enter a cutthroat international competition 熾烈[苛烈, 激烈]な国際競争に[入って]突入する ◆expose [subject] markets to foreign competition 市場を外国との競争にさらす[さらさせる](*foreign competitionは外国の競争相手＝海外の競合市場のこと) ◆go [come] into competition with... 〜と競合する; 〜と競争になる; 〜と競う ◆introduce competi-

**complacent**

tion principles into... ～に競争原理を導入する ◆competition between PC makers heats up パソコンメーカー間の競争が激化する ◆inject more competition into the world's financial services industry 世界の金融サービス業界にもっと競争を導入する[《意訳》業界でもっと競争原理が働くようにする] ◆Not to be outdone by the competition,... 競争相手に負けじと；対抗上 ◆Once these utilities are subjected to retail competition, ... これらの電力会社が(＊電力の)小売り競争にさらされることにでもなれば～ ◆put [pit, place] two or more people or departments into direct competition with each other 複数の人間同士あるいは部門同士を直接的に[真っ向から、まっ正面から]競争させる[競わせる、ぶつからせる] ◆to get the industry ready for international competition この業界が国際競争に立ち向かえるようにするために ◆The competition to <do>... is becoming increasingly fierce. ～する競争は、ますます激化しつつある。 ◆The system is still a generation or two ahead of any competition. そのシステムは、依然として、どの競合品と比べても1～2世代先を行っている。 ◆The already fierce competition is sure to become even more cutthroat. すでに激烈な競争が、いっそう熾烈を極めることは間違いないだろう。 ◆The firm won the contract in competition with a team of Rexel, Nanox, and Collins. この会社は、レクセル社とナノックス社とコリンズ社の連合と張り合って、この契約を勝ち取った[獲得した]。 ◆With the Postal Service now at a new plateau of service, it should not be reluctant to enter into competition with the private sector to determine who delivers the mail. サービス面で新たな高みに上った今、郵政公社は、どこが郵便配達業務を行うべきかという問題に決着をつけるべく民間との勝負に打って出ることに及び腰であってはならない。

**competitive** adj. 競争力のある[強い]、他に負けない、競争に有利な、〈市場などが〉競争の激しい、競合する、競争心[対抗意識]の強い、競争の、競争的な、拮抗(キッコウ)的な ◆international competitive bidding 国際競争入札 ◆competitive growth industries 競争の激しい成長産業 ◆in order to achieve competitive prices 競争力のある[《意訳》他に負けない安い]価格を実現するために ◆maintain a competitive edge over... ～に勝る競争力を維持する ◆the competitive strength of U.S. semiconductor manufacturers 米国半導体製造メーカーの競争力(の強さ) ◆the increasingly competitive market ますます競争が激しく[厳しく]なってきている市場 ◆We investigated the competitive relationship between A and B to determine if... 我々は、～かどうか見極めるべくAとBの間の競合関係について調べてみた ◆Being internationally competitive is a must. 国際競争力を持っていることが不可欠[必須]である。 ◆Japan is a very competitive market. 日本は、非常に競争の激しい[激戦]市場である。 ◆We offer high quality products at extremely competitive prices. 弊社は、高品質の製品を極めて競争力のある価格でご提供いたしております。 ◆if a business is to remain competitive 企業が競争力を維持しようとするならば

**competitively** adv. 競争的に、競争力あるように ◆buy quality goods at competitive prices; purchase competitively priced, quality goods 《意訳》品質のいいお買い得品を買う[購入する] ◆competitively priced 〈商品などが〉競争力のある価格がつけられている ◆a competitively-selected landscape contractor 競争選抜により選ばれた造園請負業者

**competitiveness** 競争力、競争心、競争力、(競争によって決まる)優位性 ◆an improvement in cost competitiveness コスト面における競争力[《意訳》対応力、優位性]の改善[向上] ◆improve one's cost competitiveness 〈企業など〉のコスト競争力を向上させる[《意訳》更にコスト対応力をつける] ◆downsize the plants for long-term competitiveness 長期的な競争力をつけることをめざして、これらの工場の規模を縮小する ◆improve [～reduce] Japanese international [global] competitiveness 日本の国際競争力を向上[↔低下]させる ◆jockey for position with fierce competitiveness 猛烈な競争心で優位な位置に立とうとする ◆to achieve cost competitiveness over one's rivals ライバルをしのぐコスト面での競争力[《意訳》

対応力、優位性]を実現[確立、確保]するために ◆to help industries develop international competitiveness 各産業が国際競争力を培う[身につける]のを助けるために ◆enhance international competitiveness by converting defense technology to commercial use 防衛技術を民需[軍民、民生]転換することにより国際競争力を高める ◆Competitiveness comes at a price for U.S. workers. 競争力は米国の労働者の(解雇などの)犠牲によって得られる。 ◆The strong dollar undermined U.S. price competitiveness in world markets. ドル高は、世界市場における米国の価格競争力[《意訳》優位]を徐々に突き崩した。

**competitor** a～競争相手、競合他社、競合品、対抗者、対抗相手、対抗製品、《意訳》商売敵、(ショウバイガタキ) ◆stay ahead of one's competitors [competition] 常に競争相手[競合企業]の先を行っているようにする ◆White competitors tried to run him out of business through ruthless price cutting. 白人の商売敵(ショウバイガタキ)は、容赦ない値下げ(攻勢)で彼の事業を破綻[破産、廃業、店仕舞い]させようとした。

**compilation** (辞書などの)編集[編纂(ヘンサン)]、〈統計などの〉集計、《コンピュ》コンパイル[翻訳]； a～編集[編纂]されたもの ◆during (program) compilation コンパイル時に ◆a compilation album コンピレーション[編集]アルバム(＊未発表済みのヒット曲などを集めたもの) ◆the compilation of statistics 統計の集計 ◆a comprehensive compilation of film reviews 映画批評の集大成 ◆prepare a compilation of abstracts of papers published in... ～で発表された論文のアブストラクト[要約]をまとめたものを作成する

**compile** vt. 〈辞書など〉を編集[編纂]する、〈データ〉を(集めて)まとめる、集計する、《コンピュ》コンパイルする； vi. 《コンピュ》〈プロジェクト、プログラムなどが〉コンパイルされる ◆at compile time 《コンピュ》コンパイル時に ◆compile and measure statistics on unemployment 失業統計の集約[集計]および分析をする ◆compile data データを収集[蓄積]してまとめる；データを集計する ◆statistics compiled by... ～によりまとめられた[～によって集計された]統計 ◆according to statistics compiled by the Communications Industry Association of Japan 日本通信機械工業会がまとめた統計によると ◆the compiling of his newspaper columns into a book 彼が新聞のコラムに書いた記事を、(一冊の)本にまとめること

**compiler** a～編集[編纂]者、《コンピュ》コンパイラ ◆The compiler reads each statement and translates it into a sequence of machine-level instructions. コンパイラは各命令文を読み、機械レベルの命令に翻訳する。

**complacency** 自己満足、ひとりよがり、独善、(現状への)安住、危機感のなさ、安閑としている[のほほんとしている、ぬるま湯につかっている]こと ◆fall into complacency 自己満足に陥る ◆Complacency can become a person's worst enemy. 自己満足[ひとりよがり、独善、(現状への)安住、危機感のなさ、のほほんとしていること、ぬるま湯につかっていること、あぐらをかくこと]は、最大の敵になりかねない。 ◆The money-spinning bull market over the past 3 1/2 years lulled people into a sense of complacency and numbed them to the risks associated with investing. 過去3年半にわたって金を紡ぎ出した強気市場は、人々を危機感喪失状態に陥れて投資に付き物のリスクに対する感覚を麻痺させてしまった。

**complacent** adj. (現状に)満足した、ひとりよがり[独善]の、悦に入った、(現状に)安住して、危機感の欠如した、得々とした、のほほんとした、ぬるま湯につかった、安閑とした、無頓着な；愛想のよい ◆become [get, grow] complacent <about...> (～に)自己満足する；～に対する危機感を失っていく ◆Sears has become very complacent in Canada. It's no longer a cutting-edge, low-priced leader. シアーズ社はカナダにおいて非常に安閑とするようになってしまった。同社はもはや低価格路線の先頭を走るリーダーではない。 ◆Nissan has probably the best V-6 on the market. They didn't get complacent and completely reworked it – and made it better! 日産はおそらく市場唯一のV-6エンジンを持っている。同社は自己満足に陥ることなくそれを徹底的に手直しし、より優れたものにした。

**complain** vi. 不平[不満]を言う, 苦情[文句]を言う, つべこべ[ぶつぶつ]言う, こぼす[愚痴る, 漏らす, ぼやく]<about, of>;〈傷病苦など〉を訴える<of> ◆complain of chest pain [of a very sore knee] 胸の痛み[ひざの強い痛み]を訴える ◆she complained to her neighbor about the poor service she'd received at the local drug store 彼女は隣人に, 地元のドラッグストアーで受けたひどい接客態度について漏らした ◆this DVD leaves nothing to complain about in terms of video quality このDVDは, 画質に関しては不平を言うべき点は何もない[言うことなしだ, 申し分ない, 文句なしである] ◆Customers have complained about mix-ups in price [orders]. 顧客は, 値段[注文]取り違えのクレームをつけた. ◆Clinton, according to Lewinsky, complained about a loveless marriage and said that he may divorce after leaving the White House. ルインスキーによると, クリントンは, 愛のない結婚について漏らし, ホワイトハウスを去ったら[大統領職離任後に]離婚するかもしれないと言ったとされる. ◆There's little to complain about in the driveability department, either. 操縦性(の評価・判定)部門においても, ほとんど文句ない である.

**complaint** (a) 〜クレーム, 苦情, 文句, 不平, 不満, 不服, 愚痴, こぼすこと; a 〜 病気, 愁訴 ◆lodge [file, make, register] a (legal) complaint about... against... 〜を〜の件で告訴する ◆a customer-complaint clerk 顧客からのクレームを受け付ける係; お客様苦情受付係 ◆a letter of complaint addressed to the automaker その自動車会社宛の苦情[クレーム]の手紙 ◆customer complaints 顧客から寄せられたクレーム[苦情](▶苦情の意味でa claim を使うのは誤り) ◆Dave's complaints of being bored to death 死ぬほど退屈だというデーブのぼやき[愚痴, 文句] ◆field complaints 現場[市場, 消費者]からの苦情 ◆file a complaint that... (文書で)〜であるというクレームをつける[苦情を持ち込む] ◆in the event of a complaint 苦情[クレーム]があった場合 ◆receive complaints from consumers and consumer organizations 消費者や消費者団体から苦情[クレーム]を受ける ◆settle consumer complaints; settle complaints lodged by consumers 消費者の苦情[クレーム]を解決する ◆have [find] no reason for complaint regarding [about]... 〜については何の文句もない[何ら不満がない] ◆If you have a complaint about rates, write to... 料金にご不満[不満, 不平, 文句]があれましたら, 〜宛にメールをお寄せください. ◆He is not alone in his complaint. 文句を言っているのは彼だけではない. ◆Many individuals with alexithymia have somatic complaints. アレキサイミア[失感情症]の多くの人たちは, 身体の不調を抱えている. ◆My only complaint with the way my car drives concerns its steering system. 私の車の挙動で唯一の不満なのは, 操舵システムに関してだ. ◆One of my complaints about the car is that it lacks low-rpm thrust. 私がその車に対して不満なことのひとつは, 低速回転域の推力に欠けるということです.

**complement** 1 a 〜補完的役割をするもの, 《数》補群[補数, 余数, 余角], (ブール代数での)《文法》補語; a 〜 (完全なものにするのに必要な数=)全数, 全量, 必要な人員[要員], (特に船の)乗組員の定員 ◆serve as a complement to... 〜を補完する役割を果たす; 〜の欠けているところを補って完全なものにする ◆positive or negative two's-complement numbers 《コンピュ》2の正または負の補数 ◆A and B make a good complement to each other. AとBは, 互いに足りないところを補い合う格好の取り合わせだ. ◆The car's strong brake system is a perfect complement to its eager driveline. この車の強靱なブレーキシステムは, 意気盛んな動力伝達系とよく呼応し合って互いに足りない部分を組み合わせている. 2 vt. 〜を補って完全にする, 補完する, 補足する ◆we complement each other 私たちは互いにカバーし[補い]合っている ◆the two flavors complemented each other wonderfully これら二つの香りは見事なまでに互いを引き立て合った ◆between two companies that complement each other in many ways 多くの点で相互補完的な2社の間で[間の] ◆the new services are designed to complement the company's existing products and services この新サービスは, 同社の既存の製品や現行サービ

スを補完するよう企画されている ◆An on-chip CPU is complemented by a communication subsystem. オンチップ(チップ上の)CPUは, 通信サブサステムによって補完[補相]されている.

**complementary** adj. コンプリメンタリ, 相補形の, 相補的な, 補足的な, 補完的な; 補色の, 《数》余—, 補— ◆the complementary law 補完則[律](＊ブール代数の) ◆a complementary transistor pair 《電子》相補コンプリトランジスタペア(＊特性がよく揃っているn-p-nとp-n-pトランジスタが組み合わされた一対) ◆they are complementary to each other それら[彼ら]は, 互いに欠けているところを補い合う関係[補完関係]にある ◆use complementary colors 補色を使う ◆two people who are complementary (能力的に)足りない部分を(互いに)補い合う関係にある2人 ◆bring complementary companies together to create economies of scale スケールメリットを生じさせるために, 相補関係にある会社を合併させる ◆Academia, industry, and government can play complementary roles in technology development. 産官学(＊英語の語順では学・産・官)は, 技術開発において相補[相補的]役割を演じることが可能である.

**complete** 1 adj. 完全な, 完璧な, 全くの, 全部揃っている[完備した], 徹底的な, 全面的な, 包括的な, 総合的な, 完成[完了, 完結]した, まとまっている, 記入済みの, 全— ◆a complete definition 完全定義; 完備定義 ◆a complete list of... 〜の一覧[全一覧, 完全リスト]; の一覧; 〜を網羅したリスト ◆a complete novice まるっきりの初心者, ずぶの入門者[駆け出し, 新米] ◆a complete computer neophyte まるっきりのコンピュータの素人, ずぶのコンピュータ入門者[初心者] ◆lead to a complete revision of the collective agreement 団体[労働]協約の全面改定につながる ◆with complete safety 全く安全に ◆countries with relatively complete data; countries for which relatively complete data are available; countries for which relatively complete data were obtained データが比較的整って[揃って]いる国々 ◆issue a statement calling for a complete revision of the Status of Forces Agreement 地位協定の全面改訂を求める声明を出す ◆Rexel's complete line of disk systems レクセル社のすべてそろったディスクシステム(製品)ライン ◆the job is far from complete この作業は, 完了には程遠い状態にある ◆His book was a complete failure. 彼の本は, 完全に[全くの]空振りだった. ◆The database of experimental data may never be changed once it is complete. 実験データのデータベースは, いったん出来上がると変更を加えられることはまずない. ◆No discussion of workstations would be complete without mention of the ubiquitous IBM PC. ワークステーションを論じるなら, どこにでもあるIBM PCコンピュータに言及しなければ始まらない[片手落ちだ]. 2 vt. 〜を完成する, 仕上げる, 完了する, 終える, 済ませる, 終了する, 〈課程など〉を修了する[履修する], 完全なものにする, 完結する; vi. 完了する ◆completed products [goods] 完成品 ◆after completing school 学校を卒業した後に ◆after the program has completed そのプログラムが終了すると, ◆complete homework assignments 宿題を仕上げる ◆inspect completed supplies (組立)完成済の納入品[完成納入品]を検査する ◆a yet-to-be-completed building まだ竣工していない[未完成の]建物 ◆the construction of... began on November 20, 1996, and was completed in 1999 〜の建設は1996年11月20日に開始され, 1999年に完了した. ◆the routine will be executed until it is completed 〜そのルーチンは最後まで実行される ◆The building is due to be completed by the spring of 1994. そのビルは1994年の春に竣工の予定である. 3. vt. 〜 ◆The center completed its fifth year of existence [activity, service, operation(s)]. 当センターは, 開設してから満5年を迎えた. ◆... it will take five cycles to complete two instructions and six cycles to finish three 2つの命令を実行し終えるのに5サイクル要し, 3つの命令を実行し終えるのに6サイクル要することになる ◆... be able to perform experiments in days or weeks that might have taken months or years to complete less than a decade ago (ほんの)10年足らず前には(完了までに)

何カ月も何年もかかっていたような実験を, (今では) 数日や数週間で行なうことができる
**3** vt. 〈用紙〉に〈必要事項を〉記入する ◆TO BE COMPLETED BY SUPPLIER 部品納入メーカー記入欄 [＊記入用紙の表現] ◆After you complete the necessary information, ... 必要な情報 [事項] を記入 [入力] し終わったら ◆complete the information, and mail it to... 必要事項を記入し,〜宛にお送り下さい

**complete with** 〈付属品, 追加品〉が完備した, 〜の付いた, 〜の備わった, 〜を備えて [揃えつけてある] ◆come complete with... 〜を備えて [〜が付いて] 販売されている ◆a spray complete with a variable flow control valve 可変流量調節弁が備わって [付いて] いる噴霧器 ◆The case comes complete with the tools listed on this page. 本ケースには, このページに列挙されている工具が完備されています.

**completely** adv. 完全に, 完璧に, 全く, すっかり, もろに, 〜しきって, 徹底的に, 余すところなく, 悉皆 [シッカイ], 完膚なきまで ◆the building was destroyed nearly completely そのビルは, ほぼ完全に破壊された ◆Make sure the motor has stopped completely before removing the cover. ふたを取る前に, モーターが完全に停止していることを確認してください.

**completeness** ①完全であること, 完全さ, 完全性 ◆the completeness of information 情報の完璧さ

**completion** ①完成, 完了, 終了; 竣工 [シュンコウ] ◆after the completion of... 〜の完了 [終了, 完成, 竣工, 落成, 満期, 卒業] 後に ◆be nearing completion 完成 [出来上がり, 完了, 終わり, 竣工, 落成, 完工, 竣成, 成就] に近づいている ◆on [upon] completion of...; at the completion of... 完了時に ◆reach completion 完了する, 完成する, 終了する, 竣工する, 出来上がる, 千秋楽を迎える ◆a completion ceremony due to take place in June 6月に行われる予定の落成 [完成, 竣工] 式 ◆a flash charge completion indicator 《カメラ》ストロボ充電完了表示 (灯) ◆after the completion of their contract 彼らの契約満了後に ◆after the completion of the merger 吸収合併が済んだ後で ◆at the completion of the 1,000 hour test その1,000時間テスト完了時に ◆during and after the completion of testing 試験中および試験終了後に ◆Outer Appearance Near Completion (＊写真の題) 完成に近い外見; 竣工 [落成, 完工] 間近の外観 ◆〜を相手取っての法廷での争いの終結 ◆Completion of... is planned for 1997. 〜の完成 [竣工] は1997年に予定されている. ◆as construction has neared completion 建設が完成 [終わり] に近づいてきたので ◆at the time of the completion of the courthouse in 1905 1905年における裁判所 (の建物) の完成 [竣工] 時に ◆With completion of... just months away, ... 〜の完成をわずか数カ月後に控え, ... ◆following the completion of a predetermined sequence of operations 所定の一連の動作が終了した後で ◆bring... close to completion 〜を完成近く [完成に近いところ] まで持っていく ◆The new facility is scheduled [slated] for completion in January 1999. その新しい施設は1999年1月の完成 [竣工, 落成] 予定となっている. ◆Construction is scheduled to begin in August and completion is scheduled for early 2005. 建設開始予定は (今年) 8月で, 完成 [完工, 竣工, 竣成, 落成] 予定は2005年の初頭である. ◆He labored for two years to bring this story to completion. Much of it was done in the pre-dawn and post-midnight hours. 彼は2年間苦労してこの小説を完成させた. 大部分の執筆は夜明け前と夜半過ぎの時間帯に行われた. ◆They are currently putting on the final touches in preparation for a completion ceremony due to take place in May. 彼らは5月に予定されている竣工式の準備に向け最後の仕上げに目下余念がない. ◆Construction of the new facility will begin in 2000 with completion expected by March 2002 when it will begin operations. この新施設の建設は, 操業を開始する2002年3月の完成 [竣工] をめどに2000年に着工する予定となっている.

**complex** **1** adj. 複合の, 合成の, 複雑な, 込み入った, 交錯した ◆a complex conjugate 《数》複素共役 ◆a complex number 複素数 ◆a complex waveshape 複合波形 ◆a complex system 複雑系; 複雑なシステム [装置, 機構, 制度, etc.] ◆a complex structure 複合構造 (物) ◆a complex problem 込み入った [複雑に入り組んだ, 錯綜した] 問題
**2** *a* 〜 複合体, 合成物, (建物等の) 集合体, (オフィス, 店舗, ホテル, ホールなどからなる) 複合施設; 団地, 工場団地, 合同 [総合] 工場, コンビナート, コンプレックス, 観光複合体 ◆a launch complex ロケット発射施設 ◆an inferiority complex 劣等感 [複合] ◆a petrochemical complex 石油化学コンビナート ◆an agro-industrial complex 農工業コンビナート ◆the military-industrial complex 軍産複合体 ◆an office and apartment complex オフィスと共同住宅の (混在する) 複合施設 ◆live in a large apartment complex 大団地に住む

**complexion** *a* 〜 顔色, 顔の色つや; *a* 〜 様相 [模様, 様子], 形勢, 局面 ◆a dark-complexioned man; a man with a dark complexion 黒褐色の皮膚を持つ [色黒の] 男性 ◆a man with a ruddy complexion 赤ら顔の [血色のいい] 男性 ◆he has a poor complexion; they have poor complexions 彼 [彼ら] は血色の悪い顔色をしている ◆To gear up to the changing complexion of the market, ... 変わりつつある市場の状況 [市況] に対処するために

**complexity** ①複雑さ, 複雑性, 複雑度; *a* 〜 複雑な物事 ◆increase in complexity 複雑になる [複雑化する, 複雑度が増す] ◆software programs with high degrees of complexity 非常に複雑なソフトウェア・プログラム ◆tasks of medium to high complexity 複雑さが中程度から高度な作業

**compliance** ①（法令・法規などに）従うこと, 適合, 準拠, 遵守, 順守, 違法; ①（命令などに）応じること, 応諾, 服従, 盲従; ①《医》医師から処方された薬を患者が指示通り正確に飲むこと, 服用遵守, 服薬遵守 [厳守]; ①コンプライアンス (＊物理的な「やわさ」) ◆compliance with safety regulations 安全規定の順守 ◆enhance tax compliance タックス・コンプライアンス [税制順守意識] を高める ◆monitor compliance with OSHA regulations 米労働安全衛生局の規定に適合 [合致] しているかを監視する ◆perform [conduct, run, do] a compliance check <of, on, for> コンプライアンスチェックを実施する; (ちゃんと適正に) 遵守 [順守, 対応, 対処] しているかどうかの確認を行う ◆to bring... into [to] Y2K compliance 〜をY2K対応 [対策, 対処] 済みにするために ◆to ensure compliance with ethical guidelines 倫理指針遵守が必ず守られているように; 倫理指針遵守の徹底を図るべく ◆to ensure [assure, insure] compliance with [to] specifications 仕様への適合を確実なものに [保証] するために; 仕様遵守の徹底を図るべく ◆examine [review]... for compliance with ethical guidelines established by... 〜によって策定された倫理指針を遵守して [に準拠して, に適合して, 合致して, 合って, 沿って, 従って, (意訳) 基づいて] いるかについて〜を審査する ◆full compliance with military standards 軍用規格への完全な準拠 [適合] ◆it was performed in compliance with ethical guidelines それは倫理指針に従って行われた [ガイドラインを守って実施された] ◆perform electrical tests in compliance with DOD-STD-2000 DOD-STD-2000規格に従って電気試験を行う

**compliant** adj. <with> 〈規格, 規定に〉準拠して [従って, 適合して, 対応して, 沿って] いる, 〜を遵守 [順守] している, すなおな [従順な] ◆an X.400-compliant electronic mail system X.400規格対応 [準拠] の電子メールシステム ◆be fully compliant with the treaty その条約を全面的に遵守している ◆the design of an ANSI-compliant chip set （米国）ANSI規格に準拠したチップセットの設計 ◆a MIME-compatible [MIME-compliant] mail reader MIME対応のメールリーダー (＊MIMEは Multipurpose Internet Mail Extensionsの略で, 電子メールの形式の規格. メールリーダーは, メールを読むソフト) ◆Windows 98-compliant [98-compatible] hardware Windows 98対応ハードウェア ◆the card is VESA compliant 本カードはVESA規格に準拠 [適合] している

**complicate** vt. 〜を複雑にする, ややこしくさせる, こじらせる, 紛糾させる ◆complicate a problem 問題を複雑化 [ややこしく, こじれ] させる ◆complicate the confusion その混乱状態を悪化させる ◆A common cold can also become complicated by a bacterial infection. 普通の風邪が細菌による感染でこじれることもある。◆Intranets, extranets, and the Internet complicate matters. 《意訳》イントラネットがあり、エクストラネットがあり、そしてインターネットがあるということで問題が複雑化する[話がややこしくなる]。◆This can complicate already complicated matters [issues, questions]. このことは、既に紛糾している問題を（更に）複雑にする可能性がある[こじらせかねない]。

## C **complicated** adj. 複雑な、込み入った、紛糾した、《医》併発［合併］した ◆a complicated procedure 煩雑な手続き；《医》複雑な処置［手術］ ◆become more complicated each year 年を追っていっそう複雑になる ◆can do more complicated things もっと複雑なことができる ◆This problem can become very complicated and is beyond the scope of this book. この問題は、（もし取り上げて論ずるとすると）非常に複雑になる可能性があり本書の範囲[本書で扱う領域]を越えられる。◆Normally, it is usually very hard to avoid this problem when the system grows very complicated and very large. 通常、システムが非常に複雑化しかつ大規模化すると、この問題を回避することは極めて難しい。◆Problems keep coming up all the time, and that complicates this further an already complicated situation. 問題が常時[次々と]持ち上がり、すでにこじれている状況[状態]をよりいっそう複雑化させている。

**complication** 回複雑化、紛糾；a～面倒な[厄介な]問題、合併症 ◆complications associated with AIDS エイズに関連して起こる合併症[余病、併発症] ◆undergo complication 複雑化する ◆An additional complication arises because... ～なので、さらに別の面倒な問題が生じる

**complicity** 回共犯、共謀、連座

**compliment** 1 a～ほめ言葉、賛辞、表敬、お世辞；～s （「よろしく」などのちょっとした）挨拶言葉 ◆a compliment slip 添え状[添え文、添書]（*贈り物や、送付書類などに添付されるもので WITH COMPLIMENTS とか WITH THE COMPLIMENTS OF XYZ などと書かれている） ◆With compliments 贈呈；謹呈；拝呈；ご挨拶（申し上げます） ◆Be generous with compliments! （人には）どんどんお世辞[お上手]を言うようにしなさい。 ◆With the Compliments of... ～からの贈呈；～より謹呈[拝呈] ◆the clothes you always receive compliments on いつも人から誉めて[お世辞を言って]もらえる服 ◆I can live for two months on a good compliment. すばらしい賛辞[称賛、賛美、ほめ言葉]をもらえればそれだけで2か月はやっていける。（*マーク・トウェイン「Mark Twain」の言葉） 2 vt. ～をほめる、賛美する、～に賛辞[祝辞]を述べる

**complimentary** adj. 賛賛の、敬意を表す、お世辞の；無料の、無料サービスの、（入場券などの）招待［招待］の ◆a complimentary copy 見本として無料で提供する書籍；贈呈本；献本 ◆a complimentary ticket 無料招待券

**comply** vi. 応じる、従う、順守［遵守］する、準拠する、適合する <with> ◆comply with all laws and regulations 全ての法規を遵守[順守]する ◆comply with instructions 指示に従う ◆comply with rules 規則を守る ◆request a review of whether these standards have been complied with これらの基準が遵守されてきたかどうか（確認するため）の調査［審査、評価、検討］を（するよう）要求する ◆The tool complies with NASA requirements. この工具は、NASAの仕様[規定]に適合している。◆All our Mil-Spec boards fully comply with both VME and Military Specifications. わが社のミル仕様ボードはVME仕様とミル仕様[米軍用規格]の両方に完全に準拠しております。

**component** a～構成要素[部分、材料]、構成材、構成品、成分、含有成分、一分、部品、部材、部分品、素子、装置；adj. 成分の、構成している ◆a stereo component ステレオコンポーネント（単体）（*ステレオシステムを構成する単体機器のうちの1台、たとえばチューナー、アンプあるいはプレーヤーなど） ◆a component stereo system コンポーネントステレオシステム（*チューナー、アンプ、デッキ等の単体機器を組み合わせたシステム） ◆a stereo component system ステレオコンポシス テム（*単品機器を組み合わせたシステム） ◆the component side （プリント回路基板の）部品面 ◆a component television system コンポーネントテレビシステム（*モニター、チューナー、AVセンターアンプ、ビデオデッキ、スピーカーなど単体機器を組み合わせたシステム） ◆the components of a material 材料の成分 ◆the component count of a CPU board CPUボードの部品数[部品点数] ◆all the frequency components of a signal ある信号の周波数成分のすべて ◆components of lower frequency 周波数のより低い成分 ◆the active component of a pesticide 殺虫剤の有効成分 ◆the horizontal component of a magnetic field 磁界の水平方向成分 ◆a dual-material toner development process 《OA》2成分トナー現像プロセス（*コピー機の話） ◆One chip contains over 1 million components. 《電子》チップ1個の中に、百万個以上の（回路）素子が詰め込まれている。◆The capacitive component of the input impedance is very large. 《電》入力インピーダンスのキャパシタンス分が非常に大きい。◆A printer is both a system unto itself and a component of a word processing system. プリンタは、それ自体システムでもあり、またワープロシステムの一構成部分[構成要素]でもある。

**compose** vt. ～を構成する、《印刷》植字する、殖版する、組版する、作る；（受身形で）be composed of... ～によって構成される、～から成る、～で成り立っている；vi. 作曲[曲作り、作詩]する ◆compose a message 《ネット》メッセージを作成する；メール（の本文）を書く ◆your ability to compose sentences and paragraphs 文章やパラグラフを構成するあなたの能力 ◆he began composing in earnest in 1991 彼は1991年に本格的に作曲を始めた

**composer** a～《印刷》コンポーザー、殖版機、作曲家 ◆JASRAC (the Japanese Society for Rights of Authors, Composers and Publishers) 《日》日本音楽著作権協会（*略語形にthe は不要）

**composite** adj. 複合の、合成の；a～複合物、合成物、合成材料、合成物、合成材 ◆a composite material 複合材料 ◆a composite waveform 合成波形 ◆a composite component [part] 複合部品 ◆a composite video signal 複合［合成］映像信号 ◆complex composite parts [components] 複雑な複合部品 ◆a carbon-epoxy [carbon/epoxy] composite カーボンファイバーとエポキシの複合材料 ◆Text is superimposed on the painting surface to produce the composite screen image. 《コンピュ》テキスト［文字］が描画面［画像］に重ねられ、合成画面像ができる。

**composition** 組み立て、構成、合成、組成、配合、作文、作曲、曲作り；a～構成[合成、配合、調合]物 ◆a tabular composition 表組み ◆a chemical composition formula 化学組成式 ◆a liquid of this composition この配合組成の液体 ◆a list of train compositions 列車編成表 ◆a material of known composition 組成の分かっている材料 ◆an example composition of a train 列車の編成例 ◆change in chemical composition 化学的な成分組成が変わる ◆improve (your) composition 《写真》構図をさらによくする ◆the chemical composition of gasoline ガソリンの化学成分組成 ◆the composition of the comet's coma dust その彗星の頭部の塵[微粒子]の組成 ◆free expansion of the system composition 《コンピュ》システム構成の自由な拡張 ◆Allergy to pollen is caused by the chemical composition of the pollen. 花粉に対するアレルギーは花粉の化学成分により引き起こされる。 ◆For most pictures, autofocus and auto exposure systems can eliminate a lot of drudgery, letting you concentrate on the action or on the composition. たいていの写真の場合、自動焦点システムおよび自動露出システムは面倒さを大幅になくしてくれるので、（被写体の）アクションや構図[画面構成]に神経を集中することができる。

**compositor** a～植字工

**compost** 回コンポスト、堆肥（タイヒ）、積み肥（ツミゴエ）；vt. ～を堆肥[コンポスト]にする、～に堆肥を施す、～にコンポストを施肥する ◆food waste composting 食品廃棄物のコンポスト化[堆肥化] ◆organic waste which [organic wastes that] can be composted コンポスト化[堆肥化]できる有機廃棄物

◆earthworms enrich compost heaps and planting soil　ミミズは堆肥や植物を植えるための土壌[培地]の養分を増やしてくれる

**compound**　1 adj. 合成の, 複合の, 複巻き式の; n. a～化合物, 合成物, 複合物, 配合材料, 成形材料, →材, →剤 ◆compound wave　《流体》複合波 ◆a compound word　複合語 ◆a (chemical) compound　化合物 ◆an automotive sealing compound　自動車用シール材 ◆a stickier compound　粘り気がもっと強い[粘着性のより高い]配合ゴム ◆a compound formed by the reaction of A with B　AとBの反応によって生成された化合物 ◆at a compound annual growth rate (CAGR) of 3.3 percent　3.3%の複合年間成長率で ◆integrated circuits manufactured from a compound semiconductor　化合物半導体から製造された集積回路[IC] (＊シリコンやゲルマニウムなど単一の元素の半導体とは異なり複数の元素からなる半導体) ◆chemical compounds such as adhesives, sealers, lubricants, etc.　接着剤, シーラー, 潤滑剤などの化学合成品 ◆Compound semiconductors are the second most common type of semiconductor, after silicon.　化合物半導体は, シリコンに次いで2番目によく使われるタイプの半導体である. ◆The term "Paralympics" was originally a compound of two words "paraplegia" and "Olympics".　「Paralympics（パラリンピック）」という語は, 元々「paraplegia（下半身麻痺）」と「Olympics（オリンピック）」の複合語[合成語]だった.
2 vt. 混合する, 調合する, 合成する, (加えたり増大したりして)複雑にする[悪化させる], 〈利子〉を複利計算にする ◆Compounding the problem, ...　さらに悪いことには,; おまけに ◆compound the confusion　その混乱に輪をかける[いっそうひどくする] ◆when interest is compounded annually　利子[利息]が年単位の複利で付く場合 ◆The problem compounds itself as you connect more machines.　《意訳》この問題は, 機械を多く接続すればするほど複雑化する[余計にこじれる]. ◆It differs depending on whether interest is compounded monthly, quarterly, semiannually or annually.　それが利子が月ごと, 四半期ごと, 半年ごと, 一年ごとのどの複利法で支払われるかによって異なる.
3 a～　(へいなどで囲まれた)区域[場所], 囲われた居住地区 ◆an iron-gated compound　鉄の門扉で閉ざされた敷地

**compound interest**　回複利 ◆at a given rate of compound interest　ある一定の複利率で ◆grow through compound interest　複利で増える ◆use a compound interest table　複利表を使う ◆get a compound interest rate of 9 or 10 percent annually　年単位の複利で, 9%または10%の利率を確保する ◆If the CD pays compound interest, ...　《意訳》その譲渡性預金(CD)に複利で利子が付くのなら ◆when calculated at compound interest over the same period　同期間について複利で計算した場合に ◆While simple interest is earned only on the principal, compound interest is the process of earning interest on both principal and interest.　単利が元金だけに利息が付くのに対して, 複利は元金と利子の両方に利息が付く(計算)方式のことである. ◆Fairly small amounts saved regularly grow rapidly when interest is compounded, and the growth accelerates over long periods of time. That's the power of compound interest.　かなり少額でも定期的に貯めていけば, 複利計算の場合, 急速に増えます. 増え方も長期になると加速していきます. これが複利のパワー[威力]です.

**comprehend**　vt. ～を理解する, 合点する ◆The user should be able to comprehend the information structure at a glance.　《コンピュ》ユーザーが情報ストラクチャーを一目見ただけで分かるようでなければならない.

**comprehension**　回会得, 理解, 理解力 ◆the auditory comprehension of speech　言葉を聞いて理解する能力 ◆provide simultaneous interpreters to assure 100 percent comprehension by all participants　参加者全員が百パーセント理解できるよう同時通訳者を提供する

**comprehensive**　adj. 広い範囲にわたる, 広範な, 幅広い, 総合的な, 包括的な, 《意訳》全面的な; 理解力のある, わかりのよい ◆in a comprehensive manner (= comprehensively)　総合的[総括的, 包括的]に ◆a comprehensive software package　総合的な[統合型]ソフトウェアパッケージ ◆a comprehensive reference guide　総合参考便覧; 総覧 ◆Rather than addressing these issues on a piecemeal basis, EPA proposed a comprehensive overhaul of its PCB regulations.　これらの問題を個別に扱うのではなく, EPAは, PCB規制を全面改正することを提案した.

**comprehensively**　adv. 広範に, 広範[広い範囲]にわたって; 理解力を示して ◆comprehensively reform the economy　経済を全般的[総体的]に改革する ◆cover ... more comprehensively than ever before　〈本などが〉これまでになく広範にわたって～を取り扱う ◆surrender comprehensively on the ideological issues　イデオロギー問題面で全面降伏する ◆We need to address the problem comprehensively.　我々は総合的にこの問題に取り組む必要がある.

**compress**　～を押し縮める, 圧縮する, 〈空気など〉を圧搾(アッサク)する ◆a compressed air can　圧縮空気入りのかん (＊精密機械や回路基板などのゴミを吹き飛ばし空気洗浄するためのもの) ◆compressed air　圧搾[圧縮]空気; 圧気 ◆compressed natural gas (CNG)　圧縮天然ガス ◆coal dust is compressed into briquettes　粉炭は固めて練炭[タドン]にできる ◆compress a file by 2 to 1　《コンピュ》ファイルを2対1(の比)に圧縮する ◆the gas is compressed to a higher pressure　このガスはより高い圧力に圧縮される ◆compress all files in excess of 5 to 1　《コンピュ》すべてのファイルを5対1以上に圧縮する ◆The gas is compressed at 40.0 atm to a volume of 0.5l.　その気体は, 40.0気圧で0.5リットルの体積に圧縮されている. ◆Under high pressure, it can be compressed to 70% of its room-temperature volume.　高圧下で, それは常温時の体積の70%まで圧縮可能である.

**compression**　圧縮, 圧搾 ◆by compression　圧縮(すること)により ◆a compression terminal　圧縮端子 ◆a data compression method　データ圧縮方法[方式] ◆a high-compression engine　高圧縮比エンジン ◆compression molding　圧縮成形 ◆a video compression-decompression (CODEC) board　ビデオ圧縮・復元[展開](CODEC)ボード[基板] ◆a screw-in compression gage　《車》ねじ込み式圧縮圧力計 ◆time-compression multiplexing (ping-pong access transmission)　《通》時間圧縮多重化（ピンポン・アクセス伝送) ◆a 2:1 data compression ratio　2:1のデータ圧縮比 ◆achieve greater compression rates　より高い圧縮率を達成する ◆a video-compression ratio of 350:1　350:1のビデオ圧縮比 ◆hold it under compression　それを圧縮された状態に保持する ◆perform video data compression　ビデオデータ圧縮を行う ◆the amount of data compression that V.42bis can provide　V.42bis規格が発揮できるデータ圧縮量 ◆the compression of air　空気の圧搾 ◆the data compression facilities in MS-DOS 6.0　《コンピュ》MS-DOS 6.0のデータ圧縮機能 ◆use data compression to <do...>　～するためにデータ圧縮を用いる ◆with a compression ratio of 20:1　20:1の圧縮比で ◆With [without] data compression, ...　データ圧縮して[圧縮なしで] ◆the actual amount of compression realized will depend on the type of files on the drive　実際に達成される圧縮の程度はドライブに入っているファイルのタイプによって左右される ◆These data compression techniques preserve the original signal with an acceptable level of distortion while representing it in compact form.　これらの画像圧縮手法は, オリジナルの信号を, 小さくまとめた形で表現しながらも許容できる程度の歪みで保存する.

**compressive**　adj. 圧縮の, 圧縮機能のある, 圧縮性の ◆apply a compressive load to [across] ...　～に[～間に]圧縮荷重を加える ◆have an average compressive strength of 32,000 pounds per square inch (psi)　平方インチ当たり32,000ポンドの平均圧縮強さ[強度]を持っている

**compressor**　a～　コンプレッサー, 圧縮機, 圧搾ポンプ ◆an air-conditioner [air-conditioning] compressor　エアコンのコンプレッサ

**comprise**　vt. ～から成る, 成り立っている, 構成されている, 《意訳》～に分かれる; ～を構成する, 成す, 含む, 包含する, 包括する ◆the various components comprising the system

そのシステムを構成しているいろいろな部分［要素］◆The system is comprised of two units. 本システムは、2つのユニットで構成されている。◆The entire manufacturing procedure comprises some 250 process steps. 全製造過程は、約250の工程段階から成り立っている。

**compromise** 1 (a) ~ 妥協,妥協案［点,線］,歩み寄り,折り合い,折衷(案) ◆a compromise on... ~に関する譲歩［妥協］案 ◆essentially reach a compromise with... over... ~と~について基本的に折り合いがつく ◆minimize design compromises 設計上の妥協を最少にとどめる［できる限り妥協しないで設計する］ ◆achieve the light weight by making a compromise その軽量化［軽量化］を,ある妥協をすることで実現する ◆offer an excellent compromise between... and... ~と~の両方をうまく満足させて［兼ね備えて,併せ持って］いる ◆an acceptable compromise has been elusive （これまでのところ）なかなか妥協案にこぎつけられず［妥協策が見いだせ］ないでいる（*an acceptable compromiseは,当事者がその案をのめるような妥協案）
2 vi. <on>（~について）妥協する,折り合いをつける,歩み寄る; vt. ~を危うくする,損なう,傷つける,甘くする,危険にさらす,脅かす ◆seriously compromise safety 著しく安全性を損なう ◆without compromising safety 安全を脅かさずに;安全性を損なわないで; 安全を危うくすることなく ◆seriously compromise the future of peace 和平の行方に重大な文障を来す ◆The new nose is more gently rounded, but in no way compromises the car's lines. この新規の機首部分は丸みがよりゆるやかにつけられているが,決して車の線を損なってはいない。◆Building affordably priced cars is the science of compromise. As a buyer, you should look for the car that compromises the least on safety features that are vitally important to you. 求めやすい価格の車造りは妥協の科学である。買う側として,極めて重要な安全装備に関して最も妥協のない車を探さなければならない。

**compulsion** 回強迫; a ~ 衝動 ◆a compulsion to do... ~したいという衝動

**compulsory** adj. 強制的な,義務的な; 必修の,規定の ◆compulsory automobile insurance 強制自動車(損害賠償責任)保険 ◆9 years of free compulsory education 9年間の無償義務教育 ◆after the compulsory events 規定種目の後で ◆introduce... as a compulsory subject in schools ~を学校での必修科目として導入する ◆make the wearing of car seat belts compulsory 車のシート・ベルト着用を義務付ける ◆perform compulsory figures （フィギュアスケートで）規定課題の演技をする ◆It is compulsory to <do...> ~しなければならないことになっている ◆Collision insurance is also advisable, but not compulsory. 衝突事故保険もお勧めできますが,強制ではありません。◆Education is compulsory from ages 6 to 15. 教育は6歳から15歳まで就学の義務がある。◆Most Japanese understand English words, thanks to six years of compulsory English in the public schools, but few speak it colloquially. ほとんどの日本人は,公立学校で英語が6年間必須になっているおかげで英単語は理解できるが,だが口語体の英語を話せる［英会話ができる］人はほとんどいない。

**compunction** 回良心の呵責（カシャク）,気のとがめ ◆without any compunction 少しも気がとがめることなく;平気で

**computation** (a) ~ 計算,演算,電算,計算結果,計算値 ◆the performance of a computation 演算の実行 ◆perform large amounts of numerical computations 大量の数値演算処理をする ◆a statement that you have rechecked all of your computations and do not find any errors 計算をすべて再チェック［検算］してみて間違いが見つからなかったという内容の陳述文（*税金の話）◆... perform arithmetic computations and other types of operations on constants, variables and other data objects 定数,変数およびその他のデータについて算術演算やその他の種類の演算を行う

**computational** 回計算の ◆a computational algorithm 計算アルゴリズム ◆computational speed 計算速度 ◆a computational procedure; computational steps 計算手順 ◆calculation [computational, computation] conditions 計算［算出,算定］条件

**compute** ~を（コンピュータで）計算する,算出する［弾き出す,割り出す］◆the computing power of a workstation ワークステーションの演算処理能力 ◆Both laptops are aimed at professionals who need to compute on the go. 両ラップトップ機とも,動き回りながら［移動中や外出先で］コンピュータを使う必要のあるプロ向けである。(*on the go の類似表現に on the move や on the road)

**computed tomography, computerized tomography** (X線)コンピュータ断層撮影法,CTスキャン

**computer** a ~ コンピュータ,電子計算機,電算機,計算機,電脳,マシン,機械 ▶コンピュータの種類には,用途や処理能力によって,a microcomputer, a small-business computer, an office workstation (OWS), an engineering workstation (EWS), a minicomputer, a supermini computer, a mainframe (computer), a supercomputer などがある。◆by (a) computer コンピュータで[によって] ◆a computer-controlled system コンピュータ制御式のシステム ◆a computer illiterate コンピュータが使えない［がわからない,に未習熟な］人 ◆a home computer ホーム［家庭用］コンピュータ(*パソコンの別称) ◆a pen-based computer (= a stylus computer, a pen PC, a penpad, a notepad, a tablet) 手書き［ペン］入力コンピュータ ◆a small-business computer オフィスコンピュータ［オフコン］ ◆a video computer ゲーム用コンピュータ［ゲーム機］(*ROMカートリッジを差し込んで使う式のもの) ◆computer vision 計算機視覚 (= machine vision) ◆computer-to-computer communications コンピュータ通信 ◆the computer and home electronics industry 情報家電産業[業界] ◆computer-assisted surgery (CAS) コンピュータ支援手術 (*バーチャルリアリティー技術を使用) ◆a computer-driven machine コンピュータ制御式の機械 ◆run a computer simulation of a hurricane ハリケーンのコンピュータシミュレーション［(意訳)数値実験］を行う ◆the engine systems are computer controlled エンジン系統はコンピュータ制御されている ◆Computer literacy is essential. （人が）コンピュータが使える［できる,わかる］ことは必須である。◆molecular modeling on a personal computer パソコン上での分子模型作成 ◆computer-colored ultraviolet images of Halley's hydrogen coma コンピュータで色づけされたハレー彗星の水素コマの紫外線画像 ◆The robots are operated under computer control. ロボットはコンピュータ制御されている。◆Those tasks are best handled on computers. それらの作業はコンピュータでやるのが一番よい。◆Youngsters' performances on six exercises are computer-analyzed. 6種類の運動についての子供たちの成績が,コンピュータ分析される。◆The Compaq LTE386s/20 is a fast, 80386SX-based IBM PC AT-compatible notebook computer. コンパックLTE386s/20は,IBM PC AT互換80386SXベースのノート型高速コンピュータです。(*80386SXはCPUとして使われているマイクロプロセッサの名) ◆The packaging for dozens of name-brand products is now designed on 3-D computers rather than from mock-ups made of cardboard or clay. 今や数多くの有名ブランド製品の包装容器類は,ボール紙や粘土で作った実寸大模型からでなく3次元コンピュータ上でデザインされている。

**computer-age** コンピュータ時代の,情報化時代の ◆a computer-age version of the old applause meter 往年の拍手音量メーターのコンピュータ時代版

**computer-aided** コンピュータ援用［支援］の (= computer-assisted) ◆computer-aided design コンピュータ援用設計;CAD（キャド）

**computer-assisted** コンピュータ援用［支援］の (= computer-aided) ◆computer-assisted instruction コンピュータ援用教育［支援学習］

**computer-based** 計算機をベース［土台］にしている,コンピュータを中核に据えた,コンピュータ援用［支援］の(= computer-aided), コンピュータを用いた［利用した］,コンピュータ化した ◆a computer-based bibliographic retrieval system

コンピュータを用いた図書検索システム ◆a computer-based (= computer-aided) text-preparation system コンピュータによる[を用いた]テキスト作成システム

**computer-controlled** ◆computer-controlled butterfly throttles コンピュータ制御のバタフライスロットル ◆Much of the recycling is computer-controlled. リサイクリング工程の大部分はコンピュータ制御されている.

**computerese** コンピュータ技術者が使っている専門用語, コンピュータ業界語 ◆without having to learn too much computerese たいして多くのコンピュータ専門用語[業界語]を覚える必要なしに

**computer graphics** 《単扱い》コンピュータグラフィックス, CG

**computerist** a～ コンピュータを使う人, コンピュータ大好き人間

**computerization** 計算機の導入, 情報化, コンピュータ化, 電脳化 ◆(the) computerization of information 情報のコンピュータ処理化 ◆the need for computerization is growing rapidly コンピュータ化の必要性[情報化する必要]は急速に増大して[高まって]いる ◆Computerization of the private sector is expected to continue growing throughout the 1980's. 民間部門の情報化は1980年代全体を通して拡大し続けるものと見られている.

**computerize** ～にコンピュータを導入する, ～を情報化 [コンピュータ化, 電算化]する, 電算処理する ◆computerized society コンピュータ化社会, 情報化社会 ◆a computerized personal organizer 電子手帳 ◆computerized stock trading コンピュータ化された株取引, 株のコンピュータ取引 ◆a computerized information processing system コンピュータ化された[による]情報処理システム ◆computerized scanners for use in grocery store checkout stations 食品雑貨店のレジで使うためのコンピュータ化されたスキャナー

**computerized axial tomography** （X線）コンピュータ化体軸断層撮影法, CAT[CT]スキャン

**computer literacy** コンピュータが分かること, コンピュータを使う能力

**computer-literate** コンピュータが分かる ◆a computer-literate generation コンピュータがわかる世代

**computer typesetting** 電算植字

**computer virus** a～ コンピュータウイルス

**computing** コンピューティング, コンピュータを使用すること, 電算, 電算処理, 演算処理, コンピュータ処理 ◆distributed computing 分散(型)電算処理

**comsat** (communications satellite) a～ 通信衛星

**con** 1 adv. 反対して(↔pro); n. (通例～s)反対, 反対意見, 反対論(者), 反対投票,《意訳》短所[不利点, デメリット](↔pros) 2 a～《俗》取り込み詐欺, ペテン; vt.〈人〉をペテンにかける, だます, 欺く ◆a con artist; a con [confidence] man ペテン師, (取り込み)詐欺師, パクリ屋 ◆he lost $3,000 in a confidence game [con game] played on him 彼は, しかけられた信用詐欺で[詐欺に遭って]3,000ドルだまし取られた[パクられた].

**concatenate** vt. ～を鎖状につなぐ, 縦続接続する, 連結する, 連続する ◆concatenate the character string with another character string 《コンピュ》その文字列を別の文字列と連結[連接]する ◆concatenate [join] two or more character strings into a single character string 複数の文字列を連結[結合]して一つの文字列にする

**concatenation** 連鎖, 縦続, 連続, 鎖連, 連接, 継続 ◆use the・operator for string concatenation 《コンピュ》文字列連結 [連接]には+演算子を使う ◆concatenation of fiber optics 光ファイバーの継続[直列]接続

**concave** adj. 凹面(形)の, くぼんだ, へこんだ; n. vt. くぼませる ◆a concave lens ◆a concave mirror 凹面レンズ ◆The grindstone has grown concave with years of use. その砥石(トイシ)は, 何年にもわたる使用で～くぼんでしまっている.

**conceal** vt. ～を隠す, 秘密にしておく ◆a concealed camera 隠しカメラ ◆conceal critical information 重要情報を秘匿する ◆She has tried to conceal... from husband, children and friends. 彼女は夫や子供や友人に（から）[悟られ]ないよう)～を隠そうとした. ◆The connectors are concealed behind a plastic door. これらのコネクタは, プラスチック製の扉の裏に隠ぺいされている ◆Concealing information will only exacerbate the problem, and the information probably cannot be concealed for very long in any case. Here, as in most cases, honesty is the best policy. 情報を隠す[隠蔽する]ことは問題を悪化させるだけだ. いずれにせよ, この情報は長い間隠しおおせるものではないだろう. ここは, たいていの場合と同様に, 正直さが最善の策である.

**concealment** ①隠すこと, 隠し立て, 隠匿(イントク), 秘匿, 隠れること, 潜伏; a～ 隠れ場所 ◆concealment of information 情報の秘匿[隠匿]

**concede** v.（しぶしぶ）認める[譲歩する, 譲る], 与える[譲与する],（試合などで相手に）得点を許す,《（自分の）敗北》を認める[宣言する],《（相手の）勝利》を認める ◆concede [acknowledge] defeat 負けを認める;《意訳》敗北宣言をする ◆concede victory to one's opponent 相手の勝利を認める(＊相手に向かって敗北宣言をする) ◆He conceded that he made an inappropriate comment to her about... 彼は, ～について彼女に向かって不適切な発言をしたことを[しぶしぶ[不承不承]]認めた. ◆I gladly concede you the victory. 私は喜んであなたの勝ちを認めます[あなたに敗北宣言します].

**conceivable** adj. 考えられる, 予想される, 想像できる, 考えられるだけの ◆be quite conceivable ～は～する予想される ◆It is conceivable that... will [may, could]... ～と考えられる[予想される, 推測できる, 想定される] ◆a car equipped with every conceivable option 考えられるだけの(ありとあらゆる)オプションを装着した車 ◆It is, of course, conceivable that... もちろん～ということが考えられる ◆I don't think that's conceivable since... 私はそれは考えられないことだと思う, と言うのは～だからだ. ◆in order to be able to answer every conceivable question relating to... ～に関し想定されるあらゆる質問に答えられるようにするために

**conceivably** adv. 考えられるところでは, 想像では (imaginably), たぶん(possibly), あるいは ◆poorly constructed cartridges that could conceivably damage a VCR ビデオデッキを破損させることが想定[予想]される, 造りの悪い（ビデオテープの）カセット

**conceive** vt., vi. 考える, 想像する, 思い付く; 妊娠する ◆a well-conceived plan よく考えられて[練られて]いる計画 ◆conceive a software product（新しい）ソフトウェア製品を思いつく[考案する, 思い描く, 構想する] ◆an ill-conceived subsidy plan お粗末な構想[計画]の下で作られた助成金交付制度 ◆Women who are pregnant or trying to conceive should not drink alcoholic beverages. 妊娠中やこれから妊娠[受胎]しようとしている女性はアルコール飲料を飲むべきではありません.

**concentrate** vi. 集中する, 集まる, 集束させる, 専念する, 的をしぼる<on>; vt. ～（の濃度）を濃くする, 濃縮する, ～を集中させる; n. a～ 濃縮物[液] ◆concentrate on... -ing ～することに専心する[集中する, 打ち込む] ◆a concentrated detergent 濃縮洗剤 ◆acids in concentrated form 高濃度の酸 ◆concentrate a solution 溶液を濃縮する ◆concentrate [focus] all one's energies on... 全力を～に集中[傾注]する; 一心に～に打ち込む; ～に鋭意務める; 専ら～に励む ◆concentrate light onto the surface ～の表面に光を集中[収束]させる ◆concentrate one's energies [efforts] on <doing...> ～することに精力[努力]を集中[傾注]する; ～に注力する ◆become concentrated as a result of evaporation ～は蒸発の結果, 濃くなる[濃縮される] ◆concentrate on a specific area of interest 興味を持っている特定の分野に集中する[絞る] ◆In this chapter, we concentrate on... 本章では, ～を中心に論じることとする. ◆concentrate the light into as small an area as possible この光をできるだけ小さな範囲に集中させる[絞り込む, 集束させる] ◆Clark worked out a plan to concentrate on what he was best at doing. クラークは, 自分が最も得意とす

ることに注力するための計画を立てた ◆Remember to buckle up, concentrate, and GO SAFELY. シートベルトを忘れずに締めて、神経を集中して、「安全運転」してください. ◆We must concentrate on boosting productivity. 我々は生産性向上に専念しなければならない. ◆Most of the stores are concentrated around Glassell Street and Chapman Avenue. 店のほとんどはグラッセル・ストリートとチャップマン・アベニュー周辺に集中している. ◆The manufacturer concentrated on reducing the physical size of the unit's motherboard. メーカーはこのユニットのマザーボードの小型化に全力を注いだ.

**concentrated** adj. 集中した, 濃縮した, 濃厚な ◆concentrated fruit juice 濃縮果物ジュース ◆concentrated study 集中学習 ◆in a concentrated manner [fashion] 高い濃度で; 凝縮した[凝縮した, 濃厚な]状態で; 集中して; 集注して; 身を入れて; 一意専心して; 集約して; 密集させて; 密度を高くして ◆work in a concentrated manner 集注して働く; 集中して作業する

**concentration** (a) ~ 集中, 濃縮, 濃度, 濃淡, 密度; [][]選鉱, 濃化; [][]神経を集中させること, 集注, 集中, 集中力 ◆a concentration cell 濃淡電池 ◆a concentration gradient 濃度勾配 ◆a methanol concentration sensor メタノール濃度センサー ◆gravity concentration 重力濃縮; 重力選鉱; 比重選別[選鉱] ◆a concentration cell 濃淡電池 ◆an ion concentration meter イオン濃度計 ◆a Nazi concentration camp ナチスの強制収容所 ◆an airborne particle concentration meter 浮遊粒子(状物質)濃度計 ◆a required concentration course 必修の集中講座[講義] ◆aqueous ammonia at [with] a 29 percent concentration 濃度29％のアンモニア水 ◆as a result of differing concentrations 濃度がまちまちである[((意訳))濃いところと薄いところがある, 濃淡差がある]結果 ◆contain a high concentration of... 高濃度の~を含む ◆... decline in concentration ~は濃度が下がる; ~の濃度は低下する ◆in concentrations 200 times higher than acceptable levels 許容レベルの200倍の濃度の[で] ◆in concentrations that vary from place to place 場所場所で[部分部分で, 箇所ごとに]異なる濃度で ◆in small concentrations 低い濃度で ◆interfere with one's concentration 集中の邪魔をする; 集中力を乱す[阻害する, ((意訳))奪う, 低下させる] ◆measure concentrations of gas ガスの濃度を測定する ◆resulting from variations in concentration 濃度の変化[ばらつき, ((意訳))不安定さ]に起因する ◆the concentration of CO₂ in the air 空気中の炭酸ガス濃度 ◆the "hole" refers to an area of low concentrations 「ホール」とは濃度の低い箇所のことを指す(＊オゾンホールの話で) ◆the maximum acceptable concentration of a chemical in workplace air 作業場の空気中の、ある化学物質の最大許容濃度 ◆It takes a high degree of concentration to <do...> ~するには非常に高い集注力[集中力]が要る ◆oxygen concentrations become very low 酸素濃度が非常に低くなる ◆drafters holding an associate degree with a concentration in CAD 重点的[集中的]にCADを勉強した短大卒の学位[準学士号]を持った製図工たち ◆a blood alcohol concentration of more than 0.08 percent 0.08％を超える血中アルコール濃度 ◆produce a relatively high concentration of hydroxyl ions 比較的高い濃度の水酸イオンを生じる ◆reduce the concentration of solid particles in the airstream その空気流に含まれる固形物質の濃度を下げる ◆when the two solutions reach equal concentration これら2液の濃度が同じになると ◆it must reach that site in sufficient concentration それは十分な濃度でその場所に到達しなければならない ◆he suffered a lapse in concentration 彼は一瞬気を抜いて[気を緩めて, 油断して]しまった ◆The heaviest concentration of tavernas is around Omonia and between Syntagma and Acropolis. 小料理屋が最も集中しているのはオモニア広場界隈とシンタグマ広場とアクロポリスの間である. ◆Equal quantities of alcohol produce slightly higher blood alcohol concentrations in women than in men of the same weight. 等量[同量]のアルコール(摂取)で、女性の血中アルコール濃度は同じ体重の男性よりも若干高くなる. ◆For example, when a baby is learning to walk, the degree of concentration this activity creates in the child is extraordinary. 赤ちゃんの歩行練習を例にとってみた場合、この活動がその子の中に呼び起こす集注度[集中力]には驚くべきものがある.

**concentrator** a~ コンセントレータ, 濃縮機, 選鉱機, 集線装置, 集信機[集信装置], (太陽熱などの)集熱器, 集光器, 集中装置 ◆a spiral concentrator 《鉱山》スパイラル選鉱機, 《炭鉱》スパイラル選別機[選炭機] ◆a 24-port VDSL (very-high-data-rate digital subscriber line) concentrator 24ポートVDSL(超高速データ転送速度デジタル加入者線)集線装置(＊VDSLは通常省略して「超高速デジタル加入者線」と呼ばれる)

**concentric** 同心の, 同軸の ◆a concentric cable 同軸ケーブル(= a coaxial cable) ◆concentric circles 同心円

**concentrically** 同心円状に

**concept** a ~ 概念, 観念, 考え, 考え方, 構想, 発想 ◆our concepts regarding... ~に関する我々の概念[考え方] ◆a concept derived from... ~から導き出された[得た]概念 ◆form a concept 概念を形成する ◆general concepts 一般[普遍]概念 ◆based on a [the] concept that <S -V>; based on a [the] concept of... ~という概念[考え]に基づいて; ~といった考え方を踏まえながら ◆from concept to application 概念[構想]から応用まで ◆introduce microcomputer concepts マイクロコンピュータの概念を説明する ◆teach the concepts of total quality management 総合的品質管理の概念を教授する ◆under a legal concept known as... ~として知られる法的概念の ◆under the concept that... ~であるという概念[考え, 考え方, 構想, 発想]のもとで ◆under this concept of legal liability この法的責任という概念[考え]のもとで ◆Chapter 1 covers the basic concepts and terminology for... 第1章では~の基本概念と用語を扱う[について述べる]. ◆This is the concept behind the system. これが、このシステムの背後にある考え方です. ◆The concepts underlying the stock-control program are amazingly simple. この在庫品管理プログラムの根底にある考え方は、驚くほど単純である. ◆The model leaped from concept to full production in three years. このモデルは構想から3年でフル生産に至った. ◆Under the concept of equal educational opportunity, a female student should be able to... 教育の機会均等という考え(概念)のもと, 女子学生が~できるようでなければならない. ◆The concept of the computer on every desk, unheard of in 1970, is now widely accepted. コンピュータが各自のデスクにのっているという、1970年当時には聞いたこともなかった概念が、今日では広く受け入れられている. ◆It was W. Edwards Deming, an American statistician, who gave Japanese managers and engineers the concept that they refined into Quality Control. 日本の経営者や技術者に、彼らが洗練してQC(品質管理)にまで高めた観念を伝授したのは、アメリカ人の統計学者W.エドワーズ・デミングであった. ◆GM unveiled five "concept" models – futuristic versions of GMC, Chevrolet, Pontiac, Buick and Cadillac vehicles. GM社は、GMC、シボレー、ポンティアック、ビュイック、そしてキャデラックのそれぞれの未来版である「コンセプト」カー5車種を発表した.

**conception** 考えを形成すること; a ~ 概念, 考え, 構想 ◆our conception of time; the conception of time 時間の概念 ◆product conception 製品構想(を練ること) ◆give us a conception of time 我々に時間の概念を与える ◆the common conception of... ~の一般的イメージ[一般の人が~に対して持っているイメージ] ◆Above is an Airbus artist's conception of one super jumbo, and below are possible interiors. 上の図はエアバス社のアーティストによるスーパージャンボー機の想像図[完成予想図]で、下の図は内装の完成予想図.

**conceptual** adj. 概念の, 概念上の ◆a conceptual drawing 概念図; 構想図; 想像図; イメージ図 ◆a conceptual rendering 概念図; 構想図; 想像図; イメージ図 ◆conceptual art コンセプチュアルアート, 概念芸術 ◆as shown in this conceptual illustration この概念図[イメージ図]に示してあるように ◆develop conceptual designs for... ~のための概念設計を開発する ◆they are in the conceptual stages それらは構想の段

階にある ◆optical computers now in the conceptual stage 現在構想段階にある光コンピュータ ◆the conceptual equivalent of turning a light on and off with a wall switch 概念的に壁のスイッチで電灯をつけたり消したりするのに相当すること ◆There are currently three titles released with another planned for May and more in the conceptual stages. 現在3つの作品が発売されており、5月にはもう1作出る予定で、更に多くの作品が構想の段階にある.

**conceptually** adv. 概念的に, 概念上 ◆A is conceptually similar to B. Aは、概念上, Bと似ている.

**concern** 1 vt. ～と関係がある, かかわる, 心配させる ◆where... is [are] concerned ～に関して言えば; ～については; ～に関する限り; ～はどうかと言えば ◆as far as I'm concerned 私に限っていえば; 私に関する限り ◆To whom it may concern: 関係各位殿; 担当者様 ◆issues that concern her deeply 彼女が深く関心を持っている問題 ◆research departments concerned with facts about Russia ロシアに関する情報を対象にしている研究[調査]部門 ◆for technical reasons concerned with the way in which we store data 弊社のデータ保存方法に関係した[関連した, まつわる]技術的理由から ◆My only complaint with the way my car drives concerns its steering system. 私の車の挙動で唯一不満なのは、操舵システムに関してだ.
2 a～ 関心事, (考慮すべき)事柄, (関係する)問題, もの[こと]; a～ 利害関係; ⓤ重要性, 関係, 関連; (a) ～ 心配, 懸念, 不安, 憂慮 ◆a matter of concern 関心の対象[心がかり, 心配]事; 懸念事; (懸念)憂慮すべき)問題 ◆a [the] principal concern 主要な問題[本題, 最大の関心事] ◆states of concern 問題国家, 懸念すべき国家(＊米国はCuba, Iran, Iraq, Libya, North Korea, Sudan, Syriaをさして rogue nations [states]＝「ならず者国家」と呼んでいたが、2000年6月にこの表現に改めた) ◆become a big concern 大きな関心事[問題]になる ◆Concerns are rising that... ～ということになるのではないかという懸念が高まっている. ◆discover a new cause for concern 新たな懸念材料[心配の種, 頭痛の種]を見つける ◆reduce compatibility concerns 互換性の心配を減らしてくれる ◆voice (one's) concerns about [over]... ～について懸念[憂慮]を表明する; ～を心配する意見を述べる ◆despite growing concern about huge deficits 巨大な赤字に対する懸念の高まりにもかかわらず ◆it is none of my concern それは、私には全くかかわり[関係]のないことだ ◆My first concern is safety. 私が最優先に念頭に置いているものは安全です. ◆with little concern for splashes of oil 油ははねかかるということをほとんど気にせずに ◆without concern for those constraints それらの制約を気にしないで ◆but this should not be a cause for concern since... だがこれは心配[頭痛]の種にはならないはずである, というのは... ◆Concerns rose sharply over the safety of... ～の安全に対する心配[憂慮]が急速に高まった. ◆... even though environmental concerns about burning coal are expected to increase 石炭を燃やすことについて環境上の懸念が高まるものと予想されるにもかかわらず ◆hold a public hearing to listen to the concerns of people who use, or who have used, ... ～を使用している, または使用したことのある人たちの懸念[人たちが抱いている不安]について聴くための公開ヒアリングを開く ◆there was no cause for concern about his health 彼の健康についての懸念材料はなかった ◆a deepening concern among students that the door may be closing on the accessibility of a university degree 大学の卒業証書獲得への門戸が閉ざされつつあるのではないかという, 生徒たちの間で深刻の度合いを深めている危惧(の念) ◆It has become a major cause for concern. それは大きな心配[頭痛]の種になった. ◆That's no concern of mine. それは私にはかかわりのないことだ, 我関せずだ. ◆The crowded skies have raised safety concerns. 空の混雑は安全問題を引き起こしている. ◆The SS-20 was an intermediate-range missile of principal concern in the European region. (旧ソ連の)SS-20は, 欧州地域で最大の関心が持たれていた中距離ミサイルの一種であった. ◆Public concern has intensified following the release of new information about pollution. 大気汚染に関する新たな情報の発表があった後, 社会の関心[人々の不安]が高まった. ◆We work out this sort of simple problems in our heads without much concern for the math behind it. 我々は, この種の簡単な問題を, 背景にある数学を意識せずに頭の中で解いている.
3 a～ 会社, 企業, コンツェルン ◆a state-run concern 国営コンツェルン

**concerned** adj. 関係している, かかわっている, 当該の; 心配そうな ◆the authorities concerned 当該[関係]省庁; 当局 ◆all the parties concerned 関係者全員[一同] ◆all (the) persons concerned 当事者一同, 当事者全員 ◆If you are concerned about safety of raw eggs, ... 生卵の安全性が気になるなら, ◆all concerned in a given issue ある係争の当事者全員[関係者一同] ◆all measurement equipment concerned すべての該当する[当該の]測定器 ◆If a person concerned is unable to attend the meeting, 当の本人[当該者, 当事者, 当人, 本人]がミーティングに出席できない場合, (＊特定の人についてならば不定冠詞 a を the に代える) ◆we are concerned with the creation of a virtual company 私たちはバーチャルカンパニーづくりを手がけています ◆without being concerned about compatibility with... ～との互換性について心配することなしに ◆taxes concerned with the transfer of land from A to B AからBへの土地の移譲に関連した租税 ◆he is more concerned about blocking changes than making them 彼は改革を起こすことよりも改革を阻止することの方により関心がある ◆those concerned with making computer systems コンピュータ作りにかかわって[従事して, 関与して]いる人たち ◆We are concerned about the approaching hurricane. 我々は, 接近しているハリケーンが心配だ.

**concerning** ～に関して, ～について ◆the law concerning whether a parent must be present when police interrogate a youth under 16 16歳未満の少年(や少女)を警察が尋問する際に親が立ち会う必要があるかどうかに関する法律

**concert** 一致, 協力, 協調, 提携; a～ コンサート, 演奏会, 音楽会 ◆in concert with... (人)と協力[共同]して, 足並みをそろえて ◆act in concert with... 足並みを揃えて[協調して]行動する ◆develop this in concert with... これを～と共同開発する ◆give [hold, open] a free concert 無料コンサート[演奏会, 音楽会]を開く[催す, 開催する] ◆go to a rock concert ロックコンサートに行く[足を運ぶ] ◆operate [work] in concert with... ～と共に動作する[働く] ◆use A in concert with B AをBと一緒に組み合わせて使う ◆Working in concert with leading IT partners, the company has developed... 有力なIT関連提携先と連携して, 同社は～を開発した. ◆The United States wants to act in concert with its allies to <do...> 米国は, ～するために同盟国と協調行動を取ることを望んでいる.

**concerted** 一致(団結)した, 申し合わせた, 一斉の ◆make a concerted effort to <do> 協力して[一丸となって, 一致団結]して～する ◆a concerted intervention effort 協調介入努力(＊外国為替市場で) ◆a concerted research drive against AIDS 一致団結[総力を結集]しエイズ撲滅法を研究する一大運動 ◆make [wage] a concerted effort to <do> ～するために一丸[一体]となって取り組む

**concertmaster, concertmeister** a～ コンサートマスター[マイスター](＊オーケストラの第一バイオリン奏者, 通例指揮者の補佐も務める) ◆be concertmaster of the Xxx Symphony ～はXxx交響楽団の主席演奏者である(＊無冠詞で)

**concession** ⓤ(権利などを)譲与すること; a～ 譲歩; a～(政府などが与える)特権, 利権, 免許; a～(特定敷地内での)営業許可, 場内売り場 ◆make a concession to... to <do...> (人など)に～する旨の譲歩[(意訳)妥協]をする ◆make many concessions 多くの点で妥協[譲歩]する ◆try to extract maximum concessions from... ～から最大限の譲歩を引き出そうとする ◆try to wrest [wring] more concessions from... ～から更なる譲歩を無理やり[強引に]引き出そう

**concisely** adv. 簡潔に, 簡明に ◆I think that a new grad who can't keep his/her resume to one page needs to learn to write more concisely. 履歴書を1ページに収められない新卒者はもっと簡潔に書くことを覚える必要があると私は思います.

**conclude** 〜を終わりにする, 締めくくる, 結ぶ, (〜と)結論を下す[出す], 結論づける, 割り出す,《意見》(〜と)判断する,《意見》(〜であると)分析する <that, to be>,《条約等》を結ぶ ◆conclude a peace treaty [a treaty of peace] 平和条約を結ぶ; 講和[和平]条約を締結する ◆in concluding this summary of... 〜の概要を締めくくるに当たって ◆release a report concluding that... であると結論づけている[〜であるとする]報告書を公表する ◆Before concluding this talk, I want to... (私の話はこれで終わりですが,)最後に[終わりに]〜したいと思います. ◆an agreement in principle between A and B has already been concluded AB間の条約はすでに大筋で締結されている ◆Table of Contents (Concluded) 目次 (最後)(*目次が数ページにわたる場合の最終ページの見出し) ◆This concludes a three-part series on... これで, 〜について3回にわたってお送りした連続番組[連載記事]を終わります. ◆Since I've tested it several times, I can only conclude that... 私はそれを何度も試したので,(結論として)〜としか考えられない. ◆conclude a settlement 協定を締結する ◆From what was seen, it has been concluded that this boat is from the Civil War era. 見たところ, この船は南北戦争時代のものではないかと推定[推理, 判断]されている. ◆The countdown resumed after engineers concluded the computers were fine. コンピュータは正常であろうと技術者らが判断を下した後, 秒読みは再開した.(*concludeは「推察して結論する, 推断する」) ◆The report concludes that few companies are effectively selling outside their national boundaries. 同報告書は, 国外で効果的に販売をしている会社はほとんど無いと結論づけ[結んで,《意訳》分析して]いる. ◆While a decision to shelve A was made, nothing has been concluded about the future of B. Aを棚上げする決定はなされたが, Bの今後の取り扱いについては何らの決定もなされなかった.

**conclusion** 〜する, 終結, 結末, 結論, 結びの言葉,(契約などの)結び (文などの)結句;《①(条約, 契約などの)締結 ◆reach [arrive at, come to] a conclusion that... 〜という結論に達する[《意訳》結論を得る] ◆at the conclusion of 1995 1995年の終わりに; 1995年の末の時点で ◆before [after; at, upon] the conclusion of a contract 契約の締結[成約]前に[後に; 時に] ◆Chapter 6 Conclusion 6章 結言(*論文などの) ◆conclusions as to the circuit behavior 回路の挙動に関する結論 ◆In conclusion, ... 終わりに, 終わりに当たって[臨んで], 最後に, 結びに, 結論として, 締めくくりをつけると,《意訳》まとめてみると ◆test conclusions 試験の判定結果 ◆The conclusion drawn from Eq. (1-8) is that... (1-8)式から導き出された結論は, 〜ということである. ◆In conclusion, it can be said that (1) Japan is... (2) ... (3) ... 結論として, 次のことが言えると思います. (1)日本は, ... (2) ... (3) ... ◆at the conclusion of the meeting 会議の終わりに ◆at the conclusion of a predetermined elapsed (period of) time 所定の経過時間の終了時に;《意訳》所定の(長さの)時間が経過し終わると ◆the results upon [on] which the conclusion is based 結論の基[基礎, 根拠, 土台, よりどころ]となっている結果 ◆we don't understand how they came to the conclusion that... 我々は, どうして彼らが〜という結論に達したのか解せない ◆Sufficient data have accumulated to warrant the conclusion that... 〜であるとはっきり結論付け[断定する]のに十二分なデータが蓄積した[集まった]. ◆We drew some conclusions from our time with the prototype. 我々はその試作品[試作機, 試作車]を使ってみて, いくつかの結論を導き出した. (*our time with... は, 〜と共に過ごした時間, すなわち使ってみた時間のこと) ◆Chapter 10: Conclusion(s) This report has covered a wide range of issues... 第10章 結論 本レポートでは広範な問題を取り上げた. 〜 ◆no conclusion has been reached regarding [concerning, about, on, as to, relating to, in respect of, with regard to]... 〜に関して[〜について]何らの結論にも達していない

**conclusive** 決定的な, 最終的な ◆However, conclusive evidence that... has yet to be fully established. しかし, 〜といった決定的証拠[確証]は, まだ完全にはとれていない.

**conclusively** adv. 決定的に, 最終的に, 最後に ◆nail down the causes of accidents pretty conclusively 事故の原因をかなり決定的に特定する[突き止める]

**concomitant** adj. 付随する, 伴う <with>; a 〜 付きもの <of> ◆Forgetfulness is a concomitant of aging. 物忘れ[健忘症]は老化[加齢, 老齢化]に付き物に.

**concomitantly** adv. 付随して[随伴して, 伴って] ◆take place concomitantly with... 〜に付随して[随伴して, 伴って]起こる

**concrete** 具体的な; コンクリート(製)の; コンクリート ◆a concrete example of... 〜の具体例 ◆a concrete jungle (大都会の)コンクリートジャングル ◆concrete advice 具体的なアドバイス ◆a concrete amount コンクリートの量; 具体的な量[金額] ◆330,000 cubic meters of concrete 330,000立方メートルのコンクリート ◆give a concrete form to an idea 考えを具体化する ◆make a concept concrete 概念を具体化する ◆pour fresh concrete on top of... 〜の上にまだ固まっていない状態のコンクリートを流し込む; 生コンクリートを打設する ◆until the plan becomes more concrete 計画がより具体化する[具体的になる]まで ◆a four-story reinforced-concrete building 4階建ての鉄筋コンクリートビル ◆cover fresh concrete with a tarpaulin まだ固まっていない[打ったばかりの]コンクリートに養生シートをかける(*水分が蒸発により失われるのを防ぐため) ◆teach the concepts of... through a concrete, hands-on method (with the use of projects) (物体を用いる)具体的かつ実践的方法を通して〜の概念を教える ◆It will probably be several months before anything concrete is realized. 何らかの具体的な形が出来上がるまでには, 多分まだ数カ月かかるだろう.

**concretely** adv. 具体的に ◆concretely achieve diverse goals いろいろな目標を具体的に達成する

**concretization** ①具体化, 具現化, 具象化, 実体化; 明確化; a 〜 具体化[具象化, 具現化, 実体化]したもの ◆concretizations [a concretization] of his idea 彼のアイデアを具体的な形に[具現化]したもの

**concur** vi.(〜について<in>〜と<with>)同意する[《意見》が一致する]; 同時に起こる, 同時発生する, 重なる; 一緒に[共同して, 協力して]〜する<to do> ◆concur with... on... 〜について(人)と意見や見方が一致する

**concurrent** adj. 同時発生の, 併発の, 共存の,《コンピュ》(見かけ上)並行[併行]して行う[同時実行の], 同一点で交わる ◆concurrent processing 《コンピュ》並行処理 ◆concurrent use of... 〜の同時使用[併用] ◆three concurrent lines, not all coplanar, in space 空間において1点で交わり, すべてが同一平面上にはない, 3本の線 ◆concurrent with the effective dates of product changes 製品変更の発効日と同時に ◆The requirement for concurrent access to two or more databases can be met through the provision of multiple-screen windows. 《コンピュ》複数のデータベースに同時にアクセスしたいという要求は, 多面面ウィンドウを用意することにより満たすことができる.

**concurrently** adv. 同時に; <with>(〜と)同時に, 共に, 並行[併行]して, 併せて処理して

**condemn** vt. 〜を強く[激しく]非難する[責める], 糾弾する; 〜に刑を申し渡す[宣告する], (人)を(悲運に)運命づける; 〜を使用[食用, 居住など]に不適であると宣告[判定, 断定]する, (患者)を不治と診断する[さじを投げる] ◆press reports condemning the product as harmful to human health or the environment その製品が人の健康や環境にとって有害であると(弾劾)している新聞報道記事

**condemnation** (a) ～ 非難, 罪の宣告, 有罪の判決［宣告］, 収用宣告, 没収の申し渡し, 非難［有罪宣告］の理由, 使用［食用, 飲用, 居住など］に不適である旨の宣告 ◆defying escalating global condemnation　世界的規模で高まりを見せている激しい非難をものともせず（挿入句）◆draw a sharp condemnation from…　〈人〉の非常に手厳しい非難を買う ◆raise one's voices in condemnation of…　～に対する非難の声を高くあげる ◆to defend oneself from a barrage of condemnation　非難の集中砲火から自らを守るために ◆unleash a storm of condemnation from…　〈人々〉の激しい非難の嵐を巻き起こす

**condemned** adj. 有罪宣告された, 有罪判決を受けた, 死刑囚の; 使用［食用, 飲用, 居住など］に不適であると宣告［判定, 断定］された, 不良［不良品］であると判定された, 使用禁止の; 没収［収用, 接収］された ◆a condemned criminal [inmate, man, woman]　死刑囚 ◆condemned food　食用には不適である（ので破棄すべし）と宣告された食料品 ◆condemned units　不良と診断［判定, 断定］された使いものにならないユニット

**condensate**　凝縮水, 復水, 凝縮液, 縮合物, 縮合体, 天然ガスと一緒に産出されるガソリンのように軽い油 ◆a condensate collection tank　復水回収タンク ◆a condensate pump　復水ポンプ

**condensation** 凝縮, 圧縮, 結露, 凝結, 凝集, 復水, 濃縮, 液化, 縮合 ◆condensation occurs　結露が起きる ◆cause condensation on…　～上に結露を起こさせる ◆draw moist air from… to reduce condensation　結露を減らすために湿った空気を～から排出する ◆prevent condensation from forming　結露（が生じるの）を防ぐ ◆the condensation of water vapor　《気象》水蒸気の凝縮 ◆without condensation taking place　凝結を起こすことなく ◆condensation forms inside the engine and attacks bare metal surfaces　エンジン内部に結露が発生し, 地金の表面が腐食する

**condense** vt., vi. 凝縮［濃縮, 凝結］させる［する］, 縮合させる ◆a condensed keyboard　縮小（サイズの）キーボード ◆condense a liquid　液体を濃縮する ◆the steam vapor condenses to liquid water　水蒸気が凝結して液体の水になる ◆when the system cools and the steam condenses　装置が冷えて蒸気が凝結［凝縮］すると ◆The steam trap collects water that has condensed from the steam and then routes it to the condensate collection tank near the boiler.　蒸気トラップは蒸気が凝縮［凝結］してできた水を集めてボイラー付近の復水収集タンクに送る. ◆Covering the pot during long simmering also helps retain liquid: Much of the liquid that evaporates condenses on the underside of the lid and drips into the pot.　とろ火で長時間煮ている間ずっと鍋に蓋をしておくと煮汁が減らなくて済みます. 蒸発した汁の大部分が蓋の裏側で凝縮［凝結］して鍋の中に滴り落ちるからです.

**condenser** a ～ 凝縮器, 凝縮装置, 復水器, 液化装置; a ～ 集光レンズ, 集光器 ◆a steam condenser　蒸気復水器 ◆a water-cooled condenser　水冷復水器 ◆an air conditioner condenser; the condenser of an air conditioner　エアコンのコンデンサー［凝縮器］

**condiment** a ～ 調味料, 香辛料, 薬味 ◆a Japanese condiment called wasabi　ワサビと呼ばれる日本の薬味［香辛料］

**condition** 1 a ～ 条件, 要件, 条項 <for, of> ◆on (the) condition that…：《条件が複数ある場合》on (the) conditions that…　～という条件で ◆on condition that…　～という条件で［条件なら, 条件つきで］; (もし)～であるなら; ～ということを前提として;《(意訳)》という約束で ◆a necessary condition for…　～のための必要条件 ◆make it a condition of a contract　それを契約の一条件とする ◆set boundary conditions　境界条件を設定する ◆set up five conditions　5つの条件を設ける ◆test a condition　条件をテストする（*真か偽かを調べる） ◆if these conditions are not met [satisfied]　これらの条件が満たされない場合は［クリアーされないと］ ◆… is a necessary but not a sufficient condition for…　～は…の必要条件であるが十分条件ではない ◆regions blessed with optimum conditions for producing…　［for the production of…］～の生産に最適な［最高の］条件に恵まれて［で備わって, が整って］いる地域 ◆search for the first record that matches the specified condition　指定された条件に適合［合致］する最初のレコードを探す ◆Records that do not pass the condition are ignored.　その条件を満たさないレコードは無視される. ◆If either condition A or condition B, or both, is false, then the compound condition is false.　もしも, 条件A, 条件B, またはその両方が偽なら, その複合条件は偽となる. ◆The executive directors of the IMF are moving toward a consensus on simplifying the conditions set on IMF loans.　国際通貨基金の理事らは, IMF貸付の条件を簡素化するという合意に向かっている.　(参考) write a precondition [→postcondition]　《コンピュ》事前［→事後］条件を書く（*プログラミングでは）

2 a ～, ～s 状態, 状況, 事情, 情勢, 概況, 様子, ありさま, ていたらく; (a) ～（単のみ）コンディション［調子, 体調］; a ～（身体のある種の）異常［病気］, 症状, 病状, 容体; a ～ 境遇, 社会的身分, 地位; a ～《米》追試, 再試験 ◆under all conditions　どんな場合でも, いかなる状況下［状態］でも ◆a condition develops　ある状態が生じる; ある状態が生まれる; ある症状が起こる［現れる, 出る, 出現する］; ある病状が進む［進行する］;《(意訳)》ある状態になる ◆under normal conditions　通常の場合（は）◆a shock absorber in poor condition　ひどい状態のショックアブソーバー ◆be in great [excellent, superb, outstanding, tremendous] physical condition　すこぶる体調がいい ◆during power-off conditions　電源が入っていない状態の時に; 電源切断時に ◆equipment in good operating condition　良好な運用状態にある機器 ◆shoot in dark conditions　《カメラ》低照度下［暗い所］で撮影する ◆the condition of maintenance of a robot　ロボットの保守状態 ◆the current weather conditions　現在の天気状況 ◆under conditions of slow cooling　徐冷状態下で ◆under normal operating conditions　正常［通常］動作時に［の］; 普通に働いて［運転して, 稼働して, 操業して］いる（時）の時に［の］; 定常時に; 常時の ◆when conditions quickly change　状況［状態］が急速に変わる時に ◆be in a very weakened physical condition　非常に体調が悪い ◆be in no physical condition to challenge…　～にチャレンジできるようなコンディションではない ◆conditions that occur in the workplace　職場で発生する状況 ◆His general condition is good.　彼の全身状態は良好である. ◆in low-light conditions that require time exposures　タイム露出撮影が必要な低輝度（状態）時に ◆investigate conditions at the detention center　同拘置所［非行少年収容所］における実態を調査する ◆monitor the condition of vital engine components　エンジンの重要部品の状態を監視［絶えずチェック］する ◆raise an error condition　エラー状態を起こさせる ◆set conditions for successful mission accomplishment　任務が成功裡に遂行されるよう条件整備する ◆the condition that arises when…　～の時に起きこの状態 ◆while a certain condition prevails　ある状態になっている間に ◆Although he is in good [fine] physical condition,…　彼はからだの調子［体調］はいいのだが, ◆a motor vehicle that is in a dangerous or unsafe condition　危険なまたは安全が確保できない状態の自動車 ◆If a more serious condition such as glaucoma is diagnosed,…　もしも緑内障などもっと重い病状［病気］だと診断されたら, ◆Check the condition of a power tool before using it.　電動工具を使用する前に, 状態をチェックすること. ◆A person whose driver's license is under suspension may not operate a motor vehicle under any conditions.　運転免許が停止されている人は, いかなる状況下でも自動車を運転することは許されていない. ◆Looking ahead five years from now, do you think conditions will be better than today or worse?　今から5年後を予想して, あなたは今日よりも状況が良くなっていると思いますか, それとも悪くなっていると思いますか. ◆The rear window must be in such a condition as to afford the driver a clear view to the rear.　リアウィンドウは, 運転者に後方がよく見えるような状態になっていなければならない. ◆Intelligent industrial robots can alter their programmed cycle in response to conditions that occur in the workplace.　インテリジェント産業ロボットは, 作業場で発生する状況に応じ

て自身の設定サイクルを変更することができる. ◆The supplier shall take prompt action to correct conditions which might result in defective supplies or services. 部品供給メーカーは, 不良品または欠陥サービスを結果的に生じる恐れがある状態を是正するために迅速な措置を講じなければならない.

3 vt. ~を条件づける, 慣らす, 適応させる, 訓練する, 調子[状態]を整える, コンディショニングする, 調整する; vi. 条件をつける ◆an air-conditioning system 空気調和[空調]システム ◆his lack of physical conditioning 彼の不十分なコンディション作り ◆The signal conditions the receiving equipment to translate all received signals as the lower case. その信号は, 受信装置が受信するすべての信号を下段として解釈するように規定する[指定する, 設定する]. ◆The company says the systems are destined for office use, and that no special measures were taken to condition the hardware for use in the Persian Gulf. 同社は, これらのシステムは元来オフィス向けのものであり, ハードウェアをペルシャ湾での使用に適合させるための特別処置は講じなかったと言っている.

**conditional** adj. 条件付きの; ~次第で, ~を条件として<on, upon>; ◆a conditional branch 《コンピュ》条件分岐 ◆a Conditional Access System (CAS) 限定受信システム(*デジタル放送の) ◆a conditional Class "M" license 条件付き「M」級免許 ◆If your license is conditional to wearing corrective lenses, do not drive without wearing them. あなたの免許が矯正レンズの着用を条件としている場合には, 無着用で運転してはならない.

**conditionality** (a) ~ コンディショナリティ(*国際的な金融機関などが支援対象国を行う際の条件), (救済資金)条件 ◆the implementation of the principle of conditionality コンディショナリティ原則の実施(*ある国に対してIMFが融資する際に, 政策変更を融資の条件とする)

**conditionally** adv. 条件付きで, 条件下で ◆The program can branch conditionally on the outputs of... プログラムは~の出力を条件にして分岐することができる.

**condolence** 弔または~s 慰め, お悔やみ, 哀悼, 追悼, 弔問, 弔慰, 弔辞 ◆express [offer] condolences to... ~に哀悼の意を表す ◆On behalf of..., I extend to... our sincerest condolences. ~を代表いたしまして, ~に心からお悔やみ申し上げます. ◆I want to offer my personal condolences to his family and his children. 彼のご家族の皆様とお子様方に心よりお悔やみ申し上げます.

**condominium** a ~ 《米》分譲マンション ▶建物全体, または一戸を指す. 住居用に限らず, 分譲所有されているオフィスビルのことも言う. ◆buy a condominium 分譲マンションを購入する

**condone** vt. (違法行為など)を許す, 容赦する, 大目に見る, 見逃しする, 宥恕(ユウジョ)する ◆abortion is a crime against humanity that must never be condoned 妊娠中絶[人工中絶, 堕胎]は, 人類に対する許されざる犯罪である

**conducive** adj. ~の(~to)ためになる, ~の助けになる, ~に資する, ~に貢献する ◆an environment conducive to learning 学習するのに良い環境 ◆be conducive to the stability of... ~の安定に寄与する[貢献する]; ~の安定を促進する上での助け[一助]となる ◆it is conducive to a sound sleep それは熟睡を誘う(助けになる); それは熟睡を促す効果がある ◆create a climate conducive to negotiations (対立する当事者同士で)話し合いにつけるような環境をつくる ◆create an environment conducive to trade and investment expansion 貿易[通商]と投資の拡大を促すような環境をつくる ◆see this breakthrough as conducive to the investigation of... この画期的な発見を~の研究のきっかけになるものと見ている ◆It is extremely conducive to stress and tension relief. 《意訳》それはストレスや緊張の緩和に極めて有効である. ◆The atmosphere is so conducive to making long-term friends. そこの雰囲気は, 長くつきあえる友達[友人]をつくるのに非常に適している. ◆There are many ways to make a room conducive to good conversation. 会話が弾むように部屋をお膳立てする方法はたくさんあります. (*パーティーの準備の話では)◆These are not actions conducive to friendly relations. これらは友好的な関係のためにはならない行為である. ◆This course was extremely conducive to understanding the concepts. このコースは, これらの概念を理解するのに非常に役に立った. ◆It would not be conducive to promoting peace, security and stability in South Asia. そのことは南アジアにおける平和, 安全保障, 安定の推進に資することにはならないであろう.

**conduct** 1 vt., vi. ~を行う, 〈熱, 電気など〉を伝導する[伝える], 案内する, 指揮する ◆an RF conducted immunity test 無線周波伝導イミュニティ試験(*RF = radio frequency. 電源線や接続線に載って伝搬する伝導妨害波に対する耐力を調べる) ◆conduct an experiment 実験を行う ◆conduct electricity well 電気をよく通す[伝える] ◆conduct [make, do] a study 研究をする ◆when the diode is conducting ダイオードが導通していると ◆a proton-conducting polymer (for example, Nafion 117 or equivalent) プロトン[陽子]透過性のポリマー(たとえば, ナフィオン117, あるいは同等物) ◆conduct an effective campaign 効果的な選挙運動をする ◆they conduct themselves in these manners 彼らは, こういった具合の行動をとる[このような調子で振る舞う] ◆while the bridge alternately conducts and opens 《電気》ブリッジ回路が交互に導通したり開いたりしている時に

2 n. 行うこと, 遂行, 実施, 実行, 運営, 行為, 所行, 行い ◆institute a code of conduct 行動規範[行動規準]を定める ◆reasonable conduct 分別ある行為 ◆the conduct of ISDN trials 総合デジタル通信網の試用実験の実施 ◆violate the university's code of conduct その大学の行動規範[行動規準, 校則]にそむく

**conductance** コンダクタンス

**conduction** 伝導 ◆conduction electrons 伝導電子 ◆a conduction band 《半導体》伝導帯 ◆a conduction-cooled superconducting magnet 伝導冷却式の超電導磁石 ◆after conduction ceases 導通しなくなると; 導通が無くなると ◆for conduction of electricity 電気を導通させるために ◆good electrical conduction 良好な電気伝導 ◆the conduction current in the wire この電線中を流れる伝導電流 ◆the use of conduction cooling 伝導冷却の使用 ◆dissipate heat mainly by conduction 熱を主として伝導によって放散させる ◆bring the diode into conduction ダイオードを導通させる ◆bring the transistor out of conduction トランジスタを非導通状態にする ◆force the device into conduction その素子を導通させる ◆These boards feature conduction cooling via an onboard thermal management layer. これらのボードは, 基板上の熱管理レイヤーを介しての熱伝導冷却を特徴としています.

**conductive** 伝導性の, 導電性の ◆become conductive 導電性を帯びる ◆a conductive polymer 導電性[導電性]ポリマー ◆conductive-coated 導電塗装された ◆a conductive foam 導電性発泡樹脂製品(*炭素粉などを混入した導電性プラスチックなどで作られていて, 電子部品を輸送や保管時に静電破壊から守るために梱包材として使用される) ◆an electrically conductive sheet 導電性シート ◆selection guidelines for choosing a conductive plastic 導電性[伝導性]プラスチックを選ぶ際の選定ガイドライン

**conductivity** 伝導性, 導電性, (a) ~ 伝導率, 導電率, 導電度 ◆exhibit conductivity 導電性を示す ◆electrical [electric] conductivity 電気伝導率, 電気伝導率, 導電率, 導電度 ◆have extremely high thermal conductivity 極めて高い熱伝導性[度, 率]を有する ◆oxygen-free high-conductivity copper (OFHC) 無酸素高伝導銅 ◆possess electrical conductivity 導電性がある ◆achieve maximum conductivity できる限り高い伝導性[導電性]を達成する ◆it has excellent electrical conductivity それの電気伝導性[導電性]は非常に良好である; それは非常に高い電気伝導性[導電性]を持つ ◆The material has a specific conductivity of 0.07321 mhos. この材料の比伝導率[導電率]は, 0.07321モーである.

**conductor** a ~ 導体, 導線, 素線, 電線, (ケーブルの)心線, 案内人, ガイド, 車掌, 指揮者 ◆a 4-conductor cord 4芯コード ◆a 50-conductor cable 50芯ケーブル ◆a conductor with a nominal cross-sectional area of 0.08mm² 公称断面積 0.08mm²の導体 ◆conductor routing 《プリント基板》パターンの引き回し[回路導体配線] ◆conductors up to 2 1/4" in diameter 最高2 1/4インチ径までの電線 ◆the termination of cable conductors ケーブル芯線の成端

**conduit** a～ コンジット, ダクト, 導管, 暗渠(アンキョ), 電線管, 線渠, (中に電線, ケーブルを通す)管[溝], 《電気》(1本または複数のダクトを通す)管[溝], 《航空》電気配線を物理的に保護する管 ◆an electrical conduit; a conduit 電線管, コンジット(管), 線渠 ◆conduit-enclosed wires 電線管に収められている電線 ◆merely serve [act] as a conduit 単にパイプ役をつとめる ◆be used as a conduit for the illegal diversion of funds to... 資金を～に不法に流すためのパイプとして使用される ◆the lawyer is a conduit to inform the press and the public about... この弁護士は新聞と大衆に～について知らせるためのパイプ役である

**cone** a～ 円錐(エンスイ), 円錐状のもの(＊アイスクリームのコーン, 火山錐, 球果(＊松かさのような実), 円錐形の道路工事標識[カラーコーン, ポストコーン, パイロン]など); vt. ～を円錐形にする ◆a frustum of a cone; a truncated cone 円錐台 ◆an oblique cone 斜円錐 ◆a right circular cone 直円錐

**confer** vt. ～を授与する, 授ける; vi. 協議する, 打ち合わせる <with> ◆confer [consult] with a person about [on]... 〈人〉と～について打ち合わせを[相談, 協議, 会談]する ◆confer with... about [on, upon]... ～と～について協議[相談, 打ち合わせを]する ◆the powers, authority, and discretion conferred upon the President by... ～により大統領に付与された権力, 権, ならびに自由裁量

**conferee** a～ 会議出席者, 会議参加団体, 相談相手, (称号, メダルなどの)受領者

**conference** 1 a～ 会議, 協議, 懇談, 同盟, 一協議会, 一懇談会, コンファレンス, カンファレンス ◆a conference hall (大)会議場 ◆a conference room 会議室 ◆an engineering workstations conference エンジニアリングワークステーション(の通信機能を利用しての)会議 ◆an international conference on software engineering ソフトウェア工学についての国際会議 ◆join a conference and enter a comment 《ネット》会議に参加して発言する ◆The "read only" option allows nonmembers to read the conference proceedings but does not permit them to add comments of their own. 《通》「読み取り専用」のオプションでは, 非会員は会議の議事録を読むことはできても自分のコメントをつける[書き込む, 発言する]ことはできない. 2 vi. 会議を開く, 会議に出る; vt. 〈人〉と会議電話[多者通話, 三者通話]する ◆you can conference other callers 《電話》(複数の人と)電話会議[多者通話]できます

**confess** vi. 自供する, 自白する, 認める, 告白する, 《カトリック》懺悔(ザンゲ)[告解(コッカイ)]する; vt. (カトリックの司祭が)〈人〉の懺悔[告解]を聴く

**confession** (a)～ 告白, 自白[白状, 自認]; (a)～ 《信仰の》告白, 懺悔(ザンゲ), (カトリック教会での)告解 ◆Detectives of the Bucks County Police Department were hellbent on getting a confession out of the suspect. バックス郡警察署の刑事たちは容疑者に自白させようと懸命に[「デカたちはホシに泥を吐かせようとやっきに]なっていた.

**confidant, confidante** a～ (前者が男性形, 後者が女性形)(どんな秘密でも打ち明けて相談ができる)信頼できる親しい友人, 親友, 腹心の友 ◆He turned out to be a kindred spirit and has become one of my closest confidants. 彼は気心の合う親しい友人だということがわかって, (秘密でも何でも打ち明けて相談できる)私の大の親友の一人になりました.

**confide** vt. 〈秘密など〉を〈人〉に打ち明ける<to>, 〈仕事など〉を〈人〉に任せる[委ねる, 託す]<to>; vi. 〈人〉を信頼[信用]する<in>, 〈人〉に信頼して秘密を打ち明ける<in> ◆ confide one's pet theory 持論[持説]を披瀝[開陳]する

**confidence** ①信頼, 信用; ②自信, 確信; ③信頼度; a～ 打ち明け話, 秘密(の話), 隠し事, ないしょ話 ◆a confidence interval 《品管》信頼区間 ◆confidence limits 《統計》信頼限界(＊単数形なら, confidence interval = 信頼区間の両端のいずれか) ◆at 99% confidence 99％の信頼度では ◆his lack of confidence 彼の自信の無さ ◆in full confidence of success きっとうまく行くとかたく信じて; 成功を確信して ◆operate a confidence game; play a con game 信用詐欺[取り込み詐欺]を働く[行う] ◆our confidence is restored 我が社に対する人々の信頼感[信用]は回復している ◆place [put] one's confidence in... ～に信頼をおく, ～を信頼する ◆relax the confidence level to 90% 信頼度を90％に緩める[落とす] ◆the prompt restoration of public confidence in the company 世間一般が同社に寄せる信頼[信用]の迅速な回復 ◆to restore investor confidence in the company その会社に対する投資家の信頼を回復するために ◆undermine confidence in... ～に対する(人々の)信頼を根底から揺るがす ◆implement confidence-building measures (CBMs) 信頼醸成措置を実施する ◆it gives them a high degree of confidence that... それにより, 彼らは～なのだという大きな自信[確信]を得る(ことができる) ◆We have a very high degree of confidence that we've been... 私たちは, ～だったという非常に大きな自信を持って[強く確信して]います ◆Any information provided will be held [kept] in strict confidence. 提供情報の秘密は厳守されます. ◆The value is rejected with 90% confidence. 《統計》その値は90％の信頼度で棄却される. ◆We have absolute confidence in the reliability of the technique. 私たちは, その技術の信頼性に絶対とも言える[100パーセント]自信があります. ◆Assume an air of confidence, even if you don't have it and people will believe in you. たとえ自信がなくても自信ありげに振る舞いなさい. そうすれば人はあなたを信じてくれるのです. ◆Today America officially celebrates the restoration of national self-confidence through the Gulf victory. 今日アメリカは正式に湾岸の勝利を通して国家的な自信の回復を祝う. ◆Global warming is now sufficiently large that we can ascribe with a high degree of confidence a cause-and-effect relationship to the greenhouse effect. 地球温暖化は, 今では, 大きな自信[確信]をもって因果関係を温室効果に帰することができるほどにひどくなった. ◆In intelligence jargon, confidence in analytical judgments is expressed in degrees ranging from high to low. "Fair" is only slightly above low confidence. 諜報機関の用語では, (情報)分析判定における信頼性[(意訳)信憑性, 確度]は, 高いから低いまでの段階で表される. "Fair"は低いよりもほんのわずか信頼度が高いことを示す. ◆In the 1960s, an estimated 61 percent of Americans placed a high degree of confidence in the people running higher education; today, only 25 percent think the same way. 1960年代には, 推定61％のアメリカ国民が高等教育に携わる人たちに大きな信頼を置いて[寄せて]いた. 今日に至っては同様に感じているのはわずか25％だ.

**confidence man** a～《省略形 a con man》取り込み詐欺師, ペテン師

**confident** 確信して, 自信を持つ ◆I'm confident that... 私は, ～であるということを確信している[固く信じている]. ◆I am confident of success. 私は, 成功を確信している. ◆She is confident (that) the automation will proceed on schedule. 彼女は, 自動化は予定通り進むものと確信している. ◆We are 78 percent confident that a predicted data point will fall between m - σ and m + σ. 我々は, 予測データ点がm - σとm + σの間に78％の確度で収まると踏んでいる. (＊確度 = どのくらい確実であるかの程度)

**confidential** adj. 機密の, 秘密の, 部外秘の, 丸秘扱いの, 親展の, 打ち解けた, 〈人が〉機密を託された[信任の厚い], 内々の ◆a confidential arrangement 秘密の取り決め ◆confidential documents 機密書類 ◆a confidential mailbox feature 親展メイルボックス機能(＊ファックス[ファクシミリ機]などの) ◆an envelope marked "Confidential"; an envelope that is stamped "confidential" 「親展」と表記された封筒; 「親展」のスタンプが押されている封筒 ◆highly [strictly] confidential information [data] 極秘情報[データ] ◆try to get hold of confidential information 機密[秘密]情報を入手しようとする ◆receive and store confidential faxes to be produced only when a password is entered　パスワード入力した場合にのみ取り出せる親展ファックスを受信・蓄積する

**confidentiality**　機密性, 秘匿性, 機密保護, 機密保持, 信任の厚いこと　◆auditors who breach client confidentiality face imprisonment　依頼人の秘密を守る（守秘）義務を破る監査人は禁固刑に処せられる　◆ensure the confidentiality of information　情報の機密を保護する　◆introduce a confidentiality clause into a contract　守秘条項を契約に盛り込む　◆require the observance of confidentiality　守秘義務の遵守を必要とする　◆a nondisclosure agreement [form] (also known as a confidentiality agreement)　非開示同意書（またの名を機密保護［守秘義務］契約書という）　◆violate attorney-client confidentiality by releasing the report to the public　その報告書を公開することにより, 弁護士と依頼人の間の秘密を保護［保持］する義務に違反する　◆All information will be processed under strict confidentiality.　情報はすべて秘密厳守にて処理されます。　◆He couldn't discuss details of the case because of client confidentiality.　彼は依頼人に対する秘密保護のために, その件の詳細について話すことはできなかった。　◆Though they promised me confidentiality, my name was leaked to the press.　彼らは私に秘密を守ると約束したにもかかわらず, 私の名前が新聞に漏れた。　◆We always maintain your information under confidentiality.　当社では, あなた［お客様］に関する情報を常に機密保持のもとで管理いたします。　◆The records are kept in our office under lock and key for confidentiality.　これらの記録は, 機密保持のために弊社事務所内で施錠して保管されます。　◆Preservation of confidentiality is one of the most important responsibilities of all University Staff.　機密保持は, 本大学全職員の最も重要な責任のひとつです。

**CONFIG.SYS**　《コンピュ》（コンフィグ・シス）（＊MS-DOSオペレーティングシステムが起動する際に読み込まれるファイルで, 動作環境の設定に関する情報が入っている）　◆make a backup copy of the existing CONFIG.SYS file　《コンピュ》現在のCONFIG.SYS（環境設定用）ファイルのバックアップコピーを取る

**configurable**　adj. configureできる　◆These systems are highly configurable into any desired format.　これらのシステムは, どんな望みの形態にでも非常に柔軟に構成［設定］することができます。

**configuration**　(a) ～ 構成, 配置, 形状, 形態, 外形, 輪郭, 構造, 組織, 模様, 地形,《コンピュ》（環境）設定, 構成, コンフィギュレーション［コンフィグレーション］　◆a configuration file　《コンピュ》設定［環境設定, 構成, コンフィギュレーション］ファイル　◆a configuration outline　構成の概要　◆a pin [pinout] configuration　ピン［ピン引き出し］配置（＊ICなどの場合）　◆(a) system configuration　《コンピュ》システム構成　◆a configuration utility　《コンピュ》環境設定ユーティリティ　◆a Configuration Control Board (CCB)　《標準規格》コンフィギュレーション管理委員会　◆a configuration of computer equipment　コンピュータ装置一式（＊一つの機器設定として接続されたもの全体）　◆alter configuration settings　《コンピュ》（動作）環境設定を変える　◆in portrait or landscape configurations　〈用紙などが〉縦置きまたは横置きで　◆rewrite a configuration file　《コンピュ》環境設定ファイルを書き換える　◆set up a system configuration　《コンピュ》システムの環境設定をする　◆Figure 2c. 8060 Pin Configuration　《半導》図2c. 8060ピン配列（＊ピン配列を示す図の表題。図中には各ピンの呼び名が付記してある場合が多い）　◆pedestal, rackmount, and table top configurations　〈機器類の〉台座型, ラックマウント型, および卓上型の形態　◆the factory-shipped jumper configuration　《電子機器》工場出荷時のジャンパーの設定　◆It bents to any configuration.　それは, どんな形状にでも曲がる。　◆Setting up a configuration is easy [see screen 1].　《コンピュ》（環境）設定は簡単です［画面1を参照］。　◆The model comes in three basic configurations.　この（コンピュータ）モデルには, 3通りの基本構成があります。　◆The "V" configuration securely holds cylindrical objects.　V字形をした形状により, 筒状の物体を確実に保持できます。

◆They are available in many configurations and materials.　これらの製品は, 数多くの形状ならびに材料の中からお選びいただけます。　◆Baseline management is one technique for performing configuration identification.　《標準規格》ベースン管理は, コンフィギュレーション識別の一手法である。　◆It recovers its original configuration when the force is removed.　それは, 力が除去されるともとの形に戻る。　◆These computers are provided off the shelf in a standard configuration.　これらのコンピュータは, 標準構成で在庫から供給される。　◆You can pop up the configuration screen while using another program.　他のプログラムを使用している時に（環境）設定画面をポップアップさせることができる。　◆Basic configuration of the machine is 4 MB of RAM (expandable to 32 MB), a 40-MB hard drive, and dual floppy drives.　このマシンの基本構成は, 4MBのRAM（32MBまで増設可能）, 40MBのハードディスクドライブ, およびフロッピーディスクドライブ2基［2台］である。　◆The notebook has a configuration program to customize power management.　そのノート型コンピュータには,（省電力のための）電力管理をカスタマイズするための（動作環境）設定プログラムがついている。

**configure**　vt. ～を構成する, 配置する, 配列する,《コンピュ》～を環境設定する［設定する］,（環境など）を構築する, コンフィギュレーション［コンフィグレーション, コンフィグ］する　◆a configure-to-order (CTO) PC　注文仕様生産［受注仕様生産］のパソコン　◆a custom-configured PC　カスタム構成の（特注）パソコン　◆a similarly configured model　同様の構成の機種　◆the unit is configured to send and receive...　本ユニットは, ～を送受する構成となっています　◆The account is not properly configured.　《コンピュ》アカウントが正しく設定［構成］されていない。　◆The device address is configured at 22800.　《コンピュ》装置アドレスは22800（番地）に設定されている。　◆Max Data will show memory boards configured in 2-, 4-, and 16-Mbyte sizes.　マックスデータ（社）は, 2, 4, および16メガバイト（の容量）のメモリーボードを展示する（予定である）。　◆The backplanes are configured so as to give each plugged-in module its own unique address.　これらのバックプレーンは, 差し込まれる各モジュール（＊ボードのこと）にそれ固有のアドレスを与えるようなつくり［設計］になっている。　◆The model can be configured as a standalone or networked system.　そのモデルは, スタンドアローンシステムとしてもネットワーク接続されたシステムとしても構成できる。　◆These jumpers are factory-configured for an address of 24560.　これらのジャンパーは, 工場出荷時に24560番地に設定されている。　◆The program has been configured to run on dozens of different makes of computers.　そのプログラムは, 何十機もの異なったメーカーのコンピュータで走るように構成して［つくられて］いる。　◆The system is configured with an 700-MHz Intel Mobile Celeron processor, 128MB of SDRAM, and a 30GB hard drive.　本システムはインテルの700MHz Mobile Celeronプロセッサ, 128MB SDRAM, 30GBのハードディスクドライブで構成されている。　◆The touch-sensitive display can be user-configured to provide 300 different screen and keyboard layouts for individual applications.　このタッチセンス（スクリーン）式のディスプレイは, 個々のアプリケーションに合わせて300種類の異なった画面およびキーボードレイアウトをユーザーが構成することができます。

**confine**　vt. ～を制限する, 限る, 限定する; 閉じ込める; n. ～s（複数扱い）境界, 範囲, 領域, 限界　◆within [beyond] the confines of...　～の範囲内［範囲外］で, ～の内［外］に　◆be confined to a specific geographic area　ある特定［一定］の地域に限定［局地化, 局限化］されている　◆confine [restrain]...within narrow limits　～を狭い範囲（内）に限定する［制限する, 限る］　◆variations were confined within narrow limits　《直訳》ばらつきは狭い範囲内に閉じ込められた;（意訳）ばらつきは抑えられた　◆the flux is almost completely confined within the core　磁束はほぼ完全にコア内に閉じ込められる　◆Smog is a problem confined almost exclusively to the state of California.　スモッグは, カリフォルニア州のみに限定され

るといっていい問題である． ◆The problem is not confined to low-income minority parents.　この問題は、低所得の少数民族出身の父母たちに限ったことではない．

**confined**　狭い、限られた　◆This device is ideal for use with laptops in confined areas.　この装置は、狭い場所でラップトップコンピュータと共に使うのが理想的である．

**confinement**　閉じ込めること；監禁　◆confinement of high-temperature plasmas　高温プラズマの閉じ込め

**confirm**　vt. 確かに～だと述べる、駄目を押す、間違いないということを示す、念を入れる、批准する、〈人の〉確信を深める、立証する、裏づける、確認する、確認する　▶confirm の「確認する」は、注文や予約などで、すでに相手に伝えてある内容でよいということを、改めて意思表示する．　◆under the U.S. Government NCND (neither confirm nor deny) policy　米国政府のNCND（核兵器の存在を「肯定も否定もしない」）というポリシーのもとで　◆Confirm your choice by pressing ENTER.　《コンピュ》ENTER（キー）を押して選択（内容）を確定します．　◆The rate of... was confirmed to be approximately 4%.　～の率は約4%であることが確認された．　◆The researchers also confirmed that children of individuals with this genetic anomaly have a 50% chance of inheriting it.　研究員らは、この遺伝的異常を持つ人たちの子供は50%の確率で異常を受け継ぐことを確認した．　◆It has been confirmed that Darren Fenton, Carl Williams and Adam Parker have signed extensions to their contracts with The Canaries.　ダレン・フェントン、カール・ウイリアムズ、およびアダム・パーカーがカナリーズとの契約延長にサインをしたことが確認された．　◆Halley's huge hydrogen coma appeared to brighten and darken in a cycle of 53 hours, which seemed to confirm other observations that the nucleus rotates about once every two days.　ハレー彗星の巨大な水素コマが、核が約2日で1回転しているという他の観測報告を裏付けるかのように、53時間の周期で明るくなったり暗くなったりするように見えた．

**confirmation**　(a) = 確認、確証、証明、確定、批准、承認、追認；a = 確認書、確認状；(a) = （キリスト教の）信仰告白式、堅信礼　◆a confirmation window　確認窓（*たとえば、カメラに装填したフィルムが確実に送られていることを確かめるためののぞき窓）

**confirmatory**　adj. 確かめる、確認の、確証の　◆(a) confirmatory inspection　確認検査；（核兵器などの協定が守られているか）確認するための査察；《意訳》確認　◆carry out [make, perform] confirmatory checks　確認のためのチェック［検査、調査、調べ、照合］を行う　◆for the purpose of a confirmatory check　確認検査のために

**conflict**　1　(a) ～　〈意見などの〉衝突、対立、相克、葛藤、軋轢（アツレキ）、摩擦、矛盾、不一致、かち合うこと、競合、重複、コンフリクト、紛争、軍事［武力］衝突、戦闘、闘争　◆a conflict alert system　《航空》接近警報装置　◆a conflict between A and B　AとBの衝突［対立］　◆run in direct conflict with...　～と真っ向から対立する［かち合う］　◆the 1950-53 Korean conflict　1950～53年の朝鮮戦争［動乱］　◆the Arab-Israeli conflict became a Soviet-American conflict on a different dimension　アラブとイスラエルの争いは、次元は異なるがソ連と米国との間の対立［にらみ合い］のようになった　◆These two philosophies are currently in conflict over...　これら2つの理念は、目下～に関して対立している　◆When a resource conflict occurs, ...　《コンピュ》リソースの競合が発生すると、...　2　vi. <with>　(～と) 対立する、衝突する、相反する、相克する、矛盾する、かち合う、重複する　◆Opinions still conflict over...　～に関して依然として見解が対立している　◆It may conflict with other device drivers or TSRs competing for the same territory.　《コンピュ》それは、他のデバイスドライバや常駐ソフトと同じ（メモリー）領域をめぐって競合するおそれがある．

**conflict of interest**　a ～ (pl. conflicts of interest) <between>　（同一人物の2つの活動分野や立場の）利害の対立［衝突］、個人的利益［私益、私利］と公益との衝突、利益相反、（2つの活動の）

両立困難　◆a potential conflict-of-interest problem　利害衝突の可能性をひめた問題

**confluence**　a ～（川などの）合流点、(2つ以上の物事が) 出会う［交わる］ところ　◆at the confluence of A and B　AとBの合流点で

**conform**　vi. <to>　(～に) 一致［合致］する、従う、準拠［適合］する、沿っている、順応している；vt. <to>　を (～に) 一致させる［従わせる］、~にあわせる　◆a conforming item　《品管》(仕様に合致している) 良品［合格品］　◆a conforming headband　（形状的に頭に）しっくり合う［なじむ］ヘッドバンド　◆it conforms to the Centronics standard　それはセントロニクス仕様に準拠している　◆its temperature conforms to that of the environment　その温度は環境の温度と同じになる　◆This resilient tape conforms to irregular shapes.　この弾力性に富むテープは、不規則な形状にもぴったり密着する．　◆The soft wrist strap conforms gently and allows the skin to breathe.　この柔らかい手首ベルトは、やさしくなじみ、皮膚呼吸を妨げない．　◆One of the main problems of OA equipment is that it is made for man to conform to it, and not the other way around.　OA機器の主立った問題の一つは、人間が機械に合わせるように作られていて、その逆ではないということにある．

**conformability**　順応性、なじみやすさ　◆high conformability　（粘着テープなどの形状的な）高い度合いのなじみやすさ

**conformable**　adj. <to>　(～に) 準拠した、従う、適合する、一致する、合う

**conformance**　一致、合致、適合、準拠　◆check... for conformance to [with]...　～を〈仕様〉などに合致しているか調べる［従っているかチェックする、則っているか確認する］　◆conformance [adherence] to specifications is checked　仕様の適合［合致、準拠］がチェックされる［確認される］；《意訳》仕様が守られ［遵守され］ているか調べられる　◆determine conformance to specifications　規格に準拠［仕様に適合］しているかどうか（調べて）確かめる　◆in conformance with Quality Control Specification QC-202　品質管理仕様書QC-202に準じて［のっとって］　◆insure conformance to the specifications　仕様が確実に守られるようにする；仕様の遵守を徹底する　◆verify conformance to the safety regulations　これらの安全規則に合致［保安規程に適合］しているか確かめる　◆the determination of conformance of test results to ASTM standard requirements　試験結果がASTM規格の要求事項［要件］に適合しているかの判断［判定］　◆verify conformance with specification requirements　仕様書の要件どおりになって［基準に合致して］いるか確認する　◆assurance that a nonconforming component will be brought back into conformance　仕様［規格］に適合していない部品は仕様［規格］に合致させますという趣旨の保証　◆Any Supplier on the list may be deleted if conformance to the above standards has not been adhered to.　リストに載っている供給業者で上記標準［規格、水準］への適合を守らなかった者は、採録されることがある．

**conformation**　(a) ～　構造、形態、形状、立体配座　◆the DNA chain has a helical conformation　DNAの鎖はらせん構造をしている

**conformity**　(= conformance),《地質》（地層の）整合　◆conformity [agreement] between A and B　AとBの間の一体性［一致、符合］　◆the Japan Accreditation Board for Conformity Assessment (JAB)　《日》（財団法人）日本適合性認定協会　◆be in conformity with ISO standards　ISOの標準規格に準拠している　◆bring antitrust laws into conformity with modern times　反トラスト法を現代の時代に即したものにする．　◆Conformity to the new standard means...　この新しい規格に準拠しているということは、～ということを意味する　◆certify the conformity of each shipment to applicable Safety Standards　出荷が当該安全規格に合致［準拠］している旨の証明をする

**confront**　vt. ～に直面する、立ち向かう、～と対決する、～と対峙する、～に立ちはだかる、～と相まみえる、～に逢着（ホウチャク）する

**confrontation** *(a)* ～ 対立, 対決, 対峙, 対面, 対比, 衝突, 戦争 ◆a head-on confrontation 真っ向からの対立 ◆avoid a major confrontation with Washington over the issue この問題で米国政府と大きく衝突［対立］するのを避ける ◆(a) Soviet-American confrontation [conflict, feud, hostility, rivalry]《表現》ソ連と米国のにらみ合い ◆Do your best to avoid confrontations with strong-minded people. 全力を尽くして, 意志強固な人たちとはぶつから［対立し, 衝突し］ないようにしなさい. ◆Far below the Pacific Ocean, three tectonic plates are in a state of perpetual geological confrontation. 太平洋のはるか下で, 三つの地殻構造プレート［岩板］が永続的に地質学上の衝突状態にある.

**confuse** *vt.* 混乱させる, 分かりにくく［ややこしく］する, 困惑［当惑］させる, まごつかせる, 面食らわせる ◆confuse A with B AをBと間違える［取り違える］ ◆confuse between A and B AとBの区別がつかずに取り違える ◆confuse two words 2つの単語を混同する［取り違える］ ◆in the mesosphere (not to be confused with the mesosphere in the deep Earth) 中間圏（地球奥深くの下部マントルと混同しないこと）において ◆if you are confused about which detergent to use もしもどの洗剤を使えばいいのか分からないなら, ◆My computer is a PC and I was very confused when I was forced to use a Macintosh and Netscape. 私のコンピュータはPCだ. だからMacintoshとNetscapeを使わざるを得なくなったときに非常に面食らってしまった.（*a PCはIBMの流れを汲むパソコンで, Macintoshとは全く種類が異なる）◆The automaker finally admitted that its designation scheme used since the late 1920s had become too confusing. この自動車会社が, 1920年代から使ってきた（車種）命名法があまりにもややこしく分かりにくいものになってしまったことをついに認めた.

**confusion** *(a)* ～ 混乱, 乱雑, 混乱状態, 雑駁［ザッパク］さ, 混迷, どさくさ, 困惑, 当惑, 心の動揺, ろうばい, まごつき, 混同 ◆a lot of confusion exists about... ～についてだいぶ混乱がある ◆cause [create] massive confusion in the market 市場で大混乱を引き起こす ◆cause [create, result in, invite] major confusion 大きな混乱を［生じさせる, もたらす, 来す, 招く, 招来する］ ◆characterized by a confusion of public and private 公私混同によって特徴づけられる ◆confusion as to which products to promote どっちの製品を販促すればいいのか分からなくて途方に暮れること ◆Considerable confusion still reigns as to... ～についてまだかなり混乱がある ◆create confusion for both suppliers and vendors サプライヤとベンダの双方に混乱を引き起こす ◆ease the confusion created by... ～によって引き起こされたこの混乱（状態）を鎮める ◆eliminate any confusion for the user ユーザーが全然困らないようにする ◆in order to avoid confusion with... ～との混乱を避けるために ◆It's a confusion about public and private. それは公私混同だ. ◆keep confusion to a minimum 混乱を最小限に食い止めておく［留める］ ◆lead to major confusion 大きな混乱につながる ◆reduce the current confusion over... ～についての現在の混乱を減らす ◆some confusion has arisen among buyers 購入を予定している人たちの間でいくらか混乱が起きた ◆so there would be no confusion そういった訳で混乱はないであろう ◆take advantage of confusion 混乱（状態）［騒動, どさくさ］に乗じる ◆take the confusion out of... ～から混乱をなくす ◆the confusion with "lie" and "lay" 「lie」と「lay」の混同 ◆there is confusion over who is liable 誰に責任があるかということについて混乱がある ◆there is confusion whether... ～かどうかといった混乱がある ◆there is still confusion about... ～について依然として混乱がある ◆to avoid any confusion 混乱を一切避けるために ◆to avoid consumer confusion 消費者が迷わないようにするために ◆to avoid further confusion among dealers ディーラーの間での更なる混乱を避けるために ◆be concerned about the confusion surrounding... ～を取り巻く混乱を案じている ◆Currently, there is considerable confusion over... 現在, ～についてかなり混乱がある. ◆in order to decrease any possible confusion regarding... ～に関しこり得るいかなる混乱をも減らすために ◆overlapping products and the resulting confusion as to which products to promote 重複している製品, そしてその結果として生じたどの製品の販売促進をすればよいのか訳が分からなくなっている混乱状態 ◆the company is in a state of confusion after the resignation of... この会社は, ～の辞任の余波で混乱状態に陥っている ◆a company that's convinced there's money to be made from confusion どさくさ［混乱］にまぎれて金が儲けられると信じ切っている会社 ◆The room is in a state of confusion. 部屋はめちゃめちゃになって［しっちゃかめっちゃかに散らかって］いる. ◆We regret the errors and any confusion they may have caused. 《表現》誤報がありまして, ご迷惑をおかけしたことを遺憾に存じます. ◆Our apologies for any confusion caused by the original report. 元の記事で（誤情報を伝えて）ご迷惑をおかけしたことをお詫びいたします.（*追記的に書かれていたものなので, 動詞のない不完全な文体である） ◆There is always confusion between the following two conversions. 以下の2つの換算は, いつもよく混同される. ◆What do you do if your house is a confusion of too many Christmas gifts, the cards got [became] separated and you don't know who gave what? もしも家の中があまりにも多くのクリスマスプレゼントでしっちゃかめっちゃかで, カードが外れてしまって誰が何をくれたのか判らなくなったらどうしますか.

**con game** *a* ～ (= a confidence game)《被害者の信頼に付け込む》詐欺, 信用詐欺, 取り込み詐欺, パクリ ◆a con game story 詐欺小説 ◆The victim of a con game always falls for promises of wealth. 信用詐欺の犠牲者は一様に, 金持ちになれますよという請け合いに引っかかっている.

**congenial** *adj.* 気の合った, 同じ気質［性質, 趣味］の; 性分に合った, 適した, 適している ◆He was congenial to me. 彼は私と相性［気, 気心, 気質, 性質, 馬, 反り］が合っていた; 彼と私は互いに意気投合していた. ◆to make the barracks and ready rooms congenial to lady soldiers 兵舎を建てて女性兵士にとって居心地のいいように［女性兵士に合わせて］部屋を調度する［整える］ ◆permit no ideas except those congenial to the government 政府の気に入る思想以外は許さない

**congenially** *adv.* 適切に,（内容, 価値に）合って, 性に合って ◆work congenially with people 人と（一緒に気心を通い合わせて）気持ちよく働く ◆The congenially priced products have struck a popular chord. 相応な値［適正な価格］が付けられているこれらの商品は, 大衆受けした.

**congenital** *adj.*（病気や性格上の欠点などが）生まれつきの, 生まれながらの, 先天的な, 生来の, 生得の ◆a congenital anomaly 先天性異常 ◆congenital abnormalities 先天性の異常［奇形］

**congenitally** *adv.* 先天的に, 生まれつき, 生まれながらに, 生来（セイライ） ◆Some people are just congenitally better sleepers than others. 中には, 単に生まれつき［先天的に］他の人よりもよく眠れる人がいる.

**congested** *adj.* 混雑した, 密集した, 渋滞した, 満員した, 一杯になっている;《医》充血した, 鬱血（ウッケツ）した ◆heavily congested areas 交通渋滞がひどい地域

**congestion** Ⅱ（交通）渋滞, 混雑, 滞貨,（通信などにおける）輻輳［輻湊］（フクソウ）; Ⅱ《医》充血, 鬱血（ウッケツ） ◆relieve congestion 《交通》渋滞を緩和する,《通》輻輳を緩和する ◆line congestions《通》回線の輻輳 ◆because of increased traffic congestion in... ～で交通渋滞が増加したために ◆cut congestion on the bridge その橋の上の混雑を減らす ◆reduce [decrease] traffic congestion 交通渋滞を減らす ◆in the event of network congestions《通》万一, ネットワークの輻輳が発生した場合に ◆they complained of line congestion《通》彼らに, 回線が混んで［回線ふさがり］はでなかなかつながらないと苦情を訴えた.

**conglomerate** *a* ～ コングロマリット, 複合企業体, かたまり, 集成物, 集塊, 団塊, 礫岩（レキガン） ◆a conglomerate bed 礫岩層 ◆a sedimentary conglomerate 堆積礫岩 ◆the founder of Korea's mammoth Hyundai conglomerate 韓国の巨

大コングロマリット [複合企業] であるヒュンダイ [現代] の創始者

**congratulate** vt. (〜について, 〜のことで)〈人〉に祝いの言葉を述べる [おめでとうを言う, よかったねと言う] <on, for>,〈人〉を祝う [幸運だと思う, 喜ぶ, ほめる, めでる] ◆He congratulated me on what I have been doing. 彼は私がしてきたこと [の業績] を (喜び) 誉めて [に感心して] くれた. ◆President Clinton congratulated him on his gold-medal performance. クリントン大統領は, 金メダルを獲得した彼の成績をたたえて祝いの言葉を述べた. ◆I would like to [I just wanted to] congratulate you on winning the Grammy [on your Grammy]. グラミー賞受賞のお祝いを申し上げます [受賞おめでとうございます]. ◆Just moments ago, I spoke with George W. Bush and congratulated him on becoming the 43rd president of the United States, and I promised him that I wouldn't call him back this time. 今しがた, 私はジョージ・W・ブッシュ氏と話をして, 第43代米国大統領になられたことについて [おめでとうと] お祝いの言葉を申し上げました. そして, 今度は電話をかけ直すようなことはないからと彼に約束しました.

**congratulation** 回祝い, 祝賀, 慶賀; 〜s 祝いの言葉, 祝辞, おめでとう ◆a cheerful "Congratulations on our new baby" card 暖かい「赤ちゃん誕生おめでとう」カード ◆congratulations on being selected for the Hall of Fame 殿堂入りに選ばれておめでとう ◆He received messages of congratulation from prominent figures including... 彼は, 〜などを始めとする著名人からお祝いのメッセージ [祝いの言葉, 祝辞] を受けた. ◆"Congratulations to you, Mike," he said. 「おめでとう, マイク」と彼は言った. ◆I started getting letters of congratulation for my Pulitzer Prize. 私のピューリツァー賞受賞に対して, お祝いの手紙が届き始めています.

**congratulatory** adj. お祝いの, 祝賀の, 祝- ◆write [deliver, give, make, offer, provide] a congratulatory address 祝辞を書く [述べる] ◆send a congratulatory address recorded on video ビデオ撮りした祝辞を送る [贈る]

**congregate** v. 集まる, 集める, 集合する, 参集する ◆All the ports congregate behind a hinged door. ポート [接続コネクタ] はすべて蝶番式の扉の裏側に集まっている.

**conical** 円錐形の ◆a conical antenna コニカルアンテナ ◆be conical in shape 円錐形をする

**conifer** a 〜 球果植物 (*松かさのような実をつける植物), 針葉樹

**coniferous** adj. 球果を結ぶ, 針葉樹の

**conjecture** 推察, 推量, 推測, 憶測, 忖度 (ソンタク), 想像, 推論

**conjugate** v.《文法》活用 [変化] する [させる] (*人称, 数, 時制などによる動詞の語形変化),《アメーバーなど単細胞生物》が接合する,《化》共役する [させる], 結合する; adj.《理数》共役の,《生》接合の, 対をなす, (対で) 結合した ◆a complex conjugate number 《数》複素共役数 ◆conjugate impedances 共役インピーダンス ◆learn how to conjugate regular verbs in Spanish スペイン語不規則動詞の活用の仕方 [語形変化のさせかた] を習う

**conjugation** (a) 〜《文法》(動詞の) 活用 [語形変化]; □《生》(単細胞生物の) 接合; (a) □《化》共役; □《医》抱合 (*生体における解毒・無毒化プロセスの一つ) ◆(a) regular [(an) irregular] conjugation (動詞の) 規則 [不規則] 変化 (形) ◆the conjugation of a verb 動詞の活用 [語形変化] ◆the strong [weak] conjugation of verbs 動詞の強変化 [弱変化]

**conjunction** (a) 〜 結合, 連結, 関連; a 〜《文法》接続詞 (... be used) in conjunction with... 〜と一緒に [共に, 併用して, 組み合わせて, セットで] (使用される);《意訳》(との使用に) 対応している ◆in conjunction with... 〜と一緒に [連携して, 共に, 併用して, 組み合わせて, セットで] ◆in conjunction with the article concerning... 〜についての記事に関連して ◆it must be used in conjunction with other immunosuppressive drugs それは他の免疫抑制薬と併用する必要がある ◆In conjunction with electrical engineers, computer scientists and mathematicians, physicists are creating systems that can... 電気技術者, コンピュータ科学者, および数学者と連携して, 物理学者は〜できるシステムを創っている

**conjure** 〜を (魔法でも使ったかのごとく) 出す

**conjure up** 思い浮かべる, 思い描く ◆Since well before Albert Einstein, physicists have been conjuring up concepts that defy common sense. アルバート・アインシュタインのはるか以前から, 物理学者は常識では考えられないような概念を頭に描いて [思い浮かべて] 来た.

**con man** 〜 (= a confidence man, a con artist) 取り込み詐欺師, パクリ屋, ベテン師

**connect** vt., vi. つなぐ, 接続する, 関係がある, 結び付けて考える, (乗り物が) 接続 [連絡] する,《意訳》(電源コードなどを) 差し込む ◆A connects B to C Aは, BをCに接続する ◆connecting passengers (交通機関の) 乗り換え客 ◆connect a jumper wire between A and B ジャンパー線をAとBに接続する ◆connect a new idea with merchandising 新しいアイデアを商品企画 [商品化] に結びつける ◆connect between A and B using [with]... 〜を使ってAとBを接続する ◆complete a connect-the-dot picture 点をつないで描く絵を完成させる ◆connect the wire to the positive terminal of the horn その電線を警笛の正端子につなぐ ◆this resistor is connected between the R0 and R1 terminals この抵抗器はR0端子とR1端子の間に接続されている ◆when the power tool is connected to the electrical power source 電動工具が電源に接続されている時に ◆dial the local number of the network that will connect you with [to] the database そのデータベースに接続できるネットワークの市内番号をダイヤルする ◆The video camera is designed to connect directly to a TV set. このビデオカメラは, 直接テレビにつなげるよう設計されています. ◆Connect a jumper wire between the terminal of the solenoid and the switch terminal. ジャンパー線をソレノイドの端子とスイッチの端子の間に接続してください.

**connectable, connectible** adj. 接続できる, 接続可能な, つなげる ◆a special adapter connectable to most G3 faxes たいていのG3ファックスに接続できる [つなげる] 特別のアダプター ◆Connectable units include A, B, and C. 接続可能なユニットは, A, B, Cなどです.

**connecting** adj. 接続 [連絡, 連接] (用) の ◆a connecting cable 接続ケーブル ◆connecting piping [tubing]; a connecting pipe [tube] 接続管; 導圧管 ◆a connecting rod 《機》コネクティングロッド, 連接棒, 接合棒, 連棒 (レンカン)

**connection** (a) 〜 関係, 接続, 結合, 連結, 結線, 連絡, 連接, 縁故, 縁 (エン, エニシ), コネ, つて, 手づる, よしみ ◆in connection with... 〜に関連して, 〜に関して, 〜をめぐって; 〜と関連付けて [結び付けて, からめて]; 〜に関し, 〜とのからみで, 〜にちなみ, 〜につき, 〜上; 〜と連絡して ◆establish connection with... 〜と接続する ◆for connection(s) to... 〜への接続のために [の] ◆for connection(s) with... 〜との接続の [〜と結ぶ] ために [の] ◆a connection diagram 接続図; 結線図 ◆a method of connection 接続 [結線] 方法 ◆an improper connection 《電気配線などの》誤接続 ◆(a) star connection スター接続 [結線]; 星形結線 [接続] ◆a method of connecting A to B AをBに接続する [つなぐ] 方法 ◆a swaged connection between... 〜間の型締め接合 ◆establish electric connections 電気的に接続する ◆facilitate the connection between A and B AB間の接続を楽にする ◆intended for connection to... 〜との接続用の ◆maintain continuous connections to... 〜との常時接続状態を保つ; 〜と常時連絡をとる ◆make connections to the motor 電動機に接続する ◆poor connection from A to B AからBに至る電路 [回線] の接続不良 ◆terminate [close] connection with [to] the server サーバーとの接続を解除する ◆use one's connections コネ [人脈] を使う ◆no-wait connections 待たずにすむ (乗り物の) 接続 [乗り換え接続] ◆I lacked the connections necessary to... 私には, 〜をするために必要なコネがなかった. ◆a connection between a hard disk unit and a computer ハードディスク装置とコンピュータ間の接続 ◆establish a connection between two conductors 2本の電線を接続する ◆if further studies indicate a clearer connection between VDTs and human injury　もし今後の研究でVDTと人体への害との間によりはっきりとした関連があることが示されれば　◆in a manner which will permit (the) connection of...　～が接続できるように　◆whether you still have a connection　《通》回線がまだつながっているかどうか　◆a device that allows connections to digital lines　デジタル回線への接続を可能にするデバイス　◆hubs that permit connection of multiple devices　複数のデバイスの接続を可能にするハブ　◆it permits a direct connection between a client and a server　クライアントとサーバー間の直接接続［直結］が可能になる　◆lobbyists who earn one's bread and butter based on connections built over the years　これまでに何年もかけて築いた［培った］人脈を基盤として生計を立てているロビイストら　◆... the modem can increase speed as the quality of connection improves　モデムは、接続の質［回線状態］が良くなると（伝送）スピードを上げることができる　◆there is a close connection between A and B　AとBの間には密接な関係がある　◆the synaptic connection between one neuron's axon and another neuron's dendrite　あるニューロンの軸索と別のニューロンの樹状突起間のシナプス接合　◆this deep connection between A and B is...　AB間のこの深い関係は、　◆use security measures in connection with the collection and transmission of Personal Information during the registration process　登録の過程における「個人情報」の収集および送信に「際して」セキュリティ対策を使用する　◆Connections are possible to a maximum of 6 mikes.　マイクは最高6個まで接続できます。　◆It provides connections for two VCRs and a camera.　それによりビデオデッキ2台とカメラ1台が接続できます。　◆There seems to be no connection between the two.　両者の間には関連［関係，脈絡］はないように見える．　◆If..., the indicator bulb is burned out or the connection is bad.　もし～なら、表示電球が切れているか接続不良です．　◆Connections are made between the nodes to carry signals from one group of lines to another.　回線群から回線群へと信号を搬送するために、ノードとノードが接続される［ノードどうしが結ばれる］.　◆The adoption of the standard would allow closer connections between computer technology and multimedia applications.　同規格の採用により、コンピュータ技術とマルチメディアアプリケーションのより緊密な関係が可能になるだろう．　◆The socket is spring-loaded for frequent connection and disconnection (up to 10,000 mating cycles).　このソケットは、頻繁な着脱（最高10,000回の挿抜サイクル［回数］まで）に対処するため、バネ仕掛けになっています．

**connectivity**　連結性、連続性；〈コンピュータ機器の〉接続性、接続《通信》能力　◆system connectivity　システム相互接続性　◆Data networks provide connectivity between diverse users of personal and small business computers.　データ通信網は、さまざまなパソコンやオフコンのユーザーに相互接続性を提供する．

**connector**　a～　コネクタ、接続ソケット、連結器　◆a printed circuit board edge connector　プリント回路基板のエッジコネクタ（＊基板の一辺がプリント回路パターンでそのままコネクタ接点を形成しているもの）　◆a female D-shaped connector with 25 pin holes　ピン穴が25個あるD字形の雌コネクタ

**conning tower**　a～　司令塔（＊潜水艦などの）

**connivance**　回見て見ぬふりをすること、黙認、大目に見ること、お目こぼし、黙過、黙許　◆they're doing it with the connivance of law enforcement authorities　彼らは、法執行当局［警察］のお目こぼしにあずかって、それをやっている

**connoisseur**　a～（美術品などの）鑑定家、目利き、通(ツウ)、玄人(クロウト)　◆an art connoisseur　美術・芸術作品に対する鑑定眼を持つ人　◆a wine connoisseur　ワイン通　◆a connoisseur of jazz　ジャズ通；耳の肥えたジャズファン　◆connoisseurs of car audio　カーオーディオに通じている人たち；カーオーディオ・マニア　◆this connoisseur of connoisseurs　通の中の通である人物　◆he became a connoisseur of fine wine　彼は高級ワインの通になった

**connotation**　a～　言外の［暗示的な］意味、含蓄、含意、《論理》内包

**conquer**　vt., vi. 征服する、征圧する、平定する、征伐する、制覇する、攻略する、席巻する、抑える、克服する、超克(チョウコク)する、～に打ち勝つ、獲得する　◆conquer a city　都市を征服［攻略］する　◆conquer AIDS　エイズを制圧する　◆conquer English　英語を攻略［マスター］する　◆conquer Mount Everest　エベレスト山を征服する　◆conquer new markets　新しい市場を制覇［攻略］する　◆conquer the market　その市場を征服［席巻］する　◆conquer the world　世界を制覇［攻略］する　◆love conquers all　愛は、なによりも強し　◆Windows of Microsoft conquered the market as the de facto standard with its overwhelming majority share.　マイクロソフト社のWindowsは、圧倒的多数のシェアをもって事実上の標準として市場を席巻した．

**conquest**　回征服、攻略；a～ 征服地、占領地；回獲得、口説き落とし；a～ 口説き落とされてものにした異性　◆Mr. Hussein's appetite for conquest　フセイン氏の征服欲

**conscience**　(a～)　良心、道義心、良心の呵責、（悪いと感じるなどの）意識　◆for reasons of conscience　道義上　◆lie heavy on a person's conscience　〈物事が〉〈人〉の良心をさいなむ　◆If I offended any of you, I am sorry that happened. I did only what my sincere conscience told me I was obliged to do.　もし私のせいで（皆さんのうちの）どなたか気を悪くなさったら謝ります．私はただ自分のいつわらざる良心［本心］に従ったまでのです．

**conscious**　adj. 意識して、承知して、気付いて、知って、自覚して　◆be conscious of...　～を意識［認識、承知、知覚］している；～に気がついて［気付いて］いる　◆a safety-conscious driver　安全に対する意識が高い運転者　◆It was a conscious choice to <do>　～することを意識して選んだ［あえて～するという選択をした］　◆People are becoming health conscious.　人々の健康意識が高まって［向上して］きている．　◆He was conscious at the time of arrival at George Washington University Hospital.　彼はジョージ・ワシントン大学病院に到着した際、意識があった．　◆Seat belts keep you conscious and uninjured, enabling you to get free of the car.　（事故の際に）シートベルトはあなたが意識を失ったりけがをするのを防ぎ、車から逃げることを可能にしてくれます．

**consciousness**　回意識、正気；a～《単のみ》<of, that>～という意識［自覚、認識］　◆disturbances of consciousness　意識障害　◆launch a consciousness-raising campaign　意識覚醒運動を始める　◆lose consciousness　意識を失う；気絶する　◆raise consciousness about contamination in rivers and streams　河川の汚染への意識を高める［向上させる］　◆when a driver's level of consciousness falls　ドライバーの意識が薄れる［ぼんやりする、もうろうとする］と（＊居眠り運転を）

**consecutive**　adj. 連続した、連続する　◆for consecutive days　連日　◆a consecutive interpreter　逐次通訳者　◆consecutive interpreting [interpretation]　逐次通訳　◆[straight] wins [victories]　連勝　◆be numbered in consecutive order　通し番号［連番号、連番］が振ってある　◆for four consecutive years　4年連続して　◆for three consecutive hours　3時間連続して［通して］　◆on a consecutive basis　連続して；続けて［続けざまに］　◆simultaneous and consecutive interpreting　同時通訳および逐次通訳　◆after four consecutive monthly increases　4カ月連続して前月比を上回った後で　◆after six consecutive months of service with the company　この会社に6カ月連勤務した後で　◆All lines with the same status value should be in consecutive order.　《コンピュ》同じステータス値を持つすべての行は、（行の順序において）連続していなければならない．　◆Imports of VCRs and color televisions rose in October, the third consecutive monthly rise.　ビデオデッキとカラーテレビの輸入は10月に上昇し［《意訳》輸入の伸びは10月も続き］、これで3カ月連続して前月比を上回る結果となった．　◆To the extent possible, shared leave should be used on a consecutive basis.　できる限り、連帯休暇は連続して使わなければならない［まとめて消化すること］．（＊shared leave＝同一部署内

の従業員同士で移譲可能な休暇．たとえば看病のために休みが必要な同僚にあげられる)

**consecutively** adv. 連続して，連続的に，続けて ◆be numbered consecutively 連番[続き番号，通し番号]が振ってある ◆play seven CDs consecutively CDを7枚連続して再生[連奏]する ◆Eggplant should not be planted consecutively on the same land. ナスは同じ土地で連続して作付け[連作]してはならない．

**consensus** (a)～(意見，見解，認識などの)一致，コンセンサス，合意，共通認識，共通[統一]見解 ◆a national consensus 国民的合意[共通認識]；国民の総意[全体意見] ◆a consensus-building process 根回し ◆hammer out a consensus on... 苦労して～についての合意にこぎつける（*a consensus は，合意することではなく合意内容）◆his consensus-building skills 同意を取り付ける[根回しする，合意を形成する]ことにかけての彼の腕前 ◆it is the consensus view that... 〜であるというのが一致した[共通の]見方[見解]である ◆... can be used as a means of consensus building among... 〜は〜の間における合意形成手段として使える ◆There is a national consensus that we must do something. 何らかの対処をしなければならないという国民的な共通認識がある．

**consent** 同意する，承諾する，承服する；同意，承諾，承服 ◆by mutual consent [agreement] 当事者同士の同意によって；相互の合意に基づいて[の上で，のもとに]，納得[得心]ずくで；双方協議の上（*2者間の場合）；申し合わせのとおり，相談ずくで，示し合わせた通り ◆consent to <do> 〜することを承諾[許可]する ◆by general consent；by common consent 全員の意見の一致によって；全体合意を得て；総意で；満場一致で；異議なく[了承されて] ◆a certificate of consent 同意書 ◆by the consent of all the parties 当事者の同意により；関係者一同合意の上で；全員納得ずくで ◆by winning consent from... （人など）から同意を取り付けて ◆obtain [acquire, secure] one's consent 承諾を得る ◆sign a written consent (form) 同意書(の用紙)に署名する ◆with [→without] the consent of the owner 所有者の同意をもって[→同意なしに] ◆He will consent to your...-ing あなたが〜することに彼は同意するだろう ◆parent's or guardian's signed consent 親もしくは後見人の署名がある書面による同意 ◆President Clinton won the consent of French President Jacques Chirac yesterday to <do>... クリントン大統領は昨日，〜することについてフランスのジャック・シラク大統領の同意を得た[取り付けた]． ◆the Office gives its written consent to the effect that the Corporation need not comply with such recommendations 同社がそのような勧告を遵守する必要がないという旨の書面による同意[同意書，承諾書]を発行する ◆He managed to get her to consent to sex with him. 彼はどうにか自分と関係を持つことを彼女に同意させた． ◆I am in total agreement that the age of consent should be 16 at least. 私は，承諾年齢は少なくとも16歳でなければならないということに全く同感です[同意します]．（*the age of consent = 法律的に結婚やセックスを自分の判断でしてもよくなる年齢） ◆Any compromise with the debtor will be subject to prior consent of the client. 債務者とのいかなる妥協も依頼人の事前の同意を得るものとします． ◆No nomination shall be valid unless it has been consented to in writing by the person nominated. いかなる任命も，任命された者の書面による同意[了解，承諾，了承]がなされない限り有効にならない[発効しない]． ◆No use shall be made "for profit" without the express written consent of the author. 著者からの書面での明示的な同意[承認]なしに「営利目的」に使用することを禁ずる．

**consequence** a〜 結果，帰結，帰趨(キスウ)，成り行き；[C] 重要さ ◆be of consequence 重要である ◆an event of great consequence 重大事件 ◆as a consequence of... 〜の結果として ◆as a consequence of manufacturing tolerances 製造公差の結果（として）◆in consequence of... 〜の結果として ◆result in consequences adverse to safety 安全を脅かす結果となる ◆This is a direct consequence of... これは，〜が直

接原因として生じた結果である． ◆As a consequence, ... その結果，

**consequential** adj. 重要な，重大な；尊大な，もったいぶった；その結果として起きる，必然的な，当然な ◆consequential damage 間接損害

**consequently** その結果(として)，従って，それゆえに ◆Consequently, it would be of interest to <do...> 従って，〜して見るのも面白いことであろう．

**conservation** 保存，（環境などの）保全，（環境，天然資源などの）保護[管理]，維持，節約 ◆practice conservation （自然・環境・天然資源などの）保護区 ◆environmental conservation 環境保全 ◆fuel conservation 燃料節約 ◆(the) conservation of mass 質量の保存 ◆CRP (Conservation Reserve Program)（米）自然保全プログラム　*85年農業法に導入．農地を自然な状態に戻す制度） ◆a wildlife conservation park 野生動物保護公園 ◆conservation of natural resources 天然資源の保護[保全]する ◆encourage energy conservation エネルギーの節約[省エネ]を奨励する ◆for conservation of the environment 環境保全のための[に] ◆for energy conservation エネルギーの節約[省エネ]に努める ◆power-conservation features [capabilities] 省電力[節電]機能 ◆practice water conservation 節水する ◆promote conservation of energy エネルギーの節約[省エネ]を促す ◆spur energy conservation 省エネに拍車をかける ◆Conservation of a (measurement) standard: A set of operations necessary to preserve the metrological characteristics of a measurement standard within appropriate limits （測定）標準の管理：測定標準の計量特性を適切な限界内に維持するために必要な一連の作業 ◆More should be done to achieve greater energy conservation. いっそうの省エネを実現するために，以前に増して多くの取り組みをしなければならない． ◆She researches methods of ocean conservation. 彼女は，海洋（の自然）を保護[保全]する方法を研究している． ◆The time has come to get tough about conservation. （自然環境や天然資源の）保護[保全]に厳しくならなければならない時[時期]が来た．

**conservationist** a〜（自然，環境，天然資源の）保護推進派の人，保全論者

**conservation of energy** the〜 エネルギー保存の法則

**conservatism** ◆保守主義，（墨守，守旧）的な傾向 ◆crippled by excess conservatism （意訳）過度の保守性により活動が阻害された[活力が奪われた，不活発になった，骨抜きにされた]

**conservative** adj. 保守的な，旧守[墨守]的な，地味な，控えめな，（見積もりなど）内輪な；a〜 保守的な人，保守党員，〜s 保守派層 ◆a conservative silk tie 地味[控えめ]な絹のネクタイ ◆an advisory council conservative to the core 徹底して保守的な諮問委員会 ◆conservative dress 地味な服装 ◆This is a conservative estimate. これは控えめ[内輪の]見積もりである． ◆the conservative and exclusive atmosphere of the small beach towns 海岸沿いのこれらの小さな町の保守的[守旧的，旧守的]で閉鎖的な雰囲気 ◆Conservative estimates are that... 内輪に[控えめに，少なく]見積もって，〜である． ◆more conservative estimates put the figure at $300 million より控えめな[内輪な，（意訳）確実な線での]見積もりでは，その数字は3億ドルとされている ◆Conservative estimates have put the toll at about 3 million persons; it may have been much higher. 死傷者数はこれまで控えめに見積もって300万人となっているが，実際はずっと多かった可能性がある．

**conservatively** adv. 保守的に，地味に，控えめに，（見積もりの場合）内輪に ◆Diamond reserves are conservatively estimated at 180 million carats. ダイヤモンドの埋蔵量は内輪[控えめ]にみて1億8000万カラットあると見積もられている．

**conservator** a〜 コンサベーター，修復士，美術品修復保存専門家，（変圧器の）コンサベータ[油劣化防止装置]，（標本植物用の）温室；a〜 保存者，保護者，後見人，財産管理者，治安維持官，保安官 ◆an art conservator （美術館などの）美術

品保存修復士 ◆an oil conservator オイルコンサベータ；絶縁油劣化防止装置

**conserve** vt. 保存する，保護する，保全する，大事に使う，大切にする；〈果物〉を砂糖漬け［ジャム］にする；(a)～〈果物の〉砂糖漬け，ジャム ◆a standby switch to conserve power 節電のためのスタンバイ・スイッチ ◆conserve body heat 体温を逃がさないようにする；体温を保つ ◆conserve electricity 節電する ◆conserve endangered species 絶滅危急［危惧］種を保護する ◆conserve the Earth's resources 地球の資源を保護する ◆conserve water 水を大切に［大事に］使う；節水する ◆conserve between 16,000 and 20,000 gallons of water a year 年に16,000ガロンから20,000ガロン節水する ◆conserve the interests of the nation [the general public, the Ukrainian people, (one's) members, all parties] 〈順に〉国家［一般大衆，ウクライナ国民，会員，全党］の利益を保持する［保護する，守る］ ◆Seek ways to conserve your energies and (financial) resources. あなたのエネルギーと財産［資産，資金］を温存［大事に保存］しておく方法を見つけなさい。

**consider** vt., vi. よく考える，思考する，熟考［熟慮］，検討，考察］する，考慮に入れる，《意訳》選考する；～とみなす［考える，思う］〈as, that〉 ◆considering (the fact) that... ; taking... into consideration [ account]; in consideration of... ～を考慮［加味，勘案］して ◆(with) all things considered (= all in all, on balance) 総合的に考えて；すべてを考えて；全体を評価した結果；あらゆることを勘案して，あれこれ考えてみて；結案の結果 ◆an important item to be considered in designing... ～を設計する際の重要な考慮［注意］事項の一つ ◆be considered important for safety 安全上重要であると考えられる ◆be well worth considering ～は考えてみる価値が十分ある；～は十分考慮に値する ◆considering (the fact) that... 《文頭で，あるいは文中に挿入して》～ということを考慮［加味］して；～ということに鑑みて ◆considering (the fact) that... ～ということを考慮する［考えると］；《意訳》～という考え方［観点，視点，見方，見解，見地］から ◆consider... in the big picture ～を大きな［広い見地に立ち，大所高所から，巨視的に，広い視野から，大局的見地から，全体を見回して，全体的に］考える ◆consider the behavior at t = ∞  t = ∞における挙動を考察する ◆If it is considered that... 仮に～であると考えられる場合には ◆it can be considered that... ～ということが考えられる ◆it is hard to consider [think] (that) 〈S・V〉 ～であるとは考えにくい［考えがたい］ ◆it may be considered that... ～であると考えてもいいだろう ◆it should be considered that... ～ということを考えなくては［考慮しなければ］ならない ◆several points to consider about... ; some points to be considered regarding... ～について考えるべきいくつかのポイント［考慮点，考慮事項］ ◆things to consider; things to be considered 考慮すべき事［点，事項，事柄］ ◆a list of items considered necessary 必要と思われる物のリスト ◆consider the following rules: 次の規則を考慮［に注意］してください。 ◆consider the question of landfill and recycling (ごみの)埋め立てやリサイクル問題を考える ◆consider the whole of the facts [circumstances] すべての実情［事情］を勘案する ◆consider the scientific and ethical issues surrounding... ～を取り巻く科学的および倫理的な問題を考察する ◆it is considered possible to enhance performance further by adding or removing... ～を加えたり廃止したりすることにより，更に業績［実績，成績］を高めることは可能だと考えられる ◆I consider myself hardware-savvy. 私はハードウェアには強いと自負している。 ◆Let us consider each of these briefly, in turn. これらを一つずつ簡単に見てみよう。 ◆The EU is now considering removing restrictions on... 欧州連合は今～の規制の撤廃［解除］を検討［検討中］である ◆Muslims consider pork unclean. イスラム教徒は，豚肉を汚らわしい［不浄で あると］考えている。 ◆Under Jewish law, pigs are considered unclean. ユダヤの法律のもとでは，豚は汚らわしい［不浄である］と考えられている。 ◆Brands to consider in such comparison tests include BASF, Maxell, Sony, ... and TDK. そのような比較テストの対象として考えるべきブランドは，～など

である。 ◆CD-ROM players are starting to be considered standard equipment on desktop PCs. CD-ROMプレーヤーはデスクトップパソコンの標準装備だと考え始めている。 ◆Let's take a look now at some of the other factors you need to consider. では，考慮すべきほかの要因のいくつかについて見てみよう。 ◆The generation of square waves by multivibrators is considered in Chapter 7. マルチバイブレータによる方形波の発生については，第7章で考察している。 ◆Considering that nearly all puppies chew on electrical cords, serious injury is surprisingly rare. ほとんどすべての子犬が電気コードをかむ［《意訳》かじる］割りには，重症を負うケースは驚くほど少ない。 ◆Honda automobiles exported from the United States to Europe are considered to be American, not Japanese. 米国から欧州に輸出されているホンダの自動車は日本車ではなく米国車であるとみなされている。

**considerable** adj. 《程度，数量などが》かなりの［相当な］，ずいぶん［相当］大きな，大分多い，多量の，たくさんの，多数の，多大な，大幅の，少なからぬ，少なくない ◆a considerable amount of testing かなり多くの試験 ◆a considerable saving in mold cost 型代の相当な節約 ◆considerable care has been exercised in... ～に相当［かなり］の注意が払われた ◆to a considerable degree [extent]; considerably; a good deal かなり；相当に；結構，ずいぶん；大いに；よほど；非常に；著しく

**considerably** adv. かなり，相当に，非常に，ずいぶん，大分，大幅に ◆be considerably higher than... ～よりかなり高い ◆decrease costs considerably コストをかなり［著しく］減らす；著減させる ◆since a considerably [fairly, pretty, very] long time ago; since quite a long time ago 《順不同》ずいぶん［かなり，相当，大分］昔から

**consideration** Ⓝ考慮，熟考，熟考，配慮，思いやり，気配り，考察，思考，検討，審議，《裁判所による》審理；a～ 考慮［重要視］すべき事項［要素］，問題点；a～ 報酬，対価，謝礼 ◆in consideration of... ～を考慮［配慮，加味，斟酌］して ◆show consideration for... 〈人〉への配慮［思いやり］を示す ◆after careful consideration 慎重なる検討［考慮］の上；慎重に検討［考慮］した後で ◆after due consideration (= after due deliberation) 十分考えた上で；十分検討［考慮］した上で；熟慮［考慮］した上 ◆after mature consideration [deliberation] 十分に［じっくり］考えた上で；熟慮［熟考］の上；十分に検討した後で ◆a question open for consideration （今後の）検討が待たれている問題 ◆be worth consideration; be worthy of consideration 考慮［検討］に値する；検討する価値はある ◆considerations for using... ～を使用するための配慮［注意］事項，～使用上の注意 ◆give special consideration to... ～に特別の配慮をする ◆have to make special considerations to ensure... （必ずや［確実に］）～であるよう特別の配慮［気配り］，《意訳》対応する ◆make special considerations to new pilots 新しいパイロットに対して特別の配慮をする ◆show consideration for other people 他の人に思いやりを示す［見せる］ ◆take... into consideration ～を考慮に入れる［考慮する，勘案する，《意訳》加味して考える］ ◆consideration of... ～の考察［検討］；～への配慮 ◆to assure consideration 確実に審査［配慮］が受けられるようにするために ◆with consideration given to... ～を考慮に入れた上で ◆withdraw his name from consideration 彼の名前を選考［候補］から外す ◆without any consideration of the cost コストを度外視して ◆without consideration of sex or age 性別や年齢を考慮に入れずに ◆Careful consideration must be given to... ～を慎重に考慮しなければならない ◆On further consideration, ... 更に考えた上で ◆cannot leave reality out of consideration 現実を考慮しないわけにはいかない；現実を無視できない ◆due consideration must be given to... ～に対してしかるべき配慮を払わなければならない；～を十分に考える［考慮する］ ◆with due consideration to American interests 米国の利害に十分［しかるべき］考慮［配慮］をして ◆your next considerations in buying a printer プリンタの購入にあたって次に考慮すべき事項 ◆a mission under consideration for launch in the early 1990s 1990年代初頭に打ち上げ

が検討[計画]されている飛行 ◆similar projects are underway or under consideration 同様なプロジェクトが進行中あるいは検討中[(意訳)計画中]である ◆the plan is awaiting consideration by the committee その計画は,委員会の検討を待っているところである. ◆There are several points of consideration to make when ... ing ～する際に考慮す[配慮す,思案す,考える]べき点が7つあります. ◆The solution of this problem is only possible through consideration of... この問題の解決は,～を考察することによってのみ可能である. ◆they use poor arguments which leave history out of consideration 彼らは歴史を考慮せず説得力に欠ける論拠を用いている ◆When these factors were taken into consideration, ... これらのファクター[要素,要因,因子]が加味されると,◆What considerations can be used to determine whether...? ～かどうかを決定するのにどんな検討事項を用いたら[どんな事項を考慮したら]よいだろうか. ◆Every shop has to make considerations to customers to keep them happy. どの店も,顧客を満足させておくための気配りをしなければならない. ◆Large quantity quotations receive special consideration. 大口見積もり(のご依頼)には特別配慮いたします. ◆Much time and consideration went into planning this voyage. 多くの時間と思考がこの航海の計画を立てることにつぎ込まれた[注ぎ込まれた,費やされた]. ◆Battery life is an important portability consideration for some users. バッテリ持続時間は,一部のユーザーにとって,携帯面での重要な考慮事項[携帯面で考慮すべき重要なポイント]の一つである. ◆Choose the vehicles you drive with consideration for their outward visibility. (意訳)(車内から)外が見やすいという点に配慮して乗る車を選んでください. ◆Consideration must be given to making the wealthy pay a larger share. 裕福な人々に,より多く支払い分担させるべく配慮する必要がある. ◆These units can be run for extended periods of time, but require [need] special consideration to cooling. これらの装置は長時間運転が可能ですが,冷却のための特別の配慮が必要です. ◆In the construction and renovation of buildings and homes, consideration is rarely given to the "environmental friendliness" of the materials. ビルや住宅の建設や改修において,資材の「環境への優しさ」に対してほとんど配慮は払われてない. ◆The equipment's capabilities reflect the manufacturer's careful consideration of user suggestions, market realities, and the available technology. その装置の機能には,ユーザーの意見や市場の実情や実用可能な技術をメーカーが慎重に考慮した結果が反映されている. ◆These components have been used in aircraft and space vehicles where space and weight are crucial considerations. これらの部品は,スペースと重量が重要な要素である航空機および宇宙船に用いられてきた.

**under consideration** 考慮中で[の],計画中の[で],検討中の[で],審議中の[の],想定している ◆the bills under consideration in Congress 議会で審議中の法案 ◆Other candidates under consideration include... その他,想定している[考慮中の]候補者としては～などがいる. ◆He pledged that raising taxes was "not under consideration, nor will they be." 彼は,税金を引き上げることは「検討対象とはなっていないし,増税もない」と誓った.

**consignee** a～(貨物の)受取人,荷受人
**Consignia** コンシグニア(*英国郵便事業体. 100%英政府所有の株式会社) ◆On 26 March 2001, the British Post Office is due to become a PLC and change its name to Consignia. 2001年3月26日付で,英国郵便公社は株式会社になるとともにコンシグニアに名称が変更されることになっている. (*a PLC = a public limited company 「株式会社」)
**consignment** 委託,委託販売,託送; a～ 託送貨物[荷物],委託販売品,出荷[荷積み](*毎回1回分の貨物) ◆a consignment note 出荷通知(書);船積み案内(書) ◆goods on consignment 委託販売品 ◆on a consignment basis 委託ベースで;委託販売で ◆expect a consignment of electric fans from Taiwan 台湾から扇風機の船積みが着くのを待っている
**consignor** a～ 発送人,荷主,荷送人

**consist** vi. 成り立つ; <of>〈構成要素〉から成る,〈～で〉構成される;両立[一致]する<with> ◆Each video frame consists of 525 horizontal lines. 各々のビデオフレームは,525本の水平走査線で構成されている. ◆The microporous mesh consists of strands of ultrafine microfilaments. この微孔性メッシュは,超微細マイクロフィラメントをよったもの[の撚糸]で出来ている.
**consistence** (= consistency)
**consistency** 回粘稠(ネンチュウ)性,粘度,密度,濃度,堅さ,軟度;整合性,統一性,一貫性,矛盾のないこと,つじつまが合っていること,ばらつきやむらの少なさ,調和性 ◆maintain consistency 一貫性を維持する;整合性を保つ ◆the consistency of the fluid その溶液の粘度[粘り具合] ◆provide consistency in a software product ソフトウェア製品に一貫性[整合性]を持たせる ◆thin paint to a desired consistency 望む[好きな,好みの,所期の]粘度になるまでペンキを薄める ◆high film consistency within the batch and from batch to batch 同一ロット内やロット間における薄膜の高い均質性[均一性,ばらつきやむらの少なさ](▶consistencyに均一性という訳は日本の辞典には見あたらないが,英英辞典にはこの語義がある) ◆mash a banana and add a little milk for a more liquid consistency バナナをつぶし,ずっとゆるくドロドロにするために牛乳を少し加える ◆It is claylike in consistency. それは粘土のような粘稠性を持っている. ◆How can consistency be maintained between agencies, which are becoming increasingly specialized in their own fields? それぞれ個別の分野で専門性がますます強まりつつある独立行政法人の間で,いかにして整合性を保てばよいのであろうか. ◆The stores are homogeneous, neither fancy nor plain, just no nonsense. There is consistency. All stores are similar. McDonald's is trustworthy. 各店舗は派手でもなく地味でもなく正に落ち着いた感じで統一されている. そこには統一はない. どの店舗もよく似ている. だからマクドナルドは安心して入れる.
**consistent** adj. 首尾一貫している,一貫した,不変の,変わらぬ,むら[ばらつき]のない,均一な,安定した,着実な,～と一致[調和,両立]して<with>,矛盾のない,整合性のある ◆even if it's not consistent with what he said previously たとえそれが,先に[以前に,先般]彼が言ったことと一貫していなくとも ◆in a manner (which is) consistent with... ～と整合性が取れるように,～と一貫性がある[合う,合致する,適合する]ように,～に合う[かなう]ように ◆ensure extremely high and consistent quality 極めて高く一定した品質を保証する ◆a flying altitude consistent with the performance capability of the jet そのジェット機の性能面での能力に見合った飛行高度 ◆That is consistent with computer simulations of global warming from emissions of greenhouse gases. それは温室効果ガスの排出による地球温暖化のコンピュータシミュレーションとも一致[合致]している.
**consistently** adv. (首尾)一貫して,ばらつきがなく,むらがなく,着実に,決まって;常に[いつも]変わることなく ◆a consistently high level of quality that runs from the popularly priced wines all the way through the ultra-premium wines 庶民的な値段のワインから極上ワインに至るまで首尾一貫した高品質
**consolation** 回慰め,慰藉,心やり; a～ 慰めになるもの ◆demand consolation money 慰謝料[手切れ金,涙金]を要求する ◆pay about $4,500 in damages and consolation money 損害賠償金と慰謝料で約4,500ドル払う ◆win [earn, get, receive] a consolation prize 残念賞を勝ち取る[獲得する,手にする,受ける/もらう] ◆a consolation race for the drivers who didn't qualify 予選を通過できなかったドライバーのための敗者復活戦 ◆he was eliminated in his third consolation match 彼は敗者復活3回戦目で振り落とされた[失格した,敗退した]
**console** 回～コンソール,制御卓,操作卓,調整卓 ◆a control console 制御卓;操作卓 ◆The console and remote has a shuttle control. 《AV》本体とリモコンにシャトルつまみ[リング]が付いている. ◆The bike's digital console gives readouts on elapsed time, distance traveled and maximum speed achieved.

この自転車のデジタル式計器盤は, 経過時間, 走行距離, 最高到達速度の測定値を表示する.

**consolidate** vt. vi. (整理)統合する, 合併する, 連結する, 集約する; 強化する, 固める[固まる], 強固になる, 凝固[固結, 固化]する ◆a consolidated container 小口混載(貨物の入っている)コンテナ ◆a consolidated financial statement 連結財務表(*特に, 連結決算表) ◆a consolidated school 統合校(*複数校をまとめてできた学校) ◆a consolidated subsidiary 連結子会社 ◆consolidate high-rate debts 高利の(複数の[多重])債務をまとめる[ひとつに整理する] ◆consolidate three systems into one 3つの制度を一つにまとめる[束ねる, 集約する, 統一する, (整理)統合, 統合化, 一本化, 一元化]する ◆on a consolidated basis 《会計》連結(決算)ベースで ◆The two departments were consolidated into one division. これら2つの部は, 1つの事業部に(整理)統合された. ◆The Xxx Times was consolidated with the Yyy Tribune. Xxxタイムズ紙はYyyリビューン紙と合併させられた. ◆Waste oils such as vacuum pump oil or mineral oil are to be collected and consolidated with other oils in a 55-gal. drum kept in the shop area. 真空ポンプ油や鉱物油などの廃油は, 集めてその他の油と一緒にして工場区域に保管してある55ガロン(の容量の)ドラム缶に入れること.

**consolidation** (a) 〜合併, 整理統合, (合理化を図っての)統合, 強化, 《経理》連結, (〜〈輸送貨物の〉混載; 《地質》凝固, 固結, 固化, 圧密; a〜 統合体, 合同体 ◆economic consolidation 経済統合 ◆debt consolidation 複数の債務をひとつにまとめて整理すること; 多重債務の一本化 ◆the agency is undergoing consolidation この政府機関は整理統合化が進展中である ◆the consolidation of foundations 基礎[土台]を固めること, 基礎固め; 《土木》根固め ◆military base closings and consolidations; closings and consolidations of military bases 軍事基地の閉鎖および整理統合 ◆Mergers and consolidations have changed the face of the industry over the last decade. 企業の吸収合併および整理統合はこの10年間にわたりこの業界の様相を変えてしまった. ◆In the early '90s, the industry moved back into expansion mode and is just now in a phase of consolidation and repositioning. 1990年代初頭に, この業界は拡大モードに復帰した. そして今まさに会社再編(ガッシュウレンゴウ)の局面に入っている.

**consolidator** a〜 (小口貨物の)混載運送業者[混載業者, コンソリデーター, コンソリ]

**consonance** 《〜との)一致[調和]<with>; (a)〜 《音楽》協和音 ◆in consonance with …〜と一致して[調和して, 共鳴して] ◆in consonance with their wishes 彼らの要望に沿って[従って, 合わせて, 応じて, 応えて, 適合するように] ◆live in consonance with the environment 環境と調和して暮らす ◆in consonance with the U.S. emission standard for microwave ovens 電子レンジに適用される米国(電磁波)放射基準に従って

**consortium** a〜 (pl. 〜s, consortia)(いくつかの国, 企業, 個人等が資金や人的資源を出し合って事業を進める集団)コンソーシアム, 共同企業体[事業体], 合弁会社, 提携, 国際借款団, 企業連合, 連合体, 連盟, 協会, 組合 ◆a consortium of companies 企業連合 ◆With the race against Japan in mind, AT&T, IBM and M.I.T. last week announced formation of a consortium to pursue the development of new uses for supercomputers. 対日競争を念頭に, AT&T社, IBM社, ならびマサチューセッツ工科大は, スーパーコンピュータの新しい使い道の開発を進めるための共同事業体を結成する[開発を共同で行う]ことを先週発表した.

**conspicuous** adj. 目に付く, 気付きやすい, 注意を引く, 目立つ, 際立った, けばけばしい, 派手でどぎつい, 異彩を放つ ◆a conspicuous poster 目立つ[人目に付く, 人目を引く]ポスター ◆posted in a conspicuous [an easy-to-see] place 人目につく[目立つ, 見やすい, よく見える]場所に掲示されて[貼り出されて]

**conspicuously** 目立って, ひときわ, 著しく ◆It is conspicuously posted in various places. それは, いろいろな場所に目立つように貼り付けられている.

**conspire** v. 共謀する, 結託する, (悪事を働くために)組む, ぐるになる, 示し合わせる; (いろいろな要素が)相まって〜となる ◆Circumstances conspire to <do...> いろいろな状況が重なって〜する ◆Other factors have conspired to undermine the poppy eradication efforts. 他の要因も重なって, けしの根絶作戦は弱体化した. ◆They conspired to steal a software program from a N.Y.-based firm. 彼らはニューヨークに本社を置く会社からソフトウェアプログラムを盗もうと共謀した.

**constancy** 《《忠誠, 信念, 愛情などが》変わらないこと, 不変, 操守, 堅忍堅固, 操(ミサオ), 節操, 貞節; 《恒常性, 定常性》度), 不変(性), 恒久性, 安定性 ◆a man of virtue and constancy 人徳があって節操の堅い男; 志操堅固な有徳の士 ◆constancy of [in] temperature during... 〜の間中温度が一定[恒温, 定温]であるということ ◆constancy of the amplitude of oscillation 発振の振幅が一定不変である[安定している, 安定度が高い]こと ◆his constancy of beliefs 彼が(自分の)信念をかたく守って変えないこと(=彼の操節) ◆the constancy of light's speed [the velocity of light] in space 宇宙空間における光速の恒常性[光の速度の不変性] ◆The secret of success is constancy to purpose. 《意訳》成功の秘訣とは目的に一路邁進することである. (*Benjamin Disraeliの言葉) ◆there is a cultural constancy in the Arab world that has withstood more than 1,000 years of political upheaval アラブ世界には, 一千年以上の間大政変に耐えてきた, 文化面での一定不変性[恒常性]がある

**constant** 1 adj. 一定の, 不変の; 絶え間ない, 不断の, 常時〜, a constant-speed motor 定速度モーター ◆a constant-speed propeller 定速プロペラ ◆a constant temperature bath [oven] 恒温槽 ◆constant change 絶え間ない[不断の, 限りなく続く]変化 ◆at a constant speed 定速度で ◆constant effort 不断の努力 ◆keep the oil at a constant temperature 油を一定温度に保つ ◆keep the voltage constant その電圧を一定に保っておく[しておく] ◆move with constant velocity 等速[一定速度]で移動する ◆the output remains constant until... 〜となるまで, 出力は一定である ◆the pressure is maintained constant 圧力が一定に保たれる[維持される] ◆there is constant traffic congestion 恒常的な交通渋滞がある; 常に交通は渋滞している ◆the use of... has remained nearly constant since 1985 〜の利用は1985年度にほぼ一定[横ばい]で推移してきた ◆when the temperature is held constant 温度が一定に保たれている時 ◆the constant release of chlorofluorocarbons into the atmosphere 絶え間ないフロンの大気中への放出 ◆they were kept under the constant watch of armed guards 彼らは, 常時武装した看守の監視下に置かれていた ◆The Guinness Book of World Records undergoes constant revision. ギネスブック(*世界一の記録を集めた本)は恒常的に改訂されている. ◆A flexible freeze cuts and abolishes some programs and expands others but keeps total spending nearly constant. 柔軟な凍結とは, 一部のプログラムを縮小・廃止する一方で別のプログラムを拡充しながらも, 全体の支出をほぼ一定に抑える(という性質のものである). (*programs = 制度や計画) ◆Racial tension is a constant presence in varying degrees in New York, where millions of people from around the world live and work. 世界中からやってきた何百万という人々が住んで仕事をしているニューヨークでは, 人種間の緊張は多かれ少なれ常時存在している[常にある].

2 a〜 定数, 常数, 不変数, 恒数, 一定不変のもの ◆a dielectric constant 誘電率 ◆the Boltzmann constant ボルツマン定数 ◆constants and variables 定数と変数 ◆the constant m 定数m ◆where c is an arbitrary constant. (*数式の説明に)ここでcは任意の定数. ◆For a fixed number of moles at a given temperature, the product of the pressure and volume of a gas is equal to a constant. ある温度においてモル数が決まっている場合[モル数と温度が一定の場合], 気体の圧力と体積の積は一定である.

**constantan** コンスタンタン(*温度による抵抗値の変化が小さい合金)
**constant-current** 定電流(式)の ◆a constant-current power supply 定電流電源(装置)
**constantly** adv. いつも, 常に, 絶えず, 始終, 絶え間無く, ひっきりなしに, しょっちゅう, しきりに ◆adapt to constantly changing technologies 常に変化している技術に順応する ◆helicopters chopped low overhead nearly constantly (何機も の)ヘリコプターが頭上低くほとんど絶えず[絶え間なく]飛び回っていた ◆because they are constantly on the lookout for potential hazards 彼らは(発生するかもしれない)危険に絶えず注意しているので ◆the list is updated at least monthly and is constantly under adjustment リストは最低でも月に1回は更新され, 調整は常時[常に, いつも, 絶えず, しょっちゅう]行われている ◆A great deal of thought has gone into the product philosophy to make it usable in the field without having to constantly refer to documents or manuals. 現場でドキュメントやマニュアルを絶えず参照する[と首っ引きする]必要なしに使えるようにするために, 多大なアイデアが製品理念に盛り込まれた.
**constant-voltage** 定電圧(式)の ◆a constant-voltage power supply 定電圧電源(装置)
**constituency** a~ 選挙区(民), 支持基盤, (有力)集票基盤, 支持者層, 後援団体, 視聴者層, 購読者層
**constituent** a~ 構成要素, 成分 ◆a constituent of... ~の成分(のひとつ)[~の一成分] ◆a constituent element 構成要素; 構成元素 ◆a constituent ratio 構成比 ◆constituent technologies 要素技術 ◆a major constituent of... ~の主要な構成要素[構成物質, 成分]; ~の主成分 ◆each constituent component in the equipment その機器内部の各構成部品 ◆the prime constituents of the circuit その回路の主要構成部品
**constitute** vt. ~を構成する[している], 成す, (英)成る[~となる; ~を制定[設立]する ◆... do not constitute a matter of concern for public health ~は公衆衛生上心配[憂慮]すべき問題とはならない ◆Blacks constitute 58 percent of the town's 24,000 residents. 黒人は同市の住民24,000人の58%を占めている. ◆Shipbuilding constitutes [accounts for] 80% of the company's business. 造船は, 同社の事業の80%(の構成比)を占めている. ◆These components constitute a rectifier circuit. これらの部品は, 整流回路を構成している. ◆Women constitute an oppressed class. 女性は, 被抑圧階級を構成[形成]している. ◆Approval by the inspector does not constitute authority to ship. 検査員による(検査合格)承認は, 即出荷許可ということにはならない[ということではない, を意味するわけではない]. (*constitute = represent, be regarded as)
**constitution** a~ 憲法[定款, 規約], 国体[政体]; (a)~ 体格, 体質, 気質, 性格, 構造, 構成, 成り立ち, 組織, 設置 ◆decide upon the revision of the Constitution 憲法改定[改正]を決定する ◆the genetic constitution of individuals 個々人の遺伝的体質 ◆defend the Constitution against all enemies, foreign and domestic 国内外のあらゆる敵から憲法を守る
**constitutional** adj. 憲法(上)の, 立憲の, 合憲的な; 体質的な, 体質性の, 体格の, 全身的な, 構成上の, 組成の ◆a constitutional monarchy 立憲君主国 ◆a constitutional predisposition [tendency] 体質 ◆it violates constitutional guarantees of free speech (意訳)それは保障する言論の自由に反する ◆stay within constitutional bounds 憲法の枠内にとどまる ◆the constitutional guarantee of freedom of religion 憲法による宗教[信仰]の自由の保障
**constraint** (a)~ 制約, 制約条件, 束縛, 拘束, 抑制; 気兼ね, (気兼ねして気持ちが抑えつけられることによる)窮屈[気詰まり]な感じ ◆under constraints 制約のもとで ◆without constraint(s) (意訳)束縛[を受けずに; 気軽に; 気兼ね[遠慮]なく; (意訳)制限なしに; (意訳)自由に ◆add constraints to... ~に制約を加える ◆free... from the constraints of... ~の制約[束縛]から〈人〉を解放する ◆subject to some type of constraints ある種の制約を受ける ◆under the constraint that... ~という制約のもとで; without

concern for those constraints それらの制約を気にせずに ◆without rigid constraints 厳しい制約に縛られずに; 厳しい束縛を受けず ◆because of real-time constraints リアルタイム(で処理する)という制約上 ◆within the time and the memory capacity constraints of the computer コンピュータの時間と記憶容量の枠内で ◆circumvent constraints of bus-based interprocessor communication schemes バスをベースにしたプロセッサ間通信方式の制約を回避する ◆Computer-based systems can permit easing of timing constraints on work. コンピュータ・システムは, 仕事上の時間的制約の緩和を可能にすることができる. ◆Compatibility with earlier models places a strong constraint on opportunities for new designs. 先発機種との互換性は, 新しい設計の自由度[可能性]に厳しい制約を加える.
**constrict** ~を締めつける, きつく絞る, 収縮させる ◆become constricted くびれる ◆be somewhat constricted in the middle ~は中央が少々細くなっている[くびれている] ◆Nicotine causes the blood vessels to constrict. ニコチンは血管を収縮させる. ◆The speech bandwidth of the public telephone network is too constricted to allow efficient communication between computers. 公衆電話網の通話帯域幅は, 狭すぎてコンピュータ通信が効率良くできない.
**construct** vt. ~を組み立てる, 建設する, 建造する, 架設する, 構築する, 築く, 造る, 構成する, 〈橋や道路〉をつくる[= 整備する]; a~ 構造物, 建造物, 構成体, 構造, 構文 ◆a newly constructed building; a newly-built building; a new building 新築ビル; 新しいビル ◆construct [build] a railroad [(英)a railway] 鉄道を建設[敷設]する ◆how to construct written texts for particular audiences 特定の読者に向けて文章をどう組み立てるか; 特定の受け手を対象にした文章構成の仕方 ◆a flexible cable constructed of many individual fibers 何本ものファイバー素線で構成されているフレキシブルなケーブル ◆construct buildings [structures, bridges, harbors, roads] ビル[構造物, 橋梁, 港湾, 道路]を建設する ◆Otolith samples are intended for use in constructing an age-length key. 耳石の標本は, Age-Length Keyを作成するのに使用するためのものである. (*魚の) ◆The case is constructed from aluminum and high density polyethylene. このケースは, アルミおよび高密度ポリエチレン製です. ◆The device is constructed from aluminum, stainless steel and triple plated brass components. 本装置は, アルミ, ステンレス鋼, および3層めっきされた真ちゅう部品で組み立てられます.
**construction** 囚組み立て, 建設, 建造, 架設, 構築, 構成, 構造, 組織; a~ 建造物, 建築物, 建築, 建築物 ◆under construction 工事中[建設中, 組み立て中, 構築中, 作成中, 普請中]で[の] ◆a construction company 建設[建築]会社 ◆a construction schedule 建設[建築]計画, 建設[建築]予定; 建築[建築]工程表 ◆a construction site 建設[建築, 工事]現場 ◆a method of construction (pl. methods of construction) 工法 ◆construction materials 建材 ◆construction work (自動車などの)組み立ての仕事[作業]; 建設の仕事, 建設[建築]作業, 建築[建設]工事 ◆a construction schedule (建設・建築工事などの)予定(表); 工程表 ◆database construction データベースの構築 ◆new construction techniques 新工法 ◆the Ministry of Construction 《日, 旧》建設省(*国土交通省に統合された) ◆construction waste earth 建設廃土 ◆an under-construction parkway 建設工事中の自動車道 ◆railroad construction; the construction of a railroad [railroads] 鉄道の建設[敷設](工事) ◆a construction-in-progress account; a construction suspense account 建設仮勘定(*建設中の建造物に関する支出を扱う) ◆a Finnish construction company フィンランドの建設[建築]会社 ◆a new building under construction 建設(工事)中の新しいビル ◆begin construction on... ~の着工する ◆be of wood [wooden] construction 木製[木造]である ◆construction methods for buildings ビルの工法 ◆do [perform, carry out] construction work 建設作業[建築工事]を行う ◆for ease of construction 組立が楽にできるよう; 簡単に組み立てられるよう; 組立性の向上を図り ◆halt construction of two nuclear

reactors 原子炉2基の建設を中止する ◆start construction of production lines 生産ラインの建設に着工する ◆the completion of construction of... ～の建設工事[建造]の完了[完成]；～の完工[竣工, 竣成, 落成] ◆the construction and decomposition of composite signals 複合信号の構成[合成]と分解 ◆this is a villa of recent construction これは最近建てられた別荘です ◆to assure construction completion by 2005 建設工事[建造]を2005年までに確実に完成させるために；2005年までの完工[竣工, 竣成, 落成]を確実なものにすべく ◆the construction time for the building そのビルの工期 ◆millions of dollars of highway-construction funds 何百万ドルもの幹線道路建設資金 ◆be of the same construction 同じ構造をしている ◆be very different in construction... ～とは構造的に非常に異なっている ◆Figure 5 CRT Construction 図5 ブラウン管の構造 ◆it is relatively simple in construction それは構造が比較的[割合]簡単です ◆Just three years after completion of construction,... 建設[竣工, 建造]後たった3年で；築[竣工, 建造, 完成, 完工, 竣成, 落成]わずか3年にして ◆the building is of simple construction この建物は単純な構造[造り]になっている ◆the construction of optical-fiber trunk lines across the country 全国に光ファイバー幹線を築くこと；光ファイバーの全国布設 ◆the selection of a suitable construction site 目的にかなっている建設予定地の選定 ◆warn of construction being carried on ahead 1 km 1キロ先で工事が進行中[工事中]であることを警告する ◆A groundbreaking ceremony celebrating the commencement of construction for the Morris Retail Center will be held Monday at 11 a.m. at... モリス小売センターの着工を祝う鍬入れ式は、～に於て月曜午前11時に開催されることになっている。 ◆Construction is under way on a 63-story World Trade Center. 63階建て世界貿易センターの建設中である。 ◆The construction of the building took three years. そのビルの建設は、3年かかった。 ◆The construction of the mechanism is simple. そのメカの構造は、単純である。 ◆The mat has a unique three-layer construction. このマットは、独自の3層構造をしている。 ◆The project has a construction completion date of May 30, 1999. 本プロジェクトの竣工予定日は1999年5月30日である。 ◆These command strings allow the wildcard construction to be used. 《コンピュ》これらのコマンド文字列には、ワイルドカード構文が使用できる。 ◆Construction on the facility could begin in early 2002, with completion around late 2003. 同施設の建設は2002年初めにも開始される可能性があり、2003年遅くに完成の予定である。 ◆Last month construction began on the International Financial Services Center. 先月国際金融サービスセンターの建設が着工した。 ◆The estimated construction cost for these facilities is over 100 million dollars. 同施設の建設費の見積もり[予算]額は1億ドルを上回っている。 ◆Each home is of complex construction involving many sub-contractors, trades and skills. 個々の住宅は、多くの下請け業者、業種、技術が絡んで複雑な工事になっている。 ◆The construction of the plant is expected to be complete by May and output of products is expected by the fall. この工場の建設は5月までに竣工し、製品の出荷は秋までに開始の運びになるとみられている。

**constructive** adj. 建設[構成, 構造]的の, 〈考え方など が〉建設的な ◆a constructive purpose 建設的な目的 ◆give [offer] him constructive criticism 彼に建設的な[前向きの]批判をする；彼に苦言を呈する ◆make constructive changes 建設的な[前向きの]変革[改革]を行う

**constructor** a～ 建築[建設]業者

**construe** vt. ～を解釈する,《文法》〈文〉を解剖する；vi.《文法》解釈[解剖]できる ◆gifts that could be construed as bribes 賄賂(ワイロ)にとられかねない贈り物 ◆My decision should not be construed as condoning the conduct of Mr. Shultz. 私の決定をシュルツ氏の行為を許容などしたなどと解釈してもらいたくは大間違いだ。 ◆If revenue has grown 20% while the matching expenses have grown at 30%, it can be construed that management is not managing costs efficiently. 仮に収入が2割伸びた一方で対応する費用が3割増加したならば、経営者側は費用を効率的に管理していないものと解釈できる。

**consulate** a～ 領事館；[U]領事の職[地位, 任期] ◆the British Consulate-General in Osaka 大阪の英国総領事館

**consult** 1 vt.〈辞書〉を調べる[引く],〈データベース, ファイルなど〉を調べる, 調査する,〈弁護士など〉に意見を聞く, 相談する ◆consult a book on... ～について書かれている本を参照する；(情報を得るために)～に関する本を調べる[に当たる] ◆consult a database データベースに照会する[を調べる] ◆They did not consult us. 彼らは私たちに相談しなかった[相談してくれなかった]。 ◆consult [look in] the Yellow Pages under "Associations" for... 職業別電話帳の「協会」の欄を調べて～を捜す ◆The commissioner shall be consulted for instruction in case of... ～の場合、委員[理事, 行政長官, 監督官, 弁護官]に相談し指示を求めること。 ◆If condition continues or worsens, consult your physician. 症状が続いたり悪化した場合には、医師に相談してください。 ◆she did it without consulting anyone 彼女は、それを誰にも聞かずにやった ◆the Water Treatment Specification shall be consulted for requirements regarding... ～に関する要求条件[要件, 規定, 仕様]については水処理仕様書を参照すること ◆Both Parties shall consult each other regularly on matters of common interest for the purpose of achieving their objectives in the field of... 両者は、～の分野における目的を実現するために共通の関心事について定期的に協議を行うものとする ◆Many dictionaries have been consulted. 数多くの辞書が調べられた。;《意訳》多数の辞書を参考にした。

2 vi.〈人と〉相談する, 協議する <with>,〈医者に〉かかる <with> ◆confer [consult] with a person about [on]... 〈人〉と～について打ち合わせを[相談, 協議, 会談]する

**consultant** a～ コンサルタント, 顧問, 相談役 ◆He has been consultant to more than 50 companies. 彼は、50社を上回る会社の顧問をしていた。

**consultation** (a)～ 相談, 協議, 審議, 諮問, 診察；[U](書物などの)参考, 参照, 情報を得ようと調べる[調査する]こと ◆be in consultation with... 〈人〉と打ち合わせ[協議, 談合]中である ◆by consultation 協議[話し合い, 打ち合わせ]により ◆in consultation with... 〈人〉と[協議, 相談]して；〈辞典など〉を参考[参照]にして；〈辞書〉を繰って[引いて] ◆consultation fees 相談料 ◆after careful consultation of the market その市場を入念に調べた[つぶさに調査した]上で ◆after due consultations with... ～と十分に協議を行った上で ◆conduct [carry out, do, perform] a consultation with... ～と協議[相談, 談合, 合議, 評議]する ◆Consultation of video replays showed that... ビデオを再生して調べてみた結果[ビデオ判定で]、～ということが分かった[判明した]。 ◆hold consultations on [about] with... 〈人〉と～について協議を重ねる ◆through consultation between A and B A B間の協議を通して ◆without prior consultation with... ～との事前協議なしに ◆he offers one-on-one personal consultations 彼は一対一での個人相談に応じている ◆... will be decided upon by consultation between the two partners ～はパートナー同士二者間の協議により決定する ◆changes in... are supposed to be agreed on by mutual consultation ～の変更は相互[《2者の場合》双方]の協議の上決定することになっている ◆All messages sent to Xxx are archived and stored for an extended period for later consultation. Xxx宛てに送信されたメッセージはすべてアーカイブされ、後で参照できるように長期保管される。 ◆A dictionary consultation reveals that it means "...." So his usage isn't correct. 辞書に当たって[辞書を調べて]みると、それは「～」という意味であることがわかる。よって彼の使い方[用法]は正しくない。 ◆They complained that his announcement was not preceded by consultations or any previous advice 彼らは、彼の発表に先立ち(事前)協議もなんらの事前通告もなかったとこぼした。

**consultative** adj. 諮問の, 協議の, 顧問の ◆the International Telegraph and Telephone Consultative Committee (CCITT) 国際電信電話諮問委員会

**consulting** adj. 専門的助言を与える、顧問の、諮問の、コンサルタントの ◆a consulting company コンサルタント会社 ◆a consulting room 診察室

**consumable** 〜s 消耗品 (= consumable goods, consumable articles) ◆eleven or 12 different consumable items [products] 11〜12種類の消耗品 ◆The UPS is a consumable. 無停電電源装置は消耗品である。(＊内蔵の蓄電池の寿命が5〜6年しかないという話で)

**consume** 消費する、消耗する、費やす、使い果たす；飲食する、摂取する；(火事が)焼き尽くす ◆the amount [quantity] of oxygen consumed 酸素の消費量 ◆an oil-consuming country 石油消費国 ◆an oil-consuming nation 石油消費国 ◆This program consumes a scant 5KB of RAM. このプログラムはわずか5KBのRAMしか消費しない[使わない、喰わない]。◆Yet all of these substances are safe in the quantities generally consumed by the average person. だが、これらの物質はすべて平均的な人が通常摂取[食べたり飲んだり]する程度の量では安全である。

**consumer** a 〜 消費者、(消費)生活者、需要家、需用家；《名詞の前に用いて形容詞的に》消費者(用)の、(産業用、軍事[軍需]用でなく)民生用[民需]の、(業務用でなく)家庭用の、一般消費者向けの、家電の ◆consumer goods [items, products]; consumers' goods 消費財 ◆consumer loan 消費者ローン[金融] ◆consumer products 消費者製品、民生品、民需品、消費財、(業務用に対して)家庭用製品[商品] ◆consumer protection 消費者保護 ◆consumer spending 個人消費 ◆the consumer market 消費(者)[民生(品)]市場 ◆consumer-electronics products 民生電気製品 ◆a consumer electronics manufacturer 民生電子機器メーカー ◆consumer electronics equipment 民生用[家庭用]電子機器 ◆consumer-oriented electronic products 民生用電子機器製品 ◆a consumer-advocacy group 消費者擁護団体 ◆a consumer-interest group 消費者利益集団 ◆consumer compact discs and videodiscs 民生用[一般消費者向け]CDおよびビデオディスク ◆from a consumer's standpoint 消費者の立場から ◆general consumer models 一般消費者向け機種 ◆major consumer nations 主要消費国 ◆maximize consumer [customer] satisfaction 顧客満足度をできる限り高める ◆offer... for consumer use 〜を民生用に売る[民生向けに販売する] ◆the world's consumer-electronics markets 世界の民生電子機器製品市場 ◆video-generation consumers ビデオ世代の消費者 ◆we live in a consumer society 私たちは消費社会に暮らしている ◆appreciated by the consumer on the lower end of the scale 低価格・低級品を購入対象にしている消費者に歓迎されている ◆consumer items such as processed foods, leather goods, textiles, and toilet paper 加工食品、皮製品、繊維品、トイレットペーパーなどの消費財 ◆too much of the country's resources are devoted to non-consumer-oriented goods, that is, to military goods 国の資源のあまりにも多くの部分が、非民需品[非民生品]、すなわち軍需品向けになっている ◆Economists watch consumer confidence carefully as a measure of consumers' propensity to spend. 経済専門家筋は、消費性向[消費(者)マインド]の判断材料として消費者の確信[先行き安心感]を注意深く観察している。

**consumer products** 消費者製品、民生品、民需品、消費財、(業務用に対して)家庭用製品[商品] ►「民生品」は、どの国語辞典にも採録されていないのでここであえて説明すると、個人用や家庭用に購入される製品のこと。consumer goods (消費財) に同じ。これに対して生産用・業務用の機械、原料、部品、机などを industrial products (工業用[産業用]製品、業務用品)、industrial goods [producer goods](生産財)、あるいは capital goods (資本財) という。

**consumption** ①消費、消耗；(a) 〜 消費量[高]、(意訳)使用量；①飲食、摂取；①肺病(= tuberculosis) ◆build cars for local consumption 現地消費向けの車を造る ◆reduce fuel consumption; reduce the consumption of fuel 燃料消費を減らす、燃料の消費量を削減する ◆render the meat unfit for consumption その肉を食用に不適なものに[その肉を食べられなく]してしまう ◆the consumption of alcohol アルコールの摂取、酒類を飲むこと ◆with a minimum consumption of... 〜をできるだけ消耗しないで ◆to address low power consumption 低消費電力化[省電力化、省電化、節電化、(意訳)省エネ化]に取り組むために ◆they require a considerable amount of energy consumption per minute for operation それらを運転するには1分あたりかなりのエネルギー消費量を必要とする ◆France accounts for 85 percent of worldwide consumption of foie gras. フランスがフォアグラの全世界消費量の85％を占めている。◆If consumption of... becomes excessive, have the system checked. 〜が過剰に消費される[消耗する]ようになってきたら、装置を点検してもらってください。◆The river has been declared unfit for consumption. この河川は、飲用に適さないと宣告されている。◆Reducing the amount of fuel consumption will help save precious resources and help the economy by reducing the amount of oil imports. 燃料消費量を削減することは貴重な資源節約の一助となり、また石油の輸入量を減らして経済を助けることになる。

**contact** 1 ①(物理的)接触；a 〜 接点、端子 ◆on contact 接触の際に ◆come into [in] contact with... 〜と接触する；〜と接する；〜に触れる ◆make contact with... 〜と接触する[連絡をとる] ◆keep... from contact with... 〜を〜と接触しないよう[〜に触れないよう、〜にさらされないよう]にする ◆a contact print 密着焼きの印画 ◆(a) contact resistance (電)接触抵抗 ◆a crimp contact 圧着端子 (＊ソルダレス端子とも) ◆contact life 接点寿命 ◆contact printing 密着焼き付け(法)；べた焼き ◆poor contact 接触不良 ◆male and female contacts おす接点とめす接点 ◆non-contact surface measurement 非接触表面測定 ◆avoid prolonged contact with... 〜に長時間触れないようにする ◆be brought into physical contact with... 〜と物理的に接触させられる ◆to get better contact さらに接触を良くするために (＊電気接点など) ◆metal-to-metal contact occurs 金属同士の接触が起きる ◆have surface contact, rather than line or point contact 線接触や点接触ではなく面接触している ◆maintain contact with the road (タイヤが)路面と接触し続ける ◆If the electrical contact between A and B is poor,... AとBの間の電気的な接触が不良ならば[AB間に接触不良が起きていると]、◆keep them in absolute contact with one another それらを互いに完全密着させておく ◆there is a good contact between the bulb and the socket 電球とソケットの接触は良好だ ◆contact print the original negative onto the litho film to make a positive〈写真〉ポジ[陽画]を得るためにオリジナルネガ[陰画]をリスフィルムに密着焼きする ◆floppies that have come into contact with an infected computer system (ウイルスに)感染したコンピュータシステムに接触したことのあるフロッピーディスク ◆These contacts send electrical impulses to the control unit. これらの接点は電気インパルスを制御ユニットに送り出す。◆X is in immediate electric contact with Y. XはYと電気的に直接接触している。◆The stationary brushes make sliding contact with the rotating commutator. 固定ブラシは、回転する整流子とすべり接触する。◆CAUTION: Avoid skin contact. Wash contacted areas with alcohol and then soap and water. 注意：皮膚に付かないようにしてください。付いてしまった箇所は、アルコールで洗ってから、石けんと水で洗ってください。◆Tape should be stored in such a way as to prevent contact with moisture or stray magnetic fields. テープは、湿気や漂遊磁界にさらされないように[湿気や漂遊磁界のないところに]保管しなければならない。◆The ink solidifies instantly on contact with the paper for a smudge-proof hardcopy. インクは紙と接触したとたんに固まり[凝固し]、こすっても汚れないハードコピーが得られる。◆Depressing the plunger brings it into contact with the actuator spring. The spring then presses on the membrane, forcing it into contact with the substrate. プランジャが押し下げられることにより、プランジャはアクチュエータのスプリングと接触する。するとスプリングはメンブレンを押してメンブレンを基板に接触させる。

2 ①交際、つきあい、ふれあい、取引；①連絡[接触]、(無線)連絡[交信]、コンタクト；a 〜 知り合い、コネ[つて、縁故]、問い合わせ先[窓口]、連絡先、取り引き先[相手]、交

相手 ◆make contact with... ～と接触する[連絡をとる] ◆establish contact with... ～と連絡をつける ◆lose contact with... ～との連絡がつかなくなる ◆a business contact 取引先; (連絡[担当])窓口;商売上のつて[コネ]; 仕事関係の知り合い ◆personal contacts 個人的な知り合い[付き合い] ◆sales contacts 営業先 ◆a contact person 連絡相手[連絡窓口, (受付・連絡などの)担当者, 担当員] ◆sexual contact 性的接触[(意訳)肉体関係] ◆a contact list (= an address book) 連絡先一覧; コンタクトリスト; アドレス帳[住所帳] ◆a contact manager 《コンピュ》コンタクトマネージャ[住所録管理ソフト, アドレス帳ソフト]; 窓口[連絡]の管理をする人 ◆customer contact data 顧客名簿データ ◆serve as a contact man 折衝[窓口]役を務める ◆stay in radio [wireless] contact with... ～と無線交信状態にある; ～と無線連絡で[無線で接触を保って]いる ◆therapy through contact with animals 動物との触れ合いを通しての治療[動物介在療法] ◆through contact with nature 自然との接触を通じ; 自然と触れ合うことによって ◆through contacts with other machinery dealers throughout the nation その他の全国の機械取扱業者とのコンタクトを通じ ◆the telephone number and name of a contact person to call for more information 詳しい内容について電話で問い合わせるときの窓口の電話番号および担当者名 ◆Make an effort to develop contacts. 知り合いを増やす努力をしなさい。 ◆The Boeing lost radio contact about 9:45 p.m. Wednesday. 同ボーイング機は水曜日の午後9時45分頃に無線連絡[無線交信, (意訳)消息]を絶った。 ◆We come into contact with plastics every day in a variety of ways. 我々は、毎日いろいろな形でプラスチックに接している。 ◆Corinth Purchasing will be the supplier's (seller's) contact in resolving such problems. コリント社の購買部が、納入業者(売り手)がの連絡窓口となり、そういった問題の解決にあたります。 ◆The designers were placed directly in contact with the production managers in the U.K. 設計者らは、英国の製造部門管理職と直接連絡がとれるようはかられた。 ◆"We have lost contact with them. We don't know where they are. They were supposed to have been back Monday, but we've seen no signs of them and heard nothing from them up to now." 「彼らは消息を絶ちました。行方不明にてなっています。月曜には戻るはずだったのですが、今までのところ何の手がかりも連絡もありません。」 ◆3 vt. ～を接触させる、～に接触する、(人)に渡りをつける、〈人〉と連絡をとる ◆Avoid contacting moving parts that can cause injury. けがの原因となる恐れがある可動部品に触れないようにしてください。 ◆Do not allow the liquid to contact your skin. 液が皮膚につかないようにしてください。 ◆If you think you can help me please contact me at xxx@yyy.com お手伝いいただける方は、私宛xxx@yyy.comまでご連絡[(電子)メールを]ください。 ◆It should not be allowed to contact damp surfaces. それは、湿っている面に触れないようにしなければならない。 ◆Please feel free to contact us if you have any questions or comments. ご質問[疑問, 不明な点, 不審な点, ご意見]やご意見などございましたら、弊社までお気軽に[どしどしご]お寄せ[ご連絡]ください。 ◆For more information, contact Femnics Instrument, P.O. Box 22543, Ottawa, Ont., Canada. 詳しくは、カナダオンタリオ州オタワ、私書箱22543号、フェムニクス・インスツルメントまでご連絡[にお問い合わせ]ください。 ◆If you are not sure which version of a patch to use on your system, contact your vendor for assistance. 自分のシステムでどのバージョンのパッチを使えばよいかわからない場合は、ベンダーにお問い合わせください。

**contactless** adj. 〈電気〉接点のない、無接点-、接触させる必要のない、無接触-、非接触- ◆a contactless smart card コンタクトレス[非接触(型)]スマートカード

**contactor** a ～ 接触器、接触子、接触片、接点 ◆an electromagnetic contactor 電磁接触器

**contain** vt. ～を含む、包含[含有]する、入れている、収容している、(中に)収めて[(収録して)いる、～で構成されている[～から成っている]、〈図形や角〉を囲む[はさむ]、閉じこめる[封じ込める、食い止める、抑える、抑制する、防止、阻止]する ◆a formation containing coal beds [seams] 炭層を挟有する地層[累層] ◆be contained on the motherboard マザーボード上に実装されている ◆contain the plasma in... ～内にプラズマを封じ込める ◆contain the text on one page その文章を複数ページにまたがらないよう)1ページに収める ◆alumina-containing rocks アルミナを含有している岩石 ◆be contained in the higher level model element 上位レベルのモデル要素に包含される[属する] ◆struggle to contain a 300,000-gallon oil spill 30万ガロンの流出オイルの拡散をくい止めようと一生懸命に奮闘する ◆create PDF documents that contain both text and graphic images テキストとグラフィック画像の両方を含む[(意訳)が混在する]PDFドキュメントを作成する ◆Each issue contains 6-8 pages of commentary on... 毎号に、～についての解説(記事)が6～8ページ掲載されている。 ◆a helmet-contained vision system that is suitable for flight simulators フライトシミュレータに適した、ヘルメットに内蔵されている視覚システム ◆Each package contains 6 bottles. 各パッケージには、ボトルが6本入っている[1パッケージにつき6本入り]。 ◆The condition code portion of the status register contains five bits. ステータスレジスタのコンディションコード部分は、5ビットから成って[5ビットで構成されて]いる。 ◆The dashboard alone contains 48 buttons and three sliding levers. ダッシュボード上だけでも48個のボタンと3個のスライドレバーがある。

**container** a ～ 入れ物、容器、コンテナ ◆a container ship [terminal, berth] コンテナ船[ターミナル, バース] ◆a container for liquid nitrogen 液体窒素用の容器 ◆some 75 container loads of food コンテナ約75台分の食糧

**containerize** vt. ～をコンテナに詰める、～をコンテナ(に入れて)輸送する、〈港など〉の施設をコンテナ輸送用に更新する ◆packaging, containerizing, and shipping operations 梱包[荷造り]、コンテナ詰め、および発送[出荷, 船積み]作業

**containment** 封じ込め、閉じ込め; 収納、格納 ◆a containment vessel 《原子力》(原子炉)格納容器 ◆the containment of pollutants 汚染物質の閉じ込め[封じ込め]

**contaminant** a ～ 汚染物質 ◆contaminants find their way into... 汚染物質が～に入り込む[混ざる, 混入する] ◆contaminants in the air 空気中[大気中]の汚染物質 ◆radioactive contaminants from nuclear power plants 原発からの放射性汚染物質 ◆Investigators still don't know how the contaminant got in the product. 捜査当局は、いまだもってこの汚染物質がどのようにして製品に混入したのか分からないでいる。 ◆Some tape head-cleaners allow contaminants to build up on the capstan/pinch roller assembly. テープヘッドクリーナーの中には、キャプスタンやピンチローラー・アッセンブリーに汚れを蓄積させる[こびりつかせる]原因となるものがある。

**contaminate** vt. ～を汚染する、汚す ◆be contaminated by oil 油で汚染されている ◆the sharing of contaminated needles 汚染された注射針の共用[使い回し] ◆pesticide-contaminated produce 農薬で汚染されている農産物 ◆contaminated with high levels of radioactivity 高レベルの放射能で汚染されている ◆their drinking water had become contaminated with cryptosporidium 彼らの飲料水はクリプトスポリジウムで汚染されるようになった ◆These swabs are non-abrasive and non-contaminating. これらの綿棒は、摩耗させたり汚染したりすることがない。

**contamination** (a) ～ 汚染、汚れ、汚濁、異物混入、雑菌[細菌]混入、感染、混交、(マグマの)混成作用; 回堕落 ◆check the property yesterday for contamination その地所が汚染されていないかどうか調査する ◆the soil contamination of the area その土地[区域]の汚染の有無を調べる ◆yellow flecks of contamination 黄色い汚染のしみ[汚点] ◆contamination of the battery case with acid そのバッテリーケースの酸による汚染 ◆the level of contamination in the Rhine ライン河の汚染度[汚れ具合] ◆check for contamination of the clutch assembly クラッチアッセンブリに汚れがないか調べる ◆if there is contamination of the belt or pulleys もしベルトやプーリーに汚れがあると ◆prevent contamination of ground water by nutrients and pesticides 栄養分や殺虫剤

[農薬]による地下水の汚染を防止する ◆to keep them free of contamination with bacteria [microorganisms] （意訳）それらを細菌[微生物]で汚染されないようにするために ◆to protect water supplies from contamination 上水道を汚染から防ぐために ◆Authorities warned people to boil water because of the risk of contamination. 当局は、水が汚染されている危険があるので(飲む前に)煮沸するよう警告を発した。 ◆These swabs remove liquid and solid contamination from difficult-to-reach areas. これらの綿棒は、届きにくい箇所の液状および固形の汚れを取り除く(ことができる)。

**contemplate** vt. ～についてよくめぐらす[じっくり考える、熟考する]、思索する]、～を予期する、～しようと[～すること] を考える<-ing>、～を意図する、～を凝視する; vi. 沈思黙考する、思いめぐらす ◆contemplate...(ing) ～することを[～しようと]考えている ◆contemplate the configuration この構成について考察する ◆contemplate (the) use of...; contemplate using... ～の使用を考える[考慮する、検討する] ◆contemplate using...; contemplate the use of... ～を使おうと考える;～の使用を考える ◆it was contemplated as a possibility それは、一つの可能性として検討された ◆when contemplating magazine serialization of... ～を雑誌に連載しようと思っていたときに ◆At 52, Mr. Gore is young enough to contemplate a run in 2004. 現在52歳のゴア氏は、2004年の出馬を考えるのに十分若い ◆It is being contemplated. それは(目下)考えている最中[検討中]である。 ◆Modules that are currently being contemplated include the following: 現在考えている[目下計画中の、今検討中の]モジュールには、以下のようなものがあります。 ◆Yearly production is contemplated to reach 80,000 units. 年間生産高[製造台数]は80,000台に達するものと予想されている。 ◆Vicarious experiences are those we get by contemplating what has happened to other people. 疑似体験とは他の人に起こったことに思いを巡らす[思いを致す]ことによって得られる体験のことです。 ◆If you ever contemplate running for public office, this is a great way to begin building a political base. もしあなたが実際に公職の選挙への出馬を考えているなら、これは政治基盤をつくり始めるのにすばらしい方法です。

**contemplation** ⦿熟考、瞑想、黙想、観想、観照; ⦿期待、予想; 熟視、凝視 ⦿意図、計画、企て ◆a figure in a pose of contemplation 考えるときのポーズをとっている[思惟(シイ、シュイ)]像 ◆in contemplation of... ～を考慮して[考え[計算]に入れて、期待して、予期して、あてにして、にらんで] ◆in contemplation of ...ing ～する事をあてに[思いめぐらして、考慮して、思案して] ◆new roads under contemplation 計画中の新しい道路 ◆be intended to elicit contemplation in the listeners about... 聴取者に～について考えさせるべく意図されている ◆it is designed as a place of quiet contemplation それは瞑想[黙想]の場としてつくられている ◆these payments were gifts that had been made in contemplation of marriage これらの金銭授与は、結婚を期待[あてにして]のプレゼントであった ◆He often sits with his eyes tightly closed, deep in contemplation. 彼は目をしっかりと閉じて深い瞑想[黙想、観想、観照]にふけって座ることがよくある。 ◆He said he made the decision after much contemplation. 彼はじっくりとよく考えた[熟考した、熟慮した]上で同決断を下したと語った。

**contemporary** adj. 現代の、現代的な、当世の、当代の、いまどきの、最近の; 同時代の ～ (pl.-raries) ◆a contemporary-style color TV 最新スタイルのカラーテレビ ◆his contemporary version of the traditional Japanese pottery Kutani 伝統ある日本の九谷焼の彼の手になる現代版

**contempt** ⦿軽蔑、侮り; ⦿さげすまれること、恥辱 [～軽蔑、蔑視、軽侮、無視](されること) ⦿侮辱行為、法廷侮辱罪(= contempt of court) ◆in contempt of... ～を侮って(アナドッテ);～を無視 [眼中にない、ものともせず] ◆hold [have]... in contempt ～を軽蔑する[侮辱する、侮る(アナドル)、ばかにする、いやしむ、卑しめる、蔑む(サゲシム)、蔑視する、見下げる、見下す] ◆bring... into contempt 〈人〉を軽蔑[される状態]に陥れる; 〈人〉に恥辱を与える[加える]; 屈辱を味わせ

る; 〈人〉の面目[面子]をつぶす; 〈人〉の顔に泥を塗る ◆fall into contempt 軽蔑 [恥辱、屈辱、はずかしめ]を受ける; 恥をかく ◆hold a person in contempt of court for <doing...> ～したがって〈人〉を法廷侮辱罪に問う ◆go to jail for (criminal) contempt of court 法廷侮辱罪で投獄[収監]される ◆make remarks or pass criticism tending to bring a superior into contempt 上司の面目をつぶすような非難のしかたをする ～ような言ったりそのような非難のしかたをする

**contend** vi. (困難などと)戦う <with>、(～に)対処する <with>、(～を求めて[めぐって、かけて])争う[競う、張り合う、競合する] <for>、～を取り合う[争奪する] <for>、議論する <with>; vt. ～と主張する[強く言う] <that> ◆This situation of two processes simultaneously contending for the same disk is called disk contention. 《コンピュ》このように2つのプロセスが同時に同じディスクを取り合う状態を、ディスク競合という。

**contender** a ～争う人、競争者、競争相手、競技に出る選手、コンテスト出場者 ◆a comparison between OS/2 and its major contenders OS/2と主な競合製品との比較

**contending** adj. 競い[張り]合っている、競合する; 互いに対立している ◆contending technologies 競合技術

**content** 1 ～s 〈容器の〉内容[中身]、目次、〈情報格納場所、文書などの〉内容、コンテンツ(＊電子媒体を介して提供される情報の中身) ◆copy the contents of ROM into RAM ROMの内容をRAMにコピーする ◆in terms of contents 内容的に ◆the contents of a bag 袋の中身 ◆the contents of a file 《コンピュ》ファイルの内容 ◆content-free [zero-content] 内容[中身、実質、実]のない ◆information on [about] the contents of the report on... ～についての報告書の内容に関する情報 ◆spiffy but content-free documents 一見よく見えるが中身のない書類 ◆Nothing has changed contents-wise. 内容的には全く変更されていない。 ◆All contents of this site are Copyright protected and cannot be used without written permission from ABC Inc. このサイトのすべてのコンテンツ[内容、掲載情報]は著作権によって保護されており、ABC社の書面による許可なく使用することはできません。

2 (a) ～含有率、含有量、含量、製品の構成部品比率、一分; ～(s) 〈著作、表現の〉趣意[意味内容、含蓄] ◆the percentage of carbon content 炭素含有率 ◆a conversation without [devoid of] content 中身[内容、実質]のない会話; (意訳)当たり障りない[毒にも薬にもならない]会話 ◆a high content of calcium 高いカルシウム含有量 ◆be low in sulfur content ～の硫黄分は低い[少ない] ◆be of varying moisture content ～の水分の割合はまちまちである ◆be short on real content 実質[中身、内容、本質]に欠けている ◆diesel fuels of lower sulfur content 硫黄分のより低い[少ない]ディーゼル燃料 ◆foods high in water content 水分の多い食料品 ◆reduce [lower] the sulfur content of... ～の硫黄分を減らす[下げる、低下させる] ◆steel low [→high] in carbon content 炭素含有量の低い[→高い]鋼鉄 ◆to reduce the content of sulfur 硫黄分を減らすために ◆a large local hardware content 高いハードウェア現地調達率 (＊部品に現地調達品が多く用いられていること) ◆a device to measure potatoes' water content ジャガイモの水分量を計る装置 ◆the harmonic content of an alternating-current source 交流電源の高調波成分 ◆wines with an alcohol content of 7 to 10 percent; wines with a 7 to 10 percent alcohol content アルコール含有率7%から10%のワイン ◆a wine with a high alcohol content アルコール含有量の多い[アルコール分の多い、アルコール度の高い]ワイン ◆both varieties have a higher water content 両品種とも水分を比較的多く含む ◆depending on the iron content 鉄の含有量によって ◆gasoline with too much sulfur content 硫黄分の多すぎる[高すぎる]ガソリン ◆have a carbon content of 0.1 to 0.2 percent 炭素含有率が0.1%～0.2%である ◆use a diesel fuel with a lower sulfur content 硫黄分のより低い[少ない]ディーゼル燃料を使う ◆The drink has a high [low] alcohol content. この飲み物のアルコール分は高い[低い]。 ◆The resin content shall be 33 percent by weight. レジンの重

**contention**

量含有率は、33%とする。 ◆Sixty percent of the car's content is produced in Japan. その車の60パーセント(の構成部品)は日本で生産されている。(＊車の台数の60%ではなく、1台の車の60%を意味する) ◆The color darkens to dark blue with increasing sodium content. ナトリウム含有量が上がるにつれ、色は濃くなってダークブルーになっていく。 ◆Moscow's air has a carbon-monoxide content that often rises to twice the mandated safety level. モスクワの空気の一酸化炭素の含有率はしばしば、要求［規定］されている安全基準の2倍にも上昇する。
3 adj. 満足して、甘んじて <with>, <to do>; vt. 〈人〉を満足させる; ~ oneself <with> ~に甘んじる; n. 満足 ◆do... to one's heart's content ～を思う存分［存分に、心行くまで、心置きなく］やる

**contention** 回争い、争奪、競合、論争、口論 <against, for, with, between>; a ~ 主張、論点 ◆support the contention that... ～であるという論旨［論点、主張］を弁護する［支持する、裏付ける］ ◆become a new bone of contention for... ～は～にとって新たな争いの元になる ◆his contention that Japanese protectionism is at the root of the U.S.-Japan trade deficit 米国の対日貿易赤字の根底に日本の保護貿易主義があるとする彼の主張

**contest** 1 a ~ コンテスト、コンクール、競演、競争、競技会、闘争、一合戦 ◆a contest over rights to water 水利権をめぐっての争い［抗争］
2 vt. ～をめぐって競争［論争］する、～を奪い合う、～に異議［異論］を唱える; vi. 論争する、争う ◆a fiercely contested market 競争が激烈な市場

**context** (a) ~ 文脈、コンテキスト、コンテクスト、脈絡、〈ある事象の〉背景［事情、背景、前後関係〕 ◆context-sensitive [in-context] help 《コンピュ》状況感知型［状況依存、状況判断、コンテキスト(センシティブ)］ヘルプ(＊現在ユーザーが行っている操作を感知して、状況に合ったヘルプ内容を自動的に選んで表示する) ◆consider it out of context それを単独に［ほかとの関連なしに］検討する ◆in the context that... ; in the context of... ～という文脈［前後の脈絡］の中で ◆in this context この文脈で; こういった前後の文脈の中で; こういった意味合いで; このような前後の事情があって; こういうわけで ◆in the competitive context of the U.S. market 米国市場における競争という脈絡［状況］の中で ◆His films focus on traditional values in the context of rapidly changing city life. 彼の映画は、急速に変わりつつある都市生活を背景にして、伝統的価値観に焦点を当てている。

**contiguous** adj. 隣接する、境を接する <to, with>; 連続した <to, with> ◆the 48 contiguous United States 米国の陸続き［地続き］の48州; 米国本土48州 ◆a contiguous sequence of bytes of data 《コンピュ》(一続きの)連続したバイトデータ ◆a sequence of contiguous memory locations 《コンピュ》一連の(一続きの)連続した記憶場所［領域］

**continence** 回抑制、自制、禁欲、制欲、慎むこと、我慢 ◆fecal continence 便の排泄のコントロールができること; 失禁していられること ◆sexual continence 性欲［欲情］を抑えること; 禁欲

**continent** a ~ 大陸; the Continent ヨーロッパ［欧州］大陸 ◆across the Continent 欧州大陸本土全体にわたって ◆The company is thinking about setting up production plants on the Continent. この会社は、ヨーロッパ本土に生産拠点を設けることを考えているところである。

**continental** adj. 大陸の、大陸性の、大陸的な; Continental ヨーロッパ大陸の、(米国の独立戦争当時の)アメリカ植民地の; a Continental 欧州大陸の人、アメリカ植民地の人［兵隊］ ◆a continental climate 大陸［大陸］気候 ◆a continental shelf 大陸棚、陸棚(リクダナ、リクホウ) ◆a continental slope 大陸［陸］斜面(＊大陸棚の外縁から深海底に向かう急傾斜のスロープ) ◆continental crust 大陸地殻 ◆Continental Europe 大陸側欧州 ◆the continental United States 米国本土 ◆in Britain [the U.K.] and continental Europe 英国および大陸側欧州に［の］

**contingency** 偶発性、偶発的; a ~ 偶発事件、不慮の事故、不測の事態 ◆a contingency plan 緊急［不測］事態対応計画、

**contingency fuel** 《航空》予備燃料 (＊予定飛行時間の10％に相当する燃料で、燃料消費の誤差をカバーするための補正燃料。route reserve fuel とも)

**contingent** adj. ～次第で、～によって左右されて、～を条件として <on, upon>; 起こり得る、起こる可能性のある、偶然の、不慮の; a ~ 派遣団、代表団、分遣隊 ◆The agreement is contingent on a satisfactory result from the simulation. この契約は、そのシミュレーションから満足できる結果が得られたならば成立という条件付きである。

**continual** adj. ひっきりなしの、絶え間なく［途切れることなく、間断なく］起こる、あとを絶たない、たび重なる、頻繁な; いつまでともなく続く; 連続的な ◆after a heavy or continual rain 豪雨や長雨の後に ◆on a continual basis 連続的に

**continually** adv. ひっきりなしに、しきりに、頻繁に、しょっちゅう、絶え間なく［絶え間なく(繰り返されて)、たゆみなく、絶えることなく、引きも切らずで、あとを絶つことなく、続けざまに、継続的に、連続的に、次々と ◆accidents continually occurred 事故は立て続けに［続けざまに、ひっきりなしに、頻繁に］起こった ◆a point-of-sale and back office system that permits franchisers to receive reports from franchisees continually フランチャイズ本部が加盟店から絶えず［常時、常に、始終］報告が受けられるようにしてくれる販売時点情報管理・事務システム ◆South Africa has continually been growing as a footballing nation since the end of apartheid. 南アフリカは、人種隔離政策が終わって以来サッカー国として絶えず［たゆみなく］成長している。

**continuance** (a) ~ 《単のみ》継続、存続、持続、連続 ◆if the continuance of the driving test could endanger other users of the highway 運転実技試験の続行がハイウェイの他の利用者を危険に陥れる恐れがあるならば

**continuation** 回継続、連続、持続、存続、続行、(中断後の)再開; a ~ 続き、続編、延長 ◆forecast a continuation of the annual 7-10% growth in tourism 観光産業の年率7%から10%という成長が今後も続くであろうと予想する ◆a frame can rightly be considered a continuation of a work of art (絵画の)フレームは間違いなく芸術作品の延長線上にあるものと考えることができる ◆The prediction is that there will be a continuation of the trend of strong dealers buying out weaker ones. その予測とは、力の強いディーラーが弱いディーラーを企業買収する傾向が続く［持続する、継続する］だろうということである。

**continue** vt. ～を続ける、継続［持続］する、続行する、～し続ける［引き続き～する］<to do, -ing>; vi. 続く、続ける <with>、存続する、延びている、(続きに［次へ、先へ］)進む［進める］、再開する、とどまる ◆to be continued 続く; 以下次のページ［号、巻］へ ◆continue to step 3 ステップ3に進む ◆continued from p. 32 32ページから ◆Table of Contents (Continued) 目次(続き) (＊数ページにわたって続くときの、2ページ目以降の表題。最後のページの表題はcontinued またはconcludedとする) ◆if things continue the way they are (going); if things continue as they are 事態［状況］が現状のまま進展すれば; この事態が推移すると ◆Table 3. Pin Description (Cont.) 表3 ピンの説明(続き) (＊cont. = continued) ◆the demand for... is expected to continue growing ～の需要は続伸［引き続き増加］するものと見られている ◆to continue our high level of customer satisfaction 弊社の顧客の高い満足度を維持していくために ◆Assuming that inflation in college costs continues at a 6% annual rate, ... 大学の学費のインフレが年率6%で推移すると想定して、～ ◆The company forecasts demand for... to continue to be strong. 同社は、～の需要は引き続き(相変わらず、依然として)強いものと予想している。 ◆Continue braking until the vehicle comes to a complete stop. 車両が完全に停止するまでブレーキをかけ続けなさい。 ◆He continued to maintain his innocence.(図He (has) always maintained his innocence.) 彼は無実を主張し続けた［一貫して無実を主張した］。 ◆It is a mature technology which nevertheless continues to improve. それは、成熟していながらも進歩し続けている［さらに進歩していく］技術である。 ◆

You might want to issue a command that does not fit on one line, making it necessary to continue the command on the next line. 《コンピュ》発行［入力］したいコマンドが1行に収まりきらなくて、次の行に続けなければならないことがあります。

**continued** adj. 連続している、絶えず続いている、不断の、(中断後に)継続[再開]された ◆assure continued accuracy 精度の維持を保証する；確実に精度を維持する；(継続して)高い精度が保たれているようにする ◆by a continued application of heat 連続加熱によって ◆continued diligence 不断の努力 ◆continued deviation from the range いつまでも［引き続き］その範囲から外れていること；その範囲からの継続的な逸脱 ◆Despite the continued growth of computer users accessing the Internet, ... インターネットに接続するコンピュータユーザー（の数）が増え続けている［の継伸］にもかかわらず、

**continuing** adj. 継続の、継続的な、継続している ◆continuing-education courses 継続教育課程；生涯教育［成人教育、成人学級］コース（*一般社会人向けの） ◆there is a continuing need for... 〜が引き続き必要とされている

**continuity** n. 連続、連続状態、連続性、導通、一貫性 ◆a joint with faulty electrical continuity 導通不良の接合部 ◆check continuity of cables ケーブルの導通を調べる ◆test cables for continuity ケーブルの導通試験をする ◆test continuity in cables [wires, circuits] ケーブル［電線、回路］の導通を試験する［調べる］ ◆test for continuity between A and B　ＡＢ間の導通試験を行う ◆provide continuity across activities 互いに異なる作業に一貫性［整合性］を持たせる ◆There is continuity between terminals ＋ and －. プラスとマイナス端子間に導通がある。

**continuous** adj. 連続の、連続的［継続的］な、切れ目なく続く、とぎれない、絶え間ない、休みなしの ◆a continuous-duty rating 《電気》連続使用定格 ◆a continuous spectrum 連続スペクトル ◆a continuous spectrum 連続スペクトル ◆continuous rolls of paper; continuous roll paper 連続ロール紙(*ファックス用連続用紙など) ◆continuous Z-fold [fanfold] paper 連続(折りたたみ)用紙(*コンピュータ用) ◆a continuous tone printer 連続階調プリンタ ◆a continuous effort to <do...> 〜しようとする不断の[(意訳)たゆみない]努力 ◆be electrically continuous 電気的な導通がある ◆continuous control of quality 品質の継続的管理 ◆continuous duty voltage and current ratings 連続使用電圧電流定格 ◆the use of nasal continuous positive airway pressure (CPAP) 経鼻的持続陽圧呼吸療法装置の使用 ◆under conditions of continuous operation 連続動作［運転、稼動、運用、使用］状態下で ◆for 1,000 hours in continuous use 連続使用で1,000時間 ◆have been in continuous operation for at least eight months 〜は少なくとも8カ月にわたり連続運転［稼働、操業］している ◆the continuous rating of the diesel-generator unit そのディーゼル発電装置の連続定格 ◆the notebook provides about four-and-a-half hours of continuous operation from a single charge このノートパソコンは、1回の充電で約4時間半の連続稼働を提供する［(意訳)約4時間半連続使用できる］ ◆Continuous service hour: 5 minutes 連続使用時間 – 5分 ◆For continuous firing, set the camera motor to continuous. 連写は、カメラモーターを連写にセットします。 ◆Kaizen, or continuous improvement, is a management philosophy developed in Japan. カイゼン、すなわち継続的改善、とは日本で開発された管理［経営］哲学のことである。 ◆Put your camera into continuous shooting mode, as the whole spectacle will be over within no time. 壮大豪華見せ場全体はあっという間に終わってしまいますからカメラは連写モードにしてください。(*ロケット打ち上げの撮影の話で) ◆By utilizing cable lines, instead of telephone lines, Xxx will allow you to maintain a continuous connection to the Internet. 電話線の代わりにケーブル線を利用することにより、Xxx[*ケーブルテレビ会社]はインターネットへの常時接続[つなぎっぱなし]を可能にしてくれる。 ◆The company has launched a new service, dubbed Support 24, by which it aims to provide continuous support for its customers, 24 hours a day, seven days a week, every day of the year. この企業は、サポート24と銘打った新サービスを立ち上げた。このサービスの目指すところは、顧客に一日24時間、週に7日［昼夜曜日を問わず］、年中無休でいつでも［常時］サポートを提供し続けることである。

**continuously** adv. 連続して、継続的に、引き続いて、続けて、ぶっ通しで、ぶっつづけで、ずっと、通して、常に、絶えず、恒常的に、途切れることなく、絶え間なく、しきりに、引きも切らず、ひっきりなしに、間断なく ◆a continuously variable valve 連続可変弁 ◆a CVT (continuously variable transmission) 《車》無段変速機 ◆continuously keep track of... 〜の動きを[動静を]見守っている ◆imports from China will continuously grow 中国からの輸入は続伸するだろう ◆my phone rang continuously 電話がひっきりなしに鳴った ◆be able to withstand 180°C continuously 連続的に［連続使用で］180度まで耐えることができる ◆continuously monitor the condition of the UPS 無停電電源装置の状態を常時監視する ◆leave it running continuously day and night 昼も夜もそれを常に稼働させたままにしておく ◆those who are continuously plagued by unwanted calls 迷惑電話に悩まされ続けている人たち ◆InfoBytes has been published continuously since 1980. インフォバイト誌は1980年以来継続して発行されている。

**contort** vt. 〜をねじ曲げる、歪(ユガ)める; vi. ねじ曲がる、歪む ◆become contorted ゆがんでくる［ゆがむ］

**contour** n. 〜輪郭、外形、等高線、コンター; adj. 等高［輪郭］を示す、なだらかな起伏［立体的なカーブ］を持った; vt. 起伏［(立体的な)カーブ］をつける、〜の輪郭を描く ◆contour lines 等高線 ◆a contoured [contour] grip カーブのついた［手になじむ形状になっている］握り部分 ◆contoured green slopes 起伏のあるグリーンの斜面(*ゴルフ場の) ◆a deeply contoured bucket seat 彫りの深いバケットシート(*自動車用のバケットシートで特にコーナリング時のホールド性を高めたものをスポーツシートかsports contoured seatと呼ぶ) ◆the contours of the Clinton administration become clear クリントン政権の輪郭が明らかになってくる ◆the nasal bones, cartilage, and soft tissues are reshaped to improve the external contour of the nose 鼻の輪郭［形］を改善するために鼻骨、軟骨および軟組織が整形される ◆The chair is contoured to fit your back. イスは背中にしっくりなじむようカーブがついています。 ◆The new nose cap has rounder contours. 新しいノーズキャップは、より丸みがかった輪郭［形状］をしている。 ◆This follower allows the laser to follow the contours of the part accurately. この従節により、レーザーが部品の外周を正確に追従できます。

**contra-** n. 《接頭辞》反〜、逆〜、抗〜 ◆contra-rotating propellers 《航空》二重反転プロペラ

**contraband** n. 禁制品(= contraband goods) ◆inspect mail for contraband 禁制品が入っていないか郵便物を検査する

**contraceptive** a 〜 避妊具、避妊薬 ◆a contraceptive hormone 避妊ホルモン ◆a contraceptive method 避妊法 ◆use an oral contraceptive 経口避妊薬を用いる；《意訳》低用量ピルを服用する

**contract** 1 a 〜 契約、請負い、契約書 ◆contract conditions 契約条件 ◆a contract awarder 契約を出す側 ◆a contract winner 契約獲得者、契約を請ける企業 ◆at the time of change of contract 契約変更時点で[の] ◆due to a change of contract 契約変更のせいで ◆ink a contract with... to <do...> 〜する契約を〜と結ぶ ◆make a contract change 契約を変更する ◆secure Pentagon contracts 米国防総省の契約を取り付ける ◆sign a lucrative contract with...<to do> 〜するという実入りのいい契約を〜と結ぶ ◆temporary and contract workers 臨時社員と契約社員 ◆win the contract in competition with... (会社などが) 〜と張り合ってこの契約を勝ち取る ◆be operated under (a) contract with... 〜との委託契約により運営されている ◆it is being conducted under (a) contract from... それは〜から請けた契約のもとで［〜からの請負］で実施されている ◆a bus being operated under contract with... 〜からの(委託)契約で運営されているバス ◆a contract manufacturer of wire harnesses and cable assemblies ワイヤハーネスとケーブル組立品の受託製造業者 ◆a maintenance contract for nationwide on-site service　全国(出張)現場修理の保守契約　◆prior, during, and subsequent to the performance of the contract　本契約の履行前,履行中および履行後に　◆prior to the (formal) establishment of a contract　(正式な)契約の成立[成約]に先立って　◆Term of Contract: January 1, 2002 - December 1, 2004　契約期間: 2002年1月1日〜2004年12月31日　◆We are under contract to deliver...　弊社は,契約で〜を納品することになっている。　◆four firms under contract to develop [design, produce]...　〜を開発[設計,生産]する委託契約を請けている4企業　◆The contract went to Cogmos.　その契約はコグモス社に行った。　◆perform contract manufacturing services for original equipment manufacturers　OEM向けに受託製造[生産]サービスを行う　◆He was the first child actor put under exclusive contract to Disney studios.　彼はディズニー・スタジオの専属になった最初の子供俳優[子役]だった。　◆The company has been awarded a contract by the US Department of Energy.　同社は,米エネルギー省から契約を受けた。　◆The US Department of Energy has implemented a contract worth $44 million with Corinth Inc.　米エネルギー省は,コリント社との4400万ドルに上る契約を履行した。　◆The SEI is a federally funded research and development center operated by Carnegie Mellon University under contract to the U.S. Department of Defense.　SEIは,カーネギーメロン大学が米国防総省から委託され国費で運営している研究開発センターである。(*SEI = Software Engineering Institute)　2　v. 契約を結ぶ,請け負う;縮む,収縮する,短縮する;〈病気〉にかかる　◆fulfill contracted obligations　契約義務を履行する　◆It expands or contracts in response to changes in temperature.　それは温度変化に応じて伸び縮みする。　◆Two postal workers in New Jersey have contracted cutaneous [skin] anthrax.　ニュージャージー州の郵便職員2名が皮膚炭疽にかかった。

**contract out**　〈仕事〉を外注する,外部委託する,下請けに出す　◆contract out the assembly of various models　いろいろな車種[機種]の組み立てを外注に出す　◆Manufacturing work is contracted out, mainly to Far East production centers in countries like South Korea.　製造の仕事は,主として韓国などの国々の極東の生産拠点に出されて[外注されて,アウトソーシングされて]いる。

**contraction**　短縮,収縮; a〜短縮形　◆a contraction joint　収縮継手; 収縮目地　◆The word "transceiver" is a contraction of "transmitter-receiver".　transceiverという単語は,transmitter-receiverの短縮形である。

**contractor**　a〜契約者,契約を請ける側,請負業者,建設[土建]業者　◆a defense contractor　防衛関連企業(*国防省,防衛庁などから受注している企業)　◆a general [prime] contractor　元請け建設業者,主契約業者　◆a construction contractor　建設[建築]工事の施工業者　◆hire a contractor to do the excavation　その掘削工事を行うために工事請負業者を雇う

**contractual**　契約上の　◆a breach of contractual obligations　契約上の義務の違反[不履行]

**contractually**　adv. 契約により,契約上,契約的に,契約で　◆The vendor is contractually required to meet...　ベンダー[メーカー,製造供給元]は,契約により〜を満たすよう求められている。

**contradict**　v. 〜と矛盾する,食い違う; 〜を否認する,否定する

**contradiction**　(a)〜矛盾,食い違い,撞着(ドウチャク),不一致,不合理; 否定,否認,反駁(ハンバク),反論　◆if a contradiction arises　もし矛盾が生じたら　◆resolve the contradiction　その矛盾を解消する　◆Obviously, there is a contradiction between these two statements.　明かに,これら2つの発言の間には矛盾がある。

**contradictory**　adj. <to>(〜と)矛盾する,相反する,正反対の,つじつまの合わない,相反の　◆mutually contradictory objectives　相容れない[相反する]目的　◆two mutually contradictory ideas　2つの矛盾した[両立しない]考え　◆her attacks on his contradictory explanation about...　〜に関する

つじつまの合わない[矛盾した]彼の釈明[弁解,説明]に対する彼女の攻撃　◆This is contradictory to everything I have heard from people who were there.　これは私がその場に居合わせた人達から聞いてすべてと矛盾している。

**contradistinction**　比較対照による区別,対比　◆in contradistinction to...　〜と比較対照[対比]して

**contraindication**　(a)〜《医》禁忌,禁忌症,適用禁忌　◆persons with contraindications to measles vaccination　はしかの予防接種の禁忌者(*病気のせいなどで予防接種が受けられない人たち)

**contrarily**　adv. 反対に,これに反して[(意訳)]これに対して],却って(カエッテ),他方では; もう一方では(圏on the other hand, on [to] the contrary, in a contrary manner, contrariwise, conversely)

**contrarotating**　adj. 逆転[反転]する　◆a contra-rotating turbine　二重反転タービン　◆a contrarotating axial fan　反転軸流ファン

**contrary**　adj. adv. 反対の[に],逆の[に]<to>; the 〜 (pl. -ries) 反対のもの　◆contrary [contrarily] to what was expected (▶前者は形容詞または副詞,後者は副詞)　予期していたこととは反対に[で]; 予想に反して; 予想外に; 意外にも; 思いのほか; 思いがけなく,ことのほか; 案に相違して; 案外と; 存外に; あに図らんや　◆contrary to expectations　予想[予期]に反して　◆However, contrary [contrarily] to beliefs, it does not save paper, time, nor money...　だが,信じられていることとは反対に[逆に],それは用紙や時間や金などの節約にはならない。　◆During the driving test, you will be not asked to do anything which is contrary to the law.　運転実技試験中は,法に背く[反する]行為をするよう求められることはありません。

**contrast**　1　①対比,対照; (a)〜(対比による)差異; (a)〜コントラスト,明暗比,濃淡の差; a 〜 対照的なもの[人]　◆in contrast to...　〜とは異なり　◆put A in contrast with B　AをBと比べ合わせる　◆(a) low-contrast film　コントラストの低い[軟調]フィルム　◆high-contrast negatives　コントラストの高い[硬調]ネガ　◆an x-ray contrast agent　エックス線造影剤　◆(a) medium-contrast film　中間調フィルム(*階調特性が中程度の硬さの)　◆In contrast to this,...　これに対して,　◆in direct contrast to this approach　このアプローチとは全く対照的に　◆perform contrast enhancement　コントラスト強調を行う　◆stand in sharp contrast to...　〜ときわだった対比をみせる　◆the contrast between the two　これら二者の間の相違　◆ranging from hard (contrasty) to soft (low contrast)　《写真》硬調(きついコントラスト)から軟調(低コントラスト)までの範囲にわたり　◆a high-contrast liquid-crystal display　高コントラスト液晶ディスプレイ　◆a high-contrast [low-contrast] day　《撮影》コントラストの強い[弱い]日,明暗比の高い[低い]日　◆a low-contrast image　コントラストの弱い[低コントラスト]画像　◆low-light or low-contrast scenes　《カメラ》低輝度または低コントラストの場面　◆to reduce an excessive degree of contrast between the horizontal and vertical surfaces　水平面と垂直面間の過度のコントラストを低減させる[強すぎる明暗比を下げる]ために　◆An important contrast between A and B is that...　AB間の重要な違いは,〜であるということだ。　◆radioactive agents for improving the contrast between tumor and surrounding tissues　腫瘍と周辺の組織との間のコントラストを高めるための放射性の薬剤　◆In this regard, Ford is a vivid contrast to GM.　この点に関しては,フォードはGMと際立った対照をなしている。　◆The laptop's liquid-crystal display has good contrast.　このラップトップの液晶ディスプレイのコントラストは良好だ。　◆It is essential that the original document be of reasonable contrast.　《ファックス》原稿は,ある程度のコントラスト[濃淡の差]がなければならない。　◆GM's fixed costs as a percentage of sales are 31%, in contrast to 24% for Ford and 27% for Chrysler.　ゼネラルモーターズの固定費は,対売り上げ比で31%。それに対してフォードは24%,クライスラーは27%である。　◆In sharp contrast to arch-rival Xxx Corporation, which just had the highest revenues in its history, Yyy reports a net loss of $4.1 million. 創業来最高の収益を上げたばかりの大の競争相手Xxx社と明暗を分け, Yyy社は410万ドルに上る純損失を報告している. **2** vt., vi. 対比させる, 比較対照により違いを際立たせる, (あるものが別なものと)対照をなす ◆contrast A with B　AとBを対比する ◆contrasted with...　〜とは異なり ◆in present-day society with the rich and the poor sharply contrasted 貧富の差が著しい今日の社会において

**contrasty** 《写真》コントラストのきつい, 硬調な ◆a contrasty scene　コントラストが強い［明暗比が高い］場面

**contravene** vt. 〜に違反する, 〜を破る, 〜に抵触する, 〜に反する, 〜に反論する, 〜に反駁(ハンバク)する ◆contravene a rule　ルールを無視する

**contribute** **1** vt. 〜を (〜に) 寄付する［提供する, 与える, 付与する, もたらす］<to> ◆contribute half of the total cost of...-ing　〜する費用の全額［総額］の半分［半額］を持つ［負担する］ ◆It contributes up to 12% quicker steering response to the car. それにより, 車のステアリングレスポンスは, 最高で12パーセント高速化される.(▶12%の高速化がitのみによってもたらされることを意味している) ◆The industry contributes 18 percent of the country's total property taxes. 同業界が, この国の総資産税のうちの18パーセントを占めている. ◆The last increment of improved ride and handling is contributed by a set of 195/60HR-14 Bridgestone Potenzas mounted on new alloy wheels. 乗り心地とハンドリングの改善の最後の増分は, 新しい合金ホイールに履かせられた一組のブリヂストン・ポテンザ(タイヤ)195/60HR-14によって与えられて［実現されて］いる. **2** vi.《contribute to...の形で》〜に (一部) 貢献［寄与］する, 〜の一因となる［一翼をになう］ ◆contribute to the demise of...　〜の消滅の一因となる ◆analyze factors which contribute to family disorganization　家族の崩壊に寄与する［(意訳)つながる］要因を分析する ◆He contributed to advances in cybernetics. 彼は, サイバネティックスの進歩に貢献［発展に寄与］した. ◆A redesigned spoiler also contributes to the aerodynamic improvement. ◆車]再設計されたスポイラーも, その空力性能改善に資して［貢献して］いる. ◆In far too many motor vehicle accidents, drinking is a contributing factor. あまりにも多い自動車事故の中で, 飲酒が一因となっている. ◆LSI technology and mass production contribute to reduced cost. 大規模集積技術と大量生産は, コストの低減に寄与する. (▶contribute toの後ろに, cost reductionではなくreduced costという結果を表す表現がきている)

**contribution** (a) 〜 貢献, 寄与, 寄贈, 寄付, 献金, 寄稿, 投稿 ◆make a meaningful contribution to society　社会に対して有意義な社会貢献をする, 意義のある社会貢献をする;《(意訳)世の中のためになることをする》 ◆make a significant contribution to society　社会に多大な貢献をする ◆he had received illegal cash contributions from Xxx Co. 彼はXxx社から違法な献金を受けた ◆permit individual and corporate contributions to politicians and their parties　政治家や政党への個人献金や企業献金を認める ◆In lieu of a gift, please make a cash contribution to help defray the cost of... 〜の費用を賄う助けにするために, ギフトではなく現金による寄付をお願いいたします. ◆The framework houses three steel pipes that make a minor contribution to stiffness. この骨組には, 少しばかり剛性［スチフネス］の足しになる3本のパイプが組み込まれている. ◆I would like to take this opportunity to acknowledge the contributions of these individuals, without whom this book would not have been published. この機会に, 私はこれらの皆様からのお力添え［ご協力］に感謝致しなくてはと存じます. これらの方々なくしてはこの本が出版の日の目を見ることはなかったでしょう.

**contributor** a 〜 <to> (〜への) 寄付者, 寄稿家, 投稿者, 貢献者 ◆High cholesterol is a leading contributor to heart disease. 高コレステロールは心臓病の主な原因［主因］(の一つ)である. ◆Costs of termination have become a major contributor to the growing use of a contingency work force. 解雇のための費用が, 臨時雇い労働力の活用拡大の大きな要因となった.

**contributory** adj. 寄与する, 貢献する, 一因［一助］となる, 寄付の, 従業員と使用者が分担して拠出する［分担拠出制の］(＊年金や保険が) ◆contributory negligence 《法》寄与［助成］過失 (＊損害の発生に寄与した被害者自身の過失) ◆a contributory pension scheme [plan] 拠出年金制度 (＊費用は労働者と使用者の二者で負担する) ◆it can be seen as contributory to violence　それは暴力を助長するものだという見方ができる ◆... is a major contributory factor to the crime problems we face today　〜は, 今日私たちが直面している犯罪問題の主因［一因］［一大要因］です ◆This, he said, has been a contributory factor in opening the new offices.　このことが新しいオフィスを開設する一要因だったと彼は述べた. ◆Social Security is a contributory system. If you contribute during your working life, you and your family will be protected. 社会保障は分担拠出制度です. 働いている間に拠出しておけば, 自分と家族が守られることになるのです.

**contrivance** [回]考案［工夫］すること; a 〜 考案品, 装置, 工夫, 仕掛け, 細工 ◆a mechanical contrivance　機械仕掛け; 機械装置 ◆a mechanical contrivance　機械仕掛けの考案品; 工夫をめぐらしてつくられている装置 ◆a contrivance to prevent accidents　事故防止のための仕掛け[装置, 工夫] ◆some contrivance to raise prices　値上げをするための何らかの工夫

**control** **1** [回]制御, 操縦, 操作, 調整, 調節, 管理, 監督, 支配, (経営などの) 執権, 采配, 管制, 統制, 規制, 制圧, 抑制, 掣肘(セイチュウ), 制圧, 征圧, (害虫などの) 駆除 ▶制御や管理をすること, またはそうする力や権限の意味では, controlは不可算. 具体的な制御や抑制策の意味では可算になる. また, 法的な規制措置(→ control 2)では通例複数形. ◆out of control; out-of-control → controlの子見出し ◆under control 支配［制御, 管理］下で ◆exert control over...　〜を支配［抑制］する ◆gain control over...　〜の支配権［実権］を得る; 〜を管下［傘下］に置く ◆have control over...　〜を統轄［統括］している; 制御できる ◆place... under the control of...　〜を〜の支配下［傘下］に置く ◆exercise control over...　〜を統轄［統括］する ◆a control chart　コントロール［管理］チャート; 管理図 ◆a control panel　制御盤; 操作盤; 操作［コントロール］パネル ◆a control room [station]　指令室［管制室, 操作室, 調整室, 管制室, 発令室］ ◆a control switch　操作［制御］スイッチ ◆arms control　軍備管理 ◆emission control　排出抑制［抑止］, 排気ガスの抑制, 排ガス規制,《電気》不要輻射規制 ◆voice control　音声（による）制御 ◆control cable　《電》制御ケーブル;《航空機》操縦索 ◆air-traffic control　航空交通管制 ◆a ride-control lever　《車》乗り心地調整レバー ◆control accuracy　制御精度, コントロールの精確さ［正確さ］ ◆assume control of the company from...　〜の会社の経営支配権を〜から取得する ◆control is exercised by...　制御は〜によって行われる ◆exert some control on [over]...　〜を多少抑制する ◆for control of quality　品質管理のために ◆... ing... give [afford] you greater control over...　〜すると［することにより］, 〜に対する制御性が高まる［〜をより自由に制御できる, 〜をより厳密に管理できる］ ◆noise and its control　騒音およびその低減［抑制, 規制, 防音］;(意訳)ノイズおよびその対策 ◆operate under its own control　(機械的に)自動制御［セルフコントロール］で動作する ◆under the control of General Headquarters (GHQ)　《軍》総司令部の統制のもとで ◆under the control of the operator　操作員の操作によって ◆waste subject to special control　特別規制廃棄物 ◆with push-button control　押しボタンによる［簡単な］操作で ◆airports under direct federal control　連邦直轄の空港 ◆individual control of each cylinder's ignition timing　各々のシリンダーの点火のタイミングの個別制御 ◆methods of air-pollution control　大気汚染防止の方法 ◆the control of electromagnetic and sonic radiation　電磁波および音波の放射の規制 ◆the control of low-frequency noise　低周波騒音［ノイズ］の低減［抑制］ ◆the control of quality of parts　部品の品質の管理 ◆be subject to centralized control by...　〜によって統轄［統括, 総轄］されている ◆bring the red ink gradually under control　徐々に赤字を抑制していく ◆due to postal irregularities beyond our control　やむを得ない郵便事情のせい

で ◆exercise civilian control over the military　軍を文民統制する ◆if the deficit is not brought under control　もし赤字を食い止めぬと ◆keep the car under complete control　車を完全に制御し続ける ◆perform real-time control on production processes based on...　〜に基づいて生産工程の実時間管理を行う ◆put [bring] failed institutions under direct government control　破綻した(金融)機関を政府の直接的な監督下に置く[政府直轄にする] ◆retain unerring control of the road　的確な路上走行運転を維持する ◆that is beyond our control　それは私たちの力ではどうしようもない[やむを得ない〔こと〕である〕 ◆these troops were put under his direct control　これらの部隊は彼の直接指揮下に入れられた[配属された] ◆transfer program control to the routine　《コンピュ》そのルーチンにプログラム制御を移す ◆for the control of corrosion, scale, algae and slime in various closed recirculation systems, boilers and cooling towers　各種閉鎖循環系, ボイラーおよび冷却塔の内部における腐蝕, 湯あか[水垢, 缶石], 藻類, スライム[ぬめり]の発生抑制[防止]のため ◆if a central control body is established within government　中央的な管理機関が政府内に創設[設置]されることになれば ◆in the event that a hostile outsider seeks control of the company　万が一, 敵対的アウトサイダーが会社の経営権の支配をしようとした[(意訳)会社の乗っ取りを図った]場合に ◆perform frequency modulation with external control　外部制御により周波数変調する ◆After requesting and gaining control of the interface, the bus arbiter outputs...　《コンピュ》そのインターフェースの制御(権)を要求して獲得した後, バスアービターは〜を出力する。 ◆Control over... is rather awkwardly effected.　〜に対するコントロール[制御, 規制, 支配, 統制, 取り締まり, 監督]は比較的不器用に行われて[やや稚拙に実施されて]いる。 ◆The workstations run... under the control of a "master" workstation.　これらのワークステーションは,「マスター[親, 主]」ワークステーションの制御下で[に従属する形で],〈アプリケーション〉を実行する。 ◆Britain returned control of the colony to China in 1997.　英国は, 同植民地の施政権[統治権, 主権]を1997年に中国に返還した。(*香港のこと) ◆In 1909, Western Union and ADT came under the control of AT&T.　1909年にウェスタンユニオンとADTはAT&T社の支配下[傘下]に入った。 ◆Insulin plays a pivotal role in the control of the metabolism.　インシュリンは, 新陳代謝をつかさどる上で要(カナメ)となる[中心的]な役割を演じている。 ◆The CIA was placed under control of the National Security Council (NSC).　米CIA(中央情報局)は, 国家安全保障会議の管轄下[支配下, 管理下]に置かれた。 ◆The robots are operated under computer control.　ロボットはコンピュータ制御されている。 ◆Typing... returns control [returns you] to the login window.　《コンピュ》〜と入力するとログイン画面に戻ります。(*controlは「制御」の意。プログラムの操作手順の説明などでこのように control が無定冠で使用される。近年のアプリケーションにはyou のほうをよく使う) ◆In a like-size control group given only medically inactive substances, or placebos, 16 perished.　医学的に不活性の物質, すなわち偽薬のみが投与された, ほぼ同サイズ[同じサンプル数]の対照グループ中, 16人が死亡した。 ◆Russian troops took [gained] full control of the Chechen capital, Grozny.　ロシア軍はチェチェン(共和国)首都グロズヌイを完全に制圧した。 ◆Shipping test results are to be used as a daily control over production quality.　出荷テスト結果は, 生産品質の日常管理に利用するものとする。 ◆Reduce speed and maintain alert control of your vehicle when going over the bump.　突起を乗り越える際は, 徐行し安全を確かめながら車を操縦すること。 ◆The new rear suspension provides better control during hard cornering and over bad roads.　《宣》この新しいリアサスペンションは, 急旋回時や悪路走行時により的確な操縦[操舵]を可能にする。 ◆An electronic virus is a program that copies itself by taking control of a computer's internal memory.　エレクトロニック・ウイルスとは, コンピュータの内部メモリーを支配して自己複製するプログラムである。 ◆Seat belts can help prevent serious collisions by keeping the driver behind the wheel and in control of the car.　シートベルトは, ドライバーを運転席に

放り出されないよう)にとどめて車を操縦し続けられるようにすることにより, ひどい衝突を防ぐ助けをする。 ◆Several joint-stock banks have been placed under "special control" by the State Bank, a first step before they are merged or closed.　株式銀行数行は, 合併あるいは閉鎖への第一歩として, 国営銀行の「特別管理」下に置かれた。 ◆The channel monitor gives you complete control of all I/O channel operations, abnormal as well as normal.　このチャンネルモニター装置により, 異常・正常にかかわらずすべての入出力動作を完全に掌握することができる。 ◆Control of the slide show can be effected by either an on-screen control panel (which can be hidden and recalled with a single keystroke) or by using keyboard commands.　スライド(映写)の操作は, 画面のコントロールパネル(ワンタッチのキー操作で非表示にしたり再表示したりできる), またはキーボードからのコマンド入力で行える。

**2**　《通例〜s》(法的な)規制[措置] ◆controls on motor vehicles　自動車に対する規制[措置] ◆eliminate price controls　価格[物価]統制を撤廃する ◆establish controls over...　〜に対する規制条項[規制措置]を設ける ◆a commodity on the Commerce Department's control list　米商務省の規制対象品目リストに載っている商品[品物] ◆due largely to the implementation of pollution controls　主として汚染に対する規制の施行や公害防止策の実施により ◆step up controls on nonpoint-source pollution　発生源の特定できない[非点源]汚染に対する規制を強化する ◆the controls and limitations imposed upon an organization pertaining to...　〜に関連する団体に加えられている規制や制限 ◆Are controls adequate to prevent movement of rejected incoming materials to storage or point of use?　不合格になった搬入材料の入庫もしくは使用場所への移動を防止するための管理策は十分か?

**3**　a〜, 〜s　制御盤, 制御(調整)機構[装置], コントローラ, 管制室; a〜 (個々の)調整つまみ, 操作ボタン, 制御スイッチ, 制御レバー　▶リモコンユニットや操作パネル全体の意味にも, また個々の押しボタンや調整つまみの意味でも用いられる。 ◆a remote control　リモコン装置, リモートコントローラ(▶無冠詞なら「遠隔制御」の意) ◆window controls　《コンピュ》ウィンドウコントロール(*マウスなどを用いてウィンドウの移動やサイズ変更といった制御を行うため, ウィンドウ枠上の矢印や四角形のシンボル) ◆a finger-touch control　フィンガータッチ[指で押す・触れる]式の制御ボタン ◆a wider-range tone control　より広いレンジ[調整範囲]の音質調整(つまみ) ◆operate the VCR remotely from controls on the side of the camera　カメラ側のコントロール部[制御部]からビデオデッキを遠隔操作する(*a control は, 個々の調整つまみやスイッチのこと) ◆The workers themselves act as a control.　作業者ら自身がチェック機構として働く。 ◆The mouse has a sensitivity control for mouse-cursor movement.　そのマウスにはマウスカーソルの動きの感度調節つまみがついている。 ◆The hand control facilitates scanning a tape by bringing the controls to the operator.　その手持ちコントローラ(*リモコンのこと)は, 操作ボタン類を操作者側[操作する人の手元]に持ってきてくれることによって, テープを走査しやすくしてくれる。 ◆The window then displays a set of controls for size changing, scrolling, and thumbing.　《コンピュ》〈すると〉ウィンドウには, サイズ変更, スクロール, ページ移動のための一組のコントロール[制御ボックス・ボタン類]を表示します。 ◆Various kinds of controls are used to ensure the correct functioning of the system.　そのシステムの正しい動作を確実なものにするために, 様々な種類の制御装置が使用されている。

**4**　vt. (controlled, controlling) 制御する, 操作する, 操縦する, 管理する, 支配する, 牛耳る; 抑制する, 制限する, 規制する, 掣肘(セイチュウ)する ◆a controlled economy　統制経済 ◆control contamination　汚染を食い止める ◆control five companies　5つの会社を統轄[統括, 総轄]する ◆control heavy bleeding　大出血を抑える ◆a lane controlled by this sign　この標識により規制されている車線 ◆the Treasury Department (the agency controlling Bureau of Alcohol, Tobacco, and Firearms and the Secret Service)　《米》(意訳)財務省(アルコール・タバコ・火器局および秘密検察局の上部機関) ◆a

**controlled-release system** 放出制御システム (*薬を必要な時に必要量放出することを目指した薬物投与システムで, 貼り薬や持効性製剤とか徐放薬とか呼ばれる飲み薬に組み込まれている) ◆ **a heat-controlled soldering station** 温度制御式はんだごて置き台 ◆ **an electronically controlled butterfly valve** 電子制御バタフライバルブ ◆ **a voltage-controlled oscillator** 電圧制御発振器 ◆ **government-controlled television networks** 政府が統制しているテレビ・ネットワーク ◆ **but unfortunately the Communist Party controls the nation** だがあいにく共産党がこの国を支配していて [《意訳》政治の実権を握って, 政権を担って] いる ◆ **control the operation of equipment** 機器の動作を制御する ◆ **under the influence of a controlled substance** (麻薬や睡眠薬など) 規制の対象になっている薬物が効いている状態で ◆ **control pen speed and paper movement from the front panel** ペンの速度と紙の動きをフロントパネルから制御する ◆ **control the length of time the electromagnetic valves remain open** 電磁弁が開いている時間の長さを調節する ◆ **control the potential of the electrode to within certain limits** この電極の電位を一定の限度内に抑え込む ◆ **TV and radio are state controlled, and political rallies are banned.** テレビとラジオは国家統制され, 政治的な集会は禁止されている. ◆ **By controlling the relative proportion of the three dyes, any color can be reproduced.** これら3つの染料の相対比率を調整することにより, どんな色でも再現できる. ◆ **You control the program from seven drop-down menus that you can select with the keyboard or a mouse.** そのプログラムは, キーボードまたはマウスで選択できる7つのドロップダウンメニューから [を介して] 操作する. ◆ **Zenith, the sole remaining major U.S. manufacturer of color TVs, controls just 15% of the domestic market.** 米国で唯一生き残っている大手カラーテレビメーカーであるゼニスは, 国内市場のわずか15%を支配 [占有] しているだけである.

**out of control** 制御できない状態で [に], 操縦 [運転] 不能で, 暴走状態で, 抑制が利かなくて, 収拾がつかないで, 統制がとれないで, 歯止めが効かないで, 手が付けられなくて, 手に負えないで, 手に余って, 自制心を失って ◆ **get out of control** コントロール [制御, 操縦, 運転] 不能に陥る, 収拾がつかなくなる, 手に負えなくなる, 手に余るようになる, 抑制 [歯止め, 自制] が利かなくなる, 暴走する, 統制がとれなくなる ◆ **slide out of control** 徐々にコントロール [制御, 抑制] が効かなくなる; いつのまにか手に負えなくなる ◆ **swerve out of control** 〈車などが〉操縦 [運転] 不能になる, 制御がきかなくなる, 暴走する ◆ **an out-of-control woman:** a woman out of control 自制心を失っている女性 (*どうしても子供をぶってしまう母親の話で) ◆ **an out-of-control and vacuous comedy** 軽いタッチの脱線コメディー ◆ **an out-of-control car [vehicle]** 制御 [操縦, 運転] 不能になった車 [車両] ◆ **an out-of-control robot arm** 制御が効かなくなった [操縦不能, 暴走] ロボットアーム ◆ **a roaring, out-of-control fire** ぼうぼうと激しく燃え盛り手が付けられない状態の火事 ◆ **out-of-control development** 野放図な (不動産) 開発 ◆ **out-of-control fuel prices** 歯止めが効かずに暴騰する燃料価格 ◆ **out-of-control militarism** 歯止めの効かない軍国主義 ◆ **out-of-control spending increases** とどまるところを知らない支出の増加 ◆ **become out of control and take it out on others** 感情を抑えきれなくなって [キレて] 人に八つ当たりする ◆ **be forced to eject from an out-of-control aircraft** 操縦不能になった航空機から脱出することを余儀なくされる ◆ **He was very violent and out-of-control.** 彼は, とても乱暴で手に負えない子だった. ◆ **It can throw your vehicle out of control.** そのことはあなたの車を操縦 [運転] 不能にしてしまう可能性もある.

**control key** a～《コンピュ》コントロール [制御] キー (→ CTRL) ◆ **a control-key command** コントロールキーコマンド (*コントロールキーと他のキーを同時に押すことによって実行されるコマンド) ◆ **a control-key combination** コントロールキーと他のキーの組み合わせ (*たとえばCTRL-T. 同時に押すことにより, 特定の機能を呼び出すことができる)

**controllability** 制御性, 可制御性, 操縦性

**controllable** 制御できる, 管理できる, 可変 (式) の ◆ **keep... within controllable bounds** ～を制御 [操縦, 可変, 調節, 調整, 管理, 監督, 統制, 取り締まり, 支配] 可能な範囲内にとどめておく; 手に負える範囲内に抑えている ◆ **a controllable-pitch screw propeller** 可変ピッチ式スクリュー・プロペラ

**controller** a～ コントローラ, 制御装置, 制御器, 制御部, 管理者, 会計検査員, (会計) 監査役 ◆ **an air-traffic controller** 航空管制官 ◆ **The controller can handle up to 4MB of cache memory.** そのコントローラは4MBまでのキャッシュメモリーを扱える.

**controlling interest** a～《ときに回》支配的利権, 経営の実権 (を握るに足りる持株比率) ◆ **own [have, retain] (a) controlling interest in...** 〈会社, 企業など〉の (経営の) 実権 [支配権] を握っている ◆ **acquire [take, get, become] (a) controlling interest in...** 〈会社, 企業など〉の (経営の) 実権 [支配権] を握る ◆ **give X a controlling interest in Y** XにYを経営 [運営, 指揮・監督] する支配権 [実権, 権限] を与える ◆ **This will increase Femtex's controlling interest in Macrobee from 47 percent to 50 percent.** これによりフェムテックス社はマクロビー社の持ち株比率を47%から50%に増やすことになる.

**control rod** a～制御棒 (*原子炉の) ◆ **a control rod drive mechanism** 制御棒駆動機構 ◆ **Control rod worth** 《原子力》制御棒価値 ◆ **graphite control rods** 《原子力》黒鉛製の制御棒 ◆ **slowly remove [pull out] control rods** ゆっくりと制御棒を引き抜く ◆ **If enough control rods could not enter the reactor core in an emergency, operators could not immediately stop the nuclear reaction, which could lead to a meltdown.** 緊急時にも十分な制御棒を炉心に挿入できなかったため, 運転員は核反応を即座に停止することができず, (炉心) 溶融を引き起こす恐れがある.

**control tower** a～《航空》コントロールタワー, (航空) 管制塔 ◆ **get (runway) clearance from the control tower** 管制塔から離着陸許可を得る

**controversial** adj. 議論 [論争] を呼ぶ [招きそうな], 議論の余地がある, 議論的になる [的になっている], 物議をかもしがちな, 論争好きな ◆ **become controversial** ～が議論 [論争] を呼ぶようになる; ～が物議を醸し出すようになる; ～が問題化する ◆ **a controversial statement** 問題発言 ◆ **a controversial subject among...** ～の間で議論を呼んでいるテーマ ◆ **the controversial issue of whether or not...** ～かどうかという物議をかもす [議論的になる, 論議を呼ぶ] 問題 ◆ **the controversial street-fighter game** 物議を醸しているそのストリートファイターゲーム ◆ **the speech had become controversial** その演説が問題化した

**controversy** (a) ～論争, 議論, 論戦, 物議 ◆ **its introduction is surrounded by controversy** それの導入は物議をかもしている ◆ **the issues that sparked off the controversy** その論争に火を付けたこれらの争点 ◆ **it will no doubt spark a storm of controversy among...** それは間違いなく〈人々〉の間に〈喧々囂々 (ケンケンゴウゴウ) [侃々諤々 (カンカンガクガク)] たる〉議論 [論争] の嵐を呼び起こすだろう ◆ **the company's infancy has been surrounded with controversy** この会社ができて間もない頃のことについて, いろいろと論じられてきた ◆ **Controversy also surrounded Nanotronics President Martin Fisher's statement that...** ナノトロニクス社の社長であるマーチンフィッシャー氏の～といった発言も論議をよんだ. ◆ **The jetliner has been a target of controversy in the past over the reliability of its electronic flight controls.** このジェット旅客機は, これまで, 電子操縦装置の信頼性をめぐる論争の的にされてきた. ◆ **There has been some controversy among experts as to whether pregnant women should wear seat belts.** 妊婦がシートベルトを着用すべきか否かで, 専門家の間で多少の論争があった.

**convalesce** vi. 快方に向かう, だんだんと健康を取り戻す, (病後に) 次第に力を付ける [カづく, 元気になる] ◆ **convalesce from an illness [an operation, surgery]** 病気 [手術] から回復 [快復, 恢復] する ◆ **He is convalescing at home and improving day by day.** 彼は自宅療養 [静養] 中で日増しによくなってきている.

**convalescence** (a) ~ 病後に徐々に健康を取り戻す[元気を回復する]こと, 快方; (a) ~ 回復期 ◆during (a period of) convalescence 回復期の間に;(《意訳》療養期間中に

**convalescent** adj. 快方に向かっている, 回復期の, 回復期の患者向けの, 予後の; a ~ 回復期の患者, 病み上がりの人 ◆ a convalescent hospital [home] 予後保養所; 病後療養所 ◆a typhoid convalescent patient 快方に向かっているチフス患者

**convection** 回対流 ◆natural convection of air 空気の自然対流 ◆dissipate heat mainly by convection 熱を主として対流によって放散させる ◆All units are convection cooled. これらのユニットすべては, 対流冷却されている.

**convective** adj. 対流の, 対流性の ◆The increased moisture results in more convective activity in the atmosphere. この水分の増加は, 結果的に大気中の対流活動の活発化につながる.

**convene** vi.《会議が》開催される, 集まる; vt. 召集する, 集める ◆a U.N.-convened conference 国連によって召集された会議 ◆The Diet, the Japanese parliament, is to convene in mid-October to deliberate on the bill authorizing... 日本の議会である国会は, ~を認可する法案を審議するために10月中旬に開催されることになっている.

**convenience** 回都合, 好都合, 便利, 利便, 利便性, 便宜, 簡便; a ~ 便利なもの,《文明的》利器; a ~,~s《英》《公衆》便所 [トイレ] ◆as a convenience <to>〈人にとって〉便利なように ◆at your convenience あなたの都合のよいときに, あなたの都合がつく時に ◆for convenience(') sake; for the sake of convenience 便宜上; 便宜[利便]を図って ◆for your convenience あなたにとって都合がよいように ◆make a convenience of...〈人〉を食い物にする, 搾取する ◆a convenience receptacle (家庭用電灯線の)コンセント[ソケット, 差し込み口] ◆a flag of convenience 便宜船籍 ◆a marriage of convenience 政略結婚; 便宜上[都合上, 方便として]の結婚[連合, 手を結ぶこと] ◆convenience foods (集合的に)インスタント[手軽に食べられる]食品 (*調理済み冷凍食品や缶詰)(通例無冠詞で使うが, 種類が複数の場合) ◆public conveniences《英》公衆トイレ ◆afford convenience to...〈人〉にとって便利になる ◆as a matter of convenience 便宜にするという目的で ◆because of the convenience to customers 顧客にとって便利なので ◆for convenience in writing 表記のための便宜上 ◆for convenience of analysis 分析をよりしやすくするための便宜上 ◆for our customers' convenience お客様の便宜を計って ◆for the convenience of customers [vendors] 顧客[納入業者]の便宜を図って ◆get the convenience of portability 携帯性の便利さを得る ◆increase customer convenience; improve/enhance the convenience of customers; enhance convenience for customers 顧客の利便性を向上させる[高める, アップする, 増す, 良くする] ◆offer convenience to customers 顧客に便利さ[利便性, 便宜]を提供する ◆provide customers with an added convenience; provide an extra convenience to (one')s customers 更なる[(より)いっそうの]利便性を顧客に提供する ◆the convenience of a microwave oven 電子レンジの便利さ ◆to facilitate customer convenience 顧客の便宜[利便]を図るために; お客様にとってより便利になるよう ◆the modern conveniences of the late 20th century 20世紀後期の文明の利器 ◆a facsimile is a convenience to have ファクシミリは持っていると便利なものだ ◆designed to maximize operator comfort and convenience 運転員にとってできるだけ快適かつ便利であるよう設計されて ◆having a facsimile is such a convenience ファクシミリがあると非常に便利だ ◆models endowed with high-tech conveniences 便利なハイテク機能を備えた機種 ◆he made a marriage of convenience with one of Gaius Julius Caesar's daughters 彼はガイウス・ジュリアス・シーザーの娘(のうちの)一人と政略結婚をした ◆Convenience foods are prepared products ready for immediate consumption, also known as fast-food or foodservice items. コンビニエンスフードとは, すぐに食べられる調理済み[出来合い]の商品で, ファーストフードとかフードサービスアイテムとも呼ばれている. ◆Credit cards are a convenience. クレジットカードは, 便利なものである. ◆Please contact Mr. Bocca at your earliest convenience. ご都合がつき次第, ボッカ氏と連絡をとってください. ◆Some people learn to type for personal convenience.(できるようになれば)自分にとって便利だという理由からタイプを習う人もいる. ◆The condominium has every modern convenience. このマンションには, あらゆる最新設備が備わって[完備して]いる. ◆In addition, they often work evenings and weekends to suit the convenience of their clients. それに加え, 彼らはクライアントの都合に合わせて夕方や週末に仕事をすることがよくある. ◆Interested suppliers should contact the Port Authority at their earliest convenience. 興味[関心]のある供給業者は, 港湾公共事業体に, なるべく早く都合つき次第コンタクトを取るようにしてください. ◆At your earliest convenience, we would appreciate your completing the enclosed postcard and returning it to us. ご都合つき次第早急に, 同封の葉書にご記入の上当方までご返送いただけると有り難く存じます.

**convenience store** a ~ コンビニエンスストア, コンビニ

**convenient** adj. 便利な, 簡便な, 重宝な, 具合がよい, 手頃な, ちょうどいい, 使いやすい, 都合のよい, (場所が)便がよい ◆a convenient-to-use feature 使って便利なフィーチャー; 利便性の高い機能 ◆become less convenient 利便性の度合いが下がる; 便利が悪くなる ◆cut...into convenient sizes ~を手頃な[ちょうどいい, 適当な]大きさに切る ◆make...convenient to use ~を便利に使えるようにする; ~の利便性を高める ◆be arranged alphabetically for convenient reference 参照しやすいようアルファベット順に並べてある ◆record programs to watch at a more convenient time 番組をもっと都合のよい時に観るために録画する ◆They are convenient to use. それらは使いやすい[使うのに具合がよい]. ◆By all means, choose a convenient location to stay on Manhattan. マンハッタンでのご宿泊は, 是が非でも[必ず]便利な場所を選ぶようにしましょう. ◆The height of this chair is not convenient for writing. 書きものをするにはこの椅子の高さでは具合[勝手]が悪い. ◆A waist-level finder is convenient with low-level subjects like flowers. ウエストレベルファインダーは, 低い位置にある花などの被写体に具合がいい. ◆They've become more convenient, more accessible, more usable in the last three years. これらは, 過去3年の間により便利に, もっと扱いやすく, 更に使い勝手がよくなった. ◆Durable canvas or string bags are light and convenient to carry and can be used thousands of times. 丈夫なキャンバスのバッグあるいは(ひもで編んだ)網み[あみあみ]バッグは, 軽くて携行するのに便利で[携帯性に優れていて]何千回も繰り返して使えます. ◆Information shown on the screen is less convenient to work with than output printed on paper. 画面に表示される情報は, 紙に印字出力されたものよりも扱いにくい[作業しにくい]. ◆Fixtures such as handrails, support arms and towel racks must be situated at heights where they will be most convenient. 手すり, 支持アーム, タオルラックなどの付属設備は, 最も具合のいい[適切な, 使いやすい]高さにあること.

**conveniently** 便利に, 都合よく; 都合のいいことには, 好都合なことには, うまい具合に ◆be conveniently situated [located, sited] for...~の便がよいところに位置[立地]している

**convention** a ~ 大会, 会議; 規則, 規約; 協定, 協約, 条約; 慣習, しきたり, 因習 ◆according to convention (業界などの)慣習では ◆as a matter of convention しきたりで ◆international treaties and conventions on...~に関する国際協定[条約]及び国際規約 ◆parameter passing conventions《コンピュ》パラメータの受け渡し規則[方法] ◆sign a convention relating to...~に関する条約に調印する ◆the conventions of a society ある社会のしきたり[行動の規範, おきて, 定め, きまり] ◆write a new convention on...~に関する新しい条約を書く ◆notational conventions to define command syntax《コンピュ》コマンドの構文を明確に記述するための表記法

**conventional** adj. 従来の, 旧来の, 在来の, 慣例的な, 通常の, 普通の, 常套的な; 規約(上)の, 協定(上)の ◆conventional weapons 通常兵器 (= non-nuclear weapons 非核兵器) ◆a conventional vessel [ship] 在来船（＊コンテナ船と対照して）◆a set of conventional shock absorbers 旧来［従来］型のショックアブソーバー1組（＊この用例が出ていた自動車雑誌では「電子制御式ではなくメカ式の緩衝器である」ということを表すのに、(電子制御によってするのとは)従来の方法と形容している) ◆conventional forms and styles 様式化された形態；紋切り型 ◆use conventional methods to determine... 〜を調べるために従来の［これまでの］方法を用いる ◆As an alternative to the conventional practice of depending upon real estate brokers to select a site, ... 用地を選定する際に不動産ブローカーを当てにするといった従来の慣行［昔ながらの慣習］に代わるやり方として、

**conventionally** 従来、慣例的に、伝統的に ◆a conventionally armed B-2 通常兵装を装備しているB-2爆撃機 ◆a conventionally used solvent 従来から［以前から普通に、一般的に］使われている溶剤 ◆it's cooked conventionally それは、(電子レンジによってでなく)従来の方法で加熱調理されている ◆six nuclear-powered and four conventionally powered submarines 原子力潜水艦6隻と通常［在来］型潜水艦4隻 ◆Conventionally, it would take 35 to 40 minutes to <do> 従来［従来の方法だと］、〜するのに35分から40分かかっていた。◆They have conventionally been employed in the diagnosis of brain tumors. それらは従来から脳腫瘍の診断に用いられてきている。

**conventional memory** 《コンピュ》コンベンショナルメモリー（＊MS-DOSで使用できる最初の640KB分のRAM。メインメモリーとかベーシックメモリーとも呼ばれる）

**converge** 集まる、集中する、収束（シュウソク）する、収束する、集束する ◆light converges to a point 光が一点に集束する［集まる］ ◆These problems are likely to converge on solution. それらの問題は解決に向けて収束しそうである。

**convergence** 収束, 収斂(シュウレン), 集束, 集中, (カラーブラウン管の)コンバージェンス ◆a convergence theory 収斂の理論 ◆Industry experts foresee a convergence of the workstation and personal-computer markets. 業界の専門家筋は、ワークステーション市場とパソコン市場の収束（シュウレン）を予見している。

**conversant** adj. (〜に)精通[通暁(ツウギョウ), 知悉(チシツ)]して［している、している、(〜に)明るい［詳しい］<with, in, about, on> ◆a colleague conversant in Italian イタリア語に精通している同僚（▶日本の一般の英語の辞書では、withを使うことになっているが、実際には言語に精通している意味では in が用いられていることが多い）◆become conversant in environmental issues 環境問題に精通してくる ◆be fully [very] conversant with [about, on]... 〜に(ついて)完全に［とてもよく］精通している ◆issues a governor has to be conversant with, such as education and economic development policies 教育や経済開発政策など知事が精通［熟知］していなければならない問題

**conversation** (a)〜 会話, 対話, 話, 談話, 談義, 座談, 対談 ◆a conversation about... 〜についての会話 ◆be in conversation with... 〈人〉と話し中である ◆enter into conversation with... 〈人〉と話し合いに入る ◆hold [have] a conversation with... 〈人〉と話をする ◆make conversation with... 〈人〉とあいさつする、(社交的、儀礼的に)言葉を交わす ◆come up in conversation 話の中で言及される ◆the ability to participate effectively in conversations 会話に効果的に参加する能力; (意訳)会話(運用)能力 ◆be unfit as a subject of conversation between polite men and women 礼儀正しい男女間の話題にはふさわしくない ◆She would have a phone conversation with a co-worker 彼女は職場の同僚と電話で話をした ◆The mobile telephone permits about 2½ hours of conversation before needing a recharge. この移動電話は、1回の充電で2時間半通話ができる。◆Conversation with passengers can impair your driving. 乗せている人と話をすると、運転がおろそかになります。

**conversational** 会話型の、対話型の ◆speak in conversational English 会話体［話言葉］の英語で話す

**conversation piece** 〜話題を提供してくれる品物、話の種 ◆Cold fusion became a conversation piece. 常温核融合が話の種［話題］になった。

**converse** 逆の[で], (正)反対の[で] ◆The converse is also true. 逆もまた真である。

**conversely** 逆に、(正)反対に；逆に［裏返して、逆の面から］言えば、逆の言い方をすれば、裏を返せば、その反面、それに反して ◆Conversely,... 逆に、(正)反対に；逆に［裏返して、逆の面から］言えば、逆の言い方をすれば、裏を返せば、その反面、それに反して

**conversion** (a)〜 変換, 転換, 方向転換, 転向, 転化, 換算 ◆a conversion table 換算表 ◆unit conversion 単位の換算 ◆an energy-conversion mechanism エネルギー変換機構 ◆automatic conversion of dictated speech to text 口述された言葉の自動テキスト変換 ◆conversion from AC to DC 交流から直流への［交直］変換 ◆conversions into smaller notes 小額紙幣への両替 ◆fixed-to-floating-point conversion 固定小数点から浮動小数点への変換 ◆make conversions of measurement units 測定単位の換算［変換］を行う ◆media conversion 《コンピュ》メディア変換 ◆perform a currency conversion calculation 通貨(間の)換算計算を行う ◆for conversion to digital form デジタル化するために ◆allow the conversion from instruction mnemonics into machine language 命令ニーモニックから機械語への変換を可能にする ◆before being subjected to analog-to-digital conversion A-D変換される前に ◆the conversion of coal to nuclear energy 石炭から核エネルギーへの転換 ◆the conversion of power from ac to dc 交流から直流への電力の変換 ◆the stock market's rapid conversion from boom to gloom 株式市場の浮かれ気分から沈鬱への急激な転換 ◆image data can be transferred directly to a personal computer without the need for file conversion 画像データはファイル変換する必要なしに直接パソコンに転送可能である ◆The U.S. is in the midst of a sweeping technological conversion. 米国は、広範にわたる技術転換の真っただ中にある。

**convert** vt., vi. 変換する, 転換する, 改造する, 変える, 転向する, 換金する, 両替する ◆convert a novel into a screenplay 小説を映画脚本化［映画化］する ◆convert from one unit to another ある単位から別の単位に換算する ◆convert data to and from Unicode UnicodeからまたはUnicodeにデータを変換［コンバート］する ◆an adaptor to convert a mini to an extra-mini plug (3.5mmφ)ミニプラグから(2.5mmφの)極細ミニプラグに変換するアダプター ◆convert incoming faxes into standard word processing formats 受信したファックスを標準のワープロフォーマットに変換［コンバート］する ◆convert [change] a percentage into a decimal by dividing the percentage by 100 パーセント値を100で割ることによって小数値に換算する ◆a device for converting between digital and analog signals デジタル信号をアナログ信号に、またその逆に変換するための装置［素子］ ◆convert $100 into local currency at a state exchange office 国営両替所で100ドルを現地通貨に交換する ◆convert virtually all vehicles to the use of nonpolluting fuels by 2009 ほとんどすべての車両を2009年までに無公害燃料の使用に転換する ◆To convert J to cal, divide by 4.184. ジュールをカロリーに換算するには、4.184で割ること。◆The satellites were originally designed for the Soviet military but are being converted for civilian usage. これらの衛星は元々ソ連軍用に設計されたものであるが、民需［民生, 軍民］転換が進行している。◆With just the turn of some levers or the change of a catalyst, a plant can convert from the production of pest killers to people killers in as little as 24 hours. いくつかのレバーを回したり触媒を取り替えたりするだけで、工場をほんの24時間で殺虫剤の生産から殺人剤（＊化学兵器のこと）の生産に転換することができる。

**converter** a〜 コンバーター, 変換器[部, 機, 装置], 転換器, 転換炉, 転炉, 変換プログラム ◆a catalytic converter 触媒コンバーター ◆a digital-to-analog converter (DAC) デジアナ変換器, D/Aコンバータ

**convertible** adj. (形や使い方が)変えられる、コンバーチブルの、幌がたたみ込める[取り外せる]、兌換(ダカン)できる、換算できる; a~ コンバーチブル車 (*幌の取り外しや折りたたみによって、オープンカーになる車) ◆convertible subordinated debentures 劣後転換社債 ◆The convertible stroller lets you lower the backrest so the child can nap comfortably, and reverse the handle so you can face the child as you push the stroller. コンバーチブルベビーカーは、赤ちゃんが心地よく寝られるよう背もたれを倒すことができ、またハンドルを逆にすることによって赤ちゃんと向き合って[対面式で]ベビーカーを押せるようにできる。

**convex** adj. 凸状の、凸形の、凸面の、凸– ◆a convex lens 凸レンズ ◆a convex mirror 凸面鏡

**convey** vt. ~を伝達する、伝える、知らせる; 運ぶ、輸送する、運搬する、搬送する、移送する、譲渡する ◆a heat-conveying medium 熱を運ぶ媒体 ◆an ash conveying system 灰輸送システム ◆a means of conveying intelligence 情報の伝達手段 ◆a pipe for conveying water 水を運ぶ[送る]ためのパイプ ◆convey information 情報を運ぶ[伝達する] ◆convey power [energy] 電力[エネルギー]を伝える

**conveyance** 伝達、運搬、輸送、移送; a~(多少古くさい言い方)乗り物、自動車、車、車両; 回(不動産の)譲渡、a~不動産譲渡証書 ◆a fraudulent conveyance 詐欺行為による譲渡 ◆an electric conveyance 電気駆動式の乗り物 (*電気自動車など) ◆by mechanical conveyance 機械輸送により ◆the effective conveyance of information in the form of visual images 画像という形での情報の効果的な伝達 ◆It folds up for conveyance. それは、運搬に便利なように折り畳める。

**conveyor, conveyer** a~ コンベア[ベルトコンベア]、移送機、搬送機; 輸送者、運搬人、伝達者 ◆a conveyor belt; a belt conveyor コンベアベルト; ベルトコンベア (*両者とも同じもの、前者の方がより一般的) ◆the old conveyor-belt way of doing things 与えられた事だけやっていればよしとするような旧態依然の仕事のやり方

**convict** vt. 〈人〉を(~の罪で)有罪と宣告する[判決を下す]〈of〉; a~ 有罪宣告を受けた人、(長期の)服役囚、囚人 ◆ex-convicts aged between 30 and 65 30歳から65歳の前科者[刑余者]

**conviction** (a)~ 有罪判決、確信、信念、所信 ◆a first-degree murder conviction 第一級殺人の有罪判決[宣告] ◆his conviction that nothing is impossible 彼のなせねばなるといった信念

**convince** vt. 〈人〉を確信させる、納得させる、説得して~させる 〈to do〉 ◆convince potential customers of the benefits 顧客になってくれそうな人たちに、こういったよい点があることを納得させる ◆become convinced of the superiority of European civilization ヨーロッパ文明の優越性を確信するようになる ◆end users are becoming convinced that... エンドユーザーは~だということを納得するようになってきている ◆I am convinced that... 私は、~であることを確信している[信じて疑わない] ◆The most superficial glance at the graph convinces us that... そのグラフをパッと見ただけで、~であるといったことが分かる。 ◆the industry has been trying to convince the public that our products are perfectly safe この業界は、装置が全く安全であるということを世間一般の人々に訴えようとしてきている

**convoluted** adj. 回旋状の、渦巻き状の; 極めて複雑な、複雑に入り組んだ ◆Japan's convoluted distribution system 日本の複雑に入り組んだ流通機構

**convoy** a~ 輸送団、護送船団、大型トラック集団、(自衛の他の目的で)隊を組んでいる船団[車両集団]; (a)~ 護送、護衛 ◆the Japanese convoy system was far from effective 日本の護送船団方式は効果的というにはほど遠かった ◆they halted convoys and stole food from U.N. trucks 彼らはコンボイ[輸送団]を停止させ国連トラックから食糧を盗み取った

**convulsive** adj. 痙攣(ケイレン)性の、引き付けの、発作的な ◆He had undergone electro-convulsive therapy – known as ECT or shock therapy [treatment]. 彼は、ECTあるいはショック療法と呼ばれる電気けいれん療法を受けた。 (*精神科で)

**COO** (Chief Operating Officer) a~《役職の意味では無冠詞》最高業務執行責任者、最高執行[業務]責任者、最高経営執行(責任)者 ◆Prior to being named President and COO, Mr. X was Executive Vice President of A Corp. (A社の)社長兼COO(最高業務執行責任者)に任命される前は、X氏はA社の副社長だった。

**cook** a~ 料理人; vt. ~を料理する、~を加熱調理する[~に火を通す] (*煮る、ゆでる、焼く、炊く、炒める、揚げるなど)、でっちあげる[ごまかす]; vi. 火が通る、煮える、料理する ◆quick-cooking dishes 手早く調理できる[即席]料理 ◆Cook pasta in large pan of boiling water over salted high heat until tender but firm to the bite. (意訳)パスタを、大きな鍋で(沸かしたお湯に)塩を入れて強火で柔らかくなるまで、ただしこしがあるように、ゆでます。

**cook up** 〈料理を〉手早くつくる、考え出す、でっち上げる、ねつ造する、作り上げる、仕立て上げる ◆a stratagem cooked up by... ~によって考え出された計略[謀略]

**cookie** a~ クッキー、《ネット》クッキー (*Webサイトを訪れる個々のユーザーについて、登録ユーザーか否かなどを識別するために、Webサイト側がユーザーのコンピュータに書き込み管理する情報)

**cool** 1 adj. 涼しい、涼しそうな、ひんやりした、冷たい、冷やかな、冷淡な、冷静な; カッコいい、イケてる、〈ジャズが〉クールで[冷静で知的なスタイルの]; adv. 冷静に ◆his cool, serene aloofness 彼のクールで、落ち着き払った超然たる態度 ◆store them in a cool, dark place それを冷暗所に保管する ◆take a cool look at... ~を冷静に見る ◆we must keep a cool head 我々は冷静でいなくてはならない; 平静を保つ必要がある ◆when stored at an ambient temperature of 68 degrees Fahrenheit or cooler with humidity at 60% or less 周囲温度を華氏68度以下、相対湿度を60%以下にして貯蔵した場合 ◆Store the battery in a cool, dry place. バッテリーは、涼しい乾燥した場所に保管してください。

2 vt., vi. <down, off> 冷却する、さます、冷やす、冷える、さめる、静まる ◆circuit boards cooled by liquid nitrogen 液体窒素で冷やされている回路基板 ◆cool circuits to -54°C 回路を-54°Cに冷やす ◆feel the cold winds of a cooling economy 冷え込みが厳しくなっている経済の冷たい風を感じる ◆it is then allowed to cool slowly それは、その後に徐冷される ◆under cooled conditions 冷却状態で[の] ◆let it cool to room temperature それを常温になるまで冷ます[冷却する] ◆cooled to the temperature of liquid helium 液体ヘリウムの温度に冷却されている ◆raise the costs of heating and cooling homes and businesses 家庭や企業の冷暖房費を押し上げる ◆the economy began to cool in Arkansas アーカンソー州の経済[景気]が冷え込み始めた ◆to cool warm, moist air below its dew point 暖かい湿った[湿り]空気を露点以下に冷却するための ◆Another problem with low voltage is that the air conditioner may not cool sufficiently. 電圧低下のもうひとつの問題は、エアコンが十分に冷えない可能性があることである。 ◆Inflation would rise to about 5% by year-end and then cool down in 1996. インフレは年末までに約5%に上がり、その後1996年には沈静化するであろう。

3 n. the~《単のみ》涼しさ、涼しい場所[時]; one's~ 冷静、落ち着き ◆I lost my cool when... ~のときに私は冷静さ[理性]を失った[カッとなった、キレた、頭にきた、取り乱した] ◆So far, I've kept my cool. 今までのところは、冷静さを保ってきました。

**cool off** さめる、冷える; 落ち着く、平静になる ◆the overall economy is cooling off [down] 経済全般が冷え込みつつある ◆Try starting the motor again after ample time for the motor to cool off. モーターが冷えるのに十分な時間をおいてから、モーターを再起動[始動]させてみてください。

**coolant** (a)~ 冷却液、冷却水、冷却材[剤]、冷媒、切削油剤 ◆a liquid-metal coolant 《原子力》液体金属冷却材 ◆a loss-of-coolant accident 《原子力》冷却材喪失事故(LOCA)

mineral oil is used as a coolant for transformers　鉱油が変圧器の冷却剤として使用されている
**-cooled**　～によって冷却される方式の　◆an air-cooled [water-cooled] engine　空冷［水冷］エンジン　◆a liquid-metal-cooled nuclear reactor　液体金属冷却原子炉
**cooler**　a～　冷却器、冷蔵庫
**cooling**　冷却、寒冷化　◆undergo cooling　冷却される；冷える　◆a cooling fan　冷却ファン　◆a cooling medium　冷却媒体、冷媒　◆slow cooling in [inside, within] a [the] furnace; slow furnace cooling　炉内で徐々に冷却すること；炉内［炉中］冷却　◆a cooling trend took place toward the close of the Tertiary　第三紀が終わりに向かうころ寒冷化傾向が現れた　◆a (marked) cooling of the Mexican economy　メキシコ経済の（著しい）冷え込み　◆be used for cooling　冷却に使用されている　◆in the course of cooling　冷却中で、冷えて行く途に　◆it was subjected to cooling by liquid nitrogen　それは液体窒素で冷却された　◆provide cooling for...　～を冷却する　◆the amount of evaporative cooling taking place　(今)起きている蒸発(気化)冷却の量　◆the cooling of... by radiation　放射による～の冷却　◆the economy is already showing signs of cooling a bit　経済[景気]は、すでに若干冷え込みの兆し［兆候、様相］を呈している　◆Convection cooling is the only cooling means.　対流冷却が唯一の冷却手段［方法］である。　◆The slowdown in the Virginia economy is in line with a general cooling of the Southeastern economy.　バージニア州経済の減速は、東南部地域経済の全般的な冷え込みに呼応したものである。
**cooling-off**　adj. 感情を冷ますための、冷却のための、クーリングオフ制の（＊ある一定期間、訪問販売や割賦販売で結んだ契約を消費者が無条件で取り消し［解除、解約］できる）　◆a cooling-off period　《ビジ》冷却期間（＊無条件解約ができる）
**coop**　n. a～（小動物の）小屋［かご、おり］；《俗》豚箱［ムショ］；vt.《coop up <in>の形で》～を（～の中に）閉じ込める　◆in a chicken coop　鶏小屋内で
**cooperate**　vi. 協力する、協同［共同、協働］する、協業する、合力する、戮力(リクリョク)する　◆Xxx and Yyy have cooperated to produce [manufacture]...　XxxとYyyは、～の生産［製造］で協業した　◆we will be happy to cooperate to the fullest extent　私どもは喜んで全面的に協力する所存です［最大限の協力を惜しまないつもりです］
**cooperation**　協力、協同、共同、協働、協調、提携、協業、連携、連係、協動（＊電力会社間で電力融通するための連系の際の）、戮力(リクリョク)　◆enlist the cooperation of...　〈人〉の協力を得る　◆a very high degree of international cooperation　高水準の国際協力　◆call for international cooperation in fighting...　～撲滅に向けての国際協力を呼びかける　◆cooperation between [among] competing manufacturers　競合メーカー間の協力　◆give [provide, extend] (one's) cooperation to...　～に協力する［協力の手を差し伸べる］　◆in cooperation with the supplier　部品供給メーカーと協力して［共同で］　◆not getting much cooperation from...　～からあまり協力を得ていない　◆receive a great deal of cooperation from...　～から多大な協力を得る　◆secure the cooperation of several companies　数社の協力を取りつける［得る］　◆through bilateral cooperation　国際協力を通じて［通して］　◆to solicit cooperation of/from the international community　国際社会の協力を求める［《意訳》訴える、引き出す］ために　◆we got no cooperation from...　我々は、～から協力を一切受けなかった　◆with cooperation from Japanese, Russian and Australian authorities　日本、ロシアおよびオーストラリアの当局の協力の下で　◆It was developed in close cooperation with...　～との緊密な協力関係のもとで開発された　◆require an unprecedented level of cooperation between A and B　先例を見ないほど緊密なＡＢ間の協力を必要とする　◆we need your cooperation　私たちは、あなた方の協力を必要としています　◆In exchange, offer them your cooperation.　かわりに、彼らに協力を申し出なさい。　◆He called for more [greater] international cooperation in research and development.　彼は研究開発の分野で国際協力をいっそう深めようと呼びかけた。　◆In order

for us to gain their cooperation, the first thing we have to do is assure them we can...　彼らの協力を取り付けるために、まず真っ先に私たちがしなければならないことは、私たちは～できるんだということを彼らに納得させることだ。　◆These devices are connected together and used in cooperation.　これら装置は、互いに接続されており協調的に用いられる。　◆I would like to thank Professor Thomas M. Rosenberg for his extensive cooperation in preparing this article.　本記事の執筆に当たり多大なる御協力を頂きましたトーマス・Ｍ・ローゼンベルグ教授に感謝致します。
**cooperative**　adj. 協力の、協同の、協力的［協調的］な、協同組合の；a～　協同組合　◆a cooperative store　協同組合店　◆cooperative activity [activities]　協同組合活動　◆cooperative enterprise　協同組合事業　◆an international cooperative project　国際協力プロジェクト［事業、計画、事業計画］　◆at a cooperative on campus　大学の生協［生活協同組合］で　◆build a cooperative system [framework]　協力体制［協力の枠組み］を作る　◆establish [build] a cooperative relationship with...　～と協力関係を確立する［築く、構築する、つくる、《意訳》組む］　◆set up a cooperative to <do...>　～する協同組合を創設する　◆This represents the first phase of cooperative effort between A and B to develop [produce]...　これはＡ社とＢ社で～を開発［生産］する協同の取り組みの第１段階となるものである。（＊～開発［製造］協業の取り組み）
**coordinate**　1　同等［同格、対等、等位］の、《化》《結合が》配位の；n. 同等のもの　◆a coordinate covalent bond　《化》配位共有結合
2　n. a～ 座標；adj.《コンピュ》座標式の　▶１つの座標系にｘ座標とｙ座標などのように複数の座標が存在することが多く、その場合、複数形coordinatesを用いるのが普通である。座標系が２次元や３次元であっても、そのうちどれかひとつの座標を指す場合は、単数形coordinateを使う。　◆the x and y coordinates of the dot　そのドットのx,y座標　◆the x coordinate of the upper right endpoint　右上の終点のx座標　◆the coordinates [the latitude and longitude] of the exact location of your field site　あなたの実地調査地点［現場］の正確な位置座標［緯度と経度］　◆a series of X,Y coordinates describing the picture　その絵を表している一連のX,Y座標　◆the cursor coordinates of the last button press　最後にボタンが押された時の（コンピュータ画面上の）カーソル座標　◆provide the coordinate data for moving the cursor on the screen　画面上のカーソルを動かすための座標データを与える
3　vt. 連係して働かせる、調和させる、整合させる、調整する、釣り合わせる、同格にする；vi. 連係して働く、調和［協調］する、釣り合う、対等になる、《化》配位結合する　◆coordinated [synchronized] terrorist attacks　連係された［同時性を持つ］複数のテロ攻撃；《意訳》同時多発テロ（▶英語では「同時多発」に相当する表現を明示的に使用しないで単に (a series of) terrorist attacks ですます場合が多い）　◆They function in a coordinated fashion.　これらは連係して機能する。　◆suggest a tie that coordinates with the suit and the shirt　スーツとシャツに合う［似合う］ネクタイを勧める　◆unprecedented, coordinated terrorist attacks against US economic and military centers of power　米国の経済力と軍事力の中枢を狙ったかつてない規模の同時多発テロ　◆In a joint statement, France and West Germany pledged to coordinate efforts to keep their inflation rates in check.　共同声明の中で、フランスと西ドイツは両国のインフレ率抑制維持のため協調すると約束した。
**coordination**　協調、連係、連携、調整、整合；同位、配位　◆coordination between A and B　ＡＢ間の協調［調整、連係、連係］　◆insulation coordination; coordination of insulation　《電気》絶縁協調　◆international coordination　国際協調　◆the Environmental Disputes Coordination Commission　《日》公害等調整委員会　◆coordination between businesses in one company　一企業内の各部門の調整［取りまとめ］　◆coordination with other committees　他の委員会との調整　◆develop... in coordination with...　～と～を共同開発する　◆tasks requiring hand-eye coordination; hand-eye coordination tasks　手と目の協調

[連係]が必要な作業 ◆through hand-eye coordination 手と目の連係(動作)[協調]により ◆to secure coordination with other reclosers and fuses in the medium-voltage distribution system 中圧配電系統内にあるその他の再接続器およびヒューズとの協調を取るために

**coordinator** *a* ~コーディネーター, 調整役, 調整員, 仲介役, まとめ役, 世話役[人], 幹事役

**co-own** vt. ~を共同で所有する[経営する] ◆an auto-parts plant co-owned by... and... ~と~による共同経営の自動車部品工場

**cop** 1 *a* ~《口》警官, おまわり, ポリ公
2 vt.《俗》~を捕まえる, 手に入れる,(麻薬など)を買う, 盗む, くすねる, かっぱらう ◆cop a plea （刑罰を軽く[情状酌量]してもらおうと）口を割る, 自状する, 自白する

**COP** ◆the 3rd Conference of the Parties to United Nations Framework Convention on Climate Change (COP3) 気候変動枠組み条約第3回締約国会議,（通称）地球温暖化防止京都会議 (COP3)（*1997年に開催された） ◆the 6th Conference Of the Parties (COP6) 第6回締約国会議(COP6)（*気候変動枠組み条約）

**COPA** (the Council on Postsecondary Accreditation) 全米高等教育基準認定協会[協議会]（《略語形にtheは不要》）

**cope** vi. <with> うまく処理する, うまく対処する, うまくやる ◆to help children cope with the loss of a family pet 子どもたちがペットが死んだ悲しみを乗り越えるのを助けるために ◆become incapable of coping with corporate needs 企業のニーズに対応しきれなくなってくる ◆pain is bearable and can be coped with without drugs 痛みは我慢できる程度のものであり、薬なしでも対処できる[何とかなる] ◆This problem can be coped with by modifying... この問題は, ~を一部変更することにより対処[対応, 処理, 収拾]可能である ◆to cope with the high error rate of voice-grade telephone lines 音声帯域電話線の高い誤り率に対処するために

**copier** *a* ~ 複写機 ◆a full-color copier フルカラー複写機 ◆Copier machines that use CCD digital imaging will be able to transmit images directly to other copiers over telephone lines. CCDデジタル画像読み取りを用いている複写機は, 画像を電話回線を通じて別の複写機に直接電送できるようになるだろう.

**copious** adj. 豊富な, たくさんの, 多量の, おびただしい, 莫大な,(人が)言葉数の多い,(文筆家が)多作の ◆take copious notes たくさんメモを取る

**coplanarity** 同一平面上にあること, 共平面性,(意訳)平坦性[平坦度]（*基板への電子部品実装の話で） ◆The coplanarity of the pads within a connector footprint should not exceed 0.003" with a maximum allowable board bow of 0.007"/inch. コネクタ取り付け面積内のパッドの共平面性[(意訳)平坦度, 段差]は0.003インチ以下, 基板の反りの最大許容量は長さ1インチ当たり0.007インチとする.（*pads = はんだ付けされる箇所）

**copper** 銅(元素記号: Cu) ◆(a) copper loss 《電気》銅損 ◆copper oxide 酸化銅 ◆(an) annealed copper wire; (a) soft-drawn copper wire 軟銅線 ◆a copper-clad aluminum conductor 銅覆アルミ導線

**copper oxide** (*a*~《種類による》)酸化銅 ◆a copper oxide rectifier 酸化銅整流器

**coprocessor** ◆a floating-point coprocessor 浮動小数点コプロセッサ（*数値演算コプロセッサ a numeric coprocessor, a math coprocessor とも）

**copy** 1 *a* ~ 写し, 写し, 控え, コピー,(印刷・複写もの
を数える単位としての)一部 ◆a copy of the letter 手紙の写し ◆enter 75 as the number of copies, and print 部数を75と入力[設定]して印刷する ◆make a copy of it それのコピーを(1部)とる ◆make copies of the letter その手紙のコピーを(何部か)とる ◆make [take] a copy of all files 《コンピュ》すべてのファイルのコピーを取る（*makeの方が普通, takeは希） ◆two copies of every book どの本も2冊[2部]ずつ ◆keep backup copies of disk data ディスク内のデータのバックアップコピーをとって[保存して]おく ◆but you should expect noticeable degradation of sound in copies of copies (of copies) しかしながら,(コピーの)コピーのコピーには聴いてみて分かる音質の劣化があることを覚悟しておく必要があります ◆it works like a copy instead of a move 《コンピュ》それは, 移動(機能)よりはむしろコピー(機能)のように働く ◆The book sold more than 300,000 copies. 本は30万部以上売れた. ◆In the case of a commercial motor vehicle, the permit or a true copy must be carried in the vehicle at all times. 商用車の場合は, 許可証またはその[謄本]をその車両に常備しておく必要がある.（*正本 = 原本と同一の効力をもつ謄本）
2 (印刷)原稿, 広告文[コピー], 原稿材料 ◆a veteran free-lance copy writer ベテランのフリーコピーライター; 経験を積んだ自由契約の[自営]文案家 ◆body copy 本文 ◆send copy by modem モデムで原稿を送る ◆Copy for the magazine is often received late, and staffers are required to work overtime to get the issue out on time. 雑誌の原稿の入稿がしばしば遅れ, 編集部員は各号を期限通りに発行するために残業を余儀なくされている.
3 ~を複写する, 写し取る, 書き写す, ~のコピーをとる, 複製(複写)する, まねをする ◆copy them in their entirety それらをそっくりそのまま[全部, 丸ごと]コピーする ◆copy data from one file to another あるファイルから別のファイルにコピーする/ファイルから~へデータをコピーする; ファイル間でデータをコピーする; データのファイル間コピーをする ◆copy the contents of the disk in the source drive to memory 送り側ドライブに挿入されているディスクの内容をメモリーにコピーする ◆permit the multiple copying of newspaper articles for teaching purposes to a maximum number of 250 copies 教える[教育]目的で新聞記事を複数部コピー[複写]することを最高250部までで許可する[認める] ◆protect software from unauthorized copying 不正コピーされないようソフトにプロテクトをかける ◆The direct digital copying of CDs will not be permitted. CDからの直接デジタルコピーは許可されないであろう. ◆The virus copies itself onto other executable programs. ウイルスは, 他の実行可能プログラム上に自己複製する. ◆Rectangular regions can be copied from one position to another. 矩形領域を, ある位置から他の位置へコピーすることができる.

**copyboard** *a* ~ an electronic whiteboard [blackboard, copyboard] 電子黒板（*白板上に書かれたものをそのまま紙にコピーしたり電気信号として送信する）

**copycat** *a* ~《口》他人のアイデアなどをまねする[コピーする, 盗む, パクる]人, 他社の出した製品をまねる企業, 模倣犯, パクリ屋 ◆copycat machines [models] にせ物機[モデル] ◆copycat products 模倣製品, パクリ商品 ◆an illegal copycat product 違法なものまね製品[ものまね商品, 偽造品, にせ物] ◆The book has sold 200,000 copies and has led to a flood of copycat books from major computer book publishers. この本は20万部売れて,（二匹目のドジョウをねらう）類書がどっと洪水のごとく大手コンピュータ書籍出版各社から出た.

**copyguard** ~をコピーガードする, ~を(不正[違法, 無断])複写から守る ◆copyguarded tape コピー防止信号入りテープ

**copy-guard** 不正コピー防止の ◆the copy-guard system for DAT's DAT用の(デジタルコピーをさせないようソフトを保護する)コピー防止システム

**copying lathe** *a* ~ 倣い(ナライ)旋盤 ◆an automatic copying lathe 自動倣い旋盤

**copy protect** ~にコピープロテクトをかける, ~を(不正[違法, 無断])コピーできないようにする; copy-protected adj. コピープロテクトがかかっている ◆copy-protected software コピープロテクトのかかった[(無断)コピーから保護された]ソフト ◆The program is not copy protected. そのプログラムには, コピープロテクトがかかっていない[コピー防止になっていない].

**copyright** 1 ～ 著作権、版権 ◆(be) out of copyright 著作権が切れて ◆an infringement of a copyright 著作権の侵害 ◆a copyright holder 著作権(保有)者 ◆a copyright notice 著作権表示;(標題 Copyright Notice [Copyright Information]の形с)著作権情報[著作権について] ◆protected by copyright 著作権により保護されて ◆secure a copyright on...  〈著作物〉に対する著作権を確保する ◆a copyright-protecting dongle [device] 著作権を保護するためのドングル[デバイス](＊ドングルは、コンピュータソフトの不正コピー使用を防止するためのもの。これがないとソフトを実行できない) ◆under the United States Copyright Act of 1976  1976年施行の米国著作権法の定めるところにより
2 vt.〈著作物〉を著作権[版権]で保護する、〈著作物〉の著作権[版権]をとる ◆copyrighted material 著作権で保護されている素材 ◆These works are copyrighted by the author, Xxx. これらの作品の著作権は、著作者[制作者]Xxxが有し[に帰属し]ます。

**coral** 回(種類はa～)珊瑚(サンゴ)、サンゴ色[深紅色](= coral red, coral pink); a～ 珊瑚細工; a～ (口)サンゴ虫; adj. サンゴの、珊瑚でつくった、珊瑚色の ◆a coral-colored necklace 珊瑚色のネックレス ◆a natural coral necklace 天然の珊瑚のネックレス

**cord** (a)～(電気)コード、ひも、綱、縄 ◆a piece of cord (= a cord) 1本のひも ◆a line [power] cord 電源コード ◆Never carry the hair dryer by the cord. 決してヘアードライヤのコードをつかんで持ち運ばないでください。 ◆tuck the excess cord into... 余分なコードを～に押し込む ◆yank on a cord コードをぐいっと引っ張る ◆Never yank the cord to disconnect from the receptacle. 決してコードを引っ張ってコンセントから抜かないでください。 ◆Cord blood stem cell transplantation (CBSCT) was performed on a patient with acute promyelocytic leukemia. 臍帯血(サイタイケツ)移植が急性前骨髄球性白血病患者に対して行われた。(＊臍帯血には造血幹細胞 stem cells が多く含まれている)

**cordially** adv. 心から、心底、真心を込めて、誠意を尽くして、厚く、ねんごろに ◆be cordially detested [hated, disliked, loathed] by... 〈人〉から心底嫌われて[激しく嫌悪されて]いる ◆cordially thank... 〈人など〉に心から感謝する;深く感謝を致す; 厚くお礼を申し上げる ◆You are cordially invited to attend the 20 year Anniversary Celebration for... ～の20周年記念会[記念式典、祝賀式]へのご参列を心よりお待ち申し上げております

**cordless** コードレスの、コード無しの ◆a cordless handset コードレス電話の子機 ◆a cordless mouse コードレスマウス ◆a cordless phone コードレスフォン ◆a cordless telephone コードレス電話

**cordon** a～ 非常線[警戒線、包囲線、立入禁止線、防疫線、《軍》哨兵線]、飾りリボン、綬章; vt. ～に非常線を張る ◆break through a cordon of police [riot police] 警察の封鎖線[機動隊の阻止線]を突破する ◆cordon off an area ある区域[地区]の周囲に非常線[警戒線、交通遮断線、哨兵線、防疫線]を張る ◆post a cordon around... ～の周囲に非常線[警戒線、交通遮断線、哨兵線]を張る

**core** a～ コア、心、鉄芯、芯線、心線、中心、中核、核、(問題の)核心; a～ 磁心、《原子力》炉心;(形容詞的に)中核の、基礎的[基本的]な、基幹の、必需の ◆as the core for... ～の中核として ◆a movable core 可動鉄心 ◆a (reactor) core (原子炉の)炉心 ◆incore [in-core] instrumentation 《原子力》炉心内[炉内]計装 ◆a company's core competence [competency, competencies] 企業のコア・コンピテンス[コア・コンピタンス、中核能力、事業の中核をなす部門の強み・競争力、最も競争力のある業務分野、〈訳〉本領、本業、基幹事業、事業の(主たる)柱、得意技] ◆A core business of both companies is...  両社の中核事業[主体事業、本業]の(一つ)は～である。 ◆a core-type transformer 内鉄型の変圧器[トランス] ◆an insulated single-core cable 単心の絶縁ケーブル ◆a small radical core group 小勢の過激派中核組織 ◆a timber that's rotten at the core 芯[心, 芯, 芯]が腐っている材木 ◆core cities such as New York, Los Angeles and Toronto ニューヨーク、ロサンゼルス、トロントなどの中心的都市 ◆the core of an issue 問題の核心 ◆the core of a transformer 変圧器の鉄芯[コア] ◆the metal core of the wire その電線の芯線 ◆to preserve a system rotten to the core 腐敗しきっている制度を温存するために ◆We have to get to the core of the problem of... 我々は、～の問題の核心に迫らなければならない ◆At the core of the dispute is the question of... この論争の中心にあるものは、～という問題である。 ◆the company is stripping back to core business due to uncertainty in the IT industry 《意訳》同社は、IT業界の不透明感のせいで、一部事業から手を引いて[周辺事業の縮小・撤退により、新規事業を切り捨てて]本業に回帰しつつある(＊あれやこれやと出していた手を引っ込めて身軽になる) ◆The core of the engine is the cylinder. エンジンの心臓部はシリンダーである。 ◆The model can be used as a core to develop... このモデルは、～を開発するための核として使うことができる。 ◆the company has focused [concentrated] on its core businesses この会社は本業に専念した ◆All of the coils are close wound with air cores. これらのコイルはすべて空芯密着巻きされている[空芯密着巻きである]。 ◆The core of the computer is the Motorola 68030. 本コンピュータの中核は、モトローラ68030[マイクロプロセッサ]である。 ◆To squeeze more profits from their core businesses, most phone companies have been cutting costs and adding new services. 本業[主たる事業、主体事業]からもっと利潤を上げようと、ほとんどの電話会社はコストの削減および新規サービスの導入を進めて来ている。
**to the core** 芯まで、徹底的に ◆a capitalist to the core 骨の髄まで資本主義を信奉している者 ◆he is honest to the core 彼は誠に実直だ ◆shake history to the core 歴史を根底から揺るがす ◆the fruits are brown to the core これらの果物は芯まで茶色をしている ◆Politics has become corrupt to the core. 政治は完全に腐敗した。

**coreless** adj. 芯なしの、空心[空芯]型の ◆a coreless-type induction heater 空芯型誘導加熱器

**coreside, co-reside** vi. 共に居住する、《コンピュ》一緒に常駐する、混在する ◆the ability to coreside with another hard drive controller もう一つのハード(ディスク)ドライブコントローラと共存できる能力 ◆Many processes can co-reside in the workstation. 《コンピュ》多くのプロセスが同時にワークステーションに常駐できる。

**coresident, co-resident** adj. 共に居住する、《コンピュ》一緒に常駐している ◆The UR/x operating system can operate coresident with MS-DOS on the IBM PC. 基本ソフトUR/xは、IBM PC上でMS-DOSと共存[混在]して動作できる。 ◆A print request from the text-editing process is passed to the co-resident printing process. 《コンピュ》テキスト編集プロセスからの印刷要求は、一緒に常駐している印刷プロセスに渡される。

**Coriolis** ◆Coriolis acceleration コリオリの加速度

**corn** 回トウモロコシ(＊植物自体あるいはその実);(英)(各地方の主要な)穀類[穀物](＊小麦や大麦など)、穀類の種粒(タネモミ);(通例～s)(足の裏にできる)タコ、うおのめ、鶏眼(ケイガン); vt. 塩漬けにする ◆genetically altered [engineered, enhanced, improved, modified] corn 遺伝子組み換え[遺伝子操作]トウモロコシ ◆6 medium ears of corn 中位の大きさのトウモロコシ6本 ◆a corn-cob pipe トウモロコシの穂軸[芯]でつくったパイプ ◆(a) grilled [roasted] corn on the cob 焼きトウモロコシ ◆(a) oven-roasted fresh corn on the cob オーブンで焼き立てのトウモロコシ ◆eat [gnaw on, chomp away at] corn on the cob (順に)(穂軸についたままの)トウモロコシを食べる[かじる、むしゃむしゃ/モグモグ噛む] ◆strip the husks from the (ears of) corn トウモロコシの皮をむく

**cornea** ◆perform [↔undergo, receive] a cornea transplant 角膜移植を行う[↔受ける] ◆Radial keratotomy (RK) employs a diamond-tipped blade to make a series of spokelike incisions in the cornea. 角膜放射状切開手術では、先端がダイアモンド

**corner**

のブレードを用いて角膜にスポーク状に一連の切り込みを入れる.

**corner** 1 a〜 コーナー, すみ, (曲がり)角; (特に遠方の)地方; 窮地 ◆put...in a tight corner, ...into a tight corner 〜を窮地に追い込む ◆a cabinet in the corner of the room 部屋の隅に置いてあるキャビネット ◆at [on] the corner 曲がり角で ◆be in a tight corner 窮地に陥っている; 苦境に立っている ◆drive a person into a corner 〔人〕を窮地に陥れる ◆in every corner of the country その国のいたるところで ◆turn a corner かどを曲がる ◆in [at] the top [→bottom] right(-hand) corner of a page ページの右上 [→右下] (の隅) に ◆in the upper [→lower] left corner of the screen 画面の左上 [↔左下] (の隅) に ◆a rounded-corner box 角の丸い [角にアールを付けた] ボックス [囲み枠] ◆at the corner of the street 街角で ◆from the four corners of the earth 世界の隅々から; 世界中から ◆in all corners of the personal computing community パソコン界中で [全体にわたって] ◆at intersections where stop signs are located at all four corners 一時停止標識が四つ角すべてにある交差点では ◆Images are sharp, corner to corner. 画像は隅から隅まで [全面にわたり] 鮮明である. ◆He has traveled to all four corners of the world. 彼は, 世界中くまなく旅行した. ◆It's just around the corner. それは, もう目前に迫っている. ◆By the end of 1997, DBR had turned the corner and gone into the black. 1997年末までには, DBR社は危機 [窮地] を脱し黒字転換した. 2 vt. 〔人〕を窮地に陥らせる [追い詰める], 買い占めによって〔市場〕の支配権を握る; vi.〔自動車が〕角を曲がる ◆cornering ability 〔車〕旋回能力, 〔意訳〕コーナリング性能, 〔意訳〕回頭性 ◆corner a market in... 〜の市場を買い占める [独占する, 支配する] ◆during hard cornering 〔車〕急旋回時に ◆get around corners quickly 〔車〕〔意訳〕素早くコーナーを曲がる ◆This car corners well. この車のコーナリング性能は良好である.

**cut corners** 〔〜の〕手を抜く, しむよう <on> ◆If you cut corners on this step, you'll probably end up with a white dusty coating all over the work. この工程で手抜きをする [手順を飛ばす, 横着する] と, 製作物の表面全体が白い粉で覆われてしまうようになりかねません. ◆The airline company was cutting corners on maintenance because of its financial troubles. この航空会社は財政難のため保守・整備の手抜きをしていた.

**cornering** 《自動車》コーナリング, 《急》旋回, 《商》買い占め ◆a car capable of hard cornering 急旋回可能な自動車, 小回りの利く [〔意訳〕回頭性に優れている] 車

**cornerstone** a〜 礎 (イシズエ), 柱石, 土台石, 礎石 (ソセキ), 隅石 (スミイシ), 土台 [基礎] となるもの ◆lay a cornerstone 礎石 [隅石] を置く ◆lay the cornerstone of... 《比喩》〜の基礎を置く

**cornucopia** a〜 豊饒 (ホウジョウ) の角 (*食べ物などがあふれ出る豊かさのシンボル. ギリシャ神話より); 豊富 ◆a cornucopia of products 豊富な商品

**corny** adj. 野暮ったい, ダサい, 田舎臭い, 洗練されてない, 古臭い, 感傷的な, 陳腐な, ありきたりの, くさい, 手垢の付いた, 劣った; 穀物 [トウモロコシ] を豊富に使った, 麦芽 [トウモロコシ] の風味が強い ◆corny public service ads ダサい公共広告 [政府公報]

**corollary** a〜 当然の結果, 帰結;《数》系, 推論 ◆as a corollary to the above, 上述したことの当然の帰結として

**coronary** adj. 冠 (状) の, 冠状動脈の, 心臓の

**Corp.** (Corporation)

**corporal** adj. 体 [身体, 肉体] の, 身体的な; a〜《軍》伍長 ◆a teacher may inflict reasonable corporal punishment on a pupil to enforce discipline 教師は規律を執行するために [〔意訳〕風紀を守らせるために, しつけの目的で] 生徒に適度な体罰を加えてもよい ◆have children who are not subjected to corporal punishment in schools 児童が学校で体罰を受けることのないよう徹底を図る

**corporate** 法人 (組織) の, 企業の, 会社の; 団体の, 共通の ◆corporate debt instruments 社債の証券 ◆corporate governance コーポレートガバナンス; 企業統治 ◆corporate investors 機関投資家 ◆corporate strategies 企業戦略 ◆corporate America アメリカ株式会社 ◆the corporate seal of a company (ある会社の) 社印 [社判] ◆access corporate data 企業データにアクセスする ◆a company's corporate culture; the corporate culture of a firm ある会社の企業文化 [企業風土, 企業体質, 社風] ◆a corporate membership in... 〜の法人会員権 ◆companies owning corporate jets 社有 [社用] ジェット機を所有 [保有] している企業 ◆corporate efforts to improve productivity 生産性を向上させるための企業努力 ◆transform them into corporate automatons 彼らを会社人間のロボットに変える ◆wholesale corporate banking 大企業 [法人] 相手の金融業務 ◆the top corporate tax rate is only 33% 最高法人税率はわずか33%である ◆Corporate citizenship: A good company understands it has an obligation to contribute to the public welfare. 企業市民: よい企業は公共の福祉に寄与する責任があることを理解 [認識] している.

**corporatewide** ◆(a) corporatewide restructuring 企業 [全社] 挙げてのリストラ ◆produce a corporatewide financial reorganization plan 全社的な財政再建計画を立てる (*全社的＝のすべての部門にわたる)

**corporation** a〜 法人, 社団法人, 団体; (株式[有限]) 会社, 企業 ◆a giant corporation 巨大企業 ◆a large corporation 大企業 ◆the LVEDC (Lehigh Valley Economic Development Corporation) 《米》リーハイバレー経済開発公社 ◆the biggest U.S. industrial corporations 米国の最大手製造業企業 [会社]

**corporation-wide** adj. 会社全体にわたる, 全社的な, 全社を挙げての, 挙社一体中の, 全社ベースでの, 会社 [企業] ぐるみの ◆a corporation-wide drive to reduce operating costs 全社を挙げての (懸命の) 営業費削減努力

**corporatization** n. corporatizeする[すること]

**corporatize** v. 採算のとれない国営事業体を利益の出る営利企業に転換する (*完全に民営化privatizeするところまではいかない)

**corpus** a〜 (pl. corpuses, corpora) 集成, 全集, 全文献; 遺体; a〜 (人・動物の) 死体; a〜 本体 (*中心的[主要]な部分),《解剖》一体 ◆the whole corpus of Updike's fiction アップダイクが著したすべての小説の全文テキストデータ ◆a collection of English texts called a corpus コーパスと呼ばれる英文テキスト [文章] を集めたもの [データベース, 実例資料, 単語・熟語出現頻度調査資料]

**correct** 1 adj. 正しい, 正確な, 精確な, 適正な, 適切な, (エラーがなくて) 正常な, 《意訳》目的の ◆an X-ray film of the correct size 適正サイズのX線フィルム ◆at the correct time 適時に ◆the correct diagnosis of the trouble その障害の原因の正確な診断 ◆You are 100% correct in stating that... あなたが〜とおっしゃるのは全くそのとおり [ごもっとも] です. ◆You are absolutely correct that... 〜ということであなたは全く正しい ◆Make certain the blade rotates in the correct direction. 切り刃が, 正しい方向に回転することを確かめてください. ◆The capstan drive belt must be adjusted to the correct tightness. キャプスタンドライブベルトは, 適正な張りに調整する必要がある.

2 vt. 〜を正す, 直す, 訂正する, 修正する, 矯正する, 補正する, 補修する, 校正する ◆beautiful color corrected slides 色補正された美しいスライド ◆correct a defective condition 《品質》(規格外れ等の) 不具合を是正する ◆correct an error 誤りを訂正する; エラー [問題] を修復 [解消] する ◆corrected for spherical and chromatic aberration 球面収差および色収差に対する補正が施された ◆wages corrected for inflation インフレに対する補正が織り込まれている賃金 ◆2048 bytes of error-corrected data 《コンピュ》エラー訂正された2048バイトのデータ ◆the error-correcting capability of an error-correcting code 誤り訂正コードの誤りを訂正する機能 ◆use laser technology to correct for nearsightedness 近視を治す [視度補正する, 視力を矯正する] ためにレーザー技術を用いる ◆Stir from time to time while cooking, and taste and correct for salt. 煮ながら

時々かき回し, 味見をして塩味を整えます. ◆These errors can be corrected for if they are reproducible. これらの誤差は, 再現可能なものであれば補正することができる. ◆Production operations are promptly corrected or shut down until corrected. 生産操業は, 即座に修正されるか, または修正されるまで停止される.

**corrected** adj. 補正済みの, 修正されている

**correction** (a) 〜 訂正, 修正, 補正, 是正; (a) 〜 (相場などの)反落, 調整; ①矯正, 更生, 教化 ◆make a correction to... 〜に訂正を加える ◆a correction coefficient 補正係数 / a correction factor 補正係数; 補正[修正]率 ◆a correction value 補正値 ◆error correction エラー修正, 誤りの訂正 ◆a juvenile corrections facility 非行少年・少女の更生施設 ◆after correction of a computer error コンピュータの誤りを訂正した後で ◆correction values saved in nonvolatile memory 不揮発性メモリーに保存されている補正値 ◆two bottles of correction fluid 修正液2本 ◆use correction fluid to erase errors 間違いを消すのに修正液を使う; 修正液を使って書き誤り[書き損じ]を消す ◆funds for correction of the problems これらの問題を是正するための資金

**correctional** ◆bring military-school style discipline to juvenile correctional centers 教護院に軍隊学校スタイル[(意訳)スパルタ式]の規律を導入する (*ちなみに, 日本では, 教護院は1997年に「児童自立支援施設」に改称された.)

**corrective** adj. 誤りを訂正[修正, 補正]するための, 是正〜 ◆(a) corrective action 補正[修正, 是正]処置[措置]; 対応法 ◆perform corrective surgery of the gums and supporting bones 歯ぐきおよび歯槽支持骨の矯正手術を行う ◆Whenever any of these checks reveals an error, corrective action should be taken immediately. これらの検査のいずれかで誤りが判明したらいつでも, 直ちに是正措置をとらなければならない.

**correctly** adv. 正しく, 正確に, 適切に, 適正に ◆The gauges are correctly angled. これらのゲージ類は適正に傾斜して[取り付けられて]いる.

**correctness** ①正しいこと, 正しさ, 正確さ, (言動の)適切[適正]さ ◆political correctness 政治的適正[正当性, 妥当性, 公正性] ◆review designs for correctness 設計が正しいかよく調べる; 設計の妥当性[正当性]を綿密に調べる ◆verify semantic and syntactic correctness of the description その(コンピュータプログラムの)記述の意味上および構文上の正当性を検証する

**correlate** 互いに関係がある, 相互に関連している; 〜と互いに関係づける ◆correlated dual sampling (CDS) 相関二重サンプリング ◆correlate the results 結果の相関を取る ◆correlate strata of one area with those of another ある地域の地層と別の地域の地層同士の対応付けをする ◆X is closely correlated with Y. Xは, Yと相関的に密接に関連している[緊密な相関関係にある]. ◆X correlates well with Y. XとYは良好な相関関係にある.

**correlation** (a) 〜 対応関係, 相互関係, 相関関係; 相関性, (地質) 対比 (*離れた地層同士の) ◆a correlation coefficient [factor] 相関係数 ◆a correlation function 相関関数 ◆examine the correlation between A and B AとBの相関(関係)を調べる ◆find no correlation between A and B AとBの間に全く相関関係[相関性]がないことが分かる ◆have no correlation to... 〜と全然相関関係がない ◆show a strong correlation with... 〜は〜と強い[密接な]相関関係を示す ◆stand [be] in correlation with [to]... 〜と相関関係にある ◆the correlation is 30 percent to 40 percent 相関性は30%から40%である ◆there is a direct correlation between A and B AとBの間には極めて緊密[明確]な相関性[関係]がある ◆the correlation of strata from different locations 異なる場所の地層相互間の対応付け(《地》対比) ◆express the degree of correlation between two variates 2つの変量間の相関関係の程度を表す ◆there is a very high correlation between A and B AとBの間に非常に高い相関性がある ◆there is not much correlation between A and B AとBの間にはあまり相関関係はない; AB間の相関性はそれほど高くない ◆we see a strong correlation between A and B 私たちはAとBの相関性が高いと見ている ◆There is a rough correlation such that... 〜であるといったような, おおよその相関関係がある ◆The correlation between A and B is predictable. AとBの間の相関関係は, 予想がつく. ◆There is a [no] correlation between A and B. AとBの間に, 相関関係がある[相関関係は無い].

**correspond** 1 vi. 一致[符合する]<with>; (〜に)対応する, 相当[該当]する, 当たる, 照応する <to> ◆360°corresponding one complete cycle まる1回転[1サイクル]に相当する360度 ◆during the period that corresponds to Europe's Middle Ages ヨーロッパの中世に該当する時代の間に ◆press the function key that corresponds to that command 《コンピュ》そのコマンドに対応するファンクションキーを押す ◆tailor the division to correspond precisely with the realities of today's international markets その部門を, 今日の国際市場の実情にぴったり即する[合う]ように仕立てる
2 vi. 文通する <with>

**correspondence** ①対応していること, 相関性; a 〜 対応[相関]関係; ①文通, 通信, 音信, 《(集合的)手紙[通信文書, 書簡]》 ◆correspondences between A and B AとBの間にみられる(いくつかの)対応点 ◆a correspondence course 通信講座 ◆a correspondence school 通信教育校 ◆according to correspondence between Mr. Lawn and Gen. Noriega ローン氏とノリエガ将軍が交わした通信[書簡]文書によると ◆bring... into correspondence with... 〜と〜を対応させる ◆correspondence-quality [letter-quality] printouts 高品位[タイプ並み]の印字出力 ◆find a close correspondence between A and B AとBを密接な対応[相関]関係にあることを発見する ◆the correspondence between A and B is quite strong AとBの間の相関関係はかなり強い ◆establish [define] correspondences between A and B AとBの間に対応関係を成立させる[定義する]; AB間の対応付けを行う ◆after an exchange of correspondence between Mr. Young and Mr. Lambert ヤング氏とランパート氏の間で手紙[書簡]のやり取り[往復]があったその後で ◆the numbers are in a one-to-one correspondence with the points これらの数字はそれぞれの点と対応関係にある ◆there is no direct correspondence between bandwidth and latency 帯域幅と待ち時間には直接的なつながり[相関関係]はない ◆He is taking a college-level correspondence course in ornithology. 彼は大学レベルの鳥類学の通信講座[通信課程, 通信教育]を受講している ◆See Fig. 10 for the correspondence of A and B. AとBの対応については第10図を参照せよ. ◆She is now taking correspondence courses from Liberty University. 彼女は現在リバティ大学の通信講座[通信教育]を受けている.

**correspondent** a 〜 特派員, 通信員, 派遣記者, 文通する人; adj. = corresponding, (〜と)一致[符合]する <with> ◆a correspondent bank 《商》取引銀行 ◆a foreign correspondent 海外特派員[通信員, 派遣記者] ◆a newspaper correspondent 新聞社の通信員 ◆a Washington [foreign] correspondent ワシントン[海外]特派員

**corresponding** adj. 対応する, 相当する, 該当する, 一致する, 符合する, 通信(文書)の ◆the corresponding period of fiscal 1994 1994会計年度の同期 (*前出の年度の時期に対応する1994年度の時期ということから) ◆the number corresponding to a point ある点に対応する数値 ◆Many managers are becoming less willing to hire people who have a record of job-hopping, with a corresponding lack of in-depth experience. 多くの幹部管理職者は, 転職歴が多く, その分だけ[それだけ]掘り下げた経験に乏しい人たちを雇用することについてより消極的になってきている.

**correspondingly** それ相応に, それに対応して, それに応じて, 呼応して; 同様に, その分だけ ◆As employees suffer, the quality of their product, their service and their relationship to customers all decline correspondingly. (待遇の悪さに)従業員が苦しむにつれて, その分[それだけ, それに呼応して]製品やサービスの質や顧客との関係といったすべてのことが悪化する. ◆The superconducting supercollider (SSC) would produce

**corridor** *a* ~ 廊下, 回廊 ◆an air corridor 空の回廊 ◆the Polish Corridor 《史》ポーランド回廊 ◆argue in a corridor 廊下で議論する ◆guard a land corridor from A to B A地からB地に至る陸の回廊[回廊地帯]を守る

**corroborate** *vt.* 裏づける, 支持する, 確実なものにする, 確証する, 立証する, 保証する, 例証する ◆Research has corroborated that... 研究の結果, ~であるということが裏付けられた[実証された] ◆the superiority of... is corroborated by test results ~の優越性は試験成績により実証されている

**corroborative** *adj.* 確証となる, 裏づける, 立証する, 支持するような ◆get firm corroborative evidence 裏付けとなるような確実な証拠を得る

**corrode** *vi.* 腐食する; *vt.* ~を腐食する ◆a non-corroding, gold-plated sensor 非腐食性金めっきが施されているセンサー

**corrosion** 回腐食; (さびなどの)腐食による生成物 ◆a corrosion-proof coating 耐食[耐蝕, 防食]皮膜[被覆] ◆a corrosion-resistant material 耐食(性のある)[耐腐食性]材料 ◆be highly resistant to corrosion ~には高い耐食性[耐蝕性, 耐腐食性]がある ◆be not subject to corrosion 腐食されない ◆be resistant to corrosion by sea water ~には海水に対する耐食性がある; (《意訳》)~は海水で容易に腐食劣化しない ◆can give rise to corrosion of... ~は~の腐食の原因となります ◆excellent [high, low] corrosion resistance (順に)優れた[高い, 低い]耐蝕性[耐食性] ◆improve the corrosion resistance of... ~の耐食性[耐蝕性, 耐腐食性]を向上させる ◆make... more corrosion-resistant ~を腐食に対しより強くする; ~の耐蝕性[耐腐食性]を高める ◆protect... from corrosion damage ~を腐食による損傷から守る ◆retard corrosion 腐食を抑制する ◆Corrosion builds up resistance and eats away at the cable. 腐食は, 抵抗を増加させケーブルを浸食する. ◆The bolt is locked in place by corrosion. ボルトは腐食でサビついている.

**corrosive** *adj.* 腐食性の; *a* ~ 腐食剤, 腐食性薬品 ◆anti-corrosive coatings on... ~の(表面上に施された)防食[ボウショク]塗膜 ◆a corrosive such as an oven cleaner たとえばオーブンクリーニング剤のような腐食性のある物 ◆because of the corrosive nature of methanol メタノールの腐食性のために ◆be corrosive to the touch 苛性である(*触ると皮膚がただれる) ◆in a corrosive atmosphere 腐食性の雰囲気中で ◆noncorrosive さびない ◆withstand the corrosive effects of heat and humidity 熱と湿度の腐食作用に耐える ◆It is highly corrosive to the metal and seals used in air-conditioning systems. それはエアコン装置内で使われている金属やシールに対する腐食性が強い.

**corrosivity** 回腐食性

**corrugate** *vt.* ~を波形をつける, ~にひだ[しわ]を寄せる; *vi.* 波形になる, しわになる ◆a corrugated sheet なまこ板, 波形板, 波板 ◆corrugated cardboard 段ボール ◆corrugated iron 波形鉄板 ◆a corrugated plate [sheet]; corrugated sheeting コルゲート板; 波形板; 波板; 海鼠(ナマコ)板 ◆a corrugated-iron shack 波形鉄板(トタン)張りの掘っ立て小屋

**corrupt** 1 *a* ~ 堕落した, 腐敗した, 汚染した, 不正な, データが破損した[損なわれた] ◆the file was corrupt 《コンピュ》そのファイルは壊れて[破損して]いた
2 *vt.* 買収する, 堕落させる, 腐敗させる, (データ)を破損させる[こわす]; *vi.* if a disk's FAT gets corrupted 《コンピュ》もしもディスクのFAT[ファイルアロケーションテーブル]が壊れたら ◆If you suspect that your hard drive or data is corrupted,... ハードディスク装置またはハードディスク内のデータが壊されている疑いがあるなら ◆Otherwise, the parasitic capacitances would corrupt the signal. さもなければ, 寄生静電容量が信号(の波形)をだれさせる[くずす]可能性がある.

**corruption** 回腐敗, 堕落, 汚職, 涜職(トクショク), 贈賄; 損; 〈データの〉破損; *a* ~ 《単のみ》〈言葉などが〉くずれた形, 〈原文の〉改悪 ◆file [data] corruption ファイル[データ]の破損 ◆official corruption 役人[公務員]による汚職 ◆practice corruption 汚職を働く ◆detect data corruption 《コンピュ》データの破損を検知する ◆due to corruption of software and data ソフトウェアとデータが壊れて[破損して]いるせいで ◆guard memory from corruption メモリー(の内容)が破壊されないよう守る[保護する] ◆prevent the possible corruption of data データが破損されるのを防ぐ ◆reduce corruption 汚職[腐敗]を減らす ◆to avoid data corruption データ破損を回避するために ◆detect a corruption of data within the kernel 《コンピュ》カーネル内のデータの破損を検出する ◆Corruption is rife at all levels of society. 腐敗は社会のあらゆる層で蔓延(マンエン)している. ◆Without error correction, noisy telephone lines and poor connections can result in garbled characters appearing on the screen and other, more serious corruption of data. 誤り訂正なしの場合, 雑音の多い電話線や接続不良によって画面に文字化けが表示されたり, ほかにもも何っと重大なデータ破損[(意訳)データ化け]が生じることがあります.

**cosign, co-sign** *vt., vi.* 連帯保証人として署名する, 連署する ◆co-sign [cosign] a promissory note 約束手形に連帯保証人として署名[連署]する

**cosignatory** *a* ~ (*pl. -ries*) 連署国[国], (条約などの)署名国

**cosigner** *a* ~ 連帯保証人, 連署人

**cosine** *a* ~ 《数》コサイン, 余弦(ヨゲン) ◆compress images using discrete cosine transform (DCT) 離散コサイン変換を用いて画像を圧縮する

**cosmetic** *adj.* 美容の, 化粧(用)の, 表面だけ取り繕った, 美容整形の; (通例 ~s)化粧品 ◆a cosmetics company 化粧品会社 ◆cosmetic surgery 美容整形(外科[手術])(= a face-lift; 圏plastic surgery 形成外科[成形術]) ◆cosmetic touch-ups 化粧直し(*住宅などの外装の修正) ◆cosmetic plastic surgery 美容整形外科[外科学, 手術] ◆a researcher in cosmetic dermatology 美容皮膚科学の研究員 ◆the Body Shop, a chain of cosmetics stores 化粧品店チェーンのボディー・ショップ ◆The reset buttons hide behind their own cosmetic panels. これらのリセットボタンは, リセットボタン専用の化粧パネルの後ろに隠れている.

**cosmetologist** *a* ~ 美容師(= a beautician) ◆a cosmetologist's license 美容師免許

**cosmetology** 回美容術 ◆a cosmetology salon 美容院, 美容室 ◆a cosmetology school 美容学校

**cosmic** *adj.* 宇宙の ◆cosmic rays 宇宙線

**cosmonaut** *a* ~ ロシア[旧ソ連]の宇宙飛行士 ◆two Russian cosmonauts and a German astronaut ロシア人宇宙飛行士2名とドイツ人宇宙飛行士1名

**cosmopolitan** *adj.* ~ 《全地球》に属する, 全世界的な, 世界主義的な; *a* ~ 国際人, 地球市民, 世界主義者 ◆Cosmopolitan magazine 「コスモポリタン」誌 ◆a cosmopolitan poet 国際人の詩人 ◆a cosmopolitan city of 2 million people 人口200万の国際都市 ◆from cosmopolitan Tokyo 国際都市東京から ◆"I am a true cosmopolitan: I am unhappy everywhere." 「私は, 真の根無し草です. どこにも安住の地はないのです.」(*英国の小説家Stephen Vizinczeyの言葉)

**cosmopolitanism** 回地球規模の世界主義 ◆she was drawn to New York by its cosmopolitanism 彼女は, ニューヨークが持つ国際性ゆえにニューヨークに惹かれた

**cosplayer** *a* ~ ◆a Sailormoon cosplayer セーラームーンのコスプレをしている人

**cost** 1 (*a*) ~ コスト, 費用, 経費, 出費, 代価, 価格, 値段, 原価, 犠牲, 損失, 損害 ◆at no cost <to> ((人))にとってただで[無料で]; ((人))が費用を負担することなく ◆at very [(a) relatively] low cost　非常に[比較的]安価に[低コストで] ◆cost accounting　原価会計; 原価計算; 採算 ◆cost cutting　経費[費用, コスト]削減, コストダウン ◆cost reduction　コスト[原価, 費用, 経費]の低減[削減, 引き下げ]; コストダウン; 低コスト化 ◆cost-reduction measures　コスト削減策, コストダウン策 ◆fixed costs　固定的費用, 固定費 ◆the cost of (buying) equipment; equipment cost(s); costs for equipment [facilities]; the costs of facilities　設備費 ◆a high-cost area　物価の高い地域 ◆a no-cost option　（本体価格に含まれている）無料のオプション品 ◆at a below-cost price　原価[採算]割れの価格で ◆at a cost of $5,000　5000ドルの費用で ◆at (a) low cost　低コストで ◆at no additional cost　全く追加コスト[コスト上昇]は伴わないで ◆at one tenth the cost of...　〜の10分の1のコスト[費用]で ◆because cost is no object　（直訳）コストは考慮の対象外なので[費用は度外視しているので]; (意訳)金に糸目はつけないで ◆below-cost timber sales　コスト[原価, 採算]割れでの木材[材木]の販売 ◆bring down costs　コストを(引き)下げる; コストダウンする ◆charge... for the cost of...　〜の料金を〈人〉に請求する ◆cost versus actual performance　コスト対実際のパフォーマンス ◆cut costs in order-processing operations　受注処理部門のコスト[経費]を切り詰める ◆cut down on costs　コストダウンを図る ◆keep running costs low　ランニングコストを(低く)抑える ◆manufacturing costs　生産[製造]コスト[原価] ◆sell chips at below cost　(IC)チップを原価以下[原価割れ, 採算割れ]で売る ◆staggering costs　目玉が飛び出るほどの費用 ◆the high cost of research and development　研究開発の高いコスト ◆We have cut our costs.　我々は, 経費を切り詰めた. ◆without a great increase in cost　大幅なコスト増大[上昇]を伴わずに ◆without (incurring) additional cost　追加コストはかからずに; 追加料金を払うことなく; コストの上昇は伴わないで ◆at a very low cost　非常に低いコスト[費用]で ◆a 60-percent increase in cost; a 60-percent cost increase　60％のコストアップ ◆a cost-reduction program　コスト削減計画 ◆as costs decline even further in the future　コストが将来さらに一段と低下するにつれて; 低コスト化が今後いっそう進むにつれて ◆cost-reduction [cost-cutting] measures　コスト削減策; 低コスト化策; コストダウン策 ◆his glory-at-any-cost venture　栄光獲得のためならどんな犠牲を払ってでもやるといった彼の冒険的な企て ◆with no increase in cost or decline in service　コストアップ[費用の増加]やサービスの低下を伴わずに ◆If cost overruns occur, ...　[費用, 原価, 予算, 見積もり]超過になったら; コスト高になった場合 ◆carry out a thoroughgoing reduction of costs　徹底的なコストダウンを実施[推進]する; 徹底的にコストを削減[減]する ◆drive up costs by as much as 30 percent　30％にも上るコストアップを招く ◆get to the top at any cost [at all cost, at all costs, at any cost]　どんな犠牲を払ってでも[何としても, 何がなんでも(絶対に), どうしても, どんなことがあろうと, 万難を排して, 是が非でも, 是非, 石にかじりついてでも]トップにまで登り詰める ◆included at no extra cost　追加料金なしで[無償で, サービスで]添付されて; 本体価格に含まれて ◆make a cost comparison between the cost of mail and the cost of faxing　郵送とファックス送信のコスト比較をする ◆operate at about 1/3 the cost of mantle lanterns　マントルランタンの約3分の1のコストで働く ◆special education provided at no cost to parents　親に費用を負担させることなく[((意訳))無償で]施される特殊教育 ◆the cost of building the system rises　システムを構築する費用が上昇する ◆... would like to send you... at absolutely no cost to you　一切無料で(あなたに)〜をお送りします ◆bring down hardware costs to within easier reach　ハードウェアの価格をもっと手が届きやすいところまで下げる ◆design services are offered at cost to...　〈人〉を対象に設計サービスが有償で提供されている ◆the service is operated without cost to its users　このサービスは, 利用者には無料[無償]で運営されている ◆The cost of not doing so will be very high.　そうしないことの代償は非常に高くつくことになるだろう. ◆There is no extra cost.　余分な[追加の]費用はいっさいかからない. ◆Building a hotel in China is half the cost of elsewhere.　中国でホテルを建てる費用は, よその(国の)半分だ. ◆Personal computers will become increasingly powerful for lower and lower costs.　パソコンは, 高性能化と低価格化がますます進むであろう. ◆Reducing costs is probably the most common motivation in standardizing products.　コストの削減[コストダウン]が, おそらく製品標準化[規格化]の最も一般的な動機[誘因]であろう. ◆These special kits are available at cost to customers through authorized Ferrari dealers.　これらのスペシャル・キットは, フェラーリの正規代理店を通じて有料[有償]で入手できる[購入できる]. ◆Prospective buyers must factor in the cost of the AC adapter, carrying case and spare battery pack.　購入を考えている人は, ACアダプターや携帯ケースや予備電池パックの値段を勘定に入れる必要がある. ◆We must strive to make the air as clean as possible, without considering the cost.　我々は, 金に糸目をつけず[どんな代価を払ってでも]できるだけ大気をきれいにするよう努力しなければならない. ◆With rapidly falling memory costs, the image processing system promises to be used increasingly in the office environment.　急速なメモリーICの低価格化により, 画像処理システムはオフィス環境での利用の拡大が見込まれる. ◆As the radio technologies advance and drop [come down] in cost, higher bit rates become possible and higher quality digital video becomes commonplace.　無線技術が進歩して低コスト化につれて, ビットレートの高速化が可能になりより高画質のデジタル映像が当たり前になる. 《参考》◆be competitive costwise　コスト的に[コスト面で, コスト]競争力がある **2** vt. 〈時間, 金額など〉を要する[がかかる], 〈物がいくら〉する, 犠牲にさせる; vt., vi. (〜の)コストを見積もる[算定する] ◆cost about the same as...　〜とほぼ同じ値段だ ◆it costs roughly twice as much　それの値段は, ほぼ倍する ◆It cost me $249.00 to <do>　〜するのに249.00ドルかかった ◆The tragic civil war has cost so many innocent lives.　悲惨なこの内戦は, 多数の無辜(ムコ)の人々の命を犠牲にした. ◆The new product cost the company 300,000 hours and $40-million to develop.　その新製品は, 同社が開発するのに30万時間と4000万ドルかかった. ◆USAir said flight delays and cancellations caused by severe winter weather cost it as much as $50 million.　USエアは, 冬季の荒天が原因の空の便の遅れや欠航は同社に5,000万ドルにも上る損害を与えていると言った. ◆Washington estimates that pirating of such goods as tape cassettes and computer software cost U.S. firms alone more than $40 billion a year.　米国政府は, カセットテープやコンピュータソフトなどの商品に対する著作権侵害行為によって, 米国企業だけで年に400億ドルを上回る損害をこうむっていると見積もっている.

**cost-competitive** adj. 〈製品や会社が〉コスト競争力のある[を持っている]; cost competitiveness n. コスト競争力[対応力, 優位性], コスト性 ◆high-quality, low-sulfur, cost-competitive coal　高品位で硫黄分が少なく, かつコスト競争力のある石炭 ◆improve the cost-competitiveness of the mill　この工場のコスト競争力を向上させる[コスト性を改善する, コスト対応力を更に高める] ◆The automaker determined that the plant was not sufficiently cost-competitive.　自動車メーカーは, その工場にはコスト面で十分な競争力[((意訳))コスト対応力]がないと判断した. ◆Unless the yen rises in value, Japanese products will be even more cost-competitive.　円の価値が上がらない[円高にならない]限り, 日本製品はよりコスト[価格]競争力をつけてしまうことになる.

**cost-cutting**　経費削減[原価低減]を目指しての ◆a cost-cutting strategy　経費削減[コストダウン, 低コスト化]戦略 ◆cost-cutting programs　経費削減計画, コスト削減計画

**cost-effective**　費用(対)効果の, 費用対効果が大きい, 経済性に優れる, 経済的な, 低コストの ◆maintain [keep] a cost-effective edge over...　((意訳))コスト的に, 経済性において〜に勝る優位性を維持する[保っている] ◆the most cost-effective new elements　費用有効度の最も高い新規の構成機器 ◆it often became cost effective to pay fines rather than adhere to unreasonable regulations　理不尽[不合理]な規

則を守るより罰金を払ったほうが費用効果が上がる[経済的になる]ことが往々にしてあった ◆These metal foil tapes provide an easy, cost-effective way to shield EMI/RFI. これらの金属箔テープにより、電磁障害や高周波妨害は簡単かつ経済的に遮へいすることができます.

**cost effectiveness** 費用効果, 費用対効果, 経済性, 費用有効性, 原価効率 ◆... result in a high degree [in high degrees] of cost effectiveness ～は(結果的に)高い費用対効果となる; 《訳》非常に経済的になる ◆It's the disk drive that allows you to design cost effectiveness into your system. 貴社のシステムの設計に経済性を盛り込むことを可能にするのは、とりもなおさずディスクドライブなのです.

**cost efficiency** 費用対効果, 経済性, 費用効率, 費用有効性

**costly** adj. 高価な, 金のかかる, 高くつく, 出費のかさむ, 損害[犠牲]の大きい, 手痛い, ぜいたくな, 浪費の ◆correct problems before they become costly 故障・障害が大きな損害にならないうちに是正する ◆costly reductions in tailpipe emissions 費用のかかる自動車排ガス排出の削減 ◆In order to eliminate costly duplication of research in..., ...における高くつく[無駄な費用をくう]研究の重複を無くすために ◆It will be more costly to implement than expected. それを実施するには予想以上に金がかかるだろう.

**cost of living** a ～ (pl. costs of living) (= a living cost) 生計費, 生活費, 《意訳》物価 ◆a cost-of-living adjustment (COLA) 《経済》生計費調整(*消費者物価指数に基づいた賃金の調整) ◆Our area boasts a cost of living that is consistently below the national average. 私たちの地域は、生活費が常に全国平均よりも安(くてよ)い.

**cost-performance, cost/performance** コストパフォーマンス, 価格性能比の, 費用対効果比の, 費用[価格]対性能の ◆achieve high cost performance 高いコストパフォーマンスを達成する ◆in terms of a [the] cost/performance ratio コストパフォーマンスの点で ◆make cost/performance tradeoffs コストパフォーマンス上のトレードオフをする ◆The system will be selected from Proposals on the basis of cost/performance. 本システムは入札申し込み[応札]の中からコストパフォーマンスに基づき選定されることになっている. ◆Radio Shack products have always been noted for their practical features, their lack of needless frills, and their excellent cost/performance ratio. ラジオシャック社の製品は、実用的な機能, 余計なものを省いたこと, ならびに優れたコストパフォーマンス[価格性能比]で定評を保っている.

**costume** (a)～ コスチューム, 服装, 衣装, 装束(ショウゾク), 装い(ヨソオイ), 扮装(仮装)(のための衣装) ◆dressed in attention-getting animal costumes 人目を引く動物の着ぐるみを着て (*an animal costumeには、動物に着せる服の意味もある) ◆CosPlay [Cosplay] – the nickname given in Japan to "Costume Play," the act of dressing up as your favorite character from anime, manga, video games, television, or just about anything else. コスプレ – 日本でいうところの「コスチュームプレイ」につけられた呼び名であり、アニメ, 漫画, ビデオゲーム, テレビなどに出てくる好きなキャラクターに扮する行為.

**cosy** → cozy

**cottage** a ～ 小屋, 小住宅, 小さな別荘, 山荘 ◆an electronic cottage エレクトロニックコッテージ

**cottage industry** a ～ 家内工業, 零細な産業 ◆a cottage industry in bogus documents 偽造書類作りを専門にしている家内工業

**cotton** 綿, わた, 木綿, 綿布, 綿糸 ◆a cotton wound wood applicator (油などの塗布用の)軸が木の綿棒 ◆organically grown cotton clothes 有機栽培綿の衣料品

**couch** a ～ 長いす, 寝いす, 診察台, 治療台, 《文学的》ベッド, 寝台, 寝床

**couch potato** a ～ カウチポテト, テレビばかり見ている怠け者 (*寝イスでポテトチップをつまみながらの意から)

**could** (canの過去形) ◆The electric industry is in the midst of a major shakeout, and this could lead to downward pressure on electricity prices in many markets. 電力業界は大淘汰[大規模な再編]のまっただ中にいる. そしてこれにより多くの市場で電力価格に下方圧力がかかることになる可能性[おそれ]がある.

**coulomb** 《電》クーロン(*電荷の単位); C-《人名》クーロン(*物理学者) ◆Coulomb blockade 《量子エレクトロニクス》クーロンブロッケード

**council** a ～ 会議, 協議, 評議会, 協議会, 審議会, 諮問委員会; (主に英)(州, 市などの)議会, 参事会 ◆the United Nations [U.N.] Security Council 国連安全保障理事会[安保理] ◆the Telecommunications Technology Council of the Ministry of Posts and Telecommunications 《日, 旧》郵政省の電気通信技術審議会

**counselor** ◆become a career consultant [counselor] キャリアコンサルタント[就職コンサルタント, 就職相談員, 就職カウンセラー]になる

**count** 1 a ～ (品物の)数, 個数, (部品などの)点数, 総計, 総数, 回数, カウント; 数えること, 勘定すること, 計数, 集計, 計算, 回数[回] を計数・記録する ◆keep count of... ～の数[回数]を計算・記録する ◆lose count of... ～の数[回数]が分からなくなる ◆a component count; a parts count 部品数[部品点数] ◆a low parts count 少ない部品数[部品点数] ◆before the count of 10 has been reached カウント10になる[10までカウントする, 10まで数える]前に ◆keep count of (the number of)... s ～(の数)を数える[計算する, 勘定する] ◆take (a) count of participants; make a count of participants 参加者(の人数)を数える ◆her red-blood-cell count 彼女の赤血球数 ◆a device for keeping count of revolutions 回転数を数える[計数する]ための装置 ◆After..., the count is reset to zero. ～後に, そのカウント[計数値]はゼロにリセットされる. ◆a thread count of about 200 per centimeter 約200本／cmという糸の本数 ◆keep them in the air until the count of 10 それらを10個になるまで空中にとどめておく ◆he was knocked down in the eighth but got up at the count of six 彼は8ラウンドでノックダウンされたが, 6までカウントした時に立ち上がった. ◆If you need to know the iteration count for the loop, 《コンピュ》ループの繰り返し[反復]回数を知る必要がある場合 ◆the number of counts registered by the detector 探知機が記録した回数 ◆According to our count, there were 132 rejects. 我々が数えたところ, 不合格品が132あった. ◆A count was taken of those interested in attending. 出席してみたいと思っている人[出席希望者]の人数が数えられた. ◆He rose slowly, like a boxer at the count of nine. 彼は, ボクサーのように, カウント9[ナインカウント]でゆっくりと立ち上がった. ◆The two have lost count of how many times they played as juniors. 2人はジュニア選手として何回[何度]競技したのか忘れて[分からなくなって]しまった. ◆I lose count of the number of times I'm asked, "How long have you been in Japan?" 私は「日本に来られてからどれくらいになりますか」という質問を, 何回受けたか分からない[数え切れないほど何度も尋ねられた]. ◆The DAC reduces parts count for CD players by incorporating an internal voltage reference. 《意訳》同D/Aコンバータは, 内部電圧基準の内蔵によりCDプレーヤーの部品点数の削減を可能にする.

2 vi. 数える, ～の数になる, 重要である, 意味[価値]がある; vt. ～を数える, 計算する, 集計する, と見なす <as> ◆a counting rate 計数率 ◆nuclear radiation counting equipment 核放射線計測機器 ◆count by twos (= increment by two) 2ずつ(増やして)[2刻みで]数える ◆count from 1 to 9999 1から9999まで数える ◆count pulses パルス(の数)を数える ◆count votes 票を数える[集計する] ◆start counting at 0 instead of 1 1でなく0から数え始める ◆count the number of times it has been carried out それが実行された回数を数える ◆For most folks, that's what really counts. たいていの人にとって, 本当に重要なのはそのことなのだ. ◆He is counted as a member of the project team. 彼は, そのプロジェクトチームの一員として数の内に含められている. ◆Make every drop of water count. 一滴一滴の水を大切にしてください. ◆

The thickness of the leaves also counts. 葉の厚みも重要(な要素)である[関係してくる、問題になる]. ◆I encourage you to attend class. Your attendance counts significantly in assessing your final course grade. 授業には出るようにしてください. 出席率は、最終コースの成績をつける際にものをいいます[大きく効いてきます、響きます]. ◆The United States has weathered 30 recessions since 1854, when the government began counting them. 米国は、政府が記録を取り始めた1854年末、30回を数える景気後退を乗り切って[切り抜けて]きた.

**count against** ～にとって不利[マイナス]になる

**count among** ～のなかに含める ◆be counted among the world's capitalist democracies ～は世界の資本主義国家に列する ◆I count her among my friends. 私は、彼女を私の友人に数えて[友人(の一人)だと思って]いる.

**count down** 数を逆に数える、秒読みする (cf. decrement) ◆start counting down 秒読みを始める ◆count down from 10 to 0 10からゼロまでカウントダウンする[逆に数える] ◆The counter starts counting down. カウンタはカウントダウンを始める.

**count for** ～の価値がある ◆Unless Pons and Fleischmann show how the experiment can be replicated, their claim of cold fusion will count for nothing. ポンス教授とフライシュマン教授が、その実験がどのようにすれば再現できるのかを示さない限り、彼らの常温核融合の主張は何の意味も持たないことになってしまうだろう.

**count in, count... in** 〈人など〉を頭数に入れる、勘定に入れる、仲間に入れる

**count on** ～を当てにする、頼りにする、期待する ◆I'm counting on you to take care of him for me. - You can count on me. 私の代わりに彼の世話をお願いします[意訳]彼のこと、よろしくお願いします]. - 任せてといてくれよ[いいとも]. ◆It's on October 4-5th, in Sacramento, and I'm counting on you to attend. (それは)10月4～5日にサクラメントで開催されますので、皆様は是非ご出席ください[ご参加のほどよろしくお願いします].

**count out** ～を数えて取り出す、除外する、数に入れない; 仲間から外す

**count up** ～を合計を出すために数える

**countdown** a ～カウントダウン、秒読み、(秒読み中の)打ち上げ最終準備作業と点検 ◆start a countdown 秒読みを始める ◆in the countdown phase 秒読み段階で ◆prepare for the final countdown 最終秒読み段階の準備をする ◆the countdown to... began yesterday ～へ向けての秒読みが昨日始まった ◆a computer problem halted a fourth countdown コンピュータ障害のせいで4度目の秒読みが停止した (* ロケット打ち上げの話) ◆start the countdown for the launch of... ～の打ち上げの秒読みを開始する ◆The Christmas countdown is upon us. クリスマスへ向けての秒読みが始まっている.

**counter** 1 a～ 計数装置、計数器、計数管、(周波数、テープ)カウンター ◆an autoranging frequency counter 自動レンジ切り替え式周波数カウンター ◆a scale-of-64 counter 64進カウンター ◆a 1MHz frequency counter 1MHz(まで使える)周波数カウンタ ◆When the counters decrement to zero,... カウンターがゼロになると ◆set the counter at 0000 at a specific point of a tape テープのある特定箇所にカウンターを0000にセットする ◆Fast rewinding from any other point on the tape will bring you back to the 000 point on the counter. テープの他のどの箇所から巻き戻しても、カウンターの000位置に戻します. ◆The program counter is built to be able to be incremented, added to, and subtracted from. (コンピュ)プログラムカウンタは、インクリメントしたり、加算したり、減算したりできるようにつくられている.

2 a～(商店、銀行、食堂、バーなどの)カウンター、台、勘定台、売り台、店台 ◆over the counter (薬の購入が)処方箋なしで ◆under the counter 闇(市場)で、(売買が)不法に ◆a sundries counter 雑貨品売り場

3 adj. 逆の、反対の; adv. 逆に、反対に ◆a counter electrode 《電気化学》対電極[対極] ◆a counter electrode 対向電極[対極、対極] ◆(a) counter-electromotive [back-electromotive] force 逆起電力 ◆generate [produce] a counter electromotive force 逆起電力を発生させる[生じさせる]

4 vt., vi. (～に)逆らう、反対する、逆襲する ◆counter a problem 問題に対処する ◆counter attacks from critics 批判している人からの攻撃に反撃する ◆counter the waves with... ～のそれらの波を打ち消す

**run counter to** ～に反する、逆らう、違反[抵触]する、～と対立する、～と相容れない ◆run counter to consumer interests 消費者の利益に相反する ◆an idea that runs counter to common law 慣習法と対立する考え ◆it runs counter to Christian teaching that... それは、～というキリスト教の教えに反する ◆run counter to their deeply engrained Confucian tradition 深く根を張っている彼らの儒教的伝統とは両立し得ない[相容れない] ◆such actions would run counter to our policy of...-ing そのような行動は～しようとする我々のポリシーとは相容れないだろう ◆it doesn't run counter to any Russian law それは、ロシアのいかなる法にも抵触[違反]しない ◆Today's decision appears to run counter to a series of Supreme Court rulings that have broadened protection of... 今日の判決は、～の保護を拡大した一連の最高裁の判決と真っ向から対立するように思われる ◆Obsolete technologies run counter to productivity and efficiency. 時代遅れの技術は生産性と効率を阻害する.

**counteract** ～の効果[影響]を打ち消す(挙動をする)、(反作用で)抑制する[中和する、妨げる、防止する] ◆counteract the effects of the surging yen 円高の影響を打ち消す(方向に働く)

**counteractive** adj. 反作用的な、中和性の; a～ 中和剤[反作用剤](a counteracting agent) ◆As a counteractive action, ... 対応策[対処策、対策、対抗措置]として、

**counterbalance** a～ 釣合い重り、平衡力、反対[対抗]勢力; vt. ～を釣合わせる、平衡させる、～(の効果)を相殺する[打ち消す]、～の埋め合わせをする; vi. 釣合う、平衡する

**counterclockwise** 反時計回り[方向]に、左回りに ◆move in a counterclockwise direction 反時計回り方向[左回り]に動く ◆turn... counterclockwise ～を反時計方向[左]に回す ◆turn the knob about five turns counterclockwise そのつまみを5回転ほど反時計方向に回す

**counterculture** (a)～ カウンターカルチャー、反文化、対抗文化、反体制文化 ◆a counterculture rejecting prewar ways and beliefs 戦前の習慣や信条を否定する対抗文化[反文化] ◆the counterculture of the '60s 1960年代の反体制文化

**counterexample** a～ 反証、反例 ◆use experiments and counterexamples to check outcomes 結果を検証するのに実験や反例[反証]を使う

**counterfeit** 1 vt., vi. 偽造[模造]する ◆lack the ability to print money that's hard to counterfeit 偽造しにくい貨幣を印刷する能力を欠いている

2 adj. 偽造の、にせの、模造の; a～ 偽造[模造]物[品]、模写、にせ作、紛い物(マガイモノ) ◆a counterfeit bill 偽札、偽造紙幣 ◆counterfeit money 偽金 ◆a counterfeit-resistant credit card 偽造されにくいクレジットカード ◆$3 million in counterfeit U.S. currency 偽造米国通貨で300万ドル ◆a counterfeit $100 bill 偽造百ドル紙幣 ◆counterfeit American dollars 偽造米ドル ◆deal in counterfeit goods 模造商品を扱う ◆print counterfeit dollars 偽ドル札を印刷する ◆spot counterfeit documents 偽造書類[偽文書]を発見する[見つける]

**countermeasure** 《通例 ～s》対抗策、対抗手段、(事後の)対策、対応策、対処策、対案 ◆take countermeasures against... ～に対する対策を取る[対応策を講じる、対抗策をとる] (* 相手の策に反応しての打つ手) ◆take countermeasures to prevent... ～を防ぐ対応策を取る[～防止策を講じる] ◆as a crime-busting countermeasure 犯罪撲滅のための対応策[対策](のひとつ)として ◆impose economic countermeasures against a country ある国に対して経済的な対抗手段を取る[報復措置を講じる]

**counterpart** a ～ 同類の対応する人[物], 相当する人[物], 相手, 相手先, 相手方, (対の)片方, 片割れ; 写し, 副本, 複製 ◆aid agencies and their counterpart institutions in other countries　政府系援助機関と(援助を受ける側の)外国の担当組織団体[C/P] (＊one's counterpart = 相手先) ◆Japan's Prime Minister is the counterpart of the U.S. President.　日本の総理大臣は, 米国の大統領に当たる[相当する, 該当する]. ◆Similar to its biological counterpart, an electronic virus is a program that copies itself by taking control of a computer's internal memory.　エレクトロニック・ウイルスとは, 生物学上のウイルスに似て, コンピュータの内部メモリーを支配して自己増殖するプログラムである.

**counterplot** a ～ (相手の計略の)裏をかくための計略, 対抗策; vt. (相手の計略に)対抗する, ～(人)の計略の裏をかく ◆The dictionary defines "counterplot" as a plot intended to foil another plot.　辞書では, 「counterplot[対抗策]」は, 他の策略を挫折[失敗]させるよう意図された計略であると定義されている.

**counterproposal** a ～ 反対提案, 対案, 相手の提案に対して出す別案[代案] ◆draft a counterproposal　対案を策定する[作り上げる, 作成する, まとめる] ◆make a counterproposal to an offer　ある提案に対して対案を提起する[示す, 提示する, 出す] ◆prepare a counterproposal　対案を準備する;(意訳)別案を用意する;(意訳)代案を作成する ◆receive a counterproposal from...　～から対案を提案される[出される] ◆submit [offer] a counterproposal　対案を出す(提出する, 提案する, 提示する, 示す]

**counterrotating** adj. 逆回転する, 逆転, 反対方向に回転する, 反転 ～ ◆a counterrotating [counter-rotating] shaft　逆転軸 ◆counterrotating [= contrarotating] propellers　《航空》二重反転プロペラ

**countersink** 1 a ～ (ねじの頭を表面より下に埋めて隠すための円錐形の)皿穴, 座ぐり穴 2 〈穴〉を皿もみする, 座ぐる;〈ねじの頭〉を皿穴に埋める ◆a countersinking bit　皿もみ[座ぐり]刃 ◆a countersunk hole　座ぐりしてある穴(＊皿頭ねじの頭が出っぱらないように沈めるための穴)

**countersinking** 皿もみ, 皿取り, 座ぐり

**countersteering** 《車》逆位相操舵, カウンター・ステアリング (→ steering)

**countersunk** (countersinkの過去分詞形)皿もみされている, 座ぐられている ◆a countersunk head　皿頭(＊ネジの)

**countervail** vt. ～に対抗する, ～を相殺する, ～を補償する (= compensate for) ◆countervailing duties against Japan　対日相殺関税(＊日本製品のダンピングに対抗するための措置としての)

**countless** adj. 数え切れないほどの ◆Just as there are countless colors to choose from, there are myriad different designs for windows.　選択可能な無数の色があるのと同じ様に, 窓にも無数の異なったデザインがある.

**country** a ～ 国, 国家, 国土; the ～ (集合的に)国民; the ～ 田舎, 在所; 田舎の, 田園の ◆each (individual) country; individual countries　各国 ◆the country of manufacture　生産国 ◆a country road　田舎道 ◆in [from] all parts of the country　全国各地で[から] ◆in one's own country　自国で ◆on the basis of "one country, two systems"　「一国二制度」(方式)に基づいて ◆Poland and other East European countries　ポーランドおよびその他の東欧諸国 ◆travel in hilly country　山地[山岳地域]を旅行する(▶ 地域[地方, 地帯]の意味の country は) ◆volunteers from various countries　いろいろな国[各国]からのボランティアたち ◆a park as large as the country of Belgium　ベルギーの国の大きさがある公園 ◆pilgrims from throughout the entire country of Japan　日本国中で[日本全国に]からの巡礼者 ◆a network spanning 110 countries worldwide　世界110カ国にまたがる[広がる]ネットワーク ◆vary depending on the circumstances in each country　各国の国情によって異なる ◆the internal migration of farmers from country to city will have to happen　農民の農村部から都市部への国内移動が必然的に起きるであろう

**county** a ～ 《米》郡(＊ルイジアナ州のみ a parish), 《英》州; a ～ 《米》郡民, 《英》州民 ◆"The Bridges of Madison County" by Robert James Waller　ロバート・J・ウォラー著の『マディソン郡の橋』

**coup** a ～ (pは発音しない)みごとな一撃, 大当たり, 大成功; a ～ (= a coup d'état)クーデター, 武力政変 ◆The company has pulled off something of a coup in [by] signing the deal.　同社は, その取引を成立させてちょっとした大成功を収めた[大当たりをとった].

**coup d'etat, coup d'état** a ～ (pl. coups d'état) クーデター, 武力による政権奪取, (武力)政変 ◆a military coup d'etat took place in Gambia　軍事クーデター[政変]がガンビアで起きた ◆stage a coup d'etat　クーデターを起こす ◆prosecutors decided not to indict them on the grounds that a "successful coup d'etat cannot be punished"　検察官は, 「成功したクーデターは罰せられない;(意訳)勝てば官軍負ければ賊軍」という理由で彼らを起訴しないことにした

**coupe** a ～ クーペ(＊屋根がある2ドア乗用車. 通常, 後部が傾斜している. 2座または後部折り畳み座席を含めて4座のものをいう)

**couple** 1 a ～ 対, (対になっている)2つの物, 2人, 1組の男女[夫婦]; a ～ 〈of〉(数量)2個[2人]の, いくつか[2～3, 数個]の ◆a newly-married couple　新婚カップル;新婚さん;新婦の夫婦 ◆about a couple of years ago　数年ほど前に ◆in the last couple of years　過去数年[何年かの]間に 2 vt., vi. 結合する, 連結する, つなぐ[つながる], 対になる ◆be coupled to...　～に連結[結合]されている ◆an RC-coupled amplifier　《電気》RC結合増幅器[CR結合増幅器, 抵抗容量結合増幅器] ◆meter-coupled manual mode　《カメラ》メーター連動マニュアルモード ◆These two stages are coupled through a transformer.　これら2段はトランスを介して結合されている.

**coupler** a ～ カップラ, カプラー, 連結器, 結合器[具], 発色剤 ◆a car coupler　車両連結機 ◆a directional coupler　方向性結合器 ◆an acoustic coupler　音響カプラー(＊電話の受話器を使ってデータを転送する装置)

**coupling** ①結合すること; a ～ カップリング, 結合, 連結器, 継ぎ手 ◆a hydraulic [fluid] coupling　流体継手 ◆a coupling/decoupling network (CDN)　結合/減結合ネットワーク ◆different coefficients of coupling　それぞれ異なる結合係数 ◆provide the coupling between A and B　A と B を結合させる ◆waveguide-to-waveguide coupling　(光)導波路と導波路の連結 ◆adjust the degree of coupling between two coils　2つのコイルの結合度を調整する ◆an effective coupling between A and B　AB 間の実効的な結合 ◆reduce electromagnetic coupling between the coils　これらコイル間の電磁結合を減じる ◆the coupling of one optical fiber to another　ある光ファイバーを別の光ファイバーにつなぐこと; 光ファイバーの接続

**coupon** a ～ 切り取り式の券[切符], 割引クーポン[割引券], 景品引換券, 優待券, 債務の(利子票, 配給切符) ◆a ration coupon　配給券 ◆a 10-percent discount coupon　10%割引券 ◆a rebate coupon　販売促進目的の金券(＊次回に同社の製品を買う際に価格からある金額を割引しますなどと書いてある) ◆A strip of 20 coupons for the subway costs $18 and can be purchased at the subway stations.　20枚綴りの地下鉄乗車回数券は, 地下鉄の駅で18ドルで購入できます.

**courier** a ～ 急使, 書類配送業者, 使者, メッセンジャー;(旅行業の)添乗員[ガイド] ◆an overnight courier　翌日配達宅配便業者 ◆be delivered via DHL courier service in 3-6 days　DHL 社の宅配便で3～6日で配達される 2 vt.〈書類など〉を〈～に〉配達する[宅配する, 送る] ◆...you'll be air couriered your copy of the report...　あなたに報告書のコピーが航空便で送られます

**Courier**  (＊フォントの名前. monospaced fonts, fixed-pitch fonts の代表的なもの)

**course** 1 a ~ コース, 進路, 航路, 航空路, 走路, 水路, 順路, 道筋, 経路, 行路, 針路, 過程, 成り行き, 趨勢 ◆go off course コースから外れる; 進路からそれる; 曲がって進む ◆off [out of] course コースから外れる; 進路がそれる ◆swerve [veer] off course コースから外れる; 進路がそれる ◆a thoroughgoing course correction 抜本的な針路[進路,《意訳》軌道]修正 ◆excursions [deviations] out of course コースからの逸脱, 変位, 変移, 偏移, 偏倚（ヘンイ）で ◆go [swerve] off course コースから外れる ◆in course of manufacture [construction, adjustment, shipment, conversation, erection] 製造[建設, 調整, 発送, 会話,（橋などの）建設]中に ◆in course of (the) performance of one's duties 職務遂行中に; 責務執行過程で ◆in the course of cooling 冷却中に ◆in the course of development 発展途上で ◆make a course correction コースを修正[針路・進路を補正]する;《意訳》軌道修正する ◆of course not! もちろん違うとも ◆over a course of a week 1週間の間に ◆over the course of time 時が経つにつれ; 時とともに ◆in the course of the manufacture [production] of a product 製品の製造過程で;《意訳》商品の生産工程中の ◆determine future courses of action 将来の方針［これからの身の振り方, 今後の対応（の仕方）］を決める ◆if the comet is on a collision course もしもその彗星が衝突する進路にあるなら[このままだと衝突するなら] ◆let it run [take] its (natural) course それを（自然の）成り行きにまかせる ◆map out a course on these issues これらの問題にどう対処して行くかといった方針を決める ◆over the course of less than two months 2ヵ月足らずの間に ◆predict the future course of interest rates 《意訳》金利が今後どのように推移するかを予測する; 金利の行方を占う ◆shape the course of the future 今後の方向を定める ◆The future will determine the course of... ～の行方は先になってみないとわからない. ◆to see whether the eye of the slow-moving typhoon stays on its projected course and schedule ゆっくりと移動しているこの台風の目が予想通りの進路と時間発展をたどるかを見るために ◆Guidelines should be published over the course of next year. ガイドラインは, 来年追い追い発表されるはずである. ◆You simply have to wait for the cold to run its course. 風邪は自然に治るまで待つしかない. ◆The best course is to set the switch on "automatic" and let the system do the rest. 一番いいやり方は, そのスイッチを「自動」にセットして, 後はシステムにまかせることです.

2 a ~（教科）課程, 科目, 講座, コース ◆courses in computer science コンピュータサイエンスのコース[課程] ◆take a postgraduate course 《主に英》大学院課程をとる ◆enrolled in a foreign-language course 外国語科目[講座, 課程]をとって［履修して］

**as a matter of course** 当然のことながら, もちろん, 無論, 必然的に

**of course** もちろん, 当然, 無論,《返答中の》はい, どうぞ; もちろんです; 確かにそうです

**course of action** a ~ (pl. courses of action) 方法, やり方, 方針, 道, とるべき行動, 行動方針, 事の進め方, 身の振り方や身の処し方, 出処進退, 手順, アプローチ ◆decide (on) one's future course of action 今後の出処進退[身の振り方や身の処し方]を決める ◆decide what course of action to take いかなる方針を取るべきかを決定する ◆devise a course of action for...-ing ～するための方針を立てる ◆procedures are well-defined courses of action 手順とは, 行動のしかたを明確に規定したものである ◆the course of action taken for the solution of the problem その問題を解決するために採用した方法[道]

**court** (a) ~ 裁判所, 法廷, 裁判, 公判;（しばしばCourt で）宮廷, 王宮, 謁見, 御前会議; the Court 廷臣たち; a ~ 中庭,《しばしば無冠詞》球技のコート;（人の）求愛, 追求（ツイキュウ）, ご機嫌取り; vt. ～の機嫌を取る,〜に言い寄る,〜に結婚を前提に交際する,《危険, 災難など》を自ら招く,〜を求める; vi. 結婚を望んで交際する ◆in a law court, in a court of law 法廷で ◆a court battle 法廷での争い; 法廷闘争 ◆court foreign capital 外資獲得に努める ◆With the trend toward more and more settlements outside of court,... 示談[和解]（件数）の増加傾向の中にあって,...

---

**courtesy** (a) ~《具体例は可算》礼儀, 丁寧さ, 丁重さ, 好意, 親切, 優遇 ◆by courtesy 儀礼上 ◆by courtesy of... ～の厚意［好意］により,～のおかげで,～に[pay]　◆make [pay] a courtesy visit to... 〈人〉を儀礼[表敬]訪問する ◆a courtesy light （自動車の）室内灯 ◆a courtesy visit; a courtesy call 表敬[儀礼]訪問 ◆by courtesy of the author 著者のご厚意により［転載］◆ (Courtesy of Rexel Corp.)（レクセル社提供）（＊写真などの転載のただし書き）◆It's a common courtesy to stop before entering the intersection on a green light, if the roadway beyond is blocked with traffic. もし向こう側の車道が渋滞でふさがっていたら, 青信号で交差点に入る前に停止するのが一般的な礼儀[マナー]である.

**covalent** 共有結合の ◆form a covalent bond 《化》共有結合を生じる

**cover** 1 a ~ カバー, 覆い, 蓋, 被覆, 封筒, 表紙,（レコードなどの）ジャケット,（～の）隠れ蓑 <for>; 回保護, 避難[隠れ]場所, 遮蔽 ◆on (the) cover 表紙［ジャケット］に（載って［印刷されて］） ◆on (the [its]) back cover 裏表紙[裏ジャケット]に ◆the front cover of a book 本の表紙 ◆under cover of charity 慈善という美名に隠れて ◆under cover of darkness 闇に紛れて ◆under cover of friendship 友情に見せかけて ◆under cover of night 夜に紛れて; 闇に乗じて ◆under separate cover 別封[別便]で ◆under (the) same cover 同封されている ◆about cover letters accompanying resumes 履歴書に添付される添え状について ◆But his main passion was doing CD cover and record jacket design. しかし, 彼の情熱は, 主にCDジャケットとレコードジャケットをデザインすることに向けられていた. ◆When the thundershower started, I took cover under a large tree. 雷雨が始まった際に, 私は大木の下［陰］に避難した.

2 vt. ～を覆う[隠す],～に蓋をする, 保護する, 補填する,《費用など》をまかなう, 踏破する,～に及ぶ,～を有効［報道, 守備］範囲に含む,～を対象として含む,～を扱う,～を代理で引き受ける ◆cover A with B AをBで覆う ◆a graffiti-covered subway car 落書きだらけの地下鉄車両 ◆cover a loss 損失を補填する ◆cover the top with... それの上部に～でふたをする ◆events covered in newspaper accounts 新聞記事で報道されている出来事 ◆a covered pail for soiled diapers 汚れたおむつ用の蓋付きバケツ ◆a plastic-covered handle プラスチックで被覆されている柄 ◆a vinyl-covered polyurethane foam pad（表面が）ビニールでカバーされているポリウレタンフォームマット ◆cover [span] a fairly broad spectrum ～は, かなり多岐にわたっている[多様である];～（の種類）は大分《タイプ》広範囲にわたる［相当広範囲に及ぶ］ ◆the subjects covered in Chapter 1 第1章で取り上げられているテーマ ◆the road is covered by a thin layer of ice 道路に薄い氷が張っている ◆engineering specifications covering appearance, dimensional performance, or functional characteristics 外観, 寸法性能, もしくは機能特性に関する技術仕様 ◆This warranty does not cover damage resulting from... この保証は,～に起因する損傷は対象としていない[には適用されない]. ◆Any amount in excess of $100,000 is not covered by FDIC. 10万ドルを超える金額はFDIC（米連邦預金保険公社）によって払い戻されない[ペイオフ]されない. ◆The warranty covered most of the repairs. 保証がそれらの修理のほとんどをカバーした. ◆Both trips to the dealer's service department were covered under warranty.《車》そのディーラーの整備部門への持ち込み（修理）の両件とも保証でカバーされた. ◆The aircraft began vibrating violently and the windshield became covered with engine oil. 飛行機が激しく揺れ始め, 風防ガラスにエンジンオイルを浴びた[かぶった]. ◆The ends are then polished and covered with an acid-resistant coating. 両端は, 次に研磨されて耐酸性のコーティングが塗布される. ◆The plant covers some 614 acres and 2 million sq. ft of floor space. その工場の敷地面積は約614エーカーで,（延べ）床面積は200万平方フィートである.

3 vi.（～の）代わり[代理]をする <for>,（～を）かばう <for>,〈液体など〉が表面に広がる[のびる] ◆Assume someone agrees to cover for you while you're away from the office.

仮に、あなたが不在の間、誰かが代わりに仕事を引き受けてくれることになったとしましょう。
**cover up** すっかり覆う、(包み)隠す ◆a plot to cover up... 〜を揉み消そうとする陰謀；〜の隠蔽工作 ◆the bank tried to cover up a scandal at its New York branch その銀行［同行］はニューヨーク支店のスキャンダルのもみ消しを図った ◆The trader was arrested at his home in New Jersey on Sept. 23 on charges of falsifying records to cover up his trading losses. 同トレーダーは、自分が出した売買損失を隠す［隠蔽する］ために記録を改竄した廉で9月23日にニュージャージーの自宅で身柄を拘束された。
**coverage** 有効範囲、到達範囲、受信可能範囲、サービスエリア、被写域；報道；cover すること ◆allow live nationwide television coverage of the trial 同裁判の全国テレビ生中継放映を許可する ◆in order to achieve nationwide coverage within eight years 8年以内に全国をカバー［国中を網羅、全国区化］するために ◆modify the frequency coverage of a receive-only device 受信専用装置の周波数帯域［範囲］を［改造することにより］変える ◆the service is planned to hit national coverage by the end of 2004 同サービスは2004年末までに全国展開［全国区化］される予定になっている
**covered** カバー［蓋］付きの；((-covered の形で))〜によって覆われて［被覆されて］いる
**cover glass** a〜 カバーガラス
**covering** a〜 カバー、被覆、覆い ◆a head covering 頭にかぶるもの；被り物(カブリモノ) ◆a fire-resistant covering 耐火性の被覆［覆い］ ◆Wire. A single conductor, typically with a covering of insulation. 電線。1本の導体で、一般に絶縁被覆されている。(*用語解説)
**covering letter** a〜 添え状(*小包や書類に添付する簡単な説明などを書いたもの)
**cover sheet** a〜 送付状［送信票、送信案内書、通信案内書］
**cover story** a〜 特集記事(*関連の写真や絵が雑誌の表紙を飾っている記事)、カバーストーリー
**cover-up** a〜 (不祥事などを)隠すこと、もみ消し、隠蔽(インペイ)工作 ◆a cover-up [hush-up] of a mistake 過ちの隠蔽(インペイ)；ミスのもみ消し ◆become embroiled in an assassination cover-up plot 暗殺隠蔽工作に巻き込まれる ◆the trust division participated in a cover-up of the losses 信託部門が、それら損失の隠蔽(インペイ)［損失隠し］に関与していた
**covet** v. (人のものなどを)むやみに［やたらと］欲しがる ◆highly coveted tickets to the Super Bowl だれもが喉から手が出るほど欲しがる［垂涎の、絶大な人気の］スーパーボウル入場券 ◆It has become one of the most coveted awards among educators. それは教育者が最も切望する［欲しがる、手に入れたいと願う］賞の一つになった。 ◆These magnificent islands, born of fire and molten lava, were destined to become the most coveted on earth and took the name Hawaii. 火と溶岩から誕生したこれらのすばらしい島々は、地球上で(人々が)最もこがれるところだ［地上最大の憧憬の的と］なるような運命づけられていた。そしてこれらにハワイという名前がついたのだった。
**covetously** adv. むやみに［やたらと、ひどく］欲しがって、強欲に、貪欲に ◆cast covetous eyes on...；gaze covetously at...((順に))いかにも物欲しそうな目を〜に投げかける［向ける］、さも物欲しげに〜をじっと見つめる［眺める］ ◆covetously hoard (up)... 〜を貪欲に蓄える[貪張って貯める、欲深く死蔵する]
**cow** a〜 雌牛 ◆bovine spongiform encephalopathy (BSE), known as mad cow disease 狂牛病として知られるウシ海綿状脳症 ◆fewer cows would lessen the current oversupply of cattle and slow the plunge in beef prices 牛の頭数の削減は、現在の畜牛供給過剰状態を緩和し、牛肉価格の下落を減速させることになるだろう
**cowardly** adj. 卑怯(ヒキョウ)な、臆病な［小心な、小胆な、小さい］；adv. 臆病［卑怯、卑劣］にも ◆The United States is outraged by this cowardly act of terrorism. 米国はこの卑劣なテロ行為に激怒している。

**cowl, cowling** 1 a〜 《車》カウル(*ボンネット後部を支え前窓を取り付ける計器板付き車体前面上部)
2 a〜 《航空機》流線型をしている金属製エンジンカバー、(通気筒頂上の)換気［通風］帽
**coworker** a〜 同僚、仕事仲間、一緒に組んで仕事をする相手、共同作業者、チームメイト
**cowpea** ◆Protein-rich black-eyed peas have many monickers — cowpeas, crowders, black-eyed Susans, Jerusalem peas, Tonkins, Groots, Speckles and Red Rippers. タンパク質の豊富なササゲには、〜といった多数のあだ名がある。
**coy** adj. はにかみやの、恥ずかしがりの、恥ずかしそうなふりをする ◆Be modest but not coy. 控えめに、ただし恥ずかしがらないようにしてください
**cozy** adj. ぬくぬくとして居心地のよい、くつろげる感じの、なれ合いの、癒着した ◆cozy relationships <among, between> 癒着した［なれあいの、なあなあの］(持ちつ持たれつの)関係 ◆enjoy a cozy relationship with... 〜とのもたれ合いの関係を持っている、〜と癒着している ◆there is a warm and cozy relationship between A and B A者とB者の間にはぬくぬくとした癒着関係がある ◆He contends that FAA inspectors too often develop a cozy relationship with the airlines they are assigned to monitor. 彼は、連邦航空局の検査官たちは、(監督を)担当している航空会社となれ合いになる［癒着する］ことが多過ぎると主張している。
**CPA** (certified public accountant) a〜 《米》公認会計士
**CPI** (Consumer Price Index) the〜 消費者物価指数
**CPR** (cardiopulmonary resuscitation) 心肺蘇生法［蘇生術］
**CPU** (central processing unit) a〜 中央処理装置、中央演算処理装置 ◆a 500-MHz Celeron CPU that runs on the 66-MHz bus 66MHzバス上で動作する［66MHzバススピードの］500MHz Celeron CPU
**Cr** クロム(chromium)の元素記号
**CR** (carriage return) a〜 《コンピュ》復帰 (cf. LF); (consciousness raising) 意識覚醒
**CRA** (Community Reinvestment Act) the〜 《米》連邦地域社会再投資法
**crack** 1 a〜 きず、亀裂、ひび、割れ、ひび割れ、割れ［裂け］目；a〜 隙間、狭隙；炸裂音、銃声、雷鳴、クラック(*麻薬、コカインの一種) ◆make a crack about... 〜について［〜ををだしに、〜をさかなに］冗談を飛ばす［言う、軽口をたたく、皮肉を言う、警句をはく］ ◆a crack addict クラック中毒者 (*コカインの一種) ◆a crack of thunder 雷鳴 ◆a crack had appeared in... 〜にひび［割れ目、裂け目、亀裂］が現れた ◆fling it through a crack in the door ドアのわずかな隙間を通して投げる ◆the crack of a lightning strike 落雷の鋭い破裂音 ◆the crack of baseball bats 野球のバットのカキーンという音 ◆the door opened just a crack ドアが、わずかほど［ほんのちょっぴり］開いた ◆a hairline crack in the battery case バッテリーケースの微細なひび割れ ◆insert thin, glue-coated wood wedges in a crack between A and B 接着剤を塗った薄いくさびをAとBの間隙[隙間]に挿入する ◆patch cracks with a sealer ひび割れを充填材で修復する ◆cracks on [under] the surface of a material 材料の表面上[下]の亀裂(▶よく辞典にでているcracks in...ばかりでなく、亀裂が表面上または表面下を走っているのであればonやunderも使える) ◆Check the head for cracks. ヘッドに亀裂がないか調べてください ◆ Vibrations from traffic produce cracks in the monuments. 車の往来による振動は、記念碑観にひび割れ［亀裂］を生じさせる。 ◆Grains of sand burrow their way into minute cracks, causing irreparable damage to photographic equipment. 砂粒が微細なすき間に入り込んで、撮影機材に修理不可能な損傷を引き起こす。
2 adj. 《口》ピカーの ◆a crack commando squad 精鋭の突撃［奇襲］部隊；選り抜きの特攻隊 ◆a crack horn section ピカーのホーンセクション
3 vt. 〜をバチンと割る、(熱)分解する、〜にひび［亀裂］を入れる、〈暗号〉を破る［解読する］、〈金庫〉を破る；vi. ひびが入る、炸裂音を出す ◆become cracked ひびが入る［割れ目がで

きる]◆crack a code　暗号を破る[解読する]◆hot cracked gases　熱分解ガス◆crack down on out-of-line securities firms　外れたことをやっている証券会社を厳重に取り締まる◆if the hose is cracked or leaky　もしそのホースに亀裂が入っていたり漏れを起こしていたら◆when the insulation is cracked or frayed　絶縁材に亀裂が入っていたり摩滅していたりすると

**crackdown**　a～(当局による)厳重な処置, 取り締まり, 締め付け, (武力)弾圧 <on> ◆have [enforce] a crackdown on...　～を取り締まる◆order a crackdown on...　～を取り締まるよう指示を出す◆the brutal 1989 crackdown on pro-democracy demonstrators in Tiananmen Square　天安門広場で民主化要求運動の参加者に対して行われた1989年の残酷な[むごたらしい]武力弾圧

**cracker**　a～　クラッカー[悪質ハッカー](*ネットワーク経由で他人のコンピュータに侵入し悪事を働く), クラッカー(*塩味ビスケット), 割る器具; a～ (=a firecracker)(*パーティーなどで鳴らす)クラッカー, かんしゃく玉, 爆竹◆crackerproof BBS software　クラッカー[悪質ハッカー, (意訳)荒らし]対策[(機能)付きの]BBS(電子掲示板)ソフト◆to prevent crackers gaining unauthorized access to...　クラッカー[悪質なハッカー]が～に不正アクセスするのを防ぐ[不正アクセスできないようにする]ために

**cracking**　⦅U⦆亀裂, ひび, 割れ, ひび割れ, 深割れ; ⦅U⦆分解, 熱分解;《コンピュ》セキュリティを破り不正アクセスすること, ソフトウェアのコピープロテクションを破る(って違法コピーする)こと; adj. すばらしい, すごい, adv. 非常に◆cracking occurs　ひび割れが発生する◆thermal cracking processes　熱分解プロセス◆thermal stress cracking　熱応力割れ, 熱応力亀裂◆excellent resistance to stress cracking; excellent stress cracking resistance　応力割れ[亀裂]に対する優れた抵抗性; 優れた耐応力亀裂性◆resist cracking　ひび割れしにくい◆(the) brittle cracking of materials　材料の脆性(ゼイセイ)亀裂[割れ, 破壊]◆the hydrogen-induced cracking (HIC) of steels　(複数の種類[各種]の)鋼鉄の水素誘起割れ◆Cracking is gaining unauthorized access to a computer system, i.e. breaking in.　クラッキングとは, コンピュータシステムに不正アクセスすること, すなわち侵入することである.

**crackling**　バリバリ[パチパチ]という連続雑音◆static crackling　空電や静電気によるバチバチ・パリパリという雑音

**crackup, crack-up**　a～(自動車などの)衝突, 大破; a～崩壊, 瓦解; a～精神的にまいること(= a nervous breakdown 神経衰弱)◆the crack-up of the Soviet Union　ソ連の崩壊

**cradle**　a～揺りかご, (電話受話器の)受け台, 架台; the～幼年時代, 揺籃期, 発祥地◆from the cradle to the grave　揺りかごから墓場まで, 一生を通じて, 一生涯, 生まれてから死ぬまで

**craft**　1　⦅U⦆(特に手先を使う)技能[技巧, 技術], 技(ワザ), a～(手先を使う)職業, 手工業, 工芸,《集合的》同業組合(員); ⦅U⦆悪知恵; a～《単複同型》船, 宇宙船, 航空機◆Most bindery workers learn the craft through on-the-job training.　製本所の労働者のほとんどは, 技能[仕事]を職場での実地訓練を通して習う[覚える].

2　vt. 巧みに念入りに作る◆a finely crafted gun　精巧に作られている拳銃◆a finely crafted program　よくできているプログラム◆a concise, well-crafted phrase　簡潔でよく練られた表現◆carefully crafted components　入念に作られた部品◆This handbag is crafted from fine quality genuine leather.　このハンドバッグは上等の本革で作られている.

**craftsman**　a～ (pl. craftsmen) (男性の)職人[技工, 技能者, 熟練工, 工芸家, 工人, 匠(タクミ), 工匠]◆I am of the old school of craftsmen.　小生は旧式の[昔気質の]職人の部類に入ります.

**craftsmanship**　⦅U⦆(職人や匠(タクミ)の)技能, 技術, 熟練, 技巧, わざ, 腕前, 技量, 工芸,《芸能分野での》技芸, 職人[工芸]魂◆He has achieved a high level of craftsmanship in acting, dancing and singing.　彼は演技と踊りと歌で非常に高いレベルの技芸に到達した.◆Check interiors for areas that may snag clothing, and look for signs of shortcuts in craftsmanship.　内側[内部]に, 衣服を引っかけ(て, かぎざきを作り)そうな箇所がないか, また仕上げ[出来ばえ, 細工上の品質]に手抜きはないか調べましょう. (*家具購入時の注意)(craftsmanship = exercise of craft [art])

**craftsperson**　a～ (pl. craftspersons, craftspeople)((craftsmanの中性形))

**craftswoman**　a～《craftsmanの女性形》

**cram**　vt. ～に詰め込む <with>, 〈人〉に詰め込み勉強させる; vi. 詰め込み勉強する◆an after-hours cram school　学習塾◆cram all those transistors onto one chip　それらのトランジスタをすべて一つのチップに上に詰め込む(* ICの話)◆their homes are crammed with stuff　彼らの家はモノがいっぱいぎっしり詰まっている◆cram too much into one slide　1枚のスライドにたくさん(の情報)を詰め込み過ぎる◆prepare for an examination by cramming　試験のために詰め込む[詰め込み勉強する]◆an overflow crowd of about 3,000 crammed into the auditorium to hear...　～を聞くために, 講堂には入りきれないほどの約3,000名の人々が詰めかけた[押し寄せた].◆The Japanese educational system, with its emphasis on cramming for tests to gain entrance to the better schools, seldom develops a talent for producing innovative software.　いい学校に入学できるようにと試験のための詰め込みに重点を置く[かこぶを入れている]日本の教育制度では, 革新的なソフトウェアを創る才能はめったに育たない.

**cramp**　1　a～クランプ, かすがい, 締め付け金具; vt. ～を(かすがいなどで)締め付ける, 束縛[拘束]する, 窮屈な状態にしておく◆by sitting for several hours in cramped economy-class seats　窮屈なエコノミークラスの座席に数時間座っていることにより◆They live their entire lives in a cage, sometimes in crowded and cramped conditions.　彼ら(*飼育動物)は, 往々にして一杯に詰め込まれた狭苦しい境遇で, 生涯をケージ[かご, 檻]の中で暮らす.

2　(a)～けいれん, こむら返り; ～s 鋭い腹痛

**crane**　a～クレーン, 起重機; 鶴◆a crane truck [ship]　クレーン車[船]

**crank**　a～《機械》クランク, 曲柄; v. 起動させる[する], エンジンをかける[がかかる]◆crank out...　～を機械的にどんどん作る[大量生産する]◆crank up　～のエンジンをかける[がかかる]◆crank the engine with this switch　このスイッチで(セルモーターに電源を入れ)クランクを回転させて)エンジンを始動させる◆if the engine doesn't crank　エンジンがかからない[始動しない]場合には

**crankcase**　a～《機械, 自動車》クランクケース, クランク室, 曲軸室

**crankshaft**　a～クランクシャフト, クランク軸, 曲軸

**crash**　a～墜落[衝突]事故,《コンピュ》クラッシュ, (データ等の)破壊, 倒産, 大暴落◆crash experiments　(自動車の)衝突実験◆a head crash　《コンピュ》ヘッドクラッシュ(*読み書きヘッドがハード・ディスクの表面に激突すること)◆a memory crash　《コンピュ》メモリークラッシュ, 記憶破壊◆a (system) crash　《コンピュ》(システム)クラッシュ(*ハードウェア障害やソフトウェアのバグのためにコンピュータが正常動作をしなくなる状態)◆crash recovery　《コンピュ》クラッシュリカバリー[クラッシュからの回復・復旧]◆be less prone to crashes [crashing]　《コンピュ》よりクラッシュしにくい◆the crash of a hard disk　ハードディスクのクラッシュ◆the October 1987 stock market crash　1987年10月の株式市場のクラッシュ[大暴落](*ブラックマンデーのこと)◆a small-plane crash　小型飛行機の墜落事故◆the Crash of '87　1987年の大暴落, 1987年10月19日月曜日にニューヨーク証券取引所で起きた株価大暴落, ブラックマンデー◆protect occupants in the event of a crash　万が一衝突事故が発生した場合に乗員を守る◆run crash tests on large and small cars　大型車や小型車を対象にした衝突試験を行う◆If you're just a beginner, there's a crash course in the basics of...　始めたばかり[ごく初心者]の方には, ～の基礎を学ぶ速成[速修, 速習]短期集中, 特訓]コースがあります.◆the instructions that led up to the crash　《コンピュ》(システム)クラッシュの要因と

なった命令 ◆I went on a crash diet and lost 50 pounds. 私はクラッシュ[荒っぽい速成]ダイエットをやって50ポンド減量した。 2 v. 衝突する, 墜落する, 破壊する, つぶれる[つぶす], 粉砕する, クラッシュする ◆If that happens, the system crashes. もしそれが起きれば, 本システムはクラッシュする。 ◆The brakes failed and the car crashed into a telephone pole. ブレーキがきかなくなって, 車は電話の支柱に突っ込んだ[激突した]。 ◆The program ran without crashing. そのプログラムは, クラッシュせずに走った。

**crash helmet** a～（オートバイ運転者がかぶる）安全ヘルメット, 保安帽

**crate** a～（貨物梱包用）クレート, 木枠, 枠箱, 枠組木箱; ～をクレート梱包する

**crave** vi. ～をむしょうに欲しがる, 切望[渇望]する＜for＞; vt. ～を切望[渇望]する ◆those who crave horsepower over all else 何よりも馬力を欲しがる[何にも増して馬力を最重要視する]人々

**craving** a～ 無性に[しきりに]欲しがる気持ち・心, 強い欲求, 渇望, 切望, 熱望, 願望＜for, to do＞ ◆conquer the craving for alcohol アルコールに対する欲求を抑える

**crawl** vi. 《ヘビやミミズなどが》はう, 四つん這いする, クロールで泳ぐ, 《ネット》《巡回ロボットが》巡回する ◆pub crawling はしご酒 ◆a feeling that bugs are crawling over you 虫が身体をはいずるような感じ ◆crawl into bed ベッド[《意訳》布団]に潜り込む ◆crawl out from under... ～の下からはい出る[はって出る] ◆a computerized robot that crawls on the floor 床の上をはって[移動する]コンピュータ化されたロボット ◆He had to crawl under his bed to retrieve his glasses. 彼はメガネを拾うのにベッドの下に潜り込まなければならなかった。 ◆It's getting tougher to crawl out of bed in the morning. 朝寝床から抜け出すのが, ますますつらくなってきている。 ◆The house is within walking distance of the beaches and crawling distance from the bars. 家は, ビーチまで歩いて行けて, バーからは（酔っぱらっても）這って帰れる範囲内にある。

**crawler** a～ はうもの, はって進む生物, は虫類, クロール泳者, 《機械》クローラー, 《ネット》クローラ (= a web crawler, a web robot, a web spider, a web wanderer; → robot)

**craze** vt. 《通例受身》～を狂わせる[発狂させる, 気が狂わんばかりにする, 夢中にさせる], ～の表面（全体）に微細な亀裂を入れる, 《陶器》の釉にかかいひびを与える; vi. 気が狂う, 微細なひびが一面に入る; a～ 一時的な熱狂[熱中, 熱], 大流行（オオハヤリ）◆jump [hop, join] on the fitness-craze bandwagon フィットネスブームに乗る

**-crazed** ～ブームの, ～がはやりの, ～が大流行の ◆money- and-power-crazed society 金権社会 ◆in this fitness-crazed era of dining "lite" 食事は「軽く」とるというフィットネスブームのこの時代に (＊lite は light の簡略つづり)

**crazing** 微細なひび割れ, 細かな亀裂

**crazy** adj. （気が）狂った, 頭が変な, 精神的においしい, 気違いじみた; 常軌を逸した, ばかげた; 夢中で, 夢中して, 熱狂して, 夢中で; やたらに欲しがって, 熱望して ◆motorbikes are selling like crazy バイクはバカ売れしている; バイクはものすごい勢いで[猛烈に]売れている

**creak** 1 a～ キーキー[ギーギー, ミシミシ, ギシギシ]いう音, きしむ[きしる]音, きしめき 2 v. キーキー[ギーギー, ミシミシ, ギシギシ]という音を立ててきしむ[きしる]音, きしる ◆The heavy door creaked. 重いドアがギーッときしんだ。

**creaky** adj. キーキー[ギーギー, ミシミシ, ギシギシ]いう, きしんでいる, きしる

**cream** 団クリーム; the ～ 一番優秀な人たち[物], 一番うまみのある部分, 精粋（セイスイ）◆the cream of the crop 同類のなかで一番優秀な人たち; 最高に優れているもの[最良のもの, 最強豪]; 一級品, 極上品; えり抜き, より抜き, 粒より, 粋 ◆call violent career criminals the "cream of the crud" 凶悪な輩を「人間のクズの中の屑」と呼ぶ ◆so-called "cream skimming" – serving only the most profitable customers 専ら最上の客層を相手にする, いわゆる「おいしいところだけいただき[いいとこ取り]」 ◆the cream of the portable modem crop are A and B 携帯用モデムの中で最も優れているのはAとBである ◆Harvard graduates represent the cream of the crop. ハーバード大学出は, エリート中のエリートだ。 ◆Although the totals are small, the export models are in the highly profitable $20,000-to-$60,000 price range and skim off the cream of the American automobile market. 合計額は小さいながら, 輸出車種は一番もうかる2万ドルから6万ドルの価格帯にあり, アメリカ自動車市場の一番うまみのあるところだけすくいとっている。

**cream puff** a～ シュークリーム, 女っぽい[女々しい, ホモの]男性（= a sissy）, 良好な状態の中古車 ◆a late model, cream puff AT 最新モデル[新型]の新品同様のAT機 (＊IBMのパソコン) ◆bite-size cream puffs about 1 inch in diameter 直径約1インチの一口サイズのシュークリーム ◆keep [maintain] your house [car] in cream-puff condition あなたの家を新築[車を新車]同様の状態に保っておく ◆get into the car business by selling "cream puffs" – which in car jargon means "little-driven" used cars 車関係の隠語で「ほとんど乗ってない」中古車を意味するところの「シュークリーム」を販売することでカービジネスに参入する

**creamy** adj. クリーム色の, クリーム状の, 乳脂を多く含む ◆creamy-smooth クリームのように柔らかく滑らかな

**crease** a～ 折り目; ～s; v. しわになる, しわをつける, 折り目をつける, 折り目がつく ◆put a crease in pants ズボンに折り目をつける ◆smooth down the creases in the shirt ワイシャツのしわを伸ばす

**crease-resistant** adj. しわにならない, 防しわ性の

**create** vt. （新規に）～を作る, 作り出す, 作成する, 制作する, 創作する, 創設する, 引き起こす[もたらす], 創造[創出]する ◆wind-created waves 風によって生じた波; 風が起こした波（= wind waves）◆create a file 《コンピュ》ファイルを作成する ◆create an agency 局[庁]を新設する ◆create clearance between A and B AとBの間に隙間をつくる[空ける] ◆create a climate of economic and political stability conducive to democracy 民主主義（の推進）[民主化]に資する経済的かつ政治的に安定した状況を創る[醸成する] ◆how to create these conditions for successful learning 学習がうまくいくためのこれらの条件をどのように整備するか ◆create instability and pessimism in the financial markets 金融市場に不安定さと悲観機運を生じさせる ◆create official documents that are virtually indistinguishable from the real thing 本物とほとんど区別がつかない公文書を作る[偽造する] ◆The simulator randomly creates clouds and wind. そのシミュレータは, 雲や風をランダムに作る。 ◆This page is in the process of being created. このページは作成中です。 ◆Use of attachments not recommended by the manufacturer may create safety hazards. メーカーの推奨品でない[推奨品以外の]アタッチメントの使用は, 事故の原因となることがあります[事故のもとです]。

**creation** ①作成, 生成, 創出, 創造, 創作, 創設; a～ 作り出されたもの, 作成物, 創作品, 発明品 ◆document creation 《コンピュ》文書作成 ◆the creation of Israel イスラエルの創設[建国] ◆promote job creation 雇用の創出を促す[促進する] ◆the creation of files [drawings] ファイル[図面]の作成 ◆result in the creation of pollution problems and other forms of environmental degradation ～は, 結果として公害問題を生み, またその他の形の環境悪化を引き起こす ◆a package of tax incentives designed to further job creation 雇用創出を促すべく意図されている(ひとまとまりの)租税優遇措置

**creative** adj. 創造的な, 創造力のある, 独創的な

**creativity** 創造力[性], 独創力[性] ◆when they were in their first throes of creativity 彼らが初めての創造[生み]の苦しみを味わっていた時に

**creature** a～ 生き物, 動物, 家畜, 空想の動物, 人間, 人, 奴, 他の人に隷属する者[子分], 他の人の道具になる人[手先, 乎下]; a～ （神の）創造物 ◆a small fishlike creature 小さな

魚みたいな生き物[生物] ◆a sea-dwelling creature; a marine creature　海[海洋]に生息する生物 ◆creature comforts　身体に心地よさ[肉体的安楽]を与えてくれるもの(*飲食物,冷暖房,衣食住など)

**creature comforts**　(複数扱)人が衣食住において快適に過ごすために必要な物資や贅沢品 ◆such creature comforts as power-adjusted seats and a power-operated roof　電動調整式シートとか電動ルーフなどの贅沢装備

**credential**　a～信用証明書,資格証明(書)[情報] ◆successfully pass a national credentialing exam　資格認定のための国家試験に通る[合格する]

**credibility**　Ⓤ信用,信頼,信頼感,信頼性,確実性,信憑性(シンピョウセイ),真実味 ◆build credibility　信用を築く[醸成する] ◆establish one's credibility　信用を確立する ◆strengthen one's credibility　信用を増す[高める] ◆damage [hurt] the credibility of...　～の信用を傷つける ◆lose credibility　信用を失う ◆have [earn, build, improve, maintain, lose, regain] (one's) credibility with the public　(順に)社会的信用[信頼]を得る[を築く,が高まる,を保つ,を失う,を回復する] ◆restore the credibility of the state　国家の威信を回復する ◆boost the credibility of the new government　新政府の威信を高める ◆demonstrate credibility within the confines of an ad　安心して信頼していただいて結構ですということを広告中で示す ◆question the credibility of evidence put forth by...　～によって提出された証拠の信頼性[信憑性]を疑問視する ◆undermine the credibility of the new currency　新しい通貨に対する(人々の)信頼感を根底から揺るがす[ぐらつかせる] ◆It gives you greater credibility.　それは,あなたの信用を増すことになる ◆That argument lacks credibility.　その言い分は,信憑性を欠いている

**credible**　adj. 信用できる,信頼できる,確かな,確実な,信じられる,(原文などの)信ずるに足る ◆a maximum credible accident (an MCA)　(原子炉の)最大想定事象

**credit**　1　Ⓤ信用,信頼,評判,信望,名誉,賞賛,(功績,名誉などをある人のものと)認めること;(通例～s)(映画,CDなどの)クレジット<on>(*製作にかかわった人の名前の明示),著作表示;Ⓤ信用貸し,クレジット;(a)～預金残高;a～貸し方;a～履修単位 ◆to someone's credit　〈人〉の功績[名誉]となるように;(作品などの)〈人〉の名前でクレジットされて;〈人〉の貸方 ◆a credit association　信用金庫,信金,信用組合 ◆a credit crunch　クレジットクランチ,金融収縮,金融引き締め,金融逼迫(ヒッパク)(*金融機関の貸し渋りによる) ◆a credit deal　信用供与協定 ◆a credit union　信用組合(*特に企業や労働組合内の協同組合的なもの) ◆a credit union　クレジットユニオン,信用組合 ◆a credit limit check　信用限度額[クレジット利用限度額]のチェック ◆a credit authorization terminal (CAT)　(クレジットカードの)与信承認用端末;信用照会端末;CAT(キャット) ◆women's micro-credit programs　女性を対象とした少額融資制度(*特に貧困国において女性の経済的自立を目的としたもの) ◆overdo a credit squeeze　金融引き締めをやり過ぎる ◆ruin the company's credit　会社の信用を失墜させる ◆a sign-up kit including your $15 usage credit 15ドル分の使用権を含むサインアップ[入会]キット ◆a $3 billion to $5 billion IMF standby credit　国際通貨基金の30億ドル～50億ドルにのぼる包括的信用枠融資 ◆Much of the credit goes to John.　大部分はジョンのお手柄だ。 ◆Always give me a name credit and a link.　Please give us credit for our work.)　必ず名前をクレジット[著作者名を表示,著作表示]した上でリンクを張ってください。(*Webコンテンツの利用を許可する条件の記述で) ◆But, it does deserve credit for being one of the most roomy, comfortable, and stylish cars in its class.　しかし,この車はこのクラスで最もゆったりとして快適でスマートな車のなかの1台として認められて然るべきだ。 ◆Japan is unlikely to suspend yen credits to China even if Beijing goes ahead with nuclear testing as expected.　日本は,中国政府が予想どおり核実験を進めても,対中円借款を(一時)停止しないものと思われる。 ◆Mayor Ed Koch was credited with leading New York City from the brink of bankruptcy in the mid-1970s to new heights of prosperity.　エド・コッチ市長には,1970年代中頃の破産の瀬戸際にあったニューヨーク市を新たな繁栄の高みに導いたという功績がある。 ◆Some of the credit for the car's well-controlled ride belongs [goes] to its electronically modulated suspension.　この車の抑えの良く利いた乗り心地は,一部には電子調整式サスペンションのおかげによるものである。(*creditとは,作品や成果などがある人の手になるものであることを認めたり公に示すこと)

2　vt. 信用する,貸方に記入する,(作品などが)〈人〉の手によることを明らかにする ◆credit a person's account with a sum; credit a sum to a person's account　ある額を〈人〉の口座の貸し方に記入する ◆an invention credited to Yagi and Uda　八木と宇田の手になる発明品

**credit card**　a～クレジットカード ◆a credit card reader　クレジットカード読み取り装置 ◆the credit card statement　クレジットカードの明細 ◆charge it to a credit card　それをクレジットカードでの支払いにする ◆pay by credit card [with a credit card]　クレジットカードで支払う ◆place a credit card call　クレジットカード払いで電話をかける ◆foreigners' credit-card purchases　外国人のクレジットカードによる購入

**credit line**　a～信用供与限度額,貸し出し限度額,信用状開設限度額,(IMF資金の)引出し限度枠

**credit note**　a～預かり金証書,商品引き換え券(*顧客に対して,不良品があった場合に良品との交換または返金することを約束するもの),貸し方票

**creditor**　a～債権者,貸し手,貸し主 ◆a creditor nation　債権国 ◆a creditors' meeting　債権者会議

**creditworthy**　◆a creditworthy borrower　信用を供与するに足る[資格や価値のある]借り手

**credo**　a～(pl. -s)信条,主義,基本理念;(通例 the Credo で)《キリスト教》使徒信条[信経],信仰宣言 ◆One of my favorite credos [mottoes] (to live by) is "...."　私の好きな信条の一つは「...」です。

**credulity**　Ⓤ十分な証拠・明証なくして軽々しく信じてしまう傾向があること,軽信,過信,信じやすさ,ばか正直でだまされやすいこと,おめでたさ,お人好し ◆see it as straining credulity　それをまゆつば物[どうも胡散臭い]と見る ◆for reasons that still stretch credulity　本当かどうか依然として分からないような理由で ◆It strains credulity to believe that...　～であるのか真偽のほどは疑わしい[信用ならない]

**creed**　a～信条,信念,基本理念 ◆advance a political creed　政治的な信条[政治理念,綱領]を推し進める ◆as a personal creed　個人的な信条[信念,主義・方針]として

**creep**　1　vi. はう,そっと[おそるおそる,のろのろ,身をかがめて]進む,忍び歩く,蠕動(ゼンドウ)する,クリープを起こす,〈膚へ〉ぞっと[むずむず]する ◆creep along like earthworms　ミミズのように(くねくねと)這って進む[蠕動(ゼンドウ)する] ◆inflation will creep up　インフレが忍び寄ってくるだろう ◆Crawling usually follows creeping.　普通,腹で這うハイハイの次は高這い[四つ這い]をするようになる。(*赤ちゃんの話より) ◆Inflation, currently 1.8%, is expected to creep up to 2% in 1986.　現在1.8%のインフレ率は,1986年に2%に漸増すると予想されている。 ◆Maybe the economy will sluggishly creep along a bottom before turning up.　おそらく経済は,上向く前にのろのろと底をはうことになるだろう。

2　(a)～はうこと,はうような動き;a～ぞっとする感じ;《工,理》クリープ(*高温や応力による物体のゆるやかな変形),《地》クリープ;a～いやなやつ,(上役などに)へつらう人 ◆polymeric materials are prone to creep　高分子材料はクリープ変形しやすい

**creepage**　Ⓤ表面移動(*次第に表面上を移動すること,マイグレーションに似た現象),《電気》(電流の)表面[沿面]漏れ,(形容詞的に)沿面- ◆(a) creepage distance　《電気絶縁》沿面距離 ◆a creepage surface　《電気絶縁》沿面 ◆a creepage path　《電気》漏れ電流が表面を伝わる経路;漏れ経路

**creepy** adj. むずむずする、ぞっとする ◆a creepy made-for-TV horror film テレビ向け［テレビ放映用］に制作された、ゾッとするホラー［恐怖］映画

**cremate** ◆they were cremated prior to burial 彼らは埋葬に先立って火葬された［茶毘(ダビ)に付された］

**cremation** (a)～火葬、茶毘(ダビ) ◆a cremation ceremony [ritual] 火葬 ◆a cremation pyre 火葬用の積み薪 ◆cremation facilities 火葬施設 ◆commit his body to cremation 彼の遺体を茶毘に付す［火葬に付す］ ◆he wiped his eyes as he watched the cremation of his father 彼の父親が茶毘(ダビ)に付されるのを見て彼は目を拭った

**crematorium** a～(pl. -riums, -ria) 火葬場、焼き場 ◆the gas chambers and crematoriums the Nazis built especially for the "final solution" to Jews in Europe ナチスが欧州ユダヤ人の「最終的解決［大虐殺］」専用に建設したガス室と死体焼却場

**crest** 1 a～(物の)頂上、尾根、頂(イタダキ)；a～(波の)波頭、波頂；a～絶頂、極致 ◆a crest voltmeter 波高電圧計 ◆near the crest of a thread ねじ山の頂(イタダキ) ◆a car parked at the crest of a hill 坂の頂上に停めてある車 ◆(be) riding on a [the] crest of popularity 人気の絶頂にあって；人気の波にのって ◆they are now riding the crest of change 彼らは今変革の波に乗っている ◆allow him to ride the crest of his current popularity 彼が現在の人気の波に乗ることを可能にする ◆the crest [peak] value of the voltage applied to the terminals それらの端子に印加された電圧の波高値 ◆Sound waves are composed of crests and troughs. 音波は、山と谷からなっている。 ◆With more than half a dozen presidential elections in Latin America this year, what has been a rising tide of democracy may be reaching a crest. 今年中南米において半ダースを超える国々（＊7カ国以上）の大統領選を控えた、これまでの民主化の高まりはさしずめ最高潮に達しつつあるとでもいうところであろう。
2 v. (～の)頂上［最高］に達する、～の頂上［頂根］をなす ◆the river is expected to crest today この川は今日最高水位に達するとみられている

**cretaceous** adj. 白亜[チョーク]の、白亜質の；((Cretaceous で))白亜紀の；the Cretaceous 白亜紀 ◆the Cretaceous Period [period] 白亜紀

**crevice** a～(岩などの)狭い割れ目、裂け目、間隙、隙間 ◆an earthquake crevice 地震による地割れ［ひび、割れ、裂け目］ ◆crevice corrosion すき間腐食 ◆pavement crevices 舗装路面の亀裂［裂け目、割れ目］ ◆the formation of a crevice between A and B AB間にすき間ができる［ができる］こと

**crew** a～(集合的に)乗務員、乗り組み員、機上要員、搭乗員、船員、要員、(ヨットレースなどで)艇員、クルー、チーム、作業班、班、隊 ◆ひとまとまりとして見る場合は単数扱い、構成員を指す時は複数扱い ◆a film crew 撮影班 ◆a ground crew (集合的に)(航空機の整備をする)地上要員 ◆a research crew (研究を行う)調査団 ◆a crew of six to eight people 6～8人編成のクルー
2 vt. (乗り物)に乗務員として乗る、(乗り物)に乗組員を配置する；vi. 乗員として働く ◆(a) crewed space flight 有人宇宙飛行

**crewman** a～乗組員、乗務員、搭乗員 ◆he served as an air crewman on EP3 Orion reconnaissance aircraft 彼は、偵察機EP3オライオンの搭乗員を務めた

**crib** a～《米》ベビーベッド(=《英》a cot)、穀物貯蔵庫、かいばおけ、家畜小屋、盗用、トラの巻、あんちょこ；vt., vi. 盗用する ◆a (baby) crib 《米》ベビーベッド（▶英国では a cot） ◆a crib toy 乳幼児用玩具（＊家の中などで使用する類の）

**crime** a～犯罪、罪、悪いこと、悪事、罪 ◆(a) violent crime 暴力犯罪 ◆crime prevention; the prevention of crime 防犯 ◆crimes committed through the use of computers コンピュータ犯罪 ◆deter crime 犯罪を抑止する ◆crime with no previous history of crime 犯罪歴［前科］のない人たち ◆three instances of computer crime 3例［件］のコンピュータ犯罪 ◆in high-crime neighborhoods 犯罪多発地域で ◆be guilty of computer crime コンピュータ犯罪を犯している ◆This sound-activated switch helps prevent crime. この音声作動スイッチは、防犯に役立つ。

**criminal** adj. 犯罪の、刑事―；a～犯罪者 ◆criminal proceedings 刑事訴訟 ◆a 48-year-old man with a criminal record 前科のある48歳の男性 ◆accumulate enough evidence to build a criminal case 刑事事件として立件できるだけの証拠を集める ◆he has a criminal record 彼には前科がある；彼は前科者だ

**criminality** ①犯罪性、有罪；②または((criminalities が))犯罪行為、犯行 ◆criminality was the only way out of poverty 犯罪が、貧困から脱出するための唯一の方法だった

**crimp** 1 (a)～圧着、ひだ、しわ、折り曲げ ◆a crimp [crimping] tool 圧着工具 ◆a crimp contact 圧着端子（＊電線の端末で、半田を使用せずに圧着取り付けされるもので、ソルダレス端子とも呼ばれる）
2 vt. 圧着する、かしめる、ひだ［しわ、波形］を付ける ◆prevent...from becoming crimped ～の折れ曲がりを防止する ◆Crimp [squeeze] the connector onto the wire. コネクタを電線に圧着して［かしめて］ください。 ◆Crimp the ring with a pair of pliers. ペンチでそのリングをかしめてください。

**crinkle** v. 縮める、縮れさせる、しわになる［する］、よれる；～s 縮れ、しわ、よれ ◆cause...to become crinkled ～にしわをよらせる

**cripple** vt. ～を害する、損なう、～にダメージを与える、麻痺させる、(能力など)を奪う；a～足［手足］の不自由な人、肢体不自由者、不良品 ◆cripple the nation's ability to <do> 同国の～する能力をだめにする［骨抜きにする、奪う、失わせる］

**crisis** a～危機、急場 ◆resolve a deepening crisis 深まる危機を解消する ◆an anti-crisis program 危機管理計画 ◆in the event of an oil crisis 万一石油危機が発生した場合に ◆lead to a crisis; bring about a crisis; give rise to a crisis (順に)危機につながる、危機をもたらす、危機を引き起こす［誘発する］；危機を招来する ◆the increasing crisis of desertification 高まりつつある砂漠化の危機 ◆to pull the country out of the [its] economic crisis 経済危機から同国を抜け出［脱出］させる ◆bar a serious economic crisis 深刻な経済危機［恐慌］を防ぐ ◆in the event of an oil crisis 万が一オイル[石油]危機が発生したら ◆things are going to deteriorate rapidly into a crisis situation 事態は急速に悪化して危機的状態に陥るだろう ◆his strong constitution enabled him to pass the crisis safely 彼の強い体質が危機を無事に乗り越えることを可能にした；((意訳))彼は身体が丈夫だったおかげで無事峠を越えることができた

**crisis management** 危機管理、((無冠詞))(企業などの)危機管理部門 ◆a crisis-management expert 危機管理の専門家 ◆corporate crisis management 企業の危機管理 ◆a crisis-management consulting firm 危機管理コンサルタント会社 ◆poor crisis management お寒い危機管理 ◆improve one's crisis-management procedures 危機管理手順を改善する

**crisp** (= crispy) adj. パリパリ［カリカリ、ポリポリ、シャリシャリ、サクサク］と歯切れのよい、パリッと［サクッと］した、ぱりっと新鮮な、(気候など)爽やかな、(音の)粒立ちのいい、(動作が)きびきびしている［快活］な ◆a sporty, crisp shift feel 《自動車》スポーティーで節度感のあるシフトフィール ◆clear and crisp television pictures 鮮明な切れ［キレ］のよいテレビの画像 ◆fry...(until) crisp ～をカリカリ［パリパリ］に(なるまで)揚げる ◆crisp, professional-looking sales materials 鮮明なプロの手になるようなセールス資料 ◆the mechanical switches have [offer] a crisp feel これらメカ式のスイッチには小気味いい節度感がある［スイッチ類はメリハリのある操作感をしている］ ◆crisp, distortion-free copies of compact discs and digital broadcasts 《音響》コンパクトディスクとデジタル放送からの輪郭[粒立ち]のはっきりした歪みの無いコピー ◆uniforms that are crisp to the eye and look good 見た目にしゃきっと[凛と]した感じでかっこいいユニフォーム ◆The controls are light and crisp to the touch. ボタン・つまみ類は、軽く小気味よい操作感だ。 ◆The sight adjusts

**crispness** 回 パリパリ［カリカリ, シャリシャリ, サクサク］すること；（気候の）爽やかさ；（画像の）鮮明さ, 切れ［キレ］, さ；（音の）輪郭［粒立ち］がはっきりしていること；（動作が）キビキビしていること ◆to add crispness to the engine under load 負荷のかかっている状態のエンジンに［キビキビとした］切れ味をプラスするために ◆instruments were reproduced with crispness as well as delicacy 楽器（音）は輪郭がくっきりと［粒立ちよく］かつ繊細に再生された ◆Apples lose crispness and quality quickly at room temperature. リンゴは, 室温では急速に, パリパリ［シャキシャキ］した食感を失い品質が落ちる. ◆scanned pictures lack crispness スキャナーで読み取った画像は鮮明さに欠ける.

**crispy** (= crisp) adj. パリパリ［カリカリ, ポリポリ, シャリシャリ, サクサク］と歯切れのよい, パリッと［サクッと］した, ぱりっと新鮮な,（気候等）爽やかな,（音の）粒立ちのいい,（動作が）きびきびしている［快活］な ◆a light, crispy wafer 軽いサクサクのウエハース ◆crispy French bread （皮が）パリパリの［パリッとした］フランスパン

**crisscross** 1 a ~ 十文字, ×字形; adj., adv. 十文字形の［に］, 交差した［して］, 縦横に ◆tighten the nuts in an even, crisscross pattern それらのナットを一様に, 対角線を描くような順で締める
2 v. 十文字を描く, ~に×印を描く, 交差させる［する］, 縦横に動かす［動く］ ◆the TGV trains that crisscross all of France フランス全土を縦横に走るTGV高速鉄道

**criteria** a ~ 〈criterion の複数形〉

**criterion** a ~ (pl. criteria, ~s) 〈時に複数形で単扱い〉（判断）基準,（評価）基準［尺度］,〈満たすべき〉条件,《哲》規準 ▶criterionは,「満たすべき条件」あるいは「基準となる条件」の意味で用いられて, 文脈上「条件」と訳すと自然な日本語の文章になることがしばしばある. ◆a criterion of judgment [assessment] 判定基準 ◆a criteria [criterion] value 基準の値, 基準値 ◆Approved Criteria for Classifying Hazardous Substances《オーストラリア》危険有害性物質分類基準 ◆criteria for judgment （コンペやコンテストの）審査基準 ◆if certain criteria aren't met 仮にある一定の条件が満たされないと ◆pass/fail criteria 合否判定基準; 良否判定基準;《意訳》合格判定基準 ◆criteria by [on, upon] which to judge whether ... ~かどうか判断するための基準 ◆depending on which criteria are used どの判断基準［条件］を用いるのかにもよるが ◆Enter search criteria:_____《コンピュ》検索条件を入力してください:_____（*この場合の条件とは, キーワードとしての単語や数字など） ◆define merge fields and selection criteria《コンピュ》マージするフィールドと選択条件を定義する ◆establish criteria to judge conformance to [with] specifications 仕様に適合しているか判断［判定］するための基準を設ける［定める, 規定する, 制定する］ ◆meet these three criteria to a satisfactory degree これらの3つの基準を満足に満たしている ◆perform searches from selection criteria defined by the user 《コンピュ》ユーザーが定義した選択条件でサーチする ◆The winds were still outside NASA's criteria for a launch. 風は, 依然としてNASAの打ち上げ基準から外れていた. ◆All of our car stereos are overdesigned to include the following superior design criteria: 弊社のすべてのカーステレオは贅沢設計され, 以下の優れた設計基準を身に付けている. ◆It was rated "outstanding" on four criteria and "good" on two others, clearly outperforming the competition. それは, 4つの評価項目［部門］で「優」またその他の2項目［部門］で「良」と評価され, 明らかに他の競合品に性能面で勝っていた. ◆Loudspeakers are classified in several ways. The classification criteria and the corresponding categories are as follows: スピーカにはいくつかの分類のしかたがある. 分類の基準［観点］による分類項目［区分］は, 次の通りである. ◆The software package offers the capability of searching the database for records matching criteria established by the user.《コンピュ》そのソフトウェアパッケージには, データベースの中からユーザーの設

定した条件に一致するレコードを検索する機能がある. ◆To support distributed processing, a local area network needs to meet five principal criteria: 1. High reliability, 2. ... 《コンピュ》分散処理をサポートするためには, ローカルエリアネットワークは（以下に挙げる）5つの基本的条件を満たす必要がある. 1.高い信頼性, 2.~ ◆In order to select players from a large pool of candidates, it is necessary to establish criteria on which to make comparisons among the players in a fair and meaningful way. 大勢の候補者の中から選手を選抜するために, 公正かつ意味のある方法で選手間の比較をするための［選手の優劣を判定する］ための基準を設ける必要がある.

**critic** a ~ （芸術, 文芸などの）評論家（*類語 an analyst）, 批評家, 鑑定家, 批判者

**critical** 1 adj. 臨界（状態）の, 限界の, クリティカルな, きわどい, 危険な, 決定的な, 重大な, 肝心な, 肝要な, 重要な; (= indispensable) 不可欠な, (= vital) 絶対必要な; 重体の, 危篤の, 危機に瀕した ◆go critical 《原子力》臨界に達する ◆a critical defect《品管》致命欠点［致命的欠陥］ ◆a critical experiment《原子力》臨界実験 ◆critical coupling 《電気》臨界結合 ◆critical technology 重要技術 ◆critical current density 《超伝導》臨界電流密度 ◆a critical care medical center 救命救急センター ◆be hospitalized in critical condition 重体で病院に収容される ◆critical heat-sensitive components 熱に侵されやすい重要部品 ◆speed-critical routines 《コンピュ》処理［実行］速度がクリティカルなルーチン ◆time-critical tasks 時間が肝心な作業［業務, 仕事］ ◆currently there is a critical shortage of rooms 《意訳》現在部屋数が危機的に不足している（*ホテルの話より）◆remain hospitalized but in noncritical condition 病院に収容されているが, 命に別状はない ◆Time-to-market is critical. 製品化までの時間は極めて重要である. ◆The country is in a critical situation regarding food. この国は, 食糧に関し重大な局面にある. ◆Computer software is critical to modern business and industry. コンピュータのソフトは, 現代の実業界および産業界にとって極めて重要なものである. ◆The aperture setting is very critical to obtaining good color. （カメラの）絞り設定は, いい色を得る上で非常に重要である.
2 adj. 批判的な, 批評の, 評論の ◆cast [turn] a critical eye on... ~に批判の目を投げかける［向ける］ ◆look [take a look at] ... with a critical eye ~を批判的な目で見る ◆take a critical look at Japan today 今日の日本を批判的な目で見る

**-critical** ~が肝心［肝要］な, ~が決定的に影響する［響く］

**criticality** 回臨界 ◆a criticality accident occurred 《原子力》臨界事故が発生した［起こった］ ◆a geometrically criticality-safe tank 《原子力》臨界安全形状のタンク ◆criticality safe tanks and vessels 臨界安全タンクおよび容器（*臨界が起きないように形状制限設計されている）◆reach a state of criticality 臨界状態に達する ◆subcriticality, criticality and supercriticality 未臨界, 臨界, および超臨界 ◆"criticality 1" parts クリティカリティー［重要度］1の部品（*米国航空宇宙局が採用している部品区分で, criticality 1に指定されるものは, システム中に代替品が無く, 故障すると致命的な事故につながる恐れがあるもの）◆when a state of criticality is reached 臨界状態に達すると ◆A wide margin of criticality safety is ensured, both for normal working conditions and accident conditions. 《原子力》高い［大きな］臨界安全裕度が, 通常動作［運転］時および事故時の両方に対して確保されている.◆The criticality ceased around at 6:30 a.m.. Then, boric acid water was added to assure the end of criticality. 臨界は午後6時30分頃に止まった. その後, 臨界停止を確実なものにするためにホウ酸水が注入された. ◆Criticality occurred in a precipitation tank when workers added excessive amounts of enriched (18.8% U-235) uranyl nitrate, in violation of procedure. 臨界は, 作業員が作業手順に違反して濃縮硝酸ウラニル（ウラン235の比率を18.8%に濃縮したもの）を沈殿槽に過剰投入した際に起きた.

**critically** 批判的に, 批評的に, 酷評して; 危険をはらんで, きわどく, あぶなく; 危篤に陥って ◆a critically ill patient with

**sepsis** 敗血症で危篤[重体, 重態, 瀕死状態]の患者 ◆be critically [crucially] important 極めて重要である ◆It can be critically detrimental to the steering response of the car. それは、車の操舵応答性をひどく[危険なまでに]損わせることになりかねない.

**critical mass** (a) 〜 臨界質量(*核分裂の連鎖反応をぎりぎり維持するのに必要な質量); 飛躍的普及などの分岐点; 目的とする効果が生じるのに最小限必要な数量[台数, ユーザー層, 顧客などの人数]

**critical path** a 〜 クリティカルパス, 限界経路; 《医》診療経路[予定表], 標準医療, 総合治療計画(*定額制診療報酬の導入に対抗すべく、病院が入院日数を短縮し経費を安く上げるために採る能率優先の治療計画手法.最近は a clinical path とも) ◆the critical path method (CPM) クリティカルパス[限界経路]法 ◆To encourage optimum communication, many institutions give patients a copy of the critical path. Other hospitals place enlarged versions of the path on a wall near the patient's bedside. できるだけ意思の疎通を図ろうと、多くの医療機関では診療予定表のコピーを患者に渡している. その他の病院では患者のベッドサイドに予定表の拡大複写版を貼りだしている.

**criticism** (a) 〜 批評, 評論; 非難, 批判, 物議; 粗さがし ◆draw criticism as... 〜として非難を受ける ◆face a barrage of criticism from... 〜から非難の集中砲火を浴びる ◆bear the brunt of criticism from those who are concerned about... 〜を不安・心配に思って[〜に関心・懸念を持って], 〜を案じて, 〜を気にして]いる人々の非難[批判]の矢面に立つ ◆Constructive criticism from close associates should not be taken amiss. 親しい仲間[同僚]からの建設的な批判[苦言]を誤解して悪く取ってはいけません. ◆The two main criticisms that must be leveled at the word processor are: そのワープロに向けられるべき主な二つの非難点は、次の通りである.

**criticize** vt. 〜を批判する, 非難する, あらさがしする, あげつらう; 批評する, 評論する ◆The project has been heavily criticized for cost overruns and delays. この事業計画は、予算を超過し遅れを出したことで、こっぴどく非難を受けた. ◆The system was criticized for failing to provide adequate security of information. そのシステムは、情報のセキュリティを十分に確保できないことで不評を買った.

**crony** a 〜 (pl. -nies) (長年の)親友, 旧友, 仲良し, (権力者の周りに集まる)取り巻き, ぐる(になっている人) ◆Japanese-style crony capitalism 日本式のクローニー[お仲間, 仲間内, 縁故, 一族支配的, 身内]資本主義

**cronyism** 自分の親友や取り巻きをひいきして要職につけたり重用したりすること(*特に政界などにおいて), えこひいき, 身内びいき, 仲間びいき ◆cronyism is rampant えこひいきがはびこっている, 身びいきが蔓延している

**crook** 1 a 〜 かぎ状のもの, 曲がったもの, 湾曲部; a 〜 詐欺師, どろぼう; adj. (= crooked)
2 vt., vi. 曲げる[曲がる], 湾曲する; 〜を盗む

**crooked** まっすぐでない, 湾曲した, 曲がった, ねじれた, ゆがんだ, 傾いた, 斜めの; 正直でない, いんちきの, 不正な ◆a crooked page (ゆがんで)曲がっているページ ◆the poster is crooked ポスターが曲がって(貼られて)いる ◆"Josh, your tie is crooked." She came across to straighten it. 「ジョッシュ, ネクタイ曲がってるわよ」と, 彼女は差し向かいになるように寄ってきて直した.

**crop** 1 a 〜 農物, 作物, 収穫物, 収穫高, 作柄; 群れ; 頭の刈り込み, (鉱床の)露頭 ▶ crop が穀物に限らず野菜や果物も指すことがある. ◆give corn and wheat growers more opportunity to switch crops トウモロコシと小麦の栽培農家にもっと転作の機会を与える ◆numerous ill effects on crop production 農作物生産に及ぼすおびただしい悪影響 ◆cause considerable fluctuations in crop yields and productivity 収穫量[収量, 収穫高, (意訳)作柄]および生産性に著しい変動を引き起こす(*「作柄」とは農作物のでき具合, つまり生育具合や収穫高を指す) ◆Double and triple crops are obtained where... 〜のところでは二期作および三期作による作物が得られる

2 vt. 〜の縁[先端]を切り落とす, 〜を短く刈り込む, 〈写真やネガを〉トリミングする; 〈作物を〉収穫する[刈り入れる], 〈作物を〉栽培する, 〜に植えつける; vi. 〈作物が〉とれる ◆by continuous cropping 連作により ◆do a bit of cropping 〈写真〉(口)ちょっとトリミングする ◆make possible a double and triple cropping of land 田畑[農地]の二期作および三期作利用を可能にする ◆use special slide mounts or masks to crop out part of the image 〈写真〉特殊なスライド用枠とかマスクを用いて画像の一部をトリミングする ◆He magnified the illusion of deep space by cropping the photograph into a narrow horizontal format. 彼は, 写真を横長にトリミングすることにより, 奥行き感を倍増させた.(*パノラマ版のような形にした)

**crop up** 〈問題などが〉突然[不意に]出現する ◆More problems cropped up as winter wore on. 冬が過ぎ行くにつれ, もっと多くの故障[障害]が発生した. ◆The same problems keep cropping [coming] up. 同じ問題が, 次々と発生している[持ち上がっている.]

**cross** 1 n. a 〜 十字架, 十文字形, ばつ印, ばつ点; a 〜 雑種, 交配種, 交雑種, 混成品, 中間品, 折衷〈between〉 ◆a cross-shaped recess screw プラスねじ ◆in the shape of a cross 十字形に[の] ◆it looks [tastes] like a cross between A and B それはAとBを足して2で割ったもののように見える[ような味がする] ◆place a small cross in the center of arc or circle 円弧または円の中心に×印をつける the carmaker has come up with a cross between a sedan and a minivan この自動車メーカーはセダンとミニバンを折衷・融合させたものを発案・開発した ◆Called brocco flower, it's a cross between broccoli and cauliflower. ブロッコフラワーと呼ばれ, これはブロッコリーとカリフラワーのあいの子[交配種]である.

2 adj. 斜めの, 横の, 横切った, 筋違いの, 交差した; 雑種の, 混成の, 中間の; adv. 横切って, 交差して ◆a cross-assembler 《コンピュ》クロスアセンブラ(*異機種のコンピュータ上で走らせるための命令を翻訳するアセンブラ) ◆cross sensitivity [cross-sensitivity] 《測》横感度; 《計測》相関感度 ◆a cross-roller bearing クロスローラーベアリング ◆cross-polarized operation 交差偏波による動作[運用, 交信] ◆The arrow keys on the keyboard are smaller and in a cross arrangement. このキーボードの矢印キーは小さめで十字配置になっている.

3 vt., vi. 交差させる[する], 横断する, 横切る, 横線を引いて抹殺[削除]する〈off〉, 〜と行き違いになる[すれ違う], 交配[混成]する, 〜に逆らう[反対する] ◆cross a mountain 山を越える ◆cross party lines 党の方針に従わない[そむく] (cross = cut across) ◆cross the highway ハイウェイを横断する[横切り, 向こう側に渡る] ◆cross the river [bridge] 川[橋]を渡る ◆levy border-crossing fees on people entering the country by land from... 〜から同国への陸路入国者に国境越え過料を課す ◆the number of times that the instantaneous value crosses the threshold 瞬時値がそのしきい値を超える回数 ◆Our letter crossed in the mail with yours. 当方の手紙とそちらからの手紙と行き違いになりました. ◆The two lines cross each other at right angles. これらの2本の線は、互いに直角に交差している.

**cross off** 〜に横線を引いて削除する ◆cross them off the list それらをリストから削除する

**cross over** 〜を渡って[横切って]向こう側に行く, (敵味方の)寝返りを打つ ◆cross over a highway ハイウェイを横断して向こう側に行く ◆cross over a river 川の向こう岸に渡る ◆The woofer crosses over to the midrange driver at 300 Hz. このウーファ[低音用スピーカー]は, 300Hzで中音[中域]スピーカーにクロスオーバーする.

**cross-** 横切る, 渡る, 交差する, -間の, 相互の ◆a cross-compound arrangement 並列[横並び]配置(*発電用タービン) ◆the cross-Channel tunnel 英仏海峡トンネル

**cross-border** adj. 国境を越えての, 越境 〜 ◆cross-border relief operations 国境を越えての救援作戦 ◆cross-border shoppers 越境買い物客(*欧州などでの) ◆cross-border takeovers 国境を越えての企業乗っ取り; 外国企業の乗っ取り

**crossbow** a～《*昔の》大弓[石弓, 弩（ド）]; a～クロスボウ[洋弓銃, ボウガン]（*銃のような引き金を引いて矢を射る）◆cock a crossbow　クロスボウ[洋弓銃, ボウガン]を引いて撃つ準備をする

**crossbreed** vt.《動物や植物》を異種交配させる, 掛け合わせる, 雑種にする; vi. 異種交配する; a～(a hybrid) 交配種, 雑種, 合いの子[間の子]（アイノコ）◆Crossbreeding usually results in heterosis (hybrid vigor).　（動物の）掛け合わせ[（異種）交配]を行うと, 通常, 結果としてヘテロシス（雑種強勢）が出現する.

**crosscultural** adj. 文化相互間の, 異文化間の, 文化間の, 通文化的な, 複数の文化の間で比較する[比較文化の]◆people who are involved in the crosscultural exchange　異文化交流に関わっている人々

**crosscut** vt.～を横切る, 横断する, 突っ切る, ～を横挽き鋸（ヨコビキノコギリ）で切る,〈映画フィルム〉をクロスカット編集する（*複数のシーンを交互に織り交ぜる）; adj. 横挽きの; a～(=a crosscut saw) 横挽き鋸; a～間道, 近道 ◆a cross-cut [crosscut, crosshatch] adhesion test　碁盤目試験（*塗膜の密着性を調べる）

**cross-disciplinary** 学際的な ◆a cross-disciplinary field　学問分野の壁を越えた領域; 学際的な分野

**cross-fertilization** 交雑, 交配; 異純種[車種]の融合 ◆the offspring of automotive cross-fertilization　異車種の交配[融合]によって生まれた車

**crosshair, cross hair** a～ (= a cross wire) レンズをのぞいたときに照準合わせや計測の目安にするための線, 十字形〈記号〉; ～s 十字線,《印刷》(位置合わせ用の) トンボ ◆a cross-hair intersection　《光》十字ケガキ[罫書き, 罫描き]線のクロス部分[交差点]◆he is in the cross hairs of the gun sights of the press　彼はマスコミの攻撃の的になっている ◆the cursor becomes a cross hair　《コンピュ》カーソルがクロスライン[十字形]に変わる ◆...even though their plant was "in the cross hairs" of Monday's earthquake　彼らの工場が月曜の地震の「震央」に位置していたにもかかわらず ◆He tracked the presidential car in the cross hairs of his rifle's telescopic sight.　彼は, 大統領の車をライフル銃の望遠照準器に捕らえて追跡[追尾] した.

**crosshatch** vt., vi.（図などに）網目状の陰影をつける, 網掛けをする; n. a～ ◆crosshatch or shade the individual sectors of a pie chart　円グラフの各扇形に網[斜めの格子縞]をかけたり影をつけたりする

**crossing** a～（船による海の）横断, 横断歩道,（鉄道の）踏切 ◆a crossing gate [barrier] 〈鉄道の〉踏切遮断機 ◆a (railroad) crossing gate　遮断機（*鉄道の踏切の）◆a threshold crossing has occurred;（複数回の場合）threshold crossings have occurred　閾値超過が起こった ◆in a railroad crossing　鉄道踏切内で ◆while the crossing gate is closed　遮断機が下りている間 ◆（米）a railroad grade crossing;（英）a level railway crossing　鉄道と道路が同じ高さで交差する[平面交差]踏切（*立体交差と対照した表現）

**cross-legged** adj. 脚を組んだ, あぐらをかいた; adv. 脚を組んで, あぐらをかいて ◆He is sitting cross-legged on the floor.　彼はあぐらをかいて床に座っている.

**cross-licensing** a～《特許》相互実施許諾 ◆through cross-licensing among automakers　自動車メーカーの間での特許の相互使用[特許交換]を通じて

**cross link, cross-link, crosslink** a～ ◆《ネット, コンピュ》相互リンク(cf. a reciprocal link),《化》橋かけ[架橋]; v. 相互リンクする〈with, to〉, 架橋（結合）する ◆crosslinking 《高分子》架橋[橋かけ]（結合）; 交差結合; 《ネット》相互リンク ◆a crosslinking agent 　架橋剤 ◆crosslinked polyethylene 架橋結合ポリエチレン; XLPE ◆form cross-links between...　《高分子》～間に架橋（結合）を形成する ◆provide [set up] a cross link with...　《ネット》～と相互リンクする[を張る]（*a cross linkは, サイト間に限らず, 同サイト内のページ間の相互リンクの意味にも用いる）

**crossmark** a～ 《印刷》トンボ, 十字マーク（*位置合わせ用）

**cross-member** a～ 横方向の部材, 横材, 横桟,（自動車の車体の）クロスメンバー

**cross modulation** 混変調 ◆cross-modulation distortion 混変調歪み (cf. intermodulation distortion)

**crossover** (a)～ 交差, 横断,（複数の分野に）またがること, 交わること, クロスオーバー; 歩道橋; a～《AV》クロスオーバー（*スピーカシステムのウーファ, スコーカ, ツイータの受持ち周波数帯域が交わる点）◆a pedestrian crossover bridge (= a pedestrian bridge, a pedestrian overpass) 〈at, across, over〉横断歩道 ◆a fixed high-pass output with a crossover at 100 Hz　クロスオーバ周波数が100Hzに設定されているハイパス出力端子 ◆The crossover to the dome tweeter takes place at 3,000 Hz.　ドーム・ツイータにつなげるクロスオーバーは, 3,000Hzで起きる. ◆The subwoofer crossover frequency can be set at 30, 60, or 125 Hz, and each point has a 24-dB-per octave slope.　サブウーファのクロスオーバ周波数は, 30Hz, 60Hz, あるいは125Hzに設定可能で, 各々の点は24dB／オクターブの（減衰）スロープを有している.

**cross-pollination** 凹他花[異花]受粉, 相互交流 ◆cultural cross-pollination　文化的な相互交流 ◆through a cross-pollination of ideas　《意訳》アイデアの交流／交換／融合を通じて

**cross-purposes** 誤解のためにお互いの話が合わない[ずれている]こと, 両者が互いに同じことを話しているつもりで実は別のことを話していること ◆We are at cross-purposes.　（お互いの）話がかみ合っていない[ずれている].

**cross-reference, cross reference** a～（同一書物の）相互[前後]参照（を指示する記述箇所）, 見よ項目; v.（～に）相互参照をつける ◆by the use of cross-references　相互参照[前後参照, 見よ項目]を使うことによって ◆cross-reference A with B　AとBを相互に参照する ◆It's all fastidiously footnoted and cross-referenced.　それにはすべて, 事細かに脚注および他の場所を参照せよという指示が付けられいる.

**crossroads** a～(pl. ～) 交差点, 十字路, 四つ辻;（比喩的に）分れ道, 岐路 ◆We are [stand] at a crossroads at present.　現在, 私たちには重大な岐路に立っている.

**cross section** a～ 断面, 断面図, 横断面, 横断面図, 木口面,（比喩的に）(社会などの実態を示す）断面[代表的な面,《意訳》典型的な図式] ◆per unit area of cross section　単位断面積当たり ◆Fig. 2 Cross section of earphone　図2 イヤホンの断面図（*図のキャプションにつき冠詞省略）◆Fig. 7 Schematic cross section of magnetron　図7 マグネトロンの断面図（*図のキャプションにつき冠詞省略）◆It is circular in cross section.　それの, 断面は円形をしている. ◆a rectangular cross-section metal pipe or an optical fiber of circular cross section　断面が長方形の金属管あるいは断面が丸い光ファイバ ◆His corpse has been frozen, sliced into 1,871 1-millimeter cross sections, photographed, digitized and put on the Internet for all to see.　彼の死体は冷凍され, 1mm刻みで1,871枚に輪切りにされ, 写真撮影され, デジタル画像化され, そして誰でも見れるようインターネットに掲載された.

**cross-sectional** 断面の, 横断面の ◆a cross-sectional area of 1 square cm [centimeter]　1平方センチの断面積 ◆a cross-sectional view of a loudspeaker　スピーカの断面図 ◆Figure 4 is a cross-sectional diagram of...　第4図は～の断面図である ◆per unit of cross-sectional area　単位断面積当たりの ◆The cross-sectional area of each end is equal.　各々の端の断面積は等しい. ◆The cross-sectional area of your nose is only one-tenth of that of your mouth.　あなたの鼻の断面積は口の断面積のわずか10分の1しかない.

**cross-shareholding** (a)～ 株式の相互持ち合い; adj. ◆these firms have begun to unwind their cross-shareholding (ties [agreements]) and stable business relationships　これらの企業は株式の持ち合い解消および安定的な取引関係の解除に動き出した ◆Keiretsu refers to the pattern of cross-shareholding among Japanese companies. 系列とは、日本企業の間で行われている株式の相互持ち合い形態のことを指す。

**crosstalk, cross talk** (*a*) 〜 クロストーク、漏話(ロウワ)、《意訳》混信 ◆to avoid crosstalk between adjacent data lines 隣り合わせのデータ線間のクロストーク[漏話、《意訳》混信]を避けるために ◆crosstalk into adjacent subscriber lines 隣接する加入者線への漏話[《意訳》混信]

**crosswalk** *a*〜 横断歩道

**crossways** (= crosswise)

**crosswise** *adv.* 横に、切って; 交差して、筋かいに、はすに、対角線状に、×字型[十字型]に、十文字に

**crowbar** *a*〜 クロウバー、金てこ、バール

**crowd** 1 *a*〜 大勢の人々、群衆、人込み[人混み]、観衆、観客、聴衆; *the*〜 一般大衆 ◆a rush-hour crowd ラッシュアワーの人込み ◆the twentysomething crowd 20歳代の層 ◆a crowd of hurried shoppers 足早に急ぐ買い物客の人込み ◆crowd-pleasing 大衆[観衆]受けする ◆pickpockets in a tightly-packed crowd ごった返す人ごみの中の[雑踏にまぎれている]スリたち ◆a capacity crowd of more than 80,000 cheering fans 声援を送っている8万を越すファンで満員の観衆 ◆An overflow crowd of about 5,000 showed up at.... 〜は、約5,000名のあふれるほどの[入りきれないほどの]人出だった。 ◆a commodious, graceful family car that stands out from the crowd 広々として優雅で、(他に比べて)群を抜いているファミリーカー ◆A rough estimate of the crowd tops 3,500. 《意訳》おおよその推定で、集まった人の数は3,500名を上回っている。 ◆It sets you apart from the rest of the crowd. それは、あなたを他から引き離してくれる。

2 *vi.* 群がる、押しかける[寄せる]、詰めかける; *vt.* 詰め込む、ぎゅうぎゅうに詰める ◆keep crowding levels constant on most routes ほとんどの路線で混雑率を一定にする ◆a room crowded with furniture 家具がぎっしり詰まっている部屋 ◆in a field crowded with a host of good little cars いい小型車が多数ひしめき合っている分野で ◆spectators crowd every available vantage point to get a good look at the parade パレードがよく見えるように、観衆はあらゆる見晴らしのきく場所にむらがり集まる ◆Don't crowd your vehicle with passengers. 車に乗員を(定員以上に)詰め込まないこと。 ◆In this region, adjacent curves begin crowding together. この領域において、隣合っている(特性)曲線の間隔が詰まってくる。

**crowd out** *vt.* <of, from> (ゆとりがないせいで)(〜から)〜を押し出す、締め出す ◆without crowding out traditional borrowers 《意訳》昔からの借り手をクラウディングアウトで資金調達難に陥れることなしに(\*クラウディングアウトとは財政資金の巨額の調達が資金市場を逼迫させ民間企業が資金を調達しにくくなること)

**crowded** *adj.* 込み合っている、混雑した、ごった返した、満員の、すし詰めの; たて込んでいる、密集している、稠密(チュウミツ)な ◆at a shopping mall crowded with Christmas shoppers クリスマスの買い物客で混雑している[にぎわう、一杯の]ショッピングモール[商店街]で ◆become crowded with curious onlookers 好奇心の強い[物見高い]見物人でにぎわってくる ◆become so crowded 非常に混み合って[ごった返して]くる ◆get [become] crowded with... 〜で一杯になる[込み合ってくる、混雑する、ぎっしり詰まってくる、にぎわってくる] ◆The show was bigger and more crowded than ever before. 展示会は、これまで以上に規模が大きく来場者が多かった。

**crown** *a*〜 王冠、冠、(勝利の)栄冠[栄誉]、最上部、頂、頭頂部、冠状、樹冠(\*樹木の枝や葉の生い茂る部分)、歯冠、(腕時計の)竜頭(リュウズ); *the* 〜 王位、帝位、王権、君主、国王; *vt.* (人)に王冠を授ける、(歯)に金冠などを被せる、〜に栄冠[栄誉]を与える、〈人〉に(〜で)報いる<with>、〜の最後[有終の美]を(〜で)飾る<with>; *vi.* (山火事)が樹冠を伝わって広がる ◆the screw-in crown of a watch 腕時計のねじ込み式竜頭(リュウズ)

**CRS** (Congressional Research Service) *the*〜《米》議会調査局

**CRT** (cathode-ray tube) *a*〜 ブラウン管、陰極線管、CRT ◆display output on a cathode ray tube (CRT) 出力をブラウン管に表示する

**crucial** *adj.* 決定的な、非常に重要な、きわめて重大な; 厳しい(severe)、困難な(difficult) ◆a crucial precondition 極めて重要な前提条件 ◆a crucial turning point 重大な転機 ◆at a crucial moment 極めて重要な時期に; ここぞという大事な[重要な]局面で; 正念場に立って ◆the most crucial determinants 最大の決定要因 ◆It is a crucial test of Japan's willingness to face reality. それは現実に立ち向かう日本の意志を試す正念場ともいえるテスト[試練]である。

**crucially** *adv.* 決定的に、極めて重大に ◆be crucially important 極めて重要である

**crucible** *a*〜 るつぼ; *a*〜 厳しい試練 ◆heat a molybdenum crucible to 2200 ℃ モリブデン製るつぼを2200℃に加熱する

**crud** ⓤ汚れ、不純物、カス、澱、残滓、(汚いものや油[脂]が凝固してできた)堆積物、こびりつき汚れ、付着物、(粒子状の)腐食沈澱物(\*原子力発電所や工場の循環水系統にたまる); ⓤ(= rubbish) 屑、がらくた、ⓤ(俗)原因のはっきりしない病気[身体の不調]; *a*〜 卑しむべき人 ◆he is a crud 彼は人間のかす[屑]《たス》だ; 彼はつまらない奴だ。 ◆that makes it harder for crud to stick それにより汚れがこびりつきにくくなる ◆the trackball collects crud from above トラックボールには上から落ちてくるごみや汚れがたまる ◆After you remove all the obvious crud, hose down the condenser to wash away accumulated dust and grime. 目立つこびりつき汚れをすべて除去した後、積もる埃やこりやほこりで付着した汚れを洗い流すために凝縮器にホースで水をかけてください。

**cruddy** *adj.* (俗)汚い、不潔な、不愉快[不快]な、おもしろくない、つまらない、ひどい、悪い、いやな ◆Divorce is one of the cruddiest experiences you'll ever face. あなたが出会うであろういろいろな経験のなかでも、離婚は最高にいやな[不快な]もののひとつです。

**crude** *adj.* 天然のままの、精製してない、生(キ)〜、加工してない、粗製の、粗(ソ)〜、粗雑な、粗野な、粗野な、粗[荒]削りの、洗練されていない、精巧でない、露骨な、むき出しの; *n.* 原油(= crude oil) ◆draw up a crude plan 素案を立てる ◆as the price of crude oil falls 原油価格が下落するにつれて ◆The engine is crude and noisy. このエンジンには荒々しい[荒削りな]ところがあり、またうるさい(騒音が大きい)。

**cruel** *adj.* 残酷な、残忍な、無残な、無慈悲な; (物事が)つらい、苦しい、むごい、むごたらしい、悲惨な

**cruise** 巡航する、走行する、経済速度で走行[飛行]する; (タクシー、パトカーなど)流す ◆(a) design cruising speed 《航空機》設計巡航速度 ◆by cruise ship クルーズ船で ◆cruise for passengers on the street 〈タクシーが〉客を求めて通りを流す ◆Interior Sound Level: 70-mph cruising...... 74 dBA, 70-mph coasting...... 73 dBA 《車》室内音響レベル: 毎時70マイル走行時ー74dBA、毎時70マイル惰走時ー(\*クラッチを切った状態での惰性での走行時)ー73dBA

**crumble** *vi., vt.* 粉々に崩れる[崩す]、崩れる ◆an abandoned building collapsed [crumbled] 廃ビルが崩落した[崩壊した、崩れた、崩れた] ◆crumble from within 内側から崩れる ◆crumble under continuous load 連続荷重のせいで崩壊する ◆the crumbling of the Communist bloc 共産圏の崩壊

**crunch** 1 *vt., vi.* バリバリ[ガリガリ]と音を立てて食べる[踏みつける、砕く]、〈コンピュータが〉〈データ〉を超高速で数値演算処理する ◆crunch data at teraFLOPS speed 1兆[1千ギガ]フロップスの速度で〈バリバリと〉データを〈超高速〉処理する
2 *a*〜 (単のみ)crunchする音、crunchすること; *the*〜 どたん場、決着; *a*〜 逼迫(ヒッパク)、危機 ◆a credit crunch 金融逼迫(ヒッパク)[引き締め] ◆《金融機関の貸し出し抑制にともなう金融引き締め》 ◆an energy [oil] crunch エネルギー[オイル]危機 ◆when [if] it comes to the crunch どたんばになったら、いざという時には ◆when it comes to the crunch; if it comes to the crunch; when the crunch comes いざと[いよいよと]い

う時に(なれば) ◆bankruptcies caused by a credit crunch　金融逼迫(ヒッパク)[信用収縮, 貸し渋り]により引き起こされた倒産

**crusade**　a ~ 十字軍, 聖戦, 改革[撲滅, 反対, 推進]運動; v. 十字軍に加わる, 改革[反対]運動に参加する ◆introduce [start] an antinoise crusade [campaign]　騒音防止運動を導入する[始める] ◆When George W. Bush used the term "crusade against terrorism," it was not well received in the Muslim world.　《意訳》ジョージ・W・ブッシュが「テロに挑む十字軍」という言葉を使ったところ, イスラム世界で不興を買った.

**crush**　1　vt., vi. 押しつぶす[つぶれる], くしゃくしゃにつぶす[つぶれる, ひしゃげる], (圧力で)粉砕[破砕]する ◆crushing strain　粉砕[破砕]歪み ◆a tube designed to resist crushing, piercing and kinking　つぶれに強く, (鋭い物などで)穴があきにくく, また玉こぶがでにくいよう設計されているチューブ ◆crush bauxite　ボーキサイトを砕く[粉砕する, 破砕する] ◆... crushed two fingers of his hand　~は彼の手の指を2本(押し)つぶした ◆crush [pulverize]... into fine particles　~を破砕[粉砕]して微粒子[微粉]にする; ~を微粉砕する ◆if the line is crushed　配管が, つぶれている場合は
2　(a) ~ 押しつぶすこと, 粉砕, 破砕, 圧搾, 殺到; a ~ (= a crush of people) 押し合いへし合いする群衆, 雑踏, 人混み, 混雑 ◆a crush test　破砕試験

**crushproof, crush-proof**　つぶれくい ◆a crushproof box　つぶれにくい箱

**Crusoe**　◆Transmeta's Crusoe (chip [processor, microprocessor])　《コンピ》トランスメタ社のCrusoe[クルーソー](チップ[プロセッサ, CPU])(*省電力型ノートパソコン用)

**crust**　(a) ~ (パンやパイの)硬い皮; a ~ 堅くなったパン一切れ; (a) ~ クラスト[凍結雪面, アイスバーン]; (a) ~ 《動》甲殻, 外殻; 回ブドウ酒ビンの内側の堆積物, かさぶた; the ~《俗》厚顔, 鉄面皮, 厚かましさ ◆detect movements within the Earth's crust　地殻内部の変動を検出する

**crustacea, Crustacea**　《複数形》甲殻類[綱](*エビ・カニなど) ◆marine crustacea　海洋(海の)甲殻類(動物)

**crustacean**　a ~ 甲殻類の動物(*エビ・カニなど); adj. 甲殻類の

**crustal**　adj. 地殻の, (硬い)外皮の, 殻の, 外殻の, 甲殻の ◆crustal movement [deformation]　地殻変動 ◆measure the shift of Earth's crustal [tectonic] plates　地球の地殻構造プレートの移動[動き]を計測する ◆six volumetric strain meters to monitor the state of crustal strain along active faults　活断層に沿って地殻歪みの状態を監視するための6台の体積[容積](地殻)歪み計

**crux**　a ~ 核心, 最も重要な点, 最重要点, ポイント ◆that is the crux of the issue　それが問題の核心である ◆the crux of the company's marketing strategy　その会社のマーケティング戦略のポイント

**cry**　1　vi. 声をあげて泣く, 叫ぶ, ほえる; vt. ~と叫ぶ, 〈商品〉を呼び売りする ◆we have a crying need for... 我々は~を切実[痛切]に必要としている ◆there is a (real) crying need for... [to do...]　至急[早急に]~する必要がある; ~の必要性が切実[痛切]に叫ばれている; ~が切迫した状態で求められている ◆villagers with eyes red from crying sat on the ground　泣きはらして赤い目をした村人達が地べたにへたり込んだ ◆In the 1960s, there was a crying need in the public sector for people with a university education.　1960年代, 公共部門における大卒[学卒者]に対する求人は引く手あまたの状態だった.
2　n. a ~ 叫び, 標語, 世論

**far cry**　a ~ はるかに遠い距離, 非常に大きな隔たり, 大違い ◆technologies that are a far cry from commercialization　実用化にはほど遠い[商業化・工業化・事業化には遠くおよばない]技術 ◆this is a far cry from the situation of just a few years ago when...　これは, ほんの数年前に~であった頃の状況と比べたら大違いである

**cry for**　~を泣いて求める, ~を是非とも必要とする

**cry out for**　~を叫んで求める, ~を大いに[是非とも]必要とする ◆The car cries out for balance shafts and an intercooler for the turbo.　この車には, バランスシャフトとターボ用インタークーラーが是非とも必要だ[欠けている]. ◆The labor market will tighten and employers will cry out for workers.　労働市場はひっ迫し, 事業主は労働者を懸命に求めるようになるであろう. ◆The databases offer precisely the kind of information that companies and entrepreneurs are crying out for.　これらのデータベースは, まさに会社や企業家がのどから手が出るほど欲しがっているような情報を提供してくれる.

**cry over**　~を嘆き悲しむ ◆cry over spilled milk　過ぎてしまったことをくよくよ悔やむ

**cryo, cryo-**　「低温, 極低温, 寒, 寒冷, 冷却, 冷凍, 凍結, 氷, 氷雪」などの意味を示す接頭語 ◆infuse 10 bags of cryo　10バッグ分のクリオ(製剤)を輸液する ◆血友病治療用の cryo は cryoprecipitate「寒冷沈降物」の短縮形)

**cryocooler**　a ~ クライオクーラ, 極低温冷凍機 ◆a miniature pulse tube cryocooler [refrigerator]　小型パルス管冷凍機

**cryogenic**　adj. 極低温(キョクテイオン)の, 低温の ◆cryogenic gyroscope　極低温ジャイロスコープ ◆cryogenic engineering　低温工学, 極低温工学 ◆a cryogenic cooler　極低温冷却装置 ◆a cryogenic rocket engine　極低温燃料を使用するロケットエンジン ◆at cryogenic temperatures　極低温で ◆be preserved in cryogenic storage　極低温貯蔵(状態で保存)されている ◆use cryogenic (extreme low-temperature) fuel　極低温燃料を使用する(*extreme low-temperature は cryogenic の意味を説明するために一般的な言葉で言い換えたもの)

**cryogenically**　adv. 極低温で ◆be cryogenically frozen for preservation; be cryopreserved　《生》極低温で冷凍保存される ◆be cryogenically stored　〈生物の組織など〉が, 極低温で冷凍保存され(てい)る; 〈液化天然ガスなど〉が低温貯蔵され(てい)る

**cryostat**　a ~ クライオスタット ◆a cryostat for mounting the superconducting magnet　超電導磁石を保持[支持]するためのクライオスタット

**cryptanalysis, cryptoanalysis**　(a) ~ 暗号解析, 暗号解読(法) ◆do a cryptanalysis [cryptoanalysis] of...　~の暗号解読を行う(*ハッカーなどが不正に入手した暗号文を解析するというニュアンスがある)

**cryptic**　adj. 暗号のような, なぞめいた, 訳のわからない, わかりにくい

**cryptographic**　adj. 暗号の ◆cryptographic technology　暗号技術

**cryptography**　暗号法, 暗号化技術 ◆a team of world-leading team in cryptography　暗号化技術で世界をリードする専門家チーム

**cryptosporidiosis**　回《医》クリプトスポリジウム症 ◆people with cryptosporidiosis symptoms　クリプトスポリジウム症の症状がある人

**cryptosporidium**　《しばしば C-》クリプトスポリジウム(*水道やプールの水に混入し激しい下痢を引き起こす寄生性原虫. 浄水場の塩素処理程度ではなかなか死滅しない) ◆Cryptosporidium was first identified as a human pathogen in 1976.　クリプトスポリジウムは1976年になって初めてヒト[人間をおかす]病原体として確認された.

**crystal**　a ~ 結晶(体), 水晶振動子, 鉱石検波器; 回水晶, 石英, クリスタルガラス; adj. 水晶発振子[クオーツ]制御方式の, 水晶質[製]の, クリスタルガラス製の, 透明な ◆a crystal detector　鉱石検波器 ◆a crystal grain　結晶粒 ◆a crystal oscillator　水晶発振器 ◆a crystal receiver　鉱石ラジオ ◆listen to a crystal (radio) set　鉱石ラジオを聴く ◆a crystal structure　結晶構造 ◆a large crystal of an elemental semiconductor such as Si　シリコンなどの元素半導体の大きな結晶 ◆a silicon single crystal　シリコン単結晶 ◆a high-purity, single-crystal semiconductor　高純度単結晶半導体

**crystalline**　adj. 結晶の, 結晶質の, 水晶のような, 透明な ◆a crystalline lens　〈眼球の〉水晶体 ◆a crystalline state　結晶状態 ◆a crystalline structure　結晶構造(= a crystal structure)

**crystallization**

◆slices of crystalline silicon　結晶シリコンの薄切り　◆crystalline water　結晶水　◆(a) crystalline rock　結晶質の岩石　◆a colorless to white crystalline substance　無色透明から白色の結晶質

**crystallization**　[名]結晶化,結晶作用,晶化,晶出,具体化;　～結晶体,具体化したもの　◆water of crystallization　結晶水 (= water of hydration 水和水)　◆it's the crystallization of dreams それは夢が具体化することだ[夢の実現化]である　◆the crystallization of one's ideas into a theory　考えを理論にまとめ上げること

**crystallize**　vt. ～を結晶させる,～を具体化する[形にする];vi. 結晶する,具体化する　◆crystallize in the cubic structure　立方構造に結晶する　◆crystallize one's thoughts　考えを具体化する　◆crystallize out as...　～として晶出する　◆crystallize out into positively charged crystals　正に帯電した結晶となって析出[晶出,晶析,結晶化]する　◆illicit drugs such as crack, speed and ice (a smokable, crystallized form of methamphetamine)　クラック,スピード,アイス(喫煙可能で結晶状態のメタンフェタミン)などといった,法律で禁止されている薬物　◆crystallize emerging concepts, methods, and techniques into a workable system　出てくるコンセプト,方法,および技術を運用可能なシステムへとまとめる[システムにまとめ上げる]　◆The acid, in crystallized form, is so sensitive that even slight movement could cause an explosion.　この酸は,結晶の形でも,ちょっと動かしただけで爆発を起こしかねないほど不安定なものである。

**Cs**　セシウム(cesium)の元素記号
**C/S**　(client/server)《コンピュ》
**CSA**　(the Canadian Standards Association)カナダ規格協会《略語形にthe は不要》
**CSCE**　(Conference on Security and Cooperation in Europe) the ～　全欧安保協力会議;欧州安全保障・協力会議(*OSCEの前身)
**CSI**　(customer satisfaction index; Consumer Satisfaction Index) a～, the ～　顧客満足度指数　◆maintain a high CSI　高い顧客満足度指数を維持する
**CSIS**　(the Center for Strategic and International Studies)《米》戦略国際問題研究所《略語形にtheは不要》
**CSMA/CD**　(Carrier Sense Multiple Access with Collision Detection)《通》搬送波感知多重アクセス／衝突検出(方式) (*LANのメディア・アクセス方式の1つ)
**CSU**　a～ (channel [customer] service unit) チャネル・サービス[カスタマ]・ユニット(*ISDN回線用装置)
**CSV**　(comma separated value) adj. CSV[コンマ区切り]形式の　◆data exported in CSV format　CSV形式でエクスポートされたデータ　◆treat comma separated value (CSV) text files as database files　カンマ区切り(CSV)テキストファイルをデータベースファイルとして扱う(*valueを訳出する必要はない)
**CT**　(computerized tomography)[名]コンピュータ断層撮影法　◆perform a CT scan　CTスキャンを行う　◆the CT (computed tomographic) scan of the head performed with the head scanner　頭部スキャナを使用して行われたCT (頭部コンピュータ断層撮影)スキャン
**CTBT**　(Comprehensive Test Ban Treaty [comprehensive test ban treaty]) a～　包括的核実験禁止条約(*条約成立時の時点では冠詞のaを付けて用いている)
**CTI**　(computer telephony integration)《意訳》コンピュータと電話回線を使った通信の統合[融合]
**CTIA**　(the Cellular Telecommunications Industry Association)《略語形にtheは不要》《米》セルラー通信業協会
**CTO**　(Chief Technology Officer) a～《役職の意味では無冠詞》最高技術責任者,技術最高責任者; (configure-to-order)《パソコン》注文[受注]仕様生産　◆Robert Hinden is Chief Technical Officer (CTO) at Nokia IPRG in Mountain View, California.　ロバート・ヒンデンは,カリフォルニア州マウンテンビューに拠点を置くNokia IPRG社の最高技術責任者(CTO)である。

**C-to-C, c-to-c**　(consumer-to-consumer)　◆C-to-C [c-to-c] (consumer-to-consumer) e-commerce　消費者間の電子商取引;消費者同士のオンライン[インターネット,ネット]取引
**CTRL, Ctrl**　(control)《コンピュ》コントロールキー　◆press CTRL-ALT-DEL　《コンピュ》CTRL, ALT, DEL(の3つのキー)を(同時に)押す　◆To enter control-C (^C), hold the Ctrl key down while pressing the letter C.　コントロールC (^C)を入力するには,Cの文字を押下Ctrlキーを押し下げたままにします[Ctrlキーを押し下げながらCの文字を押します]。　◆read a file into the current file with CTRL-KR　あるファイルをCTRL-KRで現在のファイルに読み込む(*コントロールキーを押し下げたままKRと続けてタイプする)
**Cu**　銅(copper)の元素記号
**cub**　a～《肉食獣》の幼獣,サメの子,若者,新米,見習い,駆け出しの記者,カブスカウト(=a cub scout)(*ボーイスカウトで8～10歳の幼年団員)　◆he is hired as a cub reporter into the Daily Star newspaper　彼は駆け出し[新米]記者としてデイリースター紙に雇われる[雇われる]
**cube**　1　a～　正六面体,立方体 (= a regular hexahedron),立方形状のもの,サイコロ形;[名]3乗,立方　◆The cube of 2 is 8.　2の3乗は8である。
　2　～を3乗する,～の体積を求める,～を立方体にする,～をさいの目に切る
**cube root**　a～　立方根,3乗根　◆The cube root of 27 is 3.　27の立方根[3乗根]は3である。
**cubic**　adj. 立方(体)の,3乗の; 3次の　◆a cubic equation　3次方程式　◆a cubic structure　立方構造　◆330,000 cubic meters of concrete　330,000立方メートルのコンクリート
**cubicle**　a～仕切ってある小さい部屋,小間[小部屋,小室,小さな個室],間仕切りされた作業空間,(図書館の)個人閲覧室[コーナー] (a carrel); a～《電気》キュービクル,高圧配電盤等を収納する筺体(キョウタイ)　◆cubicle switchgear　《配電》[名]キュービクル開閉装置
**cucumber**　a～キュウリ　◆a cucumber-cool nice guy　クールなナイスガイ;平然たる態度のいかした男;あくまで沈着なイケてる奴　◆as cool as a cucumber　冷静沈着な;涼しい[平気な]顔して;けろりとして;何ごともなかったかのように;平然と(した態度で);落ち着き払って　◆he is cucumber-cool about the future　《意訳》彼は将来を冷静沈着な目で見ている
**cue**　a～　キュー,合図,きっかけ,手がかり　◆as a cue　合図として　◆as if on cue　合図でもあったかのように　◆(right) on cue　ちょうどいい時に;いいタイミングで;タイムリーに　◆take a [one's] cue from...　～を手本にする;～を見てまねる[見習う];～を例にならう[従う];～からヒントを得て[きっかけをつかんで];～に触発されて　◆an electronic device to cue... regarding...　《人》に～について(合図を送って)知らせてくれる電子装置　◆visual cues such as icons and symbols or color　アイコンやマークあるいは色などの視覚的な合図　◆Picking up the cue given by its parent company in Canada, Cogmos Japan has cut prices on...　カナダの親会社から出された合図を受け,コグモスジャパンは,～の値段を下げた。　◆Taking a cue from Apple's success with the iMac and Sony's Vaio portables, Compaq will unveil two new products today that emphasize color and design.　アップルのiMacの成功とソニーのVaio携帯型パソコンに触発されて,コンパックは今日,カラーとデザインを重視した新製品を二つ発表する。
**cuisine**　[名]料理,料理法　◆Italian and Japanese cuisine　イタリア料理と日本料理
**cullet**　[名]カレット,破砕されたガラス屑,破砕ガラス　◆use waste glass, or cullet, as a feedstock　ガラス廃料,すなわちカレット(破砕されたガラスくず)を供給原料[原材料]として用いる　◆collected bottles and jars are crushed into cullet (crushed glass)　回収したガラスびん類は,砕いてカレット化(破砕ガラス)される(*jarは,びん詰め食品などにみられる口の広い容器)
**culminate**　vi. 最高点[最高型,極点,頂点,絶頂,極致]に達する,全盛をきわめる,《天体が》～が最高度に達する,子午線に達する,南中[正中]する,《culminate in... で》ついに～となる;

vt. ~を成就[完遂, 完結]させる, ~の最後を飾る ◆Given the fact that Norton himself owns 97 percent of the company, he is expected to be a very rich man if this deal is culminated. ノートン氏自身がこの会社の経営権[株式]の97%を握っていることから, この取引が成立すれば彼は非常に金持ち[大富豪]になるものとみられる.

**culmination** 《通例the~》最高点, 頂点, 絶頂, 極致, 最終点,《天文》子午線通過[南中, 正中] ◆The ASG-20 is the culmination of the machine maker's art.   ASG-20型機は, 同機械メーカーの技術の極みだ. ◆They are [represent] the culmination of ten years of research. これらの[製品, 技術, 機能など]は10年にわたる研究の成果[研究が実を結んだもの]である. ◆They are the culmination of more than 50 man-years of research and development, and tens of millions of dollars in investment. これらは, 延労働50人年を上回る研究開発と, 何千万ドルにのぼる投資が結実[完結]したものである.

**culpable** adj. 責められる[非難される, とがむ]べき, 罪のある, 有罪の, 過失のある, 不埒(フラチ)な, 不行き届きな, 不届きな ◆by [due to, through] culpable negligence (of duty) とがむべき(職責)怠慢的過失により; 負責される[責めに帰す]べき不作為しよる

**culpably** adv. 不届きな(フトドキ)にも, 不埒(フラチ)にも ◆anyone who culpably commits this crime is subject to automatic excommunication 不届きにも[不埒(フラチ)にも, みだりにむやみに]この罪を犯す者は自動的に破門[放逐, 除名]に処される

**culprit** a~ 犯人, 罪人, 犯罪者, 容疑者, 原因, 問題の種[元], 張本人 ◆Carbon dioxide is the chief culprit in the global-warming greenhouse effect. 二酸化炭素は, 地球を温暖化させている温室効果の主な原因である. ◆If the voltage readings are not within specs, the voltage regulator may be the culprit. 電圧測定値が規格に収まっていないとすれば, たぶん電圧調整器が犯人[原因]だ.

**cult** a~ 《邪教やエセ宗教の》カルト[宗教小集団], 信仰, 《宗教的》儀式[祭礼], 崇拝, 流行, 一熱; a~《集合的にカルトの》信者, 崇拝者, 礼賛者 ◆a dangerous religious cult 危険な(熱狂的・閉鎖的)小宗教集団[団体]

**cultist** ◆a religious cultist （狂信的）小宗教集団[団体]の信者

**cultivate** vt. ~を耕す, 耕作する; 栽培する, 養する; 育てる, 養う, 培う, 育成する, 修養する, 研鑽する, 磨く, 洗練する; 〈人〉との交際を求める, 近づきになろうとする ◆cultivated land 耕作地, 耕地,《訳》農地 ◆the cultivated shrimp industry 養殖えび業界 ◆cultivated mushrooms 人工栽培のきのこ ◆cultivate mutually advantageous relations with... ~と互いに有利な関係を培う ◆cultivate new needs 新しいニーズを開拓する[掘り起こす];《意訳》発掘する, 発見する ◆cultivate small businesses 小企業を育成する ◆cultivate the ground [soil] 土地[農地]を耕す ◆cultivate ties with markets abroad 海外市場との関係[連係]を深める[強化する] ◆(develop and) cultivate a market 市場を開拓する ◆to cultivate public support 一般大衆の支持を掘り起こすために

**cultivation** 回耕作, 栽培, 養殖, 養成, 繁殖, 涵養, 修養, 修身; 洗練 ◆axenic cultivation 無菌[純粋]培養 ◆acreage under cultivation is falling 耕地面積は減少している ◆a method of cultivation 耕作[農耕]法 ◆some 200,000 acres are thought to be under cultivation 約20万エーカーが耕作されている[農地として利用されている]と考えられている ◆the cultivation of mushrooms きのこの（人工）栽培 ◆there was a large acreage of land under cultivation 大きなメーカー数の[広大な]耕作地があった

**cultivator** a~ カルチベーター, 耕耘機, 中耕機; a~ 耕作者, 培養者, 栽培者, 養成者 ◆a cultivator implement mounted behind a tractor トラクター後部に取り付けられている耕耘[農耕]用の農機具

**cultural** adj. 回教養の, 文化の, 栽培の, 養殖の, 人為的な, 教養—, 人文—♦(the) preservation of cultural assets 文化財の保存[保護] ◆the conservation of cultural property 文化財の保護[保全, 管理] ◆cultural enrichment activities 教養を養うための活動 ◆preserve cultural assets [properties] 文化財を保護[保存]する ◆a town that was long a cultural backwater 長いこと文化の陥没地帯だった町

**culture** 1 回文化, 教養, 培養, 養殖, 飼育, 栽培, 耕作; a~ ある特定の文化[文明], 培養物 ◆mammalian cell culture 哺乳動物の細胞培養 ◆axenic cultures of strains 菌株の無菌[純粋]培養 ◆some companies are introducing ethics into their corporate culture in a big way 一部の企業は倫理観を大々的に自社の企業風土[社風]に採り入れつつある ◆there exists in YBM a culture of reluctance to admit fault YBM社には誤り[過失（責任）, 落ち度]を認めたがらないという（企業）文化[風土, 体質]がある. ◆He attributes the U.S.-owned company's success to a corporate culture consistent with local values that has enabled it to recruit qualified Japanese staff. 彼は, この米国系会社が（日本で）成功したのは, 有能な日本人スタッフを集めることを可能にした, 現地の価値観と合致している社風のおかげであるとしている.

2 vt. ~を培養する, 養殖する ◆a cultured pearl 養殖真珠

**culture shock** カルチャーショック ◆culture-shocked カルチャーショックを受けた[て] ◆experience culture shock カルチャーショックを経験[体験]する ◆get culture shock カルチャーショックを受ける ◆suffer culture shock from having to <do…> ～しなければならないということからカルチャーショックを受ける ◆suffer from culture shock カルチャーショックを受ける[に悩む] ◆throw… into culture shock ～をカルチャーショックに陥らせる ◆cause some cultural shock for her いささか彼女にカルチャーショックを与える ◆they are still in culture shock 彼らは依然としてカルチャーショック状態にある

**culvert** a~ 暗渠(アンキョ), 線渠(= a conduit), 洞道(ドウドウ), 排水路, 排水渠 ◆a two-flow culvert 2流式の暗渠[排水渠]

**cum** 1 prep.《通例複合語を作って》~付きの, ~がいっしょになった, ~兼用の, ~を兼ねた, ~兼~ ◆an actor-cum-musician 俳優兼音楽家

2 n.《卑》(= come) 愛液, 精液

**cumbersome** adj. 大きくて重く持ち運びにくい[扱いにくい, 着用しにくい], （組織が）複雑で非能率な, 煩雑な, 厄介な ◆a cumbersome task 面倒[厄介]な作業 ◆reduce cumbersome regulations うるさい[煩わしい]規則を減らす ◆its handling is less cumbersome その取り扱いは比較的楽である ◆the cumbersome and complacent bureaucracy that now exists 《意訳》肥大化して危機感がなく安穏となるぬるま湯につかっている現在の官僚機構 ◆Several years ago portable personal computers were too expensive and cumbersome to be practical. 数年前の携帯用パソコンは, 高価すぎる上に図体が大きくて重すぎ, 実用的ではなかった.

**cumulative** adj. 累積の, 累積的な, 漸増的な, 累加的な, 次第に増加[増大]する ◆a cumulative sum chart; a cusum chart 《生産工学》累積集計図 ◆a cumulative amount of $900 or more 900ドル以上の累計[累算, 累積]額 ◆the [a] cumulative amount of… ～の累積額 ◆the [a] cumulative total [sum] of… ～の累積集計[総計, 合計] ◆an estimated five-year cumulative deficit of $527 billion 5ヵ年にわたってたまった5270億ドルにのぼる累積赤字 ◆the total cumulative amount of contributions received 受けた献金[寄付金]の累計[累算]額 ◆a cumulative total of 182,834 AIDS cases had been reported to… エイズ患者数が累計で182,834人に上ることが, ～に報告された ◆Tolerances are cumulative. 誤差には, 累積して[積もり積もって, だんだんたまっていって]大きくなる性質がある.

**cumulonimbus** (a) ~ 積乱雲, 入道雲 ◆cumulonimbus clouds 積乱雲

**cup** a~ カップ, 杯, カップ状のもの; vt. カップ状のものに入れる, カップ状にする ◆add 1/4 cup soy sauce 醤油1/4カップを加える

**cupola** a~ キューポラ, 熔銑炉(ヨウセンロ), （鋳鉄を溶かすための）溶解炉, 溶鉄炉, 鎔炉; a~ （屋根の上に造られた）円屋根を持つ小塔

**curator** a ～ 学芸員, 館長, 支配人, 責任者, 管理人, 保管者, 大学理事, 後見人, 保護者 ◆a museum curator 博物館の学芸員

**curb** 1 a ～ 縁石, (材木で組んだ)縦枠;a ～ 抑制, 制限, 拘束 ◆force sudden drastic curbs in fossil-fuel use 化石燃料の使用を急激かつ劇的に抑制する ◆strict curbs on new building in the city center 都市中心部における新規の建築に対する厳しい規制[制限] ◆the right curb of the roadway 車道の右側の縁石
2 vt. ～を抑える, 抑制[セーブ]する, 牽制する, ～に縁石をつける ◆curb inflation インフレを抑制する ◆curb ozone-depleting chemicals オゾン(層)を減少させる化学薬品を制限する ◆curb a generation of the poisons それらの有毒物質の発生を抑える ◆curb a tendency to buy things on impulse ついつい衝動買いしてしまうくせを抑える

**curb weight** (a) ～《米》(乗ど積載を除く装備・燃料・冷却液・オイルを含めた車両重量)装備重量 ◆The car's curb weight was a porky 3830 pounds. その車の(オプションまで含めた)装備重量は, でっぷりとした3830ポンドであった.

**cure** 1 (a) ～ 治癒, 回復, 治療;a ～ 治療法, 治療薬, (問題の)解決法; 回硬化, (コンクリートなど)養生 (= maturation), (ゴムなどの)加硫 (= vulcanization), (薫製, 塩漬け, 乾燥などによる)保存(処理) ◆(an) ultraviolet cure ink 《種類は可算》紫外線硬化性インク ◆Prevention is the best cure. 予防に勝る治療なし.; 転ばぬ先の杖.
2 vt. 〈コンクリートなど〉を養生[硬化]させる, (病気, 患者)を治療する[治す, 癒す], ～に(薫製, 塩漬けなどの)保存処理をする, ～を保存する, 〈卵など〉を加硫する ◆a curing agent 硬化剤 ◆sun-cured; sun-dried 天日で乾燥した; 日干し[日乾し]された ◆cure the adhesive その接着剤を硬化させる ◆a hard-to-cure type of case 治りにくい[癒しの難しい]タイプの症例 ◆a water-based sealer which cures into a hard clear film with excellent U.V. resistance 硬化して耐紫外線性に優れた硬質透明膜になる水性シーラー[封孔剤] ◆Replacing the coil cured the engine misfire. コイルを交換することによって, エンジンのミスファイアは直った. ◆The coatings are applied like paint and then cured with light. 被膜は, ペイントを塗るように塗布され, 次に光で硬化される. ◆It can be cured with antibiotics but often goes away by itself without treatment. これは抗生物質で治せるが, 治療しないでも自然に治る[治癒する]ことがよくある. ◆Nitrites are found in cured meats such as bacon, ham and sausages. 亜硝酸塩は, 保存処理された肉類, たとえばベーコン, ハム, ソーセージなどに含まれている. ◆The cement hadn't cured properly before the men went back on the scaffold. 作業員が足場の上に戻るまで, セメントは充分に養生[硬化]しきっていなかった. ◆Prostate cancer can be cured if detected early and can be treated in advanced stages. 前立腺癌は, 早期に発見されれば治療[完治]できる可能性があり, 進行した段階では治療が可能である.

**cure-all** a ～ (pl. cure-alls) 万能薬

**curfew** a ～ (戒厳令下などにおける)夜間外出禁止令, 門限; 回夜間外出禁止の時間(帯), 門限時間 ◆Authorities slapped a night [dusk-to-dawn] curfew on many areas. 当局は, 夜間[宵のうちから明け方まで]の外出禁止令を多数の地域にしいた.

**curie** a ～ キューリー, キュリー(▶放射能強度の旧単位. 現在はベクレル becquerel を使用) ◆The accident released 1 billion or more curies of radiation. この事故は, 10億キュリー以上の放射線を放出した.

**curing** 硬化, 養生, 加硫, 治癒

**curious** adj. 知りたがる, 好奇心の強い, 好奇心をそそる ◆attract curious bystanders; draw curious onlookers 好奇心の強い[物見高い]見物人を引き付ける ◆be curious about why... なぜ～なのかを知りたがっている

**curium** キュリウム (元素記号: Cm)

**curl** 1 vt., vi. ねじる[ねじれる], 渦巻状に(なる)巻く, 丸まる ◆the spoon started to curl in front of us スプーンが我々の(我の)目の前で曲がり始めた ◆the pages are curling up

at the corners ページのすみがめくれている ◆The cat curled itself into a ball. 猫が丸くなった.
2 (a) ～ カール, ねじれ, 丸まり, 巻き付き, 巻いたもの, 渦巻形のもの ◆give curl to... ～をカールさせる, ～を縮らせる ◆come [go] out of curl カールがとれる[緩くなる, 甘くなる] ◆curls of wood 丸まった木くず[かんかくず] ◆you've combed my hair quite out of curl 髪をとかしてもらってだいぶ調節が取れた[まっすぐになった]わ(もう十分よ)

**curling** 《スポ》カーリング競技; 回カールさせる[波打たせる]こと, 巻き込み加工, 反り; adj. 髪をカールするための, 巻き毛の ◆reduce the amount of curling in the slabs 床板の反りを減らす ◆the amount of curling can be controlled by the amount of... カール[巻き癖]の量は～の量(を変えること)により調節が可能で

**curly** adj. カールした, くるりと巻いた, 巻き毛の, 縮れた, ねじれた, 曲がりくねった, の括弧形の

**currency** 流通, 通用, 流布, 普及, 流行, 浸透; (a) ～ 通貨, 貨幣 ◆currency features 外国為替先物(取引), 通貨先物(取引) ◆currency marks (ドル, 円, マルクなどの)通貨記号 ◆a currency-stabilization fund 通貨安定資金[基金] ◆a hard-currency shop 外貨[ドル]ショップ (*外貨しか使えない店) ◆a currency devaluation of 50 percent 50パーセントの平価[通貨]切り下げ ◆currency exchange rate fluctuations 通貨相場の変動 ◆the world's leading currency 世界の主軸通貨 (*米ドルなど) ◆the currencies of major industrial nations 主要先進工業諸国の通貨 ◆Currency devaluation has crippled the Mexican economy. 平価切下げはメキシコ経済を麻痺させた.

**current** 1 (a) ～ 流れ, 電流, 海流; a ～ 時[時代]の流れ, 時流, 風潮, 趨勢, 傾向, 動向 ◆a current collector 《鉄道》集電装置[集電子] (*パンタグラフ, トロリー, 地下鉄のシューなど) ◆a current transformer 変流器 ◆current value 電流値; 現在の値[現在の価値, 現行価格, 現時価値, 時価, 時価] ◆a small [large] current 小[大]電流 ◆(an) allowable current; (a) permissible current 許容電流 ◆(a) current-carrying capacity 電流容量 ◆a current-limiting overcurrent protective device 限流過電流保護装置 ◆a larger amount of current より多くの電流 ◆as long as the current draw is less than 30 amps 《意訳》消費電流が30アンペア未満である限り ◆pass a current of 5A 5アンペアの電流を流す ◆produce a current of air 気流を起こす ◆the amount of (electric) current passing through... ～を流れる電流の量 ◆by the passage of electric current through... ～に電流を流す[通電]することにより ◆allow a dramatic reduction in current consumption 電流消費[消費電流]の劇的な低減を可能にする ◆by the passage of an a.c. current through... ～に交流電流を流す[通じる]ことにより ◆current is applied to cause heating 熱を発生[発熱]させるために電流が印加される ◆feed [pass, send] (a) current through a resistor 抵抗(器)に電流を流す ◆pass a large electric current through... ～に大電流を流す ◆if the electric current goes off for any reason 何らかの理由で《意訳》停電すると ◆the current drain on the battery is 10 mA 電池の電流消費は10mAである ◆when operating at low plate currents 小さな陽極電流で動作している時に ◆The circuit consumes only 8 mA of current under normal operating conditions. この回路は通常動作時において[定常時]わずか8mAの電流しか消費しない. ◆Because this distribution line is carrying high current, it is giving off strong magnetic fields. この配電線は大電流を運んでいるので, 強力な磁界を発して[発散して, 発生している].
2 adj. 現在の, 今の, 今日の, 目下の, 最新の, 現行の, 通用[流布]している, 現在使用している[作業中の] ◆(a) current balance 現在の残高; 現在の均衡; (一国の)経常収支 ◆current prices 時価, 現行価格 ◆the current month 今月, 本月 ◆the balance of current transfers; (the) current transfers balance 経常移転収支 (*国際収支の話では) ◆current-technology robots 現行技術ロボット ◆the current issue of TIME タイム誌の今出ている号[最新号] ◆the introduction of current value ac-

counting 時価会計の導入 ◆medical drugs in current use (= currently used drugs) 現在使用されている医薬品 ◆the current status of the U.S. economy 米国経済の現状［現在の状況, 現在の状態, 現在の情勢］ ◆accept the current balance of forces in Asia アジアにおける現在の力の均衡を受け入れる ◆explain the current state of affairs about the plan 計画の現状［現在の状況／状態］について説明する ◆the current edition of the Ford Thunderbird フォード・サンダーバードの現行版 ◆the most current information available 入手可能な最新情報 ◆the world's first recorders to rewrite CD-RW discs at 8x speed, doubling the current standard of 4x 現在の標準である［（意訳）従来の］4倍速の2倍の8倍速でCD-RWディスクに上書きする世界初の記録装置 ◆With the current state of the art, ... 技術の現状では［現状からして］, ~ ◆stay current with state-of-the-art robot technology 最先端ロボットテクノロジーに後れない［取り残されない］ようにする ◆assess the current condition of park resources and their suitability for wildlife habitat 公園資源の現在の状況［現状］および野生動物生息地としての適否を評価する

**current account** a~ 当座（預金）勘定, 国際収支の経常勘定 ◆Japan's current account surplus 日本の経常収支の黒字 ◆result in a current account surplus 結果として経常収支が黒字になる（＊ある国の話より） ◆Japan said its worldwide surplus in its current account balance of payments rose to $136 billion in the 1992 fiscal year. 日本は1992年度における同国経常収支の黒字が1360億ドルに上ったと発表した.

**current assets** 流動資産

**current-carrying** 電流を伝えている, 導電［通電, 帯電］している ◆(a) current-carrying capacity 電流容量, 通電容量 ◆a current-carrying part [portion]; energized components 電気を伝えて［電気がきて］いる部分; 導電部［通電部, 充電部, 帯電部, 活電部］（＊帯電と言う場合, 静電気の意味に間違えないよう注意する必要がある） ◆ensure high current-carrying capacities 大きな通電容量を確保する

**current-day** 今日（コンニチ）の, 現行の, 現在の ◆current-day robot applications 今日のロボットの応用

**current-limiting** 《電気》限流ヒューズ［リアクトル］ ◆a current-limiting fuse [reactor] 《電気》限流ヒューズ［リアクトル］

**currently** adv. 現在, 目下 ◆currently-used connectors 現行使用コネクタ

**curriculum** a~ (pl. -s, curricula) カリキュラム, 教育［教科, 履修］課程

**curriculum vitae** a~ (pl. curricula vitae) 履歴書

**curry** 1 カレー（料理）
2 vt.〈馬〉に馬ぐしをかける,〈なめし革〉を製革する

**curry favor** ◆curry favor with a person; curry a person's favor; curry the favor of a person ~にへつらう, 取り入る, こびる, おべっかを使う, ごまをする, おもねる, 迎合する, 阿諛（アユ）する, 気に入られようとする, ~のご機嫌を取る, 歓心を買う, 受けがよくなるよう振る舞う ◆curry favor with one's customers ひいきを［愛顧, 引き立て］を願い顧客に便宜を図る（＊否定的な意味合いを含む表現） ◆curry favor with the public 大衆に迎合する［おもねる］; 大衆を相手に人気取りをする; 世間受けをねらう ◆curry the favor of interest groups《政治家など》が利益集団にもねる ◆I have never curried favor with anyone （目を掛けて欲しいなどと思って）私は誰一人としてどっこいしょした［持ち上げた, おべんちゃらを言った］ことはない ◆in an effort to curry American favor 米国の歓心を買おうと（努め）; 米国人に好意を持って欲しくて ◆curry favor with the [one's] boss by ... ing ~してボスのご機嫌を取る［上役にへいこらする, 上司の歓心を買う, 親分のお眼鏡にかなうようにする］ ◆legislators currying favor with constituents [constituencies] 支持を得たい［後援して欲しい］がゆえに選挙母体［選挙区民］に対していい顔をしている立法府［国会］議員たち

**cursor** a~ カーソル, 位置表示マーカー（▶類語にa pointer） ◆a cursor-movement key カーソル移動キー

**cursor-control keys** カーソル制御キー（▶矢印キーの他にタブやバックスペースなども含む） ◆a set of four cursor-movement keys 4個一組のカーソル移動キー ◆move the cursor forward [back] one word カーソルを1語前に［後ろに］移動する ◆move the cursor up [down] a line カーソルを1行上［下］に移動させる ◆put the cursor on (or under) the "d" カーソルをそのdの上（または下）に合わせる（＊カーソルが四角い形で文字に重なるならon, カーソルが下線の形なら文字の下にくるのでunder） ◆erase the character the cursor is sitting directly over カーソルがすぐ上に重なっている［カーソル位置の］文字を消す ◆The left arrow key moves the cursor one space to the left. 左向きの矢印キーは, カーソルを1スペース分左へ移動させる. ◆The cursor moves down one line and to the left side of the screen. カーソルは, 1行下に移動し, 画面の左端に行く. ◆First, place your cursor at the position where you want to insert the special character. 《コンピュ》まず, カーソルを, 特殊文字を挿入したい位置［箇所, 場所］に合わせます. ◆The delete key moves the cursor one space back and deletes whatever is in that space デリートキーは, カーソルを1スペース分［1つ前の場所に］戻し, そのスペース［場所］にあるものを消す. ◆The faster you move the mouse, the faster the cursor jumps across the screen. マウスを速く動かすほど, カーソルもそれだけ速く, 画面を飛ぶように移動する. ◆The highlighted text grows in size as the cursor moves along the line. テキストの反転表示部分は, カーソルが行に沿って移動するにつれ伸びる. ◆Turbo Pascal 4.0's cursor automatically lands on any trouble spot. Turbo Pascal 4.0のカーソルは, （プログラム内に）エラー箇所があれば（それを示すために）そこで自動的に止まる. ◆A red cursor travels along the scale to show the setting of the electronic volume control. 赤色のカーソルは, スケールに沿って移動し, 電子音量調節の設定を表示する. ◆Wherever the cursor is placed it can be used as the position for further text entry or for text deletion. カーソルがある位置は（それがどこであろうと）, 文字追加入力位置あるいは文字削除位置として使われる. ◆Use the four keys in the diamond (called the cursor keypad) to move the cursor around the screen in the direction shown by the arrow on each key. ダイヤモンド形に並んでいる4つのキー（カーソルキーパッドと呼ばれる）を使って, 各キーの矢印が示す方向にカーソルを画面上のあちこちに動かしてください.

**cursor key** a~《コンピュ》カーソルキー（= an arrow key）

**curtail** ~を切り詰める, 短縮する, 削減する ◆curtail automobile use 車の利用［使用］を減らす ◆curtail costs コストを切り詰める, コストを節減する ◆curtail the business trip その出張旅行を短かく［早めに］切り上げる ◆curtail the freedom of association 集会［結社］の自由を縮小［制限］する ◆curtail the rate of growth of aid to ... ~への援助の伸び率を縮小する ◆curtail the production of chlorofluorocarbons フロンの生産を削減する ◆be forced to dramatically curtail operations due to increased competition from low-cost foreign manufacturers ... 低コスト外国メーカーからの競争の激化により大幅に操業を短縮することを強いられる［大幅な操業短縮を余儀なくされる］

**curtailment** (a) ~ 切り詰め, 削減, 短縮, 縮小 ◆a significant curtailment of Japanese investments in the U.S. 日本の対米投資の大幅な減少 ◆force the curtailment and suspension of aid programs 援助計画の削減および一時停止を強いる ◆Curtailment of expenditures has been made principally at the expense of ... 支出の切り詰めは主に~を犠牲にして行われた. ◆lumber prices should continue strong because of supply curtailments 供給の削減により木材価格は堅調に推移するはずである

**curtain** 1 a~ カーテン, 幕, どん帳, 視界を遮るもの ◆hang curtains カーテンをつるす
2 ~にカーテンを取り付ける ◆curtain off 《部屋など》をカーテンで仕切る ◆curtain windows 窓にカーテンをつるす［張る］

**curvature** (a) 〜 曲率; 湾曲, 曲がる[曲げる]こと ◆a sharp curvature 急峻な湾曲部 ◆the curvature of a curve 曲線の曲率 ◆ophthalmologists use an excimer laser to flatten or steepen the curvature of the cornea 眼科医は角膜の曲率をゆるくしたり急に[きつく]したりするのにエキシマーレーザーを用いる

**curve** 1 a〜 カーブ, 曲線, 曲がり, 湾曲(部), 屈曲(部), グラフ ◆at a curve カーブで ◆a loudness equalization curve ラウドネス等化曲線 ◆a volt-ampere curve 電圧・電流特性図 ◆descend in a smooth curve 滑らかな曲線を描いて降下する ◆a slight curve in the road 道路のゆるいカーブ ◆Its growth curve is almost straight up. それの成長カーブは, うなぎ登り[棒上げ]の上昇をみせている。 ◆Never park on a curve. カーブでは絶対駐車してはならない。
2 vt. 〜を湾曲させる, 曲げる; vi. 曲がる, カーブする ◆a curved surface [plane] 曲面 ◆a slightly curved line 少し曲がった線

**cushion** 1 vt. 〜にクッションを付ける[敷く], 〈衝撃など〉を和らげる[吸収する, 弱める], 緩和する, 緩衝する ◆be provided with cushioning against mechanical shock 機械的衝撃に対する緩衝が施されている
2 a〜 クッション, 座布団, 緩衝物 ◆a cushion grip クッション性があるグリップ[握り] ◆as a cushion against... 〜に備えるクッション(の役目)として ◆use...as a cushion 〜を緩衝材として使う

**cushioning** ①緩衝すること, 緩衝(作用), 緩衝性, 緩衝[クッション]材; adj. 緩衝する, 緩衝をやわらげる役目をする ◆use cushioning designed to absorb both shocks and vibrations 衝撃と振動の両方をやわらげるようつくられているクッション材[緩衝材]を用いる

**custodian** a〜 管理人[保管人], 守衛, 証券保管機関(*顧客の証券を預かって保管する) ◆a custodian bank 証券保管銀行(*顧客の証券を保管する銀行) ◆I paid a custodian fee of $21 私は, 21ドルの(証券)保管料金を(銀行に)支払った

**custody** ①預かること, 保管, 管理; 保護監督, 後見, 身柄を確保[する]すること, 拘留, 拘引, 拘禁, 収監, 留置 ◆customer [client, clients'] assets in custody 預かり資産(*証券会社や銀行が顧客から預かっている) ◆securities under the custody of the Central Clearing and Settlement System (CCASS) Depository 中央振替決済機構の保管所に保管されている証券 ◆take custody of customer securities [a client's securities] 顧客の証券を預かる[保管する] ◆have having (the) care and custody of a child 子どもを監督・保護する(立場の)人 ◆a writ to take a person into custody 人の身柄を確保[保護]するための令状

**custom** 1 (a) 〜 慣習, 風習, 慣例, しきたり, ①(集合的)顧客[お得意様], 愛顧[引き立て, ひいき]
2 〜s 税関, 関税 (→customs)
3 adj. 顧客が[顧客に]注文の, 受注[注文]製作の[製作の], 受託[委託]開発[制作]の, 特定用途向けの, 特化された, 個別の, あつらえの (= tailor-made) ◆a custom character (= a user-defined character) 《コンピュ》ユーザー定義文字[外字] ◆custom [custom-written, custom-built] software 《コンピュ》受託開発[注文制作, オーダーメイド, 特化]ソフト ◆custom chips for specialized uses 特殊用途向けカスタム[特化, 個別仕様]ICチップ ◆Powertek's custom manufacturing operation パワーテック社の受注製造部門[受注生産事業部] ◆standard, semicustom, and full-custom products 標準品や半特注品や完全特注品 ◆the custom manufacturing of circuit boards 回路基板の受注生産[製造] ◆a custom-crafted rifle 注文製作の[特注の]ライフル銃 ◆a custom-framed landscape 注文額縁入り風景画 ◆Custom marking available 《広告文》特注表示可能 ◆design and construct custom houses 注文住宅を設計して建てる ◆designed on a custom basis by YBM's Engineering Department YBM社の技術部により注文[特注, 受託, 特注の, オーダーメード, 請負]設計された ◆obtainable only through costly custom order 金のかかる特別注文[特注]にてのみ入手可能 ◆Custom printing on bags is also available by special

order. 袋表面への注文印刷[オリジナル印刷]も特別注文にて承ります。

**customarily** adv. 慣例に従って, いつも[しきたり, 従来]通りに, 慣習的に, 慣例的に, 通例, 通常, 通常, 普通 ◆Storage batteries have customarily been used as a source of reserve power to maintain uninterrupted operation of xxx in case of failure of the commercial source of power. 蓄電池は, 万一の商用電源停電時にxxxのノンストップ運転[稼働]を維持するための予備電源として一般的に使用されてきている。

**customary** adj. 慣例の, 従来通りの, 慣例の, 通例の, 慣例的な, いつも(ながら)の, ふだんの ◆it became customary for...to <do...> 〜することが〈人・企業など〉にとって恒例化[慣例化, 慣習化, 習慣化, 一般化, 常態化]している; 通例となっている; 習わし[慣わし]になっている; 常となった ◆it became customary to refer to...as... 〜を〜と呼ぶのが通常[一般的]になった ◆may become common and even customary 〜は一般化して通例の[普通の, 当たり前の, ごく自然に受け入れられる]ことにさえなるかもしれない ◆Store...in a customary place 〜をいつもの場所にしまっておく ◆In the case of..., it is customary to <do> 〜の場合, 〜するのが通例[習わし, 常, 慣例]である。

**custom-built** adj. 〈自動車, 機械などの〉注文製作の, 〈家などの〉注文建築の, 特注の ◆Each order will be custom-built to meet the buyer's specifications. 購入者の仕様を満たすために, 注文ごとに(個別に)受注[特注]生産される。

**custom-designed** adj. 特別[注文]設計された, 特注の ◆a custom-designed device 特注設計[個別化, 特化]された素子

**custom-engineered** adj. 特別[注文]設計された, 特注の, 特別仕様の ◆custom-engineered machinery 特注[個別化]設計された機械 ◆The parts must be custom engineered for the task. それらの部品は, その作業用に特別設計される必要がある。

**customer** a〜 客, 顧客, 客先, 得意先, 取引先, お客様, 販売先, 受注先, 需要家, 需要先, (特に電力・ガスなどの消費者=)需用家, カスタマー, 《商》契約を出す側 ◆bank customers 銀行の顧客 ◆customer lists 顧客リスト ◆customer satisfaction 顧客の満足; 顧客満足度 ◆customer service 顧客サービス ◆a customer premises network 顧客宅内ネットワーク ◆customer-owned, -operated and -maintained facilities 顧客が所有・運営・維持管理している設備; (意訳)自営の施設 ◆a company's customers ある会社の顧客(*特に, 物品を購入している客) ◆an increase [→a drop, a slowdown] in customer traffic 客足の増加[↔落ち込み, 鈍化] ◆customer premises equipment (CPE) 顧客の構内機器, 宅内機器 (*= customer-owned and maintained equipment (COAM)) ◆electric utilities and their customers 電気事業者と需用家 ◆facilitate the acquisition of new customers 新規顧客の獲得を促進する ◆for customer billing purposes お客様への請求書を出す目的で ◆increase [triple] customer traffic (順に)客足を増やす[3倍に伸ばす] ◆in order to attract customers 集客[客寄せ, 客集め]のために ◆on the customer's premises 客先[需用家の構内現場, 顧客の宅内]で ◆serve a customer 客の応対をする ◆customer-owned telecommunications system 自営の電気通信システム ◆customer traffic had returned to pre-September 11th levels by early October 客足は, 10月初旬までに(*テロ事件があった)9月11日以前のレベルにまで戻っていた ◆the bank is trying to win [entice, woo] new customers with an advertising campaign 同行は, 広告キャンペーンを打って新規の顧客を獲得しようと努めている ◆China is second only to the Soviet Union as a wheat customer. 中国は, 小麦の得意先[輸入国]としてソ連に次いで第2位である。 ◆Only about one tenth of our usual customer flow has passed through the store today. 当店の本日の客足は, 通常の10分の1程度しかなかった。 ◆Order forms can be printed out by the system on the customer's premises. 注文用紙が, そのシステムにより客先で打ち出せる。 ◆We operate on the principle of "CUSTOMER FIRST" and aim to satisfy our Clients. 私

どもは、「お客様第一」主義のもとで経営しています。そして弊社のお客様[お取引先]にご満足いただくことを目指しています。(＊コンサルタント会社の広告から) ◆In such basic industries as shipbuilding, textiles and small electronics, Japan has lost customers to South Korea, Taiwan, Hong Kong and Singapore. 造船、繊維、小物電子機器などの基幹産業で、日本は韓国、台湾、香港、およびシンガポールに客を奪われた。

**customer satisfaction** 顧客の満足, 顧客満足度 ◆a customer satisfaction index (pl. customer satisfaction indices) 顧客満足度指数 ◆a plan to increase customer satisfaction 顧客満足度を高めるための計画 ◆to achieve customer [consumer] satisfaction 顧客満足を実現[達成]するために

**customhouse, customshouse** a〜税関
**customizability** n. 〈製品の〉カスタマイズのしやすさ, 個別化のしやすさ ◆customizability of the system そのシステムの個別化のしやすさ

**customizable** adj. 〈製品の〉カスタマイズできる, 個々の顧客のニーズや好みに[注文]応じて設計[設定]変更可能な ◆a customizable menu system 《コンピュ》カスタマイズ可能な[(ユーザーのニーズに合わせて)変更可能な]メニュー一体系

**customization** 注文[受注, 受託]製作, 注文設計, 《コンピュ》カスタマイゼーション, 個別ユーザーに合わせた仕様・設定変更 ◆offer a certain degree of customization in certain application areas 《意訳》〜は特定の応用分野向けにある程度特化することができる

**customize** vt. カスタマイズする, 特定ユーザーに合わせて[注文に応じて]設計[製作, 組み立て]する, 個別ユーザーに合わせて仕様[設定]変更[修正]する, 特化する, 個別化する ▶ハードウェアやソフトウェアを, 特定のユーザーのニーズや好みに合わせて作ったり変更したりすること。メーカーによる回路設計から, ユーザーによる設計変更まで, 広い意味で用いられる。たとえば, コンピュータのアプリケーションソフトをカスタマイズするとは, 画面の色, 日付や時刻の表示形式, カーソルの移動速度などの基本設定を変更することである。 ◆a customized case 特注品のケース ◆customize menus 《コンピュ》メニューをカスタマイズする ◆customize a computer system to suit the user ユーザーに合わせてコンピュータシステムをカスタマイズする[＊増設ボードや周辺機器の接続・設定をユーザーに合わせた構成にする) ◆a product that the user can customize to his heart's content; a product which can be customized to your heart's content ユーザーが心行くまでカスタマイズできる製品; 存分にカスタマイズ可能な製品 ◆It's easy to customize your car. あなたのマイカーをカスタマイズ[《意訳》個性化, パーソナライズ]するのは簡単です。(＊カーアクセサリーの宣伝文句より) ◆The cases can be customized to your specifications. これらのケースは, ご希望の仕様に合わせた注文製作も可能です。

**custom-made** adj. 〈服, 靴などが〉特別仕立ての, 注文製作の, あつらえの, 特別仕様でつくられた ◆It is being custom-made for... それは〜向けに(特別仕様にて)受注生産されている最中である

**custom-order** vt. 〜を特別注文する[特注する, 特別仕立てしてもらう] ◆a custom-ordered car 特別仕立て[特注の]車 ◆I must custom-order draperies to cover my oversized living-room window. 私の特大の居間の窓に(全部かくれるように)かけるために厚手のカーテンを特別注文[特注]しなくてはならない。

**customs** 《単/複扱い》税関, 関税; adj. 税関の, 関税の ◆pay customs on... 〜の関税を払う ◆a customs broker 通関業者 ◆a customs declaration 税関申告[書] ◆a customs inspection [examination] 税関検査 ◆a customs inspector 税関の検査官 ◆a customs officer 税関吏 ◆a customs warehouse [shed] 税関倉庫[上屋] ◆customs clearance 通関 ◆customs statistics 通関統計 ◆after customs clearance 通関が済んだ後で; 通関後に ◆collect customs duties on... 〜に賦課されている関税を徴収する ◆customs clearance of key components 主要部品の通関 ◆eliminate customs duties on im-

cut

ported customs 輸入品の関税を撤廃する ◆prepare a commercial invoice for customs purposes 税関用[《意訳》通関手続き用]のコマーシャル・インボイス[商業送り状]を作成する ◆the China Customs General Administration (CGA) 中国税関総署(＊海関＝日本の税関に相当) ◆the company avoided paying $20,000 in customs duties 同社は2万ドルの関税の支払いを(不正に)逃れた ◆figures calculated on a customs-cleared basis 通関ベースで算定[算出]された数値[統計]

**cut** 1 a〜切ること, 切り取り, 切削, (宝石などの)調琢(チョウタク)[研磨], 刻み目, 切れ目, 切り口, 傷口, 切り取った一片, 切り身, 削除, 削減, 抑制; a〜挿し絵 ◆be a cut [notch] above the others 他より一枚上手[一段上]である ◆a request for a price-cut; a price-cutting request 値下げ要請 ◆a satin-smooth finish cut サテンのように滑らかな仕上げ裁断[切断, 裁ち] ◆cuts of beef 牛肉の切り身 ◆White House staff cuts ホワイトハウスの職員[人員]削減 ◆make... a cut above the rest 〈利益などが〉〜を他より一枚上手にする ◆make extremely smooth cuts in wood 木材を極めて滑らかに切る ◆Avoid getting cut on possibly sharp metal edges. 金属の鋭い(かもしれない)エッジ[箇所]で(切り傷の)けがをしないようにしてください。 ◆Always handle the sharp blade carefully to avoid cuts and injuries. 切り傷やけがを負わないよう, この鋭利なブレードは常に注意して取り扱うようにしてください。 ◆Marines and Army paratroopers consider themselves a cut above the average soldier. 海兵隊員と陸軍降下部隊員は, 自らを平均的隊員より一段[1ランク]上であると考えて[自負して]いる。 ◆The agency takes a cut of up to 80% of those earnings – leaving little incentive for workers to improve performance. その幹旋機関は, 最高で稼ぎの80％をピンハネし, 労働者のやる気をほとんど無くさせてしまっている。

2 adj. 切った, 切断[裁断]された, 研磨[調琢]された, 切り離した, 切り取られた, (用紙の)単票の; 切り詰めた, 削減した ◆cut sheets; single-cut sheets カットシート[カット紙, 単票用紙, 単票紙] ◆pre-cut, individually wrapped slices of cheese used to make sandwiches あらかじめ切ってあって一枚一枚個別包装されている, サンドイッチ用チーズ ◆when a cut end of stem is held in water 茎の切り口を水に浸けておくと ◆Use a sharp knife to remove burrs from the cut end of the pipe. 鋭いナイフを使ってパイプの切り口[切断面]のバリを取ってください。

3 v. 切る, 切断する, 切削する, 削る, 〈ダイヤなど〉を調琢[研磨]する, 切り詰める, 削減[低減, 抑制, 短縮]する, 下げる, 《コンピュ》切り取る ◆cut coal from a seam 炭層から石炭を切り出す; 炭切りする ◆cut investment 投資を削減[抑制]する ◆cut lines of magnetic flux 磁束線を切る ◆cutting tools for machine tools 工作機械用の切削工具[バイト] ◆cut wastes むだを減らす ◆cost-cutting efforts コスト削減努力 ◆a guillotine with a blade heavy enough to cut through many thicknesses of paper 何枚もの紙を(重ねて)一度に裁断するのに十分な重量の切り刃を持つ裁断機 ◆Cut it (up) into lengths long enough to <do...> それを〜するのに十分な長さになるよう(何本かに)切断してください。 ◆We have cut our costs. 我々は, 経費を切り詰めた。 ◆a supersonic aircraft that cuts hours off normal travel times 通常の旅行所要時間を何時間も短縮する超音速航空機 ◆cut the car's drag figure to an excellent 0.30 その車の空気抵抗係数を, 0.30というすばらしい[優秀な]値に減少させる ◆Fold over the edges so you do not cut yourself. 切り傷を負わない[けがしない]ように, 縁を折り返してしてください。 ◆Lead times are cut to a fraction of what they used to be. リードタイムは, 以前の何分の1にも短縮される。 ◆The store cut prices to keep its merchandise moving. その店は, 商品を動かしておくために値下げした。 ◆The wire is cut to the required length. ワイヤーは必要な長さに切断される。 ◆Inflation has been cut to about a third of its pace in the early 1980s. インフレは, 1980年代初頭のペースの3分の1に抑えられた。 ◆The higher recording speed cuts one and a half hours off the normal recording time. 記録速度がより高速だと, 通常の記録時間に比べて1.5時間の短縮になる。 ◆You must concentrate on your hand-eye coordination so that you do

**cut and paste**

not cut yourself. 切り傷を負わないよう[《意訳》手を切らないよう、怪我をしないようし]、手と目の連携に神経を集中しなければなりません。(*刃物を使う際の注意)◆Don't get cut by the circular saw should the wrench slip. 万一スパナが滑っても丸ノコで切らないように[切り傷を負わないようにして]ください。
**cut across** 〜を横切る;〈境界,範囲,分類〉を越える,〈範囲が〉全体に及ぶ,〜にまたがる,横断的に共通する;〈会話など〉を遮る,〈方針〉に反する ◆cut across many application areas 数多くの応用分野にまたがって(使用されて)いる ◆the trend cuts across all age groups この傾向は,全ての年齢層[世代,年代]に共通している ◆The issue cuts across all economic and age groups. この問題は,すべての経済的区分および年齢層にわたって(横断的に)共通したものである.. ◆When I was a young girl, I had to cut across a cow pasture to get to school. 少女時代に[小さい頃],私は牛の放牧地を横切って[横断して]学校に行かなければならなかった.
**cut away** 切り取る,切り落とす
**cut back, cut back on** (〇〇がない場合)削減する;(onがある場合)削減しようとする ◆cut back on personnel costs 人件費を削減しようとする ◆cut back on the use of fossil fuels 化石燃料の使用を削減しようとする ◆cut back (on) electricity consumption 電力消費を抑制[削減](しようと)する ◆cut back on health and education expenditures 医療支出と教育支出を削減しようとする ◆people have cut back consumption 人々は消費を減らした
**cut down, cut down on** (onがない場合)削減する,切り倒す;(onがある場合)削減しようとする ◆cut down on costs コストダウンを図る ◆cut down (on) expenses 支出[経費]を抑制[削減,節減](しようと)する ◆pare down [cut down] the unit price 単価を切り下げる[削減する] ◆cut down on the amount one consumes 消費量を抑えよう[減らそう]とする ◆... forest is cut down and burnt 森林が伐採され焼きはらわれる ◆cut down on excess overhead and other forms of waste 余計な諸掛かり[間接費]およびほかの形での無駄を減らす
**cut in** (列や話に)割り込む,口を挟む
**cut into** 〜に刃物を入れる,切り込む,割って入る ◆"He certainly does," Maggie('s voice) suddenly cut into the conversation. 「彼ったら本当にそうなの」と、マギー(の声)が突然会話に割って入った。
**cut off** 切り離す,遮断する,中断する,絶つ,〜の供給を止める,〜の運転を停止する ◆before the tube cuts off 《電子》この球[真空管]がカットオフする以前に ◆cut off a beam of light 光線を遮断する[遮る] ◆when the input is large enough to cut Q2 off 入力がQ2(トランジスタ)をカットオフさせるのに十分大きいときは ◆be cut off from the outside world 外界から遮断されている ◆If foreign supplies were cut off, oil prices would quickly skyrocket. もしも外国からの供給が絶たれたなら、石油価格はすぐに急騰するであろう。 ◆If you are making a turn, make sure you are not cutting off a bicyclist coming up alongside of you. もしあなたが進路を変えつつある場合には、あなたの脇を自転車に乗って追い抜けてきている人の進路を遮らないようにしてください。 ◆The capital has been cut off from water, electricity and gas for three weeks, and food shortages are worsening. 首都は、3週間にわたって水、電気、ガスの供給が絶たれている。そして食糧不足は悪化している。
**cut out** 切除する,削る(省く),切り抜く,〈型紙などを〉裁断する、やめる、遮断する(遮る)、〈エンジンなどが〉突然停止する;<for, to be, to do>〜に(するのに)適している[ふさわしい] ◆cut out pieces of the typeset material and stick them down on boards marked with assigned positions 活字セットの原稿を切り抜いて、段組みの配置が印刷されている台紙に貼付ける ◆He has his work cut out for him. 彼は、彼の仕事にまさにつってつけ[適役, はまり役]である. ◆They have their work cut out for them. 彼らは、彼らの仕事に適任[打って付け役(ハマリ役)]である.

**cut through** 〈水など〉を(すいすいと)切って進む、〜を通り抜ける、貫通する、突っ切る、〈お役所的な手続き(red tape)、官僚主義(bureaucracy)、困難など〉をなくす[排除する]
**cut up** 〜を切り分ける、いくつかに切り刻む
**cut and paste** 《コンピュ》カット＆ペースト(する)、切り取りと貼り付け[切り貼り](をする) ◆a cut-and-paste 1回のカットアンドペースト操作 ◆cut and paste data データをカットアンドペーストする[切り取って貼り付ける] ◆perform cut-and-paste editing on a high-resolution screen 高解像度画面上でカットアンドペースト[切り取りと貼り付け、切り貼り]編集する
**cut-and-try** カット・アンド・トライによる、試行錯誤による、手探りの ◆developed by cut-and-try methods カットアンドトライによるやり方で開発された
**cutaneous** adj. 皮膚の、真皮(cutis)の、皮膚を冒す ◆contract cuteneous [skin] anthrax 皮膚炭疽(症[病])にかかる
**cutaway** adj. 一部が切り取られた; a〜(内部構造を示す)切取図、破断図、切開模型、《ギターの》カッタウェイ(*ネック付け根部分の弦を抑えるときに手が届きやすいようにボディ上部をえぐり取った形状) ◆a cutaway model ケースの一部を切り取って内部構造が見えるように作ってある模型 ◆a cutaway top view of... 〜の切開上面図 ◆an artist's concept of a cutaway view of the moon's interior 《意訳》月の内部の想像断面図 ◆a partial cutaway view of... 〜の部切取図(*内部構造が見えるよう一部分断面図的に切り取られている) ◆a cutaway view of a typical color picture tube 典型的なカラーブラウン管の破断図(*内部構造が分かるよう一部が切り開かれている断面図)
**cutback** a〜削減、縮小 ◆staff cutbacks 職員削減;人減らし;人員整理[縮小] ◆military budget cutbacks 軍事予算の削減 ◆a 20% cutback in mandatory overtime 強制残業の20%削減 ◆An earnings slowdown usually leads to cutbacks in capital spending, and that process is already under way. 収益の減速は、設備投資の削減[《意訳》抑制]につながる。そしてこの過程はすでに進行中なのだ。
**cutlery** 《集合的に》(家庭用)刃物類、(ナイフ、フォーク、スプーンなどの卓上用)洋食器類
**cutoff, cut off** a〜(水, ガスの)供給の停止、(援助などの)打ち切り、遮断、中断 ◆drive the transistor into cutoff トランジスタをカットオフ](領域)に追い込む ◆There's no age cutoff for... 〜については年齢で切られることはない;〜に年齢制限はない ◆she feels cut off from her parents 彼女は両親から疎外されていると感じている ◆move toward a cutoff in the production of weapons-grade nuclear materials 兵器用核分裂物質の生産禁止に向かって進む
**cutout** a〜《電》カットアウト、安全器; a〜切り抜き絵[切り絵]、切り抜き細工 ◆a fused cutout ヒューズ付き遮断器; 安全器
**cut-rate** adj. 値下げした、値引きした、割引した、安売りの ◆cut-rate fares 割引運賃
**cut sheet** a〜カットシート、カット紙、単票用紙、単票紙 ◆a cut-sheet feeder 《OA》カットシートフィーダー
**cut-sheet** adj. カットシート[カット紙、単票用紙、単票紙](用)の ◆cut-sheet paper for use in copy machines, laser printers, ink-jet printers, and plain-paper fax machines コピー機、レーザプリンタ、インクジェットプリンタ、および普通紙ファクス用のカットシート紙
**cutter** a〜カッター、刃物、刃具、切削工具、切断機、裁断機; a〜切る人、裁断人、(宝石)研磨工; a〜1本マストの快速帆船、(米国などの)沿岸警備艇、(船舶に積む)小型ボード
**cutthroat, cut-throat** adj. 〈競争が〉熾烈[激烈、苛烈、猛烈、凄絶]な、過酷な、無節操な[仁義なき]、容赦しない、破壊的値下げ競争の、過当競争の ◆cutthroat competition 熾烈を極める競争;激戦;(競合企業に対してしかける)破壊的価格競争 ◆this cutthroat industry 競争の激烈なこの業界 ◆in the cut-throat PC market 過当競争が繰り広げられているパソコン市場において ◆reduce cutthroat competition 過当競争を

**cyclosporine**

減らす ◆a market as cut-throat as that of hard drives　ハードディスクドライブの市場と同じくらい競争が苛烈な市場
**cutting**　n. カッティング, 切削, 機械加工, 切断, 裁断, 切り込み; 削減; ~s 切削屑, 切り屑, 削り屑, 切粉 ◆an ultraprecision cutting tool　超精密切削工具 ◆a cutting lubricant　切削油 ◆maintain a constant cutting angle　一定の切り込み角を維持する;《直訳》切削角「切断角, 切り込み角」を一定に保つ ◆resist cutting　〈ロープなど〉が切れにくい;〈チェーンロックなど〉が切断されにくい ◆scissors for precision cutting of wire　ワイヤ精密切断用はさみ ◆the cutting of rain forests is curtailed for environmental reasons　環境上の理由から熱帯雨林の伐採が減っている
**cutting edge, cutting-edge**　a ~ 刃, 先先, 切り刃端; ▢鋭さ;《通例 the ~》最先端, 指導的地位; cutting-edge adj. 先頭を切っている, 最先端を行く, 最新鋭の, 指導的立場にある ◆cutting-edge products　最新鋭の製品 ◆tool failure by chipping of the cutting edge　刃先の欠けによる（切削）工具の破損 ◆a research-intensive, cutting-edge company　研究力を入れている最先端[研究集約型先端]（技術）企業 ◆cutting-edge, future-looking companies　先頭を切っている未来志向型の企業 ◆cutting-edge information　最先端情報 ◆computers on the cutting-edge of technology　技術の最先端を行くコンピュータ ◆on the cutting edge of OCR technology　OCR技術の最前線で ◆position the company at the cutting edge of photographic technology　〈製品などが〉その会社を写真工業技術の最先端に位置付ける ◆The city prides itself on being the cutting edge of the future.　その都市は, 未来に向かって先頭を切っていることを誇りにしている.
**cuttlefish**　a ~ (pl. ~, -es) イカ (*特にコウイカなどの胴が短く楕円形をしているもの)(cf. squid) ◆a cuttlefish "bone"　イカの「骨」(*学術用語ではない)
**CVCF**　◆a CVCF (Constant Voltage Constant Frequency) power supply [inverter]　定電圧定周波数電源装置 [インバータ] (*これにバッテリーを組み合わせると無停電電源装置UPSになる. ただし日本では一般的に大容量のものをCVCF, パソコンなどの小容量のものをUPSと称している)
**CVD**　(chemical-vapor deposition) 《半導》化学気相成長, 化学気相蒸着法 ◆by chemical-vapor deposition (CVD)　化学気相成長 [蒸着] 法により ◆chemical-vapor-deposited (CVD) diamond　化学気相成長法で形成されたダイヤモンド (*ダイヤモンドの薄膜を基板上に作る話である)
**cyan**　《色》シアン, 水色 ▶カラーテレビやコンピュータのカラー表示装置で, 原色の緑と青を混ぜることによって得られる色. greenish blue あるいは turquoise とでもいった色で, 日本語でいえば水色に近い.
**cyanide**　(a) ~ シアン化物;《特に》青酸カリ (= potassium cyanide) ◆cyanide poisoning　シアン化物中毒 ◆the fast-acting nature of potassium cyanide　青酸カリの即効性
**cyanogen**　▢《化》シアン, 青素 (セイソ), ジシアン (dicyanogen) ◆a cyanogen compound　シアン化合物
**cyber**　(通例 cyber- の形で)サイバー, cyberspaceに関する, 電脳- ◆a cyber-geek　電脳「コンピュータ」おたく ◆cyberporn　電脳[デジタル, ネット]ポルノ (*インターネットを通じて送られる)
**cybercop**　◆a frontline cybercop　第一線のサイバーコップ; 最前線のネット取締官
**cybernetics**　▢《単数扱い》サイバネティックス, 人工頭脳学
**cyberspace**　(a) ~ サイバースペース, 電脳空間, 人工頭脳空間, コンピュータがつくる仮想空間 ▶William GibsonのSF小説「Neuromancer」中での造語. VR = virtual reality と同義で使われたり, インターネットのような無数のコンピュータによってつくり出される仮想空間を指す. ◆a cyberspace game　電脳空間ゲーム
**cybersquatting**　《ネット》 ◆the Anti Cybersquatting Act　(米)反サイバースクワッティング法 (*第三者が有名企業などの企業名などにつながるインターネットのドメイン名を買い占め・占

**cyborg**　a ~《SF》サイボーグ (*身体の機能を電子・電気機械的に強化したメカと人間の合成体 [改造人間])
**cycle**　1 a ~ サイクル, 周期, 循環; a ~ 自転車, オートバイ ◆in cycles　周期的に繰り返して ◆a cycle period　周期 ◆a four-cycle engine　4サイクル・エンジン [機関] ◆at every clock cycle　1クロックサイクルごとに ◆increase the publication cycle　（雑誌などの）発行頻度を上げる; 発行間隔を短くする; 出版の回数を増やす ◆in the wash [rinse] cycle　洗たく[すすぎ]のサイクル[段階, 工程]で ◆the cycle of regularly scheduled maintenance　定期メンテナンスのサイクル; 定期整備[保守, 保全]の周期 ◆by repeated cycles of freezing and thawing　凍結融解の繰り返し[反復]により ◆8 to 12 cycles of the 3.58-MHz color subcarrier　3.58MHzの色副搬送波の8波から12波分 ◆change the revision cycle　改定版を出して行く周期を変える ◆until two cycles have elapsed after...　~後2サイクル経過するまで ◆at a predetermined point in the cycle of operation　動作サイクル中の所定の一点で ◆up-and-down motions with cycles ranging from 2 1/2 to 13 minutes　2分半から13分の周期の上下動 ◆Calibration cycles: At 1 year　較正時期: 1年目毎 ◆It appeared to brighten and darken in a cycle of 53 hours.　それは, 53時間の周期で明るくなったり暗くなったりするように見えた. ◆Requests are served in cycles, in a round-robin manner. 《コンピュ》要求は順番に[順繰りに]一巡りする形で処理される. ◆The capacitor is capable of passing 1,000 cycles of temperature cycling -65°C to +175°C.　そのコンデンサは, -65°Cから+175°Cまで（の温度サイクル）を1,000回繰り返す温度サイクル試験をクリアできる. ◆Programs designed to assist teenage fathers are still relatively few, but their growing number offers hope in arresting the cycle of children producing children.　十代の父親を援助することを意図した制度はまだ比較的少ないが, そのような制度が次第に増加していることは, 子供が子供をつくるという悪循環を阻止できる希望をもたらすものである.
2　v. 循環する [させる], 繰り返す, 回帰する; 自転車に乗る ◆a temperature cycling test　温度サイクル試験; 冷熱試験
**cycle time**　◆have a cycle time of 2ns　2ナノ秒のサイクルタイム [時間] を持っている ◆minimize design cycle time　設計に要するタクトタイムを極小化する ◆cut cycle time between order and delivery from overnight to immediately　翌日から即時へと注文から引き渡しまでのタクトタイムを削減する
**cyclic**　adj. 周期的な, 周期的の, 循環の, 循環の(-)-, 環状-, 周期-, 巡回-, 回転-, 反復-, 繰返し-, 折り返し- ◆a cyclic compound　環式化合物 ◆a cyclic ester　環状エステル ◆a 32-bit cyclic redundancy check (CRC)　《コンピュ》32ビット巡回冗長検査 ◆a cyclic-bending test machine　繰り返し曲げ試験機
**cyclical**　adj. 循環上の, 循環的な, 周期的な, 周期性の ◆a cyclical code used for error detection　誤り検出のための折返しコード [符号] ◆As their name implies, cyclical stocks tend to rise and fall with the ups and downs of the economic cycle.　その名が示すとおり, 循環株は景気循環の上昇・後退に同時して上がったり下がったりする傾向にある.
**cyclo-**　「円」,「環」,「環式」,「周期」,「回転」の意 ◆(a) cyclohexane　シクロヘキサン
**cyclone**　a ~ サイクロン (*インド洋などに発生する台風と同じ性質をもつ強い熱帯低気圧), 旋風 (センプウ, ツムジカゼ), 大竜巻; a ~《機》サイクロン (*遠心式分離器や集塵機) ◆a tropical cyclone　熱帯低気圧 [サイクロン] ◆a heavy-media [dense-media] cyclone　《鉱山, 炭鉱》サイクロン（選別機）◆a high-efficiency cyclone dust collector　高効率 [高性能] サイクロン集塵機 ◆In the western Pacific, hurricanes are called "typhoons," and similar storms in the Indian Ocean are called "cyclones."　太平洋の西の区域ではハリケーンは「台風」と呼ばれ, インド洋では似たような暴風雨が「サイクロン」と呼ばれている.
**cyclosporine**　《薬》シクロスポリン, サイクロスポリン (*免疫抑制剤のひとつ)

**cyclotron** a～ サイクロトロン,粒子加速器
**Cycolor** サイカラー(技術)(＊米国 Mead Imaging 社開発のカラーハードコピー印字技術)
**cylinder** 1　a～ 円筒,円柱,〈ポンプ,エンジンの〉気筒[シリンダー],ボンベ,《コンピュ》(ハードディスクの)シリンダー[シーク域]　◆a (circular) cylinder　円柱　◆a compressed-air cylinder　圧搾空気ボンベ　◆a cylinder lock　シリンダー錠　◆a four-cylinder engine　四気筒エンジン　◆a graduated [measuring] cylinder　メスシリンダー　◆an oblique circular cylinder　斜円柱　◆a right circular cylinder　直円柱
2　vt. ～にシリンダーをつける
**cylindrical** adj. 円筒形の,円柱形の,円柱状の,筒状の,管状の　◆a cylindrical column　円柱　◆a cylindrical-shaped core　円筒形コア　◆The paste is then shaped into cylindrical masses and dried.　ペーストは,次に円筒状の塊に成形されてから乾燥される.
**cynicism** Ⓤ シニシズム,シニスム,冷笑主義,冷笑的な性格,皮肉癖,皮肉な態度[考え方],不信感;a～ 皮肉な言葉[行為,言動];Ⓤ(Cynicismで)《哲》キニク学派(the Cynics)[＝犬儒学派]の思想　◆at a time when public cynicism about government is very high　一般大衆の政府に対する冷笑的非難[冷めた見方や批判]が非常に高まっている時期に
**Czech** adj. チェコ(共和国)の,チェコ人の,チェコ語の;チェコ語;a～ チェコ(共和国)人　◆the Czech Republic　チェコ共和国

# D

**D** 《北米》(電池が)単1の　◆2 "D" size batteries　《北米》単1電池2本
**DAC** (digital-to-analog converter) a～ D-Aコンバータ,デジアナ変換器
**daemon, demon** a～ 《ギリシャ神話》ダイモン,《コンピュ》デーモン(＊バックグラウンドで動作するプログラムの一種)
**daguerreotype** Ⓤ ダゲレオタイプ,銀板写真術[法] (＊Daguerreが1839年にパリで発表);a～ 銀板写真,vt. ～を銀板写真法で撮影する　◆a daguerreotype [Daguerreotype] plate (写真術黎明期の)ダゲレオタイプ写真用の感光板(= a silverized plate 銀板写真用感光板)
**daily** adj. 毎日の,日々の,日常の;adv. 毎日(= every day),普段,平素は;a～ 日刊新聞　◆on a daily basis　毎日[日々,日ごと]　◆in daily life　日常生活において　◆a daily newspaper　日刊紙　◆a daily report　日報,日次報告書　◆daily business transactions　日々の商取引　◆daily checks　日常点検　◆daily necessities　日常必需品,日用品　◆daily variation in temperature; the daily variation of temperature; the daily temperature variation　気温の日単位の温度変化の差　◆activities of daily living (ADLs)　《介護》日常生活動作能力(＊歩行,食事,排泄,着脱衣,入浴などの)　◆at least once daily　少なくとも1日に1回は　◆enter daily use　日常使われるようになる　◆the daily temperature variation is great　1日の間の温度変化[格差,日変化(ニチヘンカ)]は大きい　◆daily performance checks　日常性能点検　◆carry out daily maintenance work　日常の保守作業を行う　◆in neighborhoods where theft and violence seem to be near-daily occurrences　窃盗や暴力がほとんど日常的に発生している[ほとんど日常茶飯事の]ような界隈(カイワイ)で　◆such attacks have become virtually a daily occurrence　そのような襲撃事件は,ほとんど日常茶飯事となってしまった　◆take two daily naps, morning and afternoon　毎日,午前と午後に1回ずつ,2回の昼寝をする　◆The restaurant is open daily except Sunday.　そのレストランは日曜を除き毎日営業しています.　◆Today, technology is changing the world almost daily.　今日,技術は世界を日進月歩で変えている.　◆It grows best in areas with a daily average temperature above 77°F (25°C).　それは日間平均気温が77°F (25°C)よりも高い地域で最もよく生育する.

**dairy** a～ (pl. -ies) 酪農場(= a dairy farm), (農場の)搾乳場, (農場の)チーズ・バター製造所,乳製品の販売所[売店],牛乳屋; adj. 酪農の,乳製品の　◆dairy farmers　酪農家　◆dairy products　酪農品[酪農製品,乳製品]　◆A dairy cow must have a calf to produce milk.　乳牛が乳を出す[牛乳を生産する]には子牛を産む必要がある. (＊子牛を産んだ母牛しか乳を出さない)　◆The French consume their dairy products in the form of cheese, rather than whole milk.　フランス人は,酪農製品[乳製品]を全乳としてではなくチーズの形で消費する.
**daisy** a～ デイジー,ひなぎく
**daisy chain** a～ ひなぎくで編んだ花輪,《コンピュ》(装置の)縦続[直列,デイジーチェーン]接続,芋づる式[数珠(ジュズ)つなぎ]の接続
**daisy-chain** vt. ～をデイジーチェーン接続する,縦続接続する,数珠つなぎ[芋づる式]に接続する　◆be daisy-chained to a workstation　ワークステーションにデイジーチェーン[縦続]接続されている　◆daisy-chained workstations　デイジーチェーン接続されているワークステーション
**daisy wheel** a～ デイジーホイール(＊タイプライタやプリンタについている,ひなぎくの花形の印字部品.まわりに活字が並んでおり,回転することによって印字文字を切り換える)　◆a daisy wheel printer　デージホイールプリンタ
**dam** a～ ダム,堰(セキ),堤(ツツミ),堰堤(エンテイ),《意訳》水瓶(ミズガメ)　◆build a hydroelectric dam　水力発電用のダムを建設する　◆a dam building project　ダム建設計画
**damage** 1　Ⓤ 損害,損傷,損壊,破損,破損,被害;～s 損害賠償(金,額)　◆(be) susceptible to damage　損傷[破損]しやすい,壊れやすい;痛みやすい;だめになりやすい　◆resist damage　損傷しにくい,損傷を受けにくい　◆sustain [suffer] damage　被害[損害]をこうむる;損傷を受ける　◆cause permanent damage　永久的な被害を与える　◆conduct a damage assessment　被害[損害]評価を実施する　◆make accurate damage assessments　正確に被害[損害]の評価をする　◆prevent damage to...　～に損傷を与えないようにする　◆to prevent moisture damage to the bath　浴室が湿気で傷むのを防ぐために　◆try to exercise damage control　被害の極小化を図る　◆in case of accidental damage　万一,～が偶発的な損傷を受けたならば[～を損傷させてしまったときは]　◆a bomb-damaged house　爆弾で損傷した家屋　◆due to damage done to the boat by vandals　《意訳》船が破壊者による損傷を受けたので　◆survey the day-after damage　(災害などの)事後の被害を調査する　◆do [cause, inflict] damage to...　～にダメージ[被害,損害,痛手]を与える[及ぼす];～に損傷を来す;～を破壊する　◆if any damage is found on...　もしも～に(何らかの)損傷が見つかったら　◆If..., damage will result.　～すると損傷の原因となります.　◆irreversible damage occurs　取り返しのつかないダメージが生じる　◆protect... from damage caused by sun, rain, snow, and wind　太陽光線が原因である被害,雨の害,雪害,風害から～を守る[保護する]　◆to avoid damage to the equipment　装置が損傷しないように(するために)　◆damages arising out of use of this information　この情報を利用したことに起因する損害額(＊複数形damagesは,損害額,損害賠償額の意)　◆damage resulting from negligent handling, misuse or lack of reasonable care　ずさんな取り扱い,誤用,または妥当な手入れの欠如に起因する損害　◆total damages from the devastating quake would top the $30 billion in losses South Florida sustained in 1992　この壊滅的な地震による総被害額は,1992年に南フロリダがこうむった300億ドルの被害額を上回るかもしれない　◆The factory suffered heavy water damage.　同工場は,ひどい水浸しの被害[水害]にあった.　◆The leads are subject to damage from handling.　リード線は,取り扱いによっては損傷する.　◆If the cord shows any signs of damage at the plug, stop using the appliance. (電源)コードのプラグに傷が認められたら,その電気器具を使うのをやめてください. (＊show any signs of damage = 何か損傷の様子を見せる)　◆Mr. Denver's living will requests that his life not be prolonged in the event of massive brain damage.　デン

バー氏の生前発効の遺言書は, 脳に大規模な損傷が生じた場合には延命(治療)をしないよう求めている. **2** vt. 〜に損害[被害]を与える, 傷つける, 傷める, 損なう, 損傷する, 損壊する, 破損する, だめにする ◆be damaged from corrosive chemicals 腐蝕性の薬品によりおかされている ◆stop it getting damaged それが損傷を受けるのを防止する ◆an earthquake-damaged region 地震の被災地 ◆if the tape becomes damaged もしもテープが損傷したら ◆if the cover gaskets are leaking or damaged 蓋のガスケット[パッキン]に漏れや損傷が生じていたら ◆Do not operate any appliance with a damaged cord or plug. 器具は, コードやプラグが損傷したままで動作させないでください. ◆Use caution not to damage the cooling fins of the radiator. ラジエーターの冷却フィンを破損しないよう注意してください.

**damaging** adj. 損傷[損害, 害, 被害]を与える, 有害な

**damp** **1** adj. 湿った, 湿っぽい, じめじめした, 湿気の多い, 湿度の高い, 湿潤な, 〈雑巾などを〉濡らして絞った[湿らせた]; 回(空気中の)湿気[水分, 水蒸気](, 壁面上などに結露した)水気[水分]; (= firedamp)(炭鉱などで湧出するメタン等の爆発性有毒ガス) 坑内ガス, 有毒ガス ◆damp air 湿潤空気 ◆in damp places 湿気の高い[湿った]場所で ◆wipe... with a damp cloth 湿らせた布[ぬれ雑巾, ぬれ布巾]で〜を拭く; 〜を水拭きする ◆Avoid damp environments. 湿気の多い場所を避けてください. ◆All interior lift surfaces are to be damp wiped daily using appropriate cleaning agents. エレベータ内部の全面面を, 適切な洗剤を使って濡れ雑巾で拭くこと. **2** vt. 〜を湿らせる, 減衰させる, 制動する, 抑える; vi. 湿る, 勢いが鈍る ◆the marvelously damped motion of the lid 蓋の制動の効いた(優雅に滑らかにスーッと開く)すばらしい動き ◆damp the up-and-down movement of the tires タイヤの上下動を抑える[制動する]

**dampen** 〜を減衰させる, 抑える, 抑制する, 制動する; 〜を軽くぬらす, 湿らせる ◆a cloth dampened with alcohol アルコールを染み込ませた[少し含ませた]布 ◆dampen speculation 投機を抑制する ◆dampen their investment enthusiasm 彼らの投資意欲を冷え込ませる[減退させる] ◆a kerosene-dampened cloth 石油を含ませた布切れ ◆Use a soft cloth dampened with high-quality isopropyl alcohol. 高級イソプロピルアルコールを含ませた布を使ってください.

**damper** a 〜 ダンパー, 振動減衰装置, 風量調節弁, (炉の)戸, 湿り気を与える装置; a 〜 《車》ダンパー, ショックアブソーバー ◆an electronic damper 《車》電子(制御)式ダンパー

**damping** ダンピング, 減衰, 制振, 防振, 制動 ◆viscous damping 粘性減衰 ◆a damping time constant of 0.2 seconds 0.2秒の減衰時定数 ◆select either "normal" or "firm" shock-absorber damping for all four wheels 四輪すべてに対して「普通」と「堅め」のいずれかのショック・アブソーバー制動特性を選択する ◆The high-precision spindle/bearing system offers high damping. その高精度スピンドル・ベアリングシステムは, ダンピング(性)に優れている.

**dampness** 湿気, 湿り気, 水気 ◆Avoid placing the unit where it will be exposed to excessive heat or dampness. 装置を過度な高温や湿気にさらされる場所に置かないでください.

**dance** v. ダンスをする, 踊る, 舞う, 軽快に動く, 跳ねる[跳ね回る], 小躍りする, 雀躍(ジャクヤク)する, 上下動する, 揺れ動く, (ひらひらと)揺らす, 舞う, 踊り, 舞踏 ◆music [tunes] to dance to 踊れる音楽[曲] ◆dance to tunes of the Royal Philharmonic Orchestra ロイヤルフィルハーモニー管弦楽団の曲に合わせてダンスする[踊る] ◆be forced to dance to the tunes of the market (余儀なく)市況に踊らされる

**danger** 回危険, 危険性, 危険な状態, 危険のおそれ; a 〜 危険なもの, 脅威 ◆in danger of... 〜の危険[おそれ]がある ◆an imminent-danger area 差し迫った危険がある地域(*敵似に占領されている地帯など) ◆draw up a list of danger-prone mines 危険な鉱山のリストを作成する ◆pose a danger to [for] children 子供に危険を及ぼす ◆pose no danger to... 〜に危険を及ぼさない ◆the dangers of cigarette smoking 紙巻きタバコを喫煙することの危険 ◆There is a danger that... 〜という危険がある ◆to prevent danger 危険[《意訳》]危害]を防止するために ◆with no danger of loosening ゆるんでいく心配無しに ◆without (the) danger of corrupting data データを破壊する危険性なしに ◆pose the danger of even more conflict 抗争をいっそう深める危険をもたらす ◆do so without danger to yourself or others あなた自身や他の人に危険のないようにそれを行う ◆if the woman's health seemed in imminent danger from a pregnancy 女性の健康に妊娠が原因で差し迫った危険があると思われたら ◆new scientific information about dangers from materials previously thought safe 従来安全であると考えられていた材料から生じる危険についての新しい科学[学術]情報 ◆to minimize the danger of HIV infection to people outside of the original high-risk groups 当初のハイリスク・グループ以外の人々にエイズウイルスが感染する危険をできるだけ少なくするために ◆Fire is an ever present danger. 火事の危険は常にある. ◆His 14-month-old son, who had been near death, is now out of danger. 瀕死の状態にあった月齢14カ月になる彼の息子は, 今では危険を脱して[峠を越して]いる. ◆There is a danger that a spark may ignite the fumes. スパークがガスに引火する危険がある. ◆DANGER: A coasting blade can be dangerous. 危険: 惰性回転しているブレードは危険です.(*取り扱い説明書) ◆As many as 600 of the nation's 2,700 rural hospitals are in danger of shutting down. 同国の農村部にある2,700の病院のうち600にも上る病院が閉鎖の危機に面している. ◆In extreme cases, the drowsy driver falls asleep, resulting in danger to himself/herself and others. 極端な場合, 眠気におそわれた運転者は眠り込んでしまいその結果自分自身と他の人を危険にさらすことになる. ◆Japan's new status as a major aid giver appears to be in no danger of disappearing. 日本の大援助国としての新しい地位は, 消滅のおそれがないように見受けられる. ◆The gradient increases sharply on this section which is acknowledged as particularly prone to danger. スロープは, 特に危険が多いとされているこの区間で急に険しさを増す[急激に危険化する].(*登山の話で)

**dangerous** adj. 危険な, 危ない, 物騒な, 剣呑(ケンノン)な ◆dangerous articles [goods] prohibited by postal regulations 郵便法規により禁じられている危険物 ◆in the event of a dangerous occurrence 万一の危険発生時に ◆a dangerous substance that must be handled carefully 慎重な扱いを要する危険な物質[危険物] ◆all minor injuries are now in danger of turning into dangerous conditions with 10-15% mortality あらゆる軽傷が今では死亡率10%〜15%という危険な症状に進展する危険をはらんでいる(*メチシリン耐性黄色ブドウ球菌(MRSA)による院内感染の話で) ◆Any of these can make driving dangerous. これらはいずれも車の運転を危険なものにしかねない. ◆What's really dangerous is that some 30,000 nuclear weapons are unaccounted for. 本当に危険なのは実に危険なことには], 約3万点にのぼる核兵器が行方不明になっているということだ.

**dangerously** adv. 危険なほど, 憂慮すべきほど, 深刻なほど, 取り返しがつかなくなりそうなまで ◆He walked dangerously close to the railroad tracks. 彼は, 危険なまでに[危ないほど]線路ぎわに寄って歩いた.

**dangle** vi. ぶら下がる, 垂れ下がる; vt. 〜をぶら下げる, 見せつける, 目の前にちらつかせる ◆dangle... from [on] a rope ロープから[に]〜をぶら下げる

**dappled** まだらの, まだらになっている, ぶちの ◆sun-dappled (日光が)まだらに陽が当たっている

**darbepoetin** 回ダーベポエチン(*エリスロポエチンEPOと化学構造が似ている薬剤で貧血患者に使用される. また, スポーツ選手の持久力を高める作用がある. 2002年のソルトレーク冬季五輪では金メダリスト3名がこれを使用したとして追放された.

**dare** vt. (助動詞的用法)あえて[思い切って]〜する; 〈人〉に(〜するように)けしかける, 〜に立ち向かう, 〜をものともしない; (a) 〜 あえて〜すること, 挑戦すること, 挑むこと

dare to resort to air attacks on Afghanistan　アフガニスタンへの空爆に訴えることも辞さない　◆She has dared to say that...　彼女は思いきって〜だと言った　◆they dared to quit the party　彼らは離党に踏み切った　◆They dared to attack a house full of German soldiers.　彼らはドイツ兵が一杯いる住宅に対して襲撃を決行した。　◆We should dare to practice genetic engineering on humans.　我々は人間を対象にした遺伝子工学[操作]をあえて行うべきである。

**daredevil**　adj. 向こう見ずの, がむしゃらな, 糞度胸の, 無鉄砲な, 命知らずな, 蛮勇を振るう, 血気の勇にはやった；a 〜 daredevilな人　◆Nowadays, flying is no longer a dream or a daredevil act for the courageous and brave.　今日では, 空を飛ぶことはもう, 勇猛果敢な者たちの夢とか向こう見ずな行為ではなくなっている。　◆Also available to daredevils from the summer through the early fall is bungee jumping, jet skis, good rock-climbing venues and all manner of kinetic pursuits.　《意訳》その他, 夏から初秋にかけて命知らずの[向こう見ずな, クソ度胸のある]人向けには, バンジージャンプ, ジェットスキー, いいロッククライミング場, その他身体を動かせる諸々の運動があります。

**daring**　adj. 大胆な, 不敵な, 大胆不敵な, 向こう見ずな, 勇敢な, 乗取った, 斬新な；回大胆不敵, 勇敢さ　◆a daring plan　大胆な[果敢な]計画　◆encourage users to become more daring in the use of fonts and graphics　フォントやグラフィックスをもっと大胆に使うようユーザーを仕向ける

**daringly**　adv. 大胆に, 大胆不敵に, 勇敢に, (勇敢)果敢に, 敢然と, 思いきって, 向こう見ずに　◆daringly venture into enemy territory　大胆不敵にも敵の領土に踏み込む[足を踏み入れる]　◆he daringly ventured into enemy territory　彼は果敢に敵の領土に足を踏み入れた

**dark**　adj. 暗い, 暗黒の, 薄暗い (アンタン)たる, 暗-(アン), 無知の；回夜, 夕暮れ；the 〜暗がり, 闇；回無知；a 〜 暗い色　◆dark matter　《宇》ダークマター[暗黒物質]　◆a low dark current CCD camera　低暗電流CCDカメラ (*暗電流の小さい[少ない])　◆glow in the dark　(表示などが)暗がりで光る[点灯する]　◆in a dry, dark place　湿気のない暗所で　◆the dark side of the moon　月面の影の部分　◆a dark-line absorption spectrum　暗黒吸収スペクトル　◆detect the pattern of light and dark on a page　ページの濃淡のパターンを検出する　◆shoot in dark conditions　《カメラ》低光量で[低輝度で, 暗いところで]撮影する　◆the surface has become darker and less green　この(部分の)地表は黒っぽくなり[暗化して]緑色が少なくなった (*衛星写真で見て)　◆Oil which is beginning to go dark should be changed.　黒ずみ始めている油は, 交換しなければなりません。　◆They will keep longer if stored in a cool, dry, dark place.　それらは乾燥した冷暗所に貯蔵しておくと, より長持ちする。

**darken**　vt. 〜を暗くする, 黒ずませる；vi. 暗くなる, 黒ずむ, 色が濃くなる　◆a darkening economic picture　陰りの度合いを増している経済状況　◆cause skin to darken　皮膚を黒化させる[陰り (の先行き)に陰りを帯びさせる]　◆darken Japan's economic horizon　日本経済 (の先行き)に陰りを帯びさせる　◆to prevent darkening　黒ずむ[黒っぽく変化する]のを防ぐために　◆Limb darkening on Jupiter shows that...　《天文》木星の周縁[周辺]減光は〜であることを示している。　◆the local destruction of melanocytes, the cells that produce melanin pigment to darken the skin　皮膚を黒化させるメラニン色素を生成する細胞であるメラニン形成細胞の局部的な破壊　◆Melons don't darken as peaches or apples do.　メロンは, (皮をむいてから)桃やりんごのように色が変わる[悪くなる]ことはない。　◆Photochromic lenses darken automatically when exposed to sunlight.　フォトクロミック[光互変性]レンズは日光にさらされると独りでに暗くなる。(*光が当たると着色するサングラス用の)

**dark horse**　a 〜 ダークホース, 穴馬[大穴]；予想外の展開を見せそうな競合製品[技術, etc.]　◆a dark-horse candidate　予想外の(有力)候補　◆Mead Imaging's Cycolor technology is the dark horse in the color printing/copying race.　ミードイメ

ジング社のサイカラー技術は, カラー印刷／複写レースにおけるダークホース[穴馬]である。

**darkly**　adv. 暗く, 黒く, 黒々と；秘密裏に, こっそりと, 密かに；陰気に；曖昧に, 漠然と, ぼんやりと；神秘的に　◆a darkly tanned [dark-tanned] face　黒く日焼けした顔

**darkness**　回暗さ, 暗やみ, 暗黒　◆in total darkness　真っ暗闇の中で　◆the darkness of a hard copy　ハードコピーの濃さ　◆under cover of darkness　闇[暗闇]に紛れて；夜陰に乗じて　◆increase the weight (darkness) of a character　《コンピュ》文字の太さ(濃さ)を増す

**darkroom**　a 〜 暗室

**DARPA**　(Defense Advanced Research Projects Agency) the 〜 (米国防総省の)国防高等[防衛先端]研究計画局, 国防高度研究事業局 (*1993年以前の名称. それ以降は軍用のみでなく民生用の技術開発も行うことになり, 組織名はDを取り除いたARPAとなっている)

**dash**　(a 〜) 突進, 突撃, 一撃；a 〜 ダッシュ記号(-), (モールス符号の長点・長音)ツー；a 〜 《車》ダッシュボード, 計器盤 (= dashboard)；a 〜 ⟨of⟩ (添加, 加味される)少量の〜；vt. 〜をたたきつける, はねかける, 〜に⟨不純物などを⟩混ぜる ⟨with⟩, ⟨希望など⟩をくじく；vi. 突進[急行]する　◆at a dash　一気に　◆a long dashed line　個々のダッシュ記号が長い破線(—　—　—)　◆a short dashed line　個々のダッシュ記号が短い破線(- - - -)　◆be indicated [shown] by dashed lines　破線で示されている　◆seasoned with a dash of calypso and touches of rock music　カリプソとロック音楽が加味されて　◆We did bring an umbrella, but didn't use it, and just dashed through the rain instead.　我々は傘を持ってはいたが, ささずに雨の中を突っ切って走った。

**dashboard**　a 〜 ダッシュボード, 計器盤

**dashingly**　adv. 威勢よく, さっそうと　◆a dashingly handsome cavalry officer　さっそうとしたハンサムな騎兵隊将校　◆a dashingly handsome young man　ハンサムで(威勢のいい, 勇み肌の)ハンサムな若者；いなせな顔立ちのいい若い衆；若い伊達男

**DAT**　(digital audio tape) デジタル オーディオ テープ　◆a DAT deck　デジタル オーディオ テープ デッキ　◆a DAT recorder　デジタル オーディオ テープ レコーダー

**data**　データ, 資料, (取材などの)材料, 情報, 既知数, (仕様書などの)諸元, 一値 ▶datum の複数形ではあるが, 多くの場合, 特にコンピュータ分野では必ずしも, 物質名詞のように不可算・単数の扱いをする。　◆data on [concerning, about]...　〜の[に関する, についての]データ　◆a data page　データ記載ページ　◆data communications　データ通信　◆data gloves　データ グローブ (*バーチャルリアリティー用のセンサーを取り付けた手袋)　◆experimental [test] data　実験[テスト]データ；実験値[試験値]　◆data collection terminals　データ収集端末(装置)　◆a data-link-escape (transmission control) character; DLE　《コンピュ》伝送制御拡張文字　◆a data-bearing [an information-bearing] surface　《意訳》データ[情報]が記録されている表面；データ面 (*ハードディスク, CD, DVD, 磁気テープなどの)　◆cause data corruption　データ破損を引き起こす　◆numeric and image data　数値データおよびイメージデータ　◆perform analyses on data　データを分析する　◆perform data compression/decompression　データ圧縮・解凍[展開, 復元]を行う　◆the amount of data　データの量　◆two items of data　2項目のデータ　◆write data on a tape　テープにデータを書き込む　◆data entry clerks　データ入力職員　◆satellite-derived data　人工衛星から得たデータ　◆draw graphs from stored data　《コンピュ》保存されたデータからグラフを描く　◆get data into the computer　コンピュータにデータを入力する　◆manipulate complex data　複雑なデータを(手際よく)処理する　◆obtain time and frequency data from...　〜から時間と周波数のデータを得る　◆protect corporate data assets against accidental or unauthorized modification, disclosure, or destruction　企業データ資産を, 偶発的または不正な改変や公開や破壊から守る　◆salary and length-of-service data　給与および勤続年数のデータ　◆store one million characters of data　百万文字

分のデータを記憶する ◆the data describing the area その領域を表しているデータ ◆a collection of data in a form suitable for ready reference いつでもすぐに参照するにも都合のよい形のデータの集まり ◆Five years' data was [were] analyzed to determine the effectiveness of using... ～を使う効果を確かめるために5年分のデータを分析した ◆since three pieces of data are being transmitted 3つのデータが転送[送出]されている最中なので ◆Any collection of items of data can be considered a database. データ項目の集まりは何でもデータベースであると見なすことができる. ◆Waveform data can be acquired through an IEEE-488 interface and stored in Lotus 1-2-3 format. 波形データは, IEEE-488インターフェースを介して収集し, Lotus 1-2-3形式で保存することができる.

**databank, data bank** a～ データバンク
**database** a～ データベース; v. データベース化する ◆consult a database データベースを調べる[参照する,利用する,検索する] ◆a relational database リレーショナルデータベース ◆database construction データベースの構築 ◆a database on the risk of drugs used in pregnancy 妊娠期に使われる薬の危険性についてのデータベース ◆create a database データベースを構築する ◆enter [save, store, put]... into a database ～をデータベースに入れる[登録,保存]する ◆obtain information from a database データベースから情報を取る[データベースに照会する] ◆retrieve information from databases データベースから情報を検索して取り出す ◆stored in a database データベースに格納されている ◆update a database データベースを更新する ◆create catalogs from information stored in databases データベース化された情報を元に[データベース化された情報を元に]カタログを作成する ◆search a database for previous occurrences of a similar problem 似たような問題が以前になかったかどうかデータベースを検索する ◆Databasing is a process that organizes data by categories. データベース化とは, データをカテゴリー別に整理する(過程/工程/処理/作業/操作/手順)のことである. ◆The statements are analyzed by experts and compiled into a computer database. これらの陳述は, 専門家により分析され, コンピュータデータベース化される. ◆"Databasing" is the process of storing, managing, and manipulating large amounts of information, or data. 「データベーシング」とは, 大量の情報, すなわちデータを蓄積, 管理, 操作することである.

**datagram** a～ (〈ネット〉データグラム(＊パケット交換網で, 発信側のアドレスや宛先アドレスを含んだヘッダーからチェックサムまでで構成されるパケットのこと)

**data processing** データ処理 ◆electronic data processing (EDP) [automatic data processing (ADP)] 電子(式)データ処理(ADP) (＊これらの表現は, data processing とほぼ同義と考えてよいが, 特にコンピュータを利用したものであることを明言するものである)

**data transfer** (a)～ データ転送

**date** 1 a～ 日, 年月日, 日, 期日, 日取り; 回時代, 年代, (to date, up to dateの形で)現在; a～ (人と)会う約束, デート(の相手) ◆an expiration [expiry] date 有効[使用]期限 ◆a ship date 出荷日 ◆date and time stamping 日付と時刻を刻印すること, タイムスタンプを押す[記録する]こと ◆the date of sending 発送日 ◆tour dates; a tour schedule [itinerary] ツアーの日程[スケジュール] ◆a sample promise date 見本提出約束日 ◆the date inspected 検査実施日 ◆announce a date for... ～の日取りを発表する ◆at some future date 後日(に) ◆at the earliest possible date できるだけ早く; 一日も早く; 少しでも早い日程[時期]に; 早急に ◆before or after a certain date and time ある特定の日時の前または後に ◆fix dates for the next meeting 今度のミーティングの日にちを決める; 次の会議の日取りを決定する[日程を固める] ◆set a date for the wedding 結婚式の日取り[日]を決める ◆the creation date of a file ファイルの作成日 ◆the date and time of the error そのエラー[異常]が発生した日時 ◆the date and time of the message そのメッセージの日付と時刻[日時] ◆the date of photo shooting 撮影日 ◆the anticipated date when... ～となることが予期されている日 ◆set Sept. 8 as the date for... ～の日取りを9月8日に決める ◆sort data by date データを日付順に並べ替える ◆the date I wanted to leave 私が出発したかった日 ◆the nature and the date of repair(s) are recorded 修理の内容[種類]および修理日が記録される ◆within one year of [after] the date of purchase 購入日から(起算して)1年以内に ◆enter the date by typing it in month/day/year format 《コンピュ》日付を月／日／年の形式で入力する ◆he was present at the scene of the crime on the date of the crime 彼は, 犯行当日に犯行現場に居合わせた ◆the date on which the document was created その書類を作成した日付 ◆when the date changes from December 31, 1999 to January 1, 2000 日付が1999年12月31日から2000年1月1日に変わるときに ◆within the dates set for safe purchase and consumption 《直訳》安全に買って食べられるということになっている期限内に; 《意訳》賞味[消費]期限内に ◆yyyy_mm_dd: Date in year, month, and day format. yyyy_mm_dd: 年, 月, 日の形式の日付 ◆until 30 days have elapsed from the date the license is surrendered 免許が返納された日から起算して30日経過するまで ◆Delivery time runs about two months from the order date. 納期は, 発注日から2カ月ほどかかります. ◆No hearing dates have yet been set. 公聴会の日程[期日, 日取り, 会期, (意訳)予定]は未定である. ◆The dates of the show are September 12-16. ショーの日程[期日, 会期]は, 9月12～16日である. ◆The model can date-stamp your tapes. この機種は, テープに日付を入れる機能がある. ◆The target date for completing the project is 2001. このプロジェクトを完了させる目標期限は, 2001年である. ◆When the date and time came, it was canceled without explanation. 予定されていた日時になって[そのときになって], 説明もなしにキャンセル[どたキャン]されてしまった. (＊記者会見の話で) ◆He refused her request to delay the May 15 date by which she must... 彼は, 彼女が～しなければならない5月15日までの期限[期日]を延期して欲しいという彼女の頼みを拒絶した. ◆Meat purchased on the "sell by" date should either be frozen immediately or cooked the same day. 「販売期限」ぎりぎりの日に買った肉はすぐに冷凍するかその日のうちに料理してしまわなければいけません. ◆Postvaccination testing results should also be documented, including the date testing was performed. ワクチン接種後の試験[検査]結果についても, 試験実施の日付を含めて記録を取ること. ◆Reports are listed in order of occurrence date, with the most recent dates at the top of the list. 報告は, 最新の[一番最後の]発生日がリストの先頭に来るように発生日順にリストアップされている. ◆The show's organizers complain that they can only book dates at the Convention Center on a year-to-year basis and can't schedule years ahead. このショーの主催者らは, コンベンションセンターでの開催日程は単年度ベースでしか予約できず, 何年も前から予定を組んでおくことができないとこぼして[ぼやいて]いる (参考) 日付の表記は, 6月5日を例にとると,《米》June 5, June 5th,《英》5 June, 5th June となり, 読み方は, "June the fifth", "the 5th of June" である. 米語では "June five" のように読んでもよい. 日付の一の位が1, 2, 3のものについては, -thをつけるのでなく, 1st, 2nd, 3rd, 21st, 22nd, 23rd, 31st (ただし, 11th, 12th, 13th)となることに注意. ◇on January 12, 1995 1995年1月12日に
2 vt. ～に日付を入れる, ～の年代を測定する, 〈人〉とデートする, 〈人〉と会う約束をする; vi. ～の時代[年代, 日付]のものである, デートする[会う約束をする] ◆<with> ◆date back to... 〈日付, 年代など〉にさかのぼる ◆date from... 〈日付, 年代など〉から始まる ◆a dating website; a matchmaking site; a dating and matchmaking site 出会い[出合い, 出逢い, 出遭い]系サイト ◆back issues dating from 1990 1990年以降のバックナンバー[既刊号] ◆They start dating exclusively. 彼ら[二人]は決まった相手としてデートし[付き合い]はじめる. (＊これに対し, お友達として会っている程度なら casually) ◆Successful experiments in... date from the mid-1970s. ～の実験でよい結果が得られるようになってきたのは, 1970年代半ば以降のことである. ◆All official documents except passports are dated by the era Heisei. パスポート以外の公式文書は, す

べて平成の元号で日付が振られる．◆I broke a date with him to go out with a guy I had wanted to date for ages. 私は，ずっと長い間デートしたかった男性と出かけるために，彼とのデートの約束を破ってしまいました．◆Completion of the initial 1.3-mile segment of the Las Vegas People Mover is planned for 1991 – perhaps a good year for dating the beginning of the maglev era. ラスベガス・ピープル・ムーバー線の最初の1.3マイル区間の完成は，1991年に予定されている．リニアモーターカー時代の幕開けとなるのにふさわしい年といえよう．

**out of date** 時代遅れで，旧い，期限切れの（→ out-of-date）◆be 20 years out of date 20年時代遅れになって［時代に取り残されている］◆foods that have fallen out of date （賞味[品質保持，消費]）期限切れになった食品 ◆never go out of date 決して時代遅れにならない［古くなら，古臭くなら，旧型にはなら，廃れ，陳腐化し］ない ◆out-of-date regulations 時代にそぐわなくなってしまっている法規 ◆abandon the out-of-date thinking of the Cold War and take a fresh look 冷戦時代の時代遅れの考え方を捨てて新たな視点でものを見る ◆his views are out of date with the realities of today's world 《意訳》彼のものの見方は，今の時代の現実と乖離(カイリ)してしまっている；《意訳》彼の時代感覚は，今の世の中とずれている

**to date** 今日まで（の），今まで（の），現在に至るまで ◆Volvo's track record to date 今日までのボルボ社の実績 ◆When looking at the year to date, . . . 今年これまでのところを見て［振り返って］みると；今年に入ってからこれまでの通期で見ると ◆Infiniti's year-to-date sales totaled 6,156, a 67 percent increase over the 3,695 sold during the same period last year. （日産）インフィニティの今年今までの販売台数は6,156台であった．これは去年同月の販売実績3,695台の67%増に当たる．

**up to date** 最新で（cf. up-to-date 最新の）◆bring [keep] . . . up to date ～を最新の状態にする［維持しておく］◆bring it up to date ～を現行化する

**dateline, date line** the～ 日付変更線；a ～（新聞や雑誌記事の）発信地と日付を書く行；vt. 〈記事〉に日付と発信地を書き入れる ◆cross the (international) date line 日付変更線を越す ◆with a dateline of June 19 6月19日付けで（*新聞記事などが）◆The first issue of the newsletter, datelined September, has just been mailed out to subscribers. 同広報の9月付け第1号は，（つい先頃）加入者宛に郵便にて発送されたばかりである．

**datum** 1 《data の単数形》a ～ データ項目，データ ◆the time required to access a given piece of datum ある特定のデータにアクセスするための所要時間
2 ～（pl. datums）基準点［面，線］，原点 (= a datum point)

**daughter** a ～ 娘，(人様の)お嬢さん；a ～ (daughter-in-law) 息子の嫁[妻]，義理の娘 ◆Take Our Daughters to Work Day on the fourth Thursday of April 《米》(直訳)4月の第4木曜日に「娘を職場に連れていく日」(*9〜15歳の少女に親や知り合いが職場見学させる全国運動)

**daughterboard** a ～ ドーターボード，ドーター基板（*マザーボードに接続される機能拡張基板）

**daughtercard** a ～ ドーターカード (= daughterboard)

**dawn** 1 (a) ～ 夜明け，明け方，曙（アケボノ），暁；the ～（比喩的）(時代の)幕開け，幕開き［始まり］◆at dawn 明け方［早朝］に ◆before dawn 夜明け前に［未明に］◆at the dawn of industrialization 工業化が始まろうとする頃に；工業化の黎明期に ◆at the dawn of the transistor age トランジスター時代の黎明期に ◆launch a pre-dawn raid on . . . 夜明け前［未明］に～への襲撃を開始する ◆the dawn of the age of HDTV ハイビジョン時代の曙 ◆at the dawn of a new era of international competition 国際競争の新しい時代の幕開けにあって ◆The dawn of the age of home video opened with the introduction of the Sony Betamax 1-hour video recording system. ホームビデオ時代の幕開けは，ソニーのベータマックス1時間録画システムの市場投入で始まった．
2 vi. 夜が明ける，(時代が)始まる，(物事が)現れ[起こり]始める，(物事が)(人に)分かり始める < on > ◆the dawning

---

of a new era of hope in Ireland アイルランドにおける新しい希望の時代の夜明け［始まり，幕開け，《意訳》芽生え］

**day** 1 a ～ 日，1日，一昼夜；回日中，昼間 ◆all day long 一日中，終日，夜がな一日，ひねもす，ずっと，朝から晩まで ◆day by day 日に日に，日一日と，日ごとに，日々，日増しに，日を追って，毎日毎日，連日 ◆during the day 日中に ◆every other day; every second day; every alternate day 隔日［1日おき］で ◆a day student [schooler] 通学生（*寄宿生に対して）◆an adult day service(s) center 成人のための通所介護施設，(1日)託老所（*要介護高齢者などの）◆arrive home after a long day's work 長い1日の仕事を終えて帰宅する ◆as the days get [grow] shorter 日［日足，《意訳》昼間の長さ］が短くなるにつれて ◆a three-day event 3日続きの行事 ◆a two-day conference 2日間にわたる会議 ◆computations of day counts 日数の計算 ◆do (full-time) day duty 昼間の勤務をする ◆do [go on, be on] day duty 日直をする［に就く，である］◆enjoy the chef's special of the day シェフお勧めの日替わり特製料理を満喫する ◆go on day duty 昼間の勤務［日勤］に就く ◆hire a day laborer 日雇い労働者を雇う ◆on the day following the meeting 会議の翌日に ◆on the third day of deliberation 審議が始まって3日目に ◆work day and night 日夜[昼も夜も，夜を日に継いで]，不眠不休で，四六時中，昼夜兼行で]働く ◆work on a day-labor basis 日雇いで働く ◆a catch-of-the-day piece of plain baked cod with rice ライス付きの当日獲れたタラの素焼き［白焼き］◆an all-day school; a whole-day school 全日制の学校 ◆a one-day strike 1日(限り)のスト ◆a three-day talkathon 3日間に及ぶ長時間討論 ◆next-day and two-day delivery 翌日配達および翌2日配達 ◆Let's call it a day. 今日は，これで終わりにしよう．◆Not a day [Not a single day; No day; Hardly a day; Barely a day] passes without reports on . . . ～についての報道がない日は一日とてないくらい［一日たりともないほど］だ；《意訳》ほとんど毎日のように～の報道がある ◆People lived from day to day. 人々はその日暮らしをしていた．◆be organized by year, month and day in reverse chronological order 年月日によって[日付の]新しい順に整理されて［並べられて］，carry out checks before [prior to] the commencement of a [the, each] day's work 始業前に点検を行う ◆grow even stronger as the days go on 日増しに［日数が経つにつれていっそう］強くなる ◆he has 30 days to make a report to the committee 彼が委員会に提出する報告書を作成するのに30日間［が与えられている］◆his wife works part-time, 20 days a month, as . . . 彼の妻は，～として月に20日パートに出ている ◆involve several days' growth in a test tube 数日間の試験管内での培養を要する ◆provide accurate time-of-day information 正確な時刻情報を提供する ◆Since the day I bought the car, . . . この車を購入したその日からずっと ◆the nights were as steamy as the days （何日も）夜間は日中と同じくらい蒸し暑かった ◆calculate the number of days between an order date and its ship date 発注日から発送日までの日数を計算する ◆After finishing the day's work, clean . . . thoroughly. 一日の仕事が終わったら［終業後に］，～を十分にきれいにしてください．◆limit the number of consecutive hours or days that a nanny works ベビーシッターの連続勤務［労働］時間数あるいは日数に制限を設ける ◆the plant produces more than 15,000 pieces of equipment a day 同工場は15,000台を上回る機器を生産している ◆undecideds who make up their minds on the day of balloting （*誰に入れるか）投票日(当日)に決める浮動層 ◆you have 30 days in which to register your vehicle あなたの車両を登録するまでに30日の猶予がある［30日以内に車両を登録すればよい］◆I received the system a day after returning from Comdex コムデックス（見本市）から戻った翌日［次の日］同システムを受け取った ◆It is getting warmer with each passing day. 日増しに［日に日に，日一日と，日を追って］暖かくなっている．◆It'll get better with each passing [succeeding] day. それは日ごとに［日増しに，日を追うごとに，日を重ねるごとに，日を追って，日に日に，日一日と］よくなっていくだろう．◆Let the microwaved leaves stand a day in a dry place, then freeze. 電子レンジで加熱乾燥させた葉を1日乾燥した場所に放置した後，冷凍します．◆That technique is taught to pilots from day one of training. そのテクニックは, 訓練の1日目[初日]からパイロットに教えられている。 ◆The economic recovery grows stronger by the day. 景気の回復は, 日一日と[1日ごとに, 日増しに]力強さを増している。 ◆Nunn was a man to reckon with almost from the day he entered the Senate. ナン氏は上院に入ったほとんどその当日から, 一目置かれる[目が離せない]男だった。 ◆Day one and two of the show are trade and business only, the public gets let in on Friday to Sunday. この見本市の1日目[初日]と2日目は商取引およびビジネスのみで, 一般の方の入場は金曜日から日曜までです。 ◆If you change your mind in the days that follow, your credibility's hurt. 後日に[後に]なって考えを変えると, 信頼が損なわれる。 ◆My voice is not what it used to be. I think my days as a singer are numbered. もう昔の声は出ません。私の歌手生命は先が見えている[長くはない]と思ってます。 ◆The driver's license will remain suspended for 30 days from the day it is surrendered. 運転免許証は, それが返納された日から起算して30日間停止されることになっている。 ◆The number of posts has gradually increased, and now hardly a day goes by without at least one entry. (電子掲示板の)書き込み件数が次第に増えてきて, 今ではほとんど毎日少なくとも1件はあります。 ◆The theme for day one of the conference is "xxx," while for day two it is "yyy." この会議の初日のテーマは「xxx」, そして2日目は「yyy」である。 ◆Communications Minister Alain Carignon has ordered the French television watchdog to "monitor every minute of every day" of the Cartoon Channel and Turner Network Television (TNT). アラン・カリニャン通信大臣は仏テレビ監視機関に対し, このカートゥーン・チャンネルとターナー・ネットワーク・テレビジョン(TNT)を「毎日四六時中常時監視」するよう命令した。

2 ~s 時期, 時代, 時世, 時勢, 日々 ◆these days この頃は, 近頃, 昨今, 当節, 最近, このところ ◆A new day has come where... ~するところの新しい時代が到来した ◆in the early days of August 8月に入って間もない頃に;8月初旬[上旬]に ◆in the early days of the century この世紀の初めに ◆in those days [times] 当時, あのころ, そのころ ◆the days of Mao 毛沢東時代 ◆since the magazine's early days 40 years ago 40年前の同誌の創刊頃から ◆a modern-day jet 今日[現代]のジェット機 ◆the urgent and important issues of the day [of our time] 現下の喫緊の問題 ◆in these days of cheap gasoline ガソリンが安い今のご時勢では ◆the days of the mall are numbered このショッピングセンターは(もう)長くは持たない[先行きが短い] ◆the machine's days are numbered この機械は寿命が近い ◆In this day and age of bank acquisitions and loans being bought and sold, ... 銀行買収がありはたまた貸付金[(意訳)債権]が売り買いされる昨今のご時勢にあっては, ◆Gone are the days when... ~であった時代は過去のものとなってしまった。 ◆The day is not far off when... will be able to... ~が~できるようになる日はそう遠くない。 ◆The days of ... -ing ... are over. ~していた時代は終わった。 ◆Are the days of the workstation numbered? (パソコンに取って代わられようとしている) ワークステーションの終焉は近いのであろうか。 ◆It saw its heyday [best days] 25 years ago. それは, 25年前に全盛をみた。 ◆South Korea used to offer cheap labor, but those days are long gone. 韓国はかつて安い労働力を提供していたが, その時代はとっくに過ぎ去ってしまっている。

**day after** the ~ その翌日, その次の日, 明くる日; day-after adj. 翌日の, 明くる日の, (大惨事や大事件などの)事後の

**day care** 口日帰り[通所]介護サービス, 保育; day-care adj. ◆adult day care 成人のための日帰り[通所]介護(サービス) ◆要介護高齢者などのための) ◆take one's daughter to day care 娘を保育園に連れていく ◆The company is going to open a day-care center for its employees' children later this year. 同社は, 今年(これから)従業員の子供たちのための託児[保育]所を開設しようとしている。

**Day-Glo** (商標)昼光下で蛍光を発する色素・顔料; adj. (dayglo とも表記) 蛍光色(の) ◆a T-shirt embossed with a skull

in Day-Glo colors 蛍光色で骸骨(の絵)を肉盛印刷したTシャツ

**daylight** 日光, 昼光; 白昼, 昼間 ◆daylight saving [savings] time (米)夏時間(*英国では summer time) ◆in broad daylight 真っ昼間に, 白昼に ◆daylight-balanced color negative film 昼光色用ネガカラーフィルム(*balanced は, 適正なカラーバランスが得られるよう, 3つの補色感光層の感度が調整されているということ) ◆the country's justice minister was assassinated in broad daylight 同国の法務大臣が白昼に暗殺された

**day shift** ◆work a [the] day shift 昼間の交替勤務[昼番, 日直, 日勤]をする ◆eat after the night shift ends or before the day shift begins 夜勤[夜間勤務, 夜勤, 宿直, 夜直]が終わった後に, あるいは昼間の交替勤務[昼番, 日直, 日勤]が始まる前に食事する

**daytime** 日昼間, 日中 ◆during daytime hours 昼間の時間帯に ◆during the daytime 日中に, 昼間に

**day-to-day** adj. 日々の, 毎日の, 日常の, その日その日の, 一日一日の ◆on a day-to-day basis 日単位で; 日ごとに ◆on a day-to-day basis 日常的に[毎日毎日, 日々, 日ごと] ◆exercise day-to-day control 日々の管理をする ◆the day-to-day running of the factories それらの工場の日毎の経営 ◆deal with day-to-day management problems 日常管理上の問題を処理する ◆have a major impact on day-to-day life 日常生活に大きな影響を及ぼす ◆Prices of day-to-day goods already have risen sharply. 日用品の価格は, すでに急騰してしまった。

**dazzle** vt. まぶしくさせる, 目をくらます, 感嘆させる, 圧倒する; vi. 目がくらむ, まぶしいくらい輝く, 驚嘆させる; n. 目をくらますこと, 絢爛, 華麗さ ◆on a sun-dazzled Los Angeles street 太陽の光でまぶしいロスの通りで

**dazzling** adj. まぶしい, まばゆい, 輝かしい, 豪華絢爛(ケンラン)たる, 感嘆[感心]するほどの ◆a dazzling achievement 輝かしい業績 ◆a dazzling debut 華々しいデビュー ◆a dazzling array of exposure control systems ずらりとそろった[多彩な(各種)]露出コントロールシステム ◆The keyboards can produce a dazzling range of musical effects, sounding jazzy or elegant at the flick of a button or a switch. これらの鍵盤楽器は, 驚くほど幅広い音楽効果を出すことができ, ボタンやスイッチ一つでジャズっぽい音もエレガントな音も出せる。

**dB, db** (decibel) デシベル ◆a 40-dB loss 40デシベルの損失 ◆The car idles at 36 dB. この車のアイドリング時の騒音レベルは36dBAである。(*36dBAのAは, 測定の際に, 周波数対減衰特性がAの聴感補正回路と呼ばれるフィルターを用いたことを示している) (→聴感補正)

**DBM** a~ (double-balanced mixer [modulator]) 《通》二重平衡変調器[変調回路]

**DBMS** (database management system) a~ (pl. DBMSes) データベース管理システム

**DBS** (direct broadcast satellite) a~ 家庭で直接受信できる放送波を地上に向けて流す中継用の衛星

**DC, dc, D.C., d.c.** (direct current) 直流 ◆a DC-DC converter DC/DCコンバーター ◆from dc to 26.5 GHz 直流から26.5GHzまで

**DCC** ◆a DCC (digital compact cassette) player DCC (デジタルコンパクトカセット) プレーヤー

**DCE** (data communications equipment) データ通信機器; (data circuit-terminating equipment) データ回線終端装置

**DCOM** (Distributed Component Object Model) 《コンピュ》

**DCT** 離散コサイン変換 ◆perform a DCT (discrete cosine transform) on ... 《数学》~を離散コサイン変換する

**DDS** (digital data storage)

**DEA** (Drug Enforcement Administration) the ~ 米国麻薬取締局

**deactivate** vt. ~を働かなくさせる, ~を作動しないようにする, ~の働き[動作]を停止させる, 不活性化する; 非導通状態にする; vi. 放射性を失う ◆activate and deactivate terminal equipment 端末装置を起動させたり停止させたりする

◆The alarm is deactivated when... 〜のとき、この警報装置は働かないよう[作動しないよう、オフ]になる ◆... the bus controller deactivates MRDC and DEN, and returns DT/R to its normal active-high state 《電子》バスコントローラは、MRDC(信号)とDEN(信号)をイナクティブにし、DT/R(信号)を通常のアクティブHIGHの状態に戻す.

**deactivation** 動作[機能]を停止させること; 不[非]活性化, 失活, 脱活

**dead** 1 *adj.* 死んだ、死んでいる; 電気が来ていない; (バッテリーが)上がっている; 感度がゼロの ◆a blind spot; a dead spot; (a) dead space 電波不感地[圏外]、《放送》受信不能[不良]地域, 難視聴地域 ◆a dead room (非常に残響の少ない)デッドな部屋; 無響室 (= an anechoic chamber) (*音響試験用の部屋) ◆(a) dead space デッド[利用されずに死んでいる]スペース; (放送などで)だれもしゃべっていない部分; 無音区間; (= a blind [dead] spot) 電波の届かない空間[地域・空域] (= 圏外), 受信不能地域, 電波不感地帯 ◆dead time 不動[不感, むだ, 休止]時間 ◆(a) dead weight 死荷重, 死重, 風袋重量, (トラックや鉄道車両などの)自重, 静重心 (= static load); a 〜錘 (オモリ) ◆a dead light bulb 切れている電球 ◆dead [black, missing] pixels 《直訳》死んでいる[黒、欠けている]画素; (意訳)ドット欠け (*液晶ディスプレイなどの) ◆dead-line work 電線に通電してない状態での作業; 停電作業 (*電源を切っての) ◆a dead battery (放電[消耗]しきった)空のバッテリー ◆take [adopt] an "over-my-dead-body attitude" toward [to]... 〜に対して、「私の目の黒いうちは絶対に許さない[勝手なまねはさせない]」という態度をとる[姿勢を構える] (*over my dead body = 私の死体[屍(シカバネ)]を乗り越えない限り) ◆the tube is just about dead この管は寿命がつきかけている (*蛍光灯の話で) ◆As long as I am in charge of..., that will be done only over my dead body. 私が〜を担当[統括]している限り、私の目の黒いうちはそんなことはさせない. ◆if the battery goes dead もしもバッテリーがなくなって[消耗して、上がって]しまうと; 電池の残量がなくなると ◆Five climbers were feared dead in an avalanche near... 登山者5名が〜付近の雪崩れに巻き込まれて死亡したのではないかとみられている. ◆There are no "dead-spots" inside of this tool case. この工具箱の内部には、「死んでいるスペース[無駄な箇所]」は全くありません. ◆On life: "If you're not enjoying it, you might as well be dead." 人生について:「人生を楽しんでいないなら、死んでいるも同然かもしれません」

2 *adj.* 全くの、完全な; *adv.* 全く、完全に、すっかり; ちょうど、ぴったりと ◆dead serious about... 〜に対して非常に[至極、いたって]まじめ ◆take dead aim at... 〜にぴったり狙いをつける ◆They should be dead parallel. それらは互いに平行でなければならない.

**drop dead** → drop

**deadband, dead band** a〜(自動制御の)デッドバンド、不感帯、不動帯 ◆a governor speed deadband 調速機速度不感帯

**deadbeat** *adj.* 〈計器の針などの〉速やかの、速示的な; a〜なまけもの、ぐうたら、くず、《米》借金を踏み倒す悪質者 ◆weed out deadbeat teachers through competency testing 能力認定試験により、ぐうたら[ダメな]教師を除去する[やめさせる]

**dead center** a〜(クランクの)止まりセンター; 死点

**deaden** (音、痛み)を消す、弱める; (壁、床)を防音[デッド]にする ◆sound deadening サウンド・デッドニング、吸音処理、(スピーカーボックスなどに)制振[防振]対策を施すこと、(オーディオルームなどの)残響を小さくしたり残響時間を短くすること

**dead end** a〜行き止まり(の道、廊下など)、袋小路、行き詰り、終結、進展の見込みがない ◆逼塞(ヒッソク), 八方ふさがり)状態 ◆the only way out of the dead end 行き詰まりから抜け出すための方策

**dead-end** *adj.* 行き止まりの、進展の見込みがない、将来性のない、行き詰まった、逼塞(ヒッソク)状態の、八方ふさがりの、〈子供など〉手に負えない「腕白、乱暴な]; *vt.* 〜を行き詰まらせる; *vi.* 行き詰まる、行き止まりになる ◆a dead-end hook 引留フック (*電線や支線の終端を保持するための金物) ◆Choose a job you like rather than stay in a dead-end job. 前途に見込みのない[将来性の無い]職場にとどまるよりは、自分の好きな仕事を選びなさい.

**dead heat** a〜 同着 (*2者以上が同時にゴールインすることによる), デッドヒート, 白熱戦, 激しい競り合い, 大接戦, 引き分け, 無勝負 ◆in case of a dead heat between two horses for first place (競走馬)2頭間での1位をめぐるデッドヒート[激しい競り合い, 大接戦, 同着]の場合

**deadline** a〜 締め切り(日[時間])、(最終)期限、期限日、納期、期日、越えてはならない線 ◆meet a deadline 締め切りに間に合わせる ◆cut corners to meet a deadline 最終期限[締め切り, 締切日, 工事期限, 工期]に間に合わせるために手抜きをする ◆impose a tight deadline on... 〜に厳しい納期[きつい締め切り]を課す ◆be facing a tight deadline 厳しい納期に直面して[きつい締め切りに追われて]いる ◆establish strict deadlines for the issuance of a report 報告書の発行に向けて厳しい締め切りを設ける[定める, 設定する] ◆If you are working toward a deadline, 期限に間に合わせようと仕事をして[締め切りに追われて(仕事をして)]いる場合は ◆the deadline is getting dangerously close 締め切りが危ない[ぎりぎり]のところまで迫ってきている ◆when important deadlines are creeping up 重要な期限[締め切り]が迫ってきている時に ◆the European Community's 1992 deadline for creation of a truly unified common market 真の統一共同市場創設に向けての欧州共同体の1992年の期限

**deadlock** (a) 〜 膠着(コウチャク)状態, 行き詰まり, 《コンピュ》デッドロック ◆be at deadlock (交渉などが)行き詰まっている; 膠着状態になっている ◆come to a deadlock; reach (a) deadlock (交渉などが)行き詰まる[動きがとれなくなる, 膠着状態に陥る] ◆break a deadlock 膠着状態[行き詰まり]を打開する ◆in the event a deadlock in negotiations later on 万が一交渉が後で行き詰まった[暗礁に乗り上げた]場合に (▶先人が lock を rock と取り違えたことが元で日本語では「暗礁」になったと言われる) ◆We should find a new way out of the deadlock. 我々はこの行き詰まり状況から抜け出すための新たな打開策を見つけなければならない.

**deadly** *adj.* 致命的な, 致死の, 命にかかわる; 猛毒の, 劇毒の ◆The battery contains no deadly mercury to pollute the environment. この電池は、環境を汚染する猛毒な水銀を含んでいません.

**deadman** a〜 死体, (酒宴で)飲んで空になったビン, 《俗》かかし, 固定のために地中に埋められた物体, 海岸の倒れ木(a fallen tree on the shore) ◆a deadman's brake デッドマンブレーキ (*ペダルから足を離すとブレーキが作動する) ◆a deadman's handle デッドマンハンドル (*運転を継続するためには、押し続けなければならないもの) ◆a deadman switch デッドマンスイッチ (*スイッチを押している間はオフで、離すとブレーキなどの機能を働かせる[作動させる])

**dead point** a〜 《機械》(= dead center) 死点, 思案点 ◆come to a dead point (比喩的に)行き詰まる

**dead reckoning** 推測航法 (= a dead-reckoning method [technique]) ◆a dead-reckoning position 推測航法による位置; 推測[推定]位置

**deadwood, dead wood** ⓝ 立ち枯れの木, 無用な[用にならない]もの[人員], 役立たず, 〈会社などの〉お荷物, お払い箱, 窓際族 ◆carry deadwood (不要になった)余剰人員を抱えている ◆the deadwood in the company 会社のお荷物的人員[窓際族] ◆many staff members are "deadwood" who do too little work 多くの職員は, あまりにも仕事をしない「役立たず」だ

**dead zone** a〜(自動制御の)不感帯[域] ◆a fixed-width dead zone ある一定な幅の不感帯 (*入力が出力に反映される帯域で, 自動車を例にとれば, ハンドルなどの「遊び」に当たる)

**deaerator** a〜 空気分離器, 空気抜き装置, 脱気器, 脱気機, 脱気装置 ◆a deaerator tank 脱気器タンク

**deaf** adj. 耳の聞こえない、難聴の、聾(ロウ)の、つんぼの; 聞こうとしない、聞く耳を持たない、馬耳東風の ◆interpreters for the deaf 手話通訳者 ◆Reagan's deaf-ear strategy for handling the press 報道陣をあしらうためのレーガン大統領の馬耳東風戦術 ◆His plea fell on deaf ears. 彼の嘆願は無視された.

**deafness** 回耳が不自由なこと, 聾, 難聴; 回耳を貸さないこと [聞く耳を持たない] こと, 気にしない [無視する, 知らない] こと ◆congenital deafness [hearing loss] 生まれつき耳が不自由なこと; 先天的な聾 [難聴, 聴覚消失症, 聴力障害] ◆the commission has a history of deafness to criticism この委員会には, 批判を聞こうとしない [に耳を傾けない] という伝統 [長年の癖, 長年の体質] がある

**deal** 1 *a*~ 取引, 商取引, 不正取引, 談合, 密約, 協約, 協定, 取り決め, 契約; *a*~ 事, 物, 事件, 事案; *a*~ (単独の) 取り扱い [待遇, 態度]; *a*~ トランプなどのカードを配ること [持ち札, 手] ◆a credit deal 信用供与協定 ◆ink a deal (署名することにより) 取引 [契約, 取り決め, 協定] を成立させる [まとめる] ◆close a deal with an American manufacturer 米国の製造業者との間で取り引き [商談] をまとめる ◆investors should beware of deals that sound too good to be true 投資家は, うますぎる [できすぎた] 話には気をつけなければならない 2 *a*~ 《通常 a good [great] ~ の形で》大量, 多数; 《副詞的に》大いに, かなり, ずいぶん ◆a great deal of time 多大な [少なからぬ] 時間 3 vi. 《deal with で》~を扱う [処理する, 処遇する, 相手にする, ~に取り組む [対処する], ~と取引する [付き合う]; vi. 《deal in で》〈商品〉を商う [扱う, 売買する] ◆deal with a large commercial bank 大きな市中銀行と取引する ◆This paper deals with the subject of... 本論文では~という論題を扱う [《意訳》取り上げる, を論じる, について述べる]. ◆Chapter 9 deals with... 第9章では, ~を扱う [論じる]. ◆effectively deal with a problem 問題に効果的に対処する ◆everything was dealt with on one's own responsibility 一切は自己責任において処理された ◆information about the products we deal with 我が社が取り扱う商品 [手がけている製品] に関する情報 ◆Young doctors learn to deal with patients and senior doctors while interning at a hospital. 若い医師たちは, 病院でインターンをしている間に患者の扱い方や先輩医師たちとの付き合い方を習得するのである. ◆The Machida plant can deal with almost any category of refuse. 町田処理工場は, ほとんどの種類のごみを処理することができる. ◆When dealing with an older person who is ill or absent-minded, be patient. 病気だったりぼんやりしていたりする高齢者を相手にする際は, 辛抱強くしなければいけません. (*an older person は, かなり年輩の人のこと) 4 vt. 〈打撃など〉を加える [与える] <to, at>, 分ける [分け与える], 分配する; vt., vi. 〈トランプの札など〉を〈人〉に配る <out> ◆The loss of phosphates dealt a blow to cleaning power. りん酸塩が無いこと [無いであること] は, 洗浄力に打撃を与えた.

**big deal** *a*~ 大きな取引, たいしたもの, 大物, 重大事; interj. たいしたものだ, いやごりっぱ ◆make a big deal out of... ~をあたかも大事 (オオゴト) であるかのように誇張する; ~を針小棒大化する; ~を大げさに騒ぎ立てる ◆asking your parents for money is no big deal compared to asking a girl out 女の子をデートに誘い出すのに [難しさに] 比べたら親にお金を無心したことなどはたいしたことではない ◆"It's no big deal," he said. 「たいしたことじゃない」 と彼は言った. ◆What's the big deal with Y2K? (コンピュータの) 2000年問題が何だ [どうした, なんぼのもんじゃ].

**deal in** ~を商う, 販売する, ~に関係している, 従事している ◆deal in jewelry 宝飾品を商う

**dealer** *a*~ ディーラー, 商人, 業者, (系列) 販売店, 発売元, (特約) 販売業者, 特約店, 取り扱い店 ◆a foreign exchange dealer 外国為替ディーラー ◆a wholesale [retail] dealer 卸 [小売] 業者 ◆a used-car dealer 中古車販売業者 ◆cancel the company as a Powertek dealer パワーテック販売店 [代理店] としての同社の資格を解除する ◆The company has replaced half of its dealers. その会社は, (販売) 特約店の半数を入れ替えた. ◆Spare parts, accessories, and attachments are obtainable from your local dealer or from your nearest Nanotronics Service Depot (see list on the guarantee card). スペアパーツ, アクセサリー, およびアタッチメントは, 地元取り扱い店もしくは最寄りのナノトロニクスサービス拠点 (保証書のリストをご覧ください) でお求めになれます.

**dealership** *a*~ 販売代理店, 正規販売店, 特約販売業者, 特約店, 系列店, 取り扱い店, 発売元

**dealing** 取り扱い, 振舞い; ~s (商売上の) つきあい, 取引, 関係, 交渉, 取引き ◆have dealings with... ~と取引 (関係) がある; ~と関係 [かかわり] がある; ~とかかわりを持っている ◆in your business dealings あなたの商取引において ◆people avoided dealings with this thug where they could 人々は, このチンピラとかかわり合いを持つことをできる限り避けた [可能な限りかかわり合わないようにした] ◆Eighty percent of the population has had no dealings with a lawyer. 80%の人は弁護士と取引した [弁護士を頼んだ, 弁護に依頼した] ことがない. ◆We have dealings with the company from time to time. 我が社は, その会社とときどき取引がある.

**deallocate** ~(の割り当て)を解除する ◆The "deallocate pages" function releases EMS pages your program had claimed. 《コンピュ》deallocate pages (ページの解放) 機能は, あなたのプログラムが要求したEMSページを解放する.

**dear** adj. 親愛なる, かわいい, いとしい; 心からの, 大事 [大切] な; 高価な ◆my son, so dear to my heart 私の最愛の [愛しの] 息子

**dearth** *a*~ 不足, 欠乏 ◆a dearth of low-skill factory jobs 未熟練労働者向けの工場勤めの仕事 ◆there's a birth dearth in Germany ドイツでは少産化 [少子化] している

**deashing** 回脱灰 ◆(the) deashing of coal 石炭の脱灰

**deassert** ディアサートする (↔assert)

**death** (*a*)~ 死, 死亡, 他界 (すること), 寂滅 (ジャクメツ), 終焉 (シュウエン) ◆a cause of death 死因 ◆accidental death 事故死 ◆a death-row inmate [prisoner]; a prison inmate [an inmate] on death row 死刑囚 ◆a near-death experience 臨死体験 ◆a boy's death from...-ing ~をしたことが原因となったある少年の死 ◆a death caused by playing TV games テレビゲームが原因となった死 [死亡事件] ◆a death certificate 死亡証明書 ◆his death from lung cancer 肺癌による彼の死 ◆in the event of an owner's death 万一所有者が死亡した場合に ◆invite death [Death] 死 [死に神] を招く ◆literally work oneself to death 文字道り過労死する ◆take exception to the death penalty 死刑反対を唱える ◆the dog was near death その犬は死にかけていた ◆a leading cause of on-the-job injuries and deaths 就労中の負傷や死亡事故 [労働災害] の主な原因の一つ ◆as a cause of untimely deaths among Americans 米国人の (間における) 早死に [早世] の一因として ◆be near death from lack of food and water 食糧と水不足で死にかけている ◆he was hovering near death 彼は死の淵をさまよっていた ◆She is very near death. 彼女は瀕死の状態である. ◆to prevent and/or minimize a situation which is likely to cause death 死を引き起こしそうな [(意訳) 死を招きかねない] 状況を防ぐか, あるいは小さくするようにするために ◆He has been near death twice before. 彼は, 2度死にかけたことがある. ◆Technological level can spell the difference between life and death. 技術水準は, 死ぬか生きるかの違いを意味する. ◆The most frequent cause of death in car accidents for the unborn child is the death of the mother. 胎児の自動車事故における一番多い死因は, 母親の死である.

**death knell** *a*~ 弔いの鐘, 弔鐘 (チョウショウ); 終焉 [滅亡] を告げるもの ◆Will these electronic advances eventually sound the death knell for traditional text entry practices? これらのエレクトロニクスの進歩は, ついにこれまで行われてきたテキスト入力方法に弔鐘を鳴らす [終焉 (シュウエン) をもたらす] ことになるのであろうか.

**debacle** *a*~〈軍, 群衆などの〉総崩れ, 崩壊, 暴落, 大災害, 大失敗 ◆an electoral [election] debacle 選挙での惨敗 [完敗, 地滑り的大敗] ◆a bond market debacle 債券市場の暴落

predict a debacle for the stock market　株式市場［市況］の暴落を予言する　◆it was one of the great debacles of U.S. foreign policy　それは米国の外交［対外］政策の大失敗［大失策］の一つであった

**debate**　1　*a* ～　討論, 討議, 論争, 議論, 論議　◆under debate　討論［審議］中の［で］　◆a great debate on [over, about, regarding]...　～についての大論議［大論争］　◆become a focal point for debate about...; become the focal point of (a) debate over...<between, among>　(～の間で)～に関する議論の的になる　◆Whether... is a matter of great debate.　(はたして)～かどうかは大きな論議を呼ぶところである。　◆hold a debate over whether...　～かどうかについて討論［論議］する　◆ignite a raging debate over the future of...　～の行く末についての大論争に火を付ける［激論を呼ぶ］　◆set off a raging debate over the future of...　～の前途についての激しい論議［大論争］を巻き起こす　◆there is no point in furthering a debate on this　この件について更に議論を進める［深める］意味がない　◆there was much [heated, spirited] debate about whether...　～かどうかについての多くの［熱っぽい, 活発な］議論が交わされた　◆It is a matter of debate.　それは, 論議を待つ［議論を呼ぶ］ところである。　◆The U.S. Congress is in a great debate about Medicare.　米議会では, メディケアをめぐって大論争中である。　◆It is a subject of continuing debate among nuclear physicists.　それは, 原子物理学者の間でずっと議論が続けられている問題である。　◆These selections are sure to spark lively debate.　これらの選出は, 必ずや活発な議論を呼ぶことになるだろう。　◆A feat of heart surgery sharpens the debate over benefits and costs.　心臓手術の離れわざは, 受ける恩恵と代償をめぐっての論議を激化させることになる。　2　討議する, 討論する, 議論する, 論争する　◆debate whether (or not)...　～かどうか［～か否か］討議［討議, 熟慮］する

**debenture**　*a* ～　(無担保)社債［社債券］, 税関の戻し税証明書(= a customhouse order)　◆convertible debentures [bonds]　転換社債

**debit**　*a* ～　(簿記の)借り方, 借り方への記入; 借り方に記入する　◆a debit card　デビットカード(*日本のシステムでは, 銀行のキャッシュカードがそのまま使える)

**deboss**　vt.　〈文字や図柄など〉を〔引っ込む〕［くぼむ］ように型押しする　◆The title is debossed into the hardcover, and accented with a tasteful gold foil lettering.　書籍名はハードカバーに型押しされ, 高級感ただよう金箔のレタリングが見栄えよく施されています。

**debriefing**　(*a*) ～　デブリーフィング, ミッション［任務］完了後に行われる聞き取り［聴取], 活動終了後の報告　◆a post-homecoming debriefing　（任務から）帰還［帰国］した後での報告［聞き取り調査］, 帰朝報告会　◆a debriefing in which they discussed what went right and wrong　何がうまく行って何がうまく行かなかったのかについて彼らが話し合った反省会

**debris**　"de ブリー" または "ディブリー" と発音.　[U]残がい, （破壊物の)散乱した, 破片, かけら, 残物, 残り物, 建설廢物, ごみ, [U]〈鉱山・炭鉱〉廃石(ハイセキ), 捨石(ステイシ); *a* ～ (pl. スペルは同じで "-ズ"と発音) (氷河などによる)岩屑(ガンセツ)［岩塊］のたい積, 積もった氷塊, デブリ　◆a piece of space debris　宇宙のゴミ一つ

**debt**　(*a*) ～　借金, 負債, 債務; 恩義　◆a debt guarantee [guarantor]　債務保証［保証人］　◆a national debt　国の債務, 国債　◆debt forgiveness　借金の棒引き, 債務帳消し［免除, 救済］, 債権放棄　◆debt collection; the collection of debts　債権回収, 借金の取り立て　◆a debt-for-nature swap　債務・自然［環境］スワップ(方式)(*先進国やNGOが, 熱帯林の保護の見返りに発途上国の債務を肩代わりする)　◆debt-laden [-ridden]　借金を背負った［借金で苦しんでいる］　◆a country's debt service(-to-export) ratio　ある国のデット・サービス・レシオ(*輸出総額に対する支払・利子返済額の比率で, 国の対外債務の状況を示す指標となる)　◆accumulate $3 million in debt　負債［借金］300万ドルを溜める　◆a country's huge external debt　国の巨額の対外債務　◆through a debt/equity swap; via a debt-equity swap　デット・エクイティ・スワップ［債務の株式化］を通して　◆write the money off as a bad debt　その金を不良債権［不良貸付, 焦げ付き債権, 回収不能金, 貸倒れ金］として（損金)処理する　◆a debt-laden company　負債を負っている会社　◆pay off a short-term debt of $40 million　4千万ドルの短期借入金を完済する　◆accumulate a debt of more than $30 million　3,000万ドルを超える負債［借金］をためる　◆We are now in debt up to our eyeballs [ears].　私たちは借金漬けであっぷあっぷしている。　◆The company does not have sufficient cash flow to pay its debts.　この会社には, 負債を返済するだけのキャッシュフローがない。　◆The country was already staggering under foreign debt of more than $90 billion when oil prices collapsed last year.　同国は, 昨年石油価格が暴落した時, すでに900億ドル以上に上る対外債務の重みでふらついていた。

**debtor**　*a* ～　金を借りている［借金がある］人, 債務者, 借り主, 負債者, 《簿記》借り方　◆a debtor in possession (DIP)　占有する債務者, 占有継続債務者(*米国連邦破産法の再建型倒産手続である第11章手続(Chapter 11)では, 会社再建の申し立てをした債務者が業務を継続して行える。この債務者がDIPである)　◆debtor-in-possession (DIP) financing　DIPファイナンス(*倒産企業であるDIPが事業を継続しながら会社再建を図るための資金調達)　◆the United States is the world's largest debtor nation　米国は世界最大の債務［借金］国である

**debug**　～から虫を駆除する, 《コンピュ》～のバグ［誤り］を見つけて修正する。～をデバグする［バグ出し, バグ取り］する　◆All modules are individually debugged.　《コンピュ》すべてのモジュールは個別にデバグ［バグ取り, バグ出し, 《古》虫取り］される。

**debugger**　～　《コンピュ》デバッガ(*プログラム中のバグの発見・修正を支援するソフト)　◆an assembler-level [source-level] debugger　《コンピュ》アセンブラ［ソース］レベルのデバッガ

**debugging**　《コンピュ》デバッギング, 虫取り, プログラムの誤りを直すこと

**deburr**　～のばり［まくれ, かえり］を取る　◆deburr metal parts　金属部品のバリを取る［かえりを除去する］

**debut**　1　*a* ～　デビュー, 初舞台, 初登場, おめみえ, (新製品の)登場, 出現　◆make one's debut　《新人, 商品が》デビュー［出現, 初登場］する　◆his debut album　彼のデビューアルバム　◆make a [one's] dazzling [sensational] debut　華々しくデビューする; 華々しいデビューを飾る　◆make one's CD-ROM [Windows] debut　《順に》CD-ROM版［Windows版］として登場する　◆make one's market debut　市場デビューを果たす; 市場に登場［出現］する　◆the show's debut episode　そのショー番組の最初のおめみえ放映　◆they will make their debuts next year　それらは来年お目見えする［(市場に)登場する, (意訳)発売される］ことになっている　◆two boxers made their professional debuts　2人のボクサーがプロデビューを果たした　◆since the debut of the model in late 1988　1988年末期のこの車種［機種］の(新)登場以来　◆The company announced the worldwide sales debut of its Xxx camera.　同社はXxxカメラの全世界を対象にした販売［発売］開始を発表した。　2　v. デビューする, (初)登場する, 出現する　◆the Dallas store is scheduled to debut in late September or early October　ダラス店は, 9月末から10月初旬に開店の予定になっている

**decade**　*a* ～ 10年間; adj. 10進の　◆a decade counter　10進カウンター　◆a decade or so ago; about a decade ago　十年かそこら前に; 約10年前に; 一昔前に　◆during the last decade　過去十年間に　◆his decades of experience　何十年もの彼の経験　◆in less than a decade [ten years]　十年足らずで　◆over the last decade and a half　過去15年間にわたり　◆the decades-long Cold War　何十年もの長きにわたった冷戦　◆the last decade of the 20th century　20世紀最後の十年　◆they were only dreams a decade ago　それらは10年前［一昔前］には夢でしかなかった　◆the product of decades of labor by thousands of engineers　何十年間にもわたる何千人もの技術者らによる苦心のたまもの

**decal**　*a* ～　転写した画［図案], 移し絵, 図案［絵］が印刷されているシール［ステッカー］　◆a coffee mug decal　コーヒー

カップに写し絵印刷されている図柄 ◆a plastic decal　プラスチックシートでできているステッカー ◆T-shirts containing colorful decals of popular rock stars　人気のロックスターのカラフルな図柄が付いているTシャツ ◆To remove a decal from the tub: Spray or sponge with a laundry pre-wash solution. Leave it alone for an hour, then scrape away with a plastic spatula.　洗いおけからシールを除去するには、予洗用の洗剤液をスプレーするかスポンジで塗布してください。1時間放置してから、プラスチックのへらでこそぎ落とします。

**decalcification**　回石灰質[カルシウム]除去、脱石灰、脱灰 ◆decalcification of the enamel occurs　エナメル質の脱灰が起きる

**decarboxylation**　回カルボキシル基[炭酸基]の除去、脱カルボキシル化、脱炭酸 ◆by decarboxylation　脱カルボキシル化により ◆undergo decarboxylation　脱カルボキシル[脱炭酸]化される

**decay**　1　回減衰、消滅、放射性崩壊、老朽化、腐敗、腐れ、荒廃 ◆decay heat 《原子力》崩壊熱 ◆decay time 《電気》減衰時間 ◆the decay of radioisotopes　放射性同位元素の崩壊 ◆the output decays toward zero　ゼロに向かって出力が減衰して行く ◆these systems are all in advanced stages of decay　これらの制度はひどく崩壊が進んでいる　2　vt., vi.　減衰する、衰退する、《放射性物質》が自然崩壊する、荒廃する、老朽化する、腐敗する ◆decay by the emission of particles　粒子を放出することにより崩壊する ◆decaying highways, bridges and transit systems　荒廃[老朽化]しつつあるハイウェイや橋や交通機関

**deceit**　(a)　～だますこと、欺くこと、詐欺、ぺてん、虚偽；a～たくらみ、計略、策略 ◆practice deceit　いかさま[いんちき、ぺてん、ごまかし]をする

**deceive**　〈人〉をだます、欺く ◆We've been deceived and lied to.　私たちは、だまされてデタラメを聞かされてきた。 ◆"Deceive the eye" is the direct translation of trompe l'oeil, painting that is so lifelike that the viewer may think it's the real thing.　「目をだます」というのが、トロンプルイユ、すなわち真に迫っているあまり見る人に本物だと思わせてしまうような、だまし絵の直訳である。

**decelerate**　vt.　～を減速させる；vi.　減速する ◆when decelerating from above 4000 rpm　4000回転／分より上から減速している際に

**deceleration**　減速、減速度 ◆a deceleration lane　減速車線 ◆a deceleration stop　減速停止

**decency**　回きちんとしていること (orderliness)、礼儀(正しさ)、品位、体裁、体裁、世間体；《(通例 the ～cies)礼儀作法 ◆common decency　万人に共通の品位[良識]、世間一般がよしとする[常識的な]礼儀 ◆human decency　人間の品位[品格]

**decent**　adj.　上品な、《社会規範に照らして》適切な、まともな、ちゃんとした、見苦しくない、卑しくない、礼儀正しい、みだらでない；かなりよい、(まあ)満足のゆく；親切な、寛大な ◆a decent-sized city of some 300,000　人口5万人ほどのかなりの大きさの都市

**decentered lens**　a～　偏心レンズ、非共軸レンズ

**decentralization**　回分散(化)、分権(化)、集中排除、地方分権、地方分散 ◆the decentralization of power　分権(化)、地方分権化 ◆due to decentralization of offices　オフィス[事務所]の分散化のせいで

**decentralize**　vt., vi.　分散化する、分権化する ◆decentralized data processing　分散化データ処理 ◆decentralized [dispersed] power generation　分散型発電

**decibel**　a～デシベル ◆40 decibels　40デシベル ◆a high-decibel rock concert　大音響のロックコンサート ◆2 to 3 dB of improvement in signal-to-noise ratio　S/N比の2dBから3dBの改善 ◆The signal-to-noise ratio is usually expressed in decibels (dB).　S/N比は普通、デシベル(dB)で表される。

**decide**　vt.　～と決める、決定する、決心する、腹を決める[固める]、方針を固める、～することにする <to do>；vi.　<on, upon, about, for, against> 決める、決心[決意、決定]する、判断[判定、判決]する ◆decide between A and B　AとBのどちらにするか決める ◆decide him to <do>　～するよう彼に決心させる ◆decide what to do　何をなすべきか[何をすべきか]決める ◆I have decided to <do...>　私は、～することにした[決めた]。 ◆It has been decided to <do...>；It has been decided that...　～することに決定された[決まった]；～ということになった、～するものとする ◆One major issue yet to be decided is...　一つの大きな懸案事項[未決案件]は、～である。 ◆everything is already decided upon　何から何まですでに決められている；すべて前もって決定されている ◆if a military intervention is decided upon　もしも軍事介入が決定されたら ◆It has been decided that there is no longer a need to <do...>　もはや～する必要がないと決定した；もう～しなくてもよいと決まった。 ◆decide on the timing of national polling　国民投票の時期を決める ◆He always wants to decide everything.　彼はいつも自分で何もかも決めたがる。 ◆until both sides decide the political price becomes excessive　政治面での代償[犠牲]が大きくなりすぎると双方が判断するまで ◆I decided upon a course of action after reading your column.　私は、あなたの(書かれた)コラムを読んでこれからどうするかを決めました。 ◆The weather decided us against going.　天候上の理由で我々は行かないことに決定した。 ◆We decided that it was a good offer.　我々は、それが悪くない申し出であるという結論に達した。 ◆We've been talking, but nothing has been decided yet.　ずっと話し合いはしてきているものの、まだ何も決まってない。 ◆Compaq spokesperson Yvonne Donaldson told Newsbytes the model name hasn't been decided yet.　コンパック社広報担当イボンヌ・ドナルドソン氏はニューズバイト紙に対して、機種名はまだ決まっていない[未定である]と語った。 ◆It has therefore been decided not to include these parameters within the bounds of the current research project.　従って、これらのパラメータを現在の研究プロジェクトの範囲には含めないことを決めた[こととする]。 ◆It is left up to each agency to decide which functions and workers are critical, or "excepted," from furloughs.　どの職能および職員が不可欠なのか、つまり一時帰休の「対象外」にすべきかという決定は、各政府機関に委ねられて[一任されて]いる。(＊米政府の財政難で国家公務員を自宅待機させる話で) ◆Early in the planning, criteria should be decided upon which indicate that the plan is on track. Regular monitoring is essential to assess progress and implement change as required.　企画の早い時期に、計画が軌道に乗っていることを示す基準を設け[定め]るものとする。進捗を評価しかつ必要に応じて変更を実施するために定期的な監視[監督]が必要不可欠である。 ◆"For reasons of state, it has been decided to forbid Mr. Leslie Manigat's entry," the government announced in a communique signed by Interior Minister Joseph Maxi.　「国家的理由により、レスリー・マニガ氏の入国を禁止するものとする」と政府はジョゼフ・マキシ内務大臣署名の公式声明を発表した。

**decidedly**　adv.　明らかに、確かに、明確に、断然、断固として、はっきりと、きっぱりと、決然と ◆a decidedly lackluster impression　まったく冴えない[パッとしない]印象 ◆decidedly easier　(の方が)断然簡単である

**deciduous**　adj.　落葉樹の、《生物》〈葉、角、羽、葉などが〉落脱性の ◆a deciduous tree　落葉樹

**decimal**　adj.　小数の、10進法の、10進数の；a～小数(= a decimal fraction)、10進数(= a decimal number) ◆a decimal system 10進法 ◆be in agreement to four decimal places　小数第4位まで一致している ◆convert a percentage into a decimal　パーセント値を小数値に換算する ◆decimal-to-hexadecimal conversion　10進から16進への変換 ◆determine a percentage accurate to two digits to the right of the decimal　小数第2位まで正確にパーセント値を求める ◆... the result has no decimal fraction　結果は、小数部のない数になる。

**decimal fraction**　a～小数

**decimal place**　a～小数位 ◆the number of decimal places 小数点以下の桁数 ◆put a zero in the third decimal place　小数点以下第3位を0にする ◆round off the number to the third

**decimal place** その数(の小数点第4位以下)を四捨五入して小数点第3位に丸める ◆A digital readout is given in millimeters to three decimal places, with an accuracy of 25 μm. デジタル読み取り値は、ミリ単位で小数第3位まで表示され、精度は25ミクロンである。

**decimal point** a～ 小数点 ◆discard all digits to the right of the decimal point 小数点以下を全部切り捨てる ◆move the decimal point two digits to the left 小数点を左へ2桁ずらす ◆The program offers control over leading at the decimal level. 《コンピュ》このプログラムは、小数点以下での行間隔の(微)調整が可能です。

**decimate** vt. 多数の～を殺す[死に至らしめる]、～に大打撃を与える ◆Oil prices collapsed last year and decimated one of Mexico's major sources of revenue. 昨年、石油価格が暴落し、メキシコの主要な歳入源の一つに大打撃を与えた。

**decipher** vt. ～を解読する ◆decipher a fraction of the human genome ヒトのゲノムのごく一部を解読する

**decision** a～ 決定、決断、結論、判決、決議、裁定、裁き、決裁、《意図》判断；[決断]；[決断]すること、決断力 ◆decisions about... ～についての決定 ◆her decision to <do> 彼女が～しようと決めたこと ◆produce a decision 判断[決定]する ◆reach [come to, arrive at] a decision 決着がつく、解決を見る、決定にいたる ◆a decision-feedback system 《通》判定帰還方式 ◆decision-support software 意思決定支援ソフト ◆a decision made on the spur of the moment; a snap decision とっさの決定 ◆abide by the judge's decision 判事の判決に従う[同意する] ◆human decision making 人間の[による]意思決定 ◆make a decision on [as to] whether... ～かどうか決断[決定]する；可否を決める ◆make informed decisions (十分に)情報を得た[知った]上で決定を下す ◆the authority to make final decisions 最終決定を下す権限；最終的の決定権 ◆your decision not to <do> あなたの～しないという決定[あなたが～しないと決めたこと] ◆make a decision either to <do...> or to <do...> ～をするか、それとも～をするか決める ◆make a final decision on...-ing ～することについての最終決定を下す ◆We narrowed our decision down to A or B. 我々は、(候補の中から)AかB(に決める)というところまで絞り込んだ。 ◆A decision to start production will be based on the findings of this review. 生産開始の判断[決定]は、この調査の結果に基づいてなされることになる。 ◆The decision about what type of ticket to issue is left to the officer, police said. どの種類の違反切符を切るかの判断は警察官に委ねられていると、警察は言った。 ◆The decision as to whether the tardiness is excusable is left to the discretion of the principal. その遅刻が申し訳の立つものか[遅刻について(正当な)理由が認められるか]どうかの判断は、校長に委ねられて[一任されて]いる。 ◆The most taxing decision used to be whether to buy a VHS or a Beta VCR. かつて最も頭を悩ませた決断は、VHS方式のビデオデッキを買うべきかそれともベータ方式のものにすべきかということだった。 ◆The decision as to which type of cavity will be used depends on the machine design. どちらのキャビティーを探るかという決定は、機械の構造に左右される。 ◆Where can we get information in the U.S. that will guide us into making a "go" or "no go" decision as to whether to open a facility in Israel? イスラエルに施設を開設することの可否[是非]について私どもが判断する上で材料になる情報は、米国内だとどこで入手できるでしょうか？

**decision level** a～ 識別レベル ◆binary signals with just two decision levels 2つの識別レベルしか持たない値信号

**decisive** 決定的な、明白な、断固とした、果断な、決然たる ◆a decisive moment had arrived 決定的瞬間[段階、局面]が訪れた；正念場を迎えた ◆at decisive moments 決定的瞬間の時々に ◆have a decisive effect 決定的な効果を持つ ◆of decisive importance 決定的に重要な ◆reach a decisive moment 決定的瞬間[段階、局面]に達する；正念場にさしかかる ◆inflict a decisive and definitive defeat on... ～に決定的な敗北を与える ◆That meeting was a decisive factor in bring-

ing Johnson and Cornell. その会談がジョンソン社とコーネル社の合併の決め手となった。

**deck** a～ 《AV》デッキ、テープ駆動機構[装置]、甲板、(橋の)車道部分の)床版(ショウバン) ◆a deck switch 連結スイッチ(=a gang switch) ◆a dual-deck VCR ダブルデッキVTR(＊テープメカが2個ある、つまり同時にカセットを2つ装填できるビデオデッキ) ◆tapes recorded on a good deck from compact discs 上質のデッキでCDから録音したテープ

**declaration** (a)～ 宣言；a～ 申告(書) ◆a declaration statement 《コンピュ》宣言文

**declare** adj. 宣言する、発表[公表]する、言い切る、言明[明言、断言、喝破]する、申告する、申し立てる ◆declare... a threatened species ～を絶滅危惧であると宣言する ◆declare the variable at the top of the function 《コンピュ》関数の最初のところで変数を宣言する ◆The river has been declared unfit for consumption. この河川は、飲用に適さないと宣言されている。 ◆President Clinton declared most of the state a disaster area. クリントン大統領は同州の大部分を災害地域に指定した。 ◆President Bush yesterday declared that the terror attacks on America were "acts of war" and vowed: "Make no mistake about it – we will win." ブッシュ大統領は昨日、米国に対するこれらのテロ攻撃は戦争行為であると断言し、ついで「はっきり言っておく。我々が勝つ」と誓った。(＊同時多発テロについて)

**decline** 1 (a)～ 下落、低落、減少、低下、衰退、凋落、没落 ◆decline in the quality of... ～の品質の低下[劣化] ◆Sears' decline シアーズ社の凋落[斜陽、衰退] ◆declines in the value of the baht continued (＊タイの通貨)バーツの下落が続いた ◆August Factory Orders Suffer Steepest Decline in 2 1/2 Years 《意訳》8月の工場受注高(ここ)2年半来最大の落ち込みを記録(＊見出しなので現在形。またsteepestの直前のtheが抜けている) ◆There is no decline in demand. 需要の減退はない。 ◆cause a decline in the value of the yen against the dollar 円ドルに対する下落[円安ドル高]を引き起こす ◆some Australian exporters have suffered a decline in orders 一部のオーストラリアの輸出業者は受注[受注高]が減少した ◆the dollar's long decline against the yen 日本円に対するドルの長期低落[下落] ◆Sales of new homes experienced a sharp decline in 1998. 新築住宅の販売が1998年に激減した。 ◆We could see another steep decline of the dollar. 我々は、再び大幅なドルの下落[ドル安]を経験することになるかも知れない。 ◆Venezuela's petroleum-based economy has been on the decline since the early 1980s. ベネズエラの石油に依存した経済は、1980年代の早い時期から衰退傾向を見せている。

2 vi. 下落する、低下する、(下に)傾斜する、減少する、衰退する；vt. ～をていねいに断る ◆decline an invitation 招待を辞退する ◆begin to decline in number ～は数が減り始める ◆suffer a declining standard of living 生活水準の低下に苦しむ ◆He declined to comment to reporters on... 彼は、取材陣に対し～についてのコメント[意見]は差し控えたいと言った。 ◆That theater declined in strategic importance in the war against Japan. その戦域は、対日戦において戦略上重要性が小さくなった。 ◆Videoconferencing equipment sales are rising as costs decline sharply. テレビ会議機器の売れ行きは、価格が大幅に下がるにつれ上昇している。 ◆Japan has a declining work force and increasing numbers of elderly people. 日本は、就業人口が減少し、高齢者の数が増加している。 ◆Statistics show that the number of Americans who think that a marriage is worth holding together "for the sake of the kids" has declined drastically during the last 30 years. 統計は、「子どものため」に婚姻関係を維持する価値があると考える米国人の数が過去30年間に激減したことを示している。

**on the decline** 減少して、少なくなって、低下して、漸減して、下降して、下がって、下り坂で、衰退して、衰退して、退勢傾向[基調]にあって ◆their auto sales have been on the decline 彼らの自動車販売高は、減少[下降]してきている ◆Lung cancer is on the decline in men – but on the increase in women. 男性の肺癌は減ってきているが、女性の肺癌は増えてきている。

**declining** adj. 下降の一途[下降線]をたどる, 衰退している, 斜陽の, 落ち目の, 下火の, 晩年の ◆declining industries 斜陽産業

**declutch** 《車》~のクラッチを切る ◆declutch (depressing the clutch pedal) to disengage drive 駆動を解除するためにクラッチを(クラッチペダルを踏み込むことにより)外す

**decode** vt., vi. (~を)デコードする, 復号する, 復調する, 解読する ◆decode cable signals 《TV》有線信号にかけられているスクランブルを解除[暗号化符号を解読]して元の信号に戻す[復号する] ◆decode the SAP signal into separate left and right audio signals SAP信号を左右別のオーディオ信号に復調する

**decoder** a~ デコーダー, デコーダー回路[装置], 復号器[回路, 装置], (符号)解読器, 復号器 ◆a cable decoder box 有線テレビ(にかけられているスクランブルを解くための)デコーダボックス

**decoding** デコーディング, 復号, 復号化, 復調, (符号)解読 ◆perform error correction decoding 誤り訂正復調を行う

**decommission** vt. 〈装置, 設備など〉を撤去する, 運用から外す, 廃止する; 〈軍艦, 軍用機など〉を用途廃止する, 退役させる ◆a decommissioned nuclear reactor 廃炉となった原子炉 ◆decommission a nuclear reactor 原子炉の使用を廃止する; 原子炉を廃炉にする ◆decommissioned nuclear subs 退役原子力潜水艦; 用途廃止となった原潜 ◆the decommissioning of each nuclear-powered submarine withdrawn from service 用途廃止される各原子力潜水艦の退役 ◆the decontamination and decommissioning of commercial nuclear reactors 商業用原子炉の汚染除去[除染]および廃炉 ◆the cost of decommissioning Chernobyl's two working reactors チェルノブイリ原発の稼働炉2基の運用をやめるための費用

**decommunization** 非共産化

**decompilation** 《コンピュ》逆コンパイル[デコンパイル]すること ◆prevent decompilation of... 〈コンピュータプログラムなど〉が逆コンパイルされるのを防ぐ (decompilation = reverse engineering)

**decompile** vt. 《コンピュ》~を逆コンパイル[デコンパイル]する ◆decompile competitors' programs 競合他社のプログラムを逆コンパイルする ◆You may not reverse engineer, decompile, disassemble, or create derivative works of, the Program. お客さまは, 本製品についてリバースエンジニアリング, 逆コンパイル, 逆アセンブルあるいは派生的な作品をつくったりしてはならないものとします.

**decompiler** a~ デコンパイラ, 逆コンパイラ ◆a decompiler that can reverse-engineer compiled Java byte code into source code コンパイルされたJavaのバイトコードをソースコードにリバースエンジニアリングできる逆コンパイラ

**decompose** v. 分解する, 腐敗する ◆be readily decomposed by bacteria バクテリアによって容易に分解される ◆decompose dissolved alumina 溶解アルミナを分解する ◆decompose PCBs into nonhazardous byproducts PCB類を無害の副生成物に分解する ◆It decomposes into A and B when heated. それは加熱されると分解してAとBになる.

**decomposition** 《化》分解, 腐敗 ◆a product of the decomposition of... ~の分解生成物 ◆decomposition by heat 熱による分解; 熱分解 ◆the decomposition of a molecule 分子の分解 ◆They can be heated as high as 150°C without decomposition. それらは, 分解せずに150°Cもの高い温度に加熱することができる. ◆The bodies were in an advanced stage of decomposition, and the cause of death could not be immediately determined. これらの死体は腐敗が進んでいたので, 死因をすぐに特定することはできなかった.

**decompress** vt. ~の圧力を下げる, ~を減圧する, 〈ダイバーなど〉を減圧室に入れる, (過剰な頭蓋内圧を下げるために)〈脳〉に開頭減圧手術を施す;《コンピュ》~を伸張[展開, 復元]する ◆compress and decompress images 画像を圧縮・復元する

**decompression** 《圧力を減じること, 減圧, 《医》減圧手術,《コンピュ》(圧縮されたものの)伸張[展開, 復元]

a decompression chamber 減圧室 ◆a file decompression program ファイル展開[解凍]プログラム ◆a video compression-decompression (codec) scheme ビデオ圧縮・復元(codec)方式 ◆implementation of 16-bit real-time audio compression and decompression 16ビット実時間音声圧縮および復元の実現 [実行] ◆perform on-the-fly data compression and decompression データの実行時[転送時]圧縮・伸張[展開, 復元]を行う ◆to prevent decompression sickness (the so-called bends) 減圧病[潜水病, 潜函病, ケーソン病](いわゆるガス塞栓症)を防ぐために

**decontamination** 《汚染除去, 除染, 浄化 ◆decontamination workers 汚染除去[除染]作業者

**decontrol** vt. ~の統制[管理]を撤廃する, ~を自由化する; n. 統制撤廃, 自由化 ◆the decontrol of all prices すべての価格の統制撤廃[自由化]; 価格統制全廃

**decorate** 飾る, 装飾する; ~に内装[外装]を施す, 化粧する; ~に勲章を授ける ◆a decorated birthday cake 誕生日祝い用のデコレーションケーキ ◆decorate a box 箱に装飾を施す ◆decorate the gymnasium for the party パーティーのために体育館に飾り付けをする ◆Layouts can be decorated using boxes, lines, different fonts and type styles. 《ワープロ》レイアウトは, 枠や線や違った字体や書体を用いて飾る[見栄えをよくする]ことができる.

**decoration** (a)~ 装飾, 化粧

**decorative** 装飾(用)の, 化粧(用)の ◆decorative coatings 化粧塗膜[塗り, 皮膜] ◆as a decorative piece of art for display or for use as a paperweight 飾っておくための装飾美術品として, あるいは文鎮として使うために

**decouple** vt. 切り離す, 分離する, 分断する, 断ち切る, 引き離す, 疎隔させる, 《電子》減結合する; 結合を減らす, 結合を疎にする, 〈核爆発〉の地上への衝撃をデカップル[緩和]する (*地下大深度で核実験することにより) ◆unless gas prices become decoupled from those of oil ガスの価格が石油の価格から切り離されない限り

**decoupler** ◆a decoupler capacitor デカップラコンデンサ (= a decoupling capacitor)

**decoupling** ◆a 0.01μF decoupling capacitor (静電容量が) 0.01マイクロファラッドのデカップリングコンデンサ (*増幅段間に挿入し直流は阻止し, 交流信号のみを通過させる. decoupleは前段と後段を直流的に切り離す[分離する]の意)

**decoy** a~ おとり ◆a decoy prostitute 売春婦に扮しているおとり(捜査官) ◆NASA used plastic owl decoys and tape-recorded hoots to scare off the woodpeckers, which may have been trying to build nests. 米航空宇宙局は, 巣作り[営巣]をしようとしていたらしいキツツキを脅かして追い払おうと, フクロウに似せたプラスチック製模型やテープ録音した鳴き声を使った. (*燃料タンク断熱材に穴をあける悪さをされるため)

**decrease** 1 vt., vi. 減少する[させる], 低下する[させる] ◆in order of decreasing area 面積の大きい順に ◆decrease exponentially with decreasing temperature 温度の低下に伴って指数関数的に減少する ◆it decreases with increase in pressure それは圧力の上昇とともに減少する ◆when illumination decreases below a predetermined level 照度が所定のレベル未満にまで下がると

2 (a)~ 減少, 低下, 縮小; a~ 減少分, 減少額, 減少量 ◆be on the decrease 減少しつつある; 漸減している; 減る方向にある; 減少傾向にある; 減少基調で推移している; 下降線をたどって[描いて, 示して]いる ◆in the event of a decrease in tax revenues もし税収入が減少することにでもなれば ◆the rate of decrease of... ~の減少率 ◆the rate of decrease of pressure with distance 距離の増加に伴って圧力が低下する率 [減少率] ◆the rate of decrease of temperature with depth 深度(の増加)に伴う温度の低下率 ◆a decrease in solubility with falling temperature 温度の低下にともなって起きる溶解度の低下

**decree** 1 a〜令, (行政)命令, 〈裁判所の〉判決[命令], 布告 ◆abruptly slap a state-of-emergency decree on the country 突然国に非常事態令を敷く
2 vt., vi. 令を発する, 布告する, 判決する ◆decree a state of emergency (国家)非常事態を発令する

**decrement** 1 a〜 減少, 減分
2 《コンピュ》vt. 〈数値〉を(〈数〉だけ[ずつ])減らす[デクリメントする][by]; vi. 大きい方から小さい方に数える, カウントダウンする (カウンタが) (〜ずつ)値が下がる <by> ◆decrement 100 by 10 100を10だけ減らす[100から10を差し引いた値にする] (*結果は90) ◆decrement by two 2ずつデクリメントする[2ずつ逆に数える](= count down by twos); 2だけ減らす ◆increment or decrement a register by one レジスタ〈に格納されている値〉を1(だけ)インクリメントまたはデクリメント[増分したり減らしたり]する ◆The counter then decrements from the new count value. カウンタはそれから, 新しいカウント値からデクリメントする

**decrypt** vt. 〈暗号〉を解読する, 復号化する, 〈暗号化された情報〉を〈解読〉復元する (= decode; ↔encrypt)

**decryption** □(暗号)解読, 復号化 ◆a secret decryption key 《通》秘密[暗号-]解読鍵 ◆Decryption is any procedure to convert ciphertext into plaintext. 《通》復号化とは暗号文を平文に変換するための何らかの方法のことである.

**dedicate** vt. 〜を(〜に)捧げる <to> ◆a cable channel dedicated to horse racing 競馬専門の(有線テレビ)チャンネル ◆build a factory that will be dedicated to CRT production もっぱらブラウン管を製造することになっている工場を建設する ◆the amount of memory dedicated to the purpose 《コンピュ》その目的のために確保された[割り当てられた]メモリーの量 ◆The PageUp, PageDown, Home, and End keys are dedicated. 《コンピュ》ページアップ, ページダウン, ホーム, およびエンドキーは, 専用である.(*小型キーボードの話. 他のキーの機能を兼ねていないという意味)

**dedicated** adj. 専用の, (本など)献呈された, 献身的な[ひたむきな, いちずな, 熱心に, 打ち込んでいる] ◆without needing a dedicated line 専用線を必要とせずに ◆a maintenance crew dedicated solely to the upkeep and repair of... 〜の保守とび修理専任の整備班 ◆use a team of dedicated staff to design and develop... 〜を設計・開発するのに専任スタッフにより構成されるチームを使う

**dedication** (a)〜 専心, 専念, 献身; 献呈 ◆maintain a dedication to the principles of quality, cost/performance and reliability 品質, コストパフォーマンス, 信頼性の原則をひたむきに守る

**deduct** vt. 〜を(〜から)差し引く[控除する, 天引きする] <from> ◆Monthly payments are deducted [debited, taken] automatically from your bank account. 月々の支払いは自動的にあなたの銀行口座から引き落とされます.

**deductible** adj. 差し引ける, 控除可能な, 控除の対象となる ◆deductible expenses 控除の対象となる経費 ◆Out-of-pocket expenses of helping a charity are deductible, but the value of your services is not. 慈善団体の支援のためにあなたが自腹(身銭)を切って出した経費は控除可能ですが, あなたが提供した役務に対する金額は控除の対象にはなりません.

**deduction** (a)〜 演繹, 推理, 推測; 控除, 控除額, 差し引き額 ◆after the deduction of income tax 所得税の控除後に ◆payroll deduction life insurance 給料天引き生命保険 ◆by deduction from known facts 既知の事実からの推論によって ◆All interest to non-UK residents is paid without deduction of tax at source. 非英国居住者に対する利息はすべて, 税金を源泉徴収せずに支払われる.

**deductive** 演繹的な, 推測[推理]的な ◆without conscious deductive effort 意識的に推測を働かせて分かろうとしなくても; 直観的に

**deed** a〜 行為, 所業, 行動, 実行; a〜 功績, 功業, 偉業; a〜 (署名・捺印した)証書, 権利書; vt. 〜を証書(作成)により譲り渡す ◆an infamous deed 破廉恥な汚らわしい◆point out the contradictions between his words and deeds 彼の言っていることとやっていること[言動]の矛盾[不一致]を指摘する

**deem** 〜と考える, 思う ◆be deemed to be... 〜であると思われて[考えられて]いる ◆it is deemed certain that... 〜であることは確実であると考えられる[思われる,《意訳》判断される]; 〜と確実視される ◆when [where, as, if, as may be] deemed necessary 必要と思われる場合には ◆We deem it advisable to <do> 私どもは, 〜なさるのが賢明ではないかと思います ◆determine their usefulness, and scrap them if no longer deemed necessary それらの有用性[有効性]を調べ, もう必要ないと思われたら破棄する

**de-emphasis** 《音響》デエンファシス, 強調されていた高域を減衰させフラットにすること; 〜を重視するのをやめること ◆a de-emphasis circuit ディエンファシス回路

**de-emphasize** 〜を[強調]重視するのをやめる

**de-energization** □《電源[電気]》を切る[断つ, 切断する, 遮断する]こと ◆Current-limiting fuses or other equivalent technology must provide the complete de-energization of the transformer within several hundredths of a second. 限流ヒューズまたはその他のこれに準ずる技術により数十ミリ秒以内に変圧器を完全に遮断しなければならない.

**de-energize** vt. 〜の〈電源[電気]〉を切る[断つ, 切断する, 遮断する]; 〈強電〉〜を殺す ◆with the transformer de-energized トランスを切断した[変圧器を切った]状態で ◆when the electromagnet is de-energized 電磁石の電気が切られると ◆The Power Company had de-energized the low voltage wire at this point. 電力会社は, 低圧線の電気をこの時点で切った[切断した, 遮断した]のだった.

**deep** adj. 深い, 深部の, 奥行きのある, 深遠な, 《音が》太くて低い, 重低音の, 《色が》濃い; adv. 深く, 奥深く, 一重(エ, ジュウ)になって, はなはだしく ◆deep water 深層水 ◆a 6-inch-deep cabinet 奥行き6インチのキャビネット ◆an image of the deepest recesses of the brain 脳の最深部の画像 ◆as the hole gets deeper 穴が深くなる[孔が深さを増す]につれて ◆at a deep [steep] discount 大割引で ◆deep cuts in nuclear missiles 核ミサイルの大幅削減 ◆deep in the recesses of their minds [heart] 彼らの心の奥深くに ◆deep-running market changes 深いところで進行している市場の変化 ◆if it is 100 mm deep or deeper それが100mmなら深い; それが深さ100mmより上あったと ◆mine ores on the deep ocean bed 深海底探鉱を行う ◆pictures with deeper reds より深みのある赤を再現している写真 ◆seek deep penetration into the markets これらの市場への深い浸透をはかる ◆to gain a deeper understanding of... 〜への理解をより深めるために ◆a 10-feet-deep pool 深さ10フィートのプール ◆a deep-grooved ball bearing 深溝ボールベアリング ◆an ultra-deep subterranean distribution system 大深度地下物流システム ◆create an [the] illusion of deep space on a flat canvas 平らなキャンバス上に奥行き感をつくり出す ◆study rock formations deep below the earth's surface 地表から深いところにある[地表深くの]岩石の累層を調べる[調査する] ◆a hole 1,500 ft. deep, 4,000 ft. wide and 7,000 ft. long 深さ1,500フィート, 幅4,000フィート, 長さ7,000フィートの穴 ◆If the range is more than one column wide and one row deep (表中の)その範囲が横に2列以上, 縦に2行以上であれば ◆stored in the deep recesses of the Smithsonian Institution スミソニアン国立博物館の奥深くに保管されて[しまわれて] ◆the spectators stood five deep around... 見物人たちは〜の周りを5重に取り巻いていた[〜の周りに5重の人垣を作った] ◆drill a series of evenly spaced holes a half-inch deep to accept the pins それらのピンを受けるための深さ1/2インチの穴を1列に等間隔でドリルあけする ◆A crowd of about 50 journalists pressed five-deep around the car. 50人ほどの記者の群れが, 車の周りを5重に取り巻いて押し合いへし合いしていた. ◆The more I studied, the deeper and broader my academic knowledge grew, the more it became apparent that my scorn for capitalist academia was justified. 勉強すればするほど, 私の学問上の知識は深みと幅が増し, 資本主義学界に対する私の軽蔑が正当化されるということがますますもって明らかになった.

**deepen** vt., vi. 深くする、深くなる；深める、深まる；深刻にする、深刻化する；濃くする、濃くなる；低くする、低くなる；太くなる、太くなる ◆deepening trouble for the president 大統領の深まる苦悩 ◆widen and deepen a canal 運河の幅を広げ深さを増す；運河を拡張する ◆a continental shelf deepens steeply toward a trough 大陸棚はトラフ[舟状海盆]に向かって急激に深くなる ◆deepen in hue with age 年月とともに色の深みを増す；古くなるにつれて色合い[色調、色相]が深まる ◆her misery deepened 彼女はもっと[いっそう]みじめになった ◆Romance deepens. ロマンスが深まる。◆As the recession deepens, more people are out of work. 景気後退が深刻化するにつれ、失業者が増加する。

**deep-freeze** 急速冷凍する 急速冷凍された ◆deep-freeze poultry とり肉を急速冷凍する

**deep-fried** ◆deep-fried doughnuts 深い容器でたっぷりの油で揚げたドーナッツ

**deep-fry** vt. 〜をたっぷりの油で揚げる

**deeply** adv. 深く、深刻に、強く、非常に、大いに、大層、ひどく、痛く、はなはだしく；つくづくと、しみじみと；濃く、(低音が)太く低く；心の奥底から、衷心(チュウシン)より ◆deeply discharge a battery regularly 定期的に電池を深く放電させる ◆deeply extended bass 低く太く伸びているバス(＊スピーカーの話で) ◆The seat cushions and seat backs are too deeply contoured. 座席のクッションや背もたれの凹凸が大きすぎる。

**deep-pocket(ed), deep-pockets** adj. 資金力のある、資金の豊富な、たっぷり金を持っている ◆a deep-pockets investor したたか金を持っている投資家 ◆large deep-pocket companies 資金の潤沢な大企業 ◆a deep-pocket, high-growth firm like Intel インテル社のような資金力の豊かな高度成長企業

**deep-rooted** adj. 深く根ざした、根の深い、しっかりと植え付けられた ◆deep-rooted values 深く根ざした価値観 ◆owing to their deep-rooted fear of inflation インフレに対する彼らの根深い恐怖のために

**deep sea** ◆deep-sea fishing 深海漁業 ◆on the deep-sea floor 深海底に ◆study them in the deep sea それらを深海で調べる

**deep-seated** adj. 深層にある、根強い ◆a deep-seated problem 根深い問題 ◆deep-seated animosities 怨念 ◆(a) deep-seated distrust 根強い[抜き難い]不信

**deep-set** adj. 深くくぼんだ、深くに[しっかり]定着した ◆a deep-set aversion to war 戦争に対する根強い嫌悪の情 ◆he has deep-set blue eyes 彼は深くくぼんだ青い目をしている

**deep space** 深宇宙 ◆in [from, into] deep space 深宇宙[から、に向けて] ◆a deep space probe 深宇宙探査機 ◆a trip through deep space 深宇宙旅行 ◆for deep space exploration 深宇宙探査のため(の)

**deep throat** a 〜 ディープ・スロート、内部告発者[通報者]、密告者

**deepwater** adj. 水深の深い、(大型の)外洋船が停泊可能な ◆a deepwater port 水深の深い港

**deep water** 回深層水 ◆North Atlantic Deep Water (NADW) 北大西洋深層水

**de facto** adj. 事実上の；adv. 事実上 ◆become a de facto standard 事実上の標準(規格)となる ◆It has become the de facto standard. それは事実上の標準(規格)になった。

**defamation** 回中傷、侮辱、名誉毀損 ◆a defamation lawsuit 名誉毀損の訴訟

**defamatory** adj. 名誉毀損の、中傷的な (= libelous)

**defame** vt. 〜を中傷する、〜の名誉を毀損する[傷つける]

**default** 1 回不履行、債務不履行、(債券などの)償還不能、欠席、欠如、不出頭；a 〜 《コンピュ》デフォルト(値)、既定値、指定省略時にとられる値[設定]、《意訳》標準(設定値)[初期値、初期状態、通常とられる値] ◆in default of... 〜がないので；〜が欠けているために ◆change a default setting [default settings] 《コンピュ》デフォルト設定[《意訳》標準設定]、初期設定を変える ◆in the event of default かりに(債

務)不履行になった場合に ◆The default is 8. デフォルト値[既定値]は、8である。◆reset the printer to its factory defaults プリンタを工場出荷時の設定に初期化する ◆with all other settings left at their defaults 他の設定はすべてデフォルト(設定)[既定値、《意訳》標準設定[初期設定](値)]のままで ◆If the time-out has been set to the default of 30 seconds, . . . タイムアウトがデフォルトで30秒に設定されていると ◆If the operand is omitted, the default value is taken. 《コンピュ》オペランドが省略されると、デフォルト値[既定値]がとられる。◆Make factory default settings according to the User's Manual. 《意訳》取扱説明書に従って[ならって]メーカー出荷時の初期設定に戻してください。◆The loan to Mr. Parker is in default. パーカー氏に貸した貸付金の返済が不履行になっている。◆If an attribute has not been specified explicitly, then the attribute takes on the default specification. 属性が明示的に指定されていなければ、属性はデフォルト[既定値]をとる。◆Press ESC to skip the questions; printout will begin with the default answers to the questions in effect. ESCキーを押して質問をとばしてください。とばした質問についてはデフォルトの[省略時用に用意されている]答えが有効となって、印刷が始まります。◆You may deviate from the standard extensions, with the proviso that you must always specify an extension if it differs from the default. 標準の拡張子以外を使うこともできます。ただし、デフォルト[既定値]と異なる拡張子の場合、常に拡張子を(省略しないで)指定しなければなりません。
2 vi., vt. 義務を怠る、債務を履行しない、(裁判に)欠席する、棄権する；vi.《コンピュ》デフォルトで〜の(値[設定])になる<to>(cf. assume) ◆default on a debt 借金の返済を履行しない ◆the number of decimal places defaults to two 小数点以下の桁数は、デフォルトで2になる[既定値2をとる] ◆Mr. Hoffer soon defaulted on his loans. ホッファー氏は、じきにローン返済不履行に陥った。

**by default** 欠席[欠場]によって、(トーナメントなどで)戦わずして；《コンピュ》指定されない[省略された]場合は、既定によって ◆win by default over... 〜に不戦勝する ◆He won a defamation lawsuit by default when the tabloid failed to respond. その大衆紙が異議申し立てをしなかったので、彼は名誉毀損(キソン)の欠席裁判に勝った。◆If you do not supply a filename extension, YouCalc supplies .YCL by default. ファイル名の拡張子を指定しない場合、(YouCalcプログラムによって)デフォルトで .YCL (という拡張子)がつけられる。

**in default of...** 〜なしに、〜がないために、〜がない場合には

**defeat** 1 vt.〈相手〉を負かす[破る、下す]、くじく、だめにする、打ち砕く、挫折させる、覆す、〜(の効力・機能)を殺す[無効にする]、〜の設計意図を無視する ◆Do not attempt to defeat the interlock system. 連動システムを働かないようにしようと[連動システムの働きを殺すようなことは]しないでください。◆Do not defeat the purpose of the grounding plug. アース端子付き(3本ピン)プラグの目的を無視した使い方をしないでください。(＊3つ穴コンセントに差し込むべきところをアダプタなどを用いて2つ穴のコンセントに差し込んではいけない) ◆Be careful not to defeat the polarized plug with adaptors or other measures. 極性の決まっているプラグを、アダプタその他の手段によって正負逆に差し込まないよう注意してください。
2 (a) 〜 負け、敗北[屈辱]、挫折、負かすこと、失敗 ◆suffer a defeat 負け[敗北]を喫する；敗れる ◆Embracing Defeat by John Dower ジョン・ダワー著『敗北に身を寄せて[敗北の受容、敗北を抱きしめて]』(＊ピュリツァー賞受賞作品) ◆go down to a narrow defeat 惜敗する ◆inflict a defeat on [upon]... 〜を敗北させる ◆hand . . . someone's fifth defeat [loss]; send . . . to someone's fifth defeat [loss] (勝って)〈相手〉に5敗目をこうむらせる[を5敗に追い込む] ◆they had had their fill of defeat 彼らはいやというほどの敗北を喫して[負けを味わって]いた ◆In the 1998 general election, the party suffered a landslide defeat. 1998年の総選挙で、この政党は地滑り的大敗を喫した。◆Before the final tallies were in, De Klerk conceded [acknowledged] defeat. 最終開票結果が入

る前に,デ・クラーク氏は負けを認めた[《意訳》敗北宣言をした].

**defeatable** adj. ◆Defeatable tone controls are provided for bass, treble and midrange. (スイッチ操作でバイパスさせて)無効にできる低域,中域,高域の音質調整(つまみ)が備わっています.

**defect** 1 a ~ 欠陥, 欠点, 瑕疵(カシ), 不具合[不良, 不都合]点 ◆a design defect 設計上の欠陥 ◆a small [minor] defect 小さな瑕疵(カシ); 僅かな欠陥; 軽欠点; ちょっとした不具合[不良, 不都合]点; 瑕瑾(カキン) ◆eddy current defect [flaw] detection 渦電流探傷 ◆a defect in the electronic fuel injection system その電子燃料噴射システムの欠陥 ◆correct defects in photographs 写真の粗を修整[修正, レタッチ]する ◆demand that the production of... be as nearly defect-free as possible ~の生産は, できるだけ無欠陥である[欠陥がない]ことを要求する ◆inspect products for defects at the end of the assembly line 組立ラインの終わり[最後, 最終段階]で, 製品に欠陥がないか検査する ◆product defects caused by static electricity 静電気によって引き起こされた製品不良 ◆warrant the product against defects in material or workmanship 材料もしくは仕上げ上の瑕疵(カシ)[不良]について製品を保証する
2 vi. 離反[離脱]する, 亡命する ◆a North Korean soldier who defected to South Korea a week ago 1週間前に韓国に亡命した北朝鮮兵

**defective** adj. 欠陥[瑕疵(カシ)]のある, 不良の; a ~ 不良品, 欠陥品 ◆a defective piece 不良品 ◆defective parts 不良部品 ◆a non-defective item [product] 不良でない品物[欠陥のない製品, 不良品でない商品]; 良品 ◆weed out defective items 不良品を除く ◆correct a defective condition 《品管》(規格外れ等の)不具合を是正する ◆when defective conditions are encountered 異常[不具合]発生時に ◆assure that the defective condition will not exist in future shipments この(規格外れなどの)不備が将来の製品には存在しないことを保証する; この不具合が今後の出荷では無くなるよう徹底する[万全を期す]

**defectiveness** 不良, 欠陥, 瑕疵(カシ) ◆review returned materials to determine the cause of defectiveness 欠陥[不良]の原因を突き止めるために返品された材料を調べる

**defector** a ~ 亡命者, 離反者, 脱党者, 脱落者 ◆a Cuban defector キューバからの亡命者

**defend** vt., vi. 守る, 防ぐ, 防衛する, 防護する, 防護する; vt. 擁護する, 弁護する ◆defend oneself against... ~から自己防衛する ◆defend America against ballistic missiles アメリカを弾道ミサイルから守る ◆this country would be defended against incoming missiles by means of... ~によって, この国は侵入してくるミサイルから守られることになるだろう

**defense, defence** (a) ~ 防衛, 防御, 守り, 守備, 弁護, 答弁, 抗弁, 主張; 《意訳》国防, 軍 ◆defense conversion 軍民転換 ◆the Defense Agency 《日防衛庁》 ◆the DIA (Defense Intelligence Agency) 《米》国防情報局 ◆a defense contractor 防衛関連企業(*国防総省, 防衛庁などから受注している企業) ◆a defense plant 国防軍需工場 ◆defense spending 国防[防衛]支出 ◆in case of a defense emergency (一朝)有事の際に ◆the defense industry 防衛[国防]産業 ◆the defense of sea lanes シーレーンの防衛 ◆the nation's defense industrial base この国の防衛産業基盤

**defensive** adj. 防御の, 防衛の ◆defensive medicine 防御医療(*医療過誤訴訟を未然に防ぐため過度の検査や治療を施す) ◆one's defensive prowess 防衛能力; 防衛力 ◆as a defensive measure against hostile takeovers 敵対的な企業経営権取得に対する防衛策として ◆The move was more proactive than defensive. その措置[処置]は先手(サキテ)[攻め守り]というよりはむしろ先制[攻め]的な性格のものであった. (*リストラの例)

**defensively** adv. 身を守るように, 防御[防衛]的に, 守勢をとって ◆you must drive defensively (未然に危険や事故を防ぐよう)慎重に運転しなければなりません

**defer** 1 vt., vi. 遅らせる, 延ばす, 延期する, 見送る, 後ろ倒しにする ◆defer a vote until November 29 票決を11月29日まで後ろ倒しする ◆defer the construction of... until needed ~の構築を, それが必要になるまで遅らせる ◆Ken Brooks, YBM spokesman, says that YBM will defer shipment of the products due to changes in the software design and the need for more testing. YBM社広報担当のケン・ブルックス氏は, ソフトウェアの設計変更があったことと更なるテストが必要であることから同社がこれら製品の出荷を遅らせる[延期する, 先送りする]かもしれないと述べている.
2 vi. (人に)譲る[従う]<to>; vt. ~(の決定, 判断)を(~に)任せる[委ねる]<to>

**defiance** 反抗, 反逆, 無視, 挑戦 ◆in defiance of... ~に逆らって, ~に負けじと, ~に[も]めげずに, ~を無視して, ~を顧みずに, ~を尻目に, ~をものともせず, ~にもかかわらず ◆in defiance of angry condemnation by... ~の怒りに満ちた非難をものともせずに可能性)をも顧みずに; 厳罰を覚悟で ◆in defiance of winter 冬に負けじと; 冬をものともせず

**defibrillate** vt. 《医》〈人〉の心室細動を止める, ~に除細動処置を施す ◆defibrillate a heart attack victim 心臓発作[麻痺]の犠牲者[患者]に除細動処置を施す

**defibrillation** (a) ~ 《医》細動除去, 除細動 ◆defibrillation treatment 《医》細動除去[除細動]処置 ◆defibrillation equipment 除細動装置

**defibrillator** a ~ 除細動器 ◆a heart defibrillator 除細動器 (*心臓の細動を除去するための) ◆an implantable cardioverter-defibrillator (ICD) 植え込み型除細動器(*不整脈の治療用)

**deficiency** (a) ~ 欠乏, 不足, 不備, 不全, 欠陥, 欠損 ◆because of quality deficiencies 品質上の欠陥[品質不良]のため ◆correct a deficiency 欠陥を正す ◆maintenance deficiencies 整備不良 ◆my inadequacies [deficiencies, imperfections, shortcomings, faults] 私の至らない点[ところ]; 小生のいたらなさ ◆a disease caused by a deficiency of vitamin K ビタミンKの欠乏によって引き起こされる病気 ◆iron-deficiency anemia 鉄分の欠乏[不足]による貧血

**deficient** (~が)不足[欠乏]して, (~に)欠けている<in>; 不十分な, 不完全な, 欠陥のある, 不備な ◆become deficient in number 数[頭数, 員数(インズウ)]が足りなくなる ◆oxygen-deficient air 酸素が欠乏している[酸欠]空気 ◆the bridge is structurally deficient この橋には構造的欠陥がある ◆The country is deficient in many areas of high technology. この国は, ハイテクの多くの分野で不十分なレベルにある.

**deficit** a ~ 赤字, 欠損, 不足; 不足額 ◆deficit spending 赤字財政, 赤字[超過]支出 ◆deficit-financing government bonds 赤字国債 ◆a deficit-running school 欠損を出している[赤字経営, 赤字体質]の学校 ◆allow a three-point deficit 3点差を許す ◆deficit-cutting 赤字削減の ◆deficit-trimming measures 赤字削減策 ◆eliminate [wipe out] the budget deficit in 10 years 10年間で財政赤字をなくす[一掃する] ◆huge deficits 巨額の赤字 ◆introduced as a deficit-fighting measure 赤字対策として導入され ◆wipe out the deficits これらの赤字を一掃する ◆a drastic deficit-reduction plan 抜本的な赤字削減計画 ◆bring budget and trade deficits under control 財政赤字と貿易赤字を抑える ◆rally [come back, rebound] from a 17-point deficit 17点差(をつけられた状態)から持ち直す[追い上げる] ◆reduce the balance of payments deficit in 1997 to $3.5 billion 1997年における国際収支の赤字を35億ドルに減らす ◆the company is in its second year of deficits 同社は赤字2年目である ◆turn a 1-0 deficit into a 2-1 victory 0対1(で負けていた状態)から逆転して2-1で勝つ ◆the country has run a trade deficit for the past three years この国は過去3年にわたり貿易収支は赤字であった ◆August produced a deficit of $1,258. 8月は1,258ドルの欠損[赤字, マイナス]を生じた. ◆Last year South Korea suffered a $5 billion deficit in commerce with Japan. 昨年韓国は, 50億ドルの対日貿易赤字を出した.

**defile** vt. ~を汚す(ヨゴス, ケガス), 不潔にする, 汚染する, 汚辱する ◆be defiled by graffiti 落書きで美観が損なわれている ◆the Jerusalem temple, which had been defiled with a pagan altar, was cleansed and rededicated 異教徒の祭壇で汚された, このエルサレムの寺院は(洗い)清められて再び献納された ◆Cigarette butts defile the landscape. タバコの吸い殻が景観を損ねている。 ◆There is no defiling of the dead when a dead person's organ is used to save someone's life. 亡くなった人の臓器が他の人の命を救うのに使われる場合, 死者を汚す(ケガス)ことにならない。

**definable** adj. 定義可能な, 限定できる ◆user-definable input keys 《コンピュ》ユーザーによる設定が可能な入力キー ◆Colors are not user-definable. 色は, ユーザーが定義[設定, 指定]することはできません。

**define** ~を定義する, 規定する; ~の範囲[限界, 境界, 輪郭]を定める, 〈範囲など〉を限定する ◆be defined as... ~と定義されている ◆define the right computation conditions 《意訳》適正な計算条件を設定する ◆the CCITT-defined NT1 CCITTにより規定されているNT1 ◆define the task force's functions 作業部会の役割機能を明確に[明確化]する ◆the catchment area of each regional office was defined 各地方事務所の管轄区域の線引きが行われた ◆This specification defines... この仕様書は, ~を定める[規定する]ものである。 ◆as defined in paragraph 6.6 of this specification 本仕様書の第6.6項に規定されて[定められて]いるように ◆define the interrupt request level to be used by the mouse 《コンピュ》マウスによって使用される割込要求レベルを設定する ◆participate in a "defined-contribution" pension plan, such as a 401(k) plan 《米》401(k)プランなどの「確定拠出型」年金に加入する(*従業員一人一人がいくらずつ給料から出して貯めて行くのか自分決定することから確定拠出型と呼ばれる。投資先の決定なども自己責任にて行う) ◆the point at which benefits begin to accrue is hard to define どこでプラスに転じ始めるかを特定するのは困難だ ◆Computers have begun to exhibit the first glimmers of human-like reasoning, but only within the confines of narrowly defined tasks. コンピュータは, 初めてわずかながら人間に似た論理的思考を見せるようになってきた。ただし, ごく限定された作業の範囲内に限って言えることであるが.

**definite** adj. 明確に限定された[限界のある], 限定的な, 一定の, 明確な, 確実な, 確たる, 歴然とした

**definitely** adv. 明らかに, 明確[確実]に, 断然, 限定的に ◆There's definitely a sense of enough is enough. 確かに[明らかに], もうたくさんだという感じがある。; もうよして[勘弁して]くれという感は確実に[間違いなく, はっきりと]ある.

**definition** (a) ~な「定義, 《意訳》解〉の明確さ, 切れ(=resolution)「画像の」鮮明度[解像力, 精細度, 描写力], 〈音の〉輪郭がはっきりしていること, 明瞭さ, 明瞭度, 音の粒立ち ◆definitions of [for] legal terms 法律用語の定義 ◆high definition 高精細(度) ◆consult a dictionary for definitions of words 単語の定義[《意訳》語義]を調べるために辞書を引く ◆emboss... with a high degree of definition 非常に高い精細さをもって[《意訳》極めて緻密に]~にエンボス加工を施す ◆legal definitions of pornography ポルノの法律上の定義[法的解釈] ◆the definition of beauty changes 美の定義は変わる ◆a low-noise high definition preamplifier 『音質』低雑音高解像度プリアンプ ◆print four different colors with a high degree of definition and accuracy 高い鮮明度と精度で4色印刷する ◆Character definition is consistent across the entire screen. 文字の鮮明度は画面全体[全面]にわたって均一である。 ◆Images are displayed with extraordinary definition. 画像は, 並外れた精細度で表示される。 ◆Only photographs with a high degree of definition will reproduce well, hence black and white photographs are preferred. 《意訳》鮮明な写真しかうまく複写できないので, 白黒写真が好ましい[望ましい]。

**by definition** 定義によると, 定義上, 解釈上, 必然から必ず, 当然のことながら, 明らかに, 当然, そもそも, 元来, 当然, 本質に迫って分析すれば ◆By definition, government can't "cheat," and therefore can't be penalized. そもそも政府というものは(国民が)「欺く」ことは出来ないのであるから, 政府を罰することは不可能である。 ◆This, by definition, is sexual harassment. これは明らかにセクハラである。 ◆By definition, a telephoto lens is one whose focal length is greater than that of a normal lens. 定義上, 望遠レンズとは標準レンズよりも焦点距離が長いものを指す.

**definitive** adj. 決定的な, 最終的な, 決定版と呼ぶべき ◆a definitive cause for the disease その病気の決定的な原因[病因] ◆come up with definitive plans for what to do with... ~をどう進めるかについて決定的な案を考え出す ◆"Without a decisive naval force we can do nothing definitive." 「決定的な海軍力なしに, なんら決定的なことはできない。」(*1781年にジョージ・ワシントンが言った言葉) ◆The studies are ongoing, and no definitive conclusions can be drawn. 研究は続行中であり, 最終的結論を導き出すことはできない。

**definitization** ﾛ決定的なものにすること, 明確化, 具体化, 限定化 ◆as a result of definitization of payment terms to subcontractors 下請け業者への支払い条件が決定した[確定した, 明確化された, 具体化した]結果

**definitize** vt. 決定的なものにする, 明確化する ◆definitize a contract 契約を確定する

**deflate** vt. ~から空気[ガス]を抜く, ~をしぼませる, 収縮させる, 〈自尊心など〉をへこませる; vi. へこむ, しぼむ, 収縮する ◆Deflate tires. タイヤの空気を抜いてください。 ◆fill up a deflated tire 空気の抜けたタイヤに空気を一杯入れる[充填する] ◆Sales slipped slightly in 1991 as Japan's bubble economy deflated. 売り上げは, 1991年に日本のバブル経済がしぼんだ際に若干落ち込んだ.

**deflation** ﾛ空気[ガス]を抜くこと, しぼませること; ﾛ《経済》デフレーション[デフレ], 通貨収縮 ◆predict whether an economy is about to fall into a deflation spiral ある(国/地域の)経済がデフレスパイラルに陥ろうとしているのかどうか予測する

**deflationary** adj. デフレの, 通貨収縮の ◆a deflationary spiral デフレスパイラル(*物価下落と景気後退が同時に起きるデフレーションがらせん状に進行する状態) ◆fall [plunge, enter, slip] into a deflationary spiral デフレスパイラルに陥る[突入する, 入る, 入り込む]

**deflect** vt. ~をそらす, 偏らせる, 〈電子ビームなど〉を(直線からそれるように)曲げる[偏向する]; vi. (一方に)それる, (直線からそれて)曲がる, 偏向する ◆deflect an electron beam with a magnet 電子ビームを磁石で偏向する[曲げる] ◆serve as a shield to deflect attacks 攻撃をそらす[《意訳》かわす]盾の役目をする

**deflection** (a) ~偏向, たわみ, ゆがみ, かたより, それ, 振れ, ぶれ, 動揺, (光の)屈折, 偏光; 偏差 ◆deflection circuits 偏向回路(*ブラウン管式テレビなど1台につき水平偏向回路と垂直偏向回路の2つがあるので複数形になる) ◆a horizontal deflection frequency of 15.75 kHz 15.75KHzの水平偏向周波数 ◆the deflection yoke located at the rear of the CRT neck 陰極線管[ブラウン管]のネック後部にある偏向ヨーク ◆The wheels develop undesirable deflections during hard cornering or braking. 急旋回時や急制動時に, 車輪は好ましくないブレを発生する.

**deflocculant** a ~ 解こう剤, 脱凝集剤

**deflocculate** 解膠(カイコウ)する ◆a deflocculating agent 解こう剤 ◆deflocculated graphite 解こうグラファイト ◆a deflocculated suspension of graphite in water グラファイトを水の中に解こう分散させた懸濁液

**deflocculation** 解膠(カイコウ), 解凝集, 分散 ◆cause deflocculation 解こうさせる

**defocusing** 焦点[ピント]はずれをおこさせること, ピンボケをおこさせること, 脱焦

**defoliant** a ~ 枯れ葉剤, 落葉剤 ◆a defoliant operation 枯れ葉作戦(《意訳》枯れ葉剤作戦) ◆a defoliant used in the Vietnam War ベトナム戦争で用いられた枯れ葉剤 ◆The defoliant [herbicide] Agent Orange エージェント・オレンジ枯れ葉

**defoliate** 剤[除草剤][＊米軍がベトナム戦争当時,枯れ葉作戦でジャングルに空中噴霧したダイオキシンを含む除草剤.オレンジは,容器であるドラム缶に識別のために帯状に塗られていた色]

**defoliate** v. 落葉させる[する], 〈森などを〉枯らす; adj. 落葉した, 枯れた ◆a defoliating agent 枯れ葉剤

**defoliation** 落葉, 枯れ葉作戦 ◆with the tactics of defoliation 枯れ葉作戦で

**deforestation** 森林伐採, 乱伐, 森林破壊

**deform** 〜を変形させる, 歪(ユガ)める ◆become deformed 変形する ◆deform a pipe パイプを変形させる ◆shapes become distorted [deformed] 形が歪む[ユガム][いびつになる, 崩れる]; 形状が変形する ◆It deforms with temperature. これは温度に比例して変形する.

**deformability** 回変形されうること, 変形能, 変形性 ◆an in-situ deformability test 現場変形試験

**deformation** (a)〜 変形, ゆがみ, たわみ ◆(a) permanent deformation 永久変形 ◆(a) thermal deformation 熱変形; 加熱撓み(タワミ) ◆a uniaxial/triaxial deformation test 1軸[単軸]／3軸変形試験 ◆residual stresses that cause deformation in... 〜に変形を起こさせる残留応力 ◆the housing is resistant to deformation この筐体は変形しにくい ◆when such deformations appear そのような変形[ゆがみ,変形歪み]が発生すると ◆resist deformation and recover the original form after deformation 変形しにくく,また変形後に原形を回復する[原形に復する, 元の形に戻る] ◆use the deformation of the membrane to obtain a pressure corresponding electrical signal 圧力に応じた電気信号を得るためにメンブランの変形[たわみ]を利用する ◆The alloy is prone to creep deformation under irradiation. この合金は(放射線が)照射状態下でクリープ変形しやすい.

**defragment** ◆a defragmenting program [utility, tool] デフラグプログラム[ユーティリティ, ツール] ◆defragment the hard disk before installing... 〜をインストールする前にハードディスクをデフラグする ◆defragment the market by creating an open standard オープンの標準規格を作り市場の細分化を解消する[市場を一元化する, 市場を一本化する]

**defragmentation** ◆allow defragmentation of files ファイルのデフラグを可能にする ◆Defragmentation of a disk collects all the segments of files and places them contiguously on the disk, speeding up performance. ディスクのデフラグとは, ファイルのセグメント[断片]をすべて集めてそれらが連続するようディスク上に配置するもので, 性能の高速化につながります.

**defragmenter** ◆a hard disk defragmenter ハードディスクのデフラグプログラム ◆a 'disk defragmenter', a utility for reorganizing file fragments on your hard disk into contiguous areas ハードディスク上に散らばっているファイルの断片を連続した領域に再構成するためのユーティリティである「ディスク・デフラグメンター」

**defraud** vt. <of>〈人など〉から(〜を)だまし取る, 詐取する, 横領する ◆defraud investors of $100,000 in a fictitious deal 虚構取引で投資家から10万ドルだまし取る

**defrost** vt. 〜から氷や霜を取り除く, の霜取りをする, 〈冷凍食品など〉を部分解凍する; vi. 霜や氷がついていない状態になる, 〈冷凍食品など〉戻る, 解凍状態になる

**defroster** a〜 《車》《窓ガラスを温めて霜をとかす》デフロスター, 曇り止め装置 ◆a rear defroster 《車》リヤデフロスタ[後部霜取り装置]

**defunct** adj. 現存していない, すでに廃止されている, 失効している, 消滅した ◆now-defunct 今はもう存在していない, 廃止されてもう無い, 今はもう活動を停止してしまっている ◆the now-defunct Brooketon Coal Mine 今では操業していない[廃鉱になっている, 閉山されている]ブルックトン炭坑; 《意訳》旧ブルックトン炭鉱

**defuse** v. 〈爆弾など〉から信管(fuse)を除去する, 〜の緊張を緩和する, 危険が弱まる ◆a bomb squad defused an explosive device found in... 爆弾処理班が〜で発見された爆発装置から信管を外した

**defy** vt. 〜にいどむ, 無視する, 反抗する; 〈モノが悪条件に〉耐える, ものともしない ◆concepts that defy common sense 常識では考えられないような概念 ◆defy explanation 説明がつかない[できない] ◆defy imitation 《通貨などが》偽造されにくい ◆her age-defying looks 歳に似合わない[《意訳》歳のわりに若い]彼女のルックス ◆But, defying expectations, ... しかし, 予想[予期, 期待]に反して ◆the Honda proved immensely manoeuvrable and agile, defying its large-capacity status このホンダ車は, 大排気量のステータスに似合わず[大排気量クラスであるにもかかわらず]きわめて操縦性が高く敏感であることを示した[素晴らしい操縦性と機敏性を見せた](＊a big bike「大型の単車」の話) ◆One-piece design defies rough handling. 一体化設計は手荒な扱いに強い[耐える].

**degas** vt. 〜からガスを抜く ◆vacuum degassing 《金属》真空ガス出し, 真空脱気 ◆the degassing of the fuel tanks これら燃料タンクのガス抜き

**degassing** 脱ガス処理

**degauss** 〜を消磁[減磁]する ◆a degaussing coil 消磁コイル

**degenerate** 劣化する ◆degenerate into... 〜に劣化する[劣化して〜になる] ◆Maybe over time these committees get filled with lackeys and stooges and degenerate into flocks of yes-men. おそらく時が経つにつれて, これらの委員会は提灯(チョウチン)持ち[御用学者]や太鼓持ちによって占められるようになり, イエスマンの烏合の衆に成り下がっていくだろう.

**degeneration** 回劣化, 変質, 退廃, 堕落, 退化, 退歩,《医》変性 ◆Tape degeneration occurs. テープの劣化が起きる

**degenerative** adj. 退化の, 退行性の, 退歩的な, 堕落した; 《医》変性性の, 《医》変質の ◆a patient who has a slow-onset degenerative brain disease for which there is no cure 治療法のない遅発性変性脳疾患にかかっている患者

**degradation** 回劣化, 分解, 崩壊, 粉化, 格下げ, 降格, 左遷, 《土木》河床低下 ◆without degradation 劣化することなく ◆an accelerated degradation test 加速劣化試験 ◆a degradation [decomposition] product of... 〜の分解生成物 ◆be less prone to degradation より劣化しにくい ◆suffer very little degradation 極わずかしか劣化を受けない; 《意訳》ほとんど劣化しない ◆with no degradation in image or sound 映像[画質]や音[音質]の劣化無しで[に] ◆with only slight picture degradation ほんのわずか画質が劣化するだけで ◆without degradation in graphics performance グラフィックス性能に低下を来すことなく ◆without noticeable quality degradation それと分かるほどの劣化なしで ◆without performance degradation; without degradation of performance 性能の低下なしに ◆minimize picture degradation 画質の劣化を最小限にする ◆see a slight degradation in performance when... 〜の際にわずかな性能の低下を認める ◆the degradation that the image data experiences in making its way to final processing 画像データが最終処理に行く過程で受ける劣化 ◆there is some degradation in this ability この能力に若干の低下がある ◆can be copied over and over without any degradation in quality 少しの劣化もなしに繰り返し繰り返しコピーが可能である ◆... cause significant system performance degradation 著しいシステムの性能低下を引き起こす ◆investigate the long-term degradation of inorganic membranes 無機膜の長期劣化について調べる ◆some degradation in the original dynamic range occurs when... 〜の際に元々あったダイナミックレンジが若干狭められる(＊ダイナミックレンジの劣化とか, レンジが狭くなるということ) ◆there is degradation in performance as users are added to the system システムの利用者が増えるにつれて性能の低下がある ◆without appreciable degradation of the signal-to-noise ratio S/N比を検知できるほどには低下させずに ◆Some slight picture degradation will take place. 多少の画質劣化が起こるであろう. ◆The paste is cooled almost instantaneously to prevent degradation. ペーストは変質[品質低下]を防ぐために, ほとんど一瞬のうちに冷却される.

The signal suffers degradation from multipath distortion. 信号は，マルチパス歪みによって劣化する．

**degrade** vt., vi. 〜の品位を低下させる，〜を劣化させる，格が下がる，縮退させる[する] ◆degrade image quality 画質を劣化させる ◆degrade the quality of the signal 信号の品位を劣化させる ◆Dioxins and PCBs do not degrade easily in the environment. ダイオキシン類やPCB類は，(自然)環境中では容易に分解しない．

**degrease** vt. 〜を脱脂する ◆a degreasing solvent 脱脂溶剤

**degreaser** a 〜グリスを除去する剤，デグリーサー，脱脂剤，油とり ◆an engine degreaser エンジン(の油汚れを落とすための)脱脂剤

**degree** 1 (a) 〜 程度，度合い，階級，度，率，級，《数》次(数) ◆to a certain degree [extent]; to some degree [extent] ある程度(までは)，いくぶん，いくらか，いささか，多少，少し，少々，やや ◆a 45-degree angle 45度の角度 ◆a greater degree of distortion より高い率の歪み ◆a high degree of faith in... に対する高い信頼度 ◆a second-degree burn 2度の重さの火傷 ◆between .2 and .3 degree C 0.2°Cから0.3°Cの間 ◆fifth-degree equations 5次方程式 ◆over 0° to 70°C 0〜70°C(の温度)にわたって ◆such a degree that...; to such an extent that 〜というほどまでに ◆the degree of seriousness 深刻さの度合い[事の重大さの程度] ◆to a sufficient degree 充分なところまで[充分に] ◆a very high degree of international cooperation 非常に高水準の国際協力 ◆people with high degrees of myopia 高度[重度]の近視[近眼]の人たち ◆it has warmed half a degree Celsius それの温度が，摂氏0.5度上がった ◆measure the degree of aging 老化の程度[進み具合]を測定する ◆raise the temperature of... one degree [20 degrees] 〜の温度を1度[20度]上げる ◆to a degree not heretofore attained 〜まで達成できなかったところまで ◆use the degree symbol as in °C and °F  °Cや°F (の表記)にあるような，度を示す記号を用いる ◆with varying degrees of success 程度の差こそあれ成功をおさめて[成功の程度はまちまちながら] ◆where B(s) is of higher degree than A(s)... 《数》ここで，B(s)はA(s)よりも次数が高いものとする ◆each point on a grid of five degrees latitude by ten degrees longitude 緯度[南北]方向に5度，経度[東西]方向に10度のます目内の各点 ◆raise the temperature to a degree that these two parts can be welded together これら2つの部品が溶接できるほどにまで温度を上げる ◆All five Republicans have had varying degrees of involvement with... これら共和党員5名は全員多かれ少なかれ〜に関与していた ◆... and all of them, to one degree or another, have been successful. 〜そしてそれらはすべて，程度の差こそあれうまく行っている． ◆The flip-up screen tilts through a full 180 degrees. このはね上げ式画面は，180度でいっぱいに倒せる[((意訳))開く]． ◆The on-screen image can be rotated 180 degrees. 画面上の画像は180度回転できる． ◆Turn the dial atop 60° clockwise to the red detent. ダイヤルを時計方向に60度ほど赤印のデテント[クリック]位置まで回してください． ◆All have similar problems, to a greater or lesser degree. 全員，程度の差こそあれ[大なり小なり，多かれ少なかれ]似たような問題を抱えている． ◆All the cars on this page are gas-sipping econoboxes to one degree or another. このページに掲載の車は，程度の差こそあれすべて低燃費経済車である． ◆Privatization is taking place in all of the countries in different degrees. 民営化は，程度の差こそあれすべての国で起こっている． ◆The temperature coefficient is commonly expressed in percent per degree Celsius [centigrade] (%/°C ). 温度係数は，一般に摂氏1度当たりのパーセント(%/°C)で表記される． ◆Efficacy of bone marrow transplantation depends, to a large degree, on how early in the course of the disease it's performed. 骨髄移植の有効性は，病気の進行の過程で，どれだけ早期に移植を受けるかに大きく[大いに]左右される． (*to a large degree = to a large extent) ◆Every fall, when the grapes reach just the right degree of ripeness, 180 workers pick them swiftly over a two-day period. 毎年秋になってぶどう

が程よく熟すと，180人の作業者が速やかに2日間で摘みとる． ◆Negative frequency components simply represent sine waves that are shifted 180 degrees (one-half of a cycle) from the 33-MHz fundamental sine wave. 負極性周波数成分は，33MHzの基本正弦波から単純に180度(2分の1サイクル)ずらした[偏位させた]正弦波である． ◆a diagram showing relative degrees of closeness or openness, front-raising or back-raising of the tongue, in the articulation of individual vowels それぞれの母音を区切って発音する際の，口の開け具合と舌の前部あるいは後部の上げ具合を示す図 ◆OED=オックスフォード英語大辞典のvowel diagramの説明より．工業分野での「開度」の表現の参考例》

2 a 〜 学位 ◆receive [take] a degree 学位を受ける[取る] ◆college degree-carrying twentysomethings 大卒の学歴を持つ20代の人達 ◆a degree in business administration 経営学の学位 ◆a master of business administration degree; a master's degree in business administration 経営学修士の学位，経営学修士号 ◆parents who have college degrees 学士号の学位を持っている親御さんたち ◆She holds a master's degree in geophysics. 彼女は地球物理学の修士の学位[修士号]を持っている． ◆He is a Harvard grad [graduate] with a degree in computer science. 彼は，コンピュータサイエンスの学位を持つハーバード(大学)出[卒]だ． ◆In 1983, he earned his master's degree in business administration from the University of Alabama. 1983年に，彼はアラバマ大学の経営学修士号を取った．

**by degrees** 次第に，徐々に，段々に(= step by step, gradually)
**to a degree** ある程度，多少，いくぶん；((主に英))かなり，相当，非常に

**degree of freedom** a 〜 (pl. degrees of freedom)《機械》自由度 ◆a six-degree-of-freedom industrial robot manipulator 6自由度の工業ロボットマニピュレータ(*a manipulator = a robot arm) ◆to allow movement through 6 degrees of freedom (up/down, right/left, and forward/backward, plus a couple of rotations) 6自由度の動き(上下，左右，前後方向および2〜3種類の回転)を可能にするために ◆an industrial robot equipped with 5 degrees of freedom 5自由度の工業用ロボット

**DEHP** (diethylhexyl phthalate) フタル酸ジエチルヘキシル (*プラスチックの可塑剤として使用される．ミジンコなどの下等水中生物の繁殖を阻む生殖毒性[内分泌かく乱]化学物質として知られる)

**dehumidification** ①除湿，減湿，脱湿 ◆by dehumidification 除湿により ◆Dehumidification of... has been accomplished by using... [through the use of...] 〜の除湿[脱湿]は〜を使うことで達成された[〜の使用により実現した] ◆During the humid season, dehumidification is needed. 湿度の高い季節には除湿[脱湿]が必要です．

**dehumidifier** a 〜 除湿器，脱湿器，減湿器
**dehumidify** vt. 〈空気など〉から水分[湿気]を取り除く，脱湿[除湿]する ◆a dehumidifying agent 脱湿[除湿]剤

**dehydrate** vt. 〜を脱水する，乾燥させる，〈化合物〉から水分子を取る; vi. 水を失う，脱水[無水]状態になる ◆a dehydrating agent 脱水剤 ◆a dehydrating agent 脱水剤 ◆dehydrated alcohol 無水アルコール ◆dried and dehydrated prunes 乾燥・脱水したプルーン ◆supply dehydrated compressed air to... 〜に水分を除去した圧搾空気を供給する ◆various freeze-dehydrated meats 各種冷凍乾燥肉

**dehydration** 脱水; 脱水症 ◆undergo dehydration 脱水される ◆To prevent dehydration, give plenty of fluids and foods that are easy to digest. 脱水症状になるのを防ぐために，大量の液体や消化のしやすい食べ物を与えてください．

**dehydrator** a 〜 脱水機，脱水器(*乾燥剤を使用した)，除湿[脱湿]装置，乾燥機 ◆a compressor dehydrator コンプレッサー用の脱湿装置

**deice** 〜から氷を除去する，〜を除氷する；〜に着氷[氷結]するのを防止する ◆a deicing agent 氷結防止剤

**deign** vt. ありがたくも[かたじけなくも]〜してくださる 畏れ多くも[もったいなくも，かしこくも]〜される，〜なさる，〜し遊ばす[遊ばされる]，〜し給う[賜う] (タマウ) <to do> (*

**deionize**

わざと皮肉でバカ丁寧に言う場合もある）◆Queen Elizabeth II deigned to attend a luncheon hosted by... エリザベス女王2世は、～主催の昼食会にご列席なされた［ご出席遊ばした］

**deionize** vt.～からイオンを除去する ◆ultrapure deionized water 脱イオン超純水

**déjà vu** 回既視感, 既視感, あたかも見覚え［聞き覚え］のあるような感じを受けること; 陳腐なもの; adj. おなじみの ◆experience a sense of déjà vu 既視感［既視感］を覚える; あたかも見覚え［聞き覚え］があるように感じる ◆boaters may get a feeling of déjà vu from some of the scenery they pass through ボートに乗る人たちは, 通り過ぎる風景の一部に, どこかで見たことのあるようななつかしさを感じるかもしれない（＊観光地の話）

**de jure** 正当な, 法律上の ◆de jure standards （ISO, ANSI, JISなど...）公的機関が制定した標準規格（＊これと対照的なのがde facto standards と呼ばれる事実上の標準である）◆For all practical purposes, the bank is bankrupt de facto, if not de jure. 実際問題として, この銀行［同行］は, 法律上は［法的には］そうでないとしても事実上破綻している.

**delaminate** vt., vi. 層状に剥離する ◆delaminate the board 基板に剥離を起こさせる（＊はんだごての熱などで）

**delay** 1 (a)～ 遅れ, 遅延, 遅滞, 延引（エンイン）; 引き延ばし ◆without delay 遅滞なく; 速やかに; 即刻; 即座に ◆without any delay すぐに［直ちに, 即刻, ぐずぐずせずに］ ◆a delay line 《電子》遅延線 ◆a (time-)delay circuit 遅延回路 ◆a delay in developing... ～の開発の遅れ ◆after a 2 sec delay 2秒遅れて ◆delays in production 生産遅れ ◆long delays develop 大きな遅れが生じる ◆result in unacceptable levels of delay 《意訳》～は, 結果的に容認できないレベルの遅れを招く［遅延を生じさせる］ことになる ◆suffer a one-day delay 1日の遅れをこうむる; 1日後れになる ◆without further delay これ以上の遅れを出さずに ◆with very little delay ほとんど［わずかに］遅れずに ◆a lengthy delay in completion of the building ビル建設完了の長期の遅れ ◆There are no delays between... ～の間に遅れはない ◆there was a delay of three seconds before... ～までに3秒の遅れがあった ◆the semiconductor industry's fastest PAL (Programmable Logic Array) device with delay times as fast as two nanoseconds 2ナノ秒という高速の遅延時間を持つ半導体業界最速のPAL（プログラマブルロジックアレイ）素子 ◆without mechanical delays such as seek and rotational latency シーク待ち時間や回転待ち時間といった機械的な遅れ［待ち時間］なしに ◆We are sorry for the delay in shipping your order. ご注文品の出荷が遅れまして申し訳ございません. ◆After about 30-minutes of uneventful use, the program develops a delay in its responses. 30分かりの間何ごともなく使用した後で, このプログラム［ソフト］は応答に遅れを生ずるようになる［《意訳》反応が鈍くなってくる］. ◆Interchip delays can cause significant system performance degradation. （IC）チップ間の（信号伝送）遅れは, 著しいシステムの性能劣化を引き起こすことがある. ◆Two or three hours later, apply a second coat. Further delay may result in poor intercoat adhesion. 2～3時間したら第2層目を塗りますが, それ以上遅いと層間の密着度［付着力］が低下する原因になります. ◆If two or more users try to interact simultaneously with the timeshared system, some of them experience a delay in response. 2人以上のユーザーが同時に時分割システム（コンピュータ）と対話すると, 一部のユーザーは応答の遅れを感じることになる. ◆No so far released products have been properly assessed for safety. Therefore they should be withdrawn with shortest possible delay. これまでに発売された商品はどれも安全評価が適正になされていない. 従って, これらは早急に［一刻も早く］（市場から）撤去されるべきである.

2 vt.～を遅らせる, 遅延させる, 先へ延ばす; vi. ぐずぐずする, 手間取る, 遅れる ◆delay...(ing) ～することを遅らせる ◆a delayed pulse 遅延パルス ◆a delayed train 定刻に遅れている列車 ◆delay payments 支払いを遅らせる［延ばす］ ◆a long-delayed project 大幅に遅れた［延び延びになった］計画 ◆delay all signals by a fixed time interval 信号

のすべてをある決まった時間だけ遅らせる ◆in case that your email get lost or delayed 万一あなたの電子メールが紛失あるいは滞留した場合は ◆We were delayed because... ～といった理由で私たちは遅刻してしまった ◆he said there was a possibility that fog might delay today's touchdown 霧で今日の着陸が繰り延べになる可能性があったと彼は言った ◆Its cost may delay wider use. その（高い）費用のため普及が遅れるだろう ◆The poisoning of the earth's atmosphere would cause time-delayed biological effects. 地球の大気の汚染は, 時間的な遅れ［時間差］をもって生物学上の影響を引き起こすことだろう. ◆It is difficult to measure whether the company's sales have been hurt by customers delaying purchases to wait for the new machines. 同社の売り上げが新型機を待つ顧客の買い控えによる痛手を受けたかどうか推定することは難しい.

**delayed** 遅延した, 遅れた, 時期遅れの, 遅まきながらの, 後れ馳せの, 遅きに失した ◆a delayed recovery from the overload その過負荷状態からの遅延［遅らせた］回復

**delayed time** ディレード・タイム ◆The facsimile machine can be programmed to send documents either in real or delayed time (at night, for example, when long distance rates are lowest). そのファクシミリは, 文書をリアルタイムで, またはディレイドタイムで（たとえば, 長距離電話料金が最も安い夜間に）送るよう設定することができる.

**delegate** 1 a～ 代表（者）, 使節（団員）, 派遣団員 ◆delegates from 26 groups 26団体からの代表者ら
2 vt.～を代表として派遣する, 《仕事, 権限など》を〈人に〉まかせる［委ねる, 委任する］; vi. 職務を委ね, 権限を委任する ◆delegate authority [power] to... ～に権限を任せる［委す, 譲る, 委ねる, 委譲する, 移管する, バトンタッチする］ ◆delegate tasks to... 仕事を〈人に〉任せる［やらせる］

**delegation** a～ 代表団, 使節団, 代議員団, 回（権限などの）委任 ◆Delegation is the sharing of authority, responsibility, and accountability between two or more people. 権限の委任［委嘱］とは, 権限や責務や説明責任を二者以上の間で分割する［分担し合う］ことです.

**delete** vt.～を削除する, 消す, 抹消する ＜from＞ ◆add or delete an item 項目を追加または削除する

**deleterious** adj. 有害な, 有害性の; 有毒な, 有毒性の ◆have a deleterious effect on... ～に有害な影響を及ぼす ◆substances deleterious to living things 生物にとって有害な物質 ◆without any deleterious effect on the ability to ＜do...＞ ～する能力に一切悪影響［有害な影響］を及ぼさずに

**deletion** 削除, 抹消; a～ 削除部分 ◆make a deletion 《編集》削除する ◆file deletion ファイルの削除

**deli, delicatessen** 回調製食品, 調理済み食品, 総菜（ソウザイ, おかず）; a～ 調製食品店, そうざい屋 ◆open a deli outlet 総菜屋を開く

**deliberate** 1 adj. 熟考した, 熟慮の上での; 故意の, 作為的な, 計画的な; 慎重な; ゆっくりした
2 vi. じっくりと考える, 考えを練る,（～について）審議する, 熟議, 熟考する ＜on, upon, about, over＞; vt.～を［について］審議［検討］する ◆the committee had finished deliberating on the bill 委員会はその法案［同法案］の審議を終えた ◆we deliberated that issue very carefully 我々はその問題を慎重に検討［審議］した ◆After a day and a half of deliberating, ... 1日半にわたる協議［審議, 検討］の上で［末］ ◆Jurors deliberated about five hours before reaching a verdict 陪審員らは, 評決にこぎつけるまでに約5時間審議した.

**deliberately** わざと, 故意に, ことさらに; ゆっくりと, 慎重に, やおら

**deliberation** (a)～ 熟考, 熟慮, 検討, 協議, 審議, 審理 ◆after (much) deliberation よく（よく）考えた上で ◆with deliberation 熟慮して, よく考えて, 慎重に; ゆっくりと, 緩慢に; やおら, おもむろに, のんびりと ◆without deliberation 考えもしないで ◆after careful deliberation 慎重に考えた末 ◆after having undergone deliberations at... ～における討議［審議］を経た上で ◆after much family deliberation 家族よく相談［協議］した上で ◆be resolved through deliberations with... 〜との協議[審議]を通して解決される ◆conduct [begin] deliberations about [on, over, regarding]... 〜について審議[討議, 協議, 評議]を行う[開始する] ◆during 5 days of deliberation 5日間の審議の間に ◆during deliberation of this bill この法案の審議中に ◆pending further deliberation by... 〜による継続審議がなされるまで(*会議によっては「審議」のことを「審査」と呼ぶこともある) ◆sloths move with extreme deliberation ナマケモノは極めて緩慢に移動する[ゆっくり動く] ◆stimulate deliberation about... 〜についての審議[議論]を喚起する[盛んにする, 活発にする, 活発化する, 高める, 盛り上げる] ◆White House deliberations on U.S. export policies 輸出政策についてのホワイトハウス[米国政府]の討議 ◆after almost five days of fruitless deliberation ほぼ5日間に及んだ実りのない審議の末に ◆shall undergo prior deliberation by the Committee 〜は, 委員会による事前審議を受けるものとする ◆send the figures to Congress as a starting point for budget deliberations これらの数字を予算審議の叩き台として議会へ送る ◆will be subjected to deliberation(s) soon まもなく審議にかけられることになっている ◆fresh deliberations will be conducted at the end of the stipulated period to determine if the ban should continue or not 禁止を継続すべきか否か決定すべく, 所定の期間の終わりに行われることになっている ◆With deliberation, he lit the cigarette. 彼は, やおら[おもむろに]タバコに火をつけた.

**deliberative** adj. 審議する, 審議の ◆a deliberative body 審議機関[機関, 団体, 組織]

**delicacy** 圓繊細さ, 優美さ, 華奢(きゃしゃ), 体の弱さ[虚弱さ, ひ弱さ], 壊れやすさ, (問題などの)微妙さ[扱いにくさ], 精巧さ, 巧妙さ, 確かさ, 感度の鋭さ, 感度, 繊細さ, 心づかい, 思いやり, 慎み深さ; a 〜 美味しいもの, 珍味 ◆listeners are provided with a faithful reproduction of the delicacy and transparency of the timbre of glass musical instruments (聴く人の耳に, )ガラス楽器の繊細さと透明感ある音色が忠実に再生される[届けられる]

**delicate** adj. 精密[精巧]な; 高感度[鋭敏, 敏感]な; 取り扱いに注意を要する, 壊れやすい, 傷つきやすい, 虚弱な, 優雅な, 上品な, きゃしゃな, 心の細やかな, 体が弱い[虚弱な], (食材の持ち味が生きている感じで)おいしい, 美味な ◆a delicate balance 高感度天秤 ◆a delicate adjustment デリケートな調整 ◆delicate equipment デリケートな[損傷を受けやすい]機器 ◆delicate focusing 微妙な焦点合わせ ◆delicate mechanisms for telephone switching 電話交換用の精巧な機械 ◆the delicate cleanup of a corrosive chemical that spilled from... 〜から漏れた腐食性化学物質の, 細心の注意を要する除去 ◆These speakers do a great job in faithfully reproducing the delicate highs of jazz and classical. (意訳)これらのスピーカーは, ジャズとクラシックの繊細な高域を忠実に再生するという大変な仕事を立派にこなす.

**delicately** adv. こまやかに, きめ細かく, 精巧に, 繊細に, 精緻に; 美しく, 優美に, 優雅に, 上品に, 華奢(きゃしゃ)に, 弱々しく, 穏やかに, 慎ましやかに, しずしずと, やわらかに, 用心して, 繊細に, 微妙に, うまく, ほのかに, それとなくにおわせて, 遠回しに, 婉曲に, 相手を傷つけないように ◆delicately thread one's way through the traffic 上手に[巧みに, 器用に]車の間を縫って進む

**delicensing** 許認可制の撤廃[廃止] ◆through deregulation, delicensing and other incentives for the private sector 民間部門に対する規制緩和, 許可制の撤廃, ならびにその他の刺激策を通じて

**delicious** うまい, おいしい, 美味な, 味わい深い, 滋味深い; 香りのよい; (話などが)非常に面白い

**delight** 1 楽しみ, 喜び, うれしさ, 歓喜; a 〜 喜び[満足]を与えるもの, 喜ばしいもの ◆The car's engine is a delight. 車のエンジンは, 大いに満足できるものだ[すばらしい]. 2 vt. 〈人〉を大喜びさせる, 大いに楽しませる; vi. 大喜びする, 大いに楽しむ ◆we would be delighted to hear from you お便りいただけると嬉しく存じます[をお待ちしています]

**delimit** 〜の範囲[境界, 限界]を定める, 〜を区切る, 分界する ◆delimit... with single spaces 《コンピュ》〜をスペース文字1個ずつ(複数箇所)で区切る ◆The fields are separated by commas, and character fields are surrounded (delimited) by quotation marks. 《コンピュ》フィールド間はカンマで区切られ, 文字型データの各フィールドは引用符で囲んで(区切って)ある.

**delimitation** 圓限界[境界]の決定[設定], (国境・領土などの)画定; a 〜 限界, 分界 ◆the delimitation of the territorial waters between... 〜国間の領海の画定[領海の境界の確定]

**delimiter** a 〜 《コンピュ》区切り記号[文字], デリミタ ◆a field [record] delimiter フィールド[レコード]区切り記号 ◆the beginning and ending delimiter 《コンピュ》始めと終わりの区切り記号 ◆use delimiters to set off data entry fields 《コンピュ》区切り記号を使ってデータ入力フィールド(の始めと終わり)に区切りをつける

**delineate** vt. 〜の輪郭を描く, 線で描く, 図で示す, 視覚的に示す, (詳細に)描写する ◆the curves are well delineated これらの曲線はうまく描かれている

**delineation** (言葉, 図による)表現, 描写, 記述, 叙述; a 〜 スケッチ, 略図, 下図, 絵図 ◆the clear delineation of their boundaries それらの(領域の)境界の明確な線引き

**delink** 〜を切り離す <from>

**delinquency** (a) 〜 非行, 犯罪, 滞納, 不履行, 怠慢 ◆the delinquency of children 子供の非行 ◆the problem of juvenile delinquency (青)少年非行の問題 ◆drop out of school and drift into juvenile delinquency 学校から落ちこぼれて, いつのまにか少年非行に入って行く

**delinquent** adj. 非行に走った, (期限が過ぎているのに)未済[未納, 滞納]の, (義務などを)怠る, 怠慢な; a 〜 (未成年の)非行者, 非行少年[少女], 法律違反者 ◆a juvenile delinquent 青少年の非行者; 非行少年少女 ◆a delinquent boy or girl 非行少年または非行少女 ◆customers who are delinquent in their payments 支払いを滞らせている(不良)顧客 ◆demand payment of delinquent taxes 滞納税の支払を要求する

**delist** vt. 〜をリスト[表, 目録, カタログ]から外す, 〜を上場廃止[停止]にする ◆delist Topaz Inc.'s common stock トパズ社の普通株を上場廃止[停止]にする ◆its common shares have been delisted from the NASDAQ market 同社の普通株はNASDAQ市場で上場廃止[停止]された

**deliver** vt. 〜を配達[送付, 配信]する, 届ける, 引き渡す, 送り出す, 繰り出す, 出力する, 与える, 加える, 〈性能など〉を発揮する[出す, 提供する, 有する], 〈意見など〉を述べる, 〈〜が〉〈子〉を分娩するのを助ける<of>; vi. 配達する, 出産する, (口にだして)述べる ◆deliver relief supplies 救援物資を届ける ◆deliver the documents to... 〜に書類を送付する ◆the development of consumer friendly systems for delivering digital music to portable devices デジタル化した音楽を携帯型装置に配信するための, 消費者にとって使いやすいシステムの開発 ◆deliver parts at the rate of 20,000 to 40,000 per hour 毎時2万から4万個のペースで部品を供給する ◆deliver the drugs to the body in safe and effective dosages 薬物を安全で効果的な投与量だけ体に送達する ◆deliver the first consignment of 1,000 minibuses and pickup trucks to the mainland (中国)本土に1,000台のミニバスとピックアップトラックの初回船積み分を引き渡す ◆The 1598cc engine delivers 105 horsepower. その1598ccエンジンは105psを出力する[出す]. ◆The 2040AX delivers about four times the performance of the 1020AX. 2040AXは, 1020AXのほぼ4倍の性能を発揮する. ◆The company delivers a workable solution at a reasonable price. 同社は実行可能なソリューションを手頃な価格で提供している. ◆The full-color printer delivers a remarkable 400 pixels per inch, with a 64-step gradation. このフルカラープリンタは, 1インチ当たり驚くべき400画素を64階調で出力する.

**deliverance** 圓《文語》(〜からの)助け, 救助, 救出, 救済, 解放, 釈放 <from> ◆deliverance from pecuniary difficul-

ties　経済難からの救済[解放]；《意訳》経済的困難からの脱却[脱出]
**delivery** (a) ~ 配達, 配送, 納品, 納めること[納付], 引き渡し, 受け渡し, 送り届け, 送り出し, 送出, 送付, 発送, 繰り出し, 払い出し, 伝達, 配信, 〈薬物の〉送達, 話しぶり[演説ぶり, 話し方], 分娩[出産] ◆for delivery to...　~に納入する[納める, 配達する, 引き渡す, 送付する, 送り届ける, 送達する]ために[の] ◆on delivery; at the point of delivery　配達時に ◆take delivery of... from...　~から〈品物〉の配達[納品, 引き渡し]を受ける；~から~を受け取る[引き取る, 受領する] ◆stop deliveries of...　~の供給を絶つ ◆a delivery pipe　送り出し管, 吐出管, (燃料)噴射管, 出口管, 排出管 ◆delivery people　配達人 ◆a drug delivery system (DDS)　薬物送達系 ◆a package delivery company　宅配便会社 ◆payment on delivery　代金払い ◆delayed deliveries　納期遅れ ◆a delivery date change　納期[納入期日]の変更 ◆a delivery man for [from] a Chinese restaurant　中華料理屋の出前持ち[出前配達の人] ◆a Domino's Pizza delivery person [man, woman]; a delivery person from Domino's Pizza　ドミノピザの配達の人[《意訳》お兄さん, お姉さん] ◆at the time of taking delivery of products　製品の受け入れの際に ◆at the time of taking delivery; when taking delivery　納入を受ける際に；《品管》受け入れ時に ◆in a hospital delivery room　病院の分娩室で ◆jeopardize the delivery date for the sake of...　~のために納期を危うくする ◆perform [conduct, do, make] (a) pre-delivery inspection on [of, for]...　~の出荷前検査[引き渡し前検査, 納品前検査, 納車前点検]を行う ◆power generation and delivery　発電と送電 ◆shorten delivery times　納期を短縮する ◆take delivery of a stock certificate　株券[株式証券]を引き取る[受領する] ◆the delivery side of a pump　ポンプの払い出し側 ◆distributors providing [offering] home delivery [コベッ] 宅配[コベツ]をしている販売店 ◆a delivery-truck driver　配送[配達]トラックの運転手 ◆for extensive testing in advance of the delivery of further sets　それ以外のセットの納入[搬入, 納品, 引き渡し]に先立って[実施される]広範にわたる[総合]試験を受けるために ◆next-day [overnight] delivery　翌日配達 ◆the overnight-delivery market　翌日配送サービス[宅配便]市場 ◆Home delivery is extra.　配達は別料金です;配達料は含まれていません。 ◆Chinese restaurants that offer free delivery　無料で出前をやっている中華料理店 ◆guarantee 30-minute delivery　迅速な返答[《意訳》30分以内の配達]をお約束[保証]する(*ピザの話で) ◆launch a chain of quick-delivery Chinese food operations　迅速な出前が売物の中華料理店チェーンを始める ◆operate a system for the delivery of video programming; operate a video programming delivery system　ビデオ番組送出システムを運用する ◆planned for initial deliveries in 1993　1993年に初荷が予定されている ◆ban further sales and deliveries to Iraq of military hardware　イラクに対する今後の軍備の販売と引き渡しを禁止する ◆the delivery of information to individuals wherever and whenever they want it　《意訳》いつでもどこでも欲しい情報を客ごとに個別に配信すること ◆there's a delivery charge of $3 to $5 for orders under $50　50ドル未満の注文に対しては3ドルから5ドルの配達料がかかる ◆Delivery from stock in quantities　在庫より即大量納品(できます)《広告》 ◆Arlington residents can get home delivery.　アーリントンの住人は, 出前がとれる。 ◆Delivery is from stock.　在庫より即納品。 ◆Delivery time runs about two months from the order date.　納期は, ご注文後2カ月はかかります。 ◆Every machine is rigorously tested before delivery.　機械は一台一台, 納品[引き渡し]前に厳しく試験されている。 ◆Delivery dates are in danger of slipping as the company tries to meet surging demand from...　会社は~からの急増する需要を満たそうと努力している状況なので, 納期がずるずると遅れてくる恐れがある。 ◆Delivery is free anywhere in the area if the order is over $80.　80ドル以上のご注文に限り, この区域内全域無料配達いたします。 ◆For immediate off-the-shelf delivery, call our distributor: xxx　即納品できます、弊社販売代理店xxxまでお電話ください。 ◆Our delivery time is three months from receipt of your firm order.　当方の納期は, お客様からの確定注文受領後3カ月です。 ◆The country has taken delivery of two of three diesel-powered subs ordered from Russia.　同国は, ロシアに発注[注文]したディーゼル(エンジン)推進式潜水艦3隻のうち2隻の受け渡しを受けていた。 ◆There are no delays between throttle movement and power delivery.　スロットルの作動から動力の送り出しまでの間に遅れは無い。(*応答が速い) ◆The company was forced to stretch out delivery schedules for its newest laptop.　この会社は, 自社の最新型ラップトップ機の納入予定[納期]を延ばさざるを得なくなった。 ◆The first demonstration unit of the ETS-1460 will be available in August and deliveries will begin in the late fall.　ETS-1460機の最初の宣伝見本ユニットが出てくるのは8月, また出荷開始はこの秋遅くなってからであろう。

**Dellinger**　◆Dellinger fadeout [fade-out]; Dellinger fading; the Dellinger phenomenon [effect]　《通》デリンジャー現象(*電離層が太陽の黒点近くの爆発により乱され, 電離層での短波帯の電波の反射がなくなり温信が突然途絶えること)
**delocalize**　~を非局在化する ◆the six delocalized electrons in benzene　ベンゼン(環)中の6個の非局在する電子
**Delrin**　《デュポン社商標》デルリン(*アセタール樹脂のエンジニアリングプラスチック) ◆glass-filled Delrin　グラスファイバー入りデルリン
**delta**　(ギリシャ文字)デルタ($\Delta, \delta$); 三角形の; $a$~三角形のもの, 三角州 ◆(a) delta connection　デルタ接続[結線]；三角結線[接続] ◆a delta wing　(航空機の)三角翼 ◆star-delta starting　スターデルタ[Y-$\Delta$]起動(*三相交流電動機の) ◆an inverted delta symbol ($\nabla$)　逆三角形記号
**deluge**　$a$~大洪水; 殺到 ◆a deluge of applications　申し込みの殺到
**deluxe, de luxe**　デラックスな, 豪華な, ぜいたくな ◆a deluxe edition　豪華版 ◆a deluxe hotel [restaurant]　豪華ホテル[レストラン]
**demagnetization**　減磁, 消磁, 脱磁 ◆high-temperature [low-temperature] demagnetization　高温[低温]減磁
**demagnetize**　~を減磁[消磁, 脱磁]する
**demagnetizer**　$a$~消磁器
**demand**　1 vt. ~を求める[要求する, 請求する, 必要とする], ~を尋ねる[問う]; vi. 要求する, 訪ねる<of> ◆as circumstances demand　状況に応じて；臨機応変に ◆demand immediate repayment　速やかな返済を迫る ◆demand a 5% licensing fee from...　~〈会社など〉に5%の特許使用料を請求する ◆the higher fuel economy demanded of passenger cars　乗用車に求められて[要求されて]いる, より良い燃費 ◆In the under-30 group, 37% demanded more glasnost.　30歳未満の層では, 37%の人がいっそうのグラスノスチ(情報公開)を求めて[望んで]いた。(*旧ソ連での世論調査の話)
2 (a)~需要, (電気・ガスなどの)需用, 需要[要求]量, 強い要求, 請求, 要望, 必要(性) ◆grow in demand　需要が増える[多くなる, 拡大する, 増大する, 高まる]; 売れ行きがよくなる; 人気が上がる; (ますます)お呼びがよくかかるようになる ◆arouse [fuel] demand for...　〈商品など〉の需要を喚起する(煽る(アオル)) ◆a demand factor　《発送配電》需要率 ◆changes [fluctuations, variations] in demand; demand changes [variations]; fluctuations of demand　需要の変動 ◆demand for power　電力需用[需要] ◆user demands [requests]　ユーザー[利用者]の要求[要望] ◆the law [laws] of supply and demand　需要と供給の法則 ◆a slowdown [slowing] in demand for...　~の需要の減速[低迷, 停滞, 減退] ◆because of a decrease in demand　需要が減ったために ◆because of flagging demand for...　~の需要減退のために ◆be constantly in demand　~には一定した需要がある; ~の需要は常に安定している; ~は安定需要を獲得し続けている ◆be now in increasing demand　需要が高まりつつある ◆cultivate new demand　新規需要を新たに[掘り起こして, 《意訳》開発して]開拓する ◆periods of high demand　需要[(電力などの)需用]の高い時期[時間帯] ◆produce goods in demand　需要のある製品を生産する ◆satisfy consumer demand　消費者需要を満たす ◆an article in great demand [much in demand]　需要の大きい

[人気の高い] 商品 ◆in the order of decreasing demand 需要 [需用] 規模の大きいものから少ないものの順に (並べると) ◆incessant demands for money from... 金を出せ [よこせ] という〜からの引っ切りなしの要求 [せがみ, ねだり] ◆an obstacle to demand-supply balance 需給バランスの妨げ ◆demand from first-time buyers for homes 住宅一次取得者 [家を初めて購入する人たち] からの需要; (意訳) 住宅の新規建設 ◆if demand for... grows sharply 〈商品〉の需要が急増すれば; もし〈商品〉が急激に需要を伸ばせば ◆there is an increasingly vocal demand <among, from, to do, for, that...> 声高になってきている要求がある; (意訳) 〈〜からの, 〜という〉要望がますます強くなりつつある ◆adapt products to the demands of the market 製品を市場の要求 [要請, 需要] に合わせる ◆an expert who is in great [high] demand 引く手あまたの専門家 ◆a product born out of customers' demands [customer demand] to <do> 〜したいという顧客の要求から生まれた商品 ◆as the demand for flat-panel displays (FPDs) grows フラットパネルディスプレイの需要が増大する [高まる] につれて ◆because of the shrinkage of final demand 最終需要の縮小のせいで ◆curtail (one's) electricity use at a time of peak demand 電力需要 [需用] のピーク [最大] 時に電気の使用を削減する ◆Demand for... will also rise in those industries. 〜の需要はそれらの業界でも高まるだろう。 ◆drive up the demand for S-VHS-C cassettes S-VHS-Cカセットの需要を高める ◆make an unreasonable demand on [upon]... 〈人〉に不当な [適切さを欠いた] 要求をする; 〜に無理難題をふっかける ◆the demand was still great 需要は依然として大きかった ◆the recession dampened demand for gasoline 景気後退はガソリンの需要を減退させた ◆they have become more vocal in their demand that the president sign... 彼らは、大統領は〜に署名すべきであるという要求を強めた ◆to meet the demand for... from our customers 弊社顧客からの〈商品〉に対する需要に応える [を満たす] ために ◆when the demand for electricity was at its peak 電力需要 [需用] がピーク [最大] に達していた時に ◆arouse intense demand among vendors and consumers, particularly at Christmas 〈商品など〉が、とりわけクリスマス (商戦) の頃に販売業者および消費者のあいだで激しい [旺盛な] 需要を喚起する ◆high-demand imported products such as electronic devices and automobiles 電子機器や自動車などの需要 [(意訳) 人気] の高い輸入品 ◆turn to gas for so-called "peaking" or backup supplies for periods of high demand 高需要時にいわゆる「ピーキング」(ピーク需要をまかなうこと) のため、すなわち予備供給のために、ガスに頼る (*発電の話で) ◆demands for a high-level language that makes a programmer efficient プログラマにとって能率の上がる [プログラマが能率よくプログラミングできる] 高級言語が求められていること ◆he clearly relishes being so much in demand these days 彼は、このごろ売れっ子になっている自分の存在を明らかに楽しんで [満喫して] いる ◆If there is an increase in demand for cars in China, ... 中国で車の需要が増加するとなれば、 ◆Over the next three years, strong demand is predicted for products that allow... 今後3年間は、〜を可能にする製品に対して強い [堅調な, 旺盛な] 需要が (あるものと) 予想されている ◆the demand for these products is especially keen in Europe これらの製品の需要は、特に欧州で強い ◆the ever-increasing world population is placing heavy demands on the finite resources of the Earth 増加の一途をたどる世界人口は地球の限りある資源に大きな負担 [重荷, 負荷] をかけている ◆to meet the stringent demands on electron beam quality for this accelerator 本加速器の電子ビームの品位に対する厳しい要求を満たすために ◆would lead to a greater demand for skilled workers 〜は、熟練労働者の求人の減少につながりかねない ◆As the demand that their quality improve becomes clear, ... それら (商品) の品質向上に対する要求が明確になってくるにつれ ◆fix the company's problems, which stemmed from a change in demand from big computers to networks of smaller machines 大型計算機からネットワーク化された小型コンピュータへと需要が変化したことに起因する、この会社の問題を正す ◆Changes in supply and demand will create market fluctuations.

需給の変化 [変動] は相場の変動を生む。 ◆For job seekers, computer skills continue to grow in demand. 職を探している人たちについて言えば、コンピュータを使う能力は今後もますます強く求められるようになる。 ◆Plumbers and welders are in high demand everywhere, including New England. 鉛管工と溶接工は、ニュー・イングランドをはじめとしてどこでも求人が多い。 ◆The lodge is very much in demand from families and honeymoon couples. 《意訳》このロッジは家族連れや新婚カップルに大人気 [大人気] です。 ◆Today's demands on biomedical research are tremendous. 今日、バイオメディカル [生物医学] の研究に寄せられる期待はとてつもなく大きい。 ◆All across this country, there is (a) booming demand for workers with technical skills. この国の至るところで [全国各地で]、技術能力を持つ [技能] 労働者に対する旺盛な求人がある。 ◆The company serves the growing senior population, and products should continue to grow in demand. 同社は増えつつある高齢者層を相手に商売しているので、製品の需要は拡大を続けるはずである。 ◆The growing middle class in South America creates a skyrocketing demand for consumer products. 成長を続ける南米の中産階級は、天井知らずの消費者向け製品需要を創り出している。 ◆The industry calls them obsolete, or reduced-demand products. 業界では、それらを陳腐化した製品、すなわち需要が減退した製品と呼んでいる。 ◆There is considerable demand from companies for students with computer programming skills. コンピュータのプログラミング技術を持つ学生には企業からの求人がかなりある。 ◆There is little doubt that these agencies are being subjected to restructuring and downsizing demands. これらの政府機関にリストラと事業規模縮小が求められていることは、ほぼ疑いない [要求されていることに疑問を差し挟む余地はほとんどない]。 ◆With a favorable demand-supply position in future, we expect prices to increase. 需給状況が先行き明るいので、私どもでは価格は上昇するものと見ています。 ◆With the growth of the industry, there has been a growing demand for more and better technicians. 業界の成長と共に、もっと大勢のより優秀な技能者が求められるようになってきている。 ◆In some industries, U.S. companies lack the capacity to keep up with roaring demand. 一部の業種においては、米国企業は旺盛な需要に付いていくだけの生産能力を持ち合わせていない。 ◆The manufacturer expects that in the first year demand will be limited to about 3,000 units. そのメーカーは、初年度の需要をせいぜい3,000台どまりと見込んでいる。 ◆These days, the researcher is in high demand as a speaker and seminar participant. このごろ、この研究員は講演者やセミナーへの出席者として引っ張りだこである。 ◆Will the company be able to keep up with users' demands for product enhancements? この会社は、製品の強化を望むユーザーの要求に (遅れずに) ついて [追従して, 追随して] 行けるのだろうか。 ◆Annual industry-wide shipments could top 3 million by 1995, although the company predicts a demand for double that number. 業界全体での年間出荷台数は1995年までに300万台を超しそうであるが、同社はこの台数の倍の需要を予想している。 ◆Demand for systems analysts remained strong throughout the recession, even at companies that were laying off other workers. システムアナリストの求人は、景気後退期全体を通じ活発で、ほかの社員をレイオフしていた企業でさえもそうだった。 ◆There has been a growing demand, both from retailers and customers, for a model with a greater capacity, and we have met this demand with the 2040AV. 小売業者と消費者双方から、より容量の大きい機種が要求され続けてきました。そこで弊社では、この要求に2040AVをもって応えました。

**on demand** オンデマンドで, 要求 [請求] あり次第, 要望に応じて ◆on demand from... 〜からの要求で; 〜の求め [要望] に応じて; 〜から請求あり次第 ◆a karaoke-on-demand service オンデマンド式の通信カラオケサービス

**demanding** 要求の厳しい, 多くを求める, 注文 [好み] のうるさい, (好みなどに) むずかしい, 容易に満足しない, 骨の折れる ◆a demanding task (難しくて骨の折れる) 大変な仕事 ◆a demanding boss 注文の多い [注文のうるさい] 上司

**demarcate** vt. ～の境界を定める，～を(境界線，枠，区切り記号などで)囲む，～を(他と)はっきり区別する，分界する，～と一線を画する ◆a U.N.-demarcated border with Kuwait 国連によって線引きされたクウェートとの国境

**demarcation** (a) ～ (境界の)線引き(センビキ)，境界[限界]の設定[決定]，区別，区切り，仕切り，区分，分画，分界 ◆a line of demarcation; a demarcation line 境界線，分界線 ◆draw a line of demarcation 境界線[分界線]を引く; 分界する，区分する，分かつ ◆establish a demarcation line 境界線[分界線]を定める ◆exchange fire across the demarcation line 境界線を挟んで砲火を交える ◆the U.N.-monitored demarcation line between Israel and Syria イスラエルとシリアを隔てる，国連監視下に置かれている境界線 ◆without demarcation disputes 縄張り争いなしに ◆clearly define a point of demarcation [a demarcation point] between A and B AとBを分かつ分界点を明確に定める ◆erase the traditional line of demarcation between banking and the securities industry 今まで銀行業と証券業界を隔てていた境界線をなくす ◆Point of Demarcation: The point near your premise where the responsibility of the phone company ends. 責任分界点: お客様の敷地の近くで電話局の責任の終端[責任の及ぶ限界]となる地点です．(＊a point of demarcation あるいは a demarcation point)

**demate** (↔mate) vt. (コネクタの接続などを)外す; vi. 外れる

**demerit** a ～ デメリット，短所，欠点，欠陥，難点，落ち度，《米》罰点 ◆the demerits of... ～のデメリット ◆a demerit (point) system 減点制，点数制度 ◆explore the merits and demerits of both techniques 両方の手法のメリットとデメリットを探る ◆receive a total of six demerit points 合計6点の減点を食らう ◆When the defective pieces in the sample exceed the total demerits allowed for acceptance, the entire lot must be 100% inspected to sort out the defectives. あるサンプルの中の不良品が，許容される合計減点点数を上回る場合は，不良品を選別除去するためにロット全体を全数検査しなければならない．

**demersal** adj. 水底の近くに生息する，底生の ◆a demersal (fish) species 底魚種，底生魚種

**demilitarize** vt. 非武装化する，非軍事化する，～に武装を解除させる ◆a demilitarized zone (DMZ) 非武装地帯

**Deming (Application) Prize** the ～ デミング賞: 工業製品の品質管理向上に貢献した企業や個人に送られる日本の賞 ◆win the Deming (Application) Prize デミング賞を受賞する

**demise** 終焉(シュウエン)，消滅; 死去，逝去(セイキョ) ◆the demise of... ～の消滅

**demo** a ～ 試聴用テープ，試聴盤，(ソフトウェアなどの)試用[体験]版，宣伝用見本 ◆the free FX486 demo disk 《コンピュ》無料のFX486試用[体験](版)ディスク

**democracy** □民主主義，民主政治，民主制; a ～ 民主主義の国，民主国家 ◆student-led demonstrations for political reform and democracy 学生に率いられた政治改革と民主化を要求するデモ

**democrat** a ～ 民主主義者; a Democrat 民主党員，民主党支持者; the Democrats 民主党

**demodulation** 復調 ◆demodulation takes place 復調が行われる

**demodulator** ◆a demodulator 復調器[部，回路，装置]，検波器[部，回路]

**demographic** adj. 人口統計学の，人口統計上の，人口動態の ◆demographic dynamics 人口動態

**demolish** 〈建築物，建物〉を取り壊す; 〈定説など〉をくつがえす ◆demolish a tower 塔を取り壊す

**demolition** (a) ～ (建築物，建物の)取り壊し，破壊，爆破 ◆watch the demolition of the old building その古いビルの取り壊しを見物する

**demon, daemon** a ～ 悪魔，悪霊，鬼，鬼神，鬼のような人; a ～ 異常なまでに精魂を傾ける人，(〈仕事など〉鬼 <for> ◆become a dwelling place of demons 悪魔の住みか[伏魔殿]になる ◆he is a demon for efficiency 彼は，能率の鬼だ(＊能率向上を求めてやまない男の意) ◆Foreign Minister Makiko Tanaka has called the ministry a "castle full of demons" 田中真紀子外務大臣は同省を「伏魔殿」と呼んだ

**demonstrate** vt., vi. ～を実証[証明，論証]する，実演する，実際にやって見せて説明する，できる腕を持っていることを実技を通して証明する，デモをする，実演する ◆clearly demonstrate that... ～であるということを明示する ◆one's demonstrated ability to <do...> ～する実証済みの能力; (実績や業績により)証明されている[確認済みの]～する能力 ◆As the example [graph, chart, table] above demonstrates, 上の例[グラフ，チャート，表]が示すとおり， ◆a prototype was demonstrated to hospital staff 病院の職員を相手に試作機のデモンストレーション[デモ，実演]が行われた ◆as demonstrated from the above three examples 前述の[以上]3つの例で示される ◆demonstrate a new carbon dioxide laser 新型の炭酸ガスレーザーを実演して見せる ◆demonstrate driving ability during a road test 実路テストで運転実技を見せる[披露する] ◆physicists have demonstrated the existence of... 物理学者から～の存在を実証した ◆apprentices must demonstrate mastery of the electrician's work 見習い工は，電気工の作業を修得[マスター]したことを示さなければならない ◆The results of this survey clearly demonstrate that... この調査の結果は，～ということをはっきり証明して[物語って]いる ◆the 40-plus illustrations that demonstrate this "hands-on" technique step by step 段階を追ってこの「実践」テクニックを説明する40枚余りのイラスト ◆It demonstrates the following three properties: それは次の3つの特性を示す． ◆Shielding effectiveness of 10 to 30 db has been demonstrated in laboratory testing. 10から30デシベルの遮蔽効果が実験室でのテストで実証された． ◆The primary objective of the program was to demonstrate the commercial feasibility of UCG in steeply dipping beds. この計画の第一の目的は，傾斜の急な炭層において商業[工業]ベースでの石炭地下ガス化が実現可能であることを実証する[実地に石油してみせる]ことにあった．(UCG = underground coal gasification) ◆The figures of merit for diamond are superior to those of all other semiconductors and diamond devices could theoretically demonstrate outstanding performance. ダイヤモンドの良度指数は他のすべての半導体を凌駕しているので，ダイヤモンド素子は理論的に抜群の性能を発揮する[威力を発揮する]可能性がある．

**demonstration** (a) ～ 実証，論証，証明，証示，実演，デモ，大衆抗議運動，示威運動[行動，行為] ◆perform [conduct, do] a demonstration デモ[実演]を行う ◆a demonstration reactor 《原子力》実証炉 ◆demonstration [demonstrative] research 実証研究 ◆a demonstration of virtual reality 仮想[人工]現実感のデモ ◆a live-performance demonstration of Windows 2000 Windows 2000のデモ ◆a special demonstration version of... 〈製品〉の特別デモ版 ◆conduct a compatibility demonstration 互換性があることを示すデモを行う ◆distributed for demonstration purposes デモ[見本，披露，紹介，宣伝，試用]用に配布された ◆give him a demonstration 彼に実演[デモ]をやって見せる ◆give the first public demonstration of... 〈製品など〉の初の公開デモを行う ◆an in-class demonstration of a physics principle 授業[教室]である物理原理(を理解するため)の実験(＊a demonstration experiment とも) ◆during a nine-month demonstration operation at..., ～における9カ月にわたる実証運転の間に ◆large anti-American demonstrations in Baghdad バグダッドでの大反米デモ ◆all demonstrations were performed in a peaceful manner 抗議デモはすべて平穏裡に行われた ◆he gave a brief demonstration of Windows NT 彼は，Windows NTのデモをちょっとやって見せた ◆a demonstration of what the EP-76 can do for you EP-76がどんな働きをするかを披露するための実演 ◆The demonstration was performed by a team of five engineers from... このデモ[実演]は～から来た5名の技術者のチームにより行われた． ◆Successful demonstration runs were made over a wide range of fan pressure ratios and mass flow rates; no anomalies were observed.　実証運転は広範なファン圧力比および質量流量にわたって成功裏に行われ，異状は認められなかった．

**demote**　～を格下げする，降格する　◆floating types are demoted to integer types　浮動小数点型が整数型に格下げされる　◆demote him from captain to lieutenant　彼を（消防）署長から署長補佐に降格させる　◆the employee was demoted one grade and transferred　同従業員は位［階級，地位，職位］を1段階降格され左遷となった

**demotion**　(a)～　降格，格下げ，降任，降職，左遷　◆demotion of data types　データ型の格下げ　◆Almost 400 hospital workers have received pink slips this year. More than 100 others have left voluntarily or taken demotions.　400名近くの病院従業員が解雇通知を今年受け取った．その他の100余名は辞任したり降格［降任，降職］を甘受した．

**demount**　〈機械など〉を支持台から取り外す；〈機械など〉を分解する，解体する　◆demount... from...　～を～から取り外す　◆eliminate the need to mount and demount tapes by hand　手でテープを着脱したり取り出したりしなくてもいいようにする　◆Leave mounting and demounting tires to the professionals.　タイヤの着脱は専門家に任せること．

**demountable**　adj. 取り外し［解体］可能な，取り外しの効く，取り外し式の　◆a demountable [detachable] wheel rim　取り外し式ホイールリム　◆demountable office partitions　オフィス用取り外し可能間仕切り

**demounting**　◆the mounting and demounting of pneumatic tires　空気入りタイヤの装着および取り外し

**demultiplex**　adj.《通》多重分離の；vt., vi.《通》多重分離する（＊同期分離回路で）　◆demultiplex the signal back into 10-Mb lines　その（多重化された）信号を多重分離して元通り何本かの10メガビット回線に戻す　◆demultiplex the data path　《電子》データ経路を多重分離［《（意訳）》同期分離］するために　◆an ADSL (asymmetrical digital subscriber line) transmission unit decodes and demultiplexes the signals　《通》ADSL（非対称デジタル加入者線）伝送装置が，それらの信号を復号および多重分離する

**demultiplexor, demultiplexer**　a～多重分離装置

**DEMUX, demux**　《通》demultiplex, demultiplexingの略；a～（pl. DEMUXs, demuxes）a demultiplexor [demultiplexer]の略

**denary**　adj. 10倍の，10進の　◆denary [decimal] notation　10進法

**denationalize**　vt. ～を非国営化［非国有化，民営化］する，〈人〉から国民性［国籍］を奪う，〈国〉から独立国家としての地位を奪う　◆Those companies were denationalized and privatized.　それらの企業は国営から民営に移管された．

**denature**　vt. ～の性質を変える，〈アルコール〉を変性させる　◆denatured alcohol　変性アルコール

**denial**　(a)～否定，否認，拒否　◆a denial-of-service (DoS) attack　《ネット》（サービス）使用不能［サービス妨害］(DoS)攻撃　◆There was no confirmation or denial from the company regarding...　～について同社からは肯定も否定も（得られ）なかった．

**denitration**　脱硝，脱窒素(＝ denitrification)

**denitrification**　脱窒素，脱硝(＝ denitration)　◆denitrification [denitration] facilities　脱硝［脱窒，脱窒素］設備

**denitrify**　vt. 脱窒素［脱窒］する，脱硝する　◆denitrifying bacteria　脱窒素細菌，脱窒菌

**denominate**　vt. ～に名前をつける，命名する，称する　◆an amount denominated in dollars　ドル建て金額　◆be denominated in inches [meters]　インチ［メートル］で表示［表記，標記］されている　◆dollar-denominated investments　ドル建ての投資　◆yen-denominated goods　円建て［円ベース］で値が付けられている製品［商品］

**denomination**　a～《度量衡，通貨などの》単位名，金種，額面金額，宗派（宗派，派），（種類や区分の）名称，（特定の名のある）種類［種目，部類］　◆a large-denomination [high-denomination] bill　高額紙幣　◆a small-denomination [low-denomination] bill　金額の小さい［低い］紙幣；小額［低額］紙幣　◆bills of large denominations　高額紙幣

**denote**　vt. ～を意味する，～を指す，～であることを示す［表す］＜that＞　◆A time denoted as 8:20 p.m. in the U.S. would be 20:20 in Canada, 20,20,00 in Switzerland, and 20.20 Uhr in Germany.　米国で8:20 p.m.と表記される時刻は，カナダでは20:20, スイスでは20,20,00 そしてドイツでは20.20 Uhrとなる．　◆The term portrait refers to pages printed in a normal orientation; landscape denotes pages printed sideways.　ポートレートという用語は通常の向きで印刷されているページを指し，ランドスケープとは横長に（置いた紙に）印刷されているページを指す．

**dense**　adj. 密集した，稠密(チュウミツ，チョウミツ)な，密な；濃い，濃密な，濃厚な，濃度の高い，高濃度の；密度の高い，高密度の　◆become dense　濃くなってくる　◆a dense forest　密林　◆a dense [thick] fog　濃い霧［濃霧］　◆dense man-made structures　密集している人造構造物　◆dense traffic　混んでいる交通［通信］　◆The text is dense with information.　本文には情報がぎっしり詰まっている．;本文は情報満載だ．　◆As chips become ever-denser, we will soon be able to pack over 1 billion transistors on each chip.　チップがますます高密度化するにつれて，まもなく個々のチップにトランジスタを10億個以上搭載することが可能になろう．　◆The demand for ever-denser and ever-cheaper storage has become stronger with each passing year.　ますます高密度かつ価格の安い記憶装置の需要［（意訳）記憶装置の高密度化および低価格化要求］は年々強まってきている．

**densely**　adv. 密集して，稠密に，入り込んで，高密度に，濃く，濃厚に，高濃度に　◆less densely populated areas　より人口密度の低い地域　◆densely populated areas　人口稠密［チュウミツ］地域　◆the most and least densely populated states　人口密度の最も高い州と最も低い州

**densification**　回高密度化，(焼き物などの)焼き締まり［焼き締め］，緻密化，(地盤の)締固め　◆the densification of ceramic components　セラミック製部品の焼締め［焼締り］

**densitometer**　a～《光》濃度計　◆a color densitometer　色（の濃さを測る）濃度計

**density**　a～密度，密集度，濃度，濃さ，濃密さ　◆a density hydrometer　密度浮きばかり；濃度計　◆a density hydrometer 密度浮き秤り　◆a variable-density soundtrack　（映画フィルムの）濃淡式録音帯　◆a high energy density lithium storage battery　高エネルギー密度リチウム蓄電池　◆at high densities　高い密度に於て　◆Greater chip density allows tighter packing of circuits and...　ICチップの高集積化は回路の高密度化を可能にし，～　◆have a density of 1.83 oz/in.$^3$　1立方インチ当たり1.83オンスの密度がある　◆inconsistencies in density　濃淡むら　◆in fluids of various densities　さまざまな密度の液体中で　◆in sufficient density　十分な密度で　◆regions of higher density　より密度［濃度］の高い領域　◆the density of a photocopy　写真複写コピーの濃さ　◆the density of a substance　物質の密度　◆write data at the highest density　データを最高密度で書き込む　◆a low-density chip　低集積度ICチップ，high-density areas like Houston and Dallas　ヒューストンやダラスなどの密集地域　◆higher-density chips　実装密度のより高いICチップ　◆as signals pass through regions of variable density　信号が密度の濃淡のある領域を通過する際に　◆at data densities of 1600 and 3200 bits per inch　1インチ当たり1600ビットと3200ビットのデータ密度で　◆be blended to a density of 15 brix on a hydrometer　比重計の読みで15ブリックス（度の比重）になるようブレンド［混合］されている　◆build houses at the density of one per one-acre plot　1エーカーの地所につき1件の密度で住宅を建てる　◆compress it to high density and temperature　それを高密度かつ高温に（なるよう）圧縮する　◆to produce radiographs of the appropriate density　適正濃度のX線写真を作るために　◆when density hits 20 picocuries per liter　濃度が1リットル当たり20ピコキュリーに達すると

D

◆when smoke exceeds a predetermined density　煙が所定の濃度以上になると　◆set the print density adjustment (or the print density setting) on the printer to a lighter setting　プリンタの印字濃度調整（または印刷濃度設定）をより薄い設定にセットする　◆Downsizing and greater packaging density are a snap with these SuperSlims.　これらSuperSlimブランドの部品を使えば、小型化、高密度化［高集積化］は簡単［楽勝］です　◆Fine-pitch devices are becoming more common as the electronics industry moves toward higher density packaging.　狭ピッチのデバイスは、電子産業が高密度実装化に向かって進展するにつれて、ますます普及［一般化］しつつある。　◆Moore's Law states that circuit density or capacity of semiconductors doubles every eighteen months or quadruples every three years.　ムーアの法則によると、回路の密度［《意訳》集積度］すなわち半導体の容量は18カ月ごとに倍増する、つまり3年ごとに4倍になる。（＊Intelの創始者の一人であるGordon Moore）　◆Several standard recording densities are in use today, with the trend moving toward increasingly greater densities.　ますます高密度化に向かう傾向の中で、数種の標準記録密度が今日用いられている。　◆Major enhancements ensure smooth migration to higher port density, enhanced performance, and expanded service capabilities without swapping out existing hardware.　大々的な各種機能追加により、既設ハードウェアを取り替えることなくスムーズにポートの高密度化、高性能化、サービス機能の拡張を実現します。

**dent**　1　vt. ～をへこませる、くぼませる；～を傷つける、損なう　◆dent the company's image　会社のイメージを傷つける　◆reputation-denting　評判を落とすような　◆if the cover is dented or bent　もしカバーがへこんでいたり曲がったりしていたら　2　a～ くぼみ、へこみ、打痕、圧痕、打傷；a～ 減少　◆make a dent in caseloads　取扱件数の減少をもたらす［招く、引き起こす］；扱［］件数を減らす　◆make a dent in production　生産を減少させる　◆make a dent in the cabinet　キャビネットにへこみをつくる　◆Do not let an expensive hobby put a dent in your savings.　金のかかる趣味［道楽］で貯金［虎の子］を減らさないようにすること。　◆The body of my car is full of dents and scratches.　私の車のボディーは、ぶっけてへこんだ跡やかすり傷だらけだ。　◆Even slight differences of opinion between co-workers can put a dent in productivity.　仕事仲間の間のちょっとした意見の相違でさえも、生産性に低下を来すことがある。　3　a～（歯車の）歯　◆the dents of a gearwheel　歯車の歯

**deny**　vt. ～を否定する、否認する；拒む、拒否する、拒絶する、却下する、断る　◆entrance is denied　入場［立ち入り、入会］が拒否される［断られる］　◆No one can deny that...　～ということは誰もが否定できない　◆the policy of the Department of Defense to neither confirm nor deny the presence [existence] of nuclear weapons at any site　ある任意の基地について核兵器の存在を「肯定も否定もしない」という国防総省の政策　◆although the carmaker denies having made any suspension changes　その自動車メーカーはサスペンションの変更は全然行なっていないと否定しているが　◆he was denied permission to develop his land　《意訳》彼は自分の土地を開発しようと許可申請を出してきたのだが却下された　◆there is no denying (the fact) that...；it cannot be denied that...　～であることは否定できない［否めない、争えない］　◆He denies having done it.　彼は、自分はやっていないと言っている。　◆I deny that she said so.　私は、彼女がそう言ったということを否定する［彼女がそう言っていないと断言する］。

**deodorant**　(a)～ デオドラント、防臭剤、脱臭薬、消臭剤、臭い消し、臭い止め　◆a deodorant with the roller ball popped out くるくる回る玉が飛び出しているデオドラント（＊わきの下の臭いを抑える）　◆a refrigerator deodorant　冷蔵庫用の脱臭剤

**deodorization**　回臭気の除去、防臭、消臭、脱臭　◆develop... for landfill deodorization　ごみ埋め立て地の臭気除去［防臭、消臭、脱臭］用に～を開発する

**deodorize**　vt. ～から臭気を除く、～の臭みをとる［抜く］、～を防臭［消臭、脱臭］する、〈不快なことorけしからぬこと〉をいくらかましなものにする　◆Use a solution of baking soda and water to deodorize the inside of the refrigerator.　ふくらし粉と水の水溶液で冷蔵庫の内部を消臭［脱臭］しましょう。

**deodorizer**　a～ 防臭剤、脱臭薬、消臭剤、臭い消し、臭気止め　◆a room deodorizer　部屋の消臭剤［臭い消し］

**deorbit**　vt., vi. 軌道から外れる［離す］; n.　◆a deorbit maneuver　《航空宇宙》軌道離脱マニューバー

**depart**　vi. vt. 出発する、出立する、発つ、旅立つ、去る、離れる、それる［る］　◆before leaving [departing from] a hotel　ホテルを出る［去る、出発する、発つ、後にする］前に（＊depart from ＝ leave）　◆contact the airline before departing for the airport　空港に向けて出発する［空港に向かう］前に航空会社に問い合わせる

**departee**　a～ 出て行く［去って行く、出発して行く］人

**department**　a～ 部、課、部門、部署、局；省、局；学部、学科、診療科　◆manufacturing departments　生産部門（＊生産に従事しているいくつかの部署）　◆a hospital department [division] 病院のある一部門［（診療）科］　◆department-store merchants 百貨店業者ら　◆the Mechanical Engineering Department of the Institute　その工科大学の機械工学科　◆There's little to complain about in the driveability department, either.　操縦性［の評価・判定］部門においても、ほとんど文句なしである。　◆The U.S. Department of Education [Education Department] will accept public comments about the policy for 90 days.　米教育省は、その政策についての一般（大衆）からの意見を90日間受け付ける。

**departmental**　adj. 部の、課の、部門の、部署の、部局の、の、局の 学部の、部門別の；各部［各課、各部門、各部署、...］の　◆Turf building, departmental rifts and "we-they" divisions were abandoned in the interest of strengthening the entire organization.　縄張りづくり、部門間の仲違い［反目、いがみ合い］、「俺たちとあいつら」的な区別意識といったものは、組織全体の強化に資するために廃された。

**departure**　(a)～ 出発、出立、門出、旅立ち、（比喩的に）脱却、脱皮；逸脱、離反　◆a departure from normal practice　通常のやり方［方法］からの脱却［脱皮、離脱］；常軌からの逸脱　◆In a departure from previous...,　従来の～からの脱却［離反］を図って［〈意訳〉今までの～の殻［型］を破ろうと］　◆～からの脱皮して［から］　◆it is [represents] a departure from...　それは～からの逸脱［転換、脱却、脱皮、決別］である［を示している］　◆radical departures from the past　過去との抜本的な決別　◆the amount of departure from...　～からずれている量　◆upon departure from a terminal　《通》（メッセージなどが）端末機から送信［発信］される際に　◆a substantial departure from this norm　この規範からかなり外れていること　◆a temporary departure from specifications　仕様［規格］からの暫定的な逸脱　◆make up a daily "countdown" checklist leading up to the day of departure　出発日に向けての日々の「秒読み」点検リストを作る（＊出発何日前には何をするかというリスト）　◆record the time of arrival or departure of employees　従業員の出退を打刻する　◆such an approach would represent a significant departure from current practices　かようなアプローチは現在の慣行［現行の慣習］からの大きな脱皮を示す［意味する］ものとなろう　◆they represent a significant departure from current curricula　これらは現行のカリキュラムからの大きな転換を示している　◆In busy airports, you should arrive 45 to 60 minutes ahead of departure time.　混雑の激しい空港では、出発時間の45分から60分前に到着している必要があります。　◆These circuit components give rise to the departure of the transformer from ideal operation.　《意訳》これらの回路成分は、変圧器の動作を理想的な動作とは異なったものにしてしまう。　◆The standard deviation is a measure of spread and indicates the amount of departure of the values from the mean.　標準偏差とは散らばりの具合のことで、当該の値が平均値から隔たっている量［どのくらい隔たっているか］を示すものである。　◆That is a departure from TBM's long-standing image as a company of blue suits, white shirts, and wingtip shoes. これは、紺のスーツ、白いワイシャツ、ウイングチップの靴といった、長年のTBM社のイメージを大きく変えてしまうことである。(＊社内で自由な服装をしてもよいという話から)

**depend** vi. <on> ～次第である、～に左右される、～によって決まる、～にかかっている、～によりけりである; ～に頼る、依存する、～を当てにする、信頼する ◆That [It] depends. それは、一概には言えない［(時と)場合によっては異なる］。depending on the weather 天候次第で ◆depend on him for financial support 経済的な援助を彼に頼る［経済面で彼におんぶする］ ◆The decision depends on whether or not... ～の決定は、～か否かによって左右される。 ◆their prices vary depending on supply and demand それらのものの価格は需給［需要と供給］に左右されて変わる［変動する］ ◆whether or not the deficit is reduced depends to a large degree on economic growth 赤字が削減されるか否かは経済成長によって大きく左右される ◆If you ask me if he'll be a great NHL player, I'll say, "It depends." 彼が北米アイスホッケー・リーグの大選手になるだろうかと聞かれたら、私は「ケースバイケースだ」と答えるだろう。 ◆Depending on the species, a bird can bring anywhere from $700 to $1,600. (鳥の)種類にもよるが、鳥1羽で700ドルから1600ドルになる。 ◆It depends on the month as to whether I do a lot of performances in this area. 私がこの地域で演奏を多くするかどうかは月によりけりです。 ◆The nicad batteries will last 6 hours or more between recharges, depending on how they are used. 使われ方によるが、ニッカド電池は1回の充電で6時間以上は持つ(ものだ)。

**dependability** 信頼性、信用 ◆high standards of quality and dependability 高水準の品質と信頼性

**dependable** adj. 信頼できる、頼りになる、当てにできる、甲斐性のある ◆Sears' dependable Kenmore appliances シアーズの信頼のおけるケンモア商標の家電品類 ◆these latest machines are said to be three or four times as dependable as the previous model これらの最新型の装置は、先行機種の3～4倍信頼性が高いと言われている

**dependence** ⓤ頼ること、依存、従属、信頼［信用］、〈薬物などへの〉依存性 ◆have a dependence on... ～に依存している ◆temperature dependence 温度依存性 ◆the dependence of... on temperature [viscosity, size] ～の温度［粘度、粒度］依存性 ◆reduce dependence on oil 石油への依存を減らす ◆lessen [diminish, lower, reduce] one's dependence on the North American market 北米市場への依存度を減らす［下げる］ ◆the Japanese companies have increased their dependence on exports これらの日本企業は輸出への依存を深めた ◆Depressants can cause tolerance and physical dependence. 抑制剤［鎮静剤］は、耐性や身体的依存(症)を引き起こすことがある。

**dependent** adj. <on> ～に依存する、～に左右される、～に頼っている、〈人〉従属［隷属］的な、従（扶養して）もらっている; a～ 扶養家族(一人) ◆become excessively dependent on... ～に過剰に依存する［頼り過ぎる］ようになる ◆be highly device-dependent 《コンピュ》装置［デバイス、素子］に大きく依存している ◆a timing-dependent program 《コンピュ》タイミングに依存する［タイミングがクリティカルに効いてくる］プログラム ◆the country's import-dependent manufacturing sector その国の輸入依存型の製造業部門 ◆become increasingly dependent on the Internet for the transmission of confidential information 機密［秘密］情報を伝達するのにますますインターネットに頼るようになる ◆they have become heavily dependent on... 彼らは～に大きく依存するようになった ◆Most youths at 19 years of age are still dependent or semi-dependent on their parents because they are... 19歳の若者の大部分は、～という理由から、依然として親におんぶに抱っこか半分すねかじりの状態にある

**depict** vt. ～を描く、描写する、叙述する ◆depict documents as icons 《コンピュ》文書(ファイル)をアイコンで表す ◆They are depicted in Figs. 1.7a and b. これらは、図1.7aおよびbに図示してある。 ◆This book realistically depicts the events that took place during the Great Depression. 本書は、大恐慌時代に起きた出来事を如実に描いて［物語って］いる。

**deplete** vt. ～を使い尽くす、枯渇させる、欠乏させる、ほとんど空の［無い］状態にまでしてしまう ◆depleted uranium 劣化ウラン、減損ウラン ◆air depleted of oxygen 酸欠空気 ◆ozone-depleting chemicals オゾン(層)を減少させる化学薬品 ◆oxygen may become totally depleted 酸素が完全に欠乏することもある

**depletion** 枯渇、消耗、空乏、《原子力》減損、《原子力》劣化 ◆a depletion layer 空乏(クウボウ)層(＊半導体接合部のキャリアが存在しない層) ◆inventory depletion information 在庫切れ情報 ◆as the batteries near depletion 電池切れが近づくと ◆it alerts you prior to battery depletion それはバッテリーが上がってしまう［電池切れになる］前に警告してくれる ◆the depletion of the ozone layer オゾン層の減少

**deplorable** adj. 遺憾な、嘆かわしい、よくない、ひどい、けしからぬ

**deplore** vt. ～を残念に［遺憾に］思う、～を嘆き悲しむ［悼む］、非難する ◆we deeply deplore this dastardly act 我々はこの卑劣(ヒレツ)な行為を強く遺憾に思う ◆The U.N. General Assembly voted 75-20 to "strongly deplore" the U.S. invasion of Panama in... 国連総会は米国のパナマ侵攻を「目に余る国際法の侵害」であり「強く遺憾とする」旨の決議を75対20で採択した。

**deploy** vt. 〈軍備〉を配備［展開］する、戦略的に配置する、〈議論など〉を展開する、採用する、実施する、〈アプリケーションプログラム〉を配布［導入］する(＊各コンピュータにインストールする) ◆deploy combined-arms armies 各種武器の混成軍をいくつか配置につける［戦闘配備する］ ◆deploy waste pollution prevention equipment 廃棄物汚染防止機器を配備［(意訳)導入、設置］する

**deployment** 〈軍備の〉実戦的、戦略的な）配備、展開、配置、導入 ◆a rapid-deployment force 緊急展開部隊 ◆create rapid-deployment units 緊急展開部隊を創設する ◆the deployment of nuclear weapons 核兵器の(実戦)配備

**depolarization** 脱分極、減極、消極、復極、偏光解消

**deport** vt. 〈好ましくざる外国人〉を国外退去［追放］する; 《deport oneselfで》振る舞う ◆deport them back to their home countries 彼らを本国に強制送還する

**deportment** ◆the deportment of a physician toward his patient 患者に対する医師の態度

**deposit** 1 (a)～ 付着［固着］物［層］、水あか、被覆物; 析出物［層］、沈着物、沈積物、沈澱物、沈渣、堆積物、(堆積)鉱床、-層 ◆a low-grade deposit of coal 低品位炭の(堆積)鉱床 ◆Cholesterol contributes to the buildup of harmful deposits in the arteries. コレステロールは、動脈内での有害な沈着物の形成に寄与する。 ◆It has been estimated that the original amount of coal deposits in the United States exceeded three trillion tons. 米国内にあったもともとの石炭埋蔵量は、3兆トン以上だったと推定されている。
2 a～ 預金、積立金; a～ 手付金、予約金、内金、保証金、供託金、預かり金、前金、(口座への)預け入れ［入金］; a～ (=a depository) 貯蔵所、保管所、倉庫 ◆a certificate of deposit (pl. certificates of deposit) (定期)預金証書、譲渡性(定期)預金証書 ◆make deposits and withdrawals 預金したり引き出したりする ◆place a 5- to 10-cent deposit on almost all beverage containers ほとんどすべての飲料容器に5セントから10セントのデポジット［預り金、預託金］を上乗せする(＊預り金払い戻し制度で) ◆A deposit of $400 per person is required at the time of booking [at the time of making a reservation]. 予約に際して1人当たり400ドルの予約金［内金、手付金］が必要です。
3 vt. 置く、預ける、預金する、(口座に)入金する; 堆積［沈澱、析出、蒸着］させる ◆metal is deposited on the cathode 金属は陰極上に析出する ◆the depositing of solutes on the internal surfaces of a boiler ボイラー内面上への溶質の付着 ◆Your refund can be directly deposited into your bank account. 還付金は、あなたの銀行口座に直接入金して［振り込んで］もらえる。 ◆Ask if your employer will automatically deposit your

**depositary** *a* ～ 保管人, 預かり人, 受託者 ◆an American depositary receipt (ADR) アメリカ預託証券

**deposition** *n.* 堆積, 沈着, 沈澱［沈殿］; 析出; 預け入れ, 供託 ◆sputtering deposition スパッタリングめっき［堆積］ ◆vapor deposition 蒸着 ◆be formed by a deposition of... ...の付着［堆積, 沈着］したものによって形成されている ◆due to insufficient deposition of ink インクの乗りが不十分なため ◆monitoring of diamond films during their formation by chemical-vapor deposition (CVD) 化学気相成長［蒸着］法による（膜の）形成途上におけるダイヤモンド膜の監視

pay to your bank account. 雇用主に, 給料の自動振り込みをしてくれるか聞いてみてください.

**depositor** *a* ～ 預金者, 供託人 ◆a bank depositor 銀行預金者

**depository** *a* ～ 貯蔵所, 保管所, 倉庫, 置き場

**depot** *a* ～ 貯蔵所, 集積所, 補給処,《軍》兵站所（ヘイタンプ）; *a* ～ バス発着所 ◆arms and ammunition depots 武器弾薬補給処 ◆a service depot list サービス拠点リスト

**deprecate** *vt.* ～のことを悪く言う, ～を非難する, けなす, みくびる〈自分〉を卑下する ◆worried, underachieving, self-deprecating and sometimes angry young men and women くよくよしていて, 成績不振で, 自己を卑下していて, 時として反抗的な若い男女

**depreciate** *v.* ～の価値を減じる, ～を減価償却する, 価値が下がる ◆depreciating dollars 価値が下がって来ているドル ◆it takes five years to depreciate hardware ハードウェアを減価償却するのに5年かかる ◆You can depreciate the office portion of your home over a 31 1/2-year period. 自宅の事務所部分を31.5年で減価償却できます.

**depreciation** ①（価値や価格などの）下落［低落］; ②減価償却; ③軽視, 軽蔑 ◆depreciation expenses [costs]（減価）償却費 ◆compute [calculate] depreciation on...  ～の減価償却を計算する ◆(a [the]) depreciation of the yen against the dollar and the European currencies ドルおよび欧州各国通貨に対する円の価値の低下, 円安 ◆We are seeing a significant depreciation in the dollar relative to the deutsche mark and the yen. 私たちはドイツ・マルクおよび円に対する大幅なドル安を目のあたりに［体験］している.

**depress** *vt.* ～をへこます, 押し下げる; 意気消沈させる, 憂鬱にする,（精神的に）落ち込ませる ◆depress surfactant solubility 界面活性剤の溶解性を低下させる ◆depress the gas pedal fully アクセルペダルをいっぱいに踏み込む ◆depress the trigger switch 引金式スイッチを押す［押し込む］ ◆a long-depressed industry 長いこと不況の産業［業界］ ◆depress the shutter button lightly to obtain correct focus 焦点を正確［精確］に合わせるために軽くシャッターボタンを押し下げる（＊自動焦点式のカメラで）◆The pedal must be at least two-thirds depressed for the switch to have effect. そのスイッチが働くためには, ペダルは少なくとも3分の2まで踏み込まれなければならない. ◆When you have depressed the key far enough, an electrical contact is made. キーを十分に深く押す［押し下げる］と, 電気的接触が成立する［接点が閉じられる］.（▶キーやボタンを押して操作する意味の「押す」には, pressやpushを使うのが普通. depressの使用は特殊な場合に限られる）

**depressed** *adj.* 低下した, 平らにされた, 偏平な, へこんで［くぼんで］いる; 抑圧された, 意気消沈した, 気落ちした,（気分が）落ち込んだ; 不景気な, 不況にあえいでいる, 不振である ◆Thousands of people were suddenly out of work in an already economically depressed area. 何千人もの人々が, すでに不景気にあえいでいる地域で突然失職した.

**depression** *a* ～ へこみ［くぼみ, くぼ地］, 低気圧; *a* ～ 不景気, 不況（期）, 不振; (*a*) ～ 押し下げること, 低下, 降下, 下降, 減圧; *a* ～ うつ病, 抑うつ症, 意気消沈 ◆a tropical depression 熱帯低気圧 ◆freezing-point depression 凝固点降下 ◆without projections or depressions でこぼこしてない, 凹凸のない ◆a depression in the carpet [on the seat] 絨毯［座席］のへこみ ◆a tropical depression occurred [developed, formed] 熱帯低気圧が発生した

**deprive** *vt.* ～から（～を）奪う［剥奪する, 取り上げる］<of> ◆in an oxygen-deprived atmosphere 酸素が奪われた［《意訳》酸欠状態の］雰囲気中で ◆deprive poor peasants of their means of subsistence 貧しい小作人［水呑み百姓］の生活の糧を奪う ◆prisoners were sometimes deprived of sleep or forced to stand for periods of time 捕虜たちは, 時として睡眠を奪われ［《意訳》眠らせてもらえなかっ］たり, 長い間立たされ続けさせられたりした. ◆I was deprived of a normal childhood by my stepfather. 私は継父に, 普通の子供が過ごすような幼年時代を奪われてしまった.（《意訳》継父のせいで, 普通の子供時代を送ることができなかった. ◆Her dream is to marry and have children, so that she can give them the love she was deprived of. 彼女の夢は, 彼女が受けられなかった愛情を子どもたちにそそげるよう, 結婚して子供を持つことである.

**depth** *a* ～ 深さ, 深度, 奥行き; *the* ～s 深部, 深淵, 深み, 奥底, 海中; *the* ～(s) of (～の) さ中 ◆at great depths 非常に深いところで ◆in depth 突っ込んだ, 掘り下げた, 立ち入った, 詳細な ◆depth psychology 深層心理学 ◆modulation depth 変調度 ◆an extra-depth cabinet 奥行きが特別に大きいキャビネット ◆at a depth of 600-800 meters 600mから800mの深さ［深度, 水深］(のところ) で ◆at a depth of 8 meters 深さ8メートル (のところ) で ◆at comparatively moderate depths 比較的浅いところ［浅部］で ◆at depths of hundreds of meters 水深数百メートルで ◆at great depths 大深度で ◆at lesser depths より (深度の) 浅いところで ◆a (water-) depth contour map of a reservoir 貯水池の等深線図 ◆determine the depth of water 水深を測る ◆for greater depth of flavor 香りに深みを出すために ◆from shallow to deep depths 浅いところから深いところまで, 浅部 (センブ) から深部まで ◆in the depths of a financial crisis 財政危機のどん底にあって ◆in the depths of winter 真冬に（＊depthsは, 真夏を表す用法はない）◆look into... in still greater depth 更に深く掘り下げて～を調査する; ～のより徹底した捜査を行う ◆reach a depth of 500 feet 深さ［水深, 深度］500フィートに達する ◆reach depths of 90 m in places ～は所々で深さ90メートルに達する ◆salvaged from a depth of 3,600 feet 水深3,600フィートから引き揚げられた ◆the depth dimension of the TV set そのテレビ受像機の奥行き ◆the depth of a color 色の深み［濃さ］ ◆the depth of the pool このプールの深さ ◆to give listeners a sense of greater depth 聴く人により深い奥行き感を与えるために;《意訳》奥行きを増すために ◆until a certain depth has been reached さる (一定の) 深さ［深度, 水深］に到達するまで ◆at depths ranging from dozens to hundreds of feet 数十から数百フィートの深度で ◆small submersibles designed for use at far greater depths はるかに深い所での使用のために設計されている小型潜水艦 ◆at a depth greater than 100 kilometers below the surface 地表から［地下］100km以深の深度で［深さのところで］（＊厳密に解釈すれば「100kmより深い」）◆give a shallow stage an illusion of greater depth 奥行きの浅い［ない］舞台を奥行きのあるように見せる［に奥行き感を与える］ ◆in waters with depths greater than 1000 feet 水深1000フィートの水域で ◆watches advertised as water-resistant to a depth of 300 meters 水深300メートルまで防水と宣伝されている［耐水性があると宣伝している］腕時計 ◆Giant mirrors on the walls add depth to the room. 壁を覆っている巨大な鏡は, 部屋に奥行き感を与えている. ◆Section 12 will discuss this topic in depth. 第12章において, このテーマを掘り下げて議論してみることにする. ◆The cooling pond is 10 meters in depth. 冷水池は深さ10メートルである. ◆The next chapter explores these topics in greater depth. 次章ではこれらのテーマをより深く掘り下げてみることにする. ◆The unmanned submarine managed to go down to a depth of 35,781 feet. この無人潜水艇は, なんとか水深35,781フィートまで潜ることができた. ◆Tires must be replaced when there is less than 1.5 mm of tread depth remaining. タイヤは, トレッドの溝の深さが1.5ミリも残っていなかったら交換しなければならない. ◆With our 3-D CAD program, your structures gain realism and depth. 弊社の3次元CADプログラムを使うことにより, あなたの構造物は現実感［リアル感］と奥行きを帯びます.

**depth of field** 被写界深度; depth-of-field adj. 被写界深度の ◆a depth-of-field preview lever 被写界深度プレビューレバー ◆control depth of field 被写界深度をコントロールする ◆the depth-of-field scale on a lens レンズの被写界深度目盛り ◆These long lenses have very shallow depth of field. これらの（焦点距離の）長いレンズの被写界深度は非常に浅い。◆As the lens lengthens, its angle of view becomes narrower and depth-of-field becomes shallower. レンズの（焦点距離が）長くなるにつれ、写角［画角］はより狭く被写界深度はより浅くなってくる。◆A small aperture (for example, f-16) will deliver far greater depth-of-field than a large aperture (f-2). 小さい絞り（たとえばf16）は、大きい絞り（f2）よりもはるかに深い被写界深度が得られる。◆A shallow depth-of-field is great for blurring distracting backgrounds so that attention is directed towards your subject. 被写界深度が浅いと、（写真を見る人の）注意をそらす背景をぼかして被写体に注意を向けさせるのに非常にいい。

**deputy** a〜 代理人, 代人, 名代, 代表者, 下院議員（*フランスなどの）；(形容詞的に)副-, 代-

**derate** vt.〈電気機器など〉の定格（容量）を下げる,〈機械など〉の負荷［負担］を軽減する, 〜に減定格を行う ◆derating curves 《電気》負荷軽減曲線 ◆temperature derating 《半導体素子》高温ディレーティング［減定格］

**derating** (a)〜 ディレーティング, 定格（容量）を下げること, 減定格, 負荷［負担］軽減

**derby** a〜 競技, 競争, レース；《the Derby》ダービー競馬 ◆This software package took an early lead in the word processing derby. このソフトパッケージは、ワープロ性能競争でいち早く優位に立った。

**dereference** v.《コンピュ》逆参照する

**deregulate** vt. 〜の統制を撤廃［解除］する, 〜を自由化する, 〜を規制緩和する

**deregulation** 規制［統制］撤廃, 規制解除, 規制緩和, 自由化

**de rigueur** adj.（礼式［慣習, 儀礼］上）必要で, 必須で, 不可欠で, 流行の, 〜するのがきまり［原則］で ◆become de rigueur 必要［不可欠, 必須, 流行］になる ◆These avant-garde fashions soon become de rigueur. これら前衛ファッションの多くがじきに定着した。◆Networking is de rigueur. ネットワーク化は必須である。◆At a day-care center, communal toilet training is de rigueur. 託児所では、共同トイレのしつけは必須である。◆Today, owning a fax machine or a PC fax board is de rigueur for even the smallest business. 今日、ファックスあるいは（パソコン用）ファックスボードを所有することは吹けば飛ぶようなちっぽけな零細企業にとってさえ必須［不可欠］である。

**derisive** adj. 嘲笑的な, あざける, ばかにした, 小ばかにした；嘲笑的で, ばかにして, あきれて ◆Newbies: A derisive term used by Internet veterans to describe people who are still getting their feet wet on the Net. ニュービーズ: ネットに足を踏み入れたばかりの入門者［初心者］のことを形容するのにインターネットのベテラン達があざけって［バカにして］使っている用語。

**derivative** a〜 誘導体, 導関数, 派生物, 派生語, 金融派生商品［デリバティブ］ ◆a derivative product 派生的な生成物［派生物］; 金融派生商品 ◆an acid derivative 酸の誘導体 ◆derivative(s) products 金融派生商品（*通例 products は省いて用いられる） ◆the derivatives market 金融派生商品市場 ◆a derivative of a carboxyl acid カルボン酸の誘導体 ◆a derivative of the Dodge Daytona 《車》ドッジデイトナから派生してできた車種 ◆a diphenylanthracene derivative ジフェニルアントラセン誘導体（*ELディスプレイの青色蛍光材料） ◆the second derivative of y with respect to x xについてのyの2次［導］関数 ◆Find the derivatives with respect to x of the following の x について導関数を求めよ。◆This 3.4-liter double overhead cam V-8 is a derivative of Ford's 2.5-liter Duratec V-6. この3.4リットルダブルオーバーヘッドカムV8エンジンは、フォードの2.5リットルDuratec V6エンジンの流れを汲むものである。

**derive** vt. 〜を引き出す, 導き出す, 得る, 推理する; vi.〈from〉〜に由来する, 〜から出ている, 〜から派生している ◆patent-derived profits 特許から上がった［上がった］利益 ◆pesticides derived from plants 植物から採取した農薬; 植物由来の殺虫剤 ◆the income derived from the sale of... 〜の売却から上がった収入 ◆a sedan-derived body セダンから派生した［セダンの系統に属する, の流れを汲む］車体 ◆computer-derived information [data] コンピュータが出力した情報［生成したデータ］ ◆defector-derived information 亡命者［脱党者, 造反者, 離反者］から得られた［によってもたらされた］情報 ◆refuse-derived fuel ごみから得た［ゴミが原料の］燃料 ◆satellite-derived data 衛星から送られてきたデータ ◆be equipped with a Mitsubishi-derived V-6 engine built in Hyundai's new engine factory 現代（ヒュンダイ）（*韓国メーカー名）の新しいエンジン工場で組み立てられた、三菱生まれのV6エンジンを搭載している ◆both cars are derived from the same platform 両車は同一プラットフォーム（車台）から派生してきた ◆data derived from many basic fields 数多くの基礎研究分野から得られたデータ ◆derive a second condition from Eq. (2-3) 2-3式から第2の条件を導き出す ◆derive power from attached devices 接続されている装置から電源を得る ◆ethanol products derived from corn とうもろこしを原料にしたエタノール製品 ◆its name is derived from that of... それの名前は、〜の名前に由来している ◆derive timing signals from the internal oscillator 内蔵の発振器からタイミング信号を引き出す ◆a vase with a Greek-derived shape ギリシャ文化由来の形をした花瓶 ◆derive the required values from the result of the previous step 必要な値を1つ前のステップの結果から導き出す［(意図)得る, 求める］ ◆examples that are derived from his experiences 彼の経験から導き出される実例 ◆green plants that derive their energy from sunlight 太陽光［日光］からエネルギーを得る緑色の植物 ◆the works are derived from contemporary Western art in technique これらの作品は手法において現代西洋美術の系譜をひくものである ◆Each character is derived from an 8- by 16-pixel matrix. 各々の文字は、8×16画素のマトリックスから生成される。◆The word "euthanasia" is derived from the Greek language and means "easy death." 「euthanasia」という語はギリシャ語が語源であり、「安楽な死」を意味する。

**dermatologic** adj. 皮膚科学の, 皮膚科の, 皮膚の, 皮膚用の ◆dermatologic drugs 皮膚科の薬

**dermatological** ◆a dermatological examination 皮膚の検査

**dermatologist** a〜 皮膚科（専門）医, 皮膚（病）学者 ◆Dermatologists say skin care should begin early. 皮膚科医は肌の手入れは早期に［若いうちから］始めるべきだと言っている。

**dermatology** 回皮膚（病）学, 皮膚科学 ◆a hospital's dermatology department 病院の皮膚科

**derogation** 回低下, 低減, 下落, 失墜 ◆This specification is in addition to and not in derogation of other purchase order requirements. 本仕様書は、発注書の他の要求条件［要件］を緩和するものではなく補う性質のものである。

**derrick** a〜 デリック（クレーン）（*港湾で荷役作業などに使う起重機の一種）, 油井（ユセイ）やぐら（= an oil derrick） ◆a drilling derrick designed to dig water wells 井戸掘り用の掘削櫓（ヤグラ）

**DES** (the Data Encryption Standard)《(略語形にtheは不要)》《通》データ暗号化標準規格（*米国のthe National Institute of Standards and Technologyが定めた）

**desalinate** vt. 〜の塩分を除去する, 〜を脱塩する, 淡水化する ◆reduce the cost of desalinating seawater 海水を脱塩化［淡水化する］コストを下げる

**desalination** 回脱塩, 淡水化, 真水化 ◆mainly rely on costly water from desalination plants 主として（海水）淡水化プラントからの水に頼る

**desander** a〜（ポンプ用の）砂よけ, 砂除去機

**descend** vt., vi. 下る, 降りる, 下降する, 傾斜する;（次の世代に）伝わる, 由来する, 派生する;（be ~ed fromの形から）〜の子孫［系統］である ◆in descending order 降順に ◆descend out of a conveyance 乗り物から降りる ◆descend a steep hill 急な坂道を下る ◆he is descended from the samurai class 彼は武士階級の末裔である［士族の子孫である］◆sort data in descending numeric order データを数字の降順に［大きい方から順に］並べ替える ◆they descended into a basement 彼らは地下室に下りて行った

**descendant** a〜子孫, 派生したもの,《コンピュ》下位（オブジェクト）

**descending** 下行性の, 降順の, 下降する ◆in descending order of absorption 吸収性の順位の高いものから低いものの順に挙げてみると ◆in descending ranking ランキング上位から順に挙げて（見ると）

**descent** (a)〜下降, 降下; a〜下り坂 ◆make a descent 下降する ◆(a) descent from heaven 天下り ◆after a descent 下降後に ◆Americans of African descent アフリカ系アメリカ人 ◆these defensive weapons strike the attacker in midcourse or in descent これらの防御［自衛, 防衛］兵器は,（敵の）攻撃兵器を中間軌道上または下降段階で迎撃する ◆The pilot immediately made an emergency descent to 10,000 feet and headed for the nearest airport. パイロットは直ちに一万フィートまで緊急降下し最寄りの空港に向かった.

**descramble** ◆descramble a channel 《TV》チャンネルのスクランブルを解除する（*暗号化された映像を復号する）◆descramble conversations 《通》通話の秘話を解除する

**descrambler** a〜《TV》解読器（*スクランブルのかかった画像を元に戻すための復号回路［装置］）

**describe** vt. 〜を［〜について］説明する, 記述する, 述べる,（言葉, 図で）描写する, 描く,（人）を（〜だ）と評する［形容する］<as> ◆as described in their essays [reports, papers, books] 彼らのエッセイ［報告書, 論文, 本］に書かれて［記載されて］いるように ◆be described later 〜については後述してある ◆The following table describes... 次の表は, 〜について述べた［説明した, 〜をまとめた］ものです. ◆the data describing the area その領域を表しているデータ ◆This article describes how to <do...> 本稿［記事］［ここ］では〜の仕方について記述［（式）説明, 解説］する ◆the mechanism just described 今しがた上述した〜のメカニズム ◆a series of X,Y coordinates describing the picture その絵を表している一連のX,Y座標 ◆Describe explicitly [expressly] the methods you will use to evaluate... 〜を評価するためにあなたが使おうと思っている方法を明記してください. ◆The Xxx algorithm, which I will describe later, uses... 後述［後記］するXxxアルゴリズムは〜を使用している. ◆Other ___ (please specify [describe]) その他___（内容を具体的に書いてください）（*用紙の記入欄の表現）◆the voltage v is described by the following equation 電圧vは次の式で書き表される ◆After tightening the bolts as described in step 5, ... 手順5で述べたようにボルトを締めた後で, ... ◆Each operation is described step by step 各々の作業は, 順［段階］を追って説明してあります. ◆They are generally described as photocouplers or optical isolators. これらは, 一般にフォトカプラーとかオプティカルアイソレータと呼ばれている. ◆A unit of measure commonly used to describe the execution speed of supercomputers is million floating-point operations per second (MFLOPS). スーパーコンピュータの実行速度を言い表すのに普通使われる測定単位の1つは, MFLOPS（メガフロップス, 1秒間に何百万回浮動小数点演算ができるかを示す）である. ◆This chapter has provided a general introduction to character recognition technology and have described some representative OCRs. 本章では, 文字認識技術の概略的導入説明をし［どのようなものかについて概要を説明］, いくつかの代表的な光学式文字読取装置について述べた.

**description** 1 (a)〜記述, 描写, 説明, 解説, 記事, 説明 <of, about, on, concerning>;（表の欄名などで）内容［意味, 摘要］◆a data description language 《コンピュ》データ記述

言語 ◆be (almost) beyond description 筆舌に尽くし難い ◆descriptions of data データの内容 ◆detailed descriptions of [about, on, concerning, regarding]... 〜についての［に関する］詳細な記述［（式）詳しい内容］◆resist precise description 厳密に説明しがたい ◆write a brief description of [about] ... 〜の［〜について］概略説明を書く ◆the following pin function descriptions 以下のピンの機能の説明 ◆amid scenery beautiful beyond description えも言われぬ［絵にも描けない, 名状しがたい］美しさの風景［景色, 眺め, 光景］の中で ◆present a brief description of the invention その発明の簡潔な記述をする［概要を述べる］◆return an error description for each error code 《コンピュ》各エラーコードに対応するエラーの説明［エラー内容］を返す ◆give an accurate description of the equipment's appearance その機器の外観を正確に描写する ◆He gave a step-by-step description of how to build... 彼は, 〜の組み立て方を段階［順］を追って解説［説明］した ◆Mr. Kato offered apologies to all those who had suffered beyond description as comfort women, regardless of nationality. 加藤氏は, 国籍を問わず慰安婦として筆舌に尽くし難い［文章や言葉ではとても表現できない］苦しみを味わった人たちすべてに対し陳謝した.
2 a〜種類, 品種, タイプ, 銘柄,（表の欄名などで）名称［呼称］; a〜人相書き ◆all descriptions of people あらゆる種類の人々 ◆all descriptions of problems; problems of all descriptions あらゆる［ありとあらゆる］種類の問題 ◆boats of all descriptions あらゆる［ありとあらゆる］種類の船 ◆engines of every description あらゆる種類のエンジン

**descriptive** adj. 記述的［叙述的, 説明的, 解説的］な;（〜を）記述［描写］している <of> ◆failure/no-failure tests, such as the meggering of cables, should be replaced by more descriptive inspection techniques 《意訳》メガー［絶縁抵抗計］によるケーブルの検査などといった不良／良品テスト［（意訳）良否判定試験］は, もっと具体的に記述された検査手法と差し替えなければならない（*仕様書の話です）

**descriptor** a〜《コンピュ》ディスクリプタ, 記述子

**deselect** vt. 〜の選択を取り消す, 〜を選択解除する, 〜を選択しない, 〜を（選択）からはずす ◆deselect a selected icon 選択されているアイコンを取り消す ◆Click... so that it is deselected. 《コンピュ》〜をクリックして選択を解除［非選択］にします. ◆A mouse-click is used to select and deselect items. 《コンピュ》アイテムを選択したり選択解除［非選択］したりするのにマウスクリックを使います.

**desensitization** 《回》感度低下（フィルムの）減感;《回》《医》知覚鈍麻, 脱感作 ◆desensitization therapy for allergy sufferers アレルギーに苦しむ人達に対する減感作（ゲンカンサ）療法（*花粉やハウスダストなど抗原の抽出液（エキス）を注射する）◆may cause some degree of desensitization in the receiver 受信機の感度を多少低下させることがある

**desert** a〜砂漠; vt., vi.〈人〉を見捨てる,〈場所〉を捨てて立ち去る,〈軍隊〉を脱走する,〈農民など〉が逃散する ◆a vast expanse of desert 大砂漠 ◆during Desert Shield and Desert Storm 「砂漠の楯作戦」および「砂漠のあらし作戦」実施中に（*湾岸戦争で）◆key employees deserted their posts to get in on the booming start-ups scene 幹部従業員らは, 沸きに沸くベンチャー企業シーンに参入すべく自分らのポストを見捨てて［見限り］逃散した ◆Valuable tropical forests are becoming barren deserts. 熱帯の貴重な森林は, 不毛な砂漠へと変貌しつつある［砂漠化している］.

**desertification** 砂漠化 ◆the increasing crisis of desertification 高まりつつある砂漠化の危機

**deserve** 〜に値する,〜してもらって（しかるべきである ◆deserve [be worthy of] special note とりわけ注目に値する; 特筆に値する ◆She is more than I deserve but somehow I got her. 彼女は僕にはもったいないほど素晴らしいけど, なんとか自分のものにできた. ◆Steve deserves a pat on the back for his outstanding...《ロ》スティーブは抜群の〜で褒められて しかるべきだ. ◆I must also thank you for the quilt you sent me, which was really more than I deserve. また, キルトをお送りいただ

いたことにもお礼を申し上げなければなりません．私にはもったいない限りです［こんな（立派な）ものをいただいて，なんとも恐縮です］．◆With so many possibilities, DVD deserves its nickname digital versatile disc. 非常に多くの可能性を秘めていることから，DVDにデジタル・バーサタイル［多用途］ディスクというあだ名がついているのはもっともなこと［むべるかな］だ．(versatile＝融通のきく，用途の広い，汎用性のある) ◆With plea bargains, innocent people often get punished, and the guilty get less punishment than they deserve. 司法取引では，しばしば無実の人が罰せられ，有罪の人は受けてしかるべき刑罰よりも軽い刑ですんでいる．

**desiccate** vt. ～を乾燥させる，～を乾燥保存する；vi. 乾燥する

**desiccation** 乾燥，乾燥保存 ◆the desiccation of... by evaporative drying 蒸発乾燥による～の乾燥［脱水］

**desiccator** a ～乾燥器，《化》デシケーター（＊蓋付きの肉厚のガラス容器．中に乾燥剤を入れて使用）◆be left overnight in a desiccator to dry completely 完全に乾燥させるために一晩デシケーター［乾燥器］に入れておかれる

**design** 1 vt., vi. 設計する，デザインする，（意匠の）図案を描く，計画する，立案する，企てる，企画する，予定する，意図する，もくろむ ◆design a system システムを設計する ◆a specially designed joystick 特別設計のジョイスティック ◆copiers designed for mass markets 一般大衆市場［民生場］向けに作られている複写機 ◆designed expressly [specifically] for... ～用に［～向けに，～専用に］設計されて［つくられて］ ◆design the underside to retain... 下面を～が保持されるよう設計する ◆new applications designed for Windows NT Windows NT用［対応］の新しい応用ソフト ◆a design-your-own wedding package フリープランの結婚式パッケージ ◆a Soviet-designed nuclear reactor ソ連の設計になる原子炉 ◆be designed to strict specifications 厳しい設計基準で～を設計する ◆design... to [with] stringent design criteria 厳しい設計基準で～を設計する ◆high-performance lenses designed for professional use プロユース向け［プロ用］に設計されている高性能レンズ ◆One of the bombs, apparently designed not to explode, was... それらの爆弾のうち爆発しないように作られているらしい一つは，◆Personal computers are designed around microprocessors. パソコンは，マイクロプロセッサを中核として設計されている．◆Special modifications can be designed in. 特別仕様を設計に盛り込むことが可能です．◆These features are designed into the system. これらのフィーチャーは，システムの設計に盛り込まれる．◆This book is designed to help you learn more about... 本書は，皆さんが～についてもっと知ることを手助けする目的で書かれています．◆Don't force a power tool to do a job for which it was not designed. この電動工具を，本来の使用目的以外の作業に無理して使わないでください．◆The manufacturer put some thought into designing the laptop's carrying case. そのメーカーには，このラップトップコンピュータのキャリングケースの設計に多少の工夫［思い付き，着想］を盛り込んだ．◆The next spacecraft will have an escape system designed into it. 次期宇宙船には，(あらかじめ)設計に盛り込まれた（緊急）脱出システムが装備されるだろう．◆The unit is designed with a shock isolation system to protect the hard disk drive and ensure reliability. そのユニットは，ハードディスクを保護し信頼性を保証するための衝撃絶縁システムが備わった設計になっている．

2 回設計；(a) ～デザイン，意匠；a ～設計図，意匠図，図案，図形，絵柄，模様；a ～心積もり，図［料簡］，計画；～ 陰謀，たくらみ ◆by design 故意に，作為的に，わざと，わざわざと ◆a design blueprint 設計青写真［青図］ ◆a design criterion 設計基準 ◆a design defect 設計（上の）欠陥 ◆a design drawing [blueprint] 設計図 ◆a design engineer 設計技術者 ◆a design goal [objective] 設計の目標 ◆automotive design 自動車の設計［車造り］ ◆basic design specifications 基本設計仕様 ◆design principles 設計原理［思想］ ◆a design standard 設計標準［規格，基準］ ◆a design patent デザイン［意匠］特許 ◆design compromises 設計上の妥協 ◆a design-basis accident 《原発》設計基準事故 ◆hip design 《俗》かっこいい流行の先端を行くデザイン ◆involve major design changes 大きな設計変更を要する ◆put a grand design into practice 大構想を実行に移す ◆the design of a piece of software ソフトウェア1本の設計 ◆the design of new drugs 新薬の設計・開発［創薬］ ◆the scanner's flatbed design そのスキャナーの平面［平台］型の構成 ◆during [in] early design stages; in [during, at] the early stages of design 設計初期段階において ◆a computer with a sleek new stand-up design スマートで斬新な縦型［縦置き型］デザインのコンピュータ ◆during the design phase 設計段階中に ◆perform user-interface design and development ユーザーインターフェースの設計・開発を行う ◆yachts built to his design 彼の設計によるヨット ◆it didn't get off the design stage in the end それは設計段階を結局のところ離れられなかった ◆they blamed the failure on an engineering design error 彼らはその失敗を技術的設計ミスのせいにした ◆throughout the long period during which this book turned from a design concept into a reality 本書の構想からそれが形になるまでの長い期間全体を通して ◆Figure 1 illustrates the basic design of a local-bus system. 図1はローカルバスシステムの基本設計を示す．◆The cabinet is of a traditional design. キャビネットは，伝統的なデザインになっている．◆Engineers have developed designs for much safer types of nuclear reactors. 技術者らは，安全性のずっと高いタイプの原子炉の設計を開発した．◆The system's case is similar [nearly identical] in design to that of the AV2040. 本システムの筐体は，AV2040の筐体と設計が似ている［ほぼ同じである］．◆The circuitry is photoengraved onto the surface of the silicon wafer from a greatly reduced photograph of the original design. 回路は，設計原図を大幅に縮小した写真からシリコンウェーハの表面に写真蝕刻される．

**designate** ～を示す，～を指定する，〈人〉を（～に）指名［任命］する ＜as＞，～を（～と）呼ぶ ◆be designated as... ～と呼ばれている ◆at designated times 指定された時刻に，指定時刻に ◆be designated as a person's successor 〈人〉の後継者として指名を受けている ◆designate... as a person's successor ～を〈人〉の後任として指名する ◆designate one sample as the "MASTER" 見本の一つを「マスター見本」として指定する ◆water designated for use as drinking water 飲み水用に指定されている水；飲料用水 ◆a designated no-parking zone 駐車禁止に指定されている区域 ◆Japan's Prime Minister-designate 日本の次期内閣総理大臣［首相］（＊指名はされたが未就任の）◆user-designated programs ユーザーが指定したプログラム ◆an EPA-designated substitute for ozone-depleting CFCs オゾン層を欠乏させるフロンにとって代わる（米国の）環境保護局により指定されている代替品 ◆designate a field as "text" or "numeric" 《コンピュ》フィールドを文字（型）フィールドまたは数値（型）フィールドとして指定する ◆designate a person in charge of fax machines ファックスを受け持つ人を任命［指名］する；《意訳》ファックス担当者［責任者］を設ける ◆these spaces are designated as smoking areas これらの場所は喫煙区域に指定されている ◆when the coolant in the cooling system reaches a designated temperature 冷却システム内の冷却剤が所定の温度に達すると ◆Smoking is allowed only in designated areas. 喫煙は指定区域内［決められた場所］でのみ許されている．◆Return equipment, chemicals, aprons, and protective glasses to their designated locations. 機器や化学薬品，エプロン，保護メガネは指定された［《意訳》決められた］場所に戻すこと．◆A capital T designates a Kelvin temperature and a small t designates a Celsius temperature. 大文字のTはケルビン温度を示し，小文字のtは摂氏温度を示す．

**designation** 回指定，指名，任命；a ～名称，呼称 ◆a designation scheme （機器［車種］名などの）体系的な名前の付け方；命名法；呼び方 ◆the designation of an operating limit for... ～の動作限界の指定 ◆the designation of the equipment その機器の名称［《意訳》品目名］ ◆under designations such as... ; under such designations as... ～などの名称［呼称，呼び名，

前、品名、品目名]で ◆under the designation (of) "..." 「〜」という名称[呼称、呼び方、名前、品名、品目名]で ◆it shall bear a unique type designation それには他と重複しない形式[型式](カタシキ)名がついていなければならない ◆produced under USAAF designations and serial numbers 米陸軍航空隊(USAAF)の呼称[品目名、品名]とシリアル番号で生産[製造]されて ◆these guns fall under the designation "assault weapons" これらの銃は「襲撃[攻撃]用武器」の呼称[品目名、品目、品目名]のもとに分類される ◆The M-S designation stands for "mud and snow." (タイヤの)M・Sの表示は「泥と雪」の意である.

**designator** *a* 〜 識別子、指示子
**-designed** 〜によって設計された
**designer** *a* 〜 設計者、デザイナー ◆a designer baby デザイナーベビー(＊受精卵の選別などの人為的操作により遺伝子的に望ましい性質を備えたもの)
**designer drug** 〜 デザイナー・ドラッグ(＊法の目をすりぬけるなどの目的で既存の麻薬の化学構造を若干変えて作った、新型の合成ドラッグ)
**design-in** *a* 〜 (*pl. design-ins*) あらかじめ設計に盛り込まれている組み込み部品、回路基板など; (*a*) 〜 米国製半導体を日本に輸入してそれを日本製品に組み込むこと
**design rules** 《半導》デザインルール、設計基準[最小寸法](＊ICチップ上の回路を形成する配線等の要素の最小寸法、すなわち最小メタル線幅や隣り合うメタルの最小間隔のこと) ◆As semiconductor manufacturers move their processes to finer design rules, ... 《意訳》半導体メーカーが微細化を進めるにつれて[推進するのに伴って]、 ◆manufacture integrated circuits using 0.5 micron design rules 0.5μmの設計基準[最小寸法]を使用して集積回路[IC]を製造する ◆produce devices with 0.15-micron design rules (半導体)素子を0.15ミクロンの設計基準[線幅]で製造する ◆The chip employs [incorporates] 0.8-μm design rules. その(IC)チップには0.8ミクロンの設計基準が採用されている. ◆The IC chip is fabricated [created] with 0.8-μm design rules. そのICチップは0.8ミクロンのデザインルール[設計基準]で製造されている.
**desirability** 望ましさ、好ましさ ◆but these methods are not of equal desirability しかしこれらの方法は、望ましさが等しいわけではない[これらの方法には、望ましさの点で差がある]
**desirable** 望ましい、好ましい、あらまほしき ◆It is desirable to be able to... 〜できることが望まれる ◆It is desirable that the case be closed. この件にけりをつける[決着を付ける]のが望ましい. ◆Adherence to CCITT H.200 Series Recommendations is desirable. CCITT H.200シリーズの勧告に準拠していることが望ましい. ◆It would seem to be desirable that the rule should be more flexible. そのルールにはもう少し融通性があったほうが好ましい[望ましい]ように思われます. ◆For these printed wiring boards, reflow soldering is most desirable. これらのプリント配線板には、リフローソルダリングが最適である.
**desire** 1 *vt.* 〜を強く望む、欲する、要求する、求める、希望する、希求する、要望する、願う、念願する; *vi.* ◆as desired 望み[希望する]通りに ◆if so desired (そのように)希望すれば[願えば] ◆《意》《希望》的に[に応じて] ◆It is desired that... 〜であることが望まれる; 《意訳》〜(するもの)と期待される. ◆deform metal into desired shapes 金属を思い通り[好きな、《意訳》任意の]形状に変形させる ◆It is to be desired that... 〜であることが望まれる[望ましい、好ましい]; 望むらくは、〜であるといいのだが. ◆if the use of... is desired 〜を使うことが求められている場合は ◆leave much to be desired 不満の残る残[不備な]点が多い; 改善の余地が大いにある. ◆devices with approximately the properties desired ほぼ要求される通りの[望ましい]特性を有する素子 ◆It leaves nothing to be desired. それは申し分ない[完璧だ]. ◆Some leave a good deal to be desired. なかには、大幅な改善[改良]の余地があるものがある. ◆Theoretically, a large K is desired. 理論上は、Kの(値)は大きいほうが良い. ◆It may be desired that these topics

be studied in a robotics course. これらのテーマは、ロボット工学コースで学習することが望ましいであろう.
2 (*a*) 〜 願望、要望、希望、望み、志(ココロザシ)、要求、欲求 ◆arouse in the prospect a desire for the product 見込み客に、その商品が欲しいという気持ち[物欲]を起こさせる ◆have [express, show] a strong desire to <do...> 〜したい強い願望を持っている[希望を表明する]; 〜したく強く望んでいる ◆the desire to <do...> grows 〜したいといった欲求[要求、要望]が強まる ◆it is an outgrowth of the [our] desire to <do...> それは〜したいという欲求から生まれたものです ◆respond to desires for hassle-free shopping and low prices 面倒でないショッピングと低価格への欲求に応える ◆For years it has been my desire to write a book on... 何年もの間ずっと、〜に関する本を書くことが私の望みでした[〜について本を書きたいと思ってきました] (▶ I would like to <do> の表現はそのまま完了形にできないが、desireという名詞を用いればうまくいく)

**desired** *adj.* 思い[望み]通りの、《意訳》任意の、望ましい、《意訳》正しい、所期の、待望の、所望の、希望する[好きな、目的の、使いたい] ◆achieve a desired result 所期の成果を収める ◆a desired shape 思い通りの[任意の]形状 ◆allow the user to create a font in the desired size 好きな[望み通りの、任意の]サイズでユーザーがフォントを創れるようにする ◆it can be enlarged to any desired size それは、希望通りどんな大きさにも拡大できる[任意のサイズに拡大可能です] ◆Place it in the desired location on a workbench. 作業台上の、好きな[適当な、任意の]場所にそれを置いてください.

**desirous** *adj.* 《叙述的に》<of, that>(〜を)望んでいる、希望している、願っている; (〜) したいと思っている<of... -ing> ◆companies desirous of finding cheap labor 安い労働力を欲しがっている企業 ◆for those desirous of further information もっと詳しく知りたい方々のために ◆collegiate facilities for young people desirous of obtaining a bachelor's degree 若い学士学位取得希望者のための大学施設

**desk** *a* 〜 デスク、机 ◆at a [one's] desk 机に[(自分の)机に] 向かって ◆an office desk 事務机 ◆a desk-bound person; those people that are desk-bound 机に縛り付けられている[デスクワークをする]人 ◆reassign desk-bound officers to patrol duty 内勤の警察官をパトロール[巡回、外回り]の勤務に配置転換する ◆suitable for both mobile and desk-bound use 移動しながら[出先で、外出先で]の使用にも机上[オフィス]での使用にも適した

**deskside** デスクサイド用 ◆a floor-standing deskside computer デスクサイド床置き型コンピュータ

**desktop** *adj.* デスクトップの、卓上[机上]用の、机上に据え置きして使用するタイプの; *a* 〜 (机上)据え置きタイプの装置、デスクトップ、《コンピュ》(画面上の)デスクトップ(＊各ファイルやツールなどをアイコンで表示した、画面上の作業机) ◆a desktop PC; a desktop; a desktop personal computer デスクトップ[据え置き]型パソコン ◆a small-footprint desktop unit 場所を取らないデスクトップ[卓上型、卓上機]ユニット ◆desktop forgery デスクトップ偽造(＊デスクトップパブリシング・システムを用いて公文書、免許証、有価証券などを偽造すること) ◆desktop-published materials DTPによる出版物 ◆on a desktop 机の上に、机上で ◆double-click My Computer on your [the] desktop デスクトップのマイコンピュータをダブルクリックする

**desktop publishing** (DTP) デスクトップパブリシング
**deslime** *vt.* 〜からスライム[泥]を除去する、〜を脱泥する ◆a desliming screen 《鉱山, 炭鉱》脱泥スクリーン
**desolder** 〜からはんだを除去する ◆desoldering equipment はんだ除去装置、半田吸い取り[吸引]器
**desorption** (＊表面に吸着されていた物質の遊離 or 溶液に溶解していた物質の分離という意味で以下の訳が使用される)脱着、脱離、離脱、放出 ◆desorption of gas from surfaces 表面からのガスの脱着(＊吸着[吸収]された微量の気体を除去すること)

**despair** 回絶望, 失望, 絶望[落胆]の種; vi. 絶望する, 悲観的になる, (～を)あきらめる<of> ◆deepening despair 深まる絶望感

**desperate** adj. 絶望的な[見込みのない], 必死の[死にものぐるいの, 命がけの], 向こう見ずの, ひどい, はなはだしい ◆use [adopt]... as a desperate measure to <do...> ～を～するための窮余の一策[苦肉の策]として用いる[採用する]

**desperately** adv. 絶望的に, 必死に, やけになって, 自暴自棄になって, 死に物狂いで, 必死に; 《口》ひどく, 猛烈に ◆desperately want... ～を切望する, ～を物凄く[ひどく]欲しがる ◆a desperately ill [sick] person （絶望的に）重病[重態, 重体]の人 ◆a desperately poor family 極めて貧しい[極貧, 赤貧]の家族 ◆desperately need [require]... ～をひどく必要とする ◆the engineer tried desperately to stop the train 機関士は必死に列車を止めようとした

**despicable** adj. 卑しむべき, 見下げ果てた, 軽蔑に値する, 卑劣な ◆a despicable [contemptible] person 卑しむべき人物; 見下げ果てた人間

**despite** prep. ～にもかかわらず ◆despite desperate efforts to reform agriculture 農業改革の必死の努力にもかかわらず ◆Despite its small size, the speaker offers great bass. 小型サイズにもかかわらず[《意訳》似合わず]、このスピーカーはすばらしい低音を出す。

**dessert** (a) ～ デザート ◆For dessert, I ate (a) roasted corn on the cob. デザートに焼きトウモロコシを食べた。

**destabilize** vt. ～を不安定にする, ～を不安定化する, 弱体化させる ◆as a destabilizing factor in a country ある国における一不安定化要因として (*政情を不安定化させる)

**destination** a ～ 目的地, 先方, 行き先, 訪問先, 届け先, 送付先, 到着地, 仕向地, 仕向先, 移動先, コピー先, 保存先, 出力先, 受け側, ～先, 目的 ◆a destination address 《通》宛先アドレス ◆at your destination あなたの目的地における ◆a country of final destination 最終目的国 ◆after reaching your destination 目的地に到着後に ◆reach a destination 目的地に着く ◆ship the goods to their port of destination それらの貨物を海外の仕向け港まで輸送する ◆to destinations abroad ～を海外の仕向け先[仕向け地]に(向けて)積み出す[出荷する, 船積みする] ◆indicate the destination port of each cargo item 各貨物の仕向け港を示す ◆the cost of travel from your office to a business destination あなたのオフィスから仕事先の行き先[出張先]までの旅費 ◆Source and destination disks are incompatible. コピー元(転送元)とコピー先(転送先)のディスクに互換性がある。

**destine** vt. ～を〈用途, 目的に〉定める[決める, 予定しておく]<for>, ～を(～するよう)運命づける

**destined** adj. <for> ～行きの(= be bound), ～向けの, ～必至で, ～することに決まって[なっている], ～するはずである <for, to, to do> ◆be destined for the dustheap of history 歴史の彼方に葬られる運命である ◆most exports are destined for the United States ほとんどの輸出品は米国に仕向け[向け]されている ◆US-destined VCRs; VCRs destined for the U.S. 米国向けビデオデッキ ◆Retrieved information is often destined for incorporation into a word processing document. 検索で取り出されたデータは, ワープロ文書に読み込まれることが多い。 ◆Without a doubt, this is one of the best albums of the year, and it is destined to take its place in musical history as one of the greatest live albums of all time. 間違いなく, これは今年の最優秀アルバムに入る1枚であり, 音楽の歴史を通じて最も優れたライブアルバムの1枚として位置付けられる[《意訳》残ることになる]。

**destroy** vt., vi. 破壊[壊滅]する, 破滅[消滅, 消失]させる, 壊す[壊れる], 滅ぼす, 撲滅する, 駆除する, 殺す, 抹殺する, 抹消する, 破棄する, 使えなくする ◆destroy bacteria バクテリア[細菌]を殺す; 殺菌する ◆ozone-destroying chlorofluorocarbons (CFCs) オゾンを破壊するフロン(CFC)類 ◆destroy the structure その構造物を破壊する ◆ozone-destroying CFCs オゾン(層を)破壊するフロン ◆destroy all weapons of mass destruction 大量破壊兵器をすべて破棄する ◆energy cannot be created or destroyed エネルギーは, 新たに作り出されることも消滅することもない ◆destroy ICBMs in the boost phase of their trajectory 大陸間弾道弾を弾道のブースト[上昇]段階で撃破する ◆Destroy your old license and carry the new one. あなたの古い免許証を破棄して, 新しいものを携帯してください。 ◆Inevitably, the solder enters the female contact cavity of a connector, destroying its spring properties by locking the moving pieces in place. 避けがたいことに, 半田(ハンダ)がコネクタのメス接点の空隙に入り込み, 可動部品を固着させることによりそのばね性を消失させてしまう。 ◆We intend to seek out and destroy the enemy wherever he or she is, in the greatest possible numbers, in the shortest possible time. 我々は, 敵がどこにいるようとも捜し出して壊滅させるつもりだ。それもできるだけ大勢をできるだけ短い期間で。

**destruction** 破壊, 倒壊, 廃棄, 消滅, 《化》分解; 滅亡, 絶滅 ◆weapons of mass destruction; mass-destruction weapons 大量破壊[大量殺戮(サツリク)]兵器 ◆cause environmental destruction 環境破壊を引き起こす ◆the destruction of the tropical forests 熱帯林の破壊 ◆such weapons of mass destruction as nuclear, chemical and biological weapons 核兵器, 化学兵器, 生物兵器などの大量破壊・殺戮兵器 (*destruction には破壊と殺戮の両方の意味があることを示している用例)

**destructive** adj. 破壊的な, 破滅させる, 有害な, 《化》高温乾留[分解蒸留]による, 〈批判などが〉破壊的な(↔constructive 建設的な) ◆destructive testing 破壊試験 ◆massively destructive weapons 大量破壊[殺戮]兵器

**desulfurization** 脱硫 ◆《米》a desulfurization unit; 《英》a desulphurization [desulphurisation] unit 脱硫ユニット[装置]

**desulfurize** ～を脱硫する, ～から硫黄分を除去する ◆a desulfurizing agent 脱硫剤

**desulfurizer** a ～ 脱硫器

**detach** ～を(～から)取り外す, 外す<from> ◆accidentally become detached from... ～から偶発的に(取れて)外れる ◆examine toys for anything that could become detached and obstruct a windpipe, injure an eye or break the skin 取れて[外れて]喉笛を詰まらせ[窒息させ]たり, 目に外傷を与えたり, 皮膚に裂傷を負わせたりする恐れのある部品はないか玩具を調べる ◆Care must be taken when detaching and reattaching the wiring clips. 配線用クリップの取り外しおよび再取り付けは注意して行ってください。 ◆DETACH ALONG PERFORATION AND MAIL. ミシン目に沿って切り離し, 郵送してください。 ◆If a problem occurs, the malfunctioning channel is detached from the network automatically. 障害が発生すると, 誤動作を起こしているチャンネルは自動的にネットワークから切り離される。

**detachable** 脱着式の, 着脱可能の ◆a detachable electronic viewfinder 着脱式電子ビューファインダー ◆a detachable/attachable soldering iron holder (本体に)着脱[脱着]可能なはんだごてホルダー

**detached** adj. 分離した, 孤立した; 一戸建ての, 戸建ての ◆live in a detached house 一戸建てに住む

**detail** 1 (a) ～ ディテール, 細部, 細目, 詳細, 委細 <on, about, of> ◆in detail 事細かに, 詳細に, 詳しく, 仔細に, 詳細に, 細部にわたって, 克明に, つぶさに, つまびらかに ◆in some detail いくらか詳しく ◆go [enter] into detail(s) 詳細に述べる; 細目[詳細]にわたる ◆go [enter] into details of [about, as to, concerning, on, regarding] ～の[について]詳細に立ち入る; 細部[細目]にわたる[わたって説明する] (*details は particulars に置き換えてもよい) ◆details on free update （最新版への）無料バージョンアップの詳しい内容[詳細] ◆discuss... in a little more detail ～についてもう少し詳しく論じる ◆discuss them all in detail それらのすべてについて詳しく[克明に, つぶさに, 細々(ルル)]論ずる ◆furnish details on... ～についての詳細を知らせる ◆in the detail design stage 詳細設計段階で ◆lack of attention to detail 細かいところへの気配りの欠如 ◆the book is rich in details この本は, ことこまやかな描写に富んでいる ◆to high degrees of detail

非常に詳細に［克明に，詳しく，こと細かく，詳細に，綿密に，緻密に，精緻に，精密に］ ◆understand... in enough detail ～を十分に詳しく知る ◆with meticulous attention to detail 注意［気，神経］を細部［細かな点］にまで行きとどかせて；細心の注意を払って ◆work out (the) details of... with... ～との細部の詰めを行う ◆attention to every detail きめ細かい配慮 ◆caution and attentiveness to details きめ細かな注意と気配り ◆the details of new product announcements 新製品発表の詳しい内容 ◆the details of the merger その吸収合併の詳細［詳しい事情］ ◆They will be impressed by your painstaking attention to detail. 彼らはあなたの労を惜しまないきめ細かな気遣い［気配り，心遣い，心配り］に感心することでしょう． ◆For further details, contact us at xxxx@yyyy.com. （これ以上の）詳細［詳しいこと，詳しくは］，当社xxxx@yyyy.comまでご一報ください． ◆although details [specifics] have not yet been worked out 細部の詰めはまだであるが ◆ask... for details about recent disputes between A and B ～にＡＢ二者間の最近の紛争の経緯［いきさつ］について尋ねる ◆For (more) details about..., get in touch with... ～について（さらに）詳しくは，～にお問い合わせください ◆examine babies' internal organs, particularly the liver, in much greater detail 赤ちゃんの内臓，とりわけ肝臓を，より詳細［精密］に検査する ◆The picture control brings out finer detail. この画質調節器は，より精細なディテールを引き出す． ◆The picture [image] is sharp and well defined with plenty of detail. 画像はシャープで，十分細部まで描写されていて解像感［精細感］がある． ◆We will discuss this example in greater detail in a later section. この例については，後に別のセクションでもっと詳しく述べることにする． ◆Our worst fear is that Clinton will propose a general plan and let Congress fill in the details. 我々が最も恐れているのは，クリントン（大統領）が全体計画を提案し議会にその細部を詰めさせることだ．

**2** vt. 述述する，列挙する，細目にわたって説明する，明示する ◆The following sections detail... 以下の項［節］で～について詳しく述べる ◆a map detailing evacuation routes throughout the region 同地域全体の避難経路を明示している地図 ◆zoom in to a more detailed view of...；↔zoom out to a less detailed view of... ズームイン［クローズアップ，←ズームアウト］して，～をより詳細［大局的］に表示する

**detailed** adj. 詳しい，詳細な，細目にわたる，克明な，綿密な，丹念な，細密な，精緻な，緻密な ◆a detailed explanation about... ～についての詳しい説明［記述，解説，詳述，詳説］ ◆a detailed list of articles 商品明細書 ◆a longer, more detailed memo より長文のいっそう詳細［精細，克明］なメモ ◆as detailed as possible できるだけ詳しく［詳細に，微細にわたって］；可能な限りつまびらかに ◆detailed design tasks 詳細設計作業 ◆make detailed plans for implementing [the implementation of]... ～を施行する［～実施の］ための詳しい［綿密な，細密な，詳細］計画を立てる ◆the detailed design of a system システムの詳細設計 ◆give [provide, offer] a detailed explanation of [on <how>, as to <why>]... の［～に関する］詳細説明をする；つぶさに説明する ◆For more detailed information, write to: 詳細については次の宛先まで，書面でお問い合わせください．

**detain** ～を引き止める，〈人〉を拘留［勾留］する，留置する，〈船舶〉を出港停止にする ◆detain suspects 容疑者を拘束する ◆detain the tankers for maintenance deficiencies それらのタンカーを，整備不全を理由に出港停止にする

**detect** vt. ～を見つける［発見する］，探知［検出，発見］する，感知，復調する ◆detect an error エラーを見つける［検出する］ ◆a detected loss 検波波損 ◆a sensor detects the signal センサー［感知器］がその信号を検出する ◆detect a loss of AC power AC電源の停電を検出する ◆detect the presence of... ～が有ること［の存在］を感知する ◆to get the card detected [recognized] 《コンピュ》カードが検出［認識］されるようにするために（*detectは単にカードが存在すること，recognizeはカードの種類や状態なども認識すること指す） ◆explosives-sniffing dogs and bomb-detecting equipment 爆発物探知［捜索，探索，感知］犬および爆弾検出装置（*空港での） ◆a powerful difficult-to-detect plastic explosive 発見が難しい強力なプラスチック爆薬［爆発物］ ◆It helps detect the slack at a glance. それは，たるみが一目で分かるようにしてくれる． ◆Replace the shock absorber if a leak is detected. 漏れが見つかったら，ショックアブソーバを交換してください． ◆She detected back then that I had an aptitude for music. 彼女はその当時，私に音楽の才［才能，素質］があることを見抜いていた． ◆We have recently detected that Allen himself NOT AT ALL is the Person he claims himself to be. 我々は最近になって，アレンは本人が自称するような人物では「断じてない」ということを看破した．（*化けの皮がはがれた）

**detectable** adj. 検出［感知，探知，発見］できる，見つけられる，見破れる ◆The paper industry has argued that paper and pulp mills should be allowed to discharge "non-detectable amounts" of dioxin. 製紙業界は，製紙工場やパルプ工場は「検出不能な量［《意訳》検出限界以下の極微量］」のダイオキシンの排出は認められるべきだと論陣を張った．

**detection** ①検波，復調，検出，探知，感知；発見，発覚，看破，暴露，露顕 ◆detection [detector] equipment 検出装置；探知器 ◆error detection 誤りの検出，エラーの検出 ◆ultrasonic flaw detection equipment 超音波探傷装置 ◆avoid detection by... 〈検知器，人など〉に見つからないようにする ◆boost the crime-detection rate 犯罪の検挙率を上げる ◆enhance neutron detection capabilities 中性子検出能力を高める ◆for early detection of a possible problem 問題を早期発見するために（*possibleは「ひょっとしたらあるかも知れない」の意） ◆light detection occurs 光が検出される ◆the detection of in-process discrepancies 製造工程での不具合［規格外れ状態］の検出 ◆the detection of land use patterns 土地利用形態［状況］の探知 ◆upon virus detection 《コンピュ》ウイルスが検出されるや否や ◆in the event of detection of carbon monoxide 一酸化炭素が検出［検知］された場合 ◆be close to the limits of detection of the currently available assays 現在利用可能な検定法［分析法］の検出限界に近い ◆controlled to levels below the limits of detection 検出限界以下のレベルに（まで）コントロールされて［制御されて，管理されて，抑えられて］ ◆the number of times that the input signal amplitude exceeds the detection level 入力信号振幅が検出レベルを越える回数 ◆detection systems incorporating optical fibers for detection of the presence or absence of material 材料の有無を検出するために光ファイバーを使用している検知システム ◆The virus avoids detection by hiding in the DNA. そのウイルスは，DNA内に潜むため見つからない． ◆The viruses escape detection by the immune system. そのウイルスは，免疫機構による検出を免れる［免疫機構に発見されない］．

**detective** a～探偵，刑事；adj. 探偵の ◆a detective story writer 推理小説作家 ◆a detective story 探偵小説，推理小説，捕物帳，推理映画 ◆Arthur Conan Doyle's fictional detective, Sherlock Holmes アーサー・コナン・ドイルによる架空の探偵シャーロック・ホームズ

**detector** a～検波器，検出器，探知器，検電器，発見器 ◆a detector circuit 検波回路 ◆a detector tube 検波管（*検波用の真空管） ◆a lie detector うそ発見器（= a polygraph） ◆an infrared detector 赤外線検出器 ◆a gas detector ガス検知器［検出器，感知器，検定器］（= a gas sniffer; an explosimeter） ◆The danger can be prevented with the help of a carbon monoxide detector. この危険は一酸化炭素検知器を使って防ぐことができる．

**detent** a～戻り止め，移動止め，回転止め，デテント［クリック，ストップ］位置（*つまみやレバーを回したり動かしたりしていくとカチッという箇所） ◆a rotary switch with click-stops (detents) 《意訳》（手で回すと接点のある箇所ごとに）カチッと停止する（デテント付き）回転スイッチ ◆when the selector is positioned between detents,... セレクター［切り替えスイッチ］をクリックとクリックの間（の位置）に止めた場合は，

**detente** ① (国家間の)緊張緩和, デタント ◆achieve detente with... 〜とのデタント[緊張緩和]を成し遂げる[達成する, 実現させる] ◆pursue a policy of detente with Russia 対ロ緊張緩和政策を推し進める

**deter** vt. 〜を抑止する, 阻止する; 〈人〉に思いとどまらせる, 止めさせる ◆deter a recurrence of trouble トラブルの再発を抑止[阻止]する ◆deter crime 犯罪を抑止する ◆deter hackers from invading others' computers ハッカーに他人のコンピュータへの侵入を思いとどまらせる[やめさせる]; ハッカーが他人のコンピュータに侵入しないようにする

**detergent** (a) 〜 洗剤, 洗浄剤, 清浄剤 ◆a water soluble detergent 水溶性の洗剤[洗浄剤]

**deteriorate** vi. 悪化する, 悪くなる, 劣化する, 変質する, 低下する, 荒廃する, 老朽化する, 衰退する, 退廃[頽廃, 廃頽]する ◆become deteriorated 劣化する, 悪化する ◆be in deteriorated condition 悪化[荒廃, 老朽化, 劣化, 経年変化, 衰退]した状態にある ◆produce a deteriorated condition in... 〈人〉にとって健康上悪い[よくない]状態を生じさせる ◆the deteriorating effects of deicing agents 氷結防止剤の持つ劣化作用 ◆the political situation in Nigeria is deteriorating ナイジェリアの政治情勢[政情]は悪い方に動いている[悪化をたどっている] ◆without deteriorating 劣化することなく ◆deteriorating computer backup tapes 劣化が進行しているコンピュータバックアップテープ ◆the deteriorating infrastructures in Washington, D.C., and Chicago, Ill. 荒廃が進んでいるワシントンD.C.とイリノイ州シカゴのインフラ ◆Relations between the two countries have deteriorated since... 二国間の関係は〜以来悪化した。 ◆As road conditions deteriorate, skids may occur. 道路の状態が悪くなるにつれ, スリップが発生する場合がある。 ◆His eyesight has deteriorated considerably. 彼の視力は著しく低下した。 ◆It deteriorates with time. それは、経年変化する[時間の経過につれて劣化する]。 ◆The oil has deteriorated. 油が, 変質してしまっている。 ◆Through normal usage, many of the parts in your car gradually deteriorate. 正常な使い方をしていて, 車の部品の内の多くのものは徐々に劣化していく。

**deterioration** 悪化, 劣化, 変質, 低下, 荒廃, 老朽化, 衰退, 衰弱 ◆(a) deterioration failure 劣化故障 (cf. catastrophic failure) ◆natural deterioration 自然劣化 ◆age deterioration 経年[経時]劣化; ((意訳))老朽化 (*日本の辞典では aged となっているが age の方が一般的) ◆be in deterioration condition 劣化[悪化, 変質, 荒廃, 老朽化, 衰退, 衰弱]状態 ◆accelerate the physical deterioration of... 〜の物理的な劣化を加速する[進める] ◆before further [more] deterioration sets in 更なる劣化が始まる前に; もっと悪くなりだす[悪化しだす]前に ◆cause (the [a]) long-term deterioration of... 〜の(品質, 環境などの)長期劣化を引き起こす;〈地下水など〉の長期(水質)悪化[低下]を招く ◆for a continuing deterioration in earnings 収益が引き続き悪化しているために ◆due to deterioration over time 経年劣化[変化]のせいで ◆ecological deterioration 生態環境の悪化 ◆gradual deterioration of U.S.-Japan relations 漸進的な米日[日米]関係の悪化 ◆her deterioration condition 彼女の衰弱[憔悴した, やつれた, 病状が悪化した]状態 ◆lead to deterioration of muscles 筋肉の衰退につながる ◆prevent further deterioration 更なる老朽化[劣化]を防止する; ((意訳))劣化[老朽化]がこれ以上進まないようにする ◆slow down the rate of deterioration 劣化の速度を遅くする; ((意訳))変質していくスピードを遅らせる ◆such a deterioration of the situation そのような情勢の悪化 ◆the deterioration of American family values 米国家庭の価値観の崩壊 ◆the deterioration of the farmland 農地の荒廃 ◆the deterioration of the social structure 社会構造の荒廃 ◆the moral deterioration of the country この国のモラルの退廃[崩れ, 崩壊, 低下, 堕落, 廃頽] ◆undergo rapid deterioration 急速に[劣化, 悪化, 変質, 低下, 衰退, 荒廃, 老朽化, 衰退, 退廃, 頽廃, 廃頽]する ◆be quite susceptible to deterioration from ultraviolet light かなり紫外線による劣化を受けやすい ◆expect a steady deterioration in longer-term economic prospects 長期経済見通しの継続的な悪化を予想する ◆once deterioration begins (いったん)劣化が始まると ◆the prevention of deterioration of rubber ゴムの劣化防止 ◆there is no appreciable deterioration in signal quality 問題になるような信号品位の低下はない ◆there is ongoing deterioration of life (social and physical) (社会的および身体的な)生活の質の悪化[低下]の進行がある ◆to forestall aging-induced deterioration of mental functioning 加齢[老齢化, 高齢化]による精神機能の低下[衰え]を未然に防ぐために ◆because such deterioration occurs from within このような劣化は内部から起きるので ◆mean a gradual deterioration in the reliability and quality of... 〜の信頼性と質の漸進的低下を意味する; ((意訳))〜の信頼性と質が徐々に低下していくことを表す ◆assist 100 owner-occupants to remain in their homes by alleviating severe deterioration conditions (家屋の)ひどい荒廃状況[荒れ果てた状態]を緩和することにより, 持ち家所有者100名が自宅に住み続けられるよう支援する ◆Deterioration proceeds rapidly at high temperatures. 劣化[変質, ((意訳))損傷]は高い温度で急速に進む。 ◆After applying Xxx, surfaces look new again and will be protected against further oxidation or deterioration caused by harsh elements. Xxxの塗布後は, 表面は新しくなったように見えて, 過酷な自然条件による酸化や劣化がそれ以上進行しないよう保護されます。 ◆The material shall be formulated to resist deterioration from ultraviolet rays in addition to being durable and weatherproof. 材料は, 耐久性および耐候性があることに加え紫外線劣化しにくいような配合がされていること。

**determinant** a. 〜 決定要因, 行列式 ◆a determinant factor of... 〜の決定因子 ◆be frequently cited as a key determinant of... 〜の主要な決定要因としてよく引き合いに出される ◆the most crucial determinants 最大の決定要因 ◆Several aspects of the microprocessor are determinants of the DTP system's performance characteristics. マイクロプロセッサのいくつかの側面が, DTPシステムの性能特性の決定因子である[を決定付ける]。

**determination** 決定, 判定, 判断, 確定, 限定, 測定, 算出, 割り出し, (定量)試験; (a) 〜 決心, 決意, 毅然[断固, きっぱり]とした態度 ◆the determination that... 〜という決定 ◆a sex-determination [sex-determining] factor; a sex determiner 性決定因子 ◆make a final determination of... 〜の最終的な決定[判断]を下す ◆make the final determination whether... 〜かどうかの最終的な判断[決定]を下す ◆our determination to <do...> 〜するという我々の決意 ◆tackle a tough task with determination 強い決心をもって[まなじりを決して, 意を決して, 決然と, 敢然と]困難な仕事に取り組む ◆the determination of the precise amount of... 〜の量の精密測定 ◆undergo [take] a genetic sex-determination test 遺伝子性別判定テスト[性別判定検査]を受ける ◆perform [conduct, carry out] sex-determination tests on fetuses [pregnant women] 胎児[妊婦]に対して性判別テスト[性別判定検査]をする ◆pending a determination of its legal status その法的地位が決定されるまで ◆the company hasn't made any determination about... 会社は, 〜に関してまだ何も決めていない ◆the determination of positions of objects 物体の位置の特定[割り出し, 確定] (*物体の位置を測定または算出によって求めること) ◆provide the correct information for the shareholders to make a fair determination about stock purchases and sales 株売買に関する適正な決定[判断]を下せるよう, 株主に正しい情報を提供する ◆A and B have begun talks around..., but as of today, no determinations have been reached. AとBは〜を巡って話し合いを始めたが, 今日現在何らの決定にもこぎつけていない。 ◆The determination of what companies are listed in the CD-ROM is based on market value. どの会社がこのCD-ROMに登録されるかは, 市場での価値によって決まる。

**determine** vt. 〜を決定する[決める, 確定する, 律する], 〈数量など〉を(測定や算出で)求める[割り出す], 算出する, 決定する, 明らかにする, 調べて知る, 確認する, 見極める, 突き止める, 判定する, 判断する, 特定する, 判別する, 指定する, 定量する vi. 決心する, 腹を固める ◆a frequency-determining element 周波数を決定する要素 ◆a study to determine whether... 〜かどうかを見極める[調べる]ための

調査研究 ◆determine the age of a fossil 化石の年代を測定する ◆determine the altitude of... 〜の高度を(測定または算出して)求める ◆determine the ratio of A to B AとBの比率[割合]を求める ◆he is determined to <do...> 彼は〜する決意である ◆it has been determined that... (測定などの結果)〜ということが明らかになった[判明した,分かった,確認された] ◆The cause of death will be determined by an autopsy. 死因は検視によって特定[解明,究明]されるだろう. ◆the company seems determined to <do...> 同社は、〜する決意の[方針の,腹を固めている]ようである ◆to determine the value of... 〜の値を求める[確定する]ために ◆determine conformance to specifications 規格に準拠[仕様に適合]しているかどうか(調べて)確かめる ◆a gauge for determining the level of fluid in a holding tank 汚物集合タンク内の液面を確認する[《意訳》知る]ためのゲージ ◆attempts to determine global temperature trends 地球の温度傾向を明らかにしようとする試み ◆determine how much memory is available 使用可能なメモリーがどれだけ残っているか調べる ◆Further studies will determine the side effects and... 更なる[今後の]研究が副作用および〜を突き止める[《意訳》明らかにする,解明する]であろう. ◆It would be of interest to determine if... はたして〜であるのかどうかを調べてみるのも興味深いことであろう ◆Whether or not... has yet to be determined. 〜かどうかは予断を許さない[まだわからない]. ◆a digital optical tachometer for determining the rpm of a spin coater スピンコーターの(毎分)回転数を計測するための光学式デジタルタコメータ ◆determine the number of characters in the character string その文字列の文字数を求める[知る] ◆determine whether the voltage comes within specified limits 電圧が所定の範囲内に収まるかどうか調べる(*determine＝調べて判定する) ◆use weight and balance calculations to determine the amount of fuel, cargo, and passengers that can be flown safely 安全に飛ばすことのできる燃料,貨物,および乗客の量を求める[算出する]ために重量重心計算を用いる(*飛行機に積載する) ◆it has been determined that there are no other contributing factors その他の要因が確認された ◆user acceptance and corporate penetration rates ultimately determine the success of development and marketing efforts ユーザーに受け入れられる度合いと企業への浸透率が、いずれ開発や営業の取り組みの成功を決定づける[《意訳》成否を左右する] ◆How are actual energy savings determined? 実際の省エネ量はどうやって求める[《意訳》確認する]のですか. ◆We are determined not to repeat the mistakes of the past. 私たちは過去の過ちは(二度と)繰り返さないように心に決めた[誓った]. ◆We at Femex are determined to strive to <do...> 私どもフェメックスでは、〜するよう務める決意[所存,《意訳》方針]です. ◆He began studies to determine the effects of Retin-A on sun-damaged skin. 彼は、日焼けで傷んだ肌に対するレチンAの効果を調べる[効用を確かめる]ための研究を始めた. ◆Investigators worked to determine precisely what went wrong. 調査官らは、何がおかしくなったのか厳密に突き止めようとしていた. ◆This function is used to determine the current row position of the cursor. この関数は、現在のカーソルの行位置を知る[求める,得る]ために使われる. ◆In light of the above, MSHA has determined that it is premature to issue a final decision on this case. 上記に鑑み,MSHAは本件について最終的な決定[判断,裁決]を出すのは時期尚早であると判断した. ◆In discussions with the Register of Deeds, it was determined that it is premature to embark upon a computer-imaging project in 1999. 登記所との話し合いの中で,コンピュータ画像化事業計画を1999年に着手するのは時期尚早であると判断された. ◆Investigators have not yet officially determined the cause of the failure, but they have focused on the possibility of a faulty door lock. 当該事故の原因を当局は正式に特定していないが、ドアロックに欠陥があったのではないかという可能性に焦点を当てて[注目して]いる. ◆The number of instructions a computer can execute in a certain time is determined by the speed of its internal clock. コンピュータがある時間内にいくつか命令を実行できるかは,内部クロックのスピードによって決まる.

**determined** adj. 固く決意した, 思い切った, 果敢な, 断固たる, 決然たる, きっぱりした,《意訳》本気の[その気になっている] ◆They appear to be determined to <do...> 彼らは〜する意向に[腹づもり, 構え, 覚悟, 心づもり]のようである. ◆they are determined [prepared, ready, poised] to go on strike 彼らはストを今にも辞さない構えである ◆The companies have launched a determined U.S. invasion. それらの企業は思い切ったアメリカ侵略[果敢な米国進出]に乗り出した. ◆Following the example of the giant Japanese manufacturers, the Korean companies have launched a determined U.S. invasion. 大手日本メーカーの例を見習って,韓国企業は思い切ったアメリカ侵略[果敢な米国進出]に乗り出した.

**deterrent** adj. 抑止する, 妨げる, 阻止する, 思いとどまらせる; a〜 抑止する[妨げる]作用のあるもの, 戦争抑止力(としての核兵器) ◆serve as a deterrent against... 〜に対し抑止力として役に立つ

**detest** vt. 〜をひどく嫌う[いやがる], 忌み嫌う, 嫌悪する, 憎悪する ◆He detested air travel. 彼は飛行機に乗るのを忌み嫌っていた. ◆He detests losing. 彼は負けるのが大嫌いだ.

**detestable** adj. 憎むべき, 実にいやな[好かない], 嫌悪すべき, 忌まわしい, 忌むべき, 唾棄すべき卑劣な ◆Nothing is more detestable than a man who will not provide for his own family. 自分の家族を扶養しない男ほどしからん奴[不届きもの,ふらち者, 憎むべき人間]はない.

**detonation** 回爆発, 爆轟《バクゴウ》; a〜 爆発の音, 爆発音, 爆音, 爆声, 爆鳴

**detour** a〜 回り道, 迂回路; vi. 回り道をする, 迂回する; vt. 〜に迂回させる ◆follow detour signs to... 〜に至る迂回標識に従う ◆make [take] a 25-mile detour 25マイルの迂回[遠回り]をする ◆surgeons can detour blood around the blockages with pieces of artery taken from elsewhere in the body 外科医は,身体の他のところからとった動脈を使い,閉塞した[塞栓]箇所を避けるようにして血液を迂回[バイパス]させることができる ◆Demos of Windows 95 attracted large crowds, forcing others to detour around the Microsoft booth. Windows 95の実演は大勢の見物人を集め,他の観客はマイクロソフト社の展示ブースの迂回を余儀なくされた.

**detriment** 回損傷, 損害, 損失, 害; a〜 害を与えるもの, 損害[損害, 損失]の原因 ◆a detriment to a person's promotion 《人》の昇進の妨げになるもの ◆become a detriment to... 〜にとって不利点[マイナス材料]となる ◆distort the labor market to the detriment of the poor 労働市場を貧しい人達にとって不利になるようにゆがめてしまう ◆see it as a detriment それをデメリット[不利点, マイナス要因]と見る[捕える] ◆without detriment to their estimation 彼らの評判を損ねることなく ◆yield a pecuniary detriment 金銭面での弊害[金銭的なマイナス面]を生む ◆to the detriment of one's health 健康を害するほど ◆without detriment to one's health 健康を害さずに ◆I know nothing [I don't know anything] to her detriment. 私は彼女の不利[マイナス]になるようなことは何も知らない.

**detrimental** adj. 害になる, 有害な, 好ましくない <to> ◆be detrimental to the nation's trade balance この国の貿易収支にとって好ましくない ◆can have a detrimental effect on... 〜に好ましからぬ影響[悪影響]を及ぼす恐れ[可能性]がある ◆studies warning of the detrimental effects of too much television テレビを見すぎることの弊害に警告を発している研究 ◆It can be critically detrimental to the steering response of the car. それは,車の操舵応答性をひどく[危険なまでに]損ねることになりかねない.

**detuning** 離調, 同調をずらす[外す]こと, 調律を狂わせること ◆cause detuning 同調ずれ[離調]を引き起こす ◆a detuning stub 《無線》離調スタブ

**deuterium** 重水素 ◆a deuterium lamp [light source] 重水素ランプ［光源］ ◆deuterium oxide (= heavy water) 重水, 酸化デューテリウム

**Deutsche mark** ドイツマルク（略 DM, D.M., D-mark）

**devaluation** 平価切り下げ；（価値の）低下 ◆the devaluation of a currency; (a) currency devaluation 平価［通貨］切り下げ ◆Major devaluations of the peso occurred in Mexico in 1982 and 1987. 大幅なペソの切り下げが, メキシコで1982年と1987年にあった.

**devastate** vt. ～を荒廃させる,〈人〉を圧倒する, 困惑［挫折］させる ◆earthquake-devastated Armenia 地震で荒廃したアルメニア

**devastating** adj. 荒廃させる, 破壊的な；（批評などが）痛烈な, 手厳しい, さんざんの；ものすごく素晴らしい［魅力的な］ ◆a devastating natural disaster 激甚（ゲキジン）自然災害 ◆inflict a devastating defeat on... ～を散々に［手ひどく］負かす ◆suffer a devastating defeat 壊滅的敗北を喫する；こっぴどく負ける

**develop** vt. 開発する,〈工夫して〉創り出す［編み出す, 作る, 策定する］, 発達［発展］させる, 伸ばす, 培う, 育む, 啓発する, 養成する, 現像する,〈病気〉にかかる,（～の症状）を起こす, ～を発疹［発症］する; vi. 発達する, 発展する, 成長する, 発育する, 進展する, 展開する；生じる, 現れる ◆developed specifically for... [to <do>] 特に～用に［～専用に］開発されて ◆a developed view 展開図 ◆yet-to-be-developed [untapped] land; a yet-to-be-developed property; 未開発の土地；未利用地 ◆a slow-developing illness 進行の遅い病気 ◆develop a global standard 世界［国際］標準規格を策定する ◆develop a modus operandi 運用方法を編み出す ◆develop and commercialize new ideas 新機軸を開いて実用化［商品化］する ◆develop and maintain amicable relations [relationships] 友好関係を培い［育み（ハグクミ）］（それを）維持する ◆develop an "I don't care" attitude about... ～に関して「我関せず」の態度をとるようになる［身につける］ ◆develop a pyramid 角錐を展開する ◆develop human resources 人的資源を開発する；人材を育成する［培う, 養成する］ ◆develop land 土地を開発する；宅地を造成する ◆develop lung cancer 肺ガンになる ◆develop... on one's own ～を自社［社内, 独自, 自力］開発する ◆long delays develop 大きな遅れが生じる ◆the voltage developed across this resistor この抵抗の両端に生じる電圧 ◆women who have developed cancer 癌にかかった［を患った］女性たち；癌を発症［発病, 罹患］した女性たち ◆renewed interest has developed in... ～についての新たな関心が生じた ◆to develop as much thinking power as possible できるだけ思考力を養成する［養う, 育む, 培う］ために ◆to enable students to develop their expository skills through intensive group discussion and the writing of essays 突っ込んだグループ討論や小論文を書くことを通じて, 学生が説明［解説］のための技術を培えるようにするために ◆an engine that develops so much thrust そんなにもの推力を発生させるエンジン ◆a protective film develops on the surface of the aluminum plate アルミ板表面上に保護膜が出来る［生じる, 形成される］ ◆a tropical depression that developed into a Hurricane Dolly (1996) 発達して（1996年に）ハリケーン「ドリー」になった熱帯低気圧 ◆a series resonant circuit will develop a high voltage when... ～すると, 直列共振回路は高い電圧を発生する ◆Since a potentially dangerous situation can develop, ... 潜在的危険をはらむ状態が生じうるので～ ◆He is a self-developed intellectual. 《訳例》彼は自己啓発により身を起こした知識人である.

**developed** adj. 発達した, 発展した, 先進の ◆a developed country 先進国 ◆least developed countries (LDCs) 後発発展上国 (= LLDCs) ◆highly developed automatic fabrication techniques 高度な［先進の］自動製造技術（＊IC装置ICなど）

**developer** a～ ディベロッパー,（不動産）開発業者, 宅地造成・建売り業者, 開発者, 現像液［剤］, 現像する人,《染色》顕色剤 ◆a toner/developer unit トナー現像／ユニット（＊複写機やプリンタなどの）

**developing** adj. 発達中の, 発展途上にある；現像の ◆a developing country 開発途上国 ◆a developing solution 現像液 ◆a one-hour photo-developing shop 1時間仕上げ写真（現像）店 ◆developing countries [nations] such as Mexico, Brazil, and Chile メキシコ, ブラジル, チリなどの開発［発展］途上国

**development** (a)～開発, 発達, 発育, 発展, 進展, 展開, 進歩, 啓発, 発生, 振興, 形成, 整備, 症状が現れること, 発現, 発病; a～ 開発の所産, 発展の結果, 進歩, 開発された地域, 団地, ～s 情勢, 事情, 出来事, 動き, 動向, 成り行き, 趨勢, 展開, 成果, 発展, 進展, 進歩；⑴《写真》現像, 発色,《染色》顕色（後処理）◆be under development 開発されている最中で, 開発途上にある ◆during development 発達中で ◆a development test; development testing 開発試験 ◆a joint development program 共同開発計画 ◆JEIDA (the Japan Electronic Industry Development Association)（社）日本電子工業振興協会（省略略のthe不要） (＊2000年11月にEIAJと統合しJEITAとなる) ◆product development 製品開発 ◆economic development policies 経済開発政策 ◆the City and Regional Development Bureau《日》都市・地域整備局 ◆the UNDP (United Nations Development Program) 国連開発計画 ◆4. Overview of Developments Since Independence《意訳》4. 独立以降の変遷の概況 ◆a country with a huge potential for development 大いに発展する可能性［発展性］のある国 ◆after more than five years of development 5年余の開発の後に ◆a software package under development 開発中のパッケージソフト ◆complete (the) development of... ～の開発を終了［完了］させる ◆future political developments in Russia ロシアにおける今後の政治の成り行き［動勢, 趨勢］；ロシアの政局の行方［帰趨（キスウ）］◆future trends and developments 今後の動向と展開［発展,（事態の）進捗, 動き］◆inhibit economic development 経済発展を阻害する ◆produce... for development research ～を開発研究用に生産する ◆shorten (one's) development times for new products 新製品の開発期間を短縮する ◆the cause, developments and results of the war この戦争の原因と顛末（＊developments 経緯 -results 結果 = 顛末）◆the country's social development その国の社会的な発達 ◆the development of new markets 新しい販路の開拓 ◆to stop development《写真》現像を停止させるために ◆undergo further development to... さらに発展して［になる］；さらに～へと発展する ◆work on the development of... ～の開発をする ◆recent developments in graphics software products グラフィックスソフトウェア製品の進展 ◆alcoholics in varying stages of development いろいろな進行段階にあるアル中患者 ◆(be) soon to be out of development and ready for production 近々に開発の手を離れて生産に入れることになって（いる）◆development work on... has already started ～の開発作業はすでに始まっている［開始されている］◆major developments since South African President F. W. de Klerk took office 南ア大統領F・W・デクラーク氏の就任以後の主な経緯［経過, 変遷, いきさつ, 事情］◆participate in Hong Kong's infrastructural development 香港の社会基盤の整備に参画する ◆pursue the development of new uses for supercomputers スパコンの新たな用途の開発を進める ◆review the historical development of telecommunications 電気通信の歴史上の発展を振り返ってみる ◆the company entered the color PDP development race in 1989 同社は1989年にプラズマ・ディスプレイ・パネルの開発競争に加わった［参戦した］◆the country has strong potential for further economic development この国は, 更に経済発展をとげる可能性が強い ◆the in-development broadband network standards 草案段階の広帯域ネットワーク規格 ◆the reactor is currently at [in] an advanced stage of development この原子炉は, 現在開発が進んだ段階にある［現在までにだいぶ開発が進んだ］◆we are keeping a close eye on developments 我々は事態の進展［推移, 動き,（今後の）行方, 成り行き, 趨勢］を注意深く［慎重に］に見守っているところである ◆nurture the athletes in the embryonic stage of their development まだまだ未熟な［半人前の］選手を育てる；選手の卵を育成する ◆The purpose of the development effort is to <do>　開発の目的は〜することにある．◆we are conscious of the need for infrastructural upgrading and development at...　我々は、〜におけるインフラ整備の必要性は認識[承知]している　◆we at YBM are determined to be at the forefront of developments in this area　私どもYBMでは、この分野における開発の先頭[最前線]に立ち続ける決意[所存]であります　◆the mother-daughter relationship appears to contribute significantly to the development of bulimia and anorexia in adolescent and young adult women　母親と娘の関係が、青年期の女性や若い成人女性の過食症や拒食症の発症[発病、発現]に大きく関わっているように思われる　◆Development work is proceeding at a number of research centers to develop...　多くの研究所で〜を開発するための開発作業が進んで[進展して]いる．◆Developments are being made in the materials being used in engine design.　エンジン設計で使用される材料は、進歩しつつある．◆In development but not yet commercialized is a laser-optical tape.　開発中であるがまだ商品化はされていないのが、レーザー・オプティカル・テープである．◆Magazines that specialize in the latest developments in audio and video equipment are a good source of up-to-date information.　AV機器の最新の製品・技術動向を専門に扱っている雑誌は、よき最新情報源である．◆Much of the development activity currently under way in modems focuses on speeds above 2400 bps.　現在進行中のモデムの開発活動の大半は、2400bps以上のスピードに照準があてられている．◆These factors are likely to produce many new developments in the area of computer graphics.　これらの要因は、コンピュータグラフィックスの分野において多くの新しい発展をもたらすだろう．

**developmental**　adj. 発達[発展、発育]上の　◆a developmental stage of...　〜の一発達段階

**deviate**　1　vi. <from>　(〜から)はずれる、ずれる、逸脱する、それる、離れる；vt. 〜をそらす、逸脱させる　◆deviate from normal medical practice　通常の医療行為から逸脱する　◆deviate from that de facto standard　その事実上の標準(規格)から外れる　◆deviate from that path　その経路からそれる　◆deviate from the original meaning of...　その元来の意味からそれる　◆deviate from a main issue　本題からそれる　◆deviate by up to ±40% or even more from the average characteristics　平均特性から最高±40%まで、あるいはそれ以上外れる　◆repairs which deviate from Herman specifications　ヘルマン社の仕様から外れる修理
2　a〜 偏差値、変人[奇人、変察者]；adj. 常軌を逸した

**deviation**　(a)〜 逸脱、ずれ、振れ、隔り、偏差、偏向、自差、寸法許容差、寸法誤差、誤差寸法；(a)〜 (規格)外れ、(規格の暫定的)変更[許容差]；((名))誤差寸法　◆(a) dimensional deviation　寸法のずれ；寸法誤差[許容差]；((名))誤差寸法　◆(a) frequency deviation　周波数偏移　◆a standard deviation　標準偏差　◆a deviation approval request　規格(仕様変)外れを、臨時に認めてもらうためのお願い(＊たとえば「暫定仕様変更承認申請」)　◆a deviation from...　〜からのずれ[逸脱]　◆a Request for Deviation；an RFD (pl. RFDs); a deviation request; (pl. requests for deviation(s))　デビエーション申請(書)(＊規格や仕様から逸脱しますが、一時的に台数を限って許してくださいなどという製造・生産に入る前に出すお願い)　◆make a deviation from the general rule　通則から逸脱する　◆make a deviation from the route [path, track]　ルート[進路、軌道]からそれる[を外れる]　◆when a deviation from normal conditions is detected　正常[普通の、通常の]状態からの逸脱が検知[((意訳))確認]された場合　◆continued deviation from the range　いつまでも[引き続き]その範囲から外れていること　◆the amount of deviation from perfect alignment　完璧に調整が取れている状態・位置からずれて[偏って、片寄って]いる量；〜状態・位置からの偏差量[偏移量、偏差]　◆The FM luminance signal has a deviation of from 3.4 to 4.4 MHz.　FM輝度信号は、3.4MHzから4.4MHzの偏移を有している．

**device**　a〜 装置、機器、(半導体)素子、デバイス、仕掛け[仕組み、機能、道具]、工夫[計画、案、対策、手段]、図案、趣向　◆a measuring device　測定器　◆a semiconductor device　半導体素子；半導体デバイス　◆medical devices　医療機器　◆a device for... -ing　〜する装置　◆a collision-warning device　衝突警報装置　◆self-locking devices that might trap a child inside　子供を中に閉じ込めてしまうおそれのある自動ロック機構　◆In place of boilerplate memos that nobody reads, use creative devices that get attention and underline your message.　誰も読みやしない紋切り型の内容の(社内)メモの代わりに、自分の言いたいことに注意を向けさせ、かつ強く印象づけるような独創的な工夫を駆使すべし．

**devise**　vt. 〜を工夫してつくり出す、考案する、考え出す、仕組む、工夫する、編み出す、発明する、((意訳))開発する　◆devise a plan　計画を立てる　◆devise a method of... -ing　〜する方法を工夫して考え出す　◆we must devise a new method of analysis　私たちは新しい分析[解析]方法を考案し[考え出す、((意訳))開発し]なければならない

**devoid**　adj. 〜が無い、〜を欠いている <of>　◆a person devoid of conscience　良心を持っていない[良心の欠如している]人　◆be almost devoid of natural resources　〜にはほとんど天然資源がない　◆become devoid of oxygen　酸欠になる　◆his belief that furniture should be devoid of needless ornamentation　家具には無用な装飾はあってはならないとする彼の信念[持論、所信]　◆The cornea on the surface of our eye is devoid of blood vessels.　私たちの目の表面の角膜には血管がない．

**devote**　vt. <to>　(時間、努力、金など)を(〜に)当てる[充てる、振り向ける、つぎ込む]、〜を(〜に)捧げる　◆devote all one's energies to... -ing　〜することに全精力[全力]を傾注する；〜に打ち込む[専念する]　◆a hospital devoted solely to AIDS patients　エイズ患者専用の病院　◆This chapter devotes two sections to the principal categories of print technology, impact and nonimpact.　本章では、2つの節を、主要な各種印字技術、つまりインパクト式とノンインパクト式の解説に充てている．

**devoted**　adj. 献身的な、熱中[熱狂]している　◆a devoted fan (= a devotee)　熱心なファン

**devotee**　a〜 熱心なファン、信奉者

**devotion**　((名))献身、熱愛、献身的な深い愛情、専念、没頭、帰依、信心、崇拝、尊敬；〜s 祈り[祈とう]　◆And after hearing the passion, musicality and songwriting craft on the album, it's obvious that his devotion has paid off handsomely.　そしてこのアルバムに込められた情熱、音楽性、作曲力というものを聴いてみると、彼の注いだ精力[入れ込み]がみごとに成功していることがわかる．

**dew**　((名))露(ツュ)　◆a dew indicator　結露表示灯　◆a dew-point hygrometer　露点湿度計

**Dewar**　◆a Dewar flask [vessel, container]　デューアー瓶(ビン)(＊液体窒素などを入れておく、いわゆる魔法瓶のようなもの)

**dewater**　vt. 〜から水を取り除く、〜を脱水[排水]する、脱液　◆a dewatering pump　排水ポンプ　◆sludge dewatering　汚泥の脱水　◆the dewatering of trenches　溝の排水　◆maintain... in a dewatered state　〜を脱水[排水、水切り]されている状態に保っておく　◆The project site must be dewatered and dried out before construction begins.　予定地は、建設開始前に排水[水抜き]し乾燥させておくこと．

**dexterity**　((名))器用さ、手際、手腕、腕前、うまさ、技巧、巧みさ、巧妙さ、機敏さ、抜け目なさ　◆a tool that requires minimal dexterity to use　使用するために最低限の器用さを要求する[((意訳))さほど手先が器用でなくても使える]道具　◆Dentists should have a high degree of manual dexterity.　歯科医は手先が極めて器用でなければならない．

**DGIS**　(Direct Graphics Interface Specification) "dee-jis"と発音．

**DHA**　(docosahexaenoic acid) ドコサヘキサエン酸(＊青魚に多く含まれる高度不飽和脂肪酸の一種)；(dihydroxyacetone) ジヒドロキシアセトン(＊肌に日焼け色をつけるクリームやローションに含まれる薬品)　◆the U.N. DHA (Department of Humanitarian Affairs)　国連人道問題局[人道援助局]

**diabetes**　((医))糖尿病　◆If you have a family history of type II diabetes mellitus, you may be able to prevent or forestall

**dialyze**

the development of the disorder by avoiding weight gain. もしあなたに2型糖尿病の家族歴があるなら、体重の増加を避ける[((意訳))太らないようにする]ことでその疾患の発症を予防する、あるいは未然に防ぐことができるでしょう。

**diabetic** adj. 糖尿病の; a～ 糖尿病患者

**diacritical** adj. 区別[識別]のための ◆a diacritical mark (英字の上や下につけて異なった発音を示す)発音区別符号

**diagnose** v. 〈症状〉を(～と)診断する［見立てる］<as>, ～の原因を究明する、〜の故障の箇所[原因、内容]を調べる ◆diagnose problems 障害[故障]を診断する ◆diagnose reported component failures 報告のあった部品不良の原因を究明する ◆diagnose the cause of a problem 故障[問題]の原因を究明する[探る] ◆erroneously diagnose inflammation of the liver as dysentery 肝臓の炎症を赤痢と誤診する ◆you will probably be diagnosed as having a fatty liver あなたには多分、脂肪肝という診断が下るでしょう ◆She was diagnosed with an advanced stage of breast cancer. 彼女は、進行した乳癌であると診断された。 ◆Often, in its earliest stages, it is wrongly diagnosed as simple food poisoning. 発症間もない段階では、それは単なる食中毒と誤診されることがよくある。(*コレラの話) ◆The dealer's service department diagnosed the problem as loose front-wheel bearings, made the appropriate adjustments, and returned the car to me. ディーラーのサービス部門は、その問題をフロントホイールのベアリングの緩み(が原因)であると診断し、しかるべき調整を施して私に車を戻してくれた。

**diagnosis** (a)～ 診断 ◆(medical) diagnosis and treatment 診察と治療; 診断 ◆arrive at the correct diagnosis of the trouble その障害の原因の正確な診断に至る ◆make [carry out, conduct, perform] a diagnosis of... 〜の診断を行う; 〜を診断する ◆carry out remote fault diagnosis 遠隔故障診断を行う ◆undertake a comprehensive diagnosis of the company's problems 同社の問題の総合的な診断[洗い出し]に乗り出す

**diagnostic** adj. 診断(用)の; ~s 診断学, 《コンピュ》診断プログラム, 診断機能, 診断[エラー]メッセージ ◆run [perform] diagnostics 《コンピュ》診断を行う; 診断プログラムを実行する ◆self-diagnostic software 自己診断ソフト ◆visualization of 3-D ultrasound images for medical diagnostic purposes 医療診断目的の3次元超音波画像の視覚化 ◆The computers run diagnostic checks on themselves. これらのコンピュータは、自己診断チェックを行う。 ◆Other features include CMOS technology, self diagnostics, and automatic dialing and answering. その他の特徴や機能にはCMOS技術、自己診断、自動ダイヤル発信および自動応答がある。 ◆The power-on-self-test feature works even in circumstances when the diagnostics disk cannot be loaded. この電源投入時自己診断テスト機能は、診断ディスクがロードできない状況においてさえ働く。

**diagonal** adj. 対角線の、斜めの、筋かいの ▶テレビやコンピュータの画面サイズは、画面の対角線長のインチ数でa 10-inch (diagonal) monitor のように表す。日本では、テレビのサイズは12型、14型、25型..、コンピュータのディスプレイについては12インチ、14インチ..と表現するのが一般的である。 ◆a diagonal line 対角線 ◆a 15-inch diagonal screen 15型[15インチ]画面 ◆an electroluminescent backlit LCD with 11-inch diagonal screen 11インチ画面のEL背面照光式液晶ディスプレイ

**diagonally** adv. 斜めに、はす(かい)に、対角線状に ◆A is diagonally opposite (to) B AはBと、はす向かいの位置関係になっている ◆the diagonally shaded areas in Fig. 2 図2の斜線(を施した)部分 ◆walk diagonally across... 〜を斜めに横切って歩く ◆The display measures 9 inches diagonally. このディスプレイ(装置)のサイズは(対角)9インチである。

**diagram** a～ 図, 図表, 図式, 略図, 線図, 流れ図, 図形; 列車運行(時刻)表, ダイヤ ◆make a diagram of... 〜の図[略図]を描く ◆in this diagram この図 ◆a block diagram ブロック図 ◆a schematic circuit diagram 回路図 (*schematic には、「慣例的な記号を用いて図示した」という意味がある) ◆a how-to diagram やり方を示す[概略説明]図 ◆a diagram showing... 〜を示す図 ◆as shown in the diagram 図に示

すように、図示のごとく ◆The arrows in the diagram indicate flows of data. 図中の矢印はデータの流れを示す。

**diagrammatic** adj. 図表の, 図式の, 線図の, グラフの ◆a diagrammatic drawing of... 〜の図示 (*回路図など) ◆a diagrammatic illustration of... 〜を説明する図[〜を図式化したもの、〜の模式図] (*ブロック図など) ◆a diagrammatic sketch of... 〜の概略図[模式図] (*動作原理などを示す) ◆a diagrammatic representation of the various components of a VCR ビデオデッキの様々な構成部分を表した図 (*ブロック図のような) ◆Figure 3 shows in diagrammatic form the construction of the engine. 図3は、エンジンの構造を図示したものである。

**diagrammatically** 図によって ◆as shown diagrammatically in Figure 18 図18に図示したように

**diagrammatize** 〜を図示[図解]する, 〜を模式図で示す, 〜を図表にする

**dial** 1 a～ ダイヤル, 文字板[盤], 目盛り板[盤] ◆a dial telephone (回線)ダイヤル式電話 ◆a dial tone (電話の)発信音 ◆a meter dial メーターの指針盤 ◆a white-on-black dial 黒地に白文字の文字盤 ◆two round dials for speed and rpm (走行)速度と回転速度用の2つの丸い目盛り盤[指針盤] ◆The unit can be set to any temperature on the dial. 本装置は、ダイヤルでどんな温度にも設定できます。
2 vt. 〜に電話をかける, 〜を文字盤で表示[測定]する, 〜をダイヤルを回して調整する; vi. 電話をかける, ダイヤルを回して同調をとる, ダイヤルで調整する ◆dial a number ある電話番号をダイヤルする ◆dial a telephone 電話のダイヤルを回す ◆a dial-a-porn operator [provider] 電話ポルノ事業者 ◆dial back the boost from 15 to 10 psi 《機械》ブースト圧のダイヤル設定を15から10psi(ポンド／平方インチ)に戻す

**dialect** (a)～ 方言

**dialing** ダイヤルを回すこと, ダイヤル呼出し ◆abbreviated dialing 短縮ダイヤル ◆rotary dialing 回転ダイヤルによるダイヤル(方式) ◆automatic dialing with stored numbers 登録番号の自動ダイヤル ◆The modem has automatic pulse and tone dialing and answering. 本モデムは、ダイヤルパルス信号とプッシュホン信号による自動ダイヤル機能および自動応答機能がついている。 ◆Up to 10 telephone numbers can be stored for rapid one-touch dialing, with an additional 20 telephone numbers for two-digit speed dialing. すばやくワンタッチでダイヤルできる電話番号を10件まで登録でき、さらに2桁でスピードダイヤルできる番号[((意訳))2桁の短縮番号]を20件記憶することができる。

**dialog** (a)～ 対話, 台詞(セリフ); a～ 《コンピュ》(= a dialog box) ダイアログ(ボックス) ◆a dialog between [among]... 〜間の対話[掛け合い] ◆through a dialog interface 《コンピュ》ダイアログ形式で (*ユーザーインターフェイスとしてダイアログボックスを使って) ◆open a dialog box through which you can alter... ; open up a dialog box that lets you change... 《コンピュ》〜を変更できるダイアログボックスを開く ◆The following dialog (box) appears, where you can select... 次のようなダイアログボックスが表示されます。ここで〜を選択できます。

**dialup, dial-up** ダイヤル呼出の ◆a dial-up IP connection; an IP dial-up connection 《ネット》ダイヤルアップIP接続 (*電話回線を使ってインターネットに接続する方法) ◆on dialup or dedicated lines 公衆電話回線または専用回線で ◆Voice synthesis is used in simple dial-up services (such as bank statement inquiries). 音声合成は、単純な電話問い合わせサービス(銀行口座取引明細の照会など)に使用されている。

**dialysis** n. 透析 ◆a dialysis membrane 透析膜 ◆an anemic kidney-dialysis patient 貧血症の腎臓透析患者 ◆a portable dialysis unit 携帯型の人工透析装置

**dialyzable** adj. 透析される、透析可能な、透析性の ◆dialyzable substances such as ethylene glycol エチレングリコールなどの透析可能な物質

**dialyze** vt. 〈患者〉を透析する, 〈患者〉に人工透析を行う, 〈化学物質など〉を透析により分離する[除去する, 得る]; vi.

**dialyzer, dialyser**

透析される，人工透析を受ける ◆a dialyzing machine 人工透析機［透析器］

**dialyzer, dialyser** 《後者は英綴》ダイアライザー，人工透析器［透析機］

**diamagnetic** adj. 反磁性の，逆磁性の ◆a diamagnetic substance [metal] 反磁性物質［金属］

**diameter** a～ 直径，径，口径，差し渡し，（*粒子の直径）粒径［粒度］ ◆a 300-ft-dia skidpad 直径300フィートのスキッドパッド［自動車テストコース］ ◆a light beam of relatively small diameter 比較的径の小さい光線 ◆a small-diameter roll 小口径ロール ◆a small-diameter wire 径が小さい［細い］ワイヤー ◆a table measuring about 3 meters in diameter 直径が約3メートルほどあるテーブル ◆fibers of very small diameter 極細繊維 ◆a large-diameter seamless steel pipe 大口径シームレス［継ぎ目なし］鋼管 ◆particles having a diameter greater than 10 micrometers 直径［粒径，粒度］10マイクロメートル以上の粒子 ◆A CD-ROM disc is 12 cm in diameter. CD-ROMのディスクは，直径12センチである。 ◆The space telescope has a mirror 2.4 meters in diameter. この宇宙望遠鏡には直径2.4メートルの反射鏡が付いている。 ◆They are produced in many different diameters. それらはいろいろな径［直径，口径］で生産されている。 ◆Don't use circular saws of larger or smaller diameter than recommended. 推奨されている直径より大きいまたは小さい丸ノコは，使用しないでください。

**diametrically** adv. 正反対に，対蹠（タイショ）的に，直径に沿って ◆at a diametrically opposed location to... ～とは180°反対［正反対，全く反対］の場所に，～と対称な位置に（*中心を通って） ◆be diametrically opposed [opposite] to... ～と正反対である ◆two diametrically opposed views 対蹠的な［全く正反対の，まるっきり相反する］二通りの見解［二つの考え方］ ◆provided at diametrically opposed positions 互いに正反対の［《意訳》対称な］位置に設けられて

**diamond** (a)～ ダイヤモンド，ダイヤ，金剛石

**diaper** a～《米》おむつ，おしめ，襁褓（ムツキ）(=《英》a nappy); vt. ～におむつ［おしめ］を当てる ◆a cloth [paper, disposable] diaper 《順に》布［紙，使い捨て］おむつ（*a paper diaper よりも a disposable diaper と呼ぶことが多い） ◆diapers for the incontinent 失禁する人のための（大人用）おむつ ◆change the diaper of her 1 1/2-year-old daughter 彼女の1歳半の娘のおむつを変える

**diaphragm** a～ 振動板，(レンズの)絞り，膜，隔膜 ◆an electromagnetic diaphragm 《カメラ》電磁駆動絞り

**diary** a～ 日記，日誌 ◆Anne Frank's diary アンネ・フランクの日記

**diaspora** 《the Diaspora で》(バビロン幽囚後における)ユダヤ人の離散（*the Dispersion とも）,（集合的に）離散したユダヤ人（の住むイスラエル以外の国々），⑩移住，移民，祖先の地から遠く離れて住む人々の地 ◆the Jewish Diaspora ユダヤ人のディアスポラ［《国外》への）民族離散］

**diathesis** (a)～ (pl. -ses)《医》素因，素質 ◆(a) hemorrhagic diathesis 出血しやすい体質

**diathetic** adj. 素因［素質，体質］の ◆diathetic diseases 体質に起因する病気

**diazo** 《化》ジアゾ化合物の；ジアゾ複写法による；a～ ジアゾコピー ◆a diazo, a diazo copy, a diazocopy ジアゾ［青焼き］コピー ◆diazo paper ジアゾ［青焼き］複写紙

**dibs**（《複扱い》《?》）（少額の，人に対する権利）<on> ◆put [have] dibs on... (ほかの人にとられないように)～につばをつける［つけてある］ ◆they are rushing to get dibs on... 彼らは～を獲得しようと殺到している

**dice** → die

**dichloromethane** ⑩《化》ジクロロメタン ◆Dichloromethane (also known as methylene chloride) is a volatile, colorless liquid with a chloroform-like odor. ジクロロメタン（別名塩化メチレン）は，クロロホルムに似た臭いをもつ無色透明の液体である。

**dichroic** adj.《光》二色性の，二色の，ダイクロイック～ ◆a dichroic mirror ダイクロイック［ダイクロ］ミラー

**dichroic mirror** a～ ダイクロイックミラー

**dicker** vi. 取り引きする，(売買の)駆け引きをする，交渉する，値切る ◆a no-dicker price 《意訳》正札値段（*値引き交渉不可の） ◆adopt [have] a no-dicker price policy 《意訳》正札［定価］販売制を採る［取っている］；値引き交渉には応じませんという政策をとる ◆dicker with a shopkeeper over the price of an item 店主と掛け合って～の値段を値切る；店の主人を相手に値段交渉する

**dictate** vt. ～を（《人》に）口述する［書き取らせる］<to>，～を（《人》に）命令する<to>，～を要求する；vi. ◆a dictating machine ディクテーション［ディクテーティング］マシーン，口述録音機（*あとで録音テープから文章を書き起こしたりするのに使う） ◆as dictated by federal law 連邦法の求めるところに従って ◆as dictated by users ユーザーの求めるところに従って；ユーザーの要求に合わせて ◆automatic conversion of dictated speech to text 口述からテキストへの自動変換

**dictation** ⑩口述(すること)，書き取り，口述筆記；a～ ディクテーション［（外国語の）書き取り］テスト；a～ 口述筆記で書き取ったもの；⑩命令［指図］すること ◆write sentences from dictation 口述される文章を書き取る；口述筆記する ◆This press release was created by dictation using DragonDictate for Windows, version 2.5. このプレスリリース［報道機関向け発表原稿］は，DragonDictate for Windowsバージョン2.5を使用したディクテイション［口述入力］によって作成されました。（*音声認識ソフト）

**dictatorial** adj. 独裁的な，独裁者の，ワンマンな，独断専行の，専断の，横柄な，横暴な，尊大な，権柄（ケンペイ）ずくな ◆a dictatorial president 独裁（支配的な）大統領 ◆in a dictatorial manner 独断的に ◆Avoid appearing dictatorial. 独裁的［ワンマン］だというふうにみられないようにしなさい。

**dictionary** a～ 辞書，辞典，字引き ◆consult a dictionary 字引を引く；辞書に当たる ◆in consultation with a dictionary 辞書［辞典］を参考にして［参照して，引いて］；字引を繰りながら ◆consult a dictionary for the precise definition of that word その単語の厳密な定義に《意訳》語義を調べるために辞書に当たる［知ろうとして字引を引く］

**die** 1 vi. 死ぬ，亡くなる，死亡［死去］する，みまかる，他界する，消滅する，寂滅（ジャクメツ）する，終わる，止まる，枯れる ◆customer flow died 客足は途絶えた［絶えた，無くなった］ ◆Does a person have a right to die? 人は死ぬ権利を持っているのだろうか？ ◆he died (Monday) of stomach cancer 彼は(月曜日に)胃癌で死んだ［死亡した，亡くなった］ ◆After all, people are dying to get into a nice cemetery like Glenwood in Ashby. つまり，人々はアシュビーにあるグレンウッドのようなすばらしい霊園に死ぬほど［ものすごく］入りたがっているのです。

2 a～ (pl. dies)（各種の）金型，型；(雄ねじ切り用)ダイス，打ち抜き型，鋳型，押印型 ◆a stamping die プレス金型 ◆a multiple-cavity [multi-cavity, multicavity] die 多数個［数個］取り金型（*1回の成形で数個の成形品ができる） ◆die bumping《板金》型叩き作業（*雌型female die の中に板金を叩きながら打ち延ばして行って型と同じ曲面を作る）；《半導体》ダイバンピング（*CPUなどの多ピンICのはんだ実装。ダイとはチップのこと）

3 a～ (pl. dice) さいころ ◆role the dice and take one's chances さいころをころがして一か八か賭けてみる；賽(サイ)を振って出たところ勝負に出る；乾坤一擲（ケンコンイッテキ）の勝負をかける ◆throw a die (pl. throw dice) サイコロ［賽(サイ)，采(サイ)］を投げる［振る，振り出す］ ◆cut [chop] two middling-sized onions into small dice 中ぐらいの大きさのタマネギ2つをみじん切りにする ◆Chop mushrooms into 1/2-inch dice. マッシュルームを1/2インチ大のさいの目に切りなさい。 ◆If they want to become overnight millionaires by a roll of the dice, they should go to Las Vegas. サイコロころがし［《意訳》賭博］でにわか成金になりたいのなら，彼らはラスベガスに行くべきだ。

4 a～ (pl. dice, dies)《電子》(IC)チップ ▶半導体素子の生産過程で，半導体ウェーハ上に形成された多数の素子が個々

に切り離されたものを a chip あるいは a die と呼ぶ. そのチップをパッケージングして完成部品になったものについては a chip と呼ぶことはあっても a die とは呼ばない. ◆a known good die (KGD) 《半導体》品質保証チップ ◆the device's die size この素子のチップサイズ

**never say die** 《never-say-dieは形容詞として》◆a never-say-die spirit 決してくじけない［不撓不屈 (フトウフクツ) の］精神 ◆he will never say die 彼は決して音を上げよう［弱音を吐こう］とはしない; 彼は決して諦めることなく頑張り通そうするやつだ ◆a never-say-die engineer 不屈の技術者 ◆her never-say-die attitude toward... ～に対して決して弱音を吐かない彼女の態度 ◆Never say die! 弱音を吐くな.; 望みを捨てるな.; あきらめるんじゃない.

**die-cast** vt. ～を鋳込む; adj. ダイカスト製の ◆a sturdy die-cast block 頑丈なダイカスト製のブロック

**die casting** ダイカスト (法); a～ ダイカスト製品, ダイ鋳物; die-casting adj. ダイカスト (用) の ◆die-casting alloys ダイカスト用の合金 ◆die casting die materials ダイキャスト［ダイカスト］金型の材料

**die-cut** vt. 《過去, 過去分詞同形》～を金型で裁断する, 打ち抜く; adj.

**dielectric** adj. 誘電性の; n. ～ 誘電体 ◆a dielectric constant 誘電率 (= (a) permittivity); 比誘電率 (= (a) relative permittivity) ◆a dielectric filter 誘電体フィルター ◆a dielectric (material) 誘電体 (材料); 誘電体 ◆dielectric strength 絶縁耐圧, (絶縁破壊に対する) 耐電圧 ◆dielectric tests 絶縁破壊［耐電圧］試験 ◆capacitors and dielectrics コンデンサと誘電体 ◆a dielectric withstand voltage test 誘電体［絶縁］耐圧試験

**diesel** adj. ディーゼルエンジン駆動の; n ディーゼル油; a～ ディーゼル車 ◆a diesel locomotive [loco] ディーゼル機関車 ◆a diesel-electric hybrid (vehicle) ディーゼル (エンジン) と電気 (モーター) の両方を搭載したハイブリッド車 ◆a diesel electric locomotive ディーゼル電気機関車 ◆diesel emission particulates (DEP) ディーゼル排気微粒子

**diet** 1 (a) ～ 日常的の飲食物［飲食内容］; a～ 規定食, ダイエット; vi. ダイエットする ◆a low-calorie diet 低カロリーダイエット ◆a low-sodium diet 減塩食餌療法［低塩食］ ◆go on a diet to lose weight 減量のためにダイエットをする ◆go on a diet to lower one's cholesterol コレステロールを下げるために食餌療法を行う ◆put a person on a low-fat diet 〈人〉に低脂肪ダイエット［脂肪を減らした食餌療法］をさせる ◆lose weight through (a combination of) diet and exercise 食事制限と運動 (の組み合わせ) で減量する ◆the General Motors is on a crash diet to trim the corporate fat ゼネラル・モーターズは会社の贅肉を削ぎ落とすためにクラッシュ［手荒な短期集中］ダイエット中である

2 a～ 議会; the D-《日本の》国会 ◆the National Diet Library 《日》国会図書館 ◆an ordinary session of the Diet 通常国会 ◆at the current [next] session of the Diet 現在開催中の［今度の］国会で; 今国会で ◆the Chairman of a Diet Affairs Committee 《日》国会対策委員長 (*特定の政党のものについては, 不定冠詞 a を政党名に置き換える)

**dietary** adj. 食事の, 食餌の, 食餌療法の, 規定食の, 治療食の; a～ 規定食 ◆Beans are a good source of dietary fiber. 豆類は食物繊維のよい供給源である. ◆In October 1994, the Dietary Supplement Health and Education Act (DSHEA) was signed into law by President Clinton. 1994年10月に, 栄養補助食品健康教育法はクリントン大統領の署名により法律として成立した.

**differ** 異なる, 相違する, 違う; 色々である, 様々である; (～と) 意見を異にする <with> ◆agree to differ 意見の相違を互いに認め合う ◆differ according to whether... ～かどうかによって異なる ◆differ from a standard 基準からずれる ◆differing degrees of accuracy 高かったり低かったりといろいろ異なった精度 ◆... they appeared to differ primarily in having a much smaller forward voltage drop ～の主な相違点は, 順方向電圧降下が格段に小さいことである ◆Main storage differs from auxiliary storage in several ways. 主記憶装置は, 補助記憶装置と異なる. ◆The company's aircraft have differing instrument layouts. その会社の航空機は, (機によって) 計器配置がさまざまである. ◆The general characteristics of A differ considerably from those of B. A の一般特性は, B (のそれ) とはかなり異なる.

**difference** (a) ～ 差, 相違, 差異, 違い, 不一致, 格差, 区別, 差額 ◆a difference signal 差信号 ◆a difference-set cyclic code 《通》差集合巡回符号 (*エラー訂正方式の一種) ◆an L-R difference signal L-R 差信号 ◆a point of difference between A and B AB間の相違点 ◆color-difference signals 色差号 ◆the difference between...-ing and...-ing ～することと～することの違い ◆the difference in selling price between the two models これら2機種の販売価格の差［開き, 違い］ ◆the glaring difference in results はなはだしい結果の相違 ◆the main points of difference between A and B AB間のこれらの主な相違点 ◆a difference between two values 2つの値の差 ◆the difference between the two frequencies これら2つの周波数の差 ◆there is a difference of opinion among... ～のあいだに見解の相違［温度差］がある ◆cause a big difference in signal reception levels 信号受信レベルに大きな開き［違い］を生じさせる ◆create a file which contains only the differences between two files 二つのファイルの差異［差分］のみを含むファイルを作成する ◆despite the differences in their methods of control それら〈装置〉の制御の方法に相違点があるにもかかわらず ◆disregard the difference between uppercase and lowercase letters 大文字と小文字の区別を無視する ◆this may mean the difference between starting and not starting このことは起動するかしないかの違いにさえもなりかねない ◆the large differences between Japanese and foreign telephone rates must be corrected 日本と外国の電話料金の大きな内外格差は是正されなければならない ◆I can see no difference between A and B. 私には, A と B の違いが分からない. ◆The difference in value has become wide enough. 値の差は十分に開いた. ◆The difference wasn't dramatic. 違いは劇的ではなかった. ◆there is little or no difference between A and B A と B の間には差はほとんどない, あるいは全くない ◆There is not much difference among methods. 《意図》方法による違いはたいしてない; 方法がかわってもさほど［それほど］変わらない. ◆There's a big difference between driving 70 mph and 150 mph. 時速70マイルで走るのと150マイルで走るのとは大きな違いがある［大違いである］. ◆Comparing A with B, there is practically no difference in the test results. A と B の比較で, 試験結果にほとんど［事実上］差はない. ◆Despite the twenty-five-year difference in their ages, the two of them appeared deeply in love. 25年という歳の差［年齢の違い］にもかかわらず, この二人は深い恋仲に落ちているようにみえた. ◆The difference between the two structures is in the placement of electrons. 2つの構造の違いは, 電子の配置にある. ◆There is a difference in the way Republicans and Democrats approach this issue. 共和党員と民主党員では, この問題への取り組み方に違いがある. ◆There may be differences in detail from one manufacturer's system to another. メーカーによってシステムの細部に違いがあることもある. ◆A major difference between desktop personal computers and laptops is in expansion capability. デスクトップ型パソコンとラップトップ型機の主な相違点は, 拡張性にある. ◆The topology differences of the two circuits may account for the difference in output swings. これら2つの回路の構成部品配置の違いが, 出力振幅の違いの理由となって［出力振幅の違いに現れて］いるのであろう.

**make a [no, etc.] difference** 相違［効果］を生じる［生じない］, 重要である［でない］ <to>, ～に差別をつける［つけない］ <between>

**different** adj. 異なる, 違った, 別の, 他の, ほかの, いろいろな, さまざまな, 種々の, 各種の, タイプ別の, 別々の, それぞれの ◆8 different fill patterns 8つの異なる［8種類の］塗りつぶし模様 ◆at a different location 別の場所で ◆be no different from... ～となんら違い［変わり］はない ◆mutually different shapes 互いに異なる形状 ◆at three different times 3回［3度］にわたって ◆separate waves of different transmission modes 転送方式が互いに異なる波を分離する ◆simultaneously or at different times 同時にまたは別々に ◆ I/O Address: Switch selectable among 16 different addresses 入出力アドレス: 16通りのアドレスからスイッチで選択できる ◆Alcohol can affect you differently at different times. アルコールは、その時々でいろいろ異なった利き方をすることもある. ◆ The season traditionally starts on Sept. 1, and this year is no different. 同シーズンは伝統的に9月1日に開幕するが、して今年も例外ではない[例年通りだ]. ◆Anyone can learn to drive. But, learning to DRIVE WELL, is something totally different. 誰でも運転を習得することはできる. だが、「上手に運転」できるようになるのは全く別のことだ. ◆Data communication has characteristics which are different to those of voice. データ通信は、音声通信とは異なる特性を持っている. ◆Love means different things to different people, but it always means something wonderful. 愛の意味は人それぞれ[十人十色]であるが、常に何かすばらしいものを意味する. ◆Islamic law is interpreted with different stringency from one Muslim nation to another. イスラムの戒律は、イスラム教国ごとに解釈の厳しさが異なる. ◆Tiles are made for different purposes, varying in thickness and hardness and heat resistance. タイルは、いろいろな[種々の、さまざまな]用途向けに作られており、いろいろな厚みや堅さ[硬度]や耐火等級のものがある. ◆Another approach is to use a different electrical outlet for each device, so that the computer and the receiver are on different branch circuits. もう一つの方法は、各装置で異なる電源コンセントを使うことによって、コンピュータと受信装置が別々の分岐回路につながるようにすることである. ◆Bioinformatics is still very much in the process of being defined. Right now it means very different things to different people. バイオインフォマティクス[生命情報科学]は、依然として定義づけの過程にある. 今まさに、その意味するところは十人十色の受けとめられかたをしている.

**differential** adj. 微分、差動(式)の、格差の、較差の(コウサ、カクサ)の、特異な、差異の、鑑別の、識別の; a 〜 差、格差、較差、差動、資金格差、差動装置; ① 微分 ◆a differential amplifier 差動アンプ[増幅器] ◆a differential equation [coefficient] 微分方程式[係数] ◆a differential gear 差動歯車装置、《車》 (略称)デフ ◆a differential pressure gauge 差圧計 ◆differential calculus 微分学 ◆price differentials 価格差; 価格格差 ◆a differential pressure switch 圧力差動[差圧]スイッチ ◆a price differential of several thousand dollars between Xxx and Yyy XxxとYyy間の数千ドルに上る価格差 ◆a temperature differential develops between A and B AとBの間に温度差が生じる ◆large temperature differentials 大きな温度差 ◆shift one's savings to overseas banks because of the wide differential on interests rates 利率の内外差が大きいので、預金を外銀に預け替える ◆the wage differential between white-collar and blue-collar workers was widening 頭脳労働者と肉体労働者の間の賃金格差が拡大していた[大きくなりつつあった]

**differentiate** vt., vi. 微分する; 区別する、見分ける; 差別化[差異化]する ◆differentiate between A and B AとBを区別する ◆differentiate... with respect to x (式)をxについて微分する ◆differentiate a product with added values 商品を付加価値によって差別化する ◆differentiate friend from foe 敵味方を識別[区別]する ◆a few visual clues to differentiate the car from its more pedestrian brethren その車をよりありふれた仲間と区別する[見分ける]ための、いくつかの外観上の手がかり ◆With the performance of its 32-bit 80386 CPU, the single-board computer significantly differentiates your system from others. このシングルボードコンピュータは、32ビット80386 CPUの性能で、貴社のシステムを他社製品に対し大幅に差別化[差異化]を実現します.

**differentiation** (a) 〜 微分、区別、識別、差別、差別化、差異化、特殊化、細分化、分化 ◆by differentiation 微分することにより ◆product differentiation 商品の差別化[差異化; 《意訳》特殊化、特化] (*他社製品との違いを打ち出すこと) ◆a product differentiation 製品[商品]の差別化を行う ◆use a series RC circuit for current differentiation 電流を微分するためにRC直列回路を用いる

**differentiator** a 〜 《電子》微分回路、微分器; a 〜 区別[差別化]するもの[要因] ◆... so features and usability became the most important differentiators. そういう訳で、機能と使いやすさが最も重要な差別化[差異化、《意訳》他社製品との違い]をアピールする]要因となった.

**differently** adv. いろいろに、さまざまに、各様に、別々に、違った[異なった]ように、違う[異なる]ように ◆Every received invoice is arranged differently. 受け取った納品伝票は、それぞれ様式が異なっている[まちまちである].

**different-sized** それぞれ大きさの異なる ◆different-sized items 大きさの違う[大きさがまちまちの]品物 ◆three different-sized circles 大きさの異なる3つの円

**difficult** adj. 難しい、難解な、分かりにくい、晦渋(カイジュウ)な、困難な、面倒な、骨の折れる、面倒な、気難しい ◆a difficult problem 難しい問題 ◆doing so will become much more difficult そうすることはよりいっそう困難になるであろう ◆It is becoming [getting] increasingly difficult to <do...> 〜することは一層[いよいよ]困難となりつつある; ますます難しくなっている ◆they are in difficult conditions where they can not <do...> 彼らは、〜できないという困難な[厳しい]状況に(置かれて)いる ◆because the car is difficult to service この車は整備しにくい[整備하에難がある]ので ◆explain unfamiliar and difficult terms and concepts in an easy-to-understand format 聞き慣れない難しい[晦渋(カイジュウ)な、難解な]用語や概念を分かりやすく説明する ◆it is extremely [most] difficult to <do...> 〜するのは極めて難しい[非常に困難だ]; 至難(の業)である ◆they are still having a difficult time obtaining loans 彼らは依然として融資を受けるのに苦労して[てこずって、難儀して]いる ◆It will be extremely difficult, if not impossible. それは、たとえ不可能ではないとしても極めて困難[至難(の業)]であろう. ◆Small businesses operate under difficult conditions. 中小企業は困難な[厳しい]状況下で事業を営んでいる. ◆The software was difficult to use. そのソフトは、使いづらかった. ◆I had a difficult time interpreting the wordy instruction manual. その(図が少なく)だらだらと言葉で説明している取扱説明書を解釈するのに一苦労した[大変な思いをした、てこずりました]. ◆Life has become much more difficult in the past couple of years, Moscovites say. 生活は過去2〜3年の間にまた一段と苦しくなったとモスクワっ子は言っている. ◆The country is in a very difficult situation both politically and economically. 同国は、政治・経済の両面で非常に難しい状況にある[厳しい局面を迎えている].

**difficult-to-** (後ろに不定詞を伴って)adj. 〜するのが難しい、〜しにくい、〜しづらい ◆difficult-to-machine 難削性の ◆difficult-to-understand concepts 難解な[晦渋(カイジュウ)な、理解しがたい、難しくて分かりづらい]概念 ◆difficult-to-use CAD tools 使いづらいCADツール ◆A powerful difficult-to-detect plastic explosive 発見が難しい強力なプラスチック爆薬[爆発物]

**difficulty** ① 〜 苦労、困難、難儀、難解さ、分かりにくさ; a 〜 (困った)問題、難題、難事、難局、障害、支障; 〜ties 窮地、艱難(カンナン)、難局、財政難、難航、異議[苦情] ◆be in difficulties 困って[窮地に陥って](*金詰まり以外で困っている場合にも) ◆with difficulty 困難を伴って、苦労して、苦しんで、骨を折って、やっと、やっとのことで、ようやく(のことで)、辛うじて、何とか、どうにかこうにか ◆without difficulty 困難なこともなく、難儀することなく、難なく、簡単に、たやすく、容易に、やすやすと、造作なく、無造作に、わけなく、順調に ◆with (great) difficulty 何とか[やっとのことで、辛くも、かろうじて] ◆with little difficulty ほとんど苦労せずに ◆without (any) difficulty 何らの難儀もせずに; 難なく、造作なく、苦もなく、らくらく[やすやす]と ◆without great difficulty 大した困難もなく; 比較的容易に ◆have difficulty in...-ing 〜するのに苦労する ◆fall into difficulties 困難な境遇[苦境]に陥る ◆the difficulty of [in] finding... 〜を見つけることの難しさ ◆

have major difficulties coping with... ～への対応に非常に苦慮している；《意訳》～を克服[解決, 収拾]するという難しい対応を迫られている ◆can be operated only with difficulty 《直訳》困難を伴ってのみ動作させることができる；《意訳》かろうじて動作させることができる ◆I had no difficulty using... 私は、～を難なく使用できた。◆advance toward it with heart and soul in spite [defiance] of all difficulties あらゆる困難にもかかわらず[万難を排して]それに向かって一生懸命に前進[邁進]する ◆choose a difficulty level; choose [select] the level of difficulty 難しさの程度を選ぶ[難易度を決定する] (＊ゲームソフトの話で) ◆difficulties associated with the use of liquid helium 液体ヘリウムの使用に伴う困難 ◆hiking trails of various degrees of difficulty いろいろな難度の[《意訳》初心者からベテランまで選んで歩ける]ハイキングコース ◆firms that are having difficulties surviving in sluggish times 不景気下に生き残るのに苦労している[生存するのに難儀している]会社 ◆he speaks English only with difficulty 彼は英語をかろうじて[たどたどしく]話す (＊容易には喋れない) ◆some users are having difficulties with the disk compression utility 一部のユーザーは、そのディスク圧縮ユーティリティ(を使うの)にてこずっている ◆the difficulty or ease with which the job can be done その仕事の難易 ◆workmen got a hot-air balloon aloft with difficulty 作業員らはやっとのことで[どうにかこうにか]熱気球を上昇[浮揚]させた ◆It can be used without difficulty. それは難なく使用できる。◆The overall difficulty level of the new test is the same as that of the old. 新しいテストの全体的な難度[難易度]は以前のテストのそれと同じである ◆The FAA is going to experience difficulties in determining how to cut 6,000 personnel. 連邦航空局は、これから職員6,000人の削減方法の決定で困難に直面する[苦慮する、《意訳》難しい対応を迫られる]ことになる。◆When a difficulty occurs, workers should take it upon themselves to solve the problem. 困難な事態[難事]が発生したら、従業員らは自分から進んで引き受けて[責任をもって]問題の解決に当たらなければならない。◆Missions now become possible that could hitherto be performed only with difficulty - or not at all - owing to... これまで[従来]～のせいで容易に遂行できなかった任務、あるいは全く実行不可能だった任務さえも、今ではできるようになり(＊新製品を使えば) ◆Another focus of the anger was the difficulty of ousting Panama's arrogant military leader. もう一つの怒りの的は、パナマの尊大な軍部指導者をなかなか追放できない[の追放が難航している]ことにあった。◆Over two thirds of small businesses admit to having difficulties in keeping up with the fast-moving world of information technology (IT). 3分の2を上回る中小・零細企業が、日進月歩の情報技術(IT)の世界についていくのに難渋している[いくのが大変だ]と認めている。

**diffract** vt. 〈光, 電波など〉を回折させる (＊屈折させて分解する); vi. 回折する ◆diffract the light beam その光線を回折させる

**diffraction** n. 回折 ◆a diffraction grating 回折格子 ◆use X-ray diffraction to study crystal structures X線の回折[回り込み(現象)]を利用して結晶構造を調べる

**diffuse** vt. ～を拡散させる; vi. 拡散する ◆a diffuse nebula 《天》散光星雲 ◆a diffusing lens 拡散レンズ ◆after the technology has diffused into widespread practice その技術が幅広い[広範な]実践に拡散した後に《意訳》同技術(の利用[使用, 適用])が普及拡大した上で ◆Winds diffuse contaminants. 風は汚染物質を拡散させる。

**diffused** adj. 拡散した、広まった、普及した ◆diffused light 拡散光 ◆widely diffused products 広く普及している製品

**diffusion** 拡散 ◆a diffusion flame 拡散フレーム[炎] ◆the amount of diffusion 拡散量 ◆the diffusion of knowledge and technology around the globe 知識と技術の全世界への普及

**diffusivity** (a) ～ 拡散係数, 拡散率, 温度伝導率[拡散率] ◆determine the thermal diffusivity of a gas [substance] ある気体[物質]の熱拡散率を(測定して)求める

**dig** v. 掘る, 掘り返す[起こす, 出す], 発掘する; (比喩的)掘り下げて調べる, 捜し出す ◆a recent archaeological dig yielded only a few old bottles 最近の考古学的発掘(調査)では数本の古いびんしか出さなかった ◆dig a hole [tunnel] in... ～に穴[トンネル]を掘る ◆dig [drill] a well (in the ground [earth]) (地面に)井戸を掘る[ボーリングで掘削する] ◆try to dig one's way out of prison トンネルを掘って脱獄しようとする ◆Press down on the circular saw so that its teeth dig slightly into the board. 丸ノコを, 歯が軽く板に食い込むように押し下げてください。

**digest** vt. ～を消化する, 咀嚼(ソシャク)[理解して我が物に]する, こなす, 読みこなす, 要約する; vi. こなれる; n. a ～ 要約したもの, ダイジェスト版, あら筋, 摘要, 要録 ◆assimilate and digest information and convert it into knowledge 情報を消化吸収して知識に変える ◆Articles are compiled in digest format. 記事は要約の形に編集される[《意訳》総集編としてひとつにまとめ上げられる]。◆Breast milk is digested easily. 母乳は消化がよい。

**digestible** adj. 容易に消化できる, 消化しやすい, こなれやすい, 簡単に処理できる ◆computer-digestible weather data コンピュータで処理可能な気象データ

**digit** a ～ 桁, (0から9までのいずれかの)数字, (手足の)指 ◆a 10-digit readout 10桁表示器 ◆a binary digit 2進数字 (＊0または1) ◆a two-digit number 2桁の数字[番号] ◆compete for single-digit numbers 1桁台(の順位)を目指して競う ◆the number of digits 桁数 ◆triple-digit inflation 3桁(台)のインフレ ◆store 40 16-digit telephone numbers 16桁の電話番号40個[件]を保存[記憶(保持)]する ◆output integers in groups of three digits 整数を3桁ずつ区切って出力する ◆the fourth digit to the right of the decimal point 小数点第4位 ◆move the decimal point two digits to the left 小数点を左へ2桁ずらす ◆a number whose last digit is zero 末尾がゼロの番号 ◆During the mid- to late 1970s, inflation was at times hitting double digits. 70年代半ばから後半にかけて, インフレは時々2ケタ[2桁]台になった。

**digital** デジタル[ディジタル](式)の, 数字表式式の, 計数型の, 《意訳》電脳- ◆a digital instrument デジタル(表示の)計器 ◆a digital readout デジタル表示器 ◆a digital signature デジタル[電子]署名 ◆digital audio tape (DAT) デジタルオーディオテープ ◆(a) digital display 〈不可算で〉デジタル表示, 数値[数字]の表示; 〈可算 a ～ で〉数値[数字]表示型の表示器[表示装置] ◆a color digital camera カラーデジタルカメラ ◆a digital color zoom camera デジタルカラーズームカメラ; ズーム式カラーデジカメ ◆a digital household appliance デジタル家電[家庭用電気器具, 家庭用電化製品] ◆a personal digital assistant (a PDA, pl. PDAs) 携帯情報端末 ◆a digital consumer electronic appliance 民生用デジタル電子器具, 《意訳》(ハイテク型の)デジタル家電 ◆a digital multi-function machine 《OA》デジタル複合機 (＊一般に, コピー機, ファクス, プリンタ, スキャナなどの機能を併せ持つ1台数役の複写機をいう) ◆a digital stencil duplicator デジタル謄写印刷機 (＊JIS規格では単に「デジタル印刷機」) ◆digital terrestrial television broadcasting デジタル地上波テレビ放送 ◆(a) digital network society デジタルネットワーク社会 ◆a portable digital memory player 携帯型デジタルメモリープレーヤー (＊半導体メモリーと音声圧縮技術を応用した) ◆bridge [close] the digital divide (パソコンやインターネットを駆使する者とそうでない者の間の)デジタル格差[情報技術格差]を埋める ◆convert signals to digital form 信号をデジタル化する ◆record information in digital (bit) form 情報をデジタル(ビット)形式で記録する ◆signals travel as digital 1s and 0s, rather than as analog waves 信号は, アナログ波の形ではなくデジタルの1と0の形で伝わって行く ◆All these networks are carrying information in digital form. これらすべてのネットワークは, デジタル化された情報を搬送している。◆In 1999, the percentage of digital copiers increased sharply. 1999年に, デジタル複写機のパーセンテージが[《意訳》コピー機のデジタル化率は]急上昇した。◆The analog values are converted into digital form. それらのアナログ値はデジタル化される. ◆The telephone network is becoming digital. 電話網は、デジタル化しつつある. ◆Together, let's get digital! さあ、一緒にデジタル化(に邁進)しましょう. ◆Despite the industry-wide push to go digital, broadcasters see little advantage to doing so today. 業界を挙げてのデジタル化推進にもかかわらず、放送事業者はそうすることのメリットを今のところほとんど見出せないでいる. ◆The beauty of a digital system is that a signal can be processed and output in many different ways. デジタルシステムの味噌[美点、いいところ、良さ、取柄、長所、強み、特長]は、いろいろな方法で信号を処理および出力できるということだ. ◆Modems are used to convert a stream of digital data to an analog signal at the transmitting end and to convert it back to a digital signal at the receiving end. モデムは、送信端でデジタルデータのストリームをアナログ信号に変換し、受信端でその信号をデジタル信号に変換して元に戻すのに使われる. ◆The circuitry prevents direct digital copying of tapes and compact discs that have been specially encoded. この回路は、特殊コーディングが施されているテープやCDからの直接デジタルコピー[録音]を防止する. ◆The circuits change standard analog TV signals, which are broadcast as a series of undulating waves, into digital impulses – strings of 0s and 1s. その回路は、ひとつながりの[連続した]振幅変調波として放送される標準アナログテレビ信号を、デジタルインパルス、つまり0と1のストリングに変換する.

**digitalization** ①デジタル化、数値化、《医》ジギタリス剤の投与 ◆a digitization [digitalization] wave; a wave of digitization ◆as a result of network digitalization ネットワークのデジタル化の結果として ◆drive the further digitalization of information and entertainment 情報&娯楽のさらなるデジタル化を推進する ◆Between 1980 and 1990, a second wave of digitalization started. 1980年代に、第2のデジタル化の波が始まった.

**digital-to-analog** D/A-, D-A-, デジアナの ◆a digital-to-analog converter (DAC) デジアナ変換器, D/Aコンバータ

**digitization** デジタイゼーション、デジタル化、計数化 ◆the digitization of information 情報のデジタル化 ◆as digitization proceeds デジタル化が進むにつれて; デジタル化の進展に伴う ◆use a process known as digitization to put the pictures into a form suitable for computer analysis デジタイゼーション[デジタル化、数値化]という手法を用いて、それらの写真をコンピュータ分析に適した形に変換する ◆In the future, digitization may be carried out at the site of the archaeological find. 将来、(画像の)デジタル化[数値化]は、考古学上重要な出土品の(発掘)現場で行われることになるだろう.

**digitize** vt. デジタル化する、デジタル化する、計数化する ◆a digitized image デジタル(化された)画像 ◆digitize a telephone network 電話網をデジタル化する ◆process the signal into digitized form この信号を処理してデジタル化する ◆consumer electronic devices will become more digitized 民生用電子機器のデジタル化がさらに進むであろう ◆The video graphics board captures the signal, digitizes it, and stores the image. ビデオグラフィックスボードは、信号を取り込み、デジタイズ[デジタル化]し、その画像を保持する.

**digitizer** a~ デジタイザ、タブレット[*図形手書き入力用の]

**dignity** ①尊厳、尊厳、威厳、貫禄、重々しさ、権威、気品、品位、気高さ、高潔さ、沽券[估券](コケン) ◆die with decency and dignity 品位と尊厳を保って死ぬ(*安楽死の話で) ◆he is devoid of dignity 彼には威厳が威厳がない ◆death with dignity through voluntary euthanasia [through assisted suicide] 尊厳死(順に)①本人の意思に基づく安楽死[幇助自殺]による尊厳死 ◆I thought it might be beneath my dignity to <do...> 私は~したら自分の沽券(コケン)に関わるのではないだろうかと考えた.

**digression** (a)~ 本筋から[話が横道に]それること、脱線、余談 ◆digressions from the main point 本題[主題]からの脱線[話が寄り道にそれること]; 要旨[論旨]から逸脱した余

談 ◆go off on digressions about... ~についての話しの方に脱線する; ~に関する余談の方に[横道に]それる ◆I (shall) make a digression here,.... ここで横道に入りますが,.... ◆Returning from this digression,... 本題に戻りまして,... ◆Mr. Clinton talked about... with digressions into... クリントン氏は~といった横道に入りながら[それながら]~に関する話をした. ◆Make your presentation short and sweet. Avoid digression and details. Provide depth only on demand. プレゼンは手短に、かつ面白味のあるように組み立てること. 枝葉末節は避けるべし. 掘り下げは要求があった場合のみにする. (*枝葉＝物事の本筋でないもののこと)

**dilapidate** vt. ~を荒廃させる; vi. 荒れる、荒廃する、荒れ果てる

**dilapidated** adj. 荒れ果てた、荒廃した、老朽化した、崩れかかっている、ガタガタの、ガタピシの ◆a dilapidated car [automobile] 老朽化した自動車; ポンコツ車 ◆a dilapidated ship [vessel] 老朽化した船; 老朽船 ◆The entire U.S. infrastructure is becoming dilapidated. 米国全体の社会[経済]基盤が、荒廃しつつある. ◆The roads and bridges are dilapidated and marred with potholes. 道路や橋は老朽化し、穴ぼこで台なしになっている.

**dilapidation** ①荒廃、老朽化、無駄遣い[浪費、乱費] ◆prevent (the) dilapidation of... ~の荒廃を防ぐ; ~の老朽化を防ぐ; ~が老朽化しないようにする

**dilatation** (a)~ 膨張、拡張、肥大 ◆a localized dilatation of... ~の局部的な膨張

**dilation** (a)~ 膨張、拡大、拡張、伸び ◆a small spherical dilation 小さな球形の膨らみ

**dilemma** a~ ジレンマ、板ばさみ ◆be (caught [impaled]) on the horns of a dilemma; find oneself on the horns of a dilemma ジレンマに陥って[立って、突き当たって]いる; 進退(シン゙タイ)きわまっている ◆grapple with a serious dilemma 深刻なジレンマと取り組む ◆put [place]... on the horns of a dilemma 〈人〉をジレンマに陥れる[立たせる]; 進退きわまらせる ◆they are impaled on the horns of a terrible dilemma (when it comes to...) (こと~に関しては)彼らはひどいジレンマに陥って[立って、突き当たって]いる; 非常に困った板挟みになっている ◆Federal Reserve Chairman Alan Greenspan is on the horns of a dilemma, damned if he eases money and damned if he does not. 米連邦準備制度理事会(FRB)のアラン・グリーンスパン議長は、もし金融緩和するとなれば非難されるし、さりとてしないとまた叩かれるし、進退ここにきわまっている.

**diligence** ①勤勉、精励、たゆまぬ努力 ◆continued diligence 不断の[《意訳》たゆみない]努力[勤勉、精励恪勤(カッキン)]

**diligent** adj. 勤勉な、精を出している、熱心に励んでいる、絶えず努力している、精励な、まめな; 骨を折って、念入りな ◆become diligent about... ing ~することにつとめて[精を出して]励むようになる ◆diligent students 勤勉な[勉学にいそしんでいる]学生; まじめにこつこつとよく勉強する生徒 ◆largely because of the diligent efforts of... 主として〈人々〉の精励恪勤(セイレイカッキン)[尽力、精勤]により ◆must become diligent about population control 人口抑制に熱心に[精力的に]取り組まなければならなくなる ◆to make caseworkers more diligent about verifying an applicant's eligibility 《意訳》民生委員の人に、申請者の資格の確認をもっとしっかりやってもらうようにするために

**diligently** adv. 勤勉に、熱心に励んで、一生懸命に、精出して、鋭意、こつこつと、せっせと、まめに、まめまめしく、営々と、鋭意、孜々(シシ)として; 骨を折って、苦心して ◆They studied diligently to pass the SATs and college entrance exams. 《米》彼らは大学進学適性試験と大学入試に合格するために勉強に励んだ[勉学にいそしんだ、一生懸命勉強した] ◆Work diligently to create a happy home life. 幸せな家庭生活を築くためにまじめに良く[まめに、せっせと]働きなさい; ~ために仕事に精をだす[いそしむ]べし

**diluent** a~ 希釈液[剤]、薄め液; adj.

**dilute** 1 adj. 希釈した, 薄い, 希薄- ◆a dilute solution 薄い[希釈]溶液 ◆be dissolved in a dilute solution of alcohol アルコールの希釈液に溶解している
2 vt. 希釈する, 薄める ◆even when diluted with up to ten parts of water 最高10倍の比率まで水で薄められた[希釈された]場合にでさえ ◆if the engine oil is diluted with gasoline エンジンオイルがガソリンで薄められた場合には ◆Care should be taken not to over-dilute. 過剰に希釈しない[薄め過ぎない]よう注意してください.

**dilution** 希釈, 薄めること; a～ 希釈液[剤], 薄め液 ◆a 100,000-fold [an n-fold, a 2-7 fold] dilution factor 10万倍の[n倍の, 2～7倍の]希釈倍率[係数] ◆the amount of dilution should be decreased 希釈量を減らさなければならない ◆Does Xxx need dilution before use? Xxxは使用前に希釈する必要がありますか. ◆A dilution factor of approximately 18.2 was utilized and a feed flow of approximately 106 cc/min was utilized. 約18.2の希釈倍率および毎分106ccのフィード流量が用いられた.

**dim** 1 adj. 薄暗い[ほの暗い], かすかな, (記憶などが)おぼろげな, (輪郭などが)かすんだ ◆under dim lighting 薄暗い照明の下で ◆millions of Americans see their future prospects as dim 何百万人もの米国民は, 自分たちの今後の見通し[将来への展望]は暗いと見ている
2 vt., vi. 薄暗くする[なる], 曇らせる, くすむ, 〈ヘッドライト〉を減光する[下に向けて暗くする], (画面に)うすく表示[淡色表示]する ◆a screen dimming feature 画面輝度調整機能 ◆if... is dimmed [grayed (out)], 《コンピュ》〈選択項目が〉低輝度表示[淡色表示, 灰色]されていたら, ◆assign the cursor full-intensity white while dimming your applications' backgrounds to a light gray カーソルには最も輝度の高い白を割り当てて, アプリケーション（プログラム）の背景を薄いライトグレーにする

**dime** a～ 〈米国・カナダの〉10セント硬貨; a dime a dozen 《米》adj. ありふれた, 一山いくらの, 安物の, 価値のない (=《英》ten a penny) ◆... are a dime a dozen ～は一山いくら; ～は掃いて捨てるほどいる[ある](＊あまりにも数が多いので, 価値が低い) ◆These things are almost becoming a dime a dozen. これらの物は, ありふれたものになりつつあると言ってもいいくらいだ.

**dimension** 1 a～ 寸法; a～ 次元; ～s 大きさ, サイズ, 範囲, 規模, 重要性 ◆a dimension line 《製図》寸法線(＊「ここからここまで」を示すために通例, 両端に矢先がついている線) ◆a car of bigger dimensions 寸法のより大きな[もっと大型の]車 ◆changes in dimension 寸法の変化 ◆Dimensions: 675(W) x 650(D) x 555(H) mm 大きさ: 675(幅)×650(奥行き)×555(高さ)mm ◆have the same dimensions as... ～と同じ寸法をしている[～と同一サイズである] ◆measure linear dimensions 直線距離を測定する ◆the dimensions of the copier その複写機の寸法 ◆simultaneous equations of one dimension [two dimensions] 連立1次[2次]方程式 ◆All dimensions in mm unit: mm (＊図面上での表示) ◆Valve dimensions バルブの寸法[《意訳》形状] (＊図の表題, 寸法はバルブがどんな形をしているのかを示すので, 「バルブの形状」とも解釈できる) ◆ascertain its position in three dimensions ～の3次元空間における位置を確認する ◆enlarge holes to precise dimensions 穴を寸法通り正確に拡大する ◆realize the dimensions of the problem その問題の大きさ[ことの重大さ]に気付く ◆Dimensions are inside measurements. 寸法は内法(ウチノリ)だ. ◆Its dimensions are 4 inches high by 12 inches wide by 15 inches deep. それの寸法[大きさ]は高さ4インチ×幅12インチ×奥行き15インチである.(＊いきなり Dimensions are... と書き出す場合も多い) ◆The user can change the window's dimensions as required. ユーザーは必要に応じてウィンドウの大きさを変えることができる. ◆The unit is portable, weighing only 6 kg, with dimensions of 10 x 29 x 38 cm. 本ユニットは, 重さわずか6キロ, 寸法10×29×38cmの携帯型です.

2 a～ 局面, 様相, 面 ◆add a new dimension to... ～に新しい要素[局面]を加える ◆offer new dimensions in... ～に新しい局面を備える[もたらす] ◆add a new dimension to office productivity オフィス業務の生産性に新たな側面を与える ◆open up a whole new dimension in database applications データベース応用面で全く新しい局面[新生面]をひらく ◆Portable camcorders add an exciting new dimension to home video. 携帯用のカメラ一体型ビデオは, ホームビデオにエキサイティングな新局面をもたらす. ◆Surround sound adds realism and creates another dimension in movie viewing. サラウンド・サウンドは映画鑑賞に臨場感を与え, 別の次元をもたらす.
3 vt. 〈図面, 図〉に寸法を入れる[示す, 記入する], ～を必要な大きさにする ◆a dimensioning method 《CAD》寸法記入方法 ◆Entering dimensioning 《CAD》寸法記入 (＊寸法の記入方法を述べる節の表題)

**dimensional** 寸法の, -次元の ◆a dimensional drawing 寸法図 ◆a dimensional measurement method 寸法測定方法 ◆dimensional control; control of dimensions 寸法管理 ◆dimensional accuracy 寸法精度 ◆tight dimensional tolerances 狭い[厳しい]寸法公差 ◆three-dimensional measurements of the surface of an object 物体の表面の3次元測定 ◆perform dimensional measurements on parts 部品の寸法測定を行う

**diminish** vt. ～を(次第に)減らす; vi. 漸減(ゼンゲン)する, 減少する ◆at a greatly diminished pace 大幅に[ひどく]落ちたペースで ◆the oscillation diminishes in amplitude 発振の振幅がだんだん小さくなって[減衰して]行く

**dimly** adv. 薄暗く, ぼんやりと, かすかに ◆a dimly lit room 薄暗く照明を落としてある部屋

**dimmer** a～ ディマー, 明るさを落とす装置, 調光器, 減光器, 輝度[照度]調整器, 光度加減器 ◆a backlight dimmer utility (パソコンのディスプレイの)バックライト調光機能

**dimple** a～ えくぼ, 小さなくぼみ[へこみ], さざ波; vt. えくぼ[小さなくぼみ]をつくる, さざ波を立てる; vi. えくぼ[へこみ]ができる, さざ波が立つ ◆Cold dimpling of sheet metal skins is done on material less than .040 of an inch thick if countersunk rivets are required. 板金筐体面への冷間圧出し作業は, 皿頭鋲[リベット]が必要な場合に肉厚0.04インチ未満の材料に対して行われる.(＊dimpling = 金属面にえくぼ状のくぼみを作ること)

**DIN** (Deutsche Industrie Norm) DIN(ディン)規格, ドイツ工業規格 ◆a DIN connector [plug] DINコネクタ[プラグ] ◆a DIN-mount in-dash car stereo DIN取り付け寸法準拠インダッシュ型カーステレオ

**dining** 回食事をすること ◆a dining hall (大)食堂; (大学の)学食 ◆a dining lounge [room] 食堂, 食事室

**DINKS, DINKs** (dual [double] income, no kids) ディンクス(＊子供のいない共稼ぎ[共働き]) ◆become DINKS ディンクス[子供を持たない共稼ぎ夫婦]になる ◆we are 33-year-old married DINKs (dual income, no kids) 私たちは子供のいない33歳の共稼ぎ[共働き]夫婦です

**dinner** (a～ (昼or夕刻にとる一日のうちの)主な食事, 正餐(セイサン), 夕食; a～ (正式な)夕食会[晩餐会] (= a dinner party) ◆at a working dinner 夕食会[夕食会談]で(＊主要国首脳会議などでの) ◆What's for dinner? 夕御飯はなに.

**dint** 次の成句でのみ用いられる ◆by dint of... ～によって, ～の力で

**diode** a～ ダイオード, 半導体ダイオード; 二極管, 二極真空管, 整流管 ◆a laser diode レーザーダイオード (= a semiconductor laser 半導体レーザー) ◆a light-emitting diode (an LED) 発光ダイオード ◆a fast reverse recovery diode 逆回復が速いダイオード

**dioptric** 屈折の, 屈折光学の, 光屈折学の ◆a dioptric lens (カメラ用の)視度補正レンズ

**dioxide** a～ 二酸化物 ◆uranium dioxide 二酸化ウラン

**dioxin** ダイオキシン ◆cancer-causing dioxins 発癌性のダイオキシン類 ◆dioxin prevention measures; dioxin control measures; dioxin-reducing measures; 《日》anti-dioxin measures

**dip**

ダイオキシン対策 ◆the toxicity of dioxin ダイオキシンの毒性 ◆The burning of PCBs can produce dioxins.　PCB類を燃やすことはダイオキシン類を発生させかねない。(＊PCBs ＝ polychlorinated biphenyls ポリ塩化ビフェニール類)

**dip** 1 vt.〜を(液体に)ちょっと浸(ヒタ)す[つける]、浸漬する、汲み出す、下げる; vi. ちょっと漬かる、潜る、(太陽が)沈む、下向きに傾斜する、一時的に低下する ◆a dipping sauce (浸して味を付けるための)付け汁; 付けだれ ◆dip deeply into one's savings　貯金をたくさん取り崩す ◆dip...into a liquid 〜を溶液中に浸す[ちょっとつける] ◆dip into savings [funds] 預金[資金]を取り崩す ◆hot-dip galvanize castings　鋳物に溶融亜鉛めっきを施す ◆he dipped his hand into the knapsack 彼はナップサックに手を突っ込んだ ◆The special-operations budget dipped from a peak of $1 billion in the late 1960s to less than $100 million in 1975.　特殊作戦予算は、1960年代の10億ドルのピークから1975年の1億ドル未満に減少した。

2　a〜ちょっと浸す[浸る]こと、一すくいの量; (a)〜含浸(ガンシン)液; a〜伏角、くぼみ、一時的に低下、下向きの傾斜、下り坂 ◆a dip fault　傾斜断層 ◆a double-dip ice-cream cone ダブル[2段重ね]のアイスクリームコーン (＊double-dipは「2すくいの量」) ◆all manner of bumps and dips　あらゆる種類のでこぼこ ◆a fault having a dip (angle) of less than 45°　傾斜角45度未満の断層 ◆A momentary voltage dip that lasts for a few seconds or less is classified as voltage sag.　数秒以内の瞬間的な電圧降下はvoltage sag[瞬時電圧低下]に分類されている。

**DIP**　(dual in-line package) a〜《半導》(ディップ)、デュアルインラインパッケージ (＊集積回路パッケージ。長方形で、むかでの足のように両サイドから何本ものピンが出ている) ◆a laser diode housed in a DIP　デュアルインラインパッケージに実装されているレーザーダイオード ◆an 8-pin DIP filter　8ピンDIPフィルター

**diploma**　a〜卒業証書[免状]、修了証書、免許状、賞状 ◆a college diploma　大学の学位[卒業証書] ◆a diploma [degree] mill　(＊社会人相手に人生経験などを単位にして)学位を乱発する金儲け目的一辺倒の"大学"、マスプロ大学

**diplomatic**　adj. 外交の、外交上の、外交官の; 外交的手腕のある、そつのない、如才ない、人当たりのいい; オリジナル[原典、原文]通りの ◆enjoy diplomatic privileges　外交特権を享受する[受ける、得る、持つ、有する] ◆establish diplomatic relations with...　〜[国]と国交を樹立する[結ぶ] ◆re-establish diplomatic relations with...　〜と国交を回復する ◆send a high-level diplomatic mission to...　〈国〉に高官レベルの外交使節団を送る[派遣する] ◆Since 1990, North Korea has closed diplomatic missions in 14 countries.　1990年以来、北朝鮮は14カ国で在外公館を閉鎖した。 ◆The incident caused a rupture of [in] diplomatic relations between the two countries. この事件は両国の外交関係の〈国交〉断絶を引き起こした。

**dipstick**　a〜《車》オイル計量棒、オイルゲージ ◆check the oil level with the dipstick　計量棒[オイルゲージ]でオイルレベルを調べる

**DIP switch**　a〜《半導》DIP(ディップ)スイッチ　▶DIPスイッチは、数個並んで一つのパッケージを成している小さなスライド式のスイッチのこと。一般に、a DIP switchというと個々のスイッチを指す。パッケージ全体は、a DIP switch assembly や a DIP switchpack と呼ぶ。個々のスイッチを特定して呼ぶ場合は、switch 5 on [of, in] assembly 3, switch 3-5, SW 3-5 などのように記す。 ◆the two DIP switches (SW1 and SW2)　2個のDIPスイッチ(SW1およびSW2) ＊ここではDIPパッケージをいっている) ◆To change a DIP switch setting,...　(どれか一つの)ディップスイッチの設定を変更するためには、(＊複数のDIPスイッチの設定には、DIP switch settings のように setting にsがつく) ◆A DIP switch assembly 1 contains eight switches. DIPスイッチアセンブリ1には8個のスイッチがある。(参考) Switch 3 of switchpack SW2 should be set to the ON position for starting address of 0.　開始アドレスを0にするには、(DIP)スイッチパックSW2の3がONに設定されていなければならない。

**dire**　adj. さし迫った、緊急の、極端な、全くの、ひどい; 不吉な、不幸「災難]をもたらす、恐ろしい、ものすごい、悲惨な ◆dire straits　ひどい窮地[苦境; 難局]; にっちもさっちも行かない[非情に厳しい]状態; 八方ふさがり(→ straitに用例) ◆be forced by dire circumstances to <do...>　焦眉の急を要する状況[緊急事態、重大事態]により〜することを余儀なくされる[〜せざるを得なくなる] ◆between May and October, there's a dire shortage of rooms　5月から10月のあいだでは、(ホテルの)部屋がひどく不足する ◆Poland's telephone network is in dire need of modernization.　ポーランドの電話網は、至急[早急に]近代化する必要がある。

**direct** 1 vt.〜を(〜に)向ける[宛てる、仕向ける]<to, at, toward>、〜に道を教える、導く、誘導する; vt., vi. 指導する、指示する、指図する、差配する、命じる、指揮する、采配を振る、監督する、演出する ◆be directed normal to...　〜に垂直に向けられている ◆direct one's energies toward...-ing　〜することにエネルギー[精力]を向ける ◆measures directed toward the prevention of...　〜防止のために施策[対策] ◆an antenna directed toward the satellite　衛星に向きが合わせてあるアンテナ ◆directed at marketing executives　マーケティング担当重役向けの ◆direct people safely away from the fire　人々を誘導して火事から安全に避難させる ◆direct radio waves into a specified region　指定地域に電波を向けて送り出す ◆direct the day-to-day operations of the hospital　病院の日々の運営の指揮をとる ◆products that are directed toward the needs of consumers　消費者のニーズに照準を合わせた製品 ◆We shall now direct our attention to...　では[次に]、〜に注意を向けてみることにしましょう。 ◆Direct your energies toward constructive goals.　あなたの力[精力]を建設的な目標に振り向けるようにしなさい。 ◆Read all instructions and use only as directed.　取り扱い説明を全部お読みの上、必ず指示通りにお使いください。

2 adj. まっすぐな、一直線の、直系の、直接の、直截(チョクサイ)な、率直な、全くの、正−〈比例関係など〉、直行の; adv. 直接、直截[直截](的)に、端的に、じかに; まっすぐに、直行して ◆a direct path　直接経路 ◆direct access ＝ random access，↔sequential access) 《コンピュ》直接[ダイレクト]アクセス ◆a direct-acting valve　直動式バルブ ◆JADMA (the Japan Direct Marketing Association)《日》財団法人日本通信販売協会(省略形のtheは不要) ◆a direct-connect modem　直付け[ジカヅケ]式のモデム ◆a direct selling approach　直接販売による[直販]アプローチ ◆factory direct sales　工場直接販売; メーカー直販 ◆prevent direct contact between A and B　A と B がじかに触れないようにする ◆sell...direct in Australia オーストラリアで〜の直販をする ◆Dell Computers, a direct marketer to date　今日まで直販業者であるデルコンピュータ社 ◆a PCMCIA slot that allows direct connection of...　〜の直結を可能にする[《意訳》〜が直付けできる]PCMCIAスロット ◆Japanese direct investment in Europe　欧州への日本の直接投資 ◆reduce the number of middle managers in direct control　彼女に直属する[彼女のすぐ下の]中間管理職の員数を減らす ◆suffer a direct hit from a hurricane [a bomb, a missile, an asteroid]　ハリケーン[爆弾、ミサイル、小惑星]の直撃を受ける[に直撃される] ◆the direct coupling of the VL-Bus to the processor　《コンピュ》VLバスをプロセッサに直接接続[直結]すること ◆a component designed for direct connection to...　〜に直付け[ジカヅケ]できるよう作られている部品 ◆they will deal a direct blow to the elderly, widows and the severely disabled　それらは、高齢者や未亡人[寡婦]や重度の身体障害者を直撃することになるだろう ◆Belorussian industry is now in direct competition with that of Russia.　白ロシアの産業は、今やロシア(の産業)ともろに[まともに、真っ向から、真正面から]競争している。(＊直接的に ＝ もろに) ◆It comes to you factory direct.　それは工場直送でお手元に届きます。 ◆The circuit is direct-coupled to the signal source.　本回路は、信号源に直に(ジカニ)つながれて[直結されて]いる。

**direct-acting**　◆a direct-acting pump [recorder]　直動ポンプ[記録計]

**direct-coupled** 直結した, 直結(形, 式)の ◆a direct-coupled circuit configuration 直結回路構成

**direct current** (略 DC, D.C., dc, d.c., d-c) 直流

**direct-current** (DC) ◆a direct-current restorer 《TV》直流(成分)再生回路[=a clamper, a reinserter]

**direct-dial** 直通の ◆direct-dial telephones 直通ダイヤル電話

**direction** (a) ～ 方向, 方角, 方位, 方面; 回指揮, 指導, 監督, 管理; (通例 ～s)指示, 指図, 命令, 言いつけ, 《意図》手順, 使用法, 説明書 ◆under Xxx's direction; under the direction of Xxx　Xxxの指揮下[管理下, 指導のもと]で; Xxxの指示による; Xxxの指示[指図]に従って ◆from all directions; from every direction　全方向[四方, 四方八方]から ◆in all directions; in every direction　四方(八方)に; 全方向に ◆give directions to a person　〈人〉に指示を与える, 〈人〉に指図する ◆a direction sign　指示標識 ◆a sense of direction　方向感覚 ◆direction finding　方位測定; 方向探知 ◆allow current to flow in only one direction　電流を一方向にのみ流れさせる ◆directions; directions for use　使い方の説明; 使用方法; 使用法 (＊見出しなどで) ◆directions for the use of...　～使用上の注意書き; ～の使用法[使用方法] ◆directions for using...　～を使う上での指示[注意, 注意事項] ◆directions for use[使用方法] ◆future direction in systems design　システム設計の将来の方向 ◆in [along] the direction of the length　長手方向に ◆in an east-west [a north-south] direction　東西[南北]方向に ◆in the [a] reverse [opposite, backward, contrary] direction　逆方向に ◆in the direction that closes the valve　バルブを閉じる方向に ◆map out future directions for...　～が今後進むべき方向付けをする ◆move pens according to directions from the computer　コンピュータの指示に従ってペンを動かす ◆shift direction　〈風など〉が向きを変える; 〈台風など〉が進む方向[進路]を変える; 方針を変える; 方向転換する ◆strike out in new directions　新しい方向に歩み出す[新生面を開く] ◆the direction of the diode connection　ダイオードの接続方向 ◆the direction of the individual current components　各々の電流成分の方向 ◆the normal direction of rotation　正転[正回転]方向 ◆to determine what direction they're going to take in the future　彼らが今後どういった[方向]針路を取ろうとしているのかを見極めるために ◆directions for push-processing 《写真》増感(現像)処理の仕方 ◆by not following directions for proper use　正しい使用[《意図》使用法, 使用方法]を守らないことによって ◆change direction suddenly　〈車〉急に進路を変える ◆consider the future long-term direction of the space program　宇宙計画の今後の長期的方向性について考える ◆his directions must be obeyed by...　〈人〉は彼の指示に従わなければならない ◆if the president shifts direction now　大統領が今方向転換すれば[ここで方針を変えるようなことがあれば] ◆it has shifted direction toward solving problems of...　それは～の問題を解決する方へ方向転換した ◆set a new direction for this country　この国の新たな方向付けをする ◆the intensity and direction of application of the force brought to bear upon them　それらに加えられて[印加されて]いる力の強さと方向[向き] ◆to get things moving in the direction of improving the situation　状況が改善する方向に物事を進めるために ◆transmit data in only one direction　データを一方向にのみ伝送する ◆transmit in either direction; transmit in both directions　両方向に伝送する ◆give a direction that must be obeyed　遵守すべき指示を与える ◆if world economic trends continue in the same direction　世界の経済動向が同じ方向に向かっているのであれば ◆it helped her decide what direction to pursue　どの方向を目指すのかを決める[方向付けする, 進路を決定する]上で, それは彼女の役に立った ◆set the direction for 30-year mortgages for the near future　近い将来における30年返済の住宅ローンを方向付ける ◆turn the steering wheel to get the car to change direction　方向転換するためにハンドルを回す ◆the present and future directions of this aspect of computer technology　コンピュータ技術のこの方面の現在と将来の方向 ◆Alternating current reverses direction periodically.

交流は, 流れの向きを周期的に逆にする. ◆It is a step in the right direction.　それは, 正しい方向への一歩だ. ◆Radiation occurs in all directions.　四方八方[あらゆる方向]に, 放射が起きる. ◆The current changes in direction.　この電流は, 向きが変わる. ◆The negative sign indicates that the direction is downward.　マイナス符号は, 方向が下向きであることを示す. ◆The two forces are opposite in direction.　これらの2つの力は(互いに)向きが逆である. ◆Those early years also set his musical direction.　これら初期の年月も, 彼の音楽の方向付けに影響を与えた. ◆This concept Jeep explores directions sports utility vehicles may take in the future.　この「コンセプト」ジープは, 多目的スポーツ車(SUV)[RV]が将来とるであろう方向[方向性]を探るものである. ◆Automotive design has shifted in a sensible, practical, and largely unimaginative direction.　自動車設計[クルマ造り]は, 賢実, 実際的で, かつ多分に創造性に乏しい方向へと変わってしまった. ◆I came under pressure from many directions.　私は多方面から[方々から]圧力をかけられた. ◆In such cases, specific directions will be furnished to the supplier by Teratek Quality Control.　そのような場合には, テラテック社の品質管理部から具体的な指示[指図]が部品納入メーカーに対し出されます. ◆Wondering what direction to go in your education? Take heed of the following true examples.　(勉学上の)進路で迷っていませんか? 次の具体例を参考にしてください. ◆Developments in image processing technology are particularly important because they help set a direction for OA system design.　画像処理技術の進歩は特に重要である, なぜならばOAシステム設計の行方を定める一翼を担うことになるからである.

**directional**　指向性の, 方向性の ◆a directional antenna　指向性アンテナ ◆a directional coupler　方向性結合器 ◆directional drilling [boring]　(石油掘削の)傾斜掘り ◆directional signals　《車》方向指示器 ◆a directional gyroscope (gyro) detects changes in heading　《航空機》定針儀は機首方位[針路]の変化を検知する(＊いわゆる「ジャイロ」とか「コンパス」と呼ばれるもの) ◆be always displayed in the correct directional orientation　常に正しい向きで表示される(＊画面上で) ◆Directional characteristics of a microphone are shown in polar coordinates on a graph called a polar plot.　マイクロフォンの指向特性は, 極プロットと呼ばれるグラフ上に極座標で表示される.

**directive**　a～ 命令, 指示, 命令, 通達; adj. 指示の, 指導的な; (通)指向性の, 方向性の; 《心》指示的な ◆obey FAA orders called airworthiness directives (ADs)　耐空性改善命令(AD)と呼ばれる米国連邦航空局の命令に従う ◆implement a court directive that all construction work at the site be stopped　その現場における建設工事を全て中止すべしという旨の裁判所の命令を執行する

**directivity**　指向性 ◆a microphone with [having] high directivity　指向性の強いマイクロフォン(＊a unidirectional microphone「単一指向性マイク」の説明がよい) ◆increase an antenna's directivity　アンテナの指向性を強くする

**directly**　adv. すぐ, じかに, もろに, 直接[直截(チョクサイ)](的)に, 取りも直さず; まっすぐに, 一直線に; 直行して; まさに, ちょうど, 《比例関係が》正比例して ◆directly ahead of...　～のすぐ先に ◆remain directly controlled by...　～に直接支配[管理, 監督]され続ける; ～の直接指揮下にとどまる; 一直属のままでいる ◆adopt [carry out] DOTS (Directly Observed Treatment, Short Course) to stop TB at the source　結核を元から絶つためにDOTS(直接監視下短期化学治療)を採用[実施]する ◆be located directly above or directly below...　～の真上あるいは真下に[直下に, まっすぐ下に]位置している ◆create an intelligence agency controlled directly by the president　大統領直轄[直属]の情報[諜報]機関を創設する ◆cut out middlemen and sell directly to consumers　中間業者を省いて[中抜きして]消費者に直接販売する ◆stop directly behind a large bus　大型バスの直後[すぐ後ろ]で停止する ◆factors that directly impact financial performance　財務実績に直接的な影響を及ぼす要因; 財務成績にもろに影響するファクター

◆to make remote users feel they're connected directly to the main LAN リモートユーザーに, 基幹LANに直接結ばれて [直結して] いるという感じを与えるために ◆A and B are directly proportional. AとBは正比例する.

**director** a～《役職を表す場合は無冠詞》重役 [取締り役, 理事] (= a member of a board), 所長, 局長, 部長, 室長, 一長, (映画) 監督, 演出家, 指揮者; a～ 導波器 ◆a credit union's board of directors 信用組合の理事会 ◆he left the Board of Directors of General Motors 彼はゼネラル・モーターズの取締役会を下りた ◆Dr. Lee B. Reichman, director of the Pulmonary Division at the Xxx Hospital Xxx病院の呼吸器科医長 [部長] リー・B・ライヒマン博士 ◆He is a member of the firm's board of directors. 彼はこの会社の取締役会の一員である; 彼はこの会社の重役である.

**directorate** a～ (= a board of directors) 重役会, 会社役員会, 理事会, 取締役会; [U]管理職, 理事職 ◆directorate staff 重役級職員

**directory** 1 a～ 登録簿, 名簿, 総覧, 全書 ◆a trade directory 商工名鑑 ◆an out-of-town directory 市外電話帳 ◆I asked AT&T directory assistance for Xxx's telephone number. AT&T (電話会社) の番号案内にXxxの電話番号を尋ねた [聞いた].
2 a～《コンピュ》ディレクトリ (＊ある外部記憶装置に入っているファイルのリスト, またはファイル管理上の一つの概念的な記憶場所;《ネットワーク》ユーザー名簿 [登録簿]) ◆all directories under the root ルート [ディレクトリ] の下のすべてのディレクトリ ◆a multilevel hierarchy of directories 多重レベルの階層ディレクトリ ◆create a file in a subdirectory サブディレクトリにファイルを作成する ◆return to the root directory ルートディレクトリに戻る ◆save a file to the root directory ファイルをルートディレクトリに保存する ◆the directory itself and its parent directory そのディレクトリ自身とその親ディレクトリ ◆copy directories including lower level directories ディレクトリを, そのサブディレクトリも含めてコピーする ◆change your working directory back to the parent directory 作業ディレクトリを親ディレクトリ (＊一つ上の階層のディレクトリ) に戻す ◆list all directory entries in the working directory on the default drive デフォルトドライブの作業ディレクトリ内にあるすべてのディレクトリ項目 (＊ファイルとサブディレクトリ) をリストする ◆ ... a new file is created in the current directory on the disk in the default drive. 新しいファイルが, デフォルトドライブにあるディスクの現在のディレクトリ内に作成される.

**direct-reading** 直読 (式) の, 直示式の ◆a direct-reading balance 直示てんぴん [はかり] ◆a direct-reading gage 直読型計器

**direct-sell, direct-selling** adj. 直接販売の, 直販の ◆in the direct-sell marketplace 直販市場で

**direct-view** 直視型 [式] の ◆a direct-view-type display 直視型ディスプレイ

**dirt** 汚損; ちり, 汚れ, ごみ, 砂ぼこり, 土ぼこり, (付着した) 泥, 垢 (アカ), 廃石 ◆remove dirt ほこり [汚れ] を取る ◆disperse dirt and emulsify greasy soils 泥汚れを分散させ, あぶら汚れを乳化させる ◆Clean the mating faces of the collar to remove all dirt. 汚れを完全に除去するために, カラーの接合面を清浄してください.

**dirt-cheap, dirt cheap** adj., adv. 極めて廉価な [非常に安価に], ばか安の [バカ安く], 二束三文の [で], 捨て値の [で] ◆benefit from Haiti's dirt-cheap wages ハイチの極めて低い [安い] 賃金の恩恵に浴す (＊外国の製造業だが) ◆buy them at dirt-cheap prices それらを激安 [爆安] 価格で買う (＊バカ安く購入する ◆dirt-cheap trans-Atlantic air fares 大西洋横断激安 [超格安] 航空運賃 ◆sell them dirt cheap [at dirt-cheap prices] それらを激安 [捨て値, 二束三文, 投げ売り価格, バカ安, 超特価] で売る

**dirty** adj. 汚れた, 汚い, 不潔な, 不浄な ◆make ... dirty ～ を汚す ◆a dirty word 汚い言葉 ◆dirty laundry 汚れもの ◆a dirty bomb 汚い爆弾 (＊広範囲にわたって放射性物質を

まき散らす) ◆become dirty with contaminants 汚染物質で汚れてくる ◆if the part gets dirty or dusty 部品が汚れたりほこりをかぶったりしたら ◆it was nothing but dirty, dangerous, demanding work それは何のことはない汚くて危険できつい仕事 [3K] だった ◆they used dirty tricks to <do> 彼らは～するのに汚い手を使った ◆Cheap carpeting won't last long and will quickly become dirty-looking. 安物の敷物は長持ちせず, すぐに汚らしく見えるようになりがちである. ◆Don't touch it with dirty hands [fingers]. それを汚い手で触らないで [不潔な指で触れないで] ください.

**dirty-minded** adj. 不潔な考えをする, 心の浅ましい [卑しい] ◆a dirty-minded man イヤらしいことばかり考えている [助平, スケベ, エッチな, 卑猥な, けがらわしい] 男

**disability** a～ 身体障害, 身体上の欠陥; [U] 身体上に障害がある状態, 廃疾; [U]《法》無能力, 無資格; [U] (abilityの反対語として) 無力, 無能 ◆people with disabilities 障害を持つ人たち ◆the ADA (Americans With Disabilities Act) 障害を持つ [障害のある] アメリカ人法, アメリカ障害者法 ◆conduct investigations and research pertaining to causes of occurrence of disabilities (身体) 障害の発生原因に関する調査および研究を実施する ◆When I was a kid, I had a learning disability. 子供の頃, 私には学習障害があった.

**disable** vt. ～を不能 [無能] にする,《コンピュ》《機能など》をディスエーブル [使用不可に, 無効に, 禁止, 抑止, オフに] する, 殺す (↔enable) ◆disable file and printer sharing ファイルとプリンタの共有ができないようにする [共有を不可にする, 共有を解除する] ◆All interrupts are disabled. 《コンピュ》すべての割込は禁止される. ◆a battery test, which measures battery life with power conservation disabled 省電力 [節電] (機能) を解除した状態で電池の持ち時間を測定するバッテリー試験 ◆If you don't want ... , you have the option of disabling the feature. ～したくない場合は, この機能を無効にする [使用不可にする, 殺す] ことができます. ◆File sharing can be enabled or disabled. 《コンピュ》ファイルの共有を有効または無効に [許可または禁止] できる. ◆He spent three weeks on the disabled list but returned too fast and reinjured the shoulder. 彼は3週間故障者リストに載って過ごしたものの, 早く復帰しすぎて再度肩を傷めてしまった. (＊野球で) ◆To disable a command line, insert the REM command at the beginning of the line. 《コンピュ》そのコマンドラインを無効にするには, 行頭にREM (remark) コマンドを挿入する. (► このようにすることをcomment out, remark outとも表現する) ◆When the program terminates, it saves both the No Pop list and the disable/enable state in its configuration file. プログラムが終了するときに, No Popリストと無効/有効状態の両方を (そのプログラムの) 設定ファイルに保存する.

**disabled** adj. (人が) 障害を持っている, (機器が) 動作 [使用] 不能の;《コンピュ》ディスエーブル [使用不可, 禁止] の ◆physically disabled people 身体障害者の人たち ◆tow a disabled vehicle 故障車を牽引する

**disadvantage** (a) ～ 不利, 不利益, 不都合, 不利な立場, 不利点, 短所, デメリット, マイナス, 損, 損失 ◆at a disadvantage 不利な立場に [の]; 不利を受けて; 不利益を被って; 損な立場に立たされて ◆eat 食って ◆explain the disadvantages of ... (ing) ～することの不利点を説明する ◆the advantage and disadvantages of hard drives ハードディスク装置の利点 [長所] と不利点 [欠点] ◆the conferees discussed the advantages and disadvantages of ... -ing 会議の出席者は～することの利点と不利益 [よしあし] について話し合った; 可否 [是非, 当否] を論じた ◆The only disadvantage to these tires is their somewhat harsher ride. このタイヤの唯一のマイナス点は, 乗り心地が多少硬いことだ. ◆In this age of networking and multimedia, those who are not connected to the Internet are at a serious information and leadership disadvantage. ネットワーク化とマルチメディアのこの時代に, インターネットに接続されていない人たちは, 情報および指導力の面で深刻な立場に置かれて [立たされて] いる. (＊デジタルデバイド, 情報格差)

**disadvantaged** adj.(貧困のせいで)恵まれない、不利な立場に立たされている、不利益を被っている、割を食っている ◆socioeconomically disadvantaged aborigines 社会的また経済的に恵まれていない[不利な立場に立たされている](オーストラリア)先住民の人たち ◆socioeconomically disadvantaged aborigines 社会的また経済的に不利益を被っている[割を食っている]アボリジニー[オーストラリア原住民]の人たち ◆Researchers have found that the disadvantaged are more likely to get a variety of cancers. 研究者らは、(貧困のために)恵まれない人たちは様々な癌にかかる可能性が比較的高いことを発見した。

**disagree** 一致しない、異なる、意見が合わない、口論する、体質的に合わない ◆agree to disagree 見解[意見]の相違があることを互いに認め合う；合意しないことで合意する

**disagreeable** adj. 不愉快な、不快な、いやな、よくない、気持ち[感じ]の悪い、気に入らない、気にくわない、好ましくない、好かない、虫の好かない、おもしろくない、不本意な、困難しい、無愛想な、つき合いにくい、扱いにくい ◆a disagreeable odor いやな臭い

**disagreement** (a)～ 意見の不一致[相違]、口論；□不一致、相違、食い違い；体質的に合わないこと ◆be in disagreement with... 〈人〉と意見を異にしている ◆(points of) disagreement among engineers 技術者間の意見の相違(点) ◆because there was no apparent disagreement with the standards that were set forth in the general plan 基本計画に示されている標準規格との明らかな不一致[不整合]がなかったので

**disappear** vi. 見えなくなる、姿を消す、失踪する、ドロンする、消滅する、消えてなくなる、なくなる、紛失する ◆the flicker disappears during... ～の間はちらつきがなくなる ◆the natural gas price differential between summer and winter has been disappearing 天然ガスの夏場と冬場の価格差はなくなってきている ◆The problem disappears altogether at midrange revs. この障害は、中(速)域の回転数で完全に消滅する。 ◆All seats for the opera disappeared within three days of going on sale. そのオペラの席は発売後3日を待たずしてすべてなくなった[全部はけた、《意訳》完売した、売り切れた]。

**disappearance** (a)～ 消滅、消失、失踪

**disappoint** vt.～を失望させる、がっかりさせる、期待を裏切る、〈夢、計画など〉の実現を挫折させる ◆She disappointed us by not coming to our party. 彼女は(私たちの)パーティーに来なくて私たちをがっかりさせた。 ◆The company is on the rebound after a couple of disappointing years. 《意訳》この企業は、業績不振が2～3年続いた後で回復基調[復興の途上]にある。 ◆We are very disappointed with the results. 我々は、結果にはかなり失望した。

**disappointing** adj. 失望[がっかり]させる、期待はずれの ◆a disappointing [poor, lackluster] performance 成績[業績]不振、不成績

**disappointment** □失望、失意、落胆、がっかりすること、期待はずれ；a～ 期待外れの人[物]、がっかりさせる人[物] ◆There's nothing but disappointment in this new car. この新型車に見られるのは、期待はずれ以外の何ものでもない。 ◆Expectations have been running high that there might be a satisfactory outcome. It has therefore been a great disappointment to us that... 満足な結果が得られるかもしれないという期待が高まってきていただけに、～ということは私たちにとって非常に大きな失望[失意、落胆]でした。

**disapproval** □不許可、不認可、不承知、不賛同、不賛成、不支持 ◆have a 43 percent disapproval rating ～の不支持率は43パーセントである ◆The president's (job) disapproval rating rose from 37 percent to 41 percent. 大統領を支持しない人の率は37パーセントから41パーセントに上昇した。

**disapprove** v. 賛成しない、不可とする、非難する ◆61 percent of the people polled said they disapprove of the way Republicans handled the Lewinsky scandal アンケートに回答した人の61パーセントが、共和党(員)がとったルインスキー・スキャンダルへの対処の仕方には不賛成だ[対処法をよしとしない]と言った

**disarmament** □武装解除 ◆a disarmament conference 軍縮会議

**disassemble** vt.～を分解する、解体する、バラす、取り外す；vi. 分解される、ばらばらになる；《コンピュ》逆アセンブルする ◆disassemble a program 《コンピュ》プログラムを逆アセンブルする

**disaster** (a)～ 災害、惨事、災難、災禍、惨禍、大事故、大失敗、悲惨な出来事；不幸 ◆a disaster(-stricken) area 被災地 ◆a disaster warning 災害警報 ◆anti-disaster measures 防災対策 ◆a train disaster 列車事故 ◆disaster control; disaster contingency planning 災害対策 ◆disaster prevention 災害防止、防災 ◆an emergency disaster rehabilitation loan 緊急災害復旧資金 ◆natural disaster areas 自然災害地域 ◆natural disaster victims 自然災害の被害者[被災者]たち ◆a Chernobyl-scale disaster チェルノブイリ規模の災害 ◆a disaster-fighting campaign 防災運動 ◆a disaster prevention program 防災計画 ◆an invitation to disaster 惨事[災害、大失敗]を招く原因[誘因] ◆in disaster situations 災害時に ◆(in order) to prevent (a) disaster 災害を防ぐために ◆in the event of a natural disaster 万一自然災害が発生した場合に ◆Should a major disaster hit... 万一大災害が～を襲った場合 ◆in the event of chemical, nuclear or other industrial disaster 万一化学災害、原子力[核]災害、またはその他の工業災害が発生した場合に ◆investments in prevention measures against disasters 災害予防対策への投資 ◆the implementation of disaster recovery assistance 災害復旧支援の実施 ◆if [when] a natural disaster strikes [happens, occurs] 災害が～を襲ったら[起きたら、発生した場合] ◆to deepen understanding of anti-disaster steps 防災手順の理解を深めるために ◆Three days before Christmas, disaster struck. クリスマスの3日前に、災難[災害]が襲った。

**disastrous** 悲惨な、被害甚大な、損害の大きい、破滅的な、ひどい、めちゃめちゃな ◆in an economically disastrous manner 経済面で壊滅的に

**disc** a ～ ディスク、円盤、円板、レコード(盤) ▶フロッピーディスクやハードディスクなどのコンピュータ分野の情報記録ディスクは disk とスペルする。ただし、CD-ROM、光ディスク、光磁気ディスクについては、コンピュータ分野でも disc と disk の両方が用いられている。 ◆the remaining time on the disc ディスクの残り(再生)時間

**discard** v.～を捨てる、廃棄する、処分する、廃棄処分する、棄却する ◆discarded material 廃材 ◆discarded household [home] appliances 廃棄家電 ◆a discarded banana peel 捨てられたバナナの皮 ◆the destruction and discarding of documents [human embryos] 書類[ヒト胚子]の破棄 ◆discard all digits to the right of the decimal point 小数点以下をすべて切り捨てる ◆they discarded the parts as rejects due to defects 彼らはそれらの部品を欠陥があるために不合格品として廃棄(処分)した ◆With more than 10 million vehicles discarded every year,... 1千万台以上の車が毎年廃棄[廃車]にされているなかで、

**disc brake** (通例～s)ディスクブレーキ

**discern** ～を(視覚その他の感覚で)認める、分かる；違いが分かる、識別する、見分ける ◆a 1/2-point difference is difficult to discern visually 1/2ポイントの違いは(目視で)見分けにくい(*活字の大きさ) ◆discern the complex structure of DNA DNAの複雑な構造の違いに気付く(*discernは違いを知覚する) ◆the difference between A and B is hard to discern AとBの間の違いは見分けにくい[識別しにくい] ◆the ability to discern between friend and foe 敵味方を識別する能力

**discernible** adj. (視覚その他の感覚で、はっきりそれと)認めること[認識、識別]ができる ◆there is no discernible difference between A and B AとBの間に認識[識別]できる差はない；AB間の違いは分からない[識別できない] ◆particles discernible with the eye 目で見て観察可能な[確認できる、分かる]微粒子 ◆there was no discernible difference in accuracy between A and B AとBの間で精度の点で、特に問題にする[取り立てて言う]ほどの差はなかった(▶「有意差は認められ[確認でき]なかった」とも訳せる) ◆A similar trend is discernible in image-compression technology.　似たような傾向は画像圧縮技術において見て取れる.　◆There are two major trends discernible in steel R&D: (1) Development and improvement of..., and (2) Research and development for new types of steel,...　鋼鉄の研究開発に2つの大きな動向が認められる［見られる］：...（＊以下省略）

**discerning** adj. 良し悪しを見分ける［鑑定する］力のある, 鑑識眼の鋭い, 眼識のある, 具眼の; 分かりの分かる　◆among discerning smokers　違いの分かる愛煙家の間で　◆discerning [insightful] readers　具眼の読者

**discharge** 1 vt., vi.　(～を) 排出［放出, 吐出, 放流, 放電, 荷降ろし］する, 解放［放免, 解任, 解雇］する, 除隊させる　◆a discharged battery　（放電して）上がってしまっているバッテリー　◆discharge passengers　乗客を降ろす　◆was honorably discharged from...　～から円満退職した, 《軍》～から名誉除隊した　◆because of the vast quantities of ballast discharged by ships arriving from Africa　アフリカから入港してくる船舶による膨大な量のバラスト水の排出のせいで　◆when food is to be discharged out of the continuous flow chute　食材を連続排出口から排出させる時に
2　(a)～放出(物), 排出(物), 放電, 吐き出し; 色抜き, 脱色剤; 回解放, 放免, 解任, 除隊, 《債務の》返済, 《義務の》履行［遂行］　◆a discharge pipe　吐き出し管, 吐き出し口管, 吐捨管, 吹き出し管, 排出管, 排送管, 排砂管, 排水管　◆a discharge rate　(電池などの) 放電率;（従業員などの）解雇率;（ポンプなどの）吐出し量　◆a discharge tube　放電管　◆(an) electrical discharge　放電　◆discharge liquor　（工場）廃液　◆electrostatic [static] discharge; ESD　静電放電　◆(a) discharge starting voltage　放電開始電圧（＊放電ランプなどの）　◆electrical discharge machining　放電加工　◆an electric [electrical] discharge machine　放電加工機　◆a discharge [an outlet, a delivery] pressure of 40 psig　40psigの吐き出し［吐出］圧力　◆control the discharge of gas　ガスの排出を抑制する　◆reduce discharge of solvents into the air　溶剤の大気中への放出を減らす　◆the amount of discharge seems extreme　排出量は極端に多いように思われる　◆The battery has a very low self-discharge rate so it can be used right out of the box.　この蓄電池の自己放電率は非常に低いので, 箱から取り出して即使用できる.（＊使用前に充電しないでそのまま使える）　◆Discharges of radioactive liquid are made by pipeline into the Irish Sea, and aerial discharges of radioactive particles are also made.　放射性液体がパイプラインによってアイルランド海に排出されており, 放射性粒子の大気中への排出［放出］も行われている.

**disciplinary** adj. 規律の, 訓練の, 教化の, こらしめの, 懲戒的な　◆shall be subjected to disciplinary punishment ～は, 懲罰に処されることになっている　◆when they decide to refer a matter to a disciplinary committee rather than to governmental law enforcement authorities　彼らがある事実を政府の法執行当局ではなく懲罰委員会に付すとの決定をする場合

**discipline**　回訓練, 教練, 鍛錬, 修行, 修業, 規律, しつけ, 薫陶 (クントウ), 綱紀, 風紀, 懲罰, 懲戒; a～学科, 分野, 部門; vt. ～をしつける, 統制する　◆well-disciplined　規律［統制］のよくとれた　◆breed lack of discipline　規律の乱れを生む　◆cause a breakdown in morale and discipline in...　～における士気の低下と規律［綱紀, 風紀］の乱れを引き起こす　◆enforce workplace discipline　職場の規律を徹底させる　◆low morale and lax discipline among...　〈兵士など〉の間の低い士気［《意訳》士気の低下］と緩んだ規律［《意訳》規律のたるみ］　◆paternal affection and discipline　父親の愛情としつけ［厳しさ］　◆to solve problems across several disciplines　数種類の（学問）分野にまたがる問題を解くために　◆an embryonic discipline called nanotechnology　ナノテクノロジーと呼ばれる発達初期段階にある研究分野　◆teach a child punctuality and self-discipline　時間厳守と自分を制することを［自制, 自己規律, 自己管理を］子供に教える　◆work at the forefront of many research disciplines　数々の研究分野の最前線で活動する　◆a task force will be formed to study how party leaders can enforce discipline　どうすれば党首らが綱紀粛正を実行できるのか検討するために作業委員会が結成されることになっている　◆The dress codes are as a way of improving classroom discipline.　服装規定は, 教室における規律［秩序］［《意訳》風紀］を改善するためのひとつの方法である.

**disclaim** vt.　〈権利〉を放棄する, 〈責任や関係〉を否認［否定］する　◆hereby disclaim all copyright interest in...　これにより～についての著作権法上のすべての権利を放棄する

**disclaimer**　a～（責任, 権利などの）否認［拒否, 放棄, 棄権］, 免責条項, 断り書き, ただし書き　◆a disclaimer for using...　～をご使用［利用］いただく際の免責事項［ご注意, 警告, ただし書き, お断り］（＊商品やサービスの提供者が利用者に対する責任を逃れるために, 「使う場合は自己責任でお願いします」という趣旨で書く）　◆Although there is a disclaimer that the views expressed do not represent the views of Xxx,...　表明されている見解はXxxの見解を代弁するものではない旨の免責条項［断り書き, ただし書き］はあるものの　◆There is a huge disclaimer on the box that reads, "..."　（商品の）箱に大きな文字で「～」という（責任逃れのための）断り書き［免責事項］が記載されている.

**disclose** vt.　～の覆いを取る, ～を表す; 公表する, 開示する, 露する, あばく, 暴露する, 摘発する, 表沙汰にする　◆disclose the details of...　～の詳細を明らかにする［公表する］

**disclosure**　回公表, 公開, 開示, 暴露, 摘発, 露呈, 発覚; a ～公表［開示］されたもの, 表面化したもの　◆a financial-disclosure report　資産公開表　◆make a public disclosure of one's finances　財務内容を一般に開示する　◆Disclosure of the kind or type of filling material contained in an industry product need not be made in advertising unless...　工業製品の中に入っている充填材の種類やタイプは, ～でない限り広告で明示する必要はない.

**Discman**　◆a Sony Discman　ソニー・ディスクマン(1台)

**discolor** vt. 変色［退色］させる; vi. ◆discolor... red　～を赤く変色させる　◆to keep it from discoloring　それが変色するのを防ぐために; それの色が悪くならないように　◆to prevent discoloring　変色するのを防ぐために

**discoloration**　変色, 退色, 汚気, 色落ち, (色) 焼け

**discomfort**　不快, 不安; ～s 不快［いや］なこと, 苦痛の種　◆cause discomfort　気分を悪くさせる　◆Screen glare is a leading cause of user discomfort.　画面のギラツキは, ユーザーが感じる不快感の主要因の一つである.

**disconnect** vt., vi.　接続を切る［解除する］, 連絡を断つ, 切断する, 切り離す［放す］, 外す, 外れる, 抜く, 抜ける, 取り外す <from>　◆a disconnecting switch　《強電》断路器(=a disconnector, an isolating switch, an isolator)　◆a disconnect signal　切断信号（＊交換機で回線の切断を指示する信号）　◆become disconnected from society　社会から乖離する［浮き上がってくる］; 社会とのつながりが無くなってゆく［失われて行く］　◆disconnect the plug from the power supply　プラグを電源から抜く

**disconnection**　(a)～（接続・連絡・回線が）切れること, つながりが無くなること, 断つこと, 切り離し, 分離, 切断, 外れること［外れ, 取り外し］, 《これ以降は主に電気関係の》断線, 開放, 断路,［これ以降は主に医学分野］連絡断, 離断　◆to prevent inadvertent disconnection of a cable from an electrode　電極からケーブルが不用意に外れないようにするために　◆The hose fitting contains no locking mechanism and is susceptible to an inadvertent disconnection.　このホース口金はロック機構を内蔵していないので, 不用意に抜け［外れ］やすい.

**disconnector**　a～《強電》断路器(= a disconnecting switch, an isolating switch, an isolator)

**discontiguous** adj. 隣接［接続, 連続］していない, 離れた　◆clusters become discontiguous　《コンピュ》クラスタが不連続［飛び飛び］, ばらばら, ちりちり, ちりぢり, 別れ別れ, とぎれとぎれ］になる

**discontinuance**　回停止, 休止, 中止, 止め, 取りやめ, 打ち切り, 廃止, 一時的な不在, 取下げ（＊訴え［訴訟］の）　◆the discontinuance of certain notebook and desktop models　特定の

ノート型およびデスクトップ型機種の（製造）中止［打ち切り］，《意訳》生産完了］

**discontinuation** ［U]停止，中止，中断，打ち切り，廃止，廃業，廃線，断絶 ◆the [a] discontinuation [abandonment] of rail service [a railroad line] 廃線 ◆announce (the) discontinuation of support for Version 3.1 バージョン3.1のサポート打ち切りを発表する［廃止のご案内をする］ ◆due to the discontinuation of manufacture [production] of... 〜の製造中止［生産打ち切り］，《意訳》生産完了］のせいで ◆following the discontinuation of therapy; after discontinuation of treatment 治療中断［中止，打ち切り］後に

**discontinue** vt.〈継続していたこと〉をやめる，打ち切る，中止する，中断する，解約する; vi. やむ，終わる ◆a discontinued product line 製造中止［打ち切り，完了］となった製品［商品］ライン［系列，群］ ◆discontinue production of CFCs 特定フロンの生産をやめる［打ち切る］; 特定フロンを製造中止する ◆discontinue one's subscription to a magazine 雑誌の購読を打ち切る ◆when the current is discontinued 電流が切られると

**discount** 1 a〜 割り引き，値引き，割引率［額］; adj. ◆get [receive] a discount on... 〜を割り引きしてもらう，〜（の値段）をまけてもらう ◆a discount house [store] ディスカウントショップ，安売り量販店 ◆a high discount 大割引 ◆at a deep [steep] discount 大割引で ◆volume purchase discounts 大量購入割引 ◆offer quantity discounts on...《商品》の大量注文割引をする ◆receive [get] deep discounts 大割引してもらう ◆give [allow] a discount of 40 percent 4割値引き［4割引］する ◆sell goods at a discount 商品を割り引き［値引き］して売る ◆receive discounts of 30 to 40 percent or even more 3割から4割，あるいはもっと割引［値引き］してもらう ◆Treasury bills are discount instruments.（米）財務省証券は，割引債券である． ◆And now it's affordable, with even bigger discounts in OEM quantities. そして今，本製品はお求めやすくなりました．OEM数量ですとさらに大幅に割引いたします． ◆Many books are available at up to 30% discount on normal bookshop prices. 多くの書籍が通常書店価格の最大3割引で入手［購入］できる．
2 vt. 〜を割り引く，割り引いて聞く，〈リスクなど〉を甘く見る，軽視する，あらかじめ計算に入れる，見越しておく; vi. 割引値段で商う，割引する ◆a discount airline ticket 格安航空券

**discounter** a〜 割り引き業者，安売り店，ディスカウント店 ◆discounters such as mail order firms 通信販売会社などの量販業者 ◆visit a local computer discount store 地元のコンピュータ・ディスカウントショップ［量販店］に足を運ぶ ◆a discounter with a large stock and low prices 大量に仕入れて廉価で売るディスカウント店

**discourage** vt. 〜を落胆［失望］させる，くじけさせる，〜に水を差す，やる気をなくさせる; <from...-ing>〈人が〉〈〜する）のを〉やめさせる［思いとどまらせる，妨げる］ ◆The organization will accept monetary donations, but donations of material goods are discouraged. 同団体では，寄付金は受け付けるが，物品［物資］の寄付についてはご遠慮願っている． ◆In an effort to discourage the low-spending back-pack crowd, the country has raised the price of visa from $4 to $32. バックパックを背負った金離れの悪い（旅行者）の（大群が）（入国を）あきらめさせようと［旅行者たちがあまり入ってこないように］，その国は査証の値段を4ドルから32ドルに上げた．

**discourse** ［U]議論，会談，談話，会話; a〜 （〜について）講義，講演，説教，論説，論文<on, upon>; vi.（〜について）長々と論じる［話をする］，講演［講義，説教］する<on, upon> ◆develop their discourse competence in oral language （《意訳》彼らの口頭言語における談話能力［《意訳》彼らの会話（運用）能力］を開発する

**discourteous** adj. 失礼な，マナーに反する，無作法な，ぶしつけな ◆a discourteous action 失礼な［マナーに反する］行為

---

**discover** 〜を発見する，暴露する，見いだす; 〜が分かる，〜に気が付く，〜を知る ◆the particle was discovered to exist この粒子の存在が初めて明らかにされた

**discovery** (a)〜 発見，見つける［見つかる］こと，発覚; a〜 発見した［された］もの ◆make a discovery （新）発見をする ◆because of delayed discovery 発見が遅れたために ◆for fear of discovery 見つかるのを恐れて ◆in the event of discovery of a defective product 不良製品が見つかった［《意訳》確認された］場合 ◆the discovery of plutonium プルトニウムの発見 ◆to avoid discovery of corruption 腐敗［汚職］の発覚を避けるために［が表沙汰にならないように］ ◆These studies resulted in the discovery that... これらの研究の結果として〜ということが分かった． ◆make discoveries in the vanguard of physics 物理学の最前線で数々の新発見をする ◆The development of A was made possible by the discovery of B. Bの発見によりAの開発が可能になった． ◆It's really the best financial paper around, a discovery I am rather late in making. これは，出回っている［現在発行されている］中で最高の経済誌だ．気付くのが遅かったが［今頃になって気付いたことだが］．

**discreetly** adv. 慎重に，注意深く ◆It has a discreetly hidden sprinkler system. これには（目立たないよう）慎重に［注意深く］隠されたスプリンクラ設備が備わっている．

**discrepancy** a〜 矛盾，不一致，食い違い，齟齬（ソゴ），差異，違い，《工業，宇宙》不具合 ◆a discrepancy between Iraqi and U.S. figures for... 〜のイラク側と米国側の数の食い違い［相違］（*湾岸戦争での被害の大きさの話でで） ◆discover [spot, find] a discrepancy 食い違い［相違，齟齬（ソゴ）］（がある）のを発見する［見つける］ ◆If there is a discrepancy,... 食い違い［相違，齟齬（ソゴ）］があったら ◆notice a discrepancy <in, between> 食い違い［相違，違い］（があること）に気付く ◆Should a discrepancy arise, ... ; Should any discrepancies occur. 食い違い［相違］が生じたら，齟齬（ソゴ）を生じたら ◆the detection of in-process discrepancies 製造工程での不具合［規格外れ状態］の検出（*discrepancy は意訳してある） ◆We see a large discrepancy between the offense and the punishment. 私たちは罪と罰［犯罪と刑］の間に大きなずれがある［が非常に不相応である］と見ている． ◆Input-output devices employ buffering to smooth out speed discrepancies. 入出力装置は，（装置間の処理）速度の違い［差違］を吸収するためにバッファリングを用いている．

**discrepant** 食い違っている，矛盾した，相違した ◆discrepant parts (not meeting GE's drawing requirements) （GEの図面上の要求事項に合致［規定を満足］していない）規格外れの部品［不適合品］ ◆When defective pieces are found in a sample, the entire lot must be 100% inspected for the discrepant characteristic(s) to sort out the defectives. サンプル集団に不良品が見つかった場合には，不良品を選別し除去するためにそのロット全体を，規格外れの特性について全数検査しなければならない． (*discrepant＝規格外，食い違っている)

**discrete** adj. 飛び飛びの，ばらばらの，別々の，個別の，別個の，離散的な，離散形の，不連続な，孤立性の;《電子機器》ディスクリートの［《集積回路ではなくトランジスタや抵抗などの）個々の部品で構成されている］ ◆discrete components ディスクリート部品（*複合化や集積化されていない個々の単品部品，たとえば基板に半田づけされている抵抗器，コンデンサ，トランジスタなど） ◆discrete components [parts] 単品部品（*複合品と区別して） ◆discrete data 離散（的）データ ◆discrete devices such as modems; a discrete device such as a modem モデムのような単体の装置 ◆discrete numbers 飛び飛びの［不連続な］数 ◆the discrete Fourier transform (DFT) 離散フーリエ変換 ◆Back in the 70s & 80s, there were lots of discrete pieces of equipment which in the 90s, have been consolidated into multifunction boxes. 今をさかのぼること70〜80年代にはたくさんの単体［単品］機器があったが，それらは90年代に多機能［複合］型（機器として同一）の筐体にまとめられた．

**discretion** 思慮，分別，慎重さ; 決定［選択，行動］の自由，自由裁量，決定権，判断［一任，一存，任意，料簡］ ◆at one's own discretion 自分自身の自由裁量［判断，一存］で ◆at the discretion of...; at one's discretion 〈人〉の(自由な)判断で, 一存で, 〈人〉の自由裁量で, 〈人〉の判断次第[胸三寸, 胸一つ]で ◆exercise discretion 自由裁量を行使する ◆according to his discretion 彼の自由裁量に従って ◆at a [the] user's discretion ユーザーが思うままに; ユーザーの好きなように; ユーザーが望む通りに ◆be left to the discretion of... 〜の(自由)裁量に委ねられている ◆give... more discretion in...-ing 〜に(より自由に)〜できるよう裁量の余地を拡大してやる ◆give too much discretion to... 自由[任意, 恣意的]に〜できる裁量の余地を〈人〉に過分に与える ◆have broad discretion to <do> 〜には任意に〜できる大幅な裁量権がある ◆subject [leave]... to the discretion [whim] of bureaucrats 〜を官僚[役人]の胸一つ[さじ加減]に委ねる ◆the selection of... is at the discretion of... 〜の選抜[選抜, 選別]は〜に一任されている ◆allow him some discretion in selecting subordinates 部下の人選に彼の意向を多少反映させることを可能にする ◆he said discretion on how to <do...> is left to him and Ms. Smith 彼は, 〜をどう実施するのかに関しては彼とミス女史に一任されていると言った ◆it should be done with extreme caution and discretion それは, 細心の注意を払って極めて慎重におこなわれなければならない ◆Visa Officers exercise considerable discretion in approving and refusing applicants. 査証審査官は, 申請を承認したり却下したりするのに大幅な裁量を行使する. ◆Additional tests will be performed at the discretion of Powertek Quality Control. 追加試験が, パワーテック社品質管理部の裁量で[(意訳)管理部の都合で, 管理部が必要と認めるときは]実施されることもある. ◆Discretion is often the better part of valor. If you're faced with overwhelming odds, run. There's no sense in dying. 思慮分別が勇気の大事な部分[思慮分別も勇気のうち]であることが往々にしてある. 圧倒的な強敵と対峙したら, 逃げるが勝ちだ. 命あっての物種だ. ◆The Act permits public bodies to exercise considerable discretion with respect to the disclosure of such records. この法律は, そういった記録のディスクロージャー[公開]について公共団体がかなりの裁量を行使することを許して[(意訳)大幅な恣意的(弾力)運用を可能にして]いる. ◆Traditionally, local school boards have exercised broad discretion in deciding what subjects and materials are appropriate for inclusion within the curriculum of public schools. 伝統的に, 各地の教育委員会は, 公立学校のカリキュラムに伝統の科目や教材を含めるのが適切なのかといった判断する上で広範な自由[裁量権]を行使してきた.

**discretionary** adj. 自由裁量の, 一任の; ((意訳))胸三寸の, 恣意的な, 任意の ◆discretionary income 裁量所得(*可処分所得disposable incomeから基本的な生活費を除いた分) ◆a discretionary account 〔売買[取引]〕一任勘定(*投資家が売買する銘柄や株数を証券会社に任せきる) ◆give him discretionary power for...-ing 彼に〜できる自由裁量権を与える ◆invested with discretionary power to <do> 〜できる自由裁量権を付与されて

**discriminant** a 〜 判別式

**discriminate** vi. (〜と〜を)区別する[見分ける]<between>, 差別[分け隔て]する<against>; vt. 〜を区別する, 見分ける<from> ◆discriminate between A and B AとBを区別[識別, 判別]する ◆discriminate against women 女性(従業員)を性差別する ◆discriminate between right and wrong 善悪の区別をする ◆discriminate between technically equal proposals 技術的に見て同じ内容の提案に甲乙をつける ◆discriminate good from bad 善悪を区別する; 善悪の区別をわきまえる ◆be discriminated against in promotion 昇進の点で差別待遇を受けている ◆be discriminated against on the basis of race, sex, age or other characteristics 人種, 性別, 年齢, またその他の特徴が原因で差別を受けている ◆discriminate between upper and lower case letters 《コンピュ》大文字と小文字を区別[識別, 別扱い]する ◆I don't think that is a cause to be discriminated against. 私はそれが差別を受ける原因だとは思っていない.

**discriminating** adj. 識別力がある, 鑑識眼の鋭い, 眼識のある, 目の利く, 目の肥えている, 違いの分かる, 差別的な ◆discriminating drivers who can recognize automotive excellence that is more than skin deep うわべだけでなく奥深いクルマの美点が認識できる, 違いの分かるドライバーたち ◆His yachts are admired by all discriminating yachtsmen for their beauty. 彼の(設計する)ヨットは違いの分かるヨット好き皆からその優美さゆえ賞賛されている.

**discrimination** 回差別, 差別待遇, 分け隔て, 区別, 識別, 識別力, 鑑識眼; (a) 〜 《電気》弁別, 《コンピュ》条件付き飛び越し ◆color discrimination 色の識別 ◆a discrimination-free workplace 差別のない職場 ◆discrimination between A and B AとBの識別[区別] ◆without discrimination against sex 性差別なしに; 男女の分け隔てなく; 男女平等に ◆because of skin-tone discrimination 肌の色に起因する差別により ◆Most employers practice some form of discrimination in their hiring or promotion practices. ほとんどの雇用主は, 採用制や昇進制で何らかの形での差別を行っている.

**discriminator** a 〜 《電気》弁別器

**discriminatory** adj. 差別的な, 識別する ◆discriminating [discriminatory] ringing 《通》着信呼種可聴音識別)(*共同加入電話などで, 呼出ベルの鳴らし方の違いにより, どの家にかかってきたかを識別させる方式)

**discus** a 〜 (円盤投げの)円盤 ◆a discus thrower 円盤投げ選手

**discuss** vt. 〜について議論[議論, 討論, 相談, 検討]する, 論議をかわす, 話し合う, 話す, 〜を扱う, あげつらう, 〜についての(考察[持論, 意見, 見解])を述べる ▶discuss は, 後ろに about や on などの前置詞を置かず, いきなり目的語をとる. ◆as has been discussed 前述のごとく, (既に[以上])述べたように ◆be discussed later 〜については後述される ◆cannot easily be discussed in the framework of... 〜の(について)の枠内で簡単[単純]に論じることはできない ◆a diode of the type discussed in Sec. 5-1 第5-1項で論述した[考察した, 述べた, 扱った, 取り上げた]タイプのダイオード ◆As has been discussed already in New Zealand,... ニュージーランドで既に討議されたとおり,... ◆Chapter 6 discusses... 第6章では, 〜について論じる, 考察する.  ◆leave... to be discussed at a later time 〈事項〉を懸案[先送り]にする ◆If you're having trouble, discuss this with a friend who can help you view your situation objectively. 問題に直面しているときは, 自分の状況を客観的に把握することを手助けできる[(意訳)客観的に判断できるように, 信頼できる]友人に相談しなさい.

**discussion** (a) 〜 話し合い, 議論, 談義, 論議, 審議, 討議, 討論, (ある話題についての)話[考察, 見解, 記述] ◆under discussion 審議中の[で] ◆discussions take place 議論が起こる ◆after several hours of discussion 数時間におよぶ話し合い[討議] ◆a general discussion about [on, of, concerning]... (〜について)全体的に[広く一般に]論じる話[議論, 話し合い], 〜に関する一般論 ◆bring a topic up for discussion ある議案[議題]を討議[話し合い, 審議, 会議]にかける[付議する, 上程する] ◆bring [submit]... for discussion to a meeting 〈事項〉を会議に持ち込む[かける] ◆conduct a discussion on [about, concerning]... 〜について[関して]ディスカッション[議論, 討論, 討議, 話し合い]を行う ◆detailed discussion of... 〜についての詳細な考察 ◆make discussions with... regarding... 〜と〜に関して話し合い[会談]をする ◆the conduct of discussions to evaluate... 〜を評価するための討議[審議]の実施; 話し合いを行うこと ◆the discussions under way at the meeting この会議で審議中の検討事項 ◆use... as a starting point for discussions about... 〜を〜についての話し合い[議論, 論議]の叩き台[下敷き]にする ◆participate in an online group discussion オンラインの集団討論[グループディスカッション]に参加する ◆Preliminary discussions have been held among... to discuss the possibility of... 〜の可能性について話し合うための予備会談が, 〜の間で持たれた ◆some of his ideas are out-of-bounds for discussion 彼の一部

の案は、論外だ ◆It is worthwhile continuing discussion of... ~の討議を継続していくことは価値がある。◆Your discussion of... missed an important point. あなたの~の話は、要点からそれています[的外れです]。◆But they have not yet reached a conclusion, so discussion on this matter has been decided to be continued. だが、彼らはまだ結論に達しなかったので、この件に関する討議[討論、議論、話し合い]を引き続き行っていくことが決まった。◆No discussion of workstations would be complete without mention of the ubiquitous IBM PC. ワークステーションを論じるなら、どこにでもあるIBM PCコンピュータに言及しなければ始まらない[片手落ちだ]。

**disease** (a) ~ 病気, 疾患, 疾病(シッペイ) ◆a disease of unknown origin 原因不明の病気 ◆work-related diseases 仕事関連の病気; 職業病 ◆destroy disease-germs 病原菌を殺す ◆produce a disease-resistant strain of silkworm 蚕の病気抵抗性品種をつくる ◆List any other infectious diseases your child has had in the past. もしもお子さんにその他の伝染病の既往があれば列挙してください。◆More than 70 percent of women who are diagnosed with ovarian cancer first see their doctors when the disease is already in its advanced stages. 卵巣癌の診断が下される女性の実に70%は、すでに病気がかなり進行した段階になって初めて医者にかかっている。◆The USA is recognized by Office International des Epizooties (OIE) as a country/zone free from foot and mouth disease, rinderpest and BSE. 米国は、国際獣疫事務局(OIE)によって、口蹄疫、牛疫および牛海綿状脳症のない国/地域として公認されている。(*BSEは俗にいう mad cow disease 狂牛病のこと)

**disengage** ~を切る、切り離す、外す、取り外す、分離する ◆disengage the blade teeth from the lumber 材木からのこぎり歯を離す

**disengagement** ①解除、離脱、遊離、(婚約などの)解消[解除、破棄]; ①自由、暇 ◆the U.N. Disengagement Observer Force (UNDOF) on the Golan ゴラン高原の国連兵力引き離し監視軍

**disentangle** vt. ~のもつれを解く、ほぐす、ほどく、ふりほどく、解き放す、開放する、解決する、(disentangle oneself from で)~から抜け出る; vi. ほどける、ほぐれる、決着する ◆disentangle fibers 繊維をほぐす

**disfigure** ~の外観を傷つける、~を変形させる ◆disfigured letters (自動仕分け機にかけられない)変形してしまった手紙

**disgruntled** adj. 不満な、不平を持っている、不機嫌な、ムッとした、ふくれっ面[不平面(フヘイヅラ)]をした ◆disgruntled workers 不平不満を持っている労働者たち ◆some employees are disgruntled over pressure from on high to <do...> 一部の従業員は~せよという上からの圧力を不満に感じている

**disguise** (a) ~ 変装, 扮装, 仮装, (物事の本質を隠すための)見せかけ、ごまかし、口実; vt. ~を変装[扮装, 偽装]させる、~を隠す(偽る) ◆disguise one's hatred 憎しみ[憎悪、嫌悪]を隠す ◆disguise oneself as a beggar 乞食に変装する[に身をやつす、を装う] ◆she tried to disguise her hidden intentions 彼女は隠された意図[本当の目的、下心]を隠そうとした ◆His novels are travelogues disguised as detective stories. 彼の小説は、探偵小説の体裁[形]をとった旅行記[道中記]である。◆She knows all along that the beggar is Bill in disguise. 彼女は、その乞食に変装したビルだ[ビルが変装している]ということをはじめからずっと分かっている。◆Edutainment products are really educational offerings disguised as games. エデュテイメント製品は、ゲームに見せかけた[ゲーム形式の、(意訳)ゲーム感覚の]実際は学習用[教材]商品である。◆For that, Nikita Khrushchev called her "the devil in the disguise of a woman." そのため、ニキタ・フルシチョフは、彼女のことを「女性の姿をした悪魔」と呼んだ。◆She escaped the island in disguise, using wigs, heavy makeup and false documentation. 彼女はカツラ、厚化粧、偽造文書などを使って扮装[変装]してその島から逃げた[抜け出した]。

**disgusting** adj. 胸糞が悪くなる、実に不愉快な[いまいましい、いまわしい、嫌らしい、好かない、癪に障る]、むかむかさせる、むかつくような ◆to reduce the "disgusting" proliferation of outdoor signs 「胸くその悪い[いまいましい、不愉快な]」屋外看板の氾濫を抑えるために

**dish** a ~ 皿; パラボラアンテナ ◆a dish antenna パラボラアンテナ ◆a satellite antenna dish 衛星放送用パラボラアンテナ ◆a receive-only earth dish 受信専用地上パラボラアンテナ ◆a deeply dished saddle 深くくぼんでいるサドル ◆Meals consist of a main dish, one or two side dishes, milk, coffee, bread, and a dessert. 《意訳》食事に出るのは、メインディッシュ[主食、主菜]、1~2品の副食物[おかず、副菜]、牛乳、コーヒー、パンそしてデザートです。

**dish out** 〈食べ物〉をよそう、《口》~を配る、〈情報〉を流す ◆he dished out rice for everyone 彼はみんなのご飯を盛った ◆Major carriers use automated reservation systems to dish out the most up-to-date flight information to travel agents. 大手航空会社は、最新のフライト情報を旅行代理店に流すのに自動予約システムを利用している。

**dishwasher** a ~ 自動皿洗い機

**dishwashing** n. 食器洗い、皿洗い; adj. 食器洗い[皿洗い]の ◆a dishwashing machine 自動食器洗い[皿洗い]機 ◆(a) dishwashing liquid [detergent, soap] 食器洗い[台所]用洗剤

**disillusion** vt. 〈人〉の迷いを覚まさせる、~を幻想から解き放つ、幻滅させる、①(→ disillusionment) ◆people have become disillusioned with promises of government 人々は政府の約束に幻滅を感じてきている

**disillusionment** ①(= disillusion) 迷い[幻想]から覚めた状態、覚醒、幻滅(感) ◆lead to widespread disillusionment among... 〈人々〉の間に幻滅感[失望感、落胆]を広げることにつながる ◆the public's disillusionment with professional politicians is even greater than usual プロの政治屋に対する一般庶民の幻滅感は普段と比べてより一層高まっている

**disinfect** vt. ~を消毒する、殺菌する、~からウイルスを駆除する ◆disinfect surgical instruments 手術器具を消毒する

**disinfection** ①消毒, 殺菌,《コンピュ》ウイルス駆除 ◆a virus disinfection program 《コンピュ》ウイルス駆除プログラム

**disinflation** ①ディスインフレーション、インフレの緩和 ◆a sudden disinflation 突然の物価低下現象 ◆the economy experienced disinflation 経済は物価低下現象を経験した ◆unexpected disinflation that collapsed real estate values 不動産価格を崩壊させた予期せぬディスインフレ[価格低下]現象

**disinflationary** adj. ディスインフレの ◆implement disinflationary policies ディスインフレ政策を実施する

**disinformation** ①事実に基づいていないでたらめな情報、虚報、(敵を欺くための)戦術的なうそ、デマ、虚偽の情報、ニセ情報、怪情報、ガセネタ ◆counter disinformation and rumors spread by... ~が広めた虚偽の情報[デマ、ニセ情報、怪情報]と風説に対処する ◆There is already too much misinformation and disinformation about this issue out there. すでにこの問題についてはあまりにも多くの誤情報や偽情報[デマ]が乱れ飛んでいる。

**disintegrate** vi., vt. ばらばらにする[なる]、崩れる、分解する、解体する、瓦解する、崩壊する、乾化する、(物)壊変する ◆the aircraft disintegrated at high altitude その航空機は高度で(空中)分解した ◆when the Bretton Woods system disintegrated in the 1970s 70年代にブレトン・ウッズ体制が崩壊した際に ◆The Soviet Union collapsed and disintegrated. ソビエト連邦は崩壊し瓦解した。

**disintegration** 崩壊, 瓦解, 砕解, 粉解, 粉状化,《物》壊変 ◆disintegration energy《核物理》壊変エネルギー ◆the disintegration of law and order 法と秩序の崩壊 ◆the Soviet Union's disintegration ソ連の崩壊

**disinterested** adj. 私心のない、私利私欲にとらわれない、公平無私な、偏見や先入観にとらわれない、興味[関心]がない、無関心な ◆Theoretically, the civil service consists of disinterested professionals serving the public's interest. 理論的には、行政当局は一般民衆のためになるよう働いている(公平)無私のプロたちから成り立っている。

**disk** a～ 円盤, 円盤, 椎骨板(ツイカンバン); (a) ～《コンピュ》ディスク ◆a floppy disk (= a diskette) フロッピーディスク ◆a hard disk ハードディスク(装置) ◆an optical disk 光ディスク ◆removable [↔nonremovable] disks 取り外し可能[↔不能]ディスク ◆8-inch and 5 1/4-inch flexible disks 8インチと5インチのフロッピーディスク ◆require 5 MB of free disk space 5MBの(ハード)ディスク空き容量[領域]を必要とする ◆the directories and files on the disk in drive A ドライブAのディスクのディレクトリとファイル ◆insert [place, load] a disk into [in] drive A ドライブAにディスクをドライブAに入れる [挿入する] ◆The program places the edited text from the editing buffer back onto the disk. 《コンピュ》プログラムは, 編集の終わったテキストを編集バッファからディスクへ戻す.

**diskette** a～《コンピュ》ディスケット(＊特にIBM社が用いているフロッピーディスクの別名)(→ floppy disk に用例)

**dislike** ～を嫌う, いやがる

**dislocation** (a)～ 混乱, 転位, 食い違い, 《地》地滑り, 《地》断層, 《医》脱臼 ◆it will cause considerable dislocation of our economy それは我が (国[町, 村, 地域,...]) の経済にかなりの混乱を生じさせるかも知れない ◆a typical snow crystal contains a huge number of crystal dislocations 通常の雪の結晶には莫大な数の結晶転位が含まれている

**dislodge** vt. どかす, どける, 取り除く, 取り外す, 撤去する, 追い払う; vi. 外れる ◆dislodge coal from railroad cars 鉄道輸送貨車から石炭の荷下ろしをする ◆prevent it from becoming dislodged それが外れないようにする ◆use a bulldozer to dislodge the rock その岩をどかす[撤去する]のにブルドーザーを使う

**dismal** adj. 陰気な, 陰鬱な, 憂鬱な, 気が滅入るような, 暗澹(アンタン)たる, 暗い;〈景色などが〉もの寂しい[荒涼とした];〈天気などが〉暗くどんよりした, うっとうしい; みじめな, 落ち込んだ ◆face a dismal future 暗たんとした前途[暗い未来]に直面する ◆The record of Japanese overseas investment has been pretty dismal. 日本の対外投資の実績はかなり惨憺たるものだった. ◆The short-lived machine is dead following dismal sales. この短命の機械は, 惨憺(サンタン)たる[悲惨な]販売結果の後に死んだ.

**dismantle** ～を分解する, 解体する; ～から設備・機器[装备, 用具]を取り除く ◆dismantle an engine エンジンを分解する ◆dismantle monopolies 独占企業を解体する ◆dismantle the empire その帝国を解体する ◆manage exhibit dismantling and packing activities 展示・解体・撤収[撤去]および梱包作業を監督する ◆Berliners' euphoria over the dismantling of the Wall 壁の解体にわくベルリン子たちの浮かれ気分 ◆slow the dismantling of the ecosystem 生態系[自然環境]の崩壊を遅らせる ◆used computers that will be dismantled for parts パーツを取るためにバラされる[解体される]ことになっている中古コンピュータ ◆decree the dismantling of the big collective farms 大集団農場の解体を布告する ◆Mr. Fisher calls for a full dismantling of Japan's film-distribution system. フィッシャー氏は日本の(写真)フィルムの流通機構の100%解体を求めている. ◆Installation and dismantling of exhibits may not begin before the specified starting times and dismantling must be finished by the specified completion times. 展示物の設置および撤去は指定の開始時間よりも早く始めてはならない. また, 撤去は指示された完了時刻[終了時間]までに終えること. 《参考》There are about 12,000 car dismantlers in the United States and they do just what their name implies – they take the car apart, keeping for resale or rebuilding any useful components. 米国には約1万2000ほどの車解体業者がおり, 名前通りのことを生業にしている. すなわち, 車を解体[分解]して, 使用可能なコンポーネントがあれば又売りするために体裁よくしておいたり再生したりするのである.

**dismiss** vt. ～を解散[退散]させる, 解雇[解任, 解職, 免職, 罷免, お払い箱に]する, ～を(～として)簡単に片付ける<as>;《法律》却下する, 棄却する ◆dismiss a meeting 集会を散会する ◆dismiss it as a practical joke それを悪ふざけだったと一蹴する ◆dismiss newspaper accounts that... ～と書き立てている新聞記事を一蹴する ◆dismiss the pop-up menu ポップアップメニューを(画面から)消す[閉じる](＊選択項目の実行で, メニューの消し消しによって) ◆He was dismissed for loafing on the job. 彼は仕事をさぼっていて解雇された. ◆It was dismissed as being of secondary concern. それは二次のこととして片付けられてしまった. ◆Most of his fellow scientists dismissed the idea as hopelessly quixotic. 彼の同僚の科学者たちは, そのアイデアを全く見込みのない非現実的なこととして取り合わなかった[相手にしなかった]. ◆Japan's Prime Minister Junichiro Koizumi sacked [dismissed] his controversial Foreign Minister Makiko Tanaka and her deputy Yoshiji Nogami. 日本の小泉純一郎首相は田中真紀子外相と野上義二外務事務次官を罷免(カクシュ)[解任, 更迭]した.(＊「更迭」は解任や クビの意味で) ◆Outraged lawmakers dismissed President Alberto Fujimori in a raucous session of Congress, ignoring his resignation and declaring him morally unfit for office. 激怒した国会議員らは, 紛糾した国会会期中に[国会で], アルベルト・フジモリ大統領の(提出した)辞表を無視し, モラル的に大統領には不適切であると宣告して彼を罷免した.

**dismissal** (a)～ 解雇, 罷免; 解散; 却下, 棄却; 見くびること, 甘く見ること ◆unfair dismissals 不当解雇 ◆a dismissal notice; a notice of dismissal 解雇通知 ◆the dismissal of an employee ある従業員の解雇

**dismount** v. (台, 支えから)～を取り外す, 降ろす<from>;〈機械〉を分解する; 降りる,《コンピュ》ディスマウント[マウント解除]する; n. during a dismount (自転車や馬などから)降りる際に ◆dismount from a horse; dismount a horse 馬から降りる, 馬を降りる ◆we dismounted our bicycles 私たちは自転車から降りた ◆facilities for mounting and dismounting tape cartridges テープカートリッジを装填したり取り出すための機能

**disorder** 無秩序, 混乱, 乱雑;（心身の）不調, 障害, 疾患, 病気 ◆a liver disorder 肝臓障害 ◆occupational lung disorders 職業性肺疾患 ◆societal disorder – experienced as crime, drug abuse, political conflict, and economic instability 犯罪, 薬物乱用, 政治的対立, 経済不安として感じ取ることのできる社会的な混乱

**disorganization** (U) (組織などの)解体, 分裂, 崩壊, 瓦解, (U)無秩序, 混乱 ◆the disorganization of the health care system 医療制度の崩壊[瓦解] ◆the capitalist system has been undergoing disorganization and reorganization 資本主義制度[体制]は崩壊と再編をたどってきている

**disorganize** vt. ～の組織[体系, 統制]を解体する, 秩序を乱す, ～を混乱させる ◆Being disorganized can have a negative effect on your career. 《意訳》仕事がだらしないと昇進に響く可能性がある.

**disparity** (a)～ 不一致, 不同, 不等; 不均衡, 不釣合い; (はなはだしい)差, 差異, 格差 ◆a disparity in age 開き過ぎている年齢; 年齢の不均衡 ◆a disparity in prices 大幅な値段の格差[違い] ◆narrow the disparity between A and B AB間の格差を小さくする ◆the disparity between reality and forecasts 実際と予測の不一致 ◆the disparity between the rich and the poor あまりにも大きな貧富の差, 金持ちと貧乏人の間の大きな格差 ◆the income disparity between whites and blacks narrowed 白人と黒人の間の給与格差が縮小した[縮まった] ◆the income disparity between European and American women ヨーロッパ女性とアメリカ女性の間の収入の(大きな)格差 ◆This would create disparities in rates and services among regions. このことは, 料金やサービスの地域間格差を生みかねない.

**dispatch** 1 vt.（手紙など）を発送する, 送り出す;〈使者〉を遣わせる[派遣する, 差し向ける, 行かせる] ◆load dispatching 給電指令 ◆dispatch a special fact-finding mission to the region その地域に特別事実調査団を派遣する ◆Each PRT vehicle will be dispatched on demand from a central computer. 各PRT車両は, 中央のコンピュータからの要求により配車される.

2 (U)発送, 送り出し, 派遣, 急派, 特派, 迅速さ, すばやさ; a～（急送の）公文書, (新聞等への)急報[特電]; (a)～ 殺害[死

**display**

刑執行]the dispatch of... 〈物品など〉の発送 ◆with dispatch 至急[迅速]に,てきぱきと,素早く,手早く,手っ取り早く,手際よく,すぐに,直ちに ◆dispatch costs 発送費用 ◆the dispatch of a special envoy from the United States to Japan 米国から日本への特使の派遣

**dispatcher** a ～ 発送係,配車係,操車係,列車運行指令係,航空機運航管理係,通信指令係,(電力会社の)給電指令係 ◆a load dispatcher 給電指令員 ◆a load dispatcher center 給電指令センター

**dispense** vt. ～を分配する,施す;～を一定量[計量して]供給する;〈薬〉を調剤[調合]する,投薬[投与]する ◆dispensing equipment; a dispensing system 自動計量払い出し[定量吐出,小出し,分配]装置 ◆dispense advice 助言を与える ◆dispense information 情報を提供する ◆dispense measured amounts of laboratory pure gas 一定量のラボ仕様の高純度ガスを(使うために)出す ◆a chemical feed system to dispense dry powdered ferrous sulfate and lime into the industrial waste water treatment system 乾燥硫酸第一鉄と石灰を産業[工業]廃水処理システムに計量投入するための化学薬品供給装置 ◆Tiny biodegradable capsules are under development that can be embedded in a woman's thigh or arm and automatically dispense contraceptive hormones for a year. 女性の大腿部や腕に埋め込み,避妊ホルモンを1年間にわたって自動的に投与[投薬]することができる小型の生分解性カプセルが,開発の途上にある.

**dispense with** ～を無しで済ます;～を不要にする,省く ◆it cannot be dispensed with それは不可欠である;それなしでは済まされない ◆it's an idea that needs to be dispensed with immediately それは,今すぐにでも無くす[捨てる]必要のある考えだ ◆If money is short, dispense with those luxuries and expensive pursuits you can live without. 《直訳》お金が足りないなら,なしで済ませられる贅沢品や金のかかる趣味をなしで済ませること.

**dispenser** a ～ ディスペンサー,適量ずつ取り出せる[供給できる]容器[装置],薬剤師 ◆a fluid dispenser 液体ディスペンサー(*液体をほぼ一定量ずつ出すための容器や装置) ◆an automatic dispenser 自動販売機 ◆a plunger dispenser (容器から液体を適量ずつ出すための)ピストン式ポンプ ◆a tape dispenser テープカッター(*カッター付きでかたつむりの形をしているテープ台) ◆a wire dispenser ワイヤー繰り出し装置

**dispersal** ①(群衆などを)追い散らすこと,解散,散布,拡散,(一家)離散,疎開(*敵の攻撃から守るために兵員や人員を広範囲に分散すること) ◆it led to the dispersal of the family それは一家の離散につながった

**dispersant** a ～ 分散剤

**disperse** vt. 分散させる,消散させる,散らす,まき散らす,散布する; vi. 分散する,消散する ◆individual computers located at [in] geographically dispersed places 地理的に分散して[((意訳))互いに離れて](配置されて)いる個々のコンピュータ ◆disperse dirt and emulsify greasy soils 泥を分散させ,あぶら汚れを乳化させる ◆receive/transmit terminals installed at geographically dispersed sites [in geographically dispersed locations] (地理的に)分散設置されている送受信端末 ◆A glass prism is commonly used to disperse light into a spectrum. 光をスペクトルに分解するのに《直訳》ガラスプリズムが通常用いられる. ◆Concave lenses disperse parallel rays of light. 凹レンズは平行光線を発散[拡散,分散]させる.

**dispersibility** ①分散性 ◆Coal dust loses its dispersibility with an increase in its free water content. 炭塵は,付着水の増加とともに分散性を喪失する[((意訳))飛散性が低下していく].

**dispersion** ①分散,散乱,消散,解散,離散,(凹レンズによる光の)発散,ばらつき 《光学》逆分散 ◆the dispersion of rays of light 光線の発散[拡散,分散](*凹レンズによる) ◆the dispersion of pollution 汚染の拡散 ◆inhibit the heat dispersion characteristics of the fins フィンの熱発散特性を阻害する[放熱性を妨げる] ◆the dispersion of light into a spectrum by a prism プリズムによって光をスペクトルに分解すること(*このことを「分光」と呼ぶ) ◆the wide dispersion of guns among ordinary citizens 一般市民の間での銃器の広範な普及 ◆"Diaspora" refers to the geographic dispersion of the Jews after the Babylonian exile. 「ディアスポラ」とは,バビロン脱出後のユダヤ人の地理的な離散をいう. ◆The dispersion in the values of a series of measurements will be minimized. 一連の測定値のばらつきは最小限に抑えられるであろう.

**dispersive** adj. 分散の,分散性の,分散的な ◆the dispersive power of a lens レンズの分散能

**displace** vt. ～をずらす,移動させる,立ち退かせる,強制退去させる;～に取って代わる ◆displace pH from its proper value ペーハーを適正な値からずらす ◆displace them only slightly from their normal positions それらを通常位置からほんのわずかずらす ◆When fuel injectors began to displace carburetors in the 1980s, ... 燃料噴射器が1980年代に気化器に取って代わり始めた時に, ◆three voltages displaced 120 electrical degrees with respect to each other 互いに120度の電気角ずつずれている3つの電圧

**displacement** ①(a)～ 排気量,排水量,押し退け量[容積],変位;①置換,取って代わること,強制立ち退き ◆a displacement gage [gauge] 変位計 ◆(a) piston displacement 《車》ピストン排気量 ◆a variable displacement compressor 可変容量型コンプレッサ ◆a larger displacement motorcycle より大きなオートバイ ◆(a) permanent ground displacement 永久地盤変位・変状 ◆a small amount of lateral [vertical, upward] displacement 横方向[縦方向,上方へ]の小変位[小さなずれ] ◆displacements in the x and y directions xおよびy方向への移動 ◆the amount of vertical displacement of... 〈物体〉の縦[((意訳))垂直,上下]方向への変位の量[変位量] ◆the displacement of an ancien regime 旧体制[古い政治・社会組織,旧制度]の排除 ◆undergo displacement 変位を受ける ◆cause displacements of the image on the screen 画面上で画像のずれを引き起こす ◆have a piston displacement of more than 50 cm³ 排気量が50ccを上回る ◆small displacements relative to the wavelength of sound 音の波長に対して[比べて]小さい変位 ◆the restoring force opposing a displacement from the position of equilibrium 平衡位置からずれないよう反対方向に働いている復元力

**display** 1 (a)～ 表示,展示,陳列,誇示; a～ ディスプレイ装置,展示会,(集合的に)展示品 ◆on display 展示されて,陳列されて,表示されて ◆a backlit display バックライト付きディスプレイ(装置) ◆a flat-panel display フラットパネル[パネル型,平面]ディスプレイ(装置) ◆a gas plasma display プラズマディスプレイ(装置) ◆a liquid crystal display (LCD) 液晶ディスプレイ(装置) ◆an electroluminescent display (ELD) エレクトロルミネッセンス[EL]ディスプレイ(装置) ◆a seven-segment display セブンセグメント表示器(*電卓の表示部などに用いられている.数字1文字を構成する7つの線分が「日」の字型に配されている) ◆go on public display 一般公開になる ◆materials intended for wall display 壁に掲示するための印刷物 ◆the store has... on display その店は～を陳列している ◆a pictorial display on the screen 画面上の図形表示 ◆ceramic tiles for display or for use in home 飾り用,または家庭で使うためのセラミック[陶磁器]タイル ◆a supertwist LCD with 640- by 200-pixel resolution 640×200画素の解像度のスーパーツイスト液晶ディスプレイ ◆for display on the Mac II monitor 《コンピュ》MacIIのモニターへの表示用[に表示されるように] ◆a flat gas discharge display panel of 24 half-inch high characters in bright orange easily readable in any ambience サイズ1/2インチ高の文字を明るいオレンジ色で24文字表示でき,どんな場所でも読みやすいガス放電式フラットパネルディスプレイ(装置) ◆The display has a clarity and crispness not seen before. そのディスプレイ(装置)は,いまだかつてない鮮明度とシャープさをもっている. ◆The display measures 9 inches diagonally. このディスプレイ(装置)のサイズは9インチである. ◆The laptop comes standard with

a 6½- by 9¼-inch display.　そのラップトップコンピュータには、6½×9¼インチのディスプレイが標準装備されている。◆The monitor is capable of really beautiful displays.　そのモニターは、実にきれいな表示ができる。◆Some 250 exhibitors, from Apollo to Zenith, put their wares on display.　アポロ社からゼニス社まで250社ほどの出展企業が、製品を展示した。◆The digital signals are changed back into analog for display on an ordinary TV picture tube.　デジタル信号は、通常のテレビのブラウン管に表示するために、アナログに（変換して）戻される。◆The graphics card offers a noninterlaced, sharp 1280 x 960 pixel display at 8 bits per pixel.　このグラフィックスカード［基板］により、1画素当たり8ビットで1280×960画素の鮮明なノンインターレース表示ができる。◆The program runs on the Macintosh and produces a screen display as shown in Figure 5.　このプログラムはMacintosh上で走り、第5図に示すような画面表示をする。◆After plotting the chart, the program flips back to its normal display as soon as the user hits any key on the keyboard.　《コンピュ》グラフを作成した後、ユーザーがキーボードのいずれかのキーをたたくとすぐにプログラムは通常の（画面）表示に戻る。◆You will see the following display as the AutoInstall operation is in progress: Please Wait. AutoInstall being attempted!　AutoInstall動作時に次のように表示されます。「AutoInstall試行につきしばらくお待ちください」
2 vt. 表示する、展示［陳列］する（能力など）を発揮する、〈性質など〉を示す、呈する; vi.（画面などに）表示される ◆ display hysteresis [ferroelectricity]［物要・材料などが］ヒステリシス［強誘電性］を示す［呈する］ ◆display the operational status of...　〜の動作［運転、稼働］状況［状態］を表示する ◆A confirmation window displays.　確認ウィンドウが表示される。(*このdisplayは自動詞、= appear) ◆display 24 lines of 80 characters　24ケタ×80文字を表示する ◆in an area where interactive art exhibits are displayed　（鑑賞型）参加型芸術の展示物が展示されている区域に［で］

**displayable**　adj. 表示可能な ◆The monitor's maximum displayable resolution is 1024 by 768 pixels.　そのモニターの最高表示可能解像度は、1024×768画素である。

**displeasure**　囗不快、不満、不興（フキョウ）、不機嫌、立腹 ◆register ［express, show］ displeasure ＜with, at＞　〜について不満［不快感］を表す

**disposable**　adj. 使い捨ての; 可処分の ◆disposable income　可処分所得 ◆a disposable cartridge filter　使い捨てカートリッジ式フィルター

**disposal**　囗処分、処理、投棄、廃棄、廃棄処分; 自由［意のまま］になること ◆a disposal heap　［鉱山］採鉱・採石の際に廃棄された岩石［廃石、捨石、ずり、ぼた］でできた山 ◆left at her disposal　彼女の自由（裁量）にまかされている ◆the disposal of wastes　廃棄物の投棄処分 ◆nuclear waste disposal　核廃棄物処理 ◆the waste-disposal industry　廃棄物処理業界［産業］ ◆a bomb-disposal team　爆弾処理班 ◆a toxic-waste disposal site　有毒廃棄物処理場 ◆a new disposal site　新しい投棄処分場 ◆at the disposal of the engineer　技術者の自由裁量にまかせられて ◆prior to disposal　投棄処分に先立って ◆Put... at his disposal　〜を彼の好きなように［彼が自由に］使えるようにしてやる ◆the disposal of radioactive waste　放射性廃棄物の処理 ◆an underground conduit to convey refuse matter to a place of disposal　廃棄物を処分場まで輸送するための地中管路 ◆ban exports of hazardous wastes to poor countries for final disposal (such as landfilling)　最終処分（たとえば埋め立て処分）を目的とした、貧困国向け有害廃棄物の輸出を禁止する ◆use two methods of sludge disposal [two sludge disposal methods]　2通りの汚泥処分［処理］方法を用いる ◆I had the entire morning at my disposal.　私は、午前中まるまる自由に使うことができた。

**dispose**　vt.〜を配列する、配置する、割り付ける; ＜to do＞〜に（〜する）傾向を与える、〜にしがちにする ◆dispose of approximately 35,000 gallons of organic solvents slightly contaminated with radioactive tritium　放射性トリチウム［三重水素］に若干汚染されている有機溶剤約35,000ガロンを処理する

**dispose of**　〜を処理する、処分［廃棄、廃棄処分、投棄］する、始末する［片付ける］ ◆dispose of a problem [question]　問題を片付ける［処理する］ ◆we have to find a way to dispose of...　〜を処分する方法を探さなければならない; 〜の処理方法を見つける必要がある ◆If you disposed of the asset before it was fully depreciated, ...　限度いっぱいまで減価償却する前に資産を廃棄した場合には、◆CAUTION: Battery may explode if disposed of in fire.　注意: 電池を火中に捨てる［焼却処分する］と破裂するおそれがあります。◆Dispose of the old oil in an ecologically satisfactory manner.　古くなったオイルは、生態環境的に満足の行くやり方で処分［処理］してください。

**disposition**　(a)〜 配置、割り付け、配列; a〜 性質、気質、性向、性癖、傾向; (a)〜（〜したい）気分［気持ち、感じ］＜to do＞ ◆about the disposition of nonconforming items　（基準や仕様）に合致しない物品［不適合品、不良品］の処分［始末、処置、処理］について ◆have [possess] a hospitable disposition　もてなしの心を持っている ◆the disposition of reworked or repaired parts　手直しまたは修理された部品［の処理、の処置、への対応］ ◆have a disposition to slip easily　滑べりやすい性質［傾向］がある

**disprove**　〜が間違っていることを証明［論証］する、〜を反証［論駁（ロンバク）、反駁］する ◆disprove that established theory　その定説を覆す

**dispute**　1 vi., vt. 論争する、口論する、議論する、論じる、〜に対して異議を唱える、疑う
2 (a)〜 論争、論争、口論、言い争い、紛争、争議 ◆trade disputes　貿易摩擦 ◆(an) Alternative Dispute Resolution (ADR)　裁判外紛争処理 ◆a point under [in] dispute　論争中の（問題）点; 争点 ◆because of labor-management disputes　労働争議のせいで ◆if disputes arise　もし紛争が起きたら ◆resolve [settle] a dispute　紛争を解決する ◆boundary disputes between the two countries　二国間の国境紛争 ◆there is no room for dispute about...　〜について議論の余地はない

**disqualify**　vt. 資格なし［失格、不適格、不適任］と判定する、〜を失格させる、〜から資格を剥奪する、(意訳)〜を資格審査でふるい落とす［対象から外す］ ◆he was disqualified for two false starts　彼はフライング2回で失格になった ◆he was disqualified from the tournament　彼はトーナメント出場資格を剥奪された ◆In the district, significant numbers of votes were disqualified for the most flimsy reasons, and absentee ballots never made it into the count at all.　この選挙区では、かなり多数の票がどうしようもなく言い掛かり的な理由で無効にされ、不在者投票は全く票数には入れられなかった。

**disregard**　1 〜を無視する、軽視する、等閑視する ◆If you have already renewed, please disregard this note.　（行き違いで）すでに更新済みの場合は、このご案内は無視してください。［(意訳)ご容赦ください］。
2 (a)〜 無視、軽視、等閑視 ◆disregard for the law　法の軽視・無視

**disreputable**　adj. 評判のよくない［悪い］、不評の、信頼できない、ちゃんとしてない、まともじゃない、いかがわしい、たちの悪い、悪徳の; 不体裁な、見苦しい、みっともない、みすぼらしい ◆disreputable academics who promote anti-Semitism　反ユダヤ主義の肩を持ついかがわしい［うさん臭い］学者［学識者］ども ◆protect consumers from disreputable dealers　悪徳業者から消費者［生活者］を守る

**disrupt**　vt.〈交通・通信など〉を乱す、混乱させる、混乱に陥れる、狂わせる、途絶させる、中断する、不通にする、麻痺させる; 〈国家・制度・服〉を分裂させる; 〈演説など〉を妨害する; 阻害する、破綻させる、崩壊する、破壊する、めちゃめちゃにする ◆a radar malfunction disrupted flights　レーダーの異常が、空の便の混乱を招いた

**disruption**　(a)〜 分裂、分断、崩壊、破壊、破裂; （交通の）混乱 ◆environmental disruption　環境破壊 ◆minimize disruptions in flight schedule　フライトスケジュール［空のダイヤ］の乱れをできるだけ小さくする ◆with minimal disruption of oil supplies　石油供給の途絶を最小限に食い止めつつ ◆as a hedge against disruptions in energy supplies エネルギーの供給の途絶に対する防衛策として

**disseminate** vt. 広める, 普及させる, 浸透させる, 言いふらす, 宣伝する, 〈情報など〉を流す, ばらまく, 配布する, 頒布する, 播布する ◆disseminate information on recycling リサイクルに関する情報を広める ◆disseminate information to the voters about [on]... 有権者に〜に関する情報を流す[〜について広報する] ◆build and disseminate computer viruses コンピュータウイルスをつくってばらまく ◆to disseminate the R&D results thereby obtained to the industrial community それによって得られた研究開発の成果を産業界に広める [普及させる] ために

**dissemination** 回広めること, 普及, 浸透, (情報などを)流すこと, 伝播, 流布, 宣伝, 蔓延, 配布, 頒布, 播布 ◆The challenge for tomorrow is the proactive accumulation and dissemination of knowledge. 今後の課題は知識の積極的な蓄積および普及である。 ◆The USIA's first mandate, of course, is the dissemination of information about the United States. 米国の広報文化交流局の第一の責務は, もちろん米国についての情報を広めることである。(*mandateとは国民から負託されている, なすべきことの意)

**dissent** vi. <from> 〈多数派の意見〉に異論を持つ [唱える], 〜と意見を異にする; n. 意見の相違, 異議, 不同意 ◆Some economists strongly dissent from the view that... 一部の経済学者らは, 〜という見方に強い異論を持っている

**dissertation** a 〜 (学位)論文 (*米国では特に博士論文) ◆a dissertation on [about]... 〜についての論文 ◆a doctoral dissertation 博士論文 ◆present a dissertation 論文を提出する ◆write a dissertation related to metal casting 金属鋳造に関する論文を書く

**dissimilar** 似ていない, 同じでない, 異なる, 異種の ◆a device with features not dissimilar to that of... 〜と変わりのない機能を持った素子

**dissimilarity** 似て[同じで]ないこと, 相違; a 〜 相違点 ◆the dissimilarities between A and B　AとBの間の相違点

**dissipate** 散らしてなくす, 消散する, 散逸する, 放散する, (電力を)損失する ◆a heatsink absorbs and dissipates heat 放熱器は熱を吸収して放散する ◆dissipate heat into the atmosphere 大気中に熱を放散する ◆dissipate static charges 静電荷を逃がす ◆the power dissipated in the resistor 抵抗中で(熱となって放散され)損失される電力 ◆As the fog slowly dissipated,... 霧がゆっくりと晴れてくると,... ◆once the office-space glut dissipates オフィススペースのだぶつき[供給過剰, 余剰状態]が解消すれば ◆two "Aquachannel" grooves cut into the tire for dissipating water 水はけ[水切り]のためにタイヤに掘られている「アクアチャンネル」(*グッドイヤータイヤの話) ◆the symptoms dissipated almost as quickly as they came これらの症状は, 現れた時とほぼ同じ速いペースで消えた[消滅した] ◆the volatile oils in the herbs and other ingredients can dissipate over time これら薬草の揮発油分やその他の成分は, 時が経つにつれて[次第に]飛んでいってしまうことがある ◆The DAC dissipates only 50mW (of power). 同D/Aコンバータは, たった50mW(の電力)を消費しない。(*dissipateは「電力を損失する」意味であるが, ここでは文脈上「消費する」にしてある) ◆The hope for a free Cuba has dissipated. (意訳)キューバが自由主義国になるという希望は消滅した[失せた, なくなった]。

**dissipation** 散取, 散逸, 消散, 放蕩, 浪費; (電力)損失, (意訳)電力消費, 消費電力 ◆anode [plate] dissipation (真空管の)電力消費 ◆a (heat [thermal]) dissipation constant 放散定数 (*サーミスタの) ◆improve thermal [heat] dissipation 熱の放散を改善する; 放熱を良くする ◆Dissipation is just 100 mW during operation and less than 3 μW on standby. 電力損失[(意訳)電力消費, 消費電力]は, 動作時にはわずか100ミリワット, そして待機時には3マイクロワット未満である。(*電気分野では, dissipation 1語で電力損失の意味がある)

**dissociate** 〜を(〜から)分離する, 切り離す, 解離する <from>; 〜を切り離して考える ◆dissociate oneself from...

〜との関係 [縁] を断つ, 〜から離れる ◆oxygen is dissociated from... 〜から酸素が解離される

**dissociation** 解離, 分離 ◆cause dissociation 解離を起こさせる (*イオンを生じる解離は「電離」) ◆the dissociation of molecules 分子の解離 ◆create dissociation or multiple personalities in children 子どもを人格解離あるいは多重人格にする

**dissolution** (a) 〜 分解, 分離, 溶解, (血餅(ケッペイ)などの)融解, (契約などの)解除, (提携などの)解消, (議会などの)解散, (政党の)解党, (感覚の)消失, (財閥などの)解体, (身体からの魂の)離脱, 死滅, 崩壊, 瓦解 ◆due to a demineralization of dental enamel by dissolution with carboxylic acids produced by bacteria バクテリアが生成したカルボン酸で溶かされる [溶解される] ことによる歯のエナメル質の鉱質消失により ◆circumstances arise that render the dissolution of an engagement inevitable 婚約の解消 [解除, 破棄] を避けような事情が生じる

**dissolve** 1 vt. 〜を溶かす, 溶解する, 〈会社など〉を解散する, 〈契約など〉を解消する, 《映像》〜をディゾルブしながら消す; vi. 溶ける, 溶解する, 解散する, 〈関係が〉消滅する, 《映像》フェードオーバーする (*前の画面が次第に消えて行くにつれ, 次の画面が徐々に現れる) ◆(a) dissolved matter; a dissolved substance 溶解物, 溶質 ◆dissolved alumina 溶解アルミナ ◆dissolve salt in water 塩を水に溶かす ◆gases that dissolve in water 水に溶ける気体 ◆when workers attempted to dissolve 16 kilograms of enriched uranium in nitric acid 作業員が濃縮ウラン16kgを硝酸に投入して溶解しようとしていたときに ◆The exhaust becomes corrosive when dissolved by rain. その排気ガスは, 雨に溶けると腐食性を帯びる。 ◆BOD directly affects the amount of dissolved oxygen in rivers and streams. The greater the BOD, the more rapidly oxygen is depleted in the stream. 生物化学的酸素要求量 (BOD) は河川や小川の存在酸素量 (DO) に直接的に影響する。 BODが大きければ大きいほど酸素が速く消費される。

2 n. a 〜 《映像》ディゾルブ (*ひとつの場面をフェードアウトしながら次の場面を重ねるにフェードインさせること) ◆movie-type special effects like dissolves and wipes ディゾルブとかワイプとかいった映画で使う類の特殊効果

**dissuade** 〈人〉にさとしてやめさせる, 思いとどまらせる ◆dissuade a person from... (ing) 〈人〉に〜を思いとどまらせる [〜しないように説得する] (*類語に deter) ◆I dissuaded him from buying the dictionary. 私は彼にその辞書を買わないほうがいいと言った。

**distance** 1 n. (a) 〜 距離, 道のり, 間隔, 隔たり, 長さ, (電線などの)亘長(コウチョウ), 遠距離, 遠方 ◆the distance between A and B [from A to B]　AB間 [AからBまで] の距離 ◆the distance covered by... 〜が移動した距離 ◆the distance traveled by... 〜の走行 [移動] 距離 ◆measure distances 距離を測る; 測距する ◆distance learning 遠隔学習 [通信教育] (を受けること) ◆a star at great distance 大変な距離を隔てたところの星 ◆at a distance of 500 feet to 1,000 feet 500フィートから1,000フィート隔てた [離れた, の距離さという) で ◆at a location some distance from... 〜からある距離離れた場所で ◆at a sufficient distance from... 〜から十分な距離を取ったところで ◆a total distance of 6,700 miles 6,700マイルの総延長距離 [全長, 総距離, (電線路の)亘長] ◆decrease with distance from... 〜から離れるにつれて減少する ◆from a considerable distance かなりの距離から, 相当遠くから, 大分遠方より ◆from a distance 遠くから; 距離を隔てて, 遠くから ◆from a distance 遠く [遠方] から ◆increase with distance from... 〜からの距離が遠くなるにつれて増加する ◆keep a safe distance from... 〜から安全(確保のための)の距離をとる ◆put some distance between A and B　AとBの間にある程度の距離を置く ◆the distance to be flown 飛行距離 ◆the entire distance passed through 通過した [移動した] 全行程 ◆transport goods for short distances 荷物を短い距離運搬する; 貨物を短距離運搬する ◆transport... over great distances 〜を長距離輸送する ◆a minimum lens-to-subject [camera-to-

**distant**

subject] distance （被写体までの）最短［最低, 至近］撮影距離 ◆distance-measuring equipment　測距機器 ◆the distance below the surface　表面からの深さ ◆the shortest distance between A and B　AB間の最小［最短］距離 ◆Keep your distance.　（車間）距離をとってください。 ◆at a considerable distance from the power source　電源からかなり離れて ◆if you are some distance from a service station　もしあなたが給油所から多少離れたところに住んでいるなら ◆inns and hotels within walking distance of places to eat　食事処［飲食店］に歩いて行ける所にある旅館やホテル ◆it floated down the creek for some distance　それは小川を, ある程度（の距離）川下に流れて行った ◆land and stop in the shortest possible distance　できるだけ［極力］短い距離で着陸停止する ◆at a distance of 100 ft or more from the receiver　受信機から100フィート以上離れて［離れた所で］ ◆transmit electric energy for great distances　電気エネルギーを遠距離送電する ◆a receiving antenna at a distance d from the transmitting antenna　送信アンテナからd の距離隔てたところにある受信アンテナ ◆Now that I'm retired and can observe things from a distance,...　私は引退していて離れたところから［遠くから, 距離を置いて］物事を観るようになったので, ◆penetrate only a short distance into the substrate　基板に浅くしか浸透しない ◆send infrared signals through the air over line-of-sight distances of up to 2.5 miles　赤外線信号を空気中の直線見通し距離で最高2.5マイル先まで送る ◆the Cadillac dealership that we bought the car from is some distance away　私たちが車を買ったキャディラックの販売代理店はかなり（距離的に）離れている ◆transmit at up to 2 megabits per second over distances of 800 feet　800フィートの距離を毎秒2メガビットの速度で伝送する ◆transmit data at 10 Mbps over short distances (less than 150 feet)　毎秒10メガビットの速度で短距離でデータを（150フィート以下の）短距離転送する ◆trouble-free data transmission to distances of 4,000 feet　4,000フィートの距離までの障害無しでのデータ転送 ◆From a distance, he looked like Bruce Springsteen.　遠目には, 彼はブルース・スプリングスティーンみたいにみえた。 ◆Increase the distance between your car and the one ahead.　前の車との車間距離をもっととれ。 ◆In general, the propagation path loss increases with distance.　一般的に言って, 伝搬路損失は距離と共に［距離が隔たるにつれて］増加する。 ◆Most of the restaurants are within easy walking distance of one another.　これらレストランのほとんどは, 互いに歩いてすぐの範囲内にかたまっている。
**2** vt. 〜を遠ざける, 離す, 〜と距離を置く, 〜と間隔をあける <from>

**distant** 遠い, 遠方の, 離れている, 隔たった；遠隔の, 遠隔式 ◆in the not-too-distant future; in the not so distant future　あまり［そう］遠くない将来に；遠からず（*too でも so でもハイフンを付けたり付けなかったりする） ◆at a distant location　遠隔地で ◆finish [come in] a distant second　1位に大差をつけられて2位に終わる；大きく引き離されて次点になる ◆control it from a distant point [from a distance]　それを遠隔操作する ◆destroy targets thousands of miles distant　何千マイルも遠く離れた目標を破壊する ◆A genuine worker-government accord still seems distant.　労働者と政府間の真の協調に至るまでの道のりは, 依然として遠いように見える。

**distill** 〜を蒸留する, 〜を蒸留してつくる ◆distilled water　蒸留水

**distillation** 蒸留 ◆by distillation　蒸留により ◆a distillation column　蒸留塔

**distinct** adj. 別個の, 異質の, 特異な, 特徴的な, 歴然たる, 明白な, 明確な, 画然とした ◆as distinct from...　〜とは異なって［違い］ ◆a separate and distinct part of the organization　その組織の独立した別個の一部門 ◆Quebec is a distinct society　（カナダの）ケベック(州)は特異［独特, 特殊］な社会である ◆a distinct clunk in the automatic transmission during the second-to-third gear upshift　《車》2速から3速へのギアアップシフト［ギアチェンジ］中に明らかに分かる自動変速機内での（厚い金属部品がぶつかり合うような）音 ◆Each local community has their own distinct characteristics.　各地域社会にはそれぞれ独特の特質［特色, 地域特性］がある。 ◆There has been a tendency to treat A and B as two distinct technologies.　これまでAとBを2つの別個の［全く異なる］技術とみなす傾向があった。 ◆Unique nose and tail treatments give the car a soft, flowing, and distinctive look.　独特な先端部および後部の（設計上の）処理が, 柔らかで流れるような, 他とは一線を画す外観をその車に与えている。

**distinction** (a〜) 区別, 差別, 識別, 弁別, 違い, 相違, 特異点, 特徴, 特質；[U]優越性, 傑出, 著名, 高名；a〜 栄誉, 名誉,（試験での）群を抜く成績, 褒賞（ホウショウ） ◆draw a distinction between A and B　AとBの区別をつける ◆make a distinction whether A or B, or both　AなのかBなのか, それとも両方もなのかなどを区別する［(意訳)見極める］ ◆"overdesign" distinctions　（他製品と差別化するために）「過剰設計」された特徴 ◆the car's good looks and distinction　その車のいいルックスと品格 ◆the distinction between male and female　男女の区別［性別］；雌雄の別 ◆without distinction of sex　男女の区別無く［性別を問わず, 性別にかかわらず］ ◆without making a distinction between A and B　AとBの区別をつけずに；AとBの区別なく［にかかわらず, を問わず］ ◆make a distinction between economic refugees and political refugees　経済難民と政治難民の識別をする［区別をつける］ ◆maximize the distinction between A and B　AB間の特質的な違いをできるだけはっきりさせる［際立たせる］ ◆permit a positive distinction between A and B　AとBのはっきりとした区別［明確な識別, 峻別（シュンベツ）］を可能にする ◆the distinction between A and B has become blurry　AとBの区別がはっきりしなく［曖昧に, 不明確に, 不鮮明に］なってきた ◆there is no distinction about whether... or...　〜かまたは〜かということでの区別は（つけて）ない［差別はしていない］ ◆A distinction should be made between X and Y.　XとYの区別をつけなければならない。 ◆The samples were not sufficient to make a positive distinction between A and B.　サンプルが十分（な量）なかったので, はっきりとした［明確な］AとBの区別がつけられなかった。 ◆As the distinctions among the various media dissolve, doors are opening to entirely new kinds of information services.　各種メディア間の区別がはっきりしなくなるにつれ, 全く新しい情報サービスへの扉が開きつつある。 ◆The distinction is likely to disappear as the capabilities of each type of system gradually increase and overlap.　それぞれのタイプのシステムの機能が次第に増加し重複し合うようになってくると, 境界がなくなってしまいそうだ。 ◆When all products in a particular market become similar, you must ask yourself how to create a positive distinction between your brand and the competition.　《意訳》《意訳》ある特定の市場でどの商品も似たり寄ったりになってきたら, 自社のブランドを競合ブランドに対して明確に差別化［差異化］する方法を自問する必要がある。

**distinctive** adj. 他とは異なっていることを示す,（他とは）一線を画す, 特徴的な, 特有の, 独特な, 特異な, 特質的な ◆a distinctive feature　特色, 特徴, 特質 ◆a distinctive flavor　特徴的［特異,（一種）独特］なフレーバー ◆distinctive products　特色のある商品；特徴ある商品 ◆a non-identifiable village without distinctive features　同定不可能な際立った特徴のない村；《意訳》(他と比べても) 区別のつかない［違いの分からない］何の変哲もない村 ◆distinctive characteristics　際立った［(他との) 違いが著しくよく目立つ］特徴；特徴的な特性；独特な特徴；特色 ◆What are the distinctive characteristics of American society?　米国社会の特有な特徴［特徴的性格］とは何であろうか。（* Hotは一線を画す特徴） ◆Homes generally sell better if they have one or two special or distinctive features.　住宅は, 一般的に言って特別目を引く特徴とか特色が一つ二つあったほうが良く売れる。 ◆People buy a sports car to make a distinctive fashion statement rather than to embody its functional virtues.　人々は, 機能的価値を楽しむというよりはむしろ個性的ファッションを主張するためにスポーツカーを購入する。

**distinguish** vt. 〜を（〜と）区別する, 識別する<from>；目立たせる, 特徴づける；vi. 違いを識別する ◆as distinguished from... ～と区別して ◆distinguish whether... ～かどうか識別する ◆a distinguished name 立派でよく知られている人の名前; 有名[著名]な名前;《コンピュ》識別名 ◆distinguish between authorized and unauthorized use 正規の使用であるのか不正使用であるのかを判別する ◆distinguish friend from foe 敵味方を識別する ◆distinguish good data from bad data 使えるデータと使いものにならないデータを見分ける ◆distinguish oneself as a leader 指導者として頭角を現す ◆a way for a company to distinguish itself from the competition 企業が競争相手[競合他社]との差別化を図る方法 ◆A is hard to distinguish from B or C or D. AはBやCやDと区別がつけにくい。 ◆The car has already distinguished itself in Europe. この車は、すでに欧州では頭角を現し名声[誉れ]が高い。 ◆The German market is distinguished by high savings and low inflation rates, and a remarkably stable currency. ドイツ市場は高い貯蓄率と低いインフレ率、そして非常に安定した通貨によって特徴づけられる。

**distinguishable** 区別できる、見分けがつく、聞き分けられる ◆Previously, the difference in resolution between 12- and 16-bit samples was easily distinguishable. 以前は、12ビットサンプリングと16ビットサンプリングの間の分解能の違いは楽に聞き分けられた。(＊CDプレーヤーの話)

**distinguished** adj. 著名な、卓越した、顕著な、傑出した、屈指の、有数の ◆in recognition of distinguished service <in, at, to> 際だった[素晴らしい、立派な、優れた]活躍[働き、手柄、業績、功績]を認めて; 殊勲[殊績、殊功、勲功、勲労、勲労]を称えて ◆she was from a distinguished Philadelphia family 彼女はフィラデルフィアの名門[名家]の出であった

**distinguishing** adj. 極めて特徴的な、はっきりと区別をつける[ほかと一線を画す]ような ◆a distinguishing characteristic [feature, quality] 特色、特徴 ◆Rare-earth permanent magnets have many distinguishing characteristics, such as a large maximum energy product. 希土類永久磁石は、最大エネルギー積が大きいなどの多くの際立った特性を有する。

**distort** ～を歪(ヒズ)ませる、ゆがめる、いびつにする、変形させる、歪曲(ワイキョク)する、曲解する ◆trade-distorting subsidies 貿易をゆがませている補助金 ◆shapes become distorted [deformed] 形が歪む[ユガム]こと[いびつになる、崩れる、変形する] ◆sound distorted 歪んでいるように聞こえる

**distortion** (a) ～ 歪(ヒズ)み、ゆがみ、変形、いびつである こと、歪曲 ◆create distortion 歪みを発生させる ◆distortion occurs 歪みが発生する ◆distortion factor 歪み率計 ◆have [exhibit] high [excellent] resistance to heat distortion 高い[優れた]耐加熱変形性[耐熱撓み(タワミ)性, 耐熱性]を有する[示す] ◆time-domain distortions 時間領域歪 ◆undergo a mechanical distortion 機械的変形を受ける ◆with a maximum total harmonic distortion of 0.6% 0.6%の最大総合[全]高調波ひずみで ◆with an acceptable level of distortion まあまあ許せる程度の歪で ◆with very little distortion ほとんど無歪みで ◆to correct for distortions such as non-linearity, pin cushioning, and barreling 非直線歪み、糸巻形歪み、樽状歪み等の歪みを補正するために(＊ブラウン管の) ◆crisp, distortion-free copies of compact discs and digital broadcasts《音響》コンパクトディスクとデジタル放送から取った輪郭[粒立ち]のはっきりした歪みの無いコピー ◆Distortion of the audio track is fairly high. 音声トラックの歪みはかなり高い。 ◆Total harmonic distortion (THD) is measured with an audio distortion meter. 全高調波歪(THD)は、オーディオ歪率計を用いて測定される。

**distract** 〈気、注意〉をそらす、〈気〉を紛らわす ◆distract a driver 運転者の気を散らす ◆distract their concentration 彼らの気を散らして集中できないようにする ◆blur away distracting backgrounds《撮影》《意訳》するさい[繁雑な、ごたごたした]背景をぼかす[ぼやかす](＊distractingとは「写真を見る人の気を散らして、被写体への注意を逸らしてしまう」の意) ◆distract your attention from your driving 運転から気をそらしてしまう

**distracting** adj. 気を散らす

**distraction** 気が散ること、気を散らすこと、注意散漫; a～気を散らすもの、気晴らし、娯楽 ◆in order to avoid distractions from the principal concern of the analysis of... ～の解析という主要な問題[本題]からの脱線を避けるために

**distress** □苦痛、苦悩、悲嘆、痛心; □貧苦、困窮、窮乏、窮迫; □困難、難儀、危険状態、遭難、海難; (a)～《法》自救的動産差押え(distraint); vt.～を苦しめる、苦痛を感じさせる、悲しませる、困窮させる ◆she is asking for $100,000 in damages for emotional distress 彼女は精神的苦痛(を被ったこと)に対する10万ドルの損害賠償を求めている

**distribute** vt. 分布[分散]させる、分配する、配る、配布[配送、配給、頒布、配信、配電、配水]する、散布[塗布]する、流通させる[出回らせる、販売する] ◆a film-distributing firm 映画配給会社 ◆the system of distributing commodities 流通機構 ◆distribute lobster meat among four plates ロブスターの肉を4枚の皿に分ける ◆be widely distributed over the world 世界中に広く分布している ◆distribute an application over a number of machines 1つのアプリケーション(プログラム)を何台ものマシンに分散させる ◆stir... to distribute heat uniformly 熱が均等に行き渡るよう～を攪拌する ◆to distribute light all around the room 部屋中に光を満遍なく[くまなく]行き渡らせるために ◆Canon Laser Beam printers distributed from 1990 to 1997, such as the LBP-465 and LBP-860 LBP-465やLBP-860などの、1990年～1997年に出回った[販売された]キャノンのレーザービームプリンタ ◆distribute video programming to cable operators throughout the United Kingdom 英国全土の有線テレビ事業者にビデオ番組を配信する ◆some kind of quota system that would distribute refugees fairly among the European countries 避難民をこれら欧州国に公平に割り振ることになるであろう何らかの割り当て制度 ◆A single database can be distributed among several locations. 1つのデータベースを数カ所に分散させることができる。 ◆The cost must be distributed fairly among all Americans. その費用はすべてのアメリカ人に公平に配分され[割り当てられ]なければならない。 ◆These software programs are distributed without charge. これらのソフトは無料で配布されて[出回って]いる。

**distributed** 分散(型)の、分布(型)の ◆a distributed constant 分布定数 ◆a distributed database 分散型データベース ◆distributed data processing 分散データ処理 ◆a distributed-constant filter 分布定数型フィルター ◆work in a distributed manner [fashion]《コンピュ》分散して動作する

**distribution** (a)～ 配送、配布、配給、配達、配電、配信、配水、分配、配分、分布、分散、流通、販売、頒布 ◆a distribution box 配電[分電]箱[ボックス]; 配気箱、配水箱、給水分散皿 ◆a distribution center 物流センター ◆a distribution depot 配送センター ◆a distribution network《商》流通網; 《電》配電網 ◆a distribution panelboard 分電盤 ◆a distribution substation 配電用変電所 ◆a distribution system 配電系統; 流通機構; 配電体制; 物流システム;《映画などの》配給システム;《ケーブルテレビなどの信号》配信系統 ◆distribution channels; channels of distribution 流通経路[販売経路, 販売,《意訳》販売網] ◆distribution of electric power 配電 ◆the distribution industry 流通業 ◆electricity distribution lines 配電線 ◆a motion-picture distribution system 映画配給システム ◆a continuous distribution of...《統計》～の連続する分布;〈電気などの〉連続的な配電 ◆a high-tension power distribution cable 高圧配電ケーブル ◆an underdeveloped retail distribution system 十分に発達していない小売流通機構 ◆a pie chart showing distribution of expense categories 費用配賦[経費科目の構成比]を示している円グラフ ◆be of worldwide distribution 全世界に分布している ◆eliminate [cut out] distribution intermediaries 流通中間業者をなくす[省く]; 中間流通業者を中抜きする ◆for the purposes of sale or distribution 販売や配布を目的として ◆the digital distribution of music 音楽のデジタル配信 ◆the vertical distribution of temperature (＊上空の)温度の垂直分布 ◆the distribution of agricultural chemicals by aerial or ground distribution 空中散布あるいは地上散布による農薬の散布 ◆the distribution of work among the workforce　従業員全体の間の仕事の配分 ◆the particle size distribution of the comet's coma dust　その彗星のコマの塵[微粒子]の粒径[粒度]分布 ◆The values are concentrated close to the mean and have a bell-shaped (normal) distribution.　これらの値は、中央近くにかたまっていて釣鐘のような形に(正規)分布している.

**distributive**　adj. 分配の, 流通の, 分散的な ◆the distributive law　分配則[律](*ブール代数の)

**distributor**　a ～ 販売代理店, 配給元, 発売元, 販売者,（系列）販売業者,（特約）販売店, 専売店, 卸売人, 元売人, ディストリビューター; a ～ 散水機, 配電器, 配分器, 分配器, 分配弁 ◆a distributor box　分電箱(= a distribution box) ◆cancel distributor contracts　代理店契約を解消する ◆Contact your local Femax sales office or your authorized distributor today.　本日にでも、お近くのフェマックス営業所または正規販売店[販売特約店]まで連絡ください.

**distributorless**　《車》ディストリビューターレス方式の ◆a new distributorless ignition system　《車》ディストリビュータ無しの新しいイグニッションシステム

**district**　a ～ 地域, 地区, 区域, 管区, 行政区; a ～ 地方, 地帯 ◆a federal district court　連邦地方裁判所 ◆district heating　地域暖房 ◆district air conditioning　地域冷暖房 ◆in a red-light district　赤線地帯[地区, 区域, 地域]で ◆within the boundaries of the 6th Police District　第6警察管轄区[管区]の区域内で ◆cogeneration-based district heating and cooling　コージェネレーション[熱電併給]をベースにした地域冷暖房

**disturb**　～を乱す, 妨害する, 擾乱(ジョウラン)する, かき乱す, 邪魔をする, 動揺させる ◆disturb the equilibrium of...　～の平衡を崩す ◆disturb the system　系を乱す ◆hang out a "Do Not Disturb" sign　「起こさない[邪魔しない]でください」という掲示を掲げる(*ホテルなどでドアのノブに)

**disturbance**　(a) ～ 外乱, 妨害, 擾乱(ジョウラン), 障害, 騒ぎ, 騒乱, 混乱, 動揺, 不安 ◆cause [make, produce, create] a disturbance　disturbance を引き起こす[生じさせる, 生む] ◆disturbances erupted [occurred, took place, arose]　disturbance が発生した[起きた] ◆disturbance current　外乱電流 ◆ionospheric disturbance　電離層擾乱(ジョウラン) ◆visual [sleep] disturbances　視覚[睡眠]障害 ◆Disturbances broke out at three federal prisons yesterday.　暴動が昨日連邦刑務所で三か所で起こった. ◆because of political disturbances in their native country　彼らの母国における政情不安のために ◆caused by a radio disturbance　無線障害により引き起こされた ◆with the minimum of environmental disturbance　できるだけ環境を乱さず[環境に悪影響を与える]ことなく ◆70-90% of all PC malfunctions can be traced to disturbances in the power supply　パソコン誤動作全体の70％から90％の原因は、電源の擾乱に帰することができる ◆He developed lymphadenopathy and eventually pulmonary disorders and neurological disturbances.　彼はリンパ節症になり、ついには肺障害および神経障害を発症した. ◆If all current negative tendencies continue, the result will be a collapse of the economy, hyperinflation and unforeseeable social disturbances.　今の悪い傾向がすべて続けば、結果は経済の崩壊、超インフレ、不測の社会不安ということになりかねない

**disunion**　□分裂, 分離, 不統一, 不和, 内輪もめ, 軋轢(アツレキ) ◆the Soviet disunion　ソ連の分裂[崩壊]

**disuse**　不使用, 廃止, 0 ～ 使用されないこと[使用しない, 不使用]により ◆a disused mine　使用されていない[廃棄された]鉱山[炭鉱]; 廃鉱 ◆fall into disuse　使われなく[使用されなく、用いられなく]なる、流行らなくなる、廃れる、廃止される ◆resulting from the use and disuse of...　～の使用・不使用に起因する ◆through neglect and disuse　顧みられないで[ほったらかされて]使われないでいることにより ◆the brain shrinks with disuse　脳は使わないと縮んでいく ◆Due to shortages of spare parts, already 3,000 buses have had to be parked to rust in disuse.　スペアパーツ不足のため、すでに3,000台のバスが駐車の憂き目にあって使用されないまま錆びるに任せられている.

**disused**　adj. もはや使用されていない, 廃棄されて, 廃れて

**dither**　1 a ～ (単のみ)ためらい, うろたえ, 震え; vi. おろおろする, ためらう, 心が揺れる ◆fire...for dithering and procrastinating　～を優柔不断でグズだという理由で首にする 2　ディザ(ー)(*ファクシミリなどで白と黒の画素のみで中間調を表現する技術); v. ◆dither is added on a random basis　ディザをランダムにかける ◆use dithering to achieve the simulation of 64 colors onscreen　《コンピュ》画面上で64色のシミュレーションをするためにディザリング手法を使う

**ditto**　(略, d °, ", -) adv., adj. 同上, 同前, 同じく, 同断, 同様, n. a ～ (pl. dittos) 前述, 上述; vt. 繰り返す ▶表中では同じことを表す場合に、略号で表記されることが多い. ◆ditto as above　上と同じ、同上、同前、同断 ◆ditto for...　～に関しても同様[同じ]である ◆a ditto mark　同上記号(〃) ◆Turn the lights off when you're out of the room. Ditto with the TV.　部屋にいないときは電気を消すこと. テレビについても同じ[同様のこと、以下同文].

**diurnal**　adj. 日ごとの, 昼間の, 昼行性の(↔nocturnal) ◆a diurnal animal　昼行性の動物 ◆diurnal variations　日変化, 日周変化 ◆their diurnal activities　彼らの昼間の活動 ◆these animals are diurnal　これらの動物は昼行性である

**divalent**　adj. 2価の; divalence n.

**dive**　vt., vi. 飛び込む, 潜水する, 急降下する, 急落する; a ～ 飛び込み, 潜水, 急降下, 急落, 暴落 ◆Oil prices took a dive in the 1980s.　石油価格は、80年代に暴落した.(*a dive = a sharp decline)

**diver**　a ～ ダイバー, 潜水夫, 海女, 飛び込み選手, 水に潜る鳥,《ロ》スリ ◆diver's palsy [paralysis]　潜水病; 潜函病; ケーソン病; 減圧病

**diverge**　分岐する, 逸脱する, 異なる, 《理, 数》発散する; ～をそらす ◆a ray bundle diverging from a point source　点光源から発散している光束 ◆diverge the light beam　その光線を発散させる[広がらせる]

**divergence**　(a) ～ 発散, 分岐, 逸脱, 相違, 開き ◆wide divergence from...　～との大幅な相違[開き]

**divergent**　adj. 分岐する, 発散する, 末広がりの, 拡散する; 非常に異なる

**diverse**　adj. 種々の, 様々な, 色々な, 多様な, 種々雑多な, 各種各様の, とりどりの, それぞれ異なった, 変化の多い; 異なる, 違う, 別個の ◆as diverse as A, B, and C　A, B, 果てはCまで多岐にわたっている ◆diverse requirements　多種多様な要求 ◆such diverse applications as CAE and CAD　CAE, CADなどさまざまの用途 ◆meet your diverse printing needs　(あなたの)多種多様[多彩、様々]な印刷ニーズに応える ◆As nurses, we are fortunate to have a diverse number of job opportunities available to us.　私たち看護婦には、幸いにしてに数多くの種類[よりどりみどり]の求人がある. ◆Personal computers are capable of diverse tasks that range from preparing income-tax returns to managing the inventory of a small-to-medium-size business.　パソコンは、所得税(確定)申告書の作成から中小企業の在庫管理までさまざまな仕事をこなすことができる.

**diversification**　(a) ～ 多様化, 多角化, 業容を広げること, (投資対象の)分散化 ◆portfolio diversification　危険分散(*資産運用において危険を最小限にする目的で投資先を分散すること) ◆product diversification is important for...　～にとって製品の多様化は重要である ◆the diversification of energy supplies　エネルギー供給の分散化 ◆undergo (major) diversification　(大幅に[著しく])多様化する ◆the company's diversification of retail channels　この会社の小売経路の多様化[多岐化, 多彩化] ◆despite heavy diversification in the late 1980s　1980年代末期に多角(経営)化を盛んに推し進めたにもかかわらず ◆WordStar's diversification strategy into document processing　文書処理への参入を目指しているWordStar社の多角(経営)化戦略 ◆the company announced its diversification into the telecommunications market　この会社は多角(経営)化を図って電気通信市場に参入することを発表した

◆The company's success seems to be due to its international diversification.　この会社の成功は国際展開に負うところが大きいように見受けられる.

**diversify**　〜を多様化する, 多角化する, 〈会社など〉の業容を広げる, 〈投資の対象〉を分散させる, 多彩にする　◆tastes and needs diversify　嗜好[好み]やニーズが多様化する　◆... diversify the subsidiary so that by 1993 shipbuilding would constitute only 40% of its business, compared with the current 90%　(会社の)事業に占める造船の構成比が1993年までに現在の90%からわずか40%になるように, 子会社を多角化する[子会社の業容を広げる]　◆The manufacturer has diversified into real estate and financial services.　このメーカーは, 不動産や金融サービスに多角経営化した.　◆First Matsushita diversified into electric heaters and foot warmers; radios soon followed.　松下氏は, まず電熱器と足温器に手を広げ, 次にまもなくラジオに手を及んだ.　◆He has urged growers to diversify into potentially lucrative crops ranging from pinto beans to blueberries to wine grapes.　彼は栽培農家に, 斑(プチ)インゲンマメに始まってブルーベリーやワイン用ぶどうなどの実入りのよさそうな作物へと多角化を図るよう強く勧めた.

**diversion**　(a)〜 逸らすこと, 方向転換, 転換, 分流, 分岐, (水利のための)流域変更; a〜〈英〉迂回路, ①注意をそらすこと; a〜 注意をそらせるもの, 陽動作戦, 牽制; a〜 気晴らし, 娯楽　◆a diversion weir　分流[取水]堰(セキ)　◆authorize the diversion of funds to...　〜への資金の流用[転用]を許可する　◆the funds' diversion to...　その資金の〜への流用　◆investigate a diversion of a high-powered computer to the country　同国への高性能コンピュータの(不正)転売を調査する　◆the diversion of limited supplies to the thriving black market　乏しい生活物資をにぎわっているブラックマーケット[闇市]に横流しすること　◆adopt safeguards to protect against diversion of high-tech equipment to those countries　それらの国々にハイテク機器が流れるのを防ぐための予防措置を採る　◆The games offer an amusing diversion from more serious Windows applications.　これらのゲームは, より堅苦しいWindowsアプリケーション(を使っての作業)から楽しく気分転換させてくれる. (*seriousには実用的でまともなソフトという意味も重なっている)

**diversity**　(a)〜 多様性, 相違(点)　◆a diversity receiver　ダイバーシティ受信機　◆with our ever-increasing diversity in values　私たちの価値観がますます多様化する中にあって　◆the diversity of available products　入手可能な商品の多様性

**divert**　vt. 〜の進路を変える, 〜を(脇に)そらす, 〜を流用する, 転用する, 〈関心, 注意など〉をそらせる[そらさせる], 迂回(ウカイ)させる; vi. それる　◆a diverting fitting　〈配管の〉分流配管の継手　◆divert attention away from...　〜から注意をそらさせる　◆a former clerk diverted funds to his own account　元事務員は自分の口座に資金が振り込まれるようにして横領を働いていた　◆divert some of the current from...　〜から電流の(一部)を分流させる　◆the company illegally diverted high-tech equipment to the Soviet Union　この会社はソ連にハイテク機器を横流しした　◆they have diverted government computers for their own use　彼らは政府のコンピュータを自分らの使用目的に(不正に)流用した　◆to divert packets around congested nodes　《通》(意訳)輻輳しているノードを迂回させてパケットを伝送する　◆to ensure the use of nuclear energy is not diverted for military purposes　核エネルギーの利用が軍事目的に転用されるようなことが決してないようにするために　◆the President would bomb Iraq to divert attention away from his political problems　大統領は, 自分が直面している政治問題から(*一般大衆の)注意をそらさせるためにイラクを爆撃するかもしれない　◆All nonconforming parts shall be diverted from normal material channels.　規格に合致していない部品はすべて, 通常の材料流通経路から排除すること.

**diverter**　a〜 分流加減器　◆a flow diverter valve　分流バルブ

**divest**　vt. 〜から〜を脱がせる[剥ぎ取る, 剥奪する, 奪う] <of>, 〈子会社など〉を売却する, 〈不良資産など〉を安く売り払う[処分する, 整理する], ((divest oneself of で))脱ぐ, 脱ぎ捨てる, 投げ捨てる　◆divest nonperforming assets　不良資産を処理する[整理する, (安く)売却する]　◆divest underperforming subsidiaries　不採算子会社を切り捨てる[整理する, 安く売却する]

**divestiture**　〈権利・利権・称号の〉喪失(自らの放棄), (米国での独占禁止法の執行に絡んでの)権利剥奪, 子会社や資産の売却, 〈国営企業などの〉分割民営化　◆Divestiture of AT&T resulted in Bell Operating Companies (BOCs) becoming private, independent entities.　AT&Tの分割[権利剥奪]によって, 各ベル系電話会社は個々の独立した私企業と化した. (*divestitureは, 独占権の剥奪を指して言っている. 一般には, 「AT&T分割」として知られている)　◆The Pioneer Oil Refinery was donated to the City in late 1998 by Chevron USA as part of a company-wide divestiture of nonperforming assets.　パイオニア精油所は, 1988年遅くにシェブロンUSA社によって, 全社を挙げての不良資産整理[処分]の一環として市に寄贈された.

**divestment**　(= divestiture)①剥奪, (不採算)子会社や部門の売却(による整理), 投資の撤退　◆corporate divestment　(子会社や主体事業以外の部門の売却による)本業回帰; 経営多角化とは逆の方向へ進むこと

**divide**　vt., vi. 分ける, 分割する, 区分[分類, 類別]する, 分配する, 割る, 除算する, 割り算する, 隔てる, 分裂させる, 〈周波数〉を分周する; vi. 分かれる, 割れる　◆be further divided into three main sections　更に細かく3つの主要な部分に分類される　◆divide it into quarters　それを4等分する　◆divide one's time between...-ing and...-ing　時間を〜すること〜することに割り振る　◆Divide dough into 4 equal portions.　練った生地を4等分にします.　◆a programmable divide-by-N counter　《電子》分周比Nが設定できるプログラマブルカウンタ　◆divide a database among several CD-ROMs　データベースを数枚のCD-ROMに分けて[またがって]入れる　◆divide seconds into thousands of equal parts　秒を何千個に等分割する[何千等分する]　◆divide the program into smaller, more manageable tasks　《コンピュ》そのプログラムをより小さく扱いやすいタスクに分割する　◆split [divide] the spreadsheet view　《コンピュ》スプレッドシートの表示を分割する[スプレッドシートを分割して表示する]　◆experts offered divided opinions on whether the tests were really necessary　はたしてテストは必要だったのかということに関して専門家はいろいろな見解を示した　◆check available processing and storage resources and divide the work among them　使用可能な処理リソースや記憶リソースを調べ, それらのリソースに仕事を振り分ける　◆it outlines an ever-widening "digital divide" between those with Internet access and those without　それは, ますます開きつつあるインターネットが利用できる者とそうでない者の間の「デジタル格差」の概要を説明している　◆they are deeply divided over the speed with which economic reforms should be implemented　彼らは経済改革をどのようなペースで推し進めるべきかをめぐって大きく割れて[深く対立して]いる　◆They are roughly divided under the headings of A, B, and C.　それらは, おおまかにA, B, Cという項目に分類される.　◆To convert kPa to atm, divide by 101.3.　キロパスカルから気圧に換算するには, 101.3で割る[除算する]こと.　◆Automated reservation systems are dividing the industry into the haves and have-nots.　自動予約システムは, 業界を持てる会社と持たざる会社に二分[二極化, 二極分化]しつつある. (*航空業界の話)　◆Public opinion on the issue seems divided: Some say..., while others say...　この問題についての世間一般の人の見解は分かれて[世論は(二つに)割れて]いるようだ. 〜と言う声もあれば〜という声もある.　◆Freeze meats in small quantities to reduce thawing time and permit greater flexibility in use. Wrap steaks and chops individually; divide ground meat into patties.　肉類は少量ずつ[小分けにして]冷凍します. これにより解凍時間が短縮され, 使う際の融通性が増します. ステーキ肉とチョップ肉は個別にラッピングして, 挽肉は円盤状に分けてください.

**dividend** a ~ 配当, 預金利子, 《数》 被除数 ◆a stock dividend 株の配当 ◆dividend-paying stocks 配当が付く株 ◆high-dividend stocks 高い配当の付く株 ◆reap a peace dividend 平和の配当を手にする ◆the Dow's top 10 dividend payers ダウの配当番付上位10銘柄 ◆high dividend yields of 4% to 5% a year 年率4%から5%の高い配当率 ◆view the tax cuts as a dividend for reducing the deficit これらの減税を, 赤字削減の配当であるといった受け止め方をする ◆the fall of communism in Eastern Europe and decreased military spending in the United States created [generated] a "peace dividend" 東欧における共産主義の崩壊と米国における軍事支出の削減は, 「平和の配当」を生んだ ◆The companies have suspended their dividends while blaming the recession. これら2企業は, 景気後退を理由に配当を見送った [無配とした]。 ◆Companies choose to raise, lower, discontinue or reinstate dividends for a variety of reasons. 企業はさまざまな理由で増配, 減配, 無配または復配を決める。

**divider** a ~ ディバイダー, 分周器, (間) 仕切り, つい立て ◆2 dividers per drawer 各引出しに2つずつの仕切り

**divine** adj. 神の, 神性の, 神聖な, 神々しい, 神のような, 天来の, 神学の, 宗教的な; (口) (主に女性が使う) とても [最高に, 本当に] すてきな, すばらしい ◆hear a divine voice from heaven 天国からの [天来の] 神の声を聞く ◆This was done by the dispensation of Divine Providence. 天の計らいで, 神のお導きによって, 神の思し召しで行われた。 ◆But the Mongol fleet was destroyed by a typhoon the Japanese called Kamikaze or Divine Wind. だが蒙古の艦隊は, 日本人がカミカゼすなわち神風と呼んだ台風により破壊された。 ◆The Yasukuni Shrine near downtown Tokyo houses the "divine" spirits of 2.5 million war dead – including some of those executed as war criminals. 東京のビジネス街にほど近い靖国神社は, 戦犯として処刑された一部の人たちの合祀を含めて250万柱の「神」霊 [御霊] を収めている。

**diving** 回水に潜ること, ダイビング, 潜水, もぐり, (水泳の) 飛び込み, (航空) 急降下; adj. 水に潜る, ダイビングの [潜水の, 沈降の, 急降下の ◆a diving mask 潜水マスク (*スキューバダイビングなどで使用) ◆(a) design diving speed 《航空機》設計急降下速度

**divinity** 回神性, 神格, 神学(theology), 《しばしば the Divinity で》神, 《通例 Divinity で》(大学の) 神学部 ◆a divinity [seminary, theological] student 神学生

**division** (a) ~ 分割, 区分, 分配, (周波数の) 分周, 割り算, 除算, 除法; a ~ 事業部 [部門, 部局, 部, 課], 仕切り [境界], 目盛り ◆frequency division 周波数分周 [分割] ◆a [the] division of labor [work] between [among] ... ~ 間での分業 ◆division of the fleet into two equal parts 全艦隊を2等分にすること [の二分割] (*旧ソ連の黒海艦隊をロシアとウクライナで半々にする記事から) ◆fractional reading of the least division of the scale スケールの最も細かい目盛りよりも更に下の位までの読み取り ◆there should be a division of duties and responsibilities 職務分掌と責任分担が設けられるべきである (参考) further subdivision of the screen to permit the display of two documents 《コンピュ》2つの書類を表示するためにさらに画面を細分割すること

**divisive** 意見 [仲間] 割れを引き起こさせるような ◆The issue of how, and how much to help the East bloc is a divisive question in the European Community. どのようにして, またどのくらい東欧ブロックを援助するのかという問題が, 欧州共同体内で意見が分かれる問題である。

**divorce** 1 vt. 〈夫婦〉を離婚させる, 〈相手〉と離婚 [離縁, 離別] する, ~と縁を切る; <from> ~を分離 [絶縁する], ~を (~から) 分けて扱う; vi. 離婚する ◆a twice-divorced Chicago dress designer 二度の離婚歴がある [バツ2の] シカゴ在住服飾デザイナー ◆I am a 34-year-old woman, once divorced. I've been single now for three years and have seriously dated four men during that time. 私は34歳で離婚歴が1回ある [バツイチの] 女性です。独身になってから3年になりますが, その間4人の男性と真剣につき合いました。

2 (a) ~ 離婚, 離縁, 夫婦別れ, 離別, 破鏡 ◆Mr. Xxx, 55, and his wife, 47, are divorcing by mutual consent after 21 years of marriage. The divorce becomes final this month. Xxx氏(55)と妻(47)は, 双方の合意による [協議] 離婚により21年にわたる結婚生活に終止符を打つ。離婚は今月に最終的に成立する。

**divulge** vt. 〈秘密など〉を (~に) 漏らす [漏洩する, 暴露する] <to> ◆divulge personal information to... ~に個人情報を漏らす [漏洩する, 明かす, 暴露する, ばらす]

**DIY** ◆a DIY enthusiast 日曜大工マニア [愛好家] ◆Serious DIY-ers actually fabricate things that are usable. 本格派の日曜大工 (愛好家) は使えるものを実際に製作してしまう。

**dizzy** adj. 目まいがする, くらくらする; 目もくらむような ◆at a dizzying pace 目まぐるしい [目が回るような] ペースで

**DLP** ◆an XVGA (1024 x 768) resolution, high-brightness DLP (Digital Light Processing) data projector XVGA解像度 (1024×768) の高輝度DLP (デジタルライトプロセシング) データプロジェクタ

**DM** (deutsche mark(s))

**DMA** (direct memory access) 《コンピュ》ダイレクト・メモリー・アクセス

**DMD** ◆Texas Instruments' Digital Micromirror Device (DMD) chip テキサス・インスツルメンツ社のデジタル・マイクロミラー・デバイス・チップ (*DLP方式のデータ・プロジェクタに用いられる)

**DMS** (document management system) a ~ (pl. DMSes) 文書管理システム

**DMZ** (demilitarized zone) a ~ 非武装地帯

**DNA** (deoxyribonucleic acid) デオキシリボ核酸 ◆DNA fingerprinting DNA指紋法 (= genetic fingerprinting 遺伝子指紋法) ◆recombinant DNA technology 《遺伝子》組み換えDNA技術 ◆a DNA typing technique DNA鑑定法 (*遺伝子指紋法とも。個人個人の遺伝子には違いがあり一生不変であることを利用して, 犯人や身元不明の死者の識別に用いる) ◆an automated DNA sequencer 自動DNAシーケンサ; DNA配列分析装置; DNA塩基配列 (自動) 決定 [解析] 装置; DNA配列構造解析装置; DNA配列解析装置 ◆do DNA analysis DNA鑑定を行う ◆DNA sequencing is often used as a means of positive identification DNA塩基配列決定法は確実に識別 [はっきりと確認, 間違いのない鑑識を] するための手段としてよく用いられている

**DNR** ◆a DNR ("Do Not Resuscitate") order 《医》「蘇生させない」という指示

**DNS** a ~ (Domain Name System) 《ネット》(*インターネットのアドレスの決め方); (Domain Name Server)(= a DNS server) 《ネット》

**do** 1 vt., vi. する, 行う, やる ◆do input and output 入出力を行う [する] ◆do radon testing ラドン (ガス濃度の測定) 試験を行う ◆Little can be done to <do> ~する術 (すべ) はほとんどない ◆any Centronics printer cable will do ◆セントロニクスプリンタケーブルでもよい; セントロニクスプリンタケーブルならどれでも用が足りる ◆do things slowly and deliberately ことをゆっくりと慎重に運ぶ ◆If your car does start to skid,... もし車が本当に横滑りし始めたら, ◆people who have been performing the do-it work (人から) 言いつけられた [命令された] 仕事をやってきた人達 ◆some research and development activities in both companies do overlap 双方の企業の一部の研究開発活動は確かに重複している ◆The endless loop does two things: 《コンピュ》無限ループは次の2つのことを行う ◆The recording is done on half-inchwide tape. 録画は1/2インチ幅のテープになされる [撮られる, 記録される]。 ◆This allows the application to decide what to do about its own error. これにより, アプリケーションは自己のエラーにどう対処するか判断することができる。 ◆Do unto others as you would have them do unto you. 人からしてもらいたいと思うことを人に対して行うこと。(*新約聖書のマタイ伝7:12・ルカ伝6:31より。『大辞林』の「黄金律」の項には「なにごとも人にせられんと思うことは人にもそのごと

くせよ」とある）◆When you work on the fuel system, do not [don't] smoke or do anything that might make a spark. 燃料系統の作業をする際には、タバコを吸ったり、スパークを発生させる恐れのあることは一切しないでください。◆The electroforming, pressing, metallizing, and lacquering must be done in clean rooms with Class 100 ratings. （CD製造における）電鋳鋳造［電鋳］、プレス、金属皮膜の蒸着、およびラッカー塗装は、クラス100のクリーンルーム中で行われなければならない。
2 *a*〜 (pl. dos, do's) すべきこと、なすべきもの ◆a must-do (pl. must-do's) やるべきこと、すべきこと、しなければならないこと、なすべきもの ◆follow these do's and don'ts [do nots] これらの、するべき事項としてはならない［禁止］事項［注意事項］を守る（*Do wear gloves... のように Do や Don't で始まっている指示項目のこと）

**have [be] to do with** 〜と関係［かかわり、関連］がある ◆have something [anything] to do with... 〜と（何か［なんらかの］）かかわり［関係］がある ◆have much [a lot] to do with... 〜と深い［大いに］かかわり［関係］がある ◆have nothing to do with... 〜と全く関係［かかわり］がない ◆have more to do with... 〜にもっと深い関係がある

**make do with [without]** → make

**do away with** 〜を無くす、廃止する、撤廃する ◆If..., the tests may be done away with. もし〜ならば、これらの試験は省いても構わない［省略できる］。◆do away with double standards in foreign policy 外交政策における二重基準を撤廃する ◆Engineers have done away with A in favor of B. 技術者らは（《陰の声》Bのほうがいいと思って）Aの（使用）をやめてBに変更した；AをBに取り替えた［置き換えた］。◆if animal research were done away with tomorrow もし動物を使っての研究が明日にでも廃止されるようなことにでもなれば ◆If..., doctors would do away with traditional high-quality medical care. もし〜ということになると、医師らは今までの質の高い医療を省く［やめる］ようになるかもしれない。◆Let's hope that silly prejudice is done away with soon. そのような偏見が、すぐになくなるよう皆で希望しましょう。◆The law was done away with in the 1970s. この法律は、1970年代に廃止された。◆These agencies should be done away with. これらの政府機関は廃止されるべきである。◆Powertek Canada has done away with the use of chlorofluorocarbons (CFCs) in its manufacturing plant here. パワーテックカナダ社は、当地製造工場における特定フロン（CFC）の使用をやめた。◆The Company is developing a computer-driven suspension system that does away with conventional springs and shock absorbers. その会社は、従来のパネやショックアブソーバーをお払い箱［お役ご免］にしてしまうコンピュータ制御式サスペンション・システムを開発している。◆The use of already installed power cables does away with the need to string fresh cable around the plant. 既に設置されている電力ケーブルを使えば、工場に新しいケーブルを張り巡らせる必要がなくなる。◆A digitizing tablet and handwriting-recognition software do away with the need for a keyboard, which poses the biggest barrier to most Japanese users. デジタイジング・タブレットと手書き文字認識ソフトは、たいていの日本人ユーザーにとって最も大きな障害となっているキーボードを不要にする。

**do well** りっぱに［見事に］やる、うまく［調子よく］いく、〈ものが〉調子よく働く、よく売れる、成功する、成績［出来、景気、肥立ち］がいい、〈人に〉よくする〈by〉；〈体の〉調子がいい［小康状態にある］、病後［手術後］の経過が良好［順調］である；<to do> 〜するのが賢明だ ◆... did not do well on a test テストの出来が悪かった；試験の成績が振るわなかった ◆He is convalescing at home and is doing well. 彼は自宅療養中で術後［病後］の経過は良好［順調］である。

**do without** 〜無しで済ませる ◆"can't-do-without" tools 「なしでは済ませない［無くてはならない、必要不可欠となる、手放せない、必需、必携］」ツール ◆Despite its shortcomings, the telephone is the medium office workers find most difficult to do without. 短所があるにもかかわらず、電話はオフィスで働く者にとって最もなくてはならない［手放せない］媒体である。
◆Forty-five percent of those responding to the survey said that they can't do without a home computer. この調査の回答者の45％がホームコンピュータが手放せないと答えた。

**do., do°** → ditto

**doable** adj. 実行可能な

**dock** 1 *a*〜 ドック、船渠(センキョ)、乾ドック；*a*〜 船着き場、波止場、桟橋、突堤、岸壁、船だまり；*a*〜（航空機の）整備［格納］庫 ◆A ferry runs from a dock near the parking lot to the statue in New York Harbor. フェリーが駐車場近くの波止場［埠頭］からニューヨーク港の（自由の女神）像に向けて運行している。
2 vt., vi. ドック［船渠］に入れる［入る］、ドッキング［合体］させる［する］ ◆spacecraft from the two countries docked in orbit これら2カ国の宇宙船が、軌道上でドッキングした （▶spacecraftは単複同形） ◆dock a spacecraft with a space station 宇宙船を宇宙ステーションにドッキングさせる
3 vt.〈髪、毛など〉を短く切る、〜を切り詰める、〜を（いくらだけ）減らす［削る］<of>、〈金額、分量〉を（給料などから）減らす［削る］<from, off>

**docker** *a*〜 沖仲仕、港湾労働者 (=《米》a longshoreman)

**docket** *a*〜 事務処理予定表 ◆on our docket 我々の（これからすべき事項を書いた）予定表に載って

**doctor** 1 *a*〜 医者［医師、先生、獣医］、博士（号）、《口》修理屋《印刷》ドクター（*グラビア印刷版上の不要インクをかき落とすための金属ブレード）◆play doctor お医者さんごっこをする；医師のまねごとをする；医学の知識もないくせに素人判断で治療・処置をする（*薬剤の量を変えたり・やめたりするなど）◆go to the doctor 医者に行く ◆see a doctor 医者に診てもらう ◆a doctor blade; a doctor knife; a doctor ドクターブレード［ドクターナイフ、ドクター］（*グラビア印刷で版から不要なインクをかき落とすための刃）◆an ear, nose and throat doctor 耳鼻咽喉科の医師［先生］ ◆go to the doctor for a checkup 健康診断を受けに医者に行く ◆on doctor's orders 医師の命令で ◆play doctor with... 〜とお医者さんごっこをする ◆Doctors who perform... could be stripped of their medical licenses under an ethics code approved by... 〜を実施する医師は〜により承認された倫理規定のもとで医師免許を剥奪される可能性がある。◆I went to my family doctor. 私はホームドクターに診てもらいに行った。; かかりつけの医者にかかった。◆Don't play doctor by stopping your medicine just because you start feeling better. 具合がよくなりはじめたということだけで（医学知識もないくせに）素人判断で薬をやめたりしてはいけません。
2 v. 治療する［を受ける］、〜を修繕［修理、手入れ］する、医者をする；〈公文書など〉を改竄(カイザン)する、偽造［変造］する、〈食品など〉に混ぜ物を入れる ◆Using the methods of desktop publishing, desktop forgers can cheaply and easily doctor a wide range of documents. デスクトップパブリシングの方法を使い、机上偽造者は安く簡単に広範な各種文書を変造することができる。

**doctoral** 博士の ◆a doctoral dissertation 博士論文 ◆a post-doctoral [post-doctorate] (research) fellow ポストドクター［ポスドク、博士号を取得した（直後の）］研究者

**doctorate** *a*〜 博士号 ◆In 1930, Mr. Parker received a doctorate in Gestalt psychology and ethnology from the University of Berlin. 1930年、パーカー氏は、ベルリン大学からゲシュタルト［形態］心理学および民族学［文化人類学］の博士号を授かった。

**doctrine** *a*〜 ドクトリン、教義、教理、教え、教訓、主義、信条、基本原則、原理、学説、見解、基本姿勢、外交に関する基本政策 ◆a zero-casualty doctrine 犠牲者を出さないという方針

**document** 1 *a*〜 文書(ブンショ, モンジョ)、書類、文献、帳票、（資料として残される）記録、証拠資料；*a*〜〈コピー、ファックスの〉原稿、〈製品などの〉（添付）資料［マニュアル］◆paper documents 書類；紙の形の文書（*電子文書に対し）◆this document この文書［書類］；本文 ◆an automatic document feeder [handler] （コピー機の）原稿自動給紙装置 ◆a document preparation system 文書［ドキュメント］作成システム ◆documents relating to... 〜に関する書類［資料］ ◆produce a paper document （電子文書ではなく）紙（の形）の文書を作成する ◆put [turn, convert, transcribe]... into document form 〜を文書の形にする；文書化する ◆procedures are maintained in document form in the administrative office 手順は文書の形で［《意訳》文書化されて］管理事務所に保管されている ◆First fill in the documents, sign them, and send them to... まずそれらの書類に（必要事項を）記入し，署名して，〜まで送付してください．◆Since our January 2001 update, changes have occurred in the following documents: 2001年1月の更新以降，次の文書に変更が生じました．◆The scanner lets users convert almost any document, including photos, illustrations, graphics, and text, into machine-readable data. このスキャナーによって，ユーザーは，写真，イラスト，グラフィックス，および文章など，ほとんどどんな原稿も機械可読データに変換することができる．

**2** vt. 〜の（資料・証拠としての）記録をとる，〜を記録に残す，《製品など》の文書や資料を作成［添付，提供］する （→undocumented） ◆error messages are documented online 《コンピュ》エラーメッセージについては，オンラインヘルプで述べられている ◆Inspection results may be documented on a single report. 検査結果は，一冊の報告書に記録を取って［まとめて］もよい．◆Every part and every process is fully documented and traceable. パーツおよび生産工程は各々すべて記録に残されており，記録をたどることができる．◆The new version 4.0 is better documented than its predecessors. 新バージョン4.0は，先行バージョンよりもドキュメンテーション［マニュアル］が良くできている．◆The supplier shall implement action required to correct defectiveness and document his corrective actions for subsequent review by Corinth inspectors. 部品納入メーカーは，欠陥を是正するために必要な処置を実行し，講じられた是正措置については後でコリント社検査員が調べられるよう記録を取るものとする．

**documentation** ⓝ文書［書類］（の作成・添付），文書化，（特にコンピュータ関連製品の）マニュアル（類）［（添付）資料］，ドキュメンテーション，（技術）文書 ◆user documentation ユーザー（向けの）ドキュメンテーション［マニュアル（制作）］ ◆establish a documentation procedure 書類作成手続きを確立する；文書作成手順［方法］を定める ◆prepare engineering documentation related to... 〜に関連した技術文書［《意訳》マニュアル］を作成する ◆Benjamin West's documentation of colonial history 米植民地時代の歴史のベンジャミン・ウエストによる文書化［編纂］ ◆Refer to the product documentation for the Web server you want to install. インストールするWebサーバー（に添付）のマニュアルを参照してください．◆Many software packages have documentation that is too verbose and difficult to use. 多くのソフトウェアパッケージは，（添付の）マニュアルが冗長で［くどくどと長たらしく］使いにくい．

**DOD, DoD** (Department of Defense) the＝米国防総省

**dodecahedron** a〜12面体（な）a regular [rhombic] dodecahedron 正［菱形］12面体

**dodge** vt. ひらりとよける，《質問など》を（巧みに）かわす，《責任など》からうまいこと逃れる，《税金など》をまかす；vi. 素早く身をかわす，さっと身を隠す；a〜 かわすこと，逃れること，回避，忌避，ごまかし，する，言い抜け ◆dodge jury duty 陪審員義務を逃れる ◆dodge profanities 神を冒涜するような言葉の使用を避ける ◆dodge risk リスクを回避する ◆use... as a tax dodge 〜を税金のがれに使う；脱税の手段として利用する ◆use... as tax dodges 〜を脱税の手段に使う ◆He dodged a question about [pertaining to]... 彼は〜に関する質問をかわした［やり過ごした］．◆He dodged specifying what the company's problems are 彼は，会社にどんな問題があるのかについて言葉を濁した［具体的に言うことを避けた］．◆a dodge-and-burn tool, which simulates the traditional lightening and darkening manipulations employed when enlarging 引き伸ばしの際に露光量を変化させる昔ながらの操作をシミュレートする覆い焼きツール

**dodging** ⓝdodgeすること，《写真》覆い焼き ◆an increase in desertions and dodging （兵役）脱走および徴兵忌避

［兵役逃れ］の増加 ◆custom printing requiring dodging, burn in [printing-in], and color balancing 覆い焼き，焼き込み，カラーバランス調整を要する（写真の）注文焼き付け

**dog** a〜犬，雄犬，ろくでもない人，奴，野郎，保持する［掴む，固定する］ための簡単な装置，ひどい代物，粗悪品，魅力のない女，ブス；adj. 犬の；vt. 〜につきまとう，〜の跡をつける，〜を尾行する ◆a dog guide; a guide dog 盲導犬 ◆find remains with dog tags 認識票のついている遺骨を発見する（＊a dog tag は米軍の身元識別票の口語的呼び方）◆Every dog has his day. 《諺》どんな犬にも［誰にでも］彼が世の春［絶頂の時期］はある．；犬も歩けば棒に当たる．◆It is hard to [You can't] teach an old dog new tricks. 鉄は熱いうちに打て．◆It is hard to [You can't] teach an old dog new tricks. 老犬に新しい芸を教えるのは難しい［無理だ］．；（頭の固くなった）老人に新しいことを覚え［受け入れ］させるのは難しい．◆It is often said that the Internet ages in "dog years" – in each normal year it advances 7 years! インターネットは「ドッグイヤー」で年を取るとよく言われる．なんと通常の1年が7年（分のスピード）で進んでいくのだ．（＊犬の一生は人間の7年に相当することから）

**dog-ear** a〜（本などの）ページの角の折れ；vt. ページの隅を折る

**dog-eared** adj. ページの隅が折れた ◆become dog-eared 〈使い古されて，本類，手紙などの〉ページの角［隅，端］が折れる ◆dog-eared books [volumes] ページの角［隅］が折れている本 ◆dog-eared pages 角［隅］が折れて［折れ曲がって］いるページ

**dog eat dog** n. 生き残り［存亡］をかけた競争，共食い；dog-eat-dog adj. （競争などが）生き残りをかけた，食うか食われるかの，弱肉強食の，戦国時代的な，情け容赦のない，互いに蹴落とし合うような ◆a dog-eat-dog fight 生き残りをかけた闘い；生存競争；共食い；死闘 ◆the capitalist dog-eat-dog world 資本主義の弱肉強食［生存競争，生存闘争，優勝劣敗］の世界 ◆in the dirty, dog-eat-dog media marketplace 仁義無き闘いの汚い（マス）メディア市場で ◆dog-eat-dog competition among manufacturers メーカーの喰うか喰われるかの熾烈な［共食い］競争 ◆in the dog-eat-dog world of discount merchandising 食うか食われるかのディスカウント販売業の世界で ◆The competition in pet supplies is getting to be dog-eat-dog. ペット用品業界における競争の過当競争の様相を呈してきている．

**dogfight** a〜犬の喧嘩（ケンカ），熾烈な競争，激戦，乱闘，死闘，戦闘機同士の空中戦 ◆he became engaged in a dogfight with Japanese Zeros [Zeroes] 彼は日本軍のゼロ戦［零戦］と空中戦に入った

**doggy, doggie** a〜 (pl. -gies) 小犬，《幼児語》わんわん ◆a doggie [doggy] bag 持ち帰り袋（＊レストランで食べ残したものを入れる）

**dogmatic** adj. 教義（上）の，教理の，独断的な ◆speak [express] opinions in a dogmatic way 独断的に［独善的に，押しつけがましく］意見を言う［表明する］

**dogmatically** adv. 教義上，独断的に ◆He wanted to state his opinion dogmatically, as if his were the only valid point of view. 彼は独断的［独善的］に自分の意見を述べたがった，まるでそれが唯一正しい見解であるかのごとくにだ．

**DOHC** (double overhead camshaft) 《車》DOHC式の

**doing** ⓝ行うこと，実行，所業，仕業（シワザ），業（ワザ）；〜s 行い，行為，行状，出来事 ◆the daily doings of corporations and stock markets 企業や株式市場の日々の動き・出来事

**do-it-yourself** 日曜大工用の，自作用の，自分で組み立てて作る［修理するための］，趣味でやる人用の ◆a do-it-yourself kit for building a power amplifier パワーアンプの自作組み立てキット

**do-it-yourselfer** a〜趣味で大工仕事や機械いじりをする人，日曜大工 ◆repair and maintenance jobs that the do-it-yourselfer can handle 日曜大工的に自分でできるちょっとした修理や整備

**Dolby** 《商標》ドルビー ◆Dolby Surround Sound ドルビー・サラウンドサウンド ◆the Dolby System [system] ドルビーシステム（＊米国のドルビー研究所 Dolby Laboratories Inc. が開発した雑音低減システムの商標）◆a Dolby Pro-Logic receiver ドルビー・プロロジック搭載レシーバー ◆Dolby C tape-hiss reduction ドルビーCテープヒス・リダクション ◆a receiver equipped with Dolby Surround sound ドルビーサラウンドサウンドを装備したチューナー付き総合アンプ［ミュージックセンター］

**doldrums** the ~ 《複扱い》（赤道付近海域の）無風帯［無風状態］, 意気消沈[ふさぎ込み], 停滞［低迷, 不振, 沈滞状態］[期間], 不況 ◆sink into the doldrums 不振［スランプ, 低迷状態, 停滞状態］に陥る ◆summer [winter] doldrums 夏枯れ［冬枯れ］（＊夏場［冬場］の商売不振）◆be still in the summer doldrums 依然として夏枯れ状態にある ◆despite summer doldrums 夏枯れにもかかわらず ◆during the winter doldrums 冬枯れの間に ◆during the computer market doldrums コンピュータ市場の低迷［停滞, 不振］期に ◆With Japan's economy in the doldrums, . . . 日本経済が低迷してるなかで, ◆Europe is coming out of the doldrums 欧州は低迷（状態）から脱出しつつある ◆help pull the company out of its doldrums その会社が業績［経営］不振から抜け出るのを助ける ◆to get the world economy out of the doldrums 世界経済を低迷（状態）から抜け出させる［脱出させる, 脱却させる］ために ◆the company pulled itself out of the doldrums この会社は不振［低迷状態］から抜け出た ◆Car dealerships across the country are in the doldrums. 全国の自動車販売ディーラーは低迷状態［営業不振］に陥っている.

**dollar** the ~ ドル; a ~ 1ドル ◆in terms of dollars and cents 金銭面からして ◆on a dollar basis ドルベースで, ドル建てで（＝in dollar-denominated terms）◆a strong dollar 強いドル; ドル高 ◆depreciation in the value of the dollar ドルの価値の下落; ドル安 ◆fifty dollars 50ドル ◆hundreds of millions of dollars 数億[何億]ドル ◆in U.S. dollars 米ドルで; 米ドル建てで ◆raw materials priced in dollars ドル（建て）で値段が付けられた原材料 ◆the slump in the dollar's value ドルの価値の暴落[急激なドル安] ◆the steep rise in the dollar's value ドルの急騰; 急激なドル高 ◆(Billions of U.S. dollars unless otherwise indicated) （特に明記のない限り, 単位は10億米ドル）（＊表の説明で）◆in inflation-adjusted dollars インフレ調整済み［インフレを考慮に入れて換算した］ドル金額 ◆receive dollar-based salaries ドルベース［ドル建て］での給料をもらう ◆because of the dollar's depreciation ドル安のために ◆because of the weak dollar 弱いドル［ドル安］のせいで ◆by the fall of the dollar ドルの下落［ドル安］により ◆benefit from the dollar's drop ドル安の恩恵に浴す ◆the dollar's drop to near postwar lows against the yen 円に対する戦後最低水準に近いドルの下落［ドル安］ ◆Everybody loves a bargain and nowhere is this more apparent than in the so-called dollar stores where most – if not all – of the merchandise is priced at an even buck. 誰だってバーゲンが大好きだ. このことがどこよりも如実に現れる場所が, 全品ではないにしろほとんどの商品に1ドルポッキリの値がついている, いわゆる1ドルショップだ（＊日本でいえば百円ショップ）. ◆The United States spent nearly $13 trillion (in today's dollars) to win the Cold War. 米国は冷戦に勝つために（今日の金額に換算して）13兆ドル近く費やした.

**dolly** a ~ ドリー, キャスター付きのテレビカメラスタンド

**domain** a ~ ドメイン, 領域, 分野, -界, 磁区, 《コンピュ》定義域, 《ネット》ドメイン（＊インターネット上の住所区分のようなもの）◆an Internet domain name インターネットのドメイン名 ◆an optical time-domain reflectometer 光学時間領域反射計 ◆be usually in the domain of 3-5 MeV 通常3～5MeVの範囲にある ◆purchase [obtain, acquire] a domain name 《ネット》（独自）ドメイン（名）を取得する（＊日本ではドメイン名を「購入する」とはまず言わないが, 英語では登録料金を払って取得する意味で purchase をよく使う）◆the size of a single magnetic domain 単磁区の大きさ（＊ハード

ディスクなどの記録媒体上の）◆time-domain distortions 時間領域歪 ◆in the time domain and the space domain 時間領域および空間領域において ◆Internet domain types include: commercial organizations (.com); educational institutions (.edu); government agencies (.gov); military sites (.mil); nonprofit organizations (.org); and network provider インターネット・ドメインの種類には以下のものがあります. 商業団体［企業］(.com), 教育機関(.edu), 政府機関(.gov), 軍関係のサイト(.mil), 非営利民間組織(.org), およびネットワーク接続業者です.

**dome** a ~ ドーム, 丸屋根, 丸天井, 穹窿（キュウリュウ）◆a dome-shaped roof 半球状の屋根［丸屋根］

**domestic** adj. 家庭(内)の, 家庭内の, 家事の; 国内の, 国産の; n. 《通例 ~s》国産品; a ~ 使用人 ◆a live-in domestic 住み込みのお手伝いさん ◆domestic waste(s) 家庭廃棄物［一般廃棄物］ ◆a high domestic savings rate 高い国内貯蓄率 ◆domestic and foreign-made products 国産品と外国品［海外製品］ ◆domestic cats and dogs 飼い猫および飼い犬 ◆domestic violence ドメスティック バイオレンス, 家庭内暴力, 夫や恋人からの暴力, 夫婦間暴力 ◆domestic wastewater treatment facilities （一般家庭から出る）生活排水を処理する施設 ◆expand [stimulate] domestic demand 内需を拡大[刺激]する ◆Russia's domestic political situation ロシア国内の政情情勢[政情], ロシアの内政情勢 ◆the differential [gap] between domestic [local] and foreign rates レート［利率］の内外格差 ◆to cool the expansion of domestic consumption 国内消費の拡大を冷やす［沈静化する］ために ◆a strong, domestic demand-led recovery in Japan is important to reduce Japan's trade surplus 日本国内における強力な内需主導型の回復が, 日本の貿易黒字を減らす上で重要です ◆she worked as a domestic caregiver in Dr. Freeman's home 彼女はフリーマン博士宅でホームヘルパーとして働いた ◆My car is a domestic make. 私の車は, 国産車だ. ◆Total domestic production reached 1.049 million units. 総国内生産台数は1,049,000台となった. ◆Domestic shipments of video cassette recorders in Japan reached 5.5 million last year, an increase of 7.8% on the previous year and the first rise in six years. VTRの日本国内出荷は昨年, 6年ぶりに増加に転じ前年比7.8%増の550万台に達した. ◆Japanese Domestic models are usually intended for the Japanese Domestic Market, however, many of these models have Instructions in English. 日本国内仕様機種は通常日本国内市場向けではないが, その多くには英文の取扱説明書がついている.

**domestically** 国内で, 自国で, 家庭的に ◆domestically produced cars 国産車 ◆a desire to start producing goods domestically 国内で物品を生産開始したいという「国産化」の」願望 ◆Honda hopes to sell 300 units a month of the Insight domestically. ホンダは, インサイトを国内で月300台販売する計画である[月販300台のインサイト国内販売を見込んでいる].（＊本田技研のハイブリッド乗用車）

**domesticate** vt.（動物）を飼い慣らす［家畜化する］,〈植物〉を栽培植物化する,〈魚介・海藻など〉を飼養化する,〈人〉を家庭的にする, ～を自国に採り入れる［国内に導入する］, ～を普通の人のレベルに合わせる, ～を親しみあるものにする ◆a very domesticated father of two daughters 娘が二人いる非常に家庭的な父親［マイホームパパ］ ◆become domesticated〈野生動物〉が〈人に〉馴れる［飼い慣らされる, 里馴れる, 家畜化する］;〈野生植物〉が栽培植物化する;〈魚介・海藻など〉が飼養化［養殖化］する;〈人〉が家庭的になる［所帯じみる, ぬかみそ臭くなる］ ◆domesticate imported products 輸入(されていた)製品[品目]を国産化する ◆"I never thought I'd see the day you became domesticated!" Harold razzed him. 「君が家庭的になる日が来るなんて全く考えてもみてなかったよ」とハロルドは私をからかった. ◆Daly recalls, "we made our bet that the automotive business would outsource seats and that Japan would come and domesticate manufacturing in the U.S." ダリーは，「自動車産業はきっとシートを外注化するようになるだろう, そして日本がやって来て米国で現地生産化するだろうと, 私たちは賭けてましてよ」と思い出を語る.

**domestication** 回家畜化, 栽培植物化, 飼養化 ◆the domestication of wild animals 野生動物を飼い慣らすこと; 野生動物の家畜化 ◆aquaculture means the domestication of wild fish 水産養殖[養殖漁業]とは天然の魚介の飼育化[養殖化]を意味する ◆the domestication of wild plants 野生の植物の栽培(植物)化

**domestic science** 家政学 (= home economics)

**domical** adj. ドームに関する, ドーム状の, 丸天井になっている, 丸天井[ドームの構造, 円屋根]を特徴とする ◆a domical lamp shade ドーム状の電灯用笠 ◆a domical lid 半球形の蓋(フタ) ◆a domical vault ドーム状の天井; 丸天井; 円蓋

**dominance** 優勢, 優越, 優位, 支配, 権勢;《遺伝》優性 ◆compete for dominance in the marketplace 市場しようと互いに勝ちを争う, 市場で支配的な地位に立とうと競争する ◆maintain one's military dominance〈国の〉軍事的優位を維持する ◆race toward global dominance〈企業など〉が世界制覇[支配]に向けて突き進む ◆the company's dominance over the U.S. consumer marketplace 同社の米国消費市場における支配的な地位[君臨, 席巻] ◆The Japanese will advance toward dominance in...日本は~の分野において優勢になるだろう. ◆The products from Rexel Corporation may challenge Jonan's dominance in the high-end exposure meter arena. レクセル社の製品は, 高級露出計市場におけるジョーナン社の優勢を脅かすかも知れない.

**dominant** adj. 支配的な, 優勢な, 主要な, 有力な, 主流の, (腕などが)よく利く方の; a ~ 優勢[主要]なもの,《音楽》属音[第5音] ◆become dominant 支配的, 優勢になってくる; 大勢[中心的位置]を占めるようになってくる ◆the dominant eye [hand] 利き目[腕] ◆with...as the dominant constituent ~を主な構成要素として ◆Kodak's dominant position in the United States 米国におけるコダックの支配的な地位 ◆assume a dominant position in... ~において優勢[重要, 中心的]な位置を占める ◆Coal is our dominant industry. 石炭は私達の主力産業である. ◆have a dominant role in... ~において中心的な役割を持っている ◆he was in a dominant position as head of... 彼は~の長として中心的[支配的]な立場にあった ◆the huge investment in existing generating plants will keep coal in its dominant position 既存の発電所に対する巨額の投資により, 石炭は引き続き中心的存在であり続けるだろう (*各種エネルギー源の中で中心的なという意) ◆China has become a dominant force in Asia. 中国はアジアにおいて優勢な勢力となった. ◆Spain is a country that once held a dominant position in the world. スペインは, かつて世界で支配的な立場[中心的地位]にあった. ◆Today, the Dolby system ranks as the dominant motion picture recording system worldwide. 今日, ドルビーシステムは世界の主流を占める映画録音システムである.

**dominate** vt., vi. 支配する, 君臨する, 風靡(フウビ)する, 優位に立つ, 他を圧する, 首位に立つ[を占める] ◆a military-dominated government 軍部が勢力を振るっている[のさばっている, 幅をきかせている]政府, 軍部支配の政府 ◆dominate the world's economic scene 世界の経済分野で君臨する ◆a student-dominated committee 学生が主体の委員会 ◆the company that dominates the word processing market ワープロ市場を支配して[席巻して, 牛耳って]いる会社 ◆He completely dominates his company and makes all the decisions. 彼は自分の会社を完全に牛耳っており, 何から何まで(彼自身で)決定する.

**dominating** adj. 支配的な地位に立っている, 君臨している, 首位の座を占めている, 主流を占めている ◆Today, the dominating auxiliary storage technology is magnetic disk. 今日, 補助記憶装置の主流は磁気ディスクである.

**domination** 支配, 君臨, 風靡(フウビ), 統治; 優勢, 優位 ◆be under the domination of... ~の支配下にある ◆reinforce male domination over women 男性支配[上位]を増長する ◆Xerox's domination of the PPC market ゼロックス社の複写機市場における君臨

**domino** a ~ドミノの札[コマ];《複数形 dominoes で, ただし単数扱い》ドミノ(ゲーム) ◆cause [set off, trigger] a domino effect ドミノ現象[(意訳)連鎖反応]を引き起こす ◆perform a domino liver transplant ドミノ肝移植手術を行う ◆Workers had to be careful not to move any debris that might trigger a domino effect of collapse. 作業員らは, 崩落に至るドミノ現象[将棋倒し, 連鎖反応]を引き起こす恐れのある瓦礫(ガレキ)を一切動かさないよう注意しなければならなかった

**donate** vt. ~を(~に)寄付[寄贈, 進呈, 献金, 献納, 献上]する<to> ; vi. ◆donate one's organs 臓器の提供をする

**donation** (a) ~寄付, 寄贈, 寄進, 進呈, 贈与, 献金, 献上; a ~寄付金, 献金, 寄贈物 ◆tax-deductible donations 税金控除の対象となる寄付

**doneness** 回調理の火の通り具合, (ステーキが)程よく焼けた程度["done"の状態], 十分に火の通った[焼いた, 煮た]状態 ◆Test for doneness by piercing chicken with sharp knife. juices run clear, chicken is done. 鋭利なナイフでチキンに刺してみて火の通り具合を調べます. 澄んだ肉汁が流れ出れば, チキンには十分に火が通っています.

**dongle** a ~《コンピュ》ドングル(*ソフトの不正コピー使用を防止する器具. それがコンピュータのポートに装着されているときにだけ当該ソフトが使用できる)(= a software guard, a hardware security device)

**donor** a ~寄贈者, 寄付者, 施主, 援助供与国[援助国](a donor country); a ~《医》ドナー, 臓器提供者, 《骨髄などの》提供希望者, 献血者; a ~《半導》ドナー(不純物), 電子供与体 ◆a donor level《半導体》ドナー準位 ◆an organ donor 臓器提供者[ドナー] ◆Japan's meteoric rise from recipient of ODA in the 1960s to the top donor country since 1989. 1960年代におけるODA(政府開発援助)の被援助国から1989年以降最大の援助国へと(大変貌した)日本のめざましい興隆 ◆The legislation permits individual donors to give a maximum of $1,000 to any one candidate. 法律は, 個人献金者は任意の立候補者1人に最高1000ドルを献金してもよいとしている.

**do-nothing** 何もしない, 怠惰[ぐうたら]な, 積極性[やる気の]ない, 消極的な, 無為(無為)の ◆a do-nothing layabout 何もしないなまけ者, やる気のない人, ものぐさな人, ぐうたら人, 怠け者, 不精者 ◆bash a do-nothing Congress 何もしていない[無為無策の]議会をたたく

**don't** 《do not の短縮形》◆a collection of don'ts ~べからず集

**door** a ~ドア[戸, 扉], 1軒[1戸], (比喩的の)門戸[道] ◆a sliding [hinged] door 引き戸[開き戸] ◆in the driveway two doors down 2軒先の私道で ◆live two doors away 2軒離れて住む ◆on the outer [inner] side of the door そのドアの外側[内側]で ◆open the door to foreign investment 外資に対し門戸を開放する ◆ring the door bell ドアの呼び鈴を鳴らす ◆Vietnam's new "open door" policy ベトナムの新しい「門戸開放」政策 ◆a four-door version of this car この車の4ドア版 ◆a significant number of firms closed their doors かなりの数の会社が廃業した ◆he used to go door to door selling vacuum cleaners 彼はかつて電気掃除機の戸別訪問販売をしていた ◆open the door to a new era of earthquake prediction 地震予知の新時代への扉を開く ◆The Portland store should open its doors in latter part of May ポートランド店は, 5月後半には店するはずである ◆Can you get the door? 出てちょうだい. (*戸に出て来訪者に応対してほしいという意) ◆Please enter inside through the door. 扉を通って中に入って[ドアから内部に進入して]ください. ◆The doors open at 6 p.m., and the show begins at 7:30. 開場午後6時, 開演午後7:30です. ◆It would open the door to dealing effectively with other environmental problems. それは, 他の環境問題にも効果的に対処するための道を開くだろう. ◆The remote control hides the seldom-used-buttons behind a flip-down door. そのリモコンは, たまにしか使用しない(操作)ボタンを, パタンと下に折りたたむ(扉式の)ふたの後ろに隠している. ◆The painful reality for entrepreneurs of any stripe is that almost two-thirds of all startups are out of business within five years of opening their

doors.　どの業種の起業家にとっても厳しい現実は,全ベンチャー企業のほぼ2/3が開業5年を待たずして倒産[廃業]してしまうことだ.
**out of doors**　(= outdoors) 野外で,屋外で,戸外で
**(from) door to door**　ドアからドアまで[*玄関を出てから目的の建物に到着するまで],一軒一軒(訪ねて)　◆go from door to door　一軒一軒回って歩く
**do-or-die**　決死の覚悟の[でやる],一か八かの
**doormat**　a～ 玄関マット,踏みにじられても反抗しない意気地無し,ひどい扱いを受けてもそのまま黙っている甲斐性無し,他人にいいようにされる人,万年最下位チーム　◆You can only be walked on if you are a doormat.　君が玄関マットだったら,踏みつけられる以外のなにものでもないってことだよ.
**doorstep**　a～ 戸口の上がり段; adj. 戸別訪問の　◆milkmen leave bottles on doorsteps　牛乳配達員が(牛乳の入った)びんを戸口に置いて回る[戸別配達する]　◆stand on his doorstep　彼の(家の)戸口に立つ　◆we are at the doorstep of the Information Age　私たちは情報化時代の入口(のところ)にいる[《意訳》入り口にさしかかっている]
**door-to-door**　adj. 家から家への,一軒一軒の,軒並みの,各戸ごとの,戸別(訪問)の,宅配の,戸口から戸口までの(一貫輸送の); adv.　◆door-to-door selling　訪問販売　◆a company's door-to-door sales force [staff]　ある企業の(戸別)訪問販売員たち(*集合的名詞的)　◆forbid door-to-door selling　戸別訪問販売を禁止する　◆through door-to-door sales of home cleansers　住宅用(磨き粉入り)洗剤の(戸別)訪問販売を通じて　◆sell...door-to-door to about 2,000 homes in Canada's capital　カナダの首都の約2,000世帯に～を訪問販売して回る　◆As a 15-year-old lad, I used to go door-to-door selling... in 1955.　15歳の若造だった私は1955年に～を行商していた.
**dope**　《半導体》に不純物を注入する,《口》〈人〉に麻薬を飲ませる,～をドーピングする　◆germanium doped with lithium　リチウムが添加[ドーピング,不純物拡散,注入]されているゲルマニウム　◆erbium-doped glass　エルビウムをドープしたガラス
**doping**　《スポ》ドーピング,禁止[不正]薬物使用;《半導》ドーピング,(不純物)添加[注入,拡散]　◆athletes suspended for doping violations　ドーピング違反で資格停止処分になっている選手たち　◆fail [→pass] a doping test　ドーピング検査で陽性反応が出る[→陰性と判明する](*スポーツの話で)　◆test athletes for doping　選手のドーピング検査をする
**Doppler**　◆(a) Doppler radar　ドップラーレーダー　◆the Doppler effect　ドップラー効果
**dormancy**　回休眠,休止,活動停止状態,不活動状態　◆break dormancy　休眠状態を破る
**dormant**　adj. 活動停止の,活動休止中の,鳴りをひそめている,休眠中の,冬眠中の　◆a dormant volcano　休火山　◆negligible power consumption in the dormant state　無視できる程度の待機時の消費電力
**dormitory**　a～ 寄宿舎,寮,(寄宿舎の大部屋の)共同寝室　◆a dormitory town [village, community]　ベッドタウン
**DOS**　(disk operating system)《コンピュ》(ドス),(*特にMS-DOSとPC-DOSの略称) ▶ディスクオペレーティングシステム (a disk operating system) 一般を指すこともあるが,たいていの場合,MS-DOS と PC-DOSの略称として用いられる.　◆a non-DOS program　《コンピュ》非DOS系のプログラム　◆run in a DOS window; run in a DOS box (under windows); run in a (Microsoft) Windows DOS box; run in a DOS session within Windows; run in a Windows DOS session　〈DOSアプリケーションが〉WindowsのDOS窓[DOSボックス]で走る[動作する]
**dosage**　a～ (1回分の)投薬量,投与量,服用量,適用量,適量,薬用量; 吸収線量,放射線量
**dose**　a～ (1回または一定期間に服用,注射,照射,被曝される)投与量,服用量,薬用量,適用量,適量,吸収線量,照射線量,《半導体製造》露光量 ▶a dose は,薬による1回分という意味から,～回分,～回目,～服などという回数の表現にも用いられる.　◆a dose-rate meter　線量率計　◆a high dose rate afterloader　高線量率アフターローディング装置(*放射線療法用)　◆a dose rate of less than 200 mR/hr　毎時200mR未満の線量率　◆deliver doses of medication　ある(一定)用量の薬物を送達する　◆low-dose pills　低用量ピル(*ホルモンの量が少ない)　◆radiation doses of $10^3$ rads　$10^3$ラドの放射線吸収線量　◆the maximum permissible dose of radiation　放射線の最大許容線量　◆receive [be exposed to] excessive doses of the sun's ultraviolet radiation　太陽の紫外線放射を浴び過ぎる　◆A second dose of polio vaccine is given at four months.　2回目のポリオワクチンが,(月齢)4カ月の時に投与される.
**dosimeter**　a～ 線量計,放射線量計
**dosimetry**　(a)～ 放射線量測定,線量測定(法),薬量測定(法)　◆a dosimetry film badge　線量測定[計測]用の[ドジメトリー]フィルムバッジ(*放射線量)
**DOS/V**　《コンピュ》(ドス・ブイ)　◆a DOS/V PC; a DOS/V-compatible personal computer; a DOS/V-based personal computer　DOS/Vパソコン
**dot**　1　a～ドット,点,(モールス符号の短点・短音)トン;～s《印刷》網点　◆a centered dot [period]　中黒(・)　◆a dot command　《コンピュ》ドットコマンド(*ピリオドで始まるテキスト整形用のコマンドで,テキスト中に埋め込まれるもの)　◆dots and dashes　(モールス符号の)トン・ツー　◆before dropped dots occur　ドット欠けが発生する前に(*プリンタの話で)　◆minimize missing dots　ドット欠けを極力[できるだけ]少なくする(*液晶ディスプレイやプリンタについて)　◆complete a connect-the-dot picture　点をつないで[結んで]描く絵を完成させる　◆The monitor's dot pitch is 0.28 mm.　モニターのドットピッチは,0.28mmである.　◆The computer displays text characters as rectangular patterns of dots 10 pixels wide by 14 pixels high.　そのコンピュータは,テキスト文字を横10ピクセル×縦14ピクセルの長方形のドットパターンで表示する.
2　vt.　～に点を打つ,～に点在する,～に(～を)点在させる<with>; vi.　点を打つ　◆a city dotted with U.S. companies　米国企業が点在する市　◆a dotted box　点線で囲った欄
**dot-matrix**　◆a dot-matrix [dot matrix] printer　ドットマトリックスプリンタ
**dotted line**　a～ 点線(……)　◆sign on the dotted line　点線のところ[署名欄]にサインをする; 署名する; 正式に[完全に]同意する　◆a dotted blue line　青い点線　◆as shown by the dotted lines　点線で示されているように　◆to encourage potential subscribers to sign on the dotted line　加入しようかと考えている人たちに(申し込みの)署名[サイン]をするよう促すために
**double**　1　adj. 二-, 重-, 倍-, 双-, 複-, 両-, 二重の, 2倍[本,枚,量,条,度,輪]の,倍長の,複式の,複数の,往復の,両用の,両側の,両開き式の,2連[2段]式の,重ね-,合わせ-,2回-,2列の,複列の,2人用の; adv. 2倍だけ,二重に,2人一緒に,2通りに,2様に　◆a double circle　二重丸(◎)　◆at double speed　2倍の速度で; 倍速で　◆double-digit [double-figure, two-digit] inflation　2ケタ[2桁](台)のインフレ　◆double-entry book-keeping　複式簿記　◆double eyelids　二重(フタエ)まぶた　◆double insulation　二重絶縁　◆double refraction　複屈折(=birefringence)　◆a double-stack freight car　2段積み式の貨車　◆a double-conversion superheterodyne receiver; a double-superheterodyne receiver; a dual-conversion receiver　ダブルスーパー方式の受信機　◆double-income-no-kids families　子供のない共稼ぎ[共働き]世帯　◆a double-ended screwdriver　両端が使えるドライバー　◆a double side printed card　両面印刷カード　◆double-high/double-wide [double-height/double-width, double-height/double-column] characters　《コンピュ》倍高倍幅文字(*一般に倍幅というと拡大文字を意味するが,漢字などは拡大する前からdouble-columnなので,使い方に注意が必要である)　◆a double-insulated power tool　二重絶縁(されている)電動工具　◆apply a double standard to...　～に二重基準を適用する　◆make double [triple] cropping possible　二期作[三期作]を可能にする　◆a room with double occupancy　二人部屋　◆a single-pole double-throw (SPDT) switch　単極双

投スイッチ ◆... generate double the voltage of... ～の電圧の2倍の電圧を発生する ◆Manuscripts should be typed double spaced. 原稿は、ダブルスペースでタイプ打ちのこと.
2 vt. ～を2倍にする, 2つに折る, (～と～と)の二役を務める; vi. 倍増[倍加]する, ～を兼ねる <as> ◆can (also) double as... ～として(も)兼用できる; ～の代わりにもなる; ～の代用[代役]も務められる, ～としても一人二役演じられる ◆double the clock speed of the CPU　CPUの速度を倍にする; CPUのクロックを倍速化する ◆nearly double in number ～は数が2倍近くになる;(《意訳》)人数[台数]がほぼ倍に膨れ上がる ◆nearly double in size ～はサイズ[大きさ, 規模]が倍近くに[ほぼ2倍に]なる ◆nearly double the number of... s ～の数[員数, 人数]をほぼ倍[2倍近く]にする ◆revenues doubled every other year 総収入は1年おき[2年ごと]に倍増した ◆see computing speed double every year 演算速度が年々倍々[ゲーム]で高速化して行くのを目の当たりにする ◆use clock-doubling technology 《コンピュ》クロック倍速化技術を用いる ◆schools and community centers doubling as shelters 避難所を兼ねている学校や公民館 ◆a 66-megahertz clock-doubling Intel 486DX2 processor インテルの66MHz版倍速クロック486DX2プロセッサ(*パソコンのCPU) ◆a clock-doubled 50-MHz 486DX device 倍速クロック50MHz版486DX素子(*パソコン用のCPU) ◆despite a near doubling of traffic volume over the past few years ここ数年で交通量がほぼ倍増したにもかかわらず ◆embark on an ambitious program to more than double production by 1996　1996年までに生産を2倍以上に増やす[増強する]という野心的な計画に着手する ◆every DVD player doubles as a CD player DVDプレーヤーもCDプレーヤーを兼ねた[《意訳》CDプレーヤーの機能をも果たしている] ◆sales have more than doubled for each of the last three consecutive years 売上は、ここ3年間連続して年に2倍以上を回る[毎年倍々ゲームを回る]ペースで伸びてきた ◆the clock speed has been doubled to one billion cycles per second クロックスピードは毎秒10億サイクルに倍速化された ◆Powerful notebooks can double as desktops. 強力なノート型コンピュータは、デスクトップコンピュータとしての機能をも果たすことができる.; ～として一人二役演じられる; ～の代わり[代用, 代役]にもなる ◆Prices for natural gas are almost double what they were a year ago. 天然ガスの価格は1年前のほぼ倍である[ほとんど2倍になっている]. ◆The management of the company wants to double sales volumes each year in China and is seriously considering opening... 同社の経営陣は中国における販売台数を年々倍々[ゲーム]で拡大したいと望んでおり、～の開設を真剣に[本腰を入れて]検討しているところである. ◆In the past two decades, the country has doubled the number of its ships and tripled the tonnage of its fleet. 過去20年の間に、その国は軍艦の数を倍増させ、艦隊の総トン数を3倍に増やした.

**double-blind** adj. (*新薬の薬効を調べる際の) 二重盲(検)式の, 二重盲-, 二重盲検- ◆be researched through double-blind trials 二重盲検試験[二重盲検法]により調べられて ◆conduct a double-blind test [experiment] 二重盲検試験[二重盲検実験]を行う、二重盲検法[二重盲隠し法]を実施する

**double bond** a ～ 二重結合 ◆a carbon-carbon double bond 炭素-炭素二重結合

**double-byte** (= 16-bit) adj. 《コンピュ》〈文字またはコード〉が2バイトの

**double-check** ～をもう一度チェックする, 再確認する

**double click** a ～ 《コンピュ》(マウスの)ダブルクリック, 2回連続クリック; double-click v. 《コンピュ》(マウスで)ダブルクリックする, 2度連続[2回カチカチと]クリックする ◆double-click on an icon アイコンをダブルクリックする

**double-density** ◆a double-density disc 《コンピュ》倍密度[倍密]ディスク

**double door** a ～, ~s 観音開きの扉, 両開きの戸 ◆a double-door refrigerator (左右に開く)二枚扉の冷蔵庫; ツードア冷蔵庫 ◆a double-doored closet 観音開き[両開き](扉が付いている)クローゼット ◆one (side) of a set of double doors; one side of the double doors (2つある)観音開き[両開き]ドアの一方[片側](▶a set of double doorsは不特定の, the double doorsは特定の扉を指す)

**double-edged** adj. 両刃の, 諸刃の刃(モロハノヤイバ)の, 両刃の, 二つの意味に取れる, 両義性の, 使い方によってはプラスとマイナスの両方に働く, 二つの目的を持つ ◆a double-edged sword 諸刃[両刃]の剣(cf. two-edged)

**double-ended** 両端の, 両題-, 双題-, 両ロ- ◆a double-ended pen (one end writes, the other erases) 両端が使えるペン(一端は書くのに、もう一端は消すのに使う)

**double glazing** (2枚の板ガラスを使用した)複層ガラス, 二重ガラス, ペアガラス ◆double-glazed 二重[複層, ペア]ガラスが入っている

**double-headed** 双頭の, 両端-, 両題- ◆a double-headed arrow 矢先が2つ[二重]の矢印(->>, ▶▶); 両方向[双方向]の矢印(↔)

**double-height** ◆a standard depth, double-height board 《コンピュ》標準奥行きでダブルハイトのボード

**double-high** ◆a double-high character 倍角文字

**double-hulled** ◆a double-hulled tanker 二重船体[船殻]構造のタンカー

**double-income** adj. (= two-income) 二重の収入がある, 収入源が二つある, 共稼ぎの, 共働きの ◆double-income households 共稼ぎ[共働き]世帯

**double-layer** 二重層の, 2層の, 2段重ねの ◆an electric double-layer capacitor 電気二重層コンデンサー ◆a double-layer electrolytic capacitor 電気二重層電解コンデンサ

**double lock** a ～ 二重ロック; double-lock vt. ～を二重にロック[施錠]する、～に二重ロックを取り付ける[～を二重ロック式にする]

**doubler** a ～ ダブラー, 倍[2倍, 二重]にするもの, 周波数二倍器, 倍電圧器 ◆a clock doubler クロック(周波数を2倍に引き上げる)通倍回路; 2倍倍回路 ◆a frequency doubler 周波数二倍器(*周波数を2通倍する回路) ◆a voltage-doubler circuit 倍電圧回路 ◆an internal clock doubler chip 内部クロック倍速化チップ

**double-sided** adj. 両面の, 両側- ◆double-sided play 《AV》両面再生(*レーザーディスク) ◆duplex [double-sided] copying [printing] 両面複写[印刷](すること) ◆a double-sided/double-density floppy disk 両面倍密度フロッピーディスク ◆a double-sided printed-circuit board 両面プリント回路基板

**double-space** ～を行間を1行ずつあけて印字[1行おきに]タイプ]する, ～をダブルスペースでタイプする ◆a double-spaced page ダブルスペースでタイプ[印字]されているページ ◆... should be typed double-spaced ～はダブルスペースでタイプ打ちのこと ◆Please double-space your letter. お便りは、ダブルスペース打ちにしてください.

**double-speed** ◆a double-speed CD-ROM drive 倍速CD-ROMドライブ

**double track, double-track** a ～ ダブルトラック, 《鉄道》複線; double-track adj., vt. ◆a double-tracked line 《鉄道》複線化されている線; 複線軌道 ◆build 50 miles of double track in... ～において50マイルに及ぶ複線を敷設する ◆make a double-track [double-tracked] recording ダブルトラック録音をする(*トラックを2本使う) ◆one line of a double track 複線のうちの片方の線路 ◆the double tracking of the line from A to B 《鉄道》AからBまでの線の複線化 ◆the conversion of the existing line from A to B from a single to a double track AからBに至る既設単線線路の複線化 ◆the double tracking of the whole line from San Jose to San Francisco サンノゼからサンフランシスコに至る線路全長[全線]にわたっての複線化 ◆The final 67 miles are double-tracked. 最後の67マイル(の区間)は複線になっている.

**double whammy** a ～ 二重の悪いこと[痛手], ダブルパンチ, 泣きっ面に蜂, 弱り目に祟り目 ◆They got hit with a double whammy of soft sales and costs that are going up. 彼ら

**double-wide** ◆a double-wide character 倍幅文字

**doubling** (a) ～ 倍増, 倍加, 倍増し; 合わせ, 2つ折り, 合糸, 二重張り ◆a doubling of private consumption 個人消費の倍増 ◆before a doubling of the number of ... s takes place ～の数の倍加[倍増]が起こる前に ◆it resulted in a doubling of sales それは結果的に売り上げを倍加させることとなった

**doubly** adv. 二倍に, 二重に, くれぐれも, かえすがえすも, いっそう ◆for purposes of making doubly sure that S・V ～であることを, 念には念を入れて確かめて[駄目押しして, 再確認して]みるために ◆we had to be doubly watchful of "bandits" 我々はくれぐれも「敵機」に注意[警戒]しなければならなかった ◆The radiation source must be doubly encapsulated. 放射線源は二重カプセルに封入されていること.

**doubt** 1 (a) ～ 疑い, 疑念, 疑惑, 疑義, 不信(の念), 懐疑, 確信が持てないこと, 不確かさ ◆beyond doubt; without (any) doubt; no doubt 疑いなく, 間違いなく, むろんの, 確かな ◆when in doubt; if in doubt; in case of doubt 疑わしい[不明な点がある, 分からないことがある, 不審なところがある, 疑問がある, (判断に)迷う]場合には ◆be beyond any shadow of doubt 一点の疑惑も残っていない ◆be open to doubt; be in doubt (物事が)不確かである ◆beyond [without] a [the] shadow of a doubt 疑いもなく; 紛れもなく; 間違いなく ◆hold [entertain, harbor] doubts about... ～に関して疑問[疑念]を持つ[抱く, 宿す] ◆in the event of any doubt arising about [as to]... (万一)～について疑い[不明の点, 分からないこと, 不審な点, 疑問]が生じた場合には ◆preclude all doubt 疑いをすべて排除する ◆some doubt remains as to... ～については疑念が残る ◆there is no doubt about... ～には疑わしい点はない ◆There remains some doubt about his ability to <do...> ～を遂行する彼の能力については, 疑義が残るところである ◆Whether... remains open to some doubt. ～かどうか疑問が残る[分からない, 不透明である]. ◆if there are doubts about its safety or airworthiness それの安全性や耐空性について疑問があれば ◆there is little doubt that... ; there's virtually no doubt that... ～であることはほぼ間違いない ◆There is no doubt that... ～であることに疑いない; ～に違いない ◆there is no room for doubt about... ～について疑いの[疑う, 疑いをさしはさむ]余地はない ◆He has his doubts about investing more money into the plant. その工場にさらに金を注ぎ込むこと(が賢明かどうか)に彼は疑問を感じている. ◆So I don't think there's the slightest doubt about it. よって私は, それには少しの疑惑もないと思っている. ◆There isn't the slightest doubt in my mind that... 私は～だということに少しも疑い[疑念]を抱いていない ◆They will no doubt be glad to hear about that. 彼らは間違いなく[むろん, もちろん, さだめし, さぞかし, きっと]そのことを聞いて喜ぶだろう. ◆Yield the right-of-way if any doubt exists in your mind. 少しでも判断に迷いがあったら, (他の車に)道を譲ること. ◆DNA testing permits determination of a child's father beyond a shadow of doubt. (意訳)DNA鑑定をすれば, 父子関係の厳然たる判定が可能だ. (*実父判定検査のこと) ◆Is there any doubt about your willingness to accept this position? この役職を確かに快諾しますか.

2 vt. ～を疑う, 疑問視する, 信用しない, ～に疑念を持つ, ～とは思えない, ～と確信しない; vi. ◆I doubt her word. 彼女の言うことは信用できない. ◆I doubt that he can come. 私は, 彼が来られないのではないかと思う. ◆I doubt whether he will come. 彼が来るかどうかは疑わしい[怪しい].

**in doubt** 迷っていて, 疑っていて, 疑問で, 分からなくて, 不明で, 不透明で, 不確かで, 確信が持てなくて, 確定していなくて ◆when in doubt; if in doubt; in case of doubt 不明な点が[疑問が, 分からないことが]ある[生じた]場合には ◆I am in doubt about... ～に関しては, 私は疑問を持っている. ◆its future is in doubt それの先行きは分からない[不透明である, 不明である] ◆If in doubt, consult your doctor or pharmacist. (*もらっている薬に関して)もし分からないことが[不明な点, 不審なところ]がありましたら, 担当医または薬剤師までおたずねください. ◆The only thing in doubt is whether the new Russia will be friend or foe. 唯一不明[不透明]な点は, 新しいロシアが, はたして味方になるのか敵になるのかということである.

**doubtful** 疑わしい, はっきりしない, 不確かな, 不確実な, あいまいな ◆It is doubtful whether... ～かどうかはっきりしない ◆He is still doubtful about the wisdom of his choice. 彼は, いまだに自分自身の選択が賢明なものだったかどうか確信が持てないでいる.

**dough** ①ドウ, 練粉, パン生地; ②《古臭い俗語》金(カネ), ぜに, おかね, おあし. ◆divide the dough into 8 equal parts パン生地を8等分する

**doughnut** a ～ ドーナツ ◆a doughnut-shaped magnetic core ドーナツ形をしている磁気コア(*環状のトロイダルコアの形状の説明) ◆a doughnut-shaped float (tube) ドーナツ形の[丸い]浮き袋[浮き輪] ◆Make a ring pad (shaped like a doughnut) with a narrow bandage or narrow, but long strips of cloth. (ドーナツのような形をした)円環状の当てものを包帯あるいは細長い布ひもで作ってください.

**douse** v. ～に水をかける, ～を水に突っ込む, 水につかる ◆douse the protectionist sentiments that continue to simmer in the U.S. Congress 米議会内で煮えたぎり続けている保護貿易論的感情を(水をかけて)鎮める[おさまらせる]

**dove** a ～ 鳩, ハト, ハト派[穏健派]の人 ◆Doves turn into hawks when... ～のとき, ハト派[穏健派]はタカ派に変身する

**dovetail** a ～ 《建》蟻継ぎ; vt., vi. 蟻継ぎにする, ぴったり合わせる[符合する], しっくりと調和して[噛み合って]一体化する ◆a dovetail joint 《建築》蟻継ぎ(アリツギ) ◆a dovetail (milling) cutter 蟻溝(アリミゾ)フライス, 蟻切りカッター ◆dovetail nicely [neatly] with... ～としっくり(はめ込まれるように)噛み合う ◆the package "dovetails in seamlessly" with WordPerfect この(ソフトウェア)パッケージはワードパーフェクトに「しっくりと噛み合って合体する」

**dovish** adj. ハトのような, ハト派[穏健派]の ◆dovish former Prime Minister Tomiichi Murayama ハト派[穏健派]の元総理大臣村山富市 ◆his relatively soft line contributed to his dovish image 彼の比較的柔軟な路線は, 彼のハト派[穏健派]イメージに寄与した

**dowel** a ～ だぼ, 合わせくぎ, 合いくぎ, ドエル, 位置決めピン(= a dowel pin)

**Dow Jones** ◆the Dow Jones average of 30 industrials soared 62.39 points ダウ・ジョーンズ工業株30種平均は, 62.39ポイント急騰した

**down** 1 adv., prep., adj. 下に, 下がって, 低くなって[押されている]いる状態で[に]; adj. 〈コンピュータが〉ダウン[故障, 機能停止]して ◆a down train 《日, 英》下りの列車 (*首都から遠ざかる) ◆data from Roman times on down ローマ時代以降のデータ ◆in the driveway two doors down 二軒先の私道で ◆make a down shot 俯瞰(フカン)撮影[高位置からの写真を撮る] ◆the computer is down コンピュータがダウン[(機能)停止]している(*何らかの障害のために働かない状態) ◆the computer goes down コンピュータがダウンする ◆be badly scalded from the waist down 腰から下[下半身]にひどいやけどを負っている ◆insert a disc with the label side down ディスクのラベル側を下にして[下向きに]入れる ◆measure line widths down to 0.001mm 線の幅を0.001mm単位まで測定する ◆when the button is down そのボタンが押されているとき ◆without bringing the system down (コンピュータ)システムをダウン[(機能)停止]させることなしに ◆a young boy lies face down on the operating table 少年が手術台の上にうつぶせに横たわっている ◆be identical to..., (right) down to the misspelling of... ～の誤植に至るまで～にそっくりで ◆the Computer Assisted Trading System (CATS) crashed just before the market opened and stayed down until early afternoon 市場が開く直前にコンピュータ援用取引システムがクラッシュし, 正午を少し過ぎてまでダウンしたままだった ◆when the mouse switch is in the "down" position マウスの

スイッチが押されているとき ◆He had shrapnel wounds in his whole left side, from his neck (on) down. 彼は身体の首から下、左側全体に榴散弾(リュウサンダン)による傷を負っていた。◆He is paralyzed from the neck down. 彼は、首から下が麻痺している。◆Net income for the quarter was US$111 million, down 24 percent from the previous year. この四半期の純利益は、前年比24%減の1億1100万ドルであった。◆Taking perestroika down to the farm is certain to be the President's most daunting task. 農業分野にまでペレストロイカを徹底させようとすることは大統領の最大の試練であることは確かだ。◆The number of personal bankruptcies in the first quarter of this year was down 15% compared with the same period last year. 今年の第1四半期における個人破産件数は、前年同期15%減であった。
2 vt. 〜をおろす、下に置く、下げる、飲み下す、〈相手〉を倒す[負かす]、〜を撃ち落とす ◆"Down with the USA!" the crowd chanted. 「米国打倒」と群集は声をそろえて(シュプレヒコールを)叫んだ。
3 a 〜 下降 (→ ups and downs); a 〜《コンピュ》〈サーバーなどの〉ダウン
from... on down 〜から下にかけて(ずっと)、〜以下[以降](ずっと)、〜から下[〜以下、〜以降](すべて)の; <to> 〜にはじまって〜に至るまで ◆Senior U.S. government officials from President Clinton on down are... クリントン大統領以下[をはじめとする]米政府高官[首脳]らは、◆the people in the company from the owner on down to the receptionist オーナー以下[(意訳)]上は社主から]受付係に至るまでの会社の(すべての)人間 ◆Everyone from President Clinton on down has been... クリントン大統領を筆頭に誰もが〜だった。◆the pictures from here on down are of my recent foreign trip ここ以降の写真は、僕が最近行った海外旅行で撮ったものです

**downconvert, down-convert** 《電気》周波数を通降する ◆The receiver downconverts the rf signals to a lower intermediate frequency, while preserving all amplitude and phase relationships. 受信機は、振幅と位相の関係をすべてそのままに保ちながら、高周波信号をそれよりも低い中間周波数にダウンコンバート[通降]する。

**down-converter** a 〜 ダウンコンバータ(*周波数通降装置[回路])

**downdraft** (a) 〜 下降気流、吹き下ろし、下向き通風[通気] ◆helicopter downdrafts ヘリコプターが起こす下降気流

**downfall** the 〜 <of> (〜の)転落、没落、滅亡、失脚、大降り ◆The features that make the model easy to use may be its downfall in such environments. その機種の使い勝手を良くするための機能は、そのような[使用]環境においては人気の低落[凋落]につながるかもしれない。

**downgrade** vt. 〜を格下げする、〜の等級を落とす、過小評価する; a 〜 下り坂、落ち込み ◆be downgraded two notches 2段階格下げされる ◆the company's credit rating was downgraded yesterday 会社の信用格付けランクが昨日格下げされた

**downhill** adj. 下り坂の、(困難の後で)楽になった; adv. 坂[斜面]を下って、衰退に向かって; n. a 〜 下り坂 ◆go downhill 坂を下る;《比喩的に》坂を転げるように転落して行く、衰えて行く ◆downhill [→uphill] parking 下り坂[←上り坂]での駐車 ◆repeated downhill stops 下り坂でのたびたびの停止

**download** vt. 《コンピュ》〜をダウンロードする; (a) 〜 ダウンロードすること、ダウンロードするもの ◆cached fonts downloaded from the host computer ホストコンピュータからダウンロードされてキャッシュに格納されているフォント ◆you can read the paper online or download it to your computer その報告書をオンラインで、または自分のコンピュータにダウンロードして読むことができる ◆automatically download fonts to your printer each time you turn on the computer コンピュータの電源を入れるたびにフォントをプリンタに自動的にダウンロードする ◆An entire data file can be downloaded into RAM in one operation. 1つのデータファイル全部を1回の操作でRAMにダウンロードできます。

**downloadable** adj. ダウンロード可能な ◆a disk-downloadable program ディスクからダウンロードできるプログラム ◆downloadable characters used by WordPerfect ワードパーフェクトによって使用されるダウンロード可能な文字

**downpayment, down payment** a 〜 頭金、内金、手付け金

**downplay** vt. 〈問題など〉を矮小化する、〜をそれほど大したことではないように扱う、控え目に[割り引いて]扱う、見くびる、重視しない、軽視する ◆downplay the gravity of the problems [issues] これらの問題を矮小(ワイショウ)化する

**downpour** a 〜 大雨、大降り、どしゃ降り、ざあざあ降りの雨、強雨、豪雨、猛雨、暴雨 ◆under a downpour of hail 激しく降りしきるあられの中で ◆Torrential downpours turned rice farms into lakes. 豪雨が田園を湖に変えてしまった。◆What we need is a good heavy downpour to put them out. 必要なのはこれらを消火するための恵みのひと雨だ。(*山火事の話で。a heavy downpour = 激しい土砂降り)

**downright** adj. まったくの、徹底的な、率直な、単刀直入の、ざっくばらんな; adv. 全く、正に、あからさまに、率直に ◆if not downright impossible (もし)全く不可能(という)こと)でなければ ◆At this speed, Internet access is downright zippy. この速度でだと、インターネットへのアクセスはまさにサクサクと軽い。

**downscale** vt. 〜(の規模)を縮小する、〜(のサイズ[大きさ])を小さくする、〜を市場や社会のより下の層に合ったものにする(*〜の質を落とす[程度を下げる]、〜を低級化する、〜の贅沢装備を削って金がかからないようにする[安くする]) ◆downscale voters 低所得者層に属する有権者たち ◆downscale government 政府を小さくする; 政府の規模縮小をする ◆go [move] downscale 規模が小さくなる、小さくする、低級化する、質が下がる、程度が下がる、低級化する ◆It looks like a downscaled bazooka. (直訳)それは小型化したバズーカ砲に似ている。; それはバズーカ砲の小型版といった観がある。◆the continued downscaling of devices to the point where it will reach a dead end 極限に到達するまで進められる、たゆみない素子の小型化 ◆There's a lot of plastic and no wood to be seen in the cabin; BMW clearly has downscaled some materials. But the 318ti isn't a stripped(-down) model. キャビン内にはプラスチックが多用され木材は見あたらないことから、BMWが一部の材料の質を落としたのは明らかだ。だが、318tiは、最低限の装備しか搭載していない車種というには当たらない。

**downside** 《通例 the 〜》下側、マイナス面; a 〜《単のみ》(株価などの)下落[下降]傾向; adj. 下側の、下落[下降]傾向の ◆on the downside 〈商売が〉落ち目で[の]; 〈株価が〉下がり気味で[の] ◆There is a downside to this. これにはマイナス面[欠点、デメリット]がある。◆because for the first time in years there is concern about the economy's downside risk 何年ぶりかでに、経済[景気]の下振れリスクに対する懸念があるので

**downsize** vt. 〜を小型化する、〜をより小さく設計する[作る]、〜(の数、規模)を削減[縮小]する、合理化する、スリム化する ◆provide downsized services at equally downsized prices 質を落としたサービスを同じように下げた価格で提供する

**downsized** adj. ◆today's downsized PCs and OA equipment 今日の小型化されているパソコンやOA機器

**downsizing** n. ダウンサイジング、小型化、小型機への移行[シフト]、規模縮小、事業縮小、スリム化、減量化、人員削減[整理]、合理化、雇用削減 ◆the economics of downsizing ダウンサイジングの経済的局面 ◆achieve a downsizing of around 45% 約45%の小型化[人員削減]を達成[実現]する ◆achieve downsizing ダウンサイジング[小型化、小型機への移行/シフト、規模縮小、事業縮小、スリム化、減量化、人員削減、合理化、雇用削減]を達成する[成し遂げる、実現する] ◆engineer a corporate downsizing 企業の規模縮小[スリム化、減量化]を画策する ◆in line with the downsizing trends ダウンサイジング傾向に合わせて ◆propose a

**downsizing of...** ～の小型化［スリム化，規模縮小化，人員整理］を提案する ◆to achieve the downsizing of the Board of Directors 《意訳》重役［役員，理事］の削減を図るために ◆in keeping with the current trend towards downsizing 現在の小型化傾向に合わせて ◆in the wake of so-called downsizings, a euphemism for firings and layoffs クビ切りおよびレイオフの婉曲表現［体のいい呼び方］であるところのいわゆるダウンサイジング［合理化］の結果として ◆launch a revolutionary downsizing of government 革命的ともいえる政府のスリム化に着手する ◆customers who are downsizing from mainframe computers to networks of smaller machines メインフレームコンピュータからより小型機のネットワークへとダウンサイジングを進めているカスタマー ◆The company has already undergone a 25% downsizing. この会社は，すでに25%の事業の整理［合理化，人員削減］を行っている。 ◆Now another downsizing is being planned, and morale throughout the company is low, employees say. 現在さらなるダウンサイジング［合理化，人員整理・削減，事業規模縮小］が予定されており，会社全体の士気は下がっていると従業員は言っている。 ◆Transistor downsizing is proceeding faster than originally forecast. トランジスタの小型化は，当初予測されていたよりも速いペースで進んで［進展して］いる。 ◆Downsizing from large central systems to distributed hardware is the most popular direction. 大型中央システムから分散ハードウェアへのダウンサイジングがもっともポピュラーな方向である。 ◆During the 1980s, private industry popularized the use of buyouts as a way of achieving downsizing in a manner that was humane and conducive to employee morale and productivity. 1980年代に，民間の産業は，人間的かつ従業員の志気および生産性に資する形で減量化《意訳》リストラを達成するための方策として企業買収を普及させた。

**downslide** (a)～ （株価や物価の）下降，低下，下落 ◆during a temporary downslide 一時的な下降の間に（＊相場の話では）

**downstairs** adv. 階下に［へ］，1階へ［に］; adj. 階下の，1階の; n.《単扱い》階下，下の階，1階 ◆a downstairs room 階下の部屋

**downstream** adj. 下流の，下流部門の，川下の; adv. 下流［川下］へ，川下に沿って［向かって］，流れを下って ◆downstream from... ～の下流に ◆downstream industries 下流［川下］産業 ◆downstream operations 下流工程［後工程］作業 ◆downstream products 下流［川下］製品 ◆firms in an upstream and a downstream industry 川上産業および川下産業の会社 ◆flow downstream 下流［川下］に流れる ◆in a downstream direction along the main stream 本流［主流］に沿って下流［川下］方向に ◆be located downstream of [from]... ～の下流［川下］に位置している; ～よりも後ろに［後段に，《意訳》先の方に］ある; ～以降にある ◆in the downstream parts of the river この川の下流部分で ◆the 80486 will move downstream to become the entry-level processor 《コンピュ》80486は（＊より高性能なプロセッサの出現により）下位にシフトして入門レベル（パソコン用の）のプロセッサになるだろう ◆Slicks were detected on the river more than 40 miles downstream from the spill. 油流出事故現場から下流へ40マイル以上離れた地点で川面に油膜が浮いているのが確認された。

**downtime** ①《コンピュ》ダウンタイム，故障時間，動作［稼働，運転］不能時間，休止時間，中断時間，設設立時間［ダウンタイム］ ◆minimize network downtime ネットワーク故障［停止］時間をできるだけ少なくする ◆The changeover consumes weeks of costly downtime. その（＊生産ラインの）切り替え［段取り］には，何週間もの高くつく稼働休止期間を要する。 ◆The Xxx printer is designed and built to keep downtime to an absolute minimum. Xxxプリンタは，ダウンタイム［（故障による）運転不能時間］を極限にまで減らすべく設計・組み立てられています。 ◆With quick changeover, you minimize downtime between processes. 迅速な（生産ライン）切り換えで，工程間の中断時間を極小化することができます。

**down-to-earth** adj. 地に足がついた，現実的な，実際的な，素朴な，気さくな，さばけた ◆a down-to-earth person 地道な［地味な，控えめな，気取らない，気さくな，さばけた］人 ◆a practical, down-to-earth approach 実際的で堅実なアプローチ ◆a more down-to-earth plan より現実的な計画 ◆his down-to-earth ideas 彼の地に足がついた考え ◆Most of her advice is down-to-earth. 彼女のアドバイスは，ほとんど現実的［実際的］なものが中心だ。

**downtown** a～ ダウンタウン，都市の中の地形的に低い地区，《特に》（都市の）中心部［中心街，繁華街］; adv. adj. ダウンタウンへ［の］ ◆a downtown (business) area 商業地域［地区］，繁華街，ビジネス街，オフィス街 ◆downtown office buildings ダウンタウン［ビジネス街］にあるオフィスビル ◆go [enter] downtown 中心街に行く［入る］ ◆at the Hard Rock Cafe in downtown Atlanta アトランタの繁華街にあるハードロックカフェで ◆West Broadway in downtown Manhattan マンハッタンのダウンタウンにあるウエストブロードウェイ（＊ニューヨークのdowntownは常に「ダウンタウン」）

**downtrend** a～《経》下降［下げ，沈滞］傾向，押し目気配 ◆As long as the interest rate downtrend continues,... 利下げ傾向が続く限り

**downturn** a～ 下降，下落，落ち込み，沈滞，不況，不景気 ◆in an effort to dodge downturns 《経済》下降局面に入らないように，下振れを回避しようとして ◆in the event of a further downturn in the economy もし経済が更に下降した［下向いた］場合 ◆the economy will take a sharp downturn 景気は急速に下降する［景気は急速に落ち込む］だろう ◆worry about a downturn in the economy 景気の下振れ［陰り］を懸念する ◆in areas suffering economic downturns such as New England 景気下降［景気沈滞，不況，不景気］に苦しんでいるニューイングランド等の地域において ◆The pace of Japan's economic growth took a sharp downturn last year. 昨年，日本の経済成長のペースは急激に落ちた。

**downward** adj. 下向への，下向きの，下方への，下降-，下り-; adv. 下方へ，下方に ◆be downward compatible with... ～と下位互換性がある ◆in a downward direction 下向きに ◆revise... downward ～を下方修正する ◆a downward extension of... ～の下位［機能縮少］版 ◆announce a major downward revision of... ～の大幅下方修正を発表する ◆downward compatibility 下位互換性 ◆indicate a downward trend 鈍化［低下，下降，減速］傾向を示す ◆in the downward direction 下方向に［下に（向かって）］ ◆a downward trend in stock prices 株価の下降傾向 ◆put downward pressure on wages 賃金の伸びを抑える方向の圧力を加える; 賃金の伸びに下方圧力を加える ◆a downward-flowing stream 下向きの流れ，下降流 ◆downward pressure on the dollar will mount ドルに対する下方［下押し］圧力が増すことになるだろう ◆housing prices remained under significant downward pressure in many parts of the country 住宅価格は，この国の多くの地方で大きな下方圧力下で推移していた ◆Projected sales of... continue to be revised downward. ～の予想売上は，下方修正され続けている。 ◆Carefully push downward on the lever. 慎重にレバーを押し下げてください。 ◆Tilt the cabinet so that its right side points downward and the battery will slide out. 筐体を，右側面が下向きになるよう傾けると電池が滑り出ます。

**doze** vi.《しばしばdoze offで》うたた寝する，居眠りする，うとうとする，まどろむ; vt.〈時間〉をうとうとして［うつらうつら］過ごす; a～ うたた寝，居眠り，まどろみ ◆an anti-dozing sensor 居眠り防止センサー

**dozen** a～ ダース，12個［本，台，冊，etc.］; ~s 何十，数十，多数 ◆by the dozen ダース（単位）で，多量で ◆a dozen cars 12台の車，車12台 ◆a dozen or so pages 十数ページ ◆dozens of students 何十人かの学生; 数十人の生徒 ◆dozens of times 何度も，幾度も，たびたび ◆half a dozen oranges オレンジ半ダース ◆some two dozen pieces of repaired equipment 20数台に上る修理済み機器 ◆a half-dozen major companies 主要6社 ◆dozens of name-brand products 数多くの有名ブランド商品 ◆a half-dozen or so years ago 6年かそこら前に

**DPDT** (double-pole double-throw) 双極[二極]双投の ◆a DPDT switch 双極[二極]双投スイッチ

**dpi** (dots per inch)(1インチ当たりのドット数) ◆scan a letter-size (8.5" x 11") document at a resolution of 300 dpi [at 300 dpi resolution] レターサイズ(8.5インチ×11インチ)の文書を解像度300dpiでスキャンする

**draft** 1 a~ 製図, 図面, 下書き, 草稿, 草案, 素案, 原案 ◆a final draft 最終原稿 (*タイプや植字にまわされる段階のもの) ◆an FDIS (a Final Draft International Standard) 国際標準最終草案(*ISOの) ◆draft proposals for educational reform 教育改革の原案 ◆write a rough draft 下書き[草稿]を書く ◆As previously agreed upon, a draft text was completed in December. (かねてからの)取り決め通り, 文案[草案, 原案]は12月に出来上がった. ◆This standard is now in working draft and is expected to be committee draft stage in May or June of 2000. 本標準(規格)は現在作業草案段階にあり, 2000年の5月か6月に委員会原案段階に進むものとみられている. 2 ◻手形振り出し, 小切手を書く, 小切手 3 ◻牽引(力), (荷や網などを)引くこと; a~ ひと(の漁獲高); a~ ひと飲み, ひと吸い, ひと息; (a)~ 通風, 通気, 気流, 通風装置, すきま風, (船の)喫水, (金型の)抜き勾配, 延伸, 牽伸; ◻(ビールの)たるから出すこと, たる抜き ◆a draft chamber ドラフト・チャンバー; 強制換気装置 ◆a draft gage ドラフトゲージ, 吸引力計, 通風[通気]計, 喫水計 ◆a mechanical draft 機械[強制, 人工]通風 ◆natural draft 自然通風 ◆a natural-draft cooling tower 自然通風冷却塔 ◆cold draft beer 冷えた生ビール (参考) violent updrafts and downdrafts (of air) 激しい上昇気流と下降気流 4 ◻兵役, 《スポ》ドラフト制度; a draft dodger 兵役[徴兵]忌避者 5 v. ~を草案[立案する], ~の下図をかく, 引く

**drafter** a~ 起草者, 立案者
**drafting** n. 製図, 起草, 図面起こし
**drafting machine** a~ (= a parallel motion protractor) 製図機械, 万能製図機, ドラフター(*「ドラフター」は武藤工業株式会社の登録商標)
**draftsman** a~ (pl. draftsmen) 製図工, 図工, 起草者, 立案者
**draftsperson** a~ 製図工, 図工, 草案者, 立案者
**drag** 1 ◻ドラグ, 抗力, 抵抗, 空気抵抗, 前進抵抗; (a)~ 引きずること; a~ 足手まとい, 邪魔者 ◆a drag parachute ドラグパラシュート[ドラッグシュート](*航空機, 宇宙空間機, 競走自動車などが停止時の減速用に使用する) ◆the car's aerodynamic drag この車の空力抵抗[抗力, 空気抵抗] ◆lose speed from wind drag 風(空気)の抵抗によりスピードを失う[速度が低下する, 速力が落ちる] 2 vt. ~を引っ張る, 引きずる, 《コンピュ》~を(マウスで)ドラグする<to, into>; vi. 引きずる, だらだら進む ◆drag and drop... 《コンピュ》~を(マウスで)ドラグ&ドロップする (→ drag and drop) ◆drag a mouse 《コンピュ》マウスをドラグする ◆via dragging and dropping 《コンピュ》ドラッグ・アンド・ドロップによって ◆drag a document into the Trashcan 《コンピュ》文書(ファイルのアイコン)をドラッグしてごみ箱に入れる ◆drag it to the right of the word processor icon それをワープロ・アイコンの右横にドラッグする ◆drag the indicator box to any point in the scroll bar 《コンピュ》インジケータボックスをスクロールバー中の任意の箇所にドラッグする ◆These books drag the reader into the world of the concentration camps and do not easily let him go. これらの本は, 読者を強制収容所の世界に引きずり込んで容易に放しはしない. ◆The yen, most believe, would dive, dragging other Asian currencies with it. Money would rush to perceived areas of safety, such as the U.S. dollar. 円は他のアジア通貨を道連れにして急落するというのが大方の見方である. 資金は米ドルなど安全と思われている地域に殺到するだろう.
◆**drag on** だらだら長引く ◆The meetings dragged on. 回を重ねた会議はだらだら長引いた[延々と続いた].

**drag and drop, drag-and-drop** vt.《コンピュ》(マウスで)~をドラッグアンドドロップする<from, to, into, onto, between>; vi. ドラッグ&ドロップ操作をする; (a)~ ドラッグ&ドロップ(すること)[操作] ◆in a drag-and-drop manner 《意訳》ドラッグ・アンド・ドロップして[操作で] ◆a drag-and-drop capability for moving and copying ドラッグ・アンド・ドロップによる移動・複写機能 ◆copy and move... using drag-and-drop ドラッグ・アンド・ドロップによって~を複写および移動する ◆drag-and-drop photos between albums アルバム間で写真をドラッグ・アンド・ドロップする (*普通は移動やコピーを意味する) ◆drag and drop photos into Windows applications 写真をWindowsアプリケーションにドラッグ・アンド・ドロップする

**drag coefficient** (略 Cd) a~ 《流体》抗力[抵抗]係数 ◆a drag coefficient figure of 0.35 0.35の抗力係数値

**dragging** (a)~ 《コンピュ》ドラッギング (*画面上で, 表示されているものの一部がポインタ[カーソル]の動きに追従して, 引きずられるように移動すること); adj. 動きの鈍い, のろのろした

**dragnet** a~ 地引き網, 引き網, 底引き網; a~ (警察の)捜査網 ◆dragnet fishing 地引き網による漁業 ◆conduct a drunken driving dragnet on highways 幹線道路で酔っぱらい運転の一斉取り締まりをする ◆elude [escape, avoid, escape from, slip through] a nationwide police dragnet 全国に敷いた警察の捜査網をかいくぐる[すり抜ける] ◆expand the export control dragnet to catch... ~をつかまえるために輸出規制の網を広げる ◆if a dragnet had been put in place to catch... ~を検挙するための捜査網が敷かれていたならば ◆a dragnet of 760 heavily armed French police and soldiers 重装備をしたフランス警察およびフランス軍兵士からなる総勢760名の捜査網 ◆they were arrested in a massive [vast] police dragnet 彼らは大捜査網に引っかかって逮捕[検挙, 身柄を拘束]された ◆police threw [cast] a wide dragnet around Japan to find the leaders of a cult 警察は, カルト集団の指導者をさがすために日本全国一円に広域大捜査網を敷いた

**drag race** a~ ドラッグレース (*バイク・車の発進加速性能を競うレース)

**dragstrip** a~ ドラッグストリップ (*バイク・車のドラッグレース用の直線コース) ◆out at the dragstrip ドラッグストリップに出ると

**drain** 1 a~ 排水, 排水管[パイプ], 排水[下水]溝, 排水路, 水抜き, ドレイン, ドレン; a~ (電界効果トランジスタ(FET)の)ドレイン ◆a drain hole 排水口[穴], 水抜き穴 ◆a drain outlet 排水口 ◆current drain 電流の消耗(*しばしば消費電流の意味で用いられる) ◆a 6-foot drain hose 長さ6フィートの排水ホース ◆cause a capital [brain] drain 資本の流出[頭脳流出]を引き起こす ◆cause a drain of bank deposits 銀行預金の流出を引き起こす ◆a waste-choked sewage drain ごみが詰まった下水[汚水]排水溝 ◆cut battery drain by as much as 50 percent 電池の消耗を50%も削減する ◆increase the drain on the notebook's battery ノート機の電池の消費を増やす(ことになる) ◆to prevent a drain of cultural property 文化財の流出を防ぐために ◆to stop a "brain drain" of professors leaving for higher-paying jobs もっと給料のいい仕事に就いていく教授たちの「頭脳流出」を止めるために ◆a day's work went down the drain when the earthquake struck その地震が襲ったときに一日かけての仕事がパーになった[ふいになった] ◆Open the drain cock and let the water drain out, taking the sediment with it. 排水コックを開けて, 沈殿カス[澱(オリ)]ごと排水してください.
2 vt. (液体)を徐々に排出させる, ~を空にする, ~を水切りする; 消耗させる; vi. (液体が)徐々に流出[はける]する, (容器が)徐々に空になる, 水気が切れる ◆a draining ear 耳垂れ(ミミダレ)[耳漏(ジロウ)] ◆drain a water heater 温水器の水抜き[排水]をする ◆drain water from... ~から排水[水抜き]する ◆a low-lying, poorly drained depression 水はけの悪いくぼ地 ◆an ill-drained region [area] 水はけの悪い地域 ◆Drain the fuel system. 燃料系統から燃料を抜いて空にしてく

ださい．◆drain the oil out of the engine crankcase　エンジンのクランクケースから油を抜く　◆drain the oil out of the tank　タンクからオイルを排出させる　◆rinse and drain the berries　それらのベリー［実］を水洗いして，水を切る　◆a tributary of the Anacostia River that drains into the Chesapeake Bay　チェサピーク湾に注ぎ込んでいるアナコスティア川の支流　◆...static charge drains from the operator's body　静電気が操作員の身体から流れ去る　◆until the water in the tank drains down to a specific level　タンク内の水が流れ出て［流出して］特定［ある一定］の［水位まで下がるまで　◆wait until the battery is totally [fully, completely] drained　電池が消耗し切る［完全になくなる］まで待つ　◆Let the torque converter drain overnight.　一晩トルクコンバータを放置して油を抜いてください．◆The huge external fuel tank was drained of its half-million gallons of liquid oxygen and liquid hydrogen.　巨大な外部燃料タンクから，50万ガロンに上る液体酸素および液体水素が抜かれた．

**drainage**　排水，排液，排泄，水抜き，水はけ，脱液；排水装置，排液器，排流路，排液施設，下水施設；排水，下水，汚水　◆a drainage area [basin]　流域，流域面積，集水域［区域］(= a catchment area [basin, zone], a feeding [gathering] ground, a hydrographic basin)　◆a drainage screen　［鉱山］脱液スクリーン［ふるい］　◆in poor drainage areas; in areas with poor drainage　水はけの悪い地域に［地区の］　◆store drainage　排水［汚水］を溜める　◆the construction of a drainage canal to transport drainage water to the ocean through...　〈地域〉を貫流して排水を海洋に送り出すための排水路の建設　◆Poor Street Drainage Hurts Pedestrians　《見出し》道路の水はけが悪く歩行者大迷惑

**drainboard**　a ～《米》(流し台の) 水切り板，流し板，水切りマット［《英》a draining-board, a draining board)

**draining-board, draining board**　a ～《英》(→drainboard)

**drainpipe**　a ～ ドレン管, 排水パイプ, 排水管

**DRAM**　(dynamic random access memory)《コンピュ》(ディーラム), ダイナミックRAM（＊記憶保持動作が必要な随時読み出し書き込みメモリー）　◆4-Mbit DRAM chips　4メガビットのDRAMチップ

**drama**　a ～ ドラマ，劇，戯曲，芝居，脚本；〔回〕演劇，劇［脚本］文学；(a) 劇的な事件［出来事，状況，効果］　◆drama reading　ドラマリーディング，戯曲朗読

**dramatic**　adj. 劇的な，〈変化など〉めざましい［著しい，大幅の，飛躍的な］（= drastic), ドラマチック［感動的，印象的］な　◆a dramatic falloff in imports from...　～からの輸入の激減　◆need dramatic improvements　～には劇的［飛躍的］な改善が必要である　◆The difference wasn't dramatic.　違いは劇的ではなかった．◆Dramatic gains in average life expectancy have occurred over the last century.　平均寿命は，前世紀にわたって劇的に［著しく，目覚ましく，大幅に，飛躍的に］延びた．

**dramatically**　劇的に，非常に効果的に　◆be dramatically effective　劇的に利く　◆dramatically speed up hidden-line removal in CAD drawings　CAD描画における隠線処理を劇的に［飛躍的に］高速化する　◆Japan's outward appearance has changed dramatically, but her soul has changed little in 50 years.　日本の外観は劇変［激変］した，だがこの国の精神［魂］は50年の間ほとんど変わっていない．◆As the graph above demonstrates, dark current falls dramatically as the CCD temperature is reduced.　上のグラフが示すように，暗電流はCCDの温度を下げると激減する［劇的に落ちる］

**drape**　～を覆う< with, in >; n. ～s 厚地のカーテン, ドレープ

**drastic**　adj. 猛烈な, 激烈な, 過激な, 思い切った, 果断な, 厳しい, 厳格な, 徹底的な, 抜本的な, 強力な　◆a drastic measure; drastic measures　思い切った措置, 抜本的［徹底的］な［強力な］手段, 荒療治, 非常手段, 果断な処置, (大)英断, 一刀両断の処置, 大鉈 (オオナタ)　◆take drastic measures to < do...>　～するために思い切った対策［措置］を取る,～する抜本的な方策を講じる［打つ］　◆should take more drastic measures to < do...>　～するためには, より抜本的な対策を取らなければ［講じなくては］ならない　◆take the drastic measure of reformatting the hard drive　ハードディスクをフォーマットし

直すという思い切った方法をとる［大英断を決行する, 荒療治をする］　◆I eluded death by trying a drastic tactic.　私は思い切った［果断な］戦術を試みて死を免れた．

**drastically**　ドラスチックに, 徹底的に, 激烈に, 強烈に, 激しく, 厳しく, 厳格に, 思い切って　◆drastically increase...　～を激増させる　◆drastically reduce [cut]...　～を激減させる　◆Unless the situation changes drastically, ...　状況が激変しない限り

**draw**　1　vt. ～を引っ張る［引く］, ～を延伸する, ～を絞り加工する, ～を引き寄せる, ～を吸い込む < in >, ～を (～に) 引き込む < into >, (～から) 抜き取る［引き出す］< from >　◆a sample drawn from a population　母集団から抽出された標本［抜き取られたサンプル］　◆a setup for drawing optical fiber　光ファイバーの線引き設備［装置］　◆draw a cord through a hole　ひもを穴に通す　◆draw in fluid by suction　液体を吸引力により吸引する　◆draw (up) water　水を汲み上げる［汲み出す］　◆get drawn into the world of crime　犯罪の世界に引きずり込まれる　◆a sample of pieces drawn from a lot　ロットから抽出した一群のサンプル　◆the Windows OS sessions drew overflow crowds　ウィンドウズの世界（と銘打った）講習会は, あふれるほどの観客を動員した　◆It draws [consumes] 35 watts of power.　それは35ワットの電力を消費する［それの消費電力は35ワットである］．◆Many polymers can be drawn into fibers.　多くのポリマーは, 延伸して繊維にすることができる．◆Stay clear of people who try to draw you into risky ventures.　あなたを危険で投機的な事業に引きずり込もうとするような人達とはつきあわないようにすること．◆The plant employs 25,000 people and draws them from a radius of 50 miles.　この工場は従業員が25,000人で, 彼らは半径50マイル (の範囲) から通ってきている．

2　vt. ～を (～から) 得る < from >, 〈結論など〉を導く, ～をもたらす, ～を呼ぶ　◆draw mixed reviews　賛否［称賛と批判の］入り交じった評価を受ける; 毀誉褒貶 (キョホウヘン) の交錯した批評をいただく　◆draw raves　手放しの賞賛を受ける, べたぼめされる　◆draw power from a battery or from an AC power supply　〈装置などが〉バッテリーまたはAC電源から電源をとる［で動く］　◆contemporary usage examples drawn from reputed national and international journals and famous books　《意訳》国内外の名高い新聞・雑誌および有名な本から抜き出した［引用した, 採った, 採用した］用例［最新］用例　◆Lake Michigan, from which both cities draw their water　両市が取水しているミシガン湖　◆The gathering drew a crowd of 10,000.　その集会は10,000人を集めた［集会に10,000人が集まった］．◆The government draws 50% of its revenues from oil sales.　同国政府は歳入の50％を石油の販売から調達している．◆We can draw the following general conclusions from the above equation:　我々は, 上記の式から以下の一般結論を導き出すことができる．◆Thanks to the use of low-power CMOS circuits, the unit can draw its power from the RS-232 port on most computers.　低消費電力のCMOS回路を使用しているおかげで, このユニットはほとんどのコンピュータのRS232Cポートから電源供給を受けることができる．

3　vt. 描く, 〈線〉を引く, 〈文書〉を書く［作成する］, 揮毫 (キゴウ) する, 〈手形, 小切手〉を振り出す; vi. 近づく, 〈茶などが〉出る　◆a drawing package　《コンピュ》作図 (用) パッケージソフト　◆draw a box around the title　タイトルを枠で囲む　◆draw a comparison [distinction, parallel] between A and B　AとBの比較をする［区別をする, 類似点を指摘する］(draw = make, describe in detail, formulate)　◆draw lines on a metal workpiece　金属製ワーク［加工物］の上にけがく　◆graphics-drawing functions for ellipses and rectangles　楕円［長円］と矩形［長方形］のグラフィックス描画機能　◆Drawn by:＿＿　製図 (者):＿＿（＊図面の端の製図者名欄の表記．DRAWN, DWN, DR などと省略されることもある）　◆the official drawing of the poverty line at \$7,363 for an individual and \$14,763 for a family of four　独身については7363ドル, 4人世帯については1万4763ドルのところで公式に貧困線を引くこと

4　vi. 近づく, 近寄る

**DRAW**

5 *a* 〜引くこと ◆The power draw is 8.3 watts. 消費電力は8.3ワットである
**draw on** 〜を利用する、使う ◆draw on ideas from... 〜から得たアイデアを利用する ◆draw on one's knowledge and experience 知識と経験を生かす[活用する]
**draw out** 〜を引き[引っ張り]出す、抜き取る、抽出する、選び出す、引き伸ばす、長引かせる、だらだらと長引く、〈計画など〉を立てる
**draw up** 〈書類など〉を作る[作成する]、〈計画、案など〉を立てる[立案する、練る、策定する]、書く ◆draw up a flight schedule 航空便時刻表[航空ダイヤ]を立てる

**DRAW** (direct read after write)（*データ書き込み直後に検証のため読み出されるという意味。大量生産されるCD-ROMに対し、追記型 write once または書き換え可能型 rewritable の CD-ROM を指す）

**drawback** *a* 〜 欠点、不利な点、マイナスに働く点、弱点、障害、難点 ◆a player whose drawback is his lack of speed スピードに欠けるという弱点[泣きどころ]を持っている選手 ◆I'd like to know if there are any drawbacks?（もし、されしたら）何か不利益になるようなことはないのか知りたいのですが。 ◆it has the drawback of wearing out faster それには、より速くすり減ってしまうという短所がある ◆overcome the drawbacks of CD-ROM CD-ROMの欠点を克服する ◆It's not without its drawbacks. 〜に欠点がないわけではない、それには難点もある。 ◆one major drawback to the Russian-made modems ロシア製モデムの一つの大きな難点[重欠点] ◆the drawbacks of trying to keep women ignorant and dependent on men 女性を無知のまま男性に隷属させておこうとすることの弊害 ◆A potential drawback, however, is the cost. だが、潜在的不利益は費用である。 ◆Electric cars also have drawbacks. 電気自動車には短所もある。 ◆He liked it a lot, despite a few minor drawbacks. 二、三のちょっとした難点[軽欠点]があったが、彼はそれを大変気に入った。 ◆The main drawback of these composites is their high price. これらの複合材料の主な難点は、価格が高いことである。 ◆One of the main drawbacks of videoconferencing is its high cost. テレビ会議の主な欠点は、コストが高いことである。 ◆The major drawback to CFC substitutes is the high cost of making them. フロンの代替品の主な欠点は、製造コストが高いことである。

**drawee** *a* 〜 手形名宛て人

**drawer** *a* 〜 引出し、製図工、手形[小切手]振出人 ◆a five-drawer chest 5段整理ダンス（*最上段がいくつかの小さな引出しに分かれていても5段なら 5-drawer... でよい。ただし、すべての段が横に分かれているなら、たとえば横2列3段の場合、a 6-drawer dresser のように呼ぶ） ◆a three-drawer tool chest 3段引出し付き工具箱 ◆a computer keyboard in a sliding drawer 引出しの中に収納されているコンピュータキーボード ◆A motorized CD drawer slides out horizontally when the open/close button is pressed. 開閉ボタンを押すと、CDを載せた電動式引出しが水平に滑り出てくる。

**drawing** 1 引き抜き、延伸、絞り加工、プレス絞り、取り出し、抽出 ◆deep drawing 《金属加工》深絞り[成形] ◆made by a drawing process 引き抜き加工によって製造された ◆the drawing of air into... 〜内への吸気
2 図面引き、製図、*a* 〜 図面、図（意訳）設計図 ◆create a drawing [drawings] 図面を作成する；作図する ◆make a drawing 図面を引く ◆a drawing pin 《英》画鋲（*頭が平たい画鋲）(=《米》a thumbtack) ◆a freehand drawing 手書きの図[絵] ◆a two-view [three-view] drawing 二面図；三面図 ◆on engineering drawings 技術図面上に；設計図上に ◆(See attached drawings) （付図を見よ）；（添付の図を参照） ◆a drawing attached to the NTSB Accident Report 国家運輸安全委員会(NTSB)の事故報告書の添付図面[付図] ◆prepare manufacturing drawings of aircraft parts 航空機部品の製造図面を作成する
3 （手形、小切手の）振出し

**drawing board** *a* 〜 製図板；*the* 〜 《比喩的に》設計段階、計画段階、振り出し ◆on the drawing board 〈ものが〉設計段階にある、〈企画が〉計画中で ◆due off the drawing board 〈製品などが〉設計段階を離れる予定になって ◆go from drawing board to production line 〈製品が〉設計から生産へと進む ◆a new car's progress from drawing board to showroom 新車の設計からショールームへ出すまでの経過 ◆it is back to the drawing board それはやり直し[仕切り直し]のために振り出しに戻っている ◆Eight more large projects are on drawing boards. 更に[その他に]8つの大プロジェクトが計画中である。 ◆The system never got off the drawing board. そのシステムは、実現されることはなかった。 ◆They are already off the drawing boards. それらは既に、設計開発段階を離れて（生産段階にはいって）いる。 ◆This plan has to go back to the drawing board. この計画は、（企画から）仕切り直さなければだめだ。 ◆Many famous yachts began life on the drawing board in his studio. 多くの有名なヨットが彼のスタジオの製図板上で生まれた。

**-drawn** -引き抜きされた、-延伸された、-引きされた ◆a tractor-drawn launcher トラクター牽引式（ミサイル）発射台 ◆soft-drawn wire 軟引き線（*軟銅線などを引っ張って作る線）

**drawn-out** (= long-drawn-out) 長引いた、長期間続く ◆a drawn-out probe 長引いている[長引いた]調査

**drawstring** *a* 〜（袋物の口や衣類の腰の部分に通してある）ひも ◆drawstring adjustment ひも（の引っ張り具合）による調節

**dreadful** adj. 恐ろしい、恐るべき、不気味な；大変な、はなはだしい、実にひどい、物凄い、すさまじい、猛烈な、激しい；不快な、いやな、うるさい；つまらない、面白くもない ◆a dreadful blunder とんでもないヘマ

**dreadnought** *a* 〜 弩級（ドキュウ）戦艦、ドレッドノート級戦艦、ドレッドノート型軍艦（*20世紀初頭の巨大戦艦） ◆a dreadnought-class fiasco 弩級（ドキュウ）の失態[出来損ない（映画）、失敗作]、超大失敗［しくじり］

**dream** 1 vt. 〜を夢に見る、夢想［空想、想像］する；vi. 夢を見る ◆dream a big dream 大きな［でかい］夢を見る ◆dream impossible dreams; dream the impossible dream 実現不可能[非現実的]なことを夢想する；[夢想しても]かなわない]夢を追う ◆they have dreamed for years of being able to <do> 彼らは、何年もの間〜できることを夢見ていた ◆He dreamed of the day when he would... 彼が、〜するであろう日を夢見る
2 *a* 〜 夢、《意訳》念願；adj. 夢の（ような）、《意訳》念願の ◆fulfill one's dream 夢を実現する［果たす、かなえる］ ◆realize a dream 夢を実現させる ◆make dreams come true 夢を実現させる ◆make one's dream real [a reality] 夢を実現させる［現実のものにする］ ◆turn [transform] a dream into reality 夢を実現させる ◆a dream becomes a reality 夢が実現する ◆the attainment of one's dream 夢の実現 ◆a next-to-impossible dream ほとんど実現しそうもない夢 ◆actualize your dreams あなたの夢を実現する ◆bring that dream closer to reality その夢を実現させる ◆start with hopes and dreams 夢と希望をもってスタートを切る ◆turn dreams into realities 夢を現実のものにする［実現させる、かなえる］ ◆build the city of your dreams あなたの夢の都市を建設する（*コンピュータゲームでの話） ◆design your dream house あなたの夢の家を設計する ◆it is becoming an impossible dream それは夢のまた夢[夢]になりつつある ◆it is no longer a dream それは夢ではない ◆live in a dream world 夢の世界に住む ◆Martin Luther King's "I Have A Dream" speech マーチン・ルーサー・キング(牧師)の「私には夢がある」という演説（*公民権運動の黒人主導者であった師が1965年に行った有名な演説） ◆his dream will become reality 彼の夢は実現するだろう ◆it is a dream come true これは夢の実現だ ◆Sometimes dreams come true. 時には、夢はかなえられることがある[正夢になることがある]。 ◆I have always had a dream to develop

**a method of...** 私は常に、〜の方法を開発したいと夢見てきた ◆it existed only as dreams a decade ago それは10年前には夢でしかなかった ◆multimedia remains a dream for most teachers マルチメディアは、ほとんどの教師にとってはまだ夢でしかない(＊昔のこと) ◆stay true to one's dream 自身の夢を失うことなく持ち続ける ◆to complete the black leader's unfinished dream of racial equality その黒人指導者が果たせなかった人種間の平等という夢[念願]を果たす[達成する，成就させる，実現する]ために(＊Martin Luther King Jr.の話より) ◆to put their dreams of owning a home into motion 家を持つという彼らの夢[((意訳))念願]を(実現に向けて)始動させるために ◆His firm has been successful beyond his wildest dreams. 彼の会社は、彼が夢にも思わなかったほど調子よくやってきている。 ◆I hope they all find the jobs of their dreams 彼ら全員が希望の仕事を見つけられるよう祈っています ◆that rags-to-riches dream is no longer attainable 貧乏から大富豪になるというその夢は、もはや実現不可能である ◆This album is a dream come true for jazz enthusiasts. これはジャズファンにとって夢のアルバムだ。
**dream up** vt. 〜を思いつく、〜を考え出す、創作する ◆he dreamed up the idea of ...-ing 彼は〜するという考えを思いついた
**drench** 〜をずぶ[びしょ]濡れにする ◆get completely drenched with rain 雨でびしょ濡れになる ◆get drenched to the skin びしょ濡れになる ◆rain-drenched 雨でずぶぬれの
**dress** 1 vt. 〜に服を着せる、〜を(〜で)飾る、〜を整える、〜を仕上げる、〜に(包帯などで)手当てする<with>;((料理))dress A with B A にBを和える（アエル）[混ぜ合せる]; vi. 服を着る、身なりをしている ◆conservatively dressed 地味な服装をした ◆dress the car's interior for Honda and Audi buyers その車の内装をホンダ車やアウディ車の購買者層に受けるように装飾[デザイン、演出]する ◆He is dressed casually in jeans and a denim shirt. 彼は、ジーパンとデニムのシャツを着てカジュアルな服装をしている。 ◆Women are dressing up by dressing down. 女性たちは、ふだん着を着てドレスアップ[おしゃれ、おめかし]している。(＊社内で自由な服を着用できるカジュアルデーに) ◆Dress-down days are gaining in popularity. Dressing down means that management allows employees to be as casual in their apparel as they wish. ドレスダウンデー(＝カジュアルデー)の人気が高まっている。ドレスダウンとは、経営側が従業員に好きなラフな服装[ふだん着]の着用を許すことである。
2 〈切削工具など〉の目直し[目立て]をする
3 回衣服、衣装、服装、服飾；a〜 お召し物、(婦人、女の子用の)ワンピース様のドレス 服装規定
**dress up** vi. 盛装[正装]する、着飾る、仮装する; vt. 盛装[正装]させる、飾り立てる；粉飾する ◆dress up the balance sheet 貸借対照表を粉飾する
**dresser** a〜((主に英))食器棚、((米))化粧タンス[ドレッサー](＊背の低い整理ダンス。普通、鏡a dresser mirrorを上に取り付けたり後ろの壁に吊るしたりして使う); a〜(((劇場))での)着付け係[衣装係]；a〜は〜の人 ◆a nursery dresser ベビー用のドレッサー(＊背の低い整理ダンスで、下におむつ交換ができるようにマットがついていたり、天板の回りに低い囲いがあったりする)
**dressing** 回着付け、身じたく、化粧(仕上げ)、粉飾、手入れ、(傷の)手当；a〜〈傷口などに〉当てるもの[包帯、手当用品]；(a)〜(サラダの)ドレッシング；(工具の)目立て、目直し；選鉱 ◆end-of-month window dressing purchases by institutional investors ((株))機関投資家による月末のお化粧買い[ドレッシング買い]
**dressing-down** a〜 きつくしかりつけること、大目玉 ◆he got a dressing-down from Principal Ed Heineman 彼はエド・ハイネマン校長から大目玉を食らった ◆I've lost count of the number of times my boss has given me a dressing-down for untidiness. 私は上司から、数え切れないほど何度もだらしないと叱られてきた。

**dressing room** a〜楽屋[(出演者)控え室]、更衣室、(寝室の隣の)化粧室
**dressing table** a〜 化粧台、鏡台、ドレッサー ◆a baby dressing table (= a changing table) おむつ交換台(＊普通、下に収納用の棚や引出しがある)
**dress rehearsal** a〜 ドレスリハーサル(舞台衣装を付けて行う仕上げのリハーサル)、予行演習(= a dry run)
**drier** → dryer
**drift** 1 a〜 ドリフト、ずれ、浮遊、漂流、偏流、流程、流動、流れ; a〜(水平)坑道; (a) 傾向、成り行き、趨勢; the〜<of>(〜の)趣旨 ◆(a) frequency drift 周波数ドリフト、周波数のずれ(＊回路の安定性が低いせいで周波数がふらつくために起こる) ◆There is a danger of a drift toward isolationism and unilateralism in Congress on foreign policy. 議会では外交政策について孤立主義と単独行動主義に流れて[((意訳))〜の傾斜が強まって]いく危険がある。 ◆With the drift towards flexible manufacturing systems (FMS), this upgradability question is beginning to assume a more and more dominant position in engineering design philosophy. フレキシブル生産システムヘと向かう傾向の中で、このグレードアップ性の問題は工学設計の基本的考え方の上でますます重要な位置を占めるようになってきている。
2 vt., vi. ドリフトする、浮遊する、漂流する、放浪する、職を転々とする、離ればなれになる<apart> ◆drifting bubbles 漂っている泡 ◆the band drifted apart after only three gigs together このバンドは、3回一緒に演奏活動をしただけで自然消滅[空中分解]してしまった。 ◆I called her long-distance a couple of times and wrote her once, but she never answered my letter, so we kind of drifted apart. 私は彼女に長距離電話を2〜3回かけて手紙も1度書いたが、彼女は手紙の返事を全然よこさないの。そういうわけで、私たちは何となく疎遠になっていった[(気持ちが)離れていった、仲が自然消滅した]。
**drift-net** a〜 流し網 ◆a drift-net boat 流し網漁船 ◆drift-net fishing [fishery]; fishing with drift nets 流し網漁[漁業]
**drill** 1 a〜 訓練、練習、演習；ドリル、きり、穴あけ機、穿孔(センコウ)機、削岩機、掘削装置 ◆conduct [hold] a drill 訓練をする ◆drill cuttings ドリルの削りくず、ボーリングの掘り屑 ◆a drill press ボール盤 ◆during a live-fire training drill 実弾訓練[演習]中に
2 vt., vi. 〜に穴をあける、〈穴〉をあける、穴あけする、掘削する；〜を訓練する、〈人〉にしっかりと教え込む、訓練[練習]する ◆drill a hole きり[ドリル]で穴をあける ◆drilling in metal 金属の穴開け ◆a hole drilled into the ground 地面に掘削された穴 ◆a blast hole drill for drilling 10-12 inch diameter holes to 67 foot depth 直径10〜12インチ深さ67フィートの穴を掘るための発破孔ドリル ◆He can drill to the core of any issue. 彼は、どんな問題でも核心まで掘り下げることができる。 ◆The side panels can be drilled to mount components or connectors. 側面パネルには、部品やコネクタを取り付けるための穴を開けることができる。
**drink** 1 vt. 〜を飲む; vi. 飲む、酒を飲む ◆give up drinking 断酒する；酒を断つ ◆If you drink and drive, you will be arrested. 酒を飲んで車を運転する[飲酒運転する]と逮捕される。 ◆he has a propensity for drinking heavily 彼には多量の酒を呑む[深酒する、大酒を飲む、痛飲する、鯨飲する、ガブガブ飲む]癖がある ◆If you're drinking, (please) don't drive. And if you're driving, (please) don't drink.または If you're driving, don't drink; and if you're drinking, don't drive!((意訳))飲んだら乗るな、乗るなら飲むな。
2 (a)〜 飲み物、飲料、酒；a〜 ひと飲み、一杯、酒一杯 ◆a carbonated soft drink 炭酸清涼飲料 ◆a drink of water [milk] 一杯の水[牛乳] ◆drive a car under the influence of drink [alcohol] 飲酒運転をする ◆Why don't we have a drink?; Let's have a drink(, shall we?); How about a drink? 一杯やりませんか。
**drinker** a〜 飲む人、酒飲み[左党(サトウ)、ヒダリトウ)、左利き、辛党、上戸(ジョウゴ)、飲んべえ、飲み助]

**drinking** n. 飲むこと, 飲酒; adj. 飲用の, 飲酒の, 酒飲みの ◆drinking water 飲料水 ◆be suitable for drinking 飲用に適している ◆during a drinking binge [spree] どんちゃん騒ぎの最中に ◆intended for drinking 飲用に適す ◆drinking-water-contamination guidelines 飲料水の水質汚染基準 ◆Keep drinking to a minimum. 飲酒は極力控えること。 ◆raise the drinking age to 21 飲酒 (が許される) 年齢を21歳に引き上げる

**drip** 1 vi. (水, 汗などが) ぼたぼた落ちる, 滴 (シタタ) る, (人, 物が) しずくをたらす; vt. (水など) を滴らせる, 滴らせる ◆hear the sound of water dripping 水が滴り落ちる音を聞く ◆The faucet drips. この蛇口はぽたぽた漏れる。 ◆The walls were dripping with condensation. 壁は結露でびっしょり濡れて水が滴り落ちていた。 2 a~ (単のみ) 滴り (シタタリ), 滴り落ちる音, ポタッ (▶drip drip で「ポタポタ」); a~1滴のしずく; a~〔医〕点滴 ◆by injection through an intravenous drip; by (intravenous) drip injection; by intravenous drip (infusion) 点滴静脈内注射 [点滴静注] によって ◆the drip of a leaky faucet 締まりの悪い蛇口のぽたぽたという (水がたれる) 音 ◆scrape off lumps (from paint drips) on the wall 壁の (ペンキだれの) かたまりをこそぎ落とす

**drip-dry** 1 adj. アイロン掛け不要の, ノーアイロンの, つるして水切り乾燥して着られる ◆drip-dry shirts ドリップドライのシャツ 2 vt. ~を濡れたままつるして乾かす, つるして水切りする; vi. (衣類などが) 濡れたままつるしておくだけでしわや形くずれはすに乾いてしまう ◆drip-dry a shirt ワイシャツを絞らずに濡れたまま吊り下げて乾かす ◆let a negative drip-dry 写真ネガを吊り下げて水切り乾燥させる

**dripping** ⓤ滴る (シタタル) [滴 (シズク) が落ちる] こと; ⓤ (ポタポタと) したたる音; ~s (肉や魚を焼くときに) したたり落ちる脂肪 [溶けた脂肪]; adj. 雨だれの落ちる, 滴がたれる; adv. ずぶ濡れになるほど ◆To remove wax drippings from candle holders, put them in the freezer for 20 minutes. Wax will fall free when tapped. ロウソク立てから蝋の滴 [ロウソク立てに垂れた蝋] を取り除くには, ロウソク立てを冷凍庫に20分入れる。たたけば蝋が剥がれ落ちる。

**dripproof, drip-proof** adj. 防滴形の ◆a dripproof lighted pushbutton switch 防滴形照光式押しボタンスイッチ

**drivability, driveability** 《車》運転 [操縦] のしやすさ, 運転 [操縦] 性 ◆The car rivals the Opel Kadett in drivability. この車は, ドライバビリティ [運転・操縦性] の点でオペル・カデットといい勝負だ。

**drive** 1 vt. 運転する, (クルマを) 転がす [走らせる, 駆る], 駆動する, 動かす, 打ち込む, 駆り立てる, 追いやる, 〔電子回路, 素子など〕をドライブする, 励振する; vi. ドライブする, 車を走らせる, 車に乗って行く, 前進する ◆a menu-driven system メニュー式の [メニューを使って操作する] システム ◆a driven shaft 回転させられるほうの軸; 被駆動軸; 従動軸; 被動軸 ◆a driven circuit 被駆動回路 ◆drive a tunnel in soft ground 軟弱地盤にトンネルを掘進する ◆a chauffeur-driven limousine お抱え運転手付きのリムジン ◆drive long-term interest rates up sharply 長期利率 [金利] を急激に押し上げる ◆adjust the brakes after 16,000 km of driving 走行距離16,000kmに達後にブレーキを調整する ◆drive a company into bankruptcy 会社を倒産 [破産, 破綻] に追い込む ◆drive children to school [hockey practice] 子供たちを学校まで [ホッケーの練習に] 乗せていく ◆drive the transistor into cutoff 《電気》トランジスタをカットオフ状態にする (*カットオフとは電気が遮断されて流れない状態あるいは動作領域) ◆it ensures that the r.f. final-stage tube is driven properly それは高周波終段管が適切に励振されるようにする (* r.f. = radio frequency = 高周波, 管 = 真空管, この文例では出力管あるいは送信管) ◆the total number of miles driven since the last fill-up 前回満タン給油してからの通算走行マイル数 ◆the factors that have been driving the cost of computer technology down コンピュータ技術のコストを低下させてきた要因 ◆

The CPU drives these status lines high. 《電子》CPUはこれらの状態表示信号線をHIGHにする。 ◆My only complaint with the way my car drives concerns its steering system. 私の車の挙動についての唯一の不満は, 操舵システムに関してである。 2 a~ 車で行く [車を駆る] こと, 車での遠出 [ドライブ], (自宅に通じる) 私有車道 ◆a driveshaft [drive shaft] ドライブシャフト; 回転させるほうの軸; 駆動軸; 動力軸 ◆... is an easy drive from New York City 〈場所〉へはニューヨーク市から車で簡単に来られる [行ける] 3 a~ 駆動装置, 《コンピュ》《ディスク》ドライブ ◆a hard (disk) drive 《コンピュ》ハードディスク装置 [ハードディスクドライブ] ◆a tape drive テープ駆動装置; テープ駆動メカ ◆drive wheels 《車》駆動輪 ◆an internal [↔external] floppy (disk) drive 内蔵 [↔外付け] (型), 外部] フロッピーディスクドライブ ◆two floppy (disk) drives フロッピーディスクドライブ2基 [台] ◆all the directories on a specific drive 特定のドライブのすべてのディレクトリ ◆if the original file is on the default drive 元のファイルがデフォルトドライブにあるならば ◆the disk in the specified drive 指定されたドライブのディスク ◆Normally, adding a second hard drive to your PC means that the second hard drive becomes the D drive, your CD-ROM drive becomes the E or F drive and so on. 《意訳》通常, 2台目のハードディスクをパソコンに増設すると, その2台目のハードディスクがDドライブになり, CD-ROM装置がEドライブがFドライブになり, 以下同様に一つずつずれることになります。 4 a~ 推進力, 精力, 気力, 活力, 意欲, やる気; (a) ~ 本能的欲望, 欲動, 衝動; a~ (集団で計画的, 組織的に行う) 運動 [努力] ◆a light-drive fit 軽い打ち込み嵌合 (カンゴウ) ◆a drive to reduce time-to-market 製品化 [商品化] までの時間 [《意訳》リードタイム] を削減する取り組み ◆an ongoing automation drive 目下進行中の自動化推進運動 ◆his relentless drive against corruption 汚職撲滅へ向けての彼の粘り強い [容赦しない] 取り組み ◆A drive is under way among LCD manufacturers to develop large-sized color LCDs. 液晶ディスプレイメーカーのあいだでは, 大型カラー液晶ディスプレイの開発に向けて努力が払われている。 ◆The company is undergoing a corporation-wide drive to reduce operating costs. その会社は, 全社をあげて営業費削減のために懸命な努力をしている。 ◆To make more steel per worker, the U.S. steel industry carried out a long-overdue modernization drive. 労働者1人当たりの鋼鉄生産量を上げるために, 米鉄鋼業界はとっくの昔にやっておくべきだった [《意訳》時代に失した感のある] 近代化へ向けての努力を遂行した。

**drive away** vi. 車で走り去る; vt. ~を追い払う, 《比喩的》に〈考え, 不安, 疑い〉を払いのける ◆a smooth drive-away (車の) スムーズな発進時の加速 [出足] ◆before you drive away あなたが車で出発する前に ◆My alcoholism drove away two wives and a daughter over a five-year span. 私の酒好きのせいで, 5年の間に妻2人と娘1人が逃げて行きました。

**drive home** ~を人によく理解させる [よく分からせる, 納得させる] ◆drive one's point home 〈人〉の論旨 [論点, 趣旨, 要旨] を十分に納得させる ◆Nothing anywhere else, such scenes drive home the reality that... 何にも増して, ~という現実をはっきりと分からせてくれる。

**drive off** vi. 車で走り去る; vt. ~を追い払う ◆before driving off (車で) 発進する前に ◆it is then heated to drive off the alcohol それはその後アルコール分を飛ばすために加熱される

**drive out** ~を追い出す [払う], 駆除する ◆drive moisture out of electrical systems 電気系統から湿気を追い出す [除去する]

**-drive** -駆動式の ◆a four-wheel-drive vehicle 四輪駆動車 ◆a front-wheel-drive car 前輪駆動車

**drive-in** adj. 〈レストランや映画館が〉自動車乗り入れの [車に乗ったままで利用できる]; n. a~ ドライブイン ◆a drive-in restaurant (車で乗り入れて, 車中で食事ができる) ドライブインレストラン

**driveline** a〜 《車》動力伝達経路[系統] ◆The car's strong brake system is a perfect complement to its eager driveline. この車の強靭なブレーキシステムは、意気盛んな駆動系と補完し合う完璧な組み合わせである。

**-driven** ー駆動(型)の、ー推進式の、ー運転の、ー主導の、ー方式の、〜に駆られた ◆a market-driven economy 市場主導型の経済 ◆a computer-driven machine tool コンピュータ制御式工作機械 ◆lust-driven 性的衝動に駆られた、性欲に支配された ◆propeller-driven プロペラ推進式の ◆a menu-driven system メニュー方式のシステム ◆the country's export-driven economy その国の輸出主導型経済

**driver** 1 a〜 運転者, 運転手, 運転士、(タクシーなどの)乗務員, 機関士 ◆a truck driver トラック運転手 ◆a driver-side [driver's-side] air bag 運転席(側)エアバッグ ◆an extensively adjustable driver's seat 幅広い調節が利く運転席 ◆regardless of who's in the driver's seat 誰が運転席にいるかにかかわらず; 誰が主導[舵取りを]しているかに関係なく 2 a〜 駆動回路[装置, 機構, 機器, 素子], 励振回路[器], ドライブ回路, 駆動体, 動力伝達機構, 原動車, 伝動歯車, 《音響》ドライバ[スピーカ](＊スピーカの電気信号を音に変えるトランスデューサ部。2ウェイ以上のスピーカシステムの個々のスピーカの意味でも用いられる) ◆loudspeaker systems employing two or more drivers 2個以上のドライバを使用した[(《多くの場合》)2ウェイ以上の]スピーカシステム ◆The crossover network divides the electrical signal into the optimum frequency band for each driver. クロスオーバーネットワークは、電気信号を各スピーカの最適周波数帯に分ける。 3 a〜 ねじ回し

**driveway** a〜 (家と公道を結ぶ自家用車用)私道

**driving** adj. 運転の, 駆動の, 推進の, 励振の, 動力伝達の, 伝動の, 打ち込みの, 制御の ◆take a driving test (運転免許取得のための)実地試験をうける ◆a driving circuit 駆動回路 ◆a driving instructor 自動車教習所の教官 ◆a driving school 自動車学校, 自動車教習所 ◆a driving wheel (機関車などの)動輪 (→a trailing wheel ◆a drunk-driving law 酔っぱらい[飲酒, 酒気帯び]運転防止法 ◆after about 100 miles of driving 約100マイル走行後に ◆driving fun 運転する楽しさ; 乗る楽しみ ◆in normal city driving 通常の市街地走行では ◆the car's driving force この車の原動力[駆動力, 推進力(源)] (＊driving forceは、比喩的にも原動力の意味で用いられる) ◆the driving of rivets リベット[鋲]打ち ◆the development of a (golf) driving range ゴルフ練習場の開発 ◆The 16-gallon gas tank gives a driving range approaching 300 miles. 《意訳》16ガロンのガソリンタンク満タンで走行距離は300マイル近く行く。

**drone** 1 a〜 ブーンという連続音 (= a humming [buzzing] sound); a〜 《航空》無線誘導式無人機 ◆the rhythmic drone of the boat's engines lulled me to sleep ボートのドドドドという規則的なエンジン音を子守歌にして私は眠った ◆The engine excites drones and resonances in the structure. そのエンジンは、構造体内部でうなりを上げて共鳴を起こす。 2 vi. ブーンという連続音を立てる, ブーンとうなる; 単調な声で話す ◆the car's droning その車の爆音[エンジン音, 排気音]

**droop** vi. 垂れ(下がる)る, しおれる; n. 垂れ下がり[落ち]; 緊張・活気のない様, ダレ ◆a drooping characteristic 垂下特性

**drop** 1 a〜 落ち, 投下, 降下, 電圧降下, 低下, 減少, 落ち込み, 下落, 墜落, 落差, 落下距離; a〜 (電気, 電話の各戸への)引き込み線; a〜 しずく, あめ玉 ◆a drop in voltage 電圧降下 ◆a drop test 落下試験 ◆a drop wire (通)(電気, 電話の各戸への)引き込み線; 《強電》引下用絶縁電線 (＊JIS規格での呼び方) ◆a drop impact test 落下衝撃試験 ◆a drop in temperature of the material 材料の温度の低下 ◆a drop of the solution その溶液1滴 ◆a sharp drop in demand 需要の急激な落ち込み ◆a significant voltage drop 大きな電圧降下 ◆a sudden 50-point drop 50ポイントの急落 ◆fall in drops as large as... 〜ほど〜くらいの大きさでぼたぼた[ボタボタと](滴り)落ちる; 〜が〜大になってボタ落ちする ◆the number of drops required for breaking... 〜を壊すのに必要な落下回数 ◆use [take] eye drops 目薬をさす[点眼する] ◆a 33-percent drop [plunge, slump] in demand for cars 自動車需要の33%の落ち込み ◆high-voltage drop wires for pole transformers 柱上トランス用高圧引下線(＊電圧を下げるという意味ではなく、電線を電柱などの高い位置から需用家の引き込み口などに向けて引っぱってくる) ◆add drops of food coloring sparingly 食用色素を数滴少々添加する ◆a straight vertical drop from nine stories high 9階の高さからの一直線の垂直落下 ◆put a drop or two of oil onto bearings ベアリングに油を1〜2滴たらす ◆treat an eye injury with eye drops and antibiotics 目のけがを目薬[点眼剤]と抗生物質で治療する ◆there has been a major drop in tourism 観光事業の大幅な落ち込みがあった ◆drops in exports are occurring mostly to Europe, possibly because U.S. tobacco companies are opening plants in Eastern Europe 輸出の落ち込みはほとんど欧州向けで発生している。恐らく米国のタバコ会社が東欧で工場を開設しているせいであろう ◆shipments of PCs to AT&T have taken a sudden drop from 210,000 in 1986 to 40,000 in 1987 AT&T社向けのパソコンの出荷は、1986年の21万台から1987年の4万台に激減した ◆A hydroelectric plant draws its energy from falling water, and the greater the drop the better. 水力発電所は、落下する水からエネルギーを得る。そして落差が大きければ大きいほど良い。 ◆This high-revver likes to go fast, and the transmission and clutch are right there to help you squeeze out every last drop of available power. この高速車は高速走行するのを好む。そしてミッションとクラッチは、まさに持てるパワーを最後の最後の一滴まで[とことん]絞り出す助けをするためにそこにあるのだ。

2 vt. 落下させる, 落とす, ポタン[ポタポタ]と垂らす, (ストン[ポトン, ポン]と)入れる<into>, 投入する<in, into>, 降ろす, 下げる, 低下させる, 減少させる, 削減する, 断念する, 〈ヒント〉をほのめかす, 〈短い手紙〉を出す, 《コンピュ》〈マウスでドラッグしたもの〉をドロップする(＊目的位置でボタンを離す), 削除する, 廃棄する ◆DO NOT DROP 落下禁止; 墜落無用 (＊梱包箱の表示) ◆drop a few coins in a slot 何個かの小銭を投入口に投入する ◆drop a plan 計画を取り止める ◆drop one's protest against... 〜に対する抗議を取り下げる[撤回する] ◆drop the fractional portion of the number その数の小数部分[小数点以下]を切り捨てる ◆it was dropped from consideration for use in this project 《意訳》それは、このプロジェクトで使用するか否かの検討から落とされ(不採用に)なった ◆waiting for the printer to drop the paper into the output tray プリンタが用紙を排紙トレーに排出するのを待って ◆The model was recently dropped from production. このモデルは、最近生産[製造]中止[打ち切り, 完了, 終了]になった。 ◆Crystal microphones can be damaged by summertime temperatures in a closed automobile, and by being dropped. クリスタルマイクは、夏場に閉め切った自動車内の温度[高温]にさらしたり落としたりすると、破損することがあります。 ◆If the page has spots like toner is being "dropped" on the page, the problem is usually the developer unit. 《意訳》ページにトナーが「ぼた落ち」したような跡があったら、問題はたいてい現像ユニットにあります。

3 vi. ポタポタ垂れる, 落ちる, 下がる, 落下する, 降下する, 低くなる, 低下する, 後退する, (急に)陥る, 落ち, 立ち寄る ◆before the input drops to zero 入力がゼロに落ちる前に ◆drop below the $100 billion mark 1000億ドルの大台を割り込む ◆Honda Motor Co. dropped out of Formula One racing last year. 本田技研工業は、昨年, F1レースから撤退した。 ◆Many companies have dropped [fallen] by the wayside. 多くの企業が(ついてこれなくて)途中で脱落した[《以下意訳》戦線離脱した, 中途リタイアした, ギブアップした, 挫折した] ◆ISDN telephones and terminals, which now cost around $1,000, are expected to drop to $100 to $200 and eventually even lower. 現在1,000ドルほどするISDN電話機およびターミナル装置は, 100ドルから200ドルに下がり, 最終的にはさらに一段と低価格化するものと見られている。

**drop back** 速度を落として他の後ろを行く, 〈通信機器が〉(回線状態が悪い時などが)伝送速度を落とす(→fall forward)
**drop dead** 《口》ぱっくり死ぬ, くたばる ◆components malfunction or drop dead 部品が誤動作[誤作動]したり壊れ[おしゃかになっ, いかれ, パーになっ]たりする ◆drop dead from a heart attack during exercise 運動をしていて心臓発作でぽっくり死ぬ
**drop off** vi. 落ちる, 取れる, 外れる, 減る, 次第に減少する, 衰える, 寝入る, 下車する, 降りる; vt. ~を降ろす, 下車させる ◆to prevent the coverslip from dropping off カバーガラス[カバーグラス]が脱落するのを防ぐために(*顕微鏡用のプレパラートを作る際に資料を載せたスライドガラスの上に蓋をする格好で覆う) ◆Those who don't measure up are dropped off. 基準に満たない者は落とされる.
**drop out** vi. 中途退学する, 落伍する ◆drop out of college one semester shy of a degree in business administration 経営学の学位(取得)まであと一学期というところで大学を中退する
**drop curtain** a~ 緞帳(ドンチョウ)(*劇場の上下に開閉する垂れ幕)
**drop-down** ドロップダウン式の ◆a drop-down menu 《コンピュ》ドロップダウンメニュー(*a pull-down menu や a pop-down menu の同義語) ◆a drop-down list 《コンピュ》ドロップダウンリスト ◆Most controls are hidden behind drop-down panels. 大部分の操作スイッチ類は, 手前に倒して開ける方式のパネルの後ろに隠されている. (*装置)
**droplet** a~ 小さなしずく, 小滴, 液体粒子, 液滴, しぶき, 飛沫 ◆a water droplet; a droplet of water 小さな水滴 ◆droplets of oil 油の細かい粒子 ◆TB is spread when an infected person coughs or sneezes bacteria-laden water droplets into the air. 《意訳》結核は, 感染者が細菌の乗った液の飛沫を咳やくしゃみで空気中にまき散らす際に伝染する. ◆The bacteria most often are transmitted through direct contact with an infected person, such as by shaking hands, hugging or kissing. Sometimes it is spread by nasal droplets. この細菌は握手, 抱擁あるいはキスといった感染者との直接的な接触で伝染するケースが一番多い. 時には鼻水のしぶきが原因で蔓延することもある.
**drop-off** a~ 大幅〔急激〕な下落〔低下, 減少〕, 激減 ◆a usage drop-off 利用の激減 ◆without a big drop-off in performance 大幅な性能の低下を伴わずに
**dropout** a~ ドロップアウト, (デジタル信号の)ビット落ち, (再生時の)音飛び, 中途退学者〔脱落(者), 落伍者, 落ちこぼれ〕 ◆a carrier dropout 搬送波のドロップアウト〔短時間の欠落〕 ◆print dropouts (インクが乗っていなくて)印刷されてない部分〔白抜け箇所〕(cf. friar) ◆a Harvard dropout ハーバード大学中退者 ◆cause dropouts on tapes テープのドロップアウト〔《意訳》音飛び〕を引き起こす(*オーディオ DAT などで) ◆data lost because of tape dropouts テープ再生信号の欠落〔ビット落ち〕のせいで失われたデータ ◆detect dropouts with a duration of one microsecond 時間長1μ秒の信号落ち〔抜け〕を検出する ◆each cassette shall be 100% dropout tested from end-to-end 各カセット(テープ)について, 全長に渡る信号〔ビット〕落ちの全数検査を実施するものとする(*データ記録用磁気テープの話)
**dropper** a~ 落とす人, 点滴器, (目薬の)点眼容器, スポイト, ピペット
**dropping** drop すること, 《通》(電話線や通信線を屋内に引き込むための)引き落とし; ~s《複扱い》(鳥や動物の)糞 (= dung) ◆horse [bird] droppings 馬〔鳥〕の落とし物〔糞〕 ◆analyze coprolites (fossilized animal droppings) コプロライト〔糞石〕(動物の糞の化石化したもの)を分析する ◆the dropping of atomic bombs on the Japanese cities of Hiroshima and Nagasaki 日本の都市, 広島と長崎への原爆投下
**dross** ドロス(*溶融金属の湯中, 表面上, または炉底にできる金属酸化物), 湯垢, 渣滓(サシ)
**drought** a~ 日照り続き, 干ばつ, (物資などの)枯渇 ◆drought-prone areas 干ばつの起こりやすい地域 ◆drought-stricken farmers 干ばつに襲われた農業従事者ら ◆a severe food shortage caused by a drought 干ばつによって引き起こされた厳しい食糧不足〔食糧難〕
**drove** 1 a~(追われる, 移動する)動物の群れ; ~s 大群, 多数 ◆in droves 大勢いて, たくさん詰め掛けて, (雪崩を打って)押し寄せて, 大挙して, どっと, ぞろぞろと, 群をなして, 群がって, (人々などが)大量に ◆droves of Internet users 大勢の[多数の, 多くの]インターネットユーザー ◆fans bought the album in droves ファンが大勢して〔多くのファンがこぞって〕同アルバムを購入した ◆They came in droves in their cars to see it. 彼らはそれを見物するために大挙して車でやってきた〔押し寄せた〕.
2 drive の過去形
**drown** vt. 溺死させる, おぼれさせる, 浸水する, びしょ濡れにする, 浸す, たっぷりかける, (音)をかき消す <out> ◆be drowning in red ink 赤字であっぷあっぷしている ◆A sudden spray of water from tires going through puddles can "drown" the engine and cause it to stop. 水たまりを突っ切るときのタイヤからの突然の水しぶきは, エンジンを「水びたし」にしてエンストさせかねない.
**drowsy** adj. 眠い, 眠気を誘う, 眠っているようで活気のない ◆a drowsy driver 眠気をもよおした[眠気ざして, 睡魔に襲われて]いる運転者 ◆More often than not, drowsy-driver accidents are fatal. 往々にして, 居眠り運転事故は死亡につながることが多い. ◆Never drive when tired, or drowsy. 疲れている時や眠い時には, 絶対運転しないこと.
**drudgery** つまらない骨の折れる仕事 ◆eliminate a lot of drudgery 面倒を大幅になくす
**drug** 1 a~ 薬, 薬品, 薬剤, 医薬物質, 薬物, 麻薬 ◆a drug maker 製薬〔医薬〕メーカー ◆drug information 医薬品情報 ◆generic drugs 一般薬〔*新薬の特許が切れると, それをまねた安い薬が他社からゾロゾロと発売されることから〕, 後発医薬品 ◆drug addiction 薬物依存(症) ◆drug therapy 薬物療法 ◆a drug baron [lord] 麻薬王 ◆drug counterfeiting にせ薬の製造〔模造〕 ◆an anti-drug abuse act 薬物濫用防止法 ◆the DEA (Drug Enforcement Administration) 米国麻薬取締局 ◆a drug-sniffing dog 麻薬捜査犬 ◆drug-resistant bacteria 薬剤耐性菌 ◆a potent therapeutic drug 強力な治療薬 ◆conduct drug discovery and development 新薬の発見と開発を行う(*「new」がなくてもここでは「新」薬の意味) ◆a drug-treated patient 薬物治療を受けている患者 ◆a Mexico-based drug cartel メキシコに本拠地を置く麻薬密売組織 ◆off-label [extra-label] drug use 薬剤の適応外使用; 医薬品の承認症例外使用 ◆abuse drugs other than alcohol アルコール以外の薬物を乱用する ◆drugs derived from plants, animals and minerals 植物, 動物および鉱物由来の薬〔生薬〕
2 vt. ~に薬物を与える, ~に薬物〔毒薬〕を混ぜる
**drug delivery** 薬の〔薬物の〕配達〔納品〕; 薬物送達(*体内で薬の有効成分を患部へ送り届けること) ◆drug delivery technology 薬物送達技術(*病んだ細胞のみをピンポイント攻撃するための「薬の宅配便」技術) ◆drug delivery systems such as transdermal patches and time-release drugs 経皮投与や徐放薬〔持効性製剤, 持続放出する薬剤〕などの薬物送達システム
**drum** a~ ドラム, 太鼓, ドラム缶, 円筒, 筒, 胴, 鼓膜, 《単のみ》ドラムの音 ◆a head drum 《ビデオデッキや DAT レコーダーの》ヘッドドラム ◆a kerosene drum 石油ドラム缶 ◆drummed gasoline ドラム缶入りガソリン ◆gasoline in drums ドラム缶入りガソリン ◆a cable drum 索車
**drunk** (drinkの過去分詞形)adj. 酔った, 酔っぱらった, 酔いしれて ◆get drunk with [on] ... ~に[を飲んで]酔う ◆a drunk-driving [drunken driving] law 飲酒[酒気帯び]運転取締法 ◆MADD (Mothers Against Drunk Driving) 《米》飲酒運転に反対する母親の会(*冠詞はつかない) ◆get roaring drunk ひどく酒に酔って[泥酔して]大声でわめくようになる; 大虎になる; べろんべろん[ぐでんぐでん]に酔っぱらう ◆a person who is drunk and driving an automobile 酔っぱらって車を運転している[酒気帯び運転している]人

**drunken** adj. 酔っぱらって、酔って、酒気を帯びて ◆a drunken driver 酔ったドライバー；酒気を帯びた運転者 ◆while in a drunken stupor 意識がないほど酔っぱらって［泥酔して］いる間に（＊意識がないというよりは、そのときのことを後で覚えていない状態）◆a crackdown on drunken driving [drunk driving] 飲酒［酔っぱらい、酒気帯び、酒酔い］運転の取り締まり ◆an anti-drunken-driving campaign 飲酒［酔っぱらい、酒気帯び、酒酔い］運転防止キャンペーン

**dry** 1 adj. 乾いた、乾式-、乾燥-、かわき-、ドライ-、乾-、干-、無水-、渇水-、枯れ- ◆go dry 〔乾燥する、干上がる、涸れる、〈乳牛など〉が乳を出さなくなる〕；〔アルコールを飲まなくなる［飲酒をやめる、酒を断つ〕、禁酒する、禁酒令を敷く〕 ◆a dry joint (= a cold joint) いもはんだ［イモ付け、てんぷらはんだ、付けが不良（箇所）］ ◆run dry 〈川、貯水池、井戸など〉が涸れる ◆a dry cell [battery] 乾電池 ◆a dry dock 乾ドック、乾船渠〔カンセンキョ〕 ◆dry air 乾き空気、乾燥空気 ◆(a) dry weight ドライ重量；無水重量；空重量；〔エンジンなどの〕乾燥［正味］重量；《軍》自重 ◆dry sump lubrication 乾式潤滑 ◆a dry-type dust collector 乾式集塵機［集じん装置］ ◆a dry-process rotary kiln 乾式ロータリーキルン［回転炉］ ◆in dry air at 25 ℃ 25℃の乾燥した空気中で［乾燥気中で］ ◆in the dry season 乾季［乾期］に ◆in the dry state 乾いている状態で ◆KEEP DRY 水濡れ厳禁 （＊輸送箱上の標示文句、雨傘の絵などの下に書かれていることが多い）◆on dry roads ドライ路で ◆the reservoir goes [runs] dry 〔貯水池が涸れる〕 ◆tinder-dry leaves かさかさに乾いている枯れ葉 ◆under dry conditions 乾燥している［湿度の低い、水分のない］状態（のもと）で；乾いた状態で ◆in dry air atmosphere at (a temperature of) 1200 ℃ （温度）1200℃の乾燥空気雰囲気中で ◆if the reservoir runs dry もしもタンクが空になったら ◆pat the area dry with a soft clean cloth きれいな柔らかい布で軽く押さえるようにしてその部分の水気を拭き取る ◆turn a table of dry numbers into graphics 無味乾燥な数字の羅列をグラフィック化する ◆The dry conditions have dealt a particularly hard blow to farmers. 干ばつは農民に特に厳しい打撃を与えた。
2 vt. 〜を乾かす、乾燥させる、干す、〜の水気を拭き取る； vi. 乾く、〈井戸など〉が干上がる、涸れる〔カレル〕 ◆(a) dried fruit; dried fruits 乾燥果物、ドライフルーツ ◆drying-shrinkage cracks; cracking caused by drying shrinkage 乾燥収縮によるひび（割れ） ◆let… dry completely 〜を完全に乾かす ◆to prevent drying 乾燥を防ぐために ◆a freeze-dried fruit 冷凍乾燥果物 ◆a sun-dried brick house 日乾し［日干し］煉瓦造りの家 ◆kiln-dried lumber キルンで乾燥させた木材 ◆because of their rapid drying properties これら（の塗料）は速乾性があるために ◆to help prevent excessive drying 乾きすぎを防ぐのを助けるために ◆The varnish dries to a hard film. そのニスは乾いて硬質膜になる。 ◆Wash and dry them well. それらを洗浄し、よく乾かしてください。

**dry up** 涸れる、干上がる ◆The river dried up. 川が干上がってしまった。

**dryable** 機械乾燥できる ◆machine washable and dryable〈衣服が〉機械洗いおよび機械乾燥できる；洗濯機で洗えて衣類乾燥機で乾燥できる

**dry-clean** 〜をドライクリーニングする ◆dry-clean curtains カーテンをドライクリーニングする

**dry cleaning** ドライクリーニング

**dryer, drier** a〜 乾燥機、ドライヤー、乾燥促進添加物 ◆dry in a clothes dryer 衣類乾燥機で乾燥する

**dry ice** ドライアイス

**dry run** a〜 予行演習、リハーサル、手ならし、《軍》実弾なしの演習 ◆make a dry run to be sure (that)… 〜であるということを確実なものにするために、試運転をする

**DSB** ◆the WTO Dispute Settlement Body (DSB), consisting of all WTO members 世界貿易機関（WTO）の全加盟国で構成されるWTO紛争解決機関

**DSL** a〜 (digital subscriber line) デジタル加入者線

**DSP** (digital signal processing) デジタル信号処理; (digital signal processor) a〜 デジタル信号プロセッサ

**DSS** (decision support system) a〜 意思決定支援システム

**DSU** a〜 (data [digital] service unit) データ［デジタル］・サービス・ユニット（＊ISDN用回線終端［接続］装置）

**DSVD** (Digital Simultaneous Voice and Data)

**DTE** (data terminal equipment) データ端末装置

**DTI** (Department of Trade and Industry) the〜《英》貿易産業省

**DTP** (desktop publishing) デスクトップパブリシング、卓上出版;〈ワクチンが〉DTP三種混合の ◆the DTP vaccine; the DTP combination DTP三種混合（ワクチン）◆a DTP shot providing combined protection against diphtheria, pertussis (whooping cough), and tetanus (lockjaw) ジフテリア、百日咳、破傷風を予防するためのDTP三種混合の注射

**dual** デュアル、ダブル-、2-、二重-、双-、複式-、複-、2連-、2種-、2元の、双子-、両-、両面-、双対-、共同- ◆a dual receiving system 二重受信システム（＊互いに独立した2台の受信機で dual receptionを行う）◆a dual-speed drive ツースピード［2段階スピード］ドライブ（＊cf. double-speed は「倍速の」）◆dual-income couples 共稼ぎ［共働き］の夫婦達 ◆a dual polarity power supply 双極性電源 ◆a dual-redundant [dual-redundancy] system 二重化されているシステム［装置］ ◆a person with dual personality [personalities] 二重人格の人 ◆the car's dual tailpipes この車の二重（後尾［後部］）排気管 ◆a dual-mode shock absorber デュアルモード・ショック・アブソーバー（＊柔らかめと堅めの2段階調整可能）◆a dual-transport autoreverse cassette deck デュアルメカ［ダブルカセット］オートリバースデッキ（＊dual-transportは、テープ駆動機構が2個ある意味。類語に dual-cassette, double-cassette, dual-deck, dual-well など）◆the length of the period of dual circulation of notes and coins 《意訳》新旧の紙幣および硬貨の同時流通期間の長さ

**dual in-line package** (DIP) a〜《半導》デュアルインラインパッケージ（→ DIP）

**duality** ①二重性、二元性、双対性 ◆the principle of duality in Boolean algebra ブール代数における双対性の原理［双対原理］

**dual-purpose** 二重［両］目的の ◆dual-purpose furniture 二役をこなす家具 ◆a collapsible dual-purpose wide angle and normal rubber lens shade 《カメラ》折り畳み式広角／標準兼用ゴム製レンズフード

**dual-sided** a〜 dual-sided, surface-mount printed-circuit board 両面表面実装プリント回路基板

**dual-use** adj. 軍民両用の ◆dual-use products such as computers and trucks that could be used for military purposes 軍事目的に使用可能なコンピュータやトラックなどの軍民両用製品 ◆export of so-called "dual-use" technology that can be used for both military and civilian purposes 軍事用および民生用の両方に使用可能ないわゆる「軍民両用」技術の輸出

**dub** 1 vt.〈人, 物〉に〈名前［あだ名］, 名称〉をつける、〈人, 物〉を〜と）呼ぶ ◆launch a new service, dubbed MX-5, designed to help companies cope with… 企業が〜に対処するのを支援することを目的としたMX-5という名称［呼び名］の新サービスを開始する ◆The chip set, dubbed the GC171, runs with a 25-MHz 386. GC171と名付けられた［呼ばれる］そのチップセットは、25MHzの386 CPUで動作する。 ◆Formally called the Strategic Defense Initiative (SDI), the plan was dubbed "star wars" after the science fiction film. 正式には戦略防衛構想(SDI)と称されるこの計画は、SF映画にならって「スターウォーズ」というあだ名がつけられた。
2 vt.〈フィルム、テープなど〉に新規録音を加える、吹き替える、〈音楽テープ, CDなど〉をコピーする ◆dubbing of Hollywood films in Hindi ハリウッド映画のヒンディー語への吹き替え ◆to dub at least five VHS tapes in one pass 少なくともVHSテープ5本一度にダビング［複製, コピー］するために ◆The voice acting of the English-dubbed version of this film is terrible. この映画の英語吹き替え版の声の演技［《意訳》アテレコの出来］は、ひどいものだ。

**dubbing** (違った国の言葉への)吹替え,(音楽,効果音,せりふなどの追加録音)アフレコ,ダビング ◆a DAT recorder with digital CD dubbing capability CDのデジタルダビング機能付きのDAT録音機 ◆allow audio dubbing on the tape テープへの音声ダビングを可能にする

**dubious** 疑わしい,怪しげな,あいまいな,はっきりしない,信用できかねる,不審を抱かせる,いかがわしい,いぶかしい,うさんくさい,けげんな ◆a man of dubious reputation うさんくさい評判の男 ◆be dubious about...（人が）〜を疑問視している ◆cast a dubious eye on...〜に疑いの目を投げかける[向ける];〜を怪訝な目で見る ◆deploy a missile defense system of dubious effectiveness 実効性の疑わしい[怪しい]ミサイル防衛システムを配備する

**duck** a〜 (pl. *ducks*または*duck*) 鴨(カモ) [あひる],《英》すてきな人,人[やつ],［口］鴨[あひる]の肉; vt., vi. 水にちょっともぐらせ[もぐる],頭をひょいと下げる,ひょいとかがんで隠れる[逃げる],身をかわす
**make [play] ducks and drakes** 水切り遊びをする (*小石を水面に対して水平に近い角度で投げ,水面でぴょんぴょん飛び跳ねさせる)

**duct** a〜 ダクト,管,導管,送管,輸送管,管路,流路,風道,線葉,暗渠,（共に）溝

**ductile** 《金属》線状に長く引き延ばせる,延性[延び性]がある; 塑性変形できる,成形できる

**ductility** 延性,延び性,伸度 ◆their ductility is low これらの（金属）の延性は低い ◆The forming of thin-walled tubes by hydroforming requires the development of steel tubes with adequate ductilities both in the longitudinal and transverse directions. 油圧成形による薄管の成形では,縦横両方向に十分な展性[塑性率,可塑性,延性,延び性,伸度,変形能,靭性能]をもつ鋼管の開発を必要とする.

**ductwork** ［ロ］配管,管路(系統) ◆supply and exhaust ductwork [ducting] 給排気配管

**due** 1 adj. 当然支払われるべき,支払い期限になった[て],満期の[で]; 然るべき,適当な,正当な,相応の,十分な; 予定で,到着予定で,〜ということになっている,〜による ◆in due course [time] しかるべき時がくれば; やがて ◆when due 期限満了時に; (返済,支払い)期日に; 満期時に ◆fall [become] due 満期になる,支払い期日が来る ◆a due date 満期日; 期日 ◆after due consideration じっくり[とっくり]考えた上で ◆after due deliberation 十分に[じっくり]考えた上で;熟慮[熟考]の上; 十分に検討した後で ◆due consideration 適切な配慮 ◆homework assignments and their due dates 宿題とその期限(《意訳》提出日) (*提出日は a turn-in date) ◆reschedule past-due loans 返済期限を過ぎたローンの返済条件を変更する ◆a completion ceremony due to take place in June 6月に行われる予定の落成[完成,竣工]式 ◆a new product due out in September 1993 1993年9月に登場[発売]予定の新製品 ◆a postage due stamp (郵便受取人が)支払うべき郵便料金を示した付票 (*不足料金票のこと) ◆Due caution has to be exercised in doing... 〜する際には十分な注意を払わなければならない[払う必要がある] ◆due for release in late September 9月下旬に発売予定 ◆due off the drawing board 設計段階を離れる予定で ◆Due out next month are xxx, yyy and zzz. 来月に出る[登場,発売,出版]予定のものは,xxx と yyy と zzz です. ◆due to be completed by the end of 1994 1994年末までに[94年中]に完成の予定で ◆accounts that are 120 days past due 支払い期限を120日過ぎている勘定 ◆provided "due process of law" is observed 「法の適正手続き」が遵守されることを条件として ◆to find out when the next bus is due 次のバスがいつ来るのかを知るために;次のバスの予定時刻を調べるために ◆until the past-due rent is paid in full 滞納している家賃が全額支払われるまで ◆How much is still due on your house? 君の家の支払いはあとどのくらい残っているのかい. ◆The plane is due at 2:30 this afternoon. 飛行機は,今日午後2時半の到着予定になっている.
2 adv.《東,西,南,北のほうにつけて》ちょうど[真一] (= exactly, directly)
3 n. 〜s 料金,税(金),会費,使用料

**due to** 〜のために,〜のせいで,〜につき ◆due to mechanical vibrations 機械的な振動のせいで ◆the slowdown is due largely to a buildup in inventories 景気の減速は,主として在庫の増加のせいである

**dull** 1 adj. (刃物の)鈍い,良く切れない,切れ味の悪い,なまくらの,(頭の)切れない[鈍い]; 不振な,沈滞した,活気のない; (表面が)艶なしの,艶消しの,半光沢の,無光沢の,曇った; (痛みが)鈍い,(色,音が)鈍い,濁っている ◆dull-witted 頭が鈍い ◆a dull knife 切れ味の鈍いナイフ ◆a dull, overcast day どんよりと,一面に曇った日 ◆a dull sound 鈍い音 ◆a dull, tedious task that takes hours 何時間もかかる単調で退屈な作業 ◆make the sound dull and indistinct 音の輪郭をぼかしてしまう; 音の明瞭度を低下させる; 音の粒立ちを低下する ◆the tone of the... market is dull 〜市況は不振である［沈滞している,閑散としている］ ◆her senses are growing dull 彼女の感覚はだんだん鈍ってきている
2 vt. 〜を鈍くする,鈍らせる,(痛みなど)を和らげる; vi. 鈍くなる,鈍る

**duly** adv. しかるべく,決められている[規則,規定]通りに,きちんと,適切に,正しく,まさに,正式に,相応に,妥当に; 適切に,時間通りに,期限[期日]を厳守して,定刻に,適時に,時宜に即して ◆a duly authorized person 正式に認可を受けている人

**dumbbell** a〜 ダンベル,亜鈴(アレイ); a〜《俗》ばか者,まぬけ ◆specimens are cut using a dumbbell-shaped die 試験片はダンベル状の打ち抜き型を使って切り取られる

**dumb terminal** a〜 コンピュ ダムターミナル,簡易［単機能,下位］端末装置 (→an intelligent terminal); (*必ずホストコンピュータ[サーバー]と接続して使用する端末専用機で,それ単独では情報処理できない低機能装置)

**dummy** a〜 ダミー,模造品,偽製品,偽装品,外観見本,マネキン,人台,人形,名目だけの役職についている人,替え玉,トンネル[幽霊]会社,ペーパーカンパニー; a〜《口》とんま,ばか(者の); 《劇》(見本)用の,架空の,疑似の,偽装の,擬一,仮一,見掛け一,遊び一 ◆dummy instructions 《コンピュ》遊び命令 ◆a dummy corporation ダミー[トンネル,幽霊]会社 (*不正をこ隠すために隠れ蓑として使われる); ペーパーカンパニー ◆a crash-test dummy 衝突試験[実験]用の疑似人体[人体模型] ◆a dummy load 疑似負荷 ◆He set up 60 dummy companies to <do...> 彼は〜する目的でダミー会社[ペーパーカンパニー,トンネル会社,実体のない替え玉企業]を60社設立した.

**dump** 1 vt.〈ごみなど〉をどさっと降ろす,投棄する,捨てる,(容器を)傾けて空ける; ダンピング[投げ売り,不当廉売]する; vi. ◆dump gravel [sand] (ダンプカーなどが積荷の)砂利[砂]を降ろす ◆dump... in the United States at less than fair value 〜を米国で(公正な価格より安く)不当廉売する ◆...should never be disposed of by dumping (into the ocean [on the surface of the ground])〜を[は],決して(海洋[陸上])投棄処分してはならない ◆storms dumped heavy snow yesterday in Western Europe 大吹雪が昨日,欧州西部にどか雪を降らせた ◆dump products in the U.S. at prices below the cost of manufacture 製品を製造原価以下で米国で投げ売り[ダンピング]する
2 《コンピュ》〜をダンプする (*メモリーの内容を画面やプリンタなどにリスト出力すること) ◆take a dump 《コンピュ》ダンプする
3 a〜 ごみの山,ごみ捨て場,ごみ投棄場 (= a dumping-ground, a dumpsite) ◆a hazardous-waste dump 有害廃棄物投棄場 (*違法な,あるいは適正な管理がなされていない環境汚染の元凶もしくはその意味合いが強い) ◆a massive tire dump 大規模な古タイヤ投棄場
4 a〜《コンピュ》ダンプ (*メモリーの内容を出力したり,装置間でデータを複写すること)
5 〜s 意気消沈 ◆A change of scene [scenery] is recommended for someone who feels down in the dumps. ふさぎ込んで［気

が減入って、憂鬱になって、気分が晴れないで]いる人には、転地[(旅行などして)他の場所に行ってみること]をお勧めします.

**dumping** ◯投棄; ダンピング, 投げ売り, 不当廉売, 安値販売 ◆a dumping ground 廃棄処分場, 廃棄物投棄場 ◆become a dumping ground ごみ捨て場[廃棄物投棄場]になる ◆illegal dumping (ゴミ[廃棄物])の)不法[違法]投棄 ◆a ban on the dumping of industrial wastes in the ocean 産業廃棄物の海洋投棄の禁止 ◆examine illegal dumping sites 不法ごみ捨て場[違法な廃棄物投棄場]を調べる ◆prevent dumping of semiconductor chips in the U.S. 米国における半導体チップのダンピングを防止する ◆Japan, in particular, is accused of "dumping" products in the U.S. at prices that are below the cost of manufacture. とりわけ日本が, 製品を製造原価以下の価格で米国で「不当廉売」していると非難されている. ◆While most people care for their parents and grandparents, a few don't take proper responsibility. Some states have laws against "granny dumping." 大多数の人たちが両親や祖父母の面倒をみる一方, ちゃんと責任をとらない者が少数ながらいる. そこで一部の州には「姥捨て」を禁止する法律がある.

**dumpsite, dump site** a～ 投棄場所, 捨て場, ごみ投棄場, ゴミ捨て場 ◆Cleaning up illegal dumpsites costs the city $1 million annually. 違法なごみ投棄場[ゴミ捨て場]を片付けるのに, 市は毎年100万ドルを費やしている.

**dump truck, dumptruck** a～ ダンプカー

**duo** a～ 二重奏[二重唱](曲), デュエット; a～(単/複扱い)(演奏家, 芸人などの)二人組 ◆a mother-daughter duo 母と娘の二人組[デュオ](＊歌手など)

**dupe** vt. 〈人〉をだます, 欺く; a～〈人〉をだまされやすい人 ◆dupe...into...-ing 〈人〉をだまして～させる

**duplex** adj. 《通》デュプレックスの, 同時送受の, 全二重の, 二重, 複式の, 重～, 重信～, 重複～, 両面～, 双～, 双胴～, 2連～(プリンタや複写機の)両面印刷式の; vt. ～を二重化する ◆half-[full-]duplex 《通》半[全]二重の ◆a duplexed system (= a redundant system) 二重化されているシステム, 二重系 ◆duplex operation 二重通信; 複信 ◆duplex transmission 二重伝送; 同時送受通信 ◆a copier that has automatic duplexing capabilities 自動両面複写[印刷]機能を持つコピー機

**duplexer, duplexor** a～《無線》送受切換え器[回路], アンテナ共用器(＊同一アンテナを送信と受信に用いるためのスイッチあるいは素子); a～ 両面(複写[印刷])ユニット(＊コピー機やプリンタの) ◆a copier equipped with a duplexer 両面(複写[印刷])ユニットを装備している複写機

**duplexing** 両面複写[印刷]; (同一のアンテナ, 通信路, 或周波数を同時送受信に用いる)二重通信, 複信; (冗長性の)二重化, 2台のハードディスクに同じデータを書き込むこと;《金》合併法(＊製錬に2方法を併用する) ◆time-division duplexing 《通》時分割二重化

**duplicate** (cf. triplicate) 1 adj. 複製の, 複写の, 写しの, コピーの, 控えの, 副本の, 謄本の, 重複する; n. a～ 複製, 複写, 写し, コピー, 謄本;《in ～ の形で》(同じ書類など)2部[2通, 2枚] ◆in duplicate 〈書類など〉正副2通に ◆a duplicate key 合い鍵;《コンピュ》重複キー ◆duplicate copies of Time 同じ(号の)[ダブっている]タイム誌2部 ◆make high-quality duplicates of prerecorded tapes ソフト録音[録画]済みテープの高品位複製を作る

2 vt. ～を複製する, ～のコピー[写し, 控え]をとる, ～を繰り返す, ～に匹敵する ◆a duplicate, unique, hard-to-duplicate features テクニックでまねしにくいフィーチャー(特徴) ◆zap the power on and off fast enough to duplicate the event その事象を再現するために十分な速さで(せわしなく)電源をオンオフする ◆The simulators use "virtual reality" technology to duplicate combat conditions. これらの模擬訓練装置は, 戦闘状態を再現するのに「仮想現実」技術を用いている.

**duplication** 重複, 二重, 繰り返し, 反復; 複製, 複写; a～ 複製品, 複写物 ◆unauthorized duplication 〈音楽やコンピュータのソフトの〉不法コピー[無断で複製すること] ◆

eliminate costly duplication of research effort 高くつく[無駄な費用をくう]研究活動の重複を無くす

**duplicator** a～ 複写装置, 印刷機, 謄写(印刷)機, (録音テープなどの複製をつくる)コピー機 ◆a tape [hard disk] duplicator テープ[ハードディスク]複写装置[コピーマシン]

**dura** → dura mater

**durability** 耐久性, 耐久度, 耐久力, 耐用度 ◆a long-term durability test 長期耐久テスト ◆be far superior in durability 耐久性においてはるかに優れている ◆durability problems with plastic parts プラスチック部品の耐久性問題 ◆give... greater durability 〈直訳〉～に, より高い耐久性を与える;〈意訳〉～の耐久性を更に高める ◆increase durability to withstand... ～に耐えるような耐久性を高める ◆materials of [with] high durability 高い耐久性のある材料 ◆the high durability of optical media オプティカル(記録)媒体の高い耐久性 ◆It is constructed of rugged steel components for durability. これは, 耐久性を得るために堅牢なスチール製の部品で組み立てられています.

**durable** adj. 耐久性のある, 持ちのよい; 長続きする; n. ～s 耐久消費財 ◆a durable carry case 耐久性のある持ち運びケース ◆durable goods; consumer durables 耐久(消費)財 ◆more durable houses より長持ちする住宅 ◆durable consumer goods such as washing machines, refrigerators, and automobiles 洗濯機や冷蔵庫や自動車などの耐久消費財

**duralumin** ◯ it is made out of duralumin それはジュラルミン製である

**dura mater** ◯《医》硬膜(＊単に dura あるいは mater とも) ◆freeze-dried human dura mater ヒト冷凍乾燥硬膜

**duration** (a)～ 継続[持続, 存続]時間[期間](の長さ), (続いている)間 ◆for a duration of one year 1年間(にわたり);1年の間 ◆for the duration of... ～の間[期間]中 ◆of short [long] duration 短期の[長期の] ◆the time and duration of a call 通話時刻と通話の長さ[時間] ◆a load duration curve 負荷(荷重)持続曲線 ◆battery duration 電池の持続時間 ◆a large fair of extended duration 長期間催の大博覧会 ◆during a duration of boredom 退屈している間に; 無聊(ブリョウ)をかこって[もてあまして]いるときに ◆during a fixed duration in time ある一定時間の内に ◆for a maximum duration of 15 minutes 最高継続時間15分のあいだに; 最長15分にわたり ◆for the duration of the strike ストの間中 ◆last for a very long duration of time 非常に長い間[長時間, 長期間]続く[継続する] ◆over a duration of time determined by the user ユーザーが決めた期間にわたって ◆set [specify] a start time and a duration 開始時刻と継続時間を設定する ◆throughout the duration of a project プロジェクトの継続期間全体を通して ◆an interim government of very short duration 非常に短い(存続)期間の暫定政府 ◆it can record messages for up to one minute in duration それは継続時間1分まで[1分間までの](複数件の)メッセージを録音できる ◆limit the duration of all calls to 10 minutes すべての電話の通話時間を10分に制限する ◆the duration between the budget's submission and congressional action 予算提出から議会の議決までの期間 ◆the program is six months in duration このプログラムの(継続)期間は6カ月である ◆an automatic shutdown timer that may be manually set for operating durations selectable up to 99 minutes in increments of 1 minute 手動設定で運転時間(の長さ)を1分刻みで最長99分まで選べる自動切断タイマー ◆for the duration of the time the foot pedal is depressed フットペダルが踏み込まれている(時間の)間 ◆for the duration of time that data is being sent or received データが送受信されている(期間の)間 ◆if the time duration of its battery sustained operation can be prolonged それがバッテリーによって維持されて動作する持続時間[時間の長さ]を延ばすことができるならば ◆the field trial is of two years' duration この実地試験は, 実施期間が2年である ◆depict events or anomalies occurring over a period of minutes or hours by time and duration of the occurrence 数分とか数時間とかいった長さにわたって[分単位あるいは時間単位の持続時間で]起きる事象や異常を, 時刻や(発生)継続時

間別に表記する ◆The bursts range in duration from a tenth of a second to tens of seconds. これらのバーストは、1/10秒から数10秒間までの継続［持続］時間の幅がある。 ◆The duration of the risk from radiation exposure is lifetime, not 40 years as was believed. 放射能の被曝から生じる危険が継続する期間の長さは、これまで考えられていた40年ではなく、一生涯である。

**duress** 回威嚇、威嚇による強制、脅迫、強要、強打；回監禁、自由拘束 ◆Mr. Sanchez said he signed the contract under duress. サンチェス氏は、脅迫［強迫、強要］されて契約に署名したと言った。

**during** 〜の間じゅう、〜の間ずっと、〜を通じて、〜間にわたり、〜の間 ◆during manufacture [manufacturing] 製造中に ◆during operation 稼動中に ◆during the 1980s 1980年代に ◆during the past dozen years 過去10数年の間に ◆during the program's execution プログラム実行時［実行中］に ◆during transport, use, and disposal 輸送中、使用中、および廃棄中に ◆during low-rpm and low-load conditions 低（速）回転・低負荷状態時に ◆at all times during the solution of a problem 問題を解いている間は常に ◆... will be announced before or during the conference rather than afterward 〜は会議の後でなく、会議の前か途中で発表されることになるだろう

**dusk** （日没後、真っ暗になるまでの）宵の内、たそがれどき、夕刻、夕方、夕暮れ［日暮れ、薄暮れ］（どき）、夕闇（ユウヤミ）、薄明 ◆between dusk and dawn 夕暮れ時から夜明けの間 ◆Times vary depending on when it gets dark, so you should plan to arrive around dusk. 時間（＊天文台が開く時間）はいつ暗くなるか（（意訳））日の長さ）によって変わりますので、夕暮れあたりに（日暮れ時に）着くように計画を立ててください。 ◆Be extra careful at dusk and dawn when everyone's eyes have a difficult job adjusting to rapidly-changing light levels. 急激に明るさが変化して目が慣れるのに苦労する夕暮れどきと明け方は、普通以上に注意して（運転して）ください。

**dust** 1 回ダスト、塵（チリ）、ほこり、塵埃（ジンアイ）、煤塵（バイジン）、風塵、粉塵；微塵、粉塵、粉塵 ◆bite the dust だめ［使用不可、役立たず］になる；死ぬ；敗北を喫する ◆lick the dust 殺される［死ぬ］；卑屈になる［卑下する］ ◆make the dust fly 活発に活動する［てきぱき働く、すばやく動く］ ◆throw dust in a person's eyes 人の目をくらまして判断を誤らせる ◆gather dust ほこり［ちり］がたまる［積もる、たかる］ ◆be covered in dust ほこりにまみれて［ほこりをかぶって、塵に埋もれて］いる ◆be covered with dust 〜はほこりをかぶって［まみれて］いる；〜には塵が積もっている ◆keep dust out ほこり［ごみ］が入らないようにする；ほこりをシャットアウトする ◆a dust collection system 集塵システム［装置］ ◆a dust core [an iron-dust core] ダストコア［圧粉磁心］ ◆a dust counter ばい煙［粉塵］濃度計 ◆a dust [dry] mop ダスト（乾いた）モップ（＊から拭き用） ◆dust particles 粉塵［塵埃（ジンアイ）］粒子 ◆the comet's coma dust その彗星のコマの塵（微粒子） ◆a speck of dust ごく小さなほこり ◆become covered with dust ほこりをかぶる［がたかる］；ほこりだらけ［まみれ］になる；(意訳)に塵が積もる ◆dust (particles) suspended in the air 空気中に浮んで［大気中を漂って］いる埃（の細かい粒）、浮遊塵埃 ◆dust settles on... 〜にほこりがつく［積もる、たかる］ ◆for purposes of dust control ほこりを抑える目的で ◆generate a cloud of dust もうもうとほこりを立てる［上げる］；もうもうと塵（風塵）をたてる［発生させる ◆leave the others back in the dust（機器が抜群の処理速度・性能などで）他者に後塵を拝する ◆the production of dust particles 微粒子状の埃の発生；粉塵［塵埃（ジンアイ）］粒子の発生 ◆wear a dust mask 防塵マスクを着用する ◆a thin coat of dust on tape テープに薄く積もったほこり ◆clouds of dust raised along roads 道路伝いに（往来車両により）立つもうもうとした土ぼこり ◆a dust-covered lathe ほこりをかぶっている［塵の積もった］旋盤 ◆a dust-tight box ほこりが入らないようになっている箱；防塵ボックス ◆be less prone to dust generation ほこりがより発生しにくい；より低発塵性の ◆limited-linting and dust preventative clothing 低発塵性の防塵服（＊この用例の「防塵」とは塵の発生が少ないとい

う意、クリーンルーム内で使用される衣服の話から） ◆when the dust clears from... 〜からのほこりが消えると ◆Avoid dust, dirt, and moisture. ほこり、砂ぼこり、および湿気を避けてください。 ◆blow the dust off the files on... 〜に関するファイルのほこりを吹き払う；〜に関するファイルを久しぶりに引っぱり出て［取り出して再び開く］ ◆protect the contents from dust during storage 保存中の内容物をほこりから守る ◆spray water to keep the dust down ほこりが立たないように水を吹きつける ◆use compressed air to clean dust from chips, circuit boards, and fan blades ICや回路基板やファンの羽根からほこりを取るのに圧縮空気を使う ◆wear safety glasses or dust goggles to protect against flying particles 飛散粒子から（目を）防護するために安全めがねすなわち防塵ゴーグルを装用する ◆for removing dust and dirt from sensitive equipment デリケートな機器から砂ぼこりやほこりを除去するために ◆they face the real possibility of being left in the dust by competitors who are more techno-savvy 彼らは、もっと技術に明らい競争相手の後塵を拝さなければならなくなるかもしれないといった現実の可能性に直面している ◆A dust cover is a must for VCRs that will remain exposed to dust. ダストカバーは、常にほこりにさらされるビデオデッキにとって不可欠です。 ◆One way to keep dust from rising is to sprinkle moist tea leaves over the ashes. ほこりが立たないようにする方法の一つは、灰の上に湿った（出がらしの）お茶の葉をまくことの。 2 回騒動、騒ぎ、混乱 ◆wait for the dust to settle 騒ぎ［騒動］が治まるのを待つ；事態の収拾がつくのを待つ 3 vt. 〜の［ところへ、〜のちりを取る］（に〜を）散布する［振りかける］＜with＞; vi. ◆dust off an old manuscript and give it a new twist 昔の原稿を引っ張り出して新しいひねりを加える ◆dust sulfur on the grapes to prevent mold and mildew 糸状菌の発生を防ぐためにブドウに硫黄を振りかける

**dustcloth** a 〜塵ふき布、雑巾 ◆To make sure dust is picked up, spray dustcloths with silicone. ほこりがよく拭き取れるよう、雑巾にシリコーンをスプレーしてください。

**dustheap** a 〜ゴミの山、塵塚、掃き溜め、芥溜め（ゴミタメ）；the 〜 忘却の彼方 ◆cast... onto the dustheap of history 〜を歴史の彼方に葬る［葬り去る］ ◆get tossed onto the dustheap of history 歴史の彼方に葬られる

**dusting** (a) 〜ほこり［ちり］を拭き取ること；振りかけること、散布 ◆give... a dusting 〜のほこりを拭き取る ◆it needs dusting それのほこりを払う必要がある

**dustproof** ほこりを入り込ませないよう、ほこりよけの、防塵（ボウジン）の ◆a dustproof enclosure 防塵（ボウジン）型の筐体（キョウタイ）［容器］ ◆Dust allergies may be prevented through dust-proofing techniques applied at home, most important in the bedroom. ほこりアレルギーは家庭で、とりわけ寝室において、防塵テクニックを適用することにより防止できる可能性があります。

**dust-resistant** 防塵（ボウジン）の ◆a dust-resistant O-ring-sealed metal case オーリングで（密封）封止されている防塵金属ケース

**dust-tight, dusttight** adj. 塵密（ジンミツ）な、防塵（ボウジン）の、防塵（ボウアイ）の ◆a dusttight housing 防塵型ハウジング

**dusty** adj. ほこりっぽい、ほこりだらけの、ほこりをかぶった、ほこりまみれの ◆a dusty file cabinet ほこりだらけ［ほこりをかぶった］ファイルキャビネット ◆work in a dusty place ほこりっぽい［ほこりの多い］ところ［場所］で働く

**Dutch** adj. オランダの、オランダ人の、オランダ語の；回オランダ語の（(集合的に）オランダ人［国民］；a Dutch treat 割り勘；オランダの（豪華）料理［ごちそう］、オランダ流のもてなし ◆cause Dutch roll 《飛行機》ダッチロールを引き起こす（＊横揺れと偏揺れ（ヘンレ）が組合わさった動揺） ◆go Dutch (treat) 割り勘にする

**duty** 1 (a) 〜 義務、本分、責務、務め、職務、任務、職責、勤め、役目；使用、動作 ◆be off duty 非番である、勤務時間外である ◆be on duty 勤務［当直、仕事］時間中である ◆do double duty 2つの役割［職務、機能］を兼ねる；兼任［兼務］する；一

人二役[1台で2役]を務める ◆during duty hours 勤務[仕事]時間中に ◆go [come] off duty at eleven p.m. 午後11時に勤務が終わる[非番になる] ◆in (the) line of duty 職務遂行中 ◆report for duty 出勤する ◆when off duty 非番の時に, 勤務が無いときに ◆while on duty 当番[当直]をしている間に ◆a duty operator 当番に当たっている[当直の]オペレータ ◆a duty roster 勤務当番表 ◆continuous duty 《工業》連続使用 ◆duty hours 勤務時間 ◆operating duty 《強電》動作責務 (▶switching device 開閉装置の) ◆a doctor on duty 当直の医師 ◆be capable of performing one's duty/duties 義務[責務, 職務, 務め, 任, 役目, お役]を果たすことができる; 本分を尽くせる ◆be killed on duty 殉職死した, 職場[職務遂行中に]事故死した ◆lack a sense of duty 義務感が欠如している ◆out of a sense of duty 義務感から ◆return to full-time duty フルタイムの勤め[勤務]に復帰する ◆United Nations troops on duty 任務についている国連軍部隊 ◆willful neglect of duty 故意の職務怠慢[義務放棄] ◆duty regulations for airline pilots [flight attendants, maintenance technicians] (順に)定期航空パイロット[客室乗務員, 整備士]の職務規定 (▶duty regulations はもっぱら航空業界で使われている) ◆a duty-related [job-related] fatality 職務上の死亡事故 ◆a motor vehicle accident in course of work (whilst [while] on duty) 仕事中(職務遂行中)の自動車事故 ◆be killed in the line of duty 殉職する ◆go [come] on duty at four a.m. 午前4時に勤務[当直]につく ◆it is my duty to <do...> 私は〜する義務を負っている ◆it shall be the duty of the licensee to permanently affix the license emblem to the device for which the same was issued 鑑札を受けた者に対して, 免許発行対象である装置に許可証を永久的に[(意訳)容易に剥がれないよう]貼り付けることを義務付けるものとする ◆I'm off duty tomorrow. 私は, 明日非番になっています. ◆The digital instrument is on duty full-time. そのデジタル計器は常時稼働している. ◆This unit certainly does double duty. このユニットは, 確かに一人二役を務めてくれる.

**2** (an) 〜, 〜ties 税, 関税 ◆impose countervailing import duties on... from Japan 日本から入ってくる《製品》に相殺輸入関税を課す(*日本製品の不当廉売に対する対抗措置として) ◆pay (an) import duty on the equipment その機器の輸入関税を払う ◆Brazilian import duties for electronic components vary from 15 to 40 percent. ブラジルの電子部品輸入関税[輸入税]は15%から40%までと幅がある[ばらついている].

**duty cycle** a〜 デューティーサイクル, 負荷サイクル, 動作周期

**duty factor** a〜 デューティーファクタ, 通電率, 衝撃係数, 負荷時間率, 装荷率

**duty-free** adj., adv. 免税の[で], 非課税の[で], 無税の[で] ◆a duty-free shop 免税店 ◆duty-free goods 免税品 ◆I bought a CD player duty-free at the airport. 私は空港でCDプレーヤーを免税で買った.

**duty ratio** a〜 使用時間比, 衝撃係数

**DVD** a〜 (digital versatile disc [disk]) デジタル多用途ディスク ▶元々は a digital video disc [disk] と命名されていたが, 映像の記録のみでなく広範な用途が見込まれることから1995年末に変更された. ◆a DVD player DVD[デジタル多用途ディスク]プレーヤー (*a player = 再生専用機のこと) ◆a DVD-ROM drive DVD-ROMドライブ ◆a combination CD-R/RW/DVD-ROM drive; a CD-R/RW/DVD-ROM combo (drive) CD-R/RWとDVD-ROMのコンボ[一体型, マルチ]ドライブ

**DVD-RAM** ◆DVD-RAM (read and write many times) and DVD-R (write once, read many times) (意訳)DVD-RAM (何度でも読み出し・書き込み可能)およびDVD-R (1回だけ書き込みが可能な追記型)

**dwarf** a〜 (pl. dwarfs, dwarves) 小人, (通常よりも)小さな動物[植物], 矮星(a dwarf star), (形容詞的に)小型の, 小さな, 矮小な; vt. 〜の成長を抑える[発育を阻害する], 小さく[卑小に]見せる, 矮小化する; vi. ◆a bonsai tree; a dwarf potted tree; dwarf trees in pots [jardinieres, trays]; miniature trees 盆栽 ◆Snow White and the Seven Dwarfs 白雪姫と7人のこびと ◆If..., we will face problems that will dwarf this problem in the future. もし〜だと, 我々はこの問題を矮小化させてしまうほどの(もっと重大な)問題に将来直面することであろう.

**DWDM** (Dense Wavelength Division Multiplexing) 《光通信》高密度波長(分割)多重

**dwell** vi. 住む, 居住する; 一時停止[静止, 休止]する ◆(a) dwell time ドエルタイム, ドウエルタイム; 滞留[滞在, 休止]時間 ◆a street-dwelling panhandler 通りを住みかに[路上生活を]している乞食[物乞い]

**dwell on** 〜をいつまでも考える, 〜を長々と述べる[くわしく論じる, 詳述する] ◆Dwelling on past mistakes is a waste of energy. 過去の過ちにくよくよする[過ちをいつまでも気にしている]のはエネルギーの浪費だ.

**dwelling** 回居, a〜 住居, 住宅, 住まい ◆a single-family [communal] dwelling 一世帯[共同]住宅 ◆a six-room dwelling 6間ある住宅

**dwindle** vi. だんだん小さく[少なく]なる, 漸減する, (品質, 価値, 名声など)が低下する ◆the number of... has dwindled sharply 〜の数が大きく減少してきた ◆the price of R-12 will continue to climb as existing stockpiles dwindle (フロン)R-12 の今ある備蓄が減って行くにつれ, 値段は上がり続けるだろう ◆Ultimately, the number of systems could dwindle to a handful. 最終的に, システムの数が一握りにまで漸減するおそれがある.

**dwt** (deadweight ton [tonnage]の略) 重量トン[トン数], 積載重量トン[トン数]; (pennyweightの略) ペニーウェート (*貴金属・宝石の計量のみに用いる英ヤードポンド法の質量単位) ◆a 90,000-dwt supertanker 8万重量トンの超大型タンカー

**DX** 《写真》DX (*カメラがフィルムの種類を自動的に判別できるよう, 35mmフィルムに付けられているコードの名称); 《無線通信》DX, 長距離[遠距離]通信; (duplex)《通》二重の ◆DX-coded films DXコードが施されているフィルム ◆a camera featuring auto-focus and DX film recognition 自動焦点とDXフィルム認識を特徴とするカメラ ◆automatic DX film speed setting 自動DXフィルム感度設定

**DXer, Dxer** a〜 遠距離の無線局を受信するのが趣味の人

**DXing, Dxing** 遠距離の無線局を受信する趣味

**Dy** ジスプロシウム(dysprosium)の元素記号

**dyadic** 2つの部分から成る ◆a dyadic [binary] operator 二項演算子 ◆a dyadic processor 《電子》2個対になっているプロセッサ (*1つのシステムに2個のプロセッサがある) ◆a dyadic system 《電子》ダイアディックシステム*2個あるシステム ◆a two-board set that forms a dyadic processor 2部構成のプロセッサを構成する2枚基板セット

**dye** vt. 〜を染める, 染色する; vi. 染まる; n. (a) 〜 染料 ◆a dye laser 色素レーザー ◆a dye-sublimation [dye sub] photo printer 昇華型フォトプリンタ ◆dye fabrics 織物を染色する ◆recordable optical discs use an additional layer of organic dye 書き込み可能光ディスクは, 有機色素の層を一つ余計に用いる ◆These pigments have been used as dyes. これらの色素は, 染料として用いられてきた.

**Dynabook** the〜 ダイナブック ▶1968年にアラン・ケイ氏が最初に提唱した強力でユーザーフレンドリーな携帯型パソコンの概念で, Alan Key's Dynabook とか the Dynabook as defined by Alan Key などという. これにちなんで命名された製品のひとつに, 東芝のブック型パソコン, DynaBook がある.

**dynamic** adj. 動的な, ダイナミックな, 運動〜, 動〜, 力学(的)〜, 動作〜 ◆dynamic behavior 動的挙動 ◆dynamic random access memory (DRAM) 《コンピュ》ダイナミックRAM ◆dynamic statistics 動態特性 ◆the dynamic behavior of... 〜の動的挙動[動特性, (意訳)動態]

**dynamical** adj. 動的な, 力学的な, 力学上の ◆dynamical friction 動摩擦[運動摩擦] (↔static friction)

**dynamically** adv. 動的に, 力学的に, 力学上 ◆test the IC dynamically under actual operating conditions そのICを実働状態で動的に試験を行う

**dynamic range** *a*～ ダイナミックレンジ ◆a 12-bit dynamic range 《電子》12ビットのダイナミックレンジ ◆an audio signal with a wide dynamic range ダイナミックレンジの広い音声信号 ◆a dynamic range of more than 5 orders of magnitude 5桁のオーダー以上のダイナミックレンジ[《意訳》動作レベルの幅や差]

**dynamics** 動力学, 力学;《通例複数扱い》変遷[発達]のパターン, (音の)強弱の変化 ◆The dynamics of the car are second to none. この車の動力性能は, 他のどの車にも引けをとらない.

**dynamo** *a*～ ダイナモ, ゼネレータ, 発電機

**dynamotor** ◆a motor-generator set known as a dynamotor 発電動機として知られるモーターと発電機のセット

**dysbarism** 潜水[潜header]病(圏diver's palsy [paralysis], ケーソン病=caisson disease [sickness], 減圧症=decompression sickness, 空気[ガス]塞栓症=(air) bends, aeroembolism, aeroemphysema)

**dysfunction** *a*～《医》機能不全[障害, 異常, 失調] ◆immune-system dysfunction 免疫機構の不全 ◆male sexual dysfunction 男性の性的不能, 陰萎, インポテンツ(impotence)

**dysfunctional** adj. 《医》機能不全[障害, 異常, 失調]の ◆a dysfunctional family [home] 正常に機能していない家族; 崩壊家庭 ◆a dysfunctional system 十分に機能していない[まともに働いていない]システム[装置, 体制, 制度, 機構] ◆more families are becoming dysfunctional because of economic pressures, housing needs and drug abuse 経済難, 住宅難, 薬物の乱用といった理由で, ますます多くの家族が機能しなくなって[崩壊して]きている

**dysprosium** ジスプロシウム(元素記号: Dy)

## E

**e, E** e 《数》自然対数の底; (electronic)《E-, e- の形で》電子~

**each** adj., pron., adv. 各々, 各〜とも, それぞれ(の), おのおの(の), 一つ一つ, ひとりひとり, 各個, 各自(の); 両方(の), どちらでも, どれでも, すべて(の), 皆; 1個[1人]あたり, 〜ごとに ◆about once each hour 毎時1回程度 ◆clean... after each use 〜を使い終わるたびに[〜を使ったら毎回]きれいにする ◆each of us 我々の一人一人; 誰しが ◆at each end (= at both ends) of a telephone line 電話線の両端に ◆each and every disk is tested いずれの[どの]ディスクも皆テストされる; すべてのディスクが(一枚一枚)試験される; ディスクは全数[全品]検査される ◆five cases of ten cans each 10缶入りの[10缶ずつ入った]ケース5個 ◆keep track of each individual battery's state of charge 各々のバッテリーの充電状態を常時監視している ◆With each passing [succeeding] day, it becomes clearer that... 日増しに[日を追うごとに, 日を追って, 日を重ねるごとに, 日毎に, 日に日に, 日一日と], 〜であることがはっきりしてきている. ◆copies of one's tax returns for each of the preceding three years 過去3年の年度ごと[各年]の税金申告書の写し ◆each and every time you taste this confection このお菓子を味わうたびにいつも決まって ◆The kit includes one each of the following: キットには, 以下のもの各1個ずつが含まれている ◆Each $3.59; 2 or more, each $3.29 各自3.59ドル, 2個以上は各3.29ドル ◆when American cars were getting larger with each model change 米国車[アメ車]がモデルチェンジのたびごとに大型化していた時分に ◆Each carmaker designs engines differently. 自動車メーカーは各社各様にエンジンを設計している. ◆Each of our boards is adaptable. 弊社ボードはどれも[弊社の各ボードとも]改造可能です. ◆Each of these is a soft drink. これらは, どれも(みな)[すべて]ソフトドリンクである. ◆Package of 3 bottles, one ounce each. 3本1組み. 各ボトル1オンス入り. ◆These schemes each have their merits. これらの方法には, それぞれ利点がある. ◆Each set contains one each of red, white, green, and blue. 各セットには, 赤, 白, 緑, 青がそれぞれ1点ずつ含まれている. ◆The level of detail of the description increases at each step. ステップを1つ進むごとに, 記述の詳しさは度合いを増す. ◆With each succeeding rank, greater privileges are granted. ランクが1段上がるごとに, より大きな特典が与えられる. ◆Domestic travel is expected to grow by 5% in each of the next four years. 国内旅行は, 今後4年にわたり毎年5%ずつの増加が見込まれている. ◆Static charge drains harmlessly from the operator's body each time the hand comes into contact with the strip. 手がその細片に触れるたびに, 静電荷は害を及ぼすことなく操作員の身体から除去される.

**each and every** どれもこれも皆[全部], ひとつひとつ残らず, しらみつぶしに ◆each and every day of the year 年が5年中; (一年中)来る日も来る日も ◆each and every person attending... ～に出席のだれもが; ～の列席者[参列者, 参加者]全員 ◆to make each and every day a good day 一日一日をいい日にするために; 日々(ヒビ, ニチニチ)是(コレ)好日であるよう ◆the importance of proofreading each and every word すべての単語をひとつひとつ校正することの大切さ ◆... achieve between 40 to 50% compression on each and every file 〜は, どのファイルについてもそれぞれ40〜50パーセントの圧縮が達成可能である ◆On the trees, little bags are placed around each and every apple to ensure even redness and prevent little nicks caused by brushing against branches in the wind. 木の上では, 取り込みがつくように, また風にそよぐ枝でこすれて小さな傷がつくのを防ぐ目的で, (すべての)リンゴひとつひとつに小袋がかぶせられる. (＊袋掛け)

**each other** 互いに, お互いに(▶日本の学校ではeach otherは2者の間で, one anotherは3者以上の間で用いると教わるが, 実際にははっきりした区別はない) ◆displaced 120° with respect to each other 互いに120度ずれて ◆A and B make a good complement to each other. AとBは, 互いに足りないところを補い合う格好の取り合わせだ.

**each time** 毎度, いつも; 〜するたびに

**EAEC** (the East Asian Economic Caucus) 東アジア経済会議《略語形にして不要》(＊マレーシアのマハティール首相が打ち出した構想)

**eager** しきりに〜したがって, 熱望[切望]して, 熱心な, 知りたがって, どん欲な ◆be eager to invest in... 〜への投資に意欲的である

**eagerness** 凹〜したくてうずうず[むずむず]している心, 〜やる気満々の心構え, 〜したくてもどかしく思う欲求, 〜する意欲<to do...>; 凹熱心[熱望, 切望]<for, about> ◆consumers' eagerness to buy...; consumer willingness to purchase... 〈商品など〉に対する消費者の購買意欲

**E. & O.E.** (errors and omissions expected) 《商》「内容については万全を期していますが誤り[間違い, 誤謬]や抜け[脱落, 脱漏, 記載漏れ, 遺漏]があるかもしれません」という意で各種の書類用紙に印刷されている.

**EAP** (employee assistance program) an 〜《米》従業員援助制度(＊アルコール・薬物依存症の従業員に対し, 積極的に回復への support を行う)

**ear** an 〜 耳 ◆grate on [upon] the [a person's] ear 耳障りの ◆an infrared ear thermometer 赤外線耳孔体温計 ◆in-ear [in-the-ear, intra-aural] headphones インナーイヤー型のヘッドホン[インナーホン] ◆appeals fell on deaf ears 訴えは無視された ◆my ears are still ringing まだ耳鳴りがしている ◆wet-behind-the-ears interns 経験の浅い[未熟な]インターンたち ◆... can be detected as a sound by the human ear 人間の耳で音として感知可能である ◆they will not have the ears to hear such... 彼らは, そのような〜を聞く耳を持たないだろう ◆hear faint ringing noises in one's ears 〜に耳鳴りがする ◆go in one ear and out the other 右の耳から入って左の耳に抜ける; (馬耳東風と[馬の耳に念仏で])聞き流される; 頭を素通りしていく; 聞いても頭に残らない[すぐ忘れてしまう] ◆Their words fell on the deaf ears of youths. 彼らの言葉は, 若者の耳には届かなかった. ◆A professional home inspector can, in essence, become your "eyes and ears" as well as your homeownership "guru." 住宅検査の専門家は, 実質あなたの「目と耳」になり, さらには住宅取得面で教えを請う「大家(タイカ)」的存在ともなります.

**early**

over [up to] the [one's] ears in... 〈仕事, 借金など〉に深くはまりこんで, 時間・注意・資産などを取られて ◆be up to the [one's] ears in work 仕事で忙しくて[に追われて] ◆He is over [up to] the ears in debt. 彼は借金漬けになっている.; 彼は負債を抱えてアップアップしている[首が回らない状態だ].

**earful** *an* ~ 勝手にどんどん耳に入る情報, ゴシップ, 要らぬアドバイス, ガミガミ, 説教 ◆get an earful <on...><from someone> (~について)(〈人〉から)いやというほど[耳にたこができるほど]聞かされる; さんざん説教される ◆give someone an earful about... 〈人〉に~についてたっぷり[耳にたこができるほど]言ってやる

**earlier** *adj.* 以前の, もっと前の方の, これまでの, それまでの, 先行〜, 旧〜, 既〜; *adv.* 以前に, より早く, 前に, 先に ◆a year earlier 1年前に[の], 前年に (*話題になっている時点からさかのぼって1年前. 必ずしも「去年」とか「昨年」ではない) ◆two years earlier 2年前に[の] ◆the year [month, week] earlier (圏 the year prior) (その)前の年[月, 週]に前[前月, 前週](に)(*話題になっている年/月/週の前の年/月/週) ◆an earlier model 古い[旧]機種 ◆an earlier version 前の[以前の, 旧, 古い]バージョン ◆As we described earlier,... 前に[以上]述べたように; 前出[上述]のとおり ◆despite earlier predictions of profits 利益が出る[黒字になる]との当初の予想にもかかわらず ◆earlier this year [month, week] 今年[今月, 今週](の現在より早い時点)に; (意訳)先に[先般](▶よく用いられる英語表現だが, 自然な日本語にならないせいか, 他の辞典には収録されていない. 場合により「今年に入ってから」とも訳せる) ◆compatibility with earlier models 先発[先行]機種との互換性 ◆in the (corresponding) year-earlier period 前年同期に[の] ◆an earlier M&A upsurge in the 1970s 先の1970年代における企業合併・買収の急増 ◆as we discussed earlier this year (意訳)今年に入ってから)討議いたしました通り (*今年の, 現在より前のいつか) ◆if the car is a 1987 or earlier model もしその車が1987年以前のモデルなら ◆... increased to $168,700 from $127,900 the month earlier 〜は前月の127,900ドルから(その月の) 168,700ドルに増加した ◆the procedure described earlier under "To replace alternator" 前述の「交流発電機の交換」の節で述べた手順 ◆In the earlier parts of this chapter, we have introduced examples of... 本章の前のほうで, ~のいくつかの例を紹介した. ◆Personal spending in May grew only 0.5 percent from the month earlier. 5月の個人支出は, 対前月比[比較]でわずか0.5%の伸長にとどまった. ◆Gas was up by 7.5 cents to $1.22 a gallon in early May compared to a month earlier. ガソリンは, 5月初旬に1ガロン当たり対前月比7.5セント高の1ドル22セントであった. ◆Through mid-May, sales were up 11% compared with the same period a year earlier. 5月中旬まで売り上げは前年同期比11%増であった. ◆The 2040CG is claimed by the manufacturer to have three times the performance of the earlier 1020CG. 2040CGは, メーカーの弁によると, 先行機種1020CGの3倍の性能を発揮するということである.

**early** *adj.* 早い, 早めの, 早−, 初期−, 早期−, −前期, −上旬; *adv.* 早く, 早めに, −早々 ◆at the earliest 早く[どんなに早いとしても, 一番早くて] ◆(very) early on (非常に)早い時期に[段階で]; (極めて)初期の頃に; 開始して間もなく; 始まってすぐに ◆from early on 早くから, つとに, 早いうちから, 早い時期[段階]から, 最初の頃から, 当初から; 幼いとき[当時, 幼少の時]から, 若い時から ◆an early diagnosis 早期診断 ◆an early failure 初期故障 ◆an early-warning system 早期警戒システム ◆the earliest animals to live on land 最古の陸生動物 ◆an AWAC early-warning radar plane AWAC早期警戒レーダー搭載機 ◆an early failure period; an infant mortality period 初期故障期間 ◆after the early shift 早番が終わった後で ◆an opportunity for early detection of... 〜を早期発見するための機会 ◆at an earlier time もっと早い時期に[時点に] ◆at the earliest possible date できるだけ早く; 一日も早く, 少しでも早い日で[時点で]; 早急に ◆during the early 1980s 1980年代初頭に ◆early-stage breast cancer 初期の乳癌 ◆ever since the early 1970s 70年代の初めの頃からずっと ◆facilitate early introduction of... 〜の早期導入を促進する ◆from an early age 子供の[若い]頃から ◆identify early failures 初期不良を洗い出す ◆if detected and treated early もし早期に発見され治療を受ければ ◆in early August 8月上旬[初旬]に ◆in the early days of the project その計画が動き出してから程なく ◆in the early days of World War II 第二次世界大戦初期に ◆in the early part of this year 今年の早い時期に, 今年になって間もなく ◆(possibly) as early as tomorrow [next week, next year, September, 2003] 明日[来週, 来年, 9月, 2003年]にも ◆starting [beginning] early next year 来年早々から ◆the very early stages of the universe 宇宙が誕生して間もない段階の頃 ◆work an early shift 早番をやる ◆at the earliest [first] opportunity チャンス[機会]があり次第; できるだけ早い機会に ◆a photographic negative in the early stages of development 現像の初期段階にある写真ネガ ◆one of the earliest American newspapers 米国の最も古い新聞の一つ ◆the Clinton administration in its early days 発足間もない頃のクリントン政権 ◆a low-cost test for detecting cancer in its earliest form 少ない費用で早期癌を見つけるためのテスト ◆early-opening markets (時差などのために)ほかより早く開く市場 ◆as early as 1935 [the 18th century] 早くも[すでに]1935年[18世紀]には ◆during the early years of independence 独立下[独立当時に(*長い時間尺度で見て)] ◆during the early years of the 21st century 21世紀初頭に ◆even though it is too early to say the drought is over 干ばつが終わったというのはまだ早計だが ◆guide you toward a permanent solution at the earliest possible time あなたをできるだけ早い時期に永久的な[(意訳)貴社を恒久的早期]解決に導く ◆he left work early yesterday 彼は昨日早退[早引き]した ◆in the early days of radio ラジオの黎明期に ◆in the early years of this century 今世紀初頭に ◆make them prone to early failure それらを初期不良を起こしやすくする ◆MS-DOS versions earlier than 3.3 《コンピュ》バージョン3.3より前の[以前の, 以下の]MS-DOS ◆since the early days of the space program 同宇宙計画の発足[開始, 始動]当時から ◆we are in the early stages of negotiations 交渉は始まったばかりで ◆you should invest as much as possible as early as possible できるだけ多くの額をできるだけ早く投資しなければならない ◆researchers expect silicon chips will reach the physical limits of miniaturization early in this century 研究者らは, シリコンチップは今世紀の早い時期に[早々に]物理的な小型化の限界に達するだろうとみている ◆Since the early days of introduction of NdFeB magnets a dozen years ago,... 十数年前のNdFeB磁石導入当初から(ずっと) ◆the building has had problems since the early stages of construction このビルには建設当初から問題があった ◆they arrived as early as yesterday 彼らは昨日にはもう[既に, 早くも]到着していた ◆we need the release of all the hostages at the earliest possible time 我々は一刻も早い人質全員の解放を必要としている ◆Can I terminate my lease early? リースは中途解約できますか. ◆From early on it was obvious that Blaise was a gifted child. 幼時から[幼い時から,つとに]ブレーズが天才児であることは(誰の目にも)明らかだった. ◆It is due out early next year. それは, 来年早々に発売の予定になっている. ◆It's a little too early for a countdown. 秒読み開始には少々時期尚早である. ◆An order placed today cannot be filled before 2003 at the earliest. 注文が今日出されても, 応じられるのは早いところで2003年になります. ◆The emerging markets in Asia were still only in the early stages of patchy recovery. アジアの新興成長市場は依然として, まだら模様の回復のほんの初期段階にあった[景気回復の緒に就いたばかりであった]. ◆Toshiba took [grabbed] an early lead in the notebook-sized computer market with its reasonably priced offering. 東芝はお手ごろ価格の商品を携えてノート型パソコン市場でいち早く優位に立った. ◆The company expects to cut its work force by 2,000 people, or about 20 percent, by mid-1996 through voluntary early retirement and attrition. この会社は, 早期退職および自然減により1996年半ばまでに従業員総数を約20パーセントに相当する2,000人削減する予定である.

**early morning** (an) ～ 早朝; adv. 早朝に; early-morning adj. 早朝の ◆an early-morning shift （交替制の）明け方の番, 明け番 ◆early-morning strollers 早朝に散歩する人たち ◆from early morning until evening 早朝から夕刻まで ◆in the early morning hours 早朝（の時間帯）に ◆in the early morning of January 23 in the Persian Gulf 1月23日早朝のペルシア湾で

**early-retirement** ◆an early-retirement incentive program [plan] 早期退職奨励制度 ◆early-retirement benefits 早期退職年金; 繰り上げ減額支給年金; 早期退職給付（＊退職金の積み増しなどがある）

**early stage** an ～ 初期, 早期, 初期段階, 序盤, 当初; early-stage adj. ◆at an early stage 初期に, 早期に, 初期段階に, 序盤に, 当初は ◆in early stages of testing （技術や薬などが）初期試験段階にある ◆during the early stages of pregnancy 妊娠初期に ◆women with early-stage cancers 初期の癌に侵されている女性

**early-type** 初期のタイプの

**earmark** 〈資金など〉を(～の使途のために)とっておく, ～を(～に)充当する <for> ◆the money earmarked for research and development 《意訳》研究開発向けに（予算）計上されている資金 ◆the money is earmarked for (the building of) the new plant この金は新工場（の建設）に充当するために別勘定にしてとってある ◆More than $120 million in city money earmarked for the renovation of public housing units has piled up unused. 1億2000万ドルを上回る公共住宅補修のための市の引当金[準備金]が, 使われないまま積み上がった[蓄積した].

**earn** ～を稼ぐ, 儲ける, 得る, 獲得する, 〈評判など〉を博する, ～を（人に）もたらす, 〈利子, 配当など〉を生む ◆earn a profit (= make a profit) 利益を得る[あげる] ◆earned income 勤労所得 ◆earn a place of honor 栄光[栄誉, 名誉]の座を獲得する[勝ち取る] ◆earn royalties 著作権使用料を稼ぐ ◆American semiconductor manufacturers are earning a niche of their own. 米国半導体メーカーは, ニッチ市場を獲得しつつある.

**earner** an ～ 稼ぎ手, 稼ぐ人 ◆a wage earner 賃金労働者; 勤労所得者; 勤労者

**earnest** adj. まじめな, 真剣な, 熱心な, 本気の, 切実な, 切なる, 真摯な; n. (in earnestの成句で)本気で, 気を入れて, 本腰を入れて, まじめに, 真剣に, 熱心に, 一生懸命に, むきになって, 本当に, 本式に, 本格的に ◆negotiate in earnest 本腰を入れて[本気で]交渉する ◆The competition then begins in earnest on Tuesday... そしてコンクールは火曜日に本格的に開始される[本番が始まる]（＊前日のオープニングプログラムに続いて） ◆Collecting phonecards started in Japan and took off in earnest in the UK about 1990. テレホンカードの蒐集は日本に端を発し, 英国においては1990年頃に本格化した.

**earnestly** adv. 真剣に, 真摯に, 本気で, 熱心に, 懇々と, 諄々(ジュンジュン)と, くれぐれも, 切に, ひたすら, ひとえに, 達て(タッテ)

**earnings** （複扱い）所得, 稼ぎ高, 賃金, 給料, 利益, 収益, 稼いで得たもの, 儲け, 実入り（ミイリ） ◆gross earnings 総収益; 総収入 ◆Postage stamps are the largest source of foreign earnings. 郵便切手が最大の外貨獲得源である. （＊ある小国の話） ◆chalk up earnings of $18.6 million on sales of $327 million 3億2700万ドルの売上高で1860万ドルの収益を計上する［上げる］

**earphone** an ～ イヤホン（＊両耳用は複数形） ◆(a pair of) stereo earphones ステレオイヤホン

**earshot** 耳で聞こえる距離[範囲] ◆be within [out of] earshot of... 〈人〉に聞こえる[聞こえない]所にいる

**earth** 1 (the) Earth, (the) ～ 地球; (the) ～ 地表, 地面, 大地; 団土, 土壌 ◆on Earth 地球上で ◆to retain earth 土留めを[止めに]するために ◆earth science 地球科学 ◆the Earth's surface; the surface of the Earth 地表; 地球の表面 ◆an earth observation satellite 地球観測衛星 ◆Earth-based [ground-based] observations 《天文》地上観測 ◆earth-friendly wares 地球に優しい商品 ◆(the) Earth's environment 地球環境 ◆accept waste earth from construction sites 建設現場から出た廃土を受け入れる ◆celebrate Earth Day 1995 1995年のアースデー［地球の日］を祝う（＊Earth Dayは毎年4月22日） ◆drop toward the earth 地上に向かって落下する ◆near the Earth's surface 地表近くで ◆Pearl Buck's famous novel "The Good Earth" パール・バックの有名な小説『大地』 ◆preserve [save] "Spaceship Earth" 『宇宙船地球号』を守る［救う］（＊私たちの住む地球の意） ◆reach the earth's surface 地表に到達する ◆the earth's magnetic field 地磁気 ◆what [where, who] on earth...? 《口》一体（全体）なに［どこ, だれ］が ◆polar orbiting satellites conducting Earth science observations 地球科学観測を行っている極軌道衛星 ◆the 1992 Earth Summit in Rio de Janeiro 1992年にリオデジャネイロで開催された地球サミット（＊国連の） ◆the warming of the earth's atmosphere 地球の大気の温暖化 ◆the construction of an earth and rock-fill [rockfill] dam 土石ダムの建設 ◆dig pits in the earth to use as latrines 便所［トイレ］として使用するために地面に穴を掘る ◆the poorest nations on earth 世界の最貧国 ◆a cable designed to be placed under the surface of the earth 地中埋設用ケーブル

2 an ～ 《英》《電気》アース［接地］（線）(= 《米》a ground); v. 《英》～を接地する, ～のアースをとる(= 《米》ground)

**earthmover** an ～ 土木機械（＊地面を掘削したり, 土砂を運搬したりするブルドーザなどの機械）

**earthmoving** 土木（工事, 作業）用の ◆earthmoving equipment 土木機械（＊equipment は不可算）

**earthquake** an ～ 地震, 地動 (→ earthquake-proof, earthquake-resistant) ◆a large(-scale) earthquake 大地震; 大規模地震 ◆a major [great, big] earthquake 大地震 ◆earthquake prediction 地震予知 ◆the Great Hanshin Earthquake 阪神大震災 ◆the magnitude of an earthquake 地震の大きさ ◆earthquake [quake] resistance; resistance to [against] earthquake(s) 耐震性, 耐震力 ◆an earthquake-prone zone [area, region] 地震多発地帯［地域］ ◆the Loma Prieta earthquake ロマプリータ地震 ◆an earthquake-damaged region 地震の被災地 ◆at the focus of an earthquake 震源で（＊地上の「震央」ではなく, 地下の） ◆move to an area less prone to quakes より地震の少ない地域に引っ越す ◆the Great Kanto Earthquake of 1923 1923年の関東大震災 ◆the principles of earthquake resistance in buildings ビルの耐震原理 ◆these regions are earthquake-prone これらの地域は地震が多い ◆a swarm of earthquakes struck this town 群発地震がこの町を襲った ◆the Great Kanto Earthquake struck Tokyo in 1923 関東大震災が1923年に東京を襲った ◆Children in Tokyo practice earthquake drills in school. 東京の生徒は学校で地震避難訓練をする. ◆An earthquake intensity is a number that represents the level of earthquake shaking in a community. 震度とは, ある地域社会における地震の揺れのレベルを示す数値のことである.

**earthquake-proof** vt. ～を地震に対して強くする, 地震に耐えられるようにする, 耐震性にする; adj. 地震に強い[耐える], 耐震性の ◆an earthquake-proof structure 耐震建築物[建造物] ◆make a building earthquake-proof ビルに地震対策を施す ◆The building may not be earthquake-proof. そのビルは, どうも耐震構造ではないようである. ◆The museum used the power to earthquake-proof the 30,000 items in its collection. 同博物館は補助金を使い所蔵品3万点に地震[耐震]対策を施した.

**earthquake-resistant** adj. 耐震の, 耐震性の, 地震に耐える[強い], 耐震力のある ◆(an) earthquake-resistant design [technology] 耐震設計[技術] ◆earthquake-resistant construction [architecture, engineering] 耐震構造[建築, 工学] ◆make buildings and homes more earthquake-resistant ビルや家屋をもっと地震に対して強いものにする; 建物や住宅の耐震性を高める

**earthworm** a ～ ミミズ ◆Where compost is, earthworms are, and if you've been paying any attention at all, you know that where earthworms are, plants thrive. コンポスト［生ゴミ堆肥］のあるところにはミミズがいます. そして多少なりとも

(このことに)以前から興味をお持ちの方ならご存知かと思いますが、ミミズのいるところでは植物がよく育ちます。

**ease** 1 容易さ、たやすさ；楽、気楽、安楽、安心 ◆with ease 楽々と、たやすく、容易に、簡単に、軽く、造作なく、気軽に ◆ease of operation 操作の易しさ［容易さ］、操作性、《意訳》簡単操作 ◆ease of use [usage] 使いやすさ、使い勝手のよさ、操作性 ◆operating ease 操作のしやすさ［簡単さ］ ◆ease of reconfiguration 《コンピュ》再構成の容易さ ◆enhance [increase] ease of use より使いやすくする ◆for ease of adjustment 調整を楽にするために ◆maintain ease of use 使いやすさが損なわれないようにしてある ◆provide exceptional ease of use 《製品の》格段の［希に見る］使い勝手のよさを持っている ◆to ensure greater ease in handling 取り扱いをもっと楽にするために；取扱いの容易さを図るために ◆with automatic ease 自動的に簡単で ◆with relative ease 比較的容易に［たやすく、楽に、簡単に］ ◆with plug-in ease of use プラグを差し込むだけの容易さで ◆with push-button ease ボタンを押すだけの容易さで ◆The ease with which it can be shaped makes it particularly suitable for the following applications. それは、成形が容易であることから、以下に掲げるような応用例にとりわけ適している。◆Without the people's support, the media can be shut off with the ease of turning a light switch. 大衆の支持がなければ、マスメディアは電灯のスイッチをひねるほどのたやすさで閉鎖されかねない。
2 vt. ～を容易化する、楽にする、和らげる、緩和する、慎重に動かす、減速させる ◆ease gradually to a halt 徐々にペースを落としていって止める［止める］ ◆ease installation 設置を容易化する［楽にする、簡単（なもの）にする］ ◆Inflation is easing. インフレが沈静化してきている［下火になってきている］。◆to ease traffic congestion 交通渋滞を緩和させるために ◆Now the shortage has eased somewhat thanks to... 今では～のおかげで不足がいくぶんか緩和されてきて ◆Computer-based systems can permit easing of timing constraints on work. コンピュータ・システムは、仕事の時間上の制約を緩和してくれる可能性がある。

**ease off [up]** 《口》vt. ～を鎮（ユル）める；vi.（雨が）小降りになる、気を抜いてゆっくりする、ペース［スピード］を落とす ◆ease up on the brakes slightly ブレーキを軽く緩める

**ease up** v. 厳しさを緩める、緩くする、ゆるむ、和らぐ、軽くする、軽くなる、寛容［寛大］になる、速度を緩くする、速度が緩やかになる ◆ask inspectors to ease up on surprise inspections 抜き打ち検査に［査察で］手心を加えてくれるよう検査員［査察委員］に頼る

**easement** an～《法》地役権；《口》(体の苦痛・緊張・負担を)楽にしてくれること［手段］、用便［排便、排泄］ ◆an appurtenant easement 付属地役権

**ease of use, ease-of-use** 《口》使いやすさ、使い勝手のよさ、操作性；ease-of-use adj. 使いやすい［使い勝手、操作性］を向上させる ◆ease-of-use features 使い勝手を良くする［易しく使えるための］機能 ◆ease-of-use functions 使いやすくする［使い勝手を向上させる］ための機能 ◆ensure a high degree of ease of use 高い操作性を実現する；使い勝手の良さを保証する ◆improve the ease-of-use of... 使い勝手の良さを向上させる ◆The unit features "one touch" ease of operation [ease of use]. 本ユニットのウリは「ワンタッチ」簡単操作です。

**easily** 1 adv. たやすく、楽に、優に、気楽に ◆relatively easily 比較的容易に［たやすく、楽に、簡単に］ ◆they can be easily joined これらは容易に接合できる ◆That clinic, which saw about $400,000 in gross billings in 2000, will easily surpass the million-dollar mark this year. 2000年に請求総額で約40万ドルを計上したそのクリニック［診療所］は、今年100万ドルの大台を優に超えるものと見られている。◆This font has characters that are designed to be more easily machine readable than the ordinary print fonts. このフォントは、普通の印刷文字より機械で読み取りやすいようにデザインされ（た文字となっ）ている。
2 adv.《最上級を修飾して》確かに、疑いも無く、紛れも無く、断然 ◆Workstations are easily the fastest-growing segment of the computer industry. ワークステーションは、紛れもなくコンピュータ業界で最も成長著しい部門である。

**easiness** やさしさ、容易さ、平易さ；楽、気楽さ、快適さ ◆easiness on the eyes 目に対する優しさ

**east** n. the～ 東、東方、東部；the East 東洋、東欧、《米国》東部地方；adj. 東の、東方の、東向きの；adv. 東へ［に］、東方へ［に］ ◆the East bloc 東欧ブロック［圏］（＊ソ連崩壊前の旧体制下での）◆all the countries in the East Asian region 東アジア地域のすべての国 ◆be located about 70 miles east-northeast of... ～から約70マイル東北東に位置している ◆in an east-west direction 東西方向に ◆the East Asian region 東アジア地域 ◆the East Japan Railway Company; JR East 《日》東日本旅客鉄道株式会社；JR東日本

**eastbound** adj. 東へ向かう、東行きの、東方［東の方向］へ の、東回りの ◆an eastbound car 東行きの車

**Easter** 《口》復活祭 ◆an Easter egg hunt 復活祭の卵探し ◆a pre-Easter rise in egg prices 復活祭前の卵の値上がり ◆celebrate Easter 復活祭を祝う

**eastern** adj. 東の、東向きの、東へ向かう、東からの；《《しばしばEastern で》》東部地方の、東欧の、(旧)共産圏の；《通例an Easternで》》東洋人、米東部地方の住人 ◆in eastern Japan 東日本に［の］ ◆in the eastern [East] Pacific 東太平洋に［の］ ◆the "Ostpolitik" policy aimed at detente with Eastern Europe 東欧諸国との緊張緩和を目指し（てい）た（西欧諸国の）「対東欧政策」

**East Europe, Eastern Europe** 東ヨーロッパ、東欧 ◆in Central and Eastern [East] Europe 中欧および東欧において ◆open stores in several East European countries 東欧数カ国で開店する

**eastward** adj. 東へ向かう、東行きの、東方の、(風などが)東からの；adv.(= eastwards)東に向かって、東方、東の方に ◆travel around the world in an eastward direction 東回りで世界一周旅行する

**easy** adj. 容易な、平易な、易しい、生易しい、たやすい、他愛ない、たわいもない、楽な、簡単な、安楽な、無造作な、安直な、気楽な、ゆったりした（→ easy-to-）◆easy-listening tunes イージーリスニング［気軽に聴ける］曲 ◆an easy-to-prepare recipe 簡単に調理できる［手軽に作れる］レシピ ◆an easy-to-use tool 使い方の簡単な道具；手軽に使えるツール ◆a rail has been added to permit easy removal of... の取り外しを楽に［～の引き抜きを容易に］するためにレールが付け加えられた ◆develop machines that are as easy to use as televisions テレビのように楽［簡単］に使える機械を開発する ◆easy and simple recipes 楽で簡単なレシピ；お手軽調理法 ◆in easy circumstances 裕福（な暮らし）で、暮らし向きがよくて、生活が楽で［豊かで］、楽な身分で、家計［財政］が豊かで ◆RS-232 MADE EASY 「易しいRS-232」（＊本のタイトル）◆Take it easy. 《口》気楽に［のんびり］いこう。；そうかっかしないで。；落ち着いて。；軽く流していこう。；それじゃ（さよなら）。◆ways to make easy money あぶく銭の儲け方（＊あぶく銭＝苦労しないで得た金銭）◆as computers become cheaper and easier to use コンピュータが低価格化し、より簡単に使えるようになるにつれ ◆a task can be rendered easier or more difficult by... 作業は～によってもっと楽にももっと困難にもなり得る ◆relatively easy on the pocketbook 金銭面であまり負担にならない［比較的お金がかからない］◆a host of automated features that make home-movie making much easier 家庭での映画作りを大幅に簡単にする数多くの自動化機能 ◆I am toying with the idea of taking it easy at age 55. 私は55歳で閑居［引退、隠居］しようかと考えている。◆It is no easy task to fight these kinds of fires. これらの種類の火事を消火するのは全く容易な［生やさしい］ことではない。◆Post the emergency number, 911, in an easy-to-see place. 非常時［緊急用］の電話番号「911」を見やすい場所に掲示すること。◆The gauges are easy to read. これらのゲージ類は読み取りやすい。◆The MDM250 is easy to use and maintain. MDM250は使い方が易しく保守も容易です。◆They are easy to use. それらは、簡単に使える［使い方が簡単である］。◆The car they drive

**easy chair**

is easy to get parts for and easy to work on. 彼らが乗っている車は、部品の入手が楽で、また手入れをしやすい。◆With the increased use of..., it is becoming easier to achieve... 〜の使用の増加に伴い、〜の達成が容易になってきている。

**easy on...** 〈目、手、環境など〉に優しい ◆an easy-on-the-eyes paper-white display 目に優しいペーパーホワイトのディスプレイ ◆Studies suggest that redesigning computers to make them easier on backs, wrists and eyes can increase productivity up to 30%. 研究によると、コンピュータを背中、手首、目に優しくなるように設計し直すと、生産性が最高30%向上するという。

**easy chair** an 〜 安楽椅子

**easy-listening music** ◆easy-listening music イージーリスニングミュージック

**easy money** ◆an easy-money policy 金融緩和(政)策 ◆temptation to make easy money あぶく銭[楽に悪銭]をもうけたいという誘惑; 濡れ手で粟の誘惑

**easy-open** 容易に開けられる ◆an aluminum easy-open beverage can 簡単に開けられるアルミニウムの飲料缶

**easy-to-** 〈後ろに不定詞を伴って〉adj. 簡単[容易]に〜できる、〜しやすい ◆an easy-to-see watch 見やすい[((意訳))視認性に優れている]腕時計 ◆be summarized in easy-to-read form 読みやすい形に[読みやすく]まとめられている ◆an easy-to-follow instruction 従いやすい[簡単な]指示 ◆an easy-to-reach switch 届きやすい(ところにある)スイッチ ◆an easy-to-understand guide 分かりやすい手引き書 ◆the easiest-to-use color media available today 今日入手可能なもののうちで最も使いやすいカラー媒体 ◆User-definable function keys are in easy-to-use locations. ユーザーが定義できるファンクションキーは、使い勝手のよい場所[位置]にあります。

**eat** vt., vi. 食べる、食む(ハム)、食う、口にする、飲食する、召し上がる、いただく、摂食する、腐食する ◆an eating utensil 食器 ◆a budget-eating project 予算を食うプロジェクト ◆eat memory 〈コンピュータソフトなど〉がメモリーを食う ◆eat up a lot of memory 大量のメモリーを食う[食いつぶす] ◆... should be cooked before being eaten 〜は食べる前に加熱調理すること ◆a termite-eaten grape vine シロアリに食われたぶどうの木 ◆eating disorders such as bulimia and anorexia 過食症や拒食症などの摂食障害 ◆eat up about 3-4 MB of hard disk space 約3〜4メガバイトのハードディスク容量を食う ◆eat up battery power too quickly 電池を速く食いすぎる[消耗しすぎる] ◆What would you like (to have [eat]) for dinner? お食事はなにを召し上がりますか。(*dinnerは、lunchやsupperよりも豪華な食事) ◆Bottle-fed newborns eat about six times a day. 人工栄養の新生児は、1日に6回ほど飲む。◆Interest payments eat up more than 30% of revenues. 利子の支払いが歳入の30%以上も食って[占めて]しまう。◆A new model can eat up two or three billion dollars before it is ready to hit the market. 新型車を市場に出せるところまでもっていくのに二、三十億ドル食う[かかる]こともある。◆While rebates, cut-rate loans and other incentives are great for consumers, they will eat into the automaker's already thin profit margins. キャッシュバックや低利のローンなどの購買刺激策は、消費者にとってはけっこうなことだが、これらは自動車メーカーのすでに[ただでさえ]薄い利益幅[上乗せ取り分]に食い込んでくる[なる]。◆Your failure to regularly clean the capstan/pinch roller assembly will result in your cassettes being "eaten" when they stick to, and wrap around, the pinch roller. 定期的にキャプスタンやピンチローラーアッセンブリーを掃除しないと、カセットテープがピンチローラーに張り付いて、巻き付いて「食われて」しまう原因になることがあります。

**eat-all-you-want** 食べ放題の ◆an eat-all-you-want diet 好きなだけ食べられる[食べ放題の]ダイエット

**eater** an 〜 食べる人[動物] ◆Commuting is a big time eater for... 通勤は、〈人〉にとって大きな時間食い虫である

**eat-or-be-eaten** ◆an eat-or-be-eaten buyout or merger 食うか食われるかの買収や吸収合併

**eaves** 〈複扱い〉軒(ノキ)、ひさし、日除け

**eavesdrop** 〜を盗み[立ち]聞きする、盗聴する

**eavesdropper** an 〜 盗聴する人 ◆The radios are equipped with 785,000 fast-switching channels for evading eavesdroppers. これらの無線機には、傍受者をかわす[盗聴を防止する]ために高速切り替えして使う785,000チャンネルが備わっている。

**eavesdropping** 盗聴 ◆carry out eavesdropping activities 盗聴活動を行う

**ebb** ①引き潮、干潮、退潮、《比喩的》勢いを失っていくこと[衰退、退勢]; vi. 潮が引く、勢力[力、勢い]を失っていく、衰退する、衰える、下り坂になる ◆an ebb [ebbing] tide 引き潮、退潮、干潮(カンチョウ) ◆a party that appears to be ebbing 退潮し[勢力を失い]つつあるようにみえる政党

**EBCDIC** (Extended Binary Coded Decimal Interchange Code) "ebb-see-dik"と発音。《コンピュ》(エビシディック)(*IBM社によって開発され、現在ほとんどの汎用コンピュータで用いられている文字コード体系)

**EBM** (evidence-based medicine)(科学的[医学的])根拠に基づく[基づいた]医療

**EBRD** (European Bank for Reconstruction and Development) the 〜 欧州復興開発銀行

**EC** (European Community) the 〜 欧州共同体(▶後にEuropean Union(欧州連合)に改名); (electronic commerce)電子商取引

**e-cash, E-cash** ①電子マネー ◆an e-cash [E-cash] card [account] 電子マネーカード[口座]

**ECC** 《コンピュ》(error-correction [error-correcting, error-corrected] code) an 〜 誤り訂正符号; (error-checking and correction) 誤り検査・訂正

**eccentric** 1 adj. 中心から外れた、偏心[偏芯]した、片寄った、真円でない、離心の; 普通でない、常軌を逸した、一風変わった、風変わりな、酔狂な(人) ◆an eccentric cam ◆an eccentric record 偏心[偏芯]しているレコード盤
2 adj. エキセントリックな、常軌を逸した、風変わりな、つむじ曲がりな、偏屈な、突飛な; an 〜 変わり者、変人、奇人

**eccentricity** 1 (an) 〜 偏心、偏芯、偏心率、偏心距離、離心(率)
2 常軌を逸していること、奇矯(キキョウ)さ、突飛さ; an 〜 突飛な言動、奇行、奇癖

**ECCM** (electronic counter-countermeasures) 《軍》対電子対策

**ECCS** (emergency core cooling system) an 〜 緊急炉心冷却システム[装置]、非常用炉心冷却装置

**echelon** (会社組織などの)階級、階層;《軍》(飛行機などの)梯形(テイケイ)編成、梯隊、梯列 ◆the upper echelons of... 〈組織〉の上層部

**Echelon** Unlike Cold War spying aimed at the military, Echelon is a global electronic surveillance system that targets individuals, businesses, governments and organizations, the report says. 冷戦時代の軍事スパイとは異なり、エシュロンは個人、企業、各国政府、組織団体を対象にする全世界電子監視[((意訳))盗聴]システムであると本報告書は述べている。(*米・英・加・豪・ニュージーランドの)

**echo** 1 an 〜 エコー、反響、反響波、反射、反射波、ゴースト信号、こだま、山彦、(意見の)共鳴、(他人の)模倣、(人の意見などの)請け売り ◆an echo sounder 音響測深器(*音波を利用し水深を測る) ◆echo ranging (水中での)音響測距[測位](*測距=距離を測定すること) ◆echo sounding (水中での)音響測深
2 vt. 〜を反響[反射]させる、模倣する; vi. 反響する、響く、こだまする ◆footsteps echo 足音が響く ◆the receiving station echoes a message back to... 《通》受信局は〈人〉にエコーバック[返送]する ◆The LCD panel echoes speed selection. 液晶ディスプレイは、速度設定[設定された速度]を確認表示する。

**ECL** (emitter-coupled logic) エミッタ結合形論理[回路、素子]

**eclipse** *an* ～《天》食; *an* ～失墜, 衰退; *vt.*《天》〈天体〉を食する, ～に影を落とす[薄くさせる], ～の輝きを失わせる, ～を色褪せさせる, ～を凌ぐ[凌駕する], ～よりも出来過ぎる[断然勝る] ◆a total eclipse of the sun 皆既日食 ◆an eclipse of the sun occurs [happens]; a solar eclipse takes place 日食が起きる ◆photograph an eclipse of the moon; take pictures of a lunar eclipse 月食を写真撮影する; 月食の写真を撮る ◆All of North America will have at least a partial eclipse, weather permitting. 北米全域で, 天気さえよければ少なくとも部分食が見られるでしょう.

**ECM** (electronic countermeasures)《軍》対電子策, 電子対策
**eco-** 環境-, 生態-; 経済・環境両面の
**ecocar** *an* ～ (= an ecological car, an ecologically friendly car) エコカー, 環境配慮型自動車
**eco-friendliness** 生態系[環境]に対する優しさ, 環境適合性, 環境保全性
**eco-friendly** ◆(an) eco-friendly material 生態系[環境, 自然]に優しい材料
**ecolabel** ◆Use an ecolabelled washing machine which economizes on water, electricity and detergent. 水や電気や洗剤の節約になるエコラベル付きの洗濯機を使いましょう.
**ecological** *adj.* 生態的な, 生態学上の, 環境の ◆an ecological cycle 生態系循環 ◆Eastern Europe's ecological disaster 東欧における生態系の災害 ◆restore ecological balance 生態系の均衡を回復する ◆kenaf is finally coming of age as an ecological papermaking alternative 《意訳》ケナフは生態系[自然]と調和した代替製紙材料としてようやく立ち上がってきている ◆More than 50% of global ecological damage occurred in the past three decades. 地球規模の環境破壊の50%以上は, ここ30年の間に起きた.
**ecologically** *adv.* 生態学的に, 環境学的に ◆ecologically damaging projects 環境破壊につながる事業[計画](*たとえば, 林道建設やダム建設) ◆in these [today's] ecologically aware times 環境への意識が高いこのご時世に[今日の時代に] ◆more ecologically friendly measures より環境に優しい手段 ◆Dispose of the old oil in an ecologically satisfactory manner. 古くなったオイルを, 生態環境的にみて好ましいやり方で処分してください.
**ecology** 回 エコロジー, 生態環境, 生物と環境の相互関係を研究する学問, 生態学, 環境生物学, (ロ)環境[自然環境, 地球環境] ◆the world's ecology 世界の(自然)環境 ◆by better understanding the ecology of these regions これら地域の生態系[生態環境]をより深く理解することにより
**econobox** *an* ～小型経済車(*車の雑誌でよく使われる言い方) ◆a gas-sipping econobox 《俗》低燃費経済車
**econocar** *an* ～小型経済車
**econohunk** *an* ～《俗》かっこいい小型経済車(*車の雑誌でよく用いられる表現)
**economic** *adj.* 経済(上)の, 経済的な, 財政の, 経済学の ◆an economic slump 経済の落ち込み, 経済の沈滞, 不景気, 不況 ◆an economic stabilization program 経済安定化計画 ◆economic aid 経済援助[支援] ◆economic growth 経済成長 ◆economic stabilization 経済の安定化 ◆an economic power [heavyweight] 経済大国 ◆an economic strategy 経済戦略 ◆economic management 経済運営 ◆an economic superpower [leviathan] 経済超大国; 超経済大国 ◆economic dispatch《発送配電》経済配分(*電力需要を満たすためにどの発電所に負荷(=load)を割り振れば一番経済的か, 発電コストや送電途中の損失などを勘案して決めること) ◆an economic reconstruction [recovery, restoration] plan [program] 経済再建[回復, 復興]計画 ◆an economic rehabilitation [revival] plan [program] 経済復興[再生]計画 ◆(the) EMU (the European Economic and Monetary Union) 欧州通貨統合(*「欧州経済・通貨統合」を略して, ユーロ導入と共に1999年に11カ国でスタート) ◆an economic boom 経済ブーム, にわか景気, 好景気, 好況 ◆a package of economic stimulus measures 総合的な景気刺激策[総合経済対策, 総合景気対策]; (日本政府が1999年11月11日に発表した) 経済新生対策 ◆based on an economic analysis performed by... ～によって行われた経済分析に基づいて ◆be of major economic importance 実利的に非常に重要である ◆conduct a study on the economic effects of... ～の経済効果について研究を行う ◆despite the generally bleak economic picture 全般的に厳しい経済状況[環境]とはいえ ◆Economic conditions have deteriorated. 経済状況[情勢]は悪化した. ◆economic deterioration in Europe 欧州経済の悪化; ヨーロッパにおける景気の悪化 ◆economic development 経済発展; 経済開発 ◆economic expansion 経済拡張[発展, 拡大]; 景気拡大 ◆economic prospects [an economic outlook] for this year 今年の経済見通し[展望]; 本年の景気の予測; 現在の年の景気予想 ◆from the economic standpoint 経済性という観点から ◆have a direct economic effect on... ～に直接的な経済効果を及ぼす ◆in today's economic climate 最近の経済情勢の中にあって ◆it is a heavy economic burden on... それが〈人など〉にとって重い経済的な負担である ◆make rapid economic progress 急速な経済発展を遂げつつある ◆the economic analysis of a project プロジェクトの経済面の分析 ◆the economic merits of a project プロジェクトの経済上のメリット ◆within the 200-mile exclusive economic zone of the United States 米国の200カイリ排他的経済水域内で[の] ◆a multitude of problems that are economic or medical 経済的または医学的な数多くの問題 ◆describe the effects of economic conditions on the fashion industry ファッション業界への景気[経済状況, 情勢, 状態]の影響について述べる ◆Japan has lost economic strength 日本は経済力を喪失した ◆the economic disparity between the two countries これら二国間の経済格差 ◆the economic recovery of the industry will not occur in earnest until 2005 この産業[業界]の経済回復は, 2005年までは本格的に起こることはないだろう ◆this country needs an economic shot in the arm この国は, 経済面でのカンフル注射が必要だ[即効的景気対策を必要としている] ◆Current economic conditions are flat. 現在の経済状況[景況]は横ばいで推移している; 景気の現状は横ばい状態である. ◆Economic good times have been rolling across the country. このところ全国的に好況[好景気]が続いてきている. ◆The purpose of the study is to determine the economic viability of using solar water heaters in the Bahamas. 《意訳》本研究の目的はバハマ諸島で太陽熱温水器を利用することの経済性を調べることにある. (*economic viability = 経済的に立ち行くこと, 経済的存立性) ◆Prime Minister Hashimoto announced last week a comprehensive package of economic stimulus measures amounting to ¥16 trillion. 橋本首相は先週, 16兆円に上る総合的な景気刺激策[総合景気対策]を発表した.
**economical** *adj.* 倹約する, つましい, やりくり上手な; 経済的な, 効率のよい, 節約になる, むだの無い, 徳用の ◆economical power exchange [interchange] 経済電力融通 ◆economical to operate and maintain 使うのも維持するのも経済的である ◆in the most economical way 最も経済的な方法で ◆the economical efficiency of adopting... [using..., our products] ～を採用すること[用いること, 弊社製品]の経済性
**economically** *adv.* 経済的に, 節約して, むだを省いて, 安上がりに; 経済学上; 経済学的に(言うと) ◆more economically より経済的に, より経済性高く ◆a severely economically depressed region; an area that is severely economically depressed ひどく経済が落ち込んでいる[極めて経済不振の, 大不況の, 非常に不景気な]地域 ◆be economically promising 経済的に有望である ◆it was no longer economically viable それはもはや経済的[財政的]に立ち行かなくなった[採算がとれなくなった, 引き合わなくなった, 経済性を失った, 存立できなくなった, 実行不可能になった] ◆if economically practical もし経済性といった観点からみて実際的であれば ◆help people who are economically depressed 経済不振[不景気]にあえいでいる人々を助ける
**economics** 回(単扱い) 経済学; 《複扱い》(社会やある特定の業界などの)経済的側面[状態] ◆improve the economics of software creation ソフトウェア制作の経済的側面[経済性]を改善する ◆the economics behind CIM CIM(コンピュー

タ統合生産）の経済的局面［経済面］ ◆The economics of the program have been favorable.　その計画の経済的側面は良好だった．

**economist** *an* ～ エコノミスト，経済専門家，経済学者

**economize** *vt.* ～を節約［倹約，節減］する，けちる；*vi.* <on> ～を節約［節減］する，ケチる，～の出費［消費］を切り詰める ◆economize on fuel　燃料を節約する ◆economize upon the use of resources　《コンピュ》資産の活用をより経済的に［効率化］する ◆have the advantage of economizing on the use of the radio spectrum　～には無線周波数帯域［《意訳》電波］の利用の有効化［有効利用化］が図られるという長所がある ◆Special strategies are used to economize on memory usage.　メモリーの節約のために，特別な方策が採られている．

**economizer** *an* ～ エコノマイザー，節減装置，燃料節約装置，節炭器；*an* ～ 節約家，倹約家，（家計の）やりくり［きりもり］上手な人

**economy** 1 回節約，倹約，経済性，むだの排除，効率的な使用，理財；*an* ～ 節約行為，切り詰め手段，引き締め策 ◆practice economy　倹約［節約］する ◆fuel economy　燃料節約，燃費 ◆the economies of volume production　量産効果の向上（*経済学的には「量産の経済」と訳されるかもしれない） ◆achieve the economies of mass production　量産効果をあげる ◆effect economy in...　～の無駄をなくす ◆for economy of time　時間の節約のために ◆for optimum economy　経済性が最高になるよう ◆for reasons of economy　節約のために，倹約上，（経費）節減につき，《意訳》予算の関係上［都合上］ ◆in order to achieve greater economy　経済性を高める［向上する，良くする，改善する］ために ◆live on the economy　倹しい（ツマシイ）生活を送る；つつましく［倹約して，質素に］暮らす；切り詰めて［経費を節約して，経済的に］生活する ◆There is no economy in...-ing　～ することは（結局のところ）何の節約にも［倹約にも，《意訳》利益にも，得にも］ならない；～するのは何ら経済的でない［不経済になる］ ◆...considerable economies are achieved　かなりの経済性を得る ◆I think it would be a wise economy to <do...>　私は，～するのが賢明な節約になる［経済的な］のではないかと考えています． ◆it is poor economy to buy cheap ones　安物を買うのは（結局）不経済です［経済的でない］ ◆practice strict economy on all consumption　軒並に消費をきびしく節減する ◆find considerable economy in the use of steam　蒸気を使用することによりかなりの経済を得る ◆... so this advanced new product delivers increased economy　そういうわけで，この先進の新製品を使えばより経済的です ◆Careful design can achieve major economies.　入念な設計により，大きな経済性を実現することが可能である． ◆Economy of time is of utmost concern.　時間をいかに効率よく［有効に］使うかが最も重要だ．(*筆記試験についての話より) ◆I see no economy in cutting cost by cutting quality.　費用を切り詰めるのに品質を下げては何の節約［《意訳》利益］にもならないと私は思っている． ◆There is no economy in going to bed early if the result is turns.　早く床に就いても，その結果（寝付けなくて）寝返りを打っているのでは何の得にもならない． ◆There is no economy in using poor quality packaging materials.　質の悪い梱包［包装］材料を使うと（結局）不経済だ［経済的でない］． ◆The product combines economy with outstanding quality and reliability.　この製品は，優れた品質および信頼性と同時に経済性をもあわせ持って［兼ね備えて］いる．

2 *an* ～ 経済機構，経済組織，（一国，一地域の，ある時期の）経済，景気 ◆slow the economy　経済を減速させる ◆the Ministry of Economy, Trade and Industry　《日》経済産業省 ◆improve [boost] the economy　景気を浮揚させる；景気を回復させる；景気を上向かせる ◆the current state of the economy　経済の現在の状態；景気の現状 ◆the U.S. is now a $7 trillion economy　米国は今や7兆ドル規模の経済となっている ◆economy-wide recession　（一国の）経済全般にわたる景気後退 ◆open the economy to market forces　（国の）経済を開放し，市場の実勢にゆだねる ◆rebuild a county's economy　国の経済を再建する ◆recent data showing an abrupt slowdown in the U.S. economy　米国経済の突然の失速［アメリカの景気の急激な減速］を示している最近のデータ ◆stimulate the economy back into expansion　経済［景気］を刺激して再び拡大に導く ◆the prospects for Europe's leading economies in 1991　欧州主要国の経済の1991年の見通し（*an economy は一国の経済の意味） ◆they will be in demand when the economy picks up　経済［景気］が上向けば，それら（の商品）の需要が増すだろう ◆the region will have a stagnant economy for the next two to three years　この地域はこの先2～3年間は経済［景気］が低迷するだろう

3 *adj.* 経費削減を目指しての，安上がりな，経済的な，徳用の；*adv.* 割引き値段で ◆an economy car　経済車 ◆an economy pack [package]　徳用パック ◆an economy tool box　割安な工具箱

**economy class** *n.* 回《無冠詞》（旅客機の）エコノミークラス；*adv.* エコノミークラスで ◆fly economy class to Europe　エコノミークラスでヨーロッパに飛ぶ ◆passengers who suffered economy-class syndrome　エコノミークラス症候群にかかった乗客

**economy of scale** 《通例 economies of scale で複扱い》規模の経済性（*生産規模や販売規模が大きくなると単位あたりのコストが小さくなること）▶「規模の経済性」は経済学用語．一般には，スケールメリット，量産効果，あるいは量販効果などと訳せる．なお，「スケールメリット」は和製英語．類語に advantages of scale, efficiencies of scale がある． ◆seek economies of scale　スケールメリットを追求する ◆cannot benefit from any economies of scale　いかなるスケールメリットの恩恵にも浴せられない ◆bring complementary companies together to create economies of scale　スケールメリットを生じさせるために相補関係にある会社を合併させる ◆Manufacturing economies of scale are realized [achieved] and per-unit ex-factory costs are low.　製造上のスケールメリットが実現［量産効果が達成］されて，1台あたりの工場渡しコストは低い（ことになる）． ◆They require an improved economy of scale to export their products more efficiently.　彼らが製品をもっと効率良く輸出するためには，スケールメリットを向上させる必要がある． ◆Winning the efficiency battle requires achieving the economies of scale that result from long production runs and highly automated lines.　効率化戦争に勝つためには，長期連続生産操業と大いに自動化された生産ラインによるスケールメリット［量産効果］を達成する必要がある． ◆As the robotics market grows, we expect economies of scale in the production of robots to effect a reduction in the unit price, making robot application projects easier to justify.　ロボット市場が成長するにしたがい，ロボット生産におけるスケールメリットが単価を引き下げることが期待される．それによってロボット適用計画が正当化しやすく［妥当なものに］なってくる． ◆When that chip goes into large-scale production, and millions of copies are made, the economies of scale take over, and development costs virtually disappear.　（開発に膨大な金がかかった）そのチップが大規模生産に入り何百万個もの複製が作られるようになると，量産効果の方が大きくなってきて開発費は事実上消滅してしまう．

**economy-wide**　（国や地域の）経済全体の

**ECOSOC**　(Economic and Social Council) *the* ～ （国連の）経済社会理事会

**ecosystem** *an* ～ エコシステム，生態系

**ecotourism** ◆an ecotourism tour　エコツーリズム［自然生態環境観光］ツアー ◆promote ecotourism as a means by which Third World nations can profit from nature without destroying it　第三世界諸国が自然を破壊することなく自然の恩恵に浴することができるようにするための手段としてのエコツーリズム［生態観光］を振興する

**ECR**　(electronic cash register) *an* ～ 電子式キャッシュレジスター，電子式金銭登録機

**ecstatic** *adj.* 忘我［恍惚（コウコツ）］状態の［にさせる］，有頂天の，夢中の，（気持ちが）舞い上がって，天にも昇る心地

**ECU** (European Currency Unit) *the* 〜 欧州通貨単位, エキュ; *an* 〜 1エキュ ◆two million ECUs 200万エキュ

**EDA** (Electronic Design Automation) 電子設計自動化

**EDC** (endocrine disrupting chemical) *an* 〜 (= an endocrine disruptor) 内分泌かく乱化学物質 (*「ホルモン様化学物質」や「ホルモン阻害化学物質」また俗に「環境ホルモン」と呼ばれる); (error-detecting code) *an* 〜 《コンピュ》誤り検出符号 ◆17,000 potential EDCs 《意訳》環境ホルモンの働きをすると見られている17,000種に上る内分泌かく乱化学物質

**eddy** *an* 〜 渦; vi. 渦を巻く ◆eddy currents 渦電流 ◆an eddy-current coating thickness gauge 渦電流式膜厚計 (*金属地肌上の塗膜の厚みを測る)

**edema** *(an)* 〜 浮腫, 水腫 (*病名としては㊂) ◆he had pulmonary edema 彼は肺水腫にかかっていた

**edge** 1 *an* 〜 刃 (先), 端, 端部, 小口, 縁端 (エンタン) (部), エッジ, かど, ふち, 境界線 [輪郭], 辺, 稜, 周辺部, 際 (キワ), ほとり, はずれ; *an* 〜 するどさ, 鋭利さ, 切れ味; *an* 〜, *the* 〜 優勢な地位, 優勢, 優位, 強み, リード ◆have the edge on [over]... 〜よりも優位に立っている [優勢である] ◆an edge connector; a card-edge connector (プリント回路基板の)エッジコネクタ (= an edgeboard connector) ◆a high hardness edge 硬度の高い刃 ◆at [on] the edge of the property その土地の境界に ◆edge enhancement 《画像処理》輪郭 [エッジ] 強調 ◆gain a competitive edge over...〜に勝る競争力をつける ◆in a straight line, from center to edge 中心からエッジ [縁] に向かって直線的 [《意訳》放射状] に (*CDを拭くときの話から) ◆lose one's (competitive) edge over...〜に対する (競争上の) 優位性 [競争力] を失う ◆round [remove] sharp edges 角を丸める [取る] ◆the sharp edges of knives ナイフの鋭利な刃 ◆toys with sharp edges and points 鋭い角や鋭い突起のある玩具 ◆eke out an existence on the edge of society 社会の端っこ [《意訳》片隅] で] でやっとの [《意訳》ぎりぎりの] 生活を営む ◆...gives xxx a slight edge in that category (要因など) によってxxxがその部門でやや優位になる ◆give X an cost-effective edge over Y; provide X with a cost-effective edge over Y 《意訳》XをYよりも費用 [経済性] で優位に立たせる; X をYよりもコスト的に有利にする ◆it gives us a competitive edge over our competition それは弊社に競合企業をしのぐ競争力 [競争上の] 優位性] を与えてくれる [もたらす] ◆to maintain the U.S. technological edge over the Soviet Union 米国の連に対する技術面での優位を保つために ◆whether the toy has sharp edges that can cut その玩具に, 切り傷 [けが] のもとになる鋭利な部分がないか ◆All the rough edges have been honed. 荒削りなところがすべて (磨かれて) なくなった. 《比喩的にも用いる》 ◆Compaq has [holds] an edge over IBM in sales and administrative costs. コンパックは販売コストおよび管理費の点でIBMよりも優位に立っている. ◆The model appears to have the edge in price and performance. この機種は価格と性能面で [強みを持って] いるように見える. ◆The oil bubbled over the edge of the container. 油が容器の縁から吹きこぼれた. ◆This is an area in which the West has an edge, a fact recognized by Japanese leaders. この分野では西側諸国が優位に立っており, このことは日本の指導者たちも認めている. ◆Recently, however, they have been playing closer to the edge of what is permissible, and have perhaps stepped over that edge. しかしながら近年, 彼らは許されるぎりぎりのことをしており, ひょっとしたらその限度を踏み越えてしまっているかもしれない. ◆The United States has maintained a strong position in software, but it is losing its edge in certain areas to the Japanese, Europeans, and third-world nations. 米国はソフトウェア分野で優位を保ってきたが, 特定の分野においては日本, 欧州, 第三世界諸国にその座を明け渡し [劣位に転じ] つつある. ◆Dealing with many manufacturers also gives us an edge in that we can stock what we think are the best items instead of limiting our selection to just three or four manufacturers' lines. また, 多数のメーカーと取引があることから, (お客様の) 選択の幅をほんの3〜4メーカーの製品に限定することなく, 入手 [仕入れ] 可能な中からベストと思う商品を置くことができる強みがあります.
2 vt. 〜に刃をつける, 〜を鋭利にする, 〜に縁をつける, 〜を縁どる; vi., vt. じりじり [横方向 [横向き] に] 動く [動かす] ◆edge out 〜に小差で勝つ ◆edge out the competition 競争相手に僅差で勝つ; 他に (わずかながら) 先んじる ◆a tool edged with rubber 縁にゴムがついている道具 ◆edge one's way into traffic 交通の流れに (徐々に) 割り込んで入る

**EDI** (electronic data interchange) 電子データ交換

**edible** adj. 食べられる, 食用に適した, 食用の; n. 《通例 〜s》食べられるもの, 食べもの, 食用, 食物 ◆wild, edible mushrooms 野生の食べられる [食用] きのこ

**edit** 1 v. 編集する, 監修する ◆video editing ビデオ編集 ◆a well-edited recap うまく編集された総集編 ◆editing changes 編集上の変更
2 *an* 〜 編集 ◆perform edits 編集する ◆edit facilities 《コンピュ》編集機能 ◆save edits to a file 編集 (した) 内容をファイルに保存する ◆This facility allows detailed edits to be made. この機能を使うと, 詳細な編集ができる. ◆The editing controller allows you to store up to four different "cuts" or edits in its memory. 《ビデオ編集》本編集コントローラーは, 最高4種類までの異なるカット, すなわち編集場面が, メモリーに格納できます.

**edition** *an* 〜 (出版物などの)版 ◆the third edition of the glossary 用語辞典の第3版 ◆an electronic edition [version] of the Oxford English Dictionary オックスフォード英語辞典の電子版 ◆This book is currently in its second edition. この本は現在第2版になっている. ◆The Ford Thunderbird is available in two editions: LX and SC (Super Coupe). フォード・サンダーバードには, 2つの版, すなわちLXおよびSC (スーパークーペ) の車種が用意されている.

**editor** *an* 〜 編集者, 監修者, 編集装置, エディター, 編集ソフト [プログラム], 《コンピュ》 (テキスト) エディタ (→ text editor) ◆Stewart Alsop, editor in chief [editor-in-chief] of Infoworld インフォワールド誌の編集長であるスチュワート・アルソップ氏

**editorial** adj. 編集者の, 編集者による, 編集 (上) の, (刊行物の広告に対して) 記事 [内容] の; n. *an* 〜 社説 [論説] (記事) ◆in a front-page editorial 一面の社説 [論説] で

**editorialize** vi. 社説の形で意見を発表 [態度を表明] する, 意見を報道内容に差し挟む, 論争の的となっている問題について論じる; vt. ◆a paper that editorializes against gun control 銃規制に反対する論調の社説を載せている新聞; 銃規制に反対の態度を表明している新聞

**EDO** 《コンピュ》 (参考) (an) EDO DRAM (Extended Data Out DRAM) (*日本語では冗詞を除くだけで英字表記のまま)

**EDP** (electronic data processing) 電子 (式) データ処理

**EDTV** (enhanced-definition television [TV]) 高画質化テレビジョン (*既存NTSC方式と両立性のある新標準方式, EDTV-IとEDTV-IIがあり, 後者はワイドクリアビジョン) ◆the launch of EDTV-2, a second-generation version of EDTV, also known as "clear vision," which supports widescreen [wide-screen] broadcasting クリアビジョンとしても知られるEDTV (高画質化テレビジョン) の第2世代版で, ワイドスクリーン放映対応のEDTV-2の船出 [立ち上げ, 発足]

**educate** 〈人〉を教育する, 啓蒙する, 啓発する, 訓練する, 仕込む ◆a program to educate and inform the public about... (一般大衆向けに) 〜についてピーアール [PR] するための計画 ◆educate the American people about...〜についてアメリカ国民を教育 [啓蒙] する ◆Todai-educated top executives 東大出 [卒] の最高幹部たち ◆educate the public to the dangers of AIDS エイズの脅威について大衆を啓蒙する ◆a campaign to educate the population on the need for wildlife conservation 野生の動植物を保護する必要性について, 全住民を啓蒙するための運動 ◆To raise awareness and educate the general public about dolphins and their relation to the marine environment,... イルカについて, またイルカと海洋環境との関係について〜

**educated** *adj.* 教育［教養］のある, 学のある; 知識や経験に基づく;《-educatedの形で》〈学校, 大学〉の教育を受けた, ～出［卒］の ▶ **an educated guess** 経験や知識に基づく推測 ◆ **college-educated [university-educated]** 大学教育を受けた, 大学出の, 大卒の, 学卒の

**education** 回教育（すること）, 学問, 啓蒙, 教化, 薫陶（クントウ）, 文教, 教育課程; 教育を受けること; 学識, 教養, 学歴; 教育学 ▶ 日本語では「教育を受ける」という表現があっても,「教育」自体には教わるとか学習するという意味はありないようだ. けれども, 英語の education には, 一部の英々辞典に the act or process of acquiring knowledge esp. systematically とあるように, 知識を修得する行為や過程をも意味する. 従って, 英和辞典には「勉強」や「学習」の語義がないが, ときには education を「勉強」などと訳す必要もある. ◆ **education in English** 英語教育 ◆ **software for education** 教育用ソフト ◆ **the Ministry of Education, Culture, Sports, Science and Technology** 《日》文部科学省（＊旧文部省は, the Ministry of Education(, Science, Sports and Culture)） ◆ **as incomes rise and education spreads** 収入が増え教育が普及するにつれ ◆ **based on level of education** 教育程度に基づいて ◆ **enter education** 教職につく ◆ **freedom of education** 学問の自由 ◆ **have a passion for education**〈先生など〉が教育［教えること］に対する情熱を持っている;〈生徒など〉が勉強への［学ぶ］意欲を持っている ◆ **lack of education** 学がないこと ◆ **provide education to anyone who wants one** 教育を受けたいと望む者誰にでも教育を授ける ◆ **receive a good education** いい教育を受ける ◆ **receive education in agriculture** 農業教育を受ける ◆ **require formal education in computer science** 正式なコンピュータサイエンスの教育を（了）履修しいる必要がある; コンピュータサイエンスを正式に学んだ［専攻した］者でなければならない ◆ **a place for the education of young minds** 若い人たちの心の教育の場 ◆ **public education about [concerning] marine mammals** 海洋動物についての大衆啓蒙 ◆ **entice them to enter the education profession** 彼らに教職に就くよう誘いかける ◆ **young people with above-average incomes and educations** 平均以上の収入と教育［学歴］のある若い人たち ◆ **Installing ThyPaint on a hard disk is something of an ordeal, but it is an education in itself.** ThyPaintをハードディスクに［インストール［格納］するのは, ちょっとした試練だが, これは勉強そのものだ. ◆ **We know that continued education, improved efficiency and more productivity are needed just to keep pace, and in order to exceed you have to do even more.** 遅れないでついて行くだけでも生涯学習［教育, 研修］, 能率化, 生産性の向上といったものが必要で, それよりも前に出るにはもっと色々やらなくてはならない. ◆ **More than a third of the nation's adult population regularly devotes leisure time to some form of non-compulsory education.** その国の成人人口の3分の1以上が, 余暇を定期的になんらかの形の義務教育以外の学習［勉強］に振り向けている.（＊ここでの education は, 教育を授けることではなく, 教育を受けることを意味する）

**educational** *adj.* 教育に関する, 啓蒙的な, 勉強になる, ためになる, 文教～ ◆ **an educational institution** 教育機関 ◆ **educational reform** 教育改革 ◆ **educational software** 教育ソフト ◆ **an educational reimbursement program** （従業員のための）教育給付の支給制度 ◆ **data on educational attainment of immigrants** （外国からの）移民者の学歴についてのデータ ◆ **in an educational setting** 教育の場において ◆ **learn firsthand on an educational tour** 見学ツアー［社会見学, 視察旅行, 修学旅行, 体験ツアー］でじかに見て学ぶ ◆ **they are for educational use** これらは教育用の商品である ◆ **an educational-materials salesman** 教材のセールスマン ◆ **supervise people with varying educational backgrounds and experience** 学歴や経験の異なる人たちを（部下に持って）監督する ◆ **the town might amend its Zoning Ordinance to create an educational zone** 町は, 文教地区を新たに設けるために土地利用規制条例を修正することに

なるだろう ◆ **The study's lifetime earnings estimate, by educational attainment:** 本研究による学歴別生涯賃金の推定（＊統計の表題で） ◆ **educational campaigns about the risk of sharing needles** 注射針を共用するな危険についての啓蒙運動 ◆ **young adults who have very low educational levels** 教育レベルが極めて低い成人している青年たち ◆ **start [launch] an educational campaign to stop the spread of the disease among...** その病気が～の間で蔓延するのを防ぐべく啓蒙運動を開始する ◆ **Educational background is evaluated on degrees held and courses and seminars attended.** 学歴は, 取得学位, ならびに受けた講座や出席したゼミを判断材料として評価される.

**edutainment** エデュテインメント, エデュテイメント ◆ **edutainment software** 教育と娯楽を兼ねた［エデュテインメント, エデュテイメント］ソフト

**EEA** (European Economic Area) *the* ～ 欧州経済領域［地域］

**EEC** *the* ～ European Economic Community 欧州［ヨーロッパ］経済共同体

**eel** *an* ～ (*pl.* **eels, eel**) 鰻（ウナギ）; 回ウナギの肉［身］ ◆ **A young eel is an elver.** ウナギの幼魚はシラスウナギである.

**EEOC** (Equal Employment Opportunity Commission) *the* ～ 《米》雇用機会均等委員会

**EEPROM** (electrically erasable programmable ROM) *an* ～ "イー・イー・プロム"と発音.《コンピュ》（イーイーピーロム）（＊電気的消去可能書き込み可能ROM）

**EEZ** (exclusive economic zone) *an* ～ 排他的経済水域

**effect** 1 (*an*) ～ 結果, 影響, 効果, 作用, 効き目［効能, 効果］,（意）手ごたえ, 効力, 実施, 発効; ～s《音響や視覚の》効果; ～s 所得品, 動産物件; <to the effect that...> ～の趣旨［意味（合い）, 目的］で ◆ **to little effect** 効果がほとんど見られず ◆ **to no effect; without effect** 効果があらわれず ◆ **under the effect of alcohol** 酒に酔った状態で; 酒気をおびて ◆ **with effect** 効果をあげて, 効果的に ◆ **to good effect** うまく ◆ **have little effect on...** ～にほとんど影響を及ぼさない ◆ **have no effect on...** ～に対し効果［効き目, 効力, 影響］が全然ない ◆ **have the effect of...(ing)** ～には～する効果［（意）働き］がある ◆ **produce an effect** 効果を生む ◆ **put [bring, carry]... into effect** （計画・考えなどを）実行に移す［実施する］ ◆ **take [come into, go into] effect** 〈政策, 法律などが〉発効する［施行される］;〈薬などが〉効き目を増す［現してくる］ ◆ **do...for effect** 効果を得るために［受けを狙って］～する ◆ **a surround-sound effect** 《音響》サラウンドサウンド効果 ◆ **cause and effect** 原因と結果; 因果 ◆ **adverse transient phenomena [effects]** 悪影響［弊害］を及ぼす過渡現象 ◆ **a report to the effect that...** ～といった意味内容［趣旨］の報告書 ◆ **benefit from the effects of...** ～の効果の恩恵を受ける ◆ **enhance the effect** 効果を高める ◆ **for enhanced effects** 効果を高めるために ◆ **have a deleterious effect on...** ～に有害な影響を及ぼす ◆ **have no effect in <doing...>** ～には, ～する効果が全くない ◆ **in order to obtain [achieve, attain] the greatest possible effect** 可能な限り大きな効果を得る［最大限の効果を達成する］ために ◆ **produce the effect of...ing** ～する効果を生む［生じさせる］ ◆ **put the law into effect** その法律を施行する ◆ **rates with effect from 1 January 2000** 2000年1月1日から（有効）の料金 ◆ **strain for effect** 懸命に（人に）効果［受けをねらおう, 大向こうを唸らせようとする］ ◆ **the health effects of stress** ストレスの健康に及ぼす影響 ◆ **use...to great effect** ～を大いに効果的に用いる ◆ **with effect from August** 8月から施行［実施］（開始）ということで ◆ **with immediate effect** 即時発効ということで ◆ **the relation between an effect and its cause** 因果関係 ◆ **with effect from September 1** 9月1日付けの発効をもって（＊官庁用語） ◆ **have a profound effect on...** ～に多大なる影響を及ぼす ◆ **desktop supercomputers for the generation of special effects** 特殊効果発生用のデスクトップスーパーコンピュータ ◆ **it produces little effect** それはほとんど効果［効き目］がない, それはほとんど効果を示さない［発揮しない］ ◆ **produce an effect of virtual reality** バーチャルリアリティー効果をつくり出す［生む］ ◆ **since the Constitution**

went into effect in 1789 （米国）憲法が1789年に施行されて以来 ◆the antibiotic exerts its effects against... 抗生物質が～に対する効き目を発揮する[を抑える効果を及ぼす] ◆the effects of driving a transistor into saturation トランジスタを飽和領域に追い込むことによる効果 ◆the new setup takes effect 《コンピュ》新しい設定が有効になる[(《意訳》)反映される, 適用される] ◆the toxic effects of these chemicals これらの化学品の有毒作用 ◆determine the effects of Retin-A on sun-damaged skin 日焼けで傷んだ肌に対するレチンAの効果を調べる[効用を確かめる] ◆the fast-acting nature of potassium cyanide, which takes effect in one or two minutes 1～2分で効き目が現れる青酸カリの即効性 ◆The law went into effect last week. この法律は, 先週発効した[施行された]. ◆You have to reboot the computer for the change to take effect. （設定）変更を反映させる[有効にする]には, コンピュータを再起動しなければなりません. ◆The pedal must be at least two-thirds depressed for the switch to have effect. そのスイッチが働く[利く]ためには, ペダルは少なくとも3分の2踏み込まれなければならない. ◆It should function with the greatest possible efficiency and should exert the greatest possible effect. それはできるだけ高い効率で機能し, かつ最大限の効果を発揮するようでなければいけない. ◆On Windows 95 and Windows 98, reboot your computer. This ensures that changes to your environment settings take effect. Windows 95およびWindows 98の場合は, コンピュータを再起動します. これにより, 環境設定に加えた変更が有効になります. ◆There should be no major differences in effect between synthetic THC versus the THC present in marijuana. 合成THC（テトラヒドロカナビノール）とマリファナ中に存在するTHCの間には, 効果[効き目, 効能, 効力, 薬効]の大きな違いはないはずである. ◆This should have the effect of not only speeding up the CPU, FPU and DSP, but also of allowing greater color depths and resolutions. これはCPU, FPU, DSPの高速化効果はもとより, 色の深みと解像度の向上効果をもたらすだろう. ◆Curtailing the production of chlorofluorocarbons will prevent numerous ill effects on human health and crop production that would result from increased exposure to ultraviolet radiation. フロンの生産削減は, より多量の紫外線放射を浴びる結果生ずるであろう, 人の健康や農作物の生産に及ぼすおびただしい悪影響を防ぐことになるだろう. ◆This account of progress will deal with three areas of movement, each of which has had, and continues to have, a profound effect on the development of computer technology. この進歩の話は, これまでにコンピュータ技術の開発に多大な影響を及ぼし, これからも引き続き重大な影響を与え続けるであろう, 3つの発展分野について論ずることになる.
**2** vt. ～をもたらす, 生じさせる, 引き起こす, 行う, 成し遂げる ◆effect a change [changes] in... ～に変化をもたらす[起こす, 生じさせる] ◆the starting of... is effected by... ～の開始[起動]は～によって行われる ◆the hardening of thermosetting resins is effected through chemical change 熱硬化性樹脂の硬化は化学変化によって引き起こされる ◆Four days later, Operation Desert Storm was effected. その4日後に, 砂漠の嵐作戦は実行[遂行]された.
**for effect** 効果を狙って, 見栄[体裁]のために ◆He paused for effect and punched out the words: "..." 彼は効果を狙って[注意を引こうとして, けれんを効かせようと]言葉を途切らさせてから「...」と叩きつけるように言った ◆Use colors for effect. 色を効果的に使いましょう. ◆We didn't try to do this for effect. 我々は受けようとして[人の関心を引こうとして, 奇をてらって]これをやろうとしたのではない.
**in effect** 事実上, 実質上, 本質的には, 実際上; 効力がある, 発効[実施]されている ◆laws already in effect すでに発効して[実施されて, 施行されて]いる法律 ◆the current rules that have been in effect since 1980 1980年以来実施[公布]されている現行の規則; 1980年から発効している現在の規定 ◆This decision in effect forces women to choose between maintaining their employment and terminating their pregnancy. この判決は実質的に, 女性に仕事をとるか妊娠を中絶するかの選択を迫るものである. (＊Virginia judge upholds pregnant woman's firing = 「バージニア州判事妊娠女性の解雇を支持」という見出しの記事から）

**effective** adj. 効果的な, 効力のある, 効き目のある, 実効的な, (《意訳》)効率的[能率的]な, 有効—, 実効—; 事実[実際]上の; 現行の, 現存の ◆become effective 〈法律などが〉有効になる[効力を生じる, 発効する, 施行される] ◆be effective at...-ing ～するのに効果的である ◆(an) effective current 実効電流 ◆(an) effective radiated power 《電波》実効輻射電力 ◆an effective way 効果的な方法 ◆effective power 実際に効果のある権力; 実権; 有効[実効]電力 ◆an effective half-life 実効半減期 ◆effective treatment 有効な治療 ◆a record of change effective dates 変更の発効日の記録 ◆cease to be effective 失効する ◆make effective use of... ～を効果的に使用する; 効率的に利用する; 有効活用する ◆make the most effective use of... ～を最も効果的に使用する; 最大限（有効）活用する; (《意訳》)できるだけ効率的に用いる ◆The cease-fire is effective from Christmas Eve until Jan. 15. 停戦はクリスマスイブから1月15日まで実施される. ◆the highly effective Patriot missile （実戦で）非常に大きな成果が上がるパトリオット・ミサイル ◆through the effective use of... ～の効果的使用[効率的利用, 有効活用]を通じて ◆to make ads as effective as possible 広告をできる限り効果的なものにするために ◆be 300 times more effective than... ～に比べて300倍効果が大きい ◆be effective against fungi かびを抑えるのに効き目がある ◆before the application of the brakes becomes effective ブレーキをかけたのがきいてくる前に ◆effective use of this technique can be made このテクニックの効果的使用[効率的利用, 有効活用]が可能である ◆if it is not put to effective use それが有効利用[(《意訳》)効率的に活用]されないとなれば ◆use integration to find the RMS [effective] value of a waveform 波形の実効値を求めるために積分を用いる ◆a ground-based transmitter having an effective radiated power (ERP) of 1 gigawatt or more 実効放射電力1ギガワット以上の地上送信機 ◆procedures that are effective in preventing accidents 事故防止に効果がある手順 ◆They have been tested and proved effective in...-ing それらはテストの結果, ～するのに効果的[有効]であることがわかった. ◆meat from animals born after August 1996 – the date when a ban on feeding meat and bone meal to cattle became fully effective 牛への肉骨粉の給餌禁止が完全に発効した[(《意訳》)完全実施となった]（日付である）1996年8月以降に生まれた動物の肉 ◆At speeds above 25 mph, the hand brake becomes less and less effective. 時速25マイル以上の速度では, ハンドブレーキの効きはだんだんと悪くなる. ◆His resignation is effective December 15. 彼は12月15日付けで辞任となる. ◆The new price list becomes effective next month. 新しい価格表は, 来月に発効と[来月から施行に]なります. ◆This Memorandum of Understanding (MOU) became effective July 1, 1999. この覚書は1999年7月1日をもって発効した. ◆The fire extinguisher is effective on all types of fires. この消火器は, あらゆる種類の火事に対して安全かつ効果的に使えます. ◆NASA medical researchers report that injections of promethazine appear to be very effective against spacesickness. 米航空宇宙局の医療研究者らは, プロメタジンの注射が宇宙酔いに対して非常に有効にみえる[よく効く様子である]と報告している.

**effectively** 有効に, 効果的に; 事実上, 実際上, 実質上; 全然, 全く, 完全に

**effectiveness** 有効度, 有効性, 効率, 効力, 効果, 効き目 ◆advertising effectiveness; the effectiveness of advertising 宣伝効果 ◆a high degree of effectiveness 高い効果 ◆an advertising effectiveness report 宣伝効果報告（書） ◆a policy with [of] dubious effectiveness 実効性の疑わしい政策 ◆double a campaign's effectiveness キャンペーンの効果を倍増[倍加]させる ◆evaluate the effectiveness of... ～の効果を評価する ◆lose one's effectiveness 効果[効力, 薬効]がなくなる; 効き目[効能]を失う; 無効になる; 失効する; (《意訳》)役に立たなく[役立たずに]なる ◆question the effectiveness of privacy laws プライバシーに関する法律の実効性を疑問視する ◆

ensure the maximum effectiveness and efficiency for the program　その制度の効果と効率ができるだけ高くなるようにする　◆A low degree of effectiveness has precluded widespread use of this material by patients suffering from...　効能の低さ[効用の小ささ, 効き目の悪さ]が災いして, この物質は~に苦しむ患者の間で広く使われるようにはならなかった.

**effectuate**　vt. ~を実現[実施, 遂行, 達成, 成就]する, 成し遂げる, 〈結果〉をもたらす(bring about)　◆effectuate the downsizing of government　政府のスリム化を実行する[行う, 実施する, 遂行する, 実現する]

**efficacy**　①有効性, 効果, 効力, 薬効, ききめ, 効能　◆investigate the efficacy of a drug called...　~という名前の薬の効力[効能, 効き目]を調べる　◆new drugs have to meet government criteria for efficacy　新薬は政府の決めた薬の[効力]基準を満たさなければならない　◆question the efficacy of the law　~の法律の効果(の程)を疑問視する　◆determine the incinerator's efficacy in destroying potentially hazardous materials　その焼却炉が持つ潜在的に危険な物質を分解・無害化する能力を調べる

**efficiency**　①効率, 能率　◆impair efficiency　効率を損ねる　◆reduce efficiency　効率を低下させる　◆worker efficiency; the efficiency of workers　従業員の作業効率[処理能力]　◆fuel-efficiency standards　燃料効率[(意訳)燃費]基準　◆high-efficiency batteries　高効率電池　◆a high efficiency metal fiber (HEMF) filter　高性能金属繊維フィルター　◆a high-efficiency power plant　高効率の発電所　◆a 30-percent improvement in thermal efficiency　30%の熱効率の改善　◆an increase in efficiency and productivity　効率と生産性の向上　◆because of the decreased efficiency of...　~の効率低下のせいで　◆bring efficiency to...　~に効率化をもたらす　◆enhance collection efficiencies　集塵効率を高める　◆foster greater industrial efficiency　産業の効率化を助長する　◆get 5 percent more efficiency　5%の効率向上を得る　◆improve the efficiency of solar cells　太陽電池の効率を向上させる　◆increase efficiency　効率を上げる; 効率化する　◆increase the efficiency of...　~の効率を上げる[高める]　◆in pursuit of further enhanced efficiencies　いっそう高い効率を追求して; (意訳)更なる能率向上を図って[いっそうの能率改善を目指して]　◆instructions on using them with high degrees of efficiency　それらを効率[能率]よく使用するための指示[指図]　◆one major obstacle to efficiency　効率化をはばんでいる一つの大きな障害　◆operate at optimum efficiency　最高の効率で動作する[働く]　◆operate at peak efficiency　最高効率で働く　◆operate with efficiencies of up to 99%　〈機械などが〉最高99%までの効率で働く　◆with a high degree of efficiency; with efficiency　高い効率で; 能率よく; 効率的[能率的]に　◆work at 100% efficiency　〈機械などが〉効率100%で働く　◆with nearly 100% efficiency　ほぼ100%近い効率[能率]で　◆efficiency-enhancing, cost-saving recommendations　能率向上[効率化]およびコスト節減を促す勧告　◆as enterprises move toward greater efficiency　企業が効率化に向かうにつれ　◆operate with a high degree of efficiency　高い効率で[効率よく, 能率よく]働く　◆reap extra profits from efficiencies of scale　スケールメリットのおかげで余分に利益を上げる[儲ける]　(*efficiencies of scale = 規模拡大がもたらす効率向上)　◆this greater efficiency was achieved by...-ing　この効率[能率]向上は~することにより達成された　◆the material is relatively inexpensive and has a reasonably good efficiency　この材料は比較的安価で, まあまあ効率が良い

**efficient**　adj. 効率[能率]的な, 効率[能率]のよい, 有効な, 有能な, 敏腕な　◆for efficient operation　効率のよい動作を目指して　◆in an efficient manner　効果的に　◆be only 10 to 20% efficient　~には, 10%から20%の効率しかない　◆an energy-efficient lamp　エネルギー[電力]効率の良い[高い]ランプ; (意訳)省エネ・省電・節電型の電灯[電球]　◆examine ways to make the organization more efficient　この機関[の運営]をより効率化するための方法を調べる　◆to ensure that efficient use is made of it by the children　それが子どもたちに効率よく[能率的に, 効果的に, 有効に]使用[活用]されるようにするために　◆to make the most efficient use of our time　私たちの時間を最も効率よく[可能な限り効率的に]使うために　◆The car is 40% more fuel efficient than...　その車は~より40%燃料効率[燃費]がよい.　◆I work hard and make efficient use of my time.　私は一生懸命に働いて[猛勉強して], 自分の時間を効率よく[能率的に, 効果的に, 有効に]使っている.

**efficiently**　効率[能率]的に, 効率[能率]よく

**effigy**　an ~ 像, 彫像, 肖像, (憎む相手に擬して作った)人形(ヒトガタ)[(場合によっては)藁人形]　◆he was burned in effigy　彼の似姿[彼をかたどった人形]が燃やされた

**effluent**　①工場廃液, 廃水, 下水, 汚水; an ~ (湖, 貯水池などからの)水流, 川　◆factory effluent　工場廃液[廃棄物, 排水]　◆industrial effluent(s)　工業[工場, 産業]廃水　◆an effluent treatment facility　排水[廃水]処理施設　◆a zero-effluent factory　廃液[廃水, 排水]をまったく排出しない工場　◆the separation of acid gases from gaseous effluents　ガス体排出物から酸性ガスを分離すること

**effort**　(an) ~ 努力, 骨折り, 尽力, 手間, 労力; an ~ (しばしば ~s) 取り組み[活動, 作業, 事業]; an ~ 努力の成果, 作品, 労作, 力作, 傑作; 動力, 力, 力, 進行力　◆in a joint effort with...　~と協力して[共同で]　◆in an effort to <do>　~しようと努めて; ~しようとして　◆without effort　難なく, 造作なく　◆an effort is under way to <do...>　~するための努力が払われている　◆a unified effort to improve...　~を良くしようという一丸となった取り組み[運動]　◆expend enormous efforts to <do...>　~するために大変な労力を費やす; ~するのに並外れた努力を払う　◆Futurebus standardization efforts　フューチャーバス標準化に向けての作業[取り組み]　◆Let's focus our efforts on...-ing　~することに我々の努力を集中[結集]しようではありませんか; ~注力[傾注]しましょう　◆Our efforts were put into...-ing　我々の努力は~することに注がれた.　◆put considerable effort into...-ing　~するのにかなりの努力を注ぐ　◆strenuous efforts　懸命の努力; 精力的な取り組み　◆There is an extensive effort underway to <do...>　~しようという大規模な取り組みが進んでいる　◆with a minimum of effort　最小限の努力で　◆at much expense in time and effort　手間[手間ひま]を多くかけて　◆the efforts of young Americans to protect the environment　アメリカの青少年たちの環境保護への取り組み　◆our effort is beginning to pay off　我々の努力の成果が出始めている; 頑張りが功を奏し始めた　◆play a leading role in efforts to <do...>　~しようとする取り組みで指導的[中心的]役割を演じる　◆advance on-again off-again efforts to <do...>　~するための作業を何度も中断しながら進める　◆as part of efforts to curtail air pollution　大気汚染を減らすための取り組み[施策]の一環として　◆despite desperate efforts to reform agriculture　農業改革の必死の努力にもかかわらず　◆Efforts are being made to get...　~を得るための努力がなされている　◆it may take some effort　それは多少努力が必要[大変, 骨が折れる]かもしれない　◆launch a five-year effort [project] to <do...>　~することを目的とした, 5カ年事業を起こす　◆technology development efforts being conducted [worked on, undertaken] by...　~によって進められている[実施中の]技術開発の取り組み　◆trigger an international research effort　国際的な研究活動の引き金となる　◆understandable with considerable [a slight] effort　〈順に〉かなり[少し]苦労すれば理解できる　◆with about two man-months of effort　延べ2人月前後の労力で　◆the efforts of grass-roots organizations to cope with local problems　草の根団体の地域問題への対応[取り組み]　◆considerable effort has been spent on the separation of...　~の分離にかなりの努力が尽くされた　◆Much effort has been expended on attempting to <do...>　~しようという試みに多大な努力が払われた[大変な努力が費やされた]　◆there has been a concentrated effort to develop...　~を開発するためにひたすらな努力が注がれてきた　◆we exert our best efforts to that end　我々は, その目標に向かって[目標に達すべく, 目標を実現するために]最善の努力を傾ける[最

善を尽くす］◆Efforts are moving ahead to develop... ～の開発作業が進行している。◆The development of the system's software can represent 200 worker-years of effort or more. そのシステムのソフト開発は、200人年以上の労力に相当するだろう。◆Efforts must be directed toward the design of connectors and printed circuit boards to reduce these pulse reflections. これらのパルス反射を減少させるようなコネクタやプリント基板の設計に努力を振り向ける必要がある。◆We are shaping the future by focusing our efforts on expanding the horizons of business communication. 我が社は、ビジネスコミュニケーションの限界を拡大すべく努力を傾注し、未来を作っています。

**effortless** adj. 骨の折れない、容易な、たやすい、楽な ◆The single-overhead-cam, 5.3-liter engine whirs out an effortless 262 horsepower. そのシングルオーバーヘッドカム5.3リッターエンジンは、262馬力を難なく唸り出す。

**EFOIA** (the Electronic Freedom of Information Act)《米》電子情報自由法《省略形にtheは不要》

**EFT** (electronic funds transfer) 電子式資金移動 [決済] ◆EFT allows the user to order and pay for goods and services using a credit card reader or other form of secure access and validation arrangement. EFT (電子式資金移動)では、ユーザーは、クレジットカード・リーダーあるいは別の形のセキュアなアクセスおよび照合装置を使用してモノやサービスを発注したり支払ったりできる。

**EFTA** (the European Free Trade Association) 欧州自由貿易連合《略語形にtheは不要》

**EFT POS** (EFT at the point of sale) 販売時電子式資金移動

**e.g.** (ラテン語 exempli gratia の略) たとえば (= for example) ◆foods containing a high proportion of starch e.g. doughnuts and chips たとえばドーナツやポテトチップスなどの、澱粉を多く含む食品類

**EGA** (Enhanced Graphics Adapter)《コンピュ》拡張グラフィックスアダプタ

**egg** an～卵、卵子 ◆walk on eggs 石橋をたたいて渡る ◆a chicken-and-egg problem ニワトリが先か卵が先かの問題 ◆a fertilized [an impregnated] egg 有精卵 ◆fish eggs; an egg of (a) fish; eggs of fish 魚の卵、魚卵 ◆an egg-laying hen 卵を産める[産卵能力のある]雌鶏

**egg-shaped** adj. たまご形の ◆become egg-shaped 卵形になる

**egoistic** adj. 利己主義の、自己中心的な ◆an egoistic [an egotistic, an egocentric, a self-centered, self-interested] person 自分[自己]本位の人; 利己的な人

**EHF** (extremely high frequency) ミリ波 (の) (＊30GHz～300GHz)

**EIA** (Electronic Industries Association) the ～《米》電子機械工業会

**EIAJ** (Electronic Industries Association of Japan) the ～ 社団法人 日本電子機械工業会 (＊2000年11月にJEIDAと統合しJEITAとなる)

**eight** adj., n. 8 (の); eighth (8th) adj., n., adv.

**eight-hundred, 800**《米,加》フリーダイヤルの(＊電話番号の局番が800) ◆an 800 number （米国の）フリーダイヤルの電話番号 ◆New York Telephone's 800 service ニューヨーク電話会社の800局番(フリーダイヤル)サービス ◆With 800 service, you can boost business and expand your market. フリーダイヤル800局番サービスで、あなたの商売を伸ばしました市場を拡大することができます。

**eight-millimeter, 8mm, 8 mm** adj. 8ミリ (仕様[規格、方式]) の ◆8-millimeter [8mm] video products 8ミリビデオ製品

**eighty** 80; the eighties 80年代、80(度、番)台 ◆in one's eighties 80(歳)代で

**einsteinium** アインスタイニウム（元素記号: Es）

**EISA** (Extended Industry Standard Architecture) the ～《コンピュ》（エイザ）(＊IBM社が発表したIBM PS/2用のMCAという高速バスアーキテクチャに対抗して、互換機メーカー9社が共同で開発した、32ビット入出力バスアーキテクチャ。MCAは、従来のATバスと互換性がないが、EISAには互換性がある) ◆an EISA bus EISAバス

**either** ～か (それとも) ～か; どちらか一方の; どちらの～にも、どちらの～も ◆in either case どちらの場合でも; いずれにしても ◆at either end of the workbench その作業台のどちらの側の端でも (＊両方の意味では either のかわりに both を用いた方が好ましい) ◆either A or B, or varying combinations of both AかB、または両者のいろいろな組み合わせ ◆either of the two parties これら2つの政党の片一方 ◆either way, ... どっちみち; どのみち; いずれにしても; どちらにしても ◆fit either hand （左右）どちらの手にも合う ◆In either of these two cases, ... これら2つのケースのいずれにおいても、... ◆in either of two directions 2方向のうちのいずれかの方向に ◆in either of two ways どちらかの方法で ◆A nod from either will do. (2者のうちの)どちらの賛成でも構わない。◆Either will do.; Either one will do.; Either will do the job.; Either, however, will do just fine. どちらでも構わない。; どっちでもいい ◆attend either one or both of two April 1995 meetings 1995年4月開催の2つの会議の片方もしくは両方に出席する ◆I don't know it either. 私もそれを知らない。◆Data can be transferred in either direction. データは、どちら方向へも転送が可能だ。◆In either case, the numbers just don't add up. いずれにせよ、計算がどうも合わない。◆The system will boot from either a floppy or a hard disk. 本システムは、フロッピーディスクまたはハードディスクから立ち上がります。

**either-way** ◆either-way communication (= two-way alternate communication) 両方向交互通信

**eject** vt., vi. 射出する、排出する、放出する、突き出す、噴出する、〈人〉を追い出す、退場させる; 緊急脱出する ◆a CD eject button CDイジェクト[取り出し]ボタン ◆ejected through the back of the printer プリンタの背面から排出され ◆helium nuclei ejected from... ～から放出されたヘリウム原子核 ◆the F-16's two pilots ejected to safety F-16のパイロット2名は緊急脱出して無事だった ◆wear safety belts [seatbelts] to avoid being ejected from a vehicle if it rolls 万一車両が横転した場合に、放り出されないよう安全ベルト[シートベルト]を着用[装着]する ◆Capt. O'Grady ejected from his fire-engulfed F-16. オグラディ大尉は、火に包まれたF16戦闘機から緊急脱出した。◆The pilot ejected safely. パイロットは無事脱出した。◆Pressing a front-panel button ejects the notebook from the docking station. 前面パネルのボタンを押すとノートパソコンがドッキングステーションからイジェクトされます。◆Press the Paper Feed or Form Feed button, and the envelope is ejected from your printer. Paper FeedボタンまたはForm Feedボタンを押すと、封筒がプリンタから排出されます。◆Dennis Rodman of the San Antonio Spurs was fined $10,000 for refusing to leave the court after he was ejected from a game against the Los Angeles Lakers last Sunday. サンアントニオ・スパーズのデニス・ロッドマンは、先週日曜日の対ロサンゼルス・レイカーズ戦で退場処分を受けた後、コートからの退場[退出]を拒み1万ドルの罰金を科せられた。

**ejection** (an) ～ 排出(物)、放出(物)、噴出(物)、突き出し、追い立て ◆an ejection device 排出装置 ◆an ejection seat 射出座席 (＊ジェット戦闘機などの) ◆page ejection 改ページ (= form feed) ◆cause the ejection of ions イオンの放出を起こさせる ◆the velocity of ejection of the particles これら粒子の放出速度 ◆Each features a push-push ejection system for easy card insertion/extraction. 各製品は、カード挿抜が簡単にできるプッシュプッシュイジェクト機構を(特長として)備えている。

**ejector** an ～ イジェクター、エゼクター、エジェクタ、排出装置、放出器、突き出し[ノックアウト]機構、嗾子 (＊発射済みの薬莢(ヤッキョウ)を排出するために銃砲類の後部に設けられている装置) ◆an ejector pin 突き出しピン、イジェクターピン (＊成形機の製品突き出し用) ◆a vacuum ejector 真空エジェクタ[エゼクター] ◆an ejection [ejector] seat of a jet fighter [a fighter jet] ジェット戦闘機の(緊急脱出用)射出座

**E-journal, e-journal** (electronic journal) an ～

**eke** v. 《～ out の形で》～を〔～で〕補う <by, with>, かろうじて〈生計〉を営む, 倹約する ◆He eked out a living as a free-lance writer for the Village Voice and SoHo Weekly News. 彼は, ビレッジボイスとソーホーウィークリーニュースに書いているフリーのライターとして細々と生計を立てて[かろうじて食べて]いた.

**EL** (electroluminescent, electroluminescence)

**elaborate** 1 adj. 入念な, 念入りな, 綿密な, えらく細かい, 細密な, 巧緻な, 手の込んだ, 凝った, 工夫を凝らした, 丹誠を込めた, 丹精した ◆prepare an elaborate meal 腕によりをかけた食事を用意する[作る] ◆an elaborate dual-runner intake manifold 複雑なデュアルランナ吸気多岐管 ◆elaborate, painstaking attention to detail きめ細やかで労を惜しまない［痒い所に手が届く］気づかい ◆without much need of elaborate cultural explanation 文化的背景の細密な解説［詳細な説明］をあまり必要としないで 2 vt. ～を入念に[苦心して, 精巧に]作る[仕上げる], 練る；vi. (さらに) 詳しく述べる, 補足説明をする <on> ◆Could you please elaborate more on this? これについて, もっと詳しくご説明いただけますか. ◆Let me elaborate a bit more on this point. この点について, 私めにもうちょっと (詳しく補足) 説明させてください.

**elaborately** adv. 入念に, 念入りに, 丹念に, 綿密に, 精巧に, 緻密に, 凝って ◆an elaborately carved wooden cover 精緻な彫刻が施されている木製の蓋 ◆be clearly and elaborately documented 克明に記録されている ◆it has been elaborately investigated by... それは～によって綿密に［事細かに, 詳細に, 詳しく, 仔細に, 子細に, 細部にわたって, 克明に, つぶさに, つまびらかに］調査された

**elaborateness** ｎ細かさ, 詳細さ, 精巧さ, 精緻さ, 緻密さ, 手の込み具合, 入念さ ◆Decoration is available and cost depends on the elaborateness of the design. 装飾もご用命いただけ[飾りを施すこともでき]ます. 費用は意匠の細かさ[詳細さ, 精巧さ, 精緻さ, 緻密さ, 手の込み具合] によって変わります.

**elaboration** ｎ入念に[骨を折って, 苦心して]仕上げる[作り上げる]こと; ｎ加工, 合成, 同化, 精錬; ｎ練り上げ, 推敲, 育成, 洗練(化); ｎ精緻さ, 綿密さ, 精巧さ, 入念さ, 丹精; an ～ (補足・追加的な) 説明, 詳細, 詳述; an ～ 苦心の作, 労作, 精巧な作品 ◆This article is an elaboration and extension of earlier papers on... 本稿は, ～についての先行論文を説明［解説］・敷衍(フエン)したものである.

**elapse** vi. 〈時間が〉経過する ◆an elapsed time indicator 経時表示器 ◆an elapsed-time counter 《AV》経過時間カウンター ◆at the conclusion of a predetermined elapsed time 所定の経過時間の終了時に; タイムアップすると ◆more than three years have elapsed since we bought our new home 私たちが新しい家を購入してから3年以上経った[過ぎた] ◆to calculate how much time has elapsed since... ～からどのくらい時間が経過したか計算するために ◆until 30 days have elapsed from the date of... ～の日から起算して30日が経過するまで

**elastic** adj. 弾性[弾力]のある; 伸縮性の, 伸びる;《比喩的》柔軟な, 融通のきく ◆an elastic body [solid] 弾性体 ◆(an) elastic deformation 弾性変形 ◆an elastic wave 弾性波 ◆elastic inserts at waist ウエストのゴム ◆collagen, the protein that makes elastic 肌に張りを持たせる[弾力性を与える]蛋白質のコラーゲン ◆elastic leg openings help prevent leaks 伸縮性のある股ぐりが, 漏れをふせぐ ◆A paper clip, for example, springs back into its original shape unless it is bent beyond an elastic limit where the stain becomes permanent. たとえば, ゼムクリップは, 歪みが永久的なものになる弾性限界［限度］を超えてひっぱらない限り (バネ性は), 元の形に戻る.

**elasticity** 弾性, 弾力性 ◆a coefficient of elasticity 弾性率 ◆have great strength and elasticity ～は強度が大きく弾力性に富む ◆lack elasticity 弾力に欠ける[弾力性がない] ◆the elasticity of a ball ボールの弾力性 ◆fibers of extreme elasticity 非常に弾力性に富む繊維

**elasticize** vt. 〈織物など〉に伸縮性を持たせる (*ゴム糸を織り込むなどして) ◆elasticized in the back 後ろにゴムが入り ◆fully adjustable elasticized shoulder straps 自由に調節できて伸縮性のある肩ひも ◆Most skirts and pants have fully or partially elasticized waists. スカートとパンツはほとんどどれも, ウエストが総ゴム入りまたは部分ゴム入りである.

**elastomer** an ～ エラストマー ◆Rubber is an elastomer. ゴムは, エラストマーである

**elbow** an ～ 腕のひじ, 衣服の肘の部分, 肘の形状をしたもの, エルボー, L字継ぎ手, L型曲がり管, 角度管; vt. ～をひじ押す[突く], ひじで押し分けて前に進む ◆elbow one's way through the crowd 人混みをかき分けて進む ◆bristling skyscrapers elbow each other on Hong Kong Island 林立する超高層ビルが香港島でひしめき合っている (*elbow each other = 肘で押し合う) ◆She elbowed her way back through the tightly-packed crowd at the Melbourne Central Shopping Centre. 彼女はメルボルン中央ショッピングセンターのごったがえす人ごみを肘で押し分けて戻って行った.

**ELD** (electroluminescent display) an ～ 《コンピュ》エレクトロルミネッセンス[EL]ディスプレイ(装置)

**elder** adj. 年上の, 年長の, 先輩の, 古参の, 上位の; an ～ 年長者,《one's elders》先輩, 祖先; an ～ 元老, 長老, 故老 ◆elder care 老人介護

**elderly** 老人の; the ～《集合的に》老人たち ◆elderly people 老人, 高齢者, お年寄り ◆elderly persons; the elderly 年配の[中年過ぎの, 初老の]人 ◆As the baby boomers become elderly 団塊の世代が高齢化[老齢化]するにつれて

**elect** vt. ～を選挙する, 選挙で選ぶ, 選出する;《elect to do...で》～することを選ぶ, ～することに決める, ～することにする, 《(名詞の直後に置いて)》当選した, 次期の[～選出されてこれから就任する] ◆elect a new president 新大統領を選挙で選ぶ[選出する] ◆elect her as mayor; elect her to be mayor; elect her mayor 彼女を市長に選ぶ ◆elect him to the Board of Education 彼を教育委員会の委員に選出する ◆he dispensed advice to then-President-elect Clinton 彼は当時次期大統領に決まっていたクリントン氏に助言を与えた (*President-elect はこれから就任する大統領当選者) ◆he has been elected (the) president of...; he was elected as President of... 彼は～の大統領[社長, 会長, 学長, 総長, 総裁]として選出された

**election** (an) ～ 選ぶこと, 選ばれること, 選挙, 選出, 選任, 当選 ◆be divided into election districts いくつかの選挙区に分割される ◆call [hold] a general election by the fall of 2003 2003年の秋までに総選挙を実施する ◆run election campaigns 選挙運動を(運営)する ◆with next year's elections in view 来年の選挙をにらんで[視野に入れて]

**elective** adj. 選挙[選出]の[による], 《科目が》選択の, 選択的な

**electoral** adj. 選挙の, 選挙人の ◆electoral districts 選挙区

**electret** an ～ エレクトレット (*残留静電分極を有する誘電体) ◆an electret-condenser microphone エレクトレット・コンデンサ・マイク

**electric** adj. 電気の, 電気的な, 電気による, 直接電気に関わる, 強電の (↔electronic 弱電の) (cf. electrical); n. an ～ 電気自動車, 電車, 電気製品, 電気機関車 ◆an electric heater 電気ヒーター[ストーブ, 加熱器, 暖房器]; 電熱器 ◆an electric instrument 電気楽器 ◆an electric power utility company (公共) 電力会社 ◆an electric signal 電気信号 ◆an electric tool 電気工具 ◆an electric utility (公共) 電力会社 ◆an electric system 電気システム[装置, 系統], 電力系統 ◆an electric light switch 電灯のスイッチ ◆an electric railroad company 電気鉄道[電鉄]会社 ◆electric field strength [intensity] 電界の強さ; 電界強度 ◆the electric power industry 電力業界[産業] ◆an electric motor-driven gasoline pump 電動式ガソリンポンプ ◆an electric-power company 電力会社 ◆an electric(-powered) car [vehicle] 電気自動車 ◆a high energy storage electric double layer supercapacitor 高エネルギー蓄積[(意訳)大電力蓄電]電気二重層スーパーキャパシター (*energy = 電力) ◆an electric furnace steel producer 電気炉鋼製造業者 ◆an electric machinery maker [manufacturer] 電機メーカー ◆Mitsubishi Electric Corporation 三菱電機 ◆10 MW of electric power 10メガワットの電力 ◆the Electric Power Development Co., Ltd. (EPDC) 《日》電源開発株式会社 ◆"Automotive Electric/Electronic Systems" by Robert Bosch GmbH ロバート・ボッシュ有限責任会社著『自動車用電装システム』(*ドイツの企業)

**electrical** adj. 電気に関する (▶electricとほぼ同義だが、電気との関係がelectricほど直接的でない) ◆an electrical appliance 電気器具, 電器用品, 電器製品, 電化製品 ◆an electrical breakdown 電気的故障 ◆an electrical engineer 強電技術者 ◆an electrical hazard 電気による事故 ◆an electrical store 電気器具[電器]店 ◆electrical components; electrical equipment 《車》電装品 ◆electrical wiring 電気配線 ◆electrical-mechanical equipment 電気機械式装置; 電機装置 ◆an electrical supply company 電気用品会社 ◆the Electrical Appliance and Material Control Law 《日》電気用品取締法[(略称)電取法] ◆Electrical requirements: AC 220-240 V, 50 Hz, 7.3 A (average) 《意訳》電源: AC220〜240V, 50Hz, 7.3A (平均) ◆this results in very low electrical consumption (<3W) これにより非常に低い消費電力(3ワット以下)になる[が実現する] ◆to meet all the electrical demands of a car, from starting to playing the stereo 始動からステレオ演奏まで車の全電力需要[需用]を満たすために

**electrical engineering** 電気工学
**electrically** 電気的に, 電気で ◆an electrically lossless coil 電気的な損失[ロス]の無いコイル ◆electrically charged particles 電気を帯びている[帯電している, 電荷を持っている]粒子 ◆electrically conducting fluids 導電性の液体 ◆an electrically operated front passenger seat 前部電動助手席 ◆an electrically erasable programmable read-only memory (EEPROM) 電気的に消去および書き込み可能なROM(*実際には、電気的消去可能PROMと呼ばれている)
**electric field** an 〜 電界, 電場 ◆with the application of an electric field 電界を加えることにより
**electrician** an 〜 電気技師, 電気工, 電気係, 電気技術者
**electricity** 電気, 電気学, 《意訳》電力 ◆electricity production 発電 ◆charges for heat and electricity; electricity and heating bills 光熱費(*a billは請求書の意) ◆an increase in demand for electricity 電気需用[需要]の増加 ◆electricity flows through... 〜を伝わって[〜(内)に]電気が流れる ◆generate [produce] electricity 発電する ◆increases in electricity demand 電力需用[需要]の増加 ◆raise electricity [electric power] rates 電気[電力]料金の値上げをする ◆send electricity to... 〜に電気を送る[通じる, 流す] ◆use large amounts of electricity to <do...> 〜するのに大量の電気を使用する ◆the amount of electricity that can be produced at... 〜において発電可能な電力量 ◆a typical residential customer using 1,000 kilowatt-hours of electricity a month 一月当たり1,000キロワット時に上る電気を使用している典型的な一般家庭の需用家 ◆These metals conduct electricity well. これらの金属は電気をよく伝える[導電性が高い, 良導体である]。 ◆Partial liberalization of retail electricity sales will start in March 2000, with a review to take place three years later. 電気小売りの部分自由化が、3年後の見直しを予定して、2000年3月にスタートする切る。
**electric shock** an 〜 感電, 電撃, 電気ショック ◆receive an electric shock 感電する ◆give... an electric shock; impart an electric shock to... 〜に電撃を与える; 〜を感電させる ◆electric shock treatment 電撃療法
**electric train** an 〜 電車

367　　　　　　　　　　　　　　　　　　　　　　　　　　　　　　　**electrolyte**

**electrification** 電化, 帯電, 感電 ◆the electrification of hamlets 村落の電化 ◆the rural electrification rate is just 2 percent 農村部の電化率はわずか2%である
**electrify** vt. 〜に通電する, 帯電させる; 〈地域など〉に電力を供給する, 〈鉄道など〉を電化する; 〈人〉を(興奮で)しびれさせる, 〜に衝撃を与える ◆electrify a railroad 鉄道を電化する
**electroacoustic** adj. 電気音響学(上)の, 電気音響的な ◆an electroacoustic transducer 電気音響変換器
**electroacoustics** 《単扱い》電気音響学
**electrocardiogram** (EKG, ECG) an 〜 心電図
**electrocardiograph** (EKG, ECG) an 〜 心電計
**electrochemical** adj. 電気化学的の, 《意訳》電解の ◆an electrochemical reaction 電気化学反応 ◆electrochemical grinding 電解研削(= electrolytic grinding) ◆the electrochemical [electromotive] series 電気化学列(*各種金属のイオン化傾向の順序と同じで, イオン化列とも呼ばれる)
**electrochemistry** 電気化学
**electrocute** 〜を感電死させる(*人が主語の受身形で用いられることが多い), 電気死刑にする ◆an insect electrocutor [electrocuting device] 電撃殺虫器
**electrocution** (an) 〜 感電死, 電気(いす)による処刑[死刑] ◆prevent electrocutions 感電死を防ぐ ◆sentence him to death by electrocution 電気による死刑を彼に宣告する[言い渡す]
**electrode** an 〜 電極, 電極棒[板], 電導子, 溶接棒
**electrodeposition** n. 電気溶着, 電着 (= electrolytic deposition)
**electrodialysis** 電気透析
**electrodynamic** adj. 電気力学の, 電気力の ◆an electrodynamic shaker 電動式加振機
**electrodynamics** 〘単〙電気力学
**electroencephalogram** (EEG) an 〜 脳波(図), 脳電図
**electroencephalograph** (EEG) an 〜 脳波計
**electroforming** 電鋳(法) ◆made by electroforming 電鋳法により作られた
**electrogalvanize** vt. 〜に電気亜鉛めっきする[電気亜鉛めっきをかける, 電気亜鉛めっきを施す]; electrogalvanizing n. 電気亜鉛めっき ◆electrogalvanized nails 電気亜鉛メッキされている釘
**electrohydraulic** ◆an electrohydraulic mechanism 電気油圧式機構 ◆an electrohydraulic shaker 電気油圧式加振機
**electroluminescence** (EL) n. 《電子》エレクトロルミネッセンス
**electroluminescent** (EL) adj. 《電子》エレクトロルミネッセントの ◆an organic electroluminescent device 有機エレクトロルミネッセンス(EL)素子(*表示用ディスプレイに使う)
**electrolysis** 電気分解, 電解; 電気分解法 ◆by electrolysis 電気分解[電解]により ◆the electrolysis of water 水の電気分解 ◆during electrolysis of a melt of aluminum oxide 融解酸化アルミニウムの電解中に ◆electrolysis for removal of facial hair; electrolysis to remove facial hair 顔の(むだ)毛を抜く電気脱毛 ◆(some type of) electrolysis occurs when... 〜の際に、(ある種の)電気分解[電解作用]が起きる ◆Water can be separated into its hydrogen and oxygen components through electrolysis. 水は電気分解[電解]により、構成要素[成分]である水素と酸素に分解できる。 ◆Electrolysis attacked the copper and steel engine block and caused holes to develop in the cylinders. 電食は、銅と鋼からなるエンジンブロックを侵食して[腐食させて]気筒に穴を開けてしまった。 (*electrolysis = 電気分解, 電解; 電食 = 電気(化学作用による腐食)
**electrolyte** an 〜 電解質, 電解液 ◆a liquid electrolyte 液体の電解質; 電解液 ◆a solid electrolyte capacitor 固体電解質を使った[固体電解]コンデンサー

**electrolytic** 電解質の, 電気分解の, 電解の ◆an electrolytic capacitor 電解コンデンサ ◆an electrolytic solution 電解液 ◆electrolytic deposition 電着(= electrodeposition) ◆electrolytic grinding 電解研削(= electrochemical grinding) ◆electrolytic polishing [brightening] 電解研磨 ◆the prevention of electrolytic corrosion of... ～の電食防止; ～の電気(的な)防食

**electrolyze** ～を電気分解[電解]する

**electromagnet** an～ 電磁石 ◆reverse [flip] the polarity of an electromagnet 電磁石の極性を反転させる

**electromagnetic** adj. 電磁(石)の, 電磁気の ◆electromagnetic diaphragm 《カメラ》電磁駆動絞り ◆an electromagnetic switch 電磁開器 ◆electromagnetic induction 電磁誘導 ◆in an electromagnetic environment 電磁[電磁気]環境で ◆electromagnetic compatibility (EMC) 電磁環境適合性[適応性]; 電磁的適合性[両立性]; 電磁環境両立性; EMC; 電磁干渉 ◆an electromagnetic force produced by the auxiliary feedback coil 補助フィードバックコイルによって発生した電磁力 ◆determine the level of immunity of equipment to electromagnetic radiation 機器の耐電磁放射レベルを測定する; 《意訳》電子機器の妨害電波[電波障害]排除能力を評価する

**electromagnetism** 回電磁気, 電磁気学 ◆a meter to measure electromagnetism 電磁気を測定するためのメーター

**electromechanical** adj. 電気機械的[式]の ◆electromechanical parts [components] 電気機械機器部品 ◆an electromechanical instrument 電気機械式の測定器

**electromotion** 回電動, ガルヴァーニ電流(galvanic current)の移動 ◆a wheelchair moved by hand or electromotion 手動または電動で駆動される[手動式あるいは電動式の]車椅子

**electromotive** adj. 起電の, 電動の ◆electromotive force (emf, e.m.f., EMF, E.M.F.) 起電力

**electromyogram** an～ 筋電図 (EMG) an～ 筋電計

**electromyograph** (EMG) an～ 筋電計

**electron** an～ 電子, エレクトロン ◆a high-electron-mobility transistor; a [an] HEMT 高電子移動度トランジスタ ◆a scanning electron microscope 走査電子顕微鏡 ◆electron tubes for ham radio アマチュア無線用の電子管 ◆a free-electron laser; an FEL 自由電子レーザー ◆negatively charged electrons マイナス[負]に帯電している電子 ◆Tubes, or electron tubes, or vacuum tubes, are called valves in England. チューブ, つまり電子管または真空管は, 英国ではバルブと呼ばれている。

**electron gun** an～ (ブラウン管の)電子銃

**electronic** 電子の, 電子的な, 電子工学の, 電子的な(↔electric 強電の), 電子-, 電子式-, エレクトロニクスに関する, コンピュータに関する ◆an electronic dictionary 電子辞書 ◆an electronic filing system 電子ファイリングシステム ◆(an) electronic material 電子材料 ◆electronic toll collection (ETC) system (ノンストップ)自動料金徴収[収受]システム(＊高速道路の) ◆an electronic whiteboard [blackboard, copyboard] 電子黒板(＊白板上に書かれたものをそのまま紙にコピーしたり電気信号として送信する) ◆an EOS (electronic ordering system) 自動補充発注システム(▶郵政省の息のかかった辞典には「電子補充発注システム」の訳が付いている) ◆EDA (electronic design automation) 電子系自動設計 ◆electronic cash [money] (= e-cash, E-cash) 電子マネー ◆electronic commerce 電子商取引 ◆electronic countermeasures (ECM) 《軍》対電子戦, 電子対策 ◆electronic documents 電子文書(＊紙の文書に対して, コンピュータやワープロなどで読む機械可読 machine-readable な文書) ◆a high power electronic tube 大電力[出力]電子管 ◆an EPG (Electronic Program Guide) 電子番組表 ◆an electronic damper 《車》電子(制御)式ダンパー ◆an electronic fuel injection system 電子燃料噴射システム ◆files recorded on electronic media 電子媒体に記録されているファイル ◆high-tech electronic gear ハイテク電子機器 ◆in this electronic age この電子化時代に あっては ◆the introduction of electronic voting 電子[押しボタン]投票の導入 ◆convert public records and historical documents to electronic formats for distribution through... ～を通して配布するために公文書や古文書を電子化する ◆more and more personal information will be interchanged in electronic form ますます個人情報が電子的にやり取りされるようになるであろう ◆the long-term trend toward more and more products having higher and higher electronic content ますます多くの製品が電子化への傾向を強めていっている長期的な傾向 ◆if the documents are already in (an) electronic form それらの文書がすでに電子的な形になっているなら ◆Photographs are first converted into electronic form by scanners. 写真は, まずスキャナーで電子化された形に変換される。◆All of these systems are built around an electronic brain or CPU. これらのシステムはすべて電子頭脳, すなわちCPUを中核にして作られている。◆Our ultimate goal is to make all aspects of patient records totally electronic by the year 2,000. 当院の最終目標は, 患者の記録全般を2,000年までにすべて電子化することです。◆the banking industry resuscitated itself by implementing electronic methods and cutting labor 《意訳》銀行業は電子化[情報化]と労働力の削減により自力で息を吹き返した

**electronically** adv. 電子的に, 電子的手段により ◆an electronically controlled butterfly valve 電子制御バタフライバルブ ◆by voting electronically 電子[押しボタン]投票をすることにより ◆an electronically fuel-injected engine 電子燃料噴射式エンジン

**electronic banking** エレクトロニックバンキング

**electronic book** an～ 電子ブック(＊Andries van Damによって作られた方式); Electronic Book, EB(イービー) (＊Sonyが開発した電子ブックプレーヤーおよび電子出版用データを収録した8cm CD-ROMの国際規格) ◆an electronic book player 電子ブックプレーヤー

**electronic bulletin board** an～ 電子掲示板(→ BBS)

**electronic classroom** an～ (衛星TVなどの使用による)電子通信講座

**electronic flash** an～ (カメラなどの)ストロボ

**electronic mail** (E-mail, e-mail) 回電子メール ◆an electronic mail system 電子メールシステム

**electronic publishing** 電子出版

**electronics** (単扱い)電子工学, 電子技術, エレクトロニクス, 弱電(《複数》)電子機器回路, 素子 ◆an electronics engineer 電子[弱電]技術者 ◆an electronics manufacturer [maker] 電子機器メーカー ◆duties on medical electronics 医療用の電子機器に課せられた関税 ◆an EMS (Electronic [Electronics] Manufacturing Service) 電子機器委託生産［製造請負］サービス会社; 電子製造受託サービス企業(＊ハイテク企業の製品をOEMベースで生産する下請け会社) ◆an electronics-equipment store 電子機器店 ◆the electronics of a VCR ビデオデッキの電子回路 ◆the Japanese electronics industry 日本のエレクトロニクス業界[電子工業, 電子機器産業] ◆the advantages of sophistication offered by electronics エレクトロニクスによる高度化のメリット; 電子技術[電子回路や機器]がもたらす高度化の恩恵 ◆The electronics manage only the water temperature. この電子回路は, 水温のみを管理する。◆The electronics to control the display can be built right into the substrate of the display. ディスプレイを制御する電子回路は, ディスプレイの基板上に直に作り込むことが可能である。

**electronify** ～を電子化する ◆in our increasingly electronified age 電子化が進展しているこの時代に

**electronization** 電子化 ◆One hundred fourteen years ago, Bell's instrument began the electronization of the earth. 114年前に, ベルの装置が地球の電子化を開始した。(＊TIME 90/1/29号より)

**electron microscope** an～ 電子顕微鏡

**electron tube** an～ 電子管

**electron volt** (eV, ev) an～ エレクトロンボルト, 電子ボルト

**electrooptic, electro-optic** 1 adj. 電気光学の (= electro-optical) ◆an electrooptic transducer 電気光学変換器 (＊平たくいえば、電気によって光を出すランプや発光素子など)
2 ~s (単扱い) 電気光学 ◆an electro-optics system 電気光学システム ◆an electro-optics supplier 光・電子部品製造業者

**electrophoresis** (an) ~ (= cataphoresis) 電気泳動 ◆she conducted studies concerning capillary electrophoresis 彼女はキャピラリー電気泳動に関する研究を行った

**electrophotographic** adj. 電子写真(術)の, 電子写真式の ◆an electrophotographic printer engine 電子写真方式プリンタエンジン

**electrophotography** 電子写真(技術)

**electroplate** vt. ～に電気めっきをする, 電気メッキをかける〔施す〕◆an electroplating shop 電気メッキ工場

**electropolishing** 電解研磨 (= electrolytic polishing [brightening])

**electrostatic** adj. 静電の, 静電気の ◆electrostatic [static] discharge; ESD 静電放電 ◆by electrostatic capacitance between A and B　AB間の静電容量により ◆electrostatic [electrical static] discharge occurs; ESD takes place 静電放電が起きる〔発生する〕 ◆prevent electrostatic buildup 静電気がたまらないようにする ◆the amount of electrostatic charge on the belt 《直訳》ベルト上の静電気の電荷の量;《意訳》ベルトの帯電量

**electrostriction** n. 電気歪 (ヒズ)み, 電歪 (デンワイ) ◆an electrostriction transducer 電歪〔電気歪み〕トランスデューサ

**electrothermal** adj. 電熱の, 電気熱～ ◆an electrothermal vaporization system 電熱式の蒸発〔気化〕システム

**elegant** adj. 優雅な〔味 (ミヤビ) な, 洗練された, 上品な, 優美な, 趣味のよい〕,(論法や手法などが) すっきりした〔あざやかな, 手際のよい, 簡潔な, 明解な〕, 見事な〔すばらしい〕 ◆a novel detection principle which is elegant in its simplicity 単純であるという点がすばらしい斬新な検出原理

**element** an～エレメント, 素子, (構成) 部品, (素) 成分, 要素, 元素, 元, 因子, 要因; the～s 自然の力, 諸々しい天候, 風雨, 暴風雨; an～<of>(単のみ) いく分, 気味, 形跡 ◆a sensing element 検出素子 ◆a structural element 構造部材 ◆elements in a matrix 《数》行列の成分 ◆elements in an array 《コンピュ》配列の要素 ◆a nuclear fuel element 核燃料要素 ◆a ceramic heating element セラミック発熱体 ◆alkali-metal elements アルカリ金属元素 ◆manipulate adjustment [control] elements 調節〔調整, 制御〕部品を操作する (＊つまみ, スイッチ, 可変抵抗器, バルブなど) ◆protection against the elements (風雨, 寒暑などの) 自然条件〔気象環境〕に対する保護 ◆the most radical elements in the country この国の最過激分子 ◆a video game with some fantasy role-playing elements 空想的なRPG的要素を多少盛り込んだビデオゲーム ◆deterioration from exposure to the elements, including (direct) sunlight (直射) 日光を始めとする自然の力〔条件〕にさらされることによる劣化 ◆the element in position (i, j) of the matrix 《数》の行列の (i, j) 位置の成分〔(i, j) 成分〕 ◆we can't control the elements 《意訳》私たちは天候等の自然条件を左右することはできない ◆an offensive exhaust element called oxides of nitrogen, or NOx 窒素酸化物またはNOxと呼ばれる有害な排気成分 ◆be made of a durable material which resists deterioration from the elements 自然の諸条件による劣化の少ない〔《意訳》耐環境劣化性に優れた〕耐久性のある材料で作られる ◆The user interface incorporates elements of artificial intelligence. このユーザーインターフェースは, 人工知能の要素を取り入れている。

**in one's element** 水を得た魚のようで, 自分の本領内で ◆When it comes to performing live, Finley Quaye is in his element. ことライブ演奏となると, Finley Quayeは水を得た魚のようだ〔得に帆を揚げた,《意訳》本領を発揮する〕。

**out of one's element** 本領外で, 苦手で, (環境や分野などに) 合わなくて ◆because she was out of her element in the kitchen 彼女は料理が (大の) 苦手だったので ◆More interested in the arts and literature than technology, I was out of my element in a room full of industrialists. 技術よりも芸術や文学に興味のある私は, 産業人でいっぱいの部屋で落ち着かなかった〔居心地が悪かった, 場違いの感じがした〕。

**elemental** adj. 元素として存在する, 元素の, (基本的〔不可欠〕な) 要素の, 本質的な, 基本的な, 基本の, 初歩の, 自然の, 自然力に似た, 凄まじい, 自然のままの, 素～, 単～ ◆an elemental semiconductor 元素半導体 (＊シリコンやゲルマニウムなど単一の元素で半導体となるもの)

**elementary** adj. 基本の, 初歩の, 初等の; 元素～, 素～, 根源～, 原～, 単純～, 要素～ ◆elementary elements 基本素子

**elementary particle** an ~ 素粒子

**elevate** vt., vi. ~を高める, 上昇させる, 持ち上げる, 向上させる, 昇進させる, 揚げる, 高揚させる ◆elevate [lift, raise]... to new heights ~を新たな高みに引き上げる〔押し上げる, 高める〕 ◆elevate the standards of high fidelity ハイファイ〔高忠実度〕の基準を上げる

**elevated** adj. 高い, 高架の, 高置～ ◆an elevated catwalk 高所〔高架〕通路 (▶作業用や見回り用の) ◆an elevated railroad 高架鉄道 ◆an elevated water (storage) tank (屋上の roof-top water tank) 高架〔高置〕水槽 (＊屋上に設置されている貯水タンク) ◆at elevated temperatures [pressures] 高温〔高圧〕で

**elevation** 上昇, 向上, 昇進; an ~ 仰角, 高さ, 高度, 海抜, 標高, 正面図, 立面図, 側面図 ◆at high elevations 高所で ◆an angle of elevation; an elevation angle; an ascending vertical angle 仰角 ◆at elevations above 2000 m 標高2千メートルを超える〔以上の〕高さで (＊厳密には2000mちょうどを含まないので, 「以上」はアバウトな表現) ◆at elevations of 300 to 1500 m 300から1500メートルの高度で ◆stop at any elevation change (stairs for example) どんな段差でも停止する (たとえば階段で) (＊盲導犬の話より)

**elevator** an ~ エレベーター, 昇降機, 《航空》昇降舵 ◆an elevator car エレベーターの箱〔かご〕(＊人や貨物が乗る部分) ◆elevator music バックグラウンドミュージック, BGM, イージーリスニングミュージック

**eleven** n., adj. 11(の); -th (11th) adj., n. adv.

**elicit** vt. ~を引き出す, 誘い出す ◆elicit a smile from everyone みんなの微笑みを誘う ◆Both demonstrations elicited wide interest. 両実演共に広く関心を引いた〔呼んだ, 集めた〕;《意訳》両デモは多くの (人々の) 歓心を買った。

**eligible** adj. 資格がある, 適格で, 対象となる, 望ましくて, 適当で, 適任で <for> ◆an eligible user (サービスなどを利用する) 資格を有しているユーザー

**eliminate** vt. 〔望ましくないもの〕を無くす, 解消する, (取り) 除く, 削除する, 除去する, 消去する, 排除する, 省く, (予選で) ふるい落とす ◆eliminate the need for... (ing) ~ (する) 必要を無くす ◆find and eliminate a bug バグ〔虫〕を見つけて取り除く ◆to eliminate the budget deficit 財政赤字を解消するために ◆completely eliminate the occurrence of such problems そういった問題の発生を皆無〔絶無〕にするために ◆eliminate a substantial amount of tape hiss テープヒスを大幅に除去する ◆eliminate [get rid of, weed out, clean out] "deadwood" employees 「窓際族」を排除する ◆eliminate permits and other non-tariff barriers 許認可およびその他の非関税障壁を撤廃する ◆eliminate users having to <do> ユーザーが～しなくてもよくする〔する必要を無くす〕 ◆I eliminated him from consideration early on 私は早い段階で彼を考慮の対象から外した ◆eliminate dangerous static charges from Teflon masking tapes テフロンのマスキングテープから危険な静電荷を除去する ◆It eliminates the addition of external diodes. それにより外付けダイオードの追加は不要となる。

**elimination** (an) ~ 除去, 排除, 削除, 消去, 解消; an ~ 予選 ◆a band elimination filter 帯域除去フィルター ◆the elimination of all nuclear weapons from the Korean peninsula 朝鮮半島からのあらゆる核兵器の撤去 ◆the elimination of nuclear weapons 核兵器の廃絶; 核兵器の撤去 ◆the elimination of nuclear weapons testing 核兵器実験の停止 ◆through the

**elimination of...** 〜の除去により ◆propose a total elimination of all farm subsidies over a 10-year period あらゆる農業保護援助金を10年かけて全廃するという提案をする ◆support the elimination of corporal punishment from all schools in our nation 我が国[本邦]のすべての学校から体罰をなくすことを支持する ◆work toward the elimination of tariffs on Canadian computer parts and semiconductors カナダ製のコンピュータ用パーツと半導体に課せられている関税の撤廃に向けて努力する ◆Neither side said a total elimination of nuclear arms is near. どちらの陣営も核兵器の全廃は近いとは言わなかった.

**elinvar** エリンバ(*熱膨張係数の小さい恒弾性率合金)

**ELISA** ◆Specimens that are positive by repeat ELISA testing are subjected to Western blot testing for antibodies specific to viral proteins. エライザ法による反復検査で陽性の検体は、ウイルス蛋白特異抗体の有無を調べるためにウエスタンブロット法検査にかけられる.(*an ELISA = an enzyme-linked immunosorbent assay「酵素結合抗体法」)

**elite** an 〜 エリート集団[層]; エリートの, 選り抜きの, 精鋭の ◆They are an elite within an elite. 彼らは, エリート中のエリートである.

**elixir** an 〜 錬金薬(*卑金属を黄金に変えられると信じられていた薬液), 万能薬, 不老長寿[不老不死]の薬, 仙薬 ◆an elixir of (eternal) life [youth] 不老不死の霊薬

**ellipse** an 〜 楕円, 長円, 円(*楕円または円を平易な言葉で呼んで)

**El Niño** 《気象》エル・ニーニョ(*ペルーやエクアドル沖で海面の水温が異常に上昇する現象. cf. La Niña ラ・ニーニャ) ◆an El Niño episode (1回の)エル・ニーニョ(の発生)(*an episodeは, 概念としての現象ではなく, 現象の発生例) ◆the El Niño phenomenon in the Pacific 太平洋におけるエル・ニーニョ現象 ◆the El Niño-Southern Oscillation [ENSO]《気象》エル・ニーニョ南方振動[ENSO](現象)◆El Niño/La Niña-influenced weather events エル・ニーニョ/ラ・ニーニャの影響による気象現象 ◆the recurring El Niño events since 1990 1990年以来繰り返し発生しているエル・ニーニョ現象

**elongate** vt. 〜を伸ばす, 長くする, 延長する; vi. 伸びる, 長くなる, 伸長する

**elongation** (an) 〜 伸び, 伸長, 延長, 伸度, 伸び率 ◆an elongation rate of .072 μm/minute 毎分0.72μmの伸長速度[伸長率](*細胞の話で)◆deformed by elongation 引っ張って変形させられる ◆usually measured as a percentage of elongation 通例, 伸び率で測定される(*材料の話で)◆Elongation at break – 450% (min.) using ATSM D412 Test Method 破断点[断裂点]伸び – ATSM D412 試験法にて(最低)450%(*仕様書での表記)◆the material is flexible enough to endure elongation of 900 percent この材料には900パーセントの伸び率に耐えるのに十分な伸縮性がある

**eloquent** adj. 〜an eloquent spokesman 話術に長けた[弁舌さわやかな]スポークスマン

**eloquently** adv. 雄弁に, 弁舌さわやかに, 滔々(トウトウ)と ◆talk eloquently about... 〜について弁舌さわやかに話す

**else** ほかに, ほかは, さもなければ ◆more than anything else (ほかの)何よりも, 何にも増して ◆everyone else followed suit ほかの者も皆追随した ◆value quality above everything else 何よりも品質を重んじる ◆change switch settings only when nothing else is happening 何もほか[以外]に何も起こっていない場合にだけスイッチ設定を変更する ◆Will there be anything else? 何か他にご要望はございますか.

**elsewhere** よそへ[に, で], どこか違った場所へ[に, で], その他の所へ[に, で] ◆move production elsewhere 生産をどこか他(の場所)へ[に]移す[移行する]◆In Thailand, as elsewhere in Southeast Asia, ... 東南アジアのどこでもそうであるように, タイでは ◆Building a hotel in China is half the cost of elsewhere. 中国でのホテル建設費用は, ほかよそ(の国)の半分だ.

**elucidate** 〜を解明する, 明らかにする, 説明する ◆... still remains to be elucidated 〜は今後の解明を待たなければならない

**elucidation** (an) 〜 解明, 説明 ◆chemical structure elucidation 化学構造の解明 ◆the elucidation of such knowledge そのような知識の解明

**elude** vt. 〜を逃れる[避ける, 免れる, かわす], 〈人〉に理解できない[思い出せない]◆he somehow managed to elude death 彼は何とか死を免れた ◆radar-eluding Stealth technology レーダーをかわすステルス技術

**elusive** adj. 捕らえにくい, 捕らえどころがない, 獲得[実現, 達成]しにくい, なかなかつかまらない[見つからない], 理解[把握, 定義]しにくい, 深遠な, 謎の, つなぎとめておきにくい[消えてしまいやすい], するりと逃げてしまうような, うまいこと言い抜ける ◆an elusive goal なかなか達成できない[到達できそうにない, 実現が難しい]目標 ◆look for elusive neutrinos from distant galaxies and black holes 遠い星雲やブラックホールからやってくる, 幻のニュートリノを探す ◆an Arab-Israeli peace is an elusive, highly fragile undertaking and it might well fail アラブとイスラエルの和平は, つなぎとめておきにくく極めてもろい合意であり, おそらく崩壊するだろう

**elution** 《化》溶出, 溶離 ◆in order to minimize (the) elution of adsorbed impurities from the resin 吸着不純物が樹脂から溶出する[溶け出る]のをできるだけ少なくするために

**emaciate** vt. 〜を異常なまでにやせ衰えさせる[やつれさせる, 憔悴させる]◆As the condition worsens, affected cats become emaciated and severely dehydrated. 病状が悪化するにつれて, 病気に冒された猫は(げっそり)やせ衰えてきて重度の脱水症状になる.

**emaciated** adj. ひどく[げっそり]やせ衰えた, やつれた, 憔悴した ◆be emaciated from exhaustion, illness, and stress 極度の疲労, 病気, ストレスのために憔悴して[やせ衰えて, やつれ]ている

**emaciation** (極度の)やせ衰え, ひどいやつれ(よう), 憔悴, 羸痩(ルイソウ), 虚労

**email, e-mail, E-mail** (electronic mail) (an) 〜 (pl. 〜 s) 電子メール, Eメール,《中国語》電子函件, 電子郵便; vt., vi. (〜に)電子メールを送る[送信する]◆by email [e-mail] 電子メール[Eメール]で ◆an email [e-mail] message; an email letter; a piece of email; an email (1通[1本, 1件]の)電子メール(▶mailは不可算名詞である. emailまたemailのほうは可算扱いもされるが, emailを数えることに多少の抵抗がある…そんな場合には message/letter/piece を使えばよい)◆an e-mail (pen) pal; an e-pal メル友, 電子メールでの友達 ◆send and receive [retrieve] e-mail 電子メールを送受信する ◆receive [get] an e-mail message from... 〜から電子メール(メッセージ)を受け取る[もらう]

**emanate** vi. (〜から)出る, 発する, 発出する, 発散する, 放射する <from> ; vt. ◆short- and medium-distance trains emanating from Chicago シカゴ発の短・中距離列車 ◆The telescopes in the nose of the MHV (miniature homing vehicle) pick up infrared radiation emanating from the enemy satellite and focus it on a heat-sensitive targeting device. MHV(ミニチュアホーミングビークル)のノーズ部に格納されている望遠鏡は, 敵の衛星が発している赤外線放射をピックアップし, それを感熱照準デバイス上に集束させる.

**emancipate** 〜を(〜から)解放する <from> ◆The new personal computer has emancipated itself from many of its predecessor's restrictions. この新型パソコンは, 先行機種の制約の多くから解放されている.

**emancipation** 《回》解放, 解き放つこと, 解き放ちて自由にすること ◆women's emancipation; the emancipation of women 女性解放 ◆the Emancipation Proclamation and the freeing of the slaves 奴隷解放宣言と奴隷の解放

**emasculate** vt. 〜を去勢する, 骨抜きにする; adj. ◆Central planning emasculated what would otherwise have been a vigorous economy. 中央による政策決定は, (それがなければ)活気にあふれたであろうはずの経済を骨抜きにしてしまった.

**embankment** an 〜 堤防, 堤, 土手, 盛土;《回》堤を築くこと, 築堤

**embargo** (an) ～ 出入港禁止（令）, 通商［貿易, 輸出入］禁止, 制限, 禁輸; vt. ～に出入港を禁止する, ～の輸出入［通商, 貿易］を禁止する ◆impose a trade embargo on the country 同国に対し禁輸制裁を加える ◆the U.S. (trade) embargo against Cuba 米国の対キューバ禁輸

**embark** vi. ～に乗船［搭乗］する, ～に乗り出す［着手する］<on, upon>; vt. ～を乗船［搭乗］させる, （金など）を（～に）投資する ◆embark on a campaign 運動に乗り出す ◆embark on a program of cost cutting and productivity improvements 経費削減・生産性向上計画に乗り出す

**embarkation** (an) ～ 乗り込み, 乗船, （飛行機などへの）搭乗, 《軍》搭載（＊航空機に装備と共に部隊を乗せること）, （貨物の）積み込み, 船積み, （事業などへの）乗り出し ◆an embarkation list （船舶の）乗船［搭乗者, 乗客］名簿

**embarrassing** adj. きまり悪い［ばつが悪い, 面はゆい, 気まずい］思いをさせるような, 当惑させるような, やっかいな, 困った ◆an embarrassing situation I got myself into because of my big mouth 余計なことをしゃべって［ロがわざわいして］自分自身で陥ってしまった［墓穴を掘ってしまった］ばつ［きまり］の悪い状況

**embarrassment** 回決まり［ばつの］悪さ, 当惑, 困惑; an ～ 困惑させるもの, やっかいな, 《通例 ～s》財政上の［経済的な］困難 (pecuniary difficulties)

**embassy** an ～ 大使館 ◆an attaché in the American Embassy in Japan 在日アメリカ大使館の大使館員（＊専門職の） ◆at the Japanese Embassy [the Embassy of Japan] in Beijing 北京の日本大使館で

**embed** v.(embedded) vt. ～を（～に）埋め込む［埋設する］, はめ込む, 《電子機器》組み込む<in>, 《半導体》を〈チップ上に〉混給する, ～を（心, 記憶など）にとどめる<in>; vi. ◆an embedded system 《電子機器》組み込み（用の［型の］）システム ◆embed typesetting codes in the word processing file ワープロのファイルに植字のためのコードを埋め込む ◆particulates become embedded in lung tissue 粒子状物質は肺の組織に入り込んで行く ◆an embedded DRAM in which logic and memory are combined on a single chip 同一チップにロジックとメモリーが混載されているエンベデッドDRAM

**embezzle** 〈預り金など〉を使い込む, 横領する, 着服する［パクる］

**embezzlement** 使い込み, 着服［パクリ］, 横領, 横領罪

**emblem** an ～ 紋章, マーク, 印（シルシ）, 象徴 ◆a four-door sedan wearing a Nissan emblem 日産のエンブレム［紋章］がついている4ドアセダン ◆Gangs mark walls with their emblems, such as... ギャングたちの～など自分たちのマークを壁面に描く ◆devise a school dress code, which prohibits wearing T-shirts with decorations other than the school emblem 服装に関する校則［学則, 規定］を設けて, 校章［学校のマーク］以外の飾りのついたTシャツの着用を禁止する ◆The bald eagle was chosen [adopted] as the national emblem of the United States of America. ハクトウワシは, アメリカ合衆国の国章［国家を表す徽章（キショウ）］として選ばれた［採択された］.

**embodiment** 回具体化, 具現, 体現; the [an] ～ <of> (～の)具体化したもの, 具体的実例, 化身, 権化, 肉体化したもの ◆the embodiment of a dream; an embodiment of the dream 夢の具現化［体現, 実現］; その夢を体現させたもの ◆...made him an embodiment of the American dream ～によって, 彼はアメリカンドリームの実例ともいえる存在になった ◆She has become an embodiment of the American dream. 彼女はアメリカンドリームを具現化した. ◆His life was the embodiment of the American Dream of success against overwhelming odds. 彼の生涯は, 逆境にもめげず成功を収めるというアメリカンドリームの具体的例［ドリームそのもの］であった. ◆His rise from a poor, uneducated worker to the highest office in the land is an embodiment of the American dream. 貧しい無学の労働者の境遇からこの国（＝米国）最高の要職［大統領の椅子］にまで登り詰めた彼の立身出世は, まさにアメリカンドリームを地で行ったものである.

**embody** vt. ～を具体化する, 具現［体現］する, ～を体現する, ～の権化である, ～を取り入れる, 盛り込む, 組み入れる ◆new products embodying new technologies 新技術を採り入れた新製品 ◆The car embodies the designer's penchant for... この車は, 設計者の～に対する強い好みを具現化している. ◆This design embodies the results of many years of work in lighting technology. この設計は, 長年にわたる照明技術の研究の成果の現れである.

**embolism** an ～ 《医》塞栓症（ソクセンショウ）, 塞栓（＊血管をふさぐもの） ◆a pulmonary embolism 肺（動脈）塞栓（ソクセン）症

**embolus** an ～ 《医》血管をふさぐもの［塞栓（ソクセン）, 栓子］ ◆an embolus forms in a blood vessel 血管内に塞栓（ソクセン）ができる

**emboss** vt.〈銘板など〉に浮き彫りを施す,〈文字, 模様〉を浮き彫にする, 浮き出し印刷する;〈図案や文字〉を（浮き出す［出っ張る］ように）型押しする ◆embossed [raised] printing 浮き出し［立体感のある, 肉盛り］印刷 ◆be subsequently heat emboss printed その後, 加熱浮き出し印刷される

**embosser** a ～ エンボッサ, しぼ押機, 型押機, 点字打ち出し機（＊点字プリンタ）, 打刻機（＊浮き出し文字や図案を刻印する） ◆Braille printers [embossers] that emboss Braille on paper 点字を紙に打ち出す点字プリンタ

**embossing** しぼ, しぼ押し［付け］, 型押し, 型付け, 浮き出し

**embrace** vt. ～を抱く,〈機会など〉をとらえる, 受け入れる, 採用する, 含む, 取り巻く, ～に等しい, ～におよぶ; vi. 抱擁する; n. an ～ 抱擁, 包擁, 容認 ◆embrace a doctrine あるドクトリン［教義, 教理, 教え, ～主義, 原理, 学説］を抱く［奉じる, 信奉する, 取り入れる］ ◆embrace an opportunity to <do...> ～する機会を捉える ◆embrace a policy ある政策を採用する ◆embrace it as a new piece of knowledge それを新しい知識として受け入れる［採り入れる, 採用する］ ◆embrace desktop publishing in order to cut costs and gain flexibility 経費を削減し融通性を得るためにDTPを取り入れる［採用する, 導入する］ ◆Information management embraces a very wide range of office activities. 情報管理は, 広範なオフィス業務に及んでいる. ◆It will take a while before the public is willing to embrace a new technology on a large scale. 一般大衆が新しい技術を大々的に進んで［積極的に］受け入れるようになるまでは時間がかかるだろう.

**embrittlement** 回脆化（ゼイカ） ◆(the) corrosion embrittlement of duralumin ジュラルミンの腐食脆化（ゼイカ）

**embroil** vt. <in> ～を（～に）巻き込む, 巻き添えにする, ～にとばっちりを食わせる; ～をもつれ［紛糾, 混乱］させる ◆be currently embroiled [involved] in a legal battle with... 目下～との法廷での争いに巻き込まれている ◆find oneself embroiled in a legal battle 法律上の争いに巻き込まれる

**embryo** an ～ （妊娠初期の）胎児, 胎芽, 胚, 胚芽; 発達の初期, 萌芽（ホウガ） ◆a human embryo ヒト胚子 ◆research on human embryo [embryonic] stem cells ヒト胚性幹細胞の研究（＊胚性幹［ES］細胞は初期胚から分離され, あらゆる組織や臓器に分化できる可能性を持つとされることから「万能細胞」とも形容される） ◆a new concept in the embryo stage 発達初期段階にある新しい概念

**embryonic** adj. 胎芽の, 胎児の, 胚の, 胚芽の; 発達初期の, 未成熟な ◆an embryonic state 胚胎状態 ◆an embryonic market 発展のごく初期段階にある［できたてほやほやの］市場 ◆it is in a very embryonic stage それは非常に未発達な段階にある ◆it is still in its embryonic stage (of development) それは依然として発達初期段階［胚生期, 揺籃期］にある ◆an embryonic discipline called nanotechnology ナノテクノロジーと呼ばれる発達初期段階にある研究分野

**EMC** (electromagnetic compatibility) 電磁環境適合性［適応性］, 電磁的適合性［両立性］, 電磁環境両立性, EMC, 電磁干渉

**emerge** vi. （～から）出てくる, 現れる, 出現する, 登場する, 台頭［興隆, 勃興］してくる <from> ◆he emerged as a leader of a group of reform-minded deputies 彼は, 改革を志向する代

議士グループのリーダーとして浮上した［現れた］ ◆beams of radiation emerge from... 〜から放射線ビームが出て来る ◆eliminate incipient threats before they emerge 《意訳》脅威を萌芽段階で未然に（取り）除く ◆the plan emerged from a proposal by... この案［計画］は、〜による提案から浮上した［生まれた］ ◆he has emerged as a possible Stempel successor 彼はステンペル氏の後継者候補として浮上した ◆automotive innovations emerging from Japanese laboratories and assembly lines 日本の研究所および組立ラインから生まれてくる、自動車（技術）の新機軸 ◆Possibility of a compromise on the postponement emerged briefly last week. 先週、延期に関する妥協案の可能性が、一時的に浮かび上がった。◆The country is emerging as an important new outlet for American manufacturers. この国は米国メーカーにとって大切［大事］な新市場として浮上しつつある。

**emergence** 回出現, 発生 ◆the emergence of cancer 癌の発生 ◆the emergence of liquid crystal projectors 液晶プロジェクタの出現［登場］ ◆The past few years had seen the emergence of 24 bus systems dedicated to certain applications or hardware. （当年までの）過去数年間に、特定の用途やハードウェア専用のバスシステムが24種出てきていた。

**emergency** (an) 〜 非常（時）, 緊急（時）, 突発事故, 不時の出来事, 緊急［非常, 《意訳》不測の］事態, 有事; 応急, 救急, 急患 ◆in case of an emergency; in the event of an emergency; in an emergency; in emergency 非常時に, 緊急時に, まさかの時に,（意訳）不測の事態が発生した場合に ◆during emergency situations; under emergency conditions 非常時に ◆an emergency exit [door] 非常口［扉］ ◆an emergency medical equipment manufacturer 緊急医療機器メーカー ◆an emergency stop button 非常停止ボタン ◆an emergency vehicle 緊急車両 ◆an emergency medical technician (EMT) 救急救命士（＊病院に到着するまでの間、救急車の車中で患者の救命に当たる）◆FEMA (the Federal Emergency Management Administration)（米）連邦緊急事態管理庁（略語形にはthe は不要）◆an emergency shutdown valve 緊急遮断弁 ◆emergency-response plans 緊急事態対応計画［航空機］，非常時対策］ ◆an emergency power system [power supply, power source] 非常用電源装置 ◆administer emergency medical aid 緊急医療を施す ◆an emergency occurs 非常事態が起きる ◆an emergency power generator set 非常用発電装置（＊エンジンと発電機がひとつの装置としてまとめられたもの）◆an emergency-room physician 緊急救命室［緊急処置室, 救急治療室］詰めの医師 ◆an emergency stop switch 緊急［非常］停止スイッチ ◆as an emergency measure to prevent... 〜を防ぐ［防止する］ための緊急措置［対策, 手段, 処置］として ◆a standby system for emergency use 緊急用の予備システム ◆declare [decree] a state of emergency （国家の）非常事態を宣言［発令］する ◆emergency-room doctors 緊急救命室の医師ら ◆even in an emergency swerve （車）非常ブレーキ［急ブレーキ］によってしり振りが起こる時でさえ ◆for use in (case of) emergency; for use in (an) emergency; for use in (possible) emergencies 非常用（の）, 緊急用（の）◆in a real-world emergency 現実の緊急事態に即しては ◆in hospital emergency rooms 病院の緊急救命室［救急診療室, 救急外来処置室, ER］に ◆in (the event of) an emergency stop （万一の）非常停止時に ◆make an emergency descent （航空機）が緊急降下する ◆make an emergency landing （パイロット, 飛行機が）緊急着陸［不時着, 不時着陸］する（＊飛行機以外に降りる場合は, 不時着）◆the declaration of a state of emergency 非常事態の宣言 ◆the Computer Emergency Response Team (CERT) based at Carnegie-Mellon University カーネギーメロン大学に本拠を置くコンピュータ緊急事態対策チーム（＊米国政府の資金でコンピュータ不正侵入防止や対ウイルスの研究をしている）◆in the event of a national defense emergency 国家防衛上の一大事が発生した場合に; 国家有事の際に ◆to ensure the availability of ships in times of national emergency 国家の有事［非常事態］の際に船舶が利用できるようにしておくために（＊船舶徴用ができるように）◆But what if your child gets sick or some other emergency arises,... ？ でも、もしお子さんが病気になったりその他の緊急事態が起きたら［発生した場合］どうするんですか。 ◆In emergency, call 000 [triple zero]. 緊急の際には［非常時には］，000に電話してください。（＊豪州では警察・消防・救急車を呼ぶ番号）◆Emergency Disaster Drills: Fire and disaster drills are held periodically by hospital personnel in order to be prepared for an emergency. 非常災害訓練: 緊急事態［突発事故］に備えるため、火災訓練および災害訓練が病院職員により定期的に実施されている。

**emergency brake** an 〜 非常ブレーキ, 非常制動機,《車》ハンドブレーキ, サイドブレーキ, 駐車ブレーキ ◆pull the emergency brake 《車》サイドブレーキを引く;〈汽車・列車などの〉非常ブレーキを引く

**emergency call** an 〜（急患などによる）緊急呼び出し, 非常召集, 緊急（動員のため）の呼びかけ ◆issue an emergency call for blood donors to help victims of... 〜の犠牲者を助けるための献血者を募る緊急呼びかけをする

**emerging** (= emergent) adj. 新興-, 台頭［興隆, 勃興］しつつある, 新進の, 芽生えつつある, 現れつつある, 出現しつつある, 出て来つつある, 明らかになりつつある, 浮かび上がって［浮上して］きている ◆an emerging industry 新興産業 ◆an emerging market 新興市場 ◆an emerging nation [country] 新興国, 発展途上国 ◆10 [ten] big emerging markets 新生10大市場 ◆a small, newly emergent middle class （まだ規模としては）小さいが新しく（現れ）台頭しつつある［新興］中産階級 ◆emerging multimedia markets 新しく浮上しつつあるマルチメディア市場 ◆established artists are helping emerging artists 地位や名声の確立している［すでに功成り名を遂げている］アーティストたちは新進アーティストらを助けている ◆in the emerging consumer markets of Eastern Europe and Asia 東欧およびアジアの成長著しい消費市場［新興成長民生市場］で［の］ ◆nurture and develop emerging businesses 新進企業を育成・発展させる ◆The rapidly emerging Asian middle class has sufficient discretionary income to <do...> 急速に台頭してきているアジアの中産［中流］階級は、〜するのに十分な可処分所得がある。 ◆emerging topics that have drawn industry attention during... 〜の期間中に業界の注目を浴びた［関心を引いた］、話題になりつつあるトピック［盛り上がりを見せている話題］

**emeritus** adj. 名誉退職の,（名誉ある職を退いた後に尊敬のしるしとして現役時代の称号に付加される）名誉- ◆a professor emeritus [an emeritus professor] (pl. professors emeriti) 名誉教授 ◆Founder Dick Egan becomes Chairman Emeritus. 創始者ディック・イーガンは名誉会長となる。

**emery paper** エメリー［金剛砂］を塗布してある研磨紙, サンドペーパー, 紙やすり

**emf, e.m.f., EMF, E.M.F.** (electromotive force) 起電力 ◆a disturbing electromagnetic force (emf) from outside sources 外部の発生源からの外乱［妨害, 擾乱］起電力

**EMI** (European Monetary Institution) the 〜 欧州通貨機構（＊欧州中央銀行の前身）; (electromagnetic interference) 電磁気妨害, 電磁妨害, 電磁輻射妨害, 電磁障害, 電磁干渉, 不要電磁輻射; (electromagnetic immunity) 電磁環境耐性 ◆without generating EMI (Electromagnetic Interference) 電磁妨害［干渉, 障害］を発生させることなく

**eminent** 高名な, 名高い, 著名な, 地位［身分］の高い, 突出した, 傑出した, 卓越した, 秀でた, ぴか一の, 有数の, 屈指の ◆an APEC "eminent persons' group" APECの賢人会議 ◆France's most eminent economist フランスの最も高名な経済学者 ◆he hosted a meeting of "eminent persons" to discuss... 彼は、〜について話し合うための賢人会議の司会を努めた

**eminently** adv. 著しく, 顕著に, 非常に, 極めて, 突出して, 抜きん出て, 抜群に ◆out-of-date but still eminently serviceable technologies 時代遅れではあるが、まだまだ十二分にぬきんでており十分に使用可能な技術

**emission** (an) 〜 エミッション, 射出, 放出, 放射, 輻射, 発射, 発散, 排出, 排気, 発光; an 〜 排出された物質, 放射された電磁波など, 排気ガス ◆an emission line （スペクトルの）

輝線 ◆an emission spectrum　輝線スペクトル; 発光[放出]スペクトル ◆an emission standard　放出[排出]基準;《自動車》排気ガス(規制)基準;《電気》電磁波放射基準 ◆light emission　光の放射; 発光 ◆parasitic emissions　《電気》寄生[不要]輻射 ◆unwanted [extraneous, interference, parasitic, spurious] emission　《電気, 通》不要輻射 ◆annual amounts of emissions decreased steeply　年間排出量が急減した ◆low-emission [low-emissions] vehicles (LEVs)　低公害車; 低排出ガス車 ◆reduce emissions of particulates　粒子状物質の排出を減らす ◆reduce radiation emission　放射線の放出を減少させる ◆the amount of greenhouse-gas emissions　温室効果ガスの放出量 ◆the emission of (a) gas　ガスの放出[排出] ◆the emission of particles from...　～からの粒子の放出 ◆auto-emission standards　自動車排ガス排出基準 ◆the amount of radioactive emissions　放射能の放射量 ◆computer simulations of global warming from emissions of greenhouse gases　温室効果ガスの排出に起因する地球温暖化のコンピュータシミュレーション ◆emissions of nitrogen oxides into the atmosphere　窒素酸化物の大気中への放出[排出] ◆substantially curb harmful emissions from automobiles　自動車の有害な排気ガスを大幅に抑える ◆the amount of emissions per unit of electricity produced (electricity emissions intensity) has declined　単位発電量当たりの排出(発電にかかわる排出原単位)が減少した(＊二酸化炭素について) ◆determine the thermal emission and the solar radiation scattering from a comet by means of thermal infrared radiometry　彗星から散乱している熱放射および太陽放射[輻射]を熱赤外線放射分析により測定する ◆Russia is expected to become the biggest seller of emissions rights among industrial countries.　ロシアは工業国[先進国]の中でも最大の排出権の売り手国になるだろうと見られている。(＊二酸化炭素の排出権取引)

**emission control**　排出抑制[抑止], 排気ガスの抑制, 排ガス規制,《電気》不要輻射制御

**emissivity**　放射率, 輻射能[率]

**emit**　〈液体, 音, 光, 熱, 粒子など〉を放出する, 発する ◆a light-emitting device　発光素子 ◆a greenhouse gas-emitting power plant　温室効果ガスを排出[(地球)温暖化ガスを放出]している発電所 ◆emit a beeping sound　電子ブザー音を出す[発する] ◆emit light　光を発する[放出する] ◆electrons emitted from the cathode　陰極から放出された電子 ◆it emits no particulates　それは粒子状物質を(全く)排出しない ◆measure the intensity of infrared radiation emitted [emitting, coming, emanating, emanated, originating, originated] from an object　物体から発せられる[発する]赤外線(放射)の強度を測定する

**emitter**　an～(トランジスタの)エミッター, 発光体, 放射源

**emoticon**　an～《ネット》顔文字, フェイスマーク, 感情アイコン(＊記号や文字を組み合わせて顔の表情を表す絵文字。日本では (^o^) (^_^) など。米国では横になっている顔が多く :-) :-(→smiley)

**emotion**　(an)～感情, 情緒, 情動, 情念, 感激, 感動, 興奮 ◆a pent-up emotion　鬱積した感情 ◆emotion has welled up in them　彼らに感情が込み上げた[わき上がった] ◆emotion runs high　感情が高ぶる ◆get [become] carried away by emotion　(一時的で急激な)感情に流される[走る] ◆speak in a voice filled with emotion　感情のこもった[情動が横溢(オウイツ)した]声で話す ◆when emotions are aroused　感情が高ぶると ◆Keep your emotions well under control when dealing with obstinate people.　頑固者を相手にするときは十分感情を抑えるようにしなさい。

**emotional**　adj. 感情的な, 情緒的な, 情動的な, 精神的な, 精神面での, 情動の, 興奮して, 感情が高ぶって ◆be important from an emotional aspect for them　～は, 彼らにとって情緒[感情]面から見て大切である ◆from an emotional aspect　感情面[情緒的な側面,《意訳》気持ちの持ち方の観点]から ◆define stalking as "conduct with the intent to cause emotional distress"　ストーキングを「精神的苦痛を引き起こす意図を伴った行為」であると定義付ける ◆provide emotional support　精神面で支える ◆Teamwork will mean higher profits as well as less emotional wear and tear.　《意訳》一致団結して仕事に当たれば利益は上がり, はたまた神経をすり減らすことも少なくて済むものだ。

**emotionally**　adv. 感情的に, 情緒的に, 感動的に, 情緒[感情]に訴えて, 気持ちからいうと ◆become emotionally flat, like people with alexithymia　アレキシサイミア[失感情症]の人のように, 感情[情緒]の起伏がなくなる

**empathetic**　adj. 感情移入の, 共感の ◆he has no empathetic feelings for others　彼には他人への思いやりがない

**empathy**　回感情移入, 共感 ◆he extent of his empathy with the role　その役への彼の感情移入の度合い ◆a business person who has an empathy with local manufacturers　現地の製造業者らの気持ちが分かる[現地メーカーと心を通い合わせられる]実業家

**emperor**　an～皇帝, 天皇,《意訳》お上 ◆the emperor [Emperor] penguin　エンペラー[コウテイ]ペンギン(＊総称は the ～,「ある一羽の」は an ～である。学名 Aptenodytes forsteri)

**emphasis**　(an)～強調, 重要視, 重視, 力説; 力点, 重点, 重き[ウエート, ウェイト] ◆lay [place, put] emphasis [stress] on...　～を重要視する[強調する, 力説する]; ～に重点[ウエート, ウェイト]を置く ◆pause for emphasis　強調のための間をとって話す ◆place special emphasis on...　～を特に重要視する ◆The emphasis throughout this chapter is on...　この章では, 全体を通して～に重点が置かれている。 ◆with (a) particular emphasis on...　特に～に重点[ウエート, ウェイト]をおいて; とりわけ～に力こぶを入れて; ～を中心に ◆with emphasis on maximizing the stability　安定度を極力上げることに重点[重き]を置いて ◆With a shift in emphasis from reading to speaking and writing English,...　英語を読むことから話したり書いたりすることに力点[重点, ウエート, ウェイト]が移って行く中で, ◆Emphasis is laid on the mass production of reasonably priced items for the widest reachable public.　重点は,(手の届く限り)できるだけ広範囲の大衆に向けて値ごろ感のある商品を大量生産するということに置かれている。 ◆MOS and bipolar logic circuits are presented side by side throughout the text, but with the principal emphasis on MOS devices.　本章全体を通して, MOS論理回路とバイポーラ論理回路があわせ論じられてはいるが, MOS素子に最重点を置いている。

**emphasize**　～を強調する, ～にウエート[ウェイト]を置く, 力説する, (熱をこめて)主張する ◆I cannot emphasize too much that...　～と言っても言い過ぎではない ◆The report emphasizes that...　この報告書は, ～であるということを強調している。

**emphysema**　Ｕ気腫(キシュ),《特に》肺気腫 ◆a patient with emphysema of the lungs　肺気腫の患者 ◆he developed [contracted] pulmonary emphysema　彼は肺気腫にかかった

**empirical**　経験的な, 実験的な ◆an empirical approach　経験的アプローチ ◆an empirical rule　経験則 ◆an empirical value　経験値 ◆empirical facts　経験的事実 ◆an empirical formula　経験公式;《化》実験式 ◆by empirical means　経験的手段により

**empirically**　adv. 経験的に, 実験的に, 観察と実験により ◆knowledge obtained empirically　経験的に得た知識 ◆must be determined empirically by...-ing　～は, ～することにより実験的に求める必要がある

**employ**　〈人〉を雇う, 雇用する, ～を使う, 使用する, 用いる, 行使する,〈時間など〉を費やす ◆Fujitachi-employed spies　フジタチ社に雇われたスパイ, フジタチの回し者 ◆the overall number of employed workers in the field　この分野における総雇用労働者数 ◆employ people with certain handicaps　何らかのハンディキャップ[身体の障害]を持つ人たちを雇い入れる

**employability**　◆Children provided with loving, stable families enjoy social, psychological and physical health and do well in terms of employability later on in life.　愛のある安定した家族に恵まれている子どもたちは, 社会的, 精神的および身体的なすこやかさを享受し, ゆくゆくは雇用適性[人に雇われる能力, 人材としての市場性]の面で順調にいく[得をする]。

**employable** *adj.* (人が)雇ってもらえる[雇用可能な], 雇い入れる[採用する]のにふさわしい〈人〉, 雇用条件にかなった[見合った, 適合する]〈人〉, 雇用可能の ◆a total employable population of approx. 14,000,000　約1400万の総就業可能人口 ◆Don't seek lifetime employment, but seek careers that will keep you lifetime employable.　終身雇用を求めるのではなく, 雇われるにふさわしい状態に一生維持できるためのキャリアを追い求めなさい. ◆Today's students must be able to use computers and communication equipment to be employable to the global marketplace.　今日の学生は, 世界市場で雇ってもらうための能力を身につけるためにコンピュータと通信機器が使えなければならない.

**employee** *an ~* 従業員, 社員[店員], 人員, 雇い人, 要員, 雇われ人, 使用人, 被使用者, 被雇用者, 雇用者（＊「雇用者」は雇い主の意味でも使用されるが, ここでは雇われる者の意味） ◆an employee stockholder　社員[従業員]株主 ◆employee satisfaction　従業員満足度 ◆a regular [permanent, full-time] employee　正規[常勤, 常用雇用]の従業員; 正社員 ◆an employee-leasing company　人材派遣会社 ◆create an employee handbook　就業規則集を作成する ◆employee morale　従業員の士気[やる気, 勤労意欲]

**employer** *an ~* 雇用主, 雇用側, 雇い主, 使用者, 事業主, 主人,《意訳》勤め先[勤務先, 勤めている会社] ◆employer-paid insurance premiums　使用者[雇用主]払い込みの保険掛け金

**employment** 使用, 雇用, 職業, 職, 仕事; *an ~* 有益[有意義]な活動 ◆lose one's employment　失業する ◆an employment agency　（民間の）職業紹介・人材斡旋会社; 人材紹介所; 人材スカウト・派遣会社; 口入屋(クチイレヤ) ◆employment opportunities　雇用の機会;《表ゼで》求人情報[求人案内, 人材募集（案内）, 採用情報] ◆classified employment ads　求人案内広告 ◆a full-employment economy　完全雇用経済 ◆during one's first year of employment　就職して最初の年の間に ◆employment regulations [regulations on employment] in Ontario　オンタリオ州における雇用に関する規則 ◆expand employment opportunities　就業[採用, 雇用]機会を拡大する[広げる] ◆find employment with [in] a company as a...　会社に~として就職する ◆promote employment of the disabled　身体に障害のある人たちの雇用を促進する ◆take an employment examination [test]　就職[採用, 入社]試験を受ける ◆the employment picture is bleak　雇用状況は暗い[非常に厳しいものがある] ◆to secure employment　職[働き口, 就職口]を得るために, 職に就く[仕事にありつく]ために; 就職するために ◆gross earnings received from the employment of capital　資本の運用から上がった総収益 ◆the lax employment of the words 'ancient' and 'modern'　「ancient」と「modern」という語をいい加減に[ぞんざいに]用いること ◆slowing U.S. and Mexican economies have meant a downsizing of manufacturing employment across Mexico　米国経済とメキシコ経済の減速は, とりもなおさずメキシコ全域にわたる製造業の雇用削減につながった ◆students who have been given an employment guarantee　就職内定をもらっている学生 ◆to meet the growing needs of families who live a distance from their employment　職場からある距離[《意訳》遠く]離れた所に住んでいる家庭の高まるニーズに応えるために ◆"Downsizing" is just a nice word for reducing employment.　「ダウンサイジング」は, 人員整理[削減]を指す体の良い言葉に過ぎない.

**emporium** *an ~*《米》(品揃えの豊富な)大規模小売店, 百貨店, 主要な商業の中心地 ◆a health-food emporium　健康食品大型店

**empower** *vt.* (~する)権限を与える, 職権を付与する ◆an empowered decision maker　権限を持たされている意思決定者 ◆be empowered to <do>　~する権限が与えられて[《意訳》資格が付与されて]いる

**empowerment** ⦅権限を与える[職権を付与する]こと, 能力や資格をつけてやる[できるようにしてやる]こと ◆female political empowerment　女性の政治への参加の促進 ◆lead to the empowerment of Afghan women　《意訳》アフガン女性の権利向上[地位の改善, 社会進出]につながる ◆consider the empowerment of women in society as a key precondition to social development　女性が社会において力をつけることが社会発展のための重要な前提[必須]条件であると考える

**empty** 1 空(カラ)の, 空いている; (~が)無い[欠けている] <of>; 無意味な, むなしい ◆an empty medium　（情報が格納されていない）空の媒体（＊いったん書き込まれたデータを消して空になったディスクやテープも含む. 一度も使用されたことのない空の媒体は, a virgin medium） ◆an empty promise　空約束(カラヤクソク, ソラヤクソク) ◆(an) empty space　空いているスペース[場所, 土地]; 空き場所; 空き地 ◆(an) empty weight　（航空機, ロケット, 車両などの）自重[空車重量] ◆a half-empty hall　半分(席が)空いているホール ◆a weed-covered empty lot　雑草に覆われている空き地 ◆... become empty of water　~の水が無くなる ◆the weight of an empty vehicle [a container when empty]　《順に》車両[容器]の自重 ◆near-empty supermarket shelves　ほとんど空のスーパーの棚 ◆refill the container before it's empty　容器が空になる前に補充する ◆Many top hotels are two-thirds empty.　多くの一流ホテルの部屋は3分の2空いている.

2 *vt.* 〈容器〉を空(カラ)にする,〈中身〉をあける; *vi.* 空になる,〈川〉が注ぐ <into> ◆empty a bin　容器を空にする ◆empty the contents of...　~の中身を出す ◆empty selected items from the Trash　《コンピュ》選択した項目をごみ箱から削除する[消す] ◆The drain should be so located that it will completely empty the boiler of water.　排水管[装置]は, 完全にボイラーから水抜きできるように配置しなければならない.

**empty out**　~をからにする ◆empty out a container　容器を空にする

**EMS**　(European Monetary System) *the ~* 欧州通貨制度; (Expanded Memory Specification)《コンピュ》拡張メモリー仕様; *an ~* (Electronic [Electronics] Manufacturing Service) 電子機器受託生産サービス会社, 電子製造受託サービス企業, 製造請負業（＊ハイテク企業の製品をOEMベースで生産する下請け会社）

**EMU**　(Economic and Monetary Union) *the ~* 経済通貨同盟（＊欧州の） ◆an EMU-member country　欧州通貨連合加盟[参加]国

**emulate**　~をエミュレートする（＊異機種のハードウェアの機能をソフトで模倣する）, ~を追いつけ追いこせの精神で見習う ◆emulate (the behavior of) the human brain　人間の脳(の働き)を手本にして真似る ◆it seems like everyone is emulating everyone else　みんな右にならえ[横並びの競争]をしているようにみえる

**emulation**　《コンピュ》エミュレーション; 追いつき追いこせの対抗意識, 見習うこと

**emulator**　*an ~* エミュレータ（＊異機種のコンピュータをソフトウェア的に模倣するためのプログラム）

**emulsify**　~を乳化する, 乳剤にする

**emulsion**　(an) エマルジョン, エマルション, 乳剤, 乳濁液,《写真》感光乳剤 ◆a photographic emulsion　写真乳剤

**enable**　<to do> ~を可能[容易]にする,（~する）権限を与える,《コンピュ》イネーブルにする[許可する, 有効にする, 使用可にする,する](↔disable) ◆enable or disable novice mode　初心者モードを使用可能[有効]または使用不可能[禁止, 無効]にする ◆the tool enables you [the user] to <do...>　このツールを使用すると[の使用により, を使って, があれば]~ができる ◆enable or disable a warning beep　警告音を鳴らすよう[オン]にしたり鳴らないよう[オフ]にしたりする ◆new technologies enabling the mass-producibility and cost reduction of these lasers　これらレーザーの大量生産性[量産性]を実現し, コストダウンを可能にしている新技術 ◆"Realtime Serial Output" can be either "Enabled" or "Disabled". If enabled, ...　《コンピュ》実時間シリアル出力は「有効[許可, オン]」または「無効[禁止, オフ]」にできる. 有効に設定されている場合は, ... ◆the output drivers are not enabled during write cycles　《電子》出力ドライバは, 書き込みサイクルの間イネーブルにならない ◆Restart the computer to enable the CD-ROM drive.　CD-ROMドライブを有効にするために, コンピュータを再起

動してください．◆The trackball's three-button design enables either left- or right-hand operation． このトラックボールは，ボタンが3つある設計[構造]なので，左右手のいずれでも操作が可能である．

**enact** vt. ～を制定する[定める]；～(の役)を演じる，～を上演する，実施する，遂行する，実行する，実施する ◆enact political reforms 政治改革を実施する[遂行する，実行する，実施する] ◆a Florida law enacted last year 昨年制定された[定められた]フロリダ州法 ◆expect the bill to be enacted into law その法案が法律として制定されるものと思う

**enactment** 回制定；an～ 法律，法令，法規，条例 ◆the enactment of laws [legislation] 法律の制定

**enamel** エナメル(塗料)，ほうろう，(歯の)ほうろう質；(陶器の)釉薬(ウワグスリ，ユウヤク) ◆enamel [enameled] wire エナメル線

**encapsulate** ～をカプセルに入れる，カプセル化する，内部に封入する；～を要約する ◆an encapsulated transformer 密閉型変圧器[トランス] ◆encapsulate the ingredients in powders それらの成分を粉末粒子に封入する(＊液体洗剤中に，すすぎの段階で初めていれるべき柔軟剤を，粉末状にして混ぜる話) ◆a fully encapsulated diode sensor for temperature monitoring 温度監視用の完全封入ダイオードセンサー ◆encapsulate the component in epoxy to seal out moisture 湿気を締め出す[閉め出す]ために，その部品をエポキシで固める[封じ込める]

**encase** vt. ～を(入れ物に)入れる ◆a shell-encased disc ハードケース入りのディスク ◆a static dissipative bag for encasing PC boards プリント回路基板を入れておくための，静電気を逃がす性質のある[帯電防止]袋

**enclave** an～ 飛び領土，飛び地，囲繞地(イニョウチ)，多数派である他の民族の中で暮らす少数民族の集団，孤立的な異文化圏 ◆The republic of San Marino is a landlocked enclave in northeastern Italy． サンマリノ共和国は，イタリア北西部にある内陸囲繞地(イニョウチ)である．(＊the Encyclopaedia Britannica より)

**enclose** vt. ～を(～で)囲む<with>，～を密閉[密封，封入，閉鎖，封鎖，閉塞]する，～を(～に)同封する<with> ◆an enclosed fuse 包装[密閉，筒形]ヒューズ ◆be enclosed with a wall [walls] 壁で囲まれている ◆enclose...in square brackets ～を角括弧［ ］で囲む[くくる] ◆I have enclosed...；I have enclosed herewith...；I have herewith enclosed...；I here-with enclose...；I enclose herewith... (ここに)～を同封致します ◆Please find enclosed (herewith)...；Enclosed (herewith) please find... ～を同封いたします(のでご査収ください[よろしくお願いいたします])) ◆You will find enclosed (herewith)...；Enclosed (herewith) you will find... ここに～を同封します ◆a $100 bill was enclosed with the letter 100ドル札が手紙に同封されていた ◆a check for $250 is enclosed herewith 250ドルの小切手を(ここに)同封致します ◆some residents feel they are being enclosed with high-rise buildings 住民の間には高層ビルに囲い込まれつつあるという感じを持っているものもいる

**enclosed** adj. adv. 密閉[密封，封入，閉鎖，閉塞]されている，囲われている，同封の ◆an enclosed space 密閉された[閉じられ]た空間 ◆totally-enclosed rotating machinery 全閉型回転機 ◆on the enclosed sheet 同封の別紙に ◆a drip-proof, totally enclosed enclosure 防滴全閉形容器[全密閉型ケース] (＊モーター用などの) ◆a totally enclosed explosion-proof switch 完全密閉防爆型スイッチ ◆wear fully enclosed headphones to monitor... ～をモニターするために完全密閉型ヘッドホンを着用する

**enclosure** 回囲うこと；an～ 密閉箱，囲壁，エンクロージャ，筐体(キョウタイ)，(スピーカー)ボックス，カバー，欄；an～ 封入物，同封物 ◆a gastight enclosure 密閉容器 ◆a bass-reflex enclosure バスレフ方式[位相反転型]のスピーカーボックス ◆The model has a large system enclosure to accommodate additional storage． この機種は，増設記憶装置を格納できるよう大型の本体筐体となっている．

**encode** vt. ～をコード化する，符号化する，暗号化する ◆counterfeit bank cards encoded with account information 口座情報が打ち込まれている偽造キャッシュカード ◆read and encode documents and pictures, transmit them and reconstitute them at the distant terminal 書類や写真を読み取って符号化し，転送し，遠方のターミナルで復元する[元に戻す] ◆Data is magnetically encoded onto the stripe using a special encoding device． データは，特殊な符号化装置を用いてストライプ上に磁気的に(符号化され)記録される． ◆A switch in the ON position encodes a logical 1 in the corresponding address bit. 《コンピュ》スイッチがONならば，それに対応するアドレスビットは論理上の1にコード化される．

**encoder** an～ エンコーダー，符号(変換)器

**encoding** 符号化，コード化 ◆perform 1D Modified Huffman (MH) run-length encoding (ファクシミリ画像データ圧縮のための)1次元モディファイド・ハフマン方式ランレングス符号化を行う

**encounter** 1 vt. ～に遭遇する，出くわす，出会う，際会する，邂逅(カイコウ)する，逢着(ホウチャク)する，直面する，立ち向かう；(be encountered の形で)〈事態などが〉起きる，生じる，発生する；vi. ～に遭遇する<with> ◆if you encounter misfiring もしも点火不良になったら ◆when defective conditions are encountered 異常[不具合]発生時に ◆describe the problems that have been encountered in trying to apply his approach 彼のアプローチを適用しようとした際に遭遇した問題について述べる ◆the difficulties encountered in the manufacture of... ～の製造において遭遇される[生じる]これらの困難 ◆whenever a peculiar-looking machine instruction is encountered 異常に見える機械語命令に出会う度に ◆workers are encouraged to stop the assembly line if a defect is encountered 作業者たちは不良が出たら生産ラインを止めるように言われている
2 an～ (～との)遭遇，偶然の出会い<with>

**encourage** vt. ～を促進する，助長する，奨励する，励ます，元気[勇気]づける，激励する，鼓舞する，奮い立たせる，～に(～するよう)勧める，(～するよう)仕向ける<to do> ◆encourage cooperation 協力を促す ◆encourage the growth of mold, mildew and fungus 菌類の増殖を促進する(＊菌類＝カビ・キノコ) ◆encourage kids to be enthusiastic about reading 子供たちが熱心に読書するよう仕向ける ◆encourage recycling of used lead batteries 鉛蓄電池のリサイクルを奨励する ◆He has encouraged farmers to adopt organic growing methods． 彼は，農民らに有機栽培法を採用するように勧めた． ◆The DAT's sound is so fine that it is bound to encourage home taping of prerecorded music． デジタルオーディオテープの音があまりにもすばらしいので，音楽ソフトの自家録音をあおるはめになっている．

**encouragement** 回奨励，鼓舞，促進；an～ 励みになるもの，激励の言葉，刺激

**encouraging** adj. 激励の，励みになる，元気づける ◆The results were extremely encouraging． 結果は，きわめて期待の持てるものだった．

**encroach** vi. 侵入する，侵害する，浸食する<on, upon> ◆encroach on the rights of others 他の人の権利を侵害する；他人の権利を侵す ◆some government agencies create ventures that encroach on businesses already served by private enterprise 政府機関の中には，すでに民業が従事している事業を圧迫する共同事業体を創設するものがある(＊encroach on/upon...＝～を荒らす，侵す，侵略する，侵害する，蚕食する) ◆Each character is allotted a rectangular area upon which adjacent characters do not encroach． 《印刷》各々の文字に，隣接する文字が侵入する[食い込む]ことのない四角形領域が割り当てられている．

**encroachment** (an)～ <on, upon> 浸食，侵害，侵犯 ◆encroachments on fundamental civil rights 基本的市民権[公民権]の侵害 ◆many privacy encroachments occur 何件ものプライバシーの侵害が起きる

**encrust** vt. ～を堅い外皮[外殻]でおおう，～に(～を)ちりばめる[かぶせる]<with, in>；vi. 外皮になる ◆a diamond-

**encrusted bracelet** ダイヤがちりばめられているブレスレット ◆**wiper blades that resist becoming encrusted with ice and snow** 氷や雪の付着しにくい[着氷や着雪に強い]ワイパーブレード

**encrypt** vt. ～を暗号化する ◆**encrypted data** 暗号化されたデータ

**encryption** 暗号化 ◆**an encryption scheme** 《コンピュ、通》暗号化方式 ◆**a voice encryption microprocessor** 音声秘話マイクロプロセッサ ◆**an encryption algorithm [device, standard]** 暗号化アルゴリズム[装置、標準規格]

**encyclopedia** an ～ 百科事典、百科全書 ◆**an encyclopedia of science and technology** 科学技術の百科事典 ◆**He is a walking encyclopedia of golf [German winemaking, world history, the last 40 years of jazz].** 彼はゴルフ[《順に》ドイツのワインづくり、世界史、過去40年のジャズ]の歩く百科全書[生き字引、知識の宝庫]だ。

**encyclopedic** adj. (知識の)百科事典的な、広範な分野にわたる ◆**an encyclopedic dictionary** 百科事典的である辞書;百科辞典 ◆**an encyclopedic study** 広範な分野にわたる勉学

**end** 1 an ～ 端(ハシ)、端末、末端、端面、末尾、小口、先端、終端、終わり、結末、最後、終盤、末路、結果、限界、限度、際限、限り、果て、はずれ ◆**come to an end** 終わり[おしまい]になる;終わる;終了[終息、終止]する;終局[終幕]を迎える;終焉を告げる;結末がつく ◆**put an end to...** ～に終止符を打つ;～を終わりにする[終わらせる];～を打ち切る;やめさせる;停止させる;廃止する;～を殺す、～の息の根を止める;～の幕引きをする[幕を引く];～に結末[締めくくり]をつける;～に引導を渡す ◆**make ends meet; make both ends meet; make two ends meet** 収支を合わせる[均衡させる]、帳尻が合うよう算段する;やりくりする;経済的に[財政的に、金銭面で、家計が、生活が]立ち行くようにする;食べていく、収支の範囲内でやる[生活する] ◆**an end face** 端面 ◆**an end-of-text (ETX) character** 《コンピュ》テキスト終結文字 ◆**end-use devices** (一般の最終消費者など)末端の利用者向けの機器や装置 ◆**the end of a file** ファイルの終端[末尾] ◆**(an) end-of-tape warning** テープ終端[エンド]警告 ◆**an end-of-transmission (EOT) character** 伝送終了文字 ◆**an end-of-transmission-block (ETB) character** 伝送ブロック終結文字 ◆**... and no end is in sight** そして、終わりが見えない ◆**as of the end of fiscal year 1996** 1996会計年度末の時点で ◆**at the end of a book** 巻末に ◆**at the end of the year** 年末[年の暮れ、年の瀬、歳末]に ◆**at the receiving [↔transmitting] end** 受信端、受電端]において ◆**declare an end use for the equipment** その装置の最終使用用途[使途]を申告する ◆**put an end to an investigation** 調査[取り調べ]を終わらせる[おしまいにする、やめる、打ち切る、捜査の幕引きをする[幕を引く、幕を閉じる] ◆**read from one end to the other** 端から端まで読む ◆**the end of the Cold War** 冷戦の終結 ◆**the beginning of the end of the Soviet Union** ソビエト連邦終焉の始まり ◆**a month-end report** 月末報告書 ◆**an end-of-travel limit switch** 行程終端リミットスイッチ ◆**a right end view of...** ～の右側面図 ◆**a tube closed at one end** 一端が閉じている管 ◆**determine a pressure differential across the tube's ends** その管の両端の圧力差を測定する ◆**read from the end to the beginning** 後ろ[後尾、尻]から頭の方に読み進む ◆**she is mentally at the end** 彼女は精神的に行き詰まっている ◆**swage end fittings on hoses** ホース(の先)に口金をかしめ(て取り付け)る ◆**the end of an interval of time** 時間間隔の終わり ◆**use an entire tape from beginning to end** 始端[先頭]から終端[終わり]までテープ全体を使う ◆**since the next ABC project will not commence until toward the end of next year** 次のABCプロジェクトは年末頃まで始まらない[《意訳》年末近くになってからようやく動き出す]ので ◆**The project, as planned, will come to an end on March 31, 2002.** このプロジェクトは、計画通り、2002年3月31日に終了の[一段落する]予定である。 ◆**There seems no end to attempts to limit free expression.** 言論の自由を制限しようとする試みが跡を絶たないようにみえる。 ◆**The weeklong conference came to an end with a gala dinner last night.** 一週間にわたったこの会議は祝宴をもって昨夜閉幕した。 ◆**World War I came to an end when the Germans ran out of oil.** 第一次世界大戦は、ドイツの石油が尽きた時に終わった[終息した]。 ◆**I could not make ends meet on my salary.** 私の給料では生きていけなかった[食べていけなかった、経済的にやっていけなかった、家計はマイナスだった]。 ◆**To make ends meet, he worked 12 to 16 hours a day.** 生活の[食べる]ために、彼は1日12時間から16時間働いた。 ◆**At one end (of the spectrum), there are A and B; at the other, there are C and D.** 一方でAやBがあり[あるかと思えば]、その対極には[その一方では、他方には]CやDがある。(＊**the spectrum**は「範囲」の意味。省略しても構わない) ◆**Japan, the world's second largest economy, is officially in recession, with no end in sight.** 世界第2の経済規模の[経済大国]日本は、公式に景気後退に陥っているとされ、終わりが見えていない。 ◆**The outcome of this game will be anybody's guess right to the end.** 最後の最後まで、このゲームの結果は誰にも予想がつかないだろう。 ◆**There is no end to the possibilities for using this simple, low-calorie sauce.** この手軽につくれる低カロリーのソースには、無限の使い道[用途]があります。 ◆**In terms of resolution, laser-beam printers vary from 240 dots/inch at the low end to 600 dots/inch or more.** 解像度の点から見ると、レーザープリンタは最低240ドット／インチから600ドット／インチあるいはそれ以上のものまである。 ◆**Since around the end of last year, Japanese banks have intensified efforts to cope with the problem.** 昨年末頃から邦銀は、この問題への取り組みを強化してきている。 ◆**Systems for document filing and retrieval cover a fairly broad spectrum. At one end are... At the other end are... In between are...** 文書保管検索システムの種類はかなり幅が広い。下には～。上は～。中間には～といったものがある。 ◆**I think it's the beginning of the end of view of the artificial heart as a cumbersome device that doesn't give people the type of life they really need.** 私は、人工心臓は人々が本当に必要とする形の生き方を与えてはくれない扱いにくい装置であるとする見方が、そろそろ終わりを始めているとと思う。 ◆**The range of computers currently on the market is enormous, varying widely in terms of both price and performance capabilities. At one end of the range are... At the other end are...** **Between these extremes exist...** 現在市販のコンピュータは、価格の点でも性能の点でも非常に多様で幅が広い。下は～から上は～まであり、その中間に位置するものとして～がある。

2 an ～、～s 目的、目標、ねらい ◆**to that end** その目的のために;そのために(は) ◆**to this end; for this purpose** この目的のために;《意訳》そこで ◆**toward that end** その目的に向かって ◆**work toward a common end** 共通の目標[目的]に向かって努力する ◆**Some months ago, I decided to write a column on DNA. To this end, I visited the FBI's DNA operation downtown.** 何カ月か前に、私はDNAに関するちょっとした囲み記事を書こうと決めた。そこで、オフィス街にあるFBIのDNA部門に取材に行った。

3 vt. ～を終了させる、終える、やめる;vi. 終了する、終わる、終結する、やむ、しまいになる、引ける ◆**end in [result in]...** ～という結果になる、～になる、～に終わる、～に帰する、帰着[帰結、帰趨(キスウ)]する、(結果として)～に陥る、～をもたらす、～を招く、～の原因となる ◆**a telephone number ending in 0** ゼロで終わる[末尾がゼロの]電話番号 ◆**when the trading session ended** 立ち会いが引けたときに ◆**when a program abruptly ends or the computer shuts down** プログラムが突如終了するとかコンピュータが停止する場合 ◆**Press the return key to end the drawing process.** 《コンピュ》リターンキーを押して描画を終了します。 ◆**Use of long-life lithium batteries ended concern over the need for frequent battery changes.** 長寿命リチウム電池の使用によって、始終電池を交換しなくてはならないという心配がなくなった。

**in the end** 結局, 最後に, しまいには, 詰まるところ, (その)揚げ句の果てに

**on end** 立て続けに、ぶっ続けに、ぶっ通しで;(縦に)まっすぐに[直立して] ◆**for days on end** 連続して何日も;何日か続けて;連日 ◆**press the pedal flat for miles on end** 何マイルにもわたってぶっ続けでペダルをいっぱいに踏む

**end to end** 端と端を付けて、縦に並べて；《通》終端間の［端末相互の］ ◆from end to end 端から端まで ◆five wires connected end to end 直列に接続されている5本の電線 ◆line them up side by side instead of end to end それらを端と端をくっつけて縦列［直列］にならべるのではなく、横列［並列］に並べる

**end up** 最後［しまい］には～になる ◆... and all of them eventually ended up in being hung. そして結局彼らは全員絞首刑を受ける羽目に陥った ◆The model makes so many concessions in an attempt to serve both schools of users that it ends up serving neither very well. この機種［車種］は、両派のユーザー層に対応しようとあまりにも多くの点で（設計上の）妥協［譲歩］をし、結局のところどっちつかずになってしまっている。 ◆What started out as a medical imaging research project ended up as a technology that improves printing speed and quality in printers throughout the world. 医療診断画像研究プロジェクトとして端を発したものが、ついには世界中のプリンタの印刷速度と印刷品位を改善する技術へと発展を遂げた。

**endanger** vt. ～を危険に陥らせる［さらす］、～を危うくする ◆endanger human health 人の健康を脅かす ◆without endangering the lives of the flight crew 搭乗員の生命を危険にさらすことなく

**endangered** adj. （動植物が）絶滅の危機に瀕している ◆an endangered species 《単複同形》絶滅の危機に瀕している種［絶滅危惧種、絶滅危急種、絶滅危惧種］ ◆be close to being put on the endangered species list 《意訳》もう絶滅危惧［危惧］種の指定を受けるのに近いところまでになっている ◆become an endangered species 絶滅危惧種［危惧種、危急種］になる

**endeavor, endeavour** 1 《後者は英綴》vi. （～しようと）努力する <to do>
2 （an）～努力 ◆make no [every] endeavor to <do> ～しようと少しも努力しない［あらゆる努力をする］

**end effector** an～《ロボット》末端部の作動体（＊ロボットの手や手先）

**endemic** adj. 特定の民族［国］にみられる、特定の地域［地方］に棲息する、（その土地に）固有な［特有］の、風土性の；an～（= an endemic disease）風土病、地方病 ◆an endemic species 固有種

**endless** adj. エンドレス、無限～、循環～、継目なし～、輪～、果てしない、際限ない、いつ果てるともしれない ◆an endless loop 《コンピュ》無限ループ ◆an endless traffic jam 延々と続く交通渋滞 ◆endless iterations of edit-compile-test エディット→コンパイル→テストの際限無い繰り返し ◆Fridges, washing machines, videos, stereo systems, air conditioners — the list is almost endless. 冷蔵庫、洗濯機、ビデオ、ステレオシステム、エアコンなど、枚挙にいとまがない［挙げればきりがない］ほどだ。

**endlessly** adv. エンドレス式に、終わりなく、際限なく、無限に、果てしなく、とめどなく、終わることなく続いて、際限なく繰り返して［反復して］、永久に ◆a country bogged down by an endlessly stagnant economy 恒常的な経済［景気］低迷で身動きならない状態に陥っている国 ◆the big-bang theory that the universe is endlessly expanding 宇宙は際限なく［無限に］膨張しているとするビッグバン理論

**endocrine** adj. 内分泌腺の、内分泌沁の、ホルモンの ◆an endocrine disorder [problem] 内分泌障害 ◆an endocrine gland [cell] 内分泌腺［細胞］ ◆endocrine disruption 内分泌かく乱（＊環境ホルモンによる） ◆an endocrine disrupting chemical (an EDC); an endocrine disruptor 内分泌かく乱化学物質（＊「ホルモン様化学物質」や「ホルモン阻害化学物質」、また俗に「環境ホルモン」と呼ばれる）

**end-of-tape** テープの終わりの、テープ終端の、テープエンドの

**endorse** vt. 〈小切手など〉に裏書きする、～を公認［承認、承認、賛成、支持］する、《意訳》～に「お墨付き」を与える ◆endorse a plan 計画を支持する［に賛成する］ ◆endorse the check on the back その小切手の裏書きをする ◆the only fan club endorsed by Xxx herself Xxx本人が認める［Xxx本人公認の］唯

一のファンクラブ ◆endorse an airline passenger ticket 《航空会社》が航空券に〈他社の航空便への振り替え搭乗を可能にするための〉エンドースをする ◆the site is endorsed as an "official" site by... 当〈ウェブ〉サイトは、～により「オフィシャル」サイトとして認められています［～から許可を得た公認サイトです］

**endorsement** （an）～裏書、保証；賛成、支持、承認、是認、公認 ◆earn the endorsement of... ～の支持を得る ◆give one's endorsement to... ～を承認［認可、支持、是認］する ◆make an endorsement of a check 小切手の裏書きをする ◆win endorsements from A, B, C and others ～から賛同［賛成、支持、推薦、推奨］を取り付ける［得る］ ◆(a) third-party endorsement 第三者による推奨［推薦、太鼓判、折り紙］（＊製造メーカーや販売会社自身でなく、新聞など第三者がこの商品は良いものであると保証し薦めること） ◆he won an endorsement of his policies from... 彼は、～から彼の政策に対する支持を得た ◆These links are provided for convenience of reference only and are not intended as an endorsement by Xxx. これらのリンクは参照の便宜を図るためだけに張られているものであり、Xxx社による承認を意味するものではなく［当方の関知するところではあり、Xxx社としてはこれらについて］一切の責任を負い］ません。

**endoscope** an～内視鏡 ◆a fiber-optic endoscope 光ファイバー式の内視鏡、ファイバースコープ ◆look through an endoscope directly at... ～を内視鏡下で直接見る［観察する］

**endoscopic** adj. 内視鏡の［的な、に］、内視鏡検査の［生検、観測下］の ◆an endoscopic examination 内視鏡による検査 ◆endoscopic surgery; an endoscopic operation 内視鏡（下の外科）手術

**endoscopy** 《医》内視鏡検査（法）、直達検査（法） ◆He underwent endoscopy in the diagnosis and post-treatment observation of his colon cancer. 彼は結腸［大腸］癌の診断および処置後の観察のために内視鏡検査を受けた。

**endothermic** adj. 吸熱性の、吸熱反応の ◆an endothermic reaction 吸熱反応

**endow** vt. ～に（～を）与える、～に（～を）贈与［寄贈、寄付］する <with> ◆a country endowed with resources 資源に恵まれている国 ◆models endowed with high-tech conveniences 便利なハイテク機能を備えた機種

**endowment** （an）～寄付、寄贈、～、～s 素質、才能；an～、～s 寄付金、寄金、（寄付された）基金［基本財産］ ◆a natural endowment （天からの授かり物の意）天賦の才能、資質、天資、天性 ◆endowment insurance 養老保険 ◆those born with meager natural endowments たいした才能を授からずに生まれてきた人達（＊平凡な才能［凡才］の人々というニュアンスで）

**endpoint** an～終点、終止点、端点 ◆the arc's two endpoints その円弧の2つの終点 ◆To define a straight line, click on the starting point and click again on the endpoint. 《コンピュ》直線を定義するには、始点［起点、基点、原点］で（マウスを）クリックして終点で再度クリックします。

**end product** an～最終製品、最終生成物、最終結果

**endurance** 《耐久性［力、度］、持久力、忍耐、我慢、辛抱、《航空》航続時間、滞空時間 ◆an endurance test 耐久（性）試験 ◆high endurance 高い耐久性 ◆driven beyond endurance by... ～にたまらなく［耐えられなく、我慢しきれなく］なって ◆put... through an endurance test ～を耐久試験［テスト］にかける ◆test the endurance of vehicles 車両の耐久性を試験する ◆to detect athletes who have used erythropoietin, commonly known as EPO, to increase their endurance 持久力を上げるために一般にEPOとして知られるエリスロポエチン［エリスロポイエチン］（＊造血ホルモンの一種）を使った選手を見つけ出すために ◆win in the world's toughest 24-hour endurance race 世界で最も苛酷な24時間耐久レースで勝利を勝ち取る ◆Endurance is assured by the use of hardened rods and class 25 ball bearings. 耐久性は、焼き入れロッドとクラス25のボールベアリングの使用により保証されています。 ◆His condescending remarks angered me almost beyond the point of endurance, but I refused to be goaded over the precipice. 彼

**endure** の恩着せがましい見下したような発言は私をほとんど我慢の限界まで怒らせた[堪忍袋の緒が切れそうなくらいまで憤らせた]が、挑発に乗って一線を越える[キレる]ような真似はしなかった。

**endure** vt. ～に耐える、～を我慢[辛抱]する; vi. 持ちこたえる, 持続する, 耐え忍ぶ ◆endure temperatures that could fall as low as -80 °C　マイナス80℃にも下がることのある温度に耐える ◆endure the unendurable and suffer what is insufferable 耐えがたきを耐え、忍びがたきを忍ぶ

**enduring** adj. 永続する, 永久的な, 不変の, 恒久の, 不易の, 長持ちする ◆books of enduring value　時を経ても価値が失われない本; 不朽[不滅, 不磨]の書 ◆The operation codename has changed from "Infinite Justice" to "Enduring Freedom."　作戦のコードネームが「無限の[限りなき]正義」から「不朽の自由」に変わった。

**end user** an ～ エンドユーザー, 末端利用者[消費者], 最終使用者, 最終需要[需用]者《コンピュ》開発・設計・制作者ではない使用者、ネットワークを利用する人[装置、プログラム] ◆free and toll-free end-user support　無料のフリーダイヤルエンドユーザーサポート ◆ship it direct to the end user　それを末端の利用者[消費者, 需要者, 需用家]に直接発送する

**enemy** an ～ 敵、(～の)害となるもの[敵]<of, to> ◆a hypothetical [an imaginary, a potential, a possible] enemy　仮想の敵; 仮想敵国 ◆by an enemy within　内なる敵(《意訳》獅子身中の虫)によって ◆our enemy's enemy is our friend　我々の敵の敵は味方だ ◆A car's worst enemy is rust.　車の最大の敵はさびである。 ◆But as is often the case in academia, Mr. Felten is not without his enemies. A particularly determined one is... だが、学界で多くの場合そうであるように、フェルテン氏に敵がいないわけではない。特に断固として挑んでくる相手としては、～がいる。

**energetic** adj. エネルギッシュな, 精力的な, 活力[精気]にあふれている, エネルギー[元気]いっぱいの, 元気バリバリの, 活発な, 馬力のある, 力強い ◆an energetic young lawyer named Glenn Fields　グレン・フィールズという名のエネルギッシュな若い弁護士

**energetically** adv. エネルギッシュに, 精力的に, 活動的に, バリバリと, 馬力をかけて ◆work energetically　精力的に働く

**energization** ◎通電, 電流印加, 電気を供給して回路や機器などを生かすこと; 励磁 ◆upon energization　通電開始時に ◆high-voltage energization　高電圧の印加[通電], 高電圧による加圧(*機械的な圧力ではない) ◆to detect the energization or non-energization of the circuit　その回路が通電状態にあるのか非通電[無通電]状態にあるのかを検出するために

**energize** vt. 〈電気回路や機器〉を生かす, ～に通電する, ～に電圧を印加する, ～を励磁する, 励振する; 〈を作動〉～を活発にする, ～に活力を与える; vi. ◆an energized coil　通電[励磁]されているコイル ◆a current-carrying part [portion]; energized components　電気を伝えて[電気がきて]いる部分; 導電部[通電部, 充電部, 帯電部, 活電部](*帯電と言う場合、電気の意味と間違えないよう注意する必要がある) ◆energize an electromagnet　電磁石を励磁する ◆energize a race　レースを盛り上げる ◆energize Japan's economy　(沈滞した)日本経済に活を入れる ◆energize the circuit by closing switch S₂　スイッチS₂を閉じて回路に電流を流す ◆I am energized by...　私は～に元気づけられる ◆maintain the solenoid valve in an energized state　電磁弁を通電状態に維持する ◆when the circuit is energized　回路が通電されていると ◆the energized segments appear black and the nonenergized segments are nearly invisible　通電[通電]部分は黒く見え、無通電[非通電]部分はほとんど見えない(*液晶の話) ◆This relay has contacts that are open in the non-energized state.　このリレーは非通電[非励磁]状態のときに開いている接点を持っている。(*これを a normally open relay「ノーマルオープン・タイプの継電器」という) ◆Voltage should not be measured directly at the compressor terminals under energized conditions with the terminal cover removed.　端子カバーを外した通電状態でコンプレッサーの端子のところで直に電圧の測定を行ってはならない。

**energy** ◎エネルギー, 電力; 勢力, 精力, 気力, 元気, 活気, 熱気, 活力, 勢い; (しばしば ～gies)活動[行動]力, 能力 ◆focus one's energy on...-ing　～することに専念[専心]する ◆direct one's energies toward...-ing　～することにエネルギー[精力]を向ける ◆direct [pour] one's energies into...　～に力を振り向ける[注ぐ] ◆focus all one's energies on...　～に全力を集中する[注ぐ, 傾ける, 上げる]; ～に総力を結集する[上げる]; ～に打ち込む ◆expend all one's energies into [in, on]...　～に全精力を費やす; ～に全力を傾注する ◆conserve energy　エネルギーを大切に[大事に]使う; 省エネをする ◆save energy　エネルギーを節減[節約, セーブ]する ◆convey energy　エネルギーを伝達する ◆release energy　エネルギーを放出する ◆an amount of energy　ある量のエネルギー ◆primary energy　一次エネルギー(*一次エネルギー源としては石炭、石油、天然ガス、ウラン、水力、バイオマスなど。これらから二次エネルギー源＝secondary energy sources である電気、ガソリン、都市ガス、炭などがつくられる) ◆an energy level　エネルギー準位 ◆energy-conservation [energy-conserving] measures　省エネ策[対策, 手段] ◆high-energy particles　高エネルギー粒子 ◆low-energy electrons　低エネルギー電子 ◆an energy-rich country　エネルギーが豊富にある国 ◆energy-saving technology　省エネ技術, (*電気の話なら、省電力[省電力]技術とも) ◆alternative-energy sources　代替エネルギー源 ◆an energy-efficient building　エネルギー効率の良いビル(*省エネ型のビル) ◆the Law concerning the Rational Use of Energy　《日》エネルギーの使用の合理化に関する法律; (通称)省エネ法 ◆an energy-saver hot water heater　省エネ型湯沸器 ◆an energy-saving water heater　省エネ型湯沸器 ◆a run-up in energy prices　エネルギー価格の急騰 ◆clean energy from sunlight　太陽光から得られるクリーンエネルギー ◆concentrate the energy of light　光のエネルギーを集中させる ◆devote one's energies to...-ing　～することに力を振り向ける[注ぐ], ～することに注力[傾注]する ◆energy dispersive x-ray spectroscopy (EDS)　エネルギー分散型X線分析 ◆energy intensity　エネルギー集約度[投入量, 原単位] ◆energy self-sufficiency　エネルギーの自給自足 ◆improve energy efficiency　エネルギー効率を向上させる ◆provide substantial energy savings　大幅な省エネをもたらす ◆put [channel, devote, pour, throw] all one's energies into...　～に全力投入[を傾ける]する ◆put most of one's energies into...; 全身全霊を打ち込む ◆put most of one's energies into...　～にほぼ全精力を注ぐ ◆save much energy　大幅にエネルギーを節約する ◆the amount of energy released　放出されたエネルギーの量 ◆the energy-saving(s) effects of eliminating...　～をやめる[廃止する]ことによる省エネ効果 ◆an energy-efficient 80C86 microprocessor　エネルギー[電力]効率の良い[《意訳》省エネ・省電力型の]80C86マイクロプロセッサ ◆Buy energy-efficient appliances.　エネルギー[電力]効率のいい器具[節電型の家電品、省電型の電器製品]を買いましょう。 ◆energy consumption reductions must be made　エネルギー消費を削減[《意訳》省エネ]しなければならない ◆put more of one's energies into...-ing　～することにより力[精力]を注ぐ ◆take twice as much energy　倍のエネルギーを要する ◆to make an existing house more energy-efficient　既存の住宅のエネルギー効率を向上させる[《意訳》既に建っている住宅を省エネ化する]ために ◆generate and harness light and other forms of radiant energy　光やその他の種類の放射エネルギーを発生させつつ制御しながら利用する ◆significantly reduce the amount [quantity] of energy consumed for pumping irrigation water　灌漑用水を汲み上げるためのエネルギー[電力]消費量を大幅に減らす ◆the amount of photonic energy applied to the polarizer switch　偏光子スイッチに印加されるフォトニックエネルギーの量 ◆coal releases 29% more carbon per unit of energy than oil　石炭は石油よりもエネルギー[電力]単位当たり29%多く炭素を排出する;《意訳》～エネルギー原単位でみて29%余計に炭素を排出する(*エネルギー原単位とは、単位量の電力や製品を生産するのに必要なエネルギー) ◆The energy of collision creates new particles. 衝突エネルギーは、新しい粒子を作り出す。◆The new battery has eight times the energy density of a lead-acid battery. この新しいバッテリーは、鉛蓄電池の8倍のエネルギー密度だ。◆To keep your energy high, eat right. エネルギーをハイに保っておくためには、食事は正しくとりましょう。◆Try not to scatter your energies too widely. 力を分散しすぎないようにしなさい。◆Worrying about things you cannot control is a waste of energy. どうすることもできないことにやきもきするのはエネルギーの無駄遣いだ。◆If you're currently unemployed, you certainly should focus all of your energy on your job search. 目下失業中ならば、当然職探しに全エネルギー[全精力, 全力]を傾けなければなりません。◆In the second half, our energies faded out and we were at the mercy of our opponents. 私たちは後半に力が尽き相手方にもてあそばれてしまった。◆The direct energy savings effects of SERP refrigerators are quite dramatic. SERP準拠の冷蔵庫の直接的な省エネ効果は実に劇的である。(*SERP = the Super Efficient Refrigerator Program. 米国の制度)◆Electrons in a television set are accelerated by a picture tube to an energy of about 50,000 electron volts. テレビ受像機の電子は、ブラウン管により約5万エレクトロンボルトのエネルギーに加速される。

**energy-efficient** adj. エネルギー[電力]効率のよい, 省エネ(型)の, 節電型の, 省電型の

**energy-saving** エネルギー節約型の, 省エネの, 省電型の, 節電型の

**Energy Star** エネルギースター, エナジースター(*コンピュータの電力消費を抑えるために, 使用していないときは自動的に節電モードに入るよう, 米環境保護局が定めたもの)◆an Energy Star-compliant PC (米環境保護局が1993年に打ち出した)エネルギースター(省エネ規格)に準拠しているパソコン ◆meet the U.S. federal government's Energy Star specification for low electrical consumption 米連邦政府の低消費電力エナジースター仕様[基準, 規格]を満たす[に適合している] ◆the U.S. Environmental Protection Agency's Energy Star computer program 米環境保護局のエネルギースターコンピュータ計画 ◆The model complies with the EPA's Energy Star Program. 《コンピュ》本機種は, 米国環境保護局のエネルギースタープログラムに準拠[適合]している.

**enforce** vt. 〈法律など〉を実施[施行, 執行]する, 励行する, 実現する; 〈方針などに〉実効性を持たせる, ~を強化[徹底]する, ~を強制する ◆enforce a law 法律を執行する ◆enforce law and order 法と秩序を守らせる ◆A manufacturing policy of "zero defects" is enforced in the plant. 「無欠陥」という製造方針が同工場内で実施されている.

**enforcement** 《法律などの》執行, 施行, 実施; 強制, 励行させること; 強調 ◆peace enforcement 平和執行 ◆Enforcement Regulations for the Law Concerning Rational Use of Energy エネルギーの使用の合理化に関する法律[省エネ法]施行規則 ◆step up enforcement of laws prohibiting cigarette sales to any-one under 18 18歳未満にたばこの販売を禁止している法律の施行を強化する

**ENG** ◆camcorders are being used for ENG (electronic news gathering) カムコーダーがENG(電子的なニュース[報道]取材)に用いられている

**engage** 1 vt. 連結する, 結合する, 噛み合わせる, ひっかからせる, はめる; vi. 〈ギアなどが〉噛み合う, 入る, 連動する(→disengage) ◆engage a clutch クラッチを入れる[締結する] ◆engage the pin in the hole in the clear plastic guard ピンを透明プラスチックの防護具の穴にはめる ◆lower the lever until the blade teeth are engaged in the surface ブレードの歯が表面に食い込むまでレバーを下げる ◆Ensure that the latch engages properly. そのラッチ[掛け金]がきちんと掛かることを確認してください.

2 vt. 〈人〉を~に従事させる, 〈人〉を雇う, ~を予約する, 約束する, 保証する; 〈注意〉を引く; vi. 従事する, 携わる, 営む, かかわる, 関係する, 関与する, 参加する, 噛み合う, 係わる, ~する <in>; 約束する <to do> ◆engage in a freewheeling interchange of ideas 自由闊達(カッタツ)な意見交換をする ◆engage the attention of the scientific world 学術界の注意を引く ◆The company is engaged in the subcontract manufacturing of... 同社は, ~の下請け製造に従事して[受託生産を営んで]いる ◆... most of whom are scientists engaged [involved] in research 彼らのほとんどは研究に携わって[従事して]いる科学者たちである ◆The line [number] is engaged. 《英》この回線[番号]は, ふさがっている[話中である]. (*米国では engage の代わりに busy)

**engaged** adj.従事して[携わって]いる, 積極的に関与して[関心を抱いて]いる, 忙しい, 交戦中の, 約束している, 婚約中の, 《英》《電話が》話し中の, 使用中の[ふさがっている], 〈ギアが〉噛み合って[入って]いる ◆an engaged tone 《英》話中音 (**米国では a busy tone)

**engagement** 接触している状態, 噛み合, 係合(ケイゴウ), はめ合い, 雇用, 関与; an ~ 約束, 契約, (結婚の約束=)婚約, 《軍》交戦, 合戦 ◆an engagement party 婚約のお披露目会[パーティー] ◆an engagement ring 婚約指輪 ◆develop rules of engagement (ROE) 交戦規則を策定する (*"軍隊"ではない日本の自衛隊の場合, ROEを「部隊行動基準」と呼ぶ) ◆move the gears into engagement それらの歯車を移動して噛み合わせる ◆move the gears out of engagement それらの歯車を移動して噛み合いを解除する ◆provoke the Luftwaffe into engagement 交戦[戦闘]に誘い出そうとドイツ空軍を挑発する ◆the engagement of the teeth of gears (with each other) 歯車[ギア]の歯(同士)の噛み合い ◆the U.S. engagement policy toward China 米国の対中取り込み政策 ◆the president's "policy of engagement" toward China 大統領の対中「関与政策」 ◆before our relationship develops into engagement 私たちの関係が婚約に発展[進展]する前に ◆have a previous [prior] engagement 先約がある ◆whether you have to return the diamond engagement ring now that he has called off the wedding 彼氏が結婚を取りやめてしまった今, あなたがダイヤモンドの婚約指輪を返さなければならないかどうか ◆when one tooth is going into engagement with the other or goes out of it (歯車の)歯が相手側の歯と噛み合おうとする[係合し始める]時, あるいは噛み合い状態から抜ける際に ◆Check the pinion for proper engagement. ピニオンのかみ合いが適正かどうかチェックせよ.

**engine** an ~ エンジン, 機関, 発動機, 機関車, 消防自動車, (比喩的)心臓部[原動力], 《経済》(比喩的)牽引車, 牽引力, 牽引力の源 ◆an engine-control system 《車》エンジン制御システム ◆an internal-combustion engine 内燃機関 ◆a sixteen-valve engine 16バルブエンジン ◆a turbocharged engine ターボチャージ式[排気タービン過給機付き]エンジン ◆a two-engine DC-9 双発のDC9型旅客機 ◆engine adjustments エンジン調整 ◆an engine lathe 普通旋盤 ◆a diesel engine generator set ディーゼルエンジン式発電装置[設備] ◆an all-aluminum engine オールアルミ[全アルミ製]エンジン ◆an engine for our economy 我々の経済の牽引役 ◆a search engine 《コンピュ》サーチ[検索]エンジン(*検索用プログラム) ◆cause an engine to stop [stall] エンジンを停止[ストール]させる; エンストさせる ◆If engine stalling should occur during testing, ... 万一試験中にエンストが起きたら, ◆in case of engine trouble エンジン不調[トラブル, 故障, 障害]の場合 ◆produce engine stalling エンストを生じさせる[起こさせる] ◆serve [act] as the engine of...; act [serve] as the driving force of [behind, in]... 《意訳》~の推進母体となっている ◆a 3-h.p. lawn-mower-type engine 3馬力の芝刈り機タイプのエンジン ◆become an economic engine for the entire region 同地域全体にとって経済の牽引車[原動力]となる ◆play the role of an engine of economic development [an engine for the destruction of...] 経済発展の牽引車[~の破壊の推進役]としての役割を演じる ◆serve as an engine of economic growth in the region 同地域における経済成長の一翼を担う ◆an electronically fuel-injected, four-valve-per-cylinder, 2.7-liter V-6 engine 電子燃料噴射式, 各気筒4バルブ付き2.7リッターV6エンジン ◆an engine that powers all current 626s 《直訳》現行の626s型車すべてに動力源を

して使われているエンジン ◆small business is the engine that will drive the economy 小企業は、経済を推進させる牽引車である ◆use... as the engine with which to jump-start the nation's economy ～を、この国の経済を活性化するための牽引役として利用する ◆The car's 1859cc engine is rated at 115 horsepower. その車の1859ccエンジンの定格出力は、115馬力となっている。 ◆Use engine braking to slow down. 減速するのにエンジンブレーキを使用せよ。 ◆The engine pumps out 190 hp at 4600 rpm and 240 pound-feet of torque. このエンジンは、4600rpmで190馬力、240ポンド・フィートのトルクを出す。 ◆The laser-beam printer consists of two nearly independent parts: the printing [print] engine and the controller. 本レーザープリンタは、印刷エンジン部と制御部という、ほぼ独立した2つの部分から構成されている。

**engineer** 1 an ～ エンジニア、技術者、技術士、技師、機関士、(陸軍)工兵、《意訳》技術要員 ◆a design engineer 設計技術者
2 vt., vi. 設計する、工学する、(技術を駆使して)つくる、技術者として仕事をする ◆engineered safety features actuation systems 《原子力》工学的安全施設作動システム[設備] ◆tomatoes genetically engineered to stay fresh 新鮮さが長持ちするよう遺伝子工学で改良されたトマト ◆an American-engineered, Canadian-built sedan アメリカ人により設計されカナダ人によって組み立てられたセダン ◆be engineered specifically for... [to <do>] 特に～用に設計されて ◆Molecular biologists are engineering viruses. 分子生物学者たちは、ウイルスを工学している。
3 vt. ～を巧みに計画する[行う]、図る、画策する、導く、～の裏工作をする ◆He struggled to engineer a recovery. 彼は、(業績の)回復を図ろうと苦闘した[何とかしてうまく回復させようと必死になって努力した。

**engineering** エンジニアリング、工学、技術、《形容詞的に》工学(的)、技術、設計、～、機械～ ◆an engineering college; a college of engineering 工業[工科]大学 ◆an engineering drawing 《工学部門の》設計図 ◆an engineering workstation (EWS) エンジニアリングワークステーション ◆engineering plastics エンジニアリングプラスチック；エンプラ；高級特殊硬質樹脂; 高機能(性)樹脂; 高機能プラスチック ◆engineering prowess 工業力; 技術力 ◆financial engineering 財テク ◆human engineering 人間工学 ◆JABEE (the Japan Accreditation Board for Engineering Education) 日本技術者教育認定機構 ◆an engineering-change notice 設計変更[技術変更]通知 ◆make engineering changes to... ～に設計変更をする ◆Toyota's engineering team トヨタの技術陣 ◆require a high degree of engineering expertise to meet... ～に対応する[～を満たす]のに高度な技術知識・能力[技術力]を要する ◆use a high-performance computer to solve complex scientific and engineering problems 高性能コンピュータを用いて複雑な科学・技術問題を解く

**England** 英国、イギリス

**English** adj. 英国[イギリス]の、英語の、イギリス人[英国人]の; n. the ～《集合的、複数い》; 国 英語 ◆the English disease (sickness) 《経済》英国病 ◆as an English-language teacher; as teachers of the English language 英語の教師として ◆read English-language material 英語で書かれている資料[英文教材]を読む ◆to unite French- and English-speaking Canadians フランス系カナダ人と英語系カナダ人をひとつに束ねるために ◆English-into-Japanese machine translation 英和機械翻訳

**engrave** 〈文字など〉を刻む、彫刻する、刻印する <on>; ～に印をつける <with>; (グラビア印刷やプリント基板の)化学食刻を施す、エッチングを施す ◆function keys with engraved tops 《コンピュ》上面に刻印が施されているファンクションキー

**engraver** an ～ 製版者

**engraving** 彫る(術)、彫版(術)、型刷り、an～ 彫版、(彫刻した版から刷った)版画 ◆an engraving machine [needle] 彫刻機[針]

◆small business is the engine that will drive the economy 小企業は、経済を推進させる牽引車である ◆use... as the engine with which to jump-start the nation's economy ～を煙と炎に包む ◆engulf... in smoke and flames ～を煙と炎に包む ◆flames engulfed a room on the second floor of a house 炎が住宅の2階の一室を飲み込んだ ◆a devil named Hitler, who engulfed the world in war 世界を戦争に巻き込んだヒトラーという名の悪魔

**enhance** vt. 高める、増大する、増強する、強調する、強化する、向上させる、～の機能を拡張する、～を高度化する; vi. 高まる、増す ◆enhance ease of use より使いやすくする ◆enhance fuel economy 燃費を向上させる(＊低燃費にする、燃費を良くする) ◆enhance technology 技術を向上させる[改善する、改良する、強化する] ◆enhance vitamin D in milk ミルクにビタミンDを強化する ◆offer enhanced speed 高速化をもたらす ◆a computer-enhanced photograph コンピュータ処理で画質を向上させた写真 ◆enhance the speed of file transfers ファイル転送の速度を上げる; ファイル転送を高速化する ◆enhance X-rays and CT digital image data X線写真およびCTのデジタル画像データを強調する ◆enhance low-rpm torque by supplying high-velocity airflow 高速の(空)気流を供給して低速回転域のトルクを高める ◆For enhanced speed, a Pentium system with at least 64MB of RAM is recommended. 高速化するためには、メモリー64MB以上のPentium機をおすすめします。

**enhanced** adj. 強化[増大]された、向上した、高度- ◆an enhanced version of... 《ソフトウェアなど》の強化版

**enhancement** 回増強、増加、増大、強化、強調、向上、高度化、拡張; an～ 付加拡張機能 ◆edge enhancement 《画像処理》輪郭強調(＊ぼやけている画像の輪郭をはっきりさせること) ◆an image-enhancement technique 画像画質向上技術(＊コンピュータなどを用いて、画像のノイズ除去、修正、修復、画質向上などの処理を施す技術) ◆a yield-enhancement program 歩留まり向上計画 ◆ORSE (the Organization for Road System Enhancement) 《日》財団法人道路システム高度化推進機構 ◆perform contrast enhancement コントラスト強調を行う ◆a computer enhancement of a Viking photograph バイキング号から送られてきた写真をコンピュータで画質向上させた画像 ◆permit the enhancement of punishment for criminals 犯罪者に対する刑罰の強化[加重]を可能にする ◆... resulted from the enhancement of the greenhouse effect ～は温室効果の高まりから起こった ◆users' demands for product enhancements 製品の強化[機能向上]に対するユーザーの要求 ◆changes in climate resulting from enhancement of the earth's natural greenhouse effect 地球自然界の温室効果の高まりの結果として引き起こされる気候の変化

**enhancer** an ～ 増強装置、《コンピュ》拡張ソフト[プログラム]

**ENIAC** (the Electronic Numerical Integrator and Calculator [Computer]) (略語形にtheは不要)エニアック(電子式数値積分計算装置) (＊1945年に完成した世界初の真空管式電子計算機、今日のコンピュータの原型)

**enjoy** vt.～を楽しむ、謳歌[満喫、堪能]する、味わう、享受する、～の恩恵に浴する[あずかる]、～に恵まれる、〈人気など〉を博す、好運に恵まれて～を得る、幸運にも～を持って[取る]、～を経験する、～を受ける; vi. 楽しく過ごす、楽しむ ◆enjoy oneself 楽しむ、楽しく過ごす ◆acquire [gain, win, enjoy, experience] great popularity 大人気を博する; 大好評を博す[取る] ◆enjoy legal protection 法的保護を受ける[享受する] ◆enjoy privileges 特権を享受する[受ける、得る、持つ、有する] ◆enjoy the benefits of democracy 民主主義の恩恵に浴する[恩恵を受ける] ◆When your child is enjoying watching TV, ... お子さんがテレビを(観て)楽しんでいるときに、◆those that enjoy most-favored-nation (MFN) treatment and those that do not 最恵国待遇を受けている国とそうでない国 ◆I fully enjoy doing something like this for kids. 自分は子供たちのために、こういったことをすることを十分に楽しんで[満喫して、面白がって]いる。 ◆The company enjoys sales success in the States. その会社は、米国で好調な販売実績[営業成績]

をあげている．◆Besides being enlightened, the reader would enjoy the richness of expressions used by the Author. 読者は，啓発されると同時に，著者が使った豊かな表現を堪能する[十分に楽しめる/味わえる]ことでしょう．(＊enjoy＝take pleasure [satisfaction] in) ◆U.S. consumers are enjoying a cornucopia of novel products and services. 米国の消費者は，豊富な目新しい商品やサービスに恵まれている．

**enjoyment** 回楽しむこと，享受，喜び，楽しさ，楽しみ；回《通例 the ～》(～を)持っていること，(～に)恵まれていること》<of> ◆with enjoyment 楽しみながら ◆a feeling of enjoyment 満喫感 ◆music enjoyment 音楽観賞の楽しみ［楽しさ] ◆permits the enjoyment of... ～を楽しむ[享受する，謳歌する，満喫する，味わう]ことを可能にする ◆rattles and audible vibrations to mar the enjoyment of the ride (車に)乗る楽しさを損ねて[台無しにして]しまうガタや可聴振動 ◆solely because of the enjoyment of spending time with them 彼らと一緒に時を過ごせる喜び[一緒にいられるということ]だけで ◆new products that increase efficiency and enjoyment in everyday life 日常生活の効率を向上させ喜びを増して[潤いを与えて]くれる新製品 ◆Our enjoyment of a concert was ruined by the young man sitting behind us, whose beeper went off in the middle of a Mozart concerto. せっかくのコンサートが，私たちの後ろに座っていた若い男のせいで台なし[ぶち壊し]になってしまった．モーツァルトの協奏曲の半ばで彼のポケベルが鳴り出したのだ．

**enlarge** vt. ～を拡大する，拡張する，広くする，〈本など〉を増補する，〈写真〉を引き伸ばす; vi. 広がる，大きくなる; (～について)くわしく述べる[記述する]<on, upon> ◆an enlarged view of... ～の拡大図 ◆an enlarged color photo of... ～の拡大カラー写真 ◆can cause the heart to become dangerously enlarged ～は，心臓を危険なまでに肥大化させることがある ◆enlarge pictures to poster size 写真をポスターサイズまで引き伸ばす ◆publish a revised and enlarged edition of... ～の増補改訂版を刊行する ◆he had an enlarged heart 彼は心臓肥大[心肥大]だった ◆The scaling function allows graphical material to be enlarged or reduced. 変倍機能は，グラフィック・データの拡大/縮小を可能にする．

**enlargement** 回拡大，増大，膨張，〈写真の〉引き伸ばし; an ～を引き伸ばし焼き付けした写真，増築部分 ◆photographic enlargement and reduction 写真の引き伸ばしと縮写 ◆the unit features reduction and enlargement at 8 fixed settings ranging from 50 percent to 150 percent 同ユニットは拡大・縮小[変倍]を特徴とし，50%から150%の範囲であらかじめ固定されている8段階に設定可能である ◆A goiter is an enlargement of the thyroid gland. 甲状腺腫とは甲状腺の肥大のことである．

**enlarger** an～ (写真の)引き伸ばし機，拡大器

**enlightenment** 回啓発，啓蒙，教化，文明開化;《(the Enlightenment で)》(18世紀の)啓蒙運動［思想，主義］; 回《(仏教)》悟り(を開いた状態)，成道，大悟 ◆Enlightenment ideas, the philosophy [ideas] of the Enlightenment 〖歴〗啓蒙思想 ◆Later the Buddha meditates under the bodhi tree to obtain [attain] enlightenment. 後に，仏陀はその菩提樹の下で瞑想して悟りを開くのである．

**enlist** 〈人，援助など〉を確保する; ～を入隊させる ◆enlist the cooperation of... 〈人〉の協力を得る

**en masse** まとめて，ひとまとめにして，一緒くたに，全体的にして，総括して，全部一緒にして

**enormity** 回無法さ，法外さ，巨大さ，莫大さ，甚大さ; an～大それた行為，重大な誤り，極悪犯罪 ◆He committed suicide in custody when he realized the enormity of his crimes. 彼は，自分の犯した犯罪の極悪非道さ[罪の重さ]に気づいて拘留中に自殺した．

**enormous** adj. 巨大な，莫大な，膨大な，甚大な，おびただしい，並外れた，ずば抜けた，ものすごい，とてつもない，とてほうもない ◆an enormous amount of information; enormous amounts of information 膨大な量の情報 ◆require enormous amounts of calculation time 多大[膨大]な計算時間を要する ◆save enormous amounts of time in... -ing ～をするのに要

する時間を極めて大幅に削減する ◆spend enormous amounts of money on... 巨額の金を～に費やす ◆spread their message with enormous effect 彼らのメッセージを絶大なる効果をもって広める ◆transmit enormous volumes of data 膨大[莫大]な量のデータを送信する ◆Enormous amounts of electric power are required. ばく大[膨大]な量の電力が必要とされる．◆The past two decades have seen enormous advances in ways by which image data can be captured. 過去20年間に，画像データの取り込み方法に極めて大きな[長足の]進歩がみられた．◆The range of personal computers currently on the market is enormous. 現在市販のパソコンの商品の幅は非常に[とてつもなく]大きい．

**enough** 十分な，必要なだけの，たっぷりの，足りる，(～できる)だけの，うんざりするほど ◆an amount large enough to <do> ～するのに十分な金額 ◆offer more than enough processing power for... ～用に十二分の[十分すぎる]処理能力を持っている ◆a nice-enough car 十分いい車 ◆that's good enough for... [to <do>] ～には[～するには]それで十分だ ◆Meanwhile, not enough has been done to curb... その間，～を抑制するための取り組みが十分に[満足に，ろくに，ろくすっぽ，まともに]なされてこなかった ◆if there are not enough seat belts for them all シートベルトが足りなくて彼ら全員に行き渡らない場合 ◆There is not enough free disk space. 空きディスク領域[ディスクの空き容量]が不足しています．◆He said enough is enough is enough. 彼は，もういいかげんにしてくれ，と言った．◆I haven't used both enough to make a valid comparison. 私は，的確[妥当，正当]な比較評価ができるほどまでは両方とも使い込んでいない．◆So handy, one won't be enough! とても便利で，1つでは足りないほどです．《広告》◆There is not enough memory. 《コンピュ》メモリーが不足している．◆The workstation is small enough to fit on a desktop. そのワークステーションは，机の上に収まるくらい小さい．◆I left the bathroom light on and the door ajar just enough so I could find my clothes. 着る物が探せるように，浴室の電気をつけっぱなしにして扉を最小限開けておいた．◆I've come to the point where enough is enough. I can still be competitive next year, but I don't want to continue traveling around the world losing in the first or second round. 私はもうたくさんだ[やってられない]というところまできてしまいました．来年もまだ競争力はある[戦える]かもしれませんが，世界中渡り歩いて1回戦とか2回戦で負けを喫しながら続けていくのはいやなんです 《参考》◆allow just enough light into the camera 《直訳》ちょうど十分な(量の)光をカメラに入れる (＊適正露出[露光]の話で)

**enrich** vt. ～を富ませる，豊かに[裕福に]する; 濃厚にする，～の栄養価を高める[強化する]，富栄養化する; 〈鉱物，プルトニウムなど〉を富化する，〈ウラン，同位体，ガスなど〉を濃縮する ◆a highly enriched nuclear fuel 高度に濃縮した核燃料 ◆by enriching understanding of... ～の理解を拡充することによって ◆enrich human life 人生を豊かにする[充実させる] ◆enrich the soil 土地を肥やす[肥沃にする] ◆enrich uranium ウランを濃縮する ◆use weapons-grade uranium (enriched to over 90 percent uranium-235) (ウラン235の比率を90%以上に濃縮した)兵器級ウランを用いる ◆enrich the economy at the village and hamlet level 経済を村落とか部落のレベルで富ませる[豊かにする] ◆applications of space technology that have enriched our lives 私たちの生活を豊かにしてくれた宇宙技術の応用 ◆she's providing a service that enriches barren lives 彼女は味気ない生活に潤いを与えるサービスを提供している ◆These are enriched with vitamins and minerals. これらにはビタミンとミネラルが強化されている．

**enriched uranium** 濃縮ウラン

**enrichment** 豊か[裕福]にすること，富ますこと，富栄養化，(食品の栄養)強化，濃縮，(プルトニウムの)富化，(同位体，ウランの)濃縮 ◆provide cultural enrichment to all 全ての人に教養を身につけさせる ◆the degree of enrichment of fuel 〈原子力〉燃料の濃縮度 ◆the enrichment and betterment of the living environment within... ～内における生活環境の

整備 ◆uranium enrichment ウラン濃縮 ◆the enrichment of uranium for use as fuel at nuclear power plants 原子力発電所で燃料として使用するためのウランの濃縮 ◆Adults participate in vocational and adult education not only to learn job skills, but also for personal enrichment. 成人は仕事のための技能を教わるためだけではなく教養のために職業教育や成人教育を受講している。(*personal enrichment=個人個人の学識・心・生活・人生などを豊かにする[充実させる]こと)

**enroll** vt. ~を(名簿,目録などに)登録する,名簿にのせる,入学[入会]させる; vi. ~に入会する,登録する <in>

**enrollment, enrolment** 《前者が米綴り》(an)~登録,入会,入学,登録者[入会者,入学者]数 ◆pass an enrollment test 入隊[軍の採用]試験に通る;入学試験に合格する ◆school officials had been padding enrollment figures by at least 10 percent 学校の職員は(ずっと)入学者数を少なくとも10%水増ししていた

**enshrine** vt. ~を祭る[祀る],安置する;~を大切にしまう[秘蔵する],(神聖にして侵さざるものとして)~を((心など))秘める <in> ◆the principles enshrined in the Charter of the United Nations 国連憲章に崇高[気高く,荘厳,おごそか]に謳われている理念

**enshroud** vt. (*死者に経帷子(キョウカタビラ)を着せるように)~を覆い隠す[包み込む] ◆the veil of secrecy enshrouding...[that enshrouds...] ~を包んで[覆って]いる秘密のベール[ヴェール]

**ensue** vi. 結果として起こる,(必然的に)続いて起こる ◆Despite the riots that ensued,... それに[引き]続いて発生した暴動にもかかわらず, ◆continue the article on ensuing pages その記事を後ろのページに続ける(*次ページとは限らず,広告のページをはさむなどして,しかるべきページに続けるという意味) ◆He grabbed a knife, and a melee ensued. 彼はナイフをひっつかんだ。それから[彼に]乱闘になった。

**ensuing** adj. 次の,(結果として)続く,続いての,続いて起こる ◆in the ensuing six weeks その後6週間の間に ◆in the ensuing years その後何年かの内に ◆over the ensuing years その後何年にもわたって ◆the ensuing year その翌年(に)

**ensure** vt. 〈成功・実現など〉を保証[確保,確かなものに,確実に,約束]する,~を徹底させる;守る,保護する;((ensure A B の形で))A(人など)にB を保証する ◆Ensure that... 確実に[必ず]~になるようにしてください;~となるよう徹底して[万全を期して]ください;(意訳)~であることを確認してください;(意訳)~ないように気をつけて[注意して]ください ◆ensure full employment 完全雇用を保証する[確実なものにする,約束する,(意訳)実現する] ◆regarding the ensuring of safety of civilians against anti-personnel mines (APMs) 対人地雷に対する民間人の安全を確保することに関して ◆food manufacturers using HACCP procedures to ensure quality control 品質管理を徹底するためにHACCP[総合衛生管理製造過程]方式を使っている食品製造業者 ◆ensure high contrast and sharp images through the absorption of glare ギラツキの吸収により高いコントラストとシャープな画像を保証する ◆The NFL is not a watchdog to ensure enforcement of this regulation. NFLはこの規則の執行を徹底させるための監視機関ではない。 ◆Perform a megger test of motor windings to insure [ensure] satisfactory insulation resistance. モーター巻線のメガー試験を行って,絶縁抵抗が十分高いことを確認してください。 ◆Please ensure that you are entering your entire password, including all spaces. スペースも全部含めてパスワード全体を入力するようにして[(意訳)注意して,気をつけて]ください ◆Please ensure that the downloads to the PC are done in BINARY mode. パソコンへのダウンロードは,必ずバイナリモードで行うようにしてください。 ◆The robot incorporates a number of safety features to ensure that a user would never be hurt by it. そのロボットは,決してユーザーにけがを負わせないようにするための安全装置をいくつか内蔵している。 ◆Two paper trays hold stacks of paper in place, ensuring precise feed into the printer. 2つの用紙トレーが用紙を所定の位置に収容して,プリンタへの正確な給紙を確実なものにする。 ◆Various kinds of controls are used to ensure the correct functioning of the system. システムが確実に正常に機能するよう,様々な種類の制御装置が使用されている。 ◆Under the new plan, FDA inspectors will ensure seafood plants are enforcing HACCP by checking records that trace the seafood to its origin. この新制度のもとでは,米食品医薬品局の検査官らは海産食品の出所を示す記録を調べることにより水産食品工場におけるハサップ[総合衛生管理製造過程,危機分析重点管理]の実施の徹底を図ることになっている。

**entail** ~を必然的に伴う,必要とする;~を(~に)課する[負わせる] <on, upon> ◆entail high cost 高い費用がかかる ◆The experiment would entail danger to the experimenter. この実験は,実験者にとって危険を伴うものになるかも知れない。

**entangle** vt.((しばしば受け身で用いる))~をもつれさせる,~を(~に)からませる[掛かり合いにする,巻き添えにする,陥れる],~を混乱[紛糾]させる ◆become entangled in a dispute 論争に巻き込まれる ◆become entangled with a motor モーターに巻き込まれる ◆Try not to get entangled in your friends' problems. 友達の問題にはかかわり合わないようにしなさい。 ◆Resist becoming entangled [involved] in a friend's romantic or financial schemes. 友人の恋の駆け引きとか儲け話には関わり合わない[巻き込まれない]ようにすること。

**entanglement** 囚もつれさせる[からます]こと,もつれ,かかり合い,《沈》(分子の)絡み合い;an~ もつれた男女[肉体,不倫]関係,ごたごた,紛糾,混乱,混線;an~ わな;~s 《軍》鉄条網 ◆molecular entanglement; (the) entanglement of molecules 分子(同士)の絡み合い ◆straighten out financial entanglements 金銭上のもつれ[ごたごた]を収拾する ◆to prevent entanglement with... ~とかかわりを持たないようにするために ◆Corner posts should be no higher than 5/8 of an inch, to prevent entanglement of clothing or cords around the neck. 角の支柱は,衣服や紐が首に絡まるのを防ぐために,高さ8分の5インチ以下でなければならない。(*ベビーベッド(crib)の仕様) ◆Crib toys should have no strings longer than 12 inches, to prevent entanglement. ベビーベッドの玩具は,絡まりを防止するため,12インチよりも長い紐が付いていてはならない。

**enter** vt. ~に入る,~を入力[登録]する,~を記入する,~を始める,〈市場〉に参入する; vi. ◆the Enter [Return] key 〈ワープロなど〉改行[実行,決定]キー;〈測定器など〉登録キー ◆data enters at pin 2 データはピン2に入る[入力される] ◆enter data into a computer コンピュータにデータを入力する ◆enter... in a catalog ~をカタログに登録[載せる]する ◆enter... in an account book 帳簿に~を付ける ◆enter into a joint venture with... ~と合弁事業を始める ◆enter the United States 米国に入国する ◆keep dust from entering the hard disk unit ハードディスク装置にほこりが入るのを防ぐ ◆the circuit enters upon its saturation region 回路が飽和領域に入る ◆when the transistor enters into its active region このトランジスタが動作領域に入る際に ◆the remarks "Supplier Retain" entered in the address section of the form その用紙の住所欄に記載[記入]されている「部品納入メーカーにて保管」という備考 ◆In 1971, the computer industry entered a new era. 1971年に,コンピュータ業界は新しい時代に突入した[時代を迎えた]。 ◆You must not enter this street when confronted by this sign. 前方にこの標識がある場合は,この通りに(車を)乗り入れてはいけません。 ◆The company is not expected to enter the market for at least a year or two. その会社の市場参入は少なくとも1~2年先と見られている。

**enterprise** an~ 企業,企て,事業;①重大な気象の気力[気性],起業[企業];⑪(特にある国の)企業(体系) ◆an enterprising spirit 進取の気象[気性],気概,やる気,覇気 ◆private enterprise 《不可算で》(特に一国の)民間事業[民間企業,私営] ◆the Small and Medium Enterprise Agency 〈日本中小企業庁〉 ◆a low-tax enterprise zone 税金の安い企業自由地域 ◆start up an enterprise 事業を始める ◆the Short-term Economic Survey of Enterprises in Japan (Tankan) 〈日銀の〉企業短期経済観測調査(短観) ◆...can be used in both small- and

**entertain** vt. ～を楽しませる、喜ばせる、面白がらせる；～をもてなす、歓待する、招待する、供応［饗応］する、～にごちそうする；（感情、疑い、意見、希望など）を心に抱く; vi. 客をもてなす、歓待する ◆entertain... as a guest ～を客としてもてなす

**entertainer** an ～ 客をもてなす人、エンターテイナー、芸能人、芸人、タレント ◆this year's highest-paid entertainer 今年の出演料［ギャラ］が最高の芸能人

**entertainment** ①娯楽、楽しみ、おたのしみ、接待、もてなし、遊興、芸能、エンターテイメント；(an) ～ 演芸、余興、興行 ◆entertainment expenses 接待費；交際費 ◆adult entertainment businesses 風俗営業；風俗営業 ◆spend excessive amounts on entertainment 交際費を使い過ぎる ◆add entertainment value to the car's tail 車の後尾の部分に遊びの要素を加える

**enthalpy** エンタルピー(= heat content, total heat, sensible heat)

**enthusiasm** (an) ～ 熱中、熱意、熱狂；熱情、情熱；《意訳》意欲 ◆enthusiasm for [about]... ～に対する情熱 ◆with enthusiasm 熱心に ◆Businesses are looking for applicants with drive, enthusiasm and initiative. 企業は、行動力があり意欲的かつ自主性のある応募者を探し求めている。 ◆That dampened the investment enthusiasm of wealthy Mexicans and Texans. それは裕福なメキシコ人とテキサス州人の投資意欲を鈍らせた。 ◆All EU member states have, in principle, expressed support for enlargement, albeit with varying degrees of enthusiasm. 欧州連合の全加盟国が、温度差は異なるものの原則的に拡大を指示するむねの表明をした。

**enthusiast** an ～ ファン、マニア、大の［根っからの］～ 好き(の人)、-狂(キョウ) ◆guitar enthusiasts ギター愛好家［愛好者］たち ◆an audio enthusiast オーディオマニア ◆a photography enthusiast 写真大好き人間、アマチュア写真家

**enthusiastic** adj. 熱心な、熱狂的な、熱烈な、熱中している、熱を入れて、情熱のこもった、情熱をもった、激しい ◆(an) enthusiastic discussion 熱のこもった［熱い、熱気をおびた］ディスカッション ◆be enthusiastic about the future 将来に熱い期待をかけている ◆express enthusiastic support for... ～に対して熱烈［熱心］な支持を表明する ◆get [receive , elicit, draw] an enthusiastic response <from> （～からの）熱烈な［熱狂的な、熱い］反響を得る［呼ぶ］ ◆he is not enthusiastic about <... ing> 彼は、～することに乗り気ではない［気乗りがしていない］ ◆Be enthusiastic about work, home and romance. 《意訳》仕事も家庭も恋愛も大切にしなさい。 ◆the owners were not enthusiastic about making repairs or replacing old equipment 所有者らは修理することや古くなった機器の交換についてはあまり気乗りがしなかった ◆they are enthusiastic about the idea of saving lives through transplantation 彼らは移植により生命を救うという考えを熱心に支持している ◆He's enthusiastic about his job. He puts himself into everything he does. 彼は自分の仕事に熱心だ［情熱をもっている］。彼はやることすべてに身を入れている。 ◆We have to be careful that we don't get overly enthusiastic about the first year. 我々は初年度にあまり期待しすぎないよう注意しなければならない。 ◆When we tested the flight simulator at a southern California airshow, it was the pilots who were the most enthusiastic. そのフライトシミュレータを南カリフォルニアの航空ショーでテストした際、一番熱中した［熱心だった］のはパイロット達だった。

**enthusiastically** adv. 熱心に、熱意をもって、熱狂的に、情熱的に、激しく；しきりに ◆he enthusiastically recommended it to her 彼は、それを熱心に［しきりに、しきりと］彼女に勧めた。 ◆plunge enthusiastically into fuzzy research 熱意をもってファジー（理論）の研究に深く没頭［投入］する

**entice** vt. ～を誘う、誘致する、その気にさせる、そのかして～させる <to do, into doing> ◆discuss ways of enticing businesses to the city この市に企業を誘致するための方法

について話し合いをする ◆entice customers to come in 客を（店に）誘い入れる ◆entice voluntary resignations 希望退職を勧奨［奨励、勧告］する；肩たたきする ◆entice first-time buyers 初めての購入者［新規購入客］を獲得しようとする ◆the advertisements are trying to entice youngsters into smoking and drinking これらの広告は、若年者たちをそそのかし喫煙や飲酒をさせようとしている ◆Retailers use them as loss leaders to entice customers to come into their stores. 小売業者は、客を店に呼び込むためにそれらを目玉商品に使う。

**enticingly** adv. 魅惑的に、気を引く［興味をそそる、その気にさせる、行動を誘う］ように ◆an enticingly priced product; products that are enticingly priced 魅惑的な［魅力的な、購買行動を起こさせるような］値段がつけられている商品

**entire** 全体の、全部の、まるまるの、完全な、無傷の、そっくり揃っている、全一 ◆the entire amount 総和 ◆the entire world 全世界［世界全体］ ◆the entire spectrum of the economy 経済全般 ◆back up an entire disk ディスクを丸ごとバックアップする ◆search through the entire Bible 聖書を全文検索する ◆sleep for two entire hours まる2時間眠る ◆the entire shoreline of the Lake Michigan ミシガン湖の湖岸線の全長 ◆Lightly grease the rod along its entire length. ロッドの全長にわたって薄くグリースを塗ります。 ◆They have discovered and distributed this technique throughout entire Europe. 彼らはこの手法を発見して全欧州［欧州全体、ヨーロッパ全域］に広めた。

**entirely** adv. 全く、全然、どだい、てんで、完全に、すっかり、まるまる、全部、悉皆(シッカイ)、全面的に、一途に、もっぱら ◆operate the computer entirely by voice コンピュータを完全に音声のみで操作する ◆But that's not entirely a bad thing. だが、それが全く［まるっきり］悪いことだというわけではない。 ◆I entirely agree with your opinion. 私も、あなたと全く同じ意見です。 ◆The body and frame are designed and constructed entirely of aluminum and stainless steel to provide durability and resistance to rust and corrosion. ボディーとフレームは、耐久性および防錆・防食性を持たせるために、すべてアルミとステンレスで設計・組み立てされています。

**entirety** ①そっくりそのままの様、完全さ、全部、全体、全類 ◆clean out the inventory (in its entirety) 在庫を一掃する ◆Quoted in its entirety with permission) （許しを得て全文引用）(＊断り書きの表現) ◆study the bills in their entirety これらの法案全体を検討する ◆the copying of a tape in its entirety テープのまるごとコピー ◆view a chart in its entirety チャートの全体像を見る ◆That list, in its near-entirety, appears on the next page. そのリストがほぼまるまる［その表のほぼ全容が］次のページに掲載されています。 ◆The story is false in its entirety. その記事は、全部が全部［全くの、《意訳》始めから終わりまで］でたらめだ。 ◆The threatening letter, published yesterday in its entirety in the San Francisco Chronicle, read: サンフランシスコ・クロニクル紙上で昨日全文が発表された脅迫状の内容は以下のとおりです。

**entitle** vt. ～に題［題名、表題、タイトル］をつける、～に資格［権利］を与える ◆a full-color, 384-page book entitled "1991 Cars" 「1991年式車」というタイトルがついているフルカラー刷り384ページの本 ◆they are entitled to protection 彼らは保護をうける権利がある

**entity** an ～ 実在している物、実体、独立している物、要素、エンティティ、《CG》(画面)要素；①実在、存在 ◆a (drawing) entity 《CG》描画要素［エンティティ］ ◆as a business entity 事業主体［企業体、企業］として ◆draw an entity-relation diagram (ERD) 《コンピュ》(＊データベースの)実体関連図を記述する ◆they are accused of creating a fictitious business entity known as xxx 彼らは、xxxという架空の事業実体［企業、会社、法人］を作ったかどで告発されている ◆Each one is treated as a separate entity. それぞれは、別個のものとして取り扱われている。 ◆About 800 of the nation's 1,100 state-owned entities have been turned private. 同国の国有企業1,100社のうち約800社が民営化された。

**entrain** 《化》(蒸気, ガスなどが)〜を一緒に運ぶ, 飛沫同伴する, (液体, セメントなどの)〈気泡など〉を内に閉じこめる[連行する] ◆air-entrained concrete AE[空気連行]コンクリート ◆remove entrained moisture from the air 空気中に含まれる水分を除去する[除湿する] ◆the behavior of entrained particles 同伴される粒子の挙動(*気流などの媒体に「含まれる」ことを「同伴」と工業分野では表現する) ◆Droplets of oil are entrained in the airstream. 油の細かい粒子は, この空気流によって運ばれる.

**entrance** an〜 入口, 出入り口, 玄関, とば口, 戸口; 〜に入ること, 入場, 入学, 入社, 入会, 参入, 入る権利[許可], 開始 ◆standardized college entrance exams 共通大学入学試験(*単科大学への) ◆an entrance to... 〜への入口 ◆gain illegal entrance into a computer system コンピュータシステムに不法に入り込む[侵入する] ◆the main entrance of a building ビルの正面玄関 ◆the people seeking entrance to the room その部屋に入ろうとしている人たち ◆This hole allows for the entrance of oxygen so that the rhizobia can breathe. この孔は, リゾビウム属の各種根粒バクテリアが呼吸できるよう酸素の侵入[《意訳》取り入れ]に対処するものである. ◆College entrance exams measure more than the knowledge you have accumulated. They also rate your test-taking know-how. 大学入試は蓄積した知識を調べるのにとどまらず, 試験攻略テクニックまでも考査する. ◆Unless the information matches up with the characteristics of authorized persons, entrance is denied. その情報が(出入り)許可された人の特徴と一致しない限り, 立ち入り[入室, 入館]は拒否される.

**entrant** an〜 (新規)参入業者の, (競技などへの)参加者, 新規加入者, 新加入者, 新入会員, 新入者, 新入生, 入る者[人] ◆new entrants to the industry その産業[業界]への新規参入業者

**entrepreneur** an〜 アントレプレナー, 起業家, 企業家 ◆a student entrepreneur 学生起業家[アントレプレナー]

**entrepreneurial** adj. 起業家[企業家]の, 起業家[企業家]的な ◆we have an entrepreneurial spirit 我々には起業家精神がある

**entrepreneurship** 回起業家[企業家]精神 ◆there is a spirit of entrepreneurship 起業家精神がある ◆he stressed the importance of fostering entrepreneurship and creating jobs 彼は起業家精神を育て, 雇用を創出することの重要性を強調[力説]した

**entrust** vt. 〜の管理[保護, 世話]を(人に)委せる, 委託する, 委任する; 預ける〈to a person〉 ◆be entrusted with mandatory rule over... 〈歴史〉〈国〉は〈人民や地域〉の委任統治を任せられる[受任する] ◆be entrusted with the care of... 〜の世話[面倒見]を任せられて[委ねられて, 頼まれて]いる ◆entrust the care of children to... 〈人など〉に子供の世話を頼む[依頼する, 委ねる, お願いする] ◆money entrusted to his care 彼に預けてある金; 彼が預かっている金 ◆discretionary accounts in which clients entrust brokers with investment decisions 顧客が証券マンに投資に関する意思決定を委ねる[一任する]一任勘定 ◆it was decided to entrust the manufacture of the car to the Karmann coachworks in Osnabruck, Germany その車の製造[生産]をドイツのオスナブリックにあるカルマン車体工場に委託することに決定した ◆they entrusted their offspring to a day-care center 彼らは子供を(昼間)保育園[保育所, 託児所, 育児所]に預けた ◆we are delighted to have been entrusted with the manufacture of the Paralympic winners' medals 私どもは, パラリンピックの優勝(者)メダルの製造[生産, 製作]を委託されて大変喜んでいる ◆we would no longer entrust Grandma with the overnight care of our son 私たちはもうおばあちゃんに息子のお泊まりの世話は頼まない[お願いしない]と考えました ◆Pope John Paul II said he was entrusting himself to the care of the Virgin Mary. 《意訳》教皇ヨハネ・パウロ2世は, ご自身の運命は聖母マリア様にすべてお任せしていると語った. ◆She enjoys the responsibility of being entrusted to care for someone else's children. Plus, she simply likes kids. 彼女は人様の子の世話を任される責任[人の子を責任を持って預かって子守をする]ことを楽しんでいる. それに, 彼女はとにかく子供が好きなのだ. (*子守のアルバイトの話で)

**entry** (an)〜入る[入れる]こと, 入るための権利[許可], 入場, 立ち入り, 入国, 入学, 入社, 入会, 加入, 参加, (市場)参入, 入門, (データ)入力, 記入, 記載, 登録, エントリ; an〜(記載[登録])項目, 〈辞書などの〉見出し語, 〈コンテストなどの〉参加者[出場者, 出品物], (市場への)投入製品 ◆an entry [incident] angle 入射角 ◆an entry word 見出し語 ◆data entry データ入力 ◆menu entries 《コンピュ》メニュー項目 ◆a data entry screen データ入力画面 ◆the number of entries (記載)項目数; 登録件数; 出場者[チーム]数 etc. ◆add entries to the event log 《コンピュ》イベントログにエントリを追加 ◆a person trying to make an illegal entry 不法に入国[密入国]しようとしている人 ◆he made untrue entries in his diaries 彼は日記に虚偽の記載をした[嘘を書いた] ◆make an entry into... 〜に入る[立ち入る, 進入する, 侵入する, 参入する, 進出する] ◆make a new entry in the dictionary その辞書に新しい見出し語を立てる ◆make entries in a database データベースに入力[登録]する ◆make entries into the register その帳簿[記録簿]に記載[付け込み]する(*「付け込みする」は科目別にせず書き入れることなので使用の際には要注意) ◆make unauthorized entries into computers コンピュータに不法侵入する ◆to prevent the entry of dirt 土埃[砂埃, ほこり, ゴミ]の侵入を防ぐため ◆without the need for entry of personnel 作業員が中に入る必要なしに; 職員の立ち入り[人員の進入]を要さずに ◆China's entry into the commercial-launch market 商業衛星打ち上げ市場への中国の参入 ◆a double-door entry 観音開き[両開き]の扉がある入口 ◆aliens seeking to make an entry into the United States 米国に入国しようとしている外国人たち ◆As entry into wholesale power generation markets increased, ... 卸発電市場への参入が増えるにつれて ◆prohibit the entry of unauthorized vehicles into... 無許可車両の〜への進入[侵入]を禁止する ◆The name was chosen by..., from among some 8,000 entries. この名前は, 約8,000件[通, 名]の応募の中から〜によって選ばれた. ◆more than 400 Cultural Notes at entries such as... 〜などの見出しについて400件を超える文化的観点からの解説 ◆accelerate the vehicle to ensure smooth entry into the traffic flow (本線の)交通の流れにスムーズに入れるよう車を加速する ◆Entry is permitted only to authorized personnel. (許可された)スタッフ以外の立ち入りは禁止されている. ◆Femtex is certain to make an entry into this field as well. フェムテックス社もこの分野に参入[進出]することは確実である. ◆Make sure you read all the entry rules carefully and abide by them. 応募のきまりを必ず全部よく読んで守ってください. (*コンテストの話) ◆Make the following entries on your 1998 gardening calendar. 以下に掲げる事項を, あなたの1998年園芸カレンダーに書き込めて[記入して]ください. ◆As in previous years, the flood of entries came from all over North America and from such faraway places as Australia, Argentine, and Turkey. 例年のごとく, 参加申し込みは北米中から, またもオーストラリア, アルゼンチン, トルコなどの遠方の地からも, 洪水のように押し寄せた. ◆Entry by humans into abandoned mines could disrupt the bats within and potentially result in their abandonment of the mine altogether. 廃鉱への人間の立ち入り[進入, 侵入]は内部のコウモリ(の生息環境)を乱す可能性があり, 彼らが廃鉱を完全に見捨てていくといった結果を招きかねない.

**entry level** an〜入門段階, 初心者レベル; entry-level adj. 初歩の, 基礎的な, 入門用の, 初心者用の, 未熟練者向けの ◆entry-level users 初心者[入門者レベル, 初級レベル]のユーザー ◆an entry-level SLR 入門者[初心者]向け一眼レフ(カメラ) ◆(an) entry-level stature 登竜門的なステータス[地位](*更に上に行くための踏み台=a stepping-stone的な) ◆a new entry-level version of the system そのシステムの新しい入門版[最下位版] ◆professionals from executive through entry levels エグゼクティブから駆け出し[新米]

までの専門家たち ◆provide students with entry-level skills for a career in mechanical drawing or drafting 学生たちに機械製図の分野で仕事をやって行けるよう基礎的[初歩的]な技能を身につけさせる

**enumerate** vt. ～を数え上げる，数え立てる，並べ立てる，(一つ一つ)挙げる，列挙[枚挙]する ◆...are enumerated below. ～は以下に掲げられて[列挙されて]いる

**envelop** ～を包む，おおう，おおい隠す，囲む ◆a malaise enveloping the U.S. economy 米国経済を取り巻いている倦怠感

**envelope** an ～ 封筒，外皮，包み，おおい，包絡(ホウラク)線，包絡面，(飛行船などの)気嚢(キノウ)，《a glass envelope ガラス製の封体部(＊電球や真空管のガラスの外壁部分)》◆an evacuated envelope 真空容器 ◆a window envelope 窓付き封筒 ◆envelope delay distortion 《通》包絡線遅延ひずみ ◆envelope the attack in a compliment 攻撃をお世辞[ほめ言葉]のオブラートに包む(＊人を言葉で攻撃するときに悪いイメージを抱かせないように，という話です) ◆a check-bearing envelope 小切手が同封されて[入って]いる封筒 ◆Note that many printers allow you to manually feed envelopes one at a time. なお，多くのプリンターは封筒を1枚ずつ手差しで給紙できる．

**envious** adj. (～を)うらやましがる，羨望する，ねたむ，そねむ，やっかむ〈of〉；(～に)嫉妬する〈of〉；うらやましい，ねたましげな，ねたみ[嫉妬]深い ◆cast an envious eye on... ～に羨望の目を向ける

**environment** (an) ～ 環境，the ～ 自然環境 ◆a hostile environment 悪い[厳しい，劣悪な，苛酷な，過酷な，悪条件の]環境；逆境 ◆an environment variable 《コンピュ》環境変数 ◆environment measuring equipment 環境計測器[測定器] ◆the UNCED (U.N. Conference on Environment and Development) 国連環境開発会議(＊1992年6月にブラジルで開催。通称「環境サミット」) ◆the UNEP (United Nations Environment Program) 国連環境計画 ◆the Japan Environment Association (JEA) 《日》(財団法人)日本環境協会(＊このエコマーク事務局Eco Mark Secretariatが環境庁の指導のもとにエコマーク制度のEco Mark Programを運営している) ◆a use environment 《コンピュ》使用環境 ◆change the computer's environment settings コンピュータの環境設定を変える ◆make environment settings 《コンピュ》環境設定をする ◆measures (designed) to protect the environment 環境を守る[保護する]ための対策[措置]，環境保護策，環境対策 ◆safeguard the environment (自然)環境を保全[保護，防護]する ◆the environment is ripe for... ～(へ向けて)の環境が整った；～の機(気)運は熟した ◆the most hostile of all environments あらゆる(使用)環境の中でも最も厳しい環境 ◆aimed at reducing the load on the environment 環境への負荷の低減を目指して ◆can potentially damage the user's computing environment 《コンピュ》～は場合によってはユーザーのコンピューティング環境に損傷を与えることがある ◆establish a better environment conducive to investment and growth 投資や成長を促すような，よりよい環境をつくる[醸成する] ◆the sensors capture information about the environment これらのセンサーは周囲の情報を取り込む ◆Environments: Windows 3.11, 95, 98, NT3.51, NT 4.0, DOS and OS/2. 《コンピュ》(動作)環境: Windows 3.11, 95, 98, NT3.51, NT 4.0, DOS and OS/2 (＊列挙されているのはOS(基本ソフト)の種類) ◆a static-safe work environment for testing and repair operations 静電気に対する安全対策が取られている試験・修理業務のための作業環境 ◆for industrial applications involving tough environments 過酷な[厳しい]環境を伴う産業用に ◆ENVIRONMENT: Operating Temperature: 0 °C to 70 °C; Maximum Operating Humidity: 90% 環境: 動作温度: 0°C～70°C；最高動作湿度: 90%(仕様表での表記) ◆Windows is an event-driven environment. 《コンピュ》Windowsは，事象駆動型の環境である．◆The computer works best in a clean, vibration-free environment, away from such hazards as spilled coffee and chemical fumes. コンピュータは，クリーンで振動がなく，コーヒーがこぼれたり有毒ガスが発生したりするような害のない環境で，最も調子よく稼働する．◆The hard disk drive can be used in adverse environments where particulate contamination and wide temperature variations are encountered. 本ハードディスクドライブは，(空気中を浮遊する)汚染微粒子ならびに大幅な温度変化のある劣悪な環境でも使用できます．

**environmental** adj. 環境の，自然環境の ◆environmental destruction [disruption] 環境破壊 ◆environmental engineering 環境工学 ◆environmental friendliness (= friendliness to the environment) 環境への優しさ；環境への配慮[考慮]；環境に調和していること；環境適合性；環境保全性 ◆environmental issues 環境問題 ◆environmental monitoring equipment [technology] 環境監視機器[技術] ◆environmental pollution 環境汚染 ◆environmental protection 環境保護[保全] ◆environmental protection measures 環境を守るための措置，環境保護[保全]策，環境対策 ◆environmental remediation 環境修復 ◆environmental resistance 耐環境性 ◆environmental standards 環境(保護)基準 ◆environmental stocks 《株》環境(関連銘柄)の株 ◆an environmental conservation group 環境保全[保護]団体 ◆environmental measurement technologies 環境測定技術 ◆an environmental-impact assessment 環境影響評価(＊開発に先立ち，環境に及ぼすかも知れない影響を予測し評価すること) ◆an environmental consulting company 環境コンサルタント会社 ◆the Environmental Disputes Coordination Commission 《日》公害等調整委員会 ◆a global environmental impact reduction program (意訳)地球環境に及ぼす影響[(意訳)環境負荷]を低減する計画 ◆a measure taken for environmental protection purposes 環境保護の目的のために取られた[講じられた]対策[措置，処置，施策，方策，手段] ◆an environmental assessment of the site その土地の環境アセスメント ◆a private environmental group 民間環境保護団体 ◆be resistant to adverse environmental conditions 劣悪な環境条件に対し抵抗力がある；耐環境性がある ◆conduct [do, perform] environmental accounting 環境会計を実施[実践，実行]する ◆conduct environmental research [an environmental survey] 環境調査を[行う]実施する ◆environmental protection measures 環境を守るための措置，環境保護[保全]策，環境対策 ◆implement environmental measures 環境対策を実施する；環境施策を進める ◆in the [this] age of environmental awareness; in these environmentally aware times 環境に対する意識が高いこの時代にあっては[この時勢に] ◆strong environmental protection laws 強力な環境保護法 ◆the environmental deterioration of equipment 機器の環境劣化 ◆the environmental load of a product ある製品[商品]の環境負荷 ◆the Japanese special environmental yen credit scheme 日本の特別環境円借款スキーム(＊開発途上国における産業廃棄物処理施設建設などのための融資) ◆the United Nations Environmental Program 国連環境計画 ◆withstand extreme environmental conditions 極めて厳しい環境条件に耐える；優れた耐環境性を持っている ◆the minimization of waste and other environmental loads 廃棄物およびその他の環境負荷の最小限化 ◆have excellent resistance to environmental deterioration ～には優れた耐環境劣化性がある ◆preserve an environmental setting around a designated historic site 指定された史跡の周辺環境を保全する[そのまま残す] ◆the introduction of an environment tax, and a law requiring companies to conduct environmental impact assessments of their activities 環境税，および企業各社に自社の活動についての環境影響評価を実施させるための法律の導入 ◆a variety of environmental conditions including humidity, salt, fungus, and corrosive vapors 湿度，塩分，かび，腐食性ガスなどの様々な環境条件 ◆when used in harsher environmental conditions than normal 通常よりも厳しい周囲条件で使用された場合 ◆Environmental hormones can cause serious defects in the genitals of animals exposed to them. 環境ホルモンは，それの影響を受けた動物の生殖器に重大な欠陥を生じさせることがある．◆Environmental impact studies [surveys] of the area also must be done. 同地域の環境影響調査も実施する[行う]必要がある．◆The property will be purchased after soil testing and an environmental impact study. 同不動産物件は土壌試験および環境影響調査完了後に購入の運びになっている．

**environmentalism** 環境主義, 環境保護[保全][主義]; 《社》環境決定論, 環境説 (*環境が人格形成に重大な影響を及ぼすという説)

**environmentalist** an ～ 環境保護論者, 環境保護提唱者, 環境保護運動推進者, 公害反対運動員, 環境保護専門家

**environmentally** 環境的に ◆an environmentally advanced country 環境先進国 ◆consumers want products that are environmentally aware 消費者は環境に対する意識の高い商品を求めている ◆environmentally sound consumer goods 環境にとって健全な[環境にやさしい]消費財 ◆in a much more environmentally friendly manner よりいっそう(自然)環境に優しい[調和する]ように; もっと環境に配慮して ◆operate in environmentally sound ways (自然)環境にとって健全な風[やさしいよう]に操業する ◆the environmentally appropriate utilization of land resources 環境に適切な土地資源の利用;《意訳》環境調和型の土地資源の活用 ◆They are more environmentally friendly. これらは, 環境によりやさしい[配慮をしている]。

**environs** 《複扱い》都市の周辺地域, 隣接地区, 近郊, 郊外 ◆ the city of Da Nang and its heavily populated environs ダナン市および人口が密集しているこの市の近郊

**envisage** 《視点を将来に向けて》～を思い浮かべる, 心に描く, 想像する, 想定する, 予想する, 予見する ◆even in ways not originally envisaged by the system designers システム設計者がもともと[当初, 元来]予想[想定, 予見]していなかったようにさえ ◆The increasing penetration of digital technology into the telecommunications networks has made it possible to envisage an integrated network carrying a wide range of services such as voice, data, video, and facsimile. デジタル技術の電気通信網へのいっそうの浸透によって, 音声, データ, 映像, ファックス等の幅広いサービスを搬送する統合化ネットワークを将来実現可能なこととして考えられるようになった。

**envision** ～を心に描く, ～を思い描く, ～をイメージする (= envisage) ◆a novel envisioning future space travel 空想未来宇宙旅行小説 ◆an 8 percent total weight reduction is envisioned by 2003 (車両)全体が2003年までに8%の軽量化がもくろまれている ◆an envisioned new building 心に思い描いている[構想中の]ビル ◆envision a bright future <when... could [where... will]> 明るい[輝かしい]未来を思い描く[夢見る, 空想する] ◆Some of the application areas envisioned include... 想定している応用分野のなかには～などがあります。 ◆Scientists envision computers that run on light instead of electricity. 科学者たちは, 電気でなく光で働くコンピュータを考えている。 ◆The manufacturers of still-video cameras envision video-generation consumers exchanging floppy disks by mail and giving video slide shows to friends and relatives. 電子スチルカメラの製造業者らは, ビデオ世代の消費者がフロッピーディスクを郵送で交換しあったり友人や親戚を集めてビデオスライド映写会を開いたりすることを頭に描いて[イメージして]いる。

**envy** (an) ～ 羨望(センボウ), うらやみ, 嫉妬, ねたみ, やっかみ, ねたむ, 《the ～ of》で, 〈人〉の羨望の的; vt. ～をうらやむ[うらやましがる], ねたむ, ひがむ ◆enjoy a standard of living that is the envy of the world 世界の羨望の的とも言える生活水準を享受する

**enzyme** ～ 酵素

**eon, aeon** a ～《後者は英綴り》計り知れない[無限に]長い時間, とこしえ, 永久, 永劫, 永遠; a ～《地》10億年 ◆analysis of ancient air bubbles trapped in frozen rainwater eons ago 太古[遠い昔]に凍結した雨水に閉じ込められた大昔の気泡の分析

**EOR** 《コンピュ》= XOR (exclusive OR)

**EOS** (Earth Observing System) the ～ 地球観測システム (*NASAがまとめ役となり, 欧州宇宙機関, 日本, カナダの国際協力の下で進められているプロジェクト, 別名「Mission to Planet Earth」); (earth-observing satellite; earth observation satellite) an ～ 地球観測衛星; (electronic ordering system) an ～ 自動補充発注システム

**EPA** (Environmental Protection Agency) the ～ 《米》環境保護局; (eicosapentaenoic acid) エイコサペンタエン酸 (*青魚に多く含まれる高度不飽和脂肪酸の一種) ◆EPA highway mileage EPA(米国の環境保護局)審査の1ガロン当たりのハイウェイ走行距離[マイル数]

**ephemeral** adj. (植物や昆虫が)1日限りの, 短時間しか続かない, はかない, 束の間の, 短命の, うたかたの, (発熱など が)一過性の, 三日天下の ◆an ephemeral plant 短命植物

**epicenter** an ～ 震央 (*震源の真上の地上の位置), 震源地 ◆an earthquake's epicenter; the epicenter of an earthquake 地震の震央

**epidemic** adj. 流行(性)の ◆the Spanish influenza epidemic スペイン風邪の(大)流行 (*1918年の)

**epilimnion** ～ (pl. epilimnia) (*成層化している湖水の)表水層 (↔hypolimnion) ◆The layer of warm water at the surface of the lake is called the epilimnion. The cold layer below the epilimnion is called the hypolimnion. 湖の水面の暖かな水の層は, 表水層と呼ばれる。表水層の下の冷たい水層は, 深水層と呼ばれる。

**epilogue** an ～ 終章, 結びのことば, エピローグ, 終幕

**epimorphin** (医) エピモルフィン(*住友電工の平井洋平氏が1992年に発見した, 毛胞を作り出す機能を持つタンパク質. この発毛物質は臓器再生医療への応用も期待されている)

**episode** an ～ エピソード, 挿話, (物語やドラマの中の)一話, (一連の流れの中の)一つの出来事[事象], 現象[症状]の(一回または一期間の)出現[発生], 発生[出現]例, 一事例 ◆predictions of extreme climate episodes like floods and droughts 洪水や干ばつのような極端な[異常]気象現象(の発生)の予測

**epitome** an ～ 要約, 大要, 概略, 摘要, 概要, 梗概 (単のみ)the ～ 《of》 (～の)典型, 縮図, 権化, 化身, そのもの ◆In this respect, the PC486FX is the epitome of speed. この点では, PC486FXはまさにスピードそのものである。

**epitomize** vt. ～を典型的に示す, ～の典型である, ～の縮図(でも)ある, ～の抄録[抜粋, 梗概, 概略]をつくる(make an epitome of...), ～を要約[摘要]する(summarize) ◆the forgiving power of love as epitomized by Christ キリストに代表される愛の許すカ ◆the product's design epitomizes the company's concept of... この製品のデザインは同社の～についてのコンセプトを端的に具現化[体現, 具体化]してみせている.

**EPO** (erythropoietin) エリスロポエチン, エリスロポイエチン (*ヘモグロビンを増やす造血ホルモンの一種で, 貧血の治療に用いられる. スポーツ界では禁止薬物に指定されている)

**epoch-making** adj. 新時代を拓く[切り開く, 画する]ような, 画期的な ◆an epoch-making product [new technology] 画期的な商品[新技術]

**EPR** (Expanded Producer Responsibility) 拡大生産者責任 (*使用済み製品の回収・処理責任を生産者に負わせるという新しい廃棄物減量原則)

**EPROM** (erasable programmable read-only memory) an ～ 英語では「イー・プロム」と発音, 日本語では(イーピーロム)と読む.《コンピュ》(*消去可能書き換え可能ROM)

**EPS** (earnings per share) 一株当たり利益[収益]

**equal** 等しい, 同等の, 平等の, 対等の, 均等の, 公平な; ～に匹敵する, 耐えられる <to> ◆be without equal 匹敵[肩を並べる, 及ぶ, 互角に渡り合える, 伍する]ものがない; 他の追随を許さない ◆an equal sign 等号(=) ◆the Equal Employment Opportunity Act 《米》雇用機会均等法 ◆A and B merge on an equal footing A社とB社は対等合併する ◆all else being equal 他はすべて同じだとしても; 他の条件がすべて同じなら ◆all other things being equal [the same] 他の条件がすべて同じならば ◆at [with] almost equal speed [velocity] (2者以上のものが互いに)ほとんど[ほぼ]同じ速度[ほぼ同じスピード]で ◆become equal to... ～と等しくなる ◆become nearly equal ほとんど等しくなる ◆be equal in amplitude 振幅が等しい ◆be equal in (terms of) quality to... ～と同等の品質である;《意訳》～と同等品である ◆consider marriage as an equal partnership 結婚を対等な関係であると考える ◆cut [divide] ... into 4 equal parts [portions] 〜を4等分に切り分ける ◆divide... into equal parts 〜を等分する ◆equal parts of A and B 等量[同量]のA剤とB剤 ◆equal pay for equal work [work of equal value] 同一(価値)労働同一賃金(の原則) ◆other things being equal 《比較文に挿入して》他の点[条件]が同じとすれば ◆they are of equal value それらの価値は同じである ◆they have [carry] an equal value それらには同じ価値[値打ち]がある;それらは同じ価格[値段]である;等価である ◆with equal ease 同じ程度のたやすさで ◆nine equal-sized panels 9枚の同寸法のパネル ◆two equal-strength reflected waves 同じ強度の2つの反射波 ◆an alloy composed of lead and tin in equal parts 等量[同量]のすずと鉛から成る合金 ◆a nearly equal number of ions and electrons ほぼ同数のイオンと電子 ◆a volume equal to 100 cubic centimeters 100ccに相当する体積 ◆equal numbers of positive ions and electrons 同数の正イオンと電子 ◆squeeze out equal parts from both tubes 両方のチューブから等量[同量]しぼりだす ◆the numbers between or equal to -2 and 5.5 -2から5.5までの数(-2と5.5を含む); -2以上5.5以下の数 ◆they are roughly equal in height [length, size, weight, importance, value, strength] 高さ[長さ, 大きさ, 重さ, 重要さ, 価値, 強度]がほぼ等しい ◆they have approximately equal velocities それらはほぼ等しい速度を持っている;それらのスピードはほとんど同じである ◆when two voltages have become equal 2つの電圧が等しくなったときに ◆a mixture of A and B in nearly equal proportions AとBをほぼ等量[同量]混ぜてつくった混合物 ◆contain protons and neutrons in almost equal numbers 陽子と中性子をほぼ同数含む ◆produce images that are equal to or better than the best silver halide film 最高のハロゲン化銀フィルムと同等もしくはそれ以上の品位の画像を生成する ◆Type D:¥Setup.exe (D equals CD-ROM drive) D:¥Setup.exeと入力してください(DはCD-ROMドライブです) ◆His knowledge of technology trends is without equal. 彼の技術動向についての知識は他の追随を許さない。 ◆One angstrom equals one 10-billionth of a meter. 1オングストロームは, 1メートルの百億分の1である。 ◆Our company's experience in <doing...> is without equal in the industry. 弊社の〜することにおける経験は, 業界で他の追随を許しません。 ◆The cross-sectional area of each end is equal. 各々の端の断面積は等しい。 ◆"This meeting should proceed on a principle of equal footing," he said. 「この会議は, 対等な立場[同じ土俵で]という原則に基づいて進行しなければならない」と彼は述べた。 ◆Three hundred candlepower is equal to a 175W bulb. 300燭光は, 175ワットの電球に匹敵[相当]する。 ◆Bosses sit and drink with workers as equals. Anything can be said. All is forgiven the next morning. 上司たちは従業員らと無礼講で飲む。何を言っても自由だ。何もかも翌朝には許されるからだ。 ◆Any sampling plans must equal or exceed the minimum sample sizes specified in the following table. 《品管》いかなるサンプリング[抜き取り]方法も, 以下の表に指定された最低標本サイズ以上で[最低標本サイズに同じかそれより大きく]なければならない。 ◆We regret leaving this great naval base, which is without equal anywhere in the world. 世界で他のどこにも匹敵するもののない[世界的にみてかけがえのない], この優れた海軍基地を去らねばならないことは遺憾である。(＊米国はSubic Bay Naval Baseをフィリピンに返還した話しで)

**equality** ⓤ等しいこと, 対等, 平等, 同等, 相等性(ソウトウセイ) ◆on an equality with...; on a par with... 〜と対等[同等]で ◆episodes like this could never be made today in the more equality-aware times このようなストーリーは, もっと平等意識の強い今日の時代には決して作り得ないものだろう ◆Internal applicants will be treated on a basis of full equality with external applicants. 社内の応募者が, 外部からの応募者と全く対等な立場で[平等に]扱われる。

**equalization** ⓤ等化, 同等化, 平等化, 均等化, 均一化, 平準化, 均衡化 ◆frequency-response equalization 周波数応答特性の等化;《オーディオ》音質補正(＊学問的ではないが俗にいうと) ◆take action to attain equalization of opportunities for persons with disabilities 障害を持つ人たちの機会均等を実現するための措置[対策]を講じる

**equalize** 〜を等しくする, 一様にする, 等化する ◆equalizing pulses 《TV》等化パルス ◆equalize burdens among districts 行政区間の負担を均等化する

**equalizer** an 〜 イコライザー, 等化器, 平衡装置, 《意訳》(周波数特性などの)補正装置

**equally** 同様に, 等しく, 均一に, 均等に, 一様に, 満遍なく, 平等に ◆distribute it equally [evenly, uniformly] among... それを〜に等しく[一様に, 均等に]分配する; 満遍なく配分する ◆equally spaced straight lines 均等に間隔をあけて引いてある直線 ◆they are equally valuable それらの価値は同じである ◆spread lubricant equally around the cam 潤滑剤をカムのまわりに[《意訳》摺動(シュウドウ, ショウドウ)面に]均一に伸ばして塗る[塗布する] ◆equally suitable for field or laboratory use 現場や研究室での使用に等しく適している ◆The disease strikes men and women equally. この病気になる割合は男女とも同じである。 ◆This principle is applied equally as well to A as it is to B. この原理は, Bに当てはまるのと同じぐらいよくAにも当てはまる。

**equate** vt. 〜を(〜と)同一視する, 等しくさせる<with>; vi. 匹敵する, 等しい ◆equate these two voltages これら2つの電圧を同じくする[一致させる] ◆This equates to 50,000 pages of typed text. これは50,000ページ分のタイプ打ち文書に相当する。

**equation** an 〜 式, 数式, 計算式, 算出式, 方程式, 化学反応式, 等式; ⓤ均一化, 均衡化, 同一視 ◆satisfy an equation 方程式を満たす ◆a second-order linear differential equation 2次線形微分方程式 ◆the equation of a straight line 直線方程式 ◆formulate an equation 数式を立てる ◆solve an equation 方程式を解く[の解を求める] ◆write an equation 式を立てる ◆set up equations representing each region of operation 各動作領域を表す式を立てる ◆... can be expressed by the (following) 〜は(次の)式 X = qV x m で表すことができる。ここで, mは〜である。

**equator** the 〜 赤道 ◆a country right on the equator 赤道直下の国 ◆cross the equator 赤道を越える ◆near [around] the equator 赤道近く[付近]で ◆on the equator 赤道上[の] ◆satellites stationed above the equator 赤道上空に静止している衛星 ◆When it's summer in Tokyo, it's winter below the equator. 東京が夏だと, 赤道より下は冬だ。

**equatorial** adj. 赤道の, 赤道上の, 赤道直下の, 赤道付近の, 酷暑の ◆the South Equatorial Current 南赤道海流

**equiangular** adj. 等しい角度の, 等角の ◆An equiangular triangle is a triangle with all angles congruent. 等角三角形とは, すべての角度が合同な[等しい]三角形である。(＊正三角形のこと)

**equidistant** adj. 等距離の, (〜から)等距離で<from> ◆equidistant parallel lines 等間隔の平行線 ◆A is located nearly equidistant from B and C. AはBおよびCからほぼ等距離のところにある。

**equidistantly** adv. 等距離を隔てて ◆be spaced equidistantly around... 〜の周りに等距離で間隔をあけて[等間隔をあけて]配置されている

**equilateral** adj. すべての辺の長さが等しい, 等辺の ◆an equilateral triangle 等辺三角形;正三角形

**equilibrium** ⓤ平衡(状態), 釣合い, 均衡 ◆keep... in equilibrium 〜を平衡状態に保つ ◆achieve a state of equilibrium 平衡状態に達する[なる] ◆reach (an) equilibrium 平衡(状態)に達する, 〜の平衡が成立する ◆a point of equilibrium; an equilibrium point 平衡点 ◆bring... into a condition of equilibrium 〜を平衡状態にもって行く ◆fluids in equilibrium 平衡状態にある液体 ◆The equilibrium lies far to the right 《化》平衡はずっと右側に寄っている ◆the equilibrium of a body immersed in water 水中に浸した物体の平衡 ◆when equilibrium is reached 平衡状態に達すると ◆cause the equilibrium to shift to the product side 《化》平衡を生成物

**equine** adj. 馬の、馬のような

**equip** vt. 〜に(〜を)装備する[備え付ける]<with>; 〈人〉に身に付けさせる<with>;〈船〉に艤装(ギソウ)する ◆a 64MB-equipped machine 64MB(のメモリー)搭載の[を積んでいる]マシン(*「メモリーを積む」は主に技術者の間で使用される) ◆a comparably equipped car 同程度に装備された車 ◆a fully equipped laboratory (設備の)完備している研究室 ◆a motor-drive-equipped camera モータードライブ搭載[モードラ付き]カメラ ◆large lecture facilities equipped with projection booths 映写室が[完備された、《通訳》]設置されている大規模な講演施設 ◆PCs equipped with a CD-ROM drive CD-ROMドライブ搭載[付き]のパソコン(*CD-ROMドライブを1基ずつ搭載している複数台のパソコン) ◆the equipping of a facility with equipment 施設への機器の装備;施設に機器を備え付ける[整備する]こと ◆a modem-equipped laptop モデムを搭載[装備]したラップトップPC ◆a scanner-equipped supermarket バーコードスキャナーが装備されているスーパー ◆a well-equipped kitchen 設備が良く整っている台所 ◆a Windows-equipped personal computer Windowsが組み込まれて[搭載されて]いるパソコン ◆the best-equipped theater 設備が一番整っている劇場 ◆She is well equipped [well-equipped] to <do...> 彼女にはーする能力が充分に備わっている ◆a car equipped with every conceivable option 考えられるだけのオプションを装着した車 ◆a large helicopter equipped to fight fires 消火活動用の装備をした大型ヘリ ◆an apartment equipped with a bug or two 隠しマイク[盗聴器]が1～2個仕掛けられているアパート ◆as cell phones become equipped to surf the Web 《通信》ケータイがインターネット利用機能を備える[身につける]ようになるにつれて ◆equip the car with advanced technology その車に高度な技術を搭載する ◆X comes equipped with Y as standard (equipment). XにはYが標準で付いてくる; XにはYが標準装備[搭載]されている。 ◆equip a factory with the most up-to-date machinery for dealing with the Government contracts for... 政府の〜買い付け[調達]契約をさばくために工場に最新鋭の機械を備え付ける[整備]する ◆a personal computer that comes equipped with a floppy disk drive フロッピーディスクドライブ1基が実装されて(売られて)いるパソコン ◆The boat is well equipped for safety. この船は安全のための装備がよく整っている。 ◆The amount might equip a developing nation's army, but it's small potatoes in the car biz. その金額は、発展途上国の軍隊の装備ぐらいならできるかもしれないが、クルマのビジネスじゃはした金だ。(*small potatoesとは重要でない価値のないもの、biz=businessの口語短縮形) ◆Project Smart (an initiative of the Mayor of New York City) has almost completed the equipping of each classroom with computers. プロジェクト・スマート(ニューヨーク市長の構想)による各教室へのコンピュータの装備[備え付け、設置]がほぼ完了した。

**equipment** n. 装備、装具/設備、装置、装備品、備品、用品、(船の)艤装(ギソウ)、船装 ▶装置・機器の意味では、常に不可算。どうしても個々の数える必要がある場合は、equipment の代わりに unit, device, system, apparatus 等の適当な可算名詞で表現する。 ◆equipment replacement; the replacement of equipment 設備更新 ◆mechanical equipment 機械装置 ◆photo equipment 写真[撮影]機材 ◆telecommunications equipment [gear] 通信機器 ◆mobile and fixed radio communication(s) equipment 移動通信機器および固定通信機器 ◆equipment-intensive industries 装置産業《化学、製鉄、電力、鉄鋼などの》 ◆suppliers of various equipment and materials さまざまな機器や材料の納入業者; 各種機材及び資材プライヤ ◆the office-equipment market 事務機市場 ◆tons of equipment 何トンもの[大量の]機材 ◆several pieces of expensive broadcasting equipment 台分の高額な放送機器 ◆a sports-equipment maker 運動用具[スポーツ用品]会社 ◆ex-pendable original equipment such as belts ベルトなどの最初から付いてきた消耗装備品 ◆the number of separate pieces of equipment 個々の機材の数; 装置の台数 ◆because too much electrical equipment is in use at one time あまりにも多くの電気機器が一度に[同時、一斉]に使用されているので ◆The portable video camera is a highly sophisticated piece of equipment, but it is extremely easy to operate. ポータブルビデオカメラは非常に複雑な装置であるが、操作は極めて簡単だ。 ◆According to the International Monetary Fund, in 1987 Japan's investment in plants and equipment was more than double that of the United States. 国際通貨基金(IMF)によると、1987年における日本の設備投資額は米国の倍以上であった。

**equitable** adj. 公平な、平等な、正当な、公正な ◆regard the family as the nucleus of the society established on the basis of equitable partnership between a man and a woman 家族を、男女間の公正[対等、平等]な関係を土台として成り立つ社会の中核であると見る ◆allow a more equitable distribution of research funds that otherwise would go to elite universities さもすればエリート大学に行ってしまう研究費をより公平[公正]な配分を可能にする ◆demand a more equitable sharing of wealth in Japan 日本におけるより公平な富の分配を要求する

**equity** 〔四〕公正、公平;《通例 〜ties》普通株 ◆equity financing エクイティファイナンス、新株の発行に伴う資金調達 ◆execute a debt/equity swap; conduct a debt-equity swap デット・エクイティ・スワップ《*債務と株式を交換する取引》を実施する; 債務の株式化をする; 債務を株式化する ◆strategic equity stake purchases by foreign firms 外国企業による戦略的株式取得(*企業の合併や提携における株式保有比率の話で) ◆have equities in the company その会社の普通株を持っている

**equivalence** 〔四〕同等、同義、等価、等量、同量 ◆the principle of equivalence; the equivalence principle 等価性の原理; 等価原理

**equivalent** 1 adj. 同等の、等価の、等値の、同価の、同価の、等量[同量]の、《化》当量の、等しい、相当する、対応する<to> ◆an equivalent circuit 等価回路 ◆an equivalent-size comet 同サイズの彗星 ◆a CD with a quality equivalent to a CD CDと同等の[CDに匹敵する]音質 ◆an 80386-equivalent microprocessor 80386相当のマイクロプロセッサ ◆convert from an encoded message to equivalent plain text 符号化されているメッセージを対応する平文に変換する ◆release an explosive energy equivalent to [equal to] about 10 megatons of TNT TNT(火薬)換算で約10メガトンの爆発エネルギーを放出する ◆the equivalent of six years of savings 6年間の貯蓄に相当する額

2 an 〜 同等[相当]品、同等[等価、等量]物、相当語句、同義語 ◆a 300 MHz or higher Pentium CPU, or equivalent; a Pentium (300 MHz or higher) or equivalent; a 300 MHz or faster Pentium (or equivalent) processor 《コンピュ》300MHz以上のPentiumまたは相当品[相当プロセッサ](*System Requirements「動作環境」などの見出しの下では、冒頭の a は省かれる) ◆a pin-for-pin equivalent for... 〜のピンコンパチブル[ピン互換品] ◆in Nagata-cho, Japan's equivalent of Capitol Hill 日本版の米連邦議会議事堂のお膝元である永田町で ◆There is no equivalent to television ratings in the country. その国に、テレビ視聴率に相当する[当たる]物はない。 ◆A 3-oz. serving of beef contains the same level of cholesterol as an equivalent amount of chicken. 1回に出される3オンスの牛肉は、等量[同量]のチキンと同じレベルのコレステロールを含んでいる。 ◆ord converts a single character to its numeric ASCII equivalent, and chr converts a number to its ASCII character equivalent. 《コンピュ》ord (関数)は1個の文字をそれに対応するASCIIコードに変換し、chr (関数)は数字をそれが表すASCII文字に変換する。 ◆Located on a former tea plantation, the government-subsidized Science Industrial Park is Taiwan's equivalent of Silicon Valley. 以前は茶畑であった場所にある政府助成の科学工業団地は、さながら台湾のシリコン・バレーである。 ◆Prolonged exposure to that much radon is the rough equivalent of smoking four packs of cigarettes a day or getting 2,000 chest

X rays a year. 長期にわたるそのような多量のラドンの被曝は, 大ざっぱに言って, 1日に4箱のタバコを吸うか, または年に2000回胸部レントゲン撮影を受けるのに当たる[匹敵する, 相当する]. ◆The disk can hold about 270,000 kilobytes of data, which is the equivalent of over 100,000 typewritten pages of text. そのディスクは270,000キロバイトのデータを格納できるが, これは100,000ページのタイプ打ちした文書の情報量に相当する.

**equivalently** adv. 同様な意味合いで ◆..., or equivalently, ... すなわち[言い換えると, 換言すれば, 言葉を換えれば]

**equivocate** vi. (人をだまそうとして)曖昧な言葉を使う, 言葉を濁す, ごまかす, 言い逃れする, 言い抜けする, 言い紛らす ◆he continues to equivocate on about, on ◆ ～について言葉を濁す ◆he continues to equivocate on this issue 彼はこの問題に関して相変わらず言葉を濁している

**Er** エルビウム(erbium)の元素記号

**era** an ～ 時代, 年代, 代, 時期, 紀元 ◆in this era of... この～の時代に ◆the go-go bubble era of the late 1980s 1980年代末期の行け行けどんどんのバブル時代[高度成長バブル期] ◆a name for the next imperial era 次の時代の元号 ◆enter [move into] a new era of freedom and opportunity 自由とチャンスに満ちた新しい時代に入る[時代に突入する, 時代を迎える] ◆in the era of global business and finance 世界規模のビジネスと金融のこの時代にあって ◆usher in a new era in the history of... ～の歴史における新時代の幕開けを告げる[新時代を招く] ◆1950s-era propeller-driven Bear-H reconnaissances 1950年代製のプロペラ推進式Bear-H偵察機 ◆Currently, a new era of consumer product safety is dawning. 《意訳》目下, 消費者製品安全の新しい時代が芽生えつつつ[到来しつつ]ある. ◆All official documents except passports are dated by the era Heisei. パスポート以外の公式文書は, すべて平成の元号で日付が振られている. ◆The achievement of that goal would launch a new era in medicine. その目標の達成は, 医学に新しい時代の幕を開くことになるだろう. ◆In an era of budgetary restraint, Washington has been unblinkingly generous toward the genome project. 予算緊縮の時代にあって, 米国政府は動じることなくヒト遺伝子解析計画に対して気前よさを示してきた.

**eradicate** vt. ～を根こそぎにする, 根絶やしにする, 根絶する, 撲滅する, 絶滅させる, 一掃[掃討]する, 除去する, 皆無にする ◆eradicate poverty among 100 million families in the Third World by the year 2005 2005年までに第三世界における1億世帯の間の貧困を根絶する[撲滅する, 滅ぼす, 抜本的に解決する, なくす, 取り除く]

**eradication** 回根絶, 撲滅, 一掃 ◆a mosquito eradication unit 蚊の駆除部隊 ◆a virus detection and eradication software program ウイルス検出・除去ソフトウェアプログラム ◆the eradication of human touch 人間的な部分をすっかり取り除く[なくす]こと ◆complete eradication of all viruses is impossible 全(コンピュータ)ウイルスを完璧に根絶するのは不可能である

**erasability** 消去性

**erasable** 消去可能な, 書き換え可能な ◆an erasable magneto-optical disc 消去・書き換え[再書き込み]可能な光磁気ディスク

**erase** vt. ～を消す, 消去する, 消し去る, 削除する, 抹消する; vi. 消せる ◆an erase head 消去ヘッド ◆erase and program algorithms 書き換えアルゴリズム ◆an EPROM-erasing UV lamp EPROM消去用の紫外線ランプ ◆erase every trace of... ～を跡形もなく[すっかり, 全く, 完全に]消し去る ◆erase the contents of the clipboard クリップボードの内容をすべて消去する[消し去る]

**eraser** an ～ 消しゴム, 消すもの, 消す人 ◆a magnetic eraser 消磁器 ◆a plastic eraser プラスチック消しゴム

**erasing shield** an ～ (製図などで使用する)字消し板

**erasure** 消去, 削除; an ～ 削除された語句[箇所], 消した跡 ◆to protect against a possible erasure 消去から守るために; 誤

消去を防止するために ◆protect important recordings [an MD] against accidental erasure 大切な録音[ミニディスク]を誤消去から保護する / の誤消去を防止する

**erbium** エルビウム(元素記号: Er) ◆an erbium doped fiber amplifier (EDFA) エルビウムドープ[添加]光ファイバ増幅器

**erect** 1 adj. 直立の, 垂直に立っている, 《光》正立の ◆an erect image 《光》正立像(*上下・左右ともに物体と逆になっていない像) ◆the ability to stand erect 直立する能力 ◆a telescope that provides an erect image 《意訳》正立像で見られる望遠鏡

2 vt. ～を立てる, 建てる, 建設する, 組み立てる; ～を設立する ◆erect a building ビルを建設する ◆erect an image 像を正立像にする ◆erect a sign [flagpole] 標識[旗竿]を立てる ◆erect [build] a house 家を建てる ◆the erect posture of man 人間の直立姿勢

**erectile** adj. 直立可能な, 《医》勃起の, 勃起性の ◆VIAGRA is a pill used to treat erectile dysfunction (impotence) in men. バイアグラは, 男性の勃起機能不全[勃起障害, ED](インポテンス[性的不能])の治療に用いられる丸薬[錠剤]です.

**erection** 回建設, 建立, 組み立て, 架設; 回樹立, 設立; 回直立, 起立; an ～ 建物[建立]したもの, 建造物, 構造物, 建物; (an)～ 《ペニスの》勃起 ◆the erection of a permanent noncombustible construction 恒久的な不燃構造物[建造物, 建築物, 建物]の建設

**erector** an ～ 立てる[建てる]人, 建設者, 建立者, (エンジンなどの)組み立て技師, 組立工, 設立者, 創立者[創始者], 《医》起立筋, 《医》勃起筋 ◆an erector mechanism 《航空機》自立装置

**ergonomic** adj. 人間工学的な, ～s 回(単数扱い)人間工学, アーゴノミクス, エルゴノミクス ◆an ergonomic plastic body 人間工学的な(設計の)プラスチック製ボディ

**ergonomically** 人間工学的に ◆ergonomically styled cameras 人間工学的にデザインされたカメラ ◆These hand-held scanners are ergonomically designed for a sure comfortable grip. これらのハンディスキャナーは, しっかりと手になじむ把持を実現するために人間工学的に設計されている.

**ERISA** (the Employee Retirement Income Security Act) 《略語形ではtheは不要》(米)従業員退職所得保障法, エリサ法

**erlang** an ～, one ～ 《通》1アーラン (pl. ～s)(*呼量の単位) ▶アーランは, 1回線の運び得る最大呼量を1アーランとして, 一定時間内における回線の占有率を示すものである. 回線の延べ通話時間を単位時間で割った値で, 1 erlang = 1 call-hour per hour = 3600 call-seconds per hour = 36 CCS (hundred-call-seconds) per hour である. ◆communication traffic measured in erlangs アーランで測定される通信トラフィック量 ◆The traffic intensity for the hour is 0.25 erlang. その時間の呼量[トラフィック密度]は, 0.25アーランである.

**ERM** (Exchange Rate Mechanism) the ～ 為替相場安定制度 (*欧州)

**erode** vt. ～を浸食[侵食]する, 腐食する; vi. 浸食[侵食]される, 腐食される ◆The limestone erodes rapidly when it comes in contact with water. その石灰岩は, 水に触れると急速に侵食されてしまう.

**erosion** 侵食, 浸食, 腐食 ◆by gradual erosion of the surface 表面の緩慢な侵食により

**erosive** adj. 腐食性の, 浸食[侵食](性)の ◆the erosive action of the hot gases 高温のこれらのガスの侵食作用

**ERP** (enterprise resource planning) エンタープライズリソースプランニング (*企業の業務プロセスを見直しして再構築すること) ◆an ERP (enterprise resource planning) package ERP[統合業務]パッケージ

**err** vi. 誤る, 間違う, 過ちを犯す

**errand** an ～ (他の人のための)使い, 用足し, 使い走り; ～ 使い走りの目的, 頼まれたことづて, 用向き, 用事 ◆run errands (人が)使い走りする

**erratic** adj. 不規則な、むらのある、気まぐれな、とっぴな、常軌を逸した ◆caused by erratic jumps of current 電流が不規則に急変することにより引き起こされた

**erroneous** adj. 誤った、間違った、《コンピュ》異常な ◆the erroneous use of... 〜の誤用 ◆although this idea was erroneous この考えは間違ってはいたが ◆completely erroneous answers 完全に間違っている答え ◆prevent erroneous wiring 誤配線を防ぐ

**erroneously** adv. 誤って、間違って ◆erroneously report that... 〜であると間違えて[誤って]報告する; 誤報する ◆In 1926, she was erroneously diagnosed as suffering from tuberculosis.　1926年に彼女は、結核を病んでいるとの誤った診断を下された[結核と誤診された]。 ◆Many have been erroneously diagnosed with something else.　多くの人が、何か他の病気と誤診された。 ◆The drug was sold in packaging erroneously labeling it as the antidepressant Desipramine.　この医薬品は、抗鬱病薬デシプラミンという間違った薬剤名をラベル標示した包装で販売された。

**error** 1 (an) 〜 誤り、間違い、錯誤、誤謬《ゴビュウ》、手違い、過失、失算、失点、誤植、エラー、ヘマ、トチリ ◆cause an error 間違いを引き起こす ◆a capital error 大失策 ◆an operating error 操作[運転]上の間違い; 誤操作; 動作誤差 ◆a glaring error about... 〜に関するあからさまな誤り[誤謬《ゴビュウ》] ◆due to human error 人為ミスによって ◆invite errors エラー[間違い]を招く ◆learn by a process of trial and error 試行錯誤により学習する ◆the error can be fixed このエラーは直す[修正する, 訂正する]ことができる ◆an error-filled experiment 間違いだらけの実験 ◆because of an error in the calculations これらの計算の中に間違いがあったために ◆acknowledge the errors and wrongs of the past 過去の過ちや間違いを認める ◆correct errors which inadvertently crept into the manual 不注意でマニュアルにまぎれ込んでしまった間違いを訂正する ◆There's no room for error here.　ここで間違いを犯す余裕がない。 ◆Some people hate to make decisions because they fear they'll make errors.　間違い《を犯すのではないか》を恐れて決断[決断]をするのをいやがる人がいる。 ◆The rekeying of information is a time-wasting and error-prone operation.　情報を手入力し直すことは、時間の無駄であり間違いやすい作業である。 ◆I know there might be some errors here and there throughout this book. For that I apologize.　この本全体を通して誤りが散見されるものと存じます。それにつきましては、お詫び申し上げます。 ◆Whenever any of these checks reveals an error, corrective action should be taken immediately.　これらの検査のいずれかで誤りがあることが判明したら、直ちに是正措置をとらなければならない。

2 an 〜 《コンピュ、技術一般》エラー、 回覧、異常 ◆an error occurs in... 〜にエラー[誤り]が発生する ◆detect an error エラーを検出する ◆handle [deal with] errors エラーを処理する ◆error-corrected 誤り訂正された ◆error detection 誤り検出; エラーの検出 ◆error recovery; recovery from error エラー(からの)の復旧; 《意訳》エラーの解除 ◆an error-control protocol 《通》誤り制御プロトコル ◆an error correction system エラー訂正システム ◆an error correcting code エラー訂正コード ◆errors in synchronism; errors of synchronization 同期エラー; 同期がとれないこと ◆an error in the data そのデータ中の誤り ◆cause a processing error 処理エラーを引き起こす ◆do error correction 《コンピュ》[エラー]訂正する ◆easy recovery from errors エラーからの容易な復旧[回復]; 容易なエラー解除 ◆if errors are detected エラーが検出された[発生した]ら ◆in the event of an error 《電子機器》(万一)エラー[誤り、異常]が発生した場合 ◆If an error arises... エラーが起きると[発生した場合]は、 ◆an error-correcting protocol 《通》誤り訂正プロトコル ◆error-checked data 誤り[化けデータ]がないかチェックされているデータ ◆an error rate of less than 1 bit in 10⁹　10⁹ビットにつき1ビット未満というエラー率[誤り率] ◆Error creating...　《コンピュ》〜(の)作成中にエラーが発生しました; 〜を作成できませんでした(＊画面に表示されるメッセージ) ◆If...,

an error will result.　〜するとエラーになります。 ◆If LINK discovers an error,...　LINK(プログラム)がエラーを発見した場合は、〜 ◆..., then an error condition exists.　〜ならば、エラーである[誤っていることになる]。 ◆monitor the error state of the attached printers 接続されているプリンタのエラー状態を監視する ◆without causing any dropped frames or synchronization errors 《AV》コマ落ちや同期ずれが生じ起こすことなく ◆errors that arise during the program's execution プログラムの実行中に発生するエラー[誤り] ◆halt the program's execution at the onset of certain error-generating conditions 《コンピュ》ある特定のエラー発生状態の開始時で、プログラムの実行を停止させる(▶デバッグの話。ここではバグがエラーを引き起こすことを generate と表現している。error に generate で何か特殊な例) ◆If one hard disk develops errors or gives up completely,...　1台のハードディスクがエラーを発生するか完全にお手上げ状態[ダメ]になると ◆when the session is aborted by the occurrence of an error このセッションがエラーの発生により打ち切られる時に ◆The rekeying of data introduces fresh errors.　(キーボードからの)データの再入力は新たな間違いをもたらす。 ◆The operating system handles errors that occur [arise] during program execution.　オペレーティングシステムは、プログラム実行中に発生するエラーを処理する。 ◆In some systems, it is easy to introduce errors that show up only when the output file is printed.　システムによっては、出力ファイルを印刷してはじめて現れるようなエラーを簡単に招いてしまう。

3 an 〜 誤差 ◆a margin of error 誤差限界 ◆an error amplifier エラーアンプ; 誤差増幅器 ◆may have an error of ± 1° ±1度の誤差を含んでいる可能性がある ◆... shall fall within .1% error 〜は誤差0.1%以内に収まらなければならない ◆reduce the error between the input and the output 入出力間の誤差を減らす ◆an error of less than 3 percent is introduced by the neglect of...　〜を無視したことにより3%未満の誤差が含まれている ◆These errors can be corrected for if they are reproducible.　これらの誤差は、再現可能なものであれば補正することができる。

**in error** (= by mistake) 間違って、誤って ◆The report is in error.　報告[報道]が間違っている。 ◆when a statement is in error　(コンピュータの)命令文が誤っているとき ◆I believe Judge Jackson is in error.　私は、ジャクソン判事は間違っていると思っている。 ◆the airliner was shot down in error by a NATO fighter pursuing another plane 同旅客機は別の航空機を追跡中だったNATO軍の戦闘機により誤って撃ち落と[撃墜]された

**error-check** vt. 〜をエラーチェックする、〜に誤りがないか検査する ◆error-check messages automatically メッセージを自動的にエラーチェックする

**error-free** 誤りのない、エラーのない ◆error-free data transmission エラーフリーデータ伝送 ◆play error-free 失敗[ミス]をおかさずにプレイ[競技]する ◆these chips are error-free これらのICチップは、エラーフリーである ◆be close to error-free 〜にはエラーが皆無に近い、〜にはほとんどエラーがない

**error handling** 《コンピュ》エラー処理(＊発生したエラーを検出し、データやプログラムを破壊することのないよう処理すること)

**error message** an 〜 《コンピュ》エラーメッセージ ◆an error message appears エラーメッセージが表示される ◆cause an error message to appear エラーメッセージを表示させる(原因となる) ◆deal with error messages エラーメッセージに対処する[を処理する] ◆display an error message エラーメッセージを表示する ◆error messages generated by a database management system データベース管理システムから出されるエラーメッセージ ◆the problem persisted, and error messages continued to occur with the fax modem card どうやってもこの問題は解消せず、ファックスモデムカードを使うとエラーメッセージが発生し[現れ]続けた ◆The network returned a "resource not available" error message. ネットワークは「リソースを使用できません」というエラーメッセージを返した.

**erupt** (突然)発生[出現]する, (火山が)噴火[爆発]する, (間欠泉などが)噴き出す, 〈歯〉が生える ◆trouble erupts トラブルが発生する ◆When do permanent [adult] teeth erupt? 永久歯はいつ生えてくるのか?

**eruption** (an) ~ (火山の)爆発[噴火], 噴出, 感情の爆発, (病気や災難の)突発, (戦争の)突発, 《医》発疹, 吹き出物, 《医》萌出(ホウシュツ)(*歯が生えること) ◆a volcanic eruption 火山噴火; 火山の爆発

**Es** アインスタイニウム(einsteinium)の元素記号

**ESA** (the European Space Agency)(略語形にtheは不要)欧州宇宙機関

**Esaki diode** the [an] ~ エサキ・ダイオード (= a tunnel diode)

**ESC** (escape)《コンピュ》エスケープキー, エスケープ文字

**escalate** vi. 次第に上がって行く, 段階的に拡大[増大, 激化]する, 高まっていく; vt. 〈価格など〉をつり上げる, ~を段階的に拡大[増大, 激化]させる ◆escalate a simple customer service problem to dangerous proportions 単純な顧客サービスにかかわる問題を危険なまでに大きく[大事に]してしまう ◆As a result, the small conflict escalated into an all-out war. その結果, この小さな紛争は全面戦争へとエスカレート[総力戦]へと拡大していった. ◆Tend to any financial problems before they escalate. 金銭上の問題は何であれ, 大きくならない[重大化しない]うちに未然に対処せよ.

**escalation** (an) ~ エスカレーション, 段階的な拡大[増大, 上昇, 強化, 激化], 漸増[逓増(テイゾウ)] ◆The escalation of the Vietnam War meant that many supplies had to be transported by ship. ベトナム戦争の(段階的に拡大)は, 多数の(軍需)物資を船舶で輸送しなければならないことを意味していた.

**escalator** an ~ エスカレーター(a moving stairway [staircase]) ◆ride (on) an escalator エスカレーターに乗る ◆ride up [→down] an escalator エスカレータで昇る[→降りる] ◆step onto an escalator エスカレーターに足を踏み出す ◆go [walk, run] up a down escalator 下りエスカレーターを(歩いて[走って])昇る

**ESCAP** (the Economic and Social Commission for Asia and the Pacific) (国連の)アジア太平洋経済社会委員会, エスカップ《(省略形にtheは不要)》

**escape** 1 (an) ~ 逃避, 逃亡, 脱出; (an) ~ 逃げる方法, 逃げ手段, ~ 非難施設, 非常階段, 非常口, 排出口; an ~ (ガス, 水)もれ; an ~ 《コンピュ》エスケープ[ESC]キー[文字] ◆an escape character 《コンピュ》エスケープ文字, 拡張文字 ◆an escape clause 免責条項(→ escape clauseに用例) ◆an escape of flux [gas] 磁気[ガス]漏れ ◆an escape route 逃げ道, 逃走路, 脱走路, 脱出路, 退路, 避難路 ◆escape from reality 現実からの逃避 ◆with escape cut off 退路を絶たれて[逃げ場を失って] ◆the escape of radioactive substances into the atmosphere 大気中への放射性物質の放出

2 vi. 逃げる, 逃れる, 免れる, 脱出する, 漏れる <from, out of>; vt. ~を[から]逃れる, 〈記憶〉に残らない(で消えてしまう) ◆let the trapped air escape 閉じ込められている空気を逃がす ◆narrowly escape death かろうじて死を免れる ◆prevent it from escaping それが逃げ出さないようにする ◆he narrowly escaped serious injury 彼はかろうじて重傷を負わずに済んだ ◆..., and (lots of) other stuff that escapes my mind [(my) memory, me, my recollection] right now [just now, at the moment] (圏..., and something else that escapes me right now) ~ (*いくつか挙げた後で), それに[あと], ちょっと今は失念した[忘れた, (何だったか)思い出せない]けどほかにも(いろいろ) ◆his family narrowly escaped being blown up by a bomb 彼の一家は危うく[間違えれば, もう少しのところで]爆弾で吹き飛ばされるところだった(が, かろうじて難を逃れた) ◆windows with a special coating that blocks heat from escaping 熱が逃げるのを阻止する[熱を逃がさない]特殊な被膜を持つ窓 ◆The plants had escaped being closed down. それらの工場は閉鎖を免れた. ◆When opened, the valve allows brake fluid to escape. このバルブを「開」にすると, ブレーキ液が排出されます.

**escape clause** an ~ エスケープ・クローズ, 免責[例外, 除外]条項 ◆include an escape clause 免責条項を含んで[盛り込んで, 記載して]いる ◆there is no escape clause in the contract その契約に免責条項はない

**Escherichia coli** 大腸菌 ◆food contamination from the virulent bacterium called Escherichia coli 0157 毒性を持つO-157と呼ばれる病原性大腸菌による食品汚染

**escort** an ~ (単/複扱い)護衛(隊)[者], 護送隊[車, 機, 船]; an ~ (社交の場で女性に)同伴する男性[エスコート]; vt. ~に付き添う, ~を護衛[警護, 護送]する ◆an Aegis escort vessel [ship] イージス護衛艦 ◆run [operate] an escort service 愛人バンクを経営する(*春をひさぐ)

**escrow** an ~ 条件付き未完掲印譲渡証書(*一定の条件を譲受人が実行して証書の効力が生ずるまで第三者が保管), 第三者に供託[預託]するもの[金, 不動産物件, 証券]; vt. ~を第三者にエスクローとして供託[預託]する ◆a key escrow encryption system 鍵供託暗号化システム ◆an escrow account エスクロー[エスクロ]勘定[口座] ◆you have to put your rent money in escrow until... ~まで家賃のお金は供託しなければなりません

**escutcheon** an ~ 紋章の描かれている盾, 盾形の紋地, 鍵穴のまわりの飾り板, (昔の真空管式ラジオのダイヤルなどのまわりの)飾り枠, 《意訳》ベゼル[表縁] ◆a blot on one's escutcheon 家名の汚れ(ケガレ)[家門の名折れ]; 名誉についた傷[不名誉] (a stain on one's honor); 面目つぶし[名汚し](disgrace to one's reputation) ◆an escutcheon that encompasses the tuning scale 同調目盛りを取り囲んでいるエスカッション[飾り板] (*アマチュア無線用受信機などの)

**ESD** (electrical static discharge; electrostatic discharge)静電放電

**esophagus** an ~ (pl. esophagi) 食道 ◆esophagus cancer 食道癌 ◆This is a cross section of an esophagus from a rat. これはラットの食道の断面図です.

**especially** adv. 特に, とりわけ, なかんずく, ことのほか, ひときわ, 特別に, ことさらに, 格別に, 格段に 格段に ◆especially useful for research on the microstructures of biological materials とりわけ生物材料の微細構造の研究に役に立つ

**espionage** ①スパイ活動[行為], 諜報活動 ◆industrial espionage 産業スパイ活動

**espouse** vt. 〈主義や説など〉を支持する, 採り上げる, 採用する, 信奉する, 唱道する, 《古》(女性に)男性が)と結婚する, ~をめとる[嫁にする] ◆the device driver specifications espoused by Microsoft and Novell マイクロソフト社とノベル社が支持[採用, 《意訳》唱道, 提案]しているデバイス・ドライバ仕様

**esprit de corps** 《仏》自分の属する組織を愛する精神[愛社精神, 愛校心 etc.] ◆foster a sense of esprit de corps チームスピリット[団結心, 連帯感, 連帯意識, 志気, (自分の属する)集団・団体・企業・学校, etc. を愛する精神]を養う[はぐくむ, 培う] ◆foresee a rapid deterioration of esprit de corps 団結心[愛社精神]の急速な低下を予見する

**essay** an ~ 随筆[エッセイ], 小論文[文学的論評, 評論, 論説, 試論] ◆an essay question 論述[小論文記述]問題(▶論文読解問題の意味ではなく, 「~について述べよ」のような, 文や文章で記述させる問題)

**essence** 1 《単のみ》 the ~ <of> (~の)最も基本的かつ重要な部分, 本質, 実体, 精髄, 心髄, 神髄, 真髄, 骨子, 本体 ◆the essence of the difficulty この難しさの本質 ◆The essence of democracy is majority rule. 民主主義の根幹[根本, 本質]は多数決原理である. ◆The essence of his presentation was that... 彼のプレゼンテーションの骨子[最も重要なポイント]は, ~であるということだ.

2 (an) ~ エキス, エッセンス, 精油, 芳香物質, 香水

**in essence** 本質[実質]において, 本質的に[実質的に], 実質上, (うわべはともかく)基本的に, 根は, 本当は; 要するに, 結局のところ

**essential** 1 adj. 絶対に[どうしても]必要な, 不可欠な, 必須の, 基本的な, 極めて重要な, 本質的な, 本質をなす;《医》本態性の;精[エキス]の ◆when essential どうしても必要な場合には ◆an essential condition <of, for, to> (〜の) 必須条件 ◆be absolutely essential 絶対不可欠である;《意訳》絶対条件である ◆essential hypertension 本態性高血圧 ◆essential amino acids 必須アミノ酸 ◆the essential oils of aromatic plants 香りの高い植物の精油[芳香油] ◆the essential purpose of a simulation 模擬実験の極めて重要な[基本的な]目的 ◆information essential to this operation この工程に不可欠な[基本的に必要な]情報 ◆It is essential only that the original document be... 要は, 原稿文書が〜でさえあればよい。◆In this fiercely contested market, superlative performance is essential to survival. 競争が激烈なこの市場にあっては, 最高の性能というものが生き残り[存続]のために不可欠である。◆Where constant speed is essential, a quartz-lock drive system is used. 速度が一定であることが要求される場合には, クオーツロック駆動システムが用いられる。

2 an 〜 絶対に必要なもの, なくてはならないもの, 必須アイテム, 必需品; the 〜s <of> (〜の) 本質的な要素, 重要な点, 要点, 基本[基礎], 根本的な事柄 ◆highlight the essentials 重要事項を強調する ◆The Cuban economy is thoroughly bankrupt. Food and other daily essentials are severely rationed. キューバの経済は完全に破綻している。食料およびその他の生活必需品は厳重な配給制になっている。

**essentially** 本質的に, 基本的に, 根本的に, 実質的に, 実際のところ, 実用上, 根は, 本当は, 本来は ◆Our opinion does not essentially differ from theirs. 我々の意見は, かれらの意見と本質的[基本的]には違っていない。◆The two are essentially the same thing. これら二者は, 本質的に同じものである。◆I puzzled over it on several occasions and essentially gave up in frustration. そのことについて数度頭をひねってはみたが, くやしいながらどうしてもあきらめざるを得なかった。◆The programs are essentially desktop-publishing tools geared to kids. これらのプログラムは本質的に[元来, 本来]子供向けのデスクトップパブリッシングツールである。

**establish** vt. 〜を設立[創立, 開設, 制定, 樹立, 確立]する, 打ち立てる, 定める, 築く, 建てる, 建設する, 作る, 設ける, 立証[証明]する, 〈事実など〉を確かめる, 〈ソフトの機能など〉を設定[構築, 《意訳》定義]する ◆establish oneself <as, in> (〜として, 〜において) 身を固める; 立場を固[固めたものに]する; 地位を築く[確立する, 確保する]; 開業する; 定着する; 身を立てる[起こす] ◆establish whether... 〜かどうか確かめる[確認する, 明らかにする] ◆establish a scenario (こうなればこうなるという理論の筋書きである) シナリオの確証を得る, シナリオを立証する ◆establish controls over... 〜に対する規制を設ける[定める, 制定する, 規定する] ◆establish the left margin 《コンピュ》左マージンを設定する ◆I established that... 私は, 〜ということがはっきり分かった[〜だということを突き止めた, 〜だと確信を持った, 確認した, 見定めた, 証明した] ◆to establish it as a graphic standard それをグラフィックの標準仕様として成立させるため ◆establish [develop] a short circuit in... 〜の短絡を起こさせる[〜で短絡する] ◆establish new frontiers in EDP 電子データ処理の分野で新しい最先端領域を確立する ◆It has been clearly established that... 〜ということは, はっきり立証されている ◆the theory establishes itself in three specific ways この理論は3通りの特定の場合において成立する[成り立つ] ◆this condition establishes itself in the gut 《意訳》この症状に消化管の中に落ち着いて根を下ろす[屈居するように なる]; 腸管内で定着する (*訳文は特に医学的な表現ではない) ◆diplomatic relations between the two nations were established これら二国間に国交が樹立された ◆it can be installed in both new and already established homes それは新築住宅および既に建っている[既設]家屋の両方に設置できます ◆the company has already established itself as a pioneer in... 同

社は〜の草分けとしてすでに地歩を固めている ◆they have established assembly plant there それらの企業はそこに組立工場を設立した ◆establish and maintain inspection and testing at appropriate points in the manufacturing process 製造工程の適切な箇所に検査および試験を設けて維持する ◆search the database for records matching criteria established by the user ユーザーが設定した条件と一致するレコードがないかどうかデータベースを検索する ◆Is it better to buy an (already) established home or build? (すでに)建っている[既設]住宅を購入したほうがよいでしょうか。それとも建てたほうがよいでしょうか。◆Once this condition establishes itself, jumpering out the inductor makes no difference. (いったん)この状態になってしまうと, インダクタをジャンパー(線)でショートしてもなんの変化も起こらなくなる。◆The company is currently pushing hard to establish itself as a producer of PCs in its own right. この企業は目下, れっきとしたパソコン製造メーカーとして地歩を築こうと[足場固めをすべく]邁進している。◆The manual establishes standard procedures for streamflow measurements in British Columbia. 本手順書は, ブリティッシュコロンビア州における河川流測定の標準手順を定めた[規定した, 制定した]ものである。◆Operational modes, baud rate, protocol, and other parameters are established interactively, using the function keys, at the time of initial setup. 動作モード, ボーレート, プロトコル, およびその他のパラメータは, 初期のセットアップ時にファンクションキーを用いて(ユーザーとの)対話形式で設定する。◆The degree of independence of the Serb "entity" has yet to be established. The Clinton administration says it will not be allowed to coalesce with neighboring Serbia into a "Greater Serbia." セルビア人「国家」の独立の程度は未定である。クリントン政権は, 隣接するセルビアと併合して「大セルビア」となることは許されないだろうと述べている。◆This specification requires the establishment of a quality control system by the supplier (Seller) to assure that supplies or services meet the specifications established by the purchase order. 本仕様書は, 納入場もしくはサービス[用役・労務]が発注書に定められて[規定された]いる仕様を確実に満たすべく, 部品製造業者(売り手)による品質管理体制の創設を要求するものである。

**established** adj. 確立されている, 既定の, 既成の, 地位や名声の確立された, すでに功成り名を遂げている, 定評のある ◆an established [accomplished] fact 既成[既定]事実 ◆an established writer (地位や名声の確立している)既成作家 ◆at established intervals ある所定の間隔で ◆become established (考え, 新語などが)定着する ◆in accordance with the established policies of the U.S. Army Corps of Engineers 米国陸軍工兵隊の既定方針に従って ◆an established home builder; an established home building company 建て売り住宅建設業者[建築会社] (*established が「老舗の」という意味になる場合もある) ◆The measuring devices shall be checked at established periods to assure continued accuracy. 測定器は, 精度を確実に維持しておくために, (一定の)定められた期間ごとに検定を受けるものとする。

**establishment** 1 設立, 創立, 創設, 開設, 樹立, 制定, 成立, 確立, 確定, 立証, 証明 ◆the establishment of a quality assurance system 品質保証体制の創設[確立] ◆the establishment of workable procedures 実行可能な手順の確立 ◆the product's rapid establishment in the business community その製品の, ビジネス界における急速な定着[普及] ◆the establishment of the European internal market in 1992 1992年の欧州域内市場の創設

2 an 〜 商店, 会社, 企業, 事業所, (学校, 病院などの公共または私設の)施設 ◆an expense-account establishment 交際[接待]費で落とす接待に使う店; 社用族が使う店

3 the 〜, the E- 体制側, 既成勢力, 権力の座[支配者]側, 支配層 ◆People are angry at the establishment. 人々は体制[既成権力]に対して怒っている。

**estate** 財産, 資産; an 〜 地所, 所有地, 広大な屋敷および邸宅, (英)団地 ◆an industrial estate (英)工業[工場]団地 ◆

an estate worth near one million dollars 百万ドル近くの価値の土地[地所]
**estate agent** an ~ 《英》不動産屋[業者] (=《米》a real-estate agent)

**esteem** ① 尊敬, 尊重; vt. 尊敬する, 尊重する, 敬慕する; 《esteem X (to be) Y または esteem X as Y で》X を Y と見なす[思う] ◆a man so low in public esteem 社会的評価がそんなにも[非常に]低い男 ◆gain greatly in public esteem for... …という理由で高い社会的評価を得る; ～で大いに世人の信望を得る[集める] ◆hold a person in high [great] esteem 〈人〉を深く尊敬する[を〈高く評価する〉] ◆hold something in high [great] esteem ～を大いに[非常に]高く評価する[尊重する] ◆... rise [go up] in a person's esteem 〈人〉の〈本人〉に対する評価が上がる(*〈株〉が上がる) ◆rise in public esteem ～の社会的評価が上がる; 人望が高まる ◆... sink [go down] in a person's esteem 〈人〉の〈本人〉に対する評価が下がる(*〈株〉が下がる) ◆Veterinarians were held in high esteem in ancient Egypt. 獣医師は古代エジプトにあっては非常に尊敬されていた[信望があつかった]

**estimate** 1 an ～ 見積もり[書, 額], 概算[書, 額], 推定[額, 値, 量], 目算, 想定, 評価, 値踏み, 判定 ◆at a rough estimate; by rough estimate ざっと見積もって, 概算で, 目の子算で, 目の子勘定で ◆according to estimates by... ～による推定では ◆a free cost estimate on... ～の費用の無料見積もり ◆a generous estimate of... ～の〈大きめの〉《意訳》サバを読んだ》見積もり ◆by (according to) conservative estimates 控えめ[少なめ]に見積もって; 内輪の見積もりで; 確実な線で ◆form an estimate of his abilities 彼の能力を評価する ◆make an estimate of the amount [cost, number] of... ～の量[コスト, 数]を見積もる[推定する, 想定する] ◆make too high an estimate of... ～を実際以上に高く見積もる[大きく想定する], ～を過大評価する ◆the methods by which estimates are made of the values of a variable ある変数の値を推計するこれらの方法 ◆Always make this estimate generously on the high side. この見積もりは, 常にたっぷり多めに[大きめに]すること. ◆One estimate puts the recovery rate at only 5 percent. ある見積もりでは回収率はわずか5%と踏んでいる. ◆The dealer's estimate is that the used car is worth $400. ディーラーの査定によると, この中古車は四百ドルの値打ちがある. ◆Unofficial estimates put the death toll at more than 300. 非公式の見積もりでは, 死者数は300名を超すものとみている. ◆"Conservative estimates" by the U.S. Embassy place unemployment at around 50 percent. 米国大使館による「控えめ[内輪]の見積もり」では, 失業率を50%と踏んでいる. ◆Estimates place the cost of the initial phase at about $2.79 billion a year. 初期段階[第1期]の費用は, 約27億9000万ドルかかると見積もられている. ◆Estimates put the number of foreign workers in Arab states as high as 8 million. アラブ諸国在住の外人労働者数は800万人にも上ると見積もられている. ◆Current estimates are that between 5% and 13% of the U.S. work force abuses drugs other than alcohol. 現在の推定では, 米国の全労働人口の5%から13%がアルコール以外の薬物を乱用している. ◆Interview at least five contractors and ask them for rough estimates of their fees for your project. 最低5社の請負業者と面談して, プロジェクトの実施に要する料金の概算見積もりを出すようたのむこと. ◆No one knows how many beggars there are, though estimates run as high as 5,000 in New York City, 1,500 in Chicago. 物ごいが何人いるかなど誰も知らないが, ニューヨーク市で5,000人, シカゴで1,500人にも上ると見積もられている. ◆According to the median estimate of the ten economists surveyed by TIME, the U.S. stands a 30% chance of recession in 1989. For 1990 the probability rises to 50%. タイム誌の調査でこれら経済学者10人が出した予測の中央値によると, 米国が1989年に不景気になる確率は30%である. 1990年には確率が50%に上昇する.
2 vt., vi. (～を)見積もる, 概算する, 推定する, 予測する, 評価する, 判定する ◆estimate future trends 今後の動向を予測する ◆estimate revenues of $100 million annually 1年当り

の収益を1億ドルに想定する ◆at an estimated street price of $2450 推定実売価格$2450で ◆the company's estimated annual billings その会社の推定[概算]年間売り上げ ◆It is estimated that... ～であると見積もられている ◆estimate the worth of the used car at $400 その中古車の値打ちを400ドルと査定する ◆propose methods for estimating wind loads on structures 構造物[構造体]にかかる風圧荷重を推定する[推計する, 推算する, 見積もる]方法を提案する ◆he has estimated the cost of his research at about $10,000 彼は彼の研究の費用を約一万ドルと見積もっている[見積もっている] ◆It is estimated at anywhere from $700 to $900. それは700ドルから900ドルと見積もられている. ◆How fast do you estimate the other vehicle was traveling? もう一方の車はどのくらいの速さで走っていたと, あなたは見ますか[思いますか]. ◆He estimates that the project could cost more than $100 million. 彼は, そのプロジェクトは1億ドル以上かかるのではないかと見積もっている. ◆Installation of... will begin this year with completion estimated by late 1998. ～の据え付けは, 1998年遅くの完成をめどに今年開始されることになっている. ◆The civil war has claimed the lives of an estimated 75,000 people. この内戦は, 推定7万5000人の命を奪った. ◆The number of still undiscovered antique boats is estimated to be only 8,000 to 10,000. まだ埋もれている年代物のボートの数は, せいぜい8,000から10,000を程度だと見積もられている.

**estimated** adj. 推定-, 推測-, 推算-, 見積もり-, 想定-; 予定-, 計画-

**estimation** ① 判断, 判定, 評価, 意見, 見方, 見解; (an) estimation 見積もり, 概算, 目算; ② 尊敬, 尊重, 評判 ◆by some estimations 一部の推定によると; 推定で ◆by rough estimation ざっと見積もって, おおよその見当で, おおまかに ◆damage one's self-estimation 自尊心を傷つける ◆in my estimation 私が見る[見た, 考える, 思う]ところでは ◆in our estimation 私達なりの評価[判断, 意見]では; 私どものみたところでは; 我々から見て ◆in the author's estimation 著者の見方では ◆in the estimation of Western bankers 西側銀行筋の見解では ◆the estimation of... is done by determining... ～の推定は～を測定することにより行われる ◆There is an estimation that we'll... 我々は～になるのではないかという見方がある ◆increase the public's estimation of the president 大統領に対する世間の評価を上げる; 大統領の人望を高める ◆the measurement of the errors involved in this estimation この推計における誤差の測定 ◆Americans have begun to revise their estimation of Mr. Nixon アメリカ人たちは, ニクソン氏に対する評価を修正し始めた ◆Are these estimations too high? これらの推定額[値]は, 高すぎるだろうか.

**estrange** vt. ～を仲たがいさせる, ～の仲を悪くする; 《from》～を(～から)遠ざける, 疎遠にする, 疎外する ◆feel estranged from society 社会から疎外されていると感じる ◆her estranged husband 彼女の疎遠になって[仲違いして]いる夫 ◆his estranged father 疎遠になっている彼の父親 ◆she was estranged from her two children 彼女は, 2人の子供から疎んじられた ◆the two brothers became estranged over time 二人の兄弟は, 時が経つにつれて不和に[次第に疎遠に]なっていった

**estrangement** (an) ～ うとくなること, 疎遠, 疎外, 仲たがい, 不和, 不仲 ◆exacerbate the estrangement between the two leaders 2人の指導者の不仲を悪化させる ◆her estrangement from her mother 彼女の母親との仲たがい ◆our estrangement from nature 私たちが自然に親しんでいないこと

**estrogen** ① (*女性ホルモンの一種)エストロゲン, 卵胞ホルモン, 発情ホルモン

**estuary** an ～ (pl. -ries) (*大きな河川の潮のさす)河口, 江口, 河口域, 感潮域, 汽水域 ◆estuary sediments 河口の堆積物

**ESWL** ① (extracorporeal shock wave lithotripsy) 体外衝撃波結石破砕療法

**ET** (extraterrestrial) ◆an ET's intelligence 地球外生物[地球外生命体, 異星人]の知能

**ETA, E.T.A.** (estimated time of arrival) 到着予定時刻

**et al.** 《主に論文・法律文書》~ら、~他、~たち、~および他の者(= and others)；~および他のところ[箇所]で(= and elsewhere) ◆The studies conducted by Miller et al. showed... ミラーらが行った研究は、~ということを示した．

**etalon** an ~ 《光》エタロン ◆an etalon for single frequency operation 《光, 電子》単一[単一]周波数動作用エタロン

**ETC** (electronic toll collection) 自動料金徴収，ノンストップ自動料金収受システム(*高速道路の)

**etch** vt. ~にエッチングをする，食刻する，腐食彫りする，~を腐食加工する，~をエッチングで描く；~を心に刻む[記名する]; vi. エッチングをする ◆a silicon wafer etched with millions of electrical circuits 何百万もの電気回路がエッチングされているシリコンウェハー

**etching** エッチング，食刻，腐食，腐食彫り，《化》溶解; an ~ 銅版画 ◆chemical etching 化学腐食処理

**ETD, E.T.D.** (estimated time of departure) 出発予定時刻

**eternal** adj. 永遠の，とこしえの，永久不変の，不滅の ◆eternal life 永遠の命 ◆the eternal history of mankind 人類の悠久の歴史

**eternally** adv. 永遠に，永久に，とこしえに，変わることなく，いつまでも；絶え間なく，しきりに，しょっちゅう

**ether** ①《化》エーテル(*無色揮発性の可燃液体で溶剤として使用，昔は麻酔剤にも); the ~ エーテル(*昔，電磁波を伝える媒体[宇宙空間を満たしている]と考えられていた想像上の物質)，青空，《稀》空気 ◆data will be radiated out into the ether データは天空[空中]に輻射される(*学術的な表現ではない)

**Ethernet** 《ネット》イーサネット

**ethic** an ~ 倫理，道徳律 ◆the me-first ethic that has flourished in the '80s 80年代に栄えた自己優先的倫理

**ethical** adj. 倫理の，道徳上の，道徳的な，道義上の，倫理学の；(医薬品は)医師の処方箋によらねば販売できない ◆an ethical issue 倫理的な問題 ◆on ethical grounds 倫理上(の理由で) ◆perform [conduct] ... along ethical guidelines 倫理指針に沿って~を行う[実施する]

**ethics** (単数扱い，学校の科目としての)倫理，(複数扱い)(職業上個人を律する)倫理，倫理観，道義，道徳 ◆a code of ethics; an ethics code 倫理規範[綱領，規程] ◆the ethics of biotechnology バイオテクノロジーの倫理 ◆it doesn't take a highly refined sense of ethics to <do...> ~するのに高度に磨かれた倫理観は必要無い

**ethnic** adj. 人種の，民族の，民族特有の，民族的な，少数民族(集団)の; an ethnic (一人の)少数民族出身者 ◆a policy of ethnic cleansing 民族浄化政策 ◆instability and ethnic unrest are growing in the Balkans バルカン諸国において不安定さと民族紛争が増大している ◆Pashtuns are the largest ethnic group in Afghanistan. パシュトゥン人はアフガニスタンにおける最大の民族集団[(意訳)最も人口の多い人種]である．

**ethyl alcohol** エチルアルコール

**ethylene glycol** ①エチレングリコール(*不凍液や凍結防止剤の原料)

**etymology** ①語源学，語源の研究; an ~ (pl. -gies) (ある語の)語源(の説明) ◆consult a dictionary for the etymology of "reptile" and "amphibian" 「reptile(爬虫類)」と「amphibian(両生類)」の語源について辞書で調べる

**Eu** ユウロピウム(europium)の元素記号

**EU** (European Union) the ~ 欧州連合(*以前，欧州共同体(EC)と呼ばれていた)

**euphemism** ①婉曲語法; an ~ 婉曲な表現[言い回し，語句]，遠回しに言う言葉[婉曲] ◆downsizing is a euphemism for the laying off of employees 事業の規模縮小とは従業員をレイオフすることのいい言い方である

**euphoria** ①(一時的な)極度の幸福感，熱狂的陶酔[陶酔感]，浮かれ気分，高揚状態; ①《医》多幸症，多幸感 ◆put ~ in euphoria ~を幸福感にひたらせる ◆a sense of euphoria 幸福感，陶酔感；浮かれ気分 ◆the euphoria of victory 勝利の

陶酔感 ◆the euphoria of being with... ~と一緒にいることの幸福感 ◆a state of euphoria is prevailing in the country 陶酔状態がこの国に広まっている

**Eurasian** adj. ユーラシアの，欧亜の，欧州人と東洋人の混血の; a ~ ヨーロッパ人と東洋人の混血児 ◆the Eurasian continent ユーラシア大陸 ◆the Eurasian landmass 《地理, 地質》ユーラシア大陸

**Euratom** ◆France violated the Euratom pact [Euratom Treaty] with its atomic testing in the Pacific. フランスは太平洋における核実験によりユーラトム[欧州原子力共同体]条約に違反した．

**euro, Euro** ユーロ，欧州単一[統一]通貨，欧州通貨 ◆a budget of 600 million Euro [euro] 6億ユーロの予算 ◆European Union leaders chose "Euro" as the name for their planned single currency. 欧州連合の各国首脳らは，計画されている単一通貨の名称として「ユーロ」を選んだ．

**Eurocrat** a ~ 欧州官僚

**Europe** ヨーロッパ，欧州 ◆the U.N. Economic Commission for Europe (ECE) 国連欧州経済委員会 ◆in Central Europe 中部ヨーロッパ[中部欧州, 中欧]に ◆in such Northern European countries as Germany and Sweden ドイツやスウェーデンなどの北部ヨーロッパ諸国で(*北欧[北ヨーロッパ]より広い範囲の指す)

**European** ヨーロッパ(人)の，欧州の; a ~ ヨーロッパ人，欧州市民 ◆European Americans 欧州系米国人 ◆the European Parliament 《欧州連合の》欧州議会 ◆the European internal market 欧州域内市場 ◆the European Union (formerly the European Community) 欧州連合(旧欧州共同体) ◆the Maastricht Treaty on European union マーストリヒト欧州連合条約 ◆in major East [Eastern] European cities 東欧の主要都市で ◆the European Recovery Program 欧州復興計画(= the Marshall Plan マーシャルプラン，第二次大戦直後の) ◆the European-wide market for telecommunications equipment 欧州全体の電気通信機器市場

**Europessimism** 欧州悲観論

**europium** ユーロピウム(元素記号: Eu)

**Europol** ◆Europol's headquarters is located in the Hague. ユーロポール[欧州警察機構]の本部はハーグにある．

**Eurosclerosis** (経済)欧州病，ヨーロッパ病

**EUT** (equipment under test) ①供試機器，被試験機器，試験にかけられている機器

**eutectic** 共融の，共融の ◆a eutectic alloy 共融合金 ◆eutectic solder 共晶はんだ

**euthanasia** ①安楽死，安楽術 ◆an anti-euthanasia group 安楽死反対を唱えるグループ

**eutrophication** (湖沼の)富栄養化(*燐や窒素などの養分を含む汚水の流入による藻類の異常発生．結果としての水質汚濁や酸欠状態を伴う) ◆Lake Biwa's eutrophication [over-fertilization] 琵琶湖の富栄養化

**EV** (exposure value) an ~ 《カメラ》露出値，EV; (electric vehicle) an ~ 電気自動車 ◆drive an EV 電気自動車を運転する

**evacuate** 〈容器など〉を排気する，真空にする；立ち退く[退かせる]，避難[退避]する[させる] ◆an evacuated bottle 排気されている[真空の]びん ◆they evacuated to safety 彼らは安全な場所へ避難した ◆evacuate a vessel from atmospheric pressure to a lower pressure 容器を大気圧よりもそれより低い圧力になるよう排気する(*文脈によっては，a lower pressure = 陰圧[負圧]と訳してもよい)

**evacuation** 避難，退避，撤退，引き揚げ，疎開；立ち退き，明け渡し；排気，真空引き，排出 ◆an emergency evacuation plan 緊急避難計画 ◆conduct an evacuation drill 避難[退避]訓練を行う ◆conduct an evacuation of personnel 職員の避難を行う[実施する] ◆the rapid evacuation of casualties 負傷者の迅速な避難[退避] ◆a vacuum pump for the evacuation of a vacuum chamber 真空室の排気[真空引き]をするための真空ポンプ

**evade** 〜を逃れる、免れる、避ける、回避する、忌避する ◆evade eavesdroppers 傍受者をかわす; 盗聴を避ける

**evaluate** (vt.) 〜を評価[査定、評定、審査、鑑定、検査]する、〜を測定[計測]する、〜の値を求める、〜を値踏みする; vi. ◆evaluate the results on a pass/fail basis 結果の合格／不合格を評価する; 結果を合否[良否]判定する ◆evaluate the outgoing product quality 出荷製品の品質を評価する ◆evaluate the integral correct to two decimal places [correct to three significant figures] その積分値を《順に》小数点第2位まで[有効数字3桁まで]求める

**evaluation** (an) 〜 評価、値踏み、評定、《意訳》検討、数値を求めること、測定、計測、診断 ◆make evaluations 評価[検討]を行う ◆evaluation criteria 評価基準 ◆pass/fail evaluation criteria 合否判定基準 ◆an evaluation of the degree of... 〜の度合いの評価 ◆conduct performance evaluations 性能評価試験を行う（*an evaluation 自体に、評価試験の意味がある）◆criteria for evaluation 判定基準 ◆need [necessitate, require, call for] further evaluation 更なる検討を必要とする; 更に詳しい調査[検査、診察、診断、測定、計測]を要する ◆perform real-time evaluations of... 〜のリアルタイム評価を行う ◆the sound under evaluation 目下判定[評価、測定]にかけられている音 ◆a software package for the evaluation of performance of internal combustion engines 内燃機関の性能評価用パッケージソフト ◆an evaluation performed on initial samples 最初のサンプルに対して行われる評価[検討] ◆In order to conduct tests and make evaluations 試験を行い評価するため ◆the evaluation of supplies by use of a measuring device 納品された品物の測定器を使っての評価[測定、計測] ◆If the cough persists, further evaluation may be required. 咳がいつまでも続くようなら、もっと詳しい検査[診察、診断]が必要かもしれません. ◆The evaluation copies of ThyDraw are restricted in the following ways: (ソフト)ThyDrawの評価コピーは、次のように制限されています.;《意訳》体験版[試食版、お試し版]には、以下に掲げる制限があります. ◆On the following pages, you will find evaluations of 20 modems. 次ページ以降に、モデム20機種の評価が載っています. ◆Periodic evaluations are carried out to ensure the standards are maintained. 水準が確実に維持されているようにするために定期評価が実施される.

**evaluative** 評価の ◆evaluative metering 《カメラ》評価測光

**evanescent** adj. (蒸気のように次第に)消えてゆく、つかの間の、はかない、あっけない ◆evanescent light 《量子物理》エバネッセント[はかない]光 ◆evanescent-wave-excited fluorescence; evanescent wave excitation of fluorescence エバネッセント波励起[誘起]蛍光

**evaporate** vi. 気化する、揮発する、蒸発する、(どこかへ)消えてなくなる、雲散霧消(ウンサンムショウ)する、(蒸発して)飛ぶ; vt. 蒸発させる、乾燥させる ◆evaporate...onto... 〜を〜に蒸着する ◆metal-evaporated tape (メタル)蒸着テープ、《AV》メタルテープ ◆cook over high heat until liquid evaporates 強火で加熱して汁を蒸発させる[飛ばす]

**evaporation** 蒸発、気化、揮発、蒸着 ◆amorphous silicon prepared by evaporation 蒸着によってつくられたアモルファスシリコン ◆cooling by evaporation 蒸発による冷却

**evaporative** 蒸発[気化]による ◆evaporative cooling 蒸発冷却 ◆evaporative dewatering [drying] 蒸発脱水[乾燥]

**evaporator** an〜 蒸発器、蒸発装置[管、缶] ◆an indoor evaporator coil 室内(に設置されている)蒸発器のコイル（*エアコンの）

**even** 1 adj. 平らな、平坦な、平滑な; 同じ高さの、同一平面の、一様な、均一な; 偶数の、互角の ◆in even-numbered years 偶数年に ◆an even-odd, alternate-day driving ban (ナンバープレートの)偶数奇数・奇数日運転禁止(策、令) ◆if the sum is an even number 合計が偶数なら ◆The foods to be cooked should be of even size and thickness. 調理する食品は、均一な大きさと厚みでなければならない. ◆Eighteen camera manufacturers struggle to develop the product concepts and refinements that will keep them ahead – or just even – in the crowded home market. ひしめく国内市場で18社のカメラ製造業者が、他社の先を行くべく、あるいは互角にわたり合うべく、競って製品コンセプトを開発したり製品に改良を加えたりしている.

2 vt., vi. 平にする[なる]、ならす、均等にする[なる]、均一にする[なる] ◆even [square] up the edges of... 〜の縁を(まっすぐに)そろえる ◆Heroin abuse has evened out. ヘロインの濫用は横いになった.

3 adv. 〜で(さえ(も)、〜すら、〜でも; 更に、なおさら、いっそう; それどころか; 《even though, even if の形で》たとえ〜であって、〜ではあるが ◆even after hours of nonstop use 何時間にもわたるノンストップ[連続]使用後でさえ ◆as the temperature is raised even further 温度をさらに上げて行くと ◆even in total darkness たとえ真っ暗闇の中でも ◆even though the switch is held closed スイッチが閉じられたままであるにもかかわらず ◆Even if you have nothing particular to say why not e-mail me anyway – I want to hear from you! たとえ何にも云うことがなくても、とにかく電子メールをください. お便りが欲しいんです. ◆Financially, the company is in even worse shape than it was this time last year. 財政的に、会社は去年のこの時期よりもいっそうよくない[輪をかけて悪い]状態にある.

**evening** (an) 〜 夕刻、夕方(から就寝時までの時間帯)、晩、夜、夜分 ◆an evening newspaper [paper] 夕刊 ◆In the quiet of the evening, we heard the bugle sounding lights out. 夜の静寂の中で、我々は消灯ラッパが鳴るのを聞いた.

**evenly** 均一に、一様に、満遍なく、均等に、平に ◆at evenly spaced time intervals; at evenly spaced periods 一定の時間間隔をあけて; 定期的に ◆stir it evenly [uniformly] 満遍なくそれを撹拌する[かき混ぜる] ◆at evenly spaced periods of time, such as weekly, monthly, or annually 週に1度、月に1度、あるいは年に1度といったように定期的に ◆distribute the color more evenly 色がもっと均一に広がるようにする ◆Our assets will be evenly distributed among the kids. 私たちの資産は子供たちに均等[平等]に分配されることになっている. ◆The movement is spread fairly evenly among age groups, across professions and around the country. この動きは、年齢層、職業にほとんど関係なく、全国全域のほとんどほぼ均一に広がっている.

**evenness** 回むらや変動の無いこと、均一性、一様性、均等性、均質性、等質性、平滑性、平坦性、一定性、不変性、一定不変性、規則正しさ、互角、五分五分 ◆improve evenness in baking 焼きむらを減らす ◆maintain an evenness of growth and color むらのない生育と色付きを維持する (*農園での話) ◆the stain brings evenness of color to the surface 《意訳》着色剤を使用すると表面の色を一様にすることができる

**event** an〜 事象; an〜 出来事、事件、行事; 〜s 事態、事情、状況; an〜《競技》種目、競技、試合 ◆in any event; at all events とにかく、ともかく、いずれにしても、いずれにせよ、何でもかんでも、ともあれ、何にしろ、何にせよ、せめて ◆generate [issue, produce, raise, trigger, fire] an event 《コンピュ》イベントを発生させる[発行する、生成する] ◆handle [process] an event 《コンピュ》イベントを処理する ◆respond to an event 《コンピュ》イベントに応答する ◆an event venue イベント(開催)場所; イベント会場 ◆a 3-day/1-event timer 3日間に1回ON/OFFできるタイマー ◆an event occurs [takes place, happens] 事象が起きる、《コンピュ》イベントが発生する ◆at the time of occurrence of an event 《コンピュ》イベント発生時に[の]; ある事象が起きる[生起する、生じる]時の ◆Key events leading up to the Ireland-Britain peace accord: アイルランドと英国の和平合意に至るまでの主な出来事[《意訳》経緯、いきさつ、経過、事情]（*この後ろに箇条書きが続く）◆In any event, he is determined to <do...> ともかく[とにかく、ともあれ、いずれにしても、何にせよ]彼は〜する決意でいる ◆events conspired to make it relatively easy to <do...> いろいろなこと[出来事、事態]が重なって(そのおかげで)、〜することが比較的容易になった ◆immediately upon the occurrence of certain events 特定のイベント[事象]が発生したら

直ちに ◆record high-speed events 高速の事象を記録する ◆events occurring in the United States during July 米国で7月中に行われる行事・催し ◆as a result of a series of events [developments] that started with the creation of... ～の創設に端を発する一連の経緯[出来事, 経過]の結果として ◆Events are moving extremely fast. 事態は, 極めて急速に進展している。 ◆The following is a chronology of major events leading up to and following the crackdown: 以下は武力弾圧に至るまでの主な出来事およびその後の主な経過[経緯]の年表です。 ◆In a turn of events no one wanted to believe, pathos turned to anger and bitterness. 誰もが信じたくもないような事件の展開の中で, 悲痛は怒りと苦々しさに変わった。 ◆These two lightning strokes initiated a chain of events that led to the shutdown of the electrical supply for the city of New York. これら2件の落雷が(事故)要因の連鎖を引き起こし, ニューヨーク市の電力供給停止[停電]につながった。

**in the event of, in the event (that)** 万一～の場合には, もし～が発生したら[起きたら] ◆in the event of an accident 万一事故が起きたら; 万一の事故の際に ◆in the unlikely event of [that...] 万が一にも～なら (*unlikely は, 「ありそうにない」という気持ちを強調) ◆in the event that... たとえ～の場合にさえ ◆in the event of my being washed into the raging sea 万一, 私が波にさらわれてこの荒れ狂う海に投げ出された場合に ◆in the event of our coming across a hostile tribe 万が一, 敵対心を持つ部族に遭遇した場合には ◆In the unlikely event that the disc medium is defective in manufacture, return it within 30 days of receipt to... (ありそうにないことですが) 万一ディスク媒体に製造上の欠陥がありましたら, 受け取ってから30日以内に～にご返送ください。

**eventuality** an～ 起こりうる事態[事象], もしものこと, 万一の場合, 偶発事件, 不慮の事故, 不測の事態 ◆anticipate every eventuality あらゆる不測の事態[もしものこと]を想定する (そしてそれに対して備える)

**eventually** adv. 結局は, 結局のところ, 最後には, 最終的に, 遂に, とうとう, ゆくゆくは ◆a step-by-step plan for freezing and eventually reducing sharply the production of CFCs 特定フロンの生産を凍結し最終的には大幅に削減するための段階的計画 ◆The head eventually wears out from use. しまいには, ヘッドは使用により摩耗する。 ◆An unchecked accumulation of greenhouse gases will eventually lead to global warming. 温室効果ガスの歯止めのない蓄積は, 結果的に地球温暖化につながるだろう。 ◆People assume that these robots will eventually grow more sophisticated and evolve into real robots. 人々は, これらのロボットがゆくゆく[いつか]は高度化[高性能化]して本物のロボットに進化するものと思い込んでいる。

**ever** 1 (= at any time) いつか, いつも, これまでに, 今までに; (= in any way) ◆Have you ever thought of...? かつてあなたは, ～のことを考えたことがありますか。 ◆Ever since I was a kid [child], I wanted to be a teacher. 子供のころからずっと先生になりたかった。 ◆Have you ever been to a country where there is real poverty? (あなたは, 今までに[これまでに]) 本当の貧困が存在する国に行ってみたことはありますか。 ◆Have you ever thought you should cut down on your drinking? お酒の量を減らさなければいけないと思ったことがありますか。
2 (= always) 絶えず, 常に, いつも, ずっと; 《ever-...-ingの形で》絶えず～している ◆ever since the sixties 60年代以来ずっと ◆ever-increasing sales overseas 絶えず増加している海外での売り上げ ◆the ever-increasing number of foreign students 増加し続けている留学生の数 ◆to meet ever-changing needs 常に[絶えず, 絶え間なく, 刻々と, 刻一刻と]変化し続けるニーズに応えるために ◆despite an ever-decreasing profit margin (直訳) 継続的に低下している利幅にもかかわらず; (意訳) 絶えず利幅が減少しているにもかかわらず ◆the ever-present threat of another earthquake 常につきまとう地震再来の恐怖
3 《比較級などの後ろで用いて》これまで; (ever・比較級で) さらに, ますます, いっそう, 一段と ◆more than ever before かつて[これまでに]ないほど; これまで以上に; 以前[従来]にも増して; よりいっそう ◆make... more important than ever ますます～を重要なものにする ◆fully computerized, ever-more automated SLRs 完全コンピュータ化されて, いっそう[また一段と] 自動化が進んだ一眼レフカメラ ◆ever more densely packed memory chips なお一段と[いっそう] 高密度に集積されたメモリーIC ◆more people in Japan will use personal computers than ever before 以前よりも多くの人が日本でパソコンを使うようになるだろう ◆It has become more pronounced than ever. 以前にまして[これまでになく] 明確になってきた ◆Maintenance requirements are lower than ever. 保守の必要性は, 従来にないほど低くなっている。 ◆The Japanese are traveling overseas in ever-greater numbers. ますます多くの日本人が, 海外旅行をするようになっている。 ◆The risk of such costly failures has forced manufacturers to concentrate more than ever on targeting customers and tailoring goods to their needs. そのような高くつく失敗をおかす危険から, メーカーはこれまで以上に顧客の的を絞り製品を顧客のニーズに合わせることに集中せざるを得なくなった。
4 《最上級や as... as を強める》 ◆largest-ever 史上最大の ◆the youngest-ever winner 史上最年少の優勝者[受賞者] ◆the finest-grain color film ever made これまで製造された中で粒子が一番細かいカラーフィルム ◆we posted our best results ever 我々は今までで[過去]最高の業績[数字]を計上した ◆the funniest joke I have ever heard いままで聞いた中で一番おかしいジョーク

**for ever** 《英》→forever《米》

**evergreen** adj. 常緑の; an～ 常緑樹, 常緑植物; ～s (装飾用の) 常緑樹の小枝 ◆a broadleaf evergreen (tree) 常緑広葉樹 ◆an evergreen conifer 常緑針葉樹 ◆develop bread-and-butter products with an evergreen, everlasting appeal 飽きのこない永続的な訴求力を持った主力製品を開発する

**every** 1 どの～もみな, すべての, あらゆる, 全くの ◆almost every kind of machinery ほとんどすべての種類の機械装置類 ◆printers of every description あらゆる種類のプリンタ ◆Like every other major computer company, Fujitsu is... 他の大手コンピュータ各社と同様に, 富士通は... ◆every available option including an automatic transmission 《車》オートマチック・トランスミッションをはじめ, 入手可能なオプションすべて ◆Every carmaker has its own econobox definition. どの自動車メーカーもそれぞれ独自の経済車の定義を持っている。 ◆The story is the same in every country. 事情はどの国でも同じことだ。 ◆You don't have to consult him about every little detail. 細かいことはいちいち彼に聞かなくてもよい。 ◆In fact, there is [we have] every reason to believe that Titanic was constructed of the very best steel. 事実, タイタニック号は最高品質の鋼鉄で建造されていたと信ずるに足る十分な理由[根拠] がある。 ◆I have no intention of going off to Hollywood but I do have every intention of being an actor the rest of my life. 私は映画界に入るつもりは毛頭ありませんが, 必ず[どんなことがあっても, 何が何でも, どうしても] これからずっと一生俳優でいるつもりです。
2 ～ごとに, ～おきに, 毎一 ◆every now and then; every now and again; every once in a while; every so often ときどき, ときおり ◆every one to two years 1～2年ごとに ◆every other day 1日おきに, 隔日に ◆be published every other month 隔月発行されている ◆every four days; every fourth day 4日(目) ごとに; 3日おきに ◆every time the buzzer sounds ブザーが鳴る都度 ◆once every three hours 3時間に1回[3時間ごとに, 3時間おきに] ◆update... every three months ～を3カ月ごとに[3カ月周期で, 3カ月のサイクルで] 更新する ◆communications systems become more sophisticated every day 通信システムは日進月歩で高度化している ◆every time the antenna location changes アンテナが移動するたびに ◆Murders happen every day in New York. ニューヨークでは毎日殺人事件が起きる。 ◆experience a mode-hop for approximately every 0.5°C change in ambient temperature 約0.5°Cの周囲温度変化ごとにモード跳びを起こす ◆The airline now

takes delivery of a new jet every five days. この航空会社は、現在5日に1機のペースで新しいジェット旅客機の納品を受けている。 ◆Inflammation occurs only once in about every 4,000 inoculations. 炎症は、ほぼ4千件の接種につきわずか1例起きるにすぎない。 ◆With proper care, the normal death rate from cholera is one in every 1,000 cases. 適切な処置が施された場合、コレラによる典型的な死亡率は1,000症例につき1件の割合である。 ◆Eligible couples receive $1 off the price of their room for every year they have been married. 対象となる夫婦は、結婚年数1年につき1ドル[《意訳》1ドルに結婚年数をかけた金額だけ]宿泊料が割引になる。 ◆The magnitude is measured on the Richter scale. Every increase of one number represents [means] a tenfold increase in [of] magnitude. マグニチュードはリヒター台盛で測られる。数字が1つ増えるごとに(地震の)大きさが10倍になることを表す。

**each and every** → each の下

**everybody** pron. みなさん、だれでも ◆Everybody has a different idea even about ease of use, so... 各自[一人一人]、使い勝手について違った考えを持っているので ◆Everybody's business is nobody's business. 連帯責任は無責任.

**everyday** adj. 毎日の、日々の、日常の; ありふれた ◆in everyday life 日常生活において ◆everyday American life 米国の日常生活 ◆everyday words 普段使っている言葉[常用語] ◆an everyday occurrence; a matter of everyday occurrence 日常のこと; (ごく)ありふれた[当たり前の、普通の]こと ◆everyday tea 家常茶飯 ◆an everyday-use car 普段用の車 ◆everyday items like toilet paper 靴やトイレットペーパーなどの日用品 ◆in both everyday and scientific language 日常語および学術語の両方で ◆new products that increase efficiency and enjoyment in everyday life 日常生活において能率を向上させ楽しみを増して[潤いを与えて]くれる新製品 ◆Procter & Gamble's shift to an "everyday-low-price" strategy should help smooth production and lead to price rationalization in its markets. プロクター・アンド・ギャンブル社の「毎日が安価[お買い得]」戦略への転換は、生産の平準化との一助となりまた同社市場における価格の合理化につながるものとみられる。

**everyone** pron. だれもみな、だれもかれも、みなさん ◆a self-effacing guy who's nice to everybody 控えめでしゃばらない八方美人の男 ◆make information available to everyone in an organization 組織の皆様もが情報を利用できるようにする ◆This assortment appeals to everyone from singles to families. この商品構成は独身者から家族連れまで万人にアピールする。 ◆Everyone is talking about it. (巷は)それの噂で持ちきりだ。 ◆The recession has put us in the same boat as everyone else. 景気後退により、弊社も他の企業と同様に[ご多分に洩れず]厳しい状況に追い込まれています。 ◆Post the emergency medical services phone number (i.e. 911) in an easy-to-see place near the pool or spa, and make sure that everyone learns the number(s). 救急医療サービスの電話番号(すなわち911番)をプールや温泉[鉱泉]のそばの見えやすい[見やすい、よく見える]場所に掲示し、番号の周知徹底を図ること。

**everything** 何もかも、何から何まで、すべて、万物、万事、諸事、万端 ◆consider the problem in relation to everything else その問題を他の諸般の事情との関連を含めて考える ◆do everything in one's power 最善[ベスト、全力、力の限り、手]をつくす、最善の努力を払う、粉骨砕身する、精一杯やる(= do [try] one's best) ◆if everything [= all] goes according to plan 万事[すべて]が、あらゆることが[計画[予定]通りに行けば ◆Please do everything you can to <do...> 〜するためにどうかあらゆる手をつくして[手段を講じて]ください。 ◆an autofocus, auto-everything camera 自動焦点を始めとして何から何まで[すべて、一から十まで]自動化されたカメラ ◆everything that is known about... 〜について分かっていることすべて ◆There's enough of everything to go around. 何もかも皆に行き渡るだけある。 ◆Everything has been meticulously thought out to minimize air turbulence. 乱気流を最小にするために、あらゆる事がこと細かに考え抜かれている。 ◆They have become self-centered and always put themselves and their interests above everything else. 彼らは自己中心[自分本位]になって、常に自分自身のことや自らの利益を(何よりも)最優先に据えている。 ◆Recombining the discreet elements of the basic stock, the engineering team has come up with everything from luxury sedans to sports coupes. 基本原型の個々の要素を組み合わせなおして、この技術チームはラクシャリーセダンからスポーツクーペまで一切がっさい開発してしまった。

**everyway** adv. あらゆる点[面]で、あらゆる方向に

**everywhere** adv. いたるところに[で]、あらゆるところに、随所に、どこへ(でも)、どこ(で)も、あちこち、あたり一面[一帯]; n. あらゆる所 ◆everywhere in the country 全国いたるところで ◆search everywhere そこらじゅうを探し回る ◆Everywhere the story is the same. どこでも状況は同じ[いずこも同じ秋の夕暮れ]である。 ◆This trend is intensifying everywhere in the world today. この傾向は世界のいたるところで[世界中で]強まっている。

**evidence** 証拠、証(アカシ)、根拠; (a) 〜 証拠となるもの、形跡(= a trace) ◆on the evidence of... 〜を証拠として ◆as evidenced by (the fact that <S・V>) 〜(である)ということからも分かるように ◆be based on scientific evidence 科学的証拠[根拠]に基づいている ◆evidence-based medicine (EBM) (科学的[医学的])根拠に基づく[基づいた]医療 ◆on grounds of insufficient evidence 証拠不十分により ◆the evidence adduced by the group その団体により提示[引用]された証拠 ◆There is persuasive evidence that... 〜という説得力のある証拠がある ◆despite mounting circumstantial evidence linking the group to... 同グループを〜に結び付けうる状況[情況]証拠が積み上がって[蓄積して]きているにもかかわらず ◆the evidence does not indicate that... この事実は〜ということを意味しているのではない。 ◆the evidence remains inconclusive この証拠は依然として固まって[確定して]いない ◆For years, evidence has been accumulating that... 長年にわたって、〜であるといった証拠が蓄積されて[積み重ねられて]きた。 ◆Over the past 15 years, an increasing volume of scientific evidence has suggested that... 過去15年間にわたり、ますます多くの科学的証拠が〜を示唆している。 ◆Indirect evidence is also known as circumstantial evidence. 間接証拠は、またの呼び方を状況証拠[傍証]という。 ◆There is every evidence that excess spending will continue. 過剰支出が継続するであろうことは、どうみても間違いない。 ◆There is no evidence of premeditation. (犯行の)計画性を証明する証拠は何もない。 ◆Evidence that greenhouse warming has already started is at best tenuous. 温室効果による温暖化がすでに始まっているといった根拠は、どうひいき目に見ても希薄だ。 ◆Virtually every week seems to bring fresh evidence that Japan is catching up with the U.S. 日本は米国に追い付きつつあるということを示す新しい証拠が、ほとんど毎週と言っていいほど挙がってくるように思える。 ◆It is to be expected that as further evidence accumulates over the coming years, significant revisions to these maps will become necessary. 今後何年かにわたって更に証拠が積み重なって[知見が蓄積されて]いくにつれて、これらの地図に大幅な改訂が必要になるだろう。(*ここでは evidence = 過去の事実の証拠として発見される痕跡など=知見)

**evident** adj. 明らかな、明白な ◆become evident 見てとれる[分かる]ようになる; 表面化する; 顕在化する、露呈する; ばれる; 明るみに出る; 発覚する; 露見[露顕、顕露]する; 発症する ◆it became evident that... 〜であるといったことが明らか[明白]になった ◆as is evident from... 〜から明らかに分かるように ◆His health problems became evident a month ago 彼の健康問題が1カ月前に明らかになって[明るみに出て、表面化して]以来 ◆By age 50, the consequences of poor diet become evident. 50歳までに、栄養的に内容の乏しい食事をしていた影響が現れる。

**evil** adj. 道徳的に悪い、邪悪な、悪しき、よこしまな、不吉な、運の悪い、不運な、有害な、よくない、いやな、不快な; an 〜 害、害悪、弊害; 罪悪、罪悪、悪事; 不運、不幸 ◆the evils of smoking [alcohol, drinking] 喫煙[アルコール、飲酒]の害[弊害]

a "see no evil, hear no evil, speak no evil" [see-no-evil, hear-no-evil, speak-no-evil] attitude [stance, strategy, policy] まずいことは見ない聞かない言わないですますそうとする［見ざる聞かざる言わざるの］態度［戦略］（＊近い日本語表現に「ことなかれ主義」、「くさいものには蓋」） ◆a man who believed he was possessed by evil [demonic] spirits 自分には悪霊（アクリョウ）［怨霊（オンリョウ）］がとりついていた男 ◆You seem to like to view things in black and white – good or evil. あなたは物事を白か黒かで、つまり善悪［是々非々］で見たがっているようにに思われます。

**evocative** adj. (～を)呼び起こす［喚起する、思い起こさせる、連想させる、想起させる］〈of〉 ◆symptoms suggestive [evocative] of tuberculosis 結核を思い起こ［想起］させる症状

**evoke** vt. ～を呼び出す、呼び起こす、呼び覚ます、喚起する、～を引き起こす、思い起こ［連想］させる ◆short-latency somatosensory evoked potentials (SSEPs) 〔医〕短潜時体性感覚誘発電位(＊たとえば脳死判定で、手の神経などに電流を流して反応をみる) ◆A "back-to-basics" trend has revealed the need to divest underperforming subsidiaries and put capital to work in core businesses. 「原点回帰」トレンドは、不採算子会社を整理して資本を本業に投下して活かす必要性を思い起こさせた［思い出させた］。(＊evoke = call up a memory from the past)

**evolution** ①進化、段階的な変革、漸進的な変化; 発達、発展、進展、展開; 《化》発生 ◆advance [go, move, proceed, progress, travel] along the path of evolution 進化の道を進む［たどる、歩む］ ◆Charles Darwin's theory of evolution チャールズダーウィンの進化論 ◆the evolution of gas ガスの発生 ◆undergo rapid adaptive evolution 適応による急速な進化をする［遂げる］ ◆a startling evolution in laser research レーザーの研究における驚くべき進展 ◆(the) rapid-paced evolution of electronic products 電子製品の速いペースでの進化; 〈意訳〉長足の進歩; 日進月歩の進化［発展］ ◆VCRs are experiencing rapid evolution. ビデオデッキ[VTR]は急速な進化をとげつつある。 ◆President Kennedy once said those who make peaceful evolution impossible make violent revolution inevitable. ケネディ大統領は、穏やかな段階的変革を起こせない者は暴力革命を避けがたいものにするとかつて述べた。

**evolutionary** adj. 進化の、発展の、進展の、展開の ◆in evolutionary development 進化発達の過程で ◆proceed on [along] an [one's] evolutionary path from there そこから進化の道を進む［たどる、歩む］ ◆see information services as natural evolutionary extensions of basic phone service 情報サービスを基本電話サービスの自然に進化［発展］したものと見る ◆Each bone, every muscle, has been refined by the evolutionary process. それぞれの骨、そしてどの筋肉も、進化の過程で洗練されてきた。

**evolve** vt. ～を進化[発展]させる、《化》発生する; vi. 進化する、発達する、発展する、展開する ◆evolve from [out of] ... ～から進化[発展]する ◆evolve into... ～に発展[進化]する ◆a problem evolves 問題が発達[発展]する ◆evolve hydrogen 水素を発生する ◆the rapidly evolving world of 3D graphics 急速な進歩を遂げている［日進月歩の］3Dグラフィックスの世界で ◆a child evolves into an adult 子供が(発達して)大人になる ◆evolve from a common ancestor 共通の祖先から進化する ◆xxx evolved from work on yyy xxxは、yyyについての研究から発展して生まれたものである。 ◆No industry evolves faster than computer graphics, and if you simply remain current, you're already behind. コンピュータグラフィックスほど(くらい)速いペースで進化している業界はありません。もしもあなたが最新の技術についていっているだけでしたら、それはとりもなおさず後れを取っているということです。

**EWG** ◆new generation entrants, known as exempt [exempted] wholesale generators (EWGs) 適用除外卸売り発電事業者(EWG)の別名がある新規発電事業参入者(＊「公益事業規制」の適用を除外されているの意)

**EWS** (engineering workstation) an ～ エンジニアリングワークステーション

**ex-** ～から; 前の、前～ ◆an ex-employee 元従業員［社員］ ◆an ex-smoker (= a former smoker) 以前［昔］タバコをすっていた人 ◆be supplied ex-stock 在庫から供給される ◆the ex-Communist bloc 旧共産圏; 旧社会主義陣営

**exacerbate** ～を悪化させる、募(ツノ)らせる、〈人〉を怒らせる ◆exacerbate a problem 問題を悪化させる ◆exacerbate the green-house effect 温室効果を悪化させる

**exact** adj. 正確な、精密な、厳密な、まさにその、厳格な、厳しい、きちょうめんな ◆exact matching 〔コンピュ〕完全一致検索 ◆exact [strict, stringent] compliance with specifications 仕様の厳格な遵守［厳密な順守］ ◆in exact synchronization with... ～と正確に同期して;～と完全に同期がとれて

**to be exact** 厳密に［正確に］いうと ◆He saw it on television – satellite television, to be exact. 彼はそれをテレビで見た – 正確には［厳密に言うと］衛星放送テレビでだ。 ◆It is available for a retail price of nearly five hundred dollars, $498 to be exact. それは、500ドル近くの小売価格で、正確［厳密］には498ドルで手に入る。

**exacting** 厳しい、過酷な ◆develop an exacting plan 綿密な計画を練る ◆exacting legal terminology 厳密さが求められる法律専門用語 ◆be trimmed to exacting dimensions 寸法精度で裁ち落とされている ◆exacting tolerances 厳しい許容誤差 ◆An exacting task will require all your concentration. (精密さを要求する)細かい作業は、全神経の集中を要する。 ◆The unit is built to exacting specifications. その装置は、厳しい仕様に則って製作されている。

**exactitude** ①几帳面さ、正確さ、精密さ、厳格さ、厳密さ、厳正さ、厳重さ、確度、確かさ、たしからしさ ◆with exactitude 几帳面に; 正確に; 精密に; 厳格に; 厳正に; 厳密に、高い確度をもって ◆enact the quotas with exactitude これらの数量規制を厳重に実施する ◆work of lesser exactitude (他と比べて)正確さ［正確さ、精密度、厳格さ］の点でランクの落ちる仕事

**exactly** adv. 正確に、厳密に、ちょうど、まさに ◆an itinerary tailored exactly to the client's desires 顧客の要望どおりに組まれている［旅行］日程 ◆my surmise was exactly right 私の推測［予想、想像していたこと］は正に的中した［どんぴしゃり当たった］。 ◆that is exactly what I need これこそ正に［これはちょうど］私が必要としているものだ ◆If the disc is not exactly at the focal point of the objective lens,... もしディスクが正確に対物レンズの焦点位置にないと、～ ◆With a lossless data compression system, data will be reconstructed exactly to its original form. 損失のないデータ圧縮方式を使うと、データは正確に元の形に［原形そのままに］復元される。

**exaggerate** 誇張する、大げさに言う、強調しすぎる、輪に輪をかけて言う、針小棒大に話す ◆slightly exaggerated for purposes of illustration 〈図などの〉説明のために若干誇張されて

**exaggeration** ①誇張、誇大化、過大視、過大評価、針小棒大; an～誇張した表現 ◆It's no exaggeration to say that...; It's not an exaggeration to say that...; It is no exaggeration to state that... ～であると言っても決して過言ではない ◆It can be said without exaggeration that this tank is regarded as one of the best in the world. この戦車は世界屈指のすぐれものと評価されていると掛け値なしで言える。

**exalt** vt. ～を上げる、昇進させる、高める、誉めたたえる、賞賛［賞揚］する、持ち上げる［どっこいしょする］、《古》有頂天にさせる ◆exalt one's boss 上役を誉めやす; 上司を持ち上げる; 御大(オンタイ)をどっこいしょする ◆they exalt themselves to the skies 彼らは自らを誉めて［自画自賛］天にも昇る［舞い上がる、いい気になる］ ◆their filial piety was exalted to the skies 彼らの親孝行は褒めちぎられた ◆He is the first non-US citizen to reach such an exalted status within the company. 彼は同企業内でこのような高い地位に到達した最初の非米国市民である。

**exam** an ~ (= an examination)

**examination** an ~ 試験, 考査; (an) ~ 検査, 調査, 審査, 吟味, 検討, 考察, 検診, 診察, 診断, 尋問, 審問 ◆a medical [physical] examination 検診, 健診 ◆an examination room (病院などの) 検査室 ◆flunk an exam; fail (in) an exam; fail to pass (in) an examination 試験に落ちる [滑る, 不合格になる] ◆submit...for examination ~を検査のために提出する ◆take a college entrance exam [examination, test] 大学入学試験を受ける; 大学を受験する ◆the time region under examination 考察の対象になっている時間領域 ◆you should have [undergo, receive] a thorough physical examination 精密な健康診断を受けなければならない ◆make examinations of plants to verify conformance to specific requirements 特定の要求条件 [基準] に合致しているか確かめるために工場検査を行う

**examine** ~を検査する, 試験する, 考査する, 調べる [確認する, 確かめる], 調査する, 考察する, 審査する, 診察する, 診査する, 尋問する ◆Chapter 10 examines briefly the characteristics of... 第10章では, ~の特性について簡単に考察する. ◆examine its application to various circuits それの各種回路への応用を検討する ◆examine suppliers' quality control systems 部品供給メーカーの品質管理体制を綿密に調査する (*examine = 詳細に [入念に] 調べる) ◆examine the bodywork of a motor vehicle 自動車の車体を検査する ◆Examine all parts for wear or damage. 摩耗や損傷がないか全部品を調べてください.

**examiner** an ~ 検査員, 検査官, 試験官, 審査員 [官] ◆a Ministry examiner 当該省の試験 [審査, 検査] 官

**example** an ~ 例, 実例, 事例, 具体例, ケース, 類例, 応用例, 見本, 標本, 手本, 模範, 戒め ◆by way of example 一例として ◆take...as an example ~を例にとる; ~を一例に挙げる ◆set an example [a good example] to... 〈人〉に [よい] 手本を示す ◆make an example of a person 〈人〉を見せしめに罰する ◆a familiar example 卑近 [身近] な例 ◆an example problem 例題 (*教科書などでの) ◆a real-world example 実例 ◆...are one example of... ~は~の一つの例 [一例] である ◆as an example of handling errors エラー処理方法の一例として ◆(by) taking an [one's] example from... ~の例に倣って; ~を見習って; ~をまねて; ~よろしく; ~張り (バリ) に ◆examples abound 具体的な事例がいくらでもある ◆examples of pollution great and small 大小の公害の実例 ◆follow his example in...-ing ~するのに彼のやり方を手本にする ◆in one specific example ある具体的な例では ◆in this example この例の場合 ◆ISDN service examples 総合デジタル通信網サービス例 ◆It is a prime example of... これは, ~の適例 [好例] である. ◆One example is that... 一例として, ◆set a good example to... 〈人〉によい模範 [手本] を示す ◆Take, for example,... ~を例にとってみると [例に挙げれば] ◆to name just a few examples ほんの数例 [ちょっと] 挙げてみただけでも (*列挙した後に挿入して使われる) ◆use it as an example ~を例とする ◆examples of the use of relational databases リレーショナルデータベースの使用例 ◆Citing one example, he said that... 彼は一例を挙げて, ~だと述べた ◆an excellent example of what you can do 何ができるかということの好例 ◆As these examples illustrate,... これらの例が示すように ◆let it be an example to you これを君の教訓としなさい ◆One example of Big Blue's strength is seen in... ビッグブルー (IBM社) の強みの一つは~に見られる [ある] ◆punish a person as an example to others 他の人々への見せしめとして人を罰する ◆as an example of how the model is applied in the solution of... ~の解を求めるのにこのモデルがどのように応用されたかの例として ◆Examples of its use are the production of... and the synthesis of... その使用例としては, ~の生産や~の合成がある. ◆when you're responsible for setting the example that they will follow あなたが彼らに率先垂範してみせる責務を負っている場合に ◆he is an example to us all 彼は, 我々全員が模範とすべき人である ◆Lightning is a good example of a very large static discharge. 稲妻は極めて大規模な静電放電のよい例 [適例, 好例] である. ◆One example is Nanotronics. その一つの例がナノトロニクス社である. ◆Some example data types are INTEGER, VARCHAR, and SMALLINT. データ型には, (たとえば) INTEGER, VARCHAR, SMALLINTなどがあります. ◆"You lead by example, not by your mouth," he said. 「口先ではなく, 率先垂範することですよ」と彼は言った. ◆Box 5 shows four examples of uses of information-retrieval systems. 囲み欄5では, 情報検索システムの4つの使用例を示します [挙げてあります]. ◆Mr. McMurtry, I can't help but think, should have followed the example of Mr. Tim Miller. マクマートリー氏はティム・ミラー氏に倣う [ミラーを見習う] べきだったと私は思わずにはいられない. ◆These are just a few examples of Philips advanced technology. これらはフィリップス社の先進技術のほんの一例にすぎない. (*ここでの「一例は」, 例1個の意味ではなく, 少ないいくつかの例という意味) ◆Betamax is the perfect example of a better technology being outgunned by consumer preference. (ソニーが開発した) ベータマックスは, より優れた技術が消費者の好みによって負かされてしまうということの完璧な例だ. (*ビクターのVHSビデオ方式に敗れた)

**excavate** vt. 〈穴など〉を掘る, 〈トンネル〉を掘る [掘削する], ~に穴を掘る, ~を掘り出す [発掘する]; vi. ◆excavate a damaged pipeline 破損したパイプラインを掘り出す ◆excavate earth at construction sites 建設現場で土を掘る [掘り出す, 掘削する] ◆excavate five sites 5箇所発掘する ◆remove excavated dirt 掘り出した土を除去する

**excavation** ◎掘ること, 発掘, 穴掘り, 掘削, 開削, 掘進, 根切り (*建物の基礎をつくるために地面に穴を掘ること); an ~ 掘られた穴, くぼみ, 洞穴, 洞穴, 切り通し; an ~ 発掘した遺跡, 出土品 ◆during excavation 発掘中に ◆during excavations 数次にわたる発掘の間に ◆begin excavation work on a canal 運河の開削工事を開始 [工事に着手] する ◆do [carry out] (an) excavation 発掘を行う ◆the excavation of a tunnel トンネルの掘削 ◆a Calusa Indian site under excavation by the University of Florida フロリダ大学が発掘中のカルサ族インディアンの遺跡 ◆During the California Gold Rush in the mid-nineteenth century, many gold excavation and mining boomtowns were established and later abandoned. 19世紀半ばのカリフォルニアのゴールドラッシュの時期に, 金発掘および金鉱でにわか景気に沸き立つ町が数多くつくられ, その後見捨てられた.

**excavator** an ~ (穴を) 掘る人, 穴堀動物, 発掘者, 掘削機, 土掘機, ショベル (*機械式の) ◆a hydraulic excavator 油圧 (式) ショベル

**exceed** ~を超える, 超過する, 上回る, 突破する; 凌ぐ (シノグ), 凌駕 (リョウガ) する, ~にまさる ◆equal or exceed the value その値と等しいまたはより大きい; その値以上である ◆far exceed one's expectations 〈人〉の期待をはるかに上回る ◆at temperatures exceeding 230°C 230°Cを超える [230°Cより高い] 温度で ◆prevent current from exceeding 0.5 milliamps 電流が0.5ミリアンペアを超えない [以上にならない] ようにする (*「以上」は不正確だが場合によっては許容される訳) ◆as certain threshold values of acceleration, cornering, braking and speed are exceeded 加速, 旋回, 制動, および速度のある閾値を超えると ◆Sales of RX 300 far exceeded our initial expectations. RX 300の販売高は弊社の当初 [初期] の期待をはるかに超えた [上回った, 凌いだ, 凌駕した]. ◆The unit exceeds all military specifications. 本装置は, 軍用規格のすべてをしのいでいる. ◆Total harmonic distortion at any frequency from 20 Hz to 20 kHz shall not exceed 0.1% at output levels between 0 dBm and -24 dBm. 20Hzから20kHzまでの任意の周波数における全高調波 [総合高調波] 歪みは, 0dBmから-24dBmまでの出力レベルで0.1%を超えてはならない [を超えなければならない]. ◆The European-wide market for telecommunications equipment and services could exceed $60 billion by 1992. 欧州全体の電気通信機器およびサービスの市場は, 1992年までに600億ドル (規模) を上回るであろう.

**exceedingly** adv. 非常に、極めて、はなはだしく、至って、至極、こよなく、いとも、実に ◆an exceedingly sensitive detector 極めて[非常に、いたって]感度の高い検出器

**excel** vt. (〜で)〜にまさる、〜を凌ぐ(シノグ)、〜より優れる、〜より秀(ヒイ)でる <at, in>; vi. (〜で)秀でている、優れている、長じている、抜きん出ている、卓越している <at, in> ◆excel at ... ing 〜することにかけて[非常に優れて、極めて優れて、卓越して、抜きん出て]いる；〜するのが極めて[抜群に]うまい[上手だ] ◆he excelled at mathematics 彼は数学(の成績が)が優秀だった；数学が極めて良くできた ◆he excels at baseball 彼は野球が非常に上手だ[うまい] ◆she excels in sports 彼女はスポーツ抜群だ ◆women excel as micro-entrepreneurs 女性は零細起業家として非常に優れている (*低開発国の話から) ◆there's opportunity for those students who excel in their studies 勉強の優秀な[できる]生徒にはチャンスがある ◆He also excelled in football and basketball. 彼はフットボールとバスケットボールにも秀でていた。 ◆She excelled in growing daffodils, lilies and roses. 彼女は水仙やユリやバラを育てることに長じていた。 ◆She said that her son excels in math and geography. 彼女は自分の息子は数学と地理が非常によくできる[得意だ]と言った。 ◆These robots excel in reliability. これらのロボットは、信頼性の点で他を凌駕して[凌(シノ)いで]いる。

**Excel** 《商標》(*Microsoftの商標、スプレッドシート[表計算]ソフト) ◆Spreadsheet applications such as Microsoft Excel and Lotus 1-2-3 Microsoft ExcelやLotus 1-2-3のようなスプレッドシート[表計算]アプリケーション

**excellence** 回《俗》(さ)、卓越、抜群、傑出、出色、非凡 ◆achieve a very high level of academic excellence 非常に優秀な学力レベルに達する ◆Japan's excellence in consumer electronics 民生エレクトロニクスの分野で日本が卓抜に[秀で、ずば抜けて]いること ◆a very high standard of excellence (卓越した)非常に高い水準、極めて優秀な[すばらしい]水準 ◆the company's mechanical excellence この会社の卓越している[優秀である]機械技術 ◆excellence calls for constant effort 卓越している[優秀である]ためには不断の努力が要求される

**excellent** adj. 優秀な、優れた、非常によい、卓越した、秀逸な、とびきり(上等)の、格別の、最高の、極上の、すばらしい、みごとな、結構な ◆an excellent company エクセレントカンパニー、超優良企業 ◆an excellent balance of stability and responsiveness 安定性と応答性の絶妙なバランス ◆excellent for use in ultrasonic cleaners 超音波洗浄器に入れて使うのにうってつけ[もってこい、最適] ◆rate ... as excellent 〜を優秀である[優れている、すばらしい、うまい、上手だ、巧みだ]と評価する ◆a grain oriented silicon steel sheet having very excellent magnetic properties 非常に優れた磁気特性を持つ方向性けい素鋼板 ◆be excellent at connecting a new idea with merchandising 新しいアイデアを商品企画に結び付けるのに秀でている ◆cut the car's drag figure to an excellent 0.30 その車の空気抵抗係数を、0.30というすばらしい[優秀な]値に減少させる ◆The red soil, heavy in iron oxide, is excellent for growing sugar cane, macadamia nuts, pineapple and coffee. 酸化鉄に富むこの赤土はサトウキビ、マカダミアナッツ、パイナップル、更にはコーヒーの栽培に非常に適している[もってこいである、うってつけだ].

**except** 1 prep., conj. 〜を除いて、〜以外は、〜のほかは ◆every day of the week — except for Sundays 日曜日を除いて毎日 ◆except in cases where ... 〜である場合を除く[以外は] (ただし)〜である場合はこの限りにあらず ◆except when ... 〜の時以外は ◆all Arab nations except Iraq and Libya イラクとリビアを除く全アラブ諸国 ◆all official documents except passports パスポート以外の全公式文書 ◆except for that [those] mentioned above 上述のものは除いて[別にして]；前記のもの以外；その他 ◆You should not use ... , except as required by ... 〜によって必要とされる場合を除いて、〜を使用してはならない ◆Both are identical except for the CPU. 両機ともCPU以外は全く同じである。 ◆2. A robot must obey orders given it by human beings except where those orders would conflict with the First Law. 第2条: ロボットは人間に与えられた命令に服従しなければならない。ただし、与えられた命令が第1条に反する場合は、この限りではない。 ◆The evaluation package is identical to the standard version except that it cannot save files. (ソフトの)評価パッケージ[試用版]は、ファイルが保存できないことを除けば、通常版と同です。 ◆Explosives and other Dangerous Goods must not, except where special instructions are given to the contrary, be carried by trains conveying passengers. 「爆発物」およびその他の「危険物」は、乗客を乗せている列車で輸送[運搬]してはならない。ただしこの規定を覆す特別の指示がある場合はこの限りではない。

2 vt. 〜を除く、除外する ◆They are excepted from taking the test. 彼らは、試験を免除されている。

**exception** 回除外すること；an — 例外、特例、異例、《コンピュ》例外 (*エラーの原因になり得る異常な状況)；回 (正式な)異議(申し立て)[抗議] ◆by way of exception 例外的に[特例として、特別に] ◆make no exception(s) 例外を作らない[設けない] ◆without exception; with no exceptions 例外なしに；必ず；ことごとく、一つ残らず全部、残らず；判で押したように、(意訳)いずれの場合も ◆with the exceptions of France and China フランスと中国を除いて (*除外するのが1国の場合はexceptionと単数形になる) ◆throw an exception 《コンピュ》例外を投げる[投入する] ◆exception handling 《コンピュ》例外処理 ◆almost without exception ほとんど例外なしに；必ずといってよいほど、ほぼ決って ◆an exception happens 例外が発生する ◆as exceptions to ... 〜に対する例外として ◆create an exception to ... 〜に例外を作る[設ける] ◆end exceptions to ... 〜に適用されていた例外をやめる ◆grant [approve, allow] an exception 例外を認める ◆His objective is to "see the exception become the rule." 彼が目指しているのは「例外を(例外ではなく)当たり前のことにする」ことである。 ◆make an exception in her case 彼女の場合だけを例外[特別]扱いする ◆make special exceptions to <do...> 〜するために特例を設ける ◆the only [sole] exception to the rules これらの規則の唯一の例外 ◆with a few exceptions 2〜3の例外を除いて ◆with few exceptions ほとんど例外なく ◆make an exception to the above rule 上記の規則に例外を設ける ◆catch [grab] an exception 《コンピュ》例外をキャッチする[捕捉する] ◆the following code raises an exception if ... 《コンピュ》次のコードは、〜の場合例外を生成する[発生させる] ◆However, there are exceptions to these rules, all aimed at protecting... from ... しかしこれらの規則には例外があります。例外はすべて、〜から〜を保護することを目的とするものです。 ◆The exception proves the rule. 《諺》例外があるということは規則がある証拠。 ◆There's an exception to every rule. 《意訳》例外のない規則はない。 ◆This case is an exception to the rule. このケースは、例外である。 ◆All new software seems to be plagued with problems and Xxx is no exception. 新しいソフトウェアはどれも問題にたたられている[どの新しいソフトにも必ず問題がある]ようだ。そしてXxxも例外ではない[《意訳》しかりである]。 ◆With very few exceptions, just about everything in the world cleans better if you use hot water, and windshields are no exception. ほとんど例外なしに、この世のたいていのものはお湯を使ったほうがきれいになる。フロントガラスもその例外ではない。 ◆My experience is that there's just nothing negative about losing weight, with the single exception that you have to go out and buy new clothes. 私の経験からすると、体重を減らすことについては、新しい服を買いに出かけなければならないというただ一つの点を除いて、マイナスになることは何もありません。

**take exception to ...** 〜に異議[異論、反対意見、別の意見]を唱える；〜に対して怒る ◆take strong exception to ... 〜に強く異議[異論、異議、反対]を唱える ◆I must take exception to your Dec. 3 editorial concerning ... 私は〜に関する貴誌12月3日付け社説[論説]にどうしても異議があります。 ◆take sharp exception to the design of the car's dashboard この車のダッシュボードの設計にするどく異議[反対の意見]を唱える

**exceptional** adj. 例外的な、並外れた、特別な、異例の、まれに見る、格段の、格別の、破格の、異常な、非常の ◆in exceptional cases 例外的な場合には［非常の場合には］ ◆exceptional cutting ability 並外れた切削能力 ◆in exceptional cases 異例のケースにおいては；例外的な事例では、《意訳》特別な［非常の］場合に

**exceptionally** 例外的に、並外れて、ひときわ、ことのほか、抜きんでて、群を抜いて、ずば抜けて、格別に、特別に、非常に、異常に、珍しく ◆utilize exceptionally high degrees of automation 非常に高度なオートメーション［自動化方式、自動制御］を活用する

**excerpt** an ~ <from> (〜からの) 抜粋［抄録、抜き書き、引用文］、〈文書など〉の一部 ◆excerpts from a book 本からの抜粋 ◆excerpts from famous speeches 有名な演説からの引用句 ◆information excerpted in part from... 〜から部分的に抜き出した抜粋情報 ◆transcribe excerpts into notebooks 抜粋したものをノートに書き写す［転記する］；手帳に抜き書きする ◆when the Boston Globe published excerpts of [from] a speech delivered by Mr. X ボストングローブ紙がX氏の演説の一部を掲載したとき ◆The following are excerpts from that interview. 以下は、そのインタビューの一部です。

**excess** 1 (an) ~ 過剰、過多、超過；~es 度が過ぎる行為、行き過ぎ ◆carry...to excess (物々)を度を越して［過度に］推し進める ◆do...to excess 〜をやり過ぎる、〜を過度に行う ◆at a speed far in excess of a safe speed 安全速度をはるかに上回る速度［スピード］で ◆there is an excess flowing out of... 余った分が〜からあふれている ◆at depths far in excess of 750 ft. 750フィートの深さを超える深さで ◆...then wipe off any excess. 〜それから余分になった分は拭き取ってください。 (＊潤滑剤の話) ◆we are consuming an excess of calories 私たちはカロリーを過剰に摂取している ◆It would probably cost in excess of $100,000 a year. おそらくそれは年に10万ドル以上かかるだろう。 ◆She has an excess of energy. 彼女は、有り余るほどのエネルギーを持っている。 ◆As many as three in 10 adult Americans weigh at least 20 percent in excess of their ideal body weight. アメリカ人成人の10人のうち3人もが理想体重を少なくとも20％［20％以上］超過して［上回って］いる。

2 adj. 余分な、過剰の ◆cut off excess lengths of the legs of components 部品の足の余分な長さ［余長］を切断する ◆reduce excess capacity 過剰設備を削減する ◆When given in excess amounts, iodine can cause... 過剰に投与すると、ヨードは〜を引き起こす可能性がある。 ◆It's tough to remove excess weight from existing components. 既存のコンポーネントの余分な重量を除くのは難しい。 (＊軽量化［減量］は楽ではない)

**excessive** adj. 過度の、過大な、極端な、法外な ◆to an excessive degree 過度に、過大に、過剰に、多すぎるほど、過多の状態にまで、必要以上に、甚だしく、行き過ぎて、法外に、不当に ◆(an) excessive load 過負荷、過荷重 ◆exposure to excessive doses of radiation 放射線の過剰な被曝 ◆produce excessive amounts of male hormones 男性ホルモンを過剰に生産［生成］する ◆protect...from excessive temperatures 〜を過度の温度［《意訳》温度超過］から守る［保護する］ ◆when pressure becomes excessive 圧力が過大になる［上昇し過ぎる］と ◆when the current becomes excessive 電流が大きくなり過ぎる［過大になる］と ◆Avoid excessive job hopping so that you can... 〜できるよう、あまりにも職を転々と替えないこと［《意訳》転職はほどほどにすべし］。

**excessively** adv. 度を超えて［過ごして］、過度に、過大に、行き過ぎて、極端に、極度に、法外に、ひどく、並外れて、いやに ◆(an) excessively high pressure 過高すぎる［過大な］圧力 ◆excessively sentimental music 過度に感傷的な［いやにおセンチな］音楽 ◆grow [become] excessively large 大きくなりすぎる；過大になる ◆if the brake shoes are excessively worn ブレーキシューが、過度に摩耗し［すり減り過ぎ］ていたら

**exchange** 1 vt., vi. 交換する、やりとりする、交える、両替する ◆exchange fire with... 〜と砲火を交える ◆improve the speed of exchanging information 情報交換の速度を向上させる ◆exchange data between machines データを機械同士でやり取りする ◆exchange floppy disks by mail フロッピーディスクを郵送で交換しあう ◆exchange information with one another 情報を互いに交換し合う ◆he exchange ideas [greetings] with his teammates 彼は自分のチームの仲間と意見［挨拶］を交わした ◆Students are allowed to exchange times with each other. 学生たちは、お互いに時間帯を代わって融通をつけることが許されている。

2 (an) ~ 交換、取り替え、やりとり、言葉を交わすこと；⑥ 替、両替；an ~ 電話交換機［局］、取引所 ◆in exchange for... 〜の見返りに；〜と引き換えで ◆an exchange student 交換学生 ◆a technology exchange agreement 技術交流協定 ◆an exchange of opinions [views] 意見交換 ◆provide [create] an opportunity for an exchange of ideas concerning... 〜について意見交換する［意見を交わす］機会を提供する［つくる］ ◆exchange-traded [exchange traded] funds (ETFs) 《日》(上場)株価指数連動型投資信託［投信］(受益証券) (＊東証株価指数TOPIXや日経平均株価と同じ値動きをする) ◆promote the free exchange of ideas アイデア［意見］の自由な交流を促す ◆enable the exchange of information between computers コンピュータ間の情報のやり取りを可能にする ◆local exchange carriers and inter-exchange carriers 市内通信事業者［市内電話会社］および市外通信事業者［長距離電話会社］ ◆computer-to-computer data exchanges コンピュータ間のデータのやり取り ◆be subject to change due to fluctuations in exchange rate 為替レートの変動［上下］により変更されることがある ◆increase cultural, scientific and technological exchanges 文化的、学術的、および技術的な交流を増やす ◆promote exchanges of goods and visits to restore mutual trust (＊二国間の) 相互の信頼を回復するために、モノ［財貨］の交易を促進［盛んに、振興］し、また人の訪問による交流を深める ◆Relations with China have steadily improved through contacts involving sports, culture and people exchanges as well as economic transactions. 中国との関係は、スポーツ交流、文化交流、および人的交流、ならびに経済取引を含めた接触を通じて着実に改善されてきた。

**exchangeable** adj. 交換できる、取り替えられる、〈債券が〉転換可能な ◆an exchangeable bond 他社株転換債、EB債

**exchange rate** an ~ 為替レート、換算レート、換算率、為替相場 ◆exchange-rate fluctuations 為替相場の変動 ◆at the present exchange rate of about 83 yen to the dollar 1ドル約83円の現在の為替レートで ◆...cost $900 to $1,300 at current exchange rates 現行換算レートで900ドルから1,300ドルかかる (＊相手通貨は一種類の場合であっても、レートは刻々変わるので rates と複数形になっている) ◆Credit card purchases will be billed in Canadian dollars at the current exchange rate. クレジットカードでのご購入は現行の為替レートで換算したカナダドルでのご請求となります。

**excimer laser** an ~ エキシマーレーザー ◆an x-ray preionized excimer laser X線前期電離式のエキシマーレーザー

**excise** (an) ~ 国内消費税、物品税 ◆raise the excise tax on luxury items such as pianos, harpsichords and other stringed instruments from 5 percent to 20 percent ピアノ、ハープシコード、およびその他の弦楽器等の贅沢品の物品税を5％から20％に引き上げる

**excitation** 刺激、興奮；励磁、励起、励振 ◆under excitation by... 〜によってエキサイト［励振、励磁、励起、励動、加振、興奮］させられている状態；励起による刺激を受けて ◆the excitation of a series RLC circuit RLC直列回路の励起 ◆under low excitation 励起の程度が低い状態で

**excite** vt. 〜を興奮させる、刺激する、引き起こす、扇動する、焚きつける；励磁する、励起する、励振する ◆an exciting circuit 励磁回路 ◆(an) exciting current 励磁電流 ◆exciting pulses 励振パルス ◆endeavor to excite a free and independent spirit among them 彼らの間に不羈(フキ)独立の精神を奮い起こし［作興、喚起、覚醒］させようと努力する ◆an RF-excited

CO₂ laser 高周波励起炭酸ガスレーザー ◆leave the system in an excited state そのシステムを励起状態にしておく

**excited** adj. 興奮した，熱くなって，励起された，励磁状態にある，励振状態にある

**excitement** 回興奮; an ~ 興奮させるもの，刺激 ◆cause excitement in all corners of the personal computing community パソコン界中（ジュウ）に熱狂を巻き起こす ◆I bubbled with excitement over the car's instant and insistent throttle response. 瞬時に反応し執ようなまでに追従するこの車のスロットルレスポンスに，私は興奮で沸き立った．

**exciter** an ~ 励磁器，励振器

**exciting** adj. 興奮させる，刺激的な，わくわくさせるような; 励磁-，励起-，励振-，加振- ◆(an) exciting current 励磁電流，磁化電流 (= (a) magnetizing current)

**exclamation mark** an ~ 感嘆符 (*感嘆の気持ちをあらわす符号「!」) ◆add an exclamation mark 感嘆符(!)を付ける [添える]

**exclude** vt. ~を締め出す，中に入れない，遮断する; 除く，除外する，排除する，除名する ◆the law of excluded middle (LEM) 排中律 ◆exclude falling dirt 落ちてくるほこりを中に入れない

**exclusion** 回締め出し，排除，除外，削除，排他，排斥，放逐，仲間はずれ [村八分，爪弾き]，考慮しないこと，不算入，移民入国拒否 [禁止]

**exclusive** adj. 排他的な，相容れない，混在できない，~を除外して<of>，専らの，専用の，閉鎖的な，独占的な，専有 [占有] 的な，高級な ◆exclusive use 独占的 [排他的] な使用; 単独使用; 占用; 専用 ◆an exclusive sales agent [agency, distributor] 独占 [特約，一手] 販売代理店 ◆a file under exclusive use 《コンピュ》排他的に使用されているファイル ◆exclusive of... ~を除いて ◆exclusive sales rights (on [for, of]...) （（商品など）の）独占 [（特約，一手）販売]権 ◆have an exclusive right to sell... （（商品など）の）独占 [一手] 販売権を持っている ◆have the exclusive right to sell... ~の独占 [一手] 販売権を持っている ◆make an exclusive sale of... ~の独占 [一手] 販売をする ◆market... nationally on an exclusive basis ~を全国に独占（特約）[一手] 販売する ◆two transponders are reserved for Sears' exclusive use 2台の中継器はシアーズ社専用に確保されている ◆publish books and periodicals for the exclusive use of the disabled 障害を持つ人達のため [障害者専用] の本や定期刊行物を出版する ◆Some of those traits are mutually exclusive. それらの性質の中には互いに相反するものもある． ◆The 95-horsepower, 1965cc engine is exclusive to the new car. その95馬力，1965ccエンジンは，この新型車専用のものである． ◆All of our loops and some of our accessories were designed for exclusive use on or with Black's Metal Detectors. 弊社のすべてのループ（検出用コイル）および一部のアクセサリは，ブラック社の金属探知器専用として設計されています． ◆By 1904, Caruso had signed an exclusive contract with the Victor Talking Machine Co. (later RCA Victor). 1904年までに，カルーソーは，ビクター蓄音機会社（後のRCAビクター社）と専属契約を結んだ． ◆The castle may sometimes be made available for exclusive use by private parties of residents for conferences, weddings or other occasions. この城は，時には会議，結婚式，あるいはその他の催しなどといった住民の皆さんの個人的なご会合用に貸し切りで利用できます．

**exclusively** adv. 排他的に，独占的に，他を閉め出して，もっぱら，ひたすら，~に限って [限定して]，~だけ，~のみ，すべて~で ◆an almost exclusively Hispanic depositor base ヒスパニック系が主体の預金者層 ◆be composed almost exclusively of... ~から成って [~を主体として（構成されて）] いる ◆dietary supplements labeled exclusively for [use by] women 女性専用とラベル表記 [標示, 表示] されている栄養補助食品 ◆He is focusing almost exclusively on... 彼は，もっぱら~にだけ心を集中している ◆apparel stores that cater exclusively to tall women もっぱら背の高い女性を対象に商売している衣料品店 ◆to ensure that the supercomputers will be used exclusively for peaceful civilian purposes これらのスーパーコンピュータが確実に民間の平和目的に限って [限定して] 利用されるように

**exclusive OR** (XOR, ときにEOR) an ~ 《コンピュ》排他的論理和; exclusively OR v. (exclusively ORed) 排他的論理和演算をする，~のXORをとる

**exclusivity** 回 (= exclusiveness) 排他性，独占性，単独性; 回 (= exclusivism) 孤立主義，排他主義，排外主義，党派主義，独占主義 ◆sign an exclusivity contract with... ~と（排他的）独占契約を結ぶ; 専属契約書にサインする; 独占的 [(特約) 一手] 販売契約に調印する ◆actors under an exclusivity contract that does not allow them to work for the competition 競合会社のために働くことを許していない専属契約下に置かれている俳優たち

**ex-convict** an ~ 前科者，刑余者

**excrement** 回（しばしば ~s）（固形）排泄物，糞（フン，クソ），便，糞便，大便

**excursion** an ~ 遠足，遊覧，回遊，周遊，割引往復 [周遊] 旅行, 行楽旅行; 脇道へそれること, 偏り, 《原子力》エクスカーション ◆excursions [deviations] out of course コースからの外れ [それ, 逸脱, 変位, 変移, 偏移, 偏倚, 偏倚（ヘンイ）] ◆go on a treasure-hunting excursion 宝探しの小旅行に行く ◆a whale-watching boat excursion ホエール・ウォッチング [クジラ観察] のための船の遊覧 ◆a book detailing his excursions into some of the most tightly-guarded computer networks in the world 《意訳》世界でも最高に防備が堅固なコンピュータネットワークのいくつかに彼が侵入したという実話を題材にしている本 ◆one operator pulled the center control rod out of the core, and this led to an uncontrolled excursion in the reactor — 一人の運転員が炉心の中央の制御棒を引き抜き，これが原子炉の歯止めのないエクスカーション [暴走] につながった

**excuse 1** ~を許す，容赦する，勘弁する，大目に見る; （excuse oneself for of ~の形で）弁解 [弁明, 言い訳, 申し開き] する **2** an ~ 言い訳, 弁解, 口実 <for> ◆make [invent, manufacture] an excuse 口実をこしらえる ◆Ignorance of the law is no excuse. 法律を知らなかったということでは済まない．

**EXE, .EXE** 《コンピュ》 (*実行ファイルの名前に付く拡張子)

**executable** adj. 実行可能な，〈ファイルが〉実行形式の; an ~ 《コンピュ》実行ファイル, 実行形式のファイル ◆an executable program 《コンピュ》実行可能プログラム ◆an executable statement 《コンピュ》実行（可能）文 ◆write [create, produce] executable specifications 実行可能な仕様を書く [作成する]

**execute** vt. ~を実行する，実施する，執行する; vi. 《コンピュ》実行される，動作する ◆execute a plan 計画を実行する ◆ROM-executable DOS（RAMにロードすることなく）ROM内で実行可能なDOS ◆execute a person by hanging for doing... 〈人〉を~した廉（カド）で絞首刑に処す ◆This operating system executes in the computer's ROM rather than in RAM. このオペレーティングシステムは，コンピュータのRAMではなくROM内で動作する．

**execution** 回 実行, 遂行, 実施, 執行, 履行; (an) ~ 死刑執行, 処刑 ◆the execution of (construction) work（建設・建築工事の）施工 ◆execution drawings 実施設計図; 施工図 ◆activities under execution 実施中の [遂行中の, 執行中の, 実践中の, (現在執り) 行われている] 活動 ◆at the time of execution of this command このコマンドの実行時に ◆during the execution of works on a road 道路工事実施中 [施工中] に ◆in the execution of one's duties 業務 [職務] 遂行中に ◆monitor the execution status of... 《コンピュ》~の実行状況を監視する ◆perform [conduct, carry out, do] an execution 死刑執行を行う，死刑を執行する ◆projects [plans] under execution 実行中 [施行中, 執行中] のプロジェクト [計画] ◆put [carry] a plan [policies] into execution 計画を実行 [政策を実施] する ◆the execution speed of supercomputers スーパーコンピュータの実行 [動作] 速度 ◆during [before] program execution プログラム実行中 [前] に ◆during (the) execution of a program

プログラム実行中に ◆during the program's execution （その）プログラムの実行中に ◆When execution is complete, ... 実行が終了すると、 ◆an executioner performs an execution by lethal injection　死刑執行人は, 致死量の注射により死刑を執行する ◆the air strikes were [the operation was] ordered into execution by the White House　これらの空爆[この作戦]はホワイトハウス[米国政府]の命令で実行に移された ◆Execution times vary from instruction to instruction.　《コンピュ》実行時間は命令ごとに異なる. ◆The execution of these plans must be carried out quickly.　これらの計画の実施は, 早急に行われる必要がある.

**executive**　an ～ エグゼクティブ, 重役, 上級管理者, (経営[企業])幹部, 幹部職員[社員], 役員, 役職者, 役付き; the ～ 経営陣, 執行部; adj. 実行上の, 執行上の, 実務上の, 経営[管理]上の ◆an executive committee　執行[実行]委員会 ◆an executive director　専務取締役, 常勤取締役, 常勤取締役, 専務[常任]理事 ◆an executive officer　幹部; 役員; 副隊長 ◆an executive suite　重役室 ◆an executive-search firm (= a headhunter)　人材[管理職]引き抜き会社 ◆the executive directors of the IMF　IMF(国際通貨基金)の理事ら ◆company presidents, CEOs, and senior executives　各社の社長, 最高経営責任者, および幹部役員[上級管理職者]ら ◆President Clinton signed an executive order　クリントン大統領は大統領令に署名をした ◆professionals from executive through entry levels　幹部から駆け出し[新米]までの専門家たち

**exemplary**　adj. 模範的な, 見習うべき, 手本[従うべき先例]となる, 立派な, 典型的[代表的]な, 見せしめの, 戒めとなる ◆an exemplary model　模範, 見習うべきもの ◆create exemplary sentences　例文をつくる ◆perform exemplary deeds　模範的な[立派な]行いをする

**exempt**　vt. 〈人〉を (～から) 免除する <from>, 除外する, ～を例外扱いする[突然のものとして認める]; adj. (～を) 免除されて <from> ◆tax-exempt savings　非課税貯蓄; (意訳)マル優の貯金 ◆building permit application exempted sites　建築許可申請が免除されている現場[場所, 用地, 土地] ◆the interest earned from... is exempt from state and local tax　～の利子には州税および地方税はかからない ◆the airport should be exempted temporarily from the application of this Regulation until the expansion of this infrastructure is completed　このインフラの拡充が完了するまで, 同空港をこの規定の適用対象から一時的に除外[《意訳》猶予]すべきである ◆Motorcycles manufactured before January 1, 1980, are exempt from this requirement.　1980年1月1日以前に製造されたオートバイは, この規定から免除されている. ◆Some employees, including highly paid executives and professionals, are exempt from overtime pay.　高給を取っている幹部や専門職など一部の従業員は, 超過勤務手当の適用対象外となっている. (＊残業手当てては出ない)

**exercise**　1 vt. ～を行使する, 実行する, 〈能力など〉を働かす, 〈影響など〉を及ぼす; vi. 運動する, 練習する ◆exercise care　気を配る[注意を払う] ◆exercise day-to-day control　日々の管理をする ◆exercise [exert] leadership in a group　グループ内で指導力を発揮する ◆exercise judgment　判断力を働かせる ◆exercise one's discretion　自由裁量を行使する ◆when the Department of Education fails to adequately exercise its oversight responsibilities　教育省が監督責任を十分に果たさない場合 (＊カナダの話)
2 (an) ～ 運動; an ～ けいこ, 訓練, 練習, 実習; an ～, ～s 練習問題, (軍事)演習; an ～ ((単のみ))～ s 式, 儀式 ◆an exercise machine　エクササイズ機器 ◆during a live-fire exercise　実弾演習中に ◆do moderate exercise　適度の運動をする ◆in the exercise of their discretion　彼らが自由裁量を行使するにおいて ◆low-flying exercises　低空飛行演習[訓練]

**exert**　vt. 〈力など〉を作用させる, ～を働かす, 〈影響など〉を及ぼす ◆exert an effect on...　～に影響を及ぼす ◆exert upward [downward] pressure on...　《経済》～に対して上昇[下方]圧力をかける[発揮する] ◆the antibiotics exert their effect　これらの抗生物質が効き目を発揮する ◆

the forces exerted on the surface by air in motion　流動する空気によってその面に及ぼされる力
**exert oneself**　(～しようと) 努力する <to do>

**exfoliation**　はがれ, 剥離, 剥落, 脱落; an ～ 剥がれてとれてしまったもの ◆by exfoliation　剥離によって ◆exfoliation corrosion　《金属》剥離腐食

**exhaust**　1 vt. ～を使い尽たす[尽くす], 蕩尽(トウジン)する, 消耗する, 枯渇させる, 疲れ果てさせる; 〈受け身形で〉なくなる, 切れる, 底をつく, 疲れ切る, 疲弊する; 〈容器など〉から(～を)抜く <of> ◆exhaust air from...　～から空気を抜く; ～から排気をする ◆exhaust natural resources　〈人類など〉が天然資源を枯渇させる ◆the battery becomes exhausted　電池[バッテリー]が消耗しきる[上がる, 切れる] ◆their research funds were exhausted prior to the completion of their research　彼らの研究費は, 研究が完了する前に底をついた ◆Images will reside in online storage until disk capacity is exhausted.　画像はオンライン記憶装置上に, ディスク容量が使い果たされる[ディスクが一杯になる]まで格納されます.
2 回排気ガス, 〈ガスの〉排出; an ～ 〈車の〉排気管 ◆an exhaust heat exchanger　排熱[廃熱](回収)熱交換器 ◆an exhaust hole [port, slot, vent]　排気口 ◆car exhaust fumes　車の排気ガス ◆an exhaust ventilation shaft　吸出し通気立坑; 排気換気縦坑 ◆a sporty exhaust note　スポーツ感のある排気音[エンジン音] ◆a supply and exhaust system　給排気システム[装置, 方式] ◆chrome exhaust pipes　クロムめっきされている排気管 ◆the charisma of a rumbly exhaust　《車》ブルブル[ブルルン]と腹に響く排気(音)の魅力 ◆exhaust gases from automobile tailpipes　自動車の排気管から吐き出される排気ガス

**exhaustion**　使い尽くすこと, 枯渇, 消耗; 極度の疲労, 疲労困憊(コンパイ), 疲弊 ◆sudden exhaustion of storage　《コンピュ》記憶領域の突然の使い果たし ◆(the) prevention of exhaustion of the world's natural resources　世界の天然資源の枯渇を防ぐこと ◆It means that battery exhaustion is imminent.　それは, 間もなく電池切れになることを意味している.

**exhaustive**　adj. 徹底的な, 網羅的な; 消耗させる, 枯渇させる ◆an exhaustive study of...　～の網羅的な研究 ◆start an exhaustive search　徹底的な探索[捜索]を開始する ◆conduct an exhaustive analysis of the available secondary data　利用可能な二次[副次]データを徹底分析する

**exhibit**　1 vt. ～を展示する, 陳列する, 出品する; ～を表す, 示す, 呈する, 呈示[提示]する, 見せる, 発揮する; vi. 展覧会を開く ◆exhibit the phenomenon of superconductivity　超伝導現象を示す[呈する] ◆It exhibits outstanding thermal stability.　これは, 卓越した熱安定性を示す. ◆But, as luck would have it, the battery terminal problem tends to exhibit itself at the worst of times, usually when we are miles from the tool box.　しかし, ついていないことに, 一般にバッテリー端子の不具合は, よりによって工具箱がすぐ手元にない最悪の時に出現する[発生する, 現れる]傾向がある.
2 an ～ 展示品, 展示物, 陳列品, 出品物, 〈美術館の〉展示作品, 〈博物館の〉展示資料, 展示史料 an ～ 展示会 ◆the product is on exhibit [on display] at the company's booth at Comdex　この製品は, Comdexでの同社のブース[展示小間]で展示されている ◆show its new products at a three-day exhibit in Chicago　〈メーカーが〉シカゴで3日間にわたって開催される展示会で新製品を展示[公開, 発表]する ◆All exhibits must be open for business during exhibit hours and no dismantling or packing may be started before the official close of the Expo.　すべての展示物は, 展示時間中は開けておかなければならない. また展示会の公式な閉会以前に撤去あるいは荷造り梱包はいっさい開始してはならない. (＊open for business 業務で開けて[開店営業中で])

**exhibition**　an ～ 展示会, 展覧会, 博覧会, 共進会, 品評会, ショー, 見せ物興行 ◆an exhibition game　エキシビジョンゲーム, 模範試合, 公開競技 ◆an exhibition hall　見本市展示館 ◆an exhibition stand [booth]　(見本市会場での)展示スタンド[ブース], 展示小間 ◆exhibition grounds　見本市会場(敷地)

◆play an exhibition game　模範試合をする　◆The company presented a major exhibition in Tokyo.　その会社は，東京で大規模な展示会を開いた．

**exhibitor**　*an* ～ 《見本市などの》出展者，出展企業

**exhort**　〈人〉〈に〉（～するよう）熱心に勧める［アドバイス，注意，訓戒］する＜to do＞　◆The manual of style exhorts the reader to use gender-neutral terms wherever possible.　その綴り方の手引きは，読者に可能な限り（男女の区別のない）中性の語を使うよう強く薦めている．

**exist**　*vi.* いる，ある，存在［実在，実存］する；生存する，生きている　◆the day Strategic Air Command ceases to exist　米戦略空軍が消滅する［廃止される］日　◆there exists friction between the layers　これらの層の間に摩擦が存在する［ある］　◆The commission will cease to exist as of Jan. 1 unless...　この委員会は…でない限り1月1日付けで存在を停止する［《意訳》廃止される］ことになっている．　◆They exist in the same plane.　それらは同一平面上にある．　◆The Department of Computer Science will cease to exist effective July 1, 1999.　コンピュータサイエンス学科は1999年7月1日をもって廃止されます．　◆The world's rain forests will cease to exist within 50 years at the current rate of destruction.　世界の雨林は，現在の破壊速度だと50年以内に無くなって［消滅して］しまうだろう．

**existence**　存在，現存，実存，実在，生存；(*an*) ～ 生活，暮し　◆about 1,300 virus varieties now in existence　現存する約1,300種類の（コンピュータ）ウイルス　◆be still in existence　まだ存在している　◆cease to have a reason for existence in...　〜に存在する理由［意義，《意訳》価値］がなくなる　◆indicate the existence of noxious gas　有毒ガスの存在を示す　◆lead a hand-to-mouth existence　食べるのがやっとの（ゆとりのない）生活をする　◆spring into existence　突然現れる［出現する，生じる］　◆systems not yet in existence　まだ存在していないシステム　◆their justification for existence　彼らの存在理由［意義，価値］　◆the most important reason for its existence　それらの最大の存在意義　◆the reason of existence of...　〜の存在意義　◆the ballot tallying systems in existence today　今日（コンニチ）実存している得票集計システム　◆become the sole justification for the existence of...　〜の唯一の存在理由［意，価値］となる　◆threaten the existence of our country with nuclear weapons　核兵器をもって我が国の存在［存立］を脅かす　◆... will shake the very foundations of our existence [our being]　〜は我々の存在そのものを揺るすであろう　◆before the United States came into existence　米国が成立した［できた］以前　◆by using facilities that are in existence now　今ある［存在する，既存の，実存する，現存の］施設を使って　◆it has been in existence for a couple of years now　これは，2〜3年前からある　◆Japanese-language word processors have been in existence for over a decade.　日本語ワープロは，10年以上以前からある．　◆More than 100 new nations have come into existence in the past 50 years.　過去50年間に100カ国を上回る新しい国が誕生した．　◆One of the main constraints is the existence of rules and procedures governing methods of information retrieval.　主な制約のひとつは，情報検索の方法を定めている規則や手続きの存在である．

**come into existence**　生まれる，現れる，成立する，現実のものとなる

**existent**　（→ existing）

**existential**　*adj.* 存在に関する，実在の，実存主義の，経験に基づいた　◆an existential quantifier　存在記号

**existing**　*adj.* 現存する，現在の，現行の，目下の，今ある，すでにある，既存の，既成の，《意訳》《お持ちの》［お持ちの］，既成の，生存している　◆the existing state (of affairs); the existing condition　現在の状態［状況，ありさま，様相］；現状　◆existing cables　既設ケーブル　◆existing hardware　既存のハードウェア　◆you can add... to your existing computer　〜をあなたの既存の［お持ちの］コンピュータに増設できます　◆In a conventional electric car, the short range is a design limitation imposed by the existing state of battery technology.　これまでの電気自動車での走行可能距離の短さは，バッテリー技術の現状により課せられている設計上の足かせである．

**exit**　1　*an* 〜 出口，非常（脱出）口，退出，出ていくこと　◆make an [one's] exit from...　〜から出る［退出する］　◆an exit light　出口［非常口］表示灯　◆an exit poll　出口調査（◆投票所の出口で行う聞き取り調査）　◆an exit visa　出国ビザ　◆on [upon] exit from the program　《コンピュ》そのプログラムを終了すると　◆prevent the exit of magnetic fields　磁界が外に出ないようにする

2　*vi.*　《人などが》出る，出て行く，退出［退去，退場］する＜from, out of, to＞，《コンピュ》〜を抜ける［終了する］＜from＞，《コンピュ》《プログラム，プロセスなどが》終了する；*vt.* 〜を去る［出る］，《コンピュ》《プログラム》を終了する（《ループなど》を抜ける）　◆exit from a door　ドアから出る　◆exit (from) a program [an application]　《コンピュ》《操作者が》プログラム［アプリケーション］を終了する（▶from なしで他動詞として用いられることが多い）　◆exit to MS-DOS　《コンピュ》《プログラムを終了して》MS-DOSに出る［抜ける，戻る］　◆upon [on] exiting the program　《コンピュ》そのプログラムを終了すると　◆when the process exits　プロセスが終了すると

**exobiology**　宇宙生物学

**exogenous**　*adj.* 外生的な，外生の，外因性の，外因の　◆an exogenous [external, extraneous] factor　《順に》外生的な［外因性の］要因；外部要因；外部から［外来］の要因

**exorbitant**　*adj.* 法外な，途方もない，過大な，常軌を逸した　◆exorbitant costs　法外な出費

**exorbitantly**　*adv.* 法外に，途方もなく　◆raise prices [rents] exorbitantly　価格［賃貸料］を法外に上げる

**exothermic**　発熱の，放熱の，発熱をともなう　◆an exothermic reaction　発熱反応　◆The combustion reaction is very exothermic.　その燃焼反応は，大きな発熱をともなう．

**exotic**　（動植物などが）外国産の，外来の；異国風の，異国情緒のある，風変わりでおもしろい　◆superfast computer chips of such exotic materials as gallium arsenide and indium phosphide　ガリウム砒素や燐化インジウムなどの珍しい材料で作られている超高速コンピュータチップ

**expand**　*vt.* 〜を広げる，展開する，膨張させる，発泡させる，拡張する，増設する，詳説する，より詳細に論じる；*vi.* 広がる，ふくらむ，発展する，伸張する，（〜について）さらに詳しく述べる＜on＞　◆expanding materials　膨張性の材料　◆compressing and expanding files　《コンピュ》ファイルを圧縮したり展開したりすること　◆expand one's market　《会社が》市場を拡大する　◆expand one's [the] range of services　サービスを拡充する［充実させる］　◆expand the factory　工場を拡充する　◆expand understanding of...　〜の知識を増やす　◆the expanding world of filters　広がるフィルタの世界　◆expand into Eastern Europe　東欧に事業を拡大する［［《商売の》手を広げる，進出する］　◆expand into other fields　他の分野に乗り出す［手を広げる］；多角化する；業容を広げる　◆expand or collapse an outline view　《コンピュ》アウトライン表示を閉じたり開いたり［たたんだり展開したり］する（▶アウトラインとは，大，中，小項目などで構成された階層状の箇条書き，expandは大項目のみを，詳細は小項目まで詳細に表示）　◆it expands and contracts　それは伸縮［伸びたり縮んだり，伸び縮み，膨張したり収縮したり］する　◆2 MB of RAM (expandable to 10 MB)　《コンピュ》2MBのRAM（10MBまで増設可能）　◆As the base of personal computers expands,...　パソコンの基盤の拡大にともない　◆all hard drive platters expand and contract with temperature changes　ハードディスク装置の円盤はすべて温度変化に伴って伸縮する　◆IEEE Standard Dictionary of Electrical and Electronics Terms, NEWLY EXPANDED FOURTH EDITION　「IEEE電気・電子用語辞典，新改定増補第4版」　◆He hopes to expand his business into a laundry service.　彼はクリーニング業にも事業の手を広げたいと思っている．　◆When do firms expand internationally?　企業というものはいつ国際拡大［国際展開］に乗り出すのであろうか？　◆The bellows thermostat constantly expands and contracts in length. この蛇腹式サーモスタットは、絶えず長さが伸び縮みする。 ◆The company is fast establishing itself as a force to be reckoned with by rapidly expanding its CATV operations across Germany. 同社はCATV事業をドイツ全土に急展開し無視できない勢力として急速に地歩を固めつつある。

**expandable** 拡張可能な ◆The laptop has 512K bytes of memory, expandable to 1 megabyte (640K bytes of standard RAM and 384K bytes of EMS expanded memory). 《コンピュ》このラップトップ機は、512キロバイトのメモリーを搭載[実装]しており、1メガバイト(640キロバイトの通常のRAMと384キロバイトのEMS拡張メモリー)まで拡張できる[増設可能である]。

**expanded memory** 《コンピュ》拡張メモリー(＊多くの場合、MS-DOS機のEMSメモリーを指す) ◆Expanded Memory Specification (EMS) 《コンピュ》拡張メモリー仕様

**expanse** an～(陸・空・海などの)広がり、広々とした空間[区域、水域、空域]、大空[天空、蒼穹(ソウキュウ)] ◆an expanse of sea [ocean] 海域 ◆a vast expanse of rice paddies (一面の広大な)稲田の海 ◆in the vast expanses of the western Pacific 西太平洋の大海原で ◆the expanse of our the universe is infinite 宇宙の広がりは無限である

**expansion** 拡張、膨張、拡大、展開、発展、展伸、伸張 ◆an expansion card 《コンピュ》拡張カード[基板] ◆an expansion joint 伸縮継手、伸縮目地 ◆an expansion slot 拡張スロット ◆an expansion valve エキスパンション[膨張]弁 ◆a memory expansion board メモリー拡張基板;増設メモリー[RAM]ボード ◆a thermal expansion coefficient 熱膨張係数 ◆expansion options 拡張オプション群[類] ◆economic expansion 経済拡張[発展、拡大]、景気拡大 ◆human expansion into space by use of space resources 宇宙(で調達する)資源を使っての人類の宇宙への進出 ◆If there is an expansion of demand for... (商品などの)需要の拡大があれば、 ◆low-expansion alloys 低膨張合金 ◆have a clear growth path for future expansion ～には、将来における拡張[拡大]に向けての明確な発展の道[道筋、路線]がある ◆stimulate the economy back into expansion 経済[景気]を刺激して再び拡大に導く ◆technology firms are getting back into expansion mode 技術系企業は拡大モード[局面]に戻りつつある ◆the company has undergone continuous expansion since... 同社は、～以来拡大を続けてきた(＊会社が大きくなってきた) ◆the expansion of mercury with temperature 温度に伴う水銀の膨張 ◆the level of expansion of the table of contents 《コンピュ》目次の表示レベル(＊部、章、節などに階層化された目次を、どの程度下のレベルの細目まで詳細に示すかということ) ◆reach limits of capacity beyond which expansion will involve a major expenditure それ以上に能力を拡張するとなれば大きな出費を伴うという限度[限界]に達する ◆The system has a greater potential for expansion. このシステムには、より大きな拡張性がある。 ◆A daughterboard provides an additional 512 Kbytes of memory expansion. ドーターボードを増設すると、メモリーをさらに512キロバイト拡張できる。 ◆Easily Expandable – The modular architecture permits expansion of the channel capacity in 16 channel increments with no need for software modifications. 拡張が容易: モジュラーアーキテクチャなので、ソフトウェアに手を加える必要なしにチャンネル容量を16チャンネル刻みで拡張できます。

**expansion slot** an～拡張スロット

**expansive** adj. 膨張性の、拡大する、広がる、広域化する、展開する、伸びる;心の広い、気が大きい、開放的な、開けっぴろげな、(性格が)外向性の、大げさ[大仰]な、誇大妄想的な ◆an expansive wave 《空気力学》膨張波

**expect** vt., vi. ～を予期する、見込む、予想する、期待する、心待ちにする、当て込む、覚悟する、推測する、見積もる、思う、考える ◆as expected; as could be expected; as might be expected; as might have been expected; as one might have expected 予想通りに、思ったとおり、案の定、期待にたがわず、さすがに、当然ながら、もちろんのこと ◆expect A from B AをBから期待する ◆be less than expected 予想を下回っている; 思った

[予想した、期待した]ほどではない ◆Expected Release Date: リリース[発売]予定日: ◆it can be expected that... will...～が期待できる[予想される] ◆thanks to higher-than-expected orders from... ～からの予想以上の注文のおかげで ◆when you least expect it 全く思いがけないときに ◆mechanical stress expected in service 使用中に予想される機械的ストレス ◆a worse than expected trade-deficit figure 予想以上に悪い貿易赤字額 ◆better-than-expected (financial) results 予想を上回る好決算 ◆after a decade of slower-than-expected economic growth 10年間にわたる、予想よりはかばかしくない経済成長の後 ◆expect a consignment of electric fans from Taiwan 台湾から扇風機の船積みが着くのを待っている ◆expect a performance gain of 25 percent to 30 percent 25パーセントから30パーセントの性能向上[改善]を見込む ◆he expected prices to rise still further 彼は、物価はまだまだ上がるだろうと予測[判断]した ◆to a greater extent than would be expected 予想される以上に ◆we do not expect this trend to persist 私たちは、この傾向が続くとは思わない ◆children used microwaves more than expected 子供らは予想していた以上に電子レンジを使った ◆inflation was running at a higher-than-expected rate インフレは予想以上に高い率で進行[昂進]していた ◆It is expected that these participating members will develop... これら参加(企業)メンバーは、～を開発するものと見られている。 ◆more employees than expected left under incentive plans 予想を上回る数の従業員が退職金割り増し制度のもとで去った ◆the company's final balance sheet was better than expected 同社の最終的なバランスシート[経理内容]は、予想されていたより良かった ◆She is expecting her first child this spring. 彼女はこの春、初めて(の子)の出産を控えている[1人目が生まれる予定だ]。 ◆The company expects volume production to begin in 1993. 同社は、1993年の量産開始を考えている。 ◆We expect a continuation of about a 3-percent growth rate during 2002. 私たちは、約3%の成長率が2002年の間続くだろうと予測して[継続すると踏んで]います。 ◆It is expected that the average invoice will drop about ten percent. 仕切り価格が平均で約10パーセント下がるものと見込まれている。 ◆Performance, as might have been expected with a Pentium-based machine, was very good. 性能は(さすがに)ペンティアム機らしく非常に良かった。 ◆The 2.5TL has just about everything expected of a luxury car including its price tag. (ホンダの車)2.5TLは、価格を始めとして高級車に期待されているほとんどすべてのものを備えている。 ◆We can expect to see more advanced products taking the place of these. さらに進歩した製品がこれらに取って代わるであろうと考えられる。 ◆Enrollments are expected to increase over the next several years as the number of high school graduates rises. 高校卒業者の数が増えるにつれて、入学者数はこの先数年間にわたり増加するものと予測されて[みられて]いる。 ◆It is to be expected that further developments and refinements in research methods will emerge during the next few years. 今後数年の間に研究方法の更なる改善や改良が浮上してくることが期待される。 ◆The company expects to assemble about 500,000 units during the first full year of production. この会社は、生産初年度全体を通して約50万台組み立てる見込みである。 ◆the street price is expected to be under $500 for the internal version, and about $600 for the external model 実売価格は、内蔵版が500ドルを切り、外付けモデルが600ドル前後になる見通し[模様]である。 ◆With more advanced fabrication technologies, better performance can be expected in the near future. より高度化した製造技術により、近い将来に性能向上が期待できる。 ◆Financing needs have increased beyond what Femtex originally expected, partly because revenues from the existing service have not met expectations. 現行サービス業務からの収益が予想を下回ったこともあり、フェムテックス社が当初予想していた以上に資金需要が増加した。 ◆The new system is expected to be especially useful for research on the microstructures of polymers, metals, ceramics and biological materials. この新しいシステムは、ポリマー、金属、セラミックス、また生物材料の微細構造の研究にとりわけ役立つものと期待されている。

**expectancy** ［C］期待, 予期, 見込み; (an) ～ 平均余命［寿命］(→life expectancy) ◆The salespeople list their sales prospects in order of expectancy. 営業部員は, 見込み客を期待が持てる順に一覧にする.

**expectant** adj. 期待している, 待ち受けている; 妊娠している ◆an expectant mother [woman] 母親になる人, 妊婦 ◆an expectant surrogate mother 妊娠中の代理母

**expectation** (an) ～ 予期, 期待, 予想, 見込み, 目算 ◆against all expectations 全く予想に反して; 全く案に相違して; 完全に予想［期待］を裏切って ◆contrary to (one's) expectations 予想［予期］に反して, 思いのほか, ことのほかに, 予想外にも; 案に相違して; 案外と; 存外; あに図らんや ◆place expectations on... ～に期待をかける［寄せる］ ◆raise expectations 期待を高める ◆come up to (one's) expectations 〈人の〉期待に達する［及ぶ, 添う, かなう, 応える］; 期待［予想］通りになる ◆live up to one's expectations 〈人の〉期待に達する［及ぶ, 添う, かなう, 応える］; 期待［予想］通りになる ◆measure up to expectations 期待に達する［及ぶ, 添う, かなう, 応える］; 期待［予想］通りになる ◆meet expectations 期待に応える ◆far exceed one's expectations 〈人〉の期待を遥かに上回る ◆fall short of one's expectations 〈人の〉期待外れの結果になる ◆the expectations of the user; users' expectations; user expectations ユーザーの期待 ◆a success beyond all expectations 全く予想外［思いのほか, 望外］の成功 ◆fulfill expectations 期待に添う［かなう, 達する, 満足させる］ ◆have big expectations for... ～に対して大きな期待を持つ［抱いている］ ◆in the expectation that... would... ということになるのではないかと期待して［当て込んで］ ◆meet their exacting expectations 彼らのうるさい要求に応える ◆narrow even more the already slim expectations for recovery 《意訳》すでに回復は期待薄なのに, それに更に輪をかける ◆pin hopes and expectations on [upon]... ～に希望と期待をかける ◆results beyond all expectations 全く予想外の［望外の］成果; 予想［期待］以上の結果 ◆with the expectation that... will... ～であろうという期待をもって ◆But, defying expectations,... いや, 期待に反して, 〜に反し ◆against a previous expectation that... would... ～であろうという先の予想［予期］に反して［を裏切って］ ◆a question posed without expectation of an answer 答えを当てにしないで出された問いかけ ◆Meanwhile, user expectations grow. そうこうしている間に, ユーザーの期待は膨らむ. ◆money lent by a bank with a reasonable expectation of repayment それなりに返済の見込があるとみて銀行が貸し出したお金 ◆purchase the system with an expectation of... -ing ～したいと思ってこのシステムを購入する ◆as people's expectations expand with respect to multimedia マルチメディアに対する人々の期待が膨らむにつれ ◆because nobody wants to offer expectations they can't fulfill 誰だって応えられない《以下は意訳》過度の, 裏切るような, 非現実的な）期待を抱かせ［持たせ］たくはないので ◆because of expectations that Clinton will raise taxes クリントンが増税するのではないかという思惑のせいで ◆expectations are running high for the success of the PowerPC PowerPCの成功へ向けての期待が高まりつつある ◆... may change your expectations of Femtex products ～は, フェムテックス社製品に対するあなたの期待に変化を起こすかもしれません ◆sell a stock in the expectation of buying it back later at a lower price 《意訳》株を高値［見越し］で売りする ◆The widespread expectation is that... (will)... 一般に～という期待が持たれている. ◆when there is a reasonable expectation for improvement それなりの［ある程度の］改善が期待できる場合には ◆At home, expectations are rising. 本国では, 期待が高まっている. ◆High expectations almost always turn into disappointment and frustration. 高望みはたいていの場合落胆［失望］と欲求不満に変わる. ◆It was extremely successful, surpassing my wildest expectations. それは思いがけず大成功を収めた. ◆The company has great expectations for the device. この会社は, そのデバイスに大きな期待を寄せている. ◆We have very high expectations for this product. 弊社はこの製品［商品］に非常に大きな期待をかけて［寄せて］います. ◆A poll finds expectations running high that he will be able to improve the economy. ある世論調査で, 彼が景気を回復させることができるのではないかという期待が高まっていることが判明した. (＊この例文での彼は大統領候補者) ◆The system has had a phenomenal response, way, way beyond our expectations. このシステムは, 我々の方からは到底およびもつかない驚異的な反響を呼んだ. ◆The numbers are based on expectations of sharply rising oil and natural gas prices, as well as the expectation of future increases in the demand for electricity and construction of new generating facility. これらの数字は, 石油価格とガス価格の急騰, ならびに将来における電力需用の増加と新規発電施設の建設といったことを想定した上で出てきたものである.

**in expectation of...** ～を期待［予想, 予測］して, ～を見込んで［見越して, 当て込んで］ ◆in expectation of some return 何らかの見返りを期待して ◆push up interest rates in expectation of higher inflation インフレの昂進を見越して利上げをする ◆Oil prices have been higher in recent weeks in expectation of a production cut. 原油価格は, ここ数週間というもの生産削減の思惑で高めで推移してきた.

**expected** adj. 予想［予期, 予測, 期待］された, そうあるべきはずの［しかるべき, 所定の］ ◆the expected summit 来るべきこの首脳会談

**expediency** ［C］便宜, 好都合, 方便, 便法, 権道（ケンドウ）; ［C］便宜［ご都合］主義, 私利（私欲）◆for the sake of expediency; for expediency's sake; for reasons of expediency 便宜上, 方便として, 都合上; ご都合主義的に

**expedite** ～を速める, 早める, はかどらせる. 促進する ◆expedite data transfer データ転送をスピードアップする ◆expedite the adoption of standards 標準規格の採用が早く進むようにする ◆expedite the creation of documents 文書作成を迅速化する ◆expedite the development of... ～の開発を促進［迅速化, スピードアップ］する ◆expedite the process of... -ing ～する過程を速める

**expediter** ◆a parts [material] expediter （供給業者に対して）パーツ［資材］の納期を守るよう催促する係

**expeditionary** adj. 遠征の, 探検の ◆the 31st Marine Expeditionary Unit （米海兵隊の）第31海兵遠征隊

**expel** vt. ～を追い出す, 追放する ◆expel air from... ～から空気を追い出す

**expend** 〈時間, 金, エネルギーなど〉を〈～に〉費やす, 消費する <on, upon, in doing>; ～を使い果たす ◆expend energy [resources, time, money] エネルギー［資産, 時間, 金］を費やす ◆much effort is expended by scientists in... -ing ～すべく科学者らによって多大な努力が払われている ◆expend [exercise] much care in... -ing ～するのに十分注意を払う

**expendable** adj. 使い捨ての, 《軍》消耗してよい, 犠牲にしてよい; ～を使い捨てにしてもよい人［物］, 消耗品 ◆an expendable rocket 使い捨てロケット ◆expendable original equipment such as belts ベルトなどの最初から付いてきた消耗装備品

**expenditure** (an) ～ 支出［歳出］(高, 額), 消費（支出）, 消費（高, 量）, 経費, 費用, 出費 ◆personal consumption expenditures [spending] 個人消費支出 ◆expenditures on research and development 研究開発費 ◆the expenditure of effort to <do...> ～するのに努力を払うこと; ～するために労力を費やすこと ◆with the least expenditure of time and cost できるだけ時間と費用をかけないで ◆at a much lower energy expenditure はるかに少ないエネルギー消費で ◆with minimum expenditures of time and budget 最小限の費用と時間で

**expense** (an) ～ 費用, 出費, 経費; 犠牲 ◆trim expenses 経費［支出］を削る ◆medical expenses 医療費 ◆at much expense in time and effort 手間を多くかけて, 手間ひまを多くかけて ◆at one's own expense ［(希に)charge］ 費用［経費］は自分持ちで; 自分のお金で; 自己負担で; 自費で; 自前で; 自弁で; 手弁当で; 自腹［身銭］を切って; 私財を投じて ◆high production expenses 高い製造経費 ◆shipment of replacement parts at our expense 当方の費用負担による代替部品の発送 ◆because the former case involves expenses related to... 前者のケースは〜がらみの費用がかかるので ◆If necessary, I will be glad to come at my own expense. 必要なれば喜んで費用自分持ちで参ります[手弁当で行かせてもらいます] ◆Speed and capacity are gained at the expense of resolution. スピードと容量は、解像度を犠牲にして得られる。 ◆They are willing to go to great lengths at great expense to conceive offspring. 彼らは、子どもを授かるためならどんな代価もすすんで払う[どんなことでもする]つもりだ.

**expense account** *an* 〜 （社員が立て替え払いする）所用[必要]経費, 費用計算書, 経費[費用]勘定, 諸手当勘定, 交際費 ◆the expense-account crowd 社用族 ◆an expense-account meal 経費[交際費, 接待費, 会社のツケ]で落とす食事 ◆Prices are the expense-account sort. 値段は社用族向けである.

**expenses-paid** *adj.* （旅費などの）費用を出して[持って]もらっての ◆an expenses-paid vacation （会社や接待業者が）費用を支払ってくれる休暇[費用は会社持ちの休暇]

**expensive** *adj.* 高価な, 値の張る, 値段の高い[いい], 費用のかかる, コストの多大な, いい[結構な]お値段のついた, 《意訳》〈商品が〉高級な ◆from the least expensive to the most expensive 価格[値段]の一番安いものから一番高いものまで ◆Tokyo's super-expensive Roppongi District 東京の超高価格の六本木地域 ◆while prices can run expensive 価格が高額になる可能性がある一方; 値段が高くなるかもしれないけれど ◆wonder why software is so expensive and why it takes so long to build ソフトウェアを作るのにどうしてそんなに費用と時間がかかるのか不思議に思う ◆Personal computers have become less expensive. パソコンは安くなった[値段が下がった].

**expensiveness** ⓤ高価, 費用がかかる[大きな出費をする]こと, ⓤ(extravagance)《稀》贅沢（ゼイタク）[浪費, 奢侈（シャシ）] ◆because of the expensiveness of this form of therapy この種の療法[治療]の費用が高いせいで ◆the expensiveness of renting... 〜を借りる費用[料金]の高さ

**experience** 1 (*an*) 〜 経験, 体験 ◆get [gain, acquire] experience 経験を得る[積む, 増す] ◆people of experience 経験者 ◆act on one's own experience 自己の経験をよりどころにして行動する ◆after gaining some experience ある程度経験を積んだら ◆after several years of experience 数年の経験を積んだ[経た]上で ◆a one-of-a-kind experience 一種独特な体験 ◆based on past experience [experiences] that... 〜であるといった過去の経験に基づいて; 〜というまでの知見によれば ◆based on [upon] past experiences; on the basis of [(judging) from, in the light of] past experience; if past experience is any guide [any indication, anything to go by]; as past experience shows; past experience indicates [suggests] that... 過去の経験によると[からして]; これまでの知見によれば ◆derived from practical experience 実際の経験から得られた ◆experience a sense of failure 挫折感を味わう ◆have many [a number of] experiences 〜は多くの経験を持っている; 〜には数多くの経験がある ◆have rich experience <in...> 豊かな経験を持つ; 豊富な経験がある ◆learn from experience 経験から学ぶ ◆owing to lack of experience 経験不足のため ◆based on one's rich experience <-ing, in...> 豊富な[豊かな]経験に基づいて ◆experience a buoyant force 浮力を受ける ◆through vicarious experiences provided by literature 文学が与える疑似体験を通して ◆decades of accumulated experience is showing that... 何十年の間に蓄積した経験から〜ということが明らかである ◆Our experiences show that... 我々の経験によると〜ということがわかる. ◆Some experience is required to <do...> 〜するのにある程度の熟練を要する ◆experience a peculiar sense of euphoria 一種独特な, 一風変わった」陶酔感を味わう ◆give the student experience in the design of... 学生に〜の設計の経験をさせる ◆have extensive experience in mergers and acquisitions 企業の合併・買収に幅広い[豊かな]経験を持つ ◆over a decade of detector fabrication experience 10年以上にわたる検出器製造の経験 ◆until you accumulate a year or more of work experience 仕事の[実務, 業務]経験を1年以上積むまで ◆despite 10 years of manufacturing experience in a joint venture with a local firm 現地企業との合弁事業で10年にわたる製造経験があるにもかかわらず ◆as employers can pay less to someone with little or no experience 雇用主は経験のほとんどない者や全くの未経験者に対しては報酬を少なく払えばよいわけなので ◆Experience is evaluated by years of work experience and contributions made to... 経験は, 仕事の経験年数および〜への貢献度によって評価される ◆gain experience in transferring a product from research to production 研究から生産へ製品を移行させる経験を得る ◆get some basic hands-on experience with an application アプリケーションソフトの基本的な操作をいくらか体験する[実際に使ってみて基本的な操作を覚える] ◆he has more than 20 years of experience developing... 彼は, 〜の開発に20年以上の経験がある ◆in the event (that) experience dictates such action is required 経験的にそのような措置が必要とされる場合には ◆we have many years' experience selling to first-time users 弊社は, 新規ユーザーを相手にした長年の販売経験を持っています ◆he had seven years of sales and marketing experience 彼には, 7年の販売およびマーケティング経験があった ◆those are the types of mistakes that disappear with experience それらは経験を積むにつれて[なくなっていく種類のミスである ◆I've had a number of near-death experiences. 私はもう少しで死ぬような目に何度もあった[死に損なったことが何度もある]. ◆They have little experience with complex, high-tech projects. 彼らには, 複雑な（＊多岐に渡る要素を含んだ）ハイテク・プロジェクトを手がけた経験[実績]がほとんどない. ◆They're building up valuable work experience. 彼らは貴重な仕事[就労]経験を積んでいるところだ. （＊高校生がボランティアをする話で） ◆If past experience is any guide, HDTV sets will be affordable even for the home. 過去の経験からして, 高品位（ハイビジョン）テレビは一般家庭でも手が届くようになるだろう. ◆"We have created this out of our experience in educating women," she says. 「私たちは女性教育に従事していた経緯からこれを創設しました」と彼女は言う. ◆This gives you an opportunity to explore so many different opportunities and a variety of experiences. これによって, いろいろな体験をし, 幅広い経験を積むことができます.

2 *vt.* 〜を経験[体験]する, 〈問題など〉に遭遇する ◆The report predicts that the brunt of the fall in sales will be experienced at the bottom end of the market, a position occupied by low-cost machines such as... この報告書では, 売り上げ減少[販売高の落ち込み]のほこ先が当たる[痛手を主にこうむる]のは, 〜などの低価格機が占めている市場底辺部分になるだろうと予測している.

**experienced** *adj.* 経験を積んだ, 経験豊富な, ベテランの, よく慣れている, 熟練した, 老練な ◆experienced users ベテランユーザー

**experiment** 1 (*an*) 〜 実験, 試み, 試験 ◆as an experiment 試しに ◆be under experiment 実験（にかけられている最）中である ◆by experiment 実験によって ◆carry out [conduct, perform, run, mount] an experiment 実験を行う ◆an experiment in chemistry 化学実験 ◆conduct experiments on microgravity 微小重力に関する実験を行う ◆experiments with market principles 市場原理の実験 ◆use... in [for] an experiment; use... for making an experiment 〜を実験に使用する ◆an experiment in computer-to-computer communications コンピュータ通信の実験 ◆The conditions under which these experiments have been carried out are... これらの実験が行われた際の条件[状況]は... ◆The experiment produced a number of findings. その実験では, いくつかの発見[知見]があった. ◆... an experiment aimed at determining the thermal emission and the solar radiation scattering from a comet by means of thermal infrared radiometry 彗星から散乱している熱放射および太陽放射[輻射]を熱赤外線分析によって測定することを目的とする実験

**2** ～を実験する，試験する，試みる ◆use a CAE system to experiment with design ideas　設計上のアイデア[思いつき，着想]を試してみるためにCAE(コンピュータ支援エンジニアリング)システムを利用する

**experimental** adj. 実験[試験]の，実験[試験]用の，実験に基づく，実験[試験]的な ◆an experimental parameter　実験パラメータ ◆experimental data　実験データ，実験値 ◆experimental results　実験結果 ◆an experimental arrangement to <do...>　～するための実験装置 ◆under experimental conditions　実験条件下で ◆rice yields on experimental fields [farms]　実験農場におけるコメの収量 ◆new developments in the experimental stage　実験段階にある新しく開発されたもの ◆under experimental circumstances that were impossible before　以前には不可能だった実験的状況下で[実験環境で] ◆GaAs devices are poised for a leap upward in the frequency; indeed, some experimental parts already have speeds of more than 100 GHz.　ガリウムヒ素素子は(動作上限)周波数が飛躍的に向上しようとしている。実際，いくつかの試作パーツ(素子)ですでに100ギガヘルツを超えるスピードが得られている。

**experimentally** adv. 実験的に，試験的に ◆It was first experimentally demonstrated in 1966.　それは，1966年に初めて実験的に[実験によって]実証された。 ◆The artificial skin is already being used experimentally to provide robot hands with a tactile sense.　その人工皮膚は，ロボットの手に触覚を持たせるために実験的[試験的，試し，試み]にすでに使用されている。

**expert** an ～ エキスパート，専門家，達人，名人，名手，鉄人，玄人(クロウト) <at, in, on>; adj. 専門家の，玄人の，熟練した，熟達した ◆among experts　専門家の間[世界]で ◆be an expert at...-ing　～する(こと)の名人[達人，エキスパート]である ◆be expert in [at]...-ing　～することが(専門家ばりに[玄人はだしの腕前で])うまい；～に精通している ◆become an expert in [at, on]...　～の専門家[エキスパート，大家(タイカ)]になる ◆an expert engineer　専門技術者 ◆an expert opinion　専門家の意見 ◆an expert system　エキスパートシステム ◆expert knowledge ◆a military-affairs expert　軍事専門家 ◆an expert on the 18th century　18世紀についての(歴史)専門家 ◆an expert's report [opinion]　専門家の鑑定 ◆a person expert in the use of...　～を使うのが非常にうまい[得意な]人 ◆experts in the area [this particular area]　この分野[界界(シカイ)]の専門家ら ◆share expert knowledge　専門知識を共有する ◆Experts say that...　専門家(筋)によると，～とのことである。 ◆he himself has some expert knowledge　彼には確かにある程度の専門知識や技術がある ◆Inexpert typists can use special formatting effects such as boldface and flush-right text to produce expert-looking documents.　未熟なタイピストでも，ボールド体やテキスト右揃え等の特殊フォーマッティング効果を利用して，専門家の手になるように見える書類を作成することができる。

**expertise** (U)ノウハウ，専門知識，専門技術，技術的な知見 ◆programming expertise　(コンピュータの)プログラムを書く技能[技量] ◆have the expertise to <do>　～する専門知識や技術を持っている ◆problem-solving expertise　問題を解決する技術・能力[技能] ◆100 years of photographic expertise　100年にわたって蓄積された写真工業技術のノウハウ[知見] ◆dissolve the traditional barriers between fields of expertise　昔から各専門分野を隔てていた壁を解消する ◆his expertise in mechatronics　メカトロニクスにおける彼の専門技術・技術 ◆the technical expertise of the automaker　その自動車会社の技術力 ◆intended for users at all levels of expertise　(初心者から上級者までの)すべてのユーザー向けの ◆Doing it takes a great deal of expertise.　それを行うには多くの専門知識が必要である。 ◆The game can be configured for different levels of expertise.　(意訳)このゲームは腕の(熟達度)で難しさの)設定が変えられる。

**expiration** (U)(期間が)終わる[切れる]こと，満了，失効，息を吐く出すこと，呼息，呼気 ◆an expiration [expiry] date　有効期限(日)；有効期日 ◆before [after] the expiration of the period　期間満了前に[満了後に] ◆set password expiration dates　パスワードの有効期日，期限切れの日を設定する ◆the expiration of a time limit　時限が来ること；制限時間一杯になること；期限満了；期限切れ ◆on (the) expiration of the lease; at the expiration of the lease　賃貸契約期間満了時に ◆upon expiration of the time prescribed for a response　所定の返答待ち時間が経過した次第[応答待ち時間の終了とともに] ◆after the expiration of a predetermined time interval　所定の時間[間隔]が経過した後に ◆The license has an expiration date, just like your auto license.　この使用許諾には，ちょうど自動車の運転免許と同じように失効日[有効期限]があります。 ◆An expired license may be renewed within one year of the expiration date.　有効期限が切れてしまった免許証は，失効日から起算して1年以内であれば更新できる。 ◆To order, call... Have your credit card number and expiration date ready when you call.　ご注文は，...までお電話ください。おかけになる際，クレジットカードの番号と失効日[有効期限]が分かるようご用意ください。

**expire** vi. (免許などが)期限切れになる，(有効期限が)切れる，(満期が来て)終了する，(任期などが)満了する，(期限に達して)失効する，息を吐く，息が絶える[息を引き取る，絶息する，死ぬ]；vt. (息など)を吐き出す ◆after the guarantee expires　(意訳)保証(の有効)期間が過ぎた後で ◆After this limited-time offer expires,...　この期間限定オファーの失効[終了]後に ◆as the life of each component expires　各々の部品の寿命が尽きて行くにつれて ◆Should your license expire...　もしあなたの免許証[ライセンス]が切れるなら ◆The newspaper subscription expires next month.　新聞の予約購読が来月で切れる。 ◆To avoid this, pros don't use expired film.　これを避けるために，プロは期限切れのフィルムは使用しません。

**expiry** (= expiration) ◆an expiry date　失効期日，有効期限，期限の日，(契約などの)満期日，満了日，使用期限，賞味期限 ◆on or before the expiry date　(失効)期限前または期日に；有効期限内に ◆on [upon] expiry of the time limit [limits]　タイムリミット[締め切り，期限]になると；時限がきたら；制限時間が経過すると；決められた期間の満了後に ◆set a date for the expiry of this offer　このオファーの有効期限[有効期日]を設定する[設ける] ◆the offer has no fixed expiry date　このオファーに決まった有効期限はありません ◆upon [on] expiry of that time (period)　(意訳)その時間が経過したら；この期間が終わると ◆If you have too much of a particular item, it may reach its expiry date before it can be used.　仮にあなたが，ある品物を有り余るほど持っていたら，使わないうちに期限が来てしまう可能性があります。 ◆The expiry date for the offer is not firm, but it will probably end in late summer.　このオファーには確固たる有効期限はありませんが，夏の終わり頃にはたぶん終了するものと思われます。 ◆They shall be used within the expiry dates indicated by the manufacturers.　それらは，メーカーが表示した期限内に使用するものとする。

**explain** vt., vi. (～を)説明[解釈，講釈，釈明，弁明]する，《文脈に依存して》答弁する ◆explain the importance of...　～の重要性について説く ◆He explains that...　彼は，～である ことを説明する。 ◆The glaring difference in results may be explained by...　結果のはなはだしい相違は，～で説明がつくかもしれない。

**explanation** (an) ～ <of, for, about, on> 説明，解釈，弁解，釈明，弁明，(意訳)答弁 ◆give [furnish, provide, offer] an explanation　説明[釈明]する ◆an explanation of [about, on, for] why [how]...　なぜ[どう]～かについての説明 ◆an explanation of this model　このモデルの説明 ◆defy explanation　説明がつかない ◆give a brief explanation of...　～の概略説明をする ◆with no due explanation　十分な説明もなしに ◆Please provide an explanation.　どうか，釈明のほどを。 ◆detailed explanations of almost every aspect of the program's operation　《コンピュ》そのプログラムの操作のほとんどすべての面についての詳細な説明 ◆Explanation of the Food Processor's Attachments 「フードプロセッサーの(各)アタッチメントの説明」(＊見出し) ◆An explanation for these phenomena is given in Chapter 10. これらの現象の説明は、第10章で与えられている。

**explanatory** adj. 説明のための、説明的な ◆explanatory notes 注釈 ◆an explanatory schematic drawing 模式説明図

**explicit** adj. 明確[明白]な、はっきりとした、明示された、あからさまな、あけすけな、露骨な、(性的表現が)どぎつい ◆without an explicit indication of the source of the material 素材の出典を明記[明らかに]しないで ◆Each proposal should also include an explicit description of how this technology can be used. 各々のプロポーザル[提案]には、この技術をどう利用できるか(の案)についてもはっきりと説明されていなければならない。

**explicitly** adv. 明確[明白]に、はっきりと、明示的に ◆not explicitly written はっきりと[明確に]書かれていない ◆point out explicitly... 〜を明示する ◆state explicitly that... 〜であると明確に述べる ◆unless explicitly instructed otherwise 違った指示が明示的に出されていない限り ◆The regulations say explicitly that... これらの規則は〜であると明確に謳っている[明示している]。 ◆even though the words were not explicitly written into the pact これらの文言は協定にはっきりとは謳われて[条約に明記されて]はいないものの

**explode** vi., vt. 爆発する[させる]、破裂する[させる]、爆発的に増加する、〈学説など〉を覆(クツガエ)す ◆explode the slice of interest (円グラフで)注目する項目[関心項目]の比率を示す扇形部分を切り離して他よりも突出させる ◆in the exploding laser printer marketplace 爆発的拡大を続けるレーザープリンタ市場において ◆CAUTION: May explode if recharged or disposed of in fire. 注意:充電したり火にくべたりすると破裂するおそれがあります。(＊乾電池の注意書き) ◆Small business exports are exploding. 中小企業の輸出は爆発的に増加している。 ◆The company exploded in less than ten years into an immense but efficient operation with a worldwide reputation. その会社は、10年とたたないうちに、並外れた大きさにもかかわらず効率的な、世界に名だたる企業へと爆発的成長をとげた。

**exploded view** an 〜 分解組立図 ◆an exploded-view drawing 分解組立図面

**exploit** vt. 〈資源など〉を開発[開拓、探鉱]する、〜を活用する[利用する、引き出す]、〜を搾取する[食い物にする]、〈弱点〉を利用する[を突く、に付け込む]、〜に乗じる、悪用する; an 〜 功績[手柄]、《コンピュ》(脆弱性の)悪用、脆弱性をついた攻撃、エクスプロイト(＊不正侵入や攻撃のためにシステムの弱点を利用する[に付け込む]こと、またはその手口、仕組み、プログラム) ◆exploit ambiguities in treaties 条約の曖昧な点に乗ずる ◆exploit a tax loophole 税法の盲点をつく ◆exploit [take advantage of] the vulnerability of 〜 〜の弱みに付け込む ◆exploit the full potential of... 〜の秘められた可能性を最大限に[フルに、余すところなく、100%]引き出す ◆exploit the region's oil potential その地域の(眠っている)石油資源を開発する ◆exploit wind energy 風力エネルギーを利用[活用]する ◆exploit quantum laws to advantage instead of regarding them as constraints 量子の法則を制約と見るのではなく(逆手に取って)うまく利用してしまう ◆the country exploited its abundant supplies of petroleum この国は自国の豊富な石油資源を開発した ◆It is a common exploit to use two file extensions to spoof users into believing the attachment is benign. 《意訳》ファイル名に2個の拡張子を付けることにより、ユーザーをだまして添付ファイルが害のないもの(＊悪意のあるウイルスファイルではない)と信じ込ませるのはよくある手口だ。 ◆the success of the Japanese in exploiting areas such as vision systems for robots and the CD audio market ロボット用の視覚システムやCDオーディオ市場などの領域の開拓における日本の成功 ◆The low noise level within this wavelength range is exploited for video-transmission applications. この波長帯内での低いノイズレベルは、映像転送の応用に利用されている。

**exploitable** adj. 搾取[利用、開発]できる、搾取[利用、開発]可能な ◆virtually every square yard of exploitable land is in use 《意訳》事実上利用[開発]可能な土地は利用し尽くされている

**exploitation** 回 (天然資源の)開発、探鉱;利用、活用;搾取 ◆the exploitation of the labor of others 他人の労働の搾取 ◆it is essential to the full exploitation of... それは〜をフルに活用するために必須である

**exploration** (an) 〜 探鉱、探査;探究、探検、実地踏査[調査]、《意訳》考察;傷を探ること、診査 ◆oil exploration; exploration for oil 石油の探鉱 ◆space exploration 宇宙探査 ◆an oil- and gas-exploration company 石油・天然ガス探鉱会社 ◆the development of a spacesuit for the exploration of the surface of Mars 火星表面探査[探検]のための宇宙服の開発 ◆confers to... the right of exploration of the mine until its exhaustion その鉱山が枯渇するまで(という条件で)探鉱する権利[鉱業権、採掘権]を〜に与える ◆Exploration of coal outcrops may be accomplished with... 石炭の露頭の探査[探鉱、探炭]は〜によって行える。 ◆to promote the exploration and development of our nation's geological mineral resources 我が国の地質学的鉱物資源の探査および開発を促進するために ◆Challenger made a prolonged exploration of the Atlantic and Pacific oceans. チャレンジャー号は大西洋と太平洋の長期探検を行った。 ◆Hardware engineers use a CAE system to see the results of their explorations immediately in simulation. ハードウェアの設計者らは、自分たちの研究の成果を即シミュレーションで見てみるためにCAE(コンピュータ援用エンジニアリング)システムを利用する。

**exploratory** adj. 探鉱の、実地調査[踏査]の、探査の、探鉱の、試験の、《医》診査の ◆an exploratory survey 探鉱[探炭](調査);探査 ◆a deep-sea exploratory robot 深海探査ロボット ◆conduct [do, perform] exploratory drilling 探鉱するために試錐[試掘]する ◆drill an exploratory well (石油などの)探査のための井戸を掘る;探鉱井[調査(油)井]を試錐[試掘(シスイ)、試鑽(シサン)、鑿井(サクセイ)、ボーリング]する ◆exploratory extraction work 試験的[実験的]な(成分)抽出作業 ◆on an exploratory basis 試験的[実験的]に ◆through invasive techniques such as exploratory surgery 診査目的の手術などの侵襲的な手法によって ◆exploratory boring [drilling] for coal [oil] began in earnest 石炭[石油]探鉱のための試錐[試掘]が本格的に始まった

**explore** vt. 〜を探検[探訪、探査、踏査、探索、探究]する、実地踏査[調査]する、(可能性など)を探る、〈未知の場所や分野など〉をあちこち見てまわる[あれこれのぞいてみる]、〈問題など〉を考察する[調べる]; vi. <for> ◆explore design changes どのように設計変更すればよいかを探る ◆explore methods of machine design 機械設計法を探究する;機械設計法を(探し出すための)研究をする ◆explore the Martian surface 火星表面を探索[探査、探検]する ◆The next chapter explores these topics in greater depth. 次章ではこれらのテーマをより深く掘り下げてみることにする。

**explosimeter** an 〜 ガス検知器[検出器、感知器](= a gas sniffer)

**explosion** an 〜 爆発、破裂、爆発[破裂]音、爆発的な増加、(突然の感情の)爆発、激発 ◆an explosion in the demand for... 〜の需要の爆発的な伸び[増加] ◆a tremendous explosion in use すさまじい爆発的な利用の増加 ◆today's information explosion 今日の情報爆発 ◆undergo an astonishing explosion 爆発的に発展する ◆the enormous explosion of Bruce's popularity ブルース(ロック歌手)のものすごい爆発的人気 ◆this technology will ignite an explosion in the use of... この技術は〜の爆発的利用拡大に火をつけるだろう ◆the big-bang theory which says the universe was formed in the aftermath of a gigantic explosion 宇宙は大爆発の直後に形成されたとするビッグバン説(＊ビッグバン自体「大爆発」の意) ◆An electrical spark could cause an explosion. 電気スパークは爆発を引き起こすことがある。 ◆An explosion of methane gas or coal dust yesterday trapped 169 coal miners underground. 昨日

のメタンガス爆発つまり炭塵爆発によって,坑内員169名が地下［坑内］に閉じ込められた.

**explosionproof** 防爆形の ◆an explosionproof luminaire 防爆形照明器具

**explosive** 1 adj. 爆発(性)の,爆発的な ◆explosive fumes 爆発性ガス ◆an area of explosive growth 爆発的成長［拡大,伸張］分野 ◆be highly explosive 非常に燃えやすい,爆発性が高い ◆explosive growth in demand 需要の爆発的な伸び［伸長,高まり］ ◆in gaseous or explosive atmospheres ガス雰囲気または爆発性雰囲気中で ◆the blast was caused by a small explosive device その爆破は小型の爆破装置によって引き起こされた ◆the explosive area of computer technology 爆発的に発展しているコンピュータ技術分野 ◆the explosive growth of small companies 小企業の爆発的成長［成長］ ◆It's an explosive field with enormous potential. それは,爆発的に発展しているとてつもなく将来性のある分野だ. 2 an 〜 爆発物,爆薬,火薬 ◆an explosive(s) detector; a detector for explosives 爆発物検出［探知］器 ◆a powerful plastic explosive 強力なプラスチック爆薬［爆発物］ ◆the safe handling of explosives 爆薬類［火薬類］の安全な取り扱い ◆an explosives-packed radio-cassette player 爆薬が充填されているラジオカセットプレーヤー

**explosively** 爆発的に ◆react explosively with... 〜と爆発反応をする

**exponential** adj. 指数の,指数関数の,級数的な,急上昇の ◆the exponential growth of new cellular subscribers 携帯電話の新規加入者の級数的な増加［急増］

**exponentially** adv. 指数的に ◆decrease exponentially with time 時間と共に指数関数的［級数的］に減少する ◆the demand for... will grow exponentially 〜の需要は急激に増加［急増,拡大］するであろう

**export** 1 vt., vi. <to> (〜を)輸出する,搬出する;《コンピュ》《データなど》をエクスポートする,他のシステム［アプリケーション］で読めるファイル形式などに変換して書き出す ◆export data to other Mac applications for further analysis 《コンピュ》さらに分析してみるために,データをマッキントッシュ(コンピュータ)上で走る他の応用ソフトにエクスポートする 2 回輸出; an 〜 (通常 〜s)輸出品,輸出額,《コンピュ》エクスポートされたデータ ◆export demand 輸出需要 ◆export promotion; the promotion of exports 輸出振興 ◆an export-oriented country 輸出依存型［依存型,主導型］の国 ◆an export model bound for Germany ドイツ向け輸出用機種［向け車種］ ◆establish an export track record 輸出実績をつくる ◆export-bound products 輸出向けの製品［商品］ ◆exports and imports of goods and services モノとサービスの輸出入 ◆increase the volume of exports 輸出量を増やす ◆Japanese exports to the U.S. 日本の対米輸出 ◆produce destined for export 輸出向けの［輸出向］農産物 ◆produce... for export to Japan and Europe 日本および欧州への輸出向けの〜を生産する ◆export-led growth 輸出主導型の成長 ◆the country's export-driven economy その国の輸出主導型経済 ◆create maps for export into document files for brochures, handouts, etc. パンフレットやチラシなどの文書ファイルにエクスポートする［(意訳)後で］読み込み,［後で］挿入する］ための地図を作成する ◆electronic and electrical equipment designed for export to European countries 欧州諸国への輸出向けに設計されている電子機器および電気機器 ◆relax controls on the export of computers destined for China 中国向けコンピュータの輸出規制を緩める ◆shipments of Chilean fruit bound for export チリ産果物の輸出向け船荷 ◆the imbalance between imports and exports 輸出入の不均衡［貿易不均衡］ ◆remove tough export restrictions applied to high-tech goods including computer hardware and software コンピュータのハードウェアおよびソフトウェアを始めとするハイテク製品の輸出に［課せ］られていた厳しい輸出規制を解除する ◆Exports of VCRs are forecast to reach... units. ビデオデッキ［VTR］の輸出は,〜台に達すると予想［予測］されている. ◆The exports

are in the highly profitable $20,000-to-$60,000 price range. これらの輸出車は非常にもうかる［うまみのある］2万ドルから6万ドルの価格帯にある.（*自動車の話） ◆Despite the strong export showing in April, imports rose by just as much, reflecting booming U.S. demand and a strong dollar. 4月の堅調な輸出実績にもかかわらず,米国内の好調な需要と強いドルを反映して輸入が同程度に上昇した.

**exportation** 回輸出 ◆goods (intended) for exportation to the USA 米国向け輸出品 ◆The exportation of... is prohibited. 〜の輸出は禁止されている.

**expose** vt. 〜を（危険,日光などに）さらす,《フィルムなど》を露出［露光］する,露顕［露呈］させる,〜に（〜の）作用を受けさせる,公表［公開］する,展示する,《悪事など》を暴露する,あばく,明るみに出す ◆an exposed wire （絶縁被覆が無くて）露出している［むき出しの,裸］電線 ◆exposed and unexposed areas 露光を受けた箇所と露光されていない箇所 ◆expose [= take] radiographs X線［放射線透過］写真を撮影する ◆get exposed to radiation 放射線にさらされる;放射能を浴びる;被曝する ◆an area exposed to direct sunlight 直射日光の当たる場所 ◆when exposed to light 光に当たると ◆when exposed to the sun 日光にさらされると ◆when it is exposed to light それが露光されると ◆coal exposed at the surface of the Earth 地表に露出している石炭 ◆to expose [= reveal] the true nature of communist rule to the Soviet people 共産主義による統治［共産支配］の本質をソ連の人々の前で暴く［人々に暴露する］ために ◆Thus, if a slide appears too dark, it was underexposed, and if too light, it got overexposed. このように,スライドが暗すぎたらそれは露出不足［アンダー露光］で,明るすぎたらそれは露光オーバー［過度］ということになる. ◆Use a sharp knife to cut off the exposed ends of the wedges so that they are flush with the riser. 鋭利なナイフを使って,くさびの表に飛び出ているほうの端を,（階段の）けこみ板と面一（ツライチ）になるよう切り取ります. ◆If you get exposed to music after the age of 10, the likelihood of developing perfect pitch is extremely low. 音楽と接するようになると［(意訳)音楽を始める］,10歳より遅かったら,絶対音感がつく可能性は極めて小さい. ◆The brightness and contrast controls are in an exposed position and easily bumped. 輝度とコントラストの調整つまみは,むき出しの位置にあり［(引っ込んでいない)出ていて］,ぶつかりやすい.（*つまみを知らずに触って回してしまうという話）

**exposition** (an) 〜 説明,解説; an 〜 博覧会,展示会,見本市,ショー ◆an automobile exposition オートショー

**ex post facto** adj. adv. 事後の［に］,過去に遡って［の］ ◆be applied ex post facto （過去に）さかのぼって［遡及して］適用される ◆an ex post facto law [statute] 事後法 ◆ex post facto approval 事後承認 ◆applied ex post facto 遡及して［過去に遡って］適用された ◆a man cannot be tried under an ex post facto statute 人を事後法によって裁くことはできない

**exposure** (an) 〜 露出［露光］(量); an 〜 〈フィルムなど〉コマ［枚］ ◆照射,被曝,曝露,暴露,（風雨に）さらされること,作用を受ける［受けさせる］こと,展示,(an) 〜 露呈,発覚,暴露［摘発］,人前に（頻繁に）姿を見せること; an 〜 〈家などの〉向き ◆make an exposure 写真を（1枚）撮る,撮影をする ◆correct exposure 適正露出 ◆a time-exposure photograph 長時間露出［タイム露光］写真 ◆a 36-exposure roll 36枚撮りフィルム1本 ◆an exposure compensation button 《カメラ》露出補正ボタン ◆a roll of 24 exposure film 24枚撮りフィルム1本 ◆at correct exposure 適正露出［露光］で ◆exposure to a carcinogenic fungicide 発癌性のある防カビ剤にさらされること［との接触］ ◆exposure to light ◆exposure to radiation; radiation exposure 放射線［放射能］被曝 ◆harden on exposure to air 空気に触れると硬化する ◆in continuous-exposure mode 連続撮影［連写］モードで ◆increased exposure to ultraviolet radiation より多量の紫外線（放射）にさらされる［を浴びる］こと ◆multiple exposure capability 《カメラ》多重露出機能 ◆take 18 exposures 18枚撮影する ◆be governed by the amount and intensity of light exposure 露光量

[露出量]および露光強度により支配されている ◆exposure to excessive doses of high-energy radiation 高エネルギー放射線の過剰な被曝 ◆perform exposures in the near-ultraviolet range of 350 nm to 450 nm (波長)350nmから450nmの近紫外線領域で露光を行う ◆a compound that is decomposed on exposure to light 光に当たる[露光を受ける]やいなや分解される化合物 ◆although exposure to light and heat should be kept to a minimum そうはいっても、できるだけ光や熱は当てないようにしておかなければなりません ◆either block light from the enlarger to lighten parts of an image (i.e., dodge) or cause regions of the print to darken through additional exposure (i.e., burn) 引伸機から出てくる光を遮断して画像の一部の焼き付け濃度を薄くしたり(すなわち覆い焼きを行う)、あるいは余分な露光を与えることにより部分的にプリントの濃度を上げる(つまり焼き込みをする) ◆He has been charged with indecent exposure for exposing himself to a woman at the station. 彼は駅で女性に(局部を)露出して見せ、公然猥褻(ワイセツ)容疑で告発された。 ◆Lead exposure may also decrease intelligence quotient (IQ) scores and reduce the growth of young children. 鉛被曝は、知能指数(IQ)の値を低下させたり児童の成長を阻害したりすることもある。 ◆Youngsters may receive four times as much exposure as adults to some toxic chemicals. 子供たちは、有毒化学物質によっては大人の4倍作用を強く受ける可能性がある。

**exposure meter** *an* ～ 露出計
**express** 1 vt. ～を表現する、(言葉で)表す、〈～の意〉を表する[表明する]、〈感情など〉を表に出す；～を至急便で発送する；～をしぼり出す ◆be expressed as a percentage パーセントで表されている ◆be expressed in watts ワットで表されている ◆express a [one's] willingness to do... 喜んで[進んで、快く]～しますという意向を表明する[～しましょうと申し出る] ◆expressed in equation form 方程式の形で示されている ◆express one's opinion 意見を述べる ◆hand-express milk from the breast 乳を手で搾る ◆be expressed by the following expression [equation]: 次式で表される ◆the value can be expressed as... この値は、～と書き表せる ◆The signal-to-noise ratio is usually expressed in decibels (dB). S/N比は通例[普通]デシベル(dB)で表される。
2 adj. 明白な、明確な、はっきりした、特定の ◆in the form of express and implied warranties 明示的保証および黙示的保証の形で
3 adj. 至急便の、急行の、高速の；*an* ～(急便)運送会社、急行(列車、バス) ◆an express (train) 急行列車 ◆an overnight express package 翌日速達便小包 ◆by [via] express mail エクスプレスメール[速達]で(*米国のエクスプレスメールは、速達という名目で翌日配達の宅配便。日本の速達に近い米国でのサービスとしては、米国内どこでも二日ほどで配達される priority mail 優先郵便がある) ◆run special express trains 特急列車を運行する[運行させる]

**expression** (*an*) ～ 表示、表れ、表現(力)、発露、《音楽》エクスプレッション(*楽器の音量などをコントロールし、抑揚をつけること)；*an* ～(ことばの)表現[言い回し]、表情；*an* ～ 数式；叩しぼり出すこと、圧搾 ◆facial expressions 顔の表情、顔つき、面持ち ◆free expression 自由な表現；表現の自由 ◆achieve a richness of expression 豊かな表現を実現する ◆an expression of intention [willingness] to ＜do...＞ ～する[したい]という意思表示 ◆assure freedom of expression 表現の自由を保証する ◆coin new expressions 新しい表現を作る ◆derive a mathematical expression 数式を導き出す ◆evaluate an expression (プログラムなどが)式を評価する ◆his power of expression 彼の表現力 ◆the natural expression of emotion(s) 感情を自然に表に出すこと；感情の自然な発露 ◆the proper expression of units 単位の適切な表示 ◆a face devoid of expression 表情のない[無表情な、能面のような]顔 ◆puppeteers create a wealth of expressions and attitudes 人形遣い[くぐつ師]は豊かな表情や仕草[仕種、身振り、所作]を作り出す ◆the Biblical expression of "as you sow, so shall you reap" 「まいたからには、刈らねばならない」という聖書の言葉 ◆His face seemed almost devoid of expression. 彼の顔にはほとんど感情が出ていなかった。；彼はほとんど無表情だった。 ◆Many women perform hand-expression during working hours. 多くの女性が勤務[仕事]時間中に母乳を手で搾る。(*低温保存して家に持ち帰って授乳するために) ◆This is given by the expression Ie = (Wη/R) これは、式Ie = (Wη/R)により与えられる ◆There is such a wealth of expressions in her eyes and her subtle gestures. 彼女の眼と微妙な身のこなしに、かくも豊かな表現がある。

**expressive** adj. 表現の、表出の、表現に関わる、表現豊かな、意味ありげ[意味深長]な、(～を)表す[示す]＜of＞ ◆lack expressive power 表現力に欠ける ◆possess expressive power ～は表現力がある

**expressly** adv. 特に、特別に、(用途、対象などを)特定して；はっきりと、明白[明確]に ◆be expressly stated in the Charter 憲章にはっきりと謳われて[明記されて]いる ◆a positive pressure device designed expressly [specifically] for clean-room use 特にクリーンルーム用に設計されている正圧装置

**expressway** *an* ～ 高速道路
**expulsion** (*an*) ～ (～からの)追放、放逐、除名、排斥、破門、退学、放校 ＜from＞ ◆be subject to expulsion from... ～からの退学[放校、退学、除名、除籍、退去]処分を受けることになっている ◆by threats of expulsion from school 退学処分にするぞという脅し(恫喝(ドウカツ))により ◆the expulsion of two diplomats 外交官2名の追放[国外退去] ◆a one-year minimum expulsion of any student who brings a firearm onto school property 火器を学校の校内に持ち込む生徒[学生]に対する最低1年の停学 ◆a recommendation for long-term expulsion for students who attack school employees 学校職員を襲撃した生徒[学生]に対する長期停学処分勧告 ◆the automatic expulsion of students who commit violent crimes 暴力犯罪を犯す生徒[学生]の自動退学処分 ◆The protest ship was trying to penetrate the declared expulsion zone around the test site. 抗議船は、実験場の回りに設定された立ち入り禁止水域に侵入しようとしていた。(*核実験の話で)

**ex-service** adj. かつて軍職にあった、元軍人の、退役した、軍払い下げ[軍放出]の；中古の ◆ex-service people [members, men and women] 退役[復員]軍人(*男女とも) ◆use both new and ex-service items 新品と中古品の両方を使う ◆Huge quantities of ex-service equipment were sold off after the war at a mere fraction of it's original cost. 膨大な量の軍放出の機器が終戦後に原価のわずか何分の一かで払い下げられた。

**ex-serviceman** *an* ～ (pl. **ex-servicemen**) (男性の)退役[復員]軍人(= a veteran)

**extemporaneous** adj. 即席の、準備なしの、原稿やメモなしでの、一時しのぎの、間に合わせの ◆extemporaneous speaking on a certain topic あるトピックについての即席スピーチ[原稿なしの演説]

**extend** 1 vt. ～を拡張する、拡大する、延長する、伸長[伸張]する、伸展する、差し伸べる、《化》増量[希釈]する ◆an extended partition 《コンピュ》拡張パーティション(*ハードディスクの) ◆extend a helping hand to... ～に助け[救い、援助、支援、救援]の手を差し伸べる ◆extend credit to... ～に信用を供与する ◆dramatically extend the life of your car あなたの車の寿命を著しく伸ばす ◆even over extended periods of use 長時間[長期間]にわたっての使用できえ、「実例をざっとみると「長時間」の意味で使用されることが多い) ◆extend the hypothesis and formulate a theory その仮説を更に展開し理論を作る ◆attempt to extend this concept to the transistor この考え方をトランジスタにまで拡大して当てはめようとする ◆The Hubble Space Telescope will extend our view to the edges of the universe. ハッブル宇宙望遠鏡は、我々の視界を宇宙の果てまで広げてくれるだろう。 ◆The reservoir needs recoating and repair to prevent deterioration and extend its life. タンクは、劣化防止および延命化を図るために再塗装と修理[修繕]を必要としている。 ◆Each of our boards is adaptable so you can amplify and extend its capabilities to meet your own particular needs. 弊社の各ボードは、改造可

**extendable**

能ですので、貴社自身の特定のニーズを満たすためにその機能を増強したり拡張したりすることができます.
**2** *vi.* 伸びる、伸長[伸張]する、広がる、及ぶ、わたる、達する、(〜にも)適用される<to>▶一般の辞典には出ていないが、extend to...で「〜に(も)適用される」とも訳せる. ◆extend (for) 55 miles　55マイルに及ぶ　◆his fame extended far and wide　彼の名声は広まった[広く世間に知れ渡った、轟いた(トドロイタ)] ◆the forest extends westward　この森林は西に向かって広がっている　◆the lens extends out from the camera body　レンズがカメラ本体から迫り出す　◆a file that extends over more than one volume　《コンピュ》複数のボリュームにまたがるファイル　(＊ボリュームは、フロッピーディスクやハードディスク) ◆The 3x zoom lens extends upon powering up. 電源を入れると3倍ズームレンズが伸長する[《意訳》迫り出す]. ◆Rubber-band lines extend and contract as the cursor moves. 《コンピュ》ラバーバンドラインは、カーソルの動きに伴って伸縮する. ◆Their operating range extends from -10°C to -50°C. それら(の製品)の動作範囲は -10°Cから-50°Cまでにわたっている. ◆The new nose extends several inches farther. この新規の機首部分はさらに先に数インチ伸びる[長くなる]. ◆In Japan, high technology extends into just about every sphere of daily life. 日本では、ハイテクが日常生活のほぼ隅々まで行き渡って[浸透]している. ◆The range extends from high-tech sewing machines down to relatively simple mixers. 範囲は、ハイテクのミシンから比較的単純なミキサーにまで及んでいる. ◆How far back into history the origins of Sino-Soviet antipathy extend is a matter of debate. 中ソの反目の淵源(エンゲン)が歴史のどのくらいさかのぼるのかは、議論を待たなければならない問題である. ◆In the U.S., the television broadcasting service starts at 41 MHz and extends up to 960 MHz. 米国においては、テレビ放送サービスは41MHzから始まって960MHzまで伸びている. ◆The applications of robotics will gradually extend beyond manufacturing into the service sector. ロボット工学の応用は、次第に生産部門を越えてサービス部門にまでも広がっていくだろう. ◆The philosophy of the Supreme Court decision on the legality of videotaping would probably extend to videodiscs. ビデオ録画の合法性に関する最高裁判決の基本的考え方が、ビデオディスクにも及ぶ[《意訳》適用される]だろう.

**extendable** *adj.* 伸縮可能の ◆an extendable boom microphone　伸縮式ブームマイク

**extended** *adj.* 拡張[拡大、延長]された、広がった、長期間の[長時間]にわたる、増量[希釈]された　◆a revised and extended edition　増補改訂版　◆following an extended period of use　長期間使用後に;長時間利用した上で ◆over [during] an extended period of time　長期間にわたって[の間] ◆1 megabyte of extended memory　1メガバイトの拡張メモリー ◆an extended-life inkjet cartridge　長寿命インクジェットカートリッジ ◆an extended operating temperature range of 300°F to 900°F　華氏300度から900度までの広い動作温度範囲 ◆The speaker system's upper range is clean and extended. 本スピーカーシステムの高域は、冴え渡っていて伸びと広がりがある.

**extensibility** 囗伸長性、伸張性、伸展性、伸び性、拡張性; (an) 〜　伸び率[量] ◆hardware and software extensibility　ハードとソフトの拡張性

**extension** (an) 〜　拡張[延長、伸張、拡大、敷衍(フエン)、外延、機能拡張、発展]すること[されたもの]、広がり、伸び、延長; an 〜　延長[付加、拡張、増築]部分、延長期間、延長線、内線電話、《コンピュ》拡張機能、《コンピュ》(ファイル名の)拡張子 ◆as an extension of...　〜を(ベースに)更に(その延長に)発展[進化、高度化、高性能化、高機能化、機能を拡張、機能アップ]させたものとして;〜に関しての[の間] ◆an extension cord　延長コード ◆an extension line　延長線、《電話》内線、《製図》(寸法)補助線 ◆a program extension　《コンピュ》プログラムの拡張機能 ◆crustal extension　地殻の伸張 ◆language extensions　《コンピュ》言語の拡張機能 ◆university [college] extension　囗大学公開講座 ◆a one-year contract extension　1年間の契約延長 ◆extensions of released drawings　発行済み図面に対する増補資料 ◆the extension of the Earth's crust　地殻の引っ張り[伸張] ◆files with extensions like .DOC or .TXT　《コンピュ》.DOCや.TXTなどの拡張子がついたファイル ◆PEX as an extension to the X Windows System　X Windowsシステムの拡張機能としてのPEX ◆planned extensions to the Futurebus standard　フューチャーバス規格に加えられる予定になっている追加項目 ◆some of the products are extensions of desktop PCs　これらの製品の一部のものはデスクトップパソコンを進化[発展、高度化]させたものである ◆the system supports software extension　そのシステムはソフトの拡張をサポートしている ◆many observers see this as an extension of the U.S. organization　多くの観測筋には、これを、米国に本拠を置くその機関の出先機関であると見ている ◆go to the office for an extension to one's temporary license　仮免許(の期限)を延長してもらいに署に出向く ◆The CD-ROM is a direct extension of CD technology. CD-ROMはCD技術の延長線上にある. ◆If you do not supply a filename extension, YouCalc supplies .YCL by default. 《コンピュ》ファイル名の拡張子を指定しない場合、YouCalc(というプログラム)によってデフォルトの.YCL(という拡張子)がつけられます. ◆Video is a sophisticated extension of the audiotape recording process. ビデオは、オーディオテープ録音プロセスの高度化したものである. ◆EcoSystem/486, an extension to the operating system, is used in conjunction with MS-DOS. EcoSystem/486オペレーティングシステムの拡張ソフトであるEcoSystem/486は、MS-DOSと一緒に使用される.

**by extension** その延長上に、ひいては、そして更には、敷衍(フエン)して述べると ◆The two potential threats to the dollar, and by extension to the economy as a whole, are the U.S. budget and trade deficits. ドルに対する2つの潜在的脅威、さらに敷衍(フエン)して言えば[ひいては]経済全体に対する2つの潜在的脅威は、米国の財政赤字と貿易赤字である.

**extensive** *adj.* 広範囲にわたる、大規模な、広範な、幅広い、多彩な、広い、広大(無辺)な、多大な ◆extensive numerical calculations　大量の数値計算 ◆a man of extensive reading　幅広く本を読んでいる[多読の]人;読書家;渉猟(ショウリョウ)家;博学家 ◆have extensive experience as a teacher　教師としての経験を持っている ◆his extensive knowledge <about, of, in, on>　(〜に関する、〜の、〜における、〜についての)彼の幅広い[該博な]知識 ◆an extensive built-in graph-plotting capability　幅広い[多彩な]内蔵グラフ描画機能 ◆his melodic lines and octaves via of extensive use of octaves　彼のメロディック[メロディアス]なフレーズとオクターブ奏法の多用 (＊ギターの話) ◆be in very extensive use　非常に広範に用いられている ◆he was a man of extensive reading and good [tenacious] memory　彼は博覧強記の人であった ◆Changes to the displayed image can lead to extensive processing. 表示されている画像への変更を加えると、大がかりな処理になる. ◆Extensive tundra regions have developed in parts of North America, Europe, and Asia. 広大なツンドラ地帯が北米、欧州およびアジアの一部に発達した. ◆We are currently doing extensive financial analysis of all the guarantor companies. 私たちは、現在、すべての保証会社を対象にした大がかりな財務分析を行っているところです.

**extensively** *adv.* 広範囲にわたって、広範に、大規模に、大々的に、手広く ◆an extensively adjustable driver's seat　幅広い調節が利く運転者席 ◆extensively modify...　〜を大幅に改造する ◆protection should be provided as extensively as possible　保護は、できるだけ広い範囲[可能な限り広い範囲]にわたって与えるようにしなければならない ◆be extensively tested　広範な検査を受ける

**extent** (an) 〜　程(ホド)、程度、範囲、広さ、長さ、広がり;the 〜 <of>　〜の限度[限界] ◆to a certain extent [degree]; to some extent [degree]　ある程度(までは)、いくぶん、いくらか、いささか、多少、少し、少々、やや ◆to a large extent [degree]　大いに、大きく、非常に ◆to the extent that... ; to the extent of...　〜ほどまでに ◆to a lesser extent　より少ない程度に[小さ

な規模で] ◆to the extent possible できる限り,可能な限り,できる範囲で,できるだけ ◆to the fullest [greatest, maximum] extent possible 得られる[可能な]ぎりぎりのところまで,ことん,可能な限り,最大限,極力,できるだけ,全力を尽くして,精一杯 ◆the extent of the speed variation その速度むらの程度 ◆to the extent permitted by law and regulations 《意訳》法律および規則が許す[法規の]許可[可能な]範囲まで ◆the extent to which... 〜の程度 ◆buy stocks in a company and participate to the fullest extent possible in corporate management 企業の株を買い会社経営に最大限参加する ◆the guilty should be punished to the fullest extent of the law 《意訳》犯人は法が許す限り最高の刑罰を受ける[とことん罰せられる]べきである ◆to the extent necessary and practical 必要かつ実行可能な範囲内で ◆the full extent of Eastern Europe's ecological disaster 東欧における生態系の破壊の実態(*実際にどの程度まで及んでいるかという実態) ◆the extent to which the equipment can be used in other applications その装置が他の用途でどの程度に使えるかということ ◆The objective of the project was to ascertain to what extent the introduction of xxx had impacted on... このプロジェクトの目的は,xxxの導入が〜にどれくらい影響を及ぼしたのか確かめる[確認する]ことにあった. ◆to determine to what extent a trait is determined by genes, rather than environmental factors 性格がどの程度まで環境的要因ではなく遺伝子によって決定されるのかを明らかにするために ◆They are determined to fight for their rights even to the extent of going on strike. 彼らは,ストライキをしてまでも,自分たちの権利を守るために戦う覚悟だ[《意訳》〜ために,ストライキも辞さない構えだ]. ◆The volume of air traffic has built up to such an extent that there could be a danger to passengers. 空の交通量は,乗客に危険を及ぼしかねないほどまでに増した.

**extenuating** 酌量(シャクリョウ)できる ◆extenuating circumstances 酌量すべき情状

**exterior** 外の,外部の,外面の,外側の,外装の; (an) 〜外部,外側,外形; (an) 〜外見,外貌(ガイボウ); (an) 〜屋外風景 ◆an exterior layer 外面層 ◆exterior components 外装部品 ◆exterior features 外装部品[外部の特徴,各部の名称](*機械などの各部の名称を記した外観図・外観写真の表題としてよく用いられる表現) ◆the exterior walls of your house お宅の外壁 ◆clean up the buildings' exteriors ビルの外面を清掃する ◆The chapel has a brick exterior. 《意訳》礼拝堂の外壁は煉瓦造りとなっている.

**exterminate** vt. 〜を根絶[絶滅,駆除,撲滅]する,皆殺しにする,鏖殺(オウサツ)する ◆No word yet on how the competition will be EXTERMINATED. どのように競争相手を(市場から)「駆逐する」のかについて,発表はまだない.

**extermination** □絶滅,根絶,皆殺し,駆除 ◆a termite extermination company シロアリ駆除会社

**external** adj. 外の,外部の,外面の,外側の,外装の,(寸法的)りの,表面上の,外面的な; (an) 〜外来の,外国の,対外的な; n. ◆external circuitry (ICなどの素子の外部に実装する)外付け回路 ◆external demand 外需 ◆an external view of... 〜の外観(図) ◆CETRA; the China External Trade Development Council (of Taiwan) 中華民国対外貿易発展協会(*省略形にしては不要) ◆a 4-channel system with an external output of 2000 watts 外部出力2,000ワットの4チャンネルシステム(*オーディオ機器) ◆an external pressure of 15 psi 15psiの外部圧力[外圧] ◆an external wall of a building ビルの外壁(*ビルの外側のどれか一面) ◆by external forces 外力によって ◆external heat [thermal] insulation for buildings 建物の外断熱 ◆external protuberances 外側の出っ張り部分 ◆if there are no external forces 外からの力がない場合には ◆operate under external control via... 〜を介して外部制御で動作する[働く,稼動する] ◆remain external to the network ネットワークの外部にとどまる ◆user-installable external hardware ユーザーが(自分で)据え付け可能な外付けハードウェア ◆an external add-on hard disk drive 外[外付け]増設ハードディスクドライブ ◆data is transferred between devices internal and external to the computer データは,コンピュータに内蔵の装置および外付けの装置の間を転送される ◆Figures 1 through 3 show the main external parts of the printer. 本プリンタの,主な外装部品[《意訳》各部の名称]を,図1から図3に示す.

**externally** adv. 外部に,外部から,外面的に(は),外観上,外見上 ◆an externally applied voltage 外部から印加された電圧; 外部印加電圧 ◆both internally generated and externally published information 内部[社内]で発生した情報と外部[社外]で発行した情報の両方 ◆The drives can be added to a current system either externally or internally. これらのドライブは,現在使用中の装置に外付けまたは内蔵で増設できる. ◆When upgrading existing buildings, it is not always possible to apply insulation externally. 既に建っている建物を改修する際,常に[必ずしも]外断熱が施せるとは限らない.

**extinct** adj. 消えた,消滅した,絶滅した,すたれた,もう活動していない ◆become extinct 無くなる,消える,絶滅する,廃止される ◆an extinct volcano 死火山 ◆be considered an extinct, or at least seriously endangered, species 〜は,絶滅種であるか,もしくは少なくとも重大な絶滅の危機に瀕しているであると考えられている

**extinction** 吸光度 (= absorbance, absorbancy) ◆birds in danger of extinction 絶滅の恐れのある鳥 ◆an animal threatened with extinction 絶滅の恐れのある動物 ◆come near extinction 消滅[絶滅,絶滅]に近づく ◆save the animal from extinction その動物を絶滅から救う ◆Some years ago the company was on the verge of extinction. 数年前この企業は,存亡の淵に立っていた[危急存亡のなかにあった]. ◆tigers are on the verge of extinction 虎は[が]絶滅の危機に瀕している ◆domestic manufacturers of... are facing extinction due to... 〜の国内メーカーは〜のせいで息も絶え絶え[気息奄々(キソクエンエン)]の状態にある

**extinguish** 〜を消す,絶やす ◆extinguish an electric lamp 電灯を消す ◆extinguish [put out] a cigarette [cigar] タバコ[葉巻](の火)を消す ◆extinguish [turn out] a light ライトを消す; 消灯する ◆a product which has self-extinguishing properties 自己消火性[自己消炎性,自消性]のある製品 (*火が付けられても燃え上がらないでひとりでに消える)

**extinguisher** an〜 消火器 ◆a halon fire extinguisher ハロン消火器

**extoll, extol** vt. 〜をほめたたえる,絶賛する,賞揚する ◆extoll [exalt] a person to the skies 人をほめちぎる; 褒めそやす; 口を極めて賞揚する; 激賞する

**extortion** □ゆすり,恐喝,強請,強要,強奪,いたぶり,財物強要罪

**extra** 1 adj. 余分の,追加の,上乗せ分の,臨時の,必要以上の,特別の,格別の,極〜(ゴク); adv. 余分に,別[追加]料金で,特別に ◆extra costs 別途費用 ◆extra-wide tires 極太タイヤ ◆extra pay for overtime 残業[超過勤務]手当て;所定外賃金 ◆(an) extra-flexible cable 超可撓性(カトウセイ)索 ◆Amtrak added extra trains アムトラックは増発便を出した ◆at no extra charge 追加料金なしで ◆he got extra pay for...-ing 彼は〜をして割り増し賃金をもらった ◆keep extra batteries on hand 電池を余分に手元に置いておく ◆pay extra for... 〜に別途料金を払う ◆an extra deep case 特別[格別]深いケース ◆an extra-high-voltage system 特別高圧[超高圧]系統(*24万〜80万ボルトの) ◆an extra-high voltage [tension] aluminum-sheathed power cable 超高圧[特別高圧]アルミ外装ケーブル ◆pay extra charges for these special services これらの特別サービスをしてもらうために別途料金を払う ◆put a little something extra in the paycheck 給料にちょっと上乗せする[少額をプラスアルファする] ◆the extra zip of native Windows 95 applications 《コンピュ》Windows 95用ネイティブアプリケーションの一段上の速さ ◆In 1985, the controllers worked an extra 908,000 hours. 1985年には,管制官らは(延べ)90万8000時間超過勤務[残業]した. ◆The mechanical pencil comes with an eraser and extra lead refills. このシャープペンには消しゴムと替え芯がついてくる. ◆Travelers should

exercise extra care in visiting these areas. 旅行者は、これらの地域を訪れる際には格別注意をしなければならない。◆The accessories listed in this manual are available at extra cost from your local dealer or Nanotronics Service Center. 本マニュアルに記載のアクセサリー類は、別料金にてお近くの取扱店またはナノトロニクス社のサービスセンターにてお買い求めください。
**2** *an* ~ 余分なもの、追加［割り増し、別途］料金、臨時増刊号、号外、臨時雇い、エキストラ

**extra-** ~外［以外、以上］の ◆extra-campus access to the Cray（学内にある）クレイ（スーパーコンピュータ）への大学キャンパス外［学外］からのアクセス ◆a platform for intra- and extra-company communications 社内・社外［会社内外］の通信用プラットフォーム（*intracompany, extracompany とも綴る）◆extra-group interaction [socializing] グループ外で［グループを離れて］の交流［交際］

**extracorporeal** *adj.*《医》体外の ◆an extracorporeal shock wave lithotripter [lithotripsy system] 体外衝撃波結石破砕装置, ESWL

**extra-cost** *adj.* 追加の、追加料金の ◆an extra-cost option 別売オプション、別売品 ◆The carmaker offers anti-lock brakes as an extra-cost option. その自動車メーカーは、アンチロックブレーキを有償オプションとして提供している。

**extract 1** *vt.* ~を抜き取る、抽出する、搾り出す、摘出する、取り出す［取り込む］、抜粋する、抜き書きする、採取［採取、採掘、採鉱、採炭］する、《数》《根》を開く ◆extract a root（累乗）根を開く ◆make self-extracting compressed .EXE files《コンピュ》自己展開形式［自己解凍型］の圧縮 .EXE ファイルを作成する（*.EXE ファイルとは、ファイル名に拡張子 .EXE がつく実行形式ファイルのこと）◆extract readable text from any file《コンピュ》任意のファイルから可読なテキスト（部分）を抜き出す［取り出す］◆operate mining machines such as drilling machines and cutting machines to extract metal ores from underground 地中から金属鉱石を採取［採掘］するために、掘削機械や切削機械などの鉱山機械を運転する
**2** *(an)* ~ 抽出物、エキス、エッセンス、精油、精; *an* ~ 抜粋、抜き書き、引用文

**extraction** *(an)* ~ 抜き取り、抽出、《金属などの》精錬、摘出、採掘、採鉱、採炭、採取、採血、系統 ◆feature extraction 《CG》特徴抽出 ◆the extraction of aluminum from bauxite ボーキサイトからのアルミニウムの抽出［採取、採集］◆the extraction of massive deposits 塊状鉱床の採掘；塊状鉱床からの採鉱 ◆the insertion and extraction of pin connectors ピンコネクタの抜き差し［挿抜（ソウバツ）、脱着、着脱］

**extractor** *an* ~ 抜き取り工具、抽出器、装置］◆a DIP extractor DIP 抜き取り治具（*DIP 部品をプリント回路基板から抜き取るための道具）

**extracurricular** *adj.* 正規の教科学習以外の、課外の；《ユーモアで》《性交渉が》婚外の ◆an extracurricular club 課外活動のクラブ ◆be performed as an extracurricular activity 学校での課外活動（の一つ）として行われている

**extra-fine** *adj.* 極細の ◆an extra-fine line 極細線 ◆the Unified Extra-Fine Thread Series（米、英、加）ユニファイ［協定］極細目ねじ［系統［系列］

**extra-large** 特大の

**extralegal** 法的に許されていない、法的な規制を受けない、超法規的な ◆at extralegal speeds 法定速度を外れて

**extramarital** *adj.*《男女間の性関係が》婚外の ◆an extramarital liaison 不倫［森窟、不貞、私通、不義、密通］◆he was having an extramarital affair with... 彼は~と不倫［浮気］をしていた

**extraneous** *adj.*（~とは）無関係の、筋違いの <to>；異質の、外部からの ◆extraneous light 外部光、外光 ◆extraneous matter 異物 ◆his extraneous remarks 彼の場ばずれの［本題とは無関係の］発言 ◆to block out extraneous noises 外来雑音の侵入を阻止するために ◆The location to be tested must be kept free of all extraneous light. 試験対象箇所は、外

来光（線）が全く入らないようにしておく必要がある。◆The fear is that two units operating at nearly the same frequency will "beat" and produce extraneous emissions. （その）懸念とは、ほとんど同じ周波数で動作している2台のユニットが「ビート［うなり］」を起こし、不要輻射を発生するであろうことである。

**extraordinarily** 異常に、並外れて、桁外れに、抜群に、格段に、非常に、極めて、法外に、途方もなく、とてつもなく ◆an extraordinarily high incidence of... 異常に高い~の発生率 ◆an extraordinarily efficient regulation mechanism 抜群に効率の良い調節機構

**extraordinary** *adj.* 普通［尋常］でない、異常な、非常の、顕著な、並々ならぬ、途方もない、とてつもない、特別の、異例の、希代（キタイ）の、臨時の ◆an extraordinary ray 異常光線 ◆an extraordinary professor 員外教授（*ドイツ語圏の大学の）◆be only issued in extraordinary circumstances 特別な事情がある場合にのみ発行される ◆extraordinary definition 並外れた精細度 ◆in the extraordinary Diet session that started Oct. 12 10月12日に召集・開催された臨時国会において

**extrapolate** *v.* 外挿する、（外挿して）推定する ◆extrapolate the trends for the future これらのトレンドを延長して将来の予測をする ◆the data was extrapolated forward to assess the effect of... データは~の効果を評価するために前方に外挿された ◆Extrapolating from the two studies, the EPA concluded that... これらの2件の調査研究から推定［推測］して、環境保護局は~であると結論づけた［判断した、判定した。］◆The line extrapolated to zero volume intercepts the temperature axis at t = -273°C. 体積ゼロまで外挿された線は、温度軸で t = -273°C（の点）で交わる。

**extrapolation** 外挿（法）、補外（法）、推定 ◆be extended by extrapolation （グラフの線が）外挿により延長されている ◆The data was determined by extrapolation. このデータは、外挿により求められた。

**extrasensitive** 超高感度の ◆an extrasensitive explosive detector 超高感度爆発物検出器

**extrasensory** *adj.* 超感覚的な、通常感覚外の、第六感の ◆a kind of extrasensory perception ある種の超感覚（的）知覚；一種のESP［超能力］◆can tell by extrasensory perception if... ~なのか超感覚的知覚[ESP、第六感、超能力]で言い当てる

**extraterrestrial** *an* ~ (ET) 地球外生物、異星人、宇宙人 ◆an extraterrestrial civilization 地球以外の文明 ◆extraterrestrial life 地球外生命 ◆to detect extraterrestrial signals 地球圏外からの信号を探知するために

**extraterritorial** *adj.* 治外法権の ◆have [enjoy] extraterritorial [extraterritoriality] rights 治外法権を持っている［享受する］

**extraterritoriality** 《法》治外法権 ◆aliens possessing extraterritoriality [exterritoriality] 治外法権を持っている外国人

**extra-thin** *adj.* 極薄の ◆extra-thin videotapes 極薄のビデオテープ

**extravagant** *adj.* 浪費の、ぜいたくな；《値段、要求が》法外な、むちゃな；度を超えた ◆the car's extravagant design その車の贅沢設計

**extravehicular** 《宇宙船》船外の ◆extravehicular activity《宇》船外活動, EVA

**extreme 1** *adj.* 極限の、極端な、最端の、末端の、最大の、全幅の、極度の、非常に厳しい、端-、超-、極- ◆at extreme temperatures 極端［極度］に厳しい温度で ◆at the extreme tip（細長いものの）最先端部［最尖端］で ◆be of extreme importance 極めて重要である ◆extreme fatigue 極度の疲労 ◆in extreme cases 極端な場合には ◆under the most extreme conditions 極限状態で ◆they can endure more extreme conditions それらはもっと苛酷な状態［厳しい条件］に耐えられる ◆The instrument must be able to operate unattended under extreme conditions of dust, rain and heat. 本計測器は塵埃、降雨、高温による苛酷な条件下で無人動作できること。

2 an ～ 極端, 極端な[方策, 状態]; ～s 両極端, 正反対 ◆in the extreme; to an extreme 極端[極度]に ◆go from one extreme to the other 極端から極端へ走る ◆In the extreme, the valves will not be able to close at all. 極端な場合には, バルブは全く閉じることができなくなる. ◆The grocery store has taken the self-service concept to an extreme. Customers check out their own merchandise by scanning the price codes with electronic readers. この食品・雑貨店は, セルフサービスの考え方を究極まで[徹底的に]推し進めた. 顧客らは, 商品を電子式読み取り装置を使って価格コードを走査し, レジで精算を済ませるのである.

**extremely** 極端に, 極度に, 極めて, 非常に, いとも, 至って, 至極, こよなく ◆at extremely high speeds 極めて高い速度で, 超高速で ◆remove tissue with an extremely high degree of precision 組織を極めて高い精度で切除する

**extremity** an ～, 先端, 末端; (an) ～ 極み, 果て; extremities 極端な方策, 非常手段; one's extremities 手足, 四肢 ◆go to extremities 最後の[非常]手段に出る[訴える] ◆to the last extremity 徹底的に[とことんまで, あくまで, 最後の最後まで] ◆the front extremity of a streetcar 路面電車の最先端[最前部] ◆the northern extremity of the site その用地の最北端[北側の一番はずれ]

**extrude** vt. ～を押し[突き]出す <from>, 〈金属, プラスチック〉を押し出し成型[成形]する; vi. ◆an extruded part 押し出し成形部品

**extrusion** (an) ～ 押し出し, 突き出し, 押し出し成形; an ～ 押し出し成形品, 押出型材 ◆a screw-type extrusion machine スクリュー式押し出し成形機

**exude** (～から)にじみ出てくる <from> ◆exude to the surface 表面ににじみ出る

**eye** 1 an ～ 目, 眼, 眼球; an ～ 視覚, 視力, 観察力, 眼識; an ～, ～ さ 注目, 注視, 注意; an ～ ～ 意見, 判断; an ～ ～ 目的, 意図 ◆see... through the eyes of... 〈人〉の目を通して[の立場から]～を見る ◆catch a person's eye 〈人〉の目[注意]を引く ◆keep an [one's] eye on... ～から目を光らせている; ～から目を離さないで, ～を監視して[見張って]いる ◆turn one's eyes away from... ～から目を転じる ◆turn one's eyes to [toward]... ～に目を転じる[向ける] ◆an eye injury 目の傷害[けが] ◆cast a dubious eye on... ～を怪訝な目で見[疑いをかける][向ける]; ～を怪訝な目で見る ◆it has rendered her blind in one eye それは彼女の片方[一方]の目[片目]を失明させた ◆pass one's eye over... ～にざっと目を通す; ～をざっと見渡す[見る] ◆perform eye surgery 目の手術を行う ◆reduce eye fatigue 眼精疲労を減らす ◆right before a person's eyes 〈人〉の目前で ◆take one's eyes off... ～から目を離す ◆the human eye can discern... 人間の目は～を見分けられる(▶単数形であることに注意) ◆turn a cold eye to...; cast a cold eye on... (順に)～に冷たい[冷淡な]目を向ける; 冷ややかな目[視線]で見る ◆turn one's eyes from... to... ～から～へ目を転じる ◆without eye protection 保護メガネなしに, 保護メガネなしの裸眼で ◆an easy-on-the-eyes paper-white display 目にやさしいペーパーホワイトのディスプレイ ◆eye-scorching colors 目に強烈な[どぎつい]色 ◆eye-stinging pepper gas 目をひりひりさせる催涙ガス ◆Wear eye protection and rubber gloves. 保護めがねおよびゴム手袋を着用してください. ◆cast a nervous eye on brimming reservoirs あふれそうな貯水池の方に心配気[不安げ]に目をやる ◆establish eye-to-eye contact with other drivers 他の運転者と視線を合わせる ◆keep a close eye on the water quality in the tanks これらのタンクの水質に目を光らす[逐ーチェックする] ◆keep an eye out for any unusual tire wear patterns タイヤに異常摩耗の形跡がないか絶えず目を光らせている ◆Mr. Clinton's attempt to turn the nation's eyes to Bosnia 国民の目をボスニアに向けさせようとするクリントン氏の試み ◆open one's eyes wide in astonishment 驚きの目を見張る ◆they must not turn their eyes away from... 彼らは～から目をそむけては[目をそらしては]ならない ◆when one casts one's eyes on... ～に目を投じる[向ける, 目をやる]と ◆a poster pinned on a bulletin board caught his eye 掲示板に張り出されているポスターが彼の目を捉えた[彼の目に留まった] ◆turn on the switch without taking your eyes off the road 道路から(あなたの)目を離さずにスイッチを入れる ◆turn the eyes of the international community on the problem 国際社会をその問題に向けさせる ◆arrange letters on a page in a way that is pleasing to the eye 文字をページ上に見ばえ良く[体裁良く]配置する ◆As a driver becomes tired, the eyes fixate. 運転者が疲労してくると目が据わる. ◆He has the trained eye of experience. 彼は経験に培われた肥えた目を持っている. ◆In the eyes of the law, Bob is a delinquent. 法律という目で見れば[法的見地からは], ボブは非行少年である. ◆I passed the eye test without glasses. 私はメガネなし(裸眼)で視力検査にパスした. ◆The computer can align things more precisely than the eye. コンピュータは, (人間の)目よりも正確に物の位置合わせができる. ◆The shape of the dashboard also catches the eye. ダッシュボードの形状も目を引く. ◆Another interesting rookie to keep an eye on for the Bears is former Florida receiver John Capel. ベアーズでもう1人興味深く目の離せない[注目の, 期待の]新人は, 元フロリダのレシーバー, ジョン・ケーブルだ. ◆Illustrations may draw your eye into articles that you would otherwise miss. イラストは, ともすれば見過ごしてしまうような記事にあなたの目[注意]を引き付けてくれるかも知れない. ◆In the eyes of many people, I am the product of a relationship that wasn't supposed to happen. 多くの人々の目からみて, 私は起きてはならない(男女)関係の結果[許されない関係の結晶]なのです. ◆Unlike a solar eclipse, a lunar eclipse can be viewed directly by the unprotected eye. 日食とは違い, 月食は保護メガネを使わずに裸眼で直接見ることができる.

2 an ～ (縫い針の)目, (台風の)目, 穴, 孔 ◆the eye of a needle 針の穴[目, 耳]

3 vt. ～をじっと見る, ～を観察する; (→ -eyed)

**with an eye to [toward, on]** ～に注意[留意]して, ～を意図して, ～の目的で, ～をにらんで, ～を視野に入れて ◆with an eye to [toward] the future 将来をにらんで[視野に入れて, 見据えて] ◆with an eye toward the next century 来世紀を見据えて ◆with an eye toward [to] consolidating operations 事業の整理統合を目標に[目指して] ◆with an eye to producing more research scientists and high-tech engineers 研究に従事する科学者や先進技術者をより多く生み出すことを主眼に ◆with an eye toward giving more precise guidance to... ～にもっときめ細かい指導を与える目的で ◆with his eye on a dramatic breakthrough (彼は)劇的な新発見を目指して ◆with an eye toward constructing a leaner, more effective government 贅肉をさらに落としたより効率的な政府を創ることを目指して ◆reassess the system with an eye to its safety and reliability 安全性と信頼性の観点からそのシステムを再評価する ◆The company launches its new business system this week with an eye on both ends of the user spectrum. その会社は今週, ユーザー層の両端[ハイエンドからローエンドのユーザー]を対象に, 新しいビジネスシステム(コンピュータ)を発売する.

**eyeball** an ～ 眼球, 目の玉, 目玉 ◆brain, spinal cord and eyeball tissues known to be carriers of prions linked to BSE ウシ海綿状脳症(＝狂牛病)に関連するプリオンの担体として知られている脳, 脊髄および眼球組織

**eyebolt** an ～ アイボルト

**eyebrow** an ～ まゆ, まゆ毛 ◆raise an [one's] eyebrow at... (疑って, 驚いて)～にまゆを上げる ◆an eyebrow-raising revelation 驚くべき新事実

**-eyed** adj. 〈人などが〉～の目をした, 〈観察などが〉～な目による ◆take a hard-eyed look at... ～を厳しい目で検討する

**eyedrop, eye drop** an ～ 涙; ～s 点眼薬, 目薬 ◆a new eye drop product 新製品の点眼薬; 新しい目薬 ◆she used [took] contaminated eye drops 彼女は汚染された目薬をさした[点眼した]

**eyedropper, eye dropper** *an* ～ 点眼容器, スポイト (= a dropper, a medicine dropper)

**eyeglass** *an* ～ 片眼鏡, 単眼鏡, めがねの片方のレンズ; ～s めがね (*glasses とも) ◆eyeglass wearers めがね着用者

**eye lens** *an* ～ 接眼レンズ

**eyelet** *an* ～ はと目

**eye level** アイレベル, 目の高さ ◆bring the camera to eye level カメラを目の高さまで持ってくる ◆placed at eye level 目の高さ[アイレベル]に設置された

**eye-level** アイレベルの, 目の高さの ◆an eye-level finder 《カメラ》アイレベルファインダー (*カメラの後ろ側からのぞくようになっていて, 最も一般的なファインダー. これに対し, カメラの上から見下ろすようにのぞくのは a waist-level finder)

**eye-opener** *an* ～ 目を開かせる[見開かせる]もの, 目を見張らせるような[驚くべき]こと, 啓発的なこと, 突然理解可能にしてくれるもの, 目の醒める[はっとする]ような美人; *an* ～ 目覚ましの一杯[朝酒, 迎え酒] ◆Do you ever take a drink as a morning "eye-opener"? 「目覚ましの一杯[迎え酒]」として飲酒したことはありますか. ◆This book was a real eye-opener to me. この本は僕にとってまさに目からウロコでした.;《意訳》この本には, 啓発されるところが本当に多かった.

**eyepiece** *an* ～ アイピース, 接眼レンズ, 接眼鏡 ◆the camera's eyepiece そのカメラの接眼部[レンズ]

**eyepoint** *an* ～ 《光学》眼点, 視点 (*光学系を通して観測するときに目を置く位置) ◆due to a change in the location of the eyepoint 《光》視点[眼点,《意訳》観測する目]の位置が変わったせいで

**eye-popping** *adj.* 目の玉が飛び出るほどびっくりするような

**eyeshot** 回目の届く範囲, 視界, 視野 ◆beyond [out of] eyeshot of... 〈人〉の目の届かないから ◆in [within] eyeshot of... 〈人〉の目の届く所に

**eyesight** 回視力, 視覚; 視界, 視野 ◆an animal with excellent eyesight すぐれた視力を備えている動物 ◆have bad eyesight 視力が悪い

**eyestrain, eye strain** 眼精疲労, 疲れ目 ◆VDTs cause eyestrain 画像表示装置は眼精疲労を起こさせる

**e-zine** (electronic magazine) *an* ～ (= an E-journal) オンライン[電子]雑誌 (すなわち「電子ミニコミ誌[同人雑誌]」)

## F

**F** フッ素 (fluorine) の元素記号; 静電容量の単位ファラッド (farad) を表す記号; 華氏(カ)温度目盛り Fahrenheit を示す記号

**f/** 《写真》(レンズの) 絞り値 (= an f number, a stop number) ◆a 110mm f2.8 lens 焦点距離110mm, 口径比[開放(絞り)値] 2.8のレンズ ◆shoot at f/5.6 [F5.6] 絞りf/5.6 [F5.6] で撮影する

**F1** **1** (Formula One) 《F-1 とも》《車》エフワン ◆a one-off F1 [F-1] racer 一品生産されたエフワン競走自動車 **2** (first-filial) *an* F1 hybrid; a first-filial-generation hybrid 一代雑種, 雑種第一代 ◆create fertile F1 [first-filial(-generation)] hybrid seeds 実りの多いF1[一代雑種, 雑種第一代]種子をつくる (*generationが省かれることもある)

**FA** (factory automation) ファクトリーオートメーション ▶この語はもともとは和製英語だったが, 現在は英米の産業界で使用されている

**FAA** (Federal Aviation Agency) the ～《米》連邦航空局

**fabless** *adj.* 《半導体》自前の量産用工場は持たないで開発・設計に特化した ◆a fabless semiconductor company 自社工場[気量産施設]を持たない半導体企業

**fabric** **1** 回(種類は *a* ～)(織り地, 編み地, 不織布などの) 布地 [生地] ◆textile fabrics (= fabrics) 布地,《意訳》繊維製品 ◆a fabric softener 布地用柔軟剤 (*日本では一般に「衣料品用柔軟仕上げ剤」と呼ばれる) ◆a store which specializes in home sewing fabrics 家庭縫製[手芸]用の布地を専門に扱っている店 ◆Fabric softeners thinly coat the fibers of fabric. 布地用[衣料品用]柔軟剤は, 布地の繊維に薄いコーティングを施す. **2** the ～ 〈of〉(～の) 構造, 組織, 機構

**fabricate** *vt.* ～を組み立てる, (組み立て) 製造する, 作る, こしらえる,《化》二次加工する; 偽造する; でっち上げる ◆fabricate chips [devices, LCD panels] (IC) チップ[半導体素子, 液晶パネル]を製造する ◆he fabricated the whole story 彼がその話を全部でっち上げた ◆custom ICs designed in-house and fabricated by an outside foundry 社内で設計され社外の工場で製造された受注生産IC ◆The tip is fabricated from Space Age materials. 先端部は宇宙時代の材料で作られている.

**fabrication** 組み立て, 製造, 製作; *a* ～ 作り話[つくりごと, 虚構], 偽造品, 偽造物 ◆automatic fabrication techniques 自動製造技術 (*ICを製造など) ◆fabrication methods for integrated circuits ICの製法

**fabricator** *a* ～ 製作者, 組み立てメーカー,《化》二次加工業者 ◆a pc-board fabricator プリント基板製造業者[メーカー]

**facade** *a* ～ (建物の) 前面, 正面; *a* ～《比喩的に》建前, 表向き, 見せかけ, 取り繕い倒し, 見せかけ, (偽りの) 外見, 外見, 上辺 (ウワベ) ◆the facade of the White House ホワイトハウスの正面 ◆His "thug-life" image was a mere facade. 彼の「ヤクザ渡世」のようなイメージは外見[外観, 上辺, 表向き, 見せかけ]だけだった. ◆he is expert at concealing his feelings behind a facade of impassivity and self-control 彼は, 冷静さと自制を装って感情を隠すのに長けている

**face** **1** *a* ～ 顔, 人相, 表情, 面目, 表面, 正面, 面, 面子 (メンツ), 面目, 体面, 沽券 (コケン), 外観, 様相; *a* ～ 切り羽 (*採鉱現場), 払い (=採炭切り羽) ◆(a) face [nominal] value フェースバリュー; 額面価格 ◆a familiar face 顔なじみ (の人), 見なれた顔 ◆an oblique face 斜体 (*斜めに傾いた字体) ◆a face-centered cubic lattice [crystal, unit cell] 面心立方格子 [結晶, 単位胞] ◆at a coal face 採炭切り羽で ◆change the face of... 〜の様相を変える[一変させる] ◆lose face with a person over something 〈人〉に対して〜のことでメンツ[面目]を失う[がつぶれる] ◆sleep face up [↔down] 仰向け[↔うつぶせ]に眠る ◆to help him save face 彼の顔が立つ[面目が保てる] よう彼に助け舟を出してやるために ◆Murphy was lying with his face down マーフィーはうつぶせに横たわっていた (→face down) ◆Mr. Jenkins was shot in the face at point-blank range. ジェンキンス氏は, 顔面を至近距離から撃たれた. ◆Manufacturers are trying to put on an environmentally friendly face. 製造メーカーは, (私たちは) 環境に配慮していますという顔を見せよう[イメージを装おう] としている. **3**. I met my Grandma for the first time that night. I wasn't excited but it was nice to put a face to a name. 僕はその夜おばあちゃんに初めて会った. 興奮はしなかったけど, 顔と名前が一致して嬉しかった. ◆In order to save face with our four children, we back-dated our wedding date by four months. 4人の子供に対して体面をとりつくろうために, 自分たちの結婚した日を実際より4カ月さかのぼらせた.

**2** *vi.* 向く, 面する; *vt.* ～を向ける<toward>, ～に面する[臨む, 直面する, 遭う, 出会う, 遭遇する], ～と向き合う[対面する], ～に対抗する, ～と対戦する, 対峙する, ～の表面を仕上げる; (→ -faced) ◆(a) double-faced tape 両面接着テープ ◆an operator facing forward 前方を向いている運転員 ◆rear-facing 後ろ向きの[後方を向いている] ◆a large south-facing window 大きな南向きの窓 ◆One of the challenges faced by the design team is selecting... 設計チームが直面する課題の一つは, ～の選定である ◆the problem faced is extremely difficult 立ちはだかっている問題は極めて難しい ◆the traffic signal-light facing you あなたの前方の交通信号灯 ◆to face present and future challenges 現在および今後の課題に立ち向かう[取り組む] ために ◆Faced with skilled-labor shortages, businesses all over the country have been looking for ways to <do> 熟練労働者不足に直面して, 全国の企業は～する方法を探し求めてきている[模索してきた].

◆Facing toward the holy city of Mecca, they kneel down in prayer. 聖都メッカに向かって, 彼らはひざまずいて祈る. ◆He faced a media scrum today. 彼は今日, 集団的過熱取材に遭った[遭遇した]. ◆One difficulty facing us is the lack of... 我々の前に立ちはだかっている困難の一つは, 〜の欠如である ◆The building faces the street. このビルは通りに面している. ◆The designers are facing several hurdles. 設計者はいくつかの障害[困難な課題]に直面している. ◆They should face in. それらは内側を向いていなければならない. ◆We are faced with the necessity of... (ing) 我々は, 〜する必要に直面している.

**in the face of** 〜を前にして[〜に直面して, 〜の面前で], 〜にもかかわらず[〜をものともせず, 〜に逆らって], 〜のわりには[〜にしては] ◆spit in the face of... 〈人〉の顔につばを吐く ◆The industry remains remarkably healthy in the face of stiff foreign competition. この業界は, 外国からの激しい競争をものともせずに非常に健全である.

**face down** adv. 下向きに, 伏せて ◆place the originals face down 原稿を下に向けて置く ◆he was found floating face-down in the canal 運河に浮かんでいるところを発見された[うつぶせの状態で]運河に浮かんでいるところを発見された ◆put the embroidery face-down on a soft towel 刺繍の表(オモテ)面を下向きにして柔らかなタオルの上に置く

**face up** adv. 上向きに

**face up to** 〜を認める, 〜を直視する, 〜に対して真っ向から立ち向かう ◆What the company needs to face up to is that... その会社が, 直視する必要があるのは〜であるということである.

**-faced** 〜の顔(つき)[面持ち]をした ◆stony-faced 無表情な[能面のような顔の] ◆a stern-faced prosecutor 厳しい顔[表情]をした検察官 ◆sweet-faced 甘いマスクをした

**face-lift** a〜(しわやたるみをとる)美容整形, (自動車などの)モデルチェンジ, 化粧直し, 改造, 改装; vt. 〜をモデルチェンジする, 化粧直しする ◆get a face-lift 美容整形手術を受ける; 〈車などが〉モデルチェンジを受ける[改造される] ◆give a building a face-lift ビルを改装[化粧直し]する

**facet** a〜(結晶, 宝石などの)小面, 小平面, 切り子面, (物事の)局面[側面] ◆The system claims to offer unprecedented price/performance in every facet of minicomputer measurement: system capacity and throughput, processing power, reliability, and accuracy. 本システムは, ミニコンの性能測定のどの点においても前例のない価格対性能比を誇っている. すなわち, システムの容量とスループット, 処理能力, 信頼性, および精度においてである.

**face-to-face** adj., adv. 向き合って(の), 差し向いで(の), 差して(の), 直接会っての, (問題などに)直面して <with> ◆a face-to-face meeting 会談, 対談 ◆face-to-face selling 対面販売 ◆talk face-to-face 面と向かって[直接会って]話す

**face value** (a) 〜 額面, 額面価格[価値], 券面価格, 券面額 ◆buy... at a price below the face value 〜を額面以下(の価格)で購入する ◆They shouldn't have taken her promise at (its) face value. 彼らは彼女の約束を額面通りに受け取る[そのまま信用する, 鵜呑みにする]べきではなかった.

**facial** adj. 顔の, 顔面の, 美顔のための ◆a facial complexion 顔の(皮膚の)色; 顔色

**facies** a〜(単複同形)顔貌, 顔つき, (地)層相[相], 《医》面, 《考古》相 ◆igneous facies 《地質》火成相

**facilitate** vt. 〜を容易[簡単, 楽]にする, 促進[助長]する, 推進する, 助ける, 円滑化する, 〜に役立つ[便利である] ◆a conversion table that facilitates calculation 計算を楽なものにしてくれる換算表 ◆facilitate moving it それを動きやすくする ◆Remote controls facilitate control of machines. リモコンユニットは機械の操作を容易にする. ◆The processor facilitates data transfer to a maximum rate of 300K bytes per second. 本プロセッサにより, 最高速度300キロバイト／秒のデータ転送が容易にできます.

**facilitation** 回容易にすること, 簡易化, 促進 ◆as a matter of convenience and facilitation 簡便化を進める上で

**facilitator** a〜ファシリテーター, 進行役, 推進役, 促し役, まとめ役 ◆as a facilitator of peace 和平の推進役として ◆with Norway acting as facilitator ノルウェーが進行役を務めて

**facility** a〜(しばしば〜ties)設備, 施設, (通例〜ties)便[便宜]; a〜機構, 機能; (a) 〜能力, 才能, 腕前, 器用さ; 回容易さ, たやすさ ◆production facilities 生産施設[工場] ◆an electric [electrical] facility 電気設備[工作物] ◆a facilities management company 設備管理会社 ◆the Defense Facilities Administration Agency 《日》防衛施設庁 ◆a facility to <do> 〜をするための設備[機能] ◆a playback facility in your camcorder あなたのカメラ一体型ビデオの再生機能 ◆a waste-treatment facility 廃棄物処理施設 ◆develop facility with these circuits 〈人が〉これらの回路を扱う能力を開発する[伸ばす] ◆in [at] production facilities; at [in] production facility 生産施設[工場]で ◆in military qualified production facilities 軍の資格認定生産施設[工場]で ◆provide facilities for [to] customers 顧客に便宜をもたらす; 顧客に便益を与える[提供する] ◆with facility 手際よく簡単に ◆with (great) facility いとも簡単[容易]に ◆the facility to reduce windows to a small icon when not in active use 《コンピュ》ウィンドウに使われていないときに, ウィンドウを小さなアイコンにする[アイコン化する]機能 ◆a new fabrication facility for micromachining and microelectronics 微細加工およびマイクロエレクトロニクスの研究のための新規製造施設

**facing** (a) 〜(壁面などの)外装, 化粧仕上げ, 仕上げ面, 化粧面

**facsimile** (→ fax) a〜ファクシミリ装置, 正確に複写[模写]されたもの, 復刻された物, 伝送写真; 回写真伝送 ◆in facsimile そっくりに[原物通りに](模写, 複製, 複写などして) ◆a Group IV facsimile G4ファクシミリ装置 ◆accept requests by facsimile and telephone ファクシミリと電話で依頼を受ける[リクエストを受け付ける] ◆a facsimile edition [recreation, reprint, reproduction] of... 〜の復刻版(商品)(＊reprintは本や写真などについて) ◆a facsimile information retrieval service ファクシミリ情報検索サービス ◆a facsimile service provider ファクシミリ情報サービス業者 ◆facsimiles that can send entire documents over the telephone line, just as they are 全書類をそっくりそのまま電話線を通じて送ることができるファックス装置 ◆transmit copies of documents over telephone lines with facsimile machines 書類を電話回線を通じてファックスで送る ◆ISDN will offer from 1988 onward more services such as high-speed facsimile with an A4 sheet being transmitted in one second and teletex at 100 times the present telex speed and with better quality. 総合デジタル通信網は, A4原稿を1秒で送るような高速ファクシミリや, 現在のテレックスの100倍速くより高品位なテレテックスなどのサービスを, 1988年から提供することになるだろう.

**fact** (a) 〜事実, 実際にあったこと, 実際のこと, 現実, 真相, 本当のこと; 〜s(実際のことを客観的に伝える)情報, データ ◆as a matter of fact 実は, 現に, 実を言うと, 実のところ, 事実上, 実際のところ ◆an accessory [accomplice] after the fact 事後従犯人 ◆an accessory before the fact 事前従犯人 ◆a product fact sheet 製品データシート Nutrition Facts [Nutrition Information] 栄養成分データ(表)(＊食品のパッケージの栄養表示のタイトル) ◆pertinent facts 関連情報 ◆Considering the fact that... という事実[意訳)現状状]を考慮すると ◆due to the fact that... という理由で ◆facts about domestic violence ドメスティックバイオレンスの実態 ◆in light of the fact that... 〜であるという事実に鑑みて; (意訳)〜という実態を踏まえ ◆learn the facts about... 〜についての事実(関係)を知る ◆put great weight on the fact that... 〜だという事実関係を重要視している(＊日本語では「事実」よりも「事実関係」という表現が好んで用いられるようだ) ◆The fact (of the matter) is that... 実の[本当の, 実際の]ところ〜である; 〜というのが実態[実情, 現状]だ ◆the full facts about [on]... 〜に関するすべての事実; 〜のすべて[全容, 全貌] ◆It's a known fact that... ということは周知の事実である. ◆reveal all the facts about the downing of the airliner

旅客機撃墜についての全容を公開[《意訳》明らかに]する ◆ But the fact is that hip design sells.  しかし実際には[本当のところは]，流行の先端を行くかっこいいデザインが売れるのである． ◆ It's a fact that most motorcycle accidents occur at intersections.  ほとんどのモーターバイクの事故は，交差点で発生するのは事実[本当]です． ◆ Times have changed. In fact, more women are going to college nationwide than men.  時代は変わった．現に[その証拠に]，全国的に男子よりも多くの女子が大学に行くようになっている．

**in fact** 実際(のところ); 現に; 実は; 本当に; その証拠に

**fact-finding** n. 事実の発見，真実を探ること，実情[実状]調査，真相解明，実態解明; adj. ◆a fact-finding agency 実情調査機関 ◆a fact-finding committee 真相究明委員会 ◆a fact-finding mission 実情[実情]調査団; 真相究明団; 視察団; 事実を探る任務[使命]

**faction** a〜 閥，派閥，党派，分派，一派; 回派閥抗争，内紛 ◆a small faction within the party 同党の一小派閥[党派，会派，分派] ◆a faction-ridden coalition government 派閥がはびこっている[に悩まされている]連立政権 ◆warring factions are fighting again in central and southern Bosnia 対立勢力が，またもやボスニアの中部と南部で戦っている

**factor** 1 a〜 ファクター，要因，因子，原因，要素，材料，係数，約数，因数，力価，一率，一倍，一度，一価; a〜(事業などの経営に融資する)債権金融業者 ◆a breeding factor 《原子力》(増殖炉の)増殖率(= a breeding ratio) ◆a conversion factor 換算系数 ◆a modulation factor 変調度 ◆a limit load factor 《航空機》制限荷重倍数 ◆a limit maneuvering [gust] load factor 《航空機》制限運動[突風]荷重倍数 ◆All factors considered, ... 総合的に判断して，... ◆become a big factor 大きな要因になる ◆considering all the factors involved 総合的に判断して ◆factors conspire to < do > いろいろな要因が重なって〜する ◆factors play a part [role] in, ... (いくつかの)要因がからんでいる[影響して，働く] ◆decrease by a factor of 2 to 10 2分の1ないし10分の1に減少する ◆Factors responsible for the increased demand include, ... 需要増大の要因として，次のものを挙げることができる． ◆many factors play into [affect] the speed of, ... 〜の速さには多くの要因がからんで[影響して]くる ◆where finish is an important factor 仕上げが重要な要素[ポイント]である場合に ◆the factors that have been driving the cost of computer technology down コンピュータ技術のコストを低下させてきた要因 ◆Speed was a factor in both accidents.  スピードが両方の事故の要因[原因]であった． ◆These speeds can be improved by a factor of two or more.  これらのスピードは2倍以上に改善できる． ◆We do know that cost is a contributing factor to low immunization rates.  私どもは，費用が予防接種率の低さの要因になっていることはじゅうじゅう分かっています． ◆When taxes are raised, other factors come into play.  増税すると，他の要因が効いてくる ◆Injections of mission factor VIII derived from donated blood can control bleeding.  献血由来の血液凝固第VIII因子の注射により出血を抑えることができる． ◆The weak dollar is the main factor behind the trade troubles.  弱いドルが貿易摩擦の主たる要因だ． ◆The most important factor in determining a new personal computer's usefulness is its ability to run existing programs.  新型パソコンの有用性を決める最も重要な要素は，既存のプログラムを走らせる能力である． (参照)Guard your skin with at least an SPF 15 lotion. (Dermatologists suggest a higher number for safety's sake.)  少なくともSPF15のローションでお肌を守って下さい．(皮膚科医は安全のため数字が大きい方がいいと言っています．) (*an SPF = a sun protection factor 日焼け止め指数，または太陽光線防護数)

2 vt. 〜を因数分解する; vi. 債権買い取り業務を行う ◆factor an expression into, ... 〜を[因数]分解する

**factor... in [into], factor in [into]**... 〜を計算[考慮]に入れる ◆factor A into B  AをBに繰り込む[織り込む] ◆factor in, ... 〜を見込んでおく[計算に入れる，加味する] ◆Factoring in inflation, he concluded that, ...  インフレを織り込んで，彼は〜と結論づけた． ◆factor in the cost of labor when choosing sites for, ... 〜用の用地を選ぶ際に労務費[人件費]を考慮する ◆Prospective buyers must factor in the cost of the carrying case and spare battery pack.  購入する人は，携帯用ケースと予備のバッテリーパックの費用を考慮に入れる[余分に見込んでおく]必要がある．

**factor out..., factor.. out** 〜を計算[考慮]から除外する ◆when factoring out, ... 〜を計算から除外した場合

**factoring** 因数分解，《金融》債権買い取り業務 ◆a factoring firm [company] 債権買い取り会社

**factorization** 因数分解

**factory** a〜 工場(コウジョウ, コウバ)，製造所，《意訳》メーカー，製造業者，工業所 ◆a factory ship 工船(*漁獲物を加工する設備を持つ漁業船) ◆factory orders; orders to factories 工場[工場]受注高 ◆a factory for processing, ... 〜の加工工場 ◆bring on factory closures 工場閉鎖を引き起こす ◆factory direct two-way radio sales 双方向無線機の工場直販 ◆the factory-original DOS disk (コンピュータ本体に添付して出荷された)工場[メーカー]オリジナルのDOSディスク ◆use factory default settings 《コンピュ》工場(出荷時に設定された)デフォルト設定を(そのまま)用いる ◆a factory-knit acrylic cardigan 工場編みのアクリル製カーディガン ◆factory-finished items メーカー仕上げの製品 ◆five factory-set tuning ranges 工場で設定されている5種類の同調範囲 ◆the factory-shipped jumper configuration 《電子機器》工場出荷時のジャンパーの設定 ◆All Mayflower power mowers are factory-tested.  メイフラワー社の芝刈機はすべて工場にて試験済み ◆Hard disks are hermetically sealed at the factory.  ハードディスクは工場で密封出荷される． ◆The car came to us factory-fresh.  その車は，工場で出来上がってすぐに[工場直送で]私たちに納品された． ◆These jumpers are factory-configured to 24500.  《電子機器》これらのジャンパーは，工場出荷時に24500に設定されている． ◆The software will be loaded at the Otto factory prior to shipment of the PC.  同ソフトウェアは，パソコンの出荷に先立ってオットー社の工場でインストールされることが決まっている． ◆The 286FX comes factory equipped with 1 Megabyte of fast RAM, expandable to 5.  《コンピュ》286FXは，2メガバイトまで拡張可能な1メガバイトの高速RAMが[出荷時に]実装済みで来る． ◆Your Otto astronomical telescope was assembled, aligned and inspected at the factory prior to shipment.  お買い上げのオットー天体望遠鏡は，出荷前に工場で組み立て，調整，検査されています．

**factory-adjusted** 出荷前に工場で調整済の[調整してある]

**factory-built** 工場組み立てされた ◆the fastest factory-built car in the world 世界一速い量産車

**factory floor** the 〜 工場の生産現場，(経営者側と対比して)工場の全労働者

**factory-installed** 工場で実装[メーカー組み込み]済みの

**factory-supplied** 工場出荷時に一緒についてくる ◆a factory-supplied audio system 工場から(車などに)装着済みで出荷される[標準装備の]オーディオシステム

**factually** adv. 事実的に，事実として ◆be both misleading and factually incorrect 〜は，誤った認識を与えかねないのみならず事実関係についても正しくない

**faculty** a〜 能力，才能，(身体の)機能，(聴力，視力などの)能力; a〜(大学の)学部; (the)〜(《複扱い》)(大学の)全教職員 ◆be on the faculty at The Pennsylvania State University ペンシルバニア州立大学の教職員である

**fad** a〜一時的な人気の盛り上り，ブーム，短い流行，はやり ◆Liquid diets, which enjoyed a burst of popularity in the 1970s, are once again a Fad.  1970年代に爆発的人気を博した[大ブレイクした]流動食ダイエットは，再びブームになっている．

**fade** vi. 色あせる，退色する，しおれる，衰弱する，(音，光が)次第に消えて行く; vt. 〜(の色)をあせさせる，退色させる，次第に弱くする ◆colors fade 色があせる; 退色する ◆a fade-to-black knob 黒フェードアウトつまみ ◆run the printer until

**failure**

the print begins to fade　印刷［印字］がかすれはじめるまで プリンタを働かせ（続ける）（*トナーがなくなるまで）　◆to overcome rain fade　（電波信号の）雨による減衰を克服するために
**fade in**　〈画像, 音が〉溶明［フェードイン］する；〈画像, 音〉を溶明［フェードイン］させる
**fade out**　〈画像, 音が〉溶暗［フェードアウト］する；〈画像, 音〉を溶暗［フェードアウト］させる
**fade-free**　退色しない, 色あせしない　◆fade-free long-lasting pictures　退色せず長持ちする写真
**fade-in**　(a)～〈音, 画像の〉フェードイン,〈画像の〉溶明
**fade-out**　(a)～〈音, 画像の〉フェードアウト,〈画像の〉溶暗　◆a fade-out of confidence in...　…に対する自信の衰え
**fading**　n. 退色,〈無線〉フェージング（*受信信号の強度が波打つように刻々と変化すること）　◆fading is observed　フェージングが観測される；フェージングがある　◆fading occurs　フェージングが起きる　◆the amplitude of a radio signal varies by fading　フェージングにより無線信号の振幅が変化する　◆new inks that produce vibrant colors, dry fast, and resist fading　鮮やかな色を出し, 速く乾き, 色あせしにくい［退色に強い］新しいインク
**Fahrenheit**　adj.《略F》華氏［カ氏］温度目盛りによる
**fail**　1　vi. 失敗する, 落第する［不合格になる］,（～が）足りない＜in＞, 怠る［し損なう, しない］＜to do＞, 故障する［働かなくなる, 機能しなくなる］, 破綻する, 停電する, 衰える［弱る］,（収穫が）不作になる, 決裂する：vt.～の役に立たない,～の期待を裏切る；〈試験に〉落ちる［滑る, 不合格になる］,〈人〉を落第させる, 不合格にする　◆a failed takeover bid　不発に終わる株式公開買い付け　◆failed components　不良部品, おしゃかのパーツ　◆a too-big-to-fail financial institution; financial institutions that are too big to fail　大きすぎてつぶせない金融機関（*それが破綻すると一国の金融システム全体が危機に陥りかねないため）　◆a failing company　倒産［破産］しそうな会社　◆evaluation criteria for pass/fail judgment　合否判定のための評価基準（*合格［良品］にするか不合格［不良］にするかの判断）　◆fail a test　試験に不合格になる　◆fail to live up to expectations　期待に応え損なう［添いかねる］　◆fail to print out a blank line　空白行を印刷しそこなう；ブランク行を印字出力し損ずる　◆If a dam fails,...　仮にダムが決壊すれば，　◆when power fails or is shut down　停電になったり電源が切られたりした時　◆fail to function normally; fail to work properly　正常に機能［正しく動作］しない；ちゃんと働かない；まともに動作しない；《意訳》誤動作［誤作動］する　◆a failed assassination attempt on President Xxx　失敗に終わったXxx大統領暗殺の企て；《意訳》Xxx大統領暗殺未遂事件　◆the failed Lincoln Savings and Loan Association　倒産したリンカーン貯蓄貸付組合　◆in the event my bank should fail　万が一（私の）取引銀行が倒産した場合には　◆replace a failed hard drive without downtime　《意訳》システムを停止させずに故障ハードディスク装置を交換する　◆the rear brake failed to work　リア［後の, 後輪の］ブレーキが効かなく［言うことを聞かなく］なった　◆the MDM (multiplexer and demultiplexer) failed a polling test three times　MDM（多重化・多重分離装置）がポーリング試験に3回失敗した　◆because failing banks can get a taxpayer(-funded) bailout under a too-big-to-fail policy　経営難に陥っている銀行は, 大きすぎてつぶせないという政策のもとで公的資金による救済措置が得られるので　◆determine whether a product passes or fails a test　製品がテストに合格するか否かの判定を下す；製品の合否を判定する　◆when she failed to stop at the red light at Edson Lane　彼女がエドソンレーンの赤信号で一時停止を怠った［止まらなかった］時に　◆The former Soviet Union was a failed utopia.　旧ソ連は不成功に終わったユートピア［理想郷］であった。　◆An electrolytic capacitor can fail when the dielectric fails and the plates become shorted.　電解コンデンサーは, 誘電体が絶縁破壊を起こして電極が短絡すると, 不良［オシャカ, パー］になることがある。　◆In the complex world of aviation technology, equipment can and does fail.　複雑な航空機技術の世界では, 機器は故障し得るし, 実際に故障もする。　◆The system was criticized for failing to provide adequate security of information.　そのシステムは, 情報のセキュリティを十分に確保できないことで不評を買った。　◆The Navy has failed in two attempts to salvage an F-14 fighter that plunged into the Pacific Ocean, and is considering whether to make a third attempt as the cost mounts.　海軍は, 太平洋に突っ込んで沈んだF-14戦闘機の引き揚げに2度［2回］失敗した。費用がかさむ中にあって3度目を実施すべきか検討中である。
2　n.《without fail の形で》怠りなく, 確かに, 必ず, きっと, 確実に, 着実に, 間違いなく；きっと, 是非とも　◆almost without fail　ほぼ間違いなく［確実に,《意訳》必ずと言っていいくらい, ほとんど必至の情勢で］　◆men and women who go to church without fail　教会に欠かさず通っている善男善女　◆I change oil and filter between 2,500 and 3,000 miles without fail.　私はオイルとフィルタを2,500から3,000マイルごとに怠りなく［必ず］交換している。　◆Make a list of things you must do without fail.　必ず［どうしても］やらなければならないことのリストを作りなさい。　◆Sales went up every month, without fail.　売り上げは, 月々着実に伸びて行った。　◆The virus has an incubation period of less than 24 hours. It kills its victims without fail in another 24.　このウィルスの潜伏期間は24時間足らずである。それからさらに24時間で, 確実に死に至らしめてしまう。
**failed**　adj. 失敗した, 不成功［不首尾］に終わった, うまく行かなかった, 未遂の, 破綻した, 倒産した, 故障した, 落第した, 落選した　◆temporarily nationalize failed or failing banks　破綻した銀行あるいは経営難に陥っている銀行を一時的に国有化する
**failing**　a～欠点, 欠陥, 弱点, 短所；adj. 衰えている, 倒産［破綻］する, 経営難に陥っている, 落第の；prep.～がない場合には,～がないので　◆a common failing of four-valve engines　4バルブエンジンに共通した（軽）欠点　◆User documentation has been a major failing for a long time.　ユーザー向けのドキュメンテーションは, 長い間重大な弱点であった。
**fail-safe**　〈機械などが〉フェールセーフの, 多重安全機能が備わった（*例え障害や故障を起こしても安全が確保できるように設計されており, 信頼性が極めて高いといった意）　◆a fail-safe braking system　フェールセーフ制動システム
**failure**　(a)～故障, 障害, エラー, 機能停止, 破壊, 破損,（力を受けて）壊れること, 決裂,（力を受けて）壊れること, 失敗, 過ち, 蹉跌（サテツ）, 不合格, 不履行, 怠ること, 懈怠（ケタイ, ケダイ, カイタイ）　◆end in failure　失敗に終わる　◆commit failure　失敗［失態, 過ち, 誤り, 間違い］を犯す　◆a bank failure; the failure of a bank　銀行の破綻［倒産］　◆a dam failure; a [the] failure of a dam　ダムの決壊　◆an equipment failure　機器の障害［故障］　◆a sense of failure　敗北感　◆a failure-recovery mechanism　故障［障害］（からの）復旧［回復］機構　◆high pot failures (pot = potential)　《電気》高圧試験不良［不合格］（品）　◆a fatigue [brittle] failure curve　疲労［脆性］破壊曲線　◆a failure/no-failure test　不合格・合格［良品・不良品］を判断するテスト；良否［合否］判定試験　◆a constant failure rate period　偶発故障期間　◆a mini power failure　小停電［瞬時・短時間の停電］　◆an electrical insulation failure　電気絶縁不良　◆a sense [feeling] of failure　（自分は）ダメだ［失格だ, 失敗者だ］という感じ, 挫折感　◆a test failure　試験の不合格品［者］　◆cause the failure of a material　材料の破壊を引き起こす, 材料を破損させる　◆in the event a failure occurs in the system　本システムに障害［故障］が発生した場合には　◆in the event of a bank's failure　万一, ある銀行が倒産［破綻］した場合　◆in the event of a failure　障害［故障］が起きた場合　◆"life" test failure　「寿命」試験での不合格　◆show signs of congestive heart failure　鬱血（ウッケツ）性心不全の症状を見せる　◆the failure of a seal　パッキングの欠陥　◆withstand the loads without failure　壊れないでこれらの荷重に耐える　◆a failure on a public utility supply system　公共の電力供給系統の停電（事故）　◆Failure teaches success.　《諺》失敗は成功のもと［母］。　◆cause a failure of the complete xxx network across Tokyo　東京中のxxxネット

ワーク全体の停止を引き起こす ◆drawing the reasonable lesson from the failure その失敗からもっともな［当然ともいえる］教訓を得て ◆if brake failure occurs もしブレーキがきかなくなったら ◆the project ended in failure この計画は失敗に終わった ◆the resistance of a slope to failure by sliding 斜面の地滑り崩壊［崩落］に対する強さ ◆when he's feeling a failure and discouraged 彼が挫折を味わって気落ちしているときに ◆he concluded "communism is a failure, and socialism is dysfunctional." 彼は「共産主義は失敗であり、社会主義は機能不全に陥っている」と結論づけて見せた。 ◆Should this defect cause a failure of the cooling system, ... 万一この欠陥が冷却システムの故障を引き起こすと［故障の原因にでもなれば］, ◆war is actually the greatest failure that mankind can commit 戦争はまさに人類が犯し得る最大の過ちである ◆the detection, location, isolation, and correction of faults, failures, errors, or malfunctions 障害, 故障, 誤り, あるいは不調の検出, 突き止め, 切り離し, および正す ◆"Failure" is defined as "omission of performance of an action or task." 「（職務）怠慢［不履行, 不作為, 懈怠(カイタイ, ケタイ)］」とは「（実行すべき）作業あるいは任務の遂行を怠ること」なりと定義されている. ◆My car suffered a number of nagging failures. 私の車は, しつこくつきまとう数々の故障に見舞われた［数々の故障につきまとわれた］. ◆We can learn from the failure of others too. 私たちは他人の失敗を教訓にする［他山の石とする］こともできる. ◆Failure to observe this will be sufficient cause for removal from the University. これを遵守しない［守らない］場合, 大学から除籍［退学］処分を受けるに足る理由となる. ◆The dam's designers insist failure is next to impossible even in a magnitude-8.5 quake. このダムの設計者らは, マグニチュード8.5の地震でさえ決壊は絶無に等しいと力説している. ◆The component in the cassette tape recorder most susceptible to failure is the capstan drive belt. カセットテープレコーダーの内部の部品で, 一番故障［不良］になりやすいのはキャプスタンドライブベルトだ. ◆A failure to cut the deficit this year would create instability and pessimism in the financial markets. 赤字を今年減らしなければ［減らし損なうと］, 金融市場に不安定と悲観機運を生じさせることになるだろう.

**faint** adj. (光, 音, 色, 香りなどが)かすかな, ほのかな, (望みなど)乏しい; 弱々しい ◆a (very) faint [weak] signal 微弱信号 ◆a faint color (ぼけた)薄い色 ◆a faint sound かすかに聞こえる音 ◆be too faint to hear ～(の音)が小さ過ぎて聞こえない ◆the faint aroma of laundry detergent drifts 洗濯洗剤のほのかな好い匂いが漂う ◆do not have the faintest notion of... ～の意味が全く［全然, 皆目］分からない ◆she fainted and fell to the floor 彼女は気絶して床に倒れた. ◆There's also some faint streaking. 縞状のむすれも軽度ある.（＊プリンタでの印刷の話） ◆We warn you this is not for the faint of heart or tummy. これは気の弱い人やお腹の弱い人向けではないということを警告しておきます. ◆Hemorrhage was so great that he fainted from loss of blood. 出血があまりにも多量だったので, 彼は失血のため気［意識］を失った. ◆Remember, a faint heart will win nothing. By being more assertive, you can convince others that you are in earnest. 気弱［弱気］じゃ何も手に入れられないということを忘れるな. もっと積極的に自分の意見を言うことで, 自分が本気だということが他の人に分かってもらえるのだ.

**fair** 1 adj. 公正［公平, 公明正大, 中正, 不偏不党, まっすぐ］な, 晴れた, 晴天［好天］の, (筆跡などが)きれいな, 美しい, 金髪の, 色白の; 見込みのある, 有望な, かなりの, 相当のまあまあの, まずまずの ◆a fair market value 公正市場価格 ◆a fair price 適正価格 ◆a fair approximation of a square wave 方形波にかなり近く似ている波 ◆a fair-priced product 適正な価格の製品［商品］ ◆fair-sized cities; cities of fair size かなり［まあまあ］の大きさの市［都市］ ◆sell ... at fair market prices （ダンピングをせずに）～を公正市場価格で販売する ◆There is a fair chance that... ～という公算がかなり［結構］強い. ◆people with blue eyes and fair hair 碧眼・金髪の人々 ◆a fair(-complexioned) man; a man with a fair complexion 色白の男性 ◆can not [cannot, can't] stand things not being fair フェアでない物事［真っ直ぐでないこと, 曲がったこと］には我慢がならない ◆she is naturally fair [blond, blonde] 彼女は生まれつき［天然の］金髪だ ◆she's unusually fair-skinned for a south Indian 彼女は, インド南部の人にしては並外れて色白だ ◆All is fair in love and war. 《諺》恋と戦争では手段は選ばない; 勝てば官軍. ◆Dara is a very fair person to do business with. ダラは取引の相手として非常にフェアな［公明正大な,《意訳》信用できる, 信頼できる］人間だ.（＊fairは, 公平で, ごまかしや私利私欲, 偏見, えこひいきなどがないこと） ◆Family members should be encouraged to assume their fair share of responsibility. 家族一人一人が応分の責任を分担をするよう促さなければならない.
2 ～ 博覧会, 見本市, 定期市, 展示会, フェア, 共進会, 品評会, 縁日 ◆at a (trade) fair （商業）見本市で ◆host [hold] a student career fair 学生を対象にした就職説明会を主催［開催］する

**fairground** a ～ 見本市会場

**fair-haired** 金髪の, お気に入りの ◆He was referred to as Mr. Clinton's "fair-haired boy." 彼はクリントン氏の「お気に入り［秘蔵っ子］」と呼ばれていた.

**fairlead, fairleader** a～ フェアリード, フェアリーダー, 索導器, 索道器, 導索器 ◆a (cable [rope, wire]) fairlead 索用のフェアリード, 索導器（＊索が他のものとからんだり, 触れ合って損傷しないよう所要の方向に導く器具）

**fairly** adv. 公正に, 公明正大に, 厳正に; かなり, 相当に, 結構, まあまあ, なかなか; 完全に, 全く ◆a fairly bulky camcorder かなり［相当］かさばるカメラ一体型ビデオ ◆at a fairly rapid pace なかなか速いペースで［テンポ, 速度, 足取り］で; かなり急速に; 随分と早足で; かなり急ぎ足で ◆Citizens who stand trial are judged fairly, without prejudice. 裁判にかけられる市民は, 予断を排除して公正に［厳正に］裁かれる.

**fairness** 公正［公平］(であること), 公正性, 公平性, (肌の)白さ, 金髪 ◆to ensure transparency and fairness in the marketplace 市場に透明性と公平性［公正性］を確保するために

**fair-sized** adv. かなりの大きさの, かなりの額の額の［相当高い］ ◆a fair-sized increase in... ～のかなり大きな増加 ◆pay a fair-sized monthly fee かなり高い月額料金を払う

**fair trade** 公正取引; fair-trade adj. ◆a fair-trade agreement 公正取引協定 ◆the Fair Trade Commission (FTC) 《日》公正取引委員会

**fait accompli** a ～ (pl. faits accomplis) 既成事実

**faith** 信頼, 信用; 信仰, 信心; 信義, 誠実, 忠実; 約束, 誓約; 義務, 責務; a ～ 宗教 ◆a high degree of faith in... ～に対する高い信頼 ◆but it is impossible for anyone to judge whether I made those statements in good faith or in bad faith けれども, それらの陳述を私が善意で述べたのか, あるいは悪意で述べたのかは, 誰にも判断できないことです ◆An increasingly apparent trend is the relative loss of faith in traditional institutions (whether they be governments, political parties and even educational institutions). ますます顕著になっている傾向の一つは, 伝統的制度(それが政府であれ, 政党であれ, 教育機関であってさえ)に対する信頼が(すっかりではないがかつてより)失われて［崩れて, 揺らいで］きていることだ.

**faithful** adj. 忠実な, 忠義な, 誠実な, 忠誠な(= loyal), 実直な, 正確な ◆remain faithful to the existing customer base 既存の顧客基盤に忠実であり続ける

**faithfully** adv. 忠実に, 誠実に, 実直に, 信義にあつく, 信義を重んじて; 正確に, 固く, はっきりと, しっかりと ◆Yours faithfully, (ビジネスレターなどの結び)敬具 ◆promise faithfully 固く約束する ◆transmit all signals faithfully 信号をすべて高い忠実度で伝送する ◆faithfully reproduce a signal 信号を忠実に再生する

**faithfulness** 忠実(fidelity), 忠誠(loyalty), 誠実, 義理, 良心, 正直, 信頼性(trustworthiness), (＊オリジナルと比べてみた場合に)真に迫ること(迫真性, 肉迫), 正確さ ◆his feelings of

**fake** adj. 偽の、模造の、偽物の、作り物の、紛い物〈マガイモノ〉の; n. a ～ にせもの、作り物、贋作〈ガンサク〉、模造品、詐欺師、いかさま師; vt. ～を偽造[贋作、模造]する, vi. ふりをする ◆a computer-faked check コンピュータで偽造した小切手 ◆a fake-wood trim board 木に似せて作られている飾り板

**fall** 1 vi. 落ちる、落下する、〈雨が〉降る、〈木が〉倒れる、転倒する、〈温度が〉下がる、凋落する、陥落する; 〈静寂が〉訪れる、〈言葉が〉(口をついて)出る、垂れ下がる、傾斜する; vt. 〈木など〉を切り倒す ◆a fallen soldier 戦死者、戦没者 (*fallenは「倒れた」の意で、まだ死に至っていない戦士をさすこともある) ◆a falling body 落下(している)物体 ◆fall to the ground 地面に倒れる ◆wind-fallen trees 風倒木 ◆but prices should fall below $2,000 だが価格は2,000ドルを切る[割る]はずである ◆he fell to the ground face down 彼はうつぶせに倒れた ◆in the 1980s when inflation was falling インフレが下火になった1980年代に ◆Mussolini fell from power. ムッソリーニが失脚した。◆when stock prices fall 株価が下落する時には ◆fall to the No. 2 spot among the world's media companies 世界のメディア企業の中で第2位に転落する ◆if the stock falls below or rises above a certain price その株がある特定の価格より下がったり上がったりしたら ◆several mighty kingdoms rose and fell within a period of 1,500 years いくつかの強大な王国が1,500年間のうちに興亡を繰り返した ◆when a mass m falls a distance h on to... 質量mがhの高さから～に落下するとき

2 vi. 〈範囲、分類に〉入る、〈ちょうど〉～にあたる[位置する]、～の状態になる ◆fall at the end of a line 〈単語など〉(ちょうど)行末にくる ◆estimate how often the mean falls within given limits どのくらいの頻度で平均値が所定の範囲内に収まるかを予測する ◆if the hyphenated word falls over the end of a line そのハイフンの入っている語が行末にかかったら[行またがりになるような] ◆most of... fall into a few distinct types ほとんどの...は数種のはっきり異なったタイプに分類される ◆When the temperature falls outside this range,... 温度がこの範囲から外れると[範囲を逸脱して] ◆Labor Day falls on Sept. 3 this year. 今年の労働の日は9月3日に当たる。◆Valentine's Day falls on a Sunday this year. バレンタインデーは、今年日曜日と重なる。◆Construction costs of this project may be expected to fall within the range of $9,000,000 to $11,000,000. このプロジェクトの建設費は900万ドルから1100万ドルの範囲に収まるものと見られる。

3 ～ 下落、墜落、落差、落下距離、降雨[雪]量、下落、低下、減少、衰退、傾斜、勾配; ～ 滝、瀑布(バクフ); the ～ <of>(～の)滅亡、陥落、崩落、没落、凋落 ◆a fall time 《パルス》立ち下がり時間 ◆(a) pulse fall time パルス立ち下がり時間 ◆Niagara Falls〈無冠詞〉ナイアガラの滝「ナイアガラ瀑布」◆the sudden fall of her popularity 彼女の人気の急降下[急激な陰り、がた落ち] ◆a sudden fall in the value of the dollar ドルの急落 ◆the Nov. 9, 1989, fall of the Berlin Wall 1989年11月9日のベルリンの壁の崩壊 ◆The fall of Kabul has come faster than expected. カブールの陥落は予想よりも早く起こった。

4 (the) ～ 秋; adj. 秋の、秋向きの、秋季の、秋期の ◆in (the) fall 秋に (*特定の秋を指す場合は定冠詞が付く) ◆Comdex Fall 秋季コムデックス ◆early in the fall; early this fall; in (the) early fall (今年) 秋の初めに ◆early last fall 去年の秋の初めに[昨年秋口[初秋]に] ◆in the fall of 1993 1993年の秋に ◆at the end of this summer or the beginning of the fall 今年の夏の終わりか秋の初めに[秋口]に

**fall apart** ばらばらに壊れる、分解[解体、崩壊、倒壊]する

**fall back** 〈通信機器が〉(回線状態が悪い時などに)伝送速度を落とす

**fall back on [upon]** ～を最後のよりどころ[頼み]にする ◆need some substance to fall back on ある程度のよりどころとなる実質を必要とする

**fall behind** ～よりも(～で)遅れる、～に後れを取る <in> ◆を滞らせる[滞納する] <with> ◆American industry has fallen behind in the race to <do...> 米国産業は、～する競争において後れをとってしまった。◆Its launch fell years behind schedule. その打ち上げは、予定より何年も後れてしまった。

**fall down** 落ちる、倒れる、平伏する、ひれ伏する、流れ下る、失敗する、崩れる、崩壊する、倒壊する ◆Almost overnight, and to everyone's surprise, the Berlin Wall fell down. ほとんど一夜にして、そして誰もが驚いたことに、ベルリンの壁は崩壊[瓦解、倒壊]した。◆Huge shards of glass had fallen down onto the sofas of the lobby lounge. 巨大なガラスの破片がロビー休息所のソファーの上に降り注いだ。

**fall forward**〈通信機器が〉(回線状態が良くなった時に)伝送速度を上げる (←fall back, drop back)

**fall into** ～に陥る、突然～になる ◆fall [get, run] into dire straits ひどい窮地に陥る

**fall off** 減衰する、減る、低下する; 脱落する、剥離する; 退く ◆some magnetic coating has fallen off 塗布磁性材が一部剥がれ落ちた ◆The magnitude of higher order frequency components falls off. 高次の周波数成分の振幅が減衰する[小さくなる]。◆This headset is designed not to fall off your head irrespective of what sport you are involved in. このヘッドセットは、どんなスポーツをしていても頭から外れ落ちない[脱落しない]よう設計されています。

**fall on** (光が) ～に当たる; (しぶきなどが) ～にかかる; (責任などが) ～の肩にかかる; (行事の日が) たまたま～日に当たる; ～を襲う ◆if a word falls on a line break 単語が(ちょうど)行末にかかると ◆The light falls on the surface. この光は、その面に当たる。

**fall out** 脱落する、落伍する ◆A college diploma, once the passport to upward mobility, is becoming a necessity just to avoid falling out of the middle class. かつて出世のためのパスポート[切符]であった大学卒業証書は、単に中流階級から脱落しないようにするための必需品になりつつある。

**fall short of** ～に達しない[及ばない、至らない]、～には届かない、～を下回る[割る]、足りない、不十分である ◆It falls short of comprehensively explaining... これは、～を分かりやすく説明するまでには至っていない。

**fallacious** 誤った; (望み、和平などが)はかない ◆fallacious reasoning 誤った推論

**fallback** 退く[後退]すること; a ～ (万一の時に)頼れる代わりの人[予備のもの、代替品]

**fall-back** adj. 予備[代替の、代わり]の、仕事がないときに支払われる最低(賃金[保証])の

**falling edge** a ～ (パルスや矩形波の)立ち下がり端 ◆at the falling edge of CLK 《電子》CLK(信号)の立ち下がりで ◆on the next falling edge of CLK 《電子》CLK(信号)の次の立ち下がりで

**falloff** (a) ～ (量的な)減少; 衰え、減衰 ◆a falloff in exports and consumer demand 輸出の減少と消費者需要の落ち込み ◆a falloff in revenue 収入[歳入]の減少 ◆a sharp falloff in murder and shooting incidents 殺人および発砲事件の急減

**fallout** ①放射性降下物、死の灰; 落伍; ②悪い付随的な結果 ◆We are beginning to see the fallout of the weaker manufacturers in the industry. 我々は、この業界における弱体メーカーの脱落[淘汰]を目の当たりにしようとしている。

**false** adj. 間違った、誤った、虚偽の、事実と違う、偽の、紛い物(マガイモノ)の、不正な、虚妄の(キョウの)、虚構の; 誤ー、偽ー、ニセー、偽造ー、模造ー、不正ー、擬似ー、疑似ー、仮性ー; adv. ～と [the] false acceptance rate 詐称者受理率 (*音声認識による話者識別で、他人[詐称者]の声を本人と取り違える誤り率) ◆a false rejection rate 本人棄却率 (*音声認識による話者識別で、本人の声を別人のものと取り違える誤り率) ◆a false alarm 誤警報 (*警報システムの誤作動やいたずらによるウソの警報) ◆a false signal 疑似信号 ◆counter problems caused by unfounded [false] rumors 根も葉もないウワサ[風評、風説]によって引き起こされた問題に対処する ◆knowingly make a false statement 故意に虚偽の申し立てをする ◆provide false evidence of insurance 保険に加入しているなどといった虚偽の証拠を提出する ◆The fuel gage could give you a false reading.

燃料計は、間違った指示値を示すことがあります。◆The report is totally false. この報告は、全くのでたらめだ。◆This assumption proved to be false. この憶測は、間違っていた（と分かった）.

**false start** a～ 不正出発, フライング（*フライングは和製英語）, これから物事を行おうとする時点でのつまずき, 出だしでの失敗［挫折］◆Two false starts disqualify a skater. フライング（スタート）2回でスケート選手は失格になる。◆If you make a false start, you will be disqualified, so be careful not to wobble on the blocks フライングすると失格になりますから（スタート）台の上ではよろめかないよう注意してください。◆After many false starts, pay-per-view television is ready to become a major force in home entertainment. 出だし［滑り出し］でのつまずきは多々あったが、ペイ・パー・ビュー方式［番組有料視聴制］テレビは家庭娯楽の一大勢力になる準備ができた。◆Also to be used for the 100-meter race is a new false start detector which is plugged into the starting blocks and starter's pistol. ほかにこの100メートル走で使用されることになっているのは、新型フライング［不正］スタート検出装置だ。これはスターティングブロックとスタート合図係のピストルにプラグ接続して使用される。

**falsification** (a)～ 偽造, 変造, 改竄（カイザン）, 歪曲; (a) 虚偽の立証, 論破 ◆falsification of records 記録の改竄

**falsify** vt. ～を偽造する、変造する、改竄（カイザン）する, 偽る, 曲げて伝える, ～の誤り［偽り］を立証する; vi. うそをつく, 偽る ◆falsify information 情報を偽る ◆the laboratory produced falsified data この研究所は不正に手を加えたデータを作成した（*falsified dataは「一部捏造したデータ」とも解釈できる）

**faltering** ふらついて［よろけて］いる; たどたどしい, 口ごもり［どもり］ながらの ◆a faltering economy おぼつかない足取りの経済 ◆prop up faltering banks 経営がぐらついている銀行を支える ◆a Spanish scientist's paper written in faltering English たどたどしい［おぼつかない］英語で書かれているスペイン人科学者の論文 ◆In faltering English, Mr. Nakajima said... つたない［おぼつかない, 心もとない, 頼りない］英語で中嶋氏は～と述べた。

**fame** ①名声, 高名, 令名, 誉れ, 名誉; ②評判, 世評 ◆on Hollywood's Walk of Fame ハリウッドの名声の舗道沿いに

**familial** adj. 家族の, 家族性の ◆familial colonic polyposis《医》家族性結腸ポリポーシス［ポリープ病］◆the familial character of the company この会社の家庭的［家族主義的］な雰囲気

**familiar** adj. 〈もの, ことが〉ありふれた, 普通の, おなじみの, なじみのある, 違和感のない, よく見掛ける, よく知られている, 見慣れた, 聞き慣れた;〈人が〉よく知っている, 通じて［精通］している＜with＞; 親しい, 親密な, 懇意な; 打ち解けた, なれなれしい ◆be familiar with... ～を知って［分かって］いる; ～に精通している ◆be on familiar terms with...〈人〉と親しい間柄である; ～と懇意［昵懇（ジッコン）］にしている ◆make oneself familiar with...〈人〉と親しくなる ◆a familiar example 身近［卑近］な例 ◆a familiar sight 見慣れた光景［よくみかけるもの］◆the idiom is familiar to me その熟語なら私はよく知っている ◆the most familiar example 最も卑近な例 ◆we got familiar 我々は知り合いになった ◆she looks familiar 彼女には見覚えがある ◆Shooting is all too familiar. 発砲事件は、よくあることだ［日常茶飯事だ］。◆become [get] too familiar with...〈人〉となれなれしくなる ◆her name seems familiar to me 彼女の名前は私には聞き覚えがあるような気がする ◆Are you familiar with German? あなたは、ドイツ語ができますか。◆Are you on familiar terms with the foreman? 君は主任と、良くお知り合いのかい。◆Computers are familiar pieces of equipment in offices and homes. コンピュータはオフィスや家庭における身近［身の回りの］機器である。◆Her story is all too familiar. 彼女のようなケースはよくある話だ。◆Read all instructions, and become thoroughly familiar with your Food Processor. （本説明書の）指示を全部読んで、お買い上げのフードプロセッサーによくてよく知って［熟知して］ください。◆It is difficult to ask an ordinary audience to listen to music that is not familiar to them. 一般人の聴衆に向かって、耳慣れない［聞き慣れない］音楽を聴いてくださいと頼むのは難しいことだ。◆The programming languages I'm familiar with are [I'm comfortable with include]: (in order of familiarity) C/C++, Pascal, ... 私ができる［使える］プログラミング言語は以下の通りです。(慣れている順に) C/C++, Pascal, ～

**familiarity** よく知っていること, 熟知, 精通; 親交, 懇意, 昵懇（ジッコン）, 心安さ; なれなれしさ, 無遠慮 ◆because of her familiarity with C language 彼女が（コンピュータの）C言語をよく知っているから ◆Familiarity breeds contempt.《諺》親しさは軽蔑を生む。; 慣れすぎは侮りを招く; 馴染みになるのは軽べつのもと。(圏下に親しめば下に落とらとにらみが利かなくなる。; 親しき仲にも礼儀あり。) ◆I dislike that janitor because of his familiarity. あの守衛は、なれなれしくて私は嫌いだ。

**familiarization** よく知っているようにさせること, 習熟［熟知］させること, 通暁（ツウギョウ）［精通］すること; よく慣れ親しませること ◆A brief description of the principal components is presented here for purposes of familiarization. 主要部品を知っておくために、ここに簡単な説明を掲げておくことにします。

**familiarize** 〈人〉を(～に)慣れさせ(親しませ)る,〈人〉を(～に)よく知っているようにする［精通させる, 通暁（ツウギョウ）させる］＜with＞ ◆Familiarize yourself with these. これらについて、知って［慣れて］おいてください。◆There are pros and cons of each that you should familiarize yourself with before making a final decision. 《意訳》それぞれに賛否両論［メリットとデメリット, 長所と短所, プラス面とマイナス面］があるので、最終決定を下す前にそれについてよく知っておくべきです／知っておく必要があります。

**family** 1 a～《単／複扱い》家族, 一家, 世帯, 家庭, 一族, 一門; (a)～（一家の）子供(たち); 《形容詞的に》家族向けの［向きの］◆a member of the family その家族の一構成員, その製品系列の一型［機種, モデル］◆family-owned [family-run, family-held, family-controlled] 同族経営の; 家族経営の ◆family violence; violence in the family 家庭内暴力 ◆a family-style restaurant ファミリーレストラン ◆a family of four 4人家族 ◆a family-oriented dad 家族との触れ合いを重視している［家庭第一の］お父さん; マイホーム（主義の）パパ ◆a family car ファミリーカー ◆a family's principal breadwinner; the principal breadwinner in/of a family 一家の主たる家計支持者; 大黒柱 ◆a man of tremendous attachment to family 家族愛のとても深い［ものすごく家族思いの］男性 ◆a person's family background 育った家庭環境 ◆handle [manage, be in charge of, take care of, take charge of] family finances 《意訳》家計を預かっている ◆make a family [household] budget 家計の収支の計画［予定］を立てる ◆strengthen a family bond 家族の絆［結び付き］を強める, 家族の結束を強固にする ◆the (United Nations') International Year of the Family （国連の）国際家庭年（*1994年）◆Theodore Roosevelt as a family man and as a person 家庭人として、また一個人としてのセオドア・ルーズベルト ◆because of changes in values and changes in family structure 価値観や家族構成の変化のせいで ◆he resigned last week for family reasons 彼は先週、家庭の事情で辞職［退職］した ◆the purchase price of a single-family home 一世帯住宅の購入価格 ◆if there is a change in your family makeup あなたの家族構成に変化がある場合は ◆the problems of inner-city schools are "deeply rooted in the family structure" of their students スラム街の学校の問題は、生徒の家族構成に深く根ざしている ◆The 75-year-old patient has a family history of heart disease. この75歳の患者は、心臓病の家族歴がある。◆Who handles the family finances in your home? お宅では誰が家計を預かっていますか。

2 a～ 同じ系統の一群, 《分類法で》-科［-類, -族, -系, -系統］◆the halogen family ハロゲン族 ◆the IBM personal computer family IBM社のパソコンファミリー ◆all members

of the Motorola 68000 family　モトローラ68000ファミリー[系]の全製品　◆Motorola 68000-family single-board computers　モトローラ68000系（CPU搭載）のシングルボードコンピュータ　◆the IBM Selectric family of typewriters　IBM社のセレクトリック系タイプライタ　◆a family of parallel lines having a spacing determined by...　〜によって決まる一定の間隔を保っている一群の平行線　◆All members of the family are plug-compatible with each other.　この製品系列に属するものはすべて、プラグ互換性がある［プラグの差し替えが効く］。　◆The salesperson strongly recommended a particular family of computers.　その販売員は、ある特定の機種系列のコンピュータを強く勧めた。

**family-owned, family-run, family-held**　家族経営の，個人経営の，同族会社の　◆a family-owned eatery　家族［個人］経営の食堂

**family planning**　家族計画（＊子供を設ける人数や時期について計画的にのぞむこと），産児制限　◆the Catholic Church's "natural family planning" method as a means to avoid pregnancy and limit population growth　妊娠を防ぎ、かつ人口増加を制限する手段としてのカトリック教会の「自然［オギノ式］受胎調節法」（＊避妊具を用いない）

**famine**　(a)〜　飢饉、大食糧難（の時期）　◆examine the root causes of drought and famine in Africa　アフリカにおける干ばつおよび凶作［飢饉］の根本的な原因を調べる

**famous**　adj.〜　有名な、よく名の知られた、名高い、名うての、(〜で)鳴らしている＜for＞　◆become famous as...　〜として有名になる　◆become world famous　世界的に有名になる

**fan**　1　a〜　扇、うちわ、扇風機、送風機、通風機、ファン　◆an induced-draft fan　誘引［吸い出し］通風機［送風機］　◆a fan-tailed peacock　扇状に尾を広げている孔雀　(参考) a fanless, low-noise cooling system　ファンレス低騒音クーリングシステム
2　vt., vi. 扇であおぐ、あおる；扇状に広げる［広がる］＜out＞　◆fan out in all directions　あらゆる方向に［放射状に、全方位に］広がる［放散する］；四方八方に［全方面に、縦横に、全方位に］展開する　◆Police fanned out across Boston yesterday in a hunt for the killer.　警察は昨日、殺人犯を捜索検挙するためにボストン全域に展開した［（意訳）大捜査網を敷いた］。
3　a〜　愛好者、熱心な後援者、ファン、サポーター　◆an audio fan　オーディオ・ファン　◆I'm a big [huge, great] fan of yours [his, hers].　私は、あなた［彼、彼女］の大ファンです。（▶of you [him, her] の表現も使用されている）

**fanatic, fanatical**　adj. 狂信的な、熱狂的な；a〜　狂信者、熱狂的信者［支持者］　◆a fanatical religious cult　狂信的［熱狂的］宗教集団

**fancier**　a〜　愛好家　◆knife fanciers　ナイフ愛好家［愛好者］たち　◆a gun fancier　ガンマニア［拳銃愛好家］

**fancy**　1　adj. 空想にもとづく、飾りの多い、（デザインなどが）凝った（ハイセンスで）かわいらしい、小粋で洒落た［瀟洒（ショウシャ）な］、上等の、すごい、変則［新種の］の、気まぐれな、法外な．n. ①空想［想像］（すること）、想像力、審美眼；a〜　思い浮かんだもの［幻想、空想］、思い付き、（気まぐれな）好み　◆turbidity is a fancy word for cloudiness　濁度とは濁りの度合いを気取って［格調高く］いう言葉である
2　vt.〜を想像する、心に描く、〜と（なんとなく）思う、うぬぼれる，《英口》〜を好む［〜したい気がする］

**fanfare**　a〜　ファンファーレ、華やかなトランペットの合奏、騒々しく派手に誇示すること、鳴り物入りの宣伝　◆Windows 98 was launched with (a) fanfare in June, 1998.　Windows 98は1998年6月に鳴り物入りで発売された。

**fanfold**　扇状に折りたたまれている　◆continuous fanfold [Z-fold] paper　（プリンタ用）連続折り畳み用紙

**fantastic**　adj.《口》とっても素晴らしい、すてきな；風変わりな、奇ちきりんな、怪奇な、異形（イギョウ）な；空想的な、荒唐無稽な、ばかげた、根拠がない　◆a fantastic plan　（とても実現できそうもない）荒唐無稽な計画

**fantasy**　①空想、幻想、夢想、妄想、幻想；a〜　空想の産物、幻覚、空想、白昼夢、幻想的・夢幻的な作品，（荒唐無稽な）空想物語、幻想曲　◆a fantasy role-playing game　空想的世界に入れるRPGゲーム

**FAO**　(Food and Agriculture Organization) the〜（国連の）食糧農業機関

**FAQ**　(Frequently Asked Questions) よくある質問、頻繁に寄せられる質問

**far**　遠くに、遠くへ、はるかに；ずっと、大いに、とても　◆a far-and-wide region　広大な地域　◆as far as I'm concerned　私に限っていえば；私に関する限り　◆as far as possible　可能な限り　◆be far from ready to ＜do＞　〜する準備［覚悟］がほとんどできていない　◆bifocals to correct for both near and far vision　近視と遠視の両方を矯正するための遠近両用メガネ　◆come from as far away as...　はるばる〜からやって来る　◆far exceed one's expectations　（人）の期待をはるかに上回る　◆for far less money　はるかに少ない費用で［下回る金額］で　◆placed far forward　ずっと前の方に配置されている　◆so far this year　今年度に入ってからこれまで　◆far-advanced features　はるかに高度な［進んだ］フィーチャー［機能］　◆One might even go so far as to say that...　〜であるまで言っても過言［言いすぎ］ではあるまい。　◆He goes so far as to say that...　〜とまでさえも言っている。　◆heifers grazing in meadows as far as the eye could see　見渡す限りの牧草地で草を食んでいる若い牝牛　◆at prices far beyond what most people can afford　ほとんどの人に到底手のでないような価格で　◆Move the seat as far forward as possible.　座席を行き着くところまで前方に移動させてください。　◆Push the housing as far as it will go.　そのケースを一番奥まで［突き当たるまで］押し込みます。　◆The company has even gone so far as to shave bonuses and cut salaries by 15%.　その会社はボーナスの削減および15％の給与カットまでさらも実施した。　◆The compiler has by far the fastest compilation times.　そのコンパイラが抜群に速い。　◆The future is far from certain.　先行きは、透明からは程遠い［全くといってよいほど不透明である］。　◆In many cases, when a skid has gone too far, the vehicle will start to spin like a top.　多くの場合、スリップ（の度合い）が極端になると、車はこまのごとく回転し始めるものである。　◆Optical fibers are necessary for a videophone, because it transmits enormous volumes of data – far too much for any copper wire to handle.　光ファイバーは、テレビ電話に必要である。というのは、テレビ電話はいかなる銅線でもとても扱いきれないほど膨大な量のデータを送信するからである。

**by far**　はるかに、ずっと、断然、格段に、段違いに、圧倒的に　◆produced by far the best results　抜群の好結果を生んだ　◆it is by far the best I have seen　それは私が見た中で格段によい　◆it is by far the most expensive in cost　それはコストの点で飛び抜けて高い　◆xxx is less expensive by far than yyy.　xxxはyyyよりも断然［段違いに、圧倒的に］安い。　◆This is by far the most revolutionary.　これは、群を抜いて［飛び抜けて、ずばぬけて］革命的だ。

**far and wide**　広い地域［範囲］にわたって、四方八方、隈無く、あちこち、いたるところ、津々浦々、広くあまねく　◆search [look, hunt] far and wide for...　〜を求めて広い範囲にわたって［ほうぼう、くまなく、あちこち］探す［捜す］　◆it is sure to attract an audience from far and wide　それは、いたるところ［津々浦々］から観客を集めることは確実である

**far off**　遠い地方に、遠い所に、遠く隔たった、はるか離れたところに、前途遼遠（リョウエン）で　◆some day not far off　それほど遠くない［近い］将来に　◆Korean unification is still far off.　朝鮮半島の統一までは、まだまだ遠い［前途遼遠（リョウエン）である］。　◆The time is not far off when India will change from being a regional superpower to a world superpower.　インドが地域の超大国から世界の超大国になるのは、はるか遠い先のことではない。

**faraway**　遠い、遠くの、遠方の、遠く離れた　◆faraway places　遠隔の地

**fare**　1　a〜　乗り物の料金、運賃；a〜　乗客；①（質的観点からの）食事、食物、献立　◆a low-fare carrier　低料金航空会社　◆at a reduced fare　割引運賃で　◆fly first-class and full fare　正

**Far East**

料金を払ってファーストクラスで飛ぶ ◆Coffee and snacks [light fare] will be served. コーヒーと軽食[軽い食事]が出ます．
**2** vi. (人などが)やってゆく，(物事が)成り行く，進む，運ぶ ◆fare favorably いい業績を上げる；良好な(学業[営業])成績を収める，順調[好調]に推移する ◆be not faring well in finding customers 〈企業や商品〉は顧客獲得が不調である ◆blue chips fared badly 優良株は振るわなかった ◆a company that is faring well in this downturn この不景気下局面時にうまくやっている[順調な，好調な]企業 ◆they have fared poorly on the written test 彼らは筆記試験の成績が良くなかった[試験の出来が悪かった] ◆I wonder how she is faring. 彼女は，どうしているだろうか ◆Mr. Yeltsin appeared to be faring well in opinion polls. エリツィン氏は世論調査で健闘しているようにみえた．◆Though the national economy remains in a weakened state, the banking industry has fared rather well this year. 国の経済が弱体化した状態にある[体力を落としている]にもかかわらず，銀行業界は今年比較的順調[好調]に業績を伸ばした．

**Far East** the ～ 極東(地域) ◆in Russia's Far East ロシア極東地域で[の] ◆in the Far East 極東で ◆On August 30, 1997, the Far East Network Tokyo officially became the American Forces Network Tokyo. 1997年8月30日に，FEN(極東放送網)東京は公式に(米軍放送網)東京になった．

**Far Eastern** 極東地域の

**farewell** 《間投詞》さらば，さようなら，ごきげんよう；(a) ～ いとまごい，別れ，告別，送別；《形容詞的に》別れの，送別の ◆a farewell ceremony 送別式

**farfetched** adv. こじつけの，無理な，不自然な，強引な，牽強付会(ケンキョウフカイ)の，持って回った，回りくどい ◆require a strained and farfetched interpretation 無理やりこじつけた解釈を必要とする；牽強付会を要する ◆To construe... as... requires a (strained and) farfetched interpretation. ～を…だと解釈するには牽強付会を要する[無理がある]．◆Farfetched ideas must be brought into line with the cold facts. 突拍子もない[現実離れした]アイデアは，冷厳な現実に合わせるようにする必要がある．

**far-flung** adj. 遠く離れた，遠く隔たった[遠隔の]，広範囲にわたる ◆a far-flung island 遠く離れている島；離島；離れ島 ◆in even far-flung areas 遠く離れた地域[遠隔地]においてさえ

**far infrared** 遠赤外(＊赤外線領域の波長の長い部分を指す．明確に線引きされているわけではないが，波長で言うと30から100μmぐらい)

**far-infrared** 遠赤外の，遠赤外線の ◆far-infrared radiation 遠赤外放射

**farm** 1 a ～ 農場，農園 ◆a farm implement 農機具 (= an agricultural implement) ◆a farm vehicle 農耕用作業車 ◆on farm land 農地[田地，田畑，耕作地]に[の] ◆a farm-raised chicken 養鶏場で飼育されたニワトリ ◆farm-raised oysters 養殖のカキ ◆a place on a farm where cheese and butter are made 農場内でチーズとバターをつくる場所
**2** vi. 農業を営む；vt. (土地)農耕[耕作]する，～を栽培[養殖]する，(家畜)を飼育する
**farm out** 〈仕事〉を外注に出す，下請けに出す ◆farm out back-office operations as a cost-cutting measure コストダウン策として管理事務部門の業務を外注[下請けに]出す

**farmer** a ～ 農業従事者，農業生産者，農業者，農業人，農業生活者，農業[農場，農園]経営者，農業経営者，農場主，農民，お百姓さん，(意訳)農業家，専業農家，栽培者

**far-off** 遠く離れた，はるかかなたの，遠方の，遠隔地の；(時間的に)遠い，はるか ◆receive signals from far-off stations 遠くの局からの信号を受信する

**far-reaching** 遠くまで及ぶ，広範囲に及ぶ，(結果など)あとあとまで尾を引く，遠大な，広大な ◆far-reaching changes 広範な変化

**farther** もっと遠く，さらに先に ◆... seem poised to take fingers yet a step farther ～は，事態を更にもう一歩(前に)進める

---

める構えでいるように見受けられる ◆they seem farther away than they should (be) それらはしかるべきところよりも遠くにある[遠すぎる]ようにみえる ◆people are moving farther and farther from the center of Tokyo 人々は東京の都心からますます(遠く)離れて住むようになっている

**farthest** adj. 最も[一番]遠い；adv. 最も遠くに ◆be situated farthest to the east [west, south, north] 最も東に[西に，南に，北に]位置している ◆They were formed in from one minute to two minutes twenty seven seconds, at the farthest. それらは1分から最長で[遅くとも]2分27秒で形成された．

**FASB** (the Financial Accounting Standards Board) 《略語形にはthe以下不要》(米)財務会計審議会

**fashion** 1 a ～ やり方，流儀；(a) ～ ファッション，流行，はやり ◆be out of fashion 廃れて[はやらなくなって]いる ◆bring... into fashion ～をはやらせる ◆come into fashion はやってくる，流行し出す ◆go out of fashion はやらなくなる，廃れる ◆in fashion 流行して ◆a fashion coordinator ファッションコーディネーター ◆in a similar fashion 同様に，同じやり方で ◆do it in his own fashion それを彼なりの流儀でやる ◆in the Japanese fashion 日本風に[式に，流に] ◆keep up with the latest fashion as it goes in and out 最新ファッションのはやり廃りについていく ◆ready-to-wear fashion 既製服ファッション ◆the latest fashions in music and amusements 音楽と娯楽の最新の流行 ◆high-fashion apparel ハイ・ファッション[オートクチュール]アパレル ◆in much the same fashion as a black-and-white CRT 白黒CRTの場合とだいたい同様に
**2** vt. ～を（～を材料にして)作る ◆out of, from); 〈材料〉を〈物に〉作る <into>

**fashionable** adj. ファッショナブルな，おしゃれな，流行の，時代感覚にマッチした

**fast** 1 adj. 速い，急速な；(カメラ)〈フィルムが〉高感度の，(カメラレンズが)明るい，大口径の；adv. 速く，急速に，早く，迅速に，スピーディに ◆as fast as possible できるだけ速く ◆become fast [faster]; get faster 速くなる；高速化する ◆a fast-breeder reactor 〈原子力〉高速増殖炉 ◆fast-action flick 速い立ち回りの[スピードアクション，活劇]映画 ◆a fast-charge mode 急速充電モード ◆a fast charger 急速充電器 ◆a fast pipelined transfer mode 〈コンピュ〉高速パイプライン転送モード ◆make... run two times faster than before ～を以前よりも倍速く走らせる；～を倍速化する；～の実行速度を倍増させる ◆operate [function] at speeds 10 times faster than... …よりも10倍速い速度で動作する[動く] 〈実行速度/動作速度に関する〉◆the world's fastest MPU (microprocessor unit) 世界最高速[最速]のMPU(超小型演算処理装置) ◆a fast-expanding computer manufacturer 急拡大[急成長]しているコンピュータメーカー ◆As PCs become faster, ～ パソコンが高速化するにつれ，～ ◆the fastest passenger train in the world 世界最高速[最速]の旅客列車 ◆make screen switching occur much faster than it did in earlier Xxx products Xxxの先行製品より画面の切り替えがはるかに速く行われるようにする[大幅に画面切替を高速化]する ◆Hard disks are becoming increasingly faster. ハードディスクはますます高速化している ◆New zoom lenses are very fast. 新しいズームレンズは非常に明るい．◆The company has announced a LAN that is one of the fastest in the world. 同社は世界最高水準のLANを発表した．◆The fading becomes fast as the vehicle moves faster. 《無線》フェージング(現象)は，車両が移動速度を上げるにつれ速くなっていく．◆We will help you design the gate arrays you want faster than you ever thought possible. 弊社は，ご希望のゲートアレーを貴社が(これぐらいだったらできるだろうと)お考えになっているよりもさらに早く[短い納期で]設計(のお手伝い)いたします．(＊半導体メーカーの広告) ◆Select a film that's fast enough to freeze your swaying subjects in their tracks with a reasonably fast shutter speed (preferably 1/250 sec. and up). 揺れている被写体を，かなり速いシャッタースピード(望むらくは1/250秒以上)で軌道上[動きの途中]で静止させるに十分感度の高いフィルムを選んでください．

**2** adj. しっかり[固定]した,動かない,変化しにくい,堅牢な; adv. しっかりと,堅く,ひっきりなしに,しきりに ◆be fast to color 色あせしない

**fast-acting** 高速動作の,速動式の ◆the fast-acting nature of potassium cyanide, which takes effect in one or two minutes 1〜2分で効き目が現れる青酸カリの即効性

**fastback** a〜《車》ファストバック車(*トップからリヤエンドまで滑らかな曲線でつないでいるスタイル)

**fast-breeder reactor** a〜 (an FBR)《原子力》高速増殖炉

**fast-buck** adj. 濡れ手で粟の,あぶく銭の

**fast-changing** 目まぐるしく変化している ◆the fast-changing world we live in today 今日私たちが住んでいるこの急速に変化する[目まぐるしく変わる]世界

**fast-drying** 速乾性の ◆a fast-drying coating 速乾性のコーティング

**fasten** 〜を固定する,しっかり留める,確実に締める,締結する,結びつける;〈目〉を(〜に)据える,《注意,考えなど》を(〜に)集中する〈on, upon〉〜 (a) fastening torque 締め付けトルク ◆the Velcro-fastened edges of the fabric マジックテープで留めてあるその布地の端 ◆use a screw to fasten down... 〜を固定するのにネジを使う ◆fasten the machine to its bedplate その機械を台板に据え付ける ◆Fasten the tool to the workbench using screws or bolts through the holes in the four mounting feet. ネジまたはボルトを4本の取付け脚の穴に通して,この工具を作業台に固定してください。

**fastener** a〜留め具,締め具,締結具,ファスナ,チャック,クリップ

**fastening** 回留める[固定する,取り付ける,締め付ける,結合する,固着する,締結する]こと;a〜取り付け金具,止め金具,締付け具; adj. fastenする(ための) ◆fastening hardware 締め用の金物;取り付け金具;止め金具,締付け具 ◆The fastening of rails to sleepers may be achieved in a variety of ways. 枕木へのレールの締結は,いろいろな方法で行うことができる。

**fast-food** ファーストフードの ◆a fast-food restaurant ファーストフードレストラン ◆the pizza segment of the fast-food industry ファーストフード業界のピザ部門

**fast forward, fast-forward** n. 早送り;fast-forward vt.《装置,操作者などが》早送りする;《テープを》早送りする ◆a video tape on fast forward 早送り中のビデオテープ ◆push the fast-forward button 早送りボタンを押す ◆Fast-forwarding from the beginning of a tape to a spot 20 minutes in, for example, took 43 seconds. たとえば,テープの頭から20分の箇所まで早送りするのに43秒かかった。 ◆Digital VCRs can repeat sequences in slow motion or fast-forward without the distortion that mars conventional machines. デジタル式ビデオ・デッキは,従来型装置の価値を損ねている歪(ヒズミ)なしで,場面をスローモーションや早送りで繰り返し再生できる。

**fast-growing** 急速に成長[拡大]しつつある,急成長している,伸長[伸張,伸幅]著しい ◆a fast-growing market 急成長[拡大]している市場;伸長[伸張]著しい市場

**fasting** 絶食,断食,物忌み[深斎(ケッサイ)]; adj. fastingの ◆the practice of fasting 断食を行うこと;断食の実行[実践,実施];断食の習慣[慣習]

**fast lane** a〜高速車線,追い越し車線;the 〜太く短い生き方; fast-lane adj. やり手の,立身出世の早い,出世街道をばく進している,ペースの早い派手な[危ない]生き方をしている ◆in the fast lane (ロ)(リスクのあるものの重きを出して)派手な生き方をする

**fast-moving** 高速で移動している,動きの速い,売れ足の速い,急速な展開を見せている ◆a fast-moving technology 日進月歩の技術 ◆fast-moving goods [products] 売れ足の[《意訳》回転の]速い品物[商品,製品] ◆fast-moving hydrogen streams (太陽の)高速の水素流 ◆in a number of fast-moving technical fields 多くの日進月歩の技術分野において ◆fast-moving parts such as oil filters, air filters, and ignition plugs オイルフィルター,エアーフィルター,点火プラグなどの売れ足の[動きの]はやい部品

**fastness** 固着,堅固,定着;(染色の)堅牢度,耐久度 ◆colorfastness to sunlight 太陽光に対する色堅牢度[染色堅牢性](*色あせしないこと) ◆standard tests for lightfastness 耐光堅牢度[性]の標準試験

**fast-paced** ペースのはやい ◆fast-paced growth 急ペース[長足]の成長 ◆fast-paced action テンポの速いアクション

**fast-renting** 貸し出しの足が早い ◆fast-renting movie releases like The Untouchables 「アンタッチャブル」などの貸し出しの足が早いビデオ化映画の新作

**fast-response** レスポンスが速い,高速応答の ◆a fast-response liquid crystal display 高速応答液晶ディスプレイ

**fast reverse, fast-reverse** n. 巻き戻し再生,早戻し; v.《ビデオテープを》巻き戻し再生する

**fast rewind, fast-rewind** vt., vi.《テープ》を(高速で)早戻す,《テープを》巻き戻す; fast-rewind adj.(高速)巻き戻しの ◆fast rewind the tape テープを(高速で)巻き戻す ◆in fast-rewind mode 《AV》(高速)巻き戻しモードで

**fast track** a〜高速車線,急行列車用車の線路,自動車レース場,出世街道[出世コース]; a〜ファストトラック,一括承認手続き,一括審議,一括権限(委譲); fast-track adj. on a [the] fast track 出世街道をばく進して ◆short-term, fast-track training 短期間の速成訓練[養成]コース ◆a fast-track editing method ◆fast-track negotiating authority (《米政治》ファストトラック[包括的](通商)交渉権限 ◆recruit a number of graduates for fast-track careers 《意訳》総合職向けに学卒者を何人か募集する ◆This is a fast-track career position and requires relocation to Florida for training prior to... これは出世街道ポスト[《意訳》総合職]であり,〜に先立って訓練[《意訳》経験を積む]ためにフロリダに転勤することが必要となります。

**fat** adj. 脂肪の多い,肥えている,《人が》太った,肥よくな; n. (a) 〜脂肪 ◆NAAFA (the National Association to Advance Fat Acceptance) 《略語形では the は不要》全米肥満許容推進協会,全米ファット受容協会 ◆cut executive fat 上級管理職[上層部,幹部社員や役員]を削減して贅肉をそぎ落とす ◆fat-free [nonfat] mayonnaise 無脂肪マヨネーズ ◆fat work おいしい[実入りのよい,給料のいい]仕事 ◆trim fat through attrition 《企業が》《従業員の》自然減により贅肉を落とす ◆fat-soluble vitamins 油溶性のビタミン類 ◆to find out how much of your body weight is fat あなたの体重のうちどれくらいが脂肪なのかを知るために;《意訳》体脂肪率[体脂肪量]を調べるために ◆Oils and fats are easily inflammable. 油や油脂は,火がつきやすい。 ◆Wild salmon has a fat content of about 17 percent. Farm-raised salmon is fattier. 野生の[《意訳》自然の]シャケの脂肪分は約17%です。養殖のサケはもっと脂が乗っています[より脂肪分が高いです]。

**fatal** adj. 命にかかわる,致命的な,死に至る;運命の,宿命的な,避けられない;重大な,決定的な ◆a fatal accident 死亡事故,人身事故[災害](*後者は人がけがをしたり死んだりする事故のなので厳密にいうと不適切な訳だが,場合によっては使える) ◆HARMFUL OR FATAL IF SWALLOWED. 万一飲み込むと有害で,命にかかわる[死に至る]ことがあります。(*製品の表示文句) ◆The car suffers one fatal flaw. この車には,致命的な欠陥が1つある。 ◆Disagreement among the designers was fatal to the development project. 設計者間の意見の相違は,この開発計画にとって致命的であった。 ◆He inflicted a grave but not fatal [mortal] wound on a store clerk by shooting her through the stomach. 彼は女性店員の胃を撃ち抜いて,致命傷ではないものの重傷を負わせた。 ◆Though curable when discovered early, it can be fatal when it reaches advanced stages. 早期発見の場合は治癒可能であるが,進行した段階になると命取りになることがある。 ◆Cancer of the liver and pancreas is almost always fatal and often is not diagnosed until it is in its advanced stages. 肝臓癌と膵臓癌はたいていの場合命にかかわるが,かなり進んだ段階になって初めて[進行してからようやく]診断が下されることが多い。

**fatality** 致命性; a〜事故死者,死亡事故,運命

**fate** 運命, 命運, 宿命, 宿縁, 運, 巡り合わせ, 縁(エン, エニシ), 《文脈に依存した訳語です》末路 ◆by the hand of fate 運命の手[《意訳》]なせる業, 仕業, いたずら[によって]
**as fate would have it** 運命づけられていたかのように, 運命の定めで, 幸運にも, 不運にも, 運良く, 運悪く, ▶多くの英和辞典には, 「運悪く」とか「不運にも」といった, 悪い意味の訳語だけが出ているが, 必ずしも悪い意味ばかりではない。例として, ある特殊分野に互いに興味を持つ2人の技術者が, 偶然の出会いをきっかけに共同研究開発で成功を収めた, という話でこの表現が用いられていた。

**father** a~ 父, 親父(オヤジ) ◆Jaron Lanier who is popularly known as the father of virtual reality バーチャルリアリティーの父という通称で知られているJaron Lanier氏

**fatigue** 1 ①疲労, 疲れ, a~ 《軍》(清掃や炊事などの)雑役; ~s (複数扱い)作業服(= fatigue clothes). adj. fatigueの ◆cause fatigue 疲労を起こさせる ◆shake off fatigue 疲れを振り払う ◆a fatigue test 疲労[疲れ]試験 ◆a fatigue uniform 戦闘服, 軍服; 作業衣, 作業服, 作業服 ◆compassion fatigue 同情疲れ ◆fatigue failure 疲労[疲れ]破壊 ◆fatigue strength 疲れ強さ ◆general fatigue 全身的な疲れ[疲労] ◆combat [battle] fatigue ①戦争神経症 ◆Army [military] fatigues (複数扱い)軍服 ◆as a result of metal fatigue 金属疲労の結果(として) ◆because of fatigue 疲れている[疲労の]せいで ◆complain of extreme fatigue 極度の[激しい]疲労を訴える ◆die of fatigue 疲労で死ぬ; 過労死する ◆do fatigue duty 《軍》雑役をする ◆overcome chronic fatigue 慢性疲労を取る; 慢性疲労から回復する ◆recover from fatigue 疲労から回復する ◆show few signs of fatigue 疲労[疲れ]の色をほとんど見せない ◆show signs of fatigue 疲労している様子を見せる; 疲れの色を見せる ◆a Texas man wearing combat [battle] fatigues 戦闘服を着ているテキサス男(*「服」の意味でfatiguesは常に複数扱い) ◆fatigue-producing lactic acid 疲労[疲れ]を生じさせる乳酸 ◆ergonomic design for fatigue-free hours of work 疲れ知らずの長時間作業のための人間工学的デザイン ◆Doctors and nurses, working with fatigue, worked non-stop. 医師と看護婦は, 疲労で目を赤くしながら働き詰めた。 ◆Fatigue builds and ultimately customer service declines. 疲労が蓄積し, 最終的に顧客に対するサービスが低下することになる。 ◆Our eyes are red with fatigue. 我々の目は疲労で赤い。 ◆The book is too long. Toward the end, the writer's fatigue begins to show. この本は長すぎる。終わりの方になると作者の疲れが(読みとれるように)出てきている。 ◆The system offers less user fatigue. 本システムは使用者の疲労が割に少ない。 ◆Even after extended use, its fatigue-fighting design provides comfort to the user. 長時間使用しても, (その器具の)疲労を感じさせない設計はユーザーに快適さをもたらします。 ◆Muscle fatigue usually arises from the accumulation of lactic acid in the muscle. 筋肉疲労は通常, 筋肉中における乳酸の蓄積により生じる[筋肉に乳酸がたまることで起こる]。
2 vt. ~を疲労させる ◆become [get] fatigued 疲労する ◆get fatigued easily (すぐに)疲れやすい ◆"I'm fatigued," he said. 「僕は疲れた」と彼は言った。 ◆he admitted feeling fatigued 彼は疲れを感じていると認めた

**fatty** adj. 脂肪の, 脂肪質[族]の, 油っこい ◆a fatty acid 脂肪酸 ◆a fatty substance 脂肪性物質 ◆excess alcohol can cause (a) fatty liver 過剰のアルコールは脂肪肝の原因となることがある

**faucet** a~ 蛇口(ジャグチ), コック, カラン, 栓, 水栓, 給水栓 ◆a leaky faucet 水漏れする蛇口[水栓]

**fault** 1 a~ 欠陥, 故障, 障害, 漏電, 《電気》異常, 《発送配電》事故, 誤り, 過失, 失策, 短所, 難点, 違反, 不履行, 《地》断層, ①(通例the~, one's~)落ち度, (過失)責任, せい, ~のあら探しをする, ~のせい, 《地》 ~に断層がある ◆find fault with... ~のあら探しをする, ~の粗[欠点]を探す; ~にけちをつける, 文句, 難癖]をつける, 苦情[小言]をいう; ~を非難する, 酷評する, こき下ろす, けなす, 悪く言う ◆through no fault of one's own 自らの過失[落ち度]ではないのに ◆an active fault 活断層 ◆a normal [reverse] fault 正[逆]断層 ◆a maximum fault current of 20 kA 《発送配電》2万アンペアの最大事故電流 ◆during system faults 《発送配電》系統事故時に ◆on inverter fault or overload インバータに障害[異常]あるいは過負荷[異常]が発生するやいなや ◆prevent or minimize the occurrence of faults 故障[障害, 《強電》事故]の発生を防ぐ[できるだけ少なくする] ◆under fault conditions 故障時に ◆people found fault with his works 人々は彼の作品を酷評した[こき下ろした, けなした, 悪く言った] ◆if you are at fault もしあなたが悪ければ[あなたに責任があれば] ◆in an attempt to find fault [flaws] with what a witness says 証人の陳述の粗を探そうとして; 証人の揚げ足を取ろうと ◆It's her fault. それは彼女の責任だ。 ◆the detection, location, isolation, and correction of faults, failures, errors, or malfunctions 障害, 故障, 誤り, あるいは不調の, 検出, 突き止め, 切り離し, および修正 ◆A worker is eligible for... if laid off through no fault of his own. 勤労者は, 自分に落ち度(過失)がないにもかかわらずレイオフされた場合, ~を受ける資格がある。 ◆Some homeless are homeless through no fault of their own. 一部の路上生活者の人たちは, 自らが悪いせいで宿無しになったのではない。 ◆This condition may cause you to think the motor is at fault. この状態から判断すると, モーターが不良ではないかとお考えになるかも知れません。 ◆Abnormal readings may indicate that more than one of the above factors is at fault. 異常な測定値は, 上記の要因のうち少なくとも2つがおかしいことを示している可能性がある。 ◆The San Andreas fault is an active fault and it has built up a lot of stress and sometime there is going to be a large quake. サンアンドレアス断層は活断層で歪みを大量に蓄積しており, いつか大地震があるだろう。

**fault tolerance** 《電子機器》耐故障性, 故障許容
**fault-tolerant** adj. 《コンピュ》フォールトトレラントの, 耐故障性の, 無停止型の, 障害許容型の, 超高信頼型の ▶装置を構成する個々のコンポーネントを二重化するなどして, どこか1箇所が故障してもシステムダウンせず稼働し続けられるようになっていること ◆a "fault-tolerant" PC 「超高信頼型」パソコン ◆a fault-tolerant system フォールトトレラント[耐故障性, 無停止型, ノンストップ]システム ◆fault-tolerant disk storage フォールトトレラントディスク装置(*ハードディスクを何台か並列にして, 故障が起きてもオンラインのままデータ修復できるようになっているもの) ◆fault-tolerant hardware 障害許容型のハードウェア

**faulty** adj. 欠陥のある, 障害のある, 不良の, 故障している, 不完全な ◆a faulty component 不良部品 ◆a faulty repair job 不完全な修理[修繕]作業 ◆faulty suspension alignment 《車》サスペンションアライメントの不整 ◆a faulty section 故障部分[障害箇所, 不良部分, 《配電》事故区間]を切り離す[分離する] ◆repair faulty connections 《電気》接続不良を直す ◆the circuit is diagnosed as faulty その回路は不良であると診断された[見立てられた] ◆The mechanism is faulty. この機械装置は故障している[壊れている]。 ◆If the voltage readings are not within specs, the voltage regulator is faulty and should be replaced. 電圧測定値が規格に収まっていなければ, 電圧調整器が不良であり, 交換しなければならない。 ◆Investigators have not yet officially determined the cause of the failure, but they have focused on the possibility of a faulty door lock. 調査官らは, この故障の原因をまだ正式に特定はしていないが, ドアロックに欠陥があったのではないかという可能性に焦点を当てて[注目して]いる。

**fauna** a~ (pl. ~s, -nae) (特定の地域・時代の)動物(全種類), 動物相(* ~ flora) ◆the CITES (Convention on International Trade in Endangered Species of Wild Fauna and Flora) 絶滅のおそれのある野生動植物の種の国際取引に関する条約(*「ワシントン条約」の正式名称)

**favor** 1 好意, 親切; 愛顧, 引立て, ひいき, 知遇; えこひいき, 偏愛, 情実; 支持, 人気, 好評; a~ 親切な行為, 世話, 願いごと, 頼みごと ◆fall [go, slide] out of favor (商品などの)人気が落ちる[なくなる] (*slide... は, いつのまにか) ◆lose favor with...; lose a person's favor 〈人〉の気に入られなくなる，～の不興(フキョウ)を買う ◆fall from favor 愛想をつかされる[嫌われる]ようになる ◆fall from public favor 世間の人気[大衆の支持]を失う ◆in order to court public favor 一般大衆[民衆]の支持を得るために; 人気取りのために ◆throw out A in favor of B Aを捨ててB〈代わりに〉Bを移る ◆I would like to ask you a favor.; May I ask you a favor?; May I ask a favor of you? お願いがあるのですが;〈意訳〉すみませんけど) ◆it has gained increasing favor in the PC world それはIBM系)パソコンの世界で次第に好評を博す[人気を呼ぶ]ようになった ◆Since investment styles tend to go in and out of favor every three to seven years,... 投資のやり方は3年から7年周期ではやり廃りする傾向があるので ◆Although a friend does you a favor, there are strings attached. 友人から親切を受けますが，それは見返りを期待してのことでしょう。(＊占い)

2 vt. ～を支持する，～に賛成する; ～をえこひいきする; ～に有利[好都合]である ◆favor gun control 銃規制に賛成する ◆conditions that favor the growth of... ～の成長にとって ◆the UNIX operating system favored by scientists and engineers 科学者や技術者に支持されているUNIXオペレーティングシステム ◆The position of the camera's handgrip favors right-handed people. カメラのハンドグリップ位置は右利きの人に具合よくなっている。

**in favor** 賛成して，気に入られて
**in favor of** 〜に有利なように，〜を優先して，〜を支持して，〜の方を好んで ◆drop automatic increases in favor of merit rewards 年齢給制を廃止して能力給制を採用する ◆As exchange rates move in favor of Japanese exporters,... 為替レートが日本の輸出業者にとって有利に展開するにつれ[追い風になると]

**in one's favor** 〈人〉に有利なように，〈人〉に好都合で，〈人〉に気に入られて ◆The other systems have points in their favor. 他のシステムにもそれぞれ利点[強み]がある。

**favorable** 好意的な，都合な，有利な，好適な，良好な，程よい，(見通しなどが)明るい，順調な ◆a favorable factor 好ましい要因，(相場などの)好材料[強材料] ◆favorable test data 良好なテストデータ[試験値] ◆at more favorable prices より有利な価格で ◆have a favorable balance of trade 貿易収支が輸出超過である ◆HOUSING SALES REMAIN FAVORABLE 〈見出し〉住宅の販売は好調に推移している; 住宅の売れ行き好調 ◆under the most favorable conditions 最適条件下で; 条件が最高にいい状態で ◆give him a favorable answer 彼に色よい返事をする ◆the car has made a favorable showing in frontal offset crash tests conducted by... この車は，〜が実施した前面オフセット衝突試験で好成績だった ◆The bumper crop of favorable signs also buoyed Wall Street. 多くの好ましい兆候[好感の持てる兆候，好材料]もウォール街を活気づけた。 ◆The computer maker's stock has risen about 20% since early June, largely in response to favorable comments from securities analysts. このコンピューターメーカーの株は，主として証券アナリストらの好意的なコメントに好感して6月以来2割方上昇した。

**favorably** 好意的に，都合良く，良く，有利に，順調に ◆favorably answer 色好い返事をする ◆react favorably to... 〜に対して好ましい反応を示す;〈市場などが〜に〉好感[を好感]する ◆supply [provide] customers with favorably priced products 顧客にお買い得の商品を供給[提供]する ◆the marketplace trends in... fared favorably ～の市場動向は好調[順調]に推移した ◆Feature-for-feature, the Impala SS compares favorably with the Lexus LS 400, but costs less than half as much. 装備ごとの比較では，インパラSSはレクサスLS 400と互角である[伯仲している]が，価格は半分以下である。 ◆Some hotels boast facilities that compare favorably with those of many a private health club. ホテルのなかには，多くの非公開[会員制]ヘルスクラブの施設と優劣つけがたい施設を誇っているものがある。

**favorite, favourite** 《後者は英綴》気に入っている，特に好きな，ひいきの; a～ 特に気に入っている人[物] ◆become the favorite by default 不戦勝によって本命になる(＊選挙で) ◆select a favorite FM station from the twelve presets プリセット[あらかじめセット]されている12局から好みのFM局を選ぶ ◆they made this pub their favorite haunt 彼らはこのパブ[居酒屋，飲み屋]を行きつけのたまり場にした

**favoritism** 回えこひいき，偏愛，情実 ◆favoritism toward white employees 白人従業員に対するえこひいき ◆promotions have been based on favoritism and cronyism 昇進は情実やえこひいきにより行われてきた

**fax** 1 a〜(→ facsimile) ファクシミリ(装置)，ファックス; ファックスで送付されたもの ◆a fax image ファクシミリ画像 ◆a fax (machine) ファックス(＊装置) ◆add [attach, insert] a fax cover sheet [page, letter] ファックス送付状を付ける[挿入する] ◆send a fax (message) to... 〜にファックスする ◆send [transmit]... by [via] fax 〜をファックスで送る ◆receive a fax of the drawing from the factory 工場からのファックスで図面を入手する ◆I am writing in response to your fax dated 26 July 1993. これは1993年7月26日付け貴ファックスに対する返事です。

2 〈文書，図面など〉をファックスで送る，ファックスする ◆an order form for faxing or mailing ファックスまたはメール注文票[用紙] ◆Fax information directly to... 情報を直接〜までファックスでお寄せください ◆Fax your orders 24-hours a day. ご注文はファックスで24時間(いつでも)お受けしています。 ◆Please fax me directly at 123-456-7890. 私宛に123-456-7890番まで直接ファックスしてください。

**fax modem, fax/modem** a〜《コンピュ》ファックスモデム(〜 modem)

**FBI** (Federal Bureau of Investigation) the 〜 《米》連邦捜査局，連邦警察

**FBR** (fast breeder reactor) (an) 〜 高速増殖炉

**FCC** (Federal Communications Commission) the 〜 《米》連邦通信委員会 ◆comply with Part 68 of FCC Rules FCC規則のパート68に準拠する

**FD** an 〜 (a floppy disk)《コンピュ》フロッピーディスク

**FDA** (Food and Drug Administration) the 〜 《米》食品医薬品局

**FDD** an 〜 (a floppy disk drive)《コンピュ》フロッピーディスク装置

**FDDI** (fiber distributed data interface)

**FDIC** (Federal Deposit Insurance Corp.) the 〜 《米》連邦預金保険公社

**Fe** 鉄(iron)の元素記号

**fear** 1 n. 恐怖，恐ろしさ; (a) 〜 (いやな事が起こるのではないかという)見込み，恐れ，不安，心配，懸念，憂慮 ◆on fears that..., on fear that..., on the fear that..., out of fear that..., for fear that... 〜ということになるのではないかと懸念して[恐れて，心配して，憂慮して] ◆because there is no fear of failure 落第の心配[失敗のおそれ]がないので ◆for fear of appearing ignorant 無知にみられるのを恐れて ◆for fear of failure 失敗をおそれて ◆the fear of inflation インフレのおそれ[懸念] ◆without fear and without flinching; without flinching and fear 恐れも気おくれもしないで; 怖めず臆せず ◆without fear of condemnation 人からとやかく言われる[非難される]心配なしに ◆my fears about alcohol アルコールに対する私の恐れ ◆inflation fears have pushed up interest rates インフレの懸念が金利を押し上げた ◆interest rates rose on fears that inflation could rise インフレが昂進する可能性があるという懸念から金利が上昇した ◆There has always been the fear of an accident. 事故のおそれが常にあった。 ◆Plummeting U.S. economic growth sparks fears of a mini-recession. 米国の経済成長の急激な落ち込みは，小型の景気後退が起きるのではないかという懸念を引き起こしている。 ◆Throughout the region, fears stirred at the prospect of uncontrolled radioactivity beneath the sea. 海面下に管理されていない[放置されたままになっている]放射能があるのではないかといった予測で，その地域全体にわたって不安がかきたてられた。 ◆With water supplies contaminated, there is a fear of an outbreak

**fearful**

of cholera, dysentery and other diseases. 飲み水が汚染されているので、コレラや赤痢またはその他の病気の発生のおそれがある。◆Because they steal to survive, they live in fear of the possibility of being hunted down by death squads who are hired by local merchants to protect their property. 彼らは生きるために盗みをしているので、地元商人たちが自分たちの財産を守るために雇った殺し屋グループに追い詰められるのではないかという恐怖の中で生きている。(*street childrenの話)
**2** vt., vi. (～を) 恐れる, 恐がる, 懸念する, 心配する, 憂慮する ◆fear the dangers of passive smoking 受動[間接]喫煙の危険を恐れる ◆It is feared that... ～ということなのではないかと恐れられて[懸念されて, 危惧されて, 心配されて, 危ぶまれて, 案じられて]いる ◆competition is not to be feared 競争は恐れるべきものではない ◆About 350 people were missing and feared dead in the disaster. 350人ほどが この災害で行方不明になったりおそらく死亡したものとみられる。 ◆It is feared that they, too, will be killed. 彼ら(*人質たち)も殺害されることになるのではないかと懸念[危惧]されている。 ◆The searchers said they most feared finding the boy dead. 捜索に加わった人たちは、少年が死亡して発見される事態を最も恐れていたと語った。

**fearful** adj. 恐ろしい, ぞっとする, おびえた, びくびくした, (～を) 怖がって[恐れて, 心配して]<of>, (～に) 気づかって<of>;（口）ひどい, 大変な, 甚だしい

**feasibility** ⦿実現[実行, 実施]の可能性, 実行性, 実現性 ◆do [make, conduct] a feasibility study フィージビリティースタディーを行う, 実現可能性[企業化]調査を実施する ◆investigate the feasibility of... -ing ～する可能性を調査する[探る] ◆study the feasibility of such a project そのような計画が実現可能かどうか[そういったプロジェクトの実現の可能性]を検討する ◆carry out [conduct, perform] a feasibility study on a petroleum project 石油プロジェクトについて事業化調査を実施する ◆evaluate the feasibility of this approach このアプローチが実行可能かどうか判定する ◆research the feasibility of recycling... ～の再利用ができないかどうか研究する ◆the technology's commercial feasibility is uncertain この技術が商業的に成り立つか[事業化できるか, 実用化できるか]どうかは不透明である ◆the scientific and technical feasibility of directed energy weapons (DEW) 指向性エネルギー兵器の科学技術面での実現性 ◆conduct a feasibility study of exploration for oil and natural gas 石油・天然ガス開発の企業化調査を実施する ◆These first systems showed the technological feasibility of cellular service. これら初期のシステムは、携帯電話サービスの技術面での実現の可能性を証明した。 ◆In 1998, Femtex initiated a study to determine the feasibility for installation of a commercial facility for the production of... 1998年にフェムテックス社は、この商業[工業]生産施設設置の可能性について調べるための調査に着手した。

**feasible** adj. 実行[実施]可能な, 実現可能な, 可能性のある; ～に適している ◆become feasible 実現[実行, 実施]可能になる ◆It is feasible. それは実行[実施, 実現]可能である。 ◆Where feasible, ... (もしも)可能であれば ◆utilize commercially available products to the fullest extent feasible 可能な限り[できるだけ]市販の製品を利用する ◆Inspection results may be documented on a single report where feasible. 可能ならば、検査結果は一冊の報告書に記録を取ってもよい。 ◆The software program would never be economically feasible to market. そのソフトは売りに出しても販売にならないだろう。

**feat** a ～ 偉業, 功績, 離れわざ, 妙技, 快挙 ◆a brilliant [an outstanding, a remarkable] feat みごとな[すばらしい]快挙 ◆accomplish [perform] a feat 快挙を成し遂げる ◆a feat never before possible （挿入句）今まで[今まで]不可能だった離れ業 [快挙] ◆a feat impossible before the development of the electron microscope （挿入句）電子顕微鏡開発以前にはまったく不可能だった快挙[離れ業] ◆a feat not possible before in the history of mankind （挿入句）これまでの[過去の]人類の歴史において不可能だった ◆only Nanotronics has successfully pulled off that feat 唯一ナノトロニクス社がその離れ業をやってのけた[演じた] (*やってのけるはうまく[見事に]やり遂げる)

**feather** a ～（中央の軸の通っている）羽根, フェザー ◆light as a feather 羽根のように軽い ◆a cassette deck with electronic feather-touch controls rather than mechanical buttons 機械式のボタンではなく、電子式のフェザータッチ[そっと触れるだけでいい, （意訳）軽快な]ボタンがついているカセットデッキ (*a control はボタンやツマミ)

**feature** 1 a ～ 特徴, 特色, （製品などの目立った）機能[装備], 呼び物, 特集記事;～s 目鼻だち, 相貌（ソウボウ）, 顔のパーツ ◆feature extraction 《CG》特徴抽出 ◆a feature program 特別番組 ◆a keyboard feature キーボードの特性 ◆the features of a product 製品の特徴 ◆exterior features 外装部品[外部の特徴, 各部の名称] (*機械などの各部の名称を記した外観図・外観写真の表題としてよく用いられる表現) ◆a feature story [article] on [about]... ～についての特集記事 ◆a feature-laden home control system 機能を満載したホームコントロールシステム ◆a feature-rich system 機能の豊富な[多機能, 機能充実型の]システム ◆the modem's automatic speed-sensing feature そのモデムの自動速度感知機能 ◆A [One] major feature of the system is... 本システムの主な特徴の一つは、～です。 ◆Key features of the CT-800 include: ... CT-800の特徴[特長]は以下のとおりです。 ◆One of the major features of this program is that... このプログラムの主な特徴の一つは、～であることです。 ◆One of the most striking features of, .. is... ～の最大の特色[特徴]の一つは、～である。 ◆The key features of the plan are: この案の重要な特色 [主な特徴]は以下の通りです。 ◆A [One, The] big feature of this product is the ability to <do...> 本製品の大きな特徴（の一つ）[一大特徴, （意訳）味噌]は、～できる能力[機能]である。 ◆The Washington Post ran an extremely lengthy feature article on... ワシントンポスト紙は、～に関する超大特集を掲載した。 ◆the magazine attempted to publish a detailed feature story on [about] "How to Build a Hydrogen Bomb?" 同誌は詳しい「水素爆弾の作り方」という特集記事を掲載しようとした。 ◆Their main features are that they are cheap and require little power. これら(の製品)の主な特徴としては、安いことと電力をほとんど要しない[（意訳）食わない]ことです。 ◆Macro Assembler incorporates many features usually found only in large computer assemblers. 《コンピュ》マクロアセンブラは、普通は大型コンピュータのアセンブラにのみ見られる[でなければ持っていない]ような豊富な機能を持っている。 ◆Major features include: -55°C to -125°C range ●Low power CMOS technology ●Low noise 主な特徴は以下の通りです。 ●-55°C ～ -125°Cの温度範囲 ●低消費電力のCMOS技術 ●低雑音 ◆Major new features include the third door on the passenger side as standard, dual air bags and revised front suspension. 主な新しい特徴としては、乗員側に標準装備としてついた3つ目のドア、デュアルエアバッグ、および設計変更されたフロントサスペンションがあります。 ◆You should look for the car that compromises the least on safety features that are vitally important to you. 命を守るために[極めて]重要な安全装備に関し、最も妥協のない車を探さなければなりません。 ◆Since their introduction, cellular phones have become less expensive, expanded their functions, increased their features, dramatically improved sound quality and lengthened the effective battery use time. 市場に投入されてこのかた、携帯電話は低価格化し、機能が拡大[拡充]し、多機能化し、音質が劇的に向上し、電池の有効持続時間は延びた。
**2** vt. ～を売り[目玉, 呼び物, 売り物]としている, 特色[特長]として[持って]いる, 目立たせる, フィーチャーする; vi. 特色となる, 重要な役割を果たす, 主演する ◆a high range notebook PC featuring a 14.1-inch color TFT display 14.1インチカラーTFTディスプレイを売りに[（意訳）搭載]している高価格帯のノートパソコン ◆The printer comes fully featured. このプリンタはフル装備されて(売られて)いる。 ◆The camera features automatic film loading and DX film speed setting. このカメラは、自動フィルム装填機能およびDXフィルム感度設定機能が特色[セールスポント, 目玉, 売り, 売り物]になって

いる。◆The new model features an innovative glass roof panel which opens and closes almost silently by means of two electric motors.　新しいモデルは、2基の電動機によりほとんど音をたてずに開閉する革新的なガラス製ルーフパネルが売りだ。◆These boards feature low power CMOS components and conduction cooling via an on-board thermal management layer.　《電子》これらのボードは、低(消費)電力のCMOS部品と基板上の熱管理レイヤーを介しての熱伝導冷却を特徴としている。

**featured** adj. 特色とした、呼び物の、メインの出し物の、フィーチャーされた、注目［話題、特集、目玉］の

**featurism** ◆prevent creeping featurism 忍び寄る多機能化(主義)〔いつの間にか機能が増え過ぎてしまうの〕を防止する（*ソフトウェア開発などで、あの機能もこの機能もと、場当たり的にどんどん少しずつ追加していってついにはゴチャゴチャになったり肥大化したりする）

**fecal** adj. 糞の、糞便の、糞便様の ◆fecal matter [material] 〔口〕ふん便；糞(フン、クソ) ◆ban fecal contamination of beef （牛の）糞による牛肉の汚染を禁止する

**feces** 《複扱い》糞、糞便、排泄物 ◆the odor of feces ふん便〔大便〕臭 ◆the smell of urine and feces ふん尿臭 ◆It is easily transmitted to humans by direct contact with animals' feces. それは直接的な動物のフンとの接触によりヒトに簡単に伝染する。

**Fed** the~〔口〕（米）連邦準備制度理事会、連邦準備銀行；a~《口》（米）FBI［連邦捜査局］の捜査官（→ FRB）

**-fed** ~（の栄養）で育った、~を摂取した ◆American beef is grain-fed. アメリカの肉牛は穀物飼育〔穀物飼料〕されている。

**federal** adj. 連邦の、連邦政府の、連邦制の、中央政府の

**Federal Express Corporation** 《米》フェデラルエクスプレス（*米国大手の小口荷物航空輸送会社で、全米とカナダの一部の地域での"overnight, door-to-door service"を売物にしている。→ FedEx）

**FedEx** v.《米》~をフェデラルエクスプレス便で送る ◆FedEx this proposal （Federal Express社の翌日宅配航空便サービスを使って）このプロポーザルを送る［発送する］

**fed up, fed-up** adj. <with, about, of> ~にうんざりして、~にあきあきして ◆I'm really fed up with [him, ... -ing].《口》私は、それ［彼、~すること］には全くうんざりしている。

**fee** a~ 料金、手数料、-料；a~ 謝礼金、報酬 ◆fee-free 手数料のかからない；料金が取られない ◆fee(-based) business フィービジネス、手数料〔稼ぎの〕商売 ◆for a small fee 低料金で ◆pay a prescribed fee 所定の手数料を納める ◆rented at a nominal fee ほんのわずかな料金で賃貸されて ◆optional fee-based services 料金がかかるオプションのサービス；有料付加サービス ◆Note that use of... entails a fee. ~の使用〔~をご利用いただく〕には料金〔手数料〕がかかりますのでご了承ください。◆There is a fee for that. それには料金がかかります。◆All fees are subject to revision at any time. 料金は、随時改正〔改訂〕されることがあります。◆There is a fee for the test. この試験には料金がかかる。◆There is a fee involved (with this). （これには）料金がかかり［をいただき］ます。

**feeble** adj. 弱った、弱い、か弱い、微弱な、薄弱な、虚弱な、貧弱な、臆病な、〈知能が〉低い〔劣る、低能な〕、淡い、かすかな、はかない、迫力［パンチ］に欠ける、力ない、説得力に欠ける ◆become extremely feeble 微弱になる

**feed** 1 vt. ~にえさを与える、~に食事させる、~に授乳する、~に〈~を〉やる<on, with>; vi. 〔動物、赤ちゃんが〕〈~を〉食べる［飲む］<on> ◆be fed up with...《口》~にうんざりして［飽き飽きして、嫌気がさして］いる ◆whether you feed the baby by breast or bottle 赤ちゃんを母乳と人工栄養のどちらで育てたにしても ◆if you're out of a job and you can't feed your kids もしも失業していて子供に食べさせられない［子供を養え］なかったら ◆Breast-fed babies feed more often than bottle-fed babies. 母乳栄養の赤ちゃんは人工栄養の赤ちゃんより頻繁に飲む。◆The nation comes close to feeding itself. その国は、食糧をほとんど自給自足できるところまできている。◆These trends tend to feed on themselves. これらの傾向は自己増長しがちである。◆Thus, over time, small physical and mental problems feed on each other and get worse. このようにして次第に、肉体的および精神〔心身〕的な小さな問題が互いに強め［増幅し、増長し］合って悪化する［悪循環になる］のである。

2 《feed A to [into] B または feed B A で》AをBに送り込む［供給する、繰り出す、与える、入れる、入力する］◆a feeding point《電気》給電［饋電(キデン)］点 ◆feed material into a machine 機械に材料を供給する ◆feed [pass, send] (a) current through a resistor 抵抗(器)に電流を流す ◆feed the power-hungry Pentium 《コンピュ》電力に飢えている［電力を大食いする、消費電力の大きな］Pentiumに給電〔電源を供給〕する ◆a fuel-feeding system 燃料供給システム ◆instructional programming being fed to schools 学校に配信されている教育番組 ◆The engine is fed from a 16-gallon gas tank. このエンジンは容量16ガロンのガソリンタンクから燃料が供給される。◆The printer includes a 100-sheet paper feed tray, and connects to a PC via the parallel printer port. このプリンタは100枚給紙トレイを装備しています。パソコンにはパラレルプリンタポートを介して接続します。◆The DAC under test is fed a digital data stream representing a perfect 997-Hz sine wave at full scale. 《電子》被試験のD/Aコンバータには、997Hzの完璧な正弦波を表しているデータストリームがフルスケールで入力される。

3 〔C〕供給、送り、繰り出し、供給原材料、給電；a~ 1回分の供給材料、1回分の繰り出し量、送り動作、送り装置；〔C〕餌、飼料；a~ 1回分の給餌〔食事〕◆form feed (FF) 《コンピュ》用紙送り、書式送り、ページ送り、改ページ ◆livestock food [feed] 家畜飼料 ◆a feed-screw 送りねじ ◆a feed water tank [pump] 給水タンク［ポンプ］◆the American Association of Feed Control Officials (AAFCO) 米国飼料検査官協会（*ペットフードの安全性を調べる公的検査機関）◆The slurry is introduced into the rotating body of the centrifuge via [by] a feed pipe. スラリーは供給パイプ［配管］を通して遠心脱水機の回転体に投入される。

**feedback** 〔C〕フィードバック、帰還、修正・調節のために出力を入力に〔結果を原因に〕戻すこと；〔C〕〔作品・技術などについての作為者本人への〕意見［感想、反響、反応、声］◆feedback on [about]... ~についてのフィードバック ◆positive [negative] feedback 《電子》正［負］帰還 ◆reduce the amount of feedback by ... -ing ~することによりフィードバック量を減らす ◆to solicit customer feedback 顧客からの感想［意見］を募るために ◆a keyboard with tactile feedback [response] （キーを押した指に）押し応えの感じられる［クリック感のする］キーボード ◆get feedback from users on what changes or improvements could be made to the product その製品にどんな変更や改良を加えるとよいかについて、ユーザーからフィードバックを得る ◆Cursor feedback on the screen provides confirmation of movements of the mouse. 画面上のカーソルのフィードバックによって、マウスの動きを確認することができる。◆We welcome feedback from readers about how we can better meet their needs in the second edition of the dictionary. 本辞典の第2版でもっと読者の皆様のご要望に応えるにはどうすればよいかについて、皆様からのご意見［お声］をお待ちします。◆Our first issue of the KIDSGARDEN newsletter was very well received. We appreciate the valuable feedback that many of you sent us regarding future issues. Keep the ideas coming! 私たちのKIDSGARDENニュースレター創刊号は、非常に高い好感度をもって迎えられました。大勢の皆様から今後の号について貴重なご意見をお寄せいただき感謝しています。今後ともアイデアをお寄せください。

**feeder** a~ フィーダー、き電［給電］線、供給路、供給［送り］装置、支流、(鉄道、空路の)支線 ◆a feeder cable 《通》加入者饋電(キデン)ケーブル ◆feeder flights （地方空港とハブ空港間の）支線を飛ぶ便 ◆a turboprop feeder airline ターボプロップ機で支線を運行している航空会社

**feeding** (a) ~給餌[餌やり]，授乳，牧草，給電[給水，給紙]; adj. ◆a feeding speed of 1.5 meters/sec. 《機》毎秒1.5mの送り速度 ◆prohibit [ban] the feeding of meat and bone meal to cattle, sheep and goats 牛，ヒツジ，ヤギへの肉骨粉の給餌を禁止する ◆eight feedings daily at intervals of two to three hours is typical 2～3時間の間隔で1日8回の授乳が普通です

**feedlot** a~フィードロット, (穀物)肥育場, 飼育場 ◆a cattle feedlot 牛の(穀物)肥育場

**feedstock** (a)~供給原料, 供給材料, 原材料 ◆petrochemical feedstocks 石油化学原料 ◆natural gas used as a feedstock 供給原料として使用される天然ガス ◆Waste paper can also be used as a feedstock in the manufacture of fiberboard products. 故紙[古紙]もファイバーボード[繊維板]製品製造の供給原料[原材料]として使用可能である。

**feedthrough** 貫通形の ◆a feedthrough capacitor 貫通コンデンサ ◆a hermetic feedthrough for leadwire exits リード線口出し用の気密封止型の貫通部品(＊圧力タンクなどの内部から内容物の漏れを起こさずにリード線を引き出すための)

**feedwater** 給水, 供給水 ◆a feedwater heater 《ボイラー》給水加熱器 ◆boiler feedwater ボイラー給水

**feel** 1 vt. ~に触る, ~を触っている所に感じる, 触って調べる; 〈感覚〉を覚える, 感じる, ~を知覚する; vi. ~と思う, 感じる <that>; 〈~を〉手探りする <for, after>; (~という)感じがする, 手触り[風合い]がする ◆feel a need to <do> ~をする必要を感じる ◆feel good about... ~ってのことで気分がいい ◆feel guilty about watching television テレビを見ることに罪悪感を覚える ◆he feels acutely the responsibility of his position 彼は自分のポストの責任の(重大さ)を身にしみて感じ[痛感し]ている ◆However, I was left feeling that... しかしながら, 私には~であるという感が残った ◆If you feel any of the wheels locking up,... (もしいずれかの)車輪がロックアップしたなと感じたら ◆Feel all hoses. They should be soft and pliable. すべてのホースを触ってみる(点検して)ください。それらは柔らかくかつしなやか[フレキシブル]でなければなりません。 ◆I feel the winds of change blowing in Ohio. 私は, オハイオ州に変革の風が吹いているのを感じる。 ◆The trackball feels natural and intuitive to use. そのトラックボールは, 自然な感じで感覚的に使える。 ◆The turbocharged engine makes the car feel zippy. ターボチャージャー付きエンジンは, 車をきびきびとした感じにしている。 ◆This CAD program feels a lot like MacDraw. このCADプログラムは, 多分にマックドローに似通った感じがする。 ◆In corners, the car feels like as if it is sticking like magic. コーナーでは, この車はまるで魔法でも使ったかのように(路面に)吸いつく[へばりつく]といった感じだ。 (＊ロードホールディングがいいということ) ◆The digitizing tablet's stylus feels like a real pen. 《コンピュ》そのデジタイジング・タブレットの(手描き入力用)スタイラスは, 本物のペンのような感じがする。 ◆The quake was felt at 4:31 (local time) for about 30 seconds or more, and several aftershocks followed within minutes. この地震は(現地時間の)4時31分に約30秒以上にわたり感じられた, その後何分かの間に余震が数回あった。

2 a~ 感触, 手触り, 肌触り; the ~ <of> (~の)雰囲気, 感じ; a~ <for> (~に対する)センス ◆a greasy, soaplike feel 脂っこい石けんのような質感 ◆the look and feel of the interior 〈車〉室内の見た目と感じ ◆positive-tactile, firm-feel keys 押し応えが確かで堅めの[重い]タッチのキー ◆it is pleasing to the touch; it is pleasant to the feel 手触りがいい ◆the silky feel of the large, easy-to-use knobs 使いやすい大型ツマミの絹のように滑らかなフィール ◆the switches provide [have, give] a very smooth operating feel これらのスイッチは操作フィーリング[操作感]が非常に滑らかだ ◆I love the feel of silk. 私は絹の感触[手触り, 感触]がとても好きです。 ◆The keyboard has a nice feel. このキーボードは(タッチの)感触がよい。 ◆Although the keys are about half of normal size, they have the feel of those of a full-size keyboard. これらのキーは通常の約半分の大きさではあるが, フルサイズのキーボードの感触がある。

**feeler** a~ 《生物》(1本の, 左右いずれかの)触角, 触手, 触毛; ~s (相手側の意向を知るための)打診[探り, 瀬踏み, 小当たり] ◆put out feelers to see if... ~かどうか打診する, 探りを入れる, 反応を探る, 瀬踏みする, 小当たりに当たる ◆the feelers [antennae] of a cockroach ゴキブリの触角[《(意訳)》ヒゲ]

**feeler gage, feeler gauge** a~ すき間[すき見]ゲージ (= a thickness gauge シックスネスゲージ)

**feeling** a~ 感触, 手触り, 風合い, 肌触り, ~感; 《触覚, 味覚などの》感覚; (a~)(直観的な)(~という)感じ[思い, 印象, 予感, 見方, 考え, 心境] <that>; ~s 感情, 気持ち, 心情[思いやり, 同情] ◆mixed feelings 複雑な心境, 交錯した感情, 割り切れない気持ち, 悲喜こもごもの思い ◆a feeling of being abused ひどい扱いを受けたという気持ち ◆a feeling of security [being safe] 安心感 ◆anti-Western feelings among Muslims 回教徒の間の反西欧感情 ◆give rise to a [the] feeling that... ~であるという感情を生む[生じさせる, 引き起こす]; ~だという認識のもととなる ◆I was left with a feeling that... 私には, ~という感じ[感触, 思い]が残った ◆produce a feeling of choking のどが詰まった感じを起こさせる ◆sort out one's feelings about [over]... ~についての気持ちを整理する ◆suffer from feelings of homesickness 望郷の念[思い]にかられる ◆with consideration for other people's feelings 他の人の感情に対して; 他人の気持ちを考えて[思って, 思いやって, 《意訳》尊重して, 大切にして] ◆with feelings of deep gratitude 深い感謝の念[意]をもって; 心より感謝して ◆a woman being carried away by feeling [emotion] 感情に流されて[走って]いる女性 ◆There is a growing feeling that... という見方[印象, 感じ, 感触, 認識]が強まっている ◆because I've got a feeling that something is going to happen なにか起こりそうな気がするので ◆Graphite has a greasy feeling. グラファイト[黒鉛, 石墨]には油脂状の感触がある。 ◆I have no feeling in my right leg. 私の右脚の感覚が無くなっている。 ◆My feeling is that we should abandon the project. 私の考え[直観的判断による意見]は, この事業計画は断念すべきだと思います。 ◆In industrialized countries, there is a growing feeling that HIV and AIDS are "controllable" through the use of new drugs. 先進国においては, エイズウイルスおよびエイズは新薬の使用を通して「抑制[征圧, 制圧]可能」だという認識が高まり[広まり]つつある。 ◆There is a widespread feeling that the U.S. has lost the nerve and wherewithal to compete. 競争するだけの気力も資金も米国はなくしてしまったのだという感[認識]が広がっている。

**fell** 1 《fallの過去形》
2 vt. 〈立木など〉を(切り)倒す, 〈人など〉を打ち倒す, 打ち倒する, 打ち負かす, ~を伏せ縫いして合わせ目を始末する ◆a felled tree 切り倒した[伐採した]木 ◆fell a tree 木を(切り)倒す

**fellow** a~ 奴, 男, 手合い, (共通点を持っている人の意から)仲間[同僚, 同輩, 同胞, 同士]; a~ 《米》特別の研究をするための手当が給付されている大学院生; adj. 仲間の, 同僚の, 同士の, 同胞の, 同行の, 連れの ◆to develop "a fellow feeling" with them 彼らと共に「仲間意識[連帯感]」を育むために ◆Unbelted vehicle occupants can seriously injure fellow passengers in a collision. シートベルトを締めていない乗員は, 衝突事故で同乗者に大けがをさせる可能性がある。

**felt-tip** a~ フェルトペン (= a felt-tip pen)

**felt-tipped** フェルトが先端についている ◆a felt-tipped pen フェルトペン

**FEMA** the Federal Emergency Management Administration 《俗語形にtheは不要》《米》連邦緊急事態管理庁

**female** adj. 女性の, (電気・機械部品が)雌(メス)の; a~ 女性, 女子, 婦人, 女人(ニョニン) ◆a female connector メスコネクタ ◆a female contact めす接点 ◆a female hormone 女性ホルモン ◆a fiftysomething female 50代の女性 ◆a female [an internal] thread めねじ[メスねじ] ◆a female-friendly Paris hotel; a women-friendly hotel in Paris 女性客好みのパリのホテル ◆a female screw terminal 雌ねじ[メネジ]式の端子

a female vocalist 女性ボーカリスト[声楽家] ◆cut a female screw thread with a tap タップで雌ねじ[メネジ]を切る ◆keep the school all-female この学校を女子校のままにしておく

**feminist** a～ 女性解放論者,女性の権利を主張・擁護する人,男女同権主義者(＊日本語でのフェミニスト＝女性に特別優しい人という意味は英語にはない) ◆a radical feminist 急進的な女性解放論者

**femtosecond** a～ フェムト秒 ◆last for a femtosecond, or one quadrillionth of a second 《米》フェムト秒間,つまり千兆分の1秒間持続する

**FEN** (Far East Network) the ～ 《米軍の》極東放送網(＊1997年8月30日に米軍放送網 AFN に改称)

**fence** 1 ～ フェンス,囲い,柵,垣,垣根,障害物,《盗品を売買する》故買者[屋] ◆straddle a fence どっちつかずの曖昧な態度を取る;日和見[模様眺め]をする ◆a fence-sitter 日和見主義者; 《当座のところは》静観[模様眺め]する人 ◆fence-straddling Arab countries 立場[どちら側に付くか旗色]を鮮明にしていないアラブ諸国 ◆Good fences make good neighbors. 《諺》よい垣根はよい隣人を作る.;親しき仲に垣をせよ.;親しき仲にも礼儀あり.

2 vt. ～を柵で囲む[仕切る]《around》,～に《～を》めぐらす《with》; 〈盗品〉を売買する; vi. フェンシングをする,他を制して優位に立とうとする《for》,〈議論などによる攻め〉をうまくかわす ◆a fenced-in yard （柵などで）囲まれた[囲いのある]庭

mend (one's) fences （～と）仲直り[関係修復]する《with》,〈議員が》〈選挙区の〉地盤固めをする[地盤を手入れする] ◆a fence-mending visit 関係修復目的の訪問（＊特に外交関係の） ◆be working hard to mend fences back home 《国会議員など》が地元で地盤固めに奮闘している

**fender** a～ 《米》《車》泥よけ《英》a wing), 《機関車などの前部の》排障器, 《船の》防舷物,防舷材 (＊舷側に吊した古タイヤ,ロープを巻いて束ねたものなど)

**Feng Sui** 回風水 ◆a Feng Sui [Shui] guru 風水（フウスイ）の大師匠[大家]

**Fermat** ◆Fermat's little theorem 《数》フェルマーの小定理

**ferment** 回発酵; a～ 酵母,酵素; 《政治的や社会的な》動揺,興奮,騒ぎ,擾乱,動乱; vt. 発酵させる,沸き返らせる,掻き立てる; vi. 発酵する,騒ぎ立つ ◆a fermenting tank 醗酵槽[タンク] ◆various fermented foods 各種醗酵食品

**fermentable** adj. 発酵性の ◆fermentable organic waste(s) 発酵性の有機廃棄物

**fermentation** 回発酵; 《政治的や社会的な》動揺,興奮,騒ぎ,擾乱,動乱 ◆process bacterial fermentation products for vaccine development ワクチンの開発用に微生物醗酵製品を加工する

**fermenter, fermentor** a～ 発酵槽,発酵を起こさせる有機体[微生物,細菌,酵母菌] ◆a 30-liter fermentor 30リットルの醗酵槽

**fermium** フェルミウム(元素記号: Fm)

**ferocious** adj. 獰猛(ドウモウ)な,猛々しい(タケダケシイ),残忍,凶暴で,恐ろしい,猛烈な,ものすごい,すごい剣幕の ◆ferocious price cutting among personal computer makers パソコンメーカー間の猛烈[熾烈,苛烈,激烈,凄絶]な価格[値下げ,激安,低価格化]競争

**ferric** adj. 鉄の(= ferrous), 《化》第二鉄の ◆gamma ferric-oxide particles ガンマ酸化鉄の粒子

**ferrimagnetic** adj. フェリ磁性の ◆a ferrimagnetic substance [material] フェリ磁性体[材料]

**ferrite** 回フェライト(＊鉄,コバルト・ニッケル・マンガンなどの酸化物を焼き固めた強磁性セラミックで電子部品に用いる), 回フェライト(＊純鉄に微量の炭素を固溶した α 鉄[α 鉄]の組織学上の呼び名) ◆a ferrite ring magnet フェライトリング磁石 ◆a built-in ferrite bar antenna for MW 中波用の内蔵フェライトバーアンテナ ◆a ferrite magnet speaker フェライト磁石を使ったスピーカー ◆the ferrite core of a flyback transformer フライバックトランスのフェライトコア

**ferro-concrete, ferroconcrete** (= reinforced concrete) n., adj. 鉄筋コンクリート(製の)

**ferroelectric** 強誘電性の; ◆ferroelectric hysteresis 強誘電体ヒステリシス ◆a ferroelectric liquid crystal display 強誘電性液晶ディスプレイ(＊キャノンの)

**ferroelectricity** 強誘電性 ◆display ferroelectricity 《材料などが》強誘電性を示す

**ferromagnet** a～ 強磁性体

**ferromagnetic** 強磁性体の ◆a ferromagnetic material 強磁性体材料 ◆ferromagnetic stainless steel 強磁性ステンレス鋼

**ferromagnetism** 強磁性 ◆display ferromagnetism 《物質・材料などが》強磁性を示す

**ferrous** 鉄の,鉄を含む,鉄分の; 《化》第一鉄の ◆ferrous [↔nonferrous] metals 鉄金属[→非鉄金属]

**ferrule** a～ フェルール,（傘の）石突き,口輪,金輪,管はばき

**fertile** adj. 《土地が》肥沃な,《雨など》豊作をもたらす,《想像力など》豊かな; 受精した,妊娠可能な; 《原子力》《物質が》中性子照射により核分裂性核種に変換できる,親-(オヤ) ◆convert fertile material to fissionable material 《原子力》親物質を核分裂性物質に転換する ◆countries with a fat and fertile soil 肥沃な土壌[沃土]を持つ国々 ◆Uganda is primarily an agricultural country, endowed with vast fertile land. ウガンダは,広大な肥沃な土地[沃土]に恵まれており,本質的には[基本的には]農業国である.

**fertility** 回生殖能力,繁殖能力[可能性],増殖力[性],多産性,妊性, 《受精卵》率,《植物の》稔性(ネンセイ), 土地の生産力,地力,肥沃（度）,回《想像力,創造力などの》豊かさ ◆the American Fertility Society 米国生殖学会 ◆be born during a period of relatively low fertility 比較的出生率の低い時期に生まれた ◆In 1977-78, Kenya had a Total Fertility Rate of 8.3 children per woman. 1977～1978年におけるケニアの合計特殊出生率は,8.3人であった. ◆The fields lost their fertility from continuous cropping. これらの農地は,連作が原因で地力[生産力,産出力]を失ってしまった.

**fertilization** 回肥沃化,受精[受胎] ◆in-vitro [in vitro] fertilization 体外受精

**fertilize** vt. 〈土地〉を肥沃にする[に肥料を施す],〈生物〉を受精[受胎]させる,〈精神〉を豊かにする ◆an unfertilized [unimpregnated] egg 無精卵

**fervid** adj. 非常に熱くなっている,燃えている,熱烈な,熱情的な,情熱を込めた ◆fervid discussions 熱のこもった議論

**festival** a～ 祭り,祭日,祝日, 《定期的な》文化的催し物[祭典,祭り,祝祭,祝典,記念祭],-フェスティバル,-祭; a～ 饗宴,お祭り騒ぎ; adj. フェスティバルの,楽しい

**FET** a～, an ～ (a field-effect transistor) 電界効果トランジスタ

**fetal** adj. 《生》胎児の ◆fetal reduction (aborting one or more fetuses which resulted from fertility treatment) 多胎減数(不妊治療が原因の多胎児の1人か2人を人工妊娠中絶すること)

**fetch** 1 ～を取って来る,～を呼び[連れ]に行って来る; 《コンピュ》～を取り出す,取得する,読み込む; 《品物が》～の値で売れる ◆fetch instructions from memory 《コンピュ》メモリーから命令をフェッチする[取り出す]

2 a～ 《コンピュ》フェッチ ◆a fetch and execute cycle 《コンピュ》フェッチ[命令取り出し]−実行サイクル

**fetter** （通例 ～s）足かせ; 束縛,拘束,しがらみ ◆remain fettered in poverty 貧困から抜け出せないでいる ◆view the treaty as a fetter to U.S. efforts to develop... 同協定を～を開発しようとしている米国の取り組みの(邪魔をする)足かせ[《意訳》障害]となっているとみている ◆break the fetters of the rigid rules of technique and composition 技法や構図についてのガチガチのルールによる束縛[足かせ]を断ち切る[ルールに縛られないで伸び伸びとやる] (＊写真撮影の話)

**feud** 1 (a)～(る2氏族間などの長年にわたる)不和, 確執, 争い, 反目, 宿怨; vi. 争う, 反目する ◆The disagreement turned into a years-long feud between the two.　意見の相違は, 両者の間の何年にもわたる確執[反目, 不和, にらみ合い]へと変わった.
2 a～(封建時代の)領地, 封土, 封地

**fever** (a)～((単のみ))発熱, 熱病, 熱, 熱狂, 興奮, -熱; vt. 発熱[熱狂]させる ◆the sudden onset of high fever and chills　《医》突然の発熱と悪寒 ◆Excitement is reaching fever pitch. 興奮は(大)熱狂の渦と化しつつある.

**feverish** adj. 熱のある, 熱っぽい; 熱狂的な, 熱烈がな ◆at a feverish pace　急ピッチで ◆at a feverish pitch　熱のはいった急ピッチで

**few** (a をつけて肯定的に)少数の, いくつかの, 数-, 2～3の, 3～4の; (a をつけないで否定的に)ほとんど…ない, 少数しかない; the — 少数の人たち, 少数 ◆quite a few　かなり多数[たくさん], 相当な数[量]の ◆a few applications　二, 三[いくつか]の応用例 ◆a few tens of km/sec　二, 三十キロメートル/秒; 毎秒数十 km ◆a few tens of milliseconds　二, 三十[数十]ミリ秒 ◆a few tenths of a percent　1パーセントの10分の何; 10分の数[0.数]パーセント ◆a few years ago　数年前に; 何年か前に ◆… are few (in number)　(の数)は少ない ◆from as few as 30 to several hundred　わずか30から数百まで ◆last for a few days　2～3日(の間)続く ◆these privileged few　これらの恵まれた少数の人々 ◆to name just a few (of the many)　(数多くある中から)ほんの一例[ちょっと]挙げてみただけでも(*ここでの「一例」は, 1例の意味ではなく, 少ないいくつかの例という意味); (多数の中の)ほんの一部である ◆Although relatively few [small] in number, …　数的に[件数, 人数, 個数, 本数, 枚数, 台数]は比較的少ない[小さい]ものの, ◆for all people, not just for a privileged few　少数(一部)の恵まれた人達のためではなく, すべての人のために ◆they share few common characters　これらには共通の特質はほとんど無い ◆write programs with as few bugs as possible　できるだけバグのないプログラムを書く ◆fewer and fewer women decide to get hitched　(直訳)ますます少ない女性が結婚することを決意する; (意訳)結婚しようとする女性がいよいよ減ってきている ◆she is one of few who can do such research　彼女は, そういった調査研究のできる数少ない人間の一人である ◆Few can match the Porsche's individuality and panache.　ポルシェの個性と気品にかなう車は, ほとんどない. ◆Few Japanese make full use of their vacations.　休みを完全に消化する日本人はほとんどいない. ◆Pie charts should contain the fewest number of slices.　円グラフは, (見やすさの点から)できるだけ分類項目の数を少なくすべきである. ◆Take as few lecture notes as possible.　できるだけ少なく講義のメモを取りなさい; (意訳)講義中ノートを取るのは最低限にすること. ◆Very few are capable of passing their endurance tests.　耐久テスト[テスト]をクリアできるのはごくわずかである[極めて少ない]. ◆A few, only about 2,000, may get reassigned to other jobs in the company.　少数の従業員, わずか2,000名ばかりが, 社内で他の仕事に配置換えされることになるだろう. (▶2,000という大きな数字を a few と表している例. few は主観的に少ないことを意味する) ◆He found too much deadwood doing too little work and too few good staff members doing too much.　彼は, あまりにも大勢の窓際族があまりにも仕事をせず, そしてあまりにも少ない優秀な職員があまりにもたくさんの仕事をしていることに気がついた. ◆It takes just a few seconds to compress an image of several megabytes down to just a few tens of kilobytes.　数メガバイトの画像をわずか数キロバイトにまで圧縮するのにわずか数秒しかかからない. ◆These printers operate at rates ranging from a few dozen to a few hundred characters per second.　これらのプリンタは, 1秒間に数十から数百文字の速度で動作[印字]する.

**fewer** adj. より少ない数の, より少数の ◆15 seconds or fewer after…　〜後15秒以下[以内]に ◆businesses with 25 or fewer employees　従業員25名以下の事業所 ◆reduce the number of…-s to three or fewer　〜の数を3以下[以内]に減らす[減数する] ◆this means fewer computers will be sold　(意訳)これはコンピュータの売れ行きの鈍化[低下]を意味する ◆much of the deterioration stemmed from fewer sales of…　業績悪化の大部分は〜の売上の減少が原因であった ◆the number of different plant and animal species becomes fewer　異なる植物や動物の種の数が少なくなる; 動植物の希少化が起こる ◆One million fewer travelers will visit the U.S.　アメリカへの旅行者は100万人減るだろう. ◆Schools in poor districts average 30-percent fewer computers than other schools.　貧しい地区にある学校は, ほかの学校に比べてコンピュータの所有台数が平均して30%少ない. ◆The dot-matrix printers have 50 percent fewer components than impact font printers.　ドットマトリクスプリンタは, インパクト式活字プリンタより部品(点数)が50%少ない.

**no fewer than…**　〈数〉も, 〈数〉にものぼる(多くの), 〈数〉を下らない(= as many as) ◆no fewer than 10 incompatible personal computers　10機種も[にものぼる]互換性のないパソコン

**FF** (an) ～ (a form feed) 《コンピュ》用紙送り, ページ送り[改ページ]

**FFC** ◆an FFC (a flat flexible cable)　フレキシブルフラットケーブル(*小型・薄型電子機器の内部配線用)

**FFT** (fast Fourier transform) an ～　高速フーリエ変換 ◆FFT analysis of time-history data　時刻歴データのFFT(高速フーリエ変換)解析

**FHWA** (Federal Highway Administration) the ～ (米)連邦高速道路局

**FIA** (International Automobile Federation) the ～　国際自動車連盟

**fiber, fibre**　繊維, 繊維質, 繊維組織; a ～ 1本の繊維 ◆an optical fiber preform　光ファイバー母材 ◆a high-fiber diet　繊維を多くとる食事; 高ファイバー食 ◆hollow-fiber membrane products　中空糸膜製品 ◆a 200-$\mu$m-core fiber　コア[芯]の径が200ミクロンのファイバー ◆clean fabric fibers effectively　布地の繊維を効果的に洗浄する ◆split the wood in a direction as nearly coincident with the direction of the fibres as possible　木材をできるだけ繊維と同じ方向に[(意訳)繊維と平行にしるように]分割する ◆the polyurethane fibers are four-tenths of a micron in thickness　ポリウレタン繊維の径は10分の4ミクロンである ◆A fiber-rich diet helps prevent constipation.　繊維の多い食事は, 便秘予防の助けになる. ◆Fiber will help you to have regular, comfortable bowel movements.　ファイバー[繊維質]は, 規則正しく気持ちよい便通[快度]を得る助けになります.

**fiberboard** (a)～ファイバーボード, 繊維板(*建築材料)

**fiberglass**　ガラスファイバー, ガラス繊維(= glass fiber); ファイバーグラス(*合成樹脂に補強のためのガラス繊維を加えた材料. 船体や車体の製造に用いられる) ◆fiberglass reinforced plastics (FRP)　ガラス[グラス]ファイバーによって強化されたプラスチック; ガラス繊維強化プラスチック

**fiber-optic** adj. 光ファイバーの, 光ファイバー技術の; fiber optics n. 光ファイバー, 光ファイバー技術(*光通信技術を指す) ◆a fiber-optic cable　光ファイバーケーブル ◆fiber-optic technology　光ファイバー技術 ◆a fiber-optic test instrument　光ファイバー試験器 ◆a broadband fiber-optic network　広帯域光ファイバー(通信)網 ◆a light-transmitting fiber optic bundle　光を伝える光ファイバーのバンドル

**fibroblast** ◆a fibroblast growth factor; an FGF　《医》線維芽細胞増殖因子

**fibrosis** (a)～《医》繊維症, 繊維形成[増多, 増殖], 繊維化 ◆pulmonary fibrosis　肺繊維症

**fibrous** adj. 繊維性の, 繊維質の, 繊維状の, 繊維(質)の多い, 繊維っぽい, 筋っぽい(sinewy), 強靱な(tough), (氷の結晶などが)針状の, 髭- ◆a fibrous air filter　繊維(性[層])エアフィルター ◆fibrous vegetables such as corn, celery, or sweet potatoes　トウモロコシ, セロリ, ジャガイモなどの繊維質の多い野菜

**fiction** ①創作, 小説; a～作り話, 作りごと, 拵え事 [コシラエ ゴト], でっち上げた嘘, 虚構, 虚偽 ◆learn about... through the vicarious experiences of film and fiction 映画や小説からの疑似体験を通して～について学ぶ

**fictitious** adj. うその, 偽りの, 虚偽の, 虚構の, 創作的な, つくりごとの, でっち上げの, にせの; 想像上の, 架空の; 空一, 偽一, 仮一 ◆a fictitious deal 虚構取引 ◆a fictitious name 偽名 ◆a fictitious person 架空の人物; 《法律》法人 ◆a fictitious story about... ～についての嘘の[作り]話 ◆create a fictitious business entity 架空の[実体のない]事業主体[企業, 企業体]をつくる ◆enter into a fictitious marriage with... ～と偽装結婚する

**fidelity** 忠実, 忠誠, 誠実, 信義; 正確さ, (再生や複写したものが)真に迫ること;《通》(再生された音, 映像の)忠実度 ◆with high fidelity, with a high degree of fidelity 高い忠実度で ◆a hi-fi (high-fidelity) audio amplifier ハイファイ [高忠実度] オーディオアンプ ◆pledge fidelity to... ～に対する忠誠を誓う ◆reproduce music with a high degree of fidelity (as in, being true) to the original sound at a performance 演奏会の原音に非常に忠実に [「真に迫る」と形容されるように] 音楽を再現する;《意訳》ライブ演奏会の生の音を高忠実度 [ハイファイ] 再生する

**fiducial** adj. 基準的, 参照の, 校正 [較正] の ◆a fiducial mark 基準の目印 ◆a fiducial point 基準点 ◆a fiducial value 《計測》基底値

**field** 1 a～野, 野原, 野辺, 原野, 田畑, 野良, 用地, 空き地, 一面の広がり, 産出地帯, 戦場, 《スポ》守備側 ◆a fenced-in field 囲いのある用地 [農地, 空き地] ◆eat only what is available fresh from the field 畑から取れ立てのものばかり食べる
2 a～分野, 領域, 範囲, (活動, 作業, 競争の) 場 [界, 域, 野], (作用の働く) 界, 視界 ◆a magnetic field 磁界 [磁場] ◆a revolving field 回転磁界 [回転磁石, 回転磁場] ◆the field magnets of an electric motor [a dynamo] 電動機 [発電機] の界磁 ◆a field-effect transistor (FET) 電界効果トランジスタ ◆a field emission display; an FED 電界放出型ディスプレイ ◆a field emission scanning electron microscope 電界放出型走査電子顕微鏡 ◆goods-producing fields 生産分野 ◆in a new field of study called... ～と呼ばれる新しい研究分野において ◆the field of workstation development ワークステーション開発の分野 ◆organized by Albert E. Elsen, a leading authority in the field 斯界 [シカイ][その分野] の指導的権威者 [第一人者, 大家, 泰斗 (タイト)] であるアルバート・E・エルセンにより組織された ◆make their work intelligible to people outside their fields 彼らの研究を門外漢にも理解できるようにする ◆The lens provides a field of view of 12" x 9". このレンズの視界 [視野] は, 12×9インチである。 ◆We are the largest distributor in the field, with over 20,000 items in stock. 弊社は, 2万点を上回る商品在庫を持つ業界随一の販売代理店です。
3 a～界,《オフィス, 工場, 実験室の外の》実地 [実際] の場, 現場, 出先 ◆field complaints 現場 [市場, 消費者] からの苦情 ◆assemble... in the field 現場で～を組み立てる ◆at a field site facility 〔フィールドにおける〕現場で ◆[carry out] a field investigation 現地調査 [実地調査, 現場検証] を実施する ◆suitable for field use 現場での使用に適している ◆technicians in the field 現場の [出張修理をしている] 技術者 ◆a field trial of ISDN facilities ISDN (総合デジタル通信網) 施設の実地 (運用) 試験 ◆a field-erected air-conditioning system 現場組立式空調システム ◆a field evaluation of electrocutors for mosquito control in... ～における蚊防除 [駆除] 用の電撃殺虫器の野外 [現地, 実地] 評価試験 ◆a field-replaceable cap 現場 [現地] 交換可能なキャップ (＊部品のこと) ◆a field replaceable power supply 現場交換可能な電源 ◆in-field services 出張修理 ◆The boards are field changeable. 基板は現場 [現地] 交換可能です。 ◆The first field trial for the system will begin in August. そのシステムの最初の実証実験の, 8月に開始されることになっている。 ◆The product is field proven. この製品は, 実際の使用の場における実績 [使用実績] がある。 ◆The use of portables permits the data to be updated in the field. 携帯型コンピュータを使うと, 現場 [出先, 外出先] でデータを更新できる。 ◆The article reports the results of field surveys conducted in Sri Lanka's leather industry and Tanzania's furniture industry. 本稿は, スリランカの皮革工業およびタンザニアの家具産業において実施された現地調査の結果を報告するものである。 ◆To preclude field problems, field service engineers should periodically check the condition of all fans. 現場での問題を防ぐために, フィールド・サービス・エンジニアは定期的にすべてのファンの状態を点検しなければならない。
4 a～《コンピュ》フィールド [欄] (＊1つのデータ項目を入力・記録する特定の領域であり, レコードの構成要素となる。→ record) ◆a time and date field 日時 [日付と時刻] の (入力) 欄 ◆a text-entry field 《コンピュ》テキスト入力領域 ◆enter a command in the action field 《コンピュ》アクションフィールドに [で] コマンドを入力する
5 vt., vi. 守備につける [つく], ～を受け止める [さばく], 〈質問〉にぶっつけ本番で [特別の準備なしに] [手際よく] 答える ◆field (one's) questions about... ～に関する質問に手際よく答える [当意即妙の答弁をする], ～についての質問を上手に [うまく] さばく,《場合によっては》質問を軽くいなす [あしらう]

**field-proven** adj. 実地で証明されている ◆field-proven performance 現場 [現地, 実地] での実績のある性能

**field research** 実地調査 [研究], 現地調査 ◆while conducting field research of an Indian village インディアンの村落の実地調査を行なっていた間に

**field study** 実地研究, 現地調査 ◆he was engaged in field research studies related to infectious malaria 彼は感染性マラリアに関する実地調査研究に従事していた

**field trip** a～見学 (遠足) [旅行], 見聞旅行, 実地踏査 [現地調査, 視察] に出向くこと,〈乳幼児にとっての〉(新しい) 刺激になるような) お出かけ ◆make [go on, take, have] a field trip to... ～に見学 (遠足) [旅行] に行く ◆while on a field trip; during a field trip 見学 [見聞] 旅行中に

**field work, fieldwork** フィールドワーク, 実地研究, 野外研究 [調査], (学問上の) 現地観察; 野良 [畑] 仕事, 野外 [現場] 作業, 出張整備 [保守] (▶使える動詞は, do, perform, conduct, carry out など)

**fierce** adj. 激しい, 猛烈の, 熾烈 (シレツ) の, 苛烈な, 激烈な, 凄絶な, 烈々たる, すさまじい ◆fierce competition 熾烈 [苛烈, 激烈] な競争; 激戦 ◆a fierce battle 激しい [苛烈な] 戦闘; 激闘 ◆a fierce storm 激しい [荒れ狂う] あらし ◆fierce price wars 苛烈な価格戦争; 激安戦争 ◆competition is fierce 競争は激烈 [苛烈, 熾烈] である ◆The competition is becoming fierce. 競争は, 激化しつつある。

**fiercely** adv. 激しく, 猛烈に, 熾烈に, 烈々と, すさまじく ◆a fiercely contested market 競争が激烈な市場 ◆in a fiercely competitive market 競争が熾烈な市場において

**FIFA** (the International Federation of Association Football)《略語形ではthe は不要》国際サッカー連盟, フィーファ

**FIFO** (first-in, first-out)「ファイ・フォウ」と発音. 先入れ先出し法, 先入れ先出し (cf. LIFO) ◆a 1K-byte FIFO data buffer 《コンピュ》1キロバイトの容量の先入れ先出しデータバッファー

**fifth** (5th) n.《通例 the ～》5番目 [第5] のもの; a～, one～ (pl. ～s) 5分の1; adj., adv.

**fifty** 50; the fifties 50年代, 50 (度 [番]) 台 ◆in one's fifties 50 (歳) 代で

**fifty-fifty, 50-50** adj. 五分五分の, 半々の; adv. 半々に ◆a fifty-fifty mix [blend] of A and B AとBを半々に [《意訳》同量, 等量] 混ぜた配合物 [混合物] ◆he put his chances at fifty-fifty 彼はその [そうする] 可能性を五分五分と踏んだ ◆split it fifty-fifty それを折半する [半分ずつに分ける] ◆a 50-50 sharing of child-rearing duties 《意訳》育児の義務の均等 [平等] な分担 (＊夫婦間における) ◆it has to be divided fifty-fifty between the two spouses それは両配偶者間で折半しなければ

ならない ◆the chances of a war in the Persian Gulf were fifty-fifty ペルシャ湾で戦争が起きる可能性は五分五分だった ◆His chances of making a full recovery remain only 50-50, doctors said. 彼が全治する可能性[確率]は五分五分でしかないと医師団は述べた。 ◆Victims stand a fifty-fifty chance of surviving. 犠牲者の生存の可能性は五分五分だ。

**fiftysomething** → something

**fig.** (figure の略) → figure ▶ 文頭にくる場合は、略さずに Figure と必ずフルスペルで書く。

**fight** 1 *a* 〜 戦い, 戦闘, 試合, 合戦, 闘争, 撲滅運動, 論争, 激論, 口論; 回闘志, 戦意 ◆the fight against AIDS エイズとの闘い ◆a fight among government agencies over bureaucratic turf 政府機関[官庁]間の縄張り争い ◆pledge international cooperation in the fight against drug trafficking 麻薬密売撲滅に向けての国際協力を誓う
2 *vt.* 〈敵, インフレなど〉と戦う, 〜と争う; *vi.* (〜と)戦う, 争う <against>; ◆fight to <do> 〜するよう奮闘する[なんとか〜しようと努力する] ◆fight (against) unreasonable rules [demands] 理屈に合わないきまり[むちゃな要求]と闘う ◆fight him one-on-one 彼と一対一で闘う[戦う]; 彼と一騎討ちの勝負をする ◆fight the introduction of robots ロボットの導入に反対する ◆take pollution-fighting measures 公害(撲滅)対策を取る[講じる, 打つ] ◆the best way to fight the noise 最善のノイズ対策方法 ◆a cancer-fighting cell 癌と闘う細胞 ◆a disease-fighting drug 病気治療薬 ◆He had been fighting stomach cancer for nine months. (亡くなった)彼は胃癌で9カ月間闘病生活をしていた。 ◆Most cats become infected with FIV when they are bitten while fighting with an infected cat. ほとんどの猫は, 感染している猫と喧嘩していて噛まれることによりFIV(ネコ免疫不全ウイルス)に感染する。

**fighter** *a* 〜 戦闘機, プロボクサー, 闘士 ◆a jet fighter; a fighter jet ジェット戦闘機

**-fighting** *adj.* 〜と戦う, 〜をやっつける

**figuratively** 比喩的に ◆The researcher is working, figuratively speaking, in an uncharted, cloud-covered mountain range, looking for a path leading to the top of one of the mountains. 研究者というものは, 比喩的に言えば[たとえて言えば], 人跡未踏の雲に覆われた山脈の中で, ある山の一つの頂に至る道を探す努力をしているようなものだ。

**figure** 1 *a* 〜 図 (▶図番号を文中ではFig. 1のように略して表記することが多いが文頭ではFig.と略さない), 図柄, 模様; *a* 〜 形, 形状, 外形, 格好, 姿, 容姿, 体型, プロポーション, 人物, (絵画, 彫刻の)肖像, 像 ◆as can be seen from Fig. 5 図5から分かるように, 図5を見ての通り ◆as indicated in Figs. 5 to 9 図5〜図9に示されている[示す]とおり ◆as shown [indicated] in Fig. 2-3 図2-3 に示されているように[示す ように] ◆her great [superb] figure 彼女のすばらしい見事な[よい]プロポーション; 彼女のナイスバディ ◆Figure 3 is a diagram showing [illustrating]... 図3は〜を示す図である[〜を示している] (▶文頭ではFig. 3のように略さずにフルスペルでする) ◆A glance at Fig. 3 indicates that... 第3図を一見すればわかるように〜 ◆As you can see in Figures 3 through 8, ... 第3図から第8図を見て分かるように[とおり], 〜 ◆An example of... is pictured in Fig. 2-5. 〜の例は図2-5に図示されている。 ◆A typical design is shown schematically in Fig. 4. 典型的構造は, 図4に図示してある。 ◆Pictorially, this is represented as in Figure 3-4. これは, 図式化すると図3-4のようになる。 ◆They are illustrated in Fig. 2-1. それらは図2-1に図示されている。 ◆Figure 2 shows in diagrammatic form the construction of the engine. 図2は, エンジンの構造を図示[図解]したものである。 ◆Figure 6.5 depicts the typical molecular shapes that we will discuss. 図6.5は, これから論じるいくつかの典型的な分子形状を表している。 ◆Figures 1 through 3 show the main external parts of the printer. 本プリンタの, 主な外装部品[各部の名称]を, 図1から図3に示す。
2 *a* 〜 数字, 数値, 一値, 桁, (金)額; 〜sデータ, 統計 ◆an Arabic figure [numeral] アラビア[算用]数字 (∗0, 1, 〜9のいずれか) ◆a noise figure 雑音指数 ◆performance figures (車, 機械の)性能値; 〈企業の〉実績の数字 ◆fuel economy figures 燃費値 ◆trade-deficit figures 貿易収支の赤字数字 ◆three significant figures [digits] 有効数字3桁 ◆year-ago figures [statistics, results] 前年の数値[数字, 統計, 実績] ◆according to figures released by... 〈省庁, 研究所など〉が発表した統計によると ◆trade figures released in Tokyo last week 先週東京で公表された貿易統計 ◆all the remarkable facts and figures behind the world's premiere sports cars 世界のピカースポーツカーの驚くべき諸元と数値[性能値]の全容 ◆have to pay 90 percent of xxx or $3,000, whichever figure is lower [whichever is the lesser figure] xxxの90%または3千ドルのいずれか小さいほうの金額を支払わなければならない
3 *vt.* 〜を図示する[表す]; 〜と思う[考える]<that>, 〜を計算[算出]する ◆<up>, 〜を計算に入れる<in>; *vi.* 目立つ[異彩を放つ], (〜として)現れる[通る]<as>

**figure out** 〜が分かる, 〜を理解する, 〜を解決する; 〜を計算する, 算出する ◆figure out the difference in gain ゲイン差を計算する

**figure case** the 〜 (テレックスキーボードの)上段 (∗数字や記号が割り当てられている. the upper case とも呼ぶ. 下段は the letter case)

**figure-shift** ◆a figure-shift signal 上段シフト符号 (∗テレックスでキーボードを上段に切り換える信号)

**filament** *a* 〜 フィラメント, 細糸, 単繊維, 線条[繊条], 糸状体 ◆the tungsten filament of a light bulb 電球のタングステンフィラメント

**file** 1 *a* 〜 ファイル, 綴じ込み(帳), 《コンピュ》 ファイル, 《中国語》文件 ◆create [open, view, save, close, delete] a file 《コンピュ》ファイルを作成する[(順に)開く, 表示する, 保存する, 閉じる, 削除する] ◆file deletion [creation] 《コンピュ》ファイルの削除[作成] ◆a file [filing] cabinet 書類戸棚; ファイルキャビネット ◆a file of invoices 納品伝票[送り状, 仕切状]のファイル ◆large files of information いくつもの大きなファイルに収められている情報 ◆PCs smaller than A4 file size A4ファイルサイズよりも小型のパソコン ◆an A4 file-size notebook personal computer A4ファイルサイズのノートパソコン ◆save the source in a file called mydll.mc 《コンピュ》そのソースコードをmydll.mcという(名前の)ファイルに保存する ◆the reading and writing of data from and to files 《コンピュ》ファイルからのデータの読み取りおよびファイルへのデータの書き込み ◆documents in an electronic form (that is, in a disk file) 電子的な形式の文書(つまり, ディスクファイルになっているもの) ◆write the contents of a given memory location to a named file 《コンピュ》指定されたメモリー位置の内容を指定された名前のファイルに書き込む
2 *vt.* 〜をファイルする, 〜を整理する, 〈記事〉を送る, 〈申込書, 願書〉を提出[出願, 申請]する, (〜を相手取って)〈訴訟, 告訴〉を提起[提出]する<against>; *vi.* (〜を)申し込む<for> ◆file a patent 特許を申請する ◆file a story 〈記者, 報道員が〉記事を(書いて)送る[配信する, 提出する] ◆file for personal bankruptcy 個人破産の申し立てをする ◆the company filed for Chapter 11 protection last week この会社は先週(米国の)連邦破産法第11条の保護を申請した。 ◆As you can see, to obtain an appropriative water right first requires the filing of an application with the Water Board. ご案内のとおり, 専用水利権を取得するにはまず水道委員会に申請することが必要です。
3 *a* 〜 縦に並んだ列, 縦列, 縦隊; *vi.* 1列縦隊で進む[行進する] ◆in file (formation) 縦に並んで; 縦列で; 縦列をなして ◆in single file (無冠詞) 一列縦隊で[1列に並んで, 縦列をなして] ◆in Indian file 1列縦隊で[1列になって] (▶技術分野ではあまり用いられない用法) ◆a single-file lane 縦1列の縦列[隊列]走行しかできない車線 ◆file them seven deep 彼らを7列縦隊[縦列]に整列させる
4 *a* 〜 やすり; 〜にやすりをかける, 〜をやすりで削る[滑らかにする, 除去する] ◆file-dust [file dust] やすりの削り屑[粉]; やすり粉[切粉, 切屑] ◆file sharp corners 鋭いかどにやすりをかける

**on file** ファイルに、ファイルして、(ファイルに)整理して[綴じ込んで、載せて、記録されて、保管されて] ◆The FBI has 30 million fingerprints on file. 連邦捜査局には3,000万件の指紋が登録されている。

**filename** a~ ファイル名 ◆record the data on a floppy disk under whatever filename you please そのデータを好きなファイル名でフロッピーディスクに記録する ◆A filename can be up to 31 characters long. 《コンピュ》ファイル名は、31文字までの長さにできる。

**filibuster** v. 法案の審議を(時間切れをねらって)引き延ばす, 議事妨害する; (a)~ 引き延ばし戦術, 長時間の討議 ◆mount a debate-stopping filibuster 討議をストップさせる議事妨害を開始する ◆a unique Japanese filibustering technique of slow-motion voting known as the "ox walk" 「牛歩」として知られる、スローモー投票による日本の独特な議事妨害戦術(*他にox step, cow walkなどとも)

**filigree** □(金、銀などの極細金属線を使った)線細工; adj. 線細工を施した

**filing** (書類を)ファイリングすること; やすり仕上げ ◆a document-filing and -retrieval system 文書ファイリング検索システム ◆recent increases in personal bankruptcy filings 個人破産の申し立て件数の最近の増加

**filings** やすりの削り屑[粉]

**fill** 1 vt. ~を(~で)いっぱいにする[満たす]<with>, ~に(~を)詰め込む<with>, (人々が)〈場所〉を埋め尽くす, 〈穴、隙間〉をふさぐ, 〈空所、空位〉を埋める<with>, ~を(~に)注ぐ(ツグ)[いっぱいに入れる]<into>, 〈要求、注文〉を満たす(応じる); vi. (~で)一杯になる、満ちる、充満する<with> ◆color-filling graphics 色塗りグラフィックス ◆a cream-filled wafer, a wafer filled with cream 中にクリームの入った[間にクリームを挟んだ]ウエハース ◆fill a hole 穴をふさぐ ◆fill cracks with slurry 亀裂をスラリーでふさぐ ◆fill holes with... ~を穴に詰める ◆fill the need for... ~の必要性を満たす ◆an error-filled game ミスだらけ[ミス続出]の競技 ◆a water-filled pool 水が張られているプール ◆gas-filled 105-mm shells 毒ガス入りの[毒ガスが充填された]105mm砲弾 ◆water-filled interstices 水で満たされている間隙 ◆fill orders from customers at home and overseas 国の内外の顧客からの注文をさばく ◆fill the beaker 2/3 full of water ビーカーに水を3分の2まで入れる ◆fill the frame with a single flower 《撮影》一輪の花を画面いっぱいにおさめる ◆fill voids with pumped grout 間隙をポンプで加圧したグラウトで埋塞(テンソク)する ◆fill an area with your choices of predefined colors and patterns 《コンピュ》ある領域を自分の好きなあらかじめ定義しておいた色と模様で塗りつぶす ◆The smell of boiling lamb chops fills the kitchen. 煮立っているラムチョップの匂いが台所に充満する。 ◆The manual, while seemingly competently done, is filled with typos and misspellings. このマニュアルは、一見ちゃんと仕上がっているようであるが、誤植やスペルミスだらけである。

2 a~ (容器)一杯(分)、一盛り; one's~ ほしいだけ、存分; (a)~ 満たす[埋める]もの[こと]、塗りつぶし; 《カメラ》補助光 ◆eat [drink, have] one's fill of... ~を存分[腹一杯、たらふく、飽きるほど]食べる[飲む、味わう] ◆place pervious fill 透水性の盛り土を盛る ◆bears catch their own fill of salmon クマは自分の腹を満たす分のシャケを捕まえる ◆operate up to 18 hours per fill 1回の(燃料)補給で最高18時間働く ◆throw in a little fill flash 《写真》ストロボ補助光を少し照射する ◆use electronic flash for [as] fill フラッシュ[ストロボ]を補助光に[として]使う ◆some type of fill light なんらかの種類の補助光を用いる ◆up to 256 colors for color fills 《CG》256色までの色塗り[色の塗りつぶし]のためのディザリングを行う ◆business presentations that require a lot of solid fills ベタ[印刷箇所を多用するビジネス・プレゼン用の資料 ◆Go ahead and eat your fill. さあどんどん(思う存分)召し上がれ。; さあ、たらふくお食べ。 ◆You can create ruled lines, boxes, circles and ovals in any of 12 different line styles and 16 different fill patterns. 《コンピュ》

罫線、囲い枠、円、楕円を、12の異なった線種と16の異なった塗りつぶし模様の中から任意のものを使って作る[描く]ことができる。

**fill in** ~を埋める、~を記入する、~の代理をする、〈穴、割れ目など〉をふさぐ ◆fill in holes 穴を埋める ◆filled-in areas ベタ印刷された部分[箇所] ◆a fill-in-the-blank(s) test 空所補充問題[穴埋め式]のテスト ◆filled-in boxes チェックされた四角(*マークシートの話より) ◆fill in for him 彼の代役を務める ◆fill in the blanks [blank spaces] 空欄に記入する[空欄を埋める、空所を補充する] ◆a filled-in application, ready for signature (あとは)署名だけすればよいようになっている記入済み申し込み書 ◆Rectangular regions may be filled in with black or white. 四角形領域を黒または白で塗りつぶすことができる。

**fill out** ~に記入する、書き込む[入れる] ◆fill out an application 申請書に記入する ◆Survey the children's wardrobes and fill out where necessary. 子供達の洋服タンス[持っている衣服]を調べて、必要なところを補充してください。 ◆The manufacturers have been filling out their lines by adding... これらメーカー各社は、自社の製品系列[ラインアップ]に~を追加して充実させてきている。

**fill up** vt. ~を満たす、~をいっぱいにする、~を埋める、~に書き込む[記入する]; vi. いっぱいになる、埋まる、満員になる ◆fill up on milk ミルクでおなかがいっぱいになる[満たされる] ◆Fill it up, please. 満タンにしてください。

**-filled** ~で一杯の、~が充満している、で満ちている、-入入りの、-封入の、~が充填されている ◆a helium-filled balloon ヘリウムが充填された風船 ◆an error-filled game エラー続出の試合 ◆an incense-filled hall お香の薫りが一面に漂っている[立ちこめている]本堂 ◆a smoke-filled room タバコの煙が充満している部屋

**filler** a~ 詰める人[装置]、充填材[剤]、増量剤、目止め剤、(書物の)埋め草 ◆a fuel filler 燃料補給[注入]用具 ◆shredded paper and foam packaging are reused as packing filler シュレッダーにかけられた紙や発泡梱包材が梱包の詰め物として再使用されている

**fill-flash** ストロボを補助光に使った ◆fill-flash photography フラッシュを補助光として用いる写真撮影

**fill-in** a~ 代理、穴埋め(となる人[もの]); 記入 ◆automatic fill-in 《コンピュ》(表などへの)自動入力 ◆fill-in light; fill light 《撮影》補助光 ◆as a fill-in for... ~の代役[穴埋め]として ◆Tony is a fill-in for injured Dan トニーはけがをしたダンの代役[代理、ピンチ・ヒッター、代わり]です

**filling** 充填、(ソファーなどの)詰め物; a~ 充填材[剤]; adj. 充填用の、腹が一杯になる ◆a fill [filling] factor 充填率 ◆(a) filling material 充填材、中綿 ◆Over a month ago, my dentist replaced a filling in one of my molars. 1カ月以上前に、私のかかっている歯科医が白歯のうちの一本の詰め物を替えてくれた。

**fill-up** a~ 満タン給油 ◆With its 23-gallon tank, the car can go nearly 600 miles between fill-ups. 23ガロンのタンクを搭載しているこの車は、1回満タンにすると600マイル近く走行できる。

**film** 1 (a)~ フィルム、薄い膜、薄膜(ハクマク、ウスマク)、皮膜; a~ 映画 ◆a roll of film フィルム1本 ◆a thin film of metal 薄い金属皮膜 ◆a film-advance system フィルム送り機構 ◆a film [film-based] camera フィルム(式)カメラ(=銀塩カメラ) ◆(a) slow-speed film ↔ (a) high-speed film 低感度[微粒子]フィルム ↔ 高感度[粒子の粗い]フィルム ◆film boiling 《ボイラー》膜沸騰(*これが発生すると水壁伝熱不良により焼損の原因となる) ◆film speed フィルム感度 ◆50 rolls of 24 exposure film 24枚撮りフィルム50本 ◆a 4- by 6-inch sheet of film 4インチ×6インチのフィルム1枚 ◆a film-making buff 映画制作マニア ◆film of magnetic recording material 磁化記録材料の膜 ◆a fully automatic film transport system 《カメラ》完全自動フィルム給送システム ◆be committed to film 映画化される ◆DX-coded films DXコードが施されているフィルム ◆many hours of film 何時

**Filofax**

間分ものフィルム[映画]　◆a big-budget film about...　〜を題材にした高額予算映画　◆a low-speed color transparency film（スライド用の）低感度カラー透明陽画フィルム　◆full-length films on educational topics　教育内容の長編映画　◆shoot a roll of black-and-white film　白黒フィルム1本分撮る　◆thin films just a few angstroms thick　僅か数オングストローム厚の薄膜　◆Apply a thin film of [a light coat of] grease.　グリースを薄く塗ってください。　◆I had an equal amount of exposed and unexposed film.　私は同数の撮影済みフィルムと未露光[未使用]のフィルムを持っていた。（*filmが不可算名詞扱いされている）　◆Slow films are very fine-grained and sharp. 遅い（シャッタースピードを要する低感度）フィルムはきめが細かく[微粒子で]シャープである。(*filmsと複数形なのは、複数の種類のフィルムを指す)　◆The varnish dries to a hard film. そのニスは乾いて硬質膜になる
**2** vt. 薄膜[皮膜]で覆う、撮影する、フィルムに記録する、カメラに収める、映画化する; vi. 皮膜で覆われる

**Filofax**　ファイロファックス (*システム手帳で知られる英国Filofax社の商標); a 〜 (pl. -es) ファイロファックスシステム手帳

**filter** **1** a 〜 フィルター、濾過(ロカ)器[機、装置]、濾光器、濾波器　◆a filter press　フィルタープレス (*汚水・排水処理でスラッジの分離に使用)　◆a primary-colors filter　三原色フィルター　◆a vacuum filter　真空濾過機　◆a 0.3-micron HEPA (high efficiency particulate air) filter　0.3ミクロン高性能[HEPA]フィルター　◆a choke-input filter　チョーク入力平滑回路　◆an antiglare and antistatic filter　〈画面の〉ギラツキ[外光反射、うつり込み]防止・帯電防止フィルター　◆guard against radiation emission, glare, and static buildup with a CRT filter　CRTフィルターによって、放射線の放射、ギラツキ、静電気の蓄積を防止する　◆A filter is used to provide 96-dB/octave attenuation.　96dB/Oct.の減衰を与える[得る、確保する]ためにフィルターが使用されている。　◆The CRT filter improves readability and ensures high contrast and sharp images through the absorption of glare.　本CRTフィルターは、ギラツキの吸収により読みやすさを向上させ、高いコントラストとシャープな画像を保証します。
**2** vt. 〜を濾過(ロカ)する、選択的に通す、選別する、〜をフィルターに通す[かける]、〜にフィルターをかける; 〜を濾過する、〜の一部を除去[排除]する〈out, off〉; vi. 濾過する、しみ通る、浸透する　◆filter out metal shavings　金属(が削られてできた細かい)屑を濾し取る[濾して除去する]　◆be used for filtering corrosive liquids　腐食性液体の濾過に用いる　◆the ozone layer filters out ultraviolet radiation　オゾン層は紫外線放射を(一部)遮る[カットする、減衰させる]　◆filter out light wavelengths from 200 to 540 nanometers　200から540ナノメートルの光波長を遮る　◆reports filtering into the capital about food shortages in the provinces　首都に徐々に入って[流れて]きている、地方の食糧難についての情報　◆The solvent is ultra-filtered to <0.2 microns for unsurpassed purity.　本溶剤は、最高の純度を得るために0.2ミクロン未満に限外ろ過されています。　◆The technology behind this high-performance system may eventually filter down to lesser breeds.　この高性能システムの背後にある技術は、ゆくゆくはより下位のシステムにも浸透していくことであろう。

**filth**　⑪汚物、汚れ; 不潔、不浄; 不潔な物、わいせつな物[言葉、映画など]　◆rid... of filth　〜のごみを取る[汚れを落とす]

**filthy**　adj. 汚い、汚れた、不潔な、不浄な、不正な、堕落した、卑劣な、下品な、卑猥(ヒワイ)な、みだらな　◆filthy toilet facilities　不潔な[汚い、不浄な]トイレ施設

**filtrate**　n. 濾液[濾液、濾過水、濾水(コシミズ)、分離水]; vt., vi. 濾過される　◆about 200 mℓ of filtrate are derived from...　約200ミリリットルの濾過液[ろ液、濾過水、濾水(コシミズ)、分離水]が〜から得られる

**filtration**　⑪濾過(ロカ)、漏出　◆raise the rate of filtration　濾過速度を上げる　◆be used for the filtration of corrosive gases　腐食性気体のろ過に用いられている

**fin**　a 〜 ひれ、バリ、（放熱器の）フィン、（ロケットの）垂直安定板　◆a cooling fin　冷却フィン　◆remove fins from molded parts　成形部品からバリを取る

**final**　adj. 最終、最終の、最後の、末尾の; 終局の、仕上げの、終期の、期末の、決定的な、究極的な、決選(戦)の　◆a final draft　最終[最後の]下書き、確定案、決定稿　◆an FCD (a Final Committee Draft)　委員会最終草案 (*ISOの advance [proceed] to the quarterfinal [semifinal, final] stage　《順に》準々決勝[準決勝、決勝](段階)に進む　◆a final amplifier　終段増幅器　◆a final disposal site　最終処分場　《放射性廃棄物などの》　◆a final-drive ratio　《車》最終駆動減速比　◆a final decision　最終決定[最終判断、最終判決、確定判決、決定]を下す　◆put [add] the final touches on...　〜に最後の仕上げを加える[施す]　◆reach [arrive at] a final agreement　最終合意に達する　◆the final drive and the first three gears　《車》(変速機の) 最終駆動ギアと(1速から)3速までのギア　◆watch quarterfinal, semifinal and final games [matches]　準々決勝戦、準決勝戦および決勝戦を観戦する　◆A final word of caution: ...　[終わり]に注意を一言: 〜　◆advance [reach, move into, step into] the final(s) [semifinals, quarterfinals of [at] the U.S. Open　全米オープンの[で]決勝[準決勝、準々決勝]に進出する　◆make the final determination of whether...　〜かどうかの最終決定を下す　◆wait for a final determination from the FAA　米連邦航空局からの最終決定を待つ　◆as they move into the final stages of operations aimed at providing food for the needy　貧者[恵まれない人々]に食べ物を施す彼らの作戦が終盤戦を迎え[最終段階に入る]につれて　◆use a DTP system to prepare the material for each issue and prepare the final copy for printing　DTPシステムを使って、各号の原稿を作成し、また印刷用の最終原稿[版下]を作る　◆"The decision is final," he said.　「この決定は、最終的なものだ」と、彼は言った。　◆The very last remaining seats are in the final phase of being sold.　もうこれきりで最後という残りの座席は、最終販売段階[販売の終盤]に入っている。　◆Additional funding has been requested and a final decision is being awaited.　追加融資の要求は提出済みであり決済を待っているところである。　◆The final finish of our products could be one or mixtures of the following: 1.... 2.... 3....　《意訳》弊社製品の最終仕上げは、つぎのなかから1つあるいは任意の組み合わせをお選びいただけます。1.〜 2.〜 3.〜

**finality**　⑪最終的[決定的]なこと[もの]　◆make one's exit, closing the door with finality　（これが最後という）きっぱりとした態度でドアを締めて出て行く

**finalization**　完成、確定、最終決定、最終成立、成就、完遂、締結、決着　◆take another step toward finalization　〈仕様・規格など〉最終決定に向け更に一歩前進する　◆Finalization of the DVD standard appears to be nearing.　DVD規格の最終決定[完成]が近づいているようである。

**finalize**　vt. 〜を[仕上げる、完成させる、完遂する、まとめ上げる、最終決定する、決める、確定する、急いで決定的にする、締結する、締めくくる、解決する、最終承認する]、〜に決着を付ける　◆finalize the details of the contract　同契約の細目を決める[最終決定する]　◆If there are no obstacles, the border could be finalized within six months.　障害がなければ、国境は6カ月以内に確定される可能性がある。

**finally**　adv. 最後に(は)、最終的に、決定的に、結局、挙げ句のはてに、やっと、ようやく、ついに、いよいよ、とうとう　◆Finally, I wish to thank all members of...　最後に、〜の皆様に感謝を申し上げたく存じます。　◆Spring is finally here.; Spring finally arrived [came].　《ようやく》来た。; 春がいよいよ到来した。　◆The carmaker has finally gotten serious about building interesting cars.　その自動車メーカーは、ようやくおもしろい車を作ることに真剣になった。　◆Spending on new plant and equipment, which stagnated in 1985-86, is finally on the upswing.　1985年から86年にかけて不振だった設備投資は、ようやく[やっと]上向きになっている。

**finance** **1** n. ⑪金融、財政、財務、資金繰り、金繰り; 〜s (一人、一企業、一政府の) 持っているお金の量、ふところ具合、金

まわり, 財政(状態), 財力, 財源, 収入, 歳入 ◆the finance industry　金融業界 ◆the Minister of Finance 《日》《旧》大蔵大臣; 財務大臣(*前者は2001年1月5日まで。後者は1月6日から) ◆the Ministry of Finance 《日》《旧》大蔵省; 財務省(*前者は2001年1月5日まで。後者は1月6日から) ◆a company's finance department　ある企業の財務部 ◆a major restructuring of finances　財政の大リストラ「大改革」 ◆disclose one's finances　財務内容を開示する ◆handle [manage, be in charge of, take care of, take charge of] family finances 《意訳》家計を預かっている ◆improve the company's finances　会社の財政(状態)[財務内容]を改善する ◆in the era of global business and finance　世界規模のビジネスと金融のこの時代にあって ◆the school's finances are in dire straits　学校の財政状態[財務状況, 台所]は火の車である ◆the company's finances are back in the black　この会社の財政状態[財務状況]は, 再び黒字になっている
2 vt. 〜に資金を供給する, 融資する; vi. (〜のための)資金を調達する <for> ◆Sixty percent of Soviet industry was put on a "self-financing" basis.　ソ連の産業の6割が「自己資金調達[《意訳》独立採算]」制に移行させられた。

**financial** adj. 金銭上の, 財政上の, 財政の, 財政上の; 経済的な, 資金的な; 経理の, 会計の; 財界の ◆(a) financial analysis　財務分析 ◆a financial institution　金融機関 ◆a financial problem　財政[金銭上の, 金融]問題 ◆a financial product　金融商品 ◆a financial year　会計[営業, 事業]年度 ◆financial analysis　財務分析 ◆financial engineering　財テク ◆financial markets　金融市場 ◆financial pressure　財政難; 金融逼迫(ヒッパク) ◆financial statement audits　財務諸表監査 ◆financial statements　財務諸表 ◆the U.S. financial system　米国の金融制度[システム] ◆a financial-services firm　金融サービス会社 ◆financial products　金融商品 ◆a CFO (chief financial officer)　最高財務[経理]責任者(*役職をいう場合は無冠詞) ◆a consolidated financial statement　連結決算表(*厳密には連結財務諸表のどれか一つであるが, 特に連結決算表の意味で用いられる場合が多い) ◆the Financial Sector Assessment Program (FSAP)　金融部門審査制度(*IMF, 世界銀行, 各国の金融監督当局が協力して金融部門の調査を行う) ◆as they grow in financial strength　彼らが資金力をつけるにつれて ◆cause a financial hardship　財政難を引き起こす ◆conduct [make, carry out] financial transactions on [over] the Internet　インターネットで金融取引を行う ◆conduct [perform] financial trading　金融取引を行う ◆do financial analysis of…　〜の財務分析を行う ◆dollar-denominated financial assets (stocks, bonds)　ドル建ての金融資産(株や証券) ◆drive a company into financial trouble　企業を財務難に追い込む ◆experts in financial analysis　財務分析の専門家 ◆face a financial crisis　財政危機に直面する ◆from a financial point of view　財務[財政]的にみて ◆have [be in] financial difficulties　財政難[経営難]に陥っている ◆in the wake of financial analyses　財務分析の結果 ◆Japan's Financial Reconstruction Commission　日本の金融再生委員会 ◆maintain a stable and efficient financial system　安定した効率的な金融システム[制度]を維持する ◆straighten out a financial tangle　金銭上のもつれ[ごたごた]を片付ける ◆to improve your financial standing　あなたの経済状態をよくするために ◆a closer analysis of the company's financial situation [condition]　同社の財務(状態)の)より詳細な分析 ◆have the financial staying power to slug it out with…　〜は〜と最後まで戦い抜けるだけの, 財政面での持久力[スタミナ, 体力, 底力][資金力]を持ち合わせている ◆if your financial circumstances change　あなたの経済事情[状況]が変わったら ◆International financial instability resulted because…　国際金融不安(は(結果的に)〜という理由で生じた。 ◆verify a bank's financial standing before opening an account　口座を開設する前に銀行の財政状態[財務状況]を確かめる ◆the company has announced financial results for the first half of the current fiscal year　同社は本会計年度上期の決算を発表した ◆Give a financial scheme a lot more thought before investing.　資金運用計画[儲け話]には投資する前に

もっとよく考えてみること。 ◆The move has driven the company into its current financial difficulties.　この行動が同社を現在の財政難に追い込んだ[陥らせた]。 ◆This puts [imposes, places] a tremendous financial burden on society.　これは社会にとてつもない金銭的[財政]負担をかける。 ◆Privatization not only lightens the financial burden, it also leaves people better off.　民営化は財政負担を軽減することはもとより, 人々の暮らし向きをよくする。 ◆The hospital has been unable to attract enough patients to adequately improve its financial standing.　この病院は財政状態[財務状況]を十分に改善するに足る患者を集められなかった。

**financially** adv. 財政的に, 財務的に, 財政上 ◆a financially strapped college　財政難に陥っている大学 ◆be better off financially than…　〜よりも財務的[経済的]にいい状態にある; もっと金回りがいい[裕福だ, 暮らし向きがいい]; 懐がもっと暖かい; 《意訳》より金銭的に余裕がある ◆make real estate financially less attractive than it was　不動産を以前と比べ金銭的に魅力に乏しいものにする ◆I am happy to report that YBM is back on a sound base financially.　(私は, )YBM社が財政的に再び健全化したことを喜んでご報告申し上げます。

**financing** 金融, 融資 ◆free of any worry about financing 《(副詞句)》一切資金繰り[資金調達]の心配無しに ◆purchasers must be prequalified to obtain financing　融資を受けようとする購入者は事前に資格審査を通っている必要がある ◆zero-percent financing　利息ゼロでの融資, 無利息で割賦払いの便宜をはかること

**find** vt. 〜を見つける, 発見する, 捜し出す, 探し出す[検索する], 検出する, 〜であることが判明する[分かる] <that>; vi.〈陪審が〉評決を下す ◆a fact-finding committee [panel]　真相究明委員会 ◆find new markets for…　(商品)の新しい市場を開拓する ◆find solutions　解決策を見いだす ◆find the area of a polygon　多角形の面積を求める ◆be found at many places in the world　〈鉱物などが〉世界各地で産出する ◆find oneself at a crucial turning point　重大な転機に立って[迎えて]いることに気付く ◆find the next occurrence of the "disc" (ファイル中やテキスト中で)次に出現する「disc」を見つける[見つけ出す] ◆if they are found to be faulty　それらが故障していると判明したら ◆microprocessors such as the Intel Pentium or Motorola PowerPC chips commonly found in personal computers　《意訳》広くパソコンに搭載されているインテルのPentiumあるいはモトローラのPowerPCなどのマイクロプロセッサ ◆find a record containing the string "upgradable" 《コンピュ》upgradable という文字列を含んだレコードを探し出す[検索する] ◆when an archaeological find is made on private property　個人所有の土地[私有地]で出土品が発見された[出た]場合は ◆perform the standard activities of entering, finding, updating, and deleting data　データの入力, 検索, 更新, および削除という一般的な作業を実行する ◆A mechanic found a damaged duct on a DC-9's engine.　整備工がDC-9のエンジンに破損ダクトがあるのを発見した。 ◆Many are found to be alcohol-related.　(交通事故の)多くはアルコールが関係したものだと判明した。 ◆VCRs are found in almost 60% of Japanese homes.　ビデオデッキの日本の家庭での普及率はほぼ60%である。 ◆We found that the patent infringement was willful.　我々は, その特許侵害は意図的であったということが分かった。 ◆Finding room for the new air suspension system requires a major chassis modification.　この新規のエアサスペンションシステムのためのスペースを確保するには, 大幅なシャーシ[車台]の改造が必要である。 ◆Audio component systems are found in nearly 35 percent of American homes and almost 70 percent of Japanese homes.　《意訳》オーディオコンポの普及率は, アメリカの家庭にほぼ35%, そして日本ではほぼ70%である。

**find out** 〜を見つける, 見つけ出す, 発見する, 探し当てる, 探り出す, 見破る, 明らかにする, 調査する, 突き止める, 〈謎〉を解く ◆find out more about…　〜についてもっと良く知る ◆It has also been found out that…　〜ということも判明した[明らかになった]; 《意訳》〜だという結論も得た ◆They found out that... 彼らは～ということに気が付いた。◆find out whether the burnt fuse is really the problem その切れたヒューズが本当に問題(の種)なのかを確かめる ◆It has been found out that during the 1950s, nine U.S. aircraft were shot down over the U.S.S.R. territory. 1950年代にソ連領空[ソ連の領土の上空]で米航空機9機が撃ち落とされていたことが判明した[明らかになった]。

**finder** a～(カメラの)ファインダー(= a viewfinder)、発見者、拾得者 ◆an eye-level finder 《カメラ》アイレベルファインダー ◆a waist-level finder 《カメラ》ウエストレベルファインダー

**finder-keeper** a～(pl. finders-keepers) 拾った物を自分の物にする[猫ばばをきめこむ、着服する]人

**finding** 発見;(しばしば～s)(調査研究、観察してみて)分かったこと[確認された事、結果、所見、知見] ◆findings from a two-year test 2カ年にわたる試験から得た知見 ◆present new findings at medical conferences 医学会議[医学会]で新しい知見を発表する ◆scientific findings about [concerning, as to]...～について科学的に確認された事柄、～に関する科学的知見 ◆a finding based on a well-documented record 詳細な記録を調べて分かったこと ◆based on the findings of this review この調査の結果に基づいて ◆The experiment produced a number of findings. その実験では、いくつかの発見[知見]があった。◆The findings have boosted hopes. これらの研究成果は、期待感を高めることとなった。◆The survey produced some disturbing findings. その調査は、いくつかの当惑するような事実を明らかにした。

**fine** 1 adj. 優れた、優秀な、上質な、上等の、立派な、洗練された、精緻された、高純度の、細かい、細い、精細な、繊細な、細かな、敏感な、鋭敏な、鋭利な、鋭い;晴れた、快晴の;結構な、満足の行く、申し分ない;微～、細～、微細～、細目～、精密～、精～、純良～、小～; adv. ◆fine patterning 細かな模様[パターン];《半導体など》微細加工 ◆a fine thread 細い糸―fine-thread series screws 細目ねじ系統のねじ ◆a fine-line printed wiring board (PWB) 高密度プリント配線板(*微細な線が高密度に印刷されていることから) ◆extremely fine tolerances 極めて高精度の公差 ◆fine cracks 微細な亀裂 ◆fine French cuisine 上質な[上等な、高級]フランス料理 ◆fine quality genuine leather 上等の本革 ◆fine wires 細い針金 ◆make fine adjustments きめ細かな調節[微調整]をする ◆see the finest in haute couture オートクチュール[高級婦人服飾]の逸品をみる ◆a fine-grained rock 粒子が細かい岩石 ◆be very fine grained きめが非常に細かい ◆adjust the spacing between lines in fine increments 行間隔を細かく調整[微調整]する ◆serve the (very) finest of foods at the lowest prices できるだけ低価格で最高級の食べ物[絶品、逸品]を出す ◆the finest-grain color film ever made 今まで製造されていた中で粒子が一番細かい[微細な]カラーフィルム ◆finer-line processes that permit higher levels of integration 《半導》より高い集積度[高集積化]を実現する、線のより微細な製造プロセス(*配線パターンの線幅が細かいという意) ◆The knob allows fine vertical adjustment of... のつまみによって～の縦方向の微調整ができる。◆The picture control brings out finer detail. この画質調節器は、より精細なディテールを引き出す。◆Finer cathode patterns also contribute to the shift to smaller capacitors. 陰極パターンの微細化も、コンデンサの小型化に寄与する[小型化の一助となる]。◆Some drivers believe radial summer tires are fine for winter uses. They are fine, as long as you don't drive on icy road. 運転者のなかには、夏季用のラジアルタイヤが冬季の使用にも十分使えると思っている向きもある。十分用をなすからといっても、それはアイスバーンを走らない場合に限ってのことだ。

2 vt., vi. 細かくする[なる]、〈ビール、ワイン〉を清澄させる

3 a～罰金、科料(カリョウ、トガリョウ);～に(～のかどで)罰金を科す <for> ◆a fine for speeding スピード違反に対する罰金 ◆hand out a fine to... 〈人〉に罰金を言い渡す ◆pay a traffic fine 交通違反の罰金を払う ◆the imposition of non-penal fines by an administrative agency 行政機関が過料を科すること ◆... will be liable to a fine up to $300 〈～の人〉は500ドル以下の罰金に処せられる ◆be fined not more than $2,000.00 250.00ドル以上2,000.00ドル以下の罰金 ◆... shall be subject to punishment by a fine of not more than [a fine of no more than; a fine not exceeding] one hundred dollars 〜は、100ドル以下の罰金の処罰対象となる ◆Drivers who do not buckle up face a fine of up to $100. シートベルトを締めないドライバーには、100ドル以下の罰金が科せられる。

4 vt. ～に(～のかどで)罰金を科す <for> ◆fine the manufacturer そのメーカーに違約金を課す ◆be fined $50 for illegal parking 違法駐車で50ドルの罰金を科せられる

**fine-grain, fine-grained** adj. きめ細かい、微粒子の、《地質》細粒の、《通》細粒度の、細分化された ◆(a) fine-grained toner 微粒子(タイプの)トナー(*tonerは通例不可算。種類を言う場合には可算) ◆a fine-grain photographic film 微粒子写真フィルム ◆a fine-grained whetstone きめの細かい砥石 ◆fine-grained QoS control 《通》きめ細かなサービス品質制御(*QoS = Quality-of-Service)

**finely** 見事に、きれいに、立派に、手際良く;細かく、精巧に、鋭く ◆a finely crafted gun 精巧に作られている拳銃

**fine-pitch** ◆a fine-pitch connector ファインピッチ[狭ピッチ]コネクタ(*端子やピンの間隔が細かい)

**fine print** the～<of>〈契約書などの〉細字部分(*契約者に不利になるよう意図的にあいまいにして分かりにくくしてあることが多い) ◆numbers in fine print; fine print numbers 細かい活字[細字]の数字(▶肉細文字は in lightface, in light print)

**finesse** 巧妙さ、技巧、こつ、手際の良さ;トリック、策略、計略、手管 ◆with finesse 巧みに、手際よく

**fine-tune** ～を微調整する ◆fine-tune a provision 条項の細部の調整をする ◆fine-tune the system for its best performance 最高の性能が得られるよう、そのシステムを微調整する ◆fine-tune signal reception 信号の受信を最善の状態にするために微妙に同調をとる ◆fine-tune the system for optimum efficiency and peak performance 最高効率および最高性能が得られるよう、そのシステムを細かく調整する

**fine-tuning** (a) ～ 微調整 ◆a fine-tuning of government regulation 政府の規制の微調整

**finger** 1 a～(親指を除く4本のうちのいずれかの)指 ◆ with one finger 指一本で;一本指で ◆count with the fingers 指を使って[指折り]数える ◆indicate... with one's finger. ～を指で示す ◆wipe... free of finger marks ～から指紋を拭き取る ◆with the touch of a finger 指で触れるだけで[指一本で](*電子機器の操作部の話) ◆a switch actuated by the user's finger 指で作動させる[操作]するスイッチ ◆move a finger along the touch-sensitive glass surface タッチセンス式のガラス面を指でなぞる ◆The screw can be tightened by the fingers. このねじは、指で締めることができる。

2 v. 指でいじる、指状に伸びる、〈楽器〉を(指で)弾く[爪弾く]、(特定の)運指法で弾く

**have a finger in the pie** 《口》(このことに)手を出して[関与して、首を突っ込んで、干渉して]いる ◆have a finger in every pie 《口》何にでも手を出して[関与して、首を突っ込んで]いる

**-fingered** adj. ～の指を持った、～の指い[指の動き]が～の ◆a fast-fingered shopper 万引きする人](= a shoplifter) ◆a three-fingered anthropomorphic hand 《ロボット》人の手に似た3本指のハンド

**fingermark** a～(清浄な面を指で触った跡)指紋、手あか

**fingernail** a～指の爪 ◆Fecal matter under the fingernails of a salad chef could send dozens of unsuspecting diners into violent stomach cramps, vomiting and diarrhea. サラダ担当料理長の爪の間に入り込んだ糞便(*つゆほどにも知らない)何十人もの食事客に激しい胃痙攣(ケイレン)、嘔吐、あるいは下痢を起こさせる可能性がある。

**fingerprint** 1 a～指紋 ◆take the fingerprints of a person 〈人〉の指紋を取る ◆a fingerprint ID system 指紋照合シス

テム ◆fingerprints on the safe 金庫(の表面)についている指紋 ◆if the part gets fingerprints on it 部品に指紋が付いて(て汚れ)たら ◆The letter was 2 1/2 pages, handwritten, signed by Escobar and stamped with his fingerprint. その手紙は2ページ半の長さの肉筆によるもので、エスコバールの署名が施され指紋が押捺されていた。
2 vt. 〈人〉の指紋を取る、(警察が)〈物〉から指紋を採取する ◆genetic fingerprinting 遺伝子指紋法(= a DNA typing technique) ◆Japan's mandatory fingerprinting system 日本の(強制的)指紋押捺制度

**fingertip** a 〜指先 ◆have...at one's fingertips 〜を自由自在に操れる ◆right at your fingertips まさにあなたの意のままに

**finger-touch** フィンガータッチの、指で触れるだけでよい ◆a finger-touch control フィンガータッチ[指で押す・触れる]式の制御ボタン

**finish** 1 vt. 〜を終える、済ます、片付ける、終了する、完了する、完成する、仕上げる、打ち切る、終結させる、締めくくる、〜のけりをつける; vi. 終える[させる]<with>、終わる、済む、(順位が)〜位[等、着](の結果)になる[入る] ◆finished quality 仕上がり品質[品位]: 出来栄え[(の良さ) ◆after the computer has finished its job コンピュータがジョブを終了した後で ◆finished in black 黒色仕上げとなっている ◆finished to the highest standards 最高の水準に仕上げられている ◆finish off the brakes ブレーキを(寿命まで)使い果たす[もう使えないほどすり減らす] ◆he is finished as a boxer 彼のボクサーとしての[彼のボクシング]生命は終わった ◆He recently finished a paper on... 彼は最近〜に関する論文を書き上げた ◆I've just finished reading... (私は)〜を読み終えたばかりだ ◆put the finishing touches on [to]... 〜の最終の仕上げをする ◆until the installation is finished インストールが終わる[終了する、済む]まで ◆be delivered in finished form by the manufacturer 製造業者により完成した[組み立てられた]状態で納入[納品、搬入]される ◆if all horses do not finish in a dead heat どの馬もどうしも接戦でのゴールインにはならない場合 ◆she finished first in the technical program 彼女はテクニカルプログラムを1位で終えた[で1位(の結果)だった] ◆When you have finished, enter... 終わったら、〜を入力してください。 ◆he finished eight minutes behind the leading pack 彼は先頭集団に8分遅れてゴールインした ◆Now half finished, the structure is due to be completed by the spring of 1992. その建造物は現在のところ半分完成して[出来て]おり、1992年の春までに竣工する予定である。
2 (a) 〜仕上げ、(仕上げ)加工、終わり、結結、終局、最後、最終段階、(競技などの)(最終)順位 ◆a second-place finish 2位(入賞); 2着; 次点 ◆a satin-smooth finish cut サテンのように滑らかな仕上げ裁断 ◆give... a mirror-smooth gloss finish 〜に鏡のように滑らかな[鏡面]光沢仕上げを施す ◆have a white enamel finish 〈物が〉白エナメル仕上げされている ◆The car's skin has some glaring flaws in its finish. この車の外殻には、仕上げの点でひどい欠陥がいくつかある。 ◆The tool features a non-glare finish. この工具は、反射防止仕上げを特徴としています。 ◆They can accept a wide variety of finishes. これらに、多種多様な仕上げを施すことができる ◆The graceful Indonesian-made chair is available in black or whitewashed finishes. インドネシア製の優雅なこの椅子は、黒塗りと白塗り仕上げがあります。 ◆This circular saw blade can be used in crosscutting and mitering for a professional finish on all types of cabinetwork. この丸ノコ刃は、あらゆる種類の家具製作[指物細工]の横びきおよび止め継ぎ用斜め切りに使用して、プロ並みの仕上げを得ることができます。

**finish off** すっかり終える、終了する、殺す[始末する、片付ける] ◆finish off one's adversaries [opponents] 敵[相手]をやっつける ◆finish off the ditch with gravel 砂利を敷いて掘割を仕上げる ◆finish off a six-day tour of the Middle East 中東6日間の旅を終える ◆It's a great feeling to finish the season off with a win and be able to show we've made improvement. シーズンを勝ち星で締めくくれて、我々が進歩したことを示せるのは最高の気分です。

**finished** 完成した、仕上がった、みがかれた、艶出しされた ◆finished products [goods] 完成品 ◆be peerless in finished quality 仕上がり品質[(意訳)]出来栄え]で他の追随を許しせん ◆about 1.3 tons of cocaine in base and finished form 原材料および完成品の状態にある約1.3トンのコカイン ◆express in terms of finished measurements 〈サイズを〉仕上げ[出来上り]寸法で表す

**finisher** a 〜仕上げ工[機]、完走者、〈〜位で〉競技を終えた選手 ◆first- and second-place finishers [teams] 1位と2位だった[1着と2着に入った]選手[チーム]

**finishing** adj. 最後の、最後の詰めの、最終仕上げの、大詰めの、とどめの; ⦅回⦆最後の[最終]仕上げ[の; 〜s (建物や住宅などの)設備品 ◆make finishing adjustments on...; put the finishing adjustments [touches] on... 〜に最後の詰めの[最終仕上げの、大詰めの]調整を施す ◆She attended [went to] a finishing [bride, bride's] school where she learned sewing, knitting, the tea ceremony, and similar skills that a young lady needed to know to be a good housewife. 彼女は、花嫁学校に通って、若い女性が良き主婦になるために知っておくべき裁縫、編み物、茶道やそれに類似した[茶道などの]技能を修得した。

**finite** adj. 限りある、限度[限界]のある、有限の;⦅文⦆(動詞が)定形の ◆a finite-element method 有限要素法 ◆a finite-length packet ⦅通⦆有限長パケット ◆waste the finite resources of the earth; waste the Earth's finite resources 地球の限りある[有限の]資源を浪費する

**fire** 1 ⦅回⦆火、火炎、火気; (a) 〜 火事、火災、出火; ⦅回⦆発砲、射撃、砲火; 情熱、興奮 ◆be on fire 燃えている、火事になっている ◆build a fire 火を起こす ◆in case of fire 万一火災が発生した場合には ◆extinguish a fire 消火する ◆fight a fire 消火活動をする ◆set fire to... 〜に火をつける ◆set... on fire 〜に火をつける[放火する] ◆play with fire 火遊びをする(▶日本語と同様に比喩的にも用いる) ◆a fire department 消防署(*アメリカ・カナダの地方自治体の) ◆a fire pump 消防[消火]ポンプ ◆(a) fire rating ⦅電気⦆耐火等級 ◆a fire stop (=a draught stop) 火災止め、延焼止め ◆an open fire [flame] 裸火 ◆fire detection 火災の感知[探知]; 火事の発見 ◆fire protection 防火 ◆a fire detector 火災探知器[検知器] ◆a firing angle (エンジンの)点火角、(ロケットなどの)発射角度 ◆fire [flame] retardancy 難燃性 ◆the Fire and Disaster Management Agency ⦅日⦆消防庁 ◆a fan motor overheated and caught fire ファンモーターが過熱して火がついた[発火した] ◆a fire breaks out 火災が発生する ◆a fire extinguishing agent 消火剤 ◆a fire-resistive barrier 耐火壁 ◆an electrical short in a fan started a fire 扇風機内部の短絡が火災を引き起こした ◆broil... over a fire 〜を直火で焼く[あぶる] ◆during the fire season 火災シーズンの間に ◆Fire! 火事だ; 撃て ◆fire prevention 火災予防、防火 ◆four small, suspicious fires broke out 不審なぼやが4件発生した ◆intense fire 激しく燃え盛る火[火災] ◆in the event of (a) fire 万一火災が発生した場合に ◆man a fire tower 火の見櫓に詰める; 火の見やぐらで見張りをする ◆prevent [stop] the spread of fire 延焼を[止める]? ◆stoke anew the fires of inflation インフレを再燃させる ◆under actual fire conditions 実際の火事[火災]といった状況下で ◆a large helicopter equipped to fight fires 消火活動用の装備をした大型ヘリ ◆Where there's smoke, there's fire. ⦅諺⦆火の無い所に煙はたたない。 ◆In the event of oil catching fire when cooking,... 調理中に万一油が発火したら ◆officials described the fires as suspicious 関係当局者はそれらの火事を不審火だと述べた ◆The car caught fire. 車に火がついた。 ◆a fire barrier known as Thermo-Lag, which is designed to protect electric cables Thermo-Lagと呼ばれる、電気ケーブルを保護するために作られている防火(遮断)壁 ◆barrier designs should be verified by fire endurance testing 防火壁の設計は耐火試験により確認しなければならない ◆Fire gutted several houses. 火事で数軒全焼した。 ◆If any of the vehicles are on fire, remove all occupants. それら車両のうちで火災を起こし

ているものがあったら、全乗員を（車両から）退去させること．
◆Such an important dish should not be cooked on a strong fire.
そのような大事な料理は強火で加熱すべきではない；《意訳》
急いで（セイテ）は事を し損じる．；急がば回れ．　◆There is no
smoke without fire. 《諺》火のないところに煙は立たぬ．◆
That could result in the converter overheating and causing a fire.
これによりコンバータが過熱し火災になる可能性がある．
**2** vt. 〜に火をつける，〜を焼く，〜に燃料を供給する，〜
を加熱させる，〜を乾燥させる，〈銃〉を発射する，〜を作動
[始動]させる，〜に発破をかける，〈人〉を解雇する；首に
する，免職する，鹹首（カクシュ）する，お払い箱にする]；vi. 火が
つく，点火する，燃える，赤熱する，発砲する，作動[始動]す
る　◆get fired 首になる　◆a coal-fired power plant [station]; a
coal-fired generating plant [station] 石炭火力発電所　◆
電所　◆oil-fired inflation 石油（情勢）が原因で火がついたイ
ンフレ　◆he had been fired for sleeping on the job 彼は勤務中
に寝たことが原因で首になった　◆the shutter repeatedly fires
（カメラの）シャッターが連続的に切られる[下りる，落ちる]
◆they fired their rifles at point-blank range 彼らはライフル
銃を至近距離から発砲した[撃った]　◆On August 31, 1998,
North Korea for the first time test-fired its Taepodong-1 medium-
range ballistic missile. 1998年8月31日に，北朝鮮はテポドン1
号中距離弾道弾[弾道ミサイル]の初の発射実験[試射]を行っ
た．　◆Automatic Soft Flash allows the firing of a flash of lesser
intensity to prevent overexposure when shooting at close range.
自動ソフトフラッシュ（モード）では，近接撮影時における露
出オーバーを防止するためにより小さい輝度の[《意訳》減光]
フラッシュ[ストロボ]発光が可能である．
**fire off** 〜を発砲する[発射する，放つ]　◆fire off a fax to...
《口》〜宛にファックスする　◆In this shifting climate, students
have tried to ensure themselves of admission by firing off more
and more applications. この変化する状況下において，学生
たちは確実に入学できるようにしようと，へたな鉄砲も数撃
ちゃ当たるとばかりに「手当たり次第に」願書を送付した．
**fire alarm** a〜 火災報知機，火災警報
**firearm** a〜（通例〜s）小火器　◆injury from firearms 小
火器による負傷[怪我]
**firebrick** a〜 耐火れんが
**fire brigade** a〜 《米》消防団，消防隊《＊私設の，またはそ
のつど召集されて消防署の消火活動を補佐する》；《英》消防隊
**-fired** 〜を燃料とする，〜だきの，〜専焼の　◆a coal-fired
boiler 石炭だきボイラー　◆a coal-fired (power) plant 石炭
だき[専焼]火力発電所
**firedamp** 回《炭鉱》(坑内)爆発性ガス　◆a firedamp alarm
《炭鉱》ガス警報器（＊firedamp＝炭鉱などで湧出するメタン
等の爆発性有毒ガス）　◆an explosion of firedamp; a firedamp
explosion 坑内ガスの爆発
**fire department** a〜《米》消防署　◆fire department radio
消防無線；（可算名詞扱い a〜の場合）消防無線機
**fire door** a〜（ボイラーなどの）焚き口，焚き戸口（ビル
の）防火扉
**fire drill** a〜 (火災時に備えての) 非難訓練，消防訓練　◆
conduct [hold] a fire drill 消火[避難]訓練をする
**fire engine** a〜 消防自動車，消防ポンプ車
**fire-escape, fire escape** a〜 非常階段，火災非難設備
**firefighter, fire fighter** a〜 消防士，消防団員
**firefighting, fire fighting** 消火（活動），消防
**fire hydrant** a〜 消火栓
**fireman** a〜 消防士，消防団員，（炉，汽車の）火夫，機関士，
（ディーゼル機関車の）機関助手
**fireplug** a〜 消火栓（＝a fire hydrant）
**firepower** 回《軍》火力（＊兵器の威力の意），能力，(選手
やチームの)得点力　◆the firepower of tanks 戦車の火力　◆
they lacked sufficient firepower to hold against an enemy attack
彼らは，敵の攻撃に持ちこたえるに足る火力を持ってはいな
いなかった．
**fireproof** 耐火式の，耐火構造の，不燃性の

**firetrap** a〜（万一火災が発生した場合老朽化のためや材
料的または構造的に）非常に危険な建物
**fire truck** a〜 消防車（＝a fire engine）
**firewall, fire wall** a〜 防火壁；a〜《firewallと一語で》
《ネット》ファイアウォール，（社内ネットを，外部侵入者の不
正アクセスから守る）防護[防御]壁，銀行業と証券業を隔て
る業務隔壁，ファイアウォール[業務隔壁，垣根]　◆break down the fire
walls between... 《比喩的》〜間に横たわる垣根を取り壊す
◆pass through [cross] an Internet firewall 《コンピュ》イン
ターネットファイアウォールを通り抜ける　◆the fire wall in
the F-111 cockpit F-111のコックピットの防火壁　◆an internal
network protected by a firewall 《コンピュ》ファイアウォー
ルによって保護されている内部ネットワーク　◆build [set up]
regulatory fire walls between the banking and securities industries
銀行業と証券業の間に規制の垣根を築く[設ける]　◆get rid
of the fire wall that protects defense spending 軍事支出を保
護している防護壁を撤廃する　◆impose strict legal "fire walls"
policing relations between affiliated banks and securities firms to
eliminate potential abuses and conflicts of interest 濫用や利害
の衝突が起きないようにするために関連銀行と証券会社の関
係を取り締まる法律上の隔壁[垣根]を設ける
**firing** (a)〜 発砲，発射；(a)〜 解雇[首，首切り，鹹首（カク
シュ）]，回焼くこと，加熱すること，火入れ，（陶器などの）焼
成；回焼くための燃料，薪炭　◆a firing chamber 燃焼室 (a)〜
firing temperature 焼成温度
**firing range** a〜 射撃訓練所[練習場]；(a)〜 射程　◆at
[on] a police firing [shooting] range 警察の射撃訓練場[練習
場]で　◆within firing [shooting] range of an enemy air formation
敵の航空編隊の射程内に
**firm** 1 adj. 堅い，手堅い，堅固で，しっかりと固定されてい
る，ぐらつかない，安定している，不変の，断固とした，決然たる，
毅然（キゼン）の；〈市況，価格〉が安定した[変わらない，手堅
い，底堅い，堅調の]，確定している；adv.〜 a firm contract 確
定契約　◆firm materials 硬い材料　◆a firmer tone in the bond
market 公社債[債券]市場の強含み[堅調，硬調]　◆firm prices
堅調な価格　◆median prices have remained firm 中心[最多]
価格は堅調に推移した（＊住宅の販売の話で）　◆place a firm
order for 25 Airbus A300-600s エアバスA300-600を25機確定
発注する　◆place a firm order with a vendor for... 〜の確定
注文をベンダーに出す　◆We are beginning to get a firmer tone
again in the durable-goods sector. 耐久消費財部門に再び活気
が出始めてきている[堅調さが戻り始めている]．
2 vt., vi. 〈up〉 固める[まる]，堅くする[なる]，しっかりさ
せる[する]　◆firm up the springs それらのスプリングを堅
くする　◆The market firmed up after last week's drop. 市場は
先週の下落から堅調に転じた．
3 a〜 会社，商会，商店，合資会社，合名会社　◆a recruiting
firm 人材スカウト会社　◆an optical-instruments firm 光学
機器会社
**firmly** 堅く，堅固に，しっかりと，きっぱりと，ぎゅっと，断
固として，決然として，毅然（キゼン）として　◆firmly install...
into position 〜を所定の位置に堅固に[しっかりと]取り付
ける　◆firmly promise not to <do...> 〜しないと固く約束
する　◆shall be firmly and securely fastened to... [installed on
...] (部品など) は〜に堅牢確実に固定[取り付ける]もの
とする　◆grip the steering wheel firmly ハンドルをしっかり
握る　◆twist it firmly to the left to release the lock それを左に
強く回してロックを解除してください．
**firmware** 《電子機器》ファームウェア（＊ROMに書き込ま
れているソフト）
**FIRREA** (the Financial Institutions Reform, Recovery and
Enforcement Act)《米》金融機関改革救済執行法（略語形にthe
は不要）（＊S&Lの清算処理促進が目的）
**first** (1st) 〜 twenty-first, thirty-first の略記は 21st, 31st, ... 1
adj. (通例 the〜)1番目の，先頭の，最も重要な，主要
な，一流の，《車》(弾)1速の，元（ガン）の；adv. 1番目に，1位
[1着，1等，首位，《意訳》王座]で，最初に，まず，真っ先に，筆
頭に　◆as a first step 手始めに，第一歩として，まず最初に

◆before first use 初めて使う前に ◆come in first (place) 1位 [第1位, 首位, 1等, トップ, 1番, 首席]になる ◆first-ever 初の, 全く初めての, 最初の ◆for the first time 初めて ◆a safety first policy 安全第一主義 ◆First and foremost,... 真っ先に, まず第一に, 初めに, 初めて ◆for the first time around (*何回かあるうちの) 初回 [最初] (は [に]); 1回目に [は]; 初めて ◆for the first time in a few years 数年ぶりに ◆for the first time in many years 何年ぶりで; 久しぶりに; 久々に, 久方ぶりで [に] ◆for the first time in years 何年ぶりかで ◆for the first time since December 1996 1996年12月以来初めて [久しぶりに] ◆in the first four months of this year 年初 [今年に入って] からの4ヵ月間 ◆on a first-come, first-served basis 先着順に; 先にきたもの優先で; 早い者勝ちで ◆Since the first year of Showa (1926), ... 昭和元年 (1926) このかた ◆the first five letters of the Greek alphabet ギリシャ語のアルファベットの頭から5文字 ◆the first ten days of July 7月の上旬 [初旬] ◆the industry's first [first-ever]... この業界での第一報 戦線からの第一報 ◆they got 230 calls the first day 彼らは初日に230本の電話を受けた ◆in the first half of the twentieth century 20世紀前半に ◆the very first report from the front 戦線からの第一報 ◆First off, please remember that... 《口》まず (第一に [最初に]), 〜なのだということを覚えておいて [忘れないで] ください。 ◆First thing he did was to <do...> まず (第一に) [真っ先に] 彼がしたことは〜 ◆Safety must come first. 安全は (すべてに) 優先されなければならない。安全が第一だ。 ◆The first thing to do is to <do...> まず最初に行うべきことは, 〜することである ◆announce the first of those products as A and B それら製品の第1弾はAとBであると発表する ◆immediately following the first voyage of Columbus コロンブスの処女航海の直後に [の] ◆it was my first sight of Mt. Fuji 私が富士山を見たのはそれが初めてだ ◆The company was the first producer of... その会社は〜を初めて生産したメーカーである。 ◆to simplify the first look at the subject そのテーマに取っ付きやすくするために ◆visit first- and second-choice colleges 第一志望と第二志望の大学を訪問する ◆The first steps in creating a document involve setting... 文書作成にあたってまず最初に行うことの中に, 〜の設定がある。 ◆First thing tomorrow we have to <do...> 明日真っ先に, 我々はしなくてはならない ◆in order to ensure that 1998 becomes the first year of solid economic growth 確実に1998年が安定的 [着実な, 順調な, 確かな] 経済成長の元年になるように ◆for industries to benefit from the dollar's drop 真っ先にドルの下落の恩恵に浴す産業 ◆the first [second, next, last] occurrence of the letter x 《コンピュ》《順に》2番目, 次, 最後 [に] 出現するxの文字 ◆the me-first ethic that has flourished in the '80s 80年代に栄えた自己優先的倫理 ◆seats are available on a first-come, first-served basis according to the order of registration 座席は登録した順に [早い者勝ちで [先着順に]] 確保できる ◆X differs from Y in two ways. First, ... Second, ... XはYと2つの点で異なっている。一つは〜。もう一つは〜。 ◆Femtex employees received first-half bonuses worth 9.5 days pay. フェムテックス社の従業員は9.5日分の賃金に相当する前期ボーナスをもらった。 ◆First impressions can be misleading. (意訳) 第一印象は, 間違っていることがある。 ◆First of all, the price is too expensive. まず第一に, 価格が高すぎる。 ◆Only the first 8 characters of a file name are significant. 《コンピュ》ファイル名の先頭から8文字までのみが, 有意 [有効] である。 ◆First and foremost, you must check tire inflation pressure and adjust it as necessary. 一番最初に [何よりもまず, 真っ先に] タイヤの空気圧をチェックすること。そして必要があれば調整すること。 ◆No charge is made for a first explanatory consultation and fee quotations. ご案内のための初回相談および料金の見積もりは無料です。 ◆The company plans [hopes, expects] to sell 200 units (in [during]) the first year. 会社は初年度200台の販売を予定して [見込んで] いる。(*inあるいはduringは, なくてもよい) ◆The timing belt replacement is 4 years or 60,000 miles, whichever comes first. タイミングベルトの交換は, 4年おきあるいは6万マイルごとのいずれか早いほうです。 ◆For

a first accumulation of 15 points, the license is suspended and... For a second 15 point accumulation, ... 初めて15点に達すると, 免許は停止となり, 〜。2回目の15点で〜 ◆We were the first private American group to be airborne with emergency relief for the earthquake victims. 私たちが, その地震の犠牲者のために緊急救援物資を携え飛び立った最初の民間米国人グループだった。 ◆Request forms are processed in the order in which they are received. We will do our best to give all groups their first choice of days and times whenever possible. 申込書は, 受け取った順に処理されます。(当方としましては) できるだけすべての団体に第一希望日時が割り振れるよう努力いたします。(*見学の受け付け) ◆The Minister may shake his head, but there is plenty of evidence to suggest that profit comes first in the Government's policy, and the profit-first principle is in direct conflict with the safety-first principle. 首相は首を横に振って否定するかもしれないが, 政府の政策における利益優先の姿勢を示唆する多くの証拠がある。そして利益至上主義は真っ向から安全優先主義とぶつかり合っている。

2 n. the 〜 最初の人 [物], 最初に〜した者, 1等 [位]; (無冠詞)《車》第1速, ファーストギア; a 〜 初めて経験した物事; 〜s 極上品, 特選品 ◆the feature is also an "industry first" この機能も「業界初」(のもの) である ◆the first of its type これまでにないタイプ ◆a Motorola spokesperson said the unit marks an "industry first," because... モトローラの広報担当者は, 同装置は「業界初のもの」であると述べた, その理由として, ... ◆Femtex was the first to announce a product in this category いち早くこの部門の製品の名乗りを上げたのがフェムテックス社である ◆One of the first due off the drawing board is... 設計段階を離れる予定になっている第1弾のなかには〜がある。 ◆the first of the new Mariner Mark II series of spacecraft 新型マリナー・マークII シリーズ宇宙船の第1号機 ◆the validation program represents the first of its kind to be submitted to the U.S. government この検証プログラムは, この種のものとしては初めて米国政府に提出されるものである ◆it has become one of the first of its kind in the industry to be awarded the Quality Mark それは, この業界で品質保証マークを最初に [初めて] 受賞したうちの一つとなった (*one of the first of its kind = 同種のいくつかある初物のなかの一つ) ◆This is a "first" for me, too. これは私にとっても「はじめてのこと [初耳]」です。 ◆Choosing a format is only the first of many decisions to be made when purchasing a camcorder. カメラ一体型ビデオを購入するにあたって, 方式の選定は, 決めなければならない多数の事項の中のほんの手始めにしか過ぎない。 ◆The company claims to be the first to have this technology ready for commercial use. 同社は, この技術を商用に供せられるまでにした [実用化まで持っていった] 最初の企業であると主張している。 ◆The new chip card will be the first in the world to support the EMV specifications. この新しいICカードは, EMV仕様対応の世界初のカードになるだろう。

**at first** 最初は, 最初のうちは, 初めは, 当初は

**first aid** n. 応急手当; first-aid adj. 救急の, 応急の; 救護の ◆a first-aid center [station, facility] 救護センター [救護所, 救護施設] ◆an emergency first-aid manual 応急手当てマニュアル ◆a first-aid kit 救急キット [箱] ◆first-aid treatment 応急手当, 救急処置 ◆give [provide, administer] first aid to accident victims 事故の犠牲者に応急手当てをする [応急処置を施す]

**firstborn, first-born** a 〜 第一子, 1人目の子, 初めての子; adj. 最初に生まれた, 1人目の ◆a firstborn son 長男 ◆She is my firstborn. 彼女は私の初めて [1人目] の子です。 ◆the first-born child of Mr. & Mrs. Brown ブラウン夫妻の第一子

**first-choice** 第一志望の, 第一候補の ◆be used as a [the] first-choice drug [as the drug of first choice] for treating [the treatment of]... 〜の治療ための第1次選択の薬剤として用いられ (てい) る

**first-class** adj. 第一級の, 一流の, 最高級 [最上級] の, (乗り物) ファーストクラス [1等] の; (郵便が) 第1種の; (学業で) 最優秀な; 上等な, 優秀な, 素晴らしい ◆fly first-class

**first-degree**

ファーストクラスで飛ぶ ◆a first-class art museum 第一級の美術館 ◆a first-class letter 第1種郵便による手紙 ◆a first-class rock concert すばらしいロックコンサート ◆a first-class seat 一等席 ◆a first-class ticket 一等の切符 ◆at first-class mail rates 第一種郵便料金で ◆first-class air travel ファーストクラスでの空の旅 ◆first-class passengers 一等の乗客 ◆a first-class restaurant [hotel] 一流レストラン［ホテル］

**first-degree** ◆a first-degree equation 1次方程式(＊一般形は ax-by-c=0) ◆first-degree rape [murder] 第一級強姦［殺人］罪 ◆first-degree and second-degree burns I度［1度］とII度［2度］のやけど(＊1度が最も軽い)

**first-degree burn** a～ 第1度火傷［熱傷］

**first-ever** adj. 初めての、初の、史上初の ◆at the first-ever auction of antique powerboats 年代物モーターボートの初の競売［せり］で ◆the first-ever published portrait of... 〈有名人〉の初公開の人物像(描写) ◆Epson also announced its first-ever A4 color laser printer, the AcuLaser C2000, as well as three new scanners. またエプソンは、同社初のA4サイズのカラーレーザープリンタ AcuLaser C2000を新型スキャナ3機種とともに発表した。(＊three new scannersは3台ではなく3機種のこと)

**first floor** the ～《米》1階,《英》2階

**first-generation** 第1世代の、初代の、一世の

**firsthand, first-hand** adv. (人を介さないで)直接、じかに、まのあたりに、この目［耳］で; adj. 直接の、じかに得た、生の ◆at firsthand 直接、じかに、身をもって ◆firsthand experience 身をもっての経験、実体験 ◆firsthand information （また聞きや孫引きでなく）直接得た情報; 生の情報 ◆gain firsthand Windows experience 《コンピュ》Windowsを直接体験してみる ◆get [obtain] first-hand information on... ～についての一次情報を得る［入手する］

**first in, first out** (FIFO) 先入れ先出し（法）

**first lady, First Lady** the～《米》大統領夫人、州知事夫人 ◆President Clinton and first lady Hillary Rodham Clinton クリントン大統領とヒラリー大統領夫人; クリントン大統領夫妻

**firstly** adv. まず第一に、最初に

**first name** a～ ファーストネーム(＊姓名の「名」の部分に当たる); first-name adj. ファーストネームで呼び合える（ほど親しい仲の） ◆first-name diplomacy （ファーストネームで呼び合う）親密な外交(＊かつてのレーガン大統領と中曽根康弘首相の「ロン・ヤス」関係のような外交) ◆We are all on a first-name basis (with each other). 私たちは全員（お互いに）ファーストネームで呼び合う親しい間柄［関係］です.

**first place** n. 1等,1位 ◆in the first place まず第一に、まず第一に、最初に、最初から、はじめから、はなから、もともと、元来、もともと、そもそも、どだい ◆a first-place award 1等賞; 高級誌 ◆win a $50,000 first-place prize 1等の5万ドルの賞金を獲得する

**first-rate** adj. 最高の、トップクラスの、一流の、第一級の; 優秀な、秀逸な、すばらしい; adv. ◆a first-rate magazine 一流誌; 高級誌 ◆Joe is a first-rate guy. ジョーは一流の男だ. ◆a first-rate hotel in a choice location 高級な場所に建っている一流［第一級、最上級、最高級］のホテル

**first-rater** ◆"There ain't any first-raters this year," one delegate said. "We got a lot of second-raters and Warren Harding is the best of the second-raters." 「今年は誰一人として一流の奴はいやしない」とある議員は言った. 「二流の奴らならころころ居るだけ. ウォーレン・ハーディングはその二流の中では一番上だ.」

**first-run** adj. （映画上映が）封切りの ◆a first-run movie 封切り映画 ◆a first-run 70mm theater 70ミリフィルム対応の封切映画館 ◆a first-run movie house 封切館

**first-time** 初めての、初回の ◆a first-time buyer 新規購入者; 初めての購入者; 初めて買う［今まで買ったことのなかった］人; 高級誌、一次取得者(＊「買い換え客」と対照して) ◆a first-time do-it-yourselfer 自分で修理［整備、製作 etc.]する

るのが初めての人 ◆a first-time offender 初犯（者）(＊他の辞典では一般に、初犯者を a first offender としている. それでも誤りではないが、first に続けて -time を入れたほうが明確な表現になる)

**first water** □(＊ダイヤモンドや真珠について) この上なく純粋な輝き［光沢］、最高の品質［等級、程度］; 最優秀［第一級、最高、最高級］(＊皮肉を込めて使われる場合もある) ◆of the first water （宝石類が）最高級［最優秀、第一級］の

**first-year** ◆Their first-year sales totaled a quarter of a million dollars. 彼らの最初の年［初年度］の売り上げ総額は25万ドルにのぼった.

**fiscal** adj. 国庫の、財政の、会計の ◆from fiscal 1995 to (fiscal) 1999 1995～1999（会計［財政、事業、営業］）年度で ◆in fiscal 2005; in (the) fiscal year 2005; in the 2005 fiscal year 2005（会計［財政、事業、営業］）年度で ◆in the current fiscal year 現在の会計［事業］年度に; 今年度［現年度］に ◆in the next fiscal year 翌年度［来年度］に ◆create a reserve [rainy day] fund for fiscal emergencies 財政上の緊急事態に備えて準備金をつくる

**fiscal year** a～ 会計年度、営業［事業］年度 ◆fiscal years 1993-95 1993～95会計年度 ◆at the end of the March 31 fiscal year 3月31日の会計年度末に

**fish** (a) ～ (pl. fish, ～es) 《複数形は、特に種類や個々の魚に目を向ける場合のみ fishes)魚, 魚類, 魚介類, 魚肉; vi. 魚を獲る、釣りをする、漁る、漁る（スナドル） <for>（～を）探すそうとする; vt. 〈池、川など〉で魚釣りをする ◆a fish [fished] joint; a fish-plate joint 添え板継合; 添え木継ぎ ◆a fish hold （漁船の）魚倉 ◆a fish finder; a fish-finder apparatus 魚群探知器;魚群探知機 ◆fish in international waters off Newfoundland ニューファウンドランド沖の公海で操業する ◆many species of fish; fish of many species 多くの種類［各種］の魚 ◆more than 400 species of fish 400種を上回る魚［魚類］ ◆salmon fishing rights サケの漁業権 ◆Doing... is [It is] like shooting fish in a barrel. ～することぐらい［そんなことは］、ちょろいもんだ［いとも簡単だ、朝飯前だ、楽勝だ、お茶の子さいさいだ］（＊樽の中の魚を撃つのと同じ ことから）

**fisherfolk** （複数扱い）漁民 ◆by those fisherfolk who want to conserve their coral reefs 自分たちの珊瑚礁を保全したいと願っている漁民たちにより

**fisherman** a～ (pl. -men) 漁師、漁夫、漁民、釣り師［釣り人］、漁船 ◆a fishermen's wharf 漁師［漁業者、漁家］用の桟橋;（意訳）漁船用の埠頭［河岸］、魚河岸 ◆the chief fisherman [fishing master] of a fishing boat 漁船の漁労長

**fishery** □漁業、漁労、水産業; 漁業権; a～ 水産業者、水産会社; a～ (pl. fisheries) 漁場、漁業水域、養魚場; ～ries 水産学、水産技術、漁法 ◆coastal [inshore, ～offshore] fishery 沿岸［近海、～沖合］漁業 ◆USBCF (the US Bureau of Commercial Fisheries) アメリカ商業水産局 ◆a (vocational) fishery high school 水産（実業）高校 ◆Surveys of Fisheries Resources 水産資源の調査（＊本のタイトル) ◆drift-net fishery [fishing] 流し網漁 ◆the Department of Fisheries in Ghana; the Fisheries Department of Ghana ガーナの水産局 ◆The pasteurization of fishery products is limited almost entirely to crabmeat. 魚介類［魚貝類］の低温殺菌は、全くといっていいほどカニ肉に限られている.

**fisheye lens** a～ 魚眼レンズ

**fishhook** a～ 釣り針 ◆a fishhook-like thorn 釣り針のような刺

**fishing** □魚釣り, 釣り, 漁をする［すなどる］こと, すなどり, 漁業［漁労, 漁獲］;□漁業［漁業権］; a～ 釣り場, 漁場; adj. ◆a fishing pole 釣りざお(＊先端に直接釣り糸を付けるタイプ) ◆a fishing rod 釣りざお(＊リールを使用するタイプ) ◆fishing lines made from Kevlar ケブラー製の釣り糸［てぐす］ ◆fishing tackle [gear] 釣り道具一式; 釣り具 ◆the fishing industry 水産業; 漁業 ◆a fishing-ground chart 漁場図 ◆a fishing ground [place, bank] 漁場 ◆the fishing tackle industry 釣り具業界 ◆a monofilament nylon fishing line モノフィラメントナイロンでぐす［釣り糸］ ◆commercial fishing operation patterns 商業漁業の操業形態 ◆live in a fishing village 漁村に暮らす ◆manufacture fishing tackle and gear 釣り具および漁具を製造する ◆skipjack pole-and-line fishing カツオの一本釣り ◆small-scale fishing households 零細な漁家で ◆the establishment of a 200-mile exclusive fishing zone 200海里専管水域の設定 ◆fishing operations are performed throughout the year 《漁業》操業は一年を通して[通年、一年中、《意訳》四季を通じて]行われている ◆It is five miles from the major fishing port of Kilkeel. それは主要な漁港であるキルケニーから5マイルのところにある。

**fishtail** a〜 魚の尾(キレツ); vi. (車が、ウェット路を高速で走行している時などに)尻を振る; (飛行機が着陸時に)減速している後尾を左右に急激に振る ◆a fishtail skid 《車》車両後部を左右に振るスリップ ◆the vehicle begins to fishtail 車が左右に後部を振り始める

**fissile** 核分裂性の (= fissionable); (結晶などが)裂けやすい、剥離しやすい ◆a fissile-material production reactor 核分裂性物質生産(用原子)炉

**fission** 分裂、分断; 核分裂 (= nuclear fission) ◆inhibit [induce] fission of a nucleus 原子核の分裂[核分裂]を抑制[誘発]する ◆undergo fission 核分裂する

**fissionable** adj. 核分裂可能な; n. 《通例〜s》核分裂性物質 ◆a fissionable isotope 《原子力》核分裂性アイソトープ[同位元素] ◆convert fertile material to fissionable material 《原子力》親物質を核分裂性物質に転換する

**fissure** a〜 亀裂(キレツ)、ひび、割れ、割れ目、裂け、裂け目 <in>

**fist** a〜, one's〜 (片手の)握りこぶし、げんこつ ◆clench one's fists 両手のこぶしを握り締める ◆be approximately the size of a [your] fist ほぼこぶし大である ◆raise one's fist triumphantly 勝ち誇ったように(片手の)こぶしを上げる; ガッツポーズをする ◆raise a clenched fist in the sign of victory 勝利するしるしに拳を握った[片手の]こぶしを上げる; ガッツポーズをする

**fit** 1 adj. <for, to do> (〜に)適した、格好な、適切[適当]な、ふさわしい、かなった; (〜に)適任の<for>, (〜の)用意ができている<for>, (〜する)ばかりになっている<to do>; 健康に、元気な、体調がいい ◆as you see [think] fit あなたがいいと思うように適当に; あなたの好きなように ◆be fit for a wide range of uses 広範な用途に向いている ◆render seawater fit for human consumption 海水を人の飲用に適するようにする ◆if the car is not mechanically fit 車のメカの調子[具合]が悪い場合には ◆It is not a guarantee or warranty that the vehicle will remain fit for any period of time. それは、なにがしかの期間その車両が調子を保つ[具合悪くならない]であろうかという趣旨の保証書や証明書ではない。 ◆Office workers are free to exploit these new-breed systems as they see [think] fit. オフィスワーカーたちは、これらの新種[新規]のシステムを、良いと思えば[使うに値すると考える限り]自由に利用すればよいのだ。

2 n. 《通例a〜<形容詞>-fitの形》フィット性、合い具合、(機械部品同志の)はめあい、嵌合(カンゴウ)、すり合わせ、なじみ ◆a clearance fit すきま[遊び]ばめ(*わずかにすき間を残したはめ合い) ◆a loose [free, medium, close] fit ゆるい[(順に)普通の、中間固さ、固い]嵌め合い(*特に同種で「ねじの嵌合」の度合いで) ◆in order to determine the "goodness of fit" of the model モデルの「適合度」を測る[調べる]ために(*考慮されている「当てはまりのよさ」から) ◆insure a good fit 良好な嵌合が得られるようにする ◆restore the fit between A and B Ａ Ｂ間の嵌合を回復する ◆check the dust seals for a proper fit 封塵(フウジン)シールがきちんとはまっているかを確認する ◆insure a fit without distortion of the piece 品物を変形させずに、はめ合い[嵌合(カンゴウ)]が行えるようにする ◆The car's skin has some flaws in its fit and finish. この車の外装には、嵌合(カンゴウ)[はめ合い]と仕上げの点でいくつかの欠陥がある。

3 vt. 〜に合う[ふさわしい]; 〜を合わせる、適合させる、〜をはめる、嵌合(カンゴウ)する、収める <into>; 〜を(〜に)装着する <to>; 〜を(〜に)取り付ける、装着[装備]する <with>; ...

vi. (ぴったり)合う、適合する、適応する、調和する、すっぽり入る、(しっくり[ちょうど])収まる ◆choose the one that best fits your needs あなたのニーズに一番合っている[最適な]ものを選定する ◆fit an intercooled turbocharger to the engine そのエンジンにインタークーラー付きターボチャージャーを装着する ◆fit into conventional patterns 従来の型にはまる ◆press-fitted parts プレスばめ[圧入]して製造されている部品 ◆a pipe fitted at one end with a cap 一端にキャップの付いた管 ◆fit panes of glass into window frames 窓枠に板ガラスをはめる ◆fit the locating tab into the locating slot その位置決めタブを位置決めスロットにはめ込む ◆shaped to fit with adjustable Velcro fasteners 調節可能なマジックテープ付きで、ぴったりフィットする形に作ってある ◆the sleeve fits over the ends of two conductors このスリーブは2本の電線の末端にはまる ◆a hand-held computer that fits in a shirt pocket シャツのポケットに入るハンドヘルドコンピュータ ◆find the equipment that fits your needs 自分のニーズに適した機器を見つける ◆persons who fit into one or more of the categories listed below 次に掲げる1つまたは複数の範ちゅうに該当する人たち ◆Fit the lid over the bowl. ふたをボウルの上にはめてください。 ◆The following two examples fit the rule. 以下の2例は、この法則に当てはまる。 ◆The list is too long and too wide to fit on the screen. その表は、縦の長さも横幅も大き過ぎて画面内に入らない[収まらない]。 ◆The pan is fitted with a "twist-lock" lid. この鍋には、回してロックする(タイプの)ふたが備わっている。 ◆The workstation is small enough to fit on a desktop. そのワークステーションは、机の上に収まるくらい小さい。 ◆The new version of YouWrite still fits in an ordinary IBM PC's memory. 《コンピュ》YouWriteの新バージョンは、依然として普通のIBM PCのメモリーに収まる。

4 n. a〜 発作、けいれん、ひきつけ、(感情の)一時的興奮、気まぐれ

**fit in..., fit...in** はめこむ、組み込む、適合する[させる]、調和する[させる] ◆The homes have traditional exteriors to fit in with the community. これらの住宅は、地域社会[町並み]に調和する[溶け込む]ようオーソドックスな外装になっている。

**fitness** 健康(増進)、良好、健全; 適切、適合、適性、適合性、適応度 <for> ◆home fitness equipment; fitness equipment [machines] for home use 家庭用フィットネス機器[エクササイズ機器、健康器具] ◆fitness-for-use aspects of the product その商品の用途適合性という側面 ◆the fitness of the equipment to operate in damp environments その機器が湿気の多い環境で動作するのに適しているということ

**fitter** a〜 取り付け工、組立工、(衣服の)仮縫い[着付け、寸法直し]をする人 ◆a sprinkler fitter スプリンクラー取り付け工

**fitting** adj. 適切な、ふさわしい; n. 《通例〜s》取り付け具、取り付け金具[金物](類)、継ぎ手、取付け品、取り付けられた器具、付属品、備品、(船の)艤装(ギソウ)品 ◆pipe fittings 管継手(*パイプとパイプを接続する) ◆an end fitting 末端金具(*hook, shackle, thimbleなどロープの末端に使うもの) ◆one of Madonna's most fitting roles マドンナの最適役[はまり役]の一つ

**FIV** ◆become infected with FIV from an infected cat 感染している猫からもらったネコ免疫不全ウイルスに感染する (*FIV: feline immunodeficiency virus = いわゆる猫エイズ、人にはうつらない)

**five** adj., n. 5(の)、→fifth ◆a five-year plan [program] 5カ年計画 ◆give a bunch of fives げんこつをお見舞いする[食らわす、飛ばす] ◆have a 5 o'clock [five(-)o'clock] shadow 〜には午後5時のひげが(うっすらと)生えている[《意訳》見て取れる] ◆turn back the clock five or six years 5〜6年前の状態に戻す ◆Mr. Perot gave "high-fives" to supporters as he entered the auditorium. ペロー氏は講堂に入場する際に「拳を上げて」支持者に挨拶した。

**five-star** adj. 五つ星の、(ホテルやレストランが)第一級の、最高[最高級]の、超一流の、優れた ◆a five-star officer [general, admiral] 《米口》元帥

**fix 1** vt. ~を取り付ける, 固定する, 修理[修繕]する, 直す, 修正[修復]する, 調整する[整える], 決定[確定]する, 〈目, 注意〉をじっと注ぐ, 凝固させる, 定着させる, 〈食事〉を作る; vi. ◆fix a sunny-side-up egg　目玉焼きを作る　◆Pricing on... [The price of...] has yet to be fixed.　～の価格は未定である　◆Both were fixed under warranty.　両方(の故障)とも保証が効いて[適用されて](無償で)修理された.
**2** a ~ 位置(の決定), 修正[修復, フィックス], 困った[苦しい]立場[苦境, 窮地], 賄賂, 贈物, 八百長[不正工作], 麻薬の注射 ◆acquire a fix on the target　目標の位置を求める　◆the very person who got me into this fix　私をこの苦境に陥れた当の本人[張本人]　◆We do have a fix for this problem.　私どもは, 確かにこの故障の直し方を知っております.

**fixation** ㊁固定, 定着, 固着, 結合, (写真ネガなどの)定着, 色止め(fixing), 不動, 視線の固定[注視, 凝視, 固視]; 《心理》固着, 病的な執着, 固執<on> ◆the fixation of carbon dioxide by algae during photosynthesis　光合成中の藻類による二酸化炭素の固定[固定化]

**fixed** adj. 固定した, 据え付けの, 据え置きの, 既定の, 定まった, 決まった, 確定した, じっと動かない[不動の, 静止~], 《俗》不正に結果がわかるよう仕組まれている[八百長の], (油が)不揮発性の; 定~ ◆fixed costs　固定的費用, 固定費　◆a fixed-head disk unit　固定ヘッドディスク装置(*アクセスタイムを最小限にするため各々のトラックに固定されたヘッドが1個ずつ配置されているディスク装置)　◆a fixed-focal-length lens; a lens of fixed focal length　《カメラ》単焦点レンズ(*ズームレンズに対して)　◆fixed radio communications　固定通信 ◆fixed wireless access (FWA) 固定無線系アクセス　◆fixed-net fishing [fishery]　定置網[建網(タテアミ)]漁業 ◆administer... at a fixed time every day　～を毎日定時に投与する　◆a fixed quantity of gas　ある決まった[一定]量の気体　◆at a fixed rate of interest　確定利率で ◆at fixed [regular] intervals　一定の間隔を開けて, 定期的に, 等間隔で ◆fixed-length cutting of materials　材料の定寸カット[切断, 裁断]　◆within a fixed time period　ある一定の期間[時間]内に ◆fixed-pitch text editing　固定ピッチ[文字間隔が一定の]テキスト編集 ◆print out a list of names and addresses in a fixed format 住所録をある決まった形式[定型]で印字出力する[打ち出す] ◆based on fixed-point observations of the changes that occur in... ～に起こる変化の定点観測に基づいて

**fixed disk**　a ~ 《コンピュ》固定ディスク
**fixed price**　a ~ 定価, 統制価格 ◆on a fixed-price basis 定額で, 固定価格で
**fixed-rate**　◆a fixed-rate (home) mortgage　固定金利型住宅ローン
**fixer**　a ~ 《写真》定着液, 色止め剤; a ~ 〈口〉フィクサー[《裏工作をする》取りまとめ役, まとめ屋, 調停役, 始末屋, 事件揉み消し屋, 黒幕], 《俗》麻薬密売人 ◆a fixing [fixer] bath　《写真》定着浴 ◆an underworld fixer　地下の世界[裏社会]のフィクサー[黒幕, 事件もみ消し屋, (*表社会との)パイプ役, 仲介者]

**fixing**　㊁固定(化), 固着, 取り付け, (写真ネガなどの)定着, 色止め; 固定化, 決定, 談合, 位置決定; ㊂修繕, 修復; 《fixings で》料理のつま[あしらい, 取り合わせ, 添え物, (部屋などの)器具[機器, 備品, 設備], (服の)装飾 ◆a fixing solution 《写真》定着液

**fixture**　a ~ (建物に)作り付けの家具や備品や造作の一部として据え付けてある物, 装備品, 付属設備, (工作物を固定するための)固定[取り付け]具[ジグ]; ~s 備品, ある場所や地位に古くから居る人, 主(ヌシ), 恒例の行事 ◆a production fixture　(半永久的に据え付けられている)生産設備 ◆(fluorescent) ceiling fixtures　(蛍光灯使用の)天井照明器具 ◆solid-gold bathroom fixtures 金無垢の浴室装備品[付属品, 付属設備]

**flag 1** a ~ 旗, 標識, 印, マーク, 《コンピュ》フラグ ◆show the flag　存在を示すために[申し訳程度に, 一応, 一時的に]顔を出す; 立場[見解など]を表明[明らかに], 旗織色を鮮明にする; プレゼンスを示す; 〈英〉(女王陛下[王室]の船)が外国の港を公式訪問する ◆set an internal flag 《コンピュ》内部フラグを立てる ◆clear all the flags in the register 《コンピュ》レジスタ内のすべてのフラグをクリアする
**2** vt. ~に合図[警告]をする, ~に目印をつける, 《コンピュ》フラグをたてる ◆If a given worker's output falls outside this range, it is so flagged so that an inspector can check to see if an error has been made.　《コンピュ》ある作業者の生産高がその範囲から外れると, 何か間違いがなかったかどうか検査員が調べて見ることができるように, その旨フラグが立てられる. ◆While you're compiling or running a program, you get an error message at the top of your screen and the cursor flags the error's location for you.　《コンピュ》プログラムのコンパイル中や実行中に, 画面上部にエラーメッセージが表示され, カーソルがエラー箇所を示す.
**3** vi. だらりと下がる[下がっている], しおれる[しおれている], 衰える, なえる[なえている], 〈関心, 熱意などが〉うすれる[うすれている], だれる[だれている], 活気がない ◆public demand has been flagging recently　公的需要はこのところ弱含み[《意訳》軟調]で推移してきている

**flagging** adj. 下がり[減少, 衰え, 減退, だれ]気味の, 凋落傾向の, (比喩的)下り坂の, 斜陽の ◆struggle to boost flagging earnings　減り[細り]気味の収益を増やそうと奮闘する ◆to restore his flagging health　壊れかかっている[ガタガタになってきている]彼の健康を取り戻すために ◆to shore up his flagging reputation　彼の落ち目の評判がこれ以上下がらないようにするために ◆to improve the president's flagging popularity　大統領の凋落しつつある支持率を上げるために ◆the flagging Japanese economy has stalled again　衰退気味[凋落傾向, 落ち目, 下り坂, 斜陽, 右下がり]の日本経済はまたもや行き詰まった

**flag of convenience**　a ~ 便宜置籍国[船籍国](の国旗) ◆a vessel [ship] flying a flag of convenience　便宜置籍船 ◆flag of convenience nations such as Panama and Liberia パナマやリベリアなどの便宜置籍国(*船籍) ◆ships which fly the Liberian flag of convenience　リベリアに便宜船籍を置く船舶; リベリアを便宜置籍国とする船舶

**flagship**　a ~ 旗艦; the ~ <of> (~の中で)最高の[最も豪華な]もの ◆This is JVC's flagship model.　これは, JVC社の旗艦[最高級, 最上位, 最高機能]である. ◆The carmaker's new flagship has an all-aluminum engine.　その自動車メーカーの新型旗艦[フラッグシップ車]は, オールアルミエンジンを搭載している. ◆The Queen Elizabeth 2, or QE2 as she is commonly known is the flagship of the Cunard Line.　クイーン・エリザベス2号, あるいは俗にQE2として知られる本船は, キューナード汽船会社の最も豪華な客船です.

**flake 1** a ~ 片, フレーク, 薄片, 剥片(ハクヘン), (~から)はがれ落ちた破片 <from> ◆come off in large flakes 大きな薄片となって剥がれる
**2** vi. <off, away> 薄片となってはがれ落ちる, はげる, 剥離(ハクリ)する; vt. <off, away> ~を薄片状にはがす, 剥片にする, 薄片で覆う ◆Proper bonding prevents flaking or shedding of the particles as the tape moves across the rapidly rotating video record/playback head assembly.　適正な接着により, 高速回転しているビデオ録画／再生ヘッドアセンブリをテープが通過する際に磁性体粒子が剥離したり脱落するのを防ぐ.

**flame**　(a) ~ 炎, 火炎, 火; vi. 炎をあげて燃える, 赤くなる, かっとなる; vt. ~を燃やす, 炎にあてる, 〈人〉を怒らせる, 興奮させる ◆be in flames　炎を上げて燃えている, 炎上している, 燃え上がっている ◆go up in flames [smoke]　炎上する; 《比喩的》突然に燃え出す, 突然発火する, 水泡に帰する ◆a flame holder　火炎保持器 ◆flame propagation　火炎逸走[伝播, 伝搬]　◆flame resistance　難燃性[耐炎性, 耐炎性] ◆flame retardancy 難燃性 ◆(a) flame [fire] retardant　難燃剤 ◆flame plating 溶射 ◆areas where no flame is permitted　火の気が許されていない[《意訳》火気厳禁の]区域 ◆become [be] engulfed in flames 炎に包まれる[ている] ◆burst into flames　炎上する; 火事になる ◆The truck burst into flames.　トラックは突然炎上した.

◆to avoid [keep from] getting "flamed" 怒りをかわない[誹謗中傷や攻撃をうけない]ようにするために(*ネット上のエチケットの話より) ◆a flame-retarded resin 難燃性樹脂 ◆give a very hot flame when burned with oxygen 酸素で燃焼させると高温の炎を出す ◆Don't smoke or hold a flame near... ～の近くで喫煙したり、火気を近づけたりしないでください。 ◆KEEP FROM HEAT OR FLAME. 高熱または火気に近づけて使用しないこと.(*スプレー製品の表示文句) ◆when flames engulfed a house next door 炎が隣家を包み込んだときに ◆Officer Needles was engulfed with flames. ニードルズ警官は、火だるまになった。 ◆The mat is flame retardant. 本マットは、難燃性です。 ◆They should be rendered flame retardant and be maintained in that condition それらを難燃化し、その状態[難燃性]を保たなければならない。 ◆Charging will release hydrogen gas, so keep sparks, lighted matches and open flame away from the top of the battery. 充電により水素ガスが放出されますので、火花、火の付いているマッチ[マッチの火]、裸火をバッテリー上部に近づけないでください。 ◆"Flaming" is the practice of attacking and insulting people on-line, either by e-mail or by posting a message on-line. 「フレーミング」とは、電子メールを送りつけたり、メッセージをネット上に書き込んだりしてオンラインで人を攻撃したり侮辱したりする行為のことである.

**flameproof** 防炎性の、難燃性の、(耐圧)防爆形の ◆a flameproof terminal box 防爆形端子箱
**flame resistance** 耐炎性、難燃性、耐熱性、耐火性
**flame-resistant** 難燃性の、耐熱性の、耐火性の ◆a flame-resistant cable 難燃性ケーブル ◆make it flame-resistant それを難燃性にする
**flame-retardant** 難燃性の、防火性の、残炎防止性の
**flammability** 引火性、易燃性、燃焼性、燃焼度、可燃度
**flammable** adj. 可燃性の、易燃性の、引火性の；a～ 可燃物、易燃性[引火性]の物質 ◆a flammable cargo (= an inflammable cargo) 可燃性の貨物(*ドラム缶入りのガソリンなど) ◆flammable gases [fumes] 引火性ガス ◆flammable vapors 可燃性[引火性]蒸気 ◆be spontaneously flammable 自然発火性である ◆CAUTION: FLAMMABLE; Caution – Flammables (標識に)注意: 可燃物; (意訳)火気厳禁 ◆EXTREMELY FLAMMABLE 強燃性(*スプレー製品の表示文句) ◆highly flammable Japanese cities 非常に燃えやすい日本の都市 ◆highly flammable substances 強可燃性物質 ◆near flammable liquids 引火性の液体のそばで ◆propane and other flammables プロパンおよびその他の引火性の物質 ◆there were no flammables in the house 家の中には燃えやすい物はなかった ◆Less flammable jet fuels are also under development. 引火性のより低いジェット燃料も開発中である。 ◆They are flammable and must be handled with care. それらは燃えやすいので、注意して扱う必要がある。

**flange** a～ フランジ、つば、縁、(車輪の)輪縁(ワブチ)、(レールの)出縁(デブチ)、曲縁、突縁; v. ～にフランジをつける、フランジを作る、広がる
**flank** a～ 横腹、わき腹、側面; v. 側面に位置する[立つ、を守る] ◆attack them from the flanks and rear 側面と背後から彼らを攻撃する
**flap** a～ フラップ、(ポケットの)垂れ蓋、折り返し、べろ、(航空機の)下げ翼; a～ ぱたぱたいう[はばたく]音; v. はばたく[はばたかせる]、はためく[はためかす]、ぱたぱた[ひらひら]する[させる] ◆a Velcro-secured flap マジックテープで留めてあるフラップ[マジックテープ式]フラップ
**flare** vi. ゆらゆら燃える、ゆらめく、輝く、(ぱっと)燃え上がる、(人)がかっと怒る[猛昂する]、(戦闘など)が突発する; vt. ～をゆらゆら[ひらひら]させる、(石油ною ガス)をもやす、～を閃光で合図する; a～ (単数形のみ)炎の輝き、ゆらめく炎; a～ 発火信号、照明弾、信号弾; a～ (怒りなどの)爆発 (a sudden outburst of anger)、太陽面の爆発、フレアー[らっぱ型の広がり]、皮膚の発赤(箇所) ◆The border dispute flared anew in December, when... 国境紛争が～した12月に再燃

した。 ◆when another hot spot flares up 別の紛争地帯が再燃すると[地域に火の手が上がると]
**flare-out** a～ (航空)(接地直前における機体姿勢の)引き起こし ◆the aircraft's speed and flight path are automatically controlled for approach, flare-out, and landing 航空機の速度と飛行経路は、進入、(機首の)引き起こし[頭起こし]、そして着陸に向けて自動的に制御される
**flash** 1 a～ 閃光、ひらめき、(カメラ用の)ストロボ、フラッシュ装置、瞬間、⦅口⦆フラッシュの光、⦅口⦆ばり、バリ(*金型の合わせ目からはみ出たもの) ◆a flash tank 水力発電所フラッシュタンク ◆a television news flash (テレビ)ニュース・フラッシュ[速報] ◆disappear in a flash 瞬く間に消滅する ◆fire a flash (of light); fire a flash unit;⦅内蔵ストロボなど、どのフラッシュかが分かれ切っている場合、theをつけて⦆ fire the flash 《撮影》フラッシュ[ストロボ]を焚く[発光させる] ◆the firing of a flash フラッシュをたくこと；(意訳)ストロボ発光 ◆use electronic flash for [as] fill フラッシュ[ストロボ]を補助光に[として]使う ◆a do-it-in-a-flash, hand-held scanner あっという間に素早く処理するハンディー[手持ち式]スキャナー ◆an autofocus SLR with a built-in flash ストロボ[フラッシュ]内蔵の自動焦点一眼レフ ◆Flash sync. is at 1/60th sec. 《カメラ》ストロボは、1/60秒で同調する。
2 vi. ひらめく、点滅[明滅]する、閃光を放つ; vt. ～をさっと送る ◆a flashing red light 点滅[明滅]している赤色警火(信号) ◆The ON indicator flashes (on and off). オン表示器が点滅する。

**flash back** 過去のシーンを(突然、瞬間的に)再現する <on>; 過去のシーンに一瞬戻る <to> ◆My mind flashed back to the first time I had flown into Hanoi. 私の心は、初めてハノイの空港に降り立った「当時にフラッシュバックした。；(意訳)私は、初めて～した時のことを突然思い出した。；記憶がぱっとよみがえる。
**flashback** a～ 《映像、小説》フラッシュバック、過去の光景がふと記憶によみがえること; a～ 《工業》逆火(サカビ)(*エンジンや燃焼器の)
**flashbulb** a～ 《撮影》フラッシュバルブ、閃光電球(*今は電子式のフラッシュ[ストロボ]に取って代わられている) ◆a flashbulb flashes over a relatively long period of time (写真用の)フラッシュバルブ[閃光電球]は比較的長い間閃光を放つ
**flash-freeze** ～を急速冷凍する (= quick-freeze)
**flash-frozen** 急速冷凍された ◆It is flash-frozen. それは急速冷凍される
**flashlight** a～ 懐中電灯、(カメラ用の)フラッシュ装置、(灯台などの)閃光 ◆Shine a flashlight through the back of the flat filter element. 懐中電灯で、その平板フィルターエレメントの裏側から透かすように照らしてください。(*フィルターの目詰まり具合を見るために)
**flash memory** ⦅口⦆フラッシュメモリー; a～ フラッシュメモリー素子; flash-memory adj. フラッシュメモリーの ◆a flash-memory device フラッシュメモリー素子 ◆5V flash memories 5V(動作の)フラッシュメモリー ◆SanDisk's CompactFlash flash-memory card サンディスク社のCompactFlashフラッシュメモリーカード
**flashover** (a)～ フラッシュオーバー、閃絡(放電)、爆絡(*突然爆発的に燃え出すこと) ◆a flashover occurs フラッシュオーバー[閃絡放電]が発生する ◆cause flashover フラッシュオーバー[閃絡放電]を引き起こす ◆a flashover ripped through the house 爆絡が家を(衝撃的に駆け抜け)破壊した ◆be caused by a flashover on... 《電気》～上のフラッシュオーバー[閃絡放電]によって引き起こされた ◆due to flashover フラッシュオーバー[閃絡放電]のせいで
**flashpoint, flash point** a～ 引火点、発火点、一触即発の臨戦態勢にある(軍事紛争)地域 ◆a mixture with a high flash point 高い引火点を持つ混合物 ◆the flash point of... ～の引火点 ◆East Asia has several potential flash points, the most obvious of which is the Korean Peninsula. 東アジアには一触

即発の可能性をはらむ軍事紛争地域がいくつかあるが，最も明白なのが朝鮮半島である.

**flask** a～ フラスコ，びん，鋳型枠 ◆a conical flask; an Erlenmeyer flask 三角フラスコ ◆a volumetric [measuring] flask メスフラスコ

**flat** 1 adj. 平らな，平たい，偏平［扁平］な，平坦な，平板の，横型［向］の，平目［形］の，フラットな，水平の，横ばいの，均一の，一様な，きっちり［ちょうど］の，つぶれた，パンクした，艶無しの，気［香り］の抜けた，元気［生気，活気］のない，単調［平板］な ◆become flat ぺちゃんこにつぶれる；平らになる ◆a flat cable; a flat-ribbon cable; a ribbon cable 《コンピュ》フラット［平行］ケーブル ◆a flat rate 定額制料金；単一［均一］従量制料金（*条件によって単価が変わることがない） ◆a flat-head machine screw 皿頭機械ねじ ◆a flat-screen CRT 平面ブラウン管 ◆become flatter on top てっぺんが平らになってくる；頂部が平坦化してくる ◆flat-shaped stones 平板形状をしている石 ◆hammer it smooth and flat それを金づちで打って平らで滑らかにする ◆meet with a flat [blunt, point-blank] refusal きっぱりと［すげなく，にべもなく，そっけなく］断られる ◆the number of... will remain flat ～の数は横ばいになるだろう ◆a flat-panel display パネル型［フラットパネル，平面，平板］ディスプレイ（装置） ◆a flat-topped waveform 《電気》（クリッピングのため）波頭が平らな波形 ◆flat from 20 Hz to 20,000 Hz 《音響》（周波数特性が）20Hzから20,000Hzまでフラットで ◆prevent spinning on flat surfaces 平らな面の上で回転してしまわないようにする ◆the cassette should lie flat on... カセットは，～上に平らに装着されていなければならない ◆users don't want to worry about batteries going flat ユーザーは，電池切れのしんぱいをしたくないのだ ◆carbonated drinks go flat after they have been opened for an extended period of time 炭酸飲料は，開けてから時間がたつと気が抜ける ◆his income stayed flat at about $35,000 a year 彼の年収は3万5000ドル付近で横ばいだった ◆The car feels flat off the mark. この車は発進時［出足］に元気がない［馬力が出ない］感じがする. ◆In rare cases, a person can be born with true flat feet – little or no arch. 稀なケースですが，生まれつきの扁平足で，土踏まずがほとんどないか全然ないという人もいます. ◆Private lines are available 24 hours a day for a flat monthly rate. 専用回線は，月々の定額［均一］料金で1日24時間使用できる. ◆But instead of going to a flat-rate scheme, the company is going to charge per byte. しかし，同社は，定額料金制［方式］ではなくバイト単位での課金方法を探ろうとしている. (*情報通信サービスの話で) ◆With a flat or slow-growing economy ahead, merchants are likely to be more aware of their customers' attitudes. 経済が先行き横ばいあるいは低成長という状況にあって，商人は顧客の（買い物に対する）態度により敏感になるものと思われる.
 2 adv. 水平に，平らに，ぴったり，きっぱりと，ぴしゃりと，突然に，《数値などが》ちょうど［フラットで］ ◆knock... flat on its back ～をなぐって仰向けに倒す［のす］；《比喩的に》徹底的に打ちのめす［こてんぱんに／完膚無きまでに／完全に平定する］ ◆press the pedal flat ペダルをいっぱいに［限度まで］踏む ◆a plate precisely polished flat on one or both sides 片面あるいは両面が，精密に［高い精度の研磨によって平坦化された］プレート ◆The car can zip to 60 mph in eight seconds flat. この車は8秒フラットで時速60マイルに疾走できる．；この車の0→60mph加速性能は8秒フラットである.
 3 a～ 平らな部分，《音楽》フラット［変］記号
 4 vt., vi. 平らな［にする］，《音楽》半音下げる
 5 《英》a～ （一戸分の）アパート［マンション］((《米》an apartment)

**flatbed** 平床式の，平面式の，平台式の ◆a flatbed 長物（ナガモノ）車両（= a flatbed truck, a flatbed trailer） ◆a flatbed plotter 平面プロッタ ◆a flatbed press 平台印刷機 ◆a flatbed scanner 平面スキャナー ◆the scanner's flatbed design そのスキャナーの平面［平台］型の構造

**flatblade, flat-blade** 平刃の ◆a flatblade screwdriver マイナスねじ回し

**flatly** 平たく，平らに；きっぱりと，あっさり，もろに，にべも無く，そっけなく；単調に，活気無く ◆flatly reject the proposal きっぱりと［にべもなく］その提案を拒絶する ◆Most publishers flatly refused to even read the manuscript. たいていの出版社は，この原稿を読むことさえ，そっけなく［にべもなく］断った.

**flatness** 平らなこと，平坦，平面度，偏平度，《半導体など》平坦度；きっぱりとした態度 ◆the flatness of frequency response of a signal 信号の周波数特性のフラットさ

**flatpack, flat pack** a～ 《半導》フラットパック（*平たい正方形で四辺に接続リードが多数付いているICパッケージ）

**flat-panel** （液晶やプラズマによる）平らな面［向き］の，フラットパネルの，平面-，平板形の ◆a 15" flat-panel display (FPD) 15インチフラットパネル［平面型］ディスプレイ（装置）

**flat-screen** フラットスクリーンの，《特に》液晶画面式［付き］の ◆a flat-screen TV set フラットスクリーン［液晶］画面テレビ

**flatten** vt. ～を平らにする，ぺしゃんこにする，平滑にする，均す（ナラス），つや消しする，打ちのめす，打ち倒す，～の気力をそぐ；vi. 平になる ◆become flattened 平らになる；平坦化する ◆sales have flattened out 売上高［販売高，販売実績，販売数量，販売台数，売れ行き］は横ばいになった

**flatter** vt. 〈人〉に (～について) お世辞［おべっか，お追従（オツイショウ），お上手］を言う<about, on>，～にへつらう［おもねる］，〈人〉を喜ばせる［得意がらせる］，～を実際［実物］以上によく見せる；vi. おべっかを使う ◆flatter oneself that...＝であるとうぬぼれる［得意がる，いい気になる，心ひそかに思う，自負する］ ◆This is not an academic book designed to flatter my ego. It is full of vital practical "insider" information that you can use to <do...>. これは私の自尊心をくすぐる［《意訳》自己満足］目的の学術書ではありません．あなた［読者］が～するのに使える極めて重要かつ実用的な「（業界の）内部」情報を満載しています.

**flat tire** a～（空気が抜けた，パンクした）ぺしゃんこタイヤ ◆cause a flat tire 《車》パンクさせる ◆they had a flat tire on the way back 《意訳》彼らの乗った車が帰る途中でパンクしてしまった

**flattop** a～ 航空母艦（= an aircraft carrier），角刈り（*男子の平頂髪型） ◆a flattop hairdo 角刈り［の髪形］ ◆a U.S. flattop on duty in the gulf 湾岸で任務についている米航空母艦

**flat-top** 《電子》平頂-，偏平頂上-，帯域- ◆a flat-top antenna 平頂アンテナ ◆a flat-top response 《電子，通》（バンドパスフィルターの）帯域応答特性

**flavor** 1 (a)～ 味，風味，香味，《比喩的》味，味わい，趣（オモムキ） ◆natural [↔artificial] food flavors 天然の[↔人工]食品フレーバー［香料］ ◆have a robust flavor 芳醇な香りを持っている ◆The car has the look and flavor of an import. この車には，輸入車の見てくれと持ち味がある.
 2 vt. ～に (～で) 味［風味］を付ける <with>

**flavorful** adj. 香り［風味，味わい］豊かな，おいしい ◆flavorful cherry tomatoes and cucumber slices 香りのいいプチトマトとキュウリの薄切り

**flaw** 1 a～ 欠陥，弱点，欠点，難，汚点，瑕疵（カシ），不備な点 <in>，きず，割れ，割れ目，ひび，亀裂 <in> ◆an eddy-current flaw detection system 渦電流探傷装置 ◆ultrasonic rail flaw testing 超音波によるレール探傷試験［検査］ ◆a surface flaw 表面のきず ◆detect flaws in sheet glass 板ガラスの傷を見つける ◆pick flaws with... ～の欠陥［欠点，瑕疵，粗］を探す；～のあら探しをする；～にけち［いちゃもん，文句，難癖］をつける (= pick fault with...) ◆It is not without its flaws. それに欠点がないというわけでない；それにはそれなりの欠陥もある. ◆testing equipment for detecting flaws and corrosion in metallic and composite structural components on aircraft 航空機の金属製および複合材料製の構造部材に欠陥［傷］や腐食がないかを探るための試験機器［検査装置］ ◆The car suffers one

fatal flaw. この車には, 致命的な欠陥が1つある. ◆There were some glaring flaws in the exterior finish. 外装仕上げにいくつかのひどい[目立った]欠陥があった.
2 vt. ～にひびを入れさせる, ～を不良品にする; vi. おしゃかになる, ひびが入る ◆But such comparisons are flawed, because... だがそのような比較をすることには欠陥がある, なぜならば～

**flawed** adj. 傷[欠陥, 欠点, 難]のある, 傷物の ◆But the theory is flawed. だがこの理論には難がある.

**flawlessly** adv. 申し分無く, 非の打ち所が[間然する所が]無いように, 完璧に, 完全に ◆run the program flawlessly そのプログラムを完璧に走らせる

**fleck** 1 a 〜 (光, 色などの)斑点(ハンテン), しみ, 小片, 粒子, 細かいつぶ, 小滴 ◆yellow flecks of contamination 黄色い汚染の染み[汚染箇所]
2 〜に斑点をつける, まだらにする

**flection, flexion** 《前者は米, 後者は英》たわみ, 屈曲, 湾曲; a 〜 屈曲部, 湾曲部

**fledgling, fledgeling** a 〜 羽が生えたばかりのひな鳥, 青二才, 未熟な若い者, 若輩, 小僧, 駆け出し; adj. 経験が浅く未熟な, 駆け出しの ◆a fledgling company 発足間もない[創業してからまだ日の浅い, 赤ん坊にとって, よちよち歩きの]会社; 新興[設立が新しい]企業 ◆He knew his limitations as a fledgling director and gladly took the advice of the veteran crew he assembled. 彼は駆け出しの映画監督としての自らの限界を認識していた, そして彼が集めたベテランクルーのアドバイスを喜んで受けた[進言を受けることにやぶさかではなかった].

**flee** vt. 〜から逃げる[逃れる], 〜を避ける; vi. (〜から)逃げる[逃れる]<from>, 〈時間など〉が急速に過ぎ去る, 急速に消え失せる[消失する, 無くなる] ◆elude a police dragnet and flee abroad 警察の捜査網をくぐり抜けて海外に高飛びする

**fleeting** adj. 瞬間的な, 一過性の, 過渡的な; つかの間の, はかない, うたかたの ◆a fleeting problem 一時的に発生して自然に消滅する類[一過性]の障害 ◆capture fleeting moments 足早に過ぎ去っていく一瞬一瞬を(カメラで)捕らえる

**flesh** (動物, 人間の)肉, 果肉, 肌; the 〜 肉体, 肉欲; vt., vi. <out> 肉付けする[ふくらませる], 肉を付ける ◆a flesh color (白人の)肌色 ◆flesh tones 《英》(白人の)肌色 ◆flesh-colored underwear 肌色の下着[肌着]類 ◆Babies suffer most from lack of flesh-to-flesh contact. 赤ん坊にとって, 肌のふれ合い[スキンシップ]の欠如が最も悪い影響を及ぼす. ◆The Web pages continue to be fleshed out and updated with new information. これらのウェブページ[当ホームページ]は, 継続的に[《意訳》今後も, 随時]新規情報による更新で[を追加して]充実していきます.

**flesh-colored, flesh-tone** adj. (白人の)肌色の

**flex** vt. (準備運動などで)〈手足〉を曲げる[動かす], 〈筋肉〉を収縮させる; vi. 曲がる, 収縮する, フレックスタイムで働く; n. (a) 〜 屈曲, 《英》電線 ◆Don't be afraid to flex your creative muscles. 《意訳》縮こまらないで[伸び伸びと, 思いっきり]自分の創造力[創作力, 独創性]を発揮させなさい. ◆Washington flexed its military muscles during the Cold War 米国政府は冷戦時代に軍事力を誇示した

**flex (one's) muscles** 肩ならしをする, (準備運動やエアロビなどの)運動をする, カこぶをつくる, 力を誇示する[見せつける], 力量を収縮させる ◆the company flexes its muscles with... 同社は〈商品〉にカこぶ[《意訳》特に力]を入れている ◆under Windows NT, where the Pentium Pro can fully flex its 32-bit muscle 《コンピュ》Pentium Proが32ビットの本領[真価, 実力, 威力]を十分に発揮できるWindows NT上で ◆With Director Nick Gomez in "New Jersey Drive," Jackson was able to fully flex his acting muscles. ニック・ゴメス監督の映画「New Jersey Drive」では, ジャクソンは俳優としての本領[真価]を存分に発揮することができた.

**flexibility** 柔軟性, 融通性, 適応性, 汎用性, 自由度, (運用する上での)幅[弾力性], たわみ性, 可撓性(カトウセイ) ◆), 撓性, 屈曲性 ◆with flexibility 柔軟性を持って[があって]; 柔軟に (▶flexibilityの直前にsome, more, little, lessなどの修飾語がつくと) ◆give it [provide it with] flexibility それに柔軟性[融通性]を与える[持たせる] ◆increase flexibility 柔軟性[融通性, 自由度]を増す[高める] ◆have no flexibility 柔軟性がない;融通がきかない ◆add [give, impart, provide] flexibility to... 〜に柔軟さを与える[〜を柔軟にする, 《意訳》〜加工を施す] ◆allow greater flexibility in use of federal funds 連邦政府資金の使用に当たりより大きな柔軟性を許す[《意訳》資金使途について運用の弾力化を図る] ◆flexibility and adaptability to the circumstances at hand 《意訳》差し迫った状況に対処するための臨機応変さ[運用上の幅] ◆give [impart, provide] flexibility to... 〜に柔軟さを与える, 〜を柔軟にする; 〜に(運用上などの)弾力性[自由裁量の幅]を持たせる ◆have a high degree of flexibility in... 〜における自由度[融通性]が高い ◆maximize production flexibility 制作上の自由度を最大にする ◆tempered for flexibility 可撓性(カトウセイ)を得るために焼き戻されている ◆give farmers much greater flexibility on what to plant 農業者に, 作付け作物についてのより大きな選択の幅を与える (*農業補助金の話で) ◆give the department greater flexibility to respond to changes in market demand. 市場の需要の変化に対処するために, その部門により大きな自由裁量を与える ◆have the flexibility of being able to <do...> 〜できるという柔軟性がある ◆it will give us considerable flexibility それによって(我々に)かなりの自由度がもたらされる[かなり融通がきくようになる]だろう ◆an operating environment that offers more flexibility より大きな柔軟性を提供する[より柔軟な]オペレーティング環境 ◆in order to have greater flexibility in implementing our welfare-reform plans 我々の福祉改革計画の実施により大きな[運用]幅を持たせるために ◆digital video compression provides greater flexibility than comparable analog techniques デジタルビデオ圧縮は比較対象となるアナログ手法よりも柔軟性が大きい ◆Syria is showing greater flexibility in Mideast peace negotiations. シリアは中東和平交渉で一段と柔軟性をみせている. ◆It is essential that difficulties in forming the army be addressed quickly and with flexibility. 軍隊を組織する上での諸問題に迅速かつ柔軟に[弾力性をもって]当たることが重要である. ◆We now have greater flexibility in the design and implementation of our courses. 《意訳》私たちは今ではより柔軟に学習課程の編成および実施に当たることができる. ◆States and localities need much greater flexibility to design and run their welfare programs so states like Wisconsin can match their programs to local conditions. ウィスコンシン州などの州が自らの福祉制度を地元の実状に合わせられるよう, 各々の州や地方は, 制度の企画立案や運用の上でより大幅な自由裁量を持つ必要がある.

**flexible** adj. フレキシブルな, 曲げ[曲がり]やすい, しなやかな, 柔軟, 融通のきく, 順応[適応, 弾力]性のある, 可撓(カトウ)性-, 撓-(←可撓); 従順な ◆a flexible face フレキシブルフェイス (*テント, 壁面ディスプレイ, 看板などに用いられる丈夫な織物) ◆a flexible metal conduit to house wires 電線を収容するための金属可とう電線管 ◆(a) flexible cable 可撓性索 ◆a flexible drive shaft たわみ駆動軸 ◆a highly flexible sheet 柔軟性の高い[非常にフレキシブル性に富む]シート ◆a sturdy yet flexible frame 頑丈だがしなやかな枠[フレーム] ◆flexible printed wiring フレキシブルプリント配線 ◆a computer-integrated flexible manufacturing system コンピュータが組み込まれているフレキシブル[多品種少量]生産方式 ◆remain flexible in response to market demands 市場の[要求]に臨機応変に対処できるようにしている ◆the concepts of agile manufacturing that enables companies to shift from mass manufacturing of one type of product to more flexible production methods 1品種の大量生産から多品種少量生産方式へと企業が移行できるようにしてくれる敏速[迅速]生産という概念

**flexible disk** a 〜 フレキシブルディスク, フロッピーディスク (→ floppy disk) ◆8-inch and 5 1/4-inch flexible disks 8インチと5インチのフロッピーディスク

**flexion** 《英》(→《米》flection)
**flextime, flexitime** フレックスタイム《制》
**flick** 1 a〜 指でパチンとはじくこと, パチリ[むちなどの]ピシッ]という音 ◆at the flick of a button or a switch ボタン一つまたはスイッチ一つで ◆at [with] the flick of a switch スイッチ一発《の簡単操作》で; ワンタッチで
2 〈スイッチ〉をパチンと入れる[切る], 〜を(指で)パチンとはじき飛ばす, 鞭うつ

**flicker** 1 (a)〜《単のみ》フリッカー, ちらつき, チカチカ, 明滅, 交照; (a)〜《希望, 恐怖などの一瞬の》ちらつき ◆flicker occurs ちらつきが発生する ◆flicker noise フリッカ雑音(*1/f 雑音とも) ◆luminance flicker 輝度のちらつき ◆cause some flicker ちらつきを若干発生させる ◆eliminate screen flicker 画面のちらつきをなくす ◆a virtually flicker-free picture 《ブラウン管》ほとんどちらつきのない画像 ◆there is a very faint flicker in the display 表示にちらつきが極わずかながらある ◆Higher refresh rates mean less flicker. 《意訳》リフレッシュ速度が高くなるということは, ちらつきが減るということだ。(*ブラウン管式ディスプレイの) ◆The high-resolution graphics controller has a refresh rate of 75 Hz, which eliminates flicker. この高解像度グラフィックスコントローラのリフレッシュ速度は75Hzで, これはフリッカを無くす速度である。
2 《光源が》ちらつく, ちかちかする; 《物が》小刻みに震える ◆a flickering candle 炎がちらついている蝋燭(ロウソク) ◆screen flickering 画面のちらつき ◆a non-flickering fluorescent light チラツキのない蛍光灯 ◆fires flicker in fireplaces 火が暖炉でちょろちょろ燃えている ◆flickering eye movements 細かく震える眼の動き

**flier, flyer** a〜 空を飛ぶもの, ちらし[ビラ] ◆a frequent-flier program マイレージサービス制度(*固定客をつかむために航空会社が利用実績に応じた特典を提供する) ◆distribute fliers opposing... 〜に反対[抗議]する(意味内容の)ビラを配る

**flight** (a)〜 飛行, 飛翔; a〜 航空機による旅行, 飛行距離, 定期運航便, 飛んでいる群れ, 飛ぶ場面, または階と階との一登りの階段区間 ◆during flight 飛行中に ◆a flight data recorder フライトデータレコーダー; 飛行データ記録装置; 飛行記録装置 ◆a flight plan フライトプラン, 飛行計画[計画] ◆a flight simulator フライトシミュレータ; 飛行模擬訓練装置 ◆a flight of stairs [steps] 一続きの階段 (= a stairway) ◆(a) flight control cable 《航空機》操縦索 ◆a high-altitude flight 高高度飛行 ◆an aircraft in flight 飛行中の航空機 ◆monitor the rocket's in-flight performance ロケットの飛行中の性能をモニターする ◆the flight of capital from Russia; capital flight from Russia ロシアからのキャピタル・フライト[資本逃避] ◆increase the frequency of flights into Brazil and Argentina ブラジルとアルゼンチン行きの便を増便する ◆One traveler, fresh off an international flight, asked... 国際便[《意訳》国際線]から降り立ったばかりの一人の旅行者が, 〜に尋ねた ◆Stewardesses are now called flight attendants. スチュワーデスは今では客室[接客]乗務員と呼ばれる。(*a flight attendant = a cabin attendant) ◆On August 4, 1955, the first flight of a U-2 spy reconnaissance plane was made at Groom Lake. 1955年8月4日, スパイ偵察機U2の初飛行はグルームレイクで行われた。

**flight recorder** a〜《航空機の》フライトレコーダー, 飛行記録装置 (= black box)

**flimsy** adj. 薄くて軽い, もろい, 材質やつくりの悪い, 《根拠の》薄弱な, 見え透いた, 浅はかな, 浅慮な, 価値のほとんどない, 取るに足らない, 取るに値しない ◆a flimsy hut 掘っ建て小屋; バラック; 吹けば飛ぶような[みすぼらしい]小屋 ◆a flimsy excuse [pretext] 見え透いた[見え見えの]口実 ◆弁解, 言い訳, 言い草, 言い抜け, 逃げ口上 ◆a flimsy curtain 薄っぺらなカーテン ◆based on flimsy evidence; based on a flimsy foundation 薄弱な根拠に基づいて ◆served on flimsy paper plates 薄っぺらい[ぺらぺらの]紙皿に乗せて出されて ◆

they escaped Cuba on a flimsy homemade raft 彼らは(心許ない)粗末な自家製のいかだでキューバを脱出した

**flinch** vi. (〜に)ひるむ[たじろぐ, 縮み上がる, 尻込みする, 気後れする, びびる] <from> ◆without flinching 憶することなく, 怖めず臆せず, ひるまず, びくともせずに, ビビらずに

**flip** 1 v. 指先ではじく, 〈スイッチ, 装置〉をパチンと入れる[切る], 〈ページ〉をめくる, 〜を裏返す[ひっくり返す], 〈図形〉をミラーイメージ[線対称形]にする, 《上下, 左右》反転する ◆flip properties [houses] 不動産[家]を転がすて転売する ◆flip it relative to the y axis y軸を基準に[中心として]それを反転させる ◆flip on the switch スイッチを(パチン[カチッ]と)入れる ◆flip the light on 電灯をつける ◆flip the radio on ラジオをつける[オンする] ◆flip the switch on スイッチをオンにする[入れる] ◆flip the switch to "auto" 「自動」側にスイッチを入れる ◆flip through the pages of a book 本のページをパラパラとめくる ◆the car flipped onto its top 車が転覆した[引っくり返った] ◆flip... horizontally [from side to side] 〈図形など〉を左右に反転させる[裏返す, ひっくり返す] ◆flip... vertically [from top to bottom] 〈図形など〉を上下に反転させる[上下逆のミラーイメージにする] ◆flip the electronic pad around so the pen is more convenient for left-handed users その電子ノートを, 左利きユーザーにとってペンがもっと使いやすいように(180度回して上下左右を)ひっくり返す(*ここでは裏返す意味でない) ◆Why do smokers flip their lit butts out of car windows? なぜたばこを吸う人は車の窓から火のついた吸い殻をポイ捨てするのだろう。
2 a〜 はじくこと, 急にめくること, めくること, 裏返す[反転する]こと, 《スポ》宙返り[回転] (*縦方向の回転)(→a spin 横回転[ひねり]) ◆a flip of a switch will slow... スイッチをパチンと切ると[スイッチ一発で]〜の速度を低下させます ◆the flip side of A is B Aの反対[逆, 裏返し]はBである (▶the flip side の基本的な意味は「裏面」であるが, 比喩的に「反対」や「逆」の意味でも用いられる)

**flip chip** a〜 フリップチップ ◆flip-chip packaging technology フリップチップ実装技術 (*ICや超小型SAWフィルタなどの)

**flip-flop** 1 a〜 (= a flip-flop circuit) フリップフロップ, 双安定回路, 二安定マルチバイブレータ
2 vi. 揺れる, とんぼ返りする, (〜についての)考えをひるがえす <on> ◆flip-flop between A and B AとBの間で揺れる(判断などが翻る)

**flip-up** はね上げ式の ◆The flip-up screen tilts 150 degrees. はね上げ式の画面は, 150度まで倒せる[開く]。

**float** 1 vi. 浮く, 浮かぶ, 漂う, 浮遊する, 浮動する, 遊泳する, 《経済》流動[変動]する; vt. 〜を浮かせる, 浮かべる, 漂わせる, 浮動[遊動]させる, 〈会社〉を設立する, 〈通貨〉を変動相場制にする, 〈株, 債券〉を(資金集めのために)発行する ◆a floating body (液体に浮かんでいる)浮遊物体, 浮体 ◆a floating exchange-rate system; a system of floating exchange rates 変動為替[フロート]相場制 (*aの代わりにtheを付けると, 特定の制度とか現行の制度という意味になる) ◆a floating-head magnetic disk drive 浮上ヘッド方式の磁気ディスクドライブ ◆a floating battery 浮動充電されながら使われている蓄電池 ◆a playing mechanism floated on rubber isolators 防振ゴムで浮かされている再生メカ ◆float in the air 空中に浮く ◆float loans at favorable rates 有利な利率で負債を起こす[借金する, 起債する] ◆the magnetic head must float over the disk as closely as possible 磁気ヘッドは, ディスク表面にぎりぎり限り近づいて[すれすれに浮いている]必要がある (*ハードディスクの)
2 a〜 浮き, 浮袋, (水洗便所タンクなどの)フロート, いかだ, ブイ, 救命胴衣, 山車(ダシ) ◆a doughnut-shaped float (tube) ドーナツ形の(丸い)浮き袋[浮き輪]

**floatable** adj. 浮かぶことができる, 浮かべられる, 《鉱石》浮遊選鉱[浮選]に適した, 《主に米》《河川が》船やいかだの航行が可能な; a〜 浮遊物, 浮揚物 ◆Separation of floatables is 100%. 浮遊物[浮遊物]の選別・分離は完璧です。

**float-and-sink** ◆(a) float-and-sink analysis 《炭鉱, 鉱山》浮沈分析

**floatation, flotation** 回浮遊; 回浮遊選鉱[選炭], 浮選; (a)～《新規株式, 公社債の》売り出し[募集, 公募, 発行], 起債, (会社)設立, 起業; 回《タイヤなどが軟弱路面, 雪道で》沈まずに通過できる能力[悪路路破性] ◆a flotation agent; a floatation reagent 浮遊選鉱剤, 浮選剤 ◆a flotation cell [tank] 浮遊選別槽; 浮選槽 ◆a flotation machine 《鉱山, 炭鉱》選鉱機 ◆a flotation process 浮選[浮上]選別法; 浮選; 《鉱石の》浮遊選鉱; 《石炭の》浮遊選炭 ◆(a) froth floatation coal cleaning technology 泡沫浮遊選炭技術

**float-charge** vt. ～を浮動充電する ◆float-charge a battery バッテリーを浮動充電する

**floater** a～ 浮いているもの, 水雷, 死んで浮いている魚, 溺死者[土左衛門], 浮き草のような生き方をしている人, 職を転々とする人, フリーター, わたり労働者, 各地を転々とする住所不定の人[渡り者, 流れ者], 複数の投票所を渡り歩いて不正投票する人, 包括保険証券(*宝石などの携行品や移動を伴う物品の事故に備えての)

**floating** 浮かんでいる, 浮き-, 浮動-, 流動-, 変動-, (自由)変動相場の ◆a floating dock 浮きドック, 浮き船渠(センキョ) ◆a floating floor 《建築》浮き床(*振動が階下に伝わるのを防ぐための) ◆floating charge 浮動充電 ◆floating votes; 《集合的に》the floating vote 浮動票, 非組織票 ◆In the early 1970s, the United States and other industrial nations shifted to a floating-rate system. 1970年代初頭に, 米国およびその他の先進工業諸国は変動為替相場制に移行した。

**floating-point** 《コンピュ》浮動小数点式の ◆a floating-point coprocessor 浮動小数点コプロセッサ(*数値演算コプロセッサ a numeric coprocessor, a math coprocessor とも) ◆floating-point arithmetic 浮動小数点演算 ◆perform billions of floating-point operations a second 毎秒何十億回もの浮動小数点演算を行う

**flocculant** a～ 凝集剤 ◆add a flocculant 凝集剤を加える ◆a flocculant for wastewater treatment 廃水[下水]処理用の凝集剤

**flocculate** 凝集する[させる], 綿状(のかたまり)になる; a～ 凝集塊 ◆a flocculating agent 凝集剤 ◆flocculate particles 粒子を凝集させる

**flocculation** 凝集, 綿状沈澱[反応]

**flood** 1 a～ 洪水[大水, 出水], 氾濫[殺到, 大量], 上げ潮[満潮] ◆a flood-damaged library 水害が被害に遭った図書館 ◆a flood-prone area よく洪水に見舞われる[冠水しやすい]地域 ◆a flood-stricken area 洪水の被災地 ◆immediately after the occurrence of a flood 洪水[水害]の発生直後に ◆in the event of a flood disaster 洪水による災害[水害]が発生した場合に ◆make a flood hazard map for a town ある町の水害ハザードマップ[予測図]を作成する ◆receive flood disaster assistance 洪水災害[水害]援助を受ける ◆throw an even, well-focused flood of illumination 均一でよく焦点の絞られた投光照明を当てる ◆a flood of models endowed with high-tech conveniences あふれるほど豊富にある, 便利なハイテク機能を完備した機種 ◆As in previous years, the food contest came from all over North America. 例年のごとく, 参加申し込みは北米中から殺到した。
2 vt. ～をあふれさせる[氾濫させる, みなぎらせる], ～に湛水(タンスイ)する, 物量で圧倒する, ～に押し寄せる; ～を投光照明で照らす(= floodlight); vi. 氾濫する, 水浸しになる, あふれ出る, 殺到する ◆a flooded road 冠水している道 ◆in a world flooded with information 情報が溢れている世界にあって ◆flood the market with new products 市場に新製品をあふれさせる ◆Low-lying areas may become flooded. 低い地域は, 洪水になるかも知れない。 ◆Powerful competitive products are flooding the marketplace. 強力な競争力を持った製品が, 市場にあふれている。

**flood lamp** a～ フラッドランプ, 投光照明灯

**floodlight** a～ フラッドランプ, 投光照明器, 照明灯; v. は投光照明で照らす

**floor** a～ フロア, 床, 板の間, 床面, 階, 底, -床(トコ, ショウ), 最低限(度), 底値, 下限(= a lower limit) ◆a floor limit 最低限度, 下限 ◆a floor-mounted console 《車》床に取り付けられているコンソールボックス ◆a floor plan 床配置図, 間取り図, 平面図 ◆a low-floor bus (= a non-step bus) 低床式[ノンステップ]バス(*車いすや, 体の不自由な人が乗り降りしやすい) ◆a price floor 価格の下限 ◆a floor-mounted (gear) shift lever [shifter] 《自》フロアーシフトレバー ◆a 60-floor building 60階建てのビル ◆a first-floor powder room 1階の化粧室 ◆a floor-mounted transformer 床設置型[据え置き型]の変圧器 ◆all over the floor 床一面に ◆a top-floor studio 最上階にあるスタジオ ◆floor-standing speakers 床置き型[床置型]のスピーカー ◆on the top floor 最上階で[に] ◆sit in a corridor floor 廊下の床に座る ◆There's no floor limit to... ～に下限はない ◆transformers suitable for floor mounting 床設置に適したトランス ◆on the eighth floor 8階で[に] ◆on the floor above and the floor below 上の階と下の階に[once上と下階に] ◆the new center with a 12,000-square-foot floor area (延べ)床面積が12,000平方フィートのその新しいセンター ◆Blood mixed with water was dripping down on them from the floors above. 階上から水の混じった血液が彼らの上に滴り落ちていた。 ◆The floor-space requirement is under 7 by 7 ft. 必要な床面積は, 7×7フィート以下である。(*機器の設置に必要なスペース) ◆When opened in November this year, the store will boast about 2 million square feet of shop floor area. 今年11月にオープンすると, その店は約200万平方フィートの(延べ)売り場床面積を誇ることになる。

**floor-length** adj. 床まで届く長さの, 床までのロング丈の

**floor level** (a)～ 床の高さ, 階 ◆at [above, below] floor level 床の高さ[床より上, 床より下]に[で] ◆at each floor level 各階で ◆on the third-floor level 3階で

**floor plan** a～ 床配置図, 間取り図, 平面図 ◆produce a residential floor plan 住宅の間取り図を作成する

**floorstanding** adj. 床置きタイプの, 床設置(型)の ◆a floorstanding speaker 床置き型スピーカー

**flop** vi. ばたばた動く, どさっと[どかっと, ばたんと]倒れる[座る]<into>, どぶんと飛び込む<into>, 突然態度を変える, 《失》寝る, (口)寝場所; vt. ～をどさっと落とす, 裏返す; a～ 大失敗, (口)寝場所 ◆the company has produced a number of film flops over the past few years この会社は過去数年に渡り映画の失敗作を数多く制作した

**floppy** a～ (= a floppy disk); adj. パタパタする, 柔軟な

**floppy disk** a～《コンピュ》フロッピーディスク,《中国語》柔盤 ◆a floppy (disk) drive フロッピーディスクドライブ, フロッピーディスク装置(*近年は, diskを省略したa floppy driveという呼び方も一般化している) ◆a mini-floppy [minifloppy] disk (= a 5¼-inch floppy disk) ミニフロッピーディスク, 5インチフロッピーディスク(*日本では端数を切り捨てて5インチと呼ぶが, 英語では必ず5¼ [5.25]-inchと表現する) ◆insert a floppy disk in [into] drive B フロッピーディスクをドライブBに入れる ◆send... by floppy disk [by diskette] to... (データなど)を～にフロッピーディスクで[に入れて]送る ◆store data on floppy disks フロッピーディスクにデータを保管[保存]する ◆be available both in print and on floppy disk [on diskette] 印刷物(の形)でもフロッピーディスク[ディスケット](の形)でも提供されている ◆a 2 1/2-inch hard-jacketed floppy disk 3.5インチのハードケース入りのフロッピーディスク(*a jacketは, フロッピーディスクの外装のことで, ディスクはこれと一緒にドライブに挿入される。ハードケースはshellとも呼ばれる) ◆two 1.44-megabyte 3 1/2-inch floppy disk drives 1.44メガバイトの3.5インチフロッピーディスクドライブ2基[台] ◆remove a floppy disk from the drive フロッピーディスクを(その)ドライブから取り出す ◆store floppy disks in their envelopes フロッピーディスクをエンベロープに入れて保管する(*5インチや8インチのFDにエンベロープが使用されていた) ◆The program comes on three 720K-byte floppy disks. このプログラムは, 720キロバイトのフロッピーディスク3枚組で売られている。 ◆Push the floppy disk into the slot until it locks into place. フロッピーディスクが(カチッと)はまってロックされるまで, スロットの中に押し込んで[差し込んで]ください.

**FLOPS** (floating-point operations per second) 《コンピュ》フロップス, 浮動小数点演算回数／秒 (＊コンピュータの演算処理速度を表す単位) ◆crunch data at teraFLOPS speed テラ[1兆]フロップスの速さで(バリバリと)データを(超高速に)処理する

**flora** (a) ~ (pl. ~s, -rae) (特定地域・時代の)植物の(全種類), 植物相 (↔fauna) ◆protect endangered flora and fauna 絶滅のおそれのある動植物を保護する (＊日本語では動物＋植物の順であるが, 英語では flora「植物」and fauna「動物」と逆の場合が圧倒的に多い) ◆the flora and fauna of Japan 日本の動植物のすべて

**floral** adj. 花の, 花の形の, 花模様の, 花柄の; 植物相の (＊特定の地域に繁殖する植物全種類の) ◆a floral print dress 花柄のプリントドレス

**flour** 回 小麦粉, メリケン粉, (穀物, 豆, 乾燥根などを挽いた)粉[粉末]; vt. ~に粉を振りかける, ~に粉を入れる, ~を粉にする ◆a flour milling company 製粉会社

**flourish** vi. 栄える, 繁盛する, 全盛[隆盛]をきわめる, (華々しく)活躍する, 興隆する; vt. ~を飾る, ~を見せびらかす, ~を振り回す; n. a ~ 大げさな振り回し, 派手な振る舞い, 飾り書き, ファンファーレ ◆the me-first ethic that has flourished in the '80s 80年代に栄えた自己優先的倫理 ◆Begun with a flourish in 1981 when the French PTT seeded a village in Brittany with 1,500 free terminals, Minitel today boasts a network of 2 million units. 1981年にフランスの郵電省がブリタニー地方のある村に1,500台の無料端末機を配って鳴り物入りで始まったミニテルは, 今日では200万台のネットワークを誇っている.

**flow** 1 vi. 流れる, 流れ出る, 流れるように動く; vt. ~を a flowing-film concentrator [separator] 《鉱山, 炭鉱》薄流選別機 ◆many years have flowed since... 以来, 幾多の歳月が流れた ◆continue flowing text onto the next page 《コンピュ》次のページに続けて文章を流し込む ◆the volume of air flowing into the engine エンジンに流入する空気の量[風量] ◆electricity flowing through the conductor その導体を流れている電気 ◆the plate current flows through the output transformer 陽極電流は出力トランスを流れる
2 a ~ 流れ, 流動, 流入, 流出, 流量, 流入量, 流出量 ◆a flow rate 流量, 流れの量, 流動の量 ◆a low-flow toilet 低流量[節水, 省水型]トイレ ◆a single-flow steam turbine 単流蒸気タービン ◆a work flowchart [flow chart, flowsheet, flow sheet, flow diagram] 作業［業務］の流れ[手順, 工程, 過程, 《意訳》方法]を書いた図 ◆easy-flow materials 易流動性材料 ◆(a) Parshall flume flow measurement (水の)パーシャルフリューム流量測定 (＊樋式の流量計での) ◆a rate of volumetric flow 体積流を ◆continuous flow manufacturing 連続流し生産[製造] ◆draw out the liquid in a controlled flow 調節した(ある一定の)流量で液体を抜き取る ◆flow measurement 流量測定 ◆heat produced by current flow 電流が流れることによって生じる熱 ◆produce a flow of air 空気の流れを起こす ◆the flow of electricity through... ~を通る電流の流れ ◆the flow of liquid through a membrane 膜を通しての液体の浸透[透過, 通り抜け] ◆the flow of... takes place by... ~によっての流れが起きる ◆a flow rate of 10 gallons per minute 毎分10ガロンの流量 ◆Go with the flow. 流されるままに ◆いていない[流れに逆らうようなマネはするな] ◆control the amount of flow 流量を調節する ◆control the rate of fluid flow 液流量を調節する ◆in the direction of traffic flow 交通の流れる方向 ◆manage the flow of information 情報の流れを管理する ◆measure the rate of flow of air 空気の流量を測る ◆pay attention to traffic flow 交通の流れに注意する ◆the flow of foreign capital into the country ceased その国への外資の流入が途絶えた ◆to ensure a continuous flow of MO products to the marketplace MO製品が途切れずに市場に流れて[供給されて]いるようにするために ◆The arrows in the diagram indicate flows of data. 図中の矢印はデータの流れを示す.

**flowchart, flow chart** a ~ フローチャート, 流れ図 (= a flow diagram [sheet], a control diagram) ◆create a flowchart フローチャート[流れ図, 作業工程図]を作成する ◆FIGURE 3 Flowchart for a simple drawing program 図3 簡単な描画プログラムのフローチャート

**flow diagram** a ~ (= a flowchart)

**flower** 1 回 開花, 満開; a ~; the ~ <of> (~の)最も優れている部分, 花, 精華, 最盛期; ~s 《化》(昇華によってできる)華(カ) ◆bring... into flower [blossom] ~を開花させる ◆come into flower 開花する; 花を咲かせる; 花をつける ◆breathtakingly true-to-life flowers 息を呑んでしまうくらい真に迫る花 ◆The new system will reach full flower その新しい体制は十分に開花するだろう (＊full flower = 満開) ◆Cut flowers will last longer if they are handled carefully right after taken from the garden. 切り花は, 庭から採った直後[摘み取ってすぐ]の扱い方がよければいっそう長く持ちます. ◆The movement is bursting out in flower. その運動は, 勢いよく開花している.
2 vi., vt. 開花する, 熟れる, ~を花で飾る

**flowering** n. 開花, 開花期; adj. 花をつける種の[顕花(ケンカ)-], 花盛りの[花の咲いている, 開花している] ◆a flowering plant 花をつける植物; 顕花植物; 花卉(カキ) ◆the current flowering of all manner of architectural ideas in Japan 日本におけるあらゆる種類の建築アイデアの現在の開花

**flowing** 流れる, 流れるような; 流麗な, 流暢な ◆a cleanly styled car with smooth, flowing lines スムーズな流れるような[流麗な]線ですっきりと体裁が整えられた車

**flow mark** a ~ フローマーク (＊成型樹脂材料が金型中を流れる際にできる製品上の跡)

**flowmeter** a ~ 流量計, 流速計 ◆an aneroid flowmeter アネロイド流量計 ◆an electromagnetic flowmeter 電磁流量計 ◆a gas flowmeter ガス用の流量計 ◆an ultrasonic flowmeter 超音波(を利用した)流量計 ◆an averaging pitot-type flowmeter 平均ピトー式流量計

**flowmetry** 回 《医》血流測定[計測]法 ◆laser-Doppler (blood) flowmetry レーザードップラー血流計測[測定]法 (＊bloodは省略されることが多い)

**fluctuate** vi. 動揺する, 変動する, ゆらぐ, 波動する, 上下動する, 上下する, 増減する; vt. ~を動揺させる ◆interest rates fluctuate with market conditions 利率は市況に合わせて変動[上下, 増減]する ◆The signal fluctuates in a range of about 40 dB. 信号は, 約40デシベルの範囲で変動する.

**fluctuation** (a) ~ 変動, 増減, 動揺, 波動, ゆらぎ, ジッター; 《経済》変動, 高下 ◆with/without fluctuations 変動ないなしに ◆fluctuation noise 揺らぎ雑音 (= random noise) ◆frequency fluctuations 周波数の変動[揺らぎ] ◆voltage fluctuations; fluctuations in voltage 電圧変動 ◆currency fluctuations 通貨変動 ◆fluctuations in the number of... ~の数の変動[増減] ◆fluctuations of the water pressure 水圧の変動 ◆in the event of big stock-price fluctuations 万一大幅な株価の変動があった場合 ◆attribute the drop in sales to fluctuations in customer demand 売上の減少を消費者需要の変動が要因であるとする ◆images were corrected for fluctuations 画像の変動[動揺, 揺らぎ, ブレ, ジッター]は補正された ◆the rate of fluctuation of the signal reception is fast 信号の受信(強度)の変動速度は速い ◆Stock prices can be subject to swift and violent fluctuations. 株価は急激な乱高下に見舞われることがある.

**flue** a ~ 煙道, 煙筒, 炎路, 煙管, 炉筒, (空気, ガスの通る)ダクト, 導管 ◆a chimney flue 煙突の煙道 ◆flue dust 煙道ダスト, 煙塵(エンジン) ◆flue gases 煙道ガス ◆flue-gas (exhaust-gas, stack-gas) desulfurization 排煙脱硫 ◆the flue gas of a furnace 炉の煙道ガス[排ガス, 排煙] ◆the flues of a coal-fired power plant 石炭専焼火力発電所の煙突 (＊厳密には「煙突の煙道」)

**fluently** adv. 流暢(リュウチョウ)に, よどみなくスラスラと, 滔々(トウトウ)と ◆speak Spanish and Portuguese fluently ス

**fly-by-night**

ペイン語とポルトガル語を流れるように［滑らかによどみなく, 流暢に, ペラペラと, 達者に］話す

**fluff** n. 綿毛, けば; a～ふわふわしたもの, 軽薄でつまらないこと, 簡単な仕事, へま; v. ふわりとふくらむ［ふくらませる］, けば立つ［けば立たせる］, （～を）失敗する ◆fabric softeners make the laundry fluff up　繊維製品用柔軟剤は, 洗濯物をふんわりふくらませる

**fluid** 1 (a)～ 流体, 流動体（＊気体と液体の総称）,《俗に》液体 ◆a fluid coupling　流体離手（= a hydraulic coupling) ◆ fluid dynamics　《単扱い》流体力学［流体科学］ ◆a dry cleaning fluid　ドライクリーニング液
2 adj. 流動性の, 流動する, 液体の, 液状の; 流動的な, 不安定な, 固まっていない

**fluidization**　 回流動化 ◆whenever a minimum fluidization velocity is reached　最小流動化速度に達するたびに（＊流動床 = a fluidized bed について）

**fluidize** vt, vi. 流動化［流動］する ◆(a) fluidized-bed material　流動媒体（＊流動床炉の）◆ fluidized-bed combustion　流動床［流動層］燃焼

**fluidized bed**　a～流動床, 流動層 ◆a fluidized-bed boiler　流動床［流動層］ボイラー ◆a circulating fluidized-bed combustor (CFBC)　循環流動層燃焼装置

**fluid mechanics**　流体力学（＊単扱い）

**fluorescence**　 回蛍光（発光）◆show a blue-violet fluorescence　青紫色の蛍光を呈する

**fluorescent** adj. 蛍光性の, 蛍光を発する ◆a fluorescent lamp　蛍光灯 ◆a fluorescent tube　蛍光管; 蛍光灯 ◆a vacuum fluorescent display (VFD)　蛍光表示管

**fluorine**　フッ素（元素記号: F）◆a fluorine compound　フッ素化合物

**fluorocarbon** (a)～ 過フッ化炭化水素, フロン（→Freon, CFC, chlorofluorocarbon）◆ozone-damaging fluorocarbon sprays　オゾンを破壊するフロンスプレー

**flush** 1 adj.（～と）面一（ツライチ）の, 同じ高さの, 同一平面の〈with〉,《ワープロ》行頭・行末がそろって,（～と）じかに接触して〈against〉;《口語》ことほか持って ◆be flush with...　～と同一平面にある, 同一高にある ◆a flush-mount cassette drive　面一挿入装着式のカセットドライブ装置 ◆flush left〈文字, データなど〉左揃え［左詰め, 左寄せ］された ◆cards that mount flush with the rear panel　リアパネルと面一に装着されるカード ◆flush, stepless entryways　段差も踏み段もない玄関口 ◆the almost flush lights　（他の部分と高さが同じくなるように）ほとんど平らに取り付けられているそれらのライト ◆Numbers are right flush. 数字は右寄せ［右詰め］されている。◆Insert the column into the mounting hole until it is flush with the bottom surface of the base plate. 支柱をベースプレートの底面と面一になるまで取り付け穴に挿入してください。
2 vi.（水などが）どっと流れる, ほとばしる,（人, 顔が）赤面する; vt. ～にどっと水を流して洗う,（人）を赤面させる, 元気づける, 意気揚々とさせる ◆flush it down a toilet　それをトイレに流す ◆flush the toilet　トイレを流す ◆a cleaner that's released when the toilet is flushed　トイレを流す際に出される洗剤
3 a～ どっと流れること, 押し流すこと, ほとばしり, 急増, 急成長,〈感情の〉急な高まり［こみあげること］,〈顔の〉紅潮, 発赤 ◆a flush toilet　水洗トイレ ◆there's a flush in her cheeks　彼女の頬に赤みがさしている

**flush-right** adj.《コンピュ》右揃え［右寄せ, 右詰め］されている,〈文章の〉行末［右行端］が揃っている ◆flush-right margins　《ワープロ》右揃え［右行端］揃えマージン ◆flush-right text　右揃えされたテキスト

**flute** 1 a～フルート, 横笛, 溝,（柱などの長手方向に彫られた）縦溝, ひだ ◆a drill's spiral flutes　ドリルの螺旋状の溝 ◆clear chips from the drill's flutes　そのドリルの溝から穿屑を除去する（＊ドリル自体のらせん状の溝を指している）
2 vi. フルートを吹く; vt. ～に縦溝を彫る,〈曲〉をフルートで吹く

**fluted**　溝付きの, リブ付きの

**flutter** 1 vi. はためく, ばたつく, 震える, はらはらする; vt. ～をばたばたさせる
2 a～ばたつき, 揺れ,回《AV》フラッタ（→wow and flutter），（比較的周期の短い）再生速度むら,《航空機》フラッター（＊飛行中の機体や翼の異常振動）

**flux** (a)～ フラックス, 流れ, 輻射束, 線束, 磁束,〈エネルギー, 粒子などの〉速（ソク）, 流速; 回フラックス, 溶剤, 融剤, ヤニ; 回流動, 絶え間ない変化 (a) leakage flux　漏れ［漏洩］磁束 ◆(a) flux-flow voltage　《超電導》フラックスフロー電圧 ◆an ultrasonically applied rosin flux　超音波を用いて塗布されているロジンフラックス（＊はんだごての）◆flux entry during wave soldering　ウェーブソルダリング中の（部品内部への）フラックスの侵入 ◆The field is still in flux. この分野はまだ流動的である。◆The question is at present in a state of flux. その問題は現在流動的な状況にある。

**fly** 1 vi. 飛ぶ, 飛翔する, 飛行する,（時が）飛ぶように過ぎる,〈製品が〉飛ぶように売れる, 大急ぎで行く; vt. ～を飛ぶ, 飛行する, 飛行機で横断する, 空輸する ◆they fly in the face of... 彼らは〈法律, 慣習, 忠告など〉を無視して行動する ◆a flying object　飛行物体, 飛翔体 ◆fly an airplane [aircraft]　飛行機［航空機］を飛ばす［操縦する］ ◆he flew into Pyongyang　彼は空路［飛行機で］ピョンヤン入りした ◆prevent hot embers from flying out of chimneys　高温の燃えさしが煙突から飛び出る［《意訳》飛散する］のを防ぐ ◆Fifty years have flown since...　～以来, 早50年が過ぎ去った［過ぎた］◆Time flies when you're having fun. 楽しいことをしていると時間の経つのが早い。 ◆Almost everything Ford produces these days seems to fly out of showrooms. 最近フォードの生産するものは, どの車もショールームに出たとたんに飛ぶように売れる。 ◆The spacecraft will fly with the comet from near aphelion through perihelion. 宇宙船は, ほぼ遠日点から近日点にかけてこの彗星とそろって飛行することになっている。
2 a～ 飛ぶこと, 飛行, 飛翔,《野球》フライ［飛球］, 蠅（ハエ）; ～lies 男性用ズボンの社会の窓 　計画や楽しみを台なしにする人; マイナス要因［材料］; 玉に瑕（キズ）◆a fly swatter　蠅叩き ◆the zipper flies on his pants　彼のズボンのジッパーの社会の窓 ◆an man who wouldn't hurt [kill] a fly　虫も殺さぬような男（＊hurtを使うのが一般的）◆I'm a nice, friendly guy who wouldn't hurt a fly, but people run the other way if I unbutton my shirt or roll up my sleeves. 私は虫も殺さない優しい男なのに, 私がシャツのボタンを外したり腕まくりをすると人はあっちのほうに逃げてしまうのです。（＊入れ墨男の話）

**on the fly**　飛行中に［で］, 飛んで, 進行中に［で］, 実行中［転送中］に［で］, その場で ◆compress data on the fly without inhibiting system performance　（コンピュータ）システムの性能を低下させることなしに, 実行中［転送中］にデータを圧縮する

**fly by**　～へ接近飛行する ◆The spacecraft also will fly by an asteroid. この宇宙機は, 小惑星にフライバイ［接近通過飛行］もすることになっている。

**flyback**　《TV》帰線（消去期間）中に ◆during the flyback [retrace] period – when the electron beam in the CRT 'flies back' to the start of a new scan line　帰線期間（ブラウン管内部で電子ビームが新たな走査線の先頭に「フライバックする=飛んで帰る」とき）に ◆The transformer that generates the high voltage in a TV, monitor, or other CRT-based equipment, is called the "flyback" or "flyback transformer". テレビ, モニター, あるいはその他のブラウン管式機器の内部で高圧を発生させる変圧器は,「フライバック」あるいは「フライバックトランス」と呼ばれる。

**flyby, fly-by**　a～接近飛行 ◆low-altitude flybys　低空接近飛行

**fly-by-night** adj. 夜逃げをしかねない, 明日には行方をくらますかもしれない, 信用できない, あてにならない; n. a～ (pl. ～s) 夜逃げをするような会社［人］ ◆a fly-by-night [here-today-gone-tomorrow] business　信頼できない店［企業］

◆The absence of regulatory barriers to enter this industry has attracted numerous fly-by-night companies flogging unproven products.　この業界への参入をはばむ規制の壁がないので, テストも済んでない製品を売っている信用ならない[怪しげな]会社を幾多と招き寄せることとなった.

**fly-by-wire** (FBW)《航空》コンピュータ操舵の
**flyer** → flier
**flying** adj. 飛ぶ, 飛行[飛翔（ヒショウ）]する; 風になびく, 翻る; 飛ぶように速い, 大急ぎの, あわただしい, 急ぎ足の, 束の間の;《口》飛ぶ足の, 飛行, 飛翔 ◆a flying boat (= a float seaplane)　飛行艇 ◆make [pay] flying visits to several places　慌ただしく数カ所を訪れる[歴訪する]; あちこち急ぎ足で訪問して回る[駆け足で巡る] ◆to prevent injury from flying glass　飛散ガラスによる危害[けが]を防ぐために
**flying start** a～（トラック競技スタートでの）フライング, 不正出発; a～ 好調な滑り出し[スタート] ◆get off to a flying start with...　～で好調なスタートを切る
**flyoff, fly-off** 飛び散ること, 飛散; a～ 航空機の性能比較のためのデモ飛行競争 ◆minimize fly-off （切り屑などが）飛び散る[飛びはねる]のをできるだけ少なくする
**flywheel** a～ はずみ車 ◆a flywheel diode 《電気》フライホイールダイオード
**Fm** フェルミウム(fermium)の元素記号
**FM** (frequency modulation) (エフエム) 周波数変調
**FMC** (Federal Maritime Commission) the～ 米連邦海事委員会
**FMS** an～ (a flexible manufacturing system) (pl. FMSs) フレキシブル生産システム (＊多品種少量生産に向いている)
**f-number, f/number** an～《カメラ》エフ値, 絞り値
**foam** 1 《口》泡立つ, 気泡;《種類 is a～》発泡材 ◆a conductive foam 導電性発泡樹脂製品 (＊帯電防止発泡樹脂製品の別名) ◆an antistatic foam; a static-protective foam 帯電防止発泡樹脂製品 (＊導電性プラスチックまたは導電性コーティングを施したウレタンなどで作られていて, 電子部品の輸送や保管中に静電破壊から守るために梱包材としてよく使用される)
2 vi. 泡立つ; vt. 泡立てる, 〈プラスチックなど〉を発泡させる ◆a non-foaming cleaning agent　泡立たない洗浄剤 ◆a low-foaming wetting agent　低起泡性湿潤剤
**fob, f.o.b., F.O.B., FOB** (free on board) 《貿易》FOB, 本船渡し, 船側渡し ◆at about US$800 FOB Taiwan　約800米ドルのFOB台湾価格で ◆Please quote FOB prices.　本船渡し価格を見積もって[(意訳)FOB価格を出して]ください.
**focal** adj. 焦点の, 病巣の
**focal length** a～ 焦点距離 (= a focal distance) ◆a fixed-focal-length lens; a lens of fixed focal length　《カメラ》単焦点レンズ (＊ズームレンズに対して)
**focal point** a～ 焦点; the～ ＜of＞（話題, 活動の）中心 ◆a focal person　焦点 (= a focus) ◆It has become a focal point of the debate over...　それは～についての議論の的[中心点, 焦点, 争点]となった.
**focus** 1 (a) 焦点, ピント, 合焦, 集束, フォーカス,〈関心, 注意などの〉対象[的], 視点,〈活動の〉中心, 震源,《医》病巣 ◆become a focus of attention　注目の的になる ◆come into focus　焦点が合うようになる, ピントが合う ◆go out of focus　焦点がぼやける[ずれる] ◆bring [put] . . . into focus　～に焦点を合わせる; ～を明らかにする ◆get . . . in focus　～をよりはっきりと認識する ◆a focus of interest　関心の的, 興味の中心 ◆the depth of focus　焦点深度 ◆adjust the focus of a lens　レンズのピントを合わせる; レンズの焦点調節をする ◆adjust the focus of the eye　目の焦点を調節する ◆a focus of public attention　世間の注目の的 ◆become a focus of study (i.e. a theme)　研究対象 (すなわちテーマ) になる ◆begin to come into sharper focus　ピントが合って[焦点が定まって]き始める, 注目を浴び始める ◆in sharp focus　ピントがシャープに合って ◆obtain correct focus　正しく焦点を合わせる ◆see things in focus　物事をはっきりと認識する

◆the focus of competition shifts　競争の焦点[中心]が移る ◆the light comes into a focus　この光が焦点を結ぶ ◆an out-of-focus subject　焦点の合っていない[ピンぼけの]被写体 ◆a lens which brings the light rays into focus　光線の焦点を結ばせるレンズ ◆bring rays of light to a focus [focal point]　光線を焦点に集める ◆if your subject is out of focus　被写体のピントがずれている[合っていない]と ◆the instant the AF system has attained [achieved] proper focus　AFシステムが正確にピントを合わせるやいなや[正確に合焦すると同時に] ◆touch the release button and watch the image snap into focus　レリーズ[シャッター]ボタンに触れて, 画像のピントがサッと合う[合焦する]のを見る ◆Continue to expand the focus of your search until you get a job.　職に就くまでは職探しの対象範囲は広げ続けること. ◆Initial reaction of the focus market was disappointing.　ターゲット市場の当初の反響は期待はずれだった. ◆It has been the focus of intense controversy in the past year.　ここ1年間, 激しい論争[議論]の焦点となってきた. ◆The focus fell on the alcoholic.　焦点はアルコール中毒者にあてられた. ◆The subject fell out of focus.　被写体のピントがはずれた. ◆When focus is achieved, the in-focus mark between the two arrows lights.　《カメラ》焦点[ピント]が合うと, 二つの矢印の間の合焦マークが点灯します. (＊焦点／ピントが合うことを合焦という) ◆Job security was the main focus of Ford's negotiations with the U.A.W.　雇用保証はこのフォード社のUAW (全米自動車労働組合連合会) との交渉の主な焦点であった. ◆The company has put a renewed focus on improving service and employee morale.　この会社は, サービスと従業員の士気の向上についての再検討を行った. ◆Choosing a wide aperture isolates the subject by throwing the foreground and background out of focus　《カメラ》絞りを大きく開いた値に設定することにより, 前景と背景をぼかして被写体をシャープに浮き上がらせることができる. ◆The company's participation in China's computer market is part of its new strategy to shift business focus from Europe to China.　この企業の中国コンピュータ市場への参入は, 事業の軸足を欧州から中国に移すという新たなる戦略の一環である. ◆The party leader wants to shift the focus of economically depressed Yugoslavs away from the obvious failures of the single-party system.　その党首は, 不況にあえぐユーゴスラビア人民の関心を一党体制の明らかな失敗からそらしたいと思っている.
2 vt.《カメラなど》の焦点を（～に）合わせる＜on＞;（被写体に）ピントを合わせる,〜に集中させる; vi.＜on＞（カメラなどに）（〜に）焦点[ピント]が合う, 合焦する,（〜に）注目する[焦点を当てる, 的を絞る, 目を向ける], (〜を)絞る ◆close-up on... クローズアップする ◆focus attention on...　〜に注目する; 〜に関心をしぼる ◆focus all of our energies toward. . .　〜に向けて我々の全精力[全力, 総力]を結集[集中, 傾注]する ◆focus our efforts on. . .　我々の努力を〜に傾ける; 〜に注力する ◆tight-focused close-ups　ピントがシャープに合っているクロースアップ[接写]写真 ◆get a well-focused and in-depth perspective on. . .　〜について焦点の定まった詳細なとらえ方をする ◆All the attention has been focused on...　関心は〜に集中した ◆Most attention focused on. . .　最大の関心は〜に向けられた ◆Much of the attention focused [centered] on. . .　関心の多くは〜に集中した[向けられた] ◆This workshop will focus on. . . ing　このワークショップでは, 〜することに焦点を当てます[中心的に取り組みます]. ◆We focused on the point that. . .　我々は, 〜ということに注目[着目]した. ◆a lens that doesn't focus properly　正確に焦点を結ばないレンズ ◆focus the light beam to a small cross section　光線を小さな径になるように集束させる ◆His current research focuses on. . .　彼の目下の研究は〜に的を絞っている ◆light is focused through a lens onto the surface　光はレンズを通って集束されその面上に当たる ◆One particular item we focused on was. . .　One item we focused on in particular was. . .　我々が特に注意を向けた[着眼した, 着目した]（一つの）点は, 〜であった. ◆this camera focuses automatically　このカメラは自動的に焦点が合う[自動合焦する];《(意訳)》本機は自動焦点式です ◆Focus on customers not on yourself.　自分中心でなく, 顧客

中心にすべし. ◆For the past few days, the eyes of the world have been focused on Oklahoma City, where... ここ数日間というもの, 世界中の目は, ～あるところのオクラホマ市に集まっている. ◆Development work has focused on compressing data. 《意訳》開発作業では, データ圧縮に焦点が当てられ[重点がおかれ]た. ◆Focus [Concentrate] your energies on one thing at a time. 《意訳》一度に一つのことにあれもこれもしようとしないで, 1つの事に力を集中する[1つに絞って力を注ぐ]こと. ◆Much attention is now focused on cold fusion. 今, 常温核融合に大いに関心が集まっている. ◆My wife retired from her job to focus on raising our children. 私の妻は育児に専念するために仕事を辞めた. ◆The image is focused onto the plane. 画像は, その面に投影される. ◆The company is now more focused on what it knows best, computers. この会社は今, 自分らの一番良く知っているもの, つまりコンピュータにいっそう的を絞り込んでいる. ◆The government's program for future growth focuses on high technology. 政府の将来の成長へ向けての計画は, ハイテクに焦点を当てて[的を絞って]いる. ◆The printer focuses a jet of ink through an orifice at the paper. このプリンタは, インクの噴射を吹き出し口から紙にめがけて集束させる[(意訳)インクをノズルの穴から紙に向かって絞るように噴射する]. ◆His films focus on traditional values in the context of rapidly changing city life. 彼の映画は, 急速に変わりつつある都市生活を背景にして伝統的価値観に焦点を当てている. ◆While many retailers focus on keeping prices low, others concentrate on providing good service. 多くの小売業者が値段を低く押さえることに専心する一方で, 他の小売業者はよいサービスを提供することに専念している. ◆Focusing on the transport industry, convenience stores, and other businesses which operate at night, the company will revise its rate structure and offer reduced night rates. 運送業, コンビニ, およびその他の夜間営業している業者を対象とし, 同社は料金体系を改定し夜間低減[《意訳》割引]料金を提供することにしている.

**focusing** ピント[焦点]合わせ, 集束, 合焦 ◆lightning-fast focusing 電光石火のピント合わせ[合焦] ◆Focusing is obtained by... ～により焦点が合わせられる

**foe** (a～), one's～ 敵 ◆become a foe 敵になる ◆discriminate between friend and foe 敵味方を区別する ◆send "friend or foe" radio signals 敵味方識別無線信号を送る ◆the "Identification Friend or Foe" (IFF) codes 敵味方識別(IFF)コード ◆determine if a newcomer is friend or foe 新しく来た人を敵か味方か見分ける

**foehn, föhn** a～ フェーン, 山越えして吹き下ろす乾いた熱風 ◆a föhn [foehn] (wind) フェーン現象による乾いた熱風, 風災

**fog** 1 a～ 霧, もや, (ガラス窓などの)曇り, (写真フィルムや印画の)かぶり ◆in fog 霧が立ちこめているなかで ◆be left in a fog about... ～についての霧の状態に置かれる ◆in heavy fog 濃霧の中で ◆Make sure the windshield and windows are free of fog and frost. フロントガラスとウィンドウが曇ったり霜がついていたりしないことを確かめてください.
2 vt. ～を霧[もや]で覆う, 曇らせる, ～にかぶりを生じさせる, (人)を混乱させる; vi. 曇る, 霧に包まれる, 曇る; ぼける, ぼやける, はっきりしなくなる ◆cause fogging (窓ガラスなどを)曇らせる ◆fogged up glasses 曇ためがね ◆reduce windshield fogging フロントガラスの曇りを軽減する ◆windshield fogging occurs フロントガラスが曇るのは because of the fogging of the lenses レンズの曇りのせいで ◆cause the inside of the windshield to fog フロントガラスの内側を曇らせる ◆Fogging happens to the film if... ～だとフィルムにかぶりが生じる

**foible** a～ (性格上の)短所, 弱点, 欠点 ◆It is not without its foibles. それにはちょっとした弱点[弱み, 軽欠点]がないわけではない.

**foil** 1 ①ホイル, フォイル, (金属)箔 (ハク); a～ 他を引き立てる人[物] ◆aluminum foil アルミフォイル[アルミ箔]
2 vt. ～をうまく行かないようにする, 失敗させる, だめにする, 挫折させる, くじく ◆police opened fire to foil an attempt to kidnap two children 《意訳》警察, 子供二人を誘拐[拉致]しようとしているのを阻止すべく発砲した ◆The full measure of goodness has been foiled by rough edges. (せっかくの)目一杯[非常に]いいところが, 荒削りな点で台なしにされてしまう.

**fold** 1 vt. 折り重ねる, 折り畳む[曲げる], (腕)を組む, 巻きつける<around>, 包む<in>; vi. 折り重なる, 折りたためる, (企業などが)店をたたむ[商売をやめる], つぶれる ◆fold... back ～を折り返す ◆fold along the dotted line 点線に沿って折る ◆fold... in two [three, four] ～を2つ[3つ, 4つ]折りにする ◆fold it into quarters それを4つ折りにする; 4つに折る ◆fold the flap over フラップを折り返す[向こう側に折る] ◆fold... three times ～を3回折る ◆the folding of clothes 衣服[衣類]を畳むこと ◆to enable folding without cracking 割れ[亀裂]を発生せずに折り曲げる[折る]ことを可能にするために ◆a folded-dipole antenna 折返しダイポールアンテナ ◆The stroller folds compact. このベビーカーはコンパクトに折り畳める ◆a sheet of paper folded into two or more leaves 2つ折りまたはそれ以上に[重ねて]折った紙 ◆Fold over the edges so you do not cut yourself. 切り傷を負わない[けがしない]ように, 縁を折り返してしてください. ◆Fold the front seat on the passenger's side forward. 助手席側の前席を前方に倒してください. ◆It folds to a tiny 6½" x 2" x 3". 本品は, 6.5×2×3インチと小さく折り畳めます. ◆The liquid-crystal display folds flat when you use a CRT monitor. この液晶ディスプレイは, CRTモニター使用時には平らに折りたためます.
2 a～ 折り目, 折り重なり, ひだ, 《地》褶曲(シュウキョク), 山あい, 谷間(タニアイ, タニマ) ◆continuous fanfold [Z-fold] paper (プリンタ用などの)(つづら折りの)連続用紙

**-fold** (数の後ろにつく接尾辞) adj. adv. ～倍[～重]の[に], ～(の数)の部分から成る, ～通りに分けられる (cf. manifold, manyfold) ◆a more than threefold increase 3倍を上回る増加 ◆The problems are twofold: first, ...; and secondly, ... この問題には2つの面[側面, 局面]がある. 第1に～. そして第2に～. ◆realize a twofold to 20-fold increase in performance [efficiency, speed] 2倍から20倍の性能[効率, スピード]アップを実現する ◆Smoking increases risk of lung cancer fivefold. 喫煙は, 肺がんになる危険性を5倍に増大させる. ◆Per capita income for them has increased several-fold since the early 1980s. 彼らの1人あたりの所得は, 80年代初期の数倍に増えた. ◆The 18-bit audio DAC offers a four-fold improvement in resolution. その18ビットD/Aコンバータは, 解像度を4倍に向上させる.

**foldaway** adj. 折り畳み式の, 折り畳んでしまえる

**fold-down** 可倒式の, 折り畳み式の ◆a fold-down rear bench seat 《車》可倒式後部ベンチシート ◆The Travel Charger features a flip-up/fold-down AC plug, so there are no messy cords to deal with. 《意訳》この旅行用充電器は, 特徴としてはね上げ式/折り畳み式ACプラグが付いているので, 始末の面倒なコードがありません.

**folder** a～ (2つ折りにした)紙ばさみ, 書類ばさみ, ホルダー, 《コンピュ》フォルダ (*記憶装置内における概念的なファイル格納場所＝a directory); a～ 折り機, 折る人, 折り広告, 折りたたんだ印刷物 ◆go into your Start-up folder and drag everything to a new folder named Xxx 《コンピュ》スタートアップフォルダに行き, その中のものをすべて, 新規に作成したXxxという名前のフォルダにドラッグする

**folding** adj. 折り畳み式の; n. 〈紙などを〉折ること, 《地》褶曲, 褶曲作用, 褶曲運動 ◆a folding camera 折り畳み式カメラ ◆a table with folding legs 折り畳み足付きテーブル ◆create paper-foldings 折り紙を(創作)する

**foldout, fold-out** a～ (雑誌などの)折り込みページ ◆They are located on a foldout page at the end of this book. それらは本書巻末の折り込みページにあります.

**foldup, fold-up** adj. 折り畳み式の; a～ 折り畳み式の物

**foliage** 《集合的》葉 ◆a foliage area 草木の茂っている地域 ◆a foliage loss （電波の）樹木の葉による損失

**folk** 《集合的，複扱い》米国では多くの場合folks. 今日では米英以外peopleの方が普通に 人々，人たち，一般住人，一連の；one's folks 家族，身内，両親 ◆law-abiding folks [people] 法律を守っている（善良な）人々

**follow** vt. ~に続く，~のあとを継ぐ，~を追う，~をなぞる［たどる］，~に従う［追従する，ならう］，〈療法など〉を採り入れる［採用する，用いる］; vi. 続く，引き続いて起こる，当然の結果として［当然ながら］~に続く，合う ◆a track-following servo トラック追従サーボ (= a tracking servo)（*光ディスクプレーヤーの）◆follow a similar path of miniaturization 似たような小型化の道をたどる ◆follow the movements of an object 物体の動きを追う［追跡する］ ◆in the pages that follow 次ページからの; 次の頁以降に ◆the spot of light follows the track 光点がトラックを追従する（*光ディスクの）◆a follow-the-leader approach 「リーダーに続け」式のやり方 ◆as provided in the chapters that follow （次章で）後の章で述べてあるように; 次章からあとの章で記すが ◆the following of a groove by the stylus of a phonograph pickup レコードピックアップの針が音溝を追従すること ◆expanded memory boards that follow the Lotus-Intel-Microsoft spec ロータス社，インテル社，マイクロソフト社連合の仕様に準拠する拡張メモリーボード ◆if you follow another vehicle too closely 他の車の後ろにぴったりつけ過ぎると; 《意訳》車間距離が小さ過ぎると ◆With one acting as a master and others following in the circuit as slaves, ... 回線内で1台が親機の役をし，その他が子機として従属して，~ ◆A monetary award could follow. 後で金一封もらえるかもしれない。 ◆Second was IBM, followed by Fujitsu, and NEC. Sony ranked tenth. 2位はIBMで，富士通とNECがこれに続いた。SONYは10位だった。 ◆The cursor follows my thumb movements precisely. カーソルは私の親指の動きにぴったり付いてくる。 ◆The documentation is well written and easy to follow. マニュアルはうまく書かれていて解りやすい［理解しやすい］。 ◆The following assembly instructions should be followed carefully. 慎重に次の組み立て指示に従ってください。 ◆We discuss them in the paragraphs that follow. 以下の項でそれらについて述べる。 ◆So profitability will follow from focusing our efforts on... 従って，我々の努力を~に集中させることの結果として，収益性は（自然に）後から付いてくるだろう ◆China was second with 11.3%, followed by South Korea with 10.2%. 中国が11.3%で2位を占め，韓国が10.2%でこれに次いだ。 ◆The company is following a tradition established by other major players in the xxx market. 同社は，xxx市場で他の有力企業が打ち立てた伝統を踏襲している。 ◆The U.S. is following these developments with considerable interest. アメリカは事態の進展［成り行き，趨勢］を注意深く［興味を持って］見守っている。 ◆What follows is a list of services that fall under the heading of counseling and therapy. 以下に列挙してあるのは，カウンセリングとセラピーに分類されるサービスです。 ◆As the CD player market matures, it follows a pattern established in other markets. CDプレーヤー市場が成熟するにつれ，他の市場で確立されたパターンをたどるようになる。

**as follows** 以下〔次，下記，後述，のように〕 ◆The main points of these systems may be summarized as follows: これらのシステムの主だった点は，次のように要約できる。

**follow up** ~をフォローアップする，追う，辿る，見定める，~に追い打ちをかける，~を追跡する，~を追跡調査する，~に乗じる ◆follow up (on) a message メッセージにレス［コメント］を付ける; メッセージに返信する

**follower** a~ 信奉者，門下生，弟子，門徒，信者，追従者，家来，部下，配下，追う人，追跡者; a~〔工業〕フォロア，被動輪，従動機，従動節，従動節，受動車，被動［副動］歯車 ◆a cam follower カム従動子

**following** 1 adj. the ~ 次の，次ぎに続く，後続の，翌~の，下，下記の; adj. 追い風［順風］の; n. the~《単/複扱い》次の［次に示す，次にあげる］もの［こと］，下記 ◆on the following day 次の日［翌日］(に) ◆The following year, he was... その翌年に彼は~ ◆the input of the following stage 《電気回路》次段の入力 ◆The following [These, Here] are excerpts from... 以下は，~からの抜粋です ◆These include the following: これらには，下の［次ぎに挙げる］ようなものがあります ◆... a message like the following is displayed 次のようなメッセージが表示される ◆When..., it displays the following message: ~の時，次のような［以下に示す］メッセージが表示されます。 ◆Following is an overview of printer types. 以下は，プリンターの種類の一覧です ◆His government fell the following year. 彼の政権はその翌年に倒れた。 ◆In addition to the accommodation charges, there are the following fees: 宿泊料のほかに，次の料金があります［(意訳)］かかります ◆In bad weather, increase the following distance. 悪天候のときは，車間距離をもっと大きく取ること。 ◆From my research, the following points [facts, 《口》things] have become clear: 私の調査から，以下の点［次のこと］が明らかになった。 ◆When using electrical appliances, basic safety precautions should always be followed, including the following: 電気器具などを使用の際は，以下に挙げた事項等の安全に関する基本的な注意事項を必ずお守りください。

2 prep. ~に続いて，~の後で ◆following site selection 用地選定に引き続いて ◆following the completion of... ~の終了後に ◆following the release of... ~のリリース［発売開始］に続いて

3 ~者 a~《集合的》ファン，支持者，取り巻き，親衛隊，崇拝者，追随［追従］人，子分，信者，門下生，弟子 ◆with a large following 《製品などが》多くのファン［愛用者］を持って

**followup, follow-up** adj. 引き続いての，追跡の，追跡［再］調査の，追従の; a~ 続報，続編，(~に続く)第n弾，<to>，《ネット》コメント［レス］(*電子掲示板、メーリングリストなどで、人の発言に対する応答) ◆a follow-up survey [study] 追跡調査 ◆a follow-up article on... ~についての続報（記事）◆as a follow-up to... ~に続くものとして; ~の続きとして ◆do a follow-up report on... ~についての経過報告をする (*追跡調査した結果が) ◆do [conduct, perform] followups フォローアップをする［行う］ ◆due to poor follow-up フォロー［事後処理］がまずかったせいで ◆post a followup [a reply, a response] to... 《ネット》(電子会議室や掲示板で)〈人の書き込み〉にレスをつける［コメントをつける，返信する］ ◆with little systematic follow-up or support 定型化［ルーチン化］されたフォローアップやサポートがほとんどないために; フォローや支援が体系的にほとんど実施されてないために ◆the follow-up to the Structural Impediments Initiative agreement （日米）構造協議協定のフォローアップ［事後点検］ ◆send thank-you notes to customers and make follow-up phone calls 利用客に感謝の手紙を出したり，その後の様子を伺う電話をかけたりする ◆As a follow-up to 1-2-3, Lotus produced Symphony. （ロータス）1-2-3に続く第2弾として，ロータス社はSymphonyを作った。

**folly** 《愚かさ; a~ 愚かな行動［愚行，愚挙］，愚かな考え ◆it is surely an act of folly to <do...> ~するというのはまことにもって愚行である

**FOMC** (Federal Open Market Committee) the~《米》連邦公開市場委員会

**font** a~ フォント，同一ポイント（大きさ）の欧文活字の一揃い，字体，書体 ▶IBMでは，a font は特定のデザイン，スタイル（太字，斜体など），およびサイズの文字セットを，a typeface はサイズに関係なくスタイルが同じものを呼ぶ場合に用いる。たとえば，10 point Helvetica Light Italic は a font, Helvetica Light Italic は a typeface, そして Helvetica は a type family である。一般には必ずしもこの区別の通りではない。font がもっと大まかな typeface の意味で使われたり，typeface が type family の意味で使われたりする。 ◆produce characters in different type fonts 違ったフォント［書体，字体］の文字を出力する ◆software-based fonts [soft fonts] downloaded from a personal computer　パソコンからダウンロードしたソフトフォント　◆This word processor lets you see text on-screen in the font specified for printing.　このワープロは、印刷指定した通りの字体でテキストを画面に表示する。　◆This font has characters that are designed to be more easily machine readable than the ordinary print fonts.　このフォントは、普通の印刷文字より機械で読み取りやすいようにデザインされ(た文字と なっ)ている。

**food**　Ⓤ(種類は a～)食料, 食糧, 食料品, 食品, 食べ物, 滋養; Ⓤ(心の)糧(カテ), (思考, 反省の)材料　◆a food item　食料品の品目　◆food poisoning　食中毒　◆freeze-dried foods　(各種)冷凍乾燥食品　◆the Food Agency　(日)食糧庁　◆a food-products company　食品会社　◆food-safety laws　食品安全法　◆the FAS (Food Standards Agency)　(英)食品基準庁　◆the FDA (Food and Drug Administration)　(米国の)食品医薬品局　◆a chronic food shortage　慢性的な食糧不足［食糧難］　◆a food-safe cleaner　食品に(使用しても)安全［安心］な洗剤　◆because of a lack of food and medicine　食糧難と医薬品不足のために　◆by scarcity of food; because of a shortage of food　食糧不足［食糧難］により　◆conduct an inspection of incoming food materials　搬入される食品材料［食材］の検査を行う　◆food self-sufficiency　食糧の自給自足　◆for lack of food　食糧不足のため; 食糧難のせいで　◆in the event of a food crisis　万一食糧危機が発生した場合に　◆suffer food shortages; suffer from shortages of food　食糧不足［食糧難］に苦しむ　◆the foodservice [food service] industry　外食産業　◆some 75 container loads of food　コンテナ約75台分の食糧　◆Newborn babies prefer physical contact to food.　新生児は食べ物［飲み物］以上にスキンシップを好む。(＊新生児は固形物は食べられない。food は母乳やミルクを指す)

**food chain**　a～《生態》食物連鎖

**food cycle**　a～《生態》食物環

**food poisoning**　食中毒　◆the outbreak of food poisoning linked to bacterial contamination of hamburgers served at...　～で出されたハンバーガーの細菌汚染が原因の食中毒の発生

**food processor**　a～フードプロセッサー

**food pyramid**　a～《生態》食物ピラミッド

**food stamps, food coupons**　《通例複数形》食糧切符, 食券(＊米国政府が低所得者に対して与える)

**foodstuff**　(a)～《通例～s》食品材料, 食材, 食料, 食べ物, 食糧, 食料となるもの

**fool**　1 a～ばか(者), いっぱい食わされた人, 虚仮(コケ), 《現在分詞形の形容詞で修飾し》～狂いしてる人　◆make a fool of the court　法廷をばかにする［侮る, 侮辱する, 馬鹿する］　◆I made a fool of myself by...ing　私は～するといったばかなまねをして笑い物［笑いぐさ, 物笑い］になった　◆you are being made a fool out of　あなたはばかにされ［こけにされ, 侮られ］ているのだ　◆Nobody [No one] likes to make a fool of himself.　誰だって(ばかなまねをして)笑い物［笑いぐさ, 物笑い］になりたくなんかない。
2 vt.～(人)をばかにする, だます, いっぱい食わせる, かつぐ; vi. ばかなまねをする　◆fool someone into thinking (that)...　〈人〉を(だまして)～と思い込ませる　◆fool the computer into believing that unauthorized access is permitted　コンピュータをだまして不正アクセスが許可されたものと思い込ませる

**foolish**　adj. 良識［思慮分別］に欠ける, 愚かな, ばかな, ばかげた, 間の抜けた　◆Trying to keep up with the Joneses is foolish.　隣人［人］に負けじと見栄を張ろうとすることは愚かな［ばかな, ばかげた］ことです。

**foolproof**　adj. 信頼性が高く使い方が簡単で誤用や間違いなど失敗の入り込む余地が無い, 絶対に間違いのない, 成功疑いなしの, 確実な, 失敗のない, いたずらしても危なくない, だれでも使える　◆a foolproof focusing system　(カメラの)だれにも失敗のない簡単な［フールプルーフ, バカチョン式］焦点合わせシステム

**foot**　1 a～(pl. feet)足, 足状のもの, 支持部; the ～＜of＞(～の)末端, 末尾, 最下位(部), (山の)ふもと, すそ, (頁の)

---

下部　◆a mounting foot　取付け脚　◆a foot reflexologist　足裏(マッサージ)健康士　◆enter water feet first　足から水に入る　◆foot dragging　故意に物事を遅く延び延びにする［遅らせる］　◆a foot(-operated) brake　足踏み式ブレーキ　◆an outbreak of foot-and-mouth disease (FMD)　口蹄疫(コウテイエキ)の(大)発生　＊牛, ブタ, 山羊など, ひづめが偶数の偶蹄類がかかるウイルス性伝染病)　◆depress the clutch pedal fully with one's right foot　右足でクラッチペダルを完全に踏み込む　◆ever since Columbus set foot on America　コロンブスがアメリカの地を踏んで以来　◆help him stand on his own feet　彼を一本立ちできるよう助けてやる　◆aimed at shoring up the peso and getting Mexico's economy back on its feet　ペソを下支えしてメキシコ経済の再建［健全化］を図るために　◆they'll soon be able to stand economically on their own feet　彼らは, じきに経済的に自立［一本立ち］できるようになるだろう　◆Massive international efforts are under way to put the ravaged country back on its own feet.　この荒廃しきった国を復興させるべく, 大規模な国際的な取り組みが進行中である。　◆The CD player is supported on four vibration-isolating feet about 2 1/4 inches in diameter and 3/4 inch high.　本CDプレーヤーは、直径約2 1/4インチ高さ約3/4インチの防振足4個に支持されている。

2 a～(pl. feet)(長さの単位)フット［フィート, フート］(＝12 inches, 約30.48cm, 略 ft.)　◆push the car a few feet by hand　車を数フィート手で押して動かす

3 vt., vi.(勘定)を払う［清算する］, 踊る, 進む, 歩く［走る］　◆foot a bill　勘定を払う

**footage**　(長さを表す)フィート数, (あるフィート数のフィルム部分に)撮られる, 場面［シーン］　◆he shoots footage for a pornographic film　彼はポルノ映画のシーン［場面］を撮影する　◆a wall-size video screen showing footage of him playing tennis　彼がテニスをしている場面［シーン］を映している壁一面の大きさのビデオ画面

**foot-dragging**　n. 遅滞, 遅々として進まないこと, のろさ　◆charge regulators with foot-dragging　懸案の件の処理を(故意に)遅らせているとして調整委員を非難する　◆while Washington is foot-dragging　米国政府がもたもたしている間に

**foothold**　a～足場, 足掛り, 立脚地, 地位　◆gain a foothold [footing]＜in＞　〈人が〉～(において)足掛りを得る［足場・地歩・地盤を固める, 地位を築く］; (商品などが)定着する［浸透する, 地歩を固める］　◆The satellite has 225 feet of handrails and 31 footholds.　この衛星には225フィートに及ぶ手摺りと31箇所の足場がある。(＊宇宙飛行士が作業の際に姿勢を安定させるためのもの)　◆The wide road soon narrowed into a tricky path obliging us to pay more attention to our footholds.　広い道路は間もなく, 足もとにもっと注意を要する［足場の悪い］狭い道［隘路(アイロ)］へと変わった。　◆Having gained a significant foothold in the UK market, we are now positioned to expand into the European market and require highly motivated individuals to join our team.　当社は英国市場で確固たる地位を築き［（意訳)実績を積み］, 現在欧州市場への進出を図る構えです。そして大いに意欲ある人材を当社のチームに迎える必要があります。(＊求人広告から)

**footing**　(a)～足元, 足場, 足掛り; 地歩, 立場, 地位, 立脚地, 地盤, 体制; 関係, 間柄　◆loose [miss] one's footing　足を滑らせる, 足元がぐらつく　◆gain a footing [foothold] as...　～として地歩を築く; 足場［地盤］を固める, 地歩［地位］を築く［確立する, 確保する］　◆a war footing　戦時体制［編成］　◆be on a friendly footing with...　〈人〉と友好的な関係［立場, 間柄］にある　◆keep proper footing　足元をしっかりさせておく　◆compete on an equal footing with foreign competitors　海外の競争相手［外国の競合企業］と同じ土俵で競争する［対等に戦う］　◆the company is on a secure footing　この会社は確固たる基盤に立脚している　◆legal and tariff barriers that hinder U.S. companies from competing on equal footing　米国企業が同じ土俵で競争することを妨げている法律の壁と関税障壁　◆They are on an equal footing with each other.　彼らは, 互いに同じ基盤に立って［同じ土俵に上がって, 同列に置かれて］いる。

**footnote** a ~ 脚注; ~に脚注をつける ◆each symbol is footnoted 各記号には脚注がつけられている

**foot-operated** adj. 足踏み式の

**footprint** a ~ 足跡[足形],〈機器の〉底面積[占有面積, 設置面積, 設置占有面積],〈基板上における部品の〉実装面積,〈放送衛星の〉直接受信可能区域[サービスエリア, フットプリント] ◆with no increase in footprint 実装面積の増加は全くなしに; 設置面積は全然増えないで ◆without any increase in footprint 設置面積の増加は一切なしに; 実装面積は全く増えないで ◆a small-footprint desktop system 場所を取らないデスクトップ[卓上]型のシステム ◆in a 24-pin, low-profile, small-footprint package 実装面積の小さい24ピン薄型パッケージ内に ◆With a footprint of only 20mm x 43mm, the connector is... 〈回路基板上の〉占有面積わずか20mm x 43mmのこのコネクタは, ◆give us a nearly 2 MB footprint savings 《意訳》~は, 2メガバイト近くのメモリー領域節約化をもたらす(*記憶空間におけるfootprint = 占有面積の節約) ◆It has a footprint about the size of a typewriter. 《意訳》それはタイプライター程度の置き場所をとる. ◆The area of the satellite coverage is termed a footprint. 〈放送〉衛星のサービスエリア(その衛星を直接受信できる区域)はフットプリントと呼ばれる. ◆The unit has a rather large footprint. このユニットは, かなり置き[据え付け]場所を食う. ◆The unit's footprint is one-third smaller than the AT. 本ユニットの設置[占有]面積は, ATより1/3小さい. ◆Manufacturers of components and modules not only must seek ways to reduce the footprints of their devices, but provide increased functionality within a smaller volume as well. 《意訳》部品やモジュールのメーカーは, 製造するデバイスの実装面積を減らす方法を探る[模索する]だけでなく, より小さな容積で更に機能を盛り込まなければならない.

**footrest** a ~ フットレスト, 足掛け, 足置き台, 足載せ台 ◆a tilt and height adjustable footrest; footrests, adjustable in height and inclination 傾きと高さが調節可能なフットレスト[足置き台]

**footstep** a ~ 歩み, 足音, 歩幅, 足跡, 踏み段 ◆follow in a person's footsteps 〈人〉の跡を継ぐ,〈人〉を見習う, 手本にする ◆follow in the footsteps of one's father 父親のあとを継ぐ; 父親の仕事や志などを受け継ぐ ◆the sound of running footsteps 人が駆けて行く足音 ◆The model will follow in its forebears' footsteps. そのモデルは先行機種を踏襲することになるだろう.

**footwork** a ~〈スポ〉フットワーク; 歩き回ること(=legwork); 巧みな処理 ◆Today, the one who does the footwork in house buying is the one with the most flexibility of time. 今日, 購入する住宅を足で探す人は, 最も時間の融通[自由]のきく人である.

**for** 1 prep. ~の間, ~にわたって; ~に備えて, ~のために[の], ~用[に向け][の], ~を求めて, ~に対して; ~と引き換えに, ~の代わりに; ~について, ~にとって; ~に, ~の場合は, ~のせいで, なぜならば; ((for all...))~にもかかわらず ◆a for-profit organization 利潤[営利]を追求する組織[団体] ◆a train bound for Chattanooga チャタヌーガ行きの列車 ◆because she is tall for her age 彼女は年齢に似合わず背が高いので ◆various ads for speakers スピーカのいろいろな広告 ◆transmission for many miles 何マイルにもわたっての伝送 ◆for the largest possible dynamic range できるだけ大きなダイナミックレンジを得るために, ダイナミックレンジを最大にするために ◆questions for all drivers 運転者全員を対象にした試験問題 ◆the construction time for the building そのビルの工期 ◆localization of software for customers in many countries such as Japan 日本を始めとする多くの国々の顧客を相手にしたソフトの現地化 ◆The price tag is steep for an ink-jet printer. インクジェットプリンタにしては法外に高い[高過ぎる]良すぎる]. ◆The speakers deliver great sound for their small size. これらのスピーカーは, 小さなサイズに似合わずすばらしい音を出す[小さいわりには音がいい]. ◆The system retails for $9,500. そのシステムは,

9,500ドルで小売りされている. ◆They played baseball with a broomstick for a bat. 彼らはほうきの柄をバット代わりに使って野球をした. ◆For all its poverty, Mali has made great progress along the path of democratization. 貧困(という困難・問題があり)ながらも, マリ(共和国)は民主化の道を大きく歩んだ[前進した]. ◆Receiver electronics include a comb filter for enhanced horizontal resolution. 受信機の電子回路には, 水平解像度向上のためにくし形フィルターが組み込まれている. (▶for enhancing... ではなく for enhanced... のように, 求めている結果を書くのが普通である) ◆Single-lens reflex (SLR) cameras are available for a few hundred dollars each. 一眼レフカメラは1台数百ドルで手に入る. ◆A typical jet receives up to ten man-hours of maintenance for each hour of flight. 一般のジェット機は, 1飛行時間当たり10人時のメンテを受ける. ◆It is recommended to use IRQ2 for IBM PC or compatibles, or IRQ5 for IBM AT or compatibles. (ご使用のコンピュータが) IBM PCまたはその互換機の場合にはIRQ2(割込レベル2)を, IBM ATまたはその互換機の場合にはIRQ5(割込レベル5)を使用することをお勧めします. ◆The basic design has been used for almost 20 years with a field-proven track record of dependability. 本設計は, 現場における信頼性の実績に支えられて, ほぼ20年間にわたって使用されてきました.

**2** conj. ~というのは[なぜならば]~(だから)

**forager** a ~ 糧食徴発隊, 略奪者 ◆foragers and hunters 《考古》採取・狩猟民

**foray** v. (略奪目的で)襲撃[侵略]する, 略奪する, a ~ (新規分野への)進出, (本業分野以外への)小手調べ的なうごうない[手出し] ◆into ◆the company is making its first foray into the U.S. PC retail marketplace with... 同社は,〈商品〉をひっさげて[携えて]米国パソコン小売市場に初めて進出しようとしている

**forbid** a ~ を禁じる, 禁止する, 許さない ◆It is forbidden to <do...> ~することは禁止されている ◆He absolutely forbids me to <do...> 彼は, 私が~のするのを絶対許していない ◆My doctor has forbidden me to <do> かかりつけの医者は, 私に~することを禁じている. ◆The following weapons shall be forbidden from use: 次に掲げる武器は使用を禁止するものとする.

**forbidden** (forbid の過去分詞) adj. 禁じられた, 禁制の, 禁断の ◆sanctuaries where hunting and fishing are forbidden 狩猟および魚釣りが禁止されている禁漁区[鳥獣保護区]; 殺生禁断の聖域

**forbidden fruit** the ~ 禁断の木の実 (*旧約聖書に記されるエデンの園にある知恵の木の実); (a) ~ 禁断の果実, 不道徳[不法]な快楽 (*不義・密通・不倫など) ◆After eating the forbidden fruit in the Garden of Eden, Adam and Eve used fig leaves to cover their nakedness. 禁断の木の実をエデン[楽園]で食べた後, アダムとイブはイチジクの葉を使って裸を隠した.

**force** 1 (a) ~ 力, 勢い, 暴力, 腕力, 武力, 精神力, 効力, 影響力; a ~ 軍 ◆by force 力ずくで; 腕ずくで; 力に任せて, 力任せに; 腕力[暴力]に訴えて; 強制的に, 無理やりに, 無理無体に ◆swing into full gear [force] 真っ盛り[真っ最中, 最高潮, 本格化]になる; 本格化する ◆exert a force on... ~に力を作用させる ◆nuclear forces 核戦力 ◆the use of force 力の[実力, 武力]行使 ◆a point of application of a force 力の作用点 ◆because of forces beyond one's control ((人など)の力では)防ぐことのできない力[不可抗力]により ◆by force of circumstances 事情に迫られて ◆by the force of atmospheric pressure 大気圧の力によって ◆commit main-force ground units 主力地上部隊を投入する ◆the forces exerted on the surface その面に加えられる力 ◆The two companies will join forces to develop... 二社は~を共同開発する[協力する, 協業する]ことになっている;《意訳》二社は~を共同開発する運びである ◆a typhoon gathers force as it heads for land 台風は陸に向かうにつれて勢力を強める ◆Disregarding the forces of supply and demand, ... 需給の実勢を無視

して，◆forces acting on the surface その面に働いている力 ◆the restoring force opposing a displacement from... ～からずれないよう反対方向に働いている復元力 ◆the resultant of three forces acting together on... ～に一緒に作用している3つの力の合成力［合力］ ◆they have joined [combined] forces to produce [manufacture]... これらの企業が，～の生産［製造］で協業した ◆the force with which the brakes are applied ブレーキをかけるのに加えた力 ◆the strength of the intermolecular forces in the liquid 液体中の分子間力の強さ ◆they agreed to combine forces for a large-scale effort to <do...> 彼らは～すことを目指す一大運動に向けて協力する［力を合わせる，力を結集する，一致団結する，手を組む，共同戦線を張る，ひとつにまとまる，一丸となる］ことに合意した ◆This MOU enters into force when signed by both Xxx and Yyy. この覚書は，XxxおよびYyy双方の署名をもって発効する［効力を生じる］. ◆Join forces with a business associate whose talents complement your own. あなたに欠けている才能を補ってくれるような才能を持っている仕事仲間と手を組むようにしなさい. ◆Still, the strong dollar is not the only force behind the trade deficit. けれども，強いドルは貿易赤字の唯一の要因ではない. ◆The industry is most upset about the recommendation that the industry be left to market forces. この業界は，市場の実勢に委ねられるべきであるという勧告に非常に動転している. ◆Children should never be held on an adult's lap, because the force of a collision will tear the child from the adult's arms. （車に乗る時）決して子供は大人の膝の上に抱いてはいけません。なぜならば衝突事故の勢いで子供は大人の腕から引き離されてしまうからです. ◆Isabel came close to gaining hurricane status as it approached the Florida coastline, but then rapidly dwindled in force. （サイクロン）イザベルはフロリダの海岸線に接近するにつれ，もうすこしでハリケーンになるところだったが，其の後に急速に勢力が衰えた. ◆Trade has proved to be a stabilizing force that has persisted even during periods of East-West tension. 通商は，東西緊張の時期にさえも持続した安定材料となった. ◆In its famous Article 9, Japan's constitution renounces forever the use of force and goes so far as to declare that, in Japan, "land, sea, and air forces... will never be maintained." 日本国憲法は，有名な第9条で，武力の行使は永久に放棄するとし，さらに日本において「陸海空軍の戦力は保持しない」とまで宣言している.
**2** vt. 〈人〉に無理やり～させる，～するよう強要する［要求する，迫る］，～するはめに陥らせる <to do>；～を力ずくで開ける ◆force a page [line] break; force a new page [line] 《ワープロ》強制改ページ［改行］する ◆force... to apologize 〈人〉に謝罪を迫る ◆Nobody is forcing you to <do> だれも君に～しろなどと強要してはいない ◆force the fluid and air out of the brake system 液と空気をブレーキ系統から強制排出させる ◆continuously energize the equipment for the purpose of forcing infant mortality failures 初期故障を意図して起こさせるために機器に連続通電する ◆force the ends of the two pipes into both ends of a sleeve coupling スリーブ継手の両端に2本のパイプの端を力を込めではめる ◆How do you force termination of batch-file processing? 《コンピュ》バッチ・ファイル処理を強制終了するにはどうすればよいのですか. ◆I became forced to use a computer. 私はコンピュータを使わざるを得なくなった. ◆Many companies have been forced into bankruptcy. 多くの会社が倒産に追い込まれた. ◆Care should be taken not to force the controls past their stopping points. これらの調節器を，停止位置を越えて無理に動かさないように注意してください. ◆The company was forced to cut its payrolls to stay competitive. 同社は，競争力維持のために人員削減を余儀なくされた. ◆Circumstances force many adults to learn in order to get a job, keep a job or get a promotion. 種々の事情が，就職のため，職を失わないようにするため，昇進するための目的で成人を学習に駆り立てる. ◆Rising costs and increased competition in the 1980s forced the publisher to cut its staff and the number of new titles it published. 80年代におけるコスト高と競争激化により，その出版社はやむなく職員と新刊書発行点数を削減するはめになった.

**forced** adj. 強制的な，押し込み式の ◆forced air 押込空気 ◆forced-feed lubrication 押し込み給油［注油］；強制潤滑 ◆a forced-air cooling system 強制空冷システム ◆the forced circulation of air 空気の強制循環 ◆the cooling surface over which oil is being forced circulated 油が強制循環している冷却面

**forced-air-cooled** adj. 空冷式の，風冷式の ◆a forced-air-cooled transformer 強制空冷［風冷］変圧器

**forcedly** adv. むりに，強制的に

**forcefully** adv. 力強く，強制的に ◆forcefully terminate a process with the kill command 《コンピュ》killコマンドでプロセスを強制的に終了する

**force majeure** 《通例 ▢》不可抗力 ◆contain a force majeure clause 不可抗力条項を含んで［盛り込んで，記載して］いる（＊免責条項の一種）

**forcibly** adv. 強制的に

**fore** the ～ 前面，前部 ◆come to the fore 前面に出てくる；目立ってくる；顕著になる；表面化［顕在化］する；《意訳》問題化［深刻化］する，クローズアップされる（＝come to the surface） ◆succession questions are coming to the fore 後継者問題がクローズアップされてきている ◆Thus the effect of... is brought to the fore. このようにして，～の効果が顕著に現れるのである.

**fore-and-aft** 船首から船尾に渡っての，前後方向の，縦（方向）の ◆fore-and-aft balancing 前後（重量）つりあい合わせ ◆fore-and-aft seat adjustments 前後（方向）の座席調節 ◆The engine is mounted fore-and-aft. 《車》エンジンは縦置きされている. ◆In the Aurora, the engine is installed in a fore-and-aft position rather than transversely as in other Cadillacs. オーロラでは，エンジンは他のキャデラックのような横置きではなく縦置きされている.

**forebear** a ～ 先祖，祖先 ◆This version succeeds a very good forebear, Xxx, edited until last year by... 本バージョンは，去年までーーが編集していたXxxという非常に優れた先行バージョンを引き継ぐものだ. ◆The Jaguar XJ-S is blessed with the bloodlines of its forebears. ジャガーXJ-Sは，前身［先行］車種の血統［血筋，毛並み］の良さに恵まれている.

**forecast 1** a ～ 予想，予測，予報 ◆forecasts about... ～についての予測 ◆make forecasts [a forecast] 予想を立てる ◆a forecast of ionospheric conditions 電離層の状態の予報 ◆make a weather forecast 天気を予報する ◆his forecast has come true 彼の予想は的中した；彼の予報は当たった ◆sales forecasts for the coming month 来月の販売［売上高］予測 ◆the annual demand forecast is approximately three million disks 年間需要予測は，(ディスク)約300万枚である
**2** vt., vi. 予想する，予測する，予報する ◆forecast a continuation of the annual 7-10% growth 年率7％から10％という成長が今後も続くであろうと予想する ◆Increased demand for... is forecast for the current fiscal year. 本年度は～の需要の増加が予測される. (▶需要が増加するであろうことをincreased demand「増加した需要」の形で表現している. 未来のことでもこのように-edと結果のような形で表現されることがよくある) ◆(the) demand for... is forecast to rise throughout 1997 ～の需要は1997年全体を通じて伸びるものと予測されている ◆Revenues for 1985 are now forecast at around $23 billion. 1985年の総収入は230億ドル前後と現在見積もられている.

**foreclose** vt. ～を締め出す，排除する，～を防ぐ，～しないようにする，〈抵当権設定者〉に抵当物［質物（シチモツ）］の請け戻し（ウケモドシ）権を喪失させる，抵当権［質権（シチゲン）］を流す；vi. 抵当物を流す <on> ◆foreclose someone from... -ing 〈人〉に～させないようにする ◆foreclose someone from the knowledge of... 〈人〉に～を知らせないようにする

**foreclosure** (a) ～ (抵当物，質物の)請け戻し権喪失，抵当流れ，質流れ

**forefinger** a ～ 人差し指，食指 (＝an index finger) ◆touch it lightly with a forefinger それを人差し指で軽く触れる ◆Hold the screw by the head with your thumb and forefinger. そ

のネジを、親指と人差し指で頭の部分をつまんで保持してください.

**forefront** the 〜 最先端, 最前部, 最前線, 先頭, 最も重要な位置[中心] ◆be at the forefront of...(-ing) 〜の最前線[最先端, 先端]に(立って)いる ◆in the forefront of technology 技術の最先端を行っている ◆bring an issue to the forefront of public debate 問題を公の議論の前面に掲げる[中心に据える] ◆During his five years in office, the forceful Nakasone brought his country to the forefront of world affairs. 5年間の在職中に、押しの強い中曽根氏は、彼の国を世界情勢の最前面に押し出した.

**foregoing** 前記の, 前述の, くだんの, 上述の, 上記の ◆in light of the foregoing 前述の[既述の, すでに述べた, 前に話した, 前記の, 上述の, 先述の, 叙上の]ことに鑑み ◆in the foregoing [preceding] paragraph [section] 前項で

**foregone conclusion** a 〜 必然的なこと, 避けられない結果, 確実に予測できること ◆It is a foregone conclusion that... 〜ということは必然の結果[成り行き]である ◆it is generally accepted as a foregone conclusion それは当然のこととして一般に受け取られている

**foreground** the 〜 最も人目につく位置[地位], 最前面, 前景

**foreign** adj. 外国の, 異国の, 外地の, 舶来の, 外来の, 外的な, 対外の, 異質な, 異-, 異種-, 夾雑(キョウザツ)- ◆foreign affairs 外国の事情; 外務; 対外事務; 外交問題 ◆foreign investment(s) 対外[海外, 国際]投資 ◆foreign money [currency, currencies] 外貨 ◆foreign policy 外交[対外]政策 ◆(a) foreign material 異物 ◆foreign matter; a foreign substance [object] 異物[夾雑物(キョウザツブツ), ごみ] ◆foreign particles (粒子状の)異物 ◆foreign-currency reserves 外貨準備高 ◆a foreign correspondent (報道関係の)海外特派員 ◆a foreign investor 外国人投資家 ◆a foreign teacher 外国人教師 ◆a foreign body detector 異物検出器 ◆a foreign-owned automobile manufacturer 外資系自動車メーカー ◆an article of foreign manufacture 外国製の製品; 外国製品 ◆the United States Treasury Department's Office of Foreign Assets Control (OFAC) 米財務省の海外資産管理室 ◆a country's foreign debt ある国の外債[対外債務] ◆do...under foreign pressure 外国からの圧力によって[外圧をうけて, 外圧に屈して]〜する ◆growing foreign demand (for...) 増大する外需 ◆like foreign travel 外国[海外]旅行が好きである ◆remove foreign matter from food 食品から異物を取り除く ◆substances foreign to... 〜にとっての異物 ◆wars on foreign soil 異国の地における戦争 ◆a person born on foreign soil 外国の領土で生まれた人; 外国生まれの人 ◆Foreign Body Prevention, Detection and Control (《食い出し》)異物の(混入, 検出, および管理 ◆a foreign-language word 外国語の言葉 ◆Foods Adulteration Involving Hard or Sharp Foreign Objects (《見出し》)(《政訳》)硬い異物または鋭利な異物の食品への混入 ◆foreign-accented 外国訛りのある ◆approximately 20% of the population is foreign born 人口の約20%が外国生まれである ◆I was in some place foreign to me. 私はどこか見知らぬ場所に居た. ◆a foreign-sounding plant 異国的な響きの[聞き慣れない](名前の)植物 ◆Diamonds contribute over 30% of the country's foreign earnings. ダイヤモンドは、同国の外貨獲得高に30%を上回る率で寄与している. ◆The country obtains 90 percent of its foreign-exchange earnings from sales of crude oil. 同国は、外貨取得入[(意訳)外貨獲得高]の9割を原油の販売から得ている. ◆A non-resident can bring foreign currency in cash to the extent of U.S. dollar 2,500 without any declaration. 非居住者は、2,500米ドルまでを限度として外貨を現金でまったく申告をしないで持ち込むことができる. ◆U.S. foreign aid is used to assist people in other countries to improve the conditions of their lives. 米国の対外援助は、外国の人々が生活状態を改善するのを支援するために使われている. ◆Nonhuman proteins of animal origin that are used for therapeutic purposes can be recognized by the human immune system as foreign [as foreign proteins]. 治療目的に使用される動物由来の

非ヒト蛋白は、ヒトの免疫機構によって異物として認識される[異種タンパク質とみなされる]可能性がある.

**foreign aid** 対外援助

**foreign-born** adj. 外国生まれの; the 〜 外国生まれの人たち ◆foreign-born citizens 外国生まれの市民

**foreign capital** (U)外国資本, 外資, 他人資本; a 〜 外国の首都 ◆bring [draw] in foreign capital 外資を導入する ◆obtain foreign capital 外資を獲得する ◆the influx of foreign capital 外資の流入 ◆the introduction of foreign capital 外資の導入

**foreign currency** (a) 〜 外貨; foreign-currency adj. 外貨の, 外貨建ての ◆a foreign currency bond 外貨債[債券], 外貨, 外国債, 外貨建て債

**foreigner** a 〜 外国人, 外人, 異邦人, 異国人, 異人, よそ者

**foreign exchange** (U)外国為替, 外為(ガイタメ) ◆foreign exchange rates 外国為替相場 ◆acquisition of foreign exchange by residents 居住者による外貨の獲得 ◆The country earns foreign exchange from traditional exports such as... 同国は〜など昔ながらの輸出品で外貨を稼いで[獲得して]いる.

**foreign language** a 〜 外国語 ◆acquire a foreign language 外国語を身につける[習得する]

**foreign-made** adj. 外国製の ◆foreign-made chips 外国製のICチップ

**foreign national** a 〜 外国籍の人, 外国人

**foreign-owned** 外資系の ◆a foreign-owned factory 外資系[外国資本の]工場

**foreman** a 〜 (工場などの)職長, 工長, 班長, 作業長, 現場主任, 現場監督, 職工監督, 職長, 親方, 組頭, (法)陪審長(*女性の場合は a forewoman) ◆an auto body shop foreman 自動車車体修理工場の職長[(《場合によっては》)工場長]

**foremost** 1 adj. (the) 〜 先頭の, 真っ先の; 最も重要な, 最も優れている ◆Japan's foremost computer research scientists 日本の最先端を行っているコンピュータ研究科学者ら ◆With your company's needs as the foremost priority,... 貴社のニーズを最優先に据えて、 ◆reliability is foremost among... 〜のなかで第一の[筆頭にくる]ものは信頼性である 2 adv. 真っ先に, 第一番に, 一番最初に ◆First and foremost, 真っ先に、まず第一に、まず最初に ◆"First and foremost is health," says Mr. Miller. 「何よりも健康が第一ですよ」とミラー氏は言う.

**forensic** adj. 法廷の, 法廷に関する; 弁論[討論]の(*法科大学における討論の訓練で) ◆a forensic science professor; a professor of forensic sciences 法科学の教授 ◆forensic medicine 法医学 ◆perform [conduct, carry out] a forensic examination of... [forensic test on...] 〜の法医学鑑定をする ◆The O.J. Simpson case is moving into the more staid realm of forensic science. O.J.シンプソン事件は、もっと地味で落ち着いた法科学[科学捜査]の領域に入りつつある.

**forerunner** a 〜 先駆者, 前身, 先人, 祖先, 先祖; a 〜 先触れ, 前触れ, 前兆, 徴候; a 〜 スキー競技の開始前にコースを走る前走者 ◆the European Monetary Institution, forerunner of a European central bank 欧州中央銀行の前身である欧州通貨機構(*欧州中央銀行は、この用例が現れた時点では、まだ設立されていないので不定冠詞が付いている)

**foresee** vt., vi. 予知する, 予見する, 予測する, 見通す, 見越す ◆foresee the future 将来を見通す ◆your ability to foresee future trends 今後の動向を見通すあなたの能力 ◆Industry experts foresee a convergence of the workstation and personal-computer markets. 業界の専門家筋は、ワークステーション市場とパソコン市場の収束[収斂(シュウレン)]を予見している.

**foreseeable** adj. 予知[予見]できる, (近い)将来が立てられるほどの近さの ◆for the foreseeable future 当分の間 ◆in the foreseeable future 近い将来(に); 近いうちに ◆within the foreseeable future 近い(将来の)うちに; そう遠くない将来に ◆for the foreseeable future 当分の間は

**foreshadow** vt. ～の前兆となる，～を前もって示す ◆Producer prices often foreshadow trends in consumer costs. 生産者価格はしばしば消費者価格の動向の先行指標となる。

**forest** (a) ～ 森，森林，山林，林立する多数の物，《コンピュ》フォレスト; adj. 森林の; vt. ～に植林する，森林化する ◆a forest region 森林地帯 ◆forest resources 森林資源 ◆forest conservation; (the) conservation of forests 森林保護 ◆the FSC (Forest Stewardship Council) 森林管理協議会（＊環境に優しい林業を目指しFSC認証制度を運営している非営利国際組織．本部はメキシコ) ◆a motor vehicle on a forest road 林道上の自動車 ◆cut down forest trees 森林の木を伐採する ◆protest the clear-cutting of forests 森林伐採に抗議する ◆a major forest fire caused by an careless camper 不注意なキャンパーが起こした大規模森林火災「大山火事」 ◆call for curtailment of the cutting of forests 森林伐採の削減を要求する ◆he warned that focusing on... would be "seeing the trees and missing the forest" 彼は，～に関心を集中することは「木を見て森を見ず」(＊枝葉末節にこだわって全体像［全容, 全貌］を見失うこと）になりかねないと警告した

**forestall** vt.〈人〉の先手を打つ[機先を制する]，〈計画など〉を先回りして阻止する[妨害する, つぶす] ◆forestall the market 市場を妨害する，市場を買い占める[市場の買い占めを行う] ◆there are medications that can prevent or forestall complications 合併症を予防したり未然に防ぐことができる薬剤がある

**foretaste** a ～ 前もって味わう［体験する］こと，前触れ，先触れ，きざし，兆候 ◆It gives a foretaste of the problems that a larger scale would create. それは，規模をもっと大きくすれば起こるであろう問題の一端を（前もって）示すものである

**foretell** vt., vi. 予言する，予告する ◆as foretold by scholars who study the shape of things to come 今後の動向を研究している学者らにより予言されている通り

**forever, for ever** (前者は米，後者は英)永久に，永遠に，恒久的に，いつまでも，とこしえに；(= endlessly)果てし［終わり, 限界］なく，とことん；(= always, at all times)常に，常に絶えず，しょっちゅう，のべつ；(= continually)しきりに，ひっきりなしに，頻繁に

**forewoman** a ～ (工場などの)女性の職長，班長

**foreword** a ～ (著者本人以外の人が書いた)前書き，はじめに，はしがき，序文，緒言 ◆in a foreword to a book ある書籍の前書きに[緒言で, 序文に] ◆in the book's foreword この本の前書きに ◆in his foreword to the dictionary その辞書のために彼が書いた前書きの中で ◆The book includes a foreword by Professor Schwartz. 本書にはシュワルツ教授による前書きがある．

**forge** 1 a ～ 鍛工場(タンコウジョウ)，鍛冶(カジ)工場，鍛造(タンゾウ)工場，鍛冶炉，火床(ホド)
2 vt. ～を鍛造する，～を偽造する，〈計画，関係, 協定など〉を作る; vi. 偽造する ◆forged steel 鍛鋼(タンコウ) ◆a forged fitting 鍛造取付金具 ◆a forged Japanese passport 偽造された日本旅券 ◆be cold-forged 冷間圧造［鍛造］される ◆by cold forging 冷間鍛造［圧造］で ◆try to forge an out-of-court settlement 示談を成立させようと試みる
3 vi. <ahead>（ゆっくり）着実に進む，たゆみなく前進するスピードをあげてぐんぐん進む ◆forge ahead 速度を上げ前進する，レースで先頭を切る ◆be forging ahead with research into... ～の研究に邁進（マイシン）している ◆forge ahead with a plan to <do> ～する計画を推進する ◆the company is going to forge ahead with a major effort to <do> この企業は，～すべく大きな取り組み［一大運動］を推し進めようとしている ◆While the U.S. and Japanese economies were forging ahead with high rates of growth, Europe's prospects lagged far behind. 米国経済と日本経済が高い成長率でばく進していた一方で，欧州の見通しははるかに立ち後れていた．

**forgeability** ◻ 可鍛性，鍛造性，展性

**forgeable** ◆a forgeable alloy 可鍛合金 ◆it is forgeable それには鍛造性[可鍛性, 展性]がある

**forger** a ～ 偽造者 ◆a desktop forger デスクトップパブリシング技術・装置を用いて偽造文書などを贋造する人

**forgery** ◻ 偽造，贋造(ガンゾウ)，偽造罪; a ～ 偽造した物[文書] ◆commit forgery 偽造を働く ◆check forgery 小切手の偽造

**forget** vt. ～を忘れる[失念する, 思い出せない]，～するのを忘れる，～を置き忘れる; vi. 忘れる ◆a forget-the-year party 忘年会 ◆forget about...-ing ～し忘れる ◆And the last but not to be forgotten is... そして最後になってしまったが，忘れてならないのが～である．◆if a novel or a game is entertaining enough to make me forget what time it is 小説とかゲームが時間を忘れさせるほど面白ければ ◆Don't forget to mail in your owner's registration card. ご愛用者登録カードのご郵送をお忘れなく．◆Should you forget your PIN code, please contact your local dealer. 暗証番号コードをお忘れの場合は，お近くの販売店までご連絡ください．

**forgetfulness** ◻ 忘れっぽさ，物忘れ，忘却，失念，健忘，健忘症，迂闊さ，怠慢(neglect)，不注意(inattention) ◆forestall forgetfulness 健忘症を未然に防ぐ

**forgive** ◆I forgive you for everything you've ever done [said] to me. いままでのこと，全部許して［水に流して］あげる．

**forgiveness** ◻ (罪などを)許すこと，容赦，堪忍，(借金の)棒引，帳消し; 寛容さ ◆debt forgiveness 借金の棒引き，債務帳消し[免除, 救済]，債権放棄

**forgo** vt. 〈楽しいことなど〉をしないで済ます，～をあきらめる ◆Would you forgo making the shot just because you couldn't get closer or didn't have time to change the lens? もっと近寄ることができないとか，レンズ交換する時間的余裕がないという理由だけで，写真撮影をあきらめてしまいますか．

**fork** a ～ フォーク，熊手，フォーク形のもの，分岐（点），分かれ道，また; vt. ～をフォーク状にする，二又に分ける，枝分かれさせる，フォークで刺す[運ぶ]；〈金〉を（しぶしぶ）払う[出す, 渡す] <out, up, over> ◆speak with a forked tongue; fork one's tongue 二枚舌を使う

**forklift** a ～ フォークリフト(= a forklift truck, a fork truck)

**form** 1 (a) ～ 形，形状，格好，形式，形態，姿勢，型，フォルム，◯物事が存在している時にとっている特定の形，体の状態，コンディション ◆take the form of... ～という形をとる ◆a new form of expression 新しい表現形式 ◆a cleaning agent in aerosol form エアゾール状の清浄剤 ◆approximately cylindrical in form ほぼ円柱の形状をしている ◆expressed in equation form 方程式の形で示されている ◆If ratified in its present form, it... もし現在の形で批准されていたならば，それは～ ◆in liquid form 液体の形で[の]，液状で[の] ◆in tablet form 錠剤（の形）で; 錠剤として ◆in the form of an inverted U U を逆さまにした形で ◆have the form of a doughnut ドーナツ形をしている ◆it has been around in one form or another since the 1960s それは1960年代から何らかの形で存在してきた ◆light and other forms of radiant energy 光やその他の種類の放射エネルギー ◆when video signals take numerical form ビデオ信号が数値の形をとる[《意訳》デジタル化される]と ◆choose a command from a list displayed in the form of a menu メニュー形式で表示された一覧表からコマンドを選ぶ ◆convert signals from the computer into human-readable form コンピュータからの信号を人間が読める形に変換する ◆identified by five-digit number of the form SXXXXX SXXXXX という形式の5桁の番号で識別されて ◆produce a pattern of ink in the same form as the original scanned image （読み取り）走査された原稿画像と同じ形のインクのパターンを作る ◆put a picture into a form suitable for computer analysis 写真を，コンピュータによる分析に適した形に（変換）する ◆store data in a form that the computer can read コンピュータが読める形でデータを格納する ◆to ward off evil spirits that might lurk about in the forms of animals 動物に形[姿]を変えて潜んでいるであろう悪霊を払う[寄せ付けないようにする]ために ◆Electromagnetic interference takes various forms. 《意訳》一口に電磁障害といっても，いろいろある．◆Nontariff trade barriers come in many forms. 非

関税障壁は、いろいろな形で存在する。◆Operating systems exist in a wide variety of forms. オペレーティングシステムの形態は様々である。◆System architectures may take a number of forms. （コンピュータの）システムアーキテクチャはいろいろな形態をとり得る［システムアーキテクチャにはいろいろな形態が考えられる］。◆The death penalty is the ultimate form of revenge. 死刑は復讐［報復］の究極の形［姿］である。◆The expression "dry cells" refer to the electrolyte immobilized in the form of a paste or gel. 「乾電池」という表現は、ペースト［糊］状あるいはジェル［ゼリー］状に固定化されている電解液のことを言う。◆The full-size American sedan lives on in a variety of promising forms. フルサイズの米国セダンは、様々な先々有望な形で存続する。◆They may be barrel- or cone-shaped or of other forms. それらは樽の形や円錐形をしていたり、あるいは別の（もっと違った）形をしていることもある。◆"I feel in top form, my best condition in recent years, following four months of hard training." 「絶好調の感じで、4カ月間ハードトレーニングをしてきて、近年で最高のコンディションです。」◆Initially the model will be available in three-door and five-door hatchback form. そのモデルは、最初3ドア車および5ドア・ハッチバック車として用意されるであろう。◆Help from Washington might take the form of giving American firms preference on Government launch business and space-support services. 米国政府からの援助は、米国企業に政府の（衛星）打ち上げ事業や宇宙支援サービスについて（受注の）特恵待遇［優先権］を与えるという形（を取ること）になるだろう。

2 a～（記入）用紙、様式、書式、帳票、《コンピュ》フォーム；（通例～s）《プリンタなどの》用紙 ◆an order form 注文用紙、注文票、発注書用紙 ◆continuous-form paper 連続帳票紙 ◆a book order request form 書籍注文依頼書 ◆a database form データベースの（画面上の）書式［様式］ ◆continuous forms （プリンタ用）連続帳票 ◆forms too large to be displayed in their entirety on-screen 大きすぎて画面に全体を表示できない書式［帳票］ ◆these completed forms これらの記入済み用紙 ◆detail inspection and test results on the form 検査および試験結果をその用紙に詳しく記す ◆fill in [fill out, complete] a form 用紙に必要事項を記入する ◆when forms are jammed or torn 《OA》用紙が詰まったり破れたりすると

3 a～巻き型、仮枠 ◆a coil form コイル巻き枠［巻き型］
4 vt. ～を作る、形成する、構成する、組織する、結成する；vi. 形を成す、生じる［できる、発生する］、～になる<into> ◆a coal-forming period 《地》石炭生成期 ◆a hand forming procedure 《板金》手成形作業 ◆acid-forming substances 酸を形成する物質 ◆form a layer 層を形成する ◆form an image on a flat plane 平面上に像を結ぶ ◆form a political organization 政治団体［組織、結社］を組織［結成］する ◆an image-forming mechanism 結像機構 ◆a reaction that forms carbon monoxide 一酸化炭素を生成する反応 ◆form a consortium with the private sector to <do...> ～するために民間とコンソーシアムを組む ◆formed in one piece of high-density polyethylene 高密度ポリエチレンで一体成形されている ◆a two-board set that forms a dyadic processor （2個で1個の）対のプロセッサを構成する2枚基板セット ◆form resistance-causing gummy by-products 抵抗を増加させる原因となるねばねばした副生成物を生じさせる ◆many water puddles form during a rainstorm 豪雨時にたくさんの水たまりが出来る ◆Rust will form if it is not rinsed thoroughly. それを充分に洗すがないと、サビが発生します。◆When hydrogen burns in the air, water is formed. 水素が空気中で燃えると水ができる。◆Labor costs form an increasing proportion of organizations' total expenditures. 人件費が組織全体の経費に占める割合は増大してきている。；人件費が、組織全体の経費の中でますます大きな比重を占めてきている。◆Since 1980, more than 200 new U.S. semiconductor companies have been formed. 1980年以来、200社を超す米国半導体製造会社が設立された。◆A committee is formed consisting of interested persons and usually includes a nurse or other health professional. 委員会が関係者によって構成され、その中に看護婦またはその他の医療専門家（1名）が通例含まれる。◆Copper reacts with hot concentrated sulfuric acid in a flask. The copper dissolves and sulfur dioxide gas is formed. 銅は高温の濃硫酸とフラスコ中で反応する。銅は溶解し二酸化硫黄／無水亜硫酸が生成される［《意訳》亜硫酸ガスを発生する］。

**formability** 成形性、（二次）成形適性
**formable** 成形できる ◆be readily formable 容易に成形可能である
**formal** adj. 公式の、本式の、正式の、正規の、改まった、儀礼的な、晴れがましい、堅苦しい、四角四面な、裃(カミシモ)を着た、しゃちこばる、形だけの、格式ばった、形式上の［仮一］ ◆a formal meeting 正式のミーティング ◆formal clothing 正装［礼装、礼服］ ◆formal education 正規の教育 ◆a formal verification technique [tool] 《ソフトウェア》形式的検証法［ツール］ ◆a formal-wear store フォーマルウェアの店 ◆a more formal word より格式ばった言葉 ◆on a formal basis 正式に ◆require formal training for mastery of... ～の修得のために本格的な［ちゃんとした、まともな、れっきとした］研修を要する
**formaldehyde** 《化》ホルムアルデヒド（*水に溶けた状態をホルマリン(formalin)という）
**formalin** 《化》ホルマリン（*ホルムアルデヒド(formaldehyde)の水溶液）
**formality** ⒩形式にこだわること、格式張ること、形式［儀礼］の尊重、堅苦しさ；a～（正式な）手続き、形ばかりで（内容のない）こと［行為、儀式］、儀礼 ◆conduct formalities 手続きを行う ◆empty formalities 虚礼 ◆Customs and immigration formalities are done while... 税関手続きおよび入国管理手続きは、～の間に行われる
**formally** adv. 形式的に、形式上、正式に、公式に、本式に、正規に、改まって、ちゃんと、堅苦しく、格式張って（窮屈に） ◆formally acknowledge the validity of... ～の正当性を正式に認める
**format** 1 a～（書籍の）体裁、判、型、判型、形式、書式、方式、構成；a～《コンピュ》形式、書式、フォーマット ◆a format character 《コンピュ》書式制御文字 ◆VHS-format models 《ビデオ》VHS方式の機体 ◆a large-format camera 大判カメラ ◆convert a report to Excel (.xls) format レポートをExcel (.xls)形式［フォーマット］に変換する ◆display the current time in 24-hour format 現在の時刻を24時間制で表示する ◆large-, medium-, and small-format color plotter 大型、中型、および小型カラープロッター（*用紙サイズが大判、中判、小判のもの） ◆display data in easy-to-read format データを読みやすい形に［《意訳》見やすいように］表示する ◆set the font and format of headings, captions, body copy and other elements 《ワープロ》表題、キャプション（*写真・図表の説明文）、本文、およびその他の要素のフォントと書式を設定する ◆Data is stored in Lotus 1-2-3 format. 《コンピュ》データはLotus 1-2-3形式で保存される。
2 vt. ～をフォーマットする、〈ディスク〉を初期化する、～の書式設定をする、〈テキスト〉を（書式）整形する、～をフォーマットに従って作る［並べる］ ◆an MS-DOS-formatted disk MS-DOSでフォーマット済みのディスク ◆format a disk 《コンピュ》ディスクをフォーマット［初期化］する ◆format text 《コンピュ》テキストを整形する［をフォーマットする、の書式を整える］ ◆do typesetting, graphics and page formatting 文字組をしたり図形処理を行ったりページ書式［体裁］を整えたりする
**formation** ⒩形成、組成、編成、組織、構成、設立、新設；a～編隊、隊形、配列、地層［《地》累層］ ◆during peat formation 泥炭化する間に ◆fly in a four-plane formation 4機編隊で飛行する ◆planes flying in formation 編隊飛行している飛行機 ◆(the) formation of a Cabinet 内閣を組織する ◆閣僚の ◆the formation of alkyl halides ハロゲン化アルキルの生成 ◆the formation of oxides 酸化物の形成
**formative** adj. 成形の；形成上の、発達上の ◆be in the formative stage 発展途上にある

**formatting** 《コンピュ》フォーマッティング，書式設定 ◆ formatting and layout parameters 《コンピュ》書式設定パラメータ

**former** 1 adj. 前の，先の，昔の，元の，かつての，以前の，従来の，従前の，前―，元―，旧―; the ～ 前者《先行する主題に合わせて単(複数)扱い》(↔the latter 後者) ◆in former times 昔(に)[は] ◆the former USSR 旧ソ連 ◆by former Prime Minister Ryutaro Hashimoto 橋本龍太郎前総理大臣[元首相]によって(＊橋本総理の次の代の小渕総理の時点では「前一」，それ以降は「元一」となる) ◆In the former, ... (前述の二者のうちの)前者の場合は，... ◆公式，式，John Sculley, former chief executive officer at Apple Computer 元アップルコンピュータ社の最高経営責任者だったジョン・スカリー氏 ◆a former educational-materials salesman かつて教材のセールスをしていた人 ◆women 30 to 34 who are former pill users 以前にピルを服用していたことのある30から34歳の女性 ◆he restores the furniture to its former self and sometimes better than its former self 彼はこれらの家具を修繕して元通りにする[原状に戻す]，時には以前の状態よりも良くしてしまう ◆The Toyota people told me that this sixth-generation Celica is lighter than its former self, yet the body structure is much more rigid. トヨタの人は，この6代目セリカは以前のもの[前身，先代]よりも軽量になっているが，ボディーの構造体の剛性ははるかに高くなっていると私に話した. 2 a ～ 構成[形成]する者[物]

**formerly** 以前は，かつては，昔，元，従前 ◆the ITU-TS (formerly the CCITT) ITU-TS(旧CCITT) ◆the artist formerly named [known as] Prince 元プリンスという名前の[かつてプリンスとして知られた]アーティスト

**form feed** (FF) a ～ 《コンピュ》用紙送り，書式送り，ページ送り[改ページ]

**formidable** 恐るべき，手ごわい，手に余る，手に負えそうもない，大変な，膨大な ◆encounter engineering difficulties of the most formidable character 最高に手強い性各[極めて対処しがたい質(タチ)]の技術的困難に遭遇する ◆it proved too formidable a challenge (とうてい手に負えない)無理難題である(ことが分かった) ◆In 1993, the Japanese economy was already in recession, but Americans still saw the country as a formidable economic rival. 1993年には日本経済はすでに景気後退に入っていた.しかし米国は依然として日本を経済の手強いライバル[強敵]として見ていた.

**formula** a ～ 処方(箋)，調合[調製]法，配合，配合成分および組成，調乳(ベビー用の)調合乳[ミルク]，a ～ 公式，式，決まったやり方，決まり文句 ▶薬品，塗料，プラスチックなどを作るために，どんな材料・成分をどれだけの分量ずつ混ぜるかを指示したリストのこと. また，このような処方箋に従って作られたもの. 特に赤ちゃん用の調合乳(ミルク)をさすことがある. 市販の調製粉乳や，家庭で牛乳にビタミン類などを混ぜて調製したミルクのことである. ◆a new formula 新処方[新配合] ◆baby [infant] formula; formula for infants 乳児用ミルク[調整乳] ◆formula-feeding (= bottle-feeding, ↔breast-feeding) 〈赤ちゃんを〉人工栄養で育てること，ミルクを与えること ◆powdered formula 調製粉乳[粉ミルク] ◆a mathematical formula (pl. mathematical formulas [formulae]) 《数，物理》公式 ◆a special-formula adhesive 特殊配合[特殊処方]の接着剤 ◆make [prepare] ... (according) to a formula 製法に従って〜を作る[調製する] ◆the carmaker's formula for success この自動車メーカーの成功の秘訣 ◆an easy-to-follow formula 従いやすい[簡単な，踏襲しやすい]決まったやり方 ◆derive a formula from Eq. (5-3) 式(5-3)から公式を導き出す ◆Babies brought up on formula thrive, too. 人工栄養で育てられる赤ちゃんも，順調に育つ. ◆It's a simple formula for success ... but it works! それは成功のための単純な公式[配合，処方]ではあるが，実際にうまいことよく[効き目があるのだ. ◆Manufacturers of formula cannot duplicate breast milk, although their products contain all essential nutrients. ミルクメーカーの製品にはすべての必要な栄養が含まれているが，母乳と全く同じものを作ることはできない.

**Formula One** (F-1) 《車》エフワン，フォーミュラワン (＊競争自動車のサイズ，エンジン排気量，車体重量などによる公式規定の分類で，三種類のうち頂点に立つもの) ◆an F-1 racer; a Formula One racing car エフワン競走自動車

**formulate** vt. ～を明確に[系統立てて]表現する[示す]，〈計画，戦術など〉を立てる[策定する，練る]，〈理論〉を打ち立てる，構築する，〈新しい方法，装置など〉を開発する，〜を公式で表す[公式化する] ◆formulate proper models 妥当なモデルを作る ◆specially formulated solder paste 特殊製法による半田ペースト ◆a specially formulated protective hand lotion 特殊処方[特殊配合]の保護用ハンドローション (＊formulate は，a formula を開発するとか，a formula にもとづいて作るという意味) ◆I'm interested in politics, and I've formulated some opinions of my own. 私は政治に興味[関心]があって，自分自身の意見をいくつか構築してみました. ◆The glue in the spine is formulated to resist cracking. (本の)背に使ってある接着剤はひび割れしにくく配合になっている.

**formulation** 案出，立案，構築，表現，公式化，定式化，処方，配合，形成; a ～ 調合物，配合物，塗料 ◆the formulation of a policy 政策[方針]の策定[立案] ◆a precise formulation of a technique for performing ... 〜を行うための手法の緻密な公式化[定式化] ◆The coolant has thermal properties superior to conventional formulations. 本冷却剤は，従来の製剤よりも優れた熱特性を有しています.

**for-profit** adj. 利益[利潤]を追求する，営利[金儲け]を目的とする ◆a for-profit company 営利会社，利益[利潤]を追求する企業

**forte** 1 one's ～ 得手(エテ)，得意(分野)，得意技，得意芸，強み，長所，おはこ，十八番，お手の物 ◆a desperate artist whose forte is forgery 自暴自棄になっている，にせ物づくりの得意な芸術家 ◆Moving pianos is our forte. 《広告》ピアノの運搬が弊社の強み[得意技]です. (＊ピアノとフォルテを対にした掛けことば) 2 《音楽》adj. adv. フォルテ[強音]の[で]; n.

**forthcoming** これから来る，来たる，来るべき，今度の，この次の，近く行われる，《本が》近々の[近刊の; 援助なりの》すぐに受けられる ◆the forthcoming election 今回実施される選挙 ◆in the forthcoming year of 2002 来る(キタル)2002年に ◆at the forthcoming summit, which is scheduled for mid-May 5月中旬に予定されている今度の[来たるべき]サミット会談において

**fortify** 〜を(〜で)強化する <with> ◆fortified foods (ビタミン・ミネラル)強化食品 ◆fortify the margarine with various vitamins マーガリンに各種ビタミンを添加し強化する ◆fortify wooden beams with steel rods 木製の梁(ハリ)を鋼鉄製の丸棒で補強する

**fortnight** a ～ 《主に英》2週間 ◆within a fortnight 2週間[14日]以内に

**FORTRAN** (FORmula TRANslatorより)《コンピュ》(フォートラン) (＊科学技術計算用の言語)

**fortuitous** adj. 思いがけない，偶然の; 運のよい，幸運な

**fortunate** adj. 運のよい，幸運な

**fortunately** adv. 幸運にも，運よく，折よく，都合のいいことには，ありがたいことに

**fortune** 運，運命; one's 〜s 運勢; a ～ 多額の金，ひと財産，財，富 ◆by good fortune 幸運にも ◆make a fortune 財産をつくる，財をなす，身代を築く，金持ちになる ◆leave ... to fortune 〜を運に任せる，〜を運任せにする ◆a small fortune 大金，ひと財産 ◆dissipate a fortune 散財して財産を使い果たす

**Fortune** (米国の)フォーチュン誌 ◆a FORTUNE 500 company フォーチュン誌上位500社にランキングされている(中の1つの)会社 ◆the Fortune Service 500 フォーチュン誌による米国サービス業500社ランキング ◆the FORTUNE 500 largest industrial [manufacturing] corporations フォーチュン誌(売り上げ規模)ランキング上位500社の鉱工業[製造業]企業

**forty** 40; the forties 40(度, 番)台, 40年代 ◆in one's forties 40(歳)代で

**fortysomething** → something

**forum** a ~ 公開討論の場, (〜についての)公開討論会 <on>, 公共広場, 電子会議[会議室], 懇談会 ◆an open (public) forum 公開討論会 ◆a forum on supercomputing スーパーコンピューティング(について)のフォーラム ◆in forums on CompuServe; in [on] CompuServe forums CompuServeのフォーラムで ◆a forum for discussion of the pros and cons of the issue その問題の可否をめぐり討論[討議]するための公開討論会 ◆become a forum for political discussions 政治問題を話し合う場[政治討論の場]となる ◆maintain a members-only forum on... 《ネット》〜についての会員専用会議室を主宰する ◆Please write to me either on the forum or email me personally. 私への連絡は, (電子)フォーラムに書き込むか個人的に電子メールでお寄せください。

**forward** 1 adv. 前方へ[に], 先へ[に], 前へ, 順方向に, 前進して, 早めて, 見えるために, 検討にかけるために; adj. 前方の, 前部の, 前方の, 順方向の, 進んでいる, 将来の, 進歩的な ◆from this time forward これから先[のち], これ以降; 今後, 以後 ◆a forward price 先物価格 ◆forward supervision 《通》順方向監視 ◆at the forward end of... の最前部で ◆be placed 70 meters forward of... の前方70メートル(の所[位置])に設置され(てい)る ◆forward and reverse quick scan 《AV》早送り/早戻しスキャン ◆forward-mounted に取り付けられた ◆from the Renaissance forward ルネッサンス以後[以降] ◆It is installed forward of... は, 〜の前方に取り付けてある。◆make great strides forward 大幅な前進[進歩]を遂げる ◆move [go] forward in a big way 大きく前進する; 大いに進展する ◆move [rotate] in the forward direction 順方向に移動[回転]する ◆placed far forward ずっと前の方に配置されている ◆the forward part of an aircraft 航空機の前の方の部分 ◆the forward part of a ship 船の前部[前方部] ◆the forward resistance of a diode 整流器の順方向抵抗 ◆the forward section of a rocket ロケットの頭部 ◆a leap forward for trade relations 通商関係にとっての飛躍的な前進[目ざましい進展] ◆a forward-facing seat 前方を向いている[前向きの]座席 ◆a forward-thinking speech 前向きな考えの演説 ◆forward-looking Italians 前向きのイタリア人たち ◆when sitting in a forward leaning position 前屈みの[前傾]姿勢で座っているときに ◆As the process of privatization goes forward,... 民営化の過程が進む[進行する, 進展する]につれ,... ◆his vocal is excessively forward 彼のボーカルが前に出過ぎている ◆in the forward part of the spacecraft 宇宙船の前部に ◆it is situated forward of its traditional location それは, 伝統的[これまでの, 従来の, 通常]位置よりも前方にある[さらに前に出ている] ◆slow motion playback in both forward and reverse directions 正および逆転両方向でのスローモーション再生 ◆when a forward voltage is applied 順方向電圧が印加されると ◆falling within a range starting forward [→backward] from a certain day 特定の日(から起算して)以降[→以前]の一定の範囲内に入る ◆From that time forward, the use of... increased by leaps and bounds. その時以後[それ以降], 〜の使用[利用]がうなぎ登りに増えた。◆he wants the organization to be more "forward leaning" about using... 彼は, 〜を使うことについて組織にもっと「前向きな[積極的]」であって欲しいと思っている ◆allow movement through 6 degrees of freedom (up/down, right/left, and forward/backward, plus a couple of rotations) 自由度が6度の動き (上下, 左右, 前後および2〜3種類の回転)を可能にに[実現]する ◆The seat is a bit farther forward than it should be. この座席は, あるべき位置よりも少し前方にでて[少し前に出過ぎて]いる。◆She is a bit too forward and acts as though she cares about no one but herself. 彼女は, ちょっと出過ぎていて傍若無人に振る舞うところがある。◆Today, the "New Economy" is giving us the chance to make a quantum leap forward. 今日, 「新経済」は我々に飛躍的前進を遂げるチャンス[大躍進する機会]を与えてくれている。◆Push the shift lever forward (away from you) with the palm of your hand facing the dashboard. 手のひらをダッシュボードの方に向けて, シフトレバーを前方(向こう側)に押してください。

2 v. 〈荷物など〉を発送する[送る, 仕向ける], 送付する, (次の人などに)転送する[回す]; 〈テープ, フィルムなど〉を前送りする; 〜を促進する ◆automatically forward calls 自動的に呼[電話]を転送する ◆forward the list to... for approval 承認を得るためにリストを〜に回す ◆information is forwarded to the command center 情報は指令センターに送られる ◆When an owner of a motor vehicle changes his/her address, notice of such change must be forwarded to the Ministry by registered letter within six days. 自動車所有者が住所を変更した時は, 6日以内にその旨を(運輸)省まで書き留めで送付しなければならない。

3 n. (a) 〜 前送り[前進, 前方], 《スポ》前衛[フォワード] ◆fast speed forward 高速前送り ◆a fast search in forward or reverse 前方または後方高速検索

**forwarder** a 〜 フォワーダー, 混載貨物輸送業者 (= a forwarding agent) ◆a freight forwarder (混載)貨物輸送業者 (*海外貨物輸送に携わるものは, 乙仲(オツナカ)とも呼ばれる)

**forward-looking** adj. 前向きな, 将来を見据えた, 積極的な, 進歩的な, 進取の ◆adopt a forward-looking attitude 前向きの態度[積極的姿勢]を探る ◆by aggressively pursuing a forward-looking vision 将来を見据えたビジョンを積極的に追い求める

**fossil** 化石の, 古くさい, 時代遅れの; a 〜 化石, 時代遅れの物事, 頭の古い[化石]人間 ◆early fossil men 初期の化石人類 ◆fossil-bearing limestones 化石を含んでいる種類の石灰岩 (*limestoneは通常不可算) ◆the use of fossil fuels 化石燃料の使用 ◆he calls [refers to] himself as a "fossil" 彼は自分自身のことを「化石人間」と呼んでいる[「時代遅れの古い人間, 浦島太郎だ」と言っている]

**fossiliferous** adj. 化石を含む ◆a few potentially fossiliferous sandstones 化石を含んでいる可能性のある数種類の砂岩 (*砂岩は通常不可算名詞)

**foster** 〜を育成する, 振興する, 促進する, 助長する, 奨励する, 促し, はぐくむ ◆foster child 養子, 養い子(ヤシナイゴ), もらい(っ)子 ◆foster auto manufacturing 自動車産業を育成する ◆foster better service サービス向上を促進する ◆foster children and their foster parents 里子と彼らの里親[親代わりの人, 育ての親] ◆foster hate and distrust 憎しみと不信を募らせる ◆foster the development of... 〜の開発を振興する[進展させる] ◆his foster mother 彼の養母 ◆foster better relations between Japan and the U.S. よりよい日米関係を育てる ◆foster standardization among peripherals for PCs パソコン用周辺機器相互間の標準化を促す[進める] ◆to foster an exchange of information 情報の交換を促進[推進, 盛んに]するために ◆to foster better understanding of... 〜の理解をいっそう深めるために ◆events that foster interest in science and mathematics 科学[理数]と数学に対する関心を高めるイベント ◆foster an environment that will allow developers to create... 開発者らが〜を創れるような環境を培う

**foul** 1 adj. 悪臭のする, 汚れた, 不潔な, 汚損した, 汚染した, 腐敗した, 《スポ》ルール違反の, (言葉が)汚い, ひわいな; (原稿が直しだらけで)汚い ◆a foul odor [smell] 腐敗臭, 腐った臭い ◆foul air 汚れた空気, 汚染された空気 ◆foul-smelling haze from a chemical plant 化学工場からの悪臭のするもや[かすみ]

2 vt. 〜を汚す, 汚染する, 詰まらせる, 〈ロープなど〉をもつれさせる, 〈評判など〉をけがす; vi. よごれる, 詰まる, もつれる, からまる, 反則を犯す ◆oil-fouled waters 油で汚染された水域 ◆inspect the spark plugs for carbon or oil fouling スパークプラグをカーボンや油の汚れがないか点検する

**fouling** (船底などの)付着物 ◆barnacle fouling on the bottom of a ship 船底に付いたフジツボの付着物

**foul-up** a 〜 (pl. foul-ups)《口》〈機器の〉不調, 故障, (ミス等が原因の)混乱状態

**found** 1 vt. ～を設立[創立, 創設]する, 建てる, ～の土台[基礎]を据える; vi. ～に基づく <on, upon> ◆a company which failed within three years of its founding 創業から3年を待たずして破綻[倒産]した会社 ◆a firm founded in 1964 1964年設立[創立, 創業]の会社 ◆(ever) since the company's founding 31 years ago 31年前の同社の創業以来[以立った] ◆the founding of the Jim Beam Co. ジム・ビーム社の創設[創立, 設立, 創業] ◆the founding of the state of Israel イスラエルの建国 ◆well-founded 十分に[確かな, 正当な]根拠のある; ゆるぎない ◆Since its founding in 1932, the college has been... 1932年の創立[創設, 設立]以来, この大学は～である ◆They founded great museums and libraries. 彼らは大博物館や大図書館を創設した.
2 《findの過去, 過去分詞形》

**foundation** 回創立[創設, 設立], 根拠[より処]; a～, ～s 基礎, 基い(モトイ), 土台, 礎(イシズエ), 素地, 下地; a～ (寄付金, 遺産による)財団, 基金, 学校など[設立法人]; (a)～ (化粧の)ファンデーション ◆a mat [mat-type, raft] foundation ベタ[べた]基礎 ◆foundation bolts 基礎[据え付け]ボルト ◆the Rockefeller [Ford] Foundation ロックフェラー[フォード]財団 ◆a foundation-laying ceremony 定礎式 ◆establish an incorporated foundation to promote... ～を振興する為の財団法人を設立[創設]する ◆form foundations for... ～の基礎を築く ◆make a foundation to support... ～を支援する土台[基礎]をつくる ◆only foundations remain 土台のみが残っている ◆shake this city to its foundations この都市を根底からゆすぶる[ゆさぶる] ◆the foundation of a structure 建造物の基礎[土台] ◆construct foundations in water 水中に基礎を築く[水中で基礎建設工事を行う] ◆the company has already laid the foundation to <do...> 同社は既に～する基礎固めをしてしまっている ◆write on the foundations of mechanics ～の力学の基礎について書物を著す ◆establish the foundations of the modern state of Japan 近代国家としての日本の基盤を確立する ◆For the first time since its foundation in 1949, NATO was... 1949年の創設以来, 北大西洋条約機構は～. ◆it would shake the very foundations of civilization as we know it それは私達が知っている(形態の)文明の根底そのものを揺るがしかねない ◆lay a foundation for near-future forays into cable TV and videoconferencing territories 有線テレビおよびテレビ会議分野への近い将来における進出に備えて基礎を置く[((意訳)布石をする] ◆place the foundations of knowledge in nuclear physics 物理学の探究の礎を築く ◆provide investigators with a solid foundation on which to do biomedical research バイオメディカルの研究を行うためのしっかりした基盤を研究者に提供する ◆we laid the foundation for the future with the acquisition of Xxx 我が社は, Xxx社の買収をすることにより将来への布石をした ◆Education is the foundation of our nation's future. 教育は我が国将来の礎である. ◆Our Bank has a rock-solid financial foundation. 当行は盤石の財政基盤を持っております. ◆The company celebrated the 70th anniversary of its foundation. 同社は創業[創立, 設立]70周年を祝った. ◆The advent of this extremely influential group of people laid the foundations for cultural and social tendencies that still characterize much of Japanese life. これらの非常に影響力ある集団の出現が, 日本の生活様式の多くの部分を依然として特徴付けている文化的・社会的潮流の基礎を築いた.

**founder** a～ 創設者, 創立者, 創始者, 発起人, 初代, 始祖, 開祖 ◆Body Shop founder Anita Roddick ボディー・ショップ社創設者アニータ・ロディック女史

**foundry** a～ 鋳造工場, 鋳物工場 ◆a silicon foundry シリコンファウンドリ; 受託半導体メーカー(＊工場を持たない半導体メーカー(fabless semiconductor manufacturers)からLSIの製造を請け負う) ◆custom foundry services 特注[注文, 委託]生産サービス(＊ICチップなどの) ◆the company's IC foundry capability 同社の受託IC[半導体デバイス]製造能力

**fountain pen** a～ 万年筆

**four** adj., n. 4(の)
all fours 四つん足, 両手両足, 手足, 四肢 ◆drop to all fours 四つんばいになる ◆The baby can support oneself on all fours. その赤ちゃんは四つんばいで[四つ足で]体を支えられる.

**Fourier** フーリエ(＊フランスの数学・物理学者) ◆fast-Fourier-transform processing 高速フーリエ変換処理

**four-star** adj. 四つ星の, 高級な, 一流の, 優れた ◆a four-star general [admiral, officer] (米口)大将

**fourth** (4th) n. 《通例 the ～》4番目[第4]のもの, 《音楽》第4度音程; a～ 4等級, 4等品; a～, one ～ (pl. ～s) 4分の1; adj., adv.

**four-wheel** adj. 四輪(駆動)の ◆four-wheel drive 四輪駆動(方式) ◆a four-wheel drive vehicle 四輪駆動車[車, 4WD]

**four-wheel-steer** adj. 《車》四輪操舵式の, 4WSの ◆a four-wheel-steer auto 四輪操舵車

**fox message** a～ 《通》FOX[試験]メッセージ(＊アルファベット文字のすべてと少数の記号を含む通信テスト用の文. イロハ歌に相当. 代表的なのは, "THE QUICK BROWN FOX JUMPED OVER THE LAZY DOG'S BACK 1234567890.")

**FPC** an～ (a flexible printed circuit) フレキシブル印刷回路, フレキシブルプリント配線基板

**FPGA** an～ (field-programmable gate array) 《半導》《意訳》ユーザー自身が書き込み可能なゲートアレイ

**Fr** フランシウム(francium)の元素記号

**fractal** a～ 《数・CG》フラクタル ◆I create art using computer-generated fractals. 私はコンピュータで生成したフラクタルを使って芸術作品を創作して(い)ます.

**fraction** a～ 小数部, 端数, はした, 分数, ほんの少し, わずか; a～ 《化》留分(＊精留によって得られる各々の成分のいずれか) ◆a (particle) size fraction 粒群 ◆a fraction of a milligram コンマ何[何分の1, 数分の1]ミリグラム ◆within [in] a fraction of a second コンマ何秒内に[1秒の何分の1で]; あっという間[またたく間, 一瞬のうち, 瞬時]に; たちまち ◆at a fraction of the cost of a dedicated mainframe 専用メインフレームコンピュータのほんの何分の1かのコストで ◆compensate for the accumulated shortages caused by omitted fractions 切り捨てられた端数のために積もり積もった不足分を埋め合わせる ◆the measured time, or a fraction thereof,... 時間単位またはそれ以下の単位で測定された時間 ◆within a fraction of a second from the time received 受信後瞬時にして ◆convert an improper fraction into a mixed number containing an integer and a proper fraction 仮分数を, 整数と真分数とが混在した数(＊帯分数のこと)に変換する ◆Lead times are cut to a fraction of what they used to be. リードタイムは, 以前の何分の1にも短縮される.

**fractional** adj. 分数の, 端数の, わずかな; 《化》分別-, 部分-; 《金融》端株(ハカブ)の ◆by fractional distillation 分別蒸留[分留]により ◆fractional condensation 分別凝結[凝縮] ◆fractional distillation 部分[分別]蒸留, 分留 ◆by a fractional crystallization process 分別結晶法により ◆drop the fractional portion of the number その数の小数部分[小数点以下]を切り捨てる ◆pay in fractional amounts over a specified period of time 所定の期間にわたって少しずつ(何回かに分けて)支払う

**fractionate** vt. 〈揮発性混合物など〉を各成分に分別する, ～を分留[分溜, 分別蒸留]する, 〈原油〉を精留する ◆fractionating column 分留塔; 分留槽(＊石油精製での) 精留塔 ◆fractionate crude oil into its various components 原油をいろいろな(構成)成分に分留[精留]する

**fractionation** 《化》分別, 分溜, 精留 ◆by fractionation 分溜により

**fracture** (a)～ 割れること, 割れ, 裂け, 破裂, 破損, 破壊, 破断, 割れ目, 裂け目, 断口, 骨折 ◆a brittle fracture 脆性破壊 ◆a fracture in the board 基板の割れ[亀裂] ◆fracture by shock 衝撃による破損

**fragile** adj. 壊れやすい, 脆い(モロイ), 脆弱(ゼイジャク)な; (身が)弱い, 虚弱な, きゃしゃな ◆FRAGILE こわれもの注

意（＊輸送箱上の標示文句，亀裂の入ったワイングラスの絵などの下に書かれていることが多い）

**fragility** 脆さ(モロサ)，脆性(ゼイセイ)，脆弱(ゼイジャク)さ，易損性

**fragment** 1 a ～ かけら，破片，断片 ◆a fragment of... ～の破片 ◆be in fragments 粉々[ばらばら]に壊れている 2 vi. ～をばらばらにする; vi. ばらばらになる ◆With daily use, the files on the hard disk become fragmented. 日々使っているにつれて，ハードディスク上のファイルは断片化してくる。

**fragmentation** 細分化，断片化，破砕，分裂 ◆file fragmentation 《コンピュ》ファイルのフラグメンテーション［断片化］（＊一つのファイルがディスクのあちこちに分散してしまうこと） ◆fragmentation of home, family, and community 家庭や家族や地域社会の崩壊 ◆There is the possibility of still further fragmentation of the market. その市場がより一層細分化する可能性がある。

**fragrance** ①かぐわしさ，芳しさ；a ～ 心地よい[いい]香り，芳香，香気 ②《フレグランス[芳香性化粧品]》（＊香水，コロンなど）◆fragrance-free candles 香りをつけてない[無香性の]ロウソク

**fragrant** adj. 香りのよい，かぐわしい，馥郁(フクイク)とした，芳香性の ◆a pleasantly fragrant substance 快い芳香がする物質

**frame** 1 a ～ フレーム，枠，枠組，架，架台，額縁，架構，台枠，骨組み，骨格，型枠，框(カマチ) ◆《TV》画面コマ（＊2つのフィールド走査画像により構成される1コマ）《映画》コマ；～s めがねフレーム ◆a structural frame 構造骨組み ◆frame advance 《画像》コマ送り ◆frame-by-frame advance 《画像》1コマずつのコマ送り ◆single-frame advance 《画像》1コマだけ[1コマずつ]のコマ送り ◆a frame grabber board フレームグラバーボード[画像取り込み基板]（＊フレームとは，テレビやコンピュータのひとコマ，つまり1画面のこと）◆a frame of TV image テレビ画像の1画面[1コマ] ◆around this same time frame ほぼ同時期に；ほぼ同じ頃 ◆during a specified time frame 指定された時間枠[時間帯]の内に ◆lapse [fall] into a state [frame] of mind where... ～という心理状態[精神状態，気持ち，心境，気分，考え方]に陥る ◆make eight multiple exposures on a single frame 《カメラ》1コマに8回多重露出する ◆frame number searching and locating 《ビデオディスク》のフレーム番号検索 ◆fill the frame with a single flower 《撮影》一輪の花を画面いっぱいにおさめる ◆In the case of NTSC, 30 frames/sec are transmitted. NTSC(テレビ放送方式)の場合，毎秒30フレーム送り出されている。◆Information providers communicate with the database to set up new frames of information or change existing frames. 情報提供業者は，新規の情報図面を装填したり既存の画面を取り替えるためにデータベースと交信する。 2 vt. ～を組み立てる；考え出す；〈人〉に無実の罪[ぬれぎぬ]を着せる <up>；～を枠に入れる，～の構図を《ファインダーの中に》おさめる ◆a steel-framed skyscraper 鉄骨構造の超高層ビル ◆America frames this as good guys vs. bad guys 米国はこれを善玉対悪玉といったふうに図式化[という括りを]する ◆an innocent man who's been framed up by the police and prosecution 警察と検察に濡れ衣を着せられた無実の人

**frameless** ◆a frameless body 《車》モノコック[単体構造]ボディ ◆a frameless portrait 縁なしのポートレート写真 ◆frameless construction 《車》単体[モノコック]構造

**frame-up** a ～《口》でっち上げ，捏造(ネツゾウ)，人をはめること，濡れ衣，不正工作，仕組まれた企み[陰謀，策略]，人を罪に陥れるための虚偽の証言や証拠の捏造

**framework** a ～ フレーム構造，フレーム枠，枠組み，骨組み，躯体(クタイ)，骨格，軸組，《化》構成組織，体制，組織，構造，機構 ◆the NATO framework NATO体制 ◆a new conceptual framework 新しい概念的な枠組み ◆freedom within a framework 一定の枠内での自由 ◆the framework of a house 家の骨組み[躯体(クタイ)] ◆the U.S.-Japan [-Japanese] economic framework talks 日米包括(新)経済協議 ◆within a single unified framework 単一の統一された枠組みのなかで ◆agree on a framework for peace 和平の取り決めに合意する ◆create a framework to settle the dispute その紛争を解決するための体制をつくる ◆within [outside] the framework of the Constitution 憲法の枠内[枠外]で

**framing square** a ～（木工用金属製）L形差金(サシガネ)，曲がり尺(マガリジャク)，曲がり金(マガリガネ)，直角定規

**franchise** 1 a ～（行政機関が特定の個人・企業に与える）免許，特権，(一定の地域に限定した)独占[一手]販売権，営業権，フランチャイズ；the ～ 選挙権，参政権，市民権，公民権 2 vt. ～に独占[一手]販売[営業]権を与える

**franchisee** a ～ 一手販売[営業]権を受けた人［会社］，フランチャイズ加盟店 ◆Franchisees usually pay a regular royalty. フランチャイズ加盟店[連盟店]は通常，定期的に指導料を支払う。

**franchiser, franchisor** a ～ 一手販売[営業]権を与える人［会社］ ◆between a franchiser and its franchisees フランチャイズ事業者[連盟店主催者，本部]と加盟店の間で

**francium** フランシウム（元素記号: Fr）

**Franco-** French, France の連結形 ◆a Franco-German duo フランス人とドイツ人の2人組

**frank** adj. 遠慮せずにはっきり言う，率直な，直截(チョクセツ)的な，腹蔵のない，ざっくばらんな，磊落(ライラク)な，隠だてのない，虚心坦懐(キョシンタンカイ)な，あからさまな，明白な，端的な，疑う余地のない

**frankly** adv. フランクに ◆frankly speaking; speaking frankly; to be frank (with you) 率直に[正直に，ざっくばらんに，あからさまに，端的に，打ち明けて，腹蔵なく，忌憚なく，有り体に]言えば；掛け値なしで[お世辞抜きで]言って

**frantic** adj. 気が狂いそうな，ひどく興奮した，死にものぐるいの，狂気の

**frantically** adv. 必死に，ひっちゃきになって

**fratricidal** adj. 兄弟[姉妹]殺しの，同胞殺しの ◆Yugoslavia's fratricidal war ユーゴスラビアの内戦 ◆a fratricidal civil war 血で血を洗うような内戦

**fratricide** ①兄弟[姉妹]殺し，同胞殺し；a ～ 兄弟[姉妹]殺しの犯人 ◆battlefield fratricide 戦場における友軍への誤攻撃

**fraud** ①詐欺，欺瞞；a ～ 詐欺行為[不正手段]，詐欺師[ペテン師，偽善家] ◆Internet fraud; fraud on [over] the Internet インターネット上の詐欺 ◆a phone-fraud scheme 電話詐欺の企て ◆combat fraud 詐欺的(不法)行為の撲滅に努める ◆eradicate fraud perpetrated by defense contractors 防衛関連企業による不正を根絶[撲滅]させる ◆fraud prevention tactics 不正防止戦術 ◆prevent card fraud （クレジット）カードの不正使用を防止する ◆protect against fraud 詐欺を予防する ◆to prevent fraud 不正を防止するために ◆the company conspired to commit fraud on its investors by withholding information that... この会社は，～であるといった情報を知らせず自社の投資家相手に詐欺を働こうと陰謀を企てた

**fraudulent** adj. 詐欺的な，不正な ◆by fraudulent means 不正な手段で

**fraught** adj. 心配[緊張]して，～に満ちた[～をはらんだ] <with>，不安を引き起こす ◆seem fraught with danger ～は危険をはらんでいるように見受けられる

**fray** vt. ～の端をほつれさせる[すり切れさせる，ぼろぼろにする]，〈神経〉をすり減らす; vi. すり切れる，ほつれる，ぼろぼろになる，《神経》がすり減る ◆a frayed electrical wire すり切れてぼろぼろになっている電線 ◆when the insulation is cracked or frayed 絶縁体[絶縁材]に亀裂が入っていたり摩滅していたりすると

**frazzle** 1 vt.《口》〈布など〉をぼろぼろにする，〈人〉をくたびれさせる; vi. すり切れる，くたびれる

2 a ~《口》(心身ともに)ぼろぼろになった状態、くたびれた状態 ◆be worn to a frazzle (人)がくたびれている、(物)がぼろぼろ[よれよれ]になっている

**FRB, F.R.B.** *the* ~ (旧the Federal Reserve Boardより、現在はthe Board of Governors of the Federal Reserve Systemとなっている)《米》連邦準備制度理事会 (=《口》the Fed); (Federal Reserve Bank) *the* ~《米》連邦準備銀行 ◆ Federal Reserve (Bank) Chairman Alan Greenspan 連邦準備制度理事会のアラン・グリーンスパン議長; FRB議長アラン・グリーンスパン(氏) (＊ほとんどの場合、Bankは省略される)

**freak** ~ 1 気まぐれ、a ~ 熱狂者,《修飾語を伴って》〜ファン、-マニア、-狂; a ~《俗》変人、麻薬常習者; vi. (freak outで)《口》(麻薬で)興奮[沈鬱、不安]状態になる,(パーティーで)乱ちき騒ぎをする ◆a techno freak テクノ・マニア ◆freak out at the mere notion of making a speech スピーチをすることを考えただけで気持ちが変になって[ビビって]しまう

**free** 1 adj. 自由な、融通無碍(ユウズウムゲ)な、束縛されてない、独立した、遊離した、空いた、暇な、浮動の、自在一、自然一; 自由意志による、自発[自主]的な、随意の、無い <from>; 《-free の形で》無一; adv. 自由に ◆a free translation 意訳 ◆become free of impurities 不純物が無くなる ◆be free standing 《製品の》単独で使用されている ◆free from error 誤りが無い ◆get free of the car (＊車両火災事故などの際に)車から逃げる[脱出する、離れる] ◆have an independent and free spirit 独立と自由[独立不羈(フキ)]の精神を持つ ◆on cop-free roads ポリ公[サツ]のいない道路上では ◆prepared and issued free by... 〜により制作および無料発行された ◆set free the mechanism そのメカ機構を解除する ◆wash it free of adherents それを洗浄して付着物を除去する ◆keep the surface free of ice その面に氷が無い状態にしておく、◆a hard disk with 500MB free disk space 《コンピュ》500メガバイトの空き(ディスク容量[領域])のある[500メガバイト空いている]ハードディスク ◆a maintenance-free battery 保守の不要なバッテリー ◆lint-free disposable cloth-like wipers 綿ほこりの出ない使い捨て拭き取り用不織布 ◆Get a free T-shirt. 無料のTシャツをもらいましょう。;《意訳》Tシャツをプレゼントします[差し上げます]。 ◆be never found free in nature 遊離した形では決して天然に存在しない ◆foster free press, free speech, and free spirit 自由な報道、自由な言論、および自由な精神を育てる ◆even when there is enough free space to store the file 《コンピュ》ファイルを保存するのに十分な空き容量[空き領域]がある場合でさえ ◆Banks became free of much federal regulation. 銀行は多くの連邦規制から解放された。◆If it is free to move, it can now be adjusted. それが自由に動くようであれば、次にそれに調整を施すことができます。◆Make sure it is free-moving. それが、自由に動くことを確かめてください。◆Test it for free operation by hand. それが手で自由に動く(状態になっている)か試してみてください。◆When the set torque is reached, the screwdriver automatically releases and turns free. 設定したトルクに達すると、ねじ回しは自動的に解除され空回り[空転]します。◆The location to be measured must be kept free of all extraneous light so that the data that is obtained through the sensing element is kept completely error-free. 検出素子を介して得られるデータが全くエラーの無い状態に保たれるよう、測定対象箇所は完全に外来光線が無いようにする必要がある。◆The major advantages of a diesel engine are its virtually trouble-free operation, the little maintenance it requires and its fuel economy. ディーゼル・エンジンの主な利点は、ほとんど故障知らずで働くこと、整備がほとんど要らないこと、そして燃費である。

2 adj. (= free-of-charge) 無料[無償]の、ただの、ロハの; adv. 無料[無償]で ◆for free ただで、無償で、無料で、ロハで ◆a free demo disk 《コンピュ》無料の試用ディスク ◆on a free-of-charge basis 無償[無料、只、ロハ]で ◆return it to the seller for free replacement それを無料交換してもらうために売り主に返品する ◆These catalogs are all free of charge. これらのカタログはすべて無料[ただ]です。◆People who buy version 1.5 between now and year's end can get version 2.0 free. 今から年末までの間にバージョン1.5を購入する人は、バージョン2.0が無償で入手できる。

3 vt. 〜を解除する、解放する、(他に使用できるよう)空ける、逃れ[免れ]させる、脱出させる、《化》除去する ◆free enough memory 《コンピュ》十分なメモリーを空ける ◆free the industry from regulation その業界を規制から解放する ◆free the mechanism そのメカ機構を解除する ◆nations recently freed from Soviet domination ソビエトの支配から最近解放された諸国 ◆Freed from the constraints of communism, Eastern Europe is... 共産主義の束縛から解放されて、東欧は... ◆free blocks of memory in reverse order to how they were allocated 《コンピュ》メモリーブロックを、それらが割り当てられたときと逆の順序で開放する ◆It is designed to free your hands. これは、(使用者の)手が(ふさがらないで)自由に使えるように設計されている。◆In clinical tests, the drug has already freed anemic kidney-dialysis patients from the need for transfusions. 臨床試験では、この薬は、貧血症の人工透析患者をすでに輸血の必要から解放して[《意訳》輸血の必要を無くして]いる。◆Italy has agreed to free all capital flows by 1992, with the dismantling of remaining rules starting in 1990. イタリアは、1990年に残存する規則の撤廃に着手し、1992年までに資本の移動を全面自由化することに同意した。

**feel free to** <do> ちゅうちょせず[気軽に、気にしないで、気兼ねしないで、遠慮せず、構わず、どんどん、どしどし]〜する ◆please feel free to contact me どうぞ気軽に(私に)ご連絡[ご一報]ください ◆If you know the melodies, feel free to sing along. メロディーをご存じの方は、さあどうぞ(遠慮せずに)一緒にお歌いください。◆If there's anything I can do to help, please feel free to call on me. 私にできることがあったら、(何でも)気兼ねしないで[遠慮なく]頼ってください。

**free up** 〜を解除する、開放する、(他に使用できるよう)空ける ◆free up disk space 《コンピュ》(＊ファイルを削除するなどして)ディスク領域を空ける; ディスク空き容量を確保する ◆free up memory 《コンピュ》メモリーを(他の目的で使えるように)解放する ◆free it up with light taps of a hammer ハンマーで軽くトントンと叩いて、それが動けるようにする ◆a single-chip solution would free up a lot of board area シングルチップ化すれば、広い基板スペースを空けることができる

**-free** 〜が無い、〜が免除されている

**free agent** a~フリーエージェント(＊どのチームとでも自由に契約して移籍できるプロスポーツ選手) ◆become a free agent フリーエージェントになる

**free-cutting** 《金属材料が》(微量添加物のせいで)快削性[良好な切削性]を有する、快削— ◆free-cutting brass [steel] 快削黄銅[鋼]

**freedom** 無いこと、まぬがれていること; (a) ~ 自由; 凹開放、免除 ◆freedom from danger 危険の無いこと ◆give freedom of choice 選択の自由を与える ◆guarantee the freedom to speak 言論の自由を保証する ◆the enhancement of the freedom of speech and assembly 言論と集会の自由の強化 ◆life-long freedom from all diseases あらゆる病と生涯無縁でいられること; 一生病気知らずでいること ◆protect freedom of speech, press, religion and association 言論の自由、出版[報道]の自由、宗教[信仰]の自由、および集会[結社]の自由を守る ◆Freedom of choice is limited to selecting... 〜を選ぶ以外に選択の自由[余地]はない。◆when you have the freedom to choose what you need 必要とする物を選べる選択の自由がある時には ◆Franklin Delano Roosevelt's "four freedoms"– freedom of speech and expression, freedom of worship, freedom from want and freedom from fear フランクリン・D・ルーズベルトの唱えた4つのフリーダム、すなわち言論と表現の自由、信仰の自由、貧困からの解放、および恐怖からの解放 (▶他の書ではすべて「自由」の訳で通しているものもある) ◆This industrial robot is equipped with 6 degrees of freedom. この工業ロボットは、6自由度を備えて[有して]いる。◆the country is a totalitarian state that permits little freedom of worship or ex-

**free fall**

pression　同国は信仰［宗教］の自由や表現の自由をほとんど許していない全体主義国家である

**free fall**　a ～　自由落下, 自然落下, 歯止めのきかない［あたかも際限のない］急落［下落, 下降, 凋落］◆a free-fall drop table　自由落下［自然落下］テーブル（＊衝撃試験機の）◆after five seconds of free fall　5秒間の自由落下［降下］後に◆his popularity rating took a free fall　彼の支持率ははた落ちの一途をたどった［底なしの急降下となった］◆The team is in the free-fall mode.　このチームは落ちるところまで落ちるしかない［転落の一途をたどる］状態にある.　◆be able to survive and operate after a free fall of 20 feet to a hard surface　～は, 硬い面上への高さ20フィートの自由落下［自然落下］に耐え, その後も動作が可能である

**free-flowing**　さらさらした, (易)流動性の◆a free-flowing liquid　自由に流動することができる液体［流動液］

**free-form**　自由な形式の◆free-form text records　自由な形式［書式］のテキストレコード

**free-gauge**　《鉄道》フリーゲージ［軌間可変］の（＊レール幅に合わせて左右の車輪の間隔が自動的に変わる）◆free-gauge (railway) trains　フリーゲージ［軌間可変］(鉄道)列車

**freehand**　adj. 手描の, フリーハンドで描いた; adv. 手描きで, フリーハンドで◆a freehand drawing　フリーハンド図法（▶定規を用いずに描かれた.）◆a freehand drawing　手描きの図; 自在画◆draw a map freehand　地図を手描きする◆These drawings were produced freehand.　これらの図面はフリーハンドで作成された.

**free hand**　a ～　自由裁量◆give a person a free hand in ～ing　〈人〉に～を自由にやらせる

**freelance, free-lance**　adj. フリーの; n. フリー (= a freelancer); vi. フリーで仕事をする◆a free-lance writer　フリーの作家［物書き］◆do freelance work　自由契約の仕事をする◆A freelance translator is a translator who works on a free-lance basis, i.e. is self-employed as oppose to working in-house for a company.　フリーランス［自由業］の翻訳者とはフリーで働く翻訳者のことであり, つまり会社で内勤するのとは対照的に自営業なのです.

**freelancer**　a ～　フリーランサー, フリーで仕事をしている人, 自由契約している人, 専属でない人, フリーター, 浪人

**freely**　adv. 自由に, 束縛されずに, 伸び伸びと, 障害なしに, 円滑に, 自発的に, 自ら進んで, 喜んで, 遠慮なく, 率直に, 惜しまずに, 気前良く, ふんだんに◆fall freely　自由落下する◆Make sure the shafts move freely.　これらのシャフトが, 自由に［滑らかに］動くことを確かめてください.　◆Check to see if the drum operates freely before resuming operations.　作業を再開する前に, ドラムが自由に動く［状態になっている］かどうかを確かめてください.

**free-market**　自由市場の◆a free-market economy　自由市場経済

**free on board** → FOB

**freeplay, free play**　遊び, 遊隙, 自由な動き, 遊動◆due to excessive freeplay [free play] in...　…の遊び［遊動］が大きすぎるせいで◆Check the clutch pedal freeplay.　クラッチペダルの遊びを調べてください.

**free radical**　a ～　《化》遊離基

**free-range**　◆a free-range chicken　放し飼いのニワトリ◆a free-range egg　平飼い卵◆free-range veal　放し飼いの子牛の肉◆the goose was free-range (wild, actually)　そのガンは放し飼いだった（実際, 野生だった）

**free-running**　◆a free-running multivibrator　自走［非安定, 無安定］マルチバイブレータ◆show a free-running rhythm　《生》自由継続リズムを示す

**free software**　《コンピュ》フリーソフトウェア, 無料で自由に配布できるソフト◆download free software　フリーソフトウェアをダウンロードする

**free space**　回自由空間, 空き場所,《コンピュ》空き容量［空き領域］◆in free space　自由空間で◆when there is enough free space to store the file　《コンピュ》そのファイルを格納するのに十分な空き容量［領域］があるときは◆There is 75 MB of free space on the disk.　《コンピュ》ディスクに75MBの空き容量［領域］がある［ディスクが75MB空いている］.

**freestanding**　adj. 支えなしの, 自立型の◆a freestanding unit　自立型のユニット◆use the CD-ROM as a freestanding reference station　CD-ROMを独立型情報ステーションとして使う

**free time**　回フリータイム, 自由時間, 余暇, 暇（な時間）◆four to five hours of free time a week　週当たり4～5時間の自由時間［余暇］◆people with too much free time on their hands　暇を持て余している人たち◆watch television in one's free time　余暇にテレビを見る◆he spent his free time fixing up old cars and selling them　彼は暇な時間を古い車の修理販売をして過ごした◆During their free time, inmates can play volleyball, softball, basketball or lift weights at an outdoor facility.　自由時間には, 収監者たちは屋外施設でバレーボール, ソフトボール, バスケットボールあるいは重量挙げをすることができる.

**free trade**　n. 自由貿易（＊保護関税や数量規制の無い国際）; free-trade adj. 自由貿易の◆a free-trade pact　自由貿易協定◆a free-trade zone　自由貿易地域［地区］, 保税地区◆The carmaker has several joint-venture operations in the free-trade zone along the Mexican-U.S. border.　その自動車メーカーは, メキシコと米国の国境沿いのフリー・トレード・ゾーン［保税地域］内に合弁企業をいくつか持っている.

**freeware**　《コンピュ》フリーウェア, フリーソフト（＊著作権はあるが, 無料のソフト）◆a freeware program　フリーウェアプログラム◆freeware products available on BBSes　《ネット》BBSを通して入手できるフリーウェアソフト

**free water**　回自由水, 遊離水, 遊離水,（＊結晶水や水和水などの結合水としてではなく, 液体の普通の水の形で物質に含まれていたり表面に付着している）水分, 付着水◆as the temperature increases, free water evaporates and tar and gas evolve　温度が上昇するにつれて, 付着水［水分, 含まれていた水］が蒸発しタールとガスが発生する（＊石炭からコークスをつくるのに）

**freeway**　a ～　高速自動車道

**freewheel**　a ～　フリーホイール（＊一方向にだけ回転力を伝え, 逆方向には空転させる機構. たとえば自転車の後輪に使用されている. この機構のおかげでペダルをこぐのを休んでも車輪は回転を続けられる）; vi. 惰性で走る, 自由奔放に行動する［生きる］◆a freewheeling diode; a freewheel diode　フリーホイール［還流］ダイオード（＊コイル分と並列に入れて回路がoffになったときに発生する逆起電力を吸収するのに使う）

**freewheeling**　adj. 自由奔放な, 抑制されていない◆a freewheeling spending spree　羽目を外した［底抜けの, 豪勢な, 景気のいい, 湯水のごとくの］散財◆engage in a free-wheeling interchange of ideas　自由闊達(カッタツ)な意見交換をする◆When the set torque is reached, the screwdriver goes into a freewheeling condition.　設定したトルクに達すると, ねじ回しは空回りの［空転］状態になります.

**freeze**　1　vi. 凍る, 凍結する, 凝固する, 固まる,〈コンピュータなど〉フリーズする［固まる, 凍りつく］; vt. ～を凍結させる, 凝固させる, 固める, 冷凍する,《ビデオ》〈画像など〉を静止させる（↔unfreeze）◆freeze some $15 million worth of undelivered equipment in the pipeline　これから受け渡されることになっている約1,500万ドル相当の機器を輸送の途中で凍結する［差し押さえる］◆Fruit can be dried, canned or frozen for preservation.　果物は, 保存のために干したり缶詰にしたり冷凍したりすることができる.　◆The circuits can freeze frames. その回路はコマを静止させることができる.（＊映像の）◆You can selectively freeze and unfreeze images.　《CG》画像を選択的にフリーズ［静止］させたりアンフリーズ［静止解除］できる.　◆All of a sudden, in the middle of writing a file to disk, the cursor froze in the upper left corner of the screen.　ファイルをディスクに書き出している最中に突然, カーソルが画面左上の隅でフリーズして［固まって, 動かなくなって］しまった.　◆He did not heed the homeowner's order to "freeze" – an English word he didn't understand – and was shot in the chest with a .44-caliber Magnum.　彼は、その家の主人の「動くな」(彼の知らなかった英単語)という命令に従わず、0.44口径マグナムで胸部を撃たれた.　**2**　Ⓤ結氷[凍結](状態);$a\sim$寒の期間,厳寒期,寒中;$a\sim$(単のみ)〈物価,賃金などの〉凍結,〈預金などの〉封鎖　◆20 freeze-thaw cycles　凍結融解の繰り返し20回　◆a nuclear-freeze movement　核凍結運動　◆put a freeze on wages　賃金を凍結する

**freeze up**　凍りつく[凍結する];あがる,(あがって)堅く[コチコチに]なる;〈コンピュータが〉凍り付く(*動作が止まって何の入力も受け付けなくなる)

**freeze-dry**　vt.　〜を(保存用に)凍結[冷凍]乾燥する(*急速冷凍してから真空中で水分を昇華させて乾燥する)　◆(a) freeze-dried food　冷凍乾燥食品　◆freeze-dried coffee　フリーズドライコーヒー

**freeze-frame**　《映像》静止画[画像]の　◆a freeze-frame picture　静止画　◆freeze-frame viewing　静止画再生

**freeze-proof**　◆a freeze-proof cock　凍結防止栓(*水道などの)　◆If you don't want to freeze-proof the plumbing yourself, ...　自分で配管凍結防止対策を施すのがいやなら

**freezer**　$a\sim$フリーザー,冷蔵庫,冷凍庫,冷凍室

**freezing**　adj.(温度が)氷点に近い,氷点下の,いてつく[凍りつく]寒さの;n.氷点,凝固(点),凍結(点)　◆above freezing　氷点[凍結点,凝固点]より上の温度で　◆be resistant to freezing and thawing　〜は凍結融解に対し耐性がある　◆near-freezing waters　氷点に近い[凍りつきそうな]水域　◆the ability to withstand freezing cold temperatures　凍り付く[寒さ]の気温に耐える能力(*お堅くいうと「耐寒性」)　◆record the freezing temperature and time to which the fish are subjected　《意訳》これらの魚の冷凍温度と時間を記録する　◆as temperatures drop below freezing　温度が氷点下に下がるにつれて　◆beef that is chilled to just above freezing　凍結直前まで冷やされた[氷温冷蔵されている]牛肉

**freezing point**　Ⓤ氷点;$a\sim$凝固点,凍結点

**free zone**　$a\sim$自由地帯,自由貿易地域,保税地区[地域]

**freight**　n.(輸送)貨物,貨物便,貨物輸送運賃;vt.〜に(〜を)積み込む<with>,輸送する　◆a freight car　貨車　◆a freight depot　貨物駅　◆a freight train　貨物列車　◆freight traffic　貨物輸送　◆transport freight　貨物を輸送する　◆a freight forwarder　(混載)貨物輸送業者(*海外貨物輸送に携わるものは,乙仲(オツナカ)とも呼ばれる)　◆haul everyday freight　日常の荷物[貨物]を運搬する

**freightage**　(輸送)貨物,貨物便,貨物輸送運賃

**freighter**　$a\sim$貨物船,航空貨物輸送機,貨物運送業者

**French**　adj.フランスの,フランス人の,フランス語の,フランス風の;Ⓤフランス語;the〜(集合的に)(複扱い)フランス人(*一人一人はa Frenchman, a Frenchwoman, a French personなど)　◆a French seam　袋縫い　◆a flat-fell seam　折り伏せ縫い

**French curve, french curve**　$a\sim$雲形定規

**French fries, French-fried potatoes**　《複扱い》《米》フライドポテト(=《英》chips)

**Freon, freon**　(商標名)《種類はa〜》フレオン,フロン(*スプレーや冷蔵などに用いられる)　◆the Freon pressure in the air-conditioning system　そのエアコンシステム内のフレオン圧　◆HFC-134a, an ozone-friendly Freon substitute　オゾン層にやさしいフロンの代替品であるHFC-134a

**frequency**　**1**　Ⓤ頻繁(に起きること);(a)〜頻度,度数,回数　◆cause a high frequency of fog　高い頻度で[しょっちゅう]霧を発生させる　◆in areas with a high frequency of fog　霧の頻発[多発]地帯で　◆increase flight frequency　〈定期航空便を〉増便[増発]する　◆inspection and testing frequency　検査および試験実施の頻度　◆occur at (a) high frequency　高い頻度で[頻繁に]発生する[出現する,起きる,起こる]　◆occur with [at a] relatively high frequency　割合高い頻度で[比較的頻繁に]発生する[出現する,起きる]　◆words that occur with a high frequency　高い頻度で現れる[よく出現する]単語　◆increase one's chance of pregnancy with increased frequency of intercourse　性交渉の頻度を上げる[セックスの回数を増やす]ことにより妊娠のチャンスを大きくする　◆the frequency of occurrence of the sampled data　標本化データの出現頻度　◆the two terms show up with equal frequency　これら2つの語は同じ頻度で現れる　◆a situation which is likely to occur with some frequency　多少頻繁に[ある程度ちょくちょく]起こりそうな状況　◆Provided frequency of sending is kept high, ...　送信の頻度が高く保たれているとすれば、〜　◆the frequency with which packets of the same message are transmitted　《通》同一メッセージのパケットが伝送される頻度　◆Are shipment inspection frequencies adequate?　出荷検査頻度は充分か.　◆It is being put to use with growing frequency.　それは、だんだん頻繁に利用されるようになって[利用されることが増えて]きている.　◆Youth violence is occurring with increasing frequency throughout the country.　青少年の暴力がますます頻繁に全国で起きるようになっている.　◆This problem has occurred, but with less frequency than the previous problem.　この問題は発生したが、以前の障害に比べて頻度は少なかった.　◆If this sound is of a regular frequency, have the tires checked for a fray or steel belt that may be in the process of coming undone.　もしこの音が周期性の[周期的に発生する]ものならば、タイヤにほつれがないか、あるいはスチールベルトがほどけてきていないかチェックしてもらってください.

**2**　$a\sim$周波数,振動数,周波数　◆at high [→low] frequencies　高い[→低い]周波数で;高域[→低域]で　◆a frequency divider　分周器[回路],周波数分割器[回路]　◆a frequency doubler　周波数二倍器(*周波数を2逓倍する回路)　◆very-low frequency (VLF) waves　超長波(▶長波がこれより長いextremely-low frequency (ELF) wavesとなり、更にultralow-frequency (ULF) wavesとなるに、これらは極低周波と呼ばれている)　◆a frequency converting system　周波数変換システム　◆a dual-frequency [multifrequency] echo sounder　二周波[多周波]音響探査器[装置](*海底地形図を作成するための)　◆accentuate [emphasize] the lower audio frequencies　《音響》低域を強調する[上げる](*周波数が複数形なのは、いろいろな値の周波数を表し、ここでは周波数の値に幅があること、つまり帯域を意味している)　◆an intermediate frequency of 455 kHz　455キロヘルツの中間周波数　◆a ribbon tweeter for ultra-high frequencies　超高域周波数帯用のリボンツイーター(*周波数が複数形なのは帯域を意味している)　◆at a very low frequency　非常に低い周波数で　◆control the frequency of an oscillator　発振器の周波数を制御する　◆in a frequency band　ある周波数帯において　◆increase [decrease, change] with frequency　周波数と共に増加[減少, 変化]する　◆over a wide range of frequencies　広範囲の周波数[広帯域]にわたって　◆radio waves of varying frequencies　いろいろな周波数の電波　◆the frequency of the power supply　電源周波数　◆vary in frequency　周波数が変化する　◆vary the output in frequency　出力の周波数を変化させる　◆frequencies from 3 to 30 MHz　3MHzから30MHzの周波数　◆generate a stable frequency　安定した周波数を生成する[発生させる]　◆on frequencies below 30 MHz　30メガヘルツより下の[低い]周波数で　◆the reproduction of high audio frequencies　高音域の再生　◆at any frequency in the 4- to 200-MHz range　4から200MHzの範囲のどの周波数においても　◆waves of the same frequency　同一周波数の波　◆a television transmitter operating on a frequency of 470 MHz　周波数470メガヘルツで動作しているテレビ送信機　◆an ultrasonic cleaner that operates at a frequency of 20 kHz　動作周波数が20kHzの超音波洗浄器で　◆signals that fall within the frequency range of 10 kHz to 20 MHz　10kHzから20MHzの周波数範囲の信号　◆The audio signal is frequency modulated.　音声信号はFM変調されて(いる).　◆In general, the propagation path loss increases with frequency.　概して、伝搬路損失は周波数と共に[周波数が上がるにつれて]増加する.　◆The graphic equalizer can boost or cut any frequency from 16 Hz to 32 kHz by up to 12 dB.　本グラフィック・イコライザ[グライ

コ]は、16Hzから32kHzまでのどの周波数も最大12dBの幅で上げたり下げたりできる。

**frequency modulation** (FM)周波数変調(方式)

**frequency response** (a)～ 周波数応答, 周波数特性, 周波数応答特性 ◆have a frequency response suitable for... ～に適した周波数特性を持っている ◆Audio frequency response is 20Hz-20kHz, +/-3dB. オーディオ周波数特性は20 Hz～20 kHz±3 dBである。 ◆Frequency response is rated as 5 to 20,000 Hz±1dB. 周波数特性は、(定格で)5Hz～20,000Hz±1dBとなっている。 ◆The frequency response of the CD player is rated as flat within 0.3 dB overall from 0 to 20,000 Hz. そのCDプレーヤーの周波数特性は、0Hzから20,000Hzにわたって、総合0.3dB以内の偏差でフラットであるとされている。(*overallは、プレーヤーの信号の入口から出口までの全ステージを総合してという意)

**frequency-shift** 周波数偏移(方式) ◆frequency-shift keying [modulation] 周波数偏移方式, FSK (*搬送波の周波数の高低によりデジタルビットの0と1を表現するデジタル変調方式)

**frequent** 1 adj. しばしば起こる、頻繁的な; 常習的な, 常連の(よく来る、よく行く) 頻繁に ◆at frequent intervals 頻繁に ◆a problem of frequent occurrence よく起きる故障 ◆be (being) put into more frequent use より頻繁に使用される[もっとよく使われる](ようになる) ◆call for more frequent inspections of the manufacturing process 製造工程の検査をもっと頻繁に実施するよう求める ◆the most frequent cause of death in car accidents 自動車事故における最も多い死因 ◆I experienced frequent program errors when... ～の際にはプログラムエラーが多発[頻発]した ◆* Frequent urination, especially at night. 頻尿(とりわけ夜間の) ◆Camera movement during exposure is one of the most frequent causes of unsharp photos. 露光中[((意訳))撮影時]のカメラブレは、不鮮明写真の最もよくある[一般的な]原因のひとつです。 ◆The hotel manager sent a bowl of fruit and a hand-written note to his frequent guests, thanking them for their continued patronage. ホテルの支配人は常客に、変わらぬ愛顧[ひいき、引き立て]に感謝して、深皿に盛ったフルーツに手書きのメッセージを添えて贈った。 ◆Envelopes feed through well, and paper jams were far less frequent than might be expected in a low-cost laser printer. 封筒の給紙はうまくいくし、紙詰まりは低価格レーザープリンタで(この程度はあるだろうと)想定されているよりもはるかに少なかった。

2 vt. ((場所))に頻繁に通う ◆a foreigner-frequented hotel 外国人客がよく訪れるホテル ◆a restaurant frequented by diplomats 外交官がよく来る[行く]レストラン

**frequently** adv. しばしば、たびたび、頻繁に、頻々(ヒンピン)と、しょっちゅう、折々に、往々にして、((意訳))一般的に、しげしげと、せっせと、ちょくちょく ◆(fairly) frequently: more often than not 往々にして ◆less frequently than is necessary 必要な頻度を下回って;((意訳))必要な回数よりも少なく(*ある期間内で) ◆more frequently than is necessary 必要以上に頻繁に;((意訳))(ある一定期間内に)求められている回数を上回って ◆Answers to Frequently Asked Questions (FAQs) (標題]よくある質問に対する答え;よくある問(と(その[それに対する])回答 ◆the most frequently used method 一番よく[多く]用いられている方法;((意訳))最も一般的な方法 ◆the elegant kimono is worn less frequently than the miniskirt 優雅な着物はミニスカートよりも着用されることが少ない ◆Frequently couples wait until their child enters college to end a marriage. 子どもが大学に入学するのを待ってから結婚生活を終わらせる夫婦が多い。 ◆The VCR is one of the most frequently used appliances. ビデオデッキは、最もよく使用される[多用されている]機器のひとつ。

**fresh** adj. 生きのいい、新鮮な、生鮮の、生の、生々しい; 保存化されていない;塩気を含まない;新規の、新たな;爽やかな、すがすがしい;元気はつらつの、塗り立ての; (～から)出てた [<from, out of>]; adv. 新たに、つい最近に; n. ◆fresh fish 鮮魚 ◆fresh tuna (fish) 生鮮マグロ ◆an absolutely fresh battery 全く新しい電池 ◆be fresh out of jail 刑務所から出てきたばかり ◆fresh air 新鮮な空気 ◆fresh from [out of] school 学校出たてで ◆fresh from the oven オーブンから出たて[焼き上がった]ばかりで;焼き立てで ◆Fresh Paint ペンキ塗りたて(=(英))Wet Paint) ◆garden-fresh vegetables; vegetables fresh from the garden; fresh-picked vegetables (from our garden) (菜園から)取れ立ての(新鮮な)野菜 ◆make a fresh start 新規まき直しをする、初め[振り出し]からやり直しをする ◆plankton in fresh and marine waters 淡水プランクトンと海水プランクトン ◆be fresh off production lines [the assembly line] 生産[組み立て]ラインを離れたばかり[出来上がったばかり、出来立てのほやほや]である ◆a fresh-off-the-line test car 組み立てラインを離れたばかり[出来立て]のテストカー ◆a fresh-out-of-college assistant 大学出立ての助手 ◆fresh-cooked French fries できたて[揚げたて]のフライドポテト ◆fresh out of college, he joined... 大学を出てすぐに[大学新卒]で、彼は～に加わった[入った、入社した] ◆breathe some new, fresh air into the America's Cup アメリカ杯に新風を吹き込む ◆hunks of beef fresh from the chopping block まな板から下ろされた[さばかれた]ばかりの牛肉の塊 ◆we must take a fresh look at whether we should pursue the same policy 我々は同じ政策を推し進めるべきかどうかを見直ししなければならない ◆Oranges are eaten fresh. オレンジは、生で食される。 ◆The car came to us factory-fresh. その車は、工場で出来上がってすぐに[工場直送で]私たちに納品された。 ◆The rekeying of information introduces fresh errors. 情報の入力のし直しは、新たな誤りを生む。

**freshen** vt. ～を新しくする、～から塩分を抜く; vi. (洗濯したりして)さっぱりする <up> ◆The plan from three years ago called for a simple freshening. 《車》3年前の計画[設計図]は、簡単な化粧直し的なモデルチェンジを必要としていた。

**freshman** a～ (高校、大学の)1年生, 新入生, 新米, 初心者, フレッシャー; adj. 大学[高校]1年生(向け)の、～一年生の、1年目の、初年の、新米[初心者]の ◆incoming freshmen (大学の)新入生 ◆a freshman governor 知事一年生

**freshness** フレッシュさ、すがすがしさ、涼味;新鮮さ、鮮度、生きのよさ ◆the degree of freshness 新鮮さ[生きの良さ]の度合い;鮮度 ◆to maintain product freshness 商品の鮮度を保つために

**freshwater, fresh water** n. 淡水, 真水, 清水(セイスイ); fresh(-)water adj. 淡水の、真水の、清水の、田舎[地方]の、無名の ◆a fresh-water storage tank 清水(セイスイ)貯水槽 ◆fresh-water algae 淡水藻

**fret** vi., vt. いらいらする[させる]、むしゃむ、次第に侵食[腐食]する、すり減らす ◆fretting corrosion 《金属》擦過腐食、微動摩耗(= chafing corrosion) ◆fret and fume about something one cannot control どうにもできない[ならない]ことにやきもき[いらいらっか]する ◆Stop fretting about things that cannot be changed. どうすることもできないことで、くよくよする[思い悩む]のはよしなさい。

**FRETILIN, Fretilin** (the Revolutionary Front for an Independent East Timor)(省略形ではtheは不要)フレティリン(東ティモール独立革命戦線) ◆東ティモールの最大政党。ポルトガル語の頭字語)

**fret saw** a～ 糸のこ、引き回しのこ、回しびきのこ

**friable** 砕けやすい、粉末になりやすい、脆(モロ)い

**friar** a～ 印刷が不鮮明な部分、あるいはインクがのらなくて白抜けになっている箇所

**friction** 摩擦、摩擦力、軋轢(アツレキ)、不和、対立、反目 ◆by friction 摩擦によって ◆produce friction 摩擦を発生させる ◆a friction tester 摩擦試験機(ゴム用の)剥離試験機 ◆an anti-friction bearing 転がり軸受 ◆a friction [friction-feed] paper handler 《プリンタ》摩擦式給紙装置 ◆a bearing with a coefficient of friction of about 0.1 摩擦係数が約0.1の軸受 ◆aggravate U.S.-Japan trade friction on... ((商品))の米日[日米]貿易摩擦を悪化させる ◆apply friction to... ～に摩擦力を印加する ◆as a result of heating produced by friction; as a result of frictional heating 摩擦(により発生した)熱のため

に ◆reduce friction 摩擦を減らす ◆the coefficient of friction of... ～の摩擦係数 ◆the friction between A and B　A B 間の摩擦 ◆the low-friction travel of the shift lever　シフトレバーの摩擦の小さい動き

**frictional** adj. 摩擦の, 摩擦による ◆skin frictional [friction] resistance　表面摩擦抵抗 ◆caused by frictional heat generated between A and B　A B 間の摩擦熱が原因で発生した

**friend** a～ 友, 友達, 友人, 知己, 味方, 同志, 仲間, 朋輩(ホウバイ), 連れ, 会員; ～s 友よ, 諸君, 皆さん; my ～ 君, あなた ◆a friend in need　（困った時に助けてくれる）まさかの時の友 ◆an outgoing, fun person who made a lot of friends　友達を大勢つくった外向的で楽しい人 ◆his friend of 38 years　彼の38年来の友人 ◆a close friend of his for more than 20 years　彼の20余年来の親しい友人［親友, 知己］ ◆he has drawn criticism from friend and foe alike　彼は, 敵味方双方から非難を受けた ◆It strengthened our bond and we became best friends　そのことで私たちの絆は強まり, 私たちは一番の親友同士になった.

**friendliness** ① 友情, 友好, 親睦, 親善, 好意, 親切; ① (*使用上や環境といった観点からの) 優しさ, 優しいこと ◆user friendliness; user-friendliness　（ユーザーにとって）使いやすい使い方がやさしい］こと ◆increase its user friendliness それをユーザーにとってもっと使いやすくする ◆With greater friendliness to the environment,...　《意訳》より環境への優しさを考慮して, より環境との調和に配慮して ◆He puts friendliness into his furniture. 《意訳》（デザイナーの）彼は, 彼の手になる家具に親しみやすさと使いやすさを造り込んでいる.

**friendly** adj. 親しみやすい, 愛想のいい, 気さくな, 人なつっこい, 友好的な, 好意的な, 《意訳》安心できる, 味方の, 親しい, 仲がいい, なじみやすい, 使いやすい, 親しい, 分かりやすい, 易(ヤサ)しい ◆adopt an eco-friendly lifestyle　生態系に優しい[自然環境保全型の]ライフスタイルを採る ◆a reusable, environmentally friendly box　繰り返し使用できる環境に優しい[環境に配慮した]箱 ◆become [get] friendly with...　～と友好的になる[仲良しになる, 仲良くなる, 仲良くする, 打ち解ける, 近しくなる, 親しくなる, 親しい間柄になる, 懇意になる, ねんごろになる] ◆be friendly to the environment　環境に優しい[配慮をしている, 調和している] ◆be [keep, remain] on friendly terms with...; maintain friendly terms with...　～と友好的な間柄で[親しい関係で, 親交がある, 仲がいい, 懇意にしている, 昵懇(ジッコン)にしている]こと ◆friendly intestinal bacteria　《意訳》有益な（身体の）ためになる, 善玉］腸内微生物（*friendly = serving a beneficial [helpful] purpose) ◆use the phrase "Friendly to the Earth"　「地球に優しい」というフレーズを使う ◆a user-friendly personal computer　ユーザーフレンドリな[ユーザーにとって易しい, 使いやすい]パソコン ◆environmentally friendly and resource-efficient materials　環境に調和し, かつ資源効率の高い材料 ◆handle the affair in a friendly manner　友好的な態度でそのことに対応する ◆LNG is more environmentally friendly than coal.　液化天然ガスの方が石炭よりも環境に優しい.

**friendly fire** ① （味方（僚機, 友軍, 自軍）などによる）砲火［砲撃, 爆撃, 誤射, 誤爆］

**friendship** (a)～ 友情, 友愛, 友好（関係）, 親善, 親交, 人間関係, 友達づきあい, 親しいつき合い［交際, 交わり］, 交友, 友人のよしみ, 懇意, むつまじさ, 和合, 知遇, 友誼(ユウギ), 交誼(コウギ) ◆Cultivate friendships with people who share your values. あなたと同じ価値観を持つ人達と友達つき合い［友情, 親交, 交際］を深めよう. ◆for friendship's sake; for the sake of friendship　友達のよしみで ◆for the sake of (one's) old friendship　昔のよしみで ◆foster the spirit of friendship　友好精神を育てる ◆help bilateral friendship between Tokyo and Seoul　東京とソウル［日本と韓国］の相互親交［親睦］を深める ◆place their own lives in jeopardy for the sake of another or even lose their lives for another in the service of friendship　人のために（彼ら）自らの命を危険にさらす, あるいは友情のために自分たちの命を失いさえする ◆Despite the difference in their ages, they struck up a friendship. 歳の差［年齢の違い］にもかかわらず, 彼らは友達になった. ◆Friendship between

Japan and Canada deteriorated in the 1930's.　日本とカナダの友好関係は1930年代に悪化した. ◆The party is over and I'm still basking in the afterglow of renewing old friendships.　パーティーは終わった. 私は旧交を温めた余韻に依然として浸っている. ◆You cannot afford to risk your money, not even for the sake of friendship.　《意訳》たとえ友達のよしみであっても, あなたの大切な虎の子を危険にさらしてはいけません.

**frighten** vt. ～をこわがらせる, おびえさせる, おどかす, ぎょっとさせる, 肝をつぶさせる; vi. ぎょっとする, びっくりする ◆reassure a frightened public　おびえている大衆を安心させる; 人々の不安をなくす［取り除く］ ◆frighten bicyclists by blasting your horn　警笛［クラクション］を鳴らして自転車に乗っている人をおどかす

**frigid** 非常に温度が低い, 寒さの厳しい, 極寒(ゴッカン)の, 酷寒(コッカン)の; 冷淡な, 不感症の ◆a steamy-in-summer, frigid-in-winter house　夏は蒸し暑く, 冬は寒い家 ◆frigid paintings　味気ない[面白みのない]絵; つまらない絵画 ◆perpetually frigid areas　年間を通じて酷寒［極寒］の地域 ◆reliability in frigid temperatures　極寒の温度における信頼性

**Frigid Zone** the ～ 寒帯 ◆the North [South] Frigid Zone　北［南］寒帯

**frill** a～ ひだ付きの縁飾り, フリル; ～s（基本的に必要な機能以外の）余分なもの ◆no-frills　余分なもののついてない, 飾り気のない, 必要最低限の（基本的な）機能（だけ）を備えた

**fringe** a～, ～s はずれ, へり, 周辺, 外縁（ガイエン）; a～ ふさ飾り（付きのへり）, まわりを飾るもの; a～《光》光の干渉による干渉縞のうちの1本; ～s 二次［副次］的な物事 ◆moiré fringes　モアレ（干渉）縞
2 ～を（～で）縁どる <with>, ～の回りを囲むように並ぶ

**fringe area** a～ 弱電界地域, 放送局のservice areaの周辺部

**fringe benefit** a～（通例～s)賃金外（諸）給付, 付加給付, 厚生費用

**frisky** 快活な, 活発な, 元気のよい; よくはしゃぎまわる ◆a frisky car　軽快な走りの車

**from**　～から, ～に由来する, ～の, ～がもと［原因］で, ～の結果, ～のなかから, ～後に ◆from above [→below] (...)　（～の, ～より）上［→下］から ◆from behind (...)　背後［後ろ］から; ～の後ろ［向こう］から ◆from between　～の間から ◆from outside [→inside]...　～の外側［→内側］から ◆from then on　それ以降 ◆from under [beneath]...　～の下から ◆from underneath　下から ◆from within (...)　（～の）内側［内部］から ◆at a camp 30 miles from the front　前線から30マイルの所にある野営地 ◆from one to forty-nine inclusive　1以上49以下 ◆two days from now　今から2日後に ◆from theory to practical application　理論から実用まで ◆Cycolor technology from Mead Imaging　ミードイメジング社のサイカラー技術 ◆it is 25 miles from here　ここからその場所まで25マイルある ◆priced from under $60 to over $500　60ドル未満から500ドルを超えるまでの価格について ◆required courses vary from school to school [from one school to another]　必修コースは学校ごとに［学校によって］異なる ◆the model DTC-1500ES from Sony　ソニー（製）のモデルDTC-1500ES ◆at any angle from 0 to 35 degrees from the downward vertical　下向きの垂直線を基準として0度から35度までの任意の角度で ◆a great many high-tech companies in all phases, from start up to maturity　発足した（のベンチャー）から成熟までのあらゆる（発展）段階にある, 非常に多くのハイテク会社 ◆The headlights must be clearly visible at least 150 m (500 ft) from the front of your vehicle.　ヘッドライトは, あなたの車の最前部から少なくとも150メートル（500フィート）離れてはっきり見えなければなりません.

**front** 1 n.（通例 the ～）前面, 前部, 正面, 表(オモテ), 第一面, 最前線, 前線, 戦線, ～に面する［臨む］土地; a～（～の）隠れ蓑 <for> ◆push...　を前面に押す ◆to-ward the front　前方に ◆a front-accessible 3.5-inch bay　前面から（拡張機器を）出し入れ［着脱］できる3.5インチのベイ ◆a front-located [front-mounted] control panel　（装置の）正面［前面］にある［実装されている］パネル ◆placed at the front of... ～の前に置かれている ◆placed more to the front もっと前の方に設置されている ◆push one's way to the front in... ～(の分野)の前面に出る ◆reports from the front 戦線[前線]からの報告 ◆situated toward the front 前の方に位置している ◆things go smoothly on all fronts あらゆる面で物事が順調に行く ◆when viewed from the front 正面から見たときには ◆On the economic [political] front, ... 経済[政治]面においては、に関していえば] ◆a clear view to the front and sides 前方および左右方向がよく見えること ◆I agree with... on some fronts 一部の部門[方面、領域、分野]に対する彼の考え方の一部は一致している ◆a switch on the front of the machine 機械前面のスイッチ ◆In reality, it served as a front to guard the interests of... 実際に、それは～の利益を守る隠れ蓑の役を果たした[楯となった] ◆a company that serves as a front [cover] for shady dealings いかがわしい[闇]取引の隠れ蓑の役をしている会社 ◆It is on the right side of the engine, toward the front. それは、エンジンの右前にある。 ◆Remove the wing screw at the front of the guard. ガードの前にある蝶ネジを取り外してください。 ◆There is progress on most fronts. ほとんどの方面で進歩が見られる。 ◆Nanotronics has usually been toward the front of the pack with new technology. ナノトロニクス社は、新技術をもって、いつも競合企業集団の先頭の方を走ってきた。 ◆These cars have disc brakes at the front and drum brakes at the rear. これらの車は、前部にディスクブレーキそして後部にドラムブレーキを装備している。 ◆Wide-angle vision is insured to the front and rear by panorama-glazing. 《車》前方および後方の広角度の視野が、パノラマ窓により確保されている。 ◆The connector is located toward the front of the printer, on the right side instead of the back panel. 本コネクタは後ろ側のパネル上ではなく、プリンタの前の方[前方、前面]右手にある。 ◆The patchbay permits the cable changing to be done in the front where the cables are easier to manipulate. その接続箱のおかげで、ケーブルがより楽に取り扱える前面でケーブル交換が行える。

**2** adj. (最)前部の、正面の、前面の、前部の、表面の(オモテメン); adv. 前方へ、前の方で[に] ◆a front panel 前面パネル ◆a front [←rear] speaker 前方の[正面、前面; ←後方の、後面の]スピーカー ◆a front view of... ～の正面図 ◆on the front side of a coin コインの表側の ◆the front side of a car 車の前面[正面、前部] ◆the front side of the White House ホワイトハウスの正面 ◆the front two-thirds of the automobile その自動車の前部の3分の2の部分 ◆front-mounted controls 前面に取りつけられている操作つまみやスイッチ等 ◆the front side and back side [front side and backside, frontside and backside] of a credit card クレジットカードの表面と裏面 ◆the silicon is etched isotropically from both front side and back side [frontside and backside] to open the shadow mask hole シリコンを、シャドウマスクホールを開けるために表面(オモテメン)と裏面の両面から等方性エッチングされる ◆It is a front company being used to purchase Western high technology. これは西側陣営の者がハイテクを購入するために使われているトンネル会社だ。 ◆The truck rammed the right front side of the bus. トラックがバスの右前部[右正面]に激突した[突っ込んだ]。

**3** vt. (建物の)～に面する、臨む、～と対立する; vi. (～に)面する<on, onto>、(ある方向に)向く<toward>; (～の)隠れ蓑になる<for> ◆The hotel fronts on the lake. このホテルが、湖に面している。 ◆The image processing code is fronted by X-Windows. 《コンピュ》その画像処理コードは、X-Windowsを介して動作する。

**in front** 前に[で、に、の]、前面で、前の方で[に]、先に、優勢で、他に勝って

**in front of** ～の前[前方]に[で、の]、～の正面に[で、の]、～の居るところで ◆remove the # sign from in front of the command そのコマンドの前にある「#[頭について いる]」#記号を削除する ◆The shutter is located immediately in front of the optics. シャッターは光学系のすぐ前にある[直前に配置されている]。

**out front** 外で、表で; 他に先駆けて、競争相手にまさって;《口》率直に、腹蔵なく ◆River Data Systems has been out front with innovative technology for eight years. リヴァーデータシステムズ社は8年間にわたり革新的技術で先頭を切ってきた。

**out in front** 前面に出て、先端を行って ◆Europe's Arianespace is moving swiftly out in front. 欧州のアリアンスペース社は、(他社との競争で)急速に前面に出てきつつある。

**up front** 前もって、あらかじめ、前金で; (人に対して)率直に[ざっくばらんに] ◆with>

**frontal** adj. 正面の、前面の、前部の、前端の、《気象》前線の、《医》前頭の ◆a frontal crash 正面衝突(事故) ◆a frontal attack [assault] on... ～に対する正面攻撃 ◆a frontal full-wrap collision at 55km/h 時速55キロのフルラップ前面衝突

**front door** a～(正面)玄関、正面入り口、前部ドア

**front-driver** a～前輪駆動車 ◆They are all front-drivers. それらは皆前輪駆動車だ。

**front end** n. the ～<of> (～の)最前部、前端(部)、前部、《電気》初段; a～《コンピュ》フロントエンド ◆an RF front end RFフロントエンド(*無線受信機の) ◆a vehicle's front-end 車両の先端 ◆in the front end of a trailer トレーラーの前端部 ◆interaction via natural-language front ends 《コンピュ》自然言語フロントエンドを介しての対話

**front-end** adj. 最前部の、最前端の、《コンピュ》フロントエンド[前置]の; ((口)前金[頭金、前渡し、前払い]の ◆a front-end processor 《コンピュ》前置[フロントエンド]プロセッサ ◆a front-end payment of $2,000 2,000ドルの前払い ◆a vehicle with front-end damage 前端部分[損傷]している車両 ◆inflate an air bag in a front-end collision 《意訳》前端部の衝突(事故)時にエアバッグを膨張させる ◆in the event of a front-end collision 万一正面[前面]衝突が発生した場合

**frontier** a～国境(地帯)、辺境; ～s 最先端領域、最前線 ◆frontier sciences 新領域創成科学; 最先端科学 ◆across linguistic frontiers 言葉の壁を越えて ◆establish new frontiers in EDP 電子データ処理の分野で新しい最先端領域を確立する ◆The development frontier at the moment lies at the edge of 16 Mb RAMs. 開発の最前線は、目下16メガビットRAMの入口にある。 ◆Starting with light bulbs, GE has always explored the frontiers of technology. 電球からスタートしたゼネラルエレクトリック社は、常に最先端技術分野を切り開いてきた。

**front line, frontline** n. the ～(現場の)最前線、第一線、最先端; frontline, front-line adj. 現場の、最先端の、第一線の、一流の ◆in the front line of... ～の最先端の、第一線、第一線の ◆a front-line soldier [troop] 最前線の兵士[部隊] ◆front-line jobs 第一線[現場]の仕事; 現場で行う作業[業務]; 現業 ◆front-line workers 第一線[現場]の従業員; 現業の労働者[作業員] ◆stand at the front line in battle 戦闘[戦争]の最前線に立つ ◆front-line salespeople 一線[一線]の販売[営業]スタッフ ◆arrive on the Serbian side of the front line セルビア側の最前線に到達する ◆bring the engine up to front-line status そのエンジンを(製品として)第一線[前線]の地位にまで持って行く ◆do business with a local front-line bank 地元の第一級の銀行[一流銀行、優良行]と取引きする(つき合う) ◆His expertise led him into the front line of research and development. 彼は専門技術で研究開発の最前線に出た。

**front-load** v. 初期段階に重点を置く、最初の部分でカニ込みを入れる、前倒しする、前面から装填する、事前に飲食しておく ◆front-load public works spending to get the economy out of the doldrums 経済[景気]を低迷状態から抜け出させるために公共(土木)事業費[公共投資]を前倒しする

**front-loading** adj. <CDなどが>前面装填方式の、フロントローディングの

**front page** a～新聞の第一ページ[一面] ◆it has disappeared from the front page それは(新聞の)一面から姿を消した

**front-page** adj. 新聞第一面(向き[掲載])の、重要な ◆a front-page article [story] 一面記事、トップ記事 ◆the group was drawn unwittingly into front-page prominence two years ago

このグループは2年前に知らず知らずのうちに[図らずも](新聞の)一面に顔を出す[マスコミをにぎわす]ようになった

**front panel** a～ フロントパネル，前面パネル，前面操作盤 ◆The 20ST allows simple front panel operation. この20ST型機は，簡単な前面操作が可能だ[前面操作が簡単だ]

**front-panel** フロントパネル[前面操作盤](上)の ◆front-panel switches フロント[前面]パネル上のスイッチ類

**front-runner** a～ 先頭走者，先頭に立つ人[リードしている]人[もの]，有力[最有力]候補 ◆He is considered the front-runner for the office. 彼は，その役職に最も近い有力[最有力]候補と考えられている

**front-running** adj. 先頭を走っている[行く]，先頭に立って好記録を出すようなペースを作る[ペースメーカーの]，優勢に立っている[有力な，最有力の]，首位の ◆front-running candidates 先頭集団を走っている(有力)候補者ら；最有力候補

**front-to-back** ◆the front-to-back ratio of a directional antenna 指向性アンテナの前後（電界）比

**frontward, frontwards** 前の方へ(の)，前方へ(の) ◆gaze frontward 前方をじっと見つめる ◆move it frontwards or backwards それを前の方へ，または後ろの方へ動かす

**front-wheel** 前輪の ◆front-wheel drive 前輪駆動(方式) ◆control a front-wheel skid 前輪のスキッドを抑制する

**front-wheel drive** n. 前輪駆動(方式)；front-wheel-drive adj. 前輪駆動(方式)の ◆a front-wheel-drive car 前輪駆動車

**frost** 1 n. 霜，霜が降りるほどの寒さ ◆a frost-free refrigerator 霜の付かない冷蔵庫 ◆drought- and frost-resistant crops 日照りや霜に強い農作物 ◆when frost forms on the evaporator coil 蒸発器のコイルに霜がつく場合
2 vt. ～を霜で覆う，白い糖衣で覆う；～を霜枯れさせる；〈ガラスなど〉を艶消しにする；vi. 霜で覆われる〈up, over〉 ◆a frosted bulb つや消し電球 ◆frosted glass 曇り[すり]ガラス ◆dark strands of fir frosted white 霜で白く化粧したモミの木の黒っぽい幾筋ものフサ

**frostbite** 凍傷 ◆get frostbite on one's hands 手が凍傷になる ◆suffer from frostbite 凍傷にかかる

**frosting** 回艶消し，艶消し仕上げの地[面]；(菓子に振りかける白い)糖衣

**froth** 1 回泡，あぶく，泡沫；実質のないもの，内容に乏しいもの，はかない存在のもの；(浮遊選鉱での)精鉱
2 vi. 泡立つ；〈馬など〉口から泡を吹く ◆a frothing agent 起泡剤 ◆in case the oil froths up 油が泡立つ場合には

**frown** vi. (～に)眉をひそめる，顔をしかめる〈on, upon, at〉；vt. ～に対する不快・不賛成を眉をひそめて示す，《古》しかめっ面をして威圧する[黙らせる]；～をしかめっ面，渋面，嫌悪(ヘイオ)，不賛成の表明，難色 ◆become as frowned upon as... …のごとくひんしゅくを買うようになる ◆This frowned-upon sales tactic was used on... このひんしゅくを買った販売戦術が，〈人〉に対して使われた． ◆alcohol consumption is frowned upon by Muslims アルコールを飲むこと[飲酒]は，回教徒によって[イスラムの世界で]非難されている[認められない] ◆live in a country where great wealth is as frowned upon as great poverty 金満が赤貧と同じように白い目でみられて[白眼視されて]いる国に住む ◆Albania's Islam-influenced society still frowns on young women going out alone at night. アルバニアのイスラムの影響を受けている社会では，今でも，夜一人で外出する女性に眉をひそめる[顔をしかめる]．

**frozen** 《freezeの過去分詞》；adj. 凍った，凍りついた，氷結した，凍結した，凍結された；極寒(ゴッカン)の，酷寒(コッカン)の；(眼差しなどが)凍るような，冷やかな，冷淡な ◆frozen assets 凍結資産 ◆frozen foods [meat, fish] 冷凍食品[肉，魚] ◆be preserved in frozen storage 冷凍保存されて(いる)

**FRP** (fiberglass reinforced plastics) グラスファイバー[ガラス繊維]強化プラスチック ◆a fiberglass reinforced plastic (FRP) pipe ガラス繊維強化プラスチック(FRP)パイプ

**frugal** adj. 質素な，つましい，慎ましい，(～を)倹約[節約]して〈of〉 ◆a memory-frugal OS メモリー節約型の[メモリー

消費の少ない，メモリーを食わない，省メモリー型の]基本ソフト ◆more frugal and simple lives in order not to destroy life giving nature 命を与えてくれる自然を破壊しないためのよりつつましく質素な生活

**frugality** (a)～ つましさ，慎ましさ，質素，倹約，節約，節倹 ◆practice frugality 倹約[節約]する

**fruit** (a)～ 《種類は可算》フルーツ，果物；a～ 果実，実；a～，～s 成果，結果，所産，報い ◆bear [bring forth, produce] fruit 実を結ぶ；結実する；成果が上がる；成果を挙げる；奏功[奏効]する；成就する；〈計画など〉が達成される ◆enjoy the fruits of one's labor 汗の結晶を享受する ◆his efforts had borne fruit 彼の努力は実を結んだ[実った，稔った，結実した]；彼の頑張りの成果があった ◆relish the fruits of unremitting labor 不断の(意欲の)たゆみない]努力のたまもの[成果]を享受する ◆the fruits of the project このプロジェクトの成果 ◆Mexico's economic reform efforts have borne fruit. メキシコの経済改革への取り組みは実を結んだ[結実した]． ◆The development alliance recently established between Nanotronics and Femex has yielded its first fruit. 最近創設されたナノトロニクスとフェメックスの企業同盟は，初の成果を生んだ．

**fruition** 実を結ぶこと，実現，達成，結実；(達成，実現の)喜び ◆come to fruition 実を結ぶ ◆cultivate entrepreneurially minded employees who would bring their ideas to fruition within the corporate walls 企業の枠内で自分らのアイデアを結実させる可能性を持って[アイデアを結果という形にまで持って行けるような]起業家精神旺盛な従業員を育成する[養成する，育てる，育む]

**frustrate** vt. 〈努力，計画など〉をうまく行かなく[だめに]する，挫折[頓挫，失敗]させる，くじく，無駄に終わらせる，がっかりさせる，〈人〉を欲求不満にする，イライラさせる，(思うようにならず)おもしろくない[歯がゆい，じれったい，くやしい]思いをさせる；vi. くじかれる，挫折する，イライラする

**frustrating** adj. なかなか思うようにならない，(思い通りにならず)おもしろくない，イライラさせる，いらだたしい，じれったい，歯がゆい，もどかしい，欲求不満にさせるような

**frustration** (a)～ フラストレーション，欲求不満，イライラ，苛立ち，歯がゆさ，もどかしさ，思い通りにならないくやしさ，やり場のない[もって行くところのない]憤慨，挫折[頓挫，失敗]，挫折感，失望，落胆 ◆out of frustration and anger 欲求不満や怒り[憤り]から ◆Be careful not to take out your frustration on the wrong people. 関係ない人にイライラをぶつけ[八つ当たりし，当たり散らさ]ないよう気をつけなさい．

**frustum** a～ 切頭台，錐台，台，台板 ◆a frustum of a cone [pyramid] 円錐[角錐]台

**FSK** (frequency-shift keying) 周波数偏移変調 ◆搬送波の周波数の高低によりデジタルビットの0と1を表現するデジタル変調方式]

**FSLIC** (Federal Savings and Loan Insurance Corporation) the ～ (米国の)連邦貯蓄貸付保険公社 (*すでに解散している)

**f-stop, f stop** an～ 《カメラ》f値，絞り値 ◆an f-stop (number) 《カメラ》f値，絞り値 ◆transfer the f/stop indicated in the finder to the lens ファインダー内に表示されている絞り値に合わせてレンズ(の絞りリングの目盛り)を設定する ◆The f-stop number indicates the amount of light that is entering the camera; the lower the f-stop the more light enters the camera; the higher the f-stop the less light enters the lens. f値[絞り値]はカメラへの入射光量を示す．f値が小さいとカメラに入る光の量は多くなる，f値が大きいとレンズに入る光の量は少なくなる．

**ft., ft** (foot, feet) ◆a 12-ft. piece of rope 12フィート長のロープ1本

**FTAA** (Free Trade Area of the Americas) the ～ 米州自由貿易地域

**FTC** (Federal Trade Commission) the ～ (米)連邦取引委員会

**FTP** (file transfer protocol) (*インターネット上でのファイル転送プロトコル) ◆download... from an FTP site FTPサ

**FTTH**

イトから〜をダウンロードする ◆download the program via FTP from ftp://...   ftp://...からFTPを使ってプログラムをダウンロードする

**FTTH** ◆fiber-to-the-home (FTTH) technology ファイバー・ツー・ザ・ホーム技術（＊プロバイダからユーザー宅まで光ファイバーを使って高速にて信号を送る）

**FTZ** (Fernmeldetechnisches Zentralamt)ドイツの電気通信主管庁; an 〜 (a Free Trade Zone) 自由貿易地域 ◆set up a free-trade zone; establish an FTZ 自由貿易地域を創設する; 保税地区を開設する[設ける]

**fuchsin, fuchsine** ①(＊合成染料の一種)フクシン, 唐紅(トウベニ), マゼンタ, ローズアニリン ◆after staining with acidic fuchsin 酸性フクシン液で染色した上で(＊細胞や組織を)

**fuel** 1 ①(種類はa〜)燃料; (比喩的)(インフレ, 感情などを煽ったり激化させる)油, 火 ◆charge [put, place, load] fuel in [into]... 〜に燃料を装着する ◆a fuel (level) gauge [indicator] 燃料計 ◆CAFE (Corporate Average Fuel Economy) (米国の)メーカー別平均燃費法 ◆nonpolluting fuels 無公害燃料 ◆a solid-fuel booster rocket 固体燃料ブースターロケット ◆clean fuels (車に)クリーンな燃料(＊ガソリンや重油と異なり, 自然環境を汚さない水素や低公害性のメタノールなどの代替燃料) ◆a liquid-fuel engine (ロケット)液体燃料エンジン ◆as a fuel for steam engines 蒸気機関用燃料として ◆be burned as a fuel 燃料として燃やされる ◆be low on fuel 燃料が残り少なくなっている ◆home-heating fuels 家庭用暖房燃料類 ◆use wood [coal] for fuel 燃料用に[燃料として]薪[石炭]を使う ◆a highly enriched nuclear fuel 高度に濃縮した核燃料 ◆an electronic fuel injection system 電子燃料噴射システム ◆operate on super-unleaded fuel スーパー無鉛燃料で動く[動作する] ◆Priced from $7,000 to $12,000, the autos are miserly in fuel consumption but splashy in appearance. 7,000ドルから12,000ドルの値が付いたこれらの車は, 燃料消費は少ないが派手な外観をしている.

2 vt. 〜に燃料を供給[補給]する; (比喩的)〜に火を注ぐ, 〜を煽る[悪化, 激化]させる ◆hydrogen-fueled cells 水素燃料電池 ◆fuel a boom ブームを煽る ◆fuel buying inclinations 購買意欲をかき立てる(煽る, 刺激する, くすぐる, そそる, 沸かせる, 促す, 奮い立たせる, 駆り立てる) ◆fuel demand for... (商品, サービスなど)の需要を煽る[活性化する, 刺激する, 旺盛にする] ◆Middle East tensions fueled fears of inflation and rising interest rates. 中東の緊張がインフレと利上げに対する懸念に油を注いだ.

**fuel cell** a 〜 燃料電池 ◆a fuel-cell electric vehicle 燃料電池電気自動車, FCEV ◆a PEM (Proton Exchange Membrane, also called Polymer Electrolyte Membrane) fuel cell PEM(プロトン交換膜, 別名ポリマー電解膜)燃料電池

**fuel economy** n. 燃料経済性, 燃料節約, 燃費; fuel-economy adj. 燃費上の 燃料費 ◆enhance fuel economy 燃費を向上させる(＊低燃費にする, 燃費を良くする) ◆fuel-economy standards for autos 車に対する燃費基準 ◆result in poor fuel economy 結果的に燃費が悪くなる ◆FUEL ECONOMY: EPA city driving......18 mpg, EPA highway driving......23 mpg 燃費: EPA (米環境保護局審査[届出])市街地走行......18ガロン／マイル, EPAハイウェイ走行......23ガロン／マイル

**fuel efficiency** 燃料効率 ◆enhance fuel efficiency 燃料効率を上げる ◆fuel-efficiency standards for cars 車の燃料効率[燃費]基準 ◆improve fuel efficiency 燃料効率[燃費]を改善する ◆the fuel efficiency of Japanese cars 日本車の燃料効率[燃費]

**fuel-efficient, fuel efficient** adj. 燃料効率が高い, 燃費のよい ◆a fuel-efficient engine 燃料効率の良いエンジン ◆The plane is 40% more fuel efficient than... その飛行機は〜より40%燃料効率[燃費]がよい.

**fuel-injected** 燃料噴射式の ◆an electronically fuel-injected engine 電子燃料噴射式エンジン

**fuel injection** (車に)燃料噴射(方式)

**fuel oil** 燃料油; 重油

**-ful** (接尾辞)〜でいっぱいの, 〜に満ちた (→ spoonful, bucketful, screenful) ◆a chestful of medals and decorations 胸いっぱいのメダルと勲章 ◆a roomful of journalists 部屋いっぱいの[部屋を埋め尽くした]報道関係者 ◆a whole garageful of tools ガレージがいっぱいになるほど(たくさん)の工具 ◆closetfuls of shoes クロゼット何杯分もの靴

**fulcrum** a 〜 (pl. 〜s, -cra) (てこの)支点, 支持台

**fulfill, fulfil** vt. (前者は米, 後者は主に英)〜を履行する, 果たす, 実行する, 遂行する, なし遂げる, 実現する, 満たす, かなえる ◆fulfill a contract 契約を履行する ◆fulfill customer expectations so as to earn their loyalty and gain their continued patronage 顧客からのひいきと相変わらぬ愛顧を得られるように, 顧客の期待に応える

**fulfillment, fulfilment** (前者は米, 後者は主に英)履行, 実行, 遂行, 実現, 達成, 成就, 完了 ◆bring [provide] a deep [wonderful] sense of fulfillment 深い[すばらしい]充実感をもたらす[与える] ◆the fulfillment of my dreams 私の夢の実現

**full** adj. (〜で)一杯の[満ちた, 満載の, 満員の, 横溢(オウイツ)した]<of>, 完全な, (名前が)省略されてない, 全体の, 全ての, 全一, 最大限の, 最高の, 最上級の, 十分な, 完全な, 豊かな, だぶだぶの, (体操)1回ひねりの, (数量の前で)丸丸, 丸一, 満一; adv. 十分に, 存分に, 全く, たっぷり, まともに, もろに ◆at full speed 全速力[フルスピード]で ◆become full of... 〜に一杯[満杯]になる; 〜には〜が横溢(オウイツ)する ◆a full path name (コンピュ)フル(絶対, 完全, 省略しない)パス名 (= an absolute path name; ↔a relative path name) ◆achieve full occupancy [100-percent occupancy] 満室[満床, 満席]を達成する ◆a closet full of suits スーツがいっぱい詰まったクロゼット ◆a computer system in full operation フル稼働しているコンピュータシステム ◆a full 32 megabytes of memory たっぷり32メガバイトあるメモリー ◆become full to overflowing あふれんばかりに[溢れ出るほど]一杯になる ◆be in full production (製品)がフル生産されている最中である ◆bring the car to a full stop 車を完全に停止させる ◆(either) in full or abbreviated form フルスペル[正式名称, 展開形]または省略形[略称, 略号]で ◆make full use of... 〜を存分に活用する[駆使する]; (能力など)を遺憾なく発揮させる ◆near [approach] full occupancy 満室, 満席[状態に近くなる[近づく] ◆put... to full use 〜をフルに[最大限]使う[活かす, 生かす, 活用する]; 〜を駆使する; 〜を十分に発揮させる ◆reach full occupancy [100-percent occupancy] 満室[満床, 満席]になる ◆reach full speed 最高速度[全速(力)]に達する ◆to ascertain the full facts about... 〜についての全容[全貌]を把握するために ◆turn it full counterclockwise それを反時計方向に(完全に)回し切る ◆a full member of the international community 国際社会の正式一員 ◆accommodations for admitted admissions during full occupancy status 満床[ベッドに空きがない]状態中の急患入院の受け入れ[収容] ◆Microsoft Bookshelf, a CD-ROM full of useful reference materials 役に立つ参考資料満載のCD-ROMマイクロソフト・ブックシェルフ ◆reach full-performance-level status (人が仕事などで)一人前[一丁前]になる ◆standard, semicustom, and full-custom products 標準品や半特注品や完全特注品 ◆if full use has been made of... 〜がもしフルに活用されていたならば ◆factories currently running at full capacity 目下能力目一杯稼働[フル操業]している工場 ◆restore full diplomatic relations with Taiwan 台湾と全面的に国交を回復する ◆be due to be in full operation by the spring of 1998 1998年春までにフル稼働[完全操業]に入る予定になっている ◆assemble about 500,000 units during the first full year of production 生産初年度全般を通じて約500,000台組み立てる ◆make today's powerful personal computers reach their full potential 今日の強力なパソコンの能力を最大限に[フルに, 余すところなく, 100%]引き出す[発揮させる] ◆when the tank became full and fuel began to overflow through the vent タンクが満杯になって燃料が通気穴から溢れ始めた際に ◆

Allow the cutter to rise to its full height.　カッターを，最高位置まで[限度一杯まで，目一杯]上昇させてください．◆Always keep your windshield clear and washers full of fluid.　常に車のフロントグラスをきれいに保ち，洗浄器には液を満たしておくこと．◆It opens to a full 8".　それは，たっぷり[まるまる]8インチまで開く．◆The arm rotates a full 360 degrees.　アームは，360度完全に[フルに]旋回できます．◆The disk is full.　《コンピュ》ディスクがいっぱいである．◆The moon is full and shining bright.　月は満月で明るく照っている．◆You may be reimbursed in full, in part, or not at all.　払い戻されるのは，全額または一部(の金額)だったり，あるいは全く払い戻されない場合もあります．

**at the full**　最高限度に達して; 真っ盛りで，絶頂で，(潮が)満ちて，(月が)満月で

**in full**　全額，全部，丸ごと; 略さずに　◆pay the debt in full　借金を全額返済する　◆write... in full　～を省略せずに完全につづる　◆The name shall commence or end with the words "Naamloze Vennootschap" either written in full or abbreviated to "N.V."　社名は「Naamloze Vennootschap」という語のフルスペル形あるいは省略形「N.V.」の表記で始まるか終わるものとする．(*N.V.はオランダ語．英語のlimited-liability company =有限会社に相当)

**to the full**　限度まで，限度一杯，最大限，十分に，存分に，心行くまで，遺憾なく　◆use machines to their fullest capacity　機械を能力いっぱいまで使う　◆You have to spend considerable time behind its wheel to appreciate its virtues to the fullest.　かなりの時間運転してみないことには，その車の良さは十分にはわからない．

**full-aperture**　《カメラ》絞り開放の，どんぴらきの　◆full-aperture metering　《カメラ》開放測光

**full-blown**　adj. 満開の，完全に発達した，(考え，計画などが)十分に熟した，本格的な，本式の，全面的な　◆detect problems before they become full-blown　《원의》問題がまだ蕾のうちに見つけだす; 問題を未然に発見する; 障害が発生する前に検知する(*full-blown = 花が満開の)　◆The condenser could have been damaged during the installation of the new radiator, and it could have taken two weeks for the damage to become full-blown.　凝縮器[復水器]は，新しいラジエータ[放熱器]のとりつけ時に損傷を受けた疑いがある．そしてその損傷が本格的になるまでに2週間かかったのであろう．

**full-bodied**　adj. (ワインなどが)こくのある[芳醇な], 身体の大きな, 有意義な, 重要な　◆The guitar has a warm, full-bodied sound.　このギターはあたたかみのある，ふくよかな音をしている．

**full color**　n. フルカラー, 自然色; full-color adj. フルカラーの, 自然色の　◆in full color　フルカラーで　◆a full-color copier　フルカラー複写機

**full-duplex**　《通》全二重(方式)の　◆full-duplex transmission　全二重伝送

**full employment**　回完全雇用　◆Japan's "full-employment" economy　日本の「完全雇用」経済　◆a country that has enjoyed full employment　完全雇用を享受していた国　◆as the economy moves toward full employment　経済が完全雇用に向かって進展するにつれ　◆pound the unemployment rate down to nearly full-employment levels　失業率をほぼ完全雇用水準にまで強力に低下させる

**full-employment**　完全雇用の

**fullerene**　◆a spherical fullerene　(炭素の)球状分子フラーレン(*炭素分子がサッカーボール模様を構成する五角形の頂点に配置された形式をしている．fullereneはbuckminsterfullereneおよびbuckyballとも呼ばれる)

**full-feature(ed)**　adj. フル機能搭載の, 全機能満載の　◆a full-feature [full-featured] VCR　フル機能搭載のビデオデッキ

**full-fledged**　adj. 十分に発達した, 一人前の, 一廉(ひとかど)の, 本格的な, 正式な, 本式の, 本物の　◆a full-fledged facsimile　本格的なファクシミリ　◆a full-fledged interpreter [translator]　一人前の[ひとかどの, いっぱしの]通訳者[翻訳者]　◆the full-fledged introduction of digital radio　デジタルラジオ(方式)の本格的な導入[本格導入]　◆change one's status from... to full-fledged membership　《원의》～という地位から正式なメンバー[正会員, 本会員]へと昇格する　◆spot trends while they are emerging but before they become full-fledged　台頭しつつあるトレンドを, 本格化する前に発見する　◆In a report, the study group on fuel cells called for a full-fledged spread of fuel cell generation in the private sector by 2010.　《원의》報告書の中で, この燃料電池研究グループは, 燃料電池による発電が民間部門で2010年までに本格普及することが必要であると説いた．

**full-function**　全機能搭載の　◆a full-function remote control　フル機能のリモコンユニット

**full-height**　《コンピュ》《増設機器などが》フルハイトの　◆full-height peripherals　フルハイトの周辺機器

**full house**　a～満員[満席]

**full-length**　adj. 省略されてない, (短くしてない)標準の長さの, 長編の, (鏡が)全身を映す, (床まで届く)ロング丈の(= floor-length)　◆a full-length gown　床まで届く長さのガウン　◆a full-length mirror　全身を写して見ることができる鏡; 姿見　◆a full-length novel　長編小説　◆a full-length portrait　全身が描かれている肖像画(*実物大の意味は無い)　◆a full-length documentary　長編ドキュメンタリー　◆a full-length model exam　(制限時間が)実際の試験と同じ長さの模擬試験

**full line**　a～《製図》実線, 系列全体

**full-line**　adj. フルラインの, 全商品系列を取り揃えている, あらゆる種類の製品を手がけている, 全方位[多角経営]型の, 百貨店[よろず屋]タイプの, 総合一　◆a full-line specialty store　総合専門店　◆a full-line audio manufacturer　総合オーディオメーカー　◆a full-line supermarket　あらゆる種類の商品を取りそろえているスーパー

**full load**　n. a～全負荷(時, 状態), 全荷重, 満載; a～<of>満載の, 盛りだくさんの, 定員いっぱいの; full-load adj. 全負荷(時, 状態)の, 全荷重の, 満載の, 全一　◆at full load　全負荷で　◆a vessel's full-load displacement　本船の満載排水量　◆full-load speed　全負荷速度　◆the waterline at which a vessel floats in its full load condition　本船が満載状態で浮かんでいるときの喫水線

**full-motion**　adj. 自然動画[完全動画, 連続動画]の(*ガクガクとした動きでなく, 映画のように滑らかに動く)　◆a full-color full-motion picturephone　フルカラー[自然色]フルモーション[自然動画, 完全動画, 連続動画]のテレビ電話

**fullness**　満ちる[満ちている, 充実している, 膨満である, 一杯である]こと, 完全, 十分, 豊富, 豊満さ, 円満さ, 満足　◆in the fullness of time　いずれ時期が来れば, 機が[機運が]熟せば; 時機が到来すれば; しかるべき時期が来ると; 一定の期限に達すると　◆remain womb-protected until the fullness of time　(*胎児が)機が熟す[月が満ちる, 臨月になる, 時期が来る]まで子宮で守られている　◆I have a feeling of fullness in my lower abdomen.　私は下腹が張った感じがしている[下腹部に膨満感があります]．　◆Eat higher volume, lower calorie foods. This will aid in reducing total calorie intake, plus, it gives you a feeling of fullness and satisfaction.　量は多めでカロリーは少なめの食品を食べましょう. そうすればカロリーの総摂取量を減らす助けになる上に, 満腹感と満足感を与えてくれます．

**full operation**　完全操業, フル稼働[操業](圏full production)　◆bring... to full operation　～をフル稼働[フル操業, フル運転]に持って行く　◆be now in full operation　フル稼働中である　◆resume full operation of...　～のフル稼働[フル稼働, 全開運転]を再開する　◆when in full operation　フル稼働[フル操業]時に　◆... will begin full operation in April　4月にフル稼働開始[本格始動]の運びである; 4月からフル操業に入る

**full-page**　adj. (新聞などの)ページ全体の, 全面[全紙]の　◆place a full-page ad in the New York Times　ニューヨークタイムズに全面広告を出す[打つ]

**full production** フル生産, フル操業[稼働]生産 ◆come into full production フル生産に入る ◆before it reaches full production それをフル生産にこぎつける前に ◆to bring the refinery back into full production by the middle of next year 来年の半ばまでに精油所を再びフル生産状態にまで持って行くために

**full-range** 全域にわたっての, 全音域をカバーする ◆full-range speakers フルレンジスピーカー

**full-scale** adj. 原寸[実物大, 現尺]の, 全面的な, 総力を結集した, 全力をあげての, 本格的な(規模の), 完全な, 徹底した ◆a full-scale investigation 本格的な[徹底した]調査 ◆full-scale production 本格生産[本生産](↔pilot production 実験[試験]的な生産) ◆a full-scale model of Sputnik 1 スプートニク1号の実寸大[現尺]模型 ◆a full-scale replica of... の実物大[実寸大]複製 ◆before going into full-scale operation 本格的な稼働[運転, 操業, 運用]に入る前に ◆do this on a full-scale basis これを本格的に[本式に, まとめに]行う ◆prior to full-scale operation 本運転に入る前に ◆In late 1991, the company began full-scale production. 同社は, 1991年遅くに本格生産[本生産]を開始した. ◆The microprocessor chip contains most of the essential components of a full-scale CPU. マイクロプロセッサチップは, 本格的なCPUに不可欠な部品のほとんどを含んでいる.

**full-service** adj. すべての種類のサービスを提供する, 完全サービスの, 業務全般を扱っている, 包括的なサービスを行う, 総合サービスの, 総合- ◆a full-service advertising agency 総合広告代理店

**full-size(d)** adj. (ミニサイズではなく)普通[標準]の大きさの, 全形の, フルサイズの, 実物大の, 現尺の, 原寸の ◆a full-size keyboard フルサイズのキーボード(*通例, キーボード全体ではなく個々のキーのサイズが, ミニではなく標準であることを意味する) ◆a full-size object 原寸大の物体 ◆build a full-size prototype 実物大の試作品を組み立てる[作る, 製作する]

**full stop** a~ 終止符, ピリオド (.) ◆come to a full stop 終わる[終わっている, おしまいになる ◆put a full stop 終止符を打つ ◆bring the vehicle to a full stop 車を完全に停止させる

**full-term** adj. 月満ちて[臨月で]生まれた, 任期一杯つとめた[満了した], 正期の ◆a full-term baby 月満ちて[臨月で]生まれた赤ちゃん; 成熟児

**full text** 全文 ◆full-text search capabilities [functions] 全文検索機能 ◆an unindexed full-text search インデックスがかかっていない全文検索[総なめ, べた検]検索 ◆do a full-text search 全文検索を行う(*特にインデックスがかかっていない全文検索 an unindexed full-text search は,「総なめ[べた読み]検索」とも) ◆the full text of newspapers [his talk] 新聞[彼の談話]の全文 ◆it enables users to accomplish a full-text search of a document's abstract 《意訳》これにより利用者は文献の要約の全文検索ができる ◆The database offers current and back issues in full text. 同データベースは最新号およびバックナンバーの全文(サービス)を提供している.

**full-throttle** ◆full-throttle acceleration スロットル全開加速

**full-time** adj. フルタイムの, 常時の, 常勤の, 専業の, 専従の, 専任の, (〈学校は〉全日制の, 《意訳》片時も休めない[かかりきりの]; adv. on a full-time basis フルタイムで; 常勤で work full-time 常勤で働く ◆a full-time college student 昼間部の大学生 ◆a full-time day school 全日制の学校 ◆a full-time farmer 専業農家[主業農家](▶「主業農家」は新しい呼び方) ◆a full-time job 常勤の勤め口; 専従の仕事;(比喩)(子育てなど)片時も休めない仕事 ◆a full-time professional librarian 専任の司書 ◆full-time employees [workers] フルタイム[常勤]の従業員たち ◆full-time workers [employees] 常勤[専従, 専任, 専業]の従業員[職員, 労働者, 工] ◆a full-time homemaker 専業主婦, 奥様稼業に専念している人 ◆full-time 4-wheel drive 《フ》フルタイム4WD[常時四輪駆動](cf. all-wheel drive) ◆station an inspector full time at... 検査官を~に常駐させる

**full-voltage** ◆full-voltage starting (= across-the-line starting) 全電圧始動[起動], 直入れ起動[始動]

**full-wave** adj. 全波の, ◆full-wave rectification 全波整流 ◆a single-phase full-wave rectifier 単相全波整流器

**fully** 完全に, 十分に[十二]分に, よく, すっかり, 存分に, 満足に, つくづく, 全面的に; (《数量を修飾して》たっぷり, まるまる, 丸~, 満~ ◆a fully electronic ignition system 完全電子化点火システム ◆fully charge a battery バッテリーをフル充電[満充電]する ◆turn the knob fully counterclockwise ツマミを反時計方向にいっぱいに回す[回し切る, 端まで回す] ◆a fully automatic washing machine 全自動洗濯機 ◆keep the battery fully charged; maintain the battery in a fully charged condition バッテリーをフル充電[満充電, 満タン]にしておく ◆depress the gas pedal fully アクセル・ペダルをいっぱいに踏み込む ◆buy a fully-equipped, comfortable camper in the $5,000-to-$9,000 price range 5,000ドルから9,000ドルの価格帯の, 装備が充実している[完全装備の]快適なキャンピングカーを購入する ◆Journalists are expected to report as fully, as accurately and as honestly as they can. ジャーナリストには, できるだけ余すところなく[そっくり, すべて, 残さず, すっかり], 正確[的確]に, そして正直に報道することが求められている.

**full-year** adj. 一年を通じての, 年間を通した, 通年の; adv. 年間を通して, 一年中, 年がら年中, 通年で ◆on a full-year basis 通年ベースで ◆the company expects a full-year profit of four billion yen 同社は40億円の通年収益を見込んでいる(*1年を1期ととらえる場合は「通期」とも訳せる)

**fume** 1 (通例 ~s)(いやな臭いの, または有毒な)ガス, 気体, 煙霧, 蒸気, 煙 ◆exhaust fumes from cars 車の排気ガス ◆greasy fumes 油煙 ◆fumes from the chemical factory その化学工場から排出される煙霧 ◆in the presence of explosive and/or flammable fumes 爆発性および引火性ガスのあるところで
2 vt. ~を蒸発させる, 発散させる; いぶす; vi. けむる, いぶる, 発煙する; 腹を立てる ◆fuming nitric [sulfuric] acid 発煙硝酸[硫酸] ◆fret and fume about the future 将来[先行き, 行く末, 今後, これからのこと, 前途]を案じてやきもきする

**fumigate** vt. (*害虫駆除や殺菌のために)~をいぶす[むす], 燻蒸(クンジョウ)する ◆the restaurant had been fumigated twice 同レストランでは薫蒸が2回実施された(*害虫駆除で)

**fun** 1 楽しみ, おもしろさ, 慰み, おもしろい人[事柄];(《形容詞的に》楽しい, おもしろい, 楽しい, 愉快な ◆a fun car 遊び心のある車(*実用一点張りの車に対して) ◆driving fun 運転する楽しさ[楽しみ] ◆Fun must take a back seat to pressing personal affairs. お楽しみは, 個人的な急用の用事を先に片づけてからにしなければならない. ◆Have fun, Rob! ロブ, 楽しんでおいで. ◆a fun-to-read book 読んで楽しい[楽しく読める]本 ◆Time flies when you're having fun... ing. 楽しく~していると時間ははやく経つものだ. ◆She is fun to be with. 彼女は一緒にいておもしろい. ◆On the fun-to-drive scale, the car was eighth. ファンツードライブ[乗る楽しさ]での(評価)尺度では, この車は第8位である. ◆The marvelously damped motion of the lid is too wonderful for words. The fun comes from unlatching the lid and watching it ooze open. 制動の効いたその蓋のすばらしい動きは, 言葉にならないほどすばらしい. ラッチを外して蓋がゆっくりと滑らかに[優雅にスーッと]開くのを見るのは快感[痛快]である.
for [in] fun 冗談に, おもしろ半分に, マジでなくて, 遊びで

**function** 1 (a)~働き, 作用, 機能, 目的; a~役目, 役割, 任務, 職務, 職能, 職分; a~《化》官能基; a~式典, 儀式, 祭典, 祭典, (口)(楽しむことが目的の盛んな)会合[宴会] ◆a limited-function terminal 機能限定型の[簡易]端末(装置) ◆equipment of similar function 似たような機能を持つ機器 ◆have the function of... -ing ~する機能を有する ◆the function of a leader 指導者の任務 ◆a twenty-five-function remote control 25種類の機能を搭載しているリモコン ◆a major function of ozone in the stratosphere 成層圏に存在するオゾンの大きな働

**fundamental**

きの一つ ◆perform the added functions of...-ing ～するという付加機能を果たす ◆The function of the acoustic lens is to <do> 音響レンズの機能は、～することである。 ◆perform such functions as writing and printing simultaneously 《コンピュ》文書作成や印刷などの機能を同時に実行する ◆They may be classified by function into three groups: これらは機能によって3つのグループに分類できる。 ◆Nerve gases disrupt the function of the nervous system. 神経ガスは神経系の機能を破壊する。 ◆The bolt has two functions. このボルトには、2つの役目がある。 ◆The transistor performs a double function. このトランジスタは、一人二役をする。 ◆The functions to be performed on the images can be similarly called from a menu with a mouse. 《コンピュ》これらの画像に対して実行する機能も、メニューからマウスを使って同様に呼び出すことができる。 ◆The nature of the activities within the office depends on the kind of function the office performs. オフィス内の業務の性格[内容]は、そのオフィスがどんな種類の機能[《意訳》役割]をはたしているかによって異なる。 ◆This 4-in-1 (compact) system is able to serve four functions: scanner, copier, printer and facsimile. このフォー・イン・ワン[1台4役]のコンパクトな装置は、スキャナ、複写機、プリンタ、ファックスの4機能を果たす[4役をこなす]ことができる。

**2** a ～ 関数、相関関係 ◆terminate the execution of the function 《コンピュ》その関数の実行を終了させる ◆as a function of altitude [frequency, pressure, temperature, time, an angle] 高度[周波数、圧力、温度、時間、ある角度]の関数として; 《意訳》に関して、-について、-に対して、-との関係[関連、絡み]で、-との相関関係において ◆measure the intensity of the light as a function of time その光の輝度を時間の関数として測定する ◆The MIN function returns the smallest value in the list. 《コンピュ》MIN関数は、リストの中で最も小さい値を返す。 ◆This function converts uppercase characters to lowercase characters. 《コンピュ》この関数は、大文字を小文字に変換する。 ◆It is likely that further automation as a function of technological advance will create more jobs than it eliminates. 技術進歩がらみの更なるオートメーション[自動化の進展]は、それが原因で消えてなくなる雇用よりもっと多くの雇用を創出することになりそうだ。 ◆Tape quality (or "grade") is a direct function of the reproducibility of a video and audio signal recorded on the tape. 《意訳》テープの品質(あるいは「グレード」)は、テープに記録されたビデオ信号やオーディオ信号の再現性と直接的な関係にある[直結している]。 ◆The rapidly expanding use of computers in offices is largely a function of the dropping price and increasing performance of computer technology. オフィスにおけるコンピュータの利用の急速な拡大は、主としてコンピュータ技術の価格下落および性能向上[との関係]によるものである。

**3** vi. (～として)機能する、作用する、働く、役目をする <as> ◆ensure (the) appropriate functioning of... 《直訳》～の適切な機能を確保する;《意訳》～が適切に間違いなく[必ず、楽に]機能するように ◆impair the functioning of a machine 機械の働き[調子]を悪くする ◆a functioning nuclear power plant 稼働中の原発 ◆be prevented from functioning normally [properly] ～は、正常に機能することを妨げられている;《意訳》きちんと[ちゃんと]働けないようになっている ◆ensure the correct functioning of the system 《意訳》システムが正常に動作するようにする ◆while the system self-monitors for proper functioning システムが正常に機能[動作]しているかどうか自己診断している間に

**functional** adj. 機能(上、性)の、職務(上)の;機能的な、実用本位の;機能できる、動作可能な;関数の; n. a ～ 汎関数 ◆a functional disease 機能性疾患 ◆a functional group 《化》官能基 ◆functional food(s) 機能性食品 ◆functional furniture 実用本位[機能重視]の家具 ◆functional integration 機能統合 ◆functional specifications 機能仕様(*a functional specification と単数形だと「機能仕様書」を意味する場合が多い) ◆perform [carry out, conduct, do] functional checks on [of] new equipment 新しい機器の機能点検[《意訳》動作確認]を

行う ◆The building's condition appears adequate from a functional standpoint. この建物の状態は、機能という観点から[《意訳》実用上]十分なようにみえる。 ◆Irritable Bowel Syndrome (IBS) is classified as a functional gastrointestinal disorder. 過敏性腸症候群は、機能性胃腸障害に分類されている。

**functionality** (a) ～ 機能性、機能; 《口》《化》官能性、官能性価 ◆achieve [allow, provide] even greater functionality よりいっそうの高機能化を実現する[可能にする、もたらす] ◆a high-functionality system; a system with high functionality 高機能システム ◆extend the functionality of... ～の機能を拡張する ◆lose functionality 機能性を失う;機能しなくなる ◆restore functionality to failed equipment 故障した機器の機能を回復するために ◆low-functionality and high-functionality systems 低機能システムと高機能システム ◆the production of high-functionality polyols 《化》高機能ポリオールの生産 ◆As automotive systems become more sophisticated in functionality, ... 車載用システムが高機能化するにつれて、 ◆as vendors continue to expand functionality of their products ベンダー[メーカー]が製品の機能を拡大[拡充、充実]し続けるのに伴って;《意訳》製造業者が製品を絶えず多機能化するにつれて ◆provide the ability to migrate to higher density or functionality to meet future demand 今後の需要に応えるべく高密度化あるいは高機能化に進む能力をもたらしてくれる ◆when more functionality is required; if they want [you need] more functionality 高機能化[機能アップ]が必要な場合に(*they は不特定のユーザーを指している) ◆As new uses emerge, the network will grow and expand in functionality. 新たな用途が生まれるにつれて、ネットワークは機能性において成長かつ拡充していくであろう[《意訳》高機能化および多機能化が進むだろう]。 ◆Some shareware programs lose functionality after this initial trial period until you pay the fee and obtain a registration number. シェアウェア・プログラムのなかには、この最初の試用期間が過ぎたら料金を払って登録番号を手に入れるまで機能[《意訳》動作]しなくなるものがある。

**function key** a ～ (コンピュータなどの)ファンクションキー (*特定の機能が割り付けられている) ◆using the function keys ファンクションキーを用いて

**fund** 1 a ～ 資金、基金、積立金、蓄え、蘊蓄(ウンチク);～s 財源、手持ちの資金 ◆secure funds 資金を調達する[《意訳》確保する;《意訳》財源を確保する ◆run out of funds 資金切れになる ◆a shortage of funds 資金不足 ◆for lack of funds 資金不足のせいで ◆the fund has run [gone] dry 資金が枯渇した ◆the GOP's fund-raising prowess (米)共和党の資金調達能力[集金力](*GOP = Grand Old Party) ◆transfer funds between accounts 口座から口座へ資金を移動する[振り替える] ◆funds for the construction of a new ballpark 新球場建設資金 ◆contribute $2 million to a research-and-development fund 研究開発基金に200万ドル献金する ◆put the bulk of one's research funds into... 研究財源の大部分を～に注ぎ込む ◆Research funds for Brilliant Pebbles were slashed. ブリリアント・ペブル向けの研究費が大幅削減された。

**2** vt. 〈プロジェクトなど〉に資金を割り当てる、資金を出す ◆government-funded 政府資金による[政府でこ入れの] ◆the agency had decided to fund research on... 同政府機関は～の研究に資金を出す決定をした[《意訳》予算をつける腹を固めた] ◆The company spends two-thirds of R&D funding on software development. その企業は、研究開発資金の3分の2をソフトウェア開発に使っている。

**fundamental** 1 adj. 根本的な、基本的な、基礎の、根底をなす、根本の、(最も)重要な;必須の、基、要素、原; 基本波の、基本振動の ◆(a) fundamental [basic] technology 基礎技術; 基盤技術 ◆a fundamental change [difference] 根本的な変化[違い] ◆a fundamental color 原色(*減法混色の三原色のうちのいずれか) ◆a fundamental law 基本法 ◆a fundamental tone 〈複合音を構成する波のうち最も周波数の低いもの〉基本音[基音、原音];《音楽》(和音の)根音 ◆a fundamental physical constant 基礎物理定数 ◆a fundamental research area 基礎研究分野 ◆require a much more fundamen-

tal reevaluation of... 〜のよりいっそう根本的［抜本的］な再評価［見直し、再検討］を必要とする ◆The Constitution of a country contains the fundamental rules according to which the country is governed. 一国の憲法は、国を統治する上で遵守する基本となる［大本（オオモト）になる］（各種）規則で構成されている。
2 n.《通例 〜s で複数扱い》基本、基礎、原理、原則；〜s《経済》ファンダメンタルズ、基礎的諸条件；a〜 基本波 ◆economic fundamentals 経済の基礎的諸条件 ◆teach fundamentals to... 〜に初歩を教える ◆the fundamental and harmonics of the power line frequency 動力線周波数の基本波および高調波

**fundamentalism** ① 原理主義、根本主義 ◆Islamic fundamentalism イスラム原理主義

**fundamentally** adv. 根本的に、本質的に、全く、根っから、基礎から、本来 ◆two fundamentally different designs 2つの根本的［基本的、本質的］に異なる設計 ◆all computer data is fundamentally the same at the byte level すべてのコンピュータデータはバイトレベルにおいては基本的［元来］同じである ◆If the company's flagship product is not doing well, there is fundamentally something wrong. もし会社の旗艦製品がうまく行っていないならば、根本的になにかおかしいのである。

**fundamental particle** a〜 素粒子〜（= an elementary particle）

**funding** ① 資金、財源、費用、資金援助、財政援助、資金調達、資金供与、融資、借入、借り換え；adj. ◆There are so many other projects that need funding. その他にも財政支援［財政援助、資金供与、資金調達、財源］を必要としている事業計画はかなり多数ある。

**funeral** a〜 葬式、葬儀、告別式、葬送［送葬］、葬列、野辺送り（の列） ◆funeral diplomacy 弔問外交 ◆the state funeral ceremony for the Emperor Showa 昭和天皇の大葬の礼 ◆in order that consumers may shop funeral prices and make various comparisons among different funeral homes 消費者が葬式代をあれこれ比べたり、違った葬儀屋、葬儀社、葬儀会館、斎場）間でいろいろな比較ができるように

**fungicide** a〜 防かび剤、抗真菌剤、殺菌剤

**fungus** (a) 〜 (pl. fungi, -guses) 真菌、菌類、かび、きのこ ◆make... fungi-resistant 〜に菌類［真菌類、かび］が生えにくくする、〜を抗菌性にする ◆The mat is mildew and fungus resistant. 本マットには、かびやきのこ［菌類、真菌類］が生えにくい［抗菌性がある］

**funnel** 1 a〜 じょうご、漏斗（ロウト）、ホッパー、煙突、煙道、通風筒
2 vt. 〜を（〜に）じょうごを使って入れる、注ぎ込む＜into＞；vi. 狭い所を通って出る ◆Japan funnels most of its foreign assistance through two organizations, the Japan International Cooperation Agency (JICA) and the Overseas Economic Cooperation Fund (OECF). 日本は、対外協力の大部分を2つの団体、すなわち国際協力事業団(JICA)と海外経済協力基金(OECF)を通して実施している。

**funny** adj. 面白い、おかしい、面白おかしい、滑稽な、ひょうきんな；《口》（＊普通は変わっている）おかしい、変な、妙な、怪しい ◆When power comes back on, check all of the food and throw out anything that has a "funny" smell or color. 電気が復旧したら、すべての食品を調べて「おかしい［変な］」臭いや色のものがあったら捨てましょう。

**fur** ① (哺乳動物の) 毛、毛皮；a〜 毛皮製品（＊毛皮のコートやショール）、①ボア（＊人工の毛皮地）、①《医》舌苔（ゼッタイ）、（ボイラーの内壁に固着する）缶石（カンセキ）［スケール、缶滓（カンシ）］、（やかんの内側の）垢；adj. 毛皮の ◆fur-bearing mammals 毛皮を持つ哺乳類

**furious** adj. 激怒した、怒り狂った、ひどく腹を立てた、ものすごい剣幕の；激しい、猛烈の、狂暴な

**furlough** (a) 〜 一時的な解雇［帰休、自宅待機］、レイオフ、（軍人や公務員の）賜暇［休暇］vt.〜（従業員）を一時解雇［レイオフ］する、一時帰休［自宅待機］させる、（職員）に休暇を与える ◆to avoid another furlough of nonessential government employees 《意訳》不可欠でない政府職員の自宅待機を再度実施しなくとも済むように（＊某国の幸せな公務員とは異なり、米国では公務員でさえ予算が底をつくと自宅待機の憂き目にあう）

**furnace** a〜 炉、かま、火炉、炉筒、溶鉱炉、暖房炉、ボイラー、猛烈に暑い部屋［場所］、焦熱［炎熱］地獄 ◆a blast furnace 溶鉱炉、高炉 ◆slow cooling in [inside, within] (a [the]) furnace; slow furnace cooling 炉内で徐々に冷却すること、炉内［炉中］徐冷 ◆a steam-generating furnace 蒸気発生炉

**furnish** 〜を供給する、与える、提供する、備え付ける ◆furnish details on... 〜についての詳細を知らせる ◆furnish [provide] a sample promise date 見本提出約束日を提示する ◆furnish alcohol to a minor knowing that the minor would then drive 〜から車を運転することを知っていながら未成年者にアルコール（飲料）を提供する［出す］ ◆When that information is not provided on the label [not furnished in the prospectus],... 《意訳》その情報がラベルに記載されて［案内書に載って］いない場合 ◆A description of the Services will gladly be furnished to you upon request. これらのサービスの内容について書いたものがございますので、ご希望があれば喜んで提出させていただきます。 ◆It shall not relieve the supplier of his obligation to furnish supplies conforming to the requirements of the order. これは、注文書の要件に合致している納入品を納品しなければならないという部品納入メーカーの義務を免じるものではない。 ◆The telecommunication cables should be provided [furnished] with insulation, for example by placing the cables in insulating plastic tubes. 通信ケーブルは、プラスチック製の絶縁管［碍管］に収納するなりして絶縁を施さなければならない。

**furnishings** 《複数扱い》家具、建具、備品、調度、室内装備品、室内設備（＊カーテン、浴室など）

**furniture** a〜《集合的に》家具、調度、備具 ◆a piece [an article] of furniture 家具一点 ◆exquisite furniture pieces; superb pieces of furniture 非常に優れた［絶品の、逸品の］家具 ◆export 1,000 tons of furniture 1,000トンにのぼる家具を輸出する

**furor, furore** 《後者は主に英綴》a〜（単のみ）激怒、熱狂、熱狂的流行、狂乱、騒動 ◆a media-created furor マスコミによって作られた騒ぎ

**further** 1 adv. より遠く、これ［それ］以上、その上、この上、ますます、もっと、更に、なおも、いっそう、一段と、ずっと、《否定形で》もう；adj. それ［これ］以上の、より、向こうの、更に進んだ、いっそうの、その後の、今後の、引き続きの ◆still further なお［より］いっそう、一層なにななだしく、より一段と、その上更に、それに輪をかけて、《意訳》ますます、《意訳》まだまだ ◆a further question; another question （さらに）もうひとつの問題；もうひとつ（別の）問題 ◆after further R&D なお［さらに］いっそうの研究開発をした上で ◆need [require] further study [further investigation] （〜については）更なる調査が必要である；今後の研究を待たねばならぬ ◆...needs no further explanation 〜についてはこれ以上説明する必要がない ◆those further down the pecking order 階級［位、序列、順位］のずっと下の方の人達 ◆until further notice 追って通知する［沙汰のある］まで ◆worsen the deficit still further 赤字をよりいっそう［ますます］悪化させる ◆2 km or further 2キロメートル以上 ◆For further information, please contact... 詳しく［詳細］は、〜までお問い合わせ下さい。 ◆Look no further! これ以上ほかを見ないでよろしい！；《意訳》これぞ決定版！ ◆Taking the concept even further,... この考えをさらに（一歩）推し進めることにより、 ◆Further evaluation is needed [necessary, required] if... (もし)〜なら、更なる検討が必要である。 ◆to prevent a further outflow of refugees 更なる［これ以上の］難民の国外脱出を防ぐ《意訳》阻止するために ◆a further opening up of Japan's markets to goods from the U.S. 米国製品に対するいっそうの日本市場の開放 ◆re-create the situation in the lab for further testing さらにテストをしてみる［追試の］ためにその状況を実験室で再現する ◆any further depreciation of the yen will only jeopardize Japan's economy こ

れ以上の円安は日本経済を危険な状態に陥れるだけだ ◆…but with further investigation, it has been concluded that there is no threat from them だが更なる[その後の]調査[捜査]により、それらによる脅威はないとの結論[判断, 判定]が下った。 ◆If a mistake is made, a further click is all that is needed to remove the mark. もしも間違えたら、もう一度クリックするだけで(さっきつけた)印を削除できます。
2 vt. ~を助成する, 促進する, (推し)進める, 推進する ◆further international peace 国際平和を促進する ◆further reform 改革を推進する ◆further the friendship and goodwill between... 〜間の友情と親善を進展させる[深める] ◆further equal opportunity by improving education 教育を改善して機会均等を推し進める ◆further the wide use of personal computers パソコンの普及を促す

**furtherance** 回推進, 促進, 増進, 助長, 助成, 援助 ◆the furtherance of education 教育の推進[振興]

**furthermore** なお, その上, 更に(は), そのほかに, それに加えて, のみならず, おまけに, あまつさえ

**furthermost** 最も遠い, 最も離れている(farthermost, farthest, furthest, most distant)

**fury** (a) 〜 激怒, 憤激, 激しさ, 猛烈さ ◆smash them together with a fury far greater than any natural collision on earth 地球上でのどんな自然衝突をもはるかにしのぐ激しさでそれらを激突させる

**fuse** 1 a〜 ヒューズ, 可熔片, 電気雷管, 信管, 導火線 ◆blow a fuse ヒューズを飛ばす[(感情)かっとなる, 急に怒る] ◆have a short fuse (口)〈人が〉短気である[急に怒り出す癖がある, キレやすい, すぐにカッとなる] ◆a fuse blows ヒューズが飛ぶ[溶断する] ◆fuse wire ヒューズ線 ◆a blown[burnt, burned-out] fuse 飛んだ[切れた, 溶断している]ヒューズ ◆a glass cartridge fuse had blown ガラス管ヒューズが飛んだ[切れた, 溶断した] ◆a man with a "short fuse" すぐにカッとなる男; キレやすい男; 短気な男 ◆a spare 20A fuse 予備の20アンペアヒューズ ◆have a quick fuse 〈人〉はすぐにカッとなる[キレやすい] ◆a fused amp range (テスターの)ヒューズ付きの電流測定レンジ ◆the prearcing time-current characteristic of a fuse ヒューズの溶断時間-電流特性; ヒューズの溶断特性 ◆a fuse opens at overload 過負荷時にヒューズが切れる[飛ぶ, 溶断する] ◆a safety fuse can be lit with a match 導火線はマッチで点火できる ◆if a fuse burns(out) ヒューズが切れる[飛ぶ, 溶断する]場合は ◆it is adequately protected by a 200-amp fuse それは200アンペアのヒューズで十分に保護されている ◆when a fuse goes[blows, opens] ヒューズが飛ぶと ◆the circuit for which the fuse was replaced ヒューズ交換された回路 ◆I do not think the problem is a fuse. 私は問題(の原因)はヒューズではないと思う。 ◆If the fuse is blown, replace it. ヒューズが溶断して[切れて, 飛んで]いたら, 交換してください。 ◆CAUTION: To avoid fire hazard, always replace fuse with same type and rating. 注意: 火災防止のため, 必ずヒューズは同タイプ・同定格のものと交換してください。 ◆I think it's safe. If in doubt, install[include] a small-amperage fuse in line[in the line]. 僕は安全だと思うのですが, 危険(か)[危ない]とお思いでしたら, 小電流ヒューズを直に(チョクニ)[線に直列に]入れてください。 ◆Once you've determined that the problem is not the fuse, continue probing the system. 問題(の原因)がヒューズではないとの判断なら, さらにシステムを調べること。 ◆The fuse body is of clear toughened glass to allow visual identification of a blown fuse element. 《意訳》ヒューズ本体は透明強化ガラスなので, ヒューズエレメント[可熔体]が溶断した[切れた, 飛んだ]場合は目で見て分かります。
2 vt. ~を熔解(ヨウカイ)[融解, 溶融, 熔融]する, 熔かす(トカス), (比喩的にも)~を融合させる; vi. fuseする ◆a fused coupler (光ファイバ用)溶融型カプラ[カップラー] ◆A fuses with B to form C A は B と融解[溶解]して C になる ◆fuse the two systems into one easy-to-use whole これら二つのシステムを融合し使いやすい一体化したものをつくる ◆the ink is transferred to a sheet of paper and fused into place 《乾式複写》

インク粉[トナー]は紙に転写されて, その箇所で熔融定着する ◆Minimum Fusing Current: The minimum value of current to cause melting of the fusible elements 最小溶断電流: 可溶[可融]素子の熔断を引き起こす最小電流値

**fuse box** a〜 ヒューズボックス, ヒューズ箱, カットアウトボックス

**fusee** a〜《鉄道》信号炎管[発炎信号], 導火線, (昔のゼンマイ式時計の)円錐滑車, (古)耐風マッチ ◆a train approaching a red fusee burning on or near its track 軌道[線路]の上あるいはそのそばで燃えている赤色発煙信号に接近してきている列車

**fuse holder, fuseholder** a〜 ヒューズホルダー ◆a panel-mount fuseholder パネルに取付けて使用するタイプのヒューズホルダー ◆use an in-line fuse holder to protect the circuit 回路を保護するためにインライン[電線に直列に入れる]タイプのヒューズホルダーを使用する

**fuselage** a〜(飛行機, ロケットの)胴体, 機体 ◆the fuselage of an aircraft 航空機の胴体

**fuser** ◆a printer fuser プリンタの定着器(*インクトナーを熱で用紙に溶着させる)

**fusible** adj. 可融性の, 可融性の, 熔融性の ◆a fusible plug 可融[可熔, 可溶]栓; 熔融プラグ ◆a fusible resistor ヒューズ抵抗(器), 可溶性抵抗器

**fusion** 回融合, 核融合, 融着, 融解, 溶解, 熔解, 熔融; (a)〜(政党などの)合併, 合同, 連合, 提携; (a)〜《音楽》フュージョン ◆a fusion bomb 核融合爆弾, 水素爆弾, 水爆 ◆cold fusion 常温核融合 ◆fusion music フュージョンミュージック ◆fusion splicing 《光ファイバ》融接接続 ◆heat-fusion printing 熔融印刷[印字](*パソコン用プリンタの印字方式の一種) ◆a fusion thermal transfer printer 溶融型熱転写プリンター ◆carry out room-temperature fusion 常温[室温]核融合を行う ◆an energy-yielding nuclear-fusion reaction エネルギーを発生する核融合反応

**fuss** (a)〜 ささいなことでの大騒ぎ, 騒ぎ立てること, 仰々しくすること, ちやほや騒ぎ立てること, 苦情, 不満, 口論, 喧嘩, ひと騒動, ひともんちゃく; vi. <over, about>する, やきもきする; vt. 〜に気をもませる, 〜をあおり立てる ◆a fuss-free garden 面倒のかからない[手入れや世話の要らない]庭 ◆to provide you with no-wait, no-fuss enjoyment from the moment you arrive ご到着の瞬間から[ご来場されてすぐに], 待たずに, 仰々しい[意味もなく煩雑な, 七面倒くさい]手続きや準備もなく(手軽に)お楽しみいただけるように

**fussy** adj. 騒ぎ立てる, すぐにイライラする, うるさい, うるさい[やかましい], (好みが)小難しい, 選り好みする, 細かすぎる, 凝りすぎている, (図案や模様が)ごてごてしていてうるさい ◆be very fussy about picture and sound quality 〈人〉が画質と音質に非常にうるさい[こだわる] ◆I am very fussy about shrimp. A shrimp that is overcooked is tough and dry. I like shrimp when they're tender and juicy, which can only be accomplished when they are cooked properly. 《意訳》私はエビには極めてうるさい。火の通りすぎたエビは堅くてパサパサしている。柔らかくジューシーな時のエビが好きだが, 火加減が丁度よいのはきちんと調理された時に限る。

**futile** adj. 無駄な, 無益な, 徒労[無駄骨]の, 空しい, 効果のない, くだらない, 取るに足らない(frivolous)

**futon** a〜 敷き布団 = shikibuton (cf. comforter, quilt)

**future** the〜 将来, 未来, 今後, この先, これから先, 前途, 行く末, 後々(ノチノチ, アトアト), 先々(サキザキ); a〜 将来性, 前途の有望さ, 見込み; 〜(→ futures); adj. 将来の, 未来の, 今後の, この先の ◆in future これからは[今後(は)]; 今後[以後], これから[に] ◆in the future 今後[将来, 以後, これから]; これから先; やがて; 未来には; 行く行くは; 行く末は ◆in the near future 近い将来(に); 近いうちに; 近く; 近々; もうすぐ; 近日中に; 遠からず; 将来早々 ◆in the not-too-distant future; in the not so distant future あまり[そう]遠くない将来に, 遠からず(*too でも so でもハイフンを付けたり付けなかったりする) ◆in the distant future 遠い将来に, 先々(サキザキ), ずっと先の将来に ◆at some future time いつか将来 ◆a future iteration　今後の版; 後継［後続］製品［商品］　◆a technology of the future　未来の技術　◆at some future date　後日（に）　◆become a major challenge for the future　今後の大きな課題となる（キスル）　◆future Nissans　今後［この先］の日産の製品　◆in keeping with future trends in journalism　ジャーナリズムの今後の動向に合わせて　◆in the not-too-distant [not-so-distant] future　あまり［そう］遠くない将来に; 近い将来に; 遠からず（＊ハイフンを省いて代わりにスペースにすることが多い）　◆look to the future　未来を見つめる　◆move into the future　未来に向かう　◆ponder the future of trucking　トラック運送業の将来［先行き, 行方, 行く手, 行く末, 今後, 未来, これからのこと, 前途］についてじっくり考える　◆predict future political developments　今後の政治の成り行き［動向, 趣向］を予測する; 政局の行方［帰趨（キスウ）］を占う　◆their future prospects　彼らの将来の見通し［将来性］　◆to build a brighter future　より明るい［輝かしい］未来をつくるために　◆toward the future　今後［将来］に向けて　◆work on the future now　今, 明日を作っている（＊宣伝文句より）　◆a future-oriented project　未来志向型のプロジェクト　◆business losses arising from [out of] trading in gold futures　金の先物取引による事業損失　◆future-focused areas　将来的に注目［有望視］される分野　◆As for the immediate future, . . .　ごく近い将来について言えば; 当面［当座, さしあたり］は　◆The future is bright for. . .　〜の未来は明るい［輝かしい］　◆a still much-in-the future optical computer　依然として大いに将来を期待される光コンピュータ　◆be designed with an eye toward the future　将来をにらんで［視野に入れて］設計されている　◆prepare for the future by. . .-ing　〜をすることで今後に備える　◆save these files for future use　《コンピュ》これらのファイルを将来使用できるよう保存する　◆speculate about future courses of action　今後の対応について考える　◆. . . will continue for a long time into the future　〜は今後［将来, この先］も長期［長き］にわたって継続するだろう　◆will continue to do so also into the future　今後も, 今後も, この先も, 今後も, 先々も］引き続きそうするだろう　◆predict the direction of the economy six months into the future　6カ月先までの経済［景気］の行方を予測する［占う］　◆set the stage for a relationship that will continue far into the future　末長い関係［付き合い］へ向けての環境を整える　◆the company is investing heavily in technology with an eye to [toward] the future　この会社は, 将来を視野に入れて多額の技術投資を行っている　◆the city that prides itself on being the cutting edge of the future　未来に向かって先頭を切っている［時代の最先端にいる］ことを誇りにしているその都市　◆the people who chart the future at the Ford Motor Company　フォード自動車会社において将来を方向づける人たち　◆It has a lot of future potential.　それは豊かな将来性をもって［大きな発展性を秘めて］いる。　◆Nanotex is not pinning its future only on computers.　ナノテックス社の, 将来をコンピュータ（のビジネス）にだけ託してはいない。　◆Some pins are reserved for future use.　《コンピュ》いくつかのピンは,（将来の規格化に使用できるよう）未使用にしてある。　◆The future is far from certain.　先行きは, 透明からは程遠い［全く不透明である］。　◆the future of Russian palladium production continues very much in doubt　ロシアのパラジウム生産の先行きは引き続き［依然として］非常に不透明である　◆The model's future looks as bright as the noonday sun.　その機種［車種］の前途は, 真昼の太陽のように明るい［輝かしい］。　◆This material has a bright future.　この材料は前途が明るい。　◆We see the computer as the hope of the future.　我々はコンピュータを未来のホープと見ている。　◆Let's look to the future, let's begin to do what we need to solve our problems.　未来を志向しよう。そして私たちが抱える問題の解決に必要なことをし始めよう。　◆The club has had a decorated history, and will no doubt continue well into the future.　このクラブは華々しい歴史があり, そしてこれからも末長く存続［存立］することは疑いない。　◆The company is investing heavily in the future, which will reduce earnings in the present.　同社は将来に対して多額の投資を行っており, このために目下［当面, 当座, さしあたり］の収益が減ることになるだろう。　◆The

**futures**　《複扱い》先物取引, 先物契約　◆the futures market　先物市場（＝the forward market）　◆a commodities-futures trader　先物売買業者　◆a currency-futures market　通貨先物取引市場

**futuristic**　adj. 未来の, 未来派の, 超現代的な　◆a futuristic, high-tech automotive plant　超近代的なハイテク自動車工場　◆a futuristic all-glass-and-aluminium office space　《意訳》すべてガラスとアルミで構成された未来感覚あふれるオフィススペース

**fuzz**　[U] けば, 綿毛, ふわふわしたもの; (a) 〜 うぶ毛; [U] ギターなどの楽器の音をわざと歪ませて輪郭をぼやかした音（＝a fuzz tone）; the 〜《俗》《集合的》警察, 警官; v. 耳羽立つ［立たせる］, ぼやける［かす］　◆a fuzz ball　綿ぼこりが丸まってきた玉

**fuzzy**　あいまいな, ファジィ論理［推論］を応用した,《家電》ファジィ機能搭載の; 〈音, 画像, 考えが〉はっきり, 不明瞭な, はっきりしてない,〈情勢が〉不透明な; けば立った, うぶげ［けば］のある, うぶげ［けば］だった〜のような　◆a fuzzy control system　ファジー制御システム　◆fuzzy matching　曖昧一致検索　◆a fuzzy computer chip　ファジーコンピュータ用のチップ　◆involved in fuzzy research　ファジーの研究にたずさわって; ファジー研究を手がけて　◆a fuzzy-logic washing machine　ファジー洗濯機　◆perform 28,600 fuzzy-logical inferences per second　毎秒28,600回のファジー論理推論を行う　◆You can even fuzzy search if you're not sure how to spell. . .　〜の綴り方がはっきり分からない場合は, 曖昧検索（さえ）もできる。　◆Tax laws are indeed fuzzy and open to many interpretations.　税法は実に不明確で, 多くの解釈ができる［《意訳》解釈がまちまちになるきらいがある］。　◆For Japanese businessmen, the fast-strengthening yen made an already uncertain export picture even more fuzzy.　日本のビジネスマンにとって, 急速に強くなりつつある円が, すでに先行き不透明だった輸出情勢をさらに不透明なものにした。

**fuzzy logic**　ファジィ論理

**FX, fx**　(effects)

**FY**　(fiscal year) 会計年度　◆in FY1994　1994会計年度に

**FYI**　(for your information) ご参考までに, なお

## G

**G**　a〜重力の加速度, ジー; (generation) 世代　◆third-generation (3G) mobile phones　第三世代の移動電話　◆It is shock-resistant to 300Gs.　それは300Gまでの衝撃に耐え（られ）る。　◆the sheer g-joy my Porsche delivered me on a daily basis　私のポルシェが日々与えてくれた純粋な加速の快感　◆The unit can withstand up to 300Gs of force, (or a drop of 30 inches onto concrete) without losing data or breaking the plastic case.　本ユニットは, データを喪失してプラスチックケースを破損したりすることなく, 300G（30インチの高さからコンクリート上への落下に相当）までの衝撃に耐えます。

**G-7, G7**　(Group of Seven) the 〜 先進7カ国［主要先進国］, G7（ジーセブン）（＊先進7カ国蔵相会議の通称）　◆attend the G-

7 summit G7[主要先進国]首脳会議に出席する ◆the G7 finance ministers and central bankers 主要7カ国の蔵相・中央銀行総裁 ◆the G-7 presidents and prime ministers G7[主要先進国]首脳

**Ga** ガリウム(gallium)の元素記号

**GaAs** (gallium arsenide) ガリウム砒素(ヒソ) ◆a GaAs FET (gallium arsenide field-effect transistor) ガリウムひ素電界効果トランジスター(▶"ガスフェット"と発音)

**gadget** a～(興味を引くようなしゃれた工夫が施されてて便利に使える小さな)機械[装置, 器具, 小道具]( = a gizmo [gismo]) ◆an electronic gadget that would be helpful in a job search 職探しで役に立ちそうな小物電子機器[文具] ◆a gadget that projects computer output onto a screen through an overhead projector コンピュータ出力をOHPを通しスクリーンに投影する機械[機器]

**gadgetry** ⦅集合的に⦆小道具類, 器具類, 装置類, 用具類, 実用新案

**gadolinium** ガドリニウム(元素記号: Gd)

**gage, gauge** (▶工業・技術分野では gauge よりも gage のスペルが好まれる傾向にある)1 a～ゲージ, 標準寸法, 標準規格, 寸法, 計量器, 測定器械(鉄道)軌間, (車)左右の車輪間の距離, (金属板の)厚さ, (針金の)太さ, 猟銃の銃身の口径, (ニット, メリヤス製品の編目の細かさ)ゲージ ◆a gage block ゲージブロック ◆standard gages 標準ゲージ(→ standard gage) ◆the standard gage 標準軌間(→ standard gage) ◆a narrow gage 狭軌(→ narrow gage) ◆a broad [wide] gage 広軌(→ broad gage) ◆a fuel (level) gauge [indicator] 燃料計 ◆(a) heavy gauge copper wire 太い銅線 ◆a fine wire-thread gage ねじゲージ ◆a wire of smaller gauge; (a) smaller-gauge wire より細いワイヤー ◆use inadequate gauge wire 太さが十分でないワイヤ[太さの足りない針金, 細すぎる電線]を使う ◆various gauges of wire いろいろな太さの針金[電線] ◆(a) large-gauge, high-current electrical distribution wire 太い[太物]大電流配電線

2 vt. a～を正確に測定する, 評価する, 判断する; 規格に合致させる; けがく; (石, 煉瓦など)を削って[こすって]均一な大きさにする ◆gaging equipment (= a gage) 測定器 ◆gauge the level of contamination in the Rhine ライン河の汚染度を測定する ◆conduct a test to gage the quality of the sound 音質を評価する[測る]ための試験をする

**gag order** a～箝口令(カンコウレイ), 口止め ◆impose a gag order on them 彼らに口止めを命じる ◆She claimed to be under a gag order barring her from commenting on... 彼女は, ～についての発言を禁じる箝口令が彼女に出されていると言った

**Gaia** ギリシャ神話の大地の女神(▶環境保護に関する話題で地球, 大地, 大自然を指すのによく使われる) ◆the goddess Gaia (ギリシャ神話の)大地の女神 ◆as an enemy of Gaia the Earth Mother 母なる地球である(女神)ガイアの敵として

**gain** 1 vt. ～を得る, 手にする, 獲得する, 勝ち取る, 射止める, 確保する, 稼ぐ; (時計が)～だけ進む; 〈高度, 速度, 体重など〉を～だけ増す, 〈目的など〉を遂げる, 達する, 到達する, 〈...〉に(得をさせる, もうける(from, by); 〈～が〉増える〈in〉; (時計が)進む; 〈on, upon〉～を追い上げる[(～に)追い迫る], (追ってくる競争相手を)引き離す ◆gain information 情報を得る ◆stocks gain [rise] on good news 株は好材料を好感して上昇する ◆X gained a 50% holding [interest] in Y. X社はY社の50%の株を取得した.

2 (a)～⦅電子⦆ゲイン[利得]; a～増加, 増大, 向上, 改善; 〈～〉～収益, 利益, 所得, 儲け ◆gain in productivity 生産性の向上 ◆a 6-dB gain is obtained 6デシベルのゲインが得られる ◆achieve high gain 高いゲインを達成する ◆a gain in overall thermal efficiency 全体的な熱効率の向上 ◆a gain of 6 dB 6デシベルの利得 ◆a high-gain radio receiver 高利得ラジオ受信機 ◆make gains in cost competitiveness by using... ～を使うことによりコスト面での競争力[対応力, 優位性]を高める[つける] ◆the gain of an amplifier アンプの利得[ゲイン] ◆expect a performance gain of 25 percent to 30 percent 25パーセントから30パーセントの性能向上[改善]を見込む ◆exult in gains in life expectancy and declines in infant and child mortality 平均寿命の伸び[延び]および乳幼児・小児の死亡率の低下を非常に喜ぶ ◆purchase new equipment and technology for still more productivity gains 一段と生産性向上[アップ]を図るために新しい機器や新技術を購入する ◆realize large productivity and efficiency gains 大幅な生産性向上および効率[能率]向上を実現する ◆Significant gains have been made since... ～以来著しい進歩があった. ◆Astonishing gains are being made in the stock market daily. 驚くべき利益が株式市場で日々上がっている. ◆Gains are being made with genes that confer resistance to insects or diseases. 耐虫性や耐病性を付与する遺伝子についての知見が得られつつある. ◆Ink jet technology continues to offer gains in resolution, print speed, and cost. インクジェット技術は, 解像度, 印字速度, コスト面で進歩[向上]し続けている.

**gainer** a～獲得する[利得を得る, 得る]人, 増加したもの, 勝利者, 勝者; ⦅株⦆値上がり銘柄(↔ a loser) ◆Gainers beat losers 1,247 to 833. 値上がり銘柄が1,247と値下がり銘柄の数の833を上回った. (＊株の話)

**gal** ◆190 liters (50 gal [gals]) of water 190リットル(50ガロン)の水 ◆980 gals [Gals] 980ガル(＊CGS単位系での加速度)

**galenic** adj. 生薬(ショウヤク)[本草薬(ホンゾウヤク), 草根木皮(ソウコンボクヒ)]の ◆a galenic physician 生薬医

**gallant** adj. 勇ましい, 勇敢(勇壮)な, さっそうとした, (船舶などが)立派な[堂々とした], 女性に対して礼儀[丁重, 慇懃(インギン)]な; a～(以下すべて古)粋な男, 色男, 伊達男, 洒落男, 女性に親切な男, 情男 ◆gallant knights on horseback 勇壮な[勇ましい]馬上の騎士; さっそうと馬に乗った騎士

**gallery** a～画廊, ギャラリー, 美術館, (美術品)陳列室, 中二階, 桟敷(サジキ), 天井桟敷(の観客), (ゴルフなどの)観衆, 傍聴席, 傍聴人, 細長い部屋, 回廊, 暗渠(アンキョ), 地下道, ⦅鉱⦆横坑道, 枝坑道 ◆gallery in [of] a coal-mine 炭鉱の坑道

**galley** a～(機内・船内の)ギャレー[調理室]; a～ゲラ(＊活字の組み版を入れる箱); a～( = a galley proof) ゲラ[校正]刷り; a～ガレー船(＊古代ギリシャ・ローマ時代の多数のオールで漕ぐ大型軍船) ◆galley equipment (船舶の)調理室用機器, (旅客機などの)給仕室用機器

**galley proof** a～ゲラ刷り, 校正刷り, 試し刷り

**galling** adj. いらだたせる, しゃくにさわる; n. ⦅金属部品の⦆(摩損による)かじり, 摩損 ◆by the galling of bearing surfaces ベアリング表面のかじりによって ◆have antigalling properties ～にはかじり防止性がある ◆Beyond that, metal-to-metal wear and galling can occur, ultimately followed by seizing of the bearing. それを超えると, 金属同士の摩耗とかじりが発生する可能性があり, これは, しまいにはベアリングの焼き付きにつながる.

**gallium** ガリウム(元素記号: Ga) ◆Electrons travel up to ten times as fast through gallium arsenide. 電子はガリウム砒素(GaAs)中を最高10倍までの速さで移動する.

**gallstone** a～⦅医⦆胆石 ◆extracorporeal shock wave lithotripsy for gallstones 胆石の体外衝撃波結石破砕療法

**galore** adj. ⦅名詞のすぐ後に置いて⦆たくさんの, 多くの, 豊富な, ふんだんな ◆enjoy benefits galore 多くの便宜を享受する ◆There are bargains galore here. こちらには山積み[盛りだくさん]のお買い得品がございます.

**galvanic** adj. 〈電池が〉直流電気の[直流を発生する], 非常にエキサイティングな[興奮させる, わくわくさせる, 刺激的な], 電撃的な, (びくびくする)痙攣的な[引きつったような], ハッと[ドキッと]させる ◆Galvanic corrosion occurs when dissimilar metals or alloys are in intimate contact near to or in an electrolyte. 電食は, (2つの)異種金属または(組成の)異なる合金が電解質の存在下で密着している場合や電解質に浸かっている場合に起きる.

**galvanization** ⦅亜鉛めっき, ⦅医⦆直流通電(法), 活気づけること ◆the hot-dip galvanization of sheet steel シートメタルの溶融亜鉛鍍金[メッキがけ]

**galvanize** ～に亜鉛めっきする；〈人〉を即～するよう駆り立てる［奮起させる］<into>；～を電流を流して刺激する ◆galvanized (sheet) iron 亜鉛めっき［亜鉛引き］鉄板；トタン板 ◆a galvanized corrugated sheet 波形トタン板 ◆a galvanized steel wire strand 亜鉛めっき鋼撚り線（ヨリセン） ◆be hot-dip galvanized in accordance with ASTMS A-153-82 ASTMS A-153-82規格に従って溶融亜鉛めっきされている

**galvanometer** a～ガルバノメータ，検流計

**game** a～ゲーム，遊戯，遊技，遊び(道具)，競技(大会)，試合，一戦，策略，たくらみ；～（狩猟，釣りの）獲物 ●鳥獣保護区［禁猟区］ ◆a video game ビデオゲーム(機)（*画面を見ながら押しボタンなどを操作して遊ぶゲーム。テレビに接続してプレイするゲーム，コインを投入すると使用できるarcade games、およびcomputer gamesを含む） ◆game software ゲームソフト ◆a game cartridge ゲームカートリッジ（*ゲームソフトをROMにしたa ROM cartridgeで，ゲーム機に差し込んで使う） ◆a hand-held game machine 携帯型ゲーム機器（*ゲームボーイなどの） ◆complicate the rules of game 行動規範を複雑化する［ややこしいものにする］ ◆harvest game 獲物を捕まえる［捕らえる，獲る，捕獲する］ ◆Nintendo, Japan's major game machine company 日本の大手ゲーム機会社である任天堂

**gamma** (a)～ガンマ（*ギリシャ文字Γ，γ） ◆gamma correction 《TV》γ補正，ガンマ補正 ◆gamma globulin ガンマ・グロブリン ◆gamma rays ガンマ線 ◆adjust gamma correction ガンマ補正の調整をする ◆gamma adjustment ガンマ調整 ◆gamma-corrected color images ガンマ補正されているカラー画像 ◆to gamma-correct RGB data RGBデータのガンマ補正をするために

**gamut** the ～ 範囲全体，全領域，全域；《音》全音域，全音階 ◆Accommodations range from deluxe hotels to bed-and-breakfasts, motels, and campgrounds. They run the gamut in price and quality. 宿泊設備は，デラックスホテルをはじめとして，朝食付き宿泊所［民宿，低価格ホテル］，モーテル，あるいはキャンプ場までと幅広い。価格的にも質的にもピンからキリまである。 ◆The cost of DTP programs runs the gamut from about $200 for a basic Macintosh program to between $1000 and $8000 for a full-blown IBM-based program. DTPソフトの価格は，200ドル程度の基本的なマッキントッシュ用ソフトから，1000ドルから8000ドルのIBMベースの本格的ソフトまでの幅がある。

**gang 1** a～（同類の人々，作業者の）一団，一群，一行，グループ；a～（同時にまたは一緒に働くようになっている工具や部品の）一組，一式；a～（悪漢の）ギャング，一味，愚連隊，暴力団，悪仲間，非行グループ；a～（電気）連結スイッチ ◆a gang switch 連結スイッチ(= a deck switch) ◆a two-gang variable capacitor （ラジオ用などの）2連バリコン ◆Frank Sinatra and his gang (of buddies) フランク・シナトラとその仲間たち
**2** vt. ～をいくつかの組に編成する；～を一組に構成する；～を集団で襲う ◆ganged control 連動制御 ◆gang together the stages これらの(増幅)段を連動させる ◆Pricing is according to the number of switches ganged together. An 8-gang unit goes for $0.75 in lots of 10,000. 価格設定は，連結されているスイッチの数により異なる。8連のユニットは，1万個のロット単位で（単価）75セントである。(*DIPスイッチの話では)

**gangster** a～ギャング［犯罪者グループ］，暴力団，やくざ］の一員，悪漢 ◆yakuza – the tattooed gangsters who belong to Japan's version of Mafia やくざ―マフィアの日本版に属する入れ墨をしたギャング［暴力団員］ら

**gantry** a～ガントリー［橋形，門形］クレーン，（大型ロケットを垂直に保持する，鉄道の）跨線信号台，（樽を寝かせて置いておくための）保持台

**Gantt** ◆a Gantt chart ガントチャート（*スケジュールなどを表すのに用いられるグラフ。時間軸に沿って，各項目の期間を開始から終了時点までの線で示す）

**gap** a～ギャップ，すき間，間隙，空隙，割れ目，裂け目，あいている箇所［穴］，空所，脱字；a～ 差，格差，隔たり 絶，相違［食い違い，ずれ，溝，(収支)不均衡，《意訳》赤字［不足］ ◆fill [bridge, close] a gap すき間［隔たり］を埋める；穴を埋める［埋める］ ◆a gap widens [～narrows］ 差が開く［～縮まる］ ◆narrow [reduce] a gap 差を縮める［減らす］ ◆a trade-gap remedy 貿易不均衡是正案 ◆a gap in the market 市場の隙間［ニッチ］ ◆a shallow air gap beneath... ～の下の浅くて薄っぺらな空隙［空気の層］ ◆close [fill, cover, make up, make up for] a budget gap 予算の赤字［不足］を埋める［埋め合わせをする］ ◆the gap between ideal and reality 理想と現実の隔たり ◆the gap between the two point faces これら2つの接合面間のギャップ［隙間，間隔］ ◆the wage gap between men and women widened 男女間の賃金格差が広がった［拡大した］ ◆bridge the gap in today's computer graphics marketplace 〈新しい製品などが〉今日のコンピュータグラフィックス市場のすき間を埋める ◆the widening of the gap between those who have and those who have not 持てる者と持たざる者の間の格差が広がること［格差の拡大］ ◆The existing cultural gap is still difficult to bridge. 文化間の現在の溝を埋めるのは，まだ難しい。 ◆Both companies need this product to help fill the yawning gaps in their U.S. lineup. 両社ともに，米国での商品構成の大きな穴［ラインアップの大口をあけている欠落部分］を埋める足しにするために，この商品を必要としている。

**gape 1** vi. 大きく裂ける［割れる］，口を開ける，ぽかんと口を開けて［～に］見とれる <at>
**2** a～ぽっかり開いた裂け目［割れ目］，開口；あんぐりと口を開けて見とれること；あくび ◆a retractable roof in mid-gape 半開きになっている開閉式屋根

**garage** a～車庫，自動車修理・整備工場 ◆put the car in the garage 車を車庫に入れる［入庫する］ ◆Without the aid of any venture capital funding, Borland grew from a garage start-up operation to one of the largest software companies in the world. ベンチャーキャピタルの資金援助の一切なしに，ボーランドは，ガレージで始まったベンチャー企業から世界最大級のソフトウェア会社に成長した。

**garbage** 生ごみ，厨芥，屑（クズ），廃物，不要品，がらくた，くだらないものや話など，《コンピュ》無意味［不要］なデータ，エラーを含んでいる入力データ ◆domestic garbage 家庭(から出る)ごみ ◆kitchen garbage [refuse]; raw garbage [refuse]; raw kitchen garbage; fresh refuse 生ごみ ◆a garbage incinerator plant ゴミ焼却工場，清掃工場 ◆garbage and sewage disposal facilities ゴミ処分・汚水処理施設，《意訳》清掃工場 ◆garbage collection ゴミ収集，《コンピュ》ガーベッジコレクション，廃域［使用済みメモリ領域の］回収（*メモリー内の不要になったデータを削除したり，散在している空き領域をまとめたりして，1つの連続した大きな空き領域をつくること） ◆a garbage-processing center ごみ処理センター ◆When I tried to import my file, a whole bunch of gobbledygook [garbage characters] appeared on the screen. ファイルを読み込もうとしたら画面に化け文字が現れた。

**garbage in, garbage out** (GIGO)《コンピュ》ガーベッジイン・ガーベッジアウト（*くずデータを入力すれば，くずデータしか出力されない，という意味の格言）

**garbage collector** a～《米》(= a garbageman)

**garbageman** a～ (pl. garbagemen)《米》ごみ収集人，清掃局員 (=《英》a dustman)

**garbage truck** a～《米》ごみ収集車，清掃車 (=《英》a dustcart)

**garble** vt. （通信文，文字データなど）を化けさせる［判読不能に変形させる］，〈音声〉を聞き取れないふうに変形させる，〈話，事実など〉をゆがめる［曲げる，取り違える］；(a)～文字化けした［ぐちゃぐちゃになった］データ，garbleすること ◆the garbling of characters 文字化け ◆characters become [get] garbled《コンピュ》文字が化ける；文字化けする ◆turn into garble 〈文字が〉化ける［〈文書などが〉文字化けする ◆garbled data caused by static electricity 静電気のせいで化けてしまった［ぐちゃぐちゃになった］データ ◆garbled characters appear [are displayed] on the screen 化け文字が画面に表示される

**garden** (a) ～ ガーデン, 庭, 庭園, 花園, 菜園[野菜畑], 露地, 果樹園, 園地, 苑地; a ～《しばしば ～s》公園, 遊園地, 植物園, 動物園; adj. 園芸用の ◆with some of our garden-fresh basil leaves 新鮮な(庭から)摘みたてのバジルの葉を添えて

**gardening** 回ガーデニング, 園芸(= horticulture), 庭いじり, 庭仕事, 庭作り, 造園 ◆do gardening at... ～でガーデニング[園芸, 庭いじり, 庭仕事]をする

**garden-variety** 普通の, 通常の, ありふれた, 特にどう言ったこともない

**gargantuan** adj. 巨大な, 途方もない, とてつもなく大きい, 膨大な ◆the gargantuan American market 巨大な米国市場

**garish** まぶし過ぎる, ぎらぎらする, 〈衣服, 飾り付けなど〉がどぎつい, けばけばしい; 派手に飾りたてた, 派手な色をした

**garment** a ～ 衣服[衣料品]一点, 被服, 外皮, 被覆, 外観

**garner** ～を集めて貯蔵する, 蓄える; 得る, 獲得する ◆garner a substantial share of the camcorder market カメラ一体型ビデオ市場でかなりのシェア[相当大きな占有率]を獲得する

**gas** 回《種類は a ～》ガス, 気体, 毒ガス; 回《家庭用の》ガス, 《米口語》ガソリン; the ～ アクセル(ペダル); a ～《米口》すごく楽しい物事 ◆step on the gas (口)アクセルを踏む; 車のスピードを上げる, (仕事などの)テンポを上げる ◆run out of gas ガス欠になる(*ガスはガソリン) ◆a gas-draining vent 《炭鉱》ガス抜き穴 ◆a gas guzzler ガソリンをがぶ飲みする車[高燃費車] ◆a gas meter ガスストーブ ◆a gas meter ガスメーター ◆a gas range [stove] ガスレンジ, ガスステーブル ◆a gas station ガソリンスタンド, 給油所 ◆a gas tank ガス・タンク, 《車》ガソリン・タンク ◆a gas turbine ガスタービン ◆natural gas 天然ガス ◆a gas alarm ガス警報, ガス警報器 ◆gas-insulated switchgear (GIS) ガス絶縁開閉装置 ◆a gas discharge-tube laser 気体放電管レーザー ◆an ionized gas 電離[イオン化]している気体 ◆carbon dioxide and other gases 二酸化炭素[炭酸ガス]やその他の種類のガス ◆cook by [with, on] gas ガスで料理する ◆cook on a slow [low, high] gas (順に)とろ火[弱火, 強火]で煮炊きする ◆depress the gas pedal fully アクセルペダルをいっぱいに踏み込む ◆generate greenhouse gases 温室効果[温暖化]ガスを発生する ◆in a gas atmosphere ガス雰囲気中で[の] ◆increase gas mileage 燃費を向上する(*低燃費にする, 燃費を良くする) ◆perform high-resolution gas chromatography 高分解能ガスクロマトグラフィーを行う ◆petroleum gases 石油ガス(*プロパンやブタンなど) ◆the gas tank of a car 車のガソリンタンク ◆unleaded gas 無鉛ガソリン ◆wear a gas mask ガス[防毒]マスクを着用する ◆you may pass gas おならが出ることがあります ◆a 50-gallon gas water heater 50ガロンの容量があるガス温水器 ◆a gas-bearing artillery shell (毒)ガスが充填されている砲弾 ◆a gas-filled, high-intensity lamp ガス入り高輝度ランプ ◆gas-to-liquid (GTL) technology for producing synthetic diesel fuel from natural gas and other carbonaceous feedstocks 天然ガスやその他の炭素質原料から合成ディーゼルオイル[軽油]を生産するためのガス液状化[液化, 液体燃料化](GTL)技術 ◆be about to run out of gas 〈車などが〉ガス欠になろうとしている ◆get better gas mileage 燃費を改善する ◆shut off electric lights in the mine to avoid a methane gas explosion メタンガス爆発を防ぐために坑内の電灯を消す

**gas burner** a ～ ガスバーナー, ガス火口

**gaseous** ガスの, ガス状の, ガス体の, 気体の ◆in gaseous form 気体の形で ◆gaseous helium ガスヘリウム ◆gather gaseous samples 気体サンプルを収集する ◆bacteria convert gaseous nitrogen from the air into soluble nitrogen バクテリアが空気中の気体状の窒素を水溶性の窒素に変える ◆capable of manufacturing oxygen and nitrogen in both liquid and gaseous form 酸素と窒素を, 液体と気体両方の状態で生産可能

**gas-filled** adj. ガスが封入[充填]されている, ガス入りの ◆a gas-filled shock absorber 《車》ガス封入ショックアブソーバー ◆gas-filled 105-mm shells 毒ガス入りの[毒ガスが充填された]105mm 砲弾

**gas fitter** a ～〈建物内部のガス配管工事などをする〉ガス工事人

**gas guzzler, gas-guzzler** a ～〈ガソリンをがぶ飲みする〉不経済車, 燃費の悪い車

**gashouse** a ～ ガス製造工場(= a gasworks)

**gasification** ガス化, 気化, ガス発生 ◆a gasification melting furnace ガス化溶融炉(*廃棄物を高温でガス化して燃焼させるためにダイオキシンの発生が極めて少ない)

**gasify** vt., vi. ガス化する, 気化する

**gasket** a ～ ガスケット, パッキン, (密封用の)詰め物 ◆a silicone rubber gasket シリコーンゴム製のガスケット[パッキン] ◆Refrigerator door seals are the gaskets around refrigerator and freezer doors. 冷蔵庫のドアのシールとは, 冷蔵庫および冷凍庫のドアのまわりのパッキンのことです.

**gasohol** ガソール(*gasoline -alcohol の合成語, ガソリンに 5から15%の無水アルコールを混ぜたもの)

**gasoline** a ～ =《英》petrol ◆premium grade gasoline オクタン価の高いガソリン ◆a gasoline-driven car ガソリン車 ◆a gasoline-powered machine ガソリンを燃料として働く機械 ◆gasoline prices at the pump have largely stabilized 小売り段階でのガソリンの価格は, だいたい安定している

**gas-plasma display** a ～《コンピュ》プラズマディスプレイ

**gas-sipping** ガソリンをちびりちびりやる, 燃費のくわない, 低燃費の ◆a gas-sipping automobile 低燃費車

**gas station** a ～《米》ガソリンスタンド, 給油所 (= a service station, =《英》a filling station)

**gastight** ガス漏れしない; 気密(性)の, 空気密の, ガス密の, 蒸気密の ◆a gastight enclosure 密閉容器

**gastric** adj. 胃の, 胃の中の, 胃による ◆patients with gastric ulcers or other gastrointestinal diseases 胃潰瘍あるいはその他の《胃腸》[《意訳》消化器系の]の患者

**gastrointestinal** adj. 胃腸の ◆gastrointestinal diseases 胃腸病

**gasworks** a ～ (pl. gasworks) ガス製造工場 (= a gashouse)

**gate** 1 a ～ ゲート(回路), 出入口, 戸, 門, 門扉(モンピ), 水門, 遮断機, 注ぎ口, (鋳型の)湯口, (空港の)搭乗口, あおり(*自動車のちょうつがい式扉), 料金徴収所, 総入場者数, 総入場料金 ◆a gate circuit; a gate ゲート回路 ◆railroad crossings that are not protected by gates [barriers] or signals 遮断機[遮断棒]や警報機によって保護されていない踏切 ◆the gate swings open and closed as though in a windstorm 扉は, まるで激しい風にあおられるように, 開いたり閉まったりする ◆Gate opens at 6:00 pm. Show starts at 7:00 pm and lasts until 11:30 pm. 開場(は)午後6:00. 開演午後7:00, 終演午後11:30(です).

2 vt. 《電子回路, 素子》の動作をゲート制御する ◆a gating circuit ゲート回路 ◆an iron-gated compound 鉄の門扉で閉ざされた敷地

**gate array** a ～ ゲートアレイ ▶an application-specific integrated circuit (ASIC), a logic array とも呼ばれる. ◆present-generation 10,000-gate arrays 現世代の10,000ゲートのゲートアレイ

**gateway** a ～ ゲートウェイ, 出入口, 門, (～への)入口 <to>, ゲート坑道(= a gate roadway), 《コンピュ》(異なるネットワークシステムを相互接続するための)ゲートウェイ ◆as a gateway to... ～への入口[～の玄関, ～に通じる道]として ◆Heathrow Airport, London's main international gateway 世界に向かって開かれたロンドンの主要な玄関であるヒースロー空港 ◆internetwork gateways ネットワーク相互接続装置 ◆use Panama as a gateway to the United States パナマを米国への玄関として使う ◆Mexico, which is a major gateway for U.S.-bound cocaine from South America 南米発米国向けコカインの主要な入口であるメキシコ

**gather** 1 vt. ～を集める, 収集する, 集約する, 拾い集める, 収穫する, 集中する, 〈果実〉を摘みとる, 集約する, ～

と推論する <that>，〜を巻く <around>，〜のページを製本のためにそろえる，〜の丁合いを行う，〜を縮めてひだ[ギャザー]を寄せる，〈眉〉をひそめる，〈スピード, 体重など〉を次第に増す; vi. 集まる, 集う (ツドウ), 集合する, 寄り合う, 群がる, 次第にたまる ◆light-gathering power　集光能力 ◆an information-gathering system　情報収集システム ◆fat globules have a tendency to gather into clumps　脂肪球には寄り集まって[凝集して]塊になろうとする性質がある ◆Modern digital camcorders are light and compact and make news gathering significantly simpler.　今日のカメラ一体型デジタルビデオは軽量コンパクトで, ニュースの[報道]取材を非常に簡単なものにしてくれる. ◆His interactive, live Web site will be a gathering place and resource center for artists and creative people from around the world.　彼の主宰する双方向型のライブWebサイトは, 世界中のアーティストやクリエイティブな人たちのたまり場兼情報源になることだろう.
2 《しばしば 〜s》(洋服の) ギャザー, ひだ <in>

**gathering** ①集める[集まる]こと, 採集; a 〜 集まり, 集会, 会合; a 〜 (布地の) ギャザー; a 〜 (化膿性の) 腫れもの [おでき]

**GATT**　(the General Agreement on Tariffs and Trade) 《略語形にてthe は不要》ガット (関税と貿易に関する一般協定) (*1995年1月1日に世界貿易機関WTOに引き継がれた)

**gauge**　(→ gage)

**gauze**　ガーゼ, 紗 (シャ), 金網 ◆a gauze bandage　ガーゼの包帯

**gay**　adj. (口) (男の) 同性愛の (homosexual), ゲイの, ホモの; adj. 陽気な, 快活な, 楽しい, 明るい, 派手な, 華やかな, 《比喩》けばけばしい, 気持ちの悪い, 放蕩な; a 〜 (口) ゲイ [ホモ] の人, (男の) 同性愛者 ◆a gay man and a lesbian　男性の同性愛者と女性の同性愛者 [レスビアン] ◆a gay-rights group　同性愛者の人権団体 ◆gay communities around the world　世界中のゲイ社会

**gaze**　vi. <at> 〜をじっと見つめる; a 〜 凝視, 注視 ◆The machine will be placed before the public gaze.　その機械は, 一般公開されることになっている.

**gazette**　a 〜 新聞, 定期刊行物 ◆an official gazette　官報, 公報

**GB**　(gigabyte)

**G.B.**　(Great Britain)

**GCC**　(Gulf Cooperation Council) the 〜 湾岸協力会議 (*加盟国はサウジアラビア, アラブ首長国連邦, バーレーン, クウェート, オーマン, カタール)

**Gd**　ガドリニウム (gadolinium) の元素記号

**GDP**　the 〜 (gross domestic product) 国内総生産 ◆the GDP (gross domestic product) of the United States　米国の国内総生産

**Ge**　ゲルマニウム (germanium) の元素記号

**gear**　1 a 〜 ギア, 歯車, 歯車装置, 伝動装置, 変速装置; (a) 〜 《車》1速, 2速,…と数段ある速度域のうちのいずれか ◆shift into high gear 《車》高速側のギアにシフトアップする, 《比喩》ペース [ピッチ] を上げる, フル回転に入る (→ gearの子見出し in [into] full [top, high] gearも参照) ◆shift [change] gears ギアをシフトする; ギアチェンジする ◆a gear case　ギアケース; 歯車箱 ◆a gear train　歯車列 ◆shift out of gear 《車》ギアレバーを操作してギアを抜く ◆shift to a lower gear　低速のギアに切り替える ◆shift to the next gear 《車》次のギアにシフトする ◆the gears grind　ギアがきしむ ◆the state of being in gear　ギアが入って[噛み合って, 動作して]いる状態 ◆during the second-to-third gear upshift 《車》2速から3速へのギアアップシフト [ギアチェンジ] 中に ◆Although Manitoba's economy shifted into a lower gear in 1999,　マニトバ州の経済が1999年に一段と減速したとは言え, ◆increase engine speed in the lower gears 《車》低速ギアでエンジンスピードを上げる ◆the final drive and the first three gears 《車》最終駆動ギアと (1速から) 3速までのギア ◆the five-speed manual transmission's top three gears 《車》5段階速のマニュアル・トランスミッションの上位3速 [ギア] ◆dial back the boost from 15 to 10 psi in the upper three gears 《車》上位3速でブースト圧を15から10 psi [ポンド/平方インチ] に戻す ◆shift gears, from first to second and so on, in sequence 《車》1速から2速へなど順にギアチェンジしていく ◆when the Christmas party is in full gear　クリスマスパーティーが最高に盛り上がっている [最高潮に] 時に ◆The car can accelerate in fifth gear from 30 to 50 mph in 11.1 seconds.　この車は, 5速で30mphから50mphに11.1秒で加速できる.
2 ①装備, 装具, 用具 (一式), 道具 (一式); 《航空機の》着陸装置 (= landing gear); (個人の) 衣類を含めての所持品, (特定の活動のために) 身に付ける物 ◆electronic gear　①電子機器; 電子装備 ◆landing gear　(航空機の) 着陸装置 ◆soldiers in (full) combat gear　(完全に) 戦闘装備をした兵士たち; (完全) 武装 [軍装] した兵士
3 vt. 〜を (〜に) 合わせる [連動させる] <to>, 〜にギアをつける, 〜のギアを入れる, vi. (歯車同士が) 噛み合っている ◆geared toward [to, for]...　〜をめざして[目的として, 意図して] ◆products geared to the needs of individuals　個々人 [個人個人, 一人一人] のニーズに合わせた商品 ◆most of the games are geared specifically to a school-age audience　これらゲームのほとんどは特に学齢児童・生徒層を対象としてつくられている ◆Development of the methodology was geared towards providing workable solutions to the design complexity problem.　同手法の開発は, 設計の複雑さに起因する問題に対して実行可能な解決を与えることに焦点が合わされた.

**in gear**　ギアが入っていて, 順調に動作して, 準備ができて

**in [into] full [top, high] gear**　最高潮 [真っ盛り, たけなわ, 絶好調, フル回転, ピーク, 本格的, 本番] で [に], 急ピッチで, 本腰で [を入れて], 猛威をふるって, 吹き荒れて [▶top gear, high gearには自動車のギアの意味と比喩的意味がある] ◆swing into full gear [force]　真っ盛りの [たけなわ, 最高潮, 本格的] になる, 本格化する ◆as the summer tourism season swings into full gear　夏の観光シーズンが真っ盛りになるにつれ ◆when the Christmas shopping season swings into full gear　クリスマスの買い物シーズン [クリスマス商戦] が本格的になる [本番を迎える] 頃に ◆The recession was in full gear last year.　昨年, 景気後退は, 最悪の状態だった.

**out of gear**　ギアが入っていなくて, かみ合わなくて; 故障していて, 正常に働かなくて

**gear down** 《車》シフトダウンする, ギアを低速側に入れる; 〜の (状況に対処するために) 操業を短縮する, 〜の生産を削減する

**gear up**　〜にギアを装備する, シフトアップする, ギアを高速側に入れる; 〜を (〜に対処できるよう) 備える, 準備する <for, to do> ◆The plant is gearing up to produce,...　その工場は〜を生産する態勢を整えつつある [体制を敷いているところである]. ◆The company is gearing up to become a full-fledged Internet provider.　同社は本格的インターネット接続業者になるべく態勢固めをしている. ◆The AIDS virus tries to replicate before the immune system has a chance to gear up.　エイズウイルスは, 免疫機構が準備態勢を整える機会を得る前に複製・増殖しようとする.

**gearbox**　a 〜 ギアボックス, 変速機, 歯車箱 ◆a smooth-shifting gearbox 《車》切り換えが滑らかな変速機

**gearing**　①歯車装置, 伝動装置; ギアを取り付けること

**gearshift**　a 〜 《車》(米) シフトレバー, チェンジレバー (= (英)a gear lever) ◆a slick gearshift 《車》滑らかなギアシフト [滑らかに動くシフトレバー]

**gearwheel, gear wheel**　a 〜 歯車, はめば歯車, 大歯車

**geek**　a 〜 生きている鶏や蛇の首を食いちぎってみせる風変わりな見せ物芸人, 変態者, 変人, 性格異常者, オタク ◆a science-fiction geek　SF [空想科学小説] マニア ◆hardwired computer geeks　コンピュータに完全にはまっているおたく族

**geeky**　adj. ◆a geeky inventor　おたく的な発明家

**GEF**　(Global Environment Facility) the 〜 地球環境ファシリティ

**Geiger counter** a～ ガイガー計数管, 放射能レベル測定器 ◆take Geiger counter readings of... ガイガーカウンターで～の放射能レベル測定をする

**gel** 1 (a)～ ゲル, 膠化(コゥヵ)体, ゲル状[ゼリー状]物質, 高分子吸収体[剤], (整髪用などの)ジェル ◆a gel-cell battery ゲル・セル使用のバッテリー(＊ゲル状電解物質を使用の) ◆ gel-filled seats that conform to body contours 身体の線にぴったりなじむゲル入りの[《意訳》ゼリー状物質が詰めてある]シート 2 vi. ゲル[ゼリー]化する, ゲル[ゼリー]状になる ◆diapers with gelling agent to absorb wetness 水分を吸収するための高分子吸収剤[超吸水材料]が入っているオムツ

**gem** a～ 宝石, 宝玉, 宝石のように貴重なもの, 珠玉, 逸品, 高く評価されている人[逸材], マフィンの一種; vt. ～に宝石をちりばめる, を(～で)飾る<with> ◆the American Gem Society [AGS] 米国宝石協会

**gemological** adj. 宝石学の ◆the Gemological Institute of America [GIA] 米国宝石学会

**gemologist** a～ 宝石学者, 宝石鑑定士 ◆a Graduate Gemologist of the Gemological Institute of America 米国宝石学会の宝石学修了者; GIA認定の宝石鑑定士

**gemology** 回宝石学

**gender** (a)～ (社会的・文化的観点からの)性, 性別, 性差 ◆a gender changer [bender] オスメス変換アダプター(＊同性コネクタどうしを接続する際にこれを介して接続する) ◆persons with gender identity disorders; a sufferer of gender identity disorder; people who suffer from gender identity disorder 性同一性障害の人 ◆a gender-gap problem 男女間格差の問題 ◆gender-free nouns 性別のない[《意訳》中性の]名詞 ◆gender identity disorder (GID) in adults 成人の性同一性障害 ◆gender-specific magazines 読者層の性別がはっきりと分かれている雑誌 ◆same-gender [same-sex] sex 同性同士のセックス ◆non-gender-specific cancers such as colon cancer, stomach cancer, and liver cancer 大腸癌, 胃癌, 肝臓癌など性別に関係のない癌 ◆I have to constantly consult dictionaries about genders of nouns and adjectives as well as idiomatic expressions. 私は, 名詞や形容詞の性, それに慣用表現について, たえず辞書を参照し[調べ]なくてはなりません。

**gender-neutral** (性別が)中性の, 男女の区別のない ◆use gender-neutral terms wherever possible 可能な限り男女区別のない語を使う

**gene** a～ 遺伝子 ◆a gene bank 遺伝子銀行 ◆gene-altered produce 遺伝子を変えて[組み換えて]つくった農産物 ◆gene-transplant technology 遺伝子移植技術 ◆through gene therapy 遺伝子治療を通して ◆turn to gene banks to save rare species 希少種を救うために遺伝子銀行を頼みにする ◆The viruses are altered by recombinant-DNA techniques – in other words, by genetic engineering, or gene splicing. ウイルスは, 組み換えDNA技術(遺伝子工学とか遺伝子スプライシングとも呼ばれている)によって作り変えられる。

**general** adj. 一般の, 世間一般の, 一般的な, 全般の, 全体の, 全体的な, 全面的な, 全身の, 一括の, 総-, 総合-, 汎-, 大まかな, 概略の, 概要の, 概括的な; a～ 将軍, 将官, 大将; ～s 通則, 一般原則 ◆a general anesthetic 全身麻酔剤 ◆a general call to all stations 全ての局を対象にした一斉呼び出し ◆a general contractor 元請け建設業者, 一括請負業者, 主契約者(▶日本でいうゼネコン, すなわち大手総合建設会社の意味合は, 少し異なる) ◆a general merchandise store 雑貨店 ◆a general outline 概要 ◆a general plan 全体[総合, 基本, 一般, 大体の]計画 ◆a general producer 製作[制作]総指揮(＊映画などの) ◆a general protection fault [error] 《コンピュ》保護違反[エラー] ◆a general requirement 一般[全般的な]要求事項; 一般要件 ◆a general trading company 総合商社 ◆general accounting 一般会計; 普通簿記 ◆a general anesthesia 全身麻酔 ◆a general conditions 一般条件; 全般の状況, 全体的な状況, 概況;《医》全身状況[症状] ◆general information 概略[概要, 大要, 大略] ◆general knowledge 全般的[一般的]な知識 ◆general rules [provisions] 総則(＊仕様書などマ

ニュアルなどの節のタイトルで)一般事項 ◆a general hospital 総合病院 ◆a [the] General Post Office 《英》中央郵便局 ◆products for general purpose use; products for general purpose applications 汎用製品 ◆a general circulation model 《気象》大気大循環モデル ◆a general conditions survey 全体的な状態[全般的な状況]を調べるための調査; 概況調査 ◆a general inspection of... ～の総点検 ◆a general introduction to... ～の総論[概論] ◆a general view of... ～の全体図 ◆a law of general applicability 一般的に適用できる法律, 一般法 ◆chosen by general [common] consent 満場一致で選出された ◆come into general use 一般に(広く)一般に使われるようになる; 一般化する; 普及する ◆draws up a general plan 全体計画を立てる[立案する, 策定する] ◆for general purpose use 汎用の ◆gasoline-powered cars now in general use 現在(広く)一般に使用されているガソリン車 ◆general consumer models 一般消費者向け機種 ◆general weather conditions around the world 世界の天気概況 ◆if the system goes into general use もしこのシステムが一般に使われるようになれば ◆the general condition of a company 会社の全体的[全般的]な経営[営業]状態 ◆The general view is that... ～というのが一般的な見方である; ～であるというのが一般的, 通念である ◆use the money for general purposes その金をいろいろな目的[使途]に使う ◆because of malnutrition and poor general condition 栄養状態と全身状態が悪かった[良くなかった]ので ◆Chapter 1 General Description 第1章 総論[概要] ◆Part I General Description 第1部 総括[総論, 概要] ◆The general impression that people have is that... ～というのが一般の(人々が抱いている)印象である。◆proceed [descend] from generals to particulars 一般論[総論]から各論に進んで[おりて]ゆく ◆the technology is probably several years away from general use この技術が一般に使われるようになるまでにおそらくあと数年かかるだろう ◆The technology never came into general use because... 同技術は, ～という理由で全然普及[一般化]しなかった。◆a used RV that is in good general condition 全体的にいい状態の中古キャンピングカー ◆the general state of affairs of the industry その業界の全般的な状況; 同業界の概況 ◆President Clinton on Friday nominated Air Force Gen. Joseph W. Ralston to be vice chairman of the Joint Chiefs of Staff. クリントン大統領は金曜日にジョゼフ・W・ラルストン空軍大将を米統合参謀本部副議長に任命した。

**in general** 一般に, 概して, 普通, たいてい, おおむね, おおよそ, 全体として ◆society in general 社会一般[全般] ◆sports [Europe] in general スポーツ[欧州]全般 ◆women in general 女性全般[全体]; 全女性

**general interest** 一般の人の興味[関心], 一般的興味[関心]; general-interest adj. 一般大衆が興味を持っている ◆a general-interest newsmagazine 総合ニュース誌 ◆a general-interest newspaper 一般紙 ◆a general-interest newsweekly 総合ニュース週刊誌 ◆general-interest titles 一般[大衆]受けするようなタイトル[作品] ◆a general-interest magazine 総合雑誌, 大衆雑誌 ◆I've done a certain amount of reading in psychology, just out of general interest. 私は心理学の本を多少読んだ, 単なる一般的な興味からであるが。◆While they cannot respond individually, they will answer questions of general interest. (回答者の先生方は)個々の質問に答えることはできませんが, 一般的な[多くの人が関心を持っているような]質問には答えてくださいます。

**generalist** a～ ゼネラリスト, 幅広い技術や能力や関心を有する人, 特定の専門分野を持たずに多方面で活動する人, 何でも屋, 万能選手(＊↔a specialist) ◆a generalist athlete 万能選手(= an all-round athlete) ◆a generalist (physician) 一般医 ◆a medical generalist 一般医 ◆in order to develop a high level of generalist professional competence 高いレベルの総合職能力をつけるために ◆Employers want skilled generalists. 雇用主[使用者]は熟練した総合職の[幅広い業務に通じている]人を欲しがっている。

**generality** 回一般化, 普遍性; a～ 具体的でなくつかみどころのない陳述, 一般論, 一般原則; the～ <of> (～の)大多

**generalization**

数, 大部分, 過半数, 大半 ◆speak in generalities （要領を得ない）一般論で話す ◆talk about urgent matters only in generalities 急務の案件について総括的[概括的]にのみ話す ◆talk only vague generalities 漠然とした[捕らえどころのない, 掴み所のない]ことしか話さない ◆While it seems to be easy to agree on generalities, it is more complicated to agree on... 総論では賛成するのはたやすそうだが, 〜に賛成するのはもっと複雑だ[(意訳)一筋縄ではいかない, おいそれとは行かない]. ◆Instead of generalities, which are customary for a convention's first day, he chose to speak on a very specific issue. 大会の初日に習わしとなっている総論ではなく, 彼は非常に具体的な問題について話すことにした.

**generalization** n. 一般化, 普遍化; 一般論

**generalize** v. 一般化する, 概括[総合]する, 一口に言う, 一般論を述べる ひとくくりにして論じる

**generally** adv. 一般に, 普通, 通例, だいたい, おしなべて, 概して, おおむね, たいてい, 多くは; 広く (一般に), あまねく ◆a generally accepted notion [opinion, idea] 通念 ◆Generally speaking,... 一般に, 概して, おしなべて ◆They are generally classified by operating characteristics. これらは一般に[普通], 動作特性別に分類される.

**general manager** a〜 ゼネラル・マネジャー, 総支配人, 統括マネージャー, 総括管理者, 総監督

**general public** the 〜 一般大衆, 世間一般, 公衆, 不特定多数の人々

**general-purpose** adj. 一般用の, 汎用の, 多目的の ◆a general-purpose computer 汎用コンピュータ ◆a general-purpose problem solver どんな問題でも解決にあたる[処理する]人[ツール]; 何でも[よろず]承り屋 ◆Never use general-purpose household cleaners for this task. 家庭用多目的洗剤はこの作業には絶対に使用しないでください. ◆Cider vinegar is made from apple cider and is the general-purpose pickling vinegar. 林檎酢は, りんごジュースから作られるもの, 漬け物に幅広く使われる酢[漬け物一般用の酢]です.

**general rule** a〜 通例, (一般)通則 ◆as a general rule for... (ing) 〜する際の[習わし, 一般原則]として ◆it is a general rule that... 〜であるというのが普通[通例, 一般的]である

**general store** a〜 (食料品から衣料品や金物まで様々な種類の商品を売っている田舎の)万屋 (ヨロズヤ)

**general strike** a〜 ゼネスト, 総同盟罷業(ヒギョウ) ◆organize a general strike ゼネラルストライキ[ゼネスト, 総同盟罷業(ソウドウメイヒギョウ)]を組織する

**generate** vt. 〜を発生する, 生成する, 生じる, 起こす, 引き起こす, 生む, 産出する, 《機械》創成する ◆a generating line 《機械》(創成)母線 ◆a steam-generating unit 蒸気発生ユニット ◆a wave-generating circuit 波形発生回路 ◆generate electric [electrical] power 発電する ◆generate vast profits 巨額の利益を生む ◆generate greenhouse gases 温室効果[温暖化]ガスを発生する ◆a coal-burning power generating plant 石炭焚き発電所 ◆a computer-generated voice コンピュータにより生成[合成]された音声 ◆an electric-power generating reactor 発電用原子炉 ◆a nuclear-generated X-ray laser 核爆発により発生されるX線レーザー光線 (*SDIの話では) ◆word processor-generated documents ワープロで作成された文書 ◆generate 500 watts of power 500ワットの電力を発生させる[発電する] ◆generate about four billion tons of waste every year 毎年約40億トンのごみを発生させる ◆generate charts and graphs from tables of data (コンピュータプログラムが)表データからグラフを作成する ◆a computer-generated shaded image of a three-dimensional object コンピュータによって生成された, 陰影のある立体画像 ◆handle the files of data generated by accounting operations 会計業務で発生したデータファイルを取り扱う ◆toxic wastes, which now total an awesome 300 million tons generated each year 現在年に3億トン生じている恐ろしい量の有害廃棄物

**generation** 1 回発生, 生成, 《機械》創成 ◆electric power generation 発電 ◆system generation (sysgen) 《コンピュ》システム生成 ◆non-grid connected power generation 《強電》公共の広域電源網に接続されていない分散型[独立型]の発電, 〜の過剰な発生[生成]を避ける ◆avoid excessive generation of... ◆clock signal generation クロック信号の生成 ◆the generation of oxygen 酸素の発生 ◆solar-electric power generation 太陽発電 ◆the actual amount of power generation from windfarms 風力発電所からの実際の発電量 ◆The parallel printer interface permits hard-copy generation. パラレルプリンタインターフェースにより, ハードコピーの生成[作成]ができる.

2 a〜 世代, 代; a〜(単／複扱い)ある世代の人々 ◆next-generation [↔previous-generation] 次世代の[↔前世代の] ◆bequeath [convey, hand down, pass down, transmit]... from one generation to the next 〜を世代から世代へと受け継ぎ伝えていく[伝承する] ◆(the) alternation of generations 《生物》世代交代[交番] ◆the twentysomething generation 20(歳)代の世代 ◆fourth-generation [4th generation] languages (4GLs) 《コンピュ》第4世代言語 ◆a fifth-generation computer 第5世代のコンピュータ ◆a new generation of talking toys 新世代のおしゃべり玩具 ◆foster a new generation of multimedia PCs 新世代のマルチメディアパソコンを育てる ◆the current generation of accelerators 現世代の加速器 ◆video-generation consumers ビデオ世代の消費者 ◆a second-generation Mexican American メキシコ系アメリカ人二世 ◆a second-generation tester 第2世代のテスター ◆present-generation ASICs 現世代の特定用途向けIC ◆preserve... for the next and later generations to come 〜を子々孫々のために保存する ◆the computer is about three generations out of date このコンピュータは(現行機種と比べたら)3世代ほど古くなっている ◆recipes handed down through generations of her family 彼女の先祖伝来のレシピ ◆for someone on a tight budget who is willing to buy one nine-generation old equipment 予算が厳しいので1世代前の[型落ちの]機器を買ってもいいと思っている人のために ◆previous-generation models are usually available very cheap [cheaply] 前世代のモデル[型落ち機種]は, 通常非常に安く入手できる ◆succeeding generations have shrunk in size and grown in capacity. (意訳) 〜の世代交代が進むにつれ[代を重ねるにつれ, 代を追って]小型化し大容量化した. ◆This product, now in its fourth generation, is... 現時点で第4世代に入っているこの製品は, 〜 ◆The PMC-21 and PMC-25 are previous generation controllers. PMC-21とPMC-25は, 旧世代のコントローラです. ◆This issue is driving a wedge between the younger generation and us. この問題は, 若い世代と我々の間に横たわるジェネレーションギャップに拍車をかけている[世代対立を先鋭化しつつある]. ◆Home VCRs have now gone through four or five generations of evolution. 家庭用ビデオデッキは今日までに4〜5世代の進化をとげている. ◆The system is still a generation or two ahead of any competition. このシステムは, 依然として, どの競合品と比べても1〜2世代先を行っている. ◆Three and sometimes four generations live in the same farming household. 3世代はおろか, 4世代が一軒の農家に同居している.

**generation gap** a〜 世代間の断絶[ギャップ, 溝]

**Generation X** 回(*米国のベビーブーマーの次世代に当たる)団塊ジュニア世代(*米国の作家Douglas Couplandが1991年に発表した小説の題名から. 特に1965年〜1977年に生まれた世代) ◆a Generation Xer [X-er, X'er] 団塊ジュニア(一人) ◆people in Generation X; members of Generation X (アメリカ人の)団塊ジュニア世代の人たち

**Generation Y** 回ジェネレーションY, Y世代(*1980年頃〜1994年頃に生まれた米国人. Generation Yers, eco-boomers, Millennium Generation, Generation M, the Millennialsとも)

**generator** a〜 発電機, ダイナモ, 発振器, 発生器, 発生装置, 〈廃棄物の〉排出者 ◆a generator set; a (generating) unit 発電設備(*1台または複数台の発電機とそれを駆動・制御するための設備一式で構成される) ◆an electric generator set; a generator set　発電設備　◆a solid waste generator　固形廃棄物排出者

**generic** adj. 一般的な、包括的な、総称的な、汎用の、属の、属の性、の、商標登録で保護されていない；a ～ 商標無しで販売される（薬品、化粧品、食品などの）商品、ジェネリック［（価格の安い）後発医薬品、ゾロ薬］　◆generic drugs (copies of brand-name drugs sold by competitors at discounts of up to 30 percent)　ゾロ薬［一般薬、後発医薬品］（競合製薬会社により最高30%まで値引きして売られている、有名ブランド薬をまねたコピー品）（*ゾロ薬＝新薬の特許が切れたあと他のメーカーからぞろぞろと出回る類似商品）　◆a generic name for...　～の一般名［総称、属名］　◆became a generic name for...　～は～の総称になった　◆choose more generic-sounding names　（特殊なものでなく）より一般性があるものっぽく聞こえる名称を選ぶ　◆to prevent competition from generic drugs; to prevent generic competition　ゾロ薬との競争［競合］を防ぐために

**generically** ◆be generically [collectively] called...　～は総称して～と呼ばれる　◆be generically known as...　～は～の一般名［総称、通称、俗称、俗名、《生物》属名、類名］で知られている

**generosity** 口寛大さ、気前のよさ、高潔さ、雅量（ガリョウ）；～ties な［気前のいい］行為

**generous** adj. 気前のよい、けちけちしない、物惜しみしない、寛大な、太っ腹の、鷹揚な、雅量（ガリョウ）のある；（切り分けられたものなどが）大きい、たっぷりの、たくさんの、ふんだんの；香りが高い　◆a generous old-age pension　たっぷり支給される老齢年金　◆receive generous support from...　～から絶大なる［惜しみない］支援を賜る　◆he loosened his purse strings and provided generous financial support to the school　彼は財布の紐を緩めてその学校に多大な財政支援を提供した；彼は個人の負担で同校に惜しみない［気前よく］財政的支援を行った

**genetic, genetical** adj. 遺伝子の、遺伝学の、遺伝（上）の、遺伝的、（個体）発生の、起源（上）の　◆genetic engineering　遺伝子工学；遺伝子操作　◆genetic recombination; recombination(s) of genes　遺伝子の組み換え　◆genetic therapies using human hepatocyte growth factor (HGF)　ヒト肝細胞増殖因子を用いた遺伝子治療　◆use genetic-engineering techniques to manufacture alpha-interferon　遺伝子工学の手法を使ってアルファ・インターフェロンを製造する

**genetically** adv. 遺伝学的に　◆genetically engineered [modified] animals and plants　遺伝子工学によって改良された［遺伝子組み換え］動植物　◆genetically modified foods　遺伝子組み換え（GM）食品　◆non-genetically enhanced life forms　遺伝子非組み換え生物

**genetic fingerprinting**　遺伝子指紋法（= DNA fingerprinting)

**genetics**　遺伝学、遺伝的性質

**genius** a～ 天才、鬼才；口 優れた天賦の素質・才能、口〈特定の国、時代、言語の〉特徴的な性格、特質、精神、気風　◆a universal genius　万能の天才　◆thirty five years of German engineering genius　35年間にわたって培われたドイツの傑出［卓越］した技術力

**genocide** a～ ジェノサイド、（民族や人種の）計画的な皆殺し、人種抹殺、大量虐殺、集団殺戮（サツリク）　◆commit [carry out] genocide against...; practice genocide on...　～に対し大量虐殺［民族虐殺、集団殺戮］を行う　◆at a time when genocide is perpetrated right in front of them　折しも大量虐殺［集団虐殺、民族虐殺、民族抹殺］が彼らの目前で行われている時に

**genome** a～ 英語では"ジーノウム"と発音、ゲノム、染色体の一組　◆the (human) genome project　ヒト遺伝子［ヒトゲノム］解析計画

**genre** a～ ジャンル、様式、型型、種類、部類　◆that genre of equipment　その種類の機器　◆provide a concert database which users can search by genre, band, and location　ユーザーがジャンル、バンド名、および場所を指定して検索できるコンサート情報データベースを提供する

**gentle** adj. 優しい、（もの）静かな、穏やかな、ゆるやかな、上品な、育ちのよい、良家の出の；vt., vi.〈動物を〉ならす、和らげる、なだめる、穏やかにする［なる］　◆a gentle slope　ゆるやかな坂［斜面］

**gentleman** a～ (pl. gentlemen) 紳士、男性、殿方；（複数形で）（男性集団に対して呼びかけで）皆さん　◆a gentleman's [men's] room　《米》男性（用）公衆トイレ　◆a gentlemen's [gentleman's] agreement　紳士協定　◆Ladies and Gentlemen!（お集りの）皆様（*聴衆が女性または男性のみの場合は、Ladies! または Gentlemen!）

**gently** adv. 穏やかに、優しく、そっと、静かに、軽く、無理な力を加えないで、なだらかに、ゆるやかに、親切に、おとなしく、やおら　◆handle... as gently (and carefully) as possible　～をできるだけ丁寧に［静かに、そっと、優しく、大事に］（よく注意して）扱う；～をできるだけ穏やかに［穏便に］（かつ慎重に）処理する　◆Twist it gently to the left and right.　それを、静かに左右にひねってください。

**gentrification**　口gentrifyすること

**gentrify** vt., vi.（特に貧民の住む荒廃した地域を）整備し高級化する、高級化［上品化］する

**genuine** adj. 本物の、本当の、嘘偽りのない、真正な、正真正銘の、真性の、純正の、純粋な、純良な、純血の、純種の　◆genuine [true] cholera　真性コレラ　◆genuine butter　純良バター　◆a genuine name brand part　純正の有名ブランド部品　◆Both natural and cultured pearls are genuine pearls.　真珠は天然物も養殖物も本物の真珠である。　◆Yamaha genuines are expensive but they are reliable.　ヤマハの純正部品は高いが信頼性がある。

**genuinely** adv. 純粋に、本当に、正に、真に、嘘偽りなく、心から、全く　◆a journalist with a genuinely global reputation　掛け値なしに世界に名声をとどろかせているジャーナリスト

**geodesy** 口測地学　◆satellite geodesy　人工衛星利用による測地学

**geodetic**　◆the field of geodetic surveying　測地調査の分野

**geographic, geographical** adj. 地理学（上）の、地理学的な、地理的な、地勢の、地貌（チボウ）の　◆geographic features　地形　◆geographic information system (GIS) software　地理情報システムソフトウェア　◆graphs and color maps showing geographical distribution of...　～の地域分布を示すグラフや色分けされた地図　◆they draw their clientele [customers] from an exceptionally wide geographical area　これら（の店）はことのほか広い地域から顧客を集めて［集客して］いる

**geographically** adv. 地理的に、地理的には、地理学上　◆The Dell solution allows us to operate multiple, geographically scattered manufacturing and production sites as if they were one streamlined entity.　デル社のソリューションにより、弊社は地理的に分散している[《意訳》あちこちに散らばっている]複数の製造および生産拠点を、あたかも一つの合理化されたエンティティ[《意訳》事業所、工場]であるかのごとく運営することができます。

**geologic, geological** adj. 地質学の、地質学上の、地質の　◆a geological age　地質時代　◆a geologic [geological] map　地質図　◆long-term geologic storage　長期にわたる地層保管（*核廃棄物の）　◆study the geological structure of an area　ある地域の地質構造を調査する　◆the geological history of the Earth　地球の地史　◆the geologic [geological] features the Grand Canyon　グランドキャニオンの地質学的な特長［= 地質］　◆the historical development of a geologic feature　（地球の）歴史からみた地質の発達

**geometric, geometrical** adj. 幾何の、幾何学（上）の、幾何学的な　◆a geometric tolerancing symbol　《製図》幾何公差記号　◆a geometric progression　等比［幾何］数列　◆geometrical optics　幾何光学　◆a geometric increase in population　人口［個体数］の幾何級数的［等比級数的、ねずみ算的］な増加　◆increase at a nearly geometric rate　ほとんど幾何級数的に増加する　◆geometric configurations that are considered criticality safe　《原子力》臨界安全と考えられている形状

**geometrically** adv. 幾何学的に、幾何級数的に、等比級数的に　◆a geometrically perfect circle　幾何学的［形状的］に完

全[完璧]な円; 真円 ◆Malthus argued in a 1798 essay that population increases geometrically, while the means of subsistence increases arithmetically.　マルサスは、1798年の小論文の中で、人口は幾何級数的[等比級数的、《意訳》ねずみ算的]に増加するのに対し、生活の糧[食糧]は算術級数的[等差級数的]にしか増えないと論じた。

**geometry** 回幾何学; (a)〜 幾何学的配置, 形状, 形状寸法 ◆facet geometries 切り子面の(幾何的な)形態[形状と配置] ◆have the geometry of a disc 円盤の(外形)形状をしている ◆a signal having some specified geometry ある指定された形状(の波形)を持つ信号 ◆To combat this effect, the geometries of the device are altered.　この影響に対処するために、デバイスの形状が変更される。

**geophysical** adj. 地球物理学(上)の ◆during geophysical prospecting 《地質》物理探査中に ◆during the 1957-58 International Geophysical Year 1957年〜1958年の国際地球観測年の間に(*昭和32年7月から33年12月までの1年半) ◆a graduate student in geophysical science at the University of Chicago シカゴ大学の地球物理学院生

**geophysicist** a〜 地球物理学者 ◆a geophysicist from [at] the U.S. Geological Survey 米地質調査所の地球物理学者

**geophysics** 回地球物理学 ◆geophysics research 地球物理学の研究

**geoscience** 回地球科学 ◆the South Pacific Applied Geoscience Committee (SOPAC) 南太平洋応用地球科学委員会

**geostationary, geosynchronous** adj. 《人工衛星, 飛行体について地上から見て》静止している ◆a geostationary satellite 静止衛星 ◆a geosynchronous orbit 対地同期軌道; 静止軌道 ◆a geosynchronous [synchronous] satellite 対地同期衛星; 静止衛星 ◆satellites in high geostationary orbits 高高度の静止軌道上にとどまっている衛星

**geothermal, geothermic** adj. 地熱の ◆a geothermal power plant [station] 地熱発電所 ◆geothermal energy 地熱エネルギー ◆geothermal heat 地熱

**geriatric** adj. 老人病(学)の, 老人(用)の; 〜s 回《単複い》老人病学, 老年医学 ◆a geriatric patient 老年病患者 ◆a geriatrics physician 老年科の[老人病専門の]医師 ◆geriatric medicine (= geriatrics) 老年[老人]医学 ◆specialists in geriatric medicine [in geriatrics] 老人医学[老人医学]の専門医 ◆Dr. Morley, the director of the Department of Geriatrics at St. Louis University Medical Center セントルイス医療センターの老年科医長[部長]であるモーリー博士

**germ** a〜 微生物, ばい菌, 細菌, 病原菌; a〜 胚, 胚芽, 胚種, 幼胚, 《生物》原基; a〜 (ある事物の)始まり, 萌芽, 芽生え, 根源, 起原, 兆し, 前駆体 ◆germ-free 無菌の ◆germ warfare 細菌戦 ◆illness-causing bacteria and germs 病気を引き起こす細菌や病原菌

**German** 回ドイツ語; a〜 ドイツ人, the〜s ドイツ国民; adj. ドイツの, ドイツ語[人]の ◆the German market ドイツ市場

**germanium** ゲルマニウム(元素記号: Ge)

**Germany** ドイツ(*正式名称は the Federal Republic of Germany ドイツ連邦共和国)

**germicide** (a)〜 殺菌剤, 殺菌消毒薬 ◆disinfect and sterilize equipment using germicides 殺菌剤を使い機器を殺菌および滅菌[消毒]する

**gerontological** adj. 老人[老年]学(上)の ◆gerontological nursing 老人看護

**gerontology** 回老人学, 老年学, 加齢学(*医学的, 歴史的, 社会的側面まで包含する) ◆a clinical area such as pediatrics or gerontology/geriatrics 小児科あるいは老人学・老年医学といった臨床分野

**gerrymander** v. 〈選挙区〉を自党に有利に区割りする, 勝手に都合よく改変する; n. ゲリマンダー(*勝手な選挙区割り) ◆gerrymandered voting districts 特定の党や候補者に有利なように線引きされている選挙区

**gestalt** a〜《Gestalt とともに》(pl. -stalten, -stalts)《心》ゲシュタルト, 形態 ◆a Gestalt psychologist; a specialist in Gestalt psychology (= a gestaltist) ゲシュタルト[形態]心理学専門家

**gestation** 回妊娠[懐妊, 懐胎], 立案, 創案; (a)〜 妊娠期間, 構想を温めて[計画を練って]いる期間 ◆a gestation period 妊娠期間; 考え・計画などを温める期間 ◆somewhere in the middle of the car's gestation その車の開発の企画・アイデアを温めていた期間の中ごろに ◆The project was in gestation over five years.　このプロジェクトは、構想に5年以上かかっている。

**gesture** (a)〜 ジェスチャー, しぐさ, 身振り, 所作, 手まね; a〜 そぶり, 態度, 意思表示, 言動 ◆basic pen gestures 基本的なペンジェスチャー(*手書き[手描き]入力コンピュータのペン操作のこと. tap, press-hold, circle などのペンの動かし方) ◆The country's leader made a series of conciliatory gestures.　この国の指導者は、一連の懐柔的な態度を見せた。

**get** vt. 得る, 入手する, 手にする, 獲得する, 稼ぐ, 受け取る, もらう, 〜を(人に)買ってやる, 〜を用意する, 〈人〉に〜させる[してもらう]; vi. 達する, 〈病気に〉かかる, 〈状態に〉なる ◆get...out of the way 邪魔にならないように〜をどかす ◆get...working to capacity 〜を能力の限界まで働かせる ◆get data into the computer コンピュータにデータを入力する ◆until a doctor gets to an accident scene 医師が事故現場に着く[到着する]までに ◆get serious about building interesting cars おもしろい車を作ることに真剣になる ◆get the current cursor position and the mouse button status 現在のカーソルの位置とマウスボタンの状態を取得する[知る] ◆Cameras have gotten smaller and cheaper.　カメラは小型化・低価格化した。 ◆Get to the site of your presentation early.　あなたが発表を行う場所に、早く着くようにしなさい。 ◆In Michigan, it sometimes gets cold even in August.　ミシガン州では、8月にでさえ時々寒くなることがある。 ◆They know where to get it done.　彼らは、どこでそれをやってもらえるか知っている。 ◆Maintenance is the key to getting the best performance from your bike.　整備は、バイクから最高性能を引き出すための鍵だ。 ◆Rain washes away valuable topsoil and the farmer gets less and less for his efforts.　《意訳》雨は貴重な表土を流失させ、農業者の労働[苦労]はますます報われないものになる。 ◆The car they drive is easy to get parts for and easy to work on.　彼らが乗っている車は、部品が入手しやすくまた整備するのが楽だ。 ◆The speed with which Nanox got the product to the market surprised even its president.　ナノックスがその製品を市場に出すスピードの速さには、ナノックスの社長自身でさえ驚いてしまった。(*開発が短期間で行われたという話) ◆You needn't go to the trouble of contacting the publisher yourself. If the book you want is in print, your local bookstore should be able to get it for you in just a couple of weeks.　出版元にわざわざ連絡する必要はありません。欲しい本が絶版になっていなければ、近くの書店で2〜3週間もあれば取り寄せられるはずです。

**get across** 〜を(人々に)分かってもらう, 理解させる, 伝える ◆get...across to people [the public] 〜を人々[一般大衆]に広く知れ渡らせる[周知させる, 分からせる, 理解させる, 知らせる, 伝える] ◆get one's message across 伝えようとしていることを分かってもらう; 《意訳》言いたいことが伝わる

**get ahead** 進む, 進歩する, 出世する, 成功する, 抜きん出る, 頭角を現す

**get ahead of** 〈人〉の先に出る, 〜に先んじる, 〜より先へ進む, 〜を追い越す[追い抜く], 〜を出し抜く, 〜を凌駕する, 〜に勝つ[勝つ], 〜に先駆ける

**get along** (なんとか)やっていく, (うまく, 仲良く)やっていく, 進歩する, 立ち去る ◆I don't know how I would get along [get on] without you.　《意訳》君がいないとやっていけないなって思うよ; 本当にいつも助かっています[お世話さま]。

**get along with** 〈人〉と仲良くやっていく, 〈物〉を使ってなんとかやっていく

**get at** 〜に手が届く, 〜に達する, 〜を手に入れる; 〜をほのめかす, 〈人〉に批判じみた[おちょくったような]ことを言

**gimmickry**

う ◆grip objects hard to get at 届きにくい（所にある）物体をつかむ ◆hard-to-get-at places 届きにくい箇所 ◆Special procedures are necessary in order to get at the battery. 電池にたどりつく［（作業の）手が届くようにする］ためには、特別の手順が必要です．

**get back** vt. 〜を取り戻す，取り返す; vi.（〜に）戻る，帰る〈to〉 ◆get back to Windows 《コンピュ》Windowsに戻る ◆get the program back into shape （がたがたになっている）この計画を正常［まとも］な状態に戻す ◆until I get back from vacation 私が休暇から戻るまで

**get by** なんとかやっていく，〜をしのぐ［切り抜ける］; 通り抜ける ◆get by this limitation through the simple process of...-ing 〜するという簡単な方法によって，この制限［制約］を切り抜ける

**get down to** 〜を始める，〜に本腰を入れて［本格的に］とりかかる ◆get down to work 仕事に取りかかる

**get in** vi. 中に入る，乗る ◆If spray gets in eyes,... もしスプレーが目に入ったら，

**get into** 〜に入る，入り込む，参入する，入学する，進出する;〈ある状態〉に入る，なる，陥る ◆as more and more women get into senior-level positions ますます多くの女性が上級職に進出するにつれて ◆look for a way to get into the market その市場に参入するための方法をさがす ◆prevent moisture from getting into... 〜に湿気が入るのを防ぐ ◆Due to the turbidity levels, the EPA is also concerned that cryptosporidium could have also gotten into the water, although there is currently no evidence of it as of yet. 濁り具合から，米国環境庁が，現在までのところ証拠はないものの，クリプトスポリジウムも水に混入したのではないかと懸念している．

**get off** 〜から降りる，〜をやめる，〜を取り外す［除く］,〈仕事〉を終える，〜を脱ぐ ◆If they are hard to get off, use a pair of slip-joint pliers. もしこれらが取り外しにくかったら，スリップジョイント・ペンチを使ってください．

**get off the ground** 離陸する，（物事が）順調な滑り出しを見せる（→ ground）

**get on** onの状態になる，乗る，（うまく）やっていく（= get along），進む，進める，〈時〉がたつ，年を取る，急ぐ，〈人の神経〉にさわる，出世する ◆get on without... 〜なしでやっていく ◆the door at which passengers are getting on or off 客が乗り降りしているその扉

**get out of** 〜から解放する，出る，逃れる，脱出する ◆get out of a bad habit 悪癖から抜け出る［抜ける，脱する，脱却する，足を洗う，逃れる］;（意訳）悪い習慣をやめる［捨てる，断つ］ ◆get out of the car 車から出る［降りる］

**get under** 〜の下に入る，〜（火事）を消す［消し止める］ ◆get under the car 車の下に入る［もぐり込む］

**get up** 上がる，登る，起きる，起床する，立ち上がる; 〜を運び上げる，起こす，設立する ◆He rose [got up] at the count of eight. 彼はカウント8で立ち上がった［起き上がった］．

**get-tough** adj. 強硬な，強行な，強腰の，断固たる，手厳しい，びしびしと取り締まる，罰則強化の，締め付けが厳しい［強い］，容赦しない ◆get-tough policy 締め付け［取締り，罰則］強化政策 ◆a get-tough trend toward longer sentences 刑期が長期化に向かう罰則強化［厳罰化］傾向

**get-well** adj. 病気見舞いの，お見舞いの ◆a get-well card （病気の）見舞い状

**geyser** a〜 間欠泉（＊水または水蒸気を間欠的に噴出するもの）

**GFCI** a〜（ground-fault circuit interrupter）漏電遮断器（＊サーキットブレーカーに漏電検出機能を内蔵させたもの）

**GFI** a〜（ground-fault interrupter）漏電遮断器

**ghetto** a〜（pl. -s, -es）ゲットー，スラム街［地区］，貧民区，貧民街; a〜 孤立集団; a〜 ユダヤ人街，（昔の）ユダヤ人強制居住区域; vt.（= ghettoize）〈人〉を ghetto に入れる［閉じ込める］

**ghost** a〜 幽霊，虚影信号，ゴースト，（テレビの）ゴースト像，（印刷の）濃淡［色］むら; adj. 架空の，幽霊の; vt., vi. 代作をする，ゴーストライターを務める，（幽霊のように）つきまとう［出る］ ◆a ghost ship 幽霊船（cf. a phantom ship は帆幽霊

どをごまかすための架空の幽霊船） ◆a ghost writer ゴースト・ライター［影の代筆者］ ◆a ghost image is formed ゴーストイメージが生じる ◆cancel ghosts in video images （ビデオ画像の）ゴーストをキャンセルする［消す］

**ghostly** adj. 幽霊の（ような），ぼんやりした，霊的な ◆ghostly particles called neutrinos ニュートリノと呼ばれるまぼろしの粒子

**GHQ** （General Headquarters）《単／複扱い》《軍》総司令部（▶無冠詞で用いられることが多い）（＊第二次世界大戦後に日本にあったGHQは「連合国軍」最高司令官総司令部） (参考) she worked in the Natural Resources Section of the General Headquarters of the Supreme Commander for the Allied Powers in Tokyo 彼女は，東京にあった連合軍［(意訳)占領軍］最高司令官総司令部の天然資源部に勤務した

**GHz** （gigahertz）ギガヘルツ（＊1ギガヘルツ，十億ヘルツ） ◆from dc to 26.5 GHz 直流から26.5GHzまで

**GI, G.I.** a〜（pl. GIs, GI's）《米口》米兵，米軍兵士（＊government issueの頭文字から，特に第二次世界大戦中および終戦後の）; adj. 米軍兵士の，米兵の，兵隊の，政府支給品［官給品］の ◆a GI [G.I.] bride 戦争花嫁（＊米兵と結婚した花嫁，a war brideとも）

**giant** a〜 巨人，巨漢，偉人，傑物，巨匠，大家（タイカ），巨頭，巨大なもの，大企業［大手］，巨大企業; adj. 巨大な，特大の，ばかでかい ◆a giant corporation 巨大企業; 大企業 ◆a giant typhoon 大型台風 ◆a giant-screened theater 大スクリーンの映画館 ◆a Japanese electronics giant 日本の大手電子機器メーカー ◆an industry giant 業界大手 ◆an office-products giant オフィス用品の大手（会社）

**gibberish** わけのわからない言葉［文，話］ ◆During the sting, the detective posed as a Japanese millionaire and spoke gibberish meant to pass as Japanese. おとり捜査の間，この刑事は日本人の金持ちに扮し，日本語とおぼしきでたらめな言葉をしゃべった．

**gift** a〜 贈り物，進物，付け届け，寄贈品; a〜 天賦の才，才能 ◆a $25 gift certificate [voucher] 25ドルの商品券 ◆have a gift for music [painting] 音楽［絵］に対する天賦の才がある ◆his natural gifts as an orator 演説者［講演者］としての彼の生まれつきの才能［資質］ ◆shower gifts on... 〈人〉を贈り物攻めにする ◆Enclosed is a small gift which we hope you will enjoy. 同封させていただきましたのは粗品です．お気に入っていただければ幸いです．

**gigabyte** a〜（GB）ギガバイト（＊1ギガバイトは，2の30乗バイト，1,073,741,824バイト = 約十億バイト） ◆a personal computer with two gigabytes of memory 2ギガバイトのメモリーがあるパソコン ◆Optical disks can hold data in gigabytes. 光ディスクは，ギガバイト単位のデータを保存できる．

**gigaflops, gigaFLOPS** a〜 ギガフロップス（＊1 gigaflops = one billion floating-point operations per second = 1,000 megaflops 毎秒10億回の浮動小数点演算） ◆Today's largest computers are measured in gigaFLOPS, or billions of floating-point operations a second. 今日の最大級のコンピュータの（性能）は，ギガフロップスの単位で，つまり1秒間に浮動小数点計算を何十億回行うかで（10億回を1として），測られる．

**gigahertz** （GHz） a〜 ギガヘルツ（＊1 gigahertz = 1,000 megahertz = 1,000 million cycles per sec.）

**GIGO** （garbage in, garbage out）"ガイゴウ" と発音．《コンピュ》（→ garbage）

**gilt-edged** （用紙，書籍など）金縁の，（証券など）安全確実な，一流の，優良な ◆gilt-edged securities 一流証券 ◆gilt-edged stocks 優良株 ◆gilt-edged bonds 安全確実な債券

**gimmick** a〜 《口》（注意を引いたり訴求効果を高めるための）巧妙な装置［戦術，工夫］，小細工，（手品の）仕掛け

**gimmickry** ①《集合的》②《口》関心や人目を引くための物や行為 ◆VCRs loaded with gimmickry （受けをねらった，めったに使わないような）機能を満載しているビデオデッキ ◆Is this sort of gimmickry supposed to put the model on the leading edge?（客の関心を引くための）この手の小細工で，この車種が（販売競争で）先頭に立てるとでも思っているのだろうか？

**gird** vt. ～に帯[ベルト]を巻く, ～を(～で)締める <with>, ～に備えて準備する <for> ◆**gird up for...** ～の準備をする ◆**gird (up) one's loins to <do>** ～するのにふんどしを締めて[気持ちを引き締めて, 気合いを入れて]かかる

**girder** a ～ 梁(ハリ), 大梁(オオバリ), 桁(ケタ), 桁組, ガーダー ◆they passed under a girder bridge 彼らは(鉄道の)ガード下を通った[くぐった]

**girl** a ～ 女の子, 少女, 娘, 乙女 ◆an all-girl [all-girls, all-girls'] senior high school 女子高 ◆an all-girl dorm 女子寮 ◆an all-girl group [rock band] 女性グループ[ロックバンド]

**GIS** (gas-insulated switchgear) 回ガス絶縁開閉装置

**gismo** → gizmo

**gist** the ～ <of> (～の)要旨, 趣旨, 主旨, 要点, 骨子

**give** vt. ～を与える, くれる, くれてやる, 与える, 上げる, よこす, 付与する, 提供する, 授ける, 贈る, 差し上げる, 捧げる, 施す, 譲る, 渡す, 払う, 割り当てる, 生み出す, 発する, 開催する; vi. 寄付する, 寄贈する, 贈り物をする, 妥協する, (力が加わったために)崩れる, 壊れる, 崩壊をする, (人が)折れる, 打ち解ける, (天候が)穏やかになる, (霜, 雪)が融ける, (窓が)面する, (戸が)通じる, (俗)起こる(=happen), (口)泥を吐く, 白状する ◆a God-given right 神から授かった権利 ◆give a readout (計器などが)読み取り値を表示する ◆give it a 2 on a scale of 10 それに10点満点の2を付ける ◆give... stamina and recuperative powers ～にスタミナと回復力をつける ◆the solution is given by Eq. (2-3) 解は式2-3によって与えられる ◆give an impressive 88 on a scale of 100 to... 堂々の88点(100点満点で)を～に付ける[与える] ◆give a slide show to one's relatives 親類を集めてスライド映写会を開く ◆most copies are given away free 発行部数のほとんどは依然として無料配布[頒布]されている ◆Special consideration is given to those who... 特別な配慮が～といった人たちに払われている。 ◆the data given in this section under 3. Fuel 本節の「3. 燃料」の項に示したデータ ◆it gave me blazing speed それのおかげで(私の作業, 処理などが)ものすごく速くなった ◆"Give me a call someday," Jim told him. 「そのうち電話をよこせよ」とジムは彼に言った。 ◆The entire wrench is given chromium plating. スパナ全体に, クロムメッキが施されている。 ◆The input rating of the power tool is given in watts. 電動工具の入力定格は, ワットで示されている。 ◆If no register-name is given, the command displays all registers. 《コンピュ》レジスタ名が指定されなければ, このコマンドはすべてのレジスタを表示します。 ◆Total harmonic distortion is given as 0.01 percent at rated power. 全高調波歪は, 定格出力時に0.01%となっている。

**give away** 与える, ただでやる, 捨て値で売る, (秘密など)をうっかり漏らす

**give back** ～を返す, 戻す, 取り戻す ◆Beware of colleges that charge a lot and give back little. 多額の金を要求するくせにほとんど見返りをやらない大学に気をつけること。

**give in** 手渡す, 提出する, 屈する, 降参する, 降伏する, 投降する ◆The wiser head gives in. (意訳)負けるが勝ち。

**give off** 発する, 放つ, 出す, 放出する, 発散する ◆give off heat 熱を発する ◆the amount of light given off by an incandescent lamp 白熱電球が放つ光の量 ◆the greasy fumes given off by the heated oil その熱せられている油から出ている油煙

**give out** vt. 与える, 発する, 配る, 配布する; vi. (～が, (機械が)おかしくなって働かなくなる, (機械, 人)くたびれてくる, へたばる ◆Giving out your phone number is an invitation to trouble from many sources. 電話番号を教えると, ほうぼうからトラブルを招く原因になります。

**give over** ～を引き渡す, ゆだねる, まかせる, やめる, (酒, 涙)に耽(フ)ける, ～にのめり込む

**give up** ～をあきらめる, 断念する, 〈習慣など〉を絶つ[やめる, 返上する], 手放す, 放棄する, ～を(～に)捧げる[明け渡す] <to> ◆give up to new competitors 新しい競争相手に屈する; 新規参入の競合企業に屈服する ◆nine Iraqi soldiers gave up to an Egyptian patrol イラク軍兵士9名がエジプト軍パトロール隊に投降[投降]した ◆Since the iron horses gave up to super highways and jet planes,... 鉄の馬(=鉄道)がスーパーハイウェイやジェット機に屈して[負けて]以来,... ◆Now is not the time to give up. 今あきらめてはいけない。

**give-and-take** n. 回 (相互の)妥協, 譲歩, 歩み寄り, 互譲, (言葉などの)やりとり

**giveaway** a ～ (販売促進用の)景品[粗品, 無料提供品, サービス品, プレゼント, 特典], うっかり暴露を漏らすこと, 懸賞付き放送番組; adj. 捨て値の, 投げ売りの, ただ同然の ◆at giveaway prices ただ同然の値段で, 捨て値で

**given** adj. 任意の, (ある)一定の, (ある)決まった, (ある)特定の, 与えられた, 所与の ◆Given that..., ～ということ[～である]からして(=because, since, as); ～という状況から; ～であるものと(仮定[想定])して; もし～とすると[～ならば, =if) ◆at any given distance 任意の距離だけ離れた所で ◆for a given length of time ある一定期間にわたり ◆given the fact that... ～ということから(判断)して; ～という訳で; ～だから; ～なので ◆in a given order ある一定の(あらかじめ決められた)順に ◆mail samples to the given address 所定の住所に見本を郵送する ◆Given that #1 is not subject to change #1は変更されないものとすれば[仮定して], ◆Given that the pH of a solution is 10.0, calculate... 水溶液のペーハーを10.0と(想定[仮定])して, ～を算出せよ。 ◆the time required to access a given piece of datum ある特定のデータにアクセスするための所要時間 ◆On a given computer, auxiliary storage is typically much larger. どのコンピュータでも補助記憶装置の方がずっと大きいのが普通だ。

**gizmo, gismo** a ～ 《口》仕掛け, ちょっと変わった面白い装置 (= a gadget) ◆a gizmo named Cameradio カメラジオという名前がついたチョットした装置[(意訳)おもしろグッズ, キワモノ商品]

**GKS** (Graphics [Graphical] Kernel System) 《コンピュ》

**GL** (generation language) 《数字の後ろにつけて》)世代言語 ◆4GLs (4th generation languages) 第4世代言語

**glacial** adj. 氷の, 氷河の; 氷河時代の, 凍てつく寒さの, 寒さの厳しい, 氷のように冷たい[冷淡な], (氷河の動きのように)極めて遅い[遅々とした], 外観が氷河のように作られた ◆during a glacial period [epoch, age] 氷河期の間に[の]

**glacier** a ～ 氷河 ◆till that is located under a glacier 氷河の下にある漂積土(ヒョウセキド)

**glad** adj. うれしい, 喜んで, 喜ばしい ◆I would be glad to <do> 喜んで～します。

**gladly** adv. 嬉しそうに, 喜んで, 快く, 欣然(キンゼン)として

**glance** 1 a ～ 一見, 一目, 一瞥(イチベツ), 一覧, ちらりと[ちょっと]みること, 閃光, ひらめき; a ～ (衝突した後に脇に)それること, あてこすり ◆a week-at-a-glance pop-up calendar 《コンピュ》週間一覧ポップアップカレンダー ◆A glance at Fig. 3 indicates that... 第3図をちらりと見るように～ ◆a glance at the table explains the rather annoying fact that... 表をざっと見ると目を通す[表を一覧する]と, ～という多少まずい点があることが読み取れる ◆At first glance, the model bears a striking resemblance to its predecessor. 一見したところ, このモデルは, 先行モデルと著しく似ている。 ◆Pop-up on-screen graphics show you the condition of the control signals at a glance. 画面上でのポップアップ式のグラフィック表示は, 制御信号の状態を一目で分かるように表してくれる。 2 vi. ちらりとみる <at>, 素早く見回す <around>, (ページを)一瞬見やる <toward>, ちらっともう一度見る <back at>, 目を下に向けてちらっと見る <down at>, 簡単に目を通す <over>, ざっと内容に目を通す <through>, (ちょっと)触れる[言及する] <at, over>, ぴかっとひかる[きらめく], (ボールなどが)軽く当たってそれる[かすめる] <off, (口)off of>; vt. (目など)を(～に)ちらっと向ける <at, over, through> ◆Glance at the page. Where does your eye travel first? このページをちょっと見てください。あなたの目はまずどこに行きますか。

**glare** 1 a ～ まぶしさ; the ～ <of> (～の)まぶしい[ぎらぎらする]光; 派手さ, けばけばしさ, どぎつさ; a ～ 怒った顔つき, 怒りに満ちたにらみ ◆screen glare 画面のギラツキ

ensure high contrast and sharp images through the absorption of glare ギラツキの吸収により高いコントラストとシャープな画像を実現する ◆Good quality sunglasses may help reduce glare. 品質のよいサングラスは、まぶしさを和らげるのに役立つかもしれない。 ◆The faceplate of the CRT display is anti-glare treated. CRTディスプレイ装置の画面はグレア防止処理されている。 ◆Since that monitor screen is truly flat, there is almost no glare from the screen itself. そのモニター画面は真っ平なので、画面自体からのグレアはほとんど無い。 ◆When meeting oncoming cars with bright headlights, it is hard for a driver's eyes to adjust to glare. ヘッドライトをハイビームにした対向車に出会ったときには、運転者がまぶしさに目を順応させるのが難しい。

2 vi. ぎらぎら光る、まばゆく輝く、(～を)にらみつける <at>; (間違いなどが)ひどく目立つ、(色が)どぎつく目立つ

**glaring** adj. ぎらぎらと光る[輝く]、ぎらつく、目立つ、目に余る、甚だしい、激しい眼光の、怒りを込めてにらみつけるような ◆a glaring mistake 紛れもない[甚だしい、ひどい]間違い ◆some glaring flaws いくつかのひどい[目立った]欠陥 ◆the glaring difference in results 際立った結果の相違

**glaringly** 目立って、際立って、甚だしく、どぎつく、ぎらぎらと ◆Turf battles surface most glaringly in actual combat. (陸、海、空軍の)縄張り争いは実戦で最もあからさまになる[露骨に表面化する、どぎつく浮き彫りになる]。

**glasnost** (旧ソ連ゴルバチョフ政権の)グラスノスチ[情報公開](政策) ▶ロシア語で公開の意味。英語ではopenness。

**glass** ガラス、ガラス状の物質; a～ グラス、コップ、～es 眼鏡、めがね; adj. ガラス製の、ガラス張りの; vt. ～に板ガラスをはめる、～をガラスで囲う[覆う]、～をガラスファイバーで被覆する (a) glass transition temperature 《プラスチック》ガラス転移点 ◆glass transition 《プラスチック》ガラス転移(*glassy transition, gamma transition とも) ◆glass wool グラス[ガラス]ウール、ガラス綿 ◆a cut-glass vase カットグラス[切り子(ガラス)]の花瓶 ◆(彫刻や切り込みが施されている) ◆a glass-paned gazebo ガラス張りのあずまや ◆approximately 96% of those who have undergone LASIK are able to pass a driver's eye test without glasses レーシックを受けた人の約96%はメガネなし[裸眼]で運転免許の視力検査に合格できます ◆a tall glass of iced coffee 背の高いガラスコップに入れた1杯のアイスコーヒー ◆metal-rimmed glasses 金属縁のめがね

**glass ceiling** (a)～ ガラスの天井(*女性や少数民族出身者の昇進[出世]を阻む無形の障壁) ◆a woman hitting the glass ceiling 昇進を阻む目にみえない差別の壁に当たっている女性 ◆many minorities still feel the school system has a "glass ceiling" that they can't break through 数多くの少数民族出身者らは、依然として学校制度には突破できない「(昇進を阻む)差別的な」目に見えない壁」があると感じている ◆shatter [smash] the "glass ceiling" that bars women and minorities from the executive suites (意訳)女性や少数民族出身者の前に立ちはだかり重役室への昇進[((意訳))トップ人事への昇格]を阻んでいる「ガラスの天井[見えざる壁]」を粉砕する

**glass fiber** (a)～ ガラスファイバー、ガラス繊維 (= fiberglass)

**glaucoma** 《医》緑内障 ◆acute glaucoma 急性緑内障

**glaze** 1 vt. 〈窓など〉にガラスを入れる、〈陶磁器〉に上薬[釉薬](ユウヤク)をかける、光沢材を塗布する、〈食品、菓子などに〉艶出しのための衣をつける、～を水などして艶を出す; vi. 光沢が出る、(目が)どろんと[どんより]する <over> ◆double glazing (2枚の板ガラスを使用した)複層ガラス ◆if the brake pads are glazed from heat ブレーキパッド[摩擦材]が熱でつるつるになって[テカテカになって、てかって]いる ◆If drive belts are cracked, frayed, or glazed, you should replace them. もしドライブベルトがひび割れたり、擦り切れたり、つるつるになっていたら、交換しなければなりません。

2 (種類はa～)光沢のある表面、表面の艶[テカり]、滑らかで艶のある表面、上薬、釉薬(ユウヤク)、(絵の表面に施す透明)上塗り絵の具[塗布膜]、(シロップなどの)衣、たれ、薄く張った氷 ◆apply a glaze to an unfired ceramic 未焼成の陶器[陶磁器]に上薬を施す[釉薬(ユウヤク)をかける]; 薬掛け[釉掛け](クスリガケ) ◆Because lead is present in pottery and glazes, American manufacturers are required to fire products at temperatures hot enough to permanently bond the lead to the glaze. (素焼きの)陶磁器類[焼き物]と釉薬[上薬]には鉛が含まれているので、米国の製造業者らは、鉛を釉薬(ユウヤク)に永久的に結合[(意訳)溶け出ないよう固定]させるに足る十分な高温で製品を焼成するよう求められている。

**glazed** ガラスがはめてある、艶だし加工された、艶付けされた、(目が)どんよりした、(表情が)生気のない ◆a glazed tile 化粧タイル、施釉(セウウ)がわら[タイル] ◆glazed paper つや[光沢]紙 ◆an ice-glazed road 氷でつるつるになっている道路[凍結路]

**glazier** a～ ガラス屋、ガラス工、窓ガラス職人

**gleam** 1 a～ (特に小さい、または長続きしない)かすかな光、微光、薄光、反射光、瞬間的にまたはかすかに現れること、一抹(イチマツ)、一筋(ヒトスジ) ◆a gleam of hope 一縷(イチル)の[わずかな]望み、(表情が)曙光(ショウコウ) ◆a gleam of light 一条[一筋]の光 ◆see a gleam of hope in... ～に希望の光[曙光]を見いだす ◆the gleam of dawn (in the east) (東方の)夜明けの光; 曙光(ショウコウ)、暁光(ギョウコウ) ◆with a gleam in one's eye [eyes] 目を輝かせて

2 vi. かすかに光る、輝く、ぴかっと光る、ちらりと現れ出る、ひらめく

**glean** vt. 〈情報など〉を少しずつ苦労しながら収集する、(落穂など)を拾い集める; vi. 収集する、落ち穂拾いする

**glide** 1 vi. 滑る、滑走する、滑空する、音も無く滑るように移動する、グライダーで飛ぶ

2 ～を滑べるような動き、滑走、滑空、(引出しの)ガイドレール、(家具の脚の先端についている金属またはプラスチック製の)円板

3 vt. ～を滑走[滑空]させる、滑べるように移動させる[走らせる]

**glimmer** 1 a～ ちらちらしている弱い光、微光、おぼろげに感じる[分かる]こと ◆a glimmer of light [hope] かすかな光[望み] ◆Computers have begun to exhibit the first glimmers of human-like reasoning. コンピュータが、人間に似た推理の片鱗を初めて見せ始めた。

2 vi. かすかに光る、ちらちら光る、おぼろげ[かすか]に現れる

**glimpse** 1 a～ ちょっと[ちらりと]見えること、一目(ヒトメ)、一見、一瞥(イチベツ)、瞬間姿を見せること、おぼろげに感付くこと ◆catch [take] a glimpse of... ～をちらりと見る、～をかいま見る ◆The chart provides a glimpse at... このグラフで～を一覧することができる。

2 vt. ～をちらりと見る、垣間見る(カイマミル); vi. ちらりと見る <at>

**glint** a～ (一瞬の)輝き、きらめき、ひらめき; vi. 輝く、(ぴかっと[きらきらと])光る、きらめく; vt. 光らせる ◆a sea glint 《気象衛星》海面による太陽の強い反射光(*無冠詞で不可算名詞の扱いをされることがある)

**glitch** a～ 偶発的なトラブル、エラー、故障、障害、動作不良、誤動作、不具合、(機械などの)ちょっとした事故、(計画を妨げるような突然発生する)問題、電源電圧の突然の上昇または中断、ひげ状のパルス(による障害) ◆glitch detection グリッチ[不具合、トラブル、エラー、障害]の検出 ◆a glitch-prone space shuttle 故障しがちのスペースシャトル ◆If everything works without a glitch,... すべて問題[トラブル、エラー、故障、障害、動作不良、不具合]なく働けば[動作するなら、うまく行けば] ◆avoid glitches during power-up or power-down (電子機器の)電源投入時や切断時の障害を避ける ◆a couple of minor glitches caused by our being in a hurry 《コンピュ》我々の気が急いて[私たちが気が転倒して]いたために起きてしまった2～3の小さなトラブル ◆Some of the most common office machine glitches can be caused by dirty incoming power. 事務機の最も一般的な誤動作[誤作動]の一部は、汚

い入力電力が原因で発生している可能性がある．(＊パルス性のノイズが乗っていたり瞬時的な電圧低下がある汚い電源)

**global** adj. 地球規模の，地球全体の，全地球的な，世界的[《意訳》国際的]な，全世界の，全球的な，全体の，全般的，完全な，球状の，球形の；《コンピュ》(ファイル，システム，プログラム)全体に及ぶ，〈置換などが〉一括の，広域-，汎用-，大域-，グローバル-(↔local) ◆a global atmospheric multi-layered transport model 《気象》全球大気多層輸送モデル ◆a global standard 国際標準(規格)；国際基準 ◆a global strategy 世界戦略 ◆as inhabitants of the global village グローバルビレッジ[地球村]の住人として ◆global ecology 地球生態学，地球の生態系[生態環境] ◆GSM (global system for mobile communications) 欧州のデジタル携帯電話の統一システム規格 ◆our global environment 私たちの地球環境 ◆the global economy 世界経済 ◆a global company 国際(的)な企業 ◆a global variable 《コンピュ》グローバル[大域，広域]変数 ◆a global specification table 《ワープロ》全体書式設定表 ◆global environmental issues [problems] 地球環境問題 ◆the global warming treaty 地球温暖化防止条約 ◆adopt global standards and quality requirements 国際的な標準規格および品質要求を採用する ◆a fast-growing global market 急成長している[成長・伸長・伸張・拡大著しい]世界市場 ◆become a global citizen 世界市民になる ◆by global standards グローバルスタンダードによって；世界基準[国際基準]に照らし合わせずして ◆develop a global standard 世界共通標準規格を開発する[作る，創る] ◆enter [move into] an age of global competition グローバル競争時代に入る[に突入する，を迎える」 ◆in the global marketplace 世界市場で ◆a glohal-scale company 世界規模の[世界的な，国際]企業 ◆a global search-and-replace operation 《コンピュ》ファイル全体にわたっての[一括]検索・置換処理 ◆As business becomes more global,... 事業のグローバル化が一層進むにつれ ◆become the de facto standard for airlines on a global basis 航空会社にとっての世界標準になる ◆on a global basis 世界的に，全世界ベースで) ◆Going global is not related to... 地球規模化するということは…とは関係ないのであって ◆in the era of global business and finance 国際ビジネスと国際金融のこの時代に ◆in the global age of digital telecommunications この地球規模の[全世界的な]デジタル通信時代にあって ◆environmental problems that are global in scope 地球規模の環境問題 ◆In this case, pollution may increase on a global scale. この場合，汚染は地球規模[世界的な規模]で増加することになるだろう． ◆Like many legitimate businesses, the Mafia has gone global. 多くの堅実な企業同様に，マフィアは国際化した． ◆As companies become global and corporate relationships encircle the world, travel for business will continue to grow. 企業がグローバル化し会社の取引関係が世界中に広がって行くにつれて，(今後とも)出張は増え続けてゆくだろう．

**globalism** 地球主義，世界主義 ◆globalism as opposed to nationalism 国家主義と相対(アイタイ)するものとしての世界主義

**globalization** グローバリゼーション，地球規模化，世界規模化，世界[地球]一体化，世界化，世界的な展開，国際進出[展開]，《中国語》全球化 ◆the globalization of production 生産のグローバル[国際]展開 (＊エンジンやミッションは日本で，マフラーは台湾で，小物部品は他のアジア諸国で生産し，最終組立は米国で行うといったような方式) ◆the globalization of the marketplace [economy] 市場[経済]のグローバリゼーション ◆(the) globalization of procurement 調達の国際化 ◆the globalization of the computer marketplace コンピュータ市場のグローバル[地球規模]化 ◆in a period of globalization of financial markets 金融市場が地球規模化している時期に(＊1960年代後期を振り返っての話で) ◆there is a growing globalization in the world economy 世界経済の中でグローバリゼーションが進展している ◆With the increasing globalization of the world economy,... 世界経済がますますグローバ

ル化している中にあって… ◆The globalization of the economy entails internationalization of activities that is further and further beyond the control of nation-states. 経済の地球規模化[《意訳》世界経済の一体化]により必然的に(経済)活動が国際化し，そのような活動には民族国家による統制[規制]がますます及ばなくなる．

**globalize** vt. ~を世界化する，世界的にする，地球[世界]規模化する，世界一体化する ◆an increasingly globalized marketplace ますますグローバル化してきている市場 ◆globalize procurement and sourcing activities 調達業務および(海外資材・部品)購買[買い付け]業務をグローバル展開する ◆many U.S. companies are globalizing their production operations 多数の米国企業が生産部門をグローバル展開[海外に移行]しつつある

**globally** adv. 世界的に，全体的に，全球的に，一括で ◆a globally standardized system 全世界的に標準化されているシステム；世界標準方式 ◆globally change codes 《コンピュ》(あるファイル)全体にわたってコードを変える

**Global Positioning System** the ~ 全地球[全世界]測位システム(→ GPS) ◆Navstar Global Positioning System satellites 全地球[全世界]測位システムのナヴスター衛星

**global warming** 地球温暖化 ◆global-warming gases are building up rapidly in the atmosphere 地球温暖化ガスが大気中で急増している；大気中における地球温暖化ガスの蓄積が急速に進行している ◆cause global warming 地球温暖化を引き起こす ◆Carbon dioxide is the chief culprit in the global-warming greenhouse effect. 二酸化炭素は，地球を温暖化させている温室効果の主な原因である． ◆Global warming could take place unless strong action is taken to prevent it. 地球の温暖化は，強力な防止措置が取られない限り起こるかも知れない．

**globe** the ~ 地球；a ~ 球体，球 ◆a globe-spanning megacorporation 世界を股にかけた[世界的規模で事業展開する]巨大企業 ◆in every corner of the globe 世界のいたるところで ◆a globe-spanning criminal network 全世界をカバーしている犯罪ネットワーク

**globe-trotting** adj. 世界を股にかけて(足早に)歩く ◆a globe-trotting takeover artist 世界を股にかけている乗っ取り屋

**globular** adj. 球形をした，球状の，粒状の，丸い；(consisting [made up] of globules) 小球体から成る ◆The gear shift knob is globular, about the size of a snooker ball. ギアシフト[変速レバー]の握りは球形で，ビリヤードの玉くらいの大きさをしている．

**gloomy** adj. 暗い，真っ暗な，ほの暗い，薄暗い，どんよりした，うっとうしい，陰気な，憂うつな，陰鬱な，重苦しい，悲観的な，暗澹たる ◆I have a very gloomy feeling about the future of... 私は~の将来[前途]について非常に暗然[暗たん]たる気持ちになっている

**glory** ①栄光，名誉；②すばらしさ，壮麗[壮観]さ，栄華，繁栄；(one's) glory または the glory of... で)(~の)全盛[全盛期]；神の栄光，賛美，天上の至福，天国；((しばしば the glories of... で)(~の)自慢[誇り]となるもの ◆ancient cities at the height of their glory 栄華を極めた当時の古代都市 ◆the glory years of the industry この業界の栄光の時代；この産業の全盛期[絶頂期] ◆restore a theatre once one of the glories of the city of Dublin かつてダブリン市の華の一つであった劇場を修復する (＊glories は輝きを放っていたもの，栄光，誉れ，誇り，精華，栄光[隆盛]を極めたもの)

**gloss** 1 (a) ~ 光沢(ツヤ)，光沢，テカリ，虚飾，粉飾，見せかけ，見え，体(テイ)[体裁]の良さ ◆give a high gloss to paper; give paper a high gloss 紙に強光沢を付ける ◆a high-gloss coating 非常に光沢のある[光沢の強い]コーティング ◆statistical projections with a rosy gloss 楽観的観測で粉飾されている統計予測[予想]値

2 vt. ~に艶(ツヤ)をつける，~の光沢[艶]を出す

3 a~ 注，脚注，傍注，注釈，注解，書き込み，解説; vt. ~に注釈をつける

**gloss over** 〜の上辺(ウワベ)を取り繕う(ツクロウ)、〜を言い繕う

**glossary** a 〜 グロッサリー、用語集、小辞典 ◆a glossary of computing terms 電算用語集[用語辞典]；コンピュータ術語辞典

**glossy** 光沢[テカり]のある、艶(ツヤ)のある ◆Surfaces shall have a matte, nonglossy finish. 表面はテカらないマット[艶消し、無光沢]仕上げのこと。

**glove** a 〜 (指が分かれている)手袋、(野球やボクシングの)グローブ[グラブ]; vt. 〜に手袋をはめる、〈ボール〉をグラブでキャッチ[捕球]する ◆gloved fingers 手袋をはめた状態での指 ◆a pair of white [surgical] gloves 白い[手術用]手袋一組[一双] ◆wear a helmet and gloves ヘルメットおよび手袋を着用 ◆you must remove your gloves to use.... 〜を使うときに手袋を取る[脱ぐ、外す]必要がある

**glow** 1 a 〜 グロー、赤熱、赤熱光、白熱、白熱光、(頬の)赤み、(運動後などの身体の)ほてり ◆a glow discharge グロー放電 ◆a glow-discharge tube グロー放電管 ◆a glow switch (蛍光灯の)点灯管、グロースターター ◆adjustable from bright to a soft glow 高輝度光から柔らかい赤熱光まで調整可能 ◆feel a glow of pride [satisfaction, affection] 強い誇り[満足、愛着]を覚える
2 vi. (炎や煙を出さずに)熱を発する、赤熱する、白熱する、光る、輝く、燃えるような赤い色をしている、赤々するように輝いている、(頬が)紅潮する、(気持ちが)ほてる、ぽかぽかする、(感情的に)燃える、高ぶる ◆glow with pleasure 喜びに顔を輝かせる ◆glow with pride 誇りに燃える ◆...but the warning light does not glow けれども警報灯が点灯しない ◆The transceiver has legends that glow in the dark. そのトランシーバは、暗がりで光る[点灯する]表示を備えている。 ◆A touch of a button makes the electroluminescent LCD readout glow for increased visibility. ボタン一つで、EL付き液晶表示器が明るくなり視認性が増します[見やすくなります]。

**glue** 1 回((種類は a 〜)) にかわ、接着剤 ◆glue glops 接着剤のねばねばした塊
2 vt. 〜を(〜に)接着剤[にかわ、のり]でつける <to, together>、《比喩的に》〜を貼り付けにする ◆glue it on... 〜にそれを(糊・にかわなどで)貼り付ける ◆be glued to the TV set テレビ(の前)にへばりついている[釘付けになって]いる

**glue-sniffer** a 〜 シンナー遊びする人

**glue sniffing, glue-sniffing** シンナー遊び(▶正式にはsolvent abuse)

**gluey** adj. にかわ状の、にかわを塗った、粘りつく、ねばねばする (= sticky)

**glut** 1 a 〜 供給過剰、在庫過剰、過多 ◆despite the present world glut of crude oil 現在世界的に原油がだぶついているにもかかわらず ◆personal computers become a glut on the market パソコンが市場でだぶついてくる ◆computer makers and chip vendors, who are vulnerable to price wars and inventory gluts 価格戦争や過剰在庫の憂き目にあいやすいコンピュータメーカーや半導体ICメーカー ◆Rapid transmission of information prevents gluts and shortages. 《意訳》迅速な情報の伝達により供給過剰[モノのだぶつき]や品不足[モノ不足]は避けられる。 ◆The glut of chips triggered sharp price cuttings. チップの供給過剰が大幅値下げを引き起こした。 ◆There is a glut of big cars on the market. 大型車が市場でだぶついている。
2 vt. 〈市場〉をだぶつかせる、〈市場〉に(〜を)過剰供給する <with>; (〜を)たらふく[腹一杯]食べる <oneself with>; vi. ◆become glutted with... 〈市場など〉が〈商品〉でだぶつく[溢れ返る]ようになる；〜で供給過剰となる ◆a soon-to-be-glutted market すぐに供給過剰になって[だぶついて]しまう市場 ◆oil is glutting the world market 石油は世界市場でだぶついている

**glycerol** 回グリセロール、グリセリン(glycerin [glycerine]) ◆diacyl glycerol helps reduce neutral fat ジアシルグリセロールは中性脂肪を減らす助けをする(＊脂肪がつきにくい食用油「健康オイル」の主成分。ちなみに一般の食用油の主成分はトリアシルグリセロール triacyl glycerol)

**gm** (gram, grams)
**GM** (General Motors) ゼネラルモーターズ(＊米国の大手自動車会社)
**GMDSS** (Global Maritime Distress and Safety System) the 〜 世界的な海上遭難安全制度、全世界海難救助通信システム、新遭難安全通信制度(＊参考訳、定まった訳はまだない)
**GMO** a 〜 (genetically modified organism) 遺伝子組み換え体
**GMR** 回IBM giant magnetoresistive (GMR) head technology IBM社の巨大磁気抵抗効果型(GMR)ヘッド技術(＊ハードディスク用の)
**GMT** (Greenwich Mean Time) グリニッジ[グリニッチ]標準[平均]時 ◆at 10-min. intervals of GMT (Greenwich Mean Time) グリニッジ標準時刻で10分おきに ◆The current time in GMT is 00:29:42 現在のグリニッジ標準時刻は00:29:42です。

**gnarled** adj. 節[こぶ]だらけの、節くれ立った、曲がった、ごつごつした ◆gnarled branches 節だらけの[こぶの多い]枝 ◆gnarled hands 節くれ立った手 ◆His hands are gnarled like an old oak. 彼の手は樫の古木みたいに節くれ立って[ごつごつして]いる。

**gnaw** v. (がりがり)かじる <on, away, at>、食い切る、〈穴〉をかじってあける、悩ます、苦しめる、さいなむ、むしばむ、腐食する(corrode) ◆gnaw on a corn on the cob (穂軸[芯]についた)トウモロコシをかじる ◆I've been gnawed by guilt about not having attended his funeral. 私は彼の葬式に出なかったことで気がとがめて[罪悪感を感じて、自責の念にかられて]います。

**GNP** (gross national product) the 〜 国民総生産 ◆a country's GNP (gross national product) ある国の国民総生産 ◆the 1%-of-GNP mark GNPの1%の大台(＊日本の防衛予算の場合は「枠」)

**go** 1 vi. 行く、赴く、出向く、足を運ぶ、進行する、動く、走る、(時が)経過する、(事が)運ぶ、通う、去る、消える、無くなる、亡くなる、達する、届く、しまわれる、(ある状態に)なる、書いてある、通用する、(ある状態の)ままでいる ◆go away from... 〜から遠ざかる、立ち去る ◆go global 〈企業など〉国際化する ◆go soft 柔らかくなる ◆go at 115km/h (車が)時速115キロで走る ◆go from usable to unusable 使用可能から使用不能になる ◆go to step 6 ステップ6に進む ◆if all goes well 万事うまく行けば[順調に順当]に行けば (すべて)うまく行ったら ◆it's barely enough to keep his family going それ(給料)は彼の家族がぎりぎりやっていけるだけしかない ◆sell Mexican food to go 持ち帰り用のメキシカンフード[《意訳》メキシコ料理]を売る ◆that goes without saying それは言うに及ばず[もちろん]だ ◆negate the need to go to 10 bits 10ビットに行く[《意訳》10ビット化の]必要をなくす ◆an employee who is being let go 解雇の対象になっている従業員 ◆find some stopgap cash infusion to keep the company going その会社が立ち行くようにしておくために何らかの繋ぎ資金の導入を探る ◆IKEA's booming success with furniture-to-go イケアの「お持ち帰り家具」ビジネスの急成長 ◆an improperly inflated tire which goes uncorrected 不適切な空気圧が是正されないまま使われるタイヤ ◆the hose going from the fuel pump to the carburetor 燃料ポンプからキャブレータに行っているホース ◆the regulator goes from constant-voltage-mode operation into constant-current-mode operation 調整器は、定電圧モード動作から定電流モード動作に移行する[移る] ◆Go west [global], young man! 若者よ、西へ行け[世界を目指せ]。(＊前者はアメリカ開拓時代の標語) ◆I have to get going now as it is very late. 遅くなりましたので、そろそろ失礼[おいとま]しなければなりません。 ◆"Mrs. Wilkens, I'm afraid we must be going now." 「ウィルケンさん、私たちも、そろそろ失礼[おいとま]しなければなりません。」 ◆Well, we have to go now. さて、そろそろ失礼[おいとま]しなければなりません。 ◆Tighten the nut until all of the free play is gone in the drum. ドラムの遊びが完全に[遊隙が全くなく]無くなるまで、そのナットを締めてください。
2 n. 回行くこと、活気[熱気、やる気]; a 〜 試み、機会; one's 〜 (英) (その人の)番 ◆in one go 1回で(まとめて)、一括し

て, 一挙に ◆The two-wire line carries go and return bit streams. 《通》2線式伝送路は, 行きと帰り[往復]のビットストリームを搬送する.
**3** *adj.* 正常に機能して, 準備完了して ◆If everything looks go, ... すべて準備が整ったら
**on the go** 絶えず動いて, 常に活動的で ◆while on the go 移動中に;《意訳》外出の際に[外出先で, 出先で] ◆be perfect for carrying digital images with you while on the go デジタル画像を持ち歩くのに最適で ◆Both laptops are aimed at professionals who need to compute on the go. 両ラップトップ機とも, 動き回りながら[移動中や出先で]コンピュータを使う必要のあるプロ向けである. (*on the go の類似表現に on the move や on the road)
**go about** 〜を(特定のやり方で)行う, 〜に取りかかる, 〜に取り組む;(場所)を歩き回る ◆how to go about a task 仕事の取り組み方[進め方, 処理の仕方] ◆the way one goes about a task 仕事の進め方[取組み方, 処理の仕方]
**go about one's business** 〈他人に余計な世話をやかずに〉自分のことをきちんとやり続ける ◆The engine goes about its business so unobtrusively. このエンジンは, それほどにさりげなくけなげに働く.
**go after** 〈人〉を追いかける, 〈物事〉を追い求める
**go against** 〜に(相)反する, 〜に逆らう, 〈時勢などに〉逆行する, 〈人〉にとって不利になる ◆they go against the grain of American individualism それらは米国の個人主義の精神と相容れない ◆The new car goes against the trend toward front-wheel drive and V-6 engines. その新型車は, 前輪駆動やV-6エンジンに向かっている傾向[《意訳》流れ]に逆行している.
**go against the grain** 木目と直角に切断する, 性分[性]に合わない
**go ahead** (プロジェクトなど)が進捗(シンチョク)する, はかどる, 前進する, 進歩する ◆she gave us the OK to go ahead 彼女は我々にゴーサインを出した ◆build prototypes before going ahead with full-scale production of a new product 新製品の本格生産に進む前に[本生産開始に先立って]試作品を作る
**go ahead of** 〜に(一歩)先んじる, 〜の(一足)先を行く, 〜に先立つ
**go ahead with** 〈計画など〉に着手する, 〜を推し進める
**go along** 進んで行く, やって行く, 続けていく, (物事が)運ぶ, 行く, 進展する
**go along with** 〈人〉と一緒に行く, 〈人, 考え〉に同意する, 〈規則など〉を遵守する
**go around** (欲しい人皆に)行き渡る, (噂, 話などが)広まる, 〜を一周する ◆go around major obstacles 大きな障害(物)をよける ◆go around the world 世界を巡る ◆because there had not been enough to go around 皆に行き渡るだけなかったので ◆there isn't enough food to go around 皆に行き渡るだけの食糧がない ◆Does the sun go around the Earth or does the Earth go around the sun? 太陽が地球の周りを回るのか, それとも地球が太陽の周りを回るのか ◆I'm having to go around begging 私はお願いして回らなければならないはめになっている
**go at** 〜に精力的に取りかかる, 〜に襲いかかる
**go away** 立ち去る, 出かける, (問題などが)無くなる, 消滅する ◆After installation of the heatsink, those problems went away. ヒートシンク取付け後に, これらの障害は無くなった.
**go back** 戻る, 帰る, (ある時期, 年代まで)遡(サカノボ)る <to>, (一度やめたことを)またやり始める <to>, (中断した箇所まで)話を戻す <to> ◆go back 15 billion years in time 時間を150億年さかのぼる ◆go back to normal 正常に戻る[正常化する] ◆I don't want to go back to the time when only the rich could travel by air. 私は, 金持ちだけが飛行機で旅行できなかった時代には逆戻りしたくない. ◆Wasserman's Series 55 pumps have a field-proven track record in the water and wastewater industry going back over 40 years. ワッセルマンのシリーズ55ポンプは, 用水・廃水業界において40年以上にわたる現場での(稼働)実績を持っています.
**go back on** 〈約束など〉を破る, 〈前に言ったことなど〉を翻(ヒルガエ)す

**go before** 〜より先に行く, 〜に先行する, 先立つ, 〈人〉の面前に出る
**go below** 船室に降りる
**go beyond** 〜を越える, 〈場所〉を通り過ぎてもっと先に行く, 〈人〉を追い越して先を行く, 〜以上のことを行う ◆Should your job search go beyond three months, ... 職探しに3カ月以上かかるようなら, ◆to go beyond the current 10Mbps speed barrier 現在の毎秒10メガビットという(データ転送)速度の壁を超えるために ◆their duties went beyond writing press releases 彼らの職務はプレスリリースを書くことだけにとどまらなかった ◆The building has gone beyond standard concepts of what a high-rise should be. このビルは, 高層ビルのあるべき姿の通常概念を越えている. ◆The system will go beyond the simple computerization of patient charts. 本システムは, 患者カルテの単なるコンピュータ化にとどまっていないだろう. ◆The Japanese have gone beyond building new plants in the U.S. – they've gotten into buying American companies. 日本人[《意訳》日本企業]は米国で新工場を建設するだけにとどまらず, 米国企業の買収にさえ乗り出した.
**go by** (時が)過ぎる, 過ぎ去る, (人, 行列などが)通り過ぎる, (場所の)(用事のために)ちょっと立ち寄る(=drop by) ◆in days gone by 過ぎ去った日々に, 昔は, 過去に, 古に(イニシエ) ◆let... go by 無視する ◆in years [days] gone by 昔 ◆antiques and objects of days gone by 骨董品や昔の品物 ◆as the months went by 何カ月か過ぎるうちに ◆as time goes by 時が経つにつれて; 時が経過するにつれ ◆go by the name of... 〜という名で通っている[知られている] ◆Eleven years have gone by since... 〜以来11年 ◆Enough time has gone by since... 〜以来, 十分長い時間[時, 年月, 歳月]が流れた[過ぎた]. ◆Marketed under several brand names, including the Plymouth Voyager, gasoline-powered versions go by the internal designation of T-van. プリマス・ボエジャーを始めとする数種類のブランド名で販売されているガソリン車版は, Tバンという国際名称で通って[呼称で通用して]いる.
**go down** (階段などを)下りる, 下に行く, 下降する, (価格, 水準などが)下がる, (品質など)が低下する, (日が)沈む, 後世に伝わる, (南の方に, 地方に)行く <to>, 倒れる, 卒倒する, (飛行機が)墜落する, 下り坂になる, (コンピュータなどが)(機能)を停止する[ダウンする] ◆a software bug in a switch caused much of the phone network to go down for almost 10 hours 交換機のソフトウェアバグのせいで, 電話網が広域にわたって10時間近くダウンした ◆Sales of personal computers went down for the first time in Japan over the last year. 日本でのパソコンの販売高が初の前年割れとなった.
**go for** (散歩など)に出かける, 〜が大好きである, 〈人〉を襲う, 〜にも当てはまる, 〜を実現させようと目指す, (ある金額)で売れる ◆Go for it! 頑張れ! ◆Foot-high dolls of Minnie in a Kimono go for more than $60 here. ここでは, 着物を着た1フィートほどの背丈のミニーちゃん人形は60ドル以上で売れる. ◆They go for short-term profits at the expense of long-term investment. 彼らは, 長期投資を犠牲にしてでも短期の利益の方を選んでしまう.
**go into** 〈ある状態〉になる[入る, 陥る], 〈職〉に就く, 〜を始める, 〜に進出する ◆go into service; come into service 営業運転に入る, 運用[サービス]を開始する ◆even more work went into... (ing) 〜(すること)にいっそうの努力が注ぎ込まれた ◆Years of planning went into the project. このプロジェクトには, 何年間にもわたる計画期間が費やされた[このプロジェクトは, 計画を練るのに何年もの歳月が費やされた]. ◆More than one fifth of our sales goes into research and development. 弊社の売上の5分の1以上が研究開発に費やされています. ◆Much thought has gone into making the software controls both intuitive and easy to operate. ソフトウェア制御を直観的で簡単に操作できるようにするために多くのアイデアが盛り込まれた. ◆A considerable amount of testing has gone into the design and assembly of this product. この製品の設計と組み立てのために, かなり多くの試験が行われた. ◆More than a decade of player feedback has gone into the design

and manufacture of these American-made guitars. 十余年にわたる演奏者からの意見・感想が、これらアメリカ製ギターの設計および製造に盛んに生かされた.

**go off** 爆発する, 〈目覚し時計, 合図のベル, サイレン, 警報機などが〉鳴る[鳴動する], 〈ランプが〉消える (= go out), 〈道から〉分岐する〈from〉, 〈物事が〉行く, 進行[進展]する, 脱線する, 〈口〉を嫌いになる, 〈薬など〉の服用をやめる, 〈食物, 飲み物が〉悪くなる, 腐る, 眠り込む ◆cause an alarm to go off 警報装置を作動させる; ◆if a-c power suddenly goes off もしもAC電源が突然切れたら; 突如停電が起きた場合 ◆Should your cut begin to go off the line, . . . もしけが線から切断(の進路)がずれ始めたら

**go on** 〜し続ける〈doing, with〉, 起きる, 先へ進む, 〈道などが〉先へ続いている, 〈ランプが〉つく[点灯する], 〈機械などが〉働き始める, 〈時が〉経過する, 流行遅れになる, 話を続ける ◆Please go on. 〈インタビューなどで〉どうぞお話を続けてください. ◆about the mass-production tape-pirating operations going on in this country この国で起きている海賊版テープ大量生産行為に関して ◆prices (that are) more in tune with what's going on in the market 市場の実情を, より正確に反映している価格 ◆I've also been in situations where other cars, whose drivers were on their phones, have accidentally swerved into my lane because of their inattentiveness to what's going on in traffic. (私は)ほかにも, 電話しながら運転している人の車が, 交通状況に不注意だった[をよく見ていなかった]ため誤って私の走っている車線にはみ出してきてしまうという目にあったことがあります.

**go out** 外に出る, 外出する, 出かける, 外国へ行く, 〈内閣が〉退陣する, 〈知らせが〉出される, 発表される, 出版される, 送られる, 〈ランプ, 火が〉消える, 流行遅れになる, 〈潮が〉引く; 〈〜と〉デートする〈with〉 ◆the fire went out within 30 minutes 火事は30分以内に消えた[鎮火した] ◆the light goes out ランプが消える ◆My boyfriend and I have been going out [I have been going out with my boyfriend, I have been dating my boyfriend] for over a year now. 彼氏と付き合って(今では)1年以上になります.

**go out of** 〈ある状態からその反対の状態に〉なる, 〜から抜け出る, 〈緊迫感, 活気などが〉〜から無くなる[消える] ◆go out of business 商売から手を引く, 商売をやめる, 店をたたむ, 店じまいをする, 廃業する, 倒産する, つぶれる, 破産する ◆go out of fashion 流行遅れになる, すたれる ◆go out of focus ピントがずれる

**go over** 調べる, 飛び越える, 〈〜の方に〉行く〈近づく〉〈to〉, 〈敵側に〉寝返る〈to〉, うまく行く[行かない]〈well, badly〉, 〈外国の地に〉渡航する〈to〉

**go overboard** 度を過ごす, 極端に走る, 行き過ぎる, はめを外す, 調子に乗り過ぎる, 〈船などから〉落ちる

**go through** 通過する, 通り抜ける, 貫通する, 経験する, 通読する, 目を通す, 〈手続き〉を踏む, 〈工程〉を経る, 行う, 承認される, 〈机など〉の中を捜す, 使い果たす, 〈衣類がくたびれて〉穴があく ◆go through [execute] an online sign-up procedure オンライン入会手続きを実行する[登録手続きをする]

**go through with** 〜をやり遂げる, 貫徹する

**go together** 一緒に行く, 調和する, 似合う

**go toward** 〜の方へ行く, 〈金が〉〜に当てられる, 充当される, 寄与する, 役立つ

**go under** 〈会社が〉倒産する, つぶれる, 破産する, 破綻する, 滅亡する, 沈む, 〈麻酔がきいて〉意識を失う

**go up** 上に行く, 上[登, 昇]る, 上昇する, 階上に行く, 〈〜まで〉行く[伸びている]〈to〉, 〈はるか北の方の場所または都会〉へ出かける〈to〉, 〈ビルなどが〉建つ, 爆発する, 突然吹き上がる, 〈幕が〉あがる, 〈歓声が〉どっと上がる ◆go up in flames [smoke] 炎上する ◆〈比喩的に〉価値が突然下がる, 水泡に帰する ◆With so many new sites going up these days, . . . 非常に多くの〈インターネット〉サイトが立ち上がる[開設される]昨今, 〜

**go with** 〈人〉と一緒に行く, 〈人〉に同伴する〈ついて行く〉, 〜と調和する, 〜と合う, 〈物, 実が〉〈〜にとって〉うまく行っている[いない]〈well [badly] with〉, 〜を支持する ◆

---

Japan has certain responsibilities that go with being an economic superpower. 日本は, 経済大国であることに伴う一定の責任を負っている.

**go without** 〜無しで何とかする[耐える, 済ます], 〈朝食など〉を抜く

**go-ahead** 〈通例 the 〜〉(物事を進めてよいという)許可, 承認, ゴーサイン, 青信号; adj. 進取の気象[気性]に富む, 気概のある, やり手の ◆get the go-ahead from. . . to <do> 〈人〉から〜する許可[認可, 承認]を得る ◆give. . . the go-ahead 〈人〉に許可[認可, 承認]を与える ◆give the go-ahead to the project そのプロジェクトにゴーサインを出す ◆have the go-ahead from. . . 〜から許可[認可, 承認]を取り付けてある ◆the state-controlled company is waiting for the formal go-ahead on a round of charge increases この国営企業は, 一連の料金値上げに対する正式認可が降りるのを待っている最中である ◆they have been given the go-ahead on a plan to <do> 〜する計画に〈人〉が許可[認可, 承認]が降りた

**goal** a 〜 ゴール, 目標, 目当て, 目的地, 得点, 決勝線, 決勝点 ◆achieve one's goals 目標を達成[《意訳》実現]する ◆attain a goal 目標を達成[《意訳》実現]する ◆lose sight of the goal of. . . -ing 〜しようという目標[目的]を見失う ◆one's predetermined goal 所期の目標[目的] ◆pursue one's goal of [for]. . . ing 〜する目標を追い求める ◆set our goal that. . . という我々の目標を設定する ◆the attainment of a goal [goals] ゴール[目的]に達すること; 目標到達[達成]; 《意訳》目標を実現すること ◆with the goal of. . . -ing 〜する目的で ◆a yet-to-be-realized goal まだ実現されていない目標 ◆hit upon a surefire way to achieve the goal 〈口〉間違いなく〜の目的が遂げられる方法を考えつく ◆set a goal of a 50 percent reduction in CFC use by. . . 〜までに特定フロンの使用を半減させるという目標を設定する ◆we have made substantial progress toward our goal of reducing. . . 我々は〜を削減するという我々の目標に向けて大きく前進した ◆His study is an important milestone toward that goal. 彼の研究が, その目標を達成[実現]する上での画期的な偉業である. ◆It is a worthy goal to work toward. それは努力するに足る目標だ. ◆Passenger comfort is the goal of the car's extravagant design. 乗員の快適さ[コンフォート]が, その車のぜいたくな設計の目的とするところである. ◆All of the new computer's technology is aimed at one goal: to make the laptop the best computer in its class. この新型コンピュータの技術のすべては, 一つの目標に向けられて[結集されて]いる. このラップトップ機をクラス一の優れたコンピュータにするということである. ◆With new, automated techniques and a huge coordinated effort, the genome project can reach its goal in 15 years. The achievement of that goal would launch a new era in medicine. 新しい自動化手法と大がかりな協調作業により, ゲノムプロジェクト[ヒト遺伝子解析計画]は15年で目標に到達するかもしれない. その目標の達成[実現]は, 医学の領域における新しい時代を開くことになるだろう.

**go-around** a 〜《航空》ゴー・アラウンド[着陸復行]; a 〜一試合, ラウンド(＊一連の会談のうちのある回), ラウンド, 激しい議論, 回避, 言い逃れ ◆perform [do] a go-around 《航空》ゴー・アラウンド[着陸復行]を行う; 着陸をやり直す

**gobble** 〜をガツガツ食う, 〜をむさぼり食う, かっこむ〈up, down〉 ◆Captured images gobble up disk space. 《意訳》取り込んだ画像が, ディスクの記憶領域をたくさんに食いつくしてしまう.

**gobbledygook, gobbledegook** 回お役所言葉[官庁用語], 回りくどくてチンプンカンプンの表現, 冗長で分かりにくい文言, 文字化けした文 ◆Have you ever received an e-mail message that is total gobbledygook? 全体が文字化けした電子メール(メッセージ)を受信したことがありますか. ◆Problem – you send documents as attachments and they arrive as gobbledygook. 障害 — 文書を添付ファイルとして送信すると, 化け文字になって届く[受信する]. ◆Avoid pretentious language, circumlocution, "officialese" (also known as "bureaucratese") and gobbledygook. もったいぶった言葉, 婉曲表現,

「お役所言葉」(「官庁用語」とも)，そして《外国語をちりばめたり大仰らしい》チンプンカンプンの文言は避けること．

**go-between** a～ 仲介者，斡旋者，周旋者，仲人(ナコウド)，媒酌人

**god** God 回(特にキリスト教の)神，天主，創造者; a～ (多神教の)神，神様 ◆an act of God (pl. acts of God) 不可抗力，天災，神業(カミワザ)，天変地異 ◆by God's providence; through God's Providence 天の配剤[天の計らい，神のお導き，神の思し召し]で ◆by the hand of Providence [God] 神の手によって ◆put the Control key to the left of the A key, where God intended it to be コントロールキーを，当然あるべき位置であるところのAキーの左隣に配置する (*コンピュータキーボードの話) ◆A "wind of the gods" - a typhoon - smashed the invading ships. 「神風」，すなわち台風が，襲来する船を撃破した． ◆For me, the customer is like a god. 私にとって，お客様とは神様のようなものです．

**go-down** a～ (東南アジア，インド，極東アジアの港の)倉庫，上屋

**goer** a～ 行く人[物]; -goer adj.《合成語で》よく行く[出席する]人，常連，常客 ◆fair-goers 本市来場者 ◆a film-goer [filmgoer, moviegoer] 映画ファン; 映画を良く見に行く人

**go gage** a～《機械》通りゲージ

**goggle** ～s ゴーグル，安全[保護]めがね，水中[潜水]めがね ◆wear goggles ゴーグルを着用する

**go-go** adj. ゴーゴーダンスの，行け行け[押せ押せ]ムードの，活気あふれる，ブームの，高度成長の，(株式相場に)投機的な[強気の] ◆the go-go bubble economy of the '80s 80年代の行け行けどんどんの[高度成長の]バブル経済 ◆The go-go days of spending on... are gone. どんどん[湯水のように，バンバン]～に注ぎ込む時代は過ぎ去った．

**going** 1 回行くこと，死去，進み具合，進捗状況，スピード; (a)～出発; (通例 the ～の)道路の[路面]状態; (通例 ～s)ふるまい，行状 ◆comings and goings 発着，(人の)出入り，往来，行き来 ◆When the going gets tough, the tough get going. 前進が難しくなり[困難な]時が(困難を乗り \越える]強者が歩を進める; 状況が困難の度を増したら，勢者が事態を[望ましい方向に]進展させる．
2 (機械が)運転中の，稼動中の，活動中の，(会社などが)うまくいっている，現存中の，現在の，現行の ◆the going price of... ～の現行価格[時価]

**going-away** 別れの，送別の，(衣服など)外出用の ◆a going-away gift 餞別(センベツ)，はなむけ

**going concern** a～ 継続企業; 存続[永続]する企業体; うまくいっている[健全な]企業，(ほぼ定着した意訳で)企業の存続可能性 ◆in the event of a going concern problem 《意訳》ゴーイング・コンサーン(*企業の永続性[破綻]が懸念される)問題が万一起きた場合に

**going rate** the ～, a ～ 現行レート[料金，利率，価格，金利，利息，歩合，工賃，運賃，賃料金，宿泊料]，実勢レート[価格]，世間並みの賃金，世間一般の常識的な値段，通り値，通り相場 ◆a higher-than-going rate (通り)相場[世間一般で普通]とされている]よりも高い料金[利率，etc.] ◆at a going rate of $500 to $1,000 時価500ドルから1000ドルで ◆pay an interest rate of more than 1/2 of 1 percent higher than the going rate 現行の利率より0.5%以上高い金利を払う ◆the city was paying Mr. Pitts 10 times the going rate for office space 市はピッツ氏に通り相場[普通]の10倍のオフィス賃料を支払っていた

**gold** n. 金(元素記号: Au)，黄金，金(カネ)，富，財産; adj. 金の，金製の，金色の，《CD，レコードの》ゴールドの(*シングル盤で100万枚，アルバムで50万枚以上売ったものの) ◆a gold-colored disk 金色のディスク ◆an 18K solid gold watch 18金のむくの金時計 ◆pure [fine] gold 純金 ◆これに対し solid goldは，堅さを出すために他の金属が微量に混ぜられているものも含む)．◆the Gold Coast 黄金海岸(*現在のガーナ) ◆a gold-based monetary standard 金本位制度 ; 金本位制 ◆a thin leaf of gold 金箔1枚 ◆find gold flakes in stream beds 河床でフレーク状[鱗片状]の砂金を見

つける ◆the gold standard broke down in World War I 金本位制は，第一次世界大戦当時に崩壊[瓦解]した ◆an 18-carat-gold nib with an iridium tip on it イリジウムの先端がついている18金のペン先 ◆The connectors are gold-plated. これらのコネクタには，金めっきが施されている．

**golden** 金の，金製の，金色の，黄金色の，価値の極めて高い，隆盛な，繁栄の，全盛の，(声の)豊かでソフトでなめらかな，才能のある，前途有望な，50周年を記念しての ◆a golden jubilee 50周年記念祭[祝典](*会社などの創業50周年を祝っての) ◆the golden mean 中道; 中庸 ◆a golden opportunity またとない[絶好の，すばらしい]機会 ◆Japan's Golden Week travel season 日本のゴールデンウィーク[黄金週間，大型連休]旅行シーズン(▶Golden Weekは和製英語．Golden Weekについての記事より) ◆saute until golden (brown) きつね色になるまで炒める ◆the Golden Triangle straddling Thailand, Burma and Laos タイ，ビルマ，ラオスにまたがる黄金の三角地帯 ◆until it turns golden brown それが茶色になるまで

**golden age, Golden Age** the ～ 黄金時代，全盛時代，最盛期 ◆the Golden Age of molecular medicine 分子医学の黄金時代

**golden rule** 《the Golden Ruleで》《聖書》黄金律; a ～ 大切な規範，重要な原則，金科玉条 ◆Remember the Golden Rule. Rudeness is always answered by rudeness. 黄金律を忘れないこと．人に無礼な態度で接すれば，必ずや人からも無礼を受けることになる．(*大文字で始まる Golden Ruleは新約聖書の "Do unto others as you would have them do unto you"から) ◆The golden rule of picnics – or transporting food in general – is simply to keep hot foods hot and cold foods cold. ピクニックの，あるいは一般的に食品の輸送についての，金科玉条は，単に熱い食べ物は高温にそして冷たい食料品は低温に保っておくということである．

**golden section** the ～ 黄金分割

**gold foil** 回金箔(*gold leafよりも厚めのもの)

**gold leaf** 回金箔

**gold mine** a ～ 金鉱，金山; (比喩的に)宝庫，金(カネ)を生む商売，ドル箱 ◆hit a gold mine of information 情報の宝庫にぶち当たる; 情報の宝庫を掘り当てる[見つける] ◆Novell has apparently hit a gold mine with NetWare Lite. ノベル社は，どうやらNetWare Lite(という名前のソフトウェア商品)で大当たりした様子だ．

**gold plate** 回金めっき，金張り，金製の食器類

**gold-plate** vt. ～に金めっきを施す，～を金張りにする

**gold-plated** adj. 金めっきが施されている，金張りの ◆gold-plated contacts 金張り接点 ◆24K-gold-plated [24-carat-gold-plated] handles 24金メッキのハンドル

**gold standard** a ～ 金本位制

**golf** 回ゴルフ; vi. ゴルフをする ◆play golf ゴルフをする ◆a golf cart ゴルフカート ◆a golf club ゴルフクラブ ◆a golf course ゴルフコース ◆a golf tournament ゴルフトーナメント ◆I go golfing with my clients. 私はクライアント[顧客，得意先]とゴルフに行く．

**gonad** a ～ 生殖腺[性腺](*雄では精巣，雌では卵巣) ◆the GSI is the gonado-somatic [gonadosomatic] index (the mass of gonads relative to body mass) 《生》GSIとは生殖腺指数(体重に占める生殖腺重量の割合)のことである

**gone** goの過去分詞; adj. 過ぎ去った，消え失せた，無くなった，亡くなった，死んだ，使い切った，売り切れた[品切れで]，弱った，衰弱した，絶望的な，見込みのない ◆A study by... predicted that most of Appalachia's minable reserves will be gone in as few as 25 years. ～が実施した調査では，アパラチア山脈地方の可採埋蔵量のほとんどがわずか25年でなくなって[枯渇して]しまうと予測されている．

**goniometer** a ～ ◆a 3-axes goniometer to position the crystal 《意訳》結晶の位置決めをするための3軸回転ステージ(*ゴニオメーター＝測角器，角度計，方位計)

**go/no-go, go-or-no-go** adj. 《検査》合否[良否]判定の，(検査ゲージの)通り止まりー，限界ー ◆a go/no-go check 合

**good** 1 adj. よい, 程よい, すぐれた, 優良な, 立派な, 良好な, 結構な, 好適な, ちゃんとした, 名門の, 上手な, 有能な, 善良な, おいしい, 正確な, 腐敗してない; adv. りっぱに, ちゃんと, 十分, よく ◆during good times  好況[好景気]の時に; (人生において)うまくいっているときに ◆become [get] good at . . . ing  ~するのがうまく[上手に, 得意に]なる; ~に強くなる ◆a good reason  納得できる[説得に足る, うなずかせる, もっともな, 正statistic]理由 ◆a good driver  いい運転手; 上手な運転者; (安全運転を心がける)優良ドライバー ◆ "good" cholesterol (high-density lipoprotein, or HDL)  善玉コレステロール(高密度リポ蛋白HDL) ◆a good tape deck  上等なテープデッキ ◆be no good as. . . ; be not any good as. . . ~として全然ダメである ◆be no good at. . . ; be not any good at. . . ~が全くへた[だめ, 不得意, 不得手, 苦手]である, ~にはからきし弱い ◆be rated as being in good condition  良好な状態にあると評価されている ◆they are good at math  彼らは数学がよくできる[が得意である, に強い] ◆it might be a good idea to <do>  ~するのは良い[賢明な]考えであろう ◆Take a good note of your password.  パスワードをしっかり控えておいてください。 ◆The good side is that. . .  良い面というのは、~ということである。 ◆the speech recognition technology available today is not good enough  今日使用可能な音声認識技術は十分でない ◆Use a good quality oil.  良質の油を使用してください。 ◆almost anything that happens at NASA, good or bad, is news  NASAでのたいていの出来事は, 善きにつけ悪しきにつけニュースの種だ ◆unless good cause can be shown not to do so [shown for not doing so]  そうしないことの正当な理由が示されない限り ◆How does one determine whether a theory is good or bad?  ある理論がよいか悪いかをどうやって見極めればよいのでしょうか?; 理論の良否を確定する方法とはなんですか。 ◆Not great, but good enough.  すばらしいとは言えないが, 十分いい線までいっている[まあまあの出来だ]。(*評価のコメントで) ◆Now is a good time to learn about Islam.  今こそ, イスラムについて知るのにいいいとき[好機]だ。 ◆Please take good care of yourself.  どうぞ[くれぐれも]お体を大切[大事]にしてください。; ご自愛のほどお祈りします。 ◆A high score, say 7 or over, is very good and indicates a keen interest in. . .  高い点数[高得点], たとえば7以上は優秀で, ~に強い関心を抱いていることを示し[非常に興味がある人のそれです]。 ◆For good or bad, megamergers are now a fact of life for banks.  善かれ悪しかれ[良し悪しはともかく, 良きにつけ悪しきにつけ, いいことか悪いことかはわからないが], 今では超大型合併が銀行にとって厳然たる現実[実際に起こっていること]である。 ◆Value your common sense. If something sounds too good to be true, it probably is.  あなたの常識を大事にしなさい。何か話が(信じられないほど)うますぎるようだったら, その話はたぶんそのとおり(詐欺)でしょう。

**2** adj. 有効で <for, through, while> ◆A patent is good for 17 years.  特許は17年間有効である。 ◆the inkjet cartridge is good for up to 1,300 pages under normal use  インクジェットカートリッジは, 通常の使い方で1,300ページまで使用できる[印刷できる, 持つ] ◆The base stations are good for a radius of 150 meters.  基地局の有効範囲[到達距離]は半径150mである。 ◆CD-ROM discs are good for 100 years in normal use or 600 years in archival storage conditions.  CD-ROMは通常の使い方で100年あるいは保管状態で600年の寿命がある。

**3** adj. 《a ~ <数量を表す言葉/形容詞>の形で》十分な, たっぷりの, かなり大きな, 相当の, 《副詞的に)》かなり, 結構, ~should last for a good, long while  かなり[結構]長い間持つはずである ◆most newborns spend a good part of the day sleeping たいていの新生児は一日の大半[大部分, 大方]を寝て過ごす

否[良否, 《意訳)合格]判定検査 ◆a GO/NO-GO test procedure  良否判定試験手順[検査法] ◆a go-or-no-go discussion  是非をめぐる議論 ◆we have to make a go/no-go decision  我々は, やるかやらないか[実行か中止か, 継続か取り止めか, 通すか通さないか, 合格か不合格か, 合否, よしあし, 可否, 当否, 是非]の決断[決定, 判定]をしなければならない

◆Because of Madison's location between three good-sized markets (Indianapolis, Cincinnati and Louisville) and another fair-sized market (Lexington), . . .  三大市場(インディアナポリス, シンシナチ, ルイビル)ならびに別の一大市場(レキシントン)の間に存在するというマディソンの位置のせいで, (*good-sized, fair-sized = かなり大きい) ◆It may take a good while, but eventually that's what's going to happen.  だいぶ時間はかかるかもしれないが, いつかはそういうことになる。

**4** n. (→ goods) ◎利益, 得, 利点, 長所, よいこと, 親切, 徳, 善, 美徳 ◆What's the good of. . . ?; What good is. . . ?  (反語的)~が何になるというのだ。 ◆Expensive security systems do no good unless they're used.  高額の防犯・防災システムも, 使わなかったら何の役にもたたない[くその役にもたたない, 全く無益だ]。 ◆What good is knowing the word if you don't know how to use it?  《意訳》単語を知っていたって, 使い方が分からなかったら何になるというのだ。: 単語を知っていて, なんぼのもんじゃ。使い方を知らなけりゃね。

**for good (and all)**  永久に, これっきり

**(be) good for**  ~の間有効な, ~の間もつ[持ちこたえられる], ~のためによい, ~の役に立つ, ~に適している, 好適で, ~と価値が等しい, (借金などの)支払に[返済]能力が確実にある ◆Good for you.  よくやった。; でかした。 ◆Power is supplied by a pair of button batteries good for 80 hours of continuous operation.  電源は, ボタン電池2個から供給されて, 80時間連続

**goodby, good-by, goodbye, good-bye**  int.◎(別れの挨拶)グッバイ, さようなら, 失礼します, ではまた, じゃまたね, ごきげんよう, (いざ)さらば, あばよ; a ~ いとまごい[別れ]の挨拶 ◆after a formal goodbye  改まったいとまごい[正式に別れのあいさつ]をした上で ◆Kiss your money worries good-bye in five years or less.  お金の心配とは5年以内にさよならしましょう。

**goodness**  ◎(~の)よさ, 長所, 美点, 最も基本的かつ重要な部分, 精髄, よいこと, 徳, 善良さ, 寛大さ, (食品の)栄養[滋養]分, (godを婉曲的に表現して)神; (間投詞的に用いて)(驚き, 恐怖, のろいの表現で)えっ, あれ, おや, まあ ◆without sacrificing any of the car's basic goodness  その車の基本的な良いところ[良さ, 美点]を全然犠牲にせずに

**good offices**  ◎(複扱)◆by [through, with] the good offices of. . .  (特に影響力のある地位にいる人)の世話[口利き, 計らい, 介添え, 仲介, 斡旋, 周旋, とりなし, 取り持ち, 肝煎り, 肝入り, 尽力, 仲裁, 調停]で; (意訳)~のつて[手づる, コネ, よしみ, 縁故関係, 影響力]で ◆obtain. . . through the good offices of. . .  ~を〈人など〉を介して手に入れる

**goods**  ◎(複扱)品(シナ), 品々, 品物, 商品, 製品, 物資, 貨物, 布地, 動産, 物, 《経済)財, 財物; the ~ (口切り)(ブツ), (盗品などの)証拠物件 ◆manufactured goods  工業製品 ◆white goods  白物家電品, シロ物家電(*伝統的に白色塗装が施されていた冷蔵庫, 冷凍庫, 洗濯機, 衣類乾燥機などの大型家電品) ◆goods in process  仕掛かり品; 仕掛け品; 加工途上にある製品; 製造中の製品 ◆15 tons of airfreighted goods  空輸された15トンの貨物 ◆a sporting-goods company  スポーツ用品会社 ◆in the goods category [sector]  《経》モノの分野で[の] ◆the supply and demand of goods and services  財貨およびサービスの需要と供給 ◆the opening up of Japan's markets to goods from the U.S.  米国製品に対するいっそうの日本市場の開放 ◆it has worsened shortages of food and consumer goods  それは食糧難と生活物資の不足[品不足]をさらに悪化させた ◆Prices have risen 100% or more on most goods.  ほとんどのものの値段が100%以上上がった。

**goodwill**  ◎好意, 親切, 善意, 親善; ◎(企業の長年の営業活動から生じた無形財産=信用, 暖簾(ノレン), 老舗料, 評判, 得意先, 営業権, 企業権 ◆a goodwill [friendly] game [match]  親善試合 ◆goodwill amortization; the amortization of goodwill  営業権(のれん代)の償却 ◆promote [spread] international goodwill through sports  スポーツを通じて国際親善を深める[広める] ◆Goodwill must be amortized over a period of not longer than 40 years. 営業権[のれん代]は40年以内の期間で償却しなければならない.

**goody** a～《しばしば ～-dies》(口)食べて[甘くて]おいしいもの, 菓子, 魅力的なもの, 欲しいもの; a～《英》(映画などの)の善玉, 正義の味方; conj.《特に子供が言う》すごーい, すてき, わぁーい, やったぁー ◆These institutions took all the goodies in the forms of tax breaks and cheap land and gave nothing back to the community. これらの機関は, 優遇減税とか格安な土地といった形ですべていいとこ取りして, 地元には何一つ還元しなかった. ◆Most soaps feature a cross-section of villains and goodies. We are encouraged to dislike the villains and the dupes who are taken in by them. ほとんどのメロドラマは悪玉と善玉[正義の味方と悪漢]の典型的な図式を特徴としている. 私たち(観る者たち)は悪玉と彼らに取り込まれる手先どもを嫌うよう仕向けられている.

**gooey** adj.《俗》ねばねばした, べたつく, ねばねばして甘い

**go-or-no-go** (→ go/no-go)

**GOP, G.O.P.** the ～《米》(the Grand Old Partyの略)共和党(= the Republican Party) ◆Republican governors and GOP congressmen 《米》共和党の州知事たちと共和党の連邦議会議員[《特に》下院議員] (*the GOP = the Grand Old Party = the Republican Party)

**gopher, Gopher** 《ネット》(ゴーファー) (*インターネットのデータベースサーチエンジン)

**Gordian knot** a～難問題, 難問, 難題, 難事 ◆他の英和辞典ではtheのついた形で013なっているが, 実際の用例をあたってみると不定冠詞 a が付くこともある. ◆untie Gordian knots 難問[難題]を解く[解決する] ◆a prescription for cutting Gordian knots 難問を解くための処方箋

**gorgeous** adj. 華麗な, 豪華な, 派手な, 見事な,《口》とても楽しい, すばらしい, すごくいい ◆My son is an extremely gorgeous baby. 息子はものすごくかわいい赤ちゃんです.(▶このgorgeousの使い方は米国)

**Gothic** adj. ゴシック建築様式の, ゴシック派の; ゴシック体[ゴチック]字体の, 太字の; ゴート族[語]の; (U)ゴシック建築様式, ゴシック[ゴチック]字体, ゴート語 ◆a Gothic-style cathedral ゴシック(建築)様式の聖堂 ◆Mincho and Gothic TrueType Japanese fonts 明朝およびゴシックのTrueType和文フォント ◆be printed in Gothic type in black ink 黒インクを使ってゴシック[ゴチック]体の活字で印刷されている

**gourmet** a～《フ》グルメ, 美食家, 食通 ◆a gourmet guide to New York City restaurants ニューヨークシティーレストランのグルメガイド

**govern** vt.～を支配する, 左右する, 決定する, 管理する, 管轄[所轄]する, 制御する, 抑制する, 律する, 調節する, 調整する,～の速度を調整[調速]する; vi. 管理する, 統治する ◆a speed-governing system 速度調整[調速]システム ◆in accordance with laws and regulations governing... ～について定める[規定する]法規に従って ◆establish laws and regulations to govern safety at nuclear power plants 原発における安全を管理するための法規を制定する ◆the mechanisms that govern the subconscious 潜在意識を司っている[支配する]からくり ◆a policy that governs the operation of radio equipment 無線設備の運用を規制する政策 ◆rules and procedures governing methods of information retrieval 情報検索の方法を定めている規則や手続き ◆the left side of the brain governs the right side of the body and vice versa 脳の左側が身体の右側を支配[司]り, またその反対に脳の右側が身体の左側を支配する[司る]

**governable** adj. 統治[支配, 管理]しやすい (*される側の性質から), 従順な ◆Yet many fear that decentralization of power will make cities even less governable than in the past. だが, 多くの人は, 権力の分散化[地方分権化]によって都市部が今まで以上に統治しにくくなるのではないかと恐れて[懸念して]いる.

**government** n. (U)統治, 行政, 政治, 支配, 運営, 管理; a～政府, 内閣; the～《意訳》お上, 《意訳》為政者 ◆a government body 政府機関 ◆a government ordinance 政令 ◆government [Government] spending [expenditure, expenditures] 財政支出 ◆government offices 官庁, 役所, 省庁 ◆a government official 政府の役人; 政府関係者; 政府当局者; 国家公務員; 官吏; 官僚 ◆an anti-government activist 反政府活動家 ◆Government documents 政府の書類 ◆the Japanese government; the government of Japan 日本国政府 ◆believe in small government 小さい政府の方がよいと信じる; 小さい政府を信奉する ◆government and municipal debt instruments 国および地方公共団体が発行する債券, 公共債 ◆government-led initiatives 政府[行政]主導の構想 ◆to unite industry, academia, and government in... ～で産官学を一本にまとめるために ◆a government-driven plan to link cities and rural hamlets via superhighways 政府が推進している[官主導の]都市と村落を高速幹線道路で結ぶ計画 ◆government-authorized lotteries in the United States 米国の政府認可を受けている[公認]宝くじ(業者) ◆government-enforced product standards 行政指導により実施されている製品規格 ◆government-level negotiations 政府レベルの交渉 ◆move all government and municipal offices to... 官公庁をすべて[丸ごと, そっくり]～に移din動させる ◆privatize government-owned corporations [businesses] 官業[国有企業, 公社]を民営化する ◆propose the construction of a government canal to link xxx and yyy xxxとyyyを結ぶ灌漑用水路の建設を提案する ◆he fought and lost an eight-year battle with government and municipal officials to build a house on his own land 彼は自分の土地に家を建てようと官公庁の役人を相手に闘って8年に渡る訴訟に敗れた ◆Premier Jacques Chirac's conservative coalition government ジャックシラク首相の率いる保守連立政権[内閣] ◆Collaboration of industry, academia and government will be vital to reaching the goals of... 産官学協同は～の目標に到達する上で不可欠であろう. (*英語では, 産・官・学の書き順は特に決っていない) ◆it is a clear example of how (the) government and the private sector can work hand in hand それはどうすれば官民が協働[官民挙げて力を合わせて仕事]ができるのかという事をはっきりと示している例である ◆In Asia, the governments of Japan, China, South Korea, Taiwan, India, Singapore and Indonesia condemned the killing. アジアでは, 日本, 中国, 韓国, 台湾, インド, シンガポール, インドネシアの各国政府が殺害を非難した.

**government-industry** adj. 政府[官庁]と産業間の, 産官の ◆a government-industry chip consortium 産官共同[協力]チップコンソーシアム (*chipは半導体IC素子の意)

**government-owned** adj. 政府所有の, 官が保有する, 官営の, 官業の;《以下意訳》国有の, 国立の, 国営の

**governor** a～ガバナー, ガバナ, 速度調節機, 調速機, 調節[調整]装置, (ガスなどの)整圧器, (都市, 県の)知事,《米》州知事 ◆an automatic speed governor 自動調速機 ◆Hong Kong's last governor, Chris Patten 香港最後の提督クリス・パッテン ◆Alan Greenspan, chairman of the Board of Governors of the Federal Reserve System 《米》連邦準備制度理事会のアラン・グリーンスパン議長

**GPALS** (Global Protection Against Limited Strikes) ◆the Bush Administration's SDI program, known as Global Protection Against Limited Strikes (GPALS) GPALS(限定的なミサイル攻撃に対する包括的防御)とも言われているブッシュ政権のSDI計画

**GPIB** (general-purpose interface bus) the～《ジー・ピー・アイ・ビー》(*計測・測定器用インターフェースバスIEEE 488バスのこと) ◆All of the instrument's functions may be controlled through GPIB. この測定器の機能のすべては, GPIB(インターフェイス)を介してコントロールできます.

**GPS** (Global Positioning System) (the)～全地球[全世界]測位システム, 世界測位衛星システム (*最高24個のNAVSTAR衛星を使って, 地球上の受信機に, 緯度, 経度, 高度を割り出すための情報を提供するシステム) ▶米国防総省の, 衛星を含めたシステムは, the GPS (the Global Positioning System), 各受信装置は a GPS (a global positioning system). ◆a GPS receiver GPS受信機 ◆Using dGPS, accuracy can be narrowed to approximately 5m.　D-GPS［ディファレンシャルGPS］を用いると，（位置測位の）精度を5メートル程度にまで上げることができる．(*dGPS = differential Global Positioning System)

**grab** 1　～をぐいっと［乱暴に］つかむ，（他人の所有物を）乗っ取る，横領する，～を口にほうり込むように急いで食べる，〈人の〉心をつかむ，〈人〉に印象を与える，《電子》〈画像データ〉を取り込む; vi. つかむ，つかもうとする <at>　◆sensational, attention-grabbing stories　センセーショナルで人目を引く記事　◆grab images from RGB video signals　RGBビデオ信号から画像を取り込む　◆reader-grabbing subjects such as sports and business　スポーツやビジネスなどの読者をしっかりつかむ題材　◆frame grabbing at 30 images per second and 24 bits per pixel　《画像処理》毎秒30画像, 1ピクセル当たり24ビットでのフレーム取り込み　◆grab up to a third of this $150 billion market　この1,500億ドル規模市場の3分の1まで獲得する　◆the man jumped over the counter and grabbed money out of the cash register　その男はカウンターを飛び越えてキャッシュレジスターから現金をわしづかみにした
2　a ～　ひったくること，横領，奪取，乗っ取り，（物体をつかむ装置）グラブ　◆be up for grabs　つかみ取り可能である; （誰でも）自由に（選び）取れる; 簡単に［楽に］手に入る; 早い者勝ちで入手［取得］できる; よりどりみどりである　◆a power grab by the military　軍による政権の奪取　◆Free tickets are up for grabs!　無料チケットは早い者勝ちで！

**grab bag**　a ～　福袋（*各袋に色々な複数の品が入っていて，中を見ずに選ぶ．パーティのプレゼントや売り物）; a ～　種々雑多なものの寄せ集め（*役に立つ，価値のあるものを指す場合が多い）; grab-bag的．　◆a grab bag curriculum　種々雑多な寄せ集め的カリキュラム　◆a grab bag of tools　種々雑多な工具

**grabber**　a ～　《電子》（静止画像データの）取り込み装置［基板］, 食欲な人　◆a frame grabber　《画処》フレームグラバー　◆a frame grabber board　フレームグラバーボード［画像取り込み基板］（*フレームとは, テレビやコンピュータのひとコマ, つまり1画面のこと）

**graben**　a ～　地溝　◆the Rhine graben　ライン地溝

**grace** 1　n. ⓤ優美さ，優雅さ，上品さ，魅力，洗練，好意，善意，徳，温情，恩赦，赦免，猶予（期間）; （通例 ～s）美点; (a) ～食前の祈り　◆a grace period　猶予期間　◆grant him a week's grace　彼に一週間の猶予を与える　◆have 60 days' grace to renew...　～を更新するのに60日の猶予がある
2　vt. ～を（美しく）飾る，〈会食, 行事など〉に〈臨席して〉栄誉を与える，～に華［光彩］を添える　◆She graced many a ten-best list.　彼女は，数々のベストテン・チャートを飾った．　◆Her fabulous figure has graced the covers of some 300 magazines.　彼女のすばらしい容姿は，約300誌の表紙を飾った．

**graceful**　adj. 優雅［優美, 雅(ミヤビ)］な，気品のある，深い

**grad** 1　(graduate) a ～《口》卒業生，（特に）大卒者
2　(grade) 《数》グラード，グレード，直角の100分の1の角度

**gradation**　ⓤ段階的な変化，グラデーション，（連続）階調，（色の）濃淡; a ～（変化の）段階，程度，度合い　◆gradations of an illness　ある病気のいろいろな重さの程度　◆gradations in [of] color ranging from light brown to dark brown　薄茶色から暗褐色までの色の調子［色調，色合い］　◆with a 64-step gradation　64階調で

**grade** 1　a ～ 級, 等級, 階級, 段階, 品位, 程度, 度合い; a ～《米》（小・中・高校の）学年,《米》成績［点（数），評価］; the ～s　小学校; a ～（改良品種,《米》勾配,《米》坂道［斜面］, 建物などの基準となる）地面（の高さ）,《数》グレード［グレード］（*角度の単位, 直角の100分の1），《米》百分度　◆at grade　同一平面上で［の］　◆a high-grade uranium deposit　高品位ウラン鉱床　◆a railroad grade crossing　（道路と鉄道が同じ高さで交差する）踏切（*立体交差と対照した表現）　◆a top-grade facility　最高級の施設　◆make the grade as...　～として合格［及第］する（*要求される程度まで達するの意）　◆up to grade　要求されている品質［基準］に達して　◆a tunnel excavated on a 10% down grade　10%の下り勾配で掘削されたトンネル　◆inexpensive, supermarket-grade products　廉価なスーパーマーケット向け等級の商品　◆an up grade [a down grade] of 7% on public highways　公道の7%の上り［下り］勾配　◆girls consistently get higher grades in college　女子のほうが大学でいつも高い成績を取る　◆Have you tried a higher grade of gas?　よりグレードの高いガソリン［質のもっと高いガス］を使ってみたことはありますか　◆it allows custom blending of coal grades　それは石炭銘柄の（顧客の仕様に合わせた）特注混成を可能にする　◆produce a higher grade of product at lower costs　よりグレードの高い［高級な, 上級の, 高品位な］製品をより低いコストで生産する　◆This thorough and well-documented report received a Grade of A.　綿密に調べ上げまとめられているこのレポートはAの成績を取った．　◆Exhausted students doze in class, skip homework, and fail to keep their grades up.　疲れている生徒［学生］は授業中に居眠りしたり宿題をしないので成績を維持できない．　◆They are evaluated again at mid-term to determine whether they are maintaining their grades.　彼らは, 成績を維持しているかどうか見るために再度（学期の）中間の時期に査定される．
2　vt. ～を等級分けする, 格付けする, えり分ける, 選別する,《果物》を選果する, 採点する, ～に成績点をつける, ～を段階評価する, 〈の〉勾配［傾斜］をゆるくする; vi. 傾斜する, ～の等級である, 徐々に変化する　◆grade off toward the posterior　《生物》（成長の速度などが）後方に行くに従って緩くなっていく　◆site-preparation work, such as cutting and removing trees, grading the lot, excavating a foundation,...　樹木の切り倒しと撤去, 地均し［整地］, 基礎の掘り起こし,... などの整地作業

**-grade**　一級の, 一級の, ～に格付けされた　◆a B-grade horror movie　B級ホラー［怪奇］映画　◆a professional-grade camera　《性能, 品質が》プロ級［《意訳》プロ仕様》］のカメラ　◆weapons-grade uranium　兵器級ウラン（*核兵器を作るのに適している濃縮度の高い）

**gradeability**　登坂能力

**graded-index**　adj.《光》（媒体内で）屈折率が（位置と共に）次第に変化している（= gradient-index）　◆a graded-index optical fiber　グレーデッドインデックス光ファイバー

**gradient**　a ～ 傾斜面, 斜面, スロープ, 勾配, 傾斜, 傾度, 変化度, 階調度; adj. 勾配がついている, 傾斜している, 歩行で進する　◆the gradient of...　～の勾配［傾き］　◆a functionally gradient material　傾斜機能材料（*組成が厚み方向に次第に変わることにより作られていて, 表面と裏面では材質が全く違うような材料や, 半径方向に屈折率が徐々に変わるように作られている光ファイバーなど）　◆a gradient of 12%　12%の勾配　◆a gradient of 1 in 5　5分の1の勾配　◆When this disk is placed in a magnetic field gradient,...　このディスクが磁場勾配中に置かれると,　◆find the gradient of the tangent to the curve y=x³ at P　y=x³ の曲線のP点における接線の傾きを求めよ

**gradient-index**　→graded-index

**grading**　n. 等級分け, 格付け, 分類, 分級（= classification）; 粒度（= grain size）, （表麺で）等級区分; 地均し［《意訳》造成, 整地］, 勾配緩和, グレーディング（*土地が侵食により下がること）　◆Both DACs are offered in harmonic distortion gradings between 0.0016% and 0.008%.　両D/Aコンバータとも, 0.0016%から0.008%までの高調波歪み等級で売られている．

**gradual**　adj. 徐々の, 段階的な, 漸進的な, （傾きが）ゆるやかな　◆gradual application of the brakes　ブレーキを徐々にかけること

**gradually**　adv. 徐々に, 次第に, 段階的に, 漸進的に, だんだんと, 少しずつ　◆give... in gradually increasing amounts　～を徐々に増量して与える

**graduate** 1　n. a ～ 卒業生, 卒業者, （目盛り付き）計量容器; adj. 大卒の, 大学院の, 院生の　◆a graduate course　《米》大学院課程　◆a graduate [grad] student　大学院生　◆a graduate nurse　看護学校を卒業した正看護婦（= a trained nurse）　◆a graduate school　大学院　◆a Yale graduate; a graduate of Yale University　エール大学出［卒］の人　◆hire a new grad [graduate]　新卒［新卒業生］を雇う［探る］　◆the graduate school at the University of Michigan　ミシガン大学大学院

**2** vi. (〜を)卒業する <from>; vt. 〜を卒業する, (大学が)〈学生〉を卒業させる; vt. 〜に目盛りを振る, 〜を目盛る, 〜を段階分けする, 〜を区分分けする ◆after graduating from senior high school in 1986　1986年に高校を卒業した後に ◆be graduated to tenths of a pound　10分の1ポンド[0.1ポンド]刻みに目盛られて ◆those who graduated in the same year; people who graduated the same year　同じ年に卒業した人達; 同期生たち ◆The scale is graduated in milliamperes.　スケールが、ミリアンペア(単位)で目盛られている. ◆The facsimile industry has graduated from an "original placement" business to a "replacement" business.　ファクシミリ業界は,「初回導入設置」ビジネス(の段階)を卒業[脱皮]して「買い換え[置き換え, 代替え設置, 需要更新]」ビジネス(の段階)に入っている.

**graduated**　adj. 目盛り付きの, 段階状の, (難易度などによって)段階分けされている, (累進課税で収入によって)区分されている ◆a graduated income tax　累進所得税 ◆a graduated ruler 目盛り付き, 度器 ◆a 1ml graduated pipette　容量1ミリリットルの目盛り付き[メス]ピペット ◆Under the concept of the graduated income tax, a certain level of taxable income is related to a certain tax rate. Higher incomes pay higher tax rates, while lower incomes pay lower tax rates.　累進所得税の考え方では, ある特定の水準の課税対象所得は特定の税率に対応する[課税対象所得水準によって課税率が決まる]. 所得が高いほど高い税率を払い, 所得が低いほど低い税率を払うのである.

**graduation**　回卒業, 目盛りを振ること, 度盛り; a〜 卒業式, (温度計などの)目盛 ◆after graduation from...　〜を卒業した後に ◆a graduation on the main scale　主尺上の(ひとつの)目盛 ◆the reading of the Declaration of Independence at a school graduation ceremony　《米》学校の卒業式における独立宣言の朗読

**graft**　1　a〜 接ぎ木, 接木結合部; v. 接ぎ木する ◆a graft copolymer　《化》グラフト共重合体(＊幹となる線状重合体に他の種類の重合体が枝状に結合した高分子化合物) ◆do [perform, conduct] grafting of fruit trees　果物のなる木[果樹]の接ぎ木する ◆There is no risk of graft-versus-host disease in autologous bone marrow transplantation.　自己[自家]骨髄移植では, 移植片対宿主病[GVHD]の危険がない.　2　回収賄(シュウワイ), 汚職, 賄賂(ワイロ); vt. 〜を収賄する; vi. 汚職をする, 職務上の不正を働く ◆graft-riddled　(社会, 組織などが)汚職のはびこった[蔓延した, 瀰漫(ビマン)した]

**grain**　1　n. 回(集合的)穀物, 穀物; a〜 粒(ツブ), 粒子; a〜 微塵, 微廛(ミジン); 回(少量の)〜, 木目(モクメ), 石目, 布目, (皮革の)銀面(＊毛が生えていた方の面), (プラスチック成形品表面などの)繊(シボ); the [one's] 〜 性分, 性質, 気質 ◆a grain elevator　穀物倉庫 ◆(a) grain-oriented steel　方向性鋼(＊不可算名詞だが, 種類を表す場合は可算となる) ◆(a) grain size　〈結晶〉粒度; 粒径 ◆fine-grain sawdust　細かい大鋸屑(オガクズ) ◆grain alcohol　グレン[グレイン]アルコール(＊＝エタノール, エチルアルコール) ◆the grain of fabric　布の織目[布目] ◆the grain of wood　(木材の)木目 ◆a grain boundary　《金属》結晶粒界[結晶同士の境界面] ◆a continuous-grain silicon (CGS) LCD　連続粒界結晶シリコン液晶ディスプレイ ◆a stone of fine [↔coarse] grain　きめの細かい[↔荒い]石 ◆go against the grain; go against the grain (with me)　私の性[性分]に合わない ◆grain boundary corrosion occurs　粒界腐食[粒界腐食]が発生する ◆grains of sand　砂粒 ◆maize is a valuable feed grain　トウモロコシは価値の高い飼料用穀物である ◆sugar of fine grain　粒の細かい砂糖 ◆take... with a grain of salt　〜を話半分に聞く ◆the size of grains　穀物の大きさ; 粒度; 粒径 ◆wheat is food grain　小麦は食糧となる穀物である ◆the grain of the steering-wheel rim　そのハンドルの輪のしぼ ◆saw wood in [along] the direction of the grain　木目[柾目]に沿って木材を挽[ひ]く ◆the finest-grain color film ever made　これまでで製造された中で粒子が一番細かいカラーフィルム ◆depending on whether the direction is parallel or perpendicular to the grain of the wood　方向が木材の正目[柾目]に平行か直角か ◆American beef is grain-fed.　アメリカの肉牛は穀物肥育[穀物飼育]されている. ◆It goes against the grain for me to <do...>　私は, 性分として〜するのはいやだ. ◆There isn't a grain of truth in her assertion.　彼女の言っていることに, 真実は塵屑のかけらもない.　2　vt., vi. 粒状にする[なる], (木目などの)模様にする ◆coarse-grained [↔fine-grained]　粒子の荒い[↔細かい, 微細の] ◆leather-grained vinyl　皮しぼが打ってあるビニール ◆Coverage is getting ever more fine-grained.　報道はよりいっそうきめ細やかなものになってきている. ◆The dashboard plastic is close-grained.　ダッシュボードのプラスチックには, きめの細かいしぼが打たれている.

**graininess**　回粒状性 ◆photo images completely free of graininess　〈意訳〉粒子の荒れが全くない[粒状感ゼロの]写真画像 ◆The reconstituted dry whole milk shall be free from graininess.　〈意訳〉水で戻した[還元]全乳粉ミルクは, ざらつき[つぶつぶ, ぶつぶつ]感があってはならない.

**grainy**　粒状の, 顆粒状の, 粒が多い, 《写真》粒子が荒れている, 粒子の粗い ◆a grainy film　粒子の粗い映画

**gram**　a〜 グラム(＊メートル法の重さの単位) ◆be sold by the gram　グラム単位で売られている ◆take a gram of ginger a day for four days　1日に1グラムのショウガを4日間摂取する ◆it contains 10 grams of soy protein　それには大豆タンパクが10グラム含まれている

**Gramm Rudman**　◆the Gramm-Rudman-Hollings (G-R-H) Act　グラム・ラドマン・ホリングス法(＊the Balanced Budget and Emergency Deficit Control Act 財政均衡法の俗称. the Gramm-Rudman deficit reduction lawとも)

**grand**　adj. 大いなる, 偉大な, 重大な, 重大な; 盛大な, 豪華な, 豪勢な, 豪奢な, 雄大な, 壮大な, 荘重な, 壮観な, 堂々の, 華々しい, 派手な, 大げさな, 仰々しい, 大, 巨〜, 《口》すばらしい, 楽しい ◆a grand prize　大賞, 特賞, 最優秀賞, 最高賞, グランプリ ◆amount to a grand total of about $800　〜は総計[累計]800ドル程度になる ◆come up with a grand design for solving...　〜を解決するグランド・デザイン[遠大な案, 壮大な構想, 《意訳》一大推進計画]を考え出す[案出する] ◆The grand prize is a round trip to Paris.　特賞はパリ往復旅行です.

**grandstand**　a〜 (競馬場や競技場の屋根付き)正面観覧席; adj. 観客の注目を集めようとする[受けを狙っての]; vi. 《米口》スタンドプレーをする ◆attempt to make a grandstand play to <do...>　〜するためのスタンドプレーをしようとする ◆make a grandstand play of... ing　〜することによりスタンドプレーに走る

**granite**　回花崗岩, 御影石(ミカゲイシ) ◆a granite tomb　花崗岩[御影石]の墓 ◆The base is of dark gray, highly polished granite.　基礎は黒みがかった灰色のよく磨き込まれた花崗岩[御影石]である.

**granny, grannie**　a〜 《口》おばあさん(＝a grandma), 老婆 ◆granny dumping　姥捨て(＊痴呆症などで面倒みきれなくなった親, 祖父, 祖母などを公共の場や病院に置き去りにして捨てること)

**grant**　1　vt. 〜を与える[授ける, 贈与する], 授与[交付]する, 〈財産〉を譲渡[譲与]する; 〈願い〉を聞き届ける[入れる], かなえてやる, 応ずる, 承諾する, (議論で)〜を仮に正しいとする, 〜ということを(正しいと)認める<that>, 譲歩する ◆grant a pension to...　〈人〉に年金[恩給]を給付[支給]する ◆grant a person's request　〈人〉の願いを聞き入れる[聞き届ける, かなえる]; リクエスト[依頼]に応える[応じる]; 要求を認める ◆privileges are granted　特権が与えられる ◆It must be granted that...　〜ということは認めなければならない. ◆granted [granting] that it is true　仮にそれが本当だとして ◆licenses for cellular systems are granted by the FCC　セルラー電話システムの免許は, FCC(米国連邦通信委員会)によって与えられる ◆you can use any resource to which you've been granted access　《コンピュ》(あなたに)アクセスが許されているリソース[資源]ならどれでも使える ◆thanks to the visa-free entry granted to Japanese passport holders by Western European nations　西欧諸国が日本国パスポート保持者に対して認めているビザなし入国のおかげで

◆We won't grant room change requests based on homosexuality. 同性愛を理由とする部屋の変更願いには応じ兼ねます. ◆Many of these ideas have come to be taken for granted as the basic elements of graphical user interfaces. これらの概念の多くが, グラフィカル・ユーザー・インターフェースの基本要素として当然のものとして受け取られるようになってきた.

2 n. a～(権利, 特権, 不動産など)与えられた[贈与された]もの, (国からの)補助金, 助成金, 奨励金; ⑩許可, 交付, 授与, 譲渡, 譲与 ◆secure grants for research (国からの)研究助成金[支援金]を獲得する

**take... for granted** (しばしばtake it for granted that... の形で)～を当然[当たり前]のことと思う, ～を当然視する, ～に何の疑いも持たない, (なれっこになってしまって)～の有り難みがわからなくなる ◆take... for granted as being normal ～を当たり前の正常なことと取る[普通のこととして受け止める, なにも変なところはないと認識する] ◆Growth was taken for granted. (右肩上がりの)成長は当然のことのように思われていた. ◆Children often take it for granted that the cars are just going to stop. 往々にして[とかく]子供たちは, 車は止まってくれるものと思い込んでいる. (*道路を渡る際の交通事故の話で)

**grant-in-aid** ◆a grant-in-aid is a grant of funds to... 資金援助[補助金, 助成金, 交付金]とは, ～に供与する補助金[助成金, 奨励金]のことです

**granular** adj. 粒状の, 粒の粗い, 顆粒[粗目(ザラメ)]状の, 表面がざらざらした ◆Subvolcanic rocks have a coarser-grained, more granular texture than volcanic rocks that have flowed out on the surface. 火山岩近岩は, 地表に流れ出した火山岩よりも粒径が大きく[粗粒で, 粒が粗く], よりざらざらしている[粒状質である].

**granularity** (鉱物や画像の)粒度[粒状度, 粒状性] ◆determine how much a drawing can be scaled up before granularity becomes noticeable 《コンピュ》ざらざら[粒状性]が目立ってこない範囲で, 図面をどの程度まで拡大できるか調べる

**granulate** vt. ～を粒状化[つぶつぶに]する, 顆粒にする, ～の表面をざらざらにする, ～の表面にしぼを付ける; vi. 粒状[顆粒]になる, 表面がざらざらする, 《医》《傷》が肉芽(ニクガ)(= granulations)を形成する ◆granulating machinery; a granulating machine 造粒機

**granulated sugar** ⑩グラニュー糖, 粗目糖[ザラメトウ]

**granulation** ⑩つぶつぶになること, ざらざらにすること), しぼを付けること, 粒状化, 顆粒化, 造粒; 《医》肉芽[顆粒]化, 顆粒形成, 造粒; (a) ～ 肉芽, 粒状組織 ◆a fish food granulation system 魚の餌の造粒装置

**granule** a～ 小粒, 微粒, 微粒子, 《地質》細礫(サイレキ)/ a～ 顆粒剤, 小丸剤(ショウガンザイ); a～ グラニュール (*MPEG-1オーディオ変換であつかうサンプルの塊, 2グラニュールで1フレームになる) ◆instant freeze-dried coffee granules フリーズドライ・インスタントコーヒーの顆粒[細粒]

**graph** a～ グラフ, 図表; vt. ～をグラフ化する, 図式化[図表]化する ◆a graph-plotting system グラフ作図システム ◆a graph of the output signal 出力信号のグラフ ◆be shown in graph form in Figs. 2 and 3 ～は図2と図3にグラフで示してある ◆graph the results 結果をグラフにする ◆plot... on a graph ～をグラフ上にプロットする ◆plotting and graphing software グラフ描画ソフトウェア ◆a line graph with symbols (○, ×, △, □等の)いくつかの種類の記号でプロットされた折れ線グラフ ◆draw graphs from stored data 《コンピュ》蓄積されたデータからグラフを描く

**graphic** 1 adj. 図[図表]による, 表記のための, グラフィックアートの; (描写が)真にせまった, 生き生きとした 2 ～s (単／複扱い)《コンピュ》グラフィックス[図形処理, 画像処理], (通例 ～s)《複扱い》グラフィックアート作品, グラフィックアート; 図案[マーク, アイコン],《コンピュ》画像; 《映画》(字幕や製作協力者名などの)文字情報 ◆a graphics card 《コンピュ》グラフィックスカード[基板] ◆a graphics program グラフィックス[図形処理]プログラム ◆a graphics adapter 《コンピュ》

グラフィックアダプター ◆vehicle graphics クルマ[車両]のボディーグラフィック (*装飾や宣伝のために車体に施されている) ◆a business graphics package ビジネスグラフィックスパッケージ (*業務用図形処理ソフト) ◆a free web graphics site (⑩a free clipart site) 無料Webグラフィックスのサイト; 無料の素材屋さん ◆a graphics-heavy home page グラフィックスを多用したホームページ ◆produce graphics output グラフィックス[図形]を出力する ◆turn a table of dry numbers into graphics 無味乾燥な数字の羅列をグラフィック化する ◆The site offers free web graphics including backgrounds, buttons, animated gifs, animated lines, etc. 《ネット》このサイトでは, 背景, ボタン, アニメGIF[GIFアニメ], 動くラインなど, 無料のWeb(デザイン用)グラフィックス素材を提供します.

**graphical** adj. 図[表, 図表, 図案]による, グラフィカルな, アイコンを使った, 表記のための, グラフィックアートの; グラフの, グラフによる ◆a graphical symbol 図記号 ◆a graphical user interface (GUI) 《コンピュ》グラフィカルユーザーインターフェース (*画面上のアイコンを介して操作するもの) ◆a graphical CD karaoke player 絵の出るCDカラオケプレーヤー ◆present data in graphical form データをグラフの形で表す

**graphically** adv. 図表によって, 生き生きと ◆represent [express]... graphically ～を図示する ◆another important point is graphically expressed by these diagrams もう1つの重要な点が, これらの図表により図示される ◆graphically display the relationships of... and... ～と～の関係を図で(*図表, グラフ, 記号, アイコンなどの文字以外の手段で)表示する

**graphic arts** 《複扱い》グラフィックアート (= graphics)

**graphic equalizer** a～ グラフィックイコライザー, グライコ (*周波数特性が視覚的に表示できる音質調整装置)

**graphite** グラファイト, 黒鉛, 石墨 ◆an RBMK graphite-moderated water-cooled reactor (旧ソ連の)RBMK黒鉛減速軽水炉

**graph paper** グラフ用紙, 方眼紙

**grapple** 1 vi. (～と)取っ組み合う, 格闘する, 〈問題, 困難など〉と取り組む <with>; vt. ～をぎゅっとつかむ ◆grapple with a question [task] 問題[仕事]に取り組む
2 a～ つかむこと, 握ること, 捕捉, つかみ合い, 格闘, 取っ組み合いのけんか

**grasp** 1 vt. ～を握る, 把握する, 抱き締める, 捕える, 捕捉する, 理解[合点]する; vi. (～を)つかもうとする <at>, (～を)取ろうと手を伸ばす <for> ◆the grasping of information 情報の把握 ◆grasp an object 物体を把持する ◆grasp an opportunity [a chance] to <do...> ～する機会[好機, チャンス]をつかむ ◆grasp fundamental concepts about [of]... ～についての[～の]基本概念を把握する ◆fully grasp (the meaning of) what the teacher says 先生の言っていること(の意味)を完全に把握[理解]する ◆Grasp the disk by the edge and slip it out of the drive. ディスクの端を持って, ドライブから取り出してください.
2 a～ つかむこと, 把持, 把握, 理解, 会得, 抱き締めること, 手の届く範囲, 管理, 抑制, 支配, 占有 ◆be beyond [→within] one's grasp 理解を越えている, 手の届かない[合点の行かない]ところにある ◆have a good grasp of... ～を良く理解している ◆have a firm grasp of... ～をしっかりと[確実に]つかんで[把握して, 把持して]いる ◆take a firm grasp on the rope そのロープをしっかりと握る[つかむ] ◆He had a good grasp of the situation. 彼は事情をよく飲み込んでいた. ◆it's hard to get a grasp on what the author is saying 著者の言おうとしていることを把握する[理解する, つかむ]のは容易ではない ◆The public doesn't have a good grasp of the problem. 一般大衆はこの問題をよく把握して[分かって]いない.

**grassland** (a)～《しばしばgrasslands)草原, 大草原, 牧草地, 牧場 ◆(a) temperate grassland 温帯草原(▶ シベリアなどのsteppes, 北米のprairies, 南米のpampas, アフリカ南部のveldtの総称)

**grass roots, grassroots** the ~ グラスルーツ[草の根], 一般の人々, 一般大衆[民衆], 根本; adj. grass-roots, grassroots 草の根の, 民衆[大衆]に根ざした, 一般大衆から盛り上がった, 全く新しい ◆at grass roots level; at the grass roots level 草の根レベルで;《意訳》地域[地区]レベルで ◆a grass roots group [organization] 草の根グループ[団体] ◆grass roots networks 草の根の輪 ◆grass roots people 草の根の人々, 一般大衆, 一般民衆 ◆begin a grass roots movement 草の根運動を始める ◆in a bid for grass roots support 草の根の支持を得ようとして ◆neglect the grass roots 草の根の(一般)大衆[民衆, 人民]をないがしろにする ◆the power of grassroots democracy 草の根民主主義のパワー ◆the grass roots supporters of the movement この運動の草の根の支持者たち ◆build political clout from the grass roots 草の根[一般大衆]から盛り上がる政治的影響力を増大させる

**grassy** adj. 草に覆われた, 草の多い, 草に関する, 草を含む, 草のような ◆an extensive grassy plain 広大な草原; 大草原

**grate** 1 vi. いらいらさせる <on, upon>,〈人の耳や気〉に障(サワ)る <on, upon>,(~と)擦(コ)すれてがりがり[キーキー]音をたてる <against, on>, きしる; vt. ~をすりおろす, すり砕く, 摩砕する, ~をこすりこするような[ガリガリ, キーキー]音を立てる ◆grate on [upon] a person's nerves [ear]〈人〉の気[耳]にさわる ◆grated fresh wasabi すりおろした新鮮なワサビ ◆The truck's fender grated against the wall. トラックのフェンダーが塀をガリガリとこすっていった。2 a ~(炉内で燃料が上にのって燃焼する)火格子, 火床架,(防護フェンス, 蓋などに用いる)鉄格子, 暖炉; vt. 火[鉄]格子を取り付ける

**grateful** 感謝している, 有り難いと思っている, 感謝の気持ちを表している, お礼の; 心地よい, 快い, 気持がいい ◆I should be very grateful if you would... ~していただけるとたいへん有り難く存じます ◆I am grateful to you for your support in these past three years. この3年間皆様からご支援いただいたことに感謝いたします。 ◆I am deeply grateful to Ms. Lisa Eisenberg who has been so helpful in typing this manuscript. この原稿のタイプ打ちに多大なご助力をいただいたリザ・アイゼンバーグさんに深く感謝いたします

**gratification** 満足(感), 充足(感); a ~ (~に)満足を与えるもの <to> ◆give... instant gratification〈人〉たちにどころに満足感を与える

**grating** 1 adj. きしる, ガリガリ[キーキー, ギーギー]音をたてる,(耳, 神経)にさわる, いらいらさせる ◆a grating sound [noise] きしり音 ◆a grating voice 耳障りな声 ◆a grating personality 人と摩擦を起こしやすい性格 ◆with a grating noise きしむ[こすれる]ような音をたてて 2 一格子, 鉄格子, 塵よけスクリーン ◆a diffraction grating 回折格子

**gratis** adv. ただで, 無料で, 無償で, 無代で; adj. ◆... years available gratis, with purchase. 購入すると~が(おまけとして)無料で付いてくる

**gratitude** 感謝[お礼]の気持ち, 謝意 ◆extend a deep gratitude to... 〈人など〉に深く感謝いたす; 厚くお礼を申し上げる ◆in a show of gratitude to [toward]...〈人など〉に対する感謝の(意)を示し[表し]て ◆my gratitude for his help 彼の助力に対する私の感謝の念 ◆show [express] one's deep gratitude to...〈人〉に深い感謝の意[念]を表す

**gratuity** a ~ 心づけ, 祝儀, チップ,(何かしてもらったことに対する)謝礼[お礼, プレゼント],(下級公務員や退職にあたり渡す)賄賂「不正な金銭」; a ~ (英)(除隊や退役の際の)慰労金, 賜金, 退職金 ◆accept an illegal gratuity in exchange for a lucrative real estate contract〈議員などが〉実入りの多い不動産契約斡旋の見返りとして違法な謝礼[賄賂]を受け取る

**grave** 1 a ~ 墓, 墓穴; the ~ 死, 破滅, 滅亡 ◆he dug himself a grave too deep to climb out of 彼は,深く抜け出せないような墓穴を自ら掘ってしまった ◆If Comrade Lenin knew what they were doing, he'd turn (over) in his grave! 同志レーニンが彼らの行いを知ったら,さぞかし草葉の陰で嘆くことであろう。(*ソ連崩壊の漫画から。この用例で he'd = he would) 2 adj. 深刻な, 重大な, 重要な, ゆゆしい, 容易ならぬ, 重い, 重々しい, 重篤(ジュウトク)な, 重体[重態]の, 危急[危機]な; まじめな, まじめに, 厳かな, 厳粛な, 威厳のある, 謹厳な, 荘重な, くすんだ色の, 地味な ◆a matter of grave concern ゆゆしき[重大な]事柄[問題] ◆confront... in the face of grave consequences (たとえ)容易ならざる結果が生じようとも~と対決する ◆the gravest error the company may have made この企業が犯してしまったかもしれない最も重大な[最大の]過ち

**gravel** □砂利, 礫(レキ)[砂原], バラス(ballast); □《医》石淋(セキリン)(*腎臓や膀胱(ボウコウ)に生じた細かい結石); vt. ~に砂利[バラス]を敷く,(人)を当惑させる, 困らせる, 慌てさせる, 怒らせる ◆deposits of clay, sand, gravel, and boulders 粘土, 砂(レキ)[砂原], 砂利の堆積物 ◆exposed gravel bars 水面から顔を出して[露出して]いる砂利[ジャリ]州 ◆a two-lane gravel-surfaced road 砂利を表層材料にした2車線道路

**gravely** adv. 厳かに, 厳しく, おごそかに, 荘重に; まじめに, 深刻に, 切実に, 重々しく, 重大に, 慎重に; 非常にひどく, 甚だしく ◆be gravely [grossly] in error はなはだしく間違っている[ひどい間違いをしている] ◆postal workers are gravely ill from [with] inhalation anthrax 郵便職員が肺炭疽症で重篤[重体, 危篤]である ◆The collapse of coffee prices in the international markets has gravely affected the Guatemalan economy. 国際市場におけるコーヒー価格の暴落は, グアテマラの経済に深刻な影響を与えた。

**graveyard** a ~ (= a burial ground) 墓地, 墓所, 墓苑, 霊園, 埋葬地; a ~ (放射性廃棄物の)グレーヤード, 地下保管場 ◆a graveyard shift 夜勤(*およそ夜真夜中から朝までの勤務) ◆an automobile graveyard 自動車の墓場 ◆he worked two graveyard shifts 彼は2回夜勤をした ◆while working a graveyard shift 夜間勤務中に ◆when her husband is at work on the graveyard shift 彼女の夫が夜勤をしている時に ◆She worked the graveyard shift as a nurse. 彼女は看護師[看護婦]として夜間勤務をした。

**gravitate** vi.(重力・引力で)(~の方に)引かれる[引き寄せられる] <toward, to> ◆I have been playing for about 23 years. I started out classical then gravitated to rock and blues where I have stayed. 23年ほど楽器を弾いています。クラシックから始めて, それからロックとブルースに引かれる[惹かれる];《意訳》傾倒する, 傾斜を強める]ようになって, そのまま現在に至っています。

**gravitation** 重力(作用),(万有)引力 ◆Newton's law of gravitation ニュートンの重力の法則 ◆Dust settles by gravitation. 塵は重力により沈降する。

**gravitational** adj. 重力[引力]の, 重力[引力]による ◆a gravitational lens; gravitational lensing 《天》重力レンズ;重力レンズ効果(*強力な重力効果により光が曲げられる現象)

**gravity** n. 重力, 重さ, 重量,(事の)大変さ, 重大性, 威厳;《形容詞的に》重力の, 重力式の, 重力に関する ◆a matter of grave concern 重大事 ◆gravity separation 重力分離, 比重分離 ◆terrestrial gravity [gravitation] 地球の引力 ◆the acceleration of gravity 重力の加速度 ◆gravity-free experiments 無重力実験 ◆a gravity separation tank 重力分離タンク ◆it can be separated by gravity それは重力[比重]により分離できる[比重分離可能である] ◆the pull of gravity 重力の引力 ◆work against gravity 重力に逆らう ◆he stressed the gravity of this problem [issue] 彼はこの問題の重大さ[重要性]を強調した ◆improve the machine's stability by bringing its center of gravity forward 重心を前方にずらし, もっと機械の座りをよくする ◆This issue is not of sufficient gravity to continue to consume the time and energy of many people. この問題は, 引き続き大勢の人の時間と精力をかけるに値するだけの重要性[深刻さ, 重大性]はない。

**gravure** グラビア印刷, 写真凹版印刷 (photogravure) ◆gravure printing グラビア印刷 ◆gravure-printed catalogs グラビア印刷されているカタログ ◆gravure prints of large-format photos 大判写真からグラビア印刷したもの(複製)

**gray, grey** 1 《後者は英綴》(a)〜 灰色, グレー, ねずみ色; adj. 灰色[グレー, ねずみ色]の, 白髪まじりの, 高齢の, 老齢の, 陰鬱な, (薄)暗い, (空)曇った, どんよりとした, 白黒つけがたい ◆256 levels of gray 256階調 ◆print images in shades of gray 中間調で画像を印刷する ◆64 shades of gray 64階調 ◆Gray power is far from docile. 老人[シルバー]パワーは老いてますます盛んである。◆"Gray power" will show its force as we baby-boomers become aging-boomers. 「シルバーパワー」は, 我々団塊の世代が団塊の高齢者になるにつれて威力を示すだろう。

2 vt., vi. gray にする[なる] ◆graying boomers 高齢化に向かっている団塊の世代の人たち ◆the graying of Japan 日本の高齢化 ◆as the baby boomers gray 団塊の世代が高齢化するにつれ ◆America is graying アメリカは高齢化しつつある ◆A menu option may be grayed out if the option isn't available for the current form. 現在のフォームで使用できないメニューオプションは, 薄い灰色で表示[淡色表示]されます。(*淡色表示されることを be dimmed とも言う)

**gray area** a〜 グレーエリア, (白黒つけがたい)灰色の領域 ◆A person who videotapes a program off the air and then shows it to several friends is in a gray area of legality. 放送番組を録画してそれを友人に見せる人は, 法的に灰色の[合法/非合法の区別をつけがたい]領域にいるといえる。

**gray goods** 《複扱い》灰色商品(逆輸入品等, メーカー保証のないもの); 生機(キバタ)(*織機から出て染色・仕上げ工程に送られる前の織物)

**gray scale** a〜 グレースケール, 無彩色スケール ◆images having a gray scale 中間調画像 ◆provide 256-level gray scale 〈表示装置などが〉256階調出せる

**gray-scale** グレースケール(の), 中間調[ハーフトーン]を含んでいる ◆a gray-scale image 階調画像; ハーフトーン(を含んでいる)画像

**graze** vt., vi. かすめて通る, 軽く触れて通る, かする; a〜 かすり傷 ◆an earth grazer 地球をかすめるように運行する小惑星[小惑星] ◆an earth-grazing asteroid 地球に接近して運行する小惑星[小惑星]

**grease** 1 n. グリース, グリス, 潤滑油, 減摩剤, 油脂, 獣脂, 軟脂, (口)賄賂 ◆a grease gun グリースガン; グリース注入器

2 vt. 〜にグリースを塗る, 〜をグリースで潤滑する, 〜が円滑に運ぶように[〜を円滑化]する, 促進する, 容易にする, 《口》〈人〉に賄賂を送る ◆grease a person's palm [hand] 〈人〉を買収する; 〈人〉に賄賂を送る[贈賄する] ◆grease bearings ベアリングにグリスを注油する ◆in order to grease your way to promotion あなたの昇進が順調に行くようにするために ◆The squeaky wheel gets greased. キーキーときしむ車輪にはグリスが給脂される。軋む車輪は, 油をさしてもらえる。《意訳》声高に主張する者は要求が通る。; (先に)大声を出したほうが勝ち。◆grease the way for a proposed merger between A and B 予定されている[計画中の]AとBの合併が円滑[スムーズ]に進む[運ぶ]ようにする[促す]

**grease monkey** a〜《俗》(自動車や航空機の)修理工[整備員, 整備士]

**greasy** adj. 脂で汚れた, グリスを塗布した, (食べ物が)油っこい, 脂肪分の多い, 脂肪のような, 油[ガソリン]お世話たらの, むかつくほどいんぎんな ◆the greasy fumes given off by the heated oil その熱せられている油から出ている油煙

**great** adj. 偉大な, 大きい, 大_, 巨大な, 大の, たいした, けっこうな, 非常な, 大変な, 重要な, すばらしい, 優れた, 素敵な, 際立った, 有数の, 高名な, 高貴な, たくさんの, 多量の, 多数の, 長期の ◆a cable of great strength 強度の非常に大きいケーブル ◆a great-looking layout すばらしい見栄え[体裁]のレイアウト ◆an input signal of greater amplitude より大きな振幅の入力信号 ◆chew... with apparent relish 〜をさもうまそうに[いかにもおいしそうに]噛む ◆examples of pollution great and small 大小の公害の実例 ◆move toward greater international harmonization of... 〜のよりいっそうの国際的ハーモナイゼーション[調和, 整合化]を推進する ◆MS-DOS 3.0 or greater [higher, later] MS-DOSバージョン3.0以上[以降] ◆prevent... from becoming too great 〈値, 程度が〉大きくなり過ぎないようにする ◆proceed toward greater entropy エントロピー増大の方向に進行する ◆Achieving greater energy efficiency in buildings 《直訳》建物内でより大きなエネルギー効率を達成すること;《意訳》ビルの省エネ化(*標題より) ◆any integer greater than 0 and less than 120 0より大きく120より小さい(任意の)整数(*つまり, 1以上119以下の整数) ◆We will cooperate to the greatest extent possible in order to <do...> 〜するために, 最大限[可能な限り]の協力をいたします。◆at any angle not greater than 25 degrees 25度以下の任意の角度で ◆exercise the greatest possible caution 最大限の注意を払う ◆with the greatest of flexibility, ease and economy 最高のフレキシビリティ, 容易さ, および経済性をもって ◆Greater power savings will be possible using... 〜を使用することにより, さらなる省電力化[節電化, 低消費電力化]が可能である。◆The technical challenges involved in such development are great, for... このような開発にまつわる技術課題は大きい, なぜならば ◆the theory has received the greatest attention この説が最も注目された ◆this is obviously an area in great need of standardization これは明かに標準化[規格化]を大いに必要としている分野である ◆A great deal has happened in this field since then. それ以来, 多くのことがこの分野で起きた。◆This is expected to occur in the great majority of cases. これは, 大部分[大多数]の場合に起こることが予想される。◆This material is on its way to greater reliability. この材料は信頼性がより大きくなりつつ[増しつつ]ある ◆The current trend toward greater outsourcing of semiconductor manufacturing will continue. 現在みられる半導体製造アウトソーシングの拡大傾向は続くだろう。

**Great Britain** 《俗に》英国(*England, Scotland, Wales から構成される)

**Great Depression** the〜 大恐慌(*1929年〜1933年)

**Greater** adj. 大都市およびその隣接地域を含めた, 大〜 ◆Greater Los Angeles 大ロスアンゼルス(圏)(*ロサンゼルスとその隣接する近郊地域を含めて)

**greatly** adv. 大きく, 大幅に, 大分, 大変, たいそう, 非常に, 著しく, かなり, はなはだ, とても, ひどく, 随分, よほど, 実に, 相当に, 一段と, めっきり

**greatness** n. Ⅲ ◆aspire to greatness 偉く[偉大に, 立派]になりたいと望む, 大志[青雲の志(ココロザシ)]を抱く, 〈本人〉が立身出世を願う[大成を願望する] ◆encourage them to aspire to greatness 彼らに向かって大志を抱けと激励する[鼓舞する, 気合いを入れる, 檄を飛ばす, ハッパをかける] ◆In other words, individuals who continue setting their sights on new heights are often those who achieve greatness. つまり, 新たな高みへと目標を設定し続ける[《意訳》常に目標を高く持ち続ける]者は, 往々にして偉くなる[大成する, 立身出世する](人である)と言える。

**greedy** adj. 食欲な, 欲張りの, 強欲の, 意地汚い, 食いしん坊[卑しん坊]の; (〜を)非常に[むやみに]欲しがって<for>, (〜したいと)しきりに望んで[切望して, 渇望して]<to do> ◆a greedy merchant 食欲な[強欲な, 欲が深い, 欲の皮が突っ張っている, がめつい, 金にガツガツしている, 貪欲(ドンラン)な, あこぎな]商人 ◆a greedy broker 欲の皮のつっぱった[あこぎな]ブローカー ◆become [get] greedy for... 〜に食欲になる[ガツガツして, 欲の皮が突っ張ってくる]; 無性に〜が欲しくて[ひどく〜を手に入れたくて]たまらなくなる ◆become greedy of filthy lucre 不正利得[悪銭]を食欲[食妻(ドンラン)]に追い求めるようになる。

**Greek** adj. ギリシアの, ギリシア語[人]の; n. a〜 ギリシア人, Ⅲギリシア語, 全くわけのわからないこと[ちんぷんかんぶん]

**green** (a)〜 緑, 緑色, (信号の)青; 〜s 青物, 野菜; a〜 町や村の共有地; adj. 緑の, 青々とした, 青物の, 野菜の, 新鮮な, 〈肉などが〉生の, 最近の, 青二才の, 未経験の, 未熟な, (恐怖, 嫉妬で)青ざめた, 〈消費者などが〉環境保護に理解を示す, (商品が)環境に優しい (獣皮が)なめしてない, 未加工の, 未

熟の、未乾燥の、未硬化の、未焼結の ◆at green 青（信号）で、信号が青の時に ◆a green area; (a) green space 緑地 ◆green lumber まだ十分に乾いて[乾燥して]いない板材[ひき材、木材] ◆green power 金銭の力、金力、財力 ◆green purchasing グリーン購入（*環境に優しい製品を優先的に買うこと）◆a green belt 緑地帯 ◆green chemistry (GC) グリーンケミストリー（環境に優しいものづくりの化学）（*生産工程で副生成物を極力なくし、原材料・投入エネルギー・溶剤などの使用量も少なくする。OECDでは sustainable chemistry「持続可能な化学」と呼ぶ）◆a green signal light 青色の信号灯 ◆the greening of deserts 砂漠の緑化 ◆the greening of the desert 砂漠の緑化 ◆dark green and dark yellow vegetables 緑黄色野菜 ◆make... a true green consumer 《意訳》〜を真に環境保護意識の高い[生活者]に仕立て上げる ◆the lights were at green 信号が青だった ◆as the green traffic light turned yellow 青信号が黄色に変わる際に ◆wait until the signal changes to green 信号が青に変わるまで待つ ◆when the signal light is green 信号灯が青になっている時に ◆"green" (environmentally friendly) desktop computers 「グリーン」（環境に配慮した）デスクトップコンピュータ ◆the Energy Star green PC standard outlined by the U.S. Administration recently 米政府が最近大綱を定めたエネルギースターグリーンPC基準

**greenback** a〜 米ドル札（*裏面が緑色であることから）；<u>米</u>米ドル ◆No matter how far the greenback falls, ... どんなにドル安になろうとも…

**Green Beret** a〜 グリーンベレー[米陸軍特殊部隊]隊員 ◆a former Army Green Beret 《略》元陸軍グリーンベレー[特殊部隊]の隊員

**green card** a〜《米》グリーンカード（*外国人永久居住権。これを取得するとほぼ制限なしにアメリカで就労できる。）◆a green card 《米》グリーンカード（*永住権を表す）◆a green card holder 《米》永住権所持者 ◆To get a job, you need a green card. However, to get a green card you need a job. 就職するには永住権が必要です。けれども永住権を取得するには仕事に就いていることが必要です。

**greenery** ◎《集合的に》青葉(green foliage)、植生(vegetation)、〔草木の〕緑[新緑、新緑の草木](verdure)、装飾用のみどりの枝や葉、〔緑の草木を栽培している場所〕◆destroy all greenery 緑の〔植物の〕をことごとく破壊する ◆students will plant new trees and greenery in the school 生徒たちが学校に新しい木々緑の植物を植える

**greenhorn** a〜 青二才、くちばしの黄色い奴、若造、若葉、世間知らず、未熟者、初心者、新参者、駆け出し、新米、だまされやすい人[カモ]、到着間もない移民 ◆greenhorn immigrants 来たばかりの移民 ◆upstart companies hiring greenhorn high school and college kids 高校生や大学生の若造を雇っているベンチャー企業 ◆First, let me say I am not a greenhorn at selling cars – I'm in my 52nd year of selling in Ann Arbor. まず、私は自動車販売にかけては駆け出し[新米]ではないということを言わせてもらいます。アナーバーで販売業を営んで52年目になります。

**greenhouse** a〜 温室 ◆greenhouse gases 温室効果[温暖化]ガス ◆the greenhouse effect 温室効果 ◆greenhouse gas emission reductions 温室効果ガスの排出削減 ◆Chlorofluorocarbons exacerbate the greenhouse effect and destroy the stratosphere's protective ozone layer. フロンは温室効果を悪化させ、また成層圏のオゾン保護層を破壊する。

**green light** a〜 青信号；the〜（物事を進めてよいという）許可、許諾、ゴーサイン ◆give the green light for... [to <do>] 〔行為、活動などを〕許可[認可、承認]する ◆He gave the green light for the redesign of the Kadett. 彼は、カデットのモデルチェンジ設計に青信号[許可、承認]を出した。(*英国の車種名)

**greenmail** n. グリーンメール（*ある会社の株を大量に買収して乗っ取りをほのめかし、その会社に高値で引き取らせること）、株買い戻しにかかった金；vt. グリーンメールで乗っ取りの脅しをかける 《参考》In greenmail, the stock buyer expects the company to buy back its shares at prices above the market rate to avoid a takeover attempt.

**greenmailer** a〜 グリーンメール行為をする人

**Green Party** the 〜（ドイツなどの）緑の党

**Greenwich Mean Time** (GMT) グリニッジ[グリニッチ]標準時、グリニッジ[グリニッチ]平均時

**greet** vt. 〜に挨拶する、〜を歓迎する、〜を迎える、〈目、耳〉に触れる[入る] ◆greet a new year [a New Year] 新しい年[新年]を迎える（*今度の正月からtheにする）◆The chairman's arrival was greeted with loud cheers. 会長の到着は、大きな声援で迎えられた。

**greeting** a〜 あいさつ（の言葉）、会釈；〜s よろしくという言葉、あいさつ状（の言葉）◆greeting cards; cards with a greeting グリーティングカード ◆an audio greeting from... 〜からの音声による[声の]挨拶 ◆receive New Year's greetings from... 〜から新年[年頭]の挨拶を受ける ◆send greeting cards グリーティング[挨拶の言葉を書いた]カードを送る[出す] ◆send New Year's greetings to... 〜に新年[年始、年頭]の挨拶を送る ◆Namaskar is a common word of greeting in the Indian language. ナマスカはインド語で一般的な挨拶の言葉です。(*namaskar = namaste ナマステ)

**grep** (GREP, Grepとも表記) (Global Regular Expression Print) 《コンピュ》*元々はUNIXのコマンドの一つ。正規表現構文で指定したパターンに一致する文字列を検索するツールまたは機能）；vt. 〜をパターン一致検索する

**grey** → gray

**grid** a〜（真空管の）グリッド、格子、焼き網、送電網、(地図の)碁盤目、方眼、(蓄電池の)極板 ◆a power grid; a utility [commercial] power grid; an electric power grid 公共電源回路網[*電力会社が電気を送配電する] ◆a non-grid-connected power source 〔強電〕公共の広域電源網に接続されていない分散型[独立型]の発電システム;(場合によっては)自家発電用の電源(装置) ◆a grid pattern 格子縞模様 ◆the voltage at the grid of the tube 真空管のグリッド[格子]にかかっている電圧

**gridlock** (a) 〜《米》（ある地域全体の交通が流れなくなる）大渋滞、(活動の)行き詰り、手詰り、にっちもさっちも行かない［進退窮まった〕状態 ◆be at gridlock 身が取れない状態になっている ◆run into a gridlock 大渋滞に巻き込まれる[引っかかる] ◆be stuck in gridlock 大渋滞で動きが取れない ◆urban gridlock 市街地での交通まひ[大渋滞] ◆cause (a) gridlock 大渋滞を引き起こす

**grief** ◎ 深い悲しみ、悲嘆、嘆き ◆a grief-strucken person 悲しみで傷ついている人 ◆Our grief is not a cry for war. 私たちの嘆き[悲しみ]は、戦争を求める叫びではない。(*同時多発テロを受けて) ◆Our grief has turned to anger, and anger to resolution. 我々の悲しみは怒りに、そして怒りは決意に変わった。

**grievance** a〜（不公平、不当な扱いに対する）不平・不満（の原因）◆harbor a grievance against him for... 〜のことで彼に対して恨みを抱いている[感情を害している、気を悪くしている] ◆have no [→many] grievances against... 〜に対し不平・不満を持っていない[→不平・不満が山ほどある] ◆a grievance committee 苦情処理委員会（*労働者の不平・不満を検討・解消する目的で労使双方の代表者により構成される）◆establish a complaint [grievance] handling procedure 苦情[クレーム]処理手順を確立する[設ける、定める、制定する] ◆exporters with complaints about [exporters who have grievances concerning] preshipment inspection activities （*輸出検査機関が実施した）船積み前検査に不服のある輸出業者たち ◆he has filed a grievance against the company for terminating his contract 彼は会社を相手取って契約解除に対する苦情[異議、不平、不満、苦情]を申し立てている

**grieve** vi., vt. 深く悲しむ［悲しませる]、悲嘆に暮れる[暮れさせる]

**grill** a〜（焼き肉用などの）グリル、焼き網（= a gridiron）、（肉、野菜などをあぶって焼いた）焼き物；vt. 〜をグリルで焼

く、〈人〉をきびしく尋問する ◆grilled items such as hot dogs, burgers, steak and cheese sandwiches ホットドッグ、ハンバーガー、ステーキ、チーズサンドなどの焼き物

**grille** a〜（スピーカー前面を保護するためのパンチ穴あき）グリル、（自動車のラジエータ）グリル、券売所などの格子のはまっている窓口

**grime** 回汚れ、垢、ほこり；〜を（〜で）汚す、汚くする〈with〉 ◆tightly sealed against water and grime 水と汚れの侵入を防ぐためにぴったりと封止されている

**grind** 1 vt. 〜を粗く[挽く]（ヒク）、粉砕する、摩砕する、すり合わせる、きしらせる、歯を研ぐ(トグ)、磨く、研磨する、〈炭鉱、鉱山〉〈選別用の重液材など〉を摩鉱[磨鉱]する〈人〉を苦しめる、虐げる、〈手回しオルガンなど〉のハンドルを回して動作させる; vi. 粉砕する、きしる、挽かれる、砥ぎ[磨き]がかけられる ◆a grinding sound きしり音 ◆grind a lens レンズを研磨する ◆grind to a halt〈車両がブレーキを〕キーッときしらせて停止する ◆grind wheat 小麦をひく ◆ground (down) by poverty 貧困に苦しめられて ◆use finely ground magnetite and water as heavy media 〈鉱山、炭鉱〉細かく摩鉱した[《意訳》微粉にした]マグネタイト[磁鉄鉱]と水を重液として用いる
2 回碾く[挽く]こと、研ぐこと；a〜《単のみ》面白くなくてきつい仕事；a〜《口》ガリ勉する人
**grind away** 〜を削って除去する
**grind away at** 〈人〉をしきりにこき下ろす、〜を絶えず粉砕する
**grind down** 〈人〉の神経をすり減らせる、〈人〉をまいらせる、閉口させる、困らせる、〜を削って滑らかにする
**grind in [into]** 〜を〜に擦り込む
**grind into** 〜を碾[挽]いて〜にする
**grind on**（時間などが）どんどん経って行く、〈物事が〉どんどん進んで行く
**grind out** 〜を碾いて粉にする、〜を機械的に生産する、〈タバコ、葉巻など〉をもみ消す
**grind together** 〜をすり合わせる
**grind up** 〜を粗くひいて粉にする

**grinder** a〜 グラインダー、研磨工、研磨機、研削盤、粉砕機、(コーヒー、肉などを)挽く機械；a〜奥歯、臼歯 ◆a coffee grinder コーヒーひき

**grinding** 回挽く[碾き割りする]こと、粉砕、細砕、研磨、すり合わせ；adj. grindする、ぎーぎーきしる、(痛くて)きずまする、虐げる、(貧困などが)ひどい、うんざりする ◆electrolytic [electrochemical] grinding 電解研削 ◆come to a grinding halt（乗り物が）ギーッときしって止まる ◆grinding poverty ずっしりと重くのしかかるような貧困、困窮、窮困 ◆a diamond-coated grinding wheel ダイヤモンド研削砥石 ◆if the brakes make a grinding noise ブレーキがきしむ音を鳴らすようでしたら ◆as a result of a flaw in the grinding of a reflector 反射鏡研磨における欠陥のために

**grinding wheel** a〜丸砥石、砥石車、研磨車、研削砥石

**grindstone** a〜丸砥石、砥石車 ◆put one's nose to the grindstone（熟語）こつこつと一生懸命に働く（練習する、勉強する）◆keep [put] one's nose to the grindstone 《熟語》あくせく（仕事、勉強）する ◆keep [hold] one's nose to the grindstone 《熟語》(仕事、学業、練習などに) 精勤している[精を出して励んでいる]

**grip** 1 a〜取っ手、握り、柄、(特定の)握り方；a〜《通例〜s》しっかりつかむこと、把握、把持、(口)掌中の(力)、統率(力)、支配(力)、理解(力) ◆strengthen one's grip on.. 支配を強める ◆a cushion grip クッション性のあるグリップ（握り）◆want more grip 《車》より強い(タイヤの)グリップ力を欲する ◆lay the responsibility for the lack of grip directly on the all-season tires オールシーズンタイヤのせいにする ◆loosen the grip of powerful bureaucrats on Japanese industry 日本の産業の首根っこを押さえつけている官僚による強権的な規制[強大な権力を握っている官僚による日本の産業規制]を緩和する

2 vt. 〜をしっかりにぎる[つかむ]、〈人の心〉をつかむ[捕らえる]、〈聴衆など〉をひきつけてはなさない; vi. しっかりとつかむ ◆fear grips the city 恐怖がこの都市を支配している ◆don't grip the steering wheel too tightly ハンドルはきつく握り過ぎないようにしてください ◆The Porsche grips the road like Velcro. このポルシェは、マジックテープみたいに道路をにぎるがよいという意〉（*roadholdingがよいという意）
**come [get] to grips with. . .**〈敵〉と取っ組み合いをする、〈問題〉に取り組む ◆We have to come to grips with the fact that. . . 我々は〜という事実に真剣に取り組まねばならない

**gripe** a〜不平、不満、苦情; a〜つかみ、取手、握り；〜sボート索; the 〜s (差し込むような)腹痛; vi. ぐちをこぼす、不平を言う〈at, about〉、腹痛をおこす ◆grumble one's gripes 《口》ぶうぶう不平不満を言う

**grippy** しっかりつかんで離さない、〈人の〉関心や注意を引く、どん欲な ◆a grippy seat 《車》お尻がスポッとはまり込むような安定した着座感あるシート ◆The car's tires are acceptably grippy on the skidpad. この車のタイヤは、テストコース上ではそこそこのグリップ力がある。

**gription** 車輪と路面などの間の滑べりを防ぐ力[摩擦]（= traction）◆The tires provide a reasonable 0.77 g of gription. このタイヤには、0.77gという妥当な線のグリップションがある。

**gristmill** a〜粉挽き場[製粉所]（*個人客が持参する穀物を有料で挽く）◆a water-powered gristmill 水力式の粉ひき場[製粉所]（*昔の）

**grit** 1 a〜砂、砂利、粗粒、砂ぼこり、ゴミ、《口》なにくそ[不屈の]精神、(ど)根性、勇気、(石、紙やすりなどの)肌理(キメ) ◆fine-grit, medium-grit, coarse-grit] sandpaper 《順に》目の細かい[中目の、粗目の]紙やすり ◆a fine-grit [fine-grained] whetstone きめ[粒子]の細かい砥石
2 vt. 〜をきしらせる; vi. きしる ◆grit one's teeth 《成句》歯をくいしばる（*緊張、怒り、決断などの表れとして）

**gritty** adj. 砂[砂利]の、砂[ゴミ]が入っている、ざらついた、《口》根性のある ◆It should not feel gritty or be difficult to turn. (回り方がスムーズでなく)ガリガリしたり、回りにくくてはダメだ

**groan** a〜うめき声、(不平・不満の)ぶうぶういう声、(ギーギー、ミシミシ、キーキー)きしむ音; vi. うめく、ぶーたれる、(重みで)きしむ; vt. 〜をうめき声で〜〜と言う ◆body groans and squeaks《車》車体のミシミシとかキーキーというきしみ音

**grocery store** a〜食品雑貨店

**grommet** a〜鳩目、環索、(筐体の貫通穴にはめてそこを通る電線を保護するための)ブッシング；a〜を鳩目でとめる ◆grommeted for hanging on a wall 壁に掛けられるように鳩目が付けられている

**groove** a〜溝〈in〉、わだち、決まったやり方、慣習、慣例、常軌、常道; a〜(ジャズなど黒人に起源を発する音楽の)ノリのいいリズム感、ノリ; vt. 〜に溝を切る[掘る]; vi. 型にはまる、《俗》ものすごく楽しむ、ノる、うまが合う ◆in the groove（演奏が）ノリのいい状態で[のって]、(グループが)出て調子が出て; 好調[快調]で ◆a deep groove [deep-grooved] ball bearing 深溝玉軸受 ◆No tire should be regrooved or recut. タイヤには、決して新たに溝をつけ直したりしてはならない。◆The cerebrum has ridges and grooves. 大脳にはしわ[ひだ]がある（*医学的には ridges は gyri（単数形 gyrus）「脳回」、そして grooves は sulci（単数形 sulcus）「脳溝」と呼ぶ）◆There are many ridges and grooves on the brain's surface. 脳ミソの表面には多数のしわ[ひだ]がある。

**groovy** adj. グルービーな、グルーブがある[出ている]、グループあふれる、ノッてる、ゴキゲンな、ホット、イケてる

**grope** vi. 手探りする、手探りで探す、探る、探し求める、暗中模索する、女性の体をまさぐる[お触りする、痴漢を働く]; a〜手探り、暗中模索、お触り[痴漢(行為)] ◆Groping is a serious problem for female passengers on Tokyo's packed subways and commuter trains. お触り[痴漢(行為)]は、東京のすし詰めの地下鉄や満員の通勤・通学列車に乗車している女性客にとって深刻な問題である。◆When you're being groped on the bus, it's not the time for ladylike reserve. バスでお触り[痴漢行為]

に合ったら、淑女ぶって慎み深く［上品におとなしく］している場合ではありません．

**groper** *a* ～ まさぐる人, 痴漢, 触り魔 ◆to protect women from drunken gropers 酔っぱらいの痴漢から女性を守るため ◆run anti-groper trains for women 女性のための痴漢対策列車を運行する

**gross** 1 adj. 全体の, 全部ひっくるめての, 風袋込みの, 総 ─; adv. 総体で ◆gross sales 総売り上げ（高）◆the gross domestic product (GDP) 国内総生産 ◆the U.S. gross national product (GNP) 米国の国民総生産 ◆a gross rating point (GRP) 延べ視聴率（*期間中の各CMの視聴率の総合計）◆reductions in gross mass 総質量の減少 ◆the gross outlines of a plan 計画の概要［全容］◆the gross [total] weight of... ～の総重量 ◆a vehicle with a gross vehicle weight of more than 4,500 kg 車両総重量が4,500kgを超える車両 ◆calculate the gross pay based on the number of hours worked 総賃金を労働時間数に基づいて計算する ◆She earns $25,000 gross. 彼女は，総額25,000ドル稼ぐ．◆The unit weighs 15 kg gross. このユニットの総重量は15kgである．◆Gross worldwide demand figures for the year 2000 range from 350,000 to 650,000 units. 2000年の世界総需要数は，35万台から65万台の範囲である．
2 adj. 全くの，〈誤りが〉ひどい，はなはだしい，粗野の，下品な，洗練されていない，ぶよぶよ太った，かさばる，《俗》胸くその悪い，〈植物が〉密生［繁茂］した ◆gross negligence 重大な過失；重過失 ◆gross injustice ひどい不公正 ◆his gross remarks 彼の下品な言葉 ◆The snubber circuit is so gross that the FET will never turn all the way on or all the way off. このスナバ回路はあまりにも粗い設計で，FET(電界効果トランジスタ)は決して完全にはON/OFFしない．
3 the ～ (pl. ～es) 総計 ◆by the gross グロス単位で, 大量に ◆the gross of his earnings 彼の総所得
4 vt. ～の総収益［総利益］を上げる ◆A successful movie today grosses millions of dollars. 当たり映画は，今日，何百万ドルもの総収益を上げる．◆The company grossed over a million dollars last year. 同社は，昨年百万ドルを上回る総収益を上げた．
5 a ～（単複同形）グロス（12ダース = 144個，略 gro）
**in (the) gross** 全体で，ひっくるめて，込み込みで，一括で，十把(ジッパ)ひとからげで，(バラ売りでなく)まとめて，いずれにせよ，大量に，卸売りで

**grossly** adv. (好ましくない意味で)ひどく，大変，著しく，極めて，はなはだしく ◆be grossly wrong 大変な間違い［大間違い］である ◆grossly inflated prices 法外にふっかけられた値段 ◆the newspaper's report grossly distort the meaning of... この新聞の記事は～の意味をひどく歪めている ◆The documentation supplied with the product is grossly inadequate 製品に付いてくる［添付されている］ドキュメンテーション［マニュアル］は，お話にならないほど内容的に不十分［お粗末］である

**gross margin** n. a ～ グロスマージン，粗利［粗利益，粗利潤］(率)，売上げ総利益，総売り差益 ◆operate on slim gross margins of 16 percent to 20 percent 16%～20%の薄い［少ない］粗利［粗利益，粗利潤］(率)で商いをする

**ground** 1 n. the ～ 地面，地表，大地，土壌；⑥土也；⑥〈鉱山，土木〉地山(ジヤマ) a ～（特定の一区画の地所）─場，─所，─用地; the ～s ⟨of⟩ (～の) 敷地［構内］；⑥海底，水底，浅瀬；a ～ (地〈ジ〉)，下地，素地，地盤 ◆on the ground 地面で，地表で，地表近くの，地下の，1階の，〈鉱山〉地山(ジヤマ)の ◆on the ground 地上で［の］，地べた［地面の上］に；現場で，実地で［の］（～という理由で＜of, that＞ ◆take [get] off the ground 〈航空機が〉離陸［浮揚］する ◆a ground-effect machine ホバークラフト; 空気［エアー］クッション・カー［ビークル］; グランド［グラウンド］エフェクト機 ◆a ground system 陸上システム（*航空機や船舶搭載用に対して）◆exhibition grounds 見本市会場敷地 ◆ground personnel; a ground crew （集合的）(航空機の整備の)地上要員 ◆ground subsidence 地盤沈下 ◆ground transportation 陸上輸送 ◆a ground effect グランド［グラウンド］エフェクト，地面効果（*ヘリコプターが地面近くでホバリングする際に得られる浮力の増加）；《無線》大地効果 ◆airport ground equipment 空港の地上機器［装置］◆the Ground Self-Defense Force 《日》陸上自衛隊 ◆culture in open ground; culture on bare ground 露地栽培 ◆be disposed of in the ground 〈廃棄物〉が地中処分される ◆fall to the ground and spoil 地面に落ちて腐る ◆on level ground 平坦な土地［地面］の上に ◆parallel to the ground 地面と平行な［に］◆the ground speed of an airplane 飛行機の対地速度 ◆use ground [terrestrial] waves 地上波を用いる ◆satellite communications between ground stations 地上局間の衛星通信 ◆a ground-hugging flight 超低空飛行 ◆ground-based personnel 地上要員 ◆ground-based simulations 地上でのシミュレーション ◆a height above the ground of 12 feet 地上12フィートの高さ ◆a transformer mounted 6 meters above the ground 地上6メートルのところに取り付けられているトランス ◆a single-engine plane dived into soft ground in woods near... 単発機が～近くの森の中の軟弱な地盤に突っ込んだ ◆send a direct current into the ground [earth] to find buried foundations of old buildings 地下に埋まっている古い建築物の基礎を探すために地面に《電気》大地に直流を送り込む ◆The statue stands 57 feet above ground and 24 feet below. その像は地上高57フィート，地下24フィートの大きさがある．◆The cave was unearthed by a bulldozer leveling ground for a new highway. その洞窟は，新しいハイウェイに向けて地均し［整地］をしていたブルドーザによって発掘された［意訳:ブルが掘り当てた］．◆The device can find metal 6 to 10 feet below (the) ground surface. この装置は，地表から［地下］6～10フィート（の深さの）ところにある金属を探知できる．
2 n. a ～《米》アース，接地 (=《英》an earth); adj. 接地の ◆a ground fault 地絡（事故）◆a ground [grounding] cable 接地ケーブル ◆a ground trace (1本の) アースパターン (*印刷回路基板の) ◆a ground-fault current 地絡電流 ◆a single line-to-ground fault; a one-line ground fault 一線地絡 ◆a fault current to ground 地絡電流 ◆a voltage to ground of about 277 volts 約277Vの対地電圧 ◆establish a ground for... 〈電気〉～を接地する［〜のアースを取る］◆soldered to a ground land グラウンド［アース］ランドにはんだ付けされて（*印刷回路基板の）◆without a proper ground きちんとアースを取らないと［で］◆an electrode used to establish a ground アースを取るのに使われている電極 ◆a terminal used to make a connection to a [the] ground アース接続用端子 ◆connect the lead to a good ground そのリード線を良好な接地箇所に接続する ◆connect another wire from the ground lug of the new jack to a ground pad on the printed circuit board 別の線を新しいジャックのアースラグ（端子）から印刷回路基板のグラウンドパッドに接続する ◆Any unpainted metal part of the chassis will make a good ground. シャーシの塗装が施されていない金属部分ならどこでも，良好なアースになります．◆Voltages (potential differences) are usually indicated as relative to ground [earth] potential. 電圧値（電位差）は，通常，大地電位を基準として示される．◆Unbalanced conditions can cause a voltage to ground to appear on the enclosure if it is connected to the neutral. 不平衡状態は，筐体が中性点に接続されている場合，筐体に対地電圧を発生させる原因となることがある．
3 n. ⑥（知識，経験，研究の）分野，領域，方面，話題，基盤，地歩，立場，意見，見解；a ～，～s (～の) 理由，所以(ユエン)，根拠，論拠 ＜for＞; adj. 基礎の，基礎的な ◆on one's own ground 自身の良く知っている分野で，自身の得意なことで ◆on (the) grounds of... ～という理由で ◆on the ground(s) that... ～という理由で ◆constitute grounds for... ～のための根拠［理由］になる ◆shift one's ground 意見［見解，論拠，態度］を変える ◆common ground 共通基盤 ◆as grounds for... -ing ～するための根拠［理由］として ◆lack legal grounds for... -ing ～する法的根拠［理由］を欠いている ◆on health grounds 健康上の理由で ◆prohibit discrimination on the grounds of sex, marital status, age, race, color, religion, or national origin 性別，既婚・未婚の別，年齢，人種，宗教，または出身国を理由にした差別を禁止する ◆It is an unrealistic proposition on cost grounds alone. それはコスト上のみからして［費用面だけからみて

も]非現実的なことである。◆Discrimination was forbidden on racial, religious, national, or political grounds. 人種的、宗教的、民族的、または政治的理由での差別は禁止された。

**4** n. ~s 澱(オリ)、沈澱物、かす ◆coffee grounds コーヒーかす

**5** vt. ~を地面に置く、~を接地[アース]する、~を(~に)基づかせる<on, in>、~に(~を)教える<in>、~に下塗りを施す、〈飛行機〉を足止めする、(口)(罰として)〈人〉に自由な行動を許さない、禁足する、座礁させる; vi. (船が)座礁[触底]する ◆a grounded AC plug 接地[アース]端子付きACプラグ ◆ground the washing machine その洗濯機のアースを取る[洗濯機に接地する] ◆properly grounded equipment; equipment that is properly grounded 適切にアースされた[接地された]機器 ◆a base-grounded circuit 《電子》(トランジスタの)ベース接地形回路 ◆Make sure the alternator and regulator are well grounded. オルタネータ[交流発電機]と調整器の接地がよくとれていることを確かめてください。

**6** 《grind の過去分詞》粉砕された、碾(ヒ)かれた、すり下ろされた、粉末の、研磨された、削ぎ出された ◆ground glass すりガラス、(写真機の焦点合わせ用)ピントグラス、(研磨材に使用する)粉末ガラス

**break ground** 耕す、(建設工事で)鍬入れ(クワイレ)をする、起工[着工]する、(新規事業などに)着手する ◆break new [fresh] ground 処女地を開拓する、新生面[新分野、新世界]を開く、独創的なことをする ◆Ground will be broken tomorrow for... 〈建造物〉の鍬入れ(クワイレ)が明日とり行われる運びになっている。◆The company is breaking new ground in the era of design technology. 設計技術時代にあって、その企業は新天地を切り開いている。

**from the ground up** 一から、最初から、白紙の状態から、土台から、徹底的に、完全に ◆perform [conduct, do, execute] a ground-up review of... ~の抜本的見直しを行う[再検討を実施する] ◆start new businesses from the ground up いろいろな新規事業を一から興す ◆a new-from-the-ground-up motorcycle 全く新規に開発・設計されたバイク

**gain ground** 前進する、進歩する、競争相手を押し戻す、(新しい考えなどが)受け入れられるようになる、支持されてくる、優勢になる

**get off the ground** 〈新規事業などが〉順調なスタートを切る、離陸する、うまく軌道にのる; get... off the ground 〈新規事業など〉を順調に滑り出させる[離陸させる、うまく軌道にのせる] ◆get a romance of the ground ロマンスを本格的に進展させる ◆get the enterprise off the ground その事業をうまくスタートさせる ◆get the plan off the ground その計画を立ち上げる ◆The business got off the ground in 1979. その事業は1979年に順調なスタートを切った。◆The project did not even get off the ground. そのプロジェクトは立ち上がりさえしなかった。

**give ground** 譲歩する、退却する、優位性を失う、押し戻される

**lose ground** 勢いが衰える、状態[調子]が悪くなる、譲歩する、退却する、(考えなどが)受け入れられなくなる[支持されなくなってくる] ◆recover [regain, make up for] (one's) lost ground 失地[勢い]を回復する; 勢力を盛り返す ◆companies that are losing ground in their core businesses 本業で体力を落としてきている会社 ◆While chip sales were sinking, US firms continued to lose ground to the Japanese. ICの売り上げが落ち込む中、米国企業は日本企業に押されてじりじりと後退した。◆Netscape Communications Corp. has lost ground to rival Microsoft Corp. in the Internet browser market and is expected to see its market share shrink further this year. ネットスケープコミュニケーションズ社はライバルのマイクロソフト社にインターネットブラウザ市場で座を奪われた。そして同社のマーケットシェアは今年更に落ち込むものとみられている。

**groundbreaking** adj. 起工式の、着工の、着手の、先駆[草分け]的な、革新的な; n. 起工[鍬入れ(クワイレ)]、地鎮祭 ◆a groundbreaking ceremony 起工[鍬入れ(クワイレ)]式; 地鎮祭 ◆groundbreaking graphics software 先駆[草分け]的なグラフィックソフト ◆a groundbreaking move in relations between the two countries 二国間の関係の新局面を開く動き ◆Groundbreaking for the new building is slated for May with completion by the end of 1996. 新ビルの鍬入れ(クワイレ)[起工、着工]は、1996年の末までに竣工[完成]の目処を5月に予定されている。◆Construction started with groundbreaking for the south wing in June 1871, and it was finished with the completion of the west and central wings in January 1888. 建設は、1871年6月における南館の鍬入れで始まり、1888年1月の中央館[本館]と西館の竣工をもって終わった。

**ground clearance** (a) ~ 《車》最低地上高(*路面と車の下面の間隔) ◆The car has a ground clearance of 225 mm. この車の最低地上高は225mmである。

**ground fault** 《電気》(事故による導線の)接地、接地事故、地絡 ◆Be sure cords and outlets are properly grounded and outlets have ground-fault interrupters (GFIs). コードおよびコンセントは正しく接地されて[きちんとアースがとられて]いるか、またコンセントには漏電遮断器(GFI)が設けられているか確かめてください。

**ground force** (= land force) 陸上[地上]部隊、地上軍 ◆70 percent of North Korea's 930,000-man ground force is on permanent war footing 北朝鮮軍の兵員93万の陸上部隊[地上軍]の7割は万年戦時編制になっている

**grounding** 回接地、座礁、飛行の足止め; a ~ 基礎訓練[基礎学習、基礎知識] <in> ◆a grounding terminal アース[接地]端子 ◆protective grounding 保護[保安]目的の接地[アース] ◆a 10-ft. grounding cable 10フィートの長さの接地ケーブル ◆a grounding(-type) receptacle アース付きソケット(*通常のコンセントの2穴に加え、接地用電極差し込み用の丸穴があいている)

**ground-launched** ◆a ground-launched cruise missile 地上発射巡航ミサイル

**ground level** 回地上 ◆a point at the ground level 地上のある一点

**ground plan** a ~ 1階平面図、原案、試案、大本(オオモト)となる案[叩き台]

**ground swell, groundswell** (a) ~ (遠方の嵐、地震などによる海の)大きなうねり、(世論などの)大きなうねり、盛り上がり、(急速な)高まり ◆a ground swell of support for... ~支持の盛り上がり ◆create [build, produce, generate] a ground swell of acceptance of... ~を受け入れるような気運の盛り上がりを引き起こす ◆echo a ground swell of interest 関心の盛り上がりを反映する ◆in response to ground swell of public objection to... ~に対する(世間一般の人々の間での)反対気運の盛り上がりの流れを受けて ◆to see if a ground swell develops 気運が盛り上がるかどうか見るために

**groundwater, ground water** 回地下水 ◆groundwater pollution [contamination] 地下水の汚染 ◆a groundwater level monitoring well 地下水位監視井戸(*地下水位観測システムの) ◆fluctuations in groundwater level 地下水面の変動

**groundwork** 回(通例 the ~)基礎、基本、土台、基盤、(絵画などの)地(ジ)、下地、素地、バック ◆the groundwork of a system 体制の根底 ◆lay the groundwork for... ~の下地を作る ◆provide the groundwork for the development of... ~の開発の土台になる ◆The editor has long maintained that Mr. Gorbachev has been steadily preparing the groundwork for recession. この論説委員はゴルバチョフ氏は着々と景気後退のための下準備[下地作り]をしていると長い間言ってきている。

**ground zero** 回(《無冠詞》ゼロ地点、(原水爆の)爆心地、発祥地 ◆systems located near ground zero (核爆弾の)爆心地の近くにある装置類 ◆the World Trade Center in New York City became ground zero ニューヨーク市の世界貿易センターがグラウンドゼロ[爆心地]になった ◆Boston is "ground zero" for modern communications. ボストンは近代通信発祥の地である。(*Alexander Graham Bellが1876年に長距離電話の実験をしたことから)

**group** 1 a ～グループ，集まり，仲間，群れ，団体，集団，集合，組，団，団体，群，属，類，類型，班，会，部会，連中，一連，《化》族 [基(= radical)，原子団]，(血液の)型，《地質》層群 ◆(a) group-delay time 群遅延時間 ◆a Group III facsimile GIII ファクシミリ ◆a group of companies 企業グループ ◆an ultraconservative group 超保守党 ◆a subordinate group 下部区分 ◆Group III and IV standards (ファックスの)GIIIおよびGIV規格; グループ3型および4型規格 ◆the Matsushita group [Group] 松下電器グループ ◆a group of companies; a corporate group 一群の会社; 企業グループ[集団] ◆group-delay frequency distortion 群遅延周波数歪み ◆a consumer-interest group 消費者利益団体 ◆a group shot [photo] グループ[集合，団体]写真 ◆deploy tanks in groups of four 戦車を4両ずつ組にして配備[配置]する ◆divide students into a number of groups 生徒[学生]をいくつかのグループに分ける ◆gather for a group photo 集合写真撮影のために集まる ◆group tours of 10 or more 10名以上の団体旅行 ◆individually or in groups of 16 個人個人または16人ずつ組んで ◆groups of three 3個[3人, 3本]ずつ組みで ◆in the under-30 group 30歳未満のグループ[層]では ◆platinum-group metals 白金族金属 ◆two groups of telephone operators 2組の電話交換手 ◆group homes for elderly disabled persons 障害を持つ高齢者のためのグループホーム[託老所] ◆a consumer-advocacy group 消費者擁護団体 ◆small-group discussions 小グループでの話し合い ◆Ad-hoc Group on Problems of Digital Transmission デジタル伝送の問題担当の特別部会 ◆read each bit from memory (usually in groups of 8 bits or more) 《コンピュ》メモリーから各ビット(普通8ビット以上ずつ)を読む ◆How many people are in your group? 何名様ですか？ ◆There is a methyl group at the carbon in position 5. 《化》5位の炭素にメチル基がついている ◆They run a group home for mentally challenged men. 彼らは精神障害を持つ男性のためのグループホーム[集団療法施設]を運営している. ◆Large software development projects require not only a great many workers but also many different occupational groups. 大きなソフト開発プロジェクトは，非常に多数の人員を要するだけでなく, いろいろな職業分類[職種]の人たちを必要とする.
2 vt. ～を分類する，グループ分け[グループ別に]する, グループ化する，一まとまりにする; vi. 集まる，群がる ◆plastic ties used to group wires 電線を系統別に結束するのに使われるプラスチック製バインド線[ビニール・タイ, ビニタイ] ◆the grouping of amino acids based on their charges, hydrophobicity and polarity 電荷，疎水性，および極性に基づくアミノ酸の分類 ◆... can be grouped under the following five headings: ～は，次の5つの表題のもとに[5つの項目に]分類することができる ◆Grouped by population, cities of over a million people and cities ranging from 50,000 to 499,999 in population experienced decreases in serious crime during the first half of the year. 人口区分別にみると，百万人以上の都市，ならびに人口50,000～499,999人の都市が，年度の上期に重大[凶悪]犯罪が減少した.
　◆**group around** ～の回りに集合させる，～の回りに集まる <group oneself around>
　◆**group together** vi. 集まる，まとまる; vt. ～を集める，まとめる
　◆**group under** ～を～の範疇(ハンチュウ)に分類する
**grouping** グループ分け，組分け，分類, (企業の)系列化, (人や物の)配置; a～ ひとまとまり，一つの集まり ◆corporate [industrial] groupings 企業系列 ◆a grouping of items ひとまとまりのアイテム; アイテムの集まり ◆However, sometimes what appears to be a single flower may actually be a grouping of smaller flowers that together look like an individual flower. 《意訳》けれども，1つの花のようであっても実は小さな花の集まりが全体で単一の花のように見えることがあるのです.
**groupware** ①《コンピュ》グループウェア ◆a groupware program グループウェアプログラム ◆a groupware editor for manipulating the layout of a double-page [two-page] newspaper spread 新聞見開きページのレイアウトを操作するためのグ

ループウェア(*グループでの共同作業が可能なネットワーク対応)編集ソフト

**grow** vi. 成長する，生える，発生する，育つ，伸びる，伸長する，増す，増える，増加する，増す，発育する，〈次第に〉～になる，発育する，生育する，生長する，増殖する; vt. ～を成長させる，発展[発達]させる，栽培する，〈ひげなど〉を生やす，伸ばす ◆a rapidly growing industry 急速な成長を遂げている産業[業界] ◆as cities grow in size 都市が大きくなるにつれ ◆as single-parent households grow in number 片親世帯数が増加するにつれ ◆be grown axenically 無菌[純粋]培養される ◆grow to a length of 2 to 3 ft. 2フィートから3フィートの長さに成長する ◆steadily growing demand for... 着実に拡大を続けている～の需要 ◆the growing use of... ～の使用の増加 ◆various organically grown fruits and vegetables 有機栽培されたいろいろな果物や野菜 ◆a grown-junction transistor 成長接合形トランジスタ ◆... and users themselves are growing more sophisticated そしてユーザー自身ますます高度化している ◆grow semiconductor films just a few angstroms thick 僅か数オングストローム厚の半導体薄膜を成長させる ◆There has been a growing interest in... ～への関心が高まってきている ◆free the industry from regulation to give it room to grow その業界に成長の余地を与えるために規制から解放する ◆The number of stores has continually been growing. 店舗数は，どんどん増加してきている. ◆As computing power grew, so did the complexity of climate modeling. 演算能力の向上に呼応して，気候モデリングの複雑さも増した. ◆Domestic travel is expected to grow by 5% in each of the next four years. 国内旅行は，今後4年にわたり毎年5%ずつの増加が見込まれている. ◆Workstations are the fastest-growing segment of the computer industry. ワークステーションは，コンピュータ業界で最も成長著しい市場部門である. ◆Xxx is not widely used, but appears to grow in use and possibly replace yyy. Xxxは広くは用いられていないが，使用が増えた[《意訳》利用は進む]ものと見られており, yyyに取って代わる可能性がある. ◆The number of ATMs in the U.S. has grown from 1,935 a decade ago to 48,118 at the end of last year. 米国におけるATM機の台数は，十年前の1,935から昨年末の48,118に増えた. ◆The problem is no nearer solution today than it was in 1960 - indeed, the problem has grown to truly dangerous proportions. この問題は, 1960年当時と比べて今日までたく解決に近づいてはいない. それどころか, 問題は本当に危険なまでに大きくなってしまっている. ◆Dataquest's interim report predicts that the printer market will continue to keep on growing for the next two to three years, primarily as a result of... データクエスト社の中間レポートは，主として～の結果，プリンタ市場はここ2～3年は継続するものと予測している.
　**grow from** 〈種, 球根など〉から生える，～から発育[発達]する ◆The program grew from user demands. 本プログラムは，ユーザーの要求から生まれた.
　**grow in** (力, 能力など)の面で伸びる, (土壌などで)生育する
　**grow into** 成長[進展]して～になる, (植物などが)成長して～に入り込んで行く
　**grow on** (かびに, 腫瘍などに)～の上で増殖する
　**grow out of** (子供が大きくなって)～が着られなくなる, 〈もの〉が～にとって小さくなる; 《比喩的》～を卒業する[やめる]，～から脱皮する, ～に起因する, ～から発展[成長]する ◆Chevalier has grown out of humble beginnings to become the largest manufacturer in New Zealand. シュバリエ社は，創業当時の小さな会社から成長を遂げ，(今では)ニュージーランド随一の製造メーカーとなっています. ◆The technology grew out of research into parallel processing. この技術は並列処理の研究から生まれたものである.
**growing** adj. 成長の，成長に伴う，発育盛りの，発展している，増えている，高まりつつある, 深まりつつある, 度[度合い]を増している，ますます～つつある; n. 成長, 発達, 成長, 生育, 成育, 生長 ◆a fast-growing industry [market] 急成長産業[市場] ◆with growing frequency だんだん頻繁に; ますますよく ◆With the growing speed of PC microprocessors and availability

of broadband networking, ... パソコン用CPUの高速化とブロードバンド[広帯域,《意訳》高速大容量]ネットワーキングのおかげで ◆A growing number of people think that... ますます多くの人たちが～であると考えるようになっている ◆despite growing concern about huge deficits 莫大な赤字に対する懸念の高まりにもかかわらず ◆in the light of the growing threat posed by missiles of increasing range and accuracy ます射程が長距離化しかつ(着弾)精度が上がってきているミサイルがもたらす,ますます大きくなってきている脅威に鑑みて

**grown** growの過去分詞; adj. 成長した,《植》生長した,生育した,成人した,大人の,成熟した ◆her two grown sons 彼女の成人した息子二人

**-grown** ～の生えた[茂った],-栽培[生産]の,-産の,-製の ◆a moss-grown gate 苔の生えている[苔むしている]門 ◆my homegrown [home-grown] eggplants 私の自宅で育てた[自家栽培の]ナス

**growth** 回成長,発展,発達,発育,成育,育成,栽培,培養,増殖; (a)～伸び[成長,伸長,増加](率),増大; a～(身体にできる)良性/悪性の)新生物,腫瘍 ◆during growth 成長[増殖]中に ◆a growth industry 成長産業 ◆growth stocks 成長株 ◆growth limits; the limits of growth 成長[増加]の限界[限度] ◆industrial growth 工業成長 ◆a mold-growth inhibitor かびの増殖[成長]防止剤 ◆they exhibit high growth それらは高い成長率を示す ◆they exhibit high growth rates それらは高い成長率[伸び率]を示す ◆achieve stable growth 安定成長を達成する ◆a fast-growth area 急成長[急伸長]分野 ◆an average annual growth rate of 2.7 percent 2.7パーセントの年平均伸び率 ◆a negative growth rate of 5.4 percent 5.4％のマイナス成長率 ◆a period of stable growth 安定成長期 ◆areas undergoing rapid growth 急成長しつつある分野[地域,部位] ◆as a potential growth center in Asia アジアの潜在的成長センターとして ◆despite the rapid growth of computer networks コンピュータネットワークが急伸張[急伸長]しているにもかかわらず(*品詞をねじって訳してある) ◆display growth 成長を示す ◆due to significant growth in demand for... ～の大幅な需要の伸び[高まり]のために;～の需要が大幅に伸びている[伸びた]ので ◆enjoy [experience] high growth (製品など)が高伸張[高伸張]する;～は高い伸びを示している[大増張している] ◆experience significant growth 《直訳》大幅な成長を経験する;《意訳》著しく成長する[～の伸びは著しい] ◆growth occurs 成長が起きる ◆in all stages of growth 成長の全段階において ◆inhibit the growth of bacteria バクテリアの増殖を抑制する ◆its days of high growth are over それらの高度成長期[高成長時代]は終わった ◆promote the growth of... ～の成長[発育,生育,成長,生長,増殖]を促す[促進する] ◆propel [boost, coax, pressure, prod, push, spur]... into rapid growth ～を急[急成長]させる(*動詞それぞれに違ったニュアンスはあるが) ◆ride a wave of growth; ride a growth wave 成長の波に乗る ◆stop the growth of... ～の成長を止める ◆sustain growth 成長を持続させる ◆the company has been on a growth path ever since 同社はその後ずっと成長基調にある ◆the phenomenal growth in the use of portable and mobile phones 携帯電話および移動[自動車]電話の利用の驚異的な伸び ◆today's slow-growth economy 今日の低成長経済 ◆to foster continued growth 続伸[《意訳》引き続き成長]を促す ◆turn [revert, return] to a growth pattern (経済などが)成長パターンに転じる[戻る,《意訳》回復する] ◆The Limits to Growth 成長の限界 (*1972年にthe Club of Rome = ローマクラブが発表した報告書のタイトル名) ◆a company's growth prospects 会社の成長性 ◆a stock's growth potential ある株の成長性 ◆the country's potential for growth この国の成長の可能性[成長性] ◆in order to remove cancerous growths in the rectum 直腸の癌腫瘍を除去するために ◆report [chalk up, post] double-digit growth 2桁の成長[2ケタの伸び]を報告[計上]する ◆the sector seems to be hitting a growth ceiling この部門は成長の限界に達して[頭打ちになって]いるようだ ◆to promote the growth of entrepreneurship 起業家精神を伸ばすために;起業家精神の涵養(カンヨウ)を図るために ◆we are going back to very sluggish growth 我々は極めて鈍い[伸びに悩み状態]に舞戻りつつある ◆investigate the growth of gallium arsenide and gallium antimonide crystals ガリウム砒素の結晶とアンチモン化ガリウムの結晶の成長について研究する ◆the explosive growth of small companies (700,000 last year vs. 90,000 in 1950) 小企業の爆発的増加(1950年の90,000社に対して昨年の700,000社) ◆a $7 million investment that executives hope will spur the company into rapid growth 会社を急成長に駆り立ててくれるものと経営幹部が期待をかけている700万ドルの投資 ◆it caused the company to achieve substantial growth in the 1990s それは1990年代に会社を大きく成長させるもととなった ◆no growth occurs during this period この期間では成長が全く見られない ◆the fast growth this market is enjoying right now この市場が目下経験している[この市場の現在の]急激な成長 ◆a stable growth company that will chug along even if the economy doesn't 経済が停滞してさえも(エンジン音をたてながら)前進するであろう安定成長企業 ◆The prevention of growth of this microorganism is best accomplished by...ing この微生物の増殖の防止が最もよく達成されるのは[を増やさないようにする一番の方法は]～することである. ◆Bank stocks slipped in 1994, after a long period of high growth. 銀行株は,長期高度成長の後,1994年に下落した. ◆Growth in 1986 is expected to swell to 3％. 1986年の成長率は3％に増大することが見込まれる. ◆In the '60s, the industry entered a high-growth period. 1960年代に,この業界は高度成長期に入った[を迎えた]. ◆Most manufacturing sectors will enjoy [experience] positive growth. ほとんどの製造部門はプラス成長になるだろう. ◆San Bernardino is ready to ride the crest of unprecedented growth. サン・バーナーディノは空前の成長の波に乗る用意ができている. ◆The economy is expected to enjoy solid growth over the next 2 years. 経済は今後2年間にわたり堅調に成長する[伸びる,伸長する,《意訳》拡大する]ものとみられている. ◆This is an area where future growth is expected to be high. これは,将来成長が高いとみられている[《意訳》今後の成長が大いに期待される]分野である. ◆There has been a growth in the use of computers by nonspecialists. 専門家でない人によるコンピュータの使用が増えてきている. ◆The industry is going to experience single-digit rather than double-digit growth, at least for the next term. この業界は,少なくとも次期については2ケタ[2桁]台ではなく1ケタ[1桁]台の成長[伸び](率)で推移することになるだろう. ◆Telecommunications has become one of the liveliest and most competitive growth industries in the world, virtually exploding with new products, services and demand. 電気通信は,世界で最も活気がありかつ最も競争の激しい成長産業の一つになり,新製品や新サービスや新規需要でほとんど爆発的ともいえる成長を続けている.

**grumble** v. 不平を言う[鳴らす,かこつ],愚痴をこぼす,ぼやく,こぼす,ぶつぶつ言う<at, about, over>,〈雷など〉がゴロゴロいう[轟く(トドロク)]; a～ぼやき,愚痴,不平,文句; (a)～雷などのゴロゴロ鳴る音 ◆grumble [complain] about taxes 税金のことでぐちをいう[こぼす,ぼやく]

**grungy** adj. 汚い,不潔な,汚くて臭い,垢やススで汚れた,ひどい状態の,だらしない ◆a grungy apartment [flat] うじでもわきそうな不潔なアパート;むさ苦しいマンション

**GSDF** (Ground Self-Defense Force) the ～ (日)陸上自衛隊

**GSP** (Generalized System of Preferences) the ～ 一般特恵関税制度

**GSTN** (general switched telephone network) a ～ 一般交換電話網

**GT** (grand touring) a ～ グランドツーリング車 ◆a high-performance GT 高性能グランドツーリング車

**GTO** a ～ (pl. GTOs) (= a gate turnoff device, a GTO thyristor) 《半導》ゲート・ターンオフ・サイリスタ

**guarantee** 1 a ～ (製品などの)保証,保証書,保証人(= a guarantor),保証を受ける人,ある状態や結果になることを保

証してくれるもの, 担保(物件) ◆a guarantee card 保証書 ◆be still under guarantee （製品が）まだ保証が効いている ◆give an employment guarantee notice to five students 学生5人に就職内定通知を出す ◆offer a guarantee of privacy to... 〈人〉にプライバシーを保証する ◆secure a guarantee of support from top management 経営首脳の支持の約束を取り付ける ◆since there is no guarantee that... ～という保証がないので ◆because of the lack of (a) guarantee from Canadian exporters that they could meet shipment requirements カナダの輸出業者から船積み要件を満たせるという旨の保証が（得られ）なかったために ◆It carries a money-back guarantee. それには, 払い戻し保証が付いている. ◆The company provides a one-year guarantee on its software. この会社は, 自社のソフトに1年保証をつけている. ◆There are no guarantees that the superconducting supercollider will yield practical results anytime soon. 超伝導超大型粒子加速器が（建設されたとしても）, 今すぐにでも実際に役立つ成果をあげてくれるという保証はどこにも無い.

**2** vt. ～を保証する, 請け負う, 約束する <that, to do> ◆guaranteed performance 保証性能; 保証値 ◆guaranteed performance characteristics 保証性能特性 ◆deliver guaranteed performance values regardless of... ～にかかわらず保証性能値を発揮する ◆Satisfaction guaranteed! 《広告》ご満足いただけること請け合います. ◆guarantee a bit-error rate of less than one in 10 million 1000万ビットにつき1個未満という（低い）ビットエラー率を保証する ◆guaranteed with our industry-leading 18-month warranty 弊社の業界随一を誇る18カ月保証で保証されている ◆the laser has a guaranteed relative intensity noise of -160 dB/Hz そのレーザーは, -160dB/Hzの相対強度ノイズが保証されている ◆Being thrifty now guarantees financial security later on. 今節約することにより後々に経済的安全が約束される. ◆It is guaranteed for three years against any damage. それには, 損傷の種類を問わず3年保証が付いています. ◆We guarantee that you will be happy with the products you receive from us. 弊社からお届けする商品に, 必ずやお客様にご満足いただけることを保証します［請け合います］. ◆Neither the publisher nor the author guarantees the accuracy of any information published herein. 発行者および著者双方とも, この出版物中に掲載のいずれの情報についても正確であると保証するものではありません.（＊「内容には万全を期していますが, 誤り等ありましても責任は負いかねます」という意） ◆The error checking system guarantees that all data is transferred with 100% accuracy. エラー検査システムは, すべてのデータが100％正確に転送されることを保証する. ◆We need to build a new bridge because the current one cannot be guaranteed as safe. 現在の橋の安全性が保証されないので, 新しい橋を建設する必要がある.

**guarantor** a～ 保証人, 担保人, 保証団体［協会］, 保証制度
**guaranty** a～ 保証(書)（＊本人が義務や債務を履行しない場合, 本人に代わって責任を取る旨の）; a～ 保証人, 保証物件, 保証人; vt. = guarantee
**guard 1** a～ ガードマン, 警備員, 番人, 看守, 警備物［装置］, 保安装置, 危険防止カバー,《車》泥除け［防護柵, 守護, 警備, 警戒, 見張り, 監視, 防御の構え［体勢］ ◆stand [mount] guard over ～を護衛［警護］する, ～を見張る［警備する］ ◆keep guard over ～を見張る ◆lower one's guard (against...) （～に対する）警戒（心）を緩める ◆There's a changing of the guard afoot. 衛兵の交替が進行中である. ◆We obviously have to raise our guard against terrorism. 我々は当然テロに対して警戒（心）を高める必要がある. ◆Keep your guard up when dealing with people who may have ulterior motives. 下心のありそうな人とつき合う［と関わり合う, を相手にする］場合は警戒を怠らないこと.
**2** vt. ～を（～から）守る［防護する, 保護する, 護衛する］ <against, from>, ～を見張る, 監視する, 警戒する, 警備する, ～の番をする に危険防止［安全確保］のための装備を施す; vi. （～に）気をつける <against>, 警戒する ▶guard は, 一般の英和辞典に出ていないが「防止する」とか「防ぐ」とも訳せる場合がある. ◆guard against corrosion 腐食から守る ◆to guard [protect] against inflation インフレに対する防衛のために; インフレに対応するために ◆a well-guarded site 警備の厳重な現場 ◆guard against possible engine damage エンジンが損傷しないよう用心する ◆to guard against a sudden stock market plunge 不意の株式相場［《意訳》株価］の急落に備えるために ◆use passwords to guard access to sensitive files 重要ファイルへの侵入を防ぐためにパスワードを使う ◆a piano with a built-in heating element to guard against warp 反り防止のための内蔵ヒーター付きピアノ ◆guard against radiation emission and glare with a CRT filter CRTフィルターによって, 放射線の放射とギラツキを防止する
**off (one's) guard** 油断して, 気を許して, 必要な警戒・注意を怠って ◆It apparently caught...off guard. それは,〈人〉の不意［虚］（きょ）をついたかのように見えた.
**on (one's) guard** 警戒して, 見張って, 用心して, 気をつけて, 警備して, 歩哨に立って <against>

**guarded** adj. 防護［監視］されている, 慎重な ◆express [voice] guarded optimism about [on, over]... ～について慎重［用心深い］ながらも楽観論を表明する
**guardian** a～ 保護者,（＊児童・生徒の保護者という意味での）父兄［親兄弟, 親御さん］（のどなたか）, 守護者, 保管者, 管財者, 後見人 ◆the parent, guardian or other person legally responsible for the care or custody of a child 子どもの世話または保護をする法的な責任を負っている親, 後見人［保護者, 監督者］, あるいはその他の人
**guess 1** vt.（あてずっぽうに言って）当てる, 推量する, 推測する, 推定する, 忖度（ソンタク）する, 多分～と思う, ～と思う, 信じる; vi.（～を）当ててみようとする, 推量する <at> ◆Is she coming? – I guess so. 彼女は来るのか. – 多分そうだと思います.
**2** a～ 推量, 推測, 憶測 ◆at a guess 当て推量［当てずっぽう］で ◆at a rough guess おおざっぱに［ざっと］見積もって, 概算で ◆take a guess at... ～を（言い）当てて見ようとする ◆make a wild guess 当て推量する ◆Your guess is as good as mine. 君と同様, 私にも分かりません. ◆make educated guesses 知識や経験に基づく推測［推量, 憶測］をする ◆My guess is that... 私の想像するところ, ～のようです. ◆Some guesses go as high as $60 million. 中には6000万ドルにもよるといった目算もある.
**anybody's guess** 誰にも分からないこと ◆It's anybody's guess. それは誰にも分からない.（= no one knows） ◆It is still anybody's guess. それは依然として誰にも予想がつかない［予断を許さない］. ◆The outcome of this game will be anybody's guess right to the end. このゲームの結果は, 最後の最後まで誰にも予想がつかないだろう.
**guesstimate** v. 当て推量する（guess -estimate）; a～ 当て推量, 揣摩憶測（シマオクソク）<about>
**guesswork** 当て推量, 当てずっぽう ◆by (pure) guess-work （全くの）当て推量［当てずっぽう］で ◆there's no longer a need for guesswork 当て推量をする必要はもうない ◆The tester was designed to eliminate guesswork for any repair technician dealing with modem-terminal interfacing and troubleshooting. この試験装置は, モデムと端末の接続や障害探索に携わる修理技術者の誰もが勘にたよる必要がなくなるように設計している.
**guest** a～ 客, 客人, 来客, 来賓, 訪問客, 賓客,（ホテルの）宿泊［泊り］客,（レストランなどの）客, 共生［共棲］動物,（ラジオ, テレビ番組の）特別出演者, ゲスト; adj. 客用の, ゲスト出演の, 客員の; vt. もてなす; vi. ゲスト出演する ◆a guest of honor （ディナー, パーティーなどの中心の客）正客（ショウキャク）, 主賓,（招待されて同席の）来賓, 貴賓 ◆attend... in the capacity of a guest; attend... in one's capacity as a guest ～に客［資分, 来賓］として出席［列席, 参加］する ◆foreign guest workers 外国人労働者 ◆guest commentators ゲスト解説者 ◆appear as a (special [featured]) guest (artist [musician, performer, etc.]) (on〈ショー, 作品〉with <共演相手・グループ>) ～にゲスト出演する（＊specialやfeaturedがあれば「～

にスペシャルゲストとして出演する」）◆appear as a guest commentary [a guest editorial piece] ゲスト論説記事として載る；客員論説委員として執筆する ◆Mr. Yeltsin and his wife, Naina, will stay at the presidential guest residence, Blair House, rather than at the Russian Embassy. エリツィン氏とナイナ夫人はロシア大使館ではなく大統領専用の迎賓館であるブレアハウスに滞在することになっている.

**guest book** a～ゲストブック，（御）芳名帳，来客［来賓，招待］名簿，宿帳 ◆Please sign [add to, leave your message on, enter your message for] our guest book. 《コンピュ》ゲストブックに記帳して［書き込んで，メッセージを登録して］（いって）ください.

**GUI** "グーイ"と発音. (graphical user interface) a～(pl. GUIs, GUI's) 《コンピュ》GUI，グラフィカルユーザーインターフェース（＊画面上の絵文字を介してコンピュータと対話するもの）

**guidance** 案内，指導，薫陶（クントウ），手引き，誘導，引率，誘導装置，《学校》ガイダンス，カウンセリング，学生指導，教育指導，就職［職業］指導 ◆seek guidance from... 〈人〉の指導を乞う［請う，仰ぐ］◆conduct hands-on guidance on product usage 製品の使い方に関する実践指導を行う ◆give him guidance on... 彼に～について指導する ◆offer hands-on guidance for improving... ～を改善するための実践指導を行う［施す］◆provide guidance on the use of... ～の使い方［利用法］の指導をする ◆seek guidance on the choice of... ～の選択に関して指導を仰ぐ ◆turn to a person for guidance 〈人〉の指導を仰ぐ ◆under his guidance 彼の指導のもとで ◆under the guidance of... ～の指導のもとで ◆young people in need of guidance 指導を必要としている少年少女たち ◆be under radio guidance 無線誘導を受けている ◆provide entrepreneurs with guidance in developing their plans 起業家たちに計画の立て方の指導をする ◆For guidance, the following are the largest amounts recommended to be processed at one time: 参考までに，以下に推奨されている1回当たりの最大処理量です.

**guide** 1 vt. ～を（道）案内する，引率する，導く，先導する，指導する，誘導する，手引する ◆a guided field trip （説明）ガイド付きの見学 ◆a guided missile 誘導ミサイル，誘導弾 ◆guide the saw along a penciled line 鉛筆で引かれた線に沿ってのこぎりを導く ◆guide...to success ～を成功に導く ◆laser-guided weaponry レーザー誘導式の兵器類 ◆an airplane guided by radio signals 無線誘導されている飛行機 ◆guide children across the road 子供が道路を横断するのを誘導してやる ◆use cartoon characters to guide novices through word processing and electronic mail 漫画のキャラクターを使って初心者にワープロ文書作成や電子メールのしかたを（順序だって）教え導く［指導する，指南する］◆Murray was a guiding force in this compilation. マリー［マーレー］はこの編纂（作業）での指導力であった. ◆If you like to fly fish or want to know about, we'll be more than glad to guide you along. フライ・フィッシングをやってみたいとかもっと知りたいという方に，喜んでご案内申し上げます. ◆The markings are intended to guide traffic away from the obstructions. これらの道路表示は，車の流れを障害物から離すよう誘導するためのものである. ◆The exploded-view drawing at the beginning of each chapter will guide you in getting to know your car. 各章の冒頭の分解組み立て図面は，（あなたの）車について知るための案内役を務めます.

2 a～（観光）ガイド，（道）案内人，先達（センダツ），指導者，案内書，入門書，手引き書，指南書，ガイドブック，便覧（ビンラン，ベンラン），指針，方針，（動くものが軌道から外れるのを防止する ためのもの）誘導装置，導子，案内，すらせ，すべり金，ガイド ◆a dog guide: a guide dog 盲導犬 ◆a guide rail ガイドレール（＊戸や窓の）◆guide vanes （複数形での）（タービンなどの）ガイドベーン；案内羽根［翼］；誘導羽根 ◆an operating guide; a guide to operations 操作ガイド［手引き，説明書］◆inlet guide vanes 〈コンプレッサやファンなどの〉前部静翼，《ジェットエンジンなどの》入口案内翼，入口誘導翼列 ◆a guide dog

for the hearing impaired 聴導犬 ◆a comprehensive reference guide 総合参考便覧；総覧 ◆an excellent self-teaching guide for beginners 初心者向けの優れた独学［独習，自修，自習］手引き書 ◆Computer User's Guide to Electronics 「コンピュータユーザーのためのエレクトロニクス入門書」◆With nothing but gut instinct as my guide, I'm... 直感［直観，勘，予感，第六感，虫の知らせ］だけを頼りに，私は～ ◆Xerox 9200 Operator Reference Guide 「ゼロックス9200オペレータ リファレンス ガイド」（＊取扱説明書のタイトル）◆As a guide, take approximately 15 seconds to reach 50 km/h. 目安［めど］として，15秒ほどかけて時速50キロまであげるようにしてください. ◆With these documents as a guide, the City is preparing the draft. これらの文書を参考にして［参照して］，市はこの草案［設計図］を作成しているところです. ◆Dial readings (zero to 100) serve as a guide for repeating jobs. ダイヤルの読取値（0から100）は，反復作業をする場合に目安になる.

**guidebook** a～ガイドブック，旅行［観光］案内書，手引き書，便覧，ハンドブック，マニュアル

**guideline** a～〈on〉（～の）ガイドライン，基本線，基準，目安，目標，指導方針，指針，指導基準；～s 細則，綱領，規則，規範，《学会の》会告；a～（足場の悪い所でつかまるために張ってある）案内［誘導］ロープ，なぞる［たどる，そろえる］ための線 ◆as a guideline ガイドライン［基準］として；（意訳）目安［原則，めど］として ◆comply with safety guidelines 安全基準に従う［に準拠する，を遵守する］◆draw up guidelines for... ～のための指針［ガイドライン］を策定する ◆guideline values for contaminants in soils 土壌中の汚染物質の基準値 ◆heed the following guidelines 以下の指導方針に従う ◆in accordance with guideline specifications 基準仕様に従って ◆American Fertility Society: New guidelines for the use of semen donor insemination 《意訳》米国生殖学会：「夫以外の提供精子による人工授精の手法を用いる場合の新しいガイドライン［会告］◆be manufactured to the U.S. Energy Star guidelines 《コンピュ》米国エネルギースター基準に沿って製造されている ◆develop [establish] guidelines along which practice and competition can be conducted with safety 練習や試合が安全に行えるようにするための指導基準をつくる［制定する］◆ Here is a list of guidelines to be followed by volunteers when...ing 以下は，～する際にボランティアの方々に従っていただくガイドライン［指針］を列挙した［書き出した］ものです. ◆Past experiences provide a good guideline for the future. 過去の経験［《意訳》知見］が，これから先のよき道しるべ［道案内，今後の基準］となる. ◆The morals taught in the New Testament are fairly clear guidelines along which a person should center his life. 新約聖書の教訓［箴言］は，人の生き方の中心に据えるべきかなり明確な道徳規準である.

**guide number** a～《写真》ガイドナンバー（＊ストロボやフラッシュバルブの光量を示す）

**guideway** a～ガイドウェイ，案内走行路，軌道，滑り（案内）面，ガイド溝 ◆a linear-motion guideway 直線運動ガイドウェイ；直動軌道［案内面，滑り面］

**guilt** 法的あるいは倫理的に罪を犯していること［有罪性］(culpability)，罪の意識［自責の念，後ろめたさ，やましさ，気がとがめること］，良心がとがめる行為［罪，犯罪］

**guilty** adj. （道徳的，または法律上）罪を犯した［罪になる］，有罪の，罪になる，やましい，後ろめたい ◆be found guilty of... ～（の罪）で有罪と判決される ◆Have you ever felt guilty about your drinking? 自分の飲酒について，罪悪感を覚えた［《意訳》嫌悪感を抱いた］ことがありますか. ◆He issued a statement to the effect that the jury hadn't found O.J. Simpson innocent, merely not guilty. 彼は，陪審員団はO.J.シンプソンを無実だと判定したのではなく，単に無罪だという評決を下したまでなのだという趣旨の声明を出した.（＊「無罪」になっても実は「無実」ではないかもしれない）

**feel guilty** 申し訳なく思う，（相手に対して）悪いなと思う［すまない気がする］，うしろめたく感じる，気がとがめる，罪悪感を覚える ◆feel guilty for having offended... ～の気分を害してしまって悪かったと感じている ◆Stop feeling [Don't feel]

**guinea pig**

guilty. 罪悪感を持つのはやめなさい。 ◆there is no reason to feel guilty すまないと[悪いなあと, 恐縮に]感じる必要はない ◆she said she felt guilty about lying 彼女はうそをついて悪かったと言った

**guinea pig** a〜 テンジクネズミ, 《俗称》モルモット(= a cavy)(*a marmot と外見は多少似ているが全く別の動物), 実験台[実験材料, モルモット]になる人 ◆act as a person's guinea pig 〈人〉の実験台になる ◆use a person as a guinea pig for an experiment 〈人〉を実験のモルモット[実験台, 実験材料]にする

**guise** a〜 外見, 外観, 服装, 身なり, 装い, 仮装, 変装, 扮装, 見せかけ, 振り ◆in the guise of a policeman 警官の格好[なり]をして ◆in [under] the guise of friendship 友情を装って ◆the same old ideas in a new guise 装いを新たにしただけで何にも変わっていない古い考え ◆a modular car that can be transformed into various guises いろいろな姿に変身できるモジュラーカー(*玩具の話)

**guitar** a〜 ギター ◆learn to play the electric guitar エレキ[電気]ギター(の弾き方)を習う

**gulf** a〜 湾; a〜(地表の)深い割れ目,(意見や世代間の)大きな隔たり[ギャップ, 隔絶] ◆the Gulf Cooperation Council 湾岸協力会議(*バーレン, クウェート, オーマン, カタール, サウジアラビア, アラブ首長国連合から成る) ◆after the Gulf war against Iraq 対イラク湾岸戦争の後で ◆in the Gulf of Mexico メキシコ湾に[の] ◆in the Gulf of Tonkin; in the Tonkin Gulf (ベトナムの)トンキン湾(内)で

**Gulliver** ◆Jonathan Swift's "Gulliver's Travels" ジョナサン・スウィフトの『ガリバー旅行記』

**gull-wing** かもめが翼を広げた格好['で], ガルウィング型の ◆a gull-wing aircraft かもめ型翼機; ガル翼機 ◆a gull-wing sports car ガルウィング付きスポーツカー ◆a gull-wing doors 《車》ガルウィングドア(*ヒンジがドアのルーフ側に付いていて, ドアを上にはねあげるとちょうどカモメが翼を広げた格好に開く)

**gulp** 1 a〜 飲み下すこと, 一口[杯]の分量, 飲み下す音 ◆a [one] gulp 一飲みで, 一気に, 一口で ◆drink [swallow]... at a gulp 〜を一気飲みする

2 〜を飲み下す, ぐいと飲み込む, ゴクゴク[グイグイ]飲む,(食事などを)かっ込む<down>〈こみ上げる涙, 怒りなど〉をぐっと飲み込む<back, down>; vi. ぐい呑みする, あおる,(驚くなどして)はっと息をのむ ◆drink water with loud gulping noises 水をゴクゴクと大きな音をたてて飲む ◆gas-gulping habits ガソリンを湯水のように使う習慣

**gum** 1 ゴム, ガム, ゴム質,(木が分泌する)乳液, 樹液, 樹脂, 生ゴム, アラビア糊(ノリ), 歯の裏に塗布している)糊 ◆flexible pure gum rubber tubing 柔軟な純粋ゴム製のゴム管 ◆gum arabic アラビアゴム

2 vt. 〜にゴムを引く[塗布する], ゴムで接着する; vi. ゴム質になる, ねばねばしたゴム様物質になる, べとべとになって詰まる ◆(a) gummed tape ガムテープ, 粘着テープ ◆remove gummed oil and dirt べとべとにこびりついている油と汚れを除去する

3 《通例〜s》歯茎(ハグキ), 歯肉(シニク), 歯銀(シギン)

**gummy** adj. ねばねばする, べたつく, 粘着性の, ゴム質の, ゴム引きの, ゴム様[樹液]を分泌する ◆a gummy by-product ねばねばした副生成物

**gumption** 《口》やる気, 進取の気象[気性], 覇気, 積極性, ガッツ, イニシアチブ, 常識, 知恵, 脳みそ, 頭, 抜け目のなさ, 機知 ◆have a lot of gumption 非常に実際的な頭をしている, 実務的な才能を非常に持っている ◆have the gumption to <do> 〜するだけの頭[脳]がある ◆it takes a lot of gumption to <do> 〜するには相当根性[覇気]が要る

**gun** 1 a〜 火砲, 大砲, 鉄砲, 鉄砲, 銃砲, 銃, 銃砲, 拳銃, ピストル,(噴出)ノズル, 噴霧器, 吹き付け塗装器, スプレーヤー,(ブラウン管の)電子銃,(礼砲の)発砲,(合図の)号砲, 発砲音, 発砲音, 殺し屋 ◆gun-control laws 銃規制法 ◆a gun fancier ガンマニア[拳銃愛好家] ◆gunmen without guns 丸腰の[拳銃使い]たち

2 vt. 〜を銃で撃つ,〈エンジン〉を急激にふかす,〈自動車〉を急加速させる; vi. 銃で猟をする ◆he gunned her down at point-blank range 彼は彼女を至近距離から撃ち倒した(*生死は, この時点ではまだ不明)

**gun for** 真剣に〜を獲得しようと努める, 殺傷しようと〈人〉を狙う ◆gun for a front-running position in the coming generation of workstations 次世代ワークステーションで先頭に立つことを目指す

**gunk** 口 粘性の[粘る, ぬるぬるした, べとべとした, どろどろした, ぎとぎとした]べたつく ◆Is your sales system clogged with accumulated gunk? あなたの会社の販売体制は蓄積した垢で詰まっていませんか? ◆Most drainage pipes, over time, accumulate layers of gunk that clog up the system. 配水管はほぼ例外なく, 長い間に, 系統を詰まらせるぬるぬるとした垢が幾重にも蓄積していきます。

**gunmetal, gun metal** 砲金

**Gunn** ◆a Gunn diode ガンダイオード(*ガン効果を応用した極超短波発振用ダイオード) ◆the Gunn effect 《電子》ガン効果(*n 型ガリウムひ素などの半導体に臨界電圧以上の一定電圧を印加するとマイクロウェーブ帯で発振を起こす現象, 1963年に英国の J. B. Gunn が最初に実験により実証した)

**gunshot** 〜発射された弾丸; a〜 射撃, 発砲, 発射, 砲撃; a〜 射撃[発砲, 発射, 砲撃]の音;〈着弾距離, 射程(距離)〉 ◆Police said he died of a self-inflicted gunshot wound. 警察は, 彼は自ら[自分]を撃ってできた傷[銃創]が原因で死亡したと発表した。

**guru** a〜(特にヒンズー教の)導師,《口》(コンピュータなど特定分野の)大家(タイカ), 権威者 ◆a guiding guru 指導者[導師] ◆a veteran computer guru コンピュータの大家[ベテラン] ◆the arrest of Shoko Asahara, guru of the Aum Shinri Kyo cult オウム真理教集団の尊師である麻原彰晃の逮捕

**gush** (v. ほとばしる, どっと噴き出る[噴出する], 〜について)とうとうとうまくし立てる[堰を切ったようにしゃべりまくる]<over>; (a)〜(液体・言葉・感情の)ほとばしり, どっと吹き出ること, 噴出 ◆the gushing of water from... into... 水が〜から〜内に噴出する[奔出(ホンシュツ)する, ほとばしり出る]こと ◆Amtrak officials gushed over the new high-speed rail promised to trim hours off the trip to New York. アムトラック関係者は, ニューヨークまでの所要時間を何時間も短縮することを約束する新しい高速鉄道について, とうとうとうまくし立てた。 ◆There's life on the floors of the oceans, making use of the chemicals gushing out of volcanic vents. 海底に, 火山から湧き出る[火山の熱水噴出孔から湧出する]化学物質を利用している生物がいる。

**gust** a〜 突風, 一陣の風; a〜(感情の)激発 ◆a wind gust; a gust of wind; a sudden gust of wind 突風 ◆s wind envelope (制限)突風包囲線(*航空機の突風荷重に対する安全な飛行の限界を示す)

**gusto** 口 心からの喜び, 熱意(zest); a〜(pl. gustoes)《古》味, 風味 ◆the audience had applauded him with gusto 観客は歓喜して彼に拍手喝采を送った

**gut** 1 a〜(特に胃より下の)消化管, 腸管,(腸で作った糸)ガット, 腸線,《俗》腹,(釣り糸の)てぐす; 〜s 臓物, 臓腑, はらわた, わた,(機械的)内部機構, 中身; 〜s ガッツ,(ど)根性, やる気, 骨, 気概, 気骨, 度胸, 勇気, 勇猛心, ど太い神経 ◆have the guts to <do> 〈口〉〜する度胸がある ◆It really took guts to <do> 〈口〉〜するには実に勇気がいった。

2 adj. 本質的な, 重大な; 本能的な, 直感的な, 直観的な, 感情的な, 腹の底の ◆a gut feeling 直感; 第六感 ◆rely on [go by, go with] gut instinct to <do> 〜の直感[直観, 勘, 第六感]に頼る ◆My immediate gut reaction was to refuse. 断ろうと, すぐに直感で思った。

3 vt. 〜のはらわたを抜く,〈家屋, 車など〉の内部を焼き尽くす[破壊する] ◆gut a bill 法案を骨抜きにする ◆gut one's ability to <do...> 〜する能力を削ぐ ◆gut the military 軍を骨抜きにさせる[骨抜きにする, 弱体化させる] ◆Fire gutted the whole building. [The whole building was gutted by fire.] 火事で建物が全焼した。

**gutless** adj. 《口》腑抜けな、ガッツのない、度胸がない、いくじがない、不甲斐ない、臆病な、小心な、小胆な、腰抜けの ◆a gutless coward 腑抜けな[意気地なしの、根性なしの、度胸のない]臆病者

**gutta-percha** ガタパチャ、グタペルカ(*ゴム質樹脂液を乾燥したもの。カメラやレンズの滑べり止め、電気絶縁材料、歯科用セメントなどに使用)

**gutter** a~(屋根の)樋(トイ)、雨樋、(道路の)側溝、排水溝、街渠(ガイキョ)、(ボーリングレーンの両脇の溝のうちの一つ)ガター; 《製本》のどアキ(*左右頁間の余白)、《印刷》のど木(*のど空きを作るための); the~ どん底生活、貧民窟

**gut-wrenching** adj. はらわたがちぎれん[《意訳》心が張り裂けん]ばかりの、断腸の思いの、苦悩に満ちた ◆feel deep, gut-wrenching sadness はらわたがちぎれん[《意訳》心が張り裂けん]ばかりの深い悲しみを覚える ◆vividly convey to visitors gut-wrenching feelings about the war and its times 来館者に、同戦争とその時代について、はらわたがちぎれるほどつらく悲しい[断腸の]思いを生々しく伝える

**guy** 1 a~《口》男、奴、あいつ、奴(ヤッコ)さん; ~s (男女を問わず)人たち、連中、やつら、あいつら、こいつら; vt. 《口》~をあざ笑う、からかう、ひやかす ◆a fight [struggle] between good guys and bad guys 善玉と悪玉の戦い[闘争] ◆an oversimplified film with a paparazzi in the role of the bad guy and an everyday guy as the nice guy パパラッチ[有名人追っかけカメラマン]を悪玉役に、そして普通の人を善玉というふうに過度に単純化した構図の映画(*イタリア語ではpaparazziはpaparazzoの複数形)
2 a~ 支え線、支線、控え網、張り網、(クレーンで吊り下げた荷を安定させる)介錯(カイシャク)ロープ、(起重機のマストなどを支える)トラ綱、ガイ; vt. ~をロープ[網]で引っ張って支える[安定させる、所定の位置に誘導する] ◆guy wires supporting utility poles 電柱を支えている支線[支持線] ◆Check and tighten guy wires. 支線[控え網、支持線、支持線]を点検して(ぴんと張るように)引き締めること。

**guyot** a~(深海の)平頂[卓状]海山、ギョー

**guzzle** vt. vi. がぶ飲みする、《まれに》がつがつ食う

**guzzler** a~がぶ飲みする人、《まれに》がつがつ食う人 ◆a gas guzzler [gas-guzzler] 不経済車、燃費の悪い車

**GVHD** (graft-versus-host disease) 移植片対宿主病

**gym** a~《口》体育館[ジム](a gymnasium); 《口》体操(gymnastics)、体育(physical education) ◆home gym equipment 家庭用エクササイズ機器(*健康器具)

**gymnasium** a~ジム、体育館、屋内競技場、(欧州大陸各国の)高校、(特にドイツの)大学進学高校

**gymnastic** adj. 体操の ◆~《複扱い》(器械)体操、《単扱い》(学科としての)体育[体操] ◆the FIG (International Federation of Gymnastics) 国際体操連盟 *略語形は(仏)Federation Internationale de Gymnastiqueから

**gynecology, gynaecology** 《後者は英綴り》婦人科医学、婦人科 ◆the Department of Obstetrics and Gynecology at... 〈病院〉の産婦人科

**gypsum** 石膏(セッコウ)、ギプス ◆a gypsum-board wall 石膏ボード壁

**gypsy** a~ジプシー、放浪者; adj. 個人営業の、正式な許可をとってない、もぐり営業の ◆a gypsy cab (電話呼出しがあった客のみを運ぶ免許しか持っていないのに)もぐりで流して客を拾うタクシー ◆gypsy parts 《車》《口》非純正部品

**gyrate** vi. (定点を中心に)旋回する、回転する

**gyration** (a)~ 回転、旋回、回転運動

**gyrocompass** a~ジャイロコンパス(=a gyroscopic compass)

**gyroscope** a~ジャイロスコープ ◆a piezoelectric vibrating [vibratory] gyroscope 圧電振動ジャイロスコープ[ジャイロ]

**gyroscopic** adj. ジャイロスコープの、ジャイロを応用した ◆a gyroscopic compass ジャイロコンパス(=a gyrocompass)

**gyrostabilizer** a~ジャイロスタビライザー、ジャイロ安定機(*外洋船、航空機の横揺れを防止する装置)

## H

**H** 1 水素(hydrogen)の元素記号
2 (henry)ヘンリー(*cgs単位系のインダクタンスの単位)
3 磁気の強さ(magnetic intensity)
4 (hard, hardness)鉛筆の芯の硬さ(*Hから9Hまでの段階である)

**Ha** ハーニウム(hahnium)の元素記号

**habit** (a)~癖、習慣、習性、性癖、たち、気質、性質、体質、常用癖、嗜癖(シヘキ)、常用している薬物、《化》晶癖; a~(特定の職業、階級、修道会の)衣服、乗馬服 ◆be in the habit of...-ing ~する癖がある、~する習慣がついている ◆from (force of) habit 惰性[習慣]で ◆from [out of] (sheer) habit (単なる)習慣で ◆get [fall] into bad habits; pick up bad habits 悪い癖がつく ◆make a habit of...-ing ~する癖をつける、~するのを習慣にする ◆make a habit of it それを習慣にする ◆break the habit 習慣をやめる、癖を直す ◆form [acquire, get into] good habits よい習慣を身につける ◆get [fall] into a habit 習慣がつく ◆stop [get out of, give up] a habit ある習慣をやめる[捨てる、断つ] ◆the work habits of the staff members これら職員らのいつもの仕事のやり方 ◆it has become a habit それが習慣になった ◆you must get out of the habit of...-ing 君は~する癖をやめなくちゃいけない ◆Form a habit of checking to see that... ~であることを確認する習慣をつけてください。 ◆We are all creatures of habits. 私たちは皆、習慣の動物[生き物]である。

**habitat** a~(生物の)環境、棲息環境、棲息地、生息場所、生育地、原生地、(水中など研究目的で長期間住むための)特殊居住環境 ◆habitat segregation <in, by, between> 《生物》(~同士の)棲み分け

**HABITAT, Habitat** the~ (the United Nations Center for Human Settlements [UNCHS]の通称)国連人間居住センター(*国連の機関) ◆the Habitat II: U.N. Conference for Human Settlements 国連主催の第2回人間居住会議(HABITAT II)(*1996年6月にイスタンブールで開かれた)

**habitation** 住むこと、居住; a~住まい、住居、住宅、住所、居住地 ◆an area mostly devoid of human habitation ほぼ全体にわたって人の住んでいない地域 ◆These ramshackle houses are not fit for human habitation. これらのガタガタの家屋は、人が住むのに適さない。

**habit-forming** adj. (酒、タバコ、薬物などが)依存性がある、常用すると中毒[依存症]になりがちな、習慣性の、嗜癖(シヘキ)性の ◆a habit-forming drama 病みつきになりそうなドラマ[番組] ◆some drugs can become habit-forming 薬の一部には、依存(症)を生むものもある ◆But it is kind of habit-forming. だけど、これは病みつきになりそうだ。

**habituation** 習慣性、習慣作用、習慣、慣れ、馴化(ジュンカ) ◆habituation, dishabituation and sensitization 《心理》馴化、脱馴化および感作作用 ◆The goal of the exercise is to determine whether habituation will occur. この機能試験の目的は、馴化[慣れ]が起きるかどうかを調べることである。

**HACCP** ハサップ、ハセップ、総合衛生管理製造過程、危機分析重点管理(制度)、危害分析重要管理点方式 ◆implement HACCP ハサップ[総合衛生管理(製造過程)、危害管理点方式、危機分析重点管理制度]を実施する ◆adopt a HACCP (Hazard Analysis and Critical Control Points) system 総合衛生管理製造過程システム[危機分析重点管理制度]を採用する(*もともとは宇宙食の安全性や部品の信頼性を高水準で保証するためにNASAが中心に開発。個々の製造工程から管理し記録を残す。)

**hack** 1 v. たたき切る、《俗》がまんする
2 a~三文文士、《老いぼれ馬 ◆a hack translator へぼ翻訳者

**hacker** a~ハッカー、(プログラミングが大好きな超優秀)コンピュータマニア、スーパー[天才]プログラマ、(官庁・研

究所・企業等のコンピュータに侵入する）コンピュータ気違い，侵入・破壊者，《中国語》黒客

**hacksaw, hack saw** a～弓鋸(ユミノコ)（＊金属切断用）

**had** 《have の過去，過去分詞形》◆Xxx and yyy can be had as options. Xxxとyyyはオプションとして手に入れることが［入手］できます。；《意訳》購入可能である。◆The project would have taken twice as long had it not been done by machine. このプロジェクトは，機械を使用しなかったならば倍長くかかっていただろう。

**hadal** 超深海の，超深海底の（＊水深6,500m以上の）◆a hadal zone 超深海帯（＊水深6,000～6,500mを超すもの）

**hafnium** ハフニウム（元素記号：Hf）

**haft** a～刀剣などの手で握る部分＝つか，柄；vt. ～に柄［つか］をつける◆the haft of a knife [razor] ナイフ［カミソリ］の柄◆the haft of a sword [dagger] 刀［短刀］の柄（ツカ）

**haggle** vi. 押し問答する，言い争う，口論する＜over, about＞，うるさく値切る＜over, for＞◆a no-haggle price 《米》正札値段◆haggle over the price of... ～の値段を粘り強く値切る◆As we know, the "sticker price" is almost always negotiable. By paying cash, you stand a good chance of being able to haggle and shave some dollars off the price. ご存じの通り，「値札の価格」はほとんどの場合交渉できます。現金で支払うなら，値切って値段をいくらか削減できる可能性大です。

**hahnium** ハーニウム（元素記号：Ha）

**hail 1** ①あられ，ひょう（▶ひょう［あられ］の一粒＝a piece [pellet] of hail, a hailstone）；a～＜of＞雨あられのような...；vi.《it hails》あられ［ひょう］が降る；vt. ～を（～に）雨あられと浴びせる＜on＞◆He died in a hail of bullets. 彼は，雨あられと飛ぶ弾丸［銃弾の雨］の中で死んだ。

**2** vt. 《人》を歓呼して迎える，《タクシー》を大声で呼び止める，大声で呼ぶ，～を（～と）称する［称える（トナエル）］，～を（～として）認める［評みて迎る］＜as＞；vi. ＜from＞《船など》が（～から）来ている，（～の）出で［出身で］ある；n. 呼び声，呼びかけ，あいさつ，歓呼◆come [get] within hailing distance ＜of＞［ごく近い距離！］に迫る◆he was hailed as a peacemaker 彼は仲裁者［調停者］と称された◆patients hail from 24 countries 患者は24カ国から来ている◆a teacher who hails from Oklahoma オクラホマ出身の先生◆the skyscraper was hailed as a symbol of a new era in office buildings ［意訳］この超高層ビルが，オフィスビルの新時代のシンボルとして位置付けられた。◆Goldberg and Waldman came within hailing distance of each other. ゴールドバーグとウォルドマンは，呼べば［声をかければ］聞こえる距離まで互いに近づいた。◆They hailed it as a great step forward. 彼らはそれを大きな前進であるとして歓迎した。◆Of the 95 species of plants used in pharmaceutical production, 39 hail from tropical rain forests. 薬剤の生成に使われている95種の植物のうち，39種は熱帯雨林の原産である。◆The administration hailed the January performance as evidence that overseas demand remains strong. 同省は，1月の実績を，外需が堅調に推移していることの証拠［現れ］であると受け止めた［認識した］。

**hair** （集合的に）毛，頭髪，毛髪，髪，体毛の，（植物の表面上の）毛；a～1本の毛；a～ほんのわずか，間一髪の◆hair-thin 髪の毛ほどに細い◆let one's hair down ［俗］うち解ける，くだける，リラックスする，自然体でいく，肩の力を抜く◆a hair-growth medicine 毛生え薬；養毛［育毛］剤◆a fragrance-free hair styling gel 無香性整髪ジェル◆an electric hair clipper 電気バリカン◆a hair-width dynamo 髪の毛の幅ほど（の大きさ）の発電機◆a man with bleached [dyed] brown hair 茶色に脱色した［染めた］髪の男；茶パツの男◆dark-hair，黒っぽい髪の◆go to a hair salon 美容院［美容室］に行く◆she has short hair 彼女（の髪）はショートヘア［ショートカット］だ◆split hairs over... ～について些細な違いを問題にする，とるにたらない区別をつけようとする，重箱の隅をほじる◆win by a hair わずかの差［僅差(キンサ)］で勝つ◆a fair-haired woman 金髪の女性◆a blade no thicker than a human hair 髪の毛ほどの厚みしかない［超薄い］刃◆a human hair 人間の毛，髪の毛，毛髪◆a new hair care product for women with short hair ショートカットの女性向けの新しいヘアケア商品◆A personal relationship will improve when you let your hair down. 対人関係は，緊張を解けばうまく行くようになりますよ。◆It weighs just a hair under 14 pounds. それは14ポンドをほんのわずか切る重さである。◆Minoxidil is also available in topical form for hair growth. ミノキシジルは育毛［発毛］用の局所剤としても市販されている。（＊毛生え薬）◆She got her hair cut short. 彼女は髪を短く切ってもらった［ショートカットにした］。◆The car just missed the cyclist by a hair. 車は，自転車に乗っている人を危うくひっかけそうになった。◆The width of the device is one thousandth the thickness of a human hair. その素子の幅は人間の髪の毛の太さの千分の1である。

**hair(s)breadth, hair's-breadth** a～髪の毛の幅［太さ，すき間，距離］；adj. 間一髪［危機一髪］の，きわめてきわどい，かろうじての，ぎりぎりのところでの◆a hairbreadth escape 危機一髪のところでの命拾い◆escape by a hairbreadth 危機一髪のところ［ぎりぎりセーフ］で逃れる；間一髪で免れる◆he was [came] within a hairbreadth of being... 彼は，すんでの［危うい，危ない，きわどい］ところで（～）になるところだった；危機一髪［間一髪，ぎりぎりセーフ］で（～）にならずんだ◆the company was within a hairbreadth of bankruptcy 会社はもう少しで［すんでのところで］倒産するところだった

**hairdresser** a～ヘアドレッサー，美容師，《英》床屋［理容師，理髪師］

**-haired** adj. ～の毛［髪］を持った，毛［髪］が～の

**hairline** a～非常に細い線，（特に頭とこめかみの頭髪の）はえぎわ，［印刷］活字の細い線，（細い罫線）表罫(オモテケイ)，細罫，（写真のネガなどについた）スクラッチきず；adj. 毛のように細い，（すきまが）非常に狭い◆a hairline fracture 毛筋割れ◆a hairline crack 微細なひび割れ

**hairsplitting** n. 小理屈をこねること，枝葉末節にこだわること；adj. 重箱の隅を楊子でほじくるような

**hairspring** a～（時計などの）ひげぜんまい

**halation** 《写真》ハレーション，光暈(コウン)◆画像のハイライト部分のまわりにできるにじみ◆anti-halation backing （フィルムの）裏塗り◆without halation around highlights 《写真》(意訳)高輝度部［明るい部分］のまわりに光のにじみ［ハレーション，光暈(コウン)］を生じることなしに

**half 1** n. (pl. halves) (a) ～半分，2分の1，半切れ；a～（対をなしているものの）片割れ，片方，（期間の半分）半期，半年，《野球》表［裏］；adj. （約）半分の，2分の1の◆go halves 折半［山分け，半々に］する◆by halves いい加減で；中途半端に◆by one-half = by half 2分の1［半分］だけ（＊比較や増減の差を表す）◆a half apple; half an apple りんご半っ［半切れ］（▶前者の語順は主に米国，後者は主に英国）◆a half a corn on the cob and a grilled tomato half 半切りにしたトウモロコシと半切りの焼きトマト◆at half speed 半分の速度［半速度，半速］で◆divide... into equal halves ～を2等分する（（大きさの同じ）2つに分ける，二分する）◆for one half hour 半時間［30分］の間◆half a kilo of flour 半キロの粉◆in the latter [second] half of... ～の後半に◆it lost almost half its value その価値［価格，値段］はほぼ半減した◆on a half-year basis 半年ごとに；半期ベースで（＊1年を1期としている場合）◆reduce... by one-half ～を2分の1［半分］に減少させる◆rotate it a half-turn それを半回転ひねる［回す］◆an airline hostess half his age 年齢が彼の半分のスチュワーデス◆in [during] the first half of 1999 1999年前半，上半期，上期に（＊この「上期」は，中期がない場合）◆in the first [←latter, second] half of July 7月前半［←後半］に◆be one-half wavelength long ～は波長の半分の長さをしている；～の長さは半波長である◆by using half a clothespin 洗濯ばさみの片われを使って◆during [over] the past year and a half 過去1年半の間に[にわたって]◆every two-and-one-half years 2年半ごとに◆one and one-half spacing 《ワープロ》1.5スペース打ち（＊ダブルスペースとシングルスペースの中間の

行間の空け方) ◆only about one-half of 1% of the GNP　GNPのわずか1/2% (= 0.5%)　◆three and a half years ago　3年半前に ◆an expansion card half the size of standard expansion cards　標準的な拡張カードの半分のサイズの拡張カード　◆at about [approximately] half the height of the tables　それらのテーブルの約半分の高さで　◆Half of the students are...　これらの学生の半分できる　◆One and a half years have passed since...《複扱い》; A year and a half has passed since...《単扱い》　〜以来1年半が過ぎた　◆available at about half price　ほぼ半値で入手できる　◆be about one-and-a-half times longer than...　〜より約1.5倍長い　◆fill the cup one-half full of water　カップに水を半分まで入れる　◆if one-half the cars have car phones　半数の車が自動車電話を所有していると仮定すると　◆Open the valve a half turn.　バルブを半回転開けてください。　◆the number of...-s has fallen [dropped] to half what it was in 2000　〜の数は2000年当時の半分に減った [2000年以降半減した]　◆wipe out close to half of its value　それらの価格[価値,値段]をほぼ半減させる　◆account for almost one-half the total volume of...　全体の体積のほぼ2分の1[半分]を占める　◆one, one-and-a-half, or two stop bits per character　《通》1文字あたり1, 1.5, または2ビットのストップビット　◆Building a hotel in China is half the cost of elsewhere.　中国でのホテルを建てる費用は、よその(国の)半分だ。　◆It decays within seconds to half its original value.　数秒のうちに、それの値は半減する。　◆It has lost one half its initial effectiveness.　それは当初と比べて効果が半減した。　◆Last year camera imports dropped almost one-half.　昨年カメラの輸入は半分落ちた。　◆Pay half now and the rest later.　今、半額お支払いください、残りは後で結構です。　◆These keys are about half of normal size.　これらのキーは標準の大きさの約半分である。　◆They take half the time of conventional microwave ovens.　これらの機種は、(加熱に)従来の電子レンジの半分の時間しかかからない。　◆Driving is affected at less than half the legal, blood-alcohol limit.　法定血中アルコール限度の半分未満で、運転に影響が出る。　◆In six years, the Indian population of Hispaniola decreased nearly one-half.　6年で、ヒスパニョラ島のインディアンの人口はほぼ半減した。　◆The price of a recycled cartridge is about half that of a new one.　リサイクル[再生]カートリッジの値段は、新品の半値程度である。　◆A DAT cassette looks similar to a standard tape but is about half as large and has a much clearer, sharper sound.　DATカセットは見た目は通常のテープと似ているが、半分ほどの大きさかなく、はるかに澄んだシャープな音がする。　◆Peel off the label on the side or carefully slice down its center line with a knife or razor blade. This is necessary to allow the cassette halves to be separated.　側面にあるラベルを剥がすか、またはその中心線にナイフかカミソリの刃で注意深く切り込みを入れます。これはカセットハーフを分離しやすくするために必要です。(*ビデオテープの分解。上halfと下halfとでカセットケース(halves)を成す。)

**2** adv. 半分だけ、半ば、中途半端に、生はんかに、いくらか、多少は　◆a half-open gate　半開きのゲート　◆she is half-Chinese and half-American　彼女は中国人とアメリカ人のハーフ [混血]だ　◆a half-finished plaza　半分完成している広場　◆a half-remembered phrase　うろ覚えの文句　◆methanol costs half as much as gas　メタノールは、ガソリンの半値である　◆She is half black and half Japanese.　彼女は、黒人と日本人のハーフだ。

**by half**　半分だけ; 随分、非常に、大変に、大いに、ひどく　◆reduce by half the price of...　〜(の価格を)を半額にする　◆reduce by half the space between A and B　AとBの間の間隔を半減させる[半分に詰める]　◆reduce power consumption by more than half　電力消費を半分以上減らす　◆reduce the risk by more than half　その危険性を半分以下に減らす[半分以下にする]

**in half, into halves**　半分に、二等分に、2つに、半分ずつに、折半になるように　◆cut response times in half　応答時間を半減させる　◆reduce the number of Neon parts in half to 1,500　(クライスラーの車種)ネオンの部品点数を1,500に半減させる

slice cucumbers into halves lengthwise　きゅうりを縦に半分[2つ]に切る　◆that price was cut in half　その価格は半値[半額]に下げられた　◆the pressure is cut in half　圧力が半分に下げられる[半減される]

**half-and-half**　(a) 〜 2種類をほぼ等量[同量]混ぜ合わせて作った混合物(*混合ビール、クリームと牛乳、合金などの); adj. 半々の; adv. 半々に、折半で、等量[同量]ずつ　◆half-and-half solder　(スズと鉛が半々の)プラムはんだ　◆a half-and-half mixture of vinegar and water　酢と水を半々に混ぜたもの　◆split any revenue half-and-half with...　〜と収益(があれば、それ)を折半[2等分]する　◆we divided our earnings half-and-half　我々は稼ぎを折半した　◆we shared the duties half-and-half　われわれは仕事を半々に手分けしてやった

**half-baked**　半焼けの、半焼けの、不十分な、未熟な、生半可の、考え不足の、〈提案などが〉十分に練られていない　◆a half-baked policy　中途半端な政策　◆In other words, the car is a half-baked effort: a new skin wrapped around old components.　言葉を換えれば、この車は旧式の部品を新規(設計)の外殻で包み込んだだけの、安易につくられたものであると言える。

**half-century**　a 〜 半世紀

**half-day, half-holiday**　a 〜 半日休みの日、半休の日、半ドン; adj. 半休の、半ドンの; ((half-day のみ))半日(間)の　◆I'll take a half-holiday tomorrow afternoon.　私は、明日の午後に半休をとるつもりでいる。　◆Previously, government offices were open half-days on Saturdays.　以前、役所は土曜日は半ドンだった。

**half-dozen**　半ダースの、6の(= six)　◆about a half-dozen years ago　6年ほど前に

**half-duplex**　adj.《通》半二重の　◆a half-duplex channel　半二重通信路

**half-empty**　adj. 半分空の、半分空いている　◆a half-empty hall　半分席が空いている[半分しか埋まっていない]ホール

**half-finished**　adj. 半分出来ている、半完成品の、半製品の、半製〜　◆half-finished goods; a semifinished product　半完成品; 半製品　◆an imported product in semifinished [half-finished] form　半完成品[半製品]の輸入品

**half-height**　adj. (先行モデルと比較して)高さが半分の　◆a half-height disk drive　ハーフハイトの薄型ディスクドライブ　◆half-height peripherals　ハーフハイトの周辺機器

**half-holiday**　→ half-day

**half-hour**　a 〜 30分(間)、半時間; adj. 半時間の、30分間の　◆on the half-hour　毎時[毎時刻]30分に(*〜時30分という時刻ごとに)

**half-hourly**　adj., adv. 30分ごとの[に]、半時間ごとの[に]　◆The buzzer sounded half-hourly.　ブザーが30分ごとに鳴った。

**half-life**　(a) 〜 半減期(*放射性物質の半量が崩壊して原子質量の より小さい別の原子に変わるまでの期間; 自然環境または生化学分解などにより物質の半量が消失するまでの期間; 身体に摂取した物質の半分が自然に排泄されるまでの期間)　◆the half-life of a radioisotope　放射性同位体の半減期　◆a radioactive isotope with a half-life of 433 years　半減期433年の放射性同位元素　◆have a half-life of six days　〜の半減期は6日である　◆Different radioactive nuclides have different half-lives.　いろいろな放射性核種の半減期はそれぞれ異なる。

**half-liter**　a 〜 2分の1リットル, 500ml　◆a half-liter of oil　2分の1リットルの油

**half measures**　生温い処置, 手ぬるくて効果の期待できない対策　◆I don't do things by half measures.　私は、半端(なこと)としない。

**half-moon**　a 〜 半月, 半月形のもの, 爪の根元の半円形の白い部分 = 爪半月; adj. 半月の、半月形の　◆under a bright half-moon　明るい半月のもとで

**half-power**　◆(a) half-power width　電力半値幅　◆a half-power frequency　電力半値周波数　◆a vertical half-power beamwidth of at least 55 degrees　（アンテナの）少なくとも55°の垂直電力半値幅（＊beamwidthは一語である）

**half-price** adj. adv. 半額の, 半額で

**half-round** 半円形の, 半丸の　◆a half-round file　半丸ヤスリ

**halftone** a～ハーフトーン, 中間階調, 中間調（= a shade of gray）; a～中間調の画像［図］；［3］ドットの中間調を表現するための［方式］; adj.　中間調の, 中間階調の, 中間調の, 網目調の, 網点の　◆a halftone image　中間調画像　◆a halftone scanner　網掛けスキャナー（＊中間調が読み取れる）　◆a halftone screen　《印刷》網目スクリーン（＊中間調を再現するための）　◆produce 164 levels of halftone　64段階の中間調［64階調］を出す

**halftoning, half-toning** 写真から中間階調をつくること　◆a digital halftoning technique　デジタルハーフトーン技術

**half-value** ◆(a) half-value breadth　《光》半値幅　◆a half-value period (= a half-life)　半減期　◆a half-value layer; a(c) half-value thickness　半価層; 半減厚［厚み］; 半減の厚さ

**half-wave** 半波の, 半波長の　◆a half-wave dipole antenna　半波長ダイポールアンテナ　◆a three-phase half-wave rectifier circuit　三相半波整流回路

**halfway** adv. 中途まで, 途中まで, なかほどまで, なかばに, ほとんど, ほぼ; adj. 中途の, 中間の, 中途半端な, いい加減な, 手［なま］ぬるい　◆halfway measures　手ぬるい処置　◆about halfway through...　...の中ほどまで進んだ［半ばまで行った］ところで, ～のほぼ中盤に［で］　◆as far as halfway around the world　世界を半周するほど遠い　◆be at the halfway stage　中間段階にある　◆drill halfway through a door　ドアの厚みの途中［中途］まで穴をあける　◆halfway through the cycle　そのサイクルの真ん中(の時点)で　◆stretch approximately halfway around...　～をほぼ半周して広がっている　◆press the shutter button halfway down［←all the way down］　シャッターボタンを半押し［←全押し］する（＊半押しは, AFカメラでフォーカスロックなどするときの操作, halfway の代わりに partway も使用できる）　◆run out of storage space halfway through a task　《コンピュ》作業の途中で記憶空き容量が無くなる［枯渇する, 使い切ってしまう］　◆when you are approximately halfway across the roadway　あなたが車道を半分ほど渡った時に　◆Move the knobs to the halfway point.　これらのツマミを, 中間点にセットしてください。　◆The two sides met halfway between those numbers.　双方［両者］は, これらの数字の中を取って折り合った［中間のところで落ち着いた］。　◆Press down on the chain halfway between the two sprockets with the edge of a ruler.　これら2個のスプロケットの中程で, チェーンを定規のへりで押してみてください。

**half year, half-year** ◆～1年の半分（の期間）, 半年, 半期　◆in the past half-year　過去半年［半期］の間に

**half-yearly** 半年［半期］ごとの［に］, 年2回の

**halide** a～ハロゲン化合物; adj.　ハロゲン化合物の　◆a metal halide lamp　メタルハライドランプ, 金属ハロゲンランプ, ハロゲン化金属ランプ　◆an alkyl halide　《化》ハロゲン化アルキル

**hall** a～ホール, 広間, 会館, 公会堂, 廊下, （家の）玄関, （大学の色々な）建物, 会館

**Hall effect** the～《電》ホール効果　◆a Hall effect device　ホール効果素子

**Halley's comet [Comet]** 《無冠詞》ハレー彗星

**hallmark** a～（金, 銀, プラチナの純度を保証する）極印（ゴクイン）, 品質保証の刻印, 太鼓判, 折り紙, 品質証明, 証し, 際だった特徴; vt.　～に（品質）保証印［極印］を押す, 太鼓判を押す, 折り紙をつける

**hall of fame** a～栄誉の殿堂　◆enter the Baseball Hall of Fame　野球殿堂入りする

**hallucination** (a)～幻覚, 幻, 幻影, 妄想　◆suffer from hallucinations　幻覚に苦しむ　◆a drug that produces hallucinations　幻覚を生じさせる薬物

**halo** a～(pl. -s, -es) 後光, 光輪, （月・太陽などの）暈（カサ）　◆a halo around highlights　《写真》高輝度［明るい］部分のまわりの光のにじみ［ハレーション, 光暈（コウウン）］

**halogen** a～ハロゲン（元素）　◆a halogen element　ハロゲン元素　◆a halogen lamp　ハロゲンランプ

**halon** a～《化》ハロン化合物（＊a halogenated hydrocarbon より, 小型可搬式消化器の中に用いられる）; a～ハロン化合物の　◆a halon fire extinguisher　ハロン消火器

**halt** 1 a～一時停止, （永久的な）停止, 休止　◆during halts 停止中に　◆brake to a halt　ブレーキをかけて停止する　◆come to a halt　止まる; 停車する　◆call for a halt on the production of...　～の製造の停止を要求する　◆as soon as the plane taxied to a halt　その飛行機がタキシング［誘導路上を走行］して停止するやいなや　◆That document called for a halt on the testing, production and deployment of nuclear weapons.　同（＝その）文書は核兵器の実験, 製造, および配備の停止を要求していた。　◆The brake system is strong enough to bring the car to a halt from 70 mph in only 182 feet.　このブレーキシステムは, 車を時速70マイルからたった182フィートの制動距離で停止させるほど強力である。
2  v. halt する［させる］, 止まる［止める］, ～に待ったをかける　◆halt [stop] the operation of...　～の運転［操業, 稼働, 動作］を停止させる　◆hard drive halting　ハードディスクドライブの（回転）停止　◆the halting of a vehicle　車両の（一時）停止　◆by temporarily halting issuance of new drilling permits 新規のボーリング許可の発行（業務）を一時的に控える［差し止める, 休止する］ことにより　◆orders to halt the unlicensed disposal of solid waste at three sites　3箇所における無許可の固形廃棄物投棄処分を差し止めるための（禁止）命令

**halve** vt. ～を二等分する, 二分する, 折半する, 半々にする, 半減させる

**halves** → half

**ham** (a)～ももの肉, ハム; a～ハム, アマチュア無線技師［無線家］(an amateur radio operator); a～（大げさな演技をする）大根［へぼ］役者　◆a ham; a radio ham; a ham (radio) operator　ハム; ham radio　アマチュア無線家　◆a ham license　アマチュア無線従事者免許証

**hamlet** a～小さな村, 小村, 部落, 村落, 集落, 村里　◆in an out-of-the-way hamlet　辺鄙（ヘンピ）な小さな村［部落］に

**hammer** 1 a～ハンマー, 槌（ツチ）, 金づち, とんかち, 鉄槌（テッツイ）, 弦能（ゲンノウ）, （銃の）撃鉄, （ピアノの弦を打つ）ハンマー, （鐘を打つ）撞木（シュモク）, （打楽器の）ばち, （中耳の）槌骨（ツイコツ, ツチコツ）　◆under the hammer　《成句》競売に付されて
2 vt. ～をハンマーで打つ, くぎ付けにする <up, down>, （くぎとかなづちで）組み立てる <together>, ハンマーで打って模様［形］を叩き出す, ～を（頭に）よく叩き込む <into a person's head>; vi.　ハンマーで打つ, （～を）完璧を目指して考え練り上げる <at>, （～を）繰り返して強調する <away at>　◆hammer it smooth and flat　それをハンマーで打って平らで滑らかにする　◆the nail that sticks out is hammered down　出る釘は打たれる　◆when a nail is hammered into a piece of wood　釘を木片に打ち込まれるときに

**hammer out** 叩いて形作る, 叩いて平にする, （物理的に）打って出す, 小突いて取り出す; （案, 策）を練り上げる; 〈問題, 意見の相違〉を議論［熟考, 努力］によって解決する ▶日本語の「打ち出す」には「主義主張や考えなどを強く表面に出す」意味があるが, hammer out にはその意味はない。　◆hammer out a consensus on...　～について合意にこぎつける［（苦労して）合意を取り付ける［成立させる］　◆hammer out a master plan　マスタープランを案出する　◆hammer out a policy　方針を練り上げる　◆hammer out a workable solution to the problem　その問題に対する実行可能な解決策を苦しんで考え出す

**hamper** vt. ～を妨げる, 阻む, 妨害する, 阻害する, 邪魔する, 掣肘（セイチュウ）する　◆although hampered by weeks of continual rain　何週間も続いた長雨に妨げられはしたものの　◆hampered by heavy snow　豪雪にはばまれて　◆hamper the environment　環境を阻害する　◆700 to 1,000 trucks were blocking or hampering traffic on main roads　700台から1000台のトラックが,主要な道路を封鎖したり車の流れを妨げたりしていた（*トラック運転手によるストの話）　◆It was pointed out that such measures should not hamper transfer of technology for peaceful purposes.　そういった措置が平和目的での技術の移転を妨げることがあっては［転移の支障となっては］ならないとの指摘があった.

**hand**　1　a～（手首から先の）手,（時計,計器などの）針,（参照箇所などを示す）指さし印,バナナの房; a～人手［働き手,人足］,（動作主を指して）手,やり手,長けて（タケテ）いる人,専門家; a～《単のみ》腕前［技量,手並み］,手法［手際,タッチ］,手触り,筆跡,援助［救い］の手,関与［参加,手出し］,拍手喝采,（結婚の）約束; a～署名,℡または（通例～s）所有,管理,監督,支配,権限,管轄; a～（トランプなどの）持ち札［手］,ひと勝負　◆change hands　～の持ち主［所有者,保有者］が変わる,～が人手に渡る［移る］;～が取り引きされる;《大統領級など》の代が変わる;《ある順位につく人など》が入れ替わる　◆with both hands　両手で　◆a hand pump　手押しポンプ　◆hand operation　手操作　◆the back of the [one's] hand; the back of one hand; the backs of the hands; the back(s) of both hands　手の甲　◆a hand brake lever　手動ブレーキレバー;《車》サイドブレーキレバー　◆by the hand of circumstance　《意訳》状況のなせる業で　◆by touching with the hand(s)　手で触れることにより;手を直接［じかに］体験する　◆fit either hand　（左右）どちらの手にも合う　◆keep one's hands off...　～には触れない［手を出さない,ノータッチ,干渉しない］でいる　◆set one's hand to a document　文書に署名［サイン］する　◆touch... with the hand(s)　～を手で触る　◆use both hands　両手を使う　◆wash one's hands of...　～から手を引く［足を洗う］;～との関係を（きれいさっぱり）絶つ;～に見切りをつける　◆a hand-operated (water) pump　（消火［消防］用の）手動［手押し］ポンプ　◆a hand-wired prototype　手で配線［手配線］されている試作品　◆a non-hand-holdable shutter speed　《カメラ》手持ちではシャッタースピード（*手ブレの影響が大きい遅いシャッタースピード）　◆as the biggest thing built by the hand of man　人間の手によって建造された最も大きい［人類の手になる最大の］ものとして　◆be designed for use with one hand　片手で使えるように設計されている　◆die by the hand of an assassin [the hands of assassins]　暗殺者の手にかかって死にゆく　◆reach into the food processor bowl with hand　フードプロセッサのボウルの中に手を入れる　◆Since most manufacturers' products pass through the hands of distribution intermediaries, ...　たいていの製造メーカーの製品は中間流通業者の手を経るので　◆when the presidency changed hands in 1988　大統領が1988年に替わった［交代した］ときに;大統領の代が1988年に変わった際に　◆6 million shares changed hands in the $70s by noon　6百万株が70ドル台で正午までに取り引きされた　◆if they have been contaminated by the hands of infected food handlers　もしそれら（の食料品）が,感染している食品取扱業者の手によって汚染されていたら　◆the heavy hands of the U.S. government's emissions regulators　米国政府の排気ガス取締り官による厳しい管理［取締り,締め付け］　◆Alex, could you give me a hand with this please?　アレックス,手を貸してくれないか［手伝って欲しいんだけど］.　◆Each unit is hand assembled in Germany.　各々のユニットは,ドイツで手で組み立てられています.　◆Hand pack the bearings with grease.　手でベアリングにグリースを詰めてください.　◆Hand-turn the bearing.　ベアリングを手で回してください.　◆Hold the workpiece firmly in position with your hand.　加工材を,所定位置にしっかりと手で保持［把持］してください.　◆Wash your hands before you eat.　食事の前に手を洗うこと.　◆Fifteen years ago, the sport utility vehicles on the market could be counted on one hand.　15年前には,市販されているSUV（スポーツユーティリティービークル）は片手で数えられるほどだった.　◆It is never touched by human hands during the entire manufacturing process.　これは製造工程全体を通し,人間の手が触れることは全くない.　◆Then with the wrench in the right-hand, tighten the arbor nut.　それからそのスパナを右手に持って,工具取り付けナットを締め付けてください.　◆Moments after play resumed, the No. 1 ranking had changed hands between the two rivals for the sixth time this year.　プレイが再開してまもなく,第1位がライバル2者間で入れ替わり,これで今年6度目の交代劇となった.
2　a～側,方向,方　◆the bottom right-hand corner of the screen　画面の右下（の隅）
3　vt.～を手渡す,与える,よこす,〈人〉を手を取って助ける
**at hand**　手近に,手元に,すぐ使えるように（用意されて）,間近に,目前に迫って,当面,目下で　◆concentrate on the task at hand　さしあたっての作業［当座の仕事］に専念する［専心］する　◆That is the question at hand.　それが当面の問題だ.　◆a "digital revolution" is (close [near]) at hand　「デジタル革命」は間近に迫っている　◆determine whether the tools at hand are up to the task　《意訳》（今ある）手持ちの道具でその作業が十分に対処できるか判断する　◆Quality care is the issue at hand here.　質の高いケア［介護］が,ここ（当院）での当面［目下,現下］の問題です.　◆Recovery was painless, since I had a fresh backup tape at hand.　《コンピュ》復旧は簡単だった. というのは最近つくったバックアップテープが手元にあったのだ.　◆Images can be rescaled from 25 to 400 percent, thus fitting the space at hand.　《意訳》画像は大きさを25%から400%まで変えられるので,今あるスペースに合わせることができる.
**at the hand(s) of**　～の手で［から］,～の手にかかって,～の世話に
**big hand**　a～大きな手,大きなhand; the～《主に子供》（時計の）長い針　◆win [draw, get] a big hand　大喝采を博する［受ける,得る］　◆have a big hand in choosing...　～を選定する上で大きな力［権限］を持っている　◆Ladies and gentlemen, a big hand please for...!　（お集まりの）皆さん,～さんに大きな拍手をお願いします　◆The team's defense also had a big hand in the victory.　チームの守備も,勝利を勝ち取る上で大きな力を発揮した.　◆The audience gave the young player a big hand.　聴衆は,若い演奏家に盛大な拍手を送った.　◆"Give them a big hand, give them a very big hand," the preacher encourages the congregation.　「皆さん,彼らに大きな拍手を送りましょう,盛大な拍手をお願いします」と牧師は集まった人たちを促す.
**by hand**　手で,手動で,マニュアルで,手渡しで　◆support the workpiece by hand　その加工部品を手で保持する　◆by hand, courier, regular mail or facsimile transmission　手渡し［直接持参するか］,宅配便,（通常）郵便,またはファックスで
**change hands**　（物が）ある人の手元から他の人の手元に渡る,取引される,所有者が変わる
**from hand to hand**　手から手へ,人手から人手に
**(from) hand to mouth**　食うのがやっとで（ゆとりなく）,やっと生活できる程度で,その日暮らしで,何の蓄えもなしに,〈企業が〉自転車操業で
**have a hand in**　～に手を染めている,関与している,参加［参画］している,一役買っている
**have one's hands full**　極度に忙しい,多忙をきわめている
**in hand**　考慮［検討］中の,取り組み中で,未解決で;手持ちの,手元に,掌中に,制圧して,支配［管理］して,所有して　◆the matter in hand　本件
**join hands**　手を結ぶ,協力する
**lay hands on**　～を手に入れる,得る,（特に罰するために）～を捕まえる,（儀式で）～に手を触れる
**on hand**　持ち合わせて,手持ちで,所持していて,（金などが）自由に使えて,居合わせて,当面　◆keep... on hand　～を手元に用意しておく　◆cash on hand　手持ちの現金　◆keep extra batteries on hand　電池を余分に手元に置いておく　◆the number of weapons on hand　手元［保管,所有］にある武器の数　◆quarterly reports of the balances of foreign currencies on hand at the end of each quarter　各四半期末時点における外貨保有高についての年4回の収支報告書　◆Make certain you have all necessary tools on hand.　必要な工具がすべて用意されているか確認してください.
**on one's hands**　〈人〉に管理されて［〈人〉の責任で］,手元にあって,持って　◆have (way [far]) too much time on one's hands　（どうしようもないほど）時間を持て余している

**on the one hand** 一方では；一方［それに対して，これに対して，片や］◆... on (the) one hand and [but]... on the other (hand) 一方では～，他方では～［もう一方］では

**on the other hand** 他方［他面］（では），その一方で，片や，これに反して，反面，反対に ◆On the other hand, ... 一方［それに対して，これに対して，片や］，～（＊On the one hand と対で使用されない場合）

**out of hand** 全く手に負えない，即座に，十分に考えないで ◆get out of hand [control] 手に負えなくなる，収拾がつかなくなる，抑制が利かなくなる

**put one's hand to** ～に着手する，取りかかる，手を染める

**show one's hand** 手の内を見せる，本意［真意］を明かす

**sit on one's hands** 拍手喝采しない，しかるべき行動を起こさない，座視［傍観，袖手傍観］する

**throw up one's hands** （どうにもしようがないので）ばんざい［お手上げ，降参，まいった］してしまう，それ以上やってみるのをやめる

**to hand** 手の届くところに，そばに，手に入って，（手紙など を）拝見［拝受］して

**try one's hands at** （素質があるかどうか）～をやって見る，～を腕試しにやってみる

**wash one's hands of** ～と手を切る，関係を絶つ，絶縁する，～から足を洗う，手を引く

**hand around** ～を回し見する

**hand back** ～を手渡しで（～に）返す <to>

**hand down** ～を（～に）お下がりとして与える <to>，（判決など）を言い渡す；～を（～に至るまで）世代を越えて）伝える，残す <to> ◆a legacy to hand down to future generations 子孫に継承してゆく遺産 ◆hand down a sentence to... ～に判決を言い渡す［申し渡す］

**hand in** ～を（～に）提出する <to>

**hand in glove, hand and glove** 共謀して，ぐるになって，結託して

**hand in hand** 手に手を取って，手を携えて，緊密に協力［提携］して ◆work hand-in-hand with... ～と協力［連携，提携］して働く；～と力を合わせて［手を携えて］活動する；～と共同［協働］作業する ◆Let us go forward together hand in hand. 共に手を携えて前進しようではありませんか。◆Protecting the environment and encouraging economic growth can go hand in hand. 環境を保護することと経済成長を促すことは両立可能である。

**hand it to** （業績や努力を認めて）〈人〉を見直す，尊敬しちゃう，に脱帽する

**hand off** 〈ボールなど〉を（～に）パスする <to>

**hand on** ～を（～に）渡す，譲渡する <to>

**hand out** ～を（人に）施す，与える，配る <to>，（罰金など）を（人に）申し渡す

**hand over** 〈人・物〉を（～に）<to>手渡す，渡す，引き渡す，受け渡しをする，譲る，譲り渡す，譲歩する，委譲する，移管する，あとへ引き継ぐ ◆hand over power to a successor 権力を後継者に譲る［委譲する，引き継ぐ］ ◆hand over the suspects to Japanese authorities これら容疑者を日本の当局に引き渡す

**hand over fist** adv. たやすくように，ぬれ手に粟で，一攫千金で ◆they made money hand over fist 彼らは濡れ手で［に］粟で金儲けをした

**hands down** 難なく，簡単に，造作（ゾウサ）なく，明白に，疑いなく，文句なしに

**Hands off (...)!** （間投詞）〈～を〉触るな，〈～に〉手を触れるな，余計な手出しをしないでくれ

**hand up** ～を（目上の人に）渡す <to>

## hand baggage 手荷物

**handbill** a ～（手渡しで配る）ビラ，ちらし

**handbook** a ～ハンドブック，便覧，手引き書，指南書，案内書；a ～（競輪・競馬の呑み屋の胴元の）賭け金帳，呑み行為の行われている場所

## handbrake, hand brake a ～ハンドブレーキ

**handcart** a ～手車，手押し車

**handcuff** a ～《しばしば (a pair of) ～で》手錠; vt. 〈人〉に手錠をかける ◆The stock-options program has effectively clamped golden handcuffs on engineers who might have had ideas about moving on. Staying put can lead to a big payoff later. ストックオプション制により，転職を考えていたであろう技術者に黄金の手錠をかけて効果的に引き留めた。辞めないで居残っていた後に大きなごほうびにありつける可能性があるからだ。

**hand-drawn** adj. 手書きの，手描きの ◆hand-drawn illustrations 手描きのイラスト

**-handed** ～手の，～手利きの，（右, 左）回り方向の，（ゲームなど）～人で行う ◆a right-handed [↔left-handed] person (= a right-hander [↔left-hander]) 右利き［左利き］の人

**hand-feed** vt. ～を手送りする，《プリンタ》〈用紙〉を手差しする，～に手で食べさせる［給餌する］

**handful** a ～一つかみ，一握り，一握（イチアク），少量，小量，小数，《口》手に余る人［物事］ ◆only a handful of people ほんのひと握りの人たちだけ ◆My car was a handful in the snow. 《口》私の車は雪道では，（思うように操縦がきかず）手に負えない［手に余る］代物だった。

**hand glass** a ～ 虫眼鏡，手鏡

**handgrip** a ～手で握ること，握手，握り，柄，ハンドル，取っ手，手掛け；～つかみ合いの喧嘩，近接戦

**handgun** a ～拳銃，ピストル，短銃 ◆the Brady Bill's handgun restrictions 《米》ブレイディ法の拳銃［短銃］（購入）規制

**hand-held, handheld** adj. 手持ち式［手持ち型］の，ハンディタイプの（▶この意味の「ハンディ」は和製英語）；a ～ ハンドヘルド機 ◆a hand-held scanner ハンディー［手持ち式，ハンドヘルド］スキャナー（＊和製英語では，hand-heldのつもりでよくハンディーと言うが，英語のhandyは手近，便利，使いやすいという意味であり，特に手で持つという意味はない） ◆a hand-held electrostatic discharge (ESD) tester 手持ち型静電気放電試験器

**handhold** a ～手で握ること，手づかみ，つかまる対象物，手掛かり，取っ手，握り，つかみ棒，握り棒

**hand-hold** vt. ～を手で持つ，手持ちする ◆hand-hold a camera カメラを（三脚を使わずに）手で持つ ◆the slowest safe-to-hand-hold speed 《カメラ》手持ちしても（ブレることなく）大丈夫な，ぎりぎりの遅さの（シャッター）スピード

**handicap** 1 a ～ ハンディキャップ，ハンデ，不利益，マイナス要因，困難，心身の障害 ◆persons with hearing handicaps 聴覚障害を持っている人たち，聴力障害者 ◆employ people with certain handicaps 何らかのハンディキャップ［身体の障害］を持つ人たちを雇い入れる ◆Corporate America still suffers from handicaps that will impair its ability to keep up with the rapid evolution of products. アメリカ株式会社は，商品の急速な進化について行く能力を損なわせるようなハンディキャップに依然として苦しんでいる。

2 vt. ～にハンデをつける，～を不利な立場に立たせる，不利にする

**handicapped** adj. 身体的［精神的，心身に］障害のある，《競技》ハンデをつけた，the ～（集合的，複数）障害者 ◆a physically handicapped person;《集合的》the physically handicapped 身体障害者；身障者 ◆an application that is particularly useful to the handicapped 身体の不自由な人たちにとって特に役立つ（コンピュータ）アプリケーション［応用ソフト］

**handicraft** （通常 ～s）手芸，工芸，手工芸，手細工，手芸品，工芸品

**handicraftsman** a ～手工業者，手細工職人，手職人

**handily** 便利に，具合よく，簡単に，楽々と，難なく，上手に，うまく，手際良く，器用に

**handle** 1 a ～ハンドル，取っ手，柄，握り，（繊維など）手触り，感触，風合い，《口》〈コンピュ〉ハンドル ◆a door handle ドアの取っ手（＊棒状のもの） ◆a network [BBS] handle 《ネット》ネット［BBS］上で使用する仮名［ハンドル］ ◆it has a carry handle; it is equipped with a carrying handle それにはキャリー［持ち運び，手提げ，携帯用］ハンドルがついて

いる ◆Hold the screwdriver by its plastic handle. ねじ回しは、プラスチック柄の部分を持ってください。(＊高圧電圧が来ているか、検電ドライバーで調べるという話で)
**2** vt. 〜を手で触る, いじる, 処理する, こなす, 何とかする, 〜に対処する, 対応する, 応対する, あしらう, 取り扱う, 操縦する, 操る, 運用する, 指揮する, 管理する, 統率する, 売買する, 販売する, 商う; vi. (乗り物が)操縦できる, 扱える, 《特定の》操縦性［挙動］を示す ◆a fly ash handling system フライアッシュ処理装置 ◆HANDLE WITH CARE 取り扱い注意(＊取り扱いに注意！) ◆the capacity to handle variations in the size of... 〜のサイズのばらつきに対処する能力 ◆hard-to-handle liquid helium 取り扱いが難しい液体ヘリウム ◆in the case of handling hygroscopic particles 吸湿性粒子を扱う場合 ◆handle data transfers between A and B AB間のデータ転送を扱う ◆handle interference problems 干渉妨害の問題に対処する ◆Controllers handle more traffic in peak periods. 管制官は, ピーク時にはもっと多くの交通量［離着陸］をさばく。 ◆The car handles well in the snow. この車は, 雪の中での操縦性が良い［運転しやすい］。 ◆He has encouraged farmers to handle the processing of their products. 彼は, 農業従事者らに, 自分たちの農作物の加工を扱う［手がける］よう勧めた。 ◆The operating system handles errors that arise during program execution. 《コンピュ》オペレーティング・システムは, プログラムの実行中に発生するエラーを処理する。 ◆The Turbo Coupe handles with much more verve and precision than my normally aspirated car. このターボクーペ車は, 私の自然吸気車よりも活気と正確さのある操縦性［挙動］を示す。

**handleability** (= ease of handling) 取扱性, 取り扱いやすさ, 《自動車》ハンドリング性能［コントロール性能］のよさ, 操縦性, 操作性, 運転性 ◆increase [improve] the handleability of... 〜の取り扱い性を高める［改善する］ ◆offer excellent handleability 《製品など》が優れた取り扱い性を発揮する

**handlebar** a〜《自転車, バイクなどの》ハンドル ◆the handlebars of a motorcycle [bicycle] モーターバイク［自転車］のハンドル

**hand lens** a〜虫めがね, ルーペ, 拡大鏡

**handler** a〜扱う人, 取扱者, 調教師, 《ボクシングの》トレーナー［セコンド］, 《大物政治家や選挙運動の》マネージャー, 処理装置, 処理器, 《ソフトウェア》処理ルーチン ◆Bush's election campaign handlers ブッシュの選挙運動マネージャー(＊TVコマーシャルの制作からテレビ映りを良くする手法まで伝授するコンサルタント)

**hand-lettered** 手書きでレタリングした (cf. handwrite) ◆hand-lettered banners 手書きの横断幕

**handling** 《商品の》出荷［荷役, 荷扱い］, 《荷の》搬送［運搬, 移動］, 取り扱い, 処理, 《英》故買, 《車》ハンドリング, 操縦性, 操縦のしやすさ, 運転, 操作 ◆ease of handling; handling ease (= handleability) 取扱性, 取り扱いのしやすさ, 《自動車》ハンドリング性［コントロール性能のよさ］ ◆handling charges 取り扱い手数料 ◆Handling and Care 取り扱い上の注意(＊手入れも含む, 取り扱い説明書の見出しで) ◆handling precautions 取り扱い注意事項 ◆careful handling 注意深い取り扱い ◆defy [endure, hold up to, resist, stand up to, survive, withstand] rough handling 手荒な［乱暴な, 荒っぽい, 荒々しい, 根気よく］取り扱いに耐える ◆improve handling 《車の》ハンドリングを向上させる ◆the handling of dangerous substances 危険な［危険物］取り扱い ◆the investigation and handling of complaints クレームの調査および処理［対処］ ◆legal issues that require careful handling by a trusted professional 信用ある専門家によって注意深く扱われる必要のある法律問題, 《意訳》信頼の置ける専門家による慎重な対応が求められる案件 ◆The car offers well-mannered handling. この車は, 行儀のよいハンドリングを提供する。

**handmade, hand-made** 手作りの, 手製の, 自作の, 自製の ◆a handmade [hand-made] doll 手作り［手製, 自作］の人形 ◆a hand-made sign 手細工の看板

**hand-me-down** 《俗例〜s》お下がり; adj. お下がりの

**handoff, hand-off** a〜《アメフト》他の選手にボールを渡すこと ◆a handoff capability 《通》チャンネル［周波数］切り換え機能(＊セルラー式移動電話が通話中に, あるゾーンから別のゾーンに移動した際に働く機能)

**hand-operated** 手動(式)の ◆a hand-operated brake 手動操作式ブレーキ ◆hand-operated dials 手動ダイヤル

**handout** a〜《お金, 衣類, 食べ物などの》施しもの, (教室や会議場で配る)プリント, 印刷資料, 配布印刷物, ビラ, チラシ, パンフ, プレスリリース, 無料商品見本, 試供品

**hand-over, handover** a〜移管, 移譲, 接続移行(＊移動体通信でゾーンやアクセス衛星が変わる際の) ◆accelerate the hand-over of the West Bank to Palestinian self-rule 《ヨルダン川》西岸地区のパレスチナ自治への移管を速める

**hand over fist; hand over hand** adv. (＊ロープを登っていくる際に左右の》手で代わる代わる繰り返すように, どんどん, 着々と, 迅速に, 急速に

**handpick** 〜を手で摘む［拾う］, 自ら注意深く選ぶ, 《鉱山》選別する, 手選する ◆The oldest method of cleaning coal is by hand-picking [handpicking]. 最も古い選炭方法は手選である。

**handrail** a〜手摺り, 欄干 ◆a safety handrail 安全のための手摺り

**hand-record** 〜を手書きで記録する ◆Transactions are hand-recorded by clerks. 取引は, 事務員によって手書きで記録される。

**hand-rolled** ◆hand-rolled cigars 手巻きの葉巻 ◆have a hand-rolled sushi party at home 家で手巻き鮨パーティーを開く

**handset** a〜《電話機の》送受話器, 《コードレス》電話機, コードレス電話の子機 ◆lift [↔put down] the handset 受話器を上げる［取る, 〜おろす］ ◆as a result of lifting the handset off the hook 受話器を《受話器受けから》持ち上げた［取った, はずした］結果

**handshake** a〜握手, 《コンピュ》ハンドシェイク(＊送信・受信側の双方で通信開始時に同期がとれて接続が完全にできたことを確認し合うこと) ◆a modem handshaking sequence モデムのハンドシェイクシーケンス ◆perform [do] a handshake 《通》ハンドシェイクを行う

**handshaking** 《通》ハンドシェーキング

**hands-off** (機器, 装置など)手で操作する必要のない; 口出ししない, 不干渉の, (政策などが)無干渉主義の ◆a hands-off management policy (余計なことには口出ししないという)不干渉経営方針 ◆The present government has an active non-involvement and hands-off approach to commerce and industry. 現在の政府は, 商工業に対して積極的［意識して］不介入・自由放任的アプローチを採っている。

**handsomely** たっぷりと, 多大に, 気前よく, 手厚く, 惜しみなく, (チップなどをだす場合に)はずんで, 奮発して; 十分な成果を上げる; 良い結果を収める ◆pay off handsomely 十分な成果を上げる; 良い結果を収める ◆the lawyers get [are] paid handsomely 弁護士らはよい報酬を得ている ◆to handsomely reproduce movie soundtracks, laser discs, CDs or cassettes 映画のサウンドトラック, レーザーディスク, CD, カセット等をふくよかに再生するために

**hands-on** 実地の, 実践的な, 体験学習による, 演習の ◆get some hands-on experience with... 〜(の使用, 操作など)を実際に［実地で］体験［学習］する ◆hands-on training (実際に手を触れての)実地訓練, 実習 ◆a hands-on children's museum 体験学習ができる子供の博物館(＊実際に手を触れて動かしたりできる展示物 hands-on exhibits などがある) ◆a hands-on technique 実践テクニック

**handspring** a〜《体操》転回 (cf. a walkover = 腕立て［倒立］転回) ◆do a round off, back handspring ロンダートから後方転回［後転跳び, バク転］をする(＊round offは, 側転から1/4ひねって後ろ向きで両脚をそろえる。なお, 側転は a cartwheel, 腕立て転回は a walkover)

**hand-to-hand** *adj.* 接近戦の, 接戦の, 格闘の, 肉薄戦の, 白兵戦の, 肉弾戦の ◆do [engage in] hand-to-hand combat with... 〜と肉弾戦[白兵戦]をする[交える]

**hand-to-mouth** *adj.* 食う[食べる]のがやっとの, 生活していくのがやっとの, その日暮らしの ◆now living rather hand-to-mouth in London 現在ロンドンでどちらかというと貧しい暮らしをして ◆from a hand-to-mouth existence into the world of crime その日暮らしの(貧しい)生活から犯罪の世界に ◆operate on a hand-to-mouth cash payment basis 自転車操業をする ◆In those days, I was leading a very hand-to-mouth existence. その当時, 私はまさに食うのがやっとの生活をしていた.

**hand-wash** 〜を手で洗う, 手洗いする ◆hand-wash underthings 女性用下着を手洗いする

**hand-wire** 〜を手で配線する

**handwrite** *vt.* 〜を手書きする ◆a handwritten note 手書き[肉筆]のメモ

**handwriting** ① 筆跡, 手跡(シュセキ), 書風; 手書きされたもの ◆improve one's handwriting 字(を書くこと)が上達する ◆in illegible handwriting 読みにくい筆跡で ◆an expert on handwriting and manuscript authentication 筆跡鑑定家 ◆handwriting-recognition routines in ROM ROMに入っている筆跡認識ルーチン

**handwritten** *adj.* 手書きの, 手で書いた, 肉筆の ◆recognize handwritten characters 手書き文字を認識する ◆software for the recognition of handwritten characters; handwritten character recognition software 手書き文字認識ソフトウェア

**handy** *adj.* 便利な, 重宝な, 使って具合よい, 役に立つ, 手頃な, 操縦[運転]しやすい, 手近な, すぐ使える, 器用な ◆「手のひらサイズ」あるいは「手持ち式」の意味で使う「ハンディ」は和製英語で, これに対する適切な英語は palm-size または hand-held. ◆come in handy 便利に[具合良く]使える, 使って重宝である; 役に立つ; 役立つ; 有用[有効]である; 利用価値が高い ◆a handy-sized guide 手頃な大きさのガイドブック ◆have [keep] a fresh battery handy 新しい電池を手元に用意しておく ◆the case swings open for handy access to the internal components この筐体は, 内部の部品に手軽に手が届くように(支軸を中心に)回転するようにして開けられます ◆Keep a fire extinguisher handy. 消火器を常にそばに置いておいてください. ◆Keep this manual handy. このマニュアルを, いつでもすぐに見られるところに置いてください. ◆an unlimited undo/redo feature that comes in handy if you want to do "what-if" analysis 「こうするとどうなる」式の分析をする場合に便利[有効]な, 無制限に繰り返し使用できるアンドゥ・リドゥ機能 ◆This feature comes in very handy when you are looking for... この機能は〜を検索する際に非常に便利です[具合よく使えます].

**handyman, handywoman** 〜 雑役夫[雑役婦], 何でも屋, 便利屋 (= a handyperson)

**hang** 1 *vt.* 掛ける, つるす, 下げる, つり下げる, 垂らす, 〈壁紙〉を貼る, 〈絵〉を展示する, 〈部屋など〉を(掛け物で)飾る <with>, 絞首刑にする, 首つり自殺する <oneself>, 〈エラーなど〉は〜にする, 止める, 停止する ◆[(突然)異常停止]させる (= lock up); *vi.* ぶら下がる, 垂れ下がる, 掛かっている, つるされている, 〈〜に〉左右される <on>, 〈罪の意識など〉が重く〈〜に〉のしかかる <on>, 中ぶらりんになっている, 保留になっている, 〈絵画など〉が展示されている, 〈〜の上に〉垂れ込める <over>, 〈コンピュータなど〉がハング[異常停止]する ◆a hanging indent (= an outdent) ぶら下げインデント (*段落の最初の行だけ外側に張り出して, 2行目以降をすべてインデントした状態) ◆hang a room [window] with curtains 部屋[窓]にカーテンをつるす ◆hang drapes 厚成のカーテンをつるす ◆hang...on a wall 〜を壁に掛ける[吊す] ◆hang the picture with a cord 〜の絵をひもでつるす ◆hang wallpaper 壁紙を貼る ◆when the system hangs システムが立ち往生[ハングアップ]すると ◆chandeliers hanging at touchable levels 手で触れられる高さにつるしてあるシャンデリア ◆(Just) hang in there! 頑張れ! ◆cause a simulator to hang in a long wait loop 《コンピュ》長い待ちループ実行中にシミュレータの停止を引き起こしている ◆Responsibility can hang heavy on your shoulders, especially if you... 特に〜の場合, 責任があなたの双肩に重くのしかかってくることがあります ◆The mist hangs heavy over the hills and moors of North Yorkshire. 北ヨークシャーの丘陵と荒野にもやが厚く[濃いもやが]垂れ込めている. ◆Those who are convicted of first-degree murder will automatically be sentenced to death by hanging. 第一級殺人で有罪が確定したものには自動的に絞首刑の宣告を受ける.

**2** *the* 〜 <*of*> (〜の)つるし具合; *the* 〜 <*of*> 《口》(〜の)やり方, 要領, こつ, 呼吸, 使い方, 扱い方; *the* 〜 <*of*> 《口》(議論などの)趣旨, 意味; *a* 〜 《口》ちっとも ◆I don't give [care] a hang about that. 私は, そんなことは少しも気にしていない. (*a hang の代わりに a damn を使うと強い語調になる) ◆If you get the hang of (doing) it, I wish you'd teach me. 《口》それの(やりかたの)こつが分かったら, 教えてもらいたい.

**hang a few on** 《熟語》酒を2〜3杯ひっかける, 一杯やる

**hang around** 〜にまつわり[まとわり]つく, 〈場所〉をうろつく, 徘徊(ハイカイ)する, ぶらぶらする

**hang back** 〈〜に〉後れを取る <behind, from>, しり込みする

**hang behind** 〜より遅れる, ぐずぐずする

**hang by** 〈ロープなど〉でぶら下がる

**hang by a thread** 〈命が〉風前の灯(トモシビ), 危機[気分]に瀕(ヒン)している

**hang down** 垂れ下がる, 垂れる, 垂下(スイカ)する <〜から, from>

**hang from** 〜からぶる[垂れ]下がっている

**hang in the balance** どっちつかずの状態になっている, (決定などが)未決になっている, 予断を許さない (→ balance の下の be [hang, lie] in the balance)

**hang in there** 《米俗》踏ん張る, 頑張る, 辛抱する, くじけないようにする

**hang loose** 《北米俗》気楽にする, くつろぐ, のんびり[ゆったり]やる

**hang on** しばらく待つ, 生き延びる, 死なないで持ちこたえる, 〈風邪などが〉長引く, 回復が遅れる, しがみつく, すがる, 真剣に聞く, つかまえておく, 〈〜に〉次第に〜する, 〜次第で決まる[左右される], 《俗》〜に(罪などを)なすりつける ◆hang on someone's every word 人の話を真剣に聞く[傾聴する] ◆Hang on (a minute)! 《口》ちょっと待って. ◆Please hang on. 切らずにそのままお待ちください. (*電話口で)

**hang on to** 〜にしがみつく, 〈人〉をつかまえる, 〜を手放さない(でいる) ◆Can this product hang on to its lead in the Macintosh market? この製品は, マッキントッシュ(コンピュータ)市場におけるトップの座を固守し続けられるであろうか?

**hang out** 外につるす, 乗り出す, 張り出す; 《口》〈場所〉をたまり場にしている, 〜にたむろする ◆hang out a "For Sale" sign 「売り物[売り出し中]」の看板を掲げる

**hang out of** 〜からはみ出して垂れ下がっている; hang A out of B A を B から外に出す

**hang out with** 《口》〜とつき合っている, 〜と仲よくしている

**hang over** 未決のままになってる, 〜の上に吊されて[ぶら下がって]いる, 〜の上を覆っている; hang A over B A を B の上につるす ◆Do not let the cord hang over the edge of a table or counter where it can be accidentally pulled. 知らずにコードを引っ張ってしまうような(ことがあり得る)テーブルやカウンターの端から, コードを垂れ下がらせないようにしてください.

**hang together** (仲間が)まとまっている, 団結している, 一緒に過ごす, (話が)つじつまが合う

**hang up** 〈コンピュータ, 機械などが〉(内部的な要因で突然)ハングアップ[異常停止, 立往生]する; 電話を切る, 《俗》《口》(通例 hang it up の形で)やめる ◆hang up on someone; hang up in someone's ear 人が話している最中に電話を切る

**hang with** 《俗》〈人〉と一緒に居る, 〈会社など〉にとどまる; hang A with B A を B (ひも, フックなど)でつるす, A (窓など)に B (カーテンなど)をかける

**hangar** *a* 〜 (航空機の)格納庫; 物置, 小屋, 納屋

**hanger** a～ 物をつるす[掛ける]人[道具,金具], ハンガー, えもん掛け, 洋服掛け, 吊り手 ◆a cable hanger ケーブルハンガー, ケーブル吊架(チョウカ)用部材 ◆a hanger bolt 吊りボルト

**hangout** a～ たまり場, 行きつけの場所, 隠れ家(カクレガ), 巣窟, アジト ◆a popular student hangout 学生に人気のあるたまり場

**hangtag** a～ (製品の素材や取り扱い注意などを表示する)下げ札, 製品表示票

**Hansen** ◆patients [people] with Hansen's disease ハンセン病患者(＊現在は, らい病患者 = leprosy patients, patients with leprosy という呼称は用いない) ◆stop using the word "leprosy" and use "Hansen's disease" instead 「らい病」という言葉を使用するのをやめ, 代わりに「ハンセン病」

**haphazard** n. 偶然; adj. 偶然の, 行き当たりばったりの, 出たと所勝負の, 無計画の, でたらめの, ランダムの; adv. (= haphazardly) at [by] haphazard 偶然に, 漫然と, でたらめに (= at random) in a haphazard way [fashion] 行き当たりばったり式に[無計画に, 漫然と] ◆Haphazardly repaired electrical lines have made firetraps of many public buildings. 行き当たりばったり[無計画]に修繕された電線が, 公共の建物の多くを火災防止上非常に危険な物にしてしまった.

**haphazardly** adv. 無計画に, 方針なしに, 無作為に, 任意に, 手当たり次第に, 行き当たりばったりで, 出た所勝負で, いい加減に, 漫然と, でたらめに, ランダムに, 偶然に ◆Small parts, such as resistors, capacitors and diodes, often become tangled and hard to locate when they are stored haphazardly in boxes. 抵抗, コンデンサ, ダイオードなどの小物部品を箱にごちゃごちゃに入れてしまっておくと, からまってしまって探しにくくなりやすい.

**happen** vi. 起こる, 生じる, 出来(シュッタイ)する, 出現する, 降り掛かる, 偶然[たまたま]～する, 偶然に起こる <on, upon> ◆I happened to meet her. 私は, 彼女に偶然会った. ◆a person, who just happened to be (present) at the scene of a crime 犯行現場にちょうど居合わせた人 ◆If there happens to be a failure in any such equipment, ... もしもそういった機器(のれか)にたまたま故障[障害]があれば ◆This can happen, for example, if... このことは, たとえば[現に]～といった場合に起こり得る. ◆As happened with CD players, prices can be expected to come down sharply as the DAT market grows and competition heats up. CDプレーヤーで起きたように[CDプレーヤーの場合と同じく], DAT市場が成長し競争が激化するにつれ, 価格が急激に下がるものと予想される.

**happily** adv. 満足して, 幸せに, 楽しく; 幸いにも; (重要なことに気付かないで)おめでたいことに, 何も知らずに

**happy** adj. 幸せな, 幸福な, うれしい, 楽しい, 幸運な, ラッキーな, めでたい, 満足して <with> ◆keep the customer happy 顧客を満足させておく ◆no one is happy with the current state of affairs 誰一人として現在の状態に満足していない; 現状に満足している奴は誰もいない ◆shopping-happy Japanese 買い物好きの日本人 ◆I would be more than happy to <do> 喜んで～致します ◆learn how to keep customers happy どうすればずっと顧客に喜んでもらえるかを勉強する ◆Many happy returns of the day! 今日のよき日が何度も巡ってきますように[誕生日おめでとう]. ◆we will [would] be more than happy [glad] to help you 喜んでお手伝いいたします ◆wish her many happy returns; wish her (a) happy birthday 《意訳》彼女に誕生日おめでとうを言う; 彼女の誕生日を祝福する

**-happy** ～にとりつかれている, ～をすぐに使いがちな

**harass** vt. ～を(しつこく)いやがらせをする, 困らせる, 苦しめる, (敵)を波状攻撃して悩ます ◆Have you ever been harassed by prank callers? いたずら電話をかける人からいやがらせを受けた[いたずら電話に悩まされた]ことはありますか.

**harassment** いやがらせ, 迷惑, 厄介, いたずら, 悪ふざけ ◆sexual harassment 性的いやがらせ[セクハラ] ◆the prevention of sexual harassment セクシュアルハラスメント[セクハラ, 性的いやがらせ]防止

**harbinger** a～ <of> (～の)前触れ, 前兆, 先触れ; a～ 《軍》先発[先遣]者; vt. ～の先触れとなる, ～の到来を告げる ◆His visit is seen as a harbinger of better relations with the country. 彼の訪問は, 同国との今後の関係改善の前兆と見られている.

**harbor** a～ 港, 港湾, 避難所, 退避所, 隠れ[潜伏]場所; vt. 〈逃亡者など〉をかくまう, 〈難民など〉を隠す, 収容する, 心にいだく, 〈船舶〉を(安全に)停泊させる; vi. 〈船舶が〉港に停泊する, 港に避難する ◆harbor workers 港湾労働者 ◆countries that harbor terrorists テロリストをかくまっている国々(＊harbor = provide [serve as] a place of protection to...) ◆From this day forward, any nation that continues to harbor or support terrorism will be regarded by the United States as a hostile regime. 今後, テロを引き続き庇護[《意訳》容認]したり支援したりするあらゆる国家は, 米国にとって敵対政権とみなす.

**hard** 1 adj. 堅い, 固い, 硬質の, 硬調の, 堅固な, 堅牢な, 確固たる, 確かな, 硬化—難—, 厳しい, 激しい, 過酷な, 手荒な, 困難な, 難しい, ～しにくい<to do>, 骨の折れる, 冷酷な, つらい, 頑固な, ひどい, 逼迫した, 刺激の強い, 鮮明な, 〈酒などが〉強い, 〈薬物が〉高依存性の, 〈放射線が〉高透過性の, 完全真空に近い; 硬貨の, 現金の, 〈通貨が〉交換できる[だ換の], 〈相場が〉堅調な[強気の]; 《軍》堅固な, 核ミサイル攻撃に耐えうる, (ミサイルが)地下サイロから発射可能の, 減速せずに着地する方式の ◆a long, hard job search 長く辛い職探し ◆hard porcelain 硬質磁器 ◆hard work 骨の折れる[たいへんな, 困難な]仕事 ◆hard money (米)ハードマネー(＊連邦レベルの選挙運動費用として調達・支出される資金で, 候補者への個人献金の上限が連邦法により規制される. c.f. soft money) ◆a hard vinyl [polyvinyl] chloride pipe; a PVC pipe; PVC piping 硬質塩ビパイプ ◆(a) hard-drawn aluminium wire 硬アルミニウム線, 硬アルミ線 ◆(a) hard-drawn copper wire 硬銅線 ◆a hard permalloy record/playback head 硬質パーマロイ記録再生ヘッド ◆cause hard starting (エンジンを)始動しにくくする[かかりにくくする] ◆during hard cornering 急旋回時に ◆hard-eyed guards 厳しい目をしたガードマンたち ◆in the event of economic hard times もし不景気になった場合に ◆under hard acceleration 急加速時に ◆withstand hard use 酷使に耐える ◆(a) hard, high-contrast, slow film 硬調なコントラストの高い低感度[微粒子]フィルム ◆hard-to-understand legalese in a contract 契約の中で使われている難解な法律用語 ◆For reasons not hard [difficult] to understand, ... 理解に難くない理由で; 《意訳》考えればすぐに分かることだが ◆What's hard to understand is why... 理解に苦しむのは, どうして～なのかということである. ◆the temperature at which the flesh becomes hard to the touch 肉が触って固く感じるようになる温度 ◆to prevent wheel lockup and enhance control in hard-stopping situations 急停止[急停車]時に車輪が拘束するのを防ぎ操縦性を高めるために ◆Everyone's having a hard [tough] time making ends meet. だれもが収支を合わせる[生活していく]のに苦労している. ◆It's becoming increasingly hard to think of Yugoslavia as one country. ユーゴスラビアが一つの国であるとはますます考えにくくなってきている. ◆Federal officials say there is no hard evidence yet indicating this latest case is a result of bioterrorism. 連邦当局者らは, この直近の事件が生物テロの結果であると確信する[確たる, 確かな]証拠は今のところ何もないと言っている.

2 adj. 触れることのできる, 実体[形]のある; 永久的な, 変更のかからない; 〈コンピュ〉ハードウェアの[ハードディスクの] ◆a hard error ハードエラー(＊ハードウェア上の問題によって起きるエラー, または, プログラムを続行できず, システムをリセットしなければならないエラー) ◆a hard return 〈コンピュ〉ハードリターン, 強制改行, (自動改行ではなく)手入力された改行

3 adv. 堅く, 固く, しっかりと, 強く, 激しく, ひどく, 一生懸命に, 勤勉に, 可能な限り, 真剣に, 苦労して, 骨折って, なかなか[容易には, 遅爾として]～ない ◆hard-won 苦労して勝

**hardback, hard-back**

ち取った[手に入れた, 得た] ◆in the hardest-hit areas 被害が最も大きかった被災地では ◆my hard-earned money 私の苦労して[汗水垂らして]稼いだお金 ◆rub hard on stubborn stains 頑固な汚れをごしごしこする ◆work very hard 一生懸命に働く; 猛勉強する ◆if the car starts hard 車のエンジンがかかりにくい場合には ◆Snow may be hard packed and as slippery as ice. 雪は固く踏み固められていて氷のように滑べりやすくなっているおそれがある.
- **be hard on** ～につらくあたる, ～に手厳しく[厳格に]対応する
- **hard by** すぐ近くの[に], 近傍に[の], 至近距離で[の]
- **hard put** 非常に困って, 窮して, 当惑して
- **hard up** 《口》金に困って, 手元[経済的に]不如意で, 緊急に金が入り用で, 満たされない感じになって

**hardback, hard-back** a ～ ハードカバーの本; in hardback ハードカバーの[で]; adj. ◆a hard-back book ハードカバーの本

**hard-boiled** adj. 〈卵などが〉堅くゆでた; 〈感情的でな〉非情[冷徹]な, ハードボイルドの; 現実的な, 実際的な ◆a hard-boiled egg 堅ゆで玉子

**hard copy, hardcopy** (a) ～《コンピュ》ハードコピー, 紙に印字出力したもの ◆a hardcopy report 紙の形での報告書 ◆a hardcopy edition [version] of the magazine その雑誌のハードコピー版[紙版, 印刷の本](*電子媒体版に対して) ◆for hardcopy output 印字出力のために ◆hard copies of the manual そのマニュアルのハードコピー ◆produce hard copy output ハードコピー出力する ◆the material will probably be published in hardcopy この原稿はたぶん印本で出版されることになるだろう ◆The unit automatically provides continuous hard copy recording of data or critical events. この装置は, データや重大な事象の連続ハードコピー記録を自動的にとってくれる.

**hard core** a ～《単/複数扱》中核グループ; 〖英〗ハードコア(*アスファルトの下に敷く, 砕いたレンガや石)

**hard-core** adj. 中核の, 断固たる, 根強い, 慢性的な, 治癒しにくい, 頑固な, 改善[変化]がみられない, 〈ポルノが〉露骨な[どぎつい] ◆reduce the quality of treatment for hard-core drug abusers 極めて治療困難な薬物乱用者のための治療の質を落とす

**hardcover** adj. ハードカバーの, 〈本の〉堅表紙の; n. a ～ 堅表紙, ハードカバー本 ◆The book sold more than 500,000 copies in hardcover. この本のハードカバー版は, 50万部以上売れた.

**hard currency** (a) ～硬貨, (外貨や金などと)交換可能な通貨, 国際通貨 ◆in foreign hard currency 交換[両替]可能な外貨で ◆hard-currency exports 先進諸国の外貨が稼げる輸出

**hard disk** a ～ ハードディスク(装置), 《中国語》硬盤 ▶ ハードディスク装置は, 1枚または複数枚のディスクと駆動機構(ドライブ)とが一体のものとなったものである. a hard disk というと, 普通はドライブを含めた装置全体を指し, その中の個々のディスクは a (disk) platter という呼び方をする. ハードディスクの古い呼び名として a rigid disk, a fixed disk (固定ディスク), a Winchester disk などもあった. ◆a 120-MB [2.4-GB] hard disk 120メガバイト[2.4ギガバイト]のハードディスク ◆a removable-media hard disk system 媒体系脱可能[リムーバブル]ハードディスクシステム ◆if a hard disk becomes full ハードディスクが一杯になると ◆store... on a hard disk ～をハードディスクに格納する ◆you'll need at least a 486 with 8 MB of RAM and about 40 MB of hard disk space to get started 始めるには, 最低で486(のCPU)と8メガバイトのRAM, そして約40メガバイトのハードディスクの空きが必要です

**hard-drinking** 大酒のみの, 酒豪の, 酒に強い

**hard drive** a ～《コンピュ》ハードドライブ(= a hard disk drive) ◆copy the contents of CD-ROMs onto a hard drive CD-ROMの内容をハードディスク(装置)にコピーする ◆copy the program onto a hard drive or other device プログラムをハードディスクあるいはその他の装置にコピーする

**hard-earned** 苦労して[骨折って]手に入れた

**harden** vt. 堅くする, 固める, 硬化させる, 焼き入れする, 鍛錬する, 強化する, 強固にする, 〈核攻撃に対して〉堅固にする, 〈放射線に対して〉堅牢にする[耐性をもたせる]; vi. 堅くなる, 硬化する, 固まる, 鍛えられて強くなる, 無情になる ◆a hardening agent [a hardener] 硬化剤, 《写真フィルム》硬膜剤 ◆a radiation-hardened device 放射線に対する耐性を高めた[放射線耐力強化, 耐放射線堅牢化型]素子 ◆tips hardened to a Rockwell hardness of 64-66 R/C ロックウェル硬さ64-66 R/C (の値)に焼き入れされている先端部 ◆materials which harden under heat and pressure 高温・高圧下で硬化する材料 ◆Remove any excess adhesive before it hardens. 余分な接着剤は固まる前に[固化しないうちに]除去すること.

**hardened** adj. 硬化された, 焼き入れされた, 強化された, 〈軍事施設が〉地下式の ◆a hardened rod 焼き入れされたロッド

**hardener** a ～ 堅くするもの, 《写真フィルム》硬膜剤, 硬化剤(= a hardening agent)

**hardening** 硬化, 焼き入れ, 固化 ◆precipitation hardening 《金属》析出硬化 ◆work [strain] hardening 加工[歪み]硬化 (＊金属はハンマーで叩いたりするなど冷間加工を加えるたびに固くもろくなっていく)

**hard facing, hardfacing** 〖U〗耐摩耗性や耐腐食性を持たせるために金属の表面を硬質の保護材で被覆すること, 耐磨耗表面処理, 硬化肉盛, 《溶接》; hard facing, hardfacing adj. ◆a hardfacing weld rod 肉盛り溶接用の溶加棒

**hard hat, hardhat** a ～ 《プラスチック, 金属製の》安帽, 安全帽, 安全ヘルメット, 建設作業員 ◆a hard-hatted worker ヘルメット[安全帽, 保安帽]をかぶっている労働者; 建設現場作業員

**hard-hit** adj. 深刻な打撃を受けた, 大きな被害を被った ◆the hardest-hit areas 最も深刻な打撃を受けた地域[領域, 分野]; 被害の最も大きかった被災地[被災地] ◆like a hard-hit ping-pong ball striking the surface of a table 強打されて卓球台の面にぶつかるピンポン球のように

**hard knocks** 《複数扱》(人生などでの)厳しい容赦ない処遇[あしらい] ◆formal education and the school of hard knocks 正規の学校教育と世の中での厳しい実地の勉強[厳しい実社会での経験] ◆I went to the college of hard knocks. I never had the chance to go to college because I grew up poor. 私は現場[実地]でもまれたたたき上げです. 貧乏で育ったために大学に行く機会は全然ありませんでした.

**hard line** a ～ 強硬路線 ◆take [adopt] a hard line 強硬路線を取る[採る]

**hard-line** adj. 強硬路線の, 強硬論の ◆take [adopt] a hard-line attitude toward... ～に対して強硬な態度[姿勢]を取る[採る]

**hardly** ほとんど[まず]～ない, かろうじて, やっと, 決して～ない ◆the walls are so thick that radio waves can hardly penetrate 壁は非常に厚くて電波はほとんど通り抜けられない ◆a day hardly [hardly a day] goes by without someone being murdered in a drug-related incident ほとんど毎日のように誰かが麻薬がらみの事件で殺されている

**hardness** かたさ, (金属, 水などの)硬度, 堅固さ, 難しさ, 困難, 冷酷, 無情 ◆a high hardness edge 硬度の高い刃 ◆increase the hardness of... by heat treatment ～の硬度を熱処理によって上げる ◆clay compacted nearly to the hardness of concrete ほぼコンクリートの硬さに突き固められている粘土 ◆hardened to a Rockwell hardness of 54-58 R/C ロックウェル硬度で54-58 R/Cに焼き入れされている ◆its hardness is about 4.5 on Mohs scale その硬度はモース硬さスケールで約4.5である ◆The CMOS static RAM sports a radiation hardness of 500,000 rads. そのCMOSスタティックRAMは, 50万ラドの放射線耐性を誇る.

**hard of hearing, hard-of-hearing** adj. 耳が遠い; 《集合的に》the ～ 難聴の人たち

**hard-pressed** adj. 逼迫(ヒッパク)した, 追い詰められている, 行き詰まっている, せっぱ詰まった, 困窮[窮乏]している,

財政難に陥っている ◆be hard-pressed for cash 金に窮乏している ◆financially hard-pressed farmers 財政的に追い詰められている農業経営者である

**hardship** (a)〜 苦難, 困苦, 苦労, 辛苦, 難儀, 艱難(カンナン), 困難, つらい目, 憂き目 ◆fix it without hardship それを苦労しないで[難なく]直す ◆Despite the hardships of starting over in a new country with a new language and culture,... 言葉も文化もはじめてという新しい国での新規蒔き直しの苦労にもかかわらず

**hard time** a〜つらい[苦しい, 試練の, 困難の]時[時期], a〜(長くつづいた)刑期, 禁固刑; b〜叱責, 厳しい非難; c〜《以下を意訳》苦労[困難, 難儀, 難渋, 難航], 辛い思い, つらい[散々な, えらい]目, 苦渋 ◆give him a hard time 彼を叱る[叱りつける, 叱責する, 厳しく非難する] ◆have a hard time [難儀, 難渋, 難航]する; (うまくいかなくて)苦しむ[こまる]; 辛い思いをする, つらい[散々な, えらい]目に遭う; 苦渋を味わう ◆they have had a hard time getting jobs 彼らは仕事にありつけるのに苦労した[えらい目にあった, 散々な目にあった] ◆I had a hard time waking up this morning. 今朝起きるのに苦労した [《意訳》起きるのが辛かった] ◆So many women have a hard time with weight loss in their thighs, buttocks, waist, and upper arms. 非常に多くの女性が太もも, 臀部[ヒップ], 胴回り[ウエスト], 上腕部[二の腕]の減量で苦労している

**hard times** 厳しい時代, 困難な時世, 窮乏の時期, 経済困難(の時期), 苦しい財政状況, 財政難, 不景気(な時代), 不況(期), (比喩的に)氷河期 ◆hard times for job seekers [hunters] 職探しをしている人たち [求職者, 就職希望者]にとって厳しい時代 [《意訳》受難の時期]; (比喩的に)就職の氷河期[厳冬期] ◆Despite a booming U.S. economy, American farmers have fallen on hard times. In recent years, Mother Nature and a number of other factors have hurt family farms across the country. 好調に沸く米国経済にもかかわらず, 米国の農家は苦しい財政状況[経済困難, 不況, 不振]に陥ってしまった. 近年, 母なる自然と数々の要因が全米の自営農場に打撃[痛手]を与えたのだ.

**hard-to-** 《動詞原形を伴って》〜することが難しい ◆hard-to-get 入手困難な ◆a hard-to-diagnose engine problem 診断の難しいエンジン故障 ◆a hard-to-read graphic tach 読みにくいグラフィック(表示の)タコメータ ◆a hard-to-remove spark plug 取り外しにくい点火プラグ ◆hard-to-get [hard-to-find] accessories 入手にくい付属品 ◆hard-to-handle liquid helium 取り扱いが難しい液体ヘリウム ◆the hardest-to-machine super alloy 機械加工の最も難しいスーパーアロイ

**hardware** 回ハードウェア, 機器, 機械, 装置, 機材, 器材, 金具類, 金物, 建築金物, 兵器, 武器 ◆a piece of hardware 1台[1個]のハードウェア ◆home hardware 家庭用金物(類) ◆mounting hardware 取り付け金具, 止め金具 ◆some 60,000 tons of hardware 約60,000トンの機材 ◆Nineteen shuttle missions would be required to carry the space station's 200 tons of hardware into orbit. スペース・ステーションのハードウェア200トンを軌道上に運ぶには, 19回のシャトル飛行が必要になるだろう.

**hard-wired, hardwired** adj. 《コンピュ》物理的に組み込まれていてプログラムで変更できない, ハードワイヤード, (固定された)配線, (端末装置がコンピュータに)直結されて, (比喩的に)(人が)〜することがなかなか直らない性格で <to do> ◆the hard-wired logic of ENIAC エニアックの配線[結線]によって組まれているロジック[ハード的に実現されている論理回路] (*米国で1946年に作られた世界初の電子計算機)

**hard work** ハードワーク, 重労働, 懸命の努力 ◆their unceasing hard work 彼らの不断の懸命の努力 ◆I'm a sucker for hard work stories. 私は苦労話がたまらなく好きです.

**hardworking** adj. 勤勉な, よく働く

**hardy** adj. 丈夫な, 強壮な, 頑丈な, 頑健な, 大胆不敵な, 勇敢な, 果敢な, 剛毅な, 向こうみずな, (植物の)耐寒性の, (スポーツに)体力[持久力]を要する

**hare** a〜(pl. hare あるいは hares) ノウサギ ◆run after two hares; have two hares afoot 二兎を追う; 一度にあまりにも多くのことをする (undertake too many things) ◆If you run after two hares, you will catch neither.; He who runs after two hares will catch neither [will not catch one]. 《諺》二兎を追う者は一兎をも得ず.

**hark** vi. 真剣に聞く; vt. 《古語》聞く

**hark back** (猟犬が)獲物の臭いをたどって後戻りする, (〜に)さかのぼる <to>, (元の話題などに)戻る <to>, (昔のことを)思い返す <to> ◆Typesetting jargon harks back to the days when type was set by hand. 植字関係の専門用語は, 活字を手作業で組んでいた時代にさかのぼる.

**harm** 回害, 損害, 危害, 毀損(キソン), 被害, 悪意, 悪気, 障害(サシサワリ), 差し支え, 支障, 悪いこと; vt. 〜を害する, 損なう, 悪いこと[悪いことをする]; 傷つける, 毀損する ◆do harm to... 〜に害を与える ◆do a lot of harm to... 〜に甚大な被害を与える ◆do no harm to... 〜に害を与えない ◆see no harm in...-ing 〜しても構わない[悪いことはない]と思う ◆stay clear of harm's way 危険[災い, 難, 災難]を避けるようにしている; 安全を確保するようにしている ◆stay [keep] out of harm's way 害をこうむらないようにしている[おく] ◆there is no harm in...-ing 〜しても支障はない[差障りない, 不都合はない, 悪いことはない, 構わない] ◆raising taxes would harm the economy and hinder companies from creating new jobs 増税は経済[景気]に悪影響を及ぼし, 企業による新しい雇用の創出の支障となる ◆It will do more harm than good. それは, かえって良くない結果を生むことになるだろう. ◆Reckless behavior could harm your health and reputation. 向こう見ずな行動はあなたの健康を害したり評判を損ねたりしかねません. ◆They do no harm as long as they are kept within certain limits. それらは, ある一定の限度内に維持されている限り害にはならない. ◆If our products do not achieve widespread (market) acceptance in these markets, our business would be significantly harmed. 我が社の製品がこれらの市場で広範に受け入れられなければ, 我が社の商売は著しい痛手[大打撃]を受けることになるだろう.

**harmful** adj. 有害性の, (〜に)有害な <to> ◆have [exert] a harmful effect [influence] on... 〜に有害な影響を及ぼす; 〜に弊害をもたらす ◆the harmful effects of tobacco タバコの害[弊害] ◆Drinking is harmful to health. 飲酒は健康に良くない.

**harmfulness** 回有害(なこと), 有害性 ◆the degree of harmfulness 有害性の度合い ◆There are two methods of testing the harmfulness of passive smoke (or "environmental tobacco smoke"). 受動[間接, 二次]喫煙 (すなわち「環境中のたばこの煙」)の有害性を調べるには二通りの方法がある.

**harmless** adj. 無害な, 無傷の ◆make [render]... harmless 〜を無害にする[無害化する] ◆the rendering harmless of industrial wastes 産業廃棄物の無害化 ◆They are rendered harmless by conventional methods. それらは従来の方法で無害化された. ◆It is environmentally friendly and completely harmless to humans and animals. それは環境にやさしく, また全く人畜無害である.

**harmonic** a〜高調波, 調波, 上音, 倍音, 倍振動, 調和関数; 〜s《単扱い》和声学; adj. (高)調波の, 倍音の, 調和振動の, 同調の ◆a harmonic progression 調和数列 ◆harmonic measurement equipment 高調波測定器 ◆produce a harmonic 倍音を発生させる ◆the harmonics of a fundamental tone 基本音[基音, 原音]の(いろいろな)倍音 ◆the second harmonic 第2高調波 ◆regulate the distortion to less than 0.05% per individual harmonic 歪みが各次高調波当たり0.05%未満になるよう調節する ◆Fourier analysis of an ac current waveform, shown in Fig. 3, shows that it contains the fundamental and harmonics of the order 3, 5, 7, 9, 11, etc. 図3に示す交流電流波形のフーリエ解析により, 基本波および3次, 5次, 7次, 9次, 11次などの高調波を含んでいることがわかる.

**harmonious** adj. 仲よくまとまっている, 調和した, 整合がとれている, 耳に快く響く, メロディアスな, 和声の ◆the

**harmonious coexistence of man and nature** 人類と自然の調和のとれた共存

**harmoniously** adv. 調和して, 調子よく, 和して, 仲よく, 平和に ◆The aim was to create settings in which both modern art and African sculpture could be displayed harmoniously. 目的は, 近代美術とアフリカ彫刻の両方を融和させて展示できる場[環境]を創ることにあった.

**harmonization** 囗調和をとること, 整合化, (規格など の)統一化, 一致, 和合 ◆the Promotion Conference of Harmonization of Advanced Telecommunications Systems 《日》高度通信システム相互接続推進会議(HATS推進会議) ◆propose international [global] harmonization of intellectual property right laws 知的所有権法の国際的な調和と[《以下はすべて意訳》]する ◆improve harmonization among [between] U.S., Canadian, and European standards 米国, カナダ, 欧州それぞれの規格の間の整合性を改善する[より確保する] ◆A decision to <do...> would enhance harmonization with existing Article 2. ~を行うという決定は, 現行の第2条との整合性を高めるものとなろう. ◆The harmonization of technical standards has been speeded up by the mutual recognition of such standards. 技術的な標準規格の整合化は各国の標準規格の相互認証[承認]によりスピードアップされた.

**harmonize** vt. ~を(~と)調和[一致]させる<with>, 合わせる<with>, (旋律)に和音[和声]を加える; vi. <with>(~と)調和する[一致する, 融和する], 和する, 合う ◆the Harmonized Commodity Description and Coding System 国際統一商品分類[*省略形: the Harmonized System (HS)] ◆harmonize the Israeli and American points of view イスラエルと米国の見解をすり合わせる ◆make sure disclosure rules are harmonized between the two industries これら2つの業界間で情報開示ルールの整合[統一]が取れているようにする ◆require all three nations to harmonize their labor, health and environmental laws 3カ国すべてに対し, (各国間で)労働法, 医療法, 環境法を整合化するよう求める

**harmony** (a)~ハーモニー, 和声, 和音; 囗調和, 整合, 協和, 融和, 和合, 平衡 ◆be in [out of] harmony with... ~と調和している[いない] ◆go [get] out of harmony with... ~と調和がとれなくなる; 合わなくなる; そぐわなくなる; ぎくしゃく[ちぐはぐ]してくる, 《比喩》~との間に不協和音[きしみ]が生じるようになる;《音》~とのハーモニーが揃わなくなる卽意味 ◆live in perfect harmony with... ~の仲がこの上なくうまくいって暮らす ◆to achieve maximum harmony with nature とことん[極限まで]自然との調和を追求する[推し進める]ために ◆in an effort to bring them back into harmony 彼らの仲がまたしっくり行くようにしようと ◆We worked together in harmony for years. 我々は, 長年一緒に一致団結して[心を一つに合わせて, 和して, 協調して]仕事をした. ◆The controller can instruct the computer to control all the joints in harmony or specify individual control of each joint if necessary. コントローラは, すべての関節を協調的に制御するよう, あるいは必要があれば各関節の個別制御を指定するようコンピュータに対し指示を出せる. (*ロボットの話で)

**harness** 1 (a)~ 馬具; a~ ハーネス, 電線・ケーブルを束ねたもの, (航空機・宇宙船内で乗員を座席に保持しておくための)拘束帯[シートベルト], パラシュートの装着具, (織機の)通糸(ツウジ), 涼絖(ソウコウ), 通糸涼絖 ◆a wire harness ワイヤーハーネス[組み電線](*電線やケーブルを結束したもの)
2 〈自然界の力〉を(コントロールしつつ特定の目的のために)利用する ◆harness water power 水力を利用する ◆generate and harness light and other forms of radiant energy 光その他の形の放射エネルギーを発生させて利用する

**harsh** adj. (手触りが)ざらざらした, 粗い, (目に)強烈すぎてきつい, (土地が)荒涼とした, (声が)かすれている, 厳しい, 残酷な, 苛酷な ◆harsh [hard] braking 急ブレーキ ◆harsh realities 厳しい現実 ◆a harsh chemical 刺激の強い化学薬品 ◆a harsh penalty 厳しいペナルティ ◆The instrument is designed specifically for harsh environments. この機器は特に苛酷な[過酷な, 厳しい]使用環境用に設計がされている. ◆The only disadvantage to these tires is their somewhat harsher ride. これらのタイヤの唯一のマイナス点は, 乗り心地がごつごつと多少硬めであるということだ. (*harsh=「路面からの直接的なショックを乗員に伝えてくる」)

**harshness** n. harsh であること,《車》ハーシュネス(*路面の突起などを乗り越えたときなどのガクンという振動)

**harvest** 1 (a)~ 収穫, 取り入れ, 刈入れ, 採取, 収穫期, 収穫高, 収量; a~ 収穫物, (豊作, 凶作などの)作柄[作況]; the ~《of》(~の)成果, 結果, 報い
2 vt. ~を収穫する, 取り入れする, 〈成果など〉を収める ◆harvest fish 魚を捕まえる[捕らえる, 捕る, 獲る, 捕獲する], 漁をする, 漁る(スナドル)

**has-been** a~ 過去の人[もの], 盛りを過ぎた[もう終わってしまった]人, 役立たなくなったもの, すたれたもの(=a used-to-be)

**haste** 囗急ぎ, 急速, 敏速, 迅速, 性急, せっかち, (undue eagerness to act)せくこと[焦り, 焦燥(感)] ◆in great haste 取るものも取りあえず, 大急ぎで ◆in haste 急いで, あわてて, 性急に, 取り急ぎ, 取り敢えず, そそくさと, 早々に, さっさと ◆a bad decision made in haste 急いで[性急に]下された誤った決定[判断] ◆Haste makes news to <do> 急いでー する《古》in haste, (手紙で)取り急ぎお知らせで[ご報告]まで; 早々(*現代でも, まれにe-mailなどの結びで使われているのをみる. →敬具) ◆Haste makes waste. 《諺》急いては事をし損じる; 急がば回れ; 急ぐと, ろくなことはない; 慌てる乞食はもらいが少ない; 焦りは禁物 ◆mistakes made as a result of haste 急いでいたが故に犯したミス ◆More haste less speed.《諺》急がば回れ. ◆Though I am always in haste, I am never in a hurry. 私は常に急いでいるが, 決して焦る[焦燥に駆られる]ことはない. ◆Do not let haste or anger lead you into making poor decisions. 焦りや怒りのせいで[焦ったり怒ったりして]まずい決定をしない[《意訳》判断を誤らない]よう. (*下手な決定をするということは, もっといい道があったわけだから, 「判断を誤った」ことになる)

**hasten** vt. 〈人〉を急がせる[せきたてる], 〈作業など〉を急ぐ, ~を催促する, 促進する; vi. 急ぐ ◆hasten the deterioration of... ~の劣化を速める ◆she hastens from Toronto to Paris 彼女はトロントからパリへと急ぐ ◆hasten the development and testing of products 製品の開発と試験を急ぐ[早める, 速める, 促進する, 迅速化する] ◆hasten the transformation of lakes into swamps 湖が沼へと化すのを速める ◆hasten to the nearest Toyota dealer 最寄りのトヨタディーラーへと急ぐ ◆I hasten to add that... ~の旨取りあえず[とり急ぎ]申し添えさせていただきます ◆This probably will hasten his death. これは多分彼の死[死期]を早めることになるだろう.

**hat** a~ 縁のある頭にかぶる物, 帽子, ヘルメット,《一記号を一人で掛け持ちする職[肩書き]》のうちの1つ; vt. ~に帽子をかぶせる ◆hat in hand 帽子を手に持って, かしこまって, へいこらして, ぺこぺこ頭を下げて
**wear two hats** 2つの仕事[職業, 肩書き, 役割]を持って[掛け持ちしている], 一人二役をする, 二足のわらじを履く ◆It is a wise head that is able to wear two hats so comfortably. 《意訳》賢者は二足のわらじを, 無理なく〔はきこなす〕ことができる. (*ジャズ評論家で元哲学者のIra Gitlerの言葉)

**hatch** 1 vt. 〈ひな, 卵〉をかえす, 孵化(フカ)する; vi. かえる; n. a~ 孵化, 1かえりのひな
2 n. a~ 艙口, 倉口(ソウコウ), 扉口, 昇降口, 水門 ◆The hatch limits over-the-shoulder vision. 《車》そのハッチ(後部はねあげ式ドア)は, 肩越しの[後方]視界を狭めている.
3 vt. ~にハッチングをかける, ~に(陰影のための)斜線をひく, ~に線影をつける ◆a hatch (cf. crosshatch) ◆hatch pattern 陰影[ハッチング]模様(の種類) ◆double hatch the area その部分を二方向の斜線でハッチング[網掛け]する ◆the distance between the hatch lines 陰影線の(各線及ぶ)間隔[斜線の細かさ]

**hatchery** a～《家禽や魚の卵の》孵化場(フカジョウ)[孵卵場(フランショウ)] ◆(a) hatchery-raised fish 養殖魚 ◆at fish hatcheries 魚の孵化場[孵卵場]で[の] ◆Some are farm-raised in hatcheries. 中には孵化場[《意訳》養殖場]で養殖されているものもある。(*カキの話で)

**hatchet** a～ 手おの ◆both companies decided to bury [lay down, drop] the hatchet 両社は争いをやめて仲直り[和睦, 和解(ワカイ, ワゲ)]することにした ◆he will serve as hatchet-man in the next round of cutbacks 彼は削減の第二弾で大なたを振るう役をすることになっている

**hate** 1 v. 《(進行形はとらない)～を憎む[憎んでいる], ひどく嫌う, 憎悪する; 《(ロ)》～が嫌いだ[～がいやだ, ～をいやがる]<to do, Obj ·to do, Obj ·…·-ing>; 《(ロ)》<…·-ing, to do>～することを残念に思う《(恐縮する, 申し訳けなく思う)》◆I hate having to <do> ～しなければならないなんて嫌なことだ ◆I hate to bother you. 面倒をおかけして恐縮です《[申し訳ありません]》. ◆I hate to say it [this] 申し上げにくいことですが《(遺憾ながら)》(*文尾で, または挿入句的に)
2 回憎しみ, 憎悪, 嫌悪, 敵意, 敵対感情; a～ 敵意[憎悪]の対象となる人[物] ◆hate mail いやがらせの手紙 ◆hate-motivated violence 憎悪に駆られての[憎しみによる]暴力 ◆commit a hate crime against a white [black] 白人[黒人]を相手にヘイトクライム[人種偏見的な憎悪に根ざした犯罪]を犯す

**haul** 1 vt. ～を(力をいれて)引っ張る, 〈荷〉を運ぶ, 運搬[運送]する, 《(ロ)》〈人〉を逮捕する, 《(ロ)》(尋問のため)ひったてる, 召喚する<up>; vi. 引っ張る, 〈車に長距離乗った後に〉ようやく(～に)たどり着く<at, into, to> ◆haul freight 貨物を運搬[輸送]する
2 a～ 力を入れて引っ張ること, 1回の積荷, 1回の積荷の量, 輸送[移動]距離, 〈網を1回打って取れた魚の〉漁獲量[水揚げ], 運ぶ物, 獲物 ～a haul road [工事用]運搬道路 ◆a long haul 長距離, 長期間(→long haul) ◆a short haul 短距離, 短期間 ◆a long-haul truck 長距離便トラック

**haulage** 回引っ張ること, 牽引, 運搬(作業), 輸送; 回輸送費, 運搬代, 運賃; 回牽引するのに費やされる力の量(the amount of force expended in hauling) ◆the underground haulage of coal 坑内での石炭運搬

**hauler** a～ 引く[引っ張る, 牽引する, 運搬する]人, 運送[輸]業者; a～ 《(英)》〈古〉坑内で石炭を運ぶ人夫, 炭車作業員 ◆a collector/hauler of industrial waste(s) 産業廃棄物の収集運搬業者

**haunt** vt. vi. たびたび訪れる, 足しげく通う, 〈幽霊などが〉ある場所に〉出没する, 絶えずつきまとう[取りつく], 悩ます; a～ よく出入りする場所, 通い先, 生息地 ◆a haunted house 幽霊[化け物]屋敷; ものっけのもの ◆the hideaway haunts of the likes of Frank Sinatra, Lucille Ball and Jack Lemmon フランク・シナトラやルシール・ボールやジャック・レモンのような人がよく出入りする隠れた(一般人の知らない)たまり場

**haute couture** 回《(仏)》オートクチュール, ハイ・ファッション(high fashion), 婦人向け高級衣装店, 高級服装界 ◆shops selling haute couture dresses from Paris パリ発のオートクチュールドレス[高級婦人服]を売っている店

**haute couturier** an～ オートクチュール[高級婦人服飾]デザイナー

**have** 1 ～を持っている, 所有している, 所持している, 保持している, 備えている, ～がある[いる]《心に抱いている》◆have the ability [capability, capabilities] to <do> ～は～する(ための)機能[能力]を持って[備えて, 《(意訳)》具備して, 搭載して]いる; ～には～がある[備わっている] ◆a January issue that has commentary on… についての解説記事を載せている1月号 ◆have 45-65 wt % of SiO₂ 45～65重量パーセントのSiO₂を含む ◆Only 20 percent of American homes had cable television. 米国世帯のCATV普及率はわずか20%だった。 ◆The carmaker's new flagship has an all-aluminum engine. その自動車メーカーの新型旗艦[フラッグシップ車]は, オールアルミエンジンを搭載している。 ◆The modem has automatic pulse and tone dialing. このモデムは, 《ダイヤル》パルス信号とトーン《プッシュホン》信号による自動ダイヤル機能を備えている。 ◆For small businesses, the impact of electronic data processing has made the difference between having a computer and not having one. 小企業の場合, 電子式データ処理の効果は, コンピュータを持っていることと持っていないことの間に格差を生み出した.
2 《have (got) to do の形で》～しなければならない[する必要がある] ◆without having to use… ～を使う必要なしに; ～の使用には及ばず ◆you don't have to <do…> あなたは～しなくてもよい ◆without your having to install special driver software ～のドライバソフトをインストールする必要なしに ◆be driven into a situation where one has to <do…>; be cornered into a situation of having to <do…>; ～しなければならない状況に追い込まれる; ～せざるを得ない状況に追い詰められる ◆We regret to have to inform you that… 残念ながら～ということをお知らせしなければなりません
3 ～する, 得る, 受け取る, 〈食事〉を取る[食べる, いただく, 口にする, 召し上がる], 飲む ◆What would you like to have — sushi, sukiyaki or tempura? 何を召し上がりますか. お寿司, すき焼き, それとも天ぷら?
4 ～してもらう, させる, しておく ◆have a new permit issued by a license-issuing office 免許発行事務所に新規許可証を発行してもらう ◆Have defective switches replaced by an authorized service center. 不良スイッチを, 正規サービスセンターで交換してもらってください.
5 《通例～s》持っている人[国], 持てる者, 有産階級 ◆(the) haves and (the) have-nots 《通例複数形》持てる者と持たざる者, 有産階級と無産階級
6 《完了形をつくる助動詞》 ◆it has been used four times それはこれまでに4回使用された ◆Interest in integration has been growing only for about 10 years. 統合化への関心は, ここわずか10年の間に高まってきている。 ◆These kinds of products have been around for quite a few years now. この種の製品は, もう何年も前から存在している. ◆Indeed, had it not been for the investigative reporters who delved into Miura's past, it is likely that he would never have gone on trial. 確かに, もしも三浦の過去を掘り起こす詮索好きな記者たちがいなかったら, 彼は決して裁判にかけられることはなかっただろう.

**have done with** ～をよす, ～を止める, ～を終える, ～との関係を絶つ, ～と絶交する[手を切る]
**have on** ～を身につける, 着用する, ～の予定がある
**have [be] (…) to do with** → do
**have to do with** ～と関係[付き合い, かかわり]がある

**haven** a～ 港, 停泊港, 避難所; ～を避難させる ◆a tax haven 租税回避地

**have-not** 《通例 the～s》持たざる者, 無産階級 ◆divide the industry into the haves and have-nots 業界を持てる会社と持たざる会社に二分する

**havoc** 回広範な破壊, 大災害, 壊滅的な損害, 荒廃, 大混乱に大きな被害を与える ◆play havoc with…; wreck havoc on… ～をめちゃめちゃ[台なし]にする, ～に大きな被害を与える, ～に狼藉(ロウゼキ)を働く ◆prevent errors wherever possible from wreaking havoc on the information stored in memory どんな場合でもメモリーに格納されている情報をエラーが破壊することのないようにする

**hawk** 1 a～ 鷹(タカ), タカ派の人, 強硬派の人, 他人を食い物にする人[詐欺師, ぺてん師] ◆former LDP hawk Ichiro Ozawa 元自民党タカ派[強硬派]の小沢一郎
2 vt. vi. 呼び売りする, 触れ回る ◆vendors hawk their wares 売り子が呼び売りをする ◆Big names and small entrepreneurs are hawking their wares at the Consumer Electronics Show in Chicago. 有名一流企業も小起業家もシカゴのコンシューマーエレクトロニクスショーで《大きな声を上げて》売り込みをしている.

**hawkish** adj. タカの, 鷹のような, タカ派の, 強硬派の, 強硬論者の, 好戦的な ◆In Japan, he is regarded as a kind of hawk, not dove. He is accused in the papers as being too hawkish. 日

本では、彼はハト派ではなく一種のタカ派であると見られている。彼は新聞ではタカ派寄り過ぎると叩かれている。

**Hayes** ヘイズ（社）（＊Hayes Microcomputer Products社はモデムの指導的メーカーで、この会社が開発したモデム制御言語はモデム業界の事実上の標準となっている）◆The modem is Hayes-compatible. このモデムはヘイズ準拠である。◆The modem supports the Hayes AT command set. そのモデムは、ヘイズATコマンドセットをサポートしている。

**haywire** 〈go haywire の成句で〉〈口〉めちゃめちゃになる ◆The CPU's gone haywire. 《口》〈コンピュータの〉CPUが暴走してしまった。

**hazard** 1 n. a〜危険［災害,事故］のもと［種,原因］,危険要因,危険なもの,害になるもの <to>,《電子》ひげ状のパルスによる障害;〜の下に,冒険,おそれ,可能性,運,偶然; a〜思いがけない出来事;《ゴルフ》ハザード（＊コースに設けられた障害物）◆a fire hazard 火事の元となるもの; 火の元; 火災の危険 ◆a hazard map （火山や水害などの）災害予測地図, ハザードマップ, 災害予測図, 火山防災マップ ◆be worth defending at all hazards あらゆる危険や障害があろうとも［万難を排して、是が非でも、是も非も、何が何でも、でもかんでも、どうやってでも］守るに値する ◆create safety hazards 安全を脅かす［事故につながる］危険のもとになる ◆protect against electrical hazards 電気による事故を防ぐ ◆hazards from electrical shocks and burns 感電ややけどの危険 ◆The damaged duct would pose a fire hazard if the engine overheated. その破損ダクトは、エンジンが過熱した場合火災の原因となるかもしれない。
2 vt.〜を運を天にまかせてやってみる、〜を危険にさらす ◆hazard a guess 当て推量をする

**hazardous** adj. 危険な、〈活動などが〉危険を伴う、剣呑（ケンノン）な、〈化学物質などが〉有害な、冒険的な、運まかせの ◆hazardous industrial waste(s) 有害産業廃棄物 ◆a potentially hazardous condition 潜在的に危険な状態、ともすれば［ことによっては］危険が生じるかもしれない状態 ◆be hazardous to humans 人にとって有害である ◆hazardous chemical substances 有害化学物質 ◆The use of any attachments other than the following might be hazardous. 下記の付属品以外のものを使うことは危険ですのでおやめください）。

**haze** 1 (a)〜もや,霞（カスミ）,（タバコなどの）煙,煙霧,（意識）もうろう; vi. もや［霞］がかかる, ぼんやりする; vt.〜をぼんやりさせる ◆foul-smelling haze from a chemical plant 化学工場からの悪臭のするもや［かすみ］
2 vt.《新入生》をいじめる［しごく,こき使う］（＊freshman hazing 新入生に対するしごき）◆Coach Gagliardi does not allow freshmen to be maliciously hazed. コーチのガグリアルディ氏は、新入生に対する悪意のある［悪質な、意地悪な］しごきを認めない。

**hazy** adj. 霞（カスミ）［もや］のかかった、はっきりしない、不確かな、よく分からない、ぼんやりした、朦朧（モウロウ）とした、漠然とした ◆but my memory is a bit hazy on that point でも私の記憶はその点に関してちょっと不確かです［はっきりしません、おぼろげです］ ◆The point I am a little hazy about is... 私がちょっと分からないでいる点は〜だ。 ◆I am still a little hazy about the ports and modem setup and how to configure the server. 私はまだ、ポートや、モデムのセットアップや、サーバーの環境設定のしかたについて、いまいち理解できていません。

**H-bomb** an〜水爆（＝a hydrogen bomb）

**HBV** （the hepatitis B virus）《略語形にtheは不要》B型肝炎ウイルス

**HCFC** （an）〜ハイドロクロロフルオロカーボン（hydrochlorofluorocarbon）◆Hydrochlorofluorocarbons (HCFCs) are enabling the phaseout of CFCs. （＊代替フロンである）ハイドロクロロフルオロカーボン（HCFC）は、フロンの段階的廃止を可能にしている。

**HCV** （the hepatitis C virus）《略語形にtheは不要》C型肝炎ウイルス

**HD** （high definition）〈画像が〉高精細［高解像度,高鮮明,高品位］の（→HDTV); an〜 (a hard disk) ハードディスク（装置）

**HDD** an〜 (a hard disk drive) ハードディスク装置

**HDL** an〜 (a hardware description language) ハードウェア記述言語; (high-density lipoprotein) 高密度［高比重］リポ蛋白（＊善玉コレステロール）

**HDTV** (high-definition TV) 高品位テレビ、高精細度テレビ、（日本の）ハイビジョンテレビ ◆ハイビジョン（Hi-Vision）は、旧郵政省時代から現在の総務省、そしてNHKが高品位［高精細度］テレビの意味で使っている和製英語である。

**He** ヘリウム(helium)の元素記号

**head** 1 a〜ヘッド, 頭（アタマ）, こうべ［頭（コウベ）］, 首（コウベ）, 頭部［頭部］, 能力, 見出し, 落差, 水頭, 圧力水頭, 揚程, （ビールなどの飲み物の上部の）泡, クライマックス, 上部, 先端部［頭部］, 矢尻, 先端（カシラ）, 頭（カシラ）, 頭領, 頭目, 首席, 最高幹部;（単複同形headで）（大型動物,特に牛の頭数）頭（トウ）;〜s 硬貨の表;《数量の後ろに a〜,または per head の形で》一人頭, 1人当たり ◆cannot make head nor tail of...; be not able to make head or tail of...《口》〜がさっぱり理解できない［分からない］ ◆raise [rear] its ugly head （よくないことが）起こる［持ち上がる,出現する］ ◆a head drum （ビデオデッキやDATレコーダーの）ヘッドドラム ◆a head wind 向い風,逆風 ◆a magnetic head 磁気ヘッド ◆a read/write head《コンピュ》読み取り書き込みヘッド ◆a recording [playback] head 《AV》録音［再生］ヘッド ◆a topic head 見出し ◆an erase head 消去ヘッド ◆a recording/playback head 録再ヘッド ◆a tape head-cleaner テープヘッドクリーナー ◆the head of a coin コインの表 ◆a $100-a-head reception 一人頭［1人（当たり）］100ドルかかっている歓迎会［披露宴］ ◆a fish rotting from the head down 頭から腐ってきている魚 ◆a rotating head drum 回転ヘッドドラム ◆come to a head 頂点に達する,（腫れ物［おでき］ができて）膿む,化膿する; 最終段階になる,大詰めを迎える ◆compete head to head against... 〜を相手に真っ向から勝負する ◆enter water headfirst [headlong] 頭から水に入る ◆the head of a bolt ボルトの頭 ◆to get one's head straightened out 頭の中を整理してすっきりさせるために ◆an 11-km head race [headrace] tunnel 長さ11kmの導水トンネル ◆they put their heads together to discuss... 彼らは〜に頭を寄せ合わせて, 集まって, 〜について相談［協議, 評議］する; 〜を鳩首（キュウシュ）凝議（ギョウギ）する ◆the head between the turbine and the surface of the reservoir タービン［水車］と貯水池の水面の間の落差［水頭］（＊head = height ある = height difference 高低差） ◆I got a stiff neck from jerking my head around to see... 〜を見ようときょろきょろと首を回して［見回して］いたので首が凝ってしまった ◆much of our daily math is done in our heads, rather than with pencil and paper わたしたちの日常の数学「（意訳）計算」のほとんどは、紙と鉛筆を使ってではなく頭の中で行われている ◆A head count was taken of who might be able to attend. 出席できるかもしれない人の頭数［人数］が調べられた。 ◆Frontal rainfall is caused by the head-butting of two air masses. 前線の降雨は2つの気団の鉢合わせ［ぶつかり合い］による ◆Two heads are better than one. 《諺》三人寄れば文殊の知恵。 ◆Xerox is at the head of the class in document processing. ゼロックスは文書処理でクラスのトップに立っています。(広告) ◆Fish and fowl served whole with the head suggest "a favorable start and finish." まるごと出される尾頭つきの魚と頭部つきの鳥は「好調な滑り出しと締めくくり」を意味している。 ◆There's a $100 fine for failure to cooperate with the head-counting efforts of the federal government. 連邦政府の国勢調査に協力をしないと罰金100ドルが科せられる。 ◆Because the small child has a relatively heavy head and fragile skull, he or she is likely to suffer serious head injuries even in low speed accidents. 小さな子供は比較的大きな頭をしていて頭蓋骨ももろいので、低速時の事故であっても頭部に重傷を負う可能性がある。 ◆In terms of raw power, the car's motor is at the head of a class that includes turbos from Chrysler, Audi and Volvo. 生の出力という点では、

この車のエンジンはクライスラーやアウディやボルボのターボエンジン車のクラスの先頭を走っている。 **2** vt. 〜の先頭に立つ, 〜を率いる, 〜の長[最高幹部]である, 〜(の頭)に(見出しや項目番号)を付ける<with>, 〜の進路[針路]を(〜の方に)向ける<for, toward>; vi. (〜に)向かう[進む, 行く]<for, to> ◆as man heads into the 21st century 人類が21世紀に突入するに際して;《意訳》21世紀を迎えることに ◆the Iridium satellite phone consortium headed by Motorola モトローラ社が率いる[音頭をとっている]イリジウム衛星電話コンソーシアム ◆head for the country for grand touring (自動車で)グランドツーリングをしに田舎へ向かう ◆single-parent households headed by women 女性が戸主の片親世帯 ◆as the election season headed into its last days 選挙期間が終盤に入るにつれ[選挙が終盤戦に入るにつれて] ◆he heads the department's automation efforts 彼は同部門の自動化推進運動を統率している[運動の指揮を取っている] ◆the direction in which the vehicle is headed その車両の進行方向 ◆if you're headed for a hot destination もしも暑い旅行先にお出かけなら ◆predict where the economy is headed six months from now 今から6カ月先に経済はどこへ向かっているのか予測する

**above a person's head** 人の理解できる限界を越えた, 難し過ぎて
**come to a head** 頂点[絶頂]に達する, 重大な局面をむかえる, (できものが)化膿する, 膿を持つ
**keep one's head** 冷静さを保つ
**keep one's head above water** 自身の収入でぎりぎり暮らす, なんとかやってゆける, 辛うじて破滅しないでいる
**lose one's head** 突然冷静さを失って自制できなくなる
**head off** vt. 〜の行く手をはばむ[そらす], 〜の進展を阻止する, 〜を途中で捕まえる
**head over heels** もんどり打って, ひっくり返って, まっさかさまに, 深く, 衝動的に ◆fall head over heels in love 深く恋に落ちる

**headache** a 〜 頭痛, 頭痛の種, 心配, 悩み, 頭の痛い問題 ◆have a headache 頭痛がする, 頭が痛い ◆Tabular composition, along with equations, is typesetter's headache number one. 表組みは, 式式と共に植字業者の一番の頭痛の種だ。

**head count** a 〜 頭数, 人数, 員数, 人数を数えること

**-headed** adj. (複合語を作って)頭が〜の, 頭が〜個ある ◆a six-headed universal cable 両端が三つ叉(マタ)に分岐していて, 各分岐線にプラグが付いた万能ケーブル

**headfirst** 頭から先に, まっさかさまに, 向こう見ずに, せっかちに, 性急に

**headgear** ▣(帽子, ヘルメットなどの)かぶりもの ◆protective headgear 頭部を保護する用具; 頭部用の防具

**headhunter** a 〜 人材引き抜き業者 ◆a headhunter of technical heads 技術畑で管理職に就いている人材の引き抜きをしている業者

**headhunting** 首狩り, ヘッドハンティング, 人材の引き抜き, 競争相手や敵を弱体化させようとすること ◆a headhunting firm 人材スカウト会社 ◆an executive headhunting firm 管理職引き抜き会社

**heading** a 〜 (小)見出し, 表題; (a) 〜 進行方向, 機首方位; (a) 〜 (サッカーでの)ヘディング ◆bring them under one heading それらをひとつの見出しの下に併合する[ひとつに分類する, ひとまとめにする, ひとくくりにする] ◆drive a heading in [through]... 《土木・鉱山》〜の中を掘進する[掘り進む] ◆fall under the heading (of) "Xxx" 「Xxx」という項目[標題, 題目, 見出し]に分類される[「Xxx」という項目に入る] ◆... can be grouped under the following five headings: 〜は, 次の5つの表題のもとに[5つの項目に]分類することができる ◆fall under tariff heading 37.02; be classified under tariff heading 37.02 関税率分類37.02に分類[区分]される ◆a set of office activities that we discuss here under the heading of information management 情報管理という表題のもとにここで論じる一連のオフィス業務

**headlamp** a 〜 ヘッドランプ, 前照灯 (= a headlight)

**headlight** a 〜 ヘッドライト, 前照灯 ◆lower the headlights ヘッドライトを下向きにする ◆low-profile aero headlights《車》低姿勢型空力ヘッドライト ◆use lower beam headlights ロービームのヘッドライトを使用する ◆use the headlights on low beam ヘッドライトを下向きにして使う

**headline** a 〜 見出し, 表題; the 〜s《放送》ニュースの主な項目 ◆a quick recap of headlines 駆け足での(ニュースの)主な項目の要約 ◆grab headlines 紙面を賑わす ◆a series of headline-grabbing actions 一連のマスコミを賑わした行動 ◆They'll come close to hitting $150 billion, accounting for more than two-thirds of the headline budget figure. それらは1,500億ドル近くにのぼり[達し], 大枠予算額の3分の2以上を占める。

**headlong** adv. 頭から先に, まっ逆さまに, 大急ぎで, 軽率に; adj. がむしゃらな, 向こう見ずな ◆fall headlong [headfirst] 頭から落ちる

**head office** a 〜 本社, 本店 ◆Nanotex's new head office building ナノテックス社の新本社ビル

**head-on** adv. 真っ向から, (まっ)正面から; adj. 正面からの ◆a head-on collision 正面衝突

**headphone** (a pair of) 〜s ヘッドホン ◆a headphone jack ヘッドホンジャック ◆listen with stereo headphones plugged into the front panel フロントパネルに差し込んであるステレオ・ヘッドホンで聞く(*ヘッドホンは, 左右両耳用あるので headphones と複数形)

**headquartered** (〜に)本拠[本部, 本社]を置いて <in, at> ◆a California-headquartered company カリフォルニアに本社を構えている企業 ◆an organization headquartered in Geneva ジュネーブに本部を置く機関

**headquarters** a 〜 (pl. 〜) (略 HQ) (単/複扱い) 本社, 本部, 本局, 本署, 本拠, 司令部, 本営, 本陣 ◆a general headquarters (GHQ)《軍》司令部(総称); 総本部 ◆a headquarters building 本社[本部]ビル ◆a company-headquarters building 本社ビル; 会社の本部ビル ◆Our headquarters is [are] in New York. 私どもの本社はニューヨークにあります。 ◆From his command post, he communicated with General Headquarters. 彼は詰めている指揮所から総司令部に連絡を取った。

**headrace** a 〜 水車に水を導くためのとい, 導水路, 水路 ◆a head race [headrace] channel 導水路

**headrest** a 〜 ヘッドレスト, 頭支え, 頭受け ◆a soft pillowed headrest 柔らかな枕付き頭受け[頭支え] ◆bucket sheets with adjustable headrests (高さ)調節可能ヘッドレスト[頭受け, 頭支え]付きバケットシート

**headroom** 上部[頭上]の余裕, 天井高さ, (電力増幅器の)クリッピング歪みを起こすまでの余裕 ◆leave at least 10 dB of headroom 少なくとも10dBのヘッドルームを残す;《意訳》せめて10dBの余裕を取る[持たせる, 確保する] ◆Headroom and legroom are plentiful all around. ヘッドクリアランス[上方空間, 頭上スペース]とレッグスペース[足元の空間]が, 全体に(わたって)たっぷりとしている。(* 自動車などの居住空間) ◆When the primary power supply runs out of headroom, a secondary supply turns on to provide supplemental power. 1台目の電源の余裕[《意訳》供給余力]がなくなると, 2台目の電源が動作に入って補給電力を供給する。

**headset** a 〜 ヘッドセット(*マイク付きヘッドホン)

**head start** a 〜 (競争における最初からの)優位, 幸先のよいスタート[滑り出し] ◆have a head start on [over]... 一歩先んじたスタートで〈人〉より優位に立っている[有利である] ◆enjoy a year's head start in... ing 〜することにかけて1年先発の強みを見せている ◆Hong Kong has a 10-year head start over Singapore in wooing cash-rich Japanese shoppers. 香港は, 金満の日本人買い物客を呼ぶことにかけて, シンガポールより10年先行[先発]の強みを持っている。 ◆With this initiative, the company has gained a head start on its competitors in the global market. この構想で, 同社は世界市場において競合各社に対し先行の強み[メリット]を得ることとなった。

**headstock** a 〜 主軸台 ◆the headstock of a machine tool 工作機械のヘッドストック[主軸台]

**heads-up display** a ～ ヘッドアップディスプレイ ◆it uses the car's windshield as a heads-up [head-up, headup] display それは車のフロントガラスをヘッドアップディスプレイとして使用する（＊カーナビの話）

**head-to-head** adj. 接近戦の、つばぜり合いの ◆be in a head-to-head battle with... ～と接戦［大接戦］を演じている ◆a head-to-head duel between Kerrigan and Harding （相持抗する）ケリガンとハーディング（選手）の一騎打ち［対決、勝負］ ◆the two vehicles compete head-to-head これら2台の車が競い合う ◆The plotters are designed to go head-to-head with the Hewlett-Packard's low-end models. これらのプロッタは、ヒューレット・パッカード社の下位機種に正面から対抗させる［真っ向からぶつける］意図で設計されている。

**headway** ①前進、進歩、進展、船足、同一コースを走る車両や船舶の時間的または距離的間隔 ◆headway is also being made in international coordination 国際協調においても現在進展が見られる ◆there was little headway in the release of five hostages 5人の人質の解放へ向けての進展はほとんどなかった ◆still not much headway has been made in the development of financial markets 依然として金融市場の形成にあまり進展は見られない ◆He was making headway into the top 10. 彼は、ベストテン［上位10人］に食い込みつつあった。 ◆Efforts to improve standardization have made little headway over the past year and a half. 標準化推進の取り組みは、過去1年半にわたりほとんど進展を見せていない。 ◆A number of companies have made some headway in curbing a generation of the poisons. それら有毒物質の発生を抑えるということにおいて、多くの企業がいくらかの前進をした。 ◆We're making headway in the investigation, but we haven't identified any suspects yet. 捜査は進展してはおりますが、容疑者の特定はこれからです。

**headwork** 頭脳［知的］労働、思考、知恵

**heady** adj.（酒が）酔いが回る［頭に来る］、気分を浮き立たせる［酔わせる、うきうきさせる］、クラクラさせる、めまいを起こさせるような、酔ったようにうっとりさせる、陶酔するような、軽率な ◆heady stuff for a neophyte （口に）難し過ぎて）駆け出しの人にとって頭の痛い代物

**heal** vt. ～を健康な状態に回復させる、治（ナオ）す、癒（イヤ）す、vi. 治る、癒える、よくなる ◆a self-healing capacitor 自己回復コンデンサ ◆wounds heal <up, over> 傷が癒える［治る］

**healing** ①ヒーリング、癒し、治療、治癒、回復 ◆healing music ヒーリングミュージック；癒し系の音楽 ◆an ultrasound device to accelerate the healing of bone fractures 骨折の治癒［治療］を促進する超音波装置

**health** ①健康、健全、健康状態、活気、保健 ◆disturb [upset] the health 体調をこわす［くずす］ ◆impair a person's health 〈人〉の健康をむしばむ［害する］ ◆improve a person's health 健康を増進させる ◆maintain health 健康を維持する ◆(a) health food 健康食品 ◆health and sanitation 保健衛生 ◆health care 健康管理、医療 ◆health insurance 健康保険 ◆public health 公衆衛生 ◆the Health and Safety Executive《英》健康安全局 ◆a health care provider 医療を施す側；医療機関 ◆administer health care 医療を施す ◆a health-food shop 健康食品店 ◆at the National Institutes of Health (NIH) 米国立保健研究所において ◆for reasons of the state of one's health （直訳）健康状態の理由で；（意訳）健康上の理由で；for the sake of health 健康のために ◆health-conscious consumers [lifestyles] 健康意識の高い消費者［ライフスタイル］ ◆jeopardize the health of personnel 作業者の健康に害を及ぼす［健康を脅かす］ ◆recoup one's health 健康を取り戻す ◆the president's health care reform program 大統領の医療改革計画 ◆to get healthier もっと健康になるために ◆a health and physical education teacher at... ～校の保健体育の先生 ◆renewed concerns about the President's health 再燃した大統領の健康問題 ◆to promote and maintain the good health of their employees （これらの企業の）従業員の健康の増進のために ◆avoidance of health-robbing habits like smoking and excessive drinking 喫煙や飲み過ぎ［過飲、酒涜］のような健康を害する習慣を避けること ◆continue working as long as one's health permits 健康が許す［（意訳）達者でいる、元気な］限り働き続ける ◆cut back on health and education expenditures 医療支出と教育支出を削減する ◆The general condition of the premier's health is unchanged. 首相の全体的な健康状態に変化はない。

**healthcare, health care** ①健康管理、医療； adj. 健康管理の、医療の ◆a health care worker 医療従事者 ◆barrier-free access to health care [health-care services] 医療［医療サービス］の自由選択制（＊患者が自由に病院や診療所を選べる） ◆health care providers such as doctors, nurses and hospitals 医師、看護婦、病院などの医療提供機関者 ◆All Canadians have free access to health care, with the exception of dental services. すべてのカナダ人は歯科サービスを除き、無料で医療が受けられる。

**health insurance** ①健康保険 ◆write a health insurance claim form レセプト［レツェプト、診療報酬明細書］を書く（＊医院や病院が医療点数を記入して健康保険組合などに提出する）

**health spa** ◆a fully equipped health spa 設備の完備しているヘルスセンター［健康ランド、健康増進・痩身美容リゾート施設、湯治場］ ◆Berkeley Springs was established as a health spa in 1776 バークレイ・スプリングスは1776年に湯治場として成立した

**healthy** adj. 健康な、健やかな、元気な、健全な、（心身が）丈夫な、壮健な、達者な、旺盛な、かなりの数・量の ◆a healthy company （財政や経営状態が）健全な会社 ◆at a healthy clip （口に）かなりの速度で ◆generate healthy profits かなりの利益をあげる ◆get healthy again 再び健康になる；健康を取り戻す ◆It just isn't conducive to being healthy. それはまったく健康のためにならない。

**heap** 1 ①～（積み上げたものの）山、かたまり、堆積（タイセキ）、《コンピュ》ヒープ、《口》大量、《俗》ポンコツ車 ◆a colliery heap; a slag heap 《炭鉱》ぼた山［ずり山］ 2 vt. <up> ～を積み上げる、たくわえる、蓄積する、（～に）山ほど与える <on>、～に（～を）山盛りにする <with>； vi. <up> 山盛り［山積み］になる、堆積する ◆a desk heaped with documents 書類が積み重ねられている机 ◆put two heaping tablespoons of red pepper into... 大さじに山盛り2杯の赤トウガラシを～に入れる ◆to create a corporate culture that heaps honors upon those who share rather than hoard information 情報を抱え込んで出さない者にではなく、情報を分かち合う者に惜しみなく栄誉を授けるといった企業文化［風土、体質］をつくるために

**hear** vt.（音声）が聞こえる、～する［している］のが聞こえる、～を耳にする、〈話〉を聞く［傾聴する、拝聴する、伺う］、聞いてやる、〈から〉だそうだ［～と聞いている］<that>； vi. 聞く、耳が聞こえる、（～から）便りをもらう <from>、（～を）聞き入れてやる <of> ◆hear from... about... 〈人〉から～について便りをもらう ◆hear a rumor 噂を耳にする［（小）耳にはさむ］ ◆If..., you'll hear a beep. ～ならば、電子ブザー音が鳴ります。 ◆We look forward to hearing from you [We would be delighted to hear from you] by e-mail. Eメール（のお便り）をお待ちしています。 ◆How did you hear about us? 私たちのことをどのようにして［（意訳）弊社をどこで］お知りになりましたか。 ◆If..., an audible signal will be heard. もし～なら、信号音が聞こえます。 ◆The fact that we haven't heard anything indicates that all is going according to plan. 何の連絡［便り］もないということは、すべて計画［予定］通りに行っているということだ。 ◆You can reach us by the phone numbers and E-mail addresses below. We look forward to hearing from you! 下記の電話番号または電子メールアドレスまで、お電話またはお便りをお待ちしています。

**hearing** 聞くこと、聴取、聴覚、聴力、聞こえる範囲［距離］； ①～聞き取り調査、事情聴取、意見聴取、聴聞 ◆be within [→out of] hearing 呼べば聞こえる範囲内［呼んでも聞こえない場所］にいる ◆hard of hearing 耳が遠い ◆have good [acute] hearing 耳がいい ◆restore hearing 聴力を取り戻す［回復する］ ◆a hearing dog 聴導犬 ◆the sense of hearing 聴覚 ◆a person with impaired hearing 難聴の人 ◆at a preliminary hearing 予備審問で ◆have a hearing deficiency 難聴である ◆persons with hearing handicaps 聴覚障害を持っている人たち, 聴力障害者 ◆the hearing impaired 耳の不自由な人々; 難聴の人々 ◆at frequencies beyond the range of human hearing 人間の可聴範囲外の周波数で; 非可聴周波数で ◆we conducted a field hearing on the subject of... [on the issue of...] 我々は, ～に関して[～の問題について]現地聞き取り調査を実施した ◆It should not be discussed in a youngster's hearing. それについては子供に聞こえるところで話し合ってはいけません[子供の耳に入らないところで相談してください]. ◆Ultrasound is beyond the range of human hearing. 超音波は人間の可聴範囲を超えている. ◆Very loud noises or explosions can cause hearing loss. 非常に大きな騒音あるいは爆発音は, 聴力障害[減退, 低下]の原因となることがある. ◆Hearing fades, particularly in the high-frequency range, and processing of information slows. 聴力は特に高域で落ち, そして情報の処理が緩慢になる.

**hearing aid** a～ 補聴器 ◆wear a hearing aid 補聴器を着用する

**hearing-impaired** 聴覚障害を持っている, 難聴の (= hard-of-hearing) ◆hearing-impaired people 耳の不自由な方々, 難聴の人々

**hearsay** ⓘ風聞(フウブン), 風のたより, 噂(ウワサ), 取り沙汰, 風説, 風評 ◆unsupported hearsay 根拠のない噂; 根も葉もない噂[風聞, 風評, 風説]

**heart** a～ 心臓, 胸, 感情, 心, 気持ち, 性格; ⓘ勇気, 決断力, 気力; the ～ 心臓部, 中心部, 中心, 中核, 核, 核心, 本質; at heart 心根は, 本当は, 基本的には ◆learn [know] ... by heart ～を暗記する[している] ◆a change of heart 心変わり ◆a young-at-heart company 気[気持ち]の若い会社 ◆from the bottom of one's heart 心底から(の); 心の奥底から; 心底(チュウ シン)より ◆hypertrophy of the heart; cardiomegaly; hypercardia; megalocardia 心臓肥大[心肥大] ◆in the shape of a heart ハートの形の[に] ◆a hat after one's own heart 心にかなった[気に入った]帽子 ◆a heart-attack hill 心臓破りの坂 ◆a heart-transplant recipient 心臓移植を受けた[受けた]人 ◆an artificial heart implant 体内移植用の人工心臓装置 ◆do... to one's heart's content ～を思う存分[存分に, 心行くまで, 好きなだけ]やる ◆evaluate... with a Japanese heart ～について日本の心で評価する ◆form the heart of a system システムの中核をなす ◆he has a heart disturbance 彼は心臓障害をわずらっている ◆in the heart of Moscow モスクワの中心部に ◆say... from one's heart 心から～を言う ◆because they do their job with heart and soul 彼らは全身全霊を打ち込んで[全心全力を注いで, 一生懸命に仕事をするので ◆dispense with small talk and get right to the heart of the matter 世間話[雑談]を飛ばして直ちに本題に入る ◆he has died of [from] a heart attack at 64 彼は心臓発作[心筋]により〈享年〉64で死亡した ◆if we strive with all our heart and soul もしも私たちが全身全霊を込めて[魂を入れて, 心血を注いで, 精根を傾けて, 誠心誠意, 一意専心, 一生懸命]努力すれば, 私たちが全身全力を[身も心も]打ち込めば ◆put a university in the heart of a city 大学を都市の中心部に据える[立地する] ◆win the hearts of people and secure power for a long time 人々の心をつかむ[人心(ジンシン)を収攬(シュウラン)し]長期にわたって権力を維持する[長期政権を維持する] ◆I cannot in good heart recommend this dictionary to anyone 私はこの辞書を本心から[本気で, 誠心誠意]人に勧めることはできない ◆Curiosity is what keeps people young at heart. 《意訳》好奇心は気持ちを若く保つ原動力になる. ◆Don't lose heart! しょげるな!; 落胆[気落ち]するんじゃない!; がっかり[意気消沈]しないで!; しっかりするんだ! ◆He must have had a change of heart. 彼は気持ちが変わったのかも知れない; 彼は変心[心変わり, 心移り]したに違いない. ◆I still know your number by heart. 私はまだあなたの番号を空で覚えているわ. ◆Our office is in the heart of the town. 私たちの事務所は町の中心部[真ん中]にあります. ◆The chip is the heart of the system. このチップが, 本システムの心臓部である. ◆The two had a heart-to-heart talk in the garden. 二人は庭園で胸襟を開いて語り合った. ◆They told stories of heart-wrenching sadness. 彼らは心が[胸が]張り裂けるような悲しい話をした. ◆Flashing switches would lie at the heart of optical computers. 光スイッチは光コンピュータの中核をなすであろう. ◆Our hearts go out to those who have been injured and to the families of those who have perished. (私たちは)負傷された方々や亡くなられた犠牲者の遺族の方々を思い心を痛めています[にお見舞い申し上げます]. ◆The automobile business is not for the faint of [at] heart. Billions of dollars can be made or lost on a single decision. 自動車の商売は気弱な人間には向いていない. 何十億ドルもの金がたった一つの決定で儲かったりふいになったりしてしまうわけだから. ◆At the heart of the new features are computer circuits that change standard analog TV signals into digital impulses. これら新機能の核となっているのは, テレビの標準アナログ信号を, デジタルインパルスに変換するコンピュータ回路である. ◆At the heart of the systems are special-purpose computer chips and software that convert human speech into bits of digital code. これらのシステムの心臓部には, 人間の音声をデジタルコードのビットに変換する専用コンピュータチップとソフトウェアがある.

**heartbreak** ⓘ胸が張り裂けるような[断腸の]思い, 悲嘆, 傷心, 失恋

**heartbreaking** adj. 胸が張り裂けるような, 断腸の, 悲痛な; 感動的な, ものすごい

**heartily** adv. 心から, 衷心(チュウシン)より, 心を込めて, 手厚く, ねんごろに, しみじみと, 切実に, 熱心に, 元気よく, 腹いっぱい, たらふく, したたか, 非常に, すっかり ◆be heartily thankful for... ～に心から[くれぐれも]感謝している

**heartland** a～ 中心地 ◆Silicon Valley, the heartland of American technology アメリカの技術の中心地, シリコンバレー

**heartstrings** 心の琴線, 深い愛情, 心の奥底 ◆pull on [pull at, tug on, tug at, pluck] the heartstrings of the reader 読者の心の琴線に触れる[を感動させる]

**heart-wrenching** adj. 心が張り裂けんばかりの, 胸が張り裂けるような, 胸が深く痛む, 心痛む, 悲痛な, 悲しみ深い

**hearty** adj. 心からの, (心の)温かい, 頑強な, 頑丈な, 元気な, 食欲旺盛な, たっぷりの ◆a hearty meal 栄養たっぷりでボリュームのある食事

**heat** 1 ⓘ熱, 暖気, 暖房, 加熱, 熱処理, 発熱, 温度, 熱さ; 熱気, 熱情, 激情, 白熱状態; the ～ 暑さ, 暑気, 猛暑, 炎暑, 炎熱; a～ 熱源, 予選(の1回) ◆by heat [加熱]により ◆liberate heat 熱を発生する; 発熱する ◆add heat 熱を加える ◆generate heat 熱を発生する ◆give off heat 熱を発する ◆(a) heat balance ヒートバランス; 熱平衡[勘定, 収支, 精算] ◆(a) heat deformation 熱変形; 加熱歪み(ワタミ) ◆a heat engine 熱機関 ◆heat exchanger 熱交換器, 換熱器 ◆a heat [heating] test 加熱試験, 耐熱試験, 温度試験 ◆heat insulator 断熱材 ◆a heat shield 熱シールド, 熱遮蔽, 防熱材, 遮熱材 ◆(a) heat [thermal] distortion 加熱歪み[歪み(ワタミ)]; 熱歪み; 熱変形 ◆an amount [a quantity] of heat 熱量 ◆body heat 体温 ◆heat capacity 熱容量 ◆heat conduction 熱伝導 ◆heat conductivity 熱伝導率[性, 度] ◆heat dissipation 熱放散 ◆heat exhaustion [prostration] 熱射病, 熱ばて, 暑さへばり ◆heat shock ヒートショック; 熱衝撃 ◆heat [thermal] insulation 断熱(性); 熱絶縁; 保温[保冷] ◆heat transfer 熱伝達[熱伝導, 伝熱] ◆intense heat 高温, 高熱, 灼熱, 強火; 激しい暑さ, 酷暑, 猛暑, 激暑, 大暑, 極暑, 炎暑, 炎熱, 炎暑, 炎熱 ◆radiant heat 放射熱; 輻射熱 ◆heat deterioration [degradation]; thermal degradation [deterioration]; heat-induced [heat-caused] deterioration; deterioration by heat 熱劣化 ◆a heat-resistant [heat-resisting, (希に)heat-resistance] alloy 耐熱合金 ◆a heat-cycle test ヒート[温度, 熱]サイクル試験 ◆a heat exchanger tube 伝熱管 ◆(a) heat bonding tape 熱接着テープ ◆a heat balance will be established ヒート[熱]バランスが成立することになる ◆a reaction which evolves heat

熱を発生させる[発熱]反応 ◆by the application of heat 加熱する[熱を加える、熱をかける]ことにより ◆have high heat resistance 高い耐熱性を持っている;高耐熱性である; 耐熱性に優れる ◆have superior [high] heat-resisting qualities ～には優れた[高い]耐熱性がある ◆heat-caused 熱[高温]によって引き起こされる ◆reactions in the presence of heat 熱のもとでの反応 ◆reduce heat loss to the outside 外に[外部に]逃げて[出て]ゆく熱[熱損失]を減らす ◆remove the pot from heat 深鍋を火からおろす ◆through the addition of heat to... ～に熱を加えることにより ◆withstand high heat 高熱に耐える ◆the amount [quantity] of heat liberated by... ～により発生する[発生した]熱の量;～による発熱量 ◆a heat-producing component 発熱する部品 ◆the testing of physical, chemical and heat-resisting properties of materials 材料の物理化学特性および耐熱特性[耐熱性]の試験 ◆15.96 kcal of heat are liberated 15.96キロカロリーの熱が発生する[発熱がある] ◆by a continued application of heat 連続加熱によって ◆cook it over direct heat それを直火で料理する ◆cook over medium heat 中位の火力[中火]で煮る ◆have a heat consumption rate of 11,000 - 12,000 kJ/kWh 〈火力発電所など〉の熱消費率は11,000～12,000kJ/kWhである ◆reduce heat generation by more than half 熱発生を半分以上減らす ◆reduce storage heat losses by 15 percent 蓄熱ロスを15%減らす ◆the amount of heat absorbed 吸収された熱量 ◆The lipsticks has melted from the heat 口紅は、この暑さ[暑気、熱暑]で融けてしまっていた ◆the mold is subjected to heat to melt away the wax 鋳型は蝋を融解除去するために加熱される ◆when subjected to great [intense] heat 高温にさらされたときに;高温加熱による ◆if your air conditioner breaks during an August heat wave もしもエアコンが8月の熱波[猛暑、酷暑]の間に壊れたら ◆On the stove, bring it to a boil over high heat. それをガスこんろにかけて、沸騰したら強火で加熱してください。 ◆A great amount of heat is developed during the concrete hardening process. 大量の熱がコンクリート硬化の過程で発生する[生じる] ◆Do not operate the VCR near magnetic fields or intense heat sources. ビデオカセットレコーダーを磁気や高温の熱源の近くで使用しないでください。 ◆That is the point at which plants begin suffering physiological damage from heat. これが植物が熱によって生理的損傷を受け始める温度です。 ◆Thousands of people crowded Southern California beaches Tuesday to escape the intense heat. 猛暑[酷暑]から逃れようとする何千人という人で火曜日の南カリフォルニアのビーチは芋を洗うようだった。 ◆The packaging material plays a vital role in dissipating the internally generated heat into the surroundings. 外装材[実装材料]は、内部で発生した熱を周囲へ逃がすのに重要な役割を果たす。

**2** vt. <up> ～を熱する、加熱する、あたためる、熱くする、奮起させる、激発させる; vi. <up> 暖まる、熱くなる、興奮する、いらつく、熱気[活気]をおびてくる、一段と激しさの度合いを増す、熾烈化する (↔cool off) ◆a heated argument 白熱した議論[激論] ◆competition heats up 競争がヒートアップする[激しくなる、熱気を帯びる、白熱化してくる、熱くなる、激化する、激しさを増す] ◆heat a house 家を暖房する ◆heat the cathode 陰極を加熱する ◆the high-tech merger & acquisition market heats up ハイテクM&A市場が熱気を帯びてきている ◆a heated indoor swimming pool 屋内温水プール ◆as the market grows and competition heats up この市場が成長し競争が激化するにつれ ◆heat it to a very high temperature それを非常に高い温度に加熱する[極めて高温に熱する] ◆When heated to high temperatures, they... 高温に加熱されると、それらは... ◆Heat it to approximately 100°C. それを約100°Cに加熱してください。

**heater** n. ヒーター、加熱器[装置、炉]、暖房器具[装置]、電熱器

**heating** n. 加熱、暖房、暖房装置; adj. 熱する、加熱の、暖める、温める ◆a heating value 発熱量;熱量;熱量 (ネッタ) ◆induction heating 〈電磁〉誘導加熱 ◆home-heating fuels 家庭用暖房燃料類 ◆a ceramic heating element セラ

ミック発熱体 ◆during prolonged heating by the sun 太陽によって長時間暖められている間に ◆a solar water-heating system 太陽温水システム ◆by a slight heating to some 150°C 150°Cくらいまで軽く加熱することにより ◆current is applied to cause heating 熱を発生[発熱]させるために電流が印加される

**heating value** ◆a gas of high [low] heating value 発熱量の高い[低い]ガス (*gasに不定冠詞 a がついているのは種類を表している) ◆the heating value of natural gas 天然ガスの発熱量 ◆The gas delivered by Seller to Buyer shall have a total heating value of not less than 1,000 Btu per cubic foot. 売り手が買い手に供給するガスの総発熱量[熱量]は、1立方フィート当たり1,000BTU以上であること。

**heat island** a ～ ヒートアイランド、熱の島 ◆an urban heat-island effect [phenomenon] 都市のヒートアイランド効果[現象] ◆Urban heat islands form when... ～の場合に都市のヒートアイランドが形成される

**heatproof** 耐熱(性)の ◆a heatproof bowl 耐熱ボウル; 耐熱性の深い鉢 ◆Glass or ceramic should be heatproof so that it can endure the heat of... 〈使用材料であるところの〉ガラスあるいはセラミックは、～の熱に耐えられるよう耐熱性でなければならない。

**heat pump** a ～ 熱ポンプ、ヒートポンプ、ヒーポン ◆a super-efficient "heat pump" that requires one-third the energy of traditional climate control systems 従来のエアコン装置の3分の1しかエネルギー[電力]を必要としない超高効率「ヒートポンプ」

**heat resistance** 耐熱性 ◆heat resistance up to 250 degrees F (120 degrees C) 250°F (120°C) までの耐熱性[《意訳》耐熱温度]

**heat-resistant** adj. 耐熱性の ◆a heat-resistant chocolate bar 高い温度になっても溶けにくいチョコバー ◆heat-resistant nylon 耐熱ナイロン ◆heat-resistant material 耐火[耐熱]材料 ◆heat-resistant glass 耐熱ガラス ◆use a more heat-resistant aluminum alloy より耐熱性の高い[耐熱性に優れている]アルミ合金を使う

**heatseeker, heat-seeker** a ～ (= a heat-seeking missile)
**heat-seeking** ◆a heat-seeking missile 熱線自動追跡ミサイル;赤外線ホーミング誘導弾 (= a heatseeker)

**heat-sensitive** adj. 熱[暑さ]に弱い、熱におかされやすい[やられやすい]、熱を感知する、感熱性の ◆heat-sensitive [thermal] paper 《OA》感熱紙 ◆heat-sensitive electronic components 熱に弱い[おかされやすい]電子部品

**heat-shrinkable** 熱収縮性の ◆heat-shrinkable tape 熱収縮テープ

**heatsink, heat sink** a ～ ヒートシンク、放熱器、放熱板、吸熱器

**heatsinking** 《IC》ヒートシンクにより放熱すること ◆to reduce the need for heatsinking 《電子回路》放熱の必要性を減じる[さほど放熱をしなくてもよくする]ために

**heatstroke** 《医》熱射病、熱中症、日射病、暑気あたり

**heat-treat** vt. ～を熱処理する、～に熱処理を施す ◆a heat-treated beryllium copper spring 熱処理されているベリリウム銅スプリング

**heat-treatable** 熱処理が効く ◆heat-treatable aluminum alloys 熱処理が可能なアルミ合金

**heat-treated** 熱処理された、調質された

**heat treatment** (a) ～ 熱処理 ◆in the heat treatment of steel はがねの熱処理において

**heat-up** n. 加熱、激化 ◆for fast heat-up 迅速な加熱のため

**heave** v. ～を持ち上げる、引き上げる、投げ上げる、吐き出させる、〈唸り声〉を出す、〈溜息〉をつく; vi. 上下する、波打つ、うねる、あえぐ; a ～ 持ち上がる[投げる]こと、《口》〈～の〉上下動、うねり、持ち上がり、隆起<of> ◆heave [breathe, give out] a big sigh of relief 安堵して大きな溜息をつく ◆on the heaving deck of a ship 上下に揺れる船の甲板の上に[の]

**heaven** (a) ～ 天上にあるといわれる世界, 天上界, 天界, 天国, 極楽, 常世(トコヨ)の国; the ～s 天, 空, 天空, 大空, 蒼穹(ソウキュウ); 《通例 H-》神 ◆Heaven's punishment 天誅 ◆descend from heaven 天界から降りる; 降臨する; 天上から降りる; 天下りする ◆he casts his eyes to the heavens 彼は空を見上げる ◆People are dying to get into heaven. 人々は死ぬほど天国に入りたがって[どうしても極楽に行きたいものだと願って]いる. ◆When senior civil servants leave government they may become top advisers in the very corporations they once regulated; the custom is called amakudari, or literally, "descent from heaven." 上級官吏[高級官僚]が政府を退官すると, 彼らがかつて監督していた企業そのものの筆頭顧問になることがある. この慣習をアマクダリ, つまり文字通り「天下り」と呼ぶれている. (※米国版TIME誌 1981/3/30号)

**heavier-than-air craft** a ～ 重航空機(※自身の機体が排除する空気の重量よりも重い)

**heavily** adv. 重く, ずっしりと, 重苦しく, 重大に, 深刻に, 厳重に, ひどく, したたか, うんと, たくさん, 大量に, 濃厚に, 稠密に, 高密度に, 密生して, 鈍い動きで, スローモーに, 重い足取りで, とぼとぼと ◆a heavily built-up area 建物が密集している地域[既成市街地, 集積地区] ◆a heavily optioned car たくさんのオプションを装着した車 ◆borrow heavily 多額の借金をする ◆heavily attenuate... ～を大幅に減衰させる ◆heavily congested areas 交通渋滞がひどい地域 ◆invest heavily abroad 巨額の海外投資をする ◆use it heavily それをよく使う[多用する, 酷使する] ◆work within a heavily contoured site 起伏の大きな[激しい]現場で作業する ◆Japan, heavily dependent on Middle East oil, is... 中東の石油に大きく依存している日本は, ◆advertise it heavily in major magazines 主要な雑誌でそれを盛んに宣伝する

**heavy** adj. 重い, 重量のある, 重量級の, 重量-, 厚い, 肉厚の, 厚手の, 太い, (鋳造品などの)大物の, 大きい, 大形の, 重大な, 激しい, 多くの, 大量の, 大量に消費する, 大口需要の, 濃度の, 高粘稠(コウネンチュウ)の, 高粘度の, (スケジュールなどが)びっしり詰まっている, 厳しい, 重苦しい, 胃にもたれる, 難しい, おもしろくない, adv. ◆a heavy downpour 豪雨 ◆a heavy drinker 飲酒の量の多い人, 大酒飲み, 大酒家 ◆a heavy eater 大食漢[大食い], 馬食する人, 健啖家(ケンタンカ) ◆a heavy-equipment operator 重機の運転員 ◆a heavy worker 重労働者 ◆heavy equipment 《軍》重機 ◆heavy industries 重工業 ◆heavy-liquid flotation [separation] 《鉱山, 炭鉱》重液浮遊鉱[選炭]; 重液選鉱 ◆heavy oil 重油[重質油] ◆heavy trading 《株》大商い ◆heavy traffic 《車や人の》激しい往来; 《通》多い通信・通話量 ◆heavy work 重労働 ◆heavy-liquid test unit 重液試験装置(※分析用比重液を用いた浮沈テストに使用) ◆a heavy-ion accelerator 重イオン加速器 ◆a heavy-current switch 大電流スイッチ ◆(a) heavy rain [rainfall] 激しい[ひどい]雨; 大降り; 豪雨; 土砂降り; 大雨 ◆a heavy jumper wire 太いジャンパー線 ◆a heavy-machinery factory 重機械工場 ◆heavy make-over 濃けりけりの化粧直し ◆a machine designed for heavy use 酷使に耐えるよう設計されている機械 ◆a menu heavy on vegetables and grains 野菜や穀類の豊富な[ふんだんに使った]メニュー ◆create a heavy, slow Web site 重くて遅い[鈍重な]ウェブサイトをつくる ◆design image-heavy home pages 画像の多い[画像を多用している]ホームページを設計する[つくる] ◆during a week of heavy use 1週間にわたって酷使する間に ◆heavy chromium plating 厚いクロムめっき ◆heavy production schedules きつい生産スケジュール ◆heavy responsibilities 重い責任 ◆heavy security 厳重な警戒[セキュリティ], 物々しい[水も漏らさぬ]警備 ◆heavy wire 太い針金 ◆(the) heavy use of... ～の多用[頻繁な使用, 激しい使用, 酷使, 大量使用, 大量消費, 大量摂取] ◆trading was heavy 《株》売買取引は多かった ◆a front-end design that is heavy on chrome クロムを多用している先頭部分のデザイン(※車の話で) ◆a meal heavy on salads, light on starch サラダをたっぷりとり, 澱粉質を少なくした食事 ◆If it is a bit too heavy on the purse strings, ... ～が財布[懐]にこたえる[響く]ようならば, ～ ◆the whole issue goes very heavy on women this month 今月号全体が女性について中心に扱っている ◆since it has been in heavy use all that time それは, その間ずっとこき使われていたので ◆our forebears paid a heavy price to secure the liberties that we enjoy today 私たちの先祖は, 今日私たちが享受している自由を獲得するために多大な代償を払いました ◆Heavy use of the hard disk drive quickly reduces battery life. ハードディスクを多用すると, バッテリーが急速に上がってしまう. ◆I was raised on a high-fat diet heavy on junk food. 私は, ジャンクフードに偏った脂肪の多い食事で育った. ◆The 2002 Winter Olympics begin tonight under heavy security. 2002年冬季オリンピックは厳重な警備[物々しい警戒態勢]のもとで今夜開幕する. ◆The program is heavy on music. この番組は音楽の占める比重が大きい[比率が高い]. ◆Portions are large, and main-course selections tend to be traditional preparations heavy on meat because she loves to eat meat and cook meat. 盛り付けはたっぷりで, メインコースには, 彼女が肉を食べたり料理したりするのが大好きなことから肉を多用した[《意訳》肉中心の, 肉が主体の]伝統料理が選ばれることが多い.

**with a heavy hand** (手)厳しく, 高圧的に, 高飛車に, 圧制的に, 威圧的に, 不器用に, ぶさまに

**heavy-duty** ヘビーデューティーの, 強力な, 特に丈夫な, 高耐久性の, 酷使に耐えられる, 高荷重の, 高耐荷重の ◆a heavy-duty band clamp 強力バンドクランプ ◆a heavy-duty case 酷使に耐える[堅牢な]ケース ◆a heavy-duty cooling system 《車》ヘビーデューティー[強力]冷却システム ◆a heavy-duty detergent 強洗浄用洗剤 ◆heavy-duty operation 重負荷運転

**heavy-handed** adj. ぎこちない, 不器用な, 圧制的な ◆the heavy-handed details that many Japanese designers prefer 多くの日本人デザイナーが好むぎこちないディテール

**heavy hydrogen** 重水素(※特に二重水素 deuterium)

**heavy industry** a ～ 重工業(= a smokestack industry)

**heavy metal** a ～ 重金属; 《音楽》ヘビーメタル[ヘビメタ] ◆heavy-metals pollution 重金属汚染 ◆toxic heavy metals such as mercury and lead 水銀や鉛などの有毒な重金属

**heavy water** 重水 ◆a heavy-water reactor 重水炉

**heavyweight** adj. 並より重い[厚い], 重量[ヘビー]級の, a ～ 平均的体重より重い人, 重量[ヘビー]級選手, 有力者, 重要人物, 大企業, 頭のよい人

**hectopascal** (hPa, hpa) a ～ ヘクトパスカル, 百パスカル(※圧力の単位. 1 hPa = 1 mbar ミリバール)

**hedge** 1 ～ 生け垣, 垣根, 境界, 損失を避けるための手立て[処置, 手段, 方法], ヘッジ, つなぎ(売買), 保険つなぎ, 掛けつなぎ, 両掛け ◆buy a house as a hedge against inflation インフレ(で損するのを避ける)対策として家を買う ◆serve as an inflation hedge [a hedge against inflation] インフレ防衛策としての役を果たす ◆Gold is the best hedge against inflation. 金はインフレに対する最善の対応策である.

2 vt. ～に垣根をめぐらす, ～を垣根でへだてる, つなぎ売買などして～の損失を防ぐ; vi. 責任を逃れるために言葉を濁して言い抜ける, 損失を防ぐためにつなぎ売買する ◆to hedge against inflation インフレに対し防衛策をとる ◆to hedge against risk; to hedge risk リスクをヘッジするために; 《意訳》危険回避[分散]を図って ◆use derivatives to hedge against unforeseen risks 予想のつかないリスクに対して防衛するために金融派生商品を使う ◆Obviously, full-color copying is still a moving target. Major copier manufacturers are hedging their bets and pursuing several technologies simultaneously. 明らかにフルカラー複写は依然として動きの定まらない標的であり, 大手複写機メーカーは(危険分散のため)両掛けし, いくつかの技術を並行して進めている.

**heed** 留意, 注意, 用心; v. 気をつける, 注意する, 心に留める ◆pay heed to [take heed of] a person's advice 人の忠告を聞き入れる[心に留める] ◆heed a police signal to stop 警官の停止合図に従う ◆heed the advice of... ～のアドバイスを心にとめる ◆heed the will of taxpayers 納税者の意思を尊重する ◆heed warnings [requests] 警告[願い]を聞き

入れる ◆heed these presentation basics これらのプレゼンテーションの基本に留意する［注意を払う］ ◆pay no heed to the environment 環境に全然留意しない ◆safety and health precautions to be heeded while travelling in Italy イタリア旅行中に留意すべき安全上と健康上の注意事項 ◆... will pay them less and less heed ～は、ますます彼らに注意を払わないようになっていく［彼らを軽んじるようになる］だろう ◆this ancient warning is still well worth heeding 昔からのこの警告は依然として聞くだけの価値は十分ある ◆The following are some basic precautions to heed: 以下に留意すべき基本的な注意事項を掲げておきます。

**heel** a ~ かかと、きびす、(靴の) ヒール
**at [on, upon] the heels of...** ～と踵(キビス)を接して；～のすぐ後に；～に続いて ◆immediately [close] on the heels of... ～に続いてすぐに、～の直後に ◆Hard on the heels of the official announcement of... 、～の公式発表の直後に、 ◆hot on the heels of announcing plans to <do...> ～する計画を発表した直後に ◆the agreement follows closely [close] on the heels of similar agreements この協定の成立は、同様な協定の成立のすぐ後に続くものである

**hefty** 《口》重い、でかくて強そうな、山ほどの、かさばって扱いにくい ◆hefty, bound documents どっしりと重い、製本された書類 ◆hefty pay increases 大幅賃上げ ◆douse... with a hefty dose of the undiluted pesticide その殺虫剤を原液のままで～に大量にぶっかける［浴びせかける］

**hegemonic** adj. 覇権(主義)の ◆hegemonic powers like the US 米国のような覇権(主義)的な国家［覇権大国］

**hegemonism** ⑪覇権主義 ◆practice hegemonism 覇権主義を実践する

**hegemony** ⑪ヘゲモニー、覇権、支配権、主導権、盟主権

**height** (a) ~ 高さ、丈(タケ)、縦幅、背丈(セタケ)、身長、高度、海抜、標高；a ~, ~s 高い場所、高所、高台；~s 高原、高地；the ~ 絶頂、極致、最盛、骨頂(コッチョウ)、真っ最中、真っ盛り、最盛期、ピーク ◆(a) height measurement 高さの測定、身長測定 ◆(a) seated height 設置［取り付け、実装］高さ ◆the Golan Heights ゴラン高原 ◆An antenna height of 400 ft or higher 400フィート以上のアンテナ高さ ◆at a height of 1,500 meters 高さ1,500メートルで ◆at a height of 8 meters above the ground 地上8メートルの高さ（のところ）で ◆at moderate heights ほどほどの高さ［高度］で ◆at the height of summer 盛夏に ◆at the height of the season シーズンの最盛期に ◆a voltage step of height -E 高さ -E の電圧ステップ ◆fall from a great height 非常に高い位置から落ちる［墜落する］ ◆measure the height of... ～の高さ［高度、標高］を測る ◆reach [attain, achieve] a new height of popularity 人気の新たな高みに達する［到達する］ ◆take this concept [thought] to new heights [a new height] この概念を新次元にまで高める；この考えをいままでにない次元にまで持って行く ◆the Dow reached new heights ダウは新高値になった；新高値を更新した ◆the heights of hills 丘陵の高さ ◆vary with height 高度とともに変化する ◆a chair with pneumatic height adjustment 空気圧による高さ調整式のいす（*俗にガスシリンダー付きイスと呼んでいるタイプ） ◆the adjustment of the height of headlights ヘッドライトの高さ調整 ◆be height adjustable from 28" to 41" ～は28インチから41インチまで高さが調節できる ◆It's the height of folly [stupidity] to <do...> ～するなんて愚の骨頂だ ◆reach a height of five times that of Mount Fuji 富士山の5倍の高さに達する ◆reach new heights in performance 性能面で新たな高み［頂点］を究める ◆persons less than 140 cm (55 in.) in height 身長が140センチ (55インチ) 未満の［に届かない］人たち ◆The planned buildings are of varying heights (29, 37, 49 and 56 stories). 計画中のそれらのビルは、高さが (29, 37, 49, および56階と) いろいろある ◆While the productivity improvements are painful for workers, they have lifted the competitiveness of U.S. businesses to new heights in global markets. これらの生産性向上は労働者にとっては痛みを伴うものである一方で、世界市場における米国企業の競争力を新たな高みへと押し上げた。

**heighten** vt. ～を高める、高くする、増す、増大させる、強める；vi. 高まる、増す、強まる ◆to heighten public awareness of gun violence 銃暴力に対する世間一般［一般大衆］の意識を高める［高揚する、向上させる］ために

**helical** adj. 螺旋(ラセン)状の、つるまき状の ◆a helical antenna ヘリカル・アンテナ (= a helix antenna) ◆a helical coil らせんコイル ◆a helical gear 斜歯(ハスバ)歯車, 斜め歯歯車 ◆a helical scanning method ヘリカルスキャン法 ◆a helical spring (= a coil spring) つる巻き［ひし巻き］ばね［発条］；コイルばね（*一定の太さに巻いてある） ◆a helical-scan tape drive ヘリカルスキャンテープドライブ［駆動装置］ ◆the double helical structure of DNA DNAの二重らせん構造 ◆have a helical structure らせん構造をしている ◆in a spiral [helical] fashion らせん状に

**Helicobacter** be caused by infection with a bacterium called Helicobacter pylori (H. pylori) ヘリコバクター・ピロリ菌と呼ばれる細菌の感染により引き起こされる（*胃潰瘍や十二指腸潰瘍）

**helium** ヘリウム (元素記号: He) ◆a liquid-helium cooling system 液体ヘリウム冷却システム

**hell** (a) ~ 地獄（のような場所）◆raise (holy) hell about... 《俗》～のことでかんかんになって怒る［激怒する、憤慨する］ ◆a town that overnight has become a hell on earth 一夜にして生き地獄と化した町 ◆inhuman guards who made their lives as close to a living hell on Earth as possible 彼らの生活を可能な限り生き地獄に近いものにした血も涙もない看守たち ◆These are situations that can create a hell on Earth, and these are choices that can also lead to eternal damnation and to an eternal hell. これらは生き地獄をつくりかねない状況であり、また永遠の苦しみと無間地獄にもつながりかねない選択でもある。

**hell-bent, hellbent** adj. 《俗》飽くまでも～すると決心して、何が何でも～するつもりで、断固～すると決めて；adv. 《俗》断固として、決然として、向こう見ずに、無謀にも、がむしゃらに、猛スピードで飛ばして、狂気猛進して ◆a satanic cult hell-bent on world domination 世界支配[制覇]に血道を上げている極悪非道カルト ◆by people hell-bent on maintaining the status quo 現状維持にやっきになって［汲々として、腐心して］いる人たちによって ◆The United States is hell-bent on retaliation, on going to war against one man. 米国は報復に、というか一人の男を相手にして戦争を始めることに必死に［躍起に、やってきかに］なっている。 ◆She is hell-bent on becoming famous and will do whatever is necessary to make that dream come true. 彼女は有名になりたくてやっきに［がむしゃらに］なっている。そしてその夢を実現させるのに必要なことなら何でもやってしまうことだろう。

**hellish** adj. 地獄のような、恐ろしい、ぞっとする、ひどく[すごく]いやな、とてもひどい ◆avoid the hellish commuter rush 地獄の通勤ラッシュを避ける

**hello** ◆Please say hello to everyone for [from] me. （私から）みんなによろしく伝えてね。

**helm** a ~ 舵、舵輪、操舵装置；the ~ 支配権、指導権、指揮権、経営の実権 ◆be at the helm 舵を取って「舵取りをして、操縦して、采配を振るって、指揮して、経営権を支配して、指導的ポストに就いて、運営を担当して、主宰して、実権を握って、牛耳って」いる ◆man the helm of a ship 船の舵取をする ◆an excellent company with strong management at the helm 強力な経営陣［参謀本部、首脳部］を持つ超優良企業 ◆when he took over the helm from John Graham in May 彼が5月にジョングラハムから（会社の）舵取りを引き継いだ時に ◆He has been appointed to the helm by the board of directors. 彼は、役員［重役］会から(会社の)舵を取るよう任命された。 ◆Michael Karp is taking the helm again. マイケルカープ氏は指導者の地位に返り咲きうとしている。 ◆The entrepreneur is back at the helm at Teltek. この企業家は、テルテック社の経営を支配する要職に返り咲いた。

**helmet** a ~ ヘルメット、保安帽、鉄かぶと ◆wear a helmet ヘルメットを着用する ◆a samurai warrior helmet 兜(カブト)

**help** 1 vt. ～を助ける[手伝う]、～を支援[援助, 扶助]する、～に協力[加勢]する、助けて～させる、～させてくれる、～に手を貸す、～に役立つ、～の足しになる、～を助長[促進]する、《意訳》～する効果がある；《cannot help》抑える、禁ずる、（食卓で）～を取ってやる、（食べ物に）よそう[盛る]； vi. 助け、役に立つ ◆help a person commit suicide 人が自殺するの[人の自殺]を幇助(ホウジョ)する ◆help the East bloc 東欧ブロックを援助する ◆I cannot help but chuckle at...; I cannot help laughing at... ～に失笑を禁じ得ない ◆I can't help it. 私にはそれをどうすることもできない[どうしようもない] ◆It can't be helped.; There is no help for it. 仕方がない。; 致し方ない。; どうにもしようがない。; やむを得ない。 ◆Please [Feel free to] help yourself to... どうぞ[遠慮なく, ご自由に, 気兼ねしないで]～をお取りください[お召し上がり, ご利用, お使い]ください。 ◆if tightening does not help もし堅く締めてみてもだめなら ◆to help reduce the havoc caused by hurricanes, tornadoes, and other cataclysmic weather ハリケーン、竜巻、その他の激しい悪天候による被害を減らすために[被害を少しでも減らす]ために ◆A cable release helps minimize camera movement. ケーブル[ワイヤー]レリーズは、カメラぶれを最小限に抑えるのに役立つ[有効だ]。 ◆Nine louvers on each side panel help keep the engine from overheating. 各サイドパネルの9つのルーバーは、エンジンの過熱防止に一役買っている。 ◆Please help yourself to the eggnog and cookies. どうぞエッグノッグとクッキーを召し上がってください。(＊召し上がる＝「飲む, 食べる」) ◆Strengthen your bond with a colleague by lending a helping hand. 同僚に力を貸す[手助けする]ことで結束を固めなさい。 ◆You have to help yourself. あなたは自分自身で身を守らなければなりません。 ◆The automatic functions of the new EEV250 help speed your measurements. 新型機EEV250の自動機能が、貴社の測定作業の迅速化[高速化, 能率化, 効率化]のお手伝いをします。 ◆"Excuse me, but which way is the post office?" "I'm afraid I can't help you. I'm a stranger here myself." 「すみません、郵便局はどの道を行けばいいですか？」「お役に立てなくてごめんなさい。私もこの辺はよく知らないんです」 ◆If I can help (you) in any way (just) let me know.; If there is anything I can help with, please let me know. (何か)私にできることがあったら言ってください。 ◆Developments in image processing technology are particularly important because they help set a direction for OA system design. 画像処理技術の進歩は特に重要である。なぜならばOAシステム設計の行方を定める一翼を担うことになるからである。 ◆The caddy design helps keep dust out of the drive's works. An auto-cleaning feature also helps guard against dust and dirt damage. キャディ(を使用するという)設計が、ドライブ・メカにほこりが入らないようにする上で有効である。自動クリーニング機能もほこりやちりによる損傷から守る役目をする。 ◆There is persuasive evidence that a low-fat diet can help prevent, and even treat, heart disease, hypertension and diabetes. 低脂肪食が心臓病、高血圧、糖尿病の予防に役立つ[を予防する効果がある]だけでなく治療にさえなるということについて、説得力のある証拠がある。 2 回助け、援助、扶助、手伝い、手助け、救済、救助、救援、応援、助力、力添え、サポート、《コンピュ》ヘルプ; a～ 助けになる人[物]、助けになる[物]、助け船； a～(英)手伝い人、ヘルパー、家政婦；《集合的, 米》従業員(たち)、使用人(たち) ◆be of great [much] help to... ～は〈人〉にとって大いに助けとなる[ずいぶんと役に立つ] ◆be of no help to... ～は〈人〉にとって(全然)助けにならない[役に立たない] ◆be of some help to... ～は〈人〉にとって多少の助け[一助]となる ◆with the help [aid] of... ～の助け[力]を借りて、～の支援を得て、～の助けを借りて、～によって、～を使って[利用して]、～の幇助(ホウジョ)で ◆a help facility 《コンピュ》ヘルプ機能 ◆obtain help from a qualified electrician 資格を持った電気技術者の助けを借りる ◆without the help of... ～の助け[力]を借りずに、～の手助けなしで、～を利用しないで[使わずに]、～(の支援)に頼らずに ◆if help is not available 手助けが得られない場合には ◆the right to commit suicide with a doctor's help 医師の幇助を受けて自殺する権利 ◆Thank you for your all help (and assistance [support]). いろいろとお世話になり[ご親切にしていただき, ご支援いただき]、ありがとうございます。 ◆The big U.S. automakers have redesigned many of their offerings, sometimes with the help of new foreign partners. 米大手自動車メーカーは、数多くの製品を、時として新しい海外の提携先の力を借りて[支援を得て]設計し直した。

**helper** a～ ヘルパー、手伝いの人、助手、助っ人、介護者、介助者、介添えをする人、協力者 ◆a domestic [household] helper お手伝いさん；家政婦 ◆a hangover helper 二日酔いをなおすための飲み物 ◆CD4 T-cells, the so-called "helper T-cells" of the immune system 免疫機構のいわゆる「ヘルパーT細胞」と呼ばれるCD4 T細胞 ◆The AIDS virus attacks a crucial variety of white blood cells called helper T-cells or CD4 cells. エイズウイルスは、ヘルパーT細胞またはCD4細胞と呼ばれる極めて大切な種類の白血球細胞を攻撃する[冒す]。

**helpful** adj. 助けになる、役に立つ[役立つ]、重宝な、有用な、《情報が》参考になる ◆give them helpful hints 彼らに役に立つヒントを与える ◆It would be very helpful if you <do...> ～して頂けると大助かりなのですが

**helping** adj. 助けの、救いの、援助の; n. a～ （食べ物の）一盛り、一杯 ◆a second helping of soup スープの2杯目[(1回目の)おかわり]

**helping hand** a～ 援助の手, 手助け ◆lend [give] a person a helping hand 人に手を貸す

**helpless** adj. （自分だけでは）何もできない、どうすることもできない、無力な、お手上げの、手も足もでない、まな板の鯉状態の、困った、途方に暮れた、寄る辺のない、身寄りのない、行き場のない ◆be entirely helpless in the face of this opposition この反対に遭って全くお手上げの状態に陥っている

**helter-skelter** adj. 狼狽した、あたふたした、無秩序な、散らかった、乱雑な、無計画な、気まぐれな; adv. あわてふためいて、あたふたと、散らかって ◆Factories are sited helter-skelter around the town. 工場は無秩序に町のいろいろな場所に立地されて[(意訳)建てられて]いる。

**hem** a～ （衣服, 布地の）ヘム、へり、縁、（スカートなどの）すそ(の折り上げ); vt. ～にへりをつける、～に縁かがりをする、～を(取り)囲む、包囲する、閉じ込める<in, around, about> ◆hemmed ends へり縫いして[折り返して縫い止めて]あるへり[端]

**hemisphere** a～ 半球、大脳[小脳]の半球、（活動の）範囲 ◆the right [left] hemisphere of the brain 右[左]大脳半球 ◆all over the Western Hemisphere 西半球全域で ◆in the Northern [Southern] Hemisphere 北[南]半球で

**hemolytic** adj. 《医》溶血性の ◆hemolytic uremia syndrome 溶血性尿毒症症候群; HUS

**hemophilia** 回血友病

**hemophiliac** a～ 血友病患者; adj. (= hemophilic) 血友病の ◆hemophiliacs lack the proteins needed to clot blood 血友病患者には血液を凝固させるタンパク質が欠けている

**hemophilic** adj. 血友病の (= hemophiliac)；（細菌などが）好血性の

**hemorrhage** (a)～ 出血; (a)～ 大量損失, 大量流出; vi. 大量出血する; vt. ～を大量に流出させる、～を急速に失う ◆internal hemorrhage 内出血 ◆the company began to hemorrhage red ink 会社は大赤字を垂れ流し始めた ◆Airlines have been hemorrhaging cash [money] this year. 航空会社は今年大赤字[大損失]を出し続けてきている。 ◆As a direct result of this scandal, the company is currently hemorrhaging employees and has difficulty attracting any new ones. このスキャンダルの直接的な結果として、同社からは従業員が大量に流出しつつあり（代わりの）新しい人を集めるのに難儀している。

**hemostasis** 回止血, 鬱血(ウッケツ), 血流遮断, 血流停止 ◆provide a degree of hemostasis by pressure 圧迫によりある程度の止血をする

**HEMT** (high-electron-mobility transistor) an [a] ～ 高電子移動度トランジスタ ◆a GaAs HEMT ガリウムヒ素高電子移動度トランジスタ

**hen** a ～ めんどり、雌の鳥、(魚やイセエビ類の)雌、《口》うるさい中年のオバサン;（形容詞的に）雌の、女性だけの ◆a hen party 《口》女性だけのパーティー［会合］

**hence** adv. (ある事実から推しての)ըい故に、こう言う訳で、この理由で、従って; 今から ◆a month [three years] hence (今から)1カ月[3年]後に ◆Hence it follows that... それから推して、～ということになる。

**henceforth, henceforward** 今から、今後、これから

**henpeck** vt.〈妻〉が〈夫〉に対して威張る、〈妻〉が〈夫〉を尻に敷く ◆a husband under petticoat government; a henpecked husband 女房の尻に敷かれている[かかあ天下の、妻にいばられている、よめはんの方が権力が強い、カミさんに頭の上がらない]亭主; 恐妻家

**henry** a ～ (pl.～s, -ries)《電気》ヘンリー(*インダクタンスのSI単位、略号はH) ◆3 henrys [henries] 3ヘンリー

**HEPA** (high efficiency particulate air) ◆a HEPA (high efficiency particulate air) filtering system 高性能微粒子フィルターシステム ◆The supply of air to these labs shall be HEPA filtered for sterility. これらのラボに供給される空気は無菌化のためのHEPAフィルターを通します。

**hepatitis** 《口》肝炎 ◆the hepatitis A [B, C] virus A [B, C]型肝炎ウイルス ◆type A [B, C] hepatitis; hepatitis A [B, C] A [B, C]型肝炎

**hepatocyte** a ～ 肝臓の細胞、肝細胞 (= a liver [hepatic] cell) ◆in the presence of human hepatocyte growth factor (HGF) ヒト肝細胞増殖因子の存在下で

**Hepburn**《人名》ヘップバーン、ヘボン ◆the Hepburn system; the Hepburn spelling （日本語をローマ字で表記するための）ヘボン式（つづり）

**herald** 1 a ～ 先触れ、到来を告げるもの、伝令使、布告者 2 vt. ～の到来を（前もって）告げる、～を布告する、先導する ◆It heralds a new era in education. それは教育の新時代の到来を告げる。 ◆This revolutionary new technology clearly heralds the arrival of a new era of information dissemination. この画期的な新技術は、新しい情報伝播[発信]時代の到来をはっきりと告げるものである。

**herb** a ～ ハーブ、薬用植物、薬草、香草; a ～ 草、草本; the ～《俗》マリファナ ◆sip herb tea ハーブティー[薬用植物茶]を（少しずつ）飲む ◆For children, there's chamomile herb tea, Peter Rabbit's favorite. 子供にはピーターラビットの好物、カモミール[カミツレ]ハーブ茶がある。

**herbal** adj. ハーブの、薬用植物の、薬草の; 草の、草本の ◆herbal medicines 薬草を原料とする医薬、草薬、生薬、生き薬、本草（ホンゾウ）薬

**Herculean, herculean** adj. 並外れた力［努力］を必要とする、極めて困難［大変］な、至難の、超人的な ◆a Herculean effort 並外れた努力 ◆not as Herculean a task as you might expect あなたが考える［思う］ほど大変な仕事［大したこと］ではない ◆It could prove to be a Herculean task. それは極めて困難な仕事[至難の業]だということが判明するだろう。 ◆putting an end to graft is too herculean a task for any one president 汚職をなくすことは、どの大統領にとっても至難の業だ ◆This would be a modest result for so Herculean a task. 極めて困難な［骨の折れる］仕事にしては、これはまあまあの成果であると言えるだろう。

**Hercules**《ギリ神》ヘラクレス; ヘラクレス座 ◆a Hercules-compatible graphics card 《コンピュ》ハーキュリーズ（社の規格）準拠のグラフィックスカード

**herd** a ～ (動物の)群れ、人の群れ、大勢; the ～ (人の)群集、大衆、民衆; vt.〈動物や人〉を集める、追い集める、〈人〉を駆り立てる;〈家畜〉の番をする; vi. 群れる、集まる ◆the herd instinct among banks 銀行間の横並び主義 (*a herd instinct = 動物の群生本能) ◆they, like buffaloes, travel in herds and dutifully follow the leader of the pack 彼らは水牛のごとく群れて[団体で]旅行し、引率者に従順に追随する

**here** adv. ここに［で、へ］、こちらへ、ここへ、ここまで、ほら、はい、こら、さあ; n. ここ、現在、現時点、現地点、この世 ◆from here on ここから先 ◆here and now 今この場で、すぐに、即座に、即刻 ◆here and there あちこちで［に］、あちらこちらに、そこかしこに、あちこちに、そちこちに ◆as shown here: 次に示されるように［示される通りの］ ◆Here is the screen:（図が続く）ここにその画面を示す［画面は次の通りです］ ◆Here is a list of the....-s: ここに［次に］～の一覧表を示す: ◆Here is how this function might be called:（図が続く）(意訳)この関数は、次のようにして呼び出されます。 ◆Here is the solution at a very affordable price. ここに、非常に手頃な価格で決め手となる解決法があります。 ◆I'm sorry, but I'm a stranger here myself, too. すみません。私もこの辺の者じゃないんです［この辺りのことは分かりません］。(*道を尋ねられて) ◆I would like a sandwich, please. – Here you are. サンドイッチをください。– はい、どうぞ。

**hereafter** adv. この後に、以下、今後、以降、〈文書などでそ〉以降のことを指して）以下、将来、来世に; a ～ , the ～ 将来、来世、あの世 ◆as explained hereafter 以下の説明の通り、下記［下述、後述］のごとく; 以下のように ◆as will be explained [described, discussed] hereafter 後で説明する［後述する］ように ◆Tokyo Business Machines (hereafter called [referred to as] TBM) 東京ビジネスマシーンズ社（以下TBMと呼ぶ）(*契約文書などで)

**hereby** adv.《文語》これ［本状、本宣言］によって; ここに、ここで ◆We hereby certify that... 弊社は、ここに～である旨証明いたします。

**hereditary** adj. 遺伝的な、遺伝(性)の、親譲りの、代々の、世襲の、譜代の ◆hereditary social class system 世襲社会階層［階級］制 ◆one's hereditary predisposition to live a long life (人)の長生きする遺伝的性質 ◆Rice farming is an important stabilizer of society. The hereditary farms are passed to succeeding generations, not bought and sold as in the United States. 稲作は社会の重要な安定化要因である。先祖伝来の田畑は代々受け継がれ、米国のように売り買いの対象とはなっていない。

**here-today-gone-tomorrow** adj. 明日にはどこかへ行ってしまうかもしれない、あてにならない、信用できない (= fly-by-night)

**heretofore** 従来、以前は、これまで、今まで、従前 ◆a heretofore unknown group 従来知られていなかったグループ ◆ask the heretofore unthinkable 以前には到底考えられないようなことをたずねる ◆there are more... today than heretofore (コンーチ)～はこれまで以上に多くある［いる］; ～は今では以前にもまして増えている ◆to a degree not heretofore attained これまで達成できなかったところまで

**herewith** これと共に、これと同封して、これに添付して; これにより (= hereby) ◆Enclosed herewith is [are]... ここに同封したのは～です; ここに～を同封します

**heritage** a ～ 遺産、伝統、世襲財産、相続財産（特に土地）、天性 ◆heritage tourism 遺産観光 ◆sign the World Heritage Convention （国連の）世界遺産条約に調印する ◆declare deep-sea manganese nodules to be the common heritage of mankind 深海のマンガン団塊は人類の共同の遺産であると宣言する ◆a company with a 100-year tradition of delivering quality products and services 質の高い製品とサービスを提供してきた百年の伝統をもつ企業 ◆UNESCO added [placed] 29 new cultural and natural wonders to its World Heritage list this week, including... これらを含め今週～等の29件の新たな貴重な文化遺産および自然遺産を世界遺産リストに登録［(意訳)指定］した。

**hermetic** ハーメチックの、気密(封止)の、密封の、密閉の、錬金術の ◆the use of lasers for hermetic sealing of... ～の気密シールの[～を気密封止する]ためのレーザーの使用 ◆hermetic ceramic packaging 〈半導体素子などの〉ハーメチック[気密封止]セラミックパッケージ実装 (hermetic = hermetically sealed)

**hermetically** 空気を通さないように, 密閉して, 気密封止して ◆a hermetically sealed case 密閉(構造の)ケース ◆a hermetically sealed relay 密閉型リレー ◆be hermetically sealed in a stainless steel case ～はステンレス鋼製のケースに密封封止され(た構造になっ)ている ◆Hard disks are hermetically sealed at the factory. ハードディスクは工場で密封封止される.

**hermeticity** 密閉性, 気密性

**hero** a～ ヒーロー, 英雄, 勇士; a～ (小説や映画などの男性)主人公[主役](*女性の主人公はa heroine), アイドル[賞賛やあこがれの的, 人気者 ◆the hero of heroes is the one who can transform his enemy into his friend 英雄の中の英雄とは敵を味方に変える[味方につける]ことのできる人間のことだ

**heroic** adj. 英雄的な, 勇ましい, 勇壮な, あっぱれな, 堂々とした,〈処置などが〉大胆な, 果敢な, 大英断の,〈英雄とその活躍についての,〈彫像などが〉実物よりも大きい(*実寸大から巨大までの範囲) ◆He saved the bank from ruin through the use of heroic remedies. 彼は思い切った救済策[荒療治]を用いてこの銀行を倒産から救った.; 彼は大手術によって同行を破綻から救済した.

**hertz** a～《単複同形》ヘルツ(*振動数・周波数のSI単位, Hzと略記) ◆about 25 to 80 hertz 約25ヘルツから80ヘルツ ◆be expressed in hertz ヘルツ(の単位)で(書き)表されている ◆Frequency is measured in hertz (i.e., cycles per second). 周波数はヘルツ(すなわち, 毎秒何サイクルかという)単位で測る.

**hesitant** ためらいがちな, 躊躇(チュウチョ)した, ぐずぐずした, 煮えきらない, 口ごもった ◆she was very hesitant to〈do〉彼女は～することを非常にためらった ◆Many managers are currently hesitant to take overseas assignments for fear of being forgotten. 部課長クラスの多くは, 今日では忘れ去られることを恐れて海外勤務には二の足を踏んでいる.

**hesitate** vi. 躊躇(チュウチョ)[逡巡(シュンジュン)]する, とおいつする, ためらう, 臆する, ぐずぐずする, しぶる, 二の足を踏む, 口ごもる, 気が進まない, いやがる, しり込みする, ちょっと立ち止まる, 迷う ◆without hesitating [hesitation] 躊躇[逡巡]せずに, 躊躇なく,〈怖めず〉臆せずに, 淀みなく, しゃあしゃあと,〈思い切りよく[気後れせずに]〉さらりと ◆She hesitated (for) a long time before replying. 彼女は, 長いこと返事をためらった. ◆If traffic demands your attention, don't hesitate to break off a conversation. 車の運転に神経を集中させることが必要な場合には, 会話を中断することに躊躇してはならない.

**hesitation** (a)～ 躊躇(チュウチョ), 逡巡(シュンジュン), ためらい, 気後れ, 気迷い, 口ごもり ◆after some hesitation 若干のためらった後で ◆with some hesitation 多少ちゅうちょして ◆without the slightest hesitation 何のちゅうちょもなく ◆have no hesitation in. . . -ing ～することを全くためらわない

**heterogeneity** 不均質(性), 不均一(性), 異質(性)

**heterogeneous** adj. 異種の, 異質性の, 異質的な, 異種混交的な, 不(非)均質な, 不均一性の, 異相の, 異成分から成る, 異類の ◆a heterogeneous network 異機種ネットワーク(*たとえばIBM系, アップル系, その他いろいろなメーカー製のコンピュータや装置が接続されているネットワーク)

**heuristic** adj. 更に調べてやろうという気を起こさせる, 試行錯誤により自分自身で発見[理解, 問題解決]させる式の, 発見的な; heuristics n.発見的方法 ◆heuristic planning rules 発見的[直観的]プランニングルール

**hew** vt. ～を(斧や刀などで)たたっ切る, 切り倒す, ～を(～から)刻んで作る〈from〉, ～を(～から)切り落とす[離す]〈from〉; vi. 切る, (～を)遵守する〈to〉 ◆hew to rigorous quality standards 厳しい品質基準に従う ◆a rough-hewn casket [coffin] (荒削りで)十分な仕上げがされてない[粗末な]棺桶[ひつぎ]

**hexadecimal, hex** 16進法, 16進数(法)(= hexadecimal notation); adj. 16進法の, 16進数の ◆in hexadecimal 16進(法)で ◆a hexadecimal digit 16進数字(*0〜9, A〜Fのうちのいずれか) ◆in ASCII, decimal, and hexadecimal notation ASCIIコード, 10進(表記), および16進(表記)で

**hexagon** a～ 六角形, 六辺形 ◆a hex [hexagon] head bolt 六角(頭)ボルト

**hexagonal** adj. 六角形の, 六辺形の, 六方晶の, 亀甲形の ◆a hexagonal cell《移動電話》六角形の小ゾーン ◆a hexagonal-head bolt 六角頭ボルト ◆Eggs are dark brown and have a hexagonal patterned surface [have a hexagonal pattern on the surface]. 卵は暗褐色で, 六角形の模様がついた表面をしている[表面に亀甲模様がある].

**hexahedron** a～ 六面体 ◆a regular hexahedron 正六面体[立方体](= a cube)

**hexavalent**《化》六価の ◆hexavalent chromium 六価クロム

**heyday** the [one's]～ 最盛期, 全盛期, 全盛時代, 盛時, 絶頂期, 真っ盛り, 脂が乗りきっている時期,《意訳》栄光の日々,《過去の話で》一番光り輝いていた[華やかりし]頃 ◆during the Space Age's heyday 宇宙時代の絶頂期[全盛期, 全盛期]に ◆In its heyday, the company employed 8,000 people worldwide. (かつて)最盛期[絶頂期]には同社は全世界で8,000人雇っていた. ◆Railroads and mainframes will continue to serve a purpose, but they will never return to the heyday they once knew. 鉄道や大型汎用コンピュータは今後も役に立つだろうが, かつてのような花形時代に戻ることは決してないだろう.

**Hf** ハフニウム(hafnium)の元素記号

**HF** (high frequency) 短波(の) (*300 KHz〜30 MHz)

**HFC** ◆Hydrofluorocarbons (HFCs) are compounds containing carbon, hydrogen, and fluorine. ハイドロフルオロカーボン(HFC)は, 炭素と水素とフッ素を含む化合物である. (*代替フロンとして用いられる)

**Hg** 水銀(mercury)の元素記号

**hibernate** vi. 冬眠する,〈コンピュータなどが〉休止状態になる

**hibernation** 冬眠,〈コンピュータなどの〉休止状態 ◆go into [←come out of] hibernation 〈コンピュータが〉休止状態になる[←休止状態が解除される]

**hidden** 隠された, 秘密の, 隠れた, 潜んだ, 見えない, 陰の ◆a hidden line《CG》隠れ線, 陰線 ◆a hidden microphone 隠しマイク ◆hidden-line removal《CG》隠線[陰線, 隠れ線]処理 ◆a hidden talent show 隠し芸大会 ◆huge hidden losses 巨額の含み損 ◆remain hidden 隠れている ◆detect explosives hidden in luggage 手荷物の中に隠されている爆発物を探知する ◆Our service is 100% FREE with no hidden charges.《意訳》このサービスは100%無料で, ほかに何の名目の料金も(一切)いただきません. ◆The identity of the sender is hidden from the recipient and remains practically untraceable. 送信元の素性は(秘匿(ヒトク)されているので)送信先には分からず[知られることはなく], 実際上[実質的に]たどることは不可能である.

**hidden agenda** a～ (= an ulterior motive) 隠れた[不純な]動機, 心中に隠された企み[下心, 魂胆, 思惑] ◆a gesture with a hidden agenda like buttering up the boss 上司のご機嫌取りをする[親分にへつらう, 上役にお世辞たらたらする, 親方にゴマをする, お偉いさんにおべっかを使う]というような下心[魂胆]のある態度

**hide** vt. ～を隠す, かくまう, 見えない[知られない]ようにする, 非表示にする, 伏せる, 覆い隠す, 隠ぺいする, 秘匿する; vi. 隠れる, 身を隠す, 潜む, 潜伏する ◆the hiding of sensitive information 重要情報の秘匿 ◆hidden from the public 非公開で ◆keep them hidden in the secret places of the heart それらを胸[心]に秘めておく ◆a virus, a self-replicating program, hides itself in other programs 自己複製するプログラムであるウイルスは, 他のプログラム中に身を隠す[隠れる, 潜む] ◆The virus can hide in RAM. その(コンピュータ)ウイルスはRAM内に潜むことができる. ◆Files can be hidden from view completely if you wish.〈コンピュ〉必要に応じて, ファイルが表示されないように完全に隠す[伏せる]ことができる.; 必要に応じて, ファイルを完全に非表示にすることができる. ◆Most controls are hidden behind drop-down panels. 大部分の

操作ツマミ類は、手前に倒して開ける方式のパネルの後ろに隠れている。◆Select No to hide the toolbar at all times. 《コンピュ》ツールバーを常に非表示にする場合は、「しない」を選択します。

**hideously** adv. 恐ろしく(horribly, dreadfully, fearfully), ぞっとするほどに, 胸糞が悪くなるほど, 実に不愉快に[不快に]◆a hideously greedy person 恐ろしいほど欲張りな[ひどく強欲な, あこぎな]考え

**hierarchical** adj. 階層(形, 型)の, 階級制の, 序列の, 段階的な, 階位的な ◆a hierarchical command structure 階層型コマンド構造 ◆a hierarchical menu [directory] 《コンピュ》階層(化)型[コマンド]メニュー[ディレクトリ] ◆a hierarchical structure 階層構造 ◆a hierarchical computer network 階層型コンピュータネットワーク ◆a hierarchical set of commands 階層化されたコマンド群 ◆data is arranged in a hierarchical format データは, 階層化された形式で整理されている

**hierarchically** adv. 階層的に ◆a hierarchically organized database 階層化された[階層構造の]データベース ◆be arranged hierarchically 階層構造に配列されている

**hierarchy** (a)~ ヒエラルキー, 重層構造, 階層, 階級, 階級制度[組織], 分類階層, 序列 ◆a multilevel hierarchy of directories 《コンピュ》多重レベルの階層ディレクトリ ◆a seven-level hierarchy 7階層の階層構造 ◆increase the depth of the hierarchy 《コンピュ》その階層の深さを増す[段階数を増やす] ◆Toward the top of the hierarchy are... Toward the bottom are... 上の階層構造[ピラミッド]の頂点の方にあるのは~、底辺の方にあるのは~である。◆At the top of the hierarchy is a root window. 《コンピュ》その階層構造の最上位に位置するのはルートウィンドウだ。

**hi-fi** n. (high fidelity)《音響》高忠実度, ハイファイ, 高音質, a~ 音のよい音響再生装置; adj. (high-fidelity) 高忠実度の, 高音質の, ハイファイの ◆a hi-fi VCR ハイファイビデオデッキ ◆measure up to hi-fi sound ハイファイサウンドと呼ぶに足りる[足る] ◆prerecorded cassettes in hi-fi ハイファイ録音されている市販ソフトのカセット

**high** 1 adj. 〈高度, 水準, 質, 位, 程度, 数値などが〉高い, 高位の, 重要な, 盛りの, 盛んな; adv. 高く, 強く ◆a higher number よりも大きい数[番号] ◆a high water alarm 満水警報 ◆a senior high school; a senior high; a high school 《米》高等学校; 高校 ◆high culture 上位文化 ◆the highest number 最大な数[番号], 最大の数[番号] ◆high culture and mass culture 高級文化と大衆文化 ◆a chest-high divider 胸の高さほどのついたて ◆an ankle-high saltbush くるぶしの高さほどのアカザ科塩生低木 ◆at high frequencies 《音響, 無線》高い周波数において; 高域で ◆emotions are running high 感情が高まっている[高揚しつつある] ◆frustration was running high フラストレーションが高まっていた ◆they are refined to a high degree それらは高度に[非常に]洗練されている ◆to a high degree 高度に; 非常に ◆to keep quality at a high level 品質[質]を高水準に保つ[維持する]ために ◆vacancy rates remained high 空室率は高水準にとどまった[で推移した] ◆crisp high tones, clear midranges, and rich bass sounds 切れ味の良い高音域[高域]; 抜けの良い中音域[中域]; そして豊かで深くような低域の音 ◆a high-gloss coating 非常に光沢のある[光沢の強い]コーティング ◆a high-pin-count IC 多ピンIC ◆high-fiber foods 繊維の多い[豊富な]食品 ◆high-sulfur crude oil 硫黄の含有量の高い原油 ◆a high degree of engineering expertise is essential 高度な技術知識・能力[技術力]が不可欠 である ◆elevate...to a higher level ~をもっと高い位置に持ち上げる ◆hard-to-reach parts up high 高いところにあって[手の届きにくい部品 ◆it stand 8 feet high それは8フィートの高さがある; それは8フィートである ◆if the voltage goes higher than specs もし電圧が規定[規定値]より高くなると ◆a straight vertical drop from nine stories high 9階の高さからの一直線の垂直落下 ◆operate in the highest ranges of the 68030's address space 《コンピュ》68030(マイクロプロセッサ)のアドレス空間の最上位領域で動作する ◆the highest point of piston travel in the cylinder シリンダ内ピストン行程の最高点 ◆until the voltage reading reaches its highest value 電圧の読取値が最高値に達するまで ◆Beef is high [rich] in iron. 牛肉には鉄分が豊富に含まれている。 ◆Horizontal resolution is a high 700 lines. 水平解像度は700本と高い。 ◆It stands only 7" high. これは、たった7インチの高さしかない。 ◆The higher the current, the stronger the magnetic field. 電流が大きければ大きいほど, 磁界は強力になる。 ◆Adjust the seat to its highest position using the lever. レバーにて, 座席を最高位置に調整してください。 ◆Both girls take great delight in doing lessons and both stand high in their classes. 両少女共に学習するのが大好きで, それぞれのクラスで高い位を占めている。 ◆A CD-ROM can store as much information as a stack of typewritten pages nine stories high. CD-ROM1枚に, 9階の高さに積み上げたタイプ打ち書類に相当する情報量を格納できる。 ◆The computer displays text characters as rectangular patterns of dots 10 pixels wide by 14 pixels high. そのコンピュータでは, テキスト文字を横10ピクセル×縦14ピクセルの長方形のドットパターンで表示する。

2 adj. 《電子》制御信号が High の状態の ▶関連語には active, inactive, asserted, negated, activated, deactivated. ◆the pin [line, signal, input, output] goes [becomes, is driven, is forced, is sampled, is detected, is, is held, stays, remains] high そのピン[線, 信号, 入力, 出力]が HIGH になる[である, に保たれる] ◆when the pin is being held high 《電子》そのピンがHIGHレベルに保たれていると ◆The CPU drives these status lines high. CPUはこれらの状態表示信号線をHIGHにする。 ◆The clock is stretched high until GO is disabled. GO信号が無効になるまでクロックはHIGHの状態が引き延ばされる[HIGHに維持される]。

3 a~ 高値, 最高値, 高気圧中, (薬物などで)興奮した[ハイの]状態; (通例 on high の形で)四天上, 高所 ◆from on high 上から; 上の方から; 上方から; 高いところ[高み, 高所]から; 上からも; 天から; 天空から; 天上から; 上層部から; お偉いさんから ◆an all-time high; a record high 過去[今までの, 史上]最高(の水準), (過去)最高の高さ, (過去)最高記録, (過去)最高値(サイタカネ) ◆a new high 新記録; 過去[今までの, これまでの]最高; (株価の)新高値; 過去最高値(サイタカネ) ◆angels look down from on high 天使たちは天上から見下ろしている ◆an order from high up 上からの命令 ◆a Polaroid picture shot from on high 上から[上の方から, 上方から]撮ったポラロイド写真 ◆instructions from on high 上からの[上の方からの]指示[指図, 命令] ◆silky highs 《音響》絹のように艶やかで滑らかな高音[高域の音] ◆we strike them from on high 我々は奴らを上空から叩く[空爆する, 空襲する] ◆A HIGH on this output indicates that... この出力(信号)がHレベルであることは~であることを示す ◆Columbia First stock reached a new high of $45.50 コロンビアファースト社の株は45.50ドルの新高値をつけた ◆the Dow Jones Industrial Average pierced the 8500 mark to set a new high ダウ工業株平均が8500の大台を突破し過去最高値(サイタカネ)を更新した ◆estimates of the total range from a low of $150 million to a high of $800 million 総額の推定[推定総額]は最低の1.5億ドルから最高の8億ドルまでの幅がある ◆Dry, windless weather this winter drove carbon dioxide and sulfur dioxide levels to new highs across northern Italy. この冬の乾燥した無風気象のせいで, イタリア北部一帯にわたって炭酸ガス濃度と亜硫酸ガス濃度の最高記録更新が続出した。

4 a~ 《電子》(制御信号が) High の状態 ◆voltage states (in the form of highs, lows, and pulses) (HIGH, LOW, オよびパルスといった形での)電圧状態 ◆when CEN makes a HIGH to LOW transition CEN(信号)がハイからローに遷移する時[CENのが八イから下がりで] ◆Should a high appear on the input, ... 入力端子がハイになると ◆+3 volts is considered a high. 《電子》+3ボルトはハイ(の状態)と見なされる。 ◆If a low enters pin 3, it passes through a NOT gate and becomes [turns into] a high. ロー信号が3番ピンに入ると, それはNOTゲートを通ってハイになる。(参考) The Hs and Ls in the eight bits are all shifted at the same time one place. 8つのビットのHやLの状態が, 全部同時に1ビット分ずつシフトされる。

**high-altitude** 高高度の,高々度の,(気圧の低下で起こる病気を形容して)高山[山岳]–◆a high-altitude reconnaissance aircraft 高高度偵察機

**high-availability** 高運転可能率の,高稼働率の,《コンピュ》高可用性の

**high blood pressure** 高血圧 ◆High blood pressure is a major risk factor for heart disease. 高血圧は心臓病の一大危険因子である.

**high-capacity** 大容量の ◆a high-capacity hard disk 大容量ハードディスク ◆a high-capacity high-speed transmission system 大容量高速伝送システム

**high chair** *a* ～ハイチェアー

**high-class** 高級な,上等な,一流の,第一級の,社会的地位の高い

**high-contrast** ハイコントラストの,コントラストの高い ◆high-contrast scenes 《撮影》コントラストの強い場面;《意訳》照度差の大きい[激しい]シーン

**high-current** ◆high-current power lines 大電流電力[動力]線

**high-decibel** デシベルの高い,大音響の ◆a high-decibel rock concert 大音響のロックコンサート

**high definition** 高精細(度) ◆a high-definition display 高精細[精緻な]ディスプレイ装置 ◆high-definition TV (= HDTV) 高精細度[高品位]テレビ,(日本でいわれる)ハイビジョン

**high-density** 高密度の,高稠密度の,(合板など)圧縮[強化]された,(リポ蛋白が)高比重の ◆a high-density disk 高密度(記録)ディスク ◆high-density polyethylene 高密度ポリエチレン ◆enable high-density packing of... ～の高密度充填[高密度記録,《意訳》ぎゅうぎゅう詰め(の積載)]を可能にする;高密度実装を実現する(*部品を筐体内に詰め込むなど.ちなみに半導体ICなどの高密度集積が,high-density packaging) ◆high-density assembly [mounting] 高密度組み立て[実装] ◆high-density packaging for copper chips (銅を使用したICの高密度実装 ◆high-density packing of ultrafine metal magnetic particles 超微粒金属粒子の高密度充填(*録音・録画・記録用磁気テープなど) ◆in a high-density population [a highly populated, a densely populated] area 人口稠密な地域で ◆for high-density packing of digital information on magnetic storage media 磁性体記憶媒体上にデジタル情報を高密度で記録するため ◆1-micron CMOS technology for high-density designs 高密度[高集積度]設計向け1μCMOS技術 ◆it allows high-density mounting of components to maximize (the) use of board space それは,基板のスペースを最大限に利用するための高密度実装を可能にする ◆The projector provides high-luminance, high-density and high-quality output through the use of a newly-developed optical system. このプロジェクタは,新開発光学系の使用により高輝度,高精細,高画質出力を投写する.(*液晶プロジェクタの話で)

**high-dollar** 《口》高額の,高価な ◆the high-dollar grand-touring market 高額グランドツーリング車市場

**high-efficiency** 高効率の,(フィルターなどが)高性能の ◆a high-efficiency power plant 高効率の発電所

**high end** the ～ (～の)上の方の端(の部分),上端 <of> ◆on the high end (市場の)ハイエンド[最高級品領域]において

**high-end** adj. (製品系列で価格・性能が)上端[最高]の,(最)上位(モデル)の,高級な ◆a high-end Bose stereo system ボーズ社の高級ステレオシステム

**high-energy** 高エネルギーの,高速に加速された粒子の衝突に関する研究の ◆high-energy physics 素粒子物理学 ◆a high-energy, fast-moving electron beam 高エネルギー高速移動電子ビーム[線]

**higher** より高い,(より)上級の,高等な,《経済》堅調な ◆higher-order bits 《コンピュ》上位ビット ◆a person on a higher level 目上の人 ◆beat a higher-ranked team 上位得点チームを負かす[下す] ◆higher audio frequencies 高域(オー

ディオ周波数) ◆MS-DOS 3.0 or later [greater, higher] 《コンピュ》MS-DOSバージョン3.0以降[以上] ◆despite fears of higher inflation インフレ昂進[亢進]の懸念にもかかわらず ◆I am in no way an elitist, and do not consider myself a member of the "higher reaches of our society." 私はまったくエリート主義者ではありませんし,自分自身を「社会の上流階級」の一員だとは思っていません.

**higher education** *n.* (高等学校以上の大学などにおける)高等教育,大学教育; higher-education *adj.* 高等教育の,大学教育の ◆Japan's higher-education system 日本の高等教育制度

**higher-order** ◆a higher-order language 《コンピュ》(= a high-level [higher-level] language) 高級[高水準,高位]言語 ◆a higher(-order) mode 高次モード ◆a higher-order term 《数》高次項 ◆higher-order bits 《コンピュ》上位ビット

**higher-than-** 《(後ろに形容詞を伴って)》～より高い,～を上回る,～以上の

**higher-up** (《通例 ～*s*》) ◆my higher-ups 《口》私の上司たち ◆please higher-ups 上役[上層部の人間,お偉いさん,お偉方,幹部,高官]たちを喜ばせる

**highest** 一番[最も]高い,最も,最高の,最優秀の,一級品の,最高級の,最上位の,無上の,この上ない ◆provide one of the industry's highest throughput speeds of up to 921 Kbps 《意訳》最高で921Kbsという業界最高クラス[レベル,水準]の処理速度を提供する[有する] ◆reach the highest state of development とことん発達[発展]し尽くす ◆Singapore's rate of home ownership is the highest in the world. シンガポールの持ち家率は世界随一である.

**highest-paid** 最高給をもらっている,一番稼ぎ高の多い

**high-fashion** オートクチュールの,最先端ファッションの (= haute couture)

**high fidelity** (→ hi-fi) 《音響》高忠実度[ハイファイ] ◆high-fidelity reproduction 高忠実度再生 ◆elevate the standards of high fidelity ハイファイ[高忠実度]の水準を上げる

**high-frequency** adj. 周波数の高い,《音》高域[高音部]の,《無》高周波の ◆a high-frequency driver 高音[高域]スピーカー(*ツイータのこと.ここでの high-frequency はオーディオの高域周波数を指し,周波数 radio frequency のことではない) ◆a high-frequency furnace 高周波炉 ◆a high-frequency antenna manufacturer 高周波アンテナメーカー ◆produce high-frequency sound waves 高い周波数の音波を発生させる

**high gear** 《車》最高速度ギア,トップギア,高速ギア;(比喩的)フル稼働,フル操業,真っ盛り,本格的になった状態,最高潮,絶好調,たけなわ,本調子,本番,最高の盛り上がり,ピーク ◆production goes into high gear 生産がフル操業[フル稼働]に入る;急ピッチになる ◆Romance moves into high gear. ロマンスが本格化します.(*占い欄の表現) ◆As European exploration of the world moved into high gear, the Pope published... ヨーロッパ人による世界探検が盛んになったことで,ローマ教皇は～を公布した. ◆As the 1998 shopping season shifts into high gear,... 1998年のショッピングシーズンがたけなわになる[《意訳》クリスマス商戦が本番を迎える,クリスマス商戦が山場を迎える]につれて ◆the transmission does not shift into high gear until it has warmed up for about a mile or so トランスミッションは,1マイルかそこら走ってウォームアップするまでトップギアに入らない ◆Although your mind is in high gear, your body needs rest. 頭は大車輪で[急ピッチで]働いているとしても身体は休める必要があります. ◆Now the bass fishing is climbing into high gear. いよいよバス釣りがたけなわになってきました. ◆All over the world, the auto industry is working in high gear on the fuel cell. 世界中で,自動車産業は大車輪[パワー全開]で燃料電池(の研究開発)にあたっている.

**high-gloss** adj. 光沢度の高い,非常に光沢のある ◆a high-gloss plastic covering 非常に光沢のあるプラスチック製覆い

**high-grade** 高級な, 良質な, 高品位な, 高度な, 優秀な, 高い純度の, グレードの高い ◆high-grade ore deposits 高品位鉱床

**high-handed** adj. 高圧的な, 横暴な, 専横な, 傲慢な, 尊大な, 高飛車な, 居丈高な; high-handedly adv. ◆a high-handed Russian attitude toward... 〜に対するロシアの高圧的な態度 ◆he had never acted high-handedly 彼は決して居丈高(イタケダカ)な態度をとらなかった ◆high-handed demands from the United States to lower trade barriers 貿易障壁をもっと低くしろという米国の高飛車な要求 ◆his high-handed ways won him many enemies 彼の横暴なやり方が, 彼に多くの敵を作った

**high-handedness** ◆American high-handedness 米国の居丈高さ[横暴]

**high-impact** adj. 耐衝撃性の, インパクトの大きい, 印象の強い ◆a high-impact casing 耐衝撃性の高いケース[筐体(キョウタイ)] ◆high-impact aerobics ハイインパクト・エアロビクス(*激しい運動が多い) ◆high-impact polystyrene (HIPS) 耐衝撃性ポリスチレン ◆a high-impact article インパクトの大きい[パンチのきいた]記事 ◆a high-impact, fresh, floral fragrance 印象の強いさわやかなフローラルな香り

**high-income** adj. 所得の高い, 高所得[高額所得者]の ◆high-income individuals 高額所得者たち; 高所得層 ◆high-income earners 高額所得者

**high-integration** adj. 集積度の高い, 高集積(度)の ◆high-integration CMOS ASIC designs 高集積(度)CMOS型特定用途向けIC設計

**high-intensity** adj. 高輝度の, 〈紛争などが〉高強度の ◆a high-intensity discharge (HID) lamp 高輝度放電灯(*水銀灯, 高圧ナトリウムランプ, メタルハライドランプの総称)

**high-interest** → interest

**highland** a〜《しばしば〜s》高地, 高原, 山地, 山岳地帯, the Highlands スコットランド高地地方; adj. 高地の,《Highlandで》スコットランド高地地方の ◆the Brazilian Highlands ブラジル高原

**high level** a〜 高い水準, ハイレベル; high-level adj. ◆a high-level language 《コンピュ》高級言語 ◆high-level government officials 政府高官 ◆higher level systems より上位[高位]のシステム ◆high-level (radioactive) waste 高レベル(放射性)廃棄物 ◆high-level inputs (usually labeled aux or tape) 高レベル入力(*たいていaux とかtape と表記されている) ◆the U.S. trade deficit caused by high levels of imports 高水準の輸入が原因の米国の貿易赤字

**highlight** 1 vt. 〜を強調する, 〜に光を当てる, 〜を目立たせる;《コンピュ》〜を強調表示する, (明るく)反転表示する ◆Highlight your choice. 《コンピュ》選択項目を強調表示させて下さい. ◆Press the return key three times to move the highlighted area three lines down the screen. リターンキーを3回押して画面の強調[反転]表示を3行下に移動させてください.
2 a〜 ハイライト, 光輝部, 最も重要な部分, (カタログなどで)特徴, 呼び物, 目玉, (演劇などの)最も興味を引く場面, 圧巻, 見せ場, 格別注目される出来事 ◆technical highlights 技術的な見所 ◆highlight areas 《撮影》明るい部分 ◆highlights have a halo around them 高輝度部には周りに光のにじみ[ハレーション, 光暈(コウウン)]がある ◆use arrow keys to extend the highlight 矢印キーを使って強調表示部分を伸ばす ◆This filter creates pearlescent glow around highlights. 《撮影》このフィルタは高輝度部の周りに真珠光沢の輝きを生じさせる. ◆A highlight bar is used to select the function desired, and the mouse controls the movement of the highlight bar. 望む機能を選択するのに強調表示バーを用い, マウスによって強調表示バーの移動を制御します.(*a highlight barは, 選択された項目がハイライト表示されているときのハイライト部分)

**highlighter** a〜 蛍光ペン, 蛍光マーカー ◆a fluorescent, chisel-tip highlighter 先が平らかな形[ペン先が平たい]蛍光マーカーペン ◆marked by a highlighter (pen) 蛍光ペンでマークされた

**high-line** (商品系列での)上位の

**high-living** ぜいたく暮しの ◆a high-living ladies' man 贅沢[豪勢]な暮らしをしているプレイボーイ

**high-loss** adj. 損失の高い, 高損失の ◆high-loss fibers 高損失ファイバー

**highly** adv. 高く, 高度に, 大いに, 非常に, たいそう, とても, きわめて, 至極, ひどく, 高額[多額]で ◆a highly regarded company 評判の高い企業 ◆highly enriched uranium 高濃縮ウラン ◆highly refined heroin 高純度に精製されているヘロイン ◆a highly colored solution 濃い色をしている溶液 ◆a highly coveted T-shirt みんながものすごく欲しがる[大人気の]Tシャツ ◆a highly illustrated guide イラストをふんだんに使ってあるガイドブック ◆a highly intelligent, user-friendly system 非常にコンピュータ化されているユーザーフレンドリーな[利用者に優しい高度情報化]システム ◆highly advanced features 非常に進んでいる[高度先進], 極めて高度な機能 ◆highly enriched nuclear fuel 高度に濃縮した核燃料 ◆highly industrialized countries 高度先進工業国 ◆highly polluted Czechoslovakia (公害で)非常に汚染されているチェコスロバキア ◆a highly populated printed circuit board 高密度(に部品が)実装されている印刷回路基板; 高密度実装プリント基板 ◆more highly nearsighted people より高度[重度]の近視[近眼]の人たち ◆The natural proteins are molecular scale machines of various highly sophisticated functionality. 天然のタンパク質は, 各種の高度な機能をもつ分子規模の機械(のようなもの)である.

**high-minded** adj.《電子》高域を通過させる (magnanimous) ◆Although you have lofty ideals and are high-minded in many ways,... あなたが高邁な理想を抱き, そしていろいろな意味で高潔な心を持って[気高い心を備えて, 高い志を持って]いても

**high-octane** adj. オクタン価の高い, ハイオクタンの, ハイオクの ◆high-octane gasoline ハイオクガソリン

**high-order** adj. 上位の, 高次の, 高位の, 高階の, 高階の ◆a high-order language 高水準[高位]言語 ◆be stored in the high-order bits of the least significant byte 《コンピュ》〜は最下位バイトの上位ビットに格納されている ◆Digital high-order FIR filters are used upstream from the DAC. デジタル高次FIRフィルタがD/Aコンバータの手前で使用されている.

**high-paced** ◆a high-paced movie [story] テンポ[展開]の速い映画[物語] ◆continue one's high-paced schedule to <do...> 〜するために非常に多忙な[目が回るような]スケジュールをこなし続ける ◆high paced [high-speed] action scenes スピード感のある[スピードアクション, 高速動作]シーン ◆a high-paced metropolitan area せわしない大都市圏; あわただしい都市部 ◆we're obviously in a high-paced, high-technology society now 私たちは紛れもなく, 非常に目まぐるしい[動きのはやい]ハイテク社会にいる ◆The race was high-paced action from start to finish. レースは, 最初から最後まで速いテンポで展開された[速い展開に終始した].

**high-pass** adj.《電子》高域を通過させる ◆a high-pass filter ハイパスフィルター, 高域(通過)フィルタ, 高域濾波器

**high-performance** adj. 高性能の ◆a high-performance receiver 高機能[高性能]受信機

**high-pitched** adj. (音の)周波数の・振動数が高い, 高音の, 高い, 感情が高ぶった, 急峻(キュウシュン)な ◆a high-pitched sound (周波数・振動数の)高い音[高音] ◆a high-pitched tone (周波数の)高い(発振)音; ピーという音

**high polymer** a〜 ハイポリマー, 高分子(化合物)(*分子量が10,000を越えるもの) ◆a high-polymer plastic that conducts electricity 電気を伝えるハイポリマープラスチック; 導電性高分子プラスチック

**high pot, high-pot** 《口》《電気》(= high potential)

**high potential** (a)〜 高電位, 高電圧, 高圧; adj. 高[電位, 電圧]の, 高圧の ◆a high potential test; a high-potential test; 《口》a hipot test; a high pot test; a hi-pot test 《電気》高圧試験(*絶縁抵抗, 絶縁破壊電圧, 耐電圧, 漏洩電流などを調べる

ための試験) ◆high potential failures 《電気》高圧試験不良(品)

**high-potting** 《電気》(特に生産ライン上で行われる)高圧試験

**high-power** (猟銃などが)強力な, high-powered な ◆a high-power medium-wave (MW) broadcast antenna 高出力[大出力]中波放送アンテナ ◆a high-power, short-pulse laser 高出力短パルスレーザー

**high-powered** 高性能の, 高出力の, 馬力の大きい, 《光》高倍率の, エネルギッシュな, 精力的な ◆a high-powered microscope 高倍率の顕微鏡

**high-precision** 高精度の, 精度の高い[よい], 精密な ◆a high-precision gyroscope 高精度ジャイロスコープ

**high pressure** 高圧, 高気圧 ◆under high pressure 高圧のもとで

**high-pressure** adj. 高圧の, 高圧的な, 無理じいの, 〔仕事など〕ストレスの多い, 精力[積極]的な; high-pressure vt. 〈人〉に(~するよう)強要する <into>, 〈客など〉に押売する ◆a high-pressure bicycle tire 高圧自転車タイヤ ◆a high-pressure front 《気象》高気圧前線 ◆a high-pressure job 高度の緊張を強いる[ストレスの高い]仕事 ◆a high-pressure discharge lamp 高圧放電ランプ ◆high-pressure salespeople 押し売りする[しつっこい]販売員 ◆use high-pressure sales tactics 強引[押し売り的]な販売戦術を使う

**high-priced** 高価な, 値の張る, 値の高い, 高い, 高くつく ◆a high-priced stock 値がさ株, 高位株

**high profile** a ~ 高姿勢, 目立つ態度, 高い露出度[注目度], 明確[旗色鮮明]な態度; high-profile adj. 高姿勢の, 露出度[注目度]の高い, 〈機器などは〉高背型の[高い] ◆gain a high profile 伸す(ノス); 地位・勢力が上がる; 台頭[興隆]する ◆a high-profile, high-tech project よく人目につくハイテクプロジェクト ◆high-profile newspaper ads よく目立つ新聞広告 ◆Hyundai's high-profile name (韓国企業)ヒュンダイの有名な社名 ◆a bank with a high profile in banking and the securities business 銀行業および証券業において頭角を現している銀行 ◆American agricultural products have been gaining a high profile in Asia over the past few years. 米国の農産物は過去数年の間にアジアで伸してきた。

**high-quality** adj. 高品質の, 上等の, 高品位の, 高画質の

**high-ranking** adj. 位の高い, 高位の ◆a high-ranking government official 政府高官 ◆a high-ranking military officer 高級将校 ◆payoffs to high-ranking politicians 大物政治家への賄賂

**high-rate** adj. レート[率, 速度, 利率, 金利]の高い, 高利の, 高速の ◆a high-rate lender 高利貸し

**high-reliability** 高信頼性の ◆a high-reliability device 高信頼性デバイス

**high-res** (= high-resolution)

**high resolution** (a)~ 表示装置, 画像の〉高解像度[高精細(度)], 〈測定器などの〉高分解能, 高精度; high-resolution adj. 高解像度の, ハイレゾの, 高精細な, 高分解能の, 高精度の ◆high-resolution electron-beam lithography 微細電子ビームリソグラフィ; 高精細電子ビーム描画 ◆a high-resolution display 高解像度[ハイレゾ, 高精細度]ディスプレイ ◆a high-resolution graphics controller 高解像度[ハイレゾ]グラフィックスコントローラ

**high-resolving-power** ◆a high-resolving-power film 高解像力フィルム

**high rise, high riser** a ~ 高層建築物[建物, ビル], 高楼, 高閣; high-rise adj. ◆a high-rise building 高層ビル ◆a New York high-rise ニューヨークの高層ビル

**high-risk** 高いリスクを伴う, 〔疾病にかかる〕危険度の高い ◆a high-risk case (悪いことになる)危険性の高い患者[症例]

**high-rpm** 高い回転数の, 高速回転の ◆the engine's strong high-rpm performance このエンジンの力強い高速回転域の性能

**high school** (a)~ 高等学校, 高校 ◆a high school dropout 高校中退者 ◆a onetime high school teacher 元高校教師[教諭] ◆He was just 18 then, fresh out of high school, but he... 彼は当時高校出立ての弱冠18歳であったが

**high seas** the ~ 公海, 外洋; high-seas adj. 公海上での, 外洋の ◆drift-net fishing on the high seas of the North Pacific 北洋における[遠洋]流し網漁 ◆high-seas drift-net fishing 遠洋流し網漁

**high-security** 高度に安全[機密]が保たれている ◆high-security courtrooms 厳戒態勢の法廷

**high-sensitivity** 高感度の, 鋭敏な, 敏感な, 感受性の高い, 高い感光度を有する ◆a high-sensitivity video camera 高感度ビデオカメラ

**High Sierra specification** the ~ ハイシエラ規格 (* CD-ROMの国際的な論理フォーマット仕様の一つ)

**high-speed** 高速の, 高速度の ◆high-speed film 高感度フィルム ◆a high-speed neutron 高速中性子 ◆high-speed stability 《車》高速安定性

**high-status** (社会的)地位の高い

**high-strength** adj. 強度の高い, 高強度の, 〈鋼が〉高張力の ◆high-tensile [high-strength] steel 高張力鋼 ◆a high-strength polyethylene case 強度の高いポリエチレン製のケース

**high tech, high-tech, hi-tech** n. ハイテク, 先端技術, 高度(先進)技術(= high technology); 《建築》最新の建材と工業デザインを取り入れた実用性重視の室内装飾様式; adj. ハイテクの ◆a super-high-tech carbon fiber chassis 超ハイテク[最先端]カーボンファイバー製のシャーシ ◆high-technology [high-tech] products 先端技術[高度(先進)技術]製品 ◆jobs are becoming high-tech 仕事はハイテク化が進行している; 雇用はハイテク化しつつある ◆high-tech gear such as computers and digital copiers コンピュータやデジタル複写機などのハイテク機器

**high technology** ハイテク, ハイテクノロジー, 先端技術, 高度(先進)技術 ◆an age of high technology ハイテク時代

**high-technology** adj. ハイテクの, 先端技術の, 高度先進技術を応用した ◆a high-technology [high-tech] company [firm] ハイテク[先端技術]企業 ◆a high-technology robot ハイテクロボット ◆America's high-technology base アメリカの高度技術[先端技術]基盤

**high-temperature** 高温の, 耐熱性の ◆higher-temperature superconducting materials 高温超電導[超伝導]材 ◆a high-temperature-resistant material 耐熱材料 ◆high-temperature alloys 耐熱合金 ◆high-temperature superconductivity 高温超伝導

**high-tension** 《電気》高圧の, 高電圧の, 高張力の ◆(a) high-tension wire 高圧(電)線

**high-value** 高価な, 値の張る, 高額の ◆high-value financial products 高額の金融商品

**high-velocity** 高速度の, 高速の ◆high-velocity airflow 高速の空気流

**high-voltage** adj. 高電圧の, 高圧の ◆high-voltage direct-current transmission 高圧直流送電 ◆a high-voltage transistor 高電圧[(意訳)高耐圧]トランジスタ

**high-volume** 大容量の, 大量の, 量産の ◆high-volume telephone users 大口の電話利用者 ◆high-volume data entry 大量のデータ入力 ◆a high-volume manufacturer 大量生産メーカー ◆a high-volume product 大量生産品

**high-water mark** a ~ (洪水その他海などによる)最高水位の痕(アト)[線], 最高水準, 最高潮, 絶頂 ◆The car is something of a high-water mark. この車は, ちょっとした最高水準の代物だ。

**highway** a ~ 《米》(都市間を結ぶ)ハイウェイ, 幹線道路, 主要道路, 高速自動車道, 公道, 街道 ◆on a highway ハイウェイ[幹線道路, 本道]で ◆"This product designed for racing use only. Not for use on vehicles to be driven on public highways." 「本製品はレーシング専用につき, 公道を走行する車両への使

用は不可.」(*表示文句なのでproductの後ろのisが省略されている)

**high-yen** 高い円の, 円高の
**high-yielding** 高利回りの
**hijack** vt. 〈乗り物〉をハイジャックする［乗っ取る］, 〈輸送中の貨物〉を強奪する; vi. ハイジャックする; a~ ハイジャック［乗っ取り］事件 ◆The hijack ended at dawn on Thursday when police stormed the aircraft, arresting the hijacker. この乗っ取り事件は, 木曜の明け方に警察が突入し乗っ取り犯の逮捕で幕を閉じた.
**hijacker** a~ ハイジャック犯人, 乗っ取り犯, 貨物強奪犯 ◆a plane hijacker 航空機乗っ取り犯
**hijacking** (a)~ ハイジャック, 乗っ取り ◆a hijacking of an airliner 大型定期旅客機のハイジャック［乗っ取り］
**hike** 1 vt. ~をぐいっと上げる<up>, 〈価格など〉を(突然大幅に)上げる; vi. ハイキングする ◆go hiking ハイキングに行く ◆hike the price of rice 米価を引き上げる
2 a~ 〈価格, 賃金などの〉(突然の大幅な)引き上げ, ハイキング ◆go on a hike ハイキングに行く ◆a hike in prices 物価上昇 ◆a hike in wages 賃金の引き上げ ◆oil price hikes 原油価格の上昇
**hiking** 回ハイキング, ハイク, 徒歩旅行, 軽登山 ◆a hiking trail [path] ハイキングコース
**hill** a~ 坂[坂道], 丘[岡, 小山, 盛り土, 塚]; the Hill 米国議会 ◆over the hill 《口》盛りを過ぎて, もう歳で ◆an over-the-hill programmer 盛りを過ぎたプログラマ ◆approach a hill crest 坂の頂上に近づく ◆climb a hill 坂を登る ◆the back hill of our farm 私達の農場の裏山 ◆drive down long, steep hills 長い急な坂道を車で下る ◆when you accelerate or go up a hill 加速時や登坂時に ◆Accelerate just before starting up a hill. 登坂直前に加速せよ. ◆For very steep hills, it is advisable to slow down and shift into lower gear. 非常に急な坂道の場合, 徐行しギアを低速側に切り替えるとよい.
**hilly** 丘[小山, 丘陵]の多い, 山がちな, 起伏に富んでいる, 〜下り[坂]の多い ◆a hilly terrain 丘陵地 ◆pass over hilly country 山地[山岳地域]の上空を通過する (*ここのcountryは国)
**Himalayan** adj. ヒマラヤ(山脈)の ◆the Himalayan mountain system ヒマラヤ山系
**hinder** v. 遅らせる, 妨げる, 妨害する, 邪魔する ◆hinder a person from doing... 〈人〉が〜するのを邪魔［妨害］する ◆hinder its progress それの進行を妨げる ◆the elimination of regulations that hinder outsiders from entering the Japanese market アウトサイダーにとって日本市場への参入の支障［障害］になっている法規の撤廃 ◆Do labour unions advance or hinder the economic performance of firms and the competitiveness of the economy? 労働組合［労組］は, 企業の経済実績および経済の競争力を前進させるのか, それとも妨げるのか.
**hindrance** 回妨害, 障害, 支障; a~ 障害物, 邪魔になる人[物, 事柄], 足手まとい ◆she is more of a hindrance than a help 彼女は助けになると言うよりむしろお荷物［邪魔者, 足手まとい］だ ◆It could be a serious hindrance to my career. それは私の出世の大きな妨げになりかねない.
**hindsight** 回後知恵, a~ (= a backsight) (銃の)後部照尺 ◆but in hindsight, this may have been required だが, 後で考えてみれば, これは必要なかったのかも知れない
**hinge** 1 a~ ヒンジ, 蝶番(チョウツガイ), 関節, 要(カナメ), 要点 ◆hang a door on hinges ドアを蝶番(チョウツガイ)に取り付ける ◆The solar panels are hinge-mounted to the top of the cart, allowing him to adjust them through the day for maximum charging. 《意訳》太陽電池パネルは屋台の上に蝶番で取り付けられており, 一日を通してできるだけ充電できるよう彼が調整できる構造になっている. (*ジューサーの電源を太陽光発電からとる話)
2 vt. ~に蝶番(チョウツガイ)を取り付ける, ~を〈~に基づいて〉決める <on, upon>; vi. ヒンジで留められていて動くこと

になっている, ~にかかっている ［~次第である］ <on, upon> ◆a hinged door 扉, 開き戸 ◆a hinged container ちょうつがい式に開閉できる容器 ◆the little buttons in the hinged-cover compartment ちょうつがい式カバーの付いたコンパートメントの中にある小さな(操作)ボタン類 ◆The real future for the videodisc seems to hinge on its ability to attract markets other than the consumer market. ビデオディスクの本当の将来は, 民生市場以外の市場を獲得する能力にかかっているように思われる.

**hint** 1 a~ ヒント, 暗示, 示唆, ほのめかし, 手がかり, 心得(ココロエ), ちょっとした助言［アドバイス］, 《意訳》豆知識, 参考事項(圓a tip); a~ ほんのわずかな量, 微かな兆し［気配, 兆候］ ◆drop [give] a hint それとなく匂わす ◆general hints 一般留意事項(*説明書, 解説書などで) ◆helpful hints about... ~ についての［~する際の, ~のやり方の］役立つヒント ; hints in [for] <doing...>; hints about [on how] to <do...> ~ についての［~する際の, ~のやり方の］役立つヒント ◆talk in hints それとなく言う ◆Useful Hints 「知っていると便利な心得」(*説明書などの見出し) ◆sourdough French bread with a hint of garlic ほのかに［かすかに, ちょっぴり］ニンニクの風味がするサワードーフランスパン ◆shortcuts and professional hints 手っとり早いやり方とプロのアドバイス ちょっとした注意, 心得
2 v. それとなく遠回しに言う, ほのめかす, 匂わす, あてこする ◆it was only hinted at それは暗にほのめかされただけだった

**hip** 1 《通例~s》ヒップ, 股関節部, 股関節, 臀部, 尻, 腰; a~ 隅棟(スミムネ) (*寄せ棟屋根a hip roofの斜面と斜面が作る傾斜した稜角部分)
2 (間投詞)(スポーツ観戦時の応援など) ◆Hip, hip, hurrah! 行け行け, 頑張れ! (*スポーツ観戦時の声援)
3 《口》最新流行に通じている, 翔(ト)んでる, 進んでる, ナウい (with-it, up-to-date) ◆hip design 《俗》かっこいい流行の先端を行くデザイン ◆Multivalve engines are hip. 《俗》マルチバルブ・エンジンは流行の先端を行っていてかっこいい［ナウい］

**HIPC** (heavily indebted poor country) a~ 重債務貧困国
**hipot, hi pot** n. a~ 《電気》《口》= a high potential test, = (a) high potential (voltage); adj.
**hiragana** ◆a hiragana character set ひらがなの文字一式, 平仮名50音体系 (*実際は46文字であるが) ◆display words in hiragana 単語をひらがなで表示する ◆hiragana and katakana characters ひらがなとカタカナの文字 ◆Hiragana and katakana together are often referred to as kana. ひらがな［平仮名］とカタカナ［片仮名］は, よく総称して仮名と呼ばれる. (参考) Hiragana uses 46 Japanese symbols (cursive script rather than block letter form) to represent all sound combinations. (*米国BYTE誌1994年6月号に載っていた「ひらがな」の説明)

**hire** 1 vt. ~を雇う［雇用する］, 〈人〉を採用する, (料金を払って)借りる, 賃借［賃借り］する, レンタルする ◆hire part-time workers パートの従業員を雇う ◆hire the services of a private investigator 民間の調査員［私立探偵］を雇う ◆Hiring the handicapped is not much of a problem in some businesses. 身体障害者を雇い入れることは, 一部の企業においてはさほど(難しい)問題ではない.
2 回賃借り, 雇用, 賃借料, 使用料, 損料, 賃金, 労賃 ◆for [on] hire 賃貸し用の ◆boats for hire 貸しボート ◆In the semiconductor world, a number of companies serve as foundries for hire, making chips for "fabless" semiconductor companies that are just design houses. 半導体の世界では, 数多くの企業が雇われ, 受託, 委託生産しており, すなわち単なる設計事務所であるところの「工場を持たない」半導体会社向けにICチップを製造している

**hire on** <as> 〈人が〉(~として)雇われる ◆I wanted to hire on as a fireman but they wouldn't hire me because of my education. 私は消防士として雇われたかった［《意訳》消防士になりたかった］のですが, 学歴のせいで雇ってもらえませんでした.
**hire out...** ~を賃貸し［賃貸］する
**hi-rel** (high-reliability) 高信頼性の

**hire purchase** 《主に英国》割賦[分割]払いによる購入方式 ◆buy... on [by] hire purchase ～を分割払いで購入する

**hi-res** (high-resolution)

**hiring** (hire の現在分詞/動名詞)雇用[雇い入れ, 採用], 賃借 ◆cancel the hiring guarantee of... 〈会社が〉～の就職内定を取り消す

**Hispanic** adj. ラテンアメリカ[中南米](系)の; a ～ (米国在住の)ラテンアメリカ[中南米]系の人 ◆a Hispanic-American 中南米系米国人 ◆a Hispanic man [male] 中南米系アメリカ人の男性 ◆both Hispanics and non-Hispanics will... 中南米系米国人およびその他の米国人は...

**hiss** 1 vi. シューという音を立てる, ヒス音を出す; vt. ～をシッシッと言って追い払う<away, down>, 〈下手な役者など〉をヤジって引っ込ませる ◆a hissing sound (サーという)ヒス音 ◆hissing noise ヒスノイズ
2 n. (a) ～ シーという音, ヒス音 ◆tape hiss テープヒス (*アナログ音響テープの無録音部分で耳につきやすい「サー」とか「シャー」という残留雑音) ◆Dolby C tape-hiss reduction ドルビーCテープヒス・リダクション

**histogram** a ～ ヒストグラム, 度数分布図, 柱状図, 柱図表

**historic** adj. 歴史上有名[重要]な, 歴史的な, 歴史に残る, 古い[長い]歴史を持つ, 由緒ある ◆a historic moment 歴史的瞬間 ◆a historic site 史跡 ◆use the historic records to check the quality of the mains 主電源の品位をチェックするのに履歴記録を使う

**historical** adj. 歴史に関する, 歴史の, 史学の, 歴史上実在した, 史実に基づいた ◆a historical building 歴史のある建造物 ◆a key historical event 歴史的一大事件 ◆ancient shrines, temples and other historical sites and relics 古い神社仏閣とその他の史跡 ◆important historical documents 歴史の史料として重要な文書[古文書] ◆the automated analysis of historical data 履歴データの自動分析 ◆the film is true to the historical record この映画は史実に忠実である

**historically** adv. 歴史的に, 歴史上, 歴史を通して, 歴史的に見て ◆the historically notorious Bastille 歴史的に悪名高いバスティーユ監獄 ◆the transition (in demand) that has taken place was much faster than the industry had experienced historically この(需要の)変化は, この業界が伝統的に経験していたペースよりもはるかに速いペースで起きた

**history** 団歴史, 過去のできごと; a ～ (物事の)来歴, 沿革, 伝統, 由緒, 由来, いわれ, 曰く(イワク); a ～ (個人の)経歴, 履歴, 病歴 ◆become history 歴史になる ◆a maintenance history report 保守点検履歴[来歴]レポート ◆a [one's] personal history 履歴, 履歴書, 経歴, 閲歴, 自分史 ◆display whole revision histories of files ファイルの改定履歴のすべてを表示する ◆drive... into the dustheap of history ～を歴史の彼方に追いやる[葬り去る] ◆go down in history as... ～として歴史に名が残る ◆in the history of human civilization 人類の文明の歴史上 ◆keep a history of changes made to... 《工業》～に加えられた変更の履歴をつける(*「つける」は「記録を取る」の意) ◆never before in history 歴史上未だかつて一度も ◆see history made 歴史が作られるのを見る ◆significantly change the course of history 歴史の流れを大きく変える ◆the largest takeover fight in history 史上最大の乗っ取り合戦 ◆earn a chapter in the TV history books テレビ史に残る ◆have a long history of poor compliance with ethical guidelines ～には倫理指針をあまり守ってこなかったという残念の歴史[長い過去]がある;《意訳》の倫理指針遵守面における長年の実績は芳しいものではなかった ◆have had a long history dating back to Archimedes ～にはアルキメデスにまでさかのぼる長い[古い]歴史がある ◆maintain adequate quality history records 《品管》適切な品質履歴の記録をとっておく[維持管理する] ◆since before the dawn of history 歴史の以前から ◆swim [go, run] against the tide of history 歴史の流れに逆らう ◆those who participated in the making of history 歴史をつくった人々[歴史を作った人たち] ◆though its corporate history has been rather bumpy その企業の沿革には浮き沈みがあったものの ◆turn back the clock of history 歴史の流れを逆戻りさせる ◆at a university that is long on history but short on sports success 歴史は長いもののスポーツの成績は芳しくない大学で[の] ◆The boroughs actually have a very rich history of jazz. これらのボロー(区)には実際, ジャズの豊かな歴史がある. ◆They are trying to rewrite history. 彼らは歴史を書き換えようとしている. ◆According to neighbors, the accused boys have a history of bullying smaller children. 近所の人々によると, 訴えられた少年たちは年下の子どもをいじめた経歴[前科]があるという.; ～過去[以前]に年下の子をいじめたことがあるという. ◆It has been employed at least since history has been recorded. それは, 少なくとも歴史が始まってこのかた[有史以来]用いられてきている. ◆People with a personal medical history of kidney stones should consult their doctor before using calcium supplements. 腎臓結石の既往症のある人は, カルシウム補助食品を用いる前にかかりつけの医師に相談しなければなりません. ◆Roadways have names that commemorate history. But many area commuters and residents are unaware of the history behind the roads they travel each day. 道路には歴史を記念する名前がついている. だが地域の多くの通勤通学者や住民たちは, 日々通う道路の歴史を知ってはいない.

**hit** 1 vt. ～を打つ, 叩く, ～にぶつかる, 命中する, ～を(～に)打ち込む<into>, 《比喩的》打撃[痛手]をあたえる, ～に達する, 到着する, 《紙面など》に載る, 〈人〉に(～を求めて)頼る<for>, ～を言い当てる; vi. 打つ, 叩く, 打撃を与える, ぶつかる<against, on, upon>, 〈エンジンが〉正しく点火する ◆hit the nail on the head (比喩的)鋭く急所を突く, 適切なことを言う ◆an earthquake hits a city 地震が都市を襲う ◆hit by a car 車に当てられる[はねられる] ◆hit the 21 percent mark 21パーセントの大台に届く ◆they did not hit it off very well 彼らは相性が悪かった; 彼らの仲は馬[反り]が合わなかった; 彼らの仲は良くなかった ◆a drought-hit province 干ばつに見舞われた地方 ◆the recession-hit car industry 景気後退の打撃を受けた自動車産業 ◆in the hardest-hit part of the country その国の最も被害の大きかった地域では ◆the F-16 was hit by a missile on its underside F-16戦闘機は下腹部にミサイル(攻撃)を受けた[ミサイルを被弾した] ◆when your car hits a solid object at 50 km/h 車が時速50キロで堅い物体にぶつかると ◆The album hit stores nine days ago. このアルバムは9日前に発売開始された. ◆The two did not hit it off well (with each other). 二人は仲が[折り合いが]悪かった.; 馬が合わなかった. ◆Type RUN and hit RETURN. RUNとタイプしてリターンを押してください. ◆Stores hardest hit by shoplifting losses are those that sell small expensive items. 万引きによる損害で最も手痛い打撃を受ける店舗は, 小さくて高額な商品を販売する店である. ◆We really hit it off well together almost from the get go. We were married 1 month later in January of 1999. 私たちは, ほとんど最初から本当に意気投合して[気が合って], 1カ月後の1999年1月に結婚しました. 2 a ～ 打撃, 衝突, 命中, 的中, 《コンピュ》ヒット(*求めるデータに行き当たること), ヒット(作, 曲), 大当たり, 大成功, 当てこすり, 皮肉, 安打, 麻薬の1回分, 殺し ◆hit list (コンピュ》検索結果のリスト[一覧] ◆a hit rate ヒット率, 的中率, 適合率(*特に情報検索において, 欲しいデータに行き当たる率のこと) ◆Once a hit is found in the index,... 《コンピュ》索引内に該当データが見つかると ◆According to the counter on the home page, it has had 435 hits since it went into operation November 14. 同ホームページのカウンターによると, 11月14日の運用開始以来[立ち上げ以来]435件のヒット[訪問]がある.

**hit on [upon]** ～をふと思い付く, ～をふとしたことから見つける, ～を叩く ◆hit upon a surefire way to achieve the goal 間違いなく目標を達成できる方法を思いつく ◆Scientists had hit upon the idea of using... 科学者たちは, ～を使うということ(アイデア)を思いついた.

**hitch** 1 vt. ～を(～に)つなぐ <to>, ぐいっと引き上げる <up>, ひっかける; vi. ひっかかる, からまる, がくんがくんと動いて進む <along>

2 a 〜障害, 故障, 支障, ぐいっと押す[引く]こと, 一時的な引っつけ結び ◆without a hitch 支障[滞り]なく ◆a hitch-free trip [journey] 事故や障害のない旅; つつがない旅, 無事な旅 ◆The computer performed without a hitch. そのコンピュータは、支障なく働いた。

**hitherto** adv. 今まで, これまで, 従来, かつて, 以前, 昔, 従前 ◆a hitherto unknown carcinogen これまで知られていなかった発癌物質 ◆a hitherto unpublished novel by... 〜の筆になる現在（に到る）まで未発表の小説 ◆discover hitherto untapped capabilities of... 〜の今まで開発されていなかった[眠っていた]能力に気付く ◆the adoption of hitherto little-used techniques 従来[従前, これまで]ほとんど用いられることのなかった手法[技法, 技術]の採用 ◆the hitherto unthinkable becomes thinkable 従来思いもよらなかったようなことが考えられるようになる ◆The measurement equipment we have constructed offers unprecedented signal sensitivity and allows the study of systems hitherto impossible for want of signal sensitivity 私たちが作り上げた測定器は、いまだかつて実現されたことのない高い信号感度を持ち、これまで信号感度不足のせいで不可能だったシステムの研究も可能にした。

**HIV** (the human immunodeficiency virus) ヒト免疫不全ウイルス（*俗にエイズウイルス）◆become HIV positive （人の）HIV抗体が陽性になる ◆be HIV negative [positive] HIV抗体反応が陰性[陽性]である ◆be infected with HIV エイズに感染している

**HLA** (human leucocyte antigen) an 〜 ヒト組織適合性抗原[ヒト主要組織適合抗原]（*白血球の型の決め手となる）; (human lymphocyte antigen) an 〜 ヒトリンパ球抗原（*白血球の型の決め手となる）◆an HLA test: a test for human lymphocyte antigens (HLAs) ヒトHLA検査

**HMA** (high memory area) the 〜《コンピュ》ハイメモリー領域（*IBM PCの場合、640KB〜1MB）◆each application allocates its own HMA 各アプリケーションプログラムは、それぞれにHMA（の一部）を確保する

**HMD** an 〜 (a head-mounted display) 頭部装着型映像装置（*バーチャルリアリティー[仮想現実]ゲームに使用される）

**HMO** (health maintenance organization) an 〜《米》健康医療団体, 総合健康管理機関

**Ho** ホルミウム(holmium)の元素記号

**hoard** vt., vi.《しばしば up を伴う》《密かに》蓄える[蓄積する, 貯蔵する, ため込む], 隠匿[秘蔵, 退蔵, 死蔵]する, 貯蔵する; a 〜 の 〜 が分け[貯蔵, 秘蔵]《of》,《知識など》の蓄積[蘊蓄(ウンチク), 宝庫]《of》◆government employees typically hoard information 政府職員[国家公務員]は概して情報をかかえ込んで外に出さない

**hoax** a 〜 人をだますためのもの、人をかつぐこと、デマ, でっちあげ, ねつ造; vt.《人》をかつぐ, 〜に一杯食わせる, 〜をだまして〜させる《into...-ing》◆a hoax e-mail デマ（電子）メール（*mail は不可算扱いだがつかないが、e-mail は可算名詞扱いもされる）◆a hoax device にせ物の装置（*にせ爆弾など、人をびっくりさせたり脅迫することが目的のもの）

**hob** a 〜 ホブ（*歯車の歯を切るための切削工具）; a 〜 暖炉の内部にしつらえられた棚（*やかんや鍋などをのせて保温するのに使う）◆a (gear) hobbing machine ホブ盤[ホブ歯切り盤]（*歯車の歯を切るための工作機械）◆(the) hobbing of worm-gear teeth ウォームギアの歯切り

**hobby** a 〜 ホビー, 趣味, 道楽, 余暇にする好きなこと, 余技, たしなみ（*仕事[本業, 職業]として、〜pursue hobbies 趣味[余技]を追求する

**hobbyist** a 〜 趣味[余技]を楽しむ人, 道楽でやっている人, 愛好家 ◆a computer hobbyist コンピュータが趣味の人[愛好家] ◆Professional photographers and hobbyist shutterbugs alike can... プロのカメラマンも趣味のカメラ愛好家[アマチュア写真家]も区別なく〜できます ◆Though top-end pro keyboards can cost upwards of $3,000, general consumer models for the "hobbyist" market usually go for a couple of hundred dollars. 最高峰プロ用楽器は三千ドル以上することがあるが、「アマチュア」市場向けの一般消費者用機種は、普通二、三百ドル程度で売られている。

**hobnob** vi.《ときに非難の意味をこめて》《with》《地位の高い人や有名人》と親しくする[つきあう, 親しそうに話す]

**hoist** 1 vt.《旗など》を揚げる,《重量物など》をつり上げる, 巻き上げる,《ビールなど》を（自分の口まで）持ち上げて飲む ◆a hoisting attachment 吊り具 ◆a hoisting machine 巻上げ機械 ◆a hoisting and lowering mechanism 昇降機構 ◆hoist a communications satellite into orbit 通信衛星を軌道に打ち上げる

2 a 〜 ホイスト, 複滑車, 巻き上げ機, 揚重機, 起重機, 持ち上げ, つり上げ, 巻き上げ, 掲揚

**hold** 1 vt. 〜を手に持つ[つかむ, 握る, 把持する], 保持する, 支える, 〜を保有[所有]する, 収容[収納]できる, 保つ[維持する, 持続させる], 保持する, 守る, 取っておく, 抑える, 差し控える, 〜を迎える, 開催する,《役職など》に就いている,《地位など》を占めている,《意見, 説, 考え, 感情》を持つ[抱く, 根に持つ], 考える[思う, みなす] ◆a data holding function データ保持機能 ◆a refugee holding center 難民収容センター ◆a wire holding metal clip ワイヤー押さえ金属クリップ ◆by holding R constant and varying C R を一定に保ち[維持し]Cを変化させることにより ◆hold a degree 学位を持っている ◆hold a symposium シンポジウムを開催する ◆hold a workpiece 工作物[素材]を保持する ◆oil held at 100°C 100°Cに保たれている油 ◆use clamps to hold work クランプを使って加工物を固定する ◆Israeli-held Arab prisoners イスラエル人に捕らえられているアラブ人の囚人たち ◆"Thank you for holding."《電話》「どうも、お待たせしました」《*相手に「切らずに、そのままお待ちください」"Please hold on"といって待たせた後》◆add water-holding polymers to minimize the need for watering 《意訳》あまり水やりをしないで済むように保水性ポリマー[高吸水性高分子]を足す ◆be being held on suspicion of attempted murder 殺人未遂の容疑で拘留されている ◆fix a date for holding a Special General Meeting of the Association 協会の特別総会の開催日を決定する ◆hold the switch in its ON state《半導》スイッチをON状態に保持する ◆hold the throttle wide open スロットルを大きく開放しておく ◆even though the switch is held closed スイッチが閉じられたままであるにもかかわらず ◆hold a tomato over a gas flame on a skewer until the skin blisters and splits 串に刺したトマトを皮が火ぶくれして裂けるまでガスの炎にかざす ◆Hold the workpiece firmly in position with your hand. 加工材を、所定位置にしっかりと手で保持してください。 ◆Its dimensions must be held to closer tolerances. その寸法をより厳しい公差に抑え込まねばならない。 ◆Remove the bolts that hold A to B. A を B に留めているボルトを取り外してください。 ◆While holding the CTRL key down, press T. CTRLキーを押しながら、T（キー）を押します。 ◆The hard disk holds 256 megabytes of information. このハードディスクは、256メガバイトの情報を記憶[保存, 格納]できる。 ◆The locking nut securely holds the reversible disc to the discharge disc. 留めナットが、両面使用可能ディスクを排出ディスクに確実に固定します。 ◆While holding down the SHIFT key with one finger, press E with another. 一方の指でシフトキーを押しながら、もう一本の指でEを押して下さい。 ◆The standard paper tray holds 250 sheets, and the auxiliary tray holds 500 sheets. 標準給紙トレーは250枚、補助トレーは500枚収納[セット]できる。

2 vi.《ある状態の》ままでいる, 保つ, 守る, 持続する, 耐える, 持ちこたえる[持つ],《〜に》当てはまる《to》, 効力がある[有効である] ◆hold [stand] good; hold true 有効である, 効力がある, 本当である, 当てはまる, 該当する, 適用される, 通用する, 成り立つ, 成立する ◆Theory holds that... 理論的には〜である ◆The assumption (that...) does not hold if... （〜である）という仮説は、〜ならば成り立たない[成立しない] ◆The above equation holds for a high-μ pentode. 上記の式は、高増幅率5極管について当てはまる。 ◆The equation holds while the diode conducts. この式は、ダ

イオード が 導通 している 時 に 成立する。◆The model holds for e>0. このモデル は、e>0 の場合 に成り立つ.

**3** n. ①つかむ[握る]こと; a~[登る時に手をかける所]手がかり, 足場, 保持, 把握, 把持, 理解, 掌握, 支配(力) ◆keep hold of... 〜を(つかんで[つかまえて])放さないでいる[保持している] ◆get [catch, lay, seize, take] hold of... 〜につかまる; 手に入れる; 入手する, 手中に収める; 確保する; 〈人〉を呼び止める; つかまえる; 捕らえる; 把握する; 見つけて使う; 利用する ◆have a hold over... 〜の弱味を握っている, 〜を支配している ◆a hold button (電話機の)保留ボタン ◆call hold 《電話》保留機能 ◆the brakes begin to take hold ブレーキ がきき始める ◆to get hold of the technology その技術を入手する[手中に収める]ために ◆because the army cannot get hold of enough men 軍は十分な兵力を確保できないために ◆if a mud turtle catches hold of your finger it will hold until it thunders 泥亀[スッポン]は、指に噛み付いたら[食いついたら]雷が鳴るまで放さない(*Oxford English Dictionaryに出ている表現、黒人の間の言い伝えと書かれている)

**4** a~ 船倉, 貨物室

**on hold** 電話を切らずに[電話がつながったまま、受話器を置かないで]待って, 保留の状態に, 一時停止させて, 待機させて, 延期された状態に ◆place a caller [a conversation] on hold 電話の相手をそのまま待ってもらう[通話を保留にする] ◆put the presses on hold それらの印刷機を一時停止させる ◆put the project on hold for a year 計画を1年間保留する ◆Put her on hold. 彼女に(電話を切らずに)そのまま待ってもらってください.

**take hold** 定着する, 根付く, 地歩を固める, 確立する, 固着する, 〈薬,酒が〉 きいてくる

**with no holds barred** ルールや制限無しに, 何でもありの

**hold back** vt. 引き止める, 抑制する, 遅らせる, 妨げる, 取っておく, 秘密にする; vi. ためらう, 関係[参加]しない<from> ◆hold back a few tables for steady customers 常連用に2〜3卓取っておく ◆hold back on buying... 〜の購入を手控える ◆hold back one's emotions [feelings] 感情を抑える ◆hold back one's opinions on... 〜についての論評を差し控える ◆a 20-foot-high floodwall that held back about 10 feet of water 水位約16フィートの大水を堰き止めた(セキメタ)高さ20フィートの洪水防壁 ◆his tendency to hold back a decision until he is absolutely forced to make one 土壇場に追い込まれるまで決断を延ばそうとする彼の傾向[性向] ◆"I didn't hold anything back in that race," Moe says. 「あのレースでは、力を出し切りました」と、モウは言う.

**hold down** 〜を押さえつける, 抑制する, 《口》〈職〉にとどまる ◆a holding-down bolt 据え付けボルト ◆hold down rising prices 上昇する物価[《意訳》物価上昇]を抑制する ◆hold the latch down ラッチを押し下げ続ける[押し下げたままにする] ◆hold the pedal down ペダルを踏み込んだままにする ◆More than 7 million Americans hold down two or even three jobs to make ends meet. 700万人を上回る米国人が、生活の[食べる]ために仕事を2つ、あるいは3つも掛け持ちしている.

**hold on** 続く, 持続する, 持ちこたえる, 頑張る, 待つ, 《口》電話を切らないでおく ◆Hold on a moment, please. 《電話》(電話を切らずに)そのまましばらくお待ちください.

**hold onto [on to]** 〜を堅持する, 〜につかまる, しがみつく ◆ It's getting increasingly difficult to research in secrecy. Thus the only way for a company to hold on to or increase its market share is to constantly stay one step ahead of its rivals. 秘密裡に研究を進めることは、ますますもって困難になっている。よって、企業がマーケットシェアを堅持するか大きくするための唯一の方法は、ライバルより常に一歩先を行くことである.

**hold out** 耐える, 持ちこたえる, 与える, 提供する, 〈物を持った手〉をぐいっと伸ばす, 屈しない, へたれない, 《口》(当然のまたは期待されていることを)隠して知らせない, 《口》なかなか応じようとしない ◆the technology holds out the possibility of... その技術は〜の可能性を与える

**hold up** 〜を上げる, 支える, 持ちこたえる, 見せる, 続く, 止める, 強盗を働く ◆if the report holds up この報告が正しければ[本当ならば、真ならば] ◆The remarkable design has held up well through the years. この出色のデザインは、過去数年間にわたりよく持ちこたえた.

**hold-down, holddown** a~ 押さえ, 留め具, 固定具 ◆a hold-down bolt 据え付けボルト ◆a hold-down strap for storing... 〜を留めて格納しておくための固定ストラップ

**holder** a~ ホルダー, 保持器, 押さえ, 入れ物, 所有者, 所有者, 保持者, 保有者 ◆a copyright holder 著作権所持者[所有者,保持者] ◆a candle holder (= a candlestand, a candlestick) ロウソク立て; 燭台 ◆a letter holder 状差し ◆a pen holder ペンホルダー[差し,立て] ◆a world-record holder 世界記録保持者

**holding** ①つかむこと, 保持, (土地の)保有, (着陸)待機; a~ 《しばしば 〜s》株, 債権, 保有地, 借地, 小作農地; adj.(着陸)待機の, 保持の ◆holding power 保持力 ◆the holding of a meeting [conference] 会議の開催 ◆have a holding in a company 会社の株を持っている ◆X acquired [gained] a 50% holding [interest] in Y. X社がY社の株の50%を取得した. ◆ That same year saw the holding of a Scout rally in Hornsby Park where the swimming pool is today. 同年、現在水泳プールがあるホーンズビー公園でボーイスカウト大会が催された[開催された、開かれた.

**holding company** a~ 持ち株会社, 親会社

**holdup, hold-up** a~ 停滞, 滞流, 渋滞, 遅延, ピストル強盗 ◆a traffic hold-up 交通渋滞

**hole** 1 a~ ホール, 穴, 穴部, 開口, 開口部, 隙間, 裂け目, 破れ穴, 穿孔, 《半導》正孔, 空席, くぼみ, 傷痕, 欠陥, (動物の)巣, 土牢, (河の)深み, 窮地, 苦境 ◆a hole drilled through a wall 壁にあけられた貫通穴 ◆a hole made in the ground 地面に掘られた穴 ◆a "secret" fishing hole 「秘密の」釣りの穴場 ◆bore holes through walls 壁に貫通穴を開ける ◆clog the holes of a filter フィルターを目詰まりさせる ◆paper with pin-feed holes 《コンピュ》ピン給紙式のある用紙 ◆stop up [plug, tamp, stem] a drilled hole with clay ドリルであけた穴を粘土でふさぐ[填塞(テンソク)する] ◆to detect holes at the beginning and end of each tape 各テープの始端と終端にある穴を検出するために ◆a positive hole can be thought of as a mobile positive charge carrier (半導体の)正孔は正の電荷を持つ移動可能なキャリアであると考えることができる ◆A hole saw resembles a metal cup with a serrated rim. 冠鋸(カンムリノコ)は、のこぎりの歯のような縁を持った金属製のカップに似ている. (*たとえば、木のドアにシリンダー錠取り付け用の穴をあけるのに使用) ◆ It's just too deep a hole to climb out of. それは、まさに挽回不可能な大穴だ. ◆ I was so embarrassed I could have crawled into a hole. ものすごくばつが悪くて、穴があったら入りたい思いでした. ◆Holes in wood can be made with the same drill bits used for metal. 木材への穴明けは、金属用のものと同じドリルビットでできます. ◆The model fills a hole in the low end of the company's laptop offerings. そのモデルは、同社のラップトップ型装置製品のローエンドの穴を埋める. ◆ It is advisable to drill a pilot hole when drilling a hole with a final diameter greater than 3/16 inch. 最終直径が3/16インチ以上の穴を開ける場合は、下穴をあけた方がよいでしょう.

**2** vt. 〜に穴をあける, 〜を穴に追い込む; vi. 穴開けする

**hole up** vi. 穴にこもる, 穴ごもりする, 隠れる, 身を隠す[潜める], 潜伏する, 閉じこもる, (〜を)待ち伏せする<on>; vt. 〜を隠れ[避難]させる, 〜を閉じ込める ◆After a long day's work, instead of pursuing booze and bimbos, he holed up in a grungy apartment and proceeded to read and master... 長い1日の仕事を終えた後、酒や女遊びをしないで、彼はむさ苦しいアパートに穴ごもりして[こもって]、習得のための読書に向かった.

**holiday** a~ 休日, 休業日, 公休日, 祝日, 祭日, 祝祭日; 〜s 連続休業, 長い休み[休暇]; (形容詞的に)休日の, 休暇中の, 祝祭日らしい ◆a national holiday 国民の休日[祝日, 祭日, 祝祭日], 旗日(ハタビ) ◆a quiet pre-holiday trading session 閑散とした休日前の[休日を明日に控えての]立ち会い ◆on the day following a holiday 休日[休業日, 祝日, 祭日]の翌日に ◆If a legal holiday falls on a Sunday, ... 法定休日[祝日]が日曜日に当たる場合には ◆Japan celebrates five consecutive holidays beginning yesterday in what is officially known as Golden Week. 日本はゴールデンウィークと一般に呼ばれている5連休に昨日から入っている.

**holistic** adj. 全体論の, 全体論的な, 全包括的な, 全身的な, 全人的な(*心も身体もまとめて一つの全体系として) ◆look at... from a holistic point of view ～を全体論的観点[視点]から見る

**hollow** 1 adj. 中空の, 空洞の, 空洞の うつろになっている, くぼんだ, へこんだ, 中だるみの, 空虚な, 実(ジツ)の無い, 不誠実な, 誠意の無い; adv. むなしく ◆a hollow promise 空約束(コラヤクソク, ソラヤクソク) ◆hollow-fiber microfiltration 中空糸精密濾過 ◆a hollow-body item 中空[空洞]製品 ◆a hollow cross-hair pointer 《コンピュ》(袋文字のような)白抜きの十字形のポインタ ◆start to ring hollow うつろに響き始める 2 n. a ～ 空洞, 空胴, 穴, くりぬいて[えぐって]できた穴, くぼみ, へこみ, うろ, くぼ地, 盆地, 谷間, 虚しさ, 空虚[虚無]感 ◆a hollow on the surface その面上のへこみ[凹み] ◆protuberances and hollows 出っ張りとへこみ[でこぼこ] 3 vt. ～をくりぬく, えぐる <out>, ～を(～から)くりぬいて作る <out of>; vi. へこむ, くぼむ ◆hollow out the section この(産業)部門を空洞化する ◆the hollowing of a log to create a canoe カヌーを作るために丸太をくり抜くこと ◆the hollowing of domestic industry 国内産業の空洞化 ◆a hollowing out of U.S. manufacturers 米国の製造業の空洞化 ◆the worm starts hollowing out all the tissue in the plant's stem この虫は植物の茎の全組織を空洞化しはじめる ◆this country has been hollowing itself out economically この国は, 経済的に空洞化してきている ◆Unless some measures are taken to stop the shift, domestic industry will be hollowed out. この動向を阻止する何らかの措置が講じられない限り, 国内産業は空洞化することになるだろう. ◆The country's own foundations may erode through hollowing, if the newest production facilities go overseas. 最新の生産施設が海外に行ってしまうと, (この国の)国内の基盤が空洞化により崩れ行くことになりかねない.

**hollowization** 《産業の》空洞化
**holmium** ホルミウム(元素記号: Ho)
**hologram** a ～ 《光》ホログラム
**holograph** a ～ 《光》ホログラフ(= a hologram), 著者自筆の文書[本]
**holography** 《光》ホログラフィ
**holomictic** adj. 湖水が表面から底部まで完全に循環する, 完全循環～ ◆a holomictic lake 完全循環湖; 全循環湖
**holy** adj. 神聖な, 聖なる, 神からの, 神にささげられた, 神に身をささげた, 敬虔な, 信心深い, 聖人のような, 高徳な, 気高い ◆the holy month of Ramadan 聖なるラマダンの月[断食月](*イスラム教徒にとって1年の中でも最も聖なる月)
**home** 1 (a) ～ 我が家, 家庭, 住居, 自宅, 住宅, 家屋, 家庭, 家庭生活; adj. 家庭の, 自宅の, 我が家の ◆intended for home use 家庭用の; 一般家庭向けの ◆a home computer ホーム[家庭用]コンピュータ(*パソコンの別称) ◆a home inspector 住宅検査員 ◆a home loan 住宅ローン ◆home-based workers 在宅勤務者[就労者] ◆home education 自宅学習 ◆home taping [recording, videotaping] 自家[私的]録音[録画] ◆a home phone number 自宅の電話番号 ◆home information equipment; a home information appliance 家庭用情報機器; 情報家電 ◆a home-purchase loan 住宅(購入)ローン ◆a home-use sewing machine 家庭用ミシン ◆home-use AV equipment; AV equipment for home use 家庭用[家電]AV機器 ◆home-use AV products 家庭用AV製品; AV家電品 ◆a home office operator 自宅を事務所にしている経営者の home-building industry 住宅建設[建築]業界 ◆agents thoroughly searched his home 捜査官は彼の自宅をくまなく捜索[家宅捜査]した ◆a home shopping experience ホームショッピング[在宅ショッピング]の経験; 住宅購入の経験 ◆a stay-at-home shopping service such as Comp-U-Store Comp-U-Store などのホーム・ショッピング[通信販売]サービス ◆be under stress from work and home problems 仕事と家庭問題でストレスを受けている ◆home audio equipment ホームオーディオ[家庭用音響]機器 ◆home facsimile products 家庭向けファクシミリ製品 ◆home taping of prerecorded music 音楽ソフトの自家[私的, 個人で楽しむための]録音(*CDやレコードからの録音) ◆in a private home 個人宅で ◆in average homes 平均的家庭[世帯]で ◆manage a business from home 自宅を本拠地にして事業を経営する ◆on my home network 私の宅内ネットワークに接続されて ◆sales of fax devices for use at home 家庭用ファックス装置の売り上げ ◆shop from home 自宅に居ながらにして買い物をする; ホームショッピングする ◆start your own home-based business 自宅[在宅]でできる商売[ビジネス, SOHO]を始める ◆to increase [boost] home ownership rates 持ち家率を上げるために ◆high-speed modems for small businesses and home offices 小企業[零細企業]および自宅事務所[ホームオフィス]向けの高速モデム ◆VCRs intended for the home 家庭用VTR ◆a home electrical products manufacturer 家庭用電器[家電]メーカー ◆his 4-year-old home 築4年の彼の家[住宅] ◆home-based businesses 自宅を本拠地に[《意訳》事務所]にしている(零細)事業所 ◆home-heating fuels 家庭用暖房燃料類 ◆inflation-adjusted home prices インフレ調整済み住宅価格 ◆adapt the machines to home use 家庭用の機械を家庭用に改造する[《意訳》開発し直す, 転用する] ◆enjoy the convenience of shopping from home 在宅ショッピング[通信販売]の利便を享受する; ホームショッピングを便利に利用する ◆new-home sales increased by 18 percent 新築住宅の販売高は18パーセント伸びた ◆remote LAN access for work at home and telecommuting (家で仕事をして)在宅勤務[就労]するためのリモートLANアクセス ◆teach patients about home care [at-home care] 患者に在宅介護について教える ◆the company has started offering home delivery of... この会社は, ～の宅配を始めた ◆the rate of home ownership [home ownership rate] is declining 持ち家率は減少している ◆more than 500 meals were delivered to the homes of elderly shut-ins in the area 500食以上の食事が, 家に閉じこもっている地域の老人に宅配された ◆record TV programs while away from home テレビ番組を留守録する ◆Most accidents occur close to home. ほとんどの事故は, 自宅の近くで発生する. ◆It can be operated away from home using battery power. それは, 外出先[出先]でバッテリー電源で動作させることができる. ◆I've been working at home for 10 years. 私は10年間自宅で仕事をしている. ◆Mr. Barrett operates an excavating business from his home. バレット氏は自宅を事務所にして穴掘りの仕事[土木掘削業]を営んでいる. ◆New-home sales have leveled off some. 新築住宅の販売高は, いくらか横ばいになった. ◆The restaurant is famous for its home-cooked meals and bakery. このレストランは, 家庭料理の食事とパン菓子で有名だ. ◆The company is targeting the new product at home, home office and small business users. この会社は, この新製品をホームユーザー, 在宅勤務[就労]ユーザー, 小企業[零細企業]ユーザーを対象にしている. ◆With VCRs in 54% of U.S. homes, an estimated 65 million movie cassettes were sold in 1987. 米国家庭の54％にビデオが普及している状況で, 1987年に映画のビデオ(カセットテープ)は推定6500万本売れた. ◆I am attending college to study languages so that I may work from home doing translation work. 私は在宅(勤務)[《意訳》SOHO]で翻訳の仕事ができるよう, 大学に通って語学を勉強している. ◆If you are often away from home and miss many TV programs that you would like to watch, ... もしもあなたが留守がちで, 見たいテレビ番組をよく見逃しているならば, ... ◆With the remarkable proliferation of personal computers and high-speed communications via the Internet, the ability of people to work from their homes is increasing rapidly. パソコンとインターネットを介した高速通信の目覚ましい普及で, 人々の在宅勤務[《意訳》テレワーク]能力は急速に増しつつある.
2 (a) ～ 故郷, 郷里, 田舎, 在所, 故国, 本国, 祖国, 母国, 本拠地; a ～ 発祥地, 本場, 原産地, 棲息地, 自生地; a ～ 収容施設, ～ホー

ム, 一院; □(ゲームや競技の)ホーム[本塁, ゴール]; adj. 国内の, 国産の, 本国の, 地元の, 本拠地となる ◆a home port [harbor] 母港 ◆a naval port, home to warships 戦艦[軍艦]の母港である軍港[海軍の港] ◆his home country of Egypt 彼の本国エジプト ◆in the crowded home market ひしめく国内市場において ◆place collect calls back home 着信払いで「故国, 故郷]に電話をかける ◆the home ground of a team チームの本拠地 ◆Toyota's newest home-country plant トヨタの本国の最新工場 ◆for fear of offending the home government 本国政府の怒りを買うのが怖くて ◆return to its home position (それ自身の)ホームポジションに復帰する ◆Most of our ships have returned to their home bases for repair. 我々のほとんどの船は, 修理のため本拠地に帰還した。 ◆He expects the new coding technique to find a home in a variety of other digital voice/data applications such as cellular radio telephone and... 彼は, その新しい符号化技術が携帯電話や...などといった他のさまざまなデジタル音声・データの応用分野で定着するだろうと予想している。 ◆Karl-Marx-Stadt is the place Katarina Witt calls home. カール・マルクス・シュタット(旧東独の街)が, カタリナ・ビットが故郷と呼ぶ場所である。
**3** adv. 家[故郷, 自国]に[へ, で] ◆soldiers coming home from the front 戦線からの帰還兵 ◆the journey home 帰途の旅 ◆to bring young Marines home safe and sound 若い海兵隊員らを無事帰還させるために ◆his son is coming home from college and bringing his live-in girlfriend 彼の息子は, 同棲している彼女を連れて大学から家に帰ってくる[帰省する] ◆You may have to take work home over the weekend. 週末には仕事を家に持ち帰るはめになるかもしれません。 ◆let some employees go home early, particularly those faced with transportation problems due to... 一部の従業員, 特に, ~のせいで足の確保の問題に直面している者を, 早く帰宅[早退]させる
**4** adv. ぐさりと, 深々と, ねらい通り正確に; adj. 急所を突く, 痛烈な
**5** vi. 復帰する, (ミサイルなどが)自動追尾する; vt. ~を本国[家]に返す, ~を誘導する
**at home** 在宅して, 自宅で, 自国で, くつろいで; <in, with, on>(~に)慣れて, お手の物で, 堪能で[熟達」して, 達者で, 板について, 通じて, 精通[熟知, 通暁(ツウギョウ)]して, 詳しい, 明るい ◆at-home shopping ホーム[在宅]ショッピング; 通信販売 ◆all work-at-home categories すべての在宅就労[勤務]業態 ◆customers (both) at home and overseas [abroad] 国内, 海外の顧客; 国の内外の顧客 ◆die at home 自宅で往生する; 《意訳》畳の上で死ぬ ◆work-at-home households 家で[在宅で]仕事をしている世帯 ◆earn additional income from work done at home 内職で追加収入を得る[稼ぎの足しにする]; they are employed by companies and yet do their work at home 彼らは会社に雇われながらも在宅で仕事をする[在宅勤務する] ◆telecommuters(のこと) ◆whether you are in an office or at home あなたがオフィスにいようと, 自宅にいようと[出勤していようと在宅であろうと] ◆"It's easier to recuperate at home than in the hospital," said Susan. 「入院しているよりも自宅療養の方が楽よ」とスーザンは言った。 ◆Please make yourself (feel) at home! どうぞ, おくつろぎ[気楽になさらないで, 楽にして]ください。 ◆Schalter's switches are at home in harsh environments. シャルター社製スイッチは, 過酷な環境での使用に適しています。 ◆Powertek's automatic voltage regulators are at home in the laboratory, on the production line, or in the field. パワーテック社の自動電圧調整器は, 研究室で, 生産ライン上で, また現場で本領[真価]を発揮します[での使用に適しています]。 (参考) a feeling [sense] of at-homeness くつろぎ[我が家にいるような家庭的な]感じ
**nothing to write home about...** 取り立てて言うほどのことはないの ◆The company's performance has never been much to write home about. 《口》その会社の業績は, 取り立てて書く[言う]ほどのものではなかった。
**home in on, home on** まっしぐらに~を目指す, (航空機やミサイルなどが)~に向かって自動誘導される

**(be) home to...** (場所が)~の棲息地[活動拠点, 本拠地]である, ~を擁する, ~を宿す, (場所内には)~がある[いる] ▶この表現はどの辞書にものっていないが, 頻繁に使われるものであり, 熟語として取り上げられてしかるべきものである。 ◆The city of Muroran is home to plants of two industrial giants. 室蘭市には大手製造業2社の工場がある。 ◆Today Stanford is home to 1,200 faculty members and 13,300 students. 今日, スタンフォード大学には1,200人の教職員と13,300人の学生を擁する[かかえている]。 ◆The tropical forests are home to at least half the earth's plant and animal species. 熱帯林には, 地球の全動植物の種の少なくとも半数が棲息[生息]している

**home automation** ホームオートメーション
**home-based** adj. 自宅を主な活動のよりどころとする, 自宅を本拠にしている ◆home-based manufacturers 自国[国内]メーカー ◆home-based microbusinesses 自宅を事業所にしている零細企業
**homebuilt, home-built** adj. 自家製の, 自作の, 手製の ◆a homebuilt telescope 自家製[自作, 手製]の望遠鏡
**home-care** 在宅介護の
**homecoming** a~ 帰宅, 帰郷, 帰省, 帰国; a~ 《米》同窓会 ◆make a homecoming trip back to... ~に戻る帰郷[帰省, 帰国, 帰宅]の途につく
**home computer** a~ ホームコンピュータ
**home-deliver** ~を宅配する ◆a home-delivered newspaper 宅配[個別配達]の新聞 ◆whether they are bought at the store or home-delivered それら(の商品)が店で買ったものであろうと, 家まで配達してもらったものであろうと
**home-delivery** adj. 宅配の, 戸別配達の, 出前の ◆home-delivery customers 宅配まで[お届け]サービスを受けている顧客たち ◆introduce home-delivery of groceries 食品雑貨の宅配を始める ◆operate a home-delivery service 宅配サービス業を経営する ◆The paper has no home delivery. この新聞は戸別配達していない。 ◆expand one's home-delivery repertoire to include Chinese food 出前メニューの幅を広げて中華料理を加える ◆the grocery store offers home-delivery service その食品雑貨店は, 家まで配達サービスをしてくれる
**home economics** □(略: home ec) 家庭科; 家政学(= domestic science)
**home entertainment** 家庭用娯楽機器(*テレビ, ステレオ, パソコンなど)
**home-field** ◆a home-field advantage ホームフィールド・アドバンテージ, 自分たちの本拠地で試合ができる優位性[有利性], 地元の強み
**homegrown, home-grown** (野菜など)自家製の, 国内産の, 国産の, 地元出身の
**homeland** a~ 故国, 祖国, 自国, 母国; a~ 《南アフリカのアパルトヘイト政策における》ホームランド[黒人部族別居住地域] ◆the Office of Homeland Security 《米》米国土安全保障局(*同時多発テロに関連し2001年9月創設) ◆effective homeland defense against terrorism テロに対抗するための効果的な本土防衛(*米国の場合) ◆the abolition of South Africa's 10 black homelands 10ある南アフリカの黒人部族別居住地域の廃止
**homeless** adj. 家のない, 宿なしの, ホームレスの; the ~ ホームレスの人々, 路上生活者, 野宿(生活)者 ◆a homeless person ホームレスの人; 路上生活者; 野宿生活者 ◆to prevent people from becoming homeless 人々がホームレス[路上生活者]にならないようにする
**homemade** 自家製の, 手作りの, 手製の, 国内産の, 国産の
**homemaker** a~ 家事[家政]担当者, 主婦 ◆a male homemaker 主夫(*主婦の男性版) ◆a full-time [part-time] homemaker 常勤[非常勤]主婦
**home office** a~ 本社, 本店; a~ (自営業者や在宅勤務者の)自宅事務所 ◆home office operators 自宅を事務所にしている事業者たち ◆the emerging home office market 急浮上しつつあるホームオフィス市場(*自宅を事務所代わりに使うSOHOの人たちによって形成される市場。パソコン, ワープ

ロ，ファックス，コピー機，高機能電話機など，OA機器の販路として期待が高まっている） ◆help them operate a home office 彼らが自宅を事務所にして仕事ができるよう助けてやる ◆a home office is a principal place of business 本店とは，主たる事業所のことである（*a principal place of business = 本店所在地） ◆The new product is aimed at home office, small business and educational markets. この新製品は，自宅事務所や零細企業，ならびに文教［教育］市場に照準をあてている．

**Home Office** the ～《英》内務省 ◆Home Office Minister Charles Wardle （英国の）内務大臣チャールズ・ウォードル

**homeostasis** 《生》ホメオスタシス，（身体の生理的な）恒常性［安定性］；（比喩的に）（社会的組織の）平衡維持

**homeowner** a ～ 自宅［マイホーム］所有者 ◆a home-owner マイホーム［自宅］所有者

**homepage, home page** a ～《ネット》ホームページ，《中国語》主頁（▶英語のa homepage は, a websiteの入り口になるトップページのこと．日本語の「ホームページ」は，トップページ以外も含めた a website 全体を指す場合が多い） ◆visit his home page at http://www... 彼のホームページhttp://www...を訪れる［に行く，をのぞく，を見る］ ◆an [the] official [→unofficial] homepage of [for]... ...の公式［→非公式］ホームページ（▶公式ホームページの場合には，既出でなくてもthe を付けることが多い） ◆put photos on a homepage [website, web page] 写真をホームページ［Webサイト］に載せる［掲載する，アップする］ ◆set up [start, open, establish] a home page on the Internet インターネットにホームページを開設する［立ち上げる］（*set upを用いるケースが圧倒的に多い）

**home position** a ～ ホームポジション, 定位置, 原点 ◆home position repeatability 原点復帰繰り返し精度［反復性］ ◆When the mechanism returns to its home position,... メカが原点［定位置］に復帰するときに,...

**home run** a ～ ホームラン, 本塁打 ◆Chrysler hit a big-time home run with its minivan. クライスラーは, ミニバンで大ホームランを打った［大ヒットした］. ◆The designers have hit another visual home run. それらの設計者らは, 視覚的にまた1本放った［で また大成功した］.

**homesick** adj. ホームシック［懐郷病］にかかった, 望郷の念に［郷愁に］かられた, 里心が付いた ◆become [get, grow, feel] homesick ホームシックにかかる, 望郷の念にかられる ◆I am a lot less homesick now. だいぶ今はホームシックが軽くなりました. ◆It made me a little bit homesick. そのことで私はちょっぴり［いささか］ホームシックになった. ◆I was homesick for my family. 私は家族が恋しかった. ◆make... (feel) homesick 《人》をホームシックにする ◆she grows homesick for the sea 彼女は海がなつかしく［恋しく］なる

**homesickness** 《U》ホームシック, 故郷を懐かしく思うこと, 里心, 望郷の念, 郷愁, 懐郷（カイキョウ）病 ◆experience home-sickness ホームシックにかかる, 望郷の念にかられる ◆alleviate some of his homesickness 彼のホームシックをいくらか軽減させる ◆filled with homesickness 望郷の念でいっぱいになって ◆shake off one's homesickness for the motherland 故国［祖国, 母国］をなつかしむ気持ち［望郷心］を振り払う ◆suffer from (feelings of) homesickness from time to time 時折望郷の念にかられる

**home theater** a ～ ホームシアター（*家庭内に設けられた視聴覚娯楽室）, ホームシアター用AV機器（一式）, （俳優などが）活動の拠点としている劇場 ◆a home-theater component [system] 《音響》ホームシアターコンポ［システム］

**hometown** a ～ 生まれ故郷の町, 住み慣れた町, 現在住んでいる町, 故郷 ◆the Wrights' hometown of Dayton ライト兄弟の生まれ故郷（の町）であるデイトン

**home-video** a ～ the home-video industry ホームビデオ業界［産業］

**homework** 《U》自宅でする仕事［内職］, 宿題,〈会議, スピーチなどの〉下調べ［下準備］ ◆do [complete] (one's) homework 宿題をやる［やりおえる］ ◆a homework assignment 宿題

◆homework problems 宿題の問題 ◆help your kids with home-work あなたの子供の宿題を手伝う ◆Don't you have any homework？ 宿題はないのか. ◆Do your homework diligently and business success is a certainty. 下準備［下調べ］をしっかりしておけば, 仕事でうまくいくことうけあいだ. ◆Another study found children who frequently watch TV while doing homework earn lower grades compared to those children who turn off the TV when doing homework. 別の研究では, テレビを見ながら自宅学習することの多い児童は, 自宅学習するときにテレビを切って（*"ながら"勉強はしない）児童よりも低い点数を取っていることが判明した.

**homeworker** a ～ 自宅で仕事をする人, 在宅就労者［勤務者］

**homicide** (a)～殺人(行為), 人殺し; a ～ 殺人者（▶homicide は, 殺意のあるmurder と殺意のないmanslaughter を含む） ◆It was justifiable homicide. それは正当防衛上の殺人だった.

**homing** （ミサイルなどが）ホーミング式の, 自動誘導［追尾］の,（航空機が）帰着の, (鳥などが)帰巣性のある ◆acoustical homing torpedoes （超音波送受信により目標を）自動追尾する音響式ホーミング魚雷

**Homo erectus** 《U》ホモエレクトス, 原人 ◆The researchers said the skulls came from Homo erectus. 研究者らは, 頭蓋骨はホモエレクトス［（直立）原人］のものだと言った.

**homogeneity** 均質性, 均一性, 均等性, 一様性

**homogeneous** 均一の, 均質な, 同質の, 同種の, 等密度の, 斉一（セイイツ）の,（方程式などが）同次の ◆a homogeneous liquid 均質な液体 ◆a homogeneous substance 均質な物質

**homogenization** 《U》均質化, 同質化 ◆(the) homogenization of milk 牛乳の均質化（*牛乳を放置しておいても脂肪が分離して浮いてこないようにするために脂肪球fat globules を細かく砕いて均一に分散させる）

**homogenize** vt., vi. 均質化する, 同質化する ◆homogenized milk ホモ牛乳（*脂肪の粒子＝fat globules を細かく砕き均質化した牛乳. 消化によいと考えられている） ◆be homogenized beyond recognition 見分けがつかない［違いが分からない］ほど均一化, 同質化,《意訳》没個性化］されて（しまって）いる ◆society became more homogenized 社会は一層均質化した ◆If the bean counters and the lawyers are left in charge, our cars and trucks will become so plain and homogenized we won't be able to tell one from the other. 《意訳》経理屋や弁護士に（会社の）舵取りを任せたままにしておけば, 車やトラックはどれがどれだか見分けのつかないほど平凡で素っ気もなく没個性的なものになってしまうだろう.（*自動車メーカーの話）

**homoiothermal** adj. 《生》定温［恒温, 温血］の ◆homoiothermal [homoiothermic] animals 恒温動物; 定温動物; (= warm-blooded animals) 温血動物

**homosexual** adj. 同性愛の, ホモの; a ～ 同性愛者, ホモ（の人） ◆men and women who are homosexual 同性愛者の男性および女性たち

**homosexuality** 《U》同性愛; 同性同士の性行為, 同性愛行為 ◆He proclaimed his homosexuality on national television 《意訳》彼は全国ネットのテレビで自分は同性愛者であることを公表［発表］した

**hone** vt. ～を砥石（トイシ）で研磨する, 砥ぐ（トグ）, ホーニング仕上げする,〈穴〉を大きくする,〈技など〉をみがく; a ～ きめの細かい研磨砥石 ◆liquid honing 液体ホーニング（*砥石を含んだ液体を吹き付けて研磨仕上げする） ◆hone ceramic components セラミック製部品を磨く ◆hone one's skills 技術［技能, 能力, わざ, 腕, 腕前］を磨く［研鑽する］ ◆keep honing one's skills 腕を磨き続ける; 技能を研鑽し続ける ◆hone the car to perfection この車を完璧にみがき上げる［洗練する］（*外装を物理的にみがくだけでなく, 車の技術水準を上げまた資質を高めることを言っている） ◆All the rough edges have been honed. 荒削りなところがすべて研かれてなくなった.（*比喩的にも用いる） ◆Bo doesn't want young artists to make the same mistakes he did. He advocates the honing of one's skills before entering the music business. ボーは、若いアーティストたちには彼と同じ過ちを犯してほしくないのだ。彼は、技術を磨いて〔研鑽して〕から音楽業界に入るよう説いて〔訴えて〕いる.

**honest** adj. 正直な, 率直な, 誠実な, 実直な, 善良な, 公正な, 正当に稼いだ〔手に入れた〕, 手堅い, ちゃんとした, ありのままの, 純粋な

**honestly** 正直に, 誠実に, 実直に, 本当に, 正直に言えば, 正直な話〔ところ〕 ◆Honestly, .... [To put it honestly, ...] 正直に言えば, 正直なところ, 実を言うと

**honesty** 〖正直, 誠実, 公正, 率直, 実直, 廉直 ◆Honesty is the best policy. 《諺》正直〔誠実〕は最善〔最良〕の策.

**honey** a~ 蜂蜜; a~《米口》大切な〔かわいい, いとしい〕人, 愛するあなた (*家族や恋人への呼びかけに用いる); a~《口》素晴らしいもの; adj. 蜂蜜の (ような); v. ~を甘くする, ~にお世辞〔お上手〕をいう, 甘言を弄する ◆Honey is sweet, but the bee stings. 蜂蜜は甘いが, 蜂は刺す; 河豚(フグ)は食いたし, 命は惜しし.

**honeymoon** a~新婚〔蜜月〕旅行; の結婚後の一か月, 蜜月, ハネムーン; vi. 新婚旅行する, 新婚旅行の時期を過ごす ◆honeymooning Japanese couples 新婚旅行中の日本人カップル; 邦人新婚旅行客〔者〕 ◆the best US honeymoon location [destination] 米国きっての〔随一の〕新婚旅行先

**honeymooner** a~新婚旅行者 ◆hot destinations for honeymooners 新婚旅行客〔旅行者〕向けのホットな〔人気の高い, 暑い〕行き先

**honing** → hone

**honk** a~ ガンの鳴き声, 自動車の警笛などガンのに似ている音; vi. ガンが鳴くような音を出す, 警笛を鳴らす〈警笛〉を鳴らす ◆cause the horn to honk 〔押しボタンなど〕が警笛を鳴らす

**honor** 1 a~ 誉れ, 名誉, 名声, 栄誉, 栄光, 面目, 体面, 沽券(コケン), 恩典, 特典, 信義, 尊敬, 敬意; a~ 名誉〔ほまれ, 誇り〕となる人〔物〕; ~s 栄誉, 勲章, 叙勲, 表彰, 褒賞(ホウショウ), 儀式, 儀礼, 優等 ◆an honor student 特待生 ◆a white-uniformed honor guard 白い制服の儀仗兵 ◆give... a place of honor; give a place of honor to... ~に栄光〔名誉〕の座を与える ◆occupy [hold, have, take] a place of honor 栄光〔栄誉, 名誉〕の座を占める ◆save the honor of the leadership 首脳部の名誉〔面目, 体面〕を保つ ◆Mr. Yeltsin was seated in a place of honor at last night's Court Dinner in the Imperial Palace. エリツィン氏は皇居における昨夜の宮中晩餐会で上座に着席した.

2 vt. 〈人〉に栄誉〔名誉〕を与える, ~に敬意を払う, ~を尊ぶ〔貴ぶ〕(タットブ, トウトブ), 〈小切手, 手形など〕を引き受ける, ~を〔期日に〕支払う, 〈協定など〉に従う, 遵守する, 順守する ◆honor rules 規則を守る〔遵守する〕 ◆honor an interrupt request 《コンピュ》割込要求を引き受ける ◆honor a request 要求を聞き入れる〔聞き届ける, 認める〕, 要請〔依頼〕に応じる, 〈コンピュ》要求〔リクエスト〕を引き受ける ◆honor economic agreements with... ~との経済協定を履行する ◆I am honored to receive this award. 受賞できて光栄です. ◆visit Tokyo's Yasukuni shrine honoring [which honors] Japan's war dead 日本の戦死者〔戦没者〕を祀っている靖国神社に参拝する ◆will continue to honor previous contract prices 従来の契約価格を引き続き守ってゆく所存である ◆Unlike most airlines, Delta honors senior discount coupons without advance booking. ほとんどの航空会社とは異なり, デルタ航空は予約なしでシルバー割引クーポンを受け付ける. ◆U.S. phone companies typically honor installation requests in three days or less 米国の電話会社は, おおむね3日以内で設置の要請に応えている ◆In 1963, he was honored by the University of Wisconsin for distinguished service to journalism. 1963年に彼はウィスコンシン大学からジャーナリズムに対する功労〔功績〕で表彰された. ◆1978: 14 class-A war criminals were enshrined in Yasukuni Shrine (honoring Japan's dead soldiers), causing a diplomatic uproar in Asia. 1978年: A級戦犯14名が (日本の戦没兵士を祀っている) 靖国神社に祀られ〔〖意訳〗合祀され, アジアで外交上の混乱を引き起こした. ◆You honored your own mother as well as your wife's mother with gifts of equal value. Your wife's criticism was petty and inappropriate. あなたはご自身のお母様と奥様のお母様に同じ値打ちの贈り物を差し上げたのです.(したがって)奥様の非難は, くだらないもので適切さを欠いていました.

**in honor of...** ~を称えて, ~を祝って, ~を祝し, ~を祝賀〔記念〕して, ~に敬意〔祝意, 弔意〕を表して, ~を記念して ◆in honor of his 40th birthday 彼の40歳の誕生日を祝って

**honorably** みごとに, 立派に ◆an honorably discharged veteran 名誉除隊した退役軍人 ◆was honorably discharged from... ~から円満退職した,〈軍〉~から名誉除隊した

**honorary** adj. 名誉として与えられる, 名誉上の, 名誉職の, 無報酬の, 〈負債など〉〔道義〕〔徳義〕上支払うべき ◆an honorary award 名誉賞

**hood** 1 a~ (外套などの) フード, 頭巾, 幌 (ホロ), 天蓋, 覆い, 庇 (ヒサシ), カバー, (カメラレンズの) フード, 《米》(自動車の) ボンネット (=《英》a bonnet) ◆raise the hood (車の) ボンネットを上げる

2 vt. ~にフードをつける, ~をフードで覆う

**hoodlum** a~ 不良〔非行〕少年, 暴漢, 悪漢, ごろつき, ならずもの, 暴力団員, ギャング, ヤクザ ◆small-time hoodlums ざこのチンピラ〔よた者, ごろつき, 不良, 不良少年, ギャング, 暴力団員, 愚連隊, 用心棒〕ども

**hook** 1 a~ フック, ホック, 鉤 (カギ), 釣り針, (川などの) 屈曲部, (電話の受話器を掛ける) フック, 鉤の形状をしている物, 引き留め金具 ◆by hook or (by) crook どう〔何と〕しても, どんな手段を用いてでも ◆a coat-hook screw コートを掛けておくためのネジ ◆USE NO HOOKS; NO HOOKS 手鉤無用

2 vt. ~をひっかける, 釣る,《俗》かっぱらう,《口》〈人〉を釣り込む, 鉤形に曲げる; vi. ホックで留まる, 鉤状に曲がる ◆hook carbons together in rings 炭素を環状につなぐ

**off the hook** 受話器が外れて, 窮地から脱して, 義務〔責任〕を免れて ◆the telephones are ringing off the hook 電話がひっきりなしにかかってきて〔対応に追われて〕いる〔受話器を置く暇がない〕(*ring off the hook は決まった表現)

**hook on** 〈to〉かぎ〔フック, ホック〕で~にくっつく〔留める〕, 腕を組む ◆Not the sort of game you'd get hooked on, but a bit of diversion. 病みつきになる〔はまってしまう〕ような種類のゲームではないが, ちょっとした気分転換にはなる.

**hook up** ホックで留める, 組み立てる, 接続する,《口》引っつき合うようになる ◆hook a CD player up to an amplifier CDプレーヤーをアンプに接続する ◆lie hooked up to a dialysis machine (人工)透析装置につながれて横になっている ◆The unit hooks up to the recorder section. 本ユニットは, レコーダー部に接続するようになっています.

**hook-and-loop** (= Velcro) マジックテープ (式) の ◆using double-faced tape or hook-and-loop fasteners 両面テープかマジックテープ〔面ファスナー〕を使って

**hooked** adj. かぎ [hook] 形の, かぎ付きの;《叙述的》〈on〉~ に) 夢中〔中毒〕の ◆get [become] hooked on... 〈人〉が~にハマる; ~のとりこになる; ~に夢中〔病みつき〕になる; のめり込む; ~に凝る〔熱中する, うつつを抜かす, 心を奪われる〕ようになる, ~が好きでやめられなく〔手放せなく〕なる; ~がクセ〔中毒〕になる ◆get hooked on golf ゴルフに凝り始める〔夢中になる, はまる〕 ◆I'm hooked on.... 私, 彼に夢中〔首ったけ〕なの. ◆people who are hooked on drugs and/or alcohol 薬物やアルコールをやめられない〔の中毒になっている〕人たち ◆since he got hooked on cocaine 彼がコカイン中毒になってからは ◆If you're hooked on being outside, plan a visit to... アウトドアライフに魅せられているならば, ~を訪れる計画を立ててみましょう ◆they became hooked on trying to solve the riddle of bird flight 彼らは鳥の飛行(原理)の謎解きに夢中になった ◆My father got me hooked on minor league baseball when I was a kid. 私が子供の頃, 父の影響でマイナーリーグ野球が大好きになった. ◆Denim is so easy to get hooked on because it's comfortable, easy to care for and

**hookup, hook-up**

appropriate in almost any setting. デニムは着心地[履き心地]よく、手入れが楽で、たいていの場所に着ていけるので、(だれでも)すぐに手放せなくなっている。

**hookup, hook-up** (a ~ 接続、接続回線、接続[組み立て]によって構成されているもの、(電気的に接続された)ネットワーク、(放送の)中継、hook-up ◆a hook-up between a VCR and a TV set ビデオデッキとテレビ間の接続 ◆Switch on the amplifier only after all hookups have been made. 接続をすべて完了してから、初めてアンプのスイッチを入れるようにしてください。

**hooky** 《次の成句のみで》((米口))play hooky 学校をずる休みする[サボる] (=((英))play truant)

**hooligan** a ~ (サッカー観戦で暴徒化し騒ぎを起こす)熱狂的サポーター、フーリガン、ならず者、ごろつき、与太者、不良、悪党、チンピラ、暴漢 ◆a soccer [football] hooligan サッカー[フットボール]のフーリガン 騒ぎを起こす熱狂的ファン ◆Stores were vandalized by hooligans. 店は不良[ごろつき、ならず者、与太者]たちに荒らされた。

**hop** 1 vi. (片足または足を全部揃えて)ぴょんぴょん跳ぶ、(飛行機に)飛び回る、vt. ~を飛び越える、~に飛び乗る、~を飛行機でひとっ飛びする (~ hopping) ◆hop in... 《車な》に飛び乗る ◆bar-hopping (club-hopping) バー[クラブ]のはしご、はしご酒 ◆the laser hops to a different longitudinal mode レーザーは別の縦モードに跳んでしまう
2 a~(片足、両足、兎、かえる)跳び、(飛行機での)ひとっ飛び、(球の)バウンド ◆eliminate mode-hops 《電磁波》モードの跳びをなくす

**hope** 1 n. (a ~ 希望、望み、志(ココロザシ)、期待、可能性; a ~ (望みを与えてくれる)頼みの綱、期待されている人[物]、ホープ) ◆with hope 期待して[望みをもって、希望をもって] ◆pin [put] one's hopes on [in] . . . ~に希望を託す; ~に期待をかける ◆a glimmer of hope for a solution 解決への一縷のかすかな希望の光 [一縷(イチル)の望み] ◆fulfill a hope [wish] 望み[思い、願い、願いごと]をかなえる ◆in the hope of boosting business 商売を伸ばすことを期待して ◆When hope goes, ... 希望がなくなったら、... ◆without pinning all your hopes on ... ~にすべての望み[期待]をかけるのではなく ◆with [in] hopes of rebounding from last weekend's disappointing loss to Michigan 先週末にミシガンに無念の敗北を喫した雪辱を晴らしたいと願って[雪辱を期して] ◆Hopes run high that . . . will . . . ~であろうという期待が高まっている。 ◆My sincere hope is that . . . 私の切なる願い[私が切に待ち望んでいること]は~ということです。 ◆There is one ray of hope: . . . 一縷(イチル)の望みはある、それは~ ◆his only hope for revitalizing the Polish economy ポーランド経済を再活性化したいという彼の唯一の望み ◆It is raising the hopes of many that . . . それは多くの人々の~という期待を高めている。 ◆Our hopes rose after hearing . . . ~を聞いて我々の期待は高まった。 ◆The supercomputer offers the hope of solving . . . そのスパコンは~を解決する期待を抱かせる。 ◆with little hope for seeing black ink anytime soon 近いうちに黒字になる希望はほとんどなく ◆The Saudis are placing their hopes for industrial growth in showcase projects like . . . , and . . . サウジアラビアは、~等の目玉プロジェクトでの工業成長に期待をかけている。 ◆I started on Sunday with the hope of completing it by Tuesday. 私はそれを(できれば)火曜日までに終わらせるつもりで日曜に始めた。 ◆It is our hope that this book might . . . (私たちに)この本が~するよう期待しています。 ◆Jim is assembling . . . with hope of completion in the spring. ジムは、~を春に完成させ[終え、仕上げ]たいと思って組み立てている。 ◆The drug raised high hopes among AIDS patients. その薬はエイズ患者たちの間で大いに期待を高めさせた。 ◆The findings have boosted hopes. これらの研究成果は、期待感を高めることとなった。 ◆The new car proves that there is hope for the carmaker. この新車は、その自動車メーカーに望みがあるということを証明している。 ◆There were glints of hope amid the gloom. 暗闇の真っただ中に希望のきらめく光があった。 ◆Airbus Industries places its hopes on two advanced new aircraft. エアバス・インダストリー社は、高度な新型航空機2機種に期待をかけている。 ◆CUT AND PASTE: To open a patient, discover that there is no hope, and immediately sew him up. カットアンドペースト: 患者を切開手術し、もはや救いようがない[手の施しようがない、打つ手がない]ことが分かり、(意訳)治療を断念して、匙を投げて]直ちに縫合すること。(*医療関係の俗語集より) ◆We pin hopes for the future largely on the work of our schools. 我々は、将来への希望を主に学校(の働き)に託している。 ◆Europe's young people have high hopes that 1992 will open up new opportunities in their lives. 欧州の若者たちが、1992年が彼らの生活に新たな機会を開いてくれるのではないかと大きな期待を抱いている。
2 vi. 望む、希望を抱く、(~を)期待する <for>; vt. ~を希望する、望む、要望する、(~したいと)思う <to do>、~であってほしい、~と願う、~だと幸いです ◆I (most) sincerely hope that . . . 私は~ということを(切に)切に願っています[切実に待ち望んでいます、希望して止みません] ◆It is hoped that the reader will develop facility with . . . 読者の方が~の能力を伸ばすことができれば幸いです。 ◆The company hopes to sell 5,000 units a month at a price of 450,000 yen ($4,500). 同企業は、価格45万円 (4,500ドル)で月間5,000台の販売を見込んでいる。 ◆It is to be hoped that DAT recorders will be allowed to enter this country before too long. デジタル・オーディオ・テープレコーダーが、あまり遠くない将来にこの国に入る許可が下りるよう望まれる。 ◆Nanox is to introduce a new device called Xxx shortly. The company hopes to sell 500 units in its first year of sales. ナノックス社は、Xxxと命名した新型装置を間もなく市場投入することになっている。同社は販売初年度で500台売りたいと願っている[((意訳))500台の売上を見込んでいる]。 ◆The company hopes to garner a good share of the $2 billion computer repair market with the opening of 60 repair centers nationwide. 同社は全国60箇所の修理センター[拠点]の開設により20億ドル規模のコンピュータ修理市場で相当大きなシェアを獲得しようと狙っている。

**in hope(s)** <of, that> (~を)期待して、(~の)希望をいだいて ◆in hopes of a miracle 奇跡を祈願して ◆in hopes of making more money 金をもっと稼ぎたいと思って ◆in hopes of furthering peace and democracy 平和と民主主義の促進を願って

**hoped-for** 期待される、望まれる、待望の、心待ちの ◆hoped-for benefits 期待される諸々の利点 ◆the hoped-for debut of . . . ~の待望の[待ちに待った、期待の]デビュー ◆receive a hoped-for letter 心待ちにしていた手紙を受け取る

**hope-filled** 希望に満ちた

**hopeful** adj. 希望[望み、期待]をいだいている、期待している、望みのある、将来性[見込み]のある、ホープ[有望株]の、(見通しの)明るい、希望的な、楽観的な、幸先のよい; a ~ 前途有望な人、将来を期待される人[有望株、ホープ]、志望者、有力候補者、((皮肉で))行く末の案じられる[思いやられる]者 ◆Olympic hopefuls オリンピック出場候補選手たち ◆presidential hopefuls 大統領候補者たち ◆they are hopeful of good results 彼らは良い結果[成果]が得られるものと期待して[見込んで]いる ◆he is hopeful about future prospects 彼は将来の展望に希望をかけている ◆we are hopeful that we will obtain the go-ahead from . . . 我々は~からゴーサインが得られるものと思って[考えて]いる ◆He underwent arthroscopic knee surgery and is hopeful of being available for the team's next game. 彼は、関節鏡を用いた膝の手術を受けたが、チームの次の試合には出場の見込みでいる。

**hopefully** adv. 希望[望み、期待]をもって、有望に; 願わくば、望むところは、望むらくは、うまく行けば、できれば、希望的観測によれば

**hopelessly** adv. 望みを失って[絶たれて]、絶望的に、全く望みがもてないほど、どうしようもないほど ◆the hopelessly ill 《集合的》快復が絶望的な人々; 回復の見込みのない患者たち

**hopper** a～ hopする人 ◆a bar-hopper バーをはしごする人 ◆a storage hopper 蓄えておくためのホッパー[底開き式貯蔵槽] ◆a coal hopper car 石炭輸送用のホッパー貨車 ◆If you've had five jobs in 10 years, you could be labeled a "job-hopper." あなたが10年で5つの仕事に就いたことがあるとしたら、「職を転々と渡り歩く人」というレッテルを貼られてしまう可能性があります。

**hopping** n.《通例 -hopping の形で》(あちこちの)～を回る[巡る, はしごする, 渡り歩く, 転々とする]こと; adj. hopする ◆an island-hopping excursion 島巡りの[島々を巡回する]遊覧旅行 ◆Job-hopping will only make things worse. 職を転々とする[次々と転職する]のは状況をますます悪くするだけです。

**hopscotch** ⓝ石けり遊び; vi. 石蹴り遊びのような動きをする, 飛び回る, 歴訪の旅をする, 次々と方々を訪問する; vt. ◆play hopscotch 石けり遊びをする ◆hopscotch around [across, throughout] Europe 欧州各地[全土]を次々と訪れる[歴訪する, 巡回する, 訪問する] ◆She hopscotches the globe [world] several times a year to deliver lectures on... 彼女は年に数回～の講演で世界を股にかけて[世界各地を]飛び回っている ◆He hopscotched from one country to another, always one step ahead of extradition. 彼は, いつも本国送還にあう一歩手前で国から国へと高飛びして逃げた。

**horizon** the ～ 水平線, 地平線; a～《地質》層位(ソウイ), 層準(ソウジュン); ～s 範囲, 限界, 視野 ◆broaden one's horizons 視野を広げる ◆a gyro horizon indicator 《航空機》ジャイロ水平儀 ◆open new horizons 新しい地平を開く[拓く(ヒラ)く] ◆open up new horizons 新局面[新たな地平]を開く ◆But with the New Hampshire primary on the horizon, ... ニューハンプシャー州予備選を目前に控えて, ◆expand the horizons of business communication ビジネスコミュニケーションの範囲を広げる ◆many U.S. companies lack the long-term horizons needed to cultivate the Japanese markets 多くの米国企業は, 日本市場を開拓するために必要な長期的視野[展望]を欠いている ◆On the horizon are more radical improvements in TV image quality. 訪れつつあるのは, テレビ画質のより根本的な改善である。 ◆These devices offer a new, unexplored horizon of applications. これらの素子は, 未開拓の新規応用分野[応用の新生面]を開いてくれる。 ◆Prowess in creating new life-forms in the lab is one of the bright spots on the U.S. technological horizon. 実験室で新しい生物形態を作り出す優れた技術力は, 今後の米国の技術領域で明るい部分の一つである。(＊on the horizon は, 「到来途上にある」)

**horizontal** adj. 垂直に対し直角の, 水平な, 水平面の, 横の, (上下に対して)左右の, 平らな, 横型[横形]の (cf. landscape); n.《通例 the ～》水平な物, 水平位置[面, 線] ◆a horizontal surface 水平面 ◆horizontal deflection 水平偏向 ◆horizontal [lateral] integration 《経済》水平統合 ◆horizontal resolution 《TV》水平解像度 ◆horizontal scanning 水平走査 ◆horizontal stripes 横縞 ◆horizontal coordinate 横座標 (= the x-coordinate, the abscissa) ◆a horizontal synchronizing pulse 水平同期パルス ◆horizontal originals (コピーの)横原稿 ◆horizontal line orientations (left-to-right or right-to-left) [↔vertical line orientation (top-to-bottom)] 横書き(左から右, または右から左), [↔縦書き(上から下)] (＊アラビア語やヘブライ語は, 基本的には右から左の方向に書く) ◆in a horizontal position 水平[横向き]の姿勢で[位置で] ◆in all horizontal directions 全水平方向に ◆put [place] it in a horizontal position それを水平に置く ◆rotate X clockwise or counterclockwise to ensure that Y is on a horizontal line Yを水平にするためにXを右回りまたは左回りに回転させる ◆so that the tape stays nearly horizontal to the chassis テープがシャーシに対しほぼ水平の位置関係を維持するように ◆Operate the VCR in a horizontal position only. このビデオデッキは必ず水平にしてご使用ください。 ◆The monitor has [features] a horizontal scanning [scan] frequency of 30 to 95 kHz. 《意訳》このモニター装置は, 30kHzから95kHzまでの水平走査[水平同期]周波数に対応している。

**horizontal axis** a～ 横軸, 水平軸 ◆the horizontal axis of a graph グラフの横軸

**horizontally** adv. 横に, 横向きに, 水平に, 平らに ◆be horizontally oriented 横向きの[横になっている] ◆horizontally oriented pictures 横長の画像[画面, 写真, 絵画] ◆landscape [horizontally oriented] pages 横長[横向き, 横置き]ページ

**hormone** a～ホルモン ◆hormone-like substances ホルモン様(化学)物質 ◆female hormones such as estrogen and progesterone エストロゲンやプロゲステロンなどの女性ホルモン ◆hormone-treated U.S. beef ホルモンを投与した[使った]米国産牛肉 ◆The ovaries produce eggs and the two female sex hormones, estrogen and progesterone. 卵巣は卵をつくるほか, 2種類の女性ホルモン, すなわちエストロゲン(卵胞ホルモン)とプロゲステロン(黄体ホルモン)を産生する。 ◆All menopausal women face a difficult decision: to take or not to take hormone replacement therapy (HRT). 更年期の女性は皆, ホルモン補充療法を受けるべきか受けざるべきかの難しい決定に直面する。

**horn** a～角(ツノ), (カタツムリなどの)触角, 角製の物, 管楽器, ホルン, 警笛器, 警笛, クラクション, ホーンアンテナ, (俗)スピーカー[ラッパ], (俗)(無線)電話, ⓝ角質; vt. ～を角で押す[突く, 突き刺す] ◆a horn speaker [loudspeaker] ホーン型スピーカー ◆a horn blows 警笛[クラクション]が鳴る ◆honk/sound/blast the [one's] horn (自動車などの)警笛[クラクション]を鳴らす ◆sound [blast] a horn 警笛[警音器, クラクション]を鳴らす ◆the horns of a snail カタツムリの角[触角]

**horrendous** adj. 恐ろしい(ほどの), ひどい, ものすごい, すさまじい ◆a horrendous error はなはだしい[ひどい]間違い

**horrible** 恐ろしい, ぞっとするような, この上なく不快[不愉快]な, 全くひどい ◆the horrible rape of the environment すさまじい環境破壊

**horror** (a)～ 恐怖, 戦慄; the ～ s 〈of〉 (～に対する)ぞっとする気持ち[思い], (～の)惨事 [惨劇]; (a)～ 大嫌い, 嫌悪, 毛嫌い; a～《実に》ひどい代物 ◆a horror film [movie] ホラー[怪奇]映画 ◆a horror novelist 怪奇小説家 ◆We were just horror-struck. 私たちは, ただただぞっとしてた。

**horse** a～馬, 成長した雄馬, 競走馬(a racehorse), 木馬, 跳馬 (a vaulting horse), 鞍馬(a pommel horse, a side horse), 洗濯物掛け(a clothes-horse), 木挽き台(a sawhorse); ～ (集合的, 複数扱い)騎兵 ◆a wooden rocking horse 揺り木馬 ◆You can lead a horse to water, but you can't make him [it] drink. 馬を水飲み場に連れていくことはできても, 飲ませることはできない。 (＊英文はこれ以外にもいろいろなバリエーションがある。本人がその気にならなければ, まわりでとやかく言ってもダメという意)

**horse mackerel** a～《魚》アジ, マアジ, マグロ ◆eat a horse mackerel アジを食べる

**horsepower** (略 hp, 希に ps) ⓝ 馬力 ◆a 1000 horsepower Cessna 1000馬力のセスナ機 ◆a 10-hp improvement in power 10馬力の出力の改善 ◆VCR horsepower wars ビデオデッキの性能競争 (＊かつてのVHS陣営とベータ陣営の間の競争) ◆the engine's output of 120 hp at 5000 rpm そのエンジンの5000rpmで120 hpの出力 ◆The 1598cc engine delivers 105 horsepower. その1598ccエンジンは150馬力[105ps]を出力する。(＊馬力のpsはドイツ語Pferdestärkeより) ◆The car's 1859cc engine is rated at 115 horsepower. その車の1859ccエンジンの定格出力は, 115馬力となっている。 ◆The engine produces 161 hp at 5900 rpm. このエンジンは, 5900rpmで161馬力を発生させる[出力する]。 ◆The single-overhead-cam, 5.3-liter engine whirs out an effortless 262 horsepower. シングルオーバーヘッドカム5.3リッターエンジンは, 262馬力を難なく捻り出す。

**horse sense** (口)常識

**hose** 1 (a)～ホース; ～s《集合的に》長靴下類, ストッキング類 ◆a length of hose ホース1本

**hospice**

2 vt. ～にホースで水をかける［まく、やる、打つ］<down> ◆hose down the dust ホースで水をまいてほこりをしずめる

**hospice** a～ホスピス,（末期癌患者などの）終末医療施設, 緩和ケア病棟［施設, 病院］; a～（宗教集団などが経営する, 巡礼者・若者・貧困者などのための）宿泊所 ◆a hospice for the terminally ill 末期患者用のホスピス病棟 ◆at an AIDS hospice 末期エイズ患者のためのホスピス施設［終末医療施設］で ◆offer hospice care ホスピス医療［緩和ケア］を提供する

**hospital** a～病院;（形容詞的に）病院の, 病院の機能を持った ◆at [in] a hospital 病院で ◆go to the hospital《米》; go to hospital《英》 病院に行く ◆a hospital chaplain 病院チャプレン（＊医療機関付きの宗教的専門職で患者やその家族および職員の心のケアを担当） ◆a hospital clinic I.D. card 診察カード ◆a hospital-spread infection 病院によって蔓延する感染; 院内感染 ◆be admitted to (a) hospital 病院に収容される; 入院する ◆be transported [taken, sent, rushed] to a hospital 病院に運ばれる［かつぎ込まれる］ ◆hospital-spread fungus 院内感染で広がり蔓延した真菌類 ◆In her new interview, Diana said she visits two hospitals on a regular basis. 新たなインタビューで、ダイアナは二つの病院に定期的に通院していると言っていた。

**hospitality** ホスピタリティー, 手厚いもてなし, 歓待, 厚遇 ◆receive a lot of Southern hospitality 多大なる南部流のもてなし［歓待］を受ける

**hospitalization** ⦅医⦆入院（期間）

**hospitalize** vt. ～を入院させる, ～を病院に収容する ◆Patients are increasingly at risk of contracting fungal infections while hospitalized for other ailments. 患者が他の病気で入院している間に真菌類に感染する危険がますます高まっている。

**host** 1 a～主人, 主人役, 主催者,（番組の）司会者［パーソナリティ］, ホスト［上位］コンピュータ,（旅館, 宿屋の）主人,《生物》宿主,《地質》母体, 親状石［鉱物］, 母岩 ◆a host country 主催国; 開催国 ◆a host language ⦅コンピュータ⦆ホスト［親］言語 ⦅コンピュータ⦆ホスト［上位］処理装置 ◆a host processor ⦅コンピュータ⦆ホスト［上位］処理装置 ◆a refugee-host country 難民受け入れ国 ◆become a TV quiz show host テレビクイズ番組の司会［進行役］になる ◆Host nation Canada is... 開催国［主催国］カナダは, ◆Japan's host-nation support of $5 billion a year 年50億ドルにのぼる日本の受け入れ国支援［負担］（＊在日米軍への） ◆processing is carried out in the host 処理はホスト（コンピュータ）内で行われる ◆view the directories on the host computer ホスト［親］コンピュータのディレクトリを見る ◆South Korea and Japan are host nations for the next World Cup in 2002. 韓国と日本が、2002年の次期ワールドカップ［世界杯大会, W杯］の開催国である。 ◆In an ISDN system, very-large-scale mainframe computers will function as hosts to vast networks of personal computers. ISDN（総合デジタル通信網）システムでは、超大型メインフレームコンピュータが広大なパソコン網のホストとして機能することになるだろう。

2 vt. ～の主人役を務める, ～を主催する,〈番組〉の司会をする, ～の上位装置［ホスト］として働く ◆co-host a competition with... 競技会［コンペ］を～と共同開催［共催］する ◆Ada programs hosted in MIL-STD-1750A hardware environments ミル規格MIL-STD-1750Aのハードウェア環境下で動作するAda（という言語で書かれた）プログラム（＊hostは宿となるという意） ◆He is hosting an FM radio show about motorcycles. 彼は、バイクに関するFMラジオ番組の司会をしている。 ◆The operating system executes in real time to host imaging, data acquisition, communication, and robotics applications. このオペレーティングシステムは、リアルタイムにホストとして画像、データ収集、通信、およびロボット工学アプリケーションを処理する。

3 a～多数, 大勢 ◆a host of careful tuning changes 数々［多数］の入念な調整変更 ◆a host of new innovative products 多数の革新的な新製品 ◆She has a host of friends. 彼女には友人が大勢いる。 ◆You have a host of options to choose from. 豊富な種類の中から選べる「選択の幅は広い」。

be [play] host to... ～の主人役である［を務める］, ～の開催地である, ～の宿主である, ～を宿す, ～を擁する, ～を（客として）迎える, ～を受け入れる,（場所には）～がある［いる］, ～のホストである ◆be [play] host to a person ～は〈人〉を（客に）迎える; ～に〈人〉が訪れる ◆Sydney played host to the 2000 Summer Olympics シドニーは2000年夏季オリンピック開催地を務めた ◆a desktop PC that is host to its peripherals （意訳）周辺機器を従属している（ホスト機である）デスクトップパソコン ◆a server that is host to its clients ⦅コンピュ⦆クライアントのホストであるサーバー ◆the city which is host to the next Olympic Games 今度の［次の］オリンピックの開催都市 ◆the country's capital is host to over 2 million visitors a year この国の首都には, 年間200万人の訪問者がある［200万人が訪れる］ ◆a city which is host to three universities and a college 総合大学3校と単科大学1校を擁する市 ◆a type of aquatic snail that plays host to parasites called trematodes 吸虫という寄生虫の宿主である水生カタツムリの一種

**host computer** a～ホストコンピュータ, ホスト, 上位コンピュータ

**hostess** ⦅hostの女性形⦆a～女主人, 女将, おかみ, 女性接客係, 女給, ホステス, スチュワーデス, 女性司会者［パーソナリティ］; v. hostess役をつとめる ◆an air [airline] hostess スチュワーデス

**hostile** adj. 敵の, 敵意の, 敵対する, 敵意のある, 反感を持った, 冷たい, フレンドリーでない, やさしくない ◆a hostile [unfriendly] takeover bid 敵対的な株式公開買い付け［TOB］ ◆a hostile environment 悪い［厳しい, 劣悪な, 苛酷な, 過酷な, 悪条件の］環境; 逆境 ◆Since shop-floor computers are often installed in hostile [harsh] environments, they are designed to be rugged. 生産現場用コンピュータは、劣悪な環境に設置されることが多いため、頑丈に設計されている。

**hot** 1 adj. 熱⦅暑⦆い, 高温の,（身体などが）熱っぽい, ほてった, ひりひりする［させる］,（味が）辛い ◆a hot-air balloon 熱気球 ◆hot-set materials 熱硬化性の材料 ◆(a) hot-melt adhesive tape 熱溶融接着テープ ◆a summer of record hot weather 記録的な猛暑の夏 ◆prevent it from getting too hot それを熱くなりすぎないようにする; その過熱を防止する ◆when the brakes get hot ブレーキが熱くなると［熱を持つと］ ◆when the microprocessor gets hot マイクロプロセッサが熱くなる［熱を帯びる］と ◆The fluorescent work light never gets hot. この作業用蛍光灯は、決して熱くなりません。

2 adj. 激しい, 強烈な, 熱烈な, 熱心な, 熱狂的な, 興奮した, ホットな, 激しい, 熱狂的な, 欲情した, 〈話題が〉出て来ての, 最新の, 今ホットな, 目下話題沸騰中の（ゲームや競技で正解・目標）に近い, 急追して［迫って］いる, 優秀な,《口》みごとな［すごくいい］, すごくおもしろい,《俗》やばい［盗品の］ ◆hot news ホット［最新］ニュース ◆Hot damn!《口》こりゃ凄い ◆the hottest technology 最新の技術 ◆the subject appeared on... as a hot topic of conversation この話は、～にホットな話題として登場した ◆when discussions get too hot 議論が熱くなりすぎると［白熱してすると］ ◆they began a hot discussion about the proper way of cutting his hair 彼の髪を短く切るための適切な方法をめぐり彼らは熱い［熱心な］議論を始めた

3 adj.《金属》熱間の; 放射能がある;〈電線などが〉電流が通じている［電気がきている, 活線-］, 帯電している ◆hot working《金属》熱間加工 ◆a hot-swappable hard drive ホットスワップ［活線交換, 活線換装, 活線挿抜, 活線抜挿］可能なハードディスク装置 ◆hot electrically hot equipment （むき出しで）通電［導電, 帯電, 充電］状態の機器（＊この場合の帯電や充電は「電気が来ている」という意味） ◆allow hot swapping of failed hard drives 故障した状態での故障ハードディスクドライブの交換を可能にする; 故障したハードディスクのホットスワップ［活線交換, 活線換装, 活線挿抜, 活線抜挿］ができる ◆support for hot insertion and removal of PCMCIA cards 通電状態でのPCMCIAカードの挿入・抜き取り［PCMCIAカードの活線挿抜］のサポート

**4** *adv.* 熱く、激しく、冷めないうちに、高温で、加熱して、熱烈に

**hot air** 熱風、温風、温気、暖気、熱気、熱空気;《口》実のない話[文書]、大風呂敷、だぼら ◆talk a lot of hot air 《口》中身[内容]のない大げさな話をたくさんする

**hot-air** *adj.* 熱風を利用した ◆a hot-air oven 熱風炉 ◆a hot-air balloon 熱気球 ◆It can be hot-air sterilized at 150 degrees C. それは150度Cで乾熱滅菌できる。

**hotbed** *a* ~ 温床、《園》熱延用ベッド ◆The town has become a hotbed of crime and drugs. この町は犯罪と麻薬の温床になった。

**hot cake, hotcake** *a* ~ ホット[パン]ケーキ ◆sell [go, go off] like hot cakes 飛ぶように[羽根が生えたように]売れる

**hot coil** *a* ~ 《電熱式調理台の渦巻型》加熱コイル; *a* ~ 薄板鋼コイル

**hotel** *a* ~ ホテル、旅館、旅亭、宿泊 ◆at [in] a hotel ホテルで ◆keep [manage, operate, run] a hotel ホテルを経営する ◆Which hotel are you staying at? ホテルはどちらにお泊りでいらっしゃいますか。 ◆Hotel occupancy rates were up 3.3 percent from the same period last year. ホテルの部屋の稼働率[客室利用率]は前年同期比3.3%増であった。(*英文に部屋に相当する単語が見あたらないことに注意)

**hot flash, hot flush** *a* ~ 《更年期によくある》のぼせ、顔面のほてり、顔面潮紅、ホットフラッシュ ◆menopausal symptoms such as hot flashes and insomnia のぼせ[ほてり]や不眠(症) などの更年期症状

**hot line** *a* ~ ホットライン、緊急用の直通電話[通信回線]、《視聴者参加番組の》受け付け用直通電話、電話相談サービス;《工業》電気が来て[通電して、帯電して]いる電線、活線 ◆this position requires experience in hot-line and dead-line work このポスト[職務]は、活線作業および停電作業の経験を要する ◆They have set up a hot line – 123/456-7890 for questions. 彼らは問い合わせに応じるためにホットライン[緊急用直通電話]123/456-7890番を開設した。

**hotly** *adv.* 熱く、熱っぽく、激しく、熱烈に、熱心に、情熱的に、怒って、興奮して ◆It is hotly argued. そのことに熱い論争が展開されている。

**hotness** 回暑さ、暑気、熱さ、熱気、熱意、辛さ、辛み ◆The hotness of peppers is produced by a substance called capsaicin. ペッパー[胡椒、唐辛子]の辛さ[辛み]は、カプサイシンと呼ばれる物質によって生じる。

**hot plate** *a* ~ 《鉄板焼き用電熱》ホットプレート

**hot pressing** 回 in hot pressing ホット[熱間、高温]プレス[圧縮、圧造]において

**hot rod** *a* ~ ホットロッド(*エンジンに手を加えて加速性能を高め、目立つようボディーを奇抜なスタイルに改造した車)

**hot-selling** 良く売れる、売れ足の早い、売れ筋[売れ線]の ◆the hottest-selling new imported auto 最売れ筋の新着輸入車

**hot shoe** *a* ~ 《カメラ》ホットシュー(*ストロボなどのアクセサリーを取り付けるためのシューで、電気接点があるもの) ◆a 5-contact dedicated hot shoe 《カメラ》5接点の専用ストロボ用ホットシュー(*カメラのアクセサリーシューにて電気接点があり、そこに専用ストロボを取り付けると接続コードなしで電気的に接続される。hotは電気的接続の意味)

**hot spot** *a* ~ 熱い[暑い、高温の]箇所、紛争[戦闘]地帯、電気が来ている[帯電]部分、活発な[活況を呈している]分野、《皮膚の》温点、ホットスポット(*マグマが顔を出している地点)、《真空管の》過熱点、放射能レベルの高い区域 ◆troops at hot spots in Nagorno-Karabakh ナゴルノ・カラバフ州の紛争地域に駐留している軍隊 ◆defuse hot spots before they explode 《比喩》紛争地帯[火薬庫]が爆発する前に信管を抜き取る

**hot stamping** 回ホットスタンピング、箔押し(*加熱して浮き出し型を熱転写フィルムを介して対象物に押しつけて文字や模様を転写すること) ◆a hot stamping press for imprinting cover and spine (本の)表紙や背表紙に押印[印字]するための箔押し機

**hot water** 湯、熱水、温水、《口》トラブル、窮地 ◆rinse it well under hot water それをお湯[温水]でよくすすぐ ◆Fill the tank to the brim with extremely hot water. タンクを熱湯[煮え湯]で縁までなみなみと満たしてください。

**hour** *an* ~ 1時間、60分; *an* ~ 1時間で行ける距離; *the* ~ 正時(ショウジ)、現在[ただ今]の時刻、あることをするのに使う時間; ~s 営業時間、勤務時間、授業時間、いつもの起床・就寝時刻 ◆after hours 営業[勤務]時間後に、閉店後に、会社[店]が引けた後で、仕事が終わった後に、時間外に ◆by the hour 時間単位で、時間数を基準にして、時間決めで、時々刻々と ◆keep late hours 夜更しして朝遅く起きる、よいっぱりの時間数[労働時間数] ◆window-service hours 窓口業務取り扱い時間;営業時間 ◆a pay-by-the-hour job 時間給の仕事 ◆the man of the hour 時の人 ◆a $50-an-hour instructor 1時間(につき)50ドルのインストラクタ ◆after long hours [10 hours] of deliberation 長時間[10時間]の審議[検討]の上で ◆be paid $5 an hour 時給5ドルもらっている ◆be paid by the hour 1時間いくら[時給]で賃金をもらう;時間給をもらう ◆between the hours of 9 a.m. and 5 p.m. 午前9時から午後5時の間に ◆cut [reduce] operating hours 営業[運転、稼動、操業]時間を短縮する ◆early-morning hours 早朝の時間帯 ◆long hours of sound sleep 長時間の熟睡 ◆one-hour processing service 1時間仕上げの写真現像焼き付けサービス ◆the problem(s) [question(s)] of the hour 目下[今現在、さしあたって、当面]の問題、当面する問題 ◆work twelve-hour days (1日)12時間労働で働く ◆a ten-hours-a-day job (1日)10時間労働の仕事 ◆on an hour-by-hour basis (= by the hour) 時間単位で;時々刻々と ◆even after hours of nonstop use 何時間にもわたるノンストップ[連続]使用後でも ◆her condition worsened with each passing hour 彼女の病状[容態]は刻一刻と[刻々と、時間を追って]悪化した ◆in a market where data changes by the hour データが時間単位で[時々刻々と]変化する市場で ◆to provide many hours of operation from standard AA cells 通常の単三電池で長時間動作[運用]を提供(《意訳》可能に、実現)するために ◆a digital watch that displays hours and minutes 時間と分を表示するデジタルウォッチ ◆be sure to leave them in the desiccator several hours before weighing to be sure they are fully dry 計量にかける前に必ず数時間それらをデシケーターに入れておいて確実に完全乾燥させてください ◆chances were becoming more and more remote with each passing hour and each passing day 見込みは日々刻々と薄くなりつつあった ◆calculate the gross pay based on the number of hours worked 総賃金を労働時間数に基づいて計算する ◆a major timetable change that moves departure times for Amtrak's regular trains from departures at 20 minutes past the hour to 30 minutes past the hour アムトラックの定期便列車の発車時刻を毎時刻20分発を毎時刻30分発に動かすといった時刻表[ダイヤ]の大改訂 ◆an estimated 5,000 volunteers put in a total of 20,000 hours painting and doing minor repairs in the schools 推定5000人のボランティアの人たちで学校で延べ2万時間をペンキ塗りや小規模な修繕に注ぎ込んだ[費やした] ◆The day, hour, and minutes display will turn off. 日付時刻[日／時／分]表示が消えます。 ◆The thoroughfares are alive with traffic at all hours. これらの大通りは、どの時間帯でも[常時]交通が激しい。 ◆We live about an hour from the town. 私たちは、町から一時間ほどの(距離の)所に住んでいる。 ◆We're only 800 miles from New York, an hour or so by plane. (我々がいる)ここはニューヨークからわずか800マイルしか離れていない。飛行機で1時間程度だ。 ◆The library's hours of operation are Monday through Friday 8.30am to noon and 1.00pm to 5.00pm (closed from noon to 1.00pm for lunch). 図書館の窓口取り扱い時間は、月〜金曜の午前8時半〜正午と午後1時〜5時(正午〜午後1時は昼休みで取扱休止)です。(回 open hours, library hours 開館時間) ◆Weekend Metroliner schedules also change, some to the half-hour instead of on the hour. 《意訳》週

**hourly**

末のメトロライナーの時刻表[ダイヤ]も変更されます，これに伴い，一部の列車は毎正時[毎時刻00分]の発車から毎時刻30分の発車に変わります．　**on the hour**　毎正時，毎時刻00分に　◆*every hour on the hour from 9 a.m. to 7 p.m.*　午前9時から午後7時まで毎正時に　◆*start on the hour between 10 and 4*　━は10時から4時の間，毎正時に始まる　◆*Buses for Ottawa leave on the hour.*　オタワ行きのバスは毎正時[毎時刻00分]に出ています．

**hourly** *adj.* 1時間ごとの，時間制[単位]の，時間給[給金]で雇われている，絶えず；*adv.* 1時間ごとに，毎時，1時間に1回[1度，1本]，しばしば，たびたび，頻繁に　◆*an hourly worker*　時間給[給金]労働者　◆*hourly wages*　時間給，時給　◆*hourly workers*　時給で働く人

**house**　**1**　*a*　～家，家屋，住宅，館，家族，家庭，建物，寮，寄宿舎，会社，商会，商店，劇場，議会　◆*a brokerage house [company]*　証券会社　◆*a house trailer*　ハウストレーラー　◆*a house turbine*　所内用タービン（＊発電所内で使用する補助電源用の）　◆*a software house*　ソフトハウス，ソフトウェア会社　◆*House and Senate Republicans*　下院および上院の共和党議員　◆*live in the next house but one*　2軒先に住む　◆*she's playing house*　彼女は，ままごと[遊び]をしている　◆*Bixel's monthly house magazine [journal]*　ビクセル社の月刊社内報　◆*gas companies hired women to go from house to house teaching homemakers how to cook on gas*　ガス会社は家々を回って[戸別訪問して]主婦にガス調理の仕方を教えるための女性(職員)を雇った　◆*The house of Mitsui began life as a pawnbrokerage and sake wholesaler in a small town 250 miles west of Edo.*　三井家は，江戸の西250マイルに位置する小さな町で質屋兼酒問屋として生まれた．
**2** *vt.* ～を収容する，収納する，しまう　◆*a structure housing a nuclear reactor*　原子炉を格納する構築物　◆*a laser diode housed in a DIP*　デュアルインラインパッケージに実装されているレーザーダイオード　◆*The video camera is housed in a dust-resistant O-ring-sealed metal case.*　本ビデオカメラは，オーリングで封止されている防塵金属ケースに収納されている．
**clean house**　家の掃除をする；(比喩的に)粛正する，浄化を図る　◆*when you are cleaning house*　家の掃除をしているときに

**house arrest**　⦿自宅監禁，軟禁，(刑として家に閉じ込め外出を禁じる)蟄居(チッキョ)　◆*Aung San Suu Kyi has been under house arrest since July 1989.*　(ビルマの)アウン・サン・スーチーさんは1989年7月以来自宅軟禁されている．

**house-brand**　*a*　◆*inexpensive house-brand accessories*　低廉なハウス[自家]ブランド付きの装身具

**household** *a*　～(使用人まで含めての)一家全員，世帯，所帯，家族，家庭；*adj.* 家の，世帯(用)の，家族の，だれもがよく知っている　◆*household chores*　家事，家内労働　◆*household dust*　ハウスダスト　◆*household effects*　家財　◆*individual households*　各家庭；各世帯；各戸　◆*ordinary households*　一般家庭[世帯]　◆*a household electrical [electric] appliance*　家庭用電気器具[電器，電化製品]，家電品，家電製品[商品]　◆*a single-parent household*　片親世帯　◆*a household name in personal computers*　誰もが知っているパソコンのブランド　◆*a lifetime accumulation of household goods*　一生の間にため込んだ家財道具　◆*do household chores*　家事をする　◆*household chores all across America*　アメリカ中の家庭で　◆*supply [provide] water for household use*　生活用水を供給する　◆*the recycling of household plastics*　家庭から出るプラスチックのリサイクル　◆*a household cleaner*　家庭用洗浄剤　◆*In dual-income families, the household duties should be shared.*　共稼ぎ家庭にあっては，家事は分担すべきだ．　◆*In the late 1920's, radio had become a household item.*　1920年代の遅く[末期]には，ラジオは家庭で普及して[身近なものになっ]た　◆*He says the PC will not really be a household necessity until it is as easy as the telephone.*　彼は，パソコンは電話のように簡単になるまでは家庭の本当の必需品ではないだろうと言う．　◆*More than 50 percent of household trash [domestic rubbish] is organic waste that can be composted.*　家庭から出る)ゴミの50％以上はコンポスト化[堆肥化]できる有機ごみ．　◆*Many radio frequency devices obtain their electrical energy from the AC power line (i.e., 110 volt household electrical line). Such devices include personal computers, ...*　《米》多くの周波数装置は交流電力線(すなわち110Vの家庭用電線[電灯線])からエネルギー[電力]を得る．このような装置にはパソコン，～などがある．

**household word** *a*～誰もがよく知っている言葉[語句，名前，人]，きまり文句，常套句　◆*make his name a household word*　彼の名前を有名にする　◆*attend a small college that's not exactly a household word*　本当に有名とは言えない[たいして有名ではない]小さな大学に通う　◆*WordStar is a household word throughout the world*　ワードスターは世界中で知られている　◆*WordStarは草分け的な英文・欧文のワープロソフト》*　◆*these names and acronyms are household words in Germany*　これらの名前や頭字語はドイツではだれもが知っている　◆*Today, superconductivity is becoming a household word. In less than 30 days, the company's name became a household word within the industry.*　今日，超伝導は耳慣れた単語になりつつある．30日もしないうちに，この企業の名前は業界内で知れ渡ることとなった．

**househusband, house-husband** *a*～主夫

**housekeeping**　家事，家政，家計の切り盛り，《コンピュ》ハウスキーピング，段取り，整理　◆*perform housekeeping tasks*　《コンピュ》ハウスキーピング作業をする　◆*take a more lax attitude toward housekeeping*　もっと家事の手抜きをする，家事に対してもっと肩の力を抜く[気楽に構える]

**house-to-house**　一軒一軒の，戸別の，家ごとの，軒並の　◆*house-to-house selling*　戸別訪問販売　◆*"house-to-house operations" to <do...>*　～するための「ローラー作戦」(＊家々やマンションやビルを一軒ずつしらみつぶしに訪ねて回る)　◆*make house-to-house calls*　戸別訪問する　◆*House-to-house searches are being conducted in surrounding villages.*　一軒一軒しらみつぶしの捜索が周辺の村々で行われている．

**housewares**　《単複両扱い，米国》家庭用品(売り場)(＊台所用品，小物家具など)

**housewife** *a*～(*pl.* *-wives*)　主婦，針箱，裁縫箱　◆*"My boyfriend wants me to stay at home to be a full-time housewife," she says.*　「私の彼は，家にいて専業主婦を[奥様業に専念]して欲しいといってます」と彼女は語る．

**housing**　⦿住宅供給，住宅，住居；《形容詞的に》住宅の；*a*～ハウジングの，ケーシング，筐体(キョウタイ)，収納容器，箱，カバー，外装，外被，囲い，支持枠　◆*a housing development*　《米》(開発業者によって建設された)住宅団地　◆*a housing problem*　住宅問題　◆*a housing project*《米》; a housing estate*《英》　中低所得者向けの公共住宅団地　◆*a housing-loan company [corporation, firm]; a housing lender*　住宅金融専門会社，住専　◆*a housing shortage*　住宅不足；住宅難　◆*site preparation for housing: the preparation of sites for housing*　住宅用地[宅地]の造成　◆*a one-inch long, stainless steel 1インチ長のステンレス製ハウジング[容器，ケーシング]　◆*she opened a computer center in a basement room of a Harlem housing project*　彼女はハーレム地区にある住宅団地の地下室にコンピュータ・センターを開設した　◆*The demand for housing in and around Capitol Hill is brisk these days.*　国会議事堂のある丘およびその周辺部で昨今[このところ]住宅需要が活発である．

**housing starts**　《新設》住宅着工戸数[件数，統計]　◆*Housing starts during 1987 reached 1.7 million, the highest total since 1973.*　1987年における新設住宅着工戸数[件数]は，1973年来の最高の総数である170万に達した．　◆*Housing starts in February were 17.4% below what they were in the same month last year.*　2月の新設住宅着工件数[戸数]は前年同月比17.4%減だった．

**hover** *vi.* 空中で停止[《意訳》空中待機]する，うろつく，さまよう，ためらう，躊躇する　◆*be hovering around the US$100 mark*　100ドルの大台を挟む動きを[100ドルの水準をはさんで上下]している　◆*hover the air*　空中に停止する　◆*be* hovering at the $13 billion-a-year mark　年間130億ドルの水準[大台]を前後している[はさんで上下して／推移している]（*変動の幅はかなり小幅である）◆move the hands of the doomsday clock back from the fanciful one-minute-to-midnight position where it had hovered for the past several decades　この世の終わりまでの残り時間を示す時計[終末時計]の針を、過去数十年の閉塞していた午前0時1分前という想像上の位置から逆方向に動かす◆Surplus capacity still hovers at 30%.　余剰生産能力は依然として30%あたり[前後]で推移している．◆The hovercraft can hover in one location.　ホバークラフトは、同じ場所で[一箇所に留まって]空中に浮いていることができる．

**hovercraft** *a*〜 ホバークラフト (= an air-cushion vehicle, a ground-effect machine, a GEM)

**how** どのようにして、どんなふうに、どうやって、どれだけ、どれほど、どのくらい、どんな様子[具合]で、どうして；《感嘆》なんと、なんて◆depending on how the batteries are used　電池の使われ方によって◆How would you like to <do>?　〜されてみてはいかがですか？◆specify how the task is to be performed　その作業の実施要領を規定する◆the hows and whys of autofocusing　自動焦点調節の方法と原理◆For more information, including how to become a member, ...　入会方法など、詳しくは〜◆the issue of how to negotiate a transfer of power　政権移管交渉をどう進めるかといった問題◆He asked his audience: "How many of you are going to the Million Man March? Don't be shy, hold up your hands."　彼は観客に向かって「皆さんの中で百万人大行進にいらっしゃる方はどれくらい[何人ほど]でしょうか．恥ずかしがらないで手を挙げてみてください」と尋ねた．◆A health spa in Denver employs a fingerprint scanner to keep track of how often its members use the facilities.　デンバーのある温泉ヘルススパは、会員の施設利用状況を常につかんでおくために指紋スキャナーを用いている．◆Read this booklet to learn how to put your juicer together and take it apart, how to set it up, how to use it safely, and how to clean it.　お買い上げのジューサーの組み立て分解方法、置き方、安全な使い方、洗浄の仕方を知っておくために、この小冊子をお読みください．

**however** いかに〜であろうとも、どれほど〜でも、どうやっても〜ない；《文中に挿入して》しかしながら、さりながら、されど、けれども、ではあるけれど、とはいえ、ところが、ただし◆However [But], on the other hand, ...　だが、他方においては[その反面、これに反して、その逆に、それにひきかえ]◆However crude its appearance or operation, it did have its virtues.　見てくれや働きがいかに荒削りであろうと、それにはそれの長所が確かにあった．◆However powerful an optical microscope, there is a limit to its resolving power, set by the wavelength of visible light.　光学顕微鏡の倍率がいくら高くても、可視光の波長で決まる分解能の限界がある．

**howl** 1　*a*〜〈狼、犬などが〉遠吠え、わめき声、風の唸り声、やじ、ハウリング（*マイクとスピーカーが近い時のキーンという音）◆draw howls of protest from...　〈人々〉から轟々（ゴウゴウ）たる抗議を受ける
2　*vi.*〈狼、犬などが〉遠吠えする、(人が)むせび泣く、(風が)吠える、ハウリングを起こす；*vt.*〜をわめいて言う、〜をやじり倒す <down>

**how-to**　ハウツーものの、実用向きに書かれた◆a how-to guide on cholesterol　コレステロール（の減らし方）についての実用手引書◆a how-to magazine of desktop publishing　デスクトップパブリッシングのハウツーものの雑誌

**HPGL**　(Hewlett-Packard Graphics Language) the 〜 ヒューレットパッカードグラフィックス言語（*ヒューレットパッカード社開発のプロッター制御用言語）

**HTML**　(Hypertext Markup Language)（*インターネットのホームページなどの記述に使用されるページ記述言語）

**HTTP**　(Hypertext Transfer Protocol)《ネット》ハイパーテキスト転送プロトコル

**hub**　*a*〜 ハブ[こしき]（*自転車などの車輪の中心に集まるスポークを受ける部分）、〈活動などの〉中心[拠点]、ハブ（*

通信ケーブルをT字形または放射線状に中継接続する装置）◆at a hub airport　ハブ[拠点、基幹]空港で

**hub-and-spoke**　*adj.*〈航空路線などが〉中央[中心]と地方を結ぶ支線を運航[運行]する

**Hubble**　◆the Hubble Space Telescope; the Hubble telescope; Hubble　ハッブル宇宙望遠鏡

**hubcap**　*a*〜《車》ホイールキャップ

**HUD**　(the Department of Housing and Urban Development)《略語形にはtheは不要》(米)住宅都市開発省

**huddle**　*v.* 体を寄せ合う、群がる、協議[相談、打ち合わせ]をしに集まる、体を丸める、縮こまる；*a*〜 人の群れ[群衆]、寄り合い[集まり、集会、会合、会議、密談]、（*アメリカンフットボールでの）作戦打ち合わせの集合◆a Monday morning huddle　月曜日の朝会[朝礼]

**hue**　*a*〜 色、色合い、色調、色相◆rainbow-hued　虹色の◆the hue control　《TV》色相調整（つまみ）(= the tint control)◆Pink is a hot hue for spring.　ピンクは春向きのホットな色[色合い、色調、色相]◆the green hue of certain soda pop bottles　ある特定のサイダービンについている緑の[色合い、色調、色相]◆Curry gives this soup a beautiful hue.　カレー粉はこのスープにきれいな彩りを添えてくれる．◆His death has shocked the Russian media, regardless of political hue.　彼の死は、政治的傾向[色合いの別]を問わずロシアのメディアを驚かせた．◆color-shifting ink will be used so that the greenback will take on a different hue when viewed from an angle　《意訳》このドル札には、見る角度によって異なった色[色合い、色調、色相]を帯びるようにするためにカラーシフトインクが使用されることになっている

**hue and cry**　*a*〜 (非難、抗議、警戒の)叫び声◆amidst the hue and cry directed at...　〜に向けられた轟々（ゴウゴウ）たる非難の最中（サナカ）に[中で]◆a mighty hue and cry arose over [about]...　〜をめぐって喧々轟々（ケンケンゴウゴウ）たる非難[抗議]が巻き起こった◆raise a hue and cry against [about, over]...　〜に反対して[〜に関して]抗議[非難]の声を上げる◆a rather loud hue and cry arose [went up] over...　〜をめぐりかなり大きな非難[抗議]の声が巻き起こった◆His rantings aroused a huge hue and cry.　彼の暴言は轟々（ゴウゴウ）たる非難[抗議]の大合唱を巻き起こした．

**hug**　*vt.* 〜を抱きしめる、抱き込む、かかえこむ、いだく、〜に沿って[接近して]走る[航行する]；*vi.* 抱きつく◆hug the ground　〈飛行機などが〉超低空飛行する；地をはうように飛ぶ[延びている]

**huge**　*adj.* 非常に大きな、巨大な、莫大な、大々的な、大規模な◆on a huge scale　壮大な規模で◆a huge city　巨大都市◆a huge mushroom cloud　巨大なきのこ雲◆a huge national park　広大な国立公園◆pour huge sums into plant and equipment　巨額の設備投資をする

**hugely**　*adv.* ものすごく、非常に、大いに◆a hugely-successful computer game　大当たりをしたコンピュータゲーム

**hula hoop**　*a*〜 フラフープ

**hull**　*a*〜 殻、皮、(豆の)さや、(イチゴなどの)へた、外皮、外殻、船体、殻斗、船殻、艇体、車体、莢；*vt.* 〜の皮をむく、〜の殻[さや]を取りのぞく◆a steel-hulled boat　鋼鉄[鋼鉄製船殻の]船

**hum**　1　(*a*)〜 ブーンという連続音（▶一般辞書の「ぶんぶんいう音」の訳は不適切である）、ハム音、電源ハム、唸り音、鼻歌、ハミング◆hum from the power-supply system　電源システムからのハム◆the hum of machinery　機械のうなる音
2　*vi.* ブーンという連続音を立てる、鼻歌を歌う、ハミングする、活気づく；*vt.* 〜を鼻歌で歌う、(赤ん坊など)〜を小声で歌って寝かしつける◆a city where the economy is humming　(地域)経済が活況を呈している都市◆Many rooms, once humming with activity, are empty.　かつて活気のあった部屋が多数空いている．◆The economy keeps humming, although the stock market has been soft lately.　このところ株式市場は軟調であるものの経済は好調を続けて[弱含みで推移してきているが景気は活況を呈して]いる．◆The engine hums smoothly along the power curve until you approach the

6500-rpm redline. このエンジンは,6500rpmのレッドゾーンに近づくまでスムースに唸って出力カーブを吹け上がる. ◆The cost-cutting strategy saved the manufacturer from ruin back in 1985, and keeps it humming along today. その経費削減戦略は,同メーカーを1985年に倒産から救い,そして今日活気を帯びた操業を可能にしている. ◆U.S.: THANKS TO CONSUMERS, THE ECONOMY MAY JUST KEEP ON HUMMING Their spending isn't likely to slow as long as the job market stays firm. 米国: 消費者のおかげで[消費に支えられ]景気はこのまま好調を維持か–. 求人市場が堅調である限り,消費者の消費[支出]のペースは落ちることはないだろう.

**human** adj. 人間の, 人の, 人類の, 《医》ヒトの, 人間的な, 人間らしい; a〜 人, 人間, 《医》ヒト; the〜 人類 ◆without human intervention 人間の介入なしに; 無人で ◆a human-powered pump 人力ポンプ ◆human-centered technologies 人間中心的な技術 ◆human excrement [feces] 人間の排泄物; 人糞 ◆human nature 人間性,人間の性(サガ) ◆人間の天性,人間の通弊 ◆the (Human) Genome Project ヒト遺伝子解析計画, ヒト・ゲノム解析計画 ◆be harmless to humans and animals 人や動物に無害「人畜無害」である ◆design a human-powered aircraft 人力飛行機を設計する ◆human factors in car accidents 自動車事故におけるヒューマンファクター[人的要因] ◆in the human body 人体中で ◆noise in the human environment 人間の環境における騒音 ◆test on humans 〈新開発の装置や薬品を〉ヒトで試す ◆the United Nations' Human Development Index (HDI) 国連の人間開発指標 ◆the human body serves [acts] as an antenna [a capacitor] 人体はアンテナ[コンデンサ]として作用する ◆the real wages are determined by the degree of scarcity of human capital 実質賃金は人材不足の程度により決まる ◆the error was human and not equipment-based このミスは人為的なもので機器に起因するものではなかった ◆Physicians began testing the drug on humans. 医師たちはその薬の人体[ヒト]への試験的投与を始めた.

**human being** a〜 人, 人間
**human engineering** 人間工学 (= ergonomics)
**human error** (a)〜 人為ミス, 人的ミス ◆an accident caused by human error 人為[人的]ミスが原因の事故 ◆human error was to blame 〜は人為[人的]ミスのせいであった ◆These misreadings of radar data were attributed to "human errors" made by the ship's crew. これらの誤ったレーダーデータ読み取り値は, 同艦船の乗組員が犯した「人為ミス」によるものとされた.

**humanitarian** adj. 人道(主義)的な, 人道上の, 博愛(主義)の; a〜 人道主義者の, 博愛主義者(= a philanthropist) ◆a humanitarian consideration 人道的配慮 ◆the provision of humanitarian assistance 人道的援助の提供

**humanity** (集合的に)人道, 人類, 人間性; the humanities 人文科学 ◆contribute to humanity 人類に貢献する ◆Humanity's current predatory relationship with nature reflects a man-centered world view that has evolved over the ages. 現在の人類の自然との略奪的な関係は, 非常に長い時間に発展してきた人間中心の世界観を反映している.

**humanly** adv. 人間によって, 人力で, 人間らしく, 人間[人情]に従い, 人間の力の及ぶ範囲内で, 人知の範囲内で, 人間の見地に立って ◆to make as absolutely certain as humanly possibly that it's not going to happen again 人力の及ぶ限り, そのことの再発防止を徹底するために

**human-made** adj. 人工の, 人造の ◆human-made structures 人造の建造物
**humanoid** adj. 人間型の(＊ロボットが) ◆a humanoid(-shaped) robot 人間型ロボット
**human-readable** adj. 〈データなどが〉人間に読める, 人間可読な ◆human-readable images 〈コンピュが〉可読画像; 人間が見てわかる画像 ◆human-readable text 〈コンピュ〉人間可読テキスト, (訳出) 意味のあるテキスト ◆convert signals from the computer into human-readable form コンピュータからの信号を人間が読める形に変換する

**human relations** 《通例単扱い》人間関係論, ヒューマンリレーションズ
**human resources** n. 人材, 人的資源; 人事部[人事課] ◆a human resources database 人事データベース ◆a human resources department (ある会社の)人事部[課] ◆a payroll and human resources system 人事給与システム ◆human resources development; the development of human resources 人材開発; 人的資源の開発[育成, 養成]
**human rights** (基本的)人権; human-rights adj. (基本的)人権にかかわる ◆basic [fundamental] human rights 基本的人権 ◆(the) protection of human rights 人権の保護[擁護] ◆a human-rights movement 人権運動
**human touch** a〜 人間味 ◆add the human touch 人間味を持たせる, 人間味を加える ◆a diplomat with a warm, human touch 暖かい人間味を持っている外交官 ◆retain the human touch with clients 顧客との人情をたやさないようにしている ◆the eradication of the human touch 人間らしさを根絶する ◆The human touch was more effective than electronics. 電子回路などよりヒューマンタッチの方がもっと効果があった. (＊ここでは, 人間が行った微調整のことをヒューマンタッチと呼んでいる)

**humble** 1 adj. 謙遜している, 謙虚な, 控えめな, つつましやかな, へりくだった, おごりたかぶらない, 頭[腰]が低い, (重さ, 地位, 身分が)低い, 卑しい, (卑下して)粗末な, くだらない, ちっぽけな ◆eat humble pie 私が悪うございましたと平謝りに謝る, 屈辱を甘んじて受ける, 恥をかかされる, 降参する, 屈する ◆my humble self 私め, 私のようなつまらない者, 私ごとき, ふつつか者の私, 私風情, 小生, 拙者 ◆be of humble origin [stock] 低い身分[家系]の生まれである; 庶民[平民, 卑賎]の出である ◆in my humble opinion 卑見では ◆of humble birth 生まれが卑しい, 下賎(ゲセン)な生まれで ◆Founded in 1935 by Joachim Eisenberg, the company has grown from humble beginnings. 1935年にヨアヒム・アイゼンベルグによって創立されたこの企業は, ちっぽけな会社からスタートして成長してきた.
2 vt. 〜をへりくだらせる, 〜を辱(ハズカシ)める, 〜をおとなしく[謙虚に]させる, 〈人〉の鼻をくじく[へし折る]

**humbly** adv. 謙遜して, へりくだって, 謙虚に, 真摯に, 謹んで[平に(ヒラニ), 恐れながら]; 低い地位で, 卑しく, みすぼらしく ◆"I humbly accept my defeat," he said. 「敗北を謙虚に[素直に, 厳粛に]受け止めます」と彼は言った. ◆I humbly accept this sacred gift. 謹んで[恐れながら, 伏して], この神聖な贈り物をお受けいたします. ◆"We must humbly accept the people's will shown in the elections," the prime minister said. 「私たちは選挙(結果)に表れた民意を真摯に受け止めなければならない」と首相は述べた.

**humid** adj. 湿った, 湿気の多い, 湿度の高い, 湿潤な, じめじめした, むしむしした, 湿っぽい ◆in warm, humid climates 温暖で湿潤な気候の地域で[の] ◆it has been stored in hot and humid surroundings それは高温多湿の環境で保存されていた
**humidifier** a〜 加湿器, 給湿機, 増湿装置 ◆an ultrasonic humidifier 超音波加湿器
**humidify** vt. 〜を湿らす, 〜に給湿する, 加湿する, 増湿する
**humidity** 回湿気, 湿潤, 湿り気, 水分; (a)〜 湿度 ◆at high humidities 高湿度で ◆at relatively low humidity 比較的低い湿度で ◆be calibrated at room humidity 常室にて校正[校正]されている ◆exposure to high temperatures and humidity 高温多湿にさらされること ◆sensitivity to humidity; humidity sensitivity 湿度に対する感度[感受性, 感知性, 敏感さ, 反応性]; 感湿性 ◆show relative humidity 相対湿度を表示する ◆the humidity sensing properties of... 〜の感湿特性[感湿性] ◆the measurement of the humidity of the atmosphere 大気中の湿度の測定 ◆extreme high temperatures and high humidity become commonplace in... 〜では極度の高温多湿が普通のこととなった ◆a gas that has a high relative humidity 相対湿度の高い気体 ◆a humidity sensitive element that changes the size of a bleed orifice in response to changes in relative humidity 相対湿度の変化に応じてブリード・オリフィス[《意訳》空気

吹き出し口]の大きさを変える感湿エレメント ◆Avoid direct sunlight and high humidity. 直射日光および湿気を避けてください。 ◆An easy way to assure proper humidity is the regular use of a humidifier. 適正湿度を保証する[確実に保つ]簡単な方法は、加湿器を常用することである。

**humiliate** vt. ～に屈辱を与える[恥をかかせる]、～の自尊心を傷つける ◆a humiliating defeat 屈辱的な敗北

**humility** ⓤ謙遜、卑下、謙虚 ◆As we strive to teach others, we must have the humility to acknowledge that we too still have much to learn. 人に一生懸命に教えようとするときは、自分自身にも依然として学ばねばならないことが多々あるということを認識する謙虚さを持たなければならない。

**humor** ⓤユーモア、諧謔(カイギャク)、ユーモアを解する能力、おかしさ、a～、one ～、機嫌(気質)、《生物》液[体液];vt. 〈人〉の機嫌を取る、〈人〉に調子を合わせる、〈子供〉をあやす ◆be in a good [bad] humor 上機嫌[不機嫌]である ◆be in high humor すばらしく上機嫌である ◆a sense of humor ユーモア感覚 ◆a humor-filled eulogy ユーモアたっぷりの[諧謔(カイギャク)が横溢(オウイツ)している]賛辞 ◆a story full of humor ユーモアたっぷりの話;諧謔(カイギャク)〔が横溢(オウイツ)している〕短編小説

**humorous** ユーモラスな、滑稽な、諧謔(カイギャク)的な、おかしい、ひょうきんな ◆a humorous person ひょうきんな人 ◆speak in a humorous vein ユーモアを交えておもしろおかしく話す

**hump** a～（ラクダなどの背中の）こぶ、（地面の）隆起;vt. 〈背中など〉を丸くする;vi. 隆起する、盛り上がる ◆The car is sure-footed over the humps and bumps. その車は、でこぼこの悪路での走行で足元がしっかりしている。

**hunch** a～（背中の）こぶ、かたまり、《口》虫の知らせ、第六感、予感、直感;vt. 〈背中など〉を曲げる、丸める;vi. 体を丸め筋肉を曲げる、盛り上がる ◆on a hunch 予感がして、何となくそんな気がして ◆had a hunch that... would... ～のではという気がしていた ◆have a hunch that... ～という予感がする ◆hunch one's back 背中を丸める ◆We hunch over computer keyboards. 私たちは背中を丸めて[前かがみになって、身を乗り出すような姿勢で]コンピュータのキーボードに向かっている。

**hundred** a～、one ～、百、百歳; ～s 多数、何百、幾百;adj. 百の、百歳の、百個の、百人の、多数の ▶関連接頭辞 hect(o)-, hekt(o)- ◆hundreds of competing vendors 何百社にものぼる競合販売業者 ◆hundreds of millions of dollars 何億ドル ◆hundreds of thousands of customers 何十万人の顧客 ◆score a perfect hundred on a test テストで百点満点取る ◆several hundred kilograms of... 数百キログラムの～ ◆some hundreds of microamperes 何百[数百]マイクロアンペア ◆the many hundreds of people who used... ～を使用した何百人にものぼる数の人たち ◆The tools used in bookbinding have changed little in hundreds of years. 製本に使う道具は何百年もほとんど変わっていない。

**hundred and eighty degrees** 180度;hundred-and-eighty-degree adj. 反対向きの、正反対の、真っ逆さの、全くの;adv. ◆be 180 degrees opposite to... ～と180度反対［正反対、全く逆］である ◆it is [it represents] a 180-degree change from... それは～からの180度の方向転換である

**hundredfold** 百倍の、百人からなる、百の部分からなる

**hundred percent** a～、one ～百パーセント;adv. 完全に、全く;hundred-percent adj. 百パーセントの、完全な、全くの、生粋(キッスイ)の、徹底的な ◆(a) 100% inspection 全数検査 ◆100 percent [100%] of the time 常に;全部が全部;例外なく、すべてのケースで;全て ◆be a hundred percent true [wrong] 全く正しい［間違っている］ ◆perform a 100-percent inspection 全数検査を行う ◆100%-efficient superconducting power lines 効率100パーセントの超伝導送電線 ◆a 100% lint-free wiper 綿ほこり［糸くず］を全く出さない拭き取り布 ◆transfer all data with 100% accuracy 全データを百パーセント正確に[100%の正確さで]転送する ◆...the entire lot must be 100% inspected... そのロット全体が...

数検査されなければならない ◆You are 100% correct in stating that... あなたが～とおっしゃるのは全くそのとおり[ごもっとも]です。

**hundredth** adj. the ～ 百番目の、百分の1の; n. the ～ 百番目(のもの); a ～、one ～ 百分の1 ◆a few hundredths of a millimeter 100分の数ミリ; 0.0何ミリ; コンマ零何ミリ ◆five hundredths 100分の5 ◆one hundredth of a second 100分の1秒 ◆the hundredth's place 100分の1の位

**hunger** 1 n. 飢え、ひもじさ、腹減り、空腹(感)、飢餓(キガ)、飢餓(キキン)、a ～ 欲、欲望、欲求、渇望、熱望 <for, after> ◆a hunger for power 権力への欲望
2 vi. 空腹を覚える、腹が減る、(～を) 非常に欲しがる、渇望[切望]する <for, after> ◆hunger after knowledge. 彼らは知識に対してどん欲だ[知識欲が旺盛だ]。

**hungry** adj. 腹の減った、空腹な、ひもじい、どん欲《強欲》な、(時代などの) 食料難の、(土地が) 不毛の、(～に) 飢えている、(～を) しきりに欲しがって <for, after> ◆land-hungry settlers 土地を欲しがっている入植者たち ◆driven by a power-hungry mentality 権力への欲望に駆られて[権力に飢えて] ◆power-hungry applications such as computer-aided design (CAD) コンピュータ援用設計など高度な性能が多大に要求されるアプリケーション ◆Workstation users are typically performance-hungry. ワークステーションのユーザーは、概して性能を強く求めている。

**hunk** a ～《口》(肉やパンの) 大きな塊、厚切り、《俗語》肉体美のハンサム男 ◆a hunk of beef 牛肉の塊

**hunt** 1 vt., vi. 狩る、狩猟する、探し求める、あさる、物色する ◆bargain-hunting vacationers バーゲンあさりの行楽客（*格安割引航空券をあさる旅行客についての記事より） ◆go engagement-ring hunting 婚約指輪を探しに[物色しに]出かける ◆hunt for a bargain 掘り出し物をあさる;お買い得品を探す ◆"Make no mistake, the U.S. will hunt down and punish those responsible for these cowardly acts," the president said in a short address to the nation. 「はっきり言っておく、米国はこの卑劣な行為の犯人を突き止めて罰する」と、大統領は国民に向けての短い演説の中で述べた。
2 a ～ 狩り、狩猟、捜索、探求、探し求めること

**hunting** ⓤ狩猟、あさること、探し求めること、捜索、探求、追跡、追求、追求（回転機械の）ハンティング、乱調、《電話》空き回線選択、捜線;adj. 狩猟用の ◆a hunting circuit (= a finding circuit, a lockout circuit) 《通》空き(線) 選択回路、捜線回路

**hurdle** a ～ ハードル、石垣、障害物、苦難; ～s ハードル[障害物]競走;vt. 〈障害物〉を飛び越す、(問題、困難) を克服する、乗り越える; vi. ハードル競走をする ◆overcome a hurdle 障害を乗り越える ◆still have many hurdles to surmount ～には依然として越えなければならない多くのハードル[障害]がある ◆surmount economic and political hurdles 経済的および政治的障害を克服する ◆FCC approval was the last hurdle for the buyout. 連邦通信委員会の承認が、この企業買収の最後のハードル[関門]であった。 ◆The designers are facing several hurdles. 設計者はいくつかの障害[困難な課題]に直面している。 ◆The U.S. military will hire local translators and use its own linguists to overcome the major hurdle of language. 米軍では、大きな言葉の壁を克服するために地元の翻訳者を雇い、また自前の語学の達人[通訳] を使うことにしている。

**hurl** 1 vt. ～を〈めがけて〉強い力で投げつける <at>、投げ下ろす、投げ下し、〈侮辱の言葉など〉を (～に) 浴びせる <at>; vi. 投げつける ◆hurl abuse [insults] at a person 〈人〉をののしる ◆hurled against a solid object with great force 堅いものにものすごい勢いで叩きつけられる
2 a ～ (強い力で) 投げつけること

**hurly-burly** 大騒ぎ、ごった返し、騒動、喧噪; adj. ◆hurly-burly Tokyo 喧噪の東京

**hurriedly** adv. 急いで、あわてて、あわただしく、せわしなく、《意訳》先を争うように

**hurry** 1 vi. 急ぐ <up>; vt. 急がせる、せきたてる <up>
2 ⓤ急ぐこと、(大) 急ぎ、慌てること; a ～ 急ぐ必要 ◆be in no hurry to <do> ～するのを急いでいない、急いで～する気

**hurt** 1 vt. 〜を傷つける、〜にけがをさせる、痛みを与える、〈気分など〉を害する; vi.〈指などが〉痛む、うずく; adj. けがをした、傷ついた ◆be hurt by the slowing of the economy 経済の減速によって痛めつけられている ◆U.S. workers and industries that are temporarily hurt by increases in imports 輸入の増加により一時的に痛手をこうむって[打撃を受けて]いる米国の労働者と産業 ◆We at this plant are being hurt by low-cost imports from Mexico この工場に働く私たちはメキシコから入ってくる安価な[安い]輸入品で痛手を蒙って[打撃を受けて]いる。 ◆The robot incorporates a number of safety features to ensure that a user would never be hurt by it. そのロボットは、決してユーザーにけがを負わせないようにするための安全装備をいくつか内蔵している。
2 (a) 〜 けが、外傷、〈肉体的、精神的な〉傷、痛み、苦痛、害

**husband** (a) 〜 夫、〈自分の〉亭主、主人、主(アルジ)、宅(タク)、だんな、宿六;〈人様の〉旦那さん、ご主人、夫君 ◆a company that began [started] as a husband-and-wife kitchen-table operation 《意訳》従業員は夫と妻[夫婦二人]だけという零細企業[四畳半メーカー、家内制手工業]として始まった会社

**husbandry** 回農業、農耕、酪農、(養豚、養鶏などの)飼育[畜養、養畜]、倹約、節約、節度 ◆a self-propelled implement of husbandry 自己推進式の[《意訳》原動機付の]農機具

**hush** vi. 黙る、静かになる; vt.〈人〉を黙らせる［静かにさせる］;(hush up で)〜をもみ消す;(a) 〜静けさ、沈黙; int. しっ、静かに、黙れ ◆hush up [cover up] a crime 犯罪をもみ消す ◆buy up the police to hush up a rape, murder or crime 強姦や殺人や犯罪をもみ消すために警察を買収する ◆〜の隠蔽（インペイ）工作を図って警察を賄賂で抱き込む

**hush money** 回口止め料

**husk** (a) 〜（穀物や果物の)皮、外皮、殻、外殻、莢（サヤ）、トウモロコシの皮; vt.〜の皮をむく、〜からhuskを取る ◆Strip back the corn husks, as you would peel a banana, exposing the kernels. Bring the husks together beneath the ear of corn to make a sort of handle and tie with string. トウモロコシの皮を、バナナの皮を剥くみたいにはがして折り返し、実を露出させます。皮は軸の下側で束のようにまとめてから糸で縛ります。

**husky** adj.〈声が〉ハスキーな、しわがれた、かすれた;〈人が〉体格が大きくがっしりした、殻[皮]の多い、殻[皮]のような、からからに乾いた; a 〜 ハスキー[エスキモー]犬、大男、巨漢 ◆a fairly husky power supply 《口》かなり頑丈な電源 ◆a husky-voiced singer ハスキーボイスの歌手

**hutch** (a) 〜（小動物を入れる)おり、収納箱、小屋 ◆a rabbit hutch うさぎ小屋

**hybrid** (a) 〜 雑種、混血、異種混合、異種混交した物、(異種言語から合成された)混成語; adj. ハイブリッドの、混成の、混合の、複合の、雑種の、交雑の ◆a hybrid electric-internal combustion vehicle; a hybrid car; a hybrid ハイブリッドカー（*電気モーターと内燃機関の双方を搭載した2動力源自動車）◆a hybrid integrated circuit 混成集積回路 ◆an F1 hybrid 一代雑種[交配種]（*F1 is first generation の意) ◆an animal-human hybrid 動物と人間の合の子[キメラ] ◆the creation of hybrid species 交配種[ハイブリッド]をつくること ◆a computer-television hybrid コンピュータ・テレビ一体型機; テレビ一体型コンピュータ[パソコン] ◆forbid the creation of hybrids from humans and animals or any other genetically different tissues 人間と動物、あるいはその他の、遺伝子的に見て異質の組織を素にしてあいの子[キメラ]をつくることを禁止する ◆Crossbreeding's benefit is heterosis, or hybrid vigor.（動物の)掛け合わせ[異種)交配]のメリットとは、ヘテロシス、即ち雑種強勢である。

**hybridization** ハイブリッド化、複合化、複合、混成(化)、異種混交;《生物》交雑、交配、雑種形成、異種交配 ◆by cross-pollination and hybridization 《生物》他家受粉（タカジュフン）および交雑

**hybridize** v. 異種交配する、交雑する、掛け合わせる、雑種を作る、《物・化》混成させる（*混成軌道 hybrid orbitals をつくる) ◆As a result of hybridizing, there are now hundreds of varieties of cucumbers. 掛け合わせ[交配]の結果、今では何百種類ものキュウリがある。

**hydrate** (a) 〜 水化物、水和物、含水化合物; v. 水和する ◆a hydrate crystal 水和結晶

**hydration** 回水和(作用)、水化(作用)、水酸化、〈生石灰の〉消和(反応) ◆water of hydration 水和水 (= water of crystallization 結晶水)

**hydraulic** 水力(式)の、油圧(式)の、水圧の、水力学上の、（セメントなど)水硬性の、(スラリーなどによる)流送〜 ◆a hydraulic brake 油圧ブレーキ ◆an oil hydraulic circuit 油圧回路 ◆a hydraulic [fluid] coupling 流体継手 ◆operated by hydraulic power 水力によって駆動されている ◆in the event that hydraulic pressure goes away on either the front or rear brakes 万一、フロントブレーキまたはリアブレーキの油圧が抜けた[失われた]場合は

**hydro** 回水力発電(による電力[電源]); 〜s水力発電所; adj. 水力発電の

**hydro-** adj.《複合語の前綴りで「水の、水素の」の意》◆a hydro-gel polymer ハイドロゲル・ポリマー、高吸水性高分子ゲル

**hydrocarbon** a 〜 炭化水素 ◆polynuclear [polycyclic] aromatic hydrocarbons (各種の)多環(式)芳香族炭化水素 ◆straight-chain hydrocarbons 直鎖状炭化水素

**hydrocracking** (= hydrogenation cracking, hydrogenolysis)水素添加分解(法)、水添分解(法)、水化分解(法)

**hydroelectric** 水力発電の ◆a hydroelectric power station [plant] 水力発電所 ◆hydroelectric power generation 水力発電

**hydro-extractor** a 〜 遠心脱水機

**hydrofluorocarbon** (a) 〜（可算)ハイドロフルオロカーボン(略 (an) HFC)（*代替フロンのひとつとして用いられる）

**hydrofoil** a 〜 ハイドロフォイル、水中翼、水中翼船 ◆travel by hydrofoil 水中翼船で旅行する

**hydrogasification** (石炭の)水素添加ガス化(法)[水添ガス化]

**hydrogen** 水素(元素記号: H) ◆a hydrogen bomb, an H-bomb 水爆[水素爆弾] ◆hydrogen embrittlement 水素脆化（ゼイカ)

**hydrogenate** 〜を水素化する、水素添加する ◆hydrogenated oil 硬化油 ◆hydrogenated amorphous silicon (a-Si:H) for improved photoreceptors 改良型受光器用の水素添加［水素化]アモルファスシリコン

**hydrogenolysis** (= hydrocracking, hydrogenation cracking)水素添加分解(法)、水添分解(法)、水化分解(法) ◆undergo hydrogenolysis 水素添加分解[水添分解、水素化分解]される

**hydrogen peroxide** 過酸化水素（*オキシドール、オキシフルの原料としても用いられる）

**hydrologic, hydrological** adj. 水文学的な、水文学上の、水理～、水の ◆a hydrologic equation 水理計算式; 水収支式 ◆The circulation and conservation of earth's water is called the "hydrologic cycle". 地球の水の循環および保存は「水の循環」と呼ばれている。

**hydrology** 回水文学（スイモンガク）《*大ざっぱに言うと、地球上の水について物理の観点から研究する学問》◆in the areas of hydrology and hydrogeology 水文学と水文地質学の分野で[の]

**hydrolysis** 加水分解 ◆compounds that on hydrolysis yield alcohols and acids 加水分解によってアルコールと酸を生じ

**hydrolytic** adj. 加水分解の, 加水解離の ◆the hydrolytic degradation of... ～の加水分解

**hydrometer** a～ ハイドロメータ, 浮きばかり, 浮き秤, 浮秤, 浮ひょう, 液体比重計, 濃度計 ◆a Baume's [Nicholson's] hydrometer ボーメ[ニコルソン]比重計 ◆a high-precision hydrometer 高精度な浮きばかり; 精密な浮き秤[浮秤, 浮ひょう](＊浮きばかりは液体比重計や液体濃度計や液体密度計として用いる) ◆Check the batteries with a hydrometer periodically. 蓄電池を比重計にて定期的に点検してください。

**hydrophilic, hydrophile** (a)～ 親水性の ◆a hydrophilic group 親水基 ◆a superhydrophilic photocatalyst 超親水光触媒

**hydrophobic** 疎水性の, 恐水病の ◆a hydrophobic group 疎水基 ◆a hydrophobic layer of soil 水となじみにくい[親水性の低い]土の層 ◆become water repelling, or hydrophobic ～は水をはじくように[撥水性に, 水となじまなくなって]なる. つまり疎水性を帯びてくる

**hydrophone** a～ 水中聴音機, 水中マイク ◆A hydrophone picks up sounds in the water, such as from a submarine engine. 水中聴音器[マイクロフォン]は, 潜水艦のエンジンなどからの水中音を拾う.

**hydroplaning** 《米》ハイドロプレーニング(＊濡れた路面上を高速で走行する際にタイヤが水の膜で浮き上がりスリップすること)(＝《英》aquaplaning)

**hydropower** 《水力電力(= hydroelectric power) ◆a hydropower plant 水力発電所

**hydrostatic** adj. 静水力学[静水学]的な, 静水圧の, 静水の, 流体静力学の ◆hydrostatic weighing 静水圧重量測定(法); 静水力学的計量(法), 浮力秤量(法)

**hydrothermal** adj. 熱水の ◆a hydrothermal vent (海底面の)熱水の噴出口, 熱水孔(= a smoker; 多種金属の海底熱水鉱床として有望視されている. 金属が沈殿して煙突状になった吹き出し口はチムニーと呼ばれる) ◆hydrothermal (ore) deposits 熱水鉱床(＊海底の)

**hydroxide** (a)～ 水酸化物 ◆potassium hydroxide 水酸化カリウム[=化学式 KOH] ◆aluminum hydroxide 水酸化アルミニウム ◆lime is a hydroxide of calcium 石灰はカルシウムの水酸化物である

**hydroxyl** ヒドロキシル基, 水酸基 ◆hydroxyl ions 水酸イオン ◆yield hydroxyl ions [OH ions] 水酸イオンを生じる

**hygiene** ⓤ衛生, 保健, 保健衛生, 衛生学, 清潔さ ◆feminine hygiene products 女性用生理用品 ◆hygiene standards [requirements] 衛生基準 ◆the hygiene of food 食品の衛生 ◆the feminine-hygiene section of a drugstore ドラッグストアの女性生理用品コーナー ◆The best tactic against athlete's foot is prevention, in the form of good hygiene. 水虫に対する最善の策は, 清潔にして予防することです.

**hygienic** adj. 衛生学の, 衛生的な, 衛生によい, (保健)衛生上の, 清潔な, きれいな ◆it is not eaten raw for hygienic reasons それは, 衛生上(の理由から)生食されない ◆produced under strictly-controlled, hygienic conditions 厳重に管理された衛生的な状態のもとで生産された ◆the maintenance of hygienic conditions in the kitchen environment 厨房環境における衛生状態の維持

**hygienically** adv. 衛生的に, 清潔に, きれいに ◆the air must be hygienically pure of pollutants 空気は, 衛生学的に見て汚染物質を含んでいないこと

**hygienist** a～ 保健衛生の専門家, 保健士, 衛生士, 衛生技師, 歯科衛生士(= a dental hygienist) ◆a dental hygienist 歯科衛生士

**hygrometer** a～ 湿度計 ◆a frost-point hygrometer 霜点(ソウテン)湿度計 ◆a hygrometer and temperature indicator 温湿度計(＊温度計と湿度計が一緒になっている) ◆A hygrometer can be used to measure relative humidity. 相対湿度を測定するのに湿度計を用いることができる.

**hygroscopic** adj. 吸湿性の ◆a hygroscopic material [substance] 吸湿性のある物質 ◆a hygroscopic substance 吸湿性のある物質 ◆Hygroscopic properties of... were examined by... ～の吸湿特性[吸湿性]は～により調べられた ◆Wood treated with Xxx remains nonhygroscopic even under conditions of up to 95% relative humidity. Xxxで処理した木材は, 最高95%の相対湿度状態下でさえ非吸湿性を維持する.

**hygroscopicity** n. 吸湿性 ◆exhibit little hygroscopicity ほとんど吸湿性を示さない

**hype** a～(以下はすべて俗語)麻薬中毒患者, 皮下注射[皮下注射器, 皮下注射針], 誇大広告, 信用詐欺, 釣り銭のごまかし, 釣り銭を少なく返す人; vt. (俗)ごまかす, 誇大宣伝する, 《しばしば過去分詞形 hyped-up で》煽り立てる ◆Viagra: hope or hype? 《意訳》バイアグラ: 期待の薬かそれとも誇大広告か？(＊この他, hypeにはいろいろな意味がある)

**hyper-** 《接頭辞》超-, 極超-, 高-, 高度の-, 過剰-, 過-, 過度-, 過多, 多-, 重複-, 過敏, 亢進, 肥大 ◆hypersonic 極超音波の, 極超音速の ◆the hyper-rich Sultan of Brunei ブルネイの超大金持ちサルタン(君主)

**hyperacute** adj. 《医》超急性の ◆hyperacute rejection 超急性拒絶反応(＊異種間の臓器移植で起きる)

**hyperbola** a～ 双曲線

**hyperbolic** 双曲線の, 誇張した, 大げさな

**hyperfast** 超高速の ◆a hyperfast magnet-propelled train 超高速磁気推進式列車[リニアモーターカー]

**hyperfine** 超微細の ◆a hyperfine structure 超微細構造 ◆the hyperfine structure of atomic spectra 原子スペクトルの超微細構造

**hypergolic** adj.(ロケット燃料が)ハイパーゴリックな(＊酸化剤あるいは別の推進剤と接触するだけで自然に着火する), 混合発火性[自己点火性, 自然発火性, 自然性]の ◆hypergolic rocket fuels 混合発火性[自己点火性, 自然発火性, 自然性]のロケット燃料 ◆Hypergolic propellants are fuels and oxidizers which ignite on contact with each other and need no ignition source. 混合発火性[自己点火性, 自然発火性, 自然性燃料]推進剤は, 互いに接触したとたんに発火する燃料と酸化剤であり, 点火源を必要としない.

**hyperinflation** ⓤハイパーインフレ, 超インフレ, 極度(に高率)のインフレ, 《意訳》物価暴騰

**hyperlink** a～《ネット》ハイパーリンク(＊Webページ上の, いわゆる「リンク」と呼ばれているもの)

**hypermarket** a～《英》大型店, 郊外大型スーパーマーケット

**hypermedia** ハイパーメディア(= multimedia マルチメディア)

**hypersonic** adj. 極超音速の(＊音速の約5倍以上), 極超音波の(＊500MHzを超える) ◆a hypersonic airplane 極超音速機 ◆at hypersonic speeds 極超音速で ◆in the hypersonic region 極超音速域で ◆the HYFLEX (Hypersonic Flight Experiment)《日》ハイフレックス, 極超音速飛行実験機

**hypertension** ⓤ《医》高血圧, 高血圧症; ⓤ過度の精神的緊張 ◆primary pulmonary hypertension (PPH) 原発性肺高血圧症

**hyperthyroidism** ⓤ甲状腺機能亢進(症)(＊バセドー病が代表的) ◆a hyperthyroidism patient 甲状腺機能亢進症の患者

**hypertrendy** adj. 超トレンディーな

**hypertrophy** ⓤ ◆(the) hypertrophy of...《医》《臓器など》の肥大, 肥大化, 肥厚

**hypervelocity** (a)～ 超高速度 ◆at hypervelocities 超高速度[超高速]で(＊特に, 秒速1万フィート[3,084メートル]を超えるスピードで) ◆fire a hypervelocity missile 超高速ミサイル(HVM)を発射する

**hyphen** a～ ハイフン ◆place a hyphen between xxx and yyy xxxとyyyの間にハイフンを入れる ◆Never use a hyphen between... and... ～と～の間には決してハイフンを使わないこと.

**hyphenate** 〜をハイフンでつなぐ［分けて書く］ ◆hyphenate a word at an other-than-standard point 単語内の通常のハイフン箇所以外の箇所にハイフンを入れる

**hyphenation** ハイフンをつけること、ハイフネーション ◆the word processor's hyphenation algorithm そのワープロのハイフン挿入アルゴリズム

**hypocrite** a〜 偽善者、善人［信心］ぶっている上辺だけの人、猫かぶり、偽君子; adj. 偽善者の ◆These companies are run by hypocrites of the worst sort. これらの企業は、最悪の類の偽善者らによって経営されている。

**hypocritical** adj. 偽善［ねこかぶり］の、偽善者的な ◆a hypocritical thug 猫かぶりしている悪党

**hypodermic** ◆a hypodermic injection 皮下注射

**hypolimnion** a〜 (pl. hypolimnia)（成層化している湖水の）深水層（→epilimnion）◆a deeper layer remains cold (to create a hypolimnion) 深水層は冷たいままである［温度が低い状態を維持する］（そして深水層を形成する）

**hypothermia** ①《医》低体温（法）、低体温症、低温症、-冷却法 ◆mild brain hypothermia (therapy) 脳の軽度低温療法

**hypothesis** a〜 仮説、説、仮言、仮設、前提 ◆hypotheses about... 〜についての（さまざまな）仮説［説］ ◆make [formulate, set up] a hypothesis 仮定［仮説］を立てる ◆put forward a hypothesis 仮説を唱える ◆a phenomenon explained by hypothesis 仮説によって説明される現象 ◆a working hypothesis 作業仮説 ◆from his hypothesis that... 〜といった彼の仮説から ◆bearing in mind the hypothesis that... 〜だったという仮定を頭において；〜であると仮定［想定］して ◆It is based on the hypothesis that... それは〜といった仮定に基づいている。◆set up [formulate] the hypothesis that... 〜であるという仮説［仮定］を立てる ◆that's pure hypothesis 全く単なる仮説に過ぎない

**hypothesize** vi. 仮説を立てる; vt. 〜と仮定する ◆hypothesize about [as to]... 〜について仮説を立てる ◆hypothesize that... 〜であると仮定する ◆an accident that can be hypothesized [expected] from an adverse combination of causes [factors], such as... 〜といった原因［要因］の好ましからざる組み合わせ［競合］から想定［予想］される事故 ◆It is hypothesized that MTBE moves with water in the hydrologic cycle, but more data are needed to determine the extent of the movement. MTBEは水の循環に乗って水分とともに移動するものと仮定されるが、この動きの程度を突き止めるにはもっとデータが必要である。

**hypothetical** 仮定の、仮説の、仮言的な、仮定的な、仮想の、想定した、仮説に基づいた ◆a hypothetical case 架空の事例 ◆under hypothetical circumstances 仮説で組み立てた状況のもとで

**hypothyroidism** ①甲状腺機能低下［不全］（症）◆have a thyroid problem called hypothyroidism 甲状腺機能低下［不全］症とよばれる甲状腺疾患にかかっている

**hysteresis** ヒステリシス、履歴（現象）◆exhibit [display] hysteresis 〈材料などが〉ヒステリシスを示す ◆a hysteresis loop 履歴（特性）曲線［ヒステリシスループ］

**Hyundai** 現代［ヒュンダイ］（＊韓国の財閥）

**Hz** (hertz) ヘルツ（＊振動数［周波数］の単位）◆a 1,000-Hz sine wave 1,000ヘルツの（周波数の）正弦波 ◆Fields are transmitted at 60 Hz. （テレビの）フィールドは60Hzで送信される。

## I

**I** ヨウ素(iodine)の元素記号; pron. わたしは［が］、僕［自分、小生］は ◆He says, "I don't think I have done anything wrong." 彼は、「私［自分］は何も悪いことはしてないと思っている」と語る。

**i286, i386, i486** the 〜 《コンピュ》（＊米インテル社のマイクロプロセッサ80286、80386、80486のこと。the 286 [386, 486] とも呼ばれる。→ microprocessor）

**IAAF** (International Amateur Athletic Federation ＊2001年7月まで; International Athletic Federation ＊2001年8月から) the 〜 国際陸上競技連盟（＊Amateurが取れたが略称は変わらない）

**IAEA** (International Atomic Energy Agency) the 〜 国際原子力機関

**IASC** the 〜 (International Accounting Standards Committee) 国際会計基準委員会

**IATA** (International Air Transport Association) the 〜 "eye-AH-ta"と発音。(イアタ、アイアタ) 国際航空輸送［運送］協会

**IAU** (International Astronomical Union) the 〜 国際天文学連合

**IBBY** (the International Board on Books for Young People) 国際児童図書評議会《省略形にtheは不要》

**IBM** (International Business Machines Corp.) IBM（＊米国の会社。ロゴマークが青いことからBig Blueの異名を持つ）◆an IBM-compatible PC [computer]; an IBM PC compatible; an IBM-compatible IBM PC互換機 ◆an IBM machine IBM機

**IBRD** (International Bank for Reconstruction and Development) the 〜 国際復興開発銀行（＊通称「世界銀行」と呼ばれている）

**IBS** (irritable bowel syndrome) 過敏性腸症候群 ◆people with IBS irritable bowel syndrome 過敏性腸症候群の人たち

**IC** (integrated circuit) an 〜 (pl. ICs, IC's)《電子》集積回路、IC

**ICANN** (the Internet Corporation for Assigned Names and Numbers)《省略形にtheは不要》《ネット》ICANN（アイキャン）（＊インターネット上の〇〇〇.comなどといったドメイン名の管理運営を行う国際組織）

**ICAO** (International Civil Aviation Organization) the 〜 国際民間航空機関（＊国連の専門機関。本部はカナダのモントリオール）

**ICBM** (intercontinental ballistic missile) an 〜 大陸間弾道弾 ◆destroy ICBMs in the boost phase of their trajectory 大陸間弾道弾を弾道のブースト［上昇］段階で撃破する

**IC card** an 〜 ICカード ◆an IC card pay telephone [payphone] ICカード公衆電話機

**ICCAT** (the International Commission for the Conservation of Atlantic Tunas) 大西洋マグロ類保存国際委員会《省略形にtheは不要》

**ice** 氷,氷菓; vt. 〜を氷で冷やす、氷で覆う、凍らし、〜に糖衣（フロスティング）をかける; vi. 凍る、（湖などが）凍結する <over, up> ◆break the ice （初対面の人たちなどの）緊張をほぐして互いに打ち解けて話ができるようにする；開始する、着手する ◆skate on thin ice （口）（薄氷を踏むような）危険なことをする ◆an ice-cold bathtub 氷のように冷たい湯船 ◆an ice-covered river 氷結した川 ◆an ice-making refrigerator 製氷機能付き冷蔵庫 ◆be (as) cold as ice 氷のように冷たい ◆the onset of an ice age 氷河期の始まり

**iceberg** an 〜 氷山 ◆These problems are only [just] the tip of the iceberg. これらの問題は、ほんの氷山の一角に過ぎない。

**ice cream** (an) 〜 アイスクリーム ◆an ice-cream cone アイスクリームコーン ◆an ice-cream scooper アイスクリーム（をすくいとるための）サーバー; アイスクリーム屋

**iced coffee** (an) 〜 アイスコーヒー ◆canned iced-coffee drinks 缶入りアイスコーヒー飲料

**iced tea** (an) 〜 アイスティー

**ICFTU** (International Confederation of Free Trade Unions) the 〜 国際自由労働組合連盟［連合］、国際自由労連

**icing** ①着氷、結氷; ①氷をつかった冷却［保存、冷凍］; ①（菓子類の表面にかける）アイシング（糖衣）◆electrothermal de-icing and anti-icing 電熱による着氷除去［除氷、融氷］と着氷［結氷］防止

**ICJ** (International Commission of Jurists) the 〜 国際法律家［国際法曹］委員会（＊ジュネーブに本部がある）; (International Court of Justice) the 〜 国際司法裁判所（＊所在地はオランダのハーグ）

**icon** an 〜 聖像［礼拝用］聖画像、イコン、（意訳）象徴、〈貴重な〉象徴 ◆《コンピュ》アイコン（＊記号、絵文字）▶画面にアイコンを多用したユーザーインターフェースをa graphical user interface

**I.C.P.O.** (International Criminal Police Organization) *the* ~ (= INTERPOL) (アイシーピーオー)、インターポール、国際刑事警察機構

**ICRC** (International Committee of the Red Cross) *the* ~ 赤十字国際委員会

**ICRP** (International Commission on Radiological Protection) *the* ~ 国際放射線防護委員会

**icy** 氷の(ような)、冷たい、すべりやすい、冷淡な ◆As temperatures drop below freezing, wet roads become icy. 温度が氷点下に下がるにつれて、ウェット路は凍って[凍結して]くる。

**ID** (identification, identity) *an* ~ (*pl.* IDs, ID's) 身分証明書 (= an ID card) ◆a student I.D. (card) 学生証 ◆a fingerprint ID system 指紋照合システム ◆his ID number 3225 彼の身元照会 [証明] 番号 3225

**IDA** (*the*) ~ (the International Development Association) 国際開発協会(*世界銀行の下部機関で「第二世銀」の異名を持ち、貧困国に低利の融資を行う)

**ID card** *an* ~ 身分証明書 (= an identification [identity] card)

**IDE** (Intelligent Drive [Integrated Device] Electronics) 《コンピュ》パソコンとディスクドライブのインターフェース》

**idea** (*an*) ~ 考え、料簡、見、考え方、観念、思想、発想、アイデア、着想、思い付き、アイデア、案、発案、意見、見解、感じ、気、意向、意図、計画、理解、知識、想像、推量、見当、表象 <about, on, of, that> ◆ in idea (= theoretically) 頭(の中)で考えてみたかぎり ◆have no idea <about, that, how, why, what, where, when, whether> 思ってもいない、少しも知らない、全く無知である、さっぱり[まるで、(わけが)]分からない、全然概念がない、まるきり想像[見当、予想]がつかない、全然予期できない、心当たりが全くない ◆a fixed idea 固定観念 ◆a promising idea 有望なアイデア ◆come up with the idea of... ~というアイデアを考案する[思い付く、考えつく、考え出す、浮かべる]、アイデアが浮かぶ[湧く] ◆design ideas 設計上の(種々の)アイデア[思いつき、着想、工夫] ◆experiment with new ideas 新しいアイデアを実験してみる[思いつきを試してみる] ◆have an idea that S-V ~だという考えを持つ[抱く(イダク)] ◆ His idea concerning... was that... ~であるというのが彼の~についての考えであった。◆hit on [upon] an idea that would enable... ~を可能にする可能性を秘めた、ある考えを思い付く ◆incorporate new design ideas into the prototype その試作機に設計上の新機軸を盛り込む[搭載する] ◆rebel at the idea of... -ing ~をするという考えに反発を感じる ◆steal the idea embodied in the program そのプログラム中に具現化されているアイデアを盗む ◆They had no idea about maintenance and repair. 彼らは保守整備および修理については全くの無知であった[イロハのイの字も知らなかった、ちんぷんかんぷんだった]。◆They have no idea about using equipment. 彼らは機器の使い方を全く知らない; 使用法[使用方法]が全然分からない ◆What is the idea behind...? ~の背後にある考え[意図、狙い、目的]は何か。◆I'm toying with the idea of... -ing 私は、~してみようかなと考えているところです ◆It's also a good idea to <do> ~するのもいい考えです ◆The idea is to <do> その考えというのは~することである。◆engage in a freewheeling interchange of ideas 自由闊達(カッタツ)な意見交換をする ◆get a rough idea of the workings of an expert system エキスパートシステムの仕組みをおおざっぱにつかむ ◆His revolutionary idea was to <do> 彼の極めて斬新な思いつき[発想]は、~するということであった。◆It's really a very good idea. それは本当にとてもいい考え[実に妙案]だ。◆Scientists had hit upon the idea of using... 科学者たちは、~を使うというアイデアを思い付いた。◆the ability to produce useful ideas on a continuing basis 有用なアイデアを次々[役に立つ思いつきを続々]と生み出す能力 ◆under an idea of the castle's being haunted この城は幽霊に取り憑かれているという考えのもとに[と思って] ◆an idea that was widely accepted at the beginning of the century 今世紀初頭に世間一般に受け入れられていた考え; 今世紀初めの通念 ◆this race has produced few bold ideas for... -ing この選挙戦では、~するための大胆な発想はほとんど出てこなかった ◆At its root is the idea that all men are created equal. その根っこの部分[根源、根元、根本、根底、大本]にあるのは、人は皆平等に造られているという理念である。◆I've run out of ideas. 私はアイデアが枯渇した[アイデアに詰まってしまっている]。◆We had no idea that so many people would want to come. 私たちはこんなにも多くの人たちが来たがっていたとは予期[予想]してなかった。◆Formerly a guitar player, he had been toying with the idea of becoming a drummer. 元ギタリストだった彼は、ドラマーになることを考えていた。◆The idea behind setting up the assembly plant was to bypass import duties on PCs sold in China. (現地)組み立て工場を設立した意図[狙い]は、中国で販売するパソコンに課せられる輸入関税を払わないで済ますということにあった。◆The idea of underground siting of nuclear reactors is not new. 原子炉を地下に立地するという思いつきは、新しいものではない。◆The "Ultimate Machine," based on an idea of Mervin Minsky, was built in the early fifties. マービン・ミンスキーのアイデア[着想]に基づいた「究極の機械」は、1950年代はじめにつくられた。◆The program provides six types of error messages to give you a better idea of what went wrong. そのプログラムは、どこで間違ったのかをよく知らせるために[よく分かるように]、6タイプのエラーメッセージを用意している。◆"I haven't the slightest idea what I'll be doing 10 years from now, because I really have no goals," he said earnestly. 「自分には目標が全然ないので、今から10年先に何をしているか皆目見当がつきません」と彼は真剣に語った。◆With tickets to a popular play difficult to get, it's a good idea to make arrangements as far in advance as possible. 人気の高い演劇の入場券は入手が困難なので、できるだけ早めに手配するのが賢明だ。

**ideal** adj. 理想的な、申し分ない、完璧な、完全な、架空の、想像上の、観念的な、絶好の、好適な、この上ない、最高の; *an* ~ 理想、理想の人[物]、気高い究極の目的 ◆be ideal as... ~として理想的な ◆an ideal element 《電気》理想素子 ◆Remain true to your high ideals. 高邁な理想を見失うことなく持ち続けること。◆This device is ideal for use with laptops in confined areas. この装置は、狭い場所でラップトップコンピュータと一緒に使うのに理想的である。◆A tape recorder would be ideal for this purpose. テープレコーダは、この目的にもってこいだ[うってつけだ、ぴったりかなっている]。

**ideally** adv. 理想的に; (mentally)観念上、観念的に; (perfectly)申し分なく; (classically)典型的に; (in theory)理論的にいえば; 《文全体を修飾して》理想的には、理想をいえば、欲を言うと[言えば] ◆the new machines are ideally suited for users planning to move to <do...> これらの新型機は、~しようともくろんでいるユーザーに最適[うってつけ、もってこい、あつらえ向き、ぴったり、この上なく適している、最高]です ◆Ideally, corticosteroids should be given in the lowest effective dose for the shortest duration of time possible. 理想を言えば、コルチコステロイドは最低有効用量を、できるだけ短期間(だけ)投与すべきだ。

**idempotent** adj. 《数》冪等(ベキトウ)[等冪(トウベキ)]の ◆idempotent laws べき等則[律](*ブール代数の)

**identical** adj. 当の、全く同じ、同一の、まさにその (= being the very same, selfsame); (~と)全くよく似ている、(~と)同じ[等しい、《意訳》共通の]<to, with> ◆an identical twin 一卵性双生児[双子]のうちの一人 ◆become precisely identical 全く同じになる ◆be identical with each other [with one another] ~は同じものである (▶ with each other は主語が二者、with one another は主語が三者以上の場合) ◆they are iden-

tical in form and size　それらは形[形状]と大きさが同じで
ある　◆if the two FETs have identical characteristics　もしこれ
ら2つのFETの特性がそろっていれば　◆Both are identical ex-
cept for the CPU.　両機ともCPU以外は全く同じである。　◆
Mechanically, the Cabriolet is identical to the 944 coupe.　《車》
メカ的には、この(944型)カブリオレは944型クーペと同一で
ある。　◆With the exception of speed, these two fax modems ap-
pear to be identical.　スピードの点を除けば、これらの2つの
ファックスモデムは同じもののように見える。　◆When servic-
ing double-insulated household appliances, it is extremely impor-
tant that only identical repair parts used and that reassembly of
appliances is identical to the original assembly.　二重絶縁が施
されている家電品の点検・修理の際には、同じ修理用部
品のみを使用すること、再組み立てが元々の組み立てと全
く同じであることが極めて肝心である。

**identically**　全く同じ[同じ]に　◆identically sized dots　同
じ大きさを持つドット

**identifiable**　adj. 確認できる、特定可能な　◆may divulge
personally identifiable information　個人を特定することので
きる情報を漏らしかねない　◆Consider having your jewelry in-
scribed with something unique. It makes it easily and positively
identifiable as yours.　自分の宝飾品に何か固有の刻印をし
てもらうことを検討しましょう[ことも一案です]。そうすれ
ばあなたの持ち物だということ[持ち主]が簡単にはっきり
と識別できるようになります。　◆Point-source pollution is the
pollution regulated by the federal government and discharged via
identifiable points such as smokestacks and pipes.　点源汚染と
は連邦政府による規制の対象となっている汚染で、煙突や
排気管など特定可能な発生点から排出されている汚染のことである。

**identification**　回同一であることを証明[確認]すること、
本人確認、確認、鑑定、鑑識、照合一致、同意、身元[身分]
証明になるもの、識別表示；ある社会集団の価値や利害を自分
のものとして受け入れること、同化、同一化、同一視　◆an iden-
tification card　身分証明書　◆a personal identification number
(PIN)　暗証番号　◆the identification of patterns　パターン
の認識　◆a method of [for] identification of...　〜の識別[同定]
方法；識別法　◆authenticate personal identification　本人であ
ることを確認する　◆for easy identification　簡単にわかる
ように　◆for positive identification　はっきりと見
分けがつくように；簡単に区別がつくように；見てすぐに(そ
れと)分かるよう　◆for the sake of quick identification　即座
に識別できるよう；簡単に区別がつくように；見てすぐに(そ
れと)分かるよう　◆make (an) identification of...　〜の
[識別、鑑定、鑑識、鑑別、身元確認、同定]をする　◆
the identification of foreign bodies　異物の識別[《以下意訳》検
出、検知、発見]　◆the identification of unknown dead persons
死亡[した身元不明]者の身元の割り出し[身元確認]　◆to fa-
cilitate (the) identification of corrupted data　破壊されたデータ
の識別を容易にするために；壊れたデータの見分けが楽に
くように　◆an identification number printed in UPC　商品統一
分類コードで印刷された商品識別番号　◆... shall be affixed
with identification showing the name and address of...　〜には
〜の名前と住所が表示された認識票[識別票、《以下意訳》ラベル]
が貼られなければならない　◆to make positive identifications
of underwater objects from the surface　水中の物体を水上[地
上]からはっきりと識別するために　◆Each roll is given a num-
ber for identification.　各ロールごとに識別のために番号が振ら
れる。　◆How do we develop our party identification?　どのよ
うにして私たちは政党帰属意識を持つようになるだろうか。

**identifier**　an〜[コンピュ》識別子]　◆a 4-digit identi-
fier　《コンピュ》4桁の識別子[識別番号、識別名]

**identify**　vt. 〜を(それと、その人と)特定[断定]する、識別
する[区別する、見分ける]、〜の身元を確認する、(本人とし
て)認証する、割り出す、つきとめる、鑑識[鑑定、鑑別]する、
同じものにする、明確にする、《意訳》認識する、〜を(〜と)同一
視する、関連づける<with>、《化、生物》同定する；vi. (〜
に)共感する<with>、《映画の主人公などに》なったような
気になる<with>　◆an identifying signal　識別信号　◆an
identifying symbol　識別[識]記号　◆areas (that have been)

identified as requiring improvement　改善を要するものと断定
[認識]された分野；要改善であるとされた分野　◆customer
identifying information　顧客識別情報　◆identify and correct
problems　故障・障害を特定して[つきとめて]是正する　◆
identify approaching footsteps　近づいてくる足音が誰のもの
か聞き分ける　◆identify friend or foe　敵か味方か識別する
◆identify early symptoms indicative of a recurrence or exacer-
bation of a problem　問題[故障、病気、疾患]の再発ある
いは悪化を示唆する早期の症状[徴候、兆候、兆し]を見分け
る[《意訳》捉える、把握する、つかむ]　◆identify the
virus infecting the system　《コンピュータ》システムをおかし
ているウイルスを特定する　◆identify what is missing from the
plan　そのプランに何が欠けているか[欠けている、《意訳》不
足している、足りない]のか明らかにする[《意訳》明確にする]　◆to
date, the culprit is yet to be identified　今までのところ、犯人
はまだ割り出されていない　◆a mobile station identifies itself
to a land station as being active　移動局が地上局に動作状態に
あることを名乗り出る　◆a resident of the building, who asked
not to be identified　そのビルの、名前は出さないでほしいと
言った[匿名を希望した]住人　◆read the identifying tags which
accompany batches of work　仕掛り品のロットについてくる
認識[識別]票を読み取る　◆Asbestos has been identified as a
cause of cancer.　石綿は、癌の原因である[発癌性がある]こ
とが確認[証明]されている。　◆I can identify with your feel-
ings.　あなたの気持ちはよくわかります[自分のことのよう
に共感できます]。　◆Some protocols can be identified by either
a name or a number.　プロトコルのなかには名前で、あるい
は番号で識別できるものがある。　◆The part should be identi-
fied as "Laboratory Sample."　このパーツには、「ラボ見本」
と識別表示するものとする。　◆This screw is easily identified
because of its large size.　このねじは、大きいので簡単に見分
けがつきます。　◆A batch of workpieces is identified by a tag
with a bar code on it.　仕掛り品[製造途上の加工品]のロット
は、バーコードが印刷された札によって識別される。　◆Au-
thorities were unable to identify him immediately because he was
burned beyond recognition.　当局は、焼けただれてしまって
いたので彼の身元をすぐには確認できなかった。　◆Each user
is given a user ID that identifies him or her uniquely.　各ユー
ザーには、各個人を一意に識別するユーザーIDが付与される。
◆The inspector general can identify problems, but he has no au-
thority to correct them.　監査官[査察官、監察官]は問題を明
らかにすることはできるものの、それを是正する権限は持って
いない。　◆The security device uses fingerprint analysis to identify
individuals.　このセキュリティ装置は、一人一人について本
人であることを確認するために指紋鑑定を用いている。　◆
All nonconforming parts shall be diverted from normal material
channels and shall be positively identified to prevent use.　規格
外の部品はすべて、通常の材料[資材]流通経路から排除し、
また使用されるのを防ぐためにはっきりと(不良品として)識
別[区別]すること。　◆A more detailed study was conducted of
the layout stages of the process. Several problems were identified.
その工程のレイアウト段階の検討[見直し]がさらに行
われ、いくつかの問題点が洗い出された[特定された、突きと
められた]。　◆Control items are identified on engineering draw-
ings and specifications by an inverted delta symbol (▽) preceding
the part number.　管理対象 品目は、技術図面や仕様書上で部
品番号の前の逆三角形記号(▽)によって識別されている。　◆
Secretary of State Colin Powell identified Osama bin Laden as
a prime suspect in the terrorist attacks on the World Trade Cen-
ter and the Pentagon.　コリン・パウエル米国務長官は、オサ
マ・ビンラディン氏を世界貿易センターおよび国防総省に対
するテロ攻撃の有力な容疑者として同定[《意訳》主要な容疑
者]と断定した。　◆Earlier Bay studies had identified declining
oyster populations, high concentrations of toxic compounds near
industrial facilities, and decreases in submerged aquatic vegeta-
tion.　先の港湾調査では、カキの個体群の減少が進んでいる
こと、工業施設近くに有毒化合物が高濃度で存在すること、お
よび水中植生の減少が明らかになった[確認された、浮き彫

りになった]. ◆When prospects are identified, information regarding our project is promptly provided and a thorough pursuit is undertaken to procure an agreement/contract with the identified prospect. 脈のありそうな客が見つかると我が社の事業内容情報が迅速に提供され、これら探し当てた見込み客から合意／契約を確保すべく徹底した追求が開始される.

**identity** (an) 〜 (自分が)何者であるかの認識、自覚、主体性、個性、正体、身元、素性、個人情報、当人[本人であること]、同一人物であること、同一のものであること、同一性、自己同一性、(中国)認同 ◆a loss of identity 自分を見失うこと；自己喪失 ◆an identity card (= an ID card, an identification card) 身分証明書 ◆an identity crisis 自己認識の危機[アイデンティティー・クライシス] ◆the identity law 同一則[律](*ブール代数の) ◆authorities decided to check dental records to learn his identity 当局は彼の身元を確認するために歯科カルテの調査をすることにした ◆re-mailers allow a person to send e-mail with no trace of identity リメーラー[リメイラー]を使うと、(送信元の)素性をまったくわからないようにして電子メールが出せる(*a re-mailer = インターネット上のメール再送信用ソフトウェア) ◆he had been living in Berlin under the false identity of Joachim Kiefer 彼はベルリンで(身元を隠すために)ヨアヒム・キーファーの偽名を語って住んでいた ◆a man extradited from the United States under a false identity, then executed to death under the same mistaken identity 人違いで米国から本国に送還され、その後人違いのまま死刑宣告を受けた男性 ◆Authentication confirms the identity of a user. 《コンピュ》認証(機能)がユーザーが本人(と同一人物)であることを確認する. ◆two people were forced by circumstances to swap identities 二人は事情に迫られて入れ替わり本人になりすました

**ideologically** adv. イデオロギー的に、思想的に、観念的に

**ideology** an 〜 (pl. -gies) イデオロギー、観念体系、思考形態、[U]空理空論 ◆socialism as an ideology is dead イデオロギー[(政治)思想]としての社会主義は死んだ

**idiosyncratic** adj.(個人に)特有な、固有の、特異な、奇異な、風変わりな；《医》特異体質の ◆idiosyncratic reactions 特異体質性の反応

**idiot** an 〜 ばか、まぬけ、大ばか者、重度の精神薄弱者 ◆a bloody idiot とんでもないばか者 ◆What an idiot I was. 私はなんとバカ[まぬけ]だったんだろう. ◆many of them are calling the governor an idiot 彼らの多くは同知事のことをばかな[愚かな]奴と呼んでいる

**idiot copy** テキスト(ファイル)原稿(*書式制御コードが埋め込まれていて、文字データのみの原稿)

**idiotic** adj. ばかな、ばかみたいな、ばか丸出しの、常識なしの ◆I'm sorry to bother you with my idiotic question, please answer it at your convenience. 私のばかな[ばかばかしい、低脳な]質問でご面倒かけて申し訳ありません、ご都合のよろしいときにお答えをいただきたく存じます.

**idle** 1 adj. (物が)利用されていない[遊んでいる、空いている]、(生産設備などが)遊休している、(人が)仕事のない、無意味な、無駄な、安逸な ◆be [sit, stand] idle 〈機械、設備など〉が遊んでいる ◆idle running 空運転 ◆(an) idle running torque 空転トルク ◆during idle time [times] アイドル[空き、遊休、遊び]時間中に ◆let... sit idle 〈機械など〉(使わないで)を遊ばせておく、〈工場など〉を遊休化する ◆the facilities stand idle 施設は遊んでいる ◆use idle facilities 遊んでいる[遊休]施設を使う ◆sharply reduce the acreage the government pays farmers to keep idle 政府が農家に(補償)金を出す対象の休耕[休田、遊反](の面積)を大幅に減らす ◆A sleep mode works after the keyboard is idle for more than five minutes. 5分間以上キーボードが使用されないと[キーボードから何も入力されないと]、スリープ[休眠、待機]モードが働きます. ◆An automatic shutoff function powers down the camcorder after it sits idle for more than five minutes. カムコーダーが5分間以上使用されないでいる[放置されたままになる]と、オート・シャットオフ機能が電源を切断します. ◆The slide control lets you set the amount of idle time before your laptop blanks the screen and puts itself to "sleep." このスライドコントロール(つまみ)を使うと、どれだけの長さのアイドル[遊休]時間が経過したらラップトップ機が画面を消してスリープ[スタンバイ、休止、待機]状態に入るかを設定できる. 2 vt., vi. 何もしないで(時を)過ごす、〈設備など〉を遊休化させる、《機械》アイドリング[無負荷運転]する[させる]、空転する[させる] ◆The car idles at 36 dBA. この車のアイドリング時の騒音レベルは36dBAである. ◆The company will idle three plants this summer for at least a month to reduce inventories. 同社は、在庫減らしの一環として、この夏に3工場を少なくとも1カ月間遊休させる[一時閉鎖する]計画である. 3 n. 空回りの[空転]状態 ◆a motor at idle 空回り状態のモーター；空転しているエンジン ◆run at idle 〈エンジンなどが〉アイドリング運転状態で回転している ◆with the engine at a fast idle エンジンを高速アイドリングさせている状態で ◆Don't waste gas by warming up too long in idle. 空ぶかし状態でウォームアップ[暖機運転]を長くやりすぎてガソリンを無駄使いすることのないようにしてください.

**idleness** 怠惰、無為、遊んでいること、使用[運転]されていないこと、稼働していないこと ◆The unit goes into sleep mode automatically after a certain period of idleness. その装置は、一定の時間使われないと自動的にスリープモードになる.

**idler** an 〜 仕事をしないでぶらぶら遊んでいる人、のらくらもの、怠け者、怠惰な人、無精者、役立たず ◆an idler pulley (ベルトやチェーンのたるみを取る)遊び車[間車] ◆an idler wheel (動力を伝達するための)アイドルホイール、遊び車、遊動輪、媒介車、なかだち車、間車、アイドラ

**idling** アイドリング、暖機運転、空(カラ)運転、空転、空回り、無負荷運転 ◆(an) idling speed 無負荷[空運転]回転数 ◆Even at -18°C, manufacturers usually recommend only 15 to 30 seconds of idling. マイナス18°Cにおいてさえも、メーカーは通例、わずか15秒から30秒間の暖機運転を推奨している(程度である).

**idly** adv. 怠けて[怠惰に]、何もしないで[便々と、のらくらと]、無益に[意味もなく、いたずらに] ◆a man beat a convenience store clerk while at least six customers idly watched 一人の男がコンビニ店員を殴ったが、とりを少なくとも6人の客が何もしないで見ていた[傍観していた] ◆We cannot stand [sit] idly by and do nothing. 手をこまねいて何もしないわけにはいかない.

**IDTV** (improved-definition television [TV]) 画質改良テレビジョン(*既存の放送方式に基づき、より高度な復調を行い鮮明度を上げる. クリアビジョン方式はこれにも属する)

**i.e.** すなわち、つまり、言い換えれば、換言すれば(*id est = that is (to say)の省略形)

**IEA** (International Energy Agency) the 〜 国際エネルギー機関

**IEC** the 〜 (International Electrotechnical Commission) 国際電気標準会議

**IEEE** (Institute of Electrical and Electronics Engineers) "アイ・triple・イー"と発音. the 〜 (米)電気電子技術者協会[学会]、米電気電子学会、米電気電子工業会

**IETF** the 〜 (Internet Engineering Task Force) インターネット技術標準化委員会

**if** (もしも) 〜ならば[であれば、だとしたら]、もし〜なら、〜の場合は、万一〜なら、仮に〜だとすれば、〜かどうか(= whether); たとい〜であっても(= even if) ◆if possible できれば ◆if ordering by mail 郵便でご注文の場合は ◆check a line to see if it is busy 回線がふさがっているかどうか調べる ◆if we set $R_1 = 75\Omega$, $R_1$を75Ωとすると、 ◆It will be extremely difficult, if not impossible. それは、たとえ不可能でないとしても極めて困難[至難](の業)であろう. ◆An illuminated indicator designates if the lock mode is on or off. 照光式表示器が、ロックモードがオンになっているのかオフになっているのか[ロックモードのオン／オフ状態]を表示してくれる.

**IFAD** (the International Fund for Agricultural Development) 国際農業開発基金(略語形にtheは不要)(*国連機関)

**IFOR** (the NATO peace Implementation Force)(1995年12月にボスニアに派遣された、米軍主力の)NATOの平和[和平]実施部隊《略語形にthe不要》(*IFORはImplementation Forceから。1996年12月にSFORに引き継がれた)

**IGBT** (insulated-gate bipolar transistor) an ~《半導》IGBT(絶縁ゲート型バイポーラ・トランジスタ)

**IGCC** (integrated gasification combined cycle) 石炭ガス化複合サイクル(*integratedは石炭ガス化プラントと火力発電所が合体しているという意)

**igneous** adj.《地》火成の(*岩の), 火のような ◆(an) igneous rock 火成岩 ◆igneous activity occurred 火成活動が起きた ◆in areas of igneous activity 火成活動地域で

**ignite** vt. ~に点火する, 着火する, 燃やす,《化》~を強熱する; vi. 点火[着火]する, 発火する, 火がつく, 燃え出す, 燃え上がる ◆ignite the fuel 燃料に点火する ◆fail to ignite properly 着火[点火]不良を起こす ◆ignite [set off] a raging debate over... ~についての激論に火をつける ◆a spark-ignited engine 火花点火式のエンジン ◆The 1973 oil shock ignited years of runaway inflation. 1973年のオイルショックは、何年にもわたる天井知らずのインフレに火をつけた。

**ignition** イグニッション, 点火, 着火, 発火, 引火, 燃焼,《電気》点弧,《化》強熱 ◆spontaneous ignition 自然発火 ◆an automobile ignition system 自動車の点火システム[点火系統] ◆Ignition occurred through... ~によって発火した。 ◆the ignition point [temperature] of a substance ある物質の発火[着火, 点火]点[温度] ◆turn on the ignition 点火装置をONにする ◆The basic principle of the electrical spark ignition system has not changed for over 75 years. What has changed is the method by which the spark is created. 電気式火花点火系統の基本原理は75年以上の間変わらなかった。変わったのは火花を発生させる方法である。

**ignoramus** an ~ 無知な人 ◆By all accounts, he is a loud-mouth and an ignoramus. だれに聞いても、彼は偉そうな口を叩く物知らずの人間だ。

**ignorance** 〇無知, 無学, 知らないということ, 不知, 不案内 ◆be in ignorance of... ~を知らない ◆Ignorance is bliss.《諺》知らぬが仏。 ◆either through ignorance or negligence 無知もしくは過失のいずれかにより

**ignorant** adj. 無知な, 物を知らない, 学[教養]の無い, 知らない<of, that> ◆be ignorant about... ~について知らない

**ignore** vt. ~を無視する, ないがしろにする, 意に介さない振りをする, 知らない[見ない]ふりをする, 知らん顔をする ◆ignore agriculture in favor of industrialization 工業化にばかり目を奪われて農業をないがしろにする ◆one negative aspect of CAE normally ignored 通常見過ごされているCAE(コンピュータ支援エンジニアリング)のマイナス面の一つ ◆Many ad campaigns are targeted exclusively to mothers, ignoring stay-at-home dads. 多くの宣伝キャンペーンはもっぱら母親たちを対象にしたもので、家にいる夫たちを無視[ないがしろに, そっちのけ]にしている。 ◆The value is so small that it may be ignored in most circuit calculations. その値は、たいていの回路計算において無視できるほど小さい。

**IIE** (Institute for International Economics) the ~ 国際経済研究所(*ワシントンにある有力シンクタンク)

**IISS** (International Institute for Strategic Studies) the ~ 国際戦略研究所(*本部は英国ロンドン)

**ill** adj. 病気で, 吐き気がする, 悪い, 苦しき, 有害な, 悪-, 不-, 無-, 害-, 不良-; adv. 悪く, 不当に, 不正に, 不完全に, 不十分に; n. 〇害, 悪; ~s 問題, 心配の種, 困難, 苦痛, 不幸, 災難 ◆get [become, fall] ill 病気になる ◆speak ill of a person〈人〉の悪口を言う, ~を悪く言う[思う], 悪評する ◆think ill of a person〈人〉を悪く思う ◆become [get] seriously ill or die 重体[重症, 重症]になるか、あるいは死亡する ◆be seriously ill; for those (who are) seriously ill 重病[重症]の人達のために[〇] ◆patients seriously ill with cancer 重症の癌患者 ◆seriously ill people 重い病気の[重病の, 重体の, 重症の人達、大病を患っている]人たち; 病状が重い[ジュウトクな]人 ◆she had fallen seriously ill 彼女は重体[重症]におちいっていた

◆the earth's ills 地球がかかえている諸問題 ◆numerous ill effects on crop production 農作物生産に及ぼすおびただしい悪影響 ◆produce little or no ill effect 悪影響をほとんど, あるいは全く起こさない ◆resurface the brake rotors and fix the other ills ブレーキローターの表面を仕上げ直して、その他の不具合[不具合, 故障](箇所)も直す ◆If you feel ill, don't drive. 気分がすぐれなかったら、運転するな。

**ill-advised** adj. 考えが足りない, 思慮に欠けた, 賢明でない, 無分別な, 軽率な

**ill-becoming** ふさわしくない

**illegal** adj. 不法の, 非合法の, 違法の, 違反している, 不正な, 不当な ◆illegal parking 違法駐車, 駐車違反 ◆an illegal worker 不法就労者 ◆he committed an illegal act 彼は違法行為を犯した ◆illegal aliens 不法入国・滞在・残留・就労)外国人 ◆laws against selling illegal copies 違法複写品[不正コピー, 海賊版]の販売を取り締まる法律 ◆protect against illegal copying of software ソフトウェアの不正[無断]コピーを防止する ◆specify an illegal device name 《コンピュ》不正な装置名を指定する(*illegal = invalid, incorrect) ◆they may have engaged in illegal conduct 彼らは違法行為を行っていた可能性がある ◆Driving with one headlight is illegal. ヘッドライト1つだけで運転することは違法[違反]である。 ◆It is illegal for any moped driver to carry a passenger on the vehicle. 原付自転車の運転者が、人を乗せて走ることは違法である。

**illegally** 不法に ◆He illegally shredded Government documents 彼は、政府の書類を不法に[シュレッダーにかけて]細断した。

**illegible** adj. 読みにくい, 判読しにくい, 読めない, 読み取れない, 判読不能の ◆render... illegible ~を読めなくする ◆a smudgy, illegible piece of work 汚れていて判読が難しい作品 ◆illegible signatures 読めない[判読できない]署名 ◆make faxes illegible ファックスを読めなくする

**ill-fated** 不運な, 不遇な, 不幸な, 薄幸の, 不運をもたらす, 数奇な, 祟られた(タタラレタ) ◆the ill-fated space shuttle Challenger 不運[悲劇]のスペースシャトル・チャレンジャー号(*打ち上げに失敗して爆発した) ◆Enactment of the law appeared ill-fated from the beginning. この法律の制定は最初からうまく行かない運命にあるように見えた。

**ill-fitting** 似合わない, 似つかわしくない, ふさわしくない, 不適切な ◆his ill-fitting role 彼のそぐわない役割

**ill-gotten** 不正な手段で得た ◆ill-gotten gains 不正収益

**illicit** adj. 違法な, 不法な, 非合法の, 不正の, 禁制の, 無許可の, 不倫な, 不義の, 不-, 密- ◆an illicit seaside love affair 浜辺での道ならぬ色ごと[不倫の情事] ◆embark on secret illicit operations 違法な秘密の活動[事業]に手がける; 暗躍を開始する ◆prohibit illicit traffic in...《物品》の闇取引[密売]を禁止する ◆use illicit copies of software ソフトウェアの不法[不正]コピーを使う

**illicitly** adv. 不法に, 不正に ◆sell illicitly copied software ソフトの不正コピー品を売る

**illiteracy** 〇読み書きできないこと, 教養がないこと ◆the elimination of computer illiteracy コンピュータ音痴の撲滅; 万人にコンピュータを使えるようにすること

**illiterate** adj. 読み書きのできない, 文盲の, 無学の, 無教養な, 素養のない, (特定分野の)知識がない, 未熟な, ~を使う能力のない; n. an ~ illiterate な人 ◆an economic illiterate 経済に弱い人, 経済音痴 ◆computer-illiterate users コンピュータが分からない[に未習熟な, に弱い, がダメな]ユーザー ◆they are illiterates 彼らは非識字者である ◆most students are computer illiterate [illiterates] ほとんどの学生はコンピュータが使えない(▶この用例の illiterate は形容詞, illiterates は名詞型)

**illness** 〇病気(にかかっている状態); an ~ (特定の)病気, 疾患, 疾病 ◆illnesses traceable to environmental pollution 環境汚染に起因した病気[公害病] ◆This hope-filled article offers good news to many suffering from serious illness. この希望に満ちた記事は、大病[重病]に苦しむ多くの人々にとって福音である。

**ill-structured** (←well-structured) うまく構築されていない、構造がまずい ◆The system is designed to support management decision making in ill-structured situations. 本システムは、紛såM[混乱]した状況下で経営陣の意思決定を支援するために作られている.

**ill-treat** vt. ~を虐待する, 不当に扱う, 冷遇する, 邪険にする, 酷使する, ひどい目にあわせる, ~にひどい[むごい, むごたらしい]仕打ちをする ◆some have been tortured and ill-treated 中には拷問をうけたり虐待されりした者がいた

**ill-treatment** 回虐待, 冷遇, 不当な取り扱い, 酷使 ◆prohibit all torture and ill-treatment 拷問および虐待を全面禁止する

**illuminate** vt. ~に光を当てる, ~を照らす, 明るくする, 照明する, 照光する, 電飾する, 〈極〉彩色で飾る, 解明する, 啓発[啓蒙, 教化]する, 〈顔〉を輝かせる; vi. 明るくなる ◆a document-illuminating lamp 原稿照明用のランプ(*複写機, イメージスキャナーなどの) ◆illuminate an object at an angle ある角度から物体に光を当てる ◆illuminating engineering 照明工学 ◆Push the ON button. The ON indication will stay illuminated. ONボタンを押してください.（すると）ON表示が点灯状態になります. ◆The indicator light illuminates when the appliance is switched on. この表示灯は, 本器具に電源が投入されると点灯します. ◆These lights must be strong enough to illuminate objects 110 m (350 ft) away. これらの照明は, 110メートル(350フィート)離れたところにある物体を照らすのに十分強い[明るい]必要がある.

**illuminated** 照明[照光]されている, 電飾が施されている, 〈極〉彩色で装飾された ◆an illuminated indicator 照光式表示器

**illumination** 回照明, 照射; ~s 電飾,（昔の本の）極彩色の模様;(an)~ 照度; 回啓蒙, 解明 ◆a unit of illumination 照度の単位 ◆a weatherproof illumination lamp 屋外用照明灯 ◆high-intensity illumination 高輝度照明 ◆capable of recording color images in illumination down to 7 lux 7ルクスの低照度までで[7ルクスまでの暗い場所でも]カラー画像の録画が可能 ◆The current varies with illumination. 照度に応じて電流が変化する. ◆A multileg light guide allows illumination of several points by one central light source. (端が)いくかの足に分岐している光導波路を使うと, 1つの中心光源で数箇所を照明することができる.

**illuminometer** an ~ 照度計 ◆a Macbeth illuminometer マクベス照度計

**illusion** (an) ~ 《ほとんどの場合可算》幻覚, 錯覚, 錯視, 妄想, 妄覚, 幻影, 思い違い, 勘違い ◆be under an illusion about... ~について思い違いをしている ◆have no illusions about... ~について幻想を抱いていない ◆give... the illusion that... 〈人〉に~であるという錯覚を与える[幻想を抱かせる] ◆produce an optical illusion 目の錯覚を起こさせる ◆create an illusion of deep space in paintings 絵画に深い広がりあるような感じを出す ◆create an illusion of continuous motion for television viewers テレビ視聴者に連続的な動きを錯覚させる

**illustrate** vt.（本など）に挿絵や図版を入れる, ~を図で示す,（例を挙げて分かりやすく）説明する, 例証する,〈具体例, 事実などが〉~を物語る[示す, 実証する],〈図が〉~を示す[表す]; vi. ◆a heavily illustrated owners' manual イラスト[図]を多用している取扱説明書 ◆it illustrates the difficulty of...-ing... それは~することの難しさを物語っている ◆as illustrated in Fig. 14 第14図に図示されているように ◆models to illustrate the method of analysis of... ~の解析方法を(図式的に)説明するためのモデル ◆a complete illustrated description of this procedure この手順についての完全図解説明 ◆Appendix B illustrates the inspection report form. 付録Bに, 検査報告用紙を示す. ◆The Car Care Guide is illustrated with photos and drawings of VWs. このカーケアガイド書には, フォルクスワーゲンの車の写真や図が盛り込まれている.

**illustration** 回説明[例証]すること; an ~ 挿絵, イラスト, 図表, 図版, 例, 実例, 証図 ◆an illustration of... ~の説明図 ◆as shown in the illustration 図に示すように ◆by way of illustration 実例[例証]として ◆for purposes of illustration （図や例による）説明のために ◆It may be taken as an illustration of... それを~の例証として挙げることができる ◆quote... by way of illustration ~を例証として引き合いに出す ◆the 40-plus illustrations that demonstrate this "hands-on" technique step by step 段階を追ってこの「実践」テクニックを説明する40枚余りのイラスト ◆The contrast between the two meetings is a vivid illustration of how much relations between the two countries have improved. これら（前回と今回の）2つの会談の大きな対比は, 2国間の関係がいかに大幅に改善したかをありありと物語るものである.

**illustrative** adj. 実例[例証]となる, 説明のための, 説明的な,〈~を〉描いた<of> ◆see an illustrative picture of... ~の説明図を見る

**ILO** (International Labor Organization) the ~ 国際労働機関

**iMac**（アイマック）《コンピュ》(*アップル社のパソコン) ◆buy an iMac; buy iMacs iMacを買う ◆because of the decision not to equip the iMac with a floppy disk drive iMacにはフロッピーディスクドライブを装備しないという（メーカー側の）決定のせいで

**image** 1 an ~ イメージ, 像, 画像, 映像, 影像, 音像, 虚像, 肖像, 偶像, 影像, 心像, 表象; the ~ <of>〈人〉にそっくりな人,〈人〉の生き写し, ~を絵に描いたような人, ~の典型, ~の権化, ~の表徴 ◆a 3-D image 立体像 ◆a fax image ファクシミリ画像 ◆an image frequency 影像[映像]周波数 ◆an image-storage system 画像記憶システム ◆image analysis 画像分析 ◆image compression 画像圧縮 ◆image enhancement 画像強調 ◆image formation 《光》結像 ◆image interference 影像妨害 ◆image processing software 画像処理ソフトウェア ◆image quality 画質 ◆image rejection (TV)影像排除 ◆moving images 動いている画像, 動画 ◆a good [favorable] corporate image よい[好ましい]企業イメージ ◆corporate image advertising 企業のイメージ広告 ◆exploit mental image training 精神イメージトレーニングを活用する(*運動選手などが, うまくやれる場面を頭に描いて) ◆form an image [an optical image, a visual image] on... ~の上に結像する[像を結ぶ] ◆give the car an upscale image 車に高級感を与える ◆improve a person's image 〈人〉のイメージをよくする;〈人〉をイメージアップさせる ◆improve image quality 画質を改善する[向上させる] ◆pursue a major image change 大規模[大幅]なイメージチェンジを遂行する ◆to achieve very high image quality 非常に高い画質[高画質]を実現するために ◆to enhance an image of the company 同企業のイメージアップをするために ◆try to improve one's image イメージアップを図る ◆with no degradation in image or sound 映像[画質]や音[音質]の劣化無しで[に] ◆with no image degradation 画像の劣化[画質の低下]なしに ◆a computer-generated image コンピュータによって生成された画像 ◆high-quality color images 高画質カラー画像 ◆Image is a business tool. イメージはビジネスツールである. ◆What kind of image do you have of...? あなたは~にどんなイメージ[印象]を持っていますか. ◆as a means to shore up his domestic political image 国内における彼の政治家としての(落ち目の)イメージアップを図る方策として ◆capture [grab] video images ビデオ画像を取り込む ◆hurt them financially or image-wise 彼らを金銭的にあるいはイメージ的に(誹謗・中傷などで)痛めつける ◆reinforce the image of your brand or product 貴社のブランドあるいは商品のイメージを強化する ◆the company is seeking an upgrade of its image この会社は自社のイメージアップを図ろうとしている ◆to spruce up the image and efficiency of electric cars 電気自動車の効率向上化とイメージアップをするために ◆carefully analyze the "image" customers have of your company 顧客が(あなたの)会社に抱いている「イメージ」を綿密に分析する ◆football hooligans who have so often damaged Britain's image abroad 海外で何度までも英国のイメージを傷つけた[損ねた, ダウンさせた]サッカーフーリガン ◆hurt the region's image as a desirable place to do business　商売のに望ましい場所であるというこの地域のイメージをダウンさせる ◆ image-intensification tubes for night-vision equipment　暗視装置用の映像［蛍光］増倍管 ◆ the creation of a specific image for a product　ある商品に対し特定のイメージをつくること ◆ but the damage to the company's image had already been done　だが、この企業のイメージはすでに損なわれてしまっていた ◆ TV sets that deliver images comparable in quality to those of a wide-screen motion picture　画質の点でワイドスクリーン映画に匹敵する画像を映し出すテレビ ◆ The hotel underwent a major image change in the 1980s.　このホテルは1980年代に大イメージチェンジを果たした［大きくイメチェンした］。 ◆ The image is positionally correct – not inverted or reversed.　像の配置は正しい［正立である］、つまり倒像［倒立像］にも鏡像にもなっていない。 ◆ TV is most often used for corporate image building.　テレビは企業のイメージ造りに最もよく利用されている。 ◆ Every customer has an image of the company he or she deals with.　どの顧客も、取引先の［利用している］企業について何らかのイメージを抱いている。 2　vt. 〜を心に描く、思い描く、想像する、イメージする、描写する、〈映像、画像〉を映す、映像化する、投影する

**imagemaker**　an 〜　イメージメーカー（*企業のイメージ作りを専門とする広告業界のスペシャリスト）

**imagery**　□（集合的）心像、イメージ、画像 ◆ satellite imagery　衛星画像（*この用例は、spy satellites＝偵察衛星が地上を撮影した画像のことをさして用いられていた） ◆ computer-generated imagery　□コンピュータで生成した画像 ◆ create imagery on the screen　《電子》画面上に画像を描き出す

**image scanner**　an 〜　イメージスキャナー

**imaginable**　adj. 想像しうる、考えられる（限りの）、想定できる ◆ the worst imaginable case; the worst case imaginable　想定される最悪のケース

**imaginary**　adj. 想像上の、架空の、仮想の、想定した、《数》虚数の、虚〜; an 〜《数》虚数（= an imaginary number） ◆ an imaginary perpendicular [plumb] line　《機械》想像上［架空］の垂直線［鉛直線］ ◆ the imaginary part of the impedance　このインピーダンスの虚数部

**imagination**　(an) 〜　想像、想像力、発想、創作力、創造力、□想像の産物、（困難を切り抜けるための）気転機転、機応変［の］才 ◆ be devoid of imagination　想像力が欠如している ◆ beyond (one's) imagination; beyond all (possible) imagination; unimaginable; inconceivable; unthinkable　想像を絶する ◆ by any stretch of the imagination　どんなに想像をたくましくしてみても; どう考えてみても; どうみても ◆ give the imagination free reign　想像力を自由に巡らす ◆ the paucity of his imagination　彼のイマジネーションの乏しさ ◆ the number of cars has increased beyond all possible imagination from the time that the Bill was introduced　車の台数は、同法案が提出された当時からはとても想像がつかぬほど［想像を絶する］ほど増加した ◆ Now the only limit to image and signal processing is your own imagination.　いまや画像処理と信号処理の唯一の限界は、あなた自身の創造力です。;《意訳》いまや画像処理と信号処理は、あなたのアイデア次第でどんなことにでも応用できます。 ◆ She wasn't beautiful, by any stretch of the imagination, but she was sexy.　彼女はどう見ても［お世辞にも］美しくはなかったけどセクシーだった。 ◆ The uses of this program are limited only by your imagination.　このプログラムの用途はあなたのアイデア次第で無限です。 ◆ The pin number of each conductor is clearly displayed on the LCD, leaving nothing to the imagination.　各々の線のピン番号ははっきりと液晶ディスプレイ上に表示され、推測することは何もない［一目瞭然である］。（*ケーブル試験装置の話）

**imaginative**　adj. 想像力［創造性、創作力、発想、アイデア］豊かな［に富む］、想像力が働く; (= imaginary) 架空の、想像上の ◆ In this imaginative paper, Hawking speculated that the central region of the sun might contain a black hole.　想像力を駆使した［ひらめきに富んだ］この論文中で、ホーキングは太陽の中心部にはブラックホールがあるのではないかと推測した。

**imaginatively**　adv. 想像力を駆使して、創造力を発揮させて、想像的に、創造的に ◆ All rooms are decorated traditionally and furnished imaginatively to a very high standard, having fresh flowers in them and overlooking the gardens.　すべての部屋には、伝統的な装飾が施され、想像力［創造力、独創性、オリジナリティー］豊かな家具調度品が高水準に備わっています。そして新鮮な生け花が飾られ、庭が眼下に見渡せます。

**imagine**　vt., vi. 想像する、心に描く、思う、考え（てみ）る、想定する、察する、思いやる、仮定する、推測［推察、推量］する ◆ imagine a case where [in which] < S -V>　〜というケースを想定［場合を仮定、状況を想像］する ◆ I could never imagine all the pain and suffering you are going through.　あなたの心痛と苦しみは察するに余りあります［いかばかりかと存じます］。

**imaging**　n. 部の画像を得るために超音波、X線CT、核磁気共鳴などを利用すること、結像、撮像、─映像法;《形容詞的に》画像〜、映像〜、影像〜 ◆ an imaging satellite　偵察衛星（*画像偵察・精密写真偵察をするもの） ◆ perform renal imaging　腎臓の画像化を行う ◆ the medical imaging contrast media markets　医療用造影剤市場 ◆ magnetic resonance imaging (MRI)　磁気共鳴映像法 ◆ Xenon-133 brain SPECT imaging　キセノン133単光子放射断層撮影法による脳の画像化

**imbalance**　(an) 〜　不均衡、不均衡状態、不安定、アンバランス、《医》平衡失調 ◆ a load imbalance　負荷の不平衡 ◆ an imbalance between imports and exports; a trade imbalance　輸出入の不均衡、貿易不均衡 ◆ create imbalances in the distribution of work across the processors in the system　システム中の各プロセッサの作業配分に不均衡［不平衡］を生じさせる ◆ The imbalance between gold supply and demand will increase in the future.　金の需給不均衡は今後拡大する［深まる、進む］であろう

**imbed**　vt. (= embed) ◆ be imbedded in...　〜に埋め込まれて［内蔵されて］いる

**IMF**　(International Monetary Fund) the 〜 国際通貨基金

**imidization**　□イミド化 ◆ imidization reactions　イミド化反応 ◆ during imidization　イミド化の最中に

**imitate**　〜を真似る、模倣する、見習う、見て覚える［学ぶ］、模範とする、手本にする、〜によく似せて作る、を模造［模作］する、偽造［贋造（ガンゾウ）］する ◆ imitate a real-life system　実際のシステムを模擬する ◆ imitate the operations of another printer　他のプリンタの動作をまねる［模倣する］

**imitation**　□真似、模倣、模造、贋造（ガンゾウ）; an 〜　イミテーション、模造品、造品、にせもの、紛い物（マガイモノ）、贋作（ガンサク）; adj. 模造の、人造〜、造〜、疑〜 ◆ in imitation of...　〜を模似して、〜をまねて ◆ imitation Zippo lighters　ジッポライターのコピー［パクリ］商品

**immeasurable**　adj. 計り知れない（ほどの）、推し量ることができない、甚だしい、見当もつかない、果てしなく広大な、広大無辺な、無限の ◆ it is of immeasurable importance　それは計り知れないほど重要である

**immediacy**　即時性、緊急性、直接性、密接性、近接性 ◆ the immediacy of television　テレビの即時性［速報性］ ◆ the immediacy of watching an action unfold in real time　戦闘が繰り広げられるのをリアルタイムで見るという即時性（*テレビの話） ◆ Facsimile technology is increasingly popular as a means of increasing immediacy.　ファクシミリ技術は、速報性を高める手段として普及している。

**immediate**　adj. 即刻の、即座の、即時の、早速の、速やかな、目前の、目下の、すぐの; 直接の、直の、すぐ隣の、すぐ横の、隣接した、近接の ◆ an immediate cause [consequence]　直接の原因［結果］ ◆ one's immediate family　近い親族［家族］（*配偶者と、両親、兄弟、および子供） ◆ the immediate [direct] mode　《コンピュ》直接モード（*命令を入力するたびに直ちに実行される） ◆ her immediate supervisor [boss]　彼女の直属の上司 ◆ immediate corrective action　速やかな是正措置 ◆ in the immediate area of...　〜のすぐそばで ◆ to solve an immediate problem　さしあたって［当面、当座］の問題を解決するた

めに ◆be burned [charred] beyond immediate recognition　すぐには見分けがつかないほど焦げて［黒焦げになって］しまっている ◆an error condition requiring immediate attention from an operator　《意訳》オペレータが早急に処置しなければならないエラー状態 ◆the focal point of debate about the island's immediate economic future　この島の当面［当座, さしあたり, 《意訳》至近年］の経済の行方に関する議論の焦点 ◆plants are purchasing them only to meet immediate needs at this time　工場は, 現時点の当座の必要を満たすだけのために（とりあえず）それらを購入している ◆All are available for immediate delivery.　全型品即納できます。 ◆I don't think it will happen in the immediate future.　それは, さしあたり［今すぐに, 当面, 当座］は起こらないと思う。 ◆It is ready for immediate use.　それは, いつでもすぐ使用できる状態にある。 ◆The situation demands immediate attention.　事態は, 早急な対応［対処］を要する。 ◆Take care of your immediate concerns while delegating routine tasks to others.　通常の仕事は他の人にやってもらって, 当面［当座, さしあたり］の問題を処理するようにしよう。 ◆Every member of a player's immediate family above age 14 – from wives to parents to brothers – can travel with the player on any trip.　選手の妻や両親や兄弟など, 近い親族で14歳以上の人はだれでも, 遠征に付いていくことができる。

**immediately** adv. すぐに, すぐさま, 直ちに, 速やかに, すかさず, 即座に, 早速, 即刻, その場で, 直接 ◆immediately afterward　直後に; すぐに ◆immediately following...　～の直後に［の］; ～のあとすぐに; ～に引き続いて ◆immediately behind...　～のすぐ後ろに ◆the immediately preceding page　直前［1つ前］のページ ◆the level immediately above　すぐ上［1つ］上のレベル ◆immediately before [after] t = 0　t=0の直前［直後］に ◆immediately to the left of...　～のすぐ左側に

**immemorial** adj.（人類の記憶や記録にないほど）遠い昔の, 大昔の, 太古の, 古代から, 遥か遠い昔から, 大昔の, 神代の昔から, 神世の時代から ◆from [since] time immemorial　太古から; 古代から, 遥か遠い昔から, 大昔の, 神代の昔から, 神世の時代から ◆since [from] time immemorial　太古の昔から; 大昔から

**immense** adj. 広大（無辺）な, 巨大な, とてつもない

**immerse** vt. ～を（～に）浸す, 浸ける, 突っ込む, 沈める, 浸漬する<in>,（～に）没頭［熱中］させる<in>,《再帰的に》（～に）耽る（フケル）［没頭, 沈潜, 熱中］する <oneself in> ◆be immersed in oil　油の中に浸漬されている ◆fully immerse them in water　それらを水に完全に浸す; 水中に完全に浸漬する ◆Do not immerse your juicer in water or other liquid.（お買い上げの）ジューサーを水やその他の液体に浸けないでください。 ◆Never immerse any part of the power tool into a liquid.　この電動工具のどの部分も, 液体に決して浸さないでください。

**immersible** adj. 水に浸せる［浸けても差し支えない］ ◆These internally-sealed relays are immersible for cleaning.　これらの内部密閉［密封］構造リレーは, 丸洗い洗浄できます。

**immersion** ①浸漬, 浸し, 水浸, 液浸, 潜入; 熱中, 没頭, 没入, 沈潜, どっぷり浸かること, 一三昧（すること）,《形容詞的に》投げ込み式の ◆an immersion heater　投入［投げ込み］ヒーター ◆an immersion test　浸漬試験 ◆a 48-hour water immersion test　48時間浸漬［浸水, 水浸］試験 ◆by immersion in water　水に浸けることにより ◆due to prolonged immersion in water　長時間水に浸かっていたために ◆immersion cooling is used　浸漬冷却が用いられている ◆the number of immersions　浸す［潜水, （水に）もぐる］回数 ◆a 10-minute immersion time is recommended for endoscopes　内視鏡の場合10分間の浸し時間が推奨されている (*胃カメラなどを消毒液に浸ける） ◆This course is a 12-hour-a-day immersion in COM programming.　これは, COMプログラミングをテーマにした1日12時間の集中コースである。 ◆Specimens prepared in the same way as in Example 1 were subjected to a certain number of immersions (20), after which the cleaning effect was visually assessed.　例1と同じ方法で用意した試料を一定回数（20回）浸した。その後, 目視により洗浄効果の評価を行った。

**immigration** ①（外国からの）移住;①入管, 入国管理事務所;①《集合的に》（ある一定期間の, ある特定の地域への）移民, 移民団 ◆the Immigration and Naturalization Service (INS)《米》移民帰化局 ◆the Immigration Bureau　《日》入国管理局 ◆complete immigration formalities　入国管理手続きを済ませる

**imminent** adj. 差し迫った, 切迫した, 今にも起こりそうな, 目前に［間近に］迫っている ◆(an) imminent danger　差し迫った危険 ◆the imminent marriage of the computer and the pen　近いうちに起こるコンピュータとペンの融合 ◆the companies are in no immediate danger of collapsing　これらの企業は今すぐにでも倒産するといったような危険な状態にはない ◆the imminent arrival of HDTV broadcasting　間近［目前］に迫っているハイビジョン放送の到来 ◆It means that battery exhaustion is imminent.　それは, 間もなく電池切れになることを意味している。 ◆The economy is in imminent danger of slipping back into recession.　経済は再び景気後退に陥る可能性をはらんだ緊迫した（危険な）状態にある。 ◆Wireless computers will give us a good preview of the imminent age of ubiquitous computing.　《意訳》ワイヤレスコンピュータは, 目前に迫った［ほどなく来るべき］ユビキタス・コンピューティング時代の一端を垣間見せてくれるよき材料である。

**immiscible** 混合しない, 不混和性の ◆an interface between two immiscible liquids (such as oil and water)　2種類の（水と油などの）混ざり合わない液体の界面

**immiseration, immiserization** ①（貧困などで）悲惨になる［する］こと, 貧困化［貧窮化, 貧苦化］ ◆result in the immiseration of increasingly enormous numbers of human beings　結果的に, ますます膨大な数の人々が悲惨な状況に陥る［困窮する, 貧困化する］

**immobilization** ①固定, 固定化, 不動, 不動化 ◆carbon dioxide immobilization; the immobilization of carbon dioxide　二酸化炭素の固定化

**immobilize** vt. ～を動けなく［動かなく］する, 固定［固定化］する, 不動化する ◆it becomes immobilized in the form of...　それは～の形で［～状になって］固定化される

**immortality** ①不死, 不滅, 不朽（の名声） ◆a jar of immortality-imparting nectar　一壷の不老長寿を授けてくれるネクタル

**immortalization** ①不朽にする［永遠性を与える］こと, 不朽の名声を与える］こと, 不滅化する, （細胞などの）不死化 ◆the immortalization of cells; cellular immortalization　細胞の不死化

**immune** adj.（～に）免疫のある［感染しない］<from, to>,（～を）免除されて［免れて］いる <from>, （～に）動じない［影響されない］<to>,《化》不感受の ◆an immune-suppressing drug　免疫抑制剤 ◆a computing system immune from virus attacks　ウイルスの攻撃に対して免疫のある電算システム ◆begin to grow immune to never-ending criticism　とどまるところを知らない非難に慣れっこになりつつある ◆patients with an immune dysfunction　免疫不全(症)の患者 ◆virus-fighting immune cells　ウイルスと闘う免疫細胞 ◆International waters are immune from state laws against gambling.　公海にまでは国の賭博禁止法（の効力）は及ばない。 ◆Bipolar transistors have a secondary-breakdown problem. Power FETs are virtually immune to [virtually free from] secondary breakdown.　《意訳》バイポーラトランジスタには, 二次降伏の問題がある。電源用電界効果トランジスタには, 事実上二次降伏がない。 ◆The CCD image sensor is rugged, lasts long, is immune to being burned by bright lights, uses minimal power, and is very compact.　CCDイメージセンサーは, 堅牢で長持ちし, 強い光でも焼き付かず, わずかの電力しか消費せず, 非常にコンパクトである。

**immunity** (an) ～（～から）免れて［守られて］いること <from>, 免疫（性）, 免除, 免責, 不感, 不活性(状)態,（特にノイズに対する電磁妨害）耐性［耐力, 耐量］, 妨害排除能力,《法》刑事免責, 訴追免除 ◆entitled to immunity from...　～が免除される権利をもっている ◆exhibit [have, offer] a high degree of noise immunity　高いノイズ耐力を示す［有する, 持

つ] ◆grant him immunity from prosecution 《意訳》彼に刑事免責を与える ◆noise immunity 耐ノイズ性, ノイズ[雑音]耐性, 雑音排除性[余裕度]《* どれくらいまでの外来ノイズに耐えて, 誤動作などの不具合を起こさずに正常動作ができるかということ》 ◆testify under (a grant of) immunity 刑事免責を与えられて証言する ◆a power frequency magnetic field immunity test 電源周波数磁界イミュニティ試験 ◆have limited immunity to disease ～は, 病気に対する免疫が弱い ◆test equipment for immunity against momentary and temporary voltage sags 瞬時性及び短時間電圧低下耐力を調べるために機器を試験する ◆Mr. Rota was granted immunity from prosecution in exchange for his cooperation in... ロタ氏は, ～に協力する見返りとして起訴を免れることになった. ◆The electron multipliers feature immunity to magnetic fields and high gain. これらの電子倍増管は, 磁界の影響を受けないことと高利得[ゲイン]を特徴としている.

**immunization** (an) ～ 免疫化, 免疫処置, 免疫法, 予防接種, 不染化[処理] ◆have a complete record of immunization 予防接種をすべて済ませてしまっている ◆immunizations you may need for a trip abroad 外国旅行のために必要とされる可能性のある予防接種[予防注射]

**immunize** vt. ～に免疫性を与える, ～を免疫にする, 免疫化する ◆immunize people against influenza 《意訳》人々にインフルエンザの予防接種[注射]をする(* immunize = 免疫性を与える, 免疫にする)

**immunosuppressant** an ～ 免疫抑制剤; adj. 免疫抑制の ◆more toxic immunosuppressants より毒性の高い免疫抑制剤 ◆the immunosuppressant drug cyclosporine 免疫抑制剤サイクロスポリン[シクロスポリン]

**immunosuppression** 回免疫抑制

**immunosuppressive** n. 免疫抑制剤; adj. 免疫抑制の ◆an immunosuppressive drug 免疫抑制薬[剤](= an antirejection drug)

**immunotherapy** (an) ～ 《医》免疫療法 ◆cancer immunotherapy 癌の免疫療法

**immutable** adj. 不変の, 不易の, 変えることのできない, 動かし難い, 厳然たる ◆immutable facts 動かし難い[厳然たる]事実 ◆immutable truths 厳然たる真実[事実] ◆immutable scientific laws of universal applicability 普遍的に通用する科学上の不変[不易]の法則 ◆the deadline is immutable 締め切りは動かせない[変えられない]

**IMO** (International Maritime Organization) the ～ 国際海事機関

**i-mode** ◆an i-mode cellular phone 《日》iモード携帯電話(*インターネット対応携帯電話)

**impact** 1 an ～ インパクト, 衝撃, 衝突, 強い影響(力), 効果 ◆an impact printer インパクトプリンタ[衝撃式]プリンタ(*ドットマトリクスプリンタや, デイジーホイールプリンタ) ◆a high-impact article インパクトの大きい[パンチのきいた]記事 ◆an impact-filled shot インパクトに満ちた写真 ◆increase impact resistance 耐衝撃性を高める[向上させる] ◆on impact ぶつかった瞬間に; 衝撃で ◆the glass broke on impact グラスは衝撃で割れた ◆the impact of environmental protection on jobs 環境保護が雇用に与える影響 ◆the impact of falling raindrops 降り注ぐ雨粒の衝撃 ◆a high-impact-resistant plastic housing 高耐衝撃性プラスチック製ハウジング ◆gauge the impact of a new product or strategy 新製品の反響や新戦略の効果を測る ◆they will crack [can shatter] under a strong impact それらは強い[大きな]衝撃のもとでひび割れる[粉々に砕け散る]ことがある ◆Changes can be made without impact to application software. 変更は, アプリケーションソフトに影響を与えることなく行うことができる. ◆Its impact on the end user is small. それらのエンドユーザーへの影響は小さい; それが最終[末端の]消費者に与える影響は小さい. ◆It will have a significant impact on the auto industry. これは, 自動車産業に対し大きな影響を与えることになるだろう. ◆Urban heat islands have a direct impact on climate. 都市部のヒートアイランドは, 気候に直接的な影響を及ぼす.

◆Cholesterol that people eat seems to have little impact on cholesterol in their bloodstreams. 人々が口にする[摂取する]コレステロールは, 血中コレステロールにほとんど影響を及ぼさないようにみえる. ◆Inflation had accelerated under the impact of U.S. economic policy during the Vietnam War and the abandonment of the Bretton Woods system. インフレは, ベトナム戦争中の米経済政策およびブレトンウッズ体制放棄の影響で[あおりを受けて]加速した. ◆The best research will have no commercial impact if companies fail to take good ideas from the drawing board to the assembly line. 最高の研究も, せっかくのいいアイデアを企業が製図板[設計]からラインを組み立てライン[生産]にまで持って行かない限り, 商売面での効果を上げ得ない. ◆These mergers and takeovers are having as profound an impact on the American economy as the advent of great railroads, the airplane and the telephone. これらの企業合併や乗っ取りは, 大鉄道, 飛行機, 電話の到来と同じぐらいの重大な影響を米国経済に与えるものである.

2 vt. ～を押し込む, 詰め込む, 嵌入(カンニュウ)する, 衝突する, ぶつかる, 影響する; vi. 勢いよく接触する, 衝突する, ぶつかる, (～に)影響を及ぼす<on> ◆impact significantly the future of CAE/CAD CAEやCADの将来に重大な影響を与える ◆without significantly impacting the environment 環境に重大なインパクトを与えないで[著しい影響を及ぼさずに]

**impacted** adj. 〈歯〉埋伏した, 〈折れた骨が〉嵌入[楔合]した ◆an impacted wisdom tooth 埋伏して[埋まって]いる親不知(オヤシラズ)

**impactful** adj. インパクト[迫力]のある, 衝撃[印象]の強い, インパクト強い, 顕著な(効果がある) ◆make them more visually impactful それらをより視覚的に効果が[もっと見た目に迫力が]あるようにする ◆impactful presentation materials designed to accentuate the value points of... ～の価値点[《意訳》メリット, 利点]を際立たせるように組み立てられている効果的な[迫力のある]プレゼン資料

**impactive** adj. 強い影響を持つ, 著しく効果的な, 衝突の結果生じる ◆an impactive force 衝撃力

**impair** vt. ～を損なう, 傷つける, 害する, 減退させる, 減衰させる, 弱める, 低下させる, ～に障害を生じさせる ◆impaired eyesight 視力減退 ◆mobility-impaired users 身体の不自由なユーザー ◆hearing-impaired people 難聴の人々, 耳の不自由な人々 ◆impair the interest of the public [the public interest] in... ～における公共の利益を阻害する ◆impair the worth of... ～の価値を損なう ◆impair visibility 視界を悪くする ◆impair the functioning of a machine 機械の働き[調子]を悪くする ◆when the modem encounters an impaired line モデムが状態の悪い回線に出会うと[《意訳》接続された回線の状態が不良の場合は] ◆drive while impaired by alcohol or drugs アルコールもしくは薬物により(運転能力が)損なわれて[低下している]時に運転する ◆talking computers for visually impaired users and the learning-disabled 視覚障害を持つユーザーや学習障害を持つ人たちのためのおしゃべりコンピュータ ◆Excessive consumption of any product, including water, can impair health. どんな商品でも過剰摂取は健康を害することがある. 水とても例外ではない. ◆It might impair your ability to operate a motor vehicle safely それは自動車を安全に運転するあなたの能力を損なう恐れがある

**impairment** 障害, 損傷, 減少, 減退, 減衰, 減損, 低下, 欠陥 ◆a person with a physical or mental impairment 身体的または精神的な障害を持つ人 ◆without impairment of the capability その能力を損なうことなしに ◆line-impairment conditions 回線障害[不良]状態 ◆if the person shows any signs of impairment due to alcohol or drugs もしもその人にアルコールまたは薬物による(一時的)障害が生じていると見受けられるなら ◆The 1990 law bans all abortions except those necessary to save a woman's life or to prevent "grave impairment" to her health. 1990年施行のこの法律は, 女性の生命を救うためあるいは健康上の「深刻な障害」を予防するために(= 母性[母胎, 母体]の保護に)必要な場合を除いて, あらゆる人工妊娠中絶を禁止している.

**impalpable** adj. 手で触ってみても感じられない[触覚で感知できない、触知不能な]、(粉末が)指で摘んでみても感じられない[非常に微細な、超微粒子の、極微の、微粉末の、微粉の];把握[理解]しにくい、分かりにくい ◆impalpable particles 微粒子;極微粒子;非常に微細な粒子 ◆impalpable breast cancer 触知不能な乳癌 ◆grind them till they become impalpable それらを微細[((意訳))微粒、微粒子]になるまですりつぶす[挽く、する]

**impart** vt. ~を知らせる、告げる、伝える、与える、授ける、分け与える ◆impart a brilliant finish to parts 部品をぴかぴかに仕上げる ◆impart some solidlike properties to the fluid その液体に固体のような性質を付与する

**impartial** adj. 公平な、片寄らない、偏らない、中正な、不偏不党の ◆an impartial assessment of the respective merits and demerits of alternatives 選択肢それぞれのよい点と悪い点の公正[公平、公明正大]な評価

**impassable** adj. 通れない、通行不能の、渡れない、横断できない、通り抜けできない、越えられない;〈困難など〉乗り越えられない、切り抜けられない、克服できない ◆logging roads that are sometimes impassable during the winter 冬場にときどき通れなくなる林道

**impasse** an~ 行き止まり、袋小路、行き詰まり、手詰まり、停頓(テイトン)、逼塞(ヒッソク)、八方ふさがり ◆be at an impasse (交渉などは)行き詰まり状態になっている

**impatience** Ⅲじれったさ、もどかしさ、我慢できないこと、焦り、焦燥感、いらだち、短気 ◆Waiting in the wings with increasing impatience is... だんだんしびれを切らしながら控えているのは、~である。

**impatient** adj. じっと我慢することができない、短気な、せっかちな、じれったい、歯がゆい、待ちわびて、待ちかねて、切望して、しきりに~したがって <to do> ◆grow impatient at [over, with] the delay 遅れにしびれを切らす[じれる、いらいらしてくる、我慢ならない] ◆Americans are too impatient for quick fixes. アメリカ人は、しきりに即効解決策ばかり求め過ぎる[あまりにもせっかちで即効的解決策を求めようとする]。 ◆Consumers become impatient and move from one site to another if they encounter a site that's slow or one that makes placing an order difficult or confusing. 消費者は、表示の遅い[((意訳))重い]サイトや注文するのが難しかったりやこしかったりするサイトに行き当たると、業を煮やして他のサイトに行ってしまう。

**impeachment** (an)~ 弾劾、非難、告発 ◆open [start] the impeachment trial of President Clinton クリントン大統領の弾劾裁判を開く[開始する]

**impedance** (an)~ インピーダンス、《意訳》交流抵抗 ◆impedance matching インピーダンス・マッチング[整合] ◆at low impedance 低いインピーダンスで ◆a voltmeter with a 10-megohm input impedance 入力インピーダンスが10メグオームの電圧計 ◆have an internal impedance of 100 ohms 100Ωの内部インピーダンスを持つ ◆match the impedance of... to that of... 《電気》~と~のインピーダンスを合わせる[整合させる、マッチングさせる] ◆the circuit's parasitic impedances can cause propagation delays and distort the clock signal 回路の寄生インピーダンスは伝搬遅延を引き起こし、クロック信号を歪ませることがある ◆The amplifier has high input impedance. 本増幅器は入力インピーダンスが高い。

**impediment** an~ 妨げ、障害、支障 ◆a speech impediment 言語障害 ◆impediments to movement 移動の妨げになる障害物 ◆remove impediments to technological innovation 技術革新をさまたげている障害を取り除く;技術革新の阻害要因を排除する ◆the main impediment to progress in understanding... ~の理解の進展を妨げている主因 ◆a single impediment to world-class status 世界的地位への唯一の障害

**impeller** an~ インペラ、羽根車、翼車、掻き混ぜ[撹拌]羽根 ◆an impeller wheel 羽根車、動翼輪

**impenetrable** adj. 浸透[貫通、透過]できない、突き通せない、入れない、通さない、見通せない(*霧などが)、見透かせ

ない、不可解な、理解できない、受けつけない(*思想などを) ◆the near-impenetrable Japanese distribution system (新規)参入が不可能に近い[ほとんど食い込めない]日本の流通機構

**impenitently** adv. 悔い改めることなく、改心せずに ◆those who impenitently continue to live a sinful life 改心の情なく[性懲りもなく]罪深き生活を送り続ける者たち

**imperative** adj. 絶対必要な、命令的な、緊急の、必須の、必ずしなければならない、是非とも必要な、避けられない、のっぴきならない、an~ 命令、至上命令、是非ともしなければならないこと、緊急課題; the~ 《文法》命令法(= the imperative mood) ◆as the imperative to introduce automation grows, ... オートメ化[自動化]の必要性が増大するにつれて ◆It is imperative for you to <do...>; It is imperative that you (should) <do...> ~することは是非とも至上命令である ◆As chip-on-board technology made its transition from Japan to the U.S., the need for standardization became imperative. (チップを基板上に直接実装する)チップオンボード技術が日本からアメリカに移転するにつれ、標準化が緊急課題[急務]となった。 ◆What was not feasible a couple of years ago because of cost or technical barriers may today be an imperative if a business is to remain competitive. 2~3年前にはコスト的または技術的壁のせいで実現できなかったことが、今日では企業が競争力を維持しようとするなら不可欠なもの[是非ともやらなければいけないこと]になっている場合だってある。

**imperceptible** adj. ごくわずかな、かすかな、感じ取れない[気付かない]ほどの ◆be imperceptible to the human eye 人間の目には感知[知覚]不能である[感じ取れない] ◆The difference between the two colors is imperceptible to me. これら2つの色の違いは私の目には分から[確認でき、識別でき]ない。

**imperfect** adj. 不完全な、不十分な、不備な、欠点[欠陥]のある ◆imperfect goods 欠陥商品 ◆imperfect knowledge 生半可な知識 ◆heat losses due to imperfect [incomplete] combustion 不完全燃焼が原因の熱損失

**imperfection** Ⅲ不完全、不完全度、不行き届き、不備、狂い、an~ 欠陥、欠点、不行き届き、不備な点、不備[不都合]な点、難点 ◆a slight imperfection in... ~に見られるちょっとした不備点[不行き届き点、難点] ◆technical imperfections 技術上の難点 ◆detect more minute imperfections in a strand of DNA DNAの鎖のより微小な欠陥を見つけ出す ◆The price of the coat was reduced because of a few minor imperfections. このコートは、ちょっとした難点が二、三あるので[傷があるので]値下げされた。

**impermeability** Ⅲ(水・油・空気などを)通さない[染み通らせない]こと、不透性、不浸透性、不透過性、不透水性 ◆impermeability to oil; oil impermeability 油に対する不浸透性;油不透過性;不透油性

**impersonator** an~ 物まね芸人、声帯模写芸人[声色遣い]、扮装者、俳優、役者 ◆a full-time Elvis impersonator エルビス(プレスリー)のものまねを本業にしている芸人

**impervious** adj. (水、光、弾丸などを)通さない <to>、不浸透性の、不透過性の、不透質の、不透水性の、防水性の、損傷を受けにくい、傷みにくい;〈人が〉(~に)簡単に影響されない <to>、動じない、平然としている ◆be impervious to fear 恐怖を感じない ◆be impervious to the threat of... ~の脅威にびくともしない[動じない] ◆some jobs seem impervious to recession 職業によっては景気後退の影響を受けないかのようにみえる;一部の職種は不況に左右されないかのようだ ◆a microphone that's impervious to heat and moisture 耐熱・耐湿性のあるマイク ◆be impervious to being damaged or breaking down 損傷を受けにくい、あるいは故障[破損、分解]しにくい ◆conscienceless sociopaths impervious to human feelings 人の感情に対してまったく鈍感な良心を持たない社会病質者たち ◆he is impervious to criticism [reason] 彼には批判[道理]が通じない ◆a strain of cholera (that is) impervious [resistant] to a variety of antibiotics いろいろな種類の抗生物質に耐性のある[抗生物質が効かない]コレラの菌株 ◆varnishes that make wood impervious to water and grease 木材を水やグリー

スを通さないようにするワニス[ニス] ◆completely seal the switch top and bottom to be impervious to automatic wave solder and cleaning processes 自動ウェーブはんだ付け工程や洗浄工程に耐えるよう、そのスイッチの上部と底部を完全に密封する ◆the company, which up to now had seemed impervious to tough times in the Japanese software industry, has announced that... 今まで日本のソフト業界の厳しい情勢からは無縁だったように見受けられていたこの会社は、〜であると発表した ◆The material is impervious to most chemicals. その材料はたいていの化学薬品におかされない。 ◆The switches are impervious to moisture and dust debris. これらのスイッチは、湿気や塵埃を寄せ付けません。

**imperviousness** 回不透過性、不浸透性、遮水性、遮光性; 回影響されない[動じない、掻き乱されない、傷つかない、害をこうむらない]こと、極めて感じ方のにぶいこと、鈍感、無感覚 ◆imperviousness to light 光を通さないこと; 光を通さない度合い[程度]; 遮光性[度]; 光に対する不透過性 ◆imperviousness to water 水を通さないこと; 水を通さない度合い[程度]; 遮水性[度]; 不浸水性 ◆the government's inflexible attitude toward dissent, and its imperviousness to demands that dissenters make 政府の、反対意見に対するかたくなな態度と反対者の要求に対して聞く耳を持たない[耳を貸さない]こと

**impetuous** adj. せっかちな、性急な、短気急な、無思慮な、衝動的な; 激しい、猛烈な、荒っぽい

**impetus** (an) 〜 勢い、はずみ、力、原動[推進]力、刺激 ◆give [add] (an) impetus to... 〜にはずみ[勢い]をつける[加える]; 〜に拍車をかける ◆give impetus to the popularity of... 〜の人気に拍車をかける ◆give them an impetus to... 彼らに〜しようとする意欲を起こさせるための刺激[励み]を与える ◆provide the impetus for insurance companies 保険会社に勢い[景気]をつける ◆serve [act] as the impetus for... 〜へ(向けて)のはずみ[刺激、勢い、推進力、原動力、契機]となる ◆the impetus for... -ing came from SED Manager Peter Arnold 〜する原動力となったのはSED社の経営者であるピーター・アーノルド氏であった

**impinge** vi. (〜に)当たる[衝突する、影響を及ぼす]<on, upon>、〈権利など〉を侵害する[侵す]<on, upon> ◆a jet of air impinges on... 空気の噴流が〜に吹きつける ◆impinging rays (ある面に)当たっている光線 ◆numerous sciences that impinge on microelectronics マイクロエレクトロニクスに影響を与えている数多くの科学分野 ◆a beam of light impinges on the surface その面に光線が当たる

**implant** 1 vt. 〜を植え付ける、挿入する、《半導》打ち込む[注入する]、《医》移植[埋没]する ◆he had a heart pacemaker implanted in March 彼は3月に心臓ペースメーカーを植え込んでもらった[植え込み手術を受けた] 2 an 〜 移植、《医》植え込まれた物[装置]、移植片、移植組織、移植臓器、インプラント、人工歯根、埋没物、嵌植物、内植物 ◆another five artificial-heart implants さらに5件の人工心臓移植

**implantable** adj. implantすることが可能な ◆an implantable cardioverter-defibrillator (ICD) 植え込み型除細動器(*不整脈の治療用) ◆a coin-size implantable wafer 硬貨大の(人体などに)埋め込み[埋没]可能なウェーハ

**implantation** 回植え付けること;《半導》(イオンなどの)打ち込み、注入;《医》(体内)移植、組織移植、内植、着床、充填、埋没 ◆ion implantation 《半導》イオン打ち込み[注入](法)

**implement** 1 an 〜 道具、用具、備品; an 〜 手段、方法 ◆office implements オフィス[事務]用品(*ホッチキス、ホールパンチ、ハサミなどの) ◆fishing implements; implements for [of] fishing 魚を獲る道具; 漁具 ◆an implement for writing 筆記具 2 vt. 〜を履行する、遂行する、実行する、実施する、施行する、実践する、実現する、実装する、組み込む、構築する、インプリメントする ◆implement a contract 契約を履行する ◆implement a plan 計画を実行[遂行]する ◆introduce and implement innovations イノベーションを導入して[新機軸を採

り入れて]実践する ◆a project implementing agency プロジェクトの経営母体[事業主体]である政府機関 ◆a microcomputer implemented on [in] a single chip 《半導》一つのチップ上[内]に実装されているマイクロコンピュータ ◆how to implement the plan その計画の進め方 ◆service features implemented via software ソフトウェアによって実現されているサービス機能 ◆the changeover will take years to implement 切り換えを実施するには何年もかかるだろう ◆The processor implements a 256K byte physical address space. 《コンピュ》そのプロセッサは、256Kバイトの物理アドレス空間を実装している。 ◆There are two problems in implementing the mechanism. そのメカニズムを実現するには2つの問題がある。 (参考) TDataSet descendants reimplement this method 《コンピュ》TDataSetの下位オブジェクトは、このメソッドを再実装する

**implementable** adj. make... implementable 〜を実施[実現]可能にする

**implementation** 回(まれに an 〜)履行、遂行、実行、実施、施行、具体化、実現、《コンピュ》インプリメンテーション[インプリメント、実現]、(半導体チップ上へ回路を)実装すること ◆an implementation plan 実施計画 ◆an actual implementation example 実際の実施例;《コンピュ》実際の実装例 ◆the implementation of a project; project implementation プロジェクトの遂行[実施、実行] ◆another proposal in need of implementation is... 実施する必要があるもう一つの提案は...である。 ◆multichip CPU implementations マルチチップCPUの実装 ◆review the status of all major projects under implementation 実施中のすべての主要プロジェクトの状況を調べる ◆without the implementation of the project 当該プロジェクトを実施せずに ◆the actual state of implementation of the quality management system 品質管理体制の実際の実施状況 ◆perform a safety oversight audit to check on implementation of safety-related SARPs 《航空》安全に関するSARPの実施状況を調べるための安全監督[監視]監査を行う(*SARPs: standards and recommended practices = 規格および推奨技法) ◆report on the progress of implementation of the plans 計画実施進捗状況を報告する ◆the economic implementation of these systems これらのシステムの経済的な実現 ◆to ensure early implementation of the project 同プロジェクト[事業計画]の早期実施を確実なものにするために ◆It is expected that this system will be adopted for implementation in the 2001-02 school year. 本制度は2001〜2002学年度における実施[運用]に向けて採用されるものとみられている。 ◆Further cuts in aid will jeopardize the successful implementation of projects aimed to help the most needy sectors of our society. 援助をさらに削減すれば、我たちの社会の最も困窮している層を対象にした事業が満足に[まともに]実施[遂行]できなくなる。 ◆Implementation of the air quality standards is to be carried out to maximize common sense, flexibility, and cost effectiveness. 大気環境基準の運用の実施は、常識や柔軟性[弾力性]を十二分に発揮させかつ費用対効果の極大化を図るべく実施するものとする。

**implication** (an) 〜 ほのめかし、隠された[裏の、言外の]意味、意味合い、ことばの裏、含み、含意、含蓄; 回(犯罪などへの)かかわり合い、密接な関係、連座 ◆the implications of this incident この出来事の影響 ◆the economic implications of the crisis on world oil prices この危機が世界の原油価格に及ぼす経済的影響 ◆many physicists came to realize that his work had profound implications for verifying key aspects of Einstein's theories 多くの物理学者が、彼の研究がアインシュタイン理論の重要な局面を検証する上で重大な意味があったことを認識するに至った

**implicitly** 暗黙のうちに、暗に、それとなく、暗黙的に ◆《コンピュ》 explicitly or implicitly 明示的にまたは暗黙的に

**implied** adj. 含意的な、含蓄された、暗黙のうちに示された、黙示の、言外の、それとなしの、間接的な ◆an implied warranty 暗黙[黙示]の保証 ◆without warranties of any kind, express or implied; without any express or implied warranties (whatsoever)

明示的・黙示的を問わず、いかなる形の保証もされない[一切保証なし]で

**implode** vi., vt. 内側に向かって破裂する, 爆縮する, 内破する, 急激に縮小する

**implosion** (an) 〜 〈陰圧などによる〉内側に向かっての破裂, 〈ブラウン管などの〉爆縮, 内破, 急激な縮小, 〈文化などの〉求心化[求心現象] ◆an implosion-protected picture tube 爆縮保護が施されたブラウン管

**imply** vt. 〜を含意する, 意味する, 暗に示す, ほのめかす, に(〜という意味を)含む, (〜ということを)示す <that> ◆As the name of Jane's kitchen implies,... 「ジェーンのキッチン」という名前が示すとおり, ◆the IMF report implies that major structural reforms are needed このIMF (国際通貨基金) の報告書は大規模な経済改革が必要であることを暗に示している[示唆している]

**imponderable** adj. 測ることができない, 計り知れない, 評価できない; n. 《通例 〜s》(知識や感情など)計り知れないもの, 不可量物, 不可測なもの, 不測の要因 ◆the imponderables of the budget 予算の不確定要素 ◆treat... as an imponderable 〜を不確定要素として扱う ◆there are too many imponderables that must be resolved before... 〜する前に解決すべき不確定要素があまりにも多い ◆In complex problem solving, the number of imponderables increases. 複雑な問題解決においては, 評価する[計る]ことが困難な要因の数が増える.

**import** 1 vt. 〜を輸入する, 移入する, 導入する, 取り入れる, 意味する, 暗示する,《コンピュ》〈他のシステムやアプリケーションのデータ〉を変換して読めるようにする, 〈他システムのデータ〉を読み込む[取り込む], インポートする, vi. 重要である (= matter) ◆an imported-car dealer 輸入車販売業者 ◆imported vehicle sales 輸入車の販売高 ◆imported-from-London pullovers ロンドンから輸入したセーター ◆U.S.-imported takeover tricks 米国伝来の企業乗っ取りトリックの数々 ◆import image objects from paint programs 《コンピュ》ペイントプログラムからイメージオブジェクトを読み込む ◆You can import chart information from programs like Lotus 1-2-3. 《コンピュ》Lotus 1-2-3のようなプログラムからグラフデータをインポートして[読み込んで]使うことができる.
2 ⓤ輸入;《通例 〜s》輸入品; the 〜 (〜の)趣旨, 意味 <of>; ⓤ重要he, 重大さ (= importance) ◆an import auto dealer 輸入車販売業者 ◆an import license 輸入許可[認証] ◆import controls 輸入規制 (*自国産業保護のために輸入国政府が設ける数量規制) ◆a file import function 《コンピュ》(異なったアプリケーションやシステムからの)ファイル読み込み[インポート]機能 ◆a matter of great import [↔no great import] 非常に重要な[↔少しも重要でない]事柄 ◆increase imports of goods from... 〜からの製品[モノ]の輸入を増やす ◆limit imports of foreign tobacco 外国産たばこの輸入を制限する ◆must have an import track record 〈会社など〉は輸入実績を持っていなければならない ◆remove import restrictions 輸入規制を撤廃する, 輸入制限を解除する ◆the State Administration of Import and Export Commodity Inspection (SACI) of the People's Republic of China 中華人民共和国[中国]の国家輸出入商品検験局 ◆increase imports of those products by at least 10 percent それら製品の輸入を少なくとも10パーセント増やす ◆I understand the full import of this declaration and I... 私はこの宣言の趣旨[意味・内容]の全体を理解し, 〜 ◆rely on imports of 36 million tons of grain from the U.S. and other Western nations 米国やその他の西側諸国からの約3600万トンの穀類輸入に頼る

**importance** ⓤ重要性, 重要度[ウェート, ウェイト], 重大さ, 枢要, 意義 ◆be of importance to... 〜にとって重要である ◆... increase [grow] in importance 〜は, 重要性が増す[重要性が増す] ◆be of utmost importance... 極めて重要 ◆〜に置き[重点]を置く; 〜を重要視[重大視]する; 〜を重んじる ◆place prime importance on... 〜に一番の[第一の, 最大, 最高の]置きを置く; 〜を最重要視する ◆be of increasing importance ますます重要性を帯びてきている ◆attach [assign, attribute, give] importance to... 〜を重要視[重大視]する; 〜に置き[重点, ウェート, ウェイト]をおく; 〜を重んじる ◆news of unusual importance 特別重大ニュース ◆a man of importance 有力者[重要人物] ◆attach particular importance to... 〜を特に重要視[重視]する; 〜に特に置き[重点]を置く ◆attach primary importance to... 〜を最も重要視する ◆be of extreme importance 極めて重要である ◆be of little importance ほとんど取るに足らない ◆be of primary importance to... 〈人〉にとって最も重要な事柄である ◆in descending order of importance 重要性の高い[影響力の大きい, 大きな意味を持つ]ものから順に挙げてみると ◆in order of importance 重要度順に ◆take on [assume, gain] even greater importance 一段と重要性を帯びる ◆take on more [greater, increasing] importance より[ますます]重要性を帯びる[大切になる] ◆very large corporations of national importance 国家的な重要性を持つ超大型企業 ◆Of prime [primary] importance to John is... ジョンにとって最も重要[一番大事]なのは, 〜である. ◆Greater importance is being placed/put on... [being attached/given/assigned to...] 〜が, より重要視[重視]されるようになりつつある ◆have little commercial importance 商業的価値はほとんどない ◆The two cases assume particular importance in light of... これら2つのケースは, 〜の観点から特に重要性を帯びる ◆your choice of a grinder takes on considerable importance グラインダーの選択[選定]がかなり[大分]重要になる ◆this will be of even greater importance over time このことは, 時が経つにつれてますます重要性を深めて[高めて, 強めて, 上げて, 増して]行くだろう ◆It is of little or no importance. それは, ほとんど重要でないか, あるいは全く重要でない. ◆It is of the utmost importance to the practicing engineer. このことは, 現役の技術者にとって極めて重要なことである. ◆Of particular importance to the company are... and... 同社にとって特に重要[大切, 大事]なのは, 〜および〜である. ◆The Pacific routes are gaining even greater importance to the airline. 太平洋線は, この航空会社にとっていっそう重要になって[より重要性を帯びて]きている. ◆Safety and proper usage are of the utmost importance with electrical appliances. 電気器具は, 安全と正しい使い方が必ず最も重要である. ◆Scrap recycling has grown through the years to considerable ecological importance. スクラップのリサイクルは, ここ数年にわたってエコロジーの観点からかなり重要性を帯びて[重要になって]きた.

**important** adj. 重要な, 重大な, 大切な, 肝心な, 枢要な, 偉い, 有力な, 尊大な ◆become more important 重要さが増す[より重要性を帯びるようになる] ◆become important 重要になる ◆become increasingly important ますます重要になる ◆he is a vitally important player for his club 彼は, 彼のクラブにとって極めて重要な[欠かせない]選手である ◆Important:... 重要(注意事項) - (*この後に注意書きなどが続く) ◆learn some important lessons いくつかの貴重な教訓を得る ◆the most important thing [point] 一番重要なこと[点] ◆underscore an important point 重要なポイント[肝心な点, 要点, 要諦]を強調する ◆it is very important that... 〜ということが非常に大切[肝心]である ◆the role of education is becoming increasingly important 教育の役割はますます重要になり[重要度を増し, 重要性が高まり, 〈意訳〉大きなものとなり, 強まり]つつある ◆be critically [crucially] important 極めて重要である ◆Knowing how to stop a vehicle properly and safely is important. 車の正しくかつ安全な停止のさせ方を知っておくことは大切である. ◆The important point here is that the audio data, your actual dictated speech, is saved along with the document to facilitate correction later. 〈意訳〉ここでの味噌は, あなたが実際に口述した音声データが文書と一緒に保存されることにあります. ◆When servicing double-insulated household appliances, it is extremely important that only identical repair parts be used and that reassembly of appliances is identical to the original assembly. 二重絶縁が施されている家電品の点検・修理の際には, 完全に同じ修理部品のみを使用することと, 再組み立てが元々の組み立てと全く同じであることが極めて肝心である.

**importation** 輸入, an ～ 輸入品, 舶来品, よそから導入されたもの ◆ban the importation into the United States of... ～の米国への輸入を禁止する ◆prohibit the importation of... ～の輸入を禁止する ◆requirements concerning the importation and exportation of ozone-depleting substances and products オゾン層破壊物質および製品の輸出入に関する要件[規定] ◆convert images into vector-format data for importation into computer-aided drafting systems 画像をコンピュータ援用製図システムにインポートする[読み込む]ためにベクトル形式のデータに変換する ◆give the machines preliminary approval for importation to the U.S. これらの機械に対し, 米国に輸入するために必要な予備認可を下ろす ◆levy a 63 percent duty on the importation of Japanese goods into the U.S. 米国に入る日本製品の輸入に対し, 米国は63パーセントの関税を課す ◆Tools are provided to allow the importation of files from industry standard tools such as Xxx and Yyy. XxxやYyyといった業界標準ツールからファイルを読み込むことを可能にする[読み込むための]ツールが提供[(意訳)用意]されています.

**importer** an ～ 輸入業者, 輸入商, 輸入国 ◆an importer of IBM compatibles IBM互換機の輸入業者

**impose** vt. (義務, 税など)を(～に)課す[課する, 負わせる], (罰など)を(～に)科す, もしくは押し付ける<on, upon>; vi. (人の親切などに)付け込む<on>, (人の)邪魔をする, 迷惑をかける<on> ◆impose limitations on... ～に規制を課す[加える] ◆impose sanctions on Japanese car makers 日本の自動車メーカーに制裁を科す ◆IMF-imposed austerity measures 国際通貨基金によって課された金融引き締め措置; (意訳)IMFが課した緊縮財政政策 ◆impose tariffs on all foreign goods 外国製品すべてに関税を課す[賦課する, かける].

**impossibility** 図 不可能, できないということ; an ～ 不可能なこと, あり得ないこと ◆become an impossibility 不可能(なもの)になる ◆It may seem like an impossibility. それは不可能なことのように思われる. ◆the impossibility of converting database information to spreadsheet format and vice versa データベース情報からスプレッドシート書式への変換, またその逆方向の変換ができないということ ◆This previously had been considered an impossibility. これは以前[これまで]は不可能な事だと思われていた.

**impossible** adj. 不可能な, 不能な, 起こりえない, あり得ない, とてもない, 実行不可能な, 無理な; (人が)どうしようもないほどひどい, 我慢ならない, 鼻持ちならない, とてもいやな; the ～ (実現)不可能なこと ◆an impossible dream ひどくすばらしい夢; 実現不可能な夢; 果たすことのできない夢; かなわない夢; 見果てぬ夢; 夢の夢, 夢のまた夢 ◆ask for the impossible 無理難題[無理な注文, 無体な要求]をふっかける ◆make it impossible for a person to <do>... (人)が～できないようにする ◆It is (very) difficult, if not impossible, to <do...>. ～することは不可能ではないにしろ(非常に)難しい[やってできないことではないかもしれないが(極めて)困難である] ◆a next-to-impossible rescue attempt begins ほとんど不可能に近いともいえる救出[救助, 救命, 救急]の試みが始まる ◆can't do the impossible できないことはできない ◆I think nothing is impossible 私は, 何事もなせばなると考えている ◆it's close to impossible それは不可能に近い ◆It is impossible for us to <do...> at present. 私たちにとって, ～することは現在のところ不可能です. ◆it will become impossible for individuals to purchase... 個人では～を購入できなくなるだろう ◆You are asking me to do the impossible. あなたは, できない事を直接言っている[取っている].

**imposter** an ～ 詐欺師, 詐欺師 ◆IRS imposters [impostors] have been bilking people by phone and in person 米内国歳入庁(*日本の国税庁に相当)を語る詐欺師[ペテン師]が, 人々を電話であるいは直接会って(金を)だまし取っている

**impotent** adj. 無力の, 無気力な, (～する)力[能力]のない<to do>, (～に対して)無力な[効果のない, 実効性のない]<against>; (医) インポテンツの, 性的不能の, 陰萎(インイ)の, 勃起しない ◆The primary goals of the treaty are laudable but the mechanisms provided to accomplish them are vague or impotent. 協定の目標[目的]は実にすばらしい[立派な]のだが, それらを実現するために設けられたメカニズムが曖昧[具体性を欠く]というか, 実効性を欠いている.

**impound** vt. ～を没収する, 押収する, ～を囲いに入れる, ～を閉じ込める ◆will be liable to possible impounding of the vehicle 〈人〉は, 自動車の没収に処せられることもある

**impracticability** 実際上実現[実行]不可能であること; an ～ 実現[実行, 実際上]できないこと ◆the impracticability of maintaining... ～が実際上維持できないということ ◆It is an impracticability. それは, 実際上実行不可能な[実現性のない]ことだ.

**impracticable** 実行[実現]不可能な, 実現性のない, (道路などが)通行不可能な ◆all methods have proved impracticable すべての方法が実際上適用不可能であることが判明した ◆an impracticable plan 実現不可能な[実現性のない]計画

**impractical** adj. 実用的でない, 役に立たない, 非実用的な, 実際的でない, 理想主義的な, 実現[実行]不可能な, (実現や実行が)無理な, 無理のある ◆it is impractical to <do...> ～することは実際的でない[実用的でない] ◆make it impractical to use... ～の使用を非実用的なものにしてしまう ◆reject... as impractical ～を現実[実際, 実用]的でないとして却下する ◆that proved impractical それは実行[実際]不可能であることが判明した ◆some of the specifications provided are "grossly impractical" to implement 規定された一部の仕様は実際に実行に移すには「お話にならないほど非実際的」である ◆locations where installation of cable is impractical such as dense metropolitan areas 密集している大都市圏などケーブル敷設が実際のところ不可能な場所 ◆pen-based computers can be used in settings where desktop or portable computers have been inappropriate or impractical ペン入力コンピュータはデスクトップや携帯型コンピュータが不適切だったり実用的でなかった場で使用できる ◆Many of the experiments are impractical to perform in a classroom. これらの実験の多くは, 現実の問題として[実際上]教室では行うことはできない.

**impracticality** 図 非実用性, 非実践性, 非実際性; an ～ 実際的でない事柄, 実現[実行]不可能な事柄 ◆the impracticality of developing... ～の開発という実際的でないこと[実行不可能なこと]

**imprecise** adj. 不正確な, おおざっぱな, だいたいの, 厳密でない, 不明瞭な ◆The above product classifications are imprecise and somewhat overlapping. 上記の製品区分は不明確[曖昧, 不明瞭, 不鮮明]で多少重複している.

**impregnate** vt. ～に(～を)含浸(ガンシン)させる, 浸透させる, 充填する, ～を染み込ませる<with>; ～を妊娠[受胎]させる, 受精させる ◆fiberglass-impregnated plastic ガラス繊維入りプラスチック ◆pigment-impregnated wax 顔料を混ぜてある[の入っている]ロウ ◆impregnate glass fibre with epoxy resin グラスファイバー[ガラス繊維]にエポキシ樹脂を含浸させる ◆impregnate paper with several dyes 紙に数種の染料を染み込ませる[含浸させる] ◆wood which has been impregnated with creosote クレオソートが注入された木材 ◆It is more than probable that for a moment the air was impregnated with an inflammable gas. ある種の可燃性ガスが, わずかにしばらく充満していたことはほぼ間違いない.

**impregnation** 含浸, 注入, 充填, 浸透, 透浸, 鉱染 ◆the impregnation of hardwood with a neutral oil 堅木への中性油の含浸[注入, 浸透]

**impress** 1 vt. ～を打印する, 刷る, ～に型押しする, 刻印する, くぼみをつける, ～に強い印象[感銘]を与える, 感動させる, ～に(～を)印象づける<with>; vi. よい印象を与える ◆a signal impressed at t = 0 t=0で打印加された信号 ◆impress a stamp onto liquid wax 液状の封蝋に印を押しつける[押印する] ◆what impressed me most 一番感動したこと ◆I was deeply impressed by the prime minister's frank attitude. 私は首相の率直な態度に深い感銘を受けた.

2 an ～ 刻印, 押印, 痕跡, 印象, 感銘

**impression** ⓝ 感動させること，感銘を受けること；an ～印象，心証，感銘，感想，所感，考え，(芸人がショーとして演じる)物まね，キャビティ，くぼみ，刻跡，陥入，圧痕，《刻印》彫り型［型，キャビティ］，《刷印》刷り［版，通し］ ◆make a good [bad, strong] impression on... 〈順に〉〈人〉によい[悪い，強い]印象を与える ◆make an impression on... ～に刻印を施す ◆give the impression that... ～といった印象を与える ◆I have an impression that... ; I am under the impression that... 私は～という感じを受けて[感じがして]いる。 ◆make a great [big] impression on... 〈人〉に大きな感銘を与える ◆I got a bad impression about the United States because... 私は～という理由で米国に悪い印象[イメージ]を持った。 ◆I had the impression that... ～という印象を受けた ◆First impressions are often wrong. 第一印象は往々にして当たらない。 ◆Her speech made a strong impression on them. 彼女のスピーチは，彼らに強い感動を与えた。 ◆I don't have a bad impression of him. 私は彼に悪い印象[感じ，イメージ]は持っていない。 ◆She gives the impression of being active [an active person]. 彼女は，活動的な[人だという]印象を与える ◆The incident made a great [deep] impression on me. この出来事は私に大きな[深い]感銘を与えた。 ◆Their ponderous footsteps left deep impressions in the soft mud. 彼らのどっしりと重い足跡は柔らかい泥に深いくぼみを残した。 ◆What's your impression of her as a secretary? 君は彼女を秘書としてどう思うかね。 ◆The look and feel of the seats are nice enough to make an impression on any serious car person. 座席の見てくれと感じは，熱心なクルマ好きの誰にも好印象を与えるのに十分すばらしい。

**impressive** adj. 感動[印象]的な，感心[感嘆]させる，感銘深い，敬服させる，尊敬の念を起こさせる，すばらしい ◆an impressive 88 (on a scale of 100) (100点満点で)堂々の88点 ◆an impressive amount of compatibility 感心するほどの互換性 ◆an impressive and well-built camera 入念に製作されたカメラ ◆an impressive parts list そうそうたる〈内容の〉パーツリスト［部品表］ ◆an impressive sales presentation 強い印象をあたえる[迫力ある]セールス・プレゼンテーション ◆the car's impressive carrying capacity その車の堂々たる積載量［輸送能力］

**imprint** 1 an ～ 押印，刻印，捺印，圧痕，痕跡，跡，刊記 (*日本のあの奥付に相当)，(鳥類，哺乳類の生後直後の)刷り込み ◆pour a detergent directly on the imprints of dirty necks 汚れた首すじの跡[《意訳》首すじの汚れ]に洗剤を直接かける ◆the lipstick imprint of a woman, planted on the front bumper of a truck when it hit and seriously injured her,... トラックがある女性をひいて重傷を負わせたときに，前のバンパーについたその女性の口紅の跡
2 vt. ～を〈～に〉印がつくように押す，～を〈心，記憶に〉銘記する，刻み込む <on>

**imprinting** (鳥類，哺乳類の)刷り込み，刻印づけ ◆Imprintings are available, too. (商品などに)刻印も施せます。

**imprisonment** 禁固，拘置，留置，投獄，監禁 ◆imprisonment for a term of not more than six months 6カ月以下の禁固

**improbable** adj. ありそう[起こりそう]にない，まさかと思うような

**impromptu** adj. 準備なしの，即興の，即席の，ぶっつけ本番の；adv.

**improper** adj. 不適当な，不適正な，不適切な，ふさわしくない，妥当でない，不穏当な，適正に欠ける，適切さを欠いた，そぐわない，間違った，誤った，無作法な，礼儀にもとる，下品な ◆an improper connection 〈電気配線などの〉誤接続 ◆do... for improper private gain 不正に私腹を肥やそうと～をする ◆improper wiring of outlets (hot and neutral wires reversed) 〈意訳〉コンセントの誤配線 (電位のある側の線と中性線が入れ替わっている) ◆injuries resulting from improper use or adjustment of the seat belts シートベルトの誤った使用や不適正な調節が原因の負傷 ◆The use of improper attachments may cause the risk of injury to persons. 不適当なアタッチメントを使用すると，人的傷害を発生させる危険のもとになることがあります。

**improperly** adv. 不適当に，間違って，無作法に，不正に，法規などに則らないで[不法に] ◆if handled improperly 不適切な取り扱いを受けた場合 ◆the plate had been installed improperly プレートが間違った風に取り付けられていた ◆About 250 million gallons of waste motor oil is improperly disposed of each year. 約2億5000万ガロンに上るモーター[エンジン]オイルの廃油が毎年不法に処分されている。

**improportionately** adv. 釣り合い[調和]がとれないほど，不釣り合いに ◆they score improportionately high in relation to their peers 彼らは仲間と比べて釣り合いがとれないほど[異様に]高い点数を取る ◆At focal lengths of 30mm and less, you can see distortion around the edges of the picture, and anything close to the lens will appear improportionately large. 30ミリ以下の焦点距離においては，写真の周辺部に歪みが確認できます。そしてレンズに近いものは何でも不釣り合いに大きく見えます。

**improve** vt. ～を改善[改良，向上]する，進歩させる，上達させる，(健康など)を増進させる，利用する，活用する，《意訳》強化する；vi. よくなる，うまくなる，改善[改良]される，向上する ◆improve service サービスを向上させる ◆show signs of improving 改善の兆し[兆候，徴候，様子]を見せる［示す］ ◆an improved photoreceptor 改良型［版］受光器 ◆improve recycling of auto components 自動車部品のリサイクルを進める［拡大する］ ◆improve the quality of products 製品の品質を向上させる ◆improve with experience 経験と共に上達する[うまくなる] ◆result in improved productivity 生産性の向上 ◆improve the telephone infrastructure around Bangkok バンコック周辺の電話基盤を改善［整備］する ◆they were little improved upon これらは改良をほとんど受けなかった ◆Picture quality is improved by as much as -4dB. 画質は-4dB改善された。 ◆Machine translation technology improved less rapidly than expected. 機械翻訳技術は，予想されていたより遅いペースで進歩した。

**improvement** (an) ～ 改良，改善，向上，進歩，上達；an ～ 改良[改善]点，以前より進歩したもの ◆productivity improvements 生産性向上 ◆an improvement request form 改善要求記入フォーム ◆an item of improvement 改善[改良]項目［事項］ ◆be incapable of improvement 改善[改良，これ以上良く]できない ◆be in need of some improvements ～にはいくつかの点で改良[改善]が必要である ◆be susceptible to improvement 改善［改良］の余地がある ◆come up with [make] suggestions for improvement 改善のための提案を考え出す[提言をする] ◆contribute to the aerodynamic improvement 〈車〉その空力性能改善に寄与する ◆improvements in reliability and capabilities 信頼性および〈処理〉能力の向上 ◆obtain an improvement in stability 安定性の改善を得る ◆through constant improvement and innovation たゆみなき改善と革新を通して ◆undergo many improvements ～は数々の改良・改善を受ける；～に多数の改良・改善が施される ◆undergo new improvements 〈製品など〉が新しい改良を受ける ◆a twofold improvement in software development ソフトウェア開発における2倍の改善 ◆a 10-hp improvement in power 10馬力の出力の改善 ◆The improvement of... can be effected through... その改善[改良，向上]は，～により行える［実施できる，実行できる］。 ◆make improvements to conventional parts 従来の部品に改良[改善]を加える ◆must address any matters identified as requiring improvement 《意訳》改善を要するものと認識された[要改善と判明した]事項があればそれらに対処しなければならない ◆produce a significant improvement in the quality of... ～の質[品質，品位]の著しい改善[向上]をもたらす ◆provide a noticeable improvement in productivity 生産性の顕著な改善[向上]をもたらす ◆show [offer] a significant performance improvement over... ～と比べて大幅な性能アップを示す[もたらす] ◆submit an improvement request 改善要求を出す ◆there are signs of improvement 改善の兆しがある ◆yield a significant

**improvise**

performance improvement　大幅な性能の向上をもたらす　◆ 2 to 3 dB of improvement in signal-to-noise ratio　2dBから3dBのS/N比の改善　◆a tool that's in need of improvement　改良する必要のある［改善を要する］ツール　◆With recent improvements in ISDN technology it has become possible to <do>　近年のISDN技術の進歩により、〜することが可能になった。　◆It stands in need of improvement.　それは、改良［改善］を要する。　◆There is still plenty of room for improvement in her work.　彼女の仕事には、依然として［まだまだ］大いに改善の余地がある。　◆Most of the dramatic improvements in air and water quality took place between 1970 and 1985.　大気質と水質の劇的な改善は、1970年から1985年の間に起こった。　◆The 18-bit audio DAC offers a four-fold improvement in resolution.　その18ビットD/Aコンバータは、解像度を4倍に向上させる。　◆The new systems represent a dramatic improvement over their predecessors.　新しいシステムは、以前のものにくらべて格段に向上している。　◆This extra measure would result in dramatic improvements in performance.　この特別処置によって、性能は著しく改善するだろう。　◆If an irresponsible driver fails to show improvement, he/she is removed from the road.　責任感の欠如している運転者が更生しない場合は、免許が剥奪される。　◆Onboard microcomputers have allowed quantum improvements in fuel economy, emissions control and engine performance.　マイコンの搭載によって、燃費、排出抑制、そしてエンジン性能の飛躍的改善［向上］が可能になった。　◆The improvement has been accomplished without any alterations to the car's original engine.　この改善は、車の元々のエンジンに何らの変更も加えないで達成された。　◆Pop megastar Michael Jackson was showing signs of improvement yesterday, and the hospital where he is being treated said doctors were thinking of moving him out of intensive care.　超大物ポピュラー音楽歌手マイケル・ジャクソンは昨日快方に向かう兆しを見せた。そして彼が治療を受けている病院は、集中治療の打ち切りを医師団が検討していると述べた。　◆The trail between the two basins is about the worst in the park, and stands in urgent need of improvement, which could readily be effected, and without the use of skilled labor.　二つの盆地を結ぶ小道は公園内でもほとんど最悪の状態で、至急整備の必要があって、この整備には熟練労働者は不要で、早急に実施が可能であろう。

**improvise**　vt., vi. 即興演奏する、即興で演じる、即席に作る、その場であり合わせのもので作る、《意訳》急場をしのぐ

**impulse**　(an)　〜　インパルス、パルス、ショック、衝動、推力、力積、刺激　◆electrical impulses　電気インパルス　◆a strong impulse to <do>　〜したいという強い衝動　◆buy... on (an) impulse　〜を衝動的に買う、衝動買いする　◆driven by an irresistible impulse – called temporary insanity in other states　他の州においては心神喪失と呼ばれている（ところの）抑えられない衝動に駆られて　◆because about 60 percent of the purchases in the stores are on impulse　これらの店舗での総購入の約6割を衝動買いが占めているので　◆if you have an impulse to buy something what's not on your list　（買い物メモの）リストに無い［買う予定にない］ものを買いたい衝動に駆られたならば

**impulse buy [purchase]**　an 〜　衝動買い品、衝動買いするような品、衝動買いした品、（1回の）衝動買い　◆make an impulse buy　衝動買いする　◆impulse-purchase items　衝動買い品　◆fruits and vegetables are often impulse buys　果物や野菜はよく衝動買いされる（品目だ）

**impulse buying**　□衝動買い　◆impulse buying of...　〜の衝動買い　◆We need impulse buying.　我々（売る側として）に、衝動買いが必要だ。

**impulsive**　adj. 衝撃的な、一時の感情に駆られた、発作的な、直情（径行）的な、衝動の、衝撃で瞬間的に作用する、推進力のある　◆an impulsive sound equation　衝動音方程式　◆an impulsive marriage　衝動的な［電撃］結婚

**impurity**　□不潔、不純、汚染、an 〜　不純物　◆an impurity atom in...　〜中の不純物原子　◆contain impurities　不純物を含んでいる

**impute**　vt. 〈罪や責任など〉を（〜に）帰する［負わせる、転嫁する］<to>、〜を（〜の）せいにする<to>　◆imputed interest　帰属利子　◆impute a portion of responsibility to...　責任の一部を〜に転嫁する　◆the imputed rental income of a homeowner's property　自宅所有者の帰属地代［家賃］収入（＊マイホームに住んでいる人が、もしその家を借りて住んだと想定した場合の）　◆impute evil and social ailments to the unequal distribution of wealth　悪や社会の病弊を富の不公平な分配のせいにする［分配に帰する］

**IMR**　(infant mortality rate) (an)〜　《医》乳児死亡率、《工業》初期故障［不良］率

**in**　1　adv. prep. 中に［で、へ］、内部に［で、へ］、〜の状態で、〜する際に、〜を着用して、〜に従事して、〜を使って、〜の点で　◆in a gold-lamé leotard　金色のラメ入りレオタードを着て　◆the air conditioning in my car　私の車のエアコン［空調］を　◆a mercury-in-glass thermometer　水銀封入ガラス温度計　◆researchers in lint-free smocks　防塵性の作業衣［防塵白衣］を着用している研究者たち　◆a bag for keeping small articles in　小物を入れておくための袋　◆a year ending in 0　末尾がゼロで終わる年　◆tasks in software development projects　ソフト開発プロジェクトの業務　◆It helps to promote sound sleep in babies and children.　それは赤ちゃんや子供の熟睡を促す助けになる。　◆According to the plant, great strides have been made in reliability.　工場側によると、信頼性の点で［信頼性が］大幅に前進したという。　◆The chip maker's design goes one step further than most in allowing a large number of pending instructions to be stored within the microprocessor.　そのチップ製造会社の設計は、多数の実行待機中の命令をマイクロプロセッサ内に格納できるという点で他社の設計よりも一歩先んじている［先を行っている、先行している］。

2　prep.　［割合、範囲］〜のうちで、〜につき、〜の中で、〜経って　◆about 1 in every 100 people　100人にほぼ1人の割合で　◆a four-in-one machine　4つの機能を持つ機械；1台4役の複合機　◆The war was in its third year.　戦争は3年目に入っていた。　◆The glue hardens in 8 hours.　この接着剤は、8時間で固まる［硬化する］。　◆The harvest ranked as the worst in three years.　収穫は、過去3年間で最低だった。　◆Experts say chances of a mistake are one in 4 trillion.　専門家によると、間違いの起きる確率は4兆分の1である。　◆A Gallup poll found that one in four families reported a problem with liquor at home.　ギャラップ世論調査で、4世帯のうち1世帯が家庭内飲酒の問題を抱えていると答えた。

3　prep.　［尺度、数量］〜単位で、〜ずつ、〜の尺度で　◆decline 9 percent in value [volume] (terms)　金額［数量、台数、枚数］ベースで9％減少する（＊末尾の terms は付けなくてもよい）　◆Revenues in billions of dollars　歳入（単位は10億ドル）（＊グラフや表で）　◆specify the size in kilobytes of the cache　キャッシュのサイズをキロバイト（の単位）で［キロバイトで］指定する　◆a tape counter that measures in hours, minutes, and seconds　時間、分、および秒単位で測ってくれるテープカウンター　◆a voltmeter that reads in tenths of a volt　（最小）読み取り［指示］単位が0.1ボルトの電圧計　◆text rotation to any angle in tenths of a degree　文字を10分の1度刻みの任意の角度に回転すること　◆All coordinate values are in millimeters.　すべての座標値は、ミリメーター単位である。

4　adj. 内側の、内部（へ）の、受信一、入ってくる、流行［人気］の、仲間内だけの　◆an electronic in-tray [in-basket, inbox]　電子メールの受信トレイ［バスケット、ボックス／箱］（＊in tray, in basket, in-box, in box などとも）　◆When it comes to ski poles, pencil-thin is in.　スキーのストックというと鉛筆みたいに細いのが今はやっている［流行している、ナウい、受けている、人気がある］。

**in that**　〜という点で、〜だから　◆Component television systems are analogous to audio component systems in that you can upgrade single components as the technology advances without discarding the entire system.　コンポーネントTVシステムは、技術が進歩するにつれシステム全体を廃棄することなく単体コンポをグレードアップできるという点で、オーディオコンポシステムに似ている。

**In** インジウム(indium)の元素記号

**inability** (an) ～できないこと, 無力, 不能 ◆an inability to <do> ～することができないこと ◆due to inability to convert between database and spreadsheet formats データベース形式とスプレドシート形式の間の変換ができないせいで ◆individuals who demonstrate an inability to live peaceably with their neighbors in public housing 公共住宅で隣人と穏やかに[平穏に, 平和に]暮らすことができないことを実証してみせている個々人[人達] ◆the inability of the supplier to perform laboratory testing within his own facilities 部品供給メーカーが自社の施設内でラボ・テストを実施できないこと ◆In no event shall Nanotronics be liable for any consequential or incidental damages whatsoever arising out of the use of or inability to use the Program. ナノトロニクス社の使用または使用不能から生ずるいかなる間接的あるいは偶発的損害に関しても一切責任を負わないものとします.

**in absentia** →absentia

**inaccessibility** 近づきにくいこと, 到達しにくいこと, 手に入れがたいこと ◆because of inaccessibility for lubrication 注油しようとしても届かないので

**inaccessible** 近づきにくい, 到達できない, 入手しにくい, 得がたい ◆if data becomes inaccessible as a result of... ～の結果もしデータにアクセスできなくなったら ◆inaccessible by road 陸路で行くことができない ◆The spray reaches the most inaccessible areas to remove dust instantly without residue. 本スプレーは, 最も届きにくい箇所に到達し, かすを後に残さずほこりを瞬間的に除去します.

**inaccuracy** 不正確, 不精密, 大まかさ, いいかげんさ; an ～間違い, 誤り ◆the curve could contain a high degree of inaccuracy この曲線（グラフ）は, 大きな誤差を含んでいる[かなりいい加減である]可能性がある

**inaccurate** 不正確な, 不精密な, 間違った, いいかげんな, ずさんな

**inaction** 〔何もしないこと, 不活動; 怠惰, 怠慢, 無為, 不作為,《意訳》懈怠(ケタイ, ケダイ, カイタイ) ◆accuse the United Nations of inaction 国連の不作為を非難する ◆an excuse for inaction 手をこまねいてなにもしなかったことに対する言い訳

**inactivated** 不活(性)化された ◆an inactivated vaccine 不活化ワクチン

**inactive** (↔active) 不活発な, 不振な, 不活性の, 非活動状態にある, 鳴りをひそめている,《機能・動作などが》停止して, 怠惰な,《市況が》閑散な, 弱含みの ◆an inactive volcano 休火山 ◆an inactive [a dull, a slack, a stagnant] market 不活発な市況 ◆until this signal becomes [goes] inactive この信号がインアクティブになるまで ◆The processor places the control signals in their inactive states. プロセッサはそれらの制御信号をインアクティブな状態にする.

**inactivity** 不活発, 怠惰, 無気力, 不活発; 不活動 ◆through inactivity [neglect] 無為により

**inadequacy** ①不十分, 不完全, 不適切, 不足; an ～《しばしば -cies》不適切な点, 欠点 ◆an inadequacy in... の不備[不行き届き, 至らなさ]点 ◆have a feeling [feelings] of inadequacy （自らの）至らなさを感じる; 力[力量]不足の感を持つ

**inadequate** adj. 不十分な, 不完全な, (能力・力量不足で)不適当な, 不適格な, 不向きな, 不行き届きな, 不備な ◆Inadequate nourishment also leads to stomach and intestinal ulcers. 栄養不足も胃や腸の潰瘍の原因になる. ◆The training was inadequate. その訓練は不十分であった.

**inadequately** adv. 不適切に, 不十分に, 不完全に, 不適当に ◆inadequately treated urban sewage 処理が不十分な都市下水

**inadmissibly** adv. 許容できないほど, 受け入れ[認め]がたいほど ◆increase the drag inadmissibly 空気抵抗を許容できないほど増加させる

**inadvertent** adj. 不注意の, うっかりした, 不意の, 故意でない ◆an inadvertent error 不注意による誤り ◆to prevent inadvertent contact with energized components 不注意で[つい うっかり, 何気なく]電気が流れている部品[導電部, 通電部, 充電部, 帯電部]に触れることがないよう ◆The connecting interface shall be of sufficient mechanical pull strength to minimize the possibility of inadvertent disconnection. 本接続インタフェイスは, 不用意に外れない[抜けない]よう十分な機械的引っ張り強度を有すること.

**inadvertently** adv. 不注意で, うっかり, 間違って, つい, 何気なく, 無意識に, 思わず知らず, 意図せずに ◆with the key inadvertently left in the keyhole うっかり鍵穴に鍵を差し込んだままで

**inadvisable** adj. 勧められない, 懸命[得策]でない ◆it is inadvisable to <do> ～することはお勧めできません, ～するのは賢明ではありません

**inappropriate** adj. <for, to> 不適切な, 不適正な, 不適当な, ふさわしくない, 不穏当な, 適切さを欠いた ◆he made inappropriate comments 彼は適切でない[不穏当な, 適正を欠く]発言をした ◆in an inappropriate manner 不適切で ◆Bottling up your emotions could cause your temper to erupt at an inappropriate time. 感情を鬱積させていると, あらぬ[とんでもない]時に癇癪玉を破裂させる[キレる]ことになりかねない. ◆President Clinton admitted to an "inappropriate relationship" with former White House intern Monica Lewinsky. クリントン大統領は, ホワイトハウスの元実習生モニカ・ルインスキーさんとの「不適切な関係」を認めた.

**inattentive** adj. 注意を払わない, 不注意, 気配りをしてない, 集中してない, 注意散漫な, 上の空の, ぼんやりしている, 無頓着な, 怠慢な ◆an inattentive driver 不注意なドライバー[運転者] ◆inattentive salespeople 無愛想な店員たち; 怠慢な販売員 ◆As a husband, Grimke was inattentive to the needs of his demanding wife and his marriage ended in divorce. 夫として, グリムケは注文の多い妻が求めることに無頓着だった, そして彼の結婚は離婚に終わった.

**inattentiveness** ◆my inattentiveness to other people 他の人に対する私の気配り[気遣い, 心遣い, 配慮, 心配り]のなさ

**inaugurate** vt. ～を始める, 開始する, 開設する,《施設など》を運用開始する,《人》を正式就任させる ◆inaugurate a new business 新規事業を発足させる ◆inaugurate a new era of... の新時代の幕を切って落とす ◆inaugurate a new president 新社長を正式に就任させる ◆inaugurate a policy of... (ing) ～する計画[政策]を始動させる

**inauguration** (an) ～開設, 開業, 運用開始, (道路などの)開通, 就任 ◆an inauguration ceremony 落成式, 開通式, 除幕式, 開業式, 就任式 ◆Inauguration Day 《米》大統領就任式 ◆commercial inauguration of ISDN 総合ディジタル通信網の商用運用開通[開始]

**in-basket** an ～「入」のかご, 未決箱, 受信箱 (→an out-basket) ◆an in-basket for receiving incoming mail 《ネット》送られてくるメールを受け取るための受信箱

**in between** adv. 中間に (→ between); in-between adj. 中間の (= intermediate)

**inboard** 船内の, 内側の ◆an inboard (marine) engine 船内エンジン

**inbound** adj. (船, 航空機が)入りの, 進入してくる, (列車などが)到着の,《通》インバウンドの[外部から内部への, 受信, 入ってくる, 内向きの](国 incoming) ◆inbound and outbound trains alternate on the same track 入ってくる[上りの]列車と出て行く[下りの]列車が同じ線路を交互に走行する

**inbox, in box** an ～《ネット》受信箱[受信ボックス]

**in-built** (= built-in, integral)

**Inc.** (Incorporated)《米》株式会社 (cf. Ltd.)

**in-cabinet** キャビネット内に内蔵の ◆a VAX 6210-to-6220 in-cabinet upgrade 《コンピュ》VAX 6210型機からVAX 6220型機へグレードアップするために筐体(キョウタイ)内に実装するもの (*拡張ボードの話)

**incandescent** 白熱した, 極めて明るい, 光り輝いている, 熱烈な ◆an incandescent lamp 白熱灯[電球] ◆The effect doesn't work in incandescent light. この効果は, 白熱灯光のもとでは発揮されない.

**incapability** 能力を持ち合わせていないこと, 不能, 無能, 無資格

**incapable** adj. できない, 能力に欠ける, 無能の, 無力の, 酩酊している, 無資格の(= disqualified) ◆be incapable of...-ing ～することができない ◆a problem incapable of solution 解決できない問題

**in-car** adj. 車内の ◆an in-car audio system 車載オーディオシステム

**incarceration** 回閉じ込めること, 入獄, 投獄, 監禁, 拘禁, 禁固, 幽閉 ◆the incarceration [internment] of Japanese-Americans in [during] World War II 第二次世界大戦中の日系アメリカ人の強制収容

**incendiary** adj. 火事[火災]を起こす, 放火の, (＊食べ物が)激辛の(= very hot-tasting); an ～ 焼夷弾, 放火魔, 放火[火付け]犯人, 煽動者(= an agitator) ◆an incendiary bomb 焼夷弾

**incense** 回香(コウ) ◆an incense-filled hall お香の薫りが一面に漂っている[立ちこめている]本堂

**incentive** (an) ～ 励み[意欲増進]になるもの, 刺激材料, 激励, 奨励, 誘因, 動機付け, (否定文で)やる気, 気力; adj. (意訳)出来高[営業成績, 実績, 販売高]に応じて払う ◆a factory-to-dealer incentive 工場[メーカー]から販売代理店への販売奨励金(＊a dealer's rebateとも呼ばれる) ◆incentive payments to boost productivity 生産向上のための奨励金[奨金, 報奨金] ◆tax incentives for new business investment 新規事業投資に対する優遇税(措置) ◆give incentives to employees to achieve and maintain language skills 語学力を身に付けてそれを維持するよう社員に刺激[動機付け]を与える ◆it has definitely become an incentive for students to get better grades それは紛れもなく学生たちにとっていい成績を取ろうとする刺激[誘因, (意訳)励み, 張り合い]になった ◆Last year's interest-rate incentives trimmed stocks of the models. 昨年の(クレジット)利率(を下げること)による購買意欲刺激策で, それらの車種の在庫(, 利用客に)特典を提供することは, 業績不振の時期[一時的な営業不振]から脱け出す[を打開する]うまい方法になります.(＊customer incentivesの話より)

**inception** (an) ～ 開始, 発足, 初め, 先端, 淵源(エンゲン) ◆since the inception of nuclear medicine 核医学が始まって[発足して, 歩み初めて]以来 ◆the company has not made a profit since its inception in the mid-1980's この会社は, 1980年代半ばに発足[(意訳)創立]してこのかた, 利益を出していない

**incessant** adj. 絶え間のない, 間断のない, ひっきりなしの, 途切れずに続いている, やむことのない, 絶えざる, 休みない, 不断の ◆incessant phone calls ひっきりなしの電話 ◆by incessant repetition 延々と繰り返すことにより

**incessantly** adv. 絶え間なく, ひっきりなしに, しきりに, 引きも切らず, のべつ幕なしに ◆those who talk incessantly のべつ幕なし[ひっきりなし]でしゃべる人 ◆it has been snowing incessantly for the last few days この数日来, 雪は絶え間なく[しきりに, 霏々(ヒヒ)として]降っている

**incest** 回近親相姦 ◆commit incest with one's... 〈近親者〉と近親相姦を犯す

**inch** 1 an ～ 1インチ(＊12分の1フィート, 約2.54cm), わずか, 少し, ちょっと ▶コンピュータのディスプレイ画面やテレビ画面のサイズは, 画面の対角線見込みのインチ数で表される. これは, 初期のブラウン管画面が円形であったため, 直径イコールインチという呼び方をしていた慣習のなごりである. 日本では, コンピュータディスプレイのサイズはxxインチと表記され, テレビの場合xx型またはxxインチと表現される. ◆inch by inch; by inches 寸刻みで[徐々に, 少しずつ] ◆a 14-inch diagonal screen 14インチ[14型]画面 ◆a 16" monitor 16インチモニター ◆an LCD with 11-inch diagonal screen 11インチの液晶画面 ◆a 3-in.-screen TV 3型(画面)のテレビ ◆came within

an inch of being killed 危うく殺されるところだった ◆came within an inch of winning [victory] もう少しで勝てるところまで来た ◆But the door wouldn't budge an inch. だがドアは微動だに[びくとも]しなかった. ◆I missed being run over by inches. すんでのところで私は(車に)ひかれるところだった. ◆The display measures 9 inches diagonally. このディスプレイ(装置)のサイズは(対角)9インチである.

2 v. 少しずつ動かす[動く], 寸動させる[する], 〈ツマミなど〉をジョギングする ◆an inching device 寸動装置 ◆They expect the unemployment rate to inch up to 7.2% by the end of the year, and to be at that level in 1991. 彼らは, 失業率は今年末まで小刻みに[じりじりと]7.2%まで上がり, 1991年はその水準で推移すると見ている.

**inching** 《機械》(→ jogging)

**incidence** 発生率, 出現率, 発病率, 発生頻度, 入射(角) ◆a high-incidence group 発生率[発生頻度, 罹患率, 疾病率]の高いグループ; 好発グループ ◆an [the] angle of incidence 入射角 ◆with respect to the plane of incidence 入射面を基準として[に対して] ◆because of a high incidence of accidents 事故の発生率が高い[発生件数が多い]ため; 事故多発のため ◆the incidence [incident] angle with the normal to the surface of... ～面の垂線に対する入射角 ◆ban the importation of meat products from Europe where there has been a high incidence of mad cow disease 狂牛病の発生率が高かった[(意訳)狂牛病が多発していた]欧州からの肉製品の輸入を禁止する ◆History shows us that where there is gambling there is also a greater incidence of crime. 賭博のあるところは, より高い犯罪の発生率もある[(意訳)犯罪の派生率も高めである」ということを歴史は証明している. ◆Younger women have a lower incidence of breast cancer than older women. 若い女性の方が年配の女性よりも乳癌の発生率[出現率]が低い. ◆Cambodia has one of the highest rates of polio incidence [one of the highest incidences of polio] in the world. カンボジアは世界中でポリオの発生率[罹患率(リカンリツ)]が最も高い部類に属する. ◆For states with the same percentage, ranking was determined by the incidence of readings over 20 picocuries. 同じパーセントを示した各州については, 20ピコキューリーを上回る測定値の発生頻度により順位を決定した.

**incident** 1 an ～ 出来事, (偶発)事象, 小事件, 事件, 事変, 紛争, 挿話, エピソード, インシデント[未遂事故, ヒヤリハット, ヒヤリ, ハット](＊事故には至らなかったが, 事故につながりそうになった事例) ◆procedures for the reporting of accidents and serious incidents 事故および重大事象[深刻な未遂事故, 深刻なヒヤリハット(事例)]を通報する際の手順 ◆report an incident to the police 事件を警察に通報する ◆Madge's injury could have been easily prevented, had her colleagues had the common sense to report the near-misses, incidents and accidents that had occurred previously. マッジの怪我は, それより前に発生したニアミスやヒヤリ[ハッ]とする事例や事故を報告するだけの常識が同僚にあったなら簡単に防げたものだった. (＊an incident = 一歩手前になりかねなかった事例)

2 adj. 起こりがちな, ありがちな, 付きものの, 付帯的な, 付随の ◆losses incident to the carrying of current 電流を伝えることに伴うロス

3 adj. 入射の, 投射の 〈on, upon, over〉 ◆incident light 入射光 ◆light incident from... ～からの入射光 ◆light incident upon a surface ある面に当たっている(入射)光

**incidental** 1 adj. 偶発的な, 付随する, 付随して起こりがちな, 付帯的な ◆incidental damage 偶発的な損害 ◆incidental expenses 臨時費; 雑費

2 an ～ 付随的なもの[事柄]; ～s 雑費(= incidental expenses)

**incidentally** ところで, ついでに言うと, 偶然に, 偶発的に, 不意に ◆live in Biosphere 2 (Biosphere 1, incidentally, is Earth) バイオスフィア2に居住する(ちなみに[なお], バイオスフィア1とは地球のことである)

**incinerate** vt. ～を焼却する, 〈死体〉を焼く[火葬する, 荼毘(ダビ)に付す]

**incineration** 回焼却, 火葬［茶毘（ダビ）］ ◆ a high-temperature incineration plant 高温焼却プラント ◆ be disposed of by incineration 焼却処分される ◆ incineration of refuse; refuse incineration ごみの焼却 ◆ This material is presently stored in drums awaiting final disposition by incineration for energy recovery. この物質は, 現在ドラム缶に貯蔵されており, エネルギーの回収を図るべく焼却による最終処分を待っているところである.

**incinerator** an ~ 焼却炉, 火葬炉［火葬場のかま］(= a cremator) ◆ a refuse incinerator ゴミ焼却炉 ◆ be disposed of in a garbage incinerator ゴミ焼却炉で処分される

**in-circuit** 回路中に組み込む方式の ◆ an in-circuit emulator インサーキットエミュレータ

**incision** (an) ~ 切ること, 切り開, 切り傷, 切り口, 切り目, 切開部, 切り欠き ◆ through an incision in the abdomen (*切開された)腹部の切り口を通して ◆ incisions in trunks of living gum tree 生きているゴムの木の幹につけられている切り込み ◆ For centuries, surgery required the creation of large incisions in the body to get access to vital organs. 《意訳》何世紀にもわたり, 外科手術には重要な器官に到達するために身体を大きく切開する必要があった. ◆ The greatness and importance of surgeons were measured by how big a hole they made: "The greater the surgeon the bigger the incisions." 《意訳》外科医の偉大さと重要度はいかに大きな穴を開けるかによって値踏みされた. つまり「大先生ほど大切開」ということになっていた.

**inclement** adj.（天候が）厳しい, しけている, 暴風雨の, 荒れている, 荒れ模様の; 過酷な, 無情な ◆ inclement weather （気温が低く大荒れの）悪天候 ◆ in [during, during periods of] inclement weather 荒天［悪天候］時に (*特に, 気温が低く激しい風雨や吹雪の状態時) ◆ In the event of inclement weather, the concert will be postponed until tomorrow night. 悪天候の場合は, コンサートは明日の夜に延期されます.

**inclination** (an) ~ 勾配, 傾き, 傾斜, 傾斜角, 傾角, (土木, 建築）のり,（地磁気の）伏角; an ~ 斜面, 傾斜地, 坂; an ~（上から下へ）かしげる動作; an ~（人が持っている）傾向, 性質, たち, 素地, 性癖;（しばしば ~ s）好み, 意向 ◆ the inclination of a line ある線の勾配［傾き（の程度）, 傾斜（の度合い）］ ◆ at an inclination of 55 degrees from the horizontal 水平（位置）から55度の傾きで ◆ fuel buying inclinations 購買意欲をかき立てる［煽る, 刺激する, くすぐる, そそる, 沸かせる, 促す, 奮い立たせる, 駆り立てる］ ◆ the angle of inclination of... ～の傾斜角（度） ◆ the inclination of the Earth's axis 地軸の傾き

**incline** 1 vt. ～を傾ける, 傾斜させる,〈人〉を～する気にさせる,〈頭〉を下げる; vi. 傾く, 傾斜する, かしぐ, 傾向がある, 頭を下げる, 体をかがめる ◆ be inclined 25°toward... ～に向かって25度傾いている ◆ I don't feel inclined <to> 私は, ～したくない気持ちだ ◆ You can use the device on inclined or vertical surfaces. その装置は, 傾斜面上や垂直面に使用することができる. ◆ Given the scanty evidence, a definitive answer is impossible, but I incline to suspect that the latter was the case, for... 証拠不十分ゆえ, 決定的な答えは不可能だ. だが, 私の考えは, 後者が事実だったのではないかという方に傾いている. 理由は, ～
2 an ~ 傾斜面, 斜面, 坂, スロープ ◆ Avalanches are rare on slopes with inclines of less than 30 degrees. 雪崩は勾配［傾き, 傾斜］が30度未満の斜面ではめったに起こらない.

**inclined** adj. 勾配のついている, 傾斜した, はすになっている, 傾向がある,（～）してみたい,（～）しがちで <to do> ◆ an inclined orbit 傾斜軌道 ◆ a bed of shale inclined toward the valley その谷の方に向かって傾斜している頁岩の層 ◆ the direction in which a fold is inclined 褶曲の傾斜方向 ◆ a mechanically-inclined driver 機械いじりが好きな運転者 ◆ Looking at my parents, it's understandable that I am musically inclined. 両親を見れば, 私が音楽に傾倒していることは無理からぬことだ.

**include** vt. ～を含む, 含める, 包含する, ひっくるめる, 算入する,［計上］する, 入れる, 組み込む, 内蔵［搭載］する, 収録［記載］する, ～などである, ～を必然的に伴う,《意訳》挿入［追加］する (→ including) ◆ include your full company name あなたの会社の（省略しない）正式名称を入れて［記入して, 記載して］ください ◆ Also included in the above is X [are A and B]... 上記には,《順に》X も含まれる［A および B も含む］. ◆ Included among them is... and... ～の中に含まれるものは～である［それらの中には～（など）がある］. ◆ The kit includes..., ..., and... キットの（構成）内容は～; キットは～で構成されている ◆ an AC adapter is included AC アダプターが（付属として）含まれて［付いて］いる ◆ include appropriate notes on the drawings それらの図面に然るべき注釈を入れる［加える］ ◆ the amount of memory included on the new boards その新しいボードに搭載されているメモリーの容量 ◆ This chapter includes [contains] the following sections: この章は, 次の節で構成されています.; この章は, 以下の節に分かれる. ◆ vehicles included in Classes "F" and "G" F種および G 種に属する車両 ◆ We have gradually expanded our product line to include... and... 弊社は製品ラインを少しずつ拡充させて［充実させて, 強化を図って］きており, ～などを取り揃えております. ◆ A playback filter is included to reduce noise levels. ノイズレベルを低減するための再生フィルターが内蔵されている. ◆ A sample cover letter is included on page 18. 添え状の見本は18ページに載っています［掲載しております］. ◆ Other features include: Xxx, Yyy and Zzz. その他の特徴として以下が挙げられます. • Xxx • Yyy • Zzz ◆ You should always include a cover letter along with your resume. つねに履歴書には添え状を同封すべきです. ◆ Should I include a cover letter with my resume? The answer is a resounding, "Yes!" 履歴書と一緒に添え状を同封すべきでしょうか? 答えは, 声を大にして「はい」です. ◆ The system includes 1MB of RAM, a 3 1/2-inch floppy disk drive, and a 40MB 3 1/2-inch hard disk drive. そのシステムは, 1MB の RAM, 3.5 インチフロッピーディスクドライブ1台, および3.5インチ40MB のハードディスク1基を装備［内蔵］している. ◆ Typical functions include image enhancement, measurement, feature extraction and character recognition. 代表的機能として, 画像強調, 測定, 特徴抽出, および文字認識（など）がある.

**included with...** ～（の中）に含まれて,〈付属品などが〉～に添付されて, 付属して, 同梱されて,（セットで）付いて ◆ manuals included with products 製品に添付されているマニュアル ◆ photographs included with the note その短い手紙に同封された写真 ◆ the illustrated brochure included with the coins コイン（セット）に付いているイラスト入りパンフレット (*記念コインの話) ◆ the software included with the new printer その新しいプリンタに付属のソフト ◆ This utility is included with Windows. このユーティリティーは, Windows に付いて［含まれて］いる.

**including** prep. ～を含めて［入れて］, ～などの, たとえば～といった,《意訳》～をはじめとする ◆ including but not limited [confined] to... ～およびその他を含む（*列挙するものだけに限らないことをはっきり明示したい場合に用いられる） ◆ monitors up to and including 17 inches 17インチまで［以下］のモニター表示装置 (▶ and including は17インチちょうどのものを含むことをはっきり示すために加えられている) ◆ alternative energy sources including solar electricity 太陽エネルギーによる電気［太陽発電］をはじめとする代替エネルギー源 (*「はじめとする」は意訳) ◆ many other countries, including the United States, Canada, France and Australia 米国, カナダ, フランス, オーストラリアなどといったほかの多くの国々 ◆ some 30 countries, including the United States 《意訳》米国ほか約30カ国 ◆ Automakers are offering up a host of new innovative products, including minivans, four-wheel-drive utility vehicles, new subcompacts and novel aerodynamic sports cars. 自動車メーカーは,（たとえば）ミニバン［RV］, 四輪駆動式多目的車, 新タイプのサブコンパクト車, および斬新なエアロダイナミックスポーツカーといった, 多数の革新的新製品を販売している.

**inclusion** 回中に含めること, 包含,（異物などを）巻き込むこと, 混在化; an ~ 含まれるもの, 含有物,（夾雑物の）巻き込

**inclusive**

◆because of the inclusion of... ～を含んで[含めて, 擁して, 入れないで, 採り込んで]いるために; ～を内蔵[搭載, 装備, 採用, 包含, 含有, 算入, 混入, 封入]している[した]せいで(*意訳を含む) ◆the inclusion of a cover letter 添え状をも入れる[同封, 添付]すること ◆thanks to the inclusion of support for LAN-based security systems LANベースのセキュリティシステム用のサポート機能を組み込んでいるおかげで ◆allow the inclusion of text from files or other messages ファイルあるいはその他のメッセージからのテキストの取り込みを可能にする ◆file images directly in a computer's memory for editing and inclusion in documents (コンピュータに読み込んだ)画像を編集したり文書に挿入したりするために、直接コンピュータメモリーにファイルする ◆prohibit the inclusion of bovine offal in food for human consumption 人間の食物に牛の屑肉[臓物]を入れる[混入する]ことを禁止する(*狂牛病対策として) ◆because research into the company's existing user base revealed that customers were swayed in their purchase by the inclusion of free software 同社の既存のユーザー層を対象とした調査で、無料のソフトが付属して[同梱されて, 添付されて]いるかどうかにより顧客の購入判断が左右されるということが判明したので(*パソコン話) ◆one of the strongest trends in the PC marketplace will be the inclusion of multimedia features such as audio and video, as well as fax capabilities onto motherboards パソコン市場における強力な動向の一つは、オーディオやビデオなどのマルチメディア機能およびファックス機能のマザーボードへの搭載[組み込み]であろう ◆In arc welding, slag inclusions are generally made up of electrode coating materials or fluxes. アーク溶接の場合、スラグの巻き込み(箇所)は一般に電極棒の被覆材あるいはフラックスからできている。 ◆Kayaking gained inclusion as official Olympic sports, or medal sports, at the 1936 Olympics in Berlin. カヤックは、1936年のベルリンオリンピックで正式オリンピックスポーツ、すなわちメダルスポーツに含められる[《意訳》として採用れる]ことになった。

**inclusive** adj. 含んだ、含めて、一切を含めた、(料金が)込み込みの、雑費込みの、包括的な; *inclusiveness* n. 包括性 ◆an inclusive OR (→an exclusive OR) 《コンピュ》包含的[←排他的]論理和 ◆an inclusive fee 一切含んでいる料金 ◆between 1980-1990 inclusive 1980年から1990年の間に(*between 1980-1990 だけの場合、厳密に言うと1980年と1990年は含まれない。含むことを明示したいときにinclusiveを入れる) ◆from one to forty-nine inclusive 1から49まで(*1と49を含む)

**incognita** adj., adv. 《incognitoの女性形》

**incognito** adv., adj. 素性を隠して[匿名で, 変名で, 微行で, お忍びで](の); *an* ～ (*pl. -tos*) 変名、変名の人、偽りの素性[身分]、変名を使う人、お忍びの人 ◆a princess who is travelling incognita [incognito] お忍び[微行]で旅行している王女(*incognita は女性専用形)

**incoherent** adj. 一貫しない、つじつまの合わない、矛盾した、支離滅裂の、ちぐはぐな、相容れない、整合性のない、非干渉性の ◆incoherent thinking 支離滅裂な[一貫しない、統一性を欠いた、混乱した、つじつまの合わない]思考 ◆incoherent light [waves] インコヒーレント[非干渉性の, 干渉性のない]光[波動] ◆reform an incoherent system 内部に矛盾を抱え込んでいる制度を改革する ◆a bewilderingly incoherent answer to a reporter's question as to why... なぜ～なのですかという記者の質問に対する、あきれるほど支離滅裂な[しどろもどろの]答え ◆the Russian power structure has become dangerously incoherent ロシアの権力構造は危険なまでにばらばらに乱れて[支離滅裂になって、統一を失って]しまった ◆the Russian power structure has become dangerously incoherent ロシアの政治[権力機構]は危険なまでに《意訳》意見の食い違い、意見の不一致、議論の対立、軋轢、不協和音、反対論、造反勢力、亀裂、問題] を抱え込むようになった ◆The policy has become incoherent. この政策は、整合性を欠く[内部に矛盾をはらむ]ようになった。

**incombustibility** 不燃性、難燃性

**incombustible** 不燃性の、不燃焼性の ◆an incombustible material 不燃性の材料; 不燃材

**income** (*an*) ～所得、所得額、収入 ◆a source of income 収入源 ◆earned [↔unearned] income 勤労[↔不労]所得 ◆the balance of income; (the) income balance 所得収支(*国際収支の話で) ◆low-income [moderate-income, high-income] 低[中、高所得の人々、低所得者(層)] ◆upper-middle-income families 収入が中の上の家庭[世帯] ◆an income-producing activity 収入を得るための活動 ◆apply to all income brackets すべての所得階層に当てはまる ◆young people with above-average incomes 平均[標準]以上の収入のある若い人たち ◆individuals who have irregular income 定まった収入[定収入、固定収入、定収]を持たない人達 ◆retailers that cater to upper-income shoppers 比較的高所得者の買い物客を相手に商売している小売業者

**income tax** (*an*) ～所得税 ◆prepare an income-tax return 所得税(確定)申告書を作成する

**incoming** adj. 入ってくる、入射の、入力の、入り、引き込み-、受-、入信-、着信-、受信-、後任の、新任の ◆an incoming fax 着信ファックス ◆an incoming feeder 引き込み給電線[き電線、フィーダー] ◆an incoming panel 受電盤 ◆an incoming trunk 《通》入りトランク ◆an incoming vessel 入港(してくる)船 ◆an incoming warhead [missile] 侵入してくる弾頭[ミサイル] ◆incoming mail 配達されてくる郵便物、入ってくる[着信、受信]メール ◆convert incoming a.c. power into d.c. power 入力交流電力を直流電力に変換する ◆during an incoming tide 上げ潮[満ち潮]時に ◆every time you get an incoming call 着信があるたびに(*通信分野ではan incoming callは「着信呼、入り接続呼」と呼ばれる) ◆incoming rays 入射光 ◆incoming supplies (入ってくる)納品;《意訳》外注品、購入部品や部材、外部からの調達資材(*購入物からみて) ◆monitor the incoming voltage 受電電圧を監視する ◆recycle 25 percent of all incoming wastes 搬入されるゴミ全体の25%をリサイクルする ◆control the quality of incoming materials (業者から)入ってくる材料の品質を管理する ◆modifications to accommodate a second incoming line from the power company 電力会社からの2本目の引き込み線を収容するための改造 ◆make incoming students aware of threats they face on campus キャンパスで遭遇する危険について(注意するよう)新入生に知らせる ◆The incoming chairman of the board is Charles B. Johnson. 後任[新任]の取締役会長はチャールズ・B・ジョンソン氏である。

**incommensurable** adj. 同じ基準で測れない、(共通の規準がなくて)比較できない、測ることができないほどの、不釣り合いな;《数》通約できない、無理の、無理数の ◆an incommensurable quantity (円周率などの)無理数; 既約数

**incompatibility** 非互換性、非両立性、不一致、不適合、不和合性、不相溶性 ◆due to incompatibilities between [in] text formats テキストフォーマットの互換性がないために ◆Most divorces result from incompatibilities of values, ethics and emotional needs. ほとんどの離婚は、価値観や倫理観や精神面に求めているものの不一致が原因である。 ◆Incompatibility in text formats prevents text from being brought into word processing for further editing, and therefore requires rekeying. テキスト形式上の互換性がないと、テキストをワープロに読み込んでそれに編集を加えるということができず、結果として入力のし直しが必要になる。

**incompatible** adj. 互換性のない、両立しない、不適合な、相性の悪い、性格[馬, 反り]が合わない、不相溶の ◆an incompatible organ (移植)不適合臓器 ◆they are incompatible (with each other [one another]) 彼らは性格[気心, 反り, 馬]が合わない; それらは相容れない; それらは互いに矛盾している(*with each otherは2者間、one anotherは3者以上の場合に用いるのが普通。これらは省略してもかまわない) ◆utilities to access data from incompatible programs 互換性のないプログラムからのデータにアクセスするためのユーティリティー群 ◆The two formats are incompatible (with each other). これら2つのフォーマットは、(相互)互換性がない。

**incompetent** adj. 無資格の,不適格な,不適任な,能力[才能,手腕]のない,無能な,無能力な,役立たずの,下手な,拙劣(セツレツ)な,《医》機能不全の; an ~ 無資格者,無能力者,不適任者 ◆fire an incompetent teacher 能力不足の教師を首にする

**incomplete** adj. 不完全な,未完成の,未完の,未完了の,不備な ◆incomplete combustion 不完全燃焼 ◆due to incomplete product information 商品[製品]情報が不十分なせいで ◆Hydrocarbons are emitted as a by-product of incomplete fuel combustion. 炭化水素は燃料不完全燃焼の副生成物として排出される.

**inconceivable** adj. (実際[現実]のこととしては)とても考えられない,ありえない,思いもよらない,想像もつかない,想像を絶する ◆I think it is inconceivable that... ~であるなどとは,とても考えられない[ありえない]と私は思っています ◆It's not inconceivable that... ~であるということが考えられなくはない

**inconclusive** adj. 結論の出ない,結論に達しない,決定的でない,決着のつかない,決め手に欠ける,あやふやな,不確かな,はっきりしない ◆inconclusive evidence 決定的でない[決め手に欠ける]証拠 ◆after two days of inconclusive debate 2日間にわたる小田原評定[水掛け論的な議論]の後に(*inconclusive = 結論の出ない) ◆An autopsy was inconclusive. 検死は決め手に欠け(るものだっ)た. ◆an inconclusive debate over [about]... 結論の出ない~についての議論[論争] ◆Although the evidence is inconclusive,... 証拠は決定的なものではないが,... ◆The results were inconclusive. 結果は,決定的な[はっきりした]ものではなかった.; 結果は不確かなもの[微妙なところ]だった.

**inconclusively** adv. 結論が出ないで,結論に達せずに,決着がつかずに ◆The war dragged on inconclusively until... この戦争は,~まで決着がつかない状態で長引いた.

**Inconel** 《商標名》インコネル(*高温で酸化しにくいNi-Cr-Fe合金)

**inconsiderate** adj. 思いやりのない,思慮に欠けた,不注意な,軽率な ◆a selfish and inconsiderate driver 自分本位で思いやりのないドライバー

**inconsistency, inconsistence** 回不一致,不整合性,矛盾; an ~ 矛盾する事柄[言動] ◆cause a problem of time inconsistency 時間非整合性[異時点間の整合性](といった)問題を引き起こす ◆inconsistencies in density 濃淡むら ◆produce inconsistencies in test results 試験結果に不一致[相違,ばらつき]を生じさせる ◆Automation reduces inconsistency and errors. オートメーションはムラとミスを減少させる.

**inconsistent** adj. 一致しない,矛盾している,ちぐはぐな,首尾一貫していない,つじつまの合わない,筋の通らない,一貫性[整合性]のない,雑駁(ザッパク)な ◆If these Zoning Regulations become inconsistent with the General Plan,... これらの区画規制が,基本計画と整合性が取れなくなってきた場合に,

**inconspicuous** adj. 目立たない,人目につかない,地味な ◆an inconspicuous man (存在が目立たずに)影が薄い男 ◆an inconspicuous role 目立たない役割,地味な役回り ◆install... in inconspicuous places ~を目立たない場所に設置する

**inconspicuously** adv. 目立たずに,目立たないように,地味に

**incontinence** 回大小便を抑制できずに漏らすこと,失禁,おもらし,粗相(ソソウ); 回自制心の欠如; 回性欲の抑制がきかないこと,淫乱 (恒常的に)失禁[粗相] ◆women with [suffering from] incontinence 《意訳》失禁[(大小便の)おもらし,粗相]に悩んでいる女性たち ◆Urinary incontinence can be coped with by using adult absorbency pads. Covering the pads with regular underwear helps a person feel less childlike. 尿失禁は,成人用の吸収[尿取り]パッドを用いることによって対処できる[対応可能である]. パッドの上に通常の下着をつけることにより,幼児みたい(でいや)だという感じが軽減される効果がある

**inconvenience** 1 回不便,不都合,迷惑,不自由; an ~ 不便な[不都合な,都合が悪い,具合が悪い,不便な,不自由な,迷惑な]こと ◆a minor inconvenience ちょっとした不便なこと ◆impose a considerable inconvenience on the reader 読者にかなりの不便をかける ◆minimize the inconvenience to the public 一般の人ができるだけ迷惑がかからないようにする; 一般の人ができるだけ不便を感じないですむようにする ◆result in real inconvenience for everyone 結果的にすべての人にとって非常に不便になる ◆save [obviate, spare]... the inconvenience of... -ing 〈人〉に~しなくてはならないといった不都合[不便,面倒]をなくす ◆will cause a great deal of inconvenience to... ~に多大な迷惑[不便]をかけることになるかもしれない ◆without any inconvenience 何の不便[不都合]もなく ◆without the inconvenience of... -ing ~するといった面倒なしで ◆put up with inconveniences that accompany... ~に付随する不便[不自由]を忍ぶ[我慢する] ◆accommodate the religious needs of employees to the extent possible without serious inconvenience to the conduct of the business 業務の遂行に重大な支障を来さないでやれる程度に[《意訳》商売に差し支えない範囲で]従業員の宗教上のニーズに便宜を図る ◆having a self-contained RV will free you from the inconvenience of having to use public toilets and showers すべて完備したRV[キャンピングカー]を持っていれば,公衆トイレや共同シャワーを使わなければならない不便から解放される ◆We apologize for this [the] inconvenience. ご不便[迷惑]をおかけして申し訳ありません. ◆We apologize for any inconvenience this may have caused. これによりご迷惑をおかけしたようでしたら[これに伴うご不便を]お詫び申し上げます. ◆The switch eliminates the inconvenience of disconnecting cables when changing from one RS-232C peripheral to another. このスイッチを使えば,RS-232C周辺機器を切り替える際にケーブル類を取り外す煩わしさ[面倒]が解消します.

2 vt. ~に迷惑[不便]をかける,~の邪魔をする ◆inconvenience no one 誰にも迷惑をかけない

**inconvenient** adj. 不便な,不自由な,不都合な,都合の悪い,具合が悪い,迷惑な,面倒な ◆at an inconvenient time 都合の悪いときに ◆at inconvenient times 都合の悪いときによく ◆find it inconvenient それを不便に感じる

**inconveniently** adv. 都合悪く,不便に,不自由に ◆when nature calls inconveniently 都合悪く用を足したくなった場合に

**incorporate** vt. ~を組み込む,内蔵する,実装する,内部に実装[内装]する,《意訳》搭載する,編入する,取り[採り]入れる,含有する,織り込む,盛り込む,加入させる,合体させる,併合させる,合体させる,混合する,混和する,添合する,練り込む,具体化する,実現する,反映する,加味する,~を法人[会社]; vi. 法人[会社]組織になる ◆incorporate pictures into text 《コンピュ》写真を文章中に挿入する[混在させる] ◆detection systems incorporating optical fibers 光ファイバーを使用している検出システム(*incorporating は,システムを構成する一部品として使用しているという意) ◆incorporate Afro-American history into the curriculum アフリカ系アメリカ人[アメリカ黒人]の歴史をカリキュラムに組み込む ◆incorporate a safety system into the design of... 安全システムを~の設計に盛り込む ◆incorporate visuals into business materials 《コンピュ》ビジネス資料に視覚的要素を盛り込む[織り込む,取り入れる] ◆the Xxx processor at 800MHz is incorporated into this server 800MHz動作のXxxプロセッサがこのサーバーに搭載されている ◆incorporate parents' preferences into teacher hiring decisions 先生の採用(不採用)の意思決定に(生徒の)親たちの好み[《意訳》希望,意見]を反映する ◆those innovations have already been incorporated into many cars これらの新機軸は,すでに多くの車に組み入れられている ◆an impressive sales presentation incorporating color slides and crisp, professional-looking sales materials カラースライドや鮮明なプロの手になるような見栄えのセールス資料を織りまぜた,強い印象をあたえるセールス・プレゼンテーション ◆All changes must have Velden approval prior to being incorporated in production. 変更はすべて,生産に具現化される[生

産に反映する］前にヴェルデン社の承認をとらなければならない。　◆If the stock market is efficient then all information is incorporated into the stock price.　もし株式市場が効率的であれば、あらゆる情報は株価に織り込まれる。　◆The user interface incorporates elements of artificial intelligence.　このユーザーインターフェースは、人工知能の要素を取り入れている。　◆First Femtex incorporated in Washington state, then it became a Delaware corporation, and now it has re-incorporated in Washington state again.　最初、フェムテックスはワシントン州で会社組織化、その後デラウェア州の会社になり、そして今再びワシントン州の法人組織になっている。　◆The plotter incorporates a sensing feature that determines whether enough lead is in the pencil to finish the plot.　本プロッタは、描画を終えるのに十分な芯がペンシル内に残っているかどうか調べる［確かめる］感知機能を内蔵している。　◆The two companies will work together to create a unified industry standard for the field, incorporating interface standards in each other's product.　これら2社は、同分野向けに互いの製品のインターフェース規格を取り込んだ業界統一規格を作成するために一致協力することになっている。

**incorporation** ［U］incorporate すること；《ビジ》法人組織化、法人設立　◆develop... for incorporation into hard disk drives　ハードディスクドライブに組み込む［内蔵する、搭載する］ための〜を開発する　◆eliminate the incorporation of contaminants　汚染物質が入り込まない［混入しない］ようにする　◆the incorporation of Chinese art into a curriculum　中国美術をカリキュラムに含めること　◆the forcible incorporation of the Baltics into the Soviet Union in 1940　1940年のバルト諸国のソ連への強制編入［合併］（＊年号については、the 1940 incorporation of... とも言い換えられる）　◆from the company's incorporation in 1972 until May 1994　1972年の会社設立から1994年5月まで　◆the company's certificate [charter] of incorporation　この企業の会社法人設立認可証　◆scan pray images into the computer for incorporation into newsletters, manuals, training materials, and catalogs　本プロッタによる画像を、ニュースレターやマニュアル、研修用教材、カタログに入れるためにスキャナーでコンピュータに取り込む　◆The chip has already been embraced by a number of companies for incorporation into their workstations.　このICチップは、すでにいろいろな企業（＊コンピュータメーカー）にワークステーションへの組み込み用として受け入れられている。　◆We are encouraging users to give us suggestions and improvements for incorporation into future iterations.　弊社は、後継製品に反映するための提案や改造点を寄せてくださるようユーザーの皆様にお願いしています。

**incorrect** *adj.* 正しくない、誤った、間違った、不正確な、不適切な、ふさわしくない、不穏当な

**incorrectly** *adv.* 誤って、不正確に、不適切に　◆Flooring stores often incorrectly refer to sheet vinyl as linoleum.　床材店では、シート状のビニール材のことをよく間違えてリノリウムと呼んでいる。　◆If the parameter is omitted or incorrectly specified, the default value is taken.　《コンピュ》パラメータが省略されたり不正に指定されると［パラメータの指定が誤っていたりすると］、既定値がとられる。

**increase** 1 *vt.* 〜を増やす、増加させる、増大させる、向上させる、上げる、高める、《値》を引き上げる；*vi.* ◆increase in size　《サイズが》大きくなる　◆The need for interpreters is increasing.　通訳者の需要が高まって［伸びて、増大して、増加して、上昇して、《意訳》活発化して、出てきて］いる.；《意訳》通訳の出番が多くなって［増えて］きている　◆due to increased temperature of the tank　タンクの温度上昇により　◆increase productivity manyfold　生産性を何倍にも上げる　◆... increase with decrease in temperature　温度の低下に伴い増加する　◆the growing need for increased efficiency and productivity　効率向上と生産性向上がますます必要とされてきているこ　◆Memory can be increased to a maximum of 64MB.　メモリーは最大64メガバイトまで増やせる。　◆We must increase research into new products.　新製品の研究を拡大しな

ければならない。　◆New value-added services constantly increase the network's utility.　新しい付加価値サービスは絶え間なくそのネットワークの有用性を高める。　◆Welding speeds increase with laser power and drop with increases in sheet thickness.　溶接速度は、レーザー出力と共に増加し、シート肉厚の増大につれて減少する。　◆Personal computers are increasing rapidly in performance while maintaining steady price levels in the region of $500 to $5000.　パソコンは、500ドルから5000ドルの範囲の安定した価格水準を保ちながらも、性能が急速に向上しつつある。

2 (*an*) 〜 増加、増大、（価格などの）引き上げ；*an* 〜 増加量　◆be on the increase　増加しつつある；漸増している；増える方向にある；増加［《意訳》拡大］傾向にある；上昇基調で推移している；増加［*give*］《意訳》に［燃費10%改善］を達成する　価格［物価］上昇、値上がり　◆a rent increase　賃貸料［賃料］の値上げ　◆a lift increase　揚力の増加　◆a threefold increase　3倍の増加　◆the rate of increase of the temperature of...　〜の温度の上昇率　◆an increase in the number of satellites　衛星の数の増加　◆a temperature increase to +120°C　プラス120°Cまでの温度上昇　◆achieve a 10% increase in automobile fuel efficiency　車の燃料効率10%向上［燃費10%改善］を達成する　◆determine the amount of increase in velocity　速度の増加を測定する　◆offer [get] a six-fold increase in capacity　6倍の容量アップ［大容量化］をもたらす［実現する、達成する］　◆produce [give] a dramatic increase in capacity　劇的［飛躍的、大幅］な容量アップ［大容量化］をもたらす［可能にする］　◆a list price of $3750 (a $250 increase over release 11)　3750ドルの定価（リリース11から250ドルの値上げ）　◆dramatic increases in average temperature and sea level are predicted　平均気温と海面の劇的な上昇が予測されている　◆Increases in the supply of money drive down the market interest rate.　通貨供給量の増大は市場金利を押し下げる。　◆The scale and complexity of exercises is on the increase.　訓練の規模と複雑さは増大しつつある。　◆Surface mounting makes possible an increase in board density.　表面実装は、《回路基板の》基板密度の増大を可能にする。　◆The nation's major steel makers won hefty price increases from the Big Three automakers.　米国の主要鉄鋼メーカーは、3大自動車メーカーから大幅値上げを勝ち取った。

**increasing** *adj.* 増えつつある、次第に増加している、ますます〜つつある　◆because of the increasing speed of computer chips　コンピュータチップの高速化のせいで［おかげで］　◆with the increasing range of uses for lasers　レーザーの用途の拡大につれ　◆send increasing numbers of parts orders abroad　海外へのパーツ発注を増やす　◆With the increasing use of computers in hospitals,　病院でのコンピュータ利用が盛んになるにつれて　◆the increasing penetration of digital technology into the telecommunications networks　デジタル技術の電気通信網へのいっそうの浸透　◆The technology is finding increasing use.　この技術の利用が増えて［拡大して］いる。

**increasingly** *adv.* ますます、いよいよ、いっそう、次第に、だんだん　◆an increasingly popular add-on subsystem　ますます人気が出てきている増設サブシステム　◆an increasingly serious problem　深刻化している問題　◆at an increasingly fast rate [pace]　どんどん速度を上げて；ますますペース［歩］を速めて；加速して；加速的に　◆his increasingly pivotal role　ますます重要性を帯びてきている彼の中心的役割　◆increasingly stringent air-pollution control regulations　ますます厳しさの度合いが増している大気汚染防止規制　◆over the past 15 years, computers have become increasingly faster　過去15年の間にコンピュータは加速的に速くなった［加速進化した。］（＊increasingly に「加速的に」の意味が含まれている）　◆in our increasingly meritocratic and efficiency-oriented societies　能力［実力］主義および効率重視［優先］へとますます傾斜しつつある私たちの社会において　◆Hard disks are becoming increasingly smaller.　ハードディスクはますます小型化してきている。

**incredible** *adj.* 信じられない、信用できない、驚くべき、驚異の、驚愕の　◆with incredible ease　信じられないほど簡単に；驚くほど楽に；極めて容易に

**increment** 1 ①増加, 増大; an ~ 増分, 増加分 ◆add time in increments of five minutes 5分刻み[単位]で[設定]時間を増やす ◆in increments [decrements] of 0.05 mm 0.05mm 刻みで (*増加[→減少]していく場合) ◆set the length in 15 minute increments 長さを15分刻み[単位]で設定する ◆The increment of elevation between two contours is 6 m. 等高線間の高さの間隔[増分]は6mである。 ◆The program allows text rotation in 90-degree increments. 《コンピュ》そのプログラムは90度単位[刻み]でテキストの回転ができる。

2 vt. 《コンピュ》〈数値〉を (〈数〉だけ[ずつ]) インクリメントする[増加させる, 増分する] <by>; vi. (〈数〉ずつ増やして)数える <by> ◆increment 100 by 10 100を10だけ増やす[増加させる] (*結果は110) ◆increment a counter カウンタをインクリメントする (*カウンタの値を[決まった値ずつ]上げる)

**incremental** adj. 増分の, 数を追い上げていくような, 少しずつ[徐々に]増える, 《コンピュ》インクリメンタルー ◆incremental steps toward a very high degree of safety 非常に高い安全性(の達成)へ向けての漸進的ステップ[段階]

**incubate** vt. ~を孵化[フカ]する ◆artificially incubate turkey eggs 七面鳥の卵を人工孵化する ◆incubate ideas アイデアを温める ◆a welfare system that incubates dependence 依頼心[依存心]を生む[増長させる]福祉制度

**incubation** ①卵を温めること, 抱卵, 孵化[フカ], 孵化までの期間, (病気の)潜伏, 潜伏期, 培養; ②起業支援 ◆an incubation period of up to 19 years 長い場合で19年に及ぶ潜伏期 ◆a baby boy in need of incubation 保育器内で育てる必要のある男の赤ちゃん ◆a five-day incubation period had passed 5日間の潜伏期間は過ぎてしまっている ◆new technologies usually need an incubation period of about 15 years 新技術は通常15年ほどの育成[生育, 成育]期間を要する ◆The incubation period for malaria is nine to 14 days. マラリアの潜伏期は9日から14日である。 ◆Business incubation programs nurture entrepreneurs to help them advance their business ventures toward independence and success. 起業支援制度は, 独り立ちと成功へ向けて起業家が前進するのを支援するために彼らを育成する。

**incubator** an ~ インキュベーター, 孵卵器(フランキ), (未熟児用の)保育器, (定温[恒温])培養器, 新興企業を育成するための[起業支援]施設 ◆a business incubator program (卵段階の企業を育てるための)事業育成制度 ◆put eggs in an artificial incubator 卵を人工孵化器[孵卵器]に入れる ◆a 1,000-egg incubator 卵を1000個収容できる孵卵器[孵化器] ◆the very incubator of crime まさに犯罪を生む温床 ◆The state of Alabama opened a $3-million high-tech incubator called the Office for the Advancement of Developing Industries. アラバマ州は, 発展途上産業振興オフィスと呼ばれる先端技術インキュベータ[孵化・育成施設, 起業支援施設]を, 300万ドルかけて開設した。

**inculcate** vt. ~を(人に)繰り返し言い聞かせて教え込む <in> ◆inculcate... with a sense of beauty 〈人に〉美的感覚を教え込む

**incumbent** adj. ~に義務としてかかってくる<on, upon>, 現職[在職]の; an ~ 現職[在任]者 ◆incumbent lawmakers 現職の国会議員ら ◆it is incumbent on [upon] the United States to <do...> ~することは米国の責任[義務, 責務]である ◆the incumbent mayor [president] 現職の市長[大統領] (*話の内容によっては不定冠詞anも付く) ◆it is incumbent on [upon] test developers to ensure that misuses and misinterpretations are minimal 誤用や誤解ができるだけないようにすることは, テストを作る人の義務である

**incur** vt. ~を招く, こうむる, 負う, 背負い込む, 受ける ◆incur God's wrath; incur the wrath of God 神の怒りを買う[招く] ◆the reflection loss incurred at an interface surface 境界面で受ける反射損 ◆without incurring exorbitant costs 法外な額の出費を招くことなく ◆as a result of tensions incurred during... ~中にこうむった緊張の結果 ◆so as not to incur wrath of others ほかの人たちの激しい怒りを買わない[招かない, こうむらない]ようにするために ◆GM still incurs the highest production expenses of any U.S. automaker. ゼネラルモーターズは, 相変わらずどの米国の自動車メーカーよりも高い製造経費を背負っている。 ◆Israel has asked Washington for an extra $1 billion in military aid to cover defense costs incurred in the Gulf War. イスラエルは, 米国政府に対して湾岸戦争で生じた防衛費を補填すべく10億ドルの追加軍事援助を要請した。

**in-dash** adj. (車の)ダッシュボード内に取り付け用の ◆a DIN-mount in-dash car stereo DIN取り付け寸法準拠インダッシュ型カーステレオ

**indebted** adj. (~に)負債[借金]がある<to>, (~に)負うところ[借り, 負い目]がある<to>, (~に)恩義[恩恵]をこうむっている<to> ◆HIPCs (heavily indebted poor countries) 重債務貧困国 ◆We are deeply indebted to you for your continued support. 皆様からの変わらぬご支援に深く感謝申しあげます。 平素からご愛顧を賜り, 誠にありがとうございます。 ◆What is an HIPC? HIPC is an IMF acronym for a Heavily Indebted Poor Country. HIPCとは何のことですか？ HIPCはIMF(国際通貨基金)で使用されている頭字語で, 重債務貧困国のことです。

**indecent** adj. 無作法な, 下品な, 極めて趣味の悪い, みだらな, 卑猥な, 淫猥な, 猥褻な; 程度をわきまえない, 不適切な, 慎みのない; みっともない, 見苦しい ◆be arrested for indecent exposure 公然猥褻(罪)で逮捕された ◆the number of cases of indecent assaults on females was 58 女子に対する強制猥褻(罪[行為])の件数は58であった ◆He pleaded guilty to taking indecent [sexual] liberties with a minor (child). 彼は, 未成年者を相手にみだらな行為[淫行, 猥褻(ワイセツ)行為]をしたと罪行を認めた。

**indeed** adv. 実に, 全く, 本当に, 確かに, 事実~だ, 実際は, 実は, そのところ, 真に, ほんと, まさか

**indefinite** adj. はっきりしない, 漠然とした, 明確でない, 定まっていない, 決まっていない, 不定の ◆an indefinite number of...-s 不特定多数の~ ◆a mass of indefinite shape [form] 不定形の塊 ◆something indefinite in shape 何か不定形のもの ◆suspend... for an indefinite period ~を無期延期する

**indefinitely** adv. 無期限に, いつまでも, 漠然と, あいまいに, 不明確に ◆for indefinitely long periods of time 無期限の長い間; いつまでと決まっていない長い期間 ◆When cells have access to an enzyme called telomerase, they lengthen the telomere tips of their DNA and live indefinitely. 細胞がテロメラーゼなる酵素を利用できると, 細胞のDNAのテロメア先端部が伸びて, 細胞は(不老)不死化する。

**indelible** adj. 消せない, 消えない, 拭い去ることができない, 忘れることのできない ◆indelible ink 不滅インク

**indelibly** adv. 消えないように ◆Thieves do not like stealing indelibly marked property since they are hard to sell and greatly increases their risk of getting caught. 泥棒は, 消せない[容易に消えない]印のついた物品を盗むのを嫌う。 そういったものは売り飛ばすのが難しいし, 捕まる危険が著しく増大するからだ。

**indemnification** ①保証, 保障, 補償, 賠償, 損害賠償, 免責; an ~ (稀)補償[賠償]金 ◆sign an indemnification agreement promising not to sue 訴訟は起こさない[告訴しない]という約束の免責契約に署名する

**indemnity** ①保護, 保障, 補償, 補償; an ~ 賠償[補償]金; ①免責 ◆an indemnity payment 賠償金[補償金]の支払い ◆indemnity from prosecution will be granted 刑事免責が与えられることになろう

**indent** 1 vt., vi. (段落先頭行または段落全体を)字下げ[インデント]する(→outdent), ~の縁をぎざぎざに切る, ぎざぎざをつける ◆indent four spaces 4スペース[4文字]分インデント[字下げ]する

2 an ~ (印刷)字下げ(= an indention), 字下げ[インデント]幅[位置], ぎざぎざ ◆a first line indent (↔a first line outdent,

an outdent, a hanging indent） 段落の最初の行のインデント（→ぶらさげインデント）

**indentation** ぎざぎざを付けること，（硬さ試験の）押し込み; an ～ 圧痕, へこみ, くぼみ, 《印刷》字下げ［インデント］ ◆right and left indentation 《ワープロ》左右のインデント［字下げ］ ◆the indentations in the mounting ring 取付けリングのくぼみ

**indention** 《印刷》字下げ［インデント］すること, ぎざぎざをつけること; an ～ 《印刷》字下がり, インデント, ぎざぎざ, へこみ, くぼみ

**independence** 独立(性), 自立(性), 自主(性)．一本立ち ◆a sense of independence 自立心, 独立心 ◆case-independence 《コンピュ》大文字・小文字の区別をしないこと ◆retain independence 独立性を維持する ◆achieve independence 独立を達成する ◆anti-independence groups 独立に反対している残留派 ◆a way to give disabled people enhanced independence 身体障害者の人たちがより自立できるようにする方法 ◆give nominal independence in stages 徐々に形の上だけで自主独立させる ◆Papua's independence movement gained [picked up] momentum. パプアの独立運動が勢いを得た［増した］.;（意訳）パプアの独立運動の気運が高まった.

**independent** adj. <of> (～から) 独立して, (～と) 無関係の, (～に) 依存していない［左右されない］, 自立した, 自主の, 自由な, 単独の, 個別の, 個々の, どこの集団にも属さない,（調査などが）独自の, 独立した, 一本立ちした, 無所属の, 無党派の, フリーランスの（園 autonomous, free, maverick）（大学などが）私立で非営利の; n. an ～ 独立(ロシ人［もの］など）私立で非営利の; n. an ～ 独立(ロシ人［もの］など）,（企業系列に属さない）小企業; an ～《時に an I-》無党派の（有権者［議員］）, 無所属候補, 無所属議員 ◆be independent of each other 〈二者〉は互いに独立している［無関係である］（▶三者以上の場合は each other の代わりに one another を用いる） ◆be independent of one another 〈三者〉は互いに独立している［無関係である］（▶二者の場合は one another の代わりに each other を用いる） ◆become independent of... ～から独立［一本立ち］する, ～から離れて自立する, 〈親元〉から（巣立って）自前になる ◆an independent agent （完全歩合制）個人契約セールスマン ◆an IPP (independent power producer) 独立系発電事業者; 独立系電力卸供給事業者 (＊a non-utility electric generator とも) ◆an independent audit organization 第三者的［中立的］立場の監査機関（＊independent は, どこの息もかかっていないという意味） ◆21 Democratic and independent voters （議会に）投票した[する]21人の民主党議員および無所属議員 ◆4-wheel independent suspension 《車》四輪独立懸架 ◆become an independent state 独立国となる ◆be independent of time 時間に関係ない ◆independent or ganged operation 単独動作［単動］あるいは連動動作 ◆mutually independent events 互いに独立している事象 ◆Russia and the Commonwealth of Independent States (CIS) ロシアおよび独立国家共同体(CIS) ◆since they became independent from Britain in 1947 これらの国が1947年に英国から独立して以来 ◆system-independent システムに依存しない ◆release four albums on independent labels 自主制作アルバムを4枚リリースする ◆these tests were conducted by an independent firm これらのテスト［試験］は中立的な立場の会社によって実施された ◆independent voters continue to outnumber Democrats and Republicans in the region その地域では引き続き無党派層が民主党支持者と共和党支持者の数を上回っている ◆High-level languages are relatively machine-independent. 高級言語は, 比較的機械に依存しない. ◆This file format is host-independent. この印刷ファイルフォーマットはホストに依存しない. ◆The rest of the seats are shared by small regional parties and independents. 残りの議席は, 地方の小政党と無所属議員が分かち合う.

**independently** adv. <of> 独立して, 自立して, 単独で, 独自に, 別々に, 別個に, (～とは) 無関係に, 中立的な立場で ◆a multiple independently targeted reentry vehicle; an MIRV (エムアイアールヴィ); a MIRV (マーヴ) 複数個別誘導弾弾頭［多目標弾頭, 多弾頭各個誘導弾道弾］(＊reentry は大気圏再突入の意) ◆operate independently of the functioning of... ～の動作とは無関係に［関係なく］動作する ◆a not-for-profit organization that helps people with disabilities live independently 障害を持つ人たちの自立を助ける非営利組織 ◆Bob and I each tested the products independently. ボブと私は, それぞれ単独［独自］にそれらの製品を試験した. ◆They may be independently or ganged controlled. それらは単独制御あるいは連動制御が可能です. ◆It is independently produced, but, unlike most indie CDs it has a polished, crisp sound. 実際は独立系自主制作されているものの, たいていのインディーズCDとは異なり, 洗練されて輪郭のはっきりした[粒立ちのいい]音がする. ◆My wife and I independently read the rules and started playing the game. 妻と私はそれぞれ独立にルールを読んでゲームをやり始めた. ◆The xxx module can be quite easily tested independently of the other modules. xxxモジュールは, ほかのモジュールとは独立して単独で［(意訳)切り離して単体で］かなり簡単に試験が行える. ◆The wafer position relative to the mask shall be independently adjustable in the X and Y directions. ウエハー位置はマスクを基準としてX方向およびY方向別々に調整可能であること.

**in-depth** （問題点などを）深く掘り下げた，（研究など）突っ込んだ，踏み込んだ，徹底的な，綿密な，周到な ◆an in-depth analysis 詳しい分析 ◆an in-depth report on... ～についての詳細な報告 ◆an in-depth study 深く掘り下げた研究 ◆an in-depth interview 突っ込んだインタビュー ◆get an in-depth perspective on... ～について詳細に把握する ◆they've thought in-depth about the issue 彼らは, その問題を掘り下げて考えた

**indeterminate** adj. 決まっていない, 不確かな, はっきりしていない, あいまいな, 未解決の;（刑が）期間の確定していない[不定期の, 無期の];《数》解が無数にある［不定の］ ◆an indeterminate equation 不定方程式

**index** 1 an ～ (pl. indices, indexes) 表し示すもの, 計器の指針, 現れ, 指標, 指数, 《印刷》（参照箇所などを示す）指さし印; an ～ (pl. indexes) 索引, 見出し, （図書館の）カード索引; an ～ (pl. 通例 indices) 《数》添え字 (＊上付き・下付き数字), (対数の) 指数 ◆an index [indexing] head 割り出し台［割り送りヘッド］（＊加工物を一定の角度ずつ回転させるために, 工作機械の主軸に取り付けられる） ◆index notches 位置合わせノッチ ◆a low refractive index 低い屈折率 ◆as an index of performance 性能の指標［目安］として ◆build [construct] an index based on three fields 《コンピュ》3つのフィールドに基づいて〈索引〉をキーに〈索引〉を作成［構築］する ◆many of the tables do not have any indexes on them 《コンピュ》多くのテーブルは, 索引付け［インデックス］されていない ◆Pasqua's advocacy of such tough measures is an index of his increasingly pivotal role in Premier Jacques Chirac's conservative coalition government. そのような強硬策をパスクアが擁護するということは, ジャック・シラク首相率いる保守連立政権内での彼の中心的な役割がますます重要度を増してきているということの現われ［ことを示している］.

**2** vt. ～に索引［見出し］を付ける, ～を索引に入れる, ～を指し示す,〈賃金など〉を調整する,《機械》～を割り出す［割送る］ ◆a full-text indexing system 全文索引付けシステム ◆index information for immediate access 即座にアクセスできるように情報に索引をつける ◆Social Security benefits indexed to inflation インフレに連動している［スライドして上がる］社会保障給付 ◆index a file by full text or keywords ファイルを全文についてまたはキーワードで索引付け［インデックス］する ◆index the database on the members' names 会員名に基づいて［をキーにして］データベースに索引をつける ◆store and index small parts 小物部品を収納整理する ◆Pension payouts are indexed to rise with inflation. 年金の支払いはインフレと連動［スライド］して上がる.

**indexation** インデクセーション, 物価スライド制 ◆eliminate wage indexation 賃金の物価スライド制を撤廃する

be protected against inflation by indexation  物価スライド制によりインフレから守られている

**index finger**  an ~ ひと差し指 (= a forefinger) ◆Pointing her left index finger at Mr. Smith, she said: "..."  左手の人差し指でスミス氏を指差して彼女は言った。「~」

**indexing**  《機械》割り出し (*円周をある一定の間隔で等分すること), 見出し付け, 《コンピュ》索引付け

**Indian**  adj. インドの, インド人[語]の; n. an ~ (pl. ~s) (一人の)インド人, アメリカンインディアン; インド語 ◆an Asian Indian  インド人 (*アメリカン・インディアンと区別して) ◆the Indian Ocean  インド洋 ◆march in Indian [single] file, with the leader in front  一列縦隊 [一列に並んで, 一列の隊列を組んで] 先導者を先頭に行進する

**indicate**  vt. ~を指し示す, 指示する, 指定する, 示す, 表示する, 指摘する, 知らせる, ~のしるしに[現れ]である, ~ということを意味する, ~を暗示する, ほのめかす, 表明する, ~を要する, ~が必要である ◆a power indicating light  電源表示灯 ◆he indicated that...  彼は, ~であると指摘した ◆indicate by a sound the end of...  ~の終了を音で知らせる ◆indicated with an asterisk  星印(*)で示されている ◆indicate the existence of...  ~の存在を示す ◆unless otherwise indicated [noted]  特に他に表示[別の記載, 特記事項]がない限り ◆indicate the part number on all shipping containers  ~の部品番号をすべての出荷箱に表示する ◆The odometer indicates 22,500.  《車》そのオドメータ[距離計]は, 22,500マイルを示して[指示して]いる. ◆The red lamp indicates when the soldering iron is heating.  赤ランプは, はんだごてが加熱されている時を示す[《意訳》~時に点灯表示する]. ◆The sound had become loud enough to indicate that service was required.  その《異常》音は, 整備が必要なことが分かるほど[《十分》]大きくなった. ◆If a problem was indicated by the check, use the following procedure to pinpoint the trouble in the electrical system.  その検査で障害があることが判明したら, 次の手順によって電気系統におけるその障害箇所を正確に特定してください.

**indication**  (an) ~ 指し示すこと, 指摘, 指示, 表示, 表れ, しるし, 兆候[徴候], ほのめかし, 気配(ケハイ), 兆し, 表示, 表れ, 指標度 ◆if past history is any indication  過去の歴史をよすがにしてみると[歴史に照らしても] ◆Indications of instability include...  不安定性の表れには, ~などがある. ◆a timer which provides an indication of elapsed time up to 999.99 seconds  経過時間を999.99秒まで表示するタイマー ◆if there is any indication of trouble  もしなんらかの障害が見受けられれば[認められれば] ◆The instrument gives a direct indication of the amount of...  この計器は, ~の量を直示する ◆The statement was seen as an indication that President Clinton has no intention of discussing...  その声明はクリントン大統領は~について話し合う意思がないことの表れだと見られた. ◆The viewfinder has indications for over, under, and correct exposure.  ファインダーには露出オーバー, 露出不足, 適正露出の表示がある.

**indicative**  adj. (~を, ~であること)を表す[示す, 表示する, 暗示する]<of, that> ◆A is indicative of B  AはBであることを示す; AはBであることを指し示して[指摘して, 暗示して, 示唆して, ほのめかして, 匂わせて]いる ◆AはBであることの表れ[現れ, 兆し, 兆候, 徴候]である; Aを見るとBであることが分かる ◆They found plenty of charred wood and melted glass indicative of an intense fire.  彼らは強烈な火事があったことを示唆する[思わせる]大量の焦げた木材や溶融(して固まっ)たガラスを発見した.

**indicator**  an ~ インジケータ, 指示器, 指示計, 表示器, 指示薬, 標識, 指標 ◆an economic indicator  経済指標 ◆a power indicator lamp  電源表示ランプ[灯] ◆a tape-running indicator  テープ走行表示器 ◆the indicator goes on [lights up, illuminates]  その表示ランプが点灯する ◆An illuminated indicator designates if the mode is on or off.  照光式表示器が, そのモードのオン/オフを表示します.

**indie**  an ~ 独立プロ (会社), インディー[インディーズ]バンド, インディーレコード会社; adj. インディーズの, 独立プロの, 独立系の ◆an indie label  インディーズ[独立系自主制作会社の]レーベル (*音楽ソフトなどの) ◆Last year, the band released an indie CD [album].  去年, このバンドはインディーズCDをリリースした[自主制作アルバムを出した].

**indifference**  ①無関心, 無頓着, 恬淡(テンタン), 冷淡, 重要でないこと, 《意訳》座視, 《意訳》放置 ◆the public's indifference toward energy efficiency  エネルギー効率に対する一般大衆の無関心

**indifferent**  adj. (~に)無関心な, 無頓着な, 恬淡(テンタン)としている, 冷淡な<to, toward>; 重要でない, 無関係な, どうでもいい, よくも悪くもない, 可もなく不可もない, 並の, 平凡な

**indigenous**  adj. (その土地に)固有[特有]の, 土着の, 原産の, 原住民[《意訳》先住民]の, 《意訳》現地の; 生まれながらの, 生来の ◆animals and plants indigenous to Australia  オーストラリアに固有の動植物 ◆an indigenous endangered species  絶滅の危機に瀕している[~に]固有の種 ◆Canada's indigenous people  カナダの先住民[原住民](の人たち) ◆indigenous life-styles  土着の[その土地に根付いている]生活様式 ◆the indigenous people of the Amazon  アマゾンの土着民[先住民, 原住民](の人々) ◆Europe's largest indigenous computer company  欧州土着のコンピュータ最大手企業 ◆the members are all indigenous to the community  メンバーはすべてその土地[地元]の人たちである

**indigo**  ①《染料の》藍(アイ), インディゴ, インジゴ, 藍色 ◆T-shirts in indigo (denim blue)  藍色(デニムブルー)のTシャツ

**indirect**  adj. まっすぐでない, 直接でない, 直(ジカ)でない, 間接的な, 間接の, 遠回しの, 直系でない, 二次的な, 副次的な, 反比例の (→inverse) ◆indirect evidence  間接証拠, 傍証, 状況証拠 ◆indirect lighting  間接照明 ◆the indirect [program] mode  《コンピュ》間接モード[プログラムモード]

**indirectly**  adv. 間接的に, 二次[副次]的に, 遠回しに, 〈比例関係に〉反比例して ◆X is indirectly proportional to Y.  XはYに反比例[逆比例]する.

**indiscriminate**  adj. 無差別の, 見境のない, 選ぶことをしない, 手当たり次第の, 乱交の, 乱雑な ◆indiscriminate use of antibiotics  抗生物質のむやみな使用[乱用, 《意訳》安易な利用] ◆the indiscriminate killing of innocent people  罪のない人々[無辜(ムコ)の民]に対する無差別殺人 ◆(the) indiscriminate use of...  ~のむやみやたらな[やみくもな, でたらめな, 漫然とした, 無秩序な, 無計画な, めちゃくちゃな, 無分別な]使用

**indiscriminately**  adv. 見境なく, 無差別に, みだりに, むやみやたらに ◆an indiscriminately formed mass  (規則性を持たずに)無秩序に出来上がった[不定形の]塊

**indispensable**  adj. 絶対に必要な, 欠くことができない, 不可欠な, 必須の; an ~ 絶対欠くべからざる人[物] ◆an indispensable condition  必須条件 ◆as PDAs become more indispensable  個人用携帯情報端末が, ますますもって手放せないものになってくるにつれ ◆become [be] indispensable [essential] to...  〈人, 物など〉に取って不可欠を[《意訳》欠くべからざるものと, 必須に]なる ◆make such systems as common and indispensable as a calculator  そのような装置を電卓のように一般的かつ不可欠なものにする ◆indispensable for servicing foreign-made products  外国製品を修理するのに欠かせない ◆It may become as indispensable as the telephone.  それは電話と同じように(必要)不可欠な[なくてはならない]ものになるだろう. ◆The book will become an indispensable source for the engineer, student, or translator.  本書は, 技術者や学生や翻訳家にとって, なくてはならない[必携の, 必須の]情報源となるだろう.

**indisputable**  adj. 争う[議論の, 疑う, 疑問の]余地のない, 明白な, 確実な, 決まり切った ◆an indisputable fact  議論[疑い]の余地のない事実; 動かすことのできない[確固たる, 明白な]事実 ◆indisputable evidence  議論の[疑い]の余地のない証拠; あらがいがたい証拠; 動かぬ[確かな, 確固とした]

証拠 ◆his indisputable [absolute] masterpieces 彼の議論の余地のない[文句なしの]傑作

**indistinguishable** adj. 区別ができない、見分けがつかない ◆virtually indistinguishable from the real thing 本物とほとんど区別がつかない

**indium** インジウム（元素記号: In） ◆an indium phosphide-based device インジウムリン系デバイス ◆indium phosphide 燐化インジウム

**individual** 1 adj. 個人の、個々人の、個人的な、一人の、個々の、ひとつひとつの、個別の、単体の、単一の、個体の、非連動の、他から独立している、単独の ◆on an individual basis 個々に、個別に、《経理》単独決算ベースで ◆individual control 個別制御 ◆according to individual circumstances 個々の状況[事情]に応じて；場合場合によって ◆case-by-case ◆each individual patient 患者一人一人；個人個人の[個々の、個々の]患者 ◆individual ownership of... ～の個人所有 ◆adjust the positions of individual characters 個々[一つ一つ]の文字の位置を調整する ◆assign permissions once to a group rather than multiple times to individual users アクセス権を個別のユーザーにいちいち割り当てるのではなくグループに対して1回割り当てる ◆individual control of each cylinder's ignition timing シリンダーごとの点火時期の個別制御 ◆information about individual facilities is shown 個々の施設／機能について[《意訳》施設／機能ごとの]情報が示されている ◆Pigs were weighed on an individual basis. 豚は一匹ずつ秤にかけられた[計量された]。 ◆The duration of testing for each selected technology will be determined on an individual basis. 選ばれた個々の技術の試験期間については、個別に決定されるものとする。
2 n. an ～ 個人、個体、単位体、構成員、（特定の）人物[者、人]；(～s で)個人個人、個々人、人々、方々、皆さん、皆様、連中 ◆individuals convalescing at home 自宅療養している人たち[方々] ◆products targeted at individuals [individual customers] 個人[《意訳》一般消費者]向け商品 ◆Though there were variations among individuals, researchers generally found that the slower the metabolism, the greater the weight gain. 個人差はあったが、研究員らは概して新陳代謝が緩慢であればあるほど体重の増加が大きいということを発見した。

**individuality** 個性、個体性 ◆the Porsche's individuality and panache ポルシェ(車)の個性と気品

**individualize** vt. ～に個性を与える、～を別々[個別]に扱う、個別化する、～を個別に設定[《意訳》カスタマイズ]する ◆individualized [individual] and group training programs 個別訓練および集団訓練計画 ◆develop [draw up] an individualized education plan for her 彼女の個別学習計画を立てる ◆individualize these settings for each operator 《意訳》これらの設定を各オペレータ向けに個別設定[カスタマイズ]する ◆it enables physicians to individualize therapy for their patients 《意訳》それにより医師は受け持ちの患者一人一人に合わせた治療が行えるようになる

**individually** adv. 個々に、個別に、別々に、各個に、それぞれに、一つ一つ、個人的に、個人個人に、各人に、ひとりひとり、いちいちに、個性的なやりかたで、独自の[独特な]やりかたで ◆Special features are quoted individually. 特別機能は、個別見積もりとなります。

**indoor** 室内の、屋内の ◆for indoor use in dry locations only 屋内の乾燥した場所でのみの使用向け ◆furniture for indoor use; indoor-use furniture 屋内で使用するための[屋内用]家具

**indoors** adv. 屋内で[に、へ]

**induce** vt. （人）に（～するよう）説き勧める、仕向ける、慫慂（しょうよう）する、誘う、誘導する <to do>、～を引き起こす、誘発する、誘導する、《論理》～を帰納する ◆a corrosion-inducing compound 腐食を起こさせる化合物 ◆an induced draft 誘引[吸い込み、吸い出し]通風 ◆induced drag 《流体力学》誘導抗力[抵抗] ◆an induced-draft cooling tower 吸い込み[吸い出し]式通風冷却塔 ◆induce a high voltage in the secondary winding 二次巻き線に高電圧を誘起する ◆induce growth 成長を促す ◆induce ovulation 排卵を誘発

する ◆induce vomiting 吐かせる ◆magnetic flux-induced currents 磁束により誘導された電流 ◆static-induced damage 静電気により引き起こ[誘起]された損傷 ◆a growth-inducing hormone 成長促進ホルモン ◆an abortion-inducing pill 流産誘発ピル ◆earthquake-induced avalanches of snow and ice 地震により誘発された氷雪なだれ ◆induce a feeling akin to motion sickness 乗り物酔いに似た感じを催させる ◆eddy currents induced by a magnetic field 磁界からの誘導により発生した渦電流

**-induced** adj. ～により誘導[引き起こし、誘起、誘発]された

**inducement** ◆tax abatements may also be granted as an inducement for development or to attract or retain job-providing industries 税金の減額[軽減]は、開発へ向けての誘因として、あるいは雇用をもたらす産業を誘致したりつなぎ止めたりするために、認められることもある

**inductance** (an) ～ インダクタンス、自己誘導[感応]係数、an ～ インダクター、コイル ◆an inductance in series 直列に入っているインダクタンス ◆the inductance of a single-layer close-wound air-cored coil 単層密着巻き空芯コイルのインダクタンス

**induction** 電導、電磁誘導、静電誘導、誘導、感応、導入；(an) ～ 就任式、入会[入団]式；(an) ～ 帰納法 ◆an induction ceremony 《米》入学式 ◆an induction coil 感応コイル（*理科の実験などで用いる高圧発生装置） ◆an induction course （社員がすんなりと新しい仕事や職場に入れるようにするための導入）研修コース ◆an induction furnace 誘導加熱炉 ◆an induction heater; an induction heating system 電磁誘導加熱装置 ◆an induction motor 誘導電動機、インダクションモーター ◆induction heating （電磁）誘導加熱 ◆use drugs for induction of ovulation 排卵を誘発させるために薬物を使用する

**inductive** （電磁、静電）誘導の、誘導性の、感応の、帰納的な ◆an inductive load 誘導(性)の負荷 ◆inductive reactance 誘導[誘導性]リアクタンス

**inductor** an ～ インダクター、コイル、誘導器、誘導子、誘導質、誘導物質 ◆an inductor coil インダクターコイル

**indulge** vt. （子供）を甘やかす、気ままに[好き、したいまま]にさせる、（欲望など）を満足させる、かなえさせる; vi. <in> ～に耽る、耽溺する、溺れる、携わる、～を心ゆくまで楽しむ、好き放題[思う存分]やる、満喫する ◆an only child indulged by (his/her) parents 両親にわがまま放題に甘やかされた一人っ子[一粒種] ◆she doesn't indulge in much small talk 彼女は雑談にふけるようなことはあまりない

**indulgence** （悪い習慣などに）ふけること、沈溺（チンデキ）、耽溺（タンデキ）、放縦[好き放題にふるまうこと]、道楽、わがまま、大目に見ること ◆immoderate indulgence 不摂生

**industrial** adj. 工業(用)の、産業(用)の、製造業の、鉱工業の、工業[産業]用の ◆an industrial complex コンビナート；工業団地；工場団地；工業基地；産業複合体 ◆an industrial district [belt, zone] 工業地域[地帯] ◆an industrial engineer 生産管理技術者 ◆an industrial instrument 工業計器 ◆an industrial robot 産業[工業](用)ロボット ◆an industrial siding 《鉄道》工場などへの引込線 ◆industrial engineering (IE) インダストリアル・エンジニアリング[管理工学、生産工学、経営工学] ◆industrial production 工業生産(高) ◆industrial products 工業用[産業用]製品；業務用品（→consumer products）；工業製品；産業や工業活動により発生する[生成される]もの（*たとえば、pollution = 汚染物質や公害など） ◆industrial prowess 工業力 ◆industrial wastes 産業廃棄物 ◆《米》an industrial park; 《英》an industrial estate 工業団地, 工業団地 ◆industrial effluent(s) 工業[工場、産業]廃水 ◆an industrial nation 工業国 ◆an industrial products manufacturer 工業製品の製造業者[メーカー] ◆industrial waste water; industrial wastewater 工業[工場、産業]廃水 ◆industrial growth 工業成長 ◆industrial (化) 国 ◆the Industrial Safety and Health Law 《日》労働安全衛生法; (通称)労安法 ◆industrial smoke 工場煤煙 ◆industrial water users 工業用水の利用者[需要家、需用家] ◆the Agency of Industrial Science and Technology of MITI (the

AIST)《(日, 旧)》通産省の工業技術院 ◆the National Institute of Advanced Industrial Science and Technology (the new AIST) 《(日)》産業技術総合研究所《(新AIST)》(*旧AIST: the Agency of Industrial Science and Technology of MITI 通産省の工業技術院) ◆adhesives for industrial applications 産業用[工業用]接着剤 ◆(an) industrial society 産業[工業]社会 ◆an industrial soldering iron 産業用はんだごて ◆a piece of city-owned industrial property 市が所有する工業(指定)用地の一区画[一掛] ◆be employed on an industrial scale 工業的規模で採用されている ◆create an industrial base 産業基盤を作る ◆create an industrial base 産業基盤をつくる ◆industrial corporations 製造産業企業[会社] ◆industrial properties like factories and warehouses 工場や倉庫などの産業関係の不動産物件 ◆industrial sclerosis 産業の動脈硬化 ◆millions of square feet of commercial and industrial property 何百万平方フィートにのぼる商業地[地区]および工業地[用地] ◆solvents for industrial use 産業用[工業用]溶剤 ◆supply [provide] water for industrial use [purposes] 産業[工業]用水を供給する ◆the protection of industrial property [industrial property rights]; industrial property protection 工業所有権の保護(*複数形のindustrial propertiesはたいていの場合,工業用地を指す) ◆units ruggedized for industrial use 産業用用途向けに高耐久化[堅牢化]されたユニット ◆greenhouse gas emissions from industrial activity [activities] 産業活動に起因する温室効果ガスの排出 ◆industrial-size refrigeration units 産業用冷凍[冷却]装置 ◆The country needs to upgrade its industrial structure. その国は,産業構造を整備する必要がある。 ◆The company will be entering the industrial waste disposal business in 2003. 会社は2003年に産業廃棄物処理業に参入する予定である。

**industrialization** 回工業化 ◆before industrialization 工業化が始まる以前に ◆growing industrialization 進展しつつある工業化;《(意訳)》工業化の進展 ◆a country's progress toward industrialization ある国の工業化(へ向けて)の進展 ◆further a country's industrialization ある国の工業化を推し進める ◆rapid industrialization in these nations これらの国における急速な工業化 ◆the industrialization of Mexico メキシコの工業化 ◆between 1880 and 1940, a period of few automobiles and low industrialization 1880年から1940年の自動車がほとんどなく工業化も進んでいなかった時代に ◆India formed a huge middle class, largely through industrialization. インドは,主に工業化を通して巨大な中産階級を形成した。 ◆The amount of atmospheric carbon dioxide has increased by about 25 percent since the beginning of industrialization. 大気中の二酸化炭素の量は,工業化が始まって以来約25パーセント増加した。 ◆The Research Center is currently involved in the industrialization of the patented process for the manufacture of... この研究センターは目下,〜製造のための特許プロセスの工業化を手がけている。

**industrialize** vt. 〈地域, 国など〉を工業化する; vi. 工業化する ◆an industrialized country 先進国 ◆highly industrialized countries 高度先進工業国

**industrially** adv. 工業[産業]的に, 工業[産業]上, 工業[産業]によって ◆industrially important uses 産業[工業]上重要な用途 ◆industrially-produced synthetic ammonia 工業的に生産された合成アンモニア

**industrial revolution** the 〜《(しばしば the Industrial Revolution)》《史》産業革命 ◆the third industrial revolution 第3次産業革命(*ハイテクと大衆情報伝達による社会の変革)

**industrious** adj. 勤勉な, 精励(恪勤)な, よく働く ◆industrious [assiduous, diligent, hardworking, hard-working, moiling] workers 勤勉な[せっせと励む]従業員;こつこつと[孜々(シシ)として,営々と]働く労働者

**industriously** adv. 勤勉に, 孜々(シシ)として

**industry** 回産業, 工業, 産業界; an 〜 産業界の一部門, -産業, -工業, -業界, -業; 回勤勉, 精励 ◆in industry; in industry circles; in the industrial community 産業界において[工業において] ◆a de facto industry standard 事実上の業界標準(規格) ◆an industry product 工業製品 ◆space-age industries 宇宙時代の[最先端]産業 ◆the distribution industry 流通業[業界] ◆the electronic industry 電子業界 ◆the music industry 音楽産業 ◆the office systems industry オフィスシステム業界 ◆government-industry relations 産官関係 ◆the leather industry 皮革工業[産業, 業界] ◆branches of industry 諸産業[業界] ◆classify businesses by industry 企業を業種別に分類[区分]する ◆in academic as well as private industry circles 学術ならびに民間産業界において ◆scientists and engineers from industry and academia 産業界および学界[産学]からの科学者と技術者 ◆The industry emphasizes that... 業界(側)は,〜であると力説している。 ◆the industry's first(-ever)... 業界初の〜 ◆industries such as automaking, shipbuilding, electronics and textiles 自動車製造, 造船, エレクトロニクス, 繊維などの産業 ◆the consumer banking segment of the finance industry 金融業界の消費者銀行業務[消費者金融]部門 ◆an industry-standard format 業界標準のフォーマット ◆our industry-leading 18-month warranty 業界随一を誇る弊社の18カ月保証 ◆enable closer cooperation between industry and academia より緊密な産学協同[協力]を可能にする ◆open the airline industry's first Internet seat booking services 航空業界初のインターネット利用座席予約サービスを開設する ◆directories of members categorized by industry and profession 会員が業種別および職業別に区分されて掲載されている商工名鑑 ◆double the industry's standard one-year warranty coverage 業界の標準となっていた一年間の保証期間を倍に延長する ◆Taking an example from another industry, Wal-Mart, the world's largest retailer, has secured... 〜の例に倣って, 世界随一の小売業者であるウォルマートは〜を確保した ◆The optional sliding left-side door is an industry first. オプションのこの引き戸式左側ドアは, 業界初のものである。 ◆Construction firms surveyed in mid-December said current industry conditions deteriorated. 12月中旬に実施された調査の対象となった建設会社は, 現在の業況は悪化したと回答した。 ◆In some industries, U.S. companies maintain a powerful position. 一部の業種においては, 米国企業は有力[優勢]な地位を保っている。

**industry-standard** adj. 業界標準の ◆industry-standard application software, such as Microsoft Office and Word Microsoft OfficeやWordなどの業界標準《(意訳)》定番の]アプリケーションソフトウェア

**industry-wide** adj. (ある)業界[産業]全体の

**inebriation** 酩酊, 酔い痴れること, 有頂天 ◆be in a state of inebriation めいてい[すっかり酔った]状態である

**ineffective** 効果[実効, 効力]のない, 効果的でない, 有能でない, 無能な, 無力な, 無効な

**ineffectual** 効果のない, 効力[効き目]のない, 効果的でない, 無力な, (努力など)むだな, むなしい ◆it proved ineffectual それは効果的でないことがわかった。それは(結局)効果的でなかった ◆render the circuit ineffectual その回路を効果的でなく[うまく働かなく]する

**inefficiency** n. 非能率(さ), むだが多いこと, 無能, 無力, 力量[能力]不足 ◆because of the inefficiencies of nationalized industries 国営化産業の能率の悪さ[非能率]のせいで

**inefficient** 非能率の, 実効のない, 効率が悪い, むだが多い, 無能の, 力量[能力]不足の, 無力な ◆an inefficient manufacturer 効率[能率]の悪い製造業者[メーカー] ◆inefficient state-run enterprises 非能率的[非効率的]な国営企業 ◆inefficient frequency spectrum utilization 非効率的な周波数スペクトル[《意訳》電波]の利用

**inept** 不適切な, 的外れの, 場違いの, 不器用な, 不手際な, ばかげた

**ineptly** 不器用に, 不手際に ◆The car behaves ineptly when driven over anything but smooth pavement. この車の挙動は, スムーズな舗装路以外の走行ではぎこちない。

**inequality** (an) 〜 不平等, 不均等, 不均衡; inequalities でこぼこ, 起伏, 変動; an 〜 不等(式)

**inequity** 不公正, 不公平; an ～ 不公正[不公平]な事柄 ◆an inequity that must be redressed　正されねばならぬ不公正

**inert** 活性のない, 不活性の, 自ら動く力のない, 化学作用[変化]を起こさない, のろまな, 活気のない ◆an inert gas　不活性ガス, 希ガス(= a noble gas) ◆an inert substance　不活性物質 ◆in an inert atmosphere　不活性(ガス)雰囲気中で ◆It is chemically inert.　それは化学的に不活性である.

**inertia** 慣性, 惰性, 不活発, 《医》活動力欠如, 無気力, 無力 ◆a low-inertia motor　低慣性モーター ◆the inertia of a body　物体の慣性 ◆There's a great deal of inertia in the user community.　ユーザーの間にはかなりの惰性[慣性]がある. (＊他のモデルやソフトにすぐに乗り換えられないことをいっている)

**inertial** 慣性の, 惰性の ◆an inertial force　慣性力 ◆inertial guidance　(航空機, ミサイルなどの)慣性誘導 ◆an inertial coordinate system　慣性座標系 ◆an inertial navigation system (an INS)　慣性航法システム[装置] ◆in inertial space　慣性空間で

**inertness** 不活性, 非活性, 不活発, 遅鈍 ◆inertness toward...　〈物質〉に対する不活性

**inescapable** adj. 逃れられない, 免れない, 避けがたい, 不可避の, やむを得ない, 確実に起こる, 必至の ◆From this point onward, war in the Pacific became inescapable.　この時点から, 太平洋における戦争は避けられないものとなった.

**inevitable** adj. 避けられない, 免れない, 不可避の, 必然の, 必至の;《口》お決まりの, お定まりの, 例の, 付き物の, いつもの; the ～　避けられない事柄, 必然的な帰結 ◆an inevitable accident　不可抗力による事故 ◆the inevitable stray capacitance in circuits　《電》避けることができない回路中の漂遊(静電)容量 ◆a Japanese guy with his inevitable glasses　日本人に付き物の[お決まりの]眼鏡をかけている日本人男性 ◆reduce the inevitable errors of human judgment　避けがたい人間の判断誤り[人為ミス]を減らす ◆the wall crumbled and unification became inevitable　壁は崩壊し統一は必至(の情勢)となった ◆Downsizing is inevitable.　事業縮小[人員削減, 合理化]は必至(の情勢)である. ◆They will face the inevitable glitches.　彼らは, 必然的な不具合に直面することになるだろう[不具合に直面することは避けられないであろう]. ◆Competitors believe that it is inevitable that Computek will sell direct in Japan.　競争相手の企業各社は, コンピューテックが日本で直販をすることは必至[間違いない]とみている. ◆It's inevitable that customers will lose out in the end with non-standard modems.　非標準モデムで割を食うのは結局顧客だという図式は避けられない.

**inevitably** adv. 不可避的に, 必然的に, いきおい, 必ずや, 当然(のごとく), 確かに ◆The attachment to nicotine is obviously so strong that all such efforts inevitably go up in smoke.　ニコチンへの依存は明らかに非常に強力なので, そういった努力は必ずや[おじゃんに, 台無しに]なってしまうのだ. (＊禁煙の努力の話で) ◆Consumer CD-ROM titles will inevitably come down in price from the current $29 - $49 range as the market expands.　一般消費者向けのCD-ROM作品は, 市場が拡大するにつれ29〜49ドルの現行価格帯から更に低下することは必至である.

**inexhaustible** adj. いつまでも続く, 尽きない, 無尽蔵の; 根気のよい, 疲れ知らずの ◆an inexhaustible energy source [source of energy]　無尽蔵のエネルギー源

**inexpensive** adj. 高価でない, 値段が高くない, 費用[出費]がかさまない, 安い, 安価な ◆an inexpensive thermal printer　廉価なサーマルプリンタ ◆an inexpensive way to <do...>　〜するのに安上がりな方法 ◆it is usually the most inexpensive to purchase　それは通常最も安価に購入できる[買えるとしたら一番安いものだ]

**inexpensively** adj. 安価[廉価]に, あまり金[さほど費用]をかけないで ◆... can be achieved most inexpensively　〜は最も安価に実現可能である; 一番金をかけないでものにできる

**inexperience** 経験不足, 未熟, 不慣れ

**inexperienced** 経験不足の, 不慣れな, 未熟な ◆The word processor is so easy to use that even inexperienced employees can...　このワープロは, 経験の浅い[不慣れな]従業員でさえ〜できるほど簡単に使えます. ◆The fiber optics stripper assures a proper trim for even the inexperienced installer.　この光ファイバー被覆はぎ取り工具を使えば, 未熟な取り付け作業者でも適正な切除が確実に行えます. ◆Inexperienced workers usually start by doing simple tasks such as moving paper from cutting machines to folding machines.　未熟練労働者は, 紙を裁断機から折り畳み機のところへ運んで行く等の簡単な作業から始めるのが普通である.

**inexpert** 腕が未熟な, 下手な, 不器用な ◆an inexpert typist　未熟なタイピスト

**INF** (Intermediate-range Nuclear Forces) 中距離核戦力 ◆the INF (Intermediate-range Nuclear Forces) Treaty　中距離核戦力条約

**infamous** 悪評を買った, 悪名高い, 名うての, いまわしい, 破廉恥な

**infancy** 幼少, 幼時, 幼少期, 幼児期, 幼年期, 揺籃(ヨウラン)期, 黎明(レイメイ)期, 萌芽(ホウガ)期, 非常に初期の発達段階 ◆be in one's infancy　まだ(発展の)初期段階にある ◆HDTV in its infancy　揺籃[黎明]期にある高品位[高精細度]テレビジョン ◆the technology is emerging from infancy　この技術は黎明[萌芽]期を脱しつつある ◆the company's infancy has been surrounded with controversy　この会社ができて間もない頃のことについて色々と沙汰されている ◆This market is still very much in its infancy.　この市場は, 依然として非常に未成熟である.

**infant** an ～ 乳児, 幼児, 乳幼児, 赤ちゃん, 赤ん坊, 嬰児(エイジ),《法》7歳以下の子供,《医》乳児(＊0歳児. 特に新生児や未熟児); adj. 乳幼児(用)の, 幼少期の, (発達)初期段階の, 揺籃(ヨウラン)期, 黎明(レイメイ)期, 萌芽(ホウガ)期の ◆他の辞典では「幼児」の訳が最も一般的で,「乳幼児」や「乳児」の訳は見受けられないが, 本辞典は乳児も含める. ◆an infant mortality failures 《工業》(機器の)初期故障[不良] (＊ANSIおよびIEEE規格の用語である) ◆an infant mortality rate (IMR)　《医》乳児死亡率 (＊IMRは, 生産児千人につき1歳未満で死亡する件数) ◆be in the infant stage　(発達)初期段階[揺籃(ヨウラン)期]にある ◆an infant mortality rate of 2 percent　《工業》2パーセントの初期不良[故障]率 ◆an infant mortality rate of 5 per 1,000 live births　生児出生1,000件につき5件の乳児死亡率 ◆the infant medium of CD-ROM　CD-ROMという揺籃期にあるメディア ◆The speech recognition system's 1,000-word vocabulary was a dazzling breakthrough in the infant field of artificial intelligence.　その音声認識システムの1,000語という語彙は, まだ黎明期にあったAI分野にしてはすばらしい飛躍的な進歩であった.

**infect** vt. 〜に(〜を)感染させる, 伝染させる, うつす<with>,〈ウイルスが〉〜を侵す,《医》〜を(〜で)汚染する<with>,〈人〉を(よからぬこと)に染まらせる, かぶれさせる, 感化させる<with>,〈気分などが〉〈周りの人など〉に伝わる ◆an infected computer　(コンピュータウイルスに)感染したコンピュータ ◆become infected with the virus as a result of contact with...　〈人〉と接触した結果そのウイルスに感染する ◆identify the virus infecting the system　(コンピュータ)におかしくなっているウイルスを特定する ◆remove a virus from an infected file and repair the file　《コンピュ》感染したファイルからウイルスを取り除いてファイルを修復する

**infection** 感染, 伝染, 汚染, 感化; an ～　感染症[伝染病], 病原菌,《コンピュータ》感染[ウイルス]

**infectious** adj. 感染(性)の, 接触感染性の, (笑いなど)移りやすい, 急速に広まる ◆an infectious disease　感染症, 伝染病, うつる病気 ◆the Infectious Disease Prevention Act　伝染病予防法

**infer** vt. 〜を推論[推量, 推測, 推理, 推断]する ◆infer that...　〜なのではないかと推論する ◆infer A from B　BからAを推論する ◆infer... from analogy　〜を類推する

**inference** 推論, 推量, 推測, 推理, 推断; an ～ 推論して得た結果 ◆make the inference that... ～といったことであろうと推論する ◆draw [make] an inference from... ～から推論する ◆an inference engine 《コンピュ》推論エンジン ◆inferences derived from these studies これらの研究から推論して得られたデータ

**inferior** adj. 下の, 下位の, 下級の, 低級の, 劣る, 劣等の, 質の悪い, 粗悪な, 低質の, 低品位の;《印刷》下付き添え字の; n. an ～ 下付き添え字 ◆an inferior official 地位の低い役人, 小役人, 下級公務員 ◆be of inferior quality 品質が悪い, 粗悪である ◆inferior goods [products] 質の悪い品物; 品質の劣る製品; 粗悪品 ◆be inferior in (point of) quality to... ～に質[品質](の点)で劣っている ◆to prove that Indian goods are in no way inferior in quality インドの品物が決して品質が悪くはない[《意訳》粗悪品ではない]ということを証明するために

**inferiority** 劣っていること, 劣等(性), 下位, 下級, 低級, 粗悪 ◆an inferiority complex 劣等感, 劣等複合(＊平たくいうと「気後れ, ひけめ, ひけ, ひがみ, コンプレックス」) ◆The superiority of men does not mean the inferiority of women. 男性の優位性は女性の劣位性を意味するものではない.

**infertile** adj. 繁殖力[生殖力]のない, 不妊の, (土地が)肥沃でない, やせている, 不毛の ◆render... infertile ～を不妊症[繁殖不能, 生殖不能]にする

**infest** vt. 《病気, 害虫などが》～にはびこる[はびこっている, たかる, 蔓延〈マンエン〉する, 横行する, 群がる, 寄生する]; 《be infested with...で》がはびこっている[～がたくさんいる] ◆a rat-infested house ねずみがはびこっている[たくさんいる]家 ◆in crime-infested or drug-infested areas 犯罪が横行している地域や薬物が蔓延している地域 ◆Our house is infested with rats. 我が家には, ねずみがはびこっている

**infiltrate** vt. ～を浸透[浸潤]させる,《人》を《敵地などに》潜入させる <into>; vi. 染み込む, 浸透する, 浸潤する, 潜入する

**infiltration** 浸透, 溶浸, 潜入; an ～《医》浸潤

**infinite** 無償の, 無数の, かぎりない, 際限のない, はてしない, 莫大な, 広大無辺な ◆an infinite multiplication factor 《原子力》無限倍係数 ◆a container of infinite size 無限大の容器 ◆an infinite number of font variations 数え切れないほどのフォントの種類 ◆an infinite number of stars 無数の星 ◆at an infinite distance from... ～から無限遠隔てたところで ◆from an infinite distance 無限大の距離[無限遠]から ◆if we could run the tests over and over an infinite number of times これらの試験を際限なく繰り返し行えれば ◆The rectifier tube has an almost infinite reverse resistance. 整流管の逆方向抵抗値は, ほとんど無限大である.

**infinitely** 無限に, 極めて大きく, 非常に, 大いに

**infinitesimal** 無限小の, 微小の, 極微の, (極めて小さいという意で)極小の ◆an infinitesimal distance 微小距離

**infinity** (∞の記号で表記)無限大, 無限遠, 無限距離, 無限に長い時間, 無限の数・量 ◆an image at infinity 無限遠にある像 ◆...the reading is infinity 測定値は無限大である

**inflammability** 引火性, 可燃性, 易燃性

**inflammable** adj. (= flammable) 引火性の, 可燃性の, 強燃性の; n. an ～ 可燃物 ◆(an) inflammable gas (ある一種類の)可燃性のガス ◆Oils and fats are easily inflammable. 油や油脂は, 火がつきやすい.

**inflammation** 点火, 着火, 引火, 伝火, 燃焼; (an) ～《医》炎症 ◆cause a localized inflammation 局所的な炎症を起こさせる ◆the inflammation of the air-fuel mixture 混合気の点火[着火, 引火, 燃焼]

**inflammatory** 怒りを掻き立てる, 憤激[激昂]させる, 扇情的な(seditious),《医》炎症性の ◆an anti-inflammatory drug [medicine] 抗炎症薬 ◆patients with inflammatory bowel disease (IBD) 炎症性腸疾患の患者

**inflatable** adj. 膨らますことができる, 膨らまして使う; an ～ 空気を入れて膨らませて使う物 ◆inflatable toys; inflatables 空気入れ玩具(＊ビニールなどから作られている幼児用の浮き輪など)

**inflate** vt. ～を膨らませる, 膨張させる, 増長させる, 得意がらせる,〈物価など〉を上昇させる; vi. ◆inflate expectations 期待を膨らませる ◆inflate the bag to a volume as great as that of... ～と同じ体積にこの袋を膨らませる ◆You'll get better gas mileage if you keep your tires inflated to the maximum level recommended by the tire manufacturer on the tire sidewalls. タイヤ側面に表示されているタイヤメーカー推奨の最高レベルにタイヤの空気圧を保つとさらに燃費がよくなります.

**inflation** ふくらませること, 膨張,《医》鼓脹; (an) ～ インフレーション, インフレ, 通貨膨張 ◆after adjusting for inflation; adjusted for inflation インフレ調整後で(＊挿入句として用いられる) ◆by inflation インフレにより ◆on an inflation-adjusted basis; in inflation-adjusted terms インフレ調整済みで ◆a hedge against inflation インフレ防衛策 ◆tire inflation pressure タイヤ(の空気)圧 ◆anti-inflation [anti-inflationary] policies 反インフレ政策, インフレ対策, インフレ抑制策 ◆because of rising inflation インフレ昂進のせいで ◆exacerbate inflation インフレを悪化させる ◆foster inflation インフレを煽る ◆give rise to inflation インフレを引き起こす ◆if inflation accelerates インフレの進行が速まるようであらば ◆if inflation ignites もしインフレに火がつくと ◆to combat inflation インフレと闘うために ◆to protect [guard] against inflation インフレに対する防衛のために; インフレに対処するために ◆a country with high inflation 高いインフレ(率)の国 ◆inflation adjustment of Social Security 社会保障のインフレ調整 ◆despite 6% inflation and 15% interest rates 6%のインフレおよび15%の金利にもかかわらず ◆even in periods of moderate inflation インフレがいくぶん落ち着いている時期にさえも ◆inflation hedges like real estate and gold 不動産や金などのインフレ防衛措置[手段] ◆double-digit [triple-digit] inflation 2桁[3桁](台)のインフレ ◆inflation-indexed pension benefits インフレにスライドして上がる[インフレに連動している]年金給付 ◆assume a 4% annual inflation rate 年4%のインフレ率を想定する ◆assume a higher rate of inflation より高いインフレ率を想定する ◆grade inflation – the practice of assigning higher grades than earned or merited 点数の水増し[点数に下駄を履かせること], すなわち実際の得点や成績よりも高い評価を割り当てる慣行 ◆tax brackets are adjusted annually for inflation 税区分は, 毎年インフレ調整される ◆boost spending for defense 37% in inflation-adjusted dollars 国防支出をインフレ調整済みのドル額で37%増加させる ◆an after-inflation increase of 3% in military spending インフレ調整済みで3%の軍事支出の増加 ◆It's true that inflation is under control, but... インフレは抑制されていることは確かだが,... ◆since inflation is likely to rise over time インフレは長い年月のスパンで見て上昇しそうなので ◆that limit will rise with inflation over the years その限度額はインフレと共に年を追って上がっていくだろう ◆All incomes are adjusted for inflation and stated in 1995 dollars.《意訳》所得はすべてインフレ調整済みで, 1995年後での貨幣価値に換算したドルで表示されている. ◆Real disposable income is the amount of money people have left after taxes, adjusted for inflation. 実質可処分所得とは, 税引き後に手元に残る金額で, インフレ調整したものをいう. ◆Growth in the gross national product, after adjustment for inflation, plummeted from an annual rate of 8.6% in the first half of the year to only 1.9% in the July-September quarter. インフレ調整済みの国民総生産の伸びは, 上半期の年率8.6%から7月～9月の四半期の1.9%に急落した.

**inflationary** インフレの, インフレを誘発する ◆inflationary overheating インフレによる経済の過熱 ◆for those countries with slightly more inflationary tendencies than Germany ドイツよりわずかばかりインフレ傾向強い国々に

**inflator** an ～ 膨らませる装置, 空気ポンプ[注入器], エアコンプレッサ,《化》膨張剤 ◆an air bag inflator エアバッグのインフレータ[ガス発生装置]

**inflection** (an) ～ 〈声などの〉抑揚, イントネーション, 発声の調節, 調子の変化, 〈曲線の凹から凸へ, またその逆の〉変曲, 屈曲, 湾曲, 《文法》語形の変化, 屈折 ◆an inflection point; a point of inflection 〈グラフの〉変曲点

**inflexible** adj. 曲がらない, 屈しない, 柔軟さがない, しなやかさを欠いた, 融通のきかない, 従順でない, 頑固な, 頑迷な, 不動の, 確固たる, 硬directive[硬直, 剛直]な ◆become obstinate and inflexible 頑固[意固地]になって柔軟さを失う（人々が別の考えなどに）合わせられなくなる）

**inflict** vt. 〈人に〉〈いやなもの〉を負わせる[加える, 与える]<on> ◆inflict a grand [massive] defeat on... …を[大敗北]大敗させる ◆a self-inflicted illness 自ら招いた病

**infliction** ⓊU〈罰や苦痛を〉課する[与える, 負わせる]こと,（迷惑などを）〈打撃などを〉与える[負わせる]こと; an ～（負わされた）罰, 苦痛, 重荷,（かけられた）迷惑 ◆She has sued Mr. Roman for intentional infliction of severe emotional distress. 彼女は, 著しい精神的苦痛を意図的に与えたとしてローマン氏を告訴した.

**inflight, in-flight** adj. 飛行中の,（映画などのサービスが）機中での, 機内の ◆inflight [midair] refueling 空中給油 ◆inflight service 機内サービス ◆Aeroflot has improved its in-flight service アエロフロート航空は機内[機上]サービスを改善した ◆a manufacturer of in-flight meals 機内食製造業者

**inflow** an ～ 流入, 流入物, 流入量 ◆foreign capital inflows 外資の流入 ◆this action led to an inflow of foreign capital この措置は外資の流入につながった ◆to prevent the inflow of fresh air and the outflow of foul air 新鮮な空気の流入を防ぎ, 汚れた空気の流出を防止するために

**influence** 1 (an) ～ 影響（力）, 感化, 作用, 誘導, 勢力; an ～ 影響力のある人[物], 有力者, 勢力者 ◆exert an influence upon... …に～を与える ◆have an influence on... …に影響する[影響を及ぼす] ◆they grow annually in number and influence 彼らは毎年数が増え, 影響力が大きくなってきている ◆under the influence of heat 熱の影響で[を受けて]; 熱作用によって ◆we have no influence over that それは私たちの力ではどうしようもないことである ◆wield considerable influence among... …の間で大いに幅を利かせている[威勢をふるっている] ◆wield influence over... …に対し影響力を行使する[ふるう] ◆an influence directly exerted upon... ～に直接的に及んだ影響 ◆he has not so much influence 彼にはさほど影響力[勢力]がない; あまり顔が利かない; たいして顔が利かない ◆human beings have an influence on [upon] the global climate 人間は地球の気象に影響を及ぼしている ◆under the influence of alcohol [drink] 酒気を帯びて ◆under the influence of high temperature 高温の影響を受けて ◆with little influence on product quality 製品の品質にはほとんど影響を及ぼさずに ◆As minorities rise to positions of influence and power,... 少数民族出身者たちが有力な地位[=影響力と権力のある地位]につくのにつれて,... ◆Sonny Rollins has been one of my influences. ソニー・ロリンズは, 私が影響を受けた人の一人です.

2 vt. 影響を及ぼす, 左右する, 感化する（人）に勧める[働きかける]～させる<to do> ◆people's decisions are influenced by others 人々の（意思）決定は他の人に影響される[他人によって左右される] ◆A great number of factors influence test [testing] results. 多くのファクターが試験結果に影響を及ぼす; 多数の要因が検査結果を左右する.

**influence peddler** an ～ 依頼人の代理人としてコネのある政府高官に働きかけ依頼人が受注できるようにしてその料金を稼ぐ人, 公職上の自分の地位・影響力を利用して特定の企業に利益誘導を行い私利を図る議員や政府役人など ◆influence peddlers who cash in on their connections 自分たちのコネ[人脈]を利用して儲けている口利き屋たち

**influence peddling** Ⓤ政府役人や議員の地位・影響力の不正利用, 不正取引, 斡旋収賄, 斡旋利得罪 ◆influence-peddling abuses (公務員や議員が)職務上の影響力を利用して行う職権濫用[斡旋収賄, 不正, 汚職, 涜職(トクショク)] ◆he was accused of influence peddling 彼は斡旋収賄[《意訳》受託収賄罪, 斡旋利得罪]で起訴された

**influent** adj. 流れ込む, 流入する; n. 流入, 流入水, an ～ 支流 ◆influent ions 流入イオン

**influential** adj. 大きな影響力を持つ, 有力な <on> ◆an influential person (pl. influential people) 有力者 ◆an influential person [man] 影響力[勢力]のある人; 有力者; 実力者; 顔が利く人; 顔役; 幅が効く人 ◆influential higher-ups 大きな影響力を持っているお偉方[上役]たち; 有力な幹部 ◆Russia's second-most-influential politician after Mr. Yeltsin エリツィン氏に次ぐロシアの影響力[《意訳》実力]ナンバー2の政治家

**influenza** Ⓤインフルエンザ, 流行性感冒, 流感（*口語では短縮して flu）◆an influenza virus インフルエンザ[流行性感冒, 流感]ウイルス ◆Spanish influenza スペイン風邪（*1918年に世界的に大流行した）◆influenza develops [turns] into pneumonia インフルエンザが肺炎になる ◆when she was attacked with [by] influenza 彼女がインフルエンザにかかったときに ◆He has [is suffering from] influenza. 彼はインフルエンザにかかっている. ◆Influenza has struck at least 16 states this season. 今季, インフルエンザが少なくとも16の州を襲った.

**influx** 流れ込むこと, 流入 (= inflow), an ～（人や物が）どっと押し寄せること, 殺到 ◆a great influx of foreign goods 外国製品の大量流入 ◆an influx of foreign investments 外国（からの）投資の流入 ◆an influx of tourists into... …への観光客の殺到 ◆the influx of foreign-made copier machines a decade ago 10年前に起きた外国製複写機の（大量）流入

**info** 《口》Ⓤ(= information)

**infomercial** an ～ 製品[商品]情報を流すための長めの説明的コマーシャル

**inform** vt. 〈人〉に知らせる[告げる, 告知する, 報告する, 通知する, 申告する, 申し出る, ご案内申し上げる, 伝える]; vi. 密告する ◆According to (well-)informed sources 消息筋によると, ◆make informed decisions 十分に状況説明を受けた上で決定を下す ◆(well-)informed sources close to... ～に近い消息筋 ◆display a message informing you that,... メッセージ表示によって～であることを知らせる ◆use television and radio to inform the public about... テレビやラジオを利用して（一般の人々に）～についてピーアール[PR]する ◆We are pleased to inform you that,... ～ということをお知らせ[お伝え]いたします.（*ビジネスレターなどで）◆Schedule of this week's league match will be confirmed tonight and will be informed to all members. 今週のリーグ戦のスケジュールは, 今夜確定し, すべての会員に知らされ[通知され]（る）ことになって）ます. ◆Any substantial increase to the cost of such work should be informed to the client immediately. そういった工事の費用が大幅に増加する場合には, 直ちに施主に通知しなければならない. ◆This sign informs motorists of the distances to municipalities located on the highway. この道路標識は, ハイウェイ沿いにある市町村までの距離を自動車運転者に知らせるものである.

**informal** adj. 形式ばらない, 非公式の, 内々の, 小服の;〈言葉が〉くだけた ◆informal clothes 普段着[平服] ◆an informal seal 非公式のハンコ, 認め印

**informant** an ～ 情報提供者, 通知者, 通報者, 密告者, 告発者; an ～ 言語研究資料提供者（*発音・方言・用法などの研究対象地域に土着する人）◆informants providing useful information about... ～に関する有益な情報をもたらす情報提供者ら

**informatics** Ⓤ(= information science) 情報科学

**information** Ⓤ情報, ニュース, 通達, 知識, 知見, データ, 資料,《意訳》内容; Ⓤ知らせ（付き）報告, ～案内（所, 係）◆情報の意味で用いる時は, 不定冠詞 an や複数形の -s はつかない. ◆for (your) information ご参考までに[なお, ちなみに] ◆an information system 情報システム ◆information management 情報管理 ◆information processing; processing of information

情報処理 ◆information retrieval 情報検索 ◆information science 情報科学 ◆information technology 情報技術, IT (アイティー) ◆an information center （大見本市などの）案内所 ◆an information sign 案内標識 ◆textual information （図や写真に対して）本文;《コンピュ》(グラフィックス情報などに対して）テキスト[文字]情報 ◆a home information system 家庭用情報[情報家電]システム ◆an information provider 情報提供者[業者]（*情報サービス会社など）◆the information age [the age of information, the Information Age] 情報化時代 ◆an information-retrieval system 情報検索システム ◆(an) information society; (an) information-oriented [information-based] society 情報化社会 ◆information communications equipment 情報通信機器 ◆information technology equipment (ITE) 情報技術機器 ◆information items; (individual) items of information; each item of information 個々の情報; 情報項目 ◆more information; (more) detailed information; further information 詳細（情報）[追加情報,（標題）関連情報,（標題）参照]（*～についての, ～に関する = on, about, as to, concerning, regarding）◆information age technology 情報化時代の技術 ◆information technology research 情報技術研究 ◆an information-storage and -retrieval system 情報記憶検索システム ◆information-laden ads 情報が満載の広告 ◆NTT's INS (Information Network Service) NTTの高度情報通信システム ◆8 bits of information 8ビット（分）の情報 ◆the Basic Law on the Formation of an Advanced Information and Telecommunications Network Society （日）高度情報通信ネットワーク社会形成基本法（*通称「IT基本法」）◆armed with information about [on]... ～に関する情報で武装して[情報を武器に]～ ◆both "push" and "pull" information 《ネット》「プッシュ（*望む望まないにかかわらず発信側が勝手に送りつけてくる）」情報と「プル（*積極的に取りに行く）」情報の両方 ◆capture information about... ～の情報をつかむ ◆individual pieces of information in order to obtain information about... ～についての情報を得るために ◆provide information regarding... ～について情報を提供する ◆the provision of information to... ～への情報の提供 ◆your information source あなたの情報源 ◆President Clinton's plan for an information superhighway クリントン大統領の情報スーパーハイウェイ計画[構想] ◆a routine information-manipulation task 定型情報処理業務 ◆electronic mail, bulletin boards, and other information-disseminating tools 電子メール, 掲示板およびその他の情報発信ツール ◆manipulate and analyze information 情報を処理したり分析したりする ◆For further information about..., see... ～についての詳細は,～をご覧ください. ◆For (more) information about ... -ing, see...; For information on [For information about, To learn, For details on, For a description of] how to <do>, see... ～のしかた[～する方法,～法]について[の詳細]は,～を参照してください. ◆use a laser to read information from a disc レーザーを用いてディスクから情報を読む ◆individuals and businesses which have information-providing capability 情報提供能力を持っている[情報発信型の]個人や企業 ◆organize the information and make it easy for the reader to digest 情報を整理し, 読者にとって消化しやすいものにする ◆For more information on this high-performance system, contact: この高性能システムについて,詳しくは下記までお問い合わせください: ～ ◆Click on the course you would like more information on. もっと詳しく知りたいコースをクリックしてください. ◆Each pulse carries one item of information. 《電子》各パルスは,1項目の情報を担っている. ◆A megabit computer chip is capable of storing 1 million units of information. メガビットチップ1つで, 百万単位（ビット）の情報を記憶できる. ◆Every office has a particular information-handling function within the organization. どの部局も, 組織内で果たすべき永る特有の情報処理[取り扱い]機能を持っている. ◆Show as little information on each slide as you can, and highlight the essentials. 一枚一枚のスライドで見せる情報量はできるだけ[なるたけ]少なくし, また重要事項は強調するようにしてください. ◆

The steering wheel feeds me the right amount and quality of information from the road. このステアリングホイール[ハンドル]は, 道路からの適正な量と質の情報を私に与えてくれる. ◆The explosion of information means that people are swamped with too many new facts to absorb. 情報の爆発とは, 人々に吸収しきれないほど多くの新しい情報が洪水のように押し寄せることである.

**informational** adj. 情報に関する, 情報を載せている[伝える, 提供する] ◆an informational sign （情報が載っている看板=）案内板

**informative** adj. 情報[知識]を与えてくれる, 教えられる所が多い, 参考になる, ためになる, 有益な ◆I find your page extremely informative and very interesting. あなたの（ホーム）ページは, ものすごく参考になる情報があって, とても面白いです.

**informed** adj. 情報を持っている, 知らされている, 学のある ◆informed consent インフォームドコンセント[説明と同意]（*患者が医師から治療の方針, 手法, リスクなどを知らされて理解した上で, 患者が主体的に選択・同意・拒否できること）◆make an informed choice 説明を受けた上での選択をする ◆make informed decisions （十分に）情報を得た[知った]上で決定を下す

**infotainment** 〔〕（テレビなどの）娯楽報道[ニュース]番組 ◆infotainment software 情報と娯楽を兼ねたソフト

**infrared** adj. 赤外の, 赤外線の; n. 赤外線 ◆an infrared detector 赤外線検出器 ◆mid-infrared 中間赤外の ◆an infrared-operated robot 赤外線操縦ロボット ◆infrared radiation 赤外線; 赤外線放射; 赤外放射 ◆in the infrared portion of the spectrum そのスペクトルの赤外部分において

**infrastructural** adj. インフラの, 下部施設[組織]の, 基盤[基幹]をなす ◆infrastructural facilities 基盤[基幹]施設 ◆carry out infrastructural projects （大規模な）インフラ整備事業を実施する ◆make the necessary infrastructural investments 基盤造りに必要な投資をする 《参考》 infrastructural service providers 生活・社会・経済基盤を支えるサービスを提供している事業者（*電気, ガス, 水道, 交通機関, 通信などのライフラインの）

**infrastructure** an ～ インフラ, 産業経済基盤, 産業（構造）基盤, 社会的生産基盤, 経済社会基盤, 社会基盤, 社会資本, 下部組織[構造], 基盤[基幹]施設 ◆The entire U.S. infrastructure is becoming dilapidated. 米国全体の社会[経済]基盤が, 荒廃しつつある.

**infrequent** adj. たまの, 珍しい, 希な, めったに（起こら）ない ◆it's crucial that battery changes be infrequent 電池を頻繁に交換しないで[電池交換回数が少なくて]すむことは非常に重要である

**infrequently** まれに, たまに, 珍しく

**infringe** vi. （～を）侵害する, 破る, 犯す <on, upon>; vt. ～を侵害する, 破る, ～を破壊する ◆infringe on [upon] a person's rights 人の権利を侵害する

**infringement** 侵害, 違反, an ～ 侵害行為, 違反行為 ◆an infringement of a rule 反則 ◆an infringement of the law 法律違反 ◆It is not an infringement on freedom of speech. それは言論の自由の侵害にはあたらない. ◆The patent infringement was willful. その特許侵害は意図的だった.

**infuse** vt. ～を注ぎ込む, ～に（思想などを）吹き込む, ～を煎じる; vi. 煎じでる, 浸出する ◆infuse a liquid into a vessel 血管に液体を注入[輸液]する

**infusion** 注入する[吹き込む]こと, 煎じること, 《医》輸液, 注入, 点滴; an ～ 注入液, 浸出液, 煎じた液, 出し汁 ◆an infusion of foreign investment 外国からの投資の流入 ◆95 banks stayed open only with an infusion of government money 95行は政府の金[公的資金]の注入（のおかげ）だけで（つぶれないで）開いていた ◆An infusion of foreign capital can lead to new jobs and economic growth. 外資の流入[導入]は, 新規の雇用や経済成長につながる可能性がある. ◆This plan requires a massive infusion of staff time to implement. この計

画を実行するにはスタッフのぼう大な時間を投入しなければならない.

**ingenious** 創意に満ちている, 独創的な, 発明心のある, 器用な, 巧妙な, 巧みに作られた ◆an ingenious device 巧妙に考えて作られている装置 ◆an ingenious engineer 創意工夫にたけている技術者 ◆find an ingenious way うまい方法を見つける ◆come up with an ingenious way of getting [way to get] around this problem この問題を回避する独創的な方法[工夫]を思いつく

**ingenuity** アイデアに富んでいること, 発明の才, 独創力, 創意工夫, 巧妙さ ◆sharpen one's ingenuity 独創性[創意工夫の能力]を研ぎ澄ます

**ingestion** 〔医〕摂取 ◆the ingestion of mercury in food 食物に含まれている水銀の摂取

**ingot** an～ インゴット, 鋳塊(チュウカイ), 鋳込み地金, 延べ棒 ◆a (solid) gold ingot 金のインゴット, 金の鋳塊, 金の地金, 金塊 ◆600 tons of aluminum ingots 600トンのアルミニウム地金

**ingrain** adj. 先染めの (*織り上げられる前に糸が染色されたの意), しみ込んだ, 根深い; vt. ～を深くしみ込ま[根付か]せる, しみつかせる ◆deep-seated habits ingrained during... ～の間に深くしみついてしまった習慣

**ingrained** adj. 深くしみ込んだ, (汚れが) しつこい, 根深い, 深くしみこむ, しみついている ◆During the past couple of decades, illegal drugs have become deeply ingrained in American life. 過去二, 三十年の間に, 不法薬物はアメリカ人の生活に深く根を下ろしてきた.

**ingredient** an～ 成分, 材料, 原料, 原材料, 構成要素, 要素, 要因 ◆a main [chief] ingredient 主な成分; 主成分 ◆having [with] water as the main ingredient 水を主成分として ◆salicylic acid, the main ingredient in aspirin アスピリンの主成分であるサリチル酸 ◆the car's only missing ingredient その車に欠けている唯一の要素 ◆a few key ingredients such as flour, sugar and butter 小麦粉, 砂糖, バターなどの数種類の主な材料[原材料] ◆the hair conditioner's main ingredients are petrolatum and mineral oil この整髪料の主要成分[主成分]はワセリンと鉱油である ◆But the mix of ingredients isn't perfect. だが, 材料[構成要素, 成分]の組み合わせは完璧ではない. ◆Hard work and a desire to be of service are the main ingredients for success. 《意訳》勤勉と人の役に立ちたいと思う心が成功するための主な要因である. ◆The chief ingredients used in making them are A, B, and C. それらをつくるのに使う主成分はA, B, Cです. ◆Cookies, breads and cakes require some adjustment of ingredients to get proper rise and texture from them. クッキーやパンやケーキには, 適度なふくらみと食感を得るために若干の材料[成分]調整を要する. ◆Using the finest ingredients money can buy, Campbell's Superior Shortbread is made in limited quantities to maintain its exclusivity. 《意訳》お金で買える最高の原材料を使用しているキャンベルのSuperior Shortbread [ショートブレッド, バタークッキー]は, ブランドならではの高級感を維持するために数量限定で生産[限定生産]されています.

**ingress** 〔医〕入ること, 立ち入り, 進入, 侵入, 潜入, 移入, 入る権利, 入場権; (an)～ 入り口 (an entrance), 入る手段 (a means of entrance), 入ること ◆prevent moisture ingress to [into]... ～への湿気の侵入を防ぐ

**inhabit** vt. ～に住む [住まう, 居住する], ～に生息 [棲息] する, ～に存在する ◆the houses she inhabited in England are... 英国で彼女が住んでいた家々は ◆Serbian-inhabited areas; areas inhabited by Serbians セルビア人が居住している地域 ◆More than 15 million Kurds inhabit the border areas of Iraq, Syria, Turkey and Iran. 1,500万人を超えるクルド人がイラク, シリア, トルコ, イランの国境地帯に住んでいる. ◆The planet is too warm to sustain the type of life that inhabits Earth. その惑星は熱すぎて, 地球に生息するような生物[生命体]を維持できない. ◆What kind of dwelling do you inhabit? Rent or buy? Monthly rent or mortgage payment? どんな住宅にお住まいですか. 賃貸ですか, それとも購入ですか. 月々の家賃あるいは住宅ローンの支払いは.

**inhabitable** adj. 住むのに適した, 居住できる ◆inhabitable areas 居住に適している地域

**inhabitant** an～ 住んでいる人, 居住者, 住人, 住民; an～ 生息している動物, 棲息生物 ◆indigenous inhabitants 先住民; 原住民; 土着の住民; 土着民

**inhalation** (an)～ 吸引, 吸入 ◆the inhalation of tobacco smoke タバコの煙の吸入

**inhale** v. 〈気体などを〉吸い込む, ～を肺に吸い込む, 息を吸う ◆Mainstream smoke is the smoke inhaled at the filter end of the cigarette. 《意訳》主流煙とは, タバコのフィルター側から吸われる[吸い込む]煙のことである.

**inherent** adj. 固有の, 本来の, 生まれつきの, 生来の, 持ち前の ◆inherent stability 固有安定性 ◆the inherent strengths and weaknesses of... ～の生来[持ち前]の強みと弱点 ◆the complexity inherent in the present network 現在の通信網に固有の複雑さ ◆the dangers inherent in overidealizing a model (理論を実証するための)モデルを過度に理想化することにつきまとう危険 ◆problems inherent in the latest clean room assembly and production 最新のクリーンルームにおける組立ならびに生産作業に付き物の諸問題 ◆the advantageous mechanical properties inherent in carbon fibers カーボンファイバーに固有の[《意訳》ならではの, 故の] 有利な機械的特性

**inherently** adv. 生まれつき, 生まれながらに, 生来(セイライ), 先天的に, 本質的に, 元来, 本来(的に) ◆Parallel ports are inherently faster than serial ports. (コンピュータの)パラレルポートはシリアルポートよりも本質的に[元来]高速である. ◆The system should be inherently safe for operation in an explosive atmosphere and other hazardous environments. 本システムは, 爆発性雰囲気その他の危険な環境での運用に対し, 本質的に安全である(ように設計されている)こと. (*仕様書での記述)

**inherit** vt. ～を受け継ぐ, 引き継ぐ, 継承する, 譲り受ける; vi. 相続する ◆sell products inherited from... ～社から受け継いだ製品を販売する ◆a trait inherited from the first 66-MHz Pentium in 1993 1993年登場の初代66MHzペンティアムから継承された[受け継がれた]特性[特質, 特徴] ◆The 486DX4s inherited power-saving features from Intel's 486SL line. これら486DX4は, インテルの486SL商品系列の省電力機能を受け継いだ[継承した]. ◆The oil lamp I inherited from my grandmother is made of glass. 私がお祖母さんから譲り受けたオイルランプはガラス製です. ◆People inherit the predisposition for allergies, but severity and age of onset are unique to each individual. In some cases, allergies skip a generation. 人はアレルギー体質を遺伝によって受け継ぐ[アレルギー体質は遺伝する]が, ひどさの程度や発症[発病]する年齢は個人個人によって異なる. ときには隔世遺伝する場合もある. ◆When the USAAF ultimately became the United States Air Force (USAF) in September, 1947, the USAF inherited equipment, personnel, records, policies, and procedures from the AAF. 米陸軍航空隊が最終的に1947年9月にアメリカ空軍 (USAF) になった際に, アメリカ空軍は陸軍航空隊の機器, 人員, 記録, 政策, 手順を受け継いだ[継承した]. (*the USAAF = US Army Air Forces)

**inhibit** vt. ～を抑える, 抑制[抑圧, 抑止, 阻止, 妨害, 制止, 禁止]する, 妨げる ◆a copy-inhibiting circuit コピー防止[禁止]回路 ◆an order inhibiting the merger その企業合併を禁止する命令 ◆inhibit growth 成長を阻害する ◆inhibit the growth of bacteria バクテリアの増殖を阻止する[抑える] ◆inhibit the growth of weeds 雑草の成長を抑える ◆inhibit (the) natural expression of emotion toward... ～に対する自然な感情の発露を抑える[抑圧する, 抑止する, 抑制する] ◆too many people inhibit economic growth 人口過剰は経済成長の妨げによる

**inhibition** (an)～ 抑制, 抑圧, 制止, 阻止, 阻害, 妨害, 心理的な抵抗[抑圧] ◆without inhibition(s) 屈託なく, 自由に ◆break down inhibitions 抑止力として働いている心理的な壁

を打ち砕く ◆enzyme inhibition technology 《医》酵素阻害技術 ◆get rid of one's inhibitions and hang-ups 精神的なブレーキやひっかかり[こだわり]をなくす ◆lower inhibitions on the use of... ～を使うことに対する心のハードルを低くする ◆they have little [no] inhibitions in [about] doing... 彼らには、～することに[～することについて]ほとんど[全く]心理的抵抗がない ◆People lost their inhibitions about spending money on luxury goods. 人々は、ぜいたく品にお金を使うことに対する抵抗感を失った。◆Once the first one is used, any inhibitions against using others will disappear. 一度最初のものが使用されると、他のものを使うことに対して以前持っていたためらい[心理的な壁]が消滅してしまうということになりかねない。(＊大量殺戮兵器の話です)

**inhibitor** ～を妨げる物質, 防止剤, 抑制剤, 阻害剤, 阻止剤, 阻害薬, 抑制薬 ◆a rust inhibitor 防錆[さび止め]剤 ◆a tank corrosion inhibitor タンク腐食防止[抑制]剤 ◆a tarnish inhibitor 曇り防止剤

**inhomogeneity** 不均質性, 不均等性, 異質性

**in-house** 社内の, 企業内の, 組織体内での ◆in-house training 社内訓練[教育] ◆an in-house translator 内勤の[社内の, フリーランスでない]翻訳者 ◆total in-house manufacturing 社内での一貫製造[内製] ◆institute an in-house teaching [education] program 社内教育制度を設ける ◆although most production activity so far has been conducted in-house ほとんどの制作業務はこれまで社内で行ってきたのだが ◆The job was done in-house. その仕事は(外注せずに)内部で処理された

**initial** 1 adj. 初期の, 最初の, 当初の, 第一次の, 初めの, 初めての, 皮切りの, 初一, 元一, 冒頭の, 頭初の, 原初の, 頭文字の ◆an arbitrary initial state 任意の初期状態 ◆an initial down payment 初回に払う頭金 ◆(an) initial thickness; (a) starting thickness 当初の厚み;原厚 ◆initial production 当初[最初]の生産;初回生産 ◆initial samples 第1次[初回, 最初]のサンプル ◆begin initial production before... ～前に最初の生産[初回生産, 初生産]を開始する ◆place... in the initial state ～を初期状態にする ◆restore initial settings 初期設定を復活させる;《意訳》初期設定に戻す ◆in regard to your initial point あなたの提起した最初[1つ目]の点に関して ◆it can be reset to its initial state それは初期状態にリセットできる ◆When you start the program, the initial screen shows... プログラムを起動すると、初期画面に～が表示されます ◆When you start the program, the initial screen shows... プログラムを起動すると, ［初期]画面に～を表示します。(＊起動中ではなく起動直後の画面) ◆With an initial investment of \$10,000 from her savings, she opened... 彼女は、貯蓄から出した1万ドルの初期投資[元手]で～を開店した。◆Initial production is set at 2,000 units a month. 《直訳》当初の生産は、一月当たり2,000台に設定されている。《意訳》当初の月産台数は2千台を予定[計画]している。 ◆The initial run of 200 cars is already sold out. 初回生産[最初のロット]の車200台はすでに売り切れた。◆CD-ROM costs are similar to those for phonograph records; there is an initial setup charge and a low per-copy cost thereafter. CD-ROMの製造コストは、レコード製造コストと同様です。すなわち、最初の段取り費用と以後の低額の複製単価とがある。◆Incandescent lamps are the preferred choice of many consumers due to their very low initial cost. However, incandescent lamps have a very high operating cost due to their very low efficacy and low lamp life. 白熱電灯は、初期[《意訳》導入]コストが極めて低いゆえに多くの消費者に好んで選ばれている。だが、白熱電灯は非常に効率が悪くかつ電球寿命が短いので運転費は非常に高くつく。

2 n.《通例 ～s》頭文字, 頭字, イニシャル; vt. ～にイニシャルで署名する ◆scratch [carve, sculp] one's initials on [in, into]... ～にイニシャルを刻む;頭文字を刻印する ◆He signed his initials in the lower right corner. 彼は右下の隅に自分のイニシャル[頭文字]を署名した。

**initial cost** an ～, ～s イニシャルコスト, 初期[初回, 最初, 当初, 開始]時にかかる費用, 創設[新設, 創業]費, 建設費, (仕入れ)原価 ◆at an initial cost of \$500 500ドルのイニシャルコストで ◆initial costs of \$10 million 1000万ドルのイニシャルコスト ◆the initial cost to set up the pilot plant パイロットプラント[実用化試験プラント, 実験室]を建てるためのイニシャルコスト

**initialization** 《コンピュ》初期化, 初期設定 ◆after initialization 初期化(処理)後 ◆the server starts up and executes initialization サーバーは起動し初期化を実行する ◆initialization programs run at power-up 初期化プログラムが電源投入時に実行される

**initialize** ～を初期設定する, 初期化する

**initially** 初めに, 最初に, 最初のうち, 冒頭で, 当初 ◆The product was initially aimed at professionals. その製品は当初プロを対象としていた。;その商品は、初めプロ向けだった。 ◆Data item b has been initially filled [padded] with asterisks. 《コンピュ》《意訳》データ項目bはアスタリスク(＊)で初期化されている。

**initiate** vt. ～を起動する, 始動する, 開始する, 始める, 着手する, 入会[加入]させる, ～に初歩を教える, ～を起爆させる, 点火する; an ～ 新たに加入した人, 新参者, (議員などの)一年生 ◆initiate a chemical reaction 化学反応を起こさせる ◆initiate a depolarization of... の脱分極を引き起こす ◆initiate an investigation of... ～の捜査[調査]を開始する ◆initiate braking ブレーキをかけ始める ◆initiate a program to recruit women to high-level government jobs 政府の要職に登用[起用]する女性を募集する計画を発足させる ◆To initiate [start] the program from the operating system prompt, enter... オペレーティングシステムのプロンプトからそのプログラムを起動[開始]するには、～と入力する。

**initiation** 開始, 起業, 創業, 始動, 起動, 点火, 起爆, 《化》誘導, 入会, 加入;《医》前癌病変 ◆an initiation reaction 《化》開始反応(＊重合の) ◆Membership costs a \$30 initiation fee plus \$35 annual dues. 会員になるには30ドルの入会金と35ドルの年会費がかかります。 ◆repeated initiations of the starting sequence 起動シーケンスを開始[起動]させようとする再三の試み ◆soon after the initiation of development 成長開始直後に

**initiative** the ～ 主導権, イニシアチブ, 自発性, 自主性, 率先; an ～ 構想, ⓤ(無冠詞)事を始める能力, 起業心 ◆on one's own initiative 自分自身の自発的な意志で, 自発的に ◆take the initiative (in..., to <do>, in...-ing) 主導権を握る;音頭を取る ◆an initiative-taking institution イニシアチブ[リーダーシップ, 主導権, 指導権]を取る機関;率先して引っ張っていく機関;《意訳》事業主体 ◆a man of great initiative 進取の気象[進取の気性, 気概]に富んでいる人 ◆an initiative designed to... ～するために打ち出された構想 ◆lose the initiative 主導権を失う ◆retake the initiative from... ～から主導権を取り返す[奪い返す, 奪還する, 奪回する]ために ◆under an initiative proposed by Mr. Sanders; under the initiative of Mr. Sanders サンダース氏が提案した[サンダース氏の]構想のもとに ◆launch an initiative to tackle a problem 問題に取り組むために構想を打ち出す ◆allow voters to express their will directly through the initiative process 住民提案手続きを通じて有権者が直接的に意思を表明できるようにする ◆when the parent and child interact in play and/or learning under the initiative of the child 親子が子供主導のもとで[子どもが率先力を発揮する形で]遊びや学習を通してふれあうとき ◆they may find wider scope for initiative in their work 彼らは仕事の上で自主性が発揮できる範囲の拡大を感じられるようになるだろう ◆If we had the opportunity here to use our own initiative and make contact with..., we'd do a better job. もしこちらで私たちが主導性を発揮させてもらって[自らの意思の通りに]～と接触することができたなら、もっといい仕事ができるのですが。 ◆Take the initiative in business and you will be given new opportunities. ビジネスで主導性を発揮しなさい、そうすれば新しいチャンスが与えられることでしょう。 ◆The Institute of Technology was created in 1991 under the initiative of the government. 当技術研究所は、1991年に政府

**inject** 〜を[〜に]注入[注射,圧入,噴射,射出,挿入,導入,投入]する,吹き込む<into> ◆an electronically fuel-injected engine 電子燃料噴射式エンジン ◆These particles are injected into the main ring, where they are accelerated to high energies. これらの粒子は,主リングに注入されそこで高いエネルギーに加速される.

**injection** *(an)* 〜 注入,圧入,噴射,射出,挿入,導入,投入,《医》充血; *an* 〜 注射,注射薬[液,剤] ◆water injection 注水 ◆an injection molding machine 射出成形機 ◆a direct-injection gasoline engine 直接噴射式の[直噴]ガソリンエンジン ◆an electronic fuel injection system 電子燃料噴射システム ◆an injection molded case 射出成形により製造されたケース ◆injection timing 《車》噴射タイミング ◆repairs to cracks by grout injection グラウトの注入》[充填,填塞(テンソク)]によるクラックの修繕 ◆have redness, swelling, or pain at the injection site 注射したところが赤くなったり,腫れたり,痛くなったりする ◆an annual injection of more than $150 million into the scientific community 科学界への年間1億5000万ドルを上回る資金の注ぎ込み

**injure** vt. 〜にけがをさせる,危害を加える[与える], 〜を傷つける,傷める,損傷する,害する,毀損する ◆be seriously injured ひどいけがをする,重傷を負う ◆injure the good name of a school 会社の名高いに傷をつける; 企業の名声を傷つける ◆seriously injure... 《人》にひどいけがをさせる[重傷を負わせる,重大な損害を加える]

**injured** adj. 負傷した,けがをした,(感情を)害した,傷つけられた,危害を受けた; n. *the* 〜 負傷者 ◆the injured party 被害者 ◆an injured arm 負傷[けが]している腕 ◆a seriously brain-injured person 脳に重傷を負った人

**injurious** (健康,名誉などに)有害な,害する,損なう,傷つける <to> ◆Nepotism is injurious to a company. 縁故主義は企業にとって良くない.

**injury** *(an)* 〜 負傷,けが,外傷,創傷,損傷,損害,害,毀損,毀傷,(権利)侵害 ◆sustain [receive, suffer] an injury to... 〜に外傷[危害]を受ける ◆a head injury 頭の外傷 *(an)* injury time 《競技》インジャリータイム,ロスタイム ◆a serious [severe] injury 重傷[大けが] ◆an injury to a person's head [the head] 頭の外傷 ◆(a) severe personal injury (人身の)大けが ◆cause injury 傷害を引き起こす,危害を及ぼす ◆escape without injury 無傷で逃れる[避難する] ◆sustain a severe [serious] knee injury ひざに重傷を負う ◆without injury to the equipment 機器に損傷を来すことなく ◆injuries from seat belts シートベルトによるけが ◆to prevent possible injury to fingers 万一の指のけがを防ぐために ◆protect against injury resulting from a possible electrical insulation failure 万一の電気絶縁不良で負傷することのないよう防護する ◆Serious injury could occur if the blade is unintentionally contacted. うっかり刃に触れると,大けがをすることがある. ◆The use of improper attachments may cause the risk of injury to persons. 不適当なアタッチメントを使用すると,人的傷害を発生させる危険のもとになることがある.

**injustice** 不正,不公平,不当; *an* 〜 不正[不当]行為,不当な扱い ◆redress an injustice suffered by Mr. Xxx Xxx氏が受けた不当[不公正]な扱いを正す

**ink** 1 n. インク,インキ ◆an ink sac 墨袋;墨汁嚢(ボクジュウノウ)(*イカやタコなど頭足類の) ◆dry ink (コピー機の)トナー ◆sign it in ink それにインクで署名する ◆store your handwriting input as either ink or text 《コンピュ》手書き(ペン)入力をインク[筆跡のまま]かテキスト[文字コード]のどちらかで保存する ◆Three years ago, the ink was just drying on the XYZ.300 draft standard. 3年前,XYZ.300規格原案は出来上がったばかりであった.

2 vt. 〜をインクで書く,〜に署名する ◆ink a deal (署名することにより)取引[契約,取り決め,協定]を成立させる[まとめる] ◆ink several boxes on the options list そのオプション装着品リストのいくつかの欄に印を付ける

**inkjet, ink-jet** adj. 《プリンタが》インクジェット式の; *an* 〜 (= an inkjet printer) インクジェットプリンタ

**inland** adj. 内陸の,海[国境]から遠い,《住[史]》国内の; adv. 内陸[奥地]に[へ,で]; *(an)* 〜 内陸,内地,奥地 ◆an inland sea 内海(ウチウミ,ナイカイ); 中海(チュウカイ,ナカウミ) ◆inland fisheries 内水面漁場(*内陸部の湖沼や河川) ◆the Inland Sea 《日》瀬戸内海 ◆The site is about 12 miles inland from the modern port of Ashdod. 現場は現代的なアシードド港から約12マイル内陸側に入ったところにある. ◆We can provide inland transportation by truck, air or rail depending on the nature of merchandise and/or client request. 弊社は,商品の性質やお客様のご要望に合わせて,トラック,航空あるいは鉄道による内路[内国,内地,国内]輸送を提供できます[《意訳》輸送のご用命を承っています].

**inlet** *an* 〜 一口,入口,吸気口,注入口,吸い込み口,吸口,入り江

**in-line, inline** インライン式に,一列[一直線]にならんだ,直列型[形]の ◆an in-line assembly machine インライン製品組み立て機械(*in-line は,生産ラインに中に設置されているという意) ◆an in-line engine 直列(型)エンジン ◆an in-line fuse インライン式に入れて使用するタイプのヒューズ ◆place pins in two in-line rows ピンを(縦横に)そろえて2列に配置する(*互い違いの2列ではなく::::::の形) ◆the name comes from the in-line arrangement of pins in a single row この名称は,ピンが一列にインライン配置されていることに由来する(*inline, in-line = 一直線に並んでいる)

**INMARSAT, Inmarsat** (the International Maritime Satellite Organization) インマルサット(国際海事衛星機構)(*略語形ではtheは不要)

**inmate** *an* 〜 収容されている人,収監者,受刑者,囚人,入院者,同居人 ◆a death-row inmate 死刑囚

**inn** 〜 (特に田舎や道路沿いの)宿屋,旅館,小さなホテル,モーテル,旅籠屋(ハタゴヤ),居酒屋 (a tavern) ◆a friendly small elegant inn 温かくもてなしてくれるこぢんまりとしたエレガントなペンション[宿屋,旅館,旅亭]

**innards** (口)《複扱い》内臓,臓物,はらわた,(機械の)内部(機構) ◆He sent me pictures of the machine's innards. 彼はその機械の内部構造を写真を何枚か私に送ってくれた.

**innate** adj. 生まれつきの,生得の,生来の,生まれながら[持ち前の],先天的な,先天性の,天賦の ◆an innate predisposition toward homosexuality 同性愛を好む生まれつきの[生来の,生得の,先天的な]性格 ◆your innate abilities あなたの天賦の才能

**inner** adj. 内の,中の,内部の,内側の,内なる,内-,(層などが)中間の,(部屋などが)奥の ◆inner surfaces 内表面[内面,内部表面] ◆an inner [in-ear] earphone [an inner earphones] インナーイヤホン[インナーホン,イン・イヤー型のイヤホン](*プラグ式でないイヤホン)(▶両耳用の場合は複数形) ◆inside [inner, internal] diameter grinding; I.D. grinding 内径研削 ◆the innermost loop 《コンピュ》(入れ子の)最も内側のループ ◆the inner wall of a tank タンクの内壁[内壁面,内面] ◆the inner workings of the equipment その装置の内部機構[中の仕組み] ◆tracks at the inner radius of the disk ディスクの内周部[内側]のトラック ◆fatty deposits on the inner walls of the arteries (直訳)動脈の内壁に付いている脂質沈着物;(意訳)動脈(内面,内側)に沈着した脂質 ◆the information density is greater on the inner tracks than the outer tracks 情報の(記録)密度は外周側のトラックよりも内周側のトラック上での方が高い

**inner city** *an* 〜 都市中心部,都心部(*低所得者層が多く住み,スラム化している過密地域)

**inner-city** (大都市中心部の)スラムの ◆inner-city black youths スラム街の黒人の若者

**innermost** 最も内側の,一番奥の

**innocence** ①潔白, 無実, 無罪, 純潔, 無知, 愚直, 天真爛漫, 無邪気 ◆maintain [declare, insist on, claim, proclaim] one's innocence 無実を主張する (*proclaimは表明するの意) ◆establish his innocence 彼の無罪を成立させる [確定する, 証明する, 勝ち取る]

**innocent** adj. 無実の, (犯罪を) 犯していない, 無罪の, 潔白な, 罪のない; (~が) 欠如している [(~の) 無い] <of>; 罪のない, 無辜(ムコ)の, 無邪気な, 天真爛漫な, 汚れを知らない, うぶな, 他愛ない, たわいない, (いたずらなど) 悪気のない, 悪意のない, 故意ではない, 害のない, 無害な ◆innocent citizens 罪のない市民[民間人](*非戦闘員である) ◆protect the lives of the innocent 無辜の人々の生命を守る ◆put on an air of innocence; put on an innocent air; pretend to be innocent 素知らぬ[知っているのに知らぬ]ふりをする; 何食わぬ[空々しい]顔をする; とぼける; しらばくれる; 白を切る ◆endanger the lives of innocent children 罪もない[無邪気な]子供の生命を危うくする ◆he eventually was proved innocent 彼は結局潔白[無実, 無罪]であることが証明された ◆correct an innocent mistake in erroneously naming a person as an inventor 誤ってある人を発明者として誤ってしまった悪意のない間違いを訂正する

**innocently** adv. 無邪気に, あどけなく, 無心に; 罪なく, 害なく, わざとじゃなくて, 悪意(悪気)なしに, 知らずに, 何気なく ◆knowingly or innocently 知っていてあるいは知らずに; 故意にまたは無意識でなく ◆a user who innocently carries the virus and passes it on to others そのウイルスを知らずに[故意ではなく]他人に媒介するユーザー(*コンピュータ・ウイルスの話) ◆Many travelers have been innocently arrested for possessing drugs not considered to be narcotics in the United States but that are illegal in other countries. 多くの旅行者が, 米国では麻薬とは考えられていないが他の国では違法とされている薬物を所持していたがり, 罪 (の意識) もなく[悪いことをしたつもりはないのに] 逮捕されている.

**innocuous** adj. 害のない, 無害の, (動物などが) 毒のない[無毒の], 不快感を与えない[害にならない, 悪気のない, 毒気のない, 当たりのない], 退屈な, 面白くない ◆an innocuous [a non-venomous] black snake 無毒の[毒のない]黒ヘビ ◆a timid and innocuous person 気が小さくて人畜無害な人 ◆conduct debates on innocuous topics 当たり障りのない[差し障りのない,《意訳》毒にも薬にもならない]話題をめぐって議論をする

**innovation** ①革新, 刷新, 改革, 新機軸の採用[導入]; an ~ 新しいもの[やり方], 新機軸 ◆accelerate technological innovation 技術革新を加速[急速に進展/促進]させる; ~に拍車をかける ◆bring about technological innovation 技術革新を引き起こす; 《意訳》技術面での新たな展開をもたらす ◆commercialize innovations emerging from their labs 彼らの研究室から生まれる新機軸を実用化[商品化]する ◆spur innovation 革新に拍車をかける[いっそう革新を促進する] ◆retard technological innovation on new environmental technologies 環境技術の技術革新の歩みを遅らせる ◆innovations emerging from laboratories and assembly lines 研究所および組立ラインから生まれる新しいもの(*新技術, 新製品など) ◆Activities, such as exercising with equipment, are always undergoing technological innovation. 機器を用いての運動などの活動は, 常に技術革新し続けている.

**innovative** adj. 革新的な, 刷新的な ◆innovative techniques 革新的な手法[技術] ◆the Research Institute of Innovative Technology for the Earth (RITE) 《日》地球環境産業技術研究機構 ◆Every new product developed by YBM is guaranteed to be innovative in design and performance. YBMが開発した新製品はすべて, デザイン的および性能的にみて革新的であることをお約束いたします. ◆Some of the new features are truly innovative in terms of both efficiency and creativity. これら新機能の一部のものは効率性および創造性の両方の観点から本当に[全く, 実に]革新的である.

**innovator** an ~ 革新者, 刷新者 ◆The company has always been acknowledged as an industry innovator. この会社は, 業界のイノベーターであると常に認められてきた.; この企業には業界の革新者との定評がある.

**inobservance** ①不注意, 違反, 守らない[遵守しない, 無視する]こと, 不履行, 怠慢, 懈怠 ◆the inobservance of an order rendered by a court 裁判所が下した命令を守らない[遵守しない, 無視する]こと; 裁判所の命令の不履行[懈怠(カイタイ, ケタイ)]

**inobtrusive** → unobtrusive

**inoperable** adj. 動作不能の, 動作不良の, 《病気が》手術不能の, 実行できない ◆an inoperable brain tumor 手術のできない脳腫瘍 ◆make [render]... inoperable ~を動作不能[動作不良]にする ◆the left scroll arrow button becomes inoperable and turns from green to gray 左のスクロールボタンが無効になって[解除され]緑色から灰色に変わります ◆Once the camera's memory is full, the shutter button becomes inoperable. カメラのメモリが一杯になると, シャッターボタンが効かなくなります. (*デジタルカメラの話)

**inoperative** adj. 働かない, 機能しない, 動作不能の, 不動作の, 効力[効き目]のない, 無効の ◆render the unit inoperative その装置を働かなく[動かなく]させる ◆when equipment in use becomes inoperative 使用中の機器が働かなくなると[動作しなくなると, 動かなくなると]

**inopportune** adj. タイミング[時期, 折, 間]が悪い, その時にふさわしくない, 機を逸した (↔opportune) ◆his propensity to break into... at inopportune moments 突拍子もない[とんでもない, あらぬ]ときに突然~しだす彼のよくない癖

**inordinate** ◆at an inordinate price 法外な[べらぼうな]値段で

**inordinately** ◆an inordinately [unduly] long letter むやみに[やたらと, 無闇矢鱈に]長い手紙

**inorganic** adj. 無機の, 無機質の, 無機性の, 系統立てられていない ◆inorganic chemistry 無機化学 ◆inorganic matter 無機の物質; 無機質 ◆the inorganic substance calcium carbide 無機物質である炭化カルシウム

**inpatient, in-patient** an ~ 入院患者 (→an outpatient)

**in-person** adj. 本人じきじきの, 直接の, 生出演の, ライブの ◆an in-person meeting 直接会談

**in-phase** 《電気》同相の, 位相が合っている ◆the in-phase component of the current その電流の同相[有効電流]成分

**in-plant** adj. 工場内での, プラント構内での ◆in-plant troubleshooting 工場内での修理

**in-process** 製造中の, 工程間の ◆in-process items 仕掛かり品; 仕掛け品 ◆perform (an) in-process inspection 工程間[作業間, 中間]検査を行う

**input** (an) ~ インプット, 入力, 投入高[量]; vt. ~を入力する, 投入する ◆do input and output 入力や出力をする ◆an input screen 入力画面(*an entry screenの方が圧倒的によく使われる) ◆voice input 音声入力 ◆the inputting of data データ入力 ◆voice input and output 音声入出力 ◆a rectangular-wave input 矩形波入力 ◆for input to the computer コンピュータへの入力のため ◆the inputting of digital information デジタル情報の入力 ◆interactive input devices such as the keyboard and mouse キーボードやマウスのような対話型入力装置 ◆the input of vision data by means of a camera カメラによる視覚データの入力 ◆the input/output ends of a fiber optic system 光ファイバーシステムの入出力端 ◆Thanks for the input. 情報を(お寄せください)ください[ご意見, ご指摘, ご忠告]ありがとうございます. ◆apply a voltage to [across] the input terminals of... 《電気》~の入力端子[入力端子間]にある値の電圧を印加する ◆when a pulse signal is impressed at the input of this circuit 《電気》この回路の入力にパルス信号が印加されると ◆The controller receives input about the temperature, pressure, water level, and so on via sensors. 制御装置には, センサーを通じて温度, 圧力, 水位などについてのデータが入力される[《意訳》制御装置には, ~についてのデータが入力される]. ◆The receiver has inputs for phono, Compact Disc player and video sound sources. レシーバー[チューナー付き総合アン

**input-output, input/output** (I/O) 入出力の

プ]には、フォノ、CDプレーヤー、およびビデオサウンドソース用の入力(端子)が備わっている。

**inquire** vt. 尋ねる、問う、問い合わせる、問い質す、伺う、聞く; vi. (〜について)尋ねる <about>、(〜の安否、健康状態などを)尋ねる <after>、(〜を)調べる、調査する、究明する <into> ◆inquire after a person's health 人の健康状態を尋ねる ◆He inquired about the place of Indians in American history. 彼は、アメリカの歴史におけるインディアンの占める位置[位置付け]について尋ねた。 ◆U.S. residents can inquire about the product toll-free at 800-888-1234. 米国の住民は、フリーダイヤル800-888-1234にかけて商品について尋ねることができる。

**inquiry** 回尋ねる[問い合わせする]こと、〜を調べる、吟味、質問、質疑、照会、問い合わせ、《商》引き合い ◆a Navy Court of Inquiry 《米》海軍の査問会議 ◆an inquiry-response system 照会応答システム ◆an official inquiry into the matter その件に関する公式の取調べ ◆answer customer telephone inquiries お客様からの電話による問い合わせに答える ◆Inquiries related to... shall be referred to... 〜に関する問い合わせは〜に照会すること。 ◆make an inquiry about... [about whether, about how...] 〜について問い合わせる ◆open an inquiry into whether... 〜かどうか(調べるため)の調査を開始する ◆respond to inquiries from customers 顧客[お客様]からの問い合わせに答える ◆a toll-free number for customer inquiries お客様からのお問い合わせ用のフリーダイヤル番号 ◆received more than 1,200 inquiries 1,200件を上回る問い合わせを受けた ◆the price quoted in response to the company's inquiry その会社の引き合いに対する見積価格 ◆Police are still making inquiries [enquiries] (into the incident). 警察は依然として(事件を)調査中である。 ◆Official inquiries into the cause of the accident got under way. 公式な事故原因究明が始まった。

**inroad** (通例 〜s)進出、侵入、侵攻、侵略、(市場などへの)進出、食い込み ◆make inroads into... 〈時間、予算など〉に食い込む ◆make inroads into the U.S. market 米国市場に進出する ◆In a bid to stem inroads by competitors,... 競合企業の進出を食い止めようと、〜 ◆cut deep inroads into the market and gain a larger market share その市場に大きく食い込みより大きなマーケットシェアを獲得する ◆Xxx has made inroads into Japan by acquiring Yyy. Xxx社はYyy社を買収して日本進出[《日》新規参入]した。 ◆Intel's popular Pentium line has been hit by inroads from competing chip makers which offer low-cost alternatives. インテル社の人気のあるPentium商品系列[シリーズ]は、低価格の代替品を販売している競合チップ[IC]メーカーの進出[食い込み、《意訳》参入]で打撃をこうむってきている。

**inrush** (an) 〜 突入 (= rush, influx)

**inrush current** ◆inrush current at turn-on 電源投入の際の突入電流

**INS** (inertial navigation system) an 〜 慣性航法装置[システム]; the 〜 (Immigration and Naturalization Service)《米》移民帰化局

**ins and outs** 一部始終[詳細情報、裏表]、曲がりくねり、入り組んだ形状、特質[特質]; the 〜 与党と野党

**insanity** 回狂気、精神錯乱[異常、障害]、精神病; (an) 〜 気違いじみた行為、気違い沙汰、愚行 ◆a temporary insanity acquittal; an acquittal by reason of [on grounds of] temporary insanity 心神喪失による無罪放免[釈放]

**inscribe** vt. 〜を記す、刻む、彫る、彫刻する、刻印する、記名する、《数》内接させる ◆inscribe A on B; inscribe B with A BにAを刻印する ◆an inscribed circle 内接円 ◆an inscribed hexagon 内接六角形 ◆inscribe one's name in a visitors' book 来客名簿に記帳する ◆... shall be inscribed upon such license plates 〜は、そういったナンバープレートに記載するものとする ◆A polygon is inscribed in a circle if all of its vertices lie on the circle. 多角形のすべての頂点が円に接しているならば多角形はその円に内接している。

**inscription** 刻むこと、しるすこと; an 〜 刻印、銘刻、題辞、献辞、碑文 ◆it has a punched inscription in Corinthian letters それにはコリント文字での打刻がある ◆a photo with Japanese inscriptions 日本語での表記がある写真 ◆a T shirt with [bearing] the inscription "Perot for President" 「ペローを大統領に」と書いてあるTシャツ

**inseam** an 〜 内縫い目、(ズボンの)股下縫い目 ◆a 42-inch inseam; an inseam (size) of 42 inches 42インチの股下[寸法] ◆the inseam of your pants あなたのズボンの股下サイズ

**insect** an 〜 昆虫、虫 ◆kill insects 昆虫[虫]を殺す; 殺虫する ◆make... insect-resistant 〜に虫がつきにくいようにする ◆produce with insect holes and other blemishes 虫食いの穴やその他の傷[難]のある農作物 ◆He died from infection brought on by an insect bite, similar to Lyme disease. 彼はライム病に似た、虫さされが原因の感染症で死亡した。 ◆Be sure all packages and storage containers are insect- and vermin-proof. 全ての包装および保管容器が害虫・害獣に対して万全であることを確認すること。

**insecure** 安全でない、セキュリティ保護されていない、剣呑な、不安定な、不安な、心もとない、当てにならない ◆middle-class voters feeling insecure about jobs 雇用に不安を感じて[覚えて]いる中流階級の有権者 ◆most Americans are insecure about the future [what lies ahead] ほとんどのアメリカ人は将来に対し不安を抱いている

**inseminate** vt. 〜に種をまく、〈雌〉の性管に精子を注入する、〈女性〉の生殖管に(性交により、または人工的に)精液を注入する、〜に人工授精する、〈思想など〉を(〜に)植え付ける<in> ◆be artificially inseminated with Xxx's sperm Xxxさんの精子を使った人工授精を受ける

**insemination** 回(人工)授精、精液注入、媒精 ◆AID (artificial insemination by donor) 非配偶者間人工授精(＊第三者に精子を提供してもらう) ◆by artificial insemination 人工授精によって

**insensibility** (an) 〜 無感覚、無知覚、不感性; 回意識のないこと、無意識、人事不省(ジンジフセイ) ◆cause insensibility to pain 痛みを感じなくさせる

**insensitive** adj. 感度の悪い、感じない、無感覚な、鈍感な、感受性が欠如している ◆an insensitive person 人の気持ちが分からない人 ◆be upper/lower case insensitive 《コンピュ》大文字・小文字の区別をしない ◆insensitive to vibration 振動の影響を受けない ◆They are branded as being insensitive to the feelings of minorities. 彼らは、少数民族の人々の感情に対し鈍感であるという烙印を押されている。

**inseparable** adj. 分離できない、分離しがたい、分かちがたい、切り離せ[引き離せ]ない、別々にできない、非分離的な、不可分の、切っても切れない、離られない、別れられない ◆an inseparable duo 切っても切れない仲の2人組

**inseparably** adv. 分かちがたく、不可分に、切っても切れないほど密接に[緊密に]、切り離せ[引き離せ]ない[別々にでき]ないほど、離れられなく、別れられなく ◆be [become] inseparably related to... 〜は〜と不可分の関係にある[切っても切れない関係になる]

**insert** 1 vt. 〜を挿入する、差し込む、差す、はめ込む、はめる、入れる、装着する、セットする、〈広告など〉を掲載する ◆insert A between C and D A を C と D の間に挟み込む ◆insert a CD-ROM in [into] a CD-ROM drive CD-ROMドライブにCD-ROMをセットする ◆insert components into a printed circuit board 印刷回路基板に部品を挿入する[差す、装着する、実装する] ◆insert a screwdriver blade between them and twist to remove. ねじ回しの平先をそれらの間に差し込み、こじって取り外してください。

2 an 〜 挿入物、折込み(広告) ◆a Sunday insert 日曜版 ◆This key switches you back and forth between insert mode and write-over mode. このキーは、挿入モードと上書きモードの切り換えをする。

**insertable** 差し込み可能な ◆auto-insertable parts 自動装着部品(*プリント基板に自動装着機にて実装可能な) ◆machine insertable parts 機械で装着可能なパーツ

**inserter** an～ 挿入する人, 挿入装置, 封入物 ◆an inserter/extractor tool 挿入・抜き取り［挿抜(ソウバツ)］工具(*多ピンICなどの)

**insertion** 挿入する［差し込む］こと, 挿入; an～ 挿入したもの ◆make an insertion 挿入する ◆an automatic component insertion machine 自動部品装着［挿入］機 ◆an insertion/removal tool 挿入・引抜工具 ◆insertion and withdrawal of boards ボードの挿入と抜き取り［挿抜(ソウバツ), 着脱, 脱着］ ◆the insertion and removal [withdrawal, extraction] of... の挿抜［着脱, 脱着］ ◆the insertion of needles into... ～に針を刺すこと ◆the insertion of positive reactivity 《原子力》正の反応度の投入 ◆insertion of the diode in series with the transmission path 伝送路にダイオードを直列に挿入する［入れる］こと

**inshore** adj. 海岸に近い, 沿岸の, 沿海の, 近海の, 岸［海岸, 陸］に向かう; adv. 岸［海岸, 陸］近くに, 岸［海岸, 陸］に向かって ◆inshore fishing [fishery] 近海［沿海, 沿岸］漁業

**inside** 1 n. the～〈of〉(～の)内部, 内側, 内面;《口》～s 臓物, はらわた, 腹,(特に)胃; adj. 内部の, 内側の, 中の, 中～, 内～, 屋内の, 内情［内幕, 裏］の ◆inside dimensions 内法(ウチノリ)［内側の寸法］ ◆an inside caliper 内パス; 内キャリパス ◆an inside job 《口》部内者［内部者］人間による盗難事件［犯行］ ◆an inside job 内部の人間による犯行; 内部者による犯行 ◆an inside story 〈on, of〉 内幕［内情, 裏話, 内輪の話］ ◆have inside information about... についての内部情報を持っている ◆provide inside information about... to... ～に関する内部情報を～に提供する ◆the inside diameter of a pipe パイプの内径 ◆the inside of the container その容器の内側 ◆the inside surfaces of pipes パイプの内面 ◆crispy-on-the-outside, tender-on-the-inside fresh ham 外側がパリパリで内側［内部］が柔らかい新鮮なハム ◆what is inside springs out 中に入っている物［中身］が飛び出す ◆the destruction of the inside left engine during flight 飛行中の内側左エンジンの破壊 ◆a tell-all television series titled Inside Capitol Hill 「米国議会の内幕」と銘打った, 内側までもずっと映してしまうテレビの連続番組 ◆The insides of the doors are reinforced with sturdy... ドア内部は頑丈な～で補強されている.

2 adv., prep. 屋内で［へ］, 中［内側, 内部］に［へ］ ◆inside an hour 1時間以内に(▶この意味ではwithinを用いるのが普通) ◆hard disk drives mounted vertically inside the case 筐体に縦に組み込まれているハードディスクドライブ ◆with people who have appropriate expertise both inside and outside the University 大学の内外の的確な専門能力を持つ人たちと ◆Extravagant grieving is frowned upon; heartbreak is better kept inside. 過度の悲嘆は嫌がられる. だから悲痛な思いは胸の内にしまっておく方がいい. ◆Never let any liquid get inside the motor base. モーターベース内に, 液体は決して入れないでください. ◆The door must be unlocked from inside the car. ドアは車の内側から解錠しなければならない. ◆The condominiums in this building have been completely refurbished inside and out. このビルに入っているマンション各戸は内も外も完璧に改装された. ◆The unit operates from the rechargeable battery inside the laptop itself. このユニットは, ラップトップ機自体の内部の充電バッテリーで動作します.

**inside of** (《口》)～以内に, ～の中［内側, 内部］に ◆inside of an hour (《口》)1時間以内に

**inside out** 裏返しに, 裏を表側にして, 裏側に通じて, 裏の裏まで, すっかり ◆be inside out (着るものなどが)裏返しに［裏返に］なっている ◆turn... inside out ～を(裏表に)裏返す, ～を裏返しにする ◆an expert who knows Fords inside out フォード車に詳しい専門家

**insider** an～ 会員, 内部の人間, 内部情報に通じている人, 内部者, 内部関係者 ◆industry insiders 業界部内者［業界内部の人間達,(《口》)業界関係者］ ◆insider trading; insider dealing インサイダー［内部者］取引 ◆a crime committed with the help of an insider 内部者の幇助(ホウジョ)で行われた犯行

**insidious** adj. ひそかに［こっそり］たくらむ, 険悪な, 腹黒い, 油断ならない, 知らず知らずのうちに魔の手をのばす,(病気など)知らない間に進行する［潜伏性の, 潜伏性の］ ◆insidious bullying 陰湿ないじめ ◆solve the insidious problems of political instability and poverty (国などの)むしばむように進行している政情不安と貧困の問題を解決する

**insight** (an)～ 洞察(力), 眼識, 見識, 識見, 慧眼(ケイガン), 見通し, 先見性, 先見(の明) ◆a person of insight 洞察力［見識］のある人; 明察の人; 具眼者; 具眼の士

**insignificant** adj. 取るに足らない, 重要でない,(大きさ, 値などが)小さい, 意味のない ◆a statistically insignificant difference 統計上意味のない差 ◆become insignificant 問題にならなくなる ◆... would be so low as to be insignificant ～は問題にならない［(《意訳》)無視できる］ほど低いであろう ◆they are relatively insignificant in determining... それらは～を決定する上であまり重要でない［(《意訳》)あまり関係ない］

**insist** vt., vi. 主張［力説］する［している], 強要する, 言い張る, 断固とした態度［姿勢］でいる, 強い意向を持つ ◆insist on [upon] ...ing (どうしても)～すると言い張る; ～すると言って聞かない［やまない, 譲らない, だだをこねる］; ～を押し通そうとする ◆If you insist on using a mouse on the road, ... マウスを移動中にどうしても［是が非でも］使いたいのなら ◆Insisting on having things your way could backfire. 何でも自分の思い通りにしたがっていると［(《意訳》)わがままごと言っていると, 自己中心的な態度でいると］良くない結果になって跳ね返ってきますよ. ◆After some media attention, he returned the money, insisting he had done nothing wrong. 若干マスコミの注目を浴びた後で, 彼はやましいことは何もしていないと言い張って金を返した. ◆Insist that your own building inspector be allowed to check the construction at key times, like the pouring of the foundation. あなた自身が頼んだ建築検査・監視の専門家が, 基礎打ちなどの重要な節々に建設チェックができるよう強く主張［要求］するようにしてください.

**insistence** (a)主張, 固執, 強要, 無理強い(ムリジイ) ◆at a person's insistence: at the insistence of... ～の強い要求［主張］で; ～に突き上げられて; 是が非でも［無理にでも, どうしても］と迫られて; たっての願いということで; せがまれて; 執拗な締めて; 説き伏せられて ◆despite his insistence of innocence 彼の(自分の)無実ですという主張にもかかわらず ◆There is a strong insistence that... ～だという強い主張［意見, 見解］がある. ◆at the insistence of animal rights activists 動物の権利擁護活動家からの突き上げで ◆despite his earlier insistence that he would never leave Germany 彼は以前, ドイツを出ないと言い張っていた［断固としてドイツを出ようとしなかった］にもかかわらず ◆he is holding on to his insistence that ... must... 彼は～べきだとの主張を固持している［(《意訳》)姿勢を変えていない］ ◆his insistence that government needs to be the size of, and run like, a profit-making company 政府というものは大きさも運営方法も営利企業と同様でなければならないという彼の主張 ◆she was buried in the adjacent graveyard at the insistence of her sister 彼女は姉［妹］の強い希望［要望, 要求, 願い出］で隣接する墓地に埋葬された ◆The Japanese have rejected the U.S. insistence on setting numerical targets 日本は米国が迫っている数値目標の設定要求を退けた［はねつけた, 断った］ ◆Japan's long-standing insistence that Moscow return the Kuril Islands seized by the Soviets at the end of World War II 第二次世界大戦末期にソ連に奪い取られた［占領された］千島列島をロシア政府は返還すべきであるという日本の長年にわたる主張［要求］ ◆It was at her insistence that he began keeping his diary. 彼が日記をつけ始めたのは, 彼女の強い勧めからだった. ◆There is an insistence that everyone graduate from high school. 一人残らず高校に行くべきだという主張［声］がある. ◆There is an insistence that everyone graduate from high school, even if it means graduation requirements watered down to the point of meaninglessness. たとえ卒業できる条件を意味のないほどまでに緩くしてでも, 全員が高校を出る［(《意訳》)

高校を義務教育化す]べきだとの主張［強い声, 断固たる意見］がある.

**insistent** adj. 主張する, 重要視の, せがむ, しつこい, 執拗な；（色や音が）いやでも注意を引く, 目だつ, 際立った, 強烈な ◆insistent salesmen しつこいセールスマン ◆insistent demands from... 〜からの執拗な[しつこい]要求 ◆loud and insistent barking うるさくひっきりなしに[絶え間ない, さも, しきりと]吠える声 ◆one who is too insistent on his own views 自分の意見や考えに固執しすぎる人

**insistently** adv. しつこく, あくまでも, 頑固に, 強情に ◆he insistently denied 彼はあくまでも[（始終）一貫して]否認した

**in situ** adv. 現場で, 元の場所に,［医］元来[本来]の位置に,（生体内の）原位置で, その部位に; in-situ adj. ◆perform [conduct] an in-situ experiment 現場実験を行う ◆walls cast in situ 現場でコンクリート打ちされてつくられた壁体 ◆cast in-situ concrete 現場打ち［場所打ち］コンクリート

**insofar as, in so far as** 〜する限り ◆insofar as the input signal is concerned 入力信号に関する限り

**insoluble** adj. 不溶解性の, 不溶性の, 溶けない,（問題などが）解けない, 解決できない ◆become insoluble 溶けなくなる ◆an insoluble problem 解けない問題 ◆be insoluble in water 水に溶けない[不溶性である]

**insolvency** 支払い［返済］不能, 債務超過, 破産 ◆（financial) insolvency 破産 ◆information for employees affected by an employer who has ceased operating due to a bankruptcy or insolvency 倒産あるいは債務超過により営業停止した雇い主［雇用主］から被害を被っている従業員の人たちのための情報, 勤めていた会社が倒産や債務超過で業務停止した場合のための情報

**insolvent** adj. 債務の弁済に必要な資産を持っていない, 支払い［返済］不能に陥った, 破産した ◆be (financially) insolvent 支払い不能［破産］状態に陥っている

**inspect** vt. 〜を詳細に調べる, 検査する, 点検する, 検定する, 検分する, 検証する, 視察する,〈兵〉を閲兵する ◆inspect machined parts for defects 機械加工された部品に欠陥がないか検査する ◆police officers inspected the wreckage of his light truck 警察官が彼の軽トラックの残骸を検分する ◆Inspect parts on a 100 percent basis パーツを全数検査する ◆inspect and test supplies to insure that purchase order specification requirements have been met 発注書の仕様要件を満たしていることを確認するために, 納入品を検査・試験する ◆Inspect the brakes periodically and replace if worn. ブレーキを定期的に点検して, 摩耗[摩滅]していたら交換してください. ◆WHEN LOT SIZE IS LESS THAN MINIMUM SAMPLE SIZE, INSPECT 100% ロットの大きさが最低標本数よりも小さい場合は全数検査せよ.（※表示文句なので冠詞が省かれている）◆Before using extension cords, inspect them for exposed wires and damaged insulation. 延長コードを使用する前に, 電線が露出していないか絶縁体に傷がないか確認してください.

**inspection** (an)〜 検査, 検品, 点検, 検定, 検証, 査察, 監察, 監督, 視察,〈軍〉（兵）の検閲, 閲兵, 査問 ◆an inspection sticker〈車〉検査標章（▶有効期間を示すステッカー）◆(a) visual inspection 外観［目視］検査 ◆(a) reduced inspection; (a) normal inspection; (a) tightened inspection 〔品管〕緩い検査; 並検査; きつい［強化, 厳格］検査 ◆a factory inspection tour 工場見学［見学］◆100% inspection 全数検査 ◆a sampling inspection 抜き取り検査 ◆conduct [carry out, do, make, perform] a periodic inspection of... 〜の定期検査[点検]を行う ◆make a periodic inspection of... 〜を総点検する ◆perform 100 airworthiness inspections 百件の耐空性検査を行う ◆a careful inspection of cables and connections ケーブルや接続部の入念な点検 ◆a post-maintenance inspection flight 整備実施後の確認のための飛行 ◆safety inspection criteria for student transportation vehicles 生徒・学生輸送［《意訳》]通学用］車両の安全検査基準 ◆an inspection performed on random samples 無作為抽出サンプルに対し行われる検査 ◆by inspection rather than by measurement 測定で

はなく観察によって ◆inspections by the IAEA (International Atomic Energy Agency) 国際原子力機関による（核）査察 ◆be used in the inspection of printed circuit boards プリント回路基板の検査で用いられている ◆conduct special inspections for cracks and other signs of metal fatigue on older 737s 古めのボーイング737型機について, 亀裂やその他の金属疲労の形跡がないか調べるために特別検査を実施する ◆An inspection of the corpse revealed damage only to the head. 死体の検死[検視]で, 外傷は頭部のみであることが判明した. ◆A Chinese ship suspected of carrying... is expected to undergo an inspection soon. 〜を積載している疑いのある中国船が近く臨検を受けるものと見られている. ◆set up inspection sites along roads where there is room for trucks to pull over for inspections 道路沿いに, トラックが脇によれるスペースのある余地のある場所に検問所を設ける ◆The BLM-sponsored Site Inspection Tour will be conducted on October 9, 2001. この土地管理局主催の現地視察［見学ツアー］は, 2001年10月9日に実施される予定です. ◆You can copy a document well enough to enable it to appear as the real thing under casual inspection, and perhaps more detailed inspection as well. 一見すると本物とみまごう[パッと見ただけでは本物と見間違う]ほどうまく文書が複写できます. そしてもっとよく見てもたぶん（にせ物だとは）分からないでしょう.

**inspector** an 〜 検査［査察, 監察］する人, 検査官, 検査員, 検査係, 監察官,（中古住宅の）鑑定人, 警官［住宅の］◆a city inspector 市の建築検査士（※現場に行って住宅や建物が建築法規に合致しているか検査・監視する）

**inspiration** 回創造的刺激, 霊感, インスピレーション, 鼓舞; 息を吸い込むこと; an 〜（ぱっとひらめく）名案 ◆draw (some of) one's inspiration from... 〜から発想（の一端）を得る ◆... serve as an inspiration 〜は, アイデア［着想, 発想, 思い付き］の材料［ヒント］となる ◆Then inspiration struck me.; Then I had an inspiration.; Then inspiration hit. それから, ある考えがひらめいた［ある事を思い付いた, ある事が脳裏をかすめた］. ◆This work formed the inspiration for the later development of... この研究が後の〜の開発の着想［発想］の元となった. ◆If I might paraphrase, desktop publishing is 90 percent perspiration and 10 percent inspiration. （エジソンの言葉を）もじって言うならば, さしずめDTPは90パーセントが汗の結晶[努力]で10パーセントがインスピレーション[ひらめき]ということになろう.

**inspire** vt.〈人〉を奮い立たせる, 激励[鼓舞, 触発]する, 駆り立てる,〈感情〉を抱かせる[吹き込む], 霊感を与える, 〜をインスピレーションによって伝える,〈空気など〉を吸う ◆inspire fears that... 〜という恐れを抱かせる

**inspiring** adj. 奮い立つ［駆り立てる］ような,（いい）刺激になる, 発奮材料になる, 霊感を与えるような, 息を吸い込む

**inst.** (instant の略）今月（▶ビジネスレターなどで, 日付の後ろに付加される）◆your letter of the 2nd inst. 今月2日付の貴社からの手紙

**instability** 不安定, 不安定性, 情緒不安定 ◆cause instability 不安定さを引き起こす; 政情不安［通貨不安］を引き起こす ◆currency instability 通貨不安 ◆create instability and uncertainty 不安定さと不透明性を生じさせる ◆reduce the risks of financial instability 金融［財政］不安が起きる危険を減らす ◆the instability of the industry この業界の不安定さ ◆the country still suffers from instability and violence この国は依然として政情不安と暴力に苦しんでいる

**install** vt.〈機械など〉を据え付ける, 取り付ける, 組み付ける, 設置する, 備え付ける, 装備する, 装着する, 実装する;《コンピュ》《プログラム》をインストール［導入］する,〈デバイスドライバ〉を組み込む;〈人〉を就任させる, 席につかせる ◆an install program 《コンピュ》インストールプログラム ◆install a device driver 《コンピュ》デバイスドライバを組み込む［インストールする］◆installed capacity of thermal power plants 火力発電所の設備能力［設備容量］◆install piping in a given location ある特定の場所に配管を敷設［布設］する ◆

install the jack and the necessary wiring　ジャックの取り付けと必要な配線の布設をする　◆install the operating system on a new disk　新しいディスクにそのオペレーティングシステムをインストールする　◆install the transformer on the chassis　トランスをシャーシに取り付ける　◆it comes installed with Windows 98　それ(パソコン)にはWindows 98がインストールされて[導入済みで]売られている　◆nine power plants with a total installed capacity of 2,200 MW (megawatts)　合計設備出力が2,200メガワットの発電所9基　◆the Soviet-installed regime in Kabul　(旧)ソ連によって樹立されたカブールの政権　◆a hard disk installed in the main unit　本体に実装されたハードディスク　◆install a new application on [onto] a personal computer　パソコンに新しいアプリケーションをインストールする　◆install a processor into a socket　プロセッサ(チップ)をソケットにはめる　◆install at least ten more in the next 12 months　今後12カ月の間に少なくとも10台増設する　◆the product has successfully installed itself　《意訳》(ソフトウェア)製品は正常にインストールされた　◆the software runs without being installed onto the hard drive　このソフトはハードディスクにインストールされないで動作する[ハードディスクにインストールしないで実行する]　◆The installed position of the pump is shown in...　ポンプの取り付け位置は〜に示す　◆It is a mature product already installed in many sites around the world.　《意訳》これは、すでに全世界で数多くの設置実績[設置基盤]を持つ成熟した製品です。　◆Software already installed with the P5-2400 are Xxx, Yyy, and Zzz.　本機P5-2400にプリインストールされているソフトウェアはXxx, Yyy, Zzzである。　◆The mat installs in seconds.　このマットは、あっという間に設置可能です。　◆The system's installed base comprised over 100,000 users as of July 1, 1991.　本システムの設置基盤[市場における総設置台数]は、1991年7月1日現在で10万を上回るユーザーを数えた。　◆You can install the board in most popular personal computers.　そのボードは、たいていの一般的なパソコンに取り付けられる[内蔵できる、組み込める、実装できる]。　◆The P5-5400 can be installed with up to 128 megabytes (MB) of RAM, plus a hard disk up to 1 gigabyte (GB) in size.　本機P5-5400には、128メガバイトまでのRAM[メインメモリ]、および1ギガバイトまでのサイズのハードディスクが搭載可能である。

**installable** adj. 実装可能な、設置可能な、取り付けできる　◆user-installable external hardware　ユーザーが(自分で)据え付け可能な外付けハードウェア

**installation** ①設置、据え付け、取り付け、組み付け、架設、敷設、実装、就任、インストール；an〜施設、設備、基地、インスタレーション[《定訳はない》仮設立体芸術作品、架設展示作品、架設美術、設置芸術作品、空間構成]　◆an (art) installation　インスタレーション；仮設[架設]展示の立体芸術[美術]作品　◆(an) installation position　据え付け[取り付け]位置　◆ease of installation　インストールのしやすさ　◆at a naval installation　海軍基地で　◆at an installation　施設で　◆at the time of installation　取り付け[据え付け]時に；設置の際に；《コンピュ》(ソフトウェアの)インストール[導入]時に　◆do installation work　据付け[設置]工事[作業]をする　◆installation and removal tools　取り付け工具および取り外し工具　◆perform installation of new applications　新しいアプリケーションをインストール[導入]する　◆the installation of electric equipment　電気機器の据え付け　◆an American-operated oil installation　米国系石油施設　◆the number of installations of industrial robots　産業ロボットの設置台数　◆a rugged package designed for field installation　現場据え付けを考えて設計されている堅牢な筐体　◆the C95X is suitable for installation on ships　C95Xは船舶への搭載に適している　◆unattended remote installation of software applications to networked PCs　ネットワークに接続されているパソコンへのアプリケーションの無人遠隔導入　◆Ease of installation is greatly enhanced because of the substantial reduction in both size and weight.　設置の容易性は、大きさと重さの両方における大幅な削減[《意訳》大幅な小型軽量化]のおかげで、一段と高まった。

**installment, instalment**《後者は英綴》1　an〜分割払いの1回分、連続もの番組の1回放送分　◆payment by [in] installments　割賦払い；賦払い；分割払い；分納；済し崩し(に支払うこと)　◆pay in monthly [annual] installments　月賦[年賦]で払う；毎月[毎年]分割で払う；月[年]ごとに分納する　◆purchase... on the installment plan　〜を分割[割賦]払いで購入する　◆the first installment of his car　彼の車の割賦の初回支払い　◆pay in three equal annual installments due April 15 of 1997, 1998 and 1999　毎年均等割りの3回分割で、1997年、1998年、1999年の4月15日の期日までに支払う　◆It can be paid for in monthly installments of $39.95.　それは、月々39.95ドルのローンで支払える。　◆It took 60 installments to pay off the loan.　60回の分割払いでローンを返済した。

2　(= installation)　◆the installment of a facsimile　ファックスの取り付け[据え付け、設置](*installationを用いる方が一般的)

**instance** an〜たとえ、例、具体例、実例、事例、場合、依頼、勧め、《コンピュ》インスタンス；vt. 〜を例に挙げる　◆growing instances of cyber crime　増加している電脳[コンピュータ、ネットワーク]犯罪事例　◆in a few instances　いくつかの例[場合、場面]で　◆in many instances　多くの場合で　◆in some instances　場合によっては[場合により]　◆run a new instance of the task　《コンピュ》そのタスクの新しいインスタンスを起動する(*同じタスクをもう一つ新たに起動する)　◆the number of instances where [in which] <S ·V>　〜であるところの回数；事例件数　◆as an instance of the application of the principle that... should...　〜べきであるという原則の適用の例[一例]として　◆to increase the number of instances that I was hugged, squeezed, flirted with and kissed　抱きつかれたり、抱きしめられたり、べたべたされたり、キスされたりする状況[機会、回数]を増やすために　◆we have never had an instance where the unit didn't function well　我々は、このユニットがうまく機能しなかったという例にはただの一度も遭遇していない　◆This is an instance of financial engineering going too far.　これは、行き過ぎた財テクの例である。　◆They were even forced in one instance to turn tail and run from an attacking mob.　彼らは、ときには襲いかかる暴徒からしっぽを巻いて逃げ出すことを余儀なくされたこともあった。　◆Instances of allergic reaction have been growing in recent years (the rise has been five-fold in the last 10 years).　アレルギー反応の症例は近年増えてきている(増加は過去10年で5倍だった)。　◆There have been growing instances where a cell phone user's inattentiveness to what's happening on the road have caused serious accidents.　携帯電話使用者が道路状況に不注意だったせいで重大事故を引き起こしたという事例が増加した。　◆The Enquiry Desk is just inside the entrance to the Room and is constantly staffed. All enquiries should be made in the first instance to the staff at this desk.　問い合わせのための受け付けカウンターは(図書)室の入口内に設けてあり、常時人が詰めています。照会はすべて、まず最初にこの受け付けカウンターの職員に申し出てください。

**instant** 1 adj. 即座の、即刻の、すぐさまの、(食品が)即席の、インスタントの、緊急の、性急な　◆an instant celebrity　一躍有名士となった人　◆instant coffee　インスタントコーヒー　◆become an instant celebrity　にわか有名人になる；あっという間に[一夜にして、一躍]有名人になる　◆be in near-instant communication with...　〜とほとんど即時に連絡が取れるようになっている　◆give... instant gratification　〈人〉をたちどころに満足させる　◆an instant-verification device　即時確認装置(*クレジットカード用などの)　◆instant access to information services　情報サービスへの瞬時のアクセス　◆it can provide instant direct-dial access to telephones around the world　それによって世界中の電話に即時直通ダイヤル接続できる

2　an〜非常に短い時間、瞬間、一瞬、瞬時、時点、片時　◆in an instant　たちどころに[たちまち、すぐに、即座に、一瞬に、あっという間に、瞬く間に、とっさに、見る見るうちに]　◆on the instant　即刻、ただちに、すぐさま、時を移さず　◆at all instants of time　常に(*話題になっている時間の単位が非常に小さい場合に使う表現)　◆at the same instant　同じ瞬間に

[同時に] ◆can happen at any instant　いつ何時起こってもおかしくない ◆the instant at which...　〜の瞬間 ◆the instant of launch of the light pulse　光パルスの発射の瞬間 ◆at the instant following the closing of the contacts　接点が閉じた直後に ◆at the instant of closing the switch　スイッチを閉じる瞬間に［入れたとたんに］ ◆(at) the instant when the relay closes contacts　リレーが接点を閉じる瞬間に［閉じるや否や、閉じると同時に、閉じるとすぐに］ ◆between the instant when... and the instant when...　〜の時点［瞬間］から〜の時点までの間 ◆buy new equipment the instant it becomes available　発売と同時に、即新しい機器を購入する ◆The electronic beeper sounds two short beeps the instant the autofocus system has attained proper focus.　この電子ブザーは、自動焦点システムが正確なピント合わせを達成する［合焦したとたんに］ピピッと電子音を2回短く発します。
**3** 今月(*しばしば inst. と略され、日付の後に置かれる。→ inst.)

**instantaneous** adj. 瞬間の、瞬時の、即時の、即座の ◆instantaneous death　即死 ◆due to instantaneous (power) interruptions　瞬間的な停電［瞬間停電、瞬停、瞬断］のせいで ◆the instantaneous value of alternating current　交流の瞬時値 ◆...so locating the block is instantaneous　〜従って、ブロックの位置の捜し出しは瞬時に行われる

**instantaneously** 瞬時に
**instantiate** 《コンピュ》〜をインスタンス化する
**instead** adv.（その）代わりに、そうしないで、それよりむしろ ◆instead of...　〜の代わりに、〜でなく ◆Carry as little cash as possible. You should carry a credit card and traveler's checks instead.　現金はできるだけ少ししか持ち歩かないで、その代わりクレジットカードやトラベラーズ・チェックを携行します。 ◆"The patient's hands are not tied. What if he takes a knife and attacks the surgeon instead?" Mr. Brown asked.　「患者の手は縛られていない。もしも反対に彼がメスを取って医師に襲いかかったらどうしますか」とブラウン氏は尋ねた。

**instill** vt.〈思想など〉を（〜に）染み込ませる［植え付ける、徐々に教え込む、涵養(カンヨウ)する］<in, into> ◆instill virtue in every citizen　すべての市民に徳［徳性、道徳心］を涵養する［植え付ける］

**instillation** ①一滴一滴注入すること、点滴注入、滴注、点眼、（感情・考え・主義などを）教え込むこと、感化し教育すること［涵養(カンヨウ)、《意訳》薫陶(クントウ)］、instillationされる物 ◆intravenous instillation of fluid　液の点滴静注 ◆the instillation of safety-oriented attitudes in employees　従業員に安全重視［優先］の姿勢［心構え］を涵養(カンヨウ)することを［教え込むこと］

**instinct** (an) 〜本能、欲動、才能、天性［天分］、直観［直感］、勘 ◆life-preserving instincts　生命を維持するための本能 ◆You have to rely on gut instinct.　第六感［勘、直感、直観］に頼らなければならない。

**institute** **1** vt. 〜を設ける、制定する、定める、設立する、〈調査など〉を始める［開始する］ ◆institute a policy　政策を設ける ◆institute a law　法律を設ける［定める］ ◆institute a plan [a program]　制度［計画］を設ける ◆institute a system for... -ing　〜する制度を設ける［設置する］ ◆institute new guidelines prohibiting...　〜を禁止する新しい指導方針を定める ◆institute reforms　改革を起こす ◆institute revolutionary changes in...　〜に抜本的[革命的]な変化を起こす ◆institute [initiate] a ground-up review of...　〜の抜本的見直しを始める［に着手する、に取りかかる］ ◆One after another, Japanese exporters have instituted cost-reduction measures.　日本の輸出業者は、次々にコスト削減策を講じた。

**2** an 〜 教育機関、工業［工科］大学、専門［専修］学校、学会、(振興)協会、一所、会館、（短期集中）研修会、講習会、ワークショップ、セミナー ◆an institute for research on poverty　貧困に関する研究機関 ◆the California [Massachusetts] Institute of Technology　カリフォルニア［マサチューセッツ］工科大学(*an institute of technology には「工業大学」という訳もある)

**institution** ①設立、設置、創立、制定、開始; an 〜 制度、習慣、法制、法令; an 〜 団体、組織、機関、法人、協会、学会、一施設、一所、教育機関、学校、大学、学府、医療機関、病院、研究機関、研究所 ◆a loan institution　貸付機関 ◆a public institution of higher learning　高等教育の公共の機関［公器］

**institutional** adj. 制度の、制度上の、制度的な、慣習上の、体制の;（公共的性格を持つ）機関の、施設の、組織の、団体の、慈善団体の、協会の、病院の、学校の、学府の ◆institutional investors　機関投資家

**institutionally** ◆the legal profession is institutionally without principles −lawyers sell their morals to every client　法律関係の職業は制度的［構造的］に無節操［無定見］である −弁護士はクライアントに魂を売るのである

**INSTRAW** (International Research and Training Institute for the Advancement of Women) the 〜《国連の機関》

**instruct** vt.〈人〉に教える、教授する、教習する、教示する、指示する、指図する、指南する、指南する、伝授する; vi. インストラクターをする ◆They are instructed in the use of...　彼らは、〜を使用するための教習を受けている。 ◆I have been instructed to <do...>　私は、〜するよう指示されている

**instruction** an 〜, 〜s 指示、指図、命令、指令、言いつけ、指示［指図］書、指導書、手引き書、指南書、取扱説明書、マニュアル、(役所が出す)訓令、指示通達; ①教えること、教授、教育、指導、薫陶(クントウ); an 〜《コンピュ》命令［指示］◆carry out [execute, perform] an instruction　《コンピュ》命令を実行する ◆provide instructions　指示を与える ◆according to instructions　指示［図、手順］通りに ◆an instruction manual　取扱説明書; マニュアル ◆machine code instructions　《コンピュ》機械コード命令 ◆a course of instruction　教育講座 ◆an operating instruction manual　操作手順書; 操作［運転］説明書 ◆be under (strict) instructions from... to <do...>　〜せよという（厳重な）指示［命令、指図、お達し］を〜から受けている ◆"Driver under instruction"　練習中(*自動車教習所の車の標示) ◆instructions for a particular repair job　ある特定の修理作業のしかた(の説明) ◆issue manufacturing instructions　製造上の指示［製造指示］を出す ◆under instructions from...; on the instructions of...　〜の指図［指示、命令］により ◆instructions for the preparation of the form 927　第927書式の記載の仕方の［記入］指示 ◆according to manufacturer-provided instructions　製造業者の指示［メーカー支給の取扱説明書］に従って ◆For instructions to <do> [about how to <do>, for ...ing], see...　〜する手順［〜のしかた、〜する方法］については、〜を参照してください。 ◆according to the instructions on the packet　包装箱に印刷されている指示［手順］に従って ◆follow instructions for changing accessories　付属品交換指示に従う ◆For instructions on [for] using Xxx, please see Yyy.　Xxxの使用法については、Yyyを参照してください。 ◆ignore warnings in the instructions for use　取扱説明書の注意事項［注意書き］を無視する ◆for the purpose of giving instruction in driving the motor vehicle　自動車の運転を教える目的で ◆Each container shall be labeled with instructions for its use.　各容器には（内容物の）使用上の注意を記載したラベルを添付すること。 ◆Follow proper use and care instructions for products.　製品の正しい使用［《意訳》使用法、使用方法］および手入れ法についての説明書［注意書き］を守るようにしてください。 ◆Instructions for use are required in English, Spanish, French, and Arabic.　取り扱い説明書［使用上の注意］は英語、フランス語、スペイン語、およびアラビア語で記載のこと。 ◆Read all instructions and use only as directed.　取り扱い説明を全部お読みの上、必ず指示通りにお使いください。 ◆Read the instructions for correct operation.　取扱説明書に従って正しい取り扱いをしてください。 ◆Attachments are easily changed by following these step-by-step instructions.　アタッチメントは、これらの段階［順］を追った形での指示（＝手順）に従うことにより簡単に交換できます。 ◆Detailed instructions for completing these forms are included in Appendix C.　これ

**instructional** 教育上の, 教育用の ◆instructional material(s) 教材

**instructive** 教訓的な, 教えられる所が多い, ためになる, 有益な ◆an instructive saying 格言

**instructor** an～ インストラクター, 教師, 教員, 先生, (大学の)専任講師, 講師, 指導員, 指導者, 教官, 師範, 師匠 ◆a high school instructor 高校教師 ◆work as a ski instructor スキーの指導員[教官]として働く ◆the instructor and student pilot on board suffered injuries 搭乗していた教官とパイロット養成中の教習生がけがを負った ◆use uniformed law enforcement officers in classrooms as regular instructors 制服を着た[(意訳)現職の]警察官を正規の講師として教室での授業に登用する

**instrument** an～ 計器, 機器, 器械, 器具, 器材, 計測器, 測定器, 《車》インストルメント, 楽器, 道具, 用具, 手段; an～《ビジ》正式の法律文書, 書類, 証書, 証券 ◆a digital instrument デジタルの[表示の]計器 ◆a measuring instrument 測定するための器械, 測定器, 測器, 計器 ◆an instrument cluster 《車》インストルメントクラスタ（＊ダッシュボードの計器群）◆an instrument transformer 《電気》計器用変成器 ◆debt instruments 債権を表記した証券; 債券 ◆medical instruments 医療器具 ◆a fiber-optic test instrument 光ファイバー試験器 ◆an instrument for measuring angles 角度を測るための測定器; 測角器（ソッカクキ）◆an ILS (instrument landing system) 計器着陸装置 ◆pens, markers, pencils and other writing instruments ペン, マーカー, 鉛筆, その他の筆記具 ◆use [application] of economic instruments 経済的手法の使用[適用] ◆an instrument used to guide grinding and polishing of the mirror 反射鏡の研削と研磨の案内をする器械 ◆Carl Zeiss, a maker of optical and precision instruments 光学および精密器械のメーカーであるカール・ツァイス社 ◆complicated financial instruments called derivatives デリバティブ[金融派生商品]と呼ばれる複雑な金融証券 ◆The instruments are not only very easy to read, but they are also easy to look at. これらの計器類は読み取りやすいばかりでなく, また見やすい. (＊計器などが読み取りやすく見やすいことを「視認性がよい」という) ◆Instrument Pressure: Forged writing often lacks the variability in the pen or pencil pressure that commonly occurs throughout the execution of a natural signature. 筆圧[筆記具の圧力]：偽造された筆跡は, 自然に署名をするときにその過程全体に起こるペンあるいは鉛筆の圧力変動がない[筆圧変化が欠如している]ことがよくある.

**instrumental** adj. ～するための手段になる, ～するのに貢献する <in...-ing>, 計器を使用しての, 《音楽》器楽［インストルメンタル, 楽器］の ◆instrumental music 器楽 ◆Latin instrumentals ラテンの器楽曲 ◆an instrumental band 器楽演奏バンド

**instrumentation** 〈器械[器具, 計器]を使用すること, 計測, 計測管理, 計装(化), 計器装備, 装置, 測器, 計測設備, 測装置, 科学目的に使用する計器類の研究開発と製造; 《音》器楽のための編成[編曲], 管弦楽法, 奏法 ◆The r.f. filter is suitable for use in instrumentation applications. その高周波フィルターは, 計測アプリケーションでの使用に適している.

**instrument panel** an～ 《車》インストルメントパネル[インパネ], 計器盤, ダッシュボード

**insufficient** adj. 不十分な, 不足な, 不適切な, 不適当な ◆by an insufficient supply of... ～の供給不足により ◆due to insufficient memory 《コンピュ》メモリー不足のせいで ◆although there is insufficient evidence to warrant their arrest at this stage 現段階では彼らの逮捕を正当化できるだけの十分な証拠は揃っていないが ◆The machine will not start in the event of insufficient air pressure. 本機は, (万一)空気圧が不足している[《意訳》空気圧低下の]場合には起動しません.

**insular** adj. 島の, 島に住む, 島民の, 島特有の, 島のような, 島国根性の, 視野が狭く閉鎖的な, 了見[心]が狭い, 狭量な ◆an insular nation （島国根性の）島国

**insulate** vt. ～を絶縁する, 断熱する, 遮断する, 遮音[防音]する, 防振する, 隔離する ◆an insulating layer; a layer of [for] insulation 絶縁層 ◆a double-insulated power tool 二重絶縁（されている）電動工具 ◆A is insulated from B by polyethylene. Aは, ポリエチレンでBと絶縁されている ◆it is double-insulated to prevent heat loss それは熱の損失を防ぐために二重に断熱されている

**insulated** adj. 絶縁[断熱, 分離, 隔離]された ◆(a) vinyl-insulated [rubber-insulated, cambric-insulated] wire ビニール［ゴム, カンブリック］絶縁電線

**insulating** adj. 《電気》絶縁の, 断熱の, 防熱の, 保温の, 保冷の, 遮熱の, 遮音の, 防音の, 防振の ◆an electrical insulating material 電気絶縁材料 ◆(an) insulating oil [tape] 絶縁油［テープ］ ◆insulting strength 絶縁強度 ◆insulating varnish 絶縁ワニス ◆high-temperature insulating paper 耐熱絶縁紙

**insulation** Ⅲ (電気) 絶縁(体, 材), 碍子(ガイシ), 断熱(材), 防熱(材), 保温(材), 保冷(材), 遮断(物), 遮音(材), 防音(材), 防振(材) ◆絶縁体や絶縁材料の意味で使用されるときにはれに可算となる. ◆an insulation class 絶縁クラス[レベル] ◆an insulation class rating 絶縁種別 ◆(an) insulation distance 絶縁距離 ◆(an) insulation [insulating] material （電気, 熱, 音, 振動などの）絶縁材, 防熱材, 断熱材, 保温材, 遮音材, 防振材, 除振材 ◆double insulation 二重絶縁 ◆a thermal insulation 保温[断熱, 防熱]材 ◆insufficient insulation 絶縁不良 ◆an induced insulation defect [failure] 誘導絶縁不良[破損]（＊誘導電圧が原因の）◆an insulation fault between A and B　A B間の絶縁不良 ◆caused by defective insulation 絶縁不良により引き起こされた ◆due to faulty insulation 絶縁不良により ◆strip off about 3/4 inch of insulation 絶縁材を約3/4インチむく ◆to limit short-circuit currents in case of bad insulation （万一の）絶縁不良の場合の短絡電流を制限するために ◆when the insulation is cracked or frayed 絶縁体[絶縁材]にき裂が入っていたり摩滅していたりすると ◆A short circuit is typically caused by the insulation on a wire wearing away until the wire contacts the metal body of the car. 《意訳》ショートは一般に, 電線の絶縁被覆が摩耗して中の電線が車の金属製車体に接触することによって起きる.

**insulator** an～ 電気, 熱, 音, 機械的振動などの伝達を防ぐ[遮断する]ための材料＝insulation, 碍子(ガイシ) ◆an electrical insulator 電気絶縁体

**insult** vt. ～を侮辱する, 辱める, ～に対して無礼を働く; an～ (～に対する) 侮辱[無礼] <to>, 《医》 損傷

**insurance** 保険, 保険がかかっていること, 保険業, 保険金; (an) 保証, 防備, 備え, 用心 ◆as (an) insurance against... ～に備えて[～を防ぐ手段として] ◆obtain insurance 保険に入る ◆an insurance benefit 保険給付 ◆an insurance company [provider] 保険会社 ◆an insurance policy 保険証券; 保険証書 ◆health insurance 健康保険 ◆insurance against injury [death] 傷害[死亡]保険 ◆score [tally, add, tack on] an insurance run 《野球》駄目押しの1点をあげる[追加する] ◆drive without insurance 保険に加入していないで車を運転する ◆California's car-insurance rates カルフォルニア州の自動車保険料 ◆as a kind of insurance policy against future diseases 将来病気になった場合に対する一種の備えとして ◆... should be viewed as insurance [as an insurance policy (covering [protecting])] against... ～は～に対する保険[備え]として見なければならない ◆The insurance covers bodily injury, death and property damage. この保険は, 人体傷害, 死亡および財物損傷に対し補償する. ◆To drive a moped, you must have insurance for public liability and property damage. 原付自転車を運転するには, 対人対物賠償責任保険に入っていなければならない.

**insure** vt. <against> 〈家屋など〉に (～に対して) 保険を付ける[かける], ～を保証する; 《米》(= ensure) ～を確実なものにする, 〈信頼性など〉を保証[確保]する ◆insure the reliability of...　〜の信頼性を保証する(= assure) [確保(= ensure)]する ◆insure accuracy　精度を保証する ◆insure... against fire 〜に火災保険をかける ◆insure conformance to safety regulations　安全規則が確実に守られるようにする; 保安規定の遵守を徹底する

**insurmountable** adj.（問題や困難が）乗り越えられない、克服できない、打ち勝ちがたい ◆an insurmountable hurdle <to...>　(〜の)乗り越えられないハードル; 克服できない障害 ◆there will be insurmountable engineering difficulties　克服できない[乗り越えられない]技術的困難があるかもしれない

**insusceptible** adj. 心を動かされない、動じない、感じない［無神経な、無感覚な］、寄せ付けない、受けつけない ◆a heart insusceptible of pity　憐れみを知らぬ[同情を示さない、冷淡な、情け知らずの、血も涙もない]心 ◆a mind insusceptible to flattery　お世辞を言われてもそれにとらわれない[反応しない、揺れ動かない、動じない]心 ◆insusceptible to corruption　汚職を寄せつけない、買収とは無縁の; 腐敗知らずの

**intact** adj. 手が付けられていない、損なわれていない、完全な状態のままで、(そっくり)そのまま ◆leave [keep]... intact　〜に手を付けないで(そのままにして)おく; 〜を(そっくり完全な状態に)保全しておく ◆remain intact　損傷を受けていない状態[無傷、劣化していない状態]のままである ◆In the interior and remote parts of Alaska, Canada and Siberia most of the primary forests still remain intact.　アラスカ、カナダ、シベリアの奥地や遠隔地においては、原生林は依然として自然のままの状態を保っている[手付かずの状態のままである]。 ◆Keeping the Peace Constitution intact is the first step in guiding civilization forward in a bold new direction.　この平和憲法を(今のまま改訂せずに)守ることは、文明を大胆な新しい方向に向かわせるための最初の一歩です。 ◆The heater hoses must be intact in order to get a good flow of heat inside the car.　暖房装置のホースは、暖気が車の室内にうまく流れ込めるよう損傷のない(完全な)状態でなければならない。

**intake** ①取り入れること、摂取、取水、吸気、(人員の)採用; an〜 摂取量、採用人員、取り入れ者数; 〜を (水、空気の)取り入れ口、取水口、吸気口 ◆an intake air cleaner　吸気クリーナ[フィルタ] ◆an intake gate　取水ゲート ◆order intake; the intake of orders　受注、受注高 ◆a moderate intake of caffeine　カフェインの適度の摂取 ◆an opening for air intake　空気取り入れ口 ◆a wide-mouth intake　(車)口の広い(空気)取入れ口 ◆establish an acceptable daily intake (ADI)　許容一日摂取量を設定する ◆To minimize sand and dust intake by engine　エンジンが砂や粉塵を吸い込むのをできるだけ少なくするために ◆Blood pressure returned to normal when salt intake was cut back.　血圧は塩分の摂取を減らしたら正常に戻った。

**intangible** adj. 触れることができない、つかまえどころのない、漠然とした、こうだと言い切れない、言うに言われない、不可解な、理解できない; 無形の、無形の、実体のない; an〜 触れることができない物、無形物、無体物 ◆an intangible asset　無形資産 ◆data is intangible　データは無体物である

**integer**　an〜 整数、完全体 ◆a positive [negative] integer　正の[負の]整数

**integral**　1 adj.（完全になるために）必須の、不可欠の、絶対必要な; 一体化している、一体型の、〜に内蔵の［〜の一部を成す］<to> ◆an integral hinge [a molded-in hinge]　《プラスチック製品》一体成形ヒンジ ◆an integral modem　内蔵モデム ◆an integral part of...　〜の一部分[一翼]、〜の切り離すことのできない[分けようにも分けられない、不可分の、欠くことのできない]部分; 〜と密接不可分の関係にあるもの; 〜の一構成要素; 〜に一体化している部分; 《数》〜の整数部 ◆a one-piece, or "integral," unit　ワンピース、すなわち「一体型」ユニット ◆The fuel gauge is integral with the speedometer.　燃料計は速度計と一体になって[一体化されて]いる。 ◆The furniture is an integral part of the workcell design.　ファニチャーは、ワークセル設計に盛り込まれていて切り離すことのできない一部を構成している。 ◆The shutter button and the electronic input dial are integral parts of the body.　シャッターボタンと電子入力ダイヤルは(カメラ)ボディーの一部になっている。(＊一体構造化している) ◆An integral part of library service is the provision of reference and research assistance to patrons.　図書館のサービスの一環としまして、ご利用者の方々に参考資料を提供したり調べもののお手伝いをさせていただいております。 2 adj. 積分の、整数の; an〜 積分 ◆integral calculus　積分学 ◆an integral multiple of t　tの整数倍 ◆evaluate the integral　その積分の値を求める ◆the integral of the input voltage　入力電圧の積分(値) ◆a frequency which is an integral multiple [→submultiple] of the fundamental (frequency)　基本波の整数倍[→整数分の一]の周波数 ◆register the integral of the power in an electric circuit　電気回路の積算電力を記録する

**integrally** adv. 一体化して ◆The bottle has an integrally-molded tube with a removable jet tip.　その容器には、一体成形されたチューブおよび取り外し可能な噴出口が付いている。

**integral-type** 一体型の ◆The alternator has an integral-type regulator mounted atop it.　その交流発電機には、上部に一体型の電圧調整器が取り付けられている。

**integrate** 1 vt. 〜をまとめる、一体化する、統合する、一元化する; 〜を(〜に)組み込む[取り込む、実装する]、〈人〉を(社会、集団に)とけ込ませる［同化させる］ ◆an integrated electronics and electrical manufacturer　総合電子・電機メーカー ◆integrated spell checking　組み込みのスペルチェック機能 ◆an integrated circuit on a chip of silicon　シリコンチップ上の集積回路 ◆a building-integrated photovoltaic power system　建築物[建物]一体型太陽光発電システム ◆a computer-integrated publishing system　コンピュータが組み込まれたパブリッシングシステム ◆easy-to-integrate IC chips　組み込みが簡単なICチップ ◆arithmetic and cache functions become integrated into a single device　演算機能とキャッシュ機能が一つのデバイスに統合[一体化]される ◆integrate A into a complete system with B　AをBと一体化して、すべて備えた[完備した]システムにする ◆integrate Lotus 1-2-3 graphics into documents　Lotus 1-2-3のグラフィックスを文書に取り込む ◆As an increased range of functions and capabilities are integrated into one system,...　より幅広い[豊富な]機能や能力が同一システムにまとめられる[統合化される、一元化される、集約される]につれ、 ◆a single, multi-function control center that makes remote operation of your complete integrated audio and video system even easier than ever　お手持ちの総合音響映像システムの遠隔操作を、今までに増して楽にする、1台の多機能コントロール・センター(＊complete integrated...＝総合＝は意訳) ◆To be of maximum benefit, those programming tools should be integrated.　できるだけ役立つようにするためには、それらのプログラミングツールは統合化されなければならない。 ◆In the office, telecommunication products increasingly integrate with other OA systems.　オフィスでは、通信機器製品とほかのOAシステムとの統合がますます進んでいる。 2 《数》〜を積分する ◆an integrating flowmeter　積算流量計 ◆an integrating wattmeter (= a watt-hour meter)　積算電力計 ◆integrate both sides with respect to x　両辺をxについて積分する

**integrated** adj. 組み込まれた、一体型の、内蔵型の、積分された、積算、集積された、統合された、総合一、集中一 ◆a highly integrated printed circuit　高集積プリント回路 ◆an integrated circuit (IC); ①integrated circuitry　集積回路 ◆an integrated communication system　統合通信網 ◆a CAE/CAD integrated software package　CAE/CAD総合化[統合型]パッケージソフト ◆a fully integrated bumper　《車》完全に[ぴたっと]一体化されているバンパー ◆a stereo integrated amplifier　ステレオプリメインアンプ[総合アンプ] (＊integrated はpreamplifier と a main amplifier が統合されて一緒になっているという意) ◆via an integrated loudspeaker　内蔵スピーカーを通して

**integration**　集積、集積化、統合、統合化、複合化、組み込み、一体化、積分(法) ◆horizontal integration　《経済》水平統合 ◆LSI (large-scale integration)　《半導》大規模集積化、大規模集積回路 ◆achieve a high degree of integration　《半導体》高

い集積度を実現する;《ビジネス・経済》高度な統合を達成する[成し遂げる] ◆ the scale of integration 集積の規模,集積度 ◆ Western Europe's integration into a unified market 西欧の統一市場への向けての統合 ◆ system manufacturers are demanding more integration and more functionality from each component and module システムのメーカーは,個々の部品やモジュールの(更なる)高集積化[《意訳》高密度化]および高機能化を求めている ◆ Integration of media is likely to occur in time. メディアの統合化がやがて起こるだろう。 ◆ A trackball system is optionally available for integration into the front panel. トラックボールシステムは,フロントパネル組み込み用にオプションとして買い求められる。 ◆ We shall no doubt see some very creative integrations of these media systems. これらのメディアシステムを創造的に統合したものがいくつか出現するに違いない。 ◆ The PostScript page description language allows full integration of text, graphics and scanned images on a single page. ポストスクリプトページ記述言語によって,テキスト,グラフィックス,および走査取り込みされた画像を同一ページ上に完全に統合することができる。

**integrator** an ～ 積分器,積分回路,積算計,コンピュータシステム構築業者 ◆ a system integrator システムインテグレータ ◆ an integrator circuit 積分回路

**integrity** 何ら損なわれていないこと,完全無欠[完璧]であること,完全性,整合性,保全性,妥当性,健全性;清白,誠実,清廉,廉潔,真直,謹厳実直 ◆ data integrity データの保全[完全性・整合性] ◆ a man of integrity 清廉潔白[廉潔,誠実,高潔,立派]な男,人格者 ◆ without compromising the integrity of... ～の完全性を損なうことなく ◆ a reporter of intellectual integrity 知的誠実さを備えている記者 ◆ ensure signal integrity 信号の品位[純度,完全性,整合性]を保証[確保]する ◆ maintain data integrity データの整合性を保つ;データの完全性を維持する ◆ the structural integrity of materials 材料に構造的な欠陥がないこと ◆ assure high levels of data integrity データ品位[品質]完全性を保証する;高いデータ品位[品質]を確保する ◆ ensure data integrity in the event of disk drive failure ディスクドライブが万一故障した場合のデータの完全性を損なわないようにする(*《意訳》場合でもデータが少しも損なわれないようにする) ◆ The low group delay distortion insures that pulse integrity will be maintained. 群遅延歪みが小さいのでパルス品位が保たれる。(*パルスの波形の崩れが少ないという意)

**integrodifferential** 積分微分の ◆ an integrodifferential equation 積分微分方程式

**intellectual** adj. 知性の,知力の,知的な,知能的な; n. an ～ 知識人,インテリ,識者 ◆ intellectual work (= brainwork) 知的労働[頭脳労働] ◆ difficult intellectual work 難しい知的労働 ◆ the protection of intellectual property 知的所有権の保護 ◆ the WTO's intellectual property (TRIPS) agreement 世界貿易機関の知的財産権協定 ◆ intellectual property rights like patents, copyrights and licenses 特許,著作権,特許使用権などの知的所有権[無体財産権] ◆ Without adequate private and public support for R&D, America's intellectual prowess in these fields will decline as well. 研究開発に対する十分な私的,公的なサポートなくしては,米国の知力[智力]はこれらの分野においても衰退することになるだろう。

**intelligence** 回知能,知力,知性,理解力,聡明(ソウメイ)さ,インテリジェンス,英知[英智],叡知(叡智);回(特に敵国に関する)情報,諜報;(無冠詞,単/複扱い)情報[諜報]機関,情報局 ◆ a secret intelligence agent 秘密諜報部員[工作員],スパイ ◆ you're doing nothing other than showing your friends your low intelligence quotient あなたは友人に自分の知能指数の低さを[《意訳》低能さ加減]を示しているいがいのなにものでもない ◆ He scored high on intelligence tests. 彼は知能検査で高い点をとった。 ◆ One of the most important issues is where to put intelligence in the network. 重要な問題のひとつは,ネットワークのどの箇所をインテリジェント化するかということである。

**intelligent** adj. 知能を有する,知能が高い,利口な,利発な,聡明な,理知的な,知的な,〈機械が〉ある程度のデータ[情報]処理能力を持つ,インテリジェントな ◆ an intelligent card ICカード (= a smart card) ◆ an intelligent copier インテリジェントコピー機(*マイクロプロセッサとメモリーを内蔵し,画像のデジタル情報を入力することによって印刷できるコピー機) ◆ an intelligent emulation card 高機能エミュレーションカード ◆ an intelligent terminal (= a smart terminal; a programmable terminal; ↔a dumb terminal) 《コンピュ》インテリジェントターミナル[知能端末装置](*ホストコンピュータとのオンラインによらなくとも,それ自体でも多少の情報処理ができるターミナル) ◆ an intelligent office building 高度情報化オフィスビル ◆ intelligent transportation systems (ITS) technology 高度道路交通システム技術 ◆ a highly intelligent, user-friendly system 非常にコンピュータ化されているユーザーフレンドリーな[利用者に優しい高度情報化]システム ◆ Intelligent terminals have the ability to perform functions on their own. インテリジェントターミナルは,自分自身で機能を実行する能力を備えている。

**intelligibility** 《一般》《話や文章の》理解しやすさ;《通》了解度(*前後に意味のつながった言葉が話された場合に,文脈の助けを借りて正しく聞き取ることのできる率。cf. articulation)

**intelligible** adj. 〈話や文章が〉理解できる,わかりやすい,明解な,知性によってのみ理解できる ◆ post-editing is essential to make the translation intelligible 翻訳を意味の通じるものにするために,ポストエディット[後編集]は必須である ◆ to render it intelligible to the common reader それを一般の読者が理解できるようにするために 《コンピュ》インテリ ◆ little insider jokes intelligible to anyone with some knowledge of... ～を少し知っている人なら誰でも理解できる,部内者向けのちょっとした小話

**intelligibly** adv. 分かりやすく,明瞭に ◆ speak intelligibly (人に)わかりやすく話す

**Intelsat** 《無冠詞》インテルサット,国際電気通信衛星機構 ◆ an Intelsat communications satellite インテルサットの通信衛星

**intend** 1 vt. (～する)つもり[方針]である,(～しよう)と思っている,もくろむ,～を意図する,企図する,企画する,意味する <to do, ...-ing, that> ◆ I don't intend to <do> 私は,～したくない ◆ YBM announced that it intends to <do...> YBM社は～する方針[予定]であると発表した ◆ sometimes circumstances can force you to do something you did not intend 時には成り行き上不本意なことをしなければならないこともある ◆ The company intends to announce the still-unnamed system in the summer. その会社は,まだ名前の付いていないこのシステムを夏に発表する意向だ。
2 (受身形で) <for> ～用である, (～に)振り向けることになっている ◆ as intended 意図した[ねらい]通りに ◆ a device intended for the protection of... ～の保護を目的としている装置 ◆ be intended for use with... ～と共に使うということで考えてある;～と一緒に使用するためのものである ◆ intended primarily to offset... 主に,～を埋め合わせるねらいで ◆ yield the results that were intended 期待通り[所期]の結果を生む ◆ shorter than was intended 予定されていたよりも時間がかからずに ◆ intended for users at all levels of expertise (初心者から上級者までの)すべてのユーザー向けで ◆ produce the results that were intended 所期の結果を生み出す ◆ toys intended for children over 36 months 月齢36カ月以上の子供を対象とした[子供向けの]玩具 ◆ an extension cord intended for use outdoors and so marked 屋外用に作られていて,またそのように表示してある延長コード ◆ if your telephone fails to operate as intended お買い上げの電話機が正常に動作しない場合は (*as intended は,直訳すると「意図された通りに」であるが,ここでは「設計された通りに」,「然るべく」,「ちゃんと」の意) ◆ it is intended to operate under both Windows 98 and NT operating systems これはWindows 98とNTの両方の基本ソフト上で動くよう設計されている[Windows 98とNTに対応している] ◆ Deregulation initially worked as it

**intended**

was intended to work. 規制緩和は、当初ねらい通りの功を奏した。◆The game is intended for four to nine-year-old kids. 同ゲームは4歳から9歳までの子供が対象にしている。◆This appliance is intended for home use ONLY and not for commercial or industrial use. この器具は、ご家庭での使用専用で、業務用や産業用ではありません。

**intended** adj. 意図された、計画的な、故意の、もくろんだ、目当ての、ねらっている、目指すところの、~用の、~を対象とした、~向けの、~向きの<for>; n. one's ~（ふざけて）結婚相手として）お目当ての人、フィアンセ ◆it accomplished its intended purpose それは所期の目的を達した[果たした] ◆produce an intended result 所期の結果を生み出す ◆Do not use the Food Processor for other than intended household use. このフードプロセッサーを、本来のご家庭内以外の目的に使用しないでください。 ◆This appliance should be used only for its intended use as described in this Care and Use Manual. この器具は、この取扱説明書に記載されている本器具の使用目的のみにお使いください。

**intense** 激しい、強烈な、猛烈な、強度の、強力な、強い、高輝度の、（色の）非常に濃い、高- ◆an intense magnetic field 強力な磁界 ◆as a result of intense price wars 熾烈な価格戦争[激安戦争]のために ◆intense fire 激しく燃え盛る炎[火炎] ◆a month of intense negotiations 1カ月に及ぶ精力的な交渉 ◆When cooking your burgers, use intense heat. ハンバーガーを焼くときは、強火にします。

**intensely** adv. 激しく、強く、強烈に、猛烈に、甚だしく、ものすごく、すさまじく、ひどく、極めて、非常に、熱心に、情熱的に、真剣に ◆an intensely colored pigment 濃い[鮮やかな]色をしている色素 ◆be intensely colored 強烈な色をしている ◆in the intensely competitive automaking industry 競争が極めて激しい[苛烈な、激烈な、熾烈な]自動車製造業界で

**intensification** (an) ~を強めること、強調、強化、増強、増大、強化、深刻化、先鋭化 ◆call for an intensification of international cooperation 国際協力の強化を必要とする

**intensifier** an ~《電子,光》倍増[増倍]管、増強管、増幅器; an ~《機械》増加[増倍]機、補力機、-《写真》増感剤 ◆an image intensifier （X線）蛍光倍増管; イメージ[映像]倍増管

**intensify** ~を激しくする、激化させる、強める、強化[強調]する、増加、増強、増大]させる、濃する、倍増[増加]する; vi. ~Fighting intensified in the region after... 同地域における戦闘が~後に激化した。◆radiographic intensifying screens for medical use 医用X線増感紙 ◆public concern has intensified 一般の関心が高まった[強まった] ◆Demand for... has been intensifying in the past few years, especially in the United States. ~の需要は、過去2～3年の間に特に米国で強まって[増大して]きている。

**intensity** 激しさ、強烈さ、強さ、強度、輝度、光度、照度、(色の)純度、《カラーテレビ》(俗に)色の濃さ ◆a high-intensity [~low-intensity] lamp 高輝度[~低輝度]ランプ ◆intensity modulation 《光通信》輝度[強度]変調 ◆a unit of luminous intensity 光度の単位 ◆at peak intensity 最高輝度で ◆differences in color and intensity 色の違いと光の強弱 ◆emissions intensity (emissions per unit of production) 排出原単位（単位生産［製造]当たりの排出)◆the intensity of a lamp ランプの明るさ ◆vary in intensity 激しさの度合いが変わる ◆detect the intensity and direction of a magnetic field 磁界の強さ[強弱]と向きを検出する ◆measure the intensity of light 光の強さ[輝度、光度]を測定する ◆sound waves of sufficient intensity 十分な強さの音波 ◆the change in intensity of light returning to the lens レンズに戻る光の強弱（の変化)◆the intensity of the infrared radiation その赤外線照射の強度 ◆need major new policies to reduce energy intensity and stop the growth in $CO_2$ emissions エネルギー原単位を低減させ、$CO_2$排出の伸びにストップをかけるために新規の大政策を必要とする ◆an earthquake of intensity greater than 8 on the Richter scale リヒター目盛りで8以上の強さの地震 ◆produce lasers of sufficient intensity and quantity 十分な強さと量

度と光量のレーザー光線を発生させる ◆when the star peaks in intensity この星の明るさがピークに達すると[最高になると] ◆The engine vibrated with intensity. エンジンは、強烈に振動した。◆Saturation [color intensity], sharpness and grain were very important to Disney. 彩度[色の濃さ]、鮮明度、粒状性はディズニー社にとって非常に重要なことであった。（＊映画フィルムの話で）

**intensive** 強力な、集中した、集約的な、徹底的な ◆an intensive care unit (ICU) 集中治療室 ◆a labor-intensive [capital-intensive] industry 労働[資本]集約型の産業 ◆high-input, intensive farming 高投入集約型の農業（＊化学肥料、農薬、エネルギー、労働力、機械力などを多くつぎ込むやり方)◆through intensive labor 労力を集約することにより ◆memory-intensive applications メモリーをたくさん使うアプリケーション ◆mouse-intensive software 主にマウスで操作する[マウスを多用する]ソフト ◆science-intensive products 科学を集約した製品 ◆The color plotter performed poorly on pen-changing-intensive graphics. このカラープロッタは、頻繁なペン交換を要するグラフィックでは成績が良く[芳しく]なかった。

**intensively** ◆study Japanese intensively 日本語を集中的に学習する

**intent** 1 adj. 熱心な、夢中な、集中して、（堅く）決心して、専心[没頭]して; -ly adv. 一心に ◆Overcoming every obstacle in his path, Fontella Jones is intent on achieving his dream. 行く手を阻むあらゆる障害を克服して、フォンテラ・ジョーンズは自らの夢を実現させるつもりだ。◆The assembly line was moving briskly with each worker intent on his or her task. 組み立てラインは、各作業員が作業に専念する[仕事に余念がない]中、勢いよく[軽快に]流れていた。

2 回目的、意図、意向、意志、了見[料簡]、作意、意思、旨意、決意、趣旨、含意、意味内容 ◆with intent to <do> ~するつもりで[~しようといった意図をもって] ◆a letter of intent 趣意書[同意書]; 仮取り決め; （落札［契約]) 内示書 ◆clearly document design intent 設計意図を明確に文書化する ◆require a clear indication of the intent to <do...> ~するという明確な意思表示を必要とする ◆with minimum infringement on individual intents 個人個人の意向をできるだけ汲むようにして ◆interpret the intent behind a patient's question 患者の質問の裏にある意図[本意]を解釈[忖度（ソンタク）]する ◆even if it appears to run counter to the intent of... たとえそれが~の意向に反するように思われても ◆A letter of intent which amounts to a contract is also called a "letter contract." 本契約に至る仮取り決め[契約内示書]は、「仮発注契約書」とも呼ばれる。

**intention** an ~目的、意図、意向、了見[料簡]、意志、意思、作意; by intention わざと、故意に、作為的に ◆with the intention of... -ing ~するつもりで ◆have an [no] intention of... -ing ~するつもりである[つもりはない] ◆have every intention of... -ing 必ず~するつもりである ◆carry out our Lord's intention 我らが主の思し召しを実践する ◆express one's intention to <do...> ~する意思を表す ◆indicate one's intention to <do...> ~する意思を示す ◆the real intentions behind... become clear [evident] ~の裏に隠された真意が明らか[明白]になる ◆signal other drivers of your intention to pass 他の運転者に、あなたが追い越しをかけようと思っていることを合図して知らせる ◆if the world's largest carmaker has any intention of reestablishing itself as a leader 世界最大手のこの自動車メーカーに、リーダーとしての地歩を再び固めようという計画がいくらかでもあるならば ◆We have every intention of becoming one of the leaders of this industry. 私どもは必ずやこの業界トップクラスの企業へと成長していく所存です。◆What was your intention in doing that? どういった意図で、あなたはそれをしたのですか？ ◆Acts performed with good intentions frequently result in hurtful outcomes. 善意で行われた行為[良かれと思ってしたこと]が結局は悪い結果になる[裏目に出る]ことはよくある。

**intentional** 意図的な, 故意[作意]の, 作為的な, 計画的な, もくろんだ

**intentionally** 計画的に, 故意に, わざと, 作為的に, ことさらに ◆This page (is) intentionally left blank. 本ページは白紙です.

**interact** vi. <with>(〜と)相互に作用する, 相互に影響[干渉]し合う, やり取りする;《コンピュ》(〜と)対話する;《(意訳)》連係[連動]する, 相互に連絡をとる ◆Since solitons of different wavelengths don't interact, ... 異なる光波のソリトンは作用し合わない[《(意訳)》相互干渉しない]ので ◆Some drugs can interact with alcohol to increase the effect of the drug. 薬によっては, アルコールと相互作用を起こし効果[効き目]が強くなるものもある. ◆If two or more users try to interact simultaneously with the timeshared system, some of them experience a delay in response. 2人以上のユーザーが同時に時分割システム(コンピュータ)と対話すると, 一部のユーザーは応答の遅れを感じることになる.

**interaction** (an) 〜 相互作用, 干渉, 《コンピュ》対話[会話], 《(意訳)》連係, 《(意訳)》相互連係 ◆drug interaction 薬物の相互作用 ◆user interaction (コンピュータと)ユーザーとの対話 ◆text-based [→graphical] interaction 《コンピュ》テキストベースの[→グラフィックスによる]対話 (*前者は文字を介して, 後者は画面上の絵[アイコン]を介して, ユーザーが現在の状態を知ったり操作したりする方式) ◆mankind's interaction with nature 人類と自然との交わり ◆normal interactions between men and women 男女の通常の交流 ◆operator interaction [involvement] 《コンピュ》オペレータの介入[介在] ◆the interaction with the computer コンピュータとの対話 ◆the complex interactions of living organisms and their environment 生物と環境の複雑な相互作用 ◆the interaction of A with B, or vice versa AがBに及ぼす作用, またはその逆方向の作用 ◆facilitate direct interactions with other academic and non-academic institutions 他の学術機関および非学術機関との直接的な相互関係を促進する ◆interaction between the user and the computer ユーザーとコンピュータとの間の対話 ◆interaction with people from another culture 異なった文化的背景を持つ人々との交歓 ◆parent-child interaction time had plunged to 17 hours per week 親子が互いに接する時間は週17時間にまで減少した ◆promote interaction among diverse motorcycling groups さまざまなバイクライダーグループの間の交流をはかる[促進する] ◆study the interaction between the Earth and the sun 地球と太陽の間の相互作用を研究する ◆there is a decline in parent-child interaction 親子の間の交わりが減ってきている ◆he died from polypharmacy – the interaction of drugs 彼は多薬療法, つまり薬物の相互作用により死亡した ◆remove the interaction between the input and the output [電気, 電子]入力と出力間の相互作用[干渉]をなくす ◆the large classes mean that real interaction can't take place between students and teachers 大人数のクラスは生徒と教師が, 真の意味で互い[相互]に影響しあうことがないということを意味します ◆These computer systems permit interaction via natural-language front ends. これらのコンピュータシステムとは自然言語フロントエンドを介して対話ができる.

**interactive** adj. 相互に[作用, 影響]する; 双方向の, インタラクティブの, (展示物などが)参加型の, 《コンピュ》対話式[型]の, 会話式[型]の ◆an interactive karaoke system 双方向通信カラオケ・システム ◆an interactive learning program 対話形[双方向]学習プログラム ◆by (means of) interactive communication(s) between robots and human users ロボットと人間ユーザー間の双方向通信により ◆electronic interactive art エレクトロニクスを応用した(鑑賞者)参加型芸術 ◆process the information in an interactive manner 対話形式で情報を処理する ◆interactive input devices such as the keyboard and mouse キーボードやマウスのような対話型入力装置

**intercept** 1 vt. 〜の進行を途中で止める[妨害する, 阻止する], 〜を遮る, 遮断する, (敵機)を迎撃[要撃]する, (通信)を傍受する, (相手のボール)をパスから奪う, (面や線)を2つの線[点]で区切って切り取る, 交差する ◆intercept ballistic missiles 弾道ミサイルを迎撃する ◆intercept incoming cocaine and other drugs (密輸で)入ってくるコカインおよびその他の薬物を捕獲する[取り押さえる, 押収する] ◆you can intercept cordless phone conversations quite easily コードレス電話の通話はかなり簡単に傍受[盗聴]できる 2 n. (an) 〜 妨害, 迎撃, 傍受[盗聴](内容), (切片 (*線の途中を2点で区切ってできた線分. グラフが座標軸と交わる点から原点まで), 交点, (2点間の)差 ◆communications intercept facilities 通信傍受施設 ◆the y intercept of the line その線のy切片 ◆extend the line to its intercept on the temperature axis その線を, 温度軸の切片まで[温度軸と交わるまで]伸ばす ◆the intercept of the two straight lines 2つ直線の交差[交点]

**interceptable** adj. (an) 〜 迎撃, 要撃)可能な ◆interceptable signals 傍受可能な信号

**interception** (an) 〜 途中で止める[捕らえる, 奪う]こと, 横取り, 妨害, 阻止, 遮断, 傍受, 代行受信, 迎撃, 要撃, 《通》通知割込 ◆the interception of radio waves 電波の傍受 ◆conduct interceptions of electronic communications 電子[電気]通信の傍受を行う ◆the interception of rays of light 光線の遮断 ◆fiber cables are impervious to indirect interception 光ファイバーケーブルは間接的な傍受[盗聴]を受けにくい

**interchange** 1 vt. 〜を交換する, 〜を交替させる; vi. 交互になる, 交替する ◆interchange pieces of equipment 機器の配置を入れ替える ◆interchange power [energy] with other utilities 他の電力会社と電力融通を実施する ◆the two can be freely interchanged これら2つは自由に入れ替えが効く [置き換えられる] ◆When two utilities interchange power [energy], ... 電力会社2社が電力を融通し合う場合には, 2 (an) 〜 交換, 交替, 交互になること, 電力融通 (*電力会社間での電力の売買); an 〜 《交通》インターチェンジ ◆an interchange track 《鉄道》行き違い線 (*単線などで, 別の列車の通過待ちをする所) ◆interchange energy [power] 《電気》融通電力 (*異なる電力会社の電力系統間で行われる「広域調整」の際に売買される電力) ◆engage in a freewheeling interchange of ideas 自由闊達(カッタツ)な意見交換をする

**interchangeability** ◎互換性 ◆ensure interchangeability among modules モジュール間の互換性を確保する[取る] ◆establish an interchangeability standard for Z-CAV disks 《(意訳)》Z-CAVディスクに互換性を持たせるための標準規格を制定する ◆if you want interchangeability between two systems システム間で互換性を取りたかったら

**interchangeable** adj. 交換できる, 交換可能な, 互いに交換のきく, 互換性の, 互換性のある, 共通できる, 共通の ◆an interchangeable lens (カメラ用)交換レンズ ◆interchangeable components 交換[置き換え]がきく部品; 互換部品 ◆replacement blades interchangeable between No. W010 and W020 cutters W010型カッターとW020型カッターの間で交換がきく替え刃 ◆"Duty cycle" and "duty factor" are interchangeable terms. 「デューティーサイクル」と「デューティーファクター」は, 入れ替えがきく[同義の]用語です. ◆Most shaver cords are interchangeable. ほとんどの電気カミソリのコードは, 差し替えがきく. ◆Each system must be made of interchangeable parts so that one system may be used to cover the other system's spectral range in the event of an equipment failure. 各システムは, 共通部品で製造されていなければならない. これは, 万一の機器故障の場合に, ある一台のシステムを使って他のシステムのスペクトル範囲をカバーできるようにするためである.

**interchangeably** adv. 区別なく, 互換性があるようにして, 交換可能なようにして ◆The terms engine and power plant are used interchangeably. エンジンとパワープラントという用語は, 区別なく[同じように, 同義で]用いられている.

**intercom** (intercommunication system) an 〜 インターコム, インターホン, 構内電話[通信]設備 ◆a front-door intercom 玄関用のインターホン

**interconnect** vt. 〜を相互に接続する, 《送配電》連系[連係]させる ◆interconnect individual power systems 個々の電

力系統を相互に接続する; 系統連系をする ◆As the world becomes ever more interconnected politically and economically,... 世界が政治的にまた経済的に相互の結びつきがますます緊密になっていくに従って,... ◆several interconnecting reasons why women abort なぜ女性は妊娠中絶をするのかという問いかけに対する互いに関連したいくつかの理由

**interconnection** 相互接続, 連絡, 相互配線, 《電気》連系［連系］(*電力系統間の相互融通をするための相互接続) ◆power system interconnection 電力系統の連系 ◆Open Systems Interconnection (OSI) 開放型システム間相互接続 ◆effect an interconnection between two or more networks 複数のネットワーク間の相互接続を行う

**interconnectivity** 回相互接続性 ◆promote [increase] interconnectivity and interoperability 相互接続性および相互運用性を高める［向上させ, さらに良くする］ ◆increase interconnectivity between different vendor products [dissimilar hardware, different platforms] 《意訳》異機種間の相互接続性を高める

**intercool** v. 中間冷却する, 吸気冷却する ◆an intercooled turbocharger インタークーラー付きターボチャージャー

**intercooler** an～ インタークーラー, 中間冷却器, 吸気冷却器

**interdiction** 回禁止, 禁制, (敵の補給線や通信線の)遮断, (敵の軍事行動を制止するための)空爆［爆撃, 砲撃］, 阻止, 停止; 回《法》禁治産 ◆interdiction to stop... ～は止めよと言っている禁止命令［禁止令］ ◆through interdiction of the enemy's lines of supply and communications 敵の補給線・通信線を破壊する［断つ, 遮断する］ことにより

**interest** 1 回関心, 興味; an～ 関心事, 興味の対象, 趣味, 作品 ◆attract interest 興味を引く［関心を呼ぶ［集める］] ◆areas of interest 関心の持つ［興味のある, 問題にしている, 目的とする, 対象］分野 ◆the time range of interest (観測や考察の)対象としている時間領域 ◆attract keen interest from... 〈人〉の強い関心をひく; 〈人〉から高い関心を集める ◆for one's own interests 自身の利益［私利］のために ◆in favor of a special interest 特定の利害に有利になるように ◆it is of keen interest to... それは, 〈人〉にとって大いに関心があるものである ◆raise a person's interest 〈人〉の関心を高める［興味をそそる］ ◆rev up interest in... ～に対する興味を高める［あおる］ ◆show a keen interest in... ～に高い［強い, 大きな, 深い］関心を示す ◆develop a deep interest in... ～について深い興味を抱くようになる ◆He expressed interest in... 彼は～に興味を示した ◆vendors with a keen interest in Africa アフリカに強い関心を持っているベンダー ◆Americans' renewed interest in the Civil War アメリカ人の南北戦争に対する新たなる関心［再認識］ ◆It is of interest to note that... ～ということは注目に値する［興味深いことである, 特筆すべきだ］ ◆It would be of interest to <do...> ～して見るのもおもしろいであろう ◆Of special interest are... 特に見所として挙げられるのは, ～ ◆There has been a growing interest in... -ing ～への関心が高まってきている ◆add some visual interest to your graphs 見た目のおもしろさをいくらかグラフに添える ◆attract the interest of the largest possible number of potential purchasers できるだけ大勢の潜在購入者の関心を引く［集める］ ◆await [watch] further developments with keen interest 更なる［今後の］展開を刮目して待つ［見る］ ◆become a topic of considerable interest かなり関心の高い話題になる ◆explode the slice of interest (*円グラフに)注目する項目の割合を示す扇形を引き離して他よりも突出させる ◆it is of particular [special] interest それには特別興味のものがある ◆they are watching developments closely [with keen interest, with considerable interest] 彼らは進展［成り行き, 趨勢］を注意深く見守っている ◆I read with interest your special section... 〈人〉についての貴誌［《意訳》本誌］特集欄を興味深く読みました ◆these banks showed a high degree of interest in participating in the project. これらの銀行は同プロジェクト参画への高い関心を示した ◆they did not show any interest in [they did not pay

any attention to] this technology 彼らはこの技術に一切関心を示さない［全く見向きもしな, 鼻も引っ掛けな］かった ◆This new material is of great interest in the design of... この新素材は, ～の設計分野［への応用］において非常に興味深いものがある ◆It depends on the service whether I will show interest. 私が興味を示す［乗り気になる］かどうかはサービスによりけりだ. ◆She says her interests run more to foreign affairs. 彼女は, どちらかというと自分は外交問題の方に関心が行くという. ◆However, no special interest is attached to operation in this state. しかしながら, この状態における動作は特にこれと言った興味を引くものではない. ◆In the past 15 years or so, reader interest in such issues has grown remarkably. 過去15年ほどの間に, そのような問題に対する読者の関心が非常に高まった. ◆The results from the nation's major retailers indicated consumer interest in shopping hasn't cooled despite a lukewarm economy. 《意訳》全国の大手小売業者の業績［実績］は, 経済がパッとしないにもかかわらず消費者の買い物への関心［個人消費マインド］は冷え込まなかったことを示していた. ◆Larger orders may attract the interest of Customs authorities, but books are supposed to be untaxed by international treaty (The Berne Convention). 大口注文すると税関当局の関心を引く［の注意を引く, 目をつけられる］かも知れませんが, 書籍は国際協定(ベルン協定)により無税のはずです.

**2** an～ 利権, 権益, 株; (しばしば～s) 利益, 権利, 利害関係, 私利, 同業者, 利息, 利子, 利子, 利益, 利率 ◆with no interest 無利子で ◆an interest payment 利子支払い［利払い］ ◆a special-interest group 特定の利害を追求する団体; 特殊権益集団 ◆high-interest 高金利, 高利率, 高利子の ◆high [↔low] interest rates 高金利［↔低金利］ ◆low-interest loans 低利の貸し出し［融資］ ◆a consumer-interest group 消費者利益団体 ◆an interest-bearing bond 利付き債券 (*利札 coupons のついた債券. →a coupon bond 利札付き債) ◆interest-rate-sensitive stocks 金利敏感株 ◆interest-producing (形容詞的に)利息を生む ◆simple and compound interest 単利と複利 ◆at 7% interest 7%の金利で ◆high-interest rates 高い利率で ◆a spurt in interest rates 金利の急激な上昇［急騰］ ◆a non-interest-bearing account 利息の付かない［口座］ ◆borrow at high interest 高利で借りる ◆make loans at low interest rates 低利で貸し出しをする ◆pay interest on a loan ローンの金利を払う ◆protect [safeguard] the interests of consumers 消費者の利益を守る ◆push interest rates higher 利上げする ◆raise interest rates to combat inflation インフレを退治するために利率を上げる［利上げする］ ◆raise interest rates to keep inflation at bay インフレを抑制するために金利を上げる ◆represent the interests of workers 労働者の利益を代表する ◆In order to protect my interest(s), I hired a lawyer. 自分の利益を守るために私は弁護士を雇った. ◆X acquired a 50% interest in Y. X社はY社の株式［利権, 権益］の50%を取得した.

**3** vt. 〈人〉に興味［関心］を持たせる, 興味を起こさせる, 〈人〉の関心［興味］を引く ◆produce finished goods of a quality high enough to interest Western buyers 西側国内の消費者に訴求するのに十分質の高い完成品を生産する ◆to get people interested in the advantages that ISDN has to offer ISDNが提供するメリット, 便利さ, 利便性, 便宜］について人々に関心［興味］を持ってもらおうと ◆If video-moviemaking doesn't interest you,... もしビデオによる映画制作があなたの興味をそそらないなら,

**in the interest(s) of...** ～の(利益の)ために, ～に資するべく ◆in the interests of memory economy メモリの節約のために ◆in the best interest of all concerned in a given issue ある係争の当事者［全員］にとって一番ないように

**interested** adj. (～に)興味［関心］を持っている <in>, 利害関係がある, 関係［関与］している ◆an interested party 当事者, 関係者, 利害関係者 ◆an interested engineer (前述の)物事などに)興味［関心］を持っている技術者 ◆a person interested in... ～に関心［興味］を持っている人 ◆become very [deeply] interested in... ～に非常に興味［深い関心］を持つようになる ◆an advisory body consisting of interested persons and organizations　関係者および関係団体から構成される諮問機関　◆He has become deeply interested in the story of the land before white settlement.　彼は、白人による入植〔が始まる〕以前のこの国の歴史に深い関心を抱くようになった。　◆Those who are interested in attending the workshop are required to complete the enclosed form and send it by March 3.　ワークショップへの参加に興味のある人〔《意訳》参加したいと思う人、への参加希望者〕は、同封の用紙に必要事項を記入して3月3日までに送ってください。

**interest-free** adj. 無利子[無利息, 利息なし]の; adv. 無利子[無利息, 利息なし]で　◆an interest-free loan　無利子の貸付　◆sell this property interest-free　この物件を無利子で売却する

**interesting** adj. 興味ある, 興味[関心]をそそる, 面白い, 《意訳》魅力的な　◆an interesting fact　興味がそそられる事実　◆be interesting to read　読んでおもしろい　◆make it more interesting　もっとおもしろくする　◆It is interesting to note that...　～ということは興味深いこと[面白いところ]である　◆As the preacher had just reached the most interesting part of his sermon,...　牧師がまさに説教の佳境に入った〔山場にさしかかった〕時に　◆He is not interesting.　彼はおもしろくない人だ。

**interface** 1 an ～　インターフェイス, 接続器, 接続装置, (2つのものの)境界面 <between, to, with>　◆a connection [connecting] interface　接続インターフェイス　◆a human-computer interface　人間とコンピュータの間の仲立ちをする〔マンマシン〕インターフェイス　◆a modem-terminal interface　モデムと端末機間のインターフェイス　◆at an interface surface　境界面で　◆as a point of interface between systems　システムの相互接続点として　◆an interface between two immiscible liquids (such as oil and water)　2種類の(水と油などの)混ざり合わない液体の界面　◆the interface between a computer and a hard disk unit　コンピュータとハードディスク装置間のインターフェイス　◆the user interface across which the user operates the application program　ユーザーが(それを用いて)アプリケーションプログラムを操作するためのユーザーインターフェイス; ユーザーがアプリケーションプログラムを操作する際に間に介在するユーザーインターフェイス　◆Waveform data can be acquired through an IEEE-488 interface.　波形データは、IEEE-488インターフェイスを介して収集できる。　◆The high-speed interface to the VMEbus allows data transfers at 6 Mbytes/sec.　《コンピュ》そのVMEバスへの高速インターフェイスは, 6メガバイト／秒の速度でのデータ転送を可能にする。　◆Within the Physical Layer (PL), there are two basic interfaces for making connections.　《通》物理層内には, 接続を確立するための2つの基本的インターフェイスがある。
2 vi. 仲かして(二者間を)結びつける[接続する], 橋渡し役をする, 〈装置が〉接続して機能する, 整合する[かみ合う] <between, with, to>; vt. 〈装置に〉接続[機能できるように]〜を結びつける[接続する, つなぐ], 〈装置〉にインターフェイスをつける, 〈装置〉のインターフェイスとなる, 整合する <with, to>　◆The PRO807 interfaces with a unique monitoring system.　本機PRO807には, 特殊な監視システムを接続して(一緒に)動作させることができます。　◆The unit interfaces to a variety of printers and plotters.　本ユニットは, 各種プリンタおよびプロッタに接続できる。　◆There are special-purpose commands for interfacing between the robot and the welding equipment.　ロボットと溶接装置を連携させるための専用コマンドがある。

**interfacial** adj. 界面の, 境界面の, 層間-, 二面-　◆the interfacial tension [force] between a liquid and a solid　液体と固体の間の界面張力

**interfere** vi. (〜に)干渉[口出し]する <in, with>, (〜に)妨害[障害, 混信]を与える, 邪魔(セイチュウ)する <with>, 支障を来す, 〜とかちあう[ぶつかる, 抵触, 衝突]する <with>, 〜の邪魔をする, 妨げになる <for, with>　◆drinking problems interfere with one's career　飲酒のしかたに問題があると, 出世の妨げになる　◆interfere with concentration　集中力を乱す[阻害する], 《意訳》奪う, 低下させる　◆interfere with the reception of...　〜の受信を妨げる　◆interfere with the rights of others　他の人の権利を侵害する　◆interfere with the operation of the transmission　トランスミッションの動作を妨げる　◆drugs which interfere with a person's ability to drive safely　人の(安全)運転をする能力を害する薬物　◆in a manner which doesn't interfere with work being carried on inside　中で行われている作業[進行中の内装工事]の邪魔にならない[に支障のない]ように　◆interfere with the proper operation of electronic equipment　電子機器の適正な動作を妨げる　◆the noise suppressor does not interfere with other parts of the engine　この騒音抑制装置は, エンジンの他の部分に支障を及ぼさない　◆Page headings could interfere with viewing and editing of paragraphs spreading across page boundaries.　ページヘッダーが, ページまたがりになっている段落を(画面で)読んだり編集したりするのに邪魔になることもある。

**interference** 干渉, 口出し, 介入, 横槍を入れること, 掣肘(セイチュウ), 邪魔, 《利害の》衝突, 抵触, 侵害, 妨害, 障害, 混信, 雑音, 外乱, 《無線》うなり[笛音]妨害, 《機械》締り嵌(シマリバメ)　◆interference occurs　干渉が起きる　◆electromagnetic interference (EMI)　電磁障害[干渉, 妨害]　◆interference fringes　《複数形にて》干渉縞(カンショウジマ)　◆multipath interference　《FM受信の》マルチパス妨害　◆by interference of light　光の干渉により　◆caused by interference from...　〜からのinterferenceが原因で引き起こされた　◆interference arising internally　《電子》(機器の)内部で発生している干渉　◆interference between circuits　回路間の干渉　◆in the event of interference; in the event that interference should occur　万一, 干渉[抵触, 侵害, 障害, 混信]が起きた場合　◆minimize interference　干渉をできるだけ少なくする　◆the interference of lightwaves　光波どうしの干渉　◆pictures without ghosts or interference are delivered　ゴーストや混信のない画像が配信される　◆emit electromagnetic signals which can cause interference with other electronic devices　他の電子装置との干渉[妨害, 混信]を引き起こす可能性のある電磁信号を放射する　◆overcome interference problems such as moiré patterns　モアレ干渉縞[波紋]のような干渉障害を克服する　◆reduce interference by using microprocessors to compare successive image frames　マイクロプロセッサを使用して連続する画像フレームを比較することによって, 干渉(テレビの受信障害)を減らす　◆use spread spectrum technology to prevent interference from other RF sources　他の高周波源からの妨害・混信を防ぐためにスペクトラム拡散技術を用いる　◆Reforms should aim to clarify the delineation of public and private sector activities and minimize interference in the private sector.　改革では, 公共部門の活動と民間部門[《意訳》民業]の活動の線引きを明確化して, 民間部門に対する妨害・干渉[《意訳》圧迫]を最小限にすることを目指すべきである。

**interferometer** an ～　干渉計　◆a Michelson interferometer　《光》マイケルソン干渉計

**interferometric** adj. 干渉計の, 干渉計による　◆an interferometric sensor　干渉センサー　◆an interferometric method [technique]　干渉計法; 干渉法

**intergovernmental, inter-governmental** adj. 政府間の　◆at the EU Inter-Governmental Conference (IGC) set for 1996　1996年に設定されている欧州連合政府間会合の場で

**intergranular** adj. 粒状の, 粒子間の, 結晶粒間の　◆intergranular corrosion　《金属》粒間[粒界]腐食　◆intergranular fracture [cracking]　粒界[粒間]割れ

**interim** adj. 仮の, 臨時の, 一時的な, 暫定的-, 中間の, 当面の, 間に合わせの; an ～　合間, 暫時　◆during an interim　合間に　◆in the interim　その間に　◆an interim report　中間報告　◆an interim government　暫定政府　◆on an interim basis until...　〜まで暫定的に[臨時に, 《意訳》当座(しのぎとして), 《意訳》当面の策として]　◆the interim period　その間の期間　◆interim measures to be taken to improve the safety of...　〜の安全性を向上[安全を改善]するために取るべき経過[暫定, (制度などの)移行中における]措置

**interior** 1 an ～ 内部,内側,屋内,室内,奥地,内陸 ◆dress the car's interior　その車の室内を装飾[内装をデザイン]する ◆in the interior of particles　粒子の内部 ◆outfit the interiors of showrooms　ショールームの内装を施す[内装工事をする] ◆the car's redesigned interior　その車の設計し直された内装 ◆the interior of a room　(ある部屋の)室内 ◆the interior of the Porsche 944　ポルシェ944の内部[室内] ◆the look and feel of the interior　《車》室内の見てくれと感じ
2 adj. 内部の,内側の,屋内の,室内の,奥地の,国内の,内務の,内政の ◆interior bond angles　《化》結合内角 ◆the interior diameter of...　～の内径 ◆the interior walls of the coronary arteries　環状動脈の内壁

**interlaced** adj. 《テレビ》インターレース[インタレス,飛び越し走査]方式の ◆interlaced scanning　飛び越し走査(＊普通のテレビ受像機に採用されている走査方式で,2回の全面走査で1枚の画面を構成する。まず1回目の走査で粗い画面を作り,次に1回目の走査線を2回目の走査線で埋める)

**interlaminar** adj. 層間の,積層内の ◆due to interlaminar shear stress and fatigue　積層内の剪断(センダン)応力および疲労により

**interleaving**　交互配置法,《TV》間挿法,インターリービング

**interlingua** an ～ 人工国際言語,《機械翻訳》中間言語

**interlock** 1 □噛み合い,からみあい,連動,連結,連鎖,同期; an ～ 連動装置,連動式安全[保護]装置,連動式自動停止機構 ◆an interlock between A and B　AとBの間の連動[連結](機構) ◆a safety-interlock mechanism that prevents operation unless the door is fully closed　ドアが完全に閉まっていないと運転ができないようにする安全保護連動機構
2 vt. 連動させる,噛み合わせる,からみ合わせる; vi. ◆The fully automatic system features an interlocked safety door for operator protection.　この完全自動システムは,オペレータの保護のために連動安全扉を備えています。

**intermediary** adj. 中間の,仲介の,媒介する,中継の; an ～ 仲介者,橋渡し[仲立ち]役,媒介役,仲鎖人,架け橋的な存在の人,中間段階のもの[形態,生成品] ◆there exist many layers of distribution intermediaries　何層にも上る中間流通業者が存在している

**intermediate** 1 adj. 中間の,介在の,中級の,(中性子が)中速の,中位の,中―,間―,過渡― ◆intermediate results　中間結果 ◆intermediate tones　《写真,印刷》中間調 ◆intermediate- and short-term instruments　中期債券および短期債券 ◆an intermediate-frequency transformer　中間周波トランス ◆an intermediate-level guide　中級向けガイドブック ◆settings intermediate between the min. and max. positions　最低と最高位置の中間設定点
2 an ～ 仲介者,《化》中間体,中間(生成)物,中間製品 ◆a chemical intermediate　中間化学生成物

**intermediate-range** adj. 中距離の(＊射程距離が),中間的な,中間帯の,(稀)中期の ◆an intermediate-range ballistic missile (IRBM)　中距離弾道弾 ◆the Intermediate-Range Nuclear Forces (INF) Treaty　中距離核戦力条約

**intermingle** vt., vi. 混ぜ合わす,入り交じる,ないまぜ[ごっちゃ]にする[なる] ◆a country with an intermingled population　民族や人種が入り交じっている(人口構成の)国 ◆bar the intermingling of personal and campaign funds　個人の金と選挙資金をない交ぜにすることを禁止する ◆implanted cells can survive for up to 18 months and become intermingled with the natural tissues of the brain　移植された細胞は最長18カ月間生存でき,脳の元々の組織と混ざり合って行くことが可能である ◆Factual information was intermingled with disinformation.　事実に基づく情報がデマ[でたらめな情報,偽情報,虚報,ガセネタ]とない交ぜになって錯綜していた。

**intermission** (an) ～ 休止,中断,休息; an ～ 休息[休み]時,一時休業,幕間(マクアイ)(=(英)an interval) ◆before [after] intermission　休憩前[後]に ◆during an intermission　休みの時間に ◆a 15-minute intermission　15分間の休息 ◆As Nanotronics prepares to shut down for its annual year-end intermission, ...　ナノトロニクス社が例年の年末休業に向け閉鎖の準備をしている中で,～

**intermittent**　間欠的な,間欠性の,断続的な,不連続な,時々起こる,時々途切れる,途切れ途切れの ◆an intermittent failure　間欠故障 ◆an intermittent spring　間欠泉(＊乾期になると渇れてしまう) ◆despite intermittent component shortages　時々部品不足に見舞われたにもかかわらず ◆intermittent system problems　間欠的に発生するシステム障害 ◆on an intermittent basis　断続[間欠]的に

**intermittently** adv. とぎれとぎれに,断続的に,間欠的に ◆occur intermittently and at unpredictable times　散発的に発生する ◆problems that occur intermittently　断続[間欠]的に発生する障害

**intermodal** adj. 複合[協同]一貫輸送の ◆intermodal surface transportation　協同[複合]一貫陸上輸送(＊鉄道やトラックなど各種輸送手段を組み合わせた)

**intermodulation**　□相互変調 ◆intermodulation interference　相互変調妨害[混信] ◆intermodulation distortion　相互変調[混変調]歪み (cf. cross-modulation distortion)

**intermolecular**　分子間の ◆intermolecular forces　分子間力

**intermontane** adj. 山間(ヤマアイ,サンカン)の,山懐(ヤマフトコロ)に囲まれた ◆an intermontane area [region]　山間地;山懐(ヤマフトコロ)に抱かれた地域 ◆an intermontane valley　山間(ヤマアイ)の谷[峡谷] ◆an intermontane plateau [basin]　山間高原[盆地]

**intern**　an ～ インターン,研修医,実習生,見習い; vi. インターンとして勤務する; vt. (敵国人など)を強制収容[拘禁,抑留]する ◆a medical intern　(病院の)インターン,研修医 ◆former White House intern Monica Lewinsky　ホワイトハウスの元実習生モニカ・ルインスキー(さん) ◆unpaid work-study interns　無給の研究実習生 ◆because I'm interning at a hospital right now　僕は現在病院でインターンをしているので ◆have students work as interns in hotels　学生をホテルで(住み込みの)実務研修生として働かせる

**internal** adj. 内部の,内側の,内面の,〈寸法が〉内のりの,内方の,国内の,内政の,内―,中―,《医》内服用の ◆an internal-combustion engine　内燃機関 ◆(an) internal-use reference material; materials for internal use　内部資料 ◆internal bleeding; an internal hemorrhage　内出血 ◆internal medicine　内科(学) ◆the internal diameter of a tube　管の内径 ◆an internal pressure of 76 psi　76psiの内部圧力[内圧] ◆an internal speaker　内蔵スピーカー ◆disclose (the) internal information of a company　ある会社の内部情報を開示する ◆expansion of internal demand　内需拡大 ◆the European internal market　欧州域内市場 ◆the internal political situation in the United States　米国の内政情勢 ◆compute internal rate of return, net present value, and net future value　内部収益率,正味[純]現在価値,および純[正味]将来[未来]価値を算出する ◆a tool that a physician uses in the course of diagnosing internal diseases [ailments]　内科医が内科の病気を診断[診察]する際に使う器具 ◆the theory that melatonin controls the circadian rhythm, the internal biological clock　メラトニンが概日リズム,すなわち体内の生物時計を制御するとしている説 ◆The IEEE-488 address must be switch-selectable internal to the equipment.　IEEE-488のアドレスは,装置内部でスイッチを切り替えて設定可能なこと。(＊仕様書から採った用例) ◆The JVC 2040 is an internal-type drive.　JVC 2040は内蔵型のドライブ装置である。 ◆The following photographs show the internal construction of a Nokia 2140.　以下の写真は,Nokia 2140(携帯電話)の内部構造を示しています。

**international** adj. 国家間の,多国間の,国際上の,国際的な,万国の,世界を股にかけた ◆international competition　国際競争 ◆international goodwill [amity]　国際親善 ◆an international standard interface　国際標準インターフェース ◆in international waters　公海(上)で ◆international business travelers　海外出張者ら ◆subjection [exposure] to international competition 国際競争にさらすこと[さらされること] ◆America's international balance of payments (account) 米国の国際収支 ◆as the market becomes increasingly international 市場がますます国際化するにつれ ◆become a respected member of the international community 〈国が〉国際社会のれっきとした[正式な]一員となる ◆make [place] an international call 国際電話をかける ◆Japan has to go through a lot of changes to fit international standards. 日本はグローバルスタンダード[国際基準, 世界標準]に合致するためには幾多の変革を経る必要がある. ◆They will be sold at 30 percent below the international market price. それらは国際市場価格よりも3割安く販売されることになっている.

**internationalization** 国際化, 国際管理下におくこと ◆the trend toward internationalization of Japanese industry 日本の産業の国際化傾向

**internationalize** vt. ～を国際化する, 国際管理下に置く; vi. 国際化する, 国際的になる ◆Taiwan is becoming internationalized. 台湾は, 国際化しつつある.

**Internet** the ～ 《略 the Net》《コンピュ》インターネット, 《中国語》因特網 [国際互聯網](＊互連網) ◆(be) on the Internet [Net] インターネット上にあって; インターネットにつながって[接続されて, 接続中で] ◆(人が)インターネット上での連絡が可能で[インターネットへのアドレスを持っていて, 《俗》インターネットに入っている] ◆browse [surf, navigate] the Internet インターネットをあちこち見て回る[遊泳する, 航海する]; ～をインターネットで見る ◆an Internet home [household] appliance インターネット家電 ◆direct sales over the Internet インターネットでの直接販売; ネット直販 ◆an Internet appliance インターネット(接続)機能を持つデジタル家電 ◆contact [reach] him on the Internet インターネットで彼に連絡をとる ◆deal with false Internet rumors 事実無根のネット風説[風評]に対処する ◆exchange messages across the Internet インターネットでメッセージを交換する ◆make a phone call over the Internet インターネット電話をかける ◆send an Internet message to... ～にインターネットメッセージを[インターネットでメッセージを]送る ◆to (make) access to Internet cheaper [less expensive] インターネットにもっと安くアクセスする[安上がりに接続]するために(＊makeを入れた場合のaccessは名詞, makeがない場合は他動詞) ◆send an e-mail message on [across] the Internet インターネットで電子メール(メッセージ)を送る ◆They must be viewed with Adobe Acrobat Reader, which can be downloaded free off the Internet. これらは, インターネットから無料でダウンロードできるAdobe Acrobat Readerを使って表示する必要があります. ◆One of the primary reasons for the rapid growth of... has been the widespread proliferation of the Internet and the World Wide Web. ～の急成長の主因のひとつは, インターネットとWorld Wide Webの広範な普及であった.

**internetwork** an ～ 《ネット》インターネットワーク(＊複数のネットワークをつなぐ広域ネットワーク); v. 複数のネットワーク間で通信する, 複数のネットワークを相互接続する, インターネットワーク化する

**internist** an ～ 内科医, 内科専門医 ◆an internist who specializes in geriatrics 老人医学を専門にしている内科医

**internment** 〔敵性外国人などの〕抑留, 拘禁, 強制収容 ◆internment [detention] camps for U.S. citizens of Japanese extraction 日系米国市民の強制収容所

**internship** (an) ～ インターンの身分, (学生の)就業体験[職場体験, 職業体験, 社会体験](制度), 企業実習, 〔企業・病院・役所などでの〕実習[実務研修, 実地訓練], 実習期間, 実習のための補助金 ◆he did [had, completed, served] an [his] internship at [in]... 彼は～において研修[実習, 実地訓練]を受けた[実地体験をした] ◆he is on a six-week internship at the zoo 彼は動物園で6週間にわたる実習を受けている(最中だ) ◆By participating in an internship, students broaden their horizons and gain needed experience that will help them secure employment after graduation. 就業[職場, 職業]体験をすることで学生は視野を広め, また卒業後に職を得るのに役立つ必要な経験を得る.

**interoffice, inter-office** adj. オフィス間の, 社内部署間の, 本支店間の ◆rapid interoffice communication オフィス間の迅速なコミュニケーション

**interoperability** 《コンピュ》インターオペラビリティ, 相互運用性 ◆ensure interoperability with... ～との相互運用性を確保する ◆interoperability between diverse vendors' VME products いろいろなベンダーのVME製品間の相互運用性

**interoperable** adj. 相互運用可能な, 共用[協同使用]可能な, 連携可能な, 相互接続互換性のある ◆interoperable equipment 相互運用可能な機器

**interpersonal** adj. 個人間[人間]相互間の, 人と人との間の, 対人関係の ◆interpersonal skills 対人関係[人間関係]をうまく保つための技術 ◆improve interpersonal relations 人間関係[対人関係]を改善する ◆Much of the anxiety people experience arises from difficulties in interpersonal relationships. 人々が感じる不安の大きな部分は人間関係(を保つこと)の困難さ[(意訳)対人関係不適応]から生じている.

**interphone** an ～ インターホン, 構内電話

**interplay** 相互作用 ◆in the interplay of man and machine 人と機械の相互作用において

**INTERPOL, Interpol** (the International Criminal Police Organization) インターポール, ICPO, 国際刑事警察機構(＊略語形INTERPOLには冠詞不要. ICPOにはtheを付ける)

**interpolate** vt. 〈原文〉に加筆する, 手を加える, 書き入れする, ～を改竄(カイザン)する, 〈中間値など〉を挿入する, 内挿する, 補間する ◆By using digital high-order FIR filters, intermediate points (between the actually recorded signal periods) can be interpolated. デジタル高次FIRフィルタを使うことにより, (実際に信号が記録された周期から周期の間の)中間点の補間が可能である.

**interpolation** 〔加筆, 書き入れ, 改竄(カイザン), 内挿(法), 補間(法); an～ 挿入した物, 加筆した語句 ◆The values may be found by linear interpolation from the table. それらの数値は, 直線補間により表から求めることができる場合がある.

**interpose** <between, among> ～を間に置く, 介在させる, さしはさむ; 間に入る ◆interpose an objection to... ～に異議をさしはさむ ◆interpose the circuit in series with the transmission path その回路を伝送路に直列に挿入する ◆The control grid is interposed between the plate and the cathode. 制御格子は, 陽極と陰極の間に配置されている.

**interposition** 〔干渉, 介入, 仲裁; an～ 挿入物 ◆require the interposition of military force for the restoration or preservation of law and order 法と秩序の回復あるいは維持のために軍事介入を必要とする

**interpret** vt., vi. 解釈する, みなす<as>, 解する, 解明[分析]する, 説明する, 通訳する, (ある解釈で)演じる[演奏する, 演出する] ◆interpret EKGs 心電図を読む ◆simultaneous interpreting; simultaneous interpretation 同時通訳 ◆interpret A as B AをBの意味に解釈する ◆interpret economic conditions and trends 経済情勢および景気動向を判断する ◆interpret six years' data on... ～に関する6年分のデータを読み解く[解読する] ◆use physics to interpret results 結果を説明するのに物理を用いる ◆if there are five or six ways to interpret a regulation ある規則に5～6通りの異なった解釈がある場合には

**interpretation** 解釈, 解明, 判読, 分析, とらえ方, 理解, 説明, 解説, 通訳[翻訳], (ある解釈にもとづく)演奏[演出], 役作り ◆a literal interpretation of... ～の文字通りの解釈 ◆even by a farfetched interpretation 牽強付会によっても ◆interpretation of results 結果の判定 ◆be susceptible to differing interpretations いろいろと異なった解釈ができる ◆process visual imagery for easy interpretation 見て簡単に理解できるように画像を処理する ◆present data in a form suitable for direct interpretation by a human operator 　（人間である）運転員が（見て）そのままで［すぐに］分かる形でデータを呈示する　◆radiologists – physicians who specialize in the interpretation of radiographs 　放射線医，すなわち放射線写真の読み取りを専門とする医師　◆The interpretation of the data field is as follows. データフィールドの説明は，以下の通りで ある．

**interpretative** adj. 解釈の，解釈上の，説明の，説明的な　◆an interpretative difference between... 　〈人などの〉間の解釈上の差異［解釈の相違，解釈の違い］

**interpreter** an ～ 解釈する人, 通訳者, 《コンピュ》インタープリタ, 通訳ルーチン, 翻訳［注釈］プログラム, 翻訳機　◆a bilingual interpreter 　2カ国語通訳者　◆a Russian/English interpreter 　ロシア語・英語間の通訳

**interregional** adj. 地域間の　◆long-distance, overnight, interregional trains 　地域間を結ぶ長距離夜行列車

**interrelationship** (an)～ 相互関係, 相関性, 相関関係, 相互依存関係　◆discuss the interrelationship of God and science 　神と科学の相互関係について論じる　◆in the study of the interrelationships among...　〈三者以上の物事〉の間の相互［相関］関係の研究において　◆the close interrelationship between A and B 　AとBの間の緊密な相互［相関］関係　◆the interrelationship between mind and body 　精神と肉体の間の相互関係［相互関連性，相関関係］　◆study the interrelationship of wages and unemployment 　賃金と失業率の相互関係［相互関連性，相関関係，相関関連性］について調査する　◆there is usually an interrelationship between A and B 　AとBの間には通例相互［相関］関係がある

**interrupt** 1 vt. ～を中止［中断, 断続］する, 遮る, 《コンピュ》～に割込をかける; vi. ◆(an) interrupting current 　遮断電流　◆interrupt [break in on] a conversation 　会話を遮る; 話の腰を折る　◆interrupt the current to the load 　負荷への電流を遮断する　◆interrupt the electric circuit 　電気回路を遮断する　◆interrupt the laser beam under signals from the computer 　コンピュータからの信号によってレーザービームを断続させる　◆the UPS provides up to five minutes of backup power when mains power to a personal computer is interrupted 　本無停電電源装置は，パソコンへの電源供給が中断されると最高5分間バックアップ電力を供給する　◆It's bad manners to interrupt someone while they're talking [speaking]. 　人が話している中にさえぎるのは悪いマナー［マナー違反］だ．; 人の話の腰を折るのは失礼だ．

2 an ～ 中断, 一時停止, 《コンピュ》割込 ▶《コンピュ》割込とは，現在実行中のプログラムを中断して別の処理を行うことである．割込を「処理する」という動詞にはprocess, handle, serviceがある. processは, 生じた割込の優先順位を判断して実行するプログラムから然るべき割込処理ルーチンに制御を移すなどといった, 流れの管理を主として意味する. handleとserviceは主に, 割込によって呼び出されるルーチンを実行する意味で用いられる. ◆an interrupt occurs 　割込が発生する　◆an interrupt level 　《コンピュ》割込レベル　◆an interrupt handler; an interrupt-service routine 　割込処理ルーチン　◆handle interrupt conditions 　割込条件を処理する　◆require an IRQ (interrupt request) 　IRQ（割込要求）を必要とする　◆service [handle] an interrupt 　割込を処理する (*割込処理ルーチンを実行する)　◆Max. interrupt prohibit time: Approx. 2 μs (OS independence interrupt handler) 　《コンピュ》最長割り込み禁止時間: 約2μs (OSに依存しない割込ハンドラ)　◆in the middle of processing a previous interrupt 　前の割込の処理の最中に　◆prevent maskable interrupts from being serviced 　マスク可能割込が処理されないようにする　◆the device that needs interrupt services 　割込処理を必要としている装置　◆process the interrupt by saving the current status and pointing to the first instruction of the interrupt-service routine 　現在(実行中だった)プロセスの状態を退避して，割込処理ルーチンの最初の命令をポイントすることによって, その割込を処理する　◆The maskable interrupt request will be "masked" or ignored. 　マスク可能割込は, マスクされる, つまり無視される．; In the case of simultaneous interrupt requests, the interrupt with the higher priority will be handled first. 　割込要求が同時にあった場合は, 優先順位の高い割込が先に処理される．

**interrupter, interruptor** an ～ 《電気》遮断器, 開閉器, 断続器, 中断器; an ～ （武器の誤発射を防止する）安全装置　◆an interrupter switch 　《強電》遮断開閉器　◆a triple-pole load interrupter switch 　3極負荷遮断開閉器

**interruption** (an)～ 中断, 一時的に途絶える［途切れる, 途中で停止する］こと, 遮断, 断続, 割込, 停電, 断水, 不通　◆an instantaneous (power) interruption 　〈電源の〉瞬断, 瞬間的な停電［瞬時停電, 瞬停〕　◆an interruption of your work 　あなたの仕事の中断　◆detect an interruption of commercial power 　商用電源の停電を検出する　◆without interruption 　間断なく［とぎれることなしに, たえまなく, 継続して］　◆interruptions caused by background computation 　《コンピュ》バックグラウンド計算による割込　◆in the event of an interruption of the service 　（電力などの）供給が中断された場合　◆to prevent interruptions of a game in progress 　試合が進行中に中断されるのを避けるために　◆allow customers to continue a call without interruption while traveling... 　～を移動中に, 途切れることなしに（顧客が）通話し続けられるようにする（*移動電話の話）　◆a truly productive working environment free from unnecessary interruptions 　無用な中断のない真に生産的な作業環境　◆No interruption of the network service took place. 　ネットワークサービスの中断［(一時)停止］は起きなかった．　◆The wet snow caused interruptions in service to about 2,000 electric utility customers. 　この湿っぽい雪は, 約2,000軒にのぼる電力需用家への供給を中断させた.; このべた雪のせいで, 約2,000世帯が停電した．

**intersect** vt., vi. 交差する, 交わる, 横切る　◆intersecting spheres 　（互いに）交差している球　◆two intersecting lines 　2本の交わる線

**intersection** 交差する［横切る］こと, 交差, 交わり; an ～ 交差点, 交点, 共通部分, 論理積　◆a point of intersection of two lines 　2本の線の交点　◆at an intersection 　交差点で　◆at the point of intersection 　交差する点［交点］で　◆find the points of intersection of two graphs 　2つのグラフの交点を求める　◆at the intersection of the two straight lines 　2つの直線の交差する点［交点］で　◆determine the line of intersection of two planes 　2平面の交線を求める　◆find an intersection point of two curves 　2つの曲線の交点を求める

**intersperse** vt. ～を所々に置く［入れる, 挿入する, 割り込ませる, 交える, 載せる], ～を散らばらせる, 点在させる, ちりばめる ＜in, among, throughout＞　◆Sixty-one percent of the land is wooded, and it is interspersed with open farmland. 　その土地の61%が森林に覆われ, 広大な農地が点在している．

**interstage** 段間の, 中間の　◆an interstage coupling method 　《電気》(アンプの)段間結合方法

**interstate** adj. 州相互間の, 各州相互の, 州祭の, 州をまたがっての; an ～ (highway) 州間高速自動車道　◆offer interstate service 　州を越えてのサービスを提供する

**interstice** an ～ （通例 ～s)透き間, 隙間（スキマ), 間隙（カンゲキ), 狭間（ハザマ), 割れ目, 裂け目, 時間的な間隔, 細孔, 気孔, 編み目, 織り目　◆an interstice that develops in...　〈の内部〉にできる隙間［間隙, 空隙］　◆fill the interstices between... 　～間の隙間［間隙, 空隙］を埋める　◆look for opportunities in the interstices of the system 　制度の隙間［間隙］(抜け道)をついて（うまいことつけ込むための）機会をうかがう

**interstitial** 隙間（スキマ)の, 間隙（カンゲキ)の, （結晶）格子間の, 《化》割り込みの, 《医》間質性の　◆an interstitial defect (結晶の)格子間欠陥　◆an interstitial solid solution 　侵入形［侵入型］固溶体 (*合金の)　◆derive oxygen and nutrients from the interstitial fluid 　《生化》間質液［組織液］から酸素と栄養分を受け取る

**intersymbol** adj. 《通》符号間の　◆intersymbol interference (ISI) 　符号間干渉

**intertwine** vt., vi. からみ合わせる［合う］　◆be inseparably intertwined with... 　～と絡み合い不可分の関係にある　◆they intertwine with each other 　それらは互いに絡み合う［も

つれ合う、関係し合う ◆he noted how the past is intertwined with the present 彼は、過去が現在にどのようにかかわり合って[からんで、関連して]いるのか述べた

**interval** *an* ～ 間隔, 合間, 期間, 時間, 時限, 幅, 距離, 区間, 音程, 休憩, ((英))幕間 ◆a time interval 時間間隔 ◆a half-hour interval 30分間の休憩 ◆after an interval of twelve years 12年ぶりに ◆at established intervals ある所定の間隔で ◆at intervals of two weeks 2週間おきに[2週間ごとに, 隔週に] ◆at regular intervals 定期的に; 一定の間隔を開けて ◆at short time intervals 短い間隔で ◆at very close intervals 頻繁に, ごく短い間隔で ◆during intervals between pulses パルスとパルスの合間で ◆the time interval between A and B A事象とB事象間の時間間隔 ◆they bear fruits at intervals along their stems それらは茎に沿って飛び飛び[ところどころ]に実を結ぶ ◆update a central database at regular intervals セントラル・データベースを一定期間ごとに[定期的に]更新する ◆delay all signals by a fixed time interval 信号のすべてをある決まった時間だけ遅らせる ◆the interval during which it continues それが継続する間 ◆during the interval that the diode is conducting ダイオードが導通している間 ◆set the tip temperature from 3500°F to 8000°F in one degree intervals こて先温度を, 3500°Fから8000°Fの範囲において1度間隔で設定する ◆the interval from when the signal is sent and the echo is received 信号が送信されてからエコーが受信されるまでの間隔 ◆The recommended interval is every 24,000 miles (40,000 km). 推奨されている間隔は, 24,000マイル(40,000km)です。(*車の整備・部品交換時期について) ◆To conserve power, the electronic calculator stops operating after an interval during which no key has been pressed. 節電のため, この電卓はどのキーも押されないまま一定の時間が経過すると動作を停止する.

**intervehicular** adj. 乗り物間[車両間]の (参考) an intervehicular accident 車[車両]同士の事故 ◆intervehicular communications; vehicle-to-vehicle communication 車車間通信 ◇intervehicular crew transfer 宇宙船から宇宙船への乗組員の移動[乗り移り]

**intervene** vi. 仲裁に入る, 仲介[調停]する, 介入する, 間に入る, 邪魔をする ◆intervene in currency markets 通貨市場に介入する ◆in the intervening years その間の年月に; そうこうしているうちに ◆they intervened in a fight between A and B 彼らはAとBのけんかに(やめさせようと)割って入った ◆a number of European central banks intervened in concert to support the dollar 多数の欧州各国の中央銀行が, ドルを下支えするために協調介入した ◆What happened in that intervening years between 1990 and 1996 is shown in... 1990年と1996年の間の年月に起こったことは～に示してある.

**intervention** (*an*) ～ 介入, 介在, 関与, おせっかい, 干渉, 調整, 調停, 仲裁 ◆manual intervention 《コンピュ》手動操作 ◆without operator intervention 運転員の介入なしで[無人で] ◆without the intervention of an attendant 〈機械の運転などが〉運転要員の介入無しで[無人で] ◆without any manual intervention by the operator オペレータの手入力による介入なしで; オペレータが(途中で)手動操作をすることなく ◆central-bank intervention in foreign exchange markets 中央銀行の外為市場への介入 ◆if the intervention of an operator is requested オペレータの介入が要求されると

**interview** 1 *an* ～ インタビュー, 面接, 面談, 会見 ◆attend a personal interview to discuss... ～について話し合うために個人面談に出席する ◆eligible applicants will be required to undergo an interview (書類審査で)適格と認められた応募者は, 面接(試験)を受けなければならない ◆After numerous interviews, officials now surmise the truck was in front of the building a short time, probably less than 15 minutes. 多数の聞き込みの結果, 今では捜査官らは, 例のトラックはおそらく15分もしないほどの短い時間ビルの前に止まっていたのではないかと推察している.
2 vt. 〈人〉にインタビューする, ～と会見[面接, 面談]する

**intifada** *an* ～, *the* ～ インティファーダ(*イスラエル占領下のパレスチナにおける反イスラエル抵抗運動, パレスチナ人による民衆蜂起)

**intimate** adj. 密接な, 親密な, 情を通じている, 肉体関係のある, ねんごろな間柄の, 《化》均質=, 混和=, 《繊維》肌[陰部, 性器]に直に触れる, 私的な, 〈喫茶店など〉くつろげる, 奥深い, 本質的な ◆an intimate friend 肉体関係のある友達 ◆bring A into intimate contact with B AをBに密着させる

**intimidate** vt. 臆病にする, おじけづかせる, 脅す

**into** ～の中へ[に], ～の状態に, ～の方に, ～に入り込んで, ～に陥って ◆about 40 minutes into the ceremony 式が始まってから約40分後に[過ぎたところで] ◆About three hours into the flight, the plane began losing power. 飛行開始してから約3時間経過したところで, 飛行機は推力を失い始めた. ◆But just two days into the trip, Mr. Clinton had fatigued. だが, 旅が始まってからわずか2日目にしてクリントン氏は疲れてしまっていた.

**intolerant** adj. 寛容でない, 不寛容の, 度量の狭い, 狭量[偏狭, 偏屈, 頑固, 頑迷]な; (～を)認めない[容認しない, 受け入れない]; (～に)耐えられない[我慢できない] <of> ◆become obstinate and intolerant of other opinions 意固地になって他の意見を受け容れることができなくなる

**intoxication** 回酔わせること, 酔い, 陶酔, 酩酊, 中毒, 中毒症状 ◆aluminum intoxication アルミニウム中毒

**intra-** (= inside, = within) -内の(間の), ～の中での; (= into) ～の中への ◆intra-enterprise communication 企業内通信 ◆intra-office telecommunications equipment 《電話》自局内[局内]通信機器 ◆intra-country calls 国内通話 ◆intra-U.S. flights アメリカの国内(飛行)便

**intra-bloc, intrabloc** adj. 〈貿易, 対立など〉域内の〈貿易, 対立など〉 ◆intrabloc trade 域内貿易

**intracommunity** ◆intracommunity trade (欧州連合)域内貿易

**intracompany, intra-company** adj. 社内の ◆intra-company [intracompany] e-mail 社内電子メール ◆intra-company calls 社内[((意訳))内線]通話

**intracorporate** adj. 企業内の ◆an intracorporate LAN 企業内LAN ◆intracorporate communications 企業内通信

**intramontane** ◆an intramontane basin 山間盆地

**intranet** *an* ～ 《ネット》イントラネット ◆a corporate intranet 企業内イントラネット(*インターネットとつながっている企業内ネット)

**intransigence** 回妥協[折り合おうと, 譲り合おうと]しないこと, 非妥協的な態度, 頑固 ◆Japan's intransigence in trade matters 貿易問題における日本のかたくなな態度

**intraoffice** adj. 〈同一〉オフィス内の, 社内の, 企業内の, 役所内の, 局内の, 構内の ◆intraoffice [intra-office] transmission (LANによる)オフィス内での伝送; 《電話》局内転送 ◆an intraoffice [intra-office] trunk 《電話》自局内トランク

**intraregional** adj. 地域内の, 域内の ◆intraregional trade 域内貿易; 地域内交易

**intravenous** adj. 静脈内の, 静脈内への ◆IVH (intra-venous hyperalimentation) 《医》中心静脈栄養, (中心)静脈栄養法, 経静脈的高カロリー輸液栄養法, 静脈内高栄養輸液法(*鎖骨下静脈などの中心(心臓)に近い静脈に太い注射針を入れて栄養を送り込む) ◆an intravenous drug abuser 静脈に薬(ヤク)を打っている薬物乱用者

**in tray** *an* ～ →in-basket

**intricate** adj. 込み入った, 入り組んだ, 複雑な, ややこしい, 難解な, 手の込んだ, 精緻な, 〈結び目などが〉こんがらがった ◆intricate machinery 複雑な機械 ◆intricate regulations 煩雑な規制 ◆an intricate pattern 複雑な[手の込んだ, 精緻な]模様

**intrinsic** 本来備わっている, 本質的な, 固有の ◆an intrinsic layer 《半導》真性層, 高純度半導体層 ◆an intrinsic semiconductor 真性半導体 ◆intrinsic properties 固有特性

**intrinsically** 本質的に, 本来, 元来, もともと ◆intrinsically safe equipment and wiring 本質的に[本来]安全な機器および配線

**introduce** vt. 〈人〉を紹介する, ～を導入する, 取り入れる, 採用する, 投入する, (初めて)世に送り出す, 添加する, 提出する, 〈話題〉を持ち出す, ～を持ち込む, 差し込む, 挿入する ◆introduce A to B AさんをBさんに紹介する ◆introduce a new model on the market 新しいモデルを市場に投入する ◆introduce an overshoot オーバーシュートを生じさせる ◆introduce automation 自動制御を導入する; 自動化[オートメ化]する ◆introduce... commercially ～を商品化[市場化]する ◆introduce oneself to... 〈人〉に自己紹介する ◆introduce [present] a bill to the Diet 国会に法案を提出する[出す; (意訳)かける, 上程する] ◆the soon-to-be-introduced Neon 近々導入されることになっているネオン(＊クライスラーの車種) ◆This chapter introduces the concepts of... 本章では, ～の概念[～がどのようなものであるか]について述べる ◆introduce a greater degree of distortion より高率の歪みを発生させる(ことになる) ◆If you don't know me already, let me introduce myself. My name is... まだ私のことをご存じでない方のために, 自己紹介させていただきます. 私の名前は, ... です. ◆The agency wasted $30 million trying to introduce a computer system. この政府機関はコンピュータシステムを導入しようとして[(意訳)コンピュータ化を図って]3,000万ドル浪費した. ◆The first step is to introduce yourself to your car. 第一歩は, 自分の車を知ることです.

**introduction** (an) ～ 紹介, 導入, 投入, 採用, 持ち込み; an ～ 入門[手引き, 案内]書, 概論[概説], 序文[序章, 序, 序論, 序説, 前書き, 緒言, 緒論, (見出し)]はじめに, 概要], 〈楽曲の〉イントロ ◆a letter of introduction 紹介状 ◆Company Introduction; Introduction to (Our) Company 会社紹介[会社案内, 会社概要] ◆give him a brief introduction to... ～(について紹介するため)の簡単な説明を彼にする ◆the effects of introduction of...; the effects of introducing... ～の導入効果 ◆the introduction of a new product [model] on the market 新製品[新機種, 新車種]の市場投入 ◆since the introduction of color television in the 1960's 1960年代におけるカラーテレビジョンの導入以来[(意訳)テレビのカラー化このかた] ◆An Introduction to Microcomputers 「マイクロコンピュータ入門」 ◆the introduction into Japan of nuclear weapons and large missiles 核兵器と大型ミサイルの日本への持ち込み(＊1960年日米安保条約での) ◆Introduction to the iRMX 86 Operating System 「iRMX 86オペレーティング・システム概説」 ◆since the material's introduction in 1985 この材料の1985年の導入以来 ◆Let me begin with a quick introduction to... まず～について手短にご紹介[説明, 導入説明]しましょう ◆There is no need to rush the introduction of solid foods. (赤ちゃんの)離乳食の開始を急ぐ必要はありません. ◆The company has two computers in the works, both slated for introduction in early April. この会社はコンピュータ2機種を開発中で, いずれも4月早々に市場投入する予定である.

**introductory** adj. 紹介の, 導入の, 入門の, 予備的な, 手始めとしての, 前書きの, 前文の, 緒言の, 序言の, 序説の, 前奏の, 序～の ◆an introductory manual on theosophy 神智学[接神学, 接神論]についての入門解説書 ◆during a free introductory period 無料ご紹介[お試し]期間の間 ◆in a brief introductory ride in the models (意訳)これらの車種を短期間試乗してみて ◆introductory manuals for statistical software 統計ソフト導入マニュアル ◆It sells for $79 for an unspecified "introductory period" after which it goes to $149. それは期限不定の「ご紹介期間」の間は79ドルで販売されるが, その後149ドルになる. ◆The company is offering it at the special introductory price of $99 through the end of July 2002. 同社は, それを2002年7月末まで99ドルの特別お試し価格で発売中である.

**intruder** an ～ 侵入者, 乱入者, 闖入(チンニュウ)者, 妨害者 ◆protect confidential information from intruders 機密情報を侵入者からまもる

**intrusion** (an) ～ 侵入, 押し入り, 侵害, 介入, 出しゃばり, 邪魔立て, 貫入, 注入 ◆an intrusion alarm 侵入警報装置(= a burglar alarm) ◆by intrusion of igneous rocks 火成岩の貫入により ◆homes vulnerable to moisture intrusion 湿気の侵入を受けやすい住宅 ◆(the) intrusion of dirt from... ～からのゴミ[土埃, 泥]の侵入[(意訳)混入] ◆the computers have maximum possible protection against intrusion by dust これらのコンピュータには塵[ほこり, ゴミ]の侵入に対して可能な限りの保護[防護]が施されている

**intrusive** adj. 侵入してくる[侵入する]ような, 立ち入った, でしゃばりの, 差し出がましい, 押しつけがましい; 《地》貫入(性)の ◆an intrusive igneous rock 貫入火成岩

**intuition** (an) ～ 直観, 直感, 直覚, 勘 ◆through [by] intuition 直感で, 直感的に ◆have an intuition that... 勘で[直感で, 何となく]～なような気がする; ～ということに感づいている

**intuitionistic** adj. 直観の, 直覚的な, 直観主義的な, 直覚主義的な ◆intuitionistic logic 直観主義論理

**intuitive** adj. 直感的[直観的]に分かってしまう ◆an intuitive graphic user interface 直観的[感覚的](に使える)グラフィックユーザーインターフェース ◆The program is intuitive to use. このプログラムは, 勘で[直観的に]使える. ◆Operation is extremely easy and intuitive even for infrequent users. 操作は極めて簡単で, めったに使わない人にさえも勘でできる.

**intuitively** adv. 直感的に, 直観的に

**inundate** vt. ～を水浸しにする, ～に湛水(タンスイ)する, ～を(～で)氾濫[あふれ]させる<with>, ～に殺到する, 〈観光客などが〉～に大挙して押し寄せる ◆our information-inundated society 情報が氾濫している私たちの社会

**invade** vt. ～に侵入する, 攻め入る, 攻め込む, ～を侵略[(意訳)攻略]する, 侵害する, ～に押し寄せる, 殺到する, 詰めかける ◆invade others' computers 他人のコンピュータに侵入する

**invalid** adj. 無効な, 効力を持たない, 根拠が薄弱な, 正しくない, 不正な, 不適正な ◆become invalid 無効になる; 失効する; 切れる ◆invalid [illegal] characters 《コンピュ》不正な[無効の]文字(＊たとえば, 数字でなければならない場合における英文字など)

**invaluable** adj. 計り知れないほど貴重な, 極めて[非常に, この上なく]貴重な ◆His experience will prove invaluable in meeting the training challenges of the future. 彼の経験は, トレーニングに関連した今後の課題に(うまく)対処していく上で極めて貴重なものになる[(意訳)真価を発揮してくれる]でしょう.

**invar, Invar** インバール, インバー, アンバー(＊鉄とニッケルの合金で膨張率が極めて小さい)

**invariably** adv. 一定して, 常に, いつでも, いつも, 決って, 必ず, 相変わらず ◆almost invariably ほとんどいつも[決まって] ◆they invariably say that... ～だと彼らは決まって言う ◆The reply was invariably: "They are under review." 返答は, いつも判で押したように「それらは検討中である」であった. ◆If the transmission line introduces errors, as it invariably does, we must also introduce some form of error detection and correction. 《通》伝送媒体がそれ自身の常としてエラーをもたらすのであれば, 我々としても何らか(の形)のエラー検出・修正を導入する必要がある.

**invariant** adj. 変化しない, 一定の, 不変の, 一様な; n. an ～ 不変量, 不変式 ◆as if the circuit were invariant 回路が不変であるかのごとく ◆remain invariant 一定している

**invasion** (an) ～ 侵略, 侵入, 侵攻, (意訳)攻略, 侵害, 《医》(悪性新生物の)浸潤 ◆an invasion of Japanese territory 日本の領域侵犯 ◆an invasion of privacy プライバシーの侵害 ◆the 1989 Panama invasion 1989年のパナマ侵攻

**invasive** adj. 侵入する, 侵略的な, 出しゃばった, 《医》(癌などの)浸潤[浸食]性の, 《医》侵襲性の[観血的な, 外科的操作による](＊検査や処置が生体への器具挿入や切開を伴う) ◆invasive cervical cancer 浸潤性の子宮頸癌 ◆invasive medical procedures 侵襲的な医療処置

**invent** vt. ～を発明する，初めて考え[作り]出す，創案する，創出[創作]する，〈口実など〉をこしらえる，捏造(ねつぞう)する，でっち上げる ◆a Philips-invented system フィリップス社によって発明されたシステム ◆Gutenberg invented movable type. グーテンベルクは活字を発明した．

**invention** ① 発明[創造，創出，創案]すること，創造力; *an* ～ 発明，発明品 ◆the invention of new words 新語を作ること ◆the invention of the transistor トランジスタの発明 ◆an invention credited to... ～の手になる発明品 ◆a story of her own invention 彼女自身の作り話 ◆the invention of new techniques 新技法の創出 ◆an ad-hoc invention used by the US in its auto wars with Japan 米国の対日自動車戦争で用いられた場当たり的な奇想[奇策]

**inventor** *an* ～ 発明家，発明者，考案者，案出者，創案者 ◆suicide-machine inventor Dr. Jack Kevorkian 自殺装置の考案者ジャック・キボキアン博士(*日本では「キボキアン」の表記がマスコミで定着しているが，英語の発音は「カボキアン」)

**inventory** 1 *an* ～ 在庫表[台帳，明細]，商品構成(の幅)，品ぞろえ，型録，棚卸高，財産目録，備品目録，((一般に))一覧表，《集合的》ストック[在庫(品)]，余裕分(*在庫があることは余裕があること)，天然資源，《医》総合診察一覧表，人物考査; (*an*) ～ 在庫商品の総額; ② 棚卸し，目録作成 ◆adjust inventory 在庫調整をする ◆take [make] (an) inventory of... ～の在庫目録を作成する，～の棚卸しをする，～を総ざらいする ◆reduce inventories 在庫を減らす[圧縮する] ◆(an) inventory adjustment; adjustment on inventory 在庫調整 ◆because of excess inventory 過剰在庫のため ◆be currently in an inventory adjustment phase 目下在庫調整局面に入っている ◆carry too much inventory 過剰在庫をかかえる ◆maintain parts inventories 部品在庫表を付ける(*常に更新し維持する) ◆merchants who had overstocked inventories 過剰在庫を抱えていた商人 ◆plan inventory and production 在庫計画および生産計画を立てる ◆an inventory of parts for product manufacture 製品製造のための部品在庫表 ◆use computers to keep track of sales and inventories 売上と在庫状況を常にコンピュータでおくようにして使う ◆Bloomingdale's inventory, considered in the industry as trend-setting and upscale 流行の行方を決定しかつ高級であると業界内で見られているブルーミングデール(百貨店)の商品構成 ◆manage the inventory of a small-to-medium-size business 中小企業の在庫管理をする ◆careful, efficient electronic inventory systems allow manufacturers to reduce the number of spare parts they must keep available 効率的で行き届いた電子在庫目録[在庫管理]システムがあれば，製造業者はいつでも使用できるよう抱えていなければならないスペアパーツの点数を減らすことができる ◆Our warehouse will be closed from October 12th to October 31st, due to year-end inventory. We will resume shipping on October 31st. 弊社の倉庫は年末棚卸しのため10月12日から10月30日まで閉めさせていただきます．出荷再開予定は10月31日です．
2 vt. ～の目録を作る，棚卸しする，～を在庫表に記入する，大局的に評価・検討する，総括する，〈商品〉をストックする; vi. (在庫商品などが)(～の)金額にのぼる <at>

**inverse** 1 adj. (位置，方向，順序が)逆の，反対の，反転した，負の ◆in inverse order ◆in inverse [reverse] video (→in normal [standard] video) 反転表示されて ◆(an) inverse resistance (整流器の)逆方向抵抗 ◆in inverse proportion to... ～に逆比例して ◆inverse video characters 《コンピュ》白黒反転文字 ◆the inverse operation to forming a power 累乗計算の逆算 ◆an inverse-video box 《コンピュ》強調反転表示された(入力処理待ちなどの)領域[欄] ◆use [employ] a filter with an inverse characteristic 〈逆の〉特性を有するフィルターを用いる(*補正する目的で) ◆There is an inverse relationship between A and B. AとBは逆の関係にある．
2 *n. the* ～ <of> (～の逆[正反対]のもの，逆数，逆関数) ◆The inverse of a fraction is always greater than 1. 端数[(真)分数]の逆数は1より必ず大きい．◆Voice synthesis is the inverse of the voice recognition process. 音声合成は，音声認識プロセスを逆にしたものである．

**inversely** adv. 逆に，反対に，反[逆]比例して，反転して ◆be inversely proportional to... ～と反比例[逆比例]している ◆inversely Fourier transform... ～を逆フーリエ変換する ◆be inversely proportional to the fifth power of the distance between... ～は～間の距離の5乗に反比例[逆比例]する ◆The value varies inversely with the frequency. 値は，周波数に反比例して変わる．

**inversion** (*an*) ～ 反対[逆]にすること，逆，逆転，反転，転倒，置き換え，逆置，逆変換，極性反転，(性の)倒錯，(逆転層内で高さと共に上昇する)気温の逆転，(糖)の転化，《医》(染色体の)逆位，逆生，内反症，《文法》倒置(法)，語順転向 ◆undergo inversion 《化》転化する(*特に糖による) ◆(a) temperature inversion 《気象》温度逆転(層)

**invert** vt. ～を逆にする，反転させる，逆さまにする，ひっくり返す，転倒させる ◆invert the area's pixels 《コンピュ》その領域の画素を(白黒)反転させる ◆invert the pulse パルスの極性を反転させる ◆invert the colors in a defined cutout 《CG》設定された切抜き領域の色を反転させる ◆an enzyme that causes the inversion of cane sugar into invert sugar (サトウキビの)蔗糖[ショ糖]を転化糖に変える酵素 ◆The cup is inverted on the surface. カップはその面に伏せて置かれている．◆This rectangular region is inverted from black-on-white to white-on-black. 《コンピュ》この矩形領域は，白地に黒から黒地に白へと反転される．

**inverted** 逆の，上下逆の，裏返しの，あべこべの，逆転[反転，転倒]した，(像が)倒立の ◆an inverted image 倒像[倒立像](*上下左右が逆になっている像) ◆inverted index retrieval 《コンピュ》逆索引検索 ◆an inverted delta symbol (▽) 逆三角形記号(▽) ◆in an inverted position 逆さ[さかさま] ◆generate an inverted index of key words 《コンピュ》キーワードの逆索引[逆引き索引]を生成する ◆The image is positionally correct – not inverted or reversed. 像の配置は正しい－倒立も鏡映もされていない．

**inverted comma** *an* ～ 《英》引用符(の片方)(=《米》a quotation mark)

**inverter** *an* ～ インバータ，直流を交流に変換する装置，変流機，逆変換装置，反転器，位相反転器，符号変換器，NOT[否定]回路，双方向熱交換機 ◆a phase inverter 位相反転器[反転回路] ◆a self-excited inverter 自励インバータ ◆a DC-to-AC [DC-AC, DC/AC] inverter 直流を交流に変換する装置[インバータ，(俗に)逆変換器] ◆an inverter room air conditioner インバータ式ルームエアコン

**invest** vt. 〈金，時間など〉を(～に)投資する，注ぎ込む(ツギコム)，〈人〉を就任させる，〈人〉に〈権限など〉を付与する[授ける]，～を包む; vi. 投資する，出資する <in> ◆be invested with powers 権限を付与されている ◆invest heavily abroad 巨額の海外投資をする ◆invest in [for] the future 将来に[今後のために]投資をする ◆invest in research and development of... ～の研究開発に投資をする ◆a person invested with full power to <do...> ～する全権を付与されている人 ◆invest $50 million in Femtex to get a 10 percent stake in the company フェムテックス社に5,000万ドル出資し，出資[投資，持ち株]比率10%で資本参加する ◆If you are in a hurry and can't wait for things to dry on their own, invest in a small hair dryer... 《意訳》急いでいてそれらが自然に乾く[自然乾燥する]まで待っていられない場合は，小さなヘアドライヤーを購入しましょう ◆Invest your savings wisely for a bright future. 明るい将来[今後]のために蓄えは賢く投資したいものです．◆Learn the real story before investing money in a financial scheme. 儲け話に投資する前に，実際[本当]のところはどうなっているのかを調べること．◆The automaker invested $3 billion this year in new plant and equipment. この自動車メーカーは，今年30億ドルの設備投資を行った．◆M.I.T. has invested $20 million in a new fabrication facility for micromachining and microelectronics. マサチューセッツ工科大学は，微細加工およびマイクロエレクトロニクスの研究のための新

規製造施設の建設に2000万ドル投資した。 ◆The ride in the back is quiet thanks to the extra attention invested in the suspension bushings and sound deadening. サスペンション・ブッシングおよび吸音対策に注ぎ込まれた特別の配慮のおかげで、後部に座っての乗車は静粛である。

**investigate** v. 調査する, 詳細に調べる［確認する, 確かめる］, 検査する, 吟味する, 研究する,〈容疑者など〉を取り調べる ◆investigate the acceleration characteristics of a Cessna engine セスナ機のエンジンの加速特性を調べる

**investigation** (an) ～ 調査, 検査, 研究, 捜査, 取り調べ ◆after an elaborate investigation 詳細な調査の上; つぶさに調べた［検討した］上で ◆an investigation [investigative] report on... ～についての調査報告書 ◆before instituting an FBI investigation 連邦捜査局による調査［捜査］を開始する前に ◆come to the surface of the investigation 徐々に捜査線上に浮かんで来る［浮かび出る］ ◆launch an investigation of the killings これらの殺しの捜査に乗り出す ◆make [conduct, perform, carry out, do] (an) investigation 調査［研究, 審査, 捜査, 検証, 取り調べ］を行う ◆merit [deserve, be worth, be worthy of] further investigation [study] ～は更に研究してみるだけの価値［意義］がある; 今後の調査［研究, 検討］に値する ◆remain under investigation 調査中である ◆technical investigations carried on by hams アマチュア無線家によって行われる技術研究 ◆the circuit configuration under investigation 考察の対象になっている回路構成 ◆the part under investigation 検査中のその部品 ◆consider... to be a serious matter requiring further investigation ～を更なる［継続して, 今後の］調査［研究］を要する重大なことがらであると考えている ◆A Pentagon report on the investigation of the friendly fire incidents, which was released yesterday, stated that several factors caused the casualties. 昨日発表された国防総省の友軍誤爆事件に関する調査報告書によるといくつかの要因が死傷者を生んだと述べている。 ◆Techniques that employ submicron patterning with direct writing electron beams and X-ray lithography are under investigation. 直描き電子ビームやX線リソグラフィで行うサブミクロンの［超微細］パターン描画を利用した手法は、研究の途上にある。

**investigator** (an) ～ 研究者, 調査者［官］, 検査員［官］, 捜査員, 取り調べ官

**investigatory** adj. 調査の, 捜査の, 研究の ◆an investigatory commission 調査団 ◆a police investigatory file concerning [relating to]... ～に関する警察の捜査ファイル

**investment** (an) ～ 投資, 出資, 投資［出資］額,《意訳》元手［元］, 投資の対象物件, (投資の結果得られた)資産;《権限など》を付与すること, 被覆すること(覆う物,《動植物の》皮, 外皮),《軍》包囲, 封鎖 ◆make an investment in... ～に投資をする ◆an investment bank 投資銀行 ◆an investment company 投資(信託)会社 ◆foreign investments 対外投資 ◆investment casting インベストメント鋳造法, 焼き流し精密鋳造 ◆(～を使用)a good [blue-chip] investment 安全確実な投資 ◆as an initial investment 初期投資として ◆a significant capital investment かなりの設備投資［資本参加］ ◆encourage foreign capital investments 外国からの資本投資を奨励する ◆for investment purposes 投資が目的で ◆global investment strategies 世界投資戦略 ◆investment for research and development 対研究開発への投資 ◆investments in research and development 研究開発への投資 ◆investments to <do...> ～するための投資 ◆Japanese direct investment in Europe 欧州への日本の直接投資 ◆make an equity investment in a company ある企業に株式投資［資本参加］する ◆startup companies under consideration for investment 投資先として検討中のベンチャー企業 ◆a capital investment amount of less than $1 million 百万ドル未満の設備投資［資本投資, 資本投下］ ◆the unattractiveness of Europe as an investment destination 投資先としての欧州の魅力のなさ ◆With a total investment of US$3.98 million, the firm has completed... 総投資額398万ドルかけて, 同社は～を完成させた ◆The amount of investment that poured into... during the last year was... 昨年...に注ぎ

込まれた投資額は、...（*ここでのpourは自動詞） ◆the investment of Japanese capital in foreign countries 外国への日本の資本投下 ◆xxx and yyy represent critical investments for the future xxxおよびyyyは、将来［今後］のために欠くことのできない(重要な)投資である(*critical = indispensable, extremely important) ◆29 percent said they bought a home as an investment for the future 29%(の人たち)が住宅を将来へ向けての投資として購入したと言った ◆bonds with ratings below investment grade or with no ratings at all 投資適格級以下の証券［債券］ ◆leverage your existing system investments (あなたの)現在のシステム資産を活かす(*コンピュータの新製品の話で) ◆Is stereo sound worth the investment? ステレオ音声は、出費に見合うようなものでしょうか? ◆It's a commonsense investment in the future. それは将来への常識的な投資である。 ◆The investment performance of these funds was excellent. これらファンドの投資運用成績は素晴らしいものだった。 ◆We have progressed to the point where our investment can begin to pay off. 我々の投資がペイし始め［((意訳))元手が回収でき, 採算がとれ］そうなところまで来た。 ◆U.S. foreign direct investment in Japan reached $38.2 billion in 1998, up from $31.1 billion in 1993. 米国の対日直接投資は、1993年当時の311億ドルから増加し1998年には382億ドルに達した。 ◆Given stable interest rates and some sharp market swings, some Canadians seem to have lost a bit of their investment enthusiasm that we'd seen throughout most of 1999 and so far this year. 金利が安定してることと一部相場の乱高下があったことから、カナダ人の中には1999年のほぼ年間を通じてと今年に入ってからにかけて見られた投資意欲を少しばかり失ったものもいるように見受けられる。

**investor** an ～ 投資家, 出資者 ◆a private investor 個人投資家 ◆a stock-market investor 株投資家 ◆institutional investors 機関投資家 ◆a company's investor relations manager 企業の投資家・株主向け広報室長

**invigorate** vt. ～を元気づける, 活気づける, 活発にする, 活性化する, 鼓舞する, 爽快［新鮮な気持ち］にする ◆invigorate the economy by...ing ～することにより経済を活性化する ◆invigorate the system and increase its efficiency その体制を活性化し効率を上げる

**invigoration** ⓝ 元気づけ, 活気づけ, 活性化, 鼓舞 ◆the invigoration of free market economies in Eastern Europe 東欧(各国)の自由市場経済の活性化

**invisibility** ⓝ 目に見えないこと, 隠れていること, 姿を見せないで［隠して］いること, 不可視性 ◆radar invisibility レーダー秘匿性(*敵などのレーダーに発見されるのを防ぐステルス性) ◆The reset switch is concealed to the point of invisibility. リセットスイッチは見えないぐらいにまで隠されている。

**invisible** adj. 見えない, 不可視の, 隠されて［隠ぺいされて］いる, 姿を見せない, 表に現れていない, 目立たない ◆become invisible 見えなくなる ◆a nation's invisible trade balance ある国の貿易外収支 ◆an invisible man 透明人間 ◆invisible exports and imports 貿易外輸出入, 貿易外収支, 無形の輸出入 ◆invisible ink 透明インキ(*熱でまたはある薬品を使うと書いたものが現れる) ◆a radar-invisible Stealth fighter レーダーに見えないステルス戦闘機 ◆be invisible to the naked eye 肉眼では［光学器具を使用しないと］見えない ◆use invisible infrared beams of light 目に見えない［非可視］赤外光線を用いる ◆CryptCard provides incredibly tight security while being virtually invisible to the end user. CryptCardは、エンドユーザーに事実上不可視のまま［実際上気付かれることなく］, 信じられないほど堅固［強固］なセキュリティを提供します。

**invitation** (an) ～ 招待(状), 案内(状), 招聘(ショウヘイ), 誘いかけ, 誘い(サソイ, イザナイ), 勧め, 勧誘, 誘惑, 好ましくないことを招く原因［誘因, 種］ ◆at the invitation of... ～の誘いかけで ◆without invitation 呼ばれ［頼まれ］もしないで ◆have an invitation 招待を受けている ◆accept an invitation from... to do... ～してみてはどうかという(人)からの

誘いかけを承諾する ◆an invitation; an invitation card [letter]; a letter [card] of invitation　招待状（*組み合わせる動詞はreceive, issue, send など）◆an invitation for a bid　入札への誘い［勧誘］; 入札募集 ◆an invitation to <do>　～することの誘い ◆at the invitation of...　～の招きにより、～に招待され ◆respond to a "solicitation for bids" invitation for small businesses　中小企業を対象とした「入札募集」の勧誘に応じる［誘いに乗る］《*応札する》 ◆It is almost an invitation to disillusionment.　《意訳》そんなことをしたら、幻滅してくれと言っているようなものだ［幻滅の種をまくのも同然だ］。◆Using a live mainframe to test peripheral designs is either very expensive or an invitation to disaster.　《コンピュ》実働中のメインフレームで周辺機器の設計を試験するということは、非常に高くつくかあるいは大惨事［大失敗］を招く原因［誘因］になる。

**invite** vt. 《人》を客として呼ぶ、招待する、招く、招聘《ショウヘイ》する、誘う、〈危険など〉を招く、来す、求める、〈質問など〉を求める、請う、《人》に〈～するよう〉誘いかける、勧める、誘惑する <to do> ◆(a) self-invited death　自ら招いた死 ◆invite bids to <do...>　～するために入札の募集を行う ◆invite participants from all countries　すべての国から参加者を募る ◆invite... to a ceremony　～を儀式に招待する ◆invite trainees from...　～から研修者を招く［招致する］ ◆invite an influx of foreign capital　外国資本の流入を誘引する［促す］ ◆will invite resistance from your opponents　～は、反対者の反発を招く［相手の人の反感を買う］ことになるでしょう ◆Cluttered areas invite accidents.　散らかっている作業場は、事故を招く。◆I thank you for inviting me here today.　本日は、ここにお招き頂きましてありがとうございます。（*講演などでの冒頭の挨拶） ◆To switch words in the middle of such a discussion would invite confusion.　そのような議論の途中で他の言葉に言い換えることは、混乱を招きかねない［招来する可能性がある］。◆Gold chains, expensive watches and flashy rings make you an inviting target for thieves.　金の鎖や高価な［高級］腕時計やきんきらきんの指輪なんぞ持っていると、泥棒の格好の標的になってしまいます。

**in vitro** adj. 試験管［ガラス器］内の、生体外の（→in vivo）; adv. ◆in vitro fertilization　体外受精

**in vivo** adj., adv. 生体内の［で］

**invocation**　《an》～の祈り［の言葉］、《コンピュ》呼び出し［起動、実行］　invokeすること

**invoice** 1　an～ インボイス、送り状、仕切り状［仕切書］、納品伝票、（発送商品明細記載の）請求書 ◆a file of invoices　納品伝票［送り状、仕切り状］のファイル ◆an invoice date　納品伝票発行日 ◆the information on each invoice　各納品伝票に記載されている情報 ◆All invoices are to be paid within 45 days of receipt.　仕切り書［仕切り状、送り状］《の請求額》はすべて、受領後45日以内に支払われるものとします。◆The invoice was raised on 12.17.90.　その納品伝票は、1990年12月17日に起こされて［切られて、起票されて］いる。

2　vt. ～のインボイスを作る、～にインボイスを送付する

**invoke** vt. ～を引き起こす、～を呼びさます、～に訴える、～を求める、～を行使《発動》する、《神など》に助けを求め祈る ◆invoke a program [routine, procedure, method]　《コンピュ》プログラム［ルーチン、プロシージャ、メソッド］を呼び出す［起動する、実行する］ ◆use a menu to invoke a command　《コンピュ》メニューを使ってコマンドを呼び出す［実行する］

**involuntarily** adv. 非自発的に、自らの意思に反し、心ならずも、仕方なく、やむを得ず、いやいやながら、知らず知らず、思わず知らず、無意識に ◆individuals [people] who are involuntarily out of work　心ならずも失業している人たち; 非自発的失業者 ◆millions of involuntarily unemployed are compelled to sleep on the streets　何百万という非自発的失業者らは路上で眠ることを余儀なくされている

**involuntary** adj. 不随意の、不本意の、無意識の、思わずやった、独りでに［自然に］起こる、意図しない、非自発的な ◆involuntary manslaughter　過失致死 ◆involuntary bankruptcy　強制破産 ◆involuntary unemployment　不本意ながらの［非自発的］失業

**involute** adj. らせん状に巻いた、内旋の、込み入った; an ～　伸開線 ◆involute gear teeth　インボリュート歯車の歯

**involution**　⑪巻き込まれる、内巻き; ⑪複雑、錯雑、錯綜、混乱; ⑪退化する［進行］（、加齢による）衰え［衰退、減退］、（分娩後の子宮などの）退縮［復古］; 《an》～もつれ《たもの》 ◆the involution operation of Fiestel type block ciphers like DES and Blowfish　《コンピュ》DESやBlowfishのようなFiestelタイプのブロック暗号の復号演算［解読のための変換処理］

**involve** vt. ～を巻き込む［巻き添えにする］、含む、伴う、要する、意味する、込める;（通例受身）<in>〈～に〉熱中［没頭］させる、携わらせる、従事させる、手がけさせる、関わらせる、関与させる ◆As anyone involved in photonics knows,...　フォトニクスに関係している誰もが知っているように、◆be involved in the development of...　～の開発に従事して［携わって］いる; ～の開発を手がけている ◆get involved in...　～に関与する［巻き込まれる、かかわる、関係する、首を突っ込む］ ◆involve several days' growth in a test tube　数日間の試験管中での培養を要する ◆to get more people to get involved in...　～のより多くの人々の参加［参画］を促すために ◆if you are involved in an accident　もしもあなたが事故に巻き込まれたら ◆a problem on a certain matter involving the country　その国にかかわるある件についての問題 ◆As the private sector becomes more involved in areas previously held by the public sector,...　民間部門が、これまで公共部門に押さえられていた諸分野への関与［進出、食い込み、浸透］を深めるにつれて、◆every department involved in the running of the corporation　この会社の運営［経営］に関与して［係わって］いる部門のすべて ◆the government should not get involved in the censorship of the media　政府はメディアの検閲に関与すべきではない ◆He is involved in the design of industrial robots.　彼は産業ロボットの設計に従事して［携わって］いる。; 設計を手がけている ◆The weekly production cycle involves tight deadlines.　毎週の制作周期は、きつい締め切りを要する。◆They are no longer involved in day-to-day operations of the company.　彼らはもう会社の日常業務には携わっていない。◆reduce the time and expense involved in design verification and fault analysis　設計の検証と欠陥の解析に要する時間と費用を削減する ◆Spreadsheet applications involve high volumes of data manipulation.　スプレッドシート アプリケーションは大量のデータ操作を伴う［必要とする］。◆The amplifier is ideally suited for applications involving high-speed pulsed information.　本増幅器は、高速パルス化された情報関連の用途に理想的［うってつけ、最適］です。◆We need to promote this industry as much as possible by involving more interested engineers and investors.　我々は、関心を持っている技術者や投資家をより大勢巻き込むことにより、この業界を最大限もりたてる必要がある。

**involved** adj. 複雑な、入り組んだ、込み入った、錯綜《サクソウ》した;（名詞に後置して）関係のある、当の; 熟心な、打ち込んで、絡んで、involveされて <in> ◆those who are involved in the creation of... [involved in creating...]　～づくりを手がけて［携わって］いる人たち; ～の作成［創作］を手がけている人々

**involvement** 巻き添え、掛かわり合い、介入、参加 ◆U.S. involvement in Central America　中米への米国の介入 ◆U.S. involvement in World War II　米国の第二次世界大戦への参戦 ◆operator involvement　オペレータの介入 ◆require no involvement by the user　ユーザーの介在を必要としない ◆on suspicion of involvement in the killing of...　～の殺人にかかわりを持っていたのではないかという容疑で ◆Once set up, the system requires no further involvement by technical staff unless a change or extension is planned.　一度セットアップされれば、変更や拡張の予定でもない限り、本システムはそれ以上技術スタッフの手を煩わす必要はありません。

**inward** adj. 内部［内側］にある、内の、中の、内向きの、内方の; adv. ◆be bowed inward at the center　中、中心部が内向きに湾曲して［曲がって］いる、《意訳》～は、中央部がへこんだ［く

ぼんだ、低くなった〕形状をしている ◆in an inward direction 内向きに ◆A concave shape is bowed inward, like looking into a mixing bowl. 凹形は、ミキシング〔料理用〕ボウルを内側から見たときのように内向きに湾曲していて〔中央がくぼんで〕います。(*逆にボウルを底側から見ると中央が盛り上がっている)

**inwardly** adv. 内部へ、内側(の方)に、内部〔内側〕で、中で; 心の中で、心密かに、内心、内々; 声にならないほど小さな声で、小声で、低い声で ◆an inwardly inclined surface 内側に傾斜している面

**I/O** (input/output)"アイ・オウ"と発音. (an) ～ 入出力; adj. 入出力の ◆an I/O data buffer 入出力データバッファー

**IOC** (International Olympic Committee)the ～ 国際オリンピック委員会

**iodine** ヨウ素(元素記号: I)

**IOM** (International Organization for Migration) the ～ 国際移住機構

**ion** an ～ イオン ◆a free ion 自由〔遊離〕イオン ◆a heavy ion 重イオン ◆a negative ion (= an anion) 陰イオン ◆an ion chamber 電離箱 ◆an ion chamber 電離箱(= an ionization chamber) ◆an ion engine [rocket] イオン・エンジン〔ロケット〕 ◆an ion exchanger イオン交換をするもの〔樹脂、交換体、交換器、交換装置〕 ◆a positive ion (= a cation) 陽イオン ◆ion implantation 《半導》イオン打ち込み〔注入〕(法) ◆ions of hydrogen 水素イオン ◆metal ions 金属イオン ◆a heavy-ion linear accelerator 重イオン直線加速器

**ion exchange** 〔U〕イオン交換; ion-exchange adj. イオン交換の ◆an ion-exchange resin イオン交換樹脂 ◆through ion exchange イオン交換により

**ionic** adj. イオンの、イオンに関した、イオンから成る、イオンを含む、イオンを利用した、イオンによる ◆an ionic compound [crystal] イオン化合物〔結晶〕 ◆an ionic [electrovalent] bond; ionic bonding イオン結合

**ionization** 〔U〕イオン化、電離 ◆an ionization chamber 電離箱 ◆cause ionization 電離を起こさせる

**ionize** vt. ～をイオン化する、電離させる; vi. ◆(an) ionized gas イオン化〔電離〕ガス〔気体〕 ◆an ionized gas 電離〔イオン化〕している気体 ◆have a tendency to ionize イオン化しやすい傾向がある; an ～ ◆ICNIRP (the International Commission on Non-Ionizing Radiation Protection) 国際非電離放射線防護委員会(略語形にはtheは不要)(*携帯電話、家電、送電線などの電磁波が人体に害を及ぼすかどうかといった話で最近よく遭遇する) ◆ionize the gas そのガスをイオン化する ◆readily ionize in an aqueous solution 水溶液中で容易にイオン化〔電離〕する ◆HCl completely ionizes to H+・Cl−. HClはH+とCl−に完全に電離する.

**ionosphere** the ～ 電離圏、電離層 ◆the ionized layer of the ionosphere 電離圏の電離層 ◆information on the condition of the ionosphere 電離層の状態についての情報

**ionospheric** adj. 電離圏の、電離層の ◆ionospheric disturbance 電離層〔電離圏〕の擾乱(ジョウラン)

**IOU, I.O.U** an ～ (pl. IOUs, IOU's, I.O.U.'s) 借用書

**IP** (the Internet Protocol)《フルスペルにはtheを付けることがある》《ネット》 ◆an IP core 《半導体》IPコア(*IP = intellectual property 「知的所有権・財産権」のこと。ハードウェアの開発ではIPは使い回しのできる機能ブロック・モジュールの意で、マクロセルやメガセルと同義)

**IPCC** (Intergovernmental Panel on Climate [Climatic] Change) the ～ 気候変動に関する政府間パネル(*1988年に国連の機関である国連環境計画UNEPと世界気象機関WMOの働きかけである)

**IPI** (International Press Institute) the ～ 国際新聞編集者協会

**IPO** (an) ～ (pl. IPOs) 株式新規公開、新規株式公開、株式の公開公募、《意訳》株式上場 ◆achieve an initial public offering (IPO) 新規株式公開〔公募〕株式上場〕を果たす ◆a pre-IPO company 上場前の会社〔企業〕 ◆the value of his company's stock more than doubled after an initial public offering (IPO) 彼

の会社の株価が株式新規公開〔新規株式公募、株式の公開公募、《意訳》株式上場〕後に倍以上になった

**IPP** an ～ (independent power producer) 独立系発電事業者; 独立系電力卸供給事業者; the ～ (Internet Printing Protocol) インターネット・プリンティング・プロトコル ◆IPP (independent power production) 〔U〕独立系電気事業者による発電 独立系発電事業 *民間企業が自分の設備で発電した電気を電力会社に卸売りすること. non-utility generation (NUG) とも呼ばれる)

**IQ** (an) ～ (intelligence quotient の略) 知能指数 ◆low-IQ loudmouths of both black and white who seek to <do...> ～ したがる黒人白人双方の騒々しい低能ども ◆I have an IQ of 140 and I am attending Harvard. 私はIQ 140で、ハーバード大に通っています. ◆A normal IQ, or intelligence quotient, ranges from 85 to 115 according to the Stanford-Binet test. 通常のIQ、すなわち知能指数は、スタンフォード・ビネ検査では85から115の範囲である.

**Ir** イリジウム(iridium)の元素記号

**IR** (infrared) 赤外(線)(の); (investor relations) 投資家向け広報(活動); an IR (investor relations) department 投資家向け広報部 ◆an infrared (IR) wireless LAN 赤外線を利用した無線式のローカルエリアネットワーク

**IRA** the ～ (Irish Republican Army) アイルランド共和国軍(*カトリック系); an ～ (individual retirement account)((米))個人退職勘定; an ～ (individual retirement annuity)((米))個人積立退職年金

**IRBM** (intermediate-range ballistic missile) an ～ 中距離弾道ミサイル

**IrDA, IRDA** (InfraRed Data Association) the ～ ((米))赤外線データ協会

**Ireland** アイルランド ◆Northern Ireland 北アイルランド

**iridium** イリジウム(元素記号: Ir) ◆global satellite phone systems such as the Iridium service イリジウム・サービスなどの地球規模の衛星電話システム(*イリジウムは2000年3月に業務終了)

**iris** an ～ (レンズの)絞り、(眼球の)虹彩、アヤメ属の植物 ◆an auto iris 《カメラ》自動絞り

**Irish** adj. アイルランドの、アイルランド人〔語〕の; n. アイルランド語; the ～(複数扱い)アイルランド人〔国民〕 ◆the IRA (Irish Republican Army) アイルランド共和国軍(*カトリック系)

**irksome** adj. 退屈な、飽き飽きする、うんざりする ◆eliminate an irksome bureaucratic requirement 官庁の煩わしい〔お役所の面倒臭い〕要件を廃止する ◆face irksome problems 厄介な〔面倒な、うんざりする〕問題に直面する ◆This duty is extremely irksome. この職務は非常に煩わしくて大変だ。この仕事にはほとほとうんざりする.

**iron** 鉄(元素記号: Fe) ◆(an) iron loss 《電気》鉄損 ◆iron will 鉄の意志 ◆AISI (the American Iron and Steel Institute) 米国鉄鋼協会(略語形にはtheは不要) ◆a pencil thin soldering iron ペンシル型の細かいはんだごて ◆have a high iron content ～には鉄分が多い〔多く含まれている〕 ◆Strike while the iron is hot. 〈諺〉鉄は熱いうちに打て. ◆plants rich in iron 鉄分に富んでいる植物 ◆an iron-core inductor 鉄芯入りインダクター ◆despite the presence of reinforcing iron [steel] bars in the concrete walls コンクリート壁の内部に鉄筋があるにもかかわらず ◆Former Prime Minister Margaret Thatcher, Britain's Iron Lady 英国の鉄の女と称される、マーガレット・サッチャー元首相(*= the Iron Lady) ◆the iron triangle of bureaucrats, politicians and business 政官財〔政官財〕の鉄の三角形(*官僚、政治家、企業・実業界の癒着構造) ◆The use of iron pots in cooking can increase the iron content of the food. 鉄鍋で調理すれば食べ物の鉄分を増やせる. ◆Foods containing good amounts of iron include lean red meat, tomato juice and raisins. 鉄分を多く含む食品は、脂肪の少ない赤身、トマトジュース、レーズンなどです. 《参考》iron meteorite; siderite; chalybite; sparry iron; iron spar 《地質》隕鉄(インテツ)

**iron curtain** *an* ～ 鉄のカーテン;《the Iron Curtainで》鉄のカーテン(＊共産主義の旧ソ連ブロックと資本主義の西欧諸国の間の)◆Thanks to the fall of the Iron Curtain, ...◆鉄のカーテンが崩壊したおかげで, ◆the countries formerly trapped behind the Iron Curtain　かつて鉄のカーテンの向こう側に閉じこめられていた国々

**ironing** アイロン掛け ◆an ironing table　アイロン台(＊脚付きの台) ◆an ironing board　アイロン台(＊an ironing tableのアイロン掛け面) ◆No ironing needed.　アイロン不要[ノーアイロン]

**iron-willed** 鉄の意志の, 意志の強い

**irradiate** vt. ～を明るく照らす, 輻射加熱する, ～に放射線を照射する, ～を放射線にさらす ◆irradiated fuel elements《原子力》照射済燃料要素 ◆irradiate... with X rays　～にX線を照射する

**irradiation** 照射, 放射, 光線, 放射線照射, 放射線被曝, 暴露, 光滲(コウシン), 光浸(コウシン) ◆food irradiation　食品照射(＊放射線をかけることにより細菌や寄生虫を殺す) ◆a gamma irradiation facility　ガンマ線[γ線]照射施設 ◆by irradiation with neutrons　中性子照射により ◆neutron irradiation of uranium　ウランの中性子照射 ◆under ultraviolet irradiation　紫外線照射のもとで

**irrational** 不合理な, 理性のない, 道理にかなわない, ばかげた, 《数》無理-[非有理-] ◆an irrational number　無理数

**irregular** 不規則な, 不定期な, 不正規の, 通常とちがう, 普通でない, 変調をきたしている, 変則の, 不規則な, 不斉な,(反則など)不正な, 不適切な, むらのある, 不等な, ふぞろいな, でこぼこの, 常軌を逸した, 異常な, 異- ◆an irregular verb　不規則動詞 ◆irregular noises　不規則に発生する雑音(＊異常な雑音[異音]という意味ではない) ◆irregular-shaped　変則的な[不規則な, 規定外の]形状をしている, 異形[不定形]をしている ◆at irregular intervals　不定期に ◆disarmed irregular forces　武装解除された不正規軍 ◆vegetable too irregular in size and color to sell in city markets　大きさや色があまりにも不揃いで都市部の市場では売り物にならない野菜 ◆The airline also makes irregular flights to... この航空会社は～にも不定期便も飛ばしている. ◆some leave on the hour, while others leave at irregular times such as 19 minutes after the hour　毎正時[毎時刻00分]に出発する便もあれば, 時刻19分などのまちまちの時刻に出発する便もある ◆In December 1995, he received a pacemaker for an irregular heartbeat.　1995年12月に彼は不整脈治療のためのペースメーカー埋め込み手術を受けた. ◆Lately my periods have become very irregular.　最近, 生理が非常に不規則に[生理不順がずいぶんひどく]なった. ◆If you have irregular periods or no periods at all you should check with your doctor.　生理不順だったり全くなかったりしたら, 医師に診てもらわなくてはなりません.

**irregularity** (an) ～ 不規則, 不定期, 不正規, 変則, 不整, 不斉, ふぞろい, 不正行為, 規則違反, 不始末;～ties でこぼこ, むら ◆financial irregularities　経理の不正 ◆be free from irregularity [irregularities]; be free [devoid] of irregularity [irregularities] ～には, 異常[おかしな点, 不正行為, 規則違反, 反則, 不始末]がない ◆detect irregularities in the magnetic field　磁場の異常を検出する ◆road irregularities　路面のでこぼこ ◆be instructed to carefully monitor... for any signs of irregularity　何か変わった[異常な]様子がないか～を注意深く監視するよう指示されている ◆irregularities in the motion of the planet　その惑星の運動むら ◆there is no sign of irregularity　何か変則的な状況がある[おかしな, 変だ]という様子はない; 異常[不正(行為)]は認められない ◆sometimes due to postal irregularities it takes a little longer　場合によっては郵便事情のせいで, もう少し長くかかることもある ◆The sidewalk must be kept clear of debris and the surface kept free of irregularities and tripping hazards.　歩道は建物クズがないように保ち, 路面に凸凹や段差あるいはつまずきやすいのないようにしておかなければならない.

**irrelevant** adj. <to> (～に)関係のない, 関連のない, 無関係の, かかわりのない, 見当はずれの, 的外れの, ふさわしくない, どうでもいい, 重要でない, 《意訳》時代遅れの ◆avoid irrelevant references to... ～への不適切な言及を避ける ◆become almost irrelevant to... ～とはほとんど関係なくなってくる ◆become increasingly irrelevant to... ますます～と関係が薄くなって行く ◆irrelevant questions　関係ない[的外れな, 見当違いの]質問 ◆it is irrelevant to ask whether... ～かどうかなどと尋ねるのは筋違いな話だ ◆The traditional classification between print and electronic media may soon become irrelevant because almost all the newspapers and magazines have the electronic versions on the Internet.　印刷メディアと電子メディアの間の昔ながらの区分はじきに的外れ[《意訳》時代遅れ]になるだろう. というのは, ほとんどすべての新聞と雑誌についてインターネット上の電子版があるからだ.

**irreparable** adj. 直せない, 修理[修繕]不可能な, 修復不能な, 取り返しのつかない, 回復できない, 《医》非回復性のcause irreparable damage to cell DNA　細胞のDNAに修復不能の損傷を与える ◆do [cause, inflict] irreparable damage to... ～に取り返しのつかないダメージ[損害, 損傷, 被害]を与える[及ぼす]

**irreparably** adv. 修理[修繕, 修復, 回復]不可能なほど, 取り返しのつかないほどに, どうしようもないほど ◆irreparably damage relations　修復できないほどにまで関係を損なう ◆irreparably injure one's reputation　～の評判を回復できないほどにまで傷つける ◆The ecosystem of the forest is being irreparably damaged.　森林の生態系は取り返しのつかないほど破壊されつつある.

**irresistible** adj. 抵抗できない, あらがいがたい, おさえきれない, がまんできない, たまらないほどいい, こたえられないほど魅力のある ◆become irresistible　抑えきれなくなる ◆an irresistible impulse　抑えがたい衝動 ◆irresistible temptations　欲しがらずにはいられない魅惑的な(商品などの)もの ◆The lure of the giant collider is irresistible.　超大型粒子加速器の魅力には勝てない.

**irresistibly** adv. いやおうなしに, 抑えがたく, たまらなく, どうしようもなく ◆As a very small child, he became irresistibly attracted to the piano.　非常に幼い頃, 彼はたまらなくピアノに惹かれるようになった.

**irrespective** adj. 《irrespective of... の形で》～(のいかん)を問わず, にかかわらず, ～に関係なく ◆irrespective [regardless] of whether... ～かどうかにかかわらず ◆irrespective of the presence or absence of... ～の有無に関係なく[かかわらず] ◆irrespective of race [sex, age]　人種[性別, 年齢]を問わず(に) ◆irrespective of what kind of computer or browser visitors to your web site are using　あなたのウェブサイトを訪れる人たちがどんな種類のコンピュータやブラウザを使っていようとも ◆Mr. Diebel is the kind of person who would write a book quite irrespective of whether one or a million people were lined up to read it.　ディーベル氏は, 読者が1人であろうと100万人が本を求めて行列を作ろうといっこうにお構いなしに本を書くような類の人だ.

**irresponsible** adj. 無責任な, 責任感を欠いた, 責任のない, 責任を負えない, 責任を持てない, 責任をとれない ◆malignant parasites within a free society, protected by an irresponsible bureaucracy　無責任な官僚機構によって守られている, 自由社会に巣くう悪徳寄生虫たち(＊悪い政治家や官僚らを指して)

**irreversible** 元に戻らない, 逆にならない, 裏返せない, 《化》非可逆性の, 不可逆の ◆an irreversible reaction　不可逆反応 ◆In the long term, irreversible damage occurs.　長期的には, 取り返しのつかないダメージが起きる.

**irrevocable** 取り消し不能の, 変更できない ◆an irrevocable letter of credit　取り消し不能信用状 ◆take an irrevocable step　あとに引けない(決定的な)行動をとる

**irrigation** 《口》灌漑, 利水; 《医》潅注(カンチュウ), 《医》洗浄(＊傷口などの洗浄) ◆irrigation works　灌漑[利水]工事 ◆an irrigation canal [ditch]; 《米》a government canal; 《米南西部》an acequia　灌漑用水路 ◆supply [provide] water for irrigation (purposes)　灌漑用水を供給する

**irritant** adj. 炎症の原因となる; an ～ 刺激作用を持つ物質，刺激源(物, 剤) ◆be irritant to... ～は～を刺激する; ～には～に対し刺激性がある ◆Detergent products are mild irritants. 洗剤製品は，弱い刺激源である．

**irritate** vt. ～を刺激する，いらいらさせる，怒らせる，ひりひりさせる; vi.

**irritating** adj. 刺激がある，ひりひりさせる，しゃくにさわる，しゃくにさわる，腹立たしい ◆an irritating person しゃくにさわる人間 ◆an irritating skin rash ひりひりする皮膚の発疹 ◆a strongly irritating odor 強烈な刺激臭 ◆the irritating drip of a leaky faucet 漏れぎみの蛇口のポタポタという気にさわる音 ◆A is less irritating to the skin than B. AのほうがBより皮膚に刺激が少ない．

**irritation** ① いらいらさせる[する]こと，怒らせること，ひりひりすること; an ～ いらいらさせるもの，刺激，炎症箇所 ◆cause eye irritation 目の炎症を起こす ◆an irritation caused by... ～が原因の炎症 ◆cause skin irritation 皮膚の炎症を起こさせる ◆produce irritation to skin 皮膚に炎症を起こさせる[皮膚をかぶれさせる] ◆I know he meant well, but I felt a surge of irritation. 彼に悪気はないことは分かっているけど，むかっとした[来た]．

**IRS** (Internal Revenue Service) the ～ 《米》(内国)歳入庁

**ISA** (Industry Standard Architecture) 《コンピュ》(*IBM PC/XT用の8ビットバスとATバスの16ビットバスがある) ◆an ISA bus ISAバス

**ISBN** (International Standard Book Number) an ～ 国際標準図書番号 ◆get ISBN numbers ISBN番号を取得する ◆The book has an ISBN number of 4-8169-1211-8. 本書のISBN番号は4-8169-1211-8である． ◆The dictionary retails for ¥6,600. Its ISBN number is 4-8169-1489-7. この辞典は¥6,600で小売りされている．ISBN番号は4-8169-1489-7である．

**ISDB** (Integrated Services Digital Broadcasting) 統合デジタル放送

**ISDN** (integrated services digital network) an ～ 総合デジタル通信網，デジタル総合サービス網 ◆an ISDN system ISDN[総合デジタル通信網]システム ◆a B-ISDN (broadband-integrated services digital network) 広帯域総合[統合]デジタル通信網

**ISIC** (International Student Identity Card) an ～ 《"eye'zic"と発音》国際学生証

**Islamic** adj. イスラム教[回教]の, イスラム教徒の ◆Islamic fundamentalism exported from Iran イランから輸出されたイスラム原理主義

**island** an ～ 島，島状のもの，孤立しているもの，孤立した丘，(道路の)交通島，安全地帯; ～s 島々，諸島，島嶼(トウショ)，《集合形態によって》群島[列島] ◆a chain of islands 列島 ◆an isolated [a solitary, a remote, a far-flung] island 離島，離れ島 ◆the Senkaku Islands 尖閣諸島 ◆on [in] the Indonesian island of Java; on [in] Java Island of Indonesia; on Java; in Java インドネシアのジャワ島で(*大きめの島には前置詞inが使える) ◆the Islands of Hawaii; the Hawaiian Islands ハワイ諸島 ◆the Indian Ocean island of Diego Garcia インド洋のディエゴガルシア島 ◆an island-hopping plane 島巡りの飛行機 ◆an island nation [country] the size of California カリフォルニア州ほどの大きさの島[日本の話で] ◆This sign is placed on traffic islands. この道路標識は，交通島に設置されている． ◆The authorities have sequestered them in an indefinite island exile. 当局は，彼らを無期限の島流しにした．

**-ism** ◆not-in-my-backyard-ism ほかはどうでもいいけど自分たちの地域にだけは困る主義(*ごみ処理場などいわゆる迷惑公共施設の建設に反対する地元住民の)

**ISO** (International Organization for Standardization) (International Standards Organization) the ～ ISO(イソ)，国際標準化機構 ◆the ISO Open Systems Interconnection (OSI) model 《通》ISO国際標準化機構の開放型システム(相互)間接続(OSI)モデル ◆an International Organization for Standardization (ISO) Size A4 document 国際標準化機構(ISO)規格A4サイズの文書

**isobath** an ～ 等深線 ◆Bathymetric maps use isobaths (contour lines) to indicate the profile of the seafloor. 等深線図は，等深線[同深線]（=等高線）を用いて海底の高低の様子を示す．

**isolate** vt. ～を隔離する，隔絶する，分離する，孤立させる，絶縁する，単離する，切り離す ◆an isolating switch 《強電》絶縁開閉器[断路器](= an isolator, a disconnecting switch, a disconnector) ◆an isolating transformer 絶縁トランス[変圧器] ◆fault isolation 《電気》(診断テストなどによる)障害の切り離し，障害原因の切り分け ◆base-isolated foundations 免震床 ◆a rubber-isolated subframe ゴム絶縁されている[ゴムで浮かしてある]サブフレーム ◆isolate faulty equipment 障害のある機器を切り離す ◆isolate... from petroleum by fractionation ～を分留により石油から分離する ◆isolate a problem [fault] to the board and chip level 障害をボードやチップのレベルまで切り分ける ◆this voltage must be isolated from ground この電圧は，アースから浮かしておく必要がある ◆isolate the subject by throwing the foreground and background out of focus 前景と背景をぼかして被写体をシャープに浮き上がらせる

**isolated** adj. 絶縁された，孤立した，隔離された，隔絶された，単離した，分離された，切り離された，摘出した ◆an isolated island off British Columbia (カナダ)ブリティッシュコロンビア州沖の離島 ◆there have been isolated instances of trouble 互いに関連性のないトラブルが複数例〔散発的な障害が何件か〕あった ◆It would be a grave mistake to see the attacks on September 11 as merely an isolated act. 9月11日の同時多発テロを他とは関連のない単発的な行為と見るのは，大きな誤りであろう．

**isolation** 隔離，分離，絶縁，孤立(化)，孤独，隔絶，単離，切り離し ◆remain in isolation 孤立したままでいる ◆a base-isolation structure 免震構造 ◆a building incorporating seismic base isolation 免震ビル ◆act in isolation from others 単独行動する ◆an isolation containment area 隔離[分離]封じ込め[閉じ込め]区域 ◆contemplate oneself in isolation ひとり内観[内省]する ◆implement individual measures in isolation from others 個々の対策を他と切り離して[別個に，別々に，別途]実施する ◆live in self-imposed isolation from... ～との関係を自分から断ち切って(引きこもって)生きる; 自ら孤立して住む; 鎖国状態で暮らす ◆operate in complete [total] isolation 他とは全く関係なく[独立した状態で, 単独で]動作する ◆place 19 patients in isolation 患者19名を隔離する ◆provide electrical isolation between A and B AとBを電気的に絶縁する ◆rather than treating each one in isolation おのおの単独に取り扱うのではなく ◆the isolation of those vibrations それらの振動の防振 ◆treat it in isolation それを別個に扱う ◆work [operate] together or in isolation どこかにあるいは単独で働く[動作する，運転する，稼動する，作用する] ◆the isolation [separation] of a pure alkaloid from... ～からの純粋なアルカロイドの分離 ◆discuss this subject in isolation from other matters この問題をほかの事項と切り離して[別途]協議する ◆they exist in isolation from each other それらは互いに切り離されて[独立して, 別個に]存在する ◆afford a greater degree of isolation between the input and the output 入力と出力間の分離をいっそう良好にしてくれる ◆Japan cannot live in isolation from the rest of the world 日本は世界から隔絶しては生きられない[世界と孤絶してやって行けない] ◆He spent 40 days in isolation to prevent infection. 彼は，感染を防ぐために40日間隔離されて過ごした． ◆Congress can no longer afford to look at any issue – even health care – in isolation from other issues. 議会は，どんな問題でも，たとえ保健医療についてでさえ，他の問題から切り離して[他の問題と無関係に，個別に, 別途に, 別個に]検討することなどもはやできなくなっている．

**isolationism** ① (国際政治上の)孤立主義[政策] ◆Senator Dianne Feinstein worried that the Bush Administration might practice isolationism. ダイアン・ファインスタイン上院議員は，ブッシュ政権が孤立主義を実践するのではないかと懸念した．

**isolator** *an* ～（電気的,機械的,音響的,熱的に）切り離すもの,絶縁体,絶縁装置,防音［防振］装置,断路器 ◆a rubber isolator 防振［除振］用のゴム部品 ◆a vibration isolator 振動絶縁［除振］装置

**isomerization** ①《化》異性化 ◆increase the octane number of light naphtha (C5) by isomerization reaction 異性化反応により軽質ナフサ(C5)のオクタン価を上げる［高める］

**isometric** *adj.* 等積の,等長の,等容の,等角の,等尺の,等測の,等軸の ◆an isometric view アイソメ図,等角（投影）図

**isosceles**（平面図形が）等しい2つの辺を有する,二等辺の ◆an isosceles triangle 二等辺三角形

**isoseismal** *an* ～等震線; *adj.* 等震度の ◆create an isoseismal map of expected seismic intensities in specified areas 指定地域における予想震度の震度分布図を作成する

**isotherm** *an* ～等温線(= an isothermal line) ◆measure both adsorption and desorption isotherms （ガス）吸着等温線および脱着等温線の両方を測定する

**isothermal** *adj.* 等温の,恒温の ◆an isothermal line 等温線 ◆isothermal annealing 恒温焼きなまし

**isotonic** *adj.* 等浸透圧（性）の,等（張）性の ◆an isotonic sports drink アイソトニック・スポーツドリンク（*isotonicは体液の浸透圧と同じという）◆a solution of salts [a salt solution] that is isotonic with blood or tissue fluids 血液や組織液と浸透圧の等しい食塩水

**isotope** *an* ～アイソトープ,同位元素,同位体,同位核（体）◆a fissionable isotope《原子力》核分裂性アイソトープ［同位元素］◆the isotope uranium-235 ウラン235同位元素

**isotopomer** *an* ～アイソトポマー,同位体分子種 ◆a few isotopomers of water 2〜3種の水のアイソトポマー［同位体分子種］

**isotropic** *adj.* 等方性の,全方向に等しい物理的特性を示す（*光の屈折,弾性,電気伝導,熱伝導などについて）,あらゆる方向に等しい,物理的性質が方向によって異ならない ◆(an) isotropic material 等方性材料

**isotropically** *adv.* 等方的に ◆be isotropically oriented 等方的に配向している

**isotropy** ①等方性 ◆transverse isotropy 横等方性 ◆show a high degree of isotropy ～は高い等方性を示す

**ISP** *an* ～ (an Internet service provider) (= an Internet access provider) インターネット（サービス）プロバイダ,インターネット接続（サービス）業者

**ISSCC** (International Solid-State Circuits Conference) *the* ～国際固体回路会議（*電気電子工学会の固体回路分科会 the Solid-State Circuits Society of the IEEE が主催）

**issuance** ①発行,発給,発布,配給,起債 ◆at the time of issuance of plan approval 計画承認の発行時に ◆suspend issuance of all entry visas until... ～までからの入国査証の発給［ビザの交付］を停止する ◆the issuance of a report [newsletter] 報告書［ニューズレター,時事通信,社内報,回報,会報,会報］の発行

**issue** 1 *vt.* ～を出す,発行［交付,出版,公布,発布］する,排出てくる,流れ出る,噴出する,生じる,発する,由来する〈from〉◆issue a command《コンピュ》コマンドを発する ◆an issuing location 発行場所 ◆a hue and cry issue forth about [over]... ～をめぐって激しい非難が噴出する ◆a jet of air issuing from a hole 穴から吹き出して［噴出して］いる空気 ◆issue a communiqué （公式）声明を発表する ◆issue a gag order 箝口令（カンコウレイ）を敷く ◆issue an alert [a warning] 警報［警告］を発する ◆issue an order to... 〈人,コンピュータなど〉に命令を出す［命令する］◆issue a signal 信号を送出する ◆issue orders [commands] 命令［指令］を発する ◆gas issuing from the ground 地下から吹き出して［湧出して］いるガス ◆water issuing from the ground 地中から吹き出して［湧出している］水; 湧水; わき水 ◆a government-issued identification card 政府発行の身分証明書 ◆a license-issuing office 免許発行事務所 ◆issue a public health advisory warning people about... ～について人々に警告する公衆衛生上の勧告

を出す ◆licenses are issued by the FCC 免許は,FCCによって交付される ◆the investigation had raised no troublesome issues この調査では,面倒な問題は一切も提起されなかった ◆the vehicle is issued new license plates その車両に新しいナンバープレートが発行される ◆All of this energy issues forth from a turbocharged 3.0-liter four-cylinder engine. このエネルギーはすべて,3リッター4気筒ターボエンジンから出される［発生する］のである.
2 *(an)* ～発行,刊行,流出,排出; *an* ～結果,発行物,出てくるもの,出されるもの,（雑誌の）号,（本の）版,《軍》支給品 ①《法》子孫 ◆an issue date 発行日,発売日 ◆at the time of issue 発行時に［の］◆first-issue sales 創刊号の販売部数 ◆the date of issue of... ～の発行日 ◆the sudden issue of gases 突然のガスの噴出; ガスの突出 ◆a jet of water from the earth 地中からの水の湧き出し［湧出］; 湧水; 湧き水 ◆back issues [back numbers] of Scientific American サイエンティフィック・アメリカン誌のバックナンバー［既刊号］◆a school-building bond issue 学校建設のための起債 ◆If speed is an issue,... スピードが問題ならば,... ◆in the Nov. 10 issue of the magazine その雑誌の11月10日号で ◆the publication is now in its third issue この定期刊行物は現在第3号（行）となっている ◆Twelve issues of this monthly publication are available for $130. この月刊定期刊行物は,12冊分130ドルで購読できる.
3 *an* ～（議論すべき［話し合う,審議すべき,検討すべき］）問題［課題,事項］,問題となっている事柄,案件,論点,争点,論争点 ◆environmental issues 環境問題 ◆a single-issue party 単一の政治課題を綱領に掲げている政党 ◆raise new issues 新たな問題を提起する ◆the point at issue 問題（になっている）点［争点］◆issues surrounding the use of copyrighted works 著作権のある作品の使用を取り巻く［を巡る,にまつわる,に関わる］問題 ◆issues that need to be resolved 解決しなければならない問題 ◆issues warranting further investigation [research, consideration, study, work, discussion]（意訳）更なる調査［研究,審査,検討,作業,討論］に値する問題事項［案件,論点,争点］◆... remain urgent and important issues [matters] to be addressed ～は対処すべき喫緊の問題［案件,課題,要事,要務］である ◆the issue of how to negotiate a transfer of power 政権移管交渉をどう進めるかといった問題 ◆view a problem or an issue from various angles 問題あるいは争点をさまざまな角度から観る ◆Efficiency is an important issue in protocol design. 効率は,プロトコルの設計において重要な問題［課題］である. ◆We feel strongly that DAT shouldn't be released until the copyright issue was solved. 我々は,著作権問題が片付くまではDATは発売されるべきではないと強く感じている.

**it**《三人称単数形主格の人称代名詞》◆it is I who am now his worst enemy 今や彼の最大の敵は（ほかでもない）私だ; 私こそが今や彼の最大の敵である ◆It is this layer that is the source of volcanic magma. この層こそが［まさに］火山マグマの源である. ◆"He's probably fiftysomething. He looks it."「彼はおそらく50歳代だろう. そんなふうに見える.」

**IT** (information technology) IT（アイティー）, 情報技術, 情報通信技術, 電子情報技術,（中国語）信息技術

**italicize** *vt.* ～をイタリック体で印刷する ◆indicated by italicized letters イタリック（体の）文字で表記されて

**ITC** (International Trade Commission) *the* ～米国際貿易委員会

**itching** ①かゆみ, 掻痒（ソウヨウ）症; ①うずうず［むずむず］する気持ち, 渇望, 切望; *adj.* かゆい, したくてうずうず［むずむず］している, 欲しくてたまらない ◆soothe [check] itching かゆみを鎮める［止める］

**item** *an* ～一項目, 品目［商品, 製品, 品物, 用品, 一品, 一財］, もの, 要素, 条項, 事項, 箇条, 明細, 細目,（勘定）科目, 区分, 記事 ◆a budget item 予算項目 ◆食料品目 ◆an item number 項目番号; 品番 ◆a software item ソフトウェア製品［作品］◆consumer items 消費財 ◆items of data データ項目 ◆a big-ticket item 高額商品 ◆another item to be discussed 議論すべきもう一つの事項［点］◆a stock of 11,000

**itemize**

items 11,000点にのぼる在庫品 ◆factory-finished items メーカー仕上げの製品 ◆most items in grocery stores 食品雑貨店に置いてあるほとんどの品物 ◆an item-by-item check 項目ごとのチェック ◆rather aggressive discounting that will make these printers high-demand items for computer users 《訳》これらのプリンタを、コンピュータユーザーの間で需要の高いものにする、かなり過激な値引き ◆Instead of marking items, many stores use shelf tags below the product. 各品物に(価格を)表示する代わりに、多くの店では商品の下に示す棚表示を用いている。 ◆Item numbers 2 through 59 and 121 through 129 shall be in accordance with... 項目番号2~59および121~129は、~に準拠するものとする。 ◆It is the first item on the wish list. それは、最も強く望まれること[点]である。 ◆Make sure all items are in the package. パッケージの内容物[梱包内容、製品と付属品]がすべて揃っていることを確認してください。

**itemize** [~を箇条書き[リスト]にする、項目別にする[挙げる、掲げる]、~の内訳[明細]を示す[書く] ◆Hardware sales are itemized as follows:... ハードウェアの売り上げは、以下に項目別に示す[掲げる]とおりである。 ◆Every month you will receive a fully itemized bill detailing all calls made from your phone. 《意訳》毎月お客様にはおかけになった電話の明細を示す請求書が送られてきます。

**ITER** (the International Thermonuclear Experimental Reactor) 《略語形にtheは不要》国際熱核融合実験炉(*2008年の運転開始をめどに米国、日本、欧州、ロシアが共同開発する大型トカマク装置)

**iterate** vt. ~を繰り返す、反復する

**iteration** [回]反復、繰り返すこと; an ~ 繰り返される手順[過程]の1回の実行 ◆a later iteration 後継[後続]製品 [商品] ◆an error occurs on [during] the tenth iteration 10回目の[10度目の実行中に]エラーが起きる ◆a product that has already gone through several iterations すでに数世代経ている商品; すでに何回弾目かになっている製品 ◆earlier iterations of Windows Windowsの先行版 ◆This is a second iteration of... これは、〈商品など〉の第2弾です ◆The first iteration of the product will have... 製品の第1弾には、~が付くことになっている。 ◆When the loop finishes it's tenth iteration,... 《コンピュ》ループの10回目の実行を終えると、 ◆A benchmark (25 iterations) was run on the notebook. ベンチマークテスト(25回繰り返し)をそのノートブックコンピュータで実行した。 ◆Tests are measured in ips (iterations per second). Higher numbers indicate better performance. 《コンピュ》テストはips単位(毎秒の繰り返し回数)で測定される。数値が大きいほど性能が高いことを示す。 ◆The new tire has a number of improvements over previous iterations. その新製品のタイヤは、先行製品と比べて数多くの改良点を持っている。 ◆A number of iterations are required to remove all of the bugs in the source file. ソースファイルからそれらのバグを全部駆除するのに、何回もの反復作業が必要だ。

**itinerary** an ~ 旅行ルート[旅行日程、訪問先リスト、旅程、行程、旅行計画]、旅行日記、旅行ガイドブック ◆add itinerary items 《意訳》日程項目を追加する; 日程にスケジュールに予定を入れる ◆a tour [travel] itinerary; tour [travel] dates ツアー[旅行]の日程 ◆draw up [create] an itinerary for a business trip 出張旅行の日程を立てる ◆plan the next day's itinerary 翌日の(旅行)日程を立てる ◆Also on the itinerary are visits to Xxx, Yyy and Zzz. 日程ではXxx, Yyy, Zzzも訪れることになっています。 ◆the storm had forced a change in the itinerary 嵐のせいで(旅行)日程の変更を余儀なくされた ◆The itinerary includes the Eiffel Tower and the Louvre. (予定)訪問先には、エッフェル塔とルーブル美術館が含まれています。

**ITS** an ~ (intelligent transportation system) 高度道路交通システム

**itself** それ自身[自体](で)、そのもの、それだけで、《再帰用法》それ自身、それ自体 ◆an object in itself 物体自体 ◆that in itself それ自体; それ自身 ◆it can be used by itself or in conjunction with... それは単独で、または~と組み合わせて[一緒に、併用して]使用できる ◆Each effect can be applied by itself or in concert with other effects to... 各効果は単独で、または他の効果と一緒に~に挿入することができる。 ◆it is then left to cool by itself 次にそれは放置して自然冷却される ◆nature re-establishes itself if left alone and given time 《意訳》自然は、放置して時間をおけば(自然に)回復する ◆The appliance will automatically switch itself off if... もしも~の場合は、この器具は自動的に電源が切れる。 ◆The first harmonic is the fundamental frequency itself. 第一高調波は、基本周波数そのものの[自体]である。 ◆This is the kind of product that sells itself. これはほうっておいても自然に売れるような商品だ。 ◆if the state should forbid its citizens to <do...>, it would clearly do something contradictory to itself もし国家が市民に~することを禁止するなら、国家は明らかに自己矛盾したことをするということになってしまう

**itsy-bitsy, itty-bitty** adj.《幼児語》《口》とっても小さい、ちっちゃな、ちっぽけな ◆She wore an itsy-bitsy teeny-weeny yellow polka-dot bikini. 彼女は黄色い水玉模様のちっちゃなちっちゃなビキニを着ていた。

**ITU** (International Telecommunication Union) the ~ 国際電気通信連合(*国連の専門機関)

**ITU-T, ITU-TS** (International Telecommunications Union-Telecommunication Standardization Sector) the ~ 国際電気通信連合電気通信標準化セクター[局、部門](*元CCITT 国際電信電話諮問委員会)

**IUCN** (International Union for the Conservation of Nature) the ~ 国際自然保護連合

**IUPAC** (International Union of Pure and Applied Chemistry) the ~ 国際純粋応用化学連合、国際純粋[純正]および応用化学連合、国際基礎・応用化学連合 ◆an IUPAC name for... 〈化合物〉のIUPAC名[国際名]

**ivory tower** an ~ 象牙の塔[《俗世間》からかけ離れた大学などの学究の場や現実から逃避した孤高の境地) ◆live in an ivory tower 象牙の塔に引きこもっている

**IWC** (International Whaling Commission) the ~ 国際捕鯨委員会, (International Wheat Committee) the ~ 国際小麦委員会

**Izod** ◆the Izod test アイゾッド試験(*衝撃試験の一種、英国の技術者E.G. Izodの名にちなんで)

# J

**jack** 1 a ~ ジャック、プラグ差し込み口、ジャッキ、差し万力、(国籍を示す)船首旗、男、奴 ◆an audio output jack 音声出力ジャック ◆a headphone jack ヘッドホンジャック ◆He is a jack of all trades and master of none. 彼は器用貧乏だ。 ◆through jacks at the back of the amplifier アンプの裏面にあるジャックを通して ◆Jack of all trades and master of none. 多芸は無芸 ◆Jacks on the computer include microphone-in, headphone-out, line-in, and line-out. コンピュータについているジャックは、マイクロホン入力、ヘッドホン出力、ライン入力、およびライン出力である。 ◆You can use the supplied earphone for private listening. Insert the earphone's plug into the EAR jack. 同梱のイヤホンを使って自分だけで聴けます。イヤホンのプラグをEARジャックに差し込んで[差し込み口に挿入して]ください。

2 vt. ~を(ジャッキで)持ち上げる <up> ◆jack up the rear of the car 車の後部をジャッキで持ち上げる ◆Rust-jacking is a deterioration condition associated with any iron or steel component. The "jacking" is the result of the chemical change that takes place when iron corrodes or rusts. ラストジャッキング(サビによる浮き上がり)とは、鉄鋼あるいは鋼製部材に関連した劣化状態のことである。「浮き」は、鉄が腐食あるいはさびるときに起きる化学変化の結果である。

**jacket** 1 a ~ ジャケット、カバー、ケース、覆い、外装、外被、包被、上着 ◆a book jacket 本のカバー ◆a jacket pocket 上着のポケット ◆an outer jacket 外装 ◆a record jacket [sleeve] レコードのジャケット ◆a sports jacket スポーツルゾン ◆a clear plastic floppy jacket 透明プラスチック製の

フロッピーディスクケース ◆the outer jacket of a cable ケーブルの外側の被覆〔外装〕
2 vt. 〜に外被をかぶせる, 被覆する; jacketed adj. ジャケットを着た[に入れられた, で被覆された] ◆a round jacketed extension cord 丸形被覆延長コード ◆leather-jacketed 革ジャンを着た ◆a 3 1/2-inch hard-jacketed floppy disk 3.5インチのハードケース入りのフロッピーディスク ◆standard-sized CDs which have been jacketed in 5.25-inch packages 5.25インチパッケージに入れられた標準サイズのCD

**jack-of-all-trades** a 〜 (pl. jacks-of-all-trades)なんでもや, よろずや, 器用で何でもやれる人

**jackpot** a 〜 《ポーカー》積立て賭け金, 繰り越し賞金(* くじの当選者またはクイズの正解者が出るまで, 賞金が次回に繰り越されて増え続ける), (スロットマシーンなどの) 大当り ◆he hit the jackpot on a slot machine 彼はスロットマシーンで大当りした ◆"The Year of the Jackpot" 「大当たりの年」(*Robert A. Heinlein (ハインライン)のSF短編小説. ジャックポットは, たとえばスロットマシンで777が並ぶような大当たり)

**jackrabbit, jack-rabbit** adj. 急激な[突然の]動きの; vi. 急発進する ◆a jack-rabbit start 〔口〕急発進

**jag** a 〜 鋭い突起, 尖(トガ)った角(カド), ぎざぎざ, かぎ裂け; vt. 〜にぎざぎざをつける, 〜をかぎ裂きにする ◆As a result, the slant lines become jagged and have a stair-step appearance. 《コンピュ》その結果, これらの斜線はぎざぎざになってきて階段状の様相を呈してくる.

**jaggy** a 〜 ぎざぎざ; adj. = jagged ぎざぎざの(ある) ◆avoid the problem of jaggies on slanting lines 《コンピュ》斜線がぎざぎざになるという問題を避ける ◆These printers are capable of reproducing lines and text without the jaggies visible on the screen. これらのプリンタは, 画面上で見られるぎざぎざ無しで(滑らかに)線やテキストを印刷することができる.

**jam 1** vt. 〜を(〜に)ぎゅうぎゅうに押し込む, 詰め込む<into>, 〈手, 指など〉を(〜に)挟んでつぶす〔傷つける〕<in>, 〈ブレーキなど〉をぎゅっと踏みつける, 〜を詰まらせる, 閉塞する, 〈機械〉をロック〔動かなく〕させてしまう, 《放送》を〈妨害電波を発して〉妨害する; vi. つっかかって動かなくなる, (〜に)押しあいへしあいして乗ろうとする <into>, 《音楽》ジャムセッションに参加する〔ジャムる〕 ◆jam transmissions (妨害電波を発射して)放送などの送信を妨害する ◆prevent jamming of cooled solder in the tip 先端部で冷えたはんだが(固まって)詰まるのを防止する ◆Carefully push downward on the lever to jam the blade teeth into a piece of wood. 慎重にレバーを押し下げてのこぎり歯を木片に食い込ませてください.
2 a 〜 混雑, 渋滞, 閉塞, ロック状態, 雑路, 〔口〕困難, 窮地, 《音楽》ジャムセッション ◆a paper [form] jam 《OA》紙詰まり〔用紙詰まり〕 ◆an endless traffic jam 延々と続く交通渋滞 ◆clear a paper jam [paper jams] 紙詰まりを直す; 詰まった紙を取り除く ◆when a paper jam occurs 紙詰まりが起きると ◆when the printer has a paper jam プリンタが紙詰まりしていると
3 Ⓝ (果物から作った)ジャム

**JAMA** (the Japan Automobile Manufacturers Association)日本自動車工業会(略語形にtheは不要); (Journal of the American Medical Association) the 〜 米医師会誌

**jamming** Ⓝ ジャミング, 妨害, (特定の放送が受信できないように)妨害電波を出すこと, 紙詰まり, 目詰り, (ジャズミュージシャンなどが何人かで)即興演奏〔ジャムセッション〕すること ◆The newer printer provided better quality and was less prone to jamming. 新しい方のプリンタの方が出力品位が高くて紙詰まりを起こしにくかった. ◆The station plans to avoid jamming from the Chinese government by frequently changing wavelengths. この放送局は, 中国政府による混信電波妨害を避けるために, 波長を頻繁に変える計画でいる.

**jam-pack** vt. 〔口〕〜に(〜を)ぎゅうぎゅうに詰める <with>

**jam-packed, jampacked** adj. 《口》(〜で)ぎゅうぎゅうに詰まった[すし詰めで]<with> ◆jam-packed trains すし詰[ぎゅうぎゅう詰め]の(満員)列車 ◆Each issue is jam-packed with the latest... 各号とも最新の〜が満載です.

**jangle** v. ガチャガチャ鳴る[鳴らす], うるさい音を出す, 〈神経など〉をいら立たせる ◆nerve-jangling noise 神経を苛立たせる雑音; 気に障る(サワル)ノイズ ◆a nerve-jangling near miss 神経をピリピリさせる[いら立たせる]異常接近〔ニアミス〕

**janitor** a 〜 (ビル, マンションなどの)管理人, (学校などの)用務員[主事さん, 小使いさん], 門番, 守衛, 門衛 ◆an apartment house janitor マンションの管理人

**janitorial** a 〜 (マンションやオフィスビルの)管理人[清掃員, 掃除夫, 用務員, 守衛, 門衛, 門番]の ◆a janitorial service; a janitorial services firm ビル掃除会社; オフィス清掃業者 ◆janitorial work [service] 掃除の仕事; 清掃作業

**Japan** 日本, 日本国 ◆the Japan Current 日本海流; 黒潮 ◆the Sea of Japan 日本海 ◆a large Japan-based investment company 日本に本拠[本社]を置く〔日系〕大手投資(信託)会社 ◆a sharp increase in the U.S. trade deficit with Japan 米国の対日貿易赤字の急激な増加 ◆flights within Japan; intra-Japan flights 日本国内便〔飛行便, 航空便〕 ◆Japan-Russia 日露の, 日ロの ◆the onset of a "Japan passing" syndrome 「ジャパン・パッシング〔日本素通り, 日本頭越し, 日本飛び越し, 日本飛ばし, 日本外し, 日本通り抜け, 日本軽視〕」症候群の始まり ◆the US declaration of war on [against] Japan 米国の対日宣戦布告 ◆U.S. trade balance with Japan 米国の対日貿易収支 ◆Detroit's auto wars with Japan デトロイトの対日自動車戦争 ◆the entry of the Soviet Union into the war against Japan ソ連の対日参戦 ◆a Japan-Russia feasibility study 日ロ合同企業化調査 ◆he has made 6 visits to Japan over the past 7 years 彼は過去7年間にわたり6度訪日した ◆Teijin was Japan's first rayon manufacturer. 帝人は日本初のレーヨン製造業者であった. ◆Sentiment in the United States toward Japan has likewise become more confrontational. 米国内における対日感情も同様に, より対立的なものになった. ◆AIADA simply urges the U.S. government to stop pointing to the U.S. trade deficit as an excuse to threaten trade wars with Japan. 《意訳》全米輸入車販売者協会は米国政府に対し, 米国の貿易赤字を口実に[盾にして]対日貿易戦争をちらつかせることをやめるようひたすら説得している.

**Japanese** adj. 日本の, 日本人の, 邦人の, 和人の, 倭人の, 日本語の, 和語の; n. Ⓝ日本語, 和語; a 〜 (単複同形)日本人, 邦人; the 〜 《集合的, 複扱い》日本人 ◆Rich Japan, Poor Japanese 金持ち日本, 貧しい日本人. (*記事の見出し) ◆the Japanese Alps 日本アルプス ◆people of Japanese origin 日系人 ◆the Japanese Standards Association 日本規格協会 ◆U.S.-Japanese [Japanese-U.S.] trade talks 日米通商協議 ◆a Japanese-language word processor 日本語ワープロ (▶a Japanese word processor だと, 「日本製の」英文ワープロとも解釈できる. 「日本語の」という意味をはっきり表現するには Japanese-language とするとよい) ◆the Japanese Standards Association (JSA) 《口》日本工業規格協会 ◆a Japanese businessperson 日本人実業家 ◆a Japanese-controlled firm [company] 日本人が実権を握っている〔日系〕企業 ◆a Japanese transplant 日系(海外)現地工場 ◆a localized Japanese edition of the application その応用ソフトの日本語化版 ◆Americans of Japanese ancestry [extraction] 日系米人 ◆stores that cater almost exclusively to the Japanese 《意訳》主に邦人客を相手に商売している店, 日本人相手の店 ◆the Japanese archipelago [chain] 日本列島 ◆the Japanese have been stockpiling plutonium 日本はプルトニウムを備蓄してきている ◆the two Japanese phonetic alphabets 2種類の日本語表音文字体系(*ひらがなとカタカナ) ◆American-made Japanese cars 米国生産の日本車(*日本に輸入されれば「逆輸入車」になる) ◆Japanese-made personal computers 日本製パソコン ◆Japanese-style cooperation between workers and managers 日本式の労使協調 ◆Japanese-Americans who were placed in detention [internment] camps in World War II 第二次世界大戦中に強制収容所に入れられた日系米人たち ◆Japanese-owned US-based chip manufacturing facilities 米国にある日系半導体製造施設［工場］ ◆the success of the Japanese in...-ing ～における日本(人)の成功 ◆impose 70% countervailing duties against Japanese pagers for dumping in the US 米国におけるダンピングに対抗するために日本製ポケベルに70%の対日相殺関税を課す ◆a fully localized Japanese version of the Macintosh operating system マッキントッシュOSの完全日本語化版

**Japanimation, japanimation** ジャパニメーション, 日本製アニメ (▶Japanese ·animationより)

**Japanism** ①(= Japonism) ジャパニズム, ジャポニズム(*日本美術の特質をとり入れようと19世紀に欧米で興った芸術運動)

**Japanization** 日本化, 日本語化, 日本市場向け現地化, 日本のやり方［日本型経営手法］を採り入れること ◆the Japanization of British industry 英国の産業に日本型の経営手法を導入する［持ち込む］こと ◆the Japanization of computer software コンピュータソフトの日本語化［日本(市場)向けローカリゼーション］

**Japanize** vt. ～を日本化する, 日本風にする, 日本式にする ◆create new Japanized English words 新しい和製［日本製］英語（の単語）をつくる ◆it is called "xxx" in Japanized English それは和製［日本製］英語では「xxx」と呼ぶ［いう］

**Japlish** ①日本語英語, 和製英語; adj. ◆a Japlish word [expression] 日本語［和製］英語の単語［表現］

**Japonism** → Japanism

**jargon** 専門語, 職業語, 業界語, 仲間うちで使われる符牒, 隠語, 通語, 通言, 特殊［専門］用語 ◆typesetting jargon 植字関係の専門用語

**JAS** (Japanese Agricultural Standard) the ～ 日本農林規格

**Java** ジャワ島, 《コンピュ》(ジャバ)(*米Sun Microsystems社が開発した, OSに依存しないプログラム言語. インターネットの「動く」ホームページの作成によく用いられる. JavaScriptとは別のもの) ◆the island of Java ジャワ島

**JavaScript** 《ネット》(ジャバスクリプト)(*Webブラウザで実行可能なスクリプト言語. 文法はJava言語を参考にしているが, Java言語との互換性はない)

**jaw** a～ 顎(アゴ), 顎(オトガイ), 上顎か下顎のいずれか(特に下顎), 顎骨; (a)～(口)おしゃべり; ～s 掴み具, (万力などの)物を挟んで締めつけるあごの部分 ◆vise jaws 万力のあご

**jazz** ①《音楽》ジャズ; ①ほら話, 大ぼら; ①似たようなもの, その他の同類の物事; vt. ～をジャズ風に演奏する; vi. ジャズに合わせて踊る, ジャズを演奏する ◆...all that jazz (= ...and all that sort of thing; ... et cetera) ～などほど［等々］ ◆Without adding much to production costs, makers are jazzing up their CD players with two-tone coloring and tidy compact housings. さほど生産コストを上げることなく, メーカーはCDプレーヤーをツートンカラーにしたりすっきりとしたコンパクトなケース［キャビネット］を使って生彩を演出している［精彩を放つようにしている］.

**JBMA** (the Japan Business Machine Makers Association)（社団法人）日本事務機械工業会(*省略形にtheは不要)

**JCFA** the ～ (Japan Commodities Fund Association) 社団法人 日本商品投資販売業協会; the ～ (Japan Consumer Finance Association) 日本消費者金融協会

**jealous** adj. 嫉妬(シット)［そねみ］深い, 焼きもちの, 用心深い, 油断のない, 油断なく見張る, (失うまいと)用心する ◆become pathologically jealous 病的なまでに嫉妬深くなる; 異常なほどやっかみ［ねたみ, そねみ］っぽくなる

**jean** ①細綾織り綿布; (通例)～s)ジーパン, ジーンズ, デニム地で作ったズボン(*色は青であることが多い) ◆denim blue jeans デニムのブルージーン［ジーパン］

**jeer** v. あざける, あざ笑う, 冷やかす［からかう, やじる, はやし立てる］; n. ～(通例)s)あざけり, 冷やかし, やじ ◆he was jeered as a "baldhead" by a group of children 彼は, 一群の子どもたちに「はげ」とやじられた［からかわれた］(*a baldhead = a bald-headed person)

**JEITA** (the Japan Electronics and Information Technology Industries Association) (日)社団法人 電子情報技術産業協会(*EIAJとJEIDAが統合し2000年11月に発足)

**JEM** (Japanese Experiment Module) the ～ ジェム, 日本の実験棟(*米国主導で進められている宇宙ステーション計画で使用される)

**JEMA** (the Japan Electrical Manufacturers' Association)（社）日本電機工業会(*省略形にtheは不要)

**jeopardize** vt. ～を危険にさらす［陥れる］, 危うくする ◆jeopardize the safety of... ～の安全を脅かす ◆jeopardize the health of personnel 作業者の健康を脅かす［危険にさらす］;(意訳)作業者にとって健康上問題となる

**jeopardy** 危険 ◆expose oneself to considerable jeopardy by...ing ～することによりかなりの危険にさらされる

**jerk** 1 vt. ～をぐいっと引く［動かす, 押す, つく, ひねる］; vi. 急に動く, けいれんする, 痙動する, ピクピクする 2 a～ がたんと動き出すこと, ぐいっと引く［動かす, 押す, つく, ひねる］こと, (筋肉の)反射; ～s 痙攣(ケイレン) ◆pull with a jerk [with jerks, in jerks] ぐいっと引く［《jerksと複数形の場合》ぐいぐい引く］

**jerkiness** 滑らかに動かないさま, ぎくしゃく動くさま ◆an image moves smoothly without the jerkiness of some graphics systems 《コンピュ》一部のグラフィックスシステムに見られるようなガクンガクンという(小刻みな)動きをすることなく, 画像は滑らかに動く

**jerky** 突然動く, ガクガク動く, ぎくしゃくした, つっかえながらの, 痙動の, 《口》貧しらえ ◆jerky motion 『コマ落とし』のようなスムーズさに欠ける動き(*動画の) ◆Unwelcome effects are caused when a background task, such as a printing program, interrupts a dynamic screen operation, such as dragging, causing a jerky effect. 《コンピュ》好ましくない影響が出るのは, 印刷などのバックグランド・タスクによってドラッギングなどの動的な画面操作が中断されるために, 画面の動きがぎくしゃくするときである.

**jerry-build** vt. ～を安く雑に建てる, ～を行き当たりばったりで開発［設計］する

**jerry-builder** a ～（手抜き工事をした欠陥住宅を売る）悪徳建売り建築業者

**jerry-built** adj. 安普請(ヤスブシン)の, 粗雑な作りの, 粗製濫造された, 無計画で設計［開発］された, 急造の, 急ごしらえの, しっかり作られていない, 柔(ヤワ)な作りの ◆a jerry-built house 安普請(ヤスブシン)［急ごしらえ］の家 ◆a jerry-built plan [program, system] しっかり練られていない［急ごしらえの］計画［制度］ ◆be jerry-built （建物などが）粗末にあまり金をかけずに建てられている ◆As industrial towns and cities developed, extensive areas of jerry-built housing appeared. 工業都市の発展に伴って, 安普請の［(意訳)粗製濫造された］住宅(が立ち並ぶ)広大な地域が出現した.

**Jesus** イエス, 耶蘇(ヤソ); 《間投詞》《卑》こん畜生(Jesus Christ) ◆That's exactly what they believed 2000 years ago in Jesus' time in Palestine. それがまさに, 2000年前イエス(キリスト)の生きていた時代に人々がパレスチナで信じていたことなのである.

**Jesus Christ** イエス・キリスト

**jet** 1 a～ ジェット, 噴出, 吹き出し, 注射, 噴射, 射出, 噴流, 噴霧, 気流, 水流, 吹き出し口, 噴射口, 噴口, 筒口, ジェット機, ジェットエンジン; adj. ◆a jet fighter [bomber]; a fighter [bomber] jet ジェット戦闘機［爆撃機］ ◆a jet of air 噴出する［噴射される］空気; 空気の噴出; エアジェット［空気ジェット, ジェットエア］ ◆a jet (plane) ジェット機 ◆jet stream （ジェットエンジンなどの噴出する）ジェット気流 ◆jet-propelled ジェット推進式の ◆a missile powered [moved] by jet propulsion ジェット推進式ミサイル ◆a scientist at NASA's Jet Propulsion Laboratory (JPL) NASAのジェット推進研究所の科学者 ◆fly with the jet stream （対流圏の）ジェット気流に乗って飛行する

◆gases that issue in a jet ジェット噴射するガス; 噴出ガス ◆a tube with a removable jet tip 取り外し可能な噴出口が付いているチューブ ◆NASA's Jet Propulsion Laboratory in Pasadena, California カリフォルニア州パサディナにあるNASAジェット推進研究所 ◆a boat propelled by a jet of water 水の噴射で推力を得る船 ◆direct a jet of ink at the paper インクを紙に向けて噴射する ◆discharge the air in a confined [↔spreading] jet 空気を拘束 [↔拡散] 噴流にして吐き出す
2 vt. 〜を射出する, 噴出する, ジェット機で輸送する; vi. 射出 [噴出] する, ジェット機で旅行する

**jetfoil** a〜 ジェットフォイル, 水中翼船 (*ガスタービンエンジンを搭載し水を噴出して推進)

**jetlag, jet lag** [U] (ジェット機移動による) 時差惚け, 時差疲れ; jet-lagged adj. ◆be jet-lagged 時差ぼけしている ◆be suffering from jetlag; have jet lag 時差ぼけしている

**jetliner** a〜 大型ジェット旅客機 ◆a DC-9 jetliner DC-9 (大型) ジェット旅客機 ◆Boeing's advanced technology jetliners ボーイングの先進技術大型ジェット旅客機

**JETRO** (the Japan External Trade Organization)《略語形にthe は不要》ジェトロ, 日本貿易振興会

**jet stream** the〜 (地球の上空で吹いている) ジェット気流; a〜 烈風, 急流, 噴流, 噴射 [噴出] 流, ジェット流 ◆jet stream winds running from... 〜から吹いてくる烈風

**jettison** [U] (遭難時に船体 [機体] を軽くするための) 積み荷の海中 [空中] 投棄, 投げ荷; vt. (身軽になるために) 〜を投げ捨てる, 投棄する, 放棄する ◆jettison the booster rockets 補助ロケットを切り離す ◆jettison the department because of economic stringency その部門を財政逼迫 (ヒッパク) のせいで切り捨てる ◆the president jettisoned Mr. Sununu 大統領はスヌヌ氏をお役御免 [お払い箱] にした ◆the company jettisoned 20,000 workers this year 同社は今年, 従業員を2万人解雇して身軽になった

**jewel** a〜 宝石, (時計などの) 石; a〜, 〜s (宝石を使った) 装身具, 宝飾品; a〜 貴重なもの, 大切なもの, 宝物

**jeweler** a〜 宝石商, 貴金属商, 宝石細工職人

**jewelry**《集合的に》宝飾品, 宝石類, (貴金属, 宝石を使用した) アクセサリー [装身具], ジュエリー ◆a piece of jewelry 宝飾品一点 ◆costume jewelry 装身具 ◆hand-made jewelry 手作りの [手工芸で作った] アクセサリー [装身具] ◆wear a lot of jewelry 飾り物 [アクセサリー] をたくさん身に付けている ◆wear... as neck jewelry 〜を首にかける宝飾品として着用する

**JICA** (the Japan International Cooperation Agency)《略語形にthe は不要》(日) 国際協力事業団

**jig** vi., vt. ジグ [治具] を踊る, 急激に上下動する [させる], ジグ選釜 [選炭] する; ジグで機械加工 [研削] する, ジグ疑似針で釣る; a〜 ジグ [治具], 疑似針の一種, ジグ (テンポの速い軽快なダンス), ジグ舞曲, 急激な上下動, 《鉱山, 炭鉱》ジグ (*脈動density比重選鉱機) ◆a jig separator ジグ選別 [選鉱, 選炭] 機 ◆an assembly jig 組み立て (作業で使う) ジグ [治具] ◆a test jig 検査 [テスト, 試験] ジグ ◆a 165 tons-per-hour capacity coal washery jig 1時間当たり165トンの処理容量 [能力] を持つ選炭ジグ (*ジグ選別 [硬 (refuse) 抜き] にjigging用の機械装置)

**jigging**《鉱山》ジグ選鉱, 《炭鉱》ジグ選炭, ジグ選別, 淘汰

**JIS** (Japanese Industrial Standards) 日本工業規格 ◆the Japanese Industrial Standards [JIS] mark 日本工業規格 [JIS] マーク

**JIT** (→ just-in-time) かんばん方式など

**jitter** 1 [U] (電子回路の不安定性に起因する) 微小変動 [震動, 動揺], ジッター, 震え, (VTR再生画像などが走査線単位で左右に波打つようにくねくね揺れる症状) 横揺れ, ゆらぎ (=weave);《通例 the〜で複数》[U] 神経衰弱, ぴりぴり, びくびく, いらいら ◆give a person the jitters 《口》〈人〉をぞっと [びくびく, びりびり] させる ◆jitter in digital recording デジタル録音のジッター ◆the amount of jitter ジッターの量 ◆ultralow jitter clock circuitry 超低ジッタークロック回路 ◆a clock generator with extremely low jitter 極めて低ジッ

ターのクロック発振器 ◆cause jitter of the image 画像のジッター [小刻みな揺れ] を引き起こす ◆have (a bad case of) the jitters about the test 《口》(これから受ける) 試験で (ひどく) びりびりする
2 vi. (緊張, 不安などで) ぴりぴり [びくびく, いらいら] する, (緊張などで) ガタガタ [ぶるぶる] 震える, 《電子》小刻みに震える [変動する]

**JNR** (Japanese National Railways) the〜 日本国有鉄道 (*1987年に分割民営化されて現在はない)

**job** 1 a〜 働き口, 勤め口, 就労先, 職; 〜s《意訳》雇用 ◆hold a job 仕事を持つ ◆be out of a job 失業して ◆find a job 職 [仕事, 働き口, 就職口] を見つける ◆get a job 職に就く [ありつく]; 就職する ◆take a job 仕事を引き受ける [仕事に就く] ◆leave [quit] a [one's] job《as -職権名, with [at, for] -会社・団体名, in -地名》仕事を辞める ◆provide jobs 雇用を創出する ◆a job applicant 求職者 ◆a job bank 求人バンク; 職業別求人情報データベース ◆a job hunter 求職者 ◆a job loss 失職; 失業; 雇用の喪失 ◆a job seeker 職 [仕事] を探している人; 求職者 ◆a job-seeker 求職者 ◆job descriptions 職種 ◆job openings 欠員; 空いているポスト; 働き口; 就職口; 求人; 求人数 ◆one's main job 本業 [本職] ◆the creation of jobs; job creation 雇用の創出 [創造] ◆job search activities 求職 [就職] 活動 ◆job-search information 就職 [求人] 情報 ◆job stability 雇用の安定 ◆an 800-job factory 800人分の働き口のある [800人を雇用する] 工場 ◆at your nearest Job Center 最寄りの (公共) 職業安定所 [職安, ハローワーク] で ◆secure job security 雇用保証 [保障] を確実 [盤石 (バンジャク)] なものにする ◆unable to hold a steady job 安定した仕事に就くことができないで ◆After more than a year of job searching,... 1年以上職探しをしたあげくに, ◆in the first year on a job 就職1年目に ◆attempt a job hunt 職探しを試みる ◆begin a job search 職探しを始める ◆during his job hunting 彼の求職 (活動) 中に ◆go job-hunting 職探しにでかける ◆learn job-hunting techniques 職探しのテクニックをならう ◆high-status job categories 社会的地位の高い職種 ◆provide job-specific education 職業別教育を施す ◆students (who are) looking for work; job-seeking students 仕事を探している [求職中の] 学生 ◆while he was job-hunting 彼が職探しをしていた時に; 彼の就職活動中に ◆283 jobs were up for grabs in 30 firms 30社から283件の求人があった (*就職フェアで) ◆after leaving a job with an aircraft manufacturer in Los Angeles ロサンゼルスの航空機製造会社 (の仕事) を辞めた後, ◆... lead to a significant number of job losses 〜は, 結果的にかなりの件数の失業を生み出すことになる ◆... need more job-producing investment 〜は雇用創出のための投資をもっと必要としている ◆To shrink the government and expand jobs in the private sector 政府を縮小し民間部門における雇用を拡大するために ◆Finding a job is full-time work [a full-time job] in itself. 職探し [求職活動] は, それ自体, かかりっきりの仕事だ. ◆He quit his part-time job as a clerk for the Department of Energy. 彼は, 非常勤で勤めていたエネルギー省の事務 (員として) の仕事を辞めた.. ◆I am looking for a job. 私は仕事を探しています. ◆Look for a job when you have a job. 職探しは, 職に就いているうちにするべし. ◆Moonlighting at a second job is one solution. 副業を営む [持つ] ことが一つの解決策だ. ◆What is your primary job function? あなたの主たる職務 [担当業務, 職掌] は何ですか? ◆Are you considering changing jobs?; Are you thinking of [about] switching jobs? あなたは転職を考えていますか [お考えですか]. ◆It's expected that 2,000 jobs will be made redundant by the merger. この企業合併により2000のポスト [人員] が余剰化するものと予想されている. (*jobs = positions) ◆Since 1980, small companies have created more than 17 million new jobs. 1980年以降, 小企業は1700万を上回る新規の働き口 [勤め口, 雇用] を創出した. ◆Jobs these days are very hard to find, especially for 18-year-olds fresh out of high school. 《意訳》昨今は就職難で, 特に18歳の高校新卒者にとって厳しい [氷河期である]. ◆Motorists had

**jobber**

2 $a$〜 作業, 業務, 職務, 務め, 勤務, 作業現場, 加工物［材］, 《コンピュ》ジョブ ◆a bank job 《口》銀行強盗 ◆a job action 怠業スト［順法闘争］ ◆a job-ranking system; a job classification system 職階制 ◆a job superintendent （建設工事などの）現場作業監督 ◆a job printer 端物印刷業者（＊チラシ、便せん、封筒などの半端物を扱う）◆routine clerical jobs 定型事務業務 ◆a faulty repair job 不完全な修理［修繕］作業 ◆a job-related accident 業務上［職務上］の事故［災害］ ◆have the job of... -ing 〈機械, 装置, 回路〉は、〜する働きを持っている ◆his job responsibilities 彼の職務上の責任［職権］ ◆observe job regulations 職務規定を守る［遵守する］ ◆job-mixed concrete 現場配合コンクリート ◆If the jobs have been rendered by... これらのジョブ［作業］が〜によって提供された［((意訳))行われた］場合に、◆interracial socializing off the job 仕事を離れての異人種間の付き合い ◆One tool that does the job of two 一人二役の働きをする工具 ◆The job involves disassembling and assembling... この作業には、〜の分解・組み立ても含まれる。◆the job of the focus servo is to ‹do› 〈装置内における〉フォーカスサーボの仕事［役割］は、〜することである。◆use the computer at home or at the job コンピュータを自宅や職場で使う ◆we abolished job titles 《意訳》当社では役職制［ピラミッド型の組織］を廃止した（＊上下関係のないフラットな組織にするため）◆If there has been illegal conduct on the job, there's no question they will be fired if they are convicted. 職務上の違法行為があったとすれば、彼らが有罪判決を受けた場合解雇されることは疑いない。

3 vt.〜を下請けに出す‹out›, 〜を卸売りする, の仲買をする; vi. 手間仕事［賃仕事］をする, 卸売する, 仲買をする, 公職を利用して不正に私腹を肥やす

**on the job** 仕事に就いて, 仕事［勤務, 就業］中に［で］,（忙しく）働いて, 動作中で, 稼動中で, 操業中で, 仕事上 ◆a machine on the job 稼動中の機械 ◆be discriminated against on the job 職場で差別を受ける ◆he watched television on the job 彼は仕事中にテレビを見た ◆nod off on the job 仕事中に船を漕ぐ［居眠りする］ ◆My first day on the job, I was... 私の就職第一日目に私は〜 ◆completely ban smoking on the job 職場での喫煙を完全に禁止する ◆the number of robots now on the job 稼動中のロボットの台数 ◆Mr. Wilder finally was fired after 11 months on the job. ワイルダー氏は、勤め始めてから11カ月にしてついに首を切られた。

**jobber** $a$〜 賃仕事［手間仕事］をする人; $a$〜 株式仲買人（a stockjobber）, 卸商人, 中間業者, 中次ぎ商, 取次商; $a$〜 公職を利用して私腹を肥やす［私利を図る, 公政を働く］人 ◆Total In-House Manufacturing (No Jobbers) 《広告, 意訳》完全内製一貫製造［生産］（下請け［外注］業者は使っていません）

**jobless** adj. 仕事［職］のない, 職にあぶれている, 失業中［失職中］の, 雇用無き; the 〜（集合的に, 複数扱い）失業者 ◆a jobless economic recovery 雇用なき景気［経済］回復（＊失業率の低下を伴わない）◆a jobless economic recovery 雇用増なき［雇用の増加を伴わない］景気回復

**jockey** 1 $a$〜（競馬の）騎手, ジョッキー, ディスクジョッキー

2 vt.〈馬〉に騎手として乗る,《口》操縦［運転］する, 〜をだます, ペテンにかける; vi. うまく立ち回って有利な位置を占める

**jockey for position** 他より優位に立とうとあらゆる手段を講じて競争する, 勢力争いをする,（市場などで）陣取り合戦をする ◆jockey for a better position 他者を押し退けて少しでも優位な位置に立とうとする ◆a dozen photographers jockeyed for position 十数名のカメラマンがいい場所の取合い［陣取り合戦］をした ◆The country's major parties have been busy jockeying for position in the past weeks. この国の主要政党は、ここ数週間というものは主導権争いでせわしなかった。◆Ultimately, such jockeying for position can only benefit the consumer. 結局,（市場における業者同士の）そのような勢力争いは、消費者の利益にしかならない。

**jog** 1 vi.（軽く）駆け足する, ジョギングする; vt.〜を軽くゆする, 寸動させる,〈記憶〉を呼び起こす,〈紙の束〉を（トントンと）揃える ◆"jog" slowly, frame by frame 《AV》ジョグ機能を使ってゆっくりコマ送り再生する ◆jog a stack of paper 紙束を（机の上などで）トントンとそろえる

2 $a$〜 軽いゆさぶり,（軽い）駆け足, ジョギング ◆go for a jog ジョギングに出かける ◆jog control 寸動制御

**jogging** n.《機械》（位置決めなどの目的でモーターを小刻みにオン・オフして駆動装置を）寸動させること（= inching）, 微動, 寸行, ジョギング; adj. ◆in a jogging suit（圃in a pair of jogging pants and jacket）ジョギングウェアの上下を着て（＊a pair of pants and jacketは、上下揃いのものとは限らない）

**joggle** v.〜を揺すぶる, 軽く揺れる; $a$〜 軽い揺れ ◆a joggling tool [machine]《板金》段付け工具［機械］

**join** 1 vt.〜を（〜に）つなぐ, つなぎ合わせる, 接ぐ, 継ぐ, 接合［接続, 接着, 連結, 密着］する ‹to›; 〜に加わる, 参加［加入, 参入］する,〜と合流する,〜に隣接する; vi.（〜と）結び付く ‹with›,（〜に）加わる ‹in›, 一緒になる, 合流する, 接する ◆joining losses 結合損失（＊光ファイバーや超伝導体を直列につなげることによる）◆as part of efforts to join the EU EU加盟へ向けての取り組みの一環として ◆... joined to each other by a comma カンマを間にはさんでつながれている;((意訳))カンマで区切られている ◆join the company as of April 1 4月1日付けで入社する ◆the joining together of two optical fibers by butting them 2本の光ファイバーを突き合わせてつなげること ◆Grafting is the act of joining two plants together. 接ぎ木とは二つの植物を接ぐ［継ぐ］行為のことである。◆If you can't beat 'em, join 'em. 敵にかなわなければ、仲間になってしまえ［その敵と手を組むばよい］; 長い物には巻かれろ。(*'em は them の口語) ◆If you can't beat him, get him to join you. 敵にかなわないときは、その敵を味方に引き入れれば［仲間にひっぱりこめば, 抱き込めば］よい。◆Since 1991, 10 major manufacturers have joined the CD-ROM drive market. 1991年以降、大手メーカー10社がCD-ROMドライブ市場に参入した。◆The sign indicates that two lanes of traffic are about to join into one. この道路標識は、まもなく2車線が合流することを示す。◆The company will join with Robotron to manufacture an estimated 24 million compact discs a year. 同社は、年間推定2,400万枚のCDを生産するためにロボトロン社と提携することになっている。

2 $a$〜 接合箇所［点, 面］, 合流点, 結合 ◆an inner [a left outer, a right outer, a full outer, an equi-, a non-equi-, a comparative, a reflexive, a self-] join 《コンピュ》《順に》内部［左外部, 右外部, 両側外部, 同等, 非同等, 比較, 再帰, 自己］結合（＊データベースのテーブルの結合）

**joint** $a$〜 接続［接着, 接合］箇所［点, 面, 部］, 継ぎ目, 継ぎ手, 接手, 連結, 関節, 目地,（木の）ふし,《地質構造の》節理; adj. 共同［合同, 連合, 連帯, 提携, 合併, 合弁, 共有］の ◆a ball joint 玉継手 ◆a bolted joint ボルト継手 ◆a cold [dry] joint いもはんだ［イモ付け, てんぷらはんだ, はんだ付け不良［箇所］］ ◆a joint workshop 合同研究集会 ◆a joint research facility 共同研究施設 ◆joint research studies 共同調査研究 ◆the U.S. Joint Chiefs of Staff 米統合参謀本部 ◆a joint communiqué on (about)... 〜に関する共同声明 ◆a joint research project between A and B ＡＢ二者間の共同研究プロジェクト ◆allow [enable, permit, make possible] the joint use of facilities 施設の共同使用［共用］を可能にする; 設備を共有して使えるようにする ◆an interface under joint development with Hewlett-Packard ヒューレットパッカード社と共同開発中のインターフェース ◆a perfect solder joint 申し分ない（仕上がりの）はんだ付けによる接合部［箇所］ ◆choose appropriate sites for joint use 共同で使用するための適切な用地を選定する ◆economists on the Joint Economic Committee 経済合同委員会のメンバーである［に加わっている］エコノミスト ◆in a joint effort with... 〜と共同で［協力して］ ◆military/civilian airport joint use issues 軍民空港共同使用問題 ◆through joints in sheathing 被覆の継ぎ目を通して ◆Gen. John Shalikashvili, chairman of the Joint Chiefs of staff; Joint Chiefs of Staff Chairman John Shalikashvili ジョン・シャリカシュビリ統合参謀本部議長 ◆in an address to a joint session of the US Congress 米上下両院合同会議で行った演説の中で ◆by joint efforts of governments in the region その地域における[同地域の]各国政府の協力により ◆If joint use of poles is not feasible,... 電柱の共同使用[共用]が不可能なら ◆in the joint development of a space station by the United States, Russia, Europe, and Japan 米国、ロシア、欧州および日本による宇宙ステーションの共同開発において ◆Under a concept known as "joint and several liability" embodied in the existing law, ... 現行法に盛り込まれている「連帯責任および個別責任」として知られている考え方のもとで ◆A joint development (effort) of Femex and Nanotronics has... フェメックス社とナノトロニクス社の共同開発(作業)は ◆Finally, wrap the cloth over a finger and smooth the joints individually. 最後に、布切れを指に巻き付けて目地を一つ一つ均し(ナラシ)する。(*タイル貼りで)

**jointly** adv. 共同で、合同で ◆Intel and Microsoft have jointly developed... インテルとマイクロソフト(*Wintel連合)は〜を共同開発した。

**joint venture** a〜合弁事業、合弁企業、合弁会社、共同事業体、共同企業体 ◆a joint venture between A and B [among A, B, and C] A社とB社[A, B, C社の]間の合弁事業 ◆enter into a joint venture with... 〜と合弁事業を始める ◆create [set up] a joint venture with... 〜と合弁企業を創設[設立]する ◆a joint venture of IBM and Apple IBMとアップルの合弁事業 ◆a joint-venture refinery 合弁の精製所 ◆a trans-national joint venture 国を越えての合弁事業

**joke** a〜ジョーク、冗談、洒落(シャレ)、おどけた文句、おふざけ、からかい、いたずら、笑いぐさ、物笑いの種; vi. 冗談を言う、ふざける、からかう、おどける ◆tell [make, do, lob] a joke about... 〜を肴(サカナ)[ネタ、ダシ]にして冗談を言う[飛ばす] ◆"At first, I thought maybe it was a joke," said Bill. 「最初のうち、それはたぶん冗談だと思った」とビルは言った。 ◆become [turn into] a joke 噴飯ものになる ◆call [criticize]... a joke 〜を、(なんと)噴飯ものだ[お笑いもの]だとこき下ろす[非難する] ◆He took it for a joke. 彼はそれを冗談に取った。 ◆I said it as a joke. 私はそれを冗談で言った。 ◆laugh at a joke 冗談[冗句、おどけ文句]に笑う ◆make a joke of how badly they sing 彼らの歌の下手さ加減を冗談にする[笑いぐさにする、ちゃかす] ◆play a practical joke on... 〈人など〉に悪ふざけ[悪質ないたずら]をする ◆"That's just a joke," he said. 「だだの冗談だよ」と彼は言った。 ◆they can't take a joke 彼らには冗談が通じない ◆He later apologized, saying it was meant only as a joke. 彼は後になって、あれは(悪気はなくて)ほんの冗談のつもりだったと言って謝った。

**joker** a〜冗談を言う[洒落を飛ばす]人、おどけ者、(トランプの)ジョーカー、取るに足らない奴 ◆a practical joker 悪ふざけ[悪質ないたずら、悪さ]をする人

**jokingly** adj. 冗談に、しゃれて、ふざけて ◆she said half-jokingly that... 彼女は半ば冗談で[冗談半分に]〜と言った

**Jones** ジョーンズ(*英米人のありふれた名字or男子名) ◆a pervasive "keeping up with the Joneses" mentality 蔓延している「お隣りさん[ご近所]には負けたくない」という(見栄っ張りな)考え方;(競争心が背後にある)横並び的な精神構造 ◆Once, keeping up with the Joneses meant getting the bigger, shinier and newer house, car or big-screen TV. かつて、「お隣り[ご近所]に負けまいと見栄を張り合うこと」は、より大きく、よりピカピカで、より新しい住宅や車や大画面テレビを手に入れることだった。

**Josephson** Brian David J- 英国の物理学者(*1940-, 1973年にノーベル物理学賞受賞) ◆a Josephson junction ジョセフソン接合 ◆a Josephson junction chip ジョセフソン接合チップ ◆the Josephson effect ジョセフソン効果

**jostle** vt., vi. 押す[突く]、押し合う、へしあう、押し分けて進む、争う ◆as a large number of companies start to jostle for a share of the pie [market] 多数の企業がシェア争奪戦を始めるにつれて

**jot** vt. 〜をメモする、〜を書き留める <down>; n. a〜ごくわずか ◆jot down notes with a stylus and tablet スタイラスとタブレットを使ってメモを書き留める(*a tablet = 手書き入力電子手帳)

**journal** a〜日記、日誌、航海日誌、(日刊、週刊の)新聞、雑誌、定期刊行物、機関紙、紀要(キヨウ)、議事録、仕訳[帳]、《機械》シャフトの軸受内部で支えられている部分 ◆a journal bearing ジャーナル軸受

**journalist** a〜ジャーナリスト、(新聞・雑誌・放送業界の)記者、編集者、執筆者、報道関係者 ◆a video journalist ビデオジャーナリスト、映像記者(*小型ビデオカメラを自分で操作して取材活動をする人

**journey** 1 a〜旅、旅行、遍歴、旅行の期間[日程]、旅のり、旅程、行程 ◆make a journey 旅行する ◆a journey in space 宇宙旅行 ◆her journey west 彼女の西の方への旅 ◆his journey from Hanoi to Hannover 彼のハノイからハノーバーまでの旅 ◆It is a journey of 100 miles [a 100-mile journey] from here. ここからは100マイルの道のりだ。 ◆It's a two day journey to Katmandu. カトマンズまでは2日の距離がある[行程である]。
2 vi. 旅行する、(〜へ)行く <to>

**joy** 回喜び、歓喜、嬉しさ; a〜喜びの種[もと]; vi. 喜ぶ ◆One of the great joys in life is dinner and good conversation. 人生の最高の楽しみのひとつは晩ご飯といい会話だね。

**joystick** a〜(テレビゲームなどの)ジョイスティック、棒状の手動操作装置、《俗》飛行機の操縦桿 ◆a finger joystick 指で操作する方式のジョイスティック(*携帯型パソコンの) ◆operate a joystick ジョイスティックを操作する

**JPEG** (Joint Photographic Experts Group)《コンピュ》(*ディジタル静止画像圧縮技術を検討する専門家会合。また規格名でもある)

**judder** 1 vi. (機械などが)強烈に振動する、ガタガタ揺れる ◆The engine backfired and juddered. エンジンがバックファイヤーと異常振動を起こした。
2 a〜(列車などの)がくんという揺れ、(機械の)強烈な振動[震動]、(機械の)鳴き ◆the judder of the machine その機械の強烈な[異常]振動[ジャダー]

**judge** 1 vt., vi. 判断[判定、審査、審判、評価、鑑定]する、裁判する、裁く ◆because it has been judged that... 〜であると判断されて ◆From..., it can be judged that... 〜から、〜ということが判断できる ◆judge the control unit faulty 制御ユニットが壊れていると判断する ◆the criteria for judging the value of... 〜の価値を判断[評価、鑑定]するための基準 ◆be judged as being below the required standard 要求されている水準に達していないとの判定が下される ◆Both systems were judged to be able to be used in the investigation of... 両方のシステムとも、〜の調査[検査、捜査、研究、検討]に使用可能であると判断された。 ◆He is the only one who can judge the timing for such a decision. そのような決定を下すタイミングを判断して決められるのは彼しかいない。(*judge = 物事を総合的に考慮してから決定を下す) ◆Nominations will be judged on the following criteria: ● Originality of ideas and methods ●... ●... ノミネートの審査は、次の判断基準に基づいて行われます:● アイデアや方法の独創性 ●、●〜 ◆There are not enough people to help judge the contest. One of the former judges is no longer able to serve. コンテストの審査を手伝ってくれる人が足りません。前の審査員のうちの一人にも務めていただけないし。 ◆Until recently, this car was the standard by which all high-performance GTs were judged. 最近まで事実上、この車はすべての高性能グランドツーリング車を評価する基準[尺度]だった。 ◆Political analysts judged that the possibility of Takeshita losing his job had become stronger. 政治評論家は、竹下首相が職を失う[辞任に追い込まれる]公算が強くなったとみた。 ◆The amount of use vs. the cost of the equipment is what determined whether we'd keep them. And it was judged that the cost was too high. 《意訳》機器の使用量

**judgment**

2 *a* ~ 裁判官,判事,判定する人,審判,審査員,鑑定家,目利き ◆Superior Court Judge Lance Ito ランス・イトウ上位裁判所判事 ◆We believe... But we'd like you to be the judge. 私どもは~と確信しておりますが,(本当かどうかの)評価はあなたにしていただきたいと思います/《(意訳)》お客様がお使いになればお分かりいただけると思います. ◆I am no judge of it [that]. 私にはその判断はできない.

**judgment** (*a*) ~ 判断,評価,鑑定,審査,見解,意見,裁判,審判,判決,裁き,宣告;判断力,鑑識眼,目利き,見識,分別 ◆in [according to] our judgment 我々の判断では ◆in my judgment [opinion] 私見によれば,私の考えでは,私が見た限りでは ◆be lacking in the judgment of... 〈人〉の意に言わせれば ◆impair judgment 適切な判断ができないようにする,判断を狂わせる[誤らせる] ◆a judgment criterion (pl. judgment criteria) 判断基準 ◆using their own judgment 彼ら自身の判断で ◆a gross error in judgment ひどい判断眼り ◆as a standard of judgment; as a judgment standard 判断[判定]基準として ◆criteria for judgment （コンペやコンテストの）審査基準 ◆exercise intelligent judgment 賢明な判断力[分別]を働かせる ◆form [make] a judgment on [about]... 〜について判断を下す ◆his judgment as to whether... 〜かどうかについての彼の判断 ◆make a judgment whether... 〜かどうかを判断する ◆make [form, pass] a judgment on [as to, about] whether... 〜かどうかについての判断をする[下す] ◆serve as a basis for judgment about... 〜に関する判断のよりどころ［基礎,叩き台,下敷き］となる ◆in accordance with their own best judgment 彼ら自身の（よかれと思う）判断で[思慮分別に従って],判断力にまかせて ◆(a [the]) go/no-go [pass/fail] judgment of measurement results 測定結果の合否判定［適否判断］ ◆in order to make a go/no-go judgment on all devices on a production line 生産ライン上のデバイスのすべてについて良否の判断をする[デバイスの全数を合否判定する]ために ◆use our own discretion within the bounds of good judgment 良識の範囲内で我々自身の自由裁量を行使する ◆They must be continually alert to make quick decisions based on their best judgment of the circumstances. 彼らはその場の状況に応じ適切な判断で即断が下せるよう常に待機して[常時警戒態勢を取って]いる必要がある.

**judicial** *adj.* 司法の,裁判の,裁判による,裁判所の,裁判官の,裁判官にふさわしい,偏見のない,不偏の,公平な ◆justice at the hands of police and judicial authorities 警察と司法当局[司直]の手による正義

**judicious** 思慮分別のある,賢い,賢明な,適切な判断の ◆by judicious selection of... 〜の適切な選択により;〜を適切に選ぶことにより ◆his judicious handling of this issue 彼の賢明なこの件の扱い;本件への賢明な対応 ◆packages get judicious handling to their destination 小包は宛先に届くまで適切な扱いを受ける ◆He was not judicious in the way he handled the problem. 彼は問題の処法の仕方がまずかった. ◆His decision proved to be judicious. 彼の決定は,正しい判断[適切,賢明]だった（ということが分かった）.

**juggle** *vi.* (ナイフや玉を)続けざまに空中に放り上げて落とさぬよう巧みにさばく<with>,(〜を)ごまかす<with>; *vt.* 〜を次々と空中に放り上げてお手玉のような曲芸をする,〜を同時に器用に処理する; *a* ~ ジャグル曲芸,ごまかし ◆Of course, some couples do successfully juggle work and family. もちろん,なかには仕事と家庭をうまく両立させているカップルも確かにいる.

**jukebox, juke box** *a* ~ ジュークボックス (*複数枚のディスク媒体を自動的に交換使用できる装置) ◆a jukebox-type drive ジュークボックス式ドライブ (*ディスクが複数枚入り,連奏できる) ◆The optical disk jukebox enables over 50 Gbytes of on-line storage. この光ディスクジュークボックスは,オンラインで50ギガバイトを上回る記憶ができる.

**jumble** *vt., vi.* ごちゃ混ぜ[乱雑]にする[なる],混乱させる; *a* ~ 寄せ集め,ごちゃ混ぜ; (*英))a jumble sale(がらくた市[バザー])に出す品 (cf. rummage) ◆fonts were jumbled beyond recognition フォントは原形をとどめないほどぐちゃぐちゃになってしまった ◆Cardboard boxes lay jumbled outside the storeroom. カートンが貯蔵室[収納庫,物置]の前に乱雑に積み上げられていた[散乱して]いた.

**jumbo** *adj.* ジャンボな,どでかい,巨大な,特大の; *a* ~ ジャンボ[大型旅客]機 ◆a jumbo jet ジャンボ機 ◆a jumbo-screen TV 大画面テレビ

**jump** 1 *vi.* 跳ぶ,跳び上がる,跳躍する,(話題が)飛躍する,躍進する,急増する,(物価などが)急騰する,急上昇する,(落下傘などで)降下,短い急ぎの旅行,(映画の切れて)飛んでいる箇所,《コンピュ》ジャンプ[飛び越し,分岐]する《オッカ》越任(オツニン)する ◆jump into... 〜に飛び込む ◆jump over... 〜を跳び越える ◆jump to conclusions 結論に飛び付く;性急な結論を出す ◆if the needle jumps （メーターの）針が(ピーンと)跳ね上がる[勢いよく振れる]なら ◆jump in sales （商品が）売り上げが急伸する ◆jump into the Australian market にわかに豪州市場に参入する ◆jump on one's bicycle 自転車に飛び乗る ◆jump to the number two spot 第2位に急上昇する ◆the input jumps by 10 volts 入力が10ボルト跳ね上がる[急上昇する] ◆the company jumped the gun in [on] releasing information about... 同社は〜に関する情報の発表でフライングを犯した ◆you should avoid jumping to conclusions about... 〜に関し性急に結論に飛び付くことは避けなければならない ◆Fish finders have jumped in sales as their prices have plunged. 魚群探知機は価格が下がったことにより売り上げが急騰した.

2 *a* ~ ジャンプ,跳躍,ひと跳び,跳びはね,(飛び越えられるべき)障害物,急増,(物価などの)急騰,急上昇,(落下傘の)降下,短い急ぎの旅行,(映画の切れて)飛んでいる箇所,《コンピュ》ジャンプ[飛び越し,分岐] ◆make a jump ジャンプ[ひと跳び]する ◆give a person a jump 《口》〈人〉を飛び上がらせる[びっくりさせる] ◆have [get] the jump on... 《口》〈人〉と比べて有利な立場にいる ◆keep [stay, be always] one jump ahead of... 〈人〉より一歩先んじている ◆a conditional jump (= a conditional branch) 《コンピュ》条件付き分岐[条件付き飛び越し] ◆a jump of 3 bytes 3バイトのジャンプ ◆We've taken a big jump ahead with our new RX3010 disk, featuring... 〜を特徴とする新型RX3010ディスクで弊社は大躍進を遂げた.

**jumper** 1 *a* ~ 跳ぶ人[跳躍選手],ジャンパー[ブルゾン,作業用上着],《電子》ジャンパー(線) (*回路基板から出ている2本のピンにかぶせるように差し込んで,それらを接続することができるもの。ユーザーが装置の設定を変更するための,スイッチのような役割を果たす) ◆a jumper block [group] ジャンパーブロック (*ジャンパーピンが並んでいる一つの集り,a jumper connector とも) ◆jumper-selected; jumper-selectable ジャンパー(設定)によって(選択)された;ジャンパー(設定)によって選択可能な ◆connect a jumper wire between A and B ジャンパー線をAとBに接続する ◆install, reposition, or remove jumpers between pins ピン間にジャンパーを取り付けたり,位置を変えたり,取り外したりする ◆install this jumper between [across] pins J1 and J2 ピンJ1とJ2に（橋渡しをするように）ジャンパーを取り付ける ◆Jumper always installed. ジャンパーは常に有り[ショート]. (*図表中の表現) ◆No jumpers installed. ジャンパー無し[オープン]. (*図表中の表現) ◆Both jumpers are factory-removed. どちらのジャンパーも工場出荷時には外してある. ◆When Jumper B is inserted to enable the... capability. ジャンパーBを差し込んで[ショートする]と,〜機能が有効になる. ◆The board requires few jumper adjustments. そのボードは,ジャンパー設定がほとんど不要である. ◆These jumpers are factory-configured to 24500. これらのジャンパーは,工場出荷時に24500に設定されている. ◆These jumpers are in [↔out] for battery backup. これらのジャンパーは,バッテリーバックアップをする場合は取り付ける[ショートにする]/[↔オープンにする]. ◆We placed the capacitor on the solder side of the board and ran a jumper from the negative terminal to a ground trace. 《電子》我々は、そのコンデンサーを基板のはんだ側に装着して、マイナス端子からアースパターンまでジャンパー線を(一本)張った[渡した、飛ばした].(＊「飛ばす」は技術者の間で使用)

**2** vt. 《装置など》を〈to, as〉jumpered to "cable select" ジャンパーが「ケーブルセレクト」に設定されて ◆the hard drive is jumpered as MASTER そのハードディスクドライブがマスターとしてジャンパー設定されている ◆Jumper your CD-RW drive as "cable select." CD-RWドライブのジャンパーを「ケーブルセレクト」に設定します。

**jump-start** 1 *a* ~ ジャンプスタート(＊自動車のバッテリーがあがった時、他の車のバッテリーからケーブルで電気をもらったり車を後ろから押したりして、エンジンをかけること), 好調な出足
**2** v. 〈自動車〉を〈他車のバッテリーで、または押して〉始動させる, 〈経済など〉を後押し[活性化]する, 勢いよく発進する ◆jump-start a car ジャンプスタートで車のエンジンをかける ◆jump-start research 研究を後押しする ◆jump-start the Japanese economy 日本経済を活性化[後押し]する ◆jump-start the engine with a battery from another car 別の車のバッテリーを利用してエンジンをジャンプスタートさせる

**junction** (a) ~ ジャンクション, 接合(部), 接続(部), 結合(部), 接点, 境, 境目, 境界, 分岐点, 合流点, 移行部, 連絡［乗り換え］駅；《形容詞的に》中継~, 継ぎ~, 連絡~, 連絡~ ◆a junction box 接続箱, 中継ボックス ◆a junction diode [transistor] 接合ダイオード［トランジスタ］◆a junction point 分岐点(= a node) ◆an optical-fiber junction 光ファイバー接続[接合] ◆a junction between p-type and n-type material p型材料とn型材料の接合(部) ◆grown-junction [alloy-junction] 《半導》成長接合形［合金接合形］◆at the junction of two conductors 2つの導体の接合点で

**juncture** (a) ~ 接合(部), 連結, 継ぎ目, 合わせ目, 時点, 重大な局面, 重要な契機, 一大転機, 天王山 ◆at this juncture この重大な局面に当たって ◆The juncture is at two planes 2つの面の合わせ目 ◆The peace process is at a crucial juncture. 和平のプロセスは重大局面にある[天王山を迎えている]. ◆Indeed, the assassination of Prime Minister Yitzhak Rabin represents a crucial juncture for Jews in Israel and Jews throughout the world. 事実、ラビン首相の暗殺はイスラエル在住のユダヤ人また全世界のユダヤ人にとって重大な転機である.

**jungle** *a* ~ ジャングル, (主に熱帯地方の)密林, 密林地帯, (熱帯の密生した)森林[原始林, 原生林, 天然林], 緑の魔境, さうか食われるかの生存競争の場, ごちゃごちゃした集合体, 混乱 ◆a concrete [asphalt] jungle (大都会の)コンクリート［アスファルト］ジャングル ◆an example of the law of the jungle 弱肉強食[優勝劣敗, 生存競争, 生存闘争]の一例

**junior** adj. 年少[年下, 若い]方の, 児童の, (同姓同名の父子の)息子の, 後輩の, 後任の, 後進の, 下位の, 下級の, 下部の, 部下の, 次席の, 副~の, 代理の; 在籍年数の少ない, (その学校の)最高学年生の ◆a junior college (米)(2年制の)短期大学[短大] ◆a junior high (school) (米)中学校 ◆a junior high school student 中学生 ◆I married a man 10 years my junior. 私は、10歳年下の男性と結婚した.

**junk** 1 ⓤ(ロ)がらくた, くず, 価値のない物, 不用品, 廃品, 麻薬(特にヘロイン); adj. 不用な, 安っぽい, 価値のない ◆become junk ジャンク［ポンコツ, がらくた, 廃品, 廃物］になる ◆a junk call セールスや勧誘の迷惑な電話 ◆junk bonds (= high-yield, high-risk securities) ジャンク債［紙くず債, くず債券］(高リスク・高利回りの証券) ◆junk DNA DNA のジャンク部分(＊判読不可能な「がらくた」と呼ばれる部分) ◆junk food ジャンクフード(＊腹を満たしてくれるだけで栄養価の低いファーストフードやスナック菓子など) ◆junk mail (くずかごへ直行する運命の)ダイレクトメール類 ◆space junk 宇宙のゴミ (a) junk e-mail ジャンク［くず, 要らない］電子メール

**2** vt. 《ロ》~をがらくたとして捨てる, 廃棄[処分]する, 破棄する, 反古(ホゴ)にする ◆a junked car; a junk car 廃車(＊a junk carにはポンコツ車の意味も) ◆Most of Eastern Europe's industrial plants need to be junked. 東欧のほとんどの製造工場は, 廃棄処分される必要がある.

**junkie** *a* ~ 《俗》麻薬密売人, 麻薬［ヘロイン］常習者, -中毒者[依存者](＊ほとんどビョウキといえるほどまでに, ある特定のものが無しでは済まされない人); *a* ~ 廃品回収業者, 屑屋 ◆a Net junkie ネットジャンキー; インターネット中毒者; ネット依存症の人

**junta** *a* ~ (スペインやラテンアメリカの)行政機関; *a* ~ 《しばしば軽蔑的に》(クーデターによる)暫定(軍事)政権, 革命評議会 ◆a (military) junta (クーデターによる)暫定軍事政権; 臨時政権; 軍(政)評議会

**jurisdiction** 司法[裁判]権, 管轄権, 支配権, 権限, 権力, 管轄[所管, 所掌]する範囲, 管轄区域 ◆be under the jurisdiction of... ~の管轄下にある ◆within the jurisdiction of... ~の権限内で ◆have jurisdiction over... 〈役所など〉が~を管轄[所管, 担当, 主管, 所掌]している ◆be within the jurisdiction of... ~の管轄[所管]である ◆fall [come] within the jurisdiction of... ~の管轄に属する ◆fall within the jurisdiction of... ~の管轄[所管]に属する, ~の管轄[所管, 所掌, 主管, 管掌, 所掌]するところとなる ◆have (no) jurisdiction in the dispute (裁判所が)その争議に対し裁判権を持っている[有していない] ◆jurisdiction over the island その島の管轄権 ◆place [bring]... under the jurisdiction of... ~を~の管轄下に置く ◆place [bring]... within the jurisdiction of... ~を~の管轄下に置く ◆the jurisdiction of these courts これらの裁判所の司法権 ◆within its jurisdiction 自身の権限内で ◆place these issues within the jurisdiction of... これらの案件を~の管轄[所管, 所掌, 主管, 管掌, 所掌]するところとする ◆the federal court does not have jurisdiction over the matter [in the case] 連邦裁判所は, この件に関して裁判権[管轄権]を持っていない ◆within the scope [sphere] of the jurisdiction of that department 当該部門の権限の範囲内で[管轄範囲内の] ◆Its jurisdiction has gradually expanded to include... その(役所の)管轄[担当]範囲は徐々に拡大し~を含めるに至った. ◆Municipalities have the authority to ban motor-assisted bicycles on roadways under their jurisdiction. 地方自治体は, 自身の裁量権で原付自転車の車道上の走行を禁止する権限を持っている. ◆Any applicant for an Ontario driver's license from all other jurisdictions will be classed as probationary. オンタリオ州の運転免許の取得を, 他の管区[管轄区域]から申請する者はいずれも仮免許の分類に入れられる.

**juror** *a* ~ 〈裁判の〉陪審員, 〈コンテストの〉審査員

**jury** *a* ~ 《集合的》陪審, 〈コンテストの〉審査団 (▶個々の陪審員, 審査員は, a jury member または a juror)

**just** adj. 正しい, 公正, 公平, 適正な, 正当な, 正義の, (音階などが)純正な, 正確な; adv. 今しがた, ちょっと前に, たった今, まさに, まさしく, きっかり, もうちょっとのところで; adv. 全く, 実に, 実は, 本当に, ほんの, ついで, ただ, 単に, まあ, とにかく, (~に)過ぎない ◆a just verdict (陪審員による)公正な評決 ◆It is just the right size for... それは~するのにまさにピッタリのサイズである ◆just-announced... たった今発表された~ ◆lie just behind... ~のすぐ後ろにある ◆without just compensation 正当な補償もなしに ◆a just-laid egg 生みたての卵 ◆a just-published survey by Dataquest Inc. データクエスト社から発表があったばかりの調査報告 ◆he hunted far and wide for just the right ink 彼は(使用目的に)ぴったりかなったインクを求めて方々を歩いた ◆his long-awaited novel has just been published 彼の久しく待たれた小説がつい先頃[このほど, このたび]出版された ◆I am just a salaried man. 私はただのサラリーマンです[サラリーマンにすぎません, 普通の会社員です, 一介の勤め人です. (意訳)しがない月給取りです. 単なる宮仕えの身です]. ◆I was just a soldier boy. 私は一少年兵に過ぎなかった. ◆just below the melting point 融点の直前 ◆many people beyond just the listed authors 列記された著者らのみならず, そのほかも含め

た多くの人々 ◆I loved you just the way you were. 飾らない[素の]ままの君が好きだった. ◆I'm just happy to have won this match. この試合に勝ててとにかく嬉しい. ◆It began raining just as I was going out. 出かけようとしていた矢先に雨が降りだした. ◆It lists for just $395. それの定価は, たったの395ドルです. ◆Just as a musician needs a good ear, a perfumer needs a good nose. 音楽家にいい耳が要るのと同じように[同様に], 調香師にはいい鼻が必要だ. ◆Using a computer should be just as easy as the telephone. コンピュータを使うことは, ちょうど[まるで]電話みたいに簡単でなくてはならない. ◆A full-bodied red wine that seems too heavy on a hot July day can taste just right in the middle of winter. 7月の暑い日には重たすぎるように感じるこくのある赤ワインも, 真冬にはちょうど良く味わえる. ◆His group arrived on the scene just as this debate got going. I don't think that was a coincidence. その討論[議論]が始まろうとしていた矢先に彼の一団がその場にやってきた. 私にはそれが偶然の一致だとは思えない.

**just about** (= almost, very nearly) ほとんど, だいたい, ほぼ ◆the price of just about everything has gone up ほとんどすべての物の値段が上がった ◆Just about every brand of microcomputer had its own disk operating system. マイクロコンピュータは, ほとんどブランドごとに独自のディスクオペレーティングシステムを持っていた.

**just now** ちょうど今, 現在, 今のところ; ついさっき, 今しがた; 今すぐ

**justice** 名正義, 公正, 公平, 正当(性), 妥当(性), 裁判, 司法; a ~ 裁判官, 判事, 司法 ◆bring... to justice 〈人〉を裁判にかける; 〈人〉に〈法の〉裁きを受けさせる ◆do justice to..., do... justice 〈人, 物〉に対しふさわしいことをする, ~を然るべく[妥当に]扱う, ~を正当に評価する, ~を完全に享受する, ~が最大限に本領[真価, 威力]を発揮できるようにする ◆a court of justice 裁判所 ◆the Ministry of Justice 《日》法務省 ◆the ICJ (International Court of Justice) 国際司法裁判所(*所在地はオランダのハーグ) ◆in the name of "social justice" 「社会正義」という名の下で ◆get hold of the murderer and bring him to justice 殺人犯を捕まえて裁判にかける

**justifiable** adj. justifyできる ◆justifiable self-defense 正当な自己防衛; 正当防衛 ◆they shall comply with it unless there is a justifiable reason for not doing so それをしないことが正当化できる理由[《暗意》正当な例外理由, それを免除されるに足る理由]がない限り彼らはそれに従うものとする

**justification** 1 (a) ~ 正当化, 弁明
2 《コンピュ》行揃え[両端揃え], 位置揃え ◆left justification 《コンピュ》左端[行頭]揃え; 左寄せ ◆right justification 《コンピュ》右端[行末, 右行頭]揃え; 右寄せ

**justify** 1 vt. ~を正当化する[正しいとする] ▶justifyは, 法律上, 倫理上に限らず, 経済的, 意味でもよく用いられる, それぞれの場合に即して「~するだけの正当な理由となる」, 「~するだけの価値を与える」, 「~を妥当なものにする」, 「~を必要とする」などと訳せばよい. ◆cost-justify one's purchases (機器などの)購入をコスト的に見合うものとする ◆we are justified in ignoring the stray capacity 浮遊(静電)容量を無視しても(それなりの理由があるので)正当化される ◆Although the material is more difficult and costly to work with, the engineers have determined that the gain in speed will justify the added expense. この材料は取り扱いがより難しくまた高くつくが, 余分にかかる代価は, それによって得られる高速化を考えれば正当化される[支払うだけの価値がある]と, 技術者らは判断した. ◆As a result, productivity barely increased. The firm's $2 million investment in computer technology did not seem justified. その結果, 生産性はほとんど上がらなかった. 同社の200万ドルにものぼるコンピュータ技術投資は合理的で[妥当で, 意味が]なかったようだ.
2 v. 《コンピュ》端を揃える[位置揃えする, 行揃えする](cf. align) ◆justify a text テキスト[文章]の両端をそろえる ◆

have each line justified to both margins 各行の左右余白揃えをする

**just-in-time** (JIT) ジャストインタイムの, かんばん方式(の)(*トヨタ自動車が始めた, 在庫をできるだけ持たないようにする生産管理方式) ◆a just-in-time (JIT) compiler 実行時コンパイラ ◆just-in-time manufacturing かんばん方式生産 ◆design and implement a just-in-time program かんばん方式を計画・実行する ◆use JIT to reduce capital and equipment inventories and labor time かんばん方式を使って資本財や機器の在庫および労働時間を削減する

**justly** adv. 正しく, 正当に; 正確に;《文全体を修飾して》当然のことながら ◆The National Gallery is justly famous for its exceptional collection of Dutch 17th-century paintings. 国立美術館は, 格別優れたオランダ17世紀絵画コレクションを所蔵しているので当然のことながら有名である.

**jut** vi. 〈物が〉張り出す, 突き出る <out>; vt. 張り出させる, 突き出させる; n. ◆a peninsula jutting into the lake その湖に突き出している岬 ◆a cable jutting out the back of a computer コンピュータの裏面[後ろ]から出ているケーブル ◆a neon sign jutting over the sidewalk 歩道の頭上で歩道側に突き出て[張り出して]いるネオンサイン ◆a screen jutting from the dashboard ダッシュボードから突出している画面 ◆jut 30 miles into Canada 〈地域が〉カナダ側に30マイル迫り出している[入り込んでいる, 食い込んでいる] ◆jut high in the air 空高くそびえ立つ ◆rocks that jut above the water 水面から顔を出している岩 ◆volcanic formations jutting out of the Atlantic 大西洋に浮かぶ, 火山活動により形成された陸地 ◆situated on a jut of land jutting into the river 河の中に迫り出している洲の上に位置する ◆a rock that juts out over a dizzying 1,300-foot drop 目も眩むような1,300フィートの落差[急斜面]の上に突き出ている岩 ◆White-capped mountains jutting skyward from the mesas and prairies of southern New Mexico are an awesome sight. ニューメキシコ州南部のメサ(*台地)や大草原から空に向かってそびえ立つ冠雪で屹立つ[白い頂の山々は, 畏怖の念を起こさせる光景だ.

**juvenile** adj. 少年少女の, 少年少女向きの, 少年~, 児童~, 年少者の, 未成年者の, 青少年の, 若年の, 弱年の, 幼弱な, 《医》弱年性~; 子供らしい, 子供っぽい, 子供じみた ◆White-capped juvenile delinquents 若年の非行者たち; 非行少年少女たち ◆at a juvenile detention facility 非行少年少女を収容する施設 ◆combat juvenile crime 青少年犯罪と闘う

**JVP** (Janatha Vimukthi Peramuna) the ~ 人民解放戦線 (*スリランカの毛沢東主義シンハラ人過激派組織. 英訳名 the People's Liberation Front)

## K

**K** 1 (kilo-, kilobyte) キロ (*10進では1000を, 2進では1024を表す) ▶情報処理分野では, 大文字のKは1024を, 小文字のkは1000を表す. ◆a 64-K-by-4bit dynamic RAM 64K×4ビットダイナミックRAM
2 カリウム(potassium)の元素記号
3 (Kelvin) 絶対温度の単位 ◆at temperatures of 10-30 K 10〜30Kの絶対温度で

**kamikaze, Kamikaze** a ~ 《第二次大戦中の》特攻隊員, 特攻機; adj. 向こう見ずな, 危ない, 自暴的な[命知らずの体当たり的な] ◆a kamikaze taxi driver 神風タクシー運転手(*命知らずの無謀な運転をする) ◆U.S. military retaliation for Tuesday's kamikaze-style attacks on the World Trade Center and the Pentagon 火曜日にあった世界貿易センターおよび国防省への神風式攻撃に対する米国の軍事報復

**kana** 《日本語の》かな文字 (*体系または個々の文字) ◆47 kana (characters) 47個のかな文字

**kangaroo** a ~ カンガルー ◆a kangaroo court [trial] リンチ的な即席裁判; 私設弾劾裁判; 弾劾人民裁判; つるし上げ

**kanji** 《日本語の》漢字 (*体系または個々の文字) ◆(a) katakana-to-kanji conversion カタカナ漢字変換 ◆kanji character generation 《コンピュ》漢字の生成 ◆1941 daily-use kanji 1941文字の常用漢字 ◆the kanji or kanji combinations representing the sound that was typed タイプ入力された読みを表す漢字や熟語

**kaput, kaputt** adj.（ドイツ語kaputtから）《俗》おしまいになった、だめになった、すり切れた、へとへとの、死んだ、壊れた、使用不能の、機能しない ◆go kaput 《口》だめになる、いかれる、ポシャる、鋭がれる、ぶっこわれる、おじゃんになる、パーになる、おしゃかになる、ぼろぼろになる、救いのないほど時代遅れになる ◆Communism is all but kaput. 共産主義は、ほとんど崩壊している. ◆Finally the company went kaput and he... ついに会社がだめになって［つぶれて］、彼は～ ◆she is psychologically kaput 彼女は精神的にぼろぼろ［ずたずた］になっている

**karaoke** ◆a karaoke bar; a karaoke room カラオケバー；カラオケルーム［ボックス］ ◆a karaoke machine カラオケマシン ◆a karaoke laserdisc player カラオケレーザーディスクプレーヤー ◆be targeted at the popular karaoke market 人気の高いカラオケ市場に照準を合わせてある

**katakana** ◆katakana, a phonetic alphabet used to spell out words that are foreign to Japanese 外国語を表記するための表音文字体系であるカタカナ

**Kb** (kilobit(s))《コンピュ》キロビット、1024ビット

**KB** (kilobyte(s))《コンピュ》キロバイト、1024バイト ◆KB = thousands of bytes KBは千バイト（*図中の表現より、正確には1024バイト）

**Kbps** (kilobits per second)《通》

**Kbyte** (kilobyte, KB) (pl. ~s)《コンピュ》キロバイト、1024バイト ◆a 64 Kbyte cache memory 64キロバイトのキャッシュメモリー ◆128 Kbytes of SRAM 128キロバイトのスタティックRAM

**KEDO** (the Korean Peninsula Energy Development Organization) 朝鮮半島エネルギー開発機構（省略形のtheは不要）

**keen** adj. 鋭い、鋭利な、鋭敏な、強烈な、激しい、厳しい、熱心な、熱烈な、やっきになって ◆the company has been watching the phenomenal growth of the Internet with a keen interest 同社はインターネットの驚異的な伸びに大きな［強い、高い、深い］関心を寄せて見守っきている

**keenly** adv. 鋭く、鋭敏に、激しく、熱心に、切実に、痛切に、痛烈に ◆feel keenly [acutely]... ～をしみじみと［切実に、痛切に、ほとほと、つくづく、甚（イタ）く］感じる、痛感する

**keep** vt. ～を保つ、持つ、続ける、～させ続ける、保持する、保持する、保存する、確保しておく、とっておく、（なくさないで）残す、《意訳》そのまま使用する；〈店が〉〈商品〉を置いて［在庫して］いる、〈記録など〉をつける、〈約束、秘密など〉を守る、経営［管理］する、飼う、保護する、世話する、手入れする；防ぐ、妨げる、～させない <from>; vi.（ある状態の）ままでいる、（ある位置に）とどまる、続く、～し続ける、（食物などが）腐らないまで持つ ◆keep [have]... handy ～を手元に用意しておく ◆keep accounts receivable records 売掛金の記録［帳簿］を付ける［記帳する］ ◆keep [have, take] a mistress 妾（メカケ）を囲う ◆keep it in a liquid state ～を液体状態［液状］に保つ ◆keep [prevent]... from occurring [happening, taking place] ～が起こらないよう（未然に）防ぐ ◆keep the nut from turning ナットが回転するのを防ぐ ◆keep your vehicle clean あなたの車をきれいにしておく ◆the keeping of... in storage ～の保管 ◆The temperature kept rising. 温度は、上がり続けた. ◆keep customer information under lock and key 顧客情報を厳重に保管［管理］する ◆Keep sugar and caffeine at a minimum. 砂糖とカフェイン（の摂取）は最低限に留め［抑え］ましょう. ◆keep the oil at a constant temperature 油を一定の温度に保つ ◆one's share of the market keeps rising 市場占有率は上昇し続けている ◆keep data in a form which allows easy retrieval 検索しやすい形でデータを保存する ◆use floppy disks to keep data on a relatively permanent basis データを半永久的に保存しておくためにフロッピーディスクを使う ◆Keep this catalog. このカタログは取っておいてください. ◆Keep this manual handy. このマニュアルを、いつでもすぐに見られるところに

置いて［保管して］ください. ◆Keep your PIN number in a safe [secure] place. 暗証番号を安全な場所に保管して［控えて］おいてください. ◆They kept some of the secrets to themselves. 彼らは、これらの秘密の一部を内緒にしておいた. ◆The oil level must be kept between the min. and the max. marks. 油面は、最低と最高の印の間に維持し［保た］なければならない. ◆Thermal paper tends to fade with time and so if it needs to be kept. 感熱紙は退色しやすく、取っておく必要がある場合にはコピーしなければならない.

**keep away** ～を近づけない、近寄らせない ◆KEEP AWAY MAGNETIC FIELDS 磁気を近づけないでください（*標示文句）◆Keep children away. 子供は近づけないでください. ◆Keep hands away from the moving blade to prevent severe injury. 重傷を負わないよう、回転刃に手を近づけないでください.

**keep from** ～を遠ざけておく、～を避ける ◆Keep from heat or flame. 高熱または火気の付近で使用しないこと.（*製品の表示文句）

**keep on** （～を）続ける <with>、（～し）続ける <-ing>

**keep out** ～の中に入れないでおく、外にいさせる ◆Keep Out 「立ち入り禁止」 ◆to keep out water 水が入らないように［水をシャットアウト］するために ◆a keep-out sign 立ち入り禁止の標識 ◆hold down prices to keep out competitors 競争相手を閉め出しておくために価格を低く抑えておく ◆prevent corrosion by keeping out moisture 湿気を締め出して腐食を防止する

**keep out of** vi. ～の外にいる、～の近くに寄らないでいる; vt. ～を～の中へ入れないようにする ◆keep out of politics 政治には首を突っ込まないようにしている ◆keep detergents and cosmetics out of low cabinets 洗剤や化粧品を低いキャビネットに入れないようにする ◆keep out of other vehicles' blind spots 他の車両の死角に入らないようにしている ◆CAUTION: Keep this and all medications out of the reach of children. 注意: 本剤をはじめとして医薬品はすべて小児の手のとどかないところに保管してください. ◆Keep hands and utensils out of the food processor bowl while operating the appliance. フードプロセッサーの動作中は、本機のボウルに手や台所用品を入れないでください.

**keep up** vt., vi.（水準などが下がらないように）維持する［保つ］、続ける、（寝ずに）起きている［起こしておく］ ◆keep up the good job [work] (done); keep up good work 《口》引き続きいい仕事をしてください.《意訳》これからも頑張ってください.

**keep up with** ～に遅れないでついていく、～と絶えず連絡をとって［接触を持って］いる ◆barely enough to keep up with domestic demand かろうじて国内の需要［内需］に追いつけるだけ ◆keep up with the Joneses 《口》隣近所と物質的な見栄の張り合いをする; 世間に後れを取らないようにする ◆to keep up with consumers' needs and wishes 消費者のニーズや欲求に追随して行くために ◆People are trying to keep up with the pace of change around them. 人々は、まわり（を取り巻く状況）の変化のペースに（遅れずに）ついて行こうとしている.

**keeping** 保っていること、維持、保存、保管、保護、管理、扶養、養育 ◆be not in keeping with real-world situations 実際の状況とそぐわない ◆improve the keeping quality of foods 食品の保存性［貯蔵性］を向上させる; 食料品の日持ちをよくする ◆improve the keeping quality of plants 植物の持ちをよくする ◆in keeping with the Sony standards ソニーの標準規格に準拠して ◆in keeping with the times 時代（の流れ）に即して ◆the fruits are of good keeping quality これらの果物は非常に日持ちがいい ◆take... into one's keeping ～を預かる ◆the diskettes are in his keeping フロッピーディスクは彼が保管して［持って、預かって］いる ◆It is in [→out of] keeping with... ～と合っている［いない］、～と調和している［いない］、～にふさわしい［ふさわしくない］ ◆in keeping with the current trend towards downsizing 現在のダウンサイジング傾向に合わせて［呼応して］ ◆the fruits have excellent keeping quality after ripening これらの果物は、熟してからの日持ち［保存性、貯蔵性］が極めて良好である

**keg** a ~ 小さい樽 (タル) ◆a beer keg (小形の)ビア樽

**keiretsu** a ~ (企業)系列 ◆a powerful Japanese keiretsu 強大な日本企業の系列(組織)

**kelvin** ケルビン,絶対温度単位(記号 K); Kelvin adj. 絶対温度の ◆It is measured in kelvins (K). それは,ケルビン絶対温度(K)で測定される.

**kernel** a ~ 核,中核,中心部,種,仁(ジン,ニン),穀粒,零実数 (問題の)核心,要点; the ~ 《コンピュ》カーネル,開核 ◆a real-time multi-tasking kernel resident in EPROM EPROM に常駐のリアルタイム・マルチタスク・カーネル

**kerning** 《印刷》カーニング,ツメ打ち(◆文字間隔を文字幅より狭くして,隣り合う文字同士が張り出し合うようにすること. = intercharacter spacing) ◆perform kerning on type over 12 points 12ポイント以上の(大きさの)活字をカーニングする ◆Is kerning (intercharacter spacing) available? 《コンピュ》カーニング(文字間隔調整)機能はあるのか ◆Kerning permits the professional spacing of characters and words on a line. カーニング機能によって,(同じ行にある)文字や単語をプロのように間隔空けることができる. ◆Kerning refers to the spacing adjustments made to specific character pairs to correct spacing inconsistencies created by the characters' shapes. カーニングとは,文字形状によって生まれる間隔の不均等を直すために,特定の文字対に対して行われる間隔調整を指す.

**kerosene, kerosine** 灯油,軽油,ランプ油,石油(◆kerosene [kerosine] oil とも. 英国では paraffin (oil)と呼ばれる) ◆a kerosene heater [stove] 石油ヒーター[ストーブ] ◆a kerosene lamp 石油ランプ ◆a kerosene lantern カンテラ;灯油ランプ ◆a kerosene-like odor 灯油のような臭い ◆a kerosene fan heater (日)石油ファンヒーター ◆50,000 gallons of kerosene 5万ガロンの灯油

**KEW** (kinetic energy weapon) a ~ 運動エネルギー兵器(◆目標を,衝突時の衝撃,すなち自身の持つ運動エネルギーで破壊する方式の兵器)

**key 1** a ~ 鍵,栓,《機械》しゃち[くさび,割りピン,コッタ],《建築》だぼ; a ~ 基本[基調,調,要点,手がかり[足掛かり],要訣(ヨウケイ),秘訣,急所; a ~ 《コンピュ》キー(◆検索や並べ替えの)キー ◆turn a key 鍵を回す(◆特に)施錠する ◆keep [store]... under lock and key ~を鍵をかけて[施錠して,安全(な場所)に]しまっておく; ~を厳重に保存[保管,管理]する ◆a false [duplicate] key 合い鍵 ◆a key holder 鍵を吊しておく調度品,鍵を収納する容器(小型の飾り戸棚); (*家具的なものであって携帯用ではない) ◆a search key 検索キー ◆sort on two keys 《コンピュ》2つのキーで分類[並べ替え]する ◆a key ring [keyring]; a key chain [keychain] (リング型あるいはチェーン付きの)携帯用キーホルダー(▶a key holder は壁掛けや据え置き型のもの) ◆a key-operated lock 鍵で開け閉めする錠 ◆a [the] key to success 成功の鍵[要諦(ヨウテイ)] ◆insert a key 鍵を差し込む ◆key-top legends キートップの表示[刻印](*コンピュータキーボードの話) ◆with the key inadvertently left in the keyhole うっかり外すのを鍵を差し込んだまま ◆It may hold the key to solving a wide range of problems. それは,広範な問題を解決する鍵を握っているのかもしれない. ◆Store ammunition under lock and key, separately from firearms. 弾薬は(小)火器[各種銃器]とは別々に,鍵をかけて[施錠して]保管すること. ◆Maintenance is the key to getting the best performance from your bike. 整備は,バイクから最高の性能を引き出すための鍵である. ◆The method is key to the provision of a rapid editing response. この方法は,高速な編集応答を実現するための鍵だ. ◆The World Wide Web has become a key to good communication and information dissemination. World Wide Webは,良好なコミュニケーションと情報発信・伝播の要(の役割を果たすよう)になった.

**2** a ~ (キーボードの)キー,(押し)ボタン,電鍵 ◆a function key 《コンピュ》ファンクションキー ◆a key telephone [phone] 押しボタン式[ボタン,プッシュ式]電話機 ◆at [with] the touch of a key ワンタッチのキー操作で ◆key-punch-input errors キーパンチ入力エラー ◆in response to

the [Ctrl]-[Esc] key combination 《コンピュ》コントロールキーとエスケープキーを同時に押すと(それに反応して) ◆use the Ctrl/Alt/Del key combination 《コンピュ》Ctrlキーと AltキーとDelキーの組み合わせを使う[を同時に押す] ◆The most common method of input is key entry. 最も一般的な入力の方法はキー入力[キーボードからの入力]である. ◆While holding the CTRL key down, press T. コントロールキーを押しながら,Tキーを押して下さい.

**3** adj. 重要な[主要な,主な,枢要な,手がかりとなる],基本の[基調の,基調の] ◆a key industry 基幹産業 ◆a key role 重要な役割 ◆key currencies 基軸通貨 ◆a key component of computers コンピュータの基幹部品 ◆seize key points in the town (軍など)が,その町の重要拠点を占拠する[要衝を掌握する] ◆chemicals believed to be key components of smog スモッグの主要成分と考えられている化学物質 ◆Martin came up big at a key point of the second set. マーチンは第2セットの重要局面[大事な場面]で大きく出た. ◆Reliability is a key factor in the choice of equipment we use. 信頼性は我々の使う機器の選定における重要な要素[ポイント](の一つ)である. ◆Another key point to consider is the hours of technical support. Murphy's Law dictates a computer disaster will strike outside of business hours. 考慮すべきもう一つのキーポイント[重要な点]は,テクニカルサポートの営業時間です. マーフィーの法則によるとコンピュータの災難は営業時間外に[降りかかる]らしいのです.

**4** v. 鍵をかける; 合わせる<to, into>; 打撃する,〈データなど〉を(キー)入力する[打ち込む]<in> (= type) ◆double frequency shift keying (DFSK) 二重周波数偏移変調(*プッシュボタン電話の発信方式) ◆key in commands 《コンピュ》コマンドを(キー)入力する[打ち込む,キーボード入力する] ◆The entire dictionary is now being keyed into an IBM mainframe. その辞書の全内容が,現在IBM大型コンピュータにキー入力[打ち込まれ]ているところである.

**keyboard** a ~ キーボード,鍵盤,鍵盤楽器 ◆an electronic keyboard 電子キーボード[鍵盤]楽器 ◆a standard full-size keyboard (個々のキーの大きさが)フルサイズの標準(配列)キーボード ◆a wireless keyboard 《コンピュ》ワイヤレス[コードレス]キーボード ◆a touch-panel keyboard タッチパネル式キーボード ◆enter data via [with, using] a keyboard キーボードから[で]データを入力する[打ち込む] ◆keyboard entry of a phone number 電話番号のキーボード入力 ◆with a few taps on a keyboard キーボードを数回たたくだけで ◆keyboard-selectable 12 or 10MHz operation キーボード(操作)で選択可能な12または10MHzの動作 ◆As you type (key in data) on the keyboard,... キーボード上でタイプする(データをキー入力する[打ち込む])と,... ◆Typing on the keyboard causes text to appear. キーボード入力すると文章が表示される. ◆You can produce text faster on a keyboard than writing in longhand. 手書きするよりもキーボード入力[タイプ]する方が速く文章を作成できる.

**key-in** キー入力 ◆at key-in キー[キーボードからの]入力時

**key money** 《不動産》権利金,保証金,敷金,手付け金 (= a down payment),謝礼金,礼金 ◆pay around $100,000 key money to open a stall at the mall その商店街に売店を開店するのに約1万ドルの権利金[敷金]を払う

**keynote** the ~ 〈of〉基調,主眼,要旨,基本方針,《音楽》主音; a ~ (a keynote address) v. ◆a keynote speech [address] by... 〈人〉による基調演説[講演] ◆he will be the keynote speaker 彼が基調演説をすることになっている ◆the keynote address was delivered [offered] by... 基調演説は〈人〉が行った

**keypad** a ~ キーパッド(*テレビのリモコンや電卓などといった,比較的キー数の少ない小型のキー操作用に,コンピュータキーボード上の,数字キーなどの追加キー群) ◆a numeric (ten-digit, 10-button) keypad テンキー(群);数字キーパッド ◆a calculator-type keypad 計算機タイプのキーパッド[《意訳》キー配列] ◆The player's remote control has a ten-digit keypad to simplify remote programming.　このプレーヤーのリモコンには，遠隔プログラミングを簡単にするためのテンキー［数字キー］が付いている．

**keystone**　a～《土木》(アーチの)要石(カナメイシ)，くさび石；～趣旨，要旨，根本原理　◆keystone correction　キーストン補正(＊データ・プロジェクタを場所の制約上スクリーン正面に設置できない場合に起こる台形歪みを補正する) ◆contraception is the keystone in the prevention of unintended pregnancy　避妊は，意図せぬ妊娠を予防する上での要(カナメ)[基本]である　◆the Cherokee has become the keystone of the sports utility vehicle market　チェロキーは，RV車市場の要石となった

**keystroke**　a～(1回の)打鍵，(キーの)一叩き[一打ち，一押し]　◆require only a few keystrokes　数回キーをたたくだけですむ　◆with one keystroke　キーひと押しで；キーを1回押すと　◆You can switch between programs with a single keystroke.　キーをひと押しするだけで[ワンタッチで]プログラム間の切り換えができます　◆With one keystroke, the printer advances paper to the tear-off edge.　キーを1回押すと，プリンタは用紙のミシン目の端まで前方送りします．

**keyword, key word**　a～(文中の)重要語[主要な語]，(辞書などの)見出し語，(コンピュの)キーワード[検索語]，予約語(= a reserved word)　◆a keyword search; keyword searching　キーワード検索　◆simplicity was the keyword among the designers　「シンプル」が設計者の間のキーワードであった

**kg**　(kilogram(s))　◆250 kg　250キロ(グラム)　◆0.5 kg of chipped potatoes　0.5キロのチップ状に刻んだジャガイモ

**KGB**　the～(ケージービ)，国家保安委員会とも呼ばれた旧ソ連の秘密警察

**kHz**　(kilohertz)　キロヘルツ　◆Horizontal lines are transmitted at 15.75 kHz.　水平走査線は15.75kHzで送信される．

**kick**　vt.～をキックする，蹴飛ばす，(ケる)加速する，《口》(悪習，麻薬)をやめる；vi.(～を)蹴る＜at＞，(銃が)反動する，反抗する　◆kick...out of research into marketing　《口》(新技術・新製品など)を研究段階から営業段階に移行させる　◆kick the habit　《口》悪習をやめる　◆he kicked [knocked, bounced] around at [in] several jobs　彼はいくつかの職を転々とした

**kick off**　vi., vt.(サッカーやラグビーで)試合を開始[再開]する，火蓋を切る[切って落とす]，始まる，始める，(俗)死ぬ，(靴)を(蹴るようにして)脱ぎ捨てる　◆The company instituted aggressive price cutting last year, kicking off a PC price war.　同社は昨年攻撃的な値引き[価格改定]を行い，パソコンの価格戦争の火蓋を切った[低価格化戦争に火を付けた]．

**kickback**　(a～)キックバック，不正リベート，不正の世話料[手数料，口利き料]，割り戻し(金)，反動，反発　◆accept kickbacks for...ing　～のキックバック[世話料]を受け取る　◆(an) inductive kickback　《口》誘導逆起電力　◆politicians received kickbacks from...　政治家が～から口利き料を受け取った［(違法な)斡旋利得を得た］　◆kickback-like payments from A to B　AからBへのリベート［賄賂］的な支払い　◆The politician got [received] a kickback of $50,000 from the general contractor.　その政治家は，ゼネコンから5万ドルのリベート[口利き料]を受け取った．

**kickoff**　a～《フットボール》キックオフ，試合開始，試合開始時刻；a～始まり，開始　◆hold [attend] a kickoff ceremony for...　〈催し物など〉の開幕式を開催する［に出席する］　◆The kickoff is at 10 a.m.　キックオフ［プレー開始］は午前10時です．(＊サッカーでは)　◆We have selected October 14, 2001 as the "Kickoff" day for this event.　私たちは2001年10月14日をこのイベントの開幕日[開始日]と選びました．

**kick-start**　vt.〈エンジン〉をキックで始動させる(＊バイクのキックスタートペダルをいきおいよく踏むこと)，《比喩的に》～に弾みをつける　◆a government "pump priming" package unveiled Wednesday aimed at kick-starting the stagnating Japanese economy　低迷した日本経済[日本の景気]に弾み

をつけることをねらって水曜日に発表された政府の総合「景気浮揚」策

**kid**　1　a～《口》子供，子やぎ　◆a kid fresh out of school with a B.S.　学校出たての理科系学士号を持つ若者[ガキ]　◆kids fresh out of college　大学出たての若者　◆make it kid proof　それを子供に安全な[危険でない]ようにする　◆I have been a comic book fan ever since I was a little kid.　私は，小さい時[幼い頃]からずっと漫画本のファンだ．
2　v. 冗談を言う，からかう

**kiddie, kiddy**　a～(pl. -dies)《口》子供　◆a kiddie pool　子供用のプール

**kid gloves**　n. 丁重な扱い，丁重な接し方；kid-glove adj. 丁重，慎重な　◆An excitable friend or foe must be handled with kid gloves.　敵味方を問わずカッときやすい人は慎重に扱わねばならない．

**kidnapping, kidnaping**　(a～)身代金を要求する誘拐[拉致(ラチ)，連れ去り]，営利誘拐　◆a kidnapping charge　身代金誘拐罪，営利誘拐罪　◆in the event of a kidnapping　万一誘拐事件が発生した場合には

**kill**　1　vt.～の命を奪う，～を殺す，あやめる，殺害[殺傷，殺生]する，亡き者にする，死なせる，抹殺する，消滅させる，消す，削除する，没にする，消去する，〈の効果「作用」を無効にする，～(のスイッチ)を切る　停止させる，(興味など)をそぐ，～を減退させる，弱める，〈時間〉をつぶす，《口》悩殺する[圧倒する]，参らせる，疲労困ばいさせる]；vi. 殺す，殺人する，《口》悩殺する　◆kill oneself　自ら[自分自身の]命を絶つ；自決，自害，自尽]する　◆kill time by watching TV　テレビを観て時間をつぶす[暇つぶしする]　◆fish-killing red tides　魚を死なせてしまう赤潮
2　the～殺すこと，(獲物を)仕留めること；a～(仕留められた)獲物

**kill off**　全滅させる，根絶する

**killer**　a～殺すもの，殺人者，殺人鬼，殺し屋，死因，〈痛みなどを〉止めるもの，《口》ものすごい人[物]，決定打，優れたもの；adj. 死にいたらせる，減衰[抑制]させる，強烈な，驚異的な　◆a killer cell [satellite]　キラー細胞［衛星］　◆a noise killer　《電子》雑音相殺回路(= a noise suicide circuit)　◆a color killer circuit　(カラーテレビの)色消去回路(＊白黒番組受信時に動作)　◆Stroke is the nation's third leading killer, after heart disease and cancer.　脳卒中は，心臓疾患と癌に次いでこの国3番目の大きな死因である．

**killing**　回殺すこと；a～殺人，《口》(特に商売での突然の)大儲け；adj. 死に至らしめる，(速度が)すさまじい，《口》(仕事などが)死ぬほど忙しい　◆make a killing　《口》(特に商売で)大儲け[ボロ儲け]する　◆make a killing on the stock market　株式相場で大儲け[ボロ儲け]する　◆the indiscriminate mass killing of civilians　民間人の無差別大量虐殺　◆take part in mass killings　大量殺戮[殺害]に荷担[参与]する；大虐殺の片棒を担ぐ

**kiln**　a～キルン，窯(カマ)，窯炉，炉，焼成がま

**kilo**　(kilogram, kilometer) a～(pl. kilos); kilo- キロ(＊各種単位の頭について，10進では1000倍，2進では1024倍を表す)　◆half a kilo of oranges　オレンジ半キロ　◆I weigh 75 kilos.　私の体重は75キロです．

**kiloammeter**　a～キロアンペア計

**kilobit**　a～(Kb) (pl. ～s) キロビット(＊1キロビットは，2の10乗ビット= 1024ビット＝約千ビット)

**kilobyte**　a～(KB) (pl. ～s) キロバイト(＊1キロバイトは，2の10乗バイト= 1024バイト＝約千バイト)

**kilogram**　(kg) a～(pl. ～s) キログラム　◆20 kilograms [kilos] of rice　米20キロ

**kilohertz**　(kHz) a～(単複同形)キロヘルツ

**kilometer**　(km) a～(pl. ～s) キロメートル　◆distances in kilometers　キロメートル単位での距離

**kilovolt**　(kV, kv) a～(pl. ～s) キロボルト　◆at 6 kilovolts　6キロボルト(の電圧)で

**kilowatt**　(kW, kw) a～(pl. ～s) キロワット

**kilowatt hour** (kWh, kwh) a ~ (pl. kilowatt hours) キロワット時 ◆one kilowatt-hour of power　1キロワット時の電力

**kilter** (out of kilter [off kilter]の成句で)調子が悪い[狂って], 故障して, 不調で, 均衡が崩れて, 調和がとれていなくて

**kimono** a ~ (pl. -nos) 着物 ◆a kimono shop; a shop selling kimonos　呉服店[屋]

**kind** 1 a ~ 種, 種類, 部類, 類, 類(タグ)い, 種, 品種, 機種, 族, 種族; 〔口〕本質, 性質, 天性, (金銭に代わる支払い手段としての)現物, 品物 ◆a kind of "virtual reality" effect　ある種[一種]の「人工現実感」効果 ◆different kinds of data　種類の異なる[種々の]データ ◆the creation of a kind of European FCC　米国連邦通信委員会(FCC)の欧州版を創設すること ◆the number and kinds of staff required　必要なスタッフの数と職種 ◆this kind of...　この類の[このような] ~ ◆use a coprocessor of some kind　何らかのコプロセッサを用いる ◆various kinds of computer peripherals　各種コンピュータ周辺機器 ◆various kinds of information　いろいろな種類[種々]の情報 ◆without warranties [warranty] of any kind　何らの保証もなく, いかなる(形の)保証もされず ◆build the kind of facilities we're talking about　我々が話しているような施設を建設する ◆he is the kind of man who can...　彼は ~ できるそういう男だ ◆regardless of the kind of computer that one might own　所有しているコンピュータの機種を問わず ◆There are some kind of committee meetings.　何かの委員会集会がある。◆What kind of driver's license do I need?　私が要るのは, どの種類の運転免許だろう。

2 one's ~, it's ~ 《集合的》(~と)同類のすべてのもの ◆a first-of-its-kind public address system　その類では初の[(意訳)他に類を見ない, 前代未聞の]拡声装置 ◆the most advanced of its kind in the world　その類では世界で最も進んでいるもの ◆the only book of its kind　唯一無二の本, 他に類をみない本 ◆It is supposed to be a model of its kind.　その類では模範的なものとされている。◆It is the very best of its kind.　それは, その類ではまさに最高を行っている。

3 adj. 親切な, 優しい, 心温まる(行為などが) 温かい, 柔和な, 温和な ◆it was extremely kind of you to send me a copy of...　ご親切に ~ のコピーを[を~1部]お送りいただきまして本当にありがとうございます ◆Would you be kind enough to <do...>?　~ していただけますでしょうか。◆Would you be so kind as to <do...>?　~ してくださいますか

**a kind of...**　一種の ~, いわば ~ のようなもの

**in kind**　同種の[同じ]もので, 同じように, (金銭で支払うのではなく)現物[物品]で

**of a kind**　同じ種類[性格, 性質]の, 同様の; 名ばかりの, お寒い限りの, お粗末な, 貧弱な ◆two of a kind　(二者の)似た[似ている物]同士

**kind of**　〔口〕ある程度, いくらか, 少々, 多少, 相当に

**kindergarten** a ~ 幼稚園; kindergartner, kindergartener a ~ 幼稚園児, 幼稚園の先生

**kindly** adv. 親切に[親切にも], 優しく, どうか[どうぞ, なにとぞ, お願いですから, 後生ですから](please), 喜んで[快く, 心から]; adj. (気候などが)快い, 親切な[優しい, 思いやりのある, 暖かい, 情け深い] ◆To ensure smooth operation of the Club, you are kindly requested to observe the following rules:...　スムーズなクラブの運営を実現するために, 次の規則を守っていただくようお願い申し上げます

**kindness** 〔口〕親切, 優しさ, 思いやり, 心尽くし, (厚い)情け, 厚情, 厚志(コウシ), 厚意, 好意; a ~ (pl. kindnesses) 親切な行為 ◆he has done this out of the kindness of his heart　彼は(純粋な)親切心からしたのだ ◆she advised him to <do...>　〔口〕親切心から[(意訳)老婆心]から彼に ~ したらと忠告した

**out of kindness**　彼女は親切心[((意訳))老婆心]から彼に ~ したらと忠告した

**kindred** 〔口〕血縁, 親類[親戚]関係; ((集合的に, 複数扱い))親類, 親族, 親類縁者; adj. 血縁の, 親戚[親類]関係の, 同族の; 同類の, 気質などが一致している, 気の合う ◆a kindred spirit　趣味や関心や興味が同じ人; 気質や性格が似ている人; 気心の合う[気心の合う]人; 同好の士; 同類の人 ◆to find kindred spirits　同好の士[趣味や興味が合う物]を見つけるために ◆In many respects, Murray and Doyle are kindred spirits.　多くの点で, マーレーとドイルは似た者同士である。

**kinetic**　運動の, 運動学的な, 動力学的な, 動的な, 動 ~, 《医》運動性の, 反応速度の ◆kinetic energy　運動エネルギー ◆kinetic heating　動加熱;《航空機》摩擦熱(*空気中を高速で飛行する際に発生する)

**king** a ~ 王, 王様, 国王, 君主; a ~ (特定の分野で最高・最強の地位にあるもの)王者, 大立て者, ~ 王; a ~ (ゲームなどでの)キング, 将軍

**king-size(d)**　キングサイズの, 特大の ◆a king-size tool chest　キングサイズの[特大の]道具箱

**kink** 1 a ~ (針金, 綱などの)ねじれ, よじれ, 捻転, 玉こぶ, (心の)ひねくれ, ねじくれ ◆form a kink in the wire　針金にねじれ[キンク]を生じさせる

2 vt. ~によじれ[玉こぶ]を生じさせる; vi. よじれ(て玉こぶができる) ◆if the line is kinked　配管が, よじれて玉こぶができている場合は

**kit** a ~ キット, 用具, 用具[道具]一式, 一揃いの用具などを入れておく箱[容器], 一揃いの組み立て部品 ◆the whole kit and caboodle　(熟語)《口》にもかも, 全部, 一切合切(イッサイガッサイ), 誰もかも, 関係者一同 ◆a do-it-yourself radio kit　自作組み立てラジオキット ◆a first-aid kit　救急箱 ◆Bookshelves come in kit form to be assembled by the purchaser.　購入者が自分で組み立てるよう, 本棚はキットで売られている。◆One hundred and twenty-five of the most popular tools come packed in this complete kit.　最もポピュラーな工具125点が, この完璧なキットとして[すべて揃ったセットになって]お手元に届けられます。

**kitchen** a ~ キッチン, 台所, 勝手[勝手計, 勝手元], 厨房, 炊事場, 調理場, 調理室, 調理室, 料理場 ◆a kitchen knife　包丁 ◆kitchen equipment　(フードプロセッサなどの)調理器具 ◆kitchen utensils　台所用品[調理器具](*道具や入れ物類) ◆a kitchen maid　a kitchen-maid　キッチン・メイド[お手伝いさん];《古い日本語で》台所の女中[飯炊き女, おさんどん] ◆a kitchen-table operation　四畳半メーカー[零細企業, SOHO, ソーホーの事業所], 家内制手工業(*学問的ではない表現) ◆a fully-equipped kitchen　すべて備わっている厨房; 完全装備のキッチン ◆Teflon coatings for kitchen appliances　厨房[調理]器具用のテフロンコーティング ◆the discovery of a kitchen midden　貝塚の発見 ◆a company that grew from a kitchen-table operation to a multi-million dollar international enterprise　零細企業[四畳半メーカー, 家内制手工業]から数百万ドル規模の国際企業へと成長した会社 ◆The MFG TR-8 is NOT a product of some kitchen-table operation.　(意訳)MFG TR-8は, どこかの[素性のわからない]四畳半メーカー[零細企業, 家内制手工業]の製品なんかではありません。

**kitchenette** a ~ 小キッチン, 簡易台所 ◆a room with a kitchenette　小さなキッチン付きの部屋

**kite** a ~ 凧(タコ), 鳶(トビ), 人を食い物にする人, 詐欺師; a ~ 空手形, 融通手形, 不良小切手; vi., vt. 空手形を利用して金をだまし取る, 上がる, 上昇させる ◆Go fly a kite!　《米口》つべこべ言わずあっちへ行け。; 邪魔するな[うるさい], ~ とっとと失せろ。 ◆a kite string　たこ糸 ◆a check-kiting scheme　小切手[空手形]詐欺(*資金の裏付けのない小切手を振り出し続け, 口座間を付け回しあたかも残高があるように見せかける)

**knack** a ~ 《口》(通例単数形で)こつ, 特別の技術[能力], 秘訣 ◆get the knack of...　-ing　~ するこつを覚える ◆have a knack for [of]...　-ing　~ することを心得ている ◆have a knack for foreign languages　外国語の才能を持っている ◆have lost the knack　(以前はやれたのに)もうできなくなってしまった ◆there is a knack in...　-ing　~ するにはにつがいる

**knapsack** a ~ ナップサック, ナップザック, リュックサック, 背嚢(ハイノウ) ◆a knapsack problem　《数》ナップザック問題(*物=objectsをどれだけ効率よく詰め込めるかという問題)

**knead** vt. ～を練る、こねる、〈筋肉など〉をもむ、マッサージする、混ねする ◆knead A with B　AにBを加えて練る

**knee** a～ ひざ、膝関節(シツカンセツ)、膝頭(ヒザガシラ)、〈ズボンなどの〉膝の箇所 ◆a knee-length robe　膝までのローブ ◆give rise to a sharp knee in the characteristic curve　特性曲線に急峻な屈曲部分を生じさせる ◆jeans worn-in and ripped through at the knee　はき古してひざの所が破れているジーパン

**knee jerk** a～ 《医》膝蓋腱(シツガイケン)反射、膝蓋反射、膝反射 ◆ひざ下をハンマーで軽く叩くと足が跳ね上がる); knee-jerk adj. 反射的[自動的]な、予想[予期]通りの動きをする、お決まりのパターンの ◆his knee-jerk propensity to <do...>　反射的[自動的]に～する彼の性格[癖]

**knell** a～ 弔いの鐘、鐘の音、弔鐘(チョウショウ)、(～の)終焉[終末]をつげるもの (→ death knell)

**knife** a～ ナイフ、小刀、〈手術用の〉メス、へら、包丁、刃; vt.; vt. ～をナイフで刺す[切る]; vi. すいすいと波を切って進む <through the sea> ◆be under the knife　手術を受けている最中である ◆with a knife　ナイフで ◆brandish a knife　ナイフをこれ見よがしに振り回す ◆go under the knife　手術を受ける ◆at knife point　ナイフを突き付けられて ◆a folding knife　折り畳みナイフ ◆go under a surgeon's knife　外科医の執刀を受ける ◆industries that ought to be put under the knife　手術を施さねばならない産業

**knit** v. ～を編む、編み物をする、結合[接合、密着]する; adj. ニット、編み物、編み目 ◆We are a loosely knit organization of data processing professionals specializing in...　私たちは、～が専門の、(メンバー同士の)結びつきのゆるやかなデータ処理プロ集団です

**knob** a～ ノブ、つまみ、握り(玉)、取っ手、〈木の〉ふし、こぶ、小高い丘、小山 ◆a door knob　ドアの取っ手 ◆玉状のもの) ◆an adjustment knob　調整[調節]つまみ ◆a station-selection knob　(ラジオの)選局つまみ ◆manipulate the knobs on the transceiver　トランシーバーのつまみを操作する ◆turn the knob to one of four click-stopped settings　つまみを回してカチッと出る4つの設定位置[デテント]のうちの1つに合わせる ◆Make sure that the current adjustment knob is at the minimum position (completely counterclockwise).　電流調整つまみが最低位置(反時計方向に回し切り)になっていることを確認してください。

**knock**　1　vt. ～をノックする、たたく、打つ、〈穴〉を(～に)ぶちあける <in>、～を(～に)ぶつける <against>、《口》手ひどく批判する[叩く、こきおろす]; vi. ノックする、たたく、打つ <on, at>、〈エンジンなどが〉ノッキングを起こす、(～に)ぶつかる <into>、《口》あらさがしする ◆knock off for the day　《口》1日の仕事を終える ◆an engine knocking　エンジンノッキング(＝シリンダー内での異常爆発[爆燃]) ◆knock off (work) at five in the evening　《口》夕方5時に仕事を終える
　2　a～ 打撃、殴打、ノック(の音)、エンジンのノッキング音(1回)、《口》不運、《口》言う ◆monitor engine knock　エンジンのノッキングを監視する ◆there is a knock at the door　ドアをノックする音がする

**knock down** vt. ～を打ち倒す、取り壊す、解体する、〈取り扱いを容易にするために〉分解する、～の値段を下げる、～を競売で最高の値を付けた人に売る、〈人〉に(～の値段まで)負けさせる <to>、〈物〉を(～の値段まで)値切る ◆knock down walls　壁を取壊す[取り壊す] ◆The racks are packed knocked down.　これらのラックは、ノックダウン梱包されています[組立式です]。(＊「組み立ては、お客様のほうでお願いします」の意)

**knock off**　vt. 〈仕事〉を終える、《口》～を手っ取り早く片付ける、殺す、値段を～だけ負ける、～に強盗に入る、～を盗作する、パクる、剽窃(ヒョウセツ)する ◆just before knocking-off time　勤務時間終了の直前に ◆knock $10 off the bill　勘定を10ドルまける[値引きする]

**knock out**　vt. ～をノックアウトする、打ち負かす、気絶させる、打ちのめす、へとへとにする、《口》手っ取り早く作る、破損する、破壊する、《口》感嘆[関心]させる ◆It has ejector pins to knock the finished part out of the mold.　それには、金型から完成品を突き出すための突出しピンがある。 ◆Power in Grand Central Station was knocked out, but train service was not affected.　グランドセントラル駅の電気が止まった[が停電した]が、列車の運行に影響はなかった。

**knockdown** a～ 打ち倒すこと、ノックダウン、組み立て式(で未組み立て)のもの、《口》紹介; adj. ◆knockdown furniture　組み立て式家具(＊購入者が自分で組み立てる) ◆sell... at a knockdown rate [knockdown rates]　《英》～を安い値段で売却する ◆start knockdown production of...　～のノックダウン生産を開始する

**knockout** a～ ノックアウト、いちころにすること、突き出し、〈軽く突くだけで抜き穴が開けられる〉穴開け用の切れ目、〈突開け用の切れ目を突いて開けた〉抜き穴、《口》魅力のある人[もの] adj. ◆a knock-out [knockout] pin　突き出しピン、ノックアウトピン(＊成形機の製品突き出し用) ◆a knockout mouse　ノックアウトマウス(＊特定の遺伝子の働きだけを止めたネズミ。これにより、その遺伝子の機能を正確に突き止めることが可能となる) ◆The car's interior is a knockout.　《口》この車の内装は、物凄くすばらしい。

**knot** a～ 結び、結び目、結節、節、つながり、絆(キズナ)、縁(エニシカリ)、《海事》ノット; v. ～を結ぶ、絡ませる ◆be tied in a slip knot　引き結びで結ばれている[縛ってある] ◆tires with abnormal, visible bumps, bulges, or knots　目で見て分かる異常な隆起、膨らみ、またはこぶのあるタイヤ

**knotty** adj. 節の多い、節くれ立った、もつれた、複雑な、解決が難しい ◆a knotty problem　もつれていて解決が困難な問題 ◆knotty wood　節の多い木材 ◆even knottier dilemmas　いっそう複雑なジレンマ

**know**　1　vt. 知って[分かって]いる、知る、分かる、理解する、存じる、覚えている、～を経験している、～の区別がつく; vi. 知っている、分かっている、承知[認識]している ◆as you know　ご存じ[ご案内、ご承知]のように、お聞き及びの[知ってらっしゃる]とおり ◆...known as...　～として知られる[呼ばれている]～;《意訳》〈呼称〉という～ ◆make it known that...　～であると知らせる[周知する、発表する、公表する、明らかにする、示す] ◆make it known to...　それを～に知らせる[周知する、発表する、公表する、開陳する、明らかにする、示す、述べる] ◆it is known that...　～であるということが知られる ◆As all of you know,...　皆様ご存じ[ご案内]のように、 ◆as you may know　ご存じ[ご案内、ご承知、お聞き及び]のことと思いますが ◆get to know him　彼と知り合いになる ◆make it known to all　全員に周知させる[全員に周知徹底させる] ◆so far as I know　《挿入句》私の知る[存じ上げる]限りでは ◆without my knowing about it　私がそのことを知らないうちに) ◆Next to nothing is known about [of]...；Very little is known about...　～に関しては、ほとんど知られて[分かって]いない。 ◆Hard disk drives, also known as hard drives, are...　ハードディスクドライブ(ハードドライブとも呼ぶ)は、～ (＊also known as = a.k.a.) ◆make it known to everyone serving in the military that...　軍務に服している者全員に～であるということを周知徹底させる ◆since I don't know anything about it　それについては私もとんと不案内なもので ◆Thank you for letting us know.　知らせてくださって[教えてくださって、ご一報]ありがとうございます。 ◆if you know ahead of time what parts you need　前もって[事前に、早めに]どんな部品が必要か分かっていれば ◆knowing what to do in an emergency can save a life　非常時にすべきことを知っていることは、命を救うことにつながるかもしれない ◆His avarice knows no bounds [limits].　彼の強欲はとどまるところを知らない。; 彼の欲深さは底なしだ。 ◆all you have to do is (to) make your desires known to your salesman　ご要望を担当のセールスマンにお伝えいただくだけで結構です ◆no more space shuttles as we know them are scheduled to be built　私たちが知っているようなスペースシャトルをこれ以上造る計画はない ◆If a tornado was approaching, would you know what to do?　竜巻が接近している場合、なにをすべきか[どうしたらいいか]わかりますか。 ◆I just wanted to let you know how satisfied I am with your product.　貴社の製品に私がどんなに満足しているかをお伝えしたかったのです [お知らせしたく存じます]．◆It will guide you in getting to know your car　それは，あなたが自分の車を知るための案内役をしてくれます．◆No one knows precisely how extensive it is.　それがどの程度広範に及んでいるか，誰も正確には分からない．◆Tetrachloroethylene is also known as perchloroethylene.　テトラクロロエチレン [四塩化エチレン] は別名パークロロエチレンとも呼ばれる．◆Copper is known for its high electrical and thermal conductivities.　銅は，導電率と熱伝導率が高いことで知られている．◆The young Bill Clinton had "an insatiable appetite for knowing more," Mr. Stearns recalls.　若い頃のビル・クリントンは「飽くことを知らない [貪婪 (ドンラン)] 知識欲を持っていた」と，スターンズ氏は述懐する．◆Mix all this stuff in a jar a few days ahead of time and let the ingredients get to know each other.　数日前にあらかじめこれらの物をすべてジャーに入れてかき混ぜ，内容物をなじませるために放置しておいてください．

**2** *n*. 知っていること，知識；《in the know の成句で》内情 [実情] に通じて ◆a paucity of information means handsome payoffs for investors in the know　情報が不足しているということは，内情に通じている投資家にはたっぷりと金が転がり込むということを意味する

**know-how** 回ノウハウ，専門知識，技術情報，実務知識，やり方，技術的な知識 ◆a large amount of manufacturing know-how　多くの [数多くの] 製造ノウハウ (*know-how は不可算名詞で数えられないので，「数多くの」は意訳) ◆have the know-how to produce...　～を製造するためのノウハウを持っている ◆know-how in consumer electronics　民生 [家電] エレクトロニクス分野のノウハウ ◆acquire much technical know-how about [concerning]...　～に関する技術上の多くのノウハウを取得 [獲得] する

**knowing** *n*. 知ること；*adj*. 知っている，知ったかぶりの，利口な，故意の ◆without one's knowing　～の知らぬ間に；気付かない間に ◆He denied knowing of...　彼は，～に関して知らないと言った．

**knowingly** *adv*. そうと知りながら，承知の上で，知ったかぶりをして，故意に，わざと ◆knowingly hire illegal aliens　不法 [入国・滞在・残留] 外国人である事を知っていながら雇う

**knowledge** 回知っていること [状態]，知識，知見，情報，認識，理解，学識，学問，経験，学究，学殖；(*a*) ～《単のみ》知識 <of> ◆accumulate knowledge　知識を蓄える [増やす] ◆have little knowledge of...　～についてほとんど知らない ◆have no knowledge about...　～について知らない ◆knowledge accumulates　知識が蓄積する ◆a knowledge base　知識ベース ◆knowledge engineering　知識工学 ◆without her parents' knowledge　彼女の両親の知らないうちに ◆mankind's store of knowledge　人類の知識・知恵；人知 [人智] ◆the accumulation of knowledge　知識を蓄えること [増やすこと]；知識の蓄積 ◆knowledge-processing technology　知識処理技術 ◆acquire profound knowledge about...　～に関する深い知識 [造詣，学殖，学識] を得る [我が物とする，身につける] ◆gain [have] a thorough knowledge of...　～を徹底的に知る；～に通暁 (ツウギョウ) [精通] する；～を知り抜く [熟知する] ◆have a really good knowledge of...　～について本当によく知っている ◆It's common knowledge that...　～だということは周知の事実 [常識] である；～ということは広く知れわたっている ◆the depth of knowledge about...　～についての知識の深さ ◆to our knowledge　我々の知る限りでは ◆without the knowledge or consent of owners　所有者の知らないうちに，あるいは所有者の同意なしに ◆Dr. Bradford's deep knowledge of the history of...　～の歴史についてのブラッドフォード博士の深い知識 [造詣] ◆the growing need for knowledge about...　～についての知識がますます求められていること ◆He denied all knowledge of...　彼は，そのことについて全く知らないと言った．◆The knowledge of... was greatly expanded by...　～により～の知識は大幅に拡充した ◆foreclose someone from the knowledge of...　〈人〉 に～

知らせないようにする ◆improve knowledge of the earth's ills　地球の病気についての知識を向上させる ◆Mr. Franzen uses his extensive knowledge of seismology to <do...>　フランゼン氏は～するために彼の幅広い地震学の知識を用いる．◆based on prior knowledge of initial position and initial velocity　あらかじめ分かっている初期位置と初速度に基づいて ◆basic science – which is strictly for the purposes of knowledge　厳密に知識だけのためであるところの基礎科学 ◆Travel adds to your store of knowledge.　旅 [旅行] をすると見聞が広がる．◆As knowledge of how the body metabolizes becomes more widespread,...　身体の新陳代謝の仕組みに関する知識が更に普及するにつれて ◆Applicants should possess adequate knowledge of the German language to carry out...　応募者は～するのに十分なドイツ語の知識を持っていなければなりません．◆Get in touch with people who can increase your store of knowledge.　自分自身の知識 [知見，智見，見識] を広めることができるような人たちとつながりを持つようにしなさい．◆Along the way, he picked up at least four languages and a deep knowledge of classical music.　遍歴の過程で，彼は少なくとも4つの言語を覚え，更にクラシック音楽に対する深い知識を得た [造詣を深めた]．◆A walking encyclopedia of sports knowledge, he reads the paper every morning to memorize statistics.　スポーツ蘊蓄 (ウンチク) 家の彼は，統計を頭に入れるために新聞を毎朝読んでいる．◆By gaining a thorough knowledge of the image data to be compressed, application-specific algorithms can be developed.　圧縮しようと思う画像データを徹底的に知ることにより，特定用途向けアルゴリズムの開発が可能になる．

**known** *adj*. 知られている，認められている，有名な，名高い，既知の，分かっている；～として知られ [～と呼ばれ] ている <as> ◆become known as...　～として知られる [呼ばれる] ようになる ◆a known quantity　既知数；分かっている量 [数量] ◆all known forms of matter　物質の知られている形態のすべて ◆a material of known composition　組成の分かっている材料 ◆a signal of known frequency　既知の周波数の信号 ◆It's a known fact that...　～ということは周知の事実である．◆make oneself known to...　～に自己紹介する ◆his well-known [best-known] works　彼の [最も広く] 最も良く知られている作品 ◆the earliest known texts dating to the 13th century B.C.　紀元前13世紀にさかのぼる，現在わかっている最古の [史上最古の] 文書 ◆Apple stock jumped $1 a share after Jobs' resignation became known.　ジョッブズ氏の辞任が知れ渡って，アップル社の株は1株当たり1ドル跳ね上がった．◆There are just 40 California condors known to exist and all are in captivity.　カリフォルニアコンドルはわずか40羽の存在が確認されているだけで，それも全数飼育されているものである．

**knuckle** *a* ～（特に指の付け根の）指関節; *the* ～ *s* げんこつ；*vi*. (おはじきをはじくときに) 拳を下につける；*vt*. ～を拳で押し [こする]

**knuckle under**　*vi*. 屈服する (= give in)

**knurl** **1** *a* ～　ローレット目 (1つ)，ぎざぎざ [いぼいぼ] の1つ，刻み目，魚子 [斜子，七子] (ナナコ)　**2** *vt*. ～にローレットを切る，刻み目 [いぼいぼ] をつける，なこ目立てをする ◆a knurled grip　ローレットがけされている握り ◆a knurled handle　ぎざぎざが付いている柄

**Kodak**　コダック (*米国 Eastman Kodak Company の写真機材およびAV機器についている商標)

**Korea**　朝鮮，コリア ◆the Republic of Korea (the ROK)　大韓民国；韓国 (= South Korea) ◆the Democratic People's Republic of Korea (the DPRK)　朝鮮民主主義人民共和国 (北朝鮮) ◆the 2002 FIFA World Cup Korea/Japan　2002年日韓サッカー連盟 (主催の) ワールドカップ韓国・日本 (*正式英文名はKoreaが先だが，日本国内での日本語名は「日本・韓国」)

**Korean** *adj*. 朝鮮 [韓国] の，朝鮮人 [韓国人] の，朝鮮語 [韓国語] の；*a* ～　朝鮮 [韓国] 人；回朝鮮 [韓国] 語；*the* ～《集合的，複数扱い》朝鮮 [韓国] 人 ◆Korean ginseng　朝鮮人参 ◆the Korean peninsula [Peninsula]　朝鮮半島 ◆the Korean Strait

朝鮮海峡 ◆during the Korean War (1950-53) （1950～1953年の）朝鮮戦争の間に ◆according to a North Korean who defected to the South four years ago 4年前に南に［韓国に］亡命した脱北者［（元）北朝鮮の人］によると

**KOTRA** (the Korea Trade Promotion Corporation) 大韓貿易投資振興公社(略語形にtheは不要)
**Kovar** コバール(*膨張率がガラスに近似した低い値を示す合金)
**Kr** クリプトン(krypton)の元素記号
**kraft** 🔲クラフト紙 ◆kraft paper クラフト紙
**krypton** クリプトン（元素記号: Kr）
**kV, kv** kilovolt(s)の略
**kVA** kilovolt ampere(s)の略
**kW, kw** kilowatt(s)の略
**kWh, K.W.H.** 《電気》kilowatt-hour(s)の略 ◆(figures for) carbon dioxide emissions per kWh of electricity produced 二酸化炭素排出原単位（の数値）(* 1 kWhの電気を発電するときに発生する$CO_2$の量。単位はg-C/kWh（炭素換算））

# L

**L** 《電気》(= inductance)(*コイル，トランス，インダクターなどを表す記号) ◆an RL series circuit RL直列回路
**La** ランタン(lanthanum)の元素記号
**lab** a～(→ laboratory) ◆a photo lab （写真）現像所
**label** 1 a～ラベル，レッテル，レーベル，商標，ブランド，はり紙，票，標示，標識，表示，名札，証紙 ◆an upscale label 高級ブランド ◆mailing labels 宛名ラベル ◆manufacture...under one's own label ～を自社ブランドで生産する ◆on a phonorecord label レコード盤のレーベル上に［（記載の）◆a peel-and-stick, self-adhesive label （裏紙［を台紙から］）はがしてそのまま貼れる粘着ラベル［はがして貼るシール］(*self-adhesive = 接着剤やのりが要らない) ◆off-label [extra-label] drug use 薬剤の適応外使用，医薬品の承認適応症外使用 ◆place [put, affix] a self-adhesive [an adhesive, a sticky] label （粘着）ラベル［シール］を張る ◆affix a label to a bottle ビンにラベルを張り付ける ◆Matsushita's premier DAT recorder will sell under the Technics label for about $1,285. 松下電器の最高峰DAT（デジタルオーディオテープ）レコーダーは，テクニクスのブランドで1,285ドルほどで発売される予定である。
2 vt. ～にラベルを付ける［貼る］，～をラベルで表示する，～に（こうと決めつけて）レッテルを貼る；～に名前を付ける，～に（放射性同位元素などで）標識付けする ◆Kodak-labeled film コダックブランドのフィルム ◆tick marks labeled with a range of numbers ある範囲の数値が振ってある目盛り ◆an erroneously labeled prescription container （実際の内容物とは異なる）間違ったラベル標示がされている処方薬容器 ◆label books with bar codes 本にバーコードを貼り付ける ◆The sizes of... should be disclosed by labeling. ～のサイズは，ラベル表示によって明示しなければならない。 ◆they were labeled as troublemakers 彼らには，問題児というレッテルが貼ってあった［烙印が押されていた］ ◆The test tubes were labeled poison. それらの試験管には毒物と表示したラベルが貼ってあった。 ◆The three LEDs are labeled Power, Receive, and Transmit. これら3つのLEDは「電源」，「受信」，「送信」と表記されている。 ◆When they run into trouble with the FDA, they temporarily take the product off the market, change the ingredients slightly, re-label and re-package it and market it as a "new product." 食品医薬品局とトラブルになると，彼らは製品をいったん市場から回収し，内容物［材料，成分］を若干変えてラベルとパッケージを新しくし，「新製品」として販売するのだ。

**labor** 1 🔲労力，労働，労働力，（集合的に）労働者側，労働者側，人手，労働階級，分娩，陣痛；a～骨の折れる仕事；adj. 労働の，労働組合，労働条件］に関する；adj. 労働者［労働組合，労働条件］に関する，労務～ ◆a labor(-management) dispute 労働（者側）と使用者側（の間）の争議 ◆labor costs; the cost of labor 労務［人件］費 ◆a labor of love （損得を抜きにして）好きな仕事

いる仕事，好きだからこそできる（大変な［骨の折れる，手のかかる］）取り組み［事業］ ◆the Ministry of Labor 《日》労働省 ◆cheap labor 安い労働力 ◆greatly lessen the labor of... ing ～する労働［労働力，労務，仕事，苦労，難儀］を大幅に減らす［(意訳)～するのを非常に楽にしてくれる［楽なものにする］ ◆labor-management detente 労使間の［労働側と雇用側の間の］緊張緩和 ◆savings in labor 労働力の節約，省力化 ◆the enhancement of labor's productivity 労働生産性の向上 ◆the product [fruits] of one's labor 汗の結晶 ◆a labor-intensive industry [company] 労働集約型の産業［企業］ ◆labor-short Japan 人手不足の日本 ◆can benefit from the labor savings of not having to < do...> ～しなくて済むことから生じる省力化の恩恵に浴する ◆demonstrate the labor savings of using appropriate equipment 適切な機器を使うことにより省力化が果たせることを実証する ◆provide [yield] (a) labor savings of $10,000 a year 年に1万ドル（相当）の省力化をもたらす［生む］ ◆achieve labor savings in production, production scheduling, material control, data entry, expediting, and other areas 生産，生産スケジュールの策定，資材管理，データ入力，（納入業者などを相手に催促する）進捗管理業務，およびその他の分野で省力化を達成する ◆countries where labor costs are lower より労務費［人件費］の低い国々 ◆The shortage of skilled labor has become critical. 熟練労働者の不足は深刻になった。 ◆Coke users have a higher-than-normal rate of premature labor. コカイン乱用者は早産率が通常より高い。
2 vi. 労働する，骨折って働く，苦労する，努力する，努め励む，苦しみながらのろのろと進む，（船が）ひどく揺れる，難航する，分娩する; vt. ～を（必要以上に）詳細に取り扱う，疲れさせる ◆cause the engine to labor and overheat エンジンに負荷をかけてオーバーヒートさせる ◆at a speed which allows the circular saw to cut without laboring 丸のこが無理しないで切断できる速度で

**laboratory** a～研究室，研究所，実験室，試験室，試験所，分析室，検査室，認定試験所，検定試験所，（化学薬品などの）製造所，製薬室，現像ラボ［所，室］; adj. ◆in a laboratory [lab] 実験室［ラボ，研究室］で ◆a commercial water testing laboratory 民間の水質試験［検査］機関 ◆a laboratory animal 実験動物 ◆a laboratory container 実験用の容器 ◆a language laboratory 語学［エルエル］教室 ◆a laboratory precision-type instrument 実験用精密（級）計器；(意訳)超精密級計器 ◆a hospital laboratory technician 病院の検査技師 ◆the Asia Pacific Laboratory Accreditation Cooperation (APLAC) アジア太平洋試験所認定機関協力会議 ◆can be grown in a laboratory dish ～はシャーレ内で培養可能である ◆suitable for laboratory use 研究［実験］用に適している ◆a laboratory-scale amorphous-silicon solar cell 実験規模のアモルファスシリコン太陽電池

**laborsaving, labor-saving** 省力の，省人の，労力節約の ◆a labor-saving process 省力化［省人化］を図った作業工程 ◆labor-saving machinery 省力化機械

**labor union** a～《米》労働組合 (=《英》a trade union) ◆labor union members 労働組合員 ◆labor union laws 労働組合法

**labyrinth** a～迷路，迷宮，迷園，複雑に入り組んだもの，混迷した事態，複雑な［もつれた］状態；a～《医》（内耳の）迷路器官 ◆a labyrinth-like bomb shelter （入り組んでいて）迷路のような防空壕

**labyrinthine** adj. 迷宮［迷路］の（ような）；（複雑に）入り組んだ，込み入った，もつれた，こんがらがった，錯綜した，複雑（怪奇）な；《医》耳の蝸牛殻［内耳］の，迷路性の(*めまいなどが) ◆labyrinthine bureaucracy ◆labyrinthine bureaucracy 複雑に入り組んで分かりにくい［複雑怪奇な］官僚機構 ◆keep an already complicated... from becoming even more labyrinthine もとから［ただでさえ］複雑な～が，いっそう［これ以上］こんがらがる［錯綜(サクソウ)する］ことのないようにする

**lace** 1 🔲レース; a～締めひも
2 ～をひもで締める，〈ひも〉を通す，～をレースで飾る，～に縞模様をつける

**lacerate**

3 ～を織り混ぜる、～に(少量を)混ぜる[混入する、加える、添加する]<with> ◆PCB-laced sludge PCBの混じったヘドロ

**lacerate** vt. 〈手足など身体の部分〉を切り裂く[引き裂く]、〈心や感情〉を(ひどく)傷つける[苦しめる] adj. (= lacerated) 引き裂かれた、ずたずたにされた、(深く)傷つけられた、(ひどく)苦しめられた ◆to dodge a lacerating sense of failure ひどく苦しい[悲痛な]挫折感を味わうのを避けるために

**laches**（単複同形）《法》怠慢、懈怠(カイタイ, ケタイ)（*義務、権利の行使などを怠ること）、懈怠による無効 ◆the defense of prosecution laches against so-called "submarine patents" いわゆる「サブマリン特許」に対する審査懈怠(ケタイ)論（*審査懈怠とは、特許出願人が審査を故意に遅滞させる行為。サブマリン特許が懈怠にあたるとして権利行使不能を訴える主張を審査懈怠論と呼ぶ）

**lacing** ひもで締めること; a ～ 締めひも、レーシング

**lack** 1 (a) ～ 無いこと、欠乏、欠如、不足、無いもの、欠けているもの ◆annoyed by the lack of a balance control バランス調整(機構)が無いことにいらだって ◆due to a [the, one's] lack of readiness for... ～に対する準備不足のせいで; ～への対応が不十分なために; ～の段取り不備で ◆for lack of connections コネが無いので ◆for lack of originality オリジナリティーに乏しいために ◆for lack of time 時間が足りないせいで; 時間の制約上 ◆lack of attention to detail きめ細かい気配りの欠如 ◆owing to lack of funds 資金不足のため ◆because of their lack of experience 彼らの経験不足のせいで ◆because of their lack of infrastructural facilities その国々の基盤施設が不備なために（*諸国の話で）◆her lack of a college education 彼女が大学教育を受けていないこと ◆My complete lack of French skills was no impediment whatsoever to enjoying... 私はフランス語は全然できない[からきしダメだ]けれど、～を堪能する上でそれは何の妨げ[障害、支障]にもならなかった。

2 vt. ～を欠いている、～が欠如している、～が無い、～必要である; vi. 無い、欠けている、欠如している、(足りなくて)不自由して[困って]いる ◆be lacking in... ～が不足している[足りない] ◆it lacks originality それはオリジナリティーに欠けている; それは創造性[創意性]が欠如している ◆lack strength 強度を欠く[強度に欠ける] ◆it's lacking in originality それはオリジナリティーに欠けている ◆The car's power steering lacks precision. この車のパワーステアリングは、精度に欠ける。

**lackey** a ～ (pl. -keys) へつらう人、追従(ツイショウ)者、おべっか使い、ごきげんとりの取り巻き; a ～ 使い、下男 ◆academic lackeys 御用学者ども ◆a live-in domestic lackey 住み込みの下男[召使いの男、下僕、しもべ] ◆serve as a lackey for... ～の手下[手先、子分]として働く ◆"I do not hold American citizenship, and I am not a lackey of the United States," he said. 「私はアメリカの市民権を持ってないし、米国の手先[お先棒担ぎ]ではない」と彼は言った。 ◆"I haven't been a lackey for anyone," he said. "The position I took was a position I took because I thought it was right." 「私は誰にも調子を合わせたことはない」と彼は言った。「私が取った立場は、私が正しいと思ったからこそ取った立場だった。」

**lacking** adj. 欠けて、欠いて、不足して、欠如して、無くて;（～に）乏しい<in> ◆Food is lacking because of bad agricultural policy. まずい農業政策が災いして食糧が不足して[《意訳》食糧難になって]いる。 ◆That's what they are most lacking at the moment. それが彼らに現在のところ最も欠けているものだ。

**lackluster** adj. つやの[光沢の]無い、くもっている、活気の無い、精彩[生彩]を欠く、さえない、ぱっとしない、見栄えがしない ◆a lackluster number 生彩に欠ける[さえない、パッとしない]値（*性能値など）◆lackluster eyes どんよりとにごった目 ◆citizens criticized the City for the lackluster condition of public roads 市民は公道の冴えない[ひどい]状態について市を非難した ◆many companies are still experiencing lackluster sales performance 数多くの企業が依然として販売業績の不振[低迷]に悩んでいる ◆This year's Office Systems Expo was a lackluster affair, with little of the flash and dazzle of previous years. 今年のオフィスシステム博覧会は、これまでの年の豪華さや華麗さといったものがほとんどなく、精彩に欠けた冴えないものだった。

**lacquer** ⓤ ラッカー（塗料）、漆(ウルシ)（= Japanese lacquer, japan）; vt. ～にラッカー[漆]を塗る、～をつるつるに仕上げる、～に光沢[テカリ]をつける ◆a black-lacquered gondola 黒色ラッカー塗装されているゴンドラ

**lactic** adj. 乳の、乳[乳清, 乳酸]から採れる ◆lactic acid derived from sour milk 酸乳由来の乳酸

**ladder** a ～ はしご、(出世の)手段、出世階段、(制度的な)階級、序列、地位 ◆climb down the corporate ladder 会社で降格する ◆At times I stepped on my colleagues as I climbed up the ladder to the top. 時には、(出世)階段を上り詰める過程で同僚たちを踏み台にした。 ◆The Japanese hierarchical system in business, wherein people progress up the ladder during lifetime employment, is not conducive to developing a talent for producing innovative software. 終身雇用されている間に出世階段を登っていくといった、日本のビジネス界における階級組織体制は、革新的なソフトウェアを創る才能を養うのにはためにならない.

**lade** wharfs [wharves] for the lading and unlading of barges はしけの（貨物の）積み降ろし[荷役]のための波止場[桟橋、埠頭、岸壁]

**laden** adj. 荷を積載した、負荷状態の、(精神的に)重荷を負った ◆a feature-laden home control system 機能を満載したホームコントロールシステム ◆dust-laden air ほこりを含んでいる[埃が充満している]空気 ◆PCB-laden smoke PCBを含む煙 ◆sulfur-laden brown coal 硫黄分を多く含む褐炭 ◆a lint-laden surface 綿ぼこりが積もって[たかって]いる表面 ◆pesticide-laden produce 残留農薬がついている農作物 ◆water-laden air 湿気を含んだ空気

**lading** 荷の積み込み、荷積み、船積み; 貨物、積荷、船荷 ◆a bill of lading 積荷[船荷]証券

**lady** a ～ 女性、婦人、淑女、れっきとした女性 ◆a ladies' [women's] room （米)女性用トイレ ◆a lady doctor 女医（= a woman doctor）◆Lady Chatterley's Lover, by D. H. Lawrence D・H・ローレンス作チャタレー夫人の恋人 ◆He was a playboy and a ladies' man who shortened his life by drinking too much. 彼は、酒を飲み過ぎて命を縮めた、プレイボーイで女好きな男[女扱いになれた奴]だった。

**lady-in-waiting** a ～ (pl. ladies-in-waiting)（女王・王妃・王女にはべる）侍女、女官、官女、腰元 ◆act as ladies-in-waiting to Mr. Bush ブッシュ氏の侍女役を務める ◆She wanted to raise her own children rather than have them brought up by ladies-in-waiting. 彼女は、自分の子供たちを侍女[女官, 腰元]たちによってそだてるよりは自分の手で育てたかったのだ。

**lag** 1 vi. 遅れる、ぐずつく、沈滞する、停滞する、(興味が)冷める、弱まる、薄れる ◆Sometimes the laws lag behind the times. 法律は時として時代に後れをとる。 ◆The country's exports lag far behind its imports. この国の輸出品は輸入に大幅に立ち後れている。; (意訳)この国は大幅な輸入超過になっている。 ◆The current lags behind the applied voltage. 電流は印加電圧よりも遅れる。 ◆The current lags nearly 90° behind the applied voltage. 電流は、印加電圧に対し90°近く遅れる。 ◆The current lags the voltage by 90 degrees. 電流は電圧に対し90度(位相が)遅れる。 ◆The performance of Rexel's processor lags behind the Licht2040. レクセル社のプロセッサの性能は、リヒト2040に劣る。 ◆The total value of the U.S.'s exports continues to lag behind the cost of imports. 米国の輸出品の総額は、依然として輸入の費用[《意訳》輸入額]に追っつかない[を賄えない]でいる。 ◆We are lagging behind in applying new ideas in science and technology. 我々は科学技術面で新しいアイデアを応用することに後れをとっている。 ◆While the U.S. and Japanese economies were forging ahead with high rates of growth, Europe's prospects lagged far behind. 米国経済と日本経済が高い成長率でぐんぐん進していた一方で、欧州の見通しははるかに立ち後れていた。

2 (a) ~遅れ, 遅延, 遅滞, 時間のずれ; a~ (ブラウン管, 撮像管の)残光 (= persistence) ◆after a time lag ある程度の時間遅れがあってから ◆the time lag between A and B AとBの間のタイムラグ ◆with a time lag of approximately 10 msec 約10ミリ秒のタイムラグ[時間遅れ]で
3 vt. (英)~を保温[断熱]材で覆う

**laggard** adj. 動き[進展, 反応]が遅い, 鈍い, 鈍重な, ぐずな, ぐずぐずした; a~ の人

**lagging** (英)(ボイラ, パイプなどの)断熱材, 保温材

**laissez [laisser] faire** 《経済》自由放任主義, 自由競争主義 ◆practice laissez faire 自由放任[自由競争, 無干渉]主義を実践する ◆his laissez-faire attitude toward... ~に対する彼の無干渉[自由放任]主義的な態度 ◆laissez-faire economic policies 自由放任主義的な経済政策

**lame duck** a~ 公職を辞めることが確実になって[近く退陣することが決まって, (自分の)任期が満了を待って]いる人, 取って代わられることになっているもの, 役立たずのもの ◆a lame-duck administration レームダック[残り任期の短い, 死に体の]政権 ◆a lame-duck president (再選に落ちるなどして)今期で退任が決まっている大統領[*任期切れ間近で政治的影響力が弱くなっている]

**laminar** adj. 層状の, 薄層状の, 積層の, 成層の;層流の ◆a laminar flow of air 空気の層流

**laminate** 1 vt. ~を(剥いて)薄片にする, (圧延などして)薄板にする, 積層する, 成層する, 貼り合わせる, 薄い金属板やプラスチック板を被せる; vi. 薄片状にばらばらになる ◆a laminated core 《トランスなどの》成層鉄心 ◆laminated glass 合わせガラス ◆laminated wood 合板 ◆a laminated chip inductor チップ型積層インダクタ (*表面実装用超小型電子部品のひとつ) ◆a laminated pad of rubber and steel; a rubber-and-steel sandwich ゴムと鋼板の積層構造 ◆免震構造 a base isolatorを説明する表現》 ◆a four-drawer chest with plastic laminated top 天板がプラスチック化粧合板の4段整理ダンス ◆due to a laminated structure with alternating high- and low-velocity layers (意訳)高速層と低速層が交互に積み重なっている積層構造のせいで ◆The material of the bags shall be of a laminated construction comprising of A and B. これらの袋の材料は, AとBで構成された積層構造であること.
2 (a) ~ 積層製品[板, 物], 貼り合わせシート ◆a molded laminate 積層成形品 (*樹脂を含浸したシート状の紙, 布, グラスファイバーなどを成形加工したもの)

**lamination** 薄層化, 積層, 積層構造, 成層, 貼り合わせ, ラミネーション

**lamp** a~ ランプ, 表示灯, 灯火, 燈火, 電球, 電灯, 明り, 電気スタンド, 洋燈 ◆a metal lamp base 電球の金属製の口金 ◆lamp oil ランプオイル, 灯油 ◆kerosene for lamps ランプ用石油, 灯油 ◆When a lamp circuit failure occurs, ... 電灯線が停電すると, ◆a lamp suspended from a ceiling 天井から吊り下げられているランプ ◆When the lamp lights up (goes on; illuminates), ランプが点灯したら ◆Ballast nameplate data should agree with lamp line voltage and lamp use. 安定器銘板(に記載されている)データは電灯線電圧およびランプの使用[用途]に合致していること. ◆When the DEW lamp illuminates, just leave the VCR ON and wait for the DEW lamp to go out. 結露ランプが点灯したら, ビデオデッキをONにしたままで結露ランプが消えるまで待つ.

**LAN** (local-area network) a~ (ラン), ローカルエリアネットワーク, 構内[域内, 企業内]情報通信網 ◆a wireless [radio] LAN 無線LAN ◆devices [nodes] on a LAN LANに接続されている装置 [LAN上のノード] ◆in a LAN network environment; in a LAN-networked environment LANネットワーク環境(下)で ◆communicate with each other on the LAN LAN上で相互に通信する

**land** 1 (陸, 陸地, 土地, 地所, 地面, 農地, 耕地; the~ 田園[農村] 用地, 地帯, 田舎; ~s 所有地, 地所; a~ 国, 国家, 国土, 国民, 地域, 地方, 人々, 領域, 《電気》(プリント回路基板の)端子領域[ランド] ◆a land animal 陸生動物 ◆a land developer

土地開発[宅地造成]業者 ◆a land station 陸上局 ◆effective land utilization 効率的[効果的]な土地の利用, 土地の有効活用 ◆the National Land Agency 《(日, 旧)国土庁 (*国土交通省に統合された) ◆a land mobile station 陸上移動局 ◆Japan's Advanced Land Observing Satellite (ALOS) 《(日)日本の陸域観測技術衛星(ALOS) ◆after the hurricane hit land ハリケーンが上陸した後で ◆a land-use policy 土地利用政策 ◆because of the lay of the land 地形[地勢, 地貌](チボウ), 地相]のせいで ◆become the law of the land 国家の法律になる;国法となる(*必ずtheが付く.「土地法」と混同しないように注意) ◆buy land to build on 宅地用に土地を買う ◆mineral deposits on land 陸上の鉱床 ◆over a vast expanse of land 広大な地域[広域]にわたって ◆own 300 acres of land 300エーカーの土地を所有する ◆provide land mobile communications services 陸上移動通信サービスを提供する ◆reconsider the zoning on the land 土地区域指定を見直す ◆an amendment to the national land law 国の土地法の修正(案) ◆a battle-haunted, famine-haunted land 絶えず戦火と飢饉に悩まされている地 ◆land-based and submarine optical fiber systems 陸上および海底光ファイバーシステム ◆mines operating under land (海底や湖底の地下でなく露天掘りでもなく)陸上の地下で操業[稼行]している鉱山 ◆sky-high land prices in Japan 法外な日本の土地価格[地価, 地代] ◆the 86,000-square-foot building on 130 acres of land 130エーカーの敷地に建っている延べ床面積86,000平方フィートのビル ◆[subdivide] a tract of land into 8 lots 一筆の(広い)土地を8つの地所[区画]に分割する[分筆する] ◆due to damaged printed circuit land patterns (プリント回路基板の)印刷回路ランド[電極]パターンの損傷のせいで ◆The Constitution is the law of the land. 憲法は国家の法律である. ◆turn food scraps into compost material suitable for land reclamation and fertilizer for farmland 食べ物のくず[生ゴミ]を土地改良に適した堆肥材や農地用の肥料に変える ◆We have to prepare the land, plant our crops, and... 我々は整地, 作付け, そして... をしなければならない. ◆hundreds of acres of yet-to-be-developed land designated for parks 公園地に指定されている何百エーカーに上るまだ開発されていない[未開発の]土地 ◆On land, at sea, in the air, and now on-orbit, electronics is~ 陸で, 海で, 空で, そしていま軌道上[宇宙]で, エレクトロニクスは~
2 vt. ~を着陸[上陸]させる, 陸揚げする,〈魚〉を(網, 釣針で)釣り上げる,〈口〉〈仕事など〉にありつく; vi. 上陸する, 着陸する,(良くない状態に)陥る <in> ◆I landed on a job as assistant professor at Wayne State University here in Detroit and started teaching... 私はここデトロイトのウェイン州立大学の助教授[講師]の仕事[職]にありついて~を教えはじめた

**landfill** (a) ~ ごみの埋立(地), ゴミ処分場, 廃棄物埋立地に[の]埋め立てられるごみ; vi., vt. (場所を)ごみで埋め立てる, 〈ごみ〉を埋め立てる ◆a landfill site ごみの埋立地; 廃棄物[ごみ](埋め立て)処分場 ◆be disposed of in ordinary landfills 通常の埋立地に[投棄]処分される ◆Batteries that use this technology can be safely disposed of in landfills. この技術を使った電池は, ごみ処分場に安全に埋め立てできる. ◆Since 1978, more than 80% of all U.S. landfills have reached capacity and have been forced to close. 1978年以降, 米国の全ごみ埋立地[処分場]の80パーセント以上が満杯になり[一杯になり, (意訳)埋立完了し]閉鎖を余儀なくされた.

**landing** (a) ~ 上陸, 陸揚げ, 着陸, 着水; a~ 上陸地, 波止場, 荷揚げ場, (階段の)踊り場 ◆a (staircase) landing 階段の踊り場 ◆make a landing approach to [at] an airport (飛行機が)飛行場へ[で]着陸進入する ◆make a soft landing on a planet 惑星に軟着陸する ◆the ALFLEX (Automatic Landing Flight Experiment) 《(日)アルフレックス (自動着陸小型実験機)》 ◆There has been a soft economic landing 経済のソフトランディング[軟着陸]があった ◆successfully pull off a soft landing for the economy うまく経済のソフトランディングを成し遂げる ◆the landing of an aircraft on a runway 航空機の滑走路上への着陸 ◆... made an emergency landing at the Xxx airport after one of the engines shut down ~は, エンジンが1基停止した後, Xxx空港に緊急着陸した

**landing gear** 囗着陸装置, 航空機の脚 ◆retractable landing gear 《航空》引き込み主脚

**landlocked** adj.（ほとんど周りじゅう）陸に囲まれた,〈魚類が〉陸封型［種］◆a landlocked mountainous country 山の多い内陸国

**landlord** a～《女性形は a landlady》地主, 家主, 大家; a～旅館の主人［経営者］, 下宿屋などの主（アルジ）［亭主］

**landmark** a～陸上の目印（となる岩, 建物, 陸地, 地標, 境界を示すもの, 画期的な出来事, 歴史的建造物 ◆a landmark world trade treaty 歴史的（大きな）節目を刻む世界貿易協定 ◆act as a landmark that can be seen from a distance ～は遠くから［遠方から］見える（陸上の）目印になる ◆a landmark Supreme Court decision on euthanasia 安楽死に関する最高裁の画期的な判決 ◆landmark skyscrapers such as Chicago's Sears Tower or the World Trade Center in New York シカゴのシアーズタワーやニューヨークの世界貿易センターなど周囲から際立って目立つ超高層ビル ◆This treaty represents a landmark in postwar history. この条約は戦後の歴史に節目を刻む出来事だ.

**landscape** a～風景, 景色, 風景画, 景観, 地勢, 勢力地図, シーン;囗風景画法; adj.（→portrait）〈長方形の紙や画面が〉横長に置かれた, 横向きの, 横長の, 横置きの ◆a landscape architect ランドスケープ・アーキテクト, 造園家, 造園技師, 造園設計者, 景観建築家 ◆a landscape monitor 横型モニター（*横長画面の）◆a landscaping laborer 敷地整備の職人, 修景 ◆landscape architecture; landscape design 造園, 敷地整備, 修景 ◆landscape painting 風景画（法）◆urban landscapes 都市景観 ◆print in both landscape (horizontal) and portrait (vertical) orientation within the same document 同一文書内で横長（横置き）と縦長（縦置き）の両方の向きで印字する ◆rotate the touch screen from landscape to portrait orientation （コンピュータの）タッチスクリーンの向きを横置きから縦置きに変える ◆Labels can be printed in portrait or landscape orientation. ラベルは, 縦向きにも横向きにも印字できる.

**landscaping** 敷地整備, 修景, 景観整備, 造園

**landslide** a～地滑り, がけ崩れ, 大勝利, 地滑り的勝利 ◆cause [produce] a landslide [landslip] 地滑り［山崩れ］を引き起こす［生じさせる］◆Mr. Reagan won by a landslide. レーガン氏は, 地滑り的[圧倒的]勝利を収めた.; landslide (election) victory 地滑り的勝利[大勝利, 圧勝]を収める; 圧倒的勝利を勝ち取る; 大勝する（*選挙で）

**lane** a～レーン, 車線, 航路, 通路, コース, 小道, 小径, 横町, 路地, 〜路, 一件 ◆make a lane change 車線変更する ◆turn [move, get] into the passing lane 追い越し車線に入る ◆a passing [fast] lane 追い越し車線 ◆a two-lane highway 2車線のハイウェイ ◆a driver in lane No. 2 2番車線を走行している運転者 ◆when changing lanes 車線変更時に ◆If you are driving slower than other traffic, keep in the right-hand lane except when preparing for a left turn. あなたが他の車の流れよりも低速度で走行している場合は, 左折準備のとき以外は右側車線を走行し続けてください.

**language** (a)～言語, 言葉, 言い回し, 数式記法, ランゲージ, 〜国語, 〜語, 言葉, 〜用語, 〜話 ◆a language laboratory [lab] 語学[エルエル]教室 ◆a language skill 語学力;言語能力 ◆a machine language 機械語 ◆acquire language skills 語学力を習得する［身に付ける］◆children with severe language delays 言葉の非常に遅れている子どもたち; 重い言語発達遅滞[障害]児 ◆have a gift for languages 語学の才能がある ◆have command of two languages 2つの言語が使える;2カ国語できる ◆in a language they don't understand 彼らに理解できない言語[分からない言葉]で ◆in easy to understand language 分かりやすい［平易な］言葉[言い方]で ◆instructions in clear, simple language 明確で分かりやすい言葉での指示 ◆those with little command of the language 言葉が話せない人達 ◆translate from machine program into assembly language 機械語をアセンブリ言語に翻訳する ◆Watch your language! 言葉遣いに気をつけなさい.

**languish** vi. 元気がなくなる[衰える, 沈滞する], 苦しむ, 悩む, 思い悩む, 思い焦がれる ◆The V-Chip, praised as salvation for parents fed up with TV trash, is languishing on store shelves during its first year of sales. テレビのクズ番組に辟易（ヘキエキ）している親御さんたちへの救いとまでほめそやすれたVチップは, 発売初年度にして店の棚の上でしょげている［《意訳》市場での販売で苦戦している］.

**La Niña** 《気象》ラ・ニーニャ（*東太平洋赤道海域で海面の水温が平年より1～2°C低くなる現象. cf. El Niño エル・ニーニョ）

**lantern** a～携帯用ランプ, カンテラ

**lanthanide** a～《化》ランタニド（*原子量が57から71までのランタン系列元素のなかの一つ）

**lanthanide series** the～《化》ランタン系列

**lanthanum** ランタン（元素記号: La）

**lap** 1 a～（座位の腰からひざまで）ひざ, 衣類のひざの部分, 養育環境, 憩いの場,（衣類などの）重なる部分, 責任・管理・世話の範囲, くぼんでいる場所, 山ふところ ◆fall [drop] into one's laps 転がり込む ◆a lap belt （シートベルトの）腰ベルト ◆a lap joint ラップジョイント, 重ね継ぎ手 ◆a single-lap joint 一重接ぎ手[継手] ◆hold a child on one's lap こどもをひざの上に抱く ◆it literally fell [dropped] into their laps それは文字通り（たなぼた式に）彼らに転がり込んできた ◆Lap belts should be worn snugly and as low around the hips as possible. 腰ベルトは, 腰の回りに（きつくない程度に）ぴったりと, かつできるだけ[なるたけ]位置を下げて着用すること.
2 vt. ～を包む, 巻く, 一重ねる,〈競争相手〉を1周（以上）抜く, ～をラップ仕上げする, 重ね継ぎする; vi. 巻き付く, 一部重なる, 突き出る ◆a lapping machine ラップ盤（*研磨剤を使用して精密ラッピングをする機械）◆Each gage shall be precision lapped to a mirror finish of approximately one microinch. 各ゲージは, 約1マイクロインチの精度で精密ラッピングにより鏡面仕上げすること.（*lap＝「研磨により平坦化する」）
3 a～（競技トラックの）1周, 重なり部分, 物をぐるりと一巻きするに要する材料の量, 長期旅行の一旅程, 長期の企ての一段階, 重なり量, ラップ盤 ◆By the 15th lap, he was making headway into the top 10. 彼は, 15周目までに上位10人の中に食い込みつつあった.

**lapel** a～（上着の）折り襟, ラペル ◆a lapel microphone ラペル(折り襟)マイク

**lapse** 1 a～（時間の）経過, 過失, 陥ること, 堕落,（掛け金不払いによる）保険の失効,（無為などによる）権利の喪失[消滅] ◆a lapse of time 時の経過 ◆a lapse rate （大気の）気温減率［逓減率］（*高度が上がるにつれ気温が降下する率）◆after a lapse of five seconds 5秒経過後に ◆after an eleven-year lapse 11年のブランク[空白期間]の後に ◆an occasional lapse of memory 時々する度忘れ ◆for a lapse of three years 3年たつ[3年が過ぎる]間 ◆momentary lapses of attention 注意散漫 ◆a lapse of two seconds between A and B AとBの間の2秒の経過時間 ◆a lapse in concentration can lead to serious injury and even death 一瞬の集中力の低下[気のゆるみ]が, 重傷や, 死にもつながることがある.
2 vi.（ある状態に）陥る, 落ち込む <into>, 堕落する, 正道に外れたことをする, おしゃべりになる,（権利などが）消滅する, 失効する,（時）が経過する（経つ）◆lapse into a state of torpor 休眠状態に陥る ◆Access time means [refers to] the time lapsed until the read head finds the first bit of data. アクセスタイムとは読み取りヘッドがデータの先頭ビットを見つけるまでの経過時間のことである.

**laptop** a～ひざの上型装置, ラップトップ機, ラップトップ(型)コンピュータ（▶日本語の「ラップトップ」には, ノート機出現以前の少し重いマシンのイメージもある）,《意訳》ノート型パソコン［モバイルPC］; adj. ◆a 20-MHz 80386SX-based laptop system 20MHz 80386SX（CPU）使用のラップトップ（コンピュータ）システム

**large** adj. 大きな, 大ぶりの, 大柄な, 大型の, 大規模な, 広い, 広大な, 広範な, 度量の大きい, 心の広い, 寛大な, 大げさな, 多量の, 多数の, 大手の; adv. 大げさに ◆a large [big] retailer 大規模小売商 ◆a large business [corporation] 大企業 ◆a large truck 大型トラック ◆a large car 大型車 ◆large signal performance 大信号性能 ◆a large amount of power; large amounts of power 大きな量の電力, 大きな電力量, 大電力量, 大量[多量]の電力 ◆a large format camera 大判カメラ ◆a large quantity order 大口[大量]注文 ◆As firms become larger, ... 会社が大きくなるにつれて ◆by a large amount; by large amounts 大きく, 大幅に (*単数形を使用するか複数形を使用するかは文脈により決まる) ◆grow steadily large 着実に大きくなっていく ◆grow to a larger size より大きなサイズに成長[成育]する ◆increase by a large amount 大幅に増加する ◆in the midst of a scandal of large proportions involving... 〜を巻き込んだ大スキャンダルの最中に ◆large increases in public works spending 公共(土木)事業支出の大幅な増加;公共投資の大増幅 ◆place a large order 大型[大口]注文を出す ◆the largest accelerator 最大規模の加速器 ◆the largest selling product 最売れ筋商品 ◆offers from some of the largest corporations in the world 世界屈指[有数]の企業からのオファー ◆a large-time-constant RC circuit 時定数の大きいRC回路 ◆large-signal operation 大信号動作 ◆make large-radius turns 大きな半径で回転する,《スキー》大回転する ◆the third largest U.S. computer manufacturer 米国第3位の大手コンピュータメーカー ◆particles larger than 1 μm in diameter 直径1μmを超える[《意訳》以上]の粒子 ◆the amplitude of oscillation becomes large 振動の振幅が大きくなる ◆the rich countries consume a very large proportion of resources 豊かな国々は, 資源の非常に大きな割合[大部分]を消費している ◆the abolition of all weapons capable of killing large numbers of people すべての大量殺戮(サツリク)兵器の廃絶 ◆divided into various groups, large and small, according to... 〜に基づいて大小さまざまな群に分類されている ◆the Government placed large orders for microcomputer equipment with Femtex 政府は, フェムテックス社にマイクロコンピュータ機器の大口注文を出した[大口発注をかけた] ◆Buy products in large sizes or in quantity when that means a low price per unit. 単位当たりの価格が安くなるならば, 商品を大入り(パッケージ)でまたは大量に買うこと. ◆This fish does not normally assume large proportions, the largest specimens being 30 cm long and weighing about 11 to 14 oz, and rarely more than this. この魚は通常大きくはならない. 最大級の標本で全長30cm, 体重は約11〜14オンスであり, これを超えることはめったにない.

**at large** 自由で, 捕まっていない, 逃走中[逃亡中]で; 漫然と, 長々と, 詳細に; 一般に[の], 全体として(の) ◆meet the expectations of the public at large 一般の人々[一般大衆, 一般社会]の期待に応える ◆The assailants fled and are still at large. 襲撃犯は逃げて依然逃走中[逃亡中]である.

**by and large** 全体として, 概して (= on the whole)

**large-capacity** adj. 大容量の ◆a large-capacity fiber optic trunk 大容量光ファイバー幹線 ◆a large-capacity hard disk drive 大容量ハードディスクドライブ

**large-diameter** adj. 直径[口径, 差し渡し]の大きな, 大口径の, 大直径の, 大径の ◆a large-diameter tube 大口径管

**large-format** adj. 大判の, 大型の ◆a large-format (4x5-inch) view camera 大判(4×5インチ)ビューカメラ ◆a large-format plotter 大型[大判]プロッター

**largely** adv. 大いに, 大きく, 大きな, 大部分, 大半(タイハン), だいたい, たいてい, 一般に, ほとんど, 普通, 主として, 多分に, 多くは, 大規模に ◆he quit largely because... 彼は, 主として〜という理由でやめた[退社した] ◆it largely determines whether or not... それは, 〜かどうかを決定づけるのにかなりのウエート[ウェイト]を占めている ◆The population is largely German-speaking. 同地域の住民は, ドイツ語を主に話している[主にドイツ系住民が占めている]. ◆The Taliban are largely [predominantly] Pashtun. タリバーンの主体はパシュトゥン人である. (*主体=集合体の主要な構成部分, 組織の中心を成す構成員)

**larger-than-life** オーバーな, 誇張された ◆a larger-than-life movie hero 誇張されて現実離れした映画の主人公

**large-scale** adj. 大規模な, 大がかりな, 広範にわたる, (地図などが)縮尺率の大きな ◆a large-scale study 大がかりな研究 ◆large-scale production 大規模生産

**largest** 《largeの最上級》 ◆the ten largest earthquakes of the 20th century 20世紀の10大[トップテン]地震

**large-volume** adj. 容積の大きい, 量の多い, 大量の, 大口の ◆a large-volume customer 大口の顧客 ◆a large-volume sports car 排気量の大きいスポーツカー ◆large-volume orders 大量の注文

**larva** a〜 (pl. -vae, -vas) 幼虫, 幼生 (*オタマジャクシなど) ◆fly larvae (maggots) and adult flies ハエの幼虫[うじ]と成虫の蝿 (ハエ)

**lascivious** adj. 好色な, 助平な, みだらな, 淫靡(インビ)な, 猥褻(ワイセツ)な, 扇情的な ◆tell a lascivious joke わいせつな[下卑た, 下品な, 品のない, エッチな, いやらしい, 下ネタの]冗談をいう

**lase** vi. (レーザー作用により)干渉性[コヒーレント]光を発する, レーザー発振する, レーザーとして働く ◆lasing occurs レージング[レーザー発振, レーザー発光]が起きる ◆optically pump neodymium ions in crystals to lase 結晶中のネオジウムイオンを光励起してレーザー発光させる

**laser** (light amplification by stimulated emission of radiation) a〜 レーザー (*電磁波の誘導放出による光の増幅), 一条のレーザー光線, レーザー(発振)装置 ◆a laser (beam) printer; a laser-beam printer レーザープリンタ ◆a laser diode レーザーダイオード ◆a laser disc [laserdisc] レーザーディスク[光ディスク] ◆a laser interferometer レーザー干渉計 ◆a laser videodisc レーザービデオディスク (= a laserdisc) ◆laser light レーザー光 ◆a distributed feedback laser diode (DFB-LD) module 《光通》DFB-LDモジュール ◆a Pioneer Karaoke LaserDisc machine パイオニア製カラオケレーザーディスクマシン ◆a Canon Laser Beam printer (LBP) キヤノンのレーザー(ビーム)プリンタ ◆laser-trimmed thin-film resistors レーザー光でトリミング(抵抗値が調整)された薄膜抵抗 ◆CO$_2$-laser surgical equipment 炭酸ガスレーザー外科手術機器 ◆high-quality laser-printed hard copy レーザープリンタ印刷[出力]による高品位[高画質]ハードコピー ◆a precisely focused beam of laser light 厳密に焦点を絞ったレーザー光 ◆But that laboratory stunt is a long way from producing lasers of sufficient intensity and quantity to destroy targets thousands of miles distant. しかし, その実験室での離れわざも, 何千マイルも遠く離れた目標を破壊するのに十分な輝度と光量のレーザー光線を発生させるにはほど遠かった.

**laserdisc, laserdisk** a〜 レーザーディスク ◆a laserdisc player レーザーディスクプレーヤー ◆Pioneer's HLD-V500 HDTV LaserDisc player パイオニアのHLD-V500型ハイビジョン・レーザーディスクプレーヤー

**laser pointer** a〜 レーザーポインター ◆A seventh-grader suffered permanent eye damage when a friend shined a laser pointer into his eye at school. 7年生(*中学1年に相当)の生徒が, 学校で友達にレーザーポインターで目の中を照らされて, 一生治らない損傷を目に負った.

**LaserVision** 《商標》レーザービジョン

**LASIK** (laser in-situ keratomileusis) レーシック (*PRKの改造版. 神経の多い角膜表面を削るPRKは痛みが多く, 視力の安定にも日数がかかるので, 角膜の表面ではなくその下の層を削って近視矯正する)

**lasso** a〜 なげなわ; vt. 〜を投げ縄で捕まえる ◆throw a lasso at... 〜に(向けて)投げ縄を投げる ◆try to lasso an escaped calf 逃げた子牛を投げ縄で捕らえようとする

**last** 1 adj. 最後の, 終わりの, 現時点から一つ前の, 前回の, 先週[先月, 昨年]の; 《通例 the 〜》最後に残った, 末期[臨終]の, 決定的な, びりの, 末尾の, 最下位の, 過去の一

番〜そうもない; adv. 最後に; n.《通例 the 〜》最後の人[物]，最後，終わり，結末《マツゴ》，臨終 ◆last but not least 最後に挙げた[述べる]が決して重要度が低いというわけではないものとして;(意訳)(*いろいろ挙げてきて，おしまいに)その他，ところで，最後になってしまいましたが ◆(the) last time; (the) last time around 前回 ◆the last shipment 最終出荷 ◆a person's last resort 〈人の〉最後の手段「取っておきの手段，切り札，窮余の一策，奥の手，苦肉の策，伝家の宝刀」◆in his last period 〈彼の〉晩期に ◆in the last couple of years 過去2年間で ◆in the last ten days of the month その月の下旬に ◆in the spring of last year 昨年の春に ◆the date last backed up 最後に(ファイルが)バックアップコピーされたときの日付，最新バックアップの日付 ◆the last write date 《コンピュ》最後に[最も最近に]書き込みをした日[の日付]; 最終書き込み日 ◆within the last few years この(過去)数年のうちに ◆the time and date of the last modification 前回行われた修正の日時 ◆Last but not to be forgotten [overlooked, considered least, ignored, left out], is... 最後になってしまいましたが，忘れて[見過ごしては，などっては，無視しては，外しては]ならないのは，〜です．◆...has made terrific progress in the last few years 〜は，最近[ここ]数年の間にものすごい進歩を遂げた ◆the date-last-accessed information for the files 《コンピュ》それらのファイルが最後にアクセスされた日を示す情報 ◆Beginning [Starting] last year, the company began a major restructuring. 昨年から[去年から]，この会社は大リストラを始めた．[大再編に着手した] ◆The last conference was held in Beijing, China, in 2000. 前回の会議は2000年に中国の北京で開催された．◆When was the last change made to the file TEST.DAT? TEST.DATファイルに最後の[(意訳)直近の]変更が行われたのはいつか。◆Since last year, the cost of homopolymers has increased more than 80%. 昨年来[去年から]ホモポリマー[単独重合体]のコストが8割以上上昇した．◆For the last 15 years of his life, Ludwig focused his energies and interests on building castles. 彼の晩年15年間というものは，ルートヴィッヒは築城に全身全霊を打ち込んだ．◆Powertek sales are slightly ahead of last year and in line with the company's annual sales objective. パワーテック社の売り上げは前年比でわずかに上回って[対前年比微増して]おり，同社の年間売り上げ目標に沿った形となっている．◆These values represent the cursor position at the time the mouse button was last pressed. これらの値は，最後にマウスボタンが押された時のカーソルの位置を表す．◆Two years have passed since the company's last supercomputers were imported into this country. 同社のスーパーコンピュータが最後にこの国に輸入されてから2年が過ぎた．

**2** vi. 続く，継続[持続，存続]する，(なくならずに，だめにならずに)持つ; vt.《〜の間》持つ，持ちこたえる《out》◆last too short a time あまりにも短い間[時間, 期間]しか続かない[持たない] ◆X lasts 3 times longer than Y XはYよりも3倍長く持つ[長持ちする]; XはYの3倍の寿命がある ◆cutters reinforced for long lasting qualities 長寿命化を得るために強化されているカッター ◆intense shelling lasted for about 30 minutes 激しい砲撃が約30分続いた ◆the plan will begin July 1 and last for 10 years この計画は7月1日に始まり10年間継続することになっている ◆Some parts can last the lifetime of the car. 部品によっては，車の寿命がくるまで[取り替える必要なく]持つ．◆The nickel-cadmium batteries will last ten hours or more between charges. ニッケルカドミウム電池は，1回の充電で10時間以上持つ．

◆**at last** 《(強調)at long last》いよいよ，とうとう，ついに，やっと，やっとのことで，ようやく，ようやくにして，最後に，しまいに ◆Now at long last, 40 farms in Washington State have been authorized to send apples to Japan. ようやく[ついに，やっと]今，ワシントン州の40軒の農場に，リンゴを日本へ送り出すための認可が下りた．

◆**last-ditch, last ditch** the 〜; last-ditch adj.《戦いや努力》必死の[どたんばの]; 必死の努力 ◆mount a last-ditch effort to <do> 〜しようと必死の努力をする ◆take a (last-ditch) desperate measure to <do>... 〜するのに窮余の一策[苦肉の策]を講じる ◆stage a last-ditch counterattack 背水の陣をしいて反撃する ◆if he has been driven into the last ditch 仮に彼が絶体絶命の窮地[ピンチ]に追いやられていたとしても ◆Hitler Youth, meaning school boys, were trained for last-ditch resistance and for an underground struggle in areas of Germany occupied by the Allies. ヒトラーユーゲント，すなわち学徒たちは，連合国軍に占領されたドイツ各地において(一歩も後へは引けないせっぱ詰まった状況下で)最後の抵抗ならびに地下抗戦できるよう教練を受けていた．

**last-in, first-out** (LIFO) 後入れ先出し法，後入れ先出し 《(▶LIFO は"ライ・フォウ"と発音)

**lasting** adj. 長く続く，永続的な，永続する，恒久の，永久的な，耐久性のある ◆We are looking forward to working with you on a long and lasting business relationship. (意訳)これから末長く(お取り引きいただきますよう)よろしくお願い申し上げます．

**last minute** the 〜締め切り前などの間際(マギワ)，せっぱつまった最後の瞬間，ぎりぎりの所，瀬戸際，土壇場; last-minute adj. ◆a last-minute change 直前になっての変更 ◆cancel at the last minute 直前[ぎりぎり, 土壇場(ドタンバ)]になってキャンセルする; どたキャンする ◆last-minute industry news 業界の最新ニュース ◆until the very last minute 最後の最後になるまで ◆wait until the last minute ぎりぎりまで待つ ◆study intensely at the last minute 一夜漬けで勉強する ◆When a last-minute cancellation takes place, ... 直前になって取り消しが発生すると; どたキャンがあると ◆she canceled a concert at the last minute because of stomach problems 彼女はお腹の調子が悪くてコンサート(の出演)を直前でキャンセル[どたキャン]した

**last will** a 〜 遺言 ◆make a last will and testament 遺書をつくる; 遺言[遺言書]を作成する ◆write a last will and testament 遺言状[遺言書]を書く; 遺言を認める(シタタメル) ◆demand that Lenin's last will be carried out and that he be buried next to his mother レーニンの遺言を履行して彼を母親の傍らに埋葬せよと要求する

**last word** the 〜 (議論などに決着をつける)決定的な発言，(〜の)決定版<in>，最新版[型]<in> ◆the last word in spreadsheet software 表計算ソフトの決定版

**latch** 1 a 〜 掛け金，かんぬき，錠，押さえ，留め，ラッチ回路 ◆engage [↔disengage] a latch 掛け金を掛ける [↔外す] ◆open a latch ラッチ[掛け金]を外す ◆open up the latch 《電子》ラッチを開放する ◆a high on the line keeps the latch shut 《電子》その線が high の時は，ラッチは閉じたままになる ◆transfer the contents of the latch into the counter ラッチの内容をカウンタに転送する

**2** v. 〜に掛け金(カケガネ)をかける，しっかり締まって掛け金がかかる，《電子》ラッチする ◆latching current 保持電流 (= holding current) ◆a latching [latch-in] relay (自己)保持式リレー ◆a latching relay, a latched-type relay ラッチ形のリレー[継電器] ◆a mechanically latched [a mechanical latching] type ラッチにより機械的に保持するタイプ(*電磁開閉器やリレーなどについて，電磁石に一瞬電流を流して投入した後，ラッチにより機械的にその状態を維持する) ◆data is latched into the memory device データは記憶装置にラッチされる ◆the processor latches the level of the input プロセッサが入力のレベルをラッチする

**latch on(to)** 《口》〜をつかむ，つかまえる，手に入れる，〈人〉にべったりくっついて離れない

**latchkey** a 〜 掛け金のかぎ ◆a latchkey kid [child] 鍵っ子

**late** 1 adj. 遅れた，(予定，期限，標準より)遅い，遅刻の; adv. 遅れて ◆a late bloomer 晩成型[遅咲き]の人 ◆a late marriage 晩婚 ◆before it is too late; before it gets too late 手遅れにならないうちに，遅きに失する前に，今のうちに，足もとの明るいうちに ◆be late for an appointment 約束に遅れる ◆late-blooming flowers 遅咲きの花 ◆late deliveries 納期遅れ ◆as late as the 19th century 19世紀になってようやく[やっと] ◆Because Xxx will be released too late for the traditional summer-bonus sales season, Xxxの発売は恒例の夏の

ボーナス商戦には到底間に合いそうもないので,... ◆yesterday I was late for work 私は昨日仕事に遅れて[遅刻して]しまった ◆the term came to prominence too late for inclusion in the latest edition of the dictionary この用語が目立って使われるようになった時にはもう, 本辞典の最新版に載せるのには間に合わなかった ◆The hotel had no rooms for late arrivals. ホテルには, 遅く到着した人たちのための部屋があいていなかった ◆Work submitted late without good reason will be penalized. 正当な理由なくして遅れて[期限を過ぎて]提出された宿題には罰則が適用されます ◆His cancer was at such an advanced stage that it was too late for doctors to do anything. 彼の癌は, もう医師たちに手の施しようのない(手遅れの)段階にまで進行していた ◆Mr. Amoako stated in his keynote address that Africa should take advantage of starting late in the information age. アモアコ氏は基調演説で, 情報化時代においてアフリカは後発の利益を活かさなければならないと述べた.

**2** adj. 後期の, 晩期の, 《医》遅発[晩発, 後発]性の; adv. 末期に, 後の方[終わり近く]になって, 遅くに, 遅くまで ◆in the late shift 遅番で ◆be open early in the morning till late in the evening [from early morning till late evening] 朝早くから夜遅くまで開いている ◆during late spring 晩春(のあいだ)に; 春の終わりの頃に ◆from morning till late at night 朝から夜遅く[深夜, 夜更け, 夜中]まで ◆in late 1991 1991年後期[末期, おそく]に ◆in late September 9月遅く[下旬]に ◆in the late sixties 60年代末期に ◆late in life 晩年に ◆late last week 先週の終わり頃に ◆late this year 今年の終わり頃に ◆work until late at night 夜遅くまで働く ◆He spent his late years in Germany. 彼は晩年をドイツで過ごした.

**3** adj. 最新の, 前任の, 最近亡くなった, 故人となった, 故~, 亡~; adv. 最近に ◆his late works 彼の最近の作品 ◆the late President John F. Kennedy 故ジョン・F・ケネディ大統領 ◆late-breaking news (報道メディアに今入ってきたばかりの)最新ニュース

**of late** 最近 (= lately, recently)

**latecomer** a~ 遅刻者, 遅刻来た人, 最近に市場参入を果たした会社, 最近に登場した製品 ◆a latecomer to the subnotebook market 《コンピュ》サブノート機市場への後発参入企業 ◆berate audience latecomers 遅刻してきた観客の人たちを叱りつける ◆latecomers should go to the end of the line and wait their turn 遅く来た人は列の最後に行って番がくるのを待たなければならない ◆The company is a relative latecomer to the international market. この会社は, 比較的後発の国際市場参入企業である.

**lately** 最近, 近ごろ, この頃, このほど, このところ

**late-model** 最新型の ◆a late-model car 新型車

**latency** 潜んでいること, 潜在, 潜伏(期), 《コンピュ》待ち時間 ◆latency (time) 《コンピュ》待ち時間(*情報読み出し命令が発せられてから情報が内部記憶装置から取り出されるまでの時間. ディスク装置では, 目的のデータ記録位置に到達するまでの回転待ち時間)

**late-night** adj. 夜遅くの, 深夜の, 深夜営業の ◆late-night businesses mainly catering to bar-hopping types 主にはしご酒をするタイプのお客样手に商売をしている深夜営業の店

**latent** 潜んでいる, 潜在的な, 潜伏性の, 休眠中の, 潜~, 潜状~ ◆a latent image 潜像 ◆latent heat 潜熱 ◆during the latent period of disease 病気の潜伏期間の間に

**later** adj. もっと遅い, もっと後の, もっと後の, もっと後の, もっと後の[この]先の, 将来の; adv. より後で, 後で, 後に, あとになって, のちほど, いずれ, そのうち, 後日 ◆later on; at a later time 後で; 後程(ノチホド), 後刻(ゴコク) ◆at a later date 後日 ◆a pulse applied 5 μsec later 5μ秒後に印刷されたパルス ◆as described later in this article 本稿で後述[後記]するように ◆as will be discussed [described, seen, shown] later のとおり ◆at a later point in the text 本文のもっと後ろの箇所で ◆at some later point in the system その系列の後ろの方の箇所で ◆a year later 1年後に; 1年過ぎて ◆his later years 彼の後年 ◆later in the month その月のもっと後になって ◆postpone... to a later time ~を先に延ばす ◆preserve

samples for later analysis 後々の分析[鑑定]のために標本を保存しておく ◆set the clock one hour later 時計を1時間遅らせてセットする ◆three or four minutes later 3～4分後に ◆two months [years] later 2カ月[2年]後に; 翌々月[翌々年]に ◆MS-DOS 3.0 or later [greater, higher] 《コンピュ》MS-DOSバージョン3.0以降[以上] ◆Later, years later, she was... その後何年か経って, 彼女は~ ◆record the amounts paid on other forms for later use in tax reporting 後で税金の申告に使用するため, それらの支払い金額を別の書類に記録する ◆It is used on 1982 and later cars. それは1982年型以降の車に使用されている. ◆Its significance became clear many years later. その重要性は, 何年も経ってから明らかになった. ◆I will discuss the reason for this a little later. その理由については後述する. ◆I will discuss this further on later on. これについては後でさらに詳しく述べる. ◆All monies shall be deposited in the Post bank account no later than 14 days after submission. 金銭はすべて, 入金後14日以内に郵便貯金口座に預け入れるものとする. ◆Applications should be completed and postmarked no later than June 30, 2000. Applications turned in after June 30th will be accepted as space is available. 申込書にご記入の上, 2000年6月30日の消印までにご郵送ください. 6月30日を過ぎて提出された申し込みは, 空きがあれば受け付けます.

**lateral** adj. 横(向き)の, 横方向の, 水平方向の, 外側の, 側方~, 側面の, Y軸方向の; n. a lateral axis 横軸 ◆a lateral direction 横方向[の] ◆lateral adjustment of forms 用紙(位置)の横方向の調整 ◆she wants to promote "lateral thinking" in the curriculum 彼女はカリキュラムに「水平思考」を採り入れたいと思っている

**laterally** adv. 横に, 横から, 側面に ◆turn laterally 横[左右, 水平方向]に回転する(= swivel) (*垂直軸を中心に回転する)

**latest** adj. 一番遅い, 最後の, 最新の, 最近の, 現在の, 現行の; adv. 一番遅く, 最後に; n. the ~ 最新のもの[ニュース, 製品など] ◆by... at the latest 遅くとも~までに ◆the latest-type... 最新型[タイプ]の ◆the latest fashions 最新ファッション ◆the latest in supercomputers スーパーコンピュータの最新型 ◆this latest oil shock この最後のオイルショック ◆use the latest in laser and computer technology レーザー技術およびコンピュータ技術のなかでも最新のものを使う, (意訳)最新の一技術を用いる ◆the latest in computer programs for the blind 盲人のためのコンピュータプログラムの最新版 ◆the latest models of ATVs and motorcycles オールテラインビークルおよびバイクの最新車種 ◆the latest year for which such statistics were available そのような統計がある一番最近の年 ◆The latest modifications were made on September 25, 2001. 最新の[最後の, (意訳)直近の]変更は2001年9月25日に行われた.

**late-stage** adj. 遅い段階の, 後期の, 晩期の, 末期の ◆late-stage syphilis 末期[晩期]の梅毒

**lathe** a ~ 旋盤, ろくろ; vt. ~を旋盤[ろくろ]で切削加工する ◆a lathe operator 旋盤工 ◆Large pieces can be turned into vases and bowls on a lathe. 大きな塊は旋盤で(回転させて切削し)花瓶やボウルに加工できる.

**lather** (a) ~ (石鹸の)泡, (特に馬の泡のような多量の)汗, (口)(時間が足りなくてひどくあわてた)泡を食った状態; vi. ~にせっけんの泡をぬる ◆Directions: Wet hair, apply shampoo, work into a rich lather, rinse hair and repeat if needed. 使用法 − 髪を濡らし, シャンプーをつけて, 十分泡立ててから(髪を)すすぎます. 必要に応じて繰り返して下さい.

**Latin American** adj. ラテンアメリカの ◆Latin American teams ラテンアメリカ[中南米]チーム

**Latino** a ~ (pl. -nos) (米国に居住する)ラテン系アメリカ人, 中南米系米国人; adj. ラテン系アメリカ人の ◆a Latino businessman 中南米系米国人[ラテン系アメリカ人]の実業家

**latitude** (a) ~ 緯度(イド), a ~, ~ъ (緯度的に見た)地域, 地帯, 地方; ②自由にできる幅, 自由裁量の範囲, 許容範囲, 《写真》(フィルムなど感光材料の)ラチチュード, 露光寛容度, 露光許容範囲 ◆exposure latitude 露光[露出]ラチチュード[寛

容度, 許容範囲］◆areas in higher latitudes　高緯度地帯である地域　◆allow... more latitude in... -ing　～できるよう〈人など〉により大きな裁量の幅［余地］を持たせる　◆at 90 deg [degrees] north latitude　北緯90度《の位置［地点］》で　◆at [in] northern high latitudes; at high latitudes in the Northern Hemisphere　北半球の高緯度地方［地点, 地域］で　◆at latitude 40° north　北緯40度において　◆have been observed over northern middle latitudes　北半球の中緯度上空で観測されている　◆increase with latitude　緯度が高くなるにつれて増加する　◆in the area of N40°latitude　北緯40度の地域において　◆in the south temperate latitudes　南半球の温帯で［の］　◆a total exposure latitude of five stops　《写真フィルム》5絞り分の総合露出ラチチュード［寛容度］　◆from about 55 degrees north latitude to about 50 degrees south latitude　北緯55度付近から南緯50度付近まで　◆you have a lot of latitude in choosing variable names　変数名の選択においてはかなり自由が利きます［変数名の選び方には大幅な余地があります］　◆Nagano is at a latitude roughly equivalent to Los Angeles.　長野はロサンゼルスとほぼ同じ緯度に位置している.　◆This print film has exposure latitude of more than two stops in each direction - overexposure and underexposure.　このプリント用フィルムには各方向に, すなわち露出過多と露出不足方向に, 2絞り以上の露光ラチチュードがある.

**latter**　the ～ 後の方の, 後半の, 終わりに近い, （二者のうちの）後者, （前述の二者のうちの）後者《指すものによって単／複扱い》　◆by the latter half of the '80s　80年代後半までに　◆in the latter half of 1999　1999年下期［下半期, 後半］に　◆in the latter part of September　9月後半に　◆he spent the latter part of his life there　彼は晩期をそこで過ごした　◆However, as will be shown in the latter part of this paper, the model was....　だが, この論文で後述するように　◆he came on strong in the latter days of the campaign　彼は選挙戦の後半［中盤以降］になって健闘してきた

**lattice**　a ～ 格子, ラチス, 束（ソク）　◆a crystalline lattice　結晶格子　◆a lattice defect in a crystalline solid　結晶質固体（中）の格子欠陥　◆a lattice of uniform squares　均一な正方形からなる格子；碁盤目　◆A lattice pattern with either six or eleven cuts in each direction is made in....　（縦横の）各方向に6本ないし本の切り込みを入れて～に碁盤目をつくります.

**laudable**　adj. 賞賛に価する, 称賛するに足る, 誉めるべき, 見上げた, あっぱれな, 感心な, 殊勝な, 奇特な　◆This is a laudable thing, I think.　それはいいことだと私は思う.　◆While this may appear on the surface to be a laudable goal,....　これは表面上は称賛に値する目的［すばらしい目標］のようにみえるが,

**laugh**　1　vi. （声を出して）笑う, 笑い声（に似た音）を立てる; vt. 〈人〉を笑って〈～〉させる <away, down, out, out of>, 〈同意など〉を笑って表明する　◆I got [was] laughed at by....　私は〈～〉に笑われた　◆He is laughing all the way to the bank.　《慣用表現》彼は儲かって笑いが止まらない.
2　a ～ 笑い, 笑い声, おかしいこと, 冗談　◆have the last laugh《慣用句》不利であった形勢が逆転して最後に勝つ, 他の人らは成功の見込みがないと思われていたのにもかかわらず結局うまく行く　◆He may get the last laugh.　最後に笑うのは彼だろう.
　**laugh at**　～を（見聞きしておもしろいと感じて）笑う；～をあざ笑う, あざける, ひやかす
　**laugh off**　～を（たいした問題ではないとして）笑い飛ばす, 一笑に付す

**laughing**　adj. 笑っている, 陽気な, 楽しそうな, 笑うべき, 愉快な；n. 笑うこと, 笑い　◆It's no laughing matter when it's your bread and butter.　それが飯の種だったら, 笑い事では済まないよ.

**laughter**　n. 笑うこと, 笑い, 笑い声　◆the audience (of several hundred students) burst into laughter　（学生数百名からなる）聴衆はどっと笑った［哄笑, 大笑い, 高笑い］した　◆elicited frequent bursts of laughter　～は, 幾度となくどっと笑わせた［どっと笑いをとった, 爆笑を誘った］

**launch**　1　vt. 〈船〉を水に浮かべる［進水させる］, 〈ロケットなど〉を打ち上げる［発射する］, ～を放つ, ～を投げつける　◆〈事業, 計画など〉に乗り出す［企てる, 着手する］, 〈攻撃など〉を〈～に〉仕掛ける <on, upon>, 〈人〉を〈～に〉乗り出させる, 〈新製品など〉を市場に出す［発売する］, 《コンピュ》〈プログラムなど〉を起動［開始］する; vi. 〈新規事業などに〉乗り出す <into>, 〈攻撃などを〉開始する　◆the launching of a rocket　ロケットの打ち上げ　◆launch a book　本を刊行［出版］する　◆launch a hostile takeover bid （敵対的）株式公開買い付けを仕掛ける　◆launch a major updating　大幅な改訂［変更］作業に着手する　◆launch a missile　ミサイルを発射する　◆launch a new business　新しい事業に乗り出す　◆launch a new manufacturing plant　新規の生産工場を立ち上げる　◆launch a new ship　新造船を進水させる　◆launch an initiative to <do...>　～する構想を打ち出す　◆launch an investigation of...　～の調査［捜査］に乗り出す　◆launch a rocket　ロケットを打ち上げる　◆satellite-launching business　衛星打ち上げビジネス［事業］　◆announce the launching of a yearlong campaign　1年間にわたるキャンペーンの開始を発表する　◆launch a lightwave pulse into a transmission medium　光パルスを伝送媒体に入射する　◆President Reagan launched the Strategic Defense Initiative in 1983　レーガン大統領が1983年に戦略防衛構想（SDI）をぶち上げた［打ち出した］　◆Singapore will launch a new cable television network this week.　シンガポールは新しい有線テレビネットを今週発足させる.　◆The company launched its new product with a $40-million ad campaign.　同社は, 4000万ドルの宣伝キャンペーンを張って新製品を売り出した［発売した］.
2　a ～ 〈宇宙船, ミサイルなどの〉打ち上げ, 発射, 〈船を〉水面に浮かべること, 〈新造船の〉進水, 〈新刊本の〉刊行, 〈新製品の〉発売, 新規事業などの〉開始　◆launch [launching] pad; a launchpad　発射台　◆a launch vehicle　（宇宙船, 衛星）打ち上げロケット　◆a launch window　発射時限（*ロケット打ち上げの諸条件を満たす時間帯）　◆on the occasion of the launch of...　～の打ち上げ［発射, 立ち上げ, 船出, 進水］に当たって［際して］；～の刊行に臨んで；～の発売の機会に　◆the instant of launch of the light pulse　光パルスの発射の瞬間　◆the launch industry　衛星打ち上げ産業　◆launch a quality-enhancement campaign　品質向上運動を始める　◆scheduled for launch in 1994　（ロケットが）1994年に打ち上げが予定されて　◆Message from Mr. Xxx on the occasion of the launch of UNEP Asia-Pacific Youth Environmental Website, 5 June 1999　《標題》1999年6月5日, 国連環境計画アジアー太平洋青少年環境ウェブサイト立ち上げに当たって［際して］の, ～氏からのメッセージ

**launcher**　a ～ 発射台, 発射装置, ランチャ, 《コンピュ》起動プログラム　◆a recoilless rocket launcher　ロケット弾無反動ローンチャー［ランチャー, 発射筒］

**launchworthiness**　打ち上げに対する妥当性［適合性］, 耐打ち上げ性

**launder**　〈衣類など〉を洗濯してアイロン掛けする, 《口》〈秘密資金, 不正に儲けた金など〉を〈外国送金などして〉洗浄する［資金, 物品］, 〈～〉の素性を多数の仲介業者を通し分からなくさせる, 〈イメージなど〉を洗練して印象をよくする; vi. 洗濯・アイロン掛けする, （副詞句で修飾されるふうに）洗濯・アイロンがきく　◆be accused of laundering money　マネーロンダリング［資金洗浄］で告訴されている

**launderette, laundrette**　a ～ コインランドリー
**Laundromat, laundromat**　a ～ 《商標》コインランドリー

**laundry**　n. （これから洗濯する）汚れ物, （これから洗う, 洗い終わった）洗濯物; a ～ クリーニング屋, 洗濯場　◆hang laundry　洗濯物をつるす［干す］　◆a laundry bleach　洗濯用漂白剤　◆(a) laundry detergent　洗濯用の洗剤

**laureate**　a ～ 栄冠に輝いた人, 栄誉を与えられた人; adj. a Nobel laureate in medicine　ノーベル医学賞受賞者

**laurel**　（～ s）月桂樹;（通例～ s）月桂冠, 栄冠, 栄光, 名誉, 勝利のしるし　◆look to one's laurels　《熟語》ライバルに栄光の

座から蹴落とされないように気をつけている ◆rest on one's laurels 《熟語》過去に得た栄誉に安住し[昔の実績に安穏として]それ以上の努力をすることを怠る ◆The company did anything but rest on its corporate laurels. 会社は過去の業績にあぐらをかいて安閑とすることなど全くなかった.

**lava** 溶岩(＊高温の流動状のものおよび冷えて固まったもの両者をさす) ◆a lava dome 溶岩ドーム

**lavaliere [lavalier] microphone** a～(首から下げる)ペンダント式小形マイク

**lavatory** a～(pl. -ries)洗面台,洗面所,手洗い,《英》トイレ

**laver** ①海苔 ◆purple [green] laver 紫色の海苔［青のり］ ◆toasted laver 焼き海苔 ◆(toasted and) seasoned laver 味付け海苔

**lavish** 1 adj. 惜しみなく与える［使う］,気前のよい,ふんだんな,たっぷりの,有り余るほどの
2 vt. ～を(～に)気前よく［際限無く］与える,浪費する<on> ◆lavish attention on a client 顧客に行き届いた心配りをする

**lavishly** 惜しげも無く,ぜいたくに,ふんだんに ◆a lavishly sculpted silver vase ぜいたくに彫刻が施された銀製の花瓶 ◆the lavishly illustrated recipes in the book are varied, original, and respond well to contemporary needs for lighter, healthier eating この本に掲載されているイラストたっぷりのレシピは、変化に富んでいるオリジナルなもので、食事をより軽くより健康的にという現代[当世、いまどき]のニーズに応えている

**law** (the)～(全体的に)法,法律;a～個々の法律,法規,法令,規則,規定,定款(ティカン),法則,理法,摂理,原則,定理,－則,－律;the～(単／複数)警察(官);the～法曹界,法律[弁護士]業;the～慣例,習わし,常(ツネ),戒律 ◆a court of law (pl. courts of law); a law court (pl. law courts) 法廷[裁判所] ◆a law school 法律学校,法学校,法学部,法科大学,大学院レベルの法学課程,法科大学院 ◆law-abiding citizens 法律を守る善良な市民[良民] ◆a law banning sex discrimination; a law against gender discrimination; a sex-bias law 性差別禁止法 ◆laws regulating noise 騒音規制法 ◆be prohibited by law 法律で禁止されている ◆by Archimedes' law アルキメデスの法則により ◆enforcement of drunken driving laws 飲酒運転取締法の施行 ◆in defiance of the laws of nature 自然の摂理を無視して ◆laws against selling illegal copies 違法複写品[不正コピー]の販売を取り締まる法律 ◆laws and regulations concerning... ...に関する法律と規則[法規] ◆laws and regulations that restrict the buying of... ...の購入を規制している法令 ◆maintain law and order 法と秩序を維持する ◆the American system of law 米国の法体系 ◆the law of supply and demand 需要と供給の法則;需給法則 ◆under current laws 現行法(のもと)では,現行法上 ◆whether the agencies have acted within the bounds of the law これら政府機関が法律の範囲内で活動していたのかどうか ◆a loophole-ridden law (抜け穴だらけの)ざる法 ◆a tough gun-control law 厳しい銃規制法 ◆It is against the law to <do> ～をすることは法律違反である[法に反する] ◆the law demands that... ...ということは法律により定められて[規定されて]いる ◆the law of the jungle says survival of the fittest ジャングルのおきてとは適者生存ということである ◆in accordance with the laws and regulations governing the use of private and public lands 私有地および公有地の使用を規制している法規に従って ◆a federal law that spells out harsh penalties for... ...に対する厳しい刑罰を明記している連邦法 ◆Children under the age of five are not required by law to <do> 5歳未満の子供は～しなくてもよいことになっている. ◆The medical practitioner is required by law to report to... 法律により開業医は,...に報告する義務がある. ◆Mexican law virtually prohibits imported cars. メキシコの法律は、輸入車を事実上禁止している. ◆The law does not require children under the age of five to be buckled up. 法律では、5歳未満の子供のシートベルトの着用を求めて[規定して、定めて]はいない. ◆The use of seat belts in all motor vehicles equipped with them is law in Ontario

オンタリオ州ではシートベルトが装着されている車両に乗る時は、必ずそれを使用することが法律で決められている.

**law-abiding** adj. 法を守る,遵法の; the law abiding 法律を守っている人々 ◆millions of the law abiding 法律を守っている何百万人もの人々 ◆I'm a law-abiding American citizen. 私は、法律を遵守している(善良な)米国市民です.

**lawbreaker** a～法律違反者,犯罪者

**lawbreaking** n. 法律を破ること,法に違反すること；adj. 法律違反の,違法の

**lawrencium** ローレンシウム(元素記号: Lr)

**lawsuit** a～◆file a lawsuit 訴訟を起こす ◆file [bring, launch] a lawsuit against... for... ～のことで～を相手取って訴訟を起こす(▶他の辞書で bring in となっているが、実際の用例に当たってみると in のついていないものばかりが見つかる) ◆win a lawsuit against... ～を相手取っての訴訟に勝つ ◆win [lose] a lawsuit 訴訟に勝つ[負ける] ◆a 13-year-old lawsuit against... ～を相手取って13年間にわたり係争している訴訟

**lawyer** a～◆弁護士,法律家 ◆consult a lawyer 弁護士に相談する

**lax** adj. 厳しくない,てぬるい,ゆるい,たるんでいる,詰めの甘い,甘っちょろい,(便が)ゆるい,下痢している,締まりのない,緻密でない ◆a lax attitude toward... ～に対するるんだ[だらしない、気持ちのゆるんだ、腑抜けな、ルーズな、手ぬるい]態度 ◆take a more lax attitude toward housekeeping もっと家事の手抜きをすること、家事に対してもっと肩の力を抜く[気楽に構える] ◆the rather lax employment of archaeological data by earlier scholars 先達の学者たちによる考古学資料の比較的ぞんざいな[いい加減な、おざなりな、ルーズな]利用 ◆Because of its size and lax controls, the company has carried too much inventory, a practice that eats into profits. 組織の大きさとずさんな[放漫、野放図]な管理のせいで、同社は利益に食い込む過剰在庫を抱え込んでしまった.

**lay** 1 vt. ～を水平に置く,横たえる,寝かせる,敷く,敷設[布設]する,(れんが)を積む,(基礎など)を築く,(計画など)を立てる,提出する,(食事など)を用意[準備]する,(罪など)を(人に)転嫁する<on>,(金など)を(～に)賭ける,～を課する,～を塗布する,(小説などの場面)を設定する,(ほこり、塵)を鎮める,～を(ある状態に)する,(ロープなど)を撚る; vi. 卵を生む,賭をする ◆a cable-laying ship (海底)ケーブル敷設船 ◆lay <a place> with pipes ～(ある場所)にパイプを敷設する ◆lay [string] a cable ケーブルを布設する ◆an egg-laying hen 卵を産める雌鶏 ◆a well-laid plan 良く練られている計画 ◆The success of... may be laid to... ～の成功は、(のおかげ)によるものである ◆The book is laid open on the desk. その本は、開いて机の上に置いてある. ◆The scene is laid in Shanghai. 場面は上海に設定されている. ◆If you look down the length of a rope and the strands spiral in a clockwise direction, it is right hand laid. ロープの長手方向を見下ろしたときに、素線が時計方向に螺旋状に回旋していれば、それは右撚り[Z撚り]されている.(＊英語と左右逆になるので注意)
2 n. the～(土地の)ありさま[地勢、地貌(チボウ)], (ロープなどの)より具合 ◆a lay ratio 撚り込み率(＊電線などの撚り線および撚り糸の) ◆the lay of the land 地勢［地形］；実情［情勢］ ◆(an) ordinary [(a) regular] lay rope 普通[正規]撚りのロープ ◆The direction of lay of... is left-hand. ～の撚りの方向は左撚りである.(＊日本の電力業界では電線やロープの撚りの方向について英語とは左右逆に呼んでいるので要注意. a left-hand lay＝右撚り[S撚り]; a right-hand lay＝左撚り[Z撚り]) ◆The conductors shall be twisted together with [in] a left-hand lay. (電気)(素線・線心・心線としての)導体[電線]はSより[右撚り]に撚ること.(＊ケーブル製作の話. 電線業界では英語と日本語では左右が逆なので要注意. 反対にa right-hand layはZ撚り[左より]となる) ◆The lay of a rope is determined by examining the twist. ロープの撚り(方向)は、ひねり[よじり、ねじり]方を調べてみれば確認できる.

**3** adj. しろうとの, 門外漢の ◆a lay reader 門外漢［畑違い］の読者

**lay down** vt. 下に下ろす［置く］, 横たえる, 寝かせる; 布設［敷設］する, （武器など）を置く［捨てる］; （計画など）を立てる, 策定する, 規定する, 定める; 言明［断言］する; （～の上に）書く［描く］<on> ◆lay down a code of conduct 行動規範［規準］を作る［定める, 決める, 規定する］ ◆lay down a law 法律を制定する［定める］ ◆lay down a plan 計画を策定する ◆lay down one's arms 武器を捨てる, 降伏する ◆lay down one's life for... 〜のために身命を投げうつ; 〜のためには命さえも捨てる ◆lay down clear policy goals and objectives 明確な政策目標および目的を定める［設定する］ ◆The VESA standard laid down by VESA in the US 米国のVESAによって定められ［作られ］たVESA標準規格 ◆use internationally laid down specifications 国際的に規定されている仕様を使う ◆lay down penalties for companies who fail to introduce... 〜の導入を怠る企業を対象にした罰則を定める［設ける, 作る］ ◆The company laid down new fiber optic trunk lines all over downtown Atlanta. 同社はアトランタのダウンタウン全域に新規の光ファイバ中継線を布設した.

**lay off** vt. 〜をレイオフする, 一時帰休［休職, 解雇］させる, 《口》（人がいやがることを）やめる ◆a laid-off construction worker レイオフされた建設労働者 ◆lay off more than 1,500 workers 1,500人を上回る従業員をレイオフする ◆layoffs by a company once known for never laying off staff かつて職員［社員］の人員整理をしないことで知られていた企業によるレイオフ

**lay out** レイアウトする, 配置する, 《印刷》割り付ける; 詳細に計画する, 〈考え, 情報〉をわかりやすく説明する, 整理して示す; けがく, （穴開けや切断の）印をつける ◆after the pages were laid out ページ割り付けが終わった後で ◆lay out a plan 計画を策定する［立てる］ ◆lay out the pages of the issue その号のページ割り付けをする ◆Let us lay out a stepwise procedure for... -ing 〜するための順序立てた方法を, わかりやすく整理してみましょう.

**layer 1** a 〜 層, 階層, 膜, 薄膜, 被膜, 塗布膜, 埋設［布設］の; 《地》単層, 《通信》レイヤ, 《ネット》段（＊カスケード接続の段数） ◆the ozone layer オゾン層 ◆a single-layer ［double-layer］ cake 1段だけ［2段重ね］のケーキ ◆a 100-foot layer of sandstone 厚さ100フィートの砂岩層 ◆a 315V layer-built battery 315ボルト積層電池 ◆a layer of anti-corrosion primer 防蝕下塗の塗膜 ◆a thick layer of soot 厚いすすの層 ◆a thin layer of evaporated metal 蒸着金属の薄膜 ◆coat multiple layers (up to 100) （最高100層までの）多層膜コーティング［マルチコーティング］を施す ◆have [exhibit] a layer structure （鉱物など）が層状構造をしている ◆stack them in layers 何層にも重ねる ◆wear clothes in layers; dress in layers 重ね着する ◆a four-layer diode 4層からなるダイオード ◆the reorganization eliminated redundant layers of management この組織改革は, 余剰管理職層を削った ◆arrange leaves in a layer on several thicknesses of paper towel or newspaper ペーパータオルか新聞を数枚重ねた上に, 葉を重ねないように広げて並べる ◆All the coils are wound in a single layer. これらのコイルはすべて単層巻きされている［1層巻きである］. ◆They are stacked on top of each other in layers. それらは何層［何段］にも積み重ねられている. ◆Those parameters can be accessed through layers of menus. 《コンピュ》それらのパラメータには, 階層化メニューを介してアクセスできる. ◆They discovered a layer of iridium-rich rock that was created 66 million years ago. 彼らは6600万年前にできたイリジウムを多く含む地層を発見した. ◆Copper is plated to a thickness of 0.001" on the walls of the through-hole, and this plating serves as a conductive pathway from layer to layer. スルーホール［貫通穴］の内壁に0.001インチ厚の銅めっきが施されていて, このめっきが層間の導通経路としての役目をする.

**2** vt. 〜を層状に積み重ねる, 層化する, 重層化する, 重ね着する; vi. 層をなす ◆a layered architecture 《コンピュ》階層化アーキテクチャ ◆layered reference models of communications systems 《通》通信システムの階層化参照モデル ◆a multi-layered open architecture 《コンピュ》多重階層オープンアーキテクチャ ◆the effectiveness of multi-layering of clothing 衣料の多層化の有効性（＊保温上の） ◆a stack of cloth layered four centimeters deep 4センチ厚に積み重ねられている布地の山 ◆IBM host-resident software functions at ISO Level 7 of the layered network architecture. IBMのホストに常駐のソフトは, 階層ネットワークアーキテクチャのISOレベル7で機能する.

**layman** a 〜 平信徒（＊聖職者と対照して）, 在家の［一般］信者, 俗人; a 〜 素人（シロウト）, 門外漢 ◆written in layman's language 平易な言葉［分かりやすい文章］で書かれている（＊法律やお役所が発行する文書が）

**layoff** a 〜 一時解雇, 一時帰休, 自宅待機, 臨時休職, 一時休業, 休業期間 ◆another 1,000 are targeted for layoffs 更に1000名がレイオフ［一時解雇, 一時休業］の対象になっている ◆place around 2,000 workers on a temporary layoff for a month over the Christmas and New Year holiday period 約2,000名の従業員を, クリスマスと正月の休日期間をまたいで1カ月間レイオフする［一時帰休させる］ ◆The restructuring has resulted in the layoffs of 100 full-time and contract employees in Europe and the Middle East. このリストラは結果的に, 欧州と近東で正社員および契約社員100名のレイオフ［人員整理］を招いた.

**layout** (a) 〜 構成・配置, 設計, 間取り, 区画割り, 地取（ジド）り, 罫書（ケガキ）, 配置図, 様式, 《印刷》割り付け, レイアウト,《体操》伸び型（＊跳の姿勢） ◆a keyboard layout キーボード配列（＊キーボード上のキー配列） ◆a layout plan 配置図 ◆a layout sketch 配置概略図［見取図］ ◆a screen layout 《コンピュ》画面構成 ◆a page-layout program ページ割り付けプログラム ◆a pc board layout system プリント基板レイアウトシステム ◆design various network layouts いろいろなネットワークレイアウトを設計する ◆do Web page layout ウェブページのレイアウトを行う ◆perform layout tasks レイアウト作業を行う ◆sketch the layout of the office そのオフィスの配置図を描く ◆Participants will perform basic layout procedures on sheet metal. 参加者は, 板金にて基本的なけがき手順を実行することになっています.（＊実習で）◆The floor plans and layouts of these condos are creative. これらのマンションの（床）平面図［間取り］と配置は, 独創的である.

**lazy** adj. 怠惰な, 無精な, 怠け者の, 尻の重い, ものぐさな, ぐうたらな, だらけた, しまりのない, いい加減な, のろい, のろのろした; 眠気を誘う, 物憂げな, 気だるい ◆sink into the lazy August doldrums だれた8月の夏枯れに落ち込んで行く

**LBO** (leveraged buyout) an 〜 レバレッジドバイアウト (→leverage)

**L/C, l/c, l.c.** → letter of credit

**LCA** (Logic Cell Array) 《商標》ロジックセルアレー

**LCAC** an 〜 (a landing craft, air cushioned) 《軍》エルキャック, エアクッション型揚陸艇, ホーバークラフト型上陸用舟艇, 輸送用エアクッション艇（＊強襲上陸作戦用）

**LCD** an 〜 (a liquid crystal display) 液晶ディスプレイ ◆an active element LCD アクティブ素子［マトリックス］液晶ディスプレイ ◆a reflective supertwist LCD 反射型スーパーツイスト液晶ディスプレイ ◆a direct matrix LCD 単純マトリックス液晶ディスプレイ

**LCR** (least-cost routing) 《電話》LCR機能（＊新電電市外電話最低料金回線自動選択機能） ◆the phase angle of an LCR circuit [network] LCR回路［ネットワーク］の位相角（＊Lはコイル, Cはコンデンサ, Rは抵抗）

**LDC, L.D.C.** an 〜 (pl. LDCs) (a less developed country) 低開発国, （後発）開発途上国; (a least-developed country) 後発発展途上国, 最貧国（＝LLDC ＝ least among less-developed countries)

**LDL** (low-density lipoprotein) 低密度［低比重］リポ蛋白（＊悪玉コレステロール）

**leach** vt. 〈可溶性の物質〉を浸出させる, 抽出する, 〜に水［その他の液体］を透過させる; vi. 浸出［滲出（シンシュツ）, 抽出］される, 漉過（ロカ）される ◆leached-out nicotine 浸出

**leader**

た[《意訳》]溶出した,抽出された]ニコチン ◆It is then soaked in an acid bath to leach out the soluble cladding. その後、それ は可溶性の被覆を浸出させるために酸浴槽に浸漬される。◆Health and safety threats and environmental damage caused by toxic metal and chemical leaching from abandoned mines are serious national problems. 廃鉱から浸出される有害金属や有毒化学物質が原因の健康や安全に対する脅威および環境破壊は、深刻な国家的問題です。

**lead** 1 vt. 〜を導く,案内する,率いる,引率する,先導する,〈馬など〉を引く,〈人〉に〜(生活)を送る,〜の先頭[首位]に立つ,牛耳る,采配を振るう,牽引役を務める,〜の先を行く,リードする;vi. 案内する,〈道などが〉に通じている,至る,先導する,結果として〈〜に至る,〜につながる,〜をまねく,〜を招来する〉<to> ◆become an industry-leading product; become the industry's leading product 業界を引っ張る代表的製品[業界の代表格ともいえる商品]になる ◆lead [guide] them to safety 彼らを安全な場所に〔避難〕誘導する ◆a student-led anti-government uprising 学生に先導された[学生に率いられた、学生が主体となった、学生を先導とする]反政府蜂起 ◆a world-leading athlete 世界の先頭を走っている[世界の一流]運動選手 ◆a world-leading manufacturer 世界をリードするメーカー ◆during the years that led up to the 1990s 1990年代に至るまでの年月の間に ◆in the weeks leading up to the scheduled Dec. 17 presidential elections 12月17日に予定されている大統領選に至る[に向けての、を控えた]何週間かの間に ◆the industry-leading TCG5X Series 業界をリードするTCG5Xシリーズ(製品) ◆lead to the renewal of relations between A and B AとBの間の関係一新に道を付ける ◆the instructions that led up to the crash 《コンピュ》クラッシュの要因となった命令 ◆the phase of the current is 65°leading 電流の位相は、65°進んでいる ◆The system leads you through the steps required to <do...> 本システムは、〜するのに必要な諸手順を教えてくれます。 ◆his answer leads us to believe that he might be running for office 彼の返答には彼が公職選挙に出馬するのではないかと思わせる節がある ◆while consumption was down in Quebec as in other provinces, it still leads all others in beer consumption ケベックでは、他州と同様に消費量は下がったものの、依然としてビール消費量でほかをリードしている[トップに立っている、先頭を切っている] ◆Broken or bare electrical wires can lead to big trouble. 切れたりむき出しになったりしている電線は、大きな故障につながる[を招く]ことがあります。 ◆Equation (1-8) leads to the conclusion that... 数式(1-8)は、〜であるといった結論を導く。 ◆It has led to a remarkable 35% increase in tread life. それは、(タイヤの)トレッドの35%という顕著な延命化に結びついた。 ◆Switzerland leads the way in a European war against cars. スイスは、欧州の対撲滅戦争の先頭に立っている[急先鋒である]。 ◆The current leads the applied voltage by nearly 90°. 電流は印加電圧より約90度進んでいる。 ◆The U.S. still leads in pure science. 米国は純粋科学において先頭としてリードしている。 ◆Trying to handle this job by yourself could lead to serious injury. この作業を一人で行おうとすると、大ケガの原因となることがあります。 ◆He said he himself would lead efforts to draw up a set of market-opening measures to placate the Americans. 彼は、米国をなだめるべく、自らが一群の市場開放策の策定の陣頭指揮に当たると述べた ◆Lichtek Corp. is leading the industry in GaAs chips for fiber optic applications. リヒテック社は、光ファイバー応用分野向けGaAsチップで業界の先頭に立っている。 ◆The program includes a tutorial introduction that leads you through the creation of a newsletter. 本プログラムには、ニュースレターの作成の仕方を指導する指南案内が組み込まれています。

2 the 〜 先頭の位置,首位;a 〜 (単のみ)競争相手を引き離している距離[得点、時間、量],リード; (a) 〜 指導,指揮;a 〜 手本[先例,模範]; a 〜 リード線,新聞記事などの概要が書いてある冒頭部分,導入部,手がかり,きっかけ; adj. 主要な、主演[主役]の,先導する,首位の,先頭の ◆a lead (wire) リード線,口出し線 ◆conductive lead paths 《意訳》(プリント基板の)パターン(*個々の線) ◆films with John Wayne in lead roles ジョン・ウェイン主演の映画 ◆oil-resistant vinyl leads 耐油性の[油に侵されない]ビニール被覆リード線 ◆the leads of a transformer トランスのリード線[引き出し線] ◆transformer leads [lead wires] トランスのリード線[口出し線];変圧器口出し電線 ◆AT&T continues to hold a big lead in this market AT&T社は引き続きこの市場で大きくリードして[水をあけて]いる ◆enhance one's lead in the area of... 〜の分野における優勢を高める ◆Perot had a big lead with 55 percent of the votes ペローは得票率55%で大きくリードして[水をあけて、引き離して]いた ◆turn a 22-20 deficit into a 34-27 lead [edge] 22-20で負けていた状態から逆転して34-27でリードする[の優位に立つ] ◆Americans played [performed] the lead role in the Persian Gulf war 米国(人)がペルシャ湾岸戦争で主役を演じた[主要な役割を果たした] ◆"Let's give her a shot at a lead role in a film" 「ためしに、彼女に映画の主役をやらせてみようとするか」◆President John F. Kennedy himself took the lead in formulating this new "strategy" and imposing it on the military. ジョン・F・ケネディ大統領自らがこの新しい「戦略」の策定の陣頭指揮に当たり、同戦略を軍に課した。 ◆American companies have lost their lead to foreign competitors. 米国企業は海外の競争相手にリードを奪われた。 ◆Can this product hang on to its lead in the Macintosh market? この製品は、マッキントッシュ市場でトップの座を固守し続けられるであろうか? ◆The product is expected to take a strong lead in that market. その製品は、その市場において大きな優位な態勢をとる[独り勝ちする]と見られている。 ◆This software package took an early lead in the word processing derby. このソフトパッケージは、ワープロ性能競争でいち早く優位に立った。 ◆In absolute numbers, London has a big lead over Hong Kong in telephone installations, but in relative terms Hong Kong is the front runner with more than four million telephones for a population of just under six million. 絶対数ではロンドンは電話設置台数で香港に大きく水をあけている。だが相対数では、人口6百万弱に対し電話4百万台を上回る香港が先頭に立っている。

3 鉛(元素記号: Pb); (a)〜鉛筆の芯,(集合的に)弾丸; a〜 測鉛,《印刷》インテル(*活字組版の行間に挟む薄板 = leading); ◆a lead alloy 鉛合金 ◆lead-free gasoline 無鉛ガソリン ◆lead poisoning 鉛中毒 ◆the lead in a pencil 鉛筆の芯 ◆a lead-acid battery 鉛蓄電池 ◆lead-free solder 無鉛ハンダ[鉛フリーの半田] ◆a pencil with a hard [soft] lead 硬い[柔らかい]芯の鉛筆 ◆softer leads, such as F or H FやHなどの柔らかめの鉛筆の芯 ◆The model uses a sealed, maintenance-free internal lead-acid battery. 本機には、シール型保守不要内蔵鉛蓄電池を使用している。

**lead up to** 〜の下地を作る,徐々に〜に至る

**leader** a〜 リーダー,先頭[筆頭]に立つ者,中心的人物,立て役者;先導者,指導者,統率者,指揮者,領袖(リョウシュウ),党首,主席,長; (=a ringleader)かしら,親玉,張本人,主謀者,首犯,首領,首魁(シュカイ);《経》特売促進のための(目玉商品の1つ=loss leader), a〜 フィルムの先端引出し部分(*俗に「ベロ」と呼ばれる)、磁気テープの冒頭の余白部分(=a trailer) ◆a leader (line) 引き出し線;矢印線 ◆a leader tape (録音テープなどの巻き始めの)リーダーテープ[始端部] (*磁性体の塗布してない透明テープ) ◆a project leader プロジェクトリーダー[管理者] ◆the Mexican leader メキシコの指導者[大統領] ◆the G-7 leaders [presidents and prime ministers] G7[主要先進国]首脳 ◆the leaders of the seven main industrialized nations 主要先進7カ国の首脳 ◆China's most influential leader 中国の最高指導者 ◆as the leader of a country 国家元首として ◆since the United States is the leader of the West 米国は西側諸国の盟主であるので ◆he was a former leader of a country 彼はある国の元国家元首だった ◆We are a world leader in computer technology. 当社はコンピュータ技術における世界のリーダー[トップクラスの企業]です。 ◆With a population of more than 100,000 domestically produced robots, Japan is the world leader in factory automation. 100,000台以上の国産ロボット人口を有し、日本はファクトリー・オートメーションで世界のトップ[首位]に立っている。

**leadership** リーダーシップ, 指導, 主導, 指導者[統率者, 指揮者]としての地位・任務, 指導者としての能力や資質, 指導力, 統率力; the ～ <of>〈複数扱い〉(～の)指導部(の人たち) ◆a leadership battle 指導権[主導権]争い ◆exercise [exert] leadership in a group グループ内で指導力を発揮する ◆take a leadership position in establishing a standard 標準規格の制定に主導権を取る[握る] ◆to maintain [retain] one's leadership position among... ～中で指導的地位[指導権, 主導権]を維持するために ◆to retake one's former position of leadership 以前の指導的地位[指導権, 主導権]を取り戻す[奪回する]ために ◆under the leadership of... ～の指導のもとで[指導を受けて, 指揮で, 陣頭指揮で];〈意訳〉～が中心的牽引役[率先役, 中心]となって; ～が率先力[主導力]を発揮して (◆ under the initiative of...) ◆our world leadership position in... 我が社の～(分野)における世界のリーダーとしての地位 ◆resign one's party-leadership position 党総裁の地位を退く ◆President Mubarak appointed a new cabinet under the leadership of Prime Minister Atef Ebeid ムバラク大統領は, アテフ・エベイド首相を首班とする新内閣を任命した. ◆He ranks No. 3 in the leadership hierarchy. 彼は, 指導部ナンバースリーの実力者だ. ◆Four operating systems are jockeying for leadership in this emerging market. 4種の基本ソフトが, この新興市場において主導権争いを演じている. (＊つまりトップシェアを競っている) ◆If the United States has a leadership vacuum for the next two years, the world financial crisis is going to be much worse. 米国の指導力の欠如が今後2年間続けば, 世界の金融危機はより一層悪化するだろう.

**leadframe** a～ リードフレーム ◆The precise micropower LP2989 is housed in a chip-scale, leadless leadframe power package (LLP). 高精度マイクロパワーLP2989は, チップスケールのリードレス・リードフレーム・パワー・パッケージ(LLP)に収められている.

**lead-in** a～ (番組, コマーシャルなどの)導入部, 前置き, 紹介, アンテナの引き込み線; adj. ◆a lead-in wire 引き込み線 (＊アンテナからの引き込み線や, 外部から真空管の内部電極に至る導入線など)

**leading** 1 adj. 指導的な, 主要な, 主な, 一流の, 有力な, 優れた, 指折りの, 代表格の, 花形の, 筆頭の, 先頭の, 最初の, 導く, 案内する, 先行する; 《the ＋〈名詞単数形〉で》第1位の, 最重要の ◆a leading component 《電気》進相分 ◆a leading power factor 《電》進み力率 ◆leading economic indicators 先行経済指標 ◆a leading cause of... ～の主な原因の一つ ◆an integer with leading zeros 頭にゼロのついた [上位桁に0を埋めた]整数 (＊0001, 0002など) ◆enter a number with a leading dollar sign 頭にドル記号を付けて数字を入力する ◆get a leading-man role (男性の)主役(の役)をもらう ◆leading industrial nations 主要先進工業国 ◆play a leading-lady role (女性の)主役(の役)を演じる ◆according to the Asahi Shimbun and other leading newspapers 朝日新聞その他の有力[一流]紙によると ◆play the leading role [part] in... ～で主役を演じる[務める, 張る] ◆play a leading role in efforts to <do...> ～しようとする取り組みで指導的[中心的]役割を演じる ◆a leading cause of death among patients afflicted with... ～にかかっている患者の間での主な死亡原因の一つ ◆the leading cause of death in the black community 黒人社会における第1位の死因 ◆Alzheimer's is the fourth leading [fourth-leading] cause of death of American adults アルツハイマー病は, 成人アメリカ人の4番目に大きな死因である ◆cause the power factor of the installation to become leading 《電》その設備[装置]の力率を進めさせる(＊a leading power factor「進み力率」にするという意味) ◆eye screening to detect glaucoma, the leading cause of blindness 失明の一番大きな原因である緑内障を見つけるための目の(集団)検診 ◆Inevitably, it's the world's leading currency, the United States dollar, that is most frequently faked. 必然的に, もっともよく偽りがつくられるのは世界の主軸通貨である米ドルである. 2 "レディング"と発音. 《印刷》インテル (＊活字組版の行間に挟む薄板); 《コンピュ》行間隔を確保・設定すること

**leading edge** a～〈パルスの〉立ち上がり, 〈翼などの〉前縁 ◆(a) leading-edge technology 最先端[先端]技術 ◆America's leading-edge industries アメリカの最先端[先端]技術産業 ◆stay at the leading edge of technology 常に技術の最先端を走り続ける ◆the leading edge of a tape テープの始端部 ◆a company on the leading edge of high technology ハイテクの最前線にいる会社 ◆put the model on the leading edge この車種[機種]を(販売競争などで)先頭に立たせる ◆until the leading edge of the first INTA pulse 《電子》最初のINTAパルスの立ち上がりまで ◆be on the leading edge of the desktop publishing revolution デスクトップパブリシング革命の最先端に立っている[急先鋒である]

**lead time** a～ リードタイム, 新製品の企画から販売準備完了までの期間, 受注から納品までの期間, あることを開始してから結果が生じるまでの期間 ◆with sufficient lead time to perform... ～を行うのに十分な時間的余裕をもって ◆These components are available on short lead times. これらの部品は, 短い納期で入手できる. ◆An oft cited complaint is the lengthy lead times between the moment an idea is conceived and the time it finally rolls off an assembly line. よく口にされる苦情は, アイデアが生まれた瞬間からそれが組み立てラインを離れる[製品化される]までのリードタイムが長いということである. ◆Because of the long lead times involved in satellite construction and launching, HDTV specifications must be designed years before systems can go into actual use. 衛星の製作から打ち上げまでのリードタイムが長いので, 高品位テレビ仕様はシステム実用化の何年も前に決まっている必要がある.

**lead-up** a～ (しばしばthe～)下準備[下敷き, 下地作り, 土台造り, 前段階, 前哨戦, 伏線, 環境作り, 地固め]となるもの ◆during the lead-up to the Persian Gulf war ペルシャ湾岸戦争の前哨戦で(＊本格的な戦闘に入る前の準備段階) ◆hold public hearings as a lead-up to... ～へ向けての下準備[下地作り, 土台造り, 前段階, 前哨戦, 伏線, 環境作り, 地固め]として公聴会を開く ◆plan to build 10 full-scale development F-22s as a lead-up to a decision to produce 640 more jets 更に640機生産する決定の下敷き[土台, 準備段階]として, F-22の原寸大[実物大]開発用ジェット戦闘機を10機組み立てる計画を立てる

**lead wire, leadwire** (a)～ リードワイヤ, リード線, 口出し線, 引き出し線 ◆a short length of lead wire 一本の短いリードワイヤ[リード線, 口出し線, 引き出し線]

**leaf** 1 a～ (pl. leaves) 葉, 箔, 薄片, ばね板, 板ばね, ページ, 蝶番(チョウツガイ)式または取り外し可能な扉やテーブルの天板 ◆a thin leaf of aluminum アルミ箔1枚 ◆A number of states ban leaf-burning in densely populated areas because the flames may spread. 多くの州では, 炎が燃え広がる恐れから人口稠密地域での落葉焚きを禁止している. 2 vt. ～のページをぱらぱらとめくる; vi. (～に)ざっと目を通す <through>, 葉を出す

**leak** 1 a～ 漏れ(モレ), 漏洩(ロウエイ), 漏出, 漏電, 漏水, 空気漏れ, 磁気漏れ, (量), 漏口[穴]〈コンピュータメモリーなどの〉リーク, 漏洩(漏出)(量)　◆a memory leak; memory leakage 《コンピュ》メモリーリーク (＊leakageは不可算. leakのほうがよく用いられる) ◆a leakproof [leak-proof] battery 液漏れ[漏洩]を起こさない電池 ◆detect leaks 漏れを検出する ◆develop a leak of radioactivity 放射能漏れを起こす ◆a leak between the head and a cylinder ヘッドとシリンダー間の漏れ ◆a toxic gas leak from a chemical plant 化学工場からの有毒ガス漏れ ◆if a vacuum leak is suspected 真空漏れが疑われるならば ◆Check it for oil leaks. それを, 油漏れがないか点検してください. ◆The car has major air leaks around the doors. その車は, ドアの回りがかなり空気漏れしている. 2 vi. 漏れる, 漏る, 漏れ出る, 漏洩[漏出]する; vt. ～を漏洩させる, 〈機密〉を流す ◆leak secret information about... to <a person> ～に関する機密情報を(人)に漏洩する ◆leak the information to... その情報を～に漏らす ◆if the cover gaskets are leaking or damaged 蓋のガスケット[パッキン]に漏れ

や損傷が生じていたら ◆the details of the merger have leaked out　その吸収合併の詳しい内容が漏洩した ◆the news has been leaked　そのニュースが漏らされた ◆You must replace any of these parts if they leak.　もしこれらの部品で漏れを起こしているものがあったら交換しなければなりません。

**leakage** (a) 〜漏れ(モレ), 漏洩(ロウエイ), 漏出, 漏水, 漏電, 空気漏れ, 磁気漏れ, コンピュータメモリーなどの〜リーク, 漏れ出たもの, 漏洩[漏入]した量 (a) leakage flux　漏れ[漏洩]磁束 ◆leakage current[s]　リーク[漏洩, 漏れ]電流　magnetic flux leakage　磁束の漏洩[漏洩, 漏れ] ◆prevent leakage of air　空気漏れを防止する ◆nuclear technology leakage from the former Soviet Union　旧ソ連からの核技術の漏洩[(好ましからざる)流出] ◆there is no leakage of...　〜の漏れはない ◆estimate the amount of leakage from each leak found by performing a 24-hour leakage test　24時間漏れ試験の実施で発見された[される]各漏れのモレ量を推定する ◆If..., leakage might occur.　もし〜なら, 漏洩が発生する[漏洩を来す]恐れがある。 ◆A ground fault is the technical name for a leakage of current.　地絡とは, 漏洩電流[漏電]の技術的な呼び名です。 ◆The amount of leakage has decreased from 2 pounds to a half-pound per hour.　漏洩量は毎時2ポンドから0.5ポンドに減った。 ◆Worn seals caused leakage of oil.　摩耗したシール[((意訳))シールの摩耗]が, 油漏れを引き起こした。 ◆leakage from the facility has already polluted some nearby residential water wells　その施設からの漏洩は, 住民が使用している近隣の井戸の一部を汚染してしまっていた

**leakproof** adj. 漏れを起こさない, 漏洩しない, 機密が守られる ◆put oil in a leakproof container　オイルを漏れない[漏洩しない]容器にいれる

**leaky** adj. 漏れる, 漏る, 漏洩する, 漏れやすい ◆a leaky faucet　水漏れする蛇口[水栓] ◆a leaky head-to-cylinder seal　漏れがあるヘッド・シリンダー間のシール ◆if the hose is cracked or leaky　もしそのホースに亀裂が入っていたり漏れを起こしていたり

**lean** 1　vi. 傾く, (〜に)寄り掛かる[もたれかかる]<on, against>, (主義などに)傾倒[傾斜]する<toward>, (人に)頼る[当てにする]<on>; vt. 〜を傾ける, 曲げる, 〜を(〜に)立てかける <on, against> ◆be leaning to one side　偏っている ◆have to lean forward to see...　〜を見るのに前屈体[前屈姿勢]にならなければならない ◆lean letters　文字を傾斜させる ◆left-leaning [leftward-leaning] literature　左に傾斜した[左寄りの, 左傾した]文学 ◆without leaning forward to push buttons　((意訳))かがんでボタンを押す必要なしに ◆a forward-leaning shock absorber　前方に傾斜して取り付けられているショックアブソーバー ◆a country that might lean toward communism　共産主義に傾斜[傾倒]する可能性のある国 ◆Do not lean out of the window.　窓から身を乗り出さないでください。 ◆Opinions about its potential for success lean toward the skeptical.　その成功うまく行くかどうかについての見解は, 懐疑的な方に傾いている。

2　n. a〜 かたより, 傾向, (垂線からの)傾き, 傾斜 ◆a lean of 15°　(垂線からの)15度の傾き

3　adj. 〜の(肉が)脂肪[脂身]の少ない, 赤身の, 栄養の乏しい, 粗末な, 低品質[低品位]の, 不作の, 不毛の, 経済的な, 薄い, 希薄な; n. the〜 赤身の肉, leanな部分 ◆lean profits　薄利 ◆lean-best power　最良希薄出力(*航空機エンジンの混合気の濃度について) ◆a lean-burn engine　希薄[希薄混合気]燃焼エンジン ◆a lean, efficient company　(贅肉を落とした)少数精鋭の高能率型企業 ◆a lean mixture　エンジン希薄混合気(*燃料に対し空気の割合が非常に高い) ◆an amazingly lean head-office staff　驚くほど少人数[小所帯]の本社スタッフ[職員] ◆a Toyota-style lean production system　トヨタ(自動車)式の身軽な生産方式(*かんばん方式のこと) ◆the lean production system pioneered by Toyota　トヨタ(自動車)社が他に先駆けて編み出した身軽な生産方式((意訳))かんばん方式 ◆(*身軽=在庫をほとんど持たない) ◆an engine that is lean on fuel　燃料不足のエンジン ◆shed tens of thousands of jobs to become lean and mean　

す[経費節減型の体質になる]ために何万人もの首を切る ◆You have to be lean and mean these days.　昨今は, 経費節減に努めなくてはいけません。

**leap**　1　v. 跳ぶ, 跳ねる, 飛び越える, (アイデアなどが)突然わき出る

2　a〜 跳躍, 飛躍, 躍進, 躍進, (数量などの)急伸, 急増, 一跳びの距離 ◆be a quantum leap over...　〜に比べると飛躍的な進歩[向上]である ◆a (great) leap in the dark　無謀な行動[大暴挙] ◆a leap year [second]　うるう年[秒] ◆technological leaps　技術的躍進[飛躍] ◆a leap forward for trade relations　通商関係での飛躍的な前進[目覚ましい進展] ◆during the Great Leap Forward of 1958　1958年の大躍進(運動)の間に(*中国の) ◆make a dramatic leap forward　劇的進歩を遂げる ◆make quantum leaps in logic　(何度か)大きな論理の飛躍をする ◆a leap upward in the frequency　(デバイスの動作上)周波数の飛躍的な向上 ◆the Great Leap Forward and the Cultural Revolution in China under Mao Tse-tung　毛沢東統治下の中国における大躍進運動および文化大革命[文革]

**by leaps and bounds**　非常に急速に, 飛躍的に, とんとん拍子に, またたくまに ◆increase one's productivity by leaps and bounds　うなぎ登り[飛躍的]に生産性を上げる ◆This industry is growing by leaps and bounds.　この業界[産業]は飛躍的な成長を続けている。 ◆The city's population is growing by leaps and bounds with the great influx of people from the depressed suburbs.　この都市の人口は, 不況にあえぐ郊外からやって来る人々の大量流入によりどんどん増大[増加]している。

**leap at**　〜に飛びつく ◆leap at a chance [an opportunity]　機会に飛びつく

**leapfrog**　(馬跳び; v. 飛跳びする, 〜をとび越す<over> ◆Manufacturers of the two formats have been playing leapfrog.　それら2方式のメーカー陣営は, 抜きつ抜かれつの競争をしてきている。 ◆The two giants are constantly trying to leapfrog each other.　その2大企業は, 絶えずお互いを追い抜こうとして[抜きつ抜かれつの競争をして]いる。

**leap year**　a〜 閏年(ウルウドシ) ◆Some systems don't recognize the year 2000 as a leap year. They'll fail to recognize February 29, 2000 and, thereafter, will be permanently off by a day.　システムの中には2000年を閏年として認識しないものがある。これらは2000年2月29日を認識しそこねて, それ以降永久に1日ずれて[狂って]しまうことになる。

**learn**　v. 学ぶ, 学習する, 教わる, 習う, 見習う, 習得する, 修得する, 身につける, 覚える, 聞く, 知る ◆learn about microorganisms　微生物について学ぶ ◆learn more about...　〜についてもっと知る[学習する];〜についての知識[理解]を深める ◆learn the basics　基本を身につける ◆learn to drive　運転を習う ◆newly-learned tasks　新しく習得した作業 ◆We have learned that...　〜ということが分かった。 ◆with learn mode　学習モード(機能)付きの; ラーンモード搭載の ◆he has learned humility from working with the homeless　彼はホームレスの人々と一緒に働くことにより謙虚さを身につけた ◆learn more about the structure of the proteins　この蛋白質の構造についてもっと知る ◆learn new skills for a new job　新しい仕事にそなえて新たな技能を身につける ◆what he learned from the course　彼がこのコースから学んだこと ◆learn about new medications from medical advertising and pharmaceutical company representatives　医療広告や製薬会社の医薬情報担当者から新薬に関する知識を仕入れる ◆Read this booklet to learn how to put your juicer together and take it apart, how to set it up, how to use it safely, and how to clean it.　あなたの(お買い上げの)ジューサーの組み立て・分解方法, 設置方法, 安全な使い方, ならびに洗浄の仕方を知るために, この小冊子をお読みください。

**learner**　a〜 学習者, 初心者, 見習い中の人, 生徒, 物覚えが〜の人 ◆a learner's permit [license]　(運転)実習免許(= a provisional license)(*教官を伴って実路で練習することを許可するもの。日本の仮免とは異なり, 筆記試験のみで取得できる) ◆a slow learner　習得[物覚え]の遅い人; 飲み込みの悪

い生徒 ◆screen out slow learners 飲み込みの悪い生徒をふるい落とす

**learning** 学問, 学習, 学識, 博識, 博学, 蘊蓄 (ウンチク); 造詣 (ゾウケイ) ◆a man of learning 学識者 ◆a learning center 学習センター, 研修会館, 研修館, 研修所 ◆create an environment conducive to learning 学習 [勉強] に適した環境をつくる ◆Perceptron's learning mechanism パーセプトロンの学習機構 ◆students with learning disabilities 学習障害を持つ生徒たち (＊単数形は a student with a learning disability) ◆about $500 worth of learning materials 約500ドル相当の（学習）教材 ◆a man of great intellect and wide learning 有識者 ◆A little learning is a dangerous thing. 《諺》生兵法は大けがのもと.

**learning curve** a～習熟曲線,学習曲線,習得曲線 ◆with a very short learning curve 非常に短期に習得できて ◆improve very rapidly with a steep learning curve （傾斜の急な学習曲線から分かるように）めきめきと上達する ◆the long learning curve required to <do> ～するまでに要する長い習熟曲線［～できるようになるまでに長くかかること］ ◆One negative aspect of this computerized system is the fairly long learning curve. このコンピュータ化されたシステムのマイナス面（のひとつ）は、かなり長い習熟曲線［使い慣れるまで結構長くかかること］である.

**lease** 1 (a)～賃貸［賃借］契約; a～賃貸［賃借］契約書, 賃借権, 借地権, 借家権, 租借権, 租借権, 租借権 ◆by lease 賃貸［賃借］契約で ◆under long-term lease 長期賃貸契約で ◆under [on] a lease 賃貸［賃借］契約で ◆a lease extension リースの延長 ◆sign a 10-year lease 10年リースに契約する ◆under a lease of four years 4年リースで ◆under a 20-year lease-purchase agreement 期間20年間の買い受け特約付きリース［賃貸借］契約のもとで ◆the 99-year lease expires in 1997 （香港の）99年の租借権が1997年に切れる ◆He signed a new lease for one car over three years 彼は車1台を3年にわたり借りるという新規のリース契約をした ◆they obtained a 99-year lease on the property 彼らはその［不動産］物件［土地］を99年にわたっての借りられる借地権を獲得した ◆The lease on the premises runs until 2002. この敷地［土地］の賃貸は2002年までとなっている. ◆Q. What are the benefits to leasing? R. To summarize: Little or no down payment. The monthly payments are usually less, and you can return the car and walk away when the lease is over. 質問:リースの利点は何ですか。答え:要約すると、頭金がほとんどかからないかあるいは全く要らないことです。月払いの額も通常少ないし、リースが切れるときに車を返却し、立ち去るまでです［それでおさらばです］.

2 vt. ～を（人に）賃貸する <to>, ～を（人から）賃借する <from>; vi. ◆a leased line （通）専用回線, 専用線 ◆the leasing industry リース業界 ◆a leasing [lease] company リース会社 ◆an aircraft leasing company 航空機リース会社 ◆an employee-leasing company 人材派遣会社 ◆the leasing of lines 回線のリース ◆The plant occupies leased premises. この工場は借地に建っている. ◆You can afford to lease a car you couldn't afford to buy. 買うには手が届かなかった車も、リースなら余裕でできる. ◆Completed in December 1992, the building is still only 60 percent leased. 《意訳》1992年12月に完成した同ビルは、依然として6割しか埋まっていない.

**least** adj. （通例 the をつけて）最も～でない, 最小 [最少] の; adv.; n. the ～ 最小, 最少, 最少, 最低, せめてもの事 ◆the least expensive machine 最低価格機 ◆the least significant bit 最下位ビット ◆(a) least square approximation 最小二乗近似 ◆the method of least squares 最小自乗法 (必ずthe が付く) ◆with the least possible effort 最低限の努力で ◆produce the maximum amount of food for the minimum cost, using the least number of people 最低限の [最大限の量の] 食糧を, できるだけ少ない [最低限の] 費用で, 最少人数の人を使って [最少限の人手で] 生産する (＊農業で) ◆that's the least we can do それが我々にできるせめてもの事だ ◆while taking up the least amount of disk space possible 最少限のディスクスペースを占めるだけで ◆The least expensive and most practical method of creating...is to <do>... ～を作成のする

も安上がりかつ最も実際的な方法は、～することである。 ◆The ingredients are listed on food labels by weight, from most to least. 原材料［原料］は食品ラベル［成分表］に重量比で一番多いものから一番少ないものの順に列挙してある.

**at least** 少なくとも, 最低で, せめて; (= at any rate, at all events) とかく, ともかく, ともかく, いずれにせよ, いずれにしても ◆at least 24 hours in advance of the performance of a fumigation operation 燻蒸消毒実施の少なくとも［(意訳)遅くとも］24時間前に ◆you must be at least 18 years of age 最低18歳の［18歳以上で］なければならない

**not in the least, not the least** 少しも［一向に, 全然, 全く］～でない (圏not at all) ◆The program has not changed the least since its initial release. このプログラムは、最初の発売当時から少しも変わっていない.

**least developed country** a～(an LDC, pl. LDCs) 後発発展途上国 ▶LDCは, a less developed country の略記としても用いられる

**leather** ①《種類がa～》なめし革, 革, 皮革, 革製品; adj. 革の, 革製の ◆a length of leather 1本の革紐 ◆a leather jacket 革ジャン ◆artificial leather 人工皮革 ◆tanned leather なめし革 ◆a belt of genuine leather 本革のベルト ◆the leather-goods industry 革製品産業 ◆a leather-wrapped [-covered] steering wheel 《車》（本）革巻きハンドル ◆Tanned snake-skin is a durable leather. なめした蛇の皮は、耐久性のある皮革である.

**leave** 1 vt. ～を去る［後にする, 発つ, 出る, 離れる, 出発する, 旅立つ］,やめる, 退く, 辞する, 退職［退学, 脱会］する, ～のままにしておく［放置しておく］（後に残す, ～を残して死ぬ, 置き忘れる, ～を（人に）残しておく <to>, ～を（人に）預ける <with>; vi. (～に向けて) 去る, 出発する <for> ◆leave a job 職を辞める; 職を退く; 退職［離職］する ◆leave a place 場所を去る［場所から立ち去る］ ◆leave a space of one line 1行（分の間隔）を空ける ◆leave the [our] solar system 太陽系を離れる［離脱する, 抜け出る］ ◆select Exit to leave the program 《コンピュ》Exit（終了）を選択してプログラムを抜ける［終了する］ (▶アプリケーションの「終了」の意味ではleaveよりもexitの方がよく用いられる) ◆with a month left before year's end 年の瀬も残すところ1カ月と押し迫って ◆left-behind luggage and forgotten freight （持ち主が）置き忘れた［遺留］旅行かばんと忘れ物 ◆Well, I have to leave now. さて、そろそろ失礼しなければなりません. ◆while leaving... intact [in place, undisturbed, unchanged, untouched, unaffected, as it is, as they are] ～はそのままで［～を（そのまま）残して］（＊前後関係によっては、「～を変更しないで」, 「～には影響を及ぼさずに」など） ◆be left for further study [investigation] 《意訳》～は今後の研究に委ねられている［調査を待たなければならない］ ◆he left (behind) a suicide note written on... (自殺した) 彼は～に書かれた遺書を残した ◆leave a good deal to be desired かなり大幅な改善・改良の余地がある［かなり不満が残る］ ◆leave attitude control to an autopilot (飛行体の) 姿勢制御を自動操縦装置に委ねる［まかせる, させる］ ◆The only thing left for us to do is to educate the public. 我々に唯一残されているなすべきことは、一般大衆を教育［啓蒙］することである. ◆if there is less than 1/16 inch left on the brake shoes ブレーキシュー上に（ブレーキ・ライニングの厚さが）16分の1インチも残っていない場合には ◆leave the blade in place while removing the bowl ボウルを取り外す際、ブレードは所定位置のままにしておきます ◆the deceased has left a large fortune to his heirs 故人は法定相続人に大きな財産を残した ◆When left standing, the liquid quickly separates into... 放置して置くと、この液体は～に急速に分解する ◆whether heat enters or leaves a given space depends on... 熱が所定の空間に入っていくのか出ていくのかは～によって決まる ◆there's quite a bit of work left かなりの量の仕事が残っている; 仕事が結構残ってる ◆Don't leave the tool until it comes to a complete stop. 完全に止まるまで、工具のそばを離れないでください. ◆I have left it behind. それを置き忘れてきてしまった. ◆I leave it to your judgment. それは君の

判断に任せるよ. ◆I left my license at home. 免許証を家に置き忘れて来てしまった. ◆Never leave the tape in an area exposed to direct sunlight. テープを直射日光の当たる場所に放置しないでください. ◆The engine leaves us wanting for more. このエンジンは、物足りない感じだ. ◆The equipment is now being left turned ON at all times. この機器は現在電源が入りっぱなし[常時ON]になっている. ◆The gas duster leaves no residual film. この除塵ガススプレーは、後に残留皮膜を残しません. ◆The work is best left to a professional mechanic. この作業は、プロの整備士に任せるのが最善の策です. ◆We suggest you leave this work to a qualified shop. この作業は、資格ある自動車整備工場に任せられるようお勧めします. ◆Whether they charge for that service is left to each company to decide. それらの企業がサービスを有料にするかどうかの決定は、各社に一任されて[委ねられて]いる. (*この用例でのtheyはcompanies) ◆For child safety, never leave the room while the appliance is operating. 子供の安全のため、この器具が動作している最中に部屋を離れないようにしてください. ◆Leave a small air space between the wall and the back of a painting to allow air to flow. 壁と絵画の裏面に、空気の流通を図るための空隙を少し残して[《意訳》確保して]ください. ◆The deal would leave the firm in a very strong financial position. この取引は、結果的に同社を財政面で非常に強い立場に立たせることになるだろう. ◆The houses have been left vacant and have deteriorated almost beyond repair. それら家屋は空き家状態のまま放置され、修繕できないほどまでに荒廃してしまった. ◆More Femex employees than expected take advantage of incentives to leave the company this year. 予想を上回る数のフェメックス社従業員が、退職勧奨金[退職金上積み、退職金割り増し]に便乗して今年会社を去る. ◆Simmer 10 to 15 minutes more or until fish is cooked. (Fish should be firm to the touch and flesh should leave bones.) さらに10分、あるいは魚が煮えるまでとろ火で煮ます. (魚は、触ってみて身が締まり、肉が骨から離れるようでないといけません.) ◆The company hopes to cut its payroll by about 5,000 in the first half of 1995 through incentives to employees to leave. この企業は、1995年前半に従業員を対象にした退職勧奨金により約5,000人整理したいと望んでいる. ◆You can enter spelling mode by saying "start spelling" and leave spelling mode by saying "stop spelling". スペリング[スペル]モードに入る場合には"start spelling"と言ってください. そしてスペリングモードから抜けるには"stop spelling"と言います. (*音声認識ソフトで) ◆Prolonged heating will alter the quality of the oil: leave at the chosen temperature for the time necessary. 長時間の加熱は油を変質させることになりますので、必要な時間の間だけ設定した温度にしておくようにしてください. ◆Driving a vehicle in traffic can be difficult. And concentrating on this task can leave the driver little time for anything else, even casual conversation with passengers. 車の流れに入って運転するのは容易でないことがある. そしてこの作業に集中するには、ドライバーはほかのことに一切ほとんど余裕がなく、一緒に乗っている人とのちょっとした会話さえできない場合がある. 2 ⓒ許可, 許し, いとま乞い, 休暇の許可; (a) ~ 休暇期間, 休暇, 賜暇[シカ] ◆be on leave 休暇中である ◆take [get] (a) leave of absence 休暇を取る ◆take one's leave [正式に別れのあいさつをした上で]発つ[立ち去る] ◆take leave <of> (~に)さよならを言う[別れのあいさつをする], 別れを告げる, 眼[イ]トマゴいする ◆funeral leave 葬式に出るための休暇 ◆a worker on an unpaid leave of absence 無給休暇中の労働者 ◆be absent without leave 無断欠席[欠勤]している ◆give her a year's leave of absence 彼女に1年間の休暇を与える ◆get permission in advance of taking leave 退出する[席を外す, 休暇を取る]前に許可を得る ◆because the person in charge of the investigation is on leave 調査担当者が休みを取っているので

**leave off** 終わる, やむ, ~をやめる[中断する]; (名簿などから)~を除外する, 落とす, 外す ◆continue from [take up] where one left off （前に）中断したところから続ける[再開する, 続行する]. (▶take upの場合はfromが要らない)

leave out ～を省く, 割愛する, 抜かす, 除外する, 落とす, 外す, もらす, 残す ◆feel left out of the world 世界から取り残される[「置いてきぼりを食う」(ような)]感じがする ◆without adding or leaving out anything よけいなことを付け加えたり隠し立てたりせずに; ありのままに ◆they are largely left out of discussions about... 彼らはほとんど~についての討議[討論, 話し合い]のカヤ[蚊帳]の外に置かれていた ◆make sure poor people are not left out of the information age 貧しい人たちが情報化時代から取り残されることのないようにする ◆the new stepmother who was left out of her stepdaughter's wedding pictures 《意訳》まま娘の婚礼写真に入れてもらえなかった, 新しいまま母[継母] ◆to prevent such users from feeling "left out" of the new scheme そういったユーザーが, この新しい方式から「取り残された」という感じを受けないようにするために ◆condense an entire multivolume encyclopedia onto a single CD-ROM, without leaving out a single word 何巻にもわたる百科事典をまるごと一語たりとも残さず[《意訳》一語一句漏らさず]1枚のCD-ROMに凝縮する ◆decide which suggested modifications to include in the document, and which comments to leave out どの修正提案をドキュメントに載せてどのコメントを割愛するかを決める ◆For that reason, it was decided to be left out of the Amendment. そのために, それは修正[改正]案から除外しておくことに決まった. ◆They think I'm lying or leaving out part of the story. 彼らは私がうそを言っているとか一部始終[全部, すべて]を話してないとか思っている. (*leave out...～を(言い)残す) ◆The Education Ministry, which screens all textbooks, upholds the conservative view by glossing over or leaving out unpleasant accounts of war in history books. 教科書をすべて検定する文部省は, 戦争の忌まわしい話を美化したりあるいは歴史の教科書に載せないようにして保守的な見解を擁護している.

**leaving** ⓒ(leaveの現在分詞・動名詞); n. 残余; ~s 残りもの, 余りもの ◆leavings from lunch and dinner or remains from preparing the meal 昼飯や夕食の食べ残し[残飯]あるいは食事のしたくの際に出る[調理]くず

**lecture** 1 a ~ 講義, 講演, 講話, 講釈, 小言, お説教, 訓戒, 説論 ◆a lecture hall 講演ホール ◆in-class lecture, demonstration, and discussion materials 授業での講義[先生の話], 実験, および話し合いの資料 ◆deliver [give, provide] a lecture on... ～について講演[講義]をする ◆give a lecture to... about [on]... ～について講演[講義]をする
2 vi. (～について)講義[講演, 講釈, お説教]する <on, about>; vt. (人) に (～について) 講義[講演, 講話, お説教]する <on, about>

**LED** □(light-emitting diode) an ~ 発光ダイオード, LED

**ledge** a ~ (水平の)棚状の突起, 岩棚, 鉱脈

**ledger** a ~ 台帳, 元帳, 原簿 ◆a general ledger 総勘定[一般]元帳 ◆record these payments into the ledger これらの支払いを帳簿[台帳, 元帳]に記録する

**lee side** the ~ 風下, 風下側, (船の)風下舷 ◆A good place is on the lee side of a guardrail. いい場所は, ガードレールの風下側です. (*悪天候をしのぐのに)

**leeward** ⓒ風上, 風下側(↔windward); adj. 風下の; adv. 風下に, 風下へ ◆be located on the leeward side of... ～の風下側に位置している

**leeway** (a) ~ 余裕, 余地, ゆとり, 行動や思考の余地; (a) ~ (航空機, 船舶などが風下に流される)偏流, 風圧偏位(量), 許容差, 車間間隔 ◆allow [give, provide] a person leeway (人)に余裕を与える ◆have five minutes' leeway to catch the last train 最終列車をつかまえるのにあと5分余裕がある ◆The production schedule leaves no leeway for unexpected delays. この生産計画は, 不測の遅れに対する余裕が全く(取って)ない.

**left** 1 the ~ 左, 左の方, 左側; the Left 左派; adj. 左の, 左の方の, 左手の, 左側の, 左派の; adv. 左へ ◆left-side driving 車両の左側通行 ◆the left-hand rule 左手の法則 (= Fleming's left-hand rule) ◆a left-leaning daily 左翼がかった[左寄りの]日刊紙 ◆at the left front of... ～の左手正面に ◆make a left turn 左折する ◆the direction from left to right 左から

右の方向 ◆twist... to the left 〜を左に回す ◆a tall man on the left of Richard リチャードの左にいる背の高い男 ◆in the lower left part of his back 彼の背中の左下の部分に ◆one oversize button at the left of the toolbar (画面上の)ツールバーの左側[左横]の特大ボタン ◆drive on the left (hand) side of the road [highway] 左側通行する ◆the major media are out of balance to the left 大手マスコミはバランスを左に寄りである ◆he stood to the left of the door 彼はドアの左に立っていた ◆In my case, to the left of the monitor I've placed my phone. 私の場合、モニター装置の左横に電話を置いた。◆The on/off switch is located to the left of the numeric keypad. ON/OFFスイッチはテンキーパッドの左側[左横, 左の方]にある。◆The Japanese drive on the left (side), a custom adopted from the British. 《意訳》日本では、英国から取り入れた慣習として車両は左側を通行する。
2 《leaveの過去・過去分詞形》
**left-handed** adj. 左利きの, 左手で行う, 左回りの, 半時計方向の, 左巻きの ◆a left-handed user 左利きユーザー
**left-hander** (= lefty) a 〜 左利きの人, 左手でのパンチ
**leftover** 《通例 〜s》食事の残り物, 食べ残し[残飯], 残り物, 売れ残り; a 〜 残滓(ザンシ), なごり, 後遺症, 時代錯誤的な過去の遺物, 痕跡, 遺跡; adj. 食べ残しの, 残り物の ◆food preparation scraps and leftovers 調理くずと食べ残し[残飯]
**left-right** adj. 左右の, 左右への, 左右方向の ◆keys with standard left-right spacing for easy touch typing タッチタイピング[両手でのタイプ]がしやすいように標準の左右[横]間隔を空けたキー(＊小型キーボードの説明で) ◆Ensure the furniture and equipment in the room has precise left-right symmetry. 部屋の中の家具と機器(の配置)が厳密に左右対称になっていることを確認すること。(＊オーディオルームの話)

**leftward** adj. 左への, 左向きの, 左寄りで, 左翼の ◆move leftward 左方向に移動する；(政治・思想的に)左寄り[左翼的]になる(= shift leftward) ◆those with a leftward lean 左寄りの[左がかっている, 左翼的な, 左派寄りの]人々 ◆The mechanical hand is built like one's right hand — with the thumb facing leftward. このメカニカル・ハンドは、右手に似せて, 親指を左向きにして造られている。
**leg** a 〜 (1本の)脚[足], 1脚, 脚部, 1行程, 1航程, 1区間 ◆chair [table] legs; the legs of a chair [table] いす[テーブル]の脚 ◆leg openings 《衣》股ぐり ◆Break a leg! 頑張って!; うまく行きますよう!; グッドラック!(＊ドイツ語の Hals- und Beinbruch! (= 独 Break your neck and leg!) から) ◆the legs of your flight あなたの空の旅の乗り継ぎルート[飛行行程] ◆a four-legged animal 四つ足[四つ脚]動物 ◆the anchor leg of a women's relay 女子リレーの最終区間 ◆an IC chip with 64 little legs sticking out 64本の小さな足が出ているICチップ(＊legs は形状を表した表現。ICチップの足は普通pins とか leads と呼ばれる) ◆the diapers with gathered legs and waist 股とウエストにギャザーの入ったおむつ ◆Waist and legs are elasticized to help prevent leakage. ウエストと股ぐりは、もれ防止のためゴム入りです。(＊オムツカバー diaper covers の話) ◆Making an impression in the U.S. power-coupe market takes good looks as well as strong legs. 米国の高性能クーペ車市場でいい印象を与えるには、外観[見た目]のよさのみならず強靭な足回りが必要だ。
**legacy** a 〜 遺産, 遺物, 受け継いだもの, 《意訳》受け継がれた／残された／過去からの)業績[実績]; 《形容詞的に》相続-, 祖先伝来の, 旧来の, 従来の, 古いものを引きずっている ◆rewrite legacy programs 従来の(古い)プログラムを書き直す ◆a legacy-free personal computer レガシーフリーのパソコン(＊従来のアーキテクチャの多くの要素を捨てたものである) ◆With a legacy of protecting the world's most sensitive facilities for nearly 25 years, SicherNetz is the most time-tested, mature product of its kind. 機密情報を扱う世界で最も厳重な施設を25年近くも防護してきた実績を持つSicherNetzは、同種のものの中で最も時代の試練を受けてきた成熟製品です。
**legal** adj. (→illegal) 法律上の, 法律に関する, 法的な, 法定の, 適法の, 合法の, 正規の, 《用紙サイズの》リーガルの ◆

a legal person 法人 ◆a legal battle 法律上の争い; 法廷闘争 ◆fight a legal battle with... 〜と法廷で戦う ◆from a legal standpoint 法的観点から ◆go through legal formalities (正式な)法的手続きを踏む[行う, とる, する] ◆have [be under] a legal obligation to <do...> 〜には〜する法的義務がある; (意訳)法律上〜しなければならない ◆the institution [creation] of a legal system 法制度の制定[整備](＊今までなかったものをつくるという意味での整備) ◆to tackle legal reform 法改正に取り組むために ◆a person requiring legal protection 法的保護を必要としている人 ◆the legal, blood-alcohol limit 法定血中アルコール濃度限度 ◆be still in the midst of a legal battle with... 〜と依然裁判[法廷]で争っている最中である
**legally** adv. 法律的に, 法律上, 法的に, 合法的に(＊定めるところにより), 合法的に, 違法ではなく, 《意訳》正式に, れっきとして ◆legally prescribed... 法律で定められた[法定]〜 ◆it is not legally binding それは、法的拘束力のあるものではない
**legend** a 〜 凡例, 説明文, 銘, 記号, 記述, 伝説的な人[物], a 〜 伝説, 《口》伝説文学 ◆(explanatory) legends 凡例 ◆the legends on the keys are too small これらのキーの刻印[表示]は小さすぎる ◆The transceiver has legends that glow in the dark. そのトランシーバは、暗がりで光る[点灯する]表示を備えている。◆Dubbed the "Isle of Legends," almost every site on Langkawi has a tale attached to it. 「伝説の島」と呼ばれるランカイ島は、ほとんどすべての場所に物語[言い伝え]があります。
**legendary** 伝説上の, 伝説的な, 名高い ◆the legendary Orient Express (かの)有名なオリエント急行 ◆the legendary Russian queues grew shorter かの有名なロシアの行列は短くなった(＊legendary = famous, well-known)
**legged** adj. 脚のある; -legged 〜の脚を持った, -脚の
**legibility** (視覚, 聴覚などの感覚による)識別のしやすさ, 了解度, 読みやすさ, 可読性, 見読性 ◆a typeface of ready legibility; a readily legible typeface 容易に読める活字の書体; 判読が楽な活字の書体 ◆for increased [enhanced, improved] legibility [readability] 読みやすくするために ◆the ready legibility of signs to... (人)にとって標識[看板, 表示]がすぐに読める[容易に判読できる, 即識別可能である]ということ
**legible** adj. (感覚により)識別できる, 判読できる, 読みやすい ◆a more legible instrument panel より視認性の高いインストルメント・パネル; もっと読み取りやすい計器盤 ◆a readily legible photograph (何が写っているのか)容易に識別[すぐに認識]できる写真 ◆make [render] it (more) legible to... それを(人)にとって(より)読みやすくする ◆make [render] the tags more legible 札をもっと読みやすく[見やすく]する ◆clean and legible conventional gauges すっきりしていて読みやすい[視認性の高い]従来型の計器類
**legibly** adv. 読みやすく, 読み[判読]しやすいように ◆write legibly 読みやすいように書く
**legionnaire** ◆Legionnaires' [Legionnaire's] disease 在郷軍人病（＊レジオネラ菌による感染症）
**legislate** vi. 法律を制定する[定める], 立法措置をとる (for... 〜に必要な, against... 〜を規制するための); vt. 〜を立法措置[法制化]により〜させる ◆legislate English as the show's official language 英語をその見本市の公式言語として定める
**legislation** 《口》立法, 立法行為, 法律制定, 立法措置, 《口》《集合的に》法律, 法令 ◆(draft) legislation 《口》法案 ◆enact one piece of bioengineering legislation バイオエンジニアリング法案を1件通過させる[法律化する] ◆pass a piece of legislation 法案を通す
**legislator** a 〜 法律を作る人, 立法者, 立法府の構成員[議員] ◆an active legislator 現職国会議員 ◆legislators [members] on both sides of the aisle 《米》共和党および民主党双方の国会議員; 与党と野党[与野党]の国会議員
**legislature** the 〜 立法府, 立法機関, 《米》州議会 ◆a legislature constituted by elections 選挙により設立された立法府[立法機関, 議会] ◆the California (State) Legislature [State Assembly] reconvenes on January 3, 2001 カリフォルニア州議会が2001年1月3日に召集される

**legitimate** 1 adj. 合法の, 適法の, 嫡出(チャクシュツ)の, 論理にかなった, 正当な, 本物の, 純正な ◆a legitimate child 嫡出子
2 vt. ～を合法と認める, 合法化する, 〈庶子〉を認知する[嫡出と認める]

**legroom** レッグルーム (*着座して脚を楽にできる足元の空間的なゆとり) ◆headroom and legroom （自動車内などの）ヘッドクリアランスとレッグスペース

**legume** a～ 食用のマメ科植物, 飼料や肥料にするマメ科植物 (*空気中の窒素を固定する根粒菌を根に持つ), 食用の豆類, 豆の莢(サヤ)(a pod) ◆the seeds of plants in the pod-bearing legume family 莢(サヤ)を持つマメ科植物の種子

**legwork** Ⓤ歩き回っての情報収集, 足を使っての取材, 探訪, 聞き込み捜査, 犯罪の精査, 現場だけではなく身体を使ってやる部分, 実際的管理面 ◆do the legwork to verify information 情報の裏を取るために足で歩いて調べる

**leisure** Ⓤレジャー, 余暇, 暇, 自由時間; adj. 暇な, 時間的および経済的に余裕のある, レジャー(の), 行楽(用)の ◆at one's leisure 暇な時に, 都合のよい時に ◆with leisure ゆっくりと時間をかけて ◆leisure products 余暇を楽しむためのもの, レジャー用品, 娯楽用品 (*ビデオソフト, コンピュータゲーム, ステレオ, スキー, 釣りの道具など) ◆the leisure class 有閑階級 ◆a leisure-time activity 余暇の時間を使っての活動 ◆at the Palm Springs Leisure Center パームスプリングスレジャーセンターで ◆expanding leisure time 拡大している余暇時間 ◆our use of leisure time 私たちの余暇の使い方 ◆download information and read it at one's leisure （*コンピュータネットワークから）情報をダウンロード[((意訳))受信]し, (後で)ゆっくり見る ◆for further testing at your leisure 時間の余裕のあるときに[暇を見て]さらにテストできるように ◆How do the Japanese spend their leisure time? 日本人は余暇をどう過ごしているのだろうか ◆This is the second book I have written in my leisure time. 本書は, 暇[余暇, 空いている時間]を利用して書いた私の2冊目の著である. ◆My leisure activities include scuba diving, walking my dog, and listening to music. 私の余暇[レジャー]活動は, スキューバダイビング, 犬の散歩, それに音楽を聴くことです.

**leisurely** adj. ゆっくりした, 急がない, 悠然とした; adv. ゆっくりと, のんびりと, ゆったりと, 悠然と, 悠長に, 悠々と, 気長に ◆Although customer flow has remained leisurely since the store opened a month ago,... この店が1カ月前に開店してこのかた客足は鈍く閑散として推移してきたものの, ...

**lend** vt. ～を貸す, 貸し出す, 貸し付ける, ～を(～に)添え る, 加える <to> ; 用立てる; vi. 金を貸す ◆a video-lending outlet 貸しビデオ店 ◆lend [give, add] great depth to... 大いに～に[点で]深みを［与える, 加える］ ◆Does the library lend out magazines? 図書館は雑誌を貸し出していますか. ◆We will lend you sporting goods and clothing at no extra charge. 当社ではお客様にスポーツ用品や運動着を無料でお貸し出ししております.

**lend oneself to...** ～しやすい, ～に向いている, ～され[を受け]やすい ◆the technology lends itself to applications such as... この技術は～などの用途に適している ◆materials that lend themselves to use for those purposes これらの目的での用途に適して[これらの使用目的に向いて]いる材料(*ここでのuseは names)◆products that do not lend themselves to automation 自動化(生産)に不適な製品 ◆using a technique which does not yet lend itself to manufacturing まだ生産に適用できるところまで行っていない(開発途上の)手法を用いて ◆By his educational background, he has expertise that lends itself to this kind of crime. 彼の学歴から判断して, 彼はこの種の犯罪に向いた[に都合のいい]専門知識や専門技術を持ち合わせている. ◆These developments may lend themselves to future commercial applications. これらの開発の所産は, 将来商業ベースでの応用に容易に結びつくかも知れない. ◆They lend themselves to becoming cartoon figures either in animation or in comic magazine format. 彼らはアニメ[動画]あるいは漫画雑誌の形態でマンガキャラ化するのに向いている. ◆It is essential that the original document lend itself to being fed into the facsimile machine. 原稿類は, ファクシミリに送り込まれやすくなければならない. ◆Only certain types of databases lend themselves to processing of the information within. 特定のタイプのデータベースに限り, 中身の情報を処理するのに向いている［処理しやすくなにできている］.(*「データベース」は, 広義には単なる情報の集まり)

**lender** a～ 貸し人, 貸し手, 貸し主, 貸し方, 金貸し ◆"Neither a borrower nor a lender be," Shakespeare warned us four centuries ago. 「借り手にも貸し手にもなるな」とシェークスピアは4世紀前に警告している.

**length** (a) ～ 長さ, 距離, 丈(タケ), 身長, (ケーブルや電線などの) 条長, (電線などの) 亘長(コウチョウ), 期間, (横に対し)縦; the ～ 全長; a ～ 一続き ◆a length of hose [tape, wire] 1本のホース[テープ, 針金] ◆a diffusion length （粒子の）拡散距離 ◆an aspect (length-to-width) ratio アスペクト(縦横)比 ◆a line along the length of a belt ベルトに縦[長手]方向に入っている線 ◆along the length of the cable そのケーブルの全長に沿って ◆a machine for cutting metallic bars into lengths 金属棒を一本一本に切断するための機械 ◆as the length of... increases ～の長さが伸びるにつれて ◆a unit length of magnetic tape 記録媒体の単位長 ◆bars of appropriate lengths 適当な長さの棒 ◆cut at arbitrary lengths; cut to an arbitrary length 任意の長さにカット［切断, 裁断］する; 切り詰める ◆explain it at great length それを長々と[縷々(ルル), 綿々と, つぶさに]説明する ◆grow to a length of 2 to 3 ft. 2フィートから3フィートの長さに成長する ◆increase [grow] in length ～の長さが伸びる ◆per unit length 単位長さ当たり ◆search the length and breadth of... 〈場所や国〉 中(ジュウ)くまなく捜す ◆shorter lengths of tape いくつかのもっと短い(長さの)テープ ◆submit a report of (an) appropriate length to... 適切な長さのレポートを～に提出する ◆with the shortest possible length of wire できるだけ短い電線を使って; ((意訳))最短距離の電線で ◆a file of length n bytes 長さnバイトのファイル ◆chains of various lengths いろいろな長さの鎖 ◆a book-length document 書籍並みの長さの文書 ◆a floor-length gown 床まで届く丈のガウン ◆long lengths of superconductor [superconducting materials] for winding coils コイルを巻くための(複数本の)長尺超伝導体[超電導材料] ◆peoples across [throughout] the length and breadth of North America 北米中[全土]の各国民 ◆reach a length in excess of 20m 20メートル以上の長さに達する ◆they will go to great lengths to do so 彼らは何としても[あらゆる手段を尽くしてでも, どうしても]そうするだろう ◆a mail order company that goes to great lengths to keep its customers happy ((意訳))顧客の満足を獲得しようと腐心している通信販売会社 ◆control the length of time the electromagnetic valves remain open 電磁弁が開いている時間の長さを調節する ◆cut back on the length [amount] of time artificial lighting is used 人工照明使用時間を短縮しようとする ◆four tracks which run the length of the audio tape オーディオテープの(全長にわたって)縦方向に走る4本のトラック ◆the shortest possible length of tubing should be used from A to B ((意訳))AからBへのチューブ配管は極力短い距離で[最短で]行うこと. ◆The wire is cut to the required length. ワイヤーは必要な長さに切断される. ◆The double track covers a total length of 353 kilometers. 複線の総延長[全長, 総距離]は353kmである. ◆They are produced in many different lengths. それらはいろいろな長さで生産されている. ◆As long as the parity bits are retained, the code can be any length. 《コンピュ》パリティビットが保持されるのであれば, コードはどんな長さでも構わない. ◆Cable trays should not be utilized for storage of excessive lengths of installed cables. ケーブルトレーは布設ケーブルの余長(部分)の収納に使用してはならない.

**at length** 長々と, 詳細に, 十分に; ついに, やっと, とうとう, ようやく, いよいよ; 丸ごと, そっくりそのまま ◆be discussed [explained] in detail at length 事細かに長々と[縷々(ルル)]述べられて[説明されて]いる ◆it has been discussed at length

from the ancient world to modern day それについては古代世界から今日に至るまで永きにわたり詳細に論じられてきた
**go to great lengths** 労をいとわない, とことん[徹底的に]やる, どんなことでもする ◆he goes to great lengths in his efforts to <do...> 彼は～する努力を惜しまない[労をいとわない] ◆go to great lengths to cultivate good relations with... ～と良好な関係を培うために労をいとわない ◆Fast-food restaurants go to great lengths to lure kids into their store(s). ファーストフードレストランは, 子どもたちを店に誘い込むためにあらゆる手段を尽くす. ◆I go to great lengths to avoid or move away from a stranger who smokes. 私は, 見知らぬ喫煙者に対しては徹底的に避けるか遠くへ離れようとする. ◆The Wrights went to great lengths to protect their airplane patents. ライト兄弟は, 自分たちの飛行機に関する特許を保護するためにはどんなことでもやった[なんでもした]. ◆We go to great lengths to ensure a product is error-free before we put it on sale. 我が社は発売前に確実に間違いのない製品を作るためにできるだけのことはやっています. (＊ソフトウェアの製品の話です) ◆Manufacturers of consumer products go to great lengths to design an attractive package that can be immediately recognized on the shelf. 民生向け製品のメーカーは, (店の)棚に並んでいてすぐに目につく魅力的な包装にデザインしようと(ここまでやるかというくらい)あの手この手を尽くす. ◆In Japan, dealers go to great lengths to keep old customers, constantly visiting their homes and pushing them to move up to a higher-priced model. 日本では, (車の)ディーラーは, なじみの顧客を引き留めておくためには労をいとわず顧客の自宅を訪問してより値の張る車種への乗り換えを薦めいく.

**lengthen** vt. ～を長くする, 延長する, のばす, 伸長する; vi. 長くなる, のびる

**lengthwise, lengthways** adj., adv. 縦方向の[に], 長手方向の[に]

**lengthy** 非常に長い[長期の], 延々と続く, 長たらしい, いやになるほど長い ◆after lengthy deliberation 長々とした審議の末に ◆a lengthy explanation くどくどとした長ったらしい[長々とした, 縷々(ルル)とした]説明 ◆a lengthy voyage [journey] 長期の航海[旅行] ◆for lengthy periods (of time) 非常に長い間 ◆Where tests are of lengthy duration かなり時間の長い試験の場合

**lenient** adj. 寛大な, 緩やかな, 手ぬるい, 生ぬるい, 甘い, 手加減をした[加えた] ◆be too lenient with [on, toward, for] them 彼らに対してあまりにも寛大である[甘すぎる] ◆more lenient rules もっと緩い[厳しくない]規則 ◆receive too lenient a sentence ありにも寛大な[甘い]判決[刑]を受ける ◆he has criticized the courts for being too lenient on juveniles 彼は, 裁判所が少年少女に対して寛大すぎる[手ぬるすぎる, 甘すぎる]と批判した ◆they decided to take relatively lenient measures against the magazine 彼らはその雑誌(社)に対して比較的寛大な[手加減した]処置を採ることにした; 彼らはその雑誌社に手心を加えた[を大目に見る]ことにした

**leniently** adv. 寛大に[甘く, 手ぬるく, 優しく], 情け深く ◆Should the commission exercise its discretion to apply the law leniently because... 《意訳》もしも～という理由で委員会が恣意的にその法律の適用[《意訳》運用]に手心を加えるようなことがあれば...

**lens** ～ (pl. ～es) レンズ, 鏡玉, 玉, (眼球の)水晶体 ◆an interchangeable lens (カメラ用)交換レンズ ◆a single-lens reflex camera 一眼レフカメラ ◆a fixed-focus lens [camera] 固定焦点レンズ[カメラ] ◆a lens-shutter camera レンズシャッター・カメラ(＊一眼レフのシャッターがフィルムの直前にあるのに対し, レンズシャッターカメラのシャッターはレンズ部に置かれている) ◆a long lens 焦点距離の長いレンズ ◆a medium tele macro lens 中焦点距離のテレマクロレンズ ◆the lens's center そのレンズの中心 ◆The lens is very fast. そのレンズは非常に明るい. ◆Combination of a focusing lens and a faceted lens divides a laser beam into multiple beams. 集束レンズと多面レンズの組み合わせにより, レーザー・ビームは複数のビームに分けられる.

**lepton** a～ 《物》レプトン, 軽粒子 ◆light particles known as leptons レプトンとして知られる軽粒子(＊電子やニュートリノなど質量がほとんどゼロの素粒子類がこれに当たる)

**lesbian** adj. (女性同士の)同性愛の, レスビアン[レズ]の; a～ 女性の同性愛者, 同性愛の女性, レズ ◆a lesbian couple レスビアン[女性同性愛者同士の]のカップル

**lesion** a～ 外傷, 損傷, (特に手術後などの)病変 ◆an eczematous skin lesion caused by direct contact with a chemical 化学薬品に直接触れたことによる湿疹性の皮膚損傷[外傷]

**less** adj., adv. <than> より少ない[く], より小さい[く], いっそう少ない[少なく], ～以内の, ～に満たない; prep. ～を減じて, ～だけ欠けて[足りなくて], ～を除いた; n. より小さい数, より少ない量, より軽いもの, より劣るもの, より重要性の低いもの ◆a little less than a kilometer 1キロメートル弱[足らず] ◆consume 25 percent less power than... ～は, ～よりも25%消費電力が少ない ◆for far less money ずっと下回る金額[はるかに少ない費用]で ◆frequencies of less than 500 kHz 500キロヘルツ未満の周波数 ◆in less than ten years 10年足らずの[10年しない, 10年経たない]うちに ◆make it less sensitive to market fluctuations いっそうそれを市場の変動に左右されないで済むようにする ◆be effective for 5 minutes or less 最高5分間の効果がある ◆The quantity of... is less than we desire ～の量は, 我々が望んでいるより少ない[欲しい量に足りない] ◆up to 65% less maintenance time 最高65%まで少なくて済む[削減できる]保守整備時間 ◆lead to less product design variation which means less cost to the customer ～は, 消費者にとってのコスト低減を意味するところの製品デザインバリエーションの減少につながる ◆A higher refresh speed means less flicker. リフレッシュ速度の高速化は, ちらつきが少なくなる[減る]ことを意味する. ◆Alcohol is less flammable than gasoline. アルコールは, ガソリンよりも燃えにくい. ◆I view it less as a conflict and more as a conversion. 私はそれをそれを争いよりもむしろ転換ととらえている. ◆The atom has one less valence electron. この原子は, 価電子が1個少ない[不足している]. ◆Liquid crystal displays use less power than a comparable CRT display. 液晶ディスプレイは, 同等のブラウン管式ディスプレイより電力を使わない. ◆Keep luggage to a minimum. The less you have, the less you'll have to look after. 荷物はできるだけ少なくしましょう. 少なければ少ないほど手がかからないはずです. ◆The hard disk drive consumes roughly a half watt less power than its predecessor. このハードディスクドライブは, 消費電力が先行機種より約2分の1ワット少ない[小さい]. ◆Although hard disks have zoomed ahead in capacity and density, they have been less successful in reducing average access times. ハードディスクは容量と密度の点で急進したが, 平均アクセス時間の短縮はそれほどうまくはいかなかった. ◆For the last 20 years, as vacant land [ground] began to become less and less available, developers bought it up and removed the buildings. 過去20年の間, 更地がますます少なくなる[希少化しだす]と, 開発業者らは土地を買い占めてビルを解体した.

**much less, still less** まして[なおさら, いわんや, 言うに及ばず]～ない ◆Owing creditors more than $50 million, the firm could not even pay its electricity bill, much less its employees. この会社は, 債権者に対し5000万ドル超の返済義務があって, 電気料すら支払えず, まして従業員の給料など払えるはずもなかった. ◆The river is so poisoned and corrosive-laden that stretches are considered unsafe for factory coolant systems, much less for purification for drinking. その川は, 非常に毒物汚染されて腐食性物質を多量に含んでいるので, 川筋は工場の冷却水システム向けには安全上問題があると考えられ, まして飲料用としては土地を浄化することは論外である.

**not less than** 少なくとも, ～に劣らないほどで, ～以上の ◆If a train is approaching, stop not less than 15 ft from the nearest track. もし列車が接近してきていたら, 最も近い[手前の]線路から少なくとも15フィート[15フィート以上]離れて一時停止すること.

**no less than, no less…than** ～ほど多くの、(なんと)～も、～ほどもの、決して～に劣らないほど、～を下らない ▶数量や程度が大きいことを強調したり、それに対する驚きを表す．

**less than** ～よりも少ない；《(形容詞、副詞の前に置いて)～とは言えない、それほど～ではない；《婉曲》とても～とは言えない[～にほど遠い] ◆a less-than-perfect outcome 完璧とは言えない結果 ◆due to the less-than-optimum position of… 最適とはいえない～の位置で[～の位置ずれ]のせいで ◆less than complete production tooling （段取りがまだ）完全には整っていない生産設備 ◆if customers start deserting the company because of its less-than-sterling image とても優良とは言えない[優良にほど遠い]企業イメージのせいで顧客がその会社から逃げ出し始める[離反しだす]ようなことにでもなれば

**less developed country** a～ (an LDC, pl. LDCs) 開発途上国、低開発国

**lessen** vt. ～を小さく[少なく]する、減らす、〈熱など〉を下げる、〈速度など〉を落とす; vi. 減る ◆lessen the impact of a shock 衝突の衝撃を和らげる ◆lessen the likelihood of data loss データが失われる可能性を少なくする ◆lessen the space between the points それらの点の間隔を狭める ◆a lessening of computer anxiety among people who are non-computer-literate コンピュータ音痴の人達の間のコンピュータに対する不安の緩和[減少]

**lesser** 小さい方の、より劣る方の、より地位の低い、より重要度の低い ◆a lesser power 弱小国 ◆lesser officials 位の低い役人 ◆an input signal of lesser amplitude 振幅のより小さい入力信号 ◆a person lesser in rank 位が1つ下の人 ◆cop a plea to lesser charges （刑が軽くなるように）軽い罪の自白をする[申し立てる] ◆lesser breeds より下位のもの(＊製品など) ◆lesser-known publishers あまり有名でない出版社 ◆be relegated to a lesser post [an inferior position] because of… ～のせいで、より低い地位に追いやられる[飛ばされる]; 左遷[降格、格下げ]される ◆Sometimes you have to choose the lesser of two evils. 時には、2つの悪のうちでせめてましな方を取るしかないこともある。 ◆Private enterprise has gained a foothold in Yugoslavia, but to a far lesser extent than in Hungary. 民間[私]企業はユーゴスラビアで地歩を固めたとは言っても、ハンガリーには到底およびもつかない程度ではあるが。

**lesson** a～ レッスン、授業(時間)、稽古、学課、課程、(教科書の区切り)課、単元、教訓、戒め(イマシメ)、いい教え ◆a hard-learned lesson 手痛い教訓[反省材料]、きつい戒め[お灸] ◆a self-paced lesson マイペース[自分のペース]でやれるレッスン ◆draw lessons from successes and failures 成功や失敗から教訓を引き出す[抽出する、得る、(意訳)学ぶ] ◆learn some important lessons いくつかの貴重な教訓を得る ◆take lessons from failures 失敗から教訓を得る; 失敗から学ぶ ◆The failure has taught a lesson to… その失敗に～に教訓を教えた[(意訳)～は、残された、もたらした] ◆without that lesson's being learned その教訓が活かされずに ◆a teen-ager taking a driving lesson from his father 父親から運転を習っている十代の子供 ◆By having children take music lessons as early as possible,… 子供にできるだけ早い年時期に音楽のレッスン[教育]を受けさせることにより、 ◆that will teach her a lesson それは彼女にとっていい薬[教訓、反省材料、戒め、お灸]になるだろう ◆And maybe Hollywood will learn [draw] a lesson from its failure – although I doubt it. そしてたぶん、ハリウッドは失敗を教訓にするかもしれない。とは言っても、私としてはそうは思えないのだが。 ◆Basic mistakes that the carmaker has made with packaging have been lessons well learned. その自動車メーカーが犯したパッケージングについての基本的な誤りは、よい教訓になった。(＊packaging とは、入れ物としての車体の空間設計)

**lest** ～しないように、するといけないから、～ではないかと、～しはすまいかと ◆In solving the problem, we must be careful lest our knowledge lead to fallacious reasoning. 問題の解を求めるに当たって、我々は、持っている知識にとらわれて誤った推論を導き出すことのないよう注意しなければならない。

**let** vt. ～に～させる、させておく、《(let us, let's の形で)～しよう》; ～を仮に～とすれば、～を貸す、〈仕事〉を(～に)出す[請け負わせる<to>]; vi. 賃貸する、借り手がつく ◆If…, kindly let us know. …の場合は、どうぞお知らせ下さい[ご一報ください、お問い合わせください、お申し出ください、教えてください]いただきます。 ◆Let me introduce our company. 弊社の紹介をさせていただきます。 ◆let the light fall on the screen その光がスクリーンに当たるようにする ◆Let the glue cure overnight. 接着剤を硬化させるために一晩放置してください。 ◆Letting [if we let] α = (Z₁·Z₂), the solutions are found from…. α=(Z₁·Z₂) とすると、解は～から求められる。 ◆Friends don't let friends drive drunk. 友達というものは、相手に飲酒運転はさせないものだ。 ◆Next, let us take a look at recent trends in… 次に、～の最近の動向について見てみたいと思います。 ◆When something goes wrong, they let it go until it goes away by itself. 何かまずいことがあると、彼らがそれが自然解消するまでそのまま[ほったらかし]にしている。(＊官僚や公務員のことなれ主義について) ◆Do not expose the batteries to direct heat, let them become shorted, or try to take them apart. 電池を直接加熱したり、短絡[ショート]させたり、分解したりしないでください。 ◆This automatic sensing feature lets you plot your drawings with a minimum of supervision. この自動感知機能によって、最小限の監督で製図をプロットすることができます.

**let alone…** ～はおろか[言うまでもなく、言うに及ばず、言わずもがな、さておき、もとより、もちろんのこと、問題外としても、ともかく]、いわんや、なおさら、まして、それどころか、そのうえ、それどころではなく ◆For the present, Alzheimer's Disease cannot be arrested, let alone cured, but it can be managed. 現在の[今の]ところ、アルツハイマー病の治療はおろか[言うまでもなく]進行を止めることすらできないが、管理することは可能である。

**let go of** ～から(つかんでいる)手を放す ◆The board would not easily let go of its cable, and I had to gently pry the connector from its seat with a screwdriver. そのボードからケーブルが容易に外れなかったので、コネクタをねじ回しで手加減しながら台座からこじり外さなければならなかった。

**let in** ～を～の中に入れる ◆let in light [air] 〈窓、開口部など〉の光[空気]を入れる ◆let in more [↔less] light ～と光を入れる; 入射光量を増やす[↔減らす] ◆the house's unconventional means of letting the great outdoors in すばらしい戸外の雰囲気を取り込むその住宅の型破りの方法[手段]

**let out** ～を出す、～してやる; 〈秘密〉を外部に出す[(下請けに)出す]、委託する ◆a smokestack for letting out smoke from… ～から煙を排出するための煙突 ◆let out accounting jobs on a subcontract to… ～に下請け契約で会計業務を委託[アウトソーシング]する

**lethal** ◆cocaine in concentrations as high as 200 times a lethal dose 致死量の200倍の濃度のコカイン

**lethargic** adj. 無気力な、活発な、眠けを誘う、無関心な、無感動な ◆lethargic public servants 無気力な[不活発な; 《以下は意訳》やる気のない、翳りのある]公務員

**lethargy** ①無気力、不活発、虚脱[脱力]状態、倦怠、無関心、無感動; 傾眠(ケイミン)、嗜眠(シミン)、昏睡(状態) ◆suffer from the typical "public servant" lethargy 「公務員」特有の無気力に苦しむ(＊国有企業などに)

**letter** 1 a～ 手紙、書簡、書状、音信、文字[字] (▶characters と異なり、特殊記号などは含まない)、活字; a～《(しばしば～s)》免状、証書; the～ 文字通りの意味、字義、字句、文面、文言(モンゴン); ～s (単/複扱い)文学、著述[文筆、作家]業、(文学の)知識、学識 ◆to the letter 文字通りに、厳密に ◆a letter of credit [attorney, thanks] (順に)信用状[委任状、感謝状] ◆Time's letters department タイム誌の投書担当部門 ◆a letter of intent 趣意書[同意書]; 仮取り決め; (落札[契約])内示書 ◆a letter-size (8.5 in. x 11 in. or 216 mm x 279 mm) document レターサイズ(8.5×11インチまたは216×279mm)の文書 ◆a sheet of letter paper 1枚の便せん ◆be notified by letter 書状[書面]で通知される ◆each letter of the alphabet アルファ

ベットの各文字 ◆in the form of the [a] letter S　S字形に ◆in the shape of the letter S; in the shape of an S　S字形に ◆the contents [text] of a letter; a letter's contents [text]　手紙の内容［文面］ ◆a Cyrillic-lettered license plate　キリル［スラブ, ロシア］文字で書かれたナンバープレート ◆nonnumeric data such as letters and special characters　文字や特殊記号などの数字でないデータ ◆publish letters as space allows　誌面［紙面］の許す限り投書を掲載する ◆the instructions in your letter　あなたの手紙に書かれている指示 ◆Thank you very much for your letter of Oct. 9th inquiring about...　10月9日付けの〜に関するお尋ねのお手紙大変ありがとうございます ◆Dear Mr. Clark: Re: PO #20-1234 Reference is made to your letter of August 9, 1999 on the above subject.　クラーク様 PO #20-1234 について（本状は）上記の件［標題］に関する1999年8月6日付けのお手紙についてです.

**2** vt. 〜に文字を記す, 刻印する

**letter case**　the〜（テレックスキーボードの）下段（＊アルファベット文字が割り当てられている. the lower case とも言う. 上段は the figure case）

**letterhead**　a〜　レターヘッド（＊便せんの上部に印刷されている社名, 住所など）, 名入り［社名入り］便せん

**lettering**　レタリング, 文字を書く［刻印］すること, 刻印された［書かれた］文字, 銘 ◆This sign is white with the words "STOP FOR PEDESTRIANS" in black lettering.　この道路標識は, 白地に「歩行者に注意, 一時停止」の文言が黒い文字で書かれている.

**letter of credit**　a〜（pl. letters of credit）《貿易》信用状 ◆issue an irrevocable letter of credit　取り消し不能信用状を発行する ◆open a letter of credit　信用状を開設する

**letterpress**　回凸版［活版］印刷（法）, 回《英》本文《＊挿し絵などに対して》 ◆(a) letterpress ink　《種類は可算》凸版インキ ◆a letterpress (printing) plate　凸版 ◆letterpress-printed books　凸版印刷で刷られた本 ◆letterpress printing　凸版印刷 ◆printed by letterpress　凸版印刷された

**letter-quality**　〈プリンタの印字などが〉レタークオリティの, 高品位印字の（= correspondence quality）

**letter-shift**　《通》下段切り替えの ◆a letter-shift signal　下段シフト符号（＊テレックスのキーボードを下段に切り換える信号）

**letup**　(a)〜（口）停止, 休止, 中断, 減少, 緩和,（努力などの）ゆるみ ◆without (a) letup　絶え間なく, 間断なく

**level** 1 (a)〜　水平, 水平面［水平線］（＊地面と平行な面・線）, 平面, 面, 高さ, 程度, 地位, 基準, 基準線, 基準値, 水準, レベル, 次元, 一並, 段, 階, 層, 段階, 階層,（コンピュータ）準位, 水位, 液面, 油面,〈液体中の〉濃度,〈音, 声の〉大きさ, 音量, 量, 一位; a〜（水平）坑道; a〜水準器（= a spirit level, a water level, a carpenter's level など. →水準器） ◆be equal in level to; be on a par with; be [stand] on a level with; be on the same level as [with]　〜と同水準にある ◆binary [2-level] error diffusion　2値［二値］誤差拡散 ◆adjust the position and level of components　部品の位置および高さの調整をする ◆a level of -10 dB　マイナス10デシベルのレベル ◆at a national level　国レベルで ◆at levels above 7,000-10,000 feet　7,000〜10,000フィートの高度で ◆boost your income level　あなたの所得水準を上げる［アップする］ ◆Cabinet-level　閣僚級［レベル］の ◆have higher energy levels　より上位のエネルギー準位を有する ◆higher level systems　より上位のシステム ◆keep... at the current level　〜を現行のレベルに維持する ◆lift... to a higher level　〜をもっと高い位置に持ち上げる ◆maintain... at adequate levels　〜を十分なレベルに維持する ◆on the factory level　工場レベルでは ◆raise the efficiency level to 75%　効率レベルを75%に上げる［アップする］ ◆reach an adequate level　十分なレベル［水準, 準位］に達する ◆vary the output in level　出力のレベルを変化させる ◆attain expert levels　専門家の域に達する ◆high levels of reliability and precision　高水準の信頼性と精度 ◆a mandated safety level　（法により）要求された［規定され, 義務付けられている］安全基準 ◆government-level negotiations　政府レベルの折衝 ◆with an acceptable level of distortion　まあまあ許せる［容認できる］程度の歪で ◆above levels considered safe; higher than the level considered safe　安全であると考えられているよりも高いレベルで;《(意訳)》安全レベルを超えて ◆achieve a high level of functional integration　高いレベルでの［高水準の］機能統合を成し遂げる ◆a coax stripper for three-level stripping　3段階の段差をつけて被覆をむくための同軸ケーブル皮むき具 ◆change the power levels in eight levels　電力レベルを8段階で切り換える ◆check the oil level with the dipstick　計量棒で油面の高さ［油量］を調べる ◆maintain the required level of quality　要求されている品質基準［水準］を維持する ◆new programs with even higher levels of function　なお一段と高度な［レベルアップした］機能を搭載した新しいプログラム ◆produce 64 levels of halftone　64段階の中間調［64階調］を出す ◆raise lobsters on a commercial level　商業ベースでロブスターを養殖する ◆reach a high level of sophistication　高いレベルまで高度化する; かなり高度が進む ◆sales are running ahead of last year's levels　売り上げは前年の（レベル）を上回っている ◆seem to be on about the same level with...　〜とほぼ同じ水準にあるらしい ◆the ever-increasing level of integration and diversity　ますます増大し［進み］つつある統合性と多様性 ◆the level of contamination in the Rhine　ライン河の汚染度［汚れ具合］ ◆to raise the level to a point where every young person will...　すべての若い人が〜するところまでその〔水準を引き上げるために［水準の底上げを図り］ ◆demand is predicted to remain at high levels over the next 18 months　需要は, 今後18カ月にわたり高水準で推移するものと予測されている［高原状態が続くものと見られている］ ◆if the engine oil is not at the proper level　エンジンオイル（の液面［油面］）が, 適正レベルにない場合には ◆in order to achieve the same level of market penetration that Nanotronics currently enjoys　現在ナノトロニクス社が享受しているのと同じ程度の市場浸透を達成するために ◆The degree of difficulty may not be too high but...　難しさの程度［難易度］は高すぎるとは言えないかもしれないが ◆the survey found vehicle sales either flat or below year-ago levels　同調査により, 自動車の販売額［実績］は, 横ばいか前年のレベル［実績］を割り込んでいることが判明した ◆to raise the level of debate from name-calling to constructive dialogue about improving...　非難や中傷の応酬から,〜をよくすることについての建設的な対話へと議論のレベルアップを図るために ◆once levels of ozone reach a level of 250 on a scale used to monitor smog levels　オゾンレベルがスモッグのレベルを監視する尺度上で250というレベルに達すると ◆the polarization of income in the job market based on level of education　求人市場における教育程度による所得の分極化 ◆light is emitted when an electron jumps from one allowed level to another of lower energy　電子が1つの許される［取り得る］準位からエネルギーの低い別の準位に飛び移る際に光が発せられる ◆A level of 0.08 is reached sooner in smaller persons.　身体の小さい人の場合, もっと早く0.08のレベルに達してしまう. ◆Menus may have three or more levels.　メニューは, 3段階［3段層］以上になっていることもある. ◆Recheck for level and adjust as necessary.　水平が出ているか再度チェックし, 必要なら調整してください. ◆She wants to believe that she can raise her game to a higher level.　彼女は, 自分の競技をレベルアップすることが可能なのだと信じたいと思っている. ◆The amplifier has a very low noise level.　本増幅器は, 雑音レベルが非常に低い. ◆The laptop offers AT-level performance.　そのラップトップコンピュータは,(IBM)AT並みの性能を持っている. ◆The signal is transmitted at a predetermined level.　この信号は, ある既定のレベルで送信される. ◆They have reached a level at which they can be put into practical use.　それらは実用化できるまでのレベルに達した. ◆As of yesterday, the water levels in the river were low and the water was clear.　昨日の時点で, この河の水位は低く水は澄んでいた. ◆Hundreds of wines are classified into five levels of quality.　何百種を数えるワインが5段階の品質等級に格付けされた. ◆Levels of radioactivity are still nine times as high as the acceptable limits.　放射能レベルは, 依然として許容限度の9倍の高さにある. ◆The company

reported yesterday that its Christmas sales fell from year-earlier levels.　この会社は昨日、クリスマス商戦の売り上げが前年レベルを割り込んだと発表した。　◆The level of detail of the description increases at each step.　ステップを1つ進むごとに、記述の詳しさは度合いを増す。　◆The level of technological sophistication in... rose steadily.　〈分野〉における技術水準が着実に上がった。　◆"You have to raise yourself to another level when you're racing Irina and Ottey," Torrence said.　「イリナやオッティと競走するときは、自分自身の〈志気〉を一段と高揚させないとだめなんです」とトーレンスは言った。　◆Binary signals with just two decision levels will have a higher signal-to-noise ratio than multilevel signals.　2つの識別レベルしか持たない2値信号は、多値信号よりも信号対雑音比［S/N比］が高い。　◆European firms are creating management and marketing ideologies which work on a pan-European or international level.　欧州企業は、汎ヨーロッパまたは国際レベルで通用する経営とマーケティングのイデオロギーを生み出しつつある。　◆Hardware prices have plummeted to a level that permits each user to have his or her own personal computer.　ハードウェアの価格は、ユーザーがそれぞれ自分のパソコンを持つことのできる水準まで急速に下がった。　◆Measurements from parts per million to per cent concentration levels are obtained by selecting one of several optical path lengths.　いくつかの光路長の中からひとつを選択することによって、PPMからパーセントまでの濃度レベルの測定結果が得られる。（*赤外線分析計の話）　◆Software piracy will continue to stymie growth and limit technological advancement if it remains at its present high levels within the region.　〈意訳〉当地域においてソフトウェアの著作権侵害［盗用、不正使用］情況が現在の甚大さ［深刻さ］のまま続けば、成長を阻害し技術の進歩を抑制し続けることになる。　◆They expect the unemployment rate to inch up to 7.2% by the end of the year, and to be at that level in 1991.　彼らは、失業率は今年末まで小刻みに［じりじりと］7.2%まで上がり、1991年はその水準で推移すると見ている。　◆Under Maryland law, a driver is considered intoxicated when his blood-alcohol level reaches 0.10 percent.　メリーランド州法のもとでは、血中アルコール濃度が0.10%に達するとドライバーは酩酊状態にあるものとみなされる。　◆The development of science and technology has reached a level where the broad-scale introduction of new achievements can lead to an entirely new phase in the arms race.　科学技術の発展は、新しい研究成果の広範な導入が軍拡競争に全く新しい局面を開くほどにまでなった。
**2** adj. 水平な、平らな、平坦な、同じ高さの、同程度の、等位の、同等位の、一級の、〈力量が〉互角の、一定の、均一な、〈計量カップなどに〉すり切りの、冷静な、落ち着いた　◆a level railroad crossing　（線路が道路と同一面で交差する）踏切（*立体交差と対照した表現）　◆keep it as nearly level as possible　それをできるだけ水平に保つ［維持する］　◆make... both level and plumb　～の水平および垂直を出す（*大工仕事や機器の据付けでの「水平出し」は「レベル出し」とも呼ばれる）　◆make sure they are level　それらの水平が出ていることを確認する　◆to get the bubble to read level　水準器が水平を示すようにするために（*水準器を使っての作業）　◆place the unit on a level surface　そのユニットを平らに［水平］な面に置く　◆travel faster than 50 km/h on level ground　平坦地を時速50キロを超えて移動する　◆these companies are competing on a level playing field　これらの企業は同じ土俵で［対等に］競い合っている

**3** vt. ～を水平［平ら］にする、平らにする、地均し［整地］する、平均化する、均一化する、～のむらをなくす、～を地面と同じ高さにする、〈木など〉を倒す、〈建物など〉を取り壊す、vi. 水平になる、平均化する、〈水準に見えて〉照準を定める、倒す、率直であけっぴろげな態度で接する　◆a bulldozer leveling ground for a new highway　新しいハイウェイ建設のために地均しをしているブルドーザー　◆a load-leveling system　負荷を平準化するためのシステム　◆level out the production of...　～の生産(高)を平均化［平滑化］する、～の生産を平らに均す［均一化する］　◆～の生産に波［変動］がないようにする

**level... at...**　vt.〈武器、非難など〉を〈人、もの〉に向ける　◆a barrage of negative ads leveled at...　～に照準を合わせた中傷宣伝の集中砲火

**level off**　vt. ～を平ら［滑らか、平滑］にする、〈計量容器〉すり切りにする、平均化する、一様にする; vi. （上昇、降下後に）水平飛行に移る、安定する、横ばい状態になる、一定水準に達する、平底になる　◆growth in... has leveled off　〈商品〉の成長が横ばいになった　◆it would level off at 40 percent　は40パーセントで横ばいになるであろう　◆level off flour and salt with a knife blade　粉と塩をナイフの刃ですり切りに（して計量）する　◆the craze is leveling off　この流行は落ち着きをみせてきている　◆the dip has leveled off　落ち込みは下げ止まった　◆the lake has leveled off　（増水などが止んで）湖の水位が横ばいになった　◆If the soil is not naturally firm, it is leveled off and packed by heavy machines.　土砂が自然状態で固く引き締まっていない場合、重機で均され［地均しされ、整地され］てから地固めされる。　◆Prices appear to be leveling off after months of rises because of a slight oversupply.　物価は、ここ何カ月か上昇が続いたあと、供給がややだぶついたせいで上げ止まっているように見える。　◆The human population of the planet is expected to reach 10 billion before leveling off.　この惑星の人口は、頭打ちになるまでに100億に達するものと見られている。

**leveling off**　n. 横ばい、横這い状態　◆achieve a leveling-off of its population　〈国や地域の〉人口をある一定の数の頭打ち［横ばい］状態にする　◆a leveling off took place　横ばい状態が起きた　◆we have already seen a leveling off in that category　我々はその部門における横ばいをすでに見た　◆This suggests a leveling off in the steep decline that the industry has suffered since 1992.　これは、業界が1992年以来味わってきた急激な落ち込みの下げ止まりを示唆している。

**level-shift**　～をレベルシフトする　◆The output is level-shifted in the positive direction by four diodes.　《電気》出力は、ダイオード4個で正の方向にレベルシフトされる。

**lever**　**1**　n. ～レバー、てこ、横桿（コウカン）　◆release the lever　レバーを解除する　◆a control lever　操作［加減、調節］レバー　◆the point of a lever where [to which] (a) force is applied; the point on a beam where a force is applied　レバーに力を加える［印加する］点、てこの力点　◆Place the lever in its central position.　レバーを中央（位置）に設定してください。
**2**　vt. ～をてこで動かす; vi. てこを使う

**leverage**　**1**　n. てこの作用、てこの力、影響力［効力、活動などを］動かす力、《経済、経営》レバレッジ（*少ない借り入れ資金をてこに大きな利益をあげること）
**2**　v. ～に影響を及ぼす、～に梃子（テコ）を使用する、活かす、活用する、〈意訳〉刺激する、強化する、〈企業など〉にレバレッジを供与する、レバレッジを使って投機する、梃入れする

**leveraged buyout**　a～　レバレッジドバイアウト、LBO（*買収の対象となっている企業の資産を担保に資金を借り入れ、これを梃子（テコ）にして少ない持ち金で行う企業買収）

**leviathan**　（Leviathanで）〈聖書に現れる巨大な海獣〉リバイアサン; a～　巨大［強大］なもの、（巨大な官僚機構を持つ）全体主義国家　◆a Leviathan government　巨大な政府　◆a Leviathan state　巨大な官僚機構を持つ全体主義的国家　◆this new Germany is about to become an economic leviathan in the global market　この新しいドイツが世界市場で経済大国になろうとしている

**levitate**　vt. ～を空中に浮き上がらせる、浮上させる; vi. 空中に浮上する　◆a magnetically levitated actuator　磁気的に浮かされている［磁気浮上式］アクチュエーター

**levitation**　浮上、浮揚　◆a levitation train　磁気浮上式の列車［リニアモーターカー］　◆magnetic levitation of a high-speed train　高速列車の磁気浮上

**levy**　**1**　vt.〈税金など〉を（～に）課する〈on, upon〉、徴収する、差し押える; vi. 差し押える　◆levy antidumping duties on foreign flat panel screens　外国製のフラットパネルスクリーン［表示装置］にアンチダンピング［反不当廉売］関税を課す　◆tariffs levied on imported goods　輸入品にかかる関税

**lewd** 2 a〜 課税, 賦課, 徴税, 取り立て, 徴収額

**lewd** adj. 好色な, みだらな, 助平な, 猥褻(ワイセツ)な, 淫靡(インビ)な, 淫乱な ◆lewd and lascivious conduct [behavior, acts] みだらなわいせつ行為

**LF** an 〜 (a linefeed) 《コンピュ》改行 (cf. CR); (low frequency) 長波(の) (*30kHz〜300kHz)

**LHC** (large hadron collider) the 〜 大型ハドロン衝突型加速器 (*欧州原子核合同研究機関CERNの)

**Li** リチウム(lithium)の元素記号

**liability** ①責任のあること, 責任, 義務; a 〜 困りもの, ハンディキャップ, 不利なもの, マイナス材料, 債務; -ties 負債, 債務; ②〜しがちなこと, 陥りやすいこと (= proneness) <to> ◆liability insurance （損害賠償）責任保険 ◆product liability 製造物責任 ◆whether a guarantee of a liability will affect... 債務保証が〜に影響を及ぼすかどうか ◆with individuals bearing no personal liability for anything 一人一人としては全く個人的な責任を負うことなしに ◆Corinth shall have no liability for any damage of any kind. コリント社は, いかなる種類のいかなる損害に対する責任をも負わないものとします. (*保証書の表現)

**liable** (〜に対する)法的責任[義務]がある<for>, 〜になりやすい[陥りやすい]<to>, (病気に)かかりやすい (= prone) <to> ◆Royal shall not be liable for any personal injury or property damages, whether direct or indirect. ロイヤル社は, 直接間接的を問わずいかなる人身傷害もしくは物的損害に対する責任をも負わないものとします. ◆Any owner of a vehicle who drives without insurance will be liable to possible suspension of his/her driver's license for a period of up to one year. 保険なしで運転する自動車所有者は[自動車所有者が保険に入らずに車を運転すると], 最高1年間の運転免許停止に処せられることがある.

**liaison** (a 〜) 連絡, 渡り, 渉外; a 〜 婚外の性交渉, 不倫関係, 密通, 私通, 姦淫 ◆a liaison officer 連絡窓口担当者, 渉外係, 連絡将校 ◆a dangerous liaison 危険な不倫関係[火遊び] ◆act [work, serve] as (a) liaison <with, to, between, for> 連絡窓口役[渉外役, パイプ役]を務める ◆produced [developed] in close liaison with... 〜と緊密に連携して製作[開発]した ◆have [establish] a romantic liaison with... 〜と恋愛関係を持っている[むすぶ] ◆have a sexual liaison with... 〜と正当とは認められない性交渉[不倫な関係・肉体関係]を持つ ◆his (secret) liaison with a married woman 結婚している女性との彼の密通[私通, 内通, 不義, 姦淫, 密事, 不倫な性・肉体関係] ◆serve [act, work] as (a) liaison between black pilots and USAir 黒人パイロットとUSAir社との間を取り持つパイプ役を務める

**liaison office** a 〜 連絡事務所

**libelous, libellous** adj. 名誉毀損の, 中傷的な (= defamatory)

**liberal** adj. 自由主義の, リベラル派の, 偏見のない, 公平な, 考え方の開けている, 進歩的な, 寛容な, 寛大な, 甘い, 度量の大きい, 鷹揚な, 気前のよい, 物惜しみしない, ケチケチしない, 金離れのよい; 十分な, 豊富な, ふんだんの, たっぷりの, たくさんの, 多めの, 多額の, 大量の, 大幅な; 一般教養の, 普通課程の; L- 自由党の; a 〜 自由主義者, 進歩的な人; a Liberal 自由党員 ◆he is considered too liberal かれはリベラル過ぎると思われている

**liberal arts** (*自由の学術の意)一般教養, 学芸, (大学の)教養科目[課程, 学科] ◆a liberal arts student 文系科[系]の学生

**liberalization** 自由化, 寛容にすること ◆economic liberalization 経済の自由化 ◆trade liberalization 貿易の自由化 ◆power [electricity] liberalization; the liberalization of electric power [markets] 電力の自由化 ◆a liberalization policy 自由化政策 ◆liberalization in Poland ポーランドの自由化 ◆liberalization of financial services 金融サービスの自由化 ◆with the liberalization of the Soviet Union ソ連の自由化の進展につれ

**liberalize** vt. 〜を自由(主義)化する; 〜を寛大にする, (心)を広くする, (規則など)を緩める[緩和する]; vi. 自由化する, 寛大になる[広くなる], ゆるやかになる[緩和される] ◆liberalize foreign travel 海外[外国]旅行を自由化する

**liberally** adv. 気前良く, 物惜しみしないで, たっぷりと, たくさん, 大量に, 寛大に, 寛容に ◆Liberally coat the bearings with lubricant. ベアリングに潤滑剤をたっぷりと塗ってください.

**liberate** vt. 〜を自由にする, 開放する, 放免する, 釈放する, 《化》遊離する ◆each atom of chlorine liberated from a CFC フロンから遊離した各々の塩素原子 ◆liberate considerable amounts of heat （潜熱の放散などにより）大量の熱を発生する ◆Large amount of heat is liberated when the steam vapor condenses to liquid water. 水蒸気が凝結して液体の水になる時, 大量の熱が放出される.

**liberation** 解放, (同性愛者, 女性などの)解放運動, 不当差別撤廃, 機会均等化, 《化》遊離, (鉱山, 炭鉱)単体分離 ◆heat liberation; liberation of heat （潜熱の放散などによる）発熱 ◆the degree of liberation needed to separate coal from mineral matter, including pyrite パイライトをはじめとする鉱物質から石炭を分離するのに必要な単体分離度

**liberty** (a) 〜 自由, 解放, 許可, 勝手, 権利 ◆prohibit abridgment of the liberty of speech or press 言論や報道の自由を縮小することを禁止する

**at liberty** 自由で, 自由に〜してよい<to do>; 暇で, 空いて (犯人などが)まだ逮捕されていない, 逃亡中で, 解放[釈放, 自由]されて

**take liberties, take a liberty** 勝手なことをする; <with> (人)になれなれしい[失礼な]ことをする<with>, 〜を勝手に変える[決める], 〜を歪めて無謀なことをする ◆We have taken the liberty of enclosing... 勝手ながら〜を同封させていただきました ◆You can take certain liberties with your file names and extensions, but... ファイル名や拡張子をある程度自由にすることもできますが...

**LIBOR** (London Interbank Offered (Offering) Rate) the 〜 ロンドン銀行間(貸付)取引金利

**library** a 〜 図書館, 図書室, (個人の)収集, 書庫, 蔵書, 文庫, 双書, (本の)シリーズ; a 〜 《コンピュ》ライブラリ, 登録集 ◆library staff [staffers] and patrons 図書館の職員と利用者 (*staffは単複同形) ◆Our software development library, called SatzTex, contains hundreds of high-level word processing subroutines. 弊社のザッツテックスと呼ばれるソフトウェア開発ライブラリーには, 何百ものワープロサブルーチンが入っています.

**LIC** (low-intensity conflict) 《軍》低強度紛争

**license** 1 a 〜 特許使用権, 特許実施権, 使用許諾, ライセンス, 免許, 鑑札 ◆under license from... 〜のライセンスを受けて ◆issue a license 免許を交付する ◆cancel [revoke] a license 免許を取り消す ◆suspend a license 免許を停止する ◆lose one's license 免許を失う ◆a license number 《車》ナンバープレートの番号 ◆a license plate 《車》ナンバープレート ◆an import license 輸入許可[認証] ◆a Class C license C級免許 ◆pay a license [licensing] fee of $10,000 to... 〜に1万ドルのライセンス料[(*技術や特許の)使用許諾料]を払う ◆a low-power license-free transceiver 免許の要らない[(意訳)特定]小電力型トランシーバー ◆licenses are issued for proficiency in its use それを使う技能に対して免許が交付される ◆operate a boarding home without a license 宿泊施設を無免許で経営する; 下宿屋を無許可で営む ◆submit applications for Government licenses or permits 各種政府許認可申請を提出する[出す] ◆the license also allows you to operate vehicles included in Class "F" この免許は, F種に含まれる車両を運転することも許可する ◆He applied for his first driver's license. 彼は, 初めての運転免許を申請した. ◆All Beta-format video cassette recorders are manufactured under license from Sony Corporation. ベータ方式のビデオデッキはすべてソニーから供与されたライセンスによって生産されている.

**2** vt. ～に免許を交付する，～に許可を与える，～(の使用)を許諾する，認可する，～にライセンス供与する ◆be licensed from... 〈著作物などから〉から使用許諾を得ている ◆be licensed to <do> ～する鑑札[免許]を受けている ◆a software licensing [license] agreement ソフトウェア使用許諾契約書 ◆a TLO (technology licensing organization) 《日》技術移転機関 ◆under a licensing agreement ライセンス[使用許諾,特許使用,特許実施]契約のもとに[で] ◆top name-brand goods made in South Korea under licensing agreements 韓国でライセンス(契約)で生産された最高級ブランド品 ◆Nanotex announced it will license its Nanox586 microprocessor core to Rexel. ナノテックス社は，Nanox586マイクロプロセッサ・コアをレクセル社にライセンス供与すると発表した。 ◆All makers of Beta-format VCRs are licensed under agreements belonging to Sony Corporation. どのベータ方式ビデオデッキメーカーも残らず，ソニーに帰属する特許の使用許可[許諾]を受けている。 ◆IBM even began demanding a 5% licensing fee from companies that sought to copy the PS/2. IBMはPS/2を模倣しようとした会社に5%の特許権使用料を請求することさえ始めた。

**licensed** 免許[鑑札]を受けている ◆a licensed mechanic 資格を持っている[有資格の]整備士 ◆a licensed amateur radio operator 免許を持っているアマチュア無線家 ◆to become licensed as an Ontario driver オンタリオ州の運転者として免許を取得するために

**licensee** a ～ ライセンシー，免許[鑑札,許可,使用の許諾]を受けている人[企業]，免許保持者，(特許)実施権者

**licenser, licensor** ライセンサーを与える人[企業]，特許権者[実施許諾者]

**lick** vt. ～をなめる，(何度も)打つ[殴る]，〈欠点など〉を直す; vi. 〈炎，波などが〉なめるように[すばやく]動く ◆lick a popsicle アイスキャンディをなめる

**lid** 1 a ～ 蓋(フタ)，まぶた(= an eyelid) ◆raise [lift] the lid ふたを取る ◆take the lid off; remove the lid ふたを取る ◆a snap-lid パチンとはめるタイプのふた ◆cover... with a lid ～にふたをする ◆an anti-odor lid 防臭蓋 ◆open [→close] the lid of a container 容器のふたを開ける [→閉める]
**2** vt. ～に蓋をする，～に覆いをかける ◆a lidded [→lidless] container ふた付き[ふたなしの]容器
**put the lid on** ～にふたをする; ～に終止符を打つ，～を阻止する[無くす，断つ，取り締まる]，〈情報〉を隠す ◆put the lid on software piracy ソフトウェアの著作権侵害行為[盗用，不正使用]をなくす

**lidar** (laser infrared radarより) (a) ～ 〈気象〉ライダー ◆Raman and Doppler lidars ラマンライダーおよびドップラーライダー ◆an atmospheric measurement lidar 大気測定ライダ

**lie** 1 vi. 横たわる，横になる，(水平に)置かれている，ある，見いだされる，位置する，地下に眠る，(景色などが目の前に)広がっている，待ち受けている<ahead>，(ある状態，位置に)そのままになっている ◆lie just behind... ～のすぐ後ろにある ◆lie on one's back 仰向け(アオムケ)に横たわる [横にふたをする，寝る，なる]; 仰臥(ギョウガ)する ◆lie on for the point to lie in the center of... その点が～の中央に位置するようにするために ◆The forward resistance of the diode generally lies between 20 and 160 ohms. このダイオードの順方向抵抗は，20から160オームの間にある。 ◆Make the patient lie on his back on a hard, flat bed without any pillow and turn the head to one side. 患者を固い平らなベッドに枕なしであおむけに寝かせ，頭を横に向けさせます。

**2** a ～ 嘘，いつわり，つくりごと，虚偽，虚言，まやかし，詐欺; v. 嘘をつく，いつわる，あざむく ◆I lied to Bob and told him (that)... ; I lied to Bob that... 私はボブに～とうそをついた[と言った，と言って]嘘を～ [と言って]嘘をついた ◆fool... into believing a lie 〈人など〉に嘘[間違ったこと]を信じ込ませる ◆Never tell a lie when you can bullshit your way through. とぼけ通せるときは嘘は決して言わない[絶対につかない]こと。 ◆We've been deceived and lied to. 私たちは，だまされ

て嘘をつかれてきた。 ◆When Monica was 14, she lied about her age to get a summer job at a record store. 14歳の時，モニカはレコード店で夏休みのアルバイトにありつくために年齢を偽った。

**lie down** 〈人が〉横になる，横臥する，休む ◆be lying down 〈人が〉横たわって[横になって，休んで]いる ◆lie down on the job 〈口〉〈熟語〉やるべき仕事を十分にやっていない[サボっている]

**lien** a ～ 抵当権，担保権，先取特権，留置権 <on> ◆have a lien on... 〈不動産，借地権，物品など〉の抵当権を持っている

**lieu** 《in lieu of... の成句で》～の代わりに (= in place of, instead of) ◆in lieu of repair or replacement 修理あるいは交換の代わりに; 修理や交換に代えて

**lieutenant** (Lieut., Lt.) 《軍》中尉[少尉，大尉](＊国，軍の種類により異なる); 上官代理，副官 ◆5th Air Force commander Lt. Gen. Paul Hester 第5空軍司令官(である)ポール・ヘスター中将 (＊Lt. Gen. = Lieutenant General)

**life** 1 回 生命，命脈(メイミャク)，生気，人生，生物，生存; 生気，活気; a ～ 命; a ～ 一生の内の一時期; adj. 一生の，終身の，生命の ◆maintain life 生命を維持する ◆a life buoy 救命ブイ[浮標，浮き輪，浮き袋] ◆a life jacket [vest] 救命胴衣 ◆a life preserver 救命具 ◆life insurance 生命保険 ◆a lifestyle [life-improving] drug; a life improver 生活改善薬(＊治療のためでなく，生活の質を高めるための) ◆all forms of life あらゆる種類の生物 ◆be sentenced to life in prison 無期[終身]刑を宣告される ◆bring... back to life ～を生き返らせる[よみがえらせる] ◆daily life 日常生活 ◆devote the rest of one's life to... ; devote what is left of one's life to... ～に残りの人生[余生]を捧げる; 余命を～に精進する ◆do life planning 人生設計をする ◆hail his son's entry into life 彼の息子の誕生を祝う ◆in one's first year of life 生後1年目に[0歳の間は] ◆in one's second year of life 生をうけて[誕生から，生後]2年目に ◆life on earth 地球上の生命 ◆life-threatening 生命を脅かす ◆my better half in life 私の終生[人生]の伴侶[配偶者，つれあい](＊どちらかというと夫よりも妻を指して用いる) ◆put new life into the stagnant economy 足踏み状態の景気に新しい生命[息吹，生気]を吹き込む; 停滞した経済を活気づける[活性化する] ◆rapidly changing city life 急速に変わりつつある都市生活 ◆save a [one's] life 人命を救助する ◆save lives 命を救う ◆the safety of life and property 生命と財産の安全 ◆think about life 人生について考える ◆a life-bearing planet 生命の宿る惑星 ◆conduct life safety code inspections 人命安全規定に基づく点検を実施する ◆construct your life as you see fit 自分でいいと思うように[(意訳)自分なりの]人生設計をする ◆give life to a faltering economic recovery おぼつかない足取りの経済回復に活を入れる ◆It cost him his life. それのために[それと引き替えに]彼は命を落とした。 ◆Life does indeed have its ups and downs. 人生には，たしかに浮き沈みがある。 ◆offer practical information useful in [to] everyday life 実用的な日常生活に役立つ情報[(意訳)生活支援情報]を提供する ◆prepare for entry into life after graduation 〈学生が〉卒業後に待ち受けている実社会[世の中]に出る準備をする ◆provide information useful to the everyday lives of residents 住人[住民]の日々の生活に役立つ情報[(意訳)生活応援情報]を提供する ◆the company started life four years ago この会社は4年前に誕生した[できた，発足した] ◆these appliances are supposed to make our lives more efficient これらの器具は，私たちの生活をより効率的なものにしてくれることになっている ◆water is a major constituent of most life forms 水はほとんどの生物の主成分である ◆entirely new products that add something previously unknown to our lives such as home video cassette recorders 私たちの生活に今まで知らなかった何かを与えてくれる，家庭用ビデオデッキ等の全く新しい商品 ◆these vehicles started life as cargo vans これらの車両は荷物運び用の(ライト)バンとして誕生した[生まれた] ◆when products reach their end of life [reach the end of their life] 製品が寿命に達すると ◆At

13, he has already learned much from life's school of hard knocks. 13歳にして彼は、厳しい現実／逆境の人生学校で[世の荒波にもまれて]多くのことを既に学んだ。◆The company is fighting for its life. この会社は、生き残り[存続]を賭けて奮闘している。◆The Holocaust claimed the lives of 6 million European Jews. ホロコーストは欧州系ユダヤ人600万の命を奪った。◆Each year in the U.S., 10 to 11 million vehicles reach the end of their useful lives. 米国で毎年1千万から1千百万台の車両が耐用寿命に達する。◆The struggle has taken the lives of an estimated 30,000 Soviet troops. その戦いは、推定3万のソ連軍兵士の命を奪った。◆Early last week, apparently driven beyond endurance by the cancer that had repeatedly racked his body, he took his own life. 先週初めに、察するところ彼の身体を幾度となく苦しめた癌に堪えられず[我慢できて]なくなったことが原因で、彼は自らの命を絶った[自殺した]。◆"I feel like my life has made a complete change. Thanks to Mr. Murphy, I decided to turn my life around," Jenny said. 「私の人生が一変した感じがています。マーフィー氏のおかげで、自分の生き方を一転させようと思ったのです」とジェニーは言った。◆"If you see someone who is disorderly, don't pick them up," a cabdriver said. "Nothing is more important than life." 《意訳》「見るからに乱暴そうな客だったら拾っちゃだめだ」と一人のタクシー運転手は言った。「命ほど大切なものはない[命あっての物種]からね」。◆The carmaker is breathing new life into its second-oldest design for the 1993 model year. その自動車メーカーは、1993モデル年度向けに自社の2番目に古いデザインに新しい生命を吹き込もうとしている。◆The house of Mitsui began life as a pawnbrokerage and sake wholesaler in a small town 250 miles west of Edo. 三井家は、江戸の西250マイルのある小さな町で質屋ならびに酒屋として始まった。

**2** (a)〜 寿命, 耐用年数, 存続期間, (貯蔵・保存などに耐える)期間, 一生, 生涯 ◆for long engine life エンジンを長持ちさせるために ◆increase storage life 貯蔵寿命を延ばす ◆shorten its useful life それの耐用[有効, 利用]寿命を縮める ◆to get more life out of them それら(製品)の寿命をもっと延ばすために ◆without loss of life to the equipment その機器の寿命を縮めることなしに ◆an average operating life of 20,000 hours 2万時間の平均動作寿命 ◆blades of chrome steel for long cutting life 長い切削寿命を確保するためにクロム鋼で作られている刃 ◆He is a life member of the XYZ Club. 彼はXYZクラブの終身会員である。◆it has a long economic life それは、経済寿命[経済的耐用年数]が長い(*使用を続けても経済的にそれが引き合う期間のこと)◆... membrane switches with contact life rated at greater than 10 million operations 接点寿命が(定格で)1千万操作回数以上とされているメンブレインスイッチ ◆When..., it is at the end of its safe useful life and should be replaced. 〜の場合は、安全に使用できる寿命が尽きていますので交換してください。◆It has led to a remarkable 35% increase in tread life. それは、(タイヤの)トレッドの35パーセントという著しい延命化に結び付いた。◆The battery has an estimated life of more than three years. 電池の推定寿命は3年以上だ。◆The rated battery life is a meager 1½ hours. 定格での電池寿命[持続時間, 使用可能時間]は、わずか1時間半だ。◆There is no predicted end-of-life for CCDs. 《意訳》CCDの寿命は半永久的だ。◆Other property has a recovery period equal to its class life. その他の資産については、償却期間は、それが属する資産分類の耐用年数に等しい。(*米国では5-year propertyのように分類される) ◆The life of your car can be dramatically extended by simple and routine checks and adjustments. 車の寿命を、簡単かつ定期的な点検と調整により著しく伸ばすことができる。

**3** 回実物, 本物; adj. 実物大の
**to the life** 実物そっくりに, 原音に忠実に, 真に迫って, 生き写しに
**true to life** 真に迫った[て], 現実さながらの[に], 真に, 原音に忠実な[に], ハイファイの[で]

**life-and-death, life-or-death** 生きるか死ぬかの, 死活の, 生死にかかわる, 生死をかけた, 死命を制する ◆music piracy is a "life-or-death issue" for the music industry 音楽著作権侵害行為は, 音楽産業の「死命を制する問題」である

**lifeblood** (生命の根源である)血液, (生き)血; 活力, 原動力, 推進力 ◆suck the lifeblood out of... (比喩)〜から活力を吸い取る ◆gas and oil are the lifeblood of a car ガソリンとオイルは車の動力源となる血液である ◆mergers and acquisitions are the lifeblood of growth 企業の合併・買収は成長の原動力である ◆These volunteers are the lifeblood of our research. これらボランティアの人たちは、私たちの研究の推進力です。

**lifeboat** a〜 救命ボート, 救命艇 ◆A notebook, kept charged and at hand, can be your data lifeboat. 《意訳》充電して手元に置いてあるノートパソコンは、あなたにとっての情報の助け船とでもいうべきものです。

**life cycle** a〜 ライフサイクル, 商品の寿命, 生活環[周期] ◆(a) life cycle assessment (LCA) ライフサイクルアセスメント (*ある製品の製造から廃棄に至るまでの間に使用する資源・エネルギーまた排出される廃棄物の量を求め環境に対する負荷を評価する) ◆the life cycle of a software product ソフト製品のライフサイクル (*製品化構想が打ち出されたときから、それが製作, 使用され, お払い箱になるまでの期間) ◆Although the accelerator looks to be approaching the end of its life cycle, 同アクセラレータは寿命に近づいているように見えるが、

**life expectancy** (a)〜 平均余命[寿命], 〈製品の〉推定耐用寿命[年数] ◆as life expectancy gets longer 寿命が延びるにつれ ◆in spite of massive gains in life expectancy 平均余命の大幅な伸びにもかかわらず; 《意訳》寿命がずいぶん伸びたというのに ◆the estimated life expectancy of a battery pack is about three years バッテリーパックの推定寿命は約3年である ◆the life expectancy of a product 製品の期待される寿命[(平均)余命] ◆they have an average life expectancy of only 50 years 彼らの平均余命[寿命]はわずか50年である ◆a recordable CD medium which has a minimum life expectancy of 50 years 最低予想耐用年数が50年の書き込み可能なCD媒体 ◆systems that have 10-to-20-year life expectancies 平均寿命[耐用年数]が10から20年のシステム

**life insurance** 回生命保険

**lifeline** a〜 命綱, 救難索, 生命線, ライフライン[生活基盤としての電気・ガス・水道等の補給施設] ◆become a financial lifeline for... 〜にとって財政上の頼みの綱となる ◆throw a lifeline to... 〜に命綱を投げる ◆The phone is my lifeline. 電話は私の生命線です。◆The shaking lasted about 20 seconds and snapped vital lifelines to Kobe. この揺れは約20秒間続き、神戸につながる生命維持に不可欠なライフラインを破壊した。

**lifelong** adj. 終生の, 一生の, 生涯[一生涯]の, 一生続く一生を通しての ◆the use of the Internet for lifelong learning 生涯学習[教育]へのインターネットの使用[利用, 活用]

**life-or-death** → life-and-death

**life-prolonging** 延命の ◆life-prolonging care 延命看護[介護] ◆life-prolonging treatment for the terminally ill 末期患者の延命医療[治療]

**life science** ライフサイエンス, 生命科学

**life-size(d)** 実物大の, 等身大の ◆twice-life-sized fingers 実物[実寸]の倍の大きさの指

**lifespan, life span** a〜 寿命, 耐用年数 ◆the average life span of a Russian man ロシア人男性の平均寿命 ◆they live out their life span(s) 彼らは寿命をまっとうする[天寿を全うする] ◆a satellite with a life-span of about two years 寿命がほぼ2年の衛星 ◆photoconductive drums with lifespans of up to one million copies 最複写枚数100万枚の寿命を持つ感光ドラム ◆The superhard coating increases their lifespan from three-fold to 30-fold. その超硬コーティングによって、それは寿命が3倍から30倍伸びる。

**lifestyle, life-style** a〜 (個人の)ライフスタイル, 生き方, 生活様式 ◆a lifestyle [life-improving] drug; a life improver 生活改善薬 (*治療のためでなく, 生活の質を高めるための) ◆the lifestyles of the rich 金持ちたちのライフスタイル

**life-support** adj. 生命を維持する(ための) ◆a life-support machine 生命維持装置(*特に病院で使用される機器) ◆a life-support system 生命維持システム；《医》生命維持装置；《字》生命維持装置；〈生命の維持に必要な〉自然環境系

**life-sustaining** adj. 生命を維持の ◆life-sustaining medical treatment 生命維持医療 ◆life-sustaining methods 生命維持[延命]法

**life-threatening** adj. 命を脅かす ◆life-threatening injuries 命にかかわる損傷

**lifetime** a～ 生涯、一生、終生、生存[存続]期間、持続[継続]時間、寿命、耐用年数；adj. 一生の、生涯の、終身～ ◆once in a lifetime 一生に一度 ◆lifetime employment 終身雇用 ◆a lifetime Japanese employee 終身雇用の日本人社員 ◆its estimated lifetime それの推定[予想]耐用年数 ◆a once-in-a-lifetime experience 一生に一度の経験 ◆a once-in-a-lifetime moment [event] 一生に一度しかない瞬間[出来事] ◆its excited-state lifetime それの励起状態の持続時間 ◆a chronic disorder that lasts a lifetime 一生[一生涯、終生]続く慢性病[持病] ◆continue learning throughout one's lifetime 一生涯勉強し続ける；生涯学習する ◆He was virtually unknown during his lifetime. 彼は、生存中は無名も同然だった。 ◆Some parts can last the lifetime of the car. 部品によっては、車の寿命がくるまで長く持つ。 ◆President Reagan agreed to accept the provision only if it had a limited lifetime and it expired after two years. レーガン大統領は、一定の有効期限を設けることと2年後に失効するという条件で、同条項を受け入れることに同意した。

**lifework** ライフワーク、一生の仕事 ◆as my lifework 私のライフワークとして

**LIFO** (last-in, fist-out)"ライフォウ"と発音. 後入れ先出し法、後入れ先出しの (cf. FIFO)

**lift** 1 vt. ～を持ち上げる、上げる、差し上げる、空輸する、〈受話器〉を[外す]、〈規制など〉を解く、解除する、取りやめる、撤廃する、〈抵当金など〉を完済する、〈農作物など〉を根こそぎにする、〈顔の〉しわやたるみをとる；vi. 上がる、〈煙など〉立ちのぼる、〈雨が〉一時的に上がる ◆a lifting eye bolt [eyebolt] 吊り上げ用アイボルト ◆a lifting of restrictions on... ～の制限の解除 ◆lift out the battery バッテリーを持ち上げて取り出す ◆lift stock prices sharply 株価を急激に押し上げる ◆lift the handset 〈電話の〉受話器を上げる[取る、外す] ◆lift...to a higher level ～をより高い位置に持ち上げる ◆a step-by-step lifting of the sanctions 制裁措置の段階的解除 ◆lift off the retaining plates その留め板を持ち上げて取り外す ◆lift trade embargo against Vietnam 対ベトナム[対越]禁輸を解く[解除する] ◆lift all customs duties on the imports of food, products for children and other necessities 食糧、子供向けの製品、その他の生活必需品にかかっている関税を撤廃する ◆A long-distance journey will lift your mind to new heights. 長距離の旅行は、あなたの精神を新たな高みへ引き上げて[押し上げて、高めて、高揚して]くれることでしょう。 ◆The United States will lift part or all of the trade restrictions on North Korea in effect since the 1950-53 Korean War. 米国は、1950～53年の朝鮮戦争以来北朝鮮に課してきた貿易制限を一部解除もしくは全廃[撤廃]することになるだろう。

2 (a)～ (持ち)上がること、〈航空機の〉揚力、(気体中での)浮力、揚程、昇進；a～ ただで車に乗せる[乗せてもらう]こと、精神的高揚、〈英〉エレベータ[昇降機] ◆a lift pump 汲み[吸い]上げポンプ ◆augment lift 揚力を増加させる ◆to give the flagging property market a lift だれ気味の不動産市場に景気をつけるため

**liftgate** a～ 《車》(ちょうつがいが付いていて上方に開く)はね上げ式の扉

**lift-off** a～ 離陸、離昇、上昇 ◆at lift-off 〈航空宇宙〉打ち上げ時に ◆during [after] lift-off 〈ロケットの〉離昇中[後] ◆from lift-off to recovery 〈航空宇宙〉打ち上げから回収まで ◆Our economy is ready for lift-off. 経済は上向きになりかけの態勢になっている。

**ligament** a～ 靭帯(ジンタイ) ◆the ligament [hinge ligament] of a bivalve 二枚貝の(蝶番にある)靭帯 ◆he has a torn ligament in his left ankle 彼は左くるぶしの靭帯が断裂している[切れて]いる ◆A ligament tear was found in subsequent tests. 靭帯断裂[切断]がその後の検査で見つかった。

**light** 1 n. 回光、明り、明るさ、照明、光明；a～ (タバコをつけるための)火；a～ 採光窓、明り取り、天窓；回昼間、日中；回(精神的な光)光明、啓蒙、啓発、理解；a～ (ものの)見方 ◆in low light 《意訳》低光量[低輝度、低照度、微光]下で、暗いところに[場所で] ◆a light detector (= a photodetector) 光検出器 ◆a light fixture 照明器具 ◆a light-receptive spot 受光箇所 ◆a light shield 遮光シールド(*光を遮るための) ◆ambient light 周囲光、環境光 ◆a unit of quantity of light 光量の単位 ◆available light 《カメラ、美術》自然光 ◆laser light レーザー光 ◆light quantity 光量 ◆natural light 自然光 ◆a light-tight enclosure 遮光性の容器 ◆light-gathering power 集光能力 ◆light-producing cells 発光細胞 ◆a pulse of light 光パルス ◆the modulation of light [a lightwave] 光変調 ◆a high-intensity light source 高輝度光源 ◆light-intensity modulation 光変調(*光の輝度[強度]を変化させる方式) ◆low-light sighting equipment 暗視装置 ◆the right amount of light 適正光量 ◆adjust light amounts 光量を調節する ◆be checked under ultraviolet light 紫外線光のもとで調べられる ◆give off visible light 目に見える光[可視光]を放つ[放出する、発する、発光する] ◆the variations of light and shade (光の)明暗(*場合によっては「光の強弱」の意) ◆view [see]...in a new light ～を再認識する ◆when shooting in bright light 《意訳》高輝度[高照度、大光量]下で撮影するときに、明るいところ[場所]で撮る場合に ◆light pollution from urban areas 都市部からの光公害 ◆travel at the speed of light 光速で移動する ◆a light-powered calculator 太陽電池[太陽光電池]駆動の計算機 ◆an LCD multimedia projector with 600 ANSI lumens of light output 光出力600ANSIルーメンのLCDマルチメディアプロジェクタ ◆a speed-of-light computer 光速で動作するコンピュータ ◆the amount of visible light from an electric light [lamp] 電灯から発せられる可視光の光量 ◆accelerate protons to nearly the speed of light 陽子を光速近くまで加速する ◆emit light in the visible range of frequencies 可視域周波数の光を発する ◆low-light or low-contrast scenes 《カメラ》低照度または低コントラストの場面 ◆shoot under low light conditions 暗い所で[低光量下で]撮影する ◆(the) Subaru has seen [achieved] first light すばるは初受光した[ファーストライトを達成した](*すばる＝米ハワイ島にある日本の国立天文台の大型光学赤外線望遠鏡) ◆make the monitor more usable in conditions of high ambient light その表示装置を、高輝度下[高照度]での使用に、より耐えられるようにする ◆windows that allow natural light into the temple's interior spaces 寺院の内部空間に自然光を取り入れることを可能にしている窓 ◆automatically control the amount of light passing through an optical system by coupling aperture control and shutter speed 絞り調節とシャッター速度の組み合わせによって、光学系を透過する光量を自動調節する ◆A gleam of light can be seen at the end of the tunnel. トンネルの出口に[暗闇の先に]かすかな(希望の)光が見える。 ◆Hold the bulb to the light and tap it with your finger. 電球を光にかざして、指でトントンたたいて見てください。 ◆I hope that DAT recorders will see the light of day. 私はDAT録音装置が日の目を見ることを期待している。 ◆It is sensitive to light levels as low as 0.5 lux. それは0.5ルクスという低い照度[微弱光]にまで感度がある。 ◆The reverse current increases with light intensity. 逆方向電流は、光の強さ[光度]と共に増加する。 ◆A light appeared at the end of Amtrak's long money-losing railroad tunnel yesterday. アムトラックの赤字路線という長いトンネルに、昨日ようやく出口(のあかり)が見えた；～昨日ようやく脱出の見通しが[めど]がついた話) ◆Electricity in computer chips moves at only one-third light speed. 電気がコンピュータチップを移動する速さは、光速の3分の1でしかない。 ◆If slower shutter speeds are required because of low light, better get out your tripod. 低光量[低照

度,低輝度]のせいでシャッタースピードをもっと遅くする必要がある場合には、三脚を取り出し(て使い)ましょう。 ◆The light at the end of the tunnel is still far away for Asia's battered semiconductor sector, reeling from oversupply and weak demand. 供給過剰と需要薄でよろめいてがたがたになっているアジアの半導体部門にとって、トンネルの出口の光は依然として遙か遠い[(意訳)なかなか helle の兆しが見えてこない]。

**2** *a* ～ ランプ、電灯、灯(アカリ)、灯火、燈火、信号灯 ◆turn on a light ライトを点灯する;明かりをともす ◆parking lights 《車》駐車灯 ◆traffic lights 交通信号灯 ◆a low-intensity light 低輝度ランプ ◆an electric-light bulb 電球 ◆a status indicator light 状態表示灯[ランプ] ◆flashing lights of blue and amber 青と黄色の点滅燈火[信号] ◆inspect the barracks at lights out 消灯時に兵舎を見回る ◆switch [turn] electric lights off; turn out an electric light 電灯を消す ◆turn [switch] on an electric light 電灯をつける;明かりをともす ◆signal "lights out" 消灯の合図をする ◆house flies electrocuted by insect light traps 殺虫灯で電撃殺虫されたイエバエ ◆go through [run, jump] a (red) light; cross [drive through] a red light (赤)信号を無視する[突っ切る、無視して走行する] ◆stop [catch up with…, wait] at a (red) light ((順に))赤信号で停止する[～に追いつく、信号待ちする] ◆until "lights out" is [was] sounded 消灯ラッパが鳴るまで ◆walk [cross a street] against a red light 赤信号を無視して渡る ◆make a right-hand turn on a green signal light 青信号で[青信号で]右折する ◆the indicator light goes out when… この表示ランプは…、〜の場合 ◆10:00 P.M. We return to our cabins. It is lights out. 午後10時 私たちの丸太小屋に戻ります。消灯時間です。(＊予定義で) ◆Well, it is lights out right now. Tomorrow is another day. さてと、もう消灯時間だ。明日は明日の風が吹くさ。

**3** adj. 明るい、(色が)薄い、淡い ◆light green 薄緑;淡い緑 ◆a light area on a printed page ある印刷されたページの(インクの)乗りが薄い箇所 ◆a series of light and dark patterns 一連の明暗模様 ◆be light(-)colored 薄い色をしている ◆the sky grows light 空が明るくなる[白む(シラム)] ◆it needs to be light colored – white is best, because… それは薄い[明るい]色にする必要があります(白が最適です)。その理由は…

**4** v. (lighted または lit) vt. 〜(部屋など)に明かりをつける、〜を点灯する、〜を照らす[明るくする]、〜を輝かせる、〈顔〉を晴れ晴れとさせる、(人)を明かりを持って道案内[誘導]する; vi. 火がつく、〈ランプが〉つく[点灯]する <up>、〈顔が、目が〉輝く <up> ◆a lighted display 照光表示器 ◆a dimly lit room 薄暗く照明を落とした部屋 ◆a lighted switch 照光スイッチ ◆a safe, convenient, well lit storage area 安全で便利な明るい保管場所 ◆a well-lighted area 十分に明るく照明されている場所 ◆the LED comes on to light the keypad 〜のLEDが点灯してキーパッドを照らす ◆Keep the work area well lighted. 作業場を、明るくしておいてください。 ◆Some of the 10 courts remain lighted for night play. 10面あるコートのうち何面かは、夜間競技用に照明がつけられている。 ◆The channel being viewed stays lit up. 現在見ているチャンネル(表示)が点灯し続け[点灯状態になり]ます。 ◆The ON indicator lights up. ONを示す表示灯が点灯します。 ◆When no lights are lit, the gain is unity. ランプが点灯しない時、ゲインは1である。 ◆Are the inspection areas clean and adequately lighted? 検査場所はきれいになっていて十分な明るさが確保されているか。

**5** adj. 軽い、軽量な、軽質な、軽少、少ない、(粘度などが)低い、軽い(トラックなど)小型(軽量)の; adv. 軽く、簡単に、荷物をあまり持たずに、軽装備で ◆make light of… 〜を軽んじる[軽視する、重んじない、無視する、気閉[重]する、軽んじる、(大したことはないと)見くびる、(たかをくくって)あなどる、ばかにする、なめてかかる] ◆a light car 軽自動車 ◆a light industrial day 薄商いの日 ◆light industrial products 軽工業製品 ◆(a) light weight (鉄道車両などの)自重;軽荷重量 ◆a 12,000lb light-case bomb 1万2千ポンド薄肉爆弾 ◆a gas lighter than air 空気よりも軽い気体 ◆a keyboard with a light touch; a light-touch keyboard 軽い[軽快な]タッチのキーボード ◆be light on substance [contents] 実質[内容]に乏しい;空疎である ◆extra-light (1 percent) milk 特別薄い(脂肪分1%の)牛乳;超低脂肪(の)乳 ◆light in weight 重量が軽い ◆light-metal alloys 軽金属合金 ◆a light-rail transit system [line] ライトレールトランジットシステム[LRT、軽快路面電車、スーパー市電]の系統[線] ◆light-touch transport controls 軽いタッチの(テープ)駆動機構操作スイッチ類 ◆light-work spaces 軽作業をするための空間 ◆apply a light coating of grease to… 〜にグリースを薄く塗布する ◆it becomes lighter by 16 or 18 percent それは16%ないし18%軽くなる[軽量化する] ◆put a light coat of grease on the spindle スピンドルにグリースを薄く塗る ◆Crude oil prices fell slightly yesterday in extremely light trading. 原油価格は昨日極めて閑散とした商いの中で微落した。 ◆He has a site which is very heavy on graphics and light on contents at the moment. 彼は今のところ、画像が多くて内容(＝文字情報)の少ないサイトを持っている。 ◆Beware of the term "lite" (or "light"). It can mean lower in sodium or calories but not necessarily fat. 「lite」(あるいはlight)という単語には注意しましょう。ナトリウム[(意訳)塩分]あるいはカロリーが少なめであることを意味することがあり、必ずしも脂肪について言っているとは限りません。

**in the light of, in light of** 〜に照らし(合わせ)て;〜に鑑みて(カンガミテ);(＝considering…) 〜を考えてみると、〜を考慮して;(＝from the point of view of…) 〜の観点、視点から;(＝in view of…) 〜をにらんで ◆in light of the present situation 現在の状況に照らして(考えてみると);現状に鑑みて

**shed [throw, cast] light on…** 〜に光をあてる、〜を照らす、〜に解明の光を投じる、〜の解決[解明、究明]を助ける ▶似たような表現で「光明を投じる」という日本語があるが、shed light on…とは光明とか希望の光という意味ではなく、情報面での明るさを意味する。 ◆Investigators hope they will shed light on the crash of… 調査官らは、〜の墜落事故を究明できればと思っている ◆The KGB archives could throw light on almost everything. KGBの永久保存記録文書によって、ほとんどすべてが明らかになるかもしれない。 ◆Interviews with his staff shed some light on these problems. 彼のスタッフとの面談[聞き取り]によって、これらの問題がいくらか解明された。

**light-duty** 軽負荷[荷重]用の ◆light-duty machinery 軽負荷機械

**light-emitting diode** *a*〜 (an LED) 発光ダイオード

**lighten** 1 vt. 〜を明るくする、照らす; vi. 明るくなる、稲光する

2 vt. 〜を軽くする、〜の重量[荷、荷重、負荷、負担]を軽くする、〜を軽減する[緩和する]; vi. (心、荷、負担など)が軽くなる、〈気〉が楽になる ◆their load is significantly lightened それらにかかっていた負荷[負担]は大幅に軽減される

**lighter** 1 *a*〜 点灯[点火]器、火をつける人 ◆a car's cigarette [cigar] lighter (jack [outlet, socket, receptacle]) 車のシガレット[シガー]ライター(ジャック[差し込み口、ソケット、コンセント]) ◆The laptop operates from a 12-volt cigar [cigarette] lighter. このラップトップ機は、(車の)12Vのシガー[シガレット]ライターからの電源で動作する。

2 adj. より明るい;より軽い; → light

**lighter-than-air** 空気より軽い ◆a lighter-than-air aircraft 軽航空機(＊飛行船、軽気球など)

**lightface** (*a*〜)《印刷》肉細活字体

**lightfastness** 回耐光性、耐光堅牢度、(＊日光などに対する)色堅牢度、(＊塗膜などの)色の安定性 ◆lightfastness test; a lightfastness test 耐光堅牢度[耐光性]試験(＊光による褪色のしにくさのテスト) (参考) excellent light and weather fastness 優れた耐光性[耐光性]と耐候性(＊色素や塗料について。通常はlightfastnessと一語に綴る)

**lighthouse** *a*〜 灯台、燈台

**lighting** n. ライティング, 照明, あかり, 照明設備, 採光, 点灯, 点火 ◆lighting fixtures 照明器具 ◆an ordinary AC lighting circuit 通常の交流電灯線 ◆in normal household lighting 家庭の通常の照明のもとで ◆control lighting, appliances, and other electronic equipment 照明や電気器具やその他の電子機器をコントロールする ◆pictures taken under difficult lighting situations 難しい光の状態のもとで撮った写真 ◆The human eye is capable of viewing a vast range of lighting levels from a few lux in starlight to tens of thousands on a bright sunlit day. 人間の目は, 星明かりの下での2～3ルクスから太陽が輝く日の数万ルクスまでと, 実に広い照度範囲にわたって(ものを)見ることができる.

**light-load** adj. 軽負荷の, 軽負荷での ◆under light-load conditions 軽負荷状態のもとで, 軽荷重なら

**lightly** adv. 軽く, そっと, (あまり力を入れずに)ゆるく, 薄く(塗るなど), 浅く(眠るなど); 軽んじて, 軽視して ◆a lightly colored solution 薄い色の溶液 ◆push down lightly on the operating handle 操作ハンドルを軽く押し下げる

**lightmeter, light meter** a～ 露出計

**lightness** 1 ①明るいこと, 明るさ, 明度; (色の)薄いこと [淡いこと, 薄さ] ◆lightness (in color); the lightness of color 色の明度
2 ①軽さ, 軽量, 軽やかさ, 軽快さ, 敏捷さ, 軽妙さ, あっさりしていること, 屈託のなさ, 軽率さ, 不まじめさ ◆lightness, thinness, shortness and smallness 軽薄短小 ◆it has become possible to achieve lightness with performance using new materials and new technology 新素材と新技術を用いて性能と共に軽さ [((意訳))軽量化] を実現することが可能になった

**lightning** ①稲妻 [稲光], 雷光, 雷 (カミナリ, ライ), 電光; adj. 電光石火の速さの, 極めて敏速な ◆at lightning speed たちまち ◆with lightning rapidity 電光石火の速さで, 超高速で ◆a bolt of lightning 稲妻 ◆a lightning arrester [arrestor] 避雷器 (＊電力会社によっては「耐雷器, 耐雷素子」とも) ◆a lightning rod 避雷針 ◆lightning protection 雷防護; 落雷防護; 避雷 ◆lightning (-generated [-induced]) impulses 雷インパルス ◆lightning-prone areas; an area prone to lightning 多発地区, 雷雨地域 ◆a lightning-fast computer 超高速コンピュータ ◆lightning impulse dry withstand voltage tests 雷インパルス乾燥時耐電圧試験 ◆avoid getting struck by lightning 雷に打たれないようにする, 落雷を避ける ◆be hit by a lightning strike; be struck by lightning 雷に打たれる; 落雷 [雷撃] を受ける ◆be struck [hit] by lightning 雷に打たれる [落雷を受ける] ◆lightning-quick data access 高速データアクセス (＊lightning-quick は, 多少くだけた表現) ◆be killed by a lightning strike [by lightning] 落雷で死亡する ◆protection against lightning damage 雷害に対する損傷, 雷による損害 [損傷] から守ること ◆a lightning arrestor [arrester] in a transformer 変圧器に内蔵されている避雷器 [耐雷素子, 雷防護素子] ◆a lightning-sparked fire 落雷で発火した火事 [雷火] ◆lightning-fast focusing 電光石火の [瞬時にして行われる] ピント合わせ [合焦] ◆when lightning strikes 落雷時に; 雷が落ちた場合 ◆prevent lightning damage to electronic systems 電子システムに雷害が及ぶのを防ぐ; 電子装置の雷害防止をする ◆suffer damage from a lightning surge 雷サージ [誘導雷] による損傷を受ける [被害を被る] ◆the attacks came lightning fast 攻撃 [襲撃] は電光石火でやってきた [襲来した] ◆there was lightning 稲妻が光った ◆there was a flash of [there were flashes of] lightning 稲妻が1回 [何回も] 走った [光った] ◆It lightninged and thundered. 稲光がして [稲妻が走り] 雷鳴がとどろいた.

**light pollution** ①光害 (ヒカリガイ, コウガイ) (＊天体観測の妨げになる都市部などからの人工照明光) ◆Light pollution has brought an end to starry nights. 光害(ヒカリガイ, コウガイ)は, 星いっぱいの夜に終焉をもたらした.

**lightproof, light-proof** 光を通さない, 遮光性の ◆a lightproof box 遮光性の箱

**light-sensitive** (= photosensitive) 感光性の ◆a light-sensitive chemical 感光性の化学物質

**light trading** 《株》薄商い, 薄取引

**light water** 軽水 ◆a light-water reactor 軽水炉

**lightwave** a～ 光波; adj. 光を信号として利用した, 光ファイバを使用した光通信の ◆a lightwave pulse 光パルス ◆a lightwave system 光システム ◆conduct lightwaves 光波 [光] を通す [伝える] ◆lightwave transmitters and receivers 光通信送受信機 [装置] ◆transmit lightwave signals 光信号を伝送する

**lightwave communications** 光通信 ▶optical communications と同義語. lightwave communications は, 使用される光学装置よりも処理される信号の方を重視する場合に用いられる. ◆a lightwave [an optical] communications device 光通信デバイス

**lightweight** adj. (重さが)軽い, 軽量の, (ボクシングなどの)ライト級の; a～ ライト級の選手, たいしたことのない人, 雑魚(ザコ), 小物 ◆a lightweight laptop 軽量ラップトップ機 ◆trimmed down to a lightweight two to three pounds 2～3ポンドという軽くに減量されている ◆a lightweight 2-pound package 重量2ポンドの軽い筐体 ◆It's compact and lightweight. それは小型軽量である.

**light year, light-year** a～ 光年; ～s きわめて長い年月, 永劫(エイゴウ) ◆a distance of about 500,000 light-years 50万光年の距離

**lignite** 褐炭(= brown coal, wood coal) (＊質の少し下がるものは「亜炭」)

**like** 1 vt. ～を好む, ～が好きである, 気に入っている, ～が欲しい, ～に好意をもっている, ～がしたい <doing, to do>; vi. 好む, のぞむ, 気に入る ◆as you like [please, prefer, choose] 好きなように, 気に入ったように, 思いのままに, 意に(心に)かなうように, 勝手に, 自由に, いいように, ご随意に, お気に召すまま, 思し召し(オボシメシ)どおり, 御意(ギョイ)のまま ◆like working 仕事をするのが好きである ◆Whether we like it or not, ... 我々が好きと好まざるとにかかわらず, ◆lean letters as many degrees as you'd like 文字を好きな角度だけ傾斜させる ◆You are at liberty to give functions whatever names you like. 関数には, 自由に好きな名前をつけることができる. ◆I hope you like it. 気に入ってもらえるといいんですが.; ((以降意訳))これ, つまらないものですけどどうぞ.; どうぞお使いください.; どうぞ楽しんでください.

2 n. ((通例)～s好きなこと[物], 好み, 嗜好 ◆one's likes and dislikes (人の)好き嫌い ◆show likes and dislikes 好き嫌いを示す

3 prep., conj. ～に似て, ～のように, ～と同じように, ～みたいに, (いかにも)～らしく, ～に似付かわしく, ～相応でふさわしい; ((あいまいにぼやかすために))～みたいな [とか], ～って感じ; adj. 似ている, 同様な, 等しい, 等量 [同量] の, 同類の ◆just like... ちょうど [まるで, まさに] ～のように [みたいに]; あたかも～のごとく; ～さながらに; ～そっくりに; ～そのままに; ～同然に ◆be shaped like a doughnut ドーナツ状の形をしている ◆Like father, like son. 蛙の子は蛙; この親にしてこの子あり. ◆like the following 以下のような; 次に示す [挙げる] ような ◆a like-size group 似たようなサイズ [同じくらいの大きさ] のグループ ◆anti-lock brakes and things like that アンチロックブレーキなど ◆the car's smooth-like-an-egg shape その車の卵のように滑らかな形状 ◆It's like it was 30 years ago. まるで30年前のようだ [と同じだ]. ◆to keep the city from becoming like New York City その都市をニューヨーク市のようにしないために ◆homes that are as nearly like your house as possible できるだけあなたの家に似ている住宅 ◆completely reconditioned engines that have been built to like-new condition 新品同様 [準新品] の状態にまで組み立てられている完全再生品エンジン ◆The car thrums like a tractor. この車はトラクターみたいなエンジン音を発する. ◆The Soviet people now know what it is like not to fear. ソ連の人々は今や, 恐れない(でいられる)ことがどういうことなのかを知った. ◆Like thermal transfer printers, inkjet devices have color printing capability. 熱転写プリンタと同様に, インクジェットプリンタに

はカラー印刷機能がある．◆The digital memory player won't skip like a CD player when subjected to movement. このデジタルメモリープレーヤーは、振動にさらされたときにCDプレーヤーのように音飛びを起こすことがない．◆These errors can be caused by many things like specifying incorrect parameters or entering... これらのエラーは、不正なパラメータの指定や～の入力など、多くの要因によって引き起こされる．

**4** n. (通例 the ～)同様な人[物]；(... and [or] the ～ の形で)など、等々 A, B, C and the like A, B, C、およびこれらに類する[類似した]もの；bolts, nuts and the like ボルトやナット類 ◆the likes of Britain and France 英国やフランスなどの国々 ◆similar products from the likes of Compaq and IBM コンパックやIBMといった企業の類似製品 ◆the likes of Thomas Edison and Henry Ford トーマス・エジソンやヘンリー・フォードなど ◆she married a lot better than the likes of me 彼女は私みたいにつまらない奴[私風情、私ごとき者、拙者、小生]より、よっぽどましな男と結婚した ◆those younger skaters who would have to compete against the likes of you あなたのような(すごい)人と競技しなければならないであろう若手のスケート選手たち ◆Why must we put up with the likes of him? どうして彼のような男[彼みたいな奴]に我慢しなくてはならないのだ．

**-like** ～のような、～みたいな、～ライクな、一様の ◆a UNIX-like operating system UNIXライクなオペレーティングシステム ◆a warehouse-like mega-store 倉庫のような超大型店[巨大店舗] ◆hormone-like chemicals called prostaglandins プロスタグランジンと呼ばれるホルモン様化学物質

**likelihood** (a) ～ありそうなこと、可能性、見込み、公算、確率 ◆in all likelihood 十中八九[多分] ◆the likelihood of a real walkout is slim 実際にストに突入する見込みは薄い ◆minimize the likelihood of misunderstandings 誤解が起きる可能性をできるだけ小さくする ◆There is little likelihood of [that]... ～の可能性[恐れ、見込み]はほとんどない．◆Therefore, there is a greater likelihood that... 従って、～である可能性は更に高い[より濃厚である] ◆There is a strong likelihood of his succeeding [that he will succeed]. 彼が成功を収める可能性は強い．◆The likelihood is that thermal transfer will remain the preferred choice for inexpensive facsimiles. 見込みとしては[おそらく]、熱転写は安いファクシミリ用として好んで採用され続けるだろう．

**likely** adj. (どうやら)～らしい、(おそらく)～しそうな、～するような[思われる]、(どうも)本当らしい、～する可能性[恐れ]がある、有望な、見込みのある；adv. 多分、恐らく、たいてい ◆be quite likely 十中八九だ；かなり確実で；きっと～だ ◆make inadvertent disconnection less likely 不注意で[うっかり、間違って]接続を切ってしまう可能性がより小さくするために ◆the likely cost of... ～の予想[見積もり]費用 ◆all likely-to-be-used data 使用されそうなすべてのデータ ◆simulate the jitter and wander likely to occur in real operating conditions 実際の動作状態[実動、実働]時に発生すると想定されるジッターやゆらぎをシミュレートする ◆but it is [it seems] likely that North Korea will agree before... だが～までに北朝鮮は同意する見込み[様子、模様]である．◆heavy drug-users are twice as likely to drop out of high school than those who do not use drugs 薬物を常用している生徒は薬物を使っていない生徒の2倍の可能性[確率]で、高校を中退する ◆Advances are particularly likely in the following areas: 以下の分野で特に進歩が見られそうである．◆Lighter paper is more likely to have static. 軽量紙のほうがより静電気を帯びやすい．◆British investigators say sabotage was the most likely cause of the crash. 英国の捜査官らは、墜落原因として一番可能性が大きいのは(工作員による)破壊活動だと言っている．◆he was hand-picked by Republican leaders as the candidate most likely to win 彼は共和党の指導者によって本命候補者として(*最有力候補者として出馬させるために)厳選された ◆If a coin is tossed, a head and a tail are equally likely to occur. コインが投げられた場合、表と裏が出る確率は等しい．◆Teenagers are 92% more likely to have anemia than mothers aged 20 to 24. ティーンエージャーは、20歳から24歳までの母親に比べて92%高い頻度[確率]で貧血症になりやすい．◆The higher the estrogen level, the likelier it becomes that more than one egg has matured. エストロゲンのレベルが高ければ高いほど、複数の卵子が成熟した可能性が高くなる．◆The operating expenses have declined steadily, and further improvement is likely. 操業費は着実に減少してきた、そして更なる改善が見込まれる．◆The small child is likely to suffer serious head injuries even in low speed accidents. 小さな子供は、低速時の(交通)事故であっても頭部に重傷を負いがちである．◆The sooner action is taken to rid the body of the poison, the more likely it is that there will be no permanent damage. 身体から毒物を排除する処置が早いほど、それだけ[その分]永久的な損傷[後遺症]が残りにくい．◆The application for which you need a mainframe computer today will most likely run on tomorrow's personal computers. 今日メインフレームコンピュータを必要とする[でなければ実行できない]アプリケーションが、将来パソコンで走るようになるのは、ほぼ間違いない．◆The magnetic tape is the most common audio and video recording medium, and is likely to remain so for many years into the future. 磁気テープが最も一般的な録音・録画媒体であり、このことは(おそらく)この先何年も変わらないだろう．◆You are many times more likely to be killed or seriously injured if thrown from the car in a collision. もしも衝突事故で車から放り出されると、死亡したり重傷を負ったりする可能性が何倍も高い．

**like-minded** adj. 同じ考えの、志を一つにする、気心[気質や考え方]の似通った、性格[気心、反り、馬]が合う、同好の、同志の ◆a like-minded friend 気心[気質や考え方]の似通った友人 ◆like-minded politicians 同じ考えの[志を一つにする、同志である]政治家たち

**liken** vt. ～を(～に)たとえる[なぞらえる]<to>(*しばしば受け身で用いられる) ◆can be likened to... ～は～になぞらえることができる ◆liken his life to a burning candle that would last only a limited time [only so long] 彼の命[人生、一生]を、限られた時間しかもたない[そして燃えて[火がついて]いるロウソクになぞらえる[見立てる]

**likewise** adv. 同様に、～もまた、加えて、更に、その上 ◆do likewise 同様なことをする ◆Likewise,... 同様に、...(*前述の事を受けて文頭に置いて) ◆He said likewise. 彼は同じようなことを言った．

**liking** one's～、a～ <for>(単のみ)好きであること、好み、趣味 ◆...can be modified to your liking ～は、お好きなように変更できます；好みに合わせて改造可能です ◆tailor... to one's liking ～(の設定、仕様など)を自分のお好みに合わせて[好きなように]変える ◆The ending of the video was not to Gates' liking, because... ～という理由で、そのビデオの終わりの部分はゲイツのお眼鏡にかなわなかった[気に入らなかった]

**limb** 1 a ～(獣、人間の)手足[四肢]のいずれかの1本、(鳥の)翼、(木の)大枝、(十字架等の突き出ている部分)突起部分、(他人の手足の役をする)手先、手下；a ～ 縁(ヘリ)、周辺、周辺部 2 vt. 〈倒木など〉の四肢を切断する 3 a ～(特に天体の像の)縁[円縁] ◆the limb [the edge] of the Sun 太陽の周縁

**limbed** (通例-limbed)(～の)肢[枝]を持った ◆a long-limbed boy 手足の長い少年

**limbo** (しばしばLimbo)《ローマ・カトリック》リンボ[地獄の辺土、孤所(ガイショ)](*洗礼を受けずに死んだ乳幼児やキリスト以前の正しい人たちの精霊が住むとされる天国と地獄の境目の場所)《仏教の民間信仰》才太郎畑(サイタラバタケ)、どっちつかずの[不確かな、不透明な]状態、無用で[忘れ去られた、時代遅れの]人や物が行き着く所、忘却の彼方、監獄、刑務所 ベンディング[保留、未決、懸案]になっている ◆drift into limbo どっちつかずになる ◆in a state of limbo どっちつかずの状態で[に]

**lime** 1 石灰；(= birdlime)鳥もち；vt. ～に石灰をまく、～に(鳥もちなど)べとべとした物質をぬりたくる ◆slaked

lime; hydrated lime; hydrate of lime; lime hydrate; calcium hydroxide 消石灰[水酸化カルシウム] ◆unslaked lime; quicklime 生石灰
2 a ～（植）ライム（＊レモンに似た果実、またはその木）

**limelight** ①（＊昔、舞台照明に用いた）石灰光［ライムライト］、ライムライト式舞台照明装置; the ～ 人々の関心の集まる境地、注目の的、脚光 ◆be [sit] in the limelight 脚光を浴びている ◆step into the limelight 脚光を浴びる、注目される、注目的になる ◆with blue limelight on her face （彼女は）青色の（舞台）照明を顔に浴びて ◆bask modestly in the limelight ささやかながらも脚光[注目]を浴びる ◆Like a prima donna basking in applause, the personal computer has long held center stage in the electronics world. But now the limelight is shifting to a more glamorous cousin: the workstation. 喝采（カッサイ）を浴びるプリマドンナのように、パソコンはエレクトロニクスの世界で長く舞台の主役として注目されてきた。だが、今やもっと魅力的ないとこ、すなわちワークステーションが代わって脚光を浴びつつある。

**limestone** ①石灰岩 ◆crystalline limestone 結晶質石灰岩
**limit** 1 a ～（しばしば ～s）限り、限度、極限、際限、きり、端、終極、制限、境界、境界線、（境界で囲まれた）区域［範囲］、埒（ラチ）、（最大または以上の）許容限度、制限範囲; the ～ 我慢［許容］の限度、程（ホド）、我慢のならない人［物事］ ◆to the limit ～を限度いっぱい［フル］に; 限界［ぎりぎりのところ、極限］まで ◆mark the limits of... ～の範囲を印で示す; ～を区切る ◆a relatively low upper limit for... ～に対する比較的低い上限 ◆a speed limit for vehicles 車両制限速度 ◆at the limit of adhesion 《車》（タイヤの）グリップ力［粘着力］の限界時に（＊まさにグリップ力がなくなりそうにしてスリップが起きようとしているぎりぎりの時の意） ◆beyond the legal limit 法定規制値を超えて ◆fall within the legal limit 法によって定められた規制値内に入る ◆impose an age limit 年齢制限を課す ◆outside of the limits imposed by... ～によって課せられた枠外［範囲外、限度外］で ◆raise the age limit 年齢制限を上げる ◆remain [stay] within normal limits 通常の範囲内にとどまる［収まっている］ ◆set age limits 年齢制限を設ける ◆within certain limits ある一定の限度内で ◆a 99-page limit per file 1ファイルにつき99ページまでという制限［制約］ ◆at the limit of travel of the table 《機械》そのテーブルの動程端［送り範囲の端］で ◆be small beyond the limits of measurement 測定限界［検出感度］（レベル）以下である ◆despite its hardware limits, the laptop can... ハードウェア上の制約があるにもかかわらず、そのラップトップ機は～することができる ◆maintained within narrow limits 狭い範囲内に保たれている ◆players who are over the age limit 年齢制限を超えている選手たち ◆The age limit is 12 and under. 年齢制限は12歳以下となっています。 ◆there is a limit to what we can do 私たちにできることには限界がある［たかが知れている］; 私たちにたいしたことはできない ◆there is an upper limit of ten pages of text 文字情報10ページまでという上限がある ◆within the limit of the generator rating 《電気》発電機の定格の限度内で ◆if its limit is violated by the operand もしもオペランド[演算数]がこの限度を越えると ◆Know your own limit. 自分の限度［節度］をわきまえてください。 ◆because the contest had an upper age limit of 25 for entrants コンテストには出場［参加］者は25歳までという年齢制限があったので ◆control the potential of the electrode to within certain limits その電極の電位を一定の限度内に抑え込む ◆determine whether the voltage comes within specified limits 電圧が所定の限度内に収まるかどうか調べて判定する ◆if the overall weight will exceed the original design load limits of the support structure 全体の重量が支持構造物の当初の設計限界荷重を超えそうなら ◆press the new possibilities to the limit 新しい可能性をとことんまで追求してみる ◆there's a limit to what you can do with simulations シミュレーションでやれることには限りがある ◆until a limit is reached at which it is no longer economically possible to <do...> それより先はもう経済的に～できない［経済性という観点から～してもしようがない］

という限界に達するまで ◆radioactivity had stayed within the normal limits of 10 to 20 microroentgens per hour 放射能は毎時10から20マイクロレントゲンの通常範囲内にとどまって［収まって］いた ◆reach limits of capacity beyond which expansion will involve a major expenditure それ以上に能力を拡張するとなれば大きな出費を伴うという限度［限界］に達する ◆the semiconductor industry is rapidly approaching the limits of MOS fabrication technology 半導体業界はMOS製造技術の限界に急速に近づきつつある ◆No limit is placed on the number of entries. 項目数は無制限である。; 項目数に制限はない。 ◆Optimally setting an IDDQ pass/fail limit is not simple. IDDQの合格／不合格の限度［境界（線）、境目］を最適に設定するのは簡単ではない。 ◆Single-CPU microcomputers are approaching their limits. シングルCPUマイクロコンピュータは限界に近づいている。 ◆The part is within the specified limits. この部品は、指定された誤差範囲内におさまっている。 ◆There are practically no limits to its use. それの用途は事実上際限がありません; それには無限ともいえる用途があります。 ◆There is no limit on the number of times you can use it. それを使用できる回数に制限はない。; 無制限に（何回[何度]でも）それを使用できる。 ◆One possible revision would be to lower the upper age limit for compulsory attendance to 12. 一つの改定案としては、義務教育の最高年齢制限を12歳まで引き下げることである。 ◆If you demand an advanced system, there's no limit to the refinements you could add. 高度なシステムを望むなら、際限なく改良を加えることができる。 ◆Integration, if taken to the limit, reduces various OA equipment to a single unit. 統合化を極限まで推し進めるならば、各種OA機器は1台に凝縮されることになる。 ◆Unfortunately, there is a limit to how many transistors can be squeezed onto the surface of a chip. 残念ながら、チップの表面に詰め込むことのできるトランジスタの数には限度がある。 ◆There is a limit on [to] the extent to which the kidneys can concentrate the urine, so large sodium intakes must be balanced by large intakes of water. 尿を濃縮する能力にも限度があるので、大量のナトリウム摂取は大量の水分摂取によってバランス［釣り合い］をとる必要がある。 ◆Two GaAs arrays have surmounted the traditional limit of several hundred gates, jumping to more than 1,000. 2種類のガリウムひ素アレイが、数百という従来のゲート数の限界を超えて一挙に1千級達成した。

2 vt. ～を（～に）限る［限定する］<to>. ～を制限する ◆limit current flow to a safe value 電流を安全な値にまで抑える ◆limit the loans to legal residents of the United States これらの貸付を合法的な米国居住者に限定する ◆the highest video frequency is limited to 4.2 MHz 映像周波数の上限は4.2MHzと定められている ◆where limited by measurement equipment 測定器（の性能の限界）による制約がある場合に ◆a parent who limits his two young children's computer access with the help of a kitchen timer キッチンタイマーを使って子供2人のコンピュータ使用（時間）を制限［((意訳))管理］している父親（＊computer access = コンピュータを利用すること） ◆limit the release of 191 chemicals linked to cancer and birth defects 癌や先天性欠陥につながる191種の化学物質の放出を規制する ◆Freedom of choice is limited to selecting... ～を選ぶ以外に選択の自由[余地]はない。 ◆The car's seats are limited in their range of adjustment. この車のシートの調整範囲は狭い。 ◆The hatch limits over-the-shoulder vision. 《車》そのハッチ（後部にはねあげ式ドア）は、肩越しの［後方］視野を狭めている。 ◆The standard parameters shall include but not limited to the following: 標準パラメータには以下のものが含まれることとするが、それで［これが］すべてではない［((意訳)) 以下のもの等が含まれるものとする］。 ◆The manufacturer expects that in the first year demand will be limited to about 3,000 units. そのメーカーは初年度の需要をせいぜい3,000台どまりと見込んでいる。 ◆The uses of this program are limited (limited only by your imagination). このプログラムの用途には際限がありません（あなたのアイデア次第で無限です）。 ◆Only several years ago, uses for optical fibers were thought to be limited to long-haul communications and data transmission. ほん

の数年前，光ファイバーの用途は長距離通信やデータ伝送に限られていると考えられていた．◆This package creates, acquires, and manipulates waveforms of any size, limited only by available memory and disk space.　このパッケージソフトは，メモリーとディスクの空き容量さえ十分あれば，どんな大きさの波形でも作ったり，取り込んだり，操作したりできる．◆Liquid crystal shutter printers are not limited to a fixed character set, but are capable of producing characters in different type fonts and even graphic output.　液晶シャッタプリンタは，固定された文字セットに限らず［だけでなく］，異なる字体の文字やグラフィックス［図形］までも出力できる．

**limitation**　🔲制限する［されている］こと；（通例 ～s）制限，制限事項，制約，規制，期限，（能力，体力，知力などの）限界　◆without limitation　無制限で　◆know one's limitations　能力の限界を知る　◆impose [place, put, apply] limitations on...　～に（法）規制［制限，限度］を課す［加える，設ける，適用する］　◆arms limitations　軍備制限　◆due to a physical limitation (arthritis)　身体的制約［(関節炎)障害］（関節炎）のせいで　◆impose an additional limitation to restrict...　～を制限するためにもう一つの制限を課す　◆the limitations of a machine　機械の（性能面での）限界　◆circumvent limitations to multiprocessor systems　マルチプロセッサシステムの制約［限界］を（回避して）受けないで済むようにする　◆stay within the limitations imposed by...　～によって課せられている限度から外れないようにする　◆within the bounds of the production schedule's time limitations　制作スケジュールの期限内に　◆the cable length limitations imposed by the RS-232 standard　RS-232規格によるケーブルの長さの限度　◆the only limitation is the length of the tape　唯一の制約はテープの長さである　◆The combiner has a limitation of handling power up to 800 W.　この結合器には，扱える電力が800ワットまで［最大許容入力電力が800ワット］という限度がある．◆Current 32-bit buses pose serious limitations to multiprocessor system architectures.　現在の32ビットバスは，マルチプロセッサシステムアーキテクチャにとって深刻な制約となっている．◆Some states do not allow limitations on how long an implied warranty lasts.　一部の州は，暗黙の保証の期間の長さに制約を設けることを許していない．◆Today's three-tube front projection TVs offer the best picture resolution available within the limitations of the NTSC TV transmission.　今日の3管式フロントプロジェクションテレビは，NTSC方式TVによる伝送の制約［限度］内で実現可能な最高の画像解像度を備えている．

**limited**　adj. 限られた，限定された，有限の，乏しい，不十分な，特急の，(英)（会社）が有限責任の　◆a limited company　《英》有限（責任）会社　◆a limited edition　限定版　◆a limited express　特急列車［バス］　◆a limited express train　特急列車　◆a limited-access highway　高速道路 (= an expressway)　◆a limited-production model　限定生産モデル　◆a five-year limited warranty　5年間の限定保証　◆a limited-use tool　使い道が限られている工具　◆have limited marketability　にはあまり市場性がない　◆these limited resources　限られるこれらの資産　◆be registered as a limited liability business [company]　有限会社として登記されている　◆a limited-period saturation advertising campaign　一定期間の（飽和状態に達するほど）集中［重点］的に宣伝するキャンペーン　◆it is being made in a limited quantity [in limited quantities]　それは数量を限定して生産されている　◆supply a limited amount of lubricant to...　～に潤滑剤を少しだけ供給する　◆they are severely limited in quantity　それらの数量は，非常に限られている［少ない］　◆because of the limited width of the screen　画面の幅の制約のために［幅が限られているために］　◆my knowledge of radio technology is too limited to completely understand...　無線技術に関する私の知識はあまりにも限られていて［乏しくて，狭くて，少なくて］～を完全に理解はできない　◆It is of limited application.　その用途［応用］は，限定されている．◆They are also used to a limited extent.　これらも限られた範囲内で［幾分，一部］使用されている．◆For reasons of economy, this document is [has been] printed in a limited number.　節約のため，この文書は限られた部数だけ［少しだけ］しか印刷してありません．◆Magnetic stripes are used to store a limited amount of information.　磁気ストライプは，少量の情報を記憶するのに用いられる．◆Many disabled people have limited use of their hands and arms.　多くの身体障害者の人たちは，手や腕を十分に使えない．◆Vacuum-tube amplifiers are still used for limited applications.　真空管アンプは，限られた用途に依然として用いられている．◆As vision becomes limited in rain, a driver loses the capability to control the vehicle.　雨のなか（の運転）で視界が限られてくると，運転者は車をコントロールする能力が減退してくる．◆Even in limited amounts, alcohol slows reflexes, impairs coordination and interferes with concentration.　限られた［《意訳》わずかな］量でさえ，アルコールは，反射運動能力を鈍らせ，動作の連続を悪くし，また集中力を乱してしまいます．

**limited edition**　a ～ 限定版　◆a limited-edition car　限定版の車　◆a limited-edition version of the Mustang Cobra　マスタング・コブラの限定（版）バージョン（*車）　◆Chevrolet decided to build Impala as a limited edition.　シボレーはインパラを限定版として製造することにした．(*車の話)

**limited-production**　adj. 限定生産の　◆a limited-production car [model]　限定生産車［モデル］

**limited-time**　adj. 期間を限定しての，時間を限っての　◆a special limited-time offer　期間を限定しての特別提供　◆this special, limited-time opportunity to subscribe to...　《意訳》～を（割引料金で）定期購読するために特別に用意された期間限定のこのチャンス

**limiter**　a ～ 制限器，振幅制限回路，リミタ，リミッタ

**limiting**　adj. 制限する，限定する　◆under limiting conditions　制約条件下で

**limiting factor**　a ～ 制約要因，制限因子　◆... and its two expansion slots and lack of disk drive bays are also limiting factors　そして，2個の拡張スロット（しかないこと）とディスクドライブベイが無いことも（*その装置を拡張する上での）制約因子となっている

**limitless**　adj. 限りない，きりがない，果てしない，無制限の，無期限の　◆the limitless reaches of outer space　果てしない宇宙空間

**limousine**　a ～ (口語略 a limo) リムジン，大型高級セダン，（空港と市内を連絡する）小型送迎用リムジンバス　◆a stretch limousine　豪華改造リムジン（*車体を長く改造してプールなど豪華設備を搭載したもの）　◆a fully-equipped limousine　完全装備のリムジン

**limp**　1　a ～ adj. ぐにゃぐにゃの，（文章など）しまりのない，（装丁）に板紙を使ってない，柔軟な，くたくたに疲れた　◆a limp cabbage　しなびたキャベツ　◆Business is as limp as the rotting persimmons on display.　商売は，(店先に)陳列してある腐りかけの柿のようにだれている．

2　vi. 足を引きずるように歩く，たどたどしく［のろのろ］進む，もたつく；a ～ 《単のみ》足を引きずること　◆He was on crutches for 2 1/2 weeks, but now is walking around with a slight limp.　彼は2週間半松葉杖の世話になったが，今はちょっと足を引きずって［びっこをひいて］歩き回っている．

**line**　a ～ = 線，境界，道筋，筋，しわ，列，行，（五線譜の）段，電線，回線，路線，送電線，系統，ロープ，綱　◆a hydraulic brake line　油圧ブレーキ配管　◆a line cord　電源コード　◆a line segment　◆a line style　《コンピュ》線種　◆a (regular) line graph　（普通の）折れ線グラフ　◆a transmission line [path, route, channel]; a line　伝送路　◆line trouble　回線障害　◆(a) line-to-line voltage　線間電圧（*多相交流の場合）　◆(a) line voltage　線間電圧（*特に単相交流の場合）　◆a line-drawing technique　線描手法　◆an across-the-line starter (= a full-voltage starter)　《電気》全電圧［直入れ］始動［起動］電動機　◆a digital line switching system　デジタル回線切り換え装置　◆a drawing made in solid lines　実線で描かれている図面　◆a heavy [→thin] line　太い←→細い線　◆a single-line [one-line] diagram of...　《強電》～の単線結線図　◆fall at [over] the end of a line　〈単語などが〉（ちょうど）行末にく

る[かかる] ◆line-noise problems　回線ノイズ[雑音]障害 on dialup or dedicated lines　公衆電話回線または専用回線で ◆place... in a line　1列[一直線]に並べる ◆read between the lines　行間を読む;眼光紙背に徹する;意外の意味を汲み取る;《作者が真に云わんとするところを読み取る》 ◆the Boston line section of the CSX Railroad　CSX鉄道のボストン線区 ◆utter lines like, "..."　〜のようなせりふを言う ◆wait in a single line　1列にならんで待つ ◆when line quality is poor　回線の品位[回線状態]が悪い時に ◆a printer with exceptional fine-line reproduction　《意訳》超高精細プリンタ ◆the voltage between the lines of the supplying power system　供給電源系統の線間電圧 ◆the 345-mile Tokaido line　全長[延長]345マイルに及ぶ東海道線 ◆Drop us a line.　お便りをください。 ◆if a word falls on a line break　ある単語が(ちょうど)行末にかかる ◆move to the right across the line　行を右に移動する ◆transmit information by telephone line　電話回線で情報を伝送する ◆transmit information over a communications line or a circuit　通信回線すなわち通信回線で情報を伝送する ◆the leasing of lines　回線のリース ◆a long line of people has formed to vote　投票しようとする人々の長い行列[長蛇の列]ができた ◆cross the line separating reasonable conduct from anarchy　分別ある行為と無秩序を分け隔てている一線を越える ◆documents and drawings that make heavy use of lines　罫線を多く使う文書や図面 ◆the line between A and B is difficult to draw　AB間に(区分けのための)線引きをするのは難しい ◆the importance of forging good will across color lines at a time when racial tensions seems to have escalated　人種間の緊張が高まったと思われるこの時期に、人種の境界[壁]を越えて親善(の気運)を醸成することの大切さ ◆the line stays asserted [remains active] throughout execution of...　《電子》その(信号)線は、〜の実行中ずっとアクティブに保たれる ◆I think it's important to draw a line between public and private.　私は公私の区別をするのは大事なことだと思う。 ◆The earth-warming effect had crossed the line from theory into fact.　地球の温暖効果は、理論から現実の一線を越えた。 ◆There is a fine line between genius and madness.　天才と狂気は紙一重だ。 ◆The most common blues form is the "12 bar" blues. This is a three-line structure, with four bars or measures to a line.　最も一般的なブルースの形式は「12小節」ブルースです。これは、1段に4小節ずつで3段から成る構成です。 (*a bar is a measure is「小節」) ◆Xxx is ideal as a skin moisturizer to help prevent fine lines, wrinkles and stretch marks, specially around the eye area.　Xxxは、特に目の周りの小じわ、しわ、伸展線を防ぐ助けをするスキンモイスチャライザ[保湿剤]として最適です。《参考》 a solid [full] line　実線; a dotted line　点線; a short dashed line　細かい破線; a long dashed line　粗い破線; a center line　中心線; a phantom line　想像線; an extension line　寸法引出し線[寸法補助線]; a break line　破断線
2 a〜　生産[組み立て]ライン、商品[製品]ライン[系列、群] (= a product line), 系列、専門、商売、方針、主義、関心、好み、戦線; one's 〜　得手、お手の物、得意技 ◆in (the) line of duty　職務遂行中に ◆a product line　製品系列[製造品目、商品ライン] (*同じメーカーの同類の製品群) ◆along party lines　党の路線[綱領、方針、政策]に従って[沿って] ◆assembly-line workers　組み立てライン要員[作業員] ◆on production lines　生産ライン上で ◆pursue a clear policy line　明確な政策路線を追求する[推し進める] ◆that's not his line　それは彼の分野ではない ◆these two lines of research　これら2つの研究分野 ◆most products in our motor line　弊社のモーター製品系列[モーター部門]に属するほとんどの製品 ◆a fresh-off-the-line test car　組み立てラインを離れたばかりのテストカー ◆a top-of-the-line [→bottom-of-the-line] model　(商品系列における)最上位[→最下位]モデル;最高峰[→最下位]車種[機種] ◆designed along the lines of the original　元の車種の線に沿って設計された ◆IBM's new line of Personal System/2 computers　IBM社の「パーソナルシステム2」という新しいコンピュータ製品ライン ◆the entire line of Coca-Cola soft drinks　コカコーラ商標のソフトドリンクの全製品系列 ◆a line of 80286 and 80386 PCs manufactured for DEC by Tandy　DEC社向けにタンディ社によって製造された、80286および80386パソコンの商品系列 ◆in accordance with the lines of the understanding laid out in Tokyo　東京で成立した申し合わせ[合意、了解、取り決め]の線に沿って ◆Apparently, they have been thinking along the same lines.　彼らも同じ線に沿って[同じ線で]考えていたように見受けられる。 ◆To lure younger buyers, GM has its Geo line of small cars.　より若い購買者層を引き付けようと、ゼネラルモーターズはジオ車種系列の小型車を持っている。 ◆The manufacturers have been filling out their lines by adding...　これらメーカー各社は、自社の製品系列[ラインアップ]に〜を追加して充実させてきている。 ◆Some Japanese makers have produced extremely low-cost DACs on their digital IC fab lines.　一部の日本のメーカーは、極めて低価格のD/Aコンバータを、自社デジタルIC製造ラインで生産した。(fab = fabrication) (*短縮形 fab は、製造業でよく用いられる) ◆The company expanded its line of merchandise to include...　in the hope of boosting business.　その会社は、商売を伸ばすことを期待して、自社の商品系列を拡充して〜を加えた。 ◆The company has reinforced its formerly sparse line of IBM PC compatibles with five new systems.　その会社は、かねてより手薄だった自社のIBM PC互換機商品ライン[ラインアップ]に新型5システムを投入し、強化[充実]を図った。
3 vt. 〜を線で引く、〜を1列に整列させる、〜に沿って並ぶ; vi. 並ぶ、整列する <up> ◆line up for tickets　チケット(入手)のために(列をなして)並ぶ ◆line up text at the right, with the left edge ragged　テキストの右端を揃えて[テキストを右揃えして]、左端を不揃いにする ◆People line up in droves every day to get into the store.　人々は、その店に入るために毎日群れをなして行列を作っている。 ◆Line up the locating slot on the base with the corresponding slot on the cap.　ベース側の位置決めスロットを、キャップ側の対応[該当]するスロットに合わせてください。

4 vt. 〈衣服〉に裏を付ける、〜を裏打ちする、〈容器、炉など〉に裏張り[内張り、裏付け]する、〜にライニングを施す、〈入れ物〉を満たす ◆line one's pocket(s) [purse]　私腹を肥やす ◆a shop-lined street　店がずらりと並んで[軒を連ねて]いる通り ◆his book-lined office　本がびっしり並んだ彼のオフィス

in line, into line　(→out of line) 一直線に、並んで、揃って、適合して、調和して、釣り合って、準じて、沿って <with>; 節度をもって、(限度内に)制御して、適正範囲内で ◆in line for...　〜を待って並んで、〜を得る見込みがあって、〜の候補で ◆bring these costs in line　これらのコストを抑える ◆be in line with the policies [specifications, standards]　これらの方針[仕様、規格]に合致して[従って、準拠して、沿って]いる ◆bring prices into line with costs of production　生産コストに見合った価格にする ◆bring the local law in line with a federal statute that stipulates...　地域法を〜を規定している連邦法に合わせる[整合化させる] ◆use extreme pressure to bully dissenters into line　反対者の(反対している国々)を威嚇し不同意を抑え込むために強大な圧力を使う ◆bring the front of your vehicle into line with the curb　あなたの車の前部を縁石に沿って[と平行に]並ぶようにさせる ◆It is mounted in line with the engine.　それは、エンジンと同一直線上に取り付けられている。 ◆In line with the increasingly competitive climate, some Wall Street analysts expect Detroit's share of the American auto pie to shrink from its current 68% to as little as 55% by 1990.　1990年までに競争が激化しつつある状況に呼応して、米自動車市場でのデトロイトのシェアが、1990年までに現在の68%からわずか55%に下がると一部のウォール街のアナリストは見ている。

on line　〈生産設備などが〉稼動状態に[で]、操業中に[で]; 回線に接続されて、オンラインで (=→online) ◆The machine is on line.　機械は稼働中である。 (*工場や発電所の設備の話) ◆The plant is scheduled to go on line by 1992.　その工場は1992年までに操業開始の予定だ。

**linear**　adj. 線の、直線の、直線的な、線状の、《化》直鎖の、《数》線形の、一次の、《機械》直線往復運動形の ◆a linear accelerator　直線[粒子]加速器(略 a linac) ◆a linear equation　線形方程式; 1次方程式 ◆a linear motor　リニアモータ ◆a linear positioning stage　直動位置決めステージ　◆linear algebra　線形代数（学）　◆an XY linear-motion stage　XY 方向ステージ（＊直動＝直線運動）　◆at a constant linear speed of 30 cm per second　毎秒30センチの一定の線速度で　◆by linear regression　《統計》線形回帰により　◆linear polyethylene　直鎖型のポリエチレン　◆measure linear dimensions　直線距離を測定する　◆move with constant linear velocity　一定の線速度［線速度一定］で移動する　◆the triple bond has a linear structure　三重結合は直線構造をしている　◆It has an extremely small coefficient of linear (thermal) expansion.　それらの線膨張係数は極めて低い。　◆Linear terms are terms in which variables are raised only to the first power.　《数》一次項とは、その中に含まれる変数の次数が 1 までしかない項である。

**linearly**　◆be linearly proportional to...　～と直線的に比例している　◆X varies linearly with Y.　X は Y に対して直線的に変化する。; X は Y に比例する。

**linefeed, line feed**　(LF) a～《コンピュ》改行（文字）; adj. 改行の

**line of business**　a～《企業》の営業科目［業種］、業務分野、（個人の）職種［職業］（＊どういった仕事かということ）　◆firms are required to disclose their major lines of business　各企業は自社の主たる営業科目［業種］を開示する必要がある

**line of sight**　a～視線、見通し線、照準線; line-of-sight adj.　◆a line-of-sight path　見通し経路　◆a pilot's line of sight [line of vision]　パイロットの視線　◆The optical infrared atmospheric communications system sends signals through the air over line-of-sight distances of up to 2.5 miles.　この赤外線大気圏内光通信システムは、空気中を直線見通し距離で最高2.5マイルまで信号を送ることができる。

**line printer**　a～《コンピュ》ラインプリンタ　▶行単位で印字する高速プリンタのこと。文字単位で印字するプリンタやページプリンタと対照して用いられる語である。もう一つの意味として、MS-DOS で認識されるプリンタポート名 LPT (line printer terminal) を指す場合がある。LPT は、コンピュータのパラレル出力ポート、あるいはそのポートに接続される各種プリンタのことである。

**liner note**　a～、～s　ライナーノート（＊レコードやCDの解説書き）（＝《英》sleeve note）

**line spacing**　《ワープロ》行間スペース、行間隔　◆reformat the entire document to different line-spacing settings　《ワープロ》文書全体を異なった行間隔設定にリフォーマットする

**line spectrum**　a～線スペクトル　◆This low-pressure mercury lamp produces line spectra with high purity.　この低圧水銀ランプは、高純度の線（輝線）スペクトルを発生する。

**lineup, line-up**　a～整列、ラインアップ、ラインナップ、陣容、（ある商品系列の）商品構成［系列］、機種構成、（1チームの）出場選手、演奏バンド）顔ぶれ［メンバー］、（ショーなどの）メニュー　◆backed by a stellar lineup (of musicians)　豪華なラインアップ（メンバー、顔ぶれ）をバックにして　◆Detroit Tigers' lackluster lineup　デトロイトタイガースのパッとしない布陣　◆increase [expand, strongly reinforce, strengthen] one's product lineup　製品の陣容を強化する［《意訳》整備する］　◆Mercedes' U.S. lineup　メルセデス（自動車会社）の米国向け品揃え　◆Sony's line-up of quality electronic products　ソニーの高品質電子機器製品群　◆the 2020ST at the low end of the company's stereo lineup　同社のステレオ商品構成の下端に位置する［最下位機種である］2020ST　◆the company's product lineup offers [comprises, consists of] three product families　この会社の製品ラインアップでは 3 つの製品群がある［ラインアップは 3 つの製品系列で構成されている］　◆the company strengthened an already strong lineup　同社は、すでに充実しているラインアップ［商品系列、品揃え］を更に強化した　◆These cars are at the bottom of Ford's domestic lineup.　これらの車は、フォードの国内向けラインアップ［車種構成］の最下位に位置している。　◆Dave Cleberg sat in on bass temporarily, until Tim Page joined the lineup on bass.　ティム・ペイジがベーシストとして（バンドの）メンバーに加わるまでの期間、デイヴ・クレバーグが臨時でベースを務めた（ベース

入った］。　◆Major changes have been made in the team lineup including the addition of pitcher Randy Johnson in the hopes of making it all the way to the World Series.　ワールドシリーズにまで進出することに期待をかけてランディー・ジョンソン投手を加えたことを始めとし、チームの陣容に大きな変化があった。

**linger**　vi. なかなか去らない、ぐずぐず長居している <on>, うろつく <around, about>, だんだん衰弱しながら生き続ける、(病気などが) 長引く　◆lingering labor problem　長引いている労働問題　◆if the symptoms linger for a long period of time　症状が長期にわたって長びくようだったら　◆because of lingering recessions in those nations　これらの国々における長引きリセッション［景気後退、（軽度の）不況］のために　◆the effects of poverty linger for generations　貧困の影響は何世代にもわたって永く残る［長く尾を引く］　◆Unemployment still lingers at about 20%, the same as last year.　失業率は依然として前年と同じ 20% 前後で推移している。

**lining**　裏張り［内張り、裏当て、ライニング］すること、裏付け; a～ライニング材、裏　◆a brake lining　ブレーキ・ライニング（＊ブレーキの制動面の裏張り材）

**link**　1　a～（鎖の個々の）輪［環］、連結するもの、結合、きずな、連動装置、中継局、接続路、接点、関連、連係　◆the data link layer　《通》データリンク層（＊国際標準化機構 (ISO) の開放型システム間相互接続 (OSI) 参照モデルの第 2 層）　◆a fiber-optic link　光ファイバーリンク（＊装置相互間の接続路）　◆establish a link between A and B　A と B を結びつける［関連づける］　◆find a link between A and B　A と B の間に関連性があることを発見する　◆the amid links between amino acids　アミノ酸間のアミド結合　◆there is no link between A and B　A と B の間に関連はない　◆via a satellite link　衛星中継で　◆transmission along a common digital link　《通》共通デジタルリンクを伝わっての伝送　◆establish a new high-speed data communications link between the United States and Europe　米国と欧州を結ぶ新しい高速データ通信リンクを設立する　◆There is a link between the two actions.　これら 2 つの行動の間には関連性がある。

2　a～ (= a hyperlink)《ネット》リンク <from, to, with, between>　◆a broken [dead] link　切れているリンク（＊インターネットなどで）　◆follow links　リンクをたどる　◆have [provide, establish, create, put, set up] a link with your site　《ネット》あなたのサイトにリンクする［を張る］　◆provide [add, set up, post, place, put, make, establish, include] a reciprocal link to...　［リンク先サイト］への［に］相互リンクを張る　◆provide [make, place] a link to... on a site [on a page in a site]　《ネット》サイト［サイト内のページ］に［から］～へのリンクを張る　◆If you use any of my graphics, please a link from your page back to mine.　《ネット》私のグラフィックス（素材）をお使いになる場合は、(あなたのページから) ここにリンクを張ってください。　◆To get your link listed on our site, you must cross-link with us.　当サイトに貴サイトのリンクを掲載［登録］したい場合は、貴サイトからも相互リンクを張っていただきます。　◆Individuals and groups interested in exchanging links with Xxx are encouraged to contact us at: xxx@x...x.com.　Xxx と相互リンクを希望される個人または団体は、どうぞ xxx@x...x.com までご連絡ください。　◆On each page you use one of our backgrounds, credit us with a link back to our site.　《意訳》当サイト提供の背景素材をご使用の場合、ご使用のページごとに、当サイトからの利用であることを明示の上で、当サイトへのリンクを張ってください。　◆In addition to locally mounted information, links are provided to external Internet sites.　《ネット》このサイト内にある情報に加えて、外部のインターネットサイトへのリンクが張られています。

3　vt. ～をつなぐ、結ぶ、結びつける、関連付ける; vi. つながる、連結する、提携する <up>,《ネット》リンクを張る　◆electronically linked circuits　電子的に接続された回路　◆a magnetic card reader linked to a computer　コンピュータに接続されている磁気カード読み取り機　◆a satellite-linked question-answer session　衛星で結んだ（多元）質疑応答セッション

chemicals linked to cancer and birth defects　癌や先天性欠陥につながる化学物質　◆link exposure to electromagnetic fields with increased risk of leukemia　電磁界にさらされることと白血病になる確率の増大とを関連付ける　◆link two conditions to create a compound condition　2つの条件を組み合わせて複合条件をつくる　◆link Nashville with New York, Detroit, Atlanta and Orlando using Boeing 737-300s　ボーイング737-300を使ってナッシュビルとニューヨーク, デトロイト, アトランタ, オーランドを結ぶ　◆link major cities with a frequency that makes arranging connections as easy as possible　乗り換えの打合せができるだけ楽にできるような頻度で主要都市を結ぶ〔▶航空会社の話です〕　◆Do not link directly to the images on this server.　《ネット》このサーバー上の画像に直接リンクを張らないでください.　◆They link together to form chains of various lengths.　それらは, 連鎖しあっていろいろな長さの鎖を形成する.　◆(You may) link freely [freely link] to this site.; Feel free to link to this site.; Please feel free to make a link to this site.　《ネット》このサイトにリンクしたい方はご自由にどうぞ.; このサイトはリンクフリーです.　◆Daimler Benz plans to link up with IFA-Kombinat Nutzkraftwagen.　ダイムラーベンツ社は, IFA-コンビナート・ヌッツクラフトヴァーゲン社との〔業務〕提携をもくろんでいる.　◆The first Surgeon General's report linking smoking with lung cancer and other diseases appeared in 1964.　喫煙を肺癌やその他の病気と結びつける衛生局長官の報告書は, 1964年に初めて現れた［出た, 発表された］.

**linkage**　結合, 連関, 連係, 連鎖; a~　リンク［結合, 連結, 連動］機構［部(品), 装置］　◆Saddam Hussein's linkage of the gulf conflict and the Palestinian problem　サダム・フセインによる, 湾岸戦争とパレスチナ問題との関連付け　◆the ester linkages which hold the polymeric chains of the fibers together　繊維の高分子鎖を結び付けているエステル結合　◆There are no mechanical linkages between the camera and its interchangeable lenses.　本カメラと交換レンズ間に, メカ的な連動・伝達機構は介在していない.

**linkup, link-up**　(a)~　連係, リンク, 連結, 結合, 接続, 関連, 連関, 関係　◆the link-up of two spacecraft　宇宙船のドッキング　◆the link-up of computers, terminals, and related equipment over telephone lines　コンピュータ, 端末機, および関連機器の電話回線による接続　◆The technology link-up between the two companies is not without its critics, however.　しかしながら, 両社の技術提携を批判する者がいないわけではない.

**lint**　綿の繊維, 綿ぼこり, 繊維クズ, 糸くず, リント布　▶もともとは綿花の種から分離された紡ぐ前の繊維の意味であるが, 布, 紙などのわたぼこりの意にも用いられる.　◆a lint remover (服などから)繊維クズを取り除くもの; エチケットブラシ　◆lint-laden surfaces such as carpets　カーペットなどの綿ぼこりの積もっている［ほこりっぽい］面　◆Wipe it with a soft lint-free cloth.　糸屑の出ない［付かない］柔らかな布で拭いてください.

**Linux**　《コンピュ》(リナックス, ライナックス)(*リーナス・トーバルズ氏 Linus Torvalds 氏がヘルシンキ大学在学中に作ったオープンソースのOS［基本ソフト］)　◆a server running Linux　Linuxを走らせているサーバー

**lion**　a~　ライオン　◆the company controls a lion's share of the media going into U.S. classrooms　この会社は, 米国の教室に入っているメディアで最大のシェアを誇って［メディアを席巻している］いる.　◆Devote the lion's share of your attention to job matters.　仕事のことに最大の注意を振り向ける［仕事を一番に考える, 仕事を最優先する］ようにしなさい.　◆Intel currently has the lion's share of the microprocessor market worldwide.　インテル社が世界のマイクロプロセッサ市場で最大のシェアを手中に収めて［市場を席巻して］いる.　◆Around 20 companies are fighting hard for the lion's share of the new market.　約20社が新市場のシェア第1位を狙って激しい争奪戦［(意訳)新市場の覇権をかけて激戦］を演じている.　◆Industrialized nations produce 65% of the world's carbon dioxide emissions from fossil fuel use and thus have the lion's share of re-sponsibility for finding the solutions.　先進国は, 化石燃料の使用により世界の二酸化炭素排出の65%を発生させている. よって解決法を見つける最大の責任を負っているのである.　◆The chemical companies that find the best, most economical ways to manufacture these replacements in commercial quantities will capture [claim] the lion's share of the new market.　これらの代替品を最も良質かつ最も経済的な方法で見いだす化学会社が, この新市場の最大シェアを獲得［(意訳)新市場を席巻］することになる.

**lionization**　大切［大事］に処遇すること, もてはやすこと, 担ぎ上げ　◆decry the lionization of athletes　運動選手の優遇［厚遇, 好遇］を非難する

**lionize**　vt. ~を大切に扱う, 大事にする, もてはやす, 話題にしてさわぐ, 有名人扱いする　◆lionize officials in hopes of avoiding denunciation　おとがめを受けるのは［にらまれるの］は避けたいものだと, お役人を丁寧［大事］に扱う　◆when Hitler was lionized as the "greatest military commander of all times"　ヒトラーが「古今を通して最も偉大な軍司令官」としてもてはやされて［担ぎ上げられて］いた頃に　◆In 1990, he was lionized on the silver screen in the Oscar-winning film "Reversal of Fortune."　1990年, 彼はオスカー受賞映画「運命の逆転」で銀幕の話題をさらった.

**lip**　a~　唇, 口唇, 口縁, 口元, 切下先, 注ぎ口; ~s　(発声器官としての)口; adj.　◆rise to the lips of...　〈人〉の口の端に上る; 〈人〉の話題になる　◆be suddenly on lips all over town　突然いろんな人々の口にのぼっている［話題になっている］　◆The two cutting lips [edges] of the drill perform the actual cutting.　ドリルの二つの切り刃が実際の切削を行うのである.

**lipid**　◎《生化》脂質, 脂肪, (俗に)脂(アブラ)　◆a lipid-soluble pigment　油溶性色素

**lipoprotein**　(a)~　リポ蛋白, リポタンパク質, 脂蛋白質　◆HDL (high-density lipoprotein)　高比重［高密度］リポ蛋白(*善玉コレステロール)　◆LDL (low-density lipoprotein)　低比重［低密度］リポ蛋白(*悪玉コレステロール)

**lip service**　◎リップサービス, 外交辞令, 偽りの支持, お世辞, 実行できない口先だけの約束　◆pay lip service to...　~に対し口先だけの敬意を払う, ~に対し心にもない支持を表明する　◆give only lip-service support　口先だけの支持をする　◆pay lip service to an idea [one's idea, the idea of...]　ある案［彼の案, ~の案］に対し口先だけの賛同を表明する　◆Although both sides pay lip service to ethical issues, neither debates them.　双方とも倫理問題について口先だけの調子のいいことを言っているが, どちらの側も討議はしていない.　◆I'm tired of the lip service I'm getting from the city government.　(そのうちご要望にお応えしますという)市役所［市当局］の口先だけの対応にはうんざり［辟易, 閉口］している.

**lipstick**　(a)~　口紅; 口紅形の, 口紅サイズの　◆in pink lipstick　〈人が〉ピンクの口紅をつけて　◆a tube of lipstick　1本の口紅(▶a tubeは口紅形の容器)　◆wear [put on, apply] lipstick　口紅をつける［塗る］　◆The camera, which is the size of a lipstick case, ....; The camera, the size of a tube of lipstick, ...　この口紅サイズのカメラは, ~　◆Modest health care reforms would be like "putting lipstick on a pig," but it's doubtful Congress will have the appetite for any sweeping changes...　控えめな［中途半端な］医療改革は,「豚に口紅を塗る」ようなものだ. しかし, 全面的［徹底的］な改革を行う意欲が議会にあるかは疑わしい. (▶"~"内は, 上辺だけ化粧しても中身は変わらないことのたとえ)

**lip-sync, lip-synch**　(時に lip sync, lip synch) n. (録音された音声への画像の) 口合わせ, (映像に合わせた) 吹き込み［吹き替え］; vi. 口合わせする, 吹き込む［吹き替える］　▶北米のアニメ制作では口に記録された声に合わせるのが一般的である.　◆lip sync for videos　ビデオの吹き替えをする

**liquefaction**　液化, 液状化, 融解, 溶解, 液化［液状］状態　◆liquefaction of a fine sand mass　細かい砂の塊の液状化　◆the liquefaction of a gas　ガスの液化　◆until liquefaction occurs　液化が起きるまで

**liquefy** vt., vi. 液化する ◆liquefy natural gas 天然ガスを液化する ◆until the butter liquefies [melts] バターが溶けるまで

**liquid** (a) ~液, 液体, 液状体, 流体, 流動物, つゆ, 汁; adj. リキッドの, 液体[流動体]の, 水性の, 現化しやすい, 流動~ ◆a heavy liquid 重液 ◆a liquid diet [food] 流動食 ◆liquid air 液体空気 ◆liquid assets 流動資産 ◆liquid helium 液体ヘリウム ◆a liquid level gauge [gage, indicator, meter] 液位計; 液面計; 液量計 ◆air in a liquid state 液体状態の空気 ◆a liquid-fuel engine 《ロケット》液体燃料エンジン ◆keep it in a liquid state それを液体状態[液状]に保つ ◆liquid drug preparations 液状の薬品の製剤; 薬液 ◆liquid hydrogen 液体水素 ◆the treatment of liquid waste 《原子力》液体廃棄物の処理 ◆convert bituminous coal into a liquid 瀝青炭を液体に変える[液化する] ◆store hydrogen in liquid form in tanks 液体の水素をタンクに貯蔵する ◆Microwave honey until liquid, about 20 seconds. 電子レンジでハチミツを約20秒間[サラサラ]になるまで加熱します。 ◆Never immerse any part of the power tool into a liquid. この電動工具のどの部分も, 液体に決して浸さないでください。 ◆The measurements on R125 shall be carried out in the liquid, vapor, and gaseous phases.《冷媒》R125の測定は液相, 蒸気相, および気相にて実施するものとする。

**liquidate** vt. 〈負債など〉を支払う, 弁済する,〈負債, 損害〉の額を調査・決定する,〈会社など〉を清算[整理して解散]する,〈在庫, 証券など〉を換金する, 現金化する,〈提携関係など〉を清算[解消]する, 〈口〉〈人〉を殺す[片付ける]; vi. 清算[整理・解散]する, 破産する

**liquidation** ①清算, 整理・解散, 破産, 現金化, 換金, 破産状態 ◆go into liquidation 〈会社など〉が清算[整理して解散]する ◆take the drastic measure of putting the company into voluntary liquidation 会社を自主解散[精算,《訳》廃業]に追い込むといった思い切った措置を講じる

**liquid crystal** (a) ~液晶 ◆a liquid crystal projector; an LCD projector 液晶プロジェクター ◆a liquid crystal display monitor 液晶ディスプレイモニター ◆a liquid crystal shutter printer 液晶シャッタープリンタ

**liquidization** ②液状化, 液化, 流動化 ◆asset liquidization 資産の流動化 ◆liquidization occurs [begins] 流動化が起き[始まる] ◆the liquidization of normal assets 正常資産の流動化

**LISA** (low input [low-input] sustainable agriculture) 低投入持続型農業

**list** 1 a ~リスト, 並び, 一覧(表), 表, 目録, 名簿, 部品表, 明細書, 価格表 ◆a long list of... 多くの~ ◆draw up a list リストを作成する ◆make [create, draw up, prepare] a list [listing, a table] 作表する ◆a list price 表示価格[定価] ◆a to-do list すべき事を書いたリスト[予定メモ] ◆in list form リスト[一覧, 一覧表]形式で ◆long lists of stock quotes 株価が多数[〈意訳〉びっしりと]掲載されている表(*long=リストの項目数・行数が多い) ◆make a complete list of... ~を網羅するリストを作成する ◆produce list output to... 《コンピュ》~にリスト出力する ◆show data in tabular list form データを表形式で表示する ◆a complete list of factories capable of producing components for... ~用の部品が生産できる工場を網羅したリスト ◆narrow down the list to potential partners from 15 to 3 提携先候補を15社から3社に絞り込む ◆Indeed, the list goes on and on. 全く, 枚挙にいとまがない[挙げるときりがないくらいだ]。 ◆A couple filed a suit after being removed from consideration as adoptive parents [after being dropped from an adoption list]《意訳》ある夫婦が養父母候補者としての審査対象から外されて訴訟を起こした[養子縁組候補者名簿から落とされて訴訟した] ◆cosmetics such as hair sprays, shampoos, makeup, sunscreens, perfumes, shaving cream, acne medications – the list is endless ヘアースプレイ, シャンプー, メイクアップ(化粧品)日焼け止め, 香水, ひげそりクリーム, にきびの薬などの, 枚挙にいとまない化粧品類(*挙げればきりがない) ◆It provides a long list of distinguishing features: ... それには(以下のような)数多くの際立った特徴がある: ~ ◆Start at the top of the list and work your way down. リストの一番上[最初]から(手を着けて, 下に向かって)順に作業して[処理して, 片付けて]いくこと。 ◆The list is long and wide. その表は縦方向にも横方向にも大きい。 ◆USAir is at the top of the list of takeover targets. USエアは乗っ取り標的[対象]企業のうちで筆頭にあげられている。 ◆Waiting lists for housing are growing longer each day. 住宅の入居[空き]待ちの人が日々増え続けている。 ◆The list of U.S. companies pushing hard for overseas sales is growing rapidly. 海外販売をめざして精力的に頑張っている米国企業の数は急速に増えつつある。 ◆We sent the car off to the dealer with a long list of troubles. 我々は, 数々の不具合箇所を書いたリストを付けてその車をディーラーに送りました。 ◆A list of key scientific and technical terms from the chapter is given in the order in which the terms appeared. 本章の重要な科学技術用語が, 現れた順にリストにしてある。 ◆The list of ways in which information-processing systems can be helpful is quite lengthy. 情報処理システムを役立てる方法は, 数多くある。 ◆The researchers have dealt with organ transplants, artificial reproduction, surrogate motherhood, AIDS testing and genetic engineering – a never-ending list. 研究者らがこれまでに手がけてきたものは, 臓器移植, 人工授精, 代理母, エイズ試験, 遺伝子工学など, 枚挙にいとまがない。

2 vt. ~を一覧表示する, リストにする, 列記[列挙]する, リストアップする, (箇条書きにして)書き出す, ~のリスト[一覧表]を作成する, 作表する, ~を(名簿などに)載せる[記載する], (リストにして)示す, ~を(特定の分類)であるとする〈as, in〉, 〈株式〉を上場する, 《コンピュ》〈プログラム〉をリスト出力する, (設定ファイルなどに)〈指定・命令〉を記述する; vi. 〈プログラムなどに〉〈命令〉が記述してある〈at, for〉 ◆not-yet-listed [prelisted] stocks 未公開株 ◆be listed in dictionaries 辞書に載っている ◆groups listed in the 《コンピュ》Outputs Sectionセクションに列挙[記述]されているグループ ◆items listed in a catalog カタログに記載されている品目 ◆list a program 《コンピュ》プログラムを(画面またはプリンタに)リスト出力する ◆list... as an endangered species; put ... on the endangered species list ~を絶滅危惧[危急]種に指定する ◆list... as a threatened species ~を絶滅危惧種として登録する ◆list by geographic area 地域別に一覧にする ◆list one's stock on the NYSE (New York Stock Exchange) ニューヨーク証券取引所に株式を上場する ◆the listed authors 列記されている著者ら ◆New York Stock Exchange-listed [NYSE-listed] stocks ニューヨーク証券取引所に上場されている株 ◆UL-listed and CSA-approved switches UL規格およびCSA規格認証取得済みスイッチ ◆be listed on the New York Stock Exchange ニューヨーク証券取引所に上場されている ◆list the format's advantages and disadvantages その形式の利点と不利点[メリットとデメリット]を列挙する ◆a two-inch-thick manual in which they had tried to list the responses to all conceivable problems 想定されるあらゆる問題[障害]について彼らが対処法を網羅しようとした2インチの厚さのマニュアル ◆It lists for just $395. そのカタログ表示価格[定価, 正価, 表記価格, カタログ値段]は, わずか395ドルです。 ◆This laptop lists at $4699. このラップトップコンピュータは4699ドルで売られている。

**listen** 1 vi. <to> 聴く, (~を)注意して聞く, 傾聴[拝聴]する, 伺う, 耳を貸す, ~の言うことを聞く, ~に耳を傾ける, 従う, 《通》リスン[リッスン]する, 聞き取る, 受信する ◆listen for... ~の音がしないかと聞き耳をたてる;《ネット》~にリッスンする[聞き取る] ◆検出しようとする ◆listen on [over] a port for...《通》ポートで~をリスン[リッスン]する ◆a listening post (敵対している相手の動きを探るための)通信傍受施設 ◆listen secretly to... ~を盗聴する ◆listen to audio cassettes カセットを聴く ◆listen to music on a CD player CDプレーヤーで音楽を聴く ◆easy-to-listen-to music 聴きやすい音楽 ◆listen for the modem to generate its tone モデムがトーンを発するのを確認しようとして聞く ◆listen closely to what a person says 人の話を傾聴する ◆these tunes are easy to listen to これらの曲は聴きやすい ◆I thank you for listening to me today. 今日はご静聴ありがとうございました。 ◆They listened to travel advisories and steered clear of the area. 彼らは旅行をする上での勧告[アドバイス、注意、警告]を聞き入れて、その地域に踏み込まなかった。

**2** a〜(口)聴くこと

**listen in** （ラジオ放送などを）聴く<to>, （会話、通話などを）傍聴する、盗聴する<on, to> ◆anyone can listen in on cordless telephones だれでもコードレス電話を盗聴できる ◆listen in to a phone conversation 電話の盗聴をする ◆lack security measures against others' listening-in 〜は他人の盗聴に対する機密保護対策に欠ける

**listener** a〜リスナー、聴く人、聴き手、聴取者、受話者

**listening** リスニング、聴くこと、傾聴、聞き込むこと、聴き取り[聞き取り、ヒアリング] ◆active listening 相手の雰囲気を積極的に聞き出すこと ◆during low-level listening 小音量で聴く際に、低音量（聴取）時に ◆a headphone jack for private listening 個人で聴くためのヘッドホンジャック

**listing** （表形式での）掲載; a〜一覧(表), リスト, リスト項目、リストへの登録;《コンピュ》（画面やプリンタへの）リスト出力 ◆get a DIR listing of the disk 《コンピュ》(DIRコマンドによって)ディスクのディレクトリを表示させる ◆a listing of the tools you must have ready to do the job その仕事をするのに用意しておく必要のある工具の一覧表 ◆A complete listing of Nanotronics Service Centers is included on the Service Depot List. 「サービス拠点一覧」に、ナノトロニクス社のサービスセンターを網羅したリストが載っています。

**list price** a〜定価, 表示[表記]価格, カタログ価格 ◆at a large reduction off the list price <of...> 定価から大幅に値段をまけて、大幅値引きで、かなり色を付けて

**lit** (light の過去・過去分子形)

**lite** （light の変形。広告や商品名で用いられる) adj. 健康に良くない成分を減らしてある（*たとえば、タールが少ない、カロリーが少ない、糖分が少ない等）、軽い; a〜 lite な商品 ◆Items labeled "light" or "lite" – which most of us like to believe means less fattening – might simply be of lighter texture or color (or shape, if they're a cheesecake) than the original product. 食べてもあまり太らないという意味にたいていの人がとってしまう「light」または「lite」の表示がある商品は、単に元々の商品より口当たりが軽め、色が薄め、（チーズケーキならサイズが小さめ）といった場合がある。

**liter** a〜1リットル[リッター] ◆a liter of water 1リットルの水 ◆per liter of air 空気1リットル当たり ◆the car's 2.5-liter engine その車の2.5リッターエンジン

**literacy** ①読み書きの能力, 教養（があること）、学, （特定分野の）知識 ◆computer literacy コンピュータを使う知識の能力[を使いこなせること] ◆foster math and science literacy 数学と理科の知識を養う ◆India's adult literacy rate is 50 percent. インドの成人の識字率は50%である。

**literal** a〜《コンピュ》リテラル[定位数, 定数], 誤字[誤植]; adj. 文字通りの, 逐語的な, 正真正銘の, 嘘偽り[嘘や誇張]なしの, 事実に基づく, 文字にかかわる[文字上の], （翻訳が）逐語訳[直訳]の ◆a literal equation 文字方程式（＊未知数, 定数などを表す文字を含む式) ◆a literal error 誤字、誤植;《コンピュ》リテラルのエラー ◆a literal translation 逐語訳[直訳] ◆in its literal sense それの文字通りの意味で ◆the literal meaning of a word 単語の文字通りの意味 ◆strict and literal adherence to the rule 杓子(シャクシ)定規的な規則の遵守

**literally** adv. 事実上, 文字どおり

**literary** adj. 文学の, 文学的な, 文芸の, 文筆の, 文語の ◆a literary leviathan 文学の大家; 文豪; 大作家; 偉大な文学者 ◆a literary work she has ventured into the literary world 彼女は果敢に文学の世界[文壇]に飛び込んだ

**literate** adj. 読み書きができる, 識字の, 学問[教養]のある, 習熟している, 〜を使う能力がある(→illiterate); n. a〜literate な人 ◆become computer-literate コンピュータが分かる[できる]ようになる ◆be literate in EDP (electronic data processing) 電子データ処理に明るい ◆be literate in English （人が）英語で読み書きができる ◆half-literate 半文盲の ◆the computer literate and the computer illiterate コンピュータの分かる人たちと分からない人たち ◆a computer-literate generation コンピュータが使える[わかる]世代 ◆The applicant should be computer literate. 応募者は、コンピュータが使えなければならない。

**literature** (a)〜文献, 資料, 印刷物, 文学, 文芸, 文学作品 ◆(a) technical literature 技術資料[文献] ◆engineering literature, including conference proceedings and technical reports 議事録や技術報告書を始めとする技術文献[資料, 文書] ◆the instruction literature which accompanies a product 製品に添付されている説明書 ◆Call today for technical literature. 早速今日にでも技術資料ご請求のご一報をください。

**lith** (= lithograph, lithographic, lithography) ◆(a) lith [lithographic] film リスフィルム; 超硬調フィルム

**lithify** vt., vi. 石化[岩石化]する ◆lithified volcanic ash 石化[岩石化]した火山灰

**lithium** ①リチウム（元素記号: Li) ◆a lithium-ion battery リチウムイオンバッテリー ◆a rechargeable lithium-ion battery 充電可能な[充電式]リチウムイオン電池 ◆a coin-type lithium battery コイン型リチウム電池 ◆a lithium tantalate SAW filter リチウムタンタレートSAWフィルター

**lithograph** a〜リトグラフ, 石版画; vt. 〜を石版印刷する

**lithographic** adj. リトグラフの, 石版刷りの, 石版印刷の, 平版捺染(ナッセン)の ◆(a) lithographic film リスフィルム, 超硬調フィルム (= lith film)

**lithography** ①リソグラフィ, 石版（印刷）術, 平版印刷 ◆X-ray lithography X線リソグラフィ(＊エックス線を使ってIC回路や、その他のパターンを露光焼き付け・形成・加工する技術) ◆Smaller semiconductor lithographies often translate not only to lower cost per macrocell but also to higher speed, lower operating voltage and power consumption, and higher macrocell counts. 《意訳》半導体の（超）微細化は、しばしば、マクロセルあたりのコスト低下ばかりでなく高速化, 低動作電圧化, 低消費電力化, およびマクロセル数の増加につながる。

**lithosol** (= skeletal soil) 固結岩屑土（コケツガンセツド）

**litigation** (a)〜訴訟 ◆a litigation (already) in process 係争中の訴訟 ◆become entangled in litigation 訴訟に巻き込まれる ◆That depends on the outcome of patent litigation currently in progress involving Nanotronics and Finley それは、Nanotronics 社と Finley 社を巻き込んで目下係争中の特許訴訟の結果にかかっている。 ◆The company had been driven into bankruptcy after losing litigation to Xxx regarding that same patent. この会社は、同特許に関する訴訟でXxx社に敗訴した後に倒産に追い込まれた。

**litmus** ①リトマス《*地衣類 = lichensから採取した紫色の色素。酸で赤に、アルカリで青に変色する） ◆as a litmus test on... 《比喩的に》〜のリトマス試験として

**litmus paper** リトマス（試験）紙 ◆litmus paper changes from red to blue リトマス紙が赤から青に変わる

**litter** ①屑, ごみ, 散らかっている物, がらくた; a〜（古）担架（*負傷者などを運ぶ);①敷き藁（*家畜の), 落ち葉や落ち枝（の層), ペレット状のトイレ砂（*ペット用の); a〜動物の一腹の子, 〈部屋など〉を〜で散らかす＜with＞, 〈物〉が〈部屋など〉に散らかる[散乱する], 〜に寝藁を敷く, 〈ゴミなど〉を散らかす; vi. 散らかす, （動物）が子を産む ◆the habit of throwing cigarette butts たばこの吸い殻をポイ捨てする習慣[慣習] ◆The streets were littered with glass from vandalized stores. 通りには（暴徒に）破壊された店々のガラスが散乱していた。

**little** 1 adj. 小さい, かわいい, 小規模な, 短い, わずかな, 小人数の, 年少の, 些細な, 小-; (a〜を肯定的に) adj., adv., n. 少し, 少しはある, 少量の, 少し[多少]は ◆little by little 少しずつ, 段々と[ごと] ◆a little under hundred dollars 百ドル足らず; 百ドル弱 ◆cause not some little confusion 少なからず

混乱を引き起こす ◆little men of quick temper 気の短い[短気な]小者[小人物,雑魚,ケチな野郎]ども;キレやすく取るに足らない[つまらない,器の小さい]奴ら ◆a little over [a little more than] 70 percent of... ～の70パーセント強 ◆in a little more than two years 2年とちょっとで[2年余りのうちに] ◆mass-production CD-ROMs can cost as little as $2 to replicate 量産CD-ROMsは複製のにわずか2ドルしかかからないこともある ◆I was kind of a mama's boy when I was little. 僕は小さかった頃,多少母親にべったりのところがあった. ◆We'll travel as light as possible, bringing as little equipment and as few staff members as possible. 持っていく機材と連れていくスタッフはできるだけ少なくし,できるだけ身軽に旅行することにします.

**2** 《無冠詞で否定的に》adj., adv., n. ほとんど[少ししか,めった]～ない,少しも[全く]～ない ◆it costs relatively little to <do...> ～するのは比較的コストが少ない[かからない] ◆little-used toys ほとんど使われていない玩具 ◆use as little oil as possible できるだけ油を使わないよう工夫する;極力油の使用を控える;最小限の油しか使わない ◆with very little delay ほとんど[わずかしか]遅れないで ◆become little more than empty formalities は虚礼に成り下がる ◆the company does very little advertising この会社はめったに宣伝をしない ◆there is little clearance from above 上方からの隙間はほとんど無い ◆there is little we can do 我々にできることはほとんど何も無い ◆Until now, relatively little has been done to integrate graphics into word processors. これまで,ワープロにグラフィックスを組み込むことにかけては,たいして何もされてこなかった. ◆He quickly bought the Buick and delivered it to the film crew Sept. 15, 1989. On Oct. 18, little more than a month later, the car was ready... 彼はすぐにビュイック(車)を買い,それを1989年9月15日に撮影班に届けた.それから1カ月経ったばかりの[1カ月するかしない]10月18日には,車は～する準備が整っていた.

**little finger** a～(手の)小指
**little-known** adj. ほとんど知られていない,ほとんど無名[不明]の ◆researchers in the little-known field of... ～といったほとんど知られていない分野の研究者に
**livable** adj. 住める,住みよい,生き甲斐のある,我慢できる,(人が)うまく同居できる ◆to make the Earth more livable この地球をより住みよくするために
**live** **1** vi. 生きる,生きている,生存する,住む,住まう,居住[在住]する,生活する,暮らしている,生息する;vt. 〈～の生活〉をする,送る,過ごす 〈信念など〉に[を]則きる ◆live out of a suitcase (出張などで旅装を解かずに)各地を転々する ◆he lived into his 90s 彼は90歳代まで生き延びた ◆live by a motto [a credo, a saying, a maxim, a principle] あるモットー[信条,ことわざ,格言,主義]を生活[人生,行動]の指針[よりどころ]とする ◆lived too short a time ～はあまりにも短命に終わった[存続期間,存続時間が短かった] ◆live up to all expectations 期待に完全に応える ◆a software engineer living in Cambridge, Massachusetts マサチューセッツ州ケンブリッジ在住のソフトウェア技術者 ◆make the world a pleasant place to live in 世界をより住みやすいところにする ◆The cancer had metastasized, and his doctor told him he had approximately 60 days to live. 癌が転移しており,彼は主治医から残された命は60日程だと告げられた.

**2** adj. 生きている,本物の,〈放送,演奏などが〉生[実演,実況,ライブ]の,実際の,精力的な,(色が)鮮やかな,(ホールなど)残響が多めな,(問題など)当座中の,回転中の,生～きている,活～,実～,回り～,生き ◆(電気が来て,電流が流れている,電気を帯びている,帯電～,充電～; adv. ◆a live music house ライブハウス(*生演奏を聴かせる店) ◆a live wire 生きて[電気が来て,電流が流れて,通電して]いる電線;活線;生線(イキセン) ◆(live) performance dates; a (live) performance schedule 公演日程;公演[実況演奏,ライブ出演]スケジュール ◆a live-fire test 実射テスト ◆a live-firing range 実弾射撃訓練場[練習場] ◆a live mainframe 電源の入っているメインフレームコンピュータ (live = alive,

energized; ↔dead) ◆all of the tunes were recorded live 全曲ともライブ[実況]録音された ◆begin about 10 days of live-fire military training 10日間前後にわたる実弾軍事演習を開始する ◆be televised live テレビで生放送される ◆during a live broadcasting 実況放送中に ◆make live recordings ライブ録音[実況録音,生録]する ◆live-virus vaccines 生ワクチン ◆perform live-line work 《電気》活線[無停電]作業をする ◆jazz performances recorded live in concert at... 〈場所〉でのコンサートを実況録音したジャズ演奏 ◆a live performance club showcasing 8-10 up-and-coming artists each week 毎週8～10名の新進気鋭のアーティストのライブをやっている生演奏クラブ[ライブハウス](*showcase=ショーケースに飾る=出演させる) ◆Support for live insertion and withdrawal of boards in a live system will allow easy construction of fault-tolerant systems. 《コンピュ》通電中のシステムで基板を活線[活電]挿抜できるよう対応がなされているので,フォールトトレラント[無停止型,耐故障性]システムを容易に構築できる.

**3** ～s (lifeの複数形)
**live on** 生き続ける[延びる],～だけの金で生計をやりくりして暮らす,～を主食[常食]にする ◆live on one's own 一人暮らしをする ◆The full-size American sedan lives on in a variety of promising forms. フルサイズの米国セダンは,様々な先々有望な形で存続する. ◆They are living hand-to-mouth on fish they catch in the muddy waterways and what they can grow themselves. 彼らは濁った河川で捕った魚や自分らが栽培できるものを食べてその日暮らしをしている.
**live out** ◆live out one's days [life] 残りの命を生きる[余生を送る],天寿を全うする ◆The current model will live out its days with this conventional suspension system. この現行車種は,従来型のサスペンションシステムで天寿を全うするだろう.

**livelihood** a [one's] ～暮らし,生計 ◆a means of (gaining a [one's]) livelihood 生計を立てるための手段 ◆an occupation [a profession, a calling] 職業;(a line of) business, trade 商売; work [a job] 仕事) ◆make [earn, gain, get, obtain] a livelihood by... ing ～することにより生活の糧を得る[生計を立てる,飯を食う];生活費[生計費]を稼ぐ ◆sustain [maintain] one's livelihood 『家計,活計,(意訳)生活』を維持する ◆their main source(s) of livelihood 彼らの生活の糧(*全員が同一の収入源に頼っている場合はsourceは単数形) ◆That would deal a direct blow to people's livelihood. それは人々の生計[暮らし]を直撃することになりかねない.

**liveliness** 〖〗元気のよさ,活発さ,陽気さ,軽快さ,快活さ ◆the car's liveliness その車の軽快さ
**lively** adj. 元気な,活発な,活気のある,威勢のいい,生き生きした,はつらつとした,陽気な,軽快な,きびきびした,鮮やかな,強烈な,ありありと目に浮かぶような,(風など)爽快な,爽やかな,(テニスボールなどが)非常に速い;adv. ◆a lively master of ceremonies 陽気な[元気のいい]司会者 ◆a lively piece of music にぎやかな[陽気,快活]な曲[楽曲] ◆show signs of becoming lively again 再び活気を帯びて[また好況に向かい,再活性化し]そうな様子がある;景気回復のきざしを見せる ◆one of the liveliest and most competitive growth industries 最も活気がありかつ最も競争の激しい成長産業の一つ ◆In the summer, with the massive arrival of summer holidayers and tourists, the area becomes lively with the joyous sounds of holidays filling the air. 夏には,休暇を楽しむ人[行楽客]やら旅行者がどっと押し寄せてきて,この地域は夏休みの楽しげなざわめきで賑わう.

**livestock** (単/複扱い)家畜 ◆livestock farming 牧畜 ◆livestock food [feed] 家畜飼料 ◆raise livestock 家畜を飼育する ◆thousands of head of livestock 何千頭もの家畜
**live wire** a～生きて[電気が来て,電流が流れて,通電して]いる電線,活線,生線(イキセン),《口》エネルギッシュな人,精力[活動]家
**living** adj. 生きている,生きた,生体の,生物の,居住の,生活の,活発な,力強い,生き写しの,(言語など)現在使われてい

る, 現存の, 現行の; n. 回生きていること, 生存, 生活, 暮し, 暮し向き; a～生活手段, 生計; the ～（集合的）生きている人すべて, 生者 ◆a living body ◆a living environment 生活環境, 住環境, 居住環境 ◆a living trust 生前信託 ◆a standard of living 生活水準 ◆living quarters （複数扱い）居住区域 ◆at the expense of our living standards 私たちの生活水準を犠牲にして ◆daily living expenses 日々の生活費 ◆for the betterment of (humankind's) living environment （人類の）生活環境の改善のために[ための] ◆improve the standard of living for... ～の生活水準を向上させる ◆make a living in music 音楽で生計を立てる[食べる] ◆so-called living fossils like the coelacanth シーラカンスのようないわゆる生きた化石 ◆the eyes of a living being 生物[生き物]の目 ◆the International Center for Living Aquatic Resources Management (ICARM) 国際水生動植物[水産生物, 水中生物]資源管理センター ◆a total of 4,000 square feet of living space 延べ4,000平方フィートの居住面積 ◆he was making a living as a day laborer 彼は日雇い労働者[日傭取り, ニコヨン]として生計を立てて[暮らして, 食べて, 生活して]いた ◆a hamlet of 300-plus residents who eke out a living from the sea 海で細々と生計を立てている住民[(意設)人口]300人余りの小さな村 ◆We have achieved a standard of living unimagined even 30 years ago. 私たちはほんの30年前ですら想像もつかないような生活水準を達成した. ◆What do you do for a living? 何で生計をたてていますか[ご職業は何ですか]. ◆The ozone layer protects living things from dangerous ultraviolet rays. オゾン層は, 生物を危険な紫外線から守っている.

**living room** a～ 居間 ◆a living-room sofa 居間[リビング]のソファー ◆living rooms across the country 全国のお茶の間 ◆two bedrooms with a separate living room and a combined dining room-kitchen 2寝室とリビングとダイニング・キッチン[2LDK] ◆you can see...from the comfort of your living room via pay-per-view cable ～をリビングルーム[お茶の間]に居ながらにして有料ケーブルテレビで鑑賞できます.

**living standard** a～生活水準(＝a standard of living) ◆compare the living standards of these countries これらの国々の生活水準を比較する

**living will** a～ リビング・ウィル, 生前発効の遺書[遺言書], 生前遺志, 尊厳死に関する覚書, 生前死の宣言書（＊万一植物状態になっても延命治療を望まないことなどを, 生きているうちにあらかじめ記した指示書の類）◆fill out a living will (form) 生前遺志用紙に記入する（＊延命治療を受けずに死ぬ権利を行使して）

**LLDCs** the ～ (least among less-developed countries) 後発開発途上国, 後発発展途上国, 最貧国（＝least-developed countries, LDCs）

**Lloyd's** ロイズ保険協会（＊本部: 英国ロンドン）◆Lloyd's of London 英国ロイズ保険協会

**LNG** (liquefied natural gas) 液化天然ガス

**load** a～ 荷, 積荷物, 重荷, 搭載量, 貨物, 装填材料, 挿入材料, 負荷, 負担, 抵抗, 給電, 仕事量, （乗り物などに）1回で積める量,《コンピュ》ロード, 読み込み;～s<of> たくさん[どっさり]の ◆without (a) load 無負荷で ◆at no [→full] load 無[→全]負荷で ◆under normal load 通常[常用]負荷がかかっている状態で; 通常負荷で ◆at (a) light load 軽負荷時に ◆under (a) light load 軽負荷がかかっている状態で; 軽負荷時[の] ◆under load conditions 負荷状態で ◆under the load その負荷があるところで ◆the load of...-ing ～する負担 ◆under a load 重荷がかかった状態で ◆under no-load conditions 無負荷状態で ◆lift a load （クレーンなどが）積荷[荷]をつり上げる ◆a load factor （旅客機などの）有料で利用される[チケットを購入して乗る]乗客の占める座席の率[埋まり率];《工業》負荷率 ◆load testing; a load test 耐重試験, 負荷テスト ◆a load-dispatching office [center] 負荷給電指令所 ◆a static [dynamic] load test 静耐重[動耐重]試験 ◆loss of load probability (LOLP) 電力不足確率（＊電力会社の供給信頼度の話）で ◆ (a) load-bearing [load-carrying] capacity [ability] 耐力, 耐荷力, 耐荷重容量, 荷重分担能力, 許容支持力

荷重,《車》積載能力,《土木》負担力, 支持力, 地耐力, （地盤などの）支持力 ◆a load-bearing wall 荷重を支える壁;《建築》耐力壁（かべ） ◆a load-compensating device 荷重補償装置;《鉄道》応荷重（オウカジュウ）装置 ◆a load interrupter switch《強電》負荷遮断開閉器 ◆load-compensating control《鉄道, ロボット》応荷重（オウカジュウ）制御 ◆a heavy load of work 仕事の重荷 ◆a load limit of less than 400 kilograms 400kg以下の重量制限 ◆a load loss of about 10 MW 約10メガワットの負荷損 ◆during low-load conditions 低[軽]負荷状態時に ◆impose dynamic loads on... ～に動荷重をかける ◆load limits of library floors 図書館の床の重量制限 ◆operate at rated load 定格負荷で動作する ◆operate under [at] 100% load conditions 100%負荷（状態）で働く[動作する, 稼働する, 運転する, 操業する] ◆prevent excessive load on... ～に過剰な負荷がかかるのを防止する[防ぐ];～に過荷重がかかることにないようにする ◆put an enormous load on taxpayers 納税者に大変な負担を強いる ◆regardless of changes of load 負荷の変動にかかわらず ◆the application of (a) load [loads] to... ～に負荷をかけること;～への荷重の印加 ◆the load limits of a plane 飛行機の制限荷重 ◆sudden increases in load 突然の負荷の増加[負荷の急増]に対応するために ◆under heavy debt loads 債務の重荷を背負って ◆under heavy load conditions 重負荷時に ◆without the need to do a load from memory メモリーからロードする必要なしに ◆a full load of luxury amenities 《車》盛りだくさんの豪華な（クルマの走りを楽しいものにしてくれる）装備類 ◆solenoid pull-in voltage under load 負荷のソレノイド吸引電圧 ◆some 75 container loads of food コンテナ75台分ほどの食糧 ◆the maximum load-carrying capacity of a bearing 軸受の最大耐荷重容量 ◆a load has been taken off my shoulders 私の肩の荷がおりた ◆as the load on the motor increases モーターの負荷が増加するにつれ ◆improve system performance by lightening the load on the network ネットワークの負荷を軽くする[減らす, 軽減する]ことによりシステム性能を向上させる ◆take much of the load off the air conditioning エアコンの負荷を大いに軽減する ◆take some of the load off the overworked social workers 働きすぎのソーシャルワーカーの負担を軽減する ◆the load-bearing capacity of ground increases to a considerable extent 《土建》地盤支持力がかなり増す[相当増加する] ◆to reduce or eliminate contaminant [pollution] loads to the environment 環境への汚染負荷を低減したり無くすために ◆when the engine is put under heavy load エンジンが重負荷状態に置かれている時に ◆without placing a heavy load on the PC's microprocessor パソコンのCPUに重い負荷[負荷, 大きな負担]をかけずに ◆a load in a direction perpendicular to the axis of rotation 回転軸に垂直方向の荷重 ◆improve water quality, without placing any additional load on the environment 環境負荷を全く増加させないで水質を改善する[よくする] ◆their balance sheets are creaking under a load of debt 彼らのバランスシートは債務[負債, 借金]の重荷でギーギーときしんでいる ◆the power station has operated consistently with an annual load factor of over 90% 本発電所は, 一貫して90パーセントを上回る年間負荷率で稼働してきた ◆I'm trying to keep some of the load of the club off him. 私は, 彼にクラブ運営の負荷があまりかからないよう心がけています. ◆It was a load off his shoulders. これで, 彼の肩の荷がおりた. ◆This is a load off my chest. これで, 胸のつかえが下りました. ◆This is a real load off our minds. これで本当に私たちの心の重荷がおりました. ◆The amount of load the inverter handles is controlled by the on-board computer. インバータが扱う負荷量は, 搭載されているコンピュータによって制御されている. ◆The slave processor takes a huge load off the main processor.《コンピュ》この従属プロセッサは, 主プロセッサの負担を大幅に軽減する. ◆the speed of the drill press will decrease as the load is increased. ボール盤の（回転）速度は, 負荷の増加に伴って下がる. ◆The power amplifier is rated to deliver 35 watts per channel into 4- or 2-ohm loads. このパワーアンプの定格出力は, 4から2Ωの負荷で1チャンネル当たり35ワットである. ◆Hardness can vary even in the same piece of wood, and a knotty section can put a heavy load on the circular saw.  同一の木材でさえ部位により堅さが違うことがあり,節目の部分は丸ノコに重負荷[重い負荷]をかけることになる. ◆Mutual fund commissions, also called "loads," range from 8.5 percent to zero, the latter being the case with no-load funds.  ミューチュアルファンドの手数料は「ロード」とも呼ばれ,8.5パーセントからゼロ(無し)までの幅があるが,後者はノーロードファンドの場合を指す.

**2** vt. ～に荷を積む[積載する,荷重をかける,負担をかける],～に(義務などを)背負わせる<with>,～に[を]詰め込む[装填する,装着する,装備する],〈ディスク,テープ,カートリッジ〉を挿入する[入れる],〈人〉を～攻めにする[に〈贈物などの〉攻勢をかける],～に混ぜものを加える;《コンピュ》〈プログラム,データ〉を(メモリーに)ロードする[読み込む],〈まとまったデータ〉を(データベースに)読み込む[書き込む],〈ソフト〉を(装置に)インストールする[導入する]<on>; vi. 荷積みする,荷を積み込む,(乗り物などに)乗り込む<into>,《コンピュ》ロードされる ◆be loaded with...  ～を積んで[満載して]いる;～が(中に)装填されて[～を装備して]いる ◆load a camera [gun]  〈順に〉カメラにフィルムを[銃に弾丸を]装填する ◆load her with gifts  彼女を贈物攻めにする ◆load it on to a truck  それをトラックに積み込む ◆load the truck with gravel  トラックに砂利を積み込む ◆a coil-loaded line  〈電気〉コイルが装荷されている線路 ◆load him with work  彼に仕事を背負わせる[負わせる] ◆the loading of... into a ship or aircraft  ～の本船[航空機]への積み込み[船積み](*貿易業界では航空貨物についても船積みすると言うことがある) ◆load a program into memory  《コンピュ》プログラムをメモリーにロードする[読み込む] ◆load the file into Excel  《コンピュ》そのファイルをExcel(というアプリケーション)に読み込む ◆load the software from the disk  《コンピュ》そのソフトをディスクからロードする[読み込む] ◆the loading of trucks with sacked flour  袋詰めした(メリケン)粉のトラックへの積み込み ◆load all the resident software into upper memory  すべての常駐ソフトをアッパーメモリーにロードする ◆load coal into cars  炭車[鉱車]に石炭を積み込む ◆load [place] a ream of paper in the paper tray  1連(500枚)の用紙を用紙トレーにセットする ◆load [place, insert] a requested disk into a drive  要求された[指示された]ディスクをドライブ装置に装填する[入れる,挿入する,セットする] ◆to load or unload passengers  乗客を乗り降りさせるために ◆load a program through the CONFIG.SYS file rather than through the AUTOEXEC.BAT file  プログラムを,AUTOEXEC.BATファイルでなくCONFIG.SYSファイル(の指定)によってロードする ◆when the diagnostics disk cannot be loaded  診断ディスク(の内容)がロードできない場合 ◆Lotus 1-2-3 loaded the file easily.  《コンピュ》Lotus 1-2-3は,そのファイルを難なく読み込んだ. ◆The anti-static bag is easy to open, load, and unload.  その静電気防止袋は,開けたり出し入れしたりするのが簡単である. ◆The sheet feeder can be loaded with up to 250 sheets of paper at a time.  シートフィーダーには一度に250枚まで用紙をセットできます. ◆If factories are not properly loaded with orders, production stability will be increasingly difficult to maintain.  工場にほどよく注文が入っていないと,生産の安定性を維持することはますます難しくなってきます. ◆Inserting the switch /E into the command line causes MSCDEX to load itself up in EMS memory.  《コンピュ》コマンドライン/Eスイッチを挿入すると,MSCDEXはEMSメモリーにロードされる.

**load cell**  a～ ロードセル,荷重計,重量計 ◆an electronic load cell weighing system  ロードセル[重量計]式電子秤量システム ◆a load cell transmits a signal that is converted to a weight of coal per hour  ロードセル[重量計[荷重計]]が信号を送出し,その信号は1時間当たりの石炭の重量[目方,目さ]に変換される

**loaded**  adj. 荷を積んだ,負荷[重圧]がかかった,装填された,装填した,増量した,満載の;《俗》金がしこたまある[金

満の],麻薬[酒]が回っている;《(-loaded で)》～入りの ◆under loaded conditions  負荷(がかかった)状態で ◆The laptop comes loaded [preloaded, preinstalled] with MS-DOS 3.3.  このラップトップ(コンピュータ)は,MS-DOS 3.3が導入済みで売られている.

**loading**  n. 荷積み,積み込み,積載,船積み,装填,装入,挿入,充填,投入,装荷,加重,荷重,配合,添加,増量,水増し,上積み,目詰まり,使用量,処理量,塗布量,ロード,〈データの〉読み込み ◆a loading coil  装荷コイル[線輪] ◆the loading or unloading of merchandise or passengers  商品[貨物,荷物]の積み降ろしあるいは乗客の乗り降り[乗降] ◆The camera features automatic film loading and DX film speed setting.  本カメラは,自動フィルム装填とDXフィルム感度設定をセールスポイントにしている.

**loaf**  **1** a～ (パンなど食品の)一塊,ミートローフ
**2** vi. ぶらぶら[のらくら]と遊び暮らす,怠惰に時間を過ごす,むだに(時間)をのらくら過ごす ◆loaf on the job  仕事をサボる,仕事中遊んでいる

**loam**  圓〈地質〉ローム(*砂,シルト,粘土が混じり合った土壌),赤土,壌土,へな土(*荒壁を塗るのに使う土),〈冶金〉真土(マネ)(*鋳型の補強材の表面を覆うためのローム質の土) ◆its soil is sandy loam  その土壌は砂質のロームである

**loamy**  adj. 〈地質〉ローム(質)の ◆(a) loamy soil  ローム質の土壌

**loan**  **1** a～ 貸すこと,貸し出し,貸し付け,融資,ローン,貸付金,貸借物,公債,借款,貸付[融資]金額,〈意訳〉借入金(*借り手側からみて),借用品,出向 ◆a loan amount  貸付金額 ◆a loan default  ローン返済不履行 ◆a loan recipient country (借款の)借入国 ◆a loan shark  高利貸し:サラリーマン金融[サラ金](業者);暴力貸金業 ◆a loan-loss reserve  貸倒準備金;貸し倒れ引当金 ◆a savings and loan association  貯蓄貸付組合 ◆short-term loans payable  短期借入金 ◆a 20-year loan  20年ローン ◆a long-term loan  長期ローン[貸出し,貸付け(金)] ◆as insurance against (possible) loan defaults  (万一の)ローン返済不履行[貸し付け金の焦げ付き]に備えて ◆make direct loans to banks  銀行に直接貸し付けをする ◆pay off a loan early  ローンを早期完済する ◆provide Iran with yen loans  イランに円借款を供与する ◆regular loan repayments  定期的な[きちんきちんとした]ローンの返済 ◆a loan exhibition of contemporary Japanese art  借り受けた現代日本美術品の展示 ◆a staffer on loan from the Japanese government  日本政府からの出向職員 ◆at the time the loan is made  貸し出し時に ◆loans taken out at low interest rates  低利で貸し出されたローン ◆make loans to... at low interest rates  ～に低利の貸し出しをする ◆take out a loan for a major purchase  高額商品を購入するためのローンを組んでもらう ◆Watch out for "loan broker" companies.  「ローンの整理」屋にご用心.(*返済が難しくなった多重債務を低利でまとめますなどと言って人を食い物にする)
**2** vt., vi. 貸す,貸し出す,貸し付ける ◆loan money to a person to <do>  〈人〉に～するための金を貸す ◆loan money to workers in advance of their paychecks  労働者に給料日前に金を貸す

**loanword, loan-word**  a～ (外国語からの)借用語,外来語,伝来語 ◆English loan-words  英語からの借用語[外来語]

**loath**  adj. 〈叙述的にのみ用いる〉いやがって,ひどく嫌って <to do, at -ing> ◆be loath to <do> [at... -ing]  ～するのをいやがっている

**loathe**  vt. ～をひどく嫌う ◆media-loathing  メディア[マスコミ]嫌いの

**lobby**  **1** a～ 玄関ホール,議院内の控え室,ロビー[陳情]活動団体,政治圧力団体 ◆see him in the hotel lobby  ホテルのロビーで彼と会う
**2** vt. 〈議員〉に(議会のロビーで)陳情活動をする,法案を通過させるよう圧力をかける; vi. ロビー活動をする ◆lobby heavily against the bill  その法案に反対して強力な院外活動をする ◆Their lobbying put some of the professionals to shame.

彼らの陳情活動は，本職のロビイストも顔負けだ．◆There is no point in lobbying a government that can't do anything for you. 何にもやってくれない政府に陳情して［働きかけて］も意味がない［何にも始まらない，無駄だ］．

**lobbyist** a～ ロビイスト，院外［陳情］活動の専門家（＊権益団体から金をもらい，議員や官僚などに働きかけ議会での政策決定に影響を及ぼそうとする）◆a lobbyist-politician [lobbyist/politician] (pl. lobbyist-politicians [lobbyists/politicians]) 族議員 ◆work as a lobbyist for... 〈企業など〉のために院外運動［活動］者として働く

**LOCA** ◆a LOCA (loss-of-coolant accident) 《原発》冷却材喪失事故

**local** 1 adj. 局所的な，局部的な，局地的な，局在［局限］性の，地方の，市内の，地域の，地元の，ご当地の，近くにある，現地の，郷土の，〈列車などが〉普通［鈍行，各駅停車の，《通》構内［市内，自局］の；《コンピュ》ローカルな［局所の］（＊ネットワーク上のある特定の端末内に限った；通信回線を介さずそのシステム内での ↔remote；あるサブルーチン内だけで使用される ↔global）◆a local anesthetic 局所［局部］麻酔薬 ◆a local generator 《意訳》自家発電機 ◆a local government 《米》地方政府 ◆a local office （各地方にある）局［分局，市内局，出張所，支局］◆a local oscillator 局所発振器 ◆a local party 地方政党 ◆a local switch 《電話》市内［加入者線］交換機；《電気》（手元の）点滅スイッチ ◆a local train ローカル［普通，各駅停車，鈍行，区間］列車 ◆a local variable （↔a global variable）《コンピュ》局所［ローカル］変数 ◆local anesthesia 局部［局所］麻酔 ◆local color 《地方》〈郷土〉色，ローカルカラー，《意訳》地域特性 ◆local officials 地元［地方］当局 ◆local taxes 地方税 ◆a local generation station 《意訳》自家発電所 ◆a local area network 構内［地域，企業内］情報通信網；LAN ◆local school boards 地方［地元ごと，各地］の教育委員会 ◆grants to local governments 地方交付税 ◆local heat treatment 局部的な熱処理 ◆local overheating 局部的な過熱 ◆make a local call 市内電話をかける ◆violate a local prohibition against... 〜を禁止している地方条例に違反する ◆field trips to local and regional industries 地場産業および地域産業の見学 ◆local songs illustrative of popular festivals, customs, manners, and dialects. 民衆のお祭り，慣習，風習，方言などが分かる地元の歌［ご当地ソング］◆pass the 40 percent local EC content test 欧州共同体（EC）域内での現地部品調達率が40パーセントに達しているかどうかを確認するための検査に合格する ◆place the terminal off-line or in local mode その端末［装置］をオフラインに，つまりローカルモードにする ◆take advantage of the cheap local labor 現地の安い労働力を利用する ◆a local ordinance designed to protect the health of those who work at [with] video display terminals (VDTs) 画像表示端末装置を使って仕事をする人たちの健康を守るべくつくられた地方条例 ◆Spare parts are obtainable from your local dealer. スペアパーツは，あなたの地元の［お近くの］販売店でお求めになれます．◆In 1993, Japanese imports to Germany exceeded local production by 200,000 units. 1993年にはドイツへの日本輸入車が現地生産台数を20万台上回っていた．（＊車の話より）◆The workstation requests the central computer a file transfer to its local RAM storage. ワークステーションは，中央コンピュータに対して，（自身の）ローカルRAM記憶装置へのファイル転送を要求する．

2 a～ 普通列車［バス］，支部；～s その土地の人々，地元民，地域住民，地元運動チーム ◆some locals 一部の地元の人たち［地元民ら］

**local area network** (LAN) a～ ローカルエリアネットワーク，LAN，構内［域内］情報通信網

**local content** (a)～ 現地部品調達（比）率，現地調達部品率，（現地生産工場のある国側から見て）国産化率 ◆raise [increase, boost] the local content of... ～の現地部品調達率を上げる ◆estimate local content of a vehicle 車の現地部品調達率を見積もる ◆raise local content 現地調達率を上げる ◆reduce local content （部品の）現地調達率を減らそ ◆the local content law ローカルコンテント法（＊外資系メーカーに一定比率以上の現地調達部品の使用を義務付ける法律）◆the machine has a 30% local content この機械の現地調達率は30パーセントである ◆barriers such as local content requirements 現地部品調達比率要件などの障壁 ◆a 50% local-content standard 50％の現地部品調達率基準 ◆achieve 85 percent local content 85パーセントの現地部品調達率を達成する ◆local content in copy machines rose to 35% 複写機の現地部品調達率が35％に上昇した ◆local content in [of] telecommunications products rose 電気通信製品の現地部品調達率が上がった ◆the amount of local content required for imported equipment 輸入機器に要求されている現地調達率（＊the amount of local content は「地元産の構成部品の量」の意）◆The car has (a) 75 percent local content. この車は75パーセントの現地部品調達率である．：この車の現地調達率は75パーセントである．◆The current local content of our PC is around 70 percent. 弊社パソコンの現在の現地調達率は約70パーセントです．

**locale** a～ 現場，現地，(物語，映画の)舞台［場所］◆Japanization: Localization for the Japanese locale 日本語化: 日本語向けのローカリゼーションのこと ◆Many companies have moved at least some manufacturing operations to foreign locales in search of cheap labor. 多くの会社は，安い労働力を求めて，少なくとも一部の生産業務を海外現地に移した［現地化した］．

**local government** ①地方政治，地方行政；a～ 地方政府，地方自治体，地方行政当局，地方の役所 ◆local government officers [officials] 地方（自治体の）公務員 ◆the local government of a town [city] 市［町］の地方自治［地方自治の行政機関］

**locality** ①位置，方向性；a～ 場所，所，土地，地域，区域，地方，地帯；a～ (事件などの)現場 ◆in one's own locality （ある人の）地元に ◆a sense of locality 位置を把握する感覚；《意訳》方向感覚

**localization** ローカリゼーション，ローカライゼーション，現地化，局部化，局所化，局在化，局域化，局限化，局限化，場所を突き止めること ◆product localization 製品の現地化 ◆a localization and translation firm （製品の）現地化と翻訳を行っている会社 ◆do localization work 《コンピュ》現地化作業を行う ◆permit greater localization よりいっそうの現地化を可能にする ◆precise localization of sounds 音像の正確な定位 ◆the lack of localization of the reproduced sounds 再生音の定位(感)の欠如 ◆the localization of the Mac マック（パソコン）の現地化 ◆the localization was made by... その現地化作業は〜によってなされた ◆the product's localization to Japan その商品の日本向け現地化 ◆be engaged in software development and localization ソフトウェアの開発とローカリゼーション［ローカリゼーション，現地化］に従事している ◆Only an English language version is available, although the company is considering the possibility of partial localization. （現在のところ）英語版しかない．ただし，同社は部分的な現地化の可能性を検討している．◆The Japanese versions of the word processing software will go beyond simple localization; they will incorporate Japan-specific features. このワープロソフトの日本語版は単なる現地化にとどまらないであろう．というのは，これら日本語版は日本独特の機能を取り込むことになっているからだ．

**localize** v. 局部［局所，局在］化する，ローカライズする，現地化する，集中する，〜の場所を突き止める，〜を配置する ◆create a front-localized sound image 前方に定位する音像をつくる ◆localize a software product into Japanese ソフトウェア製品を日本語化する ◆localize the break in the cable ケーブルの断線箇所を特定する ◆to localize the origin of the noise そのノイズの発生源［雑音がどこから出ているのか，その場所］を突き止めるために ◆localize applications for markets throughout the world アプリケーション［応用ソフト］を世界中の各市場に向けてローカライズ［現地化］する ◆a utility to localize data damage to a section of the file データの破壊をそのファイルの一部分に限局化するためのユーティリ

ティープログラム ◆products that have been localized for the Russian market ロシア市場向けに現地化された製品

## localized
局地его, 局部的な, 局在(化)した, 局所(化)した, 局限性の, 限局性の; 現地化された ◆localized purchasing 現地調達 ◆(a) localized war 局地[限定]戦争, 局地戦 ◆localized products 現地化されている製品（*現地の電圧や言語にあわせてある製品） ◆localized corrosion 局部的な腐食 ◆(a) localized torrential rain 集中豪雨 ◆localized (market-specific and translated) versions of... ～の現地化（特定市場向けの翻訳）版 ◆when the cancer is localized 癌が局所的である［局部的である, 局所にとどまっている］場合に ◆you might get rain in localized areas 局地的に［限られた地域に集中的に］雨が降る可能性がある ◆a mininuke that could be used in a localized conflict 限られた地域内での紛争で使用可能な小型原子爆弾 ◆Benzene does not have localized double bonds. 《化》ベンゼンは, 局在する二重結合を持たない。

## locally
adv. 局地的に, 局部的に, 局所的に, 地域限定で, この［その］土地で, 当地で, 地元で, 現地で, 《意訳》その地《意訳》国産で; 構内で; 近所で, 近くで, このへんで ◆MOSCOW: LOCALLY-MADE VGA CARDS NOW ON SALE モスクワ発: 現地生産VGAボード発売中(*記事の見出しで)

## local time
(a)～地方時, 現地時間 ◆All dates are in local time. 日付はすべて現地時間（によるもの）です。

## locate
vt. ～の位置［場所, 居場所, 所在］を突き止める［特定する］, 捜し出す, 探し当てる, 見つける, 探す, 検索する, 〈工場, 店など〉を（ある場所に）立地する, 設置する, 置く <in, at, on, by>; vi. 立地する, 住み着く［落ち着く］ ◆locate... away from... 遠ざける ◆be conveniently situated [located, sited] for... ～の便がよいところに位置［立地］している ◆have the advantage of being located in... ～には～に位置しているという［～にある］という利点［長所, 強み, メリット］がある ◆locate coal （地下にある）原油を探し当てる ◆locate missing persons 失踪者の居場所［所在］を突き止める; 行方不明の人を探り当てる［捜し出す］ ◆locate promising sites for... ～に有望な場を探し出す ◆locate schools of fish 魚群（の所在）を探知する ◆locate the battery バッテリーのある場所［位置］を突き止める ◆the RC-1 may be located up to 20 meters from the AV2040 RC-1はAV2040から（最大）20メートルまで離して設置可能である ◆used for locating oil under the ocean floor 海底下の石油（の意訳）海底油田］の探査［探航］に用いられる ◆a point located midway between A and B AとBの中間［中程］に位置する点 ◆fit the locating tab into the locating slot その位置決めタブを位置決めスロットにはめ込む ◆locate an electrical problem 電気的な障害のある箇所を特定する ◆quickly locate hard-to-find bugs 見つけにくいバグをすばやく捜し当てる ◆locate parts of manufacturing in foreign countries to take advantage of lower labor costs より安い人件費の恩恵を受けるために製造業務の一部を外国に立地する ◆use a satellite navigation system to precisely locate oneself at sea 航海中, 自分の正確な位置を知るために衛星航法システムを使用する ◆Nanotronics decided to locate in Ottawa. ナノトロニクス社はオタワに立地を決定した。 ◆Remove the wing nut located on the top of the motor. モーターの上にある蝶ナットを取り除いてください。 ◆As in past Winter Games, the Calgary facilities are located across a wide area. 過去の冬季オリンピックと同様に, カルガリーの施設は広い地域にわたって立地されて［設置されて, 置かれて, 設けられて, 配置されて, (意訳)点在して］いる。 ◆Manpower, gages and testing equipment are properly located throughout the quality control system. 人的資源［人員, 要員］, 測定器, および試験装置が, 品質管理体制全体にわたり適切に配置されている。 ◆Whenever a community is faced with the prospect of a hazardous waste facility being located in its midst, the response is usually, "Not in my back yard!" 中心部に有害廃棄物施設が立地される可能性に地域社会が直面したとき, たいていの反応は「私の地元にはダメ！」である。

## location
a～位置, 場所, 地点, 所在地, 区域, 領域, 野外撮影場所［地］, ロケ地; ◆位置を突き止める［特定, 検索, 索］, 所在, 定位, 位置決め, 立地 ◆an accident location 事故現場 ◆location information 位置情報 ◆the location of photo shooting 撮影場所 ◆135 receive locations 135箇所の受信地点 ◆change the location of icons アイコンの(表示)位置を変える[移動する] ◆employees in remote locations 遠く離れた場所にいる従業員 ◆fulfill [meet, satisfy] location requirements 場所的な要求条件[要件]を満たす;〈機械の可動部分など〉が位置的な仕様を満足させる;〈工場など〉が立地条件にかなう[合う, 適合する] ◆our 566 service locations 弊社の566箇所のサービス拠点 ◆pick out locations 場所[ロケ地]を選定する ◆pinpoint locations on Earth 地球上の位置を正確に測位する ◆pinpoint the precise location of... ～の正確な場所[位置]を[示す] ◆track down the location of... ～の場所を突き止める ◆at a supplier's manufacturing location 部品供給元業者の製造現場で ◆the locations of the two points 2点の位置 ◆the present location of A and B with respect to C Cを基準にしたAとBの現在位置 ◆if the location of the antenna changes もしもアンテナの位置が変わると ◆pinpoint the precise location of instruments and vocals 《音響》楽器やボーカルを正確に定位する ◆50 percent to 60 percent of the people change their location each year これらの人達の内50％から60％が毎年, 場所を移る[移動する] (*社内で机や席の位置が変わる話で) ◆location requirements which multinational corporations deem important when deciding on a location for a production facility, distribution center, headquarters or marketing office 多国籍企業が生産施設, 配送センター, 本社, 販売事務所などの場所[立地]を決定する際に重要であると考える立地条件[立地要因] ◆Do not keep the password in an easy-to-access location. パスワードは, 簡単にアクセスできる[見つかりやすい]ところに保管しないでください。 ◆Don't use them in damp or wet locations. これらを, 湿気の多い場所や水気のある場所で使用しないでください。 ◆Double-click the location you want the symbol. シンボルがあってほしい[を配置したい, 挿入したい, 貼り付けたい]位置をダブルクリックします。 ◆Place it in the desired location on a workbench. 作業台上の, 好きな場所にそれを置いてください。 ◆The location of 10-amp fuses varies among models. 10Aのヒューズの配置が, モデルの間で異なる。 ◆Most S-VHS-C camcorders are well suited for this kind of location work. たいていのS-VHS-Cカメラ一体型VTRは, この種のロケ撮影作業に非常に適している。 ◆Powertech has narrowed down its choice of location for the new plant. パワーテック社は, 新工場の候補地を絞り込んだ。 ◆Place the line cord plug in a location where someone will not plug it in by mistake. 電源コードのプラグを, だれかが間違って差し込むおそれのない場所に置いてください。 ◆The location of responsibility for coordinating and controlling work moves away from supervisors to the people who are actually doing the work. 仕事を調整し管理する責任の所在は, 監督者から実際にその仕事をする人たちへと移る。 ◆The usual purpose of database systems is to assist in the location of publications covering certain specified topics. データベースシステムの目的は, ある指定されたテーマを扱っている出版物の所在を突き止める手助けをすることにある。(*出版物の検索) ◆When you are out videotaping on location, these batteries provide just a little less than one hour's worth of recording time. ロケでビデオ撮影する場合, これらのバッテリーで1時間足らずの間録画できる。

## locator, locater
a～探査装置, locateするもの; a～《コンピュ》位置決め装置, 画面上の位置を指定する入力装置(=a pointing device) ◆a locator device 《コンピュ》位置入力装置(*マウスやタブレットなど)

## lock
1 a～錠, 錠前, 鎖錠, 保護錠, 止め具, 固定具, 同期, 門, (運河の)閘門(コウモン) ◆keep [store]... under lock and key ～を鍵をかけて[施錠して, 安全(な場所)に]しまっておく; ～を厳重に保存[保管, 管理]する ◆open [close] a lock 錠を開ける[閉める] ◆undo a lock 鍵を開ける, 開錠する ◆a lock code 《コンピュ》暗証コード(*不正使用を防止するための) ◆a key-operated lock 鍵で開け閉めする錠

a lock-type holder　ロック式［付き］のホルダー ◆a lock for maintaining the security of the trunk　（自動車後部の）トランクルームの安全を守るための錠 ◆apply a lock to a table　《コンピュ》テーブルにロックをかける（＊他からの同時アクセスを禁止する）

**2** vt. ～に錠をかける（＊俗に「鍵をかける」），施錠する；～錠を取り付ける，～を締め［閉め］切る，～を動かないよう留める［組む，固定する］，抑え込む，抱き込む，閘門を設置する；vi. 錠がかかる，施錠される，固定される，定位置に落ち着く，同期がとれる，立往生する，動かなくなる，閘門を通過する ◆a locking button　ロックボタン ◆a locking nut　止めナット ◆lock a door　ドアの鍵をかける，ドアを施錠する ◆a double-locked filing cabinet　二重ロック式の［二重ロックされている］書類キャビネット ◆the door was double-locked from inside　ドアは内側から二重に施錠されて［二重ロックがかかって］いた ◆a container that locks　鍵のかかる容器 ◆If the wheels lock, ...　車輪がロックしてしまったら ◆lock focus and exposure on the subject　《カメラ》その被写体に合わせてピントと露出をロックする ◆with the cover locked correctly in place　ふたを正しく所定の位置にロックした状態で ◆lock the blade in the down position by depressing the lock pin　ロックピンを押し下げてブレードを下位置にロックする ◆turn the locking nut clockwise to lock the disc in place　その留めナットを時計方向［右］に回してディスクを所定の位置に固定する ◆lock and seal nuts, bolts, and screws against vibration loosening, leakage and thread corrosion　振動によるゆるみ，漏れ，ねじの腐食を防止するためにナット，ボルトおよびビスをロック・封止する ◆All controls are locked into manual settings.　調整つまみ類は，すべて手動にロックされている。 ◆A simple push-twist locks it tight.　単に押して回すだけで，しっかり閉まる。 ◆Insert the tray until it locks into place.　トレーをロックされるまで挿入してください ◆The picture does not lock vertically.　《TV》《意訳》画面が縦に流れる。；《意訳》垂直同期がとれない。 ◆When not in use, the tool should be stored in a locked-up place – out of reach of children.　使用しない時は，子供の手が届かないよう，鍵のかかる場所に本工具を保管してください。 ◆Dividers lock together so they may be pulled completely out of the box after assembly without coming apart.　（箱の中の縦横の）仕切り板は，はめ合わせて固定できるので，組み立てた後はばらばらにならず箱から全部一緒に取り出せる。 ◆The machine locked tight and had to be booted with a floppy disk.　コンピュータが立ち往生して［うんともすんとも言わなくなって］しまい，フロッピーディスクを使って立ち上げ（直さ）なければならなかった。

**lock away**　～を大切に鍵をかけてしまう［保管する］ ◆lock the money away in the safe　その金を金庫に鍵をかけて大事にしまう

**lock in**　～を閉じ込める，固定する ◆The system is just too locked in, too confining.　この機構は，全く閉鎖的すぎる。（＊ある学校の話でも）◆They are deep-frozen to lock in their freshness.　それらは，鮮度を封じ込めておくために急速冷凍される。

**lock in on, lock on [onto]**　～に電波式またはレーザー光線式の装置を用い照準を定める

**lock onto**　～を〜につなぐ，結び付ける ◆lock onto a target　《ミサイルやレーダーなどが》標的を捕らえる自動追尾する ◆once the virus has locked onto a cell　いったんこのウイルスが細胞に取り付くと ◆thermal sights on anti-tank weapons can lock onto targets six miles away　対戦車武器に付属の感熱式照準は，6マイル離れた標的を捕らえ自動追跡できる

**lock out**　～を（～から）ロックアウト［シャットアウト］する，締め出す＜of＞ ◆be locked out of the world market　世界市場から締め出されている ◆a chip that allows parents to lock out broadcast programs with a high content of violence　親が暴力シーンの多い放送番組を（子供が見ないよう）シャットアウトできるIC

**lock up**　～を（～に）閉じ込める，監禁する＜in＞，《建物》の戸締まりをする，戸締まりする，《車》のドアに鍵をかける，《コンピュ》ロックアップ［異常停止］する ◆突然停止したため画面が動かなくなり，入力を受け付けなくなる。＝hang ◆without locking up the wheels　車輪をロックアップさせることなしに ◆in Tomsk Seven or the many other closed cities the Soviet authorities kept locked up for decades　何十年かにわたりソビエト当局が閉鎖してきた，トムスク7やその他多くの核閉鎖都市で ◆If anyone touches the keyboard, the CPU immediately locks up, and the display blacks out.　誰かがキーボードに触れると，CPUはただちにロックアップし，ディスプレイは真っ暗になる。（＊コンピュータセキュリティの話）

**lockable**　adj. 錠のかかる［《意訳》かぎのかかる］，錠前［《意訳》かぎ］付きの，施錠可能な（＊厳密に言うと，a lock を開閉するものが a key《カギ》である）◆a lockable storage bin　鍵がかかる［鍵付きの］物入れ

**locked-in**　adj. 閉じ込めの，固定–，拘束–，施錠式–，〈資本が〉凍結される，〈発振器〉連動した ◆a patient in a locked-in state　閉じ込め状態にある患者（＊意識ははっきりしているが，脳に起きた障害のために身体を動かすことができず外界とコミュニケーションのとれない状態） ◆a locked-in interest rate of 7.95%　7.95%の固定金利（locked-in = fixed） ◆Patients with complete paralysis, or locked-in syndrome, spend life mute.　完全麻痺の，すなわち閉じ込め症候群の患者は，生涯を無言で過ごす。

**locker**　a～ロッカー ◆a locker room　ロッカールーム［更衣室］（＊ロッカーが備わっている） ◆a storage locker　ストッカー［収納庫，貯蔵庫］

**lockout**　a～ロックアウト，工場閉鎖［封鎖］（＊労働争議の際に雇主側が行う）

**lockup, lock-up**　(a)～拘束；a～留置場 ◆prevent wheel lockup during hard braking　急ブレーキ時に車輪のロックアップ［拘束］を防止する ◆rear-wheel lockup occurs　《車》後輪のロックアップが起きる

**locomotive**　a～機関車，ロコモーティブ式の応援（＊ゆっくりとした出だしで始まり次第にテンポを累進的に上げていく）；adj. 機関車の，運動器官の，移動式の，移動可能の，旅行に関した ◆an autonomous, electrically-powered mobile robot with omni-directional locomotive capability　全方向移動機能を持つ自律電気駆動式移動ロボット ◆The robot is locomotive, even moves on rough terrain.　このロボットは移動式であり，不整地でさえも移動する。

**loco parentis**　◆a person in loco parentis　親代わり［親の立場］の人；後見人

**locus**　a～ (pl. loci) 軌跡，位置，場所，地点，〈遺伝子の〉座 ◆the locus of the end point　その終点の軌跡

**lode**　a～鉱脈，豊かな源泉 ◆have access to a rich lode of IBM-type software　豊富なIBMタイプのソフトウェアが使用できる

**lodge**　**1** vi. 泊まる，宿泊する，下宿する，とどまる，逗留する；vt. ～を宿泊させる，下宿させる，収容する，保管する［してもらう］，預ける，〈申告書など〉を提出する，訴える ◆South Korea's government lodged a formal protest with Japan, saying...　韓国政府は，～であると述べて［～という趣旨で］日本に正式抗議を申し立てた［申し入れた］

**2** vi. つかえる，つっかえる，つっかかる，ひっかかる，はさまる，つまる，〈弾丸が〉撃ち込まれる；vt. ～をひっかからせる，はめ込む，詰まらせる，撃ち込む ◆lodge in the throat　（食べ物などが）のどに詰まる ◆remove lodged deposits of...　～がたまって［沈着して］つかえて［ふさいで］いるのを除去する（＊血管の話より） ◆when her foot became lodged between an escalator step and the top comb plate　彼女の足がエスカレーターのステップと最頂部のくし状プレートの間に挟まれた際に

**3**　a～ロッジ，宿，番小屋，山小屋，山荘，リゾートホテル，簡易宿泊所，支部集会所［会員］，巣穴 ◆a Masonic lodge　フリーメーソンの支部 ◆a mountain lodge　山小屋；山荘；山小屋風の宿［ホテル，旅館］

**loft**　**1** a～屋根裏，（ビルの上の階）ロフト，（ゴルフクラブの）ロフト

**2** vt. 〈ボールなど〉を高く打ち上げる ◆loft a satellite into space　宇宙に衛星を打ち上げる

**lofty** *adj.* 非常に高い, 気高い, 崇高な, 高遠な, 高邁な, 高潔な, 高慢な, 思い上がっての, 格調高い, 秀でた; お高くとまっている, 高い次元での, 格調高い, 秀でた; お高くとまっている, 高慢な, 思い上がった, 傲慢な, 高みに立った, 横柄な; そびえ立つ, 威風堂々の ◆a lofty idea 高尚な[立派な]考え, 高邁な思想 ◆lofty prices [yields] 高い価格[利回り] ◆not-so-lofty ideals そんなに[それほど, さほど]高くない理想 ◆those with lofty ideals 高い[気高い, 高尚な, 高遠な, 高邁な]理想を持っている人々 ◆Inflation has fallen from a lofty 28% in 1986 to 7.2% recently. インフレは1986年の28%という高い率から最近の7.2%に落ちた.

**log** 1 *a* 〜 丸太, 原木,; *a* 〜 航海[航空]日誌, 運転[交信, 通信]の記録[履歴], 経過記録, 《コンピュ》ログ, 測程儀[具, 器, 機] ◆a log cabin 丸太小屋 ◆a log house ログハウス ◆keep a log of operations 運転記録を取る; 操作ログを記録する ◆keep logs of typing jobs タイプ入力作業の業務日誌をつける ◆maintain a log of all activities すべての作業を日誌に記録する ◆Keep a diary [daily log] of your plant and fruit growth. 植物や果物の生育の日記[日誌, 日報]をつけなさい. 2 *vt.* 〜を伐採して丸太にする, 日誌に記録する, 《コンピュ》ログ記録をとる, (ある速度)を出す, (ある累積飛行距離, 時間数)に達する; *vi.* 木を伐採し原木を搬出する ◆when any user logs into [onto, in to, on to] the server ユーザーがサーバーにログイン[ログオン]するとき ◆an interface port for chart recording and data logging 記録装置への出力とデータ記録保存のためのインターフェースポート ◆it logged the highest performance scores ever それは今までで[過去]最高の性能値をマークした ◆the President logged 12,800 km from Washington to Somalia 大統領は, ワシントンからソマリアまで12,800kmを航行した[飛んだ]. 3 (→ logarithm, logarithmic)

**log off, log out** (= sign off) 《コンピュ》(使い終わった後に)接続を切る, ログオフする (*端末機からある命令か記号を入力することによって, ホストコンピュータとのチャネルを切断する); log-off, log-off

**log on, log in** (= sign on) <to> 《コンピュ》(〜に)接続する, ログオンする (*主にネットワークを介して, ソフトウェアの利用を開始すること; IDやパスワードを入力するなどして使用する); log-on, log-on *n.* ◆log on to an electronic mail system 電子メールシステムにログオン[接続]する ◆Once a user has logged in to the system, ... (いったん)ユーザーがシステムにログイン[ログオン, 接続]してしまえば, 〜

**log onto, log into** (= log on, log in <to>)

**logarithm** 《短縮形 log》《数》対数 ◆a log scale 対数目盛り ◆natural logarithm 自然対数

**logarithmic, logarithmical** *adj.* 対数の ◆a logarithmic graph 対数グラフ ◆a logarithmic [log] scale 対数目盛 ◆a semilogarithmic [semi-log] plot of ... 〜の片対数プロット ◆a logarithmic plot of sound intensity 音の強さの対数プロット

**logarithmically** *adv.* 対数で, 対数的に ◆be graduated logarithmically 対数で目盛られている; 対数目盛りになっている[が振られている]

**logbook** *a* 〜 (= a log) 日誌, 記録簿, 飛行記録, 航海日誌, 業務日誌, 運転記録

**logger** *a* 〜 自動記録装置; *a* 〜 きこり ◆The tip temperature can also be recorded on an optional chart recorder or data logger. 先端部の温度は, オプションの記録紙レコーダーやデータ記録装置に記録を取ることもできます.

**logging** 《伐採などの》製材, 木材の切り出し[採伐]量; 《コンピュ》ログ[記録]をとること, ログイン[ログオン]すること; 《鉱》検層 ◆a logging road 林道 ◆an anti-logging activist 森林伐採反対運動活動家 ◆at a logging site 伐採現場 ◆ban logging in national forests inhabited by the spotted owl マダラフクロウの生息する国有林での伐採を禁止する ◆recommend deep cuts in logging to save ... 〜を救うために森林伐採の大幅な削減を勧告する

**logic** 《U》ロジック, 論理学, 論理, 論理回路 ◆logic circuits 論理回路 (*デジタルやパソコンが全盛になる大昔の, 「判断回路」と呼ばれ油圧操作器などの制御に使われていた) ◆logic elements 論理素子 ◆The logic behind the plan goes like this: この計画[制度](成立)の経緯[いきさつ]は次のとおりである.

**logical** *adj.* 論理の, 論理学上の, 当然の ◆a logical address space 《コンピュ》論理アドレス空間 ◆as the next logical step 必然的に[当然の成り行き上, 当然の帰結といった形で]決まった次の段階として

**logically** *adv.* 論理的に, 理屈通りに, 当然, 必然的に ◆The gauges are big, easy to read, and logically placed. これらのゲージ類は, 大きく, 読み取りやすく, 理にかなった順で[よく考えて]配置されている.

**logistic** 1 *adj.* (logistical) 兵站(ヘイタン)学の, 兵站の, 兵站上の, 後方(支援)の ◆logistic support 兵站支援, 《日米防衛協力の指針での日本政府訳》後方支援 2 《U》記号論理学; *adj.* (logistical) 記号論理学の

**logistics** 《単/複扱い》兵站(ヘイタン)学[術] (*物資や兵員の調達, 輸送, 補給, 整備を扱う); 《ビジ》ロジスティックス, 戦略物流, 総合物流, 戦略的物流管理 ◆merchandise logistics management 商品物流管理 ◆the transport firm's integrated logistics services その輸送会社の統合化戦略輸送サービス

**logjam** *a* 〜 川などにつかえて流れを妨げている流木群, 物事の進行を妨げる積もり積もった物, つかえ, 行き詰まり ◆The talks ran into several logjams before an accord was reached. 合意に達するまでに, 話し合いは何度か行き詰まった.

**logo, logotype** *a* 〜 ロゴ, (企業などの)シンボルマーク, 象徴的文様, 紋章, 記章, 略符 ◆the Energy Star logo エネルギースターロゴ (*エネルギースター基準に適合するコンピュータおよび関連製品に表示するマーク) ◆logo-bearing ロゴ付きの ◆the logo of a company 会社のシンボルマーク ◆He designed the name and logotype for the project. 彼は同プロジェクトの名称とロゴを考案した.

**logotype** → logo

**Loma Prieta** ◆the Loma Prieta quake [earthquake] in the San Francisco Bay area サンフランシスコ湾地区のロマプリータ地震 (*1989年10月17日に発生)

**Lombard** ◆The Bundesbank trimmed the Lombard rate to 6.5 percent from 6.75. ドイツ連邦銀行は, ロンバード[ロンバート]レート(債券担保貸付金利)を6.75%から6.5%に引き下げた.

**lone** *adj.* 孤独の, ひとりの, 寂しい, めったに人の訪れない ◆a lone hijacker holding 365 people on board a jumbo jet ジャンボジェット機に搭乗の365人を人質に取っている単独乗っ取り犯

**long** 1 *adj.* 長い, 長尺の, 長時間の, 長期の, 長音の, 大きい, 遠い, 縦型の; *adv.* 長く; *n.* 長い間 ◆become [get, grow] longer (より)長くなる, 伸びる ◆be of long duration 長時間に及ぶ ◆for a very long time 非常に長期にわたり ◆in the long term [run] 長期的には ◆for a long time 長い間, 長いこと, 長期間から, 長年(の間), 多年, 久しく, ずっと以前から, 随分昔から, かなり古くから ◆for a long time to come 将来の長きにわたって; この先長期にわたって; これからの長い間 ◆a long lens 焦点距離の長いレンズ ◆a long-exposure photo 長時間露出[露光]写真 ◆a extra-long telephone cord 特別長い[長尺の]電話コード ◆after a long (period of) time; after a long absence [hiatus, silence]; after a long period of dormancy 久しぶりに[長く, 久方ぶりでに[ぶり]; after a long-playing cassette 長時間プレイ[再生]カセット ◆for too long a time あまりにも長い間[長時間, 長期間] ◆get longer 〜が長くなる[のびる] ◆have to work long hours 長時間労働しなければならない ◆the long and short of Windows 95 Utilities Windows 95ユーティリティの特徴 ◆think in long terms 長期的観点に立って考える ◆Little Richard's "Long Tall Sally" リトル・リチャードの「のっぽのサリー」(*50年代のロックンロール史上) ◆a long-delayed project 大幅に遅れた[延び延びになった]計画 ◆a long-depressed industry 長いこと不況の産業[業界] ◆a one-inch long, stainless housing 1インチ長のステンレス製ハウジング[容器, ケーシング] ◆the long-planned space station 長期にわたり計画されてきたその宇宙ステーション ◆20 inches long and 5 inches wide 長さ[縦]20インチ、幅[横]5インチの ◆a document not more than four to five screens long 4〜5画面分以下の長さの文書 ◆if used for too long a time あまりにも長い期間使用すると ◆I know Jimmy Robinson from long ago 私はジミー・ロビンソンを昔から知っている ◆process long lengths of aerial film 長尺の航空写真用フィルムを処理する ◆...those days are long gone. その時代はとっくに過ぎ去ってしまっている。 ◆to make the disks last longer ディスクをより長持ちさせるために；ディスクの長寿命化を図るために ◆We've waited a long time for...to <do> 私たちは〈人など〉が〜してくれるのを長い間待ってきた。 ◆Long before keiretsu entered the vocabulary of trade dispute,... 「系列」が貿易摩擦の語彙に入るずっと前に、 ◆the band drifted apart not long after its release このバンドは（*レコード）をリリースしてから間もなく[ほどなくして]自然消滅した ◆the doctors said they had no idea how long it would take to recuperate 医師らは、回復にどのくらい長くかかるのか分からないと言った ◆their period of gestation is six months at the longest それら（動物）の妊娠期間は長くてもせいぜい6カ月である ◆though Israel has long had the technology to produce a sophisticated satellite イスラエルは高度な衛星を製造する技術をずっと前から持っていたにもかかわらず ◆Americans are living longer than ever. アメリカ人がかつてないほど長生き[長寿]になっている。 ◆Camels have been used since a very long time ago for transportation in the desert. ラクダははずいぶん昔から砂漠での運搬に用いられてきている。 ◆It didn't take long before the baker came up with a business idea. 程なく[すぐに、直に、間もなく]このパン職人は商売のアイデアを思い付いた。 ◆It is much too expensive and takes much too long to create. それを作るにはあまりにも費用と時間がかかりすぎる。 ◆It wasn't long before someone solved the problem. やがて[間もなく]誰かが問題を解いた。 ◆It wasn't long before the same problem occurred. 間もなく同じ問題が起こった。 ◆Japanese manufacturers have long recognized the merit of... 日本企業は、〜することのメリットに以前から気が付いていた。 ◆The pipe is 2 meters long and 2 kilos in weight. このパイプは、長さが2メートル、重さが2キロある。 ◆The store is open (for) long hours. その店は長時間あいている。 ◆I am sorry this has been such a long message [post]. (掲)I'm sorry it's such a long message./ Sorry for such a long message.) 長く[長文に、長い書き込みに]なってすみません。(*ネット上の掲示板などで) ◆The army service file, about 40 pages long, listed all organizations to which he belonged. その軍記録は約40ページに渡っており、彼が所属したすべての部門が記載されていた。

2 vi. 待ち望む、思いこがれる <for> ◆longed-for 待望の、切望していた ◆long for peace with... 〜との和平を希求する

as long as... 〜と同じくらい長く、〜のように長い；(= so long as) 〜の間は、〜であるならば、〜である限り、〜である以上 ◆as long as possible できるだけ長く[長期に]わたって ◆as long as there is a need for it それの需要がある限り ◆The shutter repeatedly fires for as long as the shutter button is held down. シャッターは、シャッターボタンが押されている間中連続して切られる。

before long 間もなく、ほどなく、やがて、じきに、今に、近い将来、近く、近々に(キンキンに)、近々(チカチカ)、近日中に、近いうちに、遠からず ◆before too long あまり遠くない将来に

no longer, not...any longer もはや〜ない ◆The Consumer Electronics Manufacturers Association (CEMA) is no longer. Now say hello to the new Consumer Electronics Association, or CEA. 米民生用電子機器製造業者協会(CEMA)はもうありません[存在しません、なくなりました]。今度は新しい米民生用電子機器協会(CEA)となりますのでよろしくお願いします。

so long as... 〜である限り ◆so long as the address is written by either typewriter, or using block letters 宛名がタイプ打ちかブロック体で書かれている限りは

**long-awaited** adj. 長いこと[久しく]待ち望んでいた、待ちわびた、待ちあぐんだ、待ちこがれていた、待ちに待った、待望の、首を長く[鶴首]して待っていた ◆a long-awaited opportunity 待ちに待った機会 ◆a long-awaited vacation 待望のバケーション ◆the long-awaited arrival of... 首を長く[鶴首]して待っていた〜の到来[出現、登場、到着、着信]；〜の待望の出現[入荷] ◆a long-awaited cut in interest rates 長く待ち望まれていた利下げ

**long distance** a〜 長距離

**long-distance** adj. 長距離便の、長距離[遠距離、市外]電話[通話]の; adv. 長距離[市外]電話で ◆a long-distance call 長距離[遠距離]通話[電話]、市外通話、《通》市外呼 ◆a long-distance, high-speed train 長距離高速列車 ◆call long-distance 長距離電話をかける、遠距離[市外]電話をする ◆travel on long-distance trains 遠距離列車で旅行する

**long-drawn-out** 長引いた、長期にわたり継続した、(物語など)退屈な

**long-duration** adj. 長時間の、長期の ◆(a) long-duration flight 長時間飛行 ◆(a) long-duration space flight 長期宇宙飛行

**long-established** a long-established method [formula]（長年の間に確立された）定石の方法[やり方] ◆a long-established luxury car maker 老舗の高級車メーカー

**longevity** 長寿、年功; (a)〜 寿命、勤続[在職]年数 ◆an increase in longevity 寿命化 ◆increase [↔reduce] the longevity of your car あなたの車の寿命を伸ばす[縮める]

**long face** a〜 長い[面長の、(色白の人ならうりざね)]顔、馬面、浮かない[浮かぬ、冴えない、渋い、暗い、陰気な、憂鬱な、不機嫌な]顔 ◆wear [make, pull, put on] a long face 浮かない[浮かぬ、冴えない、渋い、暗い、陰気な、憂鬱そうな]顔をしている[する]; 不機嫌な面をしている[する]

**longhand** （タイプや速記に対して）手書き(の) ◆write in longhand 手書きする

**long haul** a〜《単のみ》(移動・輸送の)長い距離、長い旅、長期にわたる仕事[活動]、長丁場; long-haul adj. 長距離の、長期の ◆for [over] the long haul 長期にわたって ◆a long-haul driver 長距離ドライバー ◆a long-haul communication system 長距離通信システム ◆last for the long haul 長期間継続する

**long-held** adj. 長い間[長年]抱かれてきた、昔からの ◆a long-held taboo 長い間守られてきたタブー；昔からの禁忌 ◆long-held fears 長い間抱かれてきた恐れ[懸念]

**longitude** （略 long.）(a)〜 経度 ◆the latitude and longitude of photographed sites 写真撮影位置の緯度と経度 ◆approach latitude 37°north, longitude 55°west 北緯37度、西経55度に近づく ◆at 46 degrees, 33 minutes north latitude and 141 degrees 19 minutes east longitude 北緯46度33分、東経141度19分の位置で ◆how to use longitude and latitude lines to find a designated location 経度と緯度の線[経線と緯線]を使って指定された位置を探す方法

**longitudinal** adj. 経度の、経線の、縦の、縦方向[長手方向、軸方向、長軸方向]の ◆a longitudinal axis 縦軸、(航空機の)前後軸 ◆a longitudinal wave 《音響》縦波 ◆longitudinal magnetic recording 水平磁気記録方式(= surface magnetic recording) ◆to increase strength in the longitudinal direction of the tube 管の長手方向[軸方向]の強度を増すために ◆The axis which extends lengthwise through the fuselage from the nose to the tail is called the longitudinal axis. 機体[胴体]の機首から後尾まで長手方向に伸びる軸は、前後軸と呼ばれている。

**longitudinally** adv. 縦(方向)に、長手[軸]方向に ◆a longitudinally mounted engine 縦置きされているエンジン ◆The tape shrinks longitudinally when heated. このテープは、熱せられると長手方向に収縮する。

**long-lasting** adj. 長持ちの、持ちのいい、長続きの[永続]する、長く続いている、長時間[長期間、長期にわたり]効果が持続する ◆fade-free long-lasting pictures 退色しない長持ちする写真

**long-life** *adj.* 長寿命の, 長持ちする, ロングライフの ◆a long-life lithium battery 長寿命リチウムバッテリー

**long-lived** *adj.* 長寿命の, 長命の, 長生きする, 永続する ◆long-lived isotopes 長寿命同位体 ◆the longest-lived isotope 最長寿命の同位体

**long-needed** *adj.* 長い間必要を叫ばれてきた, 長い間待たれていた

**long-range** *adj.* 長距離の, 遠距離の; 遠大な; 長期間の, 長期の ◆a long-range missile 長距離ミサイル ◆long-range weather forecasts 長期天気予報 ◆a long-range plan 長期計画 ◆make long-range communications possible 長距離[遠距離]通信を可能にする

**long-running** *adj.* 長い間[長期間]続いている, 長続きしている, 長期継続の, 息の長い, 長期にわたって働き続ける ◆a long-running lawsuit 長く続いている訴訟 ◆a long-running consumer spending spree 息の長い[長続きしている]個人消費熱 ◆the long-running Iran-Iraq hostilities 長引いているイラン・イラク戦争 ◆his long-running battle to acquire control of... 彼の〜社の支配権獲得を目指しての長い戦い

**longshoreman** a〜 港湾労務者, 沖仲仕, 荷揚げ人足[人夫], 波止場人足 ◆a longshoremen's union 沖仲仕[港湾労務者]の労働組合

**long shot** *a〜*《カメラ》ロングショット[遠写し](＊被写体または場面を広く入れる), 勝ち目のない馬[チーム], 失敗する可能性が大きい企て[このるかそるかの大ばくち] ◆not by a long shot《口》全然[少しも, 決して]〜でない

**long-sought** *adj.* 長い間求められてきた, ずっと捜し求められてきた, 長い間得ようと努力されてきた ◆long-sought-after 長い間出現が待たれていた[探し求められてきた] ◆He won the long-sought post. 彼は, 長いこねらっていた[念願の]ポストを勝ち取った.

**long term** *a〜* 長い期間, 長期 ◆Looking at the long term, ... 長期的に見て, ...

**long-term** *adj.* 長期の, 長期にわたって, 長期的に ◆long-term contracts of five to ten years 5年から10年の長期契約 ◆a long-term durability test 長期耐久性テスト ◆our long-term objectives 我々の長期目標 ◆think long-term 長期的視野に立って考える ◆the storage where the organization's information is held long-term その組織の情報が長期間保存される記憶装置

**long wave** 《長波; long-wave *adj.* 長波(帯)の ◆a long-wave radio transmitter 長波無線送信機

**long-wearing** *adj.* 長持ちする, 耐久性のある ◆amazingly long-wearing tires びっくりするほど長持ちする[長寿命の]タイヤ ◆the fabric seems long-wearing その布地は長持ちしそうに見える

**look** 1 *vi.* 見る, 眺める, 注目する, 観察する, 拝見する, 調べる〈at, for〉; 見える[らしい, 思われる];〈建物などが〉面する[向いている, 望む, 見渡す]〈to, into, on to, toward(s), over, down〉; *vt.* 〜を(見て)確かめる, 〜を調べる, 〜を目つき[表情]で示す ◆a great-looking car 見た目がすばらしい車 ◆look around (きょろきょろと)周囲を見回す ◆an acceptable-looking letter まあまあ見られる(印字品位の)文字 ◆the best-looking Ford on the road 路上で一番見てくれ[概観]のよいフォードの車 ◆We will begin by looking at... まず〜から見てみることにしよう. ◆(be) aesthetically pleasing to look at 見た感じ[見た目, 外観]が美しい[すばらしい] ◆There is not much to look at. 見るべきものはそれほどない. ◆display the file as it looks [as it will appear] when printed ファイルを印刷したときのイメージで(画面に)表示する ◆if you look at the viscosity/temperature chart in the owner's manual 取扱説明書の粘性対温度チャートを見れば[参照すれば] ◆It's a package worth looking at if you're serious about DTP. DTPに重大な関心のある方には, これは一見の価値あるパッケージ(ソフト)だ. ◆The few pages you sent me look fine just the way they are. 送ってもらった数ページは, (直し無しの)そのままでいいです. ◆This page was extremely informative in addition to being very easy to look at. この(ホーム)ページは, 非常に見やすい上に, (掲載)情報が極めて参考になります. 2 *n.* a〜 見ること, 一覧, 見て調べること, けはい, そぶり, 様子, たたずまい, 目つき, 面もち, ファッション, 装い, スタイル, 型; 〜s ルックス, (美しい)容貌[外見, 様子], (口)美貌 (= good looks) ◆take a cool look at... 〜を冷静に見る ◆take a critical look at Japan today 今日の日本を批判的な目で見る ◆take a hard-eyed look at... 〜を厳しい目で検討する ◆take [have] another [a fresh, a new, a second] look at... 〜を今一度見る; 〜を(改めて)見直す; 〜を新しい(fresh, new)[別の(another, second)]見方で見る ◆the car's good looks and distinction その車のルックスと品格の良さ ◆a look of heart-wrenching sadness on her face 彼女の顔に浮かんでいる悲痛の表情[色, 様子] ◆four drawers with brass-look pulls 真ちゅうのような外観のつまみ[取っ手]のついた4つの引き出し ◆Aside from good looks, a kitchen floor should be easy to maintain. 見栄え[見た目]のよさと共に, 台所の床は手入れが簡単でなければいけない. ◆The car has the look and flavor of an import. この車には, 輸入車の見てくれと持ち味がある. ◆The car's look is exotic. その車の外観は, 一風変わっている. ◆Let's take a look now at some of the other factors you need to consider. では, 考慮すべき他の要因のいくつかについて見てみよう. ◆The new BMW has a new look while retaining the traditional BMW appearance.《意訳》この新型のBMW車は, BMWの伝統的な外観を維持しながらもイメージチェンジを果たしている. ◆This report takes an in-depth look at the disk memory industry. 本報告書は, ディスクメモリー産業を詳細に調べたものである. ◆It is hoped that such American involvement might persuade Israel to take a new look at the feasibility of Palestinian autonomy and eventual independence. 米国のそういった介入が, パレスチナの自治の実現, ひいては最終的な独立の実現の可能性について, イスラエルに見直しを迫ることになるのではと期待されている.

**look after** 〜の世話をする, 面倒をみる, 手入れする, 〜を管理する ◆look after the day-to-day running of the party 党の日々の運営に当たる

**look ahead** 〜のことを予測する, 〜について先々のことまで考える〈to〉 ◆Looking ahead, ... 将来的には[前途を展望してみるに]; 前方を見て ◆a strategy that looks ahead to the next century 次の世紀を見据えた戦略 ◆look ahead to see where we might be going 将来を展望する[行く末を思いやる] ◆Look ahead, to the rear, and to the left and right before starting to make your turn. 進路変更する前に, 前方, 後方および左右の確認をすること.

**look at** 〜を見る, 眺める, 〜に注目[着眼]する, 見て調べる, 診察する

**look back** (〜を)振り返って見る〈at〉, (〜のことを)思い出す, 回顧する〈on〉 ◆Looking back, ... 振り返って見ると, 〜 ◆look back on 15 years of production 15年間の生産(事業)を振り返る ◆Looking back on those times, ... 当時を振り返ると[思いおこしてみると],

**look down** 下を見る, (〜を)見下ろす〈at〉, (〜を)見下ろす, 見下す, 軽蔑する〈on, upon〉 ◆look down at the instruments 下に目を向けて計器を見る

**look for** 〜を捜す, 漁る, 物色する, 予期する,《条件に合うものなど》を(探して)選ぶ,《口》〈いざこざなど〉を自ら招くようなことをする ◆look for a way to〈do〉 〜する方法を探し求める ◆look for ways to〈do〉 〜する方法を探す[道を探る] ◆I began to look for new methods to produce... 私は〜を生産する新しい方法を探し始めた[模索しだした]. ◆look for a specific program on a long-playing cassette 再生時間の長いカセット(テープ)に録画されているある特定の番組を探す[サーチする]

**look forward to** 〜を心待ちにする, 楽しみに待つ, 首を長くして待つ, 待ちわびる, 待ち焦がれる, 待ちあぐむ ◆the company is looking forward to getting into the back-to-school market for this fall 同社は, 今年秋期の新学期(用品)市場への参入に期待を寄せている ◆(I [we]) look forward to seeing you [meeting with you] soon じきにお会いできる[お目にかかれる]こと

を心待ち[楽しみ]にしています ◆I look forward eagerly to seeing you again. 再会を一日千秋の思いで待ちわびています. ◆We look forward to seeing you on the 12th of May. 5月12日にお会いできるのを心待ちにしています.

**look in** 立ち寄る[訪問する]<on>, ～の中を見る ◆look in the Table of Contents 目次を見る

**look into** ～の中を見る, ～をのぞく, ～を調べる, 調査する ◆look into the cause 原因を調べる ◆the ability to look into the future 将来を見通す能力

**look on** vi. 傍観する

**look out** (～から)外を見る<of>, (～を)見逃さないよう気をつけている[待ち受ける]<for>, (命令形で)(～に)気をつけろ[注意しろ]<for>;(稀)～を大目に見る[見逃す](overlook) ◆Look out for small children or elderly pedestrians. 小さな子供やお年寄りの歩行者に注意すること.

**look over** ～をざっと読む, ～にざっと目を通す, 通覧する, 校閲する, じろじろ見る, 検査する[吟味, 視察]する; 一越しに見る, ～から下を覗く; ～に面にしている;(稀)～を大目に見る[見逃す](overlook) ◆Revise means to look over again in order to correct or improve. Please revise your paragraph so that all the mistakes are gone. 校閲とは, 訂正または推敲するために見直すことです. 間違いがすべてなくなるよう段落[文章]を読み返して修正しましょう. (*revise = read over carefully and correct, improve, or update where necessary)

**look to** (人など)に(～を求めて)頼る[当てにする]<for>, ～の方を見る, ～に注意する ◆look to a minicomputer to handle processing that is too much for a small-business computer オフィスコンピュータ[オフコン]では手に負えない[手に余るほどの]大量の処理をするためにミニコンピュータ[ミニコン]に頼る ◆Both hardware manufacturers and software developers continue to look to Nanotex for practical solutions to technical challenges. ハードウェアメーカーもソフトウェア開発会社も共に, 技術課題の実際的ソリューション[解決策]を求めて(弊社)ナノテックスを頼りにし続けてくださっています.

**look toward** ～の方を見る, ～に目を向ける

**look up** (～を)見上げる<at>, (商売などが)上向きになる, (事態などが)好転する; (人など)を捜す, ～を捜して調べる, ～を検索する <for>; 調べる ◆look up the number in the directory 電話番号を電話帳で調べる

**look (up)on** ～を(～と)みなす[思う] <as>, ～を(ある感情をもって)見る <with -感情> ◆The case is looked upon as a classic example of mass hysteria 本件は集団ヒステリーの典型的な例として見られている

**lookalike, look-alike** a ～ (pl. look-alikes) そっくりな人[物](= a double); adj. 非常に良く似ている ◆a gypsy part in a look-alike box 純正品そっくりの箱に入っている非純正部品; 箱がそっくりのまがいものの部品 ◆look-alike car designs 似たり寄ったりの車のデザイン ◆market "Furby" look-alikes 「ファービー(人形)」の類似品を販売する

**looker-on** a ～ (pl. lookers-on) 傍観者 (= an onlooker), 見物人 (= a spectator)

**lookout** a ～ 見張り, 警戒, 用心, 見張り人[番], 監視員, 将来の見通し[見込み] ◆There is a lookout tower and guardhouses at each entrance. 各入口には見張り[監視]塔と門衛[守衛]詰所がある.

**on the lookout for** ～を探し求めて, (人)を求人して[募集して, 雇って], ～を見張って ◆Always be on the lookout for potential dangers. 危険が発生するかもしれないので, 常に警戒を怠らないこと. ◆The company is on the lookout for new machinists. その会社は, 新しい[(意訳)新規採用する]機械工を探して[募集して]いる.

**lookup, look-up** a ～ 調べること, 参照, 照合, 検索 ◆a lookup table 参照表[参照(用)テーブル] ◆The spreadsheet program is capable of performing a lookup on any column. その表計算プログラムは, どの列に対してもルックアップ[照合, 検索]ができる.

**loom** vi. ぼうっと現れる, 立ちはだかる, 今にも起こりそうな様相を呈する ◆Looming on the horizon is... これから出てきそうなのは[出現しつつあるのは]〜である. ◆And to make matters worse still, there is a financial crisis looming that will be devastating to those who are unprepared. そしてもっと悪いことには, 備えができていない者には壊滅的とも言える経済危機が迫ってきている.

**loop** 1 a ～ ループ[輪, 輪, 輪っか, 輪奈(ワナ), エンドレステープ, 《航空》宙返り, 《通》折り返し, 《電気》閉回路, 《道路》(クローバー型立体交差の)ループ接続路, 《鉄道》(終点で列車が方向転換するための)環状線 ◆form a rope [a wire, a chain] into a loop ロープ[針金, チェーン]を輪にする ◆form loops in wire 針金の途中に環[輪]をつくる ◆the inner [outer] loop 《コンピュ》(入れ子の)内側[外側]のループ ◆the kite circles around in a loop たこが輪[円]を描いて旋回する ◆close two lanes on the outer loop 外回り環状道路[環状線]の2車線を閉鎖する ◆It has a loop for hanging. それには吊り下げ用のループがついている. ◆exit from the currently running loop 《コンピュ》現在実行されているループから出る[抜ける] ◆handcuffs which lock when connected in a loop 環状に接続されると錠がかかる手錠 ◆The loop executes ten times. そのループは10回(繰り返し)実行される. ◆The loop is broken when n becomes negative. 《コンピュ》そのループはn(の値)が負になったときに終了する. ◆The statement causes the next loop iteration. 《コンピュ》その命令文は, ループの(頭に戻って)次の繰り返しを開始させる.

2 vt. ～をくくる<up>, ～に輪を作る<in>, ～を輪にする, (航空機)を宙返りさせる; vi. 輪を作る, (河が)輪[円弧]を描いて流れる, 曲がりくねって進む, 自返りする ◆loop the loop 宙返り[とんぼ返り]をする(▶必ずtheを使う) ◆Loop the new belt over the crankshaft pulley, then over the generator pulley. その新しいベルトをクランクシャフトのプーリーに掛けて, 次に発電機のプーリーに掛けてください.

**loopback, loop-back** adj. 輪を描いて出発点に戻る, 折り返しの ◆a loopback [loop-back] test 《通》折り返しテスト[ループバック試験] (*回線のテスト)

**loophole** a ～ (城壁などに開けた)狭間(ハザマ), 銃眼, のぞき穴, 開口部, (法規, 契約などの)逃げ道, 抜け道, 抜け穴, 盲点; vt. ～にloopholesをつくる ◆a legal loophole 法の抜け穴 ◆a loophole in the law 法律の目[盲点] ◆exploit loopholes in the law その法律の抜け道を利用する ◆slip [fit] through a loophole in U.S. law 米国の法律の抜け道[抜け穴]をすり抜ける[通り抜ける]; 米法の網目をかいくぐる ◆to plug various loopholes (法の)様々な抜け穴をふさぐために ◆a loophole-ridden income tax law 抜け穴だらけの所得税法 ◆a legal loophole that permits the obviously guilty to escape just punishment 明らかに罪を犯している者が公正な罰を逃れることを可能にする法の抜け道

**loose** adj. ゆるい, ゆるんだ, たるんだ, ゆるやかな, ゆったりとした, 締まりのない, ずぼらな, 放縦(ホウジョウ)な, 留めてない, 縛ってない, 結んでない, ばら(詰め)の, 雑駁(ザッパク)な, 放し飼いの, (織物などの)目の粗い, がたのある, 脱着可能な, 可脱の, 疎結合の, 疎-, 遊離の, 遊動の, 《医》弛緩性の ◆loose coupling 《電気》疎結合 ◆loose particles ばらばらの粒子 ◆a case for carrying loose papers and drawings ばらばら[の]綴じてない書類や図面を入れて運ぶためのケース ◆Check the terminals for loose connections. 接続が緩んでいないか, 端子を点検してください. ◆Look for screws that may have worked loose from vibration. 振動で緩んだネジがないか確認してください. ◆This adjustment must be made with these screws loose. この調整は, これらのネジを緩めた状態で行わなければならない. ◆It can work its way loose due to the vibrations created by... それは, 〜が起こす振動のせいで緩んでくることがある. ◆The tip can be rotated 360° without the extension tubing coming loose. 先端部は, 延長チューブが緩むことなしに360度回すことができる.

**loose end** a ～ (ひもなどの)端; (通例 〜s)仕事のやり残し, やること, こまごました未解決の物事, 未決事項 ◆(米)be at loose ends; (英)be at a loose end 中途半端な状態である, 仕事[やること]がなくてぶらぶらしている; 途方に暮れてい

る，困っている，処置なしである，どうしてよいか分からない，混乱している ◆leave... at loose ends ～を宙ぶらりん状態［どっちつかずの状態，ペンディング，保留，未決，未解決，未決着，懸案］にしておく ◆those at loose ends 定職がなくてぶらぶらしている人たち ◆tidy up the loose ends of the projects これらのプロジェクトのやり残しの仕事を片付ける ◆tie up loose ends regarding... ～に関してやり残したこと［未決・未解決の物事］にけり［決着］を付ける ◆prosecutors said there are too many "loose ends" in his story 検察官は，彼の話には「説明のつかない［不可解な］」点があまりにも多すぎると言った

**loose-leaf** adj. 一枚一枚抜き差しが自由な，ルーズリーフ式の ◆a loose-leaf notebook ルーズリーフノート ◆four loose-leaf volumes ルーズリーフ式に仮綴じされている書物4冊

**loosely** adv. ゆるく，締まりなく，甘く，密接でなく，疎に，粗く，だらりと，ばらばらに；厳密でなく，大ざっぱに，漠然と；ゆるやかに，身持ち悪く ◆two loosely coupled coils 疎結合されている二つのコイル

**loosen** vt. ～をゆるめる，ゆるやかにする，緩和する，解く，自由にする，放す，放つ，ほぐす；vi. ◆prevent loosening 緩まないようにするために ◆noticeable loosening of the straitjacket policy 締め付け政策の顕著な緩和 ◆Over time, vibrations can loosen screws on the blades and housing. 長い間に，振動が羽根やケースのネジを緩ませることがある．◆Remove all of the soil from the hole, loosen it well to alleviate compaction and backfill the hole. （直訳）穴から土を残らず取り出し，固くしまっているのをよくゆるくするためによく土をほぐしてから穴に埋め戻してください．◆Loosen (but do not remove) the six screws that hold the stainless plate as shown in FIGURE 20. 図20に示すように，ステンレス板を止めている6本のねじを（取り外さないで）緩めてください．

**loosen up** 打ち解ける，リラックスする［させる］，（身体を）ほぐす，緩む，緩める ◆After a luncheon, we all loosened up and became quite familiar. 昼食会の後で，我々全員くつろいだ気分になりかなり打ち解けた．◆On smooth roads, the automatic setting loosens up the shock absorbers. 平坦な道路では，「自動」のセッティングはショックアブソーバーを柔らかくする．

**looseness** n. 一方に偏る，偏った，片寄った，散漫，だらしなさ，身持ちの悪さ ◆check the drive belt for looseness ドライブベルトに緩み［たるみ］がないか確かめる ◆check the driveshaft for looseness 駆動軸にガタがないか調べる

**lopsided** adj. 一方に傾いた，偏った，片寄った，左右の釣合がとれていない，不均衡な ◆lopsided information 偏った［偏向した］情報 ◆win a lopsided victory 大差で勝利を収める ◆As China becomes America's most lopsided trading partner, .... 中国が米国にとって最大の片貿易相手国になるにつれて（*アメリカが輸入超過になっている）

**lose** vt. ～を失う，なくす，紛失する，喪失する，〈人〉を亡くす，〈所持品，命〉を失う，〈道〉に迷う，〈機会など〉を逸する，〈時間など〉を無駄にする，〈時計が〉〈時間〉だけ遅れる，～を取り〈聞き，見，乗り〉損なう，〈体重〉を減らす，減量する；vi. 損する，〈賭ける，敗北する〉，負ける，良さが損なわれる，色くなる，（時計が）遅れる ◆become loose なる，紛失する ◆lose synchronism 同期が外れる［ずれる］ ◆a plug that's hard to remove but easy to lose 抜き取りにくいが無くしやすいプラグ ◆computers lost in transit 輸送中［運搬時，移送の際］に紛失した［なくなってしまった］コンピュータ ◆lose contact with... ～との連絡が途絶える ◆lose customers to... ～に客を奪われる ◆prevent small objects from getting lost 小さな物体が無くなるのを防ぐ［なくならないようにする］ ◆to prevent your dog from getting lost あなたの犬が迷子になるのを防ぐために ◆I lost my Filofax. 私はFilofax（システム手帳）を紛失してしまった．◆For adults who lose their teeth to gum disease or other problems, 歯茎の病気や他の問題で歯を失う成人の場合，◆the cost of rescuing individuals who become lost in the mountainous wilderness 山岳部の原野で道に迷った人々を救出するための費用 ◆data in cache memory is lost if the system is reset or if power is lost キ

ャッシュメモリーに記憶されたデータは，システムがリセットされたり電源が切れたりすると失われて［消えて，消滅して］しまう ◆A car navigation system can help prevent a driver from getting lost. カーナビ装置は，ドライバーが道に迷うのを防ぐ助けになれる．◆Between 1989 and 1990, the town lost 24 men to lung cancer. 1989年から1990年の間に，町は24人の男性を肺癌で亡くした．◆Changes made by one person can be overwritten by others and lost. 《コンピュ》ある人が行った変更内容が，他の人によって上書きされて失われる［消える］ことがある．◆He lost a lot of money in the stock market. 彼は，株で大損した．◆President Ford lost to Jimmy Carter by a narrow margin. フォード大統領はジミーカーター氏に僅差で［（意訳）惜しくも］負けた［敗れた］．◆Radio contact was lost with the aircraft. その航空機との（無線）交信が途絶えた．◆When do children lose their baby teeth? いつ子どもは乳歯が抜けるのか？ ◆The carmaker lost its way and turned out dull cars. その自動車メーカーはついには迷走して，冴えない車を生産した．◆Dogs that are allowed to run loose will eventually become lost, stolen or hit by a car. 放し飼いされている犬はついには迷子になったり，盗まれたり，車にはねられたりしかねない．◆In five months, he lost 40 pounds eating high-protein, low-fat and low-carbohydrate meals. 5カ月で，彼は高タンパク，低脂肪，炭水化物［含水炭素］の少ない食事を食べながら［食事を摂って］40ポンド減量した．◆Care should be exercised not to lose the small cushion of soft material that is located under set screw "B". 止めネジBの下にあるソフトな材質の小さなクッションを無くさないよう注意を払ってください．◆The division went from losing money in 1990 to a 10% operating profit on sales last year. この部門は，1990年の赤字から昨年10%の対売上営業利潤を上げるまでになった．◆You may lose your driver's license for any of the following reasons: 次に掲げるいずれかの理由で，あなたの運転免許証は取り消されることがあります．◆Since September the dollar has lost about 5% of its value against the currencies of major industrial nations, and now trades at about 125 yen. 9月以来，ドルは主要先進工業国の通貨に対し約5%下落し，現在125円ほどで取引されている．

**loser** n. ～を失った［損した］人，負けた者，負け犬，減少した［減った］物，敗者，（意訳）敗残者；《株》値下がり銘柄（←a gainer）

**loss** n. (a) ～を失うこと，損なう［害する］こと，喪失，紛失，遺失，損，損失，損害，ロス，減少，低下，敗北；←損害［損失］額 ◆losses due to... ～による損失 ◆losses produced by... ～によって生じた損失 ◆distribution losses 配電ロス［配電損］ ◆loss and theft insurance 紛失・盗難保険 ◆with a loss of 3 dB 3デシベルの損失で ◆loss of memory 〈人やコンピュータの〉記憶喪失［消失］ ◆a low-loss connector 低損失コネクタ ◆a momentary loss of the video signal 映像信号の瞬間的な欠落（*a dropout のこと） ◆be vulnerable to loss and theft 紛失したり盗難に遭ったりしやすい ◆convey electric power with low power losses 低い電力損失で電力を伝送する ◆detect a loss of AC power AC電源の停電を検出する ◆give rise to a loss of power 電力［動力］損失を生じさせ［発生させ］る ◆high- and low-loss fibers 高損失ファイバーと低損失ファイバー ◆inflict a loss [losses] upon... ～に損害［損失］を与える ◆in the event of (a) data loss データ［情報，消失，消滅］が発生した場合；万一データが失われたら ◆losses caused by circulating currents 循環電流によるロス ◆losses due to reflection 反射によるロス ◆suffer a loss of about 4% 約4%の損害［損失］をこうむる ◆the prevention of loss of function 機能喪失の防止（*身体の） ◆the reflection loss incurred at an interface surface 境界面で受けた反射損 ◆upon the loss of power 電気が切れるや否や ◆with almost no loss of clarity 明瞭度をほとんど損なわずに ◆with little loss of quality 品質をほとんど損なうことなく ◆with only a small loss of energy わずかなエネルギー損失だけで ◆without loss of data データを失わずに ◆cause a loss of protection 保護を失うことになる ◆despite losses for over five consecutive years 5年以上

連続しての欠損にもかかわらず ◆without the slightest loss in picture quality 少しも画質を劣化させることなく ◆cut down on the loss or theft of certificates 証書の紛失や盗難を減らそう[((意訳))なくそう]とする ◆deduct losses caused by fire or theft 火事あるいは盗難により生じた損害[損失]を控除する[差し引く] ◆dupe investors by improperly shifting losses between accounts 損失を複数のアカウント[顧客]の間で不正に移転させて投資家を欺く; 飛ばしをして投資家をだます ◆it created a loss in price competitiveness in Europe それは欧州における価格競争力の喪失を生んだ ◆make up the losses of big customers 大口顧客の損失を補填する ◆prevent losses of millions of dollars to consumers 消費者が何百万ドルにも上る損失をこうむらないようにする ◆sustain a $2 million loss [a loss of $2 million] or... ~で200万ドルの損害[損失]をこうむる ◆there was no significant loss of time 時間のロスはたいしてなかった ◆the team had sustained consecutive losses to... 同チームは~に連敗を喫した ◆to aid in the prevention of loss of lubricant from the lubrication system 潤滑装置から潤滑油が失われるのを防止する助けになるように ◆a derivative investment that turned into a huge loss 巨額の損失[大穴]と化したデリバティブ投資 ◆rising imports lead to a decline in U.S. production and a loss in jobs 増え続ける輸入品が, 米国内生産の減少および雇用の喪失につながる ◆the company has posted a loss in the last two quarters of 1993 この会社は, 1993年の第3および第4四半期に欠損を計上した ◆when a tire experiences a sudden loss of air pressure いずれかのタイヤの空気圧が突如無くなる[抜ける]と ◆That way, you won't suffer a loss. そうすれば, 損失[損害]をこうむることはないでしょう. ◆There is a slight loss of picture quality. わずかな画質の劣化がみられる. ◆The net loss for the fourth quarter of fiscal year 1994 was $70 million. 1994会計年度の第4四半期の純損失は, 7000万ドルであった. ◆The bank had $1.3 billion of unrealized losses from its derivatives portfolio at the end of 1998. この銀行は, 1998年末現在, デリバティブポートフォリオから発生した13億ドルに上る評価損を抱えていた. ◆In the event of loss or damage to such property arising from the neglect of a customer to care for it properly, the cost of necessary repairs or replacements shall be paid by the customer. 顧客が適切な管理を怠ったことによりこのような財産[物品]が紛失あるいは損傷した場合, 必要な修理や交換の費用は顧客が支払うものとする.
◆**at a loss** 原価以下の値段で, 損して, 途方に暮れて, 困って ◆the bank has operated at a loss since 1993 この銀行[同行]は1993年このかた赤字経営をしてきた

**loss leader** a~ 目玉商品(*客寄せのために原価割れ価格で提供する商品) ◆use a loss leader to attract[draw, entice] customers 客を呼び寄せる[客寄せの, 集客の]ために目玉商品を使う

**lossless** adj. 損失[ロス]のない, 無損失の, 可逆の(*データ圧縮あるいは画像圧縮方法の) ◆an electrically lossless coil 電気的な損失[ロス]の無いコイル ◆In lossless compression, the expanded or restored file is an exact replica of the original file before it was compressed. 損失のない, 無損失, 可逆]圧縮の場合, 展開あるいは復元されたファイルは, 圧縮前のオリジナル・ファイルの正確な複製である.

**lossy** adj. (材料, 伝送路などが)損失の大きい, ロスが多い, 損失のある, 不可逆の(*データ圧縮あるいは画像圧縮方法が) ◆a lossy dielectric 損失の大きい誘電体 ◆Lossy compression means that the image loses quality and information each time it is saved. 損失あり, 不可逆, 非可逆]圧縮とは, 画像がセーブされるたびに画質と情報を失って行くことを意味する.

**lost** (loseの過去・過去分詞形)失われた, 失った, 紛失した, 消えた, 忘失[遺失]した, 道に迷った, 没頭された, 無駄になった, 負けた, 取り損ねた[逃した], 破滅した, 魅惑にした, 死んだ, 没頭した, 損失, 消滅, 脱落, 逸, 無効, 無駄, 徒, 空, 欠, 敗 ◆lost articles; lost property 遺失物[落とし物, 忘れ物] ◆lost motion 空動き (カラウゴキ) ◆(米)the Lost and Found;

(米)the lost-and-found department; (英)a lost property (office) 遺失物取扱所 ◆to regain lost market share (失った)市場シェアの奪回を図るために ◆the Navy's reuse of numbers from lost planes 海軍による墜落機(の機体)番号の再使用[再利用, 使い回し] ◆ask for lost profits of up to $10 million 最高1千億ドルの逸失利益[得べかりし利益]を補償してくれるよう要求する ◆xxx is seeking $300,000 in lost profits from yyy. xxxはyyyに逸失利益の補償として30万ドル要求している. ◆These small screws tend to get lost. これらの小さいビスは, 無くなりやすい.

**lot** 1 a~ たくさん[多く, 多量, 多数], ロット[バッチ, 荷口, 仕切り], 一山[一組, 一口]; a~ ((副詞的に))大いに, 大変, 随分, 非常に ◆first production lots 初回生産分のロット ◆a lot of money 大金 ◆a lot of equipment 多数の機器 ◆can be used a lot たくさん[ふんだんに]使える; 多用できる ◆depend a lot on... ~に大いに左右される ◆do a lot of capital spending 多額の設備投資[資本支出]をする ◆eat a lot of beefsteak ビーフステーキをたくさん食べる ◆lot-numbered items ロット番号が振られている物品 ◆lots of parts and materials 部品や材料のロット ◆get lots of attention 大受けする ◆in order to address the trend toward smaller lot sizes and more frequent delivery of orders ロットの小口化と注文品[受注品]納品の高頻度化に対処[対応]するために ◆look a great lot better on a 256-color monitor 256色モニター上ではずっと[大幅に, はるかに]良く見える ◆It takes a lot of imagination to be a good translator. いい翻訳者になるには豊かな想像力が要求される.

2 a~ 仲間, 連中, 土地[敷地, 区画, 画地, 用地, ~場]; a~ くじ, 回くじ引き, 抽選; (a)~ 運命, 宿命 ◆draw [cast] lots くじを引く; くじ引きして決める ◆a parking lot 駐車場 ◆a rubble-strewn vacant lot 瓦礫が散乱している空き地 ◆lots for home-building purposes 住宅建設用の宅地 ◆an organization striving to improve the lot of working engineers 働く技術者の境遇の改善を図ろうと努力奮闘している団体

**lottery** a~ 宝くじ, 福引き, 富くじ, 運 ◆a lottery ticket 抽選券 ◆a prize awarded by lottery 抽選で当たる景品 ◆under a lottery system 抽選で

**loud** 大きな音[声]の, 大声の, 大音響の, 声高の, うるさい, やかましい, 騒々しい, 派手な, けばけばしい, 下品な, 下卑た(ゲビタ)の; adv. 大声で, 声高に ◆a loud-ringing bell 大きな音で鳴る[大音量の, けたたましい]ベル ◆from forte (loud) to piano (soft) フォルテ(強音)からピアノ(弱音)まで

**loudly** adv. 大声で, 声高に, けたたましく, 騒々しく, 派手に, けばけばしく

**loudmouth** adj. (= loudmouthed) 大声[声高 (コワダカ)]の, 大声で話す, うるさい, 騒々しい; a~ お喋り(な人) ◆loudmouth civil rights "leaders" 声高の公民権運動の「指導者ら」

**loudmouthed** adj. 大声[声高 (コワダカ)]の, 大声で話す, うるさい, 騒々しい ◆a loudmouthed dog うるさい犬

**loudness** 囗ラウドネス, 音[声]の大きさ, 音量, 騒々しさ, 派手さ, けばけばしさ ◆standard loudness contours ((音響))音の大きさの標準等感覚曲線

**loudspeaker** a~ スピーカー, 拡声器, ラッパ ◆These loudspeakers certainly sound different from others. これらのスピーカーは, 確かに他とは鳴りが違う.

**lounge** a~ (ホテルなどの)ラウンジ[ロビー, 休憩室, 待合室], (主に英)居間, ソファー[寝椅子]; vi. ゆったりと腰掛ける, くつろぐ, 何もしないで時を過ごす, のんびりする, ぶらぶらしている

**loupe** a~ (特に時計修理人, 宝石商が使う)小型高倍率の)ルーペ, 拡大鏡, 虫めがね (= a hand lens, a (small) magnifier, a magnifying glass, a simple microscope)

**louver** a~ ((建築))(遮光, 通風のための)ルーバー, がらり, 羽板, よろい板, よろい窓, 空気取り入れ口 ◆a louvered door ルーバー付きドア

**love** 1 愛, 愛情, 愛着, 好意, 愛好, 好き, 大好きなこと, 恋愛, 性欲, 愛欲; a~ 愛する人 ◆a lost love 失恋 ◆a love hotel

[motel] ラブホテル; 連れ込み旅館　◆a marriage that was devoid of love　愛のなかった結婚　◆fall in love with a company　会社に（ぞっこん）惚れ込む　◆it was virtually love at first sight　それは一目惚れともいうべきものだった　◆his love/hate relationship with Hollywood　ハリウッドとの彼の愛憎［愛と憎しみが相半ばする, 恩讐］の関係　◆for a man and a woman deeply in love with each other　深く愛し合っている［深く相思相愛の］男女のカップルにとって　◆there is no doubt the books are treated with love and respect　これらの書物が大切に扱われている［大事にされている］ことは間違いない　◆Give my love to all inquiring friends.　（私のことをどうしているかと）尋ねてくれるみんなによろしく伝えてください。　◆I recently found a love letter my husband sent to a woman via e-mail.　最近になって, 夫がある女性に電子メールで送ったラブレター［恋文］を見つけてしまいました。　◆I admire my teachers. I hate them too. But, now I am in a state that is beyond love and hate.　私は恩師の先生方に対して大変敬服しましたが、大嫌っでもいる。だけど今は, 愛憎を超えた状態で［恩讐の彼方へといった心境になっています］。
**2** vt. ～を愛している, 愛おしむ, 好む, ～が大好きである, 非常に気に入っている; vi. ◆love repairing bikes　バイクを修理するのが好きである　◆trend-loving Japanese customers　流行好きの日本人顧客　◆Former President Bush said, "Pat Nixon was a lady – a real lady – whom we all loved and respected."　ブッシュ元大統領は「パット・ニクソンは, 私たち誰もが敬愛した真のレディでした」と語った。

**loved one**　a～愛する人, 大切な人, 身内, 家族, 恋人　◆one's loved ones　肉親［家族］, 恋人　◆you and your loved ones　あなたとあなたの身内［家族］　◆those families who lost their loved ones in...；the families of those who lost their lives in...　〈戦争や事件〉で大切な人を失った遺族の人たち; ～で命を落とした［亡くなった］人たちの家族［遺族］

**lover**　a～愛人, 恋人, 情夫; a～（～を）愛する人,（～の）愛好者, 愛好家, 愛～家　◆country music lovers; lovers of country music　カントリー音楽愛好者［ファン］　◆piano music lovers　ピアノ音楽愛好者たち［ファン］

**lovesickness**　 恋煩い［恋思い］（コイワズライ）, 恋の病（ヤマイ）　◆suffer from lovesickness　恋煩いする

**low**　**1**　adj. 低い, 少ない, 小さい, 低級な, 下等な, 劣る, 低調な, 元気のない, 乏しい, 不十分な, 不足している; adv. 低く, 安く, 小さな声［音］で　◆be low in [on] ...　～（の数量）が低い［少ない］　◆low-profile　〈機器などの高さが〉低い, 低背の, 〈人が〉腰［頭］の低い, 低姿勢な, 態度の控えめな　◆a lower number　より小さい数; より若い番号　◆low culture　下位文化　◆the lowest number　一番小さな数［番号］; 最小の数［番号］　◆a low-born person　生まれの いやしい［卑賤の生まれの］人　◆a low parts count　少ない部品数［部品点数］　◆a low-power alert　電源低下警報回路　◆at low speeds　低速時に　◆be low in calories　カロリーが低い　◆keep interest rates low　金利を低水準に保つ　◆on account of a low budget　低予算な［低予算］のため　◆owing to low demand for...　～の需要が低調な［少ない, あまりない］せいで　◆reduce the heat to low　火力を弱くする［「弱」に下げる］　◆a low-toner warning　トナー残量がわずかになった警告［トナー切れ予告警告］（＊コピー機, プリンタなどの）　◆low-tar cigarettes　低タールタバコ　◆the low-frequency response of an amplifier　増幅器の低域応答　◆If the paper is getting low　《OA》用紙が残り少なくなっている場合は　◆lead to higher speed and lower power consumption　～は高速化と低消費電力化［省電力化, 省電化, 節電化］につながる　◆regarding the low numbers of women in his administration　彼の政権に（加わっている）女性の数が少ないことに関して　◆when the tray is low on paper　トレイの用紙が残り少ない［《意訳》トレイが紙切れしそうな］ときは　◆in waters that are less than 7.3 m in depth at low tide　干潮［低潮］時の水位が7.3メートル未満の水域で　◆the scanner is delightfully [amazingly] low priced　このスキャナにはうれしい［驚きの］低価格がついている　◆to far lower levels than I thought possible　私が可能に［《意訳》限界, 限度］だと考えていたよりもはるかに低いレベルまで［水準にまで］　◆when a low paper condition develops in the tray　《OA》トレーの用紙が（残り）少なくなって［切れそうになって, なくなって］きたら　◆The lower the number, the heavier the wire size.　番号が小さければ小さいほど, ワイヤ径は太くなる。（＊アメリカの針金の規格AWGで）

**2** adj.《電子》〈制御信号が〉L（ロー）の　◆This signal is asserted LOW [is active low].　この信号はLOWの状態［レベル］のときアクティブである。

**3** a～低い水準, 低い値, 最低点, 安値, 低気圧,《自動車の》低速ギア　◆an all-time low, a record low　過去［今までの, 史上］最低（の水準）, 空前の低さ,（過去）最低記録,（史上）最安値　◆the temperature reached a low of 18℃　最低気温は18℃だった　◆the dollar's drop to near postwar lows against the yen　円に対する戦後最低水準に近いドルの下落［ドル安］　◆The bass is [The bottom end is, The lows are] rich without being boomy.　バス［低音部, 低域］は, ブーミーにならずに［ボンつくことなく］豊かである。　◆The dynamic range stands at a low 40 to 45 dB.　ダイナミックレンジは, 40dBから50dBという低い値である。　◆Unemployment has been at a 14-year low.　失業率は, 14年来［14年ぶり］の低水準で推移してきている。　◆In summer, temperatures may range from a maximum of 31℃ in the middle of the day to a low [a minimum] of 17℃ in the evenings.　夏には, 気温は日中の最高31℃から晩の最低17℃まで変化するでしょう。　◆The dollar plunged to a post-World War II low of 174 yen, breaking the previous record rate of 175.5 set in 1978.　前回の記録的レートである1978年の175.5円を破って, ドルは戦後最低の174円まで急落した。

**4** a～《電子》〈制御信号が〉L（ロー）の状態　◆send [deliver] a low　L（の制御信号）を送る　◆after a HIGH to LOW transition on RESET　リセット（信号）のHからLへの遷移［立ち下がり］の後　◆when CEN makes a LOW to HIGH transition CEN（信号）がLからHに遷移するとき［CENの立ち上がり］

**low-altitude**　adj. 高度の低い, 低高度の, 低空の, 低層の　◆low-altitude [low-level] windshear detection equipment　《航空》低層ウインドシアー検出機器（＊低層における風の急激な変化を検知して, 航空機の安全を図る）　◆a low-altitude flight of an aircraft　航空機の低空飛行

**low-budget**　adj. 低予算の, 少ない予算で安く上げた　◆a low-budget movie [film]　低予算映画

**low-cost**　adj. コスト［費用, 価格］の低い, ローコスト［低価格, 安価, 廉価］な, 安上がりな　◆a low-cost unit　低価格［廉価, ローコスト］なユニット

**low end**　the～〈of〉（～の）下の方の端（の部分）, 下端, ローエンド; low-end adj.（製品系列の中で, 価格・性能が）下端［最低］の,（最）下位（モデル）の, 低級品の, 低価格［低価格帯］の　◆low-end personal computers　下位機種のパソコン　◆the 2020ST is at the low end of the company's stereo lineup　その会社のステレオラインアップの下端にある［最下位機種である］2020STモデル　◆AMD is gearing up for a price war with Intel at the low end.　AMD社は, 低価格帯におけるインテル社との価格戦争に向けて準備を進めている。　◆The model fills a hole in the low end of the company's laptop offerings.　そのモデルは, 同社のラップトップ型装置商品群のローエンドの穴を埋める

**lower**　**1**　vt. ～を下げる, 下げる, 下ろす, 低下させる, 降下させる, 安くする,〈品質, 評判など〉を落とす; vi. ◆lower the seat three notches　座席（の高さ）を3段階下げる　◆a blood pressure-lowering drug　血圧降下剤［降圧剤］　◆a cholesterol-lowering diet　コレステロールを下げる食餌療法　◆as the temperature is lowered　温度が下げられるにつれて　◆control rods are lowered into the reactor core　制御棒が炉心内に降ろされる［《意訳》挿入される］　◆the lowering of the freezing point of...　～の凝固点の降下　◆lower the lever until the blade teeth are engaged in the surface　ブレードの歯が表面に食い込むまでレバーを下げる　◆The car dealers lower prices to move ex-

cess inventory. 自動車販売業者は過剰在庫を動かそうと値段を下げる[値下げする]。
**2** adj. 下の方の、下方の、下部の、下段の、下位の、低級の、低次の、下層の、下流の、より南の方[南部]の ◆*lower-body* 下半身の ◆*the lower part [portion] of...* ～の下部 ◆*in the lower stratosphere* 下部成層圏で ◆*in the lower reaches of the Nile* ナイル川の下流域に ◆*lower audio frequencies* 低域(オーディオ周波数) ◆*someone (who is) on a lower level* 誰か目下の人 ◆*toward a lower place [position]* 下方に[下位のほうに] ◆*1,800 sea-based "lower-tier" defensive missiles* 1,800基の海上配備型「下層」防衛ミサイル ◆*a part of or the whole of the lower half of the body* 下半身の一部または全部 ◆*At lower right is...* 右下は、～です。(＊写真の説明などで) ◆*Switch to the lower beam of your headlights when you are within 150 m (500 ft) of an oncoming vehicle.* 対向車が150m(500フィート)以内に近づいたら、あなたの車の前照灯を下向きに切り換えてください。 ◆*These lower voltages result in lower power consumption and finer design rules allowing for higher density of on-chip electronics.* 《半導体》《意訳》これらのより低い電圧[低電圧化]は結果的に、低消費電力化、ならびにチップ上の電子回路の高密度化を可能にする微細化につながる。

**lowercase, lower case** (←*uppercase*) n. Ⓒ小文字、小文字活字; lower(-)case adj. 小文字の; vt. ～を小文字で印刷する ◆*a lowercase letter* 小文字 ◆*lower-case alphabetic characters* 《コンピュ》アルファベットの小文字[英小文字] ◆*a lower-case y* 小文字のy ◆*set type in lower case* 小文字で植字する

**lower limit** a～ 下の方の限界、下限、最少(許容)寸法 ◆*approach zero as a lower limit* 下限としてのゼロに近づく

**lowermost** (＝lowest) 最も低い、最低の ◆*the lowermost part of...* ～の最下部

**lower-than-average** adj. 平均より低い[少ない]、平均以下の ◆*They have lower-than-average IQs.* 彼らのIQは平均より低い[平均以下です]。

**lowest** 最も低い、最低の、最低位の、最下位の ◆*from the president on down to [through] the lowest clerk* 大統領[社長]を始めとして末端の事務員まで

**low-fat** adj. 低脂肪の、脂肪の少ない ◆*low-fat milk* 低脂肪乳

**low-flying** adj. 低空を飛行する ◆*a low-flying aircraft* 低空飛行している航空機 ◆*low-flying stock prices* 低迷している株価；低水準で推移している株式市場 ◆*A low-flying economy is giving the world's largest overnight-delivery company some real problems.* 低迷を続ける経済[《意訳》景気の低迷]は、世界最大の翌日配達便企業に大問題をいくつかもたらしている。

**low-grade** adj. 低級な、下級の、低品位[低品質]の、質の低い、質の劣る、劣等の ◆*low-grade coal* 低品位炭 ◆*low-grade employees* 下級職員[従業員]、平社員 ◆*a low-grade ore* 低品位の鉱石[貧鉱]

**low-intensity** adj. 低強度の、〈紛争などが〉低強度の ◆(a) *low-intensity conflict (LIC)* 《軍》低強度紛争

**low-interest** →interest

**low-level** adj. 低レベルの、低層の、地位[身分]の低い ◆*a low-level counter* 《原子力》低レベル(放射線量)計数器 ◆*a low-level town-house dwelling* 低層タウンハウス住宅 ◆*during low-level listening* 小音量で聴く際に、低音量(聴取)時に ◆*low-level personnel* 《集合的に》下級職員、平社員 ◆*low-level subjects like flowers* 低い位置にある花などの被写体 ◆*low-level (radioactive) waste* 低レベル(放射性)廃棄物 ◆*programs written in low-level languages* 《コンピュ》低級言語で書かれているプログラム

**low-light** adj. 低照度の、低輝度の ◆*in low-light conditions that require time exposures* タイム露出撮影が必要な低輝度(状態)時に

**low-load** adj. 負荷[荷重]の軽い、低負荷の、低負荷重の ◆*during low-load conditions* 低負荷状態時に

**low-loss** ◆*low-loss fibers* 低損失ファイバー

**lowly** adj. 地位の低い、謙虚な、低級な; adv. 低く、謙遜して ◆*White House staffers – from the lowliest to the highest – are...* 地位の一番低い者から一番高い者まで米政府職員は、...

**low-lying** adj. (高度の)低い ◆*a low-lying plateau* 低い台地 ◆*low-lying areas* 低い地域、低地 ◆*a low-lying cloud* 低い雲 ◆*a low-lying depression* くぼ地

**low-maintenance** adj. メンテナンス[保守、整備、世話、手入れ、維持管理]の少なくて済む ◆*a long-running, low-maintenance machine* 長期にわたって働き続け、保守整備の少なくて済む機械 ◆*a low-maintenance pet* さほど手のかからない[世話の楽な]ペット

**low-mass** adj. ローマスの、質量の小さい、軽量の ◆*a low-mass car* ローマス[軽量]車

**low-noise** adj. ローノイズの、低雑音の、低騒音の、静寂-、静音- ◆*a low-noise fan* 低騒音ファン

**low-order** (数式、アナログフィルターなどが)低次の、(桁などが)下位の ◆*lower-order bits* 《コンピュ》下位ビット

**low-pass** adj. 《電子》ローパスの、低い周波数成分のみを通す ◆*Low-pass analog filtering at the output cleans up the reconstructed audio signal.* 《音響》出力段でのローパス[低域通過]アナログフィルタリングは、復元されたオーディオをクリーンアップする。

**low-pollution** adj. 汚染[公害]の少ない、低公害の ◆*ultra-clean low-pollution vehicles* 超クリーンな低公害車

**low-power** adj. 出力の低い[小さい]、低 ◆*low-power, low-voltage technologies* 《半導体》低電力・低電圧技術 ◆*low-power tests* 《原発》低出力試験 ◆*a low-power, high-integration processor* 低消費電力型の高集積度プロセッサ ◆*hams who wish to build and operate low-power radio equipment on the amateur radio bands* 低電力[小電力]無線機器を組み立ててアマ無線帯で運用したいと思っているハムの人達[アマチュア無線家たち]

**low-priced** adj. 価格の低い、値段が安い、低価格の、安い、安価な、廉価の、低料金の ◆*a low-priced stock* 株価の安い株、低位株 ◆*low-priced alternative products* 低価格の代替製品

**low profile** n. a～低姿勢の、目立たない[目立たぬ]態度; *low-profile* adj. 〈人が〉腰[頭]の低い、低姿勢の、態度の控えめな、機器などの高さが〉低い、低背型の、薄型の ◆*keep a low profile* 《比喩》低姿勢をもつ；態度を控えめに[小さく]している；目立たないように[おとなしく]している；鳴りを潜めている ◆*a low-profile keyboard* 薄型キーボード ◆*a device with an ultralow-profile design* 超低背型[超薄型]デザインの装置 ◆*a low-profile chip* 薄型チップ ◆*assume a low profile* 低姿勢をとる；目立たない[控え目な]態度をとる；鳴りを潜める ◆*sophisticated low-profile styling* 洗練された低背型[薄型]デザイン ◆*Israel has had a relatively low profile in the computer industry.* イスラエルはコンピュータ業界では、あまり目立たない存在であった。

**low-quantity** adj. 数量が少ない、少量の ◆*low-quantity disk duplication* ディスクの少量(枚数)複製

**low-resolution** adj. 低解像度の

**low-rev** adj. 低速回転の

**low-rise** adj. 〈建物が〉低層の; a～低層建築物 ◆*my low-rise pants sometimes show the waistband of my panties [shorts]* 私のローライズパンツ[股上の浅いズボン]は、時々パンティー[ショーツ]のウエストバンドが見えてしまう

**low-rpm** adj. 回転数の低い、低速回転の、低速の ◆*during low-rpm [low-rev] conditions* 低(速)回転時に ◆*The car lacks low-rpm [low-rev] thrust.* この車は、低速回転域の推力に欠ける。

**low-slung** adj. (位置的に)低い ◆*a low-slung, broad-shouldered V-12 sports car* 地上高の低い肩幅の広いV12(エンジン搭載)スポーツカー ◆*a low-slung condominium [building]* 低層マンション[ビル]

**low-sodium** adj. 低塩の(cf. *reduced-sodium*) ◆*low-sodium soy sauce* 低塩醤油

**low-speed** adj. スピードの遅い, 低速度の, 低速の ◆a low-speed film　低感度フィルム（*シャッタースピードを遅くしたり, 絞りを大きく設定してやる必要がある）

**low tech, low-tech**　(= low technology; ↔high technology) ローテク[低次技術]（の）, 技術水準の低い, 高度な技術を必要としない ◆a low-tech manual system　ローテクの[技術水準の低い]手動で操作するシステム ◆Some things are just too low tech to last.　一部の品物は, あまりにもローテクで[使用されている技術の水準が低すぎて]存続することができない.

**low-technology, low-tech** adj. 技術（レベル）の低い, ローテク[低次技術]の, 高度な技術を必要としない ◆a low-technology [low-tech] robot　ローテク[低次技術]のロボット

**low temperature** (a) ~ 低温 ◆need protection against low temperatures ~は低温に対する保護を要する; (意訳)~には防寒[耐寒]対策が必要である

**low-temperature** adj. 低温の ◆a low-temperature chamber [room]　低温室 ◆a low-temperature test; low-temperature testing　低温試験 ◆a 2-inch, 110,000-pixel, low-temperature polysilicon TFT LCD　2型11万画素の低温ポリシリコンTFT液晶ディスプレイ

**low-voltage** adj. 電圧が低い, 低電圧の, (電) 低圧の ◆a low-voltage system　(電気) 低圧系統

**low-wage** adj. 賃金の低い, 低賃金の ◆a low-wage job　賃金の低い仕事 ◆plants in lower-wage countries　賃金のより低い国にある工場

**loya jirga** a ~ ロヤ・ジルガ（*アフガニスタンの国民大会議）

**loyal** adj. 忠実な, 誠実な, 真正な, 忠誠な, 忠義な ◆loyal corporate soldiers　忠誠な企業戦士たち

**loyalty** ①（~への）忠誠, 誠実, 忠誠, 忠義, 信義 <to>; 《通例 ~-ties》忠誠心 ◆brand loyalty　ブランドに対する忠誠[ブランド信仰] ◆company loyalty　会社への忠誠 ◆a person of fierce loyalties　非常に忠誠心の強い人

**LP** an ~ (pl. LPs, LP's)（エルピー）, 長時間レコード (= a long player, a long-playing record)

**LPG**　(liquefied petroleum gas) 液化石油ガス

**Lr**　ローレンシウム(lawrencium)の元素記号

**LSI** (an) ~, ~s (large-scale integration, a large-scale integrated circuit) 《半導》大規模集積化, 大規模集積回路 ◆large-scale integrated (LSI) circuit technology　大規模積(LSI)回路技術

**LST** an ~ (a tank landing ship; a landing ship, tank)(pl. LSTs)（米海軍の）上陸用舟艇

**Ltd.** (Limited)（主に英）(*会社が有限(責任)の, という意味. 社名の一部に用いる) (cf. Inc.)

**LTTE**　(Liberation Tigers of Tamil Eelam) the ~ タミル・イーラム解放のトラ（*スリランカのタミル人ゲリラ組織）

**Lu**　ルテチウム(lutetium)の元素記号

**lube** 《口》= lubrication, (a) lubricant, lubricate ◆a lube job 《車》注油作業

**lubricant** (a) ~ 潤滑油[剤], 機械油 ◆a cutting lubricant 切削油 ◆apply a lubricant to...　~に潤滑剤を塗る ◆if the ball joint lacks lubricant　玉継手の潤滑剤[油]が足りない[切れている]と

**lubricate** vt. ~を潤滑する, ~に注油する, ~を滑らかにする, (関係)を円滑にする,《俗》~に酒をのませる,《俗》~に賄賂（ワイロ）を使う; vi. 潤滑剤として働く, 注油する ◆a lubricating oil （種類は可算）潤滑油 ◆a gas-lubricated bearing　ガス潤滑式の軸受 ◆the coating lubricates the surface of the fabric　そのコーティングは, 布地の表面をなめらかにする ◆Lubricate the arm with a light coating of grease.　アームにグリースを薄く塗ってください. ◆Self-lubricating bearings are used in the wood lathe and periodic relubrication is not required.　自己潤滑軸受がこの木工旋盤に使用されていますので, 定期的な再注油は必要ありません.

**lubrication**　潤滑, 注油, 給油, 円滑（化）◆Apply a drop of oil to the lubrication locations.　それらの注油箇所に, 油を1滴ずつ注油[給油]してください.

**lubricator** a ~ 油さし, 注油器, 給油器

**luciferase** (a) ~ ルシフェラーゼ, 発光酵素 ◆a luminometer to measure the bioluminescence produced by firefly luciferase　ホタルの発光酵素により生じる生物発光を測定するための光度計[照度計]

**luck** ①運, 運勢, 巡り合わせ, 縁起 ②幸運, 果報, 僥倖（ギョウコウ）◆as luck would have it; by luck　運により; 運命[定め, 巡り合わせ]により（▶幸運／不運は文脈による）◆as bad [ill] luck would have it　運悪く, 運の悪いことには, 不運にも, 不幸なことに, ついていないことには (= unluckily, unfortunately) ◆as good luck would have it; by good luck　運よく, 僥倖（ギョウコウ）◆(luckily, fortunately) ◆a [the] goddess of (good) luck　幸運の女神 ◆often through no fault of their own but through bad luck　多くの場合, 彼ら自身（の落ち度）のせいではなく運が悪かった[ついてなかった]だけで

**luckily** adv. 運よく, 幸いなことに ◆Luckily [Fortunately], I was able to bring the car to a safe stop.　幸いにも, 私は無事[安全に]に停車することができた.

**lucky** adj. 幸運な, 運のいい, 縁起のいい, 有卦(ウケ)に入って, 幸運をもたらす, めでたい

**Lucky-Goldstar** ~ ラッキー金星（*韓国の財閥. 現在はLG商事. 系列にLG電子（旧金星社）がある）

**lucrative** adj. 儲かる, 金になる, 実入りのいい, 収益性の高い, 収益力の強い, 報われる ◆a lucrative contract　実入りのいい契約 ◆a lucrative field [business]　儲かる分野[商売] ◆a very lucrative market　非常に収益性の高い市場 ◆a lucrative slice of the business　その商売のうまみのある部分

**lug** 1 a ~ ラグ, 出っ張り, 突起, つまみ, 取手, 耳, 耳金, へそ, 爪, だるま, 端子 ◆a safety lug　（カセットテープの）誤消去防止ツメ ◆a spade lug　先割れラグ[端子]（*先がU字形になっている）
2 v. 力任せに引く, ひきずる ◆The itinerary also is useful in planning what to pack so you can lug around as little as possible.　旅程予定表も,（荷物を）できるだけ少なく[身軽に]運搬できるよう何を詰めるか決めるのに役に立ちます.

**luggage**　《主に英国》荷物 → baggage

**lukewarm** adj. なまぬるい, 人肌の, 微温の; 熱の入っていない, 気乗りしていない, いい加減な ◆lukewarm support から一部の支持 ◆十分に熱のこもっていない~からの支持 ◆The entire case acts as a heatsink, and it gets only lukewarm to the touch.　ケース全体がヒートシンクの働きをするため, 触ってみてちょっと温かく感じる程度の熱しか持たない.

**lull** a ~ なぎ, 小康; vt. ~をなだめる, 寝つかせる,（波, 暴風雨など）を鎮める; vi. なぐ, 弱まる ◆We are in a lull before the storm as far as cocaine is concerned.　コカインに関する限り, 今は嵐の前の静けさというところである. ◆The league has obviously hit a lull after the hand-over-fist growth of the '80s and early '90s.　同リーグには, 80年代から90年代初期にかけての急激な大成長を遂げた後に, はっきりとした一服感が出てきた.

**lumber** 1 ①木材, 材木, 挽材（ヒキザイ）, 板材, 用材, 建材, 製材, しまってある雑多ながらくた ◆dried lumber　乾燥した木材（木材, ひき材, 角材, 板材）◆a 1" x 6" piece of lumber 1インチ×6インチの木材1枚
2 v. 木材を切り出す, 製材する

**lumen** a ~ (pl. -mens, -mina)（略 lm）《光》ルーメン（*光束の単位）◆1200 ANSI lumens of brightness allows lights-on presentations.　1200ANSIルーメンという明るさなので電気をつけたままでのプレゼンテーションが可能です.（*a data projectorで）

**luminaire** a ~ 照明器具 (= a light fixture)

**luminance**　輝き, 輝度 ◆a luminance [brightness, Y] signal　輝度信号 ◆a high-luminance lamp　高輝度ランプ（*液晶プロジェクタの話で）◆a high-luminance 1900-ANSI lumen projector　1900ANSIルーメンの高輝度プロジェクタ ◆a newly

**lunchbox, lunchpail, lunch bucket** *a* ～弁当 ◆ a lunchbox-style portable computer　弁当箱スタイルの携帯型コンピュータ

**luncheon** (*a*) ～(正式)の昼食, 昼食会, 午餐, 午餐会 ◆ have a luncheon engagement with...　〈人〉と(正式な)昼食の約束がある

**lunchtime** (*a*) ～昼食時間 ◆ at [during, in] lunchtime　昼休みに

**lung** *a* ～(片方の)肺, 肺臓 ◆ at the top of one's lungs　声を限りに ◆ a human lung carcinogen　ヒトに肺癌を起こさせる発癌物質 ◆ can cause lung cancer　～は肺癌を起こすことがある[肺癌の原因となる] ◆ large-lunged Texans　肺活量の大きなテキサス人 ◆ he now has normal lung capacity　今では彼の肺活量は普通である ◆ Trees are the lungs of the planet.　樹木は地球の肺である。

**lunge** *a* ～〈フェンシングなどでの〉突き, 突っ込み; v. 突く, 突進する[させる] ◆ lunge into the world of electronic publishing　電子出版の世界に突入する

**lurch** 1　*a* ～がくんと揺れること, 突然の揺れ[傾斜], よろめくこと; vi. 不意にかしぐ, がくんと揺れる[傾く]
2　*a* ～大敗, 惨敗(*相手に大きな得点差をつけられること)

**lure** 1　vt. ～をおびき寄せる, 誘い出す, 誘惑する ◆ lure younger buyers　〈製品, 店などの〉より若い購買者層を引き付ける ◆ foreign-owned shoe and clothing factories that had been lured to Jamaica's tax-free zones　ジャマイカの保税地域に誘致された外資系の靴や衣料品の工場 ◆ Karl says he was lured by the smell of easy money.　カールはあぶく銭の匂いに誘惑されてしまったと言っている。 ◆ Since the semiconductor industry is doing so well, it's increasingly difficult to lure away engineers because of golden handcuffs.　半導体業界は非常に調子がいいので, 黄金の手錠のせいで, 技術者の引き抜きはますます難しくなっている。(*golden handcuffs = 優秀な社員をつなぎ留めておくためのストックオプションなどの報奨や成功報酬)
2　n. the ～ (～の)魅力 <of>; *a* ～ルアー, 疑似餌, おとり (= a decoy) ◆ an artificial lure　疑似餌; 疑似針: ルアー ◆ lures of all descriptions　(ありと)あらゆる種類の疑似餌 ◆ The lure of the giant collider is irresistible.　超大型粒子加速器の魅力には勝てない。 ◆ Wherever they shop, consumers should know what is a bargain and what is merely a lure for getting them into the store.　どこでショッピングするにせよ, 消費者は何がお買い得品で何が客寄せのための単なるおとり商品なのか分からなくてはならない。

**luscious** adj. よい香りのする, 味のよい, 芳醇な, 贅沢に飾り立てた, 官能的な, 甘ったるすぎる ◆ luscious colors　きれいな色

**lush** adj. 青々とした, 瑞々(ミズミズ)しい, 青々と茂った, 緑なす, 緑したたる, 緑豊かな; 豊富な, 贅沢な, 絢爛(ケンラン)たる, 豪華な ◆ in a lush green mountain jungle　みずみずしく生い茂る緑豊かな山岳部のジャングルで ◆ walk through a lush forest area　緑したたる[青々と茂った]森林地帯を歩く ◆ a lush expense-account restaurant　豪華な接待[社用族]向きのレストラン

**lust** 1　(*a*) ～(激しい)肉体的欲望, 性欲, 情欲, (世俗的な)欲望 <for> ◆ a lust for power　権力欲
2　vi. (～を)熱望[渇望]する<for, after>, (～に対し)情欲を持つ<for, after>

**luster** (*a*) ～ラスター, 光沢, 艶(ツヤ), テカり, 光輝, 光沢塗布膜; *a* ～艶出し剤, 研磨剤; ①栄光, 名声 ◆ a metallic luster　金属光沢 ◆ add luster to...　～に輝きを添える (*比喩的にも用いられる)

**lustrous** adj. 光沢のある, 輝きのある, 艶(ツヤ)のある, 著名な ◆ a lustrous metal　光沢のある金属

**lutetium** ルテチウム (元素記号: Lu)

**lux** *a* ～ルクス[ルックス] ◆ emit 2500 lux of full-spectrum light　2500ルクスのフルスペクトル光を発する

**luxmeter, lux meter** *a* ～ルクス[ルックス]計, 照度計

**luxurious** adj. ぜいたくな、豪華な、豪奢(ゴウシャ)な、高級な、快楽にふけった、ふんだんな、たっぷりの ◆a luxurious sports car 豪華なスポーツカー

**luxury** (1)ぜいたく、奢侈(シャシ)、豪奢; a～ 贅沢[奢侈, 高級]品、めったにないうれしい[有り難い]こと; (2)得がたい満足[喜び] ◆a luxury condominium 豪華マンション;《(米)意訳》億ション ◆a luxury home 高級住宅 ◆luxury goods (シャン)[ぜいたく]品 ◆an ultra-luxury hotel 超豪華[超高級]ホテル ◆a luxury hotel 豪華[高級]ホテル ◆live in luxury; lead [live] a life of luxury 贅沢に暮らす ◆the French luxury-goods industry フランスのぜいたく[高級]品産業 ◆An air conditioner is no longer considered a luxury. エアコンは、もはや贅沢品ではなくなった。 ◆The car's interior finish suits the luxury features. この車の室内の仕上げは、豪華装備にふさわしいものになっている。

**lyric** adj. 叙情の、叙情詩の、叙情詩的な、情感豊かな、歌の、歌のための; a～ 叙情詩(通例～s で複数い)歌詞 ◆a lyric poem; (2)lyric poetry 叙情詩《*作者の思いや感情を表現した》 ◆complete lyrics to each song 各曲の全歌詞 ◆Music by...; Lyric [Words] by... 曲[作曲]〈だれそれ〉、詩[作詞]〈だれそれ〉 ◆the lyrics of the song being played 演奏中の曲の歌詞

# M

**ma-and-pa** → mom-and-pop

**Mac** (Macintosh)(商標)the～ 《コンピュ》(マック); a～ あ1台のMac ◆our annual report designed on the Mac Mac上で[を使って]デザインされた我が社の年次営業報告書

**MAC address** 《コンピュ》(media access control address)

**Mach** マッハ(数)《*航空機やミサイルの速度を表す単位》 ◆an airplane traveling [flying] at Mach 2.5 マッハ2.5で飛行する飛行機 ◆The speed of airflow in a wind tunnel is usually expressed as a Mach number. 風洞内の気流の速度は通常マッハ数で表される。

**machinability** ◆improve the machinability of... ～の機械加工性[可削性、切削性、被削性]を向上させる

**machine** 1 a～ マシン、機械、装置、ハードウェア、-機、機構、組織、機械のような人間 ◆a host machine 《コンピュ》ホスト機[装置、マシン]; (a) machine design 機械設計 ◆a machinegun [machine gun] 機関銃[機銃] ◆a machine instruction 《コンピュ》機械語命令 ◆an administrative machine 管理[行政]機構 ◆machine translation 機械翻訳、自動翻訳 ◆a high-spec machine 《口》高性能 ◆a machine for the production of... ～の生産のための機械 ◆machine-room-less elevators 機械室レス[の、ない、不要の]エレベーター ◆(be) machine washable and dryable 機械洗いと機械乾燥が可能な; 洗濯機と衣類乾燥機が使える ◆the actual machine that processes his mail 実際に彼のメールを処理するマシン[機械、装置]《*コンピュータのこと》 ◆High-level languages are relatively machine-independent. 《コンピュ》高級言語は、比較的機械に依存しない。 ◆The project was done by machine. このプロジェクトは、機械によって行われた。 2 vt. ～を機械加工する、機械切削する、機械仕上げする ◆a machined part 機械で加工されている部品[機械加工部品] ◆an alloy with good machining properties 切削性の良好な合金; 良好な機械切削性を有する合金 ◆require close tolerance machining 精密機械加工を要する ◆the hardest-to-machine super alloy 最も機械加工のしにくい[難削な]スーパーアロイ ◆difficult-to-machine materials such as tungsten, titanium, alumina, tantalum and Inconel タングステン、チタン、アルミナ、タンタル、インコネルなどの難削材

**machine code** 《コンピュ》機械コード

**machine language** (a)～ 《コンピュ》機械語 ◆software written in machine language 機械語で書かれているソフトウェア

**machine-level** ◆machine-level instructions 《コンピュ》マシンレベル[機械語]の命令

**machine-made** 機械で作られた、機械織り[編み]の

**machine-readable** 機械読み取り可能な、機械可読な ◆store data in machine-readable form 《コンピュ》機械可読な形でデータを記憶する ◆convert the data into machine-readable form そのデータを機械可読な形に変換する

**machine run** a～ 《コンピュ》マシンラン《*一つのプログラム、あるいは一つ以上のルーチンから成る一連の処理の、最初から最後までの実行》

**machinery** (1)《集合的に》機械(類)、装置(類)、機構部分、可動部、機構、組織、機関 ◆heavy machinery 重機; 重機械 ◆production machinery 生産機械(類) ◆the acquisition of machinery and materials for... ～のための機械および材料[機材]の調達

**machine tool** a～ 工作機械

**machine-vision** 機械視覚 ◆a machine-vision inspection system 機械視覚検査システム《*テレビカメラやイメージセンサを用いた検査システム》

**machining center** a～ マシニングセンター、複合(NC[数値制御])工作機械

**machinist** a～ 機械工、ミシン縫い工、工作機械運転員、機械修理工 ◆a three-drawer machinists' [mechanics] chest 三段引出し付き工具箱

**macho** 《スペイン語から》adj. マッチョな、男っぽい、たくましい; (2)男らしさ; a～ タフガイ、体がっがっしりして精力的な男 ◆macho types マッチョ[男っぽさと筋肉誇示型の]タイプ(の男性たち)

**Macintosh** 《商標》the～ (マッキントッシュ)《*米国アップルコンピュータ社のパソコンの商標》; a～ (pl. ～es) ある1台のMacintosh ◆PowerPC-equipped Power Macintoshes《*CPUとして》PowerPCを搭載したPower Macintosh ◆file transfers between Macintoshes and PCs 《コンピュ》Macintoshと(IBM系)PCの間のファイル転送

**macro** adj. マクロな、大きい、大規模な、広範な、マクロの; a～ マクロレンズ、《コンピュ》マクロ ◆a macro assembler 《コンピュ》マクロアセンブラ ◆macro recording and playback 《コンピュ》マクロの記録と実行 ◆a medium tele macro lens 中焦点距離のテレマクロレンズ ◆create [write, edit, execute, run] a macro 《コンピュ》マクロを作成する[〈順に〉書く、編集する、実行する] ◆The main toolbar has icons for recording, stopping, and playing macros. メインツールバーには、マクロを記録、停止、実行するアイコンがある。

**macroeconomic** adj. マクロ[巨視的]経済学の ◆Japan's macroeconomic planning 日本の巨視的経済計画

**macroeconomics** (1)マクロ[巨視的]経済学

**macrophage** a～ マクロファージ、大食細胞、食食細胞

**macroscopic** 巨視的な、肉眼で見える、肉眼的な、概観的な ◆a macroscopic model 巨視的なモデル、マクロモデル ◆from a macroscopic viewpoint マクロ的に見ると

**mad** adj. 気が狂った、頭がおかしくなった、気違いの; 狂気じみた、狂ったような、気の毒も狂わんばかりの; 怒り狂った、かんかんに起こった、腹を立てて; のぼせ上がって、首ったけの、夢中になって、血道を上げて; 狂気の沙汰の、ばかげた、無くちゃな、無謀な、無分別な; (犬が)狂犬病にかかった、(牛が)狂牛病にかかった ◆like mad (= like crazy) 《口》狂ったように、気が触れたように、死にものぐるいで、猛烈に、すさまじく ◆a money-mad era 金狂いの[拝金]時代 ◆be [get] mad as hell about... 《口》～のことでかんかんになって怒っている[激怒する、憤慨する]

**MAD** (Mutually Assured Destruction) 相互確証破壊《*冷戦時代に米ソが、文明が消滅しかねないほどの大量の核兵器を所有し互いに牽制し合った》

**MADD** (Mothers Against Drunk Driving)《無冠詞》《米》飲酒運転に反対する母親の会

**made** (make の過去・過去分詞形) adj. 作られた、製造された、-製の、-加工の、(話などが)でっち上げられた、人造の、(人が)成功間違いなしの ◆better-made products もっと品質[出来、つくり]の良い製品 ◆a machine-made carpet 機械

**made-for-** 〜向け［〜用］に作られている ◆a made-for-TV movie [film] テレビ映画(*テレビ放映用に制作された)

**made-to-measure** adj.〈衣服などが客の寸法に合わせた〉注文仕立ての (= custom-made, ↔ ready-made) ◆a made-to-measure suit イージーオーダーのスーツ1着(*採寸に基づいて標準型紙を使って仕立てるのが a full-custom suit とは異なる)

**made-to-order** adj. 注文して作らせた、オーダーメイドの，注文［受託，特別仕様による］製作の，あつらえの，あつらえような (= tailor-made, custom-made, custom; ↔ ready-made) ◆a made-to-order suit (≒ a made-to-measure suit) オーダーメードの［あつらえて作った, 注文服の］スーツひとそろい

**made-up** adj. でっち上げられた、作り上げた、こしらえた、嘘の、組み立てられた、完成した

**madness** □狂気、精神異常［錯乱］，狂気の沙汰(サタ)，愚の骨頂(コッチョウ)，熱狂，熱中，夢中 ◆it would be sheer madness to <do> 〜するなんて全く狂気の沙汰と言えよう

**magazine** a〜雑誌, 格納庫, パトローネ, (スライド映写機の)マガジン, 弾倉, 弾薬庫, 火薬庫 ◆a six-disc magazine ディスクが6枚収納できるマガジン

**magenta** マゼンタ、(赤)紫(*テレビやディスプレイにおいて、原色の赤と青を減光混合することによって得られる赤みがかった紫色)

**maggot** a〜ウジ, ウジ虫; a〜気まぐれ(= a whim), 奇抜な空想［奇想］(= an eccentric idea, an odd notion) ◆fly maggots that occur in manure and carrion こやしや腐肉の中にいる[発生する, わく]蛆(ハエ)のウジ ◆Maggots breed in stagnant waters high in organic matter. ウジ虫は、有機質に富んだ溜まり水の中にわく。

**maglev** (magnetic levitation) リニアモーターカーの; a〜リニアモーターカー

**Magna Carta** 〈英史〉 ◆England's Magna Carta of 1215 英国の, 1215年に成立した大憲章［マグナ・カルタ］

**magnate** a〜〈実業界などの〉有力者, 大立て者, 大鎮(ジュウチン), (特定の業界の)-王 ◆a weekly magazine bankrolled by media magnate Rupert Murdoch メディア王ルパート・マードックが出資している週刊誌

**magnesium** □マグネシウム(元素記号: Mg)

**magnet** a〜磁石, 磁鉄鉱, 人を引き付ける人［物］ ◆a magnet switch (電)マグネットスイッチ(*永久磁石や電磁石を利用したもの) ◆a hyperfast magnet-propelled train 超高速磁気推進式列車[リニアモーターカー]

**magnetic** adj. 磁石の、磁気の、磁性の、磁力の、磁針の ◆a magnetic eraser; a demagnetizer 消磁器 ◆(a) magnetic flux density 磁束 ◆(a) magnetic force 磁気力, 磁気強度 ◆a magnetic head 磁気ヘッド ◆a magnetic path 磁路 ◆a magnetic stirrer マグネティックスターラー, 電磁撹拌(カクハン)機 ◆a magnetic storm 《地球》磁気あらし ◆a magnetic stripe 磁気ストライプ(*銀行カードなどについている磁性体の帯) ◆a magnetic substance [material] 磁性体 ◆magnetic field strength [intensity] 磁場[磁気]の強さ; 磁界[磁場]強度 ◆magnetic lines of force 磁力線 ◆magnetic repulsion 磁気反発(力)[斥力] ◆magnetic separation 《鉱山》磁力選鉱, 磁選 ◆magnetic ink 磁気インク ◆(a) magnetic flux density 磁束密度 ◆a magnetic-strip reader 磁気ストリップリーダー(*銀行カードなどの磁気データを読む装置) ◆magnetic input media 磁気入力媒体 ◆single-magnetic-domain particles 単磁区粒子 ◆a magnetic anisotropy constant 磁気異方性定数 ◆exhibit magnetic properties 磁気的な特性・性質[磁性]を呈する ◆high magnetic loss characteristics 高い磁気損失特性 ◆keep away from magnetic sources 磁気を発生する[ある]ものを近づけない; 磁気発生源の近くには保管しない

magnetic domains on a disk 《コンピュ》ディスク上の磁区 ◆the speakers have internal magnetic shielding to prevent damage to monitors これらスピーカーはモニターを損傷をしないよう磁気シールドを内蔵している[内部には防磁が施されている]

**magnetically** adv. 磁気的に ◆a magnetically levitated actuator 磁気的に浮かされている[磁気浮上式]アクチュエータ

**magnetic field** a〜磁界, 磁場 ◆in high magnetic fields 強磁場で ◆Avoid magnetic fields. 磁界[(意訳)磁気]を避けてください。 ◆the presence or absence of a magnetic field at each position on the tape (磁気)テープ上の各箇所での磁界の有無

**magnetic ink** (a)〜磁気インク ◆magnetic ink character recognition (MICR) 磁気インク文字認識

**magnetic resonance** (a)〜磁気共鳴 ◆nuclear magnetic resonance (NMR) 核磁気共鳴 ◆magnetic resonance imaging (MRI) 磁気共鳴映像法, 磁気共鳴断層撮影法 ◆magnetic resonance spectroscopy 磁気共鳴分光学[分光器使用法, 分光分析技術]

**magnetism** □磁気, 磁性, 磁力, 磁気学; 人を引き付ける力［魅力］ ◆the magnetism of the earth; the earth's magnetism; geomagnetism; terrestrial magnetism 地磁気 ◆Floppy disks and magnetic tapes are susceptible to damage from intense magnetism. フロッピーディスクや磁気テープは、強力な磁気でダメになりやすい。

**magnetite** □磁鉄鉱 ◆crystals of magnetite マグネタイト[磁鉄鉱]の結晶

**magnetization** □磁化, 励磁 ◆the direction of magnetization 磁化の向き ◆the magnetization curve of iron 鉄の磁化曲線

**magnetize** vt. 〜を磁化する, 帯磁させる, 励磁する, 〈人〉を引き付ける ◆become magnetized 磁化される; 帯磁する ◆(a) magnetizing force 磁化力 ◆(a) magnetizing current 磁化電流

**magneto** a〜マグネト[マグネット, 磁石]発電機(*永久磁石を使用したもの) ◆a magneto telephone (set) 磁石式電話機

**magnetohydrodynamics** (略 MHD) n. 磁気[電磁]流体力学, 発電; magnetohydrodynamic adj. ◆a magnetohydrodynamic power generator 磁気[電磁]流体発電機; MHD発電機 ◆seawater magnetohydrodynamics (MHD) experiments 海水磁気流体力学実験

**magnetometer** a〜磁気計, 磁力計, 磁気力計 ◆a proton magnetometer プロトン磁力計

**magneto-optic, magneto-optical** adj. 光磁気の, 磁気光学的な ◆a magneto-optical disk [disc] 光磁気ディスク(*diskのスペルがMOと多くいられるようになっている) ◆a magneto-optical (MO) drive 光磁気(MO)ドライブ ◆a 650Mbyte 3.5-inch magneto-optical disk (MOD) drive 650メガバイト3.5インチ光磁気ディスクドライブ

**magnetoresistive** adj. 磁気抵抗の, 磁気抵抗効果を利用した ◆a giant magnetoresistive (GMR) head 巨大磁気抵抗効果型(GMR)ヘッド(*IBMがハードディスク用に開発した)

**magnification** □拡大, 増幅, 倍増; (a)〜倍率, 拡大率, 増幅度; a〜拡大図, 拡大像 ◆a microscope of a magnification over 400 times 倍率400倍以上の顕微鏡 ◆observed under magnification 拡大して観測された ◆up to 6x magnification 最高6倍の倍率まで ◆under high magnification (up to 75x) on the 19" high-resolution monitor 19インチ高解像モニター(画面)上で(75倍までの)高倍率で

**magnificent** adj. 壮麗な, 壮大な, 荘厳な, 堂々とした, すばらしい, 豪勢な ◆do a magnificent job 立派な[すばらしい]出来栄えの仕事をする

**magnifier** a〜拡大鏡, ルーペ, 虫めがね

**magnify** vt. 〜を拡大する, 誇張する, 強める; vi. ◆a magnifying glass 拡大鏡, ルーペ, 虫めがね ◆a magnified [an enlarged, a zoomed-in] view of... 〜の拡大図 ◆magnify it by 20,000 times 　それを2万倍に拡大する ◆a photograph of a DNA strand magnified a million times by a scanning tunneling microscope 　走査型トンネル顕微鏡により100万倍に拡大したDNAの鎖の写真 ◆When the picture is magnified, most of it is no longer visible on the screen. 　《コンピュ》絵が拡大されると、その（画像の）ほとんどの部分は（はみ出して）画面上で見えなくなってしまた.

**magnifying glass** 　*a* 〜 拡大鏡、虫めがね、ルーペ、（易者が使う）天眼鏡

**magnitude** 　①大きさ、長さ、規模、重大さ、重要性、深刻さ、（星の明るさの）等級；②（地震の規模）マグニチュード ◆a 1st magnitude star 　一等星 ◆direct current that does not vary in magnitude 　大きさ[振幅]の変化しない直流 ◆measure the magnitude of air velocity 　風速の大きさを測る ◆a magnitude increase in storage capacity 　記憶容量の大幅な増加 ◆an earthquake of magnitude 8.0 or stronger 　マグニチュード8.0以上の地震 ◆stars of variable magnitude 　（明るさの）等級が変化する星 ◆vectors of different magnitudes 　大きさが異なるベクトル ◆brighten from about 3rd magnitude to 1st magnitude 　（星が）約3等から1等の明るさで輝く ◆the earthquake had a magnitude of 8.0 　その地震はマグニチュード8.0あった ◆a 5.3-magnitude earthquake [quake] struck at 9:10 a.m. 　マグニチュード5.3の地震が午前9時10分に襲った ◆The current changes in magnitude. 　この電流は、大きさが変化する. ◆The anode current is approximately equal in magnitude to the cathode current. 　陽極電流は、陰極電流と大きさがほぼ等しい. ◆These voltages must be of equal magnitude but 180°out of phase. 　これらの電圧が大きさが等しく、かつ（互いに）位相が180°ずれていなければならない.

**mahogany** 　*a* 〜 (*pl.* -nies)《植》マホガニー（の木）；①マホガニー材（＊高級家具の材料）；①マホガニー色（＊赤褐色） ◆mahogany furniture 　マホガニー材の家具

**maiden** 　*a* 〜《古》乙女、少女、娘、処女; *adj.* 乙女の（ような）、〈女性が〉未婚［結婚前］の、処女の、〈雌が〉交尾したことのない、子を産んだことのない［未経産の］、初の、初めての、未踏の、未開の ◆one's mother's maiden name 　母の旧姓

**maiden voyage** 　*a* 〜 処女航海 ◆the submarine set out on its maiden voyage yesterday 　その潜水艦は昨日処女[初]航海に出た

**mail** 　1 ①《集合的》郵便物、郵便、メール（▶mail は不可算だが、e-mail は可算扱いされることもある）（→email の用例も参照）；①（しばしば〜s）（一国の）郵便制度 ◆by mail; through the mail 　《英》by post) 　郵便で[郵送で] ◆by return mail 　折り返し（のメールで）; 返信で ◆a mail carrier 　郵便配達人 ◆voice mail 　ボイスメール ◆approximately 1,000 pieces of mail 　約1千通のメール（▶mailは不可算名詞なので、数えたい場合にはこのような表現が使える。なお、電子メール e-mail [email] は可算名詞扱いできるが、数えたい場合は an email message を用いることが多い） ◆by [via] mail, fax, or regular mail 　電子メール、ファックス、または通常メール[郵便]で（▶regular mailは、ここではeメールと区別して郵便を意味するが、書留などと区別して通常郵便を意味するときもある） ◆cross in the mail 　《2つの郵便物が》行き違いになる ◆e-mail and snail mail pals 　電子メール友達[メル友]と通常郵便でのペンパル ◆exchange floppy disks by mail 　フロッピーディスクを郵便で交換しあう ◆sent through the mail 　郵送された ◆if ordering by mail 　郵便でご注文の場合は ◆by registered mail, certified mail, regular mail, or private delivery service 　書留、配達証明郵便、通常郵便、あるいは民間配達サービスで 　2 *vt.* 〜を郵送する、郵便で送る、投函する、郵便で発送する〈out〉 ◆mail in 　〜を投函する ◆mailing labels 　宛名ラベル ◆a mailing piece returned to a mailer 　差出人に戻された郵便物1通 ◆mail samples to the given address 　所定の住所に見本を郵送する

**mailbox** 　*a* 〜《米》郵便ポスト (=《英》a postbox)

**mailer** 　*a* 〜 郵便物発送者, 郵便物を発送する封筒や紙に、郵便で発送される印刷物、《コンピュ》メーラー[電子メールソフト]

**mailing list** 　*a* 〜 （ダイレクトメールなどの）発送先名簿、《ネット》メーリングリスト ◆a mailing list of 2 million names 　200万人分の住所名簿

**mail order** 　n. ①通信販売、メールオーダー、カタログ販売; mail-order adj. 通信販売の ◆a mail-order house [firm, business, company] 　通信販売会社 ◆buy... by mail order 　〜を通信販売で買う

**main** 　1 adj. 主な、主要な、電源の、幹線の、幹の、本の、元の、原の、基本の、主の、中央の、主要の、親の、母の ◆a main body 　本体 ◆a main control room 　（発電所の）中央制御室、（テレビ局の）主調整室 ◆a main issue [subject] 　本題 ◆a main track 　本線 ◆a main [trunk] network 　基幹ネットワーク ◆a main unit 　（機器などの）本体,主装置 ◆a main valve 　メインバルブ; 主弁; 元弁 ◆the main business section of a town 　町の中心部[中心街] ◆by main strength [force] 　全力を尽くして ◆the main body of a document 　文書の本文 ◆the main body of a program 　プログラムの本体 ◆the main points of a speech 　スピーチ[話]の要点 ◆the main cause of air pollution 　大気汚染の主因 ◆the seven main [major] industrialized nations 　主要先進7カ国 ◆become a main force in the wrestling world today 　今日のレスリング界の主勢力[雄]になる ◆Here are the main points of the accord: 　協定の主な点[要点]は次の[次の]通りです. ◆the main entrance to the U.S. Rhine-Main air base 　（ドイツにある）ライン・マイン米空軍基地の正面入り口[門] ◆Mazda Motors has its main plant in Hiroshima. 　マツダ自動車工は広島に主力工場を持っている.

2 n. a〜, 〜s（ガス, 水道の）本管, (電気の) 幹線, 本線; 〜s（主に英）（交流[AC]）電源（＊壁のコンセントまで来ている電源）; the 〜 要点 ◆turn off the mains 　電源を切る ◆a mains cord 　電源コード ◆water [gas] mains 　水道［ガス］の本管 ◆a mains-powered device 　AC電源で働く［AC電源駆動式の］装置（＊多くの場合、「家庭に来ている電源」での意味） ◆irregularities in the mains supply 　電源供給の異常 ◆overhead electricity mains 　配電用の架空電線 ◆it's powered by a mains adaptor 　《英》それはAC電源アダプターで働く ◆put the notebook to sleep until mains power can be connected 　AC電源の接続が可能になるまでノートパソコンを休眠させる ◆run from 117 volt or 220 volt mains 　117ボルトまたは220ボルト電源で動作する ◆use AC power (the mains), a car battery, or solar panel 　AC電力（家庭用電灯線電源）、カーバッテリー、または太陽電池パネルを用いる ◆when used on 240V mains 　240V電源で使った場合 ◆Mains voltage in Germany is 220V 50Hz. 　ドイツの電源電圧は220ボルト、50ヘルツである.

**in the main** 　大部分は、おおむね、だいたい、概して ◆agree in the main with... 　〜におおむね賛成[大枠で同意]する

**mainframe** 　*a* 〜 汎用（超）大型コンピュータ［メインフレームコンピュータ］, 《古》コンピュータ本体 ▶《コンピュ》元々は, 部屋一杯の大きさだった昔のコンピュータのキャビネットの意味であった. 次第に、中央演算処理装置とメモリーを格納したコンピュータ本体を意味するようになった. しかし、1970年代前半のミニコンピュータの出現以来, a mainframe はミニコンピュータより処理能力の大きなコンピュータの意味で用いられている. 従って、現在は「本体」の意味はない. ◆a mainframe computer 　メインフレーム［大型］コンピュータ ◆The fiber-optic test instrument consists of a mainframe and a variety of plug-in modules for various detectors and light sources. 　この光ファイバー試験器は、本体と、各種検出部および光源用の各種プラグ接続式モジュールから構成されている.

**mainland** 　*the* 〜 本土、本国; （台湾に対して大陸側の）中国、（タスマニア島に対して）オーストラリア大陸 ◆on the United States (U.S., American) mainland; in the mainland United States 　米国本土で[の]

**mainly** 　adv. 主に、主として、だいたい、概して

**main memory** 　*a* 〜（冠詞のaが付くことは極めてまれ）《コンピュ》メインメモリー、主記憶、主記憶容量［空間、域］,

主記憶装置　◆megabytes of main memory　何メガバイトかのメインメモリー[主記憶容量]　◆damage the contents of main memory　主記憶(装置)の内容を破壊する　◆The database system uses large amounts of main memory to perform operations such as sorting and searching.　データベースシステムは、ソート[並び替え]、検索などの操作に大量のメインメモリー[主記憶(空間)]を使う。

**mains**　(英)電源(→ main 2)

**mainstay**　a〜　大黒柱, 主力[柱]となる人[物], 中心人物; a〜 (帆船の主マストを支持・固定するロープ)メーンステー　◆the mainstay of the network system　そのネットワークシステムの中核　◆Agriculture constitutes the mainstay of the local economy.　農業は地元経済の主幹[主体]を成すものである。　◆Agriculture is the mainstay of the local economy.　農業は地元経済の主力[主役, 中心]になっている。　◆Petroleum production is the mainstay of the economy.　原油生産が経済の屋台骨である。　◆Tourism is a mainstay of the economy.　観光が経済の柱の一つとなっている。　◆WordStar obviously is still the company's mainstay.　WordStarが紛れもなく依然として同社の主力商品である。

**main storage**　《通例①》《コンピュ》主記憶, 主記憶装置(= main memory)

**mainstream**　the〜　主流, 本流, (思想の)主潮; adj.　〜 go mainstream　主流になる　◆the conservative mainstream　保守主流派　◆non-mainstream political circles　(政治の世界の)非主流派　◆become part of the mainstream　主流の一部になる; 主流の一角を成す　◆be in the mainstream　大勢を占めている; 主流をなしている　◆break into the mainstream　主流に加わる　◆〜 will be mainstream.　〜は主流になるだろう　◆an idea very much outside the mainstream　主流から大きく外れている[ごく少数派の, 非常にマイナーな]考え方　◆expel one's rival from the mainstream　ライバルを主流から追い出す[駆逐する]　◆far outside the mainstream of established opinion　既成見解[一般通念]の主流からかけ離れた　◆This is becoming mainstream thinking.　これは大勢を占める考え方[これが大方の見解]になってきている。　◆Jews are very much in the mainstream of European society　(意訳)ユダヤ人は欧州社会(の中心)にすっかり入り込んでいる　◆personal vehicles that are out of the mainstream　非主流のパーソナル車　◆it's very much in the mainstream of consumer interests　それは消費者の関心のまさに主流にある[中心的位置を占めている]　◆By this time next year, they will be out of the mainstream.　来年の今ごろまでには、それらの製品は主流から外れて[主流ではなくなって]いるだろう。　◆AIDS may not break out in a big way into the mainstream population.　エイズは大勢を占める一般市民[普通の人々]の間で大発生し蔓延するかといったようなことはないだろう。　◆Environmental tobacco smoke (ETS) is composed of both mainstream and sidestream smoke.　環境中のタバコの煙には、主流煙と副流煙の両方から構成されている　◆Mainstream smoke is the smoke inhaled at the filter end of the cigarette.　主流煙とは、タバコのフィルター側から吸い込まれる煙のことである。　◆The new chips will be able to make their move to the mainstream.　これらの新型ICチップは、主流に加わるだろう。　◆The operating system is not likely to become mainstream because there are too many incompatible variations.　このオペレーティングシステムは、互換性のない異種があまりにも多すぎて、主流にはならないだろう。　◆For many years, computer graphics developed as a separate branch of computing alongside mainstream interactive computing.　長年にわたって、コンピュータグラフィックスは、主流の対話型電算処理と並行して別個の電算分野として発展してきた。

**main street, Main Street**　a〜 大通り, 目抜き通り, 本通り, 中央通り, 中心街　◆the main street of a district　地区の中心街[中央通り, 目抜き通り]

**maintain**　vt.　〜を保つ, 〜に(ある状態を)継続[持続, 保つ]させておく, 〜を続ける, 維持[持続]する, 保留する, 保守する, 保全する, 整備する, 手入れする, 管理する, 守る, 擁護する, 支える, 扶養する; (〜と)主張する<that>; [立場, 意見]

を支持する　◆an easy-to-maintain appliance　手入れの簡単な(家庭用電気)器具　◆an easy-to-maintain plane　メンテナンス[保守整備]の簡単な飛行機　◆maintain adequate quality history records　《品管》適切な品質履歴の記録をとっておく[維持管理する]　◆maintain an office in the commuting area of Sand Diego　サンディエゴの通勤圏に事務所を構え(てい)る(＊新明解国語辞典には「構える＝そこに持つ」とある)　◆maintain consistency　一貫性を保つ　◆maintain [preserve, keep, retain] the status quo　現状を維持する　◆maintain shipping schedules　出荷スケジュールを守る　◆maintain the incoming air at a constant temperature　入ってくる空気を一定の温度に保つ[維持する]　◆a well-maintained vehicle　手入れが行き届いている[良く整備されている]車　◆maintain a hostile attitude toward the United States　米国に対して敵対的な姿勢を維持[保ち]続ける　◆maintain a payroll for the company's employees　会社の従業員の給料支払簿を付ける[に記帳する]　◆maintain the security of the trunk　(自動車後部の)トランクルームの安全を守る　◆while maintaining research and development on...　〜についての研究開発を継続しながらも　◆maintain the output voltage small with respect to the input　入力に対して出力電圧を低く維持する[保っておく]　◆shut down the computer while maintaining the memory contents in RAM　RAMの記憶内容を保ったままコンピュータを停止する　◆Box turtles are relatively easy to maintain as pets.　アメリカハコガメはペットとして飼うのが比較的楽だ。　◆The MDM250 is easy to use and maintain.　MDM250(という装置)は使い方がやさしく、また保守が容易です。　◆This car is very easy to maintain.　この車はメンテナンス[保守整備, 手入れ]が非常に楽である。　◆Inspection and test performance records are maintained and available for review.　検査成績および試験成績の記録は、維持管理されていつでも[すぐに]調べられるようになっている。(＊maintain は "keep a diary" の keep と同義で, 記録を「つける」の意)

**maintainability**　保守性, 整備性, 保守容易性, 保全性[度]　◆enhance maintainability　保守(容易)性を向上させる　◆improve the maintainability of...　〜の保守性[保守容易性, 保全性]を改善する[向上させる]　◆result in poor maintainability　〜は結果的にメンテナンス[保守, 整備]性を悪くする　◆the easy maintainability of...　〜のやさしい[たやすい]保守性, 〜の保守容易性　◆greatly contribute to the maintainability of...　〜の整備性(の向上)に大いに寄与する

**maintainable**　保守[整備, 維持]可能な, 主張できる, 扶養できる　◆maintainable software　保守可能なソフトウェア

**maintenance**　回維持, 保守, 保徳, 整備, 保全, 手入れ, 管理, メンテナンス, 主張　◆a maintenance manual　メンテナンス[保守]マニュアル; 保守[保全]説明書; 整備規程[保守基準, 保守指針]書　◆maintenance history　整備[保守(点検)], 修, 補修]の履歴[来歴]　◆regular maintenance　定期補修　◆preventive maintenance　予防保守[予防保全]　◆vehicle maintenance　車の保守　◆winter maintenance　冬季[冬期]における保守; 冬のお手入れ　◆ease of maintenance　保守のしやすさ[容易さ], メンテナンス性　◆for easy maintenance　保守が楽になるように　◆maintenance technicians at US Airways　US Airwaysの整備士[整備員]　◆perform normal maintenance　通常の手入れをする　◆perform plant maintenance　工場の保守・整備を行う　◆the maintenance of safety for the public at large　世間一般の人たちを対象にした安全維持[確保]　◆to facilitate maintenance　保守を容易[楽]（なもの)にするために　◆with a minimal amount of maintenance　最低限の保守で　◆low-maintenance clothes　あまり手入れの要らない衣服　◆to perform monthly inspection and maintenance of...　〜の月例定期検査[点検]・整備を行うために　◆the air-bag system does not need regular maintenance　エアバッグシステムは日常保守を要しない　◆there is no maintenance requirement for these units　これらのユニットにメンテナンス[保守整備]は不要です　◆A typical jet receives up to ten man-hours of maintenance for each hour of flight.　一般のジェット機は、1飛行時間当たり最高10人時の整備を受ける。　◆The equipment also appears to potentially have an infinite lifetime with no maintenance requirement. この機器は、メンテナンス[保守・整備]を要することなく潜在的に無限の寿命をもっているようにも思われる。 ◆ The fuses are not a regular maintenance item. They should be replaced on an individual basis. ヒューズは、定期整備(交換)の対象品目ではありません。(切れたらその都度)一本一本交換することになっています。

**maintenance-free** 保守[整備、手入れ、保全]不要の ◆ a maintenance-free battery 保守不要バッテリー ◆ a near-maintenance-free system ほとんど手入れの要らないシステム ◆ It is moisture-resistant, doesn't rot and is virtually maintenance-free. それには耐湿性があり、腐らず、手入れの必要はほとんどありません[ほとんど手間要らずです]。 ◆ The optical mouse delivers 200,000 hours of maintenance-free performance. この光学式マウスは、20万時間の無保守性能を発揮する[持っている]。

**major** 1 adj. 主要な、重要な、一流の、有数の、有力な、より大きい方の、大部分の、大半の、過半数の、多数の、専攻の、大々的な[大幅な、大規模な、《音楽》長調の、成人した; n. a～ 専攻(学科)、専攻学生、(陸・海軍)少佐、成人、長調 ◆ a major defect 《品質》重大欠点[重欠陥] ◆ a major premise 大前提 ◆ an oil major 石油メジャー、欧米系国際石油資本 ◆ a major tranquilizer メジャートランキライザー、強力(精神)安定剤 ◆ a major manufacturer 主要[大手]メーカー ◆ a major research-and-development program 《大型》研究開発計画 ◆ the major (longer) axis of an ellipse 楕円の長軸(長い方の軸)(▶ longerは説明的に加えられているものであり、幾何学ではmajorを使用する) ◆ major-city stores 主要都市の店舗 ◆ launch a major updating 大幅な変更[大改訂]作業に着手する ◆ make a major decision regarding the employment of airpower 空軍力の使用について一大決断[決定]を下す; (意訳》(人)大英断を下す ◆ she switched majors midstream from music to political science 彼女は途中で専攻を音楽から政治学に変えた ◆ The major portion of the circuit voltage drop is developed across the capacitor. 回路の電圧降下の大部分は、コンデンサの両端で生じている。

2 vi. (～を)専攻する <in> ◆ major in civil engineering 土木工学を専攻する

**majority** a～ the ～(単/複扱い)大多数、大部分、過半数、 the ～ 多数派、《形容詞的に》大多数の、ほとんどの、過半数の ◆ a majority carrier 《半導》多数キャリア ◆ a [the] large majority of Japanese are... 大部分[大多数、おおかた、あらまし、おおよそ]の日本人は～ ◆ 多数決原理に基づいて; 多数決で ◆ by [with] a large [↔narrow, slim] majority 大差[↔僅差]の過半数で ◆ in the great majority of cases ほとんど[大抵、大多数]の場合 ◆ in the majority of cases たいてい[多数の場合、だいたい ◆ the great majority of Americans 大部分[大多数、ほとんど]のアメリカ人 ◆ garner [muster, have, get, receive, gain, win, attain] a two-thirds majority (vote) 3分の2以上の多数[賛成票、議席]を集める[を得る、に達する] ◆ House Majority Leader Richard Gephardt, Missouri Democrat ミズーリー州選出のリチャード・ゲッパート民主党下院院内総務(＊多数党の院内総務) ◆ hold the majority of seats [hold a majority] in Parliament [the Diet] 議会[(日本の)国会]で過半数を占める ◆ a vast majority of vehicles involved in accidents 事故に巻き込まれた車両の大多数 ◆ constitutional amendments require a two-thirds majority of both houses 憲法改正には両院[各議院]の3分の2以上の(賛成)多数を必要とする ◆ The great majority of accidents are caused by driver error. 大多数[大部分、大方、大半]の事故は、運転者のミスが原因で発生している。 ◆ About 24 million Americans, the vast majority of them women, develop osteoporosis. 約2,400万のアメリカ人(ほとんどが女性)は、骨粗鬆症になる。 ◆ A large majority of Americans consider the terrorist attacks in New York and Washington to be an act of war against [on] the United States. 大多数のアメリカ人は、ニューヨークとワシントンにおけるテロ襲撃を米国に対する(宣戦布告なき)戦争行為であると考えている。

**major league** a～ (プロ野球などの)大リーグ
**major-league** adj. 一流の、第一級の、優良な、大きな存在の、大リーグの ◆ major-league companies like General Motors and Coca-Cola ゼネラル・モーターズやコカコーラなどの大手企業

**make** 1 vt. ～を作る、こしらえる、作成[製作、製造、謹製(キンセイ)]する、築く、建設[建築、建造]する、(道路・橋)をつくる[=整備する]、得る、(回路)を閉じる、(法)を制定する、～になる、～に適して[向いて]いる、(スピーチなど)をする、～のスピードを出す、～に達する、～に着く、～に間に合う、～の得点を取る、(食事など)の用意[支度]をする、～に～させる、～の状態にする; vi. (～)する、行う、(ある方向に)向かう、行く <across, after, for, toward, etc.>、作る、作られる ◆ (a) making capacity 〈電源スイッチなどの〉投入容量 ◆ make-and-break contacts 《電気》開閉接点 ◆ be made of brass （材質[素材]が)真鍮(シンチュウ)[黄銅]製である ◆ be made out of a special plastic 特殊プラスチックで[を材料として]作られている ◆ make a living [a sound, a plan] (順に)生計[音、計画]を立てる ◆ make a spark スパークを発生させる ◆ make or break a circuit 回路を開閉する ◆ make wood fibers suitable for paper 木繊維を紙(の製造)に適するように(加工・処理)する ◆ The alcohol made him do it. アルコールが彼をそうさせた。; 彼がそんなことをしたのは酒のせいだ。 ◆ this wine is made from grapes grown in... このワインは～で育ったブドウから[を原材料に]造られる ◆ It must be made to extremely close tolerances. それは極めて高い精度で作られねばならない。 ◆ Its portability makes it useful in various environments. それは携帯性があるので様々な環境で役に立つ。 ◆ Tomatoes are made into sauces. トマトはソースに加工される。 ◆ What is this made (out) of? これは何でできていますか; これの材料[材質]はなんですか。 ◆ When a man hits 75, he has a fifty-fifty chance of making it to 84. 男が75歳になると、84歳まで生き延びる[生存する]確率は五分五分である。 ◆ The major drawback to CFC substitutes is the high cost of making them. フロンの代替品の主な欠点は、製造コストが高いことである。

2 n. (a)～ (製品の)作り、製作、ブランド、(ある製品の製造)メーカー、型、種類、(人の)性格、気質、体格、体質 ◆ cars of German make ドイツ（製の）車 ◆ all makes and styles of soldering irons ありとあらゆるブランドおよび種類[型]のはんだごて ◆ enable computers of various makes and sizes to be linked いろいろな規模の異機種コンピュータが連結できるようにする (＊computers of various makesは、ブランドや製造メーカーがいろいろと異なるコンピュータの意) ◆ the make, type and year of a vehicle 車両のメーカー名、車種および年式 ◆ The system had to be replaced with equipment of different manufacture [different make]. そのシステムは、違うメーカー製の機器に取り替えなければならなかった。 ◆ The networking system allows different makes of office automation and data handling equipment to communicate with each other. このネットワークシステムでは、異なったメーカー製のOA機器およびデータ処理装置の間でデータをやりとりすることが可能である。

**make do with [without]** 《make do with...で》～で間に合わせる; (make do without...で)～無しですます ◆ make do with fewer employees より少ない数の従業員で間に合わせる ◆ most companies are making do with minimal skills training ほとんどの会社は最低限の技能訓練で間に合わせている

**make out** ～を作成する、～の意味をとる、理解する、分かる; 《make A out of B》BからAを作る ◆ make out a parts list 部品表を作成する

**make over** ～を作り変える[直す]、改造する、仕立て直す; ～を～に移譲する <to>

**make up** ～を作り上げる、占める、作り上げる、こしらえる、組み立てる、《印刷》〈ページ〉を組む、〈ベッドなど〉を整える、化粧する、(心など)を決める、～を(不足分を補って)完全なものにする ◆ make up a deficiency 不足分を補填する ◆ the parts that make up the parking brake lever パーキングブレーキレバ

**malfunction**

一の構成部品 ◆Blacks make up 12% of the general population. 黒人は人口全体の12%を占める。 ◆Light is energy made up of small particles called photons. 光はフォトン[光子, 光量子]と呼ばれる小さな粒子から成るエネルギーである。 ◆Matter is made up of vast numbers of very small particles. 物質は膨大な数の極めて小さい[微少な]粒子によって構成されている。 ◆Women made up only 15% of the class. そのクラスで女性の占める割合はたった15%だった。

**make up for** ～を補償する, 償う, 補填する, カバーする, ～の埋め合わせをする, ～を取り戻す ◆make up for a shortage 不足を補う ◆to make up for the shortage of personnel 職員不足を補う[《意訳》解消する]ために ◆U.S. importers who want to make up for losses they suffered from the anemic dollar last year 昨年のドル安のせいで被った損失[損害]を取り戻したいと思っている米国の輸入業者たち ◆The company is hoping to make up for the price cuts with volume. 同社は, 値下げ(による利益減少)を(販売)数量でカバーできればと考えている。 ◆The reinforcements don't quite make up for the extra window. それらの補強材は, 追加された窓(のせいで低下した)強度)の完全な埋め合わせにはならない。

**make-or-break** adj. 成功か破滅か, 運命[成否]を左右する ◆It is not a make-or-break product for us. これは我が社にとって社運を賭けた製品ではない。

**makeover, make-over** a～ 改造, 改修, 修復, 作り直し, 仕立て直し, (イメージチェンジを図る)美容(方法[講座]), 新しい髪型 ◆perform makeovers on women 〈化粧やヘアスタイルのプロ〉が女性にイメージチェンジ[イメージアップ]を施す ◆the stunning make-over of the Soviet Union 唖然とするようなソ連の改造 ◆What started as a simple update ended up as a heavy make-over. 簡単な部分的更新として始まったことが大がかりな作り直しのはめになった。

**maker** a～ メーカー, 製造業者, 製造元, 作る人, 作り手, 製作者[所] ◆an office-equipment maker 事務機メーカー

**makeshift** a～ 間に合わせの物, 当座のしのぎにする物[手段]; adj. 間に合わせの, 当座のしのぎの, 急ごしらえの, 姑息な ◆at a makeshift refugee camp 間に合わせの難民キャンプで ◆repair... in a makeshift manner ～を応急修理する

**makeup, make-up** ①メーキャップ, 化粧(品); the ～ <of> (～の)構成, 構造, 組成; a～ (新聞の)大組み, 割り付け, (新聞の)大組み, 追試, 気質, 性格 ◆makeup water 《原発, 火力発電所》補給水 ◆page makeup ページ組み[ページ割り付け] ◆makeup [make-up] water 《鉱山》補給水 (＊選鉱・選炭プロセスで循環使用する水の消費分を埋め合わせるために足す清水(セイスイ)); (蓄電池に継ぎ足す蒸留水)補給水 ◆apply [put on] makeup メーキャップする; 化粧を施す ◆get a make-up in mathematics 数学の追試を受ける ◆remove one's makeup 化粧を落とす ◆their chemical makeup それら(の物質)の化学的組成 ◆the makeup of the next government 次期政権(内閣)の陣容[顔ぶれ] ◆wear a lot of make-up 厚化粧している ◆look as if they are wearing makeup まるで彼らは化粧[メーキャップ]しているかのように見える ◆makeup that won't easily smear or come off 簡単に崩れたり落ちたりしない化粧 ◆As the user community has grown in size, its makeup has changed. ユーザ層の規模の拡大に従って, その構成が変わってきた。

**make-work** ①労働者や従業員を仕事がなくて遊ばせておかないようにする目的でわざとつくられる仕事, 公的雇用創出策としての不要不急の失業対策事業, 水増し雇用 ◆make-work projects for the unemployed youth 若年失業者向けの雇用創出[失業対策]事業計画 (＊不要不急の仕事を作り出すというニュアンスがある) ◆on a "make-work" basis 「(従業員や人を)遊ばせないようにわざと仕事を作る」といったやり方で

**make-your-own** ◆make-your-own slide kits (プレパラート)自作用スライドガラスキット(＊学習用の顕微鏡試料作成セット)

**making** 作ること, 製作, 製造, 構成, 組成; the ～ 成功・発展の原因・手段; the ～s <of> (～の)素質, 資質, 器量, 材料

◆Hirohito and the Making of Modern Japan by Herbert P. Bix ハーバート・P・ビックス著『裕仁と近代日本の形成[成立]』 ◆in the making of paint ペンキの製造において ◆be widely used in mold making 金型製作で広く用いられている **in the making** 製造中の, 形成中の, 作られつつある, 作れる状況になっている ◆ice cream in the making 製造中のアイスクリーム ◆hazardous conditions in the making 起こりつつある危険な状態

**maladjusted** adj. 調整がよくとれていない, 調整[調節]不良の, (人が環境に)うまく順応できていない, 適応[順応]不全の ◆a maladjusted brake 調整不良のブレーキ

**maladjustment** (a)～ 調整不良, (人の)不適応, 順応[適応]不全[障害] ◆due to a maladjustment of the measurement equipment 測定器の調整不良のために[調整が狂っているので]

**malaise** (a)～ (漠然とした)不安感[不満足感, 不快感], 不定愁訴, なんとなく健康がすぐれない感じ, 不調, 倦怠(感) ◆the economic malaise of the late 1970s 1970年代後期の経済的な沈滞 ◆after nearly three years of economic malaise 経済的活力を失わない沈滞した3年近くの期間の後に; ほとんど3年にわたる経済不振の後で

**maldistribution** ①分配[配分]のしかたが完全でない[うまくいっていない]こと, 不均衡配分 ◆the maldistribution of wealth [resources] 富[資源]の偏在

**male** a～ 男, 男子, 男性, 雄; adj. 男性の, 雄の, オスの ◆a male connector オスコネクタ ◆a male [an external] thread おねじ[オスねじ] ◆male-dominated 〈社会などが〉男性上位[中心, 支配]の ◆an all-male school 男子校 ◆male and female contacts オス接点とメス接点 ◆the ratio of males to females 男女比 ◆a five-member, all-male band 男性5人編成のバンド

**malevolence** ①悪意, 敵意, (他人に良くないことが起きればいいのにと願う心)悪心, (強烈な)反感, 憎悪 ◆murderers who conceal their malevolence behind smiling masks and strike out without pity 悪意をにこやかな仮面の背後に隠し, 無惨に殴りかかる殺人鬼たち

**malfeasance** ①(＊特に公務員による)違法[不正, 背任]行為 ◆(an act of) malfeasance 違法[不正, 背任]行為

**malformation** (a)～ 奇形, 形質異常, 形状異常, 形状不良, 変形 ◆congenital malformations in man ヒトの先天性奇形 ◆More than 40 percent of children born with Down syndrome have a congenital malformation of the heart. ダウン症を持って生まれた子供の40パーセント以上に心臓の先天性奇形がある。

**malfunction** a～ (機能の)動作不良, 機能不全, 誤動作, 誤作動, 不具合, 不調, 故障, 《意訳》異常 <in>; vi. 正常に機能しない[働かない], 正しく動作しない, 誤動作[誤作動]する, 動作不良[不具合, 機能不全]を起こす ◆an engine malfunction エンジンの不調[故障] ◆a malfunction occurs 誤動作[誤作動]が起きる ◆cause... to malfunction ～を誤動作[誤作動]させる ◆die of liver and kidney malfunctions 肝臓と腎臓の機能不全[障害]で死亡する ◆due to a malfunction in... 〈機器やシステム〉の不具合[動作不良]のせいで ◆if a CPU malfunctions もしもCPUが誤動作すると ◆in case a malfunction occurs 万一, 誤動作[誤作動, 動作不良, 障害, 故障]が発生した場合には ◆locate a malfunction in the system システムの不調箇所を突き止める ◆to correct the system's propensity for damage and malfunction システムの損傷を受けやすく動作不良を起こしやすいという傾向を是正するために ◆because of genetic defects or malfunctions 遺伝子の欠陥や異常のせいで ◆in the event of a malfunction 万一, 誤動作[誤作動, 動作不良, 障害, 故障]が発生した場合には ◆a mechanically [electrically] malfunctioning fuel injector 機械[電気]的な動作不良を起こしている燃料噴射器 ◆if a portion of data is lost due to a malfunction 誤動作[誤作動]によりデータが一部消失したら ◆isolate a malfunctioned component of a computer system コンピュータシステムの動作不良を起こした部品を切り離す ◆The fire broke out because of a malfunction of the train's electrical system. 列車の電気系統の動作不良[故障]のせいで火

災が発生した．◆He said malfunctions in the new system have dropped from 100 to 120 a day in its experimental stages two years ago to 5 to 10 presently. 彼は，新システムでの異常発生件数は，2年前の実験段階当時の1日当たり100〜120件から現在の5〜10件に減少したと言った．

**malice aforethought** 予謀の悪意［犯意，害意，加害の意思］，殺意 ◆a form of discrimination practiced by many with no malice aforethought 多くの人が悪気なしにやっている差別の一形態 ◆he killed her with malice aforethought 彼は，計画的に彼女を殺害した ◆Murder is punished more severely if committed with malice aforethought than if it was unpremeditated. 殺人は，計画的に行われたものの方が，計画性のないものより厳しく罰せられる．

**malicious** adj. 悪意のある，悪質な ◆prevent malicious access to your PC パソコンへの不正なアクセス［侵入］を防止する ◆malicious hackers could paralyze our society 悪質なハッカーたちは私たちの社会を麻痺させる可能性がある

**malignant** adj. 《医》悪性の（＊腫瘍《シュヨウ》などの）；悪意［敵意］のある，敵意に満ちた，(極めて)有害な ◆because of a malignant tumor in his brain 彼の脳内の悪性腫瘍のせいで

**mall** a〜 歩行者天国の商店街，ショッピングセンター，木陰のある遊歩道,（道路の）中央分離帯 ◆in the Cologne mall ケルンの商店街で

**malleability, malleableness** a〜《金属》展性,展延性,可鍛(カタン)性,柔軟性,順応性

**malleable** adj.《金属》展性のある，可鍛性の，鍛造できる；(人が)順応性の，柔軟な，影響されやすい ◆malleable cast iron 可鍛(カタン)鋳鉄

**malnutrition** 回栄養不良，栄養失調 ◆because of malnutrition 栄養失調のために

**malodorous** adj. 悪臭がする，悪臭を放っている ◆a malodorous gas-producing substance 悪臭のガスを発生させる物質

**malpractice** (a)〜（医師による）医療過誤，医療ミス，医療事故，不正［不当，違法］診療；(a)〜背任［違法，不正］行為 ◆a malpractice suit 医療過誤［ミス］訴訟 ◆80,000 people die each year as a result of malpractice committed in hospitals 病院での医療過誤［ミス］により毎年8万人死亡している

**mama** a〜 ママ,お母さん; a〜(俗)女房, カアカ, 女, スケ ◆a mama's boy battling out of the womb 母親への依存から抜け出そうともがいているマザコン（の男性）

**mammal** a〜 哺乳動物 ◆small mammals 小哺乳動物 ◆105 species of mammals 105種の哺乳動物 ◆seven large mammal species 〜は大型哺乳類（動物）◆Human beings are unique among the mammals of this world because... 人間はこの世の哺乳類の中でユニークな存在である．それは...

**mammalian** adj. 哺乳動物の ◆...is unique among mammalian species 〜は哺乳類の中でユニークな存在である ◆the sale and use of ruminant-derived meat and bone meal (also called mammalian MBM) 反芻動物由来の肉骨粉（別名，哺乳動物MBM）の販売及び使用

**mammaplasty** 回乳房形成術 ◆augmentation mammaplasty 豊胸(手)術；乳房拡大整形術

**mammography** 回マンモグラフィ,乳房X線撮影［造影］(法)◆early detection by mammography 乳房X線撮影法による早期発見

**mammoth** a〜マンモス；adj. 巨大な ◆a mammoth airport マンモス［巨大］空港 ◆a mammoth project 巨大プロジェクト ◆the cost of...will be mammoth 〜するコスト［費用］は莫大［膨大，膨大］なものになるだろう ◆a mammoth investment in information technology 情報技術への巨額投資

**man** 1 a〜(pl. men) 男の人,男性,人；回人間,人類,人,《医》ヒト,《口》夫,(one's men で)手勢(テゼイ)［手下］ ◆a men's clothing retailer 紳士服［メンズウェア］小売店 ◆a man-machine interface マンマシーンインターフェース ◆a two-man job 2人でする仕事 ◆clinical application in man ヒトへの臨床応用 ◆Osama bin Laden and his men オサマ・ビン・ラディン氏とその手勢［手下，軍勢］ ◆fossils of Java Man and Peking Man ジャワ原人と北京原人の化石 ◆a series of man-induced eco-catastrophes 人為的要因による一連の大規模な環境破壊 ◆the harmonious coexistence of man and nature 人類と自然の調和のとれた共存 ◆zoonoses and communicable diseases common to man and animals ズーノーシス［人畜共通伝染病，人獣共通感染症，動物原性感染症］および人と動物に共通の伝染病［感染症］（＊a zoonosis の複数形が zoonoses）◆lung cancer is on the decline in men – but on the increase in women 男性の肺癌は減少しているが女性では増加傾向が見られる ◆Time magazine chose Mikhail Gorbachev as its Man of the Year for 1987. タイム誌は，1987年のマン・オブ・ザ・イヤー［《意訳》今年の人，最も存在感のあった人物］にミハイル・ゴルバチョフ氏を選んだ．（＊1999年からは男女の区別のない呼称 "Person of the Year" に変更）

2 vt. 〜に人を配置する［乗り組ませる，張り付ける，詰めさせる］(= staff, crew)（運転，操作のために）〈機械,持ち場〉について いる, 〈船, 飛行機〉に乗り組む (= attend, crew) ◆a manned spacecraft 有人宇宙船 ◆man a workstation ワークステーションに人を配置する；ワークステーション（を持ち場として それ）についている［を担当する］◆man the slide projector スライド映写機に人［担当者］をつける；スライド映写機に（持ち場として）付いていて操作する ◆operators fluent in English, French and Spanish man a 24-hour hot line 英語とフランス語とスペイン語がぺらぺらの電話オペレータ［受付係］が24時間体制のホットラインに張りついている ◆operators manning the phones at Nanotronics ナノトロニクス社で電話受け付け業務にあたって［従事して］いる交換手たち ◆train personnel in manning satellite ground control stations 衛星地上誘導局に詰める［配置される］職員を訓練する ◆the hotline is fully manned during normal office hours and most evenings このホットラインは，通常の業務時間に加えてほとんど毎夕，（各電話にすべてスタッフが付いて）フルに受付をしている

**manage** vt. 〜を経営［運営，管理，主管，運用］する，取り仕切る，切り盛りする，やりくりする，算段する，差配する，操る，操縦［操作］する，監督する，扱う，使いこなす，なんとかする，工面する，こなす；vi. ◆managed trade 管理貿易 ◆I managed to <do...> 私はなんとかうまいこと［首尾よく，巧みに］〜した ◆manage the agency's day-to-day operations この機関の日常業務の統率に当たる ◆manage to stop the vehicle 車をなんとか停止させる ◆Here are some tips on how to manage the family budget. 以下に，家計の運営［切り盛り，やりくり］の仕方についてのヒントをいくつか挙げます． ◆The electronics manage only the water temperature. この電子回路は，水温のみを管理する．

**manageable** 扱いやすい，処理しやすい，管理しやすい，御しやすい ◆at a manageable price 手頃な価格で ◆subdivide the problem into manageable pieces その問題をもっと扱いやすい大きさに細分する ◆divide the program into smaller, more manageable tasks 《コンピュ》そのプログラムをより小さく扱いやすいタスクに分割する

**managed care** 《米》マネジドケア，(直訳)管理(された)医療◆民間の医療保険プラン．医療コストを抑えるためのさまざまな工夫が盛り込まれているために，保険料が安く人気が高い)

**management** 回管理，経営，経営管理，処理，取り扱い，主管，支配，差配，切り盛り，算段，運用，処理，経営手腕，(アーティストのマネージャーなどを指して)事務所; (a)〜(単／複数い)経営者側,経営陣,経営層 ◆information management costs 情報管理費用 ◆the management of (fund) assets; asset management 資産運用(業務) ◆a management buyout; an MBO マネジメント・バイアウト（＊従業員が事業部や子会社の経営権を買い取る現代版「のれん分け」） ◆the Ministry of Public Management, Home Affairs, Posts and Telecommunications 《日》総務省（＊2001年1月6日から）◆an engine-management computer 《車》エンジン管理コンピュータ ◆a real estate-management firm 不動産管理会社 ◆come under the management [control] of... 　〜の管理下［支配下］に入る；《意訳》傘下に入る　◆the day-to-day management of the company　会社の日々の経営　◆about Singapore's economic management since the 1960s　1960年代以降のシンガポールの経済運営について　◆about sixty banks and financial institutions have been placed under management of government　約60にのぼる銀行と金融機関が政府の管理下に置かれた　◆many thrifts have been sold or placed under new management　《意訳》多数の貯蓄貸し付け組合が、身売りをしたり経営陣が入れ替わったりした　◆The PABX offers a number of management functions.　その自動式構内交換機は数多くの管理機能を持っている。　◆The store has reopened under new management.　その店は、新しい経営陣の下で再開した。　◆Since the early 1980s, 179 financial institutions have failed while 19 have come under the management of the central bank.　1980年代初頭よりこのかた、179の金融機関が破綻し、一方19機関が中央銀行の管理下に入った。　と述べた。　◆The computerized information processing system presents management with information not previously available.　コンピュータ化された情報処理システムは、経営者側［経営陣］に、以前だったらとうてい入手できなかったような情報を提供してくれる。

**manager**　a〜 支配人、経営者、経営幹部、管理職（の人）、課長、所長、部長、局長、店長［店主、マスター］、責任者、管理者、幹事、（芸能人の）マネージャー、〈プロスポーツチームの〉監督、（家事などを）切り盛りする人；one's 〜　上司　◆a financial manager　財務管理者　◆a general manager　ゼネラル・マネジャー、総支配人、統括マネージャー、総括管理者、総監督　◆a middle manager　中間管理職　◆An eating establishment owner/manager may, if he or she wishes, prohibit smoking entirely.　飲食店のオーナー／支配人［店主、店長、マスター］は、自己の判断により全面的に禁煙することができる。　◆She had worked her way up to become a manager of a retail clothing store.　彼女は、叩き上げで衣料小売り店の役付きになった［出世した］。　◆As more restaurant managers are employed by larger companies to run establishments, job opportunities should be better for salaried managers than for self-employed managers.　大きな会社が各店舗を運営するためにレストラン経営職の人員を雇うケースが増えるにつれて、自営店長［店主］よりも雇われ店長［店主］としての働きロが増えてくるものと思われる。

**managerial**　adj. 経営(者)の、管理の　◆women in managerial positions　女性管理職；役職に就いている［役付きの］女性たち　◆managerial tasks such as financial analysis and departmental budgeting　財務分析や部門別予算編成などの経営管理業務　◆he has worked in managerial positions for several companies including YBM　彼は、YBM社をはじめとする数社で管理職［役職］に就いていた　◆経営［管理］する　◆Former IMF Managing Director Michel Camdessus said...　ミシェル・カムドゥシュ前IMF（国際通貨基金）専務理事は、〜と述べた。

**M&A**　(merger and acquisition)（企業の）合併・買収の　◆an earlier M&A upsurge in the 1970s　先の1970年代における企業合併・買収の急増

**mandarin**　a〜（mandarineとも）ミカン；《Mandarin で》中国の公用語、標準中国語、北京官話、普通話（プートンホア）; a〜　中国清朝末期の高級官吏；a〜（軽蔑的に）要職にあり強大過ぎると思われる権力を有して勤務した［こと］がある　◆Japanese mandarines; mandarin oranges (grown in Japan)　みかん

**mandate**　1　a〜 命令、指令、（選挙民から議員や政府に与えられた）権限、（国民、市民などの）負託、付託、委任、委任統治、委任統治領　◆Work on the new highway will begin as soon as an official mandate is received.　ハイウェイの工事は、正式認可が下り次第開始される［着手する］ことになっている。　◆Mr. Gorbachev has never been elected by popular mandate and was chosen by the Soviet parliament artificially through back-room manipulations of the Communist Party.　ゴルバチョフ氏は民意で選ばれたことは全くなく、共産党の裏工作によって恣意的にソ連の国会によって選出された。

2　vt. 命令［指令、司令］する、要求する、義務付ける、〈法などが〉規定する、〜に権限を付与する、〜を認可する、〜の統治を委任する　◆preshipment inspection mandated by governments　各国政府が義務付けている船積み前検査　◆a court-mandated limit　裁判所の命令による限度　◆remove SO₂ and NOx as mandated by various national and local ordinances　各種国家条例や地方条例によって義務付けられて［規定されて、要求されて］いるように亜硫酸ガスや窒素酸化物を除去する　◆The Bible mandates that children be raised in an environment of permanent love, constant care, and unfailing security.　聖書は、子どもたちは不変の愛、絶えざる愛護、そしてこの確実で安全で安心していられる環境で育てられるべきであるとしている。

**mandatory**　adj. 義務付けられた、必須の、規定の、義務的な、命令［指令］の、統治を委任された　◆make it mandatory to <do...> 　〜することを彼らに義務付ける［義務として課す］　◆make mandatory the use of...　〜の使用を必須（条件）にする［義務付ける］　◆mandatory overtime　強制的な残業［所定外労働時間、時間外労働、超過勤務］　◆the establishment of British Mandatory rule over Palestine in 1921　1921年の英国によるパレスチナ委任統治の成立　◆it has been made mandatory for... to <do...>　〈人や企業など〉に〜することが義務付けられるようになった　◆Gloves and a hat are mandatory.　手袋と帽子は必須です［欠かしてはなりません］。　◆there is no mandatory retirement　定年はない　◆It is mandatory to <do>　〜することが義務となってきている［義務付けられている］　◆Since HIV reporting became mandatory in Virginia in July 1988,...　《意訳》HIV（感染者［キャリア］）を（発見したら）通報することが1988年7月にバージニア州で義務付けられて以来、

**man-day**　a〜 (pl. man-days) 作業員1人が1日に上げる作業量、延べ労働日数、工数、人日（ニンビ）、人工（ニンク）

**maneuver, manoeuvre**　1　《後者は英綴》a〜 策略、術策、計略、策謀、奸策（カンサク）、工作；a〜《軍》作戦行動、機動作戦；〜s 軍事大演習、機動演習　◆a tank on maneuvers　演習（に参加）中の戦車　◆controlled by a joystick maneuver　ジョイスティック操作によって制御されて　◆Behind-the-scenes maneuvers could pay off handsomely.　舞台裏工作［裏面での働きかけ、水面下の駆け引き］は、良い成果を収めることになるだろう。　◆The driving test is an evaluation of your ability to perform certain maneuvers properly and safely.　運転実技試験は、一定の操縦を正しく安全に行う能力を評価するものである。

2　vt. 〜をうまく動かす［移動させる］、操る；vi. 策略をめぐらす、操縦する、作戦行動をとる、機動する、巧みに動く　◆a maneuvering envelope　《航空》運動包囲線　◆(a) design maneuvering speed　《航空》設計運動速度（*この速度以下ならばどの運動を行っても強度上安全とされる）　◆maneuver an aircraft　航空機を操縦する

**manganese**　マンガン（元素記号: Mn）　◆a manganese nodule　マンガン団塊（*pelagiteとも呼ばれる）　◆(a) manganese oxide　酸化マンガン　◆manganese dioxide　二酸化マンガン（*化学式MnO₂）　◆an alkaline manganese battery　アルカリ・マンガン電池

**man-hour**　a〜 (pl. man-hours) 作業員1人が1時間に上げる作業量、延べ労働時間、工数、人時（ニンジ）、人工（ニンク）　◆ten man-hours of maintenance　10人時の整備　◆Eleven thousand man-hours went into the development of...　〜の開発に費やされた　◆the average number of man-hours needed to produce an auto　自動車1台生産するのに要する平均工数［人時、延べ作業時間数］

**manic**　adj. 躁病の、躁病的な、◆manic depression　躁鬱病　◆a manic-depressive psychotic [patient]　躁鬱病患者

**manicure**　(a) 〜 マニキュア；vt. 〜にマニキュアする、〜を刈る、刈り込む

**manieth**　a〜 so-and-so-manieth　何番目［何人目］かの　◆These pages do NOT tell you the how-manieth visitor you are.　これらの（ウェブ）ページは、あなたが何番目［何人目］の来訪者か通知しません。　◆Li estas shia kioma edzo? = How many husbands did she have before him? (lit.: "He is her how-manieth

**manifest** 1 adj. 明白の, 明らかな, 一目瞭然な; a〜 積み荷リスト[目録], 乗客名簿,〈廃棄物などの〉管理票 ◆the Ontario Waste Manifest system オンタリオ州廃棄物マニフェスト[管理票]制度 ◆review manifests for industrial waste streams 産廃の流れをつかむためにマニフェスト[産業廃棄物管理票]を調べる ◆its influence will become increasingly manifest as the years pass それの影響は年が経つにつれてますます明らかになる[はっきり表れてくる, 歴然としてくる, 顕在化してくる, 明瞭になってくる, 鮮明になってくる]

2 vt. 〜を明らかにする, はっきり示す, 表明する;《manifest oneselfで》現れる, 出てくる, 顕在化する, 発現する, 発症する, 表面化する, 明らか[あからさま]にする ◆it manifests itself in its severe form それは, ひどい状態となって表れる ◆it will take some time for... to become fully manifest 〜が完全に顕在化するまでにはしばらくかかる ◆If stress is not dealt with — it has a cumulative effect, that often manifests itself in the form of physical or psychological problems — such as... ストレスの対処をしないと, 蓄積作用を及ぼし, それは往々にして〜などの身体的あるいは精神的問題といった形で発現する ◆physical or emotional imbalance, which could manifest in the form of illness 病気という形で現れることがある身体や心の不均衡 ◆Doppler distortion manifests itself as a sort of muddiness. ドップラ歪みは一種の〈音の〉濁りとして現れる.

**manifestation** (a)〜 表明, 明示, 声明, 言明, 意思表示, デモ, 現れ, しるし, 《医》発現 ◆a manifestation of latent demand 潜在需要の顕在化 ◆see his chronic rebelliousness and his stubborn libertarianism as a manifestation of latent hostility to his father 彼の常日頃の反抗的な言動と頑固なまでの完全自由主義を, 彼の父親に対する潜在的敵愾心が顕在化したもの[《直訳》潜在意識に潜む敵対心の現れ]と見て取る ◆The NSX is the latest and the best manifestation of Honda's vision. NSXは, ホンダのビジョンを最も先端的に表している最新の車である.

**manifestly** adv. 明らかに, 明白に, 歴然と, 歴々と ◆be manifestly illegal 明らかに違法[非合法]である ◆This is manifestly true. これは明らかに真実である[歴然たる事実である].

**manifesto** a 〜 (pl. -toes, -tos)〈政党などの政策を示す〉綱領, 宣言[書], 声明 ◆Marx & Engels's Manifesto of Communist Party マルクスとエンゲルスの共産党宣言

**manifold** 1 adj. 多種多様の, 多岐にわたる, 〈器具などが〉多くの同じ構成部品が使用されている, いろいろな[理由]でそう言える; adv. 数倍に, 何倍にも, 大いに
2 vt. 〜を何倍にもする; vt., vi. 〈書類など〉を〈複写によって〉複製部作成する
3 n. 多岐管[連結管, マニホールド, マニホルド] (*入口が1つで出口がいくつかに分かれているもの, または入口がいくつかあって出口が1つになっているもの)

**manipulate** vt. 〜を〈不正〉操作する, 操る, 巧みに操縦する, 改竄(カイザン)する, ごまかす; vt. ◆format and manipulate information 情報の書式を整えたり編集したりする (*DTPの話より) ◆manipulate data データを処理する ◆manipulate the knobs on the transceiver トランシーバーのツマミを操作する ◆manipulate and analyze information in an interactive manner 対話形式で情報を処理したり分析したりする ◆The trackball is easy to manipulate with your thumb. このトラックボールは, 親指で簡単に操作できます.

**manipulation** (a)〜 巧妙な扱い, 巧みな操作, 不正操作, ごまかし, 細工 ◆data manipulations データ操作 ◆financial manipulations 財務操作 ◆stock price manipulation 株価操作[操縦] ◆control manipulations 制御[運転, 操縦, 管制]のための操作 ◆illegal manipulation of the stock market 株式市場の違法な操作 ◆perform database manipulation データベース操作を行う ◆perform searches and manipulations on Web data ウェブ上のデータを検索および操作する ◆the economy of Bolivia under manipulation by a wealthy eccentric 金持ちの変人によって操られて[操作されて]いるボリビア経済 ◆perform the simple manipulations of rotating and resizing images 画像の回転やサイズ変更[拡大縮小]といった簡単な操作を行う ◆programming tasks that require extensive manipulations of strings and structures ストリングや構造に対する大がかりな操作を要するプログラミング作業 ◆the manipulation of data at the touch of a mouse button マウスボタン一つでのデータ操作[処理, 編集]

**manipulator** a 〜 (巧みに)操る[操作する]人, 操縦者, 相場あやつり師, 遠隔操縦[操作]装置, マニピュレーター, マジックハンド ◆a digital picture manipulator effect 《意訳》デジタル画像処理装置によって作り出される効果 ◆the Remote Manipulator System (also known as the Canada's robot arm) used aboard the shuttles (スペース)シャトル上で使用されている遠隔マニピュレーター[マジックハンド]機構(別名カナダのロボットアーム)

**mankind** (集合的, 単/複扱い)人類, 人間 ◆so as to render it serviceable to society [mankind, human beings] それを社会[人類]の役に立つようにするために

**man-made** 人造の, 人工の, (化学)合成された ◆a man-made satellite 人工衛星 ◆natural and man-made disaster 天災と人災 ◆man-made structures visible from outer space 宇宙から見える工作物

**manned** adj. (宇宙船などが)有人の (→ unmanned) ▶mannedは, 1992年に性差別語としてNASA(米航空宇宙局)の正式用語から外された. NASAでは代わりに crewed, habited が用いられている. ◆a manned (and womanned) space station 有人宇宙ステーション ◆a manned spaceflight program 有人宇宙飛行計画

**manner** a 〜 方法, やり方, 仕方, 態度, 物腰; 〜s 礼儀, 作法, マナー; 〜s 習慣, 風習; a 〜 スタイル, 流儀, 手法, 流儀; 四種類 (= kind(s), sort(s)) ◆in such a manner そのようにして, そのような方法で, そんな風にして ◆in the manner of... 〜の様式で, 〜の流儀で [従って, 準拠して]; 〜のように; 〜にみたいに; 〜風[式, 流]に; 〜調で; 〜風[式, 流, 調]の ◆ill [poor, bad] manners 無作法 ◆all manner of bumps and dips あらゆる種類の(路面の)でこぼこ ◆control the manner in which the printer functions そのプリンタの動作(のしかた)をコントロールする ◆in [after] this manner この要領で ◆in a manner which does not infringe the rights of... 〜の権利を侵害しないようにしながら ◆in a zigzag manner ジグザグ[千鳥(チドリ)]状[形]に ◆in the usual manner いつものやり方で, いつもの通りに ◆in what manner どうやって ◆It is considered bad manners not to attend it. それに出ない[行儀が悪い, 礼儀正しくない]のは非常に失礼だ[無作法だ, 行儀が悪い, 礼儀にもとる, 礼を失する, 礼にもとく]と考えられている. ◆sexual manners and customs 性風俗 (*学問的な意味合いで) ◆the manner of division 分割方法 ◆it is considered extremely bad manners to do so そうすることは極めて失礼だ[無作法だ, 行儀が悪い, 礼儀にもとる, 礼を失する, 礼にもとく]と考えられている ◆the manner [way] in which a curtain hangs カーテンの掛かり[垂れ下がり]具合 ◆apply the control voltage in such a manner that it prevents transmission 伝送が起こらないよう制御電圧を加える ◆some of the world's fastest computers are built in this manner 世界最速のコンピュータの中にはこのようにして製造されているものがある ◆It's bad manners to talk about ropes in the house of a man whose father was hanged. 父上が絞首刑にされた男の家でロープの話をするのは失礼だ[無作法である]. (*アイルランドの諺) ◆The feeding mechanism operates in a manner similar to a typewriter ribbon mechanism.　その供給機構は，タイプライタのリボン駆動機構と同様に動作する。 ◆The dispute was settled amicably and in such a manner as to abide by the labor arbitrator's ruling.　この争議は円満に，かつ労働争議仲裁委員会の裁定に沿った［従った］形で解決をみた。 ◆This manual is organized in a manner that requires no prior knowledge of the subject.　このマニュアル［本書］は，テーマについての予備知識なしでも読めるように構成されています。 ◆The electronic signals are stored on a floppy disk in the same manner that a camcorder records the individual frames of a video movie.　これらの電気信号は，フロッピーディスク上にカメラ一体型ビデオがビデオムービーの個々のコマを録画するのと同じ方法で保存される。 ◆They're all the same race, they speak the same language, share the same manners and customs, eat the same food and even have the same hairstyles.　彼らは皆同じ人種で，同じ言葉をしゃべり，風俗も共通していて，同じ食べ物を食べ，髪型さえ同じである。

**mannerism** Ⓤマンネリズム，マンネリ（*惰性的に繰り返されてにはまり，新鮮さや独創性が失われること）；a～（言動の）癖，特徴，わざとらしさ［不自然さ，衒奇（ゲンキ）］；Mannerism マニエリスム（*16世紀に興った美術様式） ◆Kim Hyon-hui learned the Japanese language, mannerisms and customs to prepare for her terrorist mission.　金賢姫［キムヒョンヒ］は，自分のテロ任務に備えて日本の言葉，立ち居振る舞い［身のこなし方や物腰］，習慣・慣習を学習した。

**manpower** Ⓤマンパワー，人的資源，労働力，労力，ある仕事をするのに必要な員数，労働人員数，延べ労働人員，有効総人員，（軍）動員可能総人員 ◆manpower reductions; reductions in manpower　兵員［労働力，人員］の削減 ◆available time and manpower　使える時間と労力 ◆do not have the manpower to <do>　～する人手がない ◆countries in which manpower is cheaper and more plentiful　労働力が安く豊富な国々 ◆The estimated manpower requirements are 150 workers.　見積もりで弾き出された要員［必要な人員］は労働者150名である。

**man power** Ⓤ人力，《機械》人力（仕事率の単位としての）人力（*通例1/10馬力） ◆be carried by man power　人力で運送される ◆build... with man power　～を人力で造る［建設する］ ◆(by) using man power　人の力を使って；人力で ◆On the flat, the heavy machine held respectable speeds under man power alone.　平地では，この重量のある機械は人力だけで堂々のスピードを維持した。（*人力車両）

**manslaughter** Ⓤ《殺》殺人（罪），傷害致死（罪），過失致死（罪）（=involuntary manslaughter），《旧刑法》故殺 ◆the jury was deadlocked on whether to convict her of murder or manslaughter　陪審員は，彼女を計画的殺人または計画的でない殺人のどちらで有罪評決すべきか決めあぐねていた ◆Voluntary manslaughter means that the killing occurred in the heat of passion and was not premeditated.　故意の殺人とは一時的な激情による殺人であり，あらかじめ計画されたものではない。（*日本の旧刑法では「故殺」と呼び，計画的殺人「謀殺」と区別している）

**mantissa** the ～ <of> 《数》仮数，小数部

**manual** 1　adj. 手動（式）の，手操作の，手で行う，人手による，人力による，手仕事の，手作業の，手-，手動-，手押-，《コンピュ》手入力の ◆a manual aperture-set button　《カメラ》手動絞り設定ボタン ◆... have manual dexterity　〈人は〉手先が器用である ◆a manual feeder handles envelopes　手差し給紙装置で封筒が扱える（*プリンタの話） ◆manual replacement of 20 heads (head by head)　手作業による20個のヘッドの交換（1つ1つ行う）

2　n. ～マニュアル，取扱説明書，操作説明書，手引き，手引き書，手順書，解説書，指導書，教則本，案内書，便覧，要覧，規範［基準，指針］（書）-要領 ◆a maintenance manual　メンテナンス［整備］マニュアル；保守［保全］説明書；整備規範［保守基準，保守指針］書 ◆an owner's manual　（機械の）所有者用の取扱説明書［《意匠》取扱説明書］ ◆a slim manual　薄いマニュアル ◆a training manual　トレーニングマニュアル［訓練手引き］ ◆a tutorial manual　指導マニュアル；指導書 ◆an operation

manual　運転［操作］マニュアル［説明書，手順書，解説書］ ◆a repair manual　修理マニュアル；修理作業説明書；修理手順書 ◆a work procedure [procedural] manual　作業手順書；作業手順マニュアル ◆the accessories listed in this manual　このマニュアル［本書］に列挙してあるアクセサリー類 ◆Apple II Image Writer User's Manual　「アップルIIイメージライタユーザーズマニュアル［取扱説明書］」 ◆iAPX 286 Hardware Reference Manual　「iAPX 286 ハードウェア・リファレンス・マニュアル」 ◆Toastmaster Food Processor Care and Use Manual　「トーストマスター フードプロセッサ 取扱説明書」 ◆The operation of the set is a bit complicated, but patient consultation of the extensive owner's manual should keep you out of trouble.　本セットの操作は少々複雑ですが，おっくうがらずに詳しい取扱説明書を読めば問題なく使いこなせるはずです。

**manually** adv. 手動で，手作業で，手入力で ◆you can manually feed in A4-size paper　A4用紙の手差しによる給紙ができます ◆You can also enter planned values into the system manually or import them from an external system.　システムへの計画値の手入力や外部システムからのインポートも可能です。

**manufacturability** 製造性，製造可能であること，製造しやすさ ◆The company put an emphasis on manufacturability, making sure the new car would be easier to build.　この会社は，生産性［量産性］に重きを置き，新車の組立がより容易になるようにした。

**manufacture** 1　vt. ～を（大規模に）製造［生産，製作］する，大量生産［量産］する，こしらえる，生成する，〈言い訳など〉を作り上げる，〈芸術・文学作品など〉を機械的に制作する，濫作する ◆manufactured exports　工業輸出品；輸出工業品 ◆manufactured goods　工業製品 ◆manufactured of white birch　白樺から［を材料にして］製造される ◆manufacture... under a contract from...　～からの契約のもとで［～から請け負って］～を製造する ◆manufacture... under one's own label　～を自社ブランドで生産する ◆stop manufacturing...　～の製造を中止する ◆a furniture-manufacturing plant　家具（製造）工場 ◆British-manufactured goods　英国製の製品 ◆increase the cost of manufacturing products　製品の製造コスト［製造原価，生産原価］を上昇させる ◆Carol manufactures its electronic cables from copper rod to finished products within its own plants.　キャロル社は，弱電用ケーブルを自社工場で銅ロッドから完成品に至るまで（一貫）生産［内製］している。

2　Ⓤ（大規模な）製造，生産，製作，大量生産，量産；（細胞などの）生成 ◆the country of manufacture　生産国 ◆a place in which the manufacture of... is conducted　～の製造［製作］が行われている場所；～の生産現場 ◆at all stages in the process of manufacture　製造工程のすべての段階において ◆at prices below the cost of manufacture　製造原価以下の価格で ◆have a date of manufacture later than 1995　～には1995年よりも新しい製造年月日がついている；～の製造日は1995年より後である ◆determine the date of manufacture of...　～の製造日［製作年月日］を特定する［調べる，突き止める］ ◆The code indicates years of manufacture.　このコードは製造年を示すものです。 ◆The last three numbers identify the week and year of manufacture, its so-called birthday. For example, 258 means the 25th week of 1998.　末尾の数字3桁は，いわゆる誕生日である製造月および製造年を示します。たとえば，258は1998年の第25週ということになります。

**manufacturer** a～ 製造者，製造業者，製造会社，製造元，（製造）メーカー，つくり among ◆manufacturers' suggested retail prices　メーカー希望小売価格；製造元による参考［参照］上代 ◆manufacturers of electronic parts　電子部品の製造業者ら ◆a Ford with a manufacturer's suggested retail price (MSRP) of $20,500　メーカー希望小売価格20,500ドルのフォード車 ◆carry a manufacturer's suggested retail price of $998　～には998ドルのメーカー希望価格［建値］がついている

**manufacturing** 製造(業)(の)，生産(の)，量産(の) ◆during manufacturing　製造中に ◆a manufacturing line　製造ライン ◆a manufacturing operation　製造事業，生産操業 ◆light manufacturing (= light industries)　軽工業 ◆manufacturing costs　生産[製造]コスト[原価]　◆manufacturing industries; the manufacturing industry　製造業　◆manufacturing methods　製造法　◆manufacturing specifications　製造[製作]仕様　◆the cost of manufacturing　製造コスト　◆a production [manufacturing] base　生産[製造]基地　◆bring down the cost of manufacturing　製造コストを引き下げる　◆develop an advanced manufacturing process　進んだ製法を開発する　◆in the manufacturing and non-manufacturing sectors　製造業部門および非製造業部門において　◆relegate manufacturing to robots　生産をロボットに委ねる　◆semiconductor manufacturing equipment　半導体製造装置　◆shift manufacturing to other sites　生産を別の場所に移す[移転させる]　◆the manufacturing infrastructure of a country; a country's production infrastructure　ある国の生産基盤　◆undergo a manufacturing operation or process　製造工程にかけられる　◆over ninety separate manufacturing steps　90以上の個々の製造段階[工程]　because of economies of scale in manufacturing　量産効果により　◆create a manufacturing specification for a new part　新しい部品のための製作[製造]仕様書を作成する　◆to avoid the high relative cost of manufacturing　相対的に高くつく製造コスト[原価]を避けるため　◆The company has an advanced, more efficient manufacturing method.　この企業は、高度でより効率的な製造方法[製法]を持っている。　◆We have detailed manufacturing drawings of these relays and one sample.　弊社は、これらリレー[継電器]の詳細製造図面とサンプルを1点持っています。

**manuscript**　a～原稿, 稿本, (印刷文書に対し)手書き[タイプ打ち]文書, (印刷技術で)活字化する以前の手書[タイプ打ち]原本　◆camera-ready, publisher-ready manuscripts　写真製版の準備ができていて出版社に出したらそのまま印刷に回せる原稿　◆The manuscripts were received back two days later in typeset form.　原稿は2日後に植字されて戻ってきた。

**many**　adj. 多数の, (数)多くの, 数々の, たくさんの, 多々ある, 《意訳》いろいろ[さまざま]な; n. 多数, あまた, たくさん; pron. 大勢(の人), 多数(の物), 多く　◆after a [the] lapse of many years　何年も経ってから後に・長い歳月が経過した後に; 幾星霜を経て　◆a great many people　非常に多くの[多数の]人たち、おびただしい数の人　◆for many hours　何時間も; 長年間にわたって　◆for [over] a number of years; for [over] many years　多くの年月[何年も、多年、長年]の間[にわたって]　◆in a great many cases　非常に多くの場合に　◆in a great many fields　非常に多くの分野で　◆many thousand organic substances　何千[いく千]種類もの有機物　◆areas with many buildings　ビルの多い地域　◆Not many people are aware of...　～に気がついている人は多くない[少ない]　◆So many men, so many minds.; Many men, many minds.　(諺)十人十色　◆share them as early as possible with as many people as possible　それらをできるだけ早く、できるだけ大勢の人たちと分かち合う　◆there are not many eligible young men　結婚するのに適した若い男性が少ない　◆With so many different types of condominiums available in the Washington area,　ワシントン地域では多様な[バラエティに富んだ]マンション物件があるので　◆after that many executions or that time period　それだけの回数の実行または実行だけの時間(経過)の後に　◆carry only as many child passengers as seat belts　シートベルトと同じ数だけの子供を乗せて[しか乗せない]　◆Not many took the 1933 arrival of Adolf Hitler seriously.　1933年のアドルフ・ヒトラーの出現を重大視した人は多くなかった。　◆The advantages of the new material are many: ...,..., and...　この新しい材料の利点は多い[数多くある], 即ち、～, ～, ～などが挙げられる。　◆Rolls of microfilm can store many thousands of computer output pages.　マイクロフィルム何本かで、何[幾]千ページものコンピュータ印字出力ページを保存できる　◆Tapes come in reels, cartridges and cassettes of many sizes and shapes　テープは、多様なサイズおよび形状のリールやカートリッジやカセットという形で存在する[売られている, 入手できる]。　◆In many cases, the use of steroids becomes ineffective in relieving the signs after long periods of use.　ステロイドを長期間使用していると、これらの症状を緩和する効き目[薬効, 効能]がなくなってくることが多い。

**many a [an]**...　《文語, 後凡に単数形名詞》多数の～, 数々の～　◆at many a university　数多くの大学で[の]

**many a time**　《文語》何度も, 幾度も(イクタビ)も, しばしば

**manyfold**　adv. 何倍も(= by many times, by multiples)　◆increase productivity manyfold　生産性を何倍にも上げる　◆multiply its effect manyfold　その効果を何倍にも倍増させる　◆Fiber-optic service providers will use DWDM to achieve manyfold increases in capacity without new cable.　光ファイバー(インターネット)接続サービス会社は、DWDM(高密度波長分割多重)を利用して新規ケーブル(の布設)なしで何倍もの大容量化を実現するだろう。

**Maoism**　n. 毛沢東主義

**Maoist**　a～毛沢東主義者

**Mao Tse-tung**　毛沢東(1893-1976)

**map**　1　a～地図, 図, 図表　◆a weather map　天気図　◆a world map　世界地図　◆shown on a map　地図上に示されて　◆redraw [rearrange] the whole map of Europe　欧州地図全体を塗り替える　◆street maps and house specification sheets　現地案内地図と住宅[家屋]物件情報シート
　2　vt. ～の地図[図表]を作る, ～の計画を立てる<out>, 《数》～を写像する, (コンピュ)マップ[マッピング]する(＊対応関係を定義する, 割り当てる)　◆map out a plan to <do...>　～する計画を綿密に[策定する]

**mapping**　n. 地図作成, 図化, 《数》写像, 配置, マッピング　◆bad sector mapping　《光ディスク》不良セクタの写像

**mar**　vt. ～を傷つける, 傷ものにする, ～(の外観)を損なう, 台なしにする　◆mar one's image　イメージを傷つける　◆a chest with a mar-proof top　傷防止[耐擦傷性]天板の整理タンス

**marbled**　adj. 大理石で仕上げた, 大理石[マーブル]模様の, (牛肉など)サシの入った, 霜降りの, 脂肪交雑の　◆marbled steak　霜降りステーキ

**march**　1　vi. 行進する[練り歩く, しっかりした歩調で歩く], 進む, 歩む, (着実に)進歩[進行, 進み, 進歩, 発展, 発達]する; vt. 〈距離〉を行進する, 〈人〉を追いやる
　2　a～行進, デモ行進, 行進曲, 行進する距離; the ～進行, 進展, 発達　◆Thumb-sucking is an important step in the baby's march to independence.　指しゃぶりは、赤ちゃんが自立へと発達していく上での一つの重要な段階である。

**March**　3月(略 Mar.)　◆on an April 1 to March 31 fiscal year basis　4月1日から3月31日の会計年度ベースで; 《意訳》3月期ベースで　◆Sales for the fiscal year ended March 31 [the fiscal year that ended on March 31], 2000, were $505.6 million.　2000年3月期売上高は5億560万ドルだった。(＊1999年4月1日～2000年3月31日までの)

**margin**　1　a～縁, へり, 端(ハシ), 縁辺(エンペン), まわり, 外れ, 周辺, 辺境, 岸, ほとり, 余白, 欄外　◆the margins of a forest　森の周囲[へり, 境界のところ]　◆in the margin of a page; in the margins of pages　ページの余白に　◆notes written in the margin　欄外の注　◆have each line justified to both margins　各行の両端揃えをする　◆write a note in the margin of the letter　手紙の余白にメモを書く　◆reformat the entire document to different margin settings　《ワープロ》文書全体を異なった余白幅設定にリフォーマットする　◆A man who reaches his 30s with a minimal education and a poor work history is usually consigned to the margins of the economy for the rest of his life.　最低限の学歴しか持たずたいした職歴もないまま30代を迎える男は、たいていの場合、残りの人生で経済の(本流から外れた)周辺部に追いやられて[《意訳》一生経済に取り残されて]しまうことになる。
　2　a～差, 格差, 利ざや, 上乗せした取り分, 利幅, マージン, 余裕, ゆとり, 余地, 限界　◆a margin of error　誤差範囲; 誤差限界　◆high-margin products　マージンの高い製品　◆slim profit margins　薄い利幅, 薄利　◆a margin of safety; a safety margin　安全余裕; 安全裕度; (余裕)安全率; 安全限界; 安全域　◆by a commanding margin　大差をつけて; 大きく水をあけて[差を

つけて、引き離して] ◆by a margin of 3-to-2　3対2の票差で ◆by a narrow 5-4 margin　5-4の僅差で[小差]で ◆narrow the margin to one goal　点差を1ゴールにまで縮める ◆operate on thin margins　薄利[薄い利ざや]で商う ◆profit margins in the personal computer business are very slim　パソコンのハードウェアの粗利の利幅は非常に薄い ◆safety margin improvements　安全裕度の向上[改善] ◆win by a narrow margin　小差で[僅差で, 僅少差でかろうじて, 辛くも, やっと;(小差で)辛勝する ◆win by a wide margin　大差で勝つ ◆a low-margin, high-volume contract　利ざやの小さい[(上乗せ)取り分の少ない]大口契約 ◆have the edge by a fair margin　かなりの差をつけて[明らかに]優勢で[まさって] ◆an adequate margin of safety is provided against...　…に対する安全上の余裕が十分に確保されている ◆imports exceeds exports by a 3-to-1 margin　輸入が輸出を3対1の差で上回っている ◆lost by a narrow margin of 51 to 49　51対49の僅差で(惜しくも)敗れた ◆to provide an additional margin of criticality safety　《原子力》更に臨界安全裕度を高めるために ◆we had virtually no margin of error　我々には、間違いを犯す余地は全くといっていいほどなかった ◆win this district by a huge margin　この選挙区を大差で勝ち取る ◆non-public schools outperformed public schools by significant margins across the board　非公立学校が公立学校に全般にわたって学業成績で大きく水をあけた[引き離した] ◆In assessing employee performance, allow for a margin of error.　従業員の職務遂行能力を評定する際には、(ある程度の)誤差を見込むこと。

3　vt.　~に縁をつける、~の欄外に書く

**marginal**　adj. 縁の、へりの、端の、まわりの、周辺部の、ほとりの、辺境の、余白の、欄外の;限界の、ほとんど余裕のない、程度の、ほんのわずかの、取るに足らない ◆marginal notes　欄外の注 ◆sell... at a marginal profit　~をぎりぎりの薄利で販売する

**marginalization**　Ⅲ (社会や集団の隅に追いやることにより、あるいは一般大衆の目から逸らすことにより) 排除する[重要視しない、軽視する、軽んじる、無視する、疎んじる]こと ◆the marginalization of women　女性を(社会的に)重要視しないこと; 女性を社会の片隅に追いやること ◆Japan's desire to prevent a total marginalization of the yen　(主要通貨としての)円の完全な地位転落は防ぎたいという日本の望み ◆It was the revenge of the hackers after twenty years of marginalization.　それは20年間にわたって(社会/業界の)片隅に追いやられていたハッカーたちの逆襲であった。 ◆Women have had a long history of marginalization in all aspects of socio-economic life.　女性には、社会経済生活のあらゆる面で長い不遇[日陰]の歴史がある。

**marina**　a~ マリーナ、(ヨットなどのプレジャーボート用の)港、係留施設 ◆The authorities issued instructions to inspect all yachts entering the Sheraton marina in Limassol.　当局はリマソールのシェラトン・ヨットハーバー[ヨット係留施設]に入港するすべてのヨットを臨検するよう命令を発令した。

**marine**　adj. 海の、海洋の、海産の、海事の~、海上~、海運~、船舶用~、海兵の; a~《しばしば Marine で》海兵隊員 ◆a marine climate　海洋性気候 ◆a marine ecosystem　海洋生態系 ◆a marine environment　海洋環境 ◆marine insurance　海上保険 ◆marine products　海産物 ◆marine [ocean, oceanographic] observations　海洋観測 ◆the U.S. Marine Corps　米海兵隊 ◆marine anticorrosive coatings　船用[船舶用]さび止め[防錆]塗料[塗膜] ◆a Marine expeditionary brigade　《軍》海兵機動展開旅団 ◆become a U.S. Marine　米海兵隊員になる ◆at the time of occurrence of a marine casualty　海難発生時に ◆international cooperation in marine accident investigation　海上事故[海難]調査における国際協力 ◆prevent marine pollution by the dumping of wastes　廃棄物の投棄による海洋汚染を防止する

**marital**　adj. 結婚の、婚姻の、夫婦(間)の ◆one's marital status　配偶者の有無; 未婚・既婚の別 ◆his marital infidelity　彼の不倫 ◆Social class is a particularly powerful factor in mate se-lection. People face very strong pressures to choose marital partners of similar social standing.　社会階級は、配偶者になる人を探す際に特に大きな要素です。人々は似たような社会的地位[身分]の結婚相手を選ばなくてはという非常に強力な圧力に直面します。

**maritime**　adj. 海の、海上に関係する、海洋性の、海~、海事~、海洋~、海上~、海運~、沿海~、臨海~、制海~ ◆the Maritime Self-Defense Force　《日》海上自衛隊 ◆maritime transportation　海上輸送[運送, 運搬] ◆the Japan Coast Guard (JCG)《日》海上保安庁 (*旧英語名 the Maritime Safety Agency)

**mark**　1　a~ マーク、印、記号、符号、標、標識、商標、標線、点、目盛り、痕(コン)跡、きず、傷跡、跡、汚点、(はけなどで塗った跡)目、すじ、条痕、(仕上げ面の)肌あれ、むら、心情、抽象観念などが具体的な形をとった)現れ、しるし、象徴;((しばしば ~s))点数、成績、評価; the ~ 標準、(要求される)水準; a ~ 的、標的; Ⅲ重要性、名声、注目、顕著、著名 ◆make one's mark　台頭する、頭角を現す、伸す(ノス)、活躍する、名を成す、名声を上げる、有名になる、成功する、出世する、偉くなる ◆place [put] a mark　印を付ける; 目印をつける ◆a diacritical mark　(英字の上や下につけて異なった発音を示す)発音区別符号 ◆currency marks　(ドル、円、マルク等の)通貨記号 ◆break the $500 million mark　5億ドルの大台を突破する[超える] ◆drop below the 400,000 mark　40万の大台を割り込む ◆exceed [top, pass] the $100 million mark　1億ドルの大台を超える[大台に乗る] ◆fall (way) short of the mark　的(マト)[目標, 標準]に(遠く)届かない; しかるべき水準に(はるかに)及ばない ◆minimize brush marks　刷毛(ハケ)塗りの跡をできるだけ残さないようにする ◆On your mark, get set, go!　位置について、用意、ドン。 ◆get good [bad] marks in mathematics　数学で良い[悪い]点を取る ◆reach [hit] the $5 million mark　500万ドルの大台[500万ドル台]に達する[に届く、に乗せる] ◆scratch marks left by other people's fingernails　他の人たちの爪でついた引っかき傷[爪痕] ◆Put a mark 35 centimeters from the left end of the tape.　テープの左端から35cmの所に印[目印]をつけます。 ◆The printer converts the video signal into marks on paper.　プリンタは、ビデオ信号を変換して紙の上に印をつける。

2　vt. ~に印[きず, 跡]をつける、~を採点する、~を特徴[特色]づける、~に値札をつける、~を記録する、はっきり表し示す、心に留める、選び出す; vi. 留意[注意]する、考える、印[傷, 跡, しみ]がつく、採点する ◆mark off　~を区切る ◆a beaker marked in cc　cc(単位)で目盛られているビーカー ◆a cord marked as outdoor　屋外用の表示があるコード ◆mark [draw] boundaries　境界線を引く ◆marked with an asterisk　星印[*印]が付いている ◆mark the start of a new era　新たな時代の幕開けを画する ◆a clearly marked stop line　はっきりと標示されている停止線 ◆chalk-marked points　チョークで印をつけた箇所 ◆crisply light even poorly marked back roads　(路面の)標示が鮮明でない田舎道さえくっきりと照らし出す ◆mark a cutting line with a straightedge [straight edge]　直定規を使って切断線をしるす[つける, けがく] (*ノコギリなどで切断する際の目印となる) ◆mark the date on the part　部品に日付を表示する ◆electronically mark the cut-in and cut-out points of your chosen scene　《ビデオ編集》選んだ場面の挿入開始点と終了点に電子的に印を付ける ◆a school phobia marked by fear or hatred of teachers and classmates　先生やクラスメートに対する恐怖や憎しみによって特徴づけられる学校嫌い[登校拒否] ◆The hanging scale is marked in one pound increments.　その吊りばかりは、1ポンド刻みで目盛ってある。 ◆This issue marks the end of the 1980s.　本号は1980年代の終わりを飾るものです。 ◆The 1992 World's Fair in Seville will mark the fifth centenary of Columbus' discovery of America.　セルビアで開かれる1992年万国博は、コロンブスのアメリカ大陸発見500周年を記念するものである。 ◆The cable or wire jacket shall be indelibly marked at intervals of not more than 60 cm with nomenclature stating the size, the type, and the manufacturer's name or trademark.　ケーブルあるいは電線の被覆には、太さ、種類、ならびにメーカー名または商標を

# marked

記した名称を60cm以下の間隔で消えないよう連続表示するものとする.
**beside the mark** 的外れで, 見当違いで, おかど違いで
**off the mark** 見当違いで, 的をはずれて; スタートを切って ◆This is a long way off the mark. これは的外れ[見当違い]もいいところだ; 問門違いもはなはだしい. ◆The car feels flat off the mark. この車は発進時[出足]に元気がない[馬力が出ない]感じがする.
**up to the mark** 水準に達して;(通例否定文で)元気で
**wide of the mark** 大きく的を外れて, はなはだしい見当違いで
**mark down** 〜の値段を下げる[〜を値下げする], 書き留める, 〈学生〉に悪い点数[評点]をつける ◆mark... down 50 percent 〜を5割値引き[२割引, 値下げ]する
**mark off** 〜に線を引いて区分けする, 線引きする, 削書(ケガ)く, 〜の名前を(線を引いて)消す, 抹殺する
**mark time** 〜 time
**mark up** 〜の原価[仕入れ値]に儲け分を上乗せして売価を決める, 〜の値段を上げる[〜を値上げする], 〈本, 原稿〉に書き込む[加筆する], 〈原稿〉に(印刷の)指定を入れる, 採点する

**marked** adj. 印がついている, 目立つ, 著しい, 〈人物など〉マークされている, 目を付けられている
**markedly** 著しく, 目立って, 際だって, 明らかに ◆increase markedly in size 著しく大きくなる
**marked-up** 印をつけた, 加筆した, 汚した, 採点した, 価格が引き上げられた ◆marked-up papers 採点済みの答案用紙 ◆send typed, marked-up pages to the typesetters [印刷]タイプ打ちで指定を入れたページを植字工にまわす(*mark up は, 原稿に文字の大きさや行の長さなどの印刷の指定を書き込むこと)
**marker** a〜 マーカー, 印をつける道具, 印をつける人, 目印となるもの, 識別の役をするもの, (目)印, 標識
**market** 1 a〜 市場(シジョウ, イチバ), 市(イチ), 販路, 売れ口, はけ口, 需要, 市況, 相場, 市価, 売買, 取引 ◆appear [come, go] on the market 〈新製品が〉市場に出る[市場に見えする[出てくる, 登場する], 新発売される, 販売[市販]される ◆(be) now [currently] on the market 〈商品が〉現在市販されて[出回って, 売れされて, 販売されて] いる, 発売中である ◆create a market for... 〈商品〉の市場を創出する ◆hit the market 〈商品が〉市場に出る[発売される] ◆(be) ready for market 〈製品が〉市場に出せる準備が整って[商品化にこぎつけて]〉る ◆flood the market 〈商品が〉市場にあふれる ◆prepare... for the market 〜を市場に出せるよう準備する; 〜を商品化[製品化]する ◆get [introduce] ... to the market 〈もの〉を市場投入する[商品化する, 発売する] ◆prepare... for market 〈もの〉を市場に出せるように準備する[商品化する] ◆put [place, introduce] ... on the market 〈もの〉を市場に出す[投入する]; 発売する ◆enter a market [marketplace] 〈企業などが〉市場に参入する ◆open one's market 〈企業などが〉市場を拡大する ◆open up new markets 新しい市場[販路]を開く ◆wedge into the market 〈企業などが〉市場に食い込む ◆stimulate [motivate] the market 市場を刺激する ◆a market economy 市場経済 ◆a market price 市場価格; 市価; 実勢価格; (通り)相場; 建値 ◆a market's condition 市場の状況, 市況 ◆a market value 市場での価格[価値], 市価, 時価 ◆a niche market ニッチマーケット, すきま市場, 〈意訳〉穴場市場 ◆market conditions; the (tone of the) market 市況 ◆market expansion 市場拡大 ◆market forces 市場の力[実勢] ◆market forces 市場の実勢[要因] ◆market principles 市場原理 ◆the consumer market 消費者[民生]市場 ◆the global market 世界市場 ◆world markets 世界市場 ◆the home market; the home consumer market 国内[一般家庭]市場 ◆the demands of the market 市場の要望[要求, 需要] ◆a market-driven economy 市場主導型の経済 ◆market-opening measures 市場開放策 ◆the audiophile market オーディオファン(を対象にした)市場; 〈意訳〉高級オーディオ市場 ◆the German market ドイツ市場 ◆(a) market position analysis 市場の状況[市況]の分析 ◆come on [onto] the market; appear [go] on the market; hit the market 市場に出てくる, 〈新商品が〉発売[販売, 市販]される, 売り出される, 〈製品が〉新発売される ◆cultivate the European market 欧州市場を開拓する ◆get it ready for the market それを売りに出す[市場に出す]準備を整える;《意訳》それを商品化[製品化, 実用化]する ◆in an adverse market climate 悪い市況の[地合が悪い]中で ◆shifts in market demand 市場の要求[要請, 需用]の変化 ◆sort recyclables for sale on the market リサイクル可能な物を市場で売る[一般向けに出す]ために選別する; 市場化のために再生可能資源を分別する ◆products (that are) currently on the market 現在市場に出回って[市販されて, 販売されて]いる商品; 発売中の製品 ◆the models already on the market 既に市場に出回っている機種[車種] ◆a market thick with competition 競争の激しい市場 ◆in a fiercely competitive market 競争が熾烈な市場において ◆the $45 billion world market 450億ドル規模の世界市場 ◆the scale of the software market ソフトウェア市場の規模 ◆a market-ready model 市場に投入できるばかりになっているモデル[車種, 機種] ◆build market-specific cars 特定の市場向けの車を造る ◆market-leading board test systems 市場をリードするボード[基板]試験システム ◆market-oriented sector specific [selective] talks (＊日米間で)MOSS[市場重視型分野別, 市場分野別]協議 ◆market-ready technologies 商用化[実用化]できるばかりになっている技術 ◆purchase them at below-market prices それらを市場(実勢)価格[通り相場]以下の価格で購入する ◆as a result of general conditions in the market 同市場の大体の状況[全般的状況, 市況]からして ◆a sedan aimed right at GM's J-car market ゼネラルモーターズのJカー市況に照準をぴったり合わせたセダン ◆control just 15% of the domestic market 国内市場のわずか15%を占めるのみである ◆copiers designed for mass markets 一般大衆市場[民生市場]向けに作られている複写機 ◆depending on market conditions at the time you sell 売るときの市場の状況[売却時の市況]によって ◆enjoy [command] a 45% share of the market 堂々の45%のマーケットシェアを誇る ◆find a volume market for the company's new wares 会社の新製品の量販路をみつける ◆have a 12% share of the market 12%のマーケットシェア[市場占有率]を占める ◆in this fiercely contested market segment 競争が激烈なこの市場部門で[この市場の激戦区にあって] ◆localize ThyDraw for the European and Asia/Pacific markets ThyDraw(ソフト)を欧州, アジア・太平洋市場向けに現地化する ◆market conditions improved in the third quarter 第3四半期に市況が改善した ◆spend millions of dollars on R&D to bring a product to market 1つの製品を市場に出す[商品化する, 市場化する]ための研究開発に何百万ドルも使う ◆the fastest-growing part of the entire market その市場全体のうちで最も成長著しい部門 ◆the high-profit-margin upper end of the market その市場の上の方の利幅の大きい部分 ◆to further strengthen our market position 市場における我が社の地位を更に強化[より強固なものに]するために ◆the establishment of the European internal market in 1992 1992年の欧州域内市場の創設 ◆the European-wide market for telecommunications equipment and services 欧州全体の電気通信機器およびサービスの市場 ◆DVD-RAM is also being developed for market. DVD-RAMも製品化[実用化, 商品化]を目指して開発中である. ◆It came to market during the 1980s. それは1980年代に市場に出た. ◆The engine was introduced to the American market in 1990. そのエンジンは, 1990年にアメリカ[米国]市場に投入[導入]された. ◆He has been responsible for the market introduction of many major new products. 彼は多数の主要新製品の市場導入[投入]を担当してきている. ◆The black-market rate is determined by the market mechanism. ブラックマーケットでの交換レートは市場メカニズムによって決定される. ◆The first commercially available HDTV set came on the market in 1992. 最初の市販ハイビジョンテレビは, 1992年に市場に出た. ◆The model made its way into the booming high-price end of the auto market. そのモデルは好況のハイエンド自動車市場に食い込んだ. ◆They were originally intended to slug it out in the lower end of the market. これら(製品)はもともと, 市場の裾野部分で闘い抜くよう企画さ

れていた。◆Healthy competition in a market tends to result in lower retail prices; and a competitive marketplace is beneficial to consumers. 市場における健全な競争は、結果的に小売価格の低廉化につながる。そして競争市場は消費者に利益をもたらす。◆Optical disks employing this digital recording technology have already hit the consumer market, notably in the form of compact discs. このデジタル記録技術を用いている光ディスクは、とりわけコンパクトディスクという形ですでに消費者[民生]市場に出回っている。◆The company is negotiating to have the computer manufactured in Winnipeg and hopes to have it on the market by the end of this year. 同社はそのコンピュータをウィニペグで委託生産すべく交渉を進めているところで、年内の市場投入を望んでいる。

2 vt. ~を(市場で)売る、市場に[売りに]出す、販売する、営業する; vi. (家庭で消費するものの) 買い物をする、市場で商う ▶たいていの辞書には「市場に出す」、「売りに出す」など販売開始時点のことしかいっていないが、継続的な意味での「販売する」、「売る」の意味で使用されることが非常に多い。ただし、market は、流通機構にのせて広範に売ることを言う。◆begin [start] marketing... ~を販売し[売り出し]始める;~を発売する ◆plan to market oneself as... 自分を~として売り込すともくろむ ◆machines marketed for use in commercial, business, or industrial environments 商業、ビジネス(オフィス)、工業環境での使用向けに販売されている機械 ◆If this dictionary is properly marketed, it should sell like hot cakes. この辞書は、しっかり営業すれば羽根が生えたように売れるはずだ。◆Americans must understand Japanese needs and how to market to those needs. アメリカ人は、日本人のニーズを把握してそのニーズに応えて[沿って、合わせて]いかに売り込むかを知る必要がある。◆The software program would never be economically feasible to market. そのソフトは売り出しても商売にならないだろう。◆Nanotex said it will start marketing the device to consumers and businesses in the first quarter of 1998. ナノテックス社は、その装置を消費者および企業に向けて1998年の第1四半期に販売開始する[発売する、売り出す]と述べた。

**marketability, marketableness** 回売り物になること、市場性、市販性 ◆have little marketability ~には市場性がほとんどない ◆increase their marketability それらの市場性を高める ◆improve the marketability of a product 製品の市場性を向上させる

**marketable** adj. すぐに売れる、市場性のある、市販性の高い ◆a marketable commodity 市場性のある商品 ◆marketable skills 売り物になる技能[手につけた技術]

**market access** マーケットアクセス、市場参入(の機会) ◆market access barriers 市場参入をはばむ障壁

**market analysis** (a) ~ 市場分析 ◆conduct an in-depth market analysis 綿密な市場分析を行う

**marketing** マーケティング、生産者から消費者までの商品流通を促進するための販売活動全般、営業(活動[戦略])、市場の商い[売買] ◆marketing rights 販売権 ◆marketing approaches マーケティング方法 ◆develop a marketing philosophy 営業理念をつくる ◆start nationwide marketing of... ~の全国販売を開始する ◆If this proves a successful marketing ploy,... これが営業戦術として功を奏することになれば

**marketization** 回市場経済化、自由主義市場経済(体制) への移行(＊統制を撤廃して自由化し、市場の実勢に委ねるようにすること)

**marketplace** a ~ 市(イチ)の立つ場所; the ~ 市場 ◆the international marketplace 国際市場 ◆the unified European marketplace 欧州統一市場 ◆in the exploding laser printer marketplace 爆発的拡大を続けるレーザープリンタ市場において ◆the $230 billion-a-year U.S. auto marketplace 年間2,300億ドル規模の米国自動車市場 ◆...technologies pioneered in the U.S. are often successfully brought to the marketplace by the Japanese. 米国で開発された技術が、日本人によってうまく実用化[商品化、製品化、工業化]されることが多い。

**market research** 市場調査、マーケットリサーチ ◆do market research on... ~について市場調査[マーケットリサーチ]をする ◆a market-research firm 市場調査会社

**market share** (a) ~ マーケットシェア、市場占有率 ◆have (a) large [high] market share ~はマーケットシェアが大きい[市場占有率が高い] ◆enjoy a 29.8% world-market share 29.8%の世界市場占有率を占める

**marking** 回印をつけること、荷印を書くこと、表示、刻印、採点、罫書(ケガ)き、《建築》墨打ち、墨出し; a ~ しるし、(識別などのための)記号、(輸出カートンなどに書かれた)荷印 ◆a marking [marker] pen マーキングペン ◆a marking(-off) table [plate] けがき台 ◆a marking pin [tool] けがき針 ◆calibration markings 目盛りの(一つ一つの)刻み目[印] ◆markings on Canadian rifles カナダ製ライフルに施されている刻印 ◆traffic signs and markings 交通標識および標示 ◆be indicated by pavement markings 路面標示によって表示されている ◆component markings on a printed circuit board プリント回路基板上の部品表示 ◆Be sure your power supply agrees with the nameplate marking. 電源が銘板の表示と一致するようにしてください。;《意訳》一致するか確認してください。◆Treading cautiously, he followed the signs as a nature lover would follow markings in the woods. 彼は、慎重に歩を進めながら、自然を愛する人たちが森の中の目印をたどるがごとく標識を追った。◆The scale is graduated to one ounce with larger quarter-pound and pound markings. その秤は、1オンスまで目盛られており、4分の1ポンドと1ポンドの目盛りは大きくなっている

**markup** a ~ 仕入れ値[原価]と売り値の差、上代と下代の差、利幅[利鞘(リザヤ)、利益、差益、利掛け]; 回《印刷》版組処理法の指定、《コンピュ》テキストのいろいろな要素にタグをつけること[指定されたタグ ◆a markup language 《コンピュ》記述言語 ◆sell at a markup of 100% or more 100%以上の利幅[利鞘(リザヤ)、利益、差益、利掛け]で売る ◆Markups of 100 percent or more from wholesale to retail are not unusual in the diamond trade. 卸売りから小売りまでの段階で100%を上回る差益はダイヤモンド業界では珍しいことではない。

**marque** a ~ ブランド、機種、車種、タイプ、モデル(＊特に、車・オートバイ等の)

**marquee** a ~ (劇場や映画館の)看板[入口のひさし]、天幕[大テント]、《形容詞的に》人気の(＊観客を集める力があるという意味で)、《コンピュ》マーキー(＊電光板やテロップのように文字が流れる[表示する]領域の枠線[選択枠]) vt. 〈選択した領域など〉を枠で囲む[に印をつける] ◆(a) marquee value (興行、またはそれに出るタレントや選手の)人気(の度合い)[観客動員力] ◆moving [scrolling] marquees 《コンピュ》(文字が)流れる[スクロールする]マーキー ◆drag a marquee around the area of interest 《コンピュ》マーキー枠をドラッグして目的の領域を囲む

**marriage** (a) ~ 結婚、婚姻、結婚生活、親密[緊密]な結合、縁結び、融合、合体、連合; a ~ 結婚式、婚礼 ◆a marriage certificate 結婚証明書 ◆a marriage [wedding] ceremony 結婚式; 婚礼 ◆a marriage-introduction center 結婚相談所 ◆allow same-sex marriages 同性同士の結婚を許す ◆in their first year of marriage 彼らの結婚1年目に ◆through a "marriage of convenience" <between> 〈~間の〉「政略結婚」[便宜上の連合]を通して ◆the marriage of videodisc, videotape and computer ビデオディスク、ビデオテープ、コンピュータの統合[合、複合化](＊三者以上の marriage にも使用) ◆it appears that the marriage of the television and computer is inevitable テレビとコンピュータの融合は必至のようである ◆Having sexual relations before marriage is not as frowned upon as it was 40 or 50 years ago. 婚前交渉を持つことは、四、五十年前ほどは白い目で見られていない。◆The plain-paper facsimile is a marriage of the xerographic process of the photocopier and scanned laser technology. 普通紙ファクシミリ機は、写真式複写機の乾式電子写真法とレーザー走査技術が一体化[融合、合体、結合]したものである。

**marriageable** adj. 〈男女を問わず〉結婚適齢期の, 妙齢の, 年頃の ◆a dearth of marriageable women  嫁不足 ◆a marriageable young doctor  結婚適齢期の若い医師 ◆marriageable daughters  年頃の娘達 ◆sons of marriageable age  結婚適齢期の息子達 ◆having reached the marriageable age of 26  結婚適齢期の26歳になって

**marrow** ①髄, 骨髄, 脊髄; the ～ <of> (～の) 心髄 [神髄, 真髄], 精華 (セイカ), 核心, 要点, 骨子 ◆work in the area of bone marrow transplants  骨髄移植の分野で仕事する

**marry** vt. ～と結婚する, ～を結婚させる, 〈娘など〉を嫁がせる, 〈二つ〉融合させる; vi. 結婚する, しっくり合う ◆newly-married persons  新婚ほやほやの方々; 新婚の人たち ◆marry two important software technologies  2つの重要なソフト技術を組み合わせる ◆a never-before-married person  結婚歴のない [未婚の] 人 ◆They have been married 11 years and have no children.  彼らは結婚して11年になり子供はいない.

**marshal** vt. 〈事実など〉を秩序立てて並べる, まとめる, 整理する, 整列 [配列, 配置] する ◆In 1958, an English economist marshaled almost a century's worth of data from the British economy to show that falling unemployment drives up wages.  1958年に, 英国の経済学者が英国経済のほぼ1世紀分のデータを整理し, 失業の減少が賃金を押し上げることを証明した.

**marshland** (a) ～ (= marsh) 湿地, 湿地帯, 沼沢地, 沼沢地帯 [地域] ◆an ill-drained marshland  水はけの悪い湿地帯 [沼沢 (ショウタク) 地]

**martensite** 《冶金》マルテンサイト (*焼入れして得られる鋼の組織の一種) ◆martensite stainless steel  マルテンサイト [系/型] ステンレス鋼

**marvel** a ～ 驚異, 不思議, 驚くべき [驚嘆する, 感嘆す] べきもの, 実にすばらしい [みごとな, 舌を巻く] こと; vi., vt. 驚く, 不思議に思う, 驚嘆する ◆It was a marvel of its day.  それは, その当時の驚異であった.

**mask** 1 a ～ マスク, 面, 仮面, 覆面, 覆い隠すもの, 覆い, 隠蔽, 遮蔽物 ◆(a) mask ROM  《コンピュ》マスクROM
2 vt. ～を隠す, マスキングする, 遮断する, 〈敵など〉を牽制する, 〈強い信号〉が〈弱い信号〉をかき消す; vi. 仮面をつける ◆mask one's real intentions  真意を隠す ◆Fragrance is useful for masking the musty smell.  香りは, かびくさい臭いを消す [わからなくする] のに有用である. ◆The maskable interrupt request will be "masked" or ignored.  《コンピュ》そのマスク処理割込は, マスクされる, つまり無視される.

**masking** ①マスキング (効果), 隠蔽 (インペイ), 遮蔽 (シャヘイ), 覆面 [仮面] をかぶること ◆a masking tape  マスキングテープ (*塗装作業前の養生に使用したりするもの)

**mass** 1 a ～ かたまり, 団塊, 集団; a ～ <of>, ～es <of> 大量の, 多量の, 多数の; the ～ <of> (～の) 大部分, 大半, 大方; the ～es の (一般) 大衆, 庶民, 民衆, 平民たち ◆a cold air mass  寒気 [冷気] 団 ◆a mass wedding  集団結婚式 (*某宗教団体などで行われている) ◆mass [popular] culture  大衆文化 ◆weapons of mass destruction  大量破壊兵器 ◆a mass-consumer society  大量消費社会 ◆mass-storage device  大容量記憶装置 ◆mass merchandisers hawking their electronic wares  電子機器製品を呼び売りしている量販店 ◆be sold cheaply to the masses  一般大衆 [庶民] に安く売られている ◆copiers designed for mass markets  一般大衆市場 [民生市場] 向けに作られている複写機 ◆dull the mind of the masses  一般大衆を白痴化する ◆These plants produce masses of smaller flowers in clusters.  これらの植物は, いくつもの房になった多数の小花をつける. ◆The company is gearing up to mass-produce a new $160,000 sports car.  同社は, 16万ドルの新しいスポーツカーの量産 [大量生産] に向けて体制を整えて [態勢固めして] いるところである.
2 (a) ～ 質量, 分銅, 大きさ, 量, 嵩 (カサ) ◆light-mass nuclei  軽質量の核 ◆a metal coating mass test  金属被膜質量試験; 金属被膜質量試験 ◆have a mass of one gram  1グラムの質量を持つ ◆increase in mass  質量が増加する ◆the center of mass of...  ～の質量の中心 [重心] ◆the mass of the Zº particle  Zº粒子の質量 ◆a hooked, slotted, and stacking mass set  フック形, くびれ形, および積み重ね形分銅セット ◆a field transportable gas chromatograph/mass spectrometer  可搬型のガスクロマトグラフ質量分析計 ◆carbon having a mass number of 14  質量数14の炭素 ◆the mass number of the longest-lived isotope  最長寿命同位体の質量数 ◆determine a mass balance of inputs and outputs of select contaminants for Lake Michigan  ミシガン湖の特定汚染物質の入出力について物質収支を求める ◆Scientists are still debating whether neutrinos have mass.  科学者らは依然として, はたしてニュートリノに質量はあるのかといった議論を戦わせている.
3 v. 集まる, 集合する, 集結する, 寄り集まる, 集中する, 固まる, 一まとまりになる [する]

**mass communication**  大衆伝達, マスコミ

**mass-customization**  大量注文製作 (*大量注文に応じた生産の意味ではない; イージーオーダーのようなもの)

**mass-customize**  ～を大量注文製作する

**massive** adj. 大きくて重い, どっしりした, がっしりした, 大規模な, ばく大な, 大量の, 塊状の ◆a massive stone fireplace  重厚な石造りの暖炉 ◆massive parallelism  《コンピュ》超並列 (処理) ◆a colorless to white mineral occurring in massive form  無色から白色の塊状で存在 [賦存 (フソン)] する鉱物 ◆a massive ore body  塊状鉱の構造体 ◆a warehouse with massive doors  [重量感, 質量感, 質感] のある扉が備わっている倉庫 ◆it compresses massive images of any size  それはどんな大容量の画像でも圧縮する (*massive = 画像データの量が大きい) ◆massive bass from woofers  ウーファー [低音用スピーカー] から発せられるどっしりとした [低い, 質量感のある, 質感のある, 重感のある, 強力な, 力強い] バス [低音]; ウーファーからのドスドスンとくる重低音 ◆on a massive scale  大規模な ◆massive amounts of data presented by CD-ROMs  CD-ROMによって提供される膨大な [大容量] データ ◆It's going to be a massive hit.  それは, 大ヒットになるだろう. ◆Massive volcanic eruptions spewed dust in the air, blocking sunlight and lowering the temperature.  大規模な火山噴火がほこりを大気中に吐き出し [放出し], 日光を遮断して気温を低下させた.

**mass-manufacture** vt. ～を大量生産する, 量産する ◆mass-manufactured commodities  大量生産品

**mass market**  a ～ 大量販売市場; mass-market adj. 量販 (市場) 向けの, 大衆市場の; v. 量販市場に向けて販売する ◆intended for the mass market  量販市場向けの [で] ◆mass-market items  量販品 ◆mass-market, low-cost and high-quality varieties of goods  いろいろな種類の量販市場向け廉価高品質商品

**mass media**  (the) ～ (単 / 複扱い) (放送・新聞など) の大衆伝達媒体, マスメディア, マスコミ, 報道各社, 《意訳》報道各社 ◆the social effects of mass media  マスメディア [マスコミ] の社会的な影響 ◆(the) development of mass-media institutions, such as press, radio, and television  新聞, ラジオ, テレビなどのマスコミ [報道] 機関の発達

**mass-produce** vt. ～を大量生産する, 量産する ◆a mass-produced car  量産車 ◆mass-produced standardized pins  大量生産された規格品のピン ◆since a mass-produced card obviously can't include a printed return address  大量生産された [《意訳》出来合いの] カードには当然ながら差出人住所の印刷を含めることはできない

**mass-producer**  a ～ 量産 [大量生産, マスプロ] メーカー

**mass-producibility**  ①大量生産性, 量産性 ◆a simplified fabrication process which can lead to mass-producibility and low cost  大量生産性 [量産性] および低コストにつながる可能性のある簡略化された製造プロセス [工程]

**mass production**  ①大量生産, 量産, マスプロ ◆the mass production of very inexpensive graphic workstations  非常に安価なグラフィック・ワークステーションの大量生産 ◆The economies of mass production resulted in rapidly declining prices.  《意訳》量産効果は, 結果として急激な価格低下をもたらした. ◆If the 128-Mbit DRAM hadn't existed, the 256-Mbit version would have already been in mass production since last year. 128メガビットのDRAMが存在しなかったら、256メガビット版は去年からすでに量産されていたことだろう.

**mass-replicate** 〈CDなど〉を大量複製する ◆The CD-ROM can be mass-replicated in reasonable quantities for a unit production cost of $2 or less. CD-ROMは、ある程度まとまった数であれば、生産単価2ドル以下で大量複製することができる.

**mass transit** Ⓤ(公共)大量輸送交通機関 ◆car use is up and mass transit ridership is down 車の利用はアップし(公共)大量輸送交通機関の利用者数はダウンしている ◆use mass transit (公共)大量輸送交通機関を利用する

**mass transportation** 大量輸送

**mass-volume** 多量の ◆mass-volume discount retailers like K mart and Target Kマートやターゲットのような量販ディスカウント小売業者

**mast** a〜 マスト, 帆柱, 檣(ショウ, ホバシラ), 電柱, 支柱, 鉄塔, 旗竿 ◆an antenna mast アンテナの支柱[マスト] ◆a two-masted ketch 2本マストのケッチ[縦帆船]

**master** 1 a〜 マスター, 主人, 飼い主, 親方, オヤジさん, 師範, 名人, 名手, 達人, 〜を究めた人, 船長, 修士, 原盤, 原型, 父型, 主局; a〜 《電子機器》マスター, 主装置, 親機(*接続されている従属装置a slaveを制御する装置) ◆a master's thesis 修士論文 ◆a master's degree in... 修士号 ◆a master-slave timing system (通)従属同期方式 ◆a master of jazz ジャズの大御所[巨匠] ◆beginners and masters alike 初心者も精通者も同様に ◆via a master-apprenticeship relationship 徒弟関係を通して ◆Sony Corp., Japan's master of miniaturization 日本の軽薄短小化の名人であるソニー株式会社 ◆master/apprenticeship teaching for handworkers (意訳)手工業者(を養成する)ための徒弟制による指導[教育, 訓練] ◆cut a master [an original master] of a record レコードの原盤にカッティングする[音溝をつける]

2 adj. 支配的[主要な], 腕利きの[熟練した], 基本となる, (複数を作る際の)元になる, 原-, 親-, (スイッチなど)大もとの, 親の, 元-, 主幹- ◆a master key 親鍵 ◆master artwork 原図, アートマスター ◆a master plan マスタープラン; 基本計画; 総合[全体]計画; 総合基本計画; 基本設計図 ◆a master [primary] clock 親時計 ◆a master intercom station インターホンの親局 ◆a master mains switch 主幹[親, 元]電源スイッチ ◆make a master recording 原盤録音をする ◆Up to 15 slave units can be connected to the master unit. 従属装置[子機]は15台まで主装置[親機]に接続可能です.

3 vt. (言語など)をマスター[会得]する, 完全に習得[修得]する, 習熟する, 物にする, (自由自在に)使いこなす, (恐怖など)を克服する, 抑える, 支配する, 〜のマスターテープ[原盤]を制作する ◆Gourmet cooking secrets can be yours once you have mastered the techniques for operating your food processor. 《取扱説明書》フードプロセッサーの使い方のテクニックをマスターして[ものにして]しまえば、グルメ料理法の秘訣はあなたのものです.

**mastering** ◆a mastering facility マスタリング[原盤製作]設備(*CD, CD-ROM, レーザーディスクなどの) ◆a CD-ROM mastering system CD-ROMマスタリング[原盤作成]システム

**master of ceremonies** a〜 (pl. masters of ceremonies) (an MC, pl. MCs) 司会者, 進行係, (英)式部官 ◆I presided as master of ceremonies at the dinner 私は、そのディナーの進行係を勤めた ◆He was invited to be master of ceremonies for a radio show. 彼は、ラジオのショー番組の司会者として招かれた.

**masterpiece** a〜 傑作, 秀作, 名作, 名画, 名著, 雄編, 大作, 力作, 労作, 自信作, 代表作, 逸品, 圧巻, 白眉 ◆one of my masterpieces 私の傑作[自信作]の一つ ◆The SLR is a masterpiece of integrated electronics with a dazzling array of exposure control systems. この一眼レフは、ずらりとそろった露出コントロールシステムを持つ統合化電子回路の傑作である.

**master plan** a〜 マスタープラン, 基本計画, 総合[全体]計画, 総合基本計画, 基本設計図; v. ◆a master-planned community 計画的に開発された住宅団地(*米国の大都市の郊外にある) ◆The project's master plan calls for the construction of three semiconductor manufacturing facilities on the site. 同事業の全体[基本]計画には、その用地に半導体製造工場を3つ建設することを求めている.

**mastery** (a)〜 自由に駆使する能力, 習熟, 腕前, 物にすること, (徹底的な)習得, 把握, 精通, 通暁(ツウギョウ); Ⓤ支配, 掌握, 制御, 制圧, 統御, 支配する権力[制空権, 制海権], 克服, 征服, 制覇, 勝利, 優勢, 優越 ◆a skill mastery test 技能[技術]修得試験 ◆achieve [accomplish] mastery of a subject ある学科をマスターする ◆demonstrate mastery of the electrician's work 電気工の仕事に習熟[精通, 熟達]していることを実際にやってみせて証明する ◆his mastery of the English and Hindi languages 彼の英語とヒンディー語の習得 ◆assess learners' mastery [acquisition] of skills/knowledge 学習者の技能・知識の習得状況を評価する ◆develop a mastery of Java programming ジャバ・プログラミングをマスターする ◆talented artists who have developed a mastery of artistic techniques and skills 芸術的技法や技術を(能力開発)して)完全に身につけた[修得した, 会得した]才能あるアーティスト ◆skill mastery tests where the trainee demonstrates the skill he or she has learned 研修者が修得した技術を実技で示す技能検定試験 ◆He has a wonderful mastery of English and Russian literature. 彼は英文学とロシア文学にみごとに精通している. ◆Mastery of English is a key goal of the Japanese visitors. 英語のマスター[修得]が、これら日本人遊学生たちの大きな目標である.

**mat** 1 a〜 マット, 敷物, ござ, むしろ, 畳; a〜 台紙, 下敷き; a〜 (毛などの)もつれ; vt. 〜にマットを敷く, 〜をマットで覆う; vi. もつれる ◆tatami mats 畳 ◆an electronic [electric] mosquito repeller [killer, destroyer] mat 電気[電子]蚊取り器用のマット[蚊取りマット](*加熱により薬効成分が揮発するマット状の小片)

2 → matte

**match** 1 a〜 マッチ, 燐付(マッチ), 摺り付け木(スリツケギ) ◆strike a match マッチを擦る ◆a box of matches マッチ1箱 ◆a book of matches ブック型のマッチ1個(*2つ折り台紙=a matchbookに整列収納されているマッチ) ◆with a flick of a match マッチ1本(擦り)で ◆two match heads worth of grease マッチの頭2つほどの分量のグリース ◆keep lighted matches away マッチの火を近づけないようにする ◆Don't let anyone smoke or light a match near the vehicle in case of a fuel leak. 万一燃料漏れの場合には、誰もその車のそばでタバコを吸ったりマッチを付けたりしないようにすること.

2 a〜 突き合わせ, 一致, 適合, 合致, 整合, (色, 柄, 模様などの)合わせ, 対応; a〜 〈for〉 one's 〜 対の一方, 一致[適合, 匹敵, 対応]するもの, ふさわしい(似合いの)相手, 好敵手, (ある観点で)そっくりな人[物]; a〜 似合う組み合わせ, 好一対, 結婚, 縁組, 試合, 勝負, 競技 ◆be [prove] no match for... 〜にはとてもかなわない[勝てない]; 〜には歯が立たない[太刀打ちできない]; 〜の足下にも及ばない; とうてい〜の比[敵]ではない, 〜とでは相手[勝負, 競争, 比べもの, 比較]にならない; 〜とは段違いだ ◆a good match 良い組み合わせ[取り合わせ]; よい縁組; 良縁; いい試合 ◆a partial [full] item match 《コンピュ》部分[完全]項目一致 ◆an international judo match 国際柔道試合 ◆the match between the transmission line and its load 伝送路とその負荷の間の整合[マッチング] ◆It should be chosen for the best match to... それは、〜にできるだけよく適合するように選ばれなければならない. ◆The system compares the fingerprint with previously stored images to determine if there is a match. システムは、指紋をあらかじめ登録してある画像と照合して、一致するものがあるかどうか判定する. ◆Feature values computed on unknown objects viewed by the camera are compared with the computer models to determine if a match has occurred. カメラで捕らえた未知の物体について算出された特徴値は、コンピュータモデルと比較され、一致するものがあるか調べられる.

3 vt. 〜に匹敵する, 〜と釣合う, 〜に対応する, 〜と対をなす, 〜に見合う, 〜に適合する, 〜と調和する, 〜に似合う, 〜

を(~と)突き合わせる[照合する]、釣り合わせる、調和させる <with>、《電子》~を(~に)マッチング[整合]させる<to>；vi. 調和する、釣合う、似合う、一致する、合致する<with> ◆an impedance-matching network インピーダンス整合ネットワーク[回路網] ◆match the beginning or end of a line （検索で）行の前方または後方を一致させる；行の前方または後方一致検索をする ◆a matched-impedance signal 《電気》整合インピーダンス信号 ◆an HLA-matched bone marrow donor HLAが適合する骨髄提供(希望)者 ◆in a reasonably well-matched fashion かなりうまくマッチして[うまいこと合った様子で、整合がよくとられた格好で] ◆our market-matched products 市場に合った弊社の製品 ◆match operating capacity with demand for power 電力需用[需要]に運転容量を合わせる ◆match or outperform them in price competitiveness 価格競争力において彼らと互角かそれ以上で渡り合う ◆match the impedance of...to that of... 《電気》~と~のインピーダンスを合わせる[整合させる、マッチングさせる] ◆the game will match A against B この試合ではAとBが対戦する ◆will not [won't] even come close to matching... ～の足下にも及ばないだろう ◆query the database to find records matching a particular description 《コンピュ》ある特定の記述と一致するレコードを探し出すためにデータベースに照会する[を検索する] ◆records that match the specified condition 指定された条件に適合[合致]するレコード ◆Few can match the Porsche's individuality and panache. ポルシェの個性と気品にかなう車は、ほとんどない。 ◆Make sure the stripes match at the seams before you buy. 買う前に、縫い目のところでストライプ模様がずれていないことを確かめる。(*衣料品の話) ◆The question mark matches exactly one character, whereas the asterisk matches any sequence of zero or more characters. 疑問符(?)はちょうど1文字分を一致[適合]させるのに対し、アステリスク(*)は0文字以上の連続した文字を一致させる。(*パターン一致検索の話) ◆Unless the information matches up with the characteristics of authorized persons, entrance is denied. その情報が(立ち入りを)許可された人の特徴と一致しない限り、入室[立ち入り]は拒否される。

**matching** マッチング、突き合わせ、照合、一致、合致、適合、整合、(色、柄、型、輝度などの)合わせ方；adj. 釣り合っている、対応する、似合っている、揃った ◆wildcard matching ワイルドカード[パターン一致、部分一致、曖昧]検索 ◆perform exact [↔fuzzy, inexact] matching for "a phrase" on a field あるフィールドについて a phrase を(探して)完全一致[↔曖昧]検索する ◆The grep utility provides flexible pattern-matching features. 《コンピュ》grep ユーティリティには、柔軟なパターン(一致)検索機能がある。 ◆The nation's prison population stands at a record 529,000, a total that grows by 1,000 each week; new cells are not being built in matching numbers. 国の収監人口は記録的な529,000人に上り、この合計数は毎週1,000人づつ増えている。しかるに、見合った数の新しい監房が作られていないのが実情である。

**matchmaker** n. 仲人、媒酌人、縁結び役、橘逸し役、仲介役、対戦相手の組み合わせを決定する人

**matchmaking** n. adj. 縁結びの[、]結婚の仲立ち[仲人、媒酌](の)；対戦相手決定(の)；マッチ製造(の) ◆a matchmaking factory マッチ製造工場 ◆a computer matchmaking service コンピュータを使って結婚相手を探すサービス[結婚相談所]

**match-needle** ◆SLRs with match-needle, stop-down metering 追針式絞り込み測光一眼レフ

**mate** 1 a ～ 友達、(仕事)仲間、同僚、配偶者、連れ合い、相棒、(対の)片方、航海士 ◆your mate and other loved ones あなたの配偶者[連れ合い]やその他の家族の人たち 2 vt. ~を(~と)つがわせる[交配、交尾させる]、~を(~と)はめ合わせる、結合[接合]する、噛み合わせる ◆mating and demating [unmating] (プラグ、ソケットなどの)着脱、脱着、挿抜(ソウバツ) ◆use special drivers mated to horns 《音響》ホーンに適合させたドライバーを用いる (*ホーンスピーカーで) ◆clean the mating surface on the engine block エンジンブロックの合わせ面をきれいにする ◆reduce the thermal resistance between mating surfaces 接触[接続、接合]面間の熱抵抗を減らす ◆the mating faces of the collar カラーの接合面 ◆He died of CJD from a Lyodura dura mater graft. 彼はライオデュラ硬膜移植が原因のクロイツフェルト・ヤコブ病で亡くなった。(*Lyoduraは、独ブラウン・メルスンゲン社製ヒト乾燥硬膜の商標)

**mater** a ～《英口》(しばしば Mater)おふくろ、おっかさん(*英国のパブリックスクールなどの学生がふざけて用いる)；[⦿] (= dura mater) 《医》硬膜 ◆He died of CJD from a Lyodura dura mater graft. 彼はライオデュラ硬膜移植が原因のクロイツフェルト・ヤコブ病で亡くなった。(*Lyoduraは、独ブラウン・メルスンゲン社製ヒト乾燥硬膜の商標)

**material** (a) ～ 材料[(意訳)]材質(物)、原料、資材、物資、生地、材質、-材料、-剤、-材、-体、-質、人物、人材；(記事などの)材料、題材、素材、ソフト、資料、データ、教材、(意訳)制作物；~s 用具、道具；adj. 物質の、物的の、物質的の、肉体的の、生理的の、重要な、重大な、不可欠の、必須の ◆a materials-handling system マテハンシステム ◆a material witness （捜査・裁判の行方を大きく左右するような）重大[重要]な証人[証言]；(捜査の対象者・被疑者としての)重要参考人 ◆building [construction] materials 建築資材；建材 ◆disk material 椎間板材料 ◆material goods (お金などと対比して)モノ[物品、物資] ◆materials cost 材料費 ◆materials planning [management] 資材計画[管理] ◆materials science 材料科学 ◆(a) materials [material] technology 材料技術 ◆sales materials 販売促進資料 ◆a piece of instructional material (1つの)教材 ◆curriculum materials カリキュラム(に沿った)教材 ◆a film of magnetic recording material 磁気記録材料の膜 ◆a material inspection and receiving report (MIRR) 材料検査および受け入れ報告書 ◆a materials recovery facility 資源回収[再資源化]施設 (*ゴミ・廃棄物からの) ◆collect [gather] material for an article 記事の材料を集める；取材をする ◆explanatory material(s) about [concerning, on]... ～についての説明資料(⦿または複数いり) ◆feed material into a machine 機械に材料を供給する ◆have a material bearing on [upon]... ～と(非常に)密接な関係がある ◆indirect materials for the repair of... ～の修理のための副資材[材料] ◆make [establish] a material balance of... 《化学》～の物質収支を作成[特定]する ◆soil materials of [from] the Cretaceous Period （意訳）白亜紀の地質 ◆studio-recorded material スタジオ録音された素材 ◆because of poor materials and workmanship 材質が悪いことと細工[造作、施工]不良のために ◆edit material for publication 掲載記事を編集する ◆feature films and other prerecorded materials 長編映画および他の録画済みソフト ◆It lacks material substance. それには実体[実質]がない。 ◆Material thickness up to 3" can be cut with... 肉厚3インチまでは～を使用して切断できる ◆use the new browser to access reference materials at the Library of Congress 米国会図書館にある参考資料にアクセスするためにこの新しいブラウザを用いる ◆release more than 10,000 pages of material gathered in the course of its investigation, detailing... その捜査の過程で集まった、～について詳述する1万ページ以上の資料を公開する ◆send in their comments about material published in this magazine 本誌に掲載された記事について彼らの意見を寄せる ◆the egg proteins coagulate into a custardlike material 卵蛋白は凝固してカスタード様の物質[カスタード状]になる ◆a recent materials breakthrough at the University of Alabama アラバマ大学の物理学者による最近の材料分野での画期的な発見 ◆The greatest poverty in the United States is not a poverty of material goods, it is... 米国における最大の貧困は、物質的な貧しさではない。それは～である。 ◆A video disc player can only play back prerecorded material. ビデオディスクプレーヤーは、録画済みソフトの再生しかできない。 ◆It can scan pages from bound printed materials. この装置は、製本された印刷物原稿のページをスキャンできる。 ◆The bend radius should be approximately 10 times the material thickness. 曲げ半径は肉厚[材料の厚み]の10倍程度でなけ

ればならない. ◆What is this material? It is, of course, wood. この材料[素材,《意訳》材質]は何ですか. もちろん木です.

**materialism** 物質主義, 唯物論
**materialization** 実現, 具体化, 体現, 具現
**materialize** vt. vi. 実現する, 具体化する, 体現[具現]する ◆if the company's hopes materialize もしこの会社の願望が実現すれば[望みがかなえば] ◆The meeting never materialized. その会議は, 決して実現[具体化]することはなかった.
**materially** adv. 物質的に, 実質的に, 具体的に; 著しく[大いに](= substantially, considerably) ◆important factors that could cause actual results to differ materially from projections 実績を予測[予想]から著しくかけ離れたものにする可能性がある重大要因
**materials engineering** 〔U〕材料工学
**material witness** a ~ 重要参考人,《場合によっては》被疑者, 重要証人 ◆an arrest warrant was issued for him as a material witness 重要参考人[《意訳》被疑者]として彼に対し逮捕状が出された
**maternal** ◆have [possess] (a) maternal instinct ~には母性本能がある ◆this baby is appealing to the maternal instinct in me この赤ちゃんは私の母性本能をくすぐる
**maternity leave** 出産休暇とそれに続く育児休業(＊英国では6カ月間有給で取れる)
**math** (= mathematics, mathematical) ◆a math coprocessor 《コンピュ》数値演算コプロセッサ (= a numeric coprocessor, a floating-point coprocessor, a floating-point unit)
**mathematical** adj. 数学の, 数学的の, 数理的の, 数値の, 数値演算[計算]の ◆a mathematical expression of... ~の数式 ◆a mathematical model 数学[数式]モデル ◆mathematical calculations 数式計算 ◆a mathematical macroeconomic model 数理マクロ経済モデル
**mathematically** 数学的に, 数理的に, 数値的に ◆a mathematically gifted person 数学に対し天賦の才能を持っている人 ◆demonstrate it mathematically それを数学的に[計算によって]実証する ◆express it mathematically それを数式で表す ◆as if the mathematically strong could understand... あたかも数字に強い人(たち)だけが~を理解しうるかのように ◆it's mathematically possible for... to <do...> ~が~することは計算上可能である ◆These two theories are mathematically incompatible. これら2つの理論は計算上矛盾している. ◆Unless the picture is one which we can define mathematically, we use an image scanner to read it in. 絵が数学的に(＊数式によって)定義できるものでない限り, 読み込みにイメージスキャナーを用いる.
**mathematics** (〈単扱い〉数学;〈単／複扱い〉数学的手法[処置, 処理], 数値演算 ◆mathematics education 数学教育 ◆use mathematics to solve problems 問題を解くのに数学を用いる
**mating** (a) ~ 交尾, 交接, 交配, 配偶, はめ合わせ, 挿入, 結合, 接続, 接合 (→ mate)
**matrix** a ~ (pl. ~es, -trices) 母体, 母材, 母型, 紙型, 鋳型, 原盤, 地盤, 基材, 基質, 脈石, 石基; a ~ マトリックス, 行列, 要素が縦×横に並んでいるもの ◆an 8- by 16-pixel matrix 8×16画素のマトリックス ◆Matrix size: 18 x 36 マトリックスサイズ[(プリンタの印字)ドット数]—18×36 ◆a matrix with m rows and n columns, referred to as an m by n (m × n) array of mn elements. 《数》mn個の要素を持つm×n配列というふうに呼ばれるm行n列の行列(＊行列のelementsは「成分」, 配列のelementsは「要素」と呼ばれる) ◆Characters are formed from a 640 by 400 matrix of pixels. 文字は640×400画素のマトリックス[縦横配列]から構成される. ◆The dealers are listed with a matrix to denote the products they offer. 販売店の取り扱い商品の表[を表形式にまとめたもの]と合わせて一覧で示してある. (＊ここでのa matrix は, 「販売店×商品」の表の各欄に取り扱いの有無を記したもの)
**matte, mat, matt** adj. 艶消し(ツヤケシ)の, 無光沢の, 光沢のない, 梨地(ナシジ)仕上げの, 絹目仕上げの ◆matte finish

《写真》絹目仕上げ ◆a matte black finish つや消し黒仕上げ(されたもの)
**matter** 1 a~物質, 物体, 物, -物, -剤, -料, -素, -分 ◆remove particulate matter (煙に含まれる)粒状物質を除去する 2 a~事, 事柄, 事件, 問題, 案件, 事項; ~s 事態, 情勢, 状況, 事情;〔U〕(書物, 演説などの)内容;〔U〕(否定文で)重要さ, 重大さ; the~(関係になる)困ったこと, 厄介[面倒]なこと, 故障, 不調, 不具合 ◆in a matter of seconds [minutes, hours, days, weeks, months, years] ほんの何秒[何分, 何時間, 何日, 数週間, 数カ月, 数年]かのことで ◆a matter in question (pl. matters in question) 問題になっている事柄; 事案 ◆a matter of high priority 優先(順位の高い)事項 ◆as matters now stand 現状では ◆in a matter of a couple of minutes ものの2~3分で; 2~3分のことで ◆in a matter of a day or two わずか1~2日のことで; ほんの一両日中に ◆in just a matter of minutes ものの何分かで; 僅か何分(のこと)で ◆leave the matter to his discretion その件[問題, 事柄]を彼の自由裁量に委ねる[彼に一任する] ◆constitute a matter of concern to all citizens 全市民[全国民, 全住民]にとって懸念すべき事項[気がかりな問題]となっている ◆the ability to check the validity of... in a matter of seconds ほんの何秒かのことで~が有効かどうかチェックしてしまう能力 ◆because Bush considers this conflict as a matter of "the good guys against the bad guys" ブッシュはこの衝突を「善玉対悪玉」ということ[《意訳》図式]で考えているので ◆Since the voltage is known, it is again a simple matter to calculate... 電圧がわかっているから, ~を計算するのもまた簡単なことだ. ◆If..., the motor will overheat in a matter of minutes. もし~だと, モーターは何分かのこと[ほぼ数分の内に, ほんの数分足らずで]過熱してしまうかも知れません. ◆It is a matter of debate. それは, 論議を待つ[議論をスタートする]ところである. ◆It's only a matter of time. それは, 時間だけの問題だ. ◆Unless action is taken soon, it may be only a matter of time before... 措置がすぐにでも取られないと, ~が起きるのは単に時間の問題であろう. ◆Trying to hide any problems may only make matters worse and may have a negative impact on your relationship. どんな問題にせよそれを隠そうとすることは事態をいっそう悪化させかねないし, あなた方の仲[間柄,（人間）関係]にもよくない影響を及ぼす可能性があります. ◆Unlike the American style of launching directly into the heart of the matter, it is customary among the Japanese to start off with polite small talk. 単刀直入に切り出す[すぐに本題に入る]米国式とは異なり, 日本人の間では当たり障りのない世間話から入るのが習わしである. ◆Some video-rental shops label their movie cassettes and their patrons' membership cards with bar codes, so that checking out cassettes is simply a matter of scanning the bar codes. 一部のレンタルビデオ店では, 店の映画ビデオカセットと客の会員証にバーコードを貼って, カセットの貸し出し登録はバーコードをスキャンするだけで済むようにしている.
3 vi. 重要である, 問題だ ◆It is the substance, not the form, that matters. 肝心[重大, 大切]なのは実[実質, 中身, 内容]であって, 形[型式, 格好]ではないのだ. ◆The size of the packets does not much matter. （データ送信の）パケットの大きさは, 大した問題ではない[あまり関係ない]. ◆It doesn't matter where you place the directory or what you name it. 《コンピュ》ディレクトリをどこに配置[作成]してどんな名前をつけてもかまいません.; ディレクトリの場所と名前は自由です. ◆In the end, it is not how many employees the government has, but the cost and quality of services that matters. 帰るところ, 政府に職員が何人いるかということが問題なのではなく, サービスのコストと質が問題のなのだ.
**as a matter of...** ~が原因[理由, 目的]で, ~のために ◆as a matter of diversion 気晴らしする目的で
**as a matter of fact** 実は, 現に, 実を言うと, 実のところ, 事実上, 実際のところ
**for that matter** それに関しては, それに限って言えば, それについてさらに言えば, もっと詳しく言うなら
**no matter** 例え~でも, ~いかんに拘らず, ~に関係なく, ~にかまわずに ◆No matter how fast the microprocessor is, ... い

かにマイクロプロセッサが高速であっても、◆no matter how the item is oriented　その品物がどっち向きになっていようとも　◆no matter how hard we tried　我々がどれほど[どんなに]一生懸命試みても　◆no matter what lubricant is used　どんな潤滑剤が使われても　◆It is designed to be easy to use no matter what your experience level.　これは、経験のいかんを問わず簡単に使えるよう設計されています。　◆No matter how small your business is, your computer is critical.　たとえどんなに商売の規模が小さかろうと、コンピュータは決定的に重要です。

**mattress**　a～マットレス, 敷布団　◆mattress money　タンス預金[貯金]((のお金)　◆stuffed in mattress　タンス預金[貯金]されて　◆keep money buried under mattresses　タンス預金する　◆stash [put] one's money under the mattress　タンス預金する

**maturation**　成熟, 熟成, 円熟, (*コンクリートの)養生　◆restrictions to traffic to allow maturation of concrete　コンクリートを養生させるための交通制限[規制]　◆As the '80s progressed, so did the musical maturation of U2 as their sound became more ragged, more focused and confident.　1980年代が進むにつれて、U2のサウンドは荒削りなところが取れてより焦点の定まった自信に満ちたものになり、彼らの音楽的な成熟も進んだ。　◆The doubling of the industry's standard one-year warranty coverage reflects a maturation of this expanding technology.　業界の標準となっていた1年間の保証期間を倍に延長したことは、拡大を続けているこの技術が成熟の域に達したことを反映している。

**mature**　1 adj. 熟れた, 熟した, 成熟[熟成]した, 円熟した, 熟慮[熟考]した, 発達しきった, (計画など)十分に練られた, 成人(用)の, 満期の　◆a mature product　成熟商品[製品]　◆after mature consideration [deliberation]　十分に[じっくり]考えた上で, 熟慮[熟考]した上で, 十分に検討した後で　◆a mature technology　成熟した技術　◆offer distance learning opportunities to mature students　成人学生に通信教育の機会を提供する　◆the market is fairly mature　この市場はかなり成熟している
2 vt. ～を成熟[円熟]させる, 養生させる, 完成させる; vi. 成熟[円熟]する, 養生する, 発達しきる, 満期になる　◆three of my certificates of deposit matured　私の持っている預金証書[有価証券預り証]のうち3つが満期になった　◆The technology has matured.　この技術は成熟した。

**maturity**　Ⓤ成熟, 成熟度, 円熟, 円熟度, 満期, 完全な発達, (地球)壮年期　◆at [before] maturity　満期時[前]に　◆approach maturity　成熟に近づく　◆attain a sufficient degree of maturity　十分な成熟度に達する　◆enter [move] into a period of maturity　成熟期を迎える; 成熟期に入る　◆reach a high degree of maturity　高い成熟度に達する　◆reach a period of full maturity　爛熟期に達する　◆when the grapes attain [reach] full maturity　ブドウが完熟すると　◆the plant is picked at the height of maturity and flavor　この植物は最高に熟して[(意訳)完熟して]風味が最もよくなる時に摘み取られる　◆a Capability Maturity Model (CMM) that defines the maturity level of an organization's software development process　ある組織のソフトウェア開発プロセスの成熟度を定義する能力成熟度モデル　◆berries are picked at full maturity for maximum sweetness　ベリーは最高の甘みを得るために完熟時に摘まれる　◆Machine translation has a long way to go before reaching maturity.　機械翻訳が成熟するまでにはまだ長い道のりがある。　◆Our grapes achieved a beautiful degree of maturity as you will be able to judge for yourselves in May or June of next year.　私たちのブドウはすばらしく成熟しました。それを来年の5月か6月になればご自身(お客様)ご自身でお確かめになれます。　◆Look for firm, crisp, well-colored apples. Flavor varies in apples, and depends on the stage of maturity at the time that the fruit is picked.　身が引き締まっていてサクッと新鮮でよく色づいたリンゴを選んでください。香りはリンゴごとに変わり、更に摘果時の熟しぐあいの段階[熟度]に左右されます。

**maudlin**　adj. 涙もろい, 感傷的な, 泣き上戸の(*酒を飲んだせいで)　◆a movie interspersed with maudlin sentimentality お涙ちょうだい的な感傷性が随所にちりばめられている映画

**mausoleum**　a～ (pl. mausoleums, mausolea)壮大な墓, 陵, 霊廟(レイビョウ), (貴人などの)霊を祀った殿堂, 御霊屋(オタマヤ, ミタマヤ), 大きな陰気臭い建物, 薄暗く陰鬱な感じのする大部屋　◆the Lenin Mausoleum in [on] Moscow's Red Square　モスクワの赤の広場のレーニン廟

**max**　n., adj. (= maximum); adv. 最大限に, 最高に; vi., vt. <out>最大限[最高]になる[する], (能力や忍耐の)限界に達する, 疲れ果てさせる　◆turn up the bass control to max　バス調節(つまみ)を最高まで回して(低域の音量を)上げる　◆bus speeds are maxing out at about 150 MHz　《コンピュ》バスのスピードは150MHzあたりで頭打ちになってきている

**maximization**　Ⓤできるだけ大きく[高く]すること, 最大化, 極大化　◆maximization of profits　利潤の極大化[最大化]　◆to achieve (the) maximization of efficiencies　効率の最大化を図り; 最大効率化を図り

**maximize**　vt. ～を最大[最高]にする, 極大化する, 最大限に活用する, 最重要視する　◆maximize profits　利益を最大化する　◆must maximize...to the greatest extent possible to <do...>　～するためには～をできるだけ最大限[最大限に大きく, でき得る限り(徹底的に)大きく]する必要がある　◆maximize space　スペースを最大限に有効活用するために　◆maximize the distinction between A and B　AB間の特質的な違いをできるだけはっきりさせる[際立たせる]　◆maximize the utilization of capital, equipment, and labor　資本, 機器, および労働力を最大限に活用する

**maximum**　a～ (pl. maxima, ～s)最高, 最大, 上限,《数》極大, 極大点; adj. 最高の, 最大の, 極大の, 最大限の, 最高[最大]限度の　◆...(at the) maximum　最大[最高]で(数量)の[で]　◆a maximum speed sign　最高速度標識　◆find a maximum value of...　～の極大値を求める　◆for maximum ease of use　最高に使いやすくするために; 最高の使いやすさを実現するために[追求して]　◆in order to obtain maximum speedup　もうこれ以上は無理というところまでスピードアップ[高速化]するために　◆maximum allowable working pressure　最高[最大]許容使用圧力　◆the maximum permissible dose of radiation　放射線の最大許容量　◆travel at a maximum speed of 45 mph　最高速度毎時45マイルで走行する　◆at the maximum usable frequency (MUF)　《無線通信》最高使用周波数で　◆achieve maximum conductivity　できる限り高い伝導性[導電性]を得る　◆an external 48X maximum (24X minimum) variable-speed CD-ROM drive　外付け型最大[最高]48倍速(最小[最低]24倍速)可変スピードCD-ROMドライブ　◆stores a maximum number of 25 messages with a maximum duration of 3 minutes each　(一件につき)最大3分間のメッセージを最大25件まで蓄積[記憶]する　◆the voltage rises to a maximum value　電圧が上昇して最高値になる　◆air containing ten times the maximum allowable level of dangerous chemicals　危険な化学物質を最大許容レベルの10倍含んでいる空気　◆There is a maximum length to...　～には長さの制限がある　◆insure a maximum of both engine power output and fuel economy　エンジン動力出力と燃料節約の両方の極大化を図る　◆All DACs are tested to a maximum clock rate of 8.47 MHz.　D/Aコンバータは全数, 最高8.47MHzのクロック速度で検査されている。　◆Connections are possible to a maximum of 10 terminals.　最高10台の端末機まで接続できる。　◆they were heated up to a maximum temperature of 120°C　それらは最高120°C(の温度)まで加熱された　◆Each subject is evaluated for a maximum of 100 marks and the distribution is as follows:　各教科は最高100点で[百点満点で]評価され, (点数の)配分は次の通りです。　◆The city recorded a maximum temperature of 116.6 degrees Fahrenheit yesterday.　同市は昨日, 最高気温華氏116.6度を記録した。　◆To be of maximum benefit, those programming tools should be integrated.　最大限に役立つようにするためには, それらのプログラミング・ツールは統合化されなければならない。　◆In July, the mean daily

**mean**

maximum temperature for subtropical, arid Dubai is close to 106 degrees, but sometimes it rises to 118.　7月、亜熱帯乾燥気候のドバイの平均日最高気温は〔華氏〕106度近くだが、ときどき118度まで上がったりする ◆The maximum speed limit allowed in cities, towns, and villages is 50 km/h (30 mph), unless otherwise signed.　市町村部において許されている最高制限速度は、特に標示のない限り時速50キロ(30マイル)である。◆The processor facilitates data transfer to a maximum rate of 300K bytes per second.　本プロセッサにより、最高300キロバイト毎秒でのデータ転送が容易に行えます。◆With CMOS, a 40-MHz clock is the maximum that has been realized to date without introducing severe timing restrictions on circuit design.　CMOSについては、40MHzのクロック(周波数)が、今までのところ厳しいタイミング制約を回路設計に課すことなく達成できた最高限度である。

**Maxwell** ◆the Maxwell equation 《磁気》マックスウェルの方程式

**may** 《許可, 推量, 可能性を表す助動詞》〜してもよい、〜する、おそらく〜だろう、〜かもしれない、〜し得る[〜することがあり得る], 〜すること[場合, おそれ, 可能性]がある、〜かと存じます、《祈りを表して》〜でありますように、願うらば〜であらんことを ◆Closed containers may burst if exposed to high heat.　閉じられている容器は高温にさらされると爆発することがある[おそれがある]。◆May you too find a root cause to your illness and become well soon !　あなたも, ご病気の根本的な原因が見つかって早くよくなるよう祈っています。◆CAUTION: Battery may explode if recharged.　注意：電池を充電すると爆発するおそれがあります。

**maybe** 多分、おそらく、ことによると、もしかすると、もしや、ひょっとしたら、あるいは、けだし、思うに、大方 ◆a total of maybe 20,000 voters　合計おそらく2万人にのぼる有権者

**maze** a 〜 迷路, 迷宮, 迷園; a 〜 当惑, 困惑 ◆a maze of narrow, winding streets　狭く曲がりくねった道からなる迷路 ◆find one's way through the bureaucratic maze　お役所の複雑怪奇で分かりずらい行政手続きを苦労して片づけていく

**MB** (megabyte(s) 《コンピュ》メガバイト ◆単位表示としてはMBに複数形のsは要らないが、単独で「メガバイト数」の意味で用いるときはMBs》 ◆MB = millions of bytes　MBは百万バイトを表す(*図表の注などの表現。正確には1024²バイト)

**MBA** an 〜 (a master of business administration) 経営学修士(号), 経営管理学修士(号) ◆have an MBA [a master of business administration]　経営学修士(号)[経営管理学修士(号)]を持っている ◆have a master's degree in business administration (MBA); have a Master of Business Administration (MBA) degree　経営学修士(号)[経営管理学修士(号)]を持っている

**Mbit** (megabit, Mb) 《コンピュ》メガビット ◆8 Mbits　8メガビット

**MBO** an 〜 (a management buyout) マネジメント・バイアウト(*経営者が株主から大部分の株式を買い取って企業買収をすること)

**Mbps** (megabits per second) 《通》

**MBps** (megabytes per second) 《通》

**MByte** (megabyte) 《コンピュ》メガバイト ◆data-block-transfer rates in excess of 20 Mbytes/sec　毎秒20メガバイトを超えるデータブロック転送速度

**MC** an 〜 (a master of ceremonies) 司会者, 進行係, 《英》式部官; an MC (a member [Member] of Congress) 《米国などの》国会議員

**MCA** (multichannel [multi-channel] access, 《無線》マルチチャンネル・アクセス; (Micro Channel architecture) the 〜 《コンピュ》マイクロチャネルアーキテクチャ(*IBMがPersonal System/2に搭載した, PC/ATと互換性の無いバス構造)

**McCormick Place** 《無冠詞》マコーミックプレイス(*米国有名な見本市会場) ◆at McCormick Place, Chicago, Il.　イリノイ州シカゴのマコーミックプレイスで

**MCM** an 〜 (a multichip module) マルチ・チップ・モジュール

**Md** メンデレビウム(mendelevium)の元素記号
**MD** → MiniDisc
**MDA** (monochrome display adapter) an 〜 モノクロームディスプレイアダプタ

**me** 私を, 私に; 《比較表現や独立表現で》《口》=I 私 ◆It's conceivable to me that...　〜ということが、私としては考えられる ◆Me-ism is a term that refers to those who only think of themselves, their family, their home, their job and have no concern for others.　ミーイズム[自分主義, ジコチュー, ジコチュウ]とは、自分自身のこと, 自分の家族のこと, 自分の家のこと, そして自分の仕事のことしか考えなくて, 他人への思いやりに欠けている人たちのことをいう言葉である。

**meadow** (a) 〜 牧草地, 草地 ◆a lush meadow　みずみずしい緑の牧草地[草地, 牧場]

**meager** adj. 乏しい, 不十分な, 貧弱な, 痩せた ◆a meager pension　わずかばかりの年金 ◆a meager salary　薄給[安月給] ◆despite her meager formal education　彼女は正規の教育を十分に[ろくに]受けていないにもかかわらず ◆The rated battery life is a meager 1½ hours.　定格での電池の使用可能時間は、わずか1時間半だ。◆Retail sales in November were up a meager .2% from the previous month.　11月の小売売上高は、前月比[対直前月比]0.2%の微増だった。

**meal** 1 a 〜 食事, 食事時, 一回分の食事, 一食(分) ◆take-out meals　お持ち帰りの食事 ◆a school-meal program　学校給食制度 ◆home-delivered meals　宅配給食(*高齢者向け公共サービスなどの) ◆$170 and up per person, two meals included.　お一人様170ドルから。2食付き。◆eat a set meal of bean curd, beef ribs, and pickled vegetables　豆腐、ビーフ・リブ, 野菜の漬け物の定食を食べる ◆prepare and distribute meals to disaster victims and relief workers　被災者と救援活動をする人たちに炊き出しをする
2　回粗挽きした粉(*ふるいにかけてない), 挽き割りトウモロコシ, 〜粉

**mealtime** (a) 〜 食事時間, 食事時, 御飯時, 食事の時 ◆at mealtime; at mealtimes　食事の時に, 食事時に

**mean** 1 vt. 〜を意味する, 表す, 示す, 〜を結果としてもたらす, 取りも直さず〜である, 〜をさして[〜のことを]言う, 〜を(〜のつもりで)言う <as>, 〜だと本気で言う <that>, 〜するつもりである <to do>, 〜にとっての大きな意味がある; vi. 《後ろに副詞を伴って》〜という意図[気持ち]である ◆a board expressly meant for...　〜専用のボード ◆mean well　善かれと思って[善意で, 善意から, 悪気なしに]やっている ◆a 40-inch rear projector meant for small rooms　小部屋用[向け]の40インチ型リア・プロジェクタ ◆satisfied customers means repeat business and increased profits　《意訳》顧客の満足は、とりもなおさずリピートビジネス[する方の, 再注文, リピートオーダー, またの来店, 愛顧]と増益につながる ◆This is what I mean by freedom.　これが私の言う自由というものだ。◆"What do you mean by that?" she asked.　「それはどういう意味ですか[それってどういうこと]」と彼女は尋ねた。◆A hydrometer reading between 1.000 and 1.225 means that a recharge is necessary.　比重計の読みが1.000から1.225の間にあるということは、充電が必要だということを意味しています。◆I didn't mean for this to turn into such a long letter, and I apologize.　こんなに長い手紙になる[長く書く]つもりはなかったのですが、すみません。◆The boy made a common beginner's mistake, hitting the gas when he meant to brake.　少年は、ブレーキをかけようとしてアクセルを踏み込むという、初心者に共通した過ちを犯した。◆They are meant to give economy-car buyers more modern alternatives to the models already on the market.　これら(の車)は、経済車購買層に、市場に既に出回っている車種に取って代わる, よりモダンなものを提供しようという意図で企画されたものである。
2 adj. 平均の, 中央の, 中間の, 中道の; a 〜 平均値, 中間点, 中間位置, 中道, (4項からなる比例式の第3または第2)内項 ◆a mean value (=an average value)　平均値 ◆a [the] happy mean; the golden mean　中庸[中道] ◆the mean value of all the data　これらの全データの平均値 ◆The bar chart ranks scores against

**meandering**

the national mean.　その棒グラフは，得点を全国平均を基準にした評価［ランク付け］で示している．
**3**　adj. 卑しい，下品な　◆mean-spirited people　心の卑しい人々
**4**　→means 手段

**meandering**　adj. 曲がりくねった，蛇行している，あてどもない，とりとめのない　◆the meandering Mississippi River　蛇行しているミシッシッピ川　◆George Bush has become a steadfast pro-lifer, though he got there by a meandering path.　ジョージ・ブッシュは確固たる妊娠中絶反対論者になった．とは言っても紆余曲折を経てそこにたどり着いたのだが．

**meaning**　(a)～意味，意義，わけ，趣旨，趣意，目的，意図，つもり，考え，(意訳)説明；(b)～(複合語を作って)～と言う意図の　◆attach meaning to...　～に意義を与える　◆give it greater depth of meaning　それを意味深長［深遠］なものにする，それに奥深さを添える　◆give new meaning to the word xxx　xxxという語に新たな意味を与える　◆words devoid of meaning　意味のない言葉　◆consult a dictionary for the meaning of the word "pilferage"　「pilferage」という単語の意味［語義］を辞書で調べる　◆The term has acquired a variety of meanings and interpretations.　この用語には，様々な意味や解釈がつくようになった．

**meaningful**　adj. 意味のある，有意味の，意味深い，意味深長な，有意な，かなりの，大幅な，著しい　◆meaningful dialog　有意義な対話　◆automatic dialing can add up to a meaningful savings of time and energy　自動ダイヤル発信は結局時間とエネルギーのかなりの［大幅な，著しい］節約になる　◆whether the use of color is meaningful　意味のある色の使い方をしているかどうか

**means**　a～（単複同形）方法，手段，手だて，縁（ヨスガ），措置，機関，(複数)収入，資力，資産　◆not by any means；by no means；by no manner of means　決して（～でない）　◆by all means　もちろん，いいとも；是非とも；必ず；すべからく，何が何でも，何としても，無理してでも　◆have a means of [for] doing...；have a means to <do...>　～する手段［手立て］を持っている　◆be equipped with means to <do...>；be equipped with a means for...　-ing；be equipped with a means of...-ing　～には，～する手段が備わっている　◆by electrical means　電気的に，～する手段が備わっている　◆means for controlling...　～を制御するための手段　◆necessary as a means of...-ing　～するための手段[手だて]として必要な　◆provide...with a means of...-ing　(直訳)〈人など〉に～する術（スベ）［手段・方法］を与える　◆as a means of...ing；as a means (by which [whereby]) to <do...>　～する手段［方法，手だて，術（スベ）］として　◆turn into [become] a means by which they can...　～は彼らの～する方便［方策，手段，手だて，術（スベ）］となる　◆transmit information by means of light　光で情報を伝達［伝送］する　◆in order to provide a means for... to <do>　(直訳)〈人〉に～するための術（スベ）［手段・方法］を与えるために　◆provide (offer) users a means by which to <do...>　ユーザーに～する手段［方法，手段，術（スベ）］を提供する　◆remote adjustment of... by means of three buttons　3つのボタンによる～の遠隔調整　◆as a means whereby all religions and faiths could find a common ground　すべての宗教や信仰が共通の見識を見いだすための方法［方策，手段，手だて，術（スベ）］として　◆the house's unconventional means of letting the great outdoors in　すばらしい戸外の雰囲気を取り込むその住宅の型破りな手法［手段］　◆No part of this book may be reproduced or distributed in any form or by any means.　本書のどの部分も，いかなる形，いかなる方法でも転載［複製］，配布してはなりません．

**meantime**　the～合間（アイマ），その間　◆in the meantime　その間に；そうこうするうちに

**measly**　adj.（口）とるに足らない，微々たる，みみっちい，ちっぽけな；はしかの，麻疹にかかった　◆a measly $1000 check　ケチな1000ドルの小切手

**measure**　1　vt.～をはかる，測定する，計量する，～の寸法をとる，～をより分ける <out>，～を量る <off>，～を推し量る，見積もる，評価［判定］する，比較する，(比較)分析する，調整する；vi. 測定する，(物が)測定できる，～という測定値［計測値，寸法］である　◆a measured value　測定値　◆a measuring cup　計量カップ　◆a measuring hopper　秤量ホッパー　◆a measuring tape　巻き尺　◆a measuring instrument [device]　測定器　◆a measuring worm　尺取り虫（= a looper）　◆a precipitation measuring stick　降水計量棒　◆an electrical [electric] measuring instrument　電気計測器［計器，測定器，測器］；電気的に測定するための器械　◆an object to be measured　被測定対象物　◆measuring and test equipment　測定試験装置　◆the number of the channel to be measured　被測定［測定対象］チャンネルの番号　◆a pressure-measuring gage　圧力測定ゲージ　◆a space-to-ground data stream of measured values　宇宙から地上への測定［計測値］データの流れ　◆the measurement of complicated surfaces on a three-dimensional measuring machine　3次元測定機による複雑な［形状をした］面の測定　◆measured amounts of laboratory pure gas　一定量のラボ仕様の高純度ガスを（使うために）出す　◆measure the mass of the Z°particle　Z°粒子の質量を測る　◆the changes measured in hundreds of years　百年を単位として測られるこれらの変化　◆the length of time measured in days/weeks/months　日，週，あるいは月単位で測定される［見積もられる］時間の長さ　◆manipulate objects measured in billionths of a meter (nanometers)　10億分の1メートル（ナノメートル）単位の物体を操作する　◆a tape counter that measures in hours, minutes, and seconds　時間，分，および秒単位で測ってくれるテープカウンター　◆It was too negligible to measure.　それは，測定限界［検出感度］（レベル）以下であった．　◆The board measures 9 cm by 12 cm.　そのボードの大きさは9×12cmである．

**2**　a～度量衡（ドリョウコウ）の単位；①測量［測定］法；(a)～程度，適度，限度；①寸法，大きさ，広さ，長さ，重さ，分量，量目；a～度量衡器（*ものさし，はかり，etc.），メジャー；a～（評価）基準，①尺度，～<of>～（の）目安，見当　◆by any measure　いかなる判断基準からしても，どんな尺度に照らし合わせても，どうみても，どう考えても　◆in large measure　大いに，よほど，主に，主として，大部分が［は］　◆for good measure　おまけに，その上　◆a measure of weight　重さの（測定）単位　◆a unit of measure (pl. units of measure)　計量単位　◆a basic measure of a firm's profitability　企業の採算性［収益力］を示す基本的な指標　◆due in large measure to...　主に［主として］～のせいで　◆increase beyond all measure　極端に，途方もなく増加する　◆The full measure of goodness has been foiled by rough edges.　(せっかくの)目一杯［非常に］いいところが，荒削りな点で台なしにされてしまった．　◆The SAT was not designed to serve as a measure of school quality.　SAT（大学進学適性試験）は，学校の質を評価するための判断基準として設けられたものではない．　◆A picocurie is a trillionth of a curie, a standard measure of radiation.　ピコキューリーとはキューリーの1兆分の1のことで，放射エネルギーの標準（計量）単位です．　◆Add to this a measure of bicarbonate of soda and leave the cookware to soak overnight.　これに重曹を適量［適当に］加え，調理器具を一晩浸けておきます．　◆A measure of design sense is important in creating layouts for mailing labels, customer lists and the like.　宛名ラベル，顧客リストなどのレイアウトを作成するのにある程度［多少］のデザインセンス（があること）が重要だ．　◆One measure of the performance of a personal computer is how quickly it can execute a benchmark program.　パソコンの性能を測るひとつの尺度［評価するひとつの目安］は，どれだけ速くベンチマークプログラムを実行できるかだ．　◆The explosive growth of telecommunications, and the many technological advancements supporting this growth, are in a large measure the result of advances in digital switching technology.　電気通信の爆発的発展とその発展を支える多くの技術的進歩は，デジタル交換技術の進歩の結果であるところが大きい．

**3**　(通例～s)対策，措置，処置，施策，方策，方法，手段　◆take measures against...　～に対して対策をとる［講じる］　◆prevention measures　予防策，防止策　◆noise control measures　騒音を抑えるための対応策；防音策；ノイズ対策

adopt protectionist measures　保護主義的政策を採る　◆as a (measure of) last resort　最後の手段[奥の手, 切り札, 伝家の宝刀](的な方策)として; ◆as an anti-inflationary measure　インフレ対策[政策]として　◆install a precautionary measure　予防措置を講ずる　◆institute protective measures　保護策を講じる; 保護対策を設ける　◆measures directed toward the prevention of...　～防止へ向けての施策[対策, 方策]　◆take immediate corrective measures　即時是正措置を取る　◆the introduction of measures concerning...　～に関する対策[措置, 処置, 施策]の導入　◆take measures against others' listening-in　他人の盗聴に対する機密保護策に欠けている; (意訳)盗聴に対して万全でない　◆the implementation of pollution control measures　汚染[公害]防止対策の実施　◆institute cost-reduction measures　コスト削減策を講ずる　◆It is the customer's responsibility to take all appropriate measures to ensure the safe use of such...　そのような～が安全に使用できるよう、あらゆる適切な措置[処置, 対策, 方策, 方法, 手段, 策]をとる[講じる]のはお客様の責任です。　◆it was decided to take the drastic measure of <... ing>　～するといった思い切った措置を講じることとした; 荒療治を施すことにした　◆Measures are being taken to <do>　～をするための処置[措置, 対策, 施策]が講じられつつある　◆shall take appropriate measures to prevent... [for the prevention of...]　～は、～防止に向けて適切な措置[善処する]ものとする　◆take measures against counterfeit syndicates　偽造団に対する対抗策[対策]を講じる　◆Furloughs are a drastic measure.　(財政難による強制的な)公務員の一時自宅待機は、非常手段である。　◆the use of the Consumer Price Index as a measure of inflation　消費者物価指数をインフレの判断基準[目安]として利用すること　◆to ensure that the existing measures are maintained and strengthened　現行の策[対策, 措置, 処置, 方策]が確実に維持および強化されるようにするために; (意訳)現在実施中の施策の維持・強化の徹底を図るべく　◆unless the government takes stern measures against the practice of... ing　～する慣習に対し政府が厳しい措置をとらない限り　◆All measures concerning military disengagement were to be implemented by midnight tonight.　兵力引き離しに関するあらゆる措置は、今夜12時までに実施される運びだった。　◆This is a safety measure to make sure the motor doesn't start during the test.　これは、試験中にモーターが決して始動するのないようにするための安全対策です。　◆We are undertaking measures to make sure that this doesn't happen again.　私たちが、それが(断じて)再発しないよう対策を取って[講じて, 打って]いるところです。　◆What measures are being taken to ensure that no viruses are passed over the Internet?　インターネットでウイルスが伝染しないようにするためにどんな手が打たれて[いかなる措置が講じられて]いますか。

4　回韻律, 拍子; a～ [《音楽》 小節, 《詩》 旋律[調べ]

**measure up**　<to>～に達する[届く], ～にかなう, ～と等しい, 一致する, ～に必要な能力を持っている　◆measure up to market standards　市場で要求されている水準に達する[及ぶ, 沿う, こたえる, かなう]　◆measure up to stiff standards　厳しい基準を満たす　◆measure up to hi-fi sound　ハイファイサウンドと呼ぶに足りる[足る]　◆disqualify those who do not measure up　要求される水準に達していない者を失格させる　◆Does he measure up to the task?　彼にその仕事をやるだけの能力[才能, 力量, 資質]があるか。　◆Pilot whales measure up to 20 feet long.　ゴンドウクジラは、体長20フィートに及ぶ[達する]。

**measured**　adj. 正確に測った, 実測-, 測定-, 計測-, 確定-, 度数-, 指示-, 慎重な, よく考えた, 熟慮した, 適度の, 規則正しい, 律動的な, 拍子のそろった, 均斉のとれた, 整然とした　◆a measured value of...　～の測定値[計測値, 測定値]　◆measured performance　〈機器の〉実測性能　◆a measured test result of approximately 5 ppm　毎分5ページ前後という実測テスト結果(値)(*プリンタの話で)　◆find dn/dh from a measured piece of data　実測データよりdn/dhを求める

**measurement**　回測定, 計測, 測量, 計量, 計量法, 計算法, 採寸; a～ 定量値, 実寸による寸法　◆carry out [conduct, make, perform] a measurement　測定[計測]を行う　◆obtain measurements　計測する; 寸法を取る　◆a measurement value　測定値, 計測値, 《意訳》実測値　◆(an) electrical measurement　電気的な測定; 電気計測　◆(a piece of) measurement equipment; a measurement device　測定器, 測定装置　◆a point of measurement; a measurement point　測定点; 計測箇所　◆take [obtain] measurements　寸法を取る, 採寸する　◆an object subject to measurement　被測定物; 測定対象物　◆bust, waist and hip measurements　バスト, ウエスト, ヒップの測定寸法; スリーサイズ　◆a series of torque measurements made on an engine　エンジンに対して行われた一連のトルク測定　◆a unit of measurement for...　～の測定単位　◆data obtained by measurement　測定により得られたデータ　◆in order to make measurements on the equipment　その機器の測定を行うため　◆the light source under measurement　測定に掛けられている光源; 被測定光源　◆the measurements of the workbench　その作業台の寸法　◆use a variety of measurement units　いろいろな測定単位を使う　◆without actual measurement　実測によらずに　◆take physical, chemical and biological measurements of a 52,000-square-mile ocean area　面積52,000平方マイルの海域の物理学的, 化学的, 生物学的測定を行う　◆the finished length and width measurements of the sleeping bag in inches　寝袋の仕上がりのインチ表示での縦横寸法　◆AC voltage measurements can be made with input levels from 0.1 to 130V RMS.　AC電圧測定は、0.1から130V RMS(実効値)までの入力レベル範囲で行えます。　◆Use a tape measure. Take three measurements and average them for accuracy.　巻き尺を使用します。寸法取りは3回行い、精度を上げるために平均を出します。　◆All yachts will [shall] undergo measurement of hulls, spars and sails as well as equipment checks in accordance with...　すべてのヨットは、～に従って艇体、スパー、セイルの計測ならびに装備・艤装品の検査を受ける。

**meat**　回[《種類 は a～》] 肉, 獣肉, 食肉, 精肉, 果肉, 木の実の身; the～ <of> 〈話などの〉中身, 内容, 実質, 核心, 要点, 骨子; one's～ 大好物, 何よりの好物, おはこ, 得手, 得意技; 回〈古〉食べ物, 食事　◆put meat on the bones of a presidential idea　大統領が出したアイデア[構想]の骨組みに肉を付ける　◆Britain forbade feeding meat and bone meal to cattle in 1988.　英国は、肉骨粉の牛への給餌を1988年に禁止した。

**meaty**　adj. 肉の, 肉の多い, 〈本などが〉内容[中身]が濃い, 充実している　◆meaty tires　太いタイヤ

**mecca**　a～ 多くの人が訪れたいと願う場所, それぞれの地, メッカ, 発祥の地, 聖地; M- メッカ(*サウジアラビアの都市で、イスラム教の聖地)　◆the tourist mecca of Acapulco　旅行(者)のメッカであるアカプルコ　◆make a pilgrimage to the mecca of automobile, Detroit　自動車の絶本山デトロイトにはるばる参詣する(*はるばるデトロイト詣での旅をする)　◆Nashville is the mecca [center] of country music.　ナッシュビルはカントリーミュージックの中心地である。　◆The conquest of Everest in 1953 by Edmund Hillary and his Sherpa guide, Tenzing Norgay, made Nepal a Mecca for mountain climbers and trekkers.　1953年におけるエドマンド・ヒラリーとシェルパ・ガイドのテンジン・ノルゲイによるエベレスト征服は、ネパールを登山家と山歩き愛好家のメッカにした。

**mechanic**　a～ 機械工, 修理工, 整備士　◆an automobile mechanic　自動車修理工　◆an auto mechanic　自動車修理工[整備員, 整備士]　◆a three-drawer mechanics' [machinists'] chest　三段引出し付き工具箱　◆just right for the home mechanic　趣味で機械いじりをする人にまさにうってつけ

**mechanical 1**　adj. 機械の, 機械式の, 機械的な, 自動的な, 力学的な, 機械学の　◆a mechanical breakdown　機械的故障　◆a mechanical drawing　機械製図　◆a mechanical engineer　機械技術者　◆a mechanical pencil　シャープペンシル　◆mechanical engineering　機械工学　◆solve a problem in a mechanical manner without much thought　たいして考えずに問題を機械的に解く　◆Use only wooden pencils. When the tip of the mechanical variety breaks, you will gouge the surface and end up starting all over again.　《意訳》木の鉛筆のみ使用して

ください。シャープペンシル式のものだと、先端[芯]が折れた場合、表面をえぐることになって[に削り傷をつけて]最初からやり直すはめになってしまいますから。　**2** a～(写真製版用の切り貼りをした)版下(＝ a paste-up) ◆produce multicolor mechanicals for printers　印刷屋に出すための多色版下を制作する

**mechanically**　機械的に, 自動的に ◆a mechanically operated switch　機械操作開閉器 ◆Mechanically, the Cabriolet is identical to the 944 coupe.　《車》機械的[メカ的]に言えば, この(944型)カブリオレは944型クーペと同一だ。◆In the heat and fury of battle, soldiers almost mechanically do exactly as they have been trained.　激戦の最中, 兵士は訓練された型通り無意識に事を行なう。

**mechanics**　《単扱い》力学, 機械学; 《通例複扱い》機構, 仕組み, 技巧, 技術, 機械的な[決まりきった]手順 ◆applied mechanics　《単扱い》応用力学

**mechanism**　a～ メカニズム, 機械, 装置, 機構, 構造, 仕組み, からくり, 機序, 決まったやり方[手順] ◆a failure-recovery mechanism　故障[障害](からの)復旧[回復]機構 ◆a mechanism for padding a bill　請求書を水増しするためのからくり ◆a mechanism to handle disputes　紛争を処理するためのメカニズム ◆create a mechanism for ... ing; make a mechanism to <do...>　～するための仕組み[メカニズム, 機構, 機序]をつくる ◆the introduction of market mechanisms　市場メカニズムの導入 ◆turbulence generation mechanisms　乱流[乱気流]発生メカニズム ◆set up an international mechanism for technological cooperation on...　...に関する技術協力を目的とする国際機関を設立する ◆the precise mechanism of immunosuppression by these compounds is unknown　これら化合物による免疫抑制の機序[メカニズム, 仕組み]は, 正確にはわかっていない ◆The mechanism of this robot is faulty.　このロボットの機械部分が故障している。◆The stapler is a simple mechanism.　ホッチキスは簡単な機械(装置)[器械]である。◆Denitrification in riverbed sediments is a probable mechanism for nitrous-oxide production.　河床堆積物内での脱窒素[脱窒]作用が, 亜酸化窒素 一酸化二窒素, 笑気]生成のメカニズム[機序](の一つ)であろうと考えられる。◆The paper should include a discussion of the mechanism of sensory illusion.　論文には錯覚のメカニズム[仕組み, 機序]についての議論を含めること。

**mechanization**　機械化, 《軍》機甲化 ◆the mechanization of agriculture　農業の機械化 ◆the mechanization of the operation　その作業の機械化 ◆with increasing mechanization in mind　機械化が進むことを念頭に置いて

**mechanize**　vt. ～を機械化する, 《軍》機甲化する ◆become mechanized　機械化されてくる ◆mechanized mining　機械化されている採鉱

**mechatronics**　メカトロニクス ◆mechatronics products　メカトロニクス製品

**medal**　a～ (金属製の)メダル, 記章, 勲章, 賞牌(ショウハイ) ◆climb to the top of the medals platform　表彰台のトップ[1位の座]に上り詰める(*オリンピックなどの)

**meddle**　vt. <in, with>～干渉する, 横から口出しする, 横槍を入れる, 余計な手を出す, 頼まれもしないのに頭[くちばし]を突っ込む; vi. <with>(他人の物に)ちょっかいを出す, いじくり回す ◆meddle in other people's affairs　他人事に干渉する

**meddlesome**　adj. 干渉的な, 干渉好きな, おせっかいな, 余計な世話をやく ◆make the state less meddlesome in the details of people's lives　人々の生活の細部にわたっていちいち国家が干渉する度合いを緩める

**media**　(mediumの複数形)**1** the ～ (単/複扱い)メディア, マスコミ(*新聞, テレビ, ラジオの総称) ◆a media liaison　報道担当者 ◆a media-bathed forum　マスコミの注目を浴びている公開討論会 ◆media-loathing　メディア嫌いの ◆prevent a media scrum　メディアスクラム[集団的過熱取材, 集中豪雨的取材]を防止する ◆teach our children the fundamental skills of media literacy　子供たちにメディアリテラシー[批判的にメディアを読み解く能力]の基本技術を教える ◆The draft agreement didn't get a lot of attention in the media.　この協定原案は, マスコミであまり取り上げられなかった。　**2** (通例複扱い)(情報)媒体(→ medium) ◆a piece of CD-RW media　CD-RW媒体1枚

**mediagenic**　adj. マスメディア向きの, マスメディアに適した, マスコミ受けする(政治家などについて)

**median**　adj. 中央の, 中間の, 中心の, 《幾何》中線の, 《医》正中の; a～ 中心値, 中線, 中央分離帯 ◆a median value　中心価格; 中央値; ((訳例, いい加減な意味でも))中心値 ◆buy a median-priced home　中心価格の住宅を購入する ◆median prices are expected to climb 5.1%　中心価格は5.1%上昇すると見られている ◆when the highway is divided by a median strip　ハイウェイが中央分離帯で分けられている場合は ◆according to the median estimate of the ten economists surveyed by...　～が行った調査で経済学者10人が出した予測の中央値によると ◆The median value of an owner-occupied, single-family home is $81,000.　持ち家一世帯住宅価格の中央値は, $81,000ドルである。◆The report showed that in 1991 the median value of homes owned by married couples with children was $87,100.　この報告書によると, 1991年における子供のいる夫婦世帯の住宅の中心価格は87,100ドルだった。

**mediation**　回調停, 仲裁 ◆third party mediation　第三者による仲裁[調停] ◆through the mediation of the computer　コンピュータを介在して

**Medicaid, medicaid**　(米)医療扶助制度(*低所得者層および身体障害者向け)

**medical**　医学の, 医術の, 医療の, 診療用の, 内科の, 内科的な ◆a medical certificate　診断書 ◆a medical engineer　臨床工学技師(*医療機器の運用・保守管理をする) ◆a medical examination　健康診断 ◆a medical facility　医療施設 ◆a medical institution　医療機関 ◆a medical circles; the medical community; the medical world　医学界 ◆medical equipment　医療機器 ◆medical information　医学情報 ◆medical malpractice　医療過誤, 医療ミス ◆medical practice　医療行為; 診療 ◆medical research funds　医学研究費 ◆medical costs; health expenses　医療費 ◆emergency medical care　緊急医療 ◆a medical representative　(製薬会社の)プロパー; 医薬[医療]情報担当者; 医薬営業職員 ◆an electronic medical dictionary　電子医学辞書 ◆life-prolonging [life-sustaining] medical treatment　延命[生命維持]医療 ◆a medical device　医療機器 ◆a patient's electronic medical record　ある患者の電子診療記録[電子カルテ] ◆contribute to improved standards of medical care　医療水準の向上に寄与する ◆get [have] medical treatment　治療を受ける ◆medical advances　医学の進歩[発展] ◆the medical condition of an applicant　(運転免許)申請者の健康状態 ◆driver license suspensions for medical reasons　健康上の理由による運転免許停止 ◆Click here to learn how you can work from [at] home doing medical billing.　(意訳)どうすれば保険医療報酬計算・請求業務の仕事を在宅でできるのか知りたい方は, ここをクリックしてください。

**medical care**　医療, 診療; medical-care adj. 医療の, 診療の ◆a free medical-care system　無料医療制度

**medicament**　a～ 医薬品, 薬物, 薬剤

**Medicare, medicare**　(米・カナダ)高齢者[老人, 老齢者]医療健康保険制度(*65歳以上が対象)

**medication**　回薬物療法, 投薬; (a)～ 薬物, 薬剤, 医薬品 ◆self-medication　セルフメディケーション, 自己治療, 自己治療の ◆adhesive skin patches capable of delivering doses of medication　薬物をある一定用量送達可能な粘着性のある皮膚パッチ[貼り薬] ◆be on medication for a cold　かぜの薬による治療を受けている(最中である) ◆medications for children　子供用の薬剤[医薬品]; 小児薬 ◆he was put [placed] on medication to alleviate the pain　彼には痛みを緩和するための薬物療法が施された ◆under the influence of medication　《意訳》薬を飲んだ状態で ◆a drug manufacturer is suspending testing on a new medication for congestive heart disease　ある製薬会社がうっ血性心疾患用新薬の治験[臨床試験]を一時中断している

**medicinal** adj. 薬用の, 医薬の, 薬効[治療効果]のある; a～ (= a medicinal substance) 薬物, 医薬 ◆test a chemical derived from a traditional Chinese medicinal plant 中国古来の薬草から採れる化学物質を試験する[試し調べる]

**medicine** 〖①医学, 内科 (学); (a) ～ 薬, 医薬品, 薬物, 薬剤 ◆a patent [proprietary] medicine （医師の処方箋なしに購入できる）売薬 ◆an over-the-counter drug] (an) over-the-counter medicine 市販の医薬品; 売薬; 買い薬 ◆molecular medicine 分子医学 ◆some medicines are in short supply 一部の医薬品は供給不足に陥っている

**mediocre** adj. 並みの, 普通の, 平凡な, よくも悪くもない[可もなく不可もない], まあまあの

**medium** 1 adj. 中間の, 中くらいの, 中程度の ◆a medium-format camera 中判カメラ ◆a medium tele macro lens 中焦点距離のテレマクロレンズ ◆a medium-voltage system 《電気》中圧系統 ◆small-to-medium-size businesses; medium-sized and smaller companies 中小企業 ◆a medium-distance train 中距離列車 ◆a medium-speed modem 中速モデム ◆a medium-term [an intermediate-term] Treasury bond 《米》中期国債 ◆be of medium height [stature] 〈人が〉中背である ◆for [in, over] the medium and (the) long term 中長期にわたって[に, の]; 中長期的な ◆for [in, over] the medium-to-long term 中長期にわたって[に, の]; 中長期的な ◆in [over, for] the medium term 中期に(わたって)[の] ◆be targeted at medium and small businesses ～は中小企業をターゲットにしている ◆tasks of medium to high complexity 複雑さが中程度から高度の作業

2 a ～ (pl. media, ～s) 中間[中くらい, 中程度, 中間のもの], 媒介物[媒体, (伝達)手段] (→ media) ◆through [by] the medium of... ～を介して, ～を通して ◆a magnetic-media drive 磁気媒体ドライブ装置 ◆media conversion 《コンピュ》メディア変換 ◆a magnetic recording medium 磁気記録媒体 ◆an end-of-medium (EM) character 媒体終端文字 ◆communicate via the medium of music 音楽を媒介にしてコミュニケートする ◆an immersion medium such as oil, glycerin, or water 油, グリセリン, 水などの浸漬媒体[《意訳》雰囲気] ◆high-coercivity media 《磁気記録》高抗磁力[高保磁力]メディア[記録媒体] ◆launch a lightwave pulse into a transmission medium 光パルスを伝送媒体に入射する ◆preserve [keep, maintain, store] records on electronic media 記録を電子媒体に保存[保管]する ◆reach one's audience through the medium of the press 新聞という媒体を通じて[新聞を媒介として]読者層[読み手]に訴える ◆read information stored on this medium この媒体に記録されている情報を読む ◆Light travels at different speeds in different media. 光は, 異なった媒体中では異なった速さで進む. ◆African American Photography in Washington D.C. offers an extensive overview of black life through the medium of photography. ワシントンDCで開催のアフリカ系アメリカ人写真展は, 写真という媒体を通して[写真を通じて]黒人の生活の全容を見せてくれる. ◆Despite advances in voice communication systems, text retains its place as a medium for transactions of all kinds. 音声通信の進歩にもかかわらず, テキストはあらゆる種類の業務・取引の情報伝達手段としてその地位を保っている.

**medium-range** 中距離用の, 中期の, 中域の ◆medium-range weather forecasts [forecasting] 中期天気予報

**medium-rise** adj. 中層の〈建物など〉 ◆a medium-rise building 中層ビル

**medium-size(d)** 中型の (= middle-sized)

**medium wave** 〖①中波; medium-wave adj. 中波(帯)の ◆a 500-kW medium-wave radio broadcast station （出力）500キロワットの中波ラジオ放送局

**medley** a ～ (種類の違うものの) 寄せ集め, ごた混ぜ, 《音楽》メドレー ◆数曲を途切れず連続させて演奏する), 《スポ》メドレーリレー (= a medley relay) ◆a medley of Christmas songs クリスマス曲のメドレー ◆play a medley of jazz tunes (いくつかの) ジャズ曲をメドレーで演奏する

**Meech Lake** ◆the 1987 Meech Lake Accord 1987年のミーチレーク協定 (*1987年にオタワ郊外のミーチ湖畔で, ケベック州はフランス語系住民を擁する特殊な社会 = a distinct society であるということが認められた)

**meet** 1 vt. 会う, お目にかかる, 出会う, 遭遇する, 知り合いになる, 会合する, ～を出迎える, ～と会見する, ～と交わる, ～と接触[衝突]する, ～と対戦する, (相)まみえる, ～に応酬する; vi. 会う, 出会う, 集まる, 集う (ツドウ), 集合する, 参集する, 会合する, (会などが)開かれる, 開催される, 接触する, 衝突する, 〈道路などが〉ぶつかる, 合流する ◆X meets Y halfway X と Y 双方が歩み寄る [譲歩する, 妥協する] ◆Nice meeting you.: It was [has been] nice meeting you. お会い[お話]できてよかったです. ◆Nice to meet you! 初めまして. (*返事は Nice to meet you, too! 「こちらこそ, 初めまして」, The pleasure is mine!「こちらこそお会いできて嬉しいです」など)

2 vt. ～に対処する, ～に応じる[応える], 〈条件など〉を満たす[に適合する, にかなう], ～をまかなう, 決済する, 支払う, 〈締め切りなど〉に間に合わせる ◆be used to determine the meeting of water quality standards 水質基準を満たして[を満足して, に合致して, に適合して]いるかどうかの判定[判断]に使用される ◆if these conditions are not met これらの条件が満たされない場合は ◆meet the needs of both the employee and the business 従業員と企業の双方の要求を満たす[に応える] ◆These boards are built with MIL-STD-883C class B components and meet MIL-E-5400, MIL-E-4158, and MIL-E-16400. これらのボードは（米国軍用規格）MIL-STD-883クラスB準拠の部品で組み立てられており, MIL-E-5400, MIL-E-4158, MIL-E-16400を満たしている.

3 a ～ 会, スポーツ競技会

**meeting** a ～ ミーティング, 会議, 会合, 懇談(会), 座談会, 集会, 集い, 会合, 会, 面談, 会見, 面会, 対戦; the ～ 《単(複扱)》ミーティング出席者一同, 会衆; a ～ 会うこと, 〈人と人の〉出会い[遭遇], 〈流れなどが〉出会う[ぶつかる]こと, 一致; a ～ 〈体〉接触, 交差]点[部] ◆hold a meeting ミーティングを開く ◆a board meeting 重役会議, 役員会議, 重役会, (教育)委員会 ◆a meeting place 会合場所[落ち合い場所] ◆regularly attend a meeting 定期的に会合[会議]に出席する ◆at the meeting point of the streets 通りがぶつかる[交差する]地点で 《参考》 ◆put... on the table (until a later meeting) 《米》〈事項〉を (後の会議まで) 先送りにする [懸案にしておく]

**mega-** （並はずれて）大きい, 巨大～; （単位の）メガ (* 10進法では百万 = 1,000,000, 2進法では1,048,576つまり1,024Kを表す) ◆a megacarrier 巨大航空会社, 大手通信事業者 ◆a mega city 巨大都市 ◆a mega-corporation 巨大企業 ◆a mega-project 巨大プロジェクト ◆a mega-size automobile manufacturer 巨大な自動車メーカー ◆construct mega-sized signs visible from... ～から見える巨大な看板を建設する

**megabit** a ～ 《コンピュ》メガビット ◆a 64-megabit DRAM chip 64メガビットDRAMチップ[IC]

**megabuck** a ～ 《口》100万ドル; ～s 《口》大金 ◆lab equipment costing megabucks 何百万ドルもかかる[高価な, 高額]研究室用機器 ◆One megabuck equals a million dollars.; One megabuck = 1 million dollars. 1メガバックは[1メガドルイコール]百万ドルだ.

**megabyte** a ～ (MB) 《コンピュ》メガバイト (*1メガバイトは, 2の20乗バイト = 1,048,576バイト = 約百万バイト, ちょうど百万バイトを指す場合もある) ◆a 300-Mbyte hard disk 300メガバイトのハードディスク ◆machines with megabytes of main memory 何メガバイトものメインメモリーがある機械 ◆a 40-megabyte shock-mounted 3 1/2-inch hard disk drive 緩衝取り付けされた40メガバイトの3.5インチハードディスクドライブ

**mega-competition** (a) ～ (国際的な) 大競争

**megacorporation** a ～ 巨大企業

**megadevelopment** a ～ 大規模開発

**megadollar** a megadollar [megabuck] project 巨額の金を喰うプロジェクト

**megaflops** (million floating-point operations per second)《コンピュ》メガフロップス

**megahertz** (MHz) a～《単複同形》メガヘルツ(*周波数単位。1MHz = 1000キロヘルツ)

**megahit** a～ (映画などの) 大当たり作品

**megalopolis** a～ メガロポリス, 巨大都市, 超大都市, 超大都市帯(キョウト)都市, 巨大都市帯 ◆the Tokyo-Yokohama megalopolis 東京・横浜大都市圏

**megamerger** a～ メガマージャー, 巨大(企業)合併, 超大型(企業)合併, 巨大統合 ◆a bank megamerger 銀行の巨大[超大型]合併

**megaphone** a～ メガホン ◆shout to... through a megaphone ～に向かってメガフォンで叫ぶ ◆the media's "megaphone function" 《よい意味で》メディアの「(社会の)木鐸(ボクタク)的な機能」;《悪い意味で》マスコミの「宣伝塔的な機能」 ◆yell [shout out] over a megaphone メガフォンで怒鳴る[がなる] ◆the big media are becoming the megaphones of Xxx propaganda 大手マスコミ各社はXxxプロパガンダの広告塔[お先棒]になりつつある

**megapixel** a～, one～ メガピクセル, 百万画素 ◆a 3.3-megapixel digital camera 3.3メガピクセル[330万画素]のデジタルカメラ

**megaproject** a～ 大規模プロジェクト

**megascience** 巨大科学

**mega-store, megastore** a～ メガストアー, 超大型店, 巨大店舗 ◆a warehouse-like mega-store 倉庫のようなメガストアー[超大型店, 巨大店舗]

**megaton** a～ メガトン (*核爆弾の爆発力単位。TNT火薬百万トンの爆発エネルギーに相当)

**megatrend** a～ メガトレンド, 巨大潮流, 社会の大きな潮流 ◆Vegetarianism is becoming a megatrend, influencing a diverse group of people and foods in the marketplace, including restaurants. 菜食主義は, 幅広い人々, およびレストランを始めとする市場の食品に影響を与えていて, 一大社会風潮になりつつある

**megawatt** (MW) a～ メガワット (*電力単位。1MW = 百万ワット) ◆While California has a $250 per megawatt(hour) price cap on power produced in the state, there are no caps on out-of-state power. カリフォルニア州では, 州内発電力に対して1メガワット(時)当たり250ドルという単価の上限が課せられている一方で, 州外(からの移入)電力については上限がない。

**megger** a～ メガー, 絶縁抵抗計, 絶縁抵抗試験器 ◆a 5kV megger [Megger] 5000Vメガー (*a megger = a megohmmeter, an insulation tester) ◆Each cable will be given a Megger test. 各ケーブルはメガーによる試験[検査]にかけられることになっている。

**megohm** (MΩ) a～ メグオーム (*電気抵抗単位。1MΩ = 1,000キロオーム, 100万オーム) ◆a 1-megohm resistor 1MΩ [メグオーム] の抵抗器

**megohmmeter** a～ メガー (*絶縁抵抗測定用計器)

**meism, me-ism** ミーイズム, 自分主義, 自己中心主義

**melanoma** a～ (pl. -s, -mata)《医》メラノーマ, 黒色腫 (*白人に多い皮膚癌の一種。紫外線を長期にわたり浴びるとなりやすい。) ◆malignant melanoma patients 悪性黒色腫の患者

**melt** vi. とける, とろける, (暑さで)うだる, 溶解[溶融, 融解]する; だんだん薄くなる <away>, 次第に [へ~に] 入り込んで行く <into>, 和らぐ; vt. ～をとかす [溶解, 溶融, 融解]する; 次第に無くならせる <away>, 次第に溶け込ませる, 和らげる, (《コンピュ》溶解[融解]する (*LHA, LHArcなどのソフトで使う独特な用語)) ◆a melting furnace 溶解炉, 溶解窯 ◆caused by the melting of... ～の溶解[溶融, 融解, 溶融]が原因となって引き起こされた ◆due to melting and evaporation 溶解および蒸発のせいで ◆he melts me with his hugs 彼は私を抱擁してとろけさす ◆melt snow and ice 雪や

氷を溶かす ◆soft, low-melting metals 柔らかく, 融点の低い金属 ◆stir until butter is melted バターが溶けるまでかき回す ◆wait until it starts to melt それが溶け出す [始める]まで待つ ◆it melts at -53°C (それの)融点は-53°Cである ◆designed to melt at a predetermined temperature 決まった温度で溶融するように設計されて (*ヒューズなど) ◆the fuse wire melts and opens the circuit 糸ヒューズが溶断して回路を開放する ◆crispy wafers filled with fine cream that melts in your mouth 口の中でとろけるきめ細かなクリームが詰まったサクサクのウエハース ◆Melt margarine in a medium skillet over medium-high heat. マーガリンを中ぐらいのフライパンに入れて中火から強火で溶かしてください。

**meltdown** (a)～ (原子炉の)炉心溶融(事故) ◆A network of cables caught fire and nearly caused a reactor-core meltdown. ケーブル網が火災を起こし, あやうく炉心溶融を引き起こすところだった。

**melting point** a～ 融点, 融解点, 溶融点, 熔融点 ◆the melting point of... ～の融点 ◆an alloy with a melting point of 183-184°C 183～184°Cの融点の合金 ◆have a high melting point 高融点を有する

**melting pot** a～ 坩堝 (ルツボ) ◆Miami's melting pot マイアミの人種のるつぼ

**member** a～ 一員, メンバー, 構成員, 成員, 会員, 議員, 団員, 部員; a～ 部材, 要素, 組子, 節, 一材, 《地》部層 [層員], (等式の)左辺または右辺, 動物の体の一部分(手, 足, 翼など); 《形容詞的に》会員の, 加盟している ◆a six-membered ring 《化》6員環 ◆a steering committee member; a member of a steering committee 運営委員会の一員 [メンバーひとり], 運営委員 ◆a structural member [element] 構造部材 ◆member states [countries] 加入 [加盟] 国 ◆a member of the town council of Yugawara 湯河原町議会議員 ◆be eligible to become a member of... (団体)の会員になる[に入会する, に加入する] 資格がある ◆play one's full role as a member of... ～の一員としての役割を十分に果たす ◆a 12-member board 12名から成る [で構成されている]委員会 ◆a members-only club 会員制クラブ ◆a six-member B-52 crew B-52(爆撃機)の6人編成の機体[乗組員] ◆all members of the Motorola 68000 family モトローラ68000ファミリー[系]の全製品

**membership** 一員[会員, 団員, 議員, 社員, 部員]であること, (グループへの)帰属 [所属], メンバーとしての地位・資格; a～ 会員数; (a)～ (単/複扱い)全会員数, 全構成員数, 全メンバー, (グループの)メンバー構成 [顔ぶれ] ◆a membership card 会員証 ◆a one-time membership fee 入会 [加入] 時に1回だけ支払う料金; 入会金 ◆a loss of membership 会員資格の喪失 [を失うこと] ◆a membership list 会員 [加入者, 加盟者] 名簿 ◆apply for full membership to the Council その会議の正会員になるための申請をする ◆apply for membership in... (団体)の会員 [加入, 加盟] を申し込む [申請する] ◆a worker's right to refuse union membership 組合に入ること [への加入]を拒否する労働者の権利 ◆earn [gain, win] membership in... ～の会員になる; ～に入会する [加入, 加盟する] ◆membership in a club クラブの会員であること ◆pay the $25 membership cost 25ドルの会費を払う ◆sell [buy, purchase] club memberships クラブの会員権を売る[買う] ◆withdraw one's membership from the association 協会を脱会[退会, 脱退, 離脱]する ◆a membership-only warehouse store 会員専用[会員制]の倉庫型の大規模店 ◆membership is down slightly 会員数は若干減少している ◆He is known for his membership on many civic and government boards. 彼は, 多くの市民団体や各種行政委員会のメンバーであることが知られている。 ◆Membership costs $50 per year. 会費は年50ドルです ◆The Army doesn't ban membership in racist groups. 陸軍は, (軍人が)人種差別主義者の団体に属す[組織の構成員になる]ことを禁止してはいない。 ◆The board has a different membership each week. その委員会の構成メンバー[顔ぶれ, 陣容]は毎週変わる。 ◆Switzerland has avoided membership of any body it considers might compromise its neutrality. スイ

**membrane** (a) ～ メンブレン, 膜, 薄膜, 半透膜, 隔膜, 薄皮, シート ◆a membrane switch メンブランスイッチ ◆through a semi-permeable membrane 半透膜を通して[通って]

**memo** (memorandum の短縮形) a ～ (pl. ～s) メモ, 備忘録 [忘備録], 書き付け, 摘要, 簡単な記録, 回覧[回覧], 覚書, 定款 ◆make a memo of... ～のメモを取る ◆write a memo to... 〈人〉宛のメモを書く ◆the memo was sent to... そのメモは～宛に発送された

**memoir** ～s (本人により[本人によって書かれた])回顧録, 自叙伝; a ～ (本人をよく知る他の人によって書かれた)追想録, 伝記; ～s (学会などの)会議録, 紀要; a ～ 公式の覚書; a ～ (学術的な)報告, 研究論文 ◆a volume of Richard M. Nixon's memoirs 1巻[1冊]のリチャード・M・ニクソンン回顧録

**memorandum** a ～ (pl. ～da) → memo ◆a memorandum of understanding, an MOU, an MoU (pl. memoranda [memorandums] of understanding, MoUs) (了解事項)覚書 ◆the signing of a memorandum of agreement 合意の覚書に署名[調印]をすること

**memorialize** vt. ～を記念する, ～に請願書を出す[陳情書を提出する] (present a memorial to...; petition) ◆because several war criminals are memorialized at the Yasukuni Shrine 《意訳》戦犯数名が靖国神社に祀られていることから

**memory** 1 (a) ～ 記憶, 記憶力, 記憶に残っているもの, 《意訳》脳裏 ◆The news about... is still fresh in our memory. ～についての報道は, まだ私たちの記憶に新しい。 ◆vindicate the memory of her father 彼女の父親の名誉を回復する (＊memory = 死後の名声) ◆the Yasukuni Shinto dedicated to the memory of the country's soldiers fallen in war 戦没兵[戦死者, 戦没者]の追悼のための靖国神社 ◆if my memory serves me right; if memory serves もし私の記憶に間違いがなければ ◆zinc-air batteries lack the memory effect found in nicad batteries 亜鉛空気電池にはニッカド電池に見られるメモリー効果がない ◆Nickel-cadmium batteries have a memory effect. ニッケル・カドミウム[ニッカド]電池にはメモリー効果がある。 ◆Nothing is so admirable in politics as a short memory. 忘れっぽさ[貧弱な記憶力, 記憶力の悪さ]ほど政界で称賛にあずかるものはない。 ◆These are fundamental and should be committed to memory. これらは基本的なことであり, 覚えておかなければならない。 ◆We were talking about something that escapes my memory now. 我々は話をしていた。何についてだったかは忘れている[失念した, 思い出せない]が。 ◆These batteries are memory-free, and provide a longer operating time between charges. 《意訳》これらのバッテリーにはメモリー効果がなく, 充電が必要になるまでの使用時間が長い[持ちが長い]。

2 《コンピュ》① メモリー, 記憶, 記憶空間, 記憶容量, 記憶域, 記憶装置; a ～ (ハードウェアとしての)記憶素子, 記憶装置; (→ main memory) ► コンピュータのソフトウェアでは, memory は記憶装置というよりも, むしろ記憶容量, 記憶空間, 記憶域といった意味で, ほとんどの場合無冠詞で用いられる。storage とほぼ同義だが, memory は暗に内部記憶 internal memory, 特に RAM を指すことが多い。 ◆free up memory メモリーを(他の目的で使えるように)開放する ◆a memory board メモリーボード[メモリー基板] ◆a memory card メモリーカード ◆a memory chip (集積回路[IC])素子 ◆a memory device (半導体)記憶素子 ◆a memory [storage] cell 記憶素子(＊記憶セルを構成する最小単位としての一素子) ◆a memory [storage] element ◆available memory 使用可能な[空き]記憶容量[領域] ◆allocate memory メモリーを割り当てる[確保する] ◆need even more memory よりいっそう大きな記憶容量を必要とする ◆the top [start] of memory メモリーの最上位[最下位] ◆with minimal amounts of memory 最低限のメモリーで ◆sudden exhaustion of memory 突然のメモリーの使い果たし[突然のメモリー不足] ◆generate out-of-memory errors メモリー不足エラーを引き起こす ◆solid-state memory technology 半導体記憶装置技術 ◆A memory leak happens when... ～の場合にメモリーリークが起きる ◆a sequence of contiguous memory locations 《コンピュ》一連の[一続きの]連続した先頭記憶[領域] ◆incorporate [have] 2 MB of secondary cache memory 《装置が》2MBの2次キャッシュメモリーを内蔵している ◆information stored in memory メモリーに格納[記憶]されている情報 ◆maintain the memory contents in RAM RAMの記憶内容を保持する ◆the locations of the files opened are stored in memory 開かれたファイルの位置は(メモリーに)記憶保存される ◆There is not enough memory. メモリーが不足している。 ◆work well in tight memory spaces 余裕のない記憶空間[少ないメモリー]で十分に動作する ◆place the data into memory at the given address そのデータを, メモリーの指定されたアドレスに入れる ◆Memory allocation and release is dynamic. 《コンピュ》メモリーの割り当てと解放は動的に行われる。 ◆The data is loaded highest in memory. 《コンピュ》そのデータはメモリーの最上位にロードされる。 ◆The BIOS resides in high memory above the user program. このBIOSは, ユーザープログラムより上の上位メモリーに常駐する。 ◆The ROM-executable DOS frees memory space for applications. (RAMにロードすることなく)ROMで実行可能なDOSは, アプリケーション用にメモリー空間を空ける。 ◆The new Power Mac G4 comes standard with either 64MB, 128MB or 256MB of memory. 新型Power Mac G4は, 64MB, 128MB, または256MBのメモリーを標準搭載している。 ◆The plotters come with 4 MB of memory, expandable [upgradable] to 36 MB. これらのプロッタは, 4MBのメモリーを搭載(標準装備, 実装)しており, 36MBまで増設[アップグレード]できる。 ◆The trend toward more and more RAM will continue as the applications become more and more complex. メモリーの大容量化傾向は, アプリケーションの複雑化につれて続くだろう。 ◆With today's trend toward more and more memory in servers, the practice of limiting connection counts to conserve memory might not be meaningful. 今日のサーバーへのメモリーの大容量化傾向の中にあって, メモリ節約のために接続数を制限するといった慣行は意味をなさなくなったのではなかろうか。

**Memory Stick** ◆The D700 comes with an 8MB Sony Memory Stick. D700には8メガバイトのソニー メモリースティックが付いてくる[付属している, 同梱されている]。

**men** 《a man の複数形》 ◆men's jobs 男性の仕事[職種]

**mend** 1 vt. ～を修理[修復, 修繕, 補修]する, ～を改善[改良]する; vi. 治る, 快方に向かう, よくなる ◆mend the wiring in the house この家の屋内配線を修繕する

2 a ～ 修理[修復]箇所; (a) ～ 修理, 修繕, 修復

**on the mend** 快方に向かって, よくなってきて, 改善されてきて, 〈事態が〉好転して ◆patients on the mend (病状が)快方に向かっている患者たち

**mend (one's) fences** → fence

**mendelevium** メンデレビウム (元素記号: Md)

**menial** adj. 〈仕事などが〉つまらない, 卑しい, 下働き[雑務, 雑事]の, 身分の低い, 召使いの, 召使いにふさわしい; a ～ 召使い, 使用人, 奉公人, 下女, 下男, 下郎, 下人 ◆menial labor (人からあまり尊敬されない)肉体労働 ◆menial tasks, menial work 下に見られている面白くない[つまらない]仕事, 雑用

**menopausal** adj. 更年期[月経閉止期, 閉経期]の ◆menopausal women 更年期の女性 ◆a woman in her menopausal years [age]; women in their menopausal stage [phase]; women in the menopausal transition [period] 更年期の女性[婦人] ◆treat menopausal disorders 更年期障害を治療する ◆women who are suffering from menopausal troubles 更年期障害に苦しんでいる女性たち

**menopause** the ～ 月経閉止(期), 閉経(期), 更年期(障害) (＊the change of life とも) ◆the onset of (male) menopause 男性の更年期(障害)の始まり[徴候] ◆women during and after the menopause 更年期を迎えている女性と更年期を過ぎた女性 ◆Menopause is one of the major turning points in a woman's life. 月経閉止[閉経, 更年期]は, 女性の生涯にある大きな転機の一つである。

**mental** adj. 心の, 心的な, 精神の, 精神的な, 知的な, 知力の, 知能の ◆mental health 心的[精神面の]健康; 精神衛生 ◆mental hygiene 精神衛生 ◆mental labor 精神[頭脳]労働 ◆a mental hospital 精神病院 ◆because of mental fatigue 精神的な疲れ[疲労]のせいで ◆make a mental note not to <do...> 〜してはいけないと覚えておく ◆make a mental note to <do...> 〜することを覚えて[忘れないようにして]おく ◆take [make] mental notes on [about]... 〜について覚えて[記憶して]おく ◆Your mental agility is reflected in your efficiency. (あなたの)頭の回転の速さは, 能率のよさに現れる. ◆Most people with mental retardation score below 70 points on intelligence quotient (IQ) tests. 知恵遅れ[知的障害, 精神薄弱, 精神遅滞]のある人のほとんどが, 知能指数(IQ)検査で70点未満の点数をとっている. ◆While he lacked in physical prowess, he more than made up in mental capacity. 彼は, 体力でかなわない点については, 知力[智力]で補って余りあった. ◆When amperages are known or can be estimated, some simple mental arithmetic lets you know how much electrical equipment can be used at the same time. 電流値が分かっていたり推定できる場合には, 簡単な暗算で何台くらい電気機器が同時に使用できるのか分かる.

**mental age** a〜 精神年齢 ◆Maybe my mental age has regressed because I think... 〜だなどと考える私は多分精神年齢が下がってしまったのかも知れない

**mentality** 〔U〕知力, 知性, 心性, 精神力, 精神性, 心の働き[仕組, 精神作用]; a〜 精神状態, 精神的な態度[姿勢], 心的な傾向, ものの考え方, 精神思考, -主義, -心, -心理 ◆a Cold War mentality 冷戦心理 ◆a person with a victim mentality [mindset] 被害者意識を持っている人 ◆He's adopted a bunker mentality. 彼は掩蔽壕(エンペイゴウ)的精神構造を身につけた. (＊他人の批判などを聞く耳を持たず自己保身に汲々とする精神状態) ◆The numbers along the Pope's motorcade routes were often surprisingly small, thinned perhaps by fears of the crush and heavy security, or the it's-on-TV-anyway mentality. 混ами や厳重な警備を恐れてか, あるいはどうせテレビで観られるといった(よくある)考え方によって出足が少なかったのか, 法王の自動車パレードの沿道の人出は驚くほど少ないことがよくあった.

**mentally** 精神的に, 知的に, 知能的に, 頭の中で ◆a mentally handicapped person; 〔集合名詞的に〕the mentally handicapped 精神障害者 ◆mentally challenged people [persons, individuals]; the mentally challenged 知的障害者, 精神薄弱[遅滞]の人々 ◆a mentally retarded person 知的障害をもつ[精神遅滞の, 精神薄弱の, 知能遅れの]人 ◆because they were falsely labelled as mentally deficient 彼らには誤って知的障害[低能]というレッテルが貼られているので ◆Driving is a very demanding skill – both mentally and physically. 車の運転は, 精神および肉体の両面で多くが求められる技能である.

**mention** vt. 〜のことを言う, 口にする, 口に出す, 話す, 〜について言及する[触れる, メンションする], 〜の名前を挙げる ◆deserve mention 言及に値する ◆Finally, brief mention must also be made of... 最後に, 〜についても手短に言及しておかなければならない. ◆Mention can also be made here of..., but... ここで〜について言及することもできるが... ◆No mention was made of how to... 〜をどうするかについては言及されなかった ◆make little mention of how the goals would be accomplished それらの目標をどうやって達成[実現]するのかについては了触れない ◆signs other than those mentioned above 上述したもの以外の標示 ◆No mention has been made of privatization. 民営化についての話は一切出なかった. ◆He breaks into a sweat at the mention of calculus or plane geometry. 彼は, 微分積分学とか平面幾何学と聞いただけでドッと冷汗が吹き出してしまう. ◆Chances are (that) Arnold Klayman's name will never get to be mentioned as widely as fellow audio inventor, Ray Dolby. アーノルド・クレイマンの名前は, 彼と同輩の音響発明家であるレイ・ドルビーほどは広く話題に上ることは決してないだろう.

**not to mention** 〜は言うまでもなく[言うに及ばず, 言わずもがな], 〜はおろか, 〜はむろん(のこと); 〜のほかに, 〜に加えて (= in addition to)

**mentor** a〜 メンター, よき助言者[相談相手], よき指導者[指導教官, 先生, 教師, 師], いいアドバイザー[カウンセラー, コーチ, ガイド] ◆The authors state that you should have friends, mentors, or family members around you to help see things that may be missed. 著者らは, ともすれば見落としてしまいそうなことに目を向けさせてくれる友人, よき相談相手, あるいは家族を身近に持っていなければならないと述べている.

**menu** a〜 メニュー, 献立表, 品書き, 料理, 《コンピュ》メニュー[選択項目の一覧] ◆a menu appears [opens] 《コンピュ》メニューが現れる[表示される, 開く] ◆open [display, invoke, bring up] a menu 《コンピュ》メニューを開く[(の)順に)表示する, 呼び出す] ◆a menu closes [disappears] 《コンピュ》メニューが閉じる[消える] ◆dismiss a menu 《コンピュ》メニューを(画面から)消す[閉じる] ◆return to the menu 《コンピュ》メニュー(画面)に戻る ◆a pop-up menu ポップアップメニュー ◆a pull-down [drop-down] menu 《コンピュ》プルダウン[ドロップダウン]メニュー (＊項目を選択するとそこから垂れ幕のようにメニューが現れる) ◆a menu of commands 《コンピュ》コマンドのメニュー ◆menu-driven software メニュー方式[形式]のソフト ◆access a right-click menu 《コンピュ》右クリックメニューにアクセスする[を表示する] (＊右クリックメニューとは, マウスの右ボタンをクリックしたときに表示されるメニュー) ◆click on a menu option 《コンピュ》メニュー(内)のオプション[メニュー項目]をクリックする ◆go to the top menu トップメニューに行く ◆select a menu item メニュー項目を選ぶ[選択する] ◆select [make a selection] from the menu メニューから選択する ◆menu-selectable image processing functions メニューから選べる画像処理機能 ◆choose Copy in [from] the Edit menu 「編集」メニューで[から]「コピー」を選択する ◆a main menu appears in the center of the screen メインメニューが画面中央に表示される ◆choose option 5 on the Application Management Menu 「アプリケーション管理メニュー」の選択項目5番[オプション5]を選択する ◆the menu displays the following options: このメニューには, 次のオプション[選択項目]が表示されます. ◆the menus from which you can opt to <do> 《コンピュ》〜することが選択できるメニュー ◆On this menu you specify whether... 《コンピュ》このメニューでは, 〜かどうかを指定します. ◆Menus may have three or more levels. 《コンピュ》メニューには, 3階層以上のレベルがあることもある. ◆A function key brings up the main menu from which you can retrieve the other tools. ファンクションキーでメインメニューを表示でき, そこからほかのツールを取り出せます. ◆Make sure that you don't forget to save your new settings before you exit the setup menu. 《コンピュ》セットアップメニューを終了する前に, 新しい設定を保存することを忘れないようにしてください. ◆The voice-messaging system offers callers a menu of choices and play the messages they select. ボイスメッセージシステムは, 電話をかけた人に選択肢を提供[いくつかの項目から選択できるように]し, 選んだメッセージを再生してくれる.

**menu bar** a〜 《コンピュ》メニューバー ◆a menu bar running along the top of the screen 画面の上端に沿って横たわるメニューバー.

**mercantile** 商業の, 商人の, 商売の ◆a mercantile section of Tokyo 東京のある商業地域[下町]

**merchandise** 1 〔U〕(集合的)商品, 製品 ◆a sample of merchandise 商品見本 ◆buy imported merchandise 輸入製品を購入する ◆order merchandise 商品を注文する ◆sell a wide variety of merchandise 幅広い種類の商品を売る ◆ten pieces of merchandise 商品[品物]10点 ◆deficits or surpluses in merchandise and services trade モノやサービスの貿易の赤字あるいは黒字 ◆tags attached to merchandise in stores 店の商品に付けられている[付いている]商札

**mesh**

2 vt. 〜を商う, 売買する, 取引する, 〜の販売促進をする; vi. 商売する

**merchandising** マーチャンダイジング, (市場調査, 商品開発, 生産から販売までの調整, 宣伝, 販売などを含む総合的な)販売促進, 商品化計画 ◆connect a new idea with merchandising 新しいアイデアを商品企画[商品化]に結び付ける

**merchandize** → merchandise vt., vi.

**merchant** a〜 商人(シュウニン, アキンド), 小売商, 商店主, 店主, 売買業者, ディーラー, 貿易業者; adj. 商人の, 商売の, 貿易の ◆a merchant bank 《英》投資銀行 ◆a merchant banking firm 企業金融会社

**merciless** adj. 無慈悲な, 無情な, 無残な, 残酷な

**mercury** 水銀(元素記号: Hg) ◆a mercury column 水銀柱 ◆a high-pressure mercury vapor discharge lamp; (略)高圧水銀蒸気放電ランプ, (略)高圧水銀灯 ◆a low-pressure mercury lamp 低圧水銀ランプ ◆mercury poisoning 水銀中毒 ◆when the mercury drops below freezing 水銀柱が氷点下に下がると ◆when the mercury drops to zero 水銀柱[温度]が0度に下がると ◆the mercury soared to 96 degrees yesterday afternoon 水銀柱は昨日の午後に96度まで上がった[上昇した] (＊華氏の温度で)

**mercy** ① 慈悲, 情け, 容赦, 勘弁, 寛容さ, 寛大さ, 哀れみ, 憐憫(レンビン), 殺すに値するが命だけは助けてやること; a 〜 幸運, 有り難いこと, 恵み; interj.《 Mercy!, Mercy on us!》おや, まあ ◆at the mercy of... 〜のなすがままになって, 〜に翻弄されて[されて], 〜にいいように[思いのままに]されて, 〜に生殺与奪(セイサツヨダツ)の権を握られて; 〜の手中に陥って ◆Continue opening the applications until your system is "begging for mercy" and you can do no more. 《コンピュ》システムが「音を上げて」もうこれ以上は無理の状態になるまで, どんどんこれらのアプリケーションを開いて[(訳注)立ち上げて]いってみて下さい. ◆The government admits that hundreds of "mercy killings" take place each year outside the law. 政府は, 何百件にものぼる「安楽死」が非合法で毎年起きていることを認めている. ◆The software developer is at the mercy of the user/client, because most software developers work way in advance of payment. ソフトウェア開発業者はユーザーや顧客に首根っこを押さえられている, というのは, 業者のほとんどが, 支払いすらされない早い時点で作業を進めるからである. (＊途中での仕様変更など無理な要求に泣かされることがあるという話)

**mere** ほんの, 単なる, ただの, たかが, 〜に過ぎない ◆Profits were a mere $2.67 million. 収益は, わずか267万ドルしかなかった. ◆The wine sells in the U.S. for a mere $5. そのワインは, たった5ドルで米国で売られている.

**merely** adv. 単に[単なる, ただ, たかが, ほんの]; 〜に過ぎない ◆it is viewed as merely an economic activity それは単なる経済活動にすぎないと見られている

**merge** 1 vt. 〜を(〜と)合併させる<with>, 〜を(〜に)溶け込ませる, 同化させる<into>, 《コンピュ》マージ[結合, 合成, 差し込み印刷, 併合]する; vi. 合併する, 溶け込む, 同化する ◆merge A with B A とBをマージ[合わせて一緒に, 一体化]する ◆merging vehicles [areas] 合流車両[場所] ◆merge files 《コンピュ》(2つ以上の)ファイルをマージ[合成, 併合, 結合]する ◆merge graphics into text 《コンピュ》グラフィックスをテキストの中にマージする[差し込む] ◆merge text and graphics テキストとグラフィックスを統合する ◆merge two databases into one 《コンピュ》2つのデータベースを1つにマージ[併合, 合成]する (＊両データを合わせて1つにまとめた上で, 通例は全体を並べ替える) ◆merge data and clock information into a single, combined signal データとクロック情報を1本の合成[複合]信号にまとめる ◆merge all activities under a single organizational structure 〜すべての活動を1つの組織機構の下に統合する ◆the merging of data streams is performed by... (通)複数のデータストリームのマージ[合成]は, 〜によって行われる ◆... the driver in the lane must merge with other traffic... その車線のドライバーは, 他の車の流れと合流しなければならない ◆The two companies eventually merged. これら2つの企業は結局合併した.

2 n. a〜 《コンピュ》マージ[併合, 合成, 差し込み] ◆do a mail merge 《ワープロ》メールマージ[差し込み印刷]する (＊宛名や日付のみを差し替えて同一文書を何部も作成する) ◆define merge fields 《コンピュ》マージ[併合]フィールドを定義[設定]する

**merger** (a)〜 合併, 吸収合併, 合同 ◆a business merger 企業合併, 事業統合 ◆a horizontal merger 《経済》水平統合 ◆a mergers and acquisition [mergers-and-acquisition] consulting firm 企業合併・買収コンサルタント会社 ◆a merger between communications and data processing 通信とデータ処理の融合 ◆a mergers-and-acquisitions lawyer 企業合併・買収弁護士 ◆carry out [effect] a merger between A and B AとBの合併を実施する ◆grow through mergers and acquisitions 企業の合併・買収を通じて成長する ◆grow through merger with companies in unrelated fields 異業種の企業を吸収合併することにより成長する

**meridional** adj. 子午線の, 子午面の, 経線の, 子午, 南北 —; 南の, 南方の, (欧州)南部の, 南欧人の, (特に)南部フランス— ◆a meridional circulation (大気の)子午線面循環(＝the Hadley cell) ◆a meridional plane 《気象》子午線面

**merit** 1 a〜 利点, 長所, 利益, 美点, とりえ; ①価値, 値打ち, 優秀さ; 〜s 真価, 功績, 手柄, 〜, 功労; 実力, 成績, 能力 ◆a merit system (↔a spoils system) メリット[実力, 実績, 成績, 能力]制[主義, 制度], 〜s(公務員)の資格任用制度 ◆the merits and demerits of... 〜のメリットとデメリット[プラス点とマイナス点, 長所と短所, 優劣, 功罪, 是非] ◆a merit raise 成績昇給 ◆a merit rewards 功労[実績]報酬; 能力給 ◆a merit pay system 能力給制; 実力[実績, 能力]賃金[給与]制度 ◆according to merit 功績に応じて ◆get a merit pay increase 成績昇給を受ける ◆discuss [argue] the relative merits of autofocus versus manual focus オートフォーカスとマニュアルフォーカス方式の優劣について討論する[議論する, 論じる] ◆educate the prospect on the merits of the product その商品のよさ[優れた点, 特長]を見込客に説く ◆raises are based on merit 昇給は成績に基づいている ◆some scholarships are awarded on merit 一部の奨学金は, 学業成績を判定基準にして与えられる ◆there is no merit in...-ing 〜するメリットがない ◆there probably wouldn't be much merit in...-ing してみても, おそらくたいしたメリットはないだろう ◆discuss the merits and demerits of these particular ideologies これら特定のイデオロギーの是非を論じる ◆Each approach has its (respective) merits and demerits. これらのアプローチには, それぞれ長所と短所[一長一短]がある. ◆Japanese manufacturers have long recognized the merit of shifting production lines to countries in which manpower is cheaper and more plentiful. 日本企業は, 労働力がより安く豊富な国々に生産ラインを移行することのメリットに長いこと気が付いていた.

2 vt. 〜(を受ける)に値する ◆merit regular monitoring 〜を, 定期的に監視していく[常に注目している](だけの)価値はある (＊regular＝一定の間隔を置いて) ◆His paper merits inclusion. 彼の論文は(掲載分に)含めるに値する.

**meritocracy** a〜 能力[実力]主義(社会, 制度); the 〜 《単／複扱い》実力派による支配, 実力者たちのエリート層 ◆in meritocracies such as American Telephone and Telegraph アメリカ電話電信会社のような実力[能力]主義の企業において

**meritocratic** 実力主義の, 能力主義の

**mesh** 1 (a)〜 網, 格子, メッシュ; a〜 (ふるいなどの)目, 網目, 編み目; 〜s 網状のもの, (法の)網; ①(歯車などの)噛み合い ◆a polygon mesh 《CG》多角形メッシュ ◆a 3D mesh plot 《CG》3次元[立体]メッシュ図 ◆a fine-mesh(ed) net 目の細かいネット ◆pass through a 9/16-inch mesh screen 網目9/16インチのスクリーンを通る ◆the imposition of a mesh size restriction 網目規制[《意訳》規制]を課すこと (＊漁網の) ◆the meshes of the law 法の網 ◆the mesh of gearwheels 歯車の噛み合い ◆a large-mesh drift net 目の大きな[粗い]流し網

◆the gear's depth-of-mesh 歯車の噛み合い深さ ◆a seine or gill net having a mesh size of less than three inches 目合い3インチ未満の引き網あるいは刺し網 ◆The gears are in constant mesh. それらのギアは常に噛み合っている

**2** *vt.* ～を網で捕まえる, ～を噛み合わせる; *vi.* (～と) 噛み合う <with> ◆His work pointed out once again that the rules of quantum mechanics do not mesh well with the laws of Newton and Einstein. 彼の研究は, 量子力学の法則はニュートンやアインシュタインの法則とうまく噛み合わないことを再度指摘した.

**Mesolithic** *adj.* 《考古》中石器時代の; *the* ～ 中石器時代 (=the Mesolithic period; the Middle Stone Age) ◆the Paleolithic, Mesolithic, Neolithic, and Aeneolithic periods [ages] 旧石器時代, 中石器時代, 新石器時代, 銅石器時代

**mesosphere** *the* ～ 《気象》中間圏 ◆成層圏と熱圏の間に位置し, 地表から約55～80kmの層 ◆in the upper mesosphere 《気象》中間圏上部

**mesospheric** *adj.* 中間圏の ◆mesospheric jet streams 中間圏ジェット気流

**Mesozoic** *the* ～ 《地》中生代; *adj.*

**mess** (*a*) ～ 乱雑な状態, 乱雑さ, 取り散らかし, 回散らかった [汚い] もの; *a* ～ (単数形のみ) 面倒な事態, 困った立場, 窮境; *a* ～ 《通例単数形》不潔な [だらしない] 人; *a* ～ 《集合的に》 の食事仲間, 回 (大勢で一緒に食べる) 食事, 会食; *a* ～ (軍隊などの) 食堂; (*a*) ～ (犬・猫の) 糞 [排泄物]; *vt.* 《通例 mess up で》 ～を散らかす [汚す], めちゃめちゃに [台無しに] する; *vi.* 手出しをする <in, with> ◆a mess hall (軍隊などの) 食堂 ◆turn a piddling situation into a major mess 取るに足りない [つまらない, 些細な] 事態を大事 (オオゴト) にする [荒立てる]

**message 1** *a* ～ メッセージ, 情報, 伝言, ことづて, 通信 (文), 通報, 手紙文, 送る [伝える] 言葉, メール (= an email message); *a* ～ (米国大統領が議会に送る) 意見書, 教書, 伝えようとしていること [意図, 要旨, 趣旨, 主旨, ねらい] ◆a (phone) message taker 電話番の人 ◆a message-exchange device メッセージ交換装置 ◆get one's message across (人) の伝えようとしていることを分かってもらう ◆open and read an email message 電子メール (メッセージ) を開いて読む ◆President Clinton's State of the Union message クリントン大統領の年頭 [一般] 教書 ◆a message appears saying "…" [saying that…]; I [you] get a message saying [reading] "…" (*画面上に*) 「～」というメッセージが表示される ◆"May I take a message?" 「なにか, お伝え [おことづけ] いたしましょうか」 (*電話がかかってきて本人が不在のときに*) ◆"Would you like to leave a message?" 「なにか伝言を残しますか」; 「なにか, 伝言することはありますか」; 「おことづけなさいますか」; 「申し伝えることはございますでしょうか」 (*電話がかかってきて本人が不在のときに*) ◆The message is aimed at a public of much less sophistication than you myself. このメッセージは, 皆さんや私よりもずっと知識の乏しい人達に向けられています. ◆Your original message didn't reach me, or mine failed to reach you through a network snafu. 《意訳》ネットワークの混乱のせいであなたからの最初のメッセージ [メール] が私に届かなかったか, 私からの返信が届かなかったかです. (*返事が行かない理由に考えられる原因を説明している*)

**2** *vt.* ～をメッセージとして送る (通信で送る, (人に) 伝えてもらう), 〈人〉にメッセージ [伝言] を送る; *vi.* 通信する, 連絡をとる

**message board** *a* ～ 伝言板, 《特に》(= an electronic message board) (電子) 掲示板 (= a bulletin board) ◆post a message [an article] on [to] a message board [a bulletin board] 《ネット》掲示板に投稿する [書き込む, メッセージをアップする] ◆Feel free to post [leave] a message on our message board. 掲示板に気軽に書き込んで [投稿して] (いって) ください. (*leave は「～していって」のニュアンスがある*)

**messaging** *n.* メッセージ伝達, メッセージング, 電子通信, 電気通信 ◆an electronic messaging system (= an electronic mail system) 電子メールシステム ◆a voice-messaging unit ボ

イスメッセージ装置 ◆NOS-based messaging facilities 《通》NOSベースのメッセージ機能 (*NOS = network operating system*)

**messenger** *a* ～ メッセンジャー, 使い (走り) の者, (電報や郵便物の) 配達員, 配達人, (*天皇の使者*) 勅使 (チョクシ), 伝令, 補助線 ◆a messenger RNA 《生化》メッセンジャー [伝令] RNA ◆a messenger wire メッセンジャーワイヤー (*ダクト内へのケーブル等の敷設に先立ってあらかじめ通しておくワイヤー. これにケーブルを結んで出口から引っ張る. 別の用途では空中に張って, これにケーブルを吊り下げて支持用に使う*)

**Messrs.** (*Mr.* の複数形) 様, 諸氏, 〈人名のついた会社名〉御中 ◆Messrs. Hewlett-Packard ヒューレット・パッカード社御中

**metabolism** 回 (新陳) 代謝, 物質交代 ◆Capsaicin speeds up metabolism. カプサイシンは新陳代謝を加速 [促進] する. (*トウガラシの辛み成分*)

**metacharacter** *a* ～ 《コンピュ》超文字, メタ文字 (*プログラムソース中などで, 他の文字と組み合わせることにより特別な機能を持つ文字. たとえば, エスケープシーケンスの始まりを表す〜や, 記号*)

**metal** (*a*) ～ 金属, 金属元素, 金属活字, 溶融ガラス ◆a metal-glaze resistor メタルグレーズ抵抗器 ◆a metal [nonmetal] mine 金属 [非金属] 鉱山 ◆a sheet metal worker 板金工, 薄板工 ◆a metal-clad [metal-enclosed] switchgear 《強電》メタルクラッド [閉鎖型] 開閉装置 ◆metal detecting equipment ◆a metal detector 金属探知器, (混入) 金属検出器 [検出器] ◆metal lithium 金属リチウム ◆nonferrous metals 非鉄金属 ◆metal ores a piece of metal 金属片 ◆a 270-watt metal halide lamp 270ワットのメタルハライドランプ [金属ハロゲンランプ] (*水銀とハロゲン化した金属が封入されている高輝度放電灯*) ◆a metal cabinet 金属製キャビネット ◆the London Metal Exchange ロンドン金属取引所 ◆the formation of a sound metal-to-metal bond 金属結合の形成 ◆the metal-processing industry 金属加工業界 ◆a flat, half-moon shaped piece of bright metal 半月形の光沢をもつ金属板

**metallic** *adj.* 金属の, 金属製の, 金属性の, 金属的な, 金属様の, (*通*) 光ファイバーでない《金属導体の》(*特に銅線を指す*) ◆a metallic mineral 金属鉱物 ◆a metallic oxide 金属酸化物 (= a metal oxide) ◆metallic materials 金属材料 ◆a metallic paint メタリック [金属光沢] エナメルペイント ◆fuel with metallic additives 金属添加剤入り燃料 ◆an electromagnetic gauge for measuring coating thickness on a metallic substrate 金属製の下地 [地金] 上の塗膜の厚みを計るための電磁式計器 [電磁式膜厚計]

**metallize, metalize** *vt.* ～を金属化する, ～に金属を被覆 [蒸着] する ◆a metallized polypropylene film capacitor 金化ポリプロピレンフィルムコンデンサ

**metallurgical** *adj.* 冶金の, 冶金学の, 冶金術の ◆metallurgical properties 冶金学上の特性

**metallurgy** 回 冶金, 冶金学 ◆powder metallurgy 粉末冶金 (学)

**metalworking** 金属工作, 金属細工, 金属加工 ◆a metalworking process 金属加工工程

**metamorphic** *adj.* 変性の, 変質の, 変態の, 変身の, 変容の; 《地》変成の ◆(a) metamorphic rock 変成岩

**metamorphose** *vi., vt.* 変わる, 変える, 化する (カスル), 変化 [変形, 変性, 変質, 変態, 変身, 変容] する [させる], 《地》変成する [させる] ◆shale is metamorphosed to slate in a low-temperature environment 頁岩は低温環境下で変成してスレート [粘板岩] になる

**metamorphosis** (*a*) ～ 変化, 変身, 変形, 変容, 変貌, 《生》変態, 《医》変性 (*細胞や組織の*) ◆the metamorphosis of a caterpillar into a butterfly 毛虫 [イモ虫] から蝶への変態

**metaphor** *a* ～ 隠喩, 暗喩, メタファー

**metaphysics** 回 形而上学, (机上の) 空論, 抽象論

**metastable** adj. 準安定の ◆a metastable state 準安定状態

**metastasis** (a) ~ (pl. metastases) 《医》転位（＊癌などの） ◆metastasis has occurred （癌の）転移が起こった ◆patients facing a recurrence or metastasis of cancer 癌の再発あるいは転移に直面している患者たち

**metastasize** vi. 《医》転移する ◆the cancer had metastasized to his brain 癌は彼の脳に転移してしまっていた

**metastatic** adj. 転移の, 転移性の ◆halt the progression of metastatic breast cancer 転移性の乳癌の進行を止める

**meteor** a ~ 流星, 流星体, 流れ星 (＊俗にはa shooting [falling] star), （俗に）隕石 (＊正式には, 地上に落ちる前のものは「隕石」ではない. 流星が地上に落ちると初めてa meteorite「隕石」になる) ◆they watched a meteor fall to earth 彼らは流星［流れ星, （意訳）隕石］が地上に落ちるのを見た (＊厳密には, 隕石は地上に達したものを指す)

**meteoric** adj. 流星の, 流星のような, （一時的に）華々しい, 急速［急激］な, 瞬く間の; 大気の, 気象上の ◆people who have made a meteoric rise to stardom スターの座に彗星のごとく登り詰めた［駆け上がった］人たち, 一躍［瞬く間に, あっという間に, たちまち］スターの座に上がった面々 ◆Taiwan's meteoric rise of prosperity and democracy 台湾のめざましい経済的勃興と急激な民主主義の興隆

**meteorite** a ~ 隕石（インセキ）◆When meteoroids enter Earth's atmosphere, they heat up and glow, producing meteors. Fragments that hit Earth are called meteorites. 流星体［隕石体］が地球大気に突入すると高熱を発し白熱化して流星を生む. 地球に衝突した破片は隕石と呼ばれる. (▶飛行中の隕石はa meteorであり, 地上に落ちたとたんにa meteoriteになる)

**meteorological** 気象の, 気象学上の ◆a meteorological satellite 気象衛星 ◆meteorological data 気象データ ◆meteorological information 気象情報 ◆the Meteorological Agency 《日》気象庁 ◆a meteorological observatory 気象台; 気象観測所; 測候所 ◆make meteorological observations 気象観測を行う

**meteorology** 気象学

**meter** 1 a ~ メートル（略 m）◆some hundreds of meters 数百メートル ◆tens of meters 何十メートルも; 数十メートル
2 a ~ 計器［計量器, メーター］◆a meter reader （水道局, 電力会社などの）検針員 ◆remote [automatic, automated] meter reading 遠隔［自動］検針 ◆read gas meters ガスメーターを検針する ◆use optical character recognition to improve the meter-reading process 光学式文字認識を利用して検針過程を改善する ◆The meter should read no more than 5 volts. メーターは, 5ボルト以下を示さなければ［5ボルトを超えて］ならない. ◆A computer-age version of the old applause meter, called the Electronic Audio Response meter, or EAR, was developed by market-research agencies to gauge the impact of a new product or strategy. 新製品の反響や新戦略の効果の程を計るための, 昔の拍手音量メーターのコンピュータ時代版とでも呼ぶべき電子オーディオ・レスポンス・メーター(EAR)が市場調査会社によって開発された.
3 vt. ~を計測する, ~を計量［調節］しながら供給する ◆a metering pump 計量［定量］ポンプ

**metering** 計測, 測定, 計量, 加減, 調整, 調量, 流量調節［調整］; 《光》測光 ◆averaging metering 《カメラ》平均測光 ◆spot metering 《カメラ》スポット測光 ◆a partial metering button 《カメラ》部分測光ボタン ◆centerweighted averaging metering 《カメラ》中央部重点平均測光 ◆center-weighted metering 《カメラ》中央部重点測光 ◆evaluative metering 《カメラ》評価測光 ◆full-aperture metering 《カメラ》開放測光 ◆selective area metering 《カメラ》部分測光 ◆stop-down metering 《カメラ》絞り込み測光

**methane** 《化》メタン, 沼気 ◆methane gas メタンガス

**methane hydrate** (a) ~ メタンハイドレート ◆recover methane hydrate from the ocean floor 海底からメタンハイドレートを回収する

**methanol** メタノール (= methyl alcohol, wood alcohol)

**method** a ~ 方法, やり方, 方式, 様式, 手順, 手法, テクニック, -法, メソッド, 《IT》順序, 順序, 計画, 体系, 系統 ◆adopt [apply, employ, use] a method to do... [of ... ing, for ... ing] ~する方法を採る［適用する, 用いる］◆practice [《英》practise] a method ある方法を使う［行う, 実施する, 実践する］◆execute [run] a method 《コンピュ》メソッドを実行する ◆issue a method call [invocation] 《コンピュ》メソッド呼び出しを発行する ◆a manufacturing method [a method of manufacture (pl. methods of manufacture)] for/of ...; a method to manufacture...; a method of/for manufacturing...; a method by which to manufacture... 製造方法; 製造方式; 製法 ◆manufacturing methods 製造法 ◆methods of production 生産方法 ◆a method by which...; a method whereby... ~する方法 ◆as a method to <do...> ~する（ための）方法として ◆faults and the methods of their prevention 障害およびそれら障害の防止法 ◆our method of testing 我々のテスト［試験, 検査］方法 ◆pioneer a method of measuring... ~を測定する方法を（他に先駆けて）開発［開拓］する ◆shape aggressive new methods for... -ing ~する意欲的［強気］な新しい方法を編み出す ◆when measured by the methods of BS 5277 BS 5277規格の方法で測定した場合に (＊BS = 英国標準規格) ◆a method of rating product quality 製品品質評価法 ◆by means of a mechanically abrasive blasting method 機械的に（表皮やさびを）研磨除去するブラスト法により ◆a selection method of harvesting whereby all merchantable trees above a specified diameter are harvested 指定された直径を上回る売却可能な樹木すべてを伐採してしまうという収穫のための選別方法 ◆Methods of control vary among the devices. 制御方法［方式］は装置間で異なる. ◆They are rendered harmless by conventional methods. それらは従来の方法で無害化された. ◆Under the old survey method, December's jobless rate was 6.4 percent. 昔ながらの調査方法では, 12月の失業率は6.4%だった. ◆Criminal cartels and terrorists are using sophisticated methods to launder billions of dollars around the world. 犯罪集団やテロリストらは, 巧妙な手口を使って世界を股に掛けて何十億ドルという資金洗浄をしている. ◆The method by which one person solves a problem may be indistinguishable from the procedure used by another person to handle a routine task. ある人が問題を解く方法は, 他の人がある定型作業をするのに使う手順とも見分けがつかないかもしれない. ◆The process is known as "transfer payments," a method by which the home company overcharges its overseas affiliates in order to avoid taxes. この処理は「移転支出」と呼ばれており, 本国の会社は税金逃れ［節税］をするために海外の子会社に過剰請求するという方法［手口］である.

**methodical** adj. 秩序立った, 規則立った, 規則正しい, 組織的な, 体系的な, 周到な, 几帳面な ◆a methodical procedure to obtain... [for obtaining...] ~を得るための系統立った手順［(理路)整然とした手続き］(＊学究的に) ◆In this dissertation, we take the first steps toward a methodical treatment of... この論文で, 私たちは~の系統的扱いへ向けての最初の歩み［第一歩］を踏み出すことにした.

**methodology** (a) ~ 方法体系, 原理体系, 方法論, 手法, 技法, 方法 ◆devise [develop] a methodology 〔手法］を考案［開発］する ◆It is for this reason that such methodologies as A and B were introduced. AやBなどの手法が導入されたのは, （まさに）この理由による.

**methyl alcohol** メチルアルコール (= methanol, wood alcohol)

**methylene** 《化》メチレン（基）◆Methylene chloride is also known as dichloromethane. 塩化メチレンは別名ジクロロメタンともいう.

**methyl mercury** 《化》メチル水銀 (＊強い神経毒性がある) ◆The FDA feels that since shark and swordfish are "long-lived" and feed on smaller fish, there is the possibility of accumulation of higher levels of methyl mercury in shark and swordfish. 米食品医薬品局は, サメやメカジキは「寿命が長く」小魚を

食べていることからメチル水銀が高濃度で蓄積している可能性があるという感触を持っている。(*ちなみに水俣病もメチル水銀が原因)

**meticulous** adj. 細かすぎる、細かいことにまでうるさい、こせこせする、細部に至るまで気を配る、几帳面な、細心の、綿密な、入念な ◆meticulous roommates 几帳面なルームメイト ◆a meticulous director with an exacting eye for comedy 喜劇に対し厳しい目をもったうるさ型の演出家

**meticulously** adv. 細心の注意を払って、微に入り細にわたり、細部にわたって、すみずみまで注意が行き届いて、周到に、綿密に、入念に、入念に、几帳面に、神経質に ◆meticulously avoid religious terms 宗教に関係ある語を神経質に避ける ◆they meticulously investigated the site 彼らはその用地を綿密に調査した ◆wares are meticulously crafted by artisans 製品は、職人によって入念[念入り]に作られている ◆Things should be meticulously planned. 物事は、周到[綿密]に計画されなければならない。 ◆Everything has been meticulously thought out to minimize air turbulence. 乱気流を最小にするために、あらゆる事がこと細かに考え抜かれている。

**me-too** 〈商品などの〉後追い的な[類似の、模倣の]、〈値上げなどが〉便乗の ◆a me-too product 類似商品

**metric** メートルの、メートル法の ◆metric symbols メートル法の単位記号 ◆Why should the US go metric? なぜアメリカがメートル法に移行[メートル法化]しなければならないのか？ ◆Australia uses the metric system of weights and measures. Speed and distance are measured in kilometres; goods in kilograms and litres; temperature in Celsius (Centigrade). オーストラリアでは、度量衡にメートル法を使用している。速度と距離はキロメートルで、物品はキログラムとリットルで、温度は摂氏(100分度)で測られる。

**metricate** vi. メートル法に移行する、メートル法を採用する; vt. ～をメートル法に変える、メートル法での表示にする ◆Only 1 major country left to metricate: USA! メートル法への移行で唯一取り残されている主要国 – 米国！

**-metrics** 〈複合語で〉〈単扱い〉-計量学、-測定学

**metro** adj. metropolitanの省略形; a ～〈通例 the Metro [metro]〉地下鉄 ◆metro Atlanta アトランタ都市圏(*周辺地域を含めた) ◆by subway; by metro [Metro]; 〈英〉by tube; 〈英〉by underground (railway) 地下鉄で

**metropolis** a ～ 首都、州都、県庁所在地、主要都市、中心都市、中心地、大都市、大都会、巨大都市(ミヤコ); a ～〈古代ギリシャなどの〉首都 ◆Japan's second-largest metropolis 日本第2の大都市[大都会](*大阪)

**metropolitan** adj. 首都の、大都市の、大都会の、都会の; 首都圏の、大都市圏の; a ～ 首都[都市]の住人、都会人 ◆in the metropolitan Tokyo area 東京の首都圏において

**mezzanine** a ～ 中2階、2階桟敷(の前部座席の数列) ◆mezzanine seats 中2階の座席 ◆on the mezzanine (level) of the East Building 東館の中2階に

**MF** (medium frequency) 中波(の) (*300kHz～3MHz)

**MFLOPS** (million floating-point operations per second)《コンピュ》メガフロップス

**MFN** (most-favored-nation) 最恵国の ◆grant MFN treatment to... 〈国〉に最恵国待遇を与える[適用する]

**MFP** ◆a copier-based MFP (multifunction peripheral) 複写機を土台にした複合周辺装置[(意訳)デジタル複合機] (*複写機、プリンター、ファクシミリ、スキャナーなどの機能が一体化されている)

**Mg** マグネシウム(magnesium)の元素記号

**MHD** (→ magnetohydrodynamics) ◆an open-cycle MHD generator 開放サイクルMHD[磁気流体、電磁流体]発電機 (*MHD = magnetohydrodynamic の略。化石燃料による炎をイオン化した上で、それを強力な磁場に高速で導入し直接発電する。まだ実用化には至っていない)

**MHz** (megahertz) a ～《単複同形》メガヘルツ *周波数単位。1MHz = 1,000キロヘルツ) ◆operate at 10.7 MHz 10.7MHzで動作する

**MIA** (missing-in-action) ◆the missing-in-action (MIA) issue 戦闘で行方不明になった米兵に関する問題 ◆the families of those missing in action (MIAs) 戦闘で行方不明になった米兵(MIA)の家族

**mica** マイカ、雲母(ウンモ)、きらら

**mice** 〈a mouseの複数形〉

**MICR** "マイカー"と発音。(magnetic-ink character recognition) 磁気インク文字認識; (magnetic-ink character reader) a ～ 磁気インク文字読取装置

**micro** a ～ (pl. ～s) マイクロコンピュータ (= a microcomputer)

**micro-** 微小の、極微の、微-、小-、超ミニの、超小型の、顕微鏡の、拡大の; 〈単位〉百万分の1の、10の-6乗の(記号μ)

**microammeter** a ～ マイクロアンペア計

**microampere** (μA) a ～ マイクロアンペア(*電流の単位。1μA = 百万分の1アンペア)

**microanalysis** ミクロ分析、ミクロ的解析、微量(成分)分析

**microbe** a ～ 微生物、病原菌、細菌 ◆genetically engineered microbe weapons 遺伝子工学を用いた細菌兵器

**microbial** adj. 微生物[細菌]の、微生物による ◆microbial contamination of drinking water 飲料用水の微生物汚染

**microbiology** 微生物学

**microbrewery** a ～ 中小規模の(ビール)醸造所、地ビール醸造事業所

**microcapsule** a ～ マイクロカプセル (*徐放薬用、20～150ミクロン程度の粒径)

**microcell** a ～ ◆install microcells 《通》マイクロセル[微小ゾーン]を設置する

**microcellular** adj. a microcellular network 《通》マイクロセルラー網; 微小ゾーン式ネットワーク(*走行中の車の中では使用できないが、歩きながらなら通話できるもの。日本で言えば簡易型携帯電話PHS用のネット)

**microchip** a ～ マイクロチップ(▶通俗的に「IC」の同義語として用いられる) ◆a microchip maker IC[半導体]メーカー

**microcircuit** a ～ 超小型(電子)回路(*特に半導体基板上に形成された集積回路を指して)

**microcomputer** a ～ マイクロコンピュータ(*CPU、I/O回路、メモリーなどを1つのICチップにした簡単なものからパソコンまでを含む総称)

**microcontroller** a ～ マイクロコントローラ、(制御用)マイコン ◆an embedded microcontroller 組み込み制御用マイコン(*たとえばOA機器、家電品、自動販売機などの、各種電子機器に組み込んで使う) ◆a microcontroller-controlled [microcontroller-equipped] device マイクロコントローラ制御式[装備、搭載]デバイス; マイコン式の装置

**microcrack** a ～ 微細な亀裂

**microcredit** マイクロクレジット、小規模金融、小規模融資、小口貸付、小口融資、少額融資(制度) ◆Microcredit is the practice of extending small loans to people in poverty so that they can start small businesses and develop savings. マイクロクレジット[少額融資]とは、貧困層の人々を対象に、零細事業を興し貯蓄していけるよう少額資金を貸し付ける[融資する、貸与する]ことをいう。

**microcrystal** a ～ 微小結晶、微結晶; microcrystalline adj. 微結晶の、微晶性の、微晶質の

**microeconomic** adj. ミクロ[微視的]経済学の ◆microeconomic analysis 微視的[ミクロ]経済分析

**microeconomics** ミクロ[微視的]経済学

**microelectronic** adj. マイクロエレクトロニクスの、超小型電子技術の ◆microelectronic circuits 超小型(集積化)電子回路 ◆microelectronic devices 超小型電子素子

**microelectronics** 《単複扱い》マイクロエレクトロニクス、超小型電子技術 (*電子工学のうち超小型電子回路にかかわる分野)

**microelement** a～ 超小型（電気回路）素子

**microfabricate** vt. 超微細加工する，微細加工する ◆a microfabricated acoustic cavity 微細加工によりつくられた音響空胴

**microfabrication** ⓝ超微細加工，微細加工 ◆(a) microfabrication technique [technology] 超微細加工［超微細製造，超微細化］技術

**microfarad** (μF) a～ マイクロファラッド（*静電容量の単位，1μF＝百万分の1ファラッド）

**microfiche** (a)～ マイクロフィッシュ（*シート状マイクロフィルム）◆a card catalog that is placed [stored] on microfiche マイクロフィッシュに収められたカード式目録

**microfilm** (a)～ マイクロフィルム；vt. ～のマイクロフィルムを作る，～をマイクロフィルムに撮影する ◆microfilm... for archival purposes 保存のために～をマイクロフィルム化する

**microfinishing** ◆a microfinishing [superfinishing] machine 超仕上げ盤

**microfloppy** a～ (= a microfloppy disk)《コンピュ》マイクロフロッピーディスク（*3.5インチのフロッピーディスク）◆the 3.5-inch microfloppy disks enclosed in plastic shells プラスチックケースに入った3.5インチマイクロフロッピーディスク

**microgravity** 微小重力 ◆in microgravity 微小重力下で ◆a microgravity experiment 微小重力実験 ◆the International Microgravity Laboratory 国際微小重力実験室

**microinjection** ◆be used for microinjection 微量注入［ミクロ注入，極微注射］に用いられている

**micromachine** a～ マイクロマシン，微小機械（*現時点ではアイデアの域を出ていない，ミクロン単位のサイズの機械で，医療分野などへの応用が予想されている），《廃》コンピュータ；vt. ～を微細（機械）加工する［超精密機械加工］する ◆laser micromachining レーザーによる微細加工 ◆micromachine each fiber 各ファイバーを微細加工する

**micromachinery** 《集合名詞》マイクロマシン

**micromachining** 微細（機械）加工 ◆personnel with expertise in micromachining 微細［超精密］機械加工技術を持つ作業員

**micrometer** a～ マイクロメータ（*小部品の寸法測定器具）(= a micrometer caliper); a～ マイクロメートル（*長さの単位）(= a micron)

**microminiature** 超小型の，◆a microminiature connector 超小型［極小］コネクタ

**microminiaturization** 超小型化

**microminiaturize** vt. ～を超小型化する ◆microminiaturized parts [components] 超小型化されている部品，超小型部品

**microminiaturized** adj. 超小型化された，超小型の ◆microminiaturized solid-state electronics 超小型固体電子回路

**micron** (略μ) ミクロン（*百万分の1メートル，= 1 micrometer）（注：日本国内では平成9年，1997年10月1日付けでミクロンの呼称が廃止されマイクロメートルのみとなった）◆One micron is a thousandth of a millimeter. 1ミクロンは1000分の1ミリである。◆sub-1.2μm CMOS process technology 《半導》(線幅)1.2ミクロン以下のCMOSプロセス技術 ◆1-micron CMOS technology for high-density designs 高密度設計のための1ミクロンCMOSテクノロジー ◆The chip employs [incorporates] 0.8-μm design rules. その(IC)チップには0.8ミクロンの設計基準が採用されている。◆The controller will be fabricated with a 1.0-μm CMOS process. 《半導》このコントローラ(IC)は，1.0μm CMOSプロセスで製造されることになっている。

**microorganism** a～ 微生物 ◆microorganisms for bioremediation バイオレメディエーション［微生物を活用した修復］のための微生物（*特に油や重金属で汚染された土壌の浄化のための）

**microphone** a～ マイクロフォン，マイク ◆a built-in microphone 内蔵マイク ◆shout [speak] into a microphone マイクに向かってがなり立てる［しゃべる］◆However, in actuality the mic picks up sound in 360 degrees. (意訳)しかし，実際にはマイクは360度全周にわたって［まわり全体から］音を拾うのである。

**microphotograph** a～ 縮小［マイクロ］写真（*微小サイズに縮小した写真），顕微鏡写真（*微小な被写体を顕微鏡で拡大して撮影した写真），マイクロフィルムから拡大複写した写真

**micropipette, micropipet** a～ マイクロピペット，微量ピペット，微量管

**micropore** a～ マイクロポア，ミクロ孔，ミクロ細孔，微孔，微細孔，微視孔（*表面処理などで），細孔隙（*土壌などの），微小空間（*分子科学における構造解析などで），微小空洞（*吸着材などの）◆in the micropores [microscopic pores] of an activated carbon filter 活性炭フィルターの微細孔内で［微細な穴の中に］

**microporous** adj. 微孔質の，微孔性の ◆a microporous mesh 微細メッシュ

**microprocessing** ◆a microprocessing chip 超小型演算処理チップ[IC] ◆a computer's microprocessing power コンピュータの演算処理能力 ◆an Intel 486SX microprocessing unit インテルの486SX超小型演算処理装置（*a microprocessing unit [chip] = a microprocessor）

**microprocessor** a～《コンピュ》マイクロプロセッサ，超小型演算処理装置 ▶マイクロプロセッサのモデル名は，the (Intel) 80486, the Pentium III, the P4, the 80486DX, the 80640, the PowerPC, the G4e などのように，普通は定冠詞をつけて呼ぶが，そのモデル名を持つある1個のマイクロプロセッサを指すときは不定冠詞 a [an] をつける。◆microprocessor-controlled operations マイコン制御による運転動作 ◆microprocessor-equipped appliances マイコンを装備［搭載］している電気器具［電化製品，家電］◆an Intel Pentium (or equivalent [compatible]) microprocessor インテルPentium（または互換［相当（品の）］）マイクロプロセッサ ◆a 16-MHz 68020 32-bit microprocessor 16メガヘルツの32ビット68020マイクロプロセッサ ◆write a program to operate on the Motorola MC6800 microprocessor モトローラMC6800マイクロプロセッサ(上)で動作するプログラムを書く ◆Personal computers are designed [built] around microprocessors. パソコンは，マイクロプロセッサを中核として設計が［作られて］いる。◆The Model 2550 dryer has precise microprocessor control that senses temperature to within 2 degrees. モデル2550乾燥機は，温度を2度以内の精度で感知できる高精度のマイコン制御（機能）を備えている。◆The system is controlled by a microprocessor that continually fine-tunes temperatures. 本システムは，絶えず温度を微調整するマイコンにより制御される。◆The software package operates in 640K RAM with MS-DOS 3.0 or greater and an 80286 or 80386 microprocessor. このソフトパッケージは640KのRAM, MS-DOSバージョン3.0以上，および80286または80386マイクロプロセッサで動作する。(参考)◆an 80630-equipped Macintosh (*CPUに) 68030を搭載しているマッキントッシュ ◆an 80386SX computer 80386コンピュータ[80386機] ◇a Pentium system ペンティアムシステム ◇a machine based on the 68030 68030をベースにしたマシン ◇an 80286-based system 80286ベースのシステム ◇An 80387 is optional. 80387（数値演算コプロセッサ）はオプションである。◇The Pentium is twice as fast as a 486. 《コンピュ》Pentiumは，（処理速度が）486の2倍の速さである。(*Pentiumと486は共にインテル社のマイクロプロセッサ)

**microscope** a～ 顕微鏡 ◆a microscope photograph of... ～の顕微鏡写真（*microscope の代わりに microscopic を用いると写真のサイズ自体が極めて小さいという意味になる）◆an optical [a light] microscope 光学顕微鏡 ◆a simple microscope 拡大鏡，ルーペ，虫めがね ◆a scanning electron microscope 走査電子顕微鏡 ◆a scanning tunneling microscope 走査型トンネル顕微鏡 ◆examine... under a microscope 顕

微鏡下で~を調べる ◆a photograph of a DNA strand magnified a million times by a scanning tunneling microscope 走査型トンネル顕微鏡により100万倍に拡大したDNAの鎖の写真

**microscopic, microscopical** 顕微鏡の, 顕微鏡的な, 微小な, 微細な, 極微の, 微視的な ◆microscopic analysis ミクロ組織分析; ミクロの解析; 微視的分析 ◆microscopic mechanical devices マイクロマシン

**microscopically** 顕微鏡で, 微視的に ◆can be distinguished microscopically 顕微鏡で見分けられる

**microseism** a~《地球物理》脈動の ◆a storm microseism 暴風微動(*海洋の波により引き起こされる微小地殻震動) ◆filter microseisms from seismograms 地震の記録グラフから脈動をフィルターで選択的に除去する(*脈動=地震以外の自然界の力や人間の活動により周期的に発生する地殻の微動で地震観測の邪魔になる)

**microseismic** adj.《地球物理》脈動の ◆a microseismic instrument 微小音測定器(*鉱山で岩盤の崩壊の予兆となる微弱震動音をモニターする) ◆sources of ambient microseismic ocean noise 海洋性の脈動バックグラウンド[背景]ノイズ源

**microstructure** (a)~微細構造 ◆the microstructures of polymers, metals, ceramics and biological materials ポリマー, 金属, セラミックス, また生物材料の微細構造

**MicroTAC** a~MicroTAC personal mobile telephone マイクロTACパーソナル移動電話(*モトローラ社の一昔前の小型携帯用電話)

**microtechnology** マイクロテクノロジー(*マイクロエレクトロニクスやマイクロマシン[微小機械]にかかわる技術. 類語に nanotechnology)

**microvolt** a~マイクロボルト(*100万分の1ボルト. 記号: μV) ◆5 to 20 microvolts《電気》5から20マイクロボルト

**microwavable** adj. 電子レンジで調理[加熱]可能な, 電子レンジ対応の ◆a microwavable casserole 電子レンジ対応キャセロール[蓋付き蒸し焼き鍋]

**microwave** 1 a~マイクロ波[極超短波], 電子レンジ(= a microwave oven) ◆a microwave amplifier [antenna] マイクロ波増幅器[アンテナ] ◆terrestrial microwave links 地上マイクロウェーブ(無線)回線 ◆a microwave-safe [microwave-proof] glass bowl 電子レンジでの使用に耐える[電子レンジOKの, 電子レンジ対応の](耐熱)ガラス製ボウル
2 vt. ~を電子レンジで調理[加熱]する ◆microwave... about one minute on high 電子レンジを「強」にして~を約1分間加熱[チン]する

**mid** adj.《限定的に》中央の, 中間の, 中部の, 中盤の, 半ばの, 中~, 半~, 間~ ◆a mid-speed sewing machine 中速ミシン ◆at mid [middle] and high latitudes 中高緯度地方[地帯, 地域] で ◆during the mid 1980s 1980年代半ばに ◆in mid-July 7月中旬に ◆in mid-tempo [medium tempo] 中ぐらいの[ミディアム]テンポで[の] ◆in [over, for] the mid term 中期に(わたって); 中期的に ◆the mid-sixties 60(歳)代半ば; 1960年代の中頃; 60台中頃の数字 ◆a mid-sixties, full-size American sedan 60年代中頃のフルサイズの米国製セダン ◆with operation slated for the mid-1990s 1990年代半ばに営業[操業, 運転]開始予定で ◆In women the main problem is hair thinning, usually occurring from their mid-thirties onwards. 女性の場合, 主な問題は, 30代半ばから起こる髪のやせ細りである.

**midair** 中空, 空中, 宙; adj. 空中[上空]での ◆in midair 空中で ◆a midair collision 空中衝突 ◆clouds in midair; clouds in the sky 空中に浮かぶ[かかる]雲

**midcareer, mid-career** adj. (キャリア上)中途の ◆midcareer transfers to other big, prestigious companies are virtually impossible 中途の一流大企業への中途転職は, 事実上不可能である ◆Increasing numbers of Japanese no longer seek lifetime employment and more individuals are likely to change jobs in midcareer. ますます多くの日本人が終身雇用をもはや望にしなくなっており, いっそう多くの人たちが中途転職する可能性がある.

**midcourse** a~進路半ば, 軌道の途中, ミッドコース(*大陸間弾道弾などの推進剤が大気圏外で燃え尽きた時点から大気圏に再び突入するまでの部分) ◆midcourse 軌道半ばでの, ミッドコースの ◆a midcourse correction 中間軌道修正 ◆midcourse changes to specifications (すでに進行中の仕事の)仕様その中途変更 ◆need an early midcourse correction 早い[初期]段階における中間軌道修正を必要とする

**middle** adj. 中心の, 中部の, 中間の, 中位の, 正中(セイチュウ)の, 中等の, 中央の, 真ん中の, 平均的な, 中流の, 並の; n. the~中間, 中途, 半ば, 中頃, 中ほど, 中くらい, 中段, 中部, 真ん中, 中央,《口》(身体の)胴, 腰 ◆in the middle of winter 冬の半ばに, 真冬に ◆a middle manager 中間管理職 ◆a middle-tier hotel 中級[中流]のホテル ◆middle clouds《気象》中層雲 ◆middle managers 中間管理職(者); 中間管理者 ◆middle-level managers 中間管理者層[中間管理職](者) ◆the principle of the excluded middle 排中原理 ◆the ancient Near and Middle East 古代の中近東 ◆an upper-middle-class family 中の上の(階層に属する)家庭 ◆around the middle ten days of November 11月中旬頃に ◆be somewhat constricted in the middle ~は中央が若干細くなっている[くびれている] ◆come into the middle of... ~の中央に入る ◆in the middle of the village 村の中心で ◆in the middle of writing a file to disk ファイルをディスクに書き出している最中に ◆in the middle troposphere [mid-troposphere] 対流圏中層に ◆somewhere in the middle of the car's gestation その車の企画・アイデアを温めていた期間の中ごろに ◆the Middle Miocene Epoch《地》中期中新世(チュウシンセイ) ◆the middle reaches of a river 川[河]の中流[中流域] ◆the middle section of the state この州の中央部 ◆move the piano to the middle of the room 部屋の中央にピアノを移動させる ◆She considers herself "middle-middle class." 彼女は, 彼女自身を「中流の中」だと考えている. ◆Tighten the middle two first, then the outer two. まず真ん中の2つ(のネジ)を締めて, 次に外側の2つを締めてください.

**middle age** (無冠詞)中年, 壮年, 初老 ◆persons in late middle age 中年後期[実年, 熟年, 中高年]の人々

**middle-aged** adj. 中年の, 壮年の, 初老の; middle-agedness n. 中年になる ◆a middle-aged man 中年の男性; 中年男 ◆a middle-aged woman 中年の女性[おばさん] ◆become middle-aged 中年になる ◆get [develop] a middle-aged spread 中年太りする

**middle-ager** a~中年の人

**Middle Ages, middle ages** the~中世 ◆historical events during Europe's Middle Ages ヨーロッパ中世の歴史上の出来事

**middle class** a~, the~, ~es 中間層, 中流層, 中流[中産, 中間]階級; middle-class adj. ◆middle-class families 中流家庭[世帯] ◆attain middle-class status 中流になる ◆a middle-class seaside community 中流の臨海タウン ◆a middle class is unlikely to emerge when... ~という時にあっては中産階級は生まれてきそうにない ◆The overwhelming majority of Taiwan Chinese consider themselves to be middle class. 圧倒的多数の[大部分の, ほとんどの, 大方の]台湾人は自らを中流以上だと[中流かそれより上だと]考えている.

**middle-distance** adj. 中距離の(*競技で通例 800〜1,500m) ◆a middle-distance runner 中距離走の選手; 中距離選手

**Middle East** the~中東

**middle finger** a~(手の)中指

**middle-income** adj. 所得が中程度の, 中間所得[中所得](層)の ◆middle-income families 中間所得[中所得]世帯

**middleman** a~ブローカー, 仲買人, 仲買業者, 中間流通業者, 中間商人, 中次ぎ業者, 媒介者, 仲人, a~(= one who takes a middle course) 中道を行く[中庸をとる]人 ◆eliminate middlemen; cut out the middleman 仲買人[中間流通業者, 中間業者]を排除する[省く,《意訳》中抜きする] ◆We try never to deal with middlemen and to always buy directly from manufacturers. 弊社では, 仲買業者[中間業者, ブローカー]

とは決して取り引きしないで常に製造業者から直接仕入れるようにしています。◆Products often have to pass through two or three layers of middlemen, with each tacking on some profit. 商品は、2〜3層の中間流通業者の手を経なければならないことがよくある。そして、各層を通るたびに何らかの利益が上乗せされるのだ。

**middle management** 回(単／複数)ミドルマネジメント,中間管理職 ◆reduce the intervening levels of middle management 間に介在する中間管理職層を減らす

**middle-of-the-road** adj. 中庸の、極端に走らない、中道の、穏健な ◆These voters are typically middle-of-the-road ideologically. これらの有権者は一般に思想的に中道である。

**middle-ranking** adj. 中間ランクの、中級の、中堅の ◆a middle-ranking executive 中堅どころのエグゼキュティブ;中堅幹部 ◆middle-ranking officials 中級官僚;中級官吏

**middle-size(d)** adj. 中型の(= medium-sized) ◆middle-size companies 中企業

**middling** adj. 中程度の、中級の、二級(品)の、中位の、並の、平均的な、可もなく不可もなしの、平凡な、月並みな、まあまあの; adv; n. 〜s 中等の品、二級品、ふすまが入ったままの飼料用粗碾き小麦粉 ◆middling coal 《炭鉱》2号炭 ◆How's business? – Oh, middling. 商売はどうですか。ーええ、まあまあです;もうひとつ。ーぼちぼちでんな。 ◆We had only middling success. まあまあの[まずまずの、そこそこの]成果しか得られなかった。

**mid-flight** 飛行中(の) ◆destroy enemy ICBMs in mid-flight 飛行中の敵のICBM(大陸間弾道ミサイル)を破壊する

**midget** a〜小人(症の人)、(超)小型の部品; adj. (超)小型-、豆- ◆a midget light bulb 豆ランプ ◆a midget submarine 小型潜水艇 ◆a midget typhoon 豆台風 ◆a sub-midget lamp 超小型ランプ

**MIDI** (musical instrument digital interface) "middy"と発音。a〜(ミディ) ◆the MIDI specification [standard] MIDI規格 ◆play [playback] a MIDI file on a computer コンピュータでMIDIファイルを鳴らす[再生する] ◆receive MIDI messages via the MIDI In port MIDI入力ポートからMIDIメッセージを受け取る

**midlife, mid-life** 回中年; adj. 中年の ◆enter a mid-life crisis brought on by... 〜によってもたらされた中年の(精神的)危機に陥る

**midline** a〜中線 ◆align objects to top [midlines, bottom] 《コンピュ》(複数)オブジェクトを上端揃え[中央揃え、下端揃え]する

**midnight** 回真夜中、午前零時、夜中、夜半、深夜; adj. 〜at midnight 午前0時に;真夜中に ◆as the clock strikes midnight 時計が午前0時を打つと ◆because of the midnight sun 白夜のため ◆midnight electric power 深夜電力 ◆stay up until after midnight 真夜中[深夜]過ぎまで起きている

**midpoint** a〜中点、中間点、中心点、半ば(ナカバ) ◆at (the) midpoint 中間点で ◆at about the midpoint position ほぼ中位置で ◆at some midpoint in a videotape ビデオテープのどこか途中に[で] ◆at the midpoint of the corner コーナーの中程で ◆at the season's midpoint; at the midpoint of the season シーズンの中盤で ◆stop for coffee at the midpoint between A and B AとBの中間地点でコーヒーを飲むために車を止める

**midpriced, mid-priced** 中間価格の、値段が中ほど[中位]の

**midrange** (a)〜範囲の中央、中級; a〜《音響》ミッドレンジ[中域、中音]用スピーカー ◆low- and mid-range PCs 普及機および中級機のパソコン ◆midrange workstations 中級機のワークステーション ◆midrange and large systems 中型および大型システム ◆mainframes and midrange machines 《コンピュ》大型[高位]機および中型[中位]機 ◆in the engine's midrange エンジンの中速域の ◆midrange computer vendors 中間価格帯のコンピュータのベンダー[メーカー、販売業者] ◆midrange frequencies [signals] 《音響》中域の周波数帯[信号] ◆midrange torque 《車》中域

回転域]のトルク ◆The midrange speaker reproduces midrange frequencies from about 500 Hz to 6,000 Hz. ミッドレンジ用のスピーカーは約500Hz〜6kHzの中音域[中域]を再生する。 ◆U.S.-made mid-range wide-body passenger jets 米国製中距離広胴ジェット旅客機 ◆The problem disappears altogether at midrange revs. この障害は、中域[中速域]の回転数で完全に消滅する。 ◆The woofer crosses over to the midrange driver at 300 Hz. このウーファーは、300Hzで中音[中域]スピーカーとクロスオーバーする。

**midseason** 時期の中程[半ば]、中盤; adj.

**midsection** a〜中央部分、胴体の中間部 ◆noise in the midsection of the engine エンジン中央部のノイズ ◆the spare tire you're carrying around your midsection あなたの胴体中央部についている贅肉 ◆it sits in the midsection between A and B それはAとBに挟まれた中央部に位置している

**midsize(d), mid-size(d)** 中型の ◆a midsize city 中都市 ◆a well-established, mid-size(d) manufacturer 揺るぎない地歩を固めた中規模の製造業者;《意訳》中堅メーカー ◆midsize companies 中企業

**midst** a〜, the 〜, one's 〜 中、真ん中、中央、中心、最中 ◆The U.S. is in the midst of a sweeping technological conversion. 米国は、広範に及ぶ技術転換の真っただ中[真っ最中]にある。

**midstream** 回流れの中程、中流、中頃、途中、中途、中間(点)、半ば; adj., adv. 中途の[で]、中途の[で]、半ばの[で] ◆a midstream industry 川中産業 ◆a midstream model laptop 中位機種のラップトップ機 ◆be canceled in midstream 中途解約[途中で取り消し]される ◆be in the midstream of privatization 民営化[民有化]途上にある;民間経営への移行半ばにある ◆cast it into midstream それを川の中ほど[真ん中辺り]に投げ入れる ◆cause a midstream cancellation 中途解約[取り消し]を引き起こす ◆change vice presidents in midstream 任期半ばで副大統領の首をすげ替える ◆meet at midstream 流れの中ほど[中間点(付近)]で一緒になる ◆midstream, midpriced restaurants 値段が中位(チュウクライ)の中級レストラン ◆shift [change] plans in midstream 計画を途中で変える[変更する]

**midsummer** 《無冠詞》真夏、夏の盛り、盛夏 ◆in midsummer 盛夏[真夏]で。

**midtap** a〜《電気》中間タップ ◆the midtap of a winding 巻線の中間タップ

**mid-teen** adj. 10代半ばの; n. a〜10代半ばの少年[少女]; the 〜s 10歳代の半ば, 1910年代の中頃、10台の中程の数字

**mid-tempo** 中くらいの[ミディアム]テンポの、中位の調子の

**midterm, mid-term** 回期間の中盤; a〜中間試験; adj. 中間の、中盤の ◆at mid-term (期間の)中間の時点で ◆mid-term bonds 中期債券 ◆mid-term elections 中間選挙 ◆mid-term exams 中間試験 ◆a mid-term report on... 〜についての中期報告 ◆announce one's mid-term financial statements (*financial statements = 財務諸表, 決算報告書) ◆he quit in mid-term in 1993 to become... 彼は、〜になるために1993年に任期半ばで辞任した

**midway** adj. 途中の、中程の、中頃の; adv. 半ばに、中途で; a〜中間部、通路、(博覧会などで出店、見せ物などが並ぶ)仲店(ナカミセ)的な通り ◆midway through... 〜半ばで;〜の中途[途中]で; 半分終えたところで ◆almost midway between A and B AとBのほぼ中間に ◆a point located midway between A and B AとBの中間[中程]に位置する点 ◆midway through the game そのゲームの中盤で ◆take a midway course between A and B AとBの中間の進路[針路、方針]を取る;AとBの間の中道を行く ◆become a midway point [central spot] between A and B AとBの中間点[中央地点]となる ◆tomatoes with a taste midway between tart and mild 爽快な甘味の酸味とマイルドさが相半ばするトマト ◆I could never get the volume setting exactly right, wishing to place it midway between two of the detents. 音量設定を(カチッと固定される)2つの位置の中間[真ん中]にしたかったのに、どうしてもちょうどいい設定にできなかった。(*デテント式ボ

リュ一ム調節器 detented volume controls を使用したアンプの話）◆The new Ford stands midway between Lincoln Continental and Mercury Cougar in exterior size. このフォードの新車は、外形寸法でリンカーンコンチネンタルとマーキュリークーガーの中間に位置する.

**midweek** adj., adv. 週半ばの[に]; n.《無冠詞》週の半ば
**midweekly** 週半ばの[に]
**midwife** a〜(pl. midwives) 助産婦、産婆、取り上げ婆さん ◆a nurse-midwife 看護婦の資格を持つ助産婦
**midwinter**《無冠詞》真冬、冬至 ◆in midwinter 真冬に
**midyear, mid-year** ①1年[年次、学年]の中頃[子ば]、年央; a〜《(しばしば 〜s)》《口》中間試験; adj. 1年[年次、学年]の中ごろの、年央の ◆by mid-year 年央までに
**MIG** ◆MIG (metal inert gas) welding ミグ[MIG]溶接（*不活性ガスをアークのまわりに流して溶融金属を遮断・保護する）
**MIGA** (Multilateral Investment Guarantee Agency) the 〜 多数国間[多国間]投資保証機関（*国連の機関）
**might** 1 （mayの過去形）◆you might as well <do...> 〜するほうがよいでしょう;〜してはどうでしょう[いかがでしょう];〜してください[してくれないか] ◆If you're going to go to the trouble of installing shielded cable, you might as well put in fiber because it's so much more reliable. シールドケーブルをわざわざ布設しようとするぐらいなら、（光）ファイバーを導入してみてもいいでしょう。というのは、はるかに信頼性が高いからです。
2 ①力、勢力、権力、腕力、影響力 ◆Might is [makes, overcomes] right. 力は正義だ。;勝てば官軍。;無理が通れば道理が引っ込む。〈国谷勝ち〉。
**mighty** adj. 力強い、強力な、強大な、勢力のある、巨大な、まれにみる、すばらしい; adv.《口》ものすごく、とっても ◆the engine's mighty shaking そのエンジンの強力な振動
**migrant** 1 adj. 一時的な、移住する、回遊を行う、放浪[流浪]する、移動性一、移行一、転移一(= migrating, migratory) ◆migrant workers 季節労働者; 渡り労働者
2 〜 渡り鳥、回遊魚、回遊鳥、移動する群、（農場などでの仕事を求めて移動する）季節労働者
**migrate** vi.（別の環境や別の方式に）移行する[乗り換える、移転する、移る、移動する]、移住[移民]する、（魚が）回遊する、（渡り鳥が）渡る、（電気）回遊する、流動する、（汚染物質などが）拡散する ◆migrate to Windows 《コンピュ》ウィンドウズに乗り換える ◆virtually everyone will migrate toward higher-quality output and integration of graphics and text ほとんど誰もが、より高品位な出力、ならびにグラフィックスと文字の統合化に向かって移行していくだろう
**migration** (a)〜 移住、移行、移動、回遊、渡り、泳動、流動、移染、乗り換え、鞍替え ◆metal migration 金属のマイグレーション ◆the IOM (International Organization for Migration) 国際移住機構 ◆migration of workers to cities in search of jobs 職を求めての労働者の都市への移動 ◆migration to higher performance is easy because... 〜なので高性能化が容易です ◆the migration of women from the home to the workplace 女性の家庭から職場への進出 ◆To further promote migration to ThyDraw 3.0,... ThyDraw3.0への乗り換えを更に促進するために〜 ◆the mass migration of people to the region in search of high-paying jobs 給料の高い仕事を求める人々のこの地域への大量流入 ◆a migration from conventional magnetically stored databases to CD-stored databases 従来の磁気に記憶されたデータベースからCDに記憶されたデータベースへの移行 ◆As your project grows, the program gives you an easy migration path since it is fully compatible with...《コンピュ》プロジェクトが大きくなった時、そのプログラムは〜と完全に互換性があるので、容易な移行の道を与えてくれる[乗り換えが簡単です] ◆The new 16-bit HC12 architecture provides 8-bit microcontroller users with an upward migration path. 新しい16ビットHC12アーキテクチャは、8ビットのマイコンユーザーにアップグレード[グレードアップ]の道を提供している。◆An ongoing migration from gate arrays to standard cells indicates that the latter will become the dominant form of application-specific ICs. 現在進行しているゲートアレイからスタンダードセルへの移行は、後者が特定用途向けICの主流形態になるであろうことを示している。
**migratory** adj. 移動性の、移行性の、回遊性の、《医》遊走性の ◆a migratory bird 渡り鳥 ◆a migratory cyclone 移動性サイクロン ◆migratory lows and troughs 移動性低気圧および気圧の谷
**mike** a〜《口》マイク(= a microphone); a〜 マイクロメータ[精密測定器具] (a micrometerの略)
**milch cow** a〜 乳牛、ドル箱 ◆become a milch cow ドル箱（商品[部門]）[金のなる木、おいしい財源]になる
**mild** adj. 温和な、やさしい、穏やかな、温暖な、まろやかな、口当たりのよい、寛大な、厳しくない、激しくない、軽い、軽度一、軟一、弱一、緩一、緩和一 ◆introduce a mild dose of tightening to slow the economy 経済を減速させるために軽い引き締めをする ◆while the economy is in the midst of a mild recovery 経済がゆるやかな回復を遂げている最中に ◆So far, the winter has been mild. これまでのところ、この冬は温暖だった。◆This place is very mild in climate. この場所は非常に気候が温暖です。
**mildew** ①白かび; ①（植物の）うどん粉病、露菌病（ベトビョウ）◆inhibit [prevent] mold, mildew and fungus growth 菌類の増殖を阻止[防止]する（*菌類＝カビとキノコの総称）
**mildly** adv. 穏やかに、やさしく、少し、少々、控えめに ◆people who are mildly to moderately nearsighted 軽度から中度の近視[近眼]の人たち
**mild-mannered** adj. 態度や物腰がやわらかで上品な ◆a mild-mannered newspaper reporter おだやかな物腰の新聞記者
**mile** a〜 マイル（*約1,609メートル）◆distances in miles マイル表示での距離 ◆A journey of a thousand miles must begin with a single step.《老子》千里の道も一歩から。;千里の行（コウ）も足下（ソッカ）に始まる。（*遠大な事業も小さな作業から）◆I own a 1985 Fiat Panda with 90,000 miles on it. 私の所有距離90,000マイルにのぼる85年型フィアット・パンダを持っている。◆Mary always goes the extra mile to provide the best care for the animals in her charge. メアリーは世話している動物に最善の世話をしようといつも大奮闘している[一生懸命だ]。(*動物病院で) ◆Being able to move things over many miles in a short amount of time is a major advancement in civilization. 何マイルも離れたところまで[《意訳》遠距離にわたって]短時間でモノを移動できることは文明の一大進化である
**mileage** (a)〜 マイル表記での走行[飛行、搭乗]距離、総走行マイル数、マイル当たりの料金、（自動車の）燃費; ①（口）使用量、利用、利益 ◆mileage-based fares 距離制の運賃 ◆accumulate [earn] mileage [frequent-flier miles] on the airline その航空会社で飛んでマイレージを貯める[稼ぐ]（*航空会社の利用特典マイレージサービスで）◆EPA highway mileage is unchanged, at 27 mpg. EPA（米国の環境保護省）審査の1ガロン当たりのハイウェイ走行距離[マイル数]は、27マイルと変わりない。◆On these cars, the fuel economy got better as mileage accumulated. これらの車では走行距離が伸びるにつれ燃費が良くなった ◆The accumulated mileage is now approaching 150,000. これまでの走行距離は今や15万マイルに近づいている ◆《車の話で》The car delivers high gas mileage. この車は、燃費がいい。◆The carriers have increased the minimum mileage requirement for a free ticket from 20,000 to 25,000. これらの航空会社は無料航空券がもらえる最低搭乗マイル数規定を20,000から25,000に引き上げた.
**milestone** a〜 里程標、里標、（物事の進展や人生の節目となる）重大な出来事、一里塚的な事柄、中間目標 ◆a milestone product （進化・発達・発展の一段階を飾る）画期的な製品 ◆Company Milestones 会社の沿革（*会社案内などで年表形式の社歴の標題。主立った出来事を列挙したもの）◆it was a milestone in the transition toward electricity liberalization それは電力自由化への移行における一里塚であった ◆His study

is an important milestone toward that goal. 彼の研究が、その目標に向かっての画期的な偉業である。◆We have reached an important milestone in medical history. 我々は、医学史上重要な節目に到達した。◆Both companies have new systems that represent milestones in this quest, although in different senses. 両社とも、意味は違うがこの追求において一里塚［画期的］と言える新システムを持っている。

**milieu** a～（社会的な）環境,境遇

**military** adj. 軍隊の,陸軍の,軍人の,軍事の,軍用の,軍関係の; the ～（一国の）軍部,軍隊,全軍,三軍,《複扱い》軍人 ◆a military installation 軍事基地 ◆a military plant 軍需工場 ◆a military regime 軍事政権 ◆a military secret 軍事上の秘密［機密］; 軍機 ◆a military superpower 軍事超大国, 軍事大国 ◆military aid 軍事援助［支援］ ◆military prowess [strength] 軍事力 ◆military-specific semiconductors 軍用［軍向け］の半導体 ◆Military Standard (MIL-STD) 米軍標準規格, 米国軍用規格, ミル規格 ◆military technology 軍事技術, ミリテク ◆a military industrial base 軍事産業基盤 ◆the Military Police 米陸軍憲兵（隊）◆a career military person 職業軍人 ◆(a) dual-use civilian/military [military-civilian] technology デュアルユース軍民両用技術 ◆a military-affairs expert 軍事専門家 ◆As a military buildup proceeds in Saudi Arabia, ... 軍事増強がサウジアラビアで進む中で ◆at U.S. military-goods plants 米国の軍需品の工場［軍需工場］で ◆enhancement of military power 軍事力の強化 ◆in military qualified production facilities 軍の資格認定生産施設［工場］で ◆military hardware 軍備 ◆military police check vehicular traffic 米軍憲兵隊が車両交通を検問する ◆the country's military capability その国の軍事力 ◆reduce military industries 軍需産業を削減する ◆A military version of the processor will be manufactured in an enhanced CMOS process. そのプロセッサの軍用版は、エンハンストCMOSプロセスで製造されることになるだろう。

**milk** 1 ミルク,乳,牛乳,乳剤,乳状液,乳汁 ◆whole milk 全乳 ◆fat-free milk products 無脂肪乳製品 ◆hand-express milk from one's nipple 母乳をしぼり搾る ◆mix cow's milk with other ingredients to make an acceptable substitute for mother's milk 牛乳に他の材料を混ぜて母乳の代用品として使えるものを作る ◆Almost every mother produces enough milk for her baby. ほとんどの母親も、自分の赤ちゃんに十分なだけの母乳が出る。 ◆Human milk is assimilated more quickly. 母乳［人乳］は消化吸収が速い。 ◆Skim milk, 1 percent milk, nonfat or low-fat yogurt are good choices. スキムミルク, 脂肪分1%の牛乳, 無脂肪, あるいは低脂肪ヨーグルトが良い選択です。 ◆There is no use crying over spilled milk. こぼれた牛乳のことを悔やんでも仕方ない［《諺》覆水盆に返らず］。

2 vt. ～から乳を搾る,を搾取する,〈人〉から甘い汁を吸う,～を〈人から〉搾取する＜from＞,～を引き出す,～を聞き出す; vi. 搾乳する,《牛などが》乳を出す ◆a milking strategy 利食い戦略 ( = a profit-taking strategy)

**mill** a～製粉所,水車小屋,製粉機,粉砕器,ミル,製造所,工場; vt., vi. 臼（ウス）で碾く（ヒク）,粉砕する,〈硬貨の縁〉にギザギザをつける ◆a rolling mill 圧延工場, 圧延機 ◆flour-milling machinery; a flour milling machine 製粉機

**millennium** a～ (pl. -niums, -nia) ミレニアム,千年間,千年期; the ～（*キリストが再臨してこの世を統治するという）至福千年期,千年王国 ◆the millennium bug ミレニアム・バグ（*千年紀にまつわるプログラムエラーで2000年以降やY2Kと同義）

**milliammeter** a～ミリアンペア計
**milliampere** (mA) a～ミリアンペア（*電流の単位。1mA = 千分の1アンペア）
**millimeter** a～ (mm) ミリメートル ◆a few square millimeters of silicon 数平方ミリの半導体
**milling** 臼（ヒキウス）で挽くこと［製粉］,〈鉱石などの〉粉砕,〈硬貨の縁などに〉ぎざぎざをつけること, ギザギザ,〈金属に〉圧延すること,ミリングマシン［フライス盤］による切削加工,〈毛織物などを〉縮充［縮絨］（シュクジュウ）すること ◆a milling cutter フライス ◆a milling machine ミリングマシン［フライス盤］; 縮切機［縮絨機］（シュクジュウキ）◆an automatic milling machine 自動フライス盤

**million** a～百万; ～s 多数, 無数, 大勢; adj. 百万の, 多数の, 無数の, 非常に大勢の ◆a million dollars 100万ドル ◆a room with a million-dollar ocean view 百万ドルのオーシャン・ビューが望める部屋 ◆millions and [upon] millions of pieces of paper 無数の［おびただしい］枚数の紙 ◆several hundreds of millions of people 数億人の人々 ◆treat nearly a half a million patients annually 年間［年に］ほぼ50万人の患者を治療する ◆it might help me in one in a million of cases それは万一の場合［まさかの時］に助けになるかも知れない（*万一は意訳）◆millions of people throughout the world 世界中の何百万人もの人々 ◆send millions of pieces of junk e-mail to AOL members 何百万通ものジャンク電子メールをAOLの会員に宛てて送る ◆NOTE: All figures are in millions of U.S. dollars. （*図表の注記）注: 単位はすべて百万米ドル

**millionaire** a～百万長者, 大金持ち, (大) 富豪 ◆become a millionaire 百万長者［（大）富豪, 大金持ち］になる（*少なくとも100万ドルの資産をもつ）

**millionth** a～百万分の1; the ～百万番目; adj. 百万番目の ◆one millionth of an ampere 100万分の1アンペア

**millisecond** (略 ms, msec) a～ミリ秒

**mill scale** または～s ミルスケール（*鉄又は鉄鋼の製造に伴い生ずる酸化鉄［黒さび］の表層）, 黒皮 ◆The chassis shall be cleaned and dried prior to anodization and must be free of oil, grease, dirt, rust or mill scale. シャーシーは, （電解浴中での）陽極酸化処理に先立ち洗浄・乾燥させ, 油, グリス, ほこり, さび, 黒皮などが残っていないようにすること。

**Mil-Spec** (Military Specification) 《米軍》MIL［ミル］仕様, 米軍仕様, 米軍用規格 ◆non-MIL-Spec applications 非ミル仕様のアプリケーション ◆ruggedized Mil-Spec products 堅牢化されたミル仕様［米軍用規格］製品

**MIL-STD** (Military Standard) 米軍標準規格, 米国軍用規格, ミル規格 ◆These boards are built with MIL-STD-883C class B components and meet MIL-E-5400, MIL-E-4158, and MIL-E-16400. これらのボードは (米国軍用規格) MIL-STD-883クラスB準拠の部品で組み立てられており, MIL-E-5400, MIL-E-4158, MIL-E-16400を満たしている。

**MIME** (Multipurpose Internet Mail Extensions) 《ネット》《無冠詞》（*テキスト以外のデータを電子メール添付して送るときの取り決め）◆MIME Content-Type information MIME Content-Type［コンテントタイプ, コンテンツタイプ］の情報; 《意訳》MIME形式の情報 ◆in MIME format MIME形式で［の］

**mimeograph** a～謄写版, 孔版, ガリ版; vt. ～を謄写版で印刷する, ガリ版［孔版］印刷する ◆a mimeographed sheet 謄写版［孔版］印刷されている用紙 ◆a mimeograph machine 謄写版印刷機（*日本では, ほとんど使用されなくなった）◆editions in mimeograph 孔版［謄写版］印刷による版

**mimic** 1 vt. (mimicked, mimicking) ～のまねをする, 模倣する, ～によく似ている, ～にそっくりである ◆a biosynthetic insulin closely mimicking human insulin ヒトインシュリンに近似した生合成インシュリン ◆a human nerve cell has been "mimiced" by electronics ヒトの神経細胞が電子回路により「再現」された ◆mimic the behavior of the human brain 人間の脳の働きをまねる ◆pollutants that appear to mimic hormones ホルモンの働きをするようにみえる汚染物質 ◆produce a signal mimicking the 17-keV spike 《意訳》17キロボルトのスパイクを模した［スパイクに似せた］信号を発生させる

2 a～物まねのうまい人［動物］, 物まね演芸師, コピー商品, 模造品; adj. 模擬の, 模倣の, 模造の ◆a mimic bus 《強電》模擬バス

**minable, mineable** adj. 《鉱業》採掘できる, 採掘可能な, 可採～ ◆minable manganese resources 採掘できる［採鉱可能な, 可採］マンガン資源 ◆we only have about 20 years left of minable coal 私達には、採掘可能な石炭は約20年分ほどしか残っていない

**mind** 1 (a) ~ 心、精神、理性、正気、知性、知力、頭、考え、意見、気持ち、記憶、脳裏、注意 (b) ~ 優れた知性・才能の持主 ◆speak one's mind (out) 腹蔵なく率直に思っていることを言う [発言する] (▶主語が複数形ならば minds となる) ◆disturb the mind of... 〜の心を乱す ◆a person's present state of mind ある人の現在の心の状態 [気持ち、気持ち、気分、心理状態、精神状態、心境] ◆entertain [retain] ... in the mind 〜を心に抱く ◆exercise mind control マインドコントロール [心理操作、心理操縦、思考操作、洗脳] を行う ◆... is one of the first to come to mind 〜はまず最初に思い浮かぶものの内の一つである ◆make up one's mind to <do> 〜しようと決心する [腹を決める、一念発起する] ◆speak what is in one's mind 思っていることを話す ◆with an open mind (and an open heart) 虚心坦懐に ◆a topic very much on everyone's mind at the moment 今みんなが非常に気がかりにしている話題 ◆I have made up my mind to <do> 私は、〜しようと決心した ◆she had a change of mind over the week end 彼女は週末にかけて気が変わった [変心した、心移りした、心変わりした、気持ちが変わった、考えが変わった、考え直した、思い直した、心境の変化をきたした] ◆fall into a state of mind resembling that of a melancholic patient 憂鬱症患者に似た心理状態 [精神状態、気分] に陥る ◆the prospect of an economic slowdown is increasingly on people's minds 経済が減速 [景気が低迷] するのではないかとの見通しは、ますます人々の懸念するところとなっている ◆Baby-sitting gets other things off your mind. 子守をしていると他の諸々のことが忘れられる。 ◆Be patient and give him time for a change of mind. (意訳) 彼が思い直す [考え直す] まで辛抱強く待ちなさい。 ◆I want him to do it with as open a mind as possible. 私は、彼ができるだけ心を開いてそれをしてくれるよう願っている。

2 vt. 〜に気をつける、用心する、留意する、〜の世話 [番] をする、〜をよく聞く、〜に心を打ち込む、専念する; vi. 気にする、構う、いやと思う、気をつける、用心する ◆Do you mind if I <do...>? (直訳) もし私が〜したら、お気にさわりますか [(意訳) 〜してもよろしいですか] ◆Mind you, this is my personal opinion, but I have a feeling that... 念のため、私の個人的見解 [意訳] 卑見] であることを断っておきますが、私は〜だという感触を持っています。

**in mind** (with [bear, keep, have] ... in mind の形で) 〜を意図して、念頭において、意識して [十分に] 認識して、心して、心に抱いて、イメージして ◆a date to keep in mind 覚えておくべき日 ◆some tips to keep in mind 心がけるべきポイント; 要点 ◆things [points, information, what, facts, issues] to keep in mind 注意 [留意] 事項 [点] ◆important points to keep in mind 心にとどめて [肝に銘じて] おくべき大事な点 [要点]; 重要な留意点 ◆It must, however, be borne in mind that... しかしながら、〜であるということを念頭においておかなければならない ◆be designed with first-time buyers in mind 初めて買う人を想定してつくられている ◆be developed with energy conservation in mind 省エネを意識して [心がけて] 開発されている ◆design the games especially with young children in mind 特に小さな子供を想定してこれらのゲームを作る ◆the details of a new project you have in mind あなたが考えている計画の詳細 ◆with nothing in particular in mind for a next step 次のステップに向けて特にこうしようという心づもり [予定] もなく ◆but keep in mind the possibility of hidden costs ただし、表面に表れていない費用がある可能性を忘れないようにしてください ◆Bearing in mind that one gigabyte typically represents 100,000 files, ... 1ギガバイトは一般的に言って [だいたい] 10万個のファイルに相当すると想定して、 ◆Our methodology has been developed with these constraints in mind. 我々の方法は、これらの制約を意識して開発されています。 ◆A few things to keep in mind when purchasing an old camera that you intend to use: ... 古いカメラをあなたが (実際に) 使用 [購入] するつもりで購入する際のいくつかの留意点 [事項]: ◆The car's behavior is satisfying enough to appeal to the buyers its carmaker has in mind. その車の挙動は、生みの親である自動車メーカーが念頭においている [対象として考えている] 購買者層にアピール [訴求] するに十分満足の行くものである。 ◆Because these algorithms are developed with specific data in mind, they provide near-optimum compression. これらのアルゴリズムは、特定のデータを念頭に置いて開発されたものなので、最高限度に近い圧縮を実現してくれる。

**mind-boggling** 《口》唖然とさせるような、びっくりするような、信じられないような ◆The number of changes that are taking place in... today, and the pace with which these changes are occurring, are unprecedented and mind-boggling. 今日〜において生じている変化の数、そしてこれらの変化が起きる速度は、過去に例を見ないものであり、驚くほどだ [びっくりするほどである、目覚ましいものがある]。

**minded** 〜をもする、〜したいと思っている <to do>; (-minded の形で) 〜の心根 [気質] をしている、〜に強い関心を持った ◆for the quality-oriented budget-minded 品質と経済性を重視する人々向けの ◆a reform-minded Democrat 改革意識の強い民主党員 ◆budget-minded shoppers 経済性意識の高い [値段に厳しい] 買い物客

**mindful** (〜に) 心を留める、留意する、注意する <of>、 (〜を) 忘れない <of> ◆Be mindful of the environment and ecology. 環境と生態環境に留意してください。

**mine** 1 a 〜 鉱山、鉱床、炭鉱、(情報などの豊富な供給源) 宝庫、機雷、地雷、水雷 ◆a metallic mine 金属製の [機雷、水雷]; 金属鉱山 ◆a metal mine 金属鉱山 ◆a mine car 《鉱山・炭坑》鉱車、炭車 (*坑内の) ◆a mine worker (= miner) 鉱山労働者 ◆mine safety 鉱山保安; 鉱山の安全 ◆mine safety laws 鉱山保安法 ◆the closing of unprofitable mines 不採算鉱山の閉鎖; 閉山 ◆MSHA (the Mine Safety and Health Administration) (米) 鉱山安全保健 (管理) 局 (省略形にthe は不要) ◆acid mine pollution from coal mines 炭鉱からの酸性公害 ◆at the mouth [entrance, portal] of a mine; at mine entrance [mouth, portal] 坑口で ◆before entering an abandoned mine 廃鉱に入坑する前に ◆clear [lay] mines 地雷を除去する [敷設する] ◆extract gold from an underground mine 鉱山のトンネルの外で; 坑外で ◆perform in-mine investigations 坑内調査を行う ◆sweep mechanical mines 機械水雷 [機雷] を除去する; 掃海する

2 vt. 〜を掘る、〜を採掘する、〜を情報を得るために調べる、〜の下にトンネルを掘る、〜の土台を掘り崩す、〈天然資源〉を枯渇させる、〜の下に地雷 [水雷] を敷設する; vi. 採掘する、地雷 [水雷] を敷設する ◆obtain a mining concession 鉱業権 [採掘権] を取得する ◆Bauxite is mined in Australia, Guinea, Brazil, and elsewhere. ボーキサイトは、オーストラリア、ギニア、ブラジル、およびその他の国々で採掘されている。

3 私のもの

**miner** a 〜 鉱員、鉱夫、坑夫、《軍》地雷工兵 ◆miners working underground 坑内で働いている鉱山 [炭鉱] 労働者; 坑内員

**mineral** a 〜 ミネラル、鉱物、鉱物質、鉱物、無機物; adj. ミネラル分を含んだ、鉱物 (質) の、無機 (質) の ◆a mineral-insulated cable 無機絶縁ケーブル ◆metallic minerals 金属鉱物 [鉱産物] ◆mineral resources 鉱物資源 ◆nonmetallic minerals 非金属鉱物 ◆beneficiation; mineral [ore] dressing; the reduction of ores 選鉱 (*粗鉱から鉱物をできるだけ多く採れるようにするためのプロセス) ◆mineral-free water ミネラル分を含んでいない水

**mineralization** 《無機質化 [無機物化、無機化] (作用)、鉱化 [鉱物化] (作用)、石化 (作用) ◆by mineralization 鉱化 [石化] 作用により ◆mineralization occurs 鉱化 [石化] 作用が起こる

**mineralize** vt. 〜を無機質化 [無機物化、無機化] する、鉱化 [鉱物化] する、石化する ◆become mineralized 鉱化 [石化] する ◆Most dinosaur studies are based on bones that have been mineralized into hard stone, or fossils.　恐竜の研究の大部分は, 堅い岩石, すなわち化石に化石化した骨に基づいている.

**mini**　a ～ (pl. ～s) 小型のもの, ミニコンピュータ [ミニコン]; adj. 小型の, ミニの ◆ a mini power failure　小停電 [瞬時・短時間の停電] ◆ the Mini Disc from Japan's Sony Corp.　日本のソニー株式会社のミニディスク

**miniature**　a ～ 小型の模型, 同類中で特に小さい物, 細密画, ミニアチュール; ⑪細密画; adj. ミニチュアの, 小型の, 豆 - ◆ a miniature form of golf　ゴルフの小型版 ◆ a miniature screwdriver　小型ねじ回し ◆ electronic components of miniature size　小型電子部品

**in miniature**　小型の[に], 縮小版の[に], 小規模の[に] ◆ an aircraft in miniature　小型版の航空機 ◆ She's got her mother's face in miniature.　彼女は, 母親の顔をそっくり小さくしたような顔をしている.

**miniaturization**　小型化[小型軽量化], コンパクト化 ▶ 一般には小型化と訳されているが, 暗に軽量化の意味も含む. ◆ do miniaturization of...　～を小型化する (＊軽量化も含めて) ◆ miniaturization technology　小型化[小型軽量化]技術 ◆ a major step toward miniaturization　軽薄短小化へ向けての大きな前進[進展, 進歩] ◆ make some more progress on the path to miniaturization　小型化への道をさらに進む;《意訳》いっそう小型化する ◆ the Age of Miniaturization　軽薄短小化時代 ◆ advances in miniaturization make an entirely new concept possible　小型化[小型軽量化]の進展により全く新しい発想が可能になる ◆ be made possible through the miniaturization of components　～は部品の小型(軽量)化により可能になった ◆ reach [near, approach] the physical limits of miniaturization　物理的な小型化の限界に達する[近づく] ◆ With miniaturization, a camera could even be implanted in...　小型化[コンパクト化]により, カメラが～にさえ埋め込めるようになるかも知れない. ◆ As component and subassembly dimensions shrink, the sensors used to measure them must also undergo miniaturization.　コンポーネントやサブアッシーの寸法が小さくなるにつれて, それらを計測するのに使用されるセンサーも小型化する必要がある. ◆ The cost of miniaturization and weight reduction drives the price up by about $500 to $800.　小型軽量化のコストは, 価格を約500ドルから800ドル押し上げる. ◆ The path of miniaturization is a well-traveled path in the world of electronics. Cassette players became Walkmans. Even personal computers have shrunk down to pocket size.　小型化の道は, 電子機器の世界ではよく踏みならされた道だ[よく使われる方法だ]. カセットプレーヤーはウォークマンになった. パソコンでさえもポケットサイズにまで小型化した.

**miniaturize**　vt. ～を小型(軽量)化する, コンパクト化する ◆ as circuit boards become miniaturized　回路基板が小型化するにつれて ◆ miniaturize electronic components　電子部品を小型化する

**minicomputer**　a ～ (略して a mini, pl. minis) ミニコン, ミニコンピュータ

**MiniDisc, minidisc**　⑪《商標》(SONYが開発した)ミニディスク, MD(に) ◆ a MiniDisc (一枚)　a MiniDisc [minidisc] player [recorder]　ミニディスクプレーヤー[レコーダー] ◆ Sony's MiniDisc Data standard　ソニーのミニディスクデータ標準規格

**minifloppy, mini-floppy**　a ～ ミニフロッピー (= a minifloppy disk, a 5 1/4-inch floppy disk) ▶ 今日ではもうほとんど見かけない. もっと以前の8インチフロッピーよりは小さかったので mini- と呼ばれた. 日本では「5インチ」と言うが, 英語では端数を切り捨てずに必ず 5 1/4 inch と表現される.

**minimagazine, mini-magazine**　a ～ ミニコミ誌 (= a zine)

**minimal**　最小(限)の, 最小(限)の, 最少の, 微小の, 極小の, 最短の ◆ at minimal cost　最小の費用で ◆ be usable by anyone with a minimal education　～は最低限の(学校)教育を受けた人だったら誰でも使える ◆ have a minimal effect on...　～に極めてわずかしか[ほとんど]影響を及ぼさない ◆ in minimal time　できるだけ短時間で ◆ pay a minimal fee to...　～に最低料金を払う ◆ require minimal training　最低限の訓練しか要さない ◆ take up minimal space　最小限の場所しか取らない ◆ the losses appear minimal　損害は極めて小さい様子である ◆ very minimal procedural changes　極めて些細な手続き上の変更 ◆ with a minimal amount of maintenance　最小限の保守で ◆ with a minimal training (curve [requirement])　ちょっと訓練[練習]するだけで ◆ differ in a minimal way from present standards　現在の規格とほんのわずかしか違っていない

**minimization**　⑪できるだけ小さく[少なく]すること, 極小化, 最小化 ◆ minimization of risk　リスクの最小化 ◆ minimization of costs　コストの極小化 ◆ minimization of power consumption　電力消費の最小化 ◆ waste minimization　廃棄物の最少化; 廃棄物をできるだけ減らす[なくす]こと

**minimize**　vt. ～を最小(限)にする, 最低(限)にする, 最小化する, 極小化する, できるだけなくす, 過小評価する, 軽視する, ～を大した問題でないかのように精一杯見せかける, 《コンピュ》～を最小化[アイコン化]する ◆ minimize costs　コストをできるだけ減らす[極力抑える] ◆ minimize the chances of...　～の可能性を最小限にする ◆ minimize the difference　差をできるだけ小さくする ◆ minimize the number of moving parts　可動部(品)の数[可動部品点数]を最少にする ◆ With quick changeover, you minimize downtime between processes.　迅速な段取りで, 貴社は工程間の中断時間を極小化できます.

**minimum**　a ～ (pl. minima, ～s) 最小, 最低, 最小限, 最短, 最低額, 最低値, 最低条件, 最少量, 下限, 限界; adj. 最小限の, 最低の, 極小の, (料金などが)基本の ◆ at (a) minimum　最低(で); 少なくとも ◆ ...(at the) minimum　最低[最低](で) (数量)の ◆ a minimum access fee [charge]　〈コンピュータ通信の〉最低アクセス料金 ◆ a box of minimum size　最小限の大きさ[なるべく小さいサイズ]の箱 ◆ be designed to reduce...to a minimum　～を極力少なく[最少に]するように設計されている ◆ for a minimum of 2 seconds　最低[少なくとも]2秒間 ◆ in a minimum amount of time　最小限の時間で; できるだけ時間をかけないで ◆ keep cooling-air leaks to a minimum　冷却空気の漏れを最小限にしておく ◆ keep costs at a minimum　コストを最小限に抑えて[留めて]おく; 費用を最小に維持する ◆ maximum protection at minimum cost　最小限の費用で最大限の保護 ◆ reduce...to a minimum　～を最低線[最低限]まで削減する; ～をもうこれ以下にするのは無理だというところまで減らす ◆ the minimum input torque　最小入力トルク ◆ use the minimum number of components　最低限の部品を使う ◆ with a minimum of changes　最低限の変更で ◆ with a minimum of effort　最小限の努力で ◆ an annual average minimum temperature of 11 deg C　11°Cの年間平均気温 ◆ install a minimum amount of software on...　～に最低限の(量の)ソフトウェアをインストールする ◆ use a minimum number of consultants　最小限度の人数のコンサルタントを使う ◆ keep blade friction at a minimum　刃の摩擦を最小に維持する ◆ Keep drinking to a minimum.　飲酒はできるだけ控えましょう. ◆ circuit boards using an absolute minimum number of components　最小限[最低限]の点数の部品を使用している回路基板 ◆ in order to reduce to a minimum the amount of...　～の量をできるだけ減らす[抑える]ために ◆ it cuts through the water with the minimum of drag　《意訳》それは, 最低の[極めて小さい]抵抗[抗力]で水を切って進む ◆ keep the number of must-do's to a minimum　しなくてはならない事の数を常に最小限に抑える ◆ make the software installable in a minimum number of steps　そのソフトをできるだけ少ない手順で[手っ取り早く, 極力簡単に]インストールできるようにする ◆ measure the minimum contrast required to detect...　～を検出するのに最低限必要な明暗比を測定する ◆ reduce the number of components [parts] to an absolute minimum　部品の数[部品点数]を絶対的な最小値にまで削減する[とことん切り詰める] ◆ with a minimum of external circuitry　最低限の外付け回路で ◆ write programs with a minimum of errors　なるべく間違えないようにプログラムを書く ◆ These are minimum requirements.　これらは最低必要条件[要件]である. ◆

determine the minimum time required for a light to cure a 2-mm layer of resin　（ある種類の）光が2mm厚の樹脂を硬化させるのに最小限必要な時間を（測定して）求める（＊通常lightは不可算であa はつかないので，ここでは特定の光という意味）◆if the thermostat control is set below the minimum temperature　サーモスタット調節器が最低温度以下に設定されていると◆maintain a minimum of 100 psi air pressure differential between zones　ゾーン間に最低100ポンド／平方インチの空気圧の差［差圧］が常時あるようにしている◆it requires a minimum of a 386 microprocessor and four megabytes of random access memory　《コンピュ》それ（の動作環境として）は，最低で80386マイクロプロセッサと4メガバイトのRAM［80386以上のCPUと4MB以上のRAM］を必要とする◆the minimum time taken by the personal computer to display 24 lines of 80 characters　そのパソコンが24行×80文字を表示するために最低限必要とする時間◆A 386 microprocessor is the minimum required to run this program.　《意訳》このプログラムを走らせるには80386以上のマイクロプロセッサが必要である．◆It uses a minimum of machined parts.　それは最小限の機械加工部品を使っている．《意訳》それは機械加工部品をできるだけ使用しないようにして作られている．◆The minimum number of ... -s required to <do...> is 10.　〜するのに最低［最低限］必要な〜の員数は10人である．◆The autocollimator shall have a minimum reading of 0.05 arc seconds.　本オートコリメータの最小読み取り値［読取り］分解能は0.05秒角をもつ．（＊仕様書の表現から）◆The tumor is removed along with a minimum of surrounding tissue.　その腫瘍は最小限の周囲の組織とともに取り除かれる．◆Each operation must be completed in a minimum number of clock cycles.　各々の演算は，できるだけ少ないクロックサイクル数で完結する必要がある．◆The equipment is designed to be operated with a minimum of training of the operator.　本装置はオペレータに最小限の訓練を施すだけで操作できるよう設計されている．◆Your variable-speed wood lathe is engineered for extended usage with minimum maintenance.　《取扱説明書》お買い上げの可変速木工旋盤は，最小限の保守で長期間お使いいただけるよう設計されています．

**minimum access**　ミニマムアクセス，最低輸入量制度，最低輸入義務，最低限の輸入量，輸入最小限度◆accept minimum access for foreign rice　外国産米の最低輸入義務を受け入れる

**minimum wage**　a〜（法定のまたは労働協約で定められた）最低賃金; minimum-wage adj.　最低賃金の◆a minimum-wage job　最低賃金の仕事◆minimum-wage positions in restaurants and shops　レストランや商店での最低賃金の働き口

**mining**　回鉱業，採鉱，採掘，採炭，採鉱，－掘り; 回地雷［機雷］の敷設; adj. 鉱業‐，鉱山‐，鉱‐，採掘‐，採炭‐，採油‐, 地雷‐ ◆a mining area [claim, lot, property]; a mine lot　鉱区 ◆seabed mining　海底採鉱 ◆strip [open-cast, open-cut, open-pit, surface] mining　露天掘り; 露天採掘 ◆the (metal) mining industry　鉱業 ◆the mining of metals; metal mining　金属鉱業 ◆a mining site 15 miles northeast of ...　北東15マイルの所にある採掘場［採掘現場］ ◆receive a degree in mining engineering from ...　〈大学〉で鉱山学の学位を取る ◆a water pollution problem caused by mining activities　（石炭や鉱石の）採掘活動により引き起こされる［鉱害による］水質汚染問題 ◆the company recently acquired a promising new mining property in Mexico　この会社は，最近メキシコで有望な新しい鉱区を掘り当てた［手に入れた］

**mininotebook**　a〜 ミニノートブック，ミニノート（パソコン），ミニノート機 ◆a real Windows mininotebook (PC)　《意訳》本物のWindowsを搭載しているミニノートパソコン

**miniscule**　→minuscule

**minister**　a〜（しばしばMinister）（日本や欧州諸国の）大臣，閣僚（＊米で大臣にあたるのは長官a secretary），公使，牧師，聖職者; vi.（minister to ...で）〈病人など〉の看病をする，〜に奉仕する ◆the Minister of Economy, Trade and Industry; the METI minister　《日》経済産業大臣［経済産業相］ ◆Foreign Minister Makiko Tanaka; Minister for Foreign Affairs Makiko Tanaka　田中真紀子外務大臣

**ministerial**　adj. 大臣の，閣僚の，内閣の，（政府）行政の，省庁の，与党の，聖職者の，牧師の ◆a ministerial ordinance　省令 ◆at the ministerial level　大臣［閣僚］レベルで ◆ministerial-level talks [meetings]　大臣［閣僚］レベルの協議［会議］

**ministry**　a〜（しばしばMinistry）省，省庁，省が入っている建物; (a)〜 大臣の任期［地位，職務］ ◆a Ministry test　当該省が実施する試験 ◆the Ministry of Foreign Affairs of Japan　日本の外務省

**minivan**　a〜 ミニバン，小型バン，ワンボックス車

**minor**　1 adj. 小さい方の，より少ない，重要度［ランク］が一段低い，二次［副］的な，軽症の，軽微な，未成年の，副専攻の，短調の，内径の，小数の，小‐, 小さ‐, 低‐, 低位‐, 軽‐, 微‐, 弱‐, 副‐, 従‐, 劣‐, 短‐, 浅‐ ◆a minor defect 《品管》軽欠点［軽欠陥］; 瑕疵（カシ） ◆a minor offense 軽微な犯罪［軽犯罪，微罪］ ◆a minor premise　小前提 ◆a minor tranquilizer　マイナートランキライザー; 緩和（精神）安定剤 ◆an ellipse's minor axis; the minor axis of an ellipse　楕円の短軸 ◆with only minor changes　小さな変更（を加える）だけで ◆contain minor amounts of aluminum, copper, and zinc　少量のアルミ, 銅, 亜鉛を含有する

2 n. a〜 未成年者，(大学での) 副専攻科目［課程］，短調, 短音階 ◆The names of the three boys were not released because they are minors.　これら3人の少年の名前は，未成年であるために公表されなかった．

3 vi.（〜を）副専攻している <in>

**minority**　回未成年期，未成年; a〜 少数，少数派，少数党，少数民族，少数民族出身者; (形容詞的に) 未成年の，少数派の，少数党の，少数民族（出身）の ◆a minority group　少数者集団 ◆Senate [House] Minority Leader　《米》上院［下院］少数党院内総務 ◆minority preferences in hiring　雇用面での少数派優遇策 ◆the number of minority carriers　《半導》少数キャリアの数

**mint**　1 a〜 造幣局, 製造所, ばく大な額の金（カネ）; adj. 真新しい，まっさらな，未使用の
2 vt. 〈貨幣〉を鋳造する，〈新語など〉を作り出す ◆the minting of new coins　新硬貨の鋳造

**in mint condition**　未使用で［の］, 真新しい状態で, 完全な状態で, 《中古品》新品同様で ◆an antique boat in mint [pristine] condition　新品同様［美品］の年代物ボート

**mint-condition, mint-state**　adj. 真新しい（状態の），（中古品の）新品同様［未使用］の

**minus**　prep. 〜を引いて, マイナス〜, 〜の無い, 〜が抜けている; adj. マイナスの, 負の, 陰の, 零下の; (後置して)〜より下の［劣る, 低い］, 〜の下（ゲ）の; n. a〜 マイナス符号［負号, 減号］(＝minus sign), 負数, 負量, 不足, 欠損, 損失 ◆insert a minus sign　マイナス記号［負号］を挿入する ◆the pluses and minuses of the VCR in terms of audio and video quality　このビデオデッキの音質と画質面でのプラス点とマイナス点［有利点と不利点, 長所と短所］

**minuscule, miniscule**　adj. 極めて小さい, 極微の, 小文字の, 小文字で書いてある ◆minuscule parties　弱小政党 ◆a miniscule number of people　極めてわずかな人数［少数］の人々 ◆a miniscule increase in cost　コストの微増 ◆at a miniscule 7%　わずか7%で ◆the financial impact is miniscule　経済的影響は極めて小さい ◆Though miniscule in number, ...　数としては極めて少ないが; 数的には極僅少で, 極めて小勢であるが, ... ◆over-the-counter drugs were up by a miniscule 0.1 percent　一般用医薬品は0.1%の微増［0.1%と微小な伸び］だった ◆to avoid contamination of the components by even the most minuscule specks of dust　極小［極微］の塵［微塵］による部品の汚染までをも避けるために ◆the miniscule pathways of transistors that store and transmit information in a computer microchip　コンピュータ用マイクロチップ内部で情報を格納したり転送したりする微細なトランジスタ回路 ◆The printer measures a miniscule 2 inches by 6.5 inches. 同プリンタの寸法は極めて小さく、2×6.5インチである。

**minute** 1 *a* ～（時間、角度の単位の）分（フン、プン）、非常に短い時間、ちょっとの間 ◆if you can spare a minute　もし少し時間を割くことができるのなら、ちょっとお時間がおありでしたら ◆a 4000-shot-a-minute automatic cannon　毎分4,000発連射できる自動機関砲 ◆Can you spare a minute?; Could you spare a minute of your time?　ちょっとお時間（を）お割き）いただけますでしょうか。 ◆these children are being brought up by parents who are so caught up in themselves that they can't spare a minute to <do...>　これらの子供たちは、自分のことで手一杯で～する時間さえ割けない[時間的余裕すらない]親たちによって育てられている ◆"Boy, I'm telling you, I hardly have a minute to spare."　「いやあ、実際のところ[本当言って]暇[時間(的余裕)]がほとんどないんですよ。」 ◆"He's on everyone's mind every minute of the day," she said. "You can't get away from the war no matter how hard you try."　「彼のことは（家族）みんなの頭から片時も[一時（イットキ）も]離れることはありません」と彼女は言った。「どんなに努力してみたってこの戦争から逃れることはできませんからね」（*出征している息子を思って） ◆"She's exactly my age, and we liked each other immediately and spent every minute of that weekend together (night and day).　彼女はちょうど私と同い年です。私たちはすぐに意気投合してその週末を（昼も夜も）片時も[一時（イットキ）も]離れずに一緒に過ごしました。

2 "ミニット" と発音。n. *a* ～ メモ、備忘録、覚書、草案；～s 会議録、議事録、報告書；vt. ～を議事録に記入する、～をメモする ◆record... in the minutes of a meeting　～を会議の議事録に記録する ◆a minute of a meeting of the board of directors of a public body　公共団体の理事会の議事録

3 "マイニュート、マイヌー" と発音。adj. 微小な、わずかな、些細な、取るに足りない；事細かな、詳細な、微に入り細を穿（ウガ）った ◆be needed in minute quantities　微量必要である ◆minute air bubbles　微細な気泡 ◆minute imperfections　わずかな欠陥 ◆minute quantities of mercury in...　～中の微量の水銀 ◆demand a more prudent and minute investigation　より慎重かつ綿密な調査[捜査]を要求する ◆Extraordinarily minute quantities of magnetite were detectable in all parts of the brain.　極微量の磁鉄鉱が脳のあらゆる部位から検出できた。

**minutely** adv. 詳細に、詳しく、つぶさに、事細かに、つまびらかに、こまごまと、細密に、綿密に、こまかに、粉々に ◆minutely control the amount of...　～の量を細かく制御[微調整、微調節]する ◆minutely investigate...　～を詳しく[詳細に、仔細に]調べる；事細かに[つぶさに、つまびらかに]～を調査する ◆minutely observe nature　自然を綿密に[詳しく、細密に]観察する

**Miocene** the ～ (epoch [Epoch, period]) 中新世（*新生代第三紀の前半の時代）

**MIPS** (million instructions per second) 《コンピュ》ミップス、百万命令／秒（*コンピュータが1秒間に実行できる命令の数を百万単位で表したもの） ◆Mainframe computers run at rates of 10 MIPS or more.　メインフレームコンピュータは、10MIPS以上の速度で走る。

**miracle** *a* ～ 奇跡、奇跡的な出来事 ◆Taiwan has been called an economic miracle.　台湾は、経済の奇跡と呼ばれてきた。 ◆Vietnam will be Asia's next economic miracle.　ベトナムはアジアの次の経済の奇跡になるだろう。

**mirror** 1 *a* ～ ミラー、鏡、鏡面、反射鏡、姿見、手鏡、(～を)忠実に映し出すもの <of> ◆mirror finish　鏡面仕上げ ◆a mirror-finished surface　鏡面仕上げ面 ◆look in the mirror　鏡を見る ◆look [see]... in the mirror　鏡[鏡に映った]～を見る ◆objects seen in the mirror　鏡の中に映ってみえる物体 ◆look in [see into] the rear-view mirror(s)　バックミラーを見る ◆polish... to a mirror-smooth state　～を鏡面仕上げにする

2 vt. ～を反射する、(忠実に)映す、反映する、《コンピュ》ミラーリングする ◆mirror data to two drives　《コンピュ》データを2つのドライブにミラーリングする (*万一のデータ喪失に備えて、全く同じデータをダブらせて書き込む) ◆mirror multiple drives　《コンピュ》複数のドライブをミラーリングして使う ◆The history of computer development mirrors the history of sound recordings.　コンピュータの発達の歴史は、オーディオ録音の歴史を映し出している。

**mirror image** *a* ～ 鏡像、ミラーイメージ（*《CG》線対称のみでなく放射対称も含む；《コン》ミラーリングされたバックアップデータ）；mirror-image adj. 鏡像の、〈道具等が〉勝手違いの ◆two connecting parlors that are mirror images of each other　配置が互いに対称になっている続きの応接間2室 ◆The two structures are related as object and mirror image.　2つの構造は、物体とその鏡像のような関係にある。(*分子構造の話から)

**mirroring** ミラーリング（*《コンピュ》データのバックアップの目的で常時2つの記憶装置に同じデータを書き込むこと；《CG》鏡像をつくる機能） ◆data protection through disk mirroring　ディスクミラーリングによるデータ保護

**MIRV** (multiple independently targeted reentry vehicle) *a* ～ "マーヴ"、*an* ～ "エムアイアールヴィ" 複数個別誘導弾頭、多目標弾頭、多弾頭多個誘導弾弾頭（*reentry は大気圏再突入の意）

**MIS** *an* ～ (a management information system) 経営情報システム；(management information service) (企業内の)経営情報管理(部門)、情報センター

**misalign** ◆When a disk becomes misaligned,　椎間板がずれてくると、 ◆If the pulleys seem misaligned,　これらのプーリー(同士)の位置関係が合っていないようなら

**misaligned** adj. 調整不良の、心（シン）合わせ不良の、心（シン）狂いの、取り付け位置が狂った ◆become misaligned　調整がずれる[狂う]；位置ずれを起こす

**misalignment** (*a* ～) 調整不良、位置合わせ不良、心（シン）合わせ不良[心狂い]、取り付け位置の狂い[ずれ] ◆compensate for misalignment　位置関係の調整の狂い[ずれ]を補償する ◆the leaks were caused by a misalignment between A and B　これらの漏洩はAB間の位置合わせ不良が原因で発生した ◆excessive tire wear resulting from misalignment of any of the four wheels　4つの車輪のいずれかのアライメント[整列]の不整に起因するタイヤの過度の摩耗

**misappropriation** (*a*) ～ 横領、着服、使い込み、不正流用、悪用 ◆misappropriation of public property　公財産の不正流用

**miscalculation** (*a*) ～ 計算違い、見込み違い、判断誤り、誤算、違算 ◆make a miscalculation　計算間違い[判断誤り、見込み違い、誤算]をする ◆to avoid miscalculations　計算間違い[判断誤り、見込み違い、誤算]を避けるために

**miscellanea** (単／複扱い)諸々のもの、（文学作品などの）雑文集、雑集、雑録 ◆books, maps, newspapers, magazines, photographs and other miscellanea　本、地図、新聞、雑誌、写真およびその他もろもろ

**miscellaneous** adj. 種々雑多な、いろいろな、異種のものが入りまじった、多岐[多方面]にわたる、雑、混 ◆miscellaneous expenses　雑費 ◆miscellaneous gear　種々雑多な装具(一式) ◆miscellaneous income　雑収入、雑所得 ◆miscellaneous metals　多種多様な金属 ◆a wide variety of miscellaneous factors　様々な種[数々の]要因 ◆miscellaneous disbursements　雑支出 ◆other miscellaneous items　その他の種々雑多な品物 ◆under [in] the miscellaneous services category　その他サービス分野の[部門の]

**mischievous** いたずらな[の]、いたずらっぽい、ちゃめな、悪ふざけの、悪意の、有害な、人を傷つけるような ◆a mischievous call　いたずら電話

**miscibility** 混和性、相溶性 ◆sufficient miscibility with...　～との十分な混和性

**misconstrue** vt. ～を誤解する、曲解する、取り違える、～の解釈を誤る、～を悪く解釈する、悪い意味に取る ◆be misconstrued as...　～だと誤解される[意味を取り違えられる、悪く取られる] ◆misconstrue the facts　事実を誤認する ◆

Be careful that your ideas or actions are not misconstrued. あなたの考えや行動が誤解されないよう注意すること.

**misdemeanor** a~ 軽度の犯罪,軽犯罪,軽罪[(→a felony); a~ 不品行, 非行 ◆commit a misdemeanor 軽犯罪を犯す ◆a misdemeanor punishable by up to 12 months in jail and a $2,500 fine 禁固12カ月以下, 罰金2,500ドル以下の刑罰が適用される軽犯罪

**miserable** adj. みじめな, 不幸な, 哀れな, つらい, ひどい, 無残な, 惨め気持ちにさせる［気のめいるような, やるせない, いやな］, 粗末な, 劣った, 貧弱な, みすぼらしい, あさましい, 恥知らずの, 卑しい, 卑劣な

**misery** ①みじめさ, 悲惨さ, 不幸, 窮乏, 貧窮, 生活難, 精神的・肉体的な苦しみ［苦痛, 苦悩］; a~ 惨めにさせる原因, 不幸の元, 苦悩の種［(しばしば~ries)不幸なでき事, (数々の)苦難［苦しみ］◆they eked out lives of incredible misery and hardship 彼らは信じられないほど惨めで苦しい[悲惨で困難な]生活をしている ◆she killed the man who had made her life a misery 彼女は彼女の生活を悲惨なものにした男を殺した

**misfire** 1 vi. (銃砲などが)発射しない, (爆弾などが)爆発しない, (内燃機関が)しかるべき時点に正しく点火しない; (比喩的に)不発に終わる[効を奏さない, 失敗する] ◆cause engine misfiring エンジンの点火不良を引き起こす ◆if you encounter misfiring もし点火不良が起きたら
2 a~ ミスファイヤー, 不発, 不点火, 飛火不良, 着火不良, 火炎伝播不良,『電気』(水銀整流器の)失弧, (比喩的に)失敗

**misfortune** ①不運, 不幸, 逆境; a~ 不運[不幸]な出来事, 災難 ◆people [those] who are in misfortune; people in misfortune 逆境[不運な境遇]にいる人々 ◆Misfortunes never come singly. 不運が単独で来ることはない; 運の悪いことは重なるものだ; 弱り目に祟り目(タタリメ); 泣きっ面に蜂

**mishandle** vt. ~を手荒に扱う, 虐待する, ~の取り扱い[処理]を誤る, 不手際に管理する ◆electorate anger with the Government for mishandling the economy 不手際な[まずい]経済の舵取りが原因の政府に対する選挙民[有権者]の怒り ◆because of canceled flights or mishandled reservations 航空便の欠航や予約の不手際のせいで ◆The problem can be traced back to mishandled cartridges. この問題の原因をたどると[調べてみると], カートリッジの誤った取り扱いにあることがわかる.

**mishap** (a)~ 軽い災難, 不運[不測]な出来事[目], ちょっとした事故, トラブル, 支障, 障害, 故障, 滞り ◆without mishap 滞りなく, 無事に ◆in the event of a mishap も しも軽微な事故[トラブル]が発生したら ◆at the time of occurrence of a medical mishap 医療事故発生時に

**mishear** vt. ~を(~と)聞き違える <for> ◆I thought I must have misheard her. 私は彼女の言ったことを聞き違えたのに違いないと思った.

**misidentification** (a)~ 誤って確認[同定]すること, 誤認, 誤同定 ◆an apparent case of misidentification 明かな誤認のケース

**misidentify** vt. ~を誤って確認[同定]する ◆a water snake most often misidentified as a moccasin ヌママムシと一番よく間違えられる(種類の)水ヘビ ◆They misidentified the problem. 彼らはその問題を誤認していた.

**misinsertion** (a)~ 誤挿入 ◆prevent misinsertion of... into... 誤った~を~に挿入するのを防ぐ[~の~への誤挿入を防止する]ために

**misinterpretation** (a)~ 間違えて解釈[理解, 説明]すること, 誤った解釈[説明], 取り違え, 誤訳, 誤訳, 曲解 ◆reduce the likelihood of misuse(s) and misinterpretation of such data そういったデータの誤用や誤った[誤った解釈]の可能性を減らす

**mislead** vt. ~を誤った方向に導く, 誤らせる, 惑わす, 迷わす, 混乱[攪乱]させる, だます, 信じ込ませる<into>, ~の判断を誤らせる, ~に誤りを生ませる, 考え[思い]違いさせる, 早とちり[早合点, 早呑み込み]させる ◆mislead... about [as to]... (人)に~について誤った認識を持たせる[誤解させる, 誤認させる] ◆mislead an enemy 敵を攪乱する[敵の判断を誤らせるために陽動作戦を展開する] ◆mislead investors 投資家を誤った方向に導く ◆mislead public opinion 世論を誤った方向に誘導する ◆mislead these people into believing that... ~であると信じこませる ◆Do not use food or beverage containers that might mislead someone into drinking from them. (意訳)誤飲防止のため, 食品用や飲料水の容器は使用しないでください.

**misleading** adj. 〈人の〉判断を誤らせるような, (事実)誤認させるような, 誤解を招くような, 誤解させるような, 紛らわしい ◆misleading ads 誤認させる[人を惑わす]ような広告; 虚偽誇大広告 ◆misleading expressions 誤解を招くような表現 ◆misleading headlines (読む人に)誤解を与えるような見出し ◆misleading information about... ~についての誤った情報 ◆the statistics are misleading この統計は, 誤解させるような内容だ

**mismatch** 1 vt. ~を不適切に組み合わせる, ~に不釣合いな縁組をさせる ◆put on mismatched socks 左右が不揃いの[ちぐはぐの, かたちんばの]靴下をはく ◆a mismatched couple squirming to get out of an unhappy, unworkable marriage うまく行かない不幸な結婚から抜け出そうとしている, 馬の合わない[そりの合わない, 性格不一致の]夫婦
2 a~ 不釣合い[不似合い]な組み合わせ[縁組, 結婚], 不整合, 不一致, 不適合, (意訳)ずれ, (意訳)すれ違い ◆a mismatch between... and... ~と~との不釣り合いな組み合わせ ◆due to an impedance mismatch インピーダンス不整合のせいで ◆a mismatch between the two grid patterns これら2つの格子縞模様間の不一致 ◆a [the] mismatch between the transmission line and its load 伝送路とその負荷の間の不整合 ◆the gain would decrease by 1 dB as a result of a mismatch 不整合の結果としてゲインが1デシベル下がる可能性がある ◆A mismatch between buyer and seller expectations has been a problem. 売り手と買い手の間の希望の不一致[不適合, すれ違い, ずれ]が問題だった.

**misoperation** (a)~ 誤操作, 誤ったやり方での運転[操業, 運用], 操作ミス, 誤動作, 誤作動 ◆because of a Y2K misoperation in software 2000年問題によるソフトウェアの誤動作[誤作動]のせいで(*マスコミではこの話題でさかんに「誤作動」と言っていたが, ほとんどの場合「誤動作」と言ったほうが適切と思われる) ◆cause equipment misoperation; cause misoperation of equipment 機器の動作不良[誤動作]を引き起こす ◆No misoperation will occur. 誤動作[誤作動]は起こらない. ◆in order to avoid misoperations during open to close transitions OFFからONへの遷移中に誤動作[動作不良]が起きるのを避けるために ◆Computers that incorrectly interpret "00" as the year 1900 may suffer misoperation or failure. "00"を誤って1900年と解釈するコンピュータでは, 誤動作や障害が発生する. ◆Damage to or misoperation of a natural gas processing plant could result in an explosion or the discharge of toxic gases. 天然ガス処理プラントへの損傷や誤った運転[誤操作]は, 爆発あるいは有毒ガスの放出につながりかねない.

**misplace** vt. ~を間違った, 誤った, 不適切な]場所に置く, ~を置き忘れる, 〈信頼など〉を間違った(対象に)寄せる[置く]<in> ◆foolishly misplaced courage おろかにもはき違えた勇気 ◆misplace one's trust in those that do not deserve it 信頼するに足らぬものに信頼を置く; (意訳)信用してはならないものを信用する ◆possibly out of a misplaced sense of national pride 多分にはき違えた愛国的誇りから

**misprint** a~ ミスプリント, 誤植; vt. ~を誤植する, 誤印字する ◆a misprint of a letter 文字の誤植(= a literal)

**misread** vt. ~を誤読する, 読み損なう, ~の読みを誤る, ~の解釈を誤る, ~を誤解する, 読み間違いする, 〈時計など〉を見違える, 見誤る ◆misread the data on... ~に関するそのデータを読み違える ◆misread the law 法律を間違った風に解釈する

**misreading** 読み違えること, 間違えて読むこと; a~ 読み違い, 読み違えた指示値, 誤読 ◆these misreadings of radar data これらの誤ったレーダーデータ読み取り値

**misregister** ◆a misregistered image （色の重ね合わせがずれている）見当ズレ画像 ◆cause [avoid, correct] misregister 《多色印刷》見当ズレを引き起こす［防止する，直す］

**misregistration** 位置決め不良，位置ずれ，誤表示，《印刷》見当狂い，重ね合わせミス ◆head/track misregistration （ディスクドライブの）ヘッド・トラック間の位置決めミス ◆prevent misaligned images and misregistration 画像のずれや重ね合わせミス［不良］を防ぐ（＊多色印刷用）

**miss** 1 vt. （的）に当て損なう，～を外してしまう，〈乗り物〉に乗り損なう，〈機会〉を逸する［逃す］，～に出席し損ねる，～をとり逃す，〈要点など〉をとらえそこねる，～を抜かして［飛ばして，落として］しまう，～をまぬがれる；～が無い［いない］のに気付く，～がなくてさみしく感じる，～が無く困る；vi. 的を外れる［外す］，失敗する，〈車〉ミスファイヤーを起こし，失火する ◆a not-to-be-missed event 見逃せないイベント［催し物］ ◆cause the engine to miss エンジンの点火不良［不点火，失火，ミスファイヤ］を引き起こす ◆miss a TV program テレビ番組を見逃す ◆miss copying something (i.e. by skipping a line, etc.) なにかを書き写しそこなう［複写し損ずる］（一行抜かすなど） ◆Though the Washington area missed the record high temperature of 100 set in 1959, ... ワシントン地域では1959年に記録した（華氏）100度の過去最高気温の記録更新には至らなかったものの，～ ◆The falling rock missed us by a hair. 落石は，ほんのわずか我々それた。 ◆If you miss an exit, continue to the next interchange and return to the correct exit. もし出口を見落として［見逃して，見過ごして］しまったら，そのまま次のインターチェンジまで行ってから，正しい出口まで戻りなさい。 ◆Production of 680,000 units in 1999 narrowly missed topping the 1995 record of 686,000, and the company's executives expect to smash that mark this year. 1999年の生産台数68万台は，1995年の記録の台数である68万6千台をとりそこね，同社の幹部は今年はその台数を破るものと踏んでいる。 ◆"There's a couple of things you can't miss in New York. The Fourth of July fireworks and the lighting of the Christmas tree in Rockefeller Center," said Rose Cardona of Brooklyn. 「ニューヨークには見逃せないものが2つあります。それは7月4日の花火とロックフェラーセンターのクリスマスツリーの点灯式です」とブルックリンのローズ・カードナさんは語った。

2 a ～過失，当たり損ない，外れ，まぬがれる［逃れる］こと，失敗，へま，ちょんぼ，不発，《車》ミスファイヤー，失火

**missile** a ～飛翔体，飛来物，飛ぶ道具，ミサイル，弾道弾，誘導弾 ◆a missile object 飛翔体 ◆an anti-ballistic missile 弾道弾迎撃ミサイル（ABM） ◆a Rodong [Nodong] missile （北朝鮮の）労働ミサイル ◆test-fire missiles with ranges of 50 and 186 miles and a payload capacity of 1,100 lbs 50マイルと186マイルの射程ならびに，1,100ポンドの弾頭収容能力［破壊能力］を有するミサイルを試射する ◆Secure outdoor objects that could become missiles in a high wind. 屋外にあって，強風の中で飛翔物になりかねない[《意訳》強風で吹き飛ばされそうな]ものは，しっかり固定すること。

**missing** adj. 欠けている，無くなった，紛失した，脱落［欠落］した，抜けた，見あたらない，足りない，存在しない，欠損している，行方不明の，失踪中の，損失― ◆a missing person 行方不明の人；失踪者 ◆missing information 欠落している情報 ◆a feature missing in earlier versions 先行のバージョンには無かった機能 ◆a person goes missing without a trace 人が跡形もなく姿［行方］をくらます；手がかりを残さずに行方不明[行方知れず]になる ◆some crucial pieces of the skull are missing この頭蓋骨の極めて重要ないくつかの部分が欠如している ◆Americans (listed as) missing in action 戦闘で行方不明になった米国兵 ◆If anything is missing, it's the lack of... 強いて不満[もの足りない点]をあげるとすれば，～がないことである。 ◆If screws are missing from the shrouding その覆いからネジが無くなってしまっている場合には ◆printed circuit boards with missing components 部品が欠品しているプリント回路基板 ◆the car's only missing ingredient その車に欠けている[何か物足りなさを感じさせる]ただ一つの点

◆a batch file checking feature which was missing in version 2.0 バージョン2.0には無かったバッチファイル検査機能 ◆Now, however, everyday items like good shoes and toilet paper are also missing from the shelves. しかし今や，良質の靴やトイレットペーパーなどの日用品も棚[《意訳》店頭]から姿を消してしまっている。

**mission** a ～（外国への）使節団，派遣団，代表団，在外大使館［公使館］，在外公館，任務，飛行任務，天職，（人生における）課せられた使命[《意訳》課題] ◆a diplomatic mission 在外公館；外交使節団 ◆a mission specialist ミッションスペシャリスト，搭乗運用技術者，MS（＊スペースシャトルの） ◆our company [company's] mission statement; the mission statement of our company 我が社のミッションステートメント[使命記述書，基本事業方針，理念宣言，社是社訓ともいえるもの] ◆the accomplishment of a mission 任務の達成 ◆accomplish a special mission 特別な任務[特殊任務，特務]を達成する ◆a man with a sense of mission 使命感のある男 ◆give... a new sense of mission ～に新たな使命感を与える ◆mission-critical information [applications, operations] 《順に》重要な（役割をになう）情報[アプリケーション，業務] ◆on a mission to observe and record... ～を観測・記録する任務で ◆to achieve our corporate mission of <doing...> ～するという弊社の企業理念を達成[実現]するために ◆with a sense of mission 使命感を持って ◆write a mission statement ミッションステートメント[使命記述書，基本事業方針，理念宣言，社是社訓ともいえるもの，我が信条的なもの，個人的な憲法，個人の所信表明書]を書く ◆Japanese diplomatic missions abroad （いろいろな国にある）日本の在外公館 ◆in the course of the performance of a mission for the United Nations 国連のための任務を遂行中に ◆he has a great sense of mission 彼は大きな使命感を持っている ◆I had no sense of mission 私には使命感などなかった ◆send a fact-finding mission to Peru ペルーに実情調査団を送る ◆a mission under consideration for launch in the early 1990s 1990年代初頭に打ち上げが検討[計画]されている飛行

**misspell** vt. ～のつづりを間違える；vi. つづり間違いをする ◆The spelling checker highlights misspelled words. 《コンピュ》スペルチェッカーは，スペルの間違った語を強調表示する

**mistake** 1 a ～ 失敗，ミス，間違い，誤り，失策，失点，過失，手違い，思い違い，勘違い，誤解，誤謬（ゴビュウ），錯誤 ◆a human mistake 人為ミス ◆a mistake in calculation is committed 計算間違い［誤り］が起こる ◆avoid mistakes ミスを避ける[ミスのないようにする] ◆eliminate wiring mistakes 配線上の間違い[誤配線]をなくす ◆learn from past mistakes 過去の過ちから学ぶ ◆make the mistake of... -ing ～をするといったミスをする［誤りを犯す］ ◆plug it in by mistake それを間違って[誤って]差し込む ◆repeat the same mistakes 同じ失敗[間違い，誤り]を繰り返す ◆to keep mistakes to a minimum 間違いをできるだけなくすために ◆to reduce mistakes in calculations 計算間違いを減らすために ◆no-mistakes photography 失敗のない写真撮影（の仕方） ◆clean [cover, pick, sweep] up (after) others' mistakes 人の失敗の後片づけ[後始末，尻拭い，フォロー]をする ◆I think it would be a mistake to <do> ～するのは間違っている[誤りだ]と思う ◆or else they'll live in fear of making mistakes さもないと，彼らは失敗を犯すのではないかと[失敗に]おびえながら生きて行くことになる ◆resort to every means to find grounds for attacking the country for every mistake and blunder it makes 少しあらなる方法を使ってその国の揚げ足をとるためのあら探しをする ◆He excelled at taking advantage of the mistakes of his rivals. 彼は，ライバルのミスに乗じる[ライバルの揚げ足を取って自分を有利に持っていく]ことに非常に長けていた。 ◆Mr. Blair might be repeating the same mistake as his predecessor. ブレア氏は，前任者の過ちを繰り返して[轍を踏んで]いるのかもしれない。 ◆Often the best way to learn is by making mistakes. 《意訳》往々にして，最善の学習方法とは間違い[失敗]を通して学ぶことだ。 ◆The carmaker has

**mistress**

made basic mistakes with packaging.　その自動車メーカーはパッケージングで基本的な誤りを犯した.（＊packaging は、入れ物としての車体の空間部分）◆The user has no way of rectifying the mistake.　ユーザーには、このミスの訂正のしようがない.　◆The many mistakes that have been made in the past in designing robots can now be avoided.　今では、過去において［従来］ロボット設計で犯した多数の過ちを避けることができる.　◆"This battle will take time and resolve, but make no mistake about it, we will win," vowed President Bush Wednesday.　「この戦いには時間と堅忍不抜を要するだろう。だが、はっきり言っておく。我々は勝ってみせる」と火曜日にブッシュ大統領は誓った.

**2** vt. ～を間違える, 誤解する, 誤る, ～を（～と）取り違える［思い違いする］〈for〉; vi. 間違える

**mistress** a～女性の支配者, 女主人, 女将, 女王（オンナアルジ）, 主婦, 奥様,《英》女性教師, 女史, 女性名人,（～の）女王〈of〉, 妾（メカケ）, 囲い者, 愛人, 情婦　◆take [keep, have] a young woman as (a [one's]) mistress　ある若い女性を妾として囲う［囲っている］; 若い女を二号にする

**mistrust** (a)～不信（感）, 疑い, 疑惑, 嫌疑, 猜疑（サイギ）（心）; vt. ～を疑う, ～を信用［信頼］しない, ～に対して自信が持てない　◆to prevent a broadening of consumer mistrust of suggested retail pricing, which is almost always discounted at the retail level　大抵の場合、店頭レベルで割引されている希望小売価格に対して消費者の不信が広まるのを防ぐため

**misunderstanding** (a)～誤解, 考え違い, 勘違い, 見解の相違, 意見の不一致, 不和, 軋轢（アツレキ）

**misuse** 1 (a)～誤用, 悪用［乱用］　◆damage caused by misuse　誤用に起因する損傷　◆unforeseen misuse of products　製品の予想もしない誤用

**2** vt. ～を誤る, 乱用［濫用］する, 酷使する, 虐待する

**MIT, M.I.T.** (Massachusetts Institute of Technology) the～《米》マサチューセッツ工科大学

**mite** a～ダニ; a～微量, 少量　◆irritants such as dust or house mites　ほこりや家ダニなどの刺激物［刺激物質］

**MITI**　MITI (the Ministry of International Trade and Industry)《略語形にthe は不要》(日, 旧) 通商産業省［通産省］（＊METI の前身）　◆one official from MITI　通産省の一人の役人; a former MITI bureaucrat　元通産官僚　◆Japan's Ministry of International Trade and Industry (MITI)　日本の通産省　◆MITI Minister Hashimoto　橋本通産大臣

**mitigation**　緩和, 鎮静, 軽減（＊刑罰などの）　◆mitigation technologies　環境緩和技術（＊開発に伴う工事を行う際に、生態系破壊や環境への被害を最小限に抑えるための技術）

**mix** 1 vt.〈with, into〉～を混ぜる, 混合する, 交える, 混和する, 配合する, 調合する, 交配する, 混在させる, 併用する, 結び付ける, 組み合わせる, 一緒にする, ～に（～を）加味する［練り込む, 混線する］〈into〉;《音響》～をミキシングする;（人）を交わらせる. vi. 混ざる,（～と）混じる〈with〉,（人, と）交わる〈with〉, 交配する　◆a mixing ratio　混合比　◆a tool for mixing words and pictures　文章と写真を混在させる［レイアウトする］ツール　◆mix A and B to make C　AとBを混ぜ合わせてCをつくる　◆mix A into B　AをBに混ぜる　◆mix (up) public and private; mix public and private (affairs [things, interests, business, activities])　公私を混同する　◆the mixing of fuel and air　燃料と空気を混合させること　◆site-mixed concrete　現場配合コンクリート　◆construct mixed networks of DOS, Windows, OS/2, and Unix machines　DOS, Windows, OS/2, およびUNIXマシンが混在するネットワークを構築する　◆make the mixed gas more homogeneous　混合気体（の混ざり具合）をより均質化する　◆as punching a number on a keypad and safely driving cars don't mix too well　電話番号を押す操作と自動車の運転は同時に［互いに相容れない］ので（＊車を運転しながら電話をかけることに使用）　◆a throttle plate that controls the volume of air that mixes with the fuel to achieve a proper ratio　混合する空気と燃料が適正な比率になるよう調節する絞り板　◆The signals from these two jacks are mixed before being digitized　これら2つのジャックからの信号は、デジタル化に先立ってミキシングされる　◆Avoid mixing oils of different qualities.　質の違う油を混ぜ合わせないようにしてください.　◆Do not use the blender with flammable materials.　このブレンダーで、引火性の材料を混ぜないでください.　◆Never mix any type of drug with alcohol.　どんな種類の薬も、決してアルコールと一緒に服用しないでください.　◆Heated air can be directed to the passengers, to the windshield, or mixed evenly between the two.　（カーエアコンからの）暖気は、乗員またはフロントガラスに向けて、あるいは双方に均等に分けて吹き出せる.　◆The supplier shall maintain positive controls to insure that similar parts for Velden and/or other companies do not become mixed.　部品納入業者は、ヴェルデン社および（もしくは）他の会社向けの類似部品が混じり合ってしまわないよう、常に間違いのない管理を行うこと.

**2** (a)～（あらかじめ材料が混ぜ合わせてある）ミックス食品, 混合物, 配合物; a～混成, 混合, 雑多な寄せ集め, ミキシングして作った音（録音）　◆But the mix of ingredients isn't perfect.　だが、構成要素［材料, 成分］の組み合わせ［配合］は完璧ではない.

**mix... up, mix up...**　～をよく混ぜる;～を混同する〈with〉;混乱させる, ごちゃにする　◆should you get the cables mixed up　もしそれらのケーブルが、どれがどれだかわからなく［見分けがつかなく］なったら

**mixdown, mix-down** a～ミックスダウン（＊マルチトラックに録音した各パートの音をトラックステレオテープに落とす作業）　◆a master tape which has gone through at least one mix-down　ミックスダウンを少なくとも1回経ているマスターテープ

**mixed**　混ざった, 混合した, 混成の, 混在した, 種々雑多な, 入り混じった,〈心境が〉複雑な, 交錯した, 混合した, 組み合わせの-, 混-, 混成-, 配合-, 練り-, 混載, 混紡-, 交雑-　◆a mixed number　帯分数（＊たとえば3 1/2）　◆mixed feelings　複雑な心境［交錯した感情、割り切れない気持ち］（＊悲喜こもごも、期待と不安が入り交じったような気持ちのこと）　◆mixed uranium-plutonium oxide　ウラン・プルトニウム混合酸化物　◆mixed reality　複合現実感（＊人工現実感＝バーチャルリアリティー(VR)を更に発展させたもの）　◆a mixed-material layer　混合層（＊いろいろな物質が混ざり合ってできている層）　◆draw mixed reviews　賛否［称賛と批判の］入り交じった評価を受ける◆evoke mixed responses　さまざまな反響を呼ぶ　◆the production of mixed text-and-graphics documents　テキストとグラフィックスの混在したドキュメントの作成　◆Latin America faces mixed prospects.　(意訳)中南米は、まだら模様の見通しを呈している。（＊景気回復で）

**mixer**　a～ミキサー, 混合機, 混合管, 混和機, 混練機, 練り機, 撹拌機, 混銑炉　◆a concrete mixer　コンクリート・ミキサー車　◆a double-balanced mixer (DBM)　二重平衡変調器　◆a mixer tap　（水と湯の）混合栓

**mixing**　n. mix すること　◆a 1:1 mixing ratio　1対1の混合比［混合面］　◆the mixing of A into B　B中へのAの混入

**mixture**　(a)混合［混和, 調合］すること［された状態］; a～混合物, 混和物, 入り混じったもの, 組み合わせ, 混紡, 交雑; (a)～調合薬［剤］, 混合液, 合剤, 混合〔ガス〕　◆a liquid mixture; a mixture of liquids　混合液　◆a mixture of gases; a gas mixture　混合気体〔ガス〕　◆a mixture ratio　混合比　◆a mixture of blue and yellow　青と黄色を混合してできた色　◆an amalgam [a mixture] of different elements　異なる要素の混合

**mix-up, mixup**　a～混乱, 混同, 手違い; a～《口》乱闘　◆mix-ups occur　混乱が起きる　◆cause a mix-up　混乱を引き起こす　◆an engine parts mix-up　エンジン部品の取り違え（不祥事）　◆a communication mix-ups　予約の手違い　◆communication mix-ups　意思疎通［伝達］上の混乱; 相互の理解の行き違い; 誤解　◆mix-ups at work　仕事上の間違い　◆a mix-up between A and B was to blame for the error　AとBの取り違えがこの間違いの原因だった　◆mistakenly released a prisoner because of a mix-up in names　名前を混同したために囚人[受刑者]1名を誤って釈放してしまった

**MLRS**　an ~ (a Multiple Launch Rocket System) 多連装ロケット発射システム

**MMI**　an ~ (a man-machine interface) マンマシンインターフェース(= a user interface)

**MMIC**　an ~ (a monolithic microwave integrated circuit) モノリシック・マイクロ波集積回路 [IC] (*携帯電話やBluetoothに用いる高周波帯用のチップ)

**MMR**　(Modified Modified Read) (ファクシミリの) MMR符合化, M²R符号化 (*MR方式を一部修正した符号化方式) ◆ MMR coding　MMR符号化, M²R符号化

**Mn**　マンガン(manganese)の元素記号

**mnemonic**　adj. 記憶を助ける, 記憶力増強の, 《コンピュ》簡略記憶[ニーモニック]の; n. a ~ 記憶を助けるもの

**mnemonics**　《(単扱い)》記憶術

**Mo**　モリブデン(molybdenum)の元素記号

**MO**　(magneto-optical, magneto-optic) 《コンピュ》◆ a 3.5-inch-format MO (magneto-optical) drive　3.5インチ版MO(光磁気)ドライブ装置 ◆ an MO drive; magneto-optical (MO) disk drive　MOドライブ ◆ 3.5-inch MO (magneto-optical) disks capable of storing up to 640 megabytes (MB) of data　640メガバイトまでのデータを格納可能な3.5インチMO(光磁気)ディスク

**moan**　a ~ (苦痛や悲しみの)うめき(声), うなり, ぶつぶつ言うこと, 不平 vi., vt. うなる, 不平を言う<about>, うめく(ように言う)[嘆く]<that> ◆ Canadians moaned the state of their federal government's finances.　カナダ人たちは自分らの連邦政府の財政状態を嘆いた.

**mob**　a ~ 暴徒, 群衆; the ~《軽蔑的に》大衆, 民衆, 愚民; a ~ (ギャングの)る賊などの)一味, 一団; the Mob《特に》マフィア; a ~ (オーストラリア)動物の群; vt. ~ をどっと取り囲む, ~に殺到する, 集団襲撃する ◆ film a mob scene　群衆[群集]シーンを映画撮影する

**mobile**　adj. 動きやすい, 動ける, 移動する, 移動中の, 出先での, 機動力のある, 可動-, 自走-, 移動-, 自動車-, 機動-,《コンピュ》モバイルの(▶携帯用ハイテク電子機器などの形容に用いる), 《アマ無線》モービル-; 《顔が》表情豊かな, 《感情が》変わりやすい, 気まぐれな,《社会などが》流動的な; ~《美術》モビール(作品) ◆ a mobile amplifier　《音響》クルマ搭載用[車載]アンプ ◆ a mobile office　移動オフィス(*車に情報・通信機器を搭載したもの) ◆ a mobile station　移動局 ◆ a mobile unit　移動体 ◆ a mobile communication system　移動体通信システム ◆ mobile communication equipment　(車載型の)移動通信機器 ◆ a mobile phone melody　ケータイの(着信)メロディー ◆ desktop and mobile computers　デスクトップ[据え置き型]コンピュータとモバイル[(《意訳》携帯型)コンピュータ] ◆ in a mobile environment　《通》モバイル環境で ◆ a mobile high-gain antenna　移動型高利得アンテナ ◆ a rail-mobile ICBM　鉄道で移動[移送]できる大陸間弾道弾 ◆ Recent events have underlined the need for mobile, small-scale fighting units.　最近の出来事ごとは、そのような機動力のある小規模戦闘部隊の必要性を強調することとなった. ◆ Because of its convenient, compact size, you can mount it in a vehicle for mobile use, or on a boat for marine use.　便利な小型サイズなので、(それを)モバイル用として車両に搭載、あるいは海上[海洋]での使用のために船舶に搭載することが可能です.

**mobile home**　a ~ 移動住宅 (*大型居住用トレーラ)

**mobile phone**　a ~ 移動[携帯]電話 (= a cellular phone)

**mobile telephone**　a ~ 移動[携帯]電話 (= a cellular phone)

**mobility**　移動度, 移動性, 機動性, 機動(能)力, 易動性, 流動性 ◆ the mobility of electrons in...　~の中の電子の移動度 ◆ users with mobility impairment(s)　身体の不自由なユーザー ◆ a high-electron-mobility transistor; a [an] HEMT　高電子移動度トランジスタ

**mockup, mock-up**　a ~ モックアップ, 原寸大[実寸大, 実物大]の模型 (*製品開発の際に作る評価用模型) ◆ a detailed mock-up of the 737-300 cockpit　737-300型コックピットの詳細な原寸大[実寸大, 実物大]模型 ◆ The packaging is designed from mock-ups made of cardboard or clay.　容器は、ボール紙や粘土で作られる実寸大模型からデザインされる.

**modal**　adj. モード(mode)の, 様式[形式](上)の,《コンピュ》モード付きの ◆ to encourage a modal shift away from the car and other private modes of transport to public transport　乗用車およびその他の私的交通手段から公共輸送機関へのモーダルシフト[転換]を促すために

**mode**　a ~ 様式, 方法, 方式, 形式, 流儀, 仕方,《工業》《冠詞は時に省く》モード, 状態, (振動の)姿態,《統計》最頻値; the ~　流行, モード, はやり ◆ a mode of...-ing　~するモード ◆ a mode of propagation; a propagation mode　《電磁波》伝搬モード[伝搬の姿態] ◆ a transmission mode　転送方式 ◆ a mode-locked laser　モードロックレーザー ◆ in text mode　テキストモードで ◆ in (the) automatic mode　自動モードで; 自動モード時に ◆ place you in browse mode　《コンピュ》《メニューオプション, 操作などが》(操作者を)ブラウズモード[(で使用できる状態)]にする ◆ with learn mode　学習モード(機能)付きの; ラーンモード搭載で ◆ a mode of operation in which...　~(が~する)という運転方式 ◆ a mode of operation of a communication system　通信システムの運用方式 ◆ a particular mode of vibration [oscillation]　ある特定の振動モード ◆ now in full-fledged growth mode　今や本格的な成長モードに入って[《意訳》成長局面を迎えて]いる ◆ place... in the standby mode　〈装置など〉を待機モードにする ◆ put [send]... into standby mode　〈機器〉を待機モードにする ◆ the modem goes into fax mode　モデムはファックスモードになる ◆ a prescribed mode of operation by which certain results may be obtained　ある一定の結果が得られる[成果が上がる]であろう所定の仕事のやり方[運用法, 手口, 手順] ◆ Press F9 to enter Edit mode.　F9キーを押して編集モードにします[入ります]. ◆ Push the button to establish the program mode.　そのボタンを押してプログラムモードにします. ◆ Pressing this hot key sends the system into Standby mode.　このホットキーを押すと、システムはスタンバイモードになる. ◆ The notebook automatically switches to the suspend mode when you take a break.　そのノートブック機[コンピュータ]は、操作者が休むと自動的に一時停止モードに切り換わる. ◆ If improper tape motion is sensed by a built-in tape motion sensor, the VCR will revert to the STOP mode.　内蔵のテープ走行センサーが異常なテープの動きを検出すると、ビデオデッキは停止モードに戻ります.

**model**　1 a ~ モデル, 型, 型式(カタシキ), 車種, 機種, 模型, ひな形, 模範, 手本, 見本, (比喩的な意味での)鏡, (ファッション, 芸術・文学作品の)モデル; adj. 模型の, 見本工[展示]用の, 手本となる, 模範的な, 模擬- ◆ formulate a model　モデルを(考えて)つくる ◆ a model case　モデルケース[模範例, 標準例] ◆ a model designation　型名; モデル名; 機種[車種]名 ◆ a model room　モデル名, 型名 ◆ a model room [house, home]　モデルルーム[ハウス] ◆ a model student　模範的学生[生徒] ◆ model-change modifications　モデルチェンジ[機種変更]に伴う改造 ◆ the model year of a car　自動車の年式 ◆ 80 models of VCRs　80機種のビデオデッキ ◆ a model F-18　模型のF-18戦闘機 ◆ as a model for making...　~を作るための雛形として ◆ a year-old model　1年前の(旧[型落ち])モデル ◆ formulate proper models　妥当なモデルを作る ◆ the 1990 model year　《車》1990モデル年度; 1990製造年度 ◆ the latest model of car　最新車種 ◆ two new models　新型2車種 ◆ the model DTC-1500ES from Sony　ソニー(製)のモデルDTC-1500ES ◆ a model for representing the structure　その構造を表すためのモデル ◆ a model for the behavior of...　~の挙動モデル ◆ current models of CD players　CDプレーヤーの現行モデル[機種] ◆ the model of the proposed yacht　計画中のこのヨットの模型 ◆ a full-size model of an Apollo spacecraft　アポロ宇宙船の実物大[原寸大]模型 ◆ an older-model car　比較的年式の古い[低年式の]車 ◆ pre-1988 models　1988年型以前のモデル ◆ computer models predict that... コンピュータモデルによれば、～ということが予測される ◆a model to explain the action of... ～の働きを説明するためのモデル ◆during the model years covered by this manual 本マニュアルがカバーする(車の)型年度の期間に ◆if your car is a 1971 model or later もしあなたの車が1971年以降の年式なら ◆plan a model project to promote the use of... ～の利用を促進するためのモデル事業を計画する ◆the construction of the appropriate models それらの適切なモデルの構築 ◆Xxx could serve as a model for what Yyy ought to be. XxxはYyyのあるべき姿[あり方]の模範[手本、見本]となる可能性がある。 ◆as they walked through the showcase model rooms of this new condominium residence 彼らがこの新しいマンションの展示用モデルルームを見て回った際に ◆due to a two-week shutdown of production lines for model changeovers [model changes] モデルチェンジのための2週間にわたる生産ラインの閉鎖[停止]のせいで ◆The circuit is represented by a model containing..., ～を含んでいるモデルで表現されている。 ◆the plant is idle now for a scheduled model changeover この工場は、予定されているモデルチェンジ[車種切り替え]のため現在遊んでいる ◆the research results on which the model is based このモデルが依拠する研究結果;本モデルの土台[基礎]となっている研究成果 ◆Honda's Accord is due for a major model change this fall. 本田のアコードは今年の秋に大幅なモデルチェンジを受けることになっている。 ◆Japanese restaurants have plastic models of the food in a case outside. 日本の食堂は、外の陳列ケースにプラスチックの料理見本を出している。 ◆The power tools are also available in 220V-50Hz models. これらの電動工具には、220V 50Hzの機種もあります。 ◆What model is your Walkman? 君のウォークマンの型番はなに。 ◆The automaker closes plants for model changeover during the first two weeks in July. その自動車メーカーはモデルチェンジ[車種の切り替え]で7月の頭の2週間工場を閉める。 ◆Ford projects 100,000 of the new model to be exported to Asia from both U.S. and European Ford plants. フォード社は、同車種100,000台が米国および欧州の自社工場からアジアに向けて輸出されるものと踏んで[踏んで]いる。 ◆The active electronic subwoofer crossover is adjustable for any model of car subwoofer. 本アクティブ電子式サブウーファ・クロスオーバ・ユニットは、車載用サブウーファのどの機種にも適合するよう(周波数)調整できる。 ◆The cost of catalytic converters runs from $144 to $1,000, depending on car model. 触媒コンバータの費用は車種により144ドルから1,000ドルする。 ◆Our 386-based motherboard is available in a 16 MHz model or 20 MHz models with or without cache memory. 弊社の386CPUを核としたマザーボードは、16MHzタイプ1種と20MHzタイプ数種の中から、キャッシュメモリー付きまたは無しでお求めになれます。 ◆To come up with the best model floor plans, the staff surveys prospects who come to their models to find out what people liked and didn't like. 最も人気の高い間取りプランを開発する目的で、スタッフは、何が好まれないかを探そうと自社モデルルーム[ハウス]に訪れる見込み客を対象にした調査を行っている。 (参考) 1988 cars 1988年型[年式]車

2 vt. ～の模型を作る;～を手本にする、～に〈行動〉を模範に合わせる <after, on>、～を身につけて人に見せる、〈データなど〉を(～に)判断材料の一つとして盛り込んで使う <into>、～を模擬(実験)[試験]する、～をシミュレートする; vi. 模型を作る、モデルをする ◆a modeling approach; an approach to modeling モデル化へのアプローチ[取り組み方] ◆climate modeling 気候モデリング ◆model wind shears in the vicinity of the new airport 新空港付近のウィンドシア[低空乱気流]を模擬実験[シミュレート]する ◆molecular modeling on a personal computer パソコン上での分子モデル作成[モデリング] ◆performance can be accurately modeled 性能は正確にモデル化できる ◆He models after his father. 彼は、彼の親父を見習っている[父親を手本にしている].

**modem** 1 (modulator-demodulator) a ～ モデム、変調復調器 ◆a modem drops [falls] back モデムが(回線状態が悪い時などに)伝送速度を落とす ◆a modem forward モ

デムが(回線状態が回復すると)伝送速度を上げる ◆send [transmit]... by modem モデムで〈情報〉を送る ◆a 14,400-bps data/fax modem データおよびファクス伝送速度が14,400bpsのモデム ◆a 2300-bps modem/9600-bps fax modem モデムとして2300bps、ファックスとして9600bpsの(伝送速度の)ファックスモデム ◆documents sent through a fax modem ファックスモデムで送られる文書 ◆the modem supports the Hayes AT command set. このモデムは、ヘイズATコマンドセットをサポートしている。 ◆When substandard line conditions are encountered, the 9600-pbs modem offers automatic fallback to 4800 bps, while maintaining the full-duplex communications capability. 回線状態が通常より悪くなると、この9600bpsモデムは、全二重通信能力を維持したまま4800bpsに自動減速する。

2 v. モデムで送る ◆modem a memo to the home office モデムでメモを本社に送る

**moderate** 1 adj. 穏やかな、穏健な、穏当な、適度な、程よい、中ぐらいの程度の、並の、ほどほどの、まあまあの、まずまずの、(値段が)手頃な; a ～ (考え方の)穏健な人 ◆a moderate breeze 穏やかな風[和風](＊秒速5.8～8メートル) ◆a moderate gale 強風(＊秒速14～17メートル) ◆moderate-income 中所得の、中所得者層向けの ◆30 minutes of moderate exercise 30分間の適度の運動 ◆a moderate-price [moderately priced] hotel 比較的安いホテル ◆If you limit your intake of beef to lean cuts and moderate amounts, the benefits may outweigh the disadvantages. 牛肉の摂取を適度の量の赤身(の切り身)に制限[限定]すれば、マイナスよりプラスのほうが大きいでしょう。(＊コレステロールの点で)

2 vt. ～をほどほどにする、節制する、つつしむ、控える、和らげる、穏やかにする、〈原子力〉〈中性子〉を減速する；～の司会[議長、座長]をつとめる、～を主宰する; vi. 穏やかになる、和らぐ、鎮まる(シズマル)、〈原子力〉減速する ◆a moderating material 減速材 ◆a water-moderated reactor 水減速原子炉(＊中性子を軽水または重水で減速させるタイプ) ◆an organic-moderated reactor 有機減速炉 ◆Americans are beginning to moderate their drinking habits. アメリカ人は飲酒を控えるようになってきている.

**moderately** adv. 適度に、程よく、ほどほどに、控えめに、中ぐらいに、並に ◆a moderately priced camera 比較的安価な[安い]カメラ ◆a moderately sized optical fiber ほどほどの太さの光ファイバー ◆About a quarter of adults exercise moderately five or more times a week. 成人の約4分の1[4人のうち1人]が週5回以上適度に運動をしている.

**moderation** 適度、節度、節制、中庸、穏健、緩和、軽減、《原子力》(中性子)の減速 ◆in moderation ほどほど[控えめ、適度]に; 程よく ◆he has acted with farsighted moderation in avoiding provocations by... 彼は、～の怒りを買わぬよう、先見の明をもっておとなしくして[行動を慎んで]きた ◆If you drink, do so in moderation [do it with moderation]. お酒を飲むなら、控えめに[ほどほどに、度を超さないように、適量に、節度に]しましょう。 ◆Practice moderation with both food and drink. 暴飲・暴食はしないように.; 食べたり飲んだりはほどほどにすること.

**moderator** 仲裁[調停]者[役]、〈討論会などの〉司会者[議長]、〈メーリングリスト、電子会議などの〉主宰者[管理人] ◆a forum moderator フォーラムの主宰者

**modern** adj. 現代の、近代の、近世の、現代[近代]的な; 当世の、最近の、最新の ◆modern control 現代制御 ◆modern construction methods 近代工法 ◆a modern-day jet 現代[今日]のジェット機 ◆the conveniences of modern life 現代生活の便利なモノ; 文明の利器 ◆the present telecommunication infrastructure is also extremely outdated and incompatible with modern communication exchanges 現在の電気通信基盤も極めて時代遅れになって[旧式化して]いまって、最近の通信交換機との互換性がない ◆Computer-based systems have the potential to meet many of the needs of modern organizations. コンピュータ応用システムは、今日の団体組織の多くのニーズを満たす潜在能力を持っている。

**modernization** 近代化, 現代化 ◆undergo a major modernization 大幅に近代化される ◆an air-traffic control modernization program 航空交通管制近代化計画

**modest** adj. 控えめな, 謙虚な, 慎ましい, 簡素な, 質素な, 清楚な, 地味な, つましい, 少なめの, ほどほどの, 行き過ぎない ◆a modest amount of money 比較的小さい金額; 少額 ◆make relatively modest use of... ～をどちらかというと控えめ[少なめ]に用いる ◆make a modest investment in ～にささやかな投資をする ◆modest single-digit growth is expected 1ケタ[1桁]台の低めの成長が予想されている ◆produce modest quantities of chemical agents (複数の)化学薬品を少量(ずつ)生産する ◆use both goat cheese and creamy blue cheese in modest amounts ヤギ乳チーズとクリーミーなブルーチーズの両方を少量[少々]使う ◆Regular consumption of modest amounts of red wine may reduce... 赤ワインをいつも[習慣的に]少しずつ飲むと～を減らすことができる場合がある. ◆When cooking with Sambuca, use only a modest amount. (薬草リキュールの)サンブーカを使って料理する際は, ほんの少量[少々]使うようにします. ◆The black and white version is much more modest in its memory and space requirements. この白黒バージョンの方がずっと少ないメモリーとディスク容量で済む.

**modest-size(d)** adj. 小さめの, あまり大きくない, ほどほどのサイズの

**modesty** 謙遜, 謙虚さ, 慎しみ, しとやかさ, 簡素さ, 質素さ, 清楚さ, 地味さ, つましさ, 節度, 適度 ◆a modesty panel 目隠しパネル(*着座している人の脚が見えないようにするために机に付いている板)

**modification** 修正する[される]こと; (a)～修正, 改修, 改善, 変更, 改良, 訂正, 調節, 改質, 修整, 補正, (～の)修正[改良, 改造]版 <to>, 《文法》修飾 ◆make a modification to... ～に変更[修正, 改造]を加える ◆the addendum modification coefficient of a gear wheel 歯車の転位係数 ◆recover from unintentional modifications to the spreadsheet 《コンピュ》スプレッドシート(表)にうっかり加えてしまった変更を元に戻す ◆modifications of this method are still used この方法を改造したものが依然として用いられている ◆Modifications to your Food Processor will void your warranty. お買い上げのフードプロセッサーに改造を施された[手を加え]ますと, 保証は無効になります. ◆More than 200 modifications have been made to the orbiter alone, and dozens of others to the rocket boosters and the fuel tank. (スペースシャトルの)軌道船だけで200以上の改造が加えられ, 他に何十もの改造がロケットブースターと燃料タンクに施された.

**Modified Huffman** (MH) 《ファクシミリ》モディファイド・ハフマン(*画像データ圧縮のための1次元符号化方式の一種)

**modifier** a～修飾語[句, 節], 限定語[句, 節], 修飾子, 修正[緩和, 調整]するもの

**modify** vt. ～を修正[改良, 調整]する, (部分的に, 一部)変更する, 内容変更する, ～に変更[手]を加える, ～をアレンジする, 〈要求など〉を緩和する, 《CG》整形する, 《文法》～を修飾する; vi. modifyされる ◆the MDCT (modified discrete cosine transform) 変形離散コサイン変換(*音声やビデオ信号の圧縮によく利用される変換符号化方式の一種) ◆Last update [modified]: December 23, 2000 最新更新日: 2000年12月23日 ◆brighter LEDs modified for data communication データ通信用に改良された輝度のより高いLED[発光ダイオード] ◆Some versions have been extensively modified. 一部のバージョンは, 大幅に変更[改造]された. ◆The signals are modified by these weights prior to being summed. 信号は, 合算に先立ってこれらの重み(付け)により修正される. ◆Repairs which modify Herman specifications will require prior Herman Product Engineering approval. ヘルマン社の仕様に変更をきたすような修理は, 前もってヘルマン社製品技術部の承認を必要とする.

**modular** adj. モジュールの, モジュール方式の, モジュール組み立て式の, 規格部品で構成されている ◆a "building block" or "modular" approach 「積み木」方式すなわち「モジュール」方式 ◆a modular cabinet (組み合わせに自由度をもたせるために)寸法が標準化[規格化]されている飾り棚 (a) modular design モジュラー設計 ◆a modular jack 《電話》モジュラー・ジャック; ジャック付き(モジュラー)ローゼット ◆a modular system モジュール方式 ◆Its design is modular... それの設計はモジュール式になっている[モジュラー化されている] ◆modular home construction (規格化された部品を使っての)モジュール方式による住宅建設 ◆a modular car that can be transformed into various guises いろいろな姿に変身できるモジュラーカー(*玩具の類) ◆Modular design permits vertical stacking. 標準寸法設計なので, 積み重ねができます. ◆Teachers who prefer a different order will find that the modular organization of the textbook allows the sequence to be changed relatively easy. 違った順序(での授業)を好まれる諸先生方におかれては, この教科書のモジュラー[部分ごとに独立してまとめた]構成のおかげで, 比較的容易に順序が入れ換えられることがおわかりになるでしょう. ◆All equipment will be designed in modular form, so that modules can simply be replaced on-site. 《意訳》機器はすべてモジュラー化して設計されることになっている. これにより, モジュールを現地[現場]で簡単に交換できる. ◆It is a modular fiber-optic test instrument consisting of a mainframe and a variety of plug-in modules. これは, 本体といろいろなプラグ接続式モジュールから構成される, モジュール構造[式]の光ファイバー試験器です.

**modularity** モジュール性, モジュール化度(*全体が, 個々のまとまりあるモジュールから構成されており, 一つのモジュールを変更しても他のモジュールに影響がないこと. またその度合い)

**modularize** vt. ～をモジュール化する, モジュール方式にする ◆Watch out for modularized parts – clusters of components. 《電子》モジュラー化されている部品[《意訳》複合化部品](部品の集合体)には気をつけること.

**modulate** vt. ～を変調する, 調整[調節]する, 〈声〉の大小・高低・調子を変化させる[調節する]; vi. 変調する, 《音楽》転調する ◆a modulated wave 被変調波 ◆an amplitude-modulated wave 振幅[AM]変調波 ◆an electronically modulated suspension system 《車》電子制御式懸架システム ◆her well-modulated voice (一本調子でなく)よく抑揚のついた[メリハリのきいた]彼女の声(*声のトーンや表情がうまく使い分けられている)

**modulation** (a)～変調, 調節, 調整, 変化, 抑揚, 《音楽》転調 ◆a high degree of modulation 高い変調度 ◆modulation depth; a modulation factor 《無線》変調度 ◆modulation takes place 変調が行われる ◆perform amplitude modulation AM変調する

**modulator** a～《電気》変調器, 変調回路[装置], 調整器 ◆adiponectin may act as a modulator アディポネクチンは(*糖尿病の)改善物質としての働きをする可能性がある (*a modulator = 適切な程度になるまで調節[調整, 加減]するもの)

**module** a～モジュール, 構成要素, 基準寸法, 機軸, (宇宙)船, 《意訳》複合部品, 《意訳》部品の集合体, 《意訳》(太陽電池)パネル, 《数》加群 ▶モジュールとは, 単独で一つのまとまった機能を持ちながらも, 一つの構成要素として他のモジュールと組み合わせることのできるもの. ◆a light source module 光源モジュール ◆combine [assemble, integrate] (individual) parts into modules (個々の)部品をモジュールの形に組み合わせる; 部品をモジュール化する; (単品)パーツを合わせて複合化部品にまとめる; パーツを複合部品化する ◆The switching equipment is designed in modules. 交換機を, モジュール化して設計されている.

**modulus** a～(pl. -li) 係数, 率, 《数》母数 ◆a modulus of elasticity (ある値を持った, または一種の)弾性係数 ◆the modulus of rigidity [elasticity] 剛性[弾性]率[係数]

**modus operandi** a～(pl. modi operandi) やり方, 仕事の仕方, 運用法, 《口》(犯罪者の)手口 ◆the modus operandi of a network　ネットワークの運用法[運用形態]　◆This is his modus operandi.　これが彼のやり方だ。　◆The two cases bear a strikingly similar modus operandi.　これら2つの事件の(犯行の)手口[やり口]は驚くほどよく似ている。

**modus vivendi**　a～《ラテン語》for a mode [way, manner] of livingの意)生き方, 生活様式[態度]; a～　暫定協定(a temporary agreement), 一時的な妥協(a temporary compromise), 和解案　◆reach a modus vivendi with...　～との暫定協定に達する

**moiré, moire**　(a)～　波状模様, 波紋, 縞模様, 《光》モアレ, 干渉縞; adj.　◆moiré fringes consisting of a series of light and dark patterns　一連の明暗模様からなるモアレ縞[モアレ干渉縞]

**moist**　adj. 湿り気のある, 湿った, しっとりした, 濡れた, 〈空気が〉湿度の高い, 湿った(シッジョン), 〈目が〉うるんだ, 涙ぐんだ, 《医》湿性の　◆a hot, moist climate　高温多湿な気候　◆a moist place　湿っぽい[湿気の十分ある]場所　◆warm, moist air　暖かい湿った空気(＊空調用語ではmoist airは湿り空気)　◆the human eye must be kept moist　人間の目は常にぬれている[うるおいを帯びている]必要がある

**moisten**　vt. ～を濡らす, 湿らせる; vi. 濡れる, 湿る, しける, (目が)うるむ　◆with moistened hands　濡れた手で　◆clean them with a moistened cloth　それらを軽く湿らせた布でていねいにする　◆his eyes moistened　彼の目が潤んだ　◆induce a moistening of the eye　涙を誘う　◆moisten it with water　それを水で濡らす[湿らせる]　◆use a damp sponge to moisten postage stamps　切手を濡らすのに湿ったスポンジを使う　◆wipe it with a cloth moistened with a mild cleaning solution　マイルドな洗剤で軽く湿らせた布でそれを拭く

**moisture**　吸湿, 湿り気, 湿気, 湿気, 水分, 水滴　◆take up moisture　湿気を吸う　◆a moisture-resistant tape　耐湿性[防湿性]テープ(＊電気絶縁用などの)　◆a moisture separator　湿分分離器　◆moisture impermeability　不透湿性　◆moisture retention; the retention of moisture　湿気の保持[維持すること], 保湿　◆moisture-retentive soil　保湿性の(高い)土　◆moisture separation　湿分分離(＊圧搾空気などからの水分の分離除去)　◆resistance to moisture; moisture resistance　耐湿[防湿, 耐水, 防水]性　◆total moisture; (a) total moisture content　全水分　◆a soil moisture meter　土壌水分計　◆a moisture absorption test　吸湿試験　◆be resistant to moisture　～には防湿性[耐湿性, 防水性, 耐水性]がある　◆components vulnerable to moisture damage　湿気による損傷を受けやすいコンポーネント; 湿損に弱い部品　◆dig humus into the soil to improve its moisture retention　土壌の保湿性を高めるために腐葉土を鋤込む　◆reduce the moisture in the air　空気中の湿度を下げる　◆remove moisture in [from] (the) air　空気中の水分[空気中から湿気]を取り除く; 除湿する; 脱湿する　◆to keep paper from taking on moisture　紙を湿らせないようにするため　◆make it moisture-repellent　それに耐湿性[はつ水性]を持たせる　◆be low in moisture absorbency　吸湿性が低い　◆in areas exposed to moisture　湿気にさらされる場所で　◆reduce the moisture content to approximately 5%　水分を5%ほどまで減らす　◆these areas are vulnerable to moisture-caused corrosion　《意訳》これらの箇所は湿気で腐食しやすい　◆to prevent moisture from entering　湿気の侵入を防ぐために　◆applications where moisture may be encountered　湿気に直面しそうな[湿気が問題となりそうな]使用例　◆Avoid dust, dirt, and moisture.　ほこりおよび湿気を避けください。　◆Brake fluid attracts moisture.　ブレーキ液は, 湿気を呼びます。　◆It is sun-cured to about 10-30% moisture.　それは, 水分が約10%から30%になるまで日干しされる。　◆In general, packages show almost complete moisture desorption following a 4 - 6 hour bake-out at 125℃.　一般に, パッケージは, 125℃で4～6時間ベークアウト[加熱]すると, ほぼ完璧に脱湿されたことを示す.(＊半導体パッケージの話)

**moisture-proof**　adj. 防湿性の, 湿気を防ぐ[通さない]　◆湿気に強い　◆a moisture-proof material　防湿性のある材料　◆a moisture-proof pill case　防湿性のある薬箱

**moisturize**　vt. ～を湿らせる, ～に加湿する, ～に湿気[水分, 水気, 湿り気, 潤い, 《意訳》しっとり感]を与える, 〈肌など〉をしっとりさせる　◆it incorporates moisturizing ingredients such as...　それには…などの潤い成分が配合されている　◆Using a humidifier to moisturize the air will make breathing easier.　加湿器で空気に湿気[湿り気を与える]と呼吸が楽になります。

**mol**　(moleの省略形)《化》《(単位)》モル　◆1 mol [1 mole] of $N_2$ reacts with 3 mol [3 moles] of $H_2$　1モルの$N_2$が3モルの$H_2$と反応する

**mold**　1　a～　型, 金型, 鋳型, 押型, 型枠, (ゼリーなど)型を使って作ったもの, (人の)型, タイプ, 性格, 質(タチ)　◆a mold-maker　金型メーカー　◆a mold release agent　離型剤　◆the mold-making industry　金型(製造)業界　◆a mold builder　金型メーカー　◆he seems born to break molds and patterns　彼は, 型や決り切ったやり方[慣行, 慣例, 定石]を破る[打破する]ために生まれてきたようだ　◆He might break out of the mold.　彼は, 型[殻]を破るかもしれない。
2　vt. ～を(型)成形する, 成型する, 作る, 鋳込む, 鋳造する, こねて作る　◆a molding die　成形(用)金型　◆molded laminates　積層積層板　◆a molded-case circuit breaker　(成形ケース入り)配線用遮断器(＊「成形ケース入り」は普通省く.家庭用はこのタイプ)　◆a molded-in hinge [an integral hinge, a built-in hinge]　《プラスチック製品》一体成形ヒンジ[蝶番]　◆an injection molding machine　射出成形機　◆excessive [←insufficient] molding pressure　過大な[←不十分な]成形圧力　◆metal ingots are molded by...　～により金属の地金が鋳込まれる　◆a molded-in-place concrete pile　現場打ち[場所打ち]のコンクリート杭　◆a molded-plastic receptacle　成形プラスチックソケット　◆molded-in hand wells for easy carrying　運搬が楽になるように成型によって作られている手をひっ掛けるためのくぼみ　◆be molded of high-density polyethylene　高密度ポリエチレンで成形されて[出来て]いる
3　かび, 糸状菌

**moldability**　◎成形性, 成型適性　◆the moldability of compounds　成形材料の成型性[成形適性]

**moldy**　かびが生えた, かびた, かび臭い, 《(口)》時代遅れの, 古くさい, 古めかしい

**mole**　1　a～　モグラ, 体制に深く潜入しているスパイ
2　a～(pl. ～s)(省略形mol)《化》《(単位)》モル　◆a mole ratio　モル比　◆the number of moles　モル数

**molecular**　adj. 分子の　◆a molecular formula　《化》分子式　◆molecular bonds　分子結合　◆molecular electronics　分子電子工学(＊分子レベルで材料を操作し新規の電子回路用素子を作る電子工学分野)　◆molecular target therapy　分子標的治療(＊癌細胞のみを狙い撃つ[分子標的薬]による)　◆at [on] the molecular level　分子レベルで　◆identify the molecular structures of drugs　薬物の分子構造を突きとめる[割り出す]　◆intermolecular dehydration　(複数の)分子間の脱水　◆intramolecular dehydration　(1個の)分子内の脱水　◆molecular biology　分子生物学　◆the molecular weight ratio of carbon to carbon dioxide　炭素と二酸化炭素[炭酸ガス]の分子量比

**molecular weight**　(a)～　分子量　◆alcohols of higher molecular weight　分子量のより大きなアルコール　◆low-molecular-weight aldehydes　分子量の小さいアルデヒド　◆a solute of relatively high molecular weight　分子量の比較的大きい溶質

**molecule**　a～　分子　◆100,000 molecules of ozone　10万個のオゾン分子　◆a molecule of water　水の分子　◆represent molecules with sticks and balls　分子(構造)を棒と球(のモデル)で表現する

**molehill**　a～　モグラ塚　◆make a mountain out of a molehill; make mountains out of molehills　(些細なことを)大げさ[大ぎょう]に言う; 針ほどのことを棒ほど[針小棒大(シンショウボウダイ)]に言う

**molestation**　Ⓤ(性的)いたずら, 苦しめること, 邪魔, 妨害　◆commit sexual molestation of children [students]　子ども[生徒, 学生]に対して性的虐待[いたずら, 痴漢(行為)]を働く

◆individuals who commit (acts of) sexual molestation　性的虐待[性的いたずら, 痴漢, 性的暴力](行為)を働く者たち

**molester**　a～　子どもや女性に性的いたずらをする者, 痴漢　◆Should child molesters and sexual offenders be castrated?　子どもに性的いたずらをする痴漢およびその他の性犯罪者を去勢すべきか.

**molten**　（金属, 岩石などが高熱で）溶けている, 溶融している, 溶融-, 溶融-; 鋳造された, 鋳-　keep it molten　それを溶融状態にしておく　◆molten aluminum　熔融アルミニウム　◆molten metal　湯[熔融金属]　◆molten solder　溶けている[熔融している]はんだ

**molybdenum**　モリブデン（元素記号: Mo）　◆chromium molybdenum steel　クロム・モリブデン鋼　◆(a) high-temp molybdenum disulfide grease　二硫化モリブデン耐熱グリス

**mom-and-pop, ma-and-pa**（企業, 店が）夫婦で経営する零細な, 家族経営の, とっちゃんかあちゃんの　◆a mom-and-pop store　個人経営商店　◆a mom-and-pop operation　零細な個人経営企業[商店, 業者]　◆a small "ma and pa" operation　零細な「とっちゃんかあちゃん」家族経営業

**moment**　a～　瞬間, 瞬時, 一瞬, 極めて短い時間, 刹那, またたく間, 束（ツカ）の間, 片時; the ～ 目下, 現在, 現時（点）; a～（特定の）時, 時期; ②重要性, 重大さ;《物》モーメント, 積率, 力率, 能率　◆for a moment　一瞬, 瞬時の間, 少し[ちょっと, しばらく]（の）間, しばし,（否定文で）一瞬たりとも[片時も, かりそめにも, 絶対に](～ない)　◆from moment to moment　始終, いつでも　◆the instant [moment] when...　～する瞬間に, ～した一瞬に, ～すると同時に, ～するや否や, ～すると即[すぐに, 即座に], ～した途端に, ～するが早いか, ～した拍子に　◆without a moment's delay　時を移さず, 一刻も早く, 一瞬の遅滞[予]もなく, すぐさま, 早速, 直ちに, 即刻　◆a moment's hesitation　一瞬のためらい　◆a once-in-a-lifetime moment　一生に一度しかない瞬間　◆at the earliest possible moment　できるだけ[少しでも]早い時点で[に]　◆at the moment of rupture of a test specimen　試験片破断の瞬間に[で]破断点の　◆capture fleeting moments　足早に過ぎ去っていく一瞬一瞬を（カメラで）捕らえる　◆just moments before...　～の直前に　◆moments after lift-off　打ち上げ直後に　◆the moment (in time) at which...　～となる瞬間（＊モーメントの別の意味に取られないようにする必要がある場合に）　◆in time入れる）　◆until moment before; until instant before...　～の一瞬前[直前, 寸前, 間際]まで　◆the application of horizontal and moment loads to the wall　その壁体に水平荷重およびモーメント荷重をかける[印加する]こと　◆she had been a virgin until just moments ago　彼女はほんの少し前まで[今しがたまで]処女だった　◆the turning moment on the armature produced by...　～によってアーマチュア上に発生した回転モーメント　◆We cannot, even for a moment, forget that...　私たちは, ～であることを片時も忘れることはできない.　◆the screen shows the ambulance crew where they are, moment to moment, in relation to their destination　画面は, 救急車の乗務員たちに対する現在位置を刻々と知らせる　◆Just moments ago, I spoke with my daughter-in-law, Nancy, in Los Angeles.　ほんの少し前に[今しがた], 私はロサンゼルスにいる義理の娘（の意訳）息子の妻）ナンシーと（電話で）話した.　◆The past is gone forever. Learn to live in the moment.　過去は永遠に去ってしまっている.（二度と戻らない）今を生きることを学びなさい.

**(at) any moment**　今にも, いつ何時（ナンドキ）　◆be likely to happen at any moment　今にも起こりそうである

**at the moment**　現在, 今, ただ今, 目下, 現時点で, 今のところ, 当座は, さしあたり

**at the last moment**　（時間）ぎりぎりになって, いよいよという[いざという]時になって, 土壇場[間際, 瀬戸際]になって　◆chicken out at the last moment　土壇場になっておじけて尻込みする　◆cancel at the last moment　（時間）ぎりぎりになってキャンセルする; いよいよという[いざという]時になって中止する; 土壇場[間際, 瀬戸際]になって取り消す; ドタキャンする

**for the moment**　今のところ, 当分（の間）, ここしばらくの間, さしあたり, 当座は

**on the spur of the moment**　衝動的に, ものの弾み（ハズミ）で, 出来心で

**momentarily**　瞬間的に, 一瞬（の間）, ちょっとの間; 即座に, すぐに; 今にも, 今か今かと, 刻一刻と

**momentary**　ちょっとの, 一瞬の, 瞬間の, 瞬時の, 刹那的な, 一時の, 今にも起こりそうな, 刻一刻の, 時々刻々の　◆a momentary switch　（押している間だけ接点が閉じてオンになる）モーメンタリ[モメンタリ,《意訳》自己復帰型]スイッチ　◆a momentary drop in voltage　瞬時的な電圧の低下（＊a voltage sagの説明をするとなう）　◆cause a momentary change in...　～に瞬間的な変化を引き起こす　◆seek momentary escape from reality – alcohol, and sex　麻薬, アルコール, セックスなど, 現実からの刹那的な逃避を求める　◆the momentary actuation of the switch　そのスイッチを（押してすぐにまた放すようにして）瞬間的に作動させること　◆in the event of a momentary interruption of primary power　一時側電力の瞬間的な停電[瞬停]が発生した場合

**moment of truth**　a～（pl. moments of truth）◆闘牛》とどめの一刺し（の瞬間）,《比喩的》決定的瞬間, 決着の時, 試練の時, 重大な局面, 正念場, 土壇場, 急場

**momentum**　⓵はずみ, 勢い; (a)～ 運動量　◆gather [gain, build, pick up] momentum　～は勢いを増す[勢いを得る, 活気をみせてつく, 活気づく, 活発化する]; ～に拍車がかかる; 弾みがつく　◆lose momentum　勢いを失う　◆efforts to <do...> are gathering momentum　～しようという取り組みは勢いづいて[勢いを増して, 勢いをつけて]きている; 活発化しつつある　◆give great momentum to...　～に大いにはずみをつける[拍車をかける]　◆it is building momentum quickly　それは急速に勢いをつけつつある　◆maintain our growth momentum　我が社の成長の勢いを維持する　◆maintain sales momentum　販売の勢いを維持する　◆the transition to... has picked up momentum in the past six months　過去6カ月の間に, ～への移行にはずみがついた[拍車がついた]　◆Multimedia is gaining momentum.　マルチメディアは勢いをつけて[活気づいて, 活発化して]きている.　◆Online shopping gained momentum in 1997.　オンラインショッピングは1997年に勢いづいた[盛んになった].

**monadic**　adj. 単一体[個体, 単体]の,《演算が》単項の, 1価の

**monaural**　adj. 片耳の（↔binaural）, モノラルの（=monophonic [mono];↔stereophonic）

**Mondex**　◆Mondex, a British bank consortium and E-money company, is already piloting an international card that carry up to five currencies at once.　英国の銀行による電子マネー会社であるモンデックス社は, すでに5種類の通貨を同時に携行できる国際カードを試験的に導入している.

**Monel**　◆It is made of Monel, a nickel-copper alloy developed by Inco.　それはInco社が開発したニッケル・銅合金であるMonel（モネル）でつくられている.

**monetary**　金銭上の, 金融上の, 財政上の,（一国の）通貨の, 貨幣の　◆a monetary award　現金賞, 金一封　◆a monetary policy　金融政策　◆a monetary value　金銭的価値　◆monetary contraction　金融収縮　◆monetary disturbances　金融不安　◆do... for monetary reward(s)　金銭的報酬を求めて[賞金目当てで, 金のために, 金が欲しくて]～する　◆monetary support for...　～への資金援助　◆provide monetary incentives to...　〈人など〉に金銭的な励みになるもの[奨励金, 奨金, 報奨金, 金一封, ご褒美]を出す　◆Portugal's monetary unit is the escudo.　ポルトガルのお金の単位はエスクドです.　◆The savings aren't just monetary. You will save a lot of time.　節約されるのは経済面だけではない. 多くの時間を節約することにもなる.　◆Competition pilots are amateurs who compete not for monetary rewards, but simply out of love for the sport.　競技に参加するパイロットたちはアマチュアで, 賞金目当てではなく, このスポーツが大好きという理由だけで競技をするのです.　◆When the GDR's economy collapsed, West Germany

**money**

proposed monetary union and the call for German reunification became unstoppable.　ドイツ民主共和国の経済が崩壊したとき, 西ドイツは通貨統合を提案した. そして, ドイツの再統一を要求する叫びは止められないものとなった.

**money**　回マネー, 金(カネ), 銭(ゼニ), 金銭, 銭金(ゼニカネ)の足, 貨幣, 通貨, 有価証券, 資本, 富; ((複数形 moneys, monies で))資金(funds), 金額(sums of money); adj. 金銭(上)の, 金融‐, 通貨‐, 貨幣‐, 現金‐, 資本‐ ◆make money ［儲ける］ ◆raise money　募金する; 金を集める［調達する, 工面する, しらえる, 揃える, 算段する］; 金策する; 金の都合をつける ◆danger money　危険手当 ◆money market funds　マネーマーケットファンド(MMF) ◆public funds [funding, money]; taxpayer [taxpayers'] money　公的資金 ◆electronic [digital] money (= electronic [digital] cash)　電子［デジタル］マネー ◆accumulate (a lot of) money　金を(しこたま)貯める ◆an increase in the money supply　通貨供給量の増加 ◆drug dealers' appetite for money　麻薬密売人の金銭欲 ◆for far less money　はるかに少ない費用［下回る金額］で ◆get one's money back　金を返して［返金して］もらう ◆in terms of today's money　今日のお金に換算して ◆make an assessment of value for money　金に見合った［((意訳))出す金相応の］価値があるかどうか評価する ◆sell their creativity for money　彼らの創造性を金のために［金で］売る ◆transmit [send] money　送金する ◆with regard to the giving and receiving of money　金の受け渡し［金銭の授受］に関して ◆a money-back guarantee　払い戻し保証 ◆if you run out of money　もし金がなくなったら ◆it may appeal to people with money　それは金のある人達にアピール［金持ちには訴求］するかもしれない ◆I've always been short on money...　私はいつもお金に［経済的に］困っていた; 常に手元不如意(フニョイ)だった ◆keep a record of monies collected and the remittance of these monies　集めたお金の各金額およびそれらのお金の送金について記録を取る ◆the finest car money can buy　お金で買える最もすばらしい車 ◆we worked hard day and night for the money we needed to live on　私たちは生活費を稼ぐために日夜一生懸命働いた ◆The new European Union single currency, the euro, has made its long-awaited debut on international money markets.　欧州連合の新しい単一通貨であるユーロが, 国際金融［通貨］市場で待望のデビューを果たした. ◆When you have money freedom, you can wheel and deal with greater force and better results.　お金が自由になれば, より強力に思う存分事を運ぶことができ, よりよい結果を得ることができる.

**money-back**　((顧客が満足しない場合の))返金の ◆our unconditional, 30-day money-back guarantee　弊社の30日間無条件返金保証 ◆a money-back guarantee on ...　...についての返金保証

**money-laundering**　マネーロンダリング, (不正に得た)資金の洗浄［浄化］ ◆a money-laundering scheme　マネーロンダリング［資金洗浄］の手口

**money-losing**　赤字を出している, 不採算の ◆money-losing state-owned industries　不採算［赤字］国有産業

**moneymaking**　n. 金儲け, 利殖; adj. 金が儲かる ◆come up with a moneymaking idea　金儲けのアイデアを思いつく ◆Did you know that saving money is one of the best moneymaking strategies?　貯金［預金］も最も優れた利殖［蓄財］戦略のひとつだということをご存じでしたか.

**money order**　a ～ 為替, 郵便為替 (=((英))a postal order) ◆send a money order　((米))送金為替を送る

**Mongolia**　モンゴル地方, 蒙古(*中央アジア東部の地域で内モンゴルとモンゴル人民共和国を含む); モンゴル人民共和国 (the Mongolian People's Republic) ◆Ulaanbaatar is the capital of Mongolia.　ウランバートルはモンゴル(人民共和国)の首都である.

**Mongoloid**　a ～ 蒙古人種の人; a mongoloid ((しばしば小文字で))((最近は差別用語として使われない))((俗))ダウン症者, ダウン症患者; adj. 蒙古人種の, ((古))蒙古［ダウン］症の ◆the Mongoloid races　蒙古［黄色］人種 ◆The modern Japanese are

essentially a Mongoloid race.　現代日本人は元来蒙古［黄色］人種(の一派)である.

**monitor**　1　a ～ モニター, 監視(制御)装置, 傍受［聴覚］装置, 表示装置, 監視用, (ガス, 放射線)検出器, モニター画面, モニタースピーカー ◆a computer monitor　コンピュータ用モニター(*ディスプレイ装置の別の呼び方) ◆a color display monitor　《コンピュ》カラーディスプレイモニター ◆a monitor's screen; a monitor screen　モニター(装置)の表示面［画面, 画面］ ◆a color, touch-screen monitor　タッチスクリーン式のカラーモニター［表示装置］ ◆a large-screen, 20-inch monitor　20型の大画面モニター ◆for display on the Mac II monitor　《コンピュ》MacIIのモニターへの表示用[に表示されるよう]に ◆a 16" portrait monitor with 300-dot/inch resolution　解像度が300dpi［ドット／インチ］の16インチ縦型モニター ◆the monitor is 80 columns wide and 25 lines high　このモニターは80桁×25行表示である ◆a systems monitor with a nagging electronic voice alert　うるさい［耳ざわりな］電子(合成)音声警報の鳴るシステム監視［モニター］装置

2　vt., vi.　(連続的な)記録をとる, 監視［観察, 観測, 傍受, 計測管理, 監視制御］する, 〈人が〉モニターとして具合をみる ◆a monitoring screen　モニター［監視］画面(*表示装置に映し出される画面) ◆a U.N. monitoring team　国連監視団 ◆network monitoring functions　ネットワーク監視機能 ◆computerized health monitoring of livestock　コンピュータによる家畜の健康チェック ◆a U.N.-monitored cease fire　国連監視(下)の停戦 ◆add remote monitoring capabilities to its products　同社の製品に遠隔監視機能を付加する ◆be subject to monitoring by the International Atomic Energy Agency　国連原子力機関による監視の対象となる ◆monitor compliance with OSHA regulations　米労働安全衛生局の規定に適合［合致］しているかを監視する ◆monitor the day-to-day operations of the agency　その機関の日常業務［運営］を監督する［見張る］ ◆monitor the winds with weather balloons　気象観測気球で風を観測する ◆the monitoring of objects in space that might be hazardous to satellites or spacecraft　衛星／宇宙船に危険を及ぼす可能性のある宇宙空間の物体の監視 ◆use a spreadsheet to monitor a personal checking account　《コンピュ》スプレッドシートを使って個人当座預金口座を記録管理する ◆A constant monitoring of your gas mileage is the best way to check your engine's efficiency.　常に燃費効率［燃費］を監視することが（あなたの）車のエンジンの効率をチェックするのに一番いい方法です. ◆Such an intriguing prospect, however, could make regular monitoring of the site for future developments quite worthwhile.　しかしながら, このような興味深い予想からも, このサイトで今後どのように進展していくかを定期的に閲覧(してチェック)する価値は大いにあるだろう［((意訳))どのように展開していくか目が離せない］. ◆The condominium uses a fingerprint scanner to monitor the comings and goings of its residents.　そのマンションは, 住人の出入りを監視するために指紋スキャナーを使用している. ◆The supplier shall monitor immediate corrective action with his sub-suppliers on nonconforming supplies.　部品納入業者は, 自身の供給元について不適合納入品に対処すべく早急なる是正措置実施の監督をするものとする.

**monitoring**　回モニタリング, モニター, 監視, 傍受, 聴話, 取り締まりや規制目的で定期的に測定［試験, 検査］すること; ((以下の意訳))監査, 観測, 検出, 探査, 測定 ◆The United Nations Disengagement and Observer Force (UNDOF) performs monitoring including on-site inspection.　国連兵力引き離し監視軍(UNDOF)は現地査察を始めとする監視を行う.

**monkey**　a ～ サル ◆a grease monkey　((俗))(自動車・航空機などの)整備士［整備員, 修理工］

**monkey wrench**　a ～ モンキーレンチ, 自在スパナ(*a monkey wrench は, アゴと柄が90度のもの)

**throw a monkey wrench into...**　～を中断させる, 妨害する

**mono**　(monophonic) モノ(ラル)の (↔stereo [stereophonic]) ◆a mono VCR　モノラルビデオデッキ ◆...the sound is double mono rather than stereo　その音は、ステレオではなくダブルモノである（＊単にスピーカーが左右にあるという意）

**monochromatic**　単色(性)の、単彩の、一色性の、単色光の

**monochrome**　adj. モノクロの、単色の、1色の、《特に》白黒の; n. a～ 単色［淡彩］画、水墨画、白黒写真 ◆a monochrome film　白黒映画 ◆a monochrome photograph　モノクロ［白黒］写真 ◆paint... in monochrome　～を単色［モノクロ］《場合によっては白黒》で描く

**monocoque**　モノコック(構造)、自動車のシャーシ［台］と車体が一体化している単体構造、(航空機の胴体である)張殻(ハリガラ) ◆a carbon-fiber monocoque body　《車》カーボンファイバー製モノコックボディ ◆(a) monocoque construction [structure]　(航空機の機体や自動車などの)モノコック構造、補強材を用いないものは full monocoque「完全張殻の」、用いたものは semi-monocoque「半張殻の」と形容される)

**monocrystal**　(a)～ 単結晶 ◆monocrystals of...　〈物質〉の単結晶(＊この用例では単結晶が複数個ある)

**monocrystalline**　adj. 単結晶の ◆a monocrystalline rod 単結晶棒

**monolith**　a～ 一塊の岩石、《比喩的な意味にも》一枚岩 ◆As a result of various anti-trust suits, the Bell Systems monolith has been compelled to divest itself into its component parts.　様々な反トラスト訴訟の結果、一枚岩だったベルシステムズ社は自身を構成していた部門別に分割を余儀なくされた．

**monolithic**　一塊の岩石の、一枚岩の、一体式の、一体構造の、《半導》モノリシックの

**monomode**　単一モードの ◆a single monomode optical fiber　1本の単一モード光ファイバー

**monophonic**　モノラルの(略 mono, ↔stereo [stereophonic])、《音楽》単旋律の ◆a monophonic sound　モノラル音声

**monopod**　a～ 一脚(＊三脚に類似した、カメラなどを支持するもの)

**monopolism**　回独占体制、独占主義、専売体制 ◆Monopolism is out of date [a crime].　独占体制［独占主義、専売制度］は時代遅れ［犯罪］だ．

**monopolistic**　adj. 独占的な、専売の、独占主義［主義者］の ◆exercise monopolistic control in the PC operating system software market　パソコン用基本ソフト市場を独占支配する ◆the company has engaged in monopolistic practices in the operating system market　この会社は基本ソフト市場で独占的慣行を行ってきた

**monopolization**　(a)～ 独占(化)、専売

**monopolize**　vt. ～を独占する、～を一手販売する、～を独り占めする ◆monopolize a market　市場を独占する

**monopoly**　(a)～ 独占(権)、専売(権)、占有(権)、一手販売(権)、専売品、独占状態、《専売品、独占物、独占事業、独占企業、専売公社》 ◆a national monopoly　国の経営する独占企業、専売公社 ◆maintain a monopoly on...　～を独占し続ける ◆The entry of such competitors as A and B has whittled C's market share from a monopoly in the late 1980s to about 50% today.　A社やB社のような競争相手の参入で、C社の市場占有率を1980年代後半の独占状態から今日の50％へと削り落すこととなった．

**monorail**　a～ モノレール(の線路)、単軌(鉄道)、モノレールの車両 ◆monorail riders　モノレールの乗客

**monospace**　adj.《印刷》各文字に割り当てる幅が単一の、単一［均等］文字幅［間隔］の(= fixed-pitch, fixed-width)(＊Courier がその代表的なフォント); vt.《印刷》～を等幅にする ◆a monospace [monospaced] character font　等幅文字フォント ◆the character set is monospaced　《コンピュ》この文字セットは等幅［均等］タイプのものである

**monospacing**　《印刷》単一［均等］文字幅［間隔］、等幅(↔proportional spacing)

**monostable**　《電子》単安定の ◆a monostable multivibrator　単安定マルチバイブレータ (= a one-shot multivibrator) ◆a monostable relay　片側安定形リレー［継電器］

**monotone**　(a)～ 一本調子、単調さ; adj. (= monotonous) 一本調子の、単調な; adj. モノトーン［単色］の ◆a monotone increasing function　単調増加関数 ◆speak in a monotone　一本調子で話す ◆It was a very different feel from the flat, gray monotone feeling of Moscow.　それはモスクワの変化に乏しい灰色一色の［《意訳》灰色の無彩色な］感じとは非常に違う感覚だった．

**monotonous**　adj. 単調な、平板な

**monotonously**　adv. 一本調子に、単調に、変化［抑揚］に乏しく、(メリハリなく)退屈な感じで ◆a monotonously increasing function　単調増加関数

**monotony**　回単調(さ)、退屈、一本調子、変化のなさ、《意訳》倦怠 ◆avoid monotony　単調になるのを避ける

**monovalent**　adj. 1価の

**monsoon**　a～ モンスーン、季節風(＊インド洋および南アジアにおける)、(モンスーンによる)豪雨; the～ (インドや東南アジアの)雨期［雨季］ ◆experience the torrential rains of the monsoon season　雨季の猛烈な雨を体験する

**month**　回(暦の上での)月、暦月 (= a calendar month); ～s　長い間、長期間、長い月日 ◆every other month; every second month; every alternate month; every two months　隔月に、ひと月おきに ◆on a month-by-month basis　つきづき；各月ごとに；毎月 ◆the preceding [previous] month　前月 ◆a month-by-month calendar　月ごと［月めくり］のカレンダー ◆an 18-month warranty　18カ月保証 ◆at $25, up 50 percent from a month ago　前月比［対直前月比］50％アップの25ドルで ◆be 27.4 percent lower than the same month a year ago　前年同月比27.4％減である ◆be around 20 percent higher than the same month last year　～は前年同月比約20％上回っている［20％増である］(＊今年何らか) ◆between eight and 12 months old　(月齢)8カ月から12カ月の間 ◆by the end of the month　月末までに ◆during [over] the latter ten days of April [the month]　4月［同月］下旬に［下旬にわたって］(＊同月＝その月) ◆in the year-ago month　前年同月に ◆rent on a month-to-month [month-by-month] basis; rent month-to-month　月単位［月極め］で借りる［賃貸する］ ◆the results of many months of work　何カ月もの［長い月日をかけた］作業の結果［成果］ ◆a month of negotiations　1カ月にわたる交渉 ◆Although month-to-month fluctuations have been small, ...　対直前月比での変動は小さかったものの、◆be permanently marked with the month and year of manufacture　～には製造年月が永久的に表示［《意訳》容易に消えないように刻印］されている ◆performance figures for the month just past　前月［直前月］の(売上などの)実績の数字［統計］ ◆$350 if ordered on a month to month basis　$300 per month with a 3 month contract　1カ月単位のご注文［月極め契約］の場合が$350、3カ月契約の場合が$300/月．◆Real estate statistics usually are compared to the same month of the previous year because...　不動産の統計は、～といった理由で通常前年の同月と比較される． ◆Apple said the latter will be available at month's end.　アップル社は、後者(の製品)は月末に市販されることになっていると述べた． ◆Each report shows the figures for the month just past.　各レポートとも直前月［先月、前月］の数字［統計、実績値］を示す． ◆Retail sales in November were up a meager .2% from the previous month.　11月の小売販売高は、前月比［対直前月］0.2％の微増だった． ◆To search for stories by date simply type in the date, spelling out the month.　記事を日付で検索するには、月を(英文字で)スペルアウトして日付を入力してください． ◆Official month-on-month inflation was a record 211.8 percent in February, after standing at 100.6 percent in January.　《意訳》2月の公式な対前月比ベースでのインフレ率は、記録的な211.8％であった．その前の1月は100.6％だった． ◆Sales reports contain preliminary figures for the current month and final figures for the previous month.　セールスレポートに

は, 今月[当月, 本月]の速報値および直前月[先月, 前月]の最終実績値が記載されている.

**month-end** 月末(ゲツマツ, ツキズエ)の, 月の終わり頃の ◆a month-end report 月末報告書

**monthful** a～ひと月分, 1カ月分 ◆he returned to the lineup after missing a monthful of games due to a knee injury 彼はひざの負傷[《意訳》故障]で一カ月間(分の)試合を欠場したのちにラインアップに復帰した

**monthlong, month-long** 1カ月間にわたる ◆a month-long visit 1カ月間にわたる訪問

**monthly** adj. 月ごとの, 毎月の, 月1回の, 1カ月単位での, 月極(ツキギ)めの, 月々の, 月刊の, 月次一, 月間-; adv. 毎月, 月ごとに, 月1回, 月極めで; n. a～ (pl. -lies) 月刊誌 ◆a monthly report 月次[毎月]報告(書), 月報 ◆twice-monthly meetings 月2回のミーティング ◆Projected monthly sales volume: $_____ 月間予測販売高[予想売上, 売り上げ予想, 出来高予測]: _____ ドル ◆The new factory will have a monthly production capacity of 20,000 personal computers. この新工場の月産能力はパソコン2万台の計画である. ◆The company is increasing monthly production of the players from 5,000 units a month to 100,000 units a month. 同社は, これらのプレーヤーの月産(台数)を5千台(体制)から10万台(体制)へと増産中である.

**monument** a～記念碑, 記念像, 記念建築物, 記念物, 遺跡, 立派な業績, 大事業, 偉大な作品, 金字塔 ◆a granite monument 花崗岩[御影石]の石碑

**mood** a～気分, 機嫌, 気持ち, (場所や作品などの持つ気分)空気, 雰囲気; ～s 憂鬱な気分, 不機嫌, むっつり気分, ふさぎ込み, 気まぐれ, お天気屋 ◆a happy mood うきうきした気分 ◆impairment of driving due to mood – for example, anger or depression たとえば怒りや落ち込みといった, 気分による運転能力の低下 ◆I'm in the mood for a record. レコードでも聞きたい気分だ. ◆The mood of despair was evident in black townships. 黒人居住区では, 絶望感がはっきりと感じとられた. (*南アフリカでの話)

**moody** adj. 気分の変わりやすい, むら気の, お天気屋の, 気分屋の, 気まぐれな, 不機嫌な, 機嫌の悪い, むっつりした, ふさぎ込んだ, 憂鬱な ◆moody higher-ups 不機嫌な上役たち

**moon** the～(地球の衛星である)月, a～(惑星の)衛星; the ～ 月光, 月明かり ◆a half-moon-shaped pocket 半月形のポケット ◆heat radiating from a full moon 満月から放射される熱 ◆make a soft landing on the moon 月面軟着陸を行う ◆under a brilliant moon; underneath the brilliant moon 明るい月(の光)[玲瓏(レイロウ)たる月]のもとで ◆an image of the other side [back side, backside, far side, hidden side] of the moon 月の裏側の画像 ◆Beware of people who promise you the moon. とうてい守れそうにない約束をする人たちには気をつけなさい.

**moonlight** ⓝ月の光, 月光, 月明かり; vi. (夜間や本業の後で)アルバイトをする, 内職をする, 月の光を浴びる ◆while moonlighting as... (本業の他)～としてアルバイトしていた間に ◆his moonlighting work as a cabbie タクシー運転手としての彼の副業 ◆moonlighting civil servants アルバイト[副業]をしている公務員 ◆musicians moonlighting as actors 俳優のアルバイトをしている演奏家たち

**moonlighter** a～(特に夜間に)副業をする人, (本業の勤務後の)アルバイトをする人

**moonlighting** ⓝ(本業のかたわらにする)アルバイト, 副業, 内職 ◆work on a moonlighting basis (本職を持ちながら)アルバイトする ◆Moonlighting is forbidden. 副業[本業以外に]ほかの仕事をすることは禁止されている.

**moor** 1 vt., vi. (船)をつなぐ[つなぎ止める], 係留する, 固定する, (船が)停泊する ◆a (boat) mooring stake 係留柱; もやい杭(モヤイグイ) ◆a mooring rope 係留ロープ[網]; 繋船索; もやい索; 船網; 繋索 ◆place 30 mooring buoys 係留ブイ[浮標]を30基設置する
2 a～, ～s 荒れ地, 荒野

**mooring** ～s 係留網(= mooring ropes), 係留設備, 係留港, 停泊; ～s 係船所, 停泊所 ◆seek ethical moorings 倫理上

のよりどころ[規範, 規準, 基準]となるものを探し求める ◆adrift in search of new moorings 《直訳》新たな係船具[停泊設備]を求めて漂って[漂流して]; 《意訳》新しいよりどころ[心の支え]を求めて漂流して[さすらって] ◆a country that's sort of lost its moorings いわば漂泊している[迷走状態の]国 ◆when eroticism is loosed from its moorings and allowed to float free from the constraints of the quotidian エロチシズムが縛りから解き放たれ日常(の制約)を離れて自由に漂えるようになると

**mop** a～モップ; vt. (床など)をモップで水拭きする, ～を〈乾いた布などで〉拭く[ぬぐう], 〈汚れ〉を拭き取る

**moped** a～モペット, 原付自転車, 小型バイク

**moral** ～s モラル, 道徳, 倫理; a～(物語や体験などから得る)教訓; adj. 道徳上の, 道義上の, 倫理上の, 行いの正しい, 品行方正な, 教訓的な, 寓意的な, 精神的な, 事実上の ◆a moral lapse [fall] 堕落 ◆the moral of a story [novel] 物語[小説]の教訓[寓意(グウイ), (場合によっては)箴言(シンゲン)] ◆a sense of moral duty 道徳上の義務感[徳義心] ◆a person with strong morals モラルの強い人 ◆create a moral hazard モラルハザードを生む; 倫理の崩壊[破綻]をもたらす; 倫理の喪失[倫理観の欠如, 道徳的退廃, 《意訳》借り手の甘え]を引き起こす[招来する] ◆on moral grounds 道徳上の(理由で) ◆provide [offer, lend] moral support to... 〈人など〉を精神的に支援する ◆the moral breakdown of society 社会モラルの崩壊

**morale** モラール, 士気, 意気込み, 意欲, やる気, 熱意, 勤労意欲 ◆buck up the morale of... ～の士気を鼓舞する ◆employee morale 従業員の士気[やる気, 意欲] ◆significantly enhance the morale of employees 従業員の士気[やる気, 勤労意欲]を大幅に高める ◆morale is at an all-time low 士気は, これまでにないほど下がっている ◆worker morale suffered after downsizing ダウンサイジング[人員整理]後に従業員のモラールが低下した[《意訳》士気に(悪)影響が出た]

**moralist** a～モラリスト, 道徳家, 道義的な人, 道徳主義者, 道学者

**morally** adv. 道徳的に, 道義上, 品行方正に, 正しく, まず間違い無く, 事実上 ◆Every driver is morally obliged to do more than the law demands. すべての運転者は, 道徳上[道義上]の義務として, 法律で要求される以上のことをしなければならない.

**moratorium** a～支払い猶予[返済据置き](期間); a～一時的な停止[凍結]<on> ◆extend the moratorium on nuclear testing 核実験の一時停止期間を延長する ◆give an initial moratorium on repayments for the first two years 《直訳》返済について最初の2年間に初期返済猶予期間を与える; 《意訳》2年間の返済据置き期間を設ける(*債務/借金/ローン弁済で) ◆propose a one-year moratorium on debts 〈債権者側が〉債務の返済に1年間の猶予を(認めること)を申し出る ◆declare a three-year moratorium on offshore oil drilling 3年間の海上[洋上, 海洋]石油掘削停止を宣言する ◆The repayment period, in general, will be 4 years including a moratorium of 6 months. 返済期間は一般に6カ月の据置き期間を含めて4年です. (*債務/借金/ローン弁済で) ◆The International Whaling Commission enforced a moratorium on commercial whaling in 1982. 国際捕鯨委員会は1982年に商業捕鯨の凍結を施行した.

**morbid** adj. 病的な, 不健全な, 病気の, 病気を起こす ◆a person with a morbid fear of death 死に対し病的な恐怖を持っている人

**more** adj., adv. より多い, より大きい, 更に(= further), その上, (なお)いっそう, もっと, もっと, もう, また(= again); pron., n. 《単/複形》より多くの量[額], より大勢の人, それ以上のこと ◆what is more; what's more その上, それに, さらに(は), あまつさえ ◆considerably more important than... ...よりもずっと[はるかに]重要な ◆More needs to be done to <do...> ～するために, もっといろいろ行う必要がある ◆order more of... ～を追加注文する ◆to gain more energy efficiency エネルギー効率の向上[改善]を目指して ◆As weapons grow more sophisticated and smaller in physical size, ... 武器が高度化[高性能化]し、また物理的に小型化する[図体が小さくなる]ことが ◆missiles with ranges of 4,000 miles and more 射程距離4,000マイル以上のミサイル ◆we need your help more than ever 皆様からのあたたかいそうの助けが必要です ◆But there's more. しかしそれだけではない. ◆Mainframe computers run at rates of 10 MIPS or more. メインフレームコンピュータは、10MIPS以上の速度で走る. ◆The more glucose in the blood, the more drug is released. 血液中のグルコースが多ければ多いほど、薬剤は放出されることになる. ◆X is no more or no less important than Y. XはYに負けず劣らず重要である; XとYはどちらもひけをとらずに[優劣なく]大事だ; XとYは同じ程度に大切だ; XとYは重要度では[いい勝負だ, 甲乙つけがたい] ◆The longer the spill remains on the carpet, the more likely it is to leave a stain. カーペットにこぼれたものを(すぐに取らずに)そのままにしておく時間が長いほど、それだけシミが残りやすい.

**all the more** いっそう, いよいよ, ますます, なおさら, いやが上にも ◆all the more because of [due to, on account of]... ～のせいでもっと[なおさらのこと、ますますもって、いやが上にも, よりいっそう, それだけ余計に] ◆However, the fact that the product has been in an extended beta test makes it all the more noticeable to the public. しかし, この製品が長期ベータテストにかけられているということは、この製品に対する世間の関心をそれだけいっそう[いやが上にも]高めることになってしまっている. ◆"And when the enemy is invisible, as is the case for radiation, these fears become all the more difficult to counter and weigh all the more heavily on the minds of the people," he said. 「そして敵が放射能のように目に見えない場合、これらの恐怖はなおさらに対抗することが難しくなり、またそれだけ余分に人々の心に重くのしかかるのです」と彼は言った. ◆This year's cuts will come nowhere near meeting the target of a $171.9 billion deficit, so next year's slashes would have to be all the more severe to reach the mandatory deficit goal of $144 billion. 今年の(赤字)削減は、目標赤字額の1,719億ドルには到底近づかないだろう. 従って来年の削減は、絶対守るべき目標赤字額の1,440億ドルに到達するために、いっそう厳しいものとなろう.

**not more than** ～を超えない, ～以下の, せいぜい～, 多くとも～

**no more than, no more... than** わずか～, たった～, ～にすぎない, 決して～を超えないほど, せいぜい～の ▶単に「～以下」というよりは、数量や程度が小さいことを強調したりそれに対する驚きを表す. ◆tools no more complex than a screwdriver ねじ回しよりも決して複雑ではない[ねじ回し程度の簡単な]道具 ◆reduce power to no more than 30W 消費電力を30ワット以下に減らす

**more and more** (= increasingly) ますます, いよいよ, いやが上にも, よりいっそう, なお一層, なおさら ◆incorporate more and more functions into... もっともっと多くの機能を内蔵させる[組み込む, 搭載する];《意訳》～をますます多機能化[高機能化]する

**more like...** むしろ[どちらかというと]～のような; もっと～に似ている ◆the operation is more like copying その操作はむしろコピーのようなものだ

**more or less** 多かれ少なかれ, 多少, ある程度, 大なり小なり, 幾らか, 幾分か, いささか, やや; (= almost, nearly) ほとんど, 大方 ◆more-or-less unplanned third and fourth kids 幾分無計画に[なんとなく]できてしまった3番目と4番目の子ども

**more than 1** 《数詞を修飾して》～より上の, ～を超える ◆reduce the risk by more than half その危険性を半分以下に減らす[半分以下にする] ◆enable the country to more than double its current output of 152,000 cars a year 同国の現在の年産152,000台の生産高を2倍以上にすることを可能にする ◆We saw our printer sales more than quadruple in March, thanks to the special price. 特別価格のおかげもあって3月には弊社のプリンタの売り上げは4倍以上に伸びました. **2** 《名詞, 形容詞, 副詞などを修飾して》～を超えて, 余りあるほど ◆be more than happy [glad] とても幸せだ[嬉しい]

◆more than satisfy the requirements これらの要求条件[要件, 規定, 要求基準, 条項]を十二分に満たす[満たす];《意訳》～は、要求値[基準値]以上である ◆The new Coupe is much more than a reskinned four-door. その新型クーペは、4ドア車を単にモデルチェンジしたものの域をはるかに越えている.

**more than one** 《単数扱い》1より多い[大きい], 1を超える, 複数[2つ以上]の ◆documents that are more than one page in length 1ページより長い[(長さが)1ページを超える, 《意訳》複数ページにわたる, 《意訳》1ページに収まらない]文書 ◆if more than one cylinder is to be removed 複数のシリンダを取り外す必要があるなら ◆This is for the person who has more than one computer and wants to... これは、コンピュータを何台も持っていて、～したいと思っている人向けのものである. ◆It is likely that more than one egg has matured. 複数の卵子が成熟した可能性がある. ◆Clearly, more than one solution is possible in this situation. 明かに, この状況では何通りかの解決法が考えられる[この状況で考えられる解決法は1つだけではない].

**moreover** その上, さらに, しかも, おまけに, 加えて, それに, その他に, なおまた, あまつさえ

**morgue** a ～ モルグ, 死体公示所, 霊安室; (新聞社などの)資料室[調査部], (保管されている)参考[経歴]資料 ◆a newspaper morgue 新聞社の(参考)資料室[調査部] ◆in the morgue of a hospital 病院の霊安室で ◆The FBI is examining each of the corpses transferred to the city morgue. 連邦捜査局は、市の死体保管所に移送された遺体を一体ずつ調べている.

**moribund** adj. 死にそうな, 死にかけている, 瀕死の, 滅びかけて[絶滅しかけて, 消滅しかけて]いる ◆to resurrect Haiti's moribund economy ハイチの瀕死状態にある経済を再生するために

**morning** (a) ～ 朝, 午前; adj. 朝の, 午前(中)の ◆every morning; in the mornings 毎朝 ◆from morning till night (園 all day (long)) 朝から晩まで; 日がな一日, 一日中; ひねもす; 終日 ◆a morning newspaper [paper] 朝刊 ◆after a morning assembly 朝礼の後で ◆almost every morning ほとんど毎朝 ◆at a morning huddle or a staff meeting 朝礼[朝会]あるいは職員会議において ◆disappear in a morning mist 朝もや(の中に)に消える ◆during a morning (trading) session 午前の立ち会い[前場]の間に ◆during early morning hours 早朝(の時間帯)に ◆early in the morning; in the early morning 朝早く[早朝]に ◆from morning till [to, through, until] evening 朝から晩まで; 日がな一日; ひねもす ◆six o'clock in the morning 午前6時 ◆tomorrow morning's board meeting 明日の午前中の重役会議 ◆a morning-rush-hour train 朝のラッシュアワーの電車 ◆shortly after the early morning mist has dissipated 早朝の朝もやが晴れた直後に ◆take two daily naps, morning and afternoon 毎日、午前と午後に1回ずつ, 2回の昼寝をする ◆Drink water first thing in the morning. 朝一番[朝一]に水を飲みなさい. ◆Please take away food and water after 10 PM the night before surgery, and do not give any food or water the morning of surgery. 手術前夜10時以降は食べ物と水は取り上げてください. 手術(当日)の朝は食べ物と水を一切与えてはなりません. (▼動詞で)

**mornings** adv. 《米》毎朝, 朝に, 朝方に, 午前中に

**morphologic, morphological** adj. 形態学的な, 形態的な, 形態 ◆a morphological filter 《画像分析, 生物》モフォロジック[《意訳》形態的領域分解処理用]フィルタ ◆morphologic and morphometric evaluations of brains and brain injuries 脳と脳損傷の形態的および形態計測的な評価[測定]

**Morse** モールス符号 = (the) Morse code, the Morse alphabet ◆spell out "SOS" in Morse code モールスコードでSOSと綴る ◆the international Morse code 国際モールス符号

**mortality** 死すべき運命であること, 生者必滅(ショウジャヒツメツ), 人類; (a) ～ 死亡者数, 死亡率; (a) ～ (戦争, 疫病, 飢饉などによる)大量死 ◆reduce mortality 死亡率を下げる ◆infant mortality of component parts 部品の初期不良率 ◆a decrease in infant mortality 乳児死亡率の減少 ◆reduce the mortality rate of the disease この病気［疾病, 疾病］の死亡率を下げる

**mortar** 1 a 〜 乳鉢（ニュウバチ）, すり鉢；《軍》迫撃砲, 臼砲（キュウホウ）
2 n. モルタル, 膠泥（コウデイ）; vt. 〜をモルタルで接合する；〜にモルタルを塗る

**mortarboard** a 〜（左官がモルタルを載せる）鏝板（コテイタ）,（大学の卒業式でかぶる）角帽

**mortgage** (a) 〜 に抵当に入れること; a 〜 抵当証書, 抵当権, 抵当額, 抵当貸し, 担保付きローン; vt. 〜を抵当に入れる ◆a home mortgage loan 住宅抵当貸し付け［住宅ローン］ ◆a mortgage on property 物件に設定されている抵当 ◆property that is already mortgaged 既に抵当に入っている物件 ◆so many people are defaulting on their home mortgages 非常に多くの人々が住宅ローンの返済［債務］不履行に陥っている ◆take out a mortgage for a home 住宅購入のための抵当ローン［ローン］を契約する ◆a mortgage loan of between $24,00 and $31,000 2万4000ドルから3万1000ドルの間の金額の担保付き住宅ローン ◆Home building slumped because of rising mortgage rates.（住宅）抵当貸し付け利率上昇のため, 住宅建設が落ち込んだ.

**MOS** (a) 〜 (a metal oxide semiconductor) "moss"と発音. MOS(モス), 金属酸化膜半導体; adj. (metal-oxide-semiconductor)

**mosaic** Ⓤモザイク, 寄せ木細工; a 〜 モザイク模様, モザイク画,（衛星写真or航空写真を組み合わせた, ある地域の）集成写真; a 〜（〜の）寄せ集め<of>; adj. モザイクの, モザイクに似た, 寄せ集めの; vt. モザイクにする ◆a complementary mosaic filter 補色市松フィルター（*CCD画像センサー［撮像素子］などの）

**MOSFET**（metal oxide semiconductor field-effect transistor）"moss-fett"と発音. 〜 MOS電界効果トランジスタ

**mosque** a 〜 モスク, イスラム教の礼拝堂, 回教寺院 ◆pray at a mosque モスクで祈る; イスラム教の礼拝所［回教の寺院］で礼拝する

**mosquito** a 〜 (pl. -s, -es)蚊（カ） ◆a mosquito fleet 小型高速艇部隊［艦隊］ ◆a mosquito net; Ⓤmosquito netting 蚊帳 ◆a mosquito screen; Ⓤmosquito screening 防虫網 ◆mosquito-transmitted [mosquito-borne] diseases 蚊が媒介する病気 ◆an electronic [electric] mosquito repeller [killer, destroyer] 電気［電子］蚊取り器 ◆we burned mosquito coils 私たちは（渦巻き型の）蚊取り線香を焚いた（タイタ）

**moss** a 〜 (pl. -es)苔（コケ）; 〜 mosss-covered stones 苔むした石 ◆a moss-grown gate 苔の生えている［苔むしている］門

**Mossad** the 〜 モサド（*イスラエルの秘密諜報機関, ヘブライ語でagencyの意）

**moss-grown** adj. 苔（コケ）の生えた, 苔むした, 時代遅れの, 古くさい, 古風な

**most** adj.《しばしば the 〜》最も多い, 最多数の, 最大の, 最高の; (the 無しで)ほとんどの, たいていの, 大部分の, 大多数の; pron.（通例 the 〜）最大限, 最多数, 最大量, できるだけ多くのこと, できるだけのこと, 精一杯;（the 無しで）<of>（〜の）たいていのもの, 大多数, 大部分; adv.《強調する場合を除き, the はつけない》最も多く, 一番, この上なく, 至極; the 〜（二音節以上の形容詞・副詞の最上級を作る）;《無冠詞のまま形容詞, 副詞の前に置いて》非常に, たいへん, たいそう (= very) ◆most of all とりわけ, なかんずく, 特に, ことに, なによりも, この上なく ◆make the most of... 〜を最大限に［可能な限り, できるだけ］活かす［活用する, 発揮する］ ◆a most promising candidate 極めて有力な候補者, 最有力候補の一人（*不定冠詞 a がついていることに注意） ◆attract most attention 非常に注意を引く［大いに関心を集める, はなはだ注目を引く］（*この用例の most には the がついていないので very の意味） ◆attract the most attention 一番注目［注意］を集める; 最大の関心をひく［最も注目される］ ◆be left turned on most of the time ほとんどいつも［ほぼ常時, ほぼ定に, たいがい, たいていの時, ほとんどの場合において］電源がONのままになっている ◆in a most suitable and appropriate manner 非常に［極めて］適切に ◆(in) most times ほとんどの場合, たいてい ◆make the most effective use of... 〜を最も有効に使用する; 最大限（有効）活用する,（意訳）できるだけ効率的に用いる ◆Most importantly, 最も重要なのは ◆most of the time; in most cases たいていは, だいたい（のほとんどの, 大方の）場合, 普通, 一般に, 通り相場で ◆the most commonly [frequently] used... 最も一般的に用いられている〜 ◆the most hostile of all environments あらゆる（使用）環境の中でも最も厳しい環境 ◆the most important thing is that...《一番》重要なことは〜ということである ◆the most up-to-date version of... 〜の最新版 ◆throughout most of the Middle East 中東の大部分の地域で ◆what I want most for Christmas 一番クリスマスに欲しいもの ◆the most-listened-to CD in the United States 米国で最もよく聴かれているCD ◆the most popular honeymoon destination in America [the United States] アメリカきっての［米国随一の］人気新婚旅行先 ◆the most talked about subject 最も話題になっているテーマ ◆the most American of American food アメリカン・フードの中でも最もアメリカ的な食品 ◆The most that can be said is (that)... せいぜい〜ということくらいしか言えない. ◆four pieces of luggage in the most-wanted sizes 最も需要の多いサイズの4つのトランク ◆move information to where it is most in demand 情報が最も求められているところに情報を送る; 情報を一番必要としているところへ送る ◆she has the most need of it 彼女が一番必要としている ◆General anesthesia is used in most cases. 全身麻酔がほとんどの場合に用いられる.;（意訳）全身麻酔が主流である. ◆The area has some of the most productive oil wells in Indonesia. この地区にはインドネシア屈指［有数］の生産量の油井がある. ◆What three features are most important to you? あなたにとって最も重要な3つの機能は（次のうち）どれですか？（*アンケートの質問文） ◆Some mechanical problems are hard to spot in even the most thorough of inspections. 機械的障害の中には, 最高に徹底した検査においてさえ見つけることが難しいものもある. ◆For the seventh consecutive year, IBM was awarded the most U.S. patents in 1999. With a record 2,756 patents issued by the U.S. Patent and Trademark Office, IBM topped the next closest company by more than 900 patents. IBMは, 1999年に連続7年目の米国特許最多取得を達成した. 米国特許商標庁から過去最高の2,756件の特許の発行を受け, IBMは第2位企業に900件以上の差をつけた.

**at (the) most** せいぜい ◆The current is of the order, at most, of some hundreds of microamperes. この電流は, せいぜい数百マイクロアンペア程度である.

**for the most part** 大部分は, 大多数は, 大半は, だいたいは, 大方は, おおむね, たいていは, 主として ◆For the most part, long lines outside stores are a thing of the past in Poland. 概ねポーランドでは, 店の外の長蛇の列は過去のものとなった.（*国家社会主義が終わって）

**get the most out of** 〜を最大限に利用する ◆get the most out of your Macintosh あなたのマッキントッシュを最大限に活用する［性能を最大限に引き出す］

**make the most of** 〜を最大限に活用する, 〜をできるだけ有効に利用する ◆make the most of surface mount technology (SMT) 表面実装技術を最大限に生かす［活用する］ ◆give children a chance to make the most of their God-given talents 子供たちに神から授かった才能を存分に発揮できる機会を与える ◆Make the most of your life while you can. できるうちに, 精一杯生きなさい.

**most of all** とりわけ, なかんずく, 特に, ことに, なによりも, この上なく

**most favored nation** a 〜 最恵国; most-favored-nation adj. 最恵国の ◆give... most-favored-nation trade [trading] status〈国〉に最恵国通商待遇を与える

**mostly** adv. ほとんど, たいてい, 大部分は, 概ね（オオムネ）, 大方（オオカタ）, あらかた, あらまし, 概して, 大部分, 大半（タイハン）, 主に, 主として ◆The computer sits idle mostly [much of the time] そのコンピュータは, ほとんどの時間使われないで遊んでいる

**mote** *a* ~ 細かいちり, 粉塵(フンジン), 微塵(ミジン), 微片 ◆invisible motes　目に見えないほど小さな塵の微粒子

**mothball**　1　*a* ~ (ナフタリン, 樟脳の)防虫剤の玉, モスボール; adj. 長期保存中の, しまってある
　2　vt. ~をしまい込む[とっておく], ~を御蔵入り(オクライリ)にする, (軍艦など)を配備せずに予備用として長期保存する ◆The plan has been mothballed.　その計画はお蔵入りになった.
　**in mothballs**　長期保存されて, 予備用に保管されて, 御蔵入りになって

**mother**　*a* ~ 母, 母親, 義母, 養母, 継母, 《医》母体; adj. 母の, 母親の, 母国の, 母性の, 主要な, 主-, 基-, 原-, 母- ◆many Japanese men suffer from "maza-con", Japanized English for "mother complex"　多くの日本人男性は, 「マザーコンプレックス」を日本語英語化したところの「マザコン」を持っている[である] ◆Necessity is the mother of invention.　《諺》必要は発明の母である. ◆The mechanic understands the Thunderbird as if he were its mother.　この(車の)修理工は, サンダーバードを生みの親のごとく知っている.

**motherboard**　*a* ~ マザーボード, 母基板, 主基板, メイン基板 ◆a 386-based PC/AT motherboard　《コンピュ》80386ベースのPC/ATマザーボード

**Mother Nature**　(無冠詞)母なる自然, 大自然 ◆you [we] can't fool [kid] Mother Nature　大自然を侮ることはできない ◆snow removal is done by Mother Nature　除雪は大自然(の力)によって行われる

**mother-to-be**　動 -to-be

**motion**　回転動, 動き, 動揺, 振動, (天体の)運行; *a* ~ 体の動き, 動作, 所作, しぐさ, 身振り, 身のこなし, 物腰; *a* ~ 動議, 提案, 発議 ◆set [put]... in motion　~を始動[起動]させる, ~の運転を開始する ◆motion video　動画ビデオ(↔静止ビデオ) ◆motion decay　モーションディケイ(◆動きのある部分の軌跡をぼやけ(= blur)させるデジタル画像処理のこと) ◆the range of motion　移動範囲[距離](= travel) ◆a body in motion　動いている物体 ◆motion command　《ロボット》動作コマンド ◆bring forward a motion; bring in a motion　議を提出する[起こす] ◆control the motion of the robot　ロボットの動作を制御する ◆go through the motions of... -ing　(要求されている通りに)形式的に[本裁上]~する, ~していているように見せかける, ~を機械的にやる ◆impart motion to...　~に動きを与える ◆produce motion　動きを生じさせる ◆to put [set, propel] a plan into motion　計画を動き出させるために ◆a reciprocating motion in a horizontal direction　水平方向の往復運動 ◆create an illusion of continuous motion for viewers　見ている人に連続的な動きを錯覚させる ◆perform motion compensation and motion prediction functions　動き補償機能および動き予測機能を果たす(◆パソコンMPEG動画再生で) ◆set your vehicle in motion from a parked position　あなたの車を駐車位置からスタート[発進, 発車]させる ◆up-and-down motions with cycles ranging from 2 1/2 to 13 minutes　2分半から13分の周期の上下動 ◆Keep your money-making ideas in mind even if you cannot put them into motion even.　金儲けのアイデアは, たとえ今は実行に移せないにせよ心にいつも抱いていること. ◆The cartridge should easily snap in place with a single motion.　カートリッジは, ワンタッチで所定の位置にはまるはずです.
　**in motion**　動いている, 活動中の, 動作中の, 稼働中の, 運転中の, 移動中の, 進行中の

**motion picture**　*a* ~ 映画 ◆make a motion picture of...　~の映画を作る, ~を映画化する ◆turn TV serials into motion pictures　テレビの連続ものを映画化する

**motion sickness**　回乗物酔い, 動揺病, 加速度病 ◆take along medication for motion sickness　乗り物酔いの薬を持っていく ◆people who suffer from motion sickness　乗り物酔いする人

**motivate**　vt. ~に動機を与える, ~の動機となる, ~に刺激を与える, ~を駆り立てる, ~を奮起させる[~にやる気を出させる・引き出す], ~する気にならせる[~させる]<to do> ◆a motivating factor for...　~の動因[動機] ◆motivate high school students to become tomorrow's scientists　高校生に明日[未来]の科学者になろうという気を起こさせる[気持ちにさせる] ◆motivate one's employees　(自分の会社の)社員にやる気を出させる[社員の士気を高める] ◆hate-motivated assaults; assaults motivated by hate　憎悪[憎しみ]に動機づけられた[駆られた]襲撃 ◆motivate their curiosity for finding out more information about things　ものごとについてもっと知りろうとする彼らの好奇心を刺激する[くすぐる]

**motivation**　(*a* ~) 動機づけ, 動機, 刺激, 誘因, 目的(意識), やる気 <to do, for, in> ◆employee motivation; the motivation of employees　従業員のやる気[意欲, 士気] ◆his prime motivation for spying　彼のスパイ行為の第一の動機 ◆use revenge as motivation to <do...>　復讐心[遺恨]を~する原動力とする. ◆take... not as an insult, but fuel for motivation　~を侮辱としてではなく, がんばるためのエネルギーとして受け止める(意訳)~の屈辱[憎しみを][くやしさ]を動力に[バネに]する ◆However, many of us consider this a reason to have a higher motivation to succeed rather than a reason to give up.　しかしながら, 私たちの多くは, そのせいであきらめるのでなく, それだからこそもっと奮起すべきだと考えている.

**motivational**　adj. 動機の, 動機に関する, やる気を起こさせる ◆motivational books, such as How to Win Friends and Influence People by Dale Carnegie　デール・カーネギー著How to Win Friends and Influence Peopleなどの自己啓発本

**motivator**　*a* ~ 動機付けする[やる気を出させる, 人を誘惑するために用いる, 刺激になる]もの, 餌, 動機, 動因 ◆using money as a motivator　金をエサに

**motive**　*a* ~ 動機, 動因, 真意; adj. 原動力となる ◆Ulterior motives may be behind an offer of help.　援助の申し出の裏には隠された動機[下心, たくらみ, もくろみ, 思惑]があるかも知れません.; 何か魂胆があってのことかも知れません.

**motor**　1　*a* ~ モーター, 電動機, 原動機, 発動機, エンジン, 内燃機関; adj. モーター駆動式の, 自動車(用)の, 運転者用の, 《医》運動(性)の[運動神経の, 筋肉の] ◆start and stop motors　モーターを始動[起動]/停止させる ◆a motor vehicle　自動車 ◆an electric motor　電動機 ◆a motor-driven mechanism　電動メカ ◆a motor-operated switch　電動操作スイッチ[開閉器] ◆the motor vehicle industry　自動車業界 ◆a motor-driven spindle　モーターにより駆動される[電動]回転軸 ◆a motor-operated selector　電動式のセレクタ[切り換えスイッチ] ◆a boat that is motor driven　エンジン推進式の船 ◆a motor (branch) circuit　動力回路 ◆South Korea's Daewoo Motors　韓国の大宇自動車(*企業名) ◆the car's 2.5-liter motor　その車の2.5リッターエンジン ◆a motor-assisted bicycle　原付き[原動機付き]自転車(= a moped モペット) ◆a motor-circuit switch　動力回路スイッチ ◆the motor runs at a fixed speed　このモーターは, ある一定の速度で(等速)回転する
　2　vi. 車に乗る, ドライブする; vt. ~を自動車輸送する

**motorbike**　*a* ~ (小型軽量タイプの)モーターバイク, 小型バイク, オートバイ, 単車, 自動二輪, 原付自転車 ◆a reconditioned Japanese motorbike　(新品の)再生した日本製モーターバイク ◆it sounded like a motorbike without a muffler　それはマフラーのない小型モーターバイク[消音装置を外したオートバイ]みたいな音を出した

**motorcycle**　*a* ~ (中・大型の)オートバイ, 単車 ◆a motorcycle accident　オートバイ[単車, 二輪車]事故

**motorcyclist**　*a* ~ オートバイのライダー

**motorist**　*a* ~ 自動車運転者, ドライバー

**motorization**　電動化, 動力化, モータリゼーション

**motorize**　vt. ~にエンジン[モーター]を付ける, 電動式にする, ~に自動車を装備する ◆a motorized vehicle　発動機[エンジン, 電動機, モーター]付き車両; 自動車 ◆a motorized arm　モーター駆動のアーム[電動アーム](くすぐる) ◆a motorized snow vehicle　原付き雪上車両(= a snowmobile スノーモービル) ◆a motorized XY stage　《機械, 工学》自動XYステージ ◆a motorized variable speed zoom lens　可変スピード式電動ズームレンズ

**motormouth**　a～お喋り[よく喋る、饒舌(ジョウゼツ)、多弁]な人　◆become a motormouth [motor mouth]　おしゃべりな人になる

**motor-mouth(ed)**　adj. おしゃべりな、饒舌(ジョウゼツ)な、口から先に生まれた、口の達者な、口の立つ、よく舌が回る、ぺらぺらとよく喋る　◆coin a motto　モットーを作る　◆a motor-mouthed DJ　口のよく回るディスクジョッキー

**motor vehicle**　a～自動車、自走車、動力車(*鉄道ではない、自動車道を走る車両)　◆a motor-vehicle-mounted antenna　自動車に搭載の[車載]アンテナ

**motto**　a～(pl. ～es)モットー、標語、標榜語、合い言葉、旗印[旗標](ハタジルシ)、座右の銘、スローガン、[石に刻まれた]銘、銘文　◆a wall carrying the motto "Freedom is Not Free"　「自由はただではない」という標語[銘文]が掲げられている壁　◆coin a motto　モットー[標語]を作る　◆mottoes to live by　人生[生活]のモットー[信条]；座右の銘　◆We've adopted a motto for our team.　我々のチームにモットー[合い言葉]を採り入れた。　◆AT&T's motto is "communications anytime, anywhere."　アメリカ電話電信会社のモットー[スローガン]は、「いつでも、どこでも通信」である。　◆Make "home, sweet home" your motto today.　「我が家が一番[愛しの我が家]」を、あなたの今日のモットーにしなさい。　◆The team's motto from the start had been "One Team, One Goal."　チームのモットーは最初から「一つのチーム、一つの目標」だった。

**MOU, MoU**　an～(a memorandum of understanding) (pl. MoUs, Memoranda [Memoranda] of Understanding)(了解事項)覚え書き[覚書]

**mound**　a～塚、盛り土、盛土、つき山、土塁、山をなすもの、(野球の)マウンド、小さな丘、小山、堆積、土手、堤、堤防(シロアリなどの)塔　◆bury... in a small mound of soil　小さく土を盛った[小さな塚、小さな土まんじゅうの]中に～を埋める　◆he left a mound of problems for his successor　彼は後任の人[後釜]に山のような問題を残した

**mount**　1　vt. ～に登る[乗る]、～を(～に)据える[搭載する、組み付ける、装着する、実装する]、〈写真など〉を貼り付ける、〈試料など〉を(顕微鏡の)スライドガラスにのせる〈on, to〉、～を標本にする；〈組織的な運動、攻撃など〉を展開する[launch and carry out]；vi. 登る、上がる、乗る、〈感情などが〉高まる[つのる]　◆a mounting hole　取り付け用の穴；取付穴　◆a mounting screw　取り付け(用の)ねじ[ネジ、ビス]　◆forward-mounted　前方に取り付けられた　◆a mobile, vehicle-mounted missile　移動式車両搭載ミサイル　◆because of mounting costs　かさむコストのせいで；(意訳)コスト上昇のため　◆costs keep mounting　コストは上昇し続けている　◆mount an experiment　実験を行う　◆mount cross-border air raids　越境空襲を展開する　◆mounting racial polarization　激化している人種間の対立　◆permit the mounting of...　～の取り付け[装着]を可能にする；～により～の据え付けが可能になっている　◆Fear mounted.　不安がつのった。　◆a roof-mounted antenna　屋上設置アンテナ　◆designed to be mounted into a wall or into furniture　壁(体内)への埋設用あるいは家具への埋め込み用に設計されている　◆front-mounted controls　前面に取り付けられている操作つまみやスイッチ類　◆a clamp for mounting on horizontal surfaces　水平面上に取り付けるための取付金具　◆all electronics use surface-mounted components　すべての電子回路に表面実装部品が使用されている　◆the device on which the volume containing the file is mounted　《コンピュ》そのファイルを格納しているボリュームがマウントされている装置　◆The casing is drilled for wall mounting.　ケースは壁に掛けられるよう[壁掛け用の]穴があいている。　◆If you boot from a floppy disk, the hard disk will not mount.　《コンピュ》フロッピーディスクから起動すると、ハードディスクがマウントされない(*システムにログインしてもアクセスできない、つまりソフトウェア上では実装されていないのと同じ)ということになる。

2　a～マウント、台、取り付け台、架台、支持具、(切手、写真用の)台紙、(宝石の)石止め、砲架、砲座、(顕微鏡用の)スライドガラス、載せガラス、載物ガラス　◆a C-mount lens　Cマウントレンズ　◆a slide mount　スライド(フィルム保持用の)枠[マウント]　◆a panel mount fuseholder　パネル取り付けヒューズホルダー(*パネルに取り付けられるヒューズホルダー)

**mountability**　搭載性、実装性、据え付け性、装備性　◆rack mountability　ラックへの搭載性

**mountable**　adj. 固定[搭載、取り付け、組み付け、実装、装着]可能な　◆a rack-mountable unit　ラックに収納可能なユニット

**mountain**　a～山、山岳；～s 山脈、山系、連山、連峰；a～(うず高く積み重ねた物の)山、(山ほど)たくさん、極めて大きな数[量、額]；adj. 山の、山に住む[生える]、山のように大きい　◆a mountain of...　山のような[山ほどの、たくさんの、多量の、多額の]～　◆a mountain bike　マウンテンバイク(=an all-terrain bike, an ATB)　◆a mountain of problems　山積している問題　◆mountain formation; the formation of mountains　造山　◆mountain hiking　山歩き　◆a major mountain system　大山系　◆a man burdened with a mountain of debt　多額の借金を背負って[抱えて]いる男性　◆a mountain cottage [lodge, retreat, villa] for rent　貸し山荘　◆mountains of paperwork　山ほどある事務処理の仕事　◆a mountain-ringed region　山々に囲まれた[囲繞(イニョウ、イジョウ)された]地域、山間部[地]　◆a region affected by mountain-building [mountain-making, mountain-forming] movements　造山運動の影響を受けた地域　◆the picturesque mountain-ringed town of Innsbruck　絵のように美しい山懐に抱かれた町インスブルック　◆climb to the top of a mountain　山の頂上まで登る、山頂まで登攀(トウハン)する　◆conquer the world's tallest mountain　世界の最高峰を制覇[攻略]する　◆The Barisan Mountains run northwest-southeast for 1,000 miles (1,600 km).　バリサン山脈[山系]は北西―南東方向に1,000マイル(1,600km)にわたって走って[延びて]いる。　◆You will be able to move mountains by concentrating on one goal at a time.　一度にいくつも欲張らず一つの目標に集中すれば山をも動かせるようになるでしょう。

**mountainous**　adj. 山の、山の多い、山のような、山地の；a～tainous area [region]　山岳地帯；山地　◆The steel industry is saddled with mountainous losses.　鉄鋼業界は山のような損失[欠損]を背負い込んでいる。

**mountainside**　the ～山腹　◆on a steep mountainside [hillside]　急峻な山腹に[の]

**mounter**　a～乗せる[取り付ける、組み付ける、装着する、実装する]人[装置]　◆a high-speed chip mounter　高速チップ部品実装機[装着機、装着器]

**mounting**　⦿取り付け[組み付け、実装、搭載、装着、固定]すること、貼り付けること、乗ること；a～マウント、台、取り付け台、台紙、砲架、砲座　◆One of the most significant changes is the shift from traditional through-hole mounting to surface mounting, which makes possible an increase in board density.　《電気》最も著しい変化のひとつに従来のスルーホール実装から表面実装への移行があるが、これは(回路)基板密度の増加を可能にするものだ。

**mourn**　vi., vt. 嘆く、悲しむ、悼む、哀悼する

**mourner**　a～乗せる[取り付ける、組み付ける、装着する、実装する]人[葬儀者]　◆act as chief mourner　喪主[施主]を務める　(▶chief mourner は、役職名と同様で無冠詞)　◆He will be chief mourner for Julia.　彼がジュリアの喪主を務める。

**mouse**　1　a～(pl. mice)(ハツカ)ネズミ；a～おとなしくて小心な人、内気な人、臆病者　◆a genetically engineered mighty mouse　遺伝子工学を用いてつくられたスーパーマウス

2　a～(pl. mice)《コンピュ》マウス、(中国語)鼠標器　◆a mouse potato　コンピュータにハマっている人　◆an opto-mechanical mouse　光学(機械)式マウス　◆with a mouse-click　マウスをクリックすることによって　◆with just a click of the mouse button　マウスボタンをクリック[カチッと一押し]するだけで　◆with the click of a mouse　マウスをクリック

るだけで ◆a menu-based, mouse-driven interface メニューベースのマウスで操作する[マウス方式の]インターフェース ◆the mouse buttons have different functions in different regions マウスのボタンは,(マウスカーソルが画面上の)どの領域内にあるかによって機能が異なる[変わる] ◆The mouse has a sensitivity control for mouse-cursor movement. そのマウスにはマウスカーソルの動きの感度調整ボタンがついている。 ◆Select a pattern by pointing with the mouse at the desired pattern in the menu and clicking (on) the mouse button. メニューの中から目的の[使いたい]パターンをマウスで指し,マウスボタンをクリックしてパターンを選択して下さい。

**mouth** a〜口,口腔(コウコウ,コウクウ),開口部,口元,入口,出口,坑口,管などの端,河口,噴火口; vt. vi. (気取って)言う,声を出さずに口だけ動かして言う,口にする[入れる] ◆big mouth 大きな口;大口;お喋り屋;ぺらぺらとよく喋る人;一方的に言いたい放題しゃべりまくる[自己主張の強い]人 ◆evidence has a big mouth 証拠は饒舌[多弁]である;証拠は多くを物語る ◆motor-mouth(ed) おしゃべりな,口から先に生まれた,口の達者な,口の立つ,よく舌が回る,ぺらぺらとよく喋る ◆"Oh shut up, big mouth"「このお,黙れ.お喋りやろうるさい奴だ」 ◆put words in [into] a person's mouth (言いもしないことを)言ったことにする;言うべきことを教えてやる ◆take the words out of a person's mouth 人が言おうとしていることを先に[先回りして]言ってしまう ◆the mouth of a bag 袋の口 ◆to keep his big mouth shut 一方的にぺらぺらとよく喋る彼を黙らせておくために ◆a wide-mouth intake《車》口の広い(空気)取入れ口 ◆polio vaccine given by mouth 経口投与されるポリオワクチン ◆save a 3-month-old baby with mouth-to-mouth resuscitation マウス・ツー・マウス[口対口]蘇生で生後3カ月の赤ちゃんを救う ◆spread information by word of mouth 情報を口コミで広める ◆intra-oral cameras which magnify images inside a patient's mouth twenty-five times 患者の口の中の画像を25倍に拡大する口腔(コウコウ,コウクウ)カメラ ◆If what one has in his or her mind is not worth talking about, words do not come out of one's mouth. 考えていることが口に出して言うに値しなければ,口から言葉は出てこない。
**word of mouth** → word of mouth

**movability** 動きやすさ,可動性

**movable** adj. 動かせる,動ける,移動できる,可動の,移動の,動く,動きの,《法律》動産の; n. a〜(据え付けてない)家具,財道具;《しばしば〜s》動産 ◆the movable part of a valve 弁の可動部分

**movable type** (特に近代以前に活版印刷で用いられた)活字 ◆Gutenberg invented movable type. グーテンベルグは活字を発明した。

**move** 1 vi. 動く,移動する,ずれる,引っ越す,移り住む,移転する,進行する,進展する,回転する,売れる,出発する,発つ,立ち去る,行動を起こす,措置[対策]を講じる,(チェスなどで)駒を動かす,正式な提案をする,申し込む,提議する; vt. 〜を動かす,移動させる,移す,移送する,転送する,感動させる,〜という動議を提出する <for, that> ◆nonmoving pictures 動いていない絵;非動画画像;静止画像 ◆a move-up buyer グレードアップ[より良いものへの買い換え]を考えている客 ◆a piano-moving company ピアノ運送会社 ◆a moving saw blade 回転しているノコ刃 ◆move one's hands off the keyboard キーボードから手を離す ◆move production elsewhere 生産をどこか別の所に移す[移行させる] ◆move to a market economy 市場経済に移行する ◆move... toward or away from... 〜を〜に近づけたり遠ざけたりする ◆an automatic fore-and-aft-moving seat 自動で前方向と後方向に動く[前後に動く]座席 ◆a slow-moving bureaucracy 動きの鈍い[スローモーな,とろい]官僚機構 ◆WE'VE MOVED! Our new address is:... 引っ越し[転居]しました。私たちの[弊社の]新しい住所は〜です。 ◆move data between applications 《コンピュ》データをアプリケーション間で移す ◆move nearly at the speed of light 光速に近い速度で移動する[進む] ◆move programs from computer to computer プログラムをコンピュータから別のコンピュータへ移す[移植する] ◆move the

mouse pointer over the icon《コンピュ》マウスポインタ[マウスカーソル]をそのアイコンに合わせる ◆move up to equipment with more features より機能の豊富な装置にグレードアップする ◆when a mobile unit is moving 移動体が移動中に ◆when moving to new database management systems 新しいデータベース管理システムに移行する際に ◆as the mobile unit moves to a new location この移動体が新しい場所に向かって移動して行くについて ◆move goods and people to desired destinations モノとヒトを希望する目的地まで運ぶ ◆we think globalization is going to move a lot faster than that 我々はそれよりもずっと速い速度でグローバリゼーションが進むと思っている ◆when the tape is moving at a faster than normal speed テープが通常よりも速い速度で走行している時に ◆when designers of file systems move from working with magnetic media to working with optical disks ファイルシステム設計者が,磁気媒体を対象とする仕事から光ディスクを対象とする仕事に移る場合には ◆Companies will increasingly move into services and software. 企業はますますサービスとソフトウェアに進出するだろう。 ◆In 1989, he moved into the waste industry. 1989年に彼は廃棄物業界に進出した。 ◆Now the Soviets are moving toward meeting that standard. 今やソ連はその基準を満たすようになってきている。 ◆The automaker is rapidly moving toward one million vehicles a year. この自動車メーカーは,年間100万台(の生産)体制に向かっていよいよ進んでいる。 ◆The company's RISC chips have moved from a 1.5- to a 1.0-μm process. その会社のRISCチップ(の製造)は,1.5μmから1.0μmプロセスに移行した。 ◆You can move or copy rectangular areas of the image to other positions. 画像の矩形領域をほかの位置に移動したりコピーしたりできます。 ◆Once inventories piled up, stores had to cut prices to keep their merchandise moving. 在庫が積み上がってしまい,店は商品が滞らないようにする[たえず動かしておく]ために値下げを余儀なくされた。 ◆Apple's 466MHz and 533MHz Power Mac G4 systems are also moving briskly, but many customers are waiting for the dual-processor 533MHz and single-processor 733MHz models. アップルの466MHzと533MHzのPower Mac G4システムも活発に動いて[《意訳》よく売れて]いるものの,多くの客はデュアルプロセッサ533MHzおよびシングルプロセッサ733MHzのモデル(が出てくるの)を待っている。

2 a〜動き,行動,移動,引越し,移転,(目標などに向かって行く)段階,ステップ,手段,方策,措置,(チェスなどの駒の動き,動かしかた),(駒を動かす)番,手番 ◆There is a move afoot to <do...> 〜しようという動きがある[持ち上がっている,《意訳》みられる] ◆hasten the move toward RTGS (Real-Time Gross Settlements) 即時グロス決済〜の移行[RTGS化]を速める ◆There are moves afoot to relax the standards for...〜の標準規格を緩和しようという,すでに進行している動きがある ◆the smart move is to look to... 〜に頼ることのが賢明なやり方です ◆moves toward sovereignty are afoot in all 15 republics 独立へむけての動きが15の共和国すべてにおいて進行中である[《意訳》みられる] ◆It will be at least 15 years before such a move occurs. そのような動きが起こるのは少なくとも15年ほど先のようだ。 ◆Moves are underway to streamline some of these procedures. これらの手続きを一部合理化しようという動きが進行中である[進んでいる]。 ◆"Thinking four moves ahead," that's our motto. In chess, a player must consider the consequences before making a move. 「4手先を考える」これが私たちのモットーです。チェスでは,棋士は自分を動かす前に結果を考えなければならないです。 ◆Lead By Example: As a manager, your every move, from the way you dress to how you conduct yourself at company parties, will be scrutinized – and imitated – by your employees 率先垂範:マネジャーとしてのあなたの一挙一投足[一挙一動]が,服装から身だしなみから会社のパーティーにおける振る舞いに至るまで,従業員によって詳細に観察され,そして真似されます。 ◆The announcement last week of a powerful dual-processor machine by Cray Research Inc. is a move to cement its dominant position in supercomputers. クレイ社が先週行った

強力なデュアルプロセッサ機の発表は, スパコンにおける社の優勢をさらに固める意味である.
**on the move** 移動中で, あちこち飛び回って, 忙しく動き回って
**move away** ◆move away from...  〜から遠ざかる[立ち去る, 引き払う, 離れて行く, 遊離する] ◆move the space heater well away from the curtain ストーブをカーテンから十分に離す
**move back** 後退する[させる], 下がる[げる], 戻る[戻す] ◆move back... until...; move... back until...  〜を〈日付など〉まで後ろにずらす[後ろ倒しする] ◆move the carriage back three spaces (タイプライターの)キャリッジを3文字分戻す
**move beyond** 〜のままでいない, 〜にとどまっていない, 〜を越える ◆move beyond the status quo 現状を打破する
**move forward** 前進する[させる], 〜を前方に動かす, 進歩(シンチョウ)する ◆as the technology moves forward 技術が進展[進歩]するにつれて ◆The original phaseout date for HCFCs was demurely moved forward 10 years from the previously agreed upon date of 2030. (代替フロンの一種である)HCFCの当初の段階的廃止期限は, かねがね同意を見ていた2030年から小幅ながら10年前倒しされ[繰り上げられ]た. (*HCFCs = hydrochlorofluorocarbons)
**move into** 〜に入る, 進出する, 〈アパートなど〉に転居する ◆Let's move into a relaxed state.  ではリラックスした状態に入りましょう. ◆The West moves into the age of electronic banking.  西側諸国はエレクトロバンキング時代に入る[時代に入り, 時代を迎える].
**move on** 先へ進む, 立ち止まらないで進む, 移る ◆wait until traffic ahead moves on 前方の車両が前進するまで待つ
**move out** 出る, 立ち去る, 立ち退く, 引越して出て行く, 転出する ◆when the mobile unit moves out of the coverage area 移動体がサービスエリアから出ると
**move over** (空間をつくるために)詰める, (地位などを譲って)他に譲る, 方式を転換する ◆Move over to the right as soon as it is safe to do so, since the left lane ends ahead.  前方で車線が終わってしまうので, 安全を確認してできるだけ早く右(の車線)に寄り[移り]なさい.
**move up** 昇進する[させる], 上がる, 繰り上げる, (〜に)グレードアップする <to> ◆move up three notches to 11th  3位上昇して11位になる ◆move up to a multimedia system マルチメディアシステムにグレードアップする[乗り換える] ◆a Toyota Corolla owner moving up to a bigger car より大きな車にグレードアップしようとしているトヨタ・カローラのオーナー ◆offer rebates to users who move up within the product line 同一商品系列内でグレードアップする[買い換える]ユーザーに代金の一部を払い戻すことにする ◆the company that moved up by two months the date by which it will shut down...  会社は, 〜を閉鎖する期日を2カ月前倒しにした[繰り上げた] ◆For example, move up your annual physical exam from January to December.  たとえば, 例年の健康診断を1月から12月に前倒ししてみてはどうでしょう. ◆The deadline was suddenly moved up.  締め切りが突然早められた[繰り上げられた].

**moveability, movability** 動きやすさ, 可動性 ◆Check it for moveability.  自由に動けるかどうか, それを点検してください.

**movement** (a) 〜 動くこと, 動き, ずれ, 運動, 移動, 運搬;《しばしば 〜s》身体の動き, 動作, 所作, しぐさ, 身振り, 挙動, 動静; a 〜 (時計の)メカ, 機構, 駆動部分, 可動部, 作動装置; a 〜 動向, 進展, 変化; a 〜 (組織的な)運動, (社会的な)活動(中/複数)) 運動組織[活動団体]; a 〜《音楽》楽章, (a) 〜 便通, 通じ ◆a clock movement 時計の駆動部[メカ] ◆population movements 人口の移動; 人口動態 ◆a human-rights movement 人権運動 ◆accomplish small movements of... 〜を少し動かす ◆accomplish small movements of the table そのテーブルを微動[寸動]させる ◆A train or engine must not commence movement until...  列車あるいは機関車は〜まで動き始めて[運転を開始して, 発車して]はならない ◆be capable of movement 動ける[移動する]ことができる ◆have freedom of movement 移動の自由を持っている ◆join a movement [campaign] against...  〜に抗議する反対運動に加わる; 〜に反対する抗議運動に参加する ◆make up-and-down movements [motions] 上下動をする ◆permit freedom of movement 動きを妨げない ◆predict future movements in the stock market 今後の株式市況の動き[成り行き, 推移, 変遷, 趨勢, 展開]を予想する[占う] ◆random movements of particles 微粒子の不規則な運動 ◆the horizontal movement of air 空気の水平方向の移動[水平動] ◆up-and-down movements 上下動 ◆a broad-based popular movement 底辺の広い民衆運動 ◆a massive student-led movement for democracy 民主化を要求する大規模な学生主導の運動 ◆there had been no movement toward a solution 解決へ向けての動きはなかった ◆to maintain regular, comfortable bowel movements at least every other day せめて1日おきの規則正しく気持ちよい便通[排便, お通じ]を維持するために ◆translate the movement of the stylus into a changing voltage 針の動きを電圧変化に変換する ◆delays between throttle movement and power delivery スロットルの動作から動力の送り出しまでの間の遅れ ◆due to movement of the tectonic plates that form the Earth's crust 地球の地殻を構成する構造プレートの動き[変動]により ◆the minute movements that occur inside atoms 原子の内部で発生する微小運動 ◆A cable release helps minimize camera movement.  ケーブル[ワイヤー]レリーズは, カメラぶれを最小限に抑えるのに役立つ[有効だ]. ◆Multiple windows allow quick movement between tasks.  マルチウィンドウは, タスク間の迅速な移動を可能にする. ◆The cursor follows my thumb movements precisely.  カーソルは, 私の親指の動きにぴったりついてくる. ◆From 22,300 miles above the equator, the satellites monitor weather movements in...  赤道上空22,300マイルの位置から, これらの衛星は, 〜(地域)の気象の移り変わり[変化]を観測している ◆It is held in place, yet allowed movement, by a strong elastic belt.  それは, 強靭で弾力性のあるベルトによって所定の位置に保持されながらも動けるようになっている.

**movie** a 〜 映画, 電影; the 〜 映画館の; the 〜s 映画, 映画産業, 映画界, 銀幕の世界 ◆a novel-turned-movie 小説を映画化したもの; 小説の映画化 ◆go to the movies 映画を見に行く ◆a ten-screen cinema [movie] complex スクリーンが10面あるシネマコンプレックス[シネコン, 複合(型)映画館] ◆he saw Tora-san on an in-flight movie 彼は機内映画で寅さんをみた

**moviemaking** 映画制作, 映画づくり ◆in the early days of moviemaking 映画制作の黎明期に

**moving** adj. 動いている, 移動形の, 移動性の, 回転している, 可動な, 動作〜; 感動を呼ぶ[誘う, 与える], 感動的な; n. 動く[動かす]こと, 移動, 運搬 ◆a moving bed 《化, 燃焼工学》移動床, 移動層 ◆a moving video picture ビデオ動画(*アニメとは限らない) ◆moving parts 可動部(品) ◆a three-month moving average 3カ月間移動平均 ◆Color copying is still a moving target, so major companies are pursuing several technologies simultaneously.  カラー複写は依然として流動している標的なので, 主要企業はいくつかの技術を並行して追求している.

**moving iron** 〜an instrument of the moving iron type; a moving-iron instrument 可動鉄片型計器

**moving picture** a 〜 映画

**MP3** (MPEG-1 Audio Layer-3) (*オーディオ圧縮アルゴリズムの一つ) ◆convert an MP3 file to a WAV file MP3ファイルをWAVファイルに変換する

**MPC** an 〜 (Multimedia PC) マルチメディアパソコン; (Multiple Peripheral Controller)

**MPEG** (Motion Picture Experts Group) エムペグ (*カラー動画の圧縮・展開符号化方式), 動画像符号化専門家会合

**mph** (miles per hour) (マイル表示での)時速

**MPU** an 〜 (microprocessing [microprocessor] unit)《コンピュ》超小型演算処理装置

**MPV** an 〜 (a multipurpose passenger vehicle) 多目的乗用車

**Mr., Mr** 《男性の名前につける敬称. misterの略》(*pl.* Messrs.) ～氏, ～さん, ～様, ～殿, 《意訳》～先生 ◆Mr. and Mrs. Clinton クリントンご夫妻

**MRBM** (medium-range ballistic missile) *an* ～ 準中距離弾道ミサイル

**MRI** (magnetic resonance imaging)（核）磁気共鳴映像法

**MRSA** (methicillin-resistant staphylococcus aureus) メチシリン耐性黄色ブドウ球菌

**ms, msec** (millisecond) *a* ～ ミリ秒

**MS, MSc** (Master of Science) *an* ～ 理学修士号 ◆She holds a BS from the Massachusetts Institute of Technology and an MS from Columbia University. 彼女はMITの理学士号とコロンビア大学の理学修士号を持っている.

**Ms.** (*pl.* Mss., Mses.)《未婚／既婚の区別なく女性名の前につける敬称》～さん, ～様, ～女史

**MSDF** (Maritime Self-Defense Force) *the* ～（日）海上自衛隊

**MS-DOS** 《コンピュ》(エム・エス・ドス)（*Microsoft社が開発したパソコン用オペレーティングシステム）◆an MS-DOS-formatted disk MS-DOSでフォーマットされているディスク ◆run on [under] MS-DOS 〈プログラムが〉MS-DOS上で走る ◆break through the 640-Kbyte memory barrier of MS-DOS MS-DOS 640キロバイトの記憶容量の壁を破る ◆MS-DOS-based applications running on the VMEbus VMEバスで走るMS-DOSベースのアプリケーション ◆The program operates in 512K RAM with MS-DOS 3.0 or greater. このプログラムは, 512KのRAM内でMS-DOSのバージョン3.0以上で動作する.

**MSLB** *an* ～ (a main steam-line break)《原発》主蒸気管破断事故

**MS-Windows** (Microsoft Windows)（略して単にWindowsとも）《コンピュ》ウィンドウズ

**MTBE** (methyl tertiary butyl ether) メチル・ターシャリー・ブチル・エーテル (*無鉛の新ハイオク・ガソリン製造でオクタン価を高める添加剤に使用. 揮発性が疑われ, 地下水汚染や窒素酸化物の増加で環境問題化)

**MTBF** (*an*) ～ ((a) mean time between failures) 平均故障間隔 ◆based on an MTBF prediction of 8,000 hours 8,000時間の予想平均故障間隔に基づき ◆～ have a minimum mean time between failures (MTBF) of 10,000 hours at an operating temperature of 25 degrees Centigrade ～は, 動作温度25°Cにおいて最低平均故障間隔(MTBF)が10,000時間である

**MTCR** (Missile Technology Control Regime) *the* ～ ミサイル技術管理体制, ミサイル関連技術輸出規制

**MTTR** (*an*) ～ 平均修理[修復]時間, 修理[修復, 《意訳》復旧]までの平均時間 ◆an MTTR (mean-time-to-repair) of 30 minutes 30分の平均修理[修復, 《意訳》復旧]時間

**mu** (μ) ミュー (*摩擦係数, 増幅率などを表す記号) ◆a high-μ pentode 高ミュー[高増幅率]5極管

**much** adj. たくさんの, 多くの, 多量の, 多額の,（時間が）長い; adv. 大いに, 非常に, たいへん, かなり, 相当, とても, 実に, しばしば, ほぼ, ほぼ, だいたい, はるかに, ずっと; n., pron. たくさん, 多量, 大部分のこと[もの] ◆in much of the world 世界の大部分の地域で ◆in much the same manner ほとんど同じ方法で ◆much of the rest of the world 世界の他の多くの国々[地域] ◆not getting much cooperation from… …からあまり協力を得ていない ◆spend much time studying 勉強に多くの時間を費やす ◆a box much the same in size and appearance to a video cassette recorder (VCR) サイズおよび外観がビデオデッキとほとんど同じ箱 ◆it doesn't take much time to do… ～するのにたいして時間はかからない ◆propagate at speeds much less than the speed of light 光の速さに遠く及ばない[光よりもはるかに遅い]速度で伝播する ◆There is not much to do. 見るべきものはそれほどない. ◆Is it too much to say that they are fools if they fail to do…?? 彼らがもし～しなかったらバカだというのは言い過ぎ[過言]だろうか. ◆it bears much of the weight それが大半の重量を支えている ◆Since there is so much to attend to, … 注意を払わなければならないことがとても多いので, … ◆there

is not much difference between living in the suburbs and living in D.C. 郊外に暮らすのとコロンビア特別区に住むのとでは大差[たいした違い, さほど差, それほど変わり]はない ◆Elvis said, "Thank you, thank you very much!". エルビスは「ありがとう, どうもありがとう」と言った. ◆It is much too expensive and takes much too long to create. それを作るには費用と時間がかかりすぎる. ◆Hiring the handicapped is not much of a problem in some businesses. 身体障害者を雇い入れることは, 一部の企業においてはさほど（難しい）問題ではない. ◆The company attributes much of its success to Japanese-style cooperation between workers and managers. その会社は, 自社の成功の大方は日本式の労使協調のおかげであるとしている.

**much-awaited** 長いこと待たれていた, 待望の ◆much-awaited desktop publishing programs 待望のDTPプログラム

**much-sought-after** 引っ張りだこの, 引く手あまたの, 至極需要の多い, よくお呼びのかかる, 大人気を博している, 売れっ子の ◆a much-sought-after commercial pitchman お呼びのよくかかる[売れっ子の]（テレビの）CM出演者

**much-touted** 大々的に宣伝された, 鳴り物入りで宣伝された

**mud** 回泥, ぬかるみ ◆become covered with mud 泥をかぶる; 泥だらけ[まみれ]になる

**muddiness** 回濁り, くすみ, 泥だらけ ◆… can contribute to the muddiness of the sound reproduced ～は再生音の濁りの一因となりかねない; 再生音を濁らせる可能性がある ◆rid skin of muddiness overnight 一夜のうちに皮膚のくすみを取る

**muddy** ◆Properly blending sounds is the secret [key] to obtaining a rich, non-muddy sound. 音を適切にブレンドすることが, 豊かで濁りのないサウンドを得るポイント[要諦(ヨウテイ)]です.

**mudflat** *a* ～《しばしば ～s》干潟 ◆North Sea mudflats 北海の干潟

**mudstone** (*a*) ～ 泥岩 ◆(a) fossiliferous mudstone 化石を含む泥岩

**muffle** vt. ～を包んで[覆って]消音する, 〈音〉を小さくする[こもらせる, ヌケを悪くする], ～を防寒具で覆って保温する; vi. ◆a muffled explosive sound こもった（音の）爆発音 ◆footsteps muffled by the snow on the street 雪の（消音効果）で小さくなって聞こえる足音

**muffler** *a* ～マフラー, 襟巻き, 《車》(排気)消音器 ◆an engine exhaust muffler エンジン排気（騒音を減少させるため）のマフラー[消音装置, 消音器] ◆Be certain your motorcycle has an adequate muffler, keep it properly maintained, and do not modify it to make it louder. あなたのオートバイ[単車]に必ず十分なマフラー[消音装置]が装備されているようにし, 常に適切に保守整備してください. 大きな音を出すための改造をしてはいけません.

**mujahedin, mujahideen, mujahedeen** *a* ～《単複同形》ムジャヒディン, ムジャヘディン (*イスラム教徒のゲリラ兵士, イスラム聖戦士, イスラム戦士)

**multi-** 多くの要素[部分, 関係]からなる, 多い, 多数の, 多様な, 層倍の, 複数の, マルチ, 多重の, 多連の, 多数の, 多数の, 複合の, 複式の, 多～, 複～, 重～, 多種～ ◆a multi-fuel combustor 多種燃料[混焼]燃焼器 ◆MDR TB (multi-drug-resistant tuberculosis) 多剤耐性結核 ◆a multi-user, multi-tasking network マルチユーザー, マルチタスクのネットワーク ◆a multi-day power failure 複数の日にち[多くの日数に, 何日にも, 幾日にも]わたる停電の間に

**multibyte** adj. 《コンピュ》マルチバイトの (*複数バイトまたは, 1バイト文字と2バイト文字混在の)

**multicast** 《ネット》マルチキャスト（する）(*同じデータをネットワーク内の1部の装置群に向けて送信すること. cf. broadcast) ◆Multicasting refers to one-to-many communication. マルチキャスティング[マルチキャスト方式, 同報通信]とは1対多通信のことをいう.

**multichannel** 多重の、マルチチャンネルの ◆stereo/multichannel TV broadcasts ステレオ／音声多重テレビ放送

**multicoat** ◆a multicoated lens マルチコーティングレンズ

**multicolored, multi-colored** adj. 多色の、《染料》多彩の、異色の ◆produce multicolored graphical output 多色グラフィック[図形]出力を生成する ◆draw a multicolor picture under computer control コンピュータ制御[下]で多色を使った絵を描く

**multicomponent** ◆multicomponent distillation 多成分系蒸留

**multi-conductor** adj. 多心[多芯]の ◆a multi-conductor audio cable 多芯オーディオケーブル

**multi-contact** ◆a multi-contact gang switch 多極連結スイッチ(＊multi-contactは多接点の意)

**multicountry** 複数の国の、多国間の ◆a multicountry conference 多国間会議

**multicultural** adj. 多文化的な ◆a multicultural country 多文化国

**multiculturalism** 多文化主義

**multidisc** adj. 一度に複数枚のディスクが装填できる、数種類の異種ディスクがかけられる ◆a multidisc player マルチディスクプレーヤー

**multi-drop** v.《通》分岐する[させる]; adj. 分岐した ◆multi-drop equipment 分岐装置

**multifaceted** adj. 多数の切り子面のある、いろいろな面[局面、側面、要素]を持つ、多面的な、多芸多才な、つぶしのきく ◆a multifaceted artist 種々な方面の才能を持つ[多才な、マルチ]アーティスト ◆a multifaceted [multitalented, versatile] engineering firm [company] 守備範囲の広い[間口の広い、つぶしのきく]エンジニアリング会社 ◆The menu is multifaceted. メニューは多彩である。(＊コンピュータの話) ◆a "complex" and "multifaceted" problem with no simple solution 簡単な解答[単純な解決策]のない「複雑」かつ「多面的な」問題 ◆Their music is multifaceted. 彼らの音楽は多面的である[いろいろな要素を含んでいる]。 ◆The purpose of the operation was multifaceted. この作戦の目的は多岐にわたった。 ◆Since its founding in 1982, LCS has grown from a "one-product company" into a multifaceted software vendor that produces the likes of A, B and C. 1982年の創業以来LCS社は「単品企業」から、A、B、Cなどを生産する総合ソフトウェア開発業者へと成長した。

**multifamily** adj. 多世帯の、複数家族[世帯]向けの ◆multifamily dwellings, including apartments and condominiums (高級)アパートやマンションをはじめとする多世帯住宅[集合住宅]

**multi-featured** adj. ◆a multi-featured color video camera 多機能カラービデオカメラ

**multifilament** adj. マルチフィラメント[マルチ(糸)]、多繊維、多繊条]の; n. ◆a multifilament fiber-optic cable 多芯光ファイバーケーブル

**multifunction, multi-function** 多機能の、複数の機能を持っている、《意訳》複合の、複合化された(＊たとえば、複写機、プリンタ、ファックスなどを一体化した機器について) ◆a multifunction product 多機能[高機能]製品 (= a multifunctional product) ◆a multifunction plain-paper fax/printer 普通紙ファックス／プリンタ兼用機[複合機] ◆a multi-function control center 多機能コントロール・センター ◆The DP85F is an 8-ppm multifunction peripheral with a Super G3 33.6 Kbps modem. DP85Fは、Super G3対応33.6Kbpsモデムを搭載した毎分8ページ(の印刷速度)の複合周辺装置[《意訳》デジタル複合機]です。 ◆A multifunction device may use less total energy when compared to the energy used by separate devices. 多機能装置[複合機](1台)は、別々の装置[単機能機](複数台)の使う電力と比較してトータルでみた場合の電力消費が少ないことがある。 ◆Nanox has announced a multifunction desktop machine that combines the functions of a printer, fax machine, copier, and graphics scanner in a single box about the size of a laser printer. ナノックス社は、レーザプリンタほどの大きさの1台分の筐体にプリンタ、ファックス、複写機、(グラフィックス)スキャナの機能をまとめた[統合化した]多機能[《意訳》複合型]デスクトップ装置を発表した。

**multifunctional** adj. 多機能の ◆a multifunctional product 多機能[《意訳》高機能、複合]製品 (= a multifunction product) ◆make... multifunctional ～を多機能化[高機能化、複合化]する ◆products go multifunctional 製品が多機能化[高機能化、複合化]する ◆Like so many automotive components, glass has become multifunctional. 数多くの自動車部品と同様に、ガラスも多機能化[高機能化]した。

**multifunctionality** 多機能性、(農業の)多面的機能性(＊食料生産以外にも環境保護、災害防止、景観保全[維持]などのメリットがあること)、複合機能性(＊スキャナ、ファックス、複写機、プリンタなどが統合されている機器について) ◆stress the importance of the "multifunctionality" of agriculture 農業の「多面的機能」の重要性を強調する

**multigrid**《電子》複数のグリッド[格子]を有する、多極の ◆a multigrid tube 《真空管》多極管

**multigroup** 多群の ◆a multigroup model 《原子力》多群モデル

**multilateral** 多面的な、3カ国以上が参加している、多国間の ◆multilateral talks [negotiations] 多国間交渉

**multilayer** adj. 多層の、積層の、重層的な ◆(a) multilayering technology 積層技術 ◆a multilayer ceramic chip capacitor 積層セラミックチップコンデンサ ◆a multilayer board 多層基板

**multileg, multilegged** adj. 脚が多数ある、脚の数が(正常本数より)多い ◆a multilegged deformed frog 脚が多数(5本以上)ある奇形カエル ◆Dividing the fiber optic bundle at any point along its length with the remaining length separately extended will produce a multileg light guide. 光ファイバーバンドルを、長さ方向の任意の点で区切って、残りの長さ分[その点から先の部分]が分かれて伸びた状態にすると、いくつかの分岐した光導波路ができる。

**multilevel** adj. 多重レベルの、複数の階がある、《信号などが》多値の ◆multilevel marketing マルチ商法、連鎖販売 ◆a multilevel marketing firm [company]; a multilevel marketer マルチ商法[連鎖販売法]の会社 ◆a multilevel sales program マルチ商法、ネズミ講式の販売法、連鎖販売法 (= a Ponzi [pyramid] scheme) ◆a multilevel hierarchy of directories 《コンピュ》多重化されたディレクトリ ◆a multilevel highway intersection ハイウェイの立体交差点

**multimedia** n.《単扱い》マルチメディア、複合メディア、《中国語》多媒体; adj. マルチメディアの、複合メディアの ▶コンピュータをベースとするデータと、オーディオ、ビデオ、グラフィックスなどを連係すること。 ◆a multimedia-capable [-ready, -compatible, -equipped] personal computer マルチメディア対応パソコン ◆a 64MB MultiMedia Card [card] 64メガバイトのマルチメディアカード ◆a multimedia information source マルチメディア情報源 ◆in this age of multimedia このマルチメディア時代にあって ◆playback MIDI files on a multimedia computer マルチメディアコンピュータでMIDIファイルを再生する

**multimeter** a ～ マルチメータ(＊テスターの別称、1台で切り換えにより電圧、電流、抵抗値などが測定できる) ◆a digital multimeter (DMM) デジタルマルチメータ；デジタルテスター

**multimodal** adj. 複数方式[様式]の、いろいろな形態をとる、多モードの、複合一貫の(＊輸送が) ◆multimodal [intermodal] transportation management strategies 複合一貫輸送管理戦略

**multimode** マルチモードの、多モードの ◆a multimode laser マルチモードレーザー ◆a multimode waveguide 《光通》多モード導波路 ◆a multimode optical fiber 多モード光ファイバー

**multinational** adj. 多国籍の、多国家(間)の; a ～ 多国籍企業 ◆a multinational company 多国籍企業

**multinationalized** 多国籍化した ◆a multinationalized business 多国籍(化)企業

**multipart** adj. 複数の要素で構成される[複部構成の] (→single-part),〈伝票などが〉複写式の(＊何枚か重なっていて同じ内容の帳票を複数部作成できる) ◆a multipart form 複写式(記入)用紙[複写フォーム]

**multipath** 《通》マルチパスの, 多重路の ◆a multipath fading マルチパスフェージング ◆Much of the sibilance and hissy edginess characteristic of multipath interference has been diminished. 〈FM受信の〉マルチパス妨害特有の歯擦音やヒスっぽくて耳障りな感じは大方なくなった.

**multiple** adj. 多数の, 複数の, いくつもの, 多-, 重-, 多重-, 多連-, 多段-, 複数の, 複合-, 複式の, 並列-, 倍数-, 倍-, 繰り返し-, (金型が)数個取りの,《医》多発性の; a 〜 倍数 ◆a multiple-unit tube (真空管の)複合管(= a multiunit tube) ◆multiple drug use 多剤の使用 ◆multiple sclerosis (MS) 多発性硬化症 ◆a multiple-entry pass 数次入の入国許可証 ◆a multiple-cavity [multi-cavity, multicavity] mold 多数個[数個]取りの金型(＊1回の成形で数個の成形品ができる) ◆a multiple-disc changer 多連奏[多連装]ディスク装置 ◆a multiple-disc product (ソフトが)何枚かのディスクで組[セット]になっている商品 ◆can be used multiple times 〜は,何回も[何度も](繰り返し)使用できる ◆coat multiple layers (up to 100) (最高100層までの)多層コーティング[マルチコーティング]を施す ◆multiple exposure capability 《カメラ》多重露出機能 ◆odd multiples of 3 3の奇数倍数(＊3, 9, 15, 21など) ◆paste multiple copies of data 〈コンピュ〉同じデータをいくつも[複数箇所に]貼り付ける ◆W-CDMA (Wideband-Code Division Multiple Access) 広帯域符号分割多元接続(＊デジタル携帯電話の一変調方式) ◆a person with [who has] multiple personalities 多重人格の人 ◆20 is an integral multiple of 5 20は5の整数倍数である ◆make eight multiple exposures on a single frame 《カメラ》1コマに8回多重露出する ◆The multiples of the fundamental are called harmonics. 基本波の倍数は高調波と呼ばれる. ◆The program prints multiple copies when required. このプログラムは, 必要な時には複数[多数]部印刷できる.

**multiple-choice** adj. 多肢選択式[方]の, 多者択一の, 多択の, 選択式の,〈筆記試験が〉マルチプル・チョイス[マルチョイ]式の ◆a multiple-choice question 多肢[多枝]選択問題; 択一[多択, 多者択一]問題

**multiple-font** マルチフォントの, 多種の字体の ◆the multiple-font capability マルチフォント機能

**multiplex** 1 adj. マルチプレックス式の, 多重の, 複合の, 合成の,《医》多発性の; n. a 〜 多重伝送方式,(映画館が数館入っている)複合映画館[マルチプレックス],映画館が目白押しの場所, 立体視図(＊ステレオカメラで撮影した航空写真を元に地図を作成する際に用いる) ◆a four-screen multiplex [theater, cinema] 映写スクリーンが4面ある[映画館が4軒入っている]複合映画館[マルチプレックスシネマ, シネマコンプレックス] ◆a multiplex cinema 複合(型)[総合, 合同]映画館(＊一つの建物または敷地内に複数のスクリーンをもつ映画館)
2 vt. 〜を多重化する,〈信号など〉を多重伝送する; vi. 多重伝送する ◆a multiplexing technique 《通》多重化技術 ◆a time-division multiplexed system 時分割多重方式(= a time-division multiple-access system) ◆multiplex many voice channels into one data circuit 多数の音声チャンネルを一つのデータ回線に多重化する 〈参考〉 the entire signal must be demultiplexed (DMUX) and then remultiplexed (MUX) 《電子》この信号全体を多重分解(DMUX)した上で再度多重化(MUX)する必要がある(＊DMUXではなくDEMUXと略記している通信関係の本もある)

**multiplexer, multiplexor** a 〜 マルチプレクサー, 多重化装置, 伝送制御装置,(アンテナの送受信)共用装置 ◆a time division multiplexer 時分割多重装置

**multiplication** (a〜)かけ算, 乗算, 九九, 乗法, 倍増, 増殖 ◆a multiplication [times] sign 乗法[かけ算]記号(×, ・, ＊) ◆an effective multiplication factor 《原子力》実効倍増係数[率] ◆do [perform] a multiplication かけ算を(1回)する ◆frequency multiplication 周波数逓倍

**multiplicity** 回多数であること, 多種多様であること, あまた, 許多, 多数(性), 多様(性), 多彩(性), 複合性, 多重度, 重複度 ◆a multiplicity of circuit breakers 多数の多種多様な配線用遮断器

**multiplier** a〜 乗数, かけ算器, 乗算器, 倍率器,(周波数)逓倍器, 倍増器, 電子倍増管, 光電子増倍管 ◆a frequency multiplier 周波数逓倍器, 倍周器 ◆an electron multiplier 電子倍増管 ◆the role of information technologies as manpower multipliers 人的資源を何倍にも強化[増強]する手段としての情報技術の役割[役目]

**multiply** vt. 〜に(〜を)掛ける, 乗ずる<by>;〈周波数〉を逓倍する, 倍増する, 増大させる, 繁殖させる; vi. 倍増する, 増加する, 増大する, かけ算をする, 繁殖する, 増殖する ◆multiply 100-fold 100倍になる[する] ◆multiply the result by 100 結果に100を掛ける[を100倍する] ◆multiply the capacity of... by a factor of 10 〜の能力を10倍にする[向上させる] ◆pensions for... are computed by multiplying the years of service by 2.5 percent 〈人〉の年金は勤続年数に2.5%をかけて算出される ◆a hardware accelerator that multiplies the speed of data transfer to... 〜へのデータ転送を何倍にも[大幅に]高速化するハードウェア・アクセラレータ ◆To convert kPa to mm Hg, multiply by 7.5. キロパスカルを水銀柱ミリメートルに換算するには, 7.5を掛けること.

**multipolar** adj. 多極の, 多極性の, 多極的な ◆a multipolar [multi-contact] connector 多極コネクタ

**multi-purpose** 多目的(用途)の ◆a multi-purpose vehicle 多目的車

**multi-read** ◆Multi-read CD-ROM drives can read discs made by CD-R and CD-RW drives. マルチリードのCD-ROMドライブは, CD-RドライブやCD-RWドライブでつくったディスクを読める.

**multi-scanning** adj. マルチスキャン式の ◆a multi-scanning display マルチスキャンディスプレイ(＊数種類の水平・垂直走査周波数に自動的に同期して使用できるディスプレイ装置)

**multisegment** ◆a multisegment magnetron 分割陽極マグネトロン, 分割型陽極磁電管 ◆a multisegment [multizone] metering system (カメラの)分割測光システム

**multisession** ◆The CD-ROM drive is Kodak multisession Photo CD-compatible. そのCD-ROMドライブは, コダックマルチセッションフォトCDに対応している.

**multistage** 多段式の ◆a multistage rocket 多段ロケット

**multistory, multistoried** 高層の ◆a multistory hotel 高層ホテル

**multistrike** 複数回打てる[印字できる], 繰り返し使用可能な ◆a multistrike film ribbon 何度も繰り返し使用可能な(プリンタ用)フィルムリボン(＊インクリボン)

**multitalented** adj. 多方面で才能のある, 多芸多才な, 守備範囲の広い, 何でもこなす, マルチな ◆a 50-person multitalented engineering services company that has carried out projects for more than 50 different clients on a wide variety of topics これまでに幅広いテーマで50社を上回る顧客のプロジェクトを遂行してきた, 守備範囲[間口]の広い50人規模のエンジニアリングサービス会社 ◆This position requires a versatile, multitalented individual with strong team work skills. このポストは, チームワーク能力[性]に優れた多芸多才な人間[マルチ人間]を必要としています.(＊求人広告から)

**multitasking** マルチタスク[マルチタスキング]式の ◆a multitasking computer system マルチタスクコンピュータシステム ◆be performed in a multitasking fashion [manner] マルチタスクで行われる ◆multitasking systems like UNIX UNIXのようなマルチタスク[多重タスク]システム

**multitrack** adj. トラックが複数ある、マルチトラックの、多重トラックの ◆a multitrack recording system　マルチトラック録音システム

**multitude** a 〜 多数、たくさん、群衆; the 〜(s) 大衆 ◆a multitude of capabilities　多数の機能 ◆a multitude of uses　多くの使い道 ◆materials with a multitude of uses　多くの用途がある材料 ◆overcome the multitude of difficulties　これら幾多の困難を克服する

**multiunit** ◆a multiunit tube　(真空管の)複合管(= a multiple-unit tube)

**multi-use** 多目的の

**multiuser** 《コンピュ》マルチユーザーの、複数のユーザーが同時に使用できる ◆a multiuser system　《コンピュ》マルチユーザーシステム ◆a multitasking, multiuser operating system　マルチタスク・マルチユーザー基本ソフト

**multivalued** adj. 多値- ◆(a) multivalued memory　《コンピュ》多値メモリー

**multivalve** adj. マルチバルブ式の、複数の真空管を用いた、弁を多数使った ◆a multivalve engine　《車》マルチバルブエンジン

**multiwarhead** ◆a multiwarhead missile　多弾頭[複数弾頭]ミサイル

**mum** adj. 黙って[ものを言わないで、無言で]いる; interj. 静かにしろ!、黙れ!、シッ!、喋るな! ◆Fujimori is keeping mum about the intended length of his stay in Japan.　フジモリ氏が、どの位長く日本に滞在する気なのかについては沈黙を守って[だんまりを決め込んで]いる。 ◆Mike Tyson is keeping mum about fighting again.　マイク・タイソンは、再び(リングで)闘うことについては口を閉ざして[沈黙を守って、口をつぐんだままで]いる。

**mumble** v. もぐもぐ[口を十分開けずに低い小声で不明瞭に、ぼそぼそ]言う、つぶやく、口ごもる ◆What did you say, Chuck? Don't mumble...　なんて言ったの、チャック。モゴモゴ言わないでよ...

**mumps** 回(しばしば the 〜)おたふくかぜ、流行性耳下腺炎 ◆the measles-mumps-rubella (MMR) vaccine　はしか、おたふくかぜ、風疹の三種混合ワクチン(*MMRはMerck社の商標)

**municipal** adj. 地方自治(体)の、都市の、市の、市営の、市政の、町営の、町立の ◆a municipal division　地方行政区画(*日本では都道府県にあたる) ◆a municipal law　地方公共団体の)条例 ◆municipal debt instruments　地方債の証券 ◆municipal solid wastes)　都市ゴミ[都市(固形)廃棄物、一般[固形]廃棄物] (*産業廃棄物に対して) ◆under a municipal by-law　地方条例で[によって] ◆zero-coupon municipal bonds　ゼロクーポン地方債券[地方債、市債券]

**municipality** a 〜 (地方)自治体 ◆都道府県市町村の行政機関)

**Munsell** 《人名》マンセル(*A. H. Munsell 米国人 1858-1918: 色相、明度、彩度の3つの尺度で色を分類・表示する方法を考案) ◆the Munsell system of color; the Munsell color system　マンセル表色系 ◆They were originally painted in a yellowish white (Munsell 2.5Y 9/1).　それらは元来黄色がかった白色(マンセル 2.5Y 9/1)に塗装されていた。

**murder** (a) 〜 殺人、殺人事件; 〜を殺害する、殺人を犯す ◆(an) attempted murder　殺人未遂 ◆first-degree murder　第一級殺人(罪)

**murderer** a 〜 人殺し、殺人者、殺人鬼、殺人犯、下手人

**murky** adj. 暗い(dark)、陰気な(gloomy)、(霧などが)濃い、後ろ暗い[やましい] ◆Many ordinary citizens seem to share a feeling that murky machinations are afoot.　大勢の一般市民が、怪しい[(ドス)黒い]陰謀が進行して[動いて、蠢いて(ウゴメイテ)]いるという感触を共通して持っているように思われる。

**muscle** (a) 〜 筋肉、筋; 回筋力、腕力、回(口)影響力、圧力、強圧、強制 ◆men with bulging muscles　筋肉もりもりの筋骨隆々の男たち ◆suffer from muscle soreness　筋肉痛に悩む ◆to build up one's muscle strength　筋力の強度を上げる、筋力を増強する ◆receive an intravenous injection of a muscle relaxant　筋弛緩剤の静脈注射を打たれる ◆flex one's military muscles against...　〈国など〉が、〜に対して軍事力を行使する(→ flex one's muscles)

**muscular** 筋肉の、筋肉隆々とした、力強い、《医》筋性の ◆a muscular 9% growth rate　力強い9%という成長率 ◆those with muscular dystrophy　(進行性)筋ジストロフィーにかかっている人たち

**MUSE** (multiple subsampling encoding; multiple sub-Nyquist encoding; multiple sub-band encoding) ◆the NHK MUSE system　NHKのMUSE方式(*ハイビジョンテレビ番組を衛星で伝送するための信号圧縮技術)

**museum** a 〜 博物館、美術館、記念館(= an art museum) ◆the Metropolitan Museum of Art in New York (City); New York's Metropolitan Museum　ニューヨークのメトロポリタン美術館 ◆typewriters have been relegated to museum status　タイプライターは博物館行きの代物と化した

**mushroom** (特に食用の)キノコ、キノコの形状をした物、キノコ雲、爆発雲; adj. 急成長する、成り上がりの; vi. 急成長する、頭部が平らになってキノコ状になる、キノコ狩りをする ◆mushroom poisoning　きのこ中毒 ◆shiitake mushrooms　しいたけ ◆welfare spending has mushroomed　福祉支出が急増した ◆while gathering mushrooms　きのこ狩りをしている間に ◆an atomic bomb's mushroom cloud　原子爆弾のキノコ雲 ◆they are springing up like mushrooms　それらは雨後の筍(タケノコ)のように次々と生まれつつある ◆Do not allow a family quarrel to mushroom into a major crisis.　内輪もめからまたたくまに重大な危機へと発展することのないようにすること。 ◆his business has mushroomed　彼の事業は急速に拡大した

**music** 回音楽、音楽作品、楽曲、楽譜[譜面] ◆a music box (=《英》a musical box)　オルゴール ◆a music distributor　音楽配信業者 ◆music-on-hold; music on hold　(通話)保留メロディ(機能) ◆the music industry　音楽業界[産業] ◆a superstar in the music world　音楽界のスーパースター ◆put music to lyrics; put lyrics to music　(順に)歌詞に曲をつける; 曲に歌詞をつける

**musical** adj. 音楽の、音楽的な、耳に快い、音楽好きな、音楽が上手な、音楽演奏付きの; n. 〜 ミュージカル(*a musical comedyとも呼ばれる) ◆an electronic musical instrument　電子楽器 ◆high quality musical reproduction　《音響》高品位の音楽再生

**Muslim** a 〜 イスラム教徒、回教徒(*昔は Moslemとも); adj. イスラム教[回教](徒)の ◆a Muslim imam　イスラム指導僧[指導者]

**must** 1 (助動詞)〜しなければならない、〜すべきである、〜する必要がある、必ず〜する(こと[運命]になっている)、ぜひ〜してみてください、〜にちがいない ◆he must have lied about his age　彼は自分自身の年齢を偽ったに違いない ◆... must make a difficult choice　難しい選択を迫られている ◆To succeed, companies must be able to respond quickly to change.　成功を収めるには、企業は変化に迅速に対応できなければならない。 ◆An extension cord of adequate size must be used to prevent loss of power and overheating.　電力ロスと過熱を防ぐために、十分な太さの延長コードを使う必要がある。

2 n. a 〜 是非とも必要なもの、(絶対)欠かせないもの、見逃せないもの; adj. (絶対)に)必要な、欠くべからざる、必須の、不可欠な、必須(必見、必読、必携)の ◆a must for fast moving subjects　高速で動いている被写体の(撮影)になくてはならないもの ◆be an absolute must for...　〜にとって絶対になくてはならない[必須の]ものである ◆a list of "musts" and "must nots" [must do's and must nots]　しなければならない事項としてはいけない[禁止]事項のリスト ◆Having your own business website has become a must as more and more people are shopping by computer.　コンピュータでショッピングする人がますます増えて、自社のビジネス・ウェブサイトを持つことが必須[不可欠]になってきた。

**must-** 《a must-<do> の形で》〜しなければならないこと[もの]、〜すべきこと[もの] ◆a must-do (pl. must-do's)　やる

**nadir**

べき事［しなければならない事］◆a must-see attraction 必見のアトラクション ◆a must-have for scientists and engineers 科学者や技術者にとってなくてはならないもの

**muster** 1 vt. 〈気力など〉を奮い起こす<up>, 〈力など〉を振り絞る<up>, 〈要員など〉を(点呼のために)集合させる; vi. (点呼のために)集合する ◆Press it down with as much force as you can muster. それを, ありったけの力を出して［力いっぱい］押し下げてください.
2 a～ 召集, 集合, 集合人員, 隊員
**pass muster** 検閲［検査］を通る, 合格する ◆roughly 80% pass muster at this inspection この検査において約80％が通る［合格する］

**musty** adj. かびの生えた, かびくさい, 古くさい

**mutant** a～ 《生物》突然変異体, 突然変異株, 突然変異菌; adj. 突然変異による ◆sweet potato mutants サツマイモの突然変異体［変種］

**mutation** (a)～ 《生物》突然変異; a～ 突然変異体［株, 菌］(a mutant); ①《言語》母音変異, ウムラウト(umlaut) ◆a mutation is a sudden variation which causes the offspring to be quite different from his parents 突然変異とは, 子どもを両親がいても似つかないものにしてしまう突然の変化のことである

**mutatis mutandis** 《ラテン語で with the necessary changes「必要な変更を加えて」; with due alteration of details「しかるべき細部の変更を加えて」の意で, 意訳するとう準用して(*準用＝類似したものに必要な修正を加えて適用すること)》◆(the) mutatis mutandis application of...; the application of... on a mutatis mutandis basis ～の準用 ◆be applied mutatis mutandis to... ～に準用される

**mute** adj. 無言［沈黙, 無音］の, 〈文字が〉発音されない; n. a～《楽器》弱音器［ミュート］, 口のきけない人, 黙字; vt. ～の音を弱める［消す］, ミュートする, 〜の色［調子］を抑える［控えめにする］

**mutilate** vt. 〈作品など〉を(部分的に傷つけたり削除したりして)台なしにする, だめにする, 〈証拠など〉を骨抜きにする, 〈手・足など〉を切断する, 〈人〉を不具にする ◆a mutilated body [corpse] ばらばら死体 ◆The test sample was mutilated during testing. その試験試料は, 試験中に切断された.

**mutilation** (a)～ 切断, 切除 ◆(a) mutilation-murder [mutilation murder] ばらばら殺人 ◆female genital mutilation (FGM) 女性性器切除(＝female circumcision, clitorectomy, clitoridectomy; アフリカやアラブ諸国の因習. 少女の性器の一部を削ぎ落としたり, そのあとを縫合したりする. 国連などでは廃止を勧告している)

**mutual** adj. 相互の, 互いの, ～同士の, 共通の, 共同の ◆a mutual dependence developed between A and B 相互依存（関係)がAとBの間に生じた ◆by mutual consent [agreement] 当事者同士の同意によって, 相互の合意に基づいて［の上で, のもとに], 納得［得心］ずくで; 双方協議の上(*2者間の場合); 申し合わせのとおり; 相談ずくで ◆deepen mutual understanding between our countries 私たち両国の相互理解を深める ◆the mutual inductance between two circuits 2つの回路間の相互インダクタンス ◆This visit is conducive to the enhancement of mutual understanding and improvement of relations between A and B. この訪問はAとBとの間の相互理解を深め関係を改善することに役立つ.

**mutual fund** a～ ミューチュアルファンド, 資信託会社 ◆a mutual fund company ミューチャルファンド［投資信託］会社

**mutually** adv. 相互に, 互いに ◆a mutually dependent relationship between A and B AB間の相互依存関係 ◆by two factors which are mutually independent 互いに独立した2つのファクターにより ◆in a mutually understood manner お互いに了解したやり方で ◆they are mutually contradictory それらは反して［矛盾して］いる; それらは相容れないものである ◆they are mutually dependent それらは相互に依存している ◆they are mutually independent それらは互いに独立している

**mux, MUX** 《multiplex, multiplexerなどの略》◆a 16-Channel Arrayed Waveguide Grating (AWG) mux/demux for Dense Wavelength Division Multiplexing (DWDM) applications《光通信》高密度光波長分割多重用の16チャンネルアレイ導波路格子型波長合分波器

**MVMA** (Motor Vehicle Manufacturers Association) the ～ 米自動車製造者協会［米国自動車工業会, 米自工会］

**MVP** an [the] ～ 最高殊勲選手, 最優秀選手(＊a [the] most valuable player の略) ◆win an MVP award [a Most Valuable Player Award] 最優秀［最高殊勲］選手賞を受賞する

**my** pron. わたしの ◆my humble self 私め; 私のようなつまらない者; 私ごとき者; ふつつか者の私; 私風情; 小生; 拙者 ◆at [in] my house 私の［僕の］家で; 自分ちで ◆my [our] school and other schools うち［私たち］の学校とよその学校

**Mylar** (商標)マイラー(*デュポン社が開発したポリエステル材料の一種)

**myopia** ①近眼, 近視, 近目(チカメ); ①近視眼的である［先見の明のない, 目先きの利かない］こと, 短見, 浅見 ◆pseudo-myopia; false nearsightedness 仮性近視; 偽性近視 ◆treat higher degrees of myopia より高度［重度］の近視［近眼］を治療する

**myriad** a～ 無数, 無数の人々［物］; adj. 無数の, 数限りない ◆There are a myriad of factors to be considered when choosing a new home. 新築住宅を選ぶに当たっては, 無数の考慮すべき要素がある［考えなければならない点が山ほどある］. ◆The new methods, many still in the experimental stage, are myriad and mind-boggling. それらの新しい方法は, 多くはまだ実験段階にあるが, 無数にあり驚くばかりである.

**mysterious** 神秘的な, 謎の, 不可解［不可思議］な, 説明のつかない, 得体の知れない, 変な, 面妖(メンヨウ)な ◆the mysterious universe 神秘的な宇宙

**mystery** a～ 神秘, 神秘的なもの, 謎, 秘密, 不可解［不可思議］なこと, 理解に苦しむこと; a～ 得体の知れない人［物］, (小説, 映画の)ミステリーもの;(通例 ～ries)密儀, 極意, 秘訣［秘蹟］ ◆buried in profound mystery 深遠なる神秘［深い謎］に埋もれて［《意訳》包まれて］ ◆remain [be still] shrouded [wrapped] in (great) mystery [secrecy] 神秘のベール［なぞ］に包まれたままである(*greatがあれば「深い」「大きな」など) ◆probe the mysteries of deep space 深宇宙の神秘［謎］を探る ◆How it had come to be adopted, was something of a mystery. どうしてそれが採用されるに至ったのかは, ちょっとしたミステリー［謎］である. ◆It is a complete mystery to me. それは, 私にとって全くの謎だ.

**myth** a～ (*個々の)神話, ①(集合的に)神話(全体); a～ 作り話, 作り事, 架空の人物［もの], 誤った通説［社会通念］ ◆The myth that Japan is safe was destroyed at that moment. 日本は安全だという神話は, その瞬間に破壊された［打ち砕かれた].

## N

**n** ◆an n-channel MOS-FET (field-effect transistor) nチャンネル金属酸化物半導体FET(電界効果トランジスタ) ◆a coil of n turns of No. 15 wire wound 15番(の太さの)線がn回巻いてあるコイル

**N** 窒素(nitrogen)の元素記号; (北米) 〈電池の〉単5の

**n-** 《化》〈有機化合物が〉ノルマル［直鎖］(の) ◆n-alkanes n-アルカン

**n/a, NA** (no account) 取引なし; (not applicable); (not available)

**Na** ナトリウム(sodium)の元素記号

**NAACP** (National Association for the Advancement of Colored People) the ～ 全米有色人［黒人］地位向上協会

**NAAFA** (the National Association to Advance Fat Acceptance)(略語形にはtheが不要)全米肥満許容推進協会, 全米ファット受容協会

**nadir** one's ～, the ～ (of～) (～の)どん底; the ～ 《天文》天底(↔the zenith 天頂) ◆during the economic nadir of the last decade 過去10年の, 経済がどん底にあった間

**NAFTA** (the North American Free Trade Agreement)《略形にtheは不要》北米自由貿易協定

**nagging** 口やかましい, いつまでも悩ます [苦しめる, いらいらさせる], しつこくつきまとう ◆a nagging electronic voice alert うるさい [耳ざわりな] 電子 (合成) 音声警報 ◆My car suffered a number of nagging failures. 私の車はしつこくつきまとう数々の故障に見舞われた [数々の故障につきまとわれた].

**nail** 1 *a* ~ 爪, 釘 (クギ), 鋲 (ビョウ) ◆drive a nail into... ~に釘を打ち込む ◆a finger nail 指の爪 ◆The nail that sticks out gets hammered in.; The nail that stands up is the one that gets hammered. 出る釘は打たれる.;《意訳》出る杭は打たれる.
2 vt. ~を釘付けにする, 釘 [鋲] で留める [固定する]; ~を釘で密閉する <up>
**hit the (right) nail on the head** 適切な [的を射た, 要を得た] ことを言う; 正鵠 (セイコク) を射る (イル) [得る]; 図星をさす; 核心 [急所, 要点] を突く, 大当たりなことを言い当てる
**nail down** ~を釘で留める, 確定する, 確かめる, ~の裏を取る, ~に決着をつける

**naive** adj. 世間知らずの, 無知でだまされやすい, 単純な, (年の割に) 幼稚な, 稚拙な, 純真な, うぶな, 素朴な, 愚直な, 無邪気な, 天真爛漫な ◆It is naive to believe that productivity will skyrocket shortly after the design-automation tools will be installed. 設計自動化ツールを導入して間もなく生産性がうなぎのぼりになるだろうなどと考えるのは, おめでたい限りである.

**naïveté, naïveté, naivety** 《-tyのスペルは英》⭕純真さ, ういういしさ, うぶさ, 素朴, 愚直さ, 無邪気

**NAK** (negative acknowledgment, negative-acknowledge)《通》NAK (ナック), 否定応答 (信号)

**naked** adj. 裸の, 剥き出しの, (刀など) 抜き身の, (部屋などが) 家具や装飾品のない, (目, 視力が) めがねや顕微鏡などの光学器具を使用してない, 飾らない, ありのままの, 赤裸々な, あからさまな, 露骨な ◆not visible to the naked [unaided] eye 裸眼には見えない ◆It cannot be seen by the naked eye. それは, 裸眼では見えない. ◆They are visible to the naked eye. それらは, 肉眼で見える.

**naked eye** *the* ~ 肉眼, 裸眼 ◆can be easily spotted by the naked eye ~は裸眼 [肉眼] で簡単に見つけられる

**NAL** (the National Aerospace Laboratory)《日》航空宇宙技術研究所《略形はtheは不要》

**NAM** (National Association of Manufacturers) *the* ~ 全米製造業者協会; (the Non-Aligned Movement) 非同盟諸国会議《略語形はtheは不要》(*1961年にエジプト, インド, インドネシア, ユーゴスラビアなどにより結成)

**name** 1 *a* ~ 名, 名前, 氏名, 姓名, 名称, 呼び名, 呼称; *a* ~ 評判, 名声; *a* ~ 著名人, 名士, ⭕名ばかりのもの, 名目, 体裁, 名義; adj. 名前記載用の, 有名な, よく知られている ◆part names 部品名 ◆have [bear] no name ~には名が付いていない; ◆select addressees by name (電子アドレス帳などで) 宛先を名前で選択 [指定] する ◆take one's name from... ~にちなんで名前が付けられている ◆the name given to... ~につけられている名前 ◆under the names of four doctors 医師4名の名前 [名義] で ◆effect a name change to... ~へと名称を変更する [名前を改める, 改名する, 改称する, 《意訳》看板の掛け替え／すげ替えをする／(*正式にあるいは必要な手順を踏んで新しい名を有効にするというニュアンスがある)] ◆the reputation and good name of a college [university] 大学の評判と名声 ◆identified by names such as... ~などの名で識別されている ◆names are given [attached] 名称が付けられている ◆True to its name, ... その名にたがわず [そむかず], ~ ◆as its [his, her] name implies, ... その名が示すように; その名のとおり;《意訳》名前が体を表すというが ◆Both in name and (in) substance [reality, fact], it has established itself as... ~は名実ともに, その名にふさわしく確固たる地位を築いた [地歩を固めた]. ◆Lloyd's has a total of 32,000 Names ロイズ協会には, 都合32,000名の個人の保険引受人がいる. ◆protect the good name of his award-winning restaurant 賞を取った彼のレストランの名声 [《意訳》暖簾 (ノレン)] を守るために ◆save an existing file under a new name 既存の (コンピュータ) ファイルを新しい名前で保存する ◆The firm's name has been changed to... 会社の名前 [社名] が~に変更された. ◆a company whose name isn't exactly a household word 名がそれほど通ってはいない [あまり有名でない] 企業 ◆they created the company that bears her name 彼らは, 彼女の名前が付いたこの会社を創設した ◆The new company will do business under the name Players Inc. 新会社はPlayers Inc.という名称 [社名, 名義] でビジネス [事業, 商売] をすることになっている ◆"I'm sorry, but there's nobody [no one] here by that name." 「残念ですが, そのような名前の者はこちらにはおりません」(*電話で) ◆May I have your name, please?; May I ask who's calling, please? どちら [どなた] 様でしょうか. (*電話で) ◆"May I speak to Bill Gertz, please?" "There's nobody here by that name." 「ビル・ゲルツさんはいらっしゃいますか [お願いします].」「そんな名前の人はうちにはいませんよ.」(*電話で) ◆They draw their names from a variety of sources. これらの物の名前は, いろいろなところから由来している ◆They have received names derived from those of places. それらには, 地名から由来した名前がつけられている. ◆Name change: The X Corp. has changed its name to Y Inc. 社名変更: X Corp.は, Y Inc.に改名 [改称] いたしました. ◆She already licenses her name for lines of hosiery, eyeglasses, jewelry, shoes and furs. 彼女は既に, 自分の名前を靴下類, めがね類, 宝飾品, 靴, 毛皮などの商品ラインへの使用に (使用料を徴収して) 貸している.
2 vt. ~に名前をつける, 命名する, ~を名指しで非難する, 指名 [任命] する, ~(の名前) を挙げる [示す, 指定する], 〈値段など〉を言う ◆be named as... ~の名前で呼ばれている ◆sell [buy] a naming right 命名権を売る [買う] (*スタジアムなどの施設にスポンサーの企業名などを冠する権利) ◆Such naming, or nomenclature, is... そういう名前の付け方 [呼び方] は... ◆a file-naming facility《コンピュ》ファイル命名機能 ◆a yet-to-be-named disease まだ名前のついていない病気 ◆..., to name a few applications いくつかのアプリを挙げてみると (*挿入句的によく文末に置かれる) ◆aaa, bbb, ccc and ddd – to name just a few ちょっと挙げてみただけでも~などがある; ~など具体例は事欠かない; ~等はほんの一例である ◆Once upon a time, there was a man named Peter. そのむかしピーターという名の男がいた [おった]. ◆These drugs are named from their physiological action. これらの薬物には, それらが持つ生理学上の作用にちなんで名前がつけられている. ◆The simulator creates clouds, wind, storms, you name it. そのシミュレータは, 雲でも風でも嵐でも何でもつくる. ◆The command saves the specified memory variables on disk in the named file. 《コンピュ》そのコマンドは, 指定された (複数個の) メモリー変数を, 指定されたファイル名で (1つのファイルとして) ディスクに保存する.
**in the name of..., in one's name** 〈人〉の名前 [名義] で, 〈人〉の名において ◆In the name of doing so, ... それを行うという名目 [口実] で ◆in the name of protecting endangered species 絶滅危惧種を保護するという名の下で ◆reserve... in your name ~をあなたのお名前で予約する [あなた用にとっておく]
**in name only** 名義 [名目] だけの, 名ばかりの, 有名無実の

**name brand** *a* ~ 有名 [高級, 一流] ブランド; name-brand adj. *a* name-brand school 有名校; 名門校 ◆stick to name brands 有名ブランドにこだわる ◆a small, non-name-brand liberal arts college 小さな無名文科系大学

**nameplate** *a* ~ 銘板, 名札, 表札 ◆The new car will be sold only with the upscale Chrysler nameplate. この新車は, 高級イメージのあるクライスラーの銘板付き [クライスラー・ブランド] のみでの販売となるであろう.

**NAND** (NOT-AND)《コンピュ》《常に大文字》*an* ~ 否定論理積 (= an AND invert; a negated AND) ◆(a) NAND(-type) flash memory NAND型フラッシュメモリー

**nanny** a ～ (pl. nannies) ベビーシッター, 子守り, 乳母, ばあや

**nanometer** (nm) a ～ ナノメートル (*10億分の1メートル) ◆A nanometer is one millionth of a millimeter.; One nanometer is the millionth part of one millimeter. 1ナノメートルとは, 百万分の1ミリメートルである. (*分子の大きさと同じくらい)

**nanoparticle** a ～ ナノ粒子, 超微粒子 ◆直径がナノメートル単位の) ◆gold nanoparticles 金のナノ粒子

**nanoscience** (a) ～ ナノサイエンス, ナノ科学 (*10億分の1メートルの単位が用いられる原子・分子レベルの科学)

**nanosecond** (ns, nsec) a ～ ナノ秒 (*時間の単位. 10億分の1秒) ◆On mainframes, the cycle time is usually measured in nanoseconds (billionths of a second). メインフレームコンピュータでは, サイクルタイムは通常ナノ秒(10億分の1秒)単位で測られる.

**nanotechnology** ナノテクノロジー, 超微細[加工]技術 (*10億分の1メートル＝ナノメートルを基準単位として原子や分子を直接操作する技術) ◆nanotechnology [nanotechnological] research; research into [in, on] nanotechnology; the research of nanotechnology ナノテクノロジー[超微細加工技術]の研究 ◆new materials for use in the atom-size realm of nanotechnology 原子大のナノテクノロジー[超微細[加工]技術]領域で用いるための新材料

**nap** 1 a ～ うたた寝, 居眠り; v. 居眠りする 2 n. ナップ (*ビロードなどの, 毛羽立てて毛あしをそろえた柔らかい表面); vt. 〈布に〉ナップをたてる ◆a napped surface ナップをたてて[起毛して]ある表面

**NAPM** (National Association of Purchasing Management) the ～ 全米購買部協会

**NARAL** (the National Abortion and Reproductive Rights Action League) (略形ではtheは不要)全米中絶生殖権行動連盟 ▶1994年1月に旧称the National Abortion Rights Action League「全米中絶権獲得運動連盟」に "and Reproductive" が追加されたが略称は変わらない. 本部ワシントン.

**narcotic** a ～ (しばしば ～s)麻薬, 麻酔剤, 催眠剤, 鎮静剤; adj. 麻薬の, 麻酔性の, 催眠性の ◆a narcotics addict 麻薬中毒者[常用者] ◆Suitable only for the dying, narcotics are now being utilized with growing frequency by doctors and pain specialists. 死期の迫った患者にのみ適しているが, 麻薬は, 今や医師や疼痛専門医によってますますよく[だんだん頻繁に]利用されるようになっている.

**narrate** vt. ～の話をする, ～を語る, 述べる, ～にナレーション[語り]を入れる; vi. ～のナレータ[語り手]を務める, 物語る, 述べる, 書く

**narrow** 1 adj. 狭い, 狭隘な, 細い, 狭苦しい, 窮屈な, 限られた, ぎりぎりの, 辛うじての, やっとの, 精密な, 厳密な, 狭量な; a ～ 狭い部分[所], 狭窄部; ～s (単/複扱い)海峡, 瀬戸 ◆become narrow 狭くなる[狭まる] ◆a narrower term 下位概念語 (*シソーラスの話で) ◆a narrow piece of metal 細い[細長い, 帯状の]金属片 ◆confined to a narrow area [region] 狭い地域に限定[局地化, 局限化]されて ◆confine [restrain]... within narrow limits ～を狭い範囲[内]に限定する[制限する, 限る] ◆experts in very narrow fields 非常に狭い分野の専門家 ◆the Narrows of New York harbor ニューヨーク港の海峡 (*Long Island と Staten Island Eの) ◆The fingers start narrow at the base, widen at the first knuckle then taper down again toward the tip. 指は, 付け根は細く始まって, 最初の関節のところで幅が広く[太く]なり, 再び先端に向かってだんだん細くなっていく.
2 vt. ～を狭く[細く]する, 狭める, 〈範囲・対象〉を絞る; vi. 狭く[細く]なる, 狭める, 狭窄する ◆a narrowing of the aorta 大動脈狭窄 ◆narrow a search (to...) 検索[捜索]を(...に)絞る[限定する] ◆narrow the scope of a bill 法案の範囲を狭める ◆narrow the margin to 32-24 点差を32-24[%に縮める] ◆long nose pliers with tips that narrow to 3/32" (ジョーの)先端は3/32インチまで先に行くに従って細くなっているラジオペンチ ◆The U.S. trade deficit narrowed slightly to $10.8 billion in August. 米国の貿易赤字(の幅)が8月に108億ドルへと僅かながら縮小した.

**narrow down** ◆narrow down questions 質問を絞る[絞り込む] ◆narrow down the exact place where... ～の箇所に[位置]を(どのあたりなのか絞り込んで)正確に特定する ◆they've narrowed it down to a hardware bug 彼らは, それ(障害)がハードウェアのバグであることを突き止めた ◆painstakingly narrow down the target DNA area, pull out candidate genes, and look for specific mutations DNAの目標箇所を綿密に絞り込み, 候補の遺伝子を抽出し, それから特定の突然変異体がないかを探す ◆Potential suppliers have been narrowed down from 65 to just Nanotronics, Teratech, and Rexel. 納入業者として65社候補に挙がっていたのが, 特定のナノトロニクス, テラテック, レクセル(の3社)にまで絞り込まれた.

**narrow-band** adj. (周波数)帯域が狭い, 狭帯域の, ナローバンドの ◆a narrow-band amplifier 狭帯域増幅器

**narrow-beam** ◆a narrow-beam echo sounder 精密音響測深器 (*海などの水深を計測するための)

**narrowcast** vi. (ある特定の視聴者に向けて)放送する (*有線, ラジオ, テレビで)

**narrow gage [gauge]** a ～ 〈鉄道〉狭軌 (*標準軌間143.51cmより狭い軌間. 日本の在来線の多くは106.7cmの狭軌を用いている); narrow-gage(d), narrow-gauge(d) adj. 狭軌の ◆a narrow-gauge [narrow-gage] line 狭軌の線路; (日)在来線 ◆a narrow-gauge [narrow-gage] railway 狭軌鉄道 ◆a narrow-gauge [narrow-gage] track 狭軌の軌道[線路]

**narrowly** やっと, 辛うじて, ぎりぎりのところで, ようやく, 僅差で; 厳密に, 精密に ◆he narrowly escaped expulsion 彼はかろうじて退学[放校, 追放, 除名, 除籍, 退去](処分)を免れた ◆narrowly win the election ぎりぎりのところで選挙に当選する ◆only within the confines of narrowly defined tasks ごく限定された作業の範囲内に限って ◆memories of narrowly averted U.S. trade wars with Japan and China in 1995 remain fresh 1995年に米国の対日および対中貿易戦争が辛くも[かろうじて]避けられた記憶はなお新しい ◆the company recently narrowly escaped a major virus attack 同社はつい先頃, (コンピュータ)ウイルスの大攻撃をきわどいところでかわした ◆The company narrowly avoided bankruptcy. 会社は危うく倒産するところだった. ◆He had narrowly escaped being killed by German SS officers. 彼は, ドイツナチス親衛隊将校らに危うく[すんでのところで, あわや]殺されそうになった(が難を逃れた)ことがある

**narrow-minded** 心のせまい, 度量が狭い, 狭量な, (心が)狭隘な ◆if we have narrow-minded attitudes and do not share our knowledge もし私たちが狭量な態度で知識を分かち合わなければ

**NAS** (National Academy of Sciences) the ～ 全米科学アカデミー

**NASA** (the National Aeronautics and Space Administration) (略語形ではtheは不要)(ナサ), 米航空宇宙局 ◆a NASA tracking facility NASAの追跡施設

**nasal** 鼻の, 鼻にかかった, 鼻声の, 鼻音の ◆a nasal spray 鼻スプレー ◆nCPAP (nasal continuous positive airway pressure) therapy for SAS (sleep apnea syndrome) 睡眠時無呼吸症候群のための経鼻的持続陽圧呼吸療法

**NASCAR** (the National Association of Stock Car Auto Racing) ナスカー (*全米ストックカー自動車レース協会)《略語形ではtheは不要》

**nascent** adj. 初期の, 生まれ[発生し]ようとする, 〈才能などが〉芽生え始めている, 〈文化などが〉萌芽期の, 〈化〉発生期の, 未完成 - ◆Because standardization in LAN technology is still in the nascent stages, it can be difficult to link together hardware from different vendors. LAN技術の標準化は依然として発展初期段階にあるので, (意訳)メーカーが違うハードウェア同士の場合うまく接続できないことがある.

**NASD** (National Association of Securities Dealers) the ～ 全米証券ディーラー協会

**NASDA** (the National Space Development Agency)《日》(ナスダ), 宇宙開発事業団(略語形にはtheが不要)

**NASDAQ, Nasdaq** (the National Association of Securities Dealers Automated Quotations)《略語形にはtheが不要》全米証券業協会《*新興企業の株を売買する店頭株式市場》◆The NASDAQ over-the-counter composite index rose 3.44 to 534.73. ナスダック店頭取引銘柄総合指数が3.44上がり、543.73となった.

**nasopharyngeal** adj. 鼻咽頭の ◆nasopharyngeal cancer 上咽頭癌

**nasotracheal** ◆a nasotracheal tube 経鼻[経鼻的](気管内)挿管チューブ

**nasty** adj. 不快な、嫌な、汚い[汚らしい]、不潔な、みだらな、猥褻な(ワイセツ)な、卑劣な、たちの悪い、あくどい、えげつない、意地悪な ◆a nasty bully たちの悪い[陰湿な]いじめをする者 ◆eat nasty food 気持ち悪い[ひどい、まずい]食べ物を食べる ◆He has sometimes said that he is tired of nice roles and would like to play a nastier character for a change. 彼はときどき、好漢の役柄は飽きた、気分転換にもっと汚れた役をやってみたい、と言っていた.

**nation** a～、国、国家; the～ 国民 ◆a nation state [nation-state] 国民[民族]国家 ◆nation-building 国家建設; 国造り; 建国 ◆a nation-centered view 国家中心の(ものの)見方 ◆a nation with few natural resources 天然資源のほとんどない国、資源小国 ◆as a resource-poor nation 資源の乏しい国[資源に恵まれない国、資源小国]として ◆major industrial nations 主要先進工業諸国 ◆the building of a new nation 新しい国家の建設 ◆The US and Canada are ahead of all other nations in the effort to <do...> 米国とカナダは、～する取り組みにおいて他のすべての諸国の[(意訳)世界の]先頭を走っている ◆Clearly, this will be a trial watched by people all across the nation. 明らかに[(意訳)間違いなく]、これは全国の人々[全国民]が見守る裁判になる. ◆"To our knowledge, this division represents the first of its kind in our nation," said Dale Garell, chair of the department of pediatrics. 「私どもが知る限り、本診療科は、この種のものとしては我が国最初[本邦初]のものである」と小児科部長であるデール・ガレルは語る.

**national** adj. 国家の、国の、国民の、国民的な、国立の、国定の、国有の、国産の、全国的な、(米国)全米の、(世界的ではなく)一国[各国、国ごと]の; 愛国的な、国家[民族]主義的な; a～ある国の国民、−国籍者 ◆a national conflict 内戦[内乱] ◆a national debt 国債(の～) ◆a national hospital 国立病院 ◆a national museum 国立博物館 ◆a national newspaper 全国紙 ◆a national university hospital 国立大学病院 ◆national security 国家安全保障 ◆the National University of Mongolia モンゴル国立大学 ◆the NEC (National Economic Commission) (米)国家経済会議 ◆a national [government, state] railway [railroad] 国有鉄道、国鉄 ◆National Olympic Committees 各国のオリンピック委員会《複数形になっていることに注意. ある国のオリンピック委員会ならばa country's National Olympic Committee または the National Olympic Committee of a country》 ◆the National Security Council (米)国家安全保障会議 ◆a national [nationwide] constituency (選挙の)全国区 ◆a national flag carrier 国を代表する航空会社[電気通信事業者] ◆a matter of national [public] concern 国全体[国民全体]の関心事 ◆American national life アメリカの国民生活 ◆a national asset 国宝と呼ばれてしかるべき人; 国家の資産; 国有財産 ◆at Seoul's National Theater ソウルの国立劇場で ◆balance the national budget 国家予算を均衡させる ◆become a matter [an issue, an object, a problem] of national [public] concern 国全体[世間一般]の関心事となる; 社会問題になる; 社会問題化する ◆become more national in scope より全国規模化[全国区化]する ◆call for a national tax on... ～に対する国税の賦課を要求する ◆drive the national economy into recession 国の[国家、国民]経済を景気後退に導く ◆long before he became a national household word 彼が全国的に有名になる[全国区化する]ずっと前に ◆national-level meetings 国家レベルの会合 ◆on a national scale 全国規模で ◆visit Yellowstone [Yosemite, Banff] National Park イエローストーン[ヨセミテ、バンフ]国立公園を訪れる ◆to roll out to national coverage by 2004 2004年までに全国展開[全国化]するために(*携帯電話サービスの話で) ◆spend more than three times the national average on research and development 研究開発に全国平均の3倍以上を費やす ◆National unity is the basis of national security. 挙国一致は国家安全保障の礎である. ◆Interest on the national debt has been taking bigger and bigger bites out of the budget pie. 国債の利払いがますます予算全体に占める割合が大きくなっている. ◆Rather than an explicit anti-poverty plan, the government has incorporated into its national development policy various programs. 露骨な貧困撲滅計画(をぶち上げるの)ではなく、政府は各種の計画を国家発展政策に盛り込んだ.

**national-brand** ナショナルブランドの、製造業者商標の ◆national-brand companies 全国的に(ブランドが浸透していて)知られている会社

**nationalism** 〔U〕愛国心、愛国精神、愛国主義、国粋主義、国家主義、民族主義、独立主義、民族独立[自決、自治獲得]運動 ◆blind nationalism 盲目的な愛国心[愛国精神、愛国主義、国粋主義、国家主義、民族主義]

**nationalist** a～ 国家主義者、国粋主義者、民族主義者; adj. 国家主義の、国粋主義の、民族主義の ◆nationalists in Northern Ireland 北アイルランドの民族派の人々(*多くはアイルランドとの統一を支持するカトリック系住民) ◆Mr. Milosevic, a communist-turned-nationalist, is... 共産主義者上がりの民族自決主義者ミロシェビッチ氏は、

**nationally** adv. 国[国家]として、国家的に、全国的に、全国全体に関して、国的立場から ◆a nationally known entertainer 全国的に知られている芸能人; 全国区になっている芸人 ◆BT claims that the service will be rolled out nationally by the end of 2004 ブリティッシュ・テレコム社は、このサービスは2004年末までに全国展開[全国化]されるだろうと言っている ◆Nanox said yesterday its Wrist Watch Phone will go on sale nationally this month, priced at less than $300. ナノックス社は昨日、腕時計型電話を300ドルを切る価格で今月全国発売すると発表した.

**national prestige** 〔U〕国の威信[信望、威光、威力]、国威(用例は～ prestige) ◆enhance the national prestige of a country 国威を発揚[高揚]する

**nationwide** adj. 全国的な; adv. 全国的に ◆on a nationwide scale 全国規模に[で] ◆a nationwide telephone network 全国にまたがる電話網 ◆full nationwide coverage is expected by 1997 (サービスエリアが)全国を完全にカバー[国中を網羅、全国区化]するのは1997年までと予測されている ◆...is being broadcast on more than 200 radio stations nationwide (番組)は全国の200局を超えるラジオ局で放送されている ◆at a Kremlin news conference broadcast live on nationwide television 全国ネットのテレビで生放送されたクレムリンでの記者会見で ◆Nationwide, the story is the same.; The story is the same across the country. 全国的に、事情[状況]は同じだ.; 全国いずこも同じ秋の夕暮れである. ◆The firm is going nationwide to challenge other phone companies for customers. 同社は、他の電話会社と顧客獲得で張り合おうと全国化[全国展開]を進めている.

**native** adj. 出生地(シュッショウチ)の、生地(セイチ)、生国(ショウゴク)の、自国の、(生まれ)故郷の、生まれつきの、生来の、生得の、(〜に)固有の <to>、国内産の、自生の、原産の、土着の、原住の、生粋の、生え抜きの、自然のままの、天然の、自然状態の; a～ 先住民[原住民]の一人、(ある土地)生まれの人、(ある土地の)自生植物、生息動物 ◆a native speaker of English [the English language] 英語のネイティブ・スピーカー、英語を母国語[母語]とする人 ◆native Americans 先住アメリカ人(*アメリカインディアンの最近の正式呼称) ◆run in native mode 《コンピュ》ネイティブ[固有]モードで走る ◆the native-born and the foreign-born 本国生まれの人々と外国生まれの人々 ◆Although Hearn desperately tried to "go native," ハーンは一生懸命に「土地の人になろう」としたが

(＊これはLafcadio Hearn ラフカディオ・ハーンについての話。具体的には「日本人になろう」とした) ◆manufactured from the secretions of a tiny insect native to southern Asia　南アジア固有[原産]の小さな昆虫の分泌物から製造されて ◆Those willing to go native may eat for much less.　現地になじもうという気のある人ならば、食事はおそらくずっと安くあがるでしょう。

**NATO** (the North Atlantic Treaty Organization)《略語形にしては不要》(ナトー)、北大西洋条約機構

**natural** 1　adj. 自然の、天然の、加工[処理]してない、染めてない、血縁関係のある、血を分けた、実の、(物理的な特性について)固有の、もっともな、当然の、無人力の、無理からぬ、ありのままの、自然体での、生き写しの、実物そっくりの ◆in a natural state　自然状態で; 自然のままで ◆a natural frequency　固有周波数 ◆a natural oscillation　固有振動 ◆a natural person　自然人 ◆a natural phenomenon　自然現象 ◆natural aspiration　《車》ナチュラルアスピレーション、(エンジンの)自然吸気[無過給](方式) ◆natural gas　天然ガス ◆natural illumination　自然照明 ◆natural resources　天然資源 ◆natural selection　自然淘汰; 自然選択 ◆natural uranium　天然ウラン ◆natural wastage (= attrition)　自然減 (＊退職者の補充をしない場合に自然に起きる従業員の減少) ◆the natural world　自然界 ◆natural seasoning　(木材などの)自然[天然]乾燥; 大気乾燥[調整](= air drying, air-drying) ◆natural aging　《金属》自然[室温、常温]時効 ◆the natural circulation of air　空気の自然循環 ◆a natural-foods store　自然食品店 ◆as a natural result [consequence]　自然[当然]の結果[帰結(キケツ)として]、当然の帰結として、いきおい、必然的に ◆behave in a natural manner　自然に振る舞う[自然体でいる] ◆die of natural causes　自然死する; 老衰で[寿命が尽きて、天寿を全うして]死ぬ;《意訳》大往生する ◆natural enemies of vegetable insect pests　野菜の害虫の天敵 ◆protect...from natural disasters　〜を自然災害から守る ◆take natural-looking pictures of children, pets, families and couples　子供やペットや家族やカップルたちの自然に見える[自然体の]写真を撮る ◆a natural light on an overcast day　曇りの日の自然光 ◆an unsettled, uncultivated region left in its natural condition　人が住んでいなくて開墾もされていない自然(の状態)の地域 ◆interaction via natural-language front ends　(コンピュ)自然言語フロントエンドを介しての対話 ◆opal in its natural state as mined　採掘されたままの状態のオパール ◆the study of animal behavior under natural conditions　自然の状態における動物の行動の研究 ◆eat fruits and vegetables in their natural state　フルーツや野菜を(調理・加工せずに)そのまま(で)食べる ◆it is completely natural for me　それは私にとって至極当然だ ◆study biological material in its natural condition　生物[生体]材料を(乾燥・冷凍などの加工を施さずに)自然のまま[そのまま]の状態で調べる ◆because of a natural disaster that happened in 1995　1995年に起きた自然災害[天災]のために ◆he has great natural gifts for organization　彼に組織をうまくまとめ上げる[束ねる]すぐれた天賦の才能[資質、天資]が備わっている ◆produce natural-looking pictures of people going about their everyday lives　日常生活を送っている人々の自然な様子[ありのまま、自然体]の写真をつくる ◆return beaches, marshes and forests that have been changed by man to their natural condition　人間が(開発して)変えてしまった浜辺や湿地[沼沢地]や森林を自然な状態に戻す ◆he sees it as a natural next step from his earlier efforts　彼はそれを、これまでの彼の努力から自然発生的[必然的]に生じた次のステップであると見ている ◆livestock producers are subject to a host of natural conditions − weather, the prevalence of livestock diseases, the availability of water or forage　畜産業者は、天候、家畜の疫病の蔓延、飲料水の便、牧草の有無など数多くの自然条件の影響を受ける ◆Nearly 100 percent of that species' eggs hatched under natural conditions.　その種の卵のほぼ全数が、(人間が何も手を出さない)自然状態で孵化した。 ◆Automated digital tint control helps ensure colors appear exactly as they do on the monitor, for natural-looking skin tones.　自動デジタル色調調整は、モニターに表示される色どおり正確に発色させ、自然な肌色が得られるようにするための役目をする。(＊プリンタの話) ◆The Upper Midwest is blessed with natural conditions conducive to milk production, including a favorable climate, low feed costs, and ample water supplies.　中西部の北部は、有利な気候、低価格の飼料、豊富な水の供給を始めとする酪農に適した自然条件に恵まれて[条件が備わっている]いる。

2　n. a〜　生来の達人、うってつけのもの[人]、当然[必ず]成功するもの[人]

**naturalization**　① (外国人、外来種の動植物の)帰化、移植、(外国の文化、言語の)輸入、移入、同化 ◆a certificate of naturalization　帰化証明書

**natural killer cell**　a〜　ナチュラルキラー細胞 (＊ウイルス、細菌、癌細胞などを殺す)

**naturally**　adv. 自然に、天然に、自生して、生まれつき、生来、もともと、もちろん、必然的に、当然、いきおい、飾らずに、独りでに ◆a naturally occurring hot spring　天然の温泉 (＊人が掘ったものでない) ◆naturally occurring substances　天然に産出[賦存(フソン)]する物質 ◆Act naturally.　自然に振る舞え。; 自然体で行こうさ。 ◆a substance which occurs naturally as...　〜として[という形で]天然に産出する物質 ◆he is naturally good-natured　彼は生来性格がいい[生まれつき気立てがよい] ◆her hair is naturally blonde　彼女の髪は生まれつき[天然の]金髪である ◆naturally occurring vibrio bacteria　(意訳)自然界中[自然環境中]に存在するビブリオ菌 ◆Naturally, she sent the document via express mail.　当然、彼女はその書類を速達で出した。

**natural science**　自然科学

**nature**　1　①自然、自然界、森羅万象(シンラバンショウ)、原始[野生]的な状態、未開[野蛮]状態、自然の摂理、生理的欲求、衝動 ◆nature conservation　自然保護 ◆the preservation of nature　自然保護 ◆by the rage of nature; by the (brute [powerful]) forces of nature　自然の猛威によって ◆commune with nature [the wild]　自然に親しむ[触れる]; 自然を友とする; 自然と一体になる(一体化する) ◆live in (great) harmony with nature　(大いに)自然と調和して生活する ◆a marvelous nature-made sandstone sculpture resembling...　〜に形の似ている自然が造った素晴らしい砂岩の彫刻[造形] ◆when nature calls　尿意・便意を催したら; トイレに行きたくなったら ◆They occur widely in nature.　これら(の物質)は、自然界で広範に存在する。

2　(a)〜　(本来の[持ち前の])性格、性質、特質、本質、本性、一性; a〜《単のみ》種類、類い ◆one's actual [true] nature　本質[本性、実体] ◆a problem of this nature　この種の問題 ◆camouflage one's true nature　本性[本質、正体、地金、地]を(悟られないように)カモフラージュする[ごまかす] ◆hide one's true nature　本性[本質、正体、真の姿]を隠す[隠蔽する] ◆the cause or nature of the trouble　その故障の原因または(どういった性質のものか)内容 ◆the nature of the invention　その発明がどういったもの[どういう類のもの]であるかということ ◆to determine the nature of the error　そのエラーの内容[どんなエラーか]を突きとめるために ◆the fast-acting nature of potassium cyanide　青酸カリの即効性 ◆the nature of the emergency situation　この緊急事態の性格 ◆they finally realized the true nature of his regime　彼らはようやく彼の政権の本性[本質、正体、真の姿]に気づいた ◆those things are human nature, and those things can happen　それらは人間の性であり、起こり得ることなのだ ◆The nature of the activities within the office depends on the kind of function the office performs.　オフィス内の業務の性格[内容]は、そのオフィスがどんな種類の機能[(意訳)役割]をはたしているかによって異なる。

**by nature**　本来、元来、本質的には、生来、生まれつき ◆A pig is by nature very clean.　豚は、本質的には[元来、生来、本来]非常に清潔(好き)なのである。

**in nature**　自然界で、自然の中で; 性質上、性格的に、性質[性格]という観点から; 現実に、実際に、現に、いったい

いったい全体, どこにも ◆occur naturally in nature 天然に存在[産出]する; 賦存(フソン)する ◆environmental issues are increasingly international in nature 環境問題はますます国際的な性格を帯びてきている

**nature photography** ネイチャー・フォト(*動植物,風景,水中写真など)

**naught, nought** (a)〜 ゼロ, 零, 零点, 無, 無価値, 無駄, 無益, 無用 ◆All this technical achievement amounts to naught unless it can be applied. 技術面でのこの業績は活用されない限り結局すべて無に帰することとなる[無駄になってしまう]

**come to naught** 無駄になる, 水泡に帰す, 失敗に終わる ◆This cooperation has by now come to naught. この協力関係は今となっては水泡に帰してしまった

**nausea** 吐き気, むかつき, 嘔気(オウキ), 悪心(オシン); ひどい嫌悪感[不快感], いや気 ◆Soldering smoke contains noxious components that, if inhaled, can result in headaches, nausea, etc. はんだの煙は有毒成分を含んでおり, 吸い込むと頭痛や吐き気などの原因になることがある

**nautical** adj. 航海術の, 航海の, 船舶の, 船員[海員]の, 海〜 ◆nautical charts for marine navigation 海洋航行用の海図

**naval** adj. 海軍の, 軍艦の ◆a naval convoy system; a fleet-with-naval-convoy system 護送船団方式

**navigability** (口)(河川などの)航行の可能性, 可航性, (船舶, 航空機の)耐航性

**navigable** adj. (河川などが)深度と幅が十分あって)航行可能な, 可航の, (船舶, 航空機が)操縦可能な, 航海性がある, (航空機が)耐航性がある ◆barely navigable roads やっとのことで通れる道路 ◆roads navigable by motorized transportation 車両で通行可能な道路

**navigate** vt.〈船舶, 航空機〉を操縦[運転]する, 〜を航行[航海]する, 〈インターネット〉をあちこち見てまわる, 〜を(比喩的に)〈難局など〉をうまく乗り切る; vi. 操縦[運転]する, 航行[航海]する, 《コンピュ》(自在に)見て歩く, 見て回る[見て行く《through》] ◆navigate around obstacles 障害物をよけて進む ◆navigate [surf] the Internet インターネット(の中)をナビゲートする[航海する, 遊泳する, あちこち移動して見る]; 《意訳》インターネットをする ◆navigate from record to record [among records, through records] 《コンピュ》レコードからレコードへ[レコード間を]移動する ◆navigate through 3-D worlds on the Web ウェブ上の3D(3次元)の世界を自由に, 自在に見てまわる ◆navigate through lists of stock quotes 株価表に目を通す ◆use a mouse to navigate through the menu system 《コンピュ》マウスを使ってメニュー体系[《意訳》メニューツリー, 内を移動する

**navigation** 航行, 航海, 航空, 航法, 航行術, 航海術, ナビゲーション ◆a navigation system 航法システム ◆a car navigation system カーナビゲーションシステム(*車用の道案内[進路誘導]装置. an in-car navigation system とも) ◆cars with an advanced navigation-information system 高度な運転案内情報システムを搭載している車

**navigator** a〜 ナビゲータ, 航空士, 航海士, 航法装置 ◆an inertial navigator 慣性航法装置

**navy** a〜 (pl. -vies)(しばしばthe Navy)(一国の)海軍, (集合的に)海軍の全艦船, (集合的に)海軍軍人; a〜(古)艦隊, 船隊, 商船隊; (口)ネービーブルー(濃紺色)(navy blue) ◆the Navy Theater Wide Defense (NTWD) 《軍》(米)海軍戦域防衛[海上配備型上層システム](*下層システムは, the Navy Area Defense (NAD) 海軍地域防衛) ◆The U.S. Navy Seals [SEALs] – an acronym for Sea, Air and Land – were created in 1962 by President John F. Kennedy to conduct unconventional and counterguerrilla warfare. 米海軍特殊部隊(海, 空, 陸の頭文字を合わせたSEALS)は, 不正規戦および対ゲリラ戦を行うために1962年にジョン・F・ケネディ大統領により創設された.

**Nb** ニオブ(niobium)の元素記号

**NBA** 〜 (National Basketball Association) the〜 全米プロバスケットボール協会; (National Boxing Association) the〜 全米ボクシング協会

**NBER** 〜 (the National Bureau of Economic Research) 全米経済研究所《略語形にてtheは不要》

**NBS** 〜 (National Bureau of Standards) the〜《(米)国家標準局(*現在はthe NISTに改称)

**NC** 〜 (numerical control) 数値制御 ◆an NC (numerically controlled) machine tool 数値制御工作機械

**NCAR** 〜 (National Center for Atmospheric Research) the〜 米国立大気研究所

**NCI** 〜 (National Cancer Institute) the〜 米国立癌研究所

**NCIS** the〜 (National Criminal Intelligence Service)《英》国家犯罪情報庁

**NCU** an〜 (a network control unit)ネットワーク制御装置; an〜 (a notebook computer unit)ノートブックコンピュータユニット; an〜 (a navigational computer unit)航法用コンピュータユニット

**Nd** ネオジム(neodymium)の元素記号

**Ne** ネオン(neon)の元素記号

**near** 1 adv. 近く(に), そば(へ)に, 接近して, 近づいて, 手近に, 近々(キンキン, チカチカ)に, 間近に, 親密に, よく似て, ほとんど, ほぼ, だいたい; prep. 〜の近く[そば]に, 〜に近い[く], もう少しで〜になりそうな; adj. 近い, 接近した, 至近の, 親しい, 親密な, よく似た, ほぼ当たっている[惜しい, 当たらずと も遠からず], きわどい ◆get near… 〜に近づく[近寄る, 接近する] ◆at frequencies near resonance 共振(子が始まる)手前の周波数で ◆come near the Top 10 上位10位に近づく, トップテンに迫る ◆in the near term しばらくの間, さしあたり, 当座, 当面 ◆near Burma ビルマ付近で ◆near-optimum ほぼ最適 ◆the bank nearest your home [office] 最寄りの銀行 ◆the roads and bridges now are in a state of near collapse これらの道路や橋は今や崩壊寸前の状態にある ◆trucks costing near 100,000 each 各々10万ドル近くする[1台当たり10万ドル弱の価格の]トラック ◆near-empty supermarket shelves ほとんど空のスーパーの棚 ◆near-freezing waters 氷点に近い[凍りつきそうな]水域 ◆near-photographic print quality 《コンピュ》写真に近い印刷品位[画質](*もっと写真に近い画質はphotorealistic) ◆near-visible radiation 近可視放射 ◆retain near complete compatibility with…〜とほぼ完璧に近い互換性を維持する ◆as the year 2000 draws near 西暦2000年が近づく[迫る]につれて ◆bring the alternator nearer to the crankcase 発電機をクランクケースにもっと近づける ◆get near the house by roads 道路を使ってその家に接近する ◆when the appliance is used near children この器具を子供のそばで使う際には ◆hasten to the nearest Toyota dealer 最寄りのトヨタディーラーへと急ぐ ◆your nearest Nanotronics authorized service station (あなたの)最寄りのナノトロニクス社特約サービスステーション ◆A typhoon is near, I am afraid. 台風が接近しているようだ. ◆How many hurricanes are expected to come near or within Louisiana? いくつのハリケーンがルイジアナ州に接近あるいは直撃すると予想されますか. ◆When a baby comes near a sensor, alarms ring. 赤ちゃんがセンサーに近づく[接近する]と, 警報が鳴ります. ◆For more information, contact the sales office or distributor nearest you. さらに詳しくは, 最寄りの営業所もしくは代理店にご照会ください. ◆This is the nearest thing to a financial meltdown that I ever want to see. これは, 私がいつか見てみたいものだと思っている金融メルトダウンに一番近いものです.

2 vt., vi. 近づく, 近寄る, 迫る ◆as the week nears a close 週が終わりに近づくにつれて ◆A number of supersophisticated weapons systems are nearing production. 多くの超高度化した兵器が生産(開始)に近づいている.

**near at hand** 手近に, 手元に, 間近に, 近々に ◆(be) nearer at hand 比較的近い将来に

**nearby** adj. 近くの, 近所の, 近傍の, 隣接する; adv. すぐ近くに[で], 近所に[で] ◆nearby factories 近くの工場群 ◆

Beacon Hill and other nearby historic sites　ビーコンヒルおよびその他の近接する史跡

**near-infrared**　近赤外の ◆near-infrared radiation　近赤外放射 ◆the near-infrared region　近赤外域

**nearly**　adv.（達しないが近い程度までの意で）ほとんど、ほぼ、近く、おおよそ、大方、だいたい、密接に、もう少しで〜するところ、すんでのことで、かろうじて、危うく ▶unique, equal, perfect, even, fatal, square, round, circular などの形容詞には、論理的に厳密に言えば、度合いというものが無い。従って、very, quite, more, rather などの修飾語はつけてはならないことになっている。改まった場では more nearly unique, less unique, as unique as は使えないが、more nearly unique, less than unique, as nearly unique as ならば使える。類語 almost と nearly の使い方の比較については、→almost ◆after a nearly two-month incubation period　2カ月近くにわたる潜伏期の後で ◆a nearly-completed supermarket　完成間近のスーパーマーケット ◆be horizontal or nearly horizontal　水平、またはほぼ水平である ◆move nearly at the speed of light　光速に近い速度で移動する ◆Petroglyphs are carvings or line-drawings on rocks‐a nearly indelible method of recording history.（原始人による）岩面陰刻とは、岩石への彫刻すなわち岩石線画であり、ほとんど消えること［完璧とまではいかないまでも消え］ないように歴史を記録する方法（の一つ）である。

**near miss**　a〜　ニアミス、異常接近 ◆a near-miss distance　ニアミス［異常接近］距離 ◆a nerve-jangling near miss　神経をピリピリさせる［いら立たせる］異常接近［ニアミス］ ◆the root causes of accidents and incidents (called "near misses")　事故とヒヤリ・ハット事例（「ニアミス」と呼ばれる）の根本的原因（＊「ヒヤリハット」は、ヒヤリまたはハッとした事例を指すリスクマネージメント用語。「事例」をつけず単に「ヒヤリハット」とも）

**nearsightedness**　回近眼、近視、近目（チカメ）◆回近視眼的である［先見の明のない、目先きの利かない］こと、短見、浅見 ◆correct high degrees of nearsightedness　高度［重度］の近視［近眼］を矯正する

**near-term**　adj. 近々の、近い将来の ◆meet near-term demand　当面［当座、さしあたり］の需要を満たす

**near-ultraviolet**　近紫外の ◆the near-ultraviolet region　近紫外域

**neat**　adj. 整然とした、整頓された、整った、こぎれいな、きちんと［ちゃんと、こざっぱり、すっきり］した、簡潔な、適切な、趣味のいい、上品な、端正な、上手な、巧みな、手際のいい、純粋の、すばらしい、見事な; adj. 水で割らないで、ストレートで ◆a neat little appliance　すばらしい小物器具 ◆a neat trick　巧妙なトリック ◆drink whisky neat　ウイスキーをストレートで飲む ◆The neat thing about... is that...　〜のすばらしい点は〜だということである。 ◆Try and make the wiring as neat as possible.　配線はできるだけすっきりさせるようにしてください。 ◆Type your letter if possible. If it is handwritten, make sure it is neat and easy to read.　手紙はできればタイプ打ちすること。もし手書きであれば、きれいで読みやすいように心がけること。

**neaten**　vt. 〜をきれいにする、すっきりさせる、整理整頓する<up> ◆if your home needs neatening　もし家の中を片付けなければならない時には

**neatly**　adv. きちんと、ちゃんと、整然と、整頓して、こぎれいに、こざっぱりと、すっきりと、ぴったりと、簡潔に、適切に、趣味よく、上品に、上手に、巧みに、手際よく、見事に ◆a wound that heals quickly and neatly　早くきれいに治る傷 ◆be dressed neatly　きちんとした身なりをしている ◆fit neatly into any office environment　どんなオフィス環境にもしっくりと溶け込む ◆All welds shall be neatly formed and free of cracks, blowholes and other irregularities.　溶接部はすべて、きれいに形成されていてクラック、気泡、その他の異状がないこと。 ◆The coils shall be neatly wound and shall exhibit excellent dielectric strength and thermal stability.　これらのコイルは整列巻とし、また優れた絶縁耐力および耐熱性を示すこと。

**necessarily**　adv. 必ず、必然的に、もちろん;《否定文で》必ずしも〜でない、一概に［あながち、まんざら］〜とは限らない ◆smoking is not necessarily bad for everyone　喫煙は万人にとって必ずしも［あながち、一概に］悪いことだとは言えない ◆It is immersed in a liquid coolant that is usually, but not necessarily, water.　それは液体冷却材に浸漬されている。冷却材は、普通は水であるが、必ずしも水とは限らない。 ◆Data communication does not necessarily require simultaneous both-way conversation.　データ通信は、必ずしも両方向同時通話を必要としない。

**necessary**　adj. 必要な、所要の、必須の、義務上の、強制的な、不可欠の、なくてはならない、欠くべからざる、避け［免れ］がたい、不可避の、必然的な、不随意の、必至の、つきものの; n. the〜　必要なもの（＊特に、お金）;（通例〜ries）必需品、必要品 ◆as necessary　必要に応じて、必要により、必要があれば ◆when necessary; if necessary　必要な時に［場合］、必要なら、必要に応じて ◆a necessary condition　必要条件 ◆more than necessary　必要以上に ◆tacitly accepted as a necessary evil　必要悪であると暗黙のうちに了解されて ◆the condition necessary to maximize...　〜を極大化するための必要条件 ◆through force if necessary　必要あらば法により;力ずくででも ◆it becomes necessary to <do>　〜することが必要になる［なってくる］ ◆aid is no longer deemed [considered] necessary　援助はもう必要ない［必要なくなる］ように思われる ◆a larger supply than is necessary　必要以上に多い供給、供給過剰 ◆make the necessary number of copies　必要部数のコピーをとる ◆redraw all or part of the chart as necessary　図の全体または一部を必要に応じて再描画する ◆... reserve the right to alter or cancel... as (may be) deemed necessary　〜は、必要と思われる場合には、〜を変更もしくは取り消す権利を留保［保留、保有］する ◆some minor changes have become necessary　小変更がいくつか必要になった ◆these bylaws shall also apply, with necessary changes [with suitable changes, with some modifications and additions], to...　これらの条例は〜にも準用する（ものとする） ◆leave the door open longer than necessary to <do...>　〜するのに必要以上に長い間ドアを開けっ放しにしておく ◆provide additional information necessary to produce parts　部品製造に必要な補足情報を与える ◆city residents are being asked not to leave their homes unless it is absolutely necessary　市の住人たちは、やむを得ない場合を除き自宅から出ない［外出しない］よう要請されている（＊1999年の東海村臨界事故の際のような屋内退避勧告についても使えそう） ◆It is not necessary to remove the inner bushing.　内側のブッシングは、取り外す必要はない。 ◆Make sure the screw holes are no larger than necessary.　ねじ穴は必要以上に大きくしないこと。

**necessitate**　vt. 〜を必要とする、要する、〈人〉にやむなく［余儀なく、仕方なく］〜させる <to do> ◆before such action becomes necessitated by an outbreak　（伝染病の）発生により、そういった措置が必要とされる［《意訳》そのような対策が求められる］前に ◆without necessitating corrective action on the part of the operator　運転員サイドでの修正処置を必要とせずに ◆Additional tests will be performed as necessitated by field complaints.　（製品の）追加試験は、現場［市場］からの苦情［クレーム］によって必要が生じ次第その都度行われる。

**necessity**　回必要(性)、必然性、貧困、貧乏、困窮; a〜　必要なもの、必需品 ◆in case of necessity　必要な場合［必要があれば］ ◆by force of necessity; by necessity; out of necessity　必要に迫られて ◆there is a necessity [need] to <do>　〜する必要がある ◆should the necessity arise　必要が生じた場合、もし必要になれば;必要があれば ◆obviate [eliminate] the necessity for <a person> to <do...>　〈人〉が〜する必要をなくす［〜しないで済むようにしてくれる］ ◆become a necessity for...　〜にとって不可欠［無くてはならない］ものになる;《意訳》〜にとって必要になる ◆not out of choice but necessity; not by choice but by necessity　好き好んでではなく必要にせまられてしかたなく ◆... are necessities of life　〜は生活必需品である ◆a union born out of necessity　必要から

生じた[生まれた]同盟[連合] ◆avoid the necessity for... (ing) ～する必要を無くす ◆for reasons of necessity or efficiency 必要上あるいは効率上 ◆... is being developed for reasons of necessity to <do...> ～は～する必要から(現在)開発中である ◆the necessity to <do...> is great ～する必要性は大きい[((意訳))高い] ◆it is not an absolute necessity for... それは～にとって絶対に必要[不可欠](なもの)というわけではない ◆a necessity for effective decision making 意思決定を効果的に行うために必要なこと ◆except in cases of absolute necessity 絶対に必要な[やむを得ない]場合以外は[を除いて] ◆should the necessity to do so arise そうする必要性が仮に生じたら ◆There is no necessity [need] to <do...> at all ～する必要は全然ない; 全く～するには及ばない; ちっとも～しなくていい ◆Those changes became a matter of necessity because... ～ということで、これらの変化が必要になった ◆... will become a necessity of modern life ～は現代生活の必需品になるだろう ◆A good virus scan program and due diligence are absolute necessities. いいウイルス検査プログラムと怠りない注意が不可欠である[欠かせない]。 ◆Car pools began as a matter of necessity during World War II. カープールは第二次世界大戦中に始まった。 ◆Necessity is the mother of invention. ((諺))必要は発明の母である。

**of necessity** 必然的に, 不可避的に, 必ず, 当然

**neck** a ～ 首, 頸部, くびれた[狭窄した]部分, 海峡, 地峡, (競馬で)首の長さ, 襟ぐりの線, (火山)岩頸(ガンケイ); vi., vt. くびれる[しぼる], いちゃつく; vi., vt. くびれる[しぼる], いちゃつく

**neck and neck** <with> (競走で)～と並んで, 互角に, ～に負けず劣らず ◆a neck-and-neck race [抜きつ抜かれつ]の戦い, 伯仲のレース (大[激しい])接戦; つばぜり合い; デッドヒート; 激しい競り合い ◆be in a neck-and-neck battle [race, contest] with... ～との追いつ追われつ[抜きつ抜かれつ]の戦い[レース]の最中にある; ～と接戦を演じて[繰り広げて]いる ◆sales of new homes and existing homes seem to be neck and neck 新築住宅の販売高と中古住宅の販売高は, 伯仲しているよう ◆X and Y are running neck-and-neck for the top spot in the Japanese market. XとYは日本市場でトップの座を狙って激しく競り合っている。 ◆デッドヒート[つばぜり合い]を演じている。

**NEDO** the ～ (New Energy and Industrial Technology Development Organization)((日))新エネルギー・産業技術総合開発機構

**need** 1 vt. ～が必要[入り用]である, ～を必要とする, ～する必要がある <to do>; ((助動詞))～する必要がある ◆as needed 必要に応じて ◆on an as needed [as-needed] basis 必要に応じて; 必要が生じた場合はその都度; 随時 ◆make needed home repairs やらなければならない家の修繕をする ◆buy needed equipment 必要な装置を購入する ◆much-needed 大いに必要とされている ◆the needed volume of... ～の必要[所要]量 ◆No reply needed; No need to reply 返信無用[不要]; お返事ご無用 ◆defer the construction of... until needed ～の建設[構築]を, 必要になるまで遅らせる ◆A camera tube may need replacement when.... ～の場合撮影管を交換する必要があることもある ◆the functions these agencies perform are no longer needed これら政府機関が果たしている機能はもう不必要になった; ((意訳))これら政府機関の役目は終わった ◆store mountains of paper documents that may or may not ever be needed again またあるかどうかわからない山のような書類をとっておく ◆It is stored until needed. それは, 必要になるまでとっておかれる。 ◆No adjustment of any kind ever needed. 調整は一切無用。 ◆The cars are somewhat heavier than they need to be. これらの車は, いくぶん必要以上に重い。 ◆Only a few dozen tiles needed replacing. 取り替えを必要とするタイルはわずか数十枚だった。 ◆Get the information you need when you need it − use reference tools & search the Web without leaving the page you're on! 必要な情報を必要なときにゲット。参照ツールを使えば, 今見ているページから離れることなく[を表示したまま], ウェブ検索が

できます。 ◆It is inexpensive, convenient, and practical when a full-featured charting program is more than you need. 機能満載のグラフ作成プログラムほどの((立派な))ものは要らないという時には, これは安価で手頃で実用的です。

**2** (a) ～ ((単のみ))必要[入用]((であること)), 要望[欲求, 要求]; ((O))貧困, 窮乏, 困窮 ◆be [stand] in no need of... ～を必要としない; 〈～には〉～は不必要[不要, 不用]である; 〈～にとって〉～は要らない ◆without the need to <do...>; without the need for... ing ～する必要なしに ◆as needs come up; as the need arises 必要になれば[必要が生じれば]; 必要に応じて[随時, その都度] ◆as needs dictate 必要に迫られれば; 必要に応じて; ((意訳))適宜(テキギ) ◆eliminate [obviate] the need for... ～の必要を無くす; ～を不要にする ◆reduce the need for... ～の必要を小さくする ◆the need for... arises from... ～の必要(性)が～から生ずる ◆there is a need [necessity] to <do> ～する必要がある ◆if such a need arises そのような[そういった]必要が生じれば ◆as the need for... (ing) came about ～する必要が生じた際に ◆feel a need to <do> ～をする必要(性)を感じる ◆fill the need for... ～の必要性に応える; ～に対する要望を満たす ◆fit this need この要求に合う ◆that created a need for them to <do...> そのことにより, 彼らが～する必要が出て[生じて]きた ◆the need for... will intensify ～の必要性[～に対する要求]が強まるだろう ◆the need may arise for them to <do...> 彼らが～する必要(性)が生じる可能性がある ◆there emerged a need for... ～の必要が生じた ◆there's no need [necessity] to <do> ～する必要はない; ～するには及ばない; ～しなくてよい ◆need for (a) solution 解決する必要がある[((意訳))解決が待たれている]問題 ◆the need for still more refinement よりいっそう洗練する[磨きをかける]ことの必要性 ◆circumvent the need for... ～の必要性を避けるために ◆It is in need of repair. それは修理が必要だ。 ◆without the need for air conditioning 空調を必要とせずに ◆dispense with the need for having office-based typists オフィス常駐のタイピストを抱える必要性をほとんどなくす ◆must solve the problem of the need to generate power while protecting the environment 環境を保護しながら発電する必要がある[発電しなければならない]といった問題を解決しなければならない ◆Some companies see an increasing need to <do...> 一部の企業は, ～する必要性がますます高まってきていると見ている。 ◆the need [requirement] for concurrent access to several information sources 複数の情報源に同時にアクセスする必要 ◆A friend in need is a friend indeed. ((諺))まさかの友は真の友。 ◆The car stands in need of repairs. この車は, 修理が必要だ。 ◆The machine is in need of oiling. この機械には, 注油が必要だ。 ◆There's a crying need for doctors throughout the whole Southwest. ((意訳))南西地方[南西部]は全域にわたって深刻な医師不足に陥っている。 ◆Please provide me with information of purchasing cemetery property before need. ((意訳))生前に墓地を購入するかに[寿陵, 寿蔵]の情報をください。 ◆The committee meets twice annually or more frequently as needs dictate to review and discuss... 本委員会は, ～について審議[検討および討論]するために年2回あるいは必要に応じて以上[((意訳))適宜回数を増やして]開催される。 ◆There is an immediate need for programs designed to slow the spread of HIV and AIDS. ヒト免疫不全ウイルスおよびエイズが広がるペースを落とす[緩くする]ための制度が早急に必要とされている。 ◆The "need of the Nation to conserve energy is increasing," NHTSA warned in a notice filed late last month. 米国家道路交通安全局は, 先月遅くにまとめた通告の中で「我が国にとって省エネをする必要が高まって[必要性が増して]いる」と警告した。 ◆The need for a wide external data path therefore arises mainly in connecting the microprocessor to other chips. したがって, 主としてマイクロプロセッサを他のICチップと接続するために, 幅広い外部データ経路が必要になってくる。 ◆The use of already installed power cables does away with the need to string fresh cable around the plant. 既設の電力ケーブルを使えば, 工場に新しいケーブルを張り巡らせる必要がなくなる。

**3** *a* 〜《通例 〜s》ニーズ, 需要, 必要なもの ◆gratify basic needs [elemental biological needs] 基本的［生理的］欲求を充足させる（*動物としての本能的な欲求のこと） ◆in preparation for meeting future needs 今後のニーズに備えて ◆needs have grown ニーズが高まった［増大した］ ◆respond to customer needs 顧客のニーズに応える ◆the needs of the user ユーザーのニーズ［要望］ ◆to meet growing energy needs 高まる［増大する］エネルギー需要に対処［対応］するために ◆alter the ratios of... as dictated by changing needs 変わりつつあるニーズに合わせて〜の割合を変える ◆deliver carefully needs-matched solutions to each customer きめ細かくニーズに合わせたソリューションを各顧客に提供する ◆developed in response to the need for... 〜に対するニーズに応えて開発された ◆respond quickly to the needs of the marketplace 市場のニーズ［要求］に迅速に応える ◆satisfy customer needs for miniaturization 顧客の軽薄短小化ニーズを満たす ▶ tailored to fit the needs of... 〜のニーズに合うように特別仕立てされた［特注で作られた］ ◆target customers and tailor goods to their needs 顧客のターゲットを絞って商品を彼らのニーズに合わせる ◆there will be a growing need for... 〜の必要［必要性, 需要］が高まる［増す］だろう ◆to meet your own particular needs あなただけ［貴社だけ, 個々のお客様］の特別のニーズを満たす［ニーズに応える］ために ◆in order that each customer's needs may be properly served それぞれの顧客のニーズ［要望］にきちんと［応えられる［応じられる］ように ◆products that are directed toward the needs of consumers 消費者のニーズに照準を合わせた製品 ◆to boost awareness of the need for more organ donations もっと多くの臓器の提供が求められていることへの認識を高めるために ◆to meet [address, handle] the growing needs of customers who must... 〜する必要のある顧客からのニーズの高まりに応える［対処する, 対応する］するために ◆First-time donors are especially welcome because the need for blood is constantly increasing due to... 〜のせいで血液の需要が絶えず増加しているので, 献血が初めての方々を特に歓迎いたします ◆The need to desalinate will grow by leaps and bounds around the world. （海水の）淡水化需要は世界中で飛躍的に増加するだろう. ◆If you are a person looking for..., we can supply your needs. 〜をお探しの方には, 私どもがそのニーズにお応えします. ◆The need for mass-storage devices is constantly increasing. 大容量記憶装置に対する要求は, 絶えず高まっている. ◆For fast answers to your needs, call or write us today. （直訳）あなたのニーズに対する迅速な解決策［対処］のために, 今日にでも私どもに電話かおたよりをください. ◆The desk height can be changed to meet the user's needs. 机の高さは, ユーザーのニーズに合わせて［ユーザーの好みに合わせて, 必要に応じて］調節できる. ◆There is a growing need for services to assist those affected by the disease. その病気にかかった［罹患した］人たちを支援するサービスの必要が高まっている. ◆We can see considerable progress toward addressing these needs. これらのニーズに応えることに向けてかなりの進歩を見ることができる. ◆The Center was created to serve the growing need for the education and care of young children of working families. 当センターは, 勤労世帯の幼児・児童の教育と保育に対する要求の高まりに応えてつくられた. ◆This 8-pin DIP filter meets your low-pass needs over a wide range of temperatures. この8ピンDIPフィルターは, 広い温度範囲にわたって貴社のローパス・ニーズを満たします. ◆In regions where electricity needs are expected to grow quickly, such as Eastern Europe and southeast Asia, the nuclear option is attractive. 電力需用が急速に増大すると見られる東欧や東南アジアなどの地域においては, 原子力のオプションが魅力的である.

◆if need(s) be 必要あれば［= should the necessity arise］

**needle** *a*〜 針, 縫い針, 編み針,（計器の）指針,（レコード用の再生）針 (= a stylus), ミシン針, 注射針,（針葉樹の）針葉,（ニードル弁の）弁体; *the* =《口》とげのある言葉, いやみ ◆the eye of a needle 針の穴, 針の目, 針の耳 ◆the tach needle そのタコメータの針 ◆if the needle jumps （メーターの）針が

（ピーンと）跳ね上がる［勢いよく振れる］なら ◆lift the needle [stylus] off the record レコードから（再生）針を上げる

**needless** 不必要な, むだな, 無用な, 不要な, 要らぬ, 余計な ◆needless to say, ... 言うに及ばず（*〜する必要はない = 〜には及ばない）; 言うまでもなく, 断るまでもなく, 言わずもがな ◆avoid needless duplication 無駄な重複を避ける ◆omit needless words 余計な言葉を省く

**needlessly** 不必要に, 必要もないのに, むだに, いたずらに

**needy** adj. 困窮している, 生活に［暮らしに］困っている, 貧窮している［極貧］(poverty-stricken); *the* 〜（複数扱い）生活困窮者（たち）◆a needy family 貧困家庭; 生活困窮家庭; 貧乏所帯 ◆help [assist] the needy; assist [help] people in dire need 困窮している人たちを援助する; 困窮者を支援する

**negate** v. 〜を無効にする, 否定する, 打ち消す;〈制御信号〉をネゲートする［ネゲート宣言する, 否定する］▶《電子》negate, negation は, 制御信号のレベルの HIGH/LOW にかかわらず, その信号がインアクティブ inactive, すなわち偽 false となることを意味し, assert, assertion の反対語である.（→ assert の解説）◆negate the need for... 〜の必要をなくす; 〜を不要にする ◆..., thereby negating the need for... [the need to <do...>] それによって〜の［〜する］必要がなくなる ◆Unfortunately, the new car's weight increase negates much of the sixteen-valve engine's output. 残念ながら, この新型車の重量増加はせっかくの16バルブエンジンの出力の大部分を帳消しにしてしまっている.

**negation** (*a*)〜 否定, 否認, 打ち消し,《文》否定 (→affirmation) ◆the law of double negation 二重否定の法則（*ブール代数の）

**negative** 1 adj. マイナスの, 負の, 負極性の, 負性の, 陰の, 陰極の, 陰性の,〈写真が〉ネガ［陰画］の,〈レンズ, 地形が〉凹の,〈地殻運動が〉下降する, 消極的な, 控えめな, 否定の, 否認の, 不賛成の, 拒否的な, 拒絶的な; adv. （返答で）否（イナ）, いや, そうではない ◆a negative gain 負のゲイン ◆a negative pole 負極［マイナス極, 陰極］◆a negative pulse 負パルス, 負極性パルス ◆negative growth マイナス成長 ◆a negative-going pulse 負方向に向かって立ち上がる［立ち下がる］パルス ◆negative-going マイナス方向に向かう;（パルスなどが）負極性の ◆a negative aspect of... 〜のマイナス面［負の側面］◆do negative campaigning; wage a negative campaign （選挙戦で）中傷攻撃［イメージダウン合戦］をする［しかける］（*相手候補の資質を批判して）◆have a negative trade balance in this sector この部門において貿易収支が赤字になっている ◆it has no negative implications for... それは, 〜にマイナスに働くような影響は全く及ぼさない ◆run negative television advertisements 誹謗・中傷的な内容のテレビ広告を流す（*選挙戦で）◆use [adopt, take] a negative approach to <do...> 〜するのに消極的なアプローチを使う［採る］◆a negative-phase-sequence relay 逆相継電器 ◆On the negative side,... マイナス面としては, 〜 ◆The negative side is that... 「〜に関して良くない」面は, 〜ということである. ◆in order not to plunge into any negative figures 赤字に転落しないように ◆the base of the transistor becomes negative トランジスタのベースが負になる ◆a book which explores the negative aspects of this industry この業界の負の側面をえぐる本 (explore = look into closely) ◆it will have a negative ripple effect on the economy それは経済にとって良くない波及効果を及ぼすであろう ◆the study found that raising speed limits had no negative effect on safety この研究により, 制限速度を引き上げても安全上の悪影響がないことが判明した ◆A year earlier, the Philippines had [experienced] negative growth. 1年前, フィリピンはマイナス成長だった［を経験した］. ◆Moody's Investors Services downgraded the county's rating from A1 to A3 "with a negative outlook." ムーディーズ・インヴェスターズ・サービスは同郡の格付けをA1から「弱含みの」A3へと格下げした.

2 *a* 〜（写真の）ネガ［陰画］, 否定［否認, 拒否, 拒絶, 反対, 否という答え］, 欠点［マイナス材料］, 負数［マイナス符号, 負号, 減号］◆answer in the negative 否［ノー］と答える ◆**Negatives**

include... マイナス材料［難点］は、〜などである ◆answer a question in the negative 質問に対して否定的な答えをする ◆The answer to this is in the negative. これに対する答えは否［ノー］だ.

**negatively** 負に，否定的に，消極的に ◆become negatively charged 負に帯電する ◆negatively charged electrons マイナス［負］に帯電している電子

**negative pressure** (会) 〜負圧，陰圧 (→pressureに用例)

**neglect** 1 vt. 〜を無視する，軽視する，等閑視する，〜を顧みない(カエリみない)，〜に留意しない，〜をほったらかし［なおざり，ないがしろ］にする，ケアを怠る <to do> ◆a heretofore neglected fruit これまで見向きもされなかった果物 ◆be too important to neglect 〜は，無視するにはあまりにも大切だ；〜はあまりにも重要でひとかどのもの［等閑視し得ない］ 2 回 無視，軽視，無頓着，怠慢，（育児・養育などの）放棄，ほったらかし，なおざり ◆neglect of duty 職務怠慢，義務を怠ること，義務放棄 ◆by the neglect of... 〜を無視することにより ◆the neglect of child-rearing 育児怠慢［放棄，軽視］ ◆through neglect to exercise it それを行うことを怠ったために ◆amid gardens gone barren with neglect ほったらかされて荒れ果てた［手入れされずに荒廃してしまった］庭の真ん中で

**negligence** 過失，怠慢，不注意，無頓着，だらしなさ ◆through negligence 過失［不注意］により ◆by [due to, through] culpable negligence (of duty) とがむべき（職務）怠慢的過失により；負責される［責めに帰す］べき不作為により ◆an accident caused by gross negligence 重過失により引き起こされた事故 ◆criminal negligence in the operation of a motor vehicle 自動車の運転における刑事上の過失

**negligent** adj. 怠慢な，不注意な，ずさんな，ずぼらな，いいかげんな，（物事に）構わない，こだわらない，無頓着な ◆homicide, negligent; negligent homicide 過失致死 ◆negligent handling 不注意［ずさん］な取り扱い ◆The airline was negligent in not providing proper security at Athens airport. その航空会社は，アテネ空港において適切な警備をすることを怠っていた．

**negligible** adj. 無視しても構わない，さほど重要でない，取るに足らない，些細(ササイ)［些末］な，ごくわずかな ◆become negligible 無視できるほどになる ◆The difference is negligible 違いは無視できるほど小さい［ほとんどない］ ◆a negligible amount of interference 無視できるほど少ない混信妨害 ◆It was too negligible to measure. それは，測定限界［検出感度］（レベル）以下であった． ◆This change in current will be almost negligible. この電流の変化は，ほとんど無視できるものである．

**negotiable** adj. 交渉の余地がある，協定できる，（道，河川などが）何とか通れる，（小型手，手形）譲渡［換金］可能な，流通性の ◆a negotiable instrument 有価証券 ◆a non-negotiable instrument 譲渡不能証券 ◆areas without negotiable roads 通行可能な道路の無い地域

**negotiate** vt. 〜を（交渉や駆け引きなどをして）取り決める，協定する，（悪路，危険な水路など）をうまく通り抜ける，（比喩的に）〜を切り抜ける［乗り切る］，やってのける，（融資など）を手配する，（手形，証券，小切手など）を裏書して譲渡する，換金する，（資産など）売却する；vi. 交渉する，折衝する，談判する，話し合う，協議する <about, on, over> ◆negotiate a turn なんとかてコーナーを曲がる

**negotiating table** 〜（比喩的）交渉のテーブル，交渉の場 ◆be at a negotiating table 折衝中［話合いの最中］である ◆come to [reach] a negotiating table 交渉のテーブルにつく ◆sit (down) at a negotiating table for the third time 3回目の交渉のテーブルにつく

**negotiation** 〜(s) 交渉，折衝，商談，話合い，協議，談判，駆け引き，ネゴシエーション，《商》（手形などの）譲渡，流通 ◆trade negotiations 通商協議 ◆Ford's negotiations with the U.A.W. フォード社のUAW（全米自動車労働組合会議）との交渉［話し合い］ ◆The company is at an advanced stage in negotiations to <do...> 同社は〜することをめざした交渉［折衝，話し合い］で進展を見せている ◆This offers a possibility

for wider negotiations involving other clan leaders これによって，他の派の領袖も含めてより広い枠での交渉の可能性ができてくる ◆Negotiations are under way to... 〜するための交渉が進行中である．

**negotiator** a〜 交渉者，折衝者，交渉［折衝］相手，協議者；a〜（手形などの）譲渡人

**Negroid** adj.《時にnegroid》黒色人種［ネグロイド］の，黒色人種に似た，黒人系に特有の；a〜 黒色人種の人 ◆the Negroid race 黒色人種

**neighborhood** a〜 近所，近隣，付近，近傍，近辺，辺(ア)り，街，街中，下町；the〜《集合的》近隣の人々；a〜（ある性格，特色を持つ）街，区域，地区，地域 ◆a residential neighborhood 住宅区域［地域］ ◆in a neighborhood of apartment buildings 住宅ビルが多数ある地域 ◆in the neighborhood of 30 K 絶対温度30度近辺［付近，前後］で ◆in the neighborhood of California カリフォルニア付近で ◆a figure in the neighborhood of $280 million 2800億ドル前後の数字 ◆a long-term deal in the neighborhood of five years [$10 to $11 million] 《順に》5年［1000万ドルから1100万ドル］前後の長期取引き ◆in the immediate neighborhood of a personal computer パソコンのすぐそば［ごく近隣］で ◆in the neighborhood of 12 to 14 volts 12から14ボルトのあたり ◆in the neighborhood of about $1.1 billion だいたい11億ドルあたり［そこいらへん，ぐらい］ ◆in the Shinjuku neighborhood of Tokyo 東京の新宿界隈で ◆a low-income neighborhood 低所得者が住んでいる地域［貧民街，貧民窟，スラム街］ ◆in a working-class neighborhood of Washington ワシントンの労働者階級が住んでいる地域［地区］ ◆earn in the neighborhood of $500,000 a year 年におよそ50万ドル［50万ドルほど，50万ドル前後］稼ぐ ◆she is in the neighborhood of 90 彼女は90歳かそこらである ◆"I love my neighborhood. I grew up in the neighborhood." 「私は自分の（住んでいる）界隈［地区，地域，街，町，村］が好きです．ここで育ちました．」（▶neighborhoodは「あたり一帯」の意味であり，はっきり区分された行政区の意ではない）

**neighboring** adj. 近くの，付近の，周囲の，近所の，近傍の，近場の，近隣の，隣接した，隣り合った，隣〜 ◆neighboring dots (*並んでいる多数のドットのうちの）隣接するドット ◆our [its] neighboring countries（我が［その］国の）近隣諸国［隣国，隣邦（リンポウ）］ ◆in Ottawa and neighboring Hull オタワと隣のハル市で ◆steep price competition from neighboring stores 近所の商店の影響による過酷な価格競争

**neither** （二者の）どちらも〜でない［しない］；(neither A nor B) AでもなくBでもない，AもBも〜ない［しない］ ◆although neither of his parents was a professional musician 彼の両親はどちらもプロの音楽家ではなかったが ◆I can't speak French. – Neither can I. 私はフランス語が話せない．– 僕もだ． ◆It must be neither too large nor too small. それは大き過ぎても小さ過ぎてもいけない． ◆Neither of the two countries has ambassadors in each other's capital. これら2カ国は双方とも互いの首都に大使を置いていない． ◆Neither Serbs, Croats, nor Muslims ever had the slightest intention of living under one another's rule. セルビア人も，クロアチア人も，ムスリム人も，互いの統治下で暮らす気は毛頭なかった．（*Bosniaでの話）

**NEMA** (the National Electrical Manufacturing Association) 米国電機製造業者協会（*省略形にtheは不要）

**neodymium** ネオジウム［ネオジム］（元素記号：Nd）◆a neodymium-iron-boron magnet ネオジウム・鉄・ボロン磁石 ◆a neodymium magnet ネオジウム磁石；ネオジ磁石

**Neogene** the〜 (period [Period]) 新第三紀

**neolithic, Neolithic** adj. 新石器時代の ◆Neolithic [New Stone Age] people; neolithic man 新石器時代人 ◆the Neolithic [neolithic] and Bronze ages 新石器時代と青銅器時代

**neon** ネオン（元素記号：Ne）；(a) 〜 ネオンランプ，ネオンサイン，ネオンの明り ◆a neon (glow) lamp ネオン（グロー放電）管（*パイロットランプに使用する小型のネオンガス封入放電管）◆a neon light ネオン灯（*電飾看板用の細長いも

の）◆a neon sign　ネオンサイン◆neon-emblazoned　ネオンで飾られた，電飾された◆neon-bathed Shinjuku　ネオンを浴びた新宿

**neonatal**　adj.（人間の）新生児の（*生後1カ月内の乳児）◆a neonatal intensive-care unit　新生児集中治療施設（NICU）

**neonatologist**　a～新生児科医◆Neonatologists take care of newborns when they struggle for life in the hospital's newborn intensive care unit because they've been born much too early or gravely ill.　新生児科医は，早産で生まれたとか重体といった理由で病院の新生児集中治療室で懸命に生きようとしている新生児達を担当する[を診る，の]医療にあたる』

**neonatology**　回新生児学

**neophyte**　a～初心者，入門者，初学者，新入り，新参者，改宗者，(カトリックの）修練士◆a neophyte pilot　新米パイロット◆a neophyte Windows user　《コンピュ》Windowsを使い始めて間もないユーザー◆simple enough for first-time use by neophytes　初心者が初めて使う場合でも十分簡単である

**neoprene**　回ネオプレン◆a neoprene-covered dumbbell（合成ゴムの一種）ネオプレンで被覆されているダンベル[亜鈴]

**NEPA**　(the National Environmental Policy Act)　米国家環境政策法(略語形にしてはthe以下不要)

**nepotism**　ネポチズム，縁故主義，縁故採用[登用]，身内(者)びいき，同族[一族]登用，同族優先，情実◆grow rife with nepotism　縁故主義がはびこって[瀰漫(ビマン)して]くる◆nepotism is widely practiced　縁故主義は広く行われている

**neptunium**　ネプツニウム（元素記号: Np）

**nerd**　a～おたく[オタク]の（*a nerd is，ダサくて人付き合いの下手な人間．多くは知的な趣味に凝りながらも真似ごとの域を出ない奴）◆a computer nerd　コンピュータおたく[ばか，狂]◆nerds with thick glasses and severe acne　度のつよいメガネをかけた，ひどいニキビづらのおたく族

**nerdy**　adj．おたく[オタク]の◆nerdy kids　おたく族たち

**nerve**　a～神経，神経繊維；～s神経過敏，神経のたかぶり[興奮]，いらだち，臆病，びりびり；回図太い神経，勇気，度胸，肝っ玉；a～厚かましさ，ずうずうしさ，でしゃばり，無礼◆have the nerve to <do>　するだけの勇気[度胸，神経]がある；厚かましく[ずうずうしく]も～する◆lose one's nerve　弱気になる，気後れする，おじける，ひるむ，たじろぐ，びびる，覇気をなくす◆be irritating to the nerves　非常に神経に触る◆his organs and nerve systems　彼の臓器と神経系[系統]◆serve as the nerve center of...　～の中枢として機能する[の役割をする］◆in the nerve-wracking world of news photography　神経を酷使する報道写真の世界にあって

**nervous**　adj．神経の，神経質な，神経をとがらせている，気が落ち着かない，そわそわした，イライラした，不安な，心配な◆a nervous regime　神経をピリピリさせている政権

**nest**　1　a～巣，巣穴，(人の)すみか，（盗賊などの）巣窟，（犯罪などの）温床，a～（一つの巣に属する仲間の意から）一揃い，一組，一群，〈鳥などの〉一家，〈悪党などの〉一味；a～入れ子(式のもの)◆young birds begin to leave their nests　若い子が巣立ち始める

2　vi．（入れ子式に）次々と中に入る[重ねて収納できる]，巣作り[鳥ごもり]する，巣にこもる，ネストする，vt．～を巣にする，～を巣に入れる，《コンピュ》～をネストさせる◆a nesting ground for birds and other wildlife　鳥やその他の野生生物の営巣地◆programs with deeply nested loop structures　《コンピュ》ループが何重にもネストした[入れ子になった]構造を持つプログラム◆find individual files in deeply nested stacks of folders and subfolders　《コンピュ》何重にも入り組んだ[何階層下まで入り組んだ]フォルダやサブフォルダに入っている個々のファイルを捜し出す◆Groups are nested too deep.; Groups are nested beyond 5 levels.　《コンピュ》グループのネスト[階層化]が深すぎる．；グループが5階層を超えて[6階層以上に]ネストしている．◆Nesting group: One each size above.　重ね合わせのセット: 上記の各サイズ1個ずつ（*大，中，小といった具合に，サイズの異なる容器を重ねたセット）

**nest egg**　a～（本物または模造品の）抱き卵，(口)（将来の）蓄え[貯金，虎の子]◆keep a nest egg　《口》（不時の出費などに備えて）蓄えを作る[金を蓄える，貯金する]◆put a nest egg by for a rainy day　不時（の出費）に備えて虎の子をためる[貯金する]（put by = put aside）

**nestle**　vi．(木などで)隠れた場所にある，いだかれるような格好で存在する<in, among>すり寄る，寄り添う；vt.～を心地よく落ち着かせる，にすり寄る[寄り添う]◆a college nestled in the mountains　山懐に抱かれている大学◆These two extra carriers were neatly nestled into the available bandwidth.　《電子》これら2つの追加搬送波は，既存[現存]の帯域内にうまい具合に収められた．

**net**　1　a～，ネット，網，通信ネットワーク，放送網，電力網，漁網; the Net　インターネット（→ Internet）◆a net list　ネットリスト（*コンピュータによる回路設計で，接続関係を示す配線データ）

2　vt．～を網で覆う，～に網をかぶせる，～を網で捕獲する，〈犯人など〉を捕まえる

3　adj．正味の，純量の，正員の，掛け値なしの，最終的な，有効-，純-，実-，真-◆net profit　純利益，純益，純利潤◆net weight　正味重量◆the net result　最終結果◆the net heating [calorific] value of propane　プロパンの真発熱量

4　vt．（企業などが）～の純益を上げる，（企業など）に純益をもたらす◆net a salary of ¥250,000 a month　¥250,000の月給を稼ぐ

**net income**　(a)～　純益，純利益，純所得，純収益◆For the first nine months of 1996, the company's net income was up 8.4 percent from the same period a year earlier to nearly $1.1 billion on sales of almost $12.3 billion.　1996年の1月から9月までの同社の純益[純利益，純収益]は，前年同期比8.4%増で，ほぼ123億ドルの売り上げに対し11億ドル近くに上った．

**netiquette**　回ネチケット，ネットワーク時代のエチケット，インターネットで通信する場合に守るべき礼儀作法◆violate the rules of "netiquette" by publicly posiiting...　～を掲示することによりネチケット[ネット上でのエチケット]のルールを破る

**netizen**　(Net・citizen) a～ネチズン，ネット[インターネット]上の市民，《中国語》網民

**network**　1　a～ネットワーク，回路，網，網の目のような物，回路網，網路，放送網，通信網，情報網，鉄道網，交通網，網目模様，網状組織，連絡網，人脈◆a network of cables　ケーブル網◆a radio [television] network　ラジオ[テレビ]放送網◆a railroad network; a network of railroads　鉄道網◆the network layer　《通》ネットワーク層（*国際標準化機構（ISO）の開放型システム間相互接続(OSI)参照モデルの第3層）◆(a) computer-network crime; a cyber crime　コンピュータネットワーク犯罪◆a local area network　構内[域内，企業内]情報通信網; LAN◆a network of canals　網の目のように縦横に走っている運河◆a network of cracks　亀裂が一面に走っている亀裂◆a network of friends　友達の輪◆a network-ready, digital copier　ネットワーク対応デジタル複写機（*「ネットワーク化対応-」とも）◆design and manufacture PCs for the network age　ネットワーク時代のパソコンを設計・製造する◆organize a network to <do...>　～するためのネットワークを組織する◆public network environments such as the Internet　インターネットなどの公共ネットワーク環境◆send files across [over] a network　《通》ネットワークでファイルを送る◆through [via, by way of] a network　ネットワークを通して[通って，経由して，経由で，介して，経て]◆over the public switched phone network　公衆加入電気通信(意訳)公衆電気通信回線網で◆a network spanning 110 countries worldwide　世界110カ国にまたがる[広がる]ネットワーク◆the telephones attached to the office's telephone network　オフィスの電話網に接続されている電話◆turn any printer into a network [networked] printer　どのプリンタでもネットワークプリンタに変身させてしまう[変える]◆a computer specifically designed to operate on a network　特にネットワーク上で動くように設計されたコンピュータ◆the percentage of digital copiers that

are connected to a network is lagging (behind)　ネットワーク接続されるデジタル複写機の率[《意訳》]デジタル複写機のネットワーク化]の進捗は遅々としている
**2** vt. 〜を全国ネットで放送する, ネットワーク接続する, ネットワーク化する, 網の目のように配置する; vi. いろいろなところに顔を出して人脈を作る ◆network A, B, and C together　AとBとCをネットワークで相互接続する ◆as more and more businesses come on-line and offices become networked ますます多くの企業がオンライン化し, またオフィスのネットワーク化が進展していく ◆create a networked environment for Windows applications　ウィンドウズ応用ソフトのためのネットワーク環境をつくる ◆The model can be configured as a standalone or networked system.　そのモデルは, スタンドアローンシステムとしてもネットワーク接続されたシステムとしても構成できる.

**networking**　□《通》ネットワーキング(*複数のコンピュータを電話回線や専用回線などを介して接続し, データのやり取りを可能にすること), ネットワーク化, 人脈作り, 仲間同士で横の連絡をとって情報を分かち合うこと ◆As the proliferation of networking continues globally, ...　ネットワーク化が地球規模で進展するにつれ, ... ◆With the introduction of networking for personal computers, ...　《意訳》パソコンのネットワーク化により ◆It's estimated that 70 percent to 80 percent of job openings are filled through networking.　欠員の7〜8割は, 人脈を伝って[知り合いを通じて, 人づてを頼って]補充されているものと推定される. ◆The business networking group gathers every month to meet informally and exchange business cards.　このビジネス人脈づくりグループ[異業種交流会]は, 毎月肩肘の張らない[しゃちこばらない]会合を開いて名刺交換をしている.

**Neumann, John von**　ジョン・フォン・ノイマン(*今日のフォンノイマン型コンピュータの基本アーキテクチャーを考案したハンガリー生まれの米数学者. 1903-1954)

**neural**　adj. 神経(系)の, 神経性の ◆a neural computer　ニューラルコンピュータ(=a neurocomputer)

**neural network**　a 〜 (脳の)神経回路網, ニューロコンピュータ ◆As neural networks wend their way from theory to practical application, ...　人工神経回路網[ニューロコンピュータ]が理論から実用への道を歩むにつれ, (▶a neural network は脳の神経回路網のことであるが, ニューロコンピュータの別称にもなっている.)

**neuro-**　神経- ◆a neurochip (= a neural chip)　ニューロチップ(*ニューロコンピュータ用ICチップ)

**neurocomputer**　a 〜 ニューロコンピュータ

**neuron**　a 〜 ニューロン, 神経単位, 神経元 ◆a brain neuron　脳のニューロン, 脳神経単位, 脳神経元, (広義には1個の)脳神経細胞

**neurosurgeon**　a 〜 脳外科医, 脳神経外科医 ◆a neurosurgeon removed two blood clots from Mr. Benson's brain　脳外科医[脳神経外科医]がベンソン氏の脳から血のかたまり[血餅]を2つ摘出した

**neurosurgery**　□脳神経外科, 脳外科, 神経外科; (a) 〜 脳外科手術 ◆he has had neurosurgery to remove a brain tumor　彼は脳腫瘍を摘出するための脳外科手術を受けた ◆the department of neurosurgery [the Neurosurgery Department] at...　《病院》の脳神経外科部門

**neurotic**　adj. 神経症[ノイローゼ]の, 《口》神経過敏な; a 〜 ノイローゼにかかっている人, 神経症患者 ◆a neurotic poet　神経症にかかっている[《意訳》ノイローゼの, 神経過敏の]詩人

**neurotransmitter**　a 〜 神経伝達物質 ◆a chemical called a neurotransmitter　神経伝達物質と呼ばれる化学物質

**neutral**　adj. 中性の, 中正の, 不偏不党の, 中立の, 中立国の, 中間の, 中点の, 無職-, 《電気》無負荷の; n. a 〜 (戦時の)中立国の人, 中立的立場の人, 無彩色(《無変調》(自動車のシフトレバーの)ニュートラル(位置) ◆a neutral cleanser　中性のクレンジングクリーム[洗剤] ◆neutral fats　《医》中性脂肪 ◆neutral stability　中立安定 ◆neutral static stability　《航空機》中正の静安定 ◆a mild pH-neutral cleanser　マイルドな中性洗剤 ◆an electrically neutral subatomic particle　電気的に中性の[電荷を持たない]素粒子 ◆shift to neutral　《車》ギアをニュートラルに[中立に]シフトする ◆with a neutral detergent　中性洗剤で ◆with the lever in the neutral position　レバーがニュートラル位置に入っている状態で ◆the determination of the stick-fixed neutral point from wind-tunnel data　《航空機》《意訳》風洞データから昇降舵固定の場合の縦安定中正点を求めること

**neutrality**　□どちらにも味方しないこと, 中立, 局外中立, 不偏不党 ◆observe [maintain, preserve] strict neutrality　厳正中立を守る[維持する, 保つ]

**neutralization**　中立化, 中和, 除毒, 《軍》制圧, 無力化 ◆a neutralization reaction　中和反応 ◆concrete neutralization; the neutralization of concrete　コンクリートの中性化 ◆neutralization of static charges　静電荷の中和 ◆the neutralization of an acid　酸の中和 ◆the neutralization reaction between A and B　AとBの間の中和反応 ◆In vacuum-tube amplifiers, neutralization can be accomplished as illustrated in Fig. 15-7.　真空管アンプにおいては, 中和は第15-7図に示すごとく達成することが可能である[実現できる, 行える].

**neutralize**　vt. 〜を中和する, 無効にする, 中立化する, 無力化[制圧]する

**neutrino**　a 〜 ニュートリノ, 中性微子 ◆an electron neutrino　電子ニュートリノ ◆muon and tau neutrinos　ミューオン[μ, ミュー粒子]ニュートリノおよびタウ[τ粒子]ニュートリノ

**neutron**　a 〜 ニュートロン, 中性子 ◆fluxes of thermal neutrons; thermal neutron fluxes　熱中性子束 ◆a fast-neutron breeder reactor　高速中性子増殖炉 ◆a high-speed neutron　高速中性子 ◆dosimetry and treatment planning for neutron capture therapy　中性子捕捉療法のための線量測定および治療計画の立案 ◆Neutron detectors might be improved through development of more sensitive scintillators.　中性子検出器は, より感度の高いシンチレータの開発により改善できる可能性がある.

**never**　adv. 決して[絶対に, 少しも, 全く, 全然, こんりんざい, 断じて]〜しない[でない] ◆she has never been in a position of power　彼女は一度も権力のある地位に就いたことはなかった ◆DANGER!: Never use an open flame in the battery storage area.　危険! 蓄電池の保管区域では火気厳禁. ◆Never move from one lane of traffic to another until...　〜までは決して[絶対に]ある車線から他の車線に移っては[車線変更しては]いけません. (never = absolutely not) ◆Never yank on the cord.　決してコードを引っ張らないでください. ◆The process seems never-ending.　この過程は, 果てしなく続くように見える.

**never-ending**　果てしない, 際限ない, きりがない, とどまるところを知らない, 絶え間ない ◆our never-ending efforts　我々の不断の努力

**never-say-die**　→ die

**nevertheless**　adv., conj. (=however)それでも(やはり), しかし(ながら), それでも, されど, (=in spite of that)それにもかかわらず ◆Nevertheless, the machine is not without its critics.　だがそれにもかかわらず[さりとて, だからといって], この機械に批判的な者がいないわけではない.

**new**　adj. 新しい, 今までなかった, 新規の, 新着の, 新刊の, 新作の, 新型の, 新品の, できたての, 新鮮な, 新人[新任, 新参]の, 目新しい, 耳慣れない, 初めての, 不慣れな[未経験の]<to>, 新たな, 異なる, 再度の, 一新した, 更生した, 立ち直った; 《地質》新期の; adv. 《しばしば過去分詞と一緒に合成語を作る》新-, 〜したばかり ◆a new sense of urgency　新たな[《意訳》これまでにない, 今まで感じたことのない]切迫感 ◆be as good as new　新品同様である ◆deal with what's new about Version 6.0　バージョン6.0についての最新情報を扱う ◆feel the need for a new image　新しいイメージの必要性を感じる, イメージの刷新[イメージチェンジ]が必要だということを実感する ◆it is nearly completely new　《意訳》それは(ほぼ)新品同様[新同品]である ◆make [buy, purchase] a new dress　新しい婦人服をつくる[買う]; ドレスを新調する ◆new-car sales　新車販売《売上》高 ◆new-type　新タイプの ◆she bought it

**new** 彼女はそれを新品[おニュー]で購入した ◆the pistons were visually in "new" condition ピストンは見た目には「新品」状態だった ◆to make it look like new それを新品[新(サ)ラ), 新車] のように見せる[見せかける]ために ◆What's new in DSP technology DSP技術の最新情報(*記事の表題) ◆with new sneakers on 新しい[おろし立ての]スニーカーを履いて ◆an all-new design 全面的に一新された設計 ◆a new-from-the-ground-up motorcycle 全く新規に開発・設計されたバイク ◆introduce two new comparatively low-priced workstations 比較的低価格の新世代のワークステーション2機種を市場投入する ◆make it look like new またそれを再び新品同様に[新品同様に]見えるようにする ◆outlaw the founding of new single-sex schools 共学でない学校の新設を[法律的に]禁止する ◆shares in USAir yesterday came near a new high USエアの株は、昨日もう少しで最高値[サイタカネ]更新というところまで行った ◆the newest and most advanced MiG fighters 最新鋭ミグ戦闘機 ◆there are many impressive buildings, both old and new 新旧取り混ぜ印象的な建物が数多くある ◆use the newest communications technology available 利用可能な最新の通信技術を用いる ◆a new-for-1993 turbocharged version of the 2.0 liter engine その2.0リッターエンジンの1993年型向け新型ターボ過給式版 ◆Although some are junked, most can be made to look and drive like new. 一部は廃車にされるものの、大多数は外観と走りを新車同様にすることができる。(*事故車の話) ◆I'm a sucker for anything [something] new. 私は新しいものには目がありません；私は新しもの好きです。 ◆Is there anything new? 何か新しいものはあるかい．；(意訳)何か変わったことある？ ◆New circumstances require a new look at the framework of our government. 新しく生まれた状況は、我が国の政府の枠組みの見直しを要求している。 ◆Ford's new Taurus is new from the ground up as evidenced by the photo above. フォードの新車トーラスは、上の写真でもわかる[に示す]ように一新[刷新]した。 ◆The idea of using government investment to make the economy grow is not new. 経済の成長を図るために政府投資を使うという考えは(別に)新しいものではない。

**newbie** a ～ (pl. newbies) 《ネット》新参者[初心者、入門者] ◆Burt is an Internet newbie and sometimes cruises the World Wide Web in search of interesting items to pass along to his radio show listeners. バートはインターネット初心者[入門者]で、時々ワールドワイドウェブをサーフィンして自分のラジオ番組のリスナーに受け売りするための面白い記事を探している。

**newborn** adj. 生まれたばかりの、新生の；～新生児、みどり児、嬰児(エイジ) ◆a healthy newborn 健康な新生児

**new-breed** 新しい人種の、新種の、(今までのとは違って新しい=)新規の ◆a polished, new-breed diplomat 洗練された新しいタイプの外交官

**newcomer** a ～ 新参者、新人、新入社員、新入生、新規市場参入者[製品]、<to>

**new generation** a ～ 新世代；new-generation adj. 新世代の ◆a new-generation workstation 新世代のワークステーション ◆develop a new generation of cleaner, safer nuclear reactors よりクリーンで、より安全性の高い新世代の原子炉を開発する

**newline** ◆a newline (NL) character 《コンピュ》(復帰)改行文字(*CR文字及びLF文字に相当)

**newly** 最近、近頃、このごろ、この間、この節、新規に、新たに、新しく、再び、再度、また ◆a newly developed module 新規開発されたモジュール ◆newly licensed drivers 免許取りたてのドライバーたち ◆three newly-formed divisions 3つの新設部門

**new product** a ～ 新製品；new-product adj. 新製品の ◆new-product development 新製品開発 ◆a new product announcement 新製品の発表 ◆a new-product campaign 新製品の(販促)キャンペーン ◆new products due out early next year 来年早々に発売[発売開始]されることになっている新製品 ◆promote a new product 新製品の販売促進をする ◆send a new product release to New Products Editor 新製品の発表案内を新製品紹介編集長に送る

**news** a ～ ニュース、報道、報知、告知、報告、報道記事、新しい情報、できごと、変わったこと、知らせ、通信、消息、便り、短信 ◆a news agency 通信社 ◆a news organization 報道機関 ◆a news photographer 報道カメラマン ◆a news publication 報道出版物 ◆a press [news] conference 記者会見 ◆good news 良い知らせ；明るいニュース；(相場などの)好材料[強材料] ◆news reports ニュース報道 ◆late-breaking news (報道メディアに今入ってきたばかりの)最新ニュース ◆up-to-the-minute sports news スポーツ速報 ◆The good news is that... 明るい話題は、～ということである。 ◆news of... will spread by word of mouth ～の知らせは口伝えに広がるだろう ◆A piece of late news has come in. 最新ニュースが(1件[1本])入って[(意訳)飛び込んで]来た。 ◆Stocks peak off on good news and bottom out on bad news. 株は好材料を好感して最高になり、悪材料に嫌気(イヤキ)して最低になる。 ◆The news is much the same regarding East European countries. 東欧諸国とて、状況はほとんど同じである。 ◆This is good news for consumers. これは、消費者にとって朗報である。

**news agency** a ～ 通信社 ◆a general-interest news agency 総合通信社 ◆KCNA (the North Korean Central News Agency) 朝鮮中央通信(略語形式theは不要)

**newsletter** a ～ (役所の)広報、回報、会報、社内報、時事通信、(自社や新製品を紹介する)PR紙

**newsmagazine** a ～ ニュース[時事]雑誌

**newspaper** a ～ 新聞、新聞社；◎新聞用紙(=newsprint) ◆a newspaper reporter 新聞記者 ◆a newspaper thrower 新聞配達人 ◆NIE (Newspaper in Education) NIE(教育に新聞を)(*文盲対策や読書癖をつけさせる目的で新聞を教材に使う運動) ◆according to a newspaper account of... ～についての新聞記事によると ◆after reading several newspaper accounts about the arrest of... ～の逮捕に関する新聞記事を数本読んでみて ◆newspaper recycling 古新聞のリサイクル ◆read newspaper accounts describing... ～について書かれている新聞記事を読む

**newsprint** ◎新聞印刷用紙 ◆a newsprint-recycling plant 新聞紙[古新聞]リサイクル・プラント

**new-style** adj. ニュースタイルの、新しいスタイル[様式]の、新式の、新型の ◆a new-style store 新しいスタイルの店舗 ◆new-style public phones which will gradually replace existing models 既存の機種に徐々に取って代わることになっている新型の公衆電話

**newton** (N) a ～ 《単位》ニュートン(*力の単位)；Newton (人名) ◆Newton's rings ニュートンリング

**new-type** 新しいタイプの

**new year** a ～ 新しい年、新年、新年度；a New Year 新年、正月、元旦、年明け、年始、初春、年賀、賀正 ◆a New Year's resolution; a resolution for the new year 新年の決意[決心、誓い]；年明けにあたっての今年の抱負[目標] ◆enter [go, head, move, roll, run, step] into a new year 新しい年に入る；新年を迎える；越年する ◆visit... with New Year's greetings 新年[年頭、年始]の挨拶のために〈人など〉を訪問する；年始回りをする ◆from 8 p.m. to midnight on New Year's Eve 大晦日の午後8時から12時まで ◆(A) Happy New Year! 新年おめでとう。 ◆celebrate the coming of a new year 新年の到来[年明け]を祝う ◆exchange greetings on New Year's Day 元旦[元日]の挨拶を交わす ◆Have [May you have, I hope all of you have] a wonderful new year! 素晴らしい新年を！；良いお年を、よい年でありますように；新年おめでとう ◆Westerners often celebrate New Year's Eve with a boozy farewell to the year gone by. 西洋人はよく大晦日の夜を、行く年に別れを告げるどんちゃん騒ぎで祝う。

**New York** ◆the New York Stock Exchange ニューヨーク証券取引所

**next** adj. すぐ次の、次～、すぐ隣の、隣～、最も近い、最寄りの、今度、来るべき、明くる、翌～、来る(キタル)、来～、次点の、次位の、2位の、2等の；adv. 次に[は]、今度は、次の機会に；prep. ～

**next-day**

の次に、〜のすぐ隣に、〜に最も近い ◆the next day その次の日［翌日,あくる日］ ◆the next day but one 一つおいて次の日［その翌々日］(に) ◆(the) next time; (the) next time around 次回；この次(に［は］)；今度は ◆next week [month, year] 来週［来月, 来年］ ◆the next day [week, month, year] その翌日［翌週,翌月,翌年］ ◆the week after next 再来週［その翌々週］(に) ◆the next (adjacent) stage （隣接している）次段 ◆NEXT PAGE 《コンピュ》ページ送り［改頁］(*ボタンなどの機能の表示で) ◆a next war 次の戦争 ◆live in the next house but one 2軒先［1軒おいて隣］に住む ◆Next please! 次の方、どうぞ. ◆next September 来年の9月に ◆over the next few years 向こう［今後, この先, それ以降, 以後］数年にわたって ◆prepare for the next round of negotiations 次回の（一連の）交渉の準備をする ◆set a next court date for Sept. 12. 次回の公判日を9月12日に決定する ◆starting [beginning] next year 来年から ◆the next French government; the next government of France 次期フランス政府 ◆the next higher [↔lower] channel 1つ［すぐ］上の[↔下の]チャンネル ◆the next previous page 直前のページ ◆The next year he married... その翌年に彼は、〜と結婚した. ◆within [in] the next few days 近日中に ◆within the next four years この先［それから, 今後］4年のうちに (*未来, 過去いずれについても使える表現) ◆within the next two years 今後2年以内に ◆the next-higher category すぐ上のカテゴリーに ◆be next to impossible ほとんど不可能だ ◆on the third of next month 来月3日に ◆use the next larger size box than that required 必要なサイズより一回り大きな［大ぶりの］箱を使う ◆The company bought a similar license for "next to no cost" 同社は似たようなライセンスを「ただ同然」で買った ◆the parcel arrived the next morning 小包は翌朝届いた ◆they have indicated their willingness to participate in the next meeting and from then onward 彼らは次回の会議から出席する意向があることを表明した ◆UK sales are expected to start early next year. 英国での販売は来年早々開始の見通しである. ◆It is being developed by them as a next step beyond the anti-lock braking system. それはアンチロック・ブレーキ・システムに続く次の[ABSの先を行く]ものとしてこれらの企業が開発をしている最中である.

**next to** 〜のすぐ隣［そば］に、〜に次いで;《後ろに否定的な形容詞・名詞が続いて》ほとんど〜ない、ほとんど無いに等しい［無いも同然］ ◆be next to nothing ほとんど無いに等しい ◆be next to useless ほとんど役に立たない ◆A and B are next to each other AはBに隣接している ◆it is next to impossible to <do...> 〜することはほぼ不可能に近い［ほとんど不可能だ, まずできない（といえる）］

**next-day** 翌日の ◆preview some of the paper's next-day stories (TV)翌日の朝刊の記事を一足先に紹介する

**next-door** 隣家の、隣の家［アパート, ビル］の、隣近所の、近くの ◆next-door neighbors 隣近所の人たち

**next generation** the 〜 次の世代、次世代; next-generation adj. ◆Japan's next-generation fighter, the FSX 日本の次世代戦闘機FSX (*日本では「次期支援戦闘機」という) ◆a next-generation microprocessor 次世代マイクロプロセッサ ◆engineers of the next generation 次の世代の技術者たち ◆test the next generation of INMARSAT satellites 次世代のインマルサット衛星を試験する ◆The next generation of exchanges, based on the manipulation of optical signals rather than electronics, is expected to cost \$1.5 billion to \$3 billion. 電子回路でなく光信号の操作による次世代の交換機は、15億ドルから30億ドルかかると見られている.

**next of kin** a 〜《単複同形》親等の最も近い者［最近親者］、最も近い親類［親戚］、近親者、親族 ◆A written consent is required from the surviving spouse or the next of kin of the deceased. 亡くなった方の後に残された配偶者あるいは親族［近親者］の(ら)の同意書が必要です. ◆The victim is a female 37-year-old resident of Ventura County. Investigators are still attempting to locate a next of kin. 犠牲者はベンチューラ郡住人の37歳女性である. 捜査官らは依然として親族［身内, 近親者］がいないか、捜している.

**NFL** (National Football League) the 〜 米ナショナル・フットボール・リーグ
**NFP** (natural family planning) 自然［オギノ式］受胎調節法
**NG** (no good, not good) (エヌジー)
**NGO** an 〜 (a nongovernmental [non-governmental] organization) (pl. NGOs) 非政府組織、NGO
**NHF** (National Hemophilia Foundation) the 〜 米血友病財団
**NHL** (National Hockey League) the 〜 北米アイスホッケー・リーグ
**NHS** (National Health Service) the 〜《(英)》国民［国営, 国家］医療制度
**NHTSA** (National Highway Traffic Safety Administration) the 〜 (米国の) 道路交通安全局
**Ni** ニッケル(nickel)の元素記号
**nib** a 〜 ペン先 ◆a German-made iridium-tipped gold-plated fountain pen nib 万年筆用のドイツ製イリジウム先端付き金メッキのペン先
**NIC** (National Intelligence Council) the 〜《(米)》国家情報評議会、国家情報会議
**nicad, NiCad** ニッケル・カドミウムの、ニッカドの; a 〜（充電型）ニッカド電池 ◆a nicad battery ニッカド電池 ◆a rechargeable NiCad battery 充電式ニッカド電池［バッテリー］
**nice** adj. いい、満足のいく、結構な、すてきな、見事な、うまい、すばらしい、楽しい、愉快な、快い、うまい、親切な、上品な、微妙な、細かい、正確な、精密な、(感覚が)鋭い；慎重な取り扱いを要する、気むずかしい、好みにうるさい、着るものにやかましい ◆It was nice talking to you. お話しできて楽しかった［うれしかった, よかった］です. (*人と別れるときなどに言う言葉) ◆"Nice talking to you, George." じゃあ、ジョージ、またね. (*電話を切る前などに) ◆You shouldn't have done that. It's very nice of you. （恐縮です）. どうも［ご親切に］ありがとうございます［せっかくのご厚意でありがたくちょうだいします］.
**nicely** adv. うまく、よく、立派に、見事に、親切に、気持ち良く、正確に、精密に、厳重に、きちんと ◆a nicely calibrated set of conventional shock absorbers 正確に［精密に, 入念に］に調整された従来型のショックアブソーバー一組
**nicety** 正確さ、精密さ、綿密さ、好みのうるささ、気むずかしさ、扱いにくさ; 〜ties 細かい点、微妙な点［差異］; 〜ties 素敵な物事、いいこと、楽しく［快適に］してくれるもの ◆the niceties of office 職務のこまごまとした事々 ◆typographical niceties 印刷の書体の細かい点［こまごました事柄］
**niche** a 〜 壁がん、置き物用の壁のくぼみ、適所、ニッチ、すきま市場、すきま産業、《(意訳)》特殊［特化］分野 ◆a niche market, a market niche, a niche in the market 隙間市場、すきま産業、《(意訳)》穴場市場［市場の穴場］ ◆niche production《(意訳)》多品種少量生産 ◆carve out a niche with... 《商品, 手段》で ニッチ（マーケット）［《意訳》特殊分野, 特化市場］を開拓する ◆find market niches すきま市場［市場の穴場］を見つける ◆fill special, small-volume niches in the market その他の特殊小口需要部門を満たす ◆to carve out a niche for oneself in literary circles 文学界［文壇］で独自の地位を切り開くべく ◆the company hopes to carve itself a niche in the marketplace 同社はこの市場で独自の地位を開きたいとしている ◆American semiconductor manufacturers are earning a niche of their own. 米国半導体メーカーは、彼らにぴったりのすき間［《意訳》ニッチ］を獲得しつつある.
**Nichrome, nichrome** ニクロム ◆a Nichrome resistor ニクロム（巻線）抵抗器
**nick** 1 a 〜 刻み目、切り目、切り欠き、切り込み、打痕、(活字の角柱部分の溝) ◆in the nick of time《熟語》丁度よいときに、折りよく；ぎりぎりで、あぶないところで、間に合って 2 vt. 〜に刻み目をつける、〜を打つ、〜に軽く傷付ける、〜に切り欠きを設ける ◆The cable stripper eliminates nicked conductors. このケーブル皮むき工具は、傷がついた電線をなくします［《意訳》電線に傷をつけません］.

**nickel** ニッケル（元素記号: Ni）◆a nickel-cadmium [nicad, NiCad] battery ニッケルカドミウム［ニッカド］電池 ◆a nickel-base alloy ニッケル基合金 ◆a nickel metal hydride (NiMH) battery ニッケル水素電池（＊充電可能なマイナス極に水素吸蔵合金を使用した電池）

**nickname** a ～ ニックネーム，愛称，あだ名，あざ名，異名，略称; vt. 〜に〜という愛称をつける，〜を〜というあだ名で呼ぶ ◆a plutonium bomb nicknamed "Fat Man" 「ファットマン」というあだ名のプルトニウム爆弾 ◆assign a nickname, or alias, to the file そのファイルに呼び名，つまりエイリアス［別名］をつける ◆give...a nickname; christen...with a nickname 〜にあだ名［愛称，異名，略称］をつける ◆she gave him the nickname "Babyface" 彼女は彼に「ベビーフェイス」というあだ名［愛称］をつけた ◆If Magic Johnson can change the direction of the Lakers, he undoubtedly will need a more appropriate nickname. How about Miracle Johnson? もしもマジック・ジョンソンが（不振続きの）レイカーズの行方を変えることができるのなら，彼には間違いなくもっとふさわしいあだ名が必要になるだろう．そこでミラクル・ジョンソンなんてのはどうだろう．

**NICs, Nics** (newly industrializing [industrialized] countries) 新興工業国（＊1988年6月のトロントサミットからNIEsという呼称に取って代わられた）

**NICU** (neonatal intensive-care unit) a ～ 新生児集中治療室

**NIEHS** the ～ (National Institute for Environmental Health Sciences)《米》国立環境健康科学研究所

**NIEs** (newly industrializing economies)（ニーズ），新興工業経済地域

**nigh** adv. <on, onto, unto> ほとんど，〜に近い，〜に等しい ◆The gauges are nigh onto perfect. それら計器類は，ほとんど完璧［完璧に近い］といえる．

**night** (a) ～ 日没から日の出までの間，夜間，夜，（夜の始まる時期）日暮れ，宵，夜更け，夜陰; adj. 夜の，夜間に行われる，夜学の，夜間勤務の，夜活動する，夜型の，夜間用の ◆during the night 夜間に ◆a night school 夜間学校 ◆a night scope 暗視装置［双眼鏡］◆night people 夜間の人たち ◆a night train to Venice ベニス行きの夜行列車 ◆at any time of day or night 昼夜を問わずいつでも ◆at [in] the dead of night on Nov. 22 11月22日の真夜中［夜中，深夜，丑三つ時，夜更け］に ◆be on night duty 宿直（勤務）についている，夜勤を務めて［勤めて］いる ◆come out [appear] every night (園appear at nights) 毎夜出る; 毎夜に現れる; 《意訳》夜な夜な出没する ◆during the night hours 夜間（の時間帯）に ◆go to night school; attend (a) night school; attend school at night 夜学に通う ◆night driving 夜間の運転 ◆night-vision equipment 暗視装置 ◆on each and every night 毎夜毎夜; 毎夜; 毎晩; 夜ごと毎に; よなよな ◆on rainy nights 雨の夜には ◆watch a night (baseball) games ナイターを観戦する ◆stay for a night 一晩泊まる，1泊する ◆under cover of the darkness of the night 夜の暗闇に［夜陰に］乗じて（＊under cover of darkness とも）◆work at night 夜に働く; 夜なべ（仕事）をする ◆he made a night landing on Gavutu in pitch darkness and heavy rain 彼は真っ暗闇のガブツに豪雨をついて夜間着陸した ◆He worked hard day and night studying and working, till one day he had saved enough money to open his own restaurant. 彼は，自分のレストランを開店するのに十分な資金が貯まる日まで，日夜［昼も夜も，昼夜をおかず，夜を日に継いで］学業と仕事に励んだ．◆**night and day** 夜昼（ヨルヒル）; 夜も昼も，夜間も昼間も，明けても暮れても，常に，四六時中，始終 ◆The teams have been working night and day. チームは昼夜兼行で［昼も夜も休まずに］仕事をしてきた．

**night club** a ～ ナイトクラブ

**nightfall** 夕暮れ（ドキ），日暮れ，夕方，たそがれ ◆at nightfall 夕暮れに ◆before nightfall 日暮れ前に ◆by nightfall 夕暮れまでに

**nightlong** adj. 夜通しの，一晩中続く，徹夜の; adv. ◆a nightlong vigil 不寝番［寝ずの番］

**nightly** adj. 夜の，夜間の，毎夜の，夜毎の; adv. 夜に，毎夜，夜な夜な ◆Shootings are a nightly occurrence in this city of 4 million. 発砲事件が，人口400万のこの都市では毎晩のように［毎夜のごとく，夜ごと］発生している．

**nights** adv. （よく，定期的に）夜に，夜な夜な

**night shift** a ～ 夜勤番; the ～ （集合的，単／複扱い）夜勤番［夜間勤務］の人たち ◆work the night shift （昼夜交替制での）夜番をする ◆a night-shift worker 夜勤番の［夜間］労働者 ◆workers [those] on the night shift; night-shift workers; night-shifters 夜間勤務の作業員; 夜勤番の従業員 ◆work a [the] night shift at [as] ...で［〜として］夜勤番［夜間勤務，宿直，夜直］をする ◆the company even introduced a night shift to meet demand （意訳）同社は需要を満たす［需要に応える］ために夜間操業すらも導入した

**night soil** 〔肥料にする人の糞尿［（便所の）大小便］，屎尿（シニョウ），下肥（シモゴエ），汚穢（オワイ）◆a night soil man （し尿）汲み取り人 ◆a night soil treatment plant [facility] し尿処理場 ◆(the) treatment of night soil [human wastes]; night soil treatment し尿処理

**nighttime** 夜間; adj. 夜間の ◆at nighttime 夜間に ◆during nighttime hours 夜間（の時間帯）に ◆in the nighttime 夜間に ◆nighttime temperatures 夜間の温度 ◆work during the nighttime 夜間働く ◆generate chilled water using low-cost nighttime power 安い夜間電力を使って冷水をつくる

**night watchman, night-watchman** a ～ （ビルなどの）夜警（の警備員）

**NIH** (National Institutes of Health) the ～《米》国立保健［衛生］研究所

**NII** (National Information Infrastructure) the ～ 全米情報基盤（＊クリントン政権が自らの情報スーパーハイウェー構想を土台に1993年9月に打ち出した構想）

**Nikkei** the ～ the Nikkei Stock Average; the Nikkei stock average 日経平均株価

**nil** ゼロ，零，無，皆無

**nimble** adj. 軽快な，敏捷（ビンショウ）な，すばしっこい，（頭の）回転が速い，機敏で，巧妙に考案された ◆The Honda has the nimble feel that usually accompanies low-mass cars. そのホンダ車には，通常ローマス［軽量］車に付き物のすばしっこさ［敏捷な感じ，軽快さ］がある．

**NIMBY, nimby** (not in my backyard) →backyard ◆NIMBYism; NIMBY-ism; the NIMBY principle 「迷惑公共施設をよそにつくるのならいいけど，自分たちの住む近所にはいやだ」という（住民エゴ的な）主義

**NiMH** (nickel-metal hydride) adj. 〈充電式バッテリーが〉ニッケル水素の ◆a C-sized NiMH battery 《北米》単2のニッケル水素電池

**nine** n., a. 9（の）; →ninth

**nine-hundred, 900** ◆a nine-hundred number 《米》ダイヤル900番（＊日本のダイヤルＱ²「情報料自動課金サービス」に相当する．日本と同様に，提供されるサービスの一部には社会問題化しているものもある）

**999** (Nine-Nine-Nine)《英》警察，消防に通報する時，また救急車の出動を要請する際の緊急用電話番号

**911** (Nine One One)《米》(the) police emergency number)（＊警察または消防に通報する時，ならびに救急車の出動を要請する時の緊急用電話番号）

**ninety** 90; the nineties 90年代，90（番，度）台 ◆in one's nineties 90（歳）代で

**ninth** (9th) n. 《通例the ～》9番目［第9］のもの; a ～, one ～ (pl. ～s) 9分の1; adj., adv.

**niobium** ニオブ（元素記号: Nb）

**nip** vi., vt. 挟む，つねる，噛む; vt. ～を挟み切る［摘み取る］，～の生長を止める，〈計画など〉を阻む，～を凍らせる; a ～ 身を切る［肌を刺す］寒さ，挟むこと，少量，酷評，ぴりっとした味，（強い酒の）一杯 ◆an angle of nip; a nip angle 《機械》かみ角 ◆a rubber nip roll ゴムのニップ・ロール［はさみローラー］（＊装置内でフィルムや用紙を挟んで搬送するのに用い

る）◆Dressing is a light vinaigrette with a nip of mustard. ドレッシングは、マスタードがちょっと［ぴりりと］利かせたライトなヴィネグレットソースだ。

**nipper** *a* ～ 挟む人［道具］、喰(く)い切り刃；～s ニッパー、ペンチ、やっとこ、毛抜き、くぎ抜き、鉗子(カンシ)、(カニなどの片方の手の)large claw ◆nippers with exceptional cutting ability 並外れた切断能力［切れ味］を持つニッパー

**Nippon** 日本

**Nisei** *a* ～ 日系二世(の人) ◆They were "nisei" – second-generation Japanese-Americans, U.S. citizens by birth. 彼らは「二世」、すなわち米国市民として生まれた2代目の日系米国人であった。◆The Accord is truly a Nisei, a first-generation, American-born automotive product of Japanese ancestry. アコードこそ真の二世、すなわち米国生まれの日系第1世代の自動車製品である。

**NIST** (National Institute of Standards and Technology) *the* ～ 《米》国立標準・技術研究所

**nitrate** (*a*) ～《種類は可算》硝酸塩(*硝酸に金属または他の化合物を溶かした化合物のことで、たとえば硝酸ナトリウム、硝酸カリウムなどがある)◆uranyl [uranium] nitrate 硝酸ウラニル［ウラン］

**nitric** *adj.* 窒素の、窒素を含む ◆nitric acid 硝酸

**nitrile** 《化》ニトリル ◆nitrile rubber ニトリルゴム

**nitrite** *a* ～ 亜硝酸塩 ◆nitrite-cured foods 亜硝酸塩で保存処理されている食品

**nitrogen** ◎窒素(元素記号: N) ◆liquid nitrogen 液体窒素 ◆nitrogen dioxide 二酸化窒素、$NO_2$ ◆nitrogen oxides 窒素酸化物 ◆nitrogen tetroxide 四酸化窒素

**nixie** ～《ダイレクトメール》受取人不在住所 (= an incorrect, or undeliverable name and address), 受取人不在で戻ってきた郵便物 ◆a nixie tube ニキシー管 (*LEDや液晶表示器以前に使用された、グロー放電を利用した数字表示管)

**NL** (= a newline character) 《コンピュ》復帰改行(文字)

**NLD** ～ Aung San Suu Kyi's National League for Democracy (NLD) アウン・サン・スー・チー女史の全国民主連盟 (*ビルマ［ミャンマー］の民主化運動組織)

**NLRB** (National Labor Relations Board) *the* ～ 全米労働関係委員会

**NMD** (National Missile Defense) 《米》本土ミサイル防衛

**NMR** (nuclear magnetic resonance) 核磁気共鳴、NMR

**NMTBA** (National Machine Tool Builders Association) *the* ～《米》全国工作機械製作者協会 (*the Association for Manufacturing Technology「米製造技術協会」とも呼ばれる)

**no** いいえ、いや、否；少し［一人、一つ］の～もない、誰一人［何一つ］～しない、決して［全く］～ない、～してはならない、～禁止、～反対、～お断り；(*a*) ノーと言うこと［返事］、拒否、拒絶、否定；《通例 ～es》反対票 ◆a matter of no great import 少しも［ちっとも］たいして、あまり、全然］重要でない事柄 ◆a no-stick Teflon tip こびりつかないテフロン仕上の先端部 ◆NO PARKING 駐車禁止 ◆say "no" to his request 彼の要請に対し「ノー」という ◆(USE) NO HOOKS 手鉤(テカギ)無し ◆a no-time-limit warranty 無期限保証 ◆no-mistakes photography 失敗のない写真撮影(の仕方) ◆I won't take "no" for an answer. 「ノー［いや］」とは言わせません。◆a no-traffic spot in a city 都市内の車の通行が無い地点 ◆in an area no larger than the diameter of a human hair 人間の髪の毛の直径［(《意訳》)断面］ほどしかない面積 ◆a light beam no wider than a human hair 髪の毛よりさらに［決して太くない［《意訳》]人間の毛の直径にも満たないような細い、毛髪の太さほどもない］光線 ◆books such as "The Japan that Can Say No" by Akio Morita and Shintaro Ishihara 盛田昭夫・石原慎太郎共著の『「NO」と言える日本』などの本 ◆Outwardly, A is no different from [than] B. 外見は、AとBはなんら変わらない。◆The total harmonic distortion shall be no greater than 0.3 percent. 全高調波歪み［総合高調波ひずみ］は0.3％を超えてはならない［0.3％以下であること］。

**No** ノーベリウム(nobelium)の元素記号

**No., no.** (*pl. Nos., nos.*)《数字の前に置いて》第-、-番、その-、-号、-番地 ◆lane No. 1  1番車線 ◆Shostakovich's Symphonies Nos. 10 and 15 ショスタコビッチの交響曲第10番と第15番 ◆the No. 3-ranked network 第3位のネットワーク ◆ThyssenKrupp – Germany's number one [No. 1] steel company ティッセンクルップ – ドイツ随一の［きっての、最大手の］製鋼企業 ◆He ranks No. 3 in the leadership hierarchy. 彼は、指導部で3番目の地位にある。

**NOAA** (*the*) ～ (the National Oceanic and Atmospheric Administration) 米海洋大気庁、米海洋大気局

**Nobel** 《人名》Alfred Bernhard Nobel (1833-1896)(*スウェーデンのダイナマイト発明者)◆a Nobel prize ノーベル賞 ◆a Nobel laureate in chemistry ノーベル化学賞受賞者 ◆win the Nobel Peace Prize ノーベル平和賞を獲得する ◆He was awarded the 1968 Nobel Prize in physics for the development of... 彼は～を開発した功で1968年のノーベル物理学賞を受けた

**Nobelist** *a* ～ ノーベル賞受賞者

**nobelium** ノーベリウム(元素記号: No)

**nobility** ◎気高さ、高潔さ、高尚さ、気品、品位、壮大さ；◎高貴の身分［生まれ］；*the* ～《複扱い》貴族階級 ◆The idea behind using zinc is when galvanic corrosion occurs the zinc will act as a sacrificial metal because of its low nobility. 亜鉛を使用するのねらいは、電食が起きる際に、卑な金属である亜鉛が犠牲金属となってくれるということである。(*noble = 貴な、電位が高くイオン化傾向が小さい；base = 卑な、電位が低くイオン化傾向が大きい)

**noble** *adj.* 身分の高い、高貴な、貴族の、品格が高い、高潔な、気高い、崇高な、壮大な、堂々たる、雄大な；《化》不活性の、(金属が)貴な、(気体が)希～ ◆a noble gas 希ガス (= an inert gas) ◆(a) noble metal 貴金属 ◆Mr. von Sternberg was born into a noble family in 1914. フォン・シュテルンベルク氏は1914年に貴族の(名門)家系［家柄］に生まれた。

**noblesse oblige** ◎高い身分に伴う義務［責務］

**nobody** *pron.* だれも［誰一人も］～ない；*a* ～ 取るに足らない［無名の］人、平凡な人間 ◆Nobody is perfect. 完璧な人なんていない。完璧な人間は、一人もいません。◆There's nobody here by that name. こちらにはそうゆう名前の者はおりませんが。(*間違い電話に対して)

**no-cost** 費用のかからない

**nocturnal** *adj.* 夜の、夜間の、夜に起こる、夜行われる、夜に活発になる、夜行動する、夜行性の (↔diurnal) ◆a nocturnal animal 夜行性の動物

**nod** 1 *vi.* うなずく、会釈する、(居眠りして)こっくりする［船を漕ぐ］、不注意で間違いを犯す、〈草木が〉揺れる、なびく、しだれる；*vt.* 〈頭〉を軽く縦に振る、〈同意など〉をうなずいて示す ◆nod in the affirmative 肯定の気持ちを表して［そうだそうだと］うなずく ◆nod off on the job 仕事中に船を漕ぐ［居眠りする］

2 *a* ～ うなずき、こっくり、会釈、うたたね、居眠り、揺動、ゆらぎ ◆give the nod to... ～に同意を示す

**node** *a* ～ 節、ノード、結節点、結び目、交点、接続点、分岐点、(定常波の振幅がゼロの点)波節

**nodule** *a* ～《地》岩塊、団塊；*a* ～《医》(小)結節、小節、-結石、-瘤；*a* ～《植》(窒素を固定する根粒菌が作る)根粒、根瘤(ネコブ) ◆manganese nodules マンガン団塊 (*深海底の) ◆nitrogen-fixing root nodule bacteria (Rhizobium) in legume root nodules マメ科植物の根粒中にいて窒素を固定する根粒菌 (リゾビウム)

**no-go** *adj.* まともに機能していない、不調の、立ち入り禁止の ◆a no-go gage 止まり［限界］ゲージ ◆a no-go area 立ち入り禁止区域

**no-good** *adj.* 役立たずの、だめな、悪い、価値のない；*a* ～ 価値のない物、頼りにならない人

**no growth** ゼロ成長

**no-holds-barred** *adj.* ルールや規制［禁じ手、反則規定］なしの、ノールールの、何をしてもよい、何でもありの、手段を

選ばない, したい [言いたい] 放題の ◆with no holds barred; on a no-holds-barred basis  ルールや制限 [禁じ手, 反則規定] なしで, 何でもありで ◆begin [launch] a no-holds-barred campaign against...  ...を相手に仁義なき戦いを始める (*選挙戦など) ◆no-holds-barred professional wrestling  何でもあり [ノールール, 反則規定なし] のプロレス ◆frank, no-holds-barred evaluations  率直で歯に衣着せぬ評価 ◆accuse the software titan of a carefully crafted, no-holds-barred campaign to illegally "crush" a rival company  違法にライバル企業を「押しつぶそう」 とルールを無視した [手段を選ばない] 周到な大攻勢をかけているとしてこの巨大ソフト会社を告発する ◆talk to each other on a no-holds-barred basis  お互いにざっくばらんに [歯に衣着せず] 話す ◆the no-holds-barred competition of the Japanese  日本企業の無節操な競争

**noise** (a) ～  ノイズ, 雑音, 騒音, 物音, 擾乱 (ジョウラン), (ブレーキなどの) 鳴き, きしり, (排気, 噴出, 粉砕などの修飾語を前において) 一音; うわさ, 誹謗 (ヒボウ), 中傷 ◆reduce noise  騒音を低減する; 低雑音化する ◆1/f noise  1/f ノイズ ◆a noise-reduction technique  雑音 [騒音] 低減手法; 低雑音化法 ◆background noise  暗騒音; バックグラウンドノイズ ◆ground noise  地の雑音; 基礎雑音; 暗騒音 ◆noise pollution  騒音公害 ◆radio noise  電波雑音 ◆a noise (level) meter  騒音 (レベル) 計 ◆noise immunity  耐ノイズ性, ノイズ [雑音] 耐性, 雑音排除性 [余裕度] (*どれくらいまでの外来ノイズに耐えて, 誤動作などの不具合を起こさずに正常動作ができるかということ) ◆a noise-reduction system  ノイズリダクション [雑音低減] システム ◆line-noise problems  回線ノイズ [雑音] 障害 ◆noise-pollution problem  騒音公害問題 ◆anti-noise [antinoise] regulations  騒音防止に関する規制 ◆noise-fighting components  ノイズ [雑音] 対策部品 ◆a noise-control [noise suppressing, noise suppression] component  雑音抑制 [騒音を抑える, ノイズ抑制] 部品, ノイズ対策部品 ◆a noise-cut transformer  ノイズカットトランス (*ノイズ対策用の) ◆control noise  ノイズを抑える, 騒音を防止する, (意訳) ノイズ対策をする ◆even under high noise levels  高い騒音レベルの状況下でさえ ◆in the fight against noise  雑音との戦いにおいて; (意訳) ノイズ対策で ◆lost in (the) noise  ノイズに埋もれて [かき消されて] (= lost in the underflow) ◆measure noise levels  騒音レベルを測定する ◆noise caused by...  ...によって発生した雑音 ◆print with a low noise level  低い騒音レベルで印字する ◆reduce [eliminate] background noise  暗騒音を低減させる [除去する] ◆set noise level limits  騒音レベルの限度を設定する (*騒音規制で) ◆the signal is buried in noise  信号がノイズ [雑音] に埋もれる ◆a low-noise high definition preamplifier  (音響) 低雑音高解像度プリアンプ ◆the allowable level of lawn-mower noise  芝刈機騒音の許容レベル ◆achieve a 50 percent reduction in electronic noise  電子ノイズの50パーセント低減を達成 [実現] する ◆a noise figure at 1 GHz of 0.3 dB  1ギガヘルツにおける0.3デシベルの雑音指数 ◆auto dynamic filtering to ensure low noise  低雑音化のためのオートダイナミックフィルタリング ◆in a high-noise environment  騒音の大きい環境で ◆regulations that limit the noise produced by...  ...の出す騒音を規制する法規 ◆the construction of noise-abatement walls in residential areas  住宅地における騒音低減用の巨大な壁 [(意訳) 防音壁] の建設 ◆the noise figure of an amplifier  増幅器の雑音指数 ◆The engine makes no untoward noises.  このエンジンは, 聞き苦しい騒音は出さない. ◆The inner walls and ceilings in most homes do not muffle noise well.  大抵の家屋の内壁や天井は十分に音を消してくれない. (*noise を「音」と訳出した方がよい例) ◆I like to have a bit of quiet time before a concert to help lower the mental noise.  雑念をしずめるために, コンサート (出演) の前にはしばしば静かな時間を持つことが好きです [持つようにしています]. ◆"I heard a loud noise [sound] across the street as if a heavy door was slamming," Ms. Russell said.  「道路を隔てて, なにか重い扉がドスンと閉まるような大きな物音が聞こえました」 とラッセルさんは言った.

**noisy** adj. 雑音のある, 騒がしい, 騒々しい, うるさい, やかましい, さわがしい, ざわついた, かまびすしい ◆if the exhaust sounds noisy  《車》 排気音がうるさいならば ◆The engine is crude and noisy.  このエンジンには荒々しいところがあり, うるさい [騒音が大きい].

**no load** n. 無負荷, 負荷がかかっていない状態; no-load adj. 無負荷 (時) の ◆at no load  無負荷で ◆(a) no-load operation; no-load running; no-load working  無負荷運転; 空運転 ◆a no-load test  無負荷試験 ◆a "no-load" (meaning no initial sales charge) mutual fund  「ノーロード」 (最初の取引の際に売買手数料がかからないの意) ミューチュアル・ファンド ◆The money market funds are no-load.  マネーマーケットファンド (MMF) は, 取引開始手数料がかからない. ◆the transformer has a no-load loss of about 150 watts  このトランスの無負荷損は約150ワットである

**nomenclature** (a) ～ (分類学上の) 命名法, 目録; ⦿ (集合的) 学術用語, 学名, 専門語 ◆Plant nomenclature is based on a binomial ("two names") system.  植物の命名法 [名称, 呼び方] は二命名 (「二名」) 法に基づいている. ◆The nomenclature of individual strains has not been systematized, and they draw their names from a variety of sources.  これら個々の菌株の命名法 [《意訳》呼び方] は, 体系化されておらず, いろいろなところから名前を取ってきてつけられている.

**nominal** adj. 名目上の, 名ばかりの, 有名無実の, ほんのわずかな, しるしだけの, 公称-, 呼称-, 呼び, 表示-, 定格-, 規格-, 規準-, 規約- ◆a nominal account  名目勘定; 仮勘定 ◆a nominal diameter  呼び径 ◆(a) nominal [face] value  額面価格, 名目価値, (貨幣の) 名目価格 ◆a nominal fee  ほんの印ばかりの (わずかな) 料金 ◆(a) nominal output [power]  公称出力, 定格出力 ◆a nominal value  公称値 ◆nominal wages (複扱い) 名目賃金 ◆a nominal impedance of 600Ω  600オームの公称インピーダンス ◆hold nominal independence  形の上で独立している ◆nominal handling charges  わずかな額の取り扱い手数料 ◆his position as chairman was never more than nominal  会長としての彼の地位は, 名ばかりに過ぎなかった ◆The CD is available for free (nominal shipping and handling charges apply) via online order at http://...  このCDは, http:// ...でオンライン注文すると無料で入手できる [配布いたします] (実費として送料と手数料が必要 [を申し受けます]) ◆He is only the nominal head of the business.  彼は (実権のない) 名ばかりの社長である.

**nominate** vt. (への候補者として) 〈人〉 を指名する [推薦する, 推挙する] <for, as>, (に) 〈人〉 を任命する [任ずる] <to, as> ◆Colin L. Powell was nominated by President Bush on December 16, 2000 as Secretary of State.  コリン・L・パウエル (氏) は, ブッシュ大統領により2000年12月16日に国務長官に任命された.

**non-** (接頭辞) 非-, 不-, 無-, 否定-, 空 (カラ) -, 難-, 耐- ◆a non-burnable cord  焦げないコード ◆a non-sliding cast aluminum base  滑らないアルミ鋳物製台 ◆in non-real time  非リアルタイムで ◆McDONALD'S USES ONLY 100% NON-BRITISH BEEF.  マクドナルドは, 英国の牛肉は全く使っていません. (*狂牛病が流行した頃マクドナルドが貼り出したポスターより) ◆non-adjustable  無調整式の ◆non-IBM mainframes  非IBM系のメインフレームコンピュータ

**nonaggression** ⦿ 国家として侵略する意思 [意図, 野望] がないこと, 不侵略, 不可侵; adj. 不可侵の, 不可侵の- ◆a nonaggression [non-aggression] pact  不可侵条約

**nonalcoholic** adj. アルコールを含まない, (場合によっては) ソフト (飲料) の, 非アルコール (性) [系] の, アルコール中毒 [アル中] でない; 人 アル中でない人 ◆a nonalcoholic beverage  アルコール分を含まない飲料 (*soft drinks, tea, coffee を含む)

**nonaligned** adj. 非同盟の (*国が) ◆nonaligned countries [states, nations]  非同盟諸国

**no-name** a ～ 無名のもの [人]; adj. ◆a no-name product  無印 [無名] 商品

**nonbank** a ～ ノンバンク (業者) ◆a nonbank lender  ノンバンク系の貸金 [金貸し] 業者 ◆nonbank financing  ノン

バンク金融 ◆a nonbank financial company　ノンバンク金融会社

**nonbanking**　◆a nonbanking financial firm　ノンバンク金融会社

**nonbinding, non-binding**　adj. 拘束性[拘束力]のない　◆the resolution is non-binding　この決議は、拘束性のない[拘束力を持たない]ものである

**non-biodegradable, nonbiodegradable**　adj. 生物分解されない、生分解しない、生物分解性でない　◆a non-biodegradable, plastic foam box　生分解しない発泡プラスチック箱

**noncareer, non-career**　◆non-career federal employees　生え抜きでない連邦職員（＊民間などから官庁に転職したり、登用[中途採用]されたりして役人になった）；ノンキャリア組の連邦公務員

**nonce**　n. さしあたり、目下、当座; adj. 一度だけ[特別の場合にのみ]出現する[用いられる、つくられる]　◆for the nonce　当分[の間]、当座は、さしあたって、差し当たり　◆nonce word　臨時語（＊その場限りで創作して使う）；《意訳》ごく短命の流行語[はやり言葉]

**non-changing**　adj. 不変の、変わらない

**noncircular**　◆a noncircular hole　非円形の穴

**noncombustibility**　回不燃性

**noncombustible**　adj. 不燃性の; a～　不燃物　◆Asbestos is a noncombustible material.　石綿は不燃材である．　◆make it noncombustible　それを不燃性に[不燃化]する　◆noncombustibles such as glass and metal　ガラスや金属などの不燃物　◆require that they be of noncombustible construction　～は、それらが不燃構造であることを求めている　◆Finally, noncombustible and hazardous wastes will be buried in special landfills.　最終的に、不燃廃棄物および有害廃棄物は特別のごみ埋め立て処分場に埋められることになっている．　◆The car wash is nonpolluting, noncorrosive, nonabrasive, noncombustible, phosphate-free and biodegradable.　この自動車用洗剤は無公害,非腐食性、非摩耗性（＊傷を付けないの意）、不燃性、無リンでかつ生分解性である．　◆Waste forms (in percent of total estimated volume) include combustibles (45%), sludge (20%), and noncombustibles (35%).　廃棄物の形態（総推定量の％での）は可燃ごみ(45%)、スラッジ(20%)、不燃[燃えない]ごみ(35%)である.（＊noncombustiblesとは、いわゆる不燃ごみとして分別収集されるものとは異なり、本当に燃えないゴミのこと）

**noncommissioned**　adj. 任命されていない、将校辞令を受けていない[下士官の]、《船舶など》運用に供されていない　◆He served from 1967 to 1974 as a noncommissioned officer in the French army.　彼は仏軍に1967年から1974まで下士官として軍務に服していた．

**noncompliance**　回（規則などを）守らないこと、（規格などに）従わない[適合しない]こと、不服従、不承諾、（仕様などに）適合しないこと、不適合; 回《医》服薬違反、医薬品使用指示違反　◆noncompliance with [to] specifications　仕様に従って[沿って、則って]いないこと；仕様の不適合；仕様を遵守[守って]ないこと

**non-condensing**　adj. 液化[凝結、結露]しない　◆relative humidity from 10 to 95 percent (non-condensing)　10%から95%の相対湿度［非結露［結露なしの状態、結露しないこと、結露なきこと]］

**nonconducting**　adj. 非導電性の、非導通の　◆when the diode is nonconducting　ダイオードが非導通の時に

**nonconductive**　◆a nonconductive material　非導電材料、非導電体、不導体

**nonconformance**　(a)～従わない[遵守しない]こと、不服従、《仕様などに》不適合　◆identify a nonconformance with criteria　基準との不適合を[1件[1点]]発見する　◆in the event of nonconformance to specified requirements　指定された要求事項に不適合の場合

**nonconforming**　adj. 慣習や既存の制度や社会規範に従わない、（規格などに）外れている、一致していない、適合していない、不適合の　◆nonconforming goods [articles, items, parts, components, materials, assemblies, supplies]　不適合品　◆nonconforming parts　規格に合っていない[規格外れの、規格外、仕様に合致しない、不適合、不良、不良品の]部品　◆reject a nonconforming item　《品管》不良品を不合格にする[はねる]　◆We return nonconforming parts/assemblies/products to our vendors.　弊社では（仕様書［標準、規格］に）合致しない部品／組み付け品／製品はベンダーに返品を行っております.; 我が社は不適合品については仕入先のメーカー[供給業者]に戻しています．　◆NONCONFORMING SUPPLIES are those supplies which do not meet specifications.　「不適合納入品」とは、規格に適合しない納入品のことである．

**nonconformist**　a～　一般慣行・社会規範[既成概念、体制]に従わない人、《しばしば a Nonconformist で》《英歴》(= a Dissenter) 国教反対者、非国教徒; adj. 一般慣行・社会規範[既成概念、体制]に従わない、《英略》非国教徒の　◆I'd like to teach them to be more nonconformist and unconventional.　私は彼ら(子どもたち)に、もっと異端児[はぐれ者]になりなさいと教えたいと思っています．（＊独創性や個性を伸ばせるよう）

**nonconformity**　回不一致、食い違い、（規格）外れ、不適合, (仕様を満足していない)不良、不具合、非準拠

**nonconsecutively, non-consecutively**　adv. 非連続的に、とびとびに、（一度に連続してではなく）何度かに分けて、(ひとまとめではなく)バラバラに　◆the classroom sessions may be taken out of sequence and non-consecutively　（これらの）講義は、好きな順序でとびとび[バラバラ]に受けることができる

**noncontact**　adj. 非接触の、《スポーツ》身体的接触のない　◆noncontact optical readout　非接触光学読み出し　◆in a noncontact(ing) manner [fashion]; on a noncontact basis　非接触で;非接触式に；非接触的に　◆in a noncontact manner [fashion]　非接触で; 非接触的に　◆noncontact surgery　非接触手術（＊レーザーによる）　◆noncontact sports such as tennis or gymnastics　テニスや体操などの身体的接触を伴わないスポーツ

**noncorrosive**　adj. 腐食[腐蝕]しない、耐食性のある、錆びない　◆a noncorrosive box　非腐食性の箱　◆the noncorrosive properties of this stable plastic material　この安定しているプラスチック材料の非腐食性

**nondescript**　adj. これといった特徴のない、別に何の変哲もない、得体の知れない、おもしろくない; a～　nondescriptな人[もの]　◆a nondescript office building　特に目立たない[ぱっとしない、代わり映えのない、何の変哲もない、ごく普通の、平凡な]オフィスビル　◆a nondescript university　これといった特徴もないつまらない大学　◆nondescript furniture; a nondescript piece of furniture　味も素っ気もない[飾り気のない、面白みのない、無味乾燥な]家具　◆a nondescript village　どこにでもあるような村　◆after two nondescript years　特にこれといったことがなかった[平凡な]2年間の後で　◆too many nondescript players　数が多いだけ[数ばかり]でどんぐりの背比べの凡才選手たち　◆he works a nondescript job　彼は取り立てていうほどのこともない[大したことのない]仕事に就いている

**nondestructive**　adj. 非破壊の、(媒体からの情報読み出しが)非消去での　◆a nondestructive inspection method　非破壊検査法　◆a nondestructive read　（1回の）非破壊読み出し　◆nondestructive testing; (a) nondestructive inspection; a nondestructive test [examination]　非破壊試験[検査]　◆a nondestructive evaluation technique　非破壊評価手法　◆develop a nondestructive memory　非破壊メモリーを開発する　◆develop a nondestructive readout technique　非破壊読み出し手法を開発する[編み出す]

**nondestructively**　adv. 非破壊することなく、非破壊的に　◆inspect... nondestructively　非破壊的に～を検査する　◆nondestructively detect all anomalies　異状すべてを非破壊的に検出する

**nondirectional**　adj. 無指向性の、全方向性の　◆a nondirectional antenna　無指向性アンテナ

**nondisclosure** ◆sign a nondisclosure agreement 非開示契約書[同意書, 合意書]にサインする; 機密保持[守秘義務]契約書に署名する

**nondiscrimination** 回差別(待遇)をしないこと ◆nondiscrimination against investors from other NAFTA countries 他のNAFTA加盟国からの投資家に対して差別をしないこと[機会均等] ◆nondiscrimination in employment 雇用の機会均等

**non-drying** adj. 不乾性の ◆a non-drying solid adhesive 不乾性固形接着剤

**none** pron. 《単／複数扱》だれ[なに, どれ]も~ない, なにひとつ[だれ一人]として~な 少しも[全く, 全然, 決して]~ない ▶none は正式には常に単数扱いすべきという考え方もあるが, not a single one や no portion の意味では単数扱い, not any of several の意味では複数扱いといった使い分けをを主張する説もある. ◆none of the manufacturers had presented scientific evidence proving the safety of their products これらのメーカーのうちで自社製品の安全性を証明する科学的証拠[根拠]を提示したものは1社たりとてなかった[皆無だった]. ◆None of the terrorists has been apprehended. これらのテロリストたちは, だれ一人として捕まらなかった. ◆I'm a craftsman at what I do, and whether people like it or not is none of my concern. 私の職業はといえば, 職人です. 人様が私の仕事を好むかどうかは私には全く関係ないこと[我関せずといったところ]です.

**none other than** ほかでもない, ほかならない, ほかならぬ, ~以外の何者[誰]でもない ◆get help from none other than the KGB ほかならぬKGBから助力を得る ◆companies making VHS products, including none other than SONY itself ほかならぬソニー自身を始めとするVHS製品製造企業(*ソニーはVHSに対抗するベータマチックの開発企業だった)

**nonenal** ノネナール(*40歳以上の特に男性に特有の加齢臭の原因となる成分)

**nonenergized** adj. 電気の来ていない[電気が印加されてない, 無通電, 非通電]の ◆nonenergized circuits 電気の来てない[電気が印加されてない, 無通電, 非通電]回路

**nonessential** adj. 本質的でない, 必要でない, 不必要[不要]な, (アミノ酸が)非必須の; n. an~ 重要[必要]でない人[モノ] ◆ban nonessential use of fluorocarbons in aerosols スプレー製品へのフロンの不要不急の使用を禁止する ◆defer purchase of nonessential equipment 不急の機器の購入を遅らせる[延ばす]; (意訳)緊急性の低い機器の調達を後ろ倒しにする ◆Keep nonessential purchases to a minimum. 不要不急の買い物は極力控えるようにしましょう.

**nonexistence** 回存在[実在]しないこと, 非存在, 無い[無である]こと; (a) ~ 存在しないもの, 無 ◆the nonexistence of domestic plumbing 家庭内の水道が(全く)無いこと

**nonexistent** adj. 存在[実在]しない, 無い ◆on a close-to-nonexistent budget 無いのに近い[無きに等しい]予算で ◆problems become nonexistent 問題が(消えて)なくなる[消滅する] ◆crime is virtually nonexistent 犯罪はほとんど無い ◆Beriberi has become almost nonexistent in the United States since the discovery of its cause, thiamine deficiency. 脚気は, チアミン[ビタミンB1]の欠乏という原因が見つかってからというもの米国ではほぼ消滅した[ほとんどみられなくなった]. ◆The amount of ultraviolet light given off by the computer screen is minimal – and close to non-existent. コンピュータ画面から放射される紫外線の量は極めて微量で, 皆無に近い[無きに等しい].

**nonfat** adj. 脂肪分のない, 脂肪分を除去した, 脱脂した, 無脂肪の ◆nonfat yogurt 無脂肪ヨーグルト

**nonfeasance** 回不作為, 義務の不履行, 懈怠(ケタイ, ケダイ, カイタイ) ◆"Nonfeasance" is "omission of performance of legal duty." 「(職務)怠慢[不履行, 不作為, 懈怠]」とは, 法的義務を果たさないこと[の不履行]である. ◆This is really a case of nonfeasance rather than misfeasance – violation of the law through inaction rather than active fraud. これはまさに, 職権濫用ではなく不作為のケースである. すなわち, 積極的不正行為ではなく懈怠による同法の違反に当たるものである.

**nonferrous** adj. 鉄を含まない, 鉄とは無関係の, 非鉄-, 非鉄金属- ◆nonferrous metals 非鉄金属

**nonflammable, non-flammable** adj. 燃えない, 不燃性の ◆It is non-toxic, non-corrosive, non-flammable and completely safe to use with all materials. これは非毒性, 非腐食性, 不燃性で, どんな材料とでも一緒に全く安全に使えます.

**nonflat** adj. 非化石の ◆a nonflat area 平坦でない地域

**nonfossil** ◆nonfossil energy sources 非化石エネルギー源

**nonfulfillment** 不履行(= nonperformance) ◆in case of nonfulfillment of these stipulations これらの条項が履行されない場合には

**nonfunctioning** adj. 機能していない ◆a nonfunctioning component 機能していない部品

**nonglare, non-glare** adj. グレア[まぶしさ;《意訳》反射, 外光の映り込み]のない, ノングレア-, 反射・写り込み防止-, 無反射- ◆a non-glare finish 反射防止仕上げ

**nongrounded** adj. アースが取ってない[接地されていない, 非接地] ◆nongrounded equipment アースが取ってない[接地されていない, 非接地]機器

**nonimpact, non-impact** adj. ノンインパクト[非衝撃式]の ◆a non-impact printer ノンインパクトプリンタ[非衝撃式](*レーザー, インクジェット, 感熱, 熱転写など)

**noninterlaced** adj. ノンインターレース[非飛び越し走査, 順次走査]式の ◆noninterlaced scanning ノンインターレース走査(*順次走査 = progressive [sequential] scanning とも) ◆a noninterlaced display ノンインターレース[非飛び越し走査, 順次走査]式ディスプレイ(*ノンインターレースはコンピュータ用モニターが採用している走査方式. これに対し普通のテレビ受像機は飛び越し走査 interlaced scanning をする)

**nonintervention** 回不干渉, 無干渉, 介入しないこと, 不介入 ◆a nonintervention policy; a policy of nonintervention 不干渉政策 ◆the principle of nonintervention in internal affairs 内政不干渉の原則

**noninvasive** adj.《医》非侵襲(ヒシンシュウ)的な, 非観血的な, 非侵入性の(*治療や検査でメスなどを用いない) ◆a noninvasive method 非侵襲的[非観血的]な方法 ◆These treatments have the advantage of being relatively harmless and noninvasive. これらの治療[処置]には比較的害がなく非侵襲的であるという利点[長所, 強み, メリット]がある.

**noninvasively** adv.《医》非侵襲的に, 非観血的に ◆diagnose... noninvasively ~を非侵襲的[非観血的]に診断する

**nonionic** adj. 非イオン(系)の ◆a nonionic surfactant 非イオン(系)界面活性剤

**non-iron** adj. ノーアイロンの, アイロンがけの要らない ◆a drip-dry non-iron shirt ドリップドライ, ノーアイロンのシャツ

**nonlinear** adj. 非線形-, 直線でない, 非直線- ◆a nonlinear device 非直線素子 ◆nonlinear simultaneous equations 非線形連立方程式(必ず複数形) ◆a nonlinear optical effect 非線形光学効果

**nonlinearity** 回非直線性, 非線形性 ◆the nonlinearity of the transistor トランジスタの非直線性

**nonmagnetic, non-magnetic** adj. 非磁性の ◆non-magnetic steel 非磁性鋼

**nonmanufacturing, non-manufacturing** adj. 非製造(業)の, 非製作の ◆non-manufacturing companies 非製造業企業 ◆the non-manufacturing sectors 非製造業部門 ◆workers in non-manufacturing industries 非製造業の労働者 ◆non-manufacturing businesses [companies] like airlines and utilities 航空会社や公益企業などの非製造業企業

**nonmetal** (a) ～ 非金属 ◆a nonmetal [nonmetallic] container 非金属製の容器 ◆nonmetal ores 非金属の鉱石, 非金属鉱

**nonmetallic** adj. 非金属の ◆a nonmetallic mineral (substance) 非金属鉱物(質) ◆a nonmetallic-sheathed cable 非金属外装ケーブル

**nonmilitary** adj. 非軍事の ◆nonmilitary sectors 非軍事部門

**non-name-brand** 無名の, 三流ブランドの

**nonnative, non-native** adj. ある言語を母国語としていない, その土地の生まれでない, 外国人の; n. a ～ 前記の属性を持つ人 ◆a non-native speaker （母国語ではなく）外国語として話す人

**nonnuclear, non-nuclear** adj. 非核の, 核兵器を保有していない, 核エネルギーを使用していない ◆a non-nuclear state [country] 非核保有国 ◆non-nuclear weapons 非核兵器 (*核爆発エネルギーを用いない通常兵器)

**nonnumeric** adj. 数字でない(文字の) ◆nonnumeric data such as letters and special characters 文字や特殊記号などの数字でないデータ

**nonobservance** (1) (規則などを)遵守しない[守らない, 遵奉しない]こと ◆justify the nonobservance of human rights 人権を遵守していない[守っていない, 無視している]ことを正当化する

**non-odorous** ◆a non-odorous coating 無臭コーティング

**no-nonsense** adj. まじめな, 真摯(シンシ)な, 正直な, 虚飾のない, ごまかしのない, 実際的な(practical), 現実的な(realistic), 事務的な(business-like) ◆an efficient, no-nonsense way to beat the SAT in as little as two weeks わずか2週間で大学進学適性試験を攻略する効率的で無駄のない方法

**nonoperating** ◆a nonoperating plant 操業していない[非稼働, 休止]工場 ◆(a) nonoperating profit [loss] 営業外利益[損失, 欠損] ◆nonoperating income 営業外所得[収入] ◆when in nonoperating or nonstandby status 非動作[休止]状態あるいは非待機状態時に ◆Non-operating shock protection has been raised to 300 G in the Xxx series. 動作中でない時の耐衝撃保護は, Xxxシリーズでは300Gまで引き上げられた.

**non-operation** ◆result in non-operation of the unit 結果的に, そのユニットが働かなくなる; 結果として同装置の不動作につながる

**nonoperational** ◆a nonoperational air conditioner 動作しない[働かない]エアコン ◆during nonoperational handling （機器の）稼働停止中の取り扱い時に

**no-notice** 予告なしの ◆a no-notice inspection 抜き打ち検査

**nonpaid** adj. 無償の, 報酬のない, 支払いの伴わない, 支払われ(てい)ない, 不払いの ◆household and other nonpaid work done by women 女性によって行われる家事やその他の無償労働

**nonpayment, non-payment** (a) ～ 不払い ◆nonpayment of taxes 税金の不払い

**nonperformance** 不履行(=nonfulfillment) ◆due to nonperformance 不履行のため ◆during non-performance hours 公演のない時間帯に ◆(the) nonperformance of a contract [an agreement] 契約不履行 ◆they had recommended the contract be terminated for nonperformance 彼らは, 不履行を理由に契約を打ち切るべき[解除すべき]だと勧告した ◆The academic non-performance of some athletes 一部の選手の学業成績が振るわない[不振]こと ◆the sales manager had been fired for nonperformance 営業部長は業績不振のせいで解雇になった

**nonperforming** adj. perform していない, しかるべき運用成績を上げていない ◆a nonperforming loan 不良貸し付け; 焦げ付き融資[ローン] ◆nonperforming assets 不稼働[不良]資産 ◆a nonperforming member of the band そのバンドの演奏に加わっていないメンバー ◆those loans are nonperforming これらの貸し付けは焦げ付いている ◆the bank has so many nonperforming loans この銀行は, 非常に多くの不良貸し付けを抱えている ◆Banks have been able to hide their nonperforming loans. 銀行は, 自身が抱えている不良債権を隠しておくことが可能だった. ◆The company is very astute at acquiring profitable businesses and divesting nonperforming ones. この会社は, 収益のある企業を買収して採算の取れない[不採算]企業を切り捨てることにかけて抜け目がない.

**nonperiodic** adj. 非周期的な, 随時行われる ◆nonperiodic data 非周期的データ

**nonpoint, non-point** adj. 発生源[汚染源]が特定できない, 非点源- ◆reduce the effect of agriculture-related, nonpoint sources of pollution 農業関連の発生源が特定できない[非点源]汚染の影響を減らす

**nonpolar** adj. 非極性の, 無極性の ◆a nonpolar substance 非極性物質

**nonpolarized** adj. 非極性-, 無極性-, 不分極- ◆a nonpolarized relay 無極継電器[リレー] ◆a nonpolarized electrolytic capacitor 無極性電解コンデンサ

**nonpolluting** adj. 無公害の, 汚染しない ◆nonpolluting fuels 無公害燃料

**nonprescription** adj. (= over-the-counter) 医師の処方箋なしで購入できる, 薬屋で売っている ◆nonprescription drugs 売薬; 買い薬; 市販の医薬品; 一般大衆薬

**nonprofit, non-profit(-making)** 非営利的な, 営利[利益の追求]を目的としていない (←for-profit) ◆a private nonprofit organization 民間の非営利組織; 民間のNPO; 非営利市民活動団体 ◆a nonprofit association of radio amateurs アマチュア無線家の非営利団体 ◆Non-profit-making departments include the group producing the company's monthly house magazine. 非営利部門には, 月刊の社内報を制作しているグループなどがある.

**nonproliferation** （特に核兵器, 化学兵器の）拡散防止; adj. (核, 化学兵器) 拡散防止の ◆the Nuclear Nonproliferation Treaty 核拡散防止条約, 核不拡散条約

**nonrecourse** adj. 無償還の ◆a nonrecourse loan 無償還融資[ローン] (*借り手が債務不履行に陥った場合, 担保=collateralが貸し手によって回収されるだけであり, たとえこの担保の資産価値が大幅に下落しても, 借り手はそれ以上返さなくてよい)

**nonreflective** ◆a nonreflective amorphous state 無反射のアモルファス状態

**nonremovable** adj. 取り外し[着脱, 脱着]ができない ◆nonremovable storage media 《コンピュ》取り外し[着脱, 脱着]ができない記憶媒体

**nonrepetitive** adj. 反復しない, 非反復-, 再発しない ◆nonrepetitive runouts that are virtually zero 事実上ゼロに等しい非反復性の(回転軸の)心振れ

**nonreproducible** adj. 再現できない, 再生できない, 再生産不可能な, 複写不能の, 非生殖の ◆unsuspected and nonreproducible errors 思いもよらない, 再現不可能なエラー

**nonresident** adj. (ある場所に)居住していない, 非居住者の; n. a ～ ◆nonresidents of Los Angeles ロサンゼルスの非居住者

**nonreturnable** adj. (空きビンや容器が)返却[回収]できない[((意訳))再使用できない, 使い回しのできない, 使い捨ての, ワンウェイの, 消耗品の] [返却] の ～ 返却できない物 ◆returnable and one-way [non-returnable] glass bottles リターナブルびんとワンウェイ[ノンリターナブル]びん; 生びんと雑びん (*びんの形のまま回収して何度も使用されるものと, 回収後砕かれてカレットという原料になるもの) ◆These cutting pliers are non-returnable. これらニッパーの返品はご容赦ください.

**nonreturn valve** a ～ (= a check valve) 戻り止め弁, 逆流防止弁, 逆止(ギャクシ)弁, 逆止め弁

**nonroutine** adj. ルーチン化してない, 機械的でない, 手順の決まっていない, 型通りでない, 非定型の ◆nonroutine tasks 非定型業務

**nonrush** ◆during nonrush hours ラッシュアワーを除く時間帯に; 混雑していない時間に

**nonrusting** adj. 錆びない ◆nonrusting stainless steel さびないステンレス鋼

**nonscientific, non-scientific** adj. 非科学的な, 科学的根拠に基づかない, 科学畑でない, 非理工系[非理学系, 非理系]の ◆a non-scientific [nonscientific] college student 非理系[非理系, 非理工系]の大学生;《直訳》文科系[文系]の大学生 ◆a nonscientific explanation for... ～の非科学的な説明 ◆nonscientific people [persons] 科学畑でない[科学オンチの, 非理系の]人たち

**nonsense** 回無意味な言葉, ばかげた行為[こと], むちゃくちゃなこと, 役立たずのもの; adj. 無意味な, ばかげた ◆sheer nonsense 全くばかげたこと

**nonsensical** adj. 無意味の, ばかげた, 愚かな ◆Most of us realize good jobs are not easy to come by. It's just nonsensical to lose your job to drugs and alcohol. 私たちの多くは, いい仕事は簡単には手に入らないことを認識している. 麻薬やアルコールで職を失うということは実にナンセンスな[ばかばかしい, 愚かな, つまらない, くだらない]ことだ.

**nonshrink, nonshrinkable** adj. 縮まない ◆non-shrink [nonshrink, nonshrinkable] fabric （洗っても）縮まない生地

**nonskid** adj. 滑らない, 滑りにくい, 滑り止め処理をした ◆a nonskid surface 滑らない（路）面 ◆nonskid feet （機器などの）滑りにくい足

**nonslip, non-slip** adj. ノンスリップー, スリップしない, 滑らない ◆an adjustable shoulder strap with non-slip pad 調節可能で滑り止め付きの肩ひも

**nonsmoking, non-smoking** adj. 禁煙の ◆a non-smoking area [section] 禁煙区域

**nonspecific, non-specific** adj. 非特異性の ◆nonspe-cific urethritis 非特異性[非淋菌性]尿道炎

**nonstandard** adj. 非標準（型）の, 標準から外れた ◆nonstandard-size(d) mail 非定形郵便

**nonstep** ◆a non-step [nonstep] bus (= a low-floor bus) ノンステップ[低床式]バス（*車いすや, 体の不自由な人が乗り降りしやすい）

**nonsteroidal** adj. 非ステロイド性[系]の, ステロイド以外の ◆a nonsteroidal anti-inflammatory drug (NSAID) 非ステロイド（系[性]）抗炎症薬[消炎鎮痛薬]

**nonstick** adj. こびりつかない,《意訳》焦げつかない（*フライパンなどが） ◆a nonstick frying pan こびりつかない[焦げつかない]フライパン

**nonstop** adj., adv. ノンストップの[で], 中断[休止]なしの[で], 無停車の[で] ◆a nonstop flight from... to... ～から～までの直航（飛行）便 ◆broadcast... nonstop for two days ～を休まず[ぶっ通し]2日間放送する ◆chatter nonstop とめどなくしゃべり続ける ◆fly nonstop from... to... ～から～までノンストップ[直航]で飛ぶ ◆a Tandem NonStop computer system; Tandem's NonStop computer system タンデム社のノンストップコンピュータシステム《*無停止[フォールトトレラント]型を意味するNonStopはタンデム社の商標》

**nonsupervisory, non-supervisory** ◆non-supervisory workers 非管理職従業員

**nonsurgical** ◆the nonsurgical removal of kidney stones 腎臓結石の非観血的摘出

**nontariff** adj. 非関税ー ◆nontariff (trade) barriers; nontariff barriers (to trade) 非関税障壁 ◆eradicate nontariff barriers to trade 非関税障壁を撤廃する ◆Japan must reduce its tariff and non-tariff trade barriers 日本は, 関税障壁および非関税障壁を減らさなければならない ◆remove all tariff and non-tariff barriers against South American agricultural products 南米産の農産物に対する関税障壁および非関税障壁を全廃する

**nontechnical, non-technical** adj. 技術畑[技術系]でない, 非技術畑[非技術系]の, 非技術[非専門]の ◆software that makes connection to the Internet easy for nontechnical types インターネットへの接続を簡単なものにしてくれる, 非技術畑[非技術系]タイプの人たち向けのソフトウェア

**nontoxic** adj. 毒のない, 毒ない, 非毒性の, 無毒の, 無毒性, 非中毒性ー ◆nontoxic chemicals 毒のない[毒でない,《意訳》有毒物に該当しない]化学物質 ◆nontoxic crayons 無毒のクレヨン

**no-nukes** （口）反核の

**nonuniform** 不均一な, （電界, 磁界などが）不平等な ◆be nonuniform ～は不均質[不均一]である, ～にむらがある, ～が一様でない ◆a nonuniform electric field 不均一な電界 ◆a nonuniform rotational speed of the capstan キャプスタンのむらのある回転速度 ◆nonuniform tension in the take-up and pay-off reel systems 巻取りリールと供給リールシステムのむらのある張力

**nonutility** ◆nonutility [non-utility] generation 自家発電; 自家発電 ◆a non-utility (electric) generator [power pro-ducer]《直訳》非公益事業の発電業者（= an IPP (independent power producer) 独立系発電事業者[独立系電力卸供給事業者]）◆nonutility facilities （非公益事業設備, すなわち）自家用設備

**nonvibrating** ◆nonvibrating demolition of reinforced concrete foundations 鉄筋コンクリート基礎の無振動取り崩し

**nonviolent** adj. 非暴力の, 非暴力主義の, 非暴力（主義）的な ◆the creation of a trained, international civilian nonviolent peace force 訓練された市民からなる国際非暴力平和隊の創設《*暴力や人権侵害を監視するために紛争地域に丸腰で赴き「人間の楯」となる》

**nonvolatile** adj. 不揮発性の ◆nonvolatile RAM 不揮発性RAM

**nonvolatility** 回不揮発性

**nonwoven** 回織ったものでない, weaveされない ◆a non-woven fabric [textile]; nonwoven [unwoven] cloth 不織布 ◆a nonwoven wiper 不織布製の拭き取り布

**nonylphenol** 《化》ノニルフェノール ◆the release of nonylphenol into the environment ノニルフェノールの環境中への放出（*ポリ塩化ビニル製ラップや手袋から溶出. あるいは界面活性剤が生分解して生じる. 魚類などのメス化現象を引き起こす内分泌攪乱物質[環境ホルモン]のひとつ）

**nonzero** adj. ゼロ以外の（数値の）, ゼロでない ◆The operator returns 1 if both its operands are nonzero, 0 otherwise. 《コンピュ》その演算子は, どちらの演算数もゼロ以外なら1を返し, そうでなければ0を返す.（▶ otherwiseは, if節の位置に揃えて後置されている）

**noparking, no-parking** adj. 駐車禁止の ◆a designated no-parking zone 駐車禁止に指定されている区域

**nor** conj.《(neither A nor Bで)AでもなくBでもない,(no, not, neverなどの否定語あるいは否定文の後に用いて)～もまた～ない》◆if there exists no spouse nor children 配偶者も子供もいない場合には

**NORAD** (the North American Aerospace Defense Command) 北米航空宇宙防衛司令部, 北米航空宇宙防衛軍《略語形にはtheは不要》

**Nordic** adj. 北欧[北ヨーロッパ, ヨーロッパ北部]の, 北欧人の; a ～ 北欧人 ◆the Nordic countries (Denmark, Norway and Sweden, Finland, Iceland) ノルディック[《意訳》北欧, 北ヨーロッパ]諸国（デンマーク, ノルウェー, フィンランド, アイスランド）

**norm** a ～ 標準, 基準, 一般［平均］水準, 規準, 典型, ノルム, 基準労働量 ◆a break from the norm 決まった型からの脱却 ◆as is the norm in Italy イタリアではごく当たり前のことであるが ◆as is the norm in such cases そのような場合の常として ◆multimedia personal computers are becoming the norm in the PC marketplace マルチメディアパソコンは, パソコン市場で標準になりつつある ◆the benefits package being given is far above the industry norm （従業員に）与えられている諸付加給付は業界平均のはるか上を行っている ◆with price-cutting becoming the norm and export sales suffering 値下げが当然のことのようになり、また輸出の売り上げが痛手をこうむっている中で ◆The car's styling, inside and out, is boldly divergent from the norm. この車のデザインは、内も外も標準的なものから大胆にはずれている［全く型破りだ］.

**normal** 1 adj. 普通の、標準的な、並の、平均的な、正常な、健康な、正規の、正規の、常態の、通常の、通常の、平常の、常用の; Ⓝ普通、正常、標準、常態、平均値 ◆a normal distribution (= Gaussian distribution) 正規分布 ◆(a) normal inspection （厳しさが中ぐらいの）並検査 ◆a normal module 歯直角モジュール（*歯車の）◆(a) normal voltage 正規［常規、規定、標準（的な）、正常（時）の］電圧 ◆be larger than normal 普通［通常］より大きい［大きめである、大ぶりである］◆normal aspiration 《車》ノーマルアスピレーション，（エンジンの）自然吸気［無過給］（方式）◆normal load 公称負荷［荷重］; 常用負荷［荷重］◆normal-size(d) 普通［標準］サイズの; 通常の大きさの ◆a normal electrode 標準電極 ◆a message about the normal completion of a process 《コンピュ》プロセスの正常終了に関するメッセージ ◆at a faster rate than normal 通常［普通］より速い速度で ◆at normal temperatures 標準温度で、常温で ◆at normal times; in normal times 平時においては、平生は、平常は、普段のときは、通常時には ◆become a normal country 普通の国になる ◆change... back to normal ... を変えて正常に戻す ◆come down below normal 《意訳》正常値以下に下がる; 平均値を下回るようになる; 標準を下回るようになる ◆during normal operation 正常運転時に［の］◆get [go] back to normal 正常に戻る ◆guarantee normal operation of... ～の正常動作を保証する ◆in a normal year 普通の年［平年］に［の］◆in the normal direction 正方向に ◆normal-width letters 並幅の文字 ◆produce a normal image 正像を作る ◆the normal direction of rotation 正回転［正規］方向 ◆under conditions of normal use 正常な［正規の］使用状態下で; 通常の使い方をしていて; 普通に使っていて ◆under normal conditions 通常の場合（は）◆under normal load 通常［常用］負荷をかけた状態で、常用負荷時 ◆a rapid change in pressure from high to normal 高圧から常圧への急激な変化 ◆a slightly lower-than-normal fluid level わずかに標準［普通、通常］より低い液面 ◆a straight-chain alkyl group called normal propyl ノルマルプロピルと呼ばれる直鎖型のアルキル基 ◆cost $30 to $40 each in normal time 通常（料金で）1個当たり30ドルから40ドルかかる ◆either during an emergency or in normal times 非常時［緊急事態時］にあるいは平時［通常時］◆his behavior is outside normal limits 彼の行状は常軌を逸している ◆life is slowly starting to return to normal （市民）生活はゆっくりと平常状態に戻り［平静さを取戻し］始めている ◆operation within the normal range of ambient temperature and humidity without the need for air conditioning 空調の必要がない通常の周囲温度および湿度［常温常湿］の範囲内での動作 ◆water levels will go back normal 水位は通常の［いつもの］レベルに戻るはずである ◆Now that conditions have returned to normal in El Salvador,... ここにきてエルサルバドル国内の状況は正常化したので、～ ◆Check the unit for normal operation. 本ユニットが正常に動作するかチェックせよ. ◆Coke users have a higher-than-normal rate of miscarriage. コカイン乱用者は、流産の率が通常より高い. ◆Eyeballing the VR scenery feels quite normal. この仮想現実の風景を注視していると、全く自然な感じがする［違和感がない］. ◆It is functioning in its normal fashion. 正常に機能している. ◆As is normal, speed and capacity are gained at the expense of resolution. 当たり前のことながら、スピードと容量は解像度を犠牲にして得られる. ◆In the Southeast, nearly 75 percent of streamflows are below normal this week. 南東部では、75パーセント近くの河川の流量［水量］は今週通常より少ない. ◆It's going to be several days before all of our plants have resumed normal operations. 当社のすべての工場が通常通りの操業を再開するまでには、数日かかるだろう. ◆Pollutants are diluted and flushed away by surface water in normal times. 汚染物質は通常、表面を流れる水で薄められ、洗い流されてしまう. ◆Fish in the cooling reservoir of the Chernobyl plant grew much larger and weaker than normal. チェルノブイリ原発の冷却水池の魚は、普通よりも大きく［大ぶりに］なり、その上虚弱になった. ◆The measurement result showed four to five times the normal amount of radioactive emissions. 測定結果は、通常の4～5倍の放射能放出量を示した.
2 adj. 直角の、垂直の、法線の; n. a ～ 法線、垂線 ◆a plane normal to the optical axis 光軸に対して垂直な平面 ◆in the direction of the normal to the curve その曲線の法線方向に ◆the normal to a reflecting surface 反射面に対する垂線 ◆A is normal to B. A は、B と垂直の関係にある［直角を成している］. ◆Conventional rack and pinion gear sets use a normal pressure angle of 20°. 従来型のラックアンドピニオン式歯車装置は、20°の歯直角圧力角を用いている.

**normalcy** (= normality) Ⓝ正常（状態）、普段の常態、常態、平常 ◆help amputees regain a sense of normalcy 手や足の切断手術を受けた患者が普通の感覚を取り戻すのを助ける ◆return the country to a semblance of normalcy [normality]; bring a semblance of normalcy to the country その国を、見せかけ上［表面上］だけでも普通の状態に戻す［正常化する］◆people who believe homosexuality should be taught as normalcy 同性愛をまともなこととして教えるべきだと考えている人々

**normality** Ⓝ正常、常態、正規性、《化》規定度［規定濃度］◆check them for normality それらを正常かどうかチェックする; それらが正常か確認する

**normalization** Ⓝ正規化、正常化、規格化、標準化、規準化; Ⓝ《福祉》ノーマライゼーション、ノーマリゼーション、常態化、正常化、通常化、《意訳》社会参画 ◆North Korea-Japan normalization talks 北朝鮮と日本間の（関係）正常化の話し合い ◆the normalization of relations between the United States and Vietnam 米国とベトナムの関係の正常化

**normalize** vt., vi. 正常化する、標準化する、規格化する、《コンピュ》正規化する、常態に戻す［戻る］、《金属》焼きならしする ◆normalized impedance 正規化インピーダンス ◆store real numbers in normalized floating point form 《コンピュ》実数を、正規化された浮動小数点の形で格納する ◆to normalize trade relations between the two countries 二国間の通商関係を正常化するために

**normally** adv. 常に、普段、大抵（の場合）、通常、一般に、普通、いつも、正常に ◆a normally [naturally] aspirated engine 《車》ノーマルアスピレーション［無過給、自然吸気］エンジン ◆a normally closed contact 常時閉接点 ◆a normally open relay ノーマルオープン［常時開］のリレー ◆as is normally the case たいていの場合そうであるように ◆function normally 正常に［まともに］機能する ◆use muscles not normally used 普段使わない筋肉を使う ◆a normally transparent liquid crystal material 通常は（*электроでが加えられていない状態で）透明な液晶材料 ◆Page numbering normally starts at 1 and goes up. 《コンピュ》ページ番号は、通常［特に指定しない限り］1から始まって大きくなる.

**north** the～ 北、北方、北部［地方］; adj. 北［北方、北部］の、北から［北へ］の; adv. 北へ［に］、北方へ［に］◆the North Pole 北極 ◆detente between North and South 南北間の緊張緩和 ◆in a north-south direction 南北方向に ◆it lies 38°north それは北緯38度にある ◆the north pole of a magnet 磁石のN極 ◆AIDS rapidly became viewed as a North-South problem. エイズは急速に南北問題として見られるようになった. ◆Switzerland is bounded on the north by France and Germany, on the east by Austria and Liechtenstein, on the south by Italy, and on the west by France. スイスは、北はフランスおよびドイツと、東はオーストリアおよびリヒテンシュタインと、南はイタリアと、そして西はフランスと境を接している.

**North America** 北米、北アメリカ

**North American** adj. 北アメリカの、北米［北米人］の; a ～ 北アメリカ人、北米人 ◆North American universities 北米の大学

**North Atlantic** the ～ (Ocean) 北大西洋
**northeastern** adj. 北東[東北]の, 東北[東北]への, 東北[東北]からの, Northeastern (米)北東部の ◆the northeastern region [district] of a country ある国の東北地方
**northern** adj. 北の, 北方の, 北部の, 北への, 〈風が〉北からの ◆the question of the Northern Territories 北方領土問題 ◆a windy hill with a northern exposure 風の強い北向きの斜面 ◆the anti-Taliban Northern Alliance 反タリバン勢力である北部同盟 ◆be situated in the extreme northern part of the country この国の最北端に位置している
**Northern Hemisphere** the ～ 北半球
**North Pacific** the ～ (Ocean) 北太平洋
**northwestern** adj. 北西の, 北西への, 北西からの (*風など), (米)(しばしば Northwesternで)北西部特有の ◆in China's northwestern region 中国北西部に[の]
**NOS** an ～ (a network operating system) 《通》
**nose** a ～ 鼻, 突き出ている部分, 先端, 前端, 刃先, 機首, 車首, 船首, 銃口, (ホースなどの)筒先; one's ～ 異常な好奇心; (a) ～ 嗅覚, 物をかぎつける嗅覚[勘, 直観的能力] ◆follow one's nose (嗅覚を働かせ)匂いを辿る; 香りに釣られて行く; 勘を働かせる; 勘に頼る; 直観[直感]に従う; 予定を立てず[行き当たりばったりに]まっすぐに[成りに]進む ◆nose (landing) gear 《航空宇宙》前脚 ◆nose-over moment トンボ返りモーメント (*飛行機の空中回転[宙返り]の) ◆one's nose is running 鼻水が出ている ◆will cause a running nose 鼻水がでる原因になることがある ◆sometimes I just follow my nose to pleasure 時々私は(あらかじめ決めておかないで)心の赴く(オモムク)まま行動することがある ◆he was once a pretty good reporter who followed his nose to the news 彼はかつて, 自分の勘[直観, 直感]でニュースを嗅ぎ当ててしまうような, かなり腕の立つ記者だった ◆The primary requisite for becoming a Nose is a keen olfactory sense. 鼻(ネ)になるための第一の必要条件は, 鋭い[鋭敏な]嗅覚です. (*a nose は調香師 a perfumer の最高称号)

**nosebleed** a ～ 鼻血(が出ること[を出すこと]) ◆a nosebleed seat 上のほうの位置にある安い[下等な]観覧席; 天井桟敷(サジキ); (*野球場などで)アッパーデッキの一番上の方の席 ◆get [have] a nosebleed 鼻血が出る ◆stop a nosebleed 鼻血を止める

**nose cone, nosecone** a ～ ノーズコーン (*円錐形のロケットの頭部, ミサイルの弾頭)

**nosedive** 1 a ～ (飛行機の)急降下, (株価などの)暴落, 急落
2 vi. 急降下する, 暴落[急落]する

**nosepiece** a ～ 《車》ノーズピース

**no-show** a ～ (劇場, 飛行機などの)席を予約しておいて現れない客, 不参客 ◆a no-show employee on the payroll 幽霊社員 (*経理操作などの手段としての) ◆No-shows on some flights to Bonaire reached 40 percent. ボネール島行きの便の中には(搭乗)予約を入れておきながら現れない乗客が40%に達した. ◆On the guest list but a no-show was former Washington Mayor Marion Barry. 来賓リストに載っていながら[出席予定なのに]現れなかったのは, 元ワシントン市長マリオン・バリー氏であった.

**nostalgia** a ～ ノスタルジア, ノスタルジー, 郷愁, 望郷の念, 望郷心, ホームシック, 懐旧の情 ◆a bike that evokes nostalgia 郷愁を呼び起こす[誘う]自転車 ◆get a feeling of nostalgia for... ～への郷愁を覚える ◆nostalgia for the good old days of the '50s 1950年代の古き良き日々への郷愁 ◆They remember with nostalgia the days of... 彼らは, ～の頃をなつかしく思い出す.

**nostalgic** adj. 郷愁の, 郷愁に満ちた, 郷愁を誘う[感じる, 覚えさせる], ホームシック[里心]の, 望郷[懐郷]にふける ◆a nostalgic melody 懐かしいメロディー (*いわゆる「懐メロ」とはかぎらない) ◆get nostalgic for the good old days, when... ～だった古き良き日々[時代]がなつかしくなる

**not** ～でない, ～しない ◆determine whether or not retraining is necessary 再教育が必要か否かを見極める

**NOT** 《コンピュ》(常に大文字で)(a) ～ 否定演算子, 否定(論理), (= logical negation); adj. NOT (回路)の, 否定の ◆the NOT of P is true if P is false 《コンピュ》Pが偽なら, Pの否定は真である

**notable** adj. 注目に値する, 注目すべき, 目立つ, 顕著な, 著名な; (通例 ～s)著名人, 名士 ◆with the notable exception of... とりわけ[特に]～を除いて ◆In addition to its capaciousness, the car's cabin is notable for a touch of Paris fashion. ゆったりした広さに加えて, この車のキャビンはパリファッションのちょっとした趣が特徴的である.

**notably** 目立って, 著しく, 特に, とりわけ; (意訳)～をはじめとして [筆頭に, 中心として, まず第一に] ◆trade partners in Asia, notably Japan and China (意訳)日本や中国に代表される貿易相手国 ◆the development and manufacture of complex machines, notably in the textile industry, ... 特に繊維産業における複雑な機械の開発・製造は, ～ ◆Cuba has shortages of everything, notably food. キューバは, 食糧を中心に[はじめとして]ありとあらゆるものが不足している ◆Swiss trains are notably clean and punctual. スイスの列車は際立って清潔で時間が正確である. ◆In some industries, most notably housing, a recession is clearly underway, many economists say. 住宅産業をはじめとして[まず第一に, 筆頭に]一部の産業で明らかに景気後退が進行していると多くのエコノミストは言っている. ◆Smog is a problem confined almost exclusively to the state of California, most notably the Los Angeles Basin. スモッグの問題は, カリフォルニア州だけに限定されるといっていいくらいで, とりわけ[特に]ロサンゼルス盆地で顕著である.

**notary, notary public** a ～ (pl. notaries, notaries public, notary publics) 公証人 ◆a digital notary system 《通》デジタル公証システム [制度] ◆a (public) notary office 公証人役場

**notation** (U)表記(法), 表示(法), 記数法, 進法, 《音楽》記譜(法); a ～ (一組の)記号, (一組の)符号, メモ ◆in decimal notation 10進表記(法)で ◆a system of notation 記号表記体系

**notational** 表記[表示]上の ◆notational conventions to define command syntax 《コンピュ》コマンドの構文を明確に記述するための表記上のきまり[表記法] (*notational conventions は, 主に特殊記号の使い方の例)

**notch** 1 a ～ 切り欠き, 切り込み, 刻み目, 切り目, ノッチ, ぎざぎざのひとつ, 《医》切痕, 一ランク, 一段, (山あいの)細道, 隘路(アイロ) ◆be a notch [cut] above the others 他より一段上[一枚上手]である ◆a write-protect notch (5.25インチフロッピーディスクの)書き込み禁止ノッチ[切り欠き] ◆improve... another notch ～を一段と向上させる[いっそう改善する] ◆push [move] prices another notch higher 価格を一段と押し上げる ◆ratchet... yet another notch upward (評判など)をより一段と高める[更に一段と上げる] ◆his voice rose a few notches when he castigated... 彼の声は～を厳しく叱ったときに数倍階大きくなった ◆The surf is another notch larger than yesterday. 打ち寄せる波は, 昨日よりもひとまわり大きい.
2 vt. ～に刻み目をつける, 刻み目をつけて～を記録する; ～を得点する, 勝ち取る <up>

**note** 1 a ～, ～s メモ, 覚え書き, 記録, 手記; a ～ 注, 注意(書き), 注記, 注釈, 備考, 解説, (作品)解説; ～s 下原稿, 文案; a ～ (非公式の)短い手紙, 短信, 通知, 通達, 案内(状), (政府間の)覚書, 通牒; a ～ 銀行券, 紙幣, 約束手形; a ～ 音符, 音色, 調子, 語調 ◆add notes to... ～に注[注釈]を付ける ◆take notes メモを取る; 書き留める ◆a consignment note 出荷通知書; 船積み案内(書) ◆a hand-written note 手書きのメモ ◆a note on safety 安全についての注意 ◆make a mental note of... ～を覚えておく[記憶する] ◆take detailed notes 詳細にメモを取る ◆they took few [no] notes 彼らはほとんど[全く]メモを取らなかった ◆write [leave] a suicide note 〈自殺する人〉が遺書を書く[残す] ◆notes for successful soldering はんだ付けをうまくするための留意点[ポイント] ◆become targets of angry notes on the Net インターネット上で怒りの書き込み[発言]の的になる ◆he took six pages of notes on ideas offered by... 彼は~が出した案について6頁にのぼるメモを取った ◆include appropriate notes on the drawings それらの図面に然るべき注釈を入れる[加える] ◆Please include a note explaining... ~を説明するメモを付けてください. ◆take [make] a note of one's PIN (personal identification number) 暗証番号をメモする[控えておく] ◆During the lecture, take as few notes as possible. 講義中に、できるだけ少なくメモを取りなさい. [《口語》ノートを取るのは最低限にとどめること] ◆Note: It is necessary to power the system off and on again to allow the new setup to take effect. 注意: 新しい設定を有効にするためには, システムの電源を入れ直してください.

**2** ①〈of note の形〉重要な, 重大な, 注目, 著名, 顕著, 卓越; 《take note of 〜の形》注目, 注意 ◆items of special note 特に注目すべき項目[見る価値のある事柄]; 見どころ ◆Among those worthy of note are... それらの中で注目に値する[注目すべき、目立った、めぼしい、傑出した]ものとして〜がある. ◆it is worthy of note that... 〜であるということは注目に値する ◆it is worthy of (special) note that... 〜だということは(特に)注目に値する ◆Of [Deserving, Worthy of] special note [are]... とりわけ注目すべきは[特筆に値するのは]〜である. ◆Please take note that... 〜ですのでご了承[注意, 留意]ください. ◆take note of the pictures in those ads それらの広告に載っている写真に注目する ◆that is hardly worthy of note それはほとんど注目に値しない ◆these measures are hardly worthy of note これらの対策はほとんど注目には値しないのである ◆Of note, this feature will continue to alert you to incoming stories even if you minimize your browser. 注目すべきことに[特筆に値することとして], この機能はブラウザを最小化していても記事の入信[着信]があれば随時通知してくれる.

**3** *vt*. 〜に注意[注目, 留意]する, 〜を確認する, 〜に気付く, 〜を指摘する, 〜に言及する, 〜について一言述べる[言く], 〜を示す[表す], 〜を書き留める[記録する, メモする] <down> ◆Note that... 〜ということを[〜ですので]ご承知おき[ご注意, ご了承]ください.; 《意訳》なお[ただし]〜です. ◆note the distinction between A and B AとBの違いに注目する[気付く] ◆Please note [take note of] the following points: 以下の事項についてご了承[承知おき]ください; 次の点に注意してください. ◆Be sure [Make sure] to note [you note] the following points:... 次の点に注意してください. ◆It is also to be noted that... 〜であるという点にも注目[注意]しなければならない. ◆It should also [also should] be noted that...; It also must be noted that... 〜であるということにも留意[注目]しなければならない; 〜という点にも注意が必要である ◆Economists have long noted that... エコノミストたちは, 〜ということにずっと以前から気付いていた. ◆The important point to note is... 〜といった注意点は, 〜といったことである. ◆Vice President Al Gore, noted as a politician with a strong interest in technology, is... 技術に強い興味[関心]を持つ政治家として知られる[有名な]アル・ゴア副大統領は... ◆All dimensions in inches except where noted. 指定無き寸法はすべてインチ(*図表の注記. be動詞が省略されている) ◆All images in the gallery are created entirely by me, except where specifically noted. このギャラリー[展示ページ]内に[掲載]の画像は, 特に断り[ただし書き]のない限り, すべて私自身が創作したものです. (*インターネットで) I noted a touch of Paris fashion in the sculpturing of the dashboard of the Renault. 私は, このルノー車のダッシュボードの造形にパリファッションの趣を認めた.

**notebook** *a*〜 ノート[手帳, メモ帳], ノートブック(型)機[ノート型パソコン] ◆a notebook PC [computer] ノート型パソコン[コンピュータ] ◆a 486-based [486] notebook (インテルi80486系列のマイクロプロセッサを搭載した)486ノートブック機[コンピュータ] ◆a notebook-size computer ノートサイズのコンピュータ

**noted** 有名な, 著名な, 名高い

**notepad** *a*〜 はぎとり式のメモ帳, メモパッド ◆an electronic notepad 電子手帳

**notepaper** ①便せん

**noteworthy** *adj.* 注目に値する, 注目すべき, 目立った, めぼしい, 傑出した ◆the most noteworthy speeches 最も注目すべきスピーチ ◆Noteworthy among these are A, B, and C. これらの中で注目に値する[めぼしい]ものは, AとBとCである. ◆However, it is noteworthy that... だが〜であるということは注目に値する. ◆Most noteworthy, however, was the fact that... しかし最も注目すべきは, 〜であるということだ. ◆The models are noteworthy for their comfort. これらの機種はコンフォート[快適さ]という点で注目に値する.

**not-for-profit** (= nonprofit) 営利[利益の追求]を目的としていない, 非営利の ◆We're a not-for-profit organization, so we live on donations. 《意訳》私たちは利益目的ができること[非営利]団体[非営利民間組織, NPO, 特定非営利活動法人]ですので運営は寄付に頼っています.

**nothing** ~もない, 何も~しない, 無, 空(クウ), ゼロ, 零, つまらない人間; *adv.* 口~ちっとも[少しも, 決して]~ない ◆come to nothing 無駄になる, 水泡に帰す ◆for nothing ただで ◆have nothing to do with it at all それとは何のかかわりもない; それとは少しも[ちっとも, 一切, 全然, まったく]関係ない ◆let him go home with nothing 彼に手ぶらで[手土産を持たせずに]帰らせる(*使節に何の成果もなしに帰らせる) ◆let nothing go to waste なんにも無駄にしない ◆Nothing is more detestable than...; there is nothing more detestable than... ~ほど[憎むべき, 嫌悪すべき, 忌むべき]ものはない. ◆Nothing works. なんにも[何も]働かない; うんともすんとも言わない. (*テレビやビデオの故障の症状の説明など) ◆there is nothing I can do about it それについては私は何もできない; 私にはそれはどうしようもない ◆think nothing of spending thousands of dollars for... ~に何千ドルも使うことをなんとも思わない ◆nothing can compare to the smiles on our customers' faces お客様の笑顔に勝るものはありません ◆Crying over a lost love will accomplish nothing. 失恋に泣いても何にもならない. ◆Nothing is more expensive than ignorance [a redesign]. (順に)ものを知らないということは[設計のやり直し]ほど高くつくものはない. ◆The car cornered as if there were nothing to it. その車は, 何事もなかったかのように[難なく, こともなげに, 平然と, やすやすと]旋回した. ◆The computer continued running as if nothing had happened. コンピュータはあたかも何事もなかったかのように走り続けた. ◆To kill time, we chatted about nothing in particular. 時間つぶしのために, たわいのない[取るに足りない, とりとめのない]話をした. ◆He turned 31 this past off-season, but age had nothing to do with why he wasn't selected. 歳は先のオフシーズンで31になったが, 年齢は彼が選考から漏れた理由との関係もなかった[一切無関係だった]. ◆Nothing compares with being able to do what someone else has told you can't. 《意訳》人からお前にはできっこないと言われたことができた時[ほど嬉しいことはない[の嬉しさは無上の, の嬉しさときたらこの上ない]. ◆Nothing is easier than to denounce the evildoer; nothing is more difficult than to understand him. 悪人を非難する[責める]ことほど簡単なことはない. そして彼を理解することくらい難しいことはない. ◆Nothing is so embarrassing as watching someone do something that you said couldn't be done. できっこないと自分が言ったことを誰かがやるのを見ているくらいバツの悪い[きまり悪い, 決まりの悪い]ことはない. ◆Of course, there are no guarantees that she will say "yes," but nothing ventured, nothing gained. もちろん, 彼女が「イエス」という保証は全然ないですが, 駄目もとでやってみるしかない[当たって砕けろ]. ◆Of the more than 48,000 chemicals listed by the EPA, next to nothing is currently known about the toxic effects of almost 38,000. 環境保護局によりリストアップされている48,000種余の化学薬品のうち, ほぼ

38,000種の有毒作用については現在ほとんど何も知られていない。◆There is nothing you can do about the past, so there's no point in agonizing over it. The best way to deal with it is to say nothing. 過去のことはどうしようもありません。だからそのことで煩悶してもなんにもなりません。最善の対処方法は何も言わないことです。

**nothing but** ただ〜だけ、〜以外のなにものでもない、〜にほかならない ◆this is nothing but... これは、〜以外のなにものでもない[〜にほかならない] ◆There's nothing but disappointment in this new car. この新型車に見られるものは、期待外れ以外のなにものでもない。

**notice** 1 a〜（広く案内するために書かれた）お知らせ[掲示、公告、広告、びら、貼り紙、お達し、おふれ]、（多くの人に送られる同じ内容の）通知[案内（状）、通達、お知らせ]（1通）；⑪予告、告知、通知、断り、通告、警告、通達、表示、情報；⑪注意、注目；a〜（新聞や雑誌での作品の）寸評[批評、紹介]；《しばしば 〜s》（特に新聞紙上での演劇などの）批評、寸評、短評、（本の）書評 ◆until further notice 追って沙汰のあるまで ◆a notice of receipt 受信[受領]通知 ◆a change-of-address notice 住所変更通知 ◆an engineering-change notice 設計変更[技術変更]通知 ◆give official notice 告知する ◆give [receive] advance notice of... 〜の予告[事前通告]をする[受ける] ◆on [at] short notice 通告[知らせ]を受けてからすぐに ◆copyright and trademark notices 著作権表示および商標表示；⑪(標題 Copyright and Trademark Notice [Information]の形で)著作権と商標について[著作権情報および商標情報] ◆Take notice that...; Please take notice that... 〜であることに注意[注目して、留意して、気付いて、目をとめて]ください；〜なので注意してください ◆detect alarm conditions and send a notice to the console 警報状態を感知[発見]し制御卓[操作卓]に知らせる[報知する] ◆It put the world on notice that... それは世界に〜であるということを知らせた[気づかせた]。 ◆no notice was taken of the petitions これらの嘆願書は無視された；請願は黙殺された ◆notice must always be taken of it 常にそれに注意[注目]していなければならない ◆the news media took little notice of... マスコミ[報道機関、報道各社]は〜にほとんど注目していなかった[関心を持っていなかった] ◆A Change Notice will be generated and sent to... when updates/changes/corrections have been made to... に対して更新／変更／訂正が施された場合は、変更通知書が作成され、〜に送付[送達]される。 ◆The report also takes no notice of the fact that... 本報告書は〜という事実をも無視[黙殺]している；本報告書は〜という事実についても顧みず[取り上げず、問題として扱って]いない ◆Guests took no notice of behind-the-scenes foibles. ゲスト達には舞台裏の泣き所は全然気付かれなかった。 ◆It cannot be done at such short notice. それは、そんな短時間では[そんなに早くは、そんなに急には]できるわけがない。 ◆Specifications are subject to change without notice. 仕様は、予告なしに変更される[変更する]ことがあります。 ◆The provision requires companies to give workers 60 days' notice of plant closings and mass layoffs. その条項は、会社が工場閉鎖と大量一時解雇する場合、60日前に[60日の猶予をもって]予告をしなければならないと定めている。

2 vt. 〜に注意を払う、注目する、認める、見つける、〜を指摘する、〜に通告する；vi. 気がつく、注意する、注目する ◆without being noticed （人に）気付かれずに ◆The following figure shows... Notice that... 次の図に、〜を示します。（ここで、）〜であることに注目してください[図からわかるように、〜です]。 ◆if you notice a residue of brake fluid around a connection 接続部周辺にブレーキ液の（漏れ）跡が認められるなら ◆You'll probably notice a few changes in... 〜にいくつか変更があることに気付くでしょう。 ◆Even after extended use, we didn't notice any sort of physical fatigue. 長時間使用した後でも、私たちはどんな種類の身体疲労も感じなかった。 ◆Notice that the force has to be an external one. この力は外力でなければならないことに注目して[ので注意して]ください。

**noticeable** adj. 人目をひく、顕著な、著しい、目に見えて分かる、注目に値する ◆with no noticeable degradation of voice quality 聞いて分かってしまうほどの音声の劣化は無しに ◆without a noticeable quality loss 気付くほどの品質の低下[画質・音質の劣化が認められること]なしに ◆provide a noticeable improvement in productivity 生産性の著しい改善[向上]をもたらす ◆the screen has noticeable flicker 画面には（見て）それと分かるちらつきがある

**noticeably** adv. 目立って、目立つほどに、目に見えて、めきめきと、めっきり、注目に値するほどまでに、著しく、顕著に ◆Application launching is noticeably quicker than... アプリケーションの起動は〜に比べて（その差が）体感できるほど速い ◆the scope of application has expanded [increased] noticeably 適用範囲が著しく広がった[顕著に拡大した] ◆Since the end of World War II, American immigration policies have become noticeably less racist and more humane. 第二次世界大戦以降、米国の移民政策は目立って人種差別的ではなくなり、目に見えてより人道的になった。

**notification** (a)〜知らせ、通知、通信、通達、お達し、おふれ、告示、届け出、催告；a〜通知書、届け書 ◆(a) notification that... 〜であるという通知[知らせ] ◆make a notification 通知をする；知らせる；通報する ◆a notification that... 〜であるといった内容の知らせ[通知] ◆get notification from them of... 彼らから〜の通知をもらう[受け取る] ◆provide automatic notification of incoming mail 着信メールを自動的に通知する；(((意訳))着信メールがあると自動で知らせてくれる（*電子メールの話） ◆provide no notification of... 〜についての通知を出さない ◆provide notification of an error エラー[間違い（があった旨）]を通知する ◆receive notification about... 〜についての知らせを受け取る；〜に関する通知を受ける ◆send meeting notifications via fax 会議の知らせをファクスで送る ◆ship a replacement on notification 代替品を通知あり次第送り出す ◆upon receipt of this notification この知らせ[通知]を受け取り次第 ◆without prior notification 予告なしに ◆provide notification that an error occurred エラーが発生したことを通知する[旨の通知をする] ◆provide notification when events occur 《コンピュ》イベント発生時に通知する ◆request notification of test results by telephone 試験結果の通知を電話で請求する；電話をかけて検査の結果を教えてくださいと頼む ◆to ensure notification is made of upcoming meetings, election, and other events to all members 来るべき会議、選挙、その他の行事についてすべての会員に通知が確実に行われるようにする[周知徹底を図る]ために ◆Notification must be made regardless of possible risk. 通知[届け出]は、潜在的危険性（の大小）にかかわらず出さなければならない。（*遺伝子工学による食品の話です） ◆Up to 50 notification destinations are supported 最大50件までの配信先[連絡先、送付先、通知先、通達先]に対応しています。

**notify** vt. 〜に（〜を、〜だと）知らせる[通知する、通報する]<of, that>、〜するよう知らせる[通告する]<to do>、〜を（〜に）届け出る[通知する、告知する]<to> ◆attendants are notified of the situation 運転乗員に状況が知らされる ◆be notified in an official gazette 官報[公報]で公告されている ◆notify the authorities that... 〜であることを当局に届け出る[通報する] ◆notify Velden by telephone of shipment availability 出荷可能である旨をヴェルデン社に電話で通知する ◆they want to be notified about... 彼らは、〜について知らせて[通知して]ほしいと思っている ◆notify consumers about how their personal data that becomes available will be used 消費者に、入手される彼らの個人情報がどのように利用されるのか知らせる[通報する] ◆It requires health care facilities to notify authorities of persons "reasonably suspected" of being illegal aliens. それは医療施設に対し不法滞在の外国人に「十分疑われる」人たちを当局に通報するよう求めている。

**not-in-my-backyard** → backyard

**notion** a〜 概念、観念、信念、考え、意見、見解、所信、思い付き、ばかげた考え；〜s（売るために並べてあるボタン、糸、針、リボンなどの）小間物 ◆an obsessive notion 強迫観念

**notorious**

a preconceived notion 先入観 ◆The notion [idea] that... does not square with reality. ～という考えは、現実とはそぐわない。

**notorious** adj. 〈人などが〉悪いことで有名な、悪名高い、うわさに高い、名うての、札付きの、広く知られている、周知の ◆become notorious（悪い意味で）有名になる、悪名をはせるようになる ◆cities notorious for many killings 殺人が多いことで有名な都市 ◆Tokyo's notorious rush hours 東京の悪名高いラッシュアワー

**notoriously** adv. ◆a notoriously tough negotiator 名うてのしぶとい［手ごわい］交渉者［交渉相手］

**not-quite** 全く～でもない、十分に～でない、必ずしも～でない ◆a not-quite innocent victim まんざら［必ずしも］潔白とも言えない被害者

**not-so-** それほど～でない、たいして～でない ◆a not-so-trendy car たいしてトレンディでない車 ◆a not-so-secret military surveillance satellite さほど機密でもない軍事偵察衛星

**not-yet** まだ～してない、未- ◆not-yet-listed [prelisted] stocks 未公開株 ◆the not-yet-ready-to-be retired 引退する覚悟がまだできていない人々

**nourishment** 回栄養、栄養分、栄養物、栄養状態、滋養分、食物、回養い、養育、育成 ◆faint from lack of nourishment 栄養不足で卒倒［失神、気絶］する ◆seek [need] spiritual nourishment 心の糧を求める［必要とする］ ◆take nourishment from... ～から栄養［滋養］を摂取する［取る］ ◆a drink that filled her children's stomachs but provided no real nourishment 彼女の子供たちの胃袋を満たしはしたが本当の栄養にはならなかった飲み物 ◆A healthy lawn needs three things: sunlight, water and nourishment. 健康な芝生には3つのものが必要です。それは日光、水、そして養分です。

**novel** adj. 目新しい、斬新（ザンシン）な、奇抜な、新奇な ◆a full-length novel 長編小説 ◆a novel treatment 斬新な治療法 ◆Larry Brown's much-talked-about first novel "Dirty Work" ラリー・ブラウンの話題の処女作『ダーティーワーク』という小説 ◆Proposals will be graciously welcome that incorporate novel ideas breaking current constraints. 特に、現在の制約を打ち破る斬新なアイデアを採り入れた［新発想を盛り込んだ］提案を歓迎します。

**novelist** a～小説家 ◆a best-selling novelist ベストセラー小説家

**novelty** 回目新しさ、斬新（ザンシン）さ、新奇さ、珍しさ；a～目新しい［こと］、珍しい経験、（通例～ties）ノベルティ商品、目先の変わった［しゃれた、気のきいた］小物など（＊プレゼントして喜ばれるような、きれいなものや、おもしろいもの） ◆a novelty shop 気のきいた［しゃれた］小物の店 ◆novelty goods ノベルティ商品

**novice** 回～ ビギナー、新米、初心者、入門者、初学者、未熟者、見習い僧、(カトリックの)修練士 ◆a novice PC user パソコンを使い始めたばかりのユーザー、パソコンのビギナー

**no-voltage** ◆a no-voltage tap changer 無電圧タップ切替装置（＊変圧器の）◆a no-voltage release relay 無電圧復旧継電器

**now** 今、現在、目下、現時点、今や、今では、今はもう、近い過去、今しがた、ついさっきに、近い将来に、今すぐに、すぐにでも、今すぐ、ちょっとしたら、これから、今から；ところで、さて、さあ、いよいよ ◆as of now 現時点で［今のところ］ ◆now and then ときどき ◆than now 今［現在］よりも ◆until now 今まで、これまで ◆up to now 今まで(のところ)、これまで ◆every now and then [again] ときどき、ときおり ◆a now disused rocket testing center 今は使われていないロケット試験場 ◆as things stand now 現状では ◆between now and 2050 今から2050年の間に ◆between now and year-end 今から年末までの間に ◆from now on 今後、今から；これから先は；今度なら ◆now-available disk-array products 現在入手可能なディスクアレイ製品 ◆now-defunct 今はもう存在しない、廃止されて久しい、今はもう活動を停止してしまっている ◆the now-active transistors 現在動作状態にあるトランジスタ

◆there is no point in... ing now 今さら～する意味がない；今になって～してみたって何も始まらない［なんにもならない、無駄だ］ ◆the now-obsolete DEC-20 今ではもう時代遅れの［過去のものになった］DEC-20型機 ◆Now that the prices of paper and transportation are rising,... 今となっては《意訳》ここにきて［紙の価格や運賃が上昇しているので ◆predict what the future will look like 12 years from now 今から12年後［先］はどんな様子だろうかと将来の予測をする ◆researchers are only now starting to understand the role 研究者らは［今になって］ようやくその役割を理解し始めている ◆things will be a lot better five years from now 5年後には状況はずっとよくなっているだろう ◆Despite the fact that rogue nations/states have now become states of concern, ... ならず者国家が今度は問題国家になった《意訳》呼び方が変わった)にもかかわらず, ... ◆For now, regenerative medicine is merely a concept. 今のところ再生医療は単なる概念にしかすぎない。◆It was nice meeting you, but we have to get going now. お目にかかれて［お会いできて］うれしかったです。でもそろそろおいとま［失礼］しなければなりません。◆Now buck up. It's that time. さあ元気を出せ、ぐずぐずするな。今がその時だ。◆Now is the ideal time to recruit. 今は人を採るには、理想的な時期だ。◆Now is the time to act.; The time to act is now. 今こそ行動を起こす時だ［行動を起こすのは今だ］。◆Now as in the past, these elites have an intimate (i.e., corrupt) relationship with these businesses. 旧態依然として、彼らエリート達はこういった企業と親密な［なれ合いの］（すなわち腐敗した）関係を続けている。

**nowadays** adv. 今日（コンニチ）では、現在では、このごろ、近頃は、昨今、当節

**nowait, no-wait** adj. 《コンピュ》ノーウェイトの、待ち時間なしの、待たずに済む ◆no-wait connections 待たずに行える［乗り物の］連絡［乗り換え接続］

**no-wait-state** ◆a no-wait-state memory-expansion board for the PC AT PC/AT用のノーウェイト・メモリー拡張ボード

**no-way-out** adj. 出口［打開策］のない ◆a no-way-out situation 手詰りの状態

**nowhere** adv. どこに［へ］も～ない；n. いずことも知れない所 ◆appear from nowhere どこからともなく現れる ◆her cellular phone was nowhere to be found 彼女の携帯電話はどこにも見当たらなかった ◆lead the company from nowhere to the forefront of Japanese retailing その会社を無名から日本の小売業の最前線へと導く ◆the answers are nowhere to find 答えはどこにも見つからない ◆there's nowhere to find a good meal in this area at 3 in the morning この辺りで午前3時にまともな食事にありつけるところなどどこにもない ◆The issue is nowhere near a solution. その問題は解決にほど遠い。◆There is nowhere to find it cheaper. それをどこよりも安いところはどこにも見当たらない；それはどこよりも安い。◆Mitnick was wanted by the FBI but he was nowhere to find. ミトニックはFBIの指名手配を受けていたものの、行方はわからなかった。◆Nick seemed to descend out of nowhere, and attracted a considerable audience to his radio show with his gravelly voice. ニックは彗星の如く現れ、彼のラジオショーでガラガラ声を呼び物にかなりの聴衆を獲得した。◆Nowhere is the labor shortage more controversial than in the construction industry. 建設業界ほど労働力不足が論争の的となっているところはない。◆This year's cuts will come nowhere meeting the target of a $171.9 billion deficit. 今年の（赤字）削減は、目標赤字額の1719億ドルには到底及ばないだろう。

**NOx** "knocks"と発音、(nitrogen oxides) 窒素酸化物 ◆control NOx emissions 窒素酸化物の排出を抑制する ◆NOx removal in wet scrubbers using metal chelates 金属キレート化合物を用いた洗浄装置での窒素酸化物の除去［脱窒］

**noxious** 有害な、有害性の、有毒な 有毒ガス ◆noxious clouds of particulate-laden exhaust 粉塵を含んだ排気ガスの有毒ばい煙 ◆cars, trucks and buses that belch noxious fumes into the warm evening air 暖かな夕刻の大気中に有害ガスを吐き出す車やトラックやバス

**nozzle** a～ ノズル,噴射口,噴出口,火口(ヒグチ),筒口,管口

**Np** ネプツニウム(neptunium)の元素記号

**NPL** (National Physical Laboratory) the ～ 《英》国立物理研究所

**NPO** an ～ (a non-profit organization) 非営利民間組織, NPO, 特定非営利活動法人, 利益目的ではない(市民活動)団体

**NPT** (Nuclear [nuclear] Non-Proliferation Treaty) the ～ 核不拡散条約

**NRA** (National Rifle Association) the ～ 全米ライフル協会

**NRC** (Nuclear Regulatory Commission) the ～ 米原子力規制委員会; (National Research Council) the ～ 全米調査協議会(＊全米科学アカデミーの下部機関)

**NRDC** (Natural Resources Defense Council) the ～ 天然資源防衛委員会[協議会], 自然資源防衛[保護]評議会, 天然資源保護協会(＊米国の民間シンクタンク)

**NRLC** (National Right to Life Committee) the ～ 全米胎児の生きる権利を守る委員会(＊プロライフ団体)

**NRO** the ～ (National Reconnaissance Office) 《米》国家偵察局

**NRZ** (non-return-to-zero) 《電子》非ゼロ復帰方式の

**NSA** (National Security Agency) the ～ 《米》国家安全保障局

**NSC** (National Security Council) the ～ 《米》国家安全保障会議

**NSF** (National Science Foundation) the ～ 全米科学財団

**NTIA** (National Telecommunications and Information Administration) the ～ (米商務省の)電気通信情報庁 ◆the National Telecommunications and Information Administration (NTIA) of the United States Department of Commerce 米商務省の情報通信局

**NTSB** (National Transportation Safety Board) the ～ 《米》国家運輸安全委員会

**NTSC** (National Television System Committee) the ～ (米国の)テレビジョン方式審議会の ◆the NTSC color television system NTSCカラーテレビジョン方式

**NTWD** (the Navy [Navy's] Theater-Wide Defense) 海軍戦域防衛(＊海上配備型上層システムとも)

**nuance** a～ ニュアンス,(意味,色,音などの)微妙な違い[僅かな差異],陰影

**nuclear** adj. 核の,核を成している,原子核の,核エネルギーを原動力にしている,核兵器の,核兵器を有する ◆a nuclear species 核種(= a nuclide) ◆a nuclear family 核家族(=両親とその子供) ◆(a) nuclear material 《原子力》核物質 ◆a nuclear reaction (原子)核反応 ◆a nuclear reactor 原子炉 ◆a nuclear weapon; nuclear arms;《口》a nuke; an atomic weapon 核兵器 ◆nuclear energy 原子力[核]エネルギー ◆nuclear fission 核分裂 ◆nuclear fusion 核融合 ◆nuclear matter 《核物理》核物質(＊原子核を構成する物質) ◆nuclear power [nuclear-power] generation; nuclear generation of electric power 原子力発電 ◆nuclear waste(s) 核廃棄物; 核のゴミ ◆nuclear magnetic resonance (NMR) 核磁気共鳴 ◆a nuclear power plant [station] 原子力発電所 ◆nuclear proliferation 核拡散 ◆the Nuclear Regulatory Commission (NRC) 米原子力規制委員会 ◆the Nuclear Waste Management Organization of Japan (NUMO) (日)原子力発電環境整備機構[(略)原環機構] ◆the WANO (World Association of Nuclear Operators) 世界原子力発電事業者協会 ◆a nuclear instrumentation system 核計装システム[装置] ◆a trend toward nuclear families 核家族化(傾向) ◆a nuclear power generating station 原子力発電所, 原発 ◆highly enriched nuclear fuel 高度に濃縮された核燃料 ◆nuclear weapons tests at [in] the Bikini Atolls ビキニ環礁での核実験 ◆the NPT (Nuclear [nuclear] Non-Proliferation Treaty); the Treaty on the Non-Proliferation of Nuclear Weapons 核不拡散条約 ◆the threat of nuclear Armageddon 壊滅的核戦争の脅威 ◆underground nuclear testing 地下核実験 ◆an energy-yielding nuclear-fusion reaction エネルギーを発生する核融合反応 ◆a nuclear-freeze movement 核凍結運動 ◆nuclear-generated X rays 核爆発によって発生されるX線 ◆the nuclear-powered aircraft carrier USS Enterprise 米原子力空母エンタープライズ号 ◆all of the world's nuclear powers except China 中国を除く世界の全核保有国 ◆directed toward the practical utilization of nuclear science and technology for the benefit of... ～の利益のために核科学と原子力技術の実用化に向けられて ◆supply nuclear-generated electricity to New England customers 原子力で発電した電気をニューイングランド地方の需用家に供給する ◆rich non-nuclear countries [states] such as Japan, Sweden and New Zealand 日本, スウェーデン, ニュージーランドなどの豊かな非核保有国 ◆in 1985 when India was the sole nuclear power in the region インドがその地域で唯一の核保有国だった1985年(当時)に ◆the Treaty Banning Nuclear Tests in the Atmosphere, in Outer Space and Underwater 大気圏, 大気圏外空間および水中における核兵器実験を禁止する条約(＊部分的核実験停止条約the Partial Test Ban Treaty (PTBT)の正式名称) ◆Nuclear tests before 1963 were carried out above ground. 核実験は1963年以前は地上で行われた。(＊旧ソ連の話)

**nuclear-capable** (戦艦などが)核装備可能な

**nuclear-free** 核抜きの, 非核武装の

**nuclear magnetic resonance** (NMR) 核磁気共鳴

**nuclear medicine** 核医学

**nuclear physics** 核物理学, 原子核物理学

**nuclear winter** 核の冬(＊大規模な核戦争がもし勃発すれば, 大気中に舞い上がる大量の粉塵により太陽光線が遮断され, その結果起こると考えられている地球的規模の気温低下)

**nuclei** = nucleus

**nucleic** ◆a nucleic acid amplification test (NAT) 核酸増幅検査(＊肝炎ウイルスおよびエイズウイルスの有無を調べる)

**nucleus** (pl. nuclei) 核, 核心, 中核, 中心, 原子核, 細胞核 ◆helium nuclei ヘリウムの原子核 ◆become the nucleus of [for]... 彗星の核 ～の中核[核, 中心, 主体, 芯の部分]となる ◆form the nucleus of [for]... ～の中核[核, 中心]をなす[構成する, 形作る]; ～の主体[芯の部分]となる ◆with the consumer at the nucleus 消費者を核にして[中核にして, 真ん中にして, 中心に据えて] ◆a pair of switches at the nucleus of the system 本システムの中核[心臓部]にある2つのスイッチ ◆the oscillations of cesium atom nuclei セシウム原子の核の振動(＊nuclei は nucleus の複数形) ◆Using 212A chips as the nucleus,... 212A (IC) チップを中核[中心]に据えて ◆They form the team's nucleus. 彼らがこのチームの中核を成している[主体となっている]。 ◆At the nucleus of the WHO is a policy-making body called the World Health Assembly. 世界保健機関(WHO)の中核にある[をなす, となっている, に位置する, に据えられている]のは世界保健総会と呼ばれる政策立案組織である。

**nuclide** a～ 核種(= a nuclear species) ◆the decay of radioactive nuclides 放射性核種の崩壊

**nude** adj. 裸の, 裸体の; a～ 裸の人, ヌード写真, 裸体画, 裸像; the～ 裸の状態 ◆a nude mouse (pl. nude mice) ヌードマウス(＊無毛の医学実験用ハツカネズミ。胸腺がないので免疫機構を持たない) ◆children played innocently in the nude or near nude with discarded rubber tires 子どもたちは無邪気に裸[すっぱだか, すっぽんぽん, 全裸]かそれに近い格好で投棄ゴムタイヤで遊んでいた

**nudge** vt. 〈人〉をひじで軽くつつく; vi. (一押しされて)上がる, 可動する; a～ (ひじで)軽くつつくこと ◆give it a nudge それを一押しする ◆nudge... from 3 percent to 3.25 percent ～を3％から3.25％に引き上げる[徐々に増加させる] ◆with a nudge or two from him 彼の一押しか二押しで ◆Just a nudge with the thumb is all that's needed to <do...> ～するには親指で一押しするだけでいいのです ◆With some nudging from his wife, he... 妻のすすめも多少なりともあって, 彼は... ◆Interest rates nudged close to 20 percent. 金利は20％近くまで少しずつ上がった[じわじわと上昇した, 漸増した]。

**nugget** a～ (天然に産出した金などの)貴金属の塊, (丸っこい)一口大の食べ物, ナゲット, 溶接ビード ◆a gold nugget (砂金に混じって見つかる特に大きな)塊金

**nuisance** a 〜 迷惑をかける人, 厄介者, 邪魔者, 迷惑な行為 [こと], いやなこと, うるさいこと, 煩わしこと, 面倒 ◆a persistent nuisance caller しつこく迷惑[いやがらせの]電話をかける人 ◆prevent nuisance calls 迷惑電話を防止する ◆Commit no nuisance. 《英》(掲示で)迷惑行為禁止（*立ち小便や ごみの投げ捨てなどの）◆constitute a public nuisance 公共の迷惑になる ◆Behavior that is acceptable in one community may be regulated as a nuisance in another community. ある地域社会で容認されている行為[行動, 言動, 振る舞い]が, 他の地域社会では迷惑行為として規制されているということがあり得る. ◆The wireless keyboard eliminates the nuisance of a trailing cable. 《意訳》ワイヤレス・キーボードを使えば, 邪魔なケーブルをしっぽのように引きずることが無くなる.

**nuke** 1 a 〜《口》核兵器, 水爆, 原子炉, 原発 ◆tactical nukes 《口》戦術核兵器 ◆nuke-resistant chips 《口》耐放射線（強化[堅牢化]）チップ（*核爆発による発生する放射線に耐え正常動作が可能なように設計されている軍用IC）
2 vt. 〜を核攻撃する, 《俗》〜を電子レンジで加熱[調理]する

**null** 1 adj. 無価値の, 無意味の, 無の, 空白の, 《計測》零位法の, ゼロ検出の, ゼロ調整の, 《法》効力のない, 無効な, 《数》ゼロの, 零の, (集合の)空 (カラ) の ◆become null (and void) 無効になる; 失効する; 切れる ◆be [stand] null and void （法的に）無効である ◆a null character 《コンピュ》ヌルキャラクタ; 空文字; 空白文字 ◆declare Iraq's annexation of Kuwait null and void in international law イラクのクウェート併合を国際法上無効であると宣言する
2 n. 対象が存在しないこと, 量がゼロであること, 空白, 零位, 《コンピュ》ヌル[空文字, 空白文字]（*英語では「ナル」と発音）《数》消失点（*メーターの指示がゼロまたは最低になる点）, 消音点
3 vt. 〜をキャンセルする, 無効にする, ゼロにする

**numb** adj. (感覚が)麻痺した, 無関心の; vt. ◆The car's pedal feel is numb. ペダルフィールが甘い[スポンジー]である.

**number** 1 (a) 〜 数, 合計; a 〜 数字, 番号, 数値, 個数, 件数, 回数, 曲目, （雑誌の）号; a 〜 <of> (複扱い) いくつかの, かなりの数の; 〜s <of> 多数の ◆a number of... -s ある[いくつか, いくつも, 幾つか, 幾つも, 多数, 数々, 多く, たくさんの] 数, 数字, 数値, 数, 大勢, 何回か, 何度でも〜の (cf. the number of... -s は, 〜の個数) ◆be high in number 〜は数が多い[番号が大きい] ◆be large [great] in number 〜は数的に大きい; 数[件数, 人数]が多い; 大勢[多数, 大人数]である ◆be low in number 〜は数[件数, 人数]が低い; 数[件数, 人数]が少ない; 番号が小さい ◆increase [grow] in number 〜の数が増える[増加する, 増大する] ◆a high [low] number 大きい[小さい]数[番号] ◆dance numbers 舞曲 ◆a critical Mach number 臨界マッハ数 ◆Caller ID (CID); Calling Number Display (CND) （電話の）ナンバーディスプレイ機能 ◆assign [attach] a number to... 〜に番号を振る[付ける] ◆be few [small] in number 〜は数[件数, 人数, 台数, 枚数]が少ない; 小勢[少人数]である ◆count the number of interrupts that occur 《コンピュ》発生する割込回数を数える ◆the absolute number of clicks クリックした回数の絶対数 ◆the number of... s becomes fewer 〜の数が少なくなる[減る]; 〜が減少する ◆the low number of doctors in rural areas 地方における医師の数が少ないこと ◆the number of feedings 材料供給 [授乳, 餌やり, 給餌] 回数 ◆the number of employees in given locations 特定の箇所の(それぞれの)従業員の数（*すべて複数形になっている）◆a gospel-tinged number ゴスペル調の曲 ◆the number-two Japanese carmaker 日本の第2位の自動車メーカー ◆In increasing numbers, parents are... ますます多くの父母たちは〜 ◆The number of... s reached [hit] 40,000. 〜の数は40,000に達した. ◆...a growing number of U.S. manufacturers... ますます多くの米国メーカー ◆an unlimited number of macro commands 無制限の数のマクロコマンド ◆assign a number to each container 各々の容器に番号を付ける ◆a story in the current number 最新号の(ある一つの)記事 ◆a sufficient number of channels 十分な数のチャンネル ◆convert visuals into numbers 画像を数値化する ◆enter a four-digit number in a box 枠の中に4桁の数字を入力する ◆enter a number that represents the amount of... in the Xxx field 《コンピュ》Xxxフィールドに〜の量を表す数値を[《意訳》〜の量を数値で]入力する ◆Increasing numbers of Americans say that... ますます多くの米国人が〜であると言っている ◆indent the line by n number of characters その行をn字分インデント[字下げ]する ◆minimize the number of moving parts 可動部(品)の数[可動部品点数]を最小にする ◆the number of museums, symphony orchestras and theaters 博物館, 交響楽団, および劇場のそれぞれの数（*numbers と複数形になっているので, ひっくるめての数ではなく「それぞれの数」）◆the reliance on sheer numbers to safeguard one's rights 権利を守るために数の力に頼ること ◆they faced an enemy twice their number 彼らは倍の人数[軍勢, 員数]の敵と対峙した[睨み合った] ◆they wrote these numbers in hopes of... -ing 彼らは, 〜したいと願ってこれらの曲を書いた ◆vary [increase, decrease] the number of shims はさみ金の数を変える[増やす, 減らす] ◆After counting a predetermined number of pulses it activates a relay. パルスの数が所定[既定]数に達すると, リレーが作動する. ◆minimize the dangers created by ever-growing numbers of older drivers ますます増加の一途をたどる年配ドライバーが原因の危険をできるだけ少なくする ◆perform a user-specified number of conversions 《コンピュ》ユーザーによって指定された回数の変換を行う ◆range in number from one to several hundred 〜の数は1から数百にまで及ぶ ◆count the number of times he repeats that word 《直訳》彼がその単語を繰り返し言う回数を数える; 《意訳》彼が何回その言葉を使うか[口に出すか]数える ◆overcome the enemy through sheer force of numbers 数の力のみに頼って[数で押し切って, 数にまかせて, 数に物をいわせて, 人海戦術で]敵に打ち勝つ ◆students in growing numbers are enrolling in foreign language courses ますます多くの学生が外国語コースを取るようになってきている ◆the number of bits of data they handle at each step それらが1ステップで扱うデータのビット数 ◆the number of occurrences [occurrencies] in a unit of time 単位時間当たりの発生回数 [頻度] ◆pick out a specific piece of DNA and copy it over and over in exponentially increasing numbers DNAの特定箇所を選び出し, それを何度も何度も複製し指数関数的に数を増やしていく ◆But the population of population is not simply a problem of numbers. だが人口問題は, 単なる数の問題では(すまされ)ない. ◆Each roll is given a number for identification 各ロールには識別のために番号が振られる ◆Order filters by number. フィルターを番号で[指定して]注文してください. ◆The cars were built in a total number of 1,315. これらの車は総計[総数, 合計, 合算して, 延べ]1,315台製造された. ◆The number of casualties has been officially put at 47. 死傷者数は公式には47人と推定されている. ◆The numbers just don't add up. 計算がどうも合わない. ◆These are used in large numbers in hospital wards. これらは病棟で数多く[多数]使用されている. ◆The responsibility of supervisors [foremen] must be changed from sheer numbers to quality. 監督者(作業長, 職長, 現場主任)の責務は, 単なる数[《意訳》量, 数量]から質へと転換しなければならない. ◆《米》The number [line] is busy.; 《英》The number [line] is occupied. この番号[回線]は, ふさがっている[話し中である]. ◆The Pentium has 3.1 million transistors – three times the number in the i486 CPU. Pentiumには310万個のトランジスタが入っていて, これはi486 CPUに入っている数の3倍である. ◆The Lockheed C-130 is perhaps the best known of the turbo prop-powered cargo aircraft and the one that has been produced in the greatest numbers. ロッキードC-130は, ターボプロップ推進式貨物機の中でもおそらく最もよく知られているもので, 製造台数的にも最大のものではないだろうか.
2 vt., vi. 〜に番号を付ける, （〜の数に）達する, 〜を含める, 数に含まれる, 〜(の数)を数える, 〜を列挙する, 〜の数を定める[制限する] ◆have a staff numbering in the hundreds 何百名という数に上る[何百名を数える]スタッフを抱えている（*a staffは集合名詞）◆papers numbered 321 through

340　321番から340番［No. 321～No. 340］の論文　◆number the pages in sequence　ノンブルを振る　◆among many of the member states (now numbering 25 in all)　加盟国（現在, 合計25カ国を数える）の多くの間で　◆the input/output ports numbered greater than 100　100番より大きい番号の［101番以上の］入出力ポート　◆make necessary corrections in the numbering of articles, sections, or other subdivisions of the bylaws after they have been amended　内規の条, 項, またはその他の細目に変更が加えられた後で, 必要に応じて番号付け［番号の振り方］を修正する　◆The guests numbered more than a thousand.　ゲストの数は, 千名以上に上った［達した］。　◆The new version is numbered 1.2.　新バージョンには1.2という番号が付けられている; 新バージョンの番号は1.2である。　◆Numeric data is converted to the base 2 (binary) numbering system.　数値データは, 2を底とする記数法（※2進法）に変換される。　◆The worksheet's rows are numbered, starting at 1, and the columns are labeled with the letters of the alphabet starting at A.　ワークシート［作業表］の（横）行には番号が1から振ってあり,（縦）列にはアルファベットの文字がAから振ってある。　◆When a paragraph or sentence is deleted [→inserted], the numbering sequence of any paragraphs or the sentences which follow recedes [→is advanced] (by) one position.　削除［挿入］すると, それ以降の段落または文の番号は, 1ずつ小さくなる［繰り下がる, →1ずつ大きくなる, 繰り上がる］。

**one's days are numbered**　残されている日数は少ない, 余命がくばくもない, 〜の命数は尽きかかっている　◆his days as ruler of this country are numbered　この国の統治者としての彼の先行きはいくばくもない　◆its days of high growth are numbered　その高度成長期は, 余命いくばくもない［もう先が短い］　◆it is a policy whose days are numbered　これは先行きの短い［間もなく廃止される運命の］政策である　◆The arena's days as the home of the team officially became numbered.　この競技場が正式に同チームの本拠地でいられるのは, 残りわずかの日々［間］となった。

**number cruncher**　a〜　膨大な量の数値データの計算や統計処理をする人［機械］, ナンバークランチャー　▶数字をバリバリ喰う物の意で, 主としてコンピュータの異名ではないが, 高性能のパソコンやワークステーションもこの俗称で呼ぶことがある。また, 主として数値演算を行うソフトである統計計算プログラムや科学技術計算プログラムなどのことも言う。

**number crunching**　□膨大な数値演算処理［統計処理, 数値計算, 会計計算］, ナンバークランチング　▶特に, スーパーコンピュータなどの高性能コンピュータで膨大な数値データを処理すること。　◆supercomputers possess vast number-crunching power　スーパーコンピュータは絶大な計算処理能力を持つ。

**number one**　adj. 最も重要な, 最も優れている, 一流の, 第一級［位］の, 一随一の; n. 最も重要な人［物］, 第一人者; 自分, 自身, 自己, 己の利益　◆Japan is the No. 1 producer　日本は最大の生産国である　◆the world's No. 1 creditor nation　世界一の債権国　◆Akechi, described as "Japan's Number One Detective"　「日本きっての［随一の］名探偵」と称される明智　◆the country's No. 1 passenger airline　この国最大手の旅客航空会社　◆Japan's number one computer maker　日本一［日本随一,（意訳）本邦一］のコンピュータメーカー　◆take firm hold of the No. 1 spot　トップの座を安定確保する　◆compatibility with existing... is "absolutely number one" on our priority lists　既存の〜との互換性が弊社の絶対的な最重要事項［最重点課題］である　◆After buying Bixel, it has become No. 1 worldwide.　ビクセル社を買収して, その会社は世界一になった。　◆Not having enough merchandise in stock is our No. 1 problem.　商品在庫を十分に持っていないということが一番の問題である。　◆Tourism ranks as the town's number one industry.　観光が町一番の産業となっている。　◆We are the number one keyboard manufacturer in Japan.　弊社は, 日本で最大手のキーボード・メーカーです。

**number system**　a〜　数体系, -進法, 番号方式　◆a number system in [using] base 16　16を底とした数体系（※16進数のこと）

**numeral**　a〜（記号としての）数字, 数詞; adj. 数の, 数を表す　◆a Roman numeral [figure]　（1文字の）ローマ数字（※I, II, VI, IXなど）　◆a numeral written in base 10　10進法で書かれた数　◆indicate the result in directly readable numerals　結果を直接読み取れる数字で表示する［結果をデジタル表示する］

**numeral system**　a〜　記数法, 数体系　◆a numeral system with a radix of 12　12を基数とする記数法［数体系］　◆The radix of the hexadecimal numeral system is 16.　16進記数法の基数は16である。

**numerator**　a〜《数》分子（→a denominator）; a〜　計算者, 計算器, 計算する人　◆the numerator and denominator of a fraction　分数の分子と分母

**numeric**　adj.（= numerical）; a〜　数, 数字（= a number, a numeral）　◆a numeric keypad　数字入力キーボード［テンキー（パッド）］　◆a numeric value　数値　◆characters and numerics　文字と数字［数値］　◆a numeric character　（記号としての）数字　◆a numeric data processor (NDP)　数値データ［数値演算］プロセッサ　◆a numeric coprocessor　《コンピュ》数値演算コプロセッサ（= a math coprocessor, a floating-point coprocessor, a floating-point unit）

**numerical**　adj. 数の, 数字の, 数値的な, 数量的な, 計算能力の, 数値処理能力の　◆a numerical model　数値モデル　◆numerical analysis　数値解析　◆numerical calculations　数値計算　◆numerical control (NC)　数値制御　◆numerical experiments　数値実験（= computer simulation）　◆numerical goals [targets]　数値目標　◆a numerical forecast; numerical forecasting　《気象》数値予報　◆numerical weather prediction　数値天気予報　◆text and numerical data　《コンピュ》文字データと数値データ　◆a numerical value of 8 km/s　8km/sという数値　◆When video signals take numerical form, all sorts of manipulations become possible.　ビデオ信号が数値の形をとると［数値化されると］, あらゆる種類の操作が可能になる。（※数値化はデジタル化のこと）

**numerically**　数値的に, 数的に, 数の上で　◆a numerically controlled [NC] machine tool　数値制御工作機械　◆be numerically equal to...　〜と数の上で等しい　◆numerically controlled production　数値制御された生産　◆can be expressed numerically　数値で表せる［表記することが可能である］

**numerous**　adj. 非常に多い, 多数の, 数々の, たくさんの, おびただしい, 多くのものから成る　◆numerous ill effects on crop production　農作物生産に及ぼすおびただしい悪影響　◆numerous studies　非常に多くの研究　◆as computers become still more numerous and user-friendly　コンピュータの数がいっそう増えて［増加し］一段とユーザーフレンドリーになるにつれて

**nurse**　a〜　看護師［看護婦］, 乳母［保母］; vt., 〜を看護［看病］する, 〜に母乳をやる, 〜を抱きしめる, 大事に育てる, いぐくむ, 大切に扱う; vi. 看護師［看護婦］をする,〈赤ちゃんが〉母乳を飲む　◆a licensed practical [vocational] nurse　准看護婦［看護師］　◆a registered nurse　登録看護婦; 正看護婦; 正看　◆a school nurse　学校の保健婦［（意訳）保健（室）の先生］　◆nursing facilities　看護施設　◆a female [male] nurse　女性［男性］看護師（※日本では女性は「看護婦」男性は「看護士」と呼ばれていたが, 2002年3月からは看護士も看護婦も「看護師」に統一された）　◆the public nursing-care insurance system [program]　《日》介護保険制度　◆nurse the baby sitting up [lying down]　（順に）〈母親が〉座って［横になって］授乳する　◆If the milk supply drops too far, the baby will nurse more often and production will pick up again.　母乳の供給量が低下し［出が悪くなり］過ぎると, 赤ちゃんの飲む回数［授乳回数］が増えて, 母乳のつくられる量がまた増えることになる。　◆The nursing shortage in our state has become a major challenge for hospitals and all health care providers.　我が州における看護婦不足は病院および医療提供関係者にとって一大問題となった。　◆Most communities have a visiting-nurse service for elderly or physically challenged people who require daily care. ほとんどの地域社会には、高齢者あるいは身体障害者向けの訪問看護婦[((意訳))ホームヘルパー、訪問介護]サービスがある。 ◆There is a severe shortage of nurses [a severe nursing shortage] across the US and some parts of Canada. It is expected to get worse. 全米にまたカナダの一部に深刻な看護婦不足があり、更に悪化するものとみられている。

**nursery** a ～ 子供部屋, 育児室, 保育所, 保育園, 託児室, 託児所; a ～ ((しばしば ～ries))苗床, 苗場, 種苗場, (悪や犯罪の)温床; a ～ 養魚場, 養殖場 ◆a day nursery (= a day care center, 《英》a crèche) 保育園; 託児所[施設]

**nurture** vt. 育てる, 育て養う, 培う (ツチカウ), はぐくむ, 養育する; n. 回養育[養成, 育成, 飼育, 教育, 指導], 滋養物[食物] ◆nurture new business ventures 新規の冒険的事業を培う[育てる] ◆nurture young businesses (発足したての)若い会社を育てる

**nut** a ～ 木の実, 堅果(ケンカ), ナッツ, (果実の)種, 仁(ニン), 《機械》ナット, 留めねじ; a ～ 《俗》変人, 気違い, 狂信者 ◆drive...nuts 《口》《人》の気を狂わせる ◆a hard [tough] nut to crack 難しい[歯が立たない, 手ごわい, 難攻不落の, 手に負えない]問題[課題, 人, etc.] ◆a cap [box] nut 袋ナット ◆nut-bearing trees ナッツができる樹木 ◆a blade retaining nut ブレード押さえ[留め]ナット ◆tighten the nut securely ナットをしっかり[確実に]締める ◆but in the nuts and bolts, I find her testimony less than adequate しかし、基本的に、私は彼女の証言は不十分だと思っています ◆the crank shaft has a double nut arrangement [setup] on it (one acts as a locking nut to keep the other from going backwards) このクランクシャフトはダブルナット方式を使っている(ひとつがロッキングナットの役目をしてもう一つが後退するのを防ぐのである) ◆I think they are all nuts and a bunch of wimps. 彼らはみんなばかで腰抜けどもだと私は思っている。(*在沖縄米軍のトップであるGeneral Earl Hailston「アール・ヘイルストン司令官」が沖縄県知事らを電子メールで中傷した事件から)

**nutdriver** a ～ ナット回し, ボックス

**nutrient** adj. 栄養[滋養]になる, 栄養価を持つ, 栄養を与える, 栄養素を運ぶ; a ～ 滋養があるもの, 栄養, 栄養素, 栄養分, 養分 ◆nutrient-rich deep ocean water; deep ocean water with lots of nutrients 栄養分[養分, 滋養分]の豊富な海洋深層水

**nutrition** 回栄養, 滋養, 栄養摂取[補給], 栄養学 ◆Nutrition Facts 栄養成分表(*食品の栄養の表示で)

**nutritional** adj. 栄養[栄養学]上の ◆nutritional numbers 栄養価 ◆nutritional supplements (錠剤タイプの)栄養補助食品[補給剤] ◆Sugar is merely sweet and devoid of any nutritional value. 砂糖は甘いだけで、何の栄養価もない。

**nylon** ナイロン; ～s (特に透き通った)ナイロンストッキング ◆a strong-as-steel clear nylon 鋼鉄のように強靱な透明ナイロン材料 ◆boxes made of nylon ナイロン製の箱

**NYSE** the ～ (New York Stock Exchange)ニューヨーク証券取引所

## O

**O** 酸素(oxygen)の元素記号

**oak** an ～ 楢(ナラ)[樫(カシ), 柏(カシワ)]の木; 回オーク材

**OAS** (Organization of American States) the ～ 米州機構

**oath** a ～ (～という)誓い, 誓約, 宣誓<that>; a ～ ののしりの[不敬の, 下品な]言葉 ◆George W. Bush took the oath of office on Saturday as the 43rd president of the United States. ジョージ・W・ブッシュは土曜日に第43代米国大統領就任の宣誓を行った。

**OAU** (Organization of African Unity) the ～ アフリカ統一機構

**obedience** 回服従, 従順, 恭順, 盲従 ◆it enables the rider to master the horse and to achieve absolute obedience それにより、騎手は馬を完全に支配[完全に手の内に入れること]ができ、かつ絶対服従を達成する[((意訳))完全に言いなりにならせ、完全に飼い慣らす]ことができる

**obediently** ◆obediently follow orders from the top トップからの命令に従順[素直]に従う; 最高首脳部の命に唯々諾々(イイダクダク)と従う

**obese** adj. でっぷり[まるまると]太った, 太りすぎの, 肥えた, 肥満した, 肥満体の, 肉づきのいい, 豊満な ◆an obese child 肥満児 ◆It is very rare for a centenarian to be obese. 百歳以上の人の肥満[太りすぎ]は非常に希である。

**obey** vt. ～の[指示, 要望, 命令]に従う, ～に服従する, ～に応答[反応]する, ～に追従[追随]する; vi. 服従する, 言われたとおりにする ◆obey a police officer 警察官(の指示)に従う ◆fail to obey a stop sign 一時停止標識を守らない[無視する] ◆A police officer must always be obeyed. 警察官(の指示)には、常に従わなければならない。

**object** 1 an ～ 物, 物体, 実物, 対象, 対象となる人[物], 客体, 目的, 趣旨, 目的物, 目標, 的, 狙い, 《コンピュ》オブジェクト, 《CG》オブジェクト[図形] ◆an object language (= a target language) 《コンピュ》目的言語 ◆an object lens; object glass 対物レンズ ◆an object to be modified or copied 変更または複写する対象[箇所, もの] ◆Should it become bent as a result of contact with a foreign object (stones, tree stumps), ... もしそれが異物((意訳))他物)(石, 木の切り株)と接触して曲がってしまったら、... ◆when the "Select objects:" prompt appears 《コンピュ》オブジェクトを選択:[図形を指示:]のプロンプトが表示されたら (*CADではオブジェクトはたいてい図形を指す) ◆If an object is accidentally dropped into the printer, turn OFF (the) power and carefully remove the object. 物を誤ってプリンタの中に落としてしまった場合は、電源を切って慎重に取り除いてください。

2 vi. 反対する, 異議を唱える, 抗議する, 文句を言う, いやだ; vt. ～と言って反対する <that>

**objection** (an) ～ 反対, 異議, 不服, 苦情, 文句, 反対理由, 不賛成の言い分 ◆have no objection to... ～に異議はない ◆he made no objection to the proposal 彼はその提案に対し異存[異議, 不服]はなかった ◆interpose an objection to... ～に異議をさしはさむ ◆interpose many objections to... 多くの反対意見をさしはさむ ◆make an objection to... ～に異議[異論, 異論, 反対(意見)]を唱える ◆make a similar objection to... ～に対し同様な反対意見を唱える ◆express objection to the siting of a nuclear power plant 原発の立地に対し反対の意を表明する ◆objections from the international recording industry 世界のレコード業界からの反対の声 ◆An objection to cakes made in the microwave is that they don't brown. 電子レンジで作るケーキに対する不満は、茶色く焦げないことである。

**objectionable** adj. 反対すべき, 異論[異議]のある, 不愉快な, 不快な, いやな, 好ましくない, けしからぬ ◆an objectionable hum 不快な(ブーンという電源)ハム音 ◆an objectionable person いやな奴

**objective** an ～ 目的, 趣旨, 目標, 対物レンズ; adj. 目的の, 目標の, 客観的な, 実在の, 物体の ◆attain an objective 目的を達成する ◆on objective lens 対物レンズ ◆achieve these objectives これらの目的を達成する; 目標を果たす[((意訳))実現する] ◆from both an objective and subjective standpoint 客観的および主観的両見地[観点]からして ◆our design objective is to <do...> 我々の設計の目標は、～することにある ◆the setting of clear objectives 明確な目標の設定 ◆to accomplish this objective この目的を達成するために ◆with clear objectives はっきりした目的をもって ◆with the objective of... (-ing) ～を(することを)目指して[目的として]; ～するために ◆carry out these objectives これらの目的を実行する ◆one of the main objectives for creating... ～をつくる主な目的のひとつ ◆A principal objective is to <do> 主な目的[主眼]は～することにある。 ◆the design objectives were defined with full consideration of... この設計目標は～を十分に考慮して設定された ◆these objectives will be reached through... これらの目的は、～を通じて達せられるだろう ◆to meet the objectives of higher payload and longer reach 爆薬搭載量を増加させ、また射程距離をのばすという目的を達

成するために(*ミサイル開発の話) ◆We had two main objectives in developing... 我々は、〜を開発するにあたって2つの主な目的を持っていた. ◆we more than achieved our objective of double-digit growth in earnings 弊社は収益の2桁伸長という目標を上回る成果を達成いたしました ◆That objective was more than achieved. その目標は達成され、それを上回る成果が得られた. ◆The mission's main objective is to characterize the nucleus of the comet. 飛行任務の主な目的は、その彗星の核の特徴を調べることである. ◆The end result of the study was that we could achieve our objective of 100,000 units a year basically within our existing factories. この調査研究の最終結果は、年間10万台(体制)という弊社の目標が基本的に現在の自社工場内で達成可能であるということだった.

**objectively** adv. 客観的に ◆look at things objectively ものごとを客観的に見る

**object-oriented** adj. 《コンピュ》オブジェクト指向の ◆object-oriented programming オブジェクト指向プログラミング

**obligate** vt.〈人など〉に(〜する)義務を負わせる<to do> ◆the user is obligated to pay a registration fee ユーザーには登録料を支払う義務がある;使用者は登録料を払わなければならない

**obligation** (an)〜 義務, 責任, 義理, 恩義, 恩恵, 負担, 負い目, 有価証券, 債務, 債券, 証券, 契約 ◆debt obligations 債務 ◆obligation and compassion 義理と人情 ◆about $100 million in obligations 約1億ドルの債務 ◆provide a guarantee of obligations for... 〜のための債務保証を(提供)する ◆be under no obligation to <do> 〜には〜する義務は全くない ◆The company always fulfilled its disclosure obligations to investors その会社は投資家に対する(情報)開示義務を常に果たした ◆There is no obligation to the caller to make a purchase. 電話が掛かってきても購入義務は一切ありません. ◆A "letter of intent" is a preliminary document that may or may not constitute an obligation. (意訳)「仮取り決め [(契約)内示書]」とは、義務を生じる場合もあれば生じない場合もある、予備的な性格を持つ書類のことである. (*constitute an obligation = 義務となる)

**obligatory** adj. 義務的な, 義務のある, 義務として(どうしても)しなければならない, 義務付けられている, 強制的な, 必修の ◆make it obligatory for them to <do> 〜することを彼らに義務付ける

**oblige** vt. (法的, 道徳的に)〜に(〜するよう)強要する <to do>, 〜に余儀なく〜させる, 〜に感謝の念を抱かせる, 〜の頼みをかなえてやる ◆be obliged to <do> 〜には〜する義務がある, 〜は〜する義務を負っている[〜するよう義務付けられている] ◆feel obliged to <do...> 〜する義務を感じる; 〜しなくてはならない[〜せねばならぬ]と感じる ◆I would be most obliged if you <do> 〜していただけるとたいへん有り難いのですが ◆I am gratefully obliged to Mr. Robert Kahn. ロバート・カーン氏に、感謝の念に堪えません.

**oblique** adj. 斜めの, はすの, 傾斜した, 斜位の, 間接の, 遠回しの; an 〜 斜めのもの ◆an oblique line 斜線 ◆an oblique prism [cylinder] 斜角柱 [円柱] ◆an oblique face 傾斜がついている字体, 斜体

**obliterate** vt. 〜を消し去る, 消す, 削除する, 抹消する, 抹殺する, 壊滅させる ◆obliterate a city with bombs 都市を爆弾で壊滅させる; 爆撃(センメツ)する ◆obliterate a country from the map 地図からある国を消し去る [抹殺する] (*戦争による併合などに) ◆to obliterate an enemy 敵を殲滅(センメツ) [全滅, 掃討] するために ◆obliterate unnecessary files off the face of your hard drive (あなたの) ハードディスクの表面から不要 [不用] なファイルを削除 [抹消] する ◆the new king ascended to the throne determined to obliterate her name from Egyptian history for all time 新しい王は、彼女の名を永遠にエジプトの歴史から抹殺しよう [葬り去ろう] と固く決心して即位した ◆This handy utility will obliterate any trace of a program from Windows. この便利なユーティリティーは, Windowsからプログラムを跡形もなく削除します. (*a utility とは、機能を特化した小さなソフトのこと) ◆Aug. 9, 1945 – The "Fat Man" atomic bomb obliterates one-third of Nagasaki. 1945年8月9日:「ファットマン」と呼ばれる原子爆弾が長崎の1/3を消滅させる [壊滅する].

**obliteration** 回消し去る [消す] こと, 削除, 抹消, 壊滅, 忘却 ◆the obliteration of distances through new forms of communications 新しい通信形態による距離の消滅

**oblivion** 完全に忘れ去る [去られる] こと, 忘却 ◆fall [sink] into the depths of oblivion 忘却の淵に沈む [すっかり忘れられる] ◆consign... to oblivion 〜を忘却の彼方に押しやる ◆be saved [rescued] from oblivion 忘却の淵から救い出される ◆fall [pass, sink, slide, slip, drop off, disappear, fade] into oblivion 忘却の淵に沈む; 忘れ去られる ◆his comeback from near oblivion ほとんど忘れ去られようとしていた彼のカムバック [返り咲き] ◆let... decay into oblivion 朽ち果てるがごとく〜が忘却の彼方に押しやられるままにしておく, 手をこまねいて、世間の〜の記憶が薄れてゆくにまかせる ◆re-emerge from oblivion 忘却の淵から再浮上する [再び現れる] ◆the company's return from the edge of oblivion 忘却の淵からの同社の返り咲き [カムバック] ◆they must establish an Internet presence or risk oblivion 彼らは(ホームページを開設し)インターネットで存在をアピールしないかと(世間から)忘れ去られる危険を冒すことになる ◆let slip parts of one's past into oblivion 〈人の〉過去の一部を忘却のかなたにほうむり去る

**oblong** adj. 長方形の, 長円 [長楕円] 形の, (正方形, 円, 球などに比べて) 長い形の; n. an 〜 長方形, 長円形 ◆an oblong figure 長方 [長円] 形

**obnoxious** adj. 気にさわる, 不快な, いやな, むかつく ◆punch an obnoxious bully right in the nose 憎らしいいじめっ子 [人をいじめるいやなやつ] の顔面ど真ん中にパンチを見舞う

**obscene** adj. わいせつな, 卑猥な 公序良俗に反する; 醜悪な, 汚らわしい, 実に不愉快な, 鼻持ちならない

**obscure** 1 adj. はっきりしない, 不明瞭な, 曖昧模糊(アイマイモコ)とした, ぼんやりした, 無名の, 不遇な, どこの馬の骨とも知れない, 辺鄙(ヘンピ)な, 薄暗い, 闇に包まれた ◆an obscure field of research 陽の当たらない研究分野

2 vt. 〜を覆う [包み] 隠す, 曖昧 [不明瞭] にする, 暗くする, ぼんやりさせる, 見えにくくする, くすませる ◆obscure one's identity 正体 [身元] を隠す [明かさない] ◆obscure the location of responsibility 責任の所在を曖昧に [うやむやに] する ◆when the atmosphere is obscured by clouds, smoke, or dust 雲, 煙, あるいはほこりによって大気が曇っている時は ◆reflective coating material that substantially obscures the interior of the vehicle when viewed from outside 外側から見たときに車内がほとんど見えにくくしてしまう反射コーティング材 ◆The statue had become obscured by the accumulation of over three centuries of dust, grease and candle smoke. その彫像は, 3世紀余りのほこりや油汚れやロウソクの煙が積もり積もってくすんでしました.

**obscurity** 回はっきりしないこと, 不明瞭, 世に知られないこと, 無名, 不遇; an 〜 意味不明な箇所, はっきりしない点 ◆die in obscurity 無名のまま [世に名が出ないまま] 死ぬ ◆After decades of obscurity, the technique was revived in the 1960s. 何十年間も埋もれていたこの技法は, 1960年代に復活した. ◆The shirt factory soared out of obscurity four years ago to become a national celebrity. そのシャツ工場は, 4年前に無名から躍って国民英雄的な企業になった.

**observation** (an) 〜 観察, 観測, 見学, 測定, 実測, 測定値, 観察値, 他人の目, 人目, 観察力, 注意力, 意見, 所見, 考え, 感想, 報告; 〜s 観察 [観察] の報告 [結果, 記録, データ, 知見, 所産, 所見] ◆by observation 観察によって ◆escape observation 人目につかない ◆an observation balloon 観測気球 ◆an observation tour 観察 [観測, 見学] ツアー; 視察 ◆observations from Earth 地球からの観測 ◆a 5.5-hour continuous observation of... 5時間半にわたる〜の連続観察 ◆a star under observation 観測の対象となっている [観察中の] 星 ◆be de-

**observatory**

signed for continuous observations of...　～の連続観測のために設計されている　◆carry out meteorological observations　気象観測を行う　◆make observations and measurements　観測や測定[計測]をする　◆make observations of butterflies [insects]　蝶の[昆虫]観察をする　◆observations of distant stars and galaxies　遠い星や星雲の観測　◆perform [conduct, make] stellar and cometary observations　恒星および彗星の観測を行う　◆ride an observation car　展望車に乗る　◆through continuous observation of...　～の連続観測を通して　◆A similar observation applies to...　同様な所見が～についても当てはまる．　◆report one's observation of...　～の観察結果を報告する　◆the results of observations he made at... on October 10, 1994　彼が1994年10月10日に～で行った観測の結果　◆while observations are being made　観測が行われている間　◆an observation platform which offers a good view of the surrounding country　周りの田舎の風景の見晴らしがいい展望台　◆events that have fallen [befallen] under my observation　私の目に留まった出来事[よからぬ事](*befallenは，よくない事が起こる)　◆make observations of what is occurring [happening] and record these observations　起きていることを観察して(観察結果を)記録する　◆the KGB kept him under constant observation KGB(*旧ソ連時代の秘密警察である国家保安委員会)は，彼を常時監視して[見張って]いた　◆Spectrally resolved observations of the comet will provide information on...　その彗星のスペクトル分解観察データから，～についての情報が得られるだろう．　◆He was placed under medical observation after complaining of chest pains.　(意訳)彼は胸部の痛みを訴えた後に，医師の監視のもとで様子をみることになった．　◆The president will stay under close observation by doctors until the end of November.　大統領は，医師団による詳しい診察[意訳]精密な診察]を11月末まで受けることになっている．

**observatory**　an ～　観測所，天文台，気象台，測候所，展望台　◆a meteorological observatory; a meteorological [weather] station　気象観測所; 測候所　◆the Alaskan Volcano Observatory　アラスカ火山観測所　◆astronomers at Palomar Observatory　パロマ天文台の天文学者ら

**observe**　vt. ～を観察[観測]する，注視する，～を目にする[確認する]，見学する，～に気付く，(所見として)述べる，～に従う，～を守る，順守[遵守]する，〈記念日など〉を祝う，〈儀式など〉を執り行う; vi. 観察[観測]する，注意[注目]する，(～について)所見[感想]を述べる <on, upon>　◆observe rules　規則を守る　◆survey supplier plants to observe inspections and tests performed　検査や試験の実施状況を視察するために部品供給メーカーの工場を査察する　◆Place the circular saw on the arbor shaft, observing the correct rotational orientation.　丸ノコを，正しい回転方向になるように注意して[裏表を確かめて]軸に取り付けてください．(*ここでの回転方向は，順方向ではなく，歯の向きを指す)

**observer**　an ～　見る人，見守って[注目して]いる人，観察者，観測者，監視者[員，官]，視察する人，傍聴者，参観者，オブザーバー; an ～　遵守する人，〈祭日など〉を祝う人　◆the U.N. Iraq-Kuwait Observer Mission　国連イラク・クウェート監視団　◆participate in... in the capacity of an observer [in one's capacity as an observer; in an observer's capacity]　～にオブザーバーとして参加する

**obsess**　vt. (観念，恐怖など)が〈人〉に取りつく，悩ます，〈心など〉にこびりついて離れない　◆become obsessed with the notion that...　～だといった考えにとりつかれるようになる

**obsession**　an ～　強迫観念，妄想，執念; (妄想[ある観念]に)とりつかれていること　◆suffer from the obsession of wanting to <do...>　～したくてしょうがなくなってしまうのではないかという強迫観念にとらわれて苦しむ　◆with an absolute obsession with perfection　完璧主義的な強い強迫観念をもって[徹底して完璧を期さずにはいられないで]

**obsolescence**　[U]陳腐化，旧式化，老朽化; [U]《医》退化，廃退，萎縮　◆planned obsolescence; built-in obsolescence　計画

的陳腐化[老朽化](*ある一定期間の使用で製品にガタが来るように，または時代遅れになるよう設計すること)

**obsolescent**　adj. 廃(スタ)れて[使われなくなって，旧式化(チンプカ)して，時代遅れになって]きている　◆obsolescent industries　時代遅れの産業　◆Sixteen-bit personal computers are obsolescent.　16ビットのパソコンは，陳腐化しつつある[すたれつつある]．

**obsolete**　1　adj. 一般にはもう使われていない，廃(スタ)れた，陳腐化(チンプカ)した，廃止された，旧型の，型が古くなった，旧式の，時代遅れの，過去のものとなってしまっている　◆render... obsolete　～を陳腐化する　◆the now-obsolete DEC-20　今ではもう(型が)古くなってしまった[時代遅れの，旧型の]DEC-20型機　◆be rendered obsolete by the introduction of...　～の導入によって廃れる　◆become obsolete in a couple of years　それが2～3年のうちに陳腐化する，使われなくなる]　◆obsolete mimeograph machines sit in corridors　もう使われていない謄写版印刷機が廊下に置かれている　◆the sailor was discharged under a now-obsolete regulation　その水兵は，今はなくなった[廃止されている法規[規定，規則]により除隊させられた　◆Technology is changing so fast that computers become obsolete very quickly.　技術の移り変わりが速いので，コンピュータはすぐに陳腐化[旧式化，旧型化]してしまう．　◆Concurrent with the effective dates of product changes, the supplier shall insure that the obsolete information is removed from all points of use.　製品(仕様)変更の発効日をもって，部品納入メーカーは，廃止となった情報をすべての使用箇所から確実に撤収すること．
2　vt. ～を廃れさせる，陳腐化させる，時代遅れにさせる

**obstacle**　an ～　障害(物)，妨げ(る物)，支障，邪魔(物)，行く手を遮る[阻む]もの　◆an obstacle to development　発展を阻む障害　◆negotiate around obstacles　障害物をよけて進む　◆... presumably present no obstacle　～は障害には ならないものと考えられる　◆... will let you surmount any obstacles that arise now　～は今生ずるどんな障害をも乗り越えさせてくれるでしょう　◆There is a good chance that your own inhibitions are your biggest obstacle.　おそらくあなた自身の心のハードルが，(あなたにとっての)最大の障害になっているのではないか．　◆If no unexpected obstacles arise to block the drug, sales are expected to start next month.　この薬(の市場投入)を阻む予期せぬ[不測の]障害が起きなければ，販売は来月開始と見られている．

**obstetrician**　an ～　産科医　◆I am an obstetrician-gynecologist.　私は産婦人科医です．

**obstetrics**　[U]産科，産科学　◆He was chief of obstetrics and gynecology at St. Francis Hospital in Honolulu.　彼はホノルルの聖フランシス病院の産婦人科部長[医長]をしていた．

**obstinate**　adj. 頑固な，強情な，意地っ張りな，片意地な，頑(カタクナ)な，頑迷な，一刻者[一国者]の，(病気が)しつこくて治りにくい，難治の　◆become obstinate about...　～に関して頑固[意固地，意地っ張り，かたくな，強情]になる

**obstruct**　vt. ～をふさぐ，遮断する，～を妨げる，～の視界[眺め]を遮る，～を邪魔する　◆obstruct a person's view　～の視界を遮る　◆(見るのに邪魔になる)　◆obstruct traffic　交通の邪魔になる　◆cut the Gordian knot obstructing negotiations　交渉を妨げている難問を解決する　◆the sightlines from his seat are somewhat obstructed　彼の座席からの視界[見通し]は若干遮られている　◆Fallen trees obstructed the road.　倒木が道をふさいでしまった．

**obstruction**　[U]妨害，障害，遮断，邪魔，支障，閉鎖; an ～　障害物，邪魔物，詰まらせている物　◆an obstruction marker　《航空》障害物マーカー(*ビルなどに設置)　◆an obstruction in the fuel line　その燃料パイプを詰まらせている障害物　◆be guilty of obstruction of justice　司法妨害で有罪である　◆Doctors are able to detect airway obstruction by performing a test of lung function called spirometry.　医師は，スパイロメトリー[肺活量測定]と呼ばれる肺機能検査を行うことにより気道の閉塞を発見することが可能である．

**obstructive** adj. 妨害する, 妨げ[邪魔]になる ◆chronic obstructive pulmonary disease (COPD) 慢性閉塞性肺疾患

**obtain** vt. ~を得る, 手に入れる, 取得する, 獲得する, 調達する, 購入する; vi. 広まっている, 広く行われている, はやっている, 通用している ◆obtain a driver's license 運転免許証を取得する ◆obtain measurements 寸法をとる ◆obtain the highest reading 最高測定値を求める ◆obtain output from the circuit その回路から出力を得る ◆he accessed a computer owned by Xxx Company and thereby obtained data from the Company 彼はXxx社が所有するコンピュータにアクセスし, それにより同社からデータを取得した ◆Breast-fed babies obtain prolonged immunity from their mothers. 母乳栄養の赤ちゃんは, 母親から長期間持続する免疫をもらう[受ける, 獲得する]. ◆Obtain the names, addresses and phone numbers of all witnesses. すべての目撃者の氏名, 住所, および電話番号を得る[確認する]こと.

**obtainable** adj. 得られる, 手に入る, 入手[取得]可能な, 購入できる ◆Spare parts are obtainable from... スペアパーツは, ~でお求めになれます.

**obtainment** 回得ること, 獲得, 取得, 入手; 回達成, 到達, 成就 ◆the obtainment of goals 目標~の達成; 目標~の到達; 目的の成就 ◆the obtainment of visas for travel to... 〈複数の国々〉への旅行に必要なビザ[査証]の取得[入手]

**obtrusive** adj. 押しつけがましい, でしゃばりの, 差し出がましい, 出過ぎの, ひどく目立つ, 目に余る, (色などが)どぎつい, 目障りな, うるさい, 気になる, 邪魔な ◆their obtrusive presence 目障りな彼らの存在 ◆but you may find Chaplin's narration obtrusive でもチャップリンのナレーションはうるさく感じられるかもしれません ◆CRTs that are really just big, obtrusive electron tubes 全く大きくて邪魔な電子管であるブラウン管 ◆There is a certain amount of noise from the built-in fan. This was not obtrusive, although it could well become so in small rooms. 内蔵ファンから多少の騒音が出る. これはひどく気になるわけではないが, 小さい部屋の場合だとうるさいということになる可能性がある.

**obtuse** 〈先端, 角が〉鋭利でない, 鈍角の; 鈍感な, 鈍い ◆an obtuse angle 鈍角 ◆an obtuse triangle 鈍角三角形

**obverse** the ~ (貨幣やメダルなどの)表(オモテ), 表面(オモテメン) ◆the obverse (side) of... 〈コイン, メダル, 旗など〉の表(の側)

**obviate** vt. ~を不要[不用]にする, ~を未然に防ぐ ◆obviate [eliminate] the necessity for <a person> to <do...> 〈人〉が~する必要をなくす[~しないで済むようにしてくれる]

**obvious** 明らかな, 明白な, 見てすぐに分かる, 見え透いた, 言わずに知れた ◆for no obvious reason はっきりした[これといった]理由なしに ◆for obvious reasons 明らかな理由で, 自明の理で ◆It is obvious that... ~であるということは明らか[明白]である ◆It became obvious that... ~であるということが明らか[明白]になった ◆A and B are the two obvious performance standouts. AとBの二者が性能の点で明らかに他に抜きんでている. ◆Check the suspension for obvious signs of wear and damage. サスペンション[懸架装置]に, 見てすぐに分かるような摩耗や損傷がないかチェックしましょう. (*中古車を買う際のアドバイスより) ◆Don't hide your key near the door or in some other obvious place. 鍵をドアの傍とかその他のすぐに見つかるような場所に隠さないこと. ◆It is immediately obvious upon inspection of the model. それは, モデルを見て考えればすぐにはっきり分かることだ.

**obviously** adv. 目に見えて, 明らかに, 明白に, はっきりと, どう見ても, 見るからに, 確かに, 間違いなく, 紛れもなく, 当然 ◆be obviously well within acceptable limits 明らかに十分限度内に収まっている

**OCC** (Office of the Comptroller of the Currency) the ~ (米)通貨監督庁, 米連邦通貨監督局 (*財務省の)

**occasion** 1 an ~ (特定の)機会, 折り, 時, 際, 場合, 時機, 行事, 式, 祭典; (an): 回好機, 機会, チャンス; (an): 回原因, 理由 ◆on [at] the occasion of... ~に際して[当たって, 臨んで], ~の機会に ◆on occasion(s) 時々 ◆on one occasion かつて(一度)[ある時] ◆as occasion arises [demands, requires] 必要に応じて, その都度, 随時, その時々 ◆at the earliest possible occasion できるだけ早い機会に ◆be paid on a single occasion 1回で[一度に]支払われる ◆limited to only one occasion たった一度限りの; 1回ポッキリの; 1回だけ[単発]の ◆on several occasions 数回にわたって[何度か, 何度も] ◆on the occasion of the 250th anniversary of the birth of Thomas Jefferson トーマス・ジェファソン生誕250周年記念日に際して[あたって] ◆if the occasion arises; if an [the] occasion offers 機会があれば ◆On occasion it is desirable to use... 時として, ~を用いることが望ましい[好ましい]ことがある. ◆he had overbilled clients on at least 400 separate occasions 彼は顧客に少なくとも400回にわたり過剰請求をしていた ◆There are occasions when we would like to <do> ~したい(と思う)場合[時, こと]がある ◆On one occasion, his climb to the top was set back years. かつて, 彼のトップの座へ向けての昇進が何年も後退させられたことがあった. ◆There have been no occasions when Liz felt that being female was a disadvantage. リズは, 女性であることが不利であると感じたことは(今までに)一度もなかった. ◆The system responds quickly on some occasions and slowly on others for no obvious reason. はっきりとした理由もなしに[どういうわけか], このシステムは素早く応答する時もあれば緩慢に応答する時もある. ◆So far [To date], there have been no occasions where [when, on which, in which] they have been considered primary cause of accidents or incidents これまでのところ[今日まで], それらが事故あるいは事象の第一原因であると考えられた事例は全くなかった. 2 vt. ~を引き起こす, ~を起こさせる, ~の原因となる

**occasional** adj. 不定期の, 時々の, 時折の, ところどころの, 特別な[特定の]場合のための, 必要に応じて補助的に使われる, 臨時(用)の ◆a low-volume, occasional-use copier コピーをたまに少枚数ずつ取るための複写機 ◆suitable only for occasional use ときたまの[臨時, 特別の場合の]使用にしか適さない

**occasionally** adv. ときとして, 場合によっては, ときたま, まれに, 時々, 時折(トキオリ), 折々に, 往々にして, ちょくちょく, ちょいちょい

**occultation** (an) ~ 掩蔽(エンペイ), 星食 ◆the occultation of a star by the moon 月による星の掩蔽(エンペイ)[星食(セイショク)]

**occupancy** 回(土地, 建物, 部屋などの)占有, 居住; an ~ 占有期間, 居住期間 ◆a hotel occupancy rate ホテルの客室稼働率[利用率, 埋まり率, 充室率] ◆a room with double occupancy 二人部屋 ◆be [operate] at full occupancy 満室[満床, 満席]状態になっている[状態で稼働している] ◆the prison has full occupancy この刑務所は満杯になっている ◆to complete the building for occupancy in July 2001 《意訳》2001年7月の入居可能予定日を目指してビルを完成させるために(*賃貸住宅ばかりでなく貸事務所でも入居という) ◆a duct installed for occupancy of cables (中に)ケーブルを収容するために敷設されているダクト ◆Hotel occupancy rates rose from 64.3 percent in 1997 to 68.8 percent. ホテルの部屋の稼働率[客室利用率]は1997年の64.3%から68.8%に上昇した. (*英文には該当する単語が見あたらないことに注意) ◆In addition, even with full occupancy of available spaces, an additional 1,760 parking spaces would be needed. そのうえ, 利用可能なスペースが満杯としてさえも, 更に1,760にのぼる駐車スペースが必要になるであろう.

**occupant** an ~ (土地, 建物, 部屋, 乗り物, 地位などを占めている人)占有者, 居住者, 入居者, 居住者, 乗員(= a passenger), 在任者 ◆the car's occupants その車の乗員 ◆the two occupants of the car and a passer-by その車に乗っていた2人と通行人1人 ◆unbelted vehicle occupants シートベルトを締めていない乗員

**occupation** an ~ 職業, 仕事; an ~ 時間の過ごし方, ひまつぶし; 回(占めること)占有, 占領, 居住, 在任, またはその期間 ◆take over the occupation of Japan 日本を占領する ◆the American [U.S.] occupation forces in Japan 日本におけるアメ

リカの進駐軍 ◆the complete withdrawal of Israeli occupation forces from... イスラエル占領軍の〜からの完全撤退[撤兵] ◆the occupation of the same frequency in different time slots 異なる時間帯に同じ周波数が占めること ◆His occupation is electrical engineer. 彼の職業は電気技術者である. ◆What is your occupation? ご職業は何ですか.

**occupational** 職業上の ◆an occupational disease 職業病 ◆receive occupational therapy 作業療法を受ける ◆an occupational therapist dedicated to helping disabled people become independent 障害者の人たちが自立できるよう手助けすることに専念している作業療法士

**occupy** vt. 〜を占める, 占拠する, 占有する, 〜に居住する, 〈時間〉を費やす, 〈地位〉を占める[に就いている], 〜をいっぱいにする, ふさぐ ◆occupy a central position 中心的な位置を占める ◆the Israeli-occupied West Bank イスラエル占領下のヨルダン川西岸地区 ◆occupy a seat beside the driver 運転手の横の座席に座っている ◆The computer itself occupies less than 10 inches square of desk space. そのコンピュータ(本体)自体は, 10インチ平方足らずの机上スペース[置き場所]しかとらない.

**occur** 1 vi. 見いだされる, 起こる, 出来(シュッタイ)する, 生ずる, 行われる, 〈現象などが〉生起(セイキ)する ◆problems that occur with a high frequency 頻発[頻繁に発生する]する問題[故障, 障害] ◆resonance occurs 共振[共鳴]が起きる ◆estimate the magnitude of earthquakes within minutes of their occurring 地震発生後数分内にそれらの地震のマグニチュード[大きさ]を推定する ◆handle errors that occur during program execution プログラム実行中に発生するエラーを処理する ◆the company is reviewing its 1998/99 forecast with the expectation of a downward revision occurring 同社は下方修正があり得ることも視野に入れて, 1998〜99年の予測を見直している公算が大である ◆Communications occur at 16 rates between 50 and 19,200 baud. 通信は, 50ボーから19,200ボーまでの16段階の速度で行われる.

2 vi. 見られる, 存在する, 現れる, 出現する, 〈鉱物資源が〉存在[賦存(フソン), 産出]する, 〈生物が〉棲息[生息]する; 〈考えなどが〉心に浮かぶ <to> ◆an ozone hole occurs オゾンホールが現れる[発生する, できる] ◆a species living [that occurs] in... 〈場所〉に生息する種 ◆naturally occurring substances 天然に産出[賦存(フソン)]する物質 ◆occur naturally in nature 天然に存在[産出]する; 賦存(フソン)する ◆Coal deposits occur in many parts of Indonesia. 石炭の堆積鉱床はインドネシア各地に賦存する. ◆Cyclic compounds occur in nature in various ring sizes. 環式化合物は, 自然界でさまざまなリングサイズのものが存在する. ◆There are two kinds of hyphens that occur in text. 《ワープロ》テキスト中に出現するハイフンには[《意訳》で使用されている]ハイフンには2種類ある.

**occurrence** (an) 〜 発生, 出現, 存在, 〈天然資源などが〉存在[賦存(フソン), 産出]すること; an〜 事件, 出来事 ◆a problem of frequent occurrence 頻発する故障 ◆at the occurrence of the next vacancy 次に空きが生じたときに ◆at the time of their occurrence それらの出現の[起こった]時に ◆be a fairly common occurrence 〜はかなりよくある[一般的な, ざらにある]ことである ◆be of frequent occurrence 〜はしばしば起こる[発生する, 見られる]; 〜はよくあることだ ◆confirm no occurrence of Fanconi syndrome ファンコーニ症候群の出現[発生]がないことを確認する ◆during (the) occurrence of actual fires 実際の火事の発生中に[火災が起こっている最中に] ◆estimate the rate of occurrence of new HIV infections 新規HIV感染の発生率を推定する ◆in order of occurrence 古い順に ◆on the basis of time of occurrence 発生時刻に基づいて; いつ起きたかを基にして ◆prior to the occurrence of a disability 身体障害が生じる[発生する]前に ◆reduce the occurrence of failures 故障の発生を減らす ◆the duration of (the) occurrence of an event ある事象が起きている継続時間; あるイベントの(発生)持続時間 ◆to prevent such an occurrence そのような事件を防止するために ◆to prevent the occurrence of... 〜の発生を防ぐ[防止する]ために; 〜が起きないようにするために ◆at the time of occurrence of infectious complications 感染性合併症の発症時に; 〜症が生じた時に ◆in the order of their occurrence それらが出現した[発生した, 起きた, 現れた]古い順に ◆at the time of occurrence of a frame synchronization error フレーム同期エラー発生時に[発生の際の] ◆frame errors and their time of occurrence フレームエラーおよびそれらの発生時刻[時間] ◆predict the time until occurrence of an event 事象発生までの時間を予測する ◆the frequency or location(s) of occurrence of hurricanes ハリケーンの発生頻度あるいは発生場所 ◆the occurrence of internal bleeding 内出血が起こること ◆even in absence of occurrence of prior similar violent attacks there 《意訳》同様の暴力襲撃事件がそこで以前発生した[起こった]ことがなくてさえも ◆In the event of the occurrence of any incident other than pollution,... 汚染以外の(何らかの)事象が発生した場合には,... ◆the widespread occurrence of fossil-bearing limestones throughout Europe 欧州全域に広範にわたり化石を含んだ石灰岩が賦存していること ◆after the occurrence of a dangerous condition 危険状態の発生後に ◆find the next occurrence of the "disc" 《コンピュ》(ファイル中やテキスト中で)次に出現する「disc」を見つける ◆immediately upon the occurrence of certain events ある特定の事象が発生し次第直ちに ◆in order to eliminate the occurrence of vaccine preventable diseases ワクチンで予防できる病気の発生を無くすために ◆look at the occurrences of crimes by type, location or time in search of patterns and similarities 犯罪の発生を種類別, 場所別あるいは時間別に見ることによってパターンや類似点を探る ◆replace all occurrences of "letter" with "character" 《コンピュ》出現する[(検索して)見つかった]すべての「letter」を「character」で置換する ◆result in an increase in the occurrence of cancer or Down's syndrome 〜は(結果的に)癌あるいはダウン症候群の発生の増加につながる ◆the frequency of occurrence of the sampled data 標本化データの出現頻度 ◆the number of occurrences [occurrencies] in a unit of time 単位時間当たりの発生回数[頻度] ◆to prevent the occurrence of such an environmental disaster そのような環境災害が起こる[発生する]のを防ぐために ◆Location of the most important coal occurrences on Earth 地球上で石炭が賦存する最も重要な場所の位置(＊地図の表題で) ◆they predicted the exact time of its occurrence 彼らはそれの発生時刻[時期]を正確に予測した[予報, 予想, 予言]した ◆a study of cancer occurrence among people living in counties adjacent to or containing nuclear power plants 原子力発電所に隣接する郡部, または原子力発電所のある郡部に居住する人々の間でみられる癌の発生についての調査研究 ◆Traffic jams are now a daily occurrence. 交通渋滞は, いまや日常茶飯事である.; 交通麻痺は今じゃあざらでめずらしくもない. ◆occurrences of the virus have skyrocketed from 600 in 1993, to more than 3,000 in 1994 この(コンピュータ)ウイルスの出現[発生]件数は, 1993年の600件から1994年の3,000件超へと急増した ◆Those companies had suffered losses of critical data that cost an average of $12,000 per occurrence. それらの会社は, 1件につき平均1万2000ドルの損失に上る重要なデータの損失を被ったことがある. ◆The pattern matches any string that begins with "xy" and continues with zero or more occurrences of the letter "z" 《コンピュ》そのパターン(の指定)は, "xy"で始まって0個以上の"z"の文字が続いている文字列を一致検索する.(＊具体例としては, "xy", "xyz", "xyzzzz"など)

**occurrency** (an) 〜 (= occurrence)

**ocean** 《しばしば the〜》大洋, 海洋, 海, 〜洋; an〜 <of>, 〜s <of> 膨大[莫大]な(量の), 山ほどの ◆ocean dumping 海洋投棄 ◆ocean mineral resources 海洋鉱物資源 ◆an ocean-going [ocean-going] vessel 外航[外洋, 航洋, 遠洋]船 ◆mine ores on the deep ocean bed 深海底で採鉱[採掘, 掘採]する ◆ocean-bottom [ocean-floor] methane hydrate 海底のメタンハイドレート ◆on the ocean floor [bed] 海底(上)に[の] ◆the Atlantic and Pacific Oceans 大西洋と太平洋 ◆measure the temperature of ocean water 海水の温度を測定する ◆cause an upwelling of nutrient-rich deep ocean water 養分が豊富な海洋深層水の上昇流[湧昇流]を生じさせる

**ocean-going, oceangoing** adj. = seagoing 外洋航行の, 外航ー, 航洋ー, 遠洋ー ◆an oceangoing [ocean-going] ship 外航[外洋, 航洋, 遠洋]船

**Oceania** オセアニア, 大洋洲 ◆the Oceania region オセアニア[大洋州]地域 ◆nations from Oceania and South America オセアニア[大洋州]と南アメリカの国々

**oceanic** adj. 海洋の, 大洋の, 海の, 外洋の, 洋上の, 海洋性の(*気候が); 広大な, 巨大な ◆an oceanic climate 海洋性気候 ◆oceanic crust 海洋[海底]地殻 ◆oceanic fishery 海洋漁業

**oceanographic** adj. 海洋学の, 海洋学上の, 海洋の ◆an oceanographic research vessel 海洋調査船 ◆an oceanographic survey ship 海洋調査船 ◆changes in oceanographic conditions 海洋の状況[海況]の変化 ◆conduct oceanographic surveys 海洋調査を行う

**o'clock** adv. ー時 ◆a button at 3 o'clock position 3時の方向[位置]にあるボタン ◆Your left hand should hold the steering wheel at the 12 o'clock position. 左手は、ハンドルを12時の位置で握っていなければならない (*左手でハンドルの輪の頂上部分を握っていろという意)

**OCR** (optical character recognition) 光学式[的]文字認識;(optical character reader) an～ 光学的文字読取装置

**octagon** an ～ 八角形[八辺形](のもの)

**octagonal** adj. 8角形[八辺形]の ◆an octagonal hall 八角堂

**octal** adj. 8進法の, (真空管やプラグが)8ピンの ◆in octal notation [representation] 8進表記[表現]で

**octane** 回オクタン(*石油に含まれるメタン系飽和炭化水素の一種) ◆an octane value [number] オクタン価 ◆fuel too low in octane オクタンの少なすぎる燃料 ◆increase octane rating オクタン値を上げる ◆regular (91 octane) gasoline (オクタン価91の)レギュラーガソリン

**ODA** (official development assistance) 政府開発援助 ◆Japanese ODA funded projects 日本のODA(政府開発援助)から資金が出ているプロジェクト(*発展途上国に対する協力事業)

**odd** adj. 奇妙な, 変な, 風変わりな, 端数の, 奇数の, 半端の, 片方しかない, 不揃いの, (情報など)細切れの, 断片的な, (仕事など)臨時の, 片手間の;((~の形で)余りの;(→odds) ◆an odd-numbered line 奇数番目の線 ◆odd pieces of work; odd jobs 半端仕事 ◆an odd-job man 雑役夫 ◆odd-form placement equipment; placement equipment capable of handling odd-form components 異形部品装着装置; 異型部品が扱える実装機 ◆an odd number of workstations 奇数台のワークステーション ◆a series of odd numbers 奇数からなる数列 ◆do odd jobs 雑役[半端仕事]をする ◆feed odd-form components 異形[異型]部品を供給する(*生産[組み立て]ライン上で) ◆in odd-numbered years 奇数年度に ◆a manual of 500-odd pages 五百何十ページ[500ページ余り]あるマニュアル ◆be 50 odd years old 50なにがしの(年齢)で ◆fifty odd thousand people 5万人余り[5万人台]の人々 ◆an odd multiple of one-half the horizontal scanning frequency 水平走査周波数の1/2の奇数倍 ◆they fought to the finish against overwhelming odds 彼らはとことん圧倒的な強敵を相手に戦った ◆large and odd size parts that conventional cleaning tanks cannot handle 従来型の洗浄槽では扱えなかった大きなサイズや変形[特殊]サイズの部品(*odd is usual, regular, ordinary などの反対の意)

**oddly** 普通とは違って[異なって], 奇妙に, 奇異に, 半端に ◆oddly shaped documents 異形書類

**odds** 《通例複数扱》可能性, 見込み, 公算,(優劣の度合い, 勝つ見込み)分(ブ), 勝ち目, 勝算,(競技, 勝負ごとで強いものに加える)ハンデ,(競馬などの)賭け率,(優劣の)差, 差異 ◆be at odds with… over [on]… ～と…のことで争って[不和になって、仲たがいして]いる ◆It tilted the odds against him.

それは, 彼の分を悪くした. ◆If the procedure was done early, it would have better odds of succeeding. 早期に処置すれば、もっと成功の見込みが高かったろう.

**odds and ends** (《複数扱》)雑多な物, 雑事, 雑用, がらくた, 切れっぱし, はんぱ物

**odds-on** 勝ち目のある ◆Among various color printing technologies, ink-jet and thermal transfer are the odds-on favorites to date. いろいろなカラー印字技術があるなかで, 今日までにインクジェットと熱転写が有力候補にのぼっている.

**odometer** an ～ (米)《車》走行距離計, 里程計 (=(英)a mileometer) ◆The odometer indicates 22,500. 《車》そのオドメータ[距離計]は, 22,500マイルを示している.

**odor** an ～ におい, 香り, 評判 ◆rank odors 悪臭 ◆render… odor-free ～を無臭にする[無臭化する], ～を匂わないようにする ◆an odor-eating fiber 臭いを食べる[消臭]繊維 ◆a pleasant aromatic odor 芳香 ◆have a disagreeable odor いやな臭いがする ◆impart odors to drinking water 飲料水に臭いをつける ◆remove [eliminate] odors [odours] 臭気を除去する; 臭さを消す; 脱臭[消臭, 防臭]する(*odourは英綴り) ◆the odor of decaying fish 腐敗している魚の悪臭 ◆hydrogen peroxide for treating sewage to eliminate odor 下水[汚水, 廃水]の無臭化[脱臭]処理に使う過酸化水素 ◆Residents in the vicinity of the site vehemently oppose the project's location, fearing generation of flies, bad odors and groundwater pollution. 用地にほど近い住人らは、ハエの発生や悪臭や地下水汚染の発生を危惧して、この事業計画の立地に猛反対している.

**OECD** (Organization for Economic Cooperation and Development) the ～ 経済協力開発機構

**OECF** (Overseas Economic Cooperation Fund) (the) ～《日》海外経済協力基金

**OEM** 1 (original equipment manufacturing) OEM(オー・イー・エム), OEM供給;(original equipment manufacturer) an ～ OEM(業者),〈他社の〉OEM供給元メーカー, 相手先ブランド供給業者 <for> ◆OEMには2通りの意味がある。一つは、他社メーカーの製品をそのままユーザーの好みに合うよう組み立てたり仕様変更して自社ブランドで販売する会社のこと (= a value-added reseller, a VAR). もう一つは、他社ブランドで売られる完成品や部品を供給する側のメーカーのこと. つまり、OEM製品を購入する[供給先]業者と、それを供給する供給元業者の、両方の意味がある. 各種英英辞典はたいていどちらか一方の意味しか説明しておらず、ほぼ二分されている. 両方の意味を説明しているコンピュータ用語辞典によると、an OEM は普通、購入者側 (the purchaser) のことを指し、供給元の意味で使われるのは、an OEM supplier という表現を省略したものであるという. ただし、コンピュータ以外の家電などの分野においては、通常、供給元業者の意味で使われているようである. ◆on an OEM basis 相手先ブランドで, OEMで ◆the OEM board level computer market OEMボードレベルコンピュータ市場 ◆The DAC costs $9.95 in OEM quantities. そのD/Aコンバータは, OEM数量で9.95ドルする. ◆The DVD drive is manufactured for us by an OEM supplier. このDVDドライブは, あるOEM供給メーカーが当社向けに製造しているものです. ◆The company supplies OEMs and end users with single-board computers. その会社は, OEM供給先やエンドユーザーにシングルボード・コンピュータを供給している.(*この例文での OEM は、OEM製品を購入する側を指している)

2 (original-equipment-manufacture) vt.(〈他社〉に)〈製品〉をOEM供給する <to> ◆These Japanese manufacturers OEM their products to American companies. これらの日本のメーカーは、自社の製品をアメリカの会社にOEM供給[相手先ブランド供給]している. (参考) it is manufactured for us by Sony それは当社向けにソニーによって製造されている (*ソニーからOEM供給されている)

**of** 1 (距離・時間の起点)～から起算して[隔たって], ～から, ～の;(分離・除去などの動きや変化の始点)～から;(起源, 由来, 理由, 材料, 構成要素)～から, ～のため, ～の出の ◆made of concrete　コンクリートで出来ている［コンクリート製の］　◆manufactured of white birch　白樺から［を材料にして］製造される　◆within 30m of a pedestrian crossover　横断歩道から30メートル以内に　◆within one year of the date of purchase　購入日から（起算して）1年以内に

2　《包含》〜のうちの、〜の中の　◆the Bank for International Settlements – the central bank of the world's central banks　世界各国の中央銀行の中の中央銀行である国際決済銀行　◆Of the 1,346 people questioned, 9.4%...　調査対象となった［調査に答えた］1,346人のうち、9.4%は　◆the most suitable of all of the advanced buses for RISC processors　先進のバス［母線］全体の中でもRISCプロセッサに最も適したもの　◆Each video frame consists of 525 horizontal lines, 480 of which are visible.　各々のビデオフレームは、525本の水平走査線から構成され、そのうち480本が目に見える。　◆His company spans 28 countries and has nearly 40,000 employees, 15,000 of them in the U.S.　彼の会社は、世界28ヵ国にまたがり、40,000人近くの従業員を抱えており、そのうち15,000人は米国にいる。

3　《所属、所有、帰属》〜の、〜に属する；《動作主》〜の、〜が〜した；《同格》〜という、〜である、〜の；《目的、動作などの対象、主題》〜の、〜を、〜について　◆a Republic of China air force jet　台湾空軍のジェット戦闘機　◆your letter of November 12　貴11月12日付け手紙　◆This database service offers the tremendous advantage of being able to perform sophisticated searches.　このデータベースサービスには、高度な検索ができるというすばらしい利点がある。

4　《名詞 -of の形で後ろの名詞を修飾》〜の分量の［〜の、〜だけの］、〜もの　◆two rolls of film　2本のフィルム

5　《of -名詞 の形で前の名詞の性質や状態を表す》　◆material of high quality　高品質の材料

6　《形容詞 -of -名詞 で》《名詞》が《形容詞》な　◆The new car is sleek of line, low of hood, wide of stance, and very well proportioned.　この新車は、線が流麗で、ボンネットが低く、足が幅広で、均整が非常に良くとれている。

**OFC**　(oxygen-free copper)《無酸素銅》　◆an oxygen-free copper (OFC) connecting cord　無酸素銅接続コード（＊オーディオに使うと音がいいと言われている）

**OFDM**　(Orthogonal Frequency Division Multiplexing)（＊次世代携帯電話用の変調方式）

**off**　1 prep. adv. adj. 離れて、外れて、とれて、切り離されて、差し引いて［取り除いて］　◆the gate is off its hinges　扉は蝶番（チョウツガイ）から外れている　◆be 100 miles off course　コースから100マイル外れて［それて］いる　◆fresh-off-the-assembly 1996 models　組立ラインを離れたばかりの1996年型各モデル　◆once the steering wheel is moved off center　ハンドルが中心から外れると［て］　◆view portions of text that extend off screen　画面からはみ出しているテキスト部分を（スクロールして）見る　◆work with a live wire directly off the battery　バッテリーから直接来ていて通電している電線を扱う　◆bring the vehicle to a stop off the traveled portion of the road　道路の通行部分から隔てて［離れて］車を停止させる　◆if you're slightly off with the pause button, a fraction of a second of the next song gets recorded　ポーズボタンを押すタイミングが少しでも狂うと、次の曲の出だしコンマ何秒分かが録音されてしまう　◆the possibility that part of the brush lies off the edge of the screen　画面の端から筆の一部がはみ出している可能性　◆top name brand mattresses at up to 60% off of department store prices　デパート価格の最大60%引きされている超有名［超一流］ブランドのマットレス　◆They are already off the drawing boards.　それらは既に、設計開発段階を離れて［手離れして］いる。　◆They gave me 40% off the price.　あの店は、値段を4割まけて［値引きして］くれた［4割引にしてくれた］。　◆Total sales for fiscal 1997 were off about three percent compared to the previous year.　1997年度の総売上は、前年比約3%減であった。　◆Earnings for the first quarter were off about 20 percent from the previous year.　第1四半期の収益は前年比約20%減であった。　◆The liquid-crystal display can be read easily even if the viewer is 45°off the center axis.　こ

の液晶ディスプレイは、読む人が中心軸から45度ずれていてさえも楽に読める。

2　prep. adv. adj.《動き、働き、供給などが》止まって［休んで］　◆take a day off　休み［休暇］を1日取る　◆on one's days off from work　仕事が休み［オフ］の日に；休日に　◆turn the drill off　ドリルの電源を切る　◆the switch is OFF [in the OFF position]　そのスイッチはOFFになっている　◆When the lock is in the "off" position, the machine is locked in a powered-down state.　ロックが「オフ［切り、断］」位置にある時は、機械は電源遮断状態にロックされている。

**off-air, off-the-air**　〈録音・録画など〉放送電波から直接受信の［で］　◆(an) off-the-air [off-air] recording　エアチェック録音　◆record programs off-air [off-the-air]　番組をエアチェック（録音）する

**offal**　[ɔ́:fəl]《屠殺した動物の》臓物、内臓、はらわた、屑肉；[U]くず、ごみ　◆The health authorities in the UK in 1989 banned the use of specified bovine offal (brain, spinal cord, tonsil, thymus, spleen and intestine) in the human food chain.　英国の保健当局は、1989年に、牛の特定部位の屑肉［臓物］（脳、脊髄、扁桃、胸腺、脾臓および腸）を人間の食物連鎖系に使用することを禁止した。

**off-balance**　→balance

**off-brand**　無名ブランドの、三流ブランドの、無印の　◆steer clear of off-brand tapes　無名ブランドのテープ（の購入・使用）を避ける

**off-center**　→ center

**off-duty**　非番の　◆an off-duty operator　非番のオペレータ

**offence**　an 〜 → offense

**offender**　an 〜　違反者、反則者、犯罪者　◆a chronic offender　常習的な違反者　◆support for firms employing ex-convicts and young offenders　刑余者［前科者］および若い（元）法律違反者［犯罪者］を雇用している会社への支援

**offense, offence**　《前者は米綴り、後者は英綴り》an 〜　違反、罪、軽犯罪、不快な［感情を害する］物事；[U]無礼、立腹、攻撃；the 〜《競技》攻撃側のチーム　◆a first offense　最初［初めて］の違反　◆take offense at [to]...　何かに対して怒る　◆It is an offence under B.C. law to give or receive any money or any reward to＜do...＞.　〜するために金銭あるいは報酬を授受することは、ブリティッシュ・コロンビア州法に違反します。　◆What they take offense to is the idea that...　彼らが怒っているのは〜という考えに対してである。　◆It is an offense to lend your license or allow its use by any other person.　免許証を貸したり、他人に使用を許したりすると法律違反になります。

**offensive**　adj. いやな、不快な、無礼な、失礼な、無節操な、しゃくに障る、腹立たしい、攻撃の、有害な；an 〜　攻勢、攻撃（態勢）　◆the Offensive Odor Control Law　《日》悪臭防止法　◆fire an offensive missile at the enemy　敵に向けて攻撃ミサイルを発射する　◆go [be] on the offensive　攻勢［攻撃］に出る［出ている］　◆have an offensive odor　悪臭［異臭］がする　◆launch a major offensive into the DTP market　DTP市場に大攻勢をかける　◆messages containing offensive or defaming information　誹謗・中傷をともなうメッセージ［書き込み］　◆the Red Integrated Strategic Offensive Plan (RISOP)　《米軍》赤の統合戦略攻撃計画（＊略は"ライソップ"と発音）　◆CEO Bill Gates went on the offensive against the federal government　最高経営責任者ビル・ゲイツは連邦政府を相手に回して攻撃［攻勢、強気で攻め、《意訳》反撃］に出た　◆we have swung from the defense to the offensive　我々は防御から攻勢［守りから攻め］に転じた　◆risqué photographs that may be offensive to some readers　読者の中には不快感を与えかねないきわどい写真

**offer**　1 vt. 〜を提供する、差し上げる、進呈する、申し出る、提案する、持ちかける、勧める、施す、（反応、抵抗などを）示す、〜を持っている、〜がある、〜を売りに出す、売る、販売する、《値段》を言う、〜にする、しようとする、捧げる［供える］、《広告》〜をお届けします；vi. 現れる、起こる（＝occur）、提案する、申し出［申し入れ］をする　◆if the opportunity offers　機会があれば　◆offer assistance　援助を申し出る　◆offer customers...; offer... to customers　〜を顧客［お客様］

**officially**

に提供する ◆offer one's life for one's country お国のために命を捧げる ◆offer ease of operation and increased productivity 《意訳》簡単操作および生産性の向上をもたらす[《意訳》実現する] ◆If you really need everything an i486 has to offer, you are better off buying... 本当にi486 CPUが提供する[《意訳》の持てる]すべてを必要とするのなら、〜を購入したほうがいいでしょう. ◆Powertek's products offer unmatched price/performance. パワーテック社の製品は、比類ない価格性能比を提供[お届け]します. ◆They offer superior resistance to strong acids. これらは強酸に対し卓越した耐性を示す[を有する、がある]. ◆A crossbar switch IC from Rexel Corp. is offered in 30- or 40-MHz clocked versions. レクセル社のクロスバースイッチICは、クロック周波数が30MHzと40MHzのものが売られている. ◆The system offers managers better control of production facilities, increased productivity, and improved quality assurance. 本システムは管理者に、生産設備のより適切な管理、生産性の向上、そして品質保証の改善をもたらす.
2 *an* 〜 提案、(売買、結婚などの)申し出、オファー、(売品)提供、申し込み値段、売り呼び値、付け値、(申し出られた)条件[話] ◆accept their offer to help 彼らの援助の申し出を受ける ◆make an introductory offer at a lower price 値段を安めにして新製品紹介の売り込みをする ◆(The) Offer (is) good while [until] supplies last. なくなり次第、(景品[商品]の提供)を終了させていただきます; 在庫限り; 数に限りがございますのでご了承ください.; 品切れの場合はご容赦ください.; 売り切れ御免

**offering** 提供、販売; *an* 〜 提供品、寄贈品、売物、講義[講座]の科目 ◆an offering price 《証券》売出し価格[発行価格、売出発行価格] ◆be available as standard offerings 標準品として用意されている[売られている、市販されている、入手可能である] ◆the latest offering from the manufacturer このメーカーの最新の製品 ◆machines except the Texas Instruments and Compaq offerings テキサス・インスツルメンツ社とコンパック社の製品以外のマシン ◆Seminar offerings include cross-cultural communication and information technology. セミナーの科目[講座、コース]には異文化交流や情報技術などがあります.

**off-gas** (*an*) 〜 排ガス, 《原子力》気体廃棄物
**offgrade, off-grade** 〜 off-grade [offgrade] tobacco 規格から外れている[規格外、格外、品質基準以下]のタバコ
**off-hook** オフフック(*電話の受話器が外されている状態) ◆with the handset off-hook 受話器を上げた[外した, 取った、オフフックの]状態で; 通話状態で
**off-hour** *an* 〜 勤務[営業]時間以外の時間、休み時間、非番の時、すいている時間、閑散時; *adj.* off-hourの ◆in one's off-hours 勤務時間外[休み時間中、非番の時、閑散時に]
**office** *an* 〜 オフィス、仕事場、職場、勤め先、事務所[室]、執務室、営業所、事業所、-所、(企業の)拠点、官庁、役所、庁、局、署、部署、事務局、診察室、診療所、医院、(大学の教授の部屋=)研究室、-室、(*an*=)官職、公職、職務、役職、役目、任務、政権の座〜*s*世話、尽力 ◆an office building オフィスビル ◆an office machine 事務機 ◆an office phone 勤務先[会社]の電話 ◆a doctor's office 医院; 診療所; 診察室 ◆the office of a minister 大臣の職務 ◆office automation [OA] equipment OA機器[*事務自動化用のハイテク事務機] ◆the OSS (Office of Strategic Services) 米戦略事務局(*米中央情報局CIAの前身) ◆rank-and-file office workers 平の事務職員; 内勤事務員; 一般従業員; 一般職員、一般職、平社員、ぺえぺえの会社員 ◆an office-equipment maker 事務機メーカー ◆a quality control office 品質管理室 ◆away from your office オフィスから離れて[オフィス以外の場所で] ◆ensure compliance with office regulations 事務所の規則[就業規則、職務規定、社内規定、職務章程]の遵守を徹底する ◆ever since taking office 就任以来 ◆key [basic] office operations (オフィスにおける)基幹業務 ◆run for office 公職(のイス)をめざして競争する; 出馬する; 選挙戦に打って出る ◆the ability to play office politics 職場内での立ち回り[対人工作]能力 ◆the scientific management of office work 事務作業の科学的管理 ◆by [through, with] the good offices of... 《(影響力のある)人》の世話[口利き, 計らい、介添え、仲介、斡旋、周旋、尽力、とりなし、肝いり、つて、手づる、コネ、よしみ、影響力]で ◆during his five years in office 彼の5年間の在職[政権担当]中に ◆George W. Bush took presidential office on January 20, 2001 ジョージ・W・ブッシュは2001年1月20日に大統領に就任した ◆Olivetti, the office-products giant, ... 事務用機器[事務機]の大手であるオリベッティ社 ◆six years have now passed since Ronald Reagan left office 今やロナルド・レーガンが退任して[ホワイトハウスを去って]から6年が経過した ◆when you are back at the office (出先などから)オフィスに戻っていろう時 ◆word processors linked to the main office 本部[本社]に接続されているワープロ ◆since the Clinton Administration took office クリントン政権になって以来 ◆whether you are in an office or at home あなたが出勤していようと在宅(勤務)であろうと ◆work-at-home households, where work is done that has been brought home from the office 勤め先[会社]から仕事を家に持ってきている在宅勤務家庭 ◆She has toyed with the idea of running for office herself. 彼女は彼女自身が選挙に出馬することも考えてみた. ◆We maintain offices in more than 98 major cities throughout the world. 私どもは, 98を超える世界主要都市に営業所を構えて[置いて]おります.

**office automation** オフィスオートメーション, OA ◆Office automation is commonly abbreviated to OA. オフィスオートメーションは、一般にOAと略記[略]される.
**office hours** 勤務[業務, 執務, 営業, 診療, 診察]時間 ◆play poker during office hours 勤務[仕事]時間中にポーカーをやる
**officer** *an* 〜 職員, -所員, -係[係員, 担当官], 事務官, 公務員[役人, 吏員, 公吏, 官吏, 吏僚], 幹部職員, 役員, 幹事; *an* 〜 警察官, 警官, 巡査, おまわりさん; *an* 〜 将校, 高級船員, 士官 ◆a company officer 会社役員
**official** *adj.* 公の, 職務上の, 公務上の, 政府の, 官の, 公認の, 公式の, 公定の, 役人の; *an* 〜 役人, 職員, (国家公務員)官吏(カンリ), (地方公務員)公吏(コウリ), 官僚, (公共団体職員)吏員(リィン), 当局者, (一般企業の)上役 ◆in an official capacity 公人として ◆a minor official 小役人[下級職員] ◆an official list price 公定相場 ◆a public official 公務員 ◆a responsible official 担当保官[保員]; 主管(者)の人 ◆company officials 会社役員 ◆official clothing 公式な服装(*たとえば、オリンピックで一国の選手団が着用するユニフォームなど) ◆official documents 公式文書 ◆official documents 公の文書 ◆a government official 政府の役人; 政府関係者; 政府当局者; 国家公務員; 吏員; 官僚 ◆Government [government] officials 政府当局(者) ◆an official city vehicle 市の公用車 ◆a senior officials' meeting 《外交》高級事務レベル会合(*次官や局長クラスからなる) ◆grant [give] official recognition to... 〜を正式[公式]に認可する; 〜を公認する ◆in an [one's] official capacity 公的資格で ◆seek [ask for] official recognition of... 〜を正式に認可[承認]してくれさいと要求する; 〜の公認を求める ◆the Minister's official duties 大臣の公の職務・任務[公務] ◆a plan required to be approved by a responsible NASA official アメリカ航空宇宙局(NASA)担当保官の承認が必要な計画 ◆French and English are Canada's official languages. フランス語と英語がカナダの公用語です. ◆place [put] an official seal of approval on... 〜に正式な承認を与える ◆University officials have said that allowing... on campus does not mean "official recognition" by the university. 大学当局者は大学構内における〜の許可は大学の「公認」を意味するものではないと述べた.

**officialdom** 《集合的に》官僚, 官界
**officialese** お役所ことば, 官庁用語
**officially** 公式に, 正式に, 職務上, 公務上, 公には, 表向きは ◆be not officially recognized as... 〜として正式[公式]には認められていない ◆be officially approved by... 〜によって正式に認められて[公認されて]いる ◆officially known as... 〜として正式[公式]に, 一般に知られて[呼ばれて]いる; 〜と世に言う

O

**offing** *the* ~ 沖, 沖合 ◆boats out at sea; ships in the offing; off-shore vessels 沖の船, 沖合いの船
  **in the offing** 近い将来に, 起こりそうで, かなり隔たっているが見通せるところに ◆Further cuts are in the offing. さらなる削減が近々ありそうだ.
**off-label** adj. ラベルに書かれて [能書に載って] いない, 適応外 [適用外] の ◆seek FDA approval of off-label uses （薬剤の）適応外用途に対するFDA（米食品医薬品局）の承認を求める [仰ぐ]
**off-limits** 立ち入り禁止の ◆an off-limits area 立ち入り禁止区域 ◆areas off-limits to non-military personnel 軍の職員以外は立ち入り禁止になっている区域
**off-line, offline** オフラインの, 非直結の ◆an off-line device オフライン装置 ◆place the terminal off-line or in local mode その端末 (装置) をオフラインに, つまりローカルモードにする
**off-load, offload** (= unload) vt. ～から積荷を降ろす, 〈積荷〉を降ろす, ～の負担を軽減する; vi. 荷降ろしする ◆the construction of LNG off-loading port facilities 液化天然ガス陸揚げ [荷揚げ] 港湾施設の建設 ◆offload the image processing functions from the host CPU and place them on the more suitable DSP chip 《コンピュ》画像処理機能をホストCPUから, より目的にかなったDSP（デジタル信号処理）チップに肩代わりさせる
**off-peak** adj. ピーク [最盛時, 最盛期] を外れた, 閑散時 [期] の, 《電力》[閑散] 時 [帯] に ◆at off-peak hours オフピーク [閑散] 時 [帯] に ◆defer fax transmission to off-peak hours ファックスの送信を空いて（スイテ）いる時間帯になるまで後にずらす
**off-road** adj. 〈車〉オフロード用の, 舗装道路以外の不整地走行用の, 路上外走行 (用) の ◆an off-road vehicle オフロード車
**off-scale** 目盛りの範囲から外れて ◆The instruments were off-scale. これらの計器（の針）は, 振り切れてしまっていた. ◆A prominence rose from the chromosphere of the sun and sent his instruments momentarily off-scale. 太陽の彩層から紅炎が立ち上って彼の計器（の針）を瞬間的に振り切らせた.
**offscreen** adj. 画面の外の, 銀幕を離れた私生活の; adv. the parts lying offscreen 画面からはみ出して（表示されないで）いる部分 ◆the part that lies offscreen 画面の外にはみ出して（表示されない）部分
**off-season** *the* ~ シーズンオフ, 季節はずれ, 閑散期; adj. ◆during the off-season シーズンオフ ◆off-season hotel rates シーズンオフのホテル料金
**offset** 1 オフセット印刷法; *an* ~ 相殺するもの, 埋め合わせ, 補償, 食い違い, 残留偏差, 定常偏差, (飛行機の) 進入距離, 《機械》(中心が合ってない) 心違い, 片寄り, (基準線からの垂直距離) 支脱 (シキョ); adj. ◆a frontal offset collision at 64km/h 時速64キロにおけるオフセット前面衝突 ◆At the printing plants, the pages are copied onto plates, using a laser process; the paper is printed from those plates on offset presses. 印刷工場では, ページは版上にレーザー法を用いて複写される. 新聞はオフセット印刷機上でこれらの版によって印刷される.
  2 vt. ～を相殺する, 埋め合わせる, ～をオフセット印刷する ◆offset the torsional stiffness lost when the full roof is eliminated (自動車の) ルーフ全く無しで設計された場合に失われるねじり剛性 [スチフネス] を埋め合わせる ◆a big jump in automobile and truck production more than offset declines in other sectors 自動車およびトラックの生産の大増産が, 他の部門における減少を補ってなお余りあった
**offshoot** *an* ~ 枝, 横枝, 支流, 枝川, 分流, 傍流, 支脈, 派生物 ◆an offshoot of mechanical engineering 機械工学から派生してきた学問分野
**offshore** adj. 沖 [沖合] に向かう, 沖 [沖合] にある, 洋上で操業の, 外国での; adv. 沖 [沖合] の方に, 沖 [沖合] で, 沖合の海上で, 外国に ◆an offshore fishery 沖合漁業; 沖合漁業者 ◆rising costs push production lines offshore コストの上昇が生産を海外に押しやる ◆work on an offshore oil drilling platform 海上 [洋上] 石油掘削施設で働く ◆shift production offshore from Japan to Asia, North America and Europe 日本からアジア, 北米, 欧州へと海外に生産をシフトさせる ◆Almost unnoticed, much of America's animation business has moved offshore, primarily to Japan and South Korea, in search of lower costs. ほとんど気付かれないうちに, アメリカのアニメ・ビジネスの多くが低コストを求めて海外, 主として日本や韓国に移ってしまった.
**offspring** 《可算だが単数形に不定冠詞はつかない》(pl. ~ (s)) 子供, 子孫, 〈動物の〉子, 成果, 結果 ◆the offspring of automotive cross-fertilization 自動車の交配の所産 [結果]
**off-the-books** adj. 経理の帳簿に記載されない, 簿外の, 含み～ ◆an off-the-books payment 簿外の [裏金での] 支払い
**off-the-cuff** ぶっつけ本番の [で], 即興の [で] ◆deliver off-the-cuff speeches 即興のスピーチをする
**off-the-rack** 〈服などが〉既製の
**off-the-record** オフレコの, 記録外の, 公表するためのものでない, 引用されないための, 秘密の ◆off-the-record conversations オフレコ [記録に残さない] の会話 ◆we heard an off-the-record discussion of moves to privatize DBT 我々はDBT民営化の動きをめぐる非公開の審議を聴いた
**off-the-shelf** (部品などが) 出来合いの, 特注でない, (特注でない) 在庫品の, (仕様変更・改造の必要なく在庫から) 即出荷可能で, (在庫から) 出荷待ちの, 標準量産品の, 既製 [市販] の, 汎用に使える, 汎用の, 定番～ ◆standard off-the-shelf items 定番製品 [商品] ◆off-the-shelf components 出来合いの部品; (特定用途ではなくいろいろな製品に使われる) 共通部品; 汎用部品; 定番部品 ◆off-the-shelf availability 標準 (仕様) 品 [規格品] として入手できること ◆ready for immediate off-the-shelf delivery 在庫より即納品 [出荷] の態勢が整っている ◆utilize field-proven, off-the-shelf components 実績のある定番 [汎用] 部品を使う ◆The parts are available off-the-shelf. これらの部品は, 特注せずに (在庫から) 即入手できる.
**off-track, offtrack** 場外で行われる, トラックから外れた ◆an off-track error (磁気ディスクなどの) トラック外れエラー ◆an off-track betting parlor (競馬) 場外の諸博場
**off-white** adj. ほとんど白く見える, 白に近い, わずかに他色をおびた白の (*「純白からはずれた白でない」の意で, 通常灰色や黄色がかっていることをいう); ① 灰色 [黄色] がかった白い色 ◆be off-white with a tinge of orchid 薄紫色を帯びた [薄紫がかった, 《意訳》淡紫色の混ざった] オフホワイト色をしている
**often** adv. しばしば, よく, 往々にして, しきりに, とかく (～しがちで), 多くの場合, たいていの場合 ～ことが多い [少なくない, 多々ある], たびたび, ちょくちょく, 何度も ◆as often as not ～こと (のほう) が多い, たいてい, しばしば, 通例 ◆As is often said,... よく言われるように,.... ◆as is often the case with new technologies 新しい技術にありがちなことだが ◆as is (so) often the case (非常に) 多くの場合そうであるように; (非常に) よくあることだが ◆be often referred to as... ～と呼ばれることが多い; よく～といわれている ◆an often-utilized system よく利用されるシステム ◆Wash (your) hands often. ちょくちょく [《意訳》こまめに] 手を洗いましょう; 手洗い励行 ◆It provides answers to questions asked most often about clinical trials. それは, 臨床試験について最も多く寄せられる質問に答えています. ◆I use "unscented" products as often as I can. 私はできるだけ「無香性」の製品を使うようにしています. ◆Poets often take a long time to mature. 詩人は, 往々にして円熟するまでに長くかかる. ◆Quite often you have to make quick decisions in business. ビジネスで即断しなければならないことはよくあります. ◆It is important to save the file you are working on fairly often to avoid losing data. 作業中のファイルで, データが失われることのないように, かなり頻繁に保存 [セーブ] することが大切である. ◆Post-traumatic stress disorder, often associated with combat veterans, is more common than generally believed. 復

兵に関連づけて語られることの多い心的外傷後ストレス障害(PTSD)は一般に信じられているよりも一般的なことなのである。 **more often than not** 大半の場合, たいてい, おおかた, どちらかというと, 通例, 往々にして ◆The result, more often than not, has been paralysis.　その結果は, 麻痺になるのがおおかただった。

**oft-heard** しばしば聞かれる, よく耳にする, よく聞く

**ohm** an ～ オーム(*電気抵抗単位. 記号 Ω) ◆100 ohms 100Ω[オーム] ◆the scale is graduated in ohms スケールはΩ(単位)で目盛られている

**ohmmeter** an ～ 《電気》オーム計, 抵抗計

**OIC** (Organization of Islamic Conference) the ～ イスラム諸国会議機構

**oil** 1 ～ (種類は an ～)油, 油状のもの, 石油, 原油, 重油, 精製油; an ～ 《通例 ～s》油絵, 油絵の具; お世辞, おべっか, 賄賂, 鼻薬, 袖の下; adj. oil-pumping　産油の(国, 地方など) ◆strike oil　(地下掘削などして)油を掘り当てる;(比喩的に)(新規事業などが, 特に商売的に)当たる, 一山当てる ◆pour oil on troubled waters　波風[争いごと, もめごと]をしずめようとする ◆an oil change　オイル交換 ◆an oil circuit breaker 《電気》油入り遮断器 ◆an oil pan　《車》《米》オイルパン[油受け(皿), 油だめ](*《英》a sump) ◆an oil platform　(海底油田の)石油掘削装置[基地] ◆an oil-rig [oilrig]　(特に海底油田の)石油掘削装置[基地, 船] ◆an oil tanker　石油[重油]タンカー ◆an oil well derrick　油井やぐら ◆an oil well exploration; exploration for oil　石油の探鉱 ◆oil exports　石油輸出 ◆oil-proof gloves　耐油性の手袋 ◆oil resistance; resistance to oil　耐油性 ◆oil shale; oil-bearing shale　オイルシェール; 油頁岩(ケツガン), 石油頁岩, 油頁(ユ)頁岩; 含油頁岩 ◆shale oil　(オイル)シェールに含まれる石油, 頁岩(ケツガン)から採取した油 ◆an oil sump [pan]　(エンジンや機械の)オイルパン; オイルパン; 油受け, 油溜め ◆an oil well derrick　油井塔; 油井櫓(ヤグラ) ◆an oil-fired power station　油専焼火力発電所 ◆an oil-tight indicator　油密表示器 ◆reclaimed [rerefined, recleaned, reconditioned] (used) lubricating oil　再生潤滑油 ◆a pole-mounted, oil-filled switch　柱上油入り開閉器 ◆a forced-oil-water-cooled transformer　送油水冷式変圧器 ◆an oil-immersed transformer　油入り変圧器(*変圧器の鉄心と巻線が油漬けになっている) ◆apply a drop of light oil to... ...に軽油を1滴注油する ◆oil-bearing　(岩石, 地層などが)石油を含有する ◆oil-gulping　《口》大量石油消費の〈国など〉 ◆oil-guzzling　《口》大量にガソリン[灯油]を消費する〈車, 消費者など〉 ◆oil price fluctuations　原油価格の変動 ◆oil-resistant soles and heels　耐油性の靴底とヒール ◆oils of different qualities　質の違う油 ◆promote oil solubility　油溶性を高める ◆since the 1973 OPEC oil-price hike　1973年の石油輸出国機構による原油価格の引き上げ以降 ◆a layer of oil floating on top of...　...の表面に浮いている油膜 ◆an oil-fired boiler　油焚(ダ)きボイラー ◆Arab oil-producing nations　アラブの産油国 ◆have a higher oil content than...　...は...よりも油分が多い; ～は...よりも油を多く含んでいる ◆this could lead to oil starvation and/or bearing overheating　これは油切れやベアリングの過熱につながりかねない ◆when they run low on oil　それらが油切れしてくると ◆it is intended to operate under oil-immersed conditions　これは油に浸けた状態で働くように設計されている[油中動作用である] ◆With lower oil content than their kin salmon, farm-raised rainbow trout have only 138 calories per...　養殖のニジマスが, 種族的に近いサケに比べて脂分が少なく, 一ペあたりわずか138カロリーしかない。 ◆Roasting does not significantly increase the amount of fat in peanuts, and there is almost no difference in fat content between dry- and oil-roasted nuts.　ローストしてもピーナッツに含まれる油脂の量は大幅には[たいして, さほど]増えません。そして, 油なしで炒ったものと油を使って炒ったものに油分の差はほとんどありません。

2 vt. ～に油を塗布する[差す], ～を油で潤滑する, ～に注油する, 給油する, ～に(賄賂)を握らせる, ～に鼻薬をきかせる,

(油脂など)を溶かして油にする ◆if the machine is kept oiled　機械に潤滑油が絶えずに給油されていれば ◆The machine is in need of oiling.　この機械には, 注油が必要だ。

**burn the midnight oil**　(勉強や仕事で)夜ふかしする ◆The midnight oil burned, and the meetings dragged on.　夜遅くまで残業が続き, 回を重ねた会議は長引いた。

**oilfield, oil field** an ～ 油田

**oilless** ◆an oilless bearing　オイルレスベアリング[無給油軸受]

**oilproof** adj. 耐油性の, 耐油～; vt. ～を耐油性に[耐油化]する ◆waterproofing and oilproofing treatments　防水[耐水]処理および耐油処理

**oil slick** an ～ (油流出事故などで海面に浮かぶ)油の膜 ◆an oil slick 60 miles long and 20 miles wide　長さ60マイル幅20マイルにも及ぶ油膜

**oily** 油の, 油性の, 油状の, 油が塗布された, 油じみた, 油を含んだ;(態度, 言葉付きが)調子がいい, お世辞たらたらの, 口上手な, 口達者な ◆an oily brake pad　油じみているブレーキパッド[摩擦材]

**OJT** (on-the-job training) 日常業務を通しての職場内教育・訓練, (現場での仕事を通じた)実地訓練

**OK, O.K., okay** 1 adj., adv. 《口》オーケー, よろしい, 大丈夫, 承知した, 分かった, 構わない, 結構, ちゃんと, じゃあ, 確かに, 調子良く, うまく; an ～ 許し, 許可, 承諾, 承認, 同意, 賛成, 賛同, 支持 ◆get his O.K.　彼の承認[承認]を得る ◆get the OK to <do>　～する許可をもらう ◆one's OK オーケーのサイン ◆shipments of O.K. parts　(検査)合格パーツの出荷 ◆after receiving an OK from the legal department　法律[法務]担当部門から承認を得た上で ◆Are you okay?　大丈夫ですか？ ◆A hydrometer reading between 1.260 and 1.300 is OK.　比重計の(読み取った)値が, 1.260から1.300の間にあればOKです。 ◆That's OK with me.　私は, それで結構です。 ◆If the blade checks O.K. then the tool is ready for use after performing step 5.　ブレードのチェックがOKなら, 5番目の段取りを行うと工具は使用準備完了となります。

2 vt. ～に[を]オーケーする[了解, 承諾, 同意, 賛成, 賛同, 許可, 承認, 支持]する

**OLAP** (online analytical processing) オンライン分析処理(*企業内の顧客情報や取引情報のデータベースなどに, 情報技術部門ではなく解析結果を必要とする部門の人間が直接アクセスして多次元的に解析できる技術)

**old** 1 adj. 古い, 古き, 古びた, 古くなった, 年代物[時代物]の, 昔の, 古の, 昔の, 古い, 旧式の, 以前の, 前の, 使い古しした, 老朽化した, 高齢の, 年とった, 年老いた, 老齢の, (生後)～歳[カ月]の, (できてから)〈期間〉経った, 築〈～年〉の, 古くからの, 昔からの, 昔なじみの, 昔懐かしい, 老練な, 老巧な ◆an old hand <at>　(～の)ベテラン ◆in the old days; in (the) days of old　かつて, 昔 ◆an old [older] model PC　旧型パソコン ◆a fifteen-year-old boy　15歳の少年 ◆As children get older,...　(意訳)子どもが大きくなるにつれて,... ◆as flat as day-old beer　1日前のビールのように気の抜けた ◆If you want the piece to appear old,...　その作品を年代物のように見せたいのであれば ◆known [familiar] from of old　昔から知っている[親しんでいる, 馴染んでいる] ◆since old times 古い時代から; 古くから;[▶多くの実例から判断する限り英語を母国語としない人たちの間でもっぱら使われる表現らしい; since olden times はオックスフォード英語辞典に載っている] ◆a 50-year-old home　築50年の家 ◆day-old bread　(焼いてから)1日経った[置いた]パン ◆six-hour-old data　6時間前のデータ ◆employees in their late 40s and older　40代後半以上の従業員 ◆the egg should be at least one day old　卵はすくなくとも1日経ったものであること ◆a boy who had been nicknamed "Daddy" on account of his old-looking face　老け顔のせいで「父ちゃん」というあだ名がつけられていた少年 ◆an old, faded sepia-tinted photo that must be about 100 years old　(意訳)100年は経っていると思われるセピア調に退色した古い写真 ◆Those who are young at heart will never be truly old.　気持ちの若い人は決して実際には年

とっていない．;《意訳》人は気の持ちようで若くいられる． ◆Remember to build on the old ways of doing things to develop something new.　《意訳》温故知新を忘れずに．; 故（フル）きを（タズ）ねて新しきを知ることが肝要です． ◆Growing older no longer means sickness, senility and sexlessness. America's elderly are brightening the horizons of the mind, the family and the workplace.　もう年を取ることは，もはや病気，もうろく，性の無気力化を意味してはいない．アメリカの高齢者[お年寄り，老人]たちは，精神，家族，そして職場の視界を明るいものにしている．

**2**　n.《冠詞·年数などの·oldの形で》〜歳の人[動物, 物] ◆an average three-month-old　平均的な3カ月児 ◆aimed at eight-to-twelve-year-olds　8歳から12歳児向けの ◆since he was a four-year-old　彼が4歳の子供だった頃から

**old-age**　adj. 老齢の ◆old-age insurance　老齢保険

**old-boy [old-girl] network**　an 〜（同じ出身校や職業や社会的地位などの人たちの）人脈, 学閥

**olden**　《古語》昔の, いにしえの ◆since olden times　古い時代から; 古くから; 昔から ◆in (the) olden days [times]　昔[かつて]

**old-fashioned**　adj. 時代遅れの, 旧式[旧型]の, 古風な, 前近代的な ◆become old-fashioned　時代遅れになる ◆an old-fashioned cash register　旧式の金銭登録機 ◆an old-fashioned person　旧式の[古くさい, 古い, 昔, 化石］人間; 古風な人

**old guard**　the Old Guard（ナポレオン1世の）親衛隊; an 〜（通例 the 〜 で集合的に．単／複扱い）（政党内などの）保守派, 守旧勢力, 旧守派, 墨守派, 古参党員, 古老グループ, 最右翼派; old-guard adj. ◆Koizumi's loss of popularity will increase the power of the old guard in Japan who are against his reform-oriented policies.　小泉（首相）の人気の喪失は，《意訳》調落］は，彼の改革指向型政策に反対している日本の保守派[守旧派, 旧守派]の力を強めることになるだろう．

**oldie**　an 〜　昔流行した曲[映画, ジョーク] ◆oldie songs [tunes]　懐メロ

**old-style**　adj. オールドスタイルの, 旧式の, 昔風の, 古いタイプの, 古風な ◆an old-style analog telephone exchange　旧式のアナログ電話交換機

**old-timer**　an 〜　古顔, 古参, ベテラン, OB選手, 時代遅れ[旧式, 古風]なもの, 昔人間, 化石人間,《米口》老人

**old-type**　adj. 旧タイプの

**OLE**　(Object Linking and Embedding)《コンピュ》(*Windowsのアプリケーション間のデータ連係を実現する機能の一つ）

**olfactory**　adj. 嗅覚の ◆the olfactory sense　嗅覚

**oligopolistic**　adj.（売り手）寡占的な ◆still-prevalent monopolistic and oligopolistic economic structures　依然として広範にはびこっている独占的および寡占的な経済構造 ◆giant firms operating [playing] in controlled oligopolistic markets　管理された寡占市場において操業[《意訳》事業展開］している巨大企業

**oligopoly**　(an) 〜 (pl. -lies)（売り手）寡占 ◆dismantle [break up, destroy] oligopolies　（複数の）各種業界の寡占状態を突き崩す; 各種産業における少数企業による市場支配を是正する ◆permit a tight three-firm oligopoly　（新規参入を閉め出す格好で）3企業でがっちり固めている寡占[《意訳》市場の支配]を許す ◆see a growing oligopoly emerge in the industry　同業界[産業]において強大化しつつある寡占が出現する［ますます寡占化が進む］のを目の当たりにする ◆the DOT allowed mergers to create an oligopoly as powerful as the one that existed before deregulation　米国運輸省は，企業合併が規制緩和以前に存在していた寡占状態と同じくらいに強大な寡占をつくり出すことを許してしまった ◆The airline business has now become an oligopoly (in which...)　航空業界は，今や（〜という）寡占になってしまった． ◆The industry is moving toward an oligopoly controlled by A, B and C.　この業界は，A社，B社，C社が（独占的に）支配する寡占化に向かって進んでいる． ◆The result would be an oligopoly and permanently higher fares.　その結果，寡占化[寡占状態,《意訳》少数企業による市場の支配]をまねき，この先ずっと高い運賃[料金]が続くことになりかねない．

**oligosaccharide**　オリゴ糖, 少糖 ◆fructo-oligosaccharides [fructooligosaccharides] support the growth of beneficial bacteria such as bifidus and acidophilus　フラクトオリゴ糖はビフィズス菌やアシドフィルス菌などの善玉菌の増殖を支える[《意訳》助ける, 促進する]

**Olympic**　the 〜s, Olympic Games　オリンピック, 五輪大会; adj. オリンピック競技の ◆an Olympic flame　オリンピック聖火 ◆the 1998 Winter Olympics in Nagano　1998年の長野冬季オリンピック ◆she was disqualified from the Olympics　彼女はオリンピック出場[参加]資格を剥奪された

**OMB**　(Office of Management and Budget) the 〜《米》行政管理予算局, 行政予算管理局 ◆the Clinton Administration's OMB (Office of Management and Budget)　クリントン政権の行政管理予算局

**ombudsman**　an 〜　オンブズマン, 行政監察官, 行政監視調査会, 苦情処理担当係, 人権擁護委員（会） ◆a human rights ombudsman　人権擁護委員 ◆create [set up] an ombudsman to oversee...　〜を監視するための監査·苦情処理制度を創設する

**omen**　an 〜　前兆, 触れ, 兆し(キザシ) ◆interpret... as an omen of a super earthquake　〜を巨大地震の前触れ［前兆, 予兆］であると解釈する［捕らえる］

**ominous**　adj. 不吉な,〈悪いこと〉の前兆[前ぶれ, 兆候]となる ◆of〉 ◆most ominous of all, ...　この上なく不吉なことに［最も凶兆であることには］

**omission**　(an) 〜　省略, 脱落, 抜け, 漏れ, 遺漏(イロウ), 手抜かり, 切り捨て, 除外, 欠損, 怠慢,《法律》不作為(フサクイ) ◆an omission of three letters　3文字の省略 ◆in the event of the omission of an instruction　指示が省略された場合 ◆they made an avoidable accidental omission　彼らは避ければ避けられた過失による遺漏[不注意による手抜かり, 手落ち]を犯した ◆the omission of religiously divisive material from textbooks　宗教的に意見の割れる素材を教科書から除外すること

**omit**　vt. 〜を割愛する, 省く, 略す, 除外する,［漏らす, 忘れる］ ◆omit the rest of the first chapter　第1章の残りを読み飛ばす ◆Be sure not to omit any part from the parts list.　パーツリストに部品の漏れがないようにすること． ◆He omitted telling me to purchase the part.　彼は, そのパーツを購入しておくようにと私に伝えるのを忘れていた． ◆If the length is omitted, it is assumed to be 10.　《コンピュ》長さ（の指定）が省略された場合，（長さは）10と見なされる． ◆In the interest of simplicity, Δf will be omitted from the following discussion.　話を簡単にするために，Δf は以下の議論からは省く［割愛］することにする．

**omnibus**　an 〜　（数種類の作品をまとめた）オムニバス版の作品, 選集, 著作集,《古語》乗り合い馬車[自動車];（形容詞的に）オムニバス形式[版]の, 総括的な ◆the OBRA (Omnibus Budget Reconciliation Act)《米》包括（の）財政調整法 ◆the Omnibus Trade and Competitiveness Act of 1988　《米》88年包括·競争力通商法 (*the 1988 Omnibus Trade Act とも)

**omnidirectional**　全方向(性)の, 全方位の, 無指向性の ◆an omnidirectional antenna　全方向性アンテナ ◆an omnidirectional microphone　無指向[全指向]性マイクロフォン ◆shift to omnidirectional diplomacy from a lean-toward-one-side policy toward the West　西側に偏向した［片寄った］政策から全方位外交へと移行［転換］する

**omnipresent**　adj. どこにでもある,（神のごとく）遍在(ヘンザイ）する, あまねく存在する ◆become omnipresent　普及する, 行き渡る

**OMR**　(optical mark recognition [reading]) 光学式マーク読取; an 〜 (optical mark reader) 光学式マーク読み取り装置

**on**　**1**　prep.〔主に物理的な位置関係〕〜の上に, 〜の表面に, 〜を地［背景色］として, 〜に接して, 〜に沿って, 〜に接続されて, 〜に付着して, 〜を支えとして, 〜に乗[載]って, 〜に搭載されて ◆a white-on-black dial　黒地に白文字の文字盤 ◆a workstation on the network　そのネットワーク上の［に接続

されている］ワークステーション ◆white-on-dark-gray gauges ダークグレー地に白色の目盛の計器類 ◆a tag with a bar code on it バーコードが表面に印刷された［バーコードを表示した］札 ◆move vertically on a column 支柱を伝って上下に移動する（＊伝う＝あるものから離れないようにして，そのものに沿って移動する） ◆municipalities located on the highway このハイウェイ沿いにある各都道府県市町村の地方自治体 ◆the electronically adjusted shock absorbers on the Ford Thunderbird Turbo Coupe フォード・サンダーバード・ターボ・クーペに搭載の電子調整式ショックアブソーバー

**2** prep.［時］〜の時に，〜に際して，〜するやいなや，〜次第，〜が済んだら直ちに，〜に続いてすぐに，〈日付〉に ◆if the clutch slips on acceleration 加速時にクラッチがスリップするようなら ◆On Jan. 12, 1989, the FCC authorized the company to conduct... 1989年1月12日に，連邦通信委員会はこの会社が〜を実施することを認可した．（◆on＋日の場合，完了形は使わない） ◆On receipt of your new license, sign it in ink. 新しい免許証を受け取り次第，インクで署名をしてください．

**3** prep.［行為，関心，活動などにおける関係］〜に対して，〜に基づいて，〜によって，〜を対象として，〜に向かって，〜について，〜に関して，〜に従事して，〜に携わって，〜中で，〜を使用して；〜にさらに加えて ◆a 10% operating profit on sales 売上高に対して10％の営業利潤［10％の対売上営業利潤］ ◆On top of this [that, it], ... そのほかに；その上に；しかも；それに加えて；それに；さらに ◆perform wave-shaping operations on various signals いろいろな信号に（対して）波形整形処理を施す

**4** adv. 続けて，進んで，進行して，行われて ◆from about 70 mph on up 時速約70マイルから上［以上］で ◆from then on それ以降は［あとは］ ◆Movies will be screened twice a week. News of what's on will be spread by word of mouth, not advertisement. 映画は，週2回の上映が予定されている．何が上映されるかは，広告によってではなく口コミで広められることになっている．

**5** adv.〈機械などが〉〔動作〕〔稼働〕して，（スイッチが）入って［ついて］，利用できる状態で ◆the light stays [remains] on ライトが点灯したままになっている；ランプが点灯し続ける ◆switch it to the on position それをON位置に切り換える ◆Never leave a tap on while you are brushing your teeth. 歯磨き中は絶対に蛇口を開けっ放し［《意訳》水を流しっぱなし］にしないこと．

**6** adv. 身につけて，着て ◆swim with a life jacket on 救命胴衣を身に着けて［着用して］泳ぐ

**on-again, off-again** 断続的な，やったりやめてみたりの，発作的な，予想［見当］が付かない，あてにならない ◆an on-again, off-again affair 断続的な［中断したり再開したりを繰り返すような］こと ◆advance on-again off-again efforts to <do...> 〜するための作業を何度も中断しながら進める

**on-air** 放送の，放送［放映］されている ◆an on-air talk show 生放送の対談番組

**on-board, onboard** adj. 乗り物に搭載［積載］された，（サービスなどが）機中での，《電子機器》（基板）に実装された，本体に搭載された［組み込まれて］いる ◆an onboard [on-board] computer （宇宙船，自動車，船舶，航空機などに）搭載されているコンピュータ ◆an on-board modem （基板上に実装されている）内蔵モデム ◆on-board [onboard] memory （基板［本体］に）実装されているメモリー ◆on-board thermal management layer 《電子》基板上の熱管理レイヤー ◆place intelligence on-board 《電子》基板上にインテリジェンスを搭載する

**once** adv. 1度，1回，かつて，以前に，ひとたび，一旦，もしや，なにかに，かりにも；n. 1度，1回；adj. かつての；conj. するやいなや，いったん［ひとたび］〜すれば，〜したら（あとは［次は］） ◆more than once 2回以上，複数回；一度ならずに［二度三度も］；再三（再四） ◆once or twice 1〜2回［度］；何回［何度］か ◆a once-upon-a-time story 昔話 ◆a once-a-decade meeting 10年に1度の会議 ◆once (and) for all 今回［今度，1回］だけしか，これを最後に，最終的に，きっぱりと，はっきり

りと，決定的に，断然 ◆once a year [month, day] 《順に》年［月，一日］1回；年［月，日，日］に一度 ◆the once-Communist countries of Eastern Europe 東欧の共産諸国 ◆once-endangered species かつて絶滅の危機に瀕していた種 ◆suffer a recession on the average of once every 4.3 years 平均して4.3年に1度（の頻度で）景気後退に見舞われる ◆Check your tire pressure at least once a month. あなたの車のタイヤの空気圧を，少なくとも月1回は点検してください．◆Even encrypted passwords aren't secure if they are used more than once. 暗号化されたパスワードでさえ2回以上使用する場合は安全でない［一度使ったらそれ以降は使用することはできない］．◆Once you've got it you'll wonder what you did without it. いったん［一度，ひとたび］これを手にしたら，これ無しで何をやっていたんだろうと思うことでしょう．◆Once you've installed the card, you'll be able to <do> そのカードを取り付ければ，〜することが可能になる．◆Once you've shifted to neutral, press the brake pedal gently. ニュートラルにシフトしたら，ブレーキペダルを静かに踏んでください．◆DEA officials have more than once warned the Mexican government of the "Colombianization" of their country. 米国麻薬取締局の取締官らは，再三にわたってメキシコ政府に対し彼らの国が「コロンビア化」する恐れがあることを警告してきた．◆Once they recognized the possibilities of CIM, they wanted to bring the technology into their production facilities. 彼らがコンピュータ統合生産の将来性にひとたび気付いてからは，この技術を自分たちの工場に導入したくなった．

**all at once**（＝ suddenly）突然，たちまち，忽然（コツゼン）と，にわかに，いきなり，出し抜けに，急転直下に；みんな［全て］一緒に［同時に，一斉に，一度に，一挙に，いっぺんに］

**at once** すぐに，すぐさま，直ちに，即座に，とっさに，即刻，速やかに，早急に，至急に；同時に ◆download all files at once rather than one at a time 一回につき一つ［ひとつずつ］ではなくすべてのファイルを一度に［一括的に］ダウンロードする ◆report the accident at once to... 直ちに［速やかに］事故を〜に通報する

**once (and) for all** きっぱりと，これを最後に

**once in a while** 時々，ときおり，ときたま，たまに

**once upon a time** ◆Once upon a time, Alexandria was a port town. むかしむかし［その昔，今は昔］，アレクサンドリアは港町だった．（＊面白くおとぎ話風に表現している）

**once-in-a-lifetime** 一生に一度の

**once-over** a 〜（に）ざっと目を通すこと，おおざっぱに調べること，大まかな評価をすること，やっつけ仕事 ◆give the report a quick once-over 報告書にざっと目を通す

**once-through** ◆a once-through boiler 貫流ボイラー ◆since the "once-through" fuel cycle (in which plutonium is disposed of as waste) is cheaper, safer, more safeguardable, and less controversial than reprocessing （プルトニウムが廃棄物として処分される）「ワンススルー」燃料サイクルの方が再処理よりも（コスト的に）安くつき，安全で，セーフガードしやすく，論争を巻き起こしにくいので

**on-chip** オンチップの，チップに実装された，チップの形になった ◆an on-chip CPU オンチップ［チップ上に形成された］CPU ◆an on-chip clock generator チップに実装されたクロックジェネレータ ◆on-chip peripheral modules 《半導体》内蔵周辺モジュール

**oncological** adj. 腫瘍学の，腫瘍の，癌の ◆oncological diseases 腫瘍の病気

**oncologist** an 〜 腫瘍医，腫瘍専門医 ◆She is an oncologist, or cancer specialist. 彼女は腫瘍医，つまり癌の専門医です．（＊普通の人向けの説明で）

**oncology** Ⅱ《医》腫瘍学 ◆Oncology is the study of cancer. 腫瘍学とは癌を扱う学問です．

**oncoming** adj. 接近する，近づいてくる，（敵など）迫り来る，（世代が）新しく現れてくる；n. 接近，訪れ，到来，始まり ◆an oncoming vehicle 対向車 ◆the oncoming of winter 冬の到来 ◆the oncoming typhoon 接近中の台風

**on-demand** *adj.* オンデマンド（方式）の、請求あり次第処理［対応］する、要求された時点で対処した、要望があったら提供［配信］する ◆an on-demand bus service that works like a taxi　タクシーのような操業形態のオンデマンド［予約式］バス運行

**one** **1** *adj.* 1の、1つの、1個の、1人の、単一の、唯一の、或る(ア ル)、同一の、ある ◆about 1.3 tons of...　約1.3トン分の… ◆for one or two days　1日か2日の［一両日の］間 ◆For one thing,...　一つには、～ ◆the home of one Mr. Specter　(某)スペクターさんという人［方］の住宅 ◆But one thing is certain;...　だが、はっきり言えることが一つある、それは～ということだ. ◆On the one hand,... On the other hand,...　一方～、他方～. ◆colors are consistent from one monitor to another　(画面上の)色はモニター装置間で一定している ◆hold a telephone in one hand and a handgun in another　一方［片方］の手に電話を、そして他方の手に拳銃を握っている ◆the one thing that can be said about... is that...　～について一つ言えることは～ということである. ◆transmit a signal from one location to another　信号をある場所から他の場所に送信する ◆prevent any one application from monopolizing the system　どれか1つのアプリケーションがシステムを独占するのを防ぐ ◆As the monitor warms up, the image may shift slightly to one side.　モニターが暖まるにつれて、画像が片一方の側に［片側に］若干ずれることがある. ◆No one theory can account for it.　学説はどれひとつとして、それを説明することができない. ◆The composite frame is molded in one piece.　複合材使用のこのフレームは、一体成形されている. ◆The hovercraft can hover in one location.　ホバークラフトは、同じ場所で［一箇所に留まって］空中に浮いていることができる.
**2** *n., pron.* 1、1つ、1個、(不特定の)人［もの］、誰でも、世の人、《婉曲的に》私［自分、我々］、一方、片方、(直前に形容詞がついて)（～な）もの［やつ、の］ ◆become one　一つになる、一体化する、一緒になる、一体化する；融合する；ひとかたまりとなる、一丸となる、一心同体になる；結婚する；夫婦(フウフ, メオト)になる、前出［前記］のものになる ◆choose the right one　正しいものを選ぶ ◆one must exercise extreme care in... -ing　(人は)～するのに細心の注意をしなければならない. ◆a two-in-one removable 40-speed CD-ROM/floppy combo drive　40倍速CD-ROMとフロッピーディスクの2つが「1つになった［1つの筐体に入った］」リムーバブル複合ドライブ装置 ◆replace analog signals with digital 1s and 0s　アナログ信号をデジタルの1と0に置き換える ◆A quality assurance program shall be one that assures that...　品質保証制度とは、～であることを保証するものとする. ◆A teacher is one who guides the learning of another.　教師とは他の人の学習を指導する人のことです. ◆Globalization means the world market becomes one.　グローバリゼーションとは、世界の市場が一つになる［一体化する］ことを意味する. ◆Mickey's liver cancer had spread to one of his lungs.　ミッキーの肝臓がんは片一方［片方、片側］の肺に転移した. ◆Iceland has one of the highest computer ownership rates per capita in the world.　アイスランドの一人のりのコンピュータ保有率は世界でも有数［屈指］の高さである. ◆Your Food Processor is a combination of many kitchen machines in one.　お買い上げのフードプロセッサーは、何種類もの調理用機器を一つに［一体化］したものです. ◆Taiwan has amassed one of the world's largest foreign-currency reserves, estimated at $75 billion.　台湾は、750億ドルと推定される世界でも屈指の外貨準備高を蓄積した. ◆The Ministry for State Security (Staatssicherheitsdienst) – Stasi – was a secret police and intelligence service rolled into one.　(旧東ドイツの)国家公安省［保安省］(シュタージ)は秘密警察と諜報機関をひとつにまとめにした［ひとくくりにした、一つに統合した、たばねた］ものだった.

**in [by] ones and twos**　一つ二つずつ、ぽつりぽつりと、(一度に)少しずつ ◆Notebooks are sold in ones and twos to individuals rather than in volume to companies.　ノートパソコンは、大量に企業に販売されるのではなく1～2台ずつ［バラで、単品で、小口で］個人客に売られている.

**one after another, one after the other**　一つ［一人］ずつ、次々と［に］、続々と、相次いで、後から後から、一つまた一つと、交替して、交互に、かわるがわる、引きも切らずに、立て続けに、逐次 ◆Fresh messages arrived one after the other.　新規のメッセージが次々と届いた.；新しい知らせが相次いで［後から後から、続々と］入ってきた. ◆Restrictions have been reduced one after another.　規制は、一つずつ［一つまた一つと］減ってきた. ◆Both of his parents died, one after another, when he was just starting high school.　彼の両親は、彼が高校に上がったばかりの頃に相次いで亡くなった. ◆The media sometimes provokes people to go further, like the school shootings that happened one after another.　《意訳》マスコミは時として、立て続けに起きた［続発をみた］学校での乱射事件のように、更なる事件を誘発させ、人々をあおり立てることがある.

**one another**　お互い(を)、互い［相互］(に) ◆radio technology that allows computers to be connected to one another without wires inside offices　オフィス内に布線することなしにコンピュータ同士［相互間］の接続を可能にする無線技術

**one by one**　1つずつ、個々に、逐一 ◆on a one-by-one basis　1つ［1個、1人、1本、1社、1件、1台］ずつ ◆one-by-one modifications　一品料理的な改造（＊自動車など一台一台に施すのそれぞれ異なった改造など） ◆Remove them one by one.　それらを一つずつ取り外してください. ◆One by one over the past decade, the U.S., Japan and Britain, as well as some other European countries, have liberalized or unleashed their telecommunications monopolies.　ここ10年間に、米国、日本、英国、その他の一部欧州諸国が一国また一国と、電気通信独占企業体を自由化または開放してきた.

**one-chip** ◆a one-chip computer　ワンチップコンピュータ

**one-dimensional**　一次元の、《比喩的》奥行き［深み］のない、薄っぺらな、浅薄(センパク)な ◆perform 1D Modified Huffman (MH) run-length encoding　(ファクシミリ画像データ圧縮のための)1次元モディファイド・ハフマン方式ランレングス符号化を行う

**one-hand** *adj.* 片手での ◆This tool makes extraction a one-hand operation.　この工具を使うと、(基板からのIC)抜き取りは片手で行える作業になります.

**one-handed** *adj.* 片手しかない、片方の手しか使えない、片手での、片手を使っての ◆one-handed people; those who are one-handed; one-handers　片手の人たち（＊両手の人は a two-handed person）

**one-man**　1人だけの、1人で行われる、1人用の、独演の ▶専横的な「ワンマン」の意味ではない. ◆a one-man cell　独房 ◆a one-man job　1人で行う作業 ◆a one-man play　一人芝居 ◆a one-man show　独演会［ワンマンショー］ ◆a one-man business　1人でやっている会社 ◆《米》a one-man operated bus;《英》a one-man bus　ワンマンバス ◆the bus is one-man operated　そのバスはワンマン式である

**one-man band**　a ～（口、手、足などを使って）1人で複数の楽器に演奏する街頭演奏家、《比喩的》(他人の手を借りようとしないで)1人で何もかもやってしまうこと

**one-of-a-kind**　ユニークな、一種独特の、他に例をみない ◆make... one-of-a-kind　～をオリジナルなものにする ◆one-of-a-kind design　独創的なデザイン ◆a one-of-a-kind experience　一種独特の体験；類いまれなる経験 ◆have some one-of-a-kind features　いくつかのユニークな［他には例をみない、独自の］機能を持っている ◆one-of-a-kind welding jobs　定型化できない［非定型の、一品料理的な］溶接作業 ◆a one-of-a-kind, custom-designed electronic assembly　一品料理的な注文設計された電子組み付け品［アッシー］ ◆a tailor-made, one-of-a-kind Christmas gift　特別注文で作ってもらった無二のクリスマスギフト ◆one-of-a-kind handmade pieces　同じものが二つとない手作りの作品

**one-off** *adj.* 単発の、1回［1個］限りの、一品生産の；a ～ 単発のもの、1回限りのもの ◆a one-off job;《英》one-off work　単発［1回ポッキリ、一回こっきり、1度限り］の仕事 ◆a one-off F-1 racer　一品生産されたエフワン競走自動車 ◆a one-off research project　1回限り［単発］の研究プロジェクト ◆It is very competitively priced at below £100 for one-off quantities. 《意味》それは、単品［(1個/1台/1枚単位の)ばら売り］で100ポンドを切るという非常に競争力のある価格になっている。

**one-on-one** 一対一の ◆a one-on-one tutoring 個人教授 ◆the one-on-one Bush Gorbachev meeting 一対一のブッシュ・ゴルバチョフ会談 ◆during a dramatic one-on-one confrontation with Michael Jordan マイケル・ジョーダンとの劇的な一対一の対決中に ◆these workers need one-on-one counseling about... これらの従業員には、〜についての一対一の(個人面談)カウンセリングが必要である

**one-parent** adj. 〈家庭などが〉片親の

**one-piece** ワンピースの、一体化された、一体型の、ひとつなぎの ◆a one-piece design 一体化された設計

**one price** ある価格、均一価格、すべて込み込みでの値段、(掛け値なしでの)正札価格; ◆one-price selling 正札販売 ◆a one-price dealer 正札販売をしているディーラー ◆a one-price clothing store 均一価格の衣料品店 ◆a no-haggling, one-price policy; a one-price, no-haggle selling method 値段交渉のいらない[《意訳》掛け値なしの]正札販売政策 [方法]

**onerous** adj. 重荷[負担]になる、厄介な、煩わしい、面倒な、《法》〈義務〉負担付きの ◆computers make an onerous task much easier コンピュータは大変な作業を格段に楽にしてくれる

**one's** pron. 《oneの所有格で、my、your、his、her、its、theirの代形》 ◆Tragically, during their attempt to make it back to home base, Scott and his men were caught in a blizzard and froze to death. 悲惨にも、基地への帰路にスコットとその隊員はブリザード[猛吹雪]に遭遇し凍死してしまった。

**oneself, itself** (himself, herself, themselves, ourselves)《再帰用法で》自分自身を;《強調》自分自身、みずから、本来[いつも]の自分 ◆cars that drive themselves 自動運転する[自動操縦]車 ◆The company has the entire market to itself. この会社は市場全体を独占している。 ◆They are convinced that they have the world to themselves. 彼らは、世界は自分たち(だけ)のものだと[世界に自分たちしかいない]と信じている。 **by oneself** 一人ぼっちで、単独で; ひとりでに、自然に **for oneself** 自分のために、みずから ◆set a goal for oneself 自分で目標を設定する

**one-shot** adj. 1回〈限り〉の、単発の、1回で所期の目的が達せられる、1回で完結する ◆a one-shot multivibrator ワンショットマルチバイブレータ (= a monostable multivibrator 単安定マルチバイブレータ) ◆one-shot molding ワンショット成形 ◆one-shot operation 単発操作 (= single-step operation)

**one-sided** 片寄った、偏った(カタヨッタ)、偏向した、一方的な、不公な、片側だけの ◆one-sided education 偏向教育[偏った教育] ◆a one-sided view 偏った見方[見解]; 片寄った意見; 偏見 ◆a one-sided disc 記録面が片面のみのディスク ◆The problem is that American policy has always been one-sided in favor of Israel. 問題は、米国の政策がこれまで常にイスラエル側に有利なように[イスラエル寄りに]偏ってきたことである。

**one-size-fits-all** adj. フリーサイズの; n. フリーサイズ ◆a one-size-fits-all baseball cap フリーサイズの野球帽 ◆The turtlenecks come in one-size-fits-all. これらのタートルネック(シャツ[セーター])はフリーサイズです。 ◆The public schools represent production line, one-size-fits-all education. 公立の学校は生産ラインの如く一教育の典型例である。

**one-star** adj. 一つ星の、最低ランクの ◆a one-star U.S. general [officer, admiral] 《口》米軍准将

**one-stop** adj. 一箇所に立ち寄るだけで用が足せる ◆a supermarket for one-stop shopping 何でも揃っている[一箇所で用が足せる]スーパー ◆one-stop shopping convenience 一箇所に寄るだけで必要なものが何でも買える[いろいろな用足しが一度にできる]便利さ ◆We give you the one-stop shopping convenience to select hardware to fit your specific requirements. 弊社は、お客様の特定の要求に合ったハードウェアをお選びいただけるようワンストップショッピングの便をはかっております。

**onetime, one-time** 《onetime で》かつての、ひところの、以前の、元(モト)〜; 《one-time で》1度だけの、一回限りの[ぼっきりの] ▶onetime と one-time は前述のような区別があるが、実際には区別しないで用いられているようである。 ◆a onetime fee of $100 1回1度払うだけですむ100ドルの料金 ◆a onetime member of... 〜の元会員 ◆a onetime policeman 元警察官 ◆for onetime use 一度だけの使用のために ◆his onetime colleague 彼のかつての[昔、以前、一頃(ヒトコロ)の]同僚 ◆use... on a one-time basis only 〜を1度限り[1回だけ]という条件で使用する ◆a onetime student of Temple University かつてテンプル大学の学生だった人 ◆these are one-time-only events これらは1回限りのイベントである

**one-to-one** 一対一の ◆a one-to-one correspondence between A and B AとBの1対1の対応 ◆in a one-to-one relationship 一対一の関係で

**one-touch** ワンタッチの、一触れするだけでよい ◆one-touch recording ワンタッチ録画 ◆one-touch simple operation ワンタッチ簡単操作 ◆The controller has... for one touch ease of use [operation]. 本コントロールユニットはワンタッチ簡単操作[《意訳》一押しするだけでOKの使いやすさ]を実現するために〜を装備しています。

**one-track** 《鉄道》単線の; 一時に一つのことにしか対応[行動、考えることが]できない、偏狭な

**one-way** 一方通行の、一方向的な、一方的な、片方向の、片道の ◆a one-way ticket 片道切符 ◆one-way draw (カーテンが) 片側が開きの ◆a one-way traffic street 一方通行の道 ◆the use of returnable (as opposed to one-way, disposable) containers リターナブル容器の使用 (一回限り[ワンウェイ]の使い捨て容器に対して) ◆the one-way conducting property of diodes ダイオードの一方向にしか導通する特性 ◆Communication between you and your pets shouldn't be just a one-way street. あなたとペットとの間のコミュニケーションは一方通行であってはなりません。 ◆Each roadway carries one-way traffic. 各々の車道は、一方通行になっている。 ◆It is equipped with a one-way valve, ensuring that flow is unidirectional. それには、流れが確実に一方向になるよう一方弁が備わっている。

**ongoing** adj. 進行中の、進展中の、現行の; 持続的な、継続した、常時の ◆an ongoing project 進行中のプロジェクト ◆Our research into improving the efficiency of solar cells is ongoing. 弊社の太陽電池の効率向上に向けての研究は、目下進行中である。

**on-hook** 《電話》受話器がフックにかけてある状態での、(電話接続の)切断の ◆an on-hook signal 《電話》オンフック[終話、通話終了]信号 ◆on-hook dialing オンフックダイヤル ◆while the telephone is on-hook 電話がオンフック[受話器をおろした状態]の間に

**onion** (an) 〜 玉葱

**online, on-line** adj. adv. オンラインの[で]、接続状態での、ネットワーク上の[で]、インターネット[ネット]上の、〈ソフトの操作説明が〉使用中に画面上で読む、(印刷された形でなく)画面上で閲覧する ◆sign up online 《ネット》オンラインで入会手続きをする ◆an online karaoke system 通信カラオケ・システム ◆start an online service オンラインサービスを開始する ◆start selling music online 音楽のネット販売を開始する ◆(the) online marketing [selling, sales] of goods and services モノとサービスのネット販売 ◆chat rooms on online services (such as America Online and CompuServe) (各種)コンピュータオンラインサービス上[《意訳》パソコン通信ネット] (*AOLやCompuServeなど) のチャットルーム ◆download any programs that are offered online 《ネット》オンラインで提供されている任意のプログラムをダウンロードする ◆leave the uninterruptible power supply online その無停電電源装置をオンラインのままにしておく[《コンピュータなどの装置に)電源を入れたままでおく] ◆It seems she prefers her online "friends" to me. 彼女は私のことよりもネット上の「友達」(*メル友)のほうが好きみたいだ。 ◆Online documentation is included. 《コンピュ》オ

ンライン取扱説明書[マニュアル]が付いている。◆This POS data is automatically transmitted on-line to a host computer. このPOSデータは自動的にオンラインでホストコンピュータへ転送される。◆Like i-mode, packet transmission fees are based on data volume, rather than time spent online. iモードと同様に、パケット転送[通信]料金は接続時間ではなくデータ量に基づいている。◆Our website came online May 15, 2001, and it will undergo rapid evolution in the next few months. Please visit us frequently to learn about our activities. 《意訳》当ウェブサイトは2001年5月15日にオープンし[開設し、立ち上がり]ました。そしてこの先数カ月急ピッチで[どんどん]発展していきます。ちょくちょくお立ち寄りになり私たちの活動をチェックしてください。◆The primary reason for leaving these images online is for customers for whom we are restoring fireplaces, so they can select parts as appropriate and suitable. 《意訳》これらの画像をインターネット上に残している一番の理由は、弊社が暖炉の修復を行っているお客様が部品を適宜お選びいただけるようにするためです。(＊部品の一般向け販売中止のお知らせから)

**onlooker** an〜 (= a looker-on) 見物人、傍観者 ◆Keep onlookers, especially young children, a safe distance away while working with power tools. 電動工具で作業する際は見物人、特に小さな子供たちについては、安全のための距離を取って近づけないようにすること。

**only** adv. 単に、ただ、たった、わずか、(だけ)しか、ただ〜だけ[きり](にすぎない)、外でもなく、せいぜい、たかだか、ほんの、とるに足りない、ほんの、つい、専ら、専用で、限って、結局、きっと、極めて; adj. ただ一つ[一人]の、唯一の、《複数名詞と共に》ーだけの; conj. ただ、だがしかし、ただし ◆in only trace amounts ほんの微量な ◆a receive-only unit 受信専用ユニット ◆I can only conclude that... 私は〜であると[いう結論』ん)考えられない ◆in only one direction 一方向にのみ ◆only when absolutely necessary 絶対に必要な時[場合]にのみ ◆our only one Earth 私たちのたった一つの[唯一無二の、かけがえのない]地球 ◆the only one competitor 唯一の競争相手[競合品] ◆I'm only to blame for being... 〜であったのは、ひとえに[ひたすら、ただただ]私めの不徳の致すところです ◆We have only recently started... ing 我々は最近になってようやく〜し始めた[ついに最近〜し始めたばかり] ◆only months ago it seemed unthinkable ほんの数カ月前には、それは到底考えられないことのように思えた ◆She is the only one who can... 〜できるのは彼女しかいない ◆the difference in price is only a matter of a penny or two 価格の違いは、わずか1〜2セント[ペニー](といった問題)である ◆use atomic energy for peaceful purposes only 原子力を平和目的に限って利用する ◆amazingly fast gameplay, never-before-seen characters, gorgeous life-like graphics, and game control functions only possible on the Nintendo Ultra 64 任天堂ウルトラ64だけに可能な[ならではの]目を見張る速さのゲームプレイ、見たこともないようなキャラ、豪華な迫真のグラフィックス、そしてゲームコントロール機能(＊『ウルトラ64』は発売前の仮称) ◆It is essential only that the original document be... 要は原稿文書が〜でさえあればよい。 ◆the economies of scale possible only for a company selling more than 4 million cars and trucks a year 年間4百万台以上に上る乗用車とトラックを販売している会社のみが享受可能な[企業ならではの]スケールメリット ◆the one and only Porsche 928S4 prototype available in the U.S. 米国でただ1台しかない[唯一の]ポルシェ928S4型車種の試作車 ◆use only as much radiation as is necessary to obtain a good diagnostic examination 《意訳》診察がうまい具合に仕上がるような適正線量[適量]の放射線を用いる ◆But the incessant hammering has only toughened his resolve. だが、その絶え間ない非難は、結局彼の決意をより堅くしただけだった。 ◆If with cutting weight should be done in a safe manner only. 私は、減量はあくまでも安全にやるべきだと思っています。 ◆It's only common sense to avoid loud colors when attending a funeral. 葬式に参列するときに派手な色(の着用)を避けるのは、極めて常識的なことです。 ◆Read all instructions and use

only as directed. 取り扱い説明を全部お読みの上、必ず指示通りにお使いください。 ◆She has an only daughter [son]. 彼女には一人娘[一人息子]がいる。

**only after** 〜後になってようやく、〜した後で初めて ◆only after the completion of...; only after... is completed [was completed, has been completed] 〜の完了を待ってから; 〜が終了して初めて; 〜が完成するのを待ってから ◆Switch on the amplifier only after all hookups have been made. 接続をすべて完了して初めてアンプのスイッチを入れるようにしてください。

**on-off** (スイッチが)開閉の、入り／切りの、オンオフの、点滅の、断続の ◆an on-off switch オン／オフスイッチ(= a toggle switch)

**onomatopoeia** ① オノマトペ、擬音、擬音語、擬声語 ◆Onomatopoeia is a word that imitates the sound it represents. 擬音語[擬声語]とは、それが表すものの音をまねた[音画／音響を模倣した]語のことである。 ◆The Japanese language is rich in onomatopoeia. 日本語はオノマトペ[擬音、擬音語、擬声語]が豊富である。

**onomatopoeic** adj. 擬音[擬声](語)の ◆an onomatopoeic word 擬声[擬声]語 ◆Some bird names are onomatopoeic like the cuckoo. 一部の鳥の名前には、カッコウのように擬音由来のものがある。

**on-screen** adj. 画面上の、画面上に表示された、映画[テレビ]での adv. 画面上で、画面の中で ◆call up detailed on-screen explanations of the program's operation プログラムの操作についての画面上の説明を呼び出す[プログラムの操作説明を画面に呼び出す] ◆This WYSIWYG word processor lets you see text on-screen in the font specified for printing. このWYSIWYGワープロは、画面上でテキストを印刷用に指定した通りの字体で見ることができる。

**onset** the〜 攻撃、襲撃、襲来、(いやな物事の)到来、始まり ◆by the onset of World War II 第二次世界大戦の開始[始まり]までに ◆the onset of a disease 発病[発症] ◆at the onset of these symptoms これらの症状の出始めの時に ◆instantly at the onset of a crisis 危機が発生し次第すぐに ◆the onset of inflation インフレの始まり ◆the onset of winter 冬の到来 ◆With the onset of winter just two months away,〜 冬の訪れまであとわずか2カ月となり、〜 ◆The onset of saturation takes place at the knee of the curve. 飽和の開始は、曲線の屈曲したところで起こる。

**on-site, onsite** adj. 現場での、サイト上の; adv. 現場で ◆on-site quotations 客先での見積もり(＊営業に行って、その場ではじき出した見積額) ◆(an) on-site inspection [工業]現地[現場]での検査[点検];[原子力]現地査察 ◆on-site reports 現場[現地]からの報告 ◆on-site service 現場で[に出向いて]の修理; 出張サービス ◆conduct an on-site investigation <into> 現地調査[現場での捜査、現場検証、実地踏査]を行う ◆reporters on-site; on-site reports 現場[現地]にいる記者 ◆conduct on-site studies of climatic conditions in order to determine the condition of... 〜の状況を把握するために、気候条件[気象状態]の現地調査を実施する ◆we offer on-site (repair) service 《意訳》弊社は現地出張修理もいたしております

**onslaught** an〜 <on> (〜に対する)猛攻撃、猛攻 ◆struggle to keep up with the onslaught of orders 殺到する注文をさばくのにてんてこまいする

**on-the-fly** 飛行中の[に]、進行中の[に]、実行中[転送中]の[に]、"on-the-fly" data compression 《意訳》すなわち「実行中[転送中]」のデータ圧縮 ◆The utility is useful for on-the-fly modifications of a variety of settings. このユーティリティー(プログラム)は、いろいろな設定を実行中に変更するのに便利である。

**on-the-job** 実際の仕事を通じての、職務遂行時の ◆an on-the-job accident 就労中の事故 ◆an on-the-job trainee 職場内実務訓練[研修]対象者; 見習い訓練生; 実習生 ◆on-the-job safety 作業面での[職場の]安全 ◆on-the-job training (OJT)

（仕事の）実地訓練 ◆on-the-job theft 職場での盗み ◆an on-the-job injury 就業中のけが ◆get on-the-job training at... ～で現場トレーニングを受ける ◆provide on-the-job training 実地訓練[職場内訓練・教育]を施す ◆on-the-job accidents and injuries 業務上の事故ならびに傷害; 労働災害 ◆on-the-job race discrimination 仕事面[職場で]の人種差別 ◆provide on-the-job experience for young soldiers 若い兵士に実地の経験を持たせる

**on-the-premises** 構内の, 構内[敷地内]にある
**on-the-road** 路上での; 出先での, 外回りの (→ road の下の on the road を参照)
**on-the-scene** 現場の ◆on-the-scene reports 現場報告
**on-the-spot** 現場での, 即座の ◆on-the-spot quotes その場での見積もり ◆on-the-spot reporting from Bagdad during the Persian Gulf War ペルシャ湾岸戦争中におけるバグダッドからの現場報告[報道] ◆Portable torque testers are ideal for on-the-spot calibration. 携帯型トルクテスターは, 現場[現地]での較正[調整]用にもってこいである.
**on-time** 時間通りの, 定刻の ◆an on-time launch 定刻[予定時刻通りの]打ち上げ
**onward** adv. 前への, 先へ, 前の方へ, 前方へ; adj. 前方への, 前進する ◆from that place [point] onward その箇所[点]以降; その場所[点]から先 ◆from that time [day] onward その時[日]以後[以降] ◆from the 1970s [19th century] onward 70年代[19世紀]以降[この方] ◆from 2050 onward 2050年から[先] ◆from Edison onward エジソン以降 ◆as Allied forces break through enemy lines and push onward to Paris 連合国軍が敵陣を突破しパリに向けて進攻するにつれ

**ooze** vi. にじみ出る, しみ出る, 漏れ出る <from>; vt. ～をにじみ出す ◆ooze from between A and B AとBの間から（じくじく）にじみ出る ◆chemicals were found oozing from the soil near Love Canal in upstate New York ニューヨーク州北部北方のラブカナル近くの土壌から化学薬品が滲み出ている[浸出している]のが発見された

**opacity** ⓝ 不透明度,（煙）の不透過度, 不透過率,（塗膜の）隠蔽（インペイ）(hiding [obliterating] power), 乳白度, 混濁, 遅鈍, 愚鈍 [mental [intellectual] dullness] ◆opacity testing 不透明度検査 ◆With increasing age, crystalline lens opacity increases. 加齢と共に, 水晶体の混濁が進む[強まる].

**opaque** adj. 光[音, 熱, 放射線]を通さない, 不透明な,（意味が相手に）通りにくい, 不明瞭な,（頭が）鈍い ◆become opaque 不透明になる;（目の水晶体など）が混濁する（濁る, 曇る） ◆"opaque" billing statements 「不透明な[不明朗な]」請求明細書 ◆The crystalline lens of the eye becomes opaque, and vision is sharply reduced. 目の水晶体が混濁して視力が著しく低下する.

**OPCW** (Organisation for the Prohibition of Chemical Weapons) the ～ 化学兵器禁止機関（＊本拠地はオランダのハーグ）

**OPEC** (the Organization of the Petroleum Exporting Countries) オペック, 石油輸出国機構（略語形にtheは不要）

**open** 1 adj. 開いた, 開かれた, 広々した, 開放された, 開放型の, 屋根の無い, 無蓋（ムガイ）の, 露天の, 屋外の, むき出しの, 裸の, 露出している, 不凍の, 秘密でない, 公然の, 公開された, 開放された, 排他的でない, 参加[出入り]自由の, 制限のない, 確定していない,（先約がなく）あいて, ふさがっていない, 空位の, 欠員の, 開催[営業]中で, あけっぴろげの, 無防備の[さらされて], 受けやすい] <to>,（問題などが）未解決の ◆an open area 《移動体通信》開放地 ◆(an) open fire [flame] 裸火 ◆an open [opening, left] brace 開始[始め, 左]中括弧 ◆an open order 見計らい注文[据え置き注文, 保留注文, 無条件注文]（＊細かい指定をせず, 後は売り手にまかせる注文）; 無期限注文 ◆an open secret 公然の秘密 ◆open-phase protection 《強電》欠相[開放相]保護 ◆an open-angle bend 《角鉄の（折り）曲げ》 ◆(an) open-circuit voltage 開放電圧（＊無負荷時の電池や電源回路の） ◆an open star [a follow star, an outline star]; →a solid [filled-in] star 白抜きの星印（☆）[→塗りつぶした星印（★）]（＊an outline star は, 白抜きに限らず, 中が塗りつぶされていて輪郭の色が違うだけである）いう場合もある） ◆primary open-angle glaucoma 原発性開放隅角緑内障 ◆adopt open pricing: adopt an open pricing system オープン価格[オープンプライス]制を採用する ◆be free and open to the public 無料で一般に公開[公開]されて ◆(be) wide open 大きく開いて ◆countries with "open skies" policies 「空の自由化[航空市場の開放,《軍》相互空中査察, 領空解放]」政策を採っている諸国 ◆in an open area（遮るものが無く）ひらけている場所で ◆introduce open pricing for PC products パソコン製品にオープン価格制を導入する ◆keep an open mind about... ～についていつも心を開いている[わだかまりを持たないようにする] ◆leave the door wide open for... ～のためにドア[扉, 門戸]を大きく開けて[開放して]おく ◆on wide-open roads スカスカに空いている道路上では ◆open letters of credit（複数の）信用状を開設する[開く] ◆when in the open position〈弁, スイッチなどが〉開位置にあるときに ◆be suited to open-field culture with irrigation 灌漑が施された露地栽培に適している ◆"open" and "closed" position indicators 開閉設定状態表示器 ◆open-chain compounds《化》連鎖が開いている化合物 ◆It is an open question whether...～かどうかは未解決の[未決定の, 予断を許さない]問題である ◆leave a question open 問題を未決のままにしておく ◆when the door is open ドアが開いた状態のとき（＊開ける動作を表現する時は動詞を用いて opened とする）◆maps of open areas where residents can flee 住民が避難できる空き地の地図 ◆view the open time slots that a person or an organization has 個人または団体についての（スケジュールの）空いている時間帯を見る[表示する]（＊スケジュール管理で）◆These displays are open to the public, and anyone can view these displays by...ing これらの展示品は, 一般に公開されており, だれでも～することによって観ることができる ◆Retail prices are open.; The retail price is open. 小売価格はオープン（価格）である. ◆The book is laid open on the desk. その本は, 開いて机の上に置いてある. ◆The neon sign reads "OPEN 24 HOURS." ネオンサインには「24時間営業」と表示している. ◆Whether or not that will happen is still an open question. それが起こるかどうかについては, 予断を許さない状況にある. ◆Though open-priced, the monitor is likely to be sold for about 250,000 yen. オープン価格[オープンプライス]になっているが, このモニターは約25万円で販売されるものとみられる. ◆Speech recognition is an area that is at present relatively open in terms of suppliers. 音声認識は, 現在のところ製造業者数の点では比較的空いて［スイテ］いる[参入の余地の大きい]分野である.

2 n. the ～ 野外[戸外, 屋外], 明るみ; an ～《電気》開路,《コンピュ》(ファイルを)開くこと ◆in the open 野外[戸外, 屋外]で ◆bring the truth out into the open 真実[真相]を明るみに出す ◆emerge into the open （秘密にされていたことが）明るみに出る[表面化する] ◆test printer cables for shorts, opens, and improper connections 短絡や錯誤接続になっていないかプリンタ・ケーブルを試験する ◆With the slump in the economy, the egoism of the various European nations has come into the open. 経済不況[不振, 不調]の中にあって, これら欧州各国のエゴが表面化した.

3 vt. ～を開く, 開ける, 広げる, 開封する, 開放する, 開示する, 明かす, 切開する, 切り開く, 切開する, 始める, 開始する, 開催する, 開業する, 開店する, 出店する; vi. 開く, あく, 始まる, 開業する, 開店する, 開通する, (戸などが)（～に）通じる <into> ◆door opening equipment 扉開閉装置 ◆open a file [window, spreadsheet, database]《コンピュ》ファイル[ウィンドウ, スプレッドシート, データベース]を開く[オープンする] ◆open a four-day event 4日にわたるイベントを開幕する ◆open an office 事務所を開設する ◆open the expressway to traffic その高速道路を開通する（＊一時閉鎖されていた道路を再開する場合も）◆open the rice market コメ市場を開放する ◆open and close electrical contacts 電気接点を開閉する ◆open the switch《電気》そのスイッチを開く（＊回路を開いて遮断する）◆the opening and closing of flowers 花が開いたり閉じたりすること ◆open Japan's markets to foreign goods and services 外国製品やサービスに対して日本の市場を開放

する ◆the first two stores will be opened in San Francisco　最初の2店舗はサンフランシスコで開店することになっている ◆books of condolence will remain open round the clock until...　弔問記帳は…まで24時間受け付ける ◆Japanese markets have not yet been fully opened　日本の市場はまだ完全には開放されていない ◆when the seatbelt is unlatched and the door is opened　シートベルト（の掛け金）が外されドアが開けられると ◆The company is opening stores at a rate of about 10 per year.　この会社は年に10店舗前後の割合で出店している．◆The sofa opens to become a 27x73-inch bed.　このソファは，広げると27×73インチのベッドになります．◆In mid-March, the exhibition will open at St. Margaret's Church.　3月中旬に，その展示会は聖マーガレット教会で開催されることになっている．◆FIGURE 21 The notebook personal computer: (a) opened for use; (b) closed for carrying　図21 ノート型パソコン：(a)使用のために開けた状態，(b)持ち運びのために閉じた状態

**open for business**　1　adj. 開いていて，開業して，開店して，開館して，業務中で，商い中で，働いていて，機能していて，〈会社などが〉経営的に立ち行けていて，倒産していない，破綻していない，廃止されていない，〈トンネルなどが〉営業開始して ◆The store is open for business　その店は営業している ◆Government offices were open for business.　官庁は開いていた．
2　v. 開く，空く，開業する，開店する，開館する，業務開始する，営業開始する，営業開通する ◆when financial markets open for business　金融市場がオープンする時に ◆The clinic will open for business by the end of the year.　この診療所は年内に開業することになっている．

**open up**　vt. ～を開く，～を（に）開放する <to>，～を切開する（手術）する vi.（～について）心を開いて自由に話す<about>，（～と）打ち解ける<with> ◆open up new opportunities [possibilities]　新たな機会［可能性］をもたらす ◆due to the opening up of the economy　経済開放により ◆open up the space between the letters　それらの文字の間隔を広げる ◆a further opening up of Japan's markets to goods from the U.S.　米国製品に対するいっそうの日本市場の開放 ◆Supercomputers open up new worlds of possibility.　スーパーコンピュータは新しい可能性の世界を開く．◆The high-performance board opens up entirely new applications for personal-computer-based image processing.　この高性能ボードは，パソコンベースの画像処理の全く新しい応用分野を切り開いてくれます．

**open air**　the ～ 戸外，野外，屋外；open-air adj. 戸外の，野外の，屋外の ◆in the open air　戸外で ◆an open-air auditorium　野外公会堂 ◆an open-air swimming pool　屋外水泳プール

**open-cell**　◆(an) open-cell foam　《種類は可算》連続気泡フォーム

**open-chain**　adj. 《化》開鎖（構造）の，鎖式の，非環式の ◆open-chain compounds　〈鎖式に対して〉鎖状化合物

**open/close**　◆an open/close button　開閉ボタン

**open-cut**　adj. 露天掘り［採掘］の

**open dating, open-dating**　〈食品の〉賞味期限［品質保持，消費］期限の明示［表示］（＊期限を，コードを用いたりせず消費者にわかるようにパッケージに表示すること）

**open-day**　(= opening-day) 開幕日の，開会日の，初日の ◆open-day ceremonies　開幕日［開会当日］の式典

**open-end**　◆open-end mutual funds　《米》オープン型投資信託

**open-ended**　adj. 拡張可能な，開放型の，無期限の，状況に応じ将来的に変更可能な，〈討論〉形式の自由な ◆an open-ended strike for higher pay　賃上げ要求の無期限スト ◆an open-ended question such as "What do you worry about?"　「どんな心配がおありですか」といった類の自由形式の質問（＊答えを選択してもらうのではなく，自由に答えてもらう質問）

**opening**　回あく［開く］こと，開始，運用開始，開通，開業，開会，開店，an～ 開会式，初日，最〔始〕めての部分，冒頭，出だし；an～ 開口（部），口，穴，孔，開度，間隙，就職口，チャンス，機会，好機 ◆job openings　欠員，空いているポスト，働き口，就職口，求人，求人数 ◆a long narrow cut or opening　細い切れ目あるいは開口［開口部，隙間，空隙，穴，孔］（＊a slit「スリット」の説明から）◆an opening in a fire-resistive barrier　耐火壁に開けられている穴［開口部］ ◆at an opening ceremony　開会式［開所式，開通式，開校式，etc.］で ◆at small throttle openings　スロットル小開度時に ◆a water intake opening　取水口 ◆celebrate the opening of the laboratory　その研究所の開所を祝う ◆hold a grand opening sale　グランドオープニングセールを催す（＊開店や開業を祝っての大売り出し） ◆test the degree of opening　どの程度開くか［開き具合を］調べる；開度を確かめる ◆the opening of a morning [an afternoon] session　《株》前場［後場］の寄り付き ◆the opening of a plant　工場の開所［操業開始］ ◆the opening of a railroad [canal, road, bridge]　鉄道［運河，道路，橋］の開通 ◆the opening of the Group of 7 summit　G7［主要先進国］首脳会議の開催 ◆the opening of a telecommunications network　通信網［ネットワーク］の運用開始 ◆just [immediately] after the opening of the stock market　寄り付き直後に ◆celebrate the opening of the 100th store　百店舗目の開店を祝う ◆the opening of Kansai International Airport　関西国際空港の開港 ◆... was performed at the opening of the Cultural Center　～が文化センターのこけら落としに際して演じられた ◆water is expelled through an opening at the top　水は上端の開口部を通じ排出される ◆With the opening of the season just four days away, ...　シーズンの開幕まで余すところわずか4日となって，～ ◆China embarked cautiously on an opening to foreign enterprise.　中国は慎重に外国企業に対し門戸を開放し始めた．◆Crews are working furiously to get the building ready for its opening next July 14.　作業員らは来年7月14日に予定されている（施設）建物の開場［こけら落とし］に間に合わせるべく大奮闘している．◆He prepared for the opening of diplomatic relations between Japan and the People's Republic of China.　彼は日本と中華人民共和国との間の外交関係の開設のお膳立てをした．

**opening-day**　(= open-day) 開幕日の，初日の，開会日の

**open letter**　an～ 公開状 ◆an open letter to...　～に宛てた公開状［公開書簡］

**openness**　開放状態，開放性，率直さ，寛大さ（→closeness） ◆preserve a sense of openness　〈建築物などの設計で〉開放感を確保する ◆the closeness or openness of the network　ネットワークの閉鎖性または開放性 ◆Glasnost, President Mikhail Gorbachev's policy of openness　ミハイル・ゴルバチョフ大統領の開放政策であるグラスノスチ（＊グラスノスチは「情報公開」）◆the traditional openness of U.S. banking markets　米国の銀行・金融市場の伝統的な開放性 ◆Reporting on income and expenditures should be made mandatory to increase openness. 透明性を上げる［ガラス張りの度合い／明朗性を高める，ディスクロージャーを向上させる，情報公開・開示を進展させる］ために歳入と支出の報告を義務付けるべきである．

**open pit**　an～ 上部を開放してある［蓋のない］穴，開渠（オイキョ）；open-pit adj. 露天掘り［採掘，採炭］の，陸堀りの（オカボリ）の; adv. ◆an open-pit gold mine　露天掘りの金鉱

**open-plan**　オープンプランの，(間仕切りやついたての使用を少なくした)大部屋スタイルの ◆an open-plan office　オープンプランのオフィス（＊パーティションなどの間仕切りのないオフィス）

**open source**　◆the open-source development of Linux　Linuxのオープンソース方式による開発（＊ソース・コードを全面公開してボランティアや使用者による自発的改良を募り，どんどんよくして行くやり方）◆the open-source Linux operating system　オープンソースのLinuxオペレーティングシステム［基本ソフト］（＊ソフトウェアのソースコードを公開していて，不特定多数のボランティアなど外部の人に同時進行的に改良してもらえる）

**operability**　運用性，操作性，操作［運転］のしやすさ ◆the 2040GT's easy operability　2040GTのやさしい操作性［操作容易性］

**operable**　adj. 動作可能な，実働［実動］できる，動かせる；手術可能な ◆an old but operable car　古いけれども（まだ動いて）乗れる［実動，実働可能］車 ◆user-operable controls

ユーザーに操作[調節,調整]可能なスイッチ・ツマミ類[操作箇所] ◆women with operable breast cancer 手術可能な乳癌にかかっている女性たち ◆The machine is as easily operable as a photocopier. 本機は複写機と同ぐらい操作が簡単です.

**operand** *an* ～ オペランド, (被)演算数, 作用対象
**operate** vt. ～を操作する, 運転する, 操縦する, 動作させる, 働かせる, 動かす, 稼働させる; 経営する, 営業する, 操業する; vi. 働く, 動作する, 稼働する, 操業する, 運航する, 事業を営む, 商売する, 商う; 作用する, 影響する; 手術する <on> ◆operating characteristics 動作特性 ◆a mechanically operated switch 機械操作開閉器 ◆operate a car 自動車を運転する ◆operate on thin margins 薄利[薄い利ざや]で商う ◆The machine is controlled and operated hydraulically. この機械は, 油圧で制御および運転されている. ◆Edward Sinclair, Nepean Labs' president and chief operating officer ネピアンラボ社の社長兼最高業務責任者であるエドワード・シンクレアー ◆a battery-operated HDTV VCR バッテリー運用[駆動]の高品位(ハイビジョン)ビデオデッキ ◆American-operated oil installations 米国系の石油施設 ◆a thumb-operated trackball 親指で操作するトラックボール ◆the material operated upon at the stage その工程にかけられる[その工程で処理・加工される]材料 ◆tools and functions for operating on information 情報を処理するためのツールや機能 ◆a small business owned and operated by members of a family 家族経営の零細企業 ◆a company that operates in all parts of the country 全国で事業展開している会社 ◆if your telephone fails to operate as intended お買い上げの電話機が意図された通りに[正常に]動作[機能]しない場合は ◆Do not operate any appliance with a damaged cord or plug. 電気器具はコードやプラグが損傷したままで動作させないでください. ◆The batteries operate at temperatures from -25 to 70°C. これらの電池の使用温度は, マイナス25°Cから70°Cまでです. ◆The DAC operates from a single 5V source. そのD/Aコンバータは, 5Vのシングル電源で働く. ◆The engine operates on super-unleaded fuel. このエンジンは, スーパー無鉛燃料で動く[動作する]. ◆The system started operating in January 1993. 本システムは, 1993年1月に運用開始した. ◆The unit operates on an internal 9-volt battery. このユニット[装置]は, 内蔵の9ボルト電池で動作する. ◆He is scheduled to have his right arm operated on toward the end of this month. 彼は今月下旬に左腕の手術を受ける予定になっている. ◆It operates on internal rechargeable battery or 110/220 VAC. それは, 内蔵充電池またはAC 110/220Vで働く. ◆Paper plants are operating at 95% of capacity, textile mills at 94%. 製紙工場は操業率[稼働率]95%で, また繊維工場は94%で稼働している. ◆This computer system is designed to operate with MS-DOS, Xenix or OS/2. このコンピュータシステムは, MS-DOS, Xenix, あるいはOS/2で動くように設計されている. ◆During August, U.S. factories, mines, and utilities operated at 83.7% of capacity. 8月中, 米国の工場, 鉱山, および公益企業は83.7%の稼働率で操業していた. ◆These printers operate at rates ranging from a few dozen to a few hundred characters per second. これらのプリンタは, 1秒間に数十から数百文字の速度で動作[印字]する. ◆The unit is lightweight, portable and AC-line, external DC supply or battery-operated. 本ユニットは, 軽量で携帯性があり, 商用交流電源, 外部直流電源, または電池で動作します. ◆To conserve power, the electronic calculator stops operating after an interval during which no key has been pressed. 節電のため, この電卓はどのキーも押されないままある(一定)の時間が経過すると動作を停止する. [参考] work[活動(of activity)]; workpiece; a workpart; a part being worked on; (a) material (being) operated upon (製造中の)被加工物; (意訳)仕掛上[仕掛かり品]

**operating** adj. 操作の, 運転の, 動作の, 操業の, 作業の, 事業の, 営業の, 経営の ◆under operating conditions (装置などが)動作状態で, 動作中に, 稼働時に ◆an operating guide 操作手引き書[操作説明書, 取扱説明書] ◆an operating panel 操作パネル, 操作盤 ◆an operating range 動作範囲[領域]; 運転領域; 作動距離; 作業範囲 ◆an operating rate 動作速度; (= an operating ratio) 稼働率, 操業率, 動作率 ◆an operating table 手術台 ◆(an) operating time 動作時間(＊リレーなど) ◆a standard operating procedure (SOP, S.O.P.) 標準操作[作業, 処理]手順; 標準作業手順書; 標準実施要領 ◆operating conditions 動作[運転, 操作, 操業, 稼働, 営業, 経営, 作戦]条件[状態] ◆operating costs [expenses] 運転費, 操業費, 経営費, 経費, 営業費, 事業費, 業務費(*「費」は「費用」と書き換え可能) ◆operating expenses 運転[営業]費用 ◆operating income 営業収入[所得, 利益, 収益] ◆operating instructions 操作のしかた[操作手順, 作業方法, 使用法](の指示) ◆an operating status indicator 動作[運転, 稼働]状態[状況]表示器 ◆a 10% operating profit on sales 10%の対売上営業利潤 ◆a 64-bit operating environment 64ビットの動作環境 ◆a company's operating procedures 会社の経営のやり方 ◆an operating duty test (強電)動作業務試験 ◆an operating handle 操作ハンドル ◆improve operating effectiveness 稼働[操作, 操業, 運転, 経営, 営業]効率を向上させる ◆Operating Time Between Charges: 8 Hrs 充電から充電までの動作時間[((意訳))電池持続時間, 電池の持ち時間, 電池使用時間]: 8時間 ◆reduce operating costs 操業費を削減する ◆reduce operating noise 動作[作動]音を減少させる (*operating noise は, モーターなどのように連続音を発しているものについては「動作音」, リレーなどカチッという単発的な音の場合には「作動音」) ◆standard operating procedures for... ～の標準操作手順 ◆the operating point of a transistor トランジスタの動作点 ◆the operating principles of... ～の動作原理 ◆when tested under real operating conditions 実際の動作[運転]条件のもとでテストされた時に ◆a 4.2-percent increase in operating revenue 4.2%の営業収益の増加 ◆a wide operating temperature range 広範な動作温度範囲 ◆Operating environment: For indoor use in dry locations only 0°C -70°C 動作環境―屋内の乾燥した場所での使用に限ります. (温度は)0°C～70°C ◆Operating Temperatures: -100 to -360°C 動作温度(範囲): -100°C～-360°C(*特定の温度範囲内に含まれる異なる無数の温度値を指して, 温度が複数形で書かれている. このように, 複数形によって値の幅を表現することができる) ◆When tested under real operating conditions,... 実際の動作[実動]状態でテストした際に ◆get the engine to its best operating temperature エンジンを最適な動作温度まで温める ◆a breakdown of operating revenues and operating expenses for the 26 major league baseball teams in 1994 大リーグ26球団の1994年の営業収入および経営費の内訳 ◆Four LEDs indicate the operating status of the system. 4つの発光ダイオードがシステムの動作状況[稼働状態]を表示する. ◆These modules were tested with [at] an operating voltage of -2,900 V. これらのモジュールは, -2,900Vの動作電圧で試験された. ◆The aircraft is composed of a variety of systems, each with many operating parts. 航空機は, さまざまなシステムを組み合わせて造られている. そして各システムは多数の動作部品で構成されている. ◆The operating hours are noon to 4 p.m., Monday through Friday, and 11 a.m. to 5 p.m. on Saturdays. 営業時間は, 月曜から金曜までが正午～午後4時, 土曜日は午前11時～午後5時です. ◆The software alerts the user to any parameter that is out of an ordinary operating range as defined by the user. このソフトウェアは, ユーザーが定義[設定]した通常動作範囲から逸脱したパラメータがあるとユーザーに警告する. ◆The 2.5-V device addresses the trend toward lower operating voltages: Lower-operating-voltage parts consume less power and are ideal for interfacing with the 2.5-V ASIC devices used in today's networking systems. この2.5Vデバイスは, 低動作電圧化傾向に呼応したものです. 低動作電圧部品は電力消費がより小さく, 今日のネットワーキングシステムに使用されるASICデバイスとの接続にもうってつけです.

**operating life** *(an)* ～ 動作寿命 ◆The EGA-compatible LCD screen has an average operating life of 20,000 hours. このEGA対応の液晶ディスプレイ画面は, 平均動作寿命が2万時間である. ◆The semiconductor laser provides a 50,000-hour operating life    この半導体レーザーは、5万時間の動作寿命を持つ。

**operating point** an～ 動作点, 運転点 ◆the d-c operating point of a circuit    回路の直流動作点

**operating profit** an～ 営業利益, 営業利潤, 操業利潤 ◆post an operating profit of $60 million    6千万ドルの営業利潤［利益］を計上する ◆the company made $25,600,000 in operating profits from 1990 through 1995    この会社は1990年から1995年にかけて2,560万ドルの営業利益を上げた

**operating system** (OS) an～ 《コンピュ》オペレーティング システム, 基本ソフト ◆the UNIX operating system    UNIXオペレーティングシステム（＊UNIX の後ろに operating system が無い場合は、無冠詞） ◆the operating system you're running on your PC    あなたのパソコンで走らせているオペレーティングシステム ◆Strictly speaking, Windows operating systems such as Windows 98 are operating environments.    厳密にいえば、Windows 98などのWindows基本ソフトは動作環境である。

**operation** (an)～ 操作, 運転, 操業, 動作, 作用, 施行, 実施, 稼働, 操業, 運航, 営業, 運営, 経営, 作業, 活動, 業務, 事業, 売買; an～ 事業, 事業部, 事業部門, (作業［操業, 生産］)施設, 一部門; an～ 作戦, 演算, 手術; ～する 管制室, 作戦本部, 司令部 ◆during operation    運転中に ◆come into operation    〈規則, 制度などが〉施行される;〈計画が〉実行される, 実施に移される; 操業[動作]状態に入る ◆put...into operation    〈規則, 制度などを〉施行する;〈計画を〉実行に移す; ～を操業［営業, 動作, 運転］状態にする ◆bring...into operation    ～を稼働［営業, 動作］させる ◆resume business [operation]    〈企業などが〉業務［営業, 操業, 作業］を再開する（＊operations と複数形で書かれる場合の方が多い） ◆a mode of operation (pl. modes of operation); an operation mode (pl. operation modes)    運転［動作, 運用, 操業］方式 ◆an operation room    作戦（指令）室 ◆an operation test    動作［運転, 運用］テスト［試験］ ◆a quenching operation    焼き入れ工程 ◆full operation    フル操業［稼働］(→ full operation の見出し有り) ◆hours of operation    営業時間 ◆peacekeeping operation    平和維持活動 ◆an operation [operating] method    演算法, 操作法, 運転方法, 運営方法, 手術方法 ◆operations research (= operations analysis)    オペレーションズ・リサーチ［OR, 作戦研究, 作戦の科学的・数学的分析］ ◆an operation [operating] plan; a plan of operations    操業［運転］計画;《鉱業》施業案 ◆an operations center    オペレーションセンター ◆an operations room    作戦司令室 ◆text-editing operations    文章編集作業［業務］ ◆a mom-and-pop operation    零細な個人経営事業［企業］ ◆Operation Desert Storm    砂漠のあらし作戦 ◆the Air Force's Special Operations Command    米空軍の特殊行動軍 ◆a mine in operation    操業［稼行］している鉱山 ◆be capable of operation    動作可能である ◆be designed for operation with...    〈装置が〉～との使用のために作られている ◆be involved in the day-to-day operations of the company    会社の日々の経営に当たっている ◆computer operations personnel    コンピュータ運転［操作］職員 ◆conduct [carry out] surgical operations    〈外科〉手術を行う ◆ease of operation    操作の易しさ［容易さ］, 操作性,《意訳》簡単操作 ◆effect the operation of...    ～を動作させる ◆make operation simpler    操作をもっと簡単にする ◆on days of operation    営業日に ◆operation under MS-DOS    《コンピュ》(ソフトの) MS-DOS 上での動作 ◆perform a logic operation    論理演算をする ◆prepare it by one operation    それを一括作成する ◆properly perform [carry out, conduct, implement] the operation of...    ～を適正［正しく］運営［経営, 運転, 運用, 操作, 操業］する ◆stop the operation of the plant; halt the plant's operation    そのプラント［工場］の運転［操業, 稼働］を停止する ◆systems (now) in operation    （現在）稼働中の［《意訳》既設の］システム ◆the day-to-day operations of the school    学校の日々の運営 ◆the four fundamental operations of arithmetic    算数の基本四則演算 ◆the principle of operation of...    ～の動作原理 ◆the rate of operation of...    ～の動作率［稼働率］; ～の動

作速度 ◆undergo a manufacturing operation or process    〈製品の材料や部品が〉製造工程を経る ◆under pulsed operation    パルス動作(状態)のもとで[の];パルス運転時に[の] ◆unmatched convenience of operation    他に比べるものがないほど優れた使い勝手; 比類なき操作性 ◆without needing human operation    人が操縦［運転］する必要なしに ◆AT&T's network operations center    AT&T社のネットワーク運用センター ◆do search-and-replace operations across multiple files    複数のファイルにわたって検索置換操作を行う ◆perform operations such as sorting and searching    分類, 検索などの操作［処理］を行う ◆perform the operations of addition and subtraction on polynomial expressions    多項式の足し算［加算］および引き算［減算］（の計算［演算］）をする ◆the safe operation of these vehicles    これらの車両の安全運転 ◆use a microprocessor to implement the operation of the spectrum analyzer    スペクトル分析器を動作するのにマイクロプロセッサを使う ◆with operation slated for the mid-1990s    1990年代半ばに営業［運転, 操業］開始予定で ◆nuclear power plants in operation in Japan    日本で稼働［運転］中の原子力発電所 ◆an immense but efficient operation with a worldwide reputation    巨大ではあるが効率的な世界に名だたる企業［会社］ ◆In operation since 1923, the company is...    当社は1923年から操業しており、～ ◆the company is expanding [broadening] its scope of operations to include wafer fabrication services    同社はウェーファ製造サービス［事業］にも新たに手を広げ事業を拡大［拡充］しつつある ◆this lets the system resume operation automatically after a power failure    これによりシステムは停電後に自動的に動作［運転］を再開できる ◆Although the principle of operation differs between the two systems,...    これら2つのシステムの動作原理は異なるものの、 ◆he said the company will cease operations entirely unless...    彼は、～でない限り同社は完全に業務を停止［営業を廃止, 廃業］するだろうと述べた ◆...membrane switches with contact life rated at greater than 10 million operations    接点寿命が（定格で）1000万操作回以上とされているメンブレンスイッチ ◆the mass-production tape-pirating operations going on in this country    この国で起きている海賊版テープ大量生産行為 ◆It's a very simple operation.    それは非常に簡単な操作［簡単なもの］です。 ◆The company began operation in 1986.    その会社は1986年に［事業］を開始した。 ◆The factory started operation in April.    この工場は、4月に操業開始した。 ◆The remaining reactors are set to resume operations in March and September.    残りの原子炉は3月と9月に運転が再開されることになっている。 ◆The system began operation in 1990.    そのシステムは1990年に運用を開始した［稼働を始めた］。 ◆The system is expected to be ready for operation in June, 1999.    同システム, 1999年6月には稼働する態勢が整う［立ち上がる］と見られている。 ◆This program has performed an illegal operation and will be shut down.    このプログラムは不正な処理を行ったので、プログラムは終了されます。 ◆Check the operation of all switches.    全スイッチの動作をチェックしてください。 ◆Dissipation is just 100 mW during operation.    消費電力は、動作時でわずか100ミリワットである。 ◆Mounting slots are punched in one operation.    取り付け穴が、1回の操作で打ち抜かれる。 ◆Check the system for proper operation.    この系統が、正常に働くかどうか点検［正常に動作することを確認］してください。 ◆Noise restrictions limit the hours of operation.    騒音規制により営業時間が制限されている。（＊空港の話） ◆The new paintshop will come into operation in 1994.    この新しい塗装工場は、1994年に操業開始の予定である。 ◆The system was first placed in operation in 1990.    そのシステムは1990年に運用開始された。 ◆A complex operation like a division takes a lot longer than a simple shift.    《コンピュ》割り算［除算］のような複雑な演算は、単純なシフト［桁移動, 桁移動］よりもはるかに時間がかかる。 ◆An entire data file can be downloaded into RAM in one operation.    1つのデータファイル全部を1回の操作でRAMにダウンロードできます。 ◆Most U.S. carmakers have manufacturing operations in Mexico.    ほとんどの米国自動車メーカーは、メキシコ

生産部門を持っている。 ◆Pre-operation care: Before your operation, make sure you are ready.　手術前のケア－手術(を受ける)のに先立ち、準備が整っていることを確認してください。 ◆The lever can be configured for either left or right hand operation.　レバーは、左右操作または右手操作どちら用にも配置できる。 ◆The machining operation is made in the five steps described below.　この機械加工作業は、次に述べる5段階で行う。 ◆The new company expects sales to reach $20 million in its first year of operation.　この新会社は、営業開始[創業、開設]初年度に2千万ドルの売り上げを見込んでいる。 ◆The printer provides quiet operation for office environments.　このプリンタは、オフィス環境のために静かな動作をします。 ◆As Japan seeks to expand both R&D and manufacturing operations abroad, it exports its own technology.　日本が研究開発と生産活動の両方を海外に拡大しようとするにつれ、日本自身の技術も輸出することになる。 ◆Those companies are moving their manufacturing operations to Europe and North America.　それらの企業は、自社の製造業務を欧州や北米に移行させつつある。 ◆This model incorporates structural improvements to accommodate the increased takeoff and landing cycles encountered in short-range intra-Japan operations.　この機種は、日本国内の短距離運航での離着陸サイクルの増加に対応するために構造的な改良を採り入れて[採用して]いる。 ◆Operation is guaranteed under the following conditions: * Ambient temperature: 0 to 65 degrees centigrade * Relative humidity: between 5% and 95% (non-condensing)　動作は次の状態で保証されています。・周囲温度:0～65°C・相対湿度:5～95%(非結露)

**operational** adj. 操作上の、稼働[運転]中の、実用[運転、操作、動作]可能な、実戦上の、作戦行動に入っている ◆an operational test　運用[機能]試験[テスト] ◆operational procedures ◆a dc operational amplifier　直流演算増幅器[オペアンプ、OPアンプ] ◆monitor the operational status of...　～の動作[運転、稼働]状況[状態]を監視する ◆predict the operational reliability of...　～の動作[運用]信頼性[信頼度]を予測する ◆set the most basic operational modes　最も基本的な操作モードを設定する ◆extend the operational lives of some older aircraft　一部の旧型航空機の運用年数を延ばす ◆bring... from the drawing board to operational status　～を設計段階から稼働状態[実用化]まで持っていく ◆scheduled to become operational in the near future　近々[近く]運用開始の予定 ◆to bring the system to operational status　同システムを稼働[運用、動作]状態に(まで)持って行くために ◆when the collider is fully operational　この粒子加速器がフル[本格]稼働すると ◆to maintain the system in an operational status of 75% availability rate　本システムを稼働率75%で稼働[運用、動作]状態に(維持)しておくために ◆since Minitel terminals are operational 24 hours a day, seven days a week　ミニテル端末機は1日24時間、週7日実働しているので ◆Make sure all of your vehicle lights are operational.　あなたの車の燈火がすべて動作することを確認してください。 ◆They are a decade away from becoming operational.　それらは実用化まであと10年かかる。 ◆The technology is not operational at present, but it is on the drawing board at a number of companies.　この技術は現在のところ実用化されてないものの、多くの会社にいて設計段階にある。

**operative** adj. 機能[動作、作用]する、効果のある、有効な、作業の、操作の、手術の; an～ 工具[職人]、工作員 ◆a button becomes operative　ボタンが機能するようになる[有効になる] (*ソフトウェアが disable されていたものが enable されることにより) ◆a former CIA operative　中央情報局の元諜報部員[エージェント、特殊工作員、スパイ] ◆operative treatment methods　手術療法の方法 ◆provide pre- and post-operative care　手術前および手術後の介護・看護を施す ◆his post-operative condition is perfectly good　彼の術後の状態は申し分ない ◆when ATMs with facial recognition become operative　(意訳)顔認識機能を備えた現金自動預払機が稼働するようになると[実用化されると] ◆The provisions shall become operative on January 1, 2002.　これらの規定[条項]は、2002年1月1日をもって発効するものとする。

**operator** an～ オペレータ、電話交換手、運転員、運転士、操作員[者]、作業者、扱い者、通信士; an～ 演算子、作用素 ◆a comparative [relational] operator　比較演算子 ◆an operator-assisted call　電話交換手扱いの通話 ◆an operator error　操作者[運転員、取扱者、交換手、運用者、作業員]のミス; 操作ミス; 誤操作 ◆an operator manual　操作員[運転員]マニュアル ◆an operator manual　運転手順書、使用説明書、取り扱い説明書 ◆an operator's console　操作卓 ◆a bulletin board operator　パソコン通信ネット事業者(= a BBS operator); 掲示板運営[管理]者 ◆a small-business operator　小企業[零細企業]経営者 ◆a heavy-equipment [excavation-equipment] operator　重機[掘削機]の操縦士 ◆the operator of a motorcycle　オートバイの運転者 ◆Read this Operator's Guide before using it.　それを使用する前に、この操作ガイド[取扱説明書]を読んでください。

**operator-assisted** ◆operator-assisted calls　(電話)交換手扱いの通話, 手動通話

**ophthalmological** adj. 眼科の ◆ophthalmological instruments [procedures]　眼科の用具[処置]

**ophthalmologist** an～ 眼科医、目医者 ◆Ophthalmologists are physicians who specialize in medical diagnosis and treatment of eye and vision disorders.　眼科医は、目と視力の障害の医療診断および治療を専門とする医師である。

**ophthalmology** 回眼科、眼科学 ◆a hospital's ophthalmology department [division]　病院の眼科

**OPIC** (the Overseas Private Investment Corp.) 米海外民間投資公社(略語形はthe は不要)

**opinion** (an)～ 意見、見解、判断、所見、信ずるところ、所信、私見、持論、評価、考え、感想、所感、世論、鑑定 ◆in my opinion [judgment]　私の考えでは、私見によれば ◆one's personal [private] opinion　個人的な意見[見解]、私見 ◆the exchange of opinions　意見の交換 ◆an opinion-research firm　世論調査会社 ◆adopt an opinion to the effect that...　～という趣旨の意見を採択[採択]する ◆an opinion on [about]...　～についての意見 ◆a wide variety of opinions　幅広い意見 ◆in a 14-page written opinion　14頁にわたる意見書の中で ◆One opinion said (that)...　ある意見では、～ということだった ◆I'm of the opinion that...　私は、～という意見です。 ◆a professor uttered some opinion about [on]...　教授が～について若干意見を述べた ◆exchange views, ideas, and opinions with one another　互いに見解やアイデアや意見の交換を行う ◆I'd like your opinion as a chemist on...　～についてあなたの化学者としての意見をいただきたいのですが。 ◆there's still some difference of opinion even among...　～の間でさえも依然として見解の相違がいくらか[温度差が若干]ある ◆As the evidence of tobacco's harmfulness mounts, public opinion has turned increasingly against tobacco.　たばこの害の証拠が集まるにつれて、たばこに対する世論[世間]の風当たりがますます強まった。

**opponent** an～ 相手、敵対者、敵手、対抗者、反対者; an～ 拮抗筋 ◆Ebert's opponents made a proposition that...　エーベルトに反対する者たちは、～という提案をした。

**opportune** adj. (時期的、タイミング的に)ふさわしい[適切な、好都合な]、宜を得た、タイムリーな (→inopportune) ◆occur [take place] at an opportune time　ちょうどよい時期に[タイムリーに]起こる; (会議などが)時宜を得て開催される

**opportunistic** adj. 便宜[日和見]主義的な、ご都合主義的な ◆prevent opportunistic infections　日和見感染(症)を防ぐ ◆the patients never developed an opportunistic infection　これらの患者は全く日和見感染(症)にかからなかった

**opportunity** (an)～ 機会、好機、チャンス、時機、潮時、適時、可能性、good な時機、オポチュニティー ◆at every opportunity　あらゆる機会に ◆waste an opportunity　機会を無駄にする ◆improve an opportunity　機会をうまく活かす ◆a photo opportunity; (口)a photo op　写真撮影の席[場、機会] (*特にVIPの報道撮影用) ◆an opportunity seeker　好機

［機会］をうかがっている人 ◆at the earliest possible opportunity できるだけ早い機会で ◆capitalize on opportunities 機会を活かす［活用する，利用する］ ◆capitalize on the opportunity created by... 〜によってつくられた機会を活かす ◆get [gain] an opportunity [a chance] to <do...> 〜する機会［好機，チャンス］を得る ◆jump [leap] at an opportunity [a chance] to <do...> [of...] ing 〜するチャンスに飛び付く（*jump on the opportunity [chance]とも） ◆look for business opportunities ビジネスチャンスを探す［捜す］；商機を探る；事業機会を探索する（*何か商売になりそうなものはないかと） ◆make the most of this opportunity この機会［チャンス］を最大限生かす ◆miss a golden opportunity to <do...> 〜する絶好のチャンス［機会］を逃す［逸する，失う］ ◆miss an opportunity to <do...> 〜する機会［チャンス］を逃す ◆see a significant opportunity 大きな可能性を予見する ◆seize an opportunity [a chance] to <do...> 〜する機会［好機，チャンス］を捕らえる ◆at the earliest [first] opportunity チャンス［機会］があり次第；できるだけ早い機会で ◆if the opportunity offers 機会があれば ◆take the first [earliest] opportunity of...ing 機会［チャンス］があり次第〜する ◆it provides [gives]... a golden opportunity to <do...> それは〈人など〉に〜する最高［絶好］の機会［チャンス］を与える ◆Now is a great opportunity to <do...>. 今が〜するのに素晴らしい機会［（めったにない）好機］だ． ◆We had an opportunity to <do...> 我々は，〜をする機会を持った ◆whenever the opportunity arises; whenever one has an opportunity; whenever one gets a chance [the opportunity]; whenever there is a chance 機会［チャンス］があるごとに［あれば］いつも ◆whenever the opportunity to <do...> presents itself 〜する機会［チャンス］があればいつでも［あるたびに］ ◆whenever there comes an opportunity to <do...> 〜する機会［チャンス］が到来したら［《意訳》あれば］いつでも ◆A great opportunity has dropped into the laps of... よい機会［好機］が〜に転がり込んできた． ◆Do not let any opportunity slip by [slip away, pass, go by] to <do...> 〜するためのどんな機会［チャンス］も逃がさない［でつかむ］こと ◆In order to fully capitalize on opportunities and address these issues,... チャンスをフルに活かして［機会を十分に活用して］これらの問題に取り組むためには ◆let the long-sought opportunity slip away 長い間うかがっていた［狙っていた］機会を逃してしまう ◆you need to take advantage of every opportunity to <do> 〜するためにあらゆる機会を利用する必要があります ◆detect sudden opportunities and take swift advantage of them 突然の好機があれば，それを察知してすぐに利用する ◆expand study-abroad opportunities for Japanese university students 日本の大学生が海外留学できる機会を拡げる ◆give disabled people a greater opportunity to be productive 身体障害者の人々にもっと生産的活動に従事できる機会を与える ◆grasp an opportunity which would lead to the termination of hostility 敵対状態の終結に結びつく可能性のある機会をつかむ ◆the company has provided me the opportunity to study... 会社が，私に〜を研究する機会を与えてくれた． ◆this special, limited-time opportunity to subscribe to... 〜を定期購読するためのこの特別の期間限定のチャンス ◆We would like to thank you for allowing us the opportunity to <do...> 私達に〜する機会を与えてくださった皆様に［皆様のおかげで〜する機会を持つことができましたことを］感謝いたします． ◆Below is a listing of career opportunities at Bank of Hawaii. 以下はハワイ銀行における就業機会［《意訳》］ハワイ銀行の社員募集要項］です． ◆If an opportunity to further your education arises, grab it! （生涯学習など）勉強する機会ができたら［チャンスが到来したら］，それをつかむこと［逃さないこと］． ◆This was a once-in-a-decade opportunity. これは10年に一度あるかないかのチャンスだった． ◆We had a prime opportunity and we let it get away. 最高［絶好］のチャンス［機会］を逃してしまった． ◆We must not let this opportunity slip through our fingers. 我々は，この機会［チャンス，機会，好機］を逃さないようにしなければならない． ◆When this opportunity came (along), I grabbed it. このチャンスがやってきた［機会が訪れた，好機が到来した］と

き，私はそれをそれをつかんだ． ◆It would be criminal – absolutely inexcusable – to let an opportunity like this pass by. このような好機を逸する［チャンスを逃す］ようなことがあったら，それは犯罪的であり全く弁解の余地はないといえる． ◆I would like to take this opportunity of congratulating the organizers on this success. この機をとらえまして［この機会に］，主催者側の皆様に，(本大会［本会議，本展示会］の）ご成功のお祝い申し上げます． ◆Compatibility with earlier models places a strong constraint on opportunities for new designs. 先発機種との互換性は，新しい設計の自由度［可能性］に厳しい制約を与える． ◆I would like to take this opportunity to acknowledge the contributions of these individuals. この機会に，私はこれらの皆様からのお力添え［ご協力］に感謝致したく存じます．

**oppose** vt. 〜に対抗する，反対する，抵抗する，〜を妨害する，〜を相対するように置く，対向させて［向い合うように］設置する，対置する；vi. 反対する，対抗する，向い合う，対向する ◆as opposed to... 〜に対して ◆a horizontally-opposed cylinder pair 水平に対向した一対のシリンダー ◆oppose the pull of gravity 重力の引力に逆らう ◆I have a right to oppose unreasonable laws. 私には不当な法律に対して反対する［理不尽な法律に反対を唱える］権利がある． ◆We oppose the project. 我々は，その計画に反対する．

**opposed** adj. 反対して，対立して，対抗した，向い合った，対向した，敵対の ◆as opposed to... 〜とは対照的に，〜に対立する［〜と相対（アイタイ）する］ものとして ◆a 2.5-liter horizontally-opposed boxer engine 2.5リッター水平対向ボクサーエンジン（*boxerのみで「水平対向」の意味がある） ◆We are completely [absolutely] opposed to... 我々は，〜に真っ向から反対である．

**opposite** adj. 反対側の，向こう側の，向い合わせの，反対の，逆の; prep., adv. 向き合って，反対側に，向こう側に，反対の位置に，反対方向に; n. an 〜 反対の人［物，事柄］; the 〜（〜の）反対，逆 ◆(be) opposite <of> 〜と向き合う；〜と向きが逆である ◆in mutually opposite directions 互いに反対の方向［逆方向］に ◆in the direction opposite to... 〜と逆方向に ◆in the opposite direction 反対方向に ◆pulses of opposite polarity 双極性パルス（←pulses of one polarity 単極性パルス） ◆travel opposite to the direction of... 〜の方向と逆の方向に移動する ◆flow opposite in direction to the travel of... 〜の移動方向と逆の方向に流れる ◆to stop oncoming traffic in the opposite lane 反対［対向］車線の対向車両の流れを停止させるために ◆The renderings are hung on opposite sides of a passageway. これらの完成予想図は通路の両側に掛けられている． ◆These two meshed cogs rotate in opposite directions. 噛み合ったこれら2つの歯車は，（互いに）反対方向に回転する． ◆The infrared beam source and the detector are placed on opposite sides of a road. 赤外線ビーム源および検出装置が，道路を挟んで（向き合うように）路肩に設置される． ◆Values can be different for similar homes on opposite sides of the same street. 同じ通りを挟んで向い合う似たような住宅の価格が異なることもある．

**oppositely** adv. 反対方向に，反対の位置に，反対［向かい］側に，向かい合って，対向して，逆の［対向の］やり方で，逆の順に ◆oppositely charged ions such as Na+ and F− のように反対の極性に帯電しているイオン

**opposition** ⓝ反対，対立，対抗，抵抗，反撃，敵対; the 〜《しばしば the Opposition とも》(集合的に）反対党，野党，〜 反対派，反体制派，敵，敵対勢力（グループ），競争相手 ◆a long-time [perennial] opposition party 長年政権に就けないでいる［万年］野党 ◆in direct opposition 真っ向から対立して ◆the traditional binary opposition between Muslim and Christian イスラム教徒とキリスト教徒の間の伝統的二項対立 ◆meet with strong opposition from... 〜からの強い抵抗［反対，（意訳）抗う］に合う ◆opposition parties criticized the government for delaying the implementation of... 野党は，〜の実施を遅らせているとして政府を非難した

**oppress** vt. 〈人〉を〈権力や政治で〉圧迫する［虐げる（シイタゲル）］，〈人，心，精神など）に重くのしかかる，〜を苦しめ

る，(〜で)〈人〉を悩ます[憂鬱にさせる]〈by, with〉(▶通例受身形で用いる)◆oppressed Afghan women 虐げられているアフガン[アフガニスタン]の女性たち

**opt** vi. 選ぶ，選択する〈for, to do〉，(〜に)決める〈for, in favor of〉◆opt for early retirement 早期退職を選択する◆If..., there's very little reason to opt for a desktop model. もしへなら，デスクトップ型機種を選択する理由はほとんどない．

**opt out** vi. (〜からの)脱退を選ぶ〈of〉，(〜に)加わらない[参加しない]ことを選ぶ〈of〉

**optic** adj. 目の，視覚の，視力の，光学の；n. 〜s《単扱い》光学；《単／複扱い》光学的諸特性；〜s《レンズ・プリズム・鏡など》光学部品[光部品，光学装置]類 ◆a faceted optic ファセット[多面]レンズ

**optical** 眼の，視覚の，光学(式)の ◆an optical disc 光ディスク ◆an optical interferometer 光[光学]干渉計 ◆an optical isolator 光アイソレータ(= a photocoupler) ◆an optical modulator 光変調器 ◆an optical path 光路 ◆an opto[optical, optoelectronic, optoelectronics] device 光デバイス ◆external optical modulation 外部光変調(※光を変調するために外部から何らかのエネルギーを加える) ◆optical interference 光[光学]干渉 ◆optical interferometry 光[光学]干渉法 ◆optical mark reading (OMR) 光学式マーク読み取り ◆optical power density 光出力密度 ◆optical semiconductors 光半導体 ◆an optical communications system 光通信システム ◆a digital optical tachometer 光学式デジタルタコメータ ◆an optical time-domain reflectometer 光学時間領域反射率計 ◆back up a large file on one optical disc [disk] 大きなファイルを1枚の光ディスクにバックアップする ◆the optical axis of a lens レンズの光軸 ◆a 100-Gbit/s OTDM (optical time-division multiplexed) system 100Gbps光時間分割多重システム ◆the optical-power output of a semiconductor laser 半導体レーザーの光(電力)出力(※単位は watts または lumens per sec.) ◆They have a very nice selection of mice, especially of the optical variety. その店は，マウス，特に光学式マウスの品揃えがすばらしい．(a variety = 変種，品種)

**optical communications** 光通信 ▶光通信システムは，コヒーレント光源，光ファイバー，光検出器などハイテク技術・部品を用いたものことである．これに対し，狼煙 smoke signals, 手旗信号 semaphores, 鏡を使った日光反射信号 heliographs, 懐中電灯点滅による通信 light [flashing-light] communication systems など，古典的な visual signaling systems は visual communication systems と呼ばれる．◆in optical communications 光通信において ◆an optical communications system 光通信システム

**optical computer** an 〜 光コンピュータ(※電気信号より段代わりに光信号を用いたコンピュータ)

**optical fiber** an 〜 光ファイバー ◆a single-mode [multimode] optical fiber 単一モード[多モード]光ファイバー ◆an optical-fiber telecommunications system 光ファイバー通信システム ◆replace existing copper cables [wire] with (an) optical fiber 既設の銅ケーブル[既設の銅線]を光ファイバに替える[光ファイバ化する，光化する] ◆transmit voice, data, and image communications signals through optical fibers 音声，データ，および画像の通信信号を光ファイバーで送る

**optimal** adj. 最適の，最良の，最善の，最大(限)の ◆achieve optimal performance 最高性能を達成する ◆get optimal performance 最高性能を得る ◆adjust a receiver for optimal reception 受信機を最適に[最高に調子よく，ベストな状態で]受信できるよう調節する

**optimally** adv. 最適に，最も最適化なように ◆kerned (optimally-spaced) character pairs 字詰めされた(最適に間隔をあけた)文字対

**optimism** ⓤ楽観[楽天]主義，楽観論，性善説(→pessimism) ◆caution [warn] against excessive [too much, undue] optimism on... …について楽観的になり過ぎないよう注意する ◆confront the future with optimism 楽観的に将来と向き合う ◆optimism is running high 楽観的な見方が高まっている ◆There is, as yet, little ground for optimism on... …に関してしまだ楽観は許されない ◆warn against premature optimism over... 〜に関して早まって楽観的にならないよう[《意訳》楽観視はまだ早すぎると]注意を促す ◆As to the future direction of..., President Clinton has very little grounds for optimism. 〜の今後の方向性に関し，クリントン大統領はまったくといっていいほど楽観が許されない状況にある．◆The news gives us no grounds for optimism. この情報は我々に，楽観が許されないことを伝えている．◆The report offers little ground for optimism. この報告書は，(事態に)楽観できるような状況にないことを示している．

**optimist** an 〜 楽観論者，楽天主義者，楽天家(→a pessimist)

**optimistic** adj. 楽観的な，楽天的な，(情勢判断などが)甘い，のんきな(→pessimistic) ◆an optimistic outlook 楽観的な見通し；甘い見方 ◆an optimistic outlook for... 〜の楽観的な見通し ◆become [grow] more optimistic より楽観的になる ◆be optimistic about the future of... 〜の将来(に)行方に楽観的になっている ◆be optimistic about the outcome of... 〜の成り行きを楽観している ◆in [with] an optimistic mood 楽観ムードで ◆take an optimistic view of... 〜を楽観視する ◆I'm optimistic that... might [will, can]... 私は〜であろうと楽観している ◆It's too early to be optimistic, but... 楽観するのは早計だが[依然として楽観は許さないが]，◆Optimistic projections are that the stadium can be built in 18 months. 楽観的な予測では，競技場は18カ月で建設できるとしている．

**optimization** 最適化，最大限に活用すること，最も効果的にすること，極大化[極小化]すること ◆perform optimizations 《コンピュ》最適化を行う ◆undergo optimization 最適化をうける；最適化される ◆an optimization facility [feature] 最適化機能 ◆design optimization 設計の最適化 ◆performance optimization 性能の最適化 ◆the optimization of... 〜の最適化 ◆during an optimization of the drive 《コンピュ》ドライブ最適化の最中に ◆implement (the) optimization of... 〜の最適化を行う ◆further optimization has been done [carried out, accomplished] 更なる最適化が行われた[《意訳》施された] ◆This process is sometimes described as optimization, a search for an optimum. この過程は，場合によっては最適化，つまり最適条件の追求，と呼ばれるものである

**optimize** v. 最も効果的にする，最適化する，オプティマイズする ◆optimize the circuit 回路を最適化する ◆to optimize operation of all those air bags, それらすべてのエアバッグの作動を最適なものに[的確化するために] ◆An automatic cleaner keeps the video heads clean, optimizing picture quality. 自動クリーニング機構がビデオヘッドをきれいな状態に保ち，画質を最高に高めます．

**optimum** v. adj. 最適の，最良の，最善の，《意訳》ベストの，最大(限)の，最高(限度)の，《限定的に》至適-[臨界-]；an 〜 最適条件 ◆an optimum solution to reducing... 〜を減らすのに一番よい解決策 ◆get optimum results 最善の結果を得る ◆reach optimum efficiency 最大効率に到達する ◆run at optimum speed 最適な速度で走る ◆select an optimum value for R2 R2の最適値を選ぶ ◆send faxes at optimum times ちょうどよい時刻にファックスを送信する ◆... would be the optimum choice 〜が最適[最高，最上]の選択であろう ◆conduct the experiment under optimum conditions その実験を最適条件下で実施する ◆Weather conditions are at the optimum for a launch. 天候状態[気象条件，空模様]は，打ち上げに最適だ[最高だ，この上ない]．◆With these industry-leading specs, you're assured optimum performance throughout extended periods of use. これらの業界随一の仕様により，長期にわたる使用期間全体を通し最高の性能が保証されます．

**option** 1 ⓤ選択，選択権，選択の自由；an 〜 《取捨》選択できるもの，選択項目[選択肢，オプション]，選択科目，オプション(品)，《購入者が取捨選択できる装備，部品，機能など》，選択売買権 ◆at the option of the operator 運転員の裁量で ◆options on the car この車に装着されているオプション類 ◆an option included at no extra cost; a no-cost option 無償で添付される[本体価格に含まれる]オプション品 ◆click on

**optional**

a menu option 《コンピュ》メニュー項目［メニュー内の選択項目、メニューオプション］をクリックする ◆they are available as options それらはオプションとして別売されている ◆you also have the option of selecting... 〜を選ぶこともできます；〜を選択することも随意［自由、任意］です ◆choose option 5 on the Application Management Menu 「アプリケーション管理メニュー」の選択項目5番［オプション5］を選択する ◆A mouse is available as an option. マウスはオプションです［オプション品として用意してあります］．◆The player offers the another of NTSC or PAL video output. このプレーヤーは、NTSC方式とPAL方式のビデオ出力が選べる．◆These cars are packed with options. これらの車にはオプション装備が満載されている．◆The spelling checker gives you the option of U.S. or U.K. spellings. このスペルチェックプログラムは、米国式綴りか英国式綴りを選択できる．◆Any person who wants to emigrate or travel will have the legal option to do so. 移住したい人や旅行をしたい人は誰でも、そうすることができる法的に保証された選択の権利［自由］を持つことになるだろう．（*旧ソ連の話）◆Our complete line of ultraperformance tape systems offer the user a wide choice of options. 我が社の超高性能テープシステムの製品ラインアップは、ユーザーに幅広い選択肢を提供します．◆the airline has placed 12 firm orders for the long-haul planes and reconfirmed options for another 11 aircraft その航空会社は、長距離航続機を12機確実発注して、追加11機の内示発注［仮発注］を再確認した ◆Please return the unit to a Nanotronics service center or authorized service station for free replacement or repair at our option. （不良）ユニットは、弊社の裁量により［（意訳）判断に基づいて］無料で交換または修理致しますので、ナノトロニクスサービスセンターまたは特約サービスステーションまでご返送ください．

2 vt. 〜にオプションをつける ◆a heavily optioned car たくさんのオプションを装着した車 ◆The port should be optioned for no parity. 《コンピュ》そのポートは、パリティー［チェック］無しを選択［に設定］しておかなければなりません．

**optional** adj. 取捨選択できる、随意の、オプションの、必須でない［省略できる、省略の］ ◆an optional adapter 別売のアダプター ◆be offered as an optional service 別売り［（意訳）付加］サービスとして提供されている ◆An 80387 is optional. 《コンピュ》80387（コプロセッサ）はオプションです．◆The car is equipped with the optional anti-lock brakes. その車には、オプションのアンチロックブレーキが装着されている．◆Beyond basic Internet access, many related services are available on an optional basis, such as the lease of... 基本のインターネット接続（サービス）のほかに、〜のリース等の多くの関連サービスがオプションで［（意訳）付加サービスとして］利用できます．◆The wearing of the shoulder strap is optional if your car was manufactured before January 1, 1974. 車の1974年1月1日以前に製造されたものなら、肩ベルトの着用は随意です［してもしなくても構いません］．

**optionally** adv. （選択肢の範囲内で）自由［随意、任意］に、オプションで［として］、（意訳）希望すれば［必要に応じて］（= if you wish, if necessary） ◆an optionally available battery pack 別売りオプションのバッテリーパック ◆optionally available オプションとして購入できる［別売の］ ◆A 3.5-inch floppy drive is optionally available. 3.5インチフロッピードライブは、オプションとして用意されている．

**optoelectronic** adj. 光電子（式）の、光電式の；〜s （単独い）オプトエレクトロニクス、光電子工学 ◆an optoelectronic detector 光電検出器 ◆an optoelectronic transducer 光電変換器（*平たく言えば、受光素子など）

**opto-mechanical, optomechanical** 光学機械式の ◆an opto-mechanical mouse 光学（機械）式マウス

**optometrist** an〜 検眼士

**or** conj. 〜か、〜や〜、〜とか〜、または、あるいは、もしくは、はたまた、それとも；〜にしろ〜にしろ、〜につけ〜につけ；すなわち、言いかえれば；さもないと、さもなければ ◆a week or two (= one or two weeks) 1〜2週間 ◆either A or

B, or varying combinations of both A、Bまたは両者のいろいろな組み合わせ 〜..., or none at all 〜あるいは全くない ◆simultaneously or at different times 同時に、あるいは別々に ◆with or without cache memory キャッシュメモリー付きまたは［もしくは］無しで ◆the consumer, Japanese or otherwise, ... 日本人であろうとなかろうと、消費者は〜

**OR** 《大文字》《常に大文字》an〜 論理和演算子、論理和 (= logical inclusion); v. (ORed) 論理和演算をする、論理和をとる

**Oracle** オラクル（*the British Independent Broadcasting Authorityによるテレテキストteletext［文字多重放送］サービス）；米国のコンピュータソフト会社

**oral** adj. 口頭の、口述の、口誦（コウショウ）の、口の、口腔（コウクウ、コウショウ）の、〈薬が〉経口の；-ly adv. ◆an oral presentation 口頭［口述］発表 ◆oral history オーラル［口述］歴史（*インタビューを記録して史料・資料とする） ◆oral polio vaccine; polio vaccine given by mouth 経口ポリオワクチン ◆an oral contraceptive 低用量ピル、経口避妊薬、経口ピル ◆oral surgery 口腔外科、（診療科名として）口腔外科

**orally** adv. 口頭で、口述で、口伝えで［伝承で、語り継いで］、（薬が）経口で［経口的に］、口で［口を使って］ ◆orally transmitted epics 口頭伝承されて［語り継がれて］きた叙事詩

**orange peel** ゆず肌（*塗装などの表面の粗さを表す）

**orbit** 1 (an)〜 軌道、（比喩的）人生行路、（個人や国などの）勢力範囲；an〜（軌道の）一周；an〜 (= an eye socket) 眼窩（ガンカ）（*眼底の入っているくぼみ） ◆in orbit 軌道に乗って［軌道上に、軌道上で］（►日本語では軌道の上と表現するが、orbitの前置詞は on ではなく in である） ◆place... in orbit 〜を軌道にのせる ◆enter [go into] orbit 軌道に進入する ◆leave orbit 軌道を外れる［離脱する］ ◆change orbit 軌道を変える ◆160 orbits of MOS-1 data MOS（海洋観測衛星）1号の160周分のデータ ◆after successfully achieving orbit 軌道投入に成功した後に ◆launch satellites into low Earth orbit 衛星を低軌道に打ち上げる ◆loft a payload into orbit 《字》ペイロードを軌道に打ち上げる ◆we're not liable for the satellite's failure to achieve orbit 同衛星が軌道に乗ることに失敗したことについて弊社には責任はありません

2 vt. 〜の周囲を軌道を描いて回る、〈人工衛星などを〉軌道に乗せる；vi. 軌道を描いて回る、〈人工衛星が〉軌道に乗る ◆an Earth-orbiting spy satellite 地球周回軌道スパイ衛星 ◆a low-Earth-orbiting satellite 低軌道［LEO］衛星 ◆orbit (around) the Earth in space 宇宙空間で軌道に乗って地球を周回する

**orbital** adj. 軌道の、軌道を回る、〈道路などは〉環状の；眼窩（ガンカ）の ◆an orbital inclination 軌道傾斜角 ◆an orbital plane 軌道面

**orbiter** an〜 オービター、宇宙探査［探測］機、スペースシャトルの本体 ◆a winged orbiter 有翼軌道船（*スペースシャトル本体の別称でもある）

**orchard** an〜 果樹園 ◆orchard-fresh fruits （果樹園から）取れ立ての果物

**orchestrate** vt., vi. オーケストラ用に作曲する［編曲する］、（全体を）調整する、（うまく）まとめる、（力などを）合わせる ◆a huge PR campaign orchestrated by Rexel's PR firm レクセル社の広告代理店が取り仕切っている巨大な宣伝キャンペーン ◆orchestrate a business deal 商取引を取りまとめる ◆Orchestrating a wedding is like being the general contractor on a building project. 結婚式のお膳立てをするということは、建設プロジェクトの元請けをやるようなものだ．

**order** 1 an〜 〈商品、サービスの〉注文［申し込み、依頼、ご用命］、発注、受注、受注高、注文書、注文品、為替 ◆phone in one's order 電話で注文を入れる；電話注文する ◆supply an order 注文を納品する ◆withhold orders 注文を（出すのを）［発注を］手控える ◆an order check [(英) cheque] 指図人払［指図式］小切手 ◆an order form 注文用紙、注文書用紙 ◆an order slip 注文［発注］伝票、注文票［カード］ ◆a purchase order 発注書、仕入れ注文書、購入指示書、発注書用紙、購買注文書 ◆order acknowledgment 注文請け（意訳）◆unfilled [outstanding] orders 注文残 ◆a phantom order （拘束力の無い）仮発注[仮注文] ◆a backlog of sell orders 《株》売り注文残 ◆a built-to-order [custom-built, build-to-order] personal computer 受注[注文]生産のパソコン (cf. a configure-to-order PC 受注[注文]仕様生産のパソコン) ◆items currently on order; currently on-order items 現在注文が出されている[発注がかけられている、注文中]商品 ◆on a production by order basis 受注生産（ベース）で；注文生産（方式）で；(意訳)注文を請けてから製造に入るという形態を取って ◆pack and ship your order お客様の注文品[お申し込みの品、ご依頼の品、ご用命の品]を梱包して出荷する ◆place an order with ＜業者＞ for ＜商品＞ 〈業者〉に〈商品〉の注文を出す[発注する] ◆to win an order for... 〈商品など〉の注文を獲得する［取り付ける］ために；～を受注するために ◆place an order with Omnitool for... オムニツール社に〈商品、サービス〉の注文を出す ◆a desk made to order 特注の机 ◆give... a repeat order for... ～に～の再注文を出す[追加発注をかける] ◆receive repeat orders from... for... 〈～から〉の再注文を[追加オーダー]を受ける ◆semiconductor orders and shipments 半導体の受注高と出荷高 ◆a double-digit increase in order intake 受注[注文高]の2桁台の増加 ◆take pre-orders for... ～の予約注文を取る ◆the taking of orders for future deliveries of commodities これから配達する商品の注文を取る[ご用聞きをする]こと ◆Custom orders happily taken. 特別注文承ります[ご用命ください]。 ◆fill orders from customers at home and overseas 国の内外の顧客からの注文をさばく ◆place a tentative order for 300 units 300台の仮注文[仮発注]を出す ◆process orders from across the country for... 全国[国中]から集まる～の注文を処理する[さばく] ◆receive an order for six rosewood tables 紫檀のテーブルを6卓受注する ◆send parts orders abroad 海外にパーツ発注を出す ◆produce a car only after a customer's order is received （意訳）車を受注してからでないと生産しない ◆take telephone orders that come in from around the country for... 全国からかかってくる〈商品〉の電話注文を受け付ける ◆Delivery time runs about two months from the order date. 納期は、発注日から2カ月ほどかかります。 ◆It is literally a very tall order. それは文字通り非常に難しい［極めて難しい、できない］注文［注文］です。 ◆One of the repair orders was for a transmission swap. それらの修理依頼（票）のうちの一つは、トランスミッション交換だった。 ◆An order placed today cannot be filled before 2005 at the earliest. 注文が今日出されても、応じられるのは一番早いところで2005年になります。 ◆Order taking begins with a catalog or other promotion mailed to potential customers. 注文取りは、脈のありそうな顧客に向けて郵送されるカタログその他の販促用品で始まる。 ◆The company is blessed with a backlog of orders worth $185 million. 同社は、1億8500万ドルに上る大量の注文残[受注残、注文の山]をかかえ、うれしい悲鳴を上げている。 ◆They prepare quotes and proposals for prospective customers and write out orders for customers' signatures. 彼らは、見込み客向けに見積もりと企画書を作り、あとは客の署名をもらうだけの注文書を書く。 ◆Toward the end of every month, salespeople rush to get orders to meet their sales quotas. 毎月月末近くになると、営業部員たちは販売ノルマを達成するために注文取りに奔走する。 ◆However, should the intake of orders continue to decline, then the Company may be required to implement further cost-cutting or other downsizing measures to continue its business operations. しかしながら、受注高が引き続き減少するようであれば、業務を継続するために同社は更なるコスト削減策あるいはその他の業務縮小・人員削減策を講じる必要に迫られるだろう。 ◆Intake of orders and sales are expected to increase as the Company realizes the benefits of the new products introduced and of the marketing and distribution enhancements made in 2000. 受注高および販売高は、同社が新製品から利益を上げるようになり、また2000年に行った営業・販売面での強化策が功を奏するようになるにつれて、増加していくものとみられる。

**2** an～ 命令、指令、指図、指示、お達し、言いつけ ◆on [by] order of... ～の命令[指示、言いつけ、注文、用命]で ◆by order of the court 裁判所の命令により ◆heed [follow] his orders 彼の命令に従う ◆in accordance with the Air Navigation Order 《英》航空法に従って ◆on orders from one's bosses ～の上司の命令で ◆receive orders from on high 上からの［上層部から下された］命令を受ける ◆send an engineering order to... 《航空、宇宙》～に技術指示を出す ◆under the orders of... ～の命令[指揮]のもとで；～の指図で ◆at the orders of one's superiors 上司の命令で ◆a no-fly order over Bosnia ボスニア上空の飛行を禁止する命令 ◆the court may issue an order extending the period of suspension 裁判所は免許停止期間延長の命令を出すこともある ◆He issued orders to the computer in a loud voice. 彼は大きな声でコンピュータに命令を下した。

**3** 回順序、順番、序列、配列、秩序、整頓、正常状態、〈機械などが〉動作できる状態 ◆out of order; out of working order 〈機械などが〉故障して［不調で、調子が悪い］ ◆in full working order 完動［完全動作］状態で ◆be out of working [running] order 運転不能の［正常に機能しない］状態である ◆go out of order 故障する；不調になる；調子が悪くなる；変調を来す ◆maintain order 秩序を維持する ◆in a retrograde order 逆の順序で ◆in decreasing order of size サイズの大きい順［降順］に ◆in descending order of importance 重要性が小さくなる順に；重要なものから順に ◆in order of declining merit メリットの大きい順に ◆in the order in which they appear in ... ～に出現する順序で ◆restore law and order 法と秩序を回復する ◆retrieve them in any desired order それらを好きな順序に［任意の順に］取り出す ◆(listed in no particular order of importance) （順不同[順序不同]） ◆They are [The list is] not in particular order. それら[リスト]は順序不同[順不同]です。 ◆list sales prospects in order of expectancy 見込み客を見込みの大きい順に書き出す ◆put items of data into a particular order データ項目をある特定の順序に並べる ◆put the tool back out of order その工具を間違った場所に戻す ◆the pages get out of order ページの順序が狂う ◆follow the steps below in the order presented ～下記の手順を、示されている通りの順に踏んでください ◆list the modems in alphabetical order by company それらのモデムを会社[メーカー]名のアルファベット順に一覧にする ◆in ascending order by Grade, then Room within Grade, and alphabetically within Room 学年順、次に学年ごとのクラス順、さらにクラスごとの（名前の）アルファベット順に昇順で ◆The brakes must be kept in good working order. ブレーキは、調子よく機能する状態に保っておかなければならない。 ◆The firing order of the engine is 1-4-3-2. このエンジンの点火順序は、1-4-3-2です。（＊数字はシリンダーの番号） ◆The rows in the list are in no particular order. この表の行は、特にこれといった順序もなく[順不同で]並んでいる。 ◆They are listed in order of decreasing speed. それらは速度の速い順に列挙されている。 ◆The operators are listed vertically in order of decreasing precedence. 演算子は、上から優先順位の高い順に一覧になっている。 ◆The order in which the operations are performed depends on what the operators are. 演算が行われる順序は、演算子の種類によって決まる。 ◆A list of key scientific and technical terms from the chapter is given in the order in which the terms appeared. 本章からの主だった科学技術用語が、出現した順に一覧で示してある。 ◆When the material consists of a mixture of more than one kind or type, then the proportion of each should be disclosed in the order of predominance, the largest proportion first. 材料が、複数の種類やタイプの混ぜ合わせから成っている場合は、それぞれの比率を、(比率の)大きさ順に、比率の最も大きいものから先に表示しなければならない。

**4** an～ 種類、等級、階級、程度、《数》次数［階数］、(数値の)桁 ◆be of the first order 第一級［トップクラス］である ◆a [the, one's] first order of business (pl. first orders of business) まず最初にすべきこと；先決問題；最優先事項 ◆the order of interference 《光》干渉次数 ◆fourth-order differential equations; differential equations of the fourth order 4次微分方程式 ◆a novel of a high order 次元[レベル]の高い小説 ◆a [the] third-order harmonic 3次高調波 ◆be of a high order 高度で

ある ◆be of the highest order　最高水準である ◆first-order predicate logic　《コンピュ》一階述語論理 ◆the order of a differential equation　微分方程式の階次 ◆Bessel functions of the order 0 and 1　0次および1次のベッセル関数 ◆harmonics of (the) order 11, 13, 23, etc.　11次, 13次, 23次などの高調波 ◆a higher-order equation than second order　2次より高次の方程式 ◆at currents of the order of amperes　アンペアのオーダーの電流で ◆represented by higher order polynomials　より高次の多項式によって書き表されている ◆a frequency range extending from a low value up to the order of a megahertz or higher　低い値からメガヘルツ以上のオーダーにまでわたる周波数範囲 ◆The differential equation is of second order.　その微分方程式は2次である. ◆Because of the viscosity of the air is so low, the friction generated is correspondingly of a very low order.　空気の粘性は非常に低いので, 発生する摩擦はそれ相応に非常に低いオーダーである.

**5**　v. 命ずる, 命令する, 指示する, 指図する ◆a court-ordered special election　裁判所の指示による特別選挙

**6**　v. 注文する, 発注する ◆order from...　〈会社, 販売店など〉に注文 [発注] する ◆order more of...; order further stock of...; reorder...　〜を追加注文する ◆How to Order　ご発注の方法 (＊見出しの表現) ◆order a front-end alignment 〈車〉フロントエンド・アライメントを頼む [依頼する] ◆To order tickets, call... at...　チケットの申し込みは, 〜番のまでお電話ください

**7**　v. 整理 [整頓] する, 順序よく並べる, 配列する ◆order the list automatically　この表を自動的に並べ替える ◆all part information ordered [listed] in descending numeric order by part number　部品番号の降順 [大きい順] に並べられた [配列された], ソートされた] 全部品情報

**in short order**　すぐに, じきに, 間もなく, 直ちに, 即座に, 急いで, 手早く, 手っ取り早く

**in order that...**　(that... may [can, shall] <do> の形で) 〜するために, 〜する目的で, 〜するように ◆in order that a decision on whether to prosecute can be made　起訴 [告訴, 求刑, 〈刑事〉訴追, 告発] するかどうかの判断が下せるように

**in order to <do>**　〜するために ◆In order for these machines to become widely used in the office environment, they will need to be brought down in size and cost.　これらの機械がオフィス環境で広く使用されるようになるためには, 小型化と共に低価格化される必要がある.

**on order**　〈商品などが〉注文済みの, 発注されて; (on order of) 〜の命令で ◆on order from...　〈商品など〉に注文して [注文を出して, 注文中で, 発注をかけて] 済んで], 〜から受注して (＊実例をみると from・〈発注先〉が断然多いが, from・〈発注元〉もないことはない) ◆on order [orders] from...　〜の命令 [指令, 指示, 注文, 用命, 依頼] で ◆in case of production on order　受注生産の場合 ◆it was developed on order of the Pentagon　それは国防総省からの注文 [発注, 要請] で開発された ◆Thirteen of the bombers have been delivered. Twenty more are on order.　これら爆撃機の13機は既に納入されており, さらに20機が発注済みである. ◆The country has taken delivery of the first of 18 Apache attack helicopters on order.　この国は, 発注をかけていたアパッチ攻撃ヘリコプター18機のうちの第1号機の引き渡しを受けた.

**on [of] the order of**　〈数値が〉約〜の, ほぼ〜の, ざっと〜で, 〜の大きさの, 〜台の ◆(on the order of...) 〜と同等 [同列] の, 〜に匹敵する, 〜と同じ (似た) ような, (on (the) order of...) 〜の命令 [指図] で ◆a height on the order of 100,000 kilometers　ほぼ100,000キロの高度 ◆high resistance of the order of 100 megohms　100メグオームの高抵抗 ◆be of the order of 10°to 30°　おおよそ10°から30°である ◆..., bringing the total to of the order of $400 million　《挿入句, 意訳》これにより合計は4億ドル規模になった ◆detect currents on the order of microamperes　マイクロアンペアのオーダーの電流を検出する ◆with a speed on the order of 300 meters per second　約300メートル／秒の速度で ◆the variability of... is on [of] the order of 5 percent　〜の変化の度合い [変動率] は5パーセント程度である (＊on は米国, of は英国) ◆a higher ground-fault current

on the order of 100A to several hundred amperes　百アンペアから数百アンペアのオーダーのさらに大きな地絡電流 ◆The president then made his first comment, something on the order of: "..."　それから大統領は, 最初のコメントとして, 「〜」というような趣旨のことを述べた. ◆The understatement involved here is on the order of saying that...　ここでの控えめな言い方には, 〜という意味が込められている. ◆The connectors have to carry currents, on the order of 150A.　コネクタは約150Aの電流を通せなければならない. ◆The insulation resistance is of the order of $10^3$ megohms.　絶縁抵抗は, $10^3$ メグオームのオーダーである. ◆The low-pass video amplifier has a bandwidth of the order of 2 to 10 MHz.　このローパスビデオ増幅器は, およそ2MHzから10MHzの帯域幅がある. ◆Since a typical value of Q is of the order of 100, a series resonant circuit will produce a high voltage even with small applied potentials.　Qの典型的 [標準的] な値はほぼ100なので, 直列共振回路は低い電位が印加されてさえ高い電圧を発生する.

**orderly**　adj. 整理 [整頓] されている, 順序 [秩序] 立っている, 系統的な, 整然とした, きちんとした, 《意訳》スムーズな; adv. 順序 [秩序] 正しく, 整然と, きちんと, きちょうめんに, 《意訳》順序よく ◆in an orderly manner　秩序 [系統] 立って ◆in orderly sequence　順序正しく ◆proceed in an orderly fashion　秩序立って [系統立てて, 順序立って] 進められる ◆provide an orderly transition from legacy hardware to...　従来のハードウェアから〜ハードウェアへの順序だった [《意訳》スムーズな] 移行を可能にする

**order of magnitude**　an 〜 (pl. orders of magnitude) (数量の大きさを大ざっぱに表す) 桁 [オーダー] ◆by orders of magnitude　何オーダーかの開き [幅, 差, 違い] で ◆be orders of magnitude greater　数桁 [何桁も] 大きい ◆Both these estimates were an order of magnitude too small.　これらの見積もりは両方とも1桁小さ [低] 過ぎた. ◆changes of 10 orders of magnitude　10オーダーの変化 ◆the order of magnitude of parameters　パラメータ値のオーダー [大きさの程度] ◆differ by an order of magnitude　桁 [オーダー] が1つ違う ◆four to five orders of magnitude higher than...　〜より4桁から5桁のオーダー高い ◆order-of-magnitude increases in data-transfer rates　データ転送速度の桁違いの向上 ◆reduce, by orders of magnitude, the complexity inherent in the present network　現在の通信網に固有の複雑さを何オーダーかは減らす ◆That's nearly two whole orders of magnitude better than...　それは〜に比べてほとんど2桁 [大ざっぱに百倍近く] よい. ◆It increases by yet another order of magnitude.　その値はオーダーがもうひとつ大きくなる. ◆Order-of-magnitude improvements have been achieved in the power of these low-cost machines that are now within reach of almost everyone.　今で は, ほとんどにでも手が届くこれらの低価格機は, 桁違いに能力が向上した. ◆They have D＊ values in the $10^{11}$ range at room temperature and can be improved more than an order of magnitude with thermoelectric cooling.　これら (の材料) のD＊値は, 室温で10の11乗の範囲 [オーダー] であり, さらに熱電冷却によって1桁以上のオーダーの向上が可能である.

**order of the day**　the 〜 (議事) 日程, 風潮 ◆become the order of the day　日常茶飯事になる; 常態化 [日常化, 一般化] する; 普通 [当たり前] のことになる; 時代の流れになる; 今日 [昨今] の風潮になる ◆Flat displays will become the order of the day.　平板ディスプレイ装置が普通になる [当たり前になる, 一般化する, 時代の流れになる] だろう. ◆Layoffs, firings and resignations have become the order of the day.　レイオフ, 解雇, 辞職が日常茶飯事 [今日の風潮] になっている. ◆Violence has today become the order of the day. The uncontrolled proliferation of weapons in the country is alarming.　暴力が今日では日常茶飯事になってしまった. この国における歯止めのない武器の蔓延は, 憂慮すべき事態だ. ◆Businesses unable to pay wages and dormant factories are the order of the day. Two-thirds of Russians fear that living standards will deteriorate further.　給料の払えない企業や休業状態の工場が常態化している. ロシア人の2/3が生活水準が更に悪化するのではないかと懸念

している。◆In the Balkan war, bad news has been the order of the day for so long that good news has become almost impossible to believe.　バルカン半島の戦争では,悪いニュースがあまりにも長い間日常[普通]のことになっているので,いいニュースがあっても信じられなくなっている。

**ordinal** adj. 順序の, 順序を表す; an ～ (= an ordinal number) ◆an ordinal level （序列中の）順位［番号］ ◆an ordinal rank （序列中の）順位［番号］ ◆The ordinal number for a procedure is its position in the list of...　あるプロシージャの序数[順序数,序数詞,何番目かを示す数字]とは～リスト中におけるそのプロシージャの位置のことである。◆retrieve the contents of a field based on its ordinal position in the database structure 《コンピュ》データベース構造内でのフィールドの順位に基づいて[構造内で何番目のフィールドかを指定して]フィールドの内容を取り出す

**ordinal number** an ～ 序数, 順序数, （順序）番号

**ordinance** an ～ 法令, （特に市町村などの地方公共団体が制定する）条例[条令] ◆a government ordinance　政令 ◆government ordinance-designated cities　（日）政令指定都市 ◆pass an ordinance against...　～を規制する条例を可決する ◆the ordinance forbids...　この条例は,～を禁じている ◆local government ordinances barring the sale of "adult" magazines in public places　公共の場所における「アダルト」雑誌の販売を禁じている地方条例 ◆remove $SO_2$ and $NO_x$ as mandated by various national and local ordinances　各国家条例や地方条例によって義務付けられて[規定されて,要求されて]いるように亜硫酸ガスや窒素酸化物を除去する

**ordinarily** 普通に(は), 通常は, 通例は, ふだんは, 平素は, へいぜいは

**ordinary** 普通の, 通常の, 一般の, 並の, 平凡な, 正常-, 常-, 正規-, 平- ◆(an) ordinary profit [loss]　経常利益[損失] ◆an ordinary road　一般の道路; 一般道 ◆ordinary citizens　一般市民　（通常の）所得 ◆ordinary people 普通の人々; 一般の人; 庶民 ◆at ordinary temperatures　常温において(は); 通常の温度で(は) ◆common, ordinary citizens such as myself　私自身のような一般市民 ◆do something out of the ordinary　何か尋常[普通]でないことをする; 何か変わった[奇抜な, 突飛, 常軌を逸した, いつもとは違う, 異常な]ことをする ◆even in ordinary [normal] times　平時においてさえも ◆in [at, during] ordinary times　普段, へいぜいは, 平常は, いつもは, 平常時には, 《意訳》特別なことのないときには ◆out-of-the-ordinary heat buildup in...　～内部での異常な熱の蓄積 ◆there is a ground swell against it among us ordinary people　私たち普通の人々[庶民, 民衆]の間にそれに反対する気運の盛り上がりが ◆an out-of-the-ordinary condition has occurred during the performance of a request 《コンピュ》リクエストの実行時に通常から逸脱した状態[異状]が発生した ◆Mr. Ozawa's call to turn Japan into an "ordinary nation"　日本を「普通の国」にしようという小沢氏の呼びかけ ◆put a xerographic image on a piece of ordinary paper　《レーザープリンタ》電子写真像を普通紙に印字出力する; 《普通紙コピー機》乾式複写像を普通紙に出力する ◆Call police immediately if you notice anything out of the ordinary.　何かおかしいと[不審に思えたら]感じたら,すぐ警察に通報してください。 ◆"If something out of the ordinary takes place, we'll be informed."　「何か変わったことが起きたら[何か異状が発生したら],当方に知らせることになっている。」 ◆She had to pay an outrageous price for her out-of-the-ordinary behavior.　彼女の常軌を逸したふるまい[突飛な行動]は,彼女にとって極めて高いものについた。 ◆The Government of Japan intends to submit a bill necessary to amend the Telecommunications Business Law to the ordinary session of the Diet in the Spring of 2000.　日本政府は,電気通信事業法の改正に必要な法案を2000年春の通常国会に提出する意向である。

**ore** (an) ～ 鉱石, 原鉱, -鉱, -鉱石 ◆mineral [ore] dressing; the reduction of ores; beneficiation　選鉱 ◆ore deposits　鉱床 ◆run-of-mine ores　採掘したままの状態の鉱石; 粗鉱 ◆an ore

of lead　鉛の鉱石 ◆an ore sample, a sample of ore　鉱石サンプル ◆the mining of metallic ores　金属鉱石の採鉱

**OREX** the ～ (orbital reentry experiment) 《日》《宇》軌道再突入実験機

**organ** an ～ オルガン, 器官, 臓器, （団体の組織体）機関, 機関紙[誌] ◆an electronic organ　電子オルガン ◆organ transplantation [transplants]　臓器移植 ◆UNOS (the United Network for Organ Sharing)　全米臓器分配ネットワーク《略語形はtheは不要》 ◆die of [from] multiple organ failure　多臓器障害で亡くなる ◆he underwent a multiple-organ transplant surgery　彼は多臓器移植手術を受けた

**organic** 有機の, 有機体の, 有機的な, 組織的な, 器官[臓器]の, 生物の, 生体の, 構造上の ◆organic matter　有機[生物由来]の物質; 有機物 ◆organic substances　有機物質 ◆a full-color, active-matrix organic electroluminescent display　フルカラーのアクティブマトリックス有機ELディスプレイ ◆adopt organic growing methods　有機栽培法を採用する ◆metal-organic-vapor-phase epitaxy　《半導》有機金属気相エピタキシー ◆break down organic matter into nutrients　有機物を栄養分に分解する ◆The term "organic" is used to describe products of "organic farming."　「有機」という用語は「有機農業[農法]」作物のことを言い表すのに使われる。

**organically** adj. 有機的に, （化学肥料は使わずに）有機肥料を使って, 組織的に, 根本的に, 器官上 ◆organically grown potatoes　有機栽培の馬鈴薯

**organism** an ～ 有機体, 生物, 微生物, 菌, （比喩的）(社会などの)有機的な組織体 ◆The biosphere is the layer around our planet in which all living organisms exist.　生物圏とは, 私たちの惑星を取り巻いていて, あらゆる生き物が生存している層である。

**organization** 回組織化, 結成, 編成, 編制, 構成, 構築, 編成, 体制; an ～ 組織, 団体, 組合, 機構, 機関 ◆an organization chart　組織図（＊会社や団体などの） ◆a standards organization　規格協会 ◆international organizations　国際機関 ◆an environmental protection organization　環境保護団体 ◆an organization man　会社人間（＊個人生活より会社の仕事を優先させる人）; 組織人間（＊組織で立ち回りのうまい人） ◆for the collection and organization of data pertaining to...　～に関するデータの収集および整理のために[ための] ◆in the collection and organization of statistics on [about]...　～についての[～に関する]統計の収集と整理 ◆the collection and organization of information about...　～に関する情報の収集および整理

**organizational** adj. 組織の, 機構の; 組織化の, まとめ上げる能力のある ◆(a) corporate organizational structure　企業[会社]の組織構造 ◆an organizational reform　組織改革 ◆organizational activities　組織活動 ◆make major organizational changes　大規模な改組[組織替え]を行う ◆sweeping organizational changes from top to bottom　上から下までの全面的な改組[組織替え, 組織の変更] ◆the company made organizational changes　同社は組織変更を行った[改組した] ◆FIGURE 12 Organizational group charts for Bixel　第12図 ビクセル社の部門別組織図 ◆the company has announced a change in its organizational structure　その会社は組織変更を発表した

**organization-wide, organizationwide** adj. 組織全体の, 全社的な, 組織ぐるみの ◆organizationwide communication　組織全体の[全社的な]通信

**organize** vt. ～を組織[編制, 編成, 構成]する, 組織化する, 企画・準備・開催する, 主催する, ひとつにまとめる[束ねて統べっする, 束ねる], 取りまとめる, まとめ上げる, 系統立てる, 整理する ◆the NAOC (Nagano Olympics Organizing Committee)　長野（冬季）五輪組織委員会 ◆the fair's official organizing group　その展示会の正式な準備組織[主催者, 実行委員会] ◆be listed in a neat, organized fashion [manner]　すっきりと整理・分類された[整然とまとめられた]形で一覧になって[列記されて]いる ◆get things organized in the kitchen　台所を片付ける ◆organize and store parts　部品を整理して収納する ◆organize materials into the form of stories　素材を物語の形に[小説として]まとめる ◆lists of messages organized

**organized**

by subject　メッセージを主題別にまとめたリスト　◆collect and organize data in charts and graphs　データを集めてチャートやグラフの形に整理する；データをとりまとめてチャートやグラフにする　◆we need people to help organize the event　イベントの準備を手伝ってくれる人が必要だ　◆I decided to try to organize my experiences into the form of a book.　私は自分の体験したことを本の形にまとめて[本にして]みることにした.　◆If you have a workshop, keep it neat and organized.　作業室[作業場]を持っていらっしゃる方は, きちんと整理整頓しておくようにしてください.　◆An audio tape is organized into four tracks which run the length of the tape.　オーディオテープは, テープの(全長にわたって)縦方向に走る4本のトラックの形に整理されている.　◆Organized workers became a major force for social change at both the national and local level.　組織労働者は, 全国レベルおよび地方レベルの両方で社会変革の一大勢力となった.　◆The system organizes a disk as a sequence of 512-byte blocks.　《コンピュ》そのシステムは, ディスク全体を512バイト長のブロックが連なった一続きのものとして(系統立てて)管理する.　◆The text is organized into an Introduction and three major modules.　本文は, 予備解説[導入部, 序説, 序論]と3つの大まかな部分に分けて構成されている.　◆This manual is organized in a manner that requires no prior knowledge of the subject.　このマニュアル[本書]は, テーマについての予備知識なしでも読めるように構成されています.

**organized** adj. 組織的な, 組織化された, 有機的な, 労働組合に加入している, 整理された, 整然とした, 秩序立てられた　◆organized crime　組織犯罪　◆a highly organized group　高度に組織化されている組織　◆a more organized method of solution　より系統立った解決法　◆in an organized manner　組織的に　◆join an organized tour　団体旅行に加わる[乗る]　◆get organized with stackable drawers　積み重ねごとの引き出しを使って整理整頓する　◆The demonstrators were neither well organized nor adequately equipped.　デモ隊は, 陣容がよく整っておらず[まとまりがなく], また装備も十分でなかった.

**organized labor**　 ①(集合的に)組織労働者　◆members of organized labor　組織労働者[労働組合に加入している労働者, 労働組合員]

**organizer**　an ~ 組織者, 主催者, 主宰人, 創立者, 幹事, まとめ役, 実行委員(会), 仕切りなどによって分類・整理しやすくなっている収納容器[入れ物]　◆an electronic personal (information) organizer; an electronic hand-held organizer　システム電子手帳　◆a space organizer　整理収納具(*キャビネット, ラック, ユニット類)　◆a storage organizer　整理収納具(*キャビネット, ラック, ケースなど)　◆organizers of the festival　フェスティバルの各実行組織[実行委員会]　◆the main organizer of the festival　フェスティバルの主な実行組織[主催団体, 実行委員長, とりまとめ役]

**organochlorine**　adj. 有機塩素の, 有機塩素系殺虫剤の; (an) ~ 有機塩素系の　◆an organochlorine compound [pesticide]　有機塩素系化合物[農薬, 殺虫剤, 除草剤, 殺鼠剤]　◆organochlorines such as DDT, PCBs and dioxins　DDT, PCB, ダイオキシン類などの有機塩素化合物　◆They're loaded with organochlorine contaminants.　それらには有機塩素剤[有機塩素系殺虫剤や農薬]の汚染物質が多量に含まれている.

**organometallic**　有機金属の　◆an organometallic compound　有機金属化合物

**orgy**　an ~ どんちゃん騒ぎ, 乱痴気騒ぎの酒宴, 飲めや歌えの底抜け騒ぎ, 乱交パーティー, やりすぎ, 過度の熱中　◆an orgy of spending　たがが外れたように[羽目を外して]金をどんどん使うこと; 乱費　◆kick off a wild orgy of destruction　(モノをぶっ壊すような)暴走にでる; 乱痴気[どんちゃん]騒ぎを始める　◆see an orgy of bloodletting　狂気の流血の惨事を目の当たりにする　◆sex-orgy videotapes　乱交パーティーの録画ビデオ　◆stage an orgy of violence　暴力行為を働く　◆they have launched an orgy of looting and gunfights　《意訳》彼らは騒然とした中, 集団略奪や銃撃戦を始めた

**orient, orientate**　vt. ~を(~に)順応[適応]させる　<to>, 〈人〉を新しい環境や状況になじめるようにする, ~を東向きにする, ~を(方向に)向ける[指向させる], ~の位置・方位を測定する, 測位する (→ -oriented)　◆orient the employee to the use of the equipment　従業員にその機器の使い方を指導する[教える]　◆read the bar codes reliably regardless of how the item is oriented　品物がどこを向いていても確実にバーコードを読む　◆The expansion slots are horizontally oriented.　これらの拡張スロットは, 横向きになっている.　◆Magnetite particles can become oriented in Earth's magnetic field much like a compass needle.　《意訳》磁鉄鉱の粒子は, 地球の磁場内でコンパスの針のように一定方向に磁化されることがある. (*上記の「配向」という現象)

**orientation**　(an) ~ オリエンテーション, 適応指導, 新人[新入社員の]教育, 新入生指導, 《意訳》再教育, 方向づけ, 定位, 方位, 配向, 向き, (動きの方向ではなく静的な)方向　◆change (one's) orientation　向きを変える　◆object orientation　《コンピュ》オブジェクト指向　◆paper orientation　用紙の向き[方向](*用紙の縦置き, 横置きといった用紙の「方向」には, 動きがないので, direction で表すのは不適切)　◆a dual orientation display　《OA》縦横どちらの向きにもできるディスプレイ　◆one's sexual orientation　性指向[志向, 嗜好]　◆change the orientation of the display　このディスプレイの向きを変える　◆correct the orientation of...　~の向きを直す　◆the orientation of magnetic particles on a disk surface　ディスク面上の磁気粒子の配向　◆homosexuality refers to the sexual orientation of an individual　同性愛とは個人の性的な傾向[性向, 性指向]のことをいう　◆the parts must be in a known position and orientation　《直訳》パーツは, 既知の位置および向きになければならない; 《意訳》部品は整列されている必要がある　◆use portrait and landscape orientations in the same document　同一文書内で縦長と横長の両方の向きを使用する(*プリンターによる印刷で)　◆rotate the touch screen from landscape to portrait orientation　(コンピュータの)タッチスクリーンの向きを横置きから縦置きに変える　◆This process yields a high degree of orientation of crystals along the axis of...　この工程により~の軸に沿って[軸の長手方向に]結晶の高い配向度が得られる　◆The parts travel in random orientations.　パーツはバラバラの向きで(ラインを)流れる.　◆Part orientation must be established when processing of the part initially begins and should not be lost during subsequent assembly operations.　部品の向きは, 加工が最初に始まる際に揃えられ, それに続く組立作業においても崩れないようにしなければならない.

**orientational**　adj. orientationの, 配向(性)の　◆orientational ordering among constituent molecules　構成分子の配向　◆All new employees shall participate in the orientational seminars offered by the Personnel Office.　新社員は全員, 人事課の開催するオリエンテーション[新人教育]セミナーに参加する[出る].

**-oriented**　〈方向〉向きの, ~志向の, ~指向の, ~重視の, ~主導の, ~本位の, ~第一主義の, ~優先の, ~優位の　◆consumer-oriented reforms　消費者本位[優先]にするための改革　◆a market-oriented economy　市場志向型経済　◆a niche-oriented company　ニッチ追求型の会社　◆child-oriented ads　子供を対象にしている[子供向けの, 子どもに訴求するような]くられている]広告　◆grain oriented strip steel　方向性帯鋼　◆health-oriented　健康志向の　◆perform... in a safety-oriented manner　~を安全を重視[優先]して行う　◆entertainment-oriented digital user devices such as DVD players　DVDプレイヤーなどの娯楽系デジタルユーザー装置　◆export-oriented industries　輸出性向[依存型]の産業　◆family-oriented video cassettes　(家族揃って安心して観賞できる)ファミリー向けのビデオソフト　◆young, mostly male, and mostly technically oriented people　若い, たいていは男性の, 主に技術系[技術より]の人たち　◆Their lives are very much work oriented.　彼らの生活は, 多分に仕事中心[主体, 優先]になっている.　◆The transformers have a core of tape wound grain oriented silicon steel.　《意訳》これらの変圧器には, 方向性ケイ素鋼帯

の巻鉄心が使用されている。◆Competition rewards the most customer-oriented company, and puts downward pressure on price. 競争は、客に最も軸足を置いた企業に褒美を与え、また価格に下方圧力を加える。

**orifice** an〜 オリフィス, 口, 穴, 孔, 開口部, 流れ口
**origin** (an) 〜 起源, 原点, 起点, 出所(デドコロ), 元, 発端, 原因, 淵源(エンゲン), 源泉, 原産地, 〜(s) 可出, 生まれ, 血統 ◆a certificate of origin (pl. certificates of origin) 原産地[生産地]証明(書) ◆a product's country of origin 製品の原産国[《意訳》輸入相手国] ◆a [the] point of origin; an [the] origin point 原点 ◆points of origin (複数個の)原点 ◆a fire of undetermined origin 火の出所が分からない火事; 原因不明の火事 ◆children wearing the flags of their "country of origin" 「出身国」の国旗を身につけている子供たち ◆click again to designate an origin point 《コンピュ》原点を指定するために再度クリックする ◆Darwin's "Origin of the Species" ダーウィンの「種の起源」 ◆for the explanation of the origin of life 生命の起源の説明のため(の) ◆from point of origin (through) to destination 始点から終点まで; 始めから終わりまで(《意訳》して) ◆furnish a point of origin 原点を与える[設ける, 設定する] ◆it returns to its point of origin それは元に復帰する ◆manufactured items of Cuban origin キューバ(産の工業)製品 ◆quotations of dubious origins 典拠[出典, 原典]のはっきりしない引用語句 ◆regardless of country of origin 原産国にかかわらず ◆the origin point of the coordinate system その座標系の原点 ◆Turks and Germans of Turkish origin トルコ人およびトルコ系ドイツ人 ◆polymers of biological origin 生物由来のポリマー ◆Today, almost a century since its origin, the company... 今日、創立からほぼ1世紀を迎えようとしているこの企業は、〜 ◆The technology used by the Japanese has its origins in the U.S. 日本人が使っているその技術の発祥の地は米国である。 ◆The country of origin statement can be as simple as "MADE IN U.S.A.", however, "MADE IN FLORIDA" would not be acceptable. 原産国[《意訳》輸出国]表示は「MADE IN U.S.A.」のように簡単でよいが、「MADE IN FLORIDA」と表示するのは(仕向け国で)許されないであろう。

**original** adj. 最初の, 最初から, 元の, 本来の, 原作の, 正本の, 原物の, オリジナルな, 目新しい, 斬新な, 独創的な, 奇抜天外な, 初めての; an〜 原物, 原本, 正本, 原稿, 原文, 原画, (肖像画などの)本人, 実物, 独創的な人, (本人が自分で創作した)オリジナル曲[作品] ◆an original drawing 《技術全般》原図; 《美術》原画 ◆an original master (レコードなどの)原盤(= a master) ◆an original signal 信号原 ◆an original idea 独創的な[独創に富んだ, 斬新な]思いつき, 奇抜な着想; 最初の思いつき[元々の考え] ◆place [load] an original on the document glass (コピー機の)原稿台に原稿を置く[セットする] ◆put it back into its original place それを元の場所に戻す ◆return [restore]...to an original condition 〜を原状に戻す[回復させる] ◆take a highly original tack 非常に独創性の高い[独創的な]やり方を採る ◆the most original idea 最も独創的な思い付き ◆to ensure true-to-original color オリジナルに忠実な色が出るようにするために; 《意訳》極めて自然に近い発色になるよう ◆trace the original drawing 原図をトレース[複写]する ◆expendable original equipment such as belts ベルトなどの最初から付いてきた消耗装備品 ◆reproduce a book or magazine while maintaining a high degree of fidelity to the original 本あるいは雑誌をオリジナル[原物]に忠実に複製する(*海賊版や復刻版》) ◆see great works of art in the original, not reproduced as prints 偉大な芸術作品の複製ではなくオリジナル[本物, 実物, 現物]を観る ◆to reduce the data stream to 1/5th of the original size [content] データストリームを元の(大きさ[量])の1/5に減らすために(*データ圧縮で) ◆they were meticulously restored to their original condition それらは入念に元の状態に復元[原状回復]された ◆aerodynamic drag may drop to one-third of its original value or even less 空力抵抗は、元の値の3分の1あるいはそれ以下に下がるかもしれない ◆Protect your original ideas by recording them on paper. あなたの独創的なアイデアを[あなた独自の考え

想や思い付き]は(人に横取りされないように)書面に残して保護しましょう。 ◆Reinstall it in its original position. それを元の場所に取り付けてください。 ◆This wonderful floor plan is well thought out and original. このすばらしいフロアプランには、創意工夫がこらされている。 ◆Be sure that all wires are put back in their original positions. 電線は残らず、元の位置に戻してあることを確かめてください。 ◆It is essential that the original document be of reasonable contrast. (機械にかける)原稿には、ある程度のコントラスト[濃淡の差]がなければならない。 ◆The original budget swelled from $100 million to a quarter of a billion. 当初の予算は、1億ドルから2億5000万ドルに膨れ上がった。 ◆The true-to-original colors reproduced by this process last longer than ordinary prints. 本プロセスによって再現されたオリジナルに忠実な[《意訳》極めて自然に近い]色は、通常のプリントよりも長持ちします。 ◆When the key is released, the return spring travels it to its original up position. (押していた)キーを放すと、戻しバネが、キーを元の上がった状態に復帰させる。

**original equipment manufacturer** an〜→OEM
**originality** オリジナリティー, 独自性, 独創性, 創造力, 創意 ◆the originality of his landscapes 彼の風景画の独創性[独自性] ◆show a great deal of originality 大いに独創性に富んでいるところを見せている ◆there's no originality in the imitation イミテーション[物まね, 模造品]にはオリジナリティー[独創性, 創造性]はない ◆there's an originality with the band's sound そのバンドのサウンドには(ある種の)オリジナリティー[独創性]がある
**originally** adv. 初め(から), 最初は, もともとは, 当初, 本来, 元来, そもそも, 独創的に ◆as originally scheduled [planned] 当初の予定[計画]通り ◆a cooling technique that was originally devised for supercomputers 元来スーパーコンピュータ用に考案された冷却手法 ◆cost $2 million more than originally estimated 当初の見積もりより200万ドル余計にかかる; 200万ドル足が出る
**originate** vt. 〜を始める, 生み[作り]出す, 創作[発明, 創造, 創設, 創始]する, 発生させる; vi. 始まる, 起こる, 生じる, 生まれる, 作り出される, 発生する, 源[端]を発する ◆originate a call 《通》発呼する ◆a computer-originated fax コンピュータから送出[発信, 送信]されたファックス ◆a Frankfurt-originated Pan Am flight フランクフルト発のパンナム便 ◆problems originating [arising, deriving, emanating, issuing, resulting] from... 〜に端を発する問題; 〜が原因の障害[故障] ◆noise originating in a transistor トランジスタ内から発生する[出る]雑音 ◆the water originates in springs この水は泉に源を発する ◆those interrupts that originate within the CPU CPU内部から生じる割込 ◆The light in the individual fiber bundles originates from a common light source. 各ファイバーバンドルの光は共通の光源から(出て)来ている。 ◆Seoul-bound Flight 858 originated in Baghdad and was scheduled to refuel in Abu Dhabi and Bangkok. ソウル行き858便はバクダッドを発って[出て]おり、アブダビとバンコックで給油する予定になっていた。 ◆Most of the country's major rivers originate in the central plateau and pour [empty] into the Atlantic Ocean. 同国の主要河川のほとんどは中央高原を源とし、大西洋に注ぐ。

**O ring** an〜 オーリング ◆an O-ring-sealed case オーリングで(密封)封止されているケース
**ornament** an〜 装飾品, 飾り ◆a hair ornament 髪飾り; ヘアアクセサリー ◆ornament fonts 飾り[装飾]文字フォント ◆an ornament worn on... 〜に着けている装飾品(*場合によっては「宝飾品」) ◆paper Christmas ornaments 紙製のクリスマスの飾り[オーナメント]
**ornamental** adj. 飾りの, 装飾用の, 装飾的な, お飾り(だけで役立つ)の[名目だけの, 名ばかりの] ◆ornamental plants 観賞用の植物 ◆for a variety of ornamental purposes 各種の装飾用途向けに

**orogenic** adj. 造山の ◆an orogenic belt 造山帯 ◆orogenic activity 造山活動 ◆formed by Alpine orogenic movements アルプス造山運動により形成された

**orphan** 1 an ~ 孤児, みなしご,（片親を失った）遺児, 商品企画の失敗などのため発売まもなくメーカーに見捨てられた製品,《ワープロ》段落の開始行だけ頁末に取り残された部分 (→ widow) ◆an orphan drug オーファン・ドラッグ, 希少疾病［疾患］用医薬品, 稀用薬（キヨウヤク）(＊患者数の少ない稀な病気治療用の, 商品化しても採算がとれる見込みがないために研究開発の遅れている医薬品)◆the research and marketing of drugs for rare diseases, known as orphan drugs 希少疾病[疾患]用医薬品として知られるオーファンドラッグの研究および販売
2 vt. ～を孤児にする,〈子〉に先立つ,～を取り残す, 見離す, 見捨てる, 孤立させる 切り離す

**orthodontics** 歯列矯正 (= teeth-straightening)

**orthodox** adj. 正統的な, 正統の, 確立した, 一般［万人］に認められた, 由緒正しい, 正統派［本格派］の, 伝統的［保守的］な, 月並みな, ギリシャ正教の

**orthogonal** adj. 直交の, 直交する, 直角の, 垂直の ◆a plane orthogonal to the axis of... ～の軸と直交する平面

**orthogonality** (an) ～ 直交性, 直交度 ◆orthogonality to 5 arc seconds 5秒角の直交度; 5秒角の精度の直交性

**orthogonalize** vt. ～を直交させる ◆an orthogonalized plane wave 直交化平面波

**orthopedic, orthopaedic** adj. 整形外科の; ~s 回 整形外科 ◆an orthopedic surgeon 整形外科医 ◆orthopedic shoes 整形外科靴 (＊外反母趾などの対策用) ◆a professor of orthopedics 整形外科学の教授 ◆He teaches orthopedic surgery at the University of California. 彼はカリフォルニア大学で整形外科を教えている.

**orthopedist** an ～ 整形外科医 ◆an orthopedist at Children's Hospital in Seattle シアトルの小児病院の整形外科医

**Os** オスミウム(osmium)の元素記号

**OS** an ~ (pl. OSes)《コンピュ》（オー・エス）, オペレーティングシステム, 基本ソフト (→ operating system)

**OS/2**《コンピュ》（オーエスツー）, IBMとMicrosoft社が共同開発したパソコン用OS

**OSCE** (Organization on Security and Cooperation in Europe) the ~ 欧州安保協力機構 (＊1995年1月1日に旧CSCE＝全欧安保協力会議から改称された)

**oscillate** vi. 発振する, 振動する,（周期性を持って）変動する; 揺れ動く, 動揺する, ためらう, ぐらつく <between> ◆an oscillation fan 首振り式の扇風機 ◆oscillate between the peak values -a and -a ピーク値＋aと－aの間で周期変動する ◆Solutions to such problems tend to oscillate wildly from one strategy to another and back again. そのような問題の解決策は, 一つの戦略からもう一つの戦略へ, そしてまた元の戦略へと大きく揺れ動く傾向がある.

**oscillation** (an) ~ 振動, 発振,（周期的な）変動, 動揺, ためらい, ぐらつき ◆a natural oscillation 固有振動 ◆an oscillation coil 発振コイル ◆an oscillation frequency 発振周波数; 振動周波数 ◆particular modes of vibration [oscillation] of... ～の特定の振動モード ◆the oscillations of cesium atom nuclei セシウム原子の核の振動 (＊nuclei is nucleus の複数形)

**oscillator** an ~ 発振器, 振動子 ◆a clock oscillator《電子》クロックオシレータ［クロック発振器］◆an oscillator tube 発振管 ◆a quartz [crystal, quartz crystal] oscillator 水晶発振器

**oscillatory** adj. 振動する, 動揺する ◆an oscillatory circuit 振動性の回路 (＊コイルとコンデンサを含む受動回路)

**oscillogram** an ~ オシログラム (＊オシログラフ, オシロスコープで記録・観測された波形)

**oscillograph** an ~ オシログラフ (＊波形記録装置)

**oscilloscope** an ~ オシロスコープ (＊画面付き電圧・電流波形観測装置)

**OSF** (Open Software Foundation) the ~《米》オープンソフトウェアファウンデーション

**OSHA** ◆OSHA (the Occupational Safety and Health Administration) 米労働安全衛生局 (＊略語形にはthe は不要)

**OSI** (Open Systems Interconnection)《通》開放型システム間相互接続

**osmium** オスミウム (元素記号: Os)

**osmosis** ① 浸透 ◆through osmosis 浸透により ◆reverse osmosis 逆浸透 ◆osmosis occurs 浸透が起きる

**osmotic** adj. 浸透の ◆osmotic pressure 浸透圧

**OSS** (Office of Strategic Services) the ~ 米戦略事務局 (＊米中央情報局CIAの前身)

**ostentatious** adj. 見栄を張る, 見えっ張りの, これ見よがしの, 見せびらかしの, 虚飾の, ことさら強調［誇示］するような, 派手な, けばけばしい, わざと人目を引こうとする ◆curtail ridiculous, outrageous and ostentatious gift exchanges 表面をとりつくろうために［虚礼で］行われるばかげた法外な贈り物のやりとりを減らす

**ostomy** an ~ 造瘻 (ゾウロウ) 術, 造口手術 (＊身体に通じる開口部を形成する),（特に）人工肛門形成術 ◆a disposable ostomy bag 使い捨て人工肛門バッグ

**ostrich** an ~ ダチョウ,《口》現実逃避者 ◆Avoid the ostrich syndrome. Don't stick your head in the sand and pretend the problem will go away. オストリッチ・シンドローム［ダチョウ症候群］を避けること. 砂の中に頭を埋めて問題が解消するなどとうそぶかないように. (＊駝鳥は危険が迫ると頭だけ砂に突っ込んで現実を見ないようにするといわれることから)

**OTA** ((Congressional) Office of Technology Assessment) the ~（米議会）技術評価局

**OTDR** (optical time-domain reflectometry)《光通》光時間領域反射測定法; an ~ (optical time-domain reflectometer)《光通》OTDR,（直訳）光時間領域反射率計,（俗に）光パルス試験器

**OTH** →over-the-horizon

**other** adj. ほかの, 他の, 別の, 他人［別人］の, 人様（ヒトサマ）の, 違う, 異なった, 異質の, 別種の,（二者のうちの）もう片方［一方］の, 別の方の,（三者以上のうちの）その他の, それ以外の, 残り全部［全員］の, その他大勢の; pron.《通例 ~s》ほかの人［物］, 別の人［物］, それ以外の人［物］ ◆at all other times それ以外の場合はいつも; それ以外の時は常に ◆the other day 先日, 過日, 先ごろ, せんだって, 先般 ◆other people [persons]; others 他の人たち; 他人; (＊他人の意味で) 人; 余人 ◆at other times そのほか［それ以外］の時は ◆(at) some other time いつか［いずれ］に（改めて）; いずれそのうち; またの機会に; 日を改めて ◆be ahead of others in the use of...《意訳》～は他に先駆けて［いち早く］～を使用している ◆blame others for mistakes ミス［失敗］を他人のせいにする; 過失［間違い］を人のせいにする ◆by Westinghouse and one other manufacturer ウェスティングハウス社ともう一社のメーカーによって ◆do it the other way around（手順を逆に行う (＊手順を逆にするなどして) ◆On the one hand,... On the other hand,... 一方では～. 他方では～. ◆on the other side of the door そのドアの反対側に ◆the party [person, telephone, fax machine, computer, equipment] at the other end (of the line)（電話や通信の）相手; 相手方［先, 側］◆three other questions ほかに3つの問題 ◆to some other system 他系統へ; なにか別の装置へ ◆try to get ahead of (all) others in developing... 他社に先駆けて［いち早く］～を開発しようとする ◆Do you have any other questions? ほかに何かご質問は. ◆there is no other choice [way] but surgery 手術以外に選択［方法, 手段, 手だて, 手立, 手 (スベ), 術 (スベ), 道］はない; 手術しかない ◆there is no other choice [way] but to walk 徒歩で行く以外に選択［方法, 手段, 手だて, 手立, 手 (スベ), 術 (スベ), 道］はない; 歩くよりしかたない; 歩くしかない ◆Looking at things from the other way around, this means that... 逆の見方からすれば［裏を返してみれば］,（これは）～ということだ. ◆Other ____ (please specify [describe])その他____ (内容を具体的に書いてください) (＊用紙の記入欄の表現) ◆talk to a person at [on] the other end of the line 電話の相手に向かって話す ◆

talk with somebody on the other end of the phone 電話の向こう（の誰か）［相手］と話す ◆There's no other way. それよりほかに道はない. ◆The other day, I went into a local shop to buy... 先日, 私は〜を買いに地元の店に入った. ◆All these characteristic curves are quite similar, one to the other. これらの特性曲線は皆, 互いにかなり近似している. ◆There are real people on the other end of the modem – and not all of them are nice. モデムの他端［向こう側］には本物の人間がいます. そして, その人間のすべてがいい人たちとは限らないのです ◆Operating systems exist in a wide variety of forms, some large and all-enveloping, others tiny and capable of performing only a few essential functions. オペレーティングシステムには様々な形態がある. 大規模で包括的なものもあれば, また小規模で数個の基本的機能しか果たせないものもある. ◆This single-board computer has the power to analyze, communicate and compute data faster than any other. このシングルボードコンピュータは, ほかのどれよりも速くデータを分析したり通信したり計算したりする能力を持っている. ◆In America, the government agencies that lead all others in progress toward the necessary software conversion are the Pentagon and the Social Security Administration. 米国において, 必要なソフトウェア転換に向けて（の歩みで）先頭［先陣］を切っている政府機関は国防総省と社会保障庁である.

**other than** 〜以外に, 〜とは別の［異なる］方法で, 〜と違う風に ◆at a value other than zero ゼロ以外の値において ◆if anything other than a number is entered 数字以外が入力されると ◆she could do no other than come 彼女は来るほかはなかった ◆hyphenate a word at an other-than-standard point 単語内の通常のハイフン箇所以外の箇所にハイフンを入れる ◆Do not use the fryer for other than intended use. 本フライ揚げ器を, 本来の目的以外に使わないでください. ◆Directional signals must not be used for any purpose other than when turning, changing lanes, or pulling away from a parked position. 方向指示器は, 進路を変えるとき, 車線変更するとき, または駐車位置から離れるとき以外は使用してはならない.

**otherwise** さもなければ, そうでなければ, そうしないと, その他の場合は, そうでなくて, 違った風に, 別の方法で, その点では ◆think otherwise 意見を異にする［別の見方をする］ ◆unless otherwise required [specified] by law 法律に特別［特段, 別段］の定め［規定］のない限り ◆except when [where] specified otherwise 特に指定した場合［部分, 箇所］を除き ◆unless otherwise noted in this chapter この章でそれ以外のことが特筆されていない限り ◆（意訳）この章で述べる例外を除いて ◆unless otherwise specified [noted]; unless specified [noted] otherwise 特に［ことわらない限り／（それ）以外の］指示がない限り／指定する場合を除いて／定めるものを除き ◆unless advised otherwise in writing by Nanox ナノックス社から書面にて別指示［特別な指示］が無い限り ◆unless otherwise specified in the purchase order 発注書に特記事項の無い［別な指示が出されていない］限り ◆the consumer, Japanese or otherwise, ... 日本人であろうとなかろうと, 消費者は... ◆Z1: Set if the result is zero. Cleared otherwise. 《コンピュ》Z1（ビット）: 結果がゼロならセットされる. それ以外ならクリアされる.（▶2つの文の語順を揃えるため, otherwiseが文末に置かれている） ◆Illustrations may draw your eye into articles that you would otherwise miss. イラストは, ともすれば見過ごしてしまうような記事にあなたの目[注意]を引き付けてくれるかも知れない. ◆The planned buildings are of varying heights but otherwise identical. 計画中のそれらビルは, 高さが異なるほかは, すべて同じである. ◆Unless agreed otherwise, payment is made subsequent to the performance of the work. 特段［特別］の合意［取り決め］がない限り, 仕事の遂行後になされる.

**otherworldly** adj. 別世界の, 空想の世界の, 幻想的な, 夢想的な; 死後の世界の, あの世［来世］の, 冥界, 冥土］の ◆strange, otherworldly creatures 奇妙な別世界の生物 ◆otherworldly tabletop photography 机の上で, 幻想的な（特殊効果を駆使した）写真を撮影する術

**otitis media** 《口》中耳炎 ◆the treatment of a common childhood middle-ear infection called otitis media 中耳炎とよばれる, ありふれた小児期の中耳の炎症の治療

**otolaryngologist** an 〜 耳鼻咽喉科医 ◆He is an otolaryngologist at New York University Medical Center. 彼はニューヨーク大学医療センターの耳鼻咽喉科医である.

**otolaryngology** 《口》耳鼻咽喉科学 ◆the department of otolaryngology at... 〈病院〉の耳鼻咽喉科

**otolith** an 〜《生》耳石, 聴石, 平衡石, 平衡砂 ◆small rock-like particles of calcium carbonate, referred to as statoliths in snails and otoliths in fish and humans カタツムリでは平衡石, また魚やヒトでは耳石［聴石, 平衡石, 平衡砂］と呼ばれる炭酸カルシウムの石のような細かい粒子

**otorhinolaryngology** 耳鼻咽喉科学（= otolaryngology）

**ought** 〜すべきである, 〜するのが当然［妥当］である, 〜したほうがいい, 〜するはずである, <ought to have done...> 〜すべきであった（のに）,（未来のある時点までに）〜し終わっているべきである ◆learn how to run a school as it ought to be run 学校のしかるべき運営方法を学ぶ ◆productivity is not as high as it ought to be 生産性は（もっと高くていいはずなのに）いまひとつ［今一歩, 今少し, いまいち］だ ◆see things as they are, not as they ought to be ものごとのあるべき姿を見るのではなく, ありのままを見る ◆society ought to recognize same-sex marriage 社会は同性同士の結婚を認めるべきである ◆but much of the information available is not as good as it ought to be だが入手［利用］可能な情報の大部分はしかるべき（質的）レベルに達していない［あまりよくない］ ◆Folks have an image of what a coach ought to be, how he ought to look and talk. 皆は, コーチの在り方［あるべき姿］, 容貌, さらには話し方といったものに対してある一定のイメージを抱いているものだ.

**our** pron.《we の所有格》我々の, 私たちの, 私どもの, 自分たちの, うちらの, うちの, 我等の, 我等が, 我が, 我が方の, 手前どもの; 余の, 朕の; 今日の, 現代の;（意訳）当店の, 当社の, 弊社の, 小社の, 我が社は［国, 市, 町, 村］の ◆in both our countries 私たち双方の国において ◆our company 我が社, 弊社, 当社, うちの会社, 小社 ◆an issue which impacts directly on the life [lives] of the people of our country [nation] 我が国の国民生活に直接ひびいてくる問題

**ours** pron.《we の所有代名詞》私たちの［我々, 我等, 手前ども, 当店, 当社, 弊社, 小社, 我が校］のもの（▶指すものが単数なら単扱い, 複数なら複扱い） ◆in this nation of ours 私たちのこの国

**oust** vt. 〜を追い出す, 追放［駆逐, 放逐］する;《oust a person from [of] his/her right to do...の形で》〈人〉から〜する権利を取り上げる［奪う, 剥奪する］ ◆oust the country's military leader 同国の軍部最高指導者を追放する

**ouster** (an) 〜 追放, 放逐,《法》占有［所有］剥奪 ◆call for the ouster of... from... 〜の〜からの追放を求める

**out** adv., prep. 外へ, 不在, 外出して, 出て, 尽きて, 消えて, 切れて, 徹底的に, 最後まで, 外れて, 休んで, 離れて, 廃れて（スタレテ）（→ out of）; adj. 外側の, 外部（へ）の, 離れた, 外れた, 送信〜 ◆a red "paper out" light 《OA》赤い「用紙切れ」表示ランプ（＊用紙が無いことを知らせる） ◆keep dust out ほこり［ごみ］が入らないようにしておく ◆put it in his outbox [out-box] それを彼の「出」の箱［既読箱, 「済み」の箱］に入れる（▶an outboxは, 通信ソフトでは「送信箱」） ◆a paper-out condition had occurred 《OA》用紙切れ［紙無し］状態が発生した ◆The LED stays out when... 〜の時には, このLEDは消えたままになっている. ◆It is due out early next year. それは, 来年早々の発売の予定になっている.

**out-** 1 外へ, 外へ向けて, 離れて ◆an electronic out-tray [out-basket, outbox] 電子メールの送信トレイ［バスケット, ボックス, 箱］（＊out tray, out basket, out-box, out box などとも）
2 〜を越えて, 〜をしのいで, 〜に勝って ◆Michael Jackson's 16-song, 100-minute concerts outdrew and outdecibeled those of Madonna. マイケルジャクソンの16曲編成100分間

のコンサートは、観客動員数と盛り上がりの点でマドンナのコンサートをしのいだ.

**outage** an ~ 停電(= a power failure), (停電などによる機械の)停止, (出荷の過程などで発生する)目減り, 減量, 掛け減(カケベリ)り

**out-and-out** 完全な, 全くの, 根っからの, 徹底的な

**outboard** 機外の, 船外の, 中心から離れて位置している, (モーターボートなど)船外エンジン式の ◆an outboard motor 船外エンジン, 船外機(*プロペラと舵付きの可搬型小型エンジン) ◆an outboard device 外付けのデバイス

**outbound** adj. (船舶などが)外国行きの, (列車などが)下りの, 《電話》出-[出発-], 《通》アウトバウンドの[内部から外部への, 外向きの, 《国》outgoing], ~ ◆an outbound line (鉄道などの)下り線 ◆outbound and inbound tracks 出て行く軌道[下りの線路]と入ってくる軌道[上りの線路]

**outbox, out box** an ~ 《ネット》送信箱[送信ボックス]

**outbreak** an ~ (感染症などの)突発的な大発生, 突発, (ストライキ, 火事などの)発生, (戦争, 革命などの)勃発, (怒りなどの)爆発 ◆an outbreak of influenza インフルエンザの(大)発生[流行] ◆an outbreak of medflies 地中海ミバエの大量発生 ◆large outbreaks of influenza インフルエンザの大流行 ◆the outbreak of civil war in the former Yugoslavia 旧ユーゴスラビアにおける内戦の勃発 ◆in case of an outbreak of infectious diseases 万一感染症の突発的な集団発生があった場合に ◆an outbreak of cholera, dysentery and other diseases コレラ, 赤痢, およびその他の病気の大発生

**outburst** an ~ (感情などの)激しい表出[発露, ほとばしり], 爆発, 噴出, 破裂, (ガスなどの)吹き出し, (気象の)電気などの)吹き出し ◆a boisterous outburst of laughter 大爆笑 ◆an outburst of anger [fury, indignation, rage] 激しい怒りの爆発 ◆a sudden outburst of gas 突然のガスの噴出, ガスの突出 ◆a sudden outburst of tears 突然の涙のほとばしり; 突然涙がどっとあふれ出ること ◆cry out in an outburst of feeling 感情がほとばしって[感情の発露として, 感極まって, 興奮して]大声を出す ◆His remark prompted an outburst of laughter. 彼の発言は爆笑を誘った[かった].; 彼の言ったことでどっと笑いが起きた[一同哄笑(コウショウ)した].

**outcome** an ~ 結果, 成果, 帰趨 ◆outcome-oriented [results-oriented] approach 結果重視型[成果主義]のアプローチ ◆predict election outcomes 選挙結果を予想から左右する ◆sway the outcomes of elections 選挙の結果[《正義》行方]を左右する ◆achieve some serendipitous outcomes 思いがけない[当てにしていなかった]4つの成果を収める ◆factors that may affect future results [outcomes] 将来の結果に影響を及ぼすかもしれない要因; 今後の成り行き, 帰趨(キスウ)を左右する可能性のあるファクター ◆That is the outcome of the past five years, during which we... それは, 我々が~した過去5年間の成果だ. ◆With the polls suggesting an extremely tight race, the debates, to be held next month, could be vital in determining the election outcome. 世論調査から大接戦が予想されるので, 来月開催予定の討論会は選挙結果[《正義》行方]を決定づける上で極めて重要であるかも.

**outcrop** an ~ 《地》地上に頭を出している部分, 露頭, 露出部; an ~ 表面化, 出現, 露見, 露顕, 突発, 突発事件; vi. 現れる[頭を出す], 表面化すること ◆coal outcrops [outcroppings] 石炭の露頭 ◆a huge outcropping of stone 巨大な岩石の露頭 ◆A coal seam outcrops to the surface. 炭層が地表に露出する

**outdated** adj. 古くさい, 時代遅れの, 旧式の, 廃れた(スタレ)た(= out-of-date) ◆outdated [out-of-date] meat and dairy products 古くなった[期限を過ぎた, (賞味・消費)期限切れの]肉や酪農製品

**outdent** 1 v. (↔indent)(段落先頭行または段落全体の)行頭を外に張り出させる, ぶら下げインデント, 字下げ幅を浅くする, インデントを戻す, (~の)インデントタブ位置を外側に移動する

2 vt. (行頭の)張り出し[突き出し], ぶら下げインデント, インデントレベルを浅く[インデント位置を外側に変更]すること

**outdistance** vt. ~をはるかに引き離す, ~にはるかにまさる ◆outdistance competing products 競合品を断然引き離す[はるかにしのぐ]

**outdo** vt. ~に勝る, ~を凌ぐ, ~に(打ち)勝つ, ~より(も)優れる[うまくやる], ~を負かす ◆to outdo foreign companies 外国企業に勝つために ◆Not to be outdone by his rival, John... ライバルにやられる[負けてなる]ものかとジョンは~; Not to be outdone by the competition,... 競争相手に負けじと; 対抗して

**outdoor** adj. 戸外の, 屋外の, 野外の ◆in an outdoor parking lot 屋外[青空]駐車場で ◆vegetables grown outdoors 露地栽培の[露地物]野菜

**outdoors, out-of-doors** adv. 戸外で, 屋外で, 野外で; the ~ (単扱い)戸外, 屋外, 野外 ◆an extension cord intended for use outdoors 屋外用に作られている延長コード ◆the walls exposed to the outdoors 屋外に露出している(外)壁 ◆Do not use the appliance outdoors. 本器具を屋外で使用しないでください.

**outdraw** (拳銃)を相手よりもはやくホルスターから抜く, ~よりも多くの観客を動員[集客]する

**outer** 外の, 外側の, 表側での, 外部の, 大気圏外の, 遠く離れた, 中心から遠い, 外界の ◆an outer appearance 外見 ◆outside [external, outer] diameter grinding; O.D. grinding 外径研削 ◆outer tank dimensions; the outer dimensions of a tank タンクの外形寸法 ◆outer dimensions 外形寸法 ◆the outer edge of a penny 1セント硬貨の外周部[周縁部] ◆the outer sheath of a cord; the outer coverings of cords (電気)コードの外側の被覆[外装, 外側の皮] ◆the outer regions of the lens そのレンズの外周部(*レンズの縁に近い部分から縁にかけての部分) ◆the outer surface of the band このバンドの外面 ◆the data is packed more densely on the inner tracks than the outer tracks データが, 外周側のトラックよりも内周側のトラックにより高密度に詰め込まれて[記録されて]いる ◆the deterioration seems to start from the outer edge and work its way inward この劣化は, 外縁[外側の縁, 外周]から始まって内側に向かって進行していくように見える(*CDやDVDの経年劣化)

**outermost** 最も外側の, 最も中心から離れた, 最も遠い

**outer space** 大気圏外空間, 宇宙空間 ◆from outer space 宇宙から ◆travel in outer space 宇宙旅行する

**outfit** 1 an ~ 七つ道具, 道具一式, 装備[用品]一式, 服装一揃い, 《口》《軍》部隊, 《口》会社[企業] ◆a fictitious outfit called Xxx 《口》Xxxという架空の会社

2 vt. ~に身支度させる, 装備を施す, (船)に艤装(ギソウ)を施す; vi. 支度を整える ◆outfitted with a 300mm telephoto lens 300ミリの望遠レンズを装備して ◆a personal computer outfitted with either an external or internal modem 内蔵または外付けモデムを装備[実装, 具備]しているパソコン

**outflow** an ~ (~の)流出<of>; an ~ 流出物; 流出量 ◆a massive outflow of refugees 難民の大量(国外)脱出 ◆a power plant's warm-water discharge [outflow] channel 発電所の温水放水路 ◆touch off an outflow of money from... ~からの金[資金]の流出を引き起こす ◆the 1961 construction of the Berlin Wall to stem the outflow of skilled labor to the West 西側への熟練労働者流出の阻止を目的とした1961年におけるベルリンの壁の建設

**outgas** vt. ~からガス[気体]を抜く; vi. ガスが抜ける ◆an outgassing test 脱ガス試験(*真空中での) ◆to minimize explosive outgassing caused by overcharge 過充電による爆発性ガスの放出を極力少なくするために

**outgoing** adj. 出て行く, 去り行く, 引退する, 退任する, 出荷の, 船積みの, 出-, 発信-, 送信-, 《光》出射-, 外向的[社交的]な; (an) ~ 出て行くこと, 出発, 出て行くもの ◆an outgoing attitude 外向的な態度 ◆(an) outgoing level 《電話》送出レベル ◆an outgoing trunk circuit 《通》出トランク(中継)回線 ◆outgoing shipments 出荷品; 船積み品 ◆an outgoing freighter 出帆[出港, 出航]する貨物船 ◆an outgoing train (駅などから)出て行く列車 ◆on [during] an outgoing tide; during outgoing tides 引き潮時に ◆outgoing completed products

出荷(される)完成品 ◆the outgoing Administration 退陣が決まっている政権 ◆the outgoing president of the United States 退任する米大統領 ◆handle up to 500,000 incoming and outgoing calls a day 《電話》1日当たり50万本までの着信呼および発信呼を取り扱う ◆provide separation between incoming and outgoing power 入力電力と出力電力間の分離をする ◆Final outgoing inspection is performed prior to shipping. 最終出荷検査は出荷[発送]に先立って実施する。 ◆My husband is an effusive, outgoing type who loves people. 私の夫は、人間が好きで、情熱がほとばしり出るような社交的[外向的]なタイプです。 ◆tell both incoming and outgoing board members that... 着任する役員と退任する役員の双方に~であると伝える

**outgrow** vt. ~より大きくなる、(子供が成長して)〈服など〉が小さく[着られなく]なる、(子供が成長してゆく過程で)〈癖など〉がなくなってくる ◆When children outgrow their child restraint they can use regular seat belts. 幼児用のカーシートが子供に小さくなったら、普通のシートベルトを使うことができる。

**outgrowth** an~ 結果、成果、(自然の)成り行き、成長、生え出る[発生する]こと、生え出たもの[若い枝やひこばえ等]、産物、副産物、派生物 ◆it was prepared [established] as an outgrowth of the/one's need for... [need to <do...>] それは、~の必要の産物として[~する必要から]作成[創設]された ◆This product is an outgrowth of the needs of the people. この製品[商品]は、これらの人々のニーズから生まれたものです。

**outguess** vt. ~の先を読み取る、~を先読みする、~を出し抜く ◆outguesses the direction of financial markets 金融市場の方向性を先読みする ◆chartists use technical methods in their attempts to outguess the stock market チャート[罫線]分析家は株式相場の将来を予測する[行方を占う]のに技術的な方法を用いる

**outlaw** an~ アウトロー、無法者、不逞(フテイ)の輩、ならず者、はみだし者、無頼漢、反逆者、言うことを聞かない扱いにくい動物[あばれ馬、じゃじゃ馬]、法益被剥奪(ハクダツ)者; adj. outlawの; vt. ~を非合法[不法]とする、非合法化する、禁止する、〈人〉から法律の保護や恩典を剥奪する ◆to deal with international outlaws, such as Nazi Germany and imperial Japan ナチスドイツや日本帝国のような国際社会のならず者に対処するために

**outlay** 金を支出すること; an~ (~の)支出、費用、経費<on, for>; vt. (= expend, spend, lay out) 〈金〉を支出する、(~に)費やす<on, for> ◆even $500 is a significant outlay for a poor family 500ドルでさえ貧しい家族にとっては大きな支出[出費]だ ◆The computer system required an outlay of several thousand dollars. このコンピュータシステムには、数千ドルの支出を要した。

**outlet** an~ 出口、引出し口、排気口[抗]、放出口、流出口、放水口、河口、(感情、商品の)はけ口、小売店、(芸術などの表現)手段、販路、市場、(特定メーカー、問屋の直販)店、出店[特約店、系列店]、直営販売店、工場直売[直販]店、(放送の)地方ネット局、《電気》コンセント、差し込み(口)[コード] ◆a wall outlet ◆a combustion products outlet 燃焼生成物排気口 ◆an (AC) outlet strip テーブルタップ(＊電源プラグが数個差し込め、タコ足配線ができる) ◆an air outlet (空気の)排気口 ◆a retail outlet 小売店 ◆an IBM factory outlet store IBM工場直売[直販]店 ◆a hose-end outlet ホース接続[差し込み]口 ◆plug the cord into a wall outlet [receptacle, socket] コードを壁のコンセントに差し込む ◆remove the cord from the wall outlet コードを(壁の)コンセントから抜く ◆seek practical outlets for pent-up energy 鬱積(ウッセキ)したエネルギーの現実的なはけ口を探す ◆When not in use for extended periods, disconnect the AC plug from the outlet. 長い間使用しない場合は、ACプラグをコンセントから外して[電源差し込みプラグから抜いて]ください。 ◆After decades of closed doors, China is emerging as an important new outlet for American food exporters. 何十年間も門戸を閉ざしていた後に、中国は米国の食糧輸出業者にとって大切な新規の市場[販路、はけ口]として浮上しつつある。

**outline** 1 an~ 輪郭、外形、略図、(目次のような形で箇条書きに整理した)概要[摘要、梗概、アウトライン]、概略、大要、大綱、大筋]、あらすじ、あらまし、~s 主点、要点、要綱、主要点、骨子 ◆an outline drawing 外形図 ◆be visible only in outline 輪郭のみしか見えない ◆display information in outline 情報の概要を表示する ◆explain the general outlines of... ~の概要[梗概[コウガイ]、全体的なアウトライン、全体像]を説明する ◆sketch... in outline ~の外形図を描く ◆the outline of a story 話の大筋 ◆an outline font-rasterizing IC for desktop publishing デスクトップパブリッシング向けアウトラインフォント・ラスタライジングIC ◆describe to... the broad outlines of the agreement 〈人など〉に、その協定の内容のあらまし[大綱]を説明する[同協定について説明する] ◆the outline of the building against the sky 空をバックにしたそのビルの輪郭を見る ◆Here's the problem, in brief outline. 以下にこの問題の概要[あらまし、大意、要約、概略]です。次にこの問題をかいつまんで説明します。 ◆On the assumption that the magazine is not part of your regular reading list, I will give a brief outline of Mr. Warner's startling article. その雑誌は普段お読みになっているものと想定して、(それに載っていた)ワーナー氏の驚くべき記事のあらまし[大意、要約、概略、概要]をお知らせします。

2 vt. ~の外形図、略図、スケッチ]を書く、~の要点をかいつまんで話す、略述する、概説する ◆outline the figure in pencil 図形の外形図[線画]を鉛筆で描く ◆conform to the Energy Star green PC standard outlined by the U.S. Administration 米国政府が大綱を定めたエネルギースターグリーンPC基準に準拠する

**outlive** vt. ~より長生きする、〈有用など〉を長く生きて[存続して]いることで失ってしまう ◆get rid of all the clutter that has outlived its usefulness 用無し[役立たず、お役御免]になったがらくたを全部処分する ◆he has outlived his family 彼は家族(全員)に先立たれた ◆agencies and departments that have long outlived their usefulness ずっと前に役割[役目、使命]を終えてしまっている政府機関や部門 ◆her main worry is outliving her nest egg [nest money] 彼女の主な心配は、蓄え[貯金、虎の子]より先に死ぬかもたないのではないかということである ◆the Soviet government had completely outlived its usefulness ソ連政府は完全に死に体になってしまった ◆wives outlive their husbands by about seven years 妻たちは夫たちよりも約7年長生きする ◆The agency has outlived its usefulness. その政府機関の役目は終わってしまっている;同機関は使命を終えたにもかかわらず存続している。

**outlook** an~ 見晴らし、展望、眺望、眺(ナガ)め、展望;見解、視界、(今後の)見通し[予想]、景況見通し ◆a market outlook for... ~の市場見通し[展望] ◆improve the future outlook 将来[前途、行く先、今後]の見通しを明るくする ◆the outlook for the Christmas season is still good クリスマス(商戦)シーズンの見通しは依然としていい ◆the nation's economic outlook has worsened since then この国の経済[景気]の見通しは、その時以来悪化した ◆Be on the lookout for the unexpected. (万一の)予測のできない[不測の]事態に備えて油断しない[気を緩めない、警戒を怠らない]こと。 ◆Despite a poor outlook on consumer and business product demand, ... 民生用および業務用製品の芳しく[はかばかしく、良く]ない需要見通しにもかかわらず、 ◆the demand outlook has worsened considerably since April 需要見通しは4月来大幅に悪くなった ◆The European economic outlook is growing rosier every day. 欧州の経済見通しは、日に日に[日増しに]明るく[楽観的に]なっている。

**outnumber** vt. ~に数でまさる ◆Foreigners outnumber natives almost 3 to 1. 外国人は、ほぼ3対1の割合で現地人より多い。 ◆Women outnumber men on college campuses nationwide. 女子の数が全国の大学で男子の数を上回っている。 ◆Gainers outnumbered [outpaced, led, beat, topped, edged out] losers by about 7 to 5 on the New York Stock Exchange, where volume was 263.88 million shares. ニューヨーク証券取引所では、値上がり銘柄は約7対5の割合で値下がり銘柄の数を上回った。出来高[売買高]は2億6,388万株であった。

**out of** ～の中から外へ，～の範囲外に，〈範囲〉のうち[中]から，〈源，出所〉から，〈材料〉から，〈行動の動機〉から；～から外れて[離れて，脱して]，～がなくて[切らして，失って] ◆go out of tolerance 許容誤差から外れる ◆as a way out of poverty 貧困から抜け出す方法として ◆be out of action （故障などの原因により）運転休止した ◆go out of scope [range, band] 範囲からはみ出す；範囲からずれる；範囲を逸脱する；領域から外れる ◆he is fresh out of prison 彼は刑務所から出てきたばかりだ ◆just before the printer runs out of paper プリンタが用紙切れになる直前に ◆nine times out of ten 十中八九[多分] ◆slightly out of spec 若干仕様[規格]から外れて ◆if you are out of paper 用紙が切れていたら[無くなっていたら] ◆a core constructed of ideal square-loop material 理想的な角形(ヒステリシス)曲線を示す材料で作った芯 ◆(be) soon to be out of development and ready for production 近々に開発の手を離れて生産に入れることになって（いる）◆bring the transistor out of conduction トランジスタを非導通状態にする ◆select the proper one out of a number of possibilities 数多くの可能性の中から適切なものを選ぶ ◆tires that are out of balance or out of round タイヤが崩れて[狂って]いるか，円形が崩れているタイヤ ◆This model has gone out of production. このモデルは製造中止になった。◆Three out of four of the 270 refugee boats were attacked. その270隻の難民船の4隻中3隻が襲われた。◆Pressing <ESC> backs you out of most options. 《コンピュ》〈ESC〉(エスケープ)キーを押せば，たいていのオプション機能から抜け出て元に戻れる[抜けられる]。◆These voltages are out of phase with each other by 120 degrees. これらの電圧は，互いに120度ずつ位相がずれている

**out-of-balance** adj. バランス[釣り合い，均衡，平衡]がとれていない[失われている，狂っている，崩れている]

**out-of-band** adj. 帯域外の ◆out-of-band emission 帯域外輻射[放射，発射] ◆out-of-band power 《無線》帯域外輻射電力

**out-of-bounds** adj. 境界の外に出た，枠を越えた ◆an out-of-bounds area 範囲外の区域 ◆inadvertently step on the out-of-bounds line うっかり境界線を踏む

**out-of-box** adj. 〈商品などが〉箱から出してそのまますぐに使える

**out-of-control** adj. コントロールを失った，制御がきかない，操縦不能の，暴走状態の，収拾がつかない，統制がとれない，歯止めの効かない，手が付けられない，手に負えない，手に余る，自制心を失った (→controlの子見出しout of controlに用例)

**out-of-court** adj. 示談による ◆forge an out-of-court settlement 示談を成立させる ◆reach an out-of-court settlement with... ...と示談にこぎつける ◆Still, an out-of-court settlement remains possible. しかし，示談による解決の可能性は残されている。

**out-of-date** adj. 時代遅れの，古くさい，古い，旧式の，廃れた，〈スタイル〉た，陳腐化（チンプカ）した，〈情報などが〉最新でなく古い (◎outdated, ↔up-to-date) ◆out-of-date [expired] baby food 賞味[消費]期限の過ぎた[切れた]ベビーフード ◆out-of-date machinery 時代遅れの[旧式の，旧型の]機械 ◆Remember, as time goes on, a second hand machine will become even more out-of-date. 忘れてならないが，時が経つにつれて，中古機はなおのこと時代遅れ[旧式]になってしまうということだ。◆The rapid-paced advance of technology makes any product definition based on price and performance out-of-date very quickly. 長足の技術の進歩が，価格と性能に基づくいかなる商品定義をも非常に早く陳腐化してしまう。

**out-of-door** → outdoor
**out-of-doors** → outdoors
**out-of-focus** 焦点[ピント]が合っていない ◆an out-of-focus picture ピンぼけ写真 ◆throw the background out-of-focus 背景をピンぼけにする[ぼかす]

**out-of-order** adj. 故障している ◆an out-of-order telephone 故障電話

**out-of-phase** adj. 位相がずれた，位相のずれている ◆an out-of-phase signal 位相がずれている信号

**out-of-place** → place

**out-of-pocket** adj. 自費での[自前の，自弁の，自腹を切っての，身銭を切っての]，現金払いの；adv. 《out of pocket と分かち書きも可》 ◆out-of-pocket expenses 《複数形》自前[自弁]の費用 ◆out-of-pocket payments 自腹を切っての[身銭(ミゼ=)を切っての，自分の懐からの，自己・個人負担分の]支払い ◆his out-of-pocket expenses 彼が自分で負担する[した]費用 ◆out-of-pocket medical [health] costs [expenses] 自分のお金で支払う[自己負担分の，個人負担の]医療費

**out-of-print** adj. 絶版の，廃盤の，紙面[誌面]に公表されないで (→ print)

**out-of-round** adj. 真円[直円]でない ◆an out-of-round tire ゆがんでいるタイヤ

**out-of-roundness** n. 真円でないこと[度合い]，真円度，直円度

**out-of-sight** adj. 見通しのきかない，《俗》すばらしい，（請求などの）ものすごく高い ◆an out-of-sight path 見通しのきかない経路

**out-of-stater** an ～ 州外からの居留者，越境学生，越州訪問者

**out-of-step** adj. 歩調が合ってない，足並みが乱れた，同期が取れていない，同期が外れている ◆out-of-step protection 《発送，配電》同期外れに対する保護；脱調保護

**out-of-the-way** adj. 辺鄙（ヘンピ）な，人里離れた，珍しい，〈発言などが〉人をむかっとさせる，余計な，お呼びでない ◆an out-of-the-way airport 辺鄙（ヘンピ）な場所にある飛行場 ◆find out-of-the-way places to sleep 人目につかない寝場所を見つける

**out-of-this-world** adj. 別世界の，この世の外（ホカ）の，奇想天外な ◆combine Mylar, folded paper and color gels over lights to create out-of-this-world results この世のものとも思われないような[異次元の世界を思わせるような，幻想的な]効果を創り出すためにマイラーフィルム，折り畳んだ紙，カラージェルをライトの上で組み合わせる ◆It's gone from super to out-of-this-world. それは，最高級[すばらしい]（という形容）から（の意訳）超弩級[とてつもなくすごい]になった。

**out-of-tolerance** adj. 規格外れの，不良品の，仕様公差を外れた ◆The inspection equipment provides a printed record of out-of-tolerance components. 本測定器は，公差を逸脱している[＝規格はずれ]部品の記録を印字出力する。

**out-of-town** adj. ほかの町からの，ほかの町で催される[行われる] ◆an out-of-town check 地域外小切手 ◆an out-of-town directory 市外電話帳

**out-of-tune** adj. 調整がずれた，調子がはずれの，一致[調和]していない ◆an out-of-tune antenna 調整のずれている[調整がとれていない，調整が狂っている]アンテナ ◆out-of-tune parts 調整不良の[調整が狂っている]部品

**out-of-wedlock** adj. 結婚していない，婚外の，〈子供が〉非嫡出の ◆fathers of out-of-wedlock children 婚外子の父親たち

**out-of-work** adj. 失業中の，仕事にあぶれている ◆out-of-work people over 50 50歳を超えた[《意訳》50歳以上の]失業中の人々 ◆He employed out-of-work actors. 彼は仕事にあぶれている俳優たちを雇った。

**outpace** vt. ～を追い越す，抜く，引き離す，上回る，しのぐ，～にまさる，～より上である ◆Demand will continue to outpace supply. 需要が供給を引き続き上回る ◆Jeb Bush is outpacing his opponents in fund-raising. ジェブ・ブッシュ氏は〈選挙の〉資金集めで対立候補を抜いている。◆Xxx outpaced yyy by a small margin. XxxはYyyをわずかな差[僅差(キンサ)]で追い越した。

**outpatient, out-patient** an ～ 外来患者 (↔an inpatient) ◆an outpatient treatment commitment program 通院治療義務付け[措置通院]制度 (＊精神障害者の) ◆issue an outpatient treatment order 通院治療命令を出す (＊精神障害者の)

**outperform** vt. ～より性能が優れている[上である]、性能の点[成績面]で凌いでいる ◆outperform the competition 競合製品[競合他社機、競争相手]を抑える ◆enable small companies to outperform their giant competitors in decision-making, production standards and delivery time 意思決定や生産水準や納期といった点で、小企業が競合する大企業をしのげるようにする ◆We are being outperformed by our competitors. 我々は、競争相手に負かされて[劣勢に立たされて]いる。 ◆Year after year, new graduates with technical majors dramatically outperform liberal arts majors in the job market, both in numbers of job offers and salaries. 年々、技術系新卒者は、就職戦線において募集件数、給料ともに文科系新卒者よりも格段に優位[優勢]に立っている。 ◆At an equal clock speed, the Athlon outperforms the Pentium 4 on many functions, according to many analysts. In fact, many tests show a 1.2GHz Athlon outperforming the 1.5GHz Pentium 4. 多くの分析家によると、同じクロック速度において(比較した場合)、AthlonはPentium 4よりも多くの機能で性能的に勝っている。実際に、多くのテストで1.2GHz版Athlonが1.5GHz版Pentium 4よりも優れている。 ◆It may be hard to fathom how Internet stocks can outperform what they did last year, but a number of analysts are predicting enormous gains for the .coms in the months ahead. インターネット関連株がどの程度前年の業績を上回るかを予想するのは難しいだろうが、.com[ドットコム]株については何カ月か先に途方もない値上がりがあるだろうと大勢のアナリストたちは予測している。

**outplacement** (解雇前に施す)再就職のための援助と斡旋、再就職支援 ◆an outplacement company[firm] 再就職支援[援助]代行会社 ◆outplacement assistance[help] 再就職支援;転職[転進]援助 ◆an outplacement counselor 再就職支援カウンセラー(*人減らしや肩たたきの対象者に、企業からの請負でアドバイスを施す)

**outpoll** vt. ～より多く票を獲得する[得票する] ◆In the balloting, the car outpolled all the others in the categories of engine, transmission, ergonomics, comfort and ride. 投票では、この車はエンジン、ミッション、人間工学、快適性、および乗り心地の(評価)項目で他車を押し退け最高得点を獲得した。

**output** 1 (an) ～ 出力、生産量[高]、産出量[高]、発電された電力、機械が生み出した動力; an ～《電気》出力端子 ◆produce[present] an output 出力する ◆a subwoofer output サブウーファ出力(端子) ◆voice output 音声出力 ◆convert current output to voltage output 電流出力を電圧出力に変換する ◆produce graphic output on paper 紙上にグラフィック[図形]を出力する ◆produce printed output 印字出力する ◆change the power output of the turbine そのタービンの動力出力を変える ◆many thousands of pages of computer output 何千ページものコンピュータ出力 ◆the name of the file to receive the output 《コンピュ》処理結果を収める[出力先となる]ファイルの名前 ◆when the output reaches -180 volts 出力が-180ボルトに達すると ◆display both alphanumeric and graphic output in multiple colors 《コンピュ》英数字出力かグラフィック出力の両方とも多色で表示する ◆produce output in the form of characters and numerics on paper 紙上に文字か数字の形で出力する ◆they have increased output to cope with the demand for discs これらの企業はディスクの需要に対処するために生産を増やした[増産した] ◆the engine's output of 120 hp at 5000 rpm and 150 pounds-feet of torque at 3000 rpm そのエンジンの5000rpmで120馬力、3000rpmで150ポンド・フィートのトルクの出力 ◆The Japanese transplants are tooling up for greater output. 日系の(海外の)現地工場は、増産に向けて生産設備を整え[生産体制を強化し]つつある。(*tool up = 生産に必要な設備の設計から据え付けまで行う) ◆The output is routed to the printer instead of the screen. 結果は画面ではなくプリンタに出力される[出力先は画面ではなくプリンタになる]。 ◆The output of a production oil well consists of a mixture of crude oil, water and natural gas. 石油生産井[産出井]の産出物(の成分)は、原油、水、天然ガスが混ざり合ったものです。 ◆Information shown on the screen is less convenient to work with than output printed on paper. 画面上に表示される情報は、紙に印字出力されたものよりも扱いにくい。 ◆The plant has a staff of 2,000 and an output of 40 cars an hour, or 163,000 a year. この工場は、従業員2000名体制で、生産高は毎時40車、年間にして163,000台である。

2 vt. ～を出力する、～を生産する ◆be outputted to paper 紙に[用紙に](印字[描画])出力される ◆output to a printer プリンタに出力する

**outrage** ① 激怒、憤慨; an ～ 暴力、乱暴、暴虐な[非道な、不法]行為、暴行、強姦、蹂躙; vt. ～を激怒[憤慨]させる、(法律や道徳)を破る[犯す、踏みにじる、蹂躙する]、(女性など)に暴行する[をレイプする] ◆I am outraged by this. 私はこのことに憤慨[激怒]している。 ◆The rape has outraged many Japanese and spurred debate over the American military bases in Okinawa. この強姦事件は多くの日本人を激怒させ、沖縄における米国の軍事基地をめぐる論争に拍車をかけた。

**outrageous** adj. 法外な、尋常な度を越した、とんでもない、言語道断な、べらぼうな、乱暴な、とっぴな、ものすごい ◆an outrageous lie ひどい嘘 ◆an outrageous notion とてつもない考え ◆an outrageous price 法外な[べらぼうな]値段 ◆outrageous acts とんでもない行為

**outright** adj. 明白な、まったくの、完全な、徹底的な、率直な; adv. 徹底的に、あからさまに、公然と、直載(チョクセツ)的な、即座に[即金で]

**outscore** vt. ～よりも多く得点する、～よりもいい点[高い点数]を取る、～より高得点を取る ◆Japanese, Taiwanese and other Asian students regularly outscore Americans in mathematics 日本人、台湾人などのアジア人学生が決まって数学で米国の学生よりも高得点を取っている

**outsell** vt., vi. よりも多く[高く、速く]販売される[売れる]、～を上回って売れる ◆It has massively outsold expectations and spawned copycat products. それは予想を大きく上回って売れ、コピー商品を生んだ。

**outset** the ～ 最初に、初め、始め ◆at[from] the outset <of> (～の)最初に[初めに][から] ◆at the outset はじめに、最初に、当初は、冒頭で ◆from the outset of a hostage-taking incident 人質事件の始まり[発生]から ◆As a result of extensive usability testing and end user input from the outset of development, Xxx is recognized as the easiest-to-use yyy analysis tool in the market today. 開発当初から広範な操作性試験およびエンドユーザーの意見の吸い上げを行った結果、Xxxは市場で最も使いやすいyyy分析ツールであると認められています。

**at the outset** <of> (～の)最初に[から] ◆As I mentioned at the outset, ... 冒頭で述べました通り、～ ◆at the outset of 1997 1997年の初めに

**outshine** v. ～よりも明るく光る、～より優秀である[優れる、秀でる]、～に勝る、～を凌ぐ(シノグ)、凌駕(リョウガ)する ◆Its audio quality outshines that of a conventional tape deck. その音質は、通常のテープデッキの音質よりも光って[音質をしのいで]いる。

**outside** the ～ 外(ソト)、外側、外面、外部、(家の外)表(オモテ)、戸外、屋外、端(ハシ)、極端、極限、(刑務所などと対比して)娑婆(シャバ)、世間、外見、上っ面(ウワッツラ); adj. 外の、外面の、外部の、部外の、戸外の、屋外の、局外の、極限の、最高の、最大限の、(可能性などが)極めてわずかな; adv. 外[外側、外部、戸外]に[へ、で]; prep. ～の外(側)に[へ]、～の範囲を越え、～以外[以上]に ◆from (the) outside 外から ◆an outside caliper 外パス、外キャリパス ◆an outside line 〈電話の〉外線 ◆outside air 外気 ◆an outside director 社外重役 ◆as a result of an outside influence 外からの影響の結果 ◆dial a number to access an outside line 外線発信番号をダイヤルする ◆from outside the car 車の外側から ◆from the outside world 外界から ◆make an outside call 外線電話をかける ◆outside a town; outside the limits of a town 町の外に; 町外に ◆outside the criteria 基準から外れて ◆outside the United States 米国国外では ◆persons outside the field その分野の門外漢 ◆someone outside the department この部門以外の誰か[部外者] ◆the escape of gases to the outside 外部へのガ

ス抜け ◆the outside of the food processor そのフードプロセッサーの外側 ◆the outside [outer, external] diameter of a tube チューブの外径 ◆the outside shape of... 〜の外形 ◆a car manufactured outside U.S. borders 米国(の領土)の外で製造された車 ◆outside the United States and Canada 合衆国とカナダ以外の[で] ◆contract production to outside companies to keep down costs コストを低く保っておく[抑える]ために生産を外部の会社に外注する ◆It has been weather-damaged from outside storage. それは、屋外[野積み]保管により風雨にさらされ傷んでしまっている。 ◆It seems the Japanese cannot move unless there's pressure from outside. どうやら日本人は外圧がないと動きが取れないようだ。 ◆Typesetting is done by an outside company. 植字は外部の会社に出して[外注して]いる。 ◆If all required inspections cannot be performed, such services should be procured from an outside source. 要求されているような検査ができない場合は、そのような[検査]サービスを外部から調達[外部にアウトソーシング、外部委託]しなければならない。

**outside of** (米口)〜の外に[で、の]、〜を除いて、〜以外には

**outsider** an〜 部外者, 局外者, 第三者, 門外漢, 外部(の者) ◆to keep outsiders from accessing the network 外部の人間[部外者]がこのネットワークにアクセスするのを防ぐために

**outsize** 特大の ◆outsize clothes 特大の衣服

**outskirt** the〜s 郊外, (町などの)外れ, (此喩的)限界, ぎりぎりの線 ◆on the outskirts of a city 都市の郊外に

**outsole** an〜 (靴の)本底 ◆a high-density rubber outsole 高密度ゴムの本底(＊靴の)

**outsource** vt. 〜を外部委託する, 〜を外部調達する, 〜を外注[下請け]に出す ◆outsource [= farm out] data processing to... データ処理を〜にアウトソーシングする[外注に出す] ◆hardware production is outsourced to manufacturers in Taiwan ハードウェアの生産は台湾の製造業者にアウトソーシング[外注, 下請けに出]されている ◆The company is outsourcing engineering work to keep up with the heavy new-product schedule. 同社は目白押しの新製品スケジュールをこなすため設計作業のアウトソーシング[外部委託, 外注化]を実施している。

**outsourcing** ①アウトソーシング, (経費削減をめざすサービスや部品や完成品などを外部から調達すること) ◆A lot of toy companies still do outsourcing. 多数の玩具製造会社は、依然として外部委託(＊外注に頼る生産)を行っている。 ◆Automakers around the world are steadily increasing the "outsourcing" of low-tech, high-labor content components, such as seats, which used to be produced in-house. 世界中の自動車メーカーは、あまり技術のいらない労働集約型のコンポーネント、たとえば従来内製していたシート等の部品の「アウトソーシング[外部(生産)委託]」を着々と増加させている。

**outspoken** adj. 率直な, 遠慮のない, ざっくばらんな, ずけずけものを言う, あけっぴろげ ◆become outspoken about... 〜に関して率直に[〜について遠慮なしにずけずけ/ずばずば]ものを言うようになる ◆make an outspoken comment on [about]... 〜に関して率直な[忌憚のない, ざっくばらんな]意見[感想]を述べる; 歯に衣着せぬ発言[批評]をする

**outstanding** 1 adj. 顕著な, 目立つ, 著しい, 抜群の, 傑出[突出, 卓抜]した, 出色の, ずば抜けた, 抜きん出た, 飛び抜けた, とび抜ける, 秀でている, 秀逸な, 並み外れた, ぴか一の, 優秀な, 優れた, 屈指の ◆outstanding growth 突出せる伸び ◆outstanding image quality 飛び[ずば]抜けて高い画質 ◆outstanding performance 優れた業績; 突出した性能, ずば抜けてすばらしい性能 ◆The field is outstanding for the rate at which technical advances are made. その分野は、技術面での進歩の速さにおいて際立っている。 ◆The position requires outstanding [excellent] verbal and written communication skills. この就職口[職]には、書面および口頭による優れたコミュニケーション能力[コミュニケーションに長けていること]が必要である。 ◆The second best was Xxx, with three "outstandings," two "goods" and one "satisfactory." 2番目に良かったのは、「優」を3つ、「良」を2つ、「可」を1つ稼いだXxxである。

2 adj. 未解決の, 未払いの, 懸案の, 未処理の ◆outstanding debts 未払いの借金 ◆an outstanding problem 未解決の問題

**outstretched** adj. 大きく広げた(＊特に, 両手をいっぱいに広げた) ◆beneath the outstretched arms of Rio de Janeiro's Christ the Redeemer statue リオデジャネイロにある救世主キリスト像の大きくいっぱいに広げた両腕の下で

**outstrip** vt. 〜よりも速く進む[速い], 〜を追い越す[通り越す, 抜く], 〜を上回る, 凌ぐ, 凌駕する ◆the demand for... outstrips [exceeds, outpaces] the supply 〜の需要が供給を上回る

**out-tech** vt. 技術力で〜に勝る[〜を凌ぐ(シノグ), 凌駕(リョウガ)する, 負かす] ◆get out-teched 技術で負ける ◆Not to be out-teched, the Democrats have launched their own computer initiative, an ambitious effort to identify some 16 million swing voters who might be persuaded to switch allegiance at the last minute. (共和党に)技術で負けないように、民主党員は彼ら独自のコンピュータ構想、つまり説得すれば土壇場で支持を変えるかもしれない1600万の浮動票有権者を特定するという大胆な試みに着手した。

**outward** adj. 外側の, 外部の, 外面的な, 表面的な, うわべの; 外向きの, 往路の, 外国への; adv. 外側か, 外洋へ, 国外 [海外, 外国]へ ◆(an) outward appearance 外観 ◆an outward-bound ship 外国行きの船 ◆bulge outward 外側に膨らむ ◆pull the pinion gear outward ピニオンギアを外側に引っ張る ◆From outward appearances, there are many similarities between A and B. 外観からすると、AとBの間には似ているところが多々ある。

**outwardly** adv. 外面的には, 表面上は, 表向きは; 見た目には, 見かけは, うわべは, 一見したところ; 外に(向かって), 外側に ◆Outwardly, it looks much the same as... 外観は[見た目]、それは〜とほとんど同じように見える

**outweigh** 〜より重要である, 〜より価値が高い, 〜より重量がある ◆Its good points outweighed its bad. それの良い点は、悪い点を補ってあまりあった。 ◆These disadvantages are far outweighed by the advantages of desktop publishing. デスクトップパブリッシングの利点は、これらの不利点を補ってなお[お釣りが来る]ほどに。

**oval** 楕円形(ダエンケイ)の, 卵形の, 長円形の; an〜 楕円形[長円形]のもの, (競技場の)トラック ◆an oval figure 楕円形 ◆an oval track (競技場の)長円形トラック ◆an oval-shaped cell 卵形をしている細胞

**Oval Office** the〜 (米国ホワイトハウス内の)大統領執務室, 米国大統領の地位 ◆every time someone new moves into the Oval Office 誰か新しい人が大統領に就任するたびに

**oven** an〜 オーブン, 天火, かまど, 炉, 窯(カマ), 乾燥器 ◆an OCXO (oven-controlled Xtal [crystal] oscillator) 温度制御型水晶発振器(＊単に an oven oscillatorとも。恒温槽に入れて周波数の高安定化を図ったもの)

**ovenproof** (容器が)オーブンの熱に耐えられる, オーブンに入れても安全な

**over** 〜の上に, 〜の上方[真上, 頭上]に, 〜を越えて[超えて], (意訳)〜以上 [▶厳密には以上ではない), 〜を覆って, 〜の間ずっと, 〜にわたって, 〜によって, 〜を支配して, 〜と比較して; 〜について, 〜をめぐって(= about) ◆again and again; over and over again 何度も(繰り返して), 幾度(イクド, イクタ)も, 幾度となく, 繰り返し繰り返し; 重ね重ね, 返す返すも; くれぐれも ◆over the cycle そのサイクルの間ずっと ◆over time ある期間にわたって, 時が経つにつれて, 時の経過とともに ◆all over Africa アフリカ全土[汎て] ◆all over the Western Hemisphere 西半球全域で, 西半球のいたるところで ◆heat the tip of the knife over the alcohol lamp ナイフの先端をアルコールランプにかざして加熱する ◆over-40 patients; patients over forty (years of age); patients over 40 years old 40歳を超える[41歳から上の, (意訳)40歳以上の]患者たち ◆over the course of time 時が経つにつれ ◆over the next few years この数年にわたって; この先数年間 ◆over the years (過去)何年にもわたって; 長年[多年]にわたって;

phase it in over five years それを（完全実施までに）5年かけて段階的に導入する ◆print one character over another 《ワープロ》ある文字を別の文字の上に重ねて印字［重ね打ち］する ◆a hole in the ozone layer over Antarctica 南極大陸上空のオゾン層の穴 ◆air force jets flew over the city 空軍のジェット機が市の上空を飛んだ ◆priced from under $60 to over $500 60ドル以下から500ドルまでの価格がついて ◆see month-over-month acceleration in car sales 車の販売高が月を追って［毎月毎月、対前月比ベースで］加速度的に増加するのを見る ◆trucks over 6.5 m in length （車体の）長さが6.5メートルを超える［を上回る、以上の］トラック（*「以上」は厳密でない訳）◆type the new title over the old title 古いタイトルの上に新しいタイトルを重ねてタイプ［上書き入力］する ◆perform the same function over and over again 同じ機能を繰り返し繰り返し実行する ◆you must be 16 years of age or over to drive a farm tractor 農場用トラクターを運転するためには、年齢16歳以上でなければならない ◆The court battle is nearly over. この法廷闘争もほぼ終わりに近づいた．

**overall** adj. 全部の、全体的な、総合的な、包括的な、全体一、総合一、総一、綜一、最大一、adv. 概して、全部ひっくるめて、端から端まで；～s つなぎ服、胸当て付き作業ズボン、上っ張り ◆an overall heat transfer coefficient 総括熱伝達係数 ◆a nation's overall balance of trade ある国の総合収支（*国際収支の話で）◆an overall view of an affected tree 病気に冒された木の全体図 ◆the overall leakage rate of an air lock エアーロックの全漏れ率 ◆a postcard showing an overall view of the Yale University Campus in New Haven, CT. コネチカット州ニューヘーブンのエール大学キャンパスの全体像が載っている絵はがき ◆fishing vessels with an overall length equal to, or greater than, 15 meters 全長15メートル以上の漁船 ◆he has since climbed into the top 20 overall 彼はそれ以後、総合で上位20位に食い込んだ ◆need a comprehensive, objective review from an overall perspective that cuts across industry lines and political boundaries 業種や政治的な境界を横断するような全体的視野からの［全体像をつかむ格好での］、包括的かつ客観的な見直しを必要としている ◆The overall Russian economy remains a mess shambles. ロシア経済全般が、がたがたに近い状態のままになっている．◆The design of the overall system should take priority over that of individual functions. システム全体の設計のほうが、個々の機能の設計より優先されなければならない．

**overambitious** adj. 野心的すぎる、欲張りすぎる、意気込み［気負い］すぎの、無理な、計画倒れの、身の程知らずの、あぶはち取らずの ◆an overambitious development plan 意気込みすぎの（無理のある）開発計画 ◆Their trek goes sour when an overambitious climber tries for the summit as a storm approaches. 嵐が接近しているという時に、勇み足の登山者が頂上を目指そうしたりすると、彼らのトレッキング［山歩き］はまずいことになる．

**overbearing** adj. 威圧的な、高圧的な、横柄な、ごう慢な、威張った、権柄（ケンペイ）ずくな、すごい剣幕の ◆a daughter who is tyrannized over by her overbearing stern father 威圧的で厳格な［厳しい］父親に虐げられている娘

**overblown** adj. 〈人、花が〉盛りを過ぎた；膨れ上がった、水増しされた、誇張された、大言壮語の；肥満した、恰幅（カップク）のいい ◆overblown expectations 高望み

**overboard** adv. 船外へ、（船から）水中へ ◆go overboard 度を過ごす、極端に走る、行き過ぎる、はめを外す、調子に乗り過ぎる（船などから）水中に落ちる ◆fall overboard 船から水中に落ちる ◆a crew member taken overboard with the net 網にさらわれて船から海中［水中］に落ちた乗組員（*漁網を繰り出している最中に［を取られた話で］）◆Maybe we have gone a bit overboard, technically speaking. 技術面について言えば、我が社はいささかやり過ぎてしまったかなという感がある．◆When you are in the public eye, every word you say sometimes is taken overboard and it's something she's just got to experience. 世間の注目を浴びているときには、一言一言大げさに取り上げられることがときとしてある．このことを彼女はまさに体験しなければならなかった．

**overbook** vi., vt. オーバーブッキングする、定員以上の予約を受け付ける、過剰予約を受ける、超過予約を取る ◆an overbooked airplane [flight] 定員以上の予約が入っている飛行機［便］ ◆overbook to compensate for no-shows 予約しておきながら来ない人の分を埋めるために［見込んで］定員以上の予約を取る［過剰予約受け付けをする］ ◆It's normal to overbook because some guests don't turn up. 過剰予約受け付け［定員以上の予約の受け入れ］は普通のことだ．客の中には来ない人もいるからである．

**overbooking** (an) ～ オーバーブッキング、定員より多く予約を受け付けること、予約の取り過ぎ、重複予約 ◆Overbooking became rampant, bumping hundreds of paying passengers a year. オーバーブッキング［過剰予約、超過予約］が横行するようになり、その結果、運賃を払って乗る乗客の予約を年に何百席と取り消す状況になっている．

**overbuild** vt., vi. 過剰に建設する、必要以上に建てる ◆the overbuilding of office and apartment complexes オフィスと住居の混在した複合施設の建設過剰［建て過ぎ］

**overbuilding** 建設過剰

**overcapacity** (an) ～ オーバーキャパシティー、設備過剰、生産能力過剰、過剰生産能力、輸送能力過剰 ◆suffer from overcapacity and falling prices 過剰設備［設備過剰］と低価格化に苦しむ ◆overcapacity in the auto, steel and other industries 自動車、鉄鋼、およびその他の産業における過剰生産設備［能力］ ◆Overcapacity – too many planes for too few travelers – and fierce competition have fueled low fares. 輸送能力過剰、すなわち少なすぎる旅行客に対して多すぎる飛行機、および熾烈な競争が、運賃の低価格化に油を注いだ．

**overcast** 空一面雲に覆われた、曇った、(顔が)曇った、憂うつそうな ◆a dull, overcast day どんよりと、一面に曇った日 ◆the sky is overcast 空は一面に曇っている

**overcharge** vt. ～に不当に高い［法外な］値段をふっかける、～に充電しすぎる［過充電する］；～に(～を)充填しすぎる<with>；～を誇張する；an ～ 不当に高い値段、［法外］な請求、過充電、超過装填、（火薬の）装薬過多 ◆overcharge a battery 電池を過充電する ◆overcharge customers 顧客に料金を余分に請求する ◆the total amount of overcharges 過剰請求の総額 ◆without producing a state of battery-damaging overcharge バッテリーを損傷させる過充電状態を生じさせることなしに ◆The battery is overcharged. バッテリーは過充電されている．

**overcharging** 過充電、過充填、積みすぎ、過積載、超過装填［装入］、過剰［法外な］請求 ◆a cutoff device prevents overcharging （電流）遮断装置が過充電を防止する

**overcoat** an ～ オーバー、外套；an ～ （ペンキやニスなどの）上塗り膜、保護塗膜；vt. ～に(～を)上塗りする<with> ◆it must be overcoated with a clear coat それにクリアコート［透明塗料］を上塗りする必要がある

**overcome** vt. ～に打ち勝つ、～を克服［超克（チョウコク）］する、～を乗り越える、(通例受身)～を参らせる ◆overcome an obstacle 障害を乗り越える ◆overcome gravity 重力に打ち勝つ ◆This problem can be overcome by the use of appropriate analytical methods. この問題は適切な方法を用いることにより克服できる．

**overcommercialization** 過度の商業化、過剰なまでの営利化 ◆overcommercialization of sports 過度なまでのスポーツの商業主義化；スポーツの過ビジネス化

**overcompensate** vt. ～を過剰に補償する；vi. 補償する ◆an overcompensated output 過補償されている出力

**overcompensation** 過剰補償、過補償、《心》過補償［代償過度］

**overcrowded** 過密した、混雑を極めた、ひどくごった返した、定員超過の、超満員の、すし詰めの、密集しすぎた ◆an overcrowded city 過密都市 ◆overcrowded conditions at home 家庭における過密状態

**overcrowding** 過密, 超満員, すし詰め ◆a city which suffers from overcrowding 過密に苦しんでいる都市

**overcurrent** (an) ~ 過電流 ◆an overcurrent protective device 過電流保護装置

**overdesign** vt. ~を過剰設計する ◆an overdesigned system 過剰設計されている[(意訳)]オーバースペックの]システム ◆recognize the need to overdesign to ensure a high level of reliability 高度の信頼性を保証する[確かなものにする, 確保する, 実現する]ために過剰設計をする必要[(意訳)オーバースペックにする必要性]があることを認める ◆they have overdesigned their home pages 彼らはホームページのデザインに凝りすぎた[ホームページで手の込んだことをしすぎた](*ページが重くて表示に時間がかかるという話で) ◆All of our car stereos are overdesigned to include the following superior design criteria: 弊社のカーステレオはすべてぜいたく設計され, 以下のすぐれた設計基準を身に付けています.

**overdevelopment** 現像のしすぎ, 現像過度; 発達過剰, 乱開発 ◆by overdevelopment 現像過度により

**overdog** an ~ 優位に立っている者, 支配する側の者, (選挙での)最有力候補, 本命

**overdose** 1 vt. ~に薬を過量に与える; vi. 薬(特に麻薬)を過度に摂取する ◆Dermatologists caution against overdosing Retin-A. 皮膚科専門医は, レチンAの過度の使用を避けるよう警告している.
2 an ~ (薬の)過量 ◆take an overdose of a drug 薬を過量に摂取する

**overdraft** an ~ 超過引出し, 当座貸し越し, (手形, 小切手の)超過振出し, 過振(カブ)り

**overdraw** vt. 〈当座預金〉を超過引出しする, 〈手形, 小切手〉を超過振り出し[過振(カブ)り]する, 〈弓など〉を引きすぎる, を誇張する; vi. 超過引出しをする

**overdrive** 1 an ~《車》オーバードライブ, オーバートップ, 増速駆動装置
2 vt. ~を過度に働かせる, 酷使する, 《電気, 電子》過励振する ◆when the input signal overdrives the control grid 過大な入力信号が制御グリッドにかかっている場合 (*overdrive は「過励振する」)

**Overdrive, OverDrive** ◆Intel's clock-doubling Overdrive [OverDrive] technology インテルのクロック倍速化オーバードライブ技術

**overdub** vt. 〈録音されたトラックなど〉に(別の音を)かぶせる〈with〉, 〈音〉をかぶせる, 多重録音にする, オーバーダブする; an ~ 多重録音 ◆a vocal overdub (レコーディングの)歌入れ

**overdue** adj. 支払い期限の過ぎた, 未払いの, 遅れている, 延着の, 長い間待ち望まれていた; 十分遅れるほどまでに態勢が整っている, とっくに備えが万全になっている ◆a calibration overdue notice 較正期限切れ通知 ◆long-overdue reforms 大幅に遅れている諸改革 ◆Straighten up your desk and pay any overdue bills. 机の中を整理して, 支払い期限が過ぎている請求書があったら支払いなさい. ◆The delivery is two months overdue. この引渡しは, 2カ月の納期遅れになっている. ◆Write an overdue thank-you note without further delay. 延び延びになっている礼状は, もうこれ以上延ばさずに書きなさい. ◆Our country's health care system is critically ill and is long overdue for a fix. 我が国の医療保険制度は重篤である, そして治療が非常に立ち遅れている[遅きに失した感は否めない].

**overeat** vi. 食べ[食い]過ぎる, 過食する ◆Bulimia is a disorder of overeating (binge eating). ブリミア[過食症]とは過剰摂取(大食)障害である.

**overemphasize** vt., vi. 過度に強調[力説]する, 強調しすぎる, ウェート[ウエイト]をかけすぎる ◆The importance of sound sleep cannot be overemphasized. 熟睡の大切さはいくら強調してもしすぎることはない.

**overestimate** 1 vt. ~を高く見積もり過ぎる, ~を過大評価する, ~を買いかぶる ◆overestimate the amount [importance, degree, quality, ability, performance] of... ~の金額[重要さ, 程度, 資質, 能力, 性能]を過大評価する ◆The importance of... cannot be overestimated. ~の重要性はどんなに高く評価しても評価し過ぎることはない.
2 an ~ 高過ぎる見積もり, 過大評価, 買いかぶり

**overexploitation** U《魚介類の》乱獲, 行き過ぎた[過度の]開発, 乱開発 ◆(the) overexploitation of marine resources 海洋[水産]資源の乱獲 ◆(the) overexploitation of natural resources 天然資源の過剰[行き過ぎた]開発

**overexpose** vt. ~を露出し過ぎる, ~を過度に露出する, ~を露出過度にする ◆overexposed celebrities 露出度が高すぎる[(メディアに)出すぎの]有名人たち

**overexposure** 露出過度, 露出過多, 露出オーバー ◆at one stop overexposure 一絞りオーバー露出[露光]で ◆by overexposure to elevated temperatures 高温に過度にさらされることにより

**overfish** vi., vt. 魚を獲りすぎる, 魚の乱獲をする, 魚を取り尽くす ◆Realizing the lake was badly overfished, authorities closed it from 1995 through '98. その湖の乱獲が目に余るとして, 当局は1995年から1998年まで同湖を漁獲禁止[禁漁]にした.

**overfishing** (an) ~ 魚の乱獲, 過剰漁獲 ◆due to [because of] overfishing 乱獲のせいで; 過剰漁獲がたたって ◆protect... from overfishing ~(魚介類)を乱獲から守る

**overflow** 1 an ~ 溢れ(アフレ), 溢流(イツリュウ), 越流(エツリュウ), 氾濫(ハンラン), あふれ出たもの, 余剰分, 殺到, 流れた水の配水口, 溢出管, 《コンピュ》オーバーフロー[桁あふれ] ◆an overflow error 《コンピュ》桁あふれエラー ◆an overflow spillway 越流[溢流(イツリュウ)]余水路 ◆overflow water from... ~からの溢出水 ◆to keep the overflow of books in check 本が(いっぱいになって本棚から)溢れ出さないよう歯止めをかけておくために
2 vi. 溢れ出る, 氾濫する, こぼれる, (~で)満ちる〈with〉; vt. ~からあふれでる, ~に入り切れなくて(一部は~にあふれ出てしまう)いる〈into〉, ~を超満員[満杯]にする, ~を氾濫[浸水]させる, の水に浸かる ◆an overflowing audience 超満員の観客 ◆a bucket overflowing with... ~がこぼれそうなほどいっぱい入っているバケツ ◆as the Neretva River overflowed its banks ネレトバ川が堤防を越えて氾濫した際に ◆create new pages to accommodate overflowing text 入りきらない本文を収めるために新しいページを設ける ◆exhibit rooms overflowed with vendors and products 展示室は製造・販売業者であふれかえっていた ◆hospitals are overflowing with casualties 病院には負傷者があふれている ◆programs and data files which would normally overflow the Mac's memory 普通なら Mac の記憶装置に格納されない[入りきらない]プログラムやデータファイル ◆It's raining, and streams are overflowing. 雨が降っている, そして河川が氾濫している. ◆Large companies are already overflowing with mainframe computers. 大手企業では, すでに大型コンピュータが飽和状態になって(需要が一巡してしまっている).

**overflowing** adj. あふれんばかりの, あふれかえる, 入り切れない, だぶついている, ありあまる, 過剰なまでの, こぼれそうにいっぱいの, 満杯の, なみなみと注がれた ◆be full to the point of overflowing もうこれ以上収納できないほど一杯[満杯, 鈴生り]になっている ◆events that pack a hotel to overflowing ホテルをあふれんばかりの入りにしてしまうイベント ◆My bedroom closet is already filled to overflowing. 私の寝室のクローゼットは, すでに入り切れないほど満杯になっている. ◆The hall was filled to overflowing. そのホールは(人が)あふれそうな[入り切れない]くらいいっぱいだった.

**overfrequency** ◆an overfrequency relay (OFR) 周波数上昇検出リレー; 過周波数継電器

**overgrown** adj. 成長し[大きくなり, 育ち, 伸び]過ぎた, 茂りすぎた, 一面生い茂る~で覆われた〈with...〉, 〈雑草など〉がぼうぼうと生えた〈with...〉 ◆an overgrown company 肥大化した会社

**overhang** 1 an ~ 張り出し, 出っ張り, 突出部, ひさし突き, バルコニー, 張り出し部分の長さ, (在庫, 通貨, 有価証券

などの)だぶつき, 過剰, 余剰 ◆The gauges are roofed with an antiglare overhang. これらのゲージ類は, 防眩のためのひさし[張り出し, 出っ張り]が上に付けられている.

**2** vt. ～の上に覆いかぶさるように垂れ下がる, ～の上に突き出る[差しかかる], (危険などが)～に迫る, ～を脅かす; vi. かぶさるように突き出る, 張り出す, 出っ張る ◆an overhanging section of the cabinet キャビネットの張り出している部分

**overhaul** **1** an ～《機械類の》分解掃除・(重)整備, オーバーホール(*分解から清掃, 点検, 調整, 不良部品の交換, 再組立, 試験などの一連の作業), 《大[全面]》改訂[改正] ◆need an overhaul 《機械類が》オーバーホール[分解掃除・整備, 重整備]が必要である ◆start a major overhaul of... ～の大がかりなオーバーホール[大改訂, 大修正, 大がかりな見直し](作業)に取りかかる ◆The law has undergone a major overhaul approximately every 30 years. その法律は, ほぼ30年ごとに大幅な見直し[大改訂, 大改正]が行われてきた.

**2** vt.《機械》を分解修理する, 重整備する,《比喩的》を徹底的に洗い直して一新する, 大改訂[改正]する, ～に追い付く, ～を追い抜く ◆reform[overhaul] a law 法律を改革[改正, 改訂]する

**overhead 1** adv. 頭上に, 架空の, 宙に, 空中に, 中空に, 上空に, 空高く; adj. 架空の, 頭上の ◆from overhead 頭上から ◆an overhead camshaft 《車》オーバーヘッドカムシャフト ◆an overhead ground wire 架空地線 ◆overhead wires 架空電線; 架渉線(カセンセン)(*空中に張った電線や架空地線) ◆(an) overhead transparency film; an overhead transparency オーバーヘッドプロジェクタ(OHP)用の透明フィルム[トランスペアレンシー] ◆the car has twin[double, dual] overhead cams この車はツイン[ダブル, デュアル]オーバーヘッド・カムを搭載している

**2** n.《米》U, 《英》～s 間接費, 諸掛かり費, 一般管理費, 一般諸経費(*家賃, 保険料, 暖房費などの定期的に出ていく費用で, 生産品目や仕事区分別に仕分けできないもの);《コンピュ》オーバーヘッド; adj. 間接費の, 諸掛かり(ショガカリ)の ◆reduce overhead costs 間接費を減らす ◆cut down on excess overhead and other forms of waste 余計な諸掛かり[間接費]およびほかの形での無駄を減らす ◆Overhead was down by $2.5 million compared to the first quarter of the year. 間接費は, この年の第1四半期と比べて250万ドル低減した.

**overhead projector** an ～ オーバーヘッドプロジェクタ, OHP ◆project computer output onto a screen through an overhead projector コンピュータ出力をOHPを通しスクリーンに投影する

**overheat** vt. ～を過度に加熱する, 過熱する, ～を過度に興奮させる,《経済》を過剰に刺激する; vi. 過熱する ◆an overheat detection[sensing] system 過熱検知[検出, 感知]システム ◆prevent the engine from overheating エンジンが過熱しないようにする ◆With the economy in danger of overheating, inflation might take off. 経済が過熱する恐れがあるので, インフレになるかもしれない. ◆The automatic, temperature-operated circuit breaker protects the motor from overheating. この自動温度作動サーキットブレーカが, モーターの過熱を防ぎます.

**overheated** adj. オーバーヒートした, 過熱した, 過熱気味の, 度を超して熱くなった, 熱の入りすぎた, ひどく興奮した ◆the engine became overheated エンジンが過熱した

**overheating** オーバーヒート, 過熱, 焼成 ◆prevent overheating 過熱を防止する ◆because of overheating 過熱のせいで ◆monitor overheating of the motor モーターの過熱を監視する ◆without overheating 過熱しないで ◆avoid causing local overheating 局部的な過熱を引きこすのを避ける ◆overheating caused by a battery short circuit 電池の短絡によって引き起こされた過熱 ◆minimize overheating of critical heat-sensitive components 熱に侵されやすい大切な部品の過熱をできるだけなくす

**overinflated** adj. 膨らませ過ぎた, 膨らみすぎた, 過度に膨張した ◆an overinflated tire 空気圧の過剰な[高すぎる]タイヤ; 内圧オーバータイヤ

**overkill** U《戦勝するのに必要な以上の)核兵器による過剰殺戮, やりすぎ ◆Regulatory overkill must be stopped. 規制による過度の締め付けは止めなければならない. ◆To calculate the circuit's output, a calculator is plenty good enough – a computer would be overkill. 回路の出力を計算するには, 電卓で十分事足りる. コンピュータまで持ち出すのは行き過ぎであろう.

**overland** adv. 陸上の, 陸路の, 地表の; adv. 陸上を, 陸路で ◆an overland route to... ～に至る陸上ルート[陸路] ◆for overland transport of food and supplies 食糧および物資の陸上輸送のために[の] ◆travel 2,000 miles overland to... ～に向けて陸路2,000マイル旅をする ◆travel overland around the world 世界中を陸路で旅行する

**overlap 1** v. 部分的に重なる, 一部かち合う, 一部重複する, 一部共通するところがある, 一部ダブる ◆A and B overlap one another AとBが重なり合う ◆keep adjacent colors from overlapping 隣り合う色同士が重ならないようにする ◆overlapping windows 《コンピュ》オーバーラッピング[部分的に重なり合った]ウィンドウ(= overlaid windows, cascading windows) ◆extend one's hours to overlap with U.S. markets 米国市場(の開いている時間帯に部分的)に合わせて業務時間を延長する ◆different products that overlap each other in their functionality and performance 機能や性能で共通するところがある種類の異なる製品 ◆The organization has overlapping membership both in... and... groups. その団体は, ～会と～会の両方に同時に加入[加盟]している. ◆The above product classifications are imprecise and somewhat overlapping. 上記の製品区分は不明確[曖昧, 不明瞭, 不鮮明]で多少重複している. ◆The symposium overlapped the first day of the West Coast Computer Fair. シンポジウムは, ウエストコーストコンピュータフェアの初日と重なった. ◆Each agency has its own set of training requirements. In many cases, these requirements overlap each other. 各々の政府機関には, 独自の訓練要件[規定]体系がある. そして, これらの規定が互いに重複しているケースはままある.

**2** (an) ～ 部分的な重なり[重複, 一致], 共通部分 ◆an overlap seam 重ね継ぎ目[はぎ, 縫い目] ◆avoid overlaps 重複を避ける ◆members' questions about the amount of overlap among the currently available shareware disks 現在出回っているシェアウェアディスクの間でどのくらいの(内容の)重複があるかという会員からの問い合わせ ◆the companies concerned have no market overlap 当該企業は市場が重なって[かち合って]いない ◆There is almost no overlap between the products. (2社の)製品間には, ほとんど重複するものは無い.(*2つのメーカーが合併するといった話で) ◆Close examination of both software packages reveals an interesting overlap. 双方のソフトパッケージをよく調べてみると, 興味をそそる共通性があることが分かる.

**overlay 1** vt. ～を被せる(カブセル)[張る, 重ね合わせる, 重畳する]〈on〉, ～に(～を)被せる[張る]〈with〉 ◆overlay [superpose, superimpose] one image on another ひとつの画像を別の画像に重ね合わせる[重ねて合成する] ◆a menu that overlays the current screen 現在の画面に重なって表示されるメニュー

**2** an ～ 上に被せるもの, パネル, 銘板, 上塗り層, (地図などの上に重ね合わせて使う)情報が印刷されている透明シート,《コンピュ》オーバーレイ

**overlie** vt. ～の上に横たわる[重なる], ～にのしかかる, ～の上に覆い被さる,《乳児など》を添い寝で窒息死させる ◆an overlying coal seam 上から覆い被さる[のしかかる]格好の炭層

**overload 1** vt. ～に荷を積み過ぎる, 負担をかけ過ぎる, 負荷[荷重]をかけ過ぎる, 過積載する, 過負荷をかけかかっている[過負荷]状態にする,《意訳》パンクさせる ◆A circuit becomes overloaded because... 回路は～のせいで過負荷状態になる. ◆overload the motor その電動機に負荷を掛け過ぎる ◆to prevent overloading 過負荷を防ぐのに; 積過ぎ[過積載, 積載オーバー, 超過荷重]防止のために ◆Don't overload

the washer. 洗濯機に詰め込みすぎないでください. ◆overload planes with cargo and passengers 飛行機に貨物や乗客[貨客]を積み込み過ぎる[過積載する, 過載する] ◆ the phone circuits are overloaded and I can't reach... 電話回線がパンクしていて(私は)〜に連絡できない(＊大勢で一斉にかけたために回線が過負荷状態になり輻輳(フクソウ)が発生したせいで) ◆Do not overload the basket with workpieces. バスケットに加工部品を入れすぎるな. ◆Do not overload your vehicle with goods or passengers. 車に荷物や乗員を載せすぎないようにすること.
**2** *an* ～(通例単数形)過負荷, 超荷重, 過積載, 積み過ぎ, 積載オーバー ◆an overload test 過負荷[過重]試験 ◆overload [overloading] tolerance; overload immunity; immunity to [against] overload(s) 過負荷耐量 ◆an overload relay (OR, OLR) 過負荷継電器; 過負荷検出リレー(＊自動負荷遮断用) ◆an overload protection circuit 過負荷保護回路 ◆a fuse opens at overload 過負荷状態でヒューズが切れる[飛ぶ, 溶断する] ◆an overloaded circuit 過負荷状態の回路 ◆avoid an overload 過負荷を避ける ◆create a state of overload 過負荷状態を作り出す[生じさせる, 生む] ◆in case of an overload 過負荷の場合に ◆in emergency overload operation 緊急時の過負荷運転において ◆A dull blade will cause an overload on the motor. 切れ味の鈍ったブレードは, モーターに負荷を掛けすぎることがあります.

**overlook** vt. 〜を見落とす, 見過ごす, 見もらす; 見逃す, 看過する, 大目に見る, お目こぼしする, 黙過する, 容赦する; 見下ろす, 見晴らす, 監督する, 精読する ◆be easily overlooked under casual inspection 漫然と[漠然と, 何気なく, 特に注意しないで]見ただけでは簡単に見逃して[見過ごして]しまう ◆I beg you to overlook his zeal, as it is well intended. 彼の熱意(によるやりすぎ)[先走りすぎ]は善意から出たものなので, どうぞ大目に見てやってください[お目こぼし願います]. ◆I beg you will overlook my graceless words and deplorable manners. 私めの粗野な言葉遣いと無作法をどうぞ大目に見て[お許し]ください.

**overnight** adv. 一夜の間に, 一夜にして, 突然に, にわかに, 一挙に, 急に, 一朝一夕に; adj. 終夜[夜通し]の, 一晩だけの, 一泊の, 翌日配達の, たちまちの ◆overnight delivery 翌日配達 ◆an overnight sleeper train 夜行寝台列車 ◆an overnight trip 一泊旅行 ◆become superrich overnight 一夜にして大金持ちになる ◆stay overnight 一泊する ◆He did not become famous overnight. 彼は一夜にして[にわかに, 一躍]有名になったのではない. ◆The vote will not transform the country overnight. この投票によってこの国が一夜にして[一足飛びに]変わることはない. ◆They stayed in California overnight. 彼らはカリフォルニアで一晩宿泊[一泊]した.

**overpass** *an* ～ 歩道橋, 高架橋, 跨線橋(コセンキョウ), 陸橋, 立体交差路 ◆eliminate highway-railroad grade crossings by building overpasses or underpasses 高架式あるいは(半)地下式の立体交差を建設することにより道路と鉄道線路の同一面上での交差[踏切]をなくす ◆he jumped to his death from a highway overpass 彼は陸橋から飛び降り自殺した

**overpowering** adj. 圧倒的な, 強烈な, 抑えきれない[堪えがたい, 我慢できないほどの], 抵抗しがたい, 抗い(アラガイ)[抗し]がたい ◆an overpowering smell of garlic ニンニクの強烈な臭い

**overpressure** (*an*) 〜 超過[過剰]圧力, 過剰圧力, 過圧, 過剰な圧迫, (意訳)(タイヤなどの)空気の入れ過ぎ ◆an overpressure relief valve fixed at 50 psi 50psiに固定[設定]されている過圧リリーフ弁[逃し弁, 安全弁]

**overprint** vt. 〜に重ね刷りする, 《タイプ》〜に重ね打ちする; (版を)刷りすぎる, 《タイプ》〜に重ね打ちする;《写真》(焼き付け時に)過剰露光する; n. *an* 〜 重ね刷りされ[された]もの

**overprinting** 重ね刷り, 《タイプ》重ね打ち, (枚数の)刷りすぎ, 《写真》(焼き付け時の)露光過多[過剰露光]

**overprogram** vt. 計画[予定]を立てすぎる, あまりにも多くのべきことを(押しつけて)やらせる, 管理しすぎ

◆Some children are so overprogrammed that they are lost when placed in an unstructured environment. 一部の子供たちは, あまりにも管理されているために自由な環境に置かれるとどうしていいのか分からなくなってしまう.

**overprotective** adj. 過保護の ◆the overprotective mother of an only child 一人っ子を持つ過保護の母親

**overrate** vt. 〜を過大評価する, 〜を高く見積もり過ぎる, 買いかぶる

**overreact** vi. (〜に対し)過度に反応する, 過剰反応する <to> ◆Since investors often overreact to both good and bad news,... 投資家は好材料と悪材料の両方に過剰反応するきらいがあるので, 〜. ◆Don't overreact. 過剰反応[大さわぎ]するな.

**override** **1** vt. 〈機能など〉を無効にする, 〜を作動しないようにする, 〈基本的規則・設定, 既定値〉に優先する, (優先される別の指定をすることにより)変更する, 〈回路〉を切り放す ▶《コンピュ》「上書きする」という訳もしばしば用いられているが, 元の設定を書き換えてしまうのではなく一時的に無視して別の値を採用する意味. ◆you can override these settings and make further specifications for individual files これらの(基本)設定は, 個々のファイルについて定に指定をすると, 無視され(て, 個別指定のほうが有効になる)る ◆Congress overrode the President's veto. 議会は大統領の拒否(権)をくつがえした. ◆The tone control can be overridden at the touch of a button. 音質調整(機能)は, ボタン一つで殺す[効かなくさせる]ことができる.; 音質調整回路は, ボタン一つで素通りさせることができる. ◆The /MX option overrides the /ML option if both are used in the same command line. 《コンピュ》同じコマンド行に /MX オプションと /ML オプションの両方を指定した場合, /MX オプションが /ML オプションに優先される.
**2** *an* 〜 (本来の設定に)優先すること[上書き(指定), (一時)変更], 機能を(一時的に)殺す[無効にする]こと, 自動制御を解除する装置 ◆a manual override (自動制御に優先して有効となる)手動制御機能

**overrun** v. オーバーランする, 度を越す, はみだす, あふれる, はびこる; n. *an* 〜 オーバーラン, 超過(量), 剰余(額) ◆a runway overrun 滑走路の過走帯 ◆investigate why cost overruns occurred なぜ超過費用[予算超過]が発生したのか調査する

**oversampling** 《音響》オーバーサンプリング ◆a quadruple-oversampling system 4倍オーバーサンプリングシステム ◆16x oversampling 16倍オーバーサンプリング ◆an eight-times-oversampling digital filter 8倍オーバーサンプリング・デジタル・フィルター ◆Compared with 44.1-kHz sampling, quadruple oversampling results in a fourfold improvement in time-axis resolution. 44.1kHzでのサンプリングと比較すると, 4倍オーバーサンプリングは時間軸解像度で4倍の改善になる. ◆Oversampling pushes aliasing much further out, and reduces the complexity of the output analog filter. オーバーサンプリングは, エイリアシングをさらに(オーディオ帯域の)外に押しやり, 出力アナログフィルタの複雑さを減じてくれる(周波数が高くなっているので簡単なフィルターですむ)

**overseas** adj. 海外の, 海外向けの, 外国の, 外地の; adv. 海外へ[に], 外国[外地]へ[に] ◆go overseas 海外に行く[出る] ◆overseas-made [overseas-produced, overseas-manufactured, foreign-made] products; products made overseas 海外[外国]製品 ◆at home and overseas [abroad] 国の内外で ◆come from overseas 海外[外国]から来る[渡来する] ◆demand from overseas 外国[外国]からの需要; 外需 ◆do a lot of overseas travel よく海外旅行[出張]をする ◆for overseas use 海外での使用のための ◆Japanese overseas investment; Japanese investment overseas 日本の対外投資 ◆move plants [production] overseas 工場[生産]を海外に移す ◆move production overseas 生産を海外に移す ◆train employees who are assigned to live and work overseas 海外要員を研修する ◆travel overseas for business 仕事で海外[外国]旅行する; 海外出張する ◆while he was overseas 彼が海外に出ていた間

◆Her last overseas assignment was as chief of... 彼女の最後の海外任務は、～長としてであった。 ◆shift production to overseas factories 生産を海外の工場に移す ◆provide it to employees leaving on overseas assignments, or who are already posted overseas 海外勤務に発とうとしている従業員や、すでに海外に配属されている要員にそれを与える ◆B-52 bombers left a California air base for an overseas assignment. B52爆撃機は海外での作戦任務につくためにカリフォルニア空軍基地を飛び立った。 ◆Isetan had never invested overseas before, he notes. 伊勢丹はそれまで対外投資をしたことがなかったと、彼は述べる。 ◆Japan's corporations restored profits by cutting costs and shifting some production overseas to plants in lower-wage countries. 日本企業は、経費を削減し、また生産の一部を海外のより安い賃金の国にある工場に移行することにより利益を回復させた。

**oversee** vt. ～を監督する, 管理する ◆oversee construction work 建設工事を監督する ◆oversee price stabilization 物価安定に向けて監督する ◆oversee all aspects of design, development, and engineering operations 設計、開発、技術部門の業務のあらゆる面を監督する；設計、開発、技術を統括[統轄]する ◆call for the UN to take charge of overseeing troops at the border to please all parties 全係争当事者に不平不満が残らないようにするために、国境に展開するいろいろな軍を統括する任に当たってもらうよう国連に要請する

**overseer** an ～監督者、現場監督、お目付役
**overshadow** vt. ～に影を投げる、～を暗くする、～を見劣りさせる、～の影を薄くする ◆(be) overshadowed by... 《比喩的》～のせいで影が薄い
**overshoot** vt. 行き過ぎる、振り切れる; n. an ～ 行き過ぎ量、オーバーシュート ◆it overshot its intended stopping point それは所定の停止点[目標]を通り越して[行き過ぎて]しまった ◆overshoot one's mark [target] 標的[目標]を超えて[通り越して、通り過ぎて]外す ◆overshoot the destination by hundreds of miles 目標から何百マイルも行き過ぎる ◆overshoot the green to the left bunker 《ゴルフ》グリーンを飛び越えて左のバンカーまで行く ◆the motorman twice partially overshot stations この運転手は2度、駅の停車位置を通り越して[列車を]止めた ◆The plane overshot the runway and crashed into a corn field. 飛行機は滑走路を飛び越えてとうもろこし畑に墜落した。

**oversight** (an) ～ 見落とし, 手落ち, 手抜かり, 監督 ◆through oversight うっかり見過ごし[見落し]たせいで、不注意により、誤って ◆through oversight 見落としによって ◆have oversight authority on [over]... ～に対する監督権を持っている; ～には～(取り締まり)の監督権がある ◆obey the mandates of courts and other oversight authorities 裁判所およびその他の監督当局[《意訳》監督機関、監督官庁]の命令に従う

**oversimplification** (an) ～ 過度の単純化, 簡略化, 簡素化
**oversimplify** vt. ～を単純化し過ぎる, 過度に簡略[簡素]化する
**oversize(d)** adj. 特大の, 過大の, 大型の, 大ぶりの, サイズが大き過ぎる, ばかでかい, 《鉱》網上-(アミウエ、フルイウエ)(＊石炭をscreenやsieveを使って分級した際に網目meshを通らずに上に残ったの意 →undersize) ◆an oversize tire 特大のタイヤ ◆an oversize TV 大型テレビ ◆oversize and undersize material 過大および小粒材料(＊この用例でのmaterialは不可算形で使用されている) ◆an oversize electrostatic plotter 大判の静電プロッター

**overspeed** (an) ～ スピードオーバー, 速度超過, 超過速度, 過速度, 超過回転速度, 《数》vt. ～の速度[スピード]を上げ過ぎる、～を超過回転速度で運転する; vi. スピードを出し[上げ]過ぎる ◆an overspeed device 《回転機》速度制限装置 ◆an overspeed governor 《機械》過度調速機; 非常調速機 ◆an overspeed test 《回転機》超過速度試験; 過速度試験

**overstay** vt. ～の期限を過ぎても滞在し続ける, 《市場》の売り時を逸する ◆guests overstaying their welcome 長居しすぎて《嫌がられて》いる客; あまりにも長っちりの《迷惑な》客たち ◆those who overstay their legal visas 適法なビザが切れた後もオーバーステイしている人たち; 超過滞在者ら ◆Nothing is so dangerous as to overstay the market. 市場で売り時を逃すくらい危ない[売りの潮時を逸するほど危険な]ことはない。

**oversteep** →steep
**overstep** vt. ～を踏み越える, 超える, ～の限度を超える, 《権限など》の逸脱する ◆Be careful not to overstep your bounds in a business matter. 仕事で職分を越えたことはしない[わきまえている]ように注意しなさい。

**overstrike** vt. 《タイプ》～に重ね打ちする ◆overstrike a character 《タイプ》ある文字に重ね打ちする
**oversupply** (an) ～ 供給過多, 過剰供給; vt. ～を過剰供給する, 供給し過ぎる ◆an oversupply of office space オフィススペースの過剰供給[供給過多] ◆be already in oversupply on the world market すでに世界市場で供給過剰になって[だぶついて]いる ◆because of an oversupply of physicians in the area 同地域では医師が供給過剰になっている[《意訳》多すぎる、余っている]せいで ◆prices won't be able to rise much further because oil is in oversupply 石油がだぶついているので、これ以上大幅に価格は上昇できないはずである ◆there is already an oversupply of waste paper 古紙はすでに過剰供給になって[だぶついて]いる ◆Until 1998, there used to be an oversupply of... 1998年まで、～は供給過多[過剰]状態にあった。 ◆there is still an oversupply of completed office buildings in many cities 竣工済みのオフィスビルが、依然として多数の都市でだぶついている ◆This has resulted in a current oversupply of small cars. この結果、現在の小型車の供給過剰[過多]状態を生み出した。 ◆Prices appear to be leveling off after months of rises because of a slight oversupply. 《意訳》価格は、何カ月か上昇が続いていたが、その後、若干過剰供給気味となり横ばい状態で推移している様子である。

**overt** adj. 明白な, 秘密でない, 公然の, おおやけざまの, 表立った, 大っぴらな, あからさまな, 露骨な, あらわな ◆overt prejudice 《露骨な[剥き出しの]》偏見

**overtake** vt. ～に追い付く, ～に(追い付いて)追い越す, 《不運などが》～を突然襲う ◆enable overtaking vehicles to pass safely 追い越しをかけてきている車両に安全に追い越させてやる ◆overtake and pass another vehicle 他の車について、そして追い越す ◆Sun Microsystems overtook IBM in 2000 to move into the top spot in the US server market. サン・マイクロシステムズがIBMを2000年に追い越して[抜き去って]米サーバ市場においてトップの座に就いた。 ◆The speed with which the railroad revolution overtook the world is startling. 鉄道革命が世界を席巻したスピードには驚くべき[めざましい]ものがある ◆We believe the sales of home fax machines will eventually overtake the sales of business fax machines. 私どもは、家庭向けファクスの売り上げは最終的に業務用ファクスの売上を追い越す[追い抜く]ようになると思っています。

**over-the-air** (= on-air) 《放送、通信》 adj. 無線による ◆vary the speed with which frames are sent over-the-air 《TV》画像フレームが電波にのって送り出される速度を変える; フレーム送出速度を変える

**over-the-counter** adj.《米》《証券が》《証券取引所を経ない》店頭取引の (OTC);《医薬品が》医師の処方箋無しで買える、売薬の、《一般》大衆薬の ◆an over-the-counter market 《株式、証券の》店頭[場外、第三]市場 ◆over-the-counter drugs 市販の薬、売薬、一般大衆薬、一般用医薬品 ◆over-the-counter stocks 店頭registered ◆active over-the-counter trading 《株》活発な店頭取引

**over-the-ground** adj. 地上(用)の, 陸上(用)の ◆over-the-ground vehicle 地上(走行)車両(＊水上を走るホバークラフトなどに対し)

**over-the-horizon** adj. 《通》地平線外の, 見通し外の ◆over-the-horizon propagation 《通》見通し外伝搬 ◆over-the-horizon radar 地平線外[OTH]レーダー

**overthin** adj. 過度に薄い, 薄過ぎる ◆overthin wall sections 壁の肉厚の薄過ぎる部分

**overtighten** vt. ～を過度に締め付ける, 締め付け過ぎる ◆Do not overtighten the bolts. それらのボルトを締め付けすぎないでください.

**overtime** n. ①時間外勤務, 超過勤務, 残業, 超過勤務手当, 時間外手当, 所定外賃金, (バスケットボールなどの)延長戦; adj. 時間外勤務の, 超過勤務の, 残業の; adv. 規定外の時間に, 時間外で ◆work overtime 時間外労働する ◆during overtime 時間外労働中に ◆overtime work 時間外労働[《意訳》]勤務 ◆earn overtime 残業代を稼ぐ ◆mandatory overtime 強制的な残業 [所定外労働時間, 時間外労働, 超過勤務] ◆overtime payments for workers 従業員の所定外賃金 [超過勤務手当, 残業手当, 時間外手当, 時間外割り増し] ◆overtime stints boosted his pay by $10,500 last year 残業で彼の給料が昨年比10,500ドル増えた ◆pay overtime 所定外賃金 [超過勤務手当]を払う ◆work done on overtime 残業で処理された仕事 ◆increase efficiency and reduce overtime 能率を上げて残業を減らす ◆Staffers are required to work overtime to get the issue out on time. 編集部員は号を期限通りに発行するために残業を余儀なくされている.

**overtly** adv. 明白に, 公然に, あからさまに, 大っぴらに, 表立って, 露骨に, 堂々と ◆seek information, both overtly and covertly 公然と [大っぴらに]また秘密裏 [密かに, こっそり と]情報を探る

**overtone** an ～ 上音, 倍音, 高調波(=a harmonic); (《通例》～s) 言外の意味, 意味合い, 含意, 含み, ニュアンス ◆the overtones of a fundamental note ある基本音の倍音

**overturn** vt., vi. ひっくり返す[返る], 覆す, 覆る, 〈判決など〉を逆転させる, 転覆させる, 転覆する, 〈政府など〉を倒す[打倒する], 倒れる; an ～ 転覆, 逆転, 打倒, 崩壊[瓦解] ◆if the ruling is overturned もしこの判決が覆されれば[逆転したら]

**overuse** vt. ～を使いすぎる[過剰に使用する], 乱用する, 酷使する; ①過度の[過剰]使用, 乱用, 酷使 ◆Perhaps the most overused word of our time is "crisis." おそらく現在一番乱用されている言葉は「危機」であろう. ◆the overuse of pesticides 農薬[殺虫剤]の過剰使用[利用] ◆When brakes are overused and overheated, ... ブレーキが酷使され過熱するど, ...

**overview** an ～ 概要, 概説, 概観, 概略, 概況, 大要, 荒筋, あらまし, 全体像, 総括, 一覧, 概論 ◆provide [give, offer] an overview of ... ～の全体像[全貌, あらまし]がつかめるようにしてくれる ◆Chapter 1 Systems Overview 第1章 システムの概要 ◆an easy to understand overview of the Social Security system 社会保障制度の分かりやすいあらまし ◆the following will give you an overview of market trends 以下に市場動向の概略[概況]を掲げます ◆an overview of the issues facing the industry in 1993 1993年に業界が直面している問題の概要 ◆This brochure is designed to provide you with an overview of ... このパンフレットは, ～の全体像[概要]をお知らせするために作られたものです. ◆This article provides a brief overview of ... 本稿では～の概略を[《意訳》ここでは]～について簡単に]述べる.

**overvoltage** (an) ～ 過電圧 ◆overvoltage protection 過電圧保護

**overweight** ①超過重量, 過重, 体重超過, 太りすぎ; adj. 重量制限を越えた, 超過重量の, 標準体重を超えた; vt. ～に荷を積みすぎる, ～に負担をかけすぎる, ～を重視[重要視]しすぎる, ～にウエイトをかけ[大要, あらまし]すぎる ◆an overweight bulimic student 太りすぎの過食症の学生 ◆children classified as overweight or obese 太りすぎ[標準体重超過]すなわち肥満に分類されている子どもたち ◆If he finds himself overweighted with responsibility, ... もしも彼が自分の責任を重すぎると[重荷に]感じるならば, ... ◆substantially reduce the number of overweight and obese children 標準体重を超過している肥満児(の数)を大幅に減らす

**overwhelming** adj. 圧倒的な, 抵抗できないほどの, 抗し [あらがい, 抑え, 堪え]がたい, 手に負えない, 打ちのめされるような, 壊滅的な, どうしようもない, やりきれない, うむを言わせぬ, 圧巻の ◆achieve an overwhelming victory 圧倒的な勝利を達成する, 圧勝する ◆in an overwhelming number of cases 圧倒的に ◆The [An] overwhelming majority of users say ... 圧倒的多数の[大部分の, ほとんどの, 大方の, たいていの]ユーザーは, ～と言っている. ◆win air combats against [despite] overwhelming odds 圧倒的な強敵を相手に空中戦に勝つ ◆win [gain, get, score] an overwhelming victory 圧倒的な勝利を勝ち取る[得る, ものにする, 手にする, 収める]; 圧勝する ◆in view of the overwhelming military superiority of the allied forces 連合軍が軍事面で圧倒的な優勢に立っている [圧倒している]ということにかんがみて ◆An overwhelming 91% of controllers complained that ... 圧倒的な(数である)91%の管制官が, ～であると苦情を訴えた. ◆There was some evidence of premeditation, but not overwhelming evidence. ある程度犯行の計画性を証明する証拠はあったものの決定的な証拠ではなかった.

**overwind** vt. ～を(きつく)巻きすぎる ◆prevent the overwinding of (the spring of) a watch 時計(のぜんまい)の巻きすぎ[巻き過ぎ]を防止する

**overwork** 1 vt. ～を働かせ過ぎる, こきつかう, 酷使する; vi. 働きすぎる ◆an overworked word 多用されすぎている語
2 ①過度の労働, 働き過ぎ, 過重労働, 過労 ◆be killed by overwork 過重労働によって殺される, 過労死する ◆death from overwork 過労死 ◆He is a wreck from overwork. 彼は, 過労がたたってガタガタになっている.

**overwrite** vt. ～に(～を)上書き[重ね書き]する <with>, ～を誇張して[長々と]書く; vi. ◆overwrite an existing file すでに存在する[既存の]ファイルに上書きする ◆the direct overwriting of old data with new 古いデータに新しいデータを直接上書きすること ◆without worrying about overwriting previous data 前のデータに上書きしてしまう心配なしに ◆deallocated sectors on the drive are overwritten with zeros ドライブ(内のディスク)の解放されたセクターにはゼロが上書きされる

**overzealous** adj. 熱心すぎる, あまりにも熱意に満ちている, 熱意がありすぎる ◆a major blunder by an overzealous officer 勇み足の警察官による大失敗[大失態] ◆his overzealous interest in porn 彼のポルノに対する過度の興味 ◆without appearing overzealous 熱心すぎる様子を見せずに; 気負い[意気込み, 勇み立ち]過ぎの印象を与えることなく ◆without being overzealous 気負い[意気込み, 勇み立ち]すぎずに; 肩に力を入れないで

**ovoid** adj. 卵に似ている, 卵形の(= egg-shaped); an ～ 卵形のもの ◆an ovoid briquette 卵形のタドン; 豆炭

**ovulation** ①排卵 ◆ovulation induction; induction of ovulation 排卵誘発

**owe** vt. ～の支払い[返済]義務がある, ～に借金している, ～に借りがある; ～を(～に)帰する <to>, ～を(～の)せいにする <to> ◆an amount owed 借りている額, 借金の額 ◆default on the money owed to credit card companies クレジットカード会社に支払うべき金の返済を履行[実行]しない ◆I owe her an apology. 私は彼女にあやまらなければならない.

**owing** adj. 《述部的用法で》借りになっている, 支払うべき, 未払いの
**owing to** ～のせいで, ～のおかげで, ～の結果(として) ◆owing to impurities 不純物のせいで

**own** 1 vt. ～を所有する, 〈欠点など〉を認める, ～を自身のものと認める, 自白する, 告白する, 認める <to, up to> ◆a wholly-owned subsidiary of X Corp. X社の完全所有[全額出資, 100%出資, 100%]子会社 ◆phones owned by hotels ホテル所有[自営]の電話 ◆a U.S.-owned company 米国企業 ◆British-owned companies 英国企業

◆a Taiwanese-owned factory 台湾人所有の工場 ◆Cordless phones are owned by 30 percent of U.S. households. (意訳)米国の世帯のコードレス電話の所有率は30%である。 ◆Ninety-two percent of lawyers and doctors own their own homes. 弁護士と医師の92%がマイホームを持っている.;(意訳)弁護士と医師の持ち家率は92%である。 ◆I've owned it for just two days but its been in my player continuously. 私がこれ(*CD)を買ってからまだ2日(経ったばかり)だが、ずっとプレーヤーに入れっぱなしにしている。(*CDの内容をほめて)

**2** adj. 自身の, 自分の, -所有の, 特有[独自, 独特]の; pron. 自身[自前]のもの ◆at one's own risk 自分自身の責任で, 自らの責任で, 自己責任で ◆a car of her own 彼女自身の[自分の]車 ◆generate power for one's own use 自家用の電力を発電する; 自家発電する ◆my own experience 私自身の経験 ◆protect the country's own industries その国の自国産業を保護する ◆to meet your own particular needs あなただけ[貴社だけ, 個々のお客様に]の特別なニーズを満たす[ニーズに応える]ために ◆with characteristics all-its-own [all-one's-own] 独特の[特有の]特徴をした ◆we have our own fabrication facilities 我が社は、自前の[自前の, 自社]生産施設を保有している ◆we want to invent something of our own, and new 私たち独自の何か新しいものを考え出したい ◆Each song is good in its own way. それぞれの曲は、それなりにいい。 ◆Many of these subconferences have branches of their own. これらのサブ会議の多くには、さらにその下に分岐した会議がある。 ◆Participants have to pay their own expenses. 参加者は、自分自身の費用を払わなければならない[支払う必要がある]。 ◆UNIX is an operating system with characteristics all its own. UNIXは独自の特徴を持ったオペレーティング・システムである。

**come into one's own** 真価が認められる, 本領を発揮するようになる, 正当な評価を受けるようになる ◆The late 1970s were exciting times; personal computers were coming into their own, and new applications were emerging every day. 1970年代末期はエキサイティングな時代だった。パソコンは市民権を獲得しつつあったし、新しいアプリケーションが毎日生まれていた。

**on one's own** それ自身[自体]で, それだけで, 独りでに, 単独、独力で, 自力で, 独自に, 一人で, 自分(自身)で, 自動的に, 自ら, 自前で ◆develop... on one's own ～を自力で開発する;～を自主開発する ◆the blood sugar will fall on its own 血糖[血糖値]はひとりでに[おのずから、自ずと, 自然に]下がる ◆the transmission resumed on its own 転送[電送, 送信]は自動的に再開した; 送電は自動復旧した ◆they did it on their own 彼らはそれを自分たちら主導でやった ◆an economy may experience a shock and not be able to recover on its own 経済は打撃を被って自力で回復はできない[自律的回復はかなわない]だろう (*"an" economyには、ある地域や国の経済)it's essentially foolish to develop it on their own (直訳)それを彼らが自前で開発することは本質的に愚かしいことである; (意訳)それを(あえて)自社[社内, 独自, 自力]で開発するとしたら根本的にばかげている ◆Crude oil, a natural substance, biodegrades on its own. 原油は天然の物質であり、自然にも分解する。 ◆The police were still uncertain whether he acted on his own or on orders from extremists. 警察は依然として、彼が単独でしたのか過激派の命令でやったのかわからないでいた。 ◆The world's third largest car manufacturer has developed the car entirely on its own. 世界第3位の自動車メーカーはこの車を全く独自に[すべて自力, 完全に自社]開発した。

**own-brand** 自社ブランドの, ハウス・ブランドの

**owner** an ～ オーナー, 所有者, 持ち主, 主(ヌシ), 建築主, 荷主, 船主 ◆a copyright owner (英)オーナードライバー[マイカー(pl. owner-drivers) (英)オーナードライバー[マイカーに乗っている人] ◆an owner-occupied home (米, 英)持ち主が住んでいる家[マイホーム] ◆an owner-occupier (pl. owner-occupiers) (英)マイホーム[持ち家]に住む人 ◆owner-occupied (マンションなど)分譲の, 持ち家の ◆a

small-business owner 小企業[零細企業]の事業主[経営者] ◆the owner of a patent 特許の所有者 ◆the owner of Herbert Candies ハーバート・キャンディーズ社の社主 ◆the owner [proprietor] of a bar バーのオーナー[所有者, 持ち主, マスター] ◆the owners of this company この会社の持ち主[社主, オーナー]

**owner-occupied** adj. 所有権を持つ人自身が住んでいる ◆an owner-occupied home 持ち家(住宅)

**ownership** 回所有者[所有主]であること, 所有権, 帰属[所属](*だれのであるかということ) ◆the cost of ownership; the ownership cost 維持費[管理費, 管理コスト](*修理費や固定資産税や保険料など) ◆have an ownership right to... ～の所有権を持っている ◆gun ownership スイスの銃所有率[保有率, 普及率]は高い ◆the ownership rate is 75 percent among... (人)たちの間での所有率[普及率]は75%である ◆notify... of a change of ownership ～に所有権[名義]の変更を届け出る ◆The firm is under dual ownership. この会社は、2人のオーナーが共同所有している。 ◆For your own protection, ensure that the change of ownership is processed at a license-issuing office before releasing the vehicle to the new owner. あなた自身を守るために、自動車を新しい所有者に譲渡する前に、必ず所有権[名義]の変更が免許発行事務所で処理されるようにしてください。

**OWS** (office workstation) an ～ オフィスワークステーション

**oxalic acid** 回蓚酸, シュウ酸

**oxbow** an ～ (牛の首にかける)U字形のくびき, U字形[馬蹄形]のもの, 河川の湾曲部, 三日月湖; adj. U字形[馬蹄形, 三日月形]の ◆an oxbow lake 三日月湖, 河跡湖(カセキコ), 牛角湖 ◆an oxbow (bend) of [in] a river ある河川のU字形の湾曲部

**oxidant** (an) ～ オキシダント, 酸化性物質, 酸化体, 酸化剤 ◆Chemical oxidants may be used to enhance the reaction. 化学酸化剤を用いてこの反応を強めて[促進して]もよい。 ◆Vitamins E, A, C and beta carotene are anti-oxidants. ビタミンE、A、Cおよびβカロチンは酸化を防止する[抗酸化]物質である。 ◆VOCs are compounds of carbon that can react photochemically when released into the atmosphere to produce oxidants such as low-level ozone which may be harmful to humans. VOC[揮発性有機化合物]とは炭素の化合物のことで、これが大気中に放出されると光化学反応を起こし、人間に有害な低濃度オゾンのようなオキシダント[酸化性物質]を発生させることがある。

**oxidation** 酸化 ◆by oxidation 酸化によって ◆inhibit oxidation of... ～の酸化を抑制する[妨げる] ◆undergo oxidation 酸化を受ける; 酸化される; 酸化する ◆oxidation resistance; resistance to oxidation 耐酸化性; 抗酸化性 ◆a protective oxidation layer 酸化保護被膜 ◆be not subject to oxidation 酸化しない ◆have good resistance to oxidation ～は良好な耐酸化性を持っている[有している]; ～には優れた耐酸化性がある ◆improve resistance to oxidation 耐酸化性[抗酸化性]を向上させる, 酸化しにくくする ◆prevent oxidation of... ～の酸化を防止する ◆Increased oxidation stability reduces oil sludge. 酸化安定度[安定性]の向上は、オイル[油]スラッジの発生を減らす[抑える, 抑制する]。 ◆Water with a pH of 7 has an oxidation-reduction potential (ORP) of -400 mV to -500 mV. pH7の水の酸化還元電位は、-400mV～-500mVである。

**oxidation-reduction** 酸化還元

**oxidative** 酸化(性)の ◆oxidative bleaching 酸化漂白

**oxide** (an) ～ 酸化物 ◆ferromagnetic oxides (直訳)強磁性の酸化物; (意訳)酸化物強磁性体 ◆zinc oxide 酸化亜鉛 ◆nitrogen oxides 窒素酸化物 ◆an oxide fuel reactor (原子力)酸化物燃料炉 ◆grow a thin oxide film on the surface of... ～(の表面)上に酸化膜の薄膜を成長させる ◆protection by a tough film of oxide 丈夫な酸化皮膜による保護

**oxidize** vt. ～を酸化させる, さびさせる, ～にいぶしをかける; vi. 酸化する, さびる ◆an oxidizing agent 酸化剤 ◆an

**oxidizing flame** 酸化炎 ◆be resistant to oxidizing 酸化しにくい ◆aldehydes are oxidized to carboxylic acids アルデヒドは酸化されてカルボン酸になる ◆This retort must be capable of withstanding incineration temperatures from 900 degrees to 1800 degrees in an oxidizing atmosphere. 本レトルトは、酸化雰囲気中で900°から1800°の焼却温度に耐えられるものとする。(*仕様書の用例)

**oxidizer** (an) ~ 酸化剤(= an oxidizing agent) (*特にロケット推進剤を燃焼させるためのもの) ◆fuel and oxidizer tanks 燃料タンクおよび酸化剤タンク

**oxyacetylene** adj. 酸素アセチレン~ ◆cut a piece of steel using an oxyacetylene gas cutting torch 酸素アセチレンガス切断トーチを使って(一つの)鋼材を切断[(意訳)溶断]する

**oxygen** 酸素(元素記号: O) ~ ◆an oxygen deficiency; oxygen deprivation 酸欠 ◆an oxygen concentration cell 酸素濃淡電池(*金属の電食の原因の一つ) ◆an oxygen-generating self-contained self-rescuer (SCSR) (炭鉱)酸素発生自己救命器 ◆a complete oxygen defect 完全な酸欠 ◆become devoid of oxygen 酸欠になる ◆oxygen-deficient air 酸素が欠乏している[酸欠]空気 ◆reactions with active oxygen species 活性酸素種との反応 ◆oxygen-depleted water 酸欠の水 ◆Conditions of oxygen deficiency or highly toxic atmospheres usually require an atmosphere supplying respirator. 酸欠状態あるいは非常に有毒な雰囲気中では通常、空気供給式のマスクが必要となります。

**oxygenator** an ~ 酸素供給器、人工肺 ◆an extracorporeal oxygenator 《医》体外人工肺 ◆a pump oxygenator 人工心肺(装置)

**oxygen-free copper** 無酸素銅 ◆an oxygen-free-copper cable 無酸素銅ケーブル

**ozone** 回オゾン ◆atmospheric ozone depletion 大気中のオゾン(層)の減少 ◆a total ozone monitoring sensor 《気象》オゾン全量観測[監視]センサー ◆tropospheric ozone 対流圏(にある)オゾン ◆100,000 molecules of ozone 10万個のオゾン分子 ◆a new ozone hole オゾン層に新しくあいた穴 ◆stratospheric ozone depletion 成層圏オゾンの減少[(意訳)破壊] ◆the destruction or reduction of ozone オゾン(層)の破壊や減少 ◆the ozone layer in the stratosphere 成層圏のオゾン層 ◆an ozone-safe propellant オゾン層を破壊しない安全な(スプレー用の)充填ガス ◆a hole in the ozone layer over Antarctica 南極大陸上空のオゾン層の穴 ◆destroy the stratosphere's protective ozone layer 成層圏のオゾン保護層を破壊する ◆reduce the use of ozone-destroying substances like chlorofluorocarbons フロンのようなオゾン破壊物質[ODS]の使用を削減する ◆The ozone layer is being seriously depleted by the constant release into the atmosphere of chemicals known as chlorofluorocarbons. オゾン層は、クロロフルオロカーボン[フロン]と称される化学製品の大気中への絶え間ない放出により深刻なまでに減少しつつある。

**ozonosphere** the ~ オゾン層(▶the ozone layer の方が一般的)

## P

**p** ◆a p-channel MOS-FET (field-effect transistor) pチャンネル金属酸化物半導体FET(電界効果トランジスタ) ◆a p-n junction (an interface between p-type and n-type semiconductors) p-n接合(すなわち、p型半導体とn型半導体の境界[接触]面)

**P** 燐(phosphorus)の元素記号

**Pa** プロトアクチニウム(protactinium)の元素記号

**PABX** (private automatic branch exchange) a ~ 自動式構内交換機

**pace** 1 (a)~ペース、速さ、速度、歩調、テンポ; a~一歩、一歩幅、足取り ◆a pace at [with] which... ~する(ところの)ペース[速度、テンポ、スピード] (*which は関係代名詞) ◆the pace of change 変化のペース[速さ、テンポ、ペース] ◆a reduction in pace ペースの低下 ◆at an increasingly fast rate [pace] どんどん速度を上げて; ますますペース[歩]を速めて; 加速して; 加速的に ◆at an unprecedented pace いまだかつてないペースで ◆at a very high pace 非常に速いペース[速度、テンポ]で; 目まぐるしく ◆Do your job at your own pace, and you'll... マイペースで仕事をするようにしなさい、そうすれば~ ◆pick up the pace a little bit ペースをちょっと上げる[速める] ◆walk with a slow pace ゆっくりとした歩調で歩む ◆in spite of the slow pace of U.S. economic recovery 米国経済[アメリカの景気]の回復の足取りは重い[鈍い]にもかかわらず ◆because the pace of everyday life is becoming ever faster 日常生活のペースがますます速くなってきているので ◆start out slowly and gradually pick up the pace ゆるいペースで始めて徐々にペースを上げてゆく(*運動の話で) ◆sales are running at a pace nine percent ahead of a year ago at this time 売上高は前年同期比で9%増のペースで推移している ◆GW is on a pace to match or exceed its best-ever mark of 14 victories set in 1989. GW(チーム)は、(このまま行くと)1989年に樹立したチーム最高記録である14勝に並ぶかそれを超えそうなペース[勢い]である。 ◆Producer prices have gone up at a mild 1.8% pace so far this year and have actually declined for the past three months. 生産者価格は、今年これまでに1.8%というゆるやかなペースで上昇したが、その実、ここ3カ月間は下降している。
2 vt. ~のペースを調整する、~を一定の緩い速度で移動する、~を歩測(ホソク)する、~をある速度で走らせる; vi. ゆっくり一定の歩調で歩く、あちこち歩く

**keep pace with** ~と歩調を合わせる、~について行く ◆keep pace with recent advances in lighting technology 照明技術の最近の進歩に付いて行く[遅れないようにする] ◆salary increases won't keep pace with inflation 昇給はインフレに追い付かないであろう ◆add new, performance-enhancing features to... to keep pace with users' expectations ユーザーの期待に歩調を合わせるために、性能をアップさせる新機能を~に加える

**pace off** ~を(歩測して)測る ◆pace off time 時間を計る

**pacemaker** a~ペースメーカー(*レースの先頭[第1]集団の走者、心臓の脈拍調整装置など) ◆She underwent surgery to implant a heart pacemaker yesterday. 彼女は心臓ペースメーカーの植え込み[埋め込み]手術を昨日受けた。

**pachinko** play pachinko パチンコをする ◆A sort of vertical pinball machine, pachinko was invented in the United States and brought to Japan in the 1920s. 一種の縦型ピンボール遊技機であるパチンコは、米国で発明され、1920年代に日本にもたらされた。

**pacific** adj. 平和的な、穏やかな; P- adj. 太平洋の、太平洋沿岸(地域)の; the Pacific (Ocean) 太平洋 ◆the Pacific Rim; the Pacific Basin 環太平洋地域 ◆in the East [eastern] Pacific (Ocean) 東太平洋で[の] ◆in Australia and a number of other Pacific Rim countries オーストラリアおよび他の多数の環太平洋諸国で

**pacifism** 回平和主義、戦争[暴力]反対主義、良心的兵役拒否主義、無抵抗政策 ◆Japan's "one-nation pacifism" 日本の「一国平和主義」

**pack** 1 a~包み、束、(特に背にのせて運ぶ)荷物、(タバコなどの)一箱、一群、一組、たくさん、多量、多数、湿布(シップ)、(顔に塗る美顔用の)パック剤 ◆an empty cigarette pack [package] 紙巻きタバコの空き箱 ◆a six-pack of beer 6本入り1箱のビール ◆in packs of ten 10個入り[10個ずつの]パックで ◆lead the pack in... -ing ~することにおいて先陣を切っている ◆stay ahead of the pack 他者[他社]よりも常に先を行って[先行して]いるようにする ◆the media is practicing pack journalism メディア[マスコミ]は集団の過熱取材を行っている ◆several members of the megamotor pack 大出力エンジン搭載組のうちの何台かの車
2 vt. ~を包む、包装する、束ねる、荷造りする、梱包する、~に(~を)詰める <with>, (群衆が)(場所)を埋める、~に湿布する、~に(漏れないよう)パッキンを施す; vi. 梱包する、荷造りする、小さくたたんでしまえる、(雪などで)固く締まる ◆pack a file 《コンピュ》ファイルをパック[圧縮]する ◆pack...in

**padding**

boxes [bags] 〜を箱[袋]に詰める ◆a feature-packed product 機能を満載している製品 ◆an explosives-packed radio-cassette player 爆薬が充填されているラジオカセットプレーヤー ◆a violence-packed cartoon 暴力シーンがいっぱいあるアニメ ◆a hi-fi model packed with special features 特殊機能満載のハイファイ機種 ◆interstices are packed [filled] with sand 隙間には砂が詰まっている；間隙は砂で埋まっている ◆make densely packed memory chips 高密度に実装[集積]されたメモリーICをつくる ◆pack the bearings with grease ベアリングのグリースを詰める ◆use wooden blocks to pack down the soil after planting… 〜を植えた後で土を突き固めるために木片を使う ◆wooden homes [houses] are densely packed 木造家屋[民家]が密集している ◆pack the computer into one's car and bring it to… コンピュータを自分の車に積んで[載せて]〜に運ぶ ◆the Service Depot List packed with your Food Processor お買い上げのフードプロセッサーに同梱されているサービス拠点リスト ◆pack as much information as possible onto the disk surface ディスク表面上にできるだけ多くの情報を詰め込む ◆pack the mathematical functions of a briefcase-sized adding machine onto a light-powered calculator the size and thickness of a credit card ブリーフケース大の加算機の計算機能をクレジットカードの大きさと厚みの光電池駆動の電卓に凝縮する ◆These cars are packed with options. これらの車にはオプション装備が満載されている。 ◆They come packed in a cardboard box. それらは、カートン詰めされて来る。

**package** 1 a〜包装容器, 包み, パッケージ, 《コンピュ》パッケージ(= a software package), 《半導》(ICチップの)パッケージ[外装]; adj. 一括の, ひとまとめの ◆a package deal 一括取引 ◆packaged software; a software package 《コンピュ》パッケージソフト (*いくつかのプログラムやマニュアルなどがセットになっている. custom software と異なり, 不特定多数のユーザー向けに作られているもので, 特に市販ソフトを意味する) ◆an overnight express package 翌日配達急行[急送]便小包 ◆a charting package 《コンピュ》グラフ作成パッケージソフト ◆a cigarette pack [package] 紙巻タバコの箱 ◆sold in packages of six 6個入りのパッケージで売られて ◆a five-in-one software package that includes word-processing and a spreadsheet ワープロや表計算など5種類のソフトが一本に統合化されている商品 ◆control electronics in a rugged package designed for field installation 現場据え付けを考えて設計された堅牢な筐体に収められている制御電子回路 ◆Japan today will unveil a $141 billion economic stimulus package to try to revive its economy. 日本は今日, 経済再活性化へ向けての1410億ドルに上る総合経済対策の内容を発表することになっている。
2 vt. 〜を包装する, 梱包する, 荷造りする, ひとまとめにする, 一括する ◆a packaged air conditioner パッケージエアコン ◆All essential modem circuitry is packaged on LSI chips. 必要なモデム回路はすべて数個のLSIチップ上に実装されている。 ◆It comes packaged in an attractive gift giving box. これは, きれいな贈り物[進物]用化粧箱に包装されて売られている。 ◆Be certain the 3-year warranty cards are packaged with your products. 有効期間3年の保証書が製品に同梱されていますのでお確かめください。 ◆Many products are over-packaged and the packages then wastefully disposed of, rather than being recycled. 多くの製品が過剰包装され, 包装材はリサイクルされることなく無駄に捨てられる。

**package tour** a〜 パッケージツアー, パック旅行 ◆a package-tour operator パッケージツアー[パック旅行]を企画販売している旅行業者 ◆go on a package tour パッケージツアーで旅行する ◆vacationers on package tours パッケージツアー[パック旅行]の行楽客 ◆visit China on a package tour パッケージツアー[パック旅行]で中国を訪れる

**packaging** 荷造り, 包装, 一括すること, 組み合わせること, パッケージにすること, 実装, 《車》入れ物としての車体の空間設計, パッケージング ◆(a) packaging material 包装材料; 梱包材料; 外装材 (*半導体IC用パッケージなどの) 外装材

料 ◆packaging density 実装密度, 集積密度 ◆the packaging of CDs CDの包装 ◆packaging, containerizing, and shipping operations 梱包[荷造り], コンテナ詰め, および発送[出荷, 船積み]作業 ◆use new and faster circuitry and higher-density packaging 新しくてより高速な回路と, より高密度の実装法を用いる ◆The packaging for these products has been designed on 3-D computers. 今やこれらの商品の包装容器類は, 3次元コンピュータ上でデザインされている。 ◆These high-reliability devices utilize hermetic ceramic packaging. これらの高信頼性デバイスは, ハーメチック[気密封止]セラミックパッケージ実装を使っている。

**packed** adj. ぎっしり詰まった, 込んでいる, 込み合った, すし詰めの, 満員の, 余裕のない; 固く圧縮された

**packet** a〜 小さい包み, 小包, 束, 《通》パケット ◆a small packet 小さな包, 小包, 小型包装物 ◆packet switching 《通》パケット交換 ◆packet transmission 《通》パケット伝送 (= packet switching) ◆a packet-switched network パケット交換網 ◆a packet communication(s) processor [unit] パケット通信プロセッサ[装置] ◆(a) packet-switched data transmission service 《通》パケット交換データ伝送[通信, 転送]サービス ◆a small packet of cookies 小さな包みに入ったクッキー; クッキーの入った小さな包み ◆prevent dropped packets 《通》取りこぼされたパケット[パケット落ち]を防止する ◆if packets are out of sequence, lost, dropped, or corrupted 《通》パケットの順序が乱れたり, パケットが消失, 欠落, または破損していたら

**packing** ①梱包[荷造り, 包装], 梱包材料, (漏れを防ぐためめの)パッキン ◆packing and unpacking 梱包と開梱[梱包解体]; 荷造りと荷解き, 《コンピュ》(ファイルの)圧縮と伸張[展開, 復元] ◆packing material; packing materials 梱包材, 包装資材, 包材 ◆a mode of packing; a packing mode 梱包の形態[やり方, 方法]; 荷姿; 《コンピュ》(データの)圧縮モード[方式] ◆a packing type [style]; a type [style] of packing 梱包種別[梱包形態, 荷姿]; (漏れを防ぐための)パッキンのタイプ[スタイル, 形状] ◆a packing and shipping test 梱包・出荷試験

**packing density** (a)〜 (*プリント基板などの)実装密度, (*ICなどの)集積度, (*磁気テープなどの)記録密度 ◆achieve significantly larger packing densities 大幅な高集積化を達成する ◆increase the packing density of chips ICチップの集積密度[集積度]を上げる[高集積化する] ◆the packing density of transistors on a chip チップ上のトランジスタの集積[実装]密度 ◆further increase the packing density of hard disk platters ハードディスク盤の記録密度を更に上げる ◆have a very high information-packing density 〈記録媒体は〉非常に高い情報記録密度を持っている

**pact** a〜 契約, 協定, 条約 ◆abide by the semiconductor pact 半導体協定に従う ◆a free-trade pact 自由貿易協定

**pad** 1 a〜 クッション材, 詰め物, 当て物, (肩にいれる)パッド, スタンプ印肉, 下敷, 受台, (はぎとり式)メモ帳, (ロケット)発射台, (プリント回路基板の)端子領域, 電極端子, 《電気》減衰抵抗ネットワーク (*伝送路に挿入して用いる) ◆a change pad おむつ交換マット ◆a launch [launching] pad (ロケットの)発射台 ◆a writing pad (はぎ取り式)便箋[用箋] ◆take notes on a pad of paper はぎ取り式メモ帳にメモを取る
2 vt. 〜に詰めもの[当てもの]をする, 〜を水増しする, 〜を埋め草[雑文]で膨らませる, 《コンピュ》〜を(ゼロ, 空白文字などで)埋める (= fill) 〈with〉 ◆a padded seat クッションの入っている座席 ◆be padded [filled] with blanks 《コンピュ》〜はブランク[空白]で埋められ(てい)る ◆pad expenses [bills, contracts] 経費[請求書, 契約]を水増しする ◆pad the number of… 〜の数を水増しする ◆he made off with almost $400,000 in padded billings 彼は水増し請求で40万ドル弱をちょろまかした

**padding** ①詰めものを入れること, ①余計[不正]に付け加えられたもの, 埋め草, 水増し, 《コンピュ》パディング (*空白文字やゼロで余白を埋めること) ◆report padding 〈勤務評

定, 内申書, 通信簿の類の〉報告書に下駄をはかせる [色を付ける] こと; 報告書の内容の水増しに底上げ, 嵩上げ (カサアゲ) ◆series padding resistance 《電気》(減衰や整合を目的として) 付加されている直列抵抗 ◆Newspapers can be shredded and used as padding for shipments. 新聞は細断して配送品の詰め物に使える.

**paddy** ⦿籾のままの米, 米, 稲; a~ (pl. paddies) 稲田, 水田 (= a paddy field)

**padlock** 1 a~ 南京錠 ◆a locker with a padlock 南京錠付のロッカー
2 vt. ~に南京錠をかける, ~に施錠する ◆a padlocked shack 南京錠がかかっている掘っ建て小屋 ◆The trigger switch may be padlocked. この引込式スイッチには, 南京錠で鍵をかけることもできる. (*a padlock は, U字形の施錠金具のついている錠)

**page** 1 a~ ページ, 1ページ分の情報, (本などの) 1枚 [葉, 丁], ページ (*《コンピュ》一定の単位量のメモリ, 《CG》1画面分の画像に相当するメモリ); a~ (歴史の1ページとして見られる) 重大な出来事 [重要な時期] ◆page turning ページめくり; (ワープロなどで) ページ移動 ◆a page-description language 《コンピュ》ページ記述言語 ◆a page-layout [page makeup, page-composition] program 《コンピュ》ページ割り付け [ページ組み] プログラム ◆an electronic page-design program 電子ページ組みプログラム ◆begin a new page 新しいページを [次のページから] 始める; ページを改める ◆an electronic page assembly system for newspapers 新聞社向けの電子ページ組みシステム ◆continue [be continued] across a page break; break across pages; be continued to the next page (表や段落などが) 次のページにまたがる, (表や段落などが) 次のページにかかる [続く] ◆large documents of about 1,000 pages in length 千ページほどの長さの大きなドキュメント ◆lay out the pages of the issue その号のページ割り付けをする ◆make changes in a page of text あるページの文章に変更を加える ◆use the <ff> function to throw a page <ff>関数を使って改ページする ◆a handy pagination feature that numbers pages 自動的に番号を振ってくれる便利なページ付け [丁付け] 機能 ◆page 210 offers a detailed explanation of the dangers of... 210ページに, ~の危険についての詳細な説明があります ◆to find the page on which instructions for a particular repair job appear in this manual 本マニュアル中の [本書での], ある特定の修理作業のやり方が出ているページを見つけるには ◆All accessories shown on this page are not included. このページに掲載の付属品はいずれも (商品には) 含まれません. ◆The paragraph is split across a page boundary. その段落はページにまたがっている. ◆On the following pages, you will find evaluations of 20 modems. 次ページ以降に, モデム20機種の評価が載っています. ◆The slant in the indicator area causes page ejection prior to printing the comment line. 《コンピュ》標識領域に斜線があると, 注記行を印刷する前に改ページされる. ◆Page headings could interfere with viewing and editing of paragraphs spreading across page boundaries. ページヘッダーは, ページまたがりになっている段落を (画面で) 読んだり編集したりするのに邪魔になることもある.
2 vt. ~にページ付けをする, ~のページをめくる; vi. 《コンピュ》ページングする, ページ移動する, ページ単位で表示する ◆page down [↔up] 下に [↔上に] ページ移動する; ページ送り [ページ戻し] する ◆page through a book 本にざっと目を通す ◆page through the database データベースをページをめくるようにして見る ◆allow one-page hops via the PageUp and PageDown keys 《コンピュ》PageUpとPageDown キーによるページ移動 [ページ戻しとページ送り] を可能にする
3 a~ (ホテルなどの) ボーイ, 給仕, 呼び出し, ポケットベル通知, ポケットベルメッセージ ◆(人) を (名前を呼んで) 呼び出す, (人) にポケットベルで通知する ◆radio paging 無線呼出し (*ポケットベルの類を使っての呼び出し)

**page break** a~ 改ページ, ページブレーク, ページの区切り ◆insert a hard page break in the text 《コンピュ》テキスト中に強制改ページを入れる ◆Word-processing programs create an automatic page break when... ワープロのプログラムは, ~の時自動的に改ページする.

**page printer** a~ 《コンピュ》ページプリンタ ▶1字ずつ印字するa character printer や, 1行ずつ印字する a line printer に対し, ページ単位で印刷するプリンタをページプリンタと呼ぶ. 大容量バッファーメモリーを持ち, 1ページ分の内容を内部で展開・編集後印字出力する.

**pager** a~ (= a beeper) 携帯無線呼出し器, ポケットベル (*NTTの商標名), ポケベル ◆a credit card-sized pager called the Message Card メッセージカードと呼ばれるクレジットカード大のポケベル ◆carry a pager unit ポケットベルを携帯する

**paginate** vt. ~に通しページ番号を振る, 丁付け [ページ付け] する, ~にノンブルをつける, 《ワープロ》〈文書〉を (印刷のために) ページ分割する

**pagination** ページ付け, 丁付け, ページ番号表示, ノンブル, ページ分割, ページ割り

**paid** (pay の過去・過去分詞形); adj. 有給の, 支払い済みの, 代済みの ◆(a) paid leave 有給休暇 ◆paid work 報酬のある [有償] 労働 ◆a week's expenses-paid trip to Europe 《意訳》(費用は) 会社 [団体, 接待業者, 公費] 持ちの1週間のヨーロッパ旅行

**paid-up** adj. 支払い [払い込み] 済みの, 納入し終えている ◆a paid-up life insurance policy 払込済み生命保険証券 ◆Set up with a paid-up capital of about Rs 2 million, the company is... 約200万ルピーの払込資本で設立された同社は...

**pail** a~ 《主に米》バケツ, 円筒容器

**pain** (a~) 痛み, (精神的な) 痛み, 苦しみ, 苦痛, 苦悩 ◆cause pain 痛みをおこす ◆a dull pain 鈍痛 ◆a pain clinic ペインクリニック(科) ◆pain control 疼痛 (トウツウ) コントロール [疼痛管理]; 痛みを抑える, 鎮痛 ◆with as little pain as possible できるだけ痛みを伴わないで ◆because of the pain associated with economic reform 経済改革に伴う痛みのせいで

**painstaking** adj. 骨の折れる, 骨身を [労を] 惜しまない, 丹誠を込めた, 丹精した, 念入りな, 苦心した ◆with painstaking attention to detail 労を惜しまない [丹精込めた] きめ細かな気配りをして; 骨身を惜しまず細かいところにまで神経を行き渡らせて細かく気を使って ◆Older pupils take painstaking care in mixing paint to produce the exact shade that they require. 年長の生徒は, 欲しい色合いを正確に出そうとして, 絵の具を混ぜるに細心の注意を払う.

**paint** 1 ⦿ペイント, ペンキ, 塗料; ~s 絵の具 ◆paint-chipped walls ペンキのひびわれた壁 ◆lay on a coat of paint with a brush はけでペイントを1回 [1層] 塗りする ◆《米》Fresh Paint; 《英》Wet Paint 「ペンキ塗りたて」
2 vt. ~にペンキを塗る, ~に塗装を施す, 〈絵〉を (絵の具で) 描く; vi. ペンキを塗る, 塗装する, 絵を描く ◆a painting [paint] program 《コンピュ》ペイント系の描画プログラム [お絵描きソフト] ◆be painted yellow 黄色に塗装されている ◆markings painted on the road surface 路面上にペイントで描かれている標示 ◆When the primer is dry, paint it with two coats of latex paint. 下塗りが乾いたら, それにラテックス塗料を2回重ね塗りします.

**paintable** a paintable surface 塗装 [彩色] が可能な面

**paintbrush** a~ 絵筆 (エフデ), 塗装用のはけ

**painter** a~ 画家, 絵描き, 絵師, 画師, 画工, 絵かき職人, 塗装工; a~ (船をつなぎとめるための) 舫い綱 (モヤイヅナ) ◆the family of Kano Eitoku had been serving as official painters for the Tokugawa Shogunate for several generations 狩野永徳の家系は数代にわたって徳川将軍の御用絵師として仕えていた

**painting** ⦿絵を描くこと, 画法, 塗装, 塗布, 絵付け, 彩色; a~ 絵, 絵画, 油絵, 水彩画 ◆spray painting 吹付け [スプレー] 塗装

**pair** 1 $a\sim$ ペアー、1対、1組、対偶《タイグウ》、〈眼鏡など2つの要素から成る〉1つ、1個、〈ズボンの〉1着、夫婦、カップル、〈動物の〉1つがい ◆in pairs (= in twos) 2人ずつ、2人1組で、立って、2個［台、本, etc.］ずつ ◆permit easy pair identification 《通》～は容易な芯線対照を可能にする;《意訳》～によって心線対照が簡単に行える ◆shoes should be kept in pairs 靴は一足ずつ組にして保管すること ◆used in a pair 対［ペア］で用いられて ◆replace shock absorbers in pairs 《車》ショックアブソーバーを（左右の）対で交換する
2 vt. ～を対にする、2人ずつの組に分ける、～を2個ずつの対［組］に分ける; vi. 対になる、2人1組になる、2人ずつ組む ＜off＞、携帯する、結婚する、つがう ◆pair A with B AとBを対にする ◆pair up with... 〈人〉と対になる ◆X pairs off [up] with Y XはYと対をなす ◆pair the gloves and put them in the drawer 手袋を対［組］にして引出しにしまう

**pairwise** ペアで、ペアにして、2つずつ、2人1組で ◆pairwise kerning 《印刷》《活字の》対ごとに行われるツメ打ち（＊ここでの対は、隣合う2つの文字の組み合わせ）

**PAL** (phase alternation by line) 《TV》PAL（パル）方式 ◆the PAL color television system パルカラーテレビジョン方式（＊ドイツの方式）

**palate** $a\sim$ 口蓋《コウガイ》; (a) ～ 味覚［《意訳》口、舌］、好み ◆it suits my palate perfectly これは私の味覚［口、舌］にぴったり合う ◆their palates grow more sophisticated 彼らの味覚［舌］が（いっそう）肥える

**pale** 1 adj.〈顔色が〉青ざめた、青白い、蒼白な、〈色が〉薄い、淡い、〈光が〉弱い、薄暗い ◆a pale green cabinet 緑色のキャビネット ◆a pale yellowish color 淡い［薄い］黄色みがかった色 ◆under a pale blue sky 淡く青い空の下で ◆a pale patch in [on] a printed sheet 印刷物のインクの薄い部分
2 vi. 青ざめる、青くなる、顔色を失う、色あせる、見劣りがしてしまう; vt.〈人、顔色〉を青ざめさせる、～を淡く［薄く］する ◆His talent pales in comparison with his son's. 彼の才能も息子の才能の前では色あせて見える。◆Is it too much to say that their crimes would make the Nazi crimes pale by comparison? 彼らの犯罪はナチスの犯罪顔負けだ、というと過言だろうか。◆Whatever problems the Asian NIEs face pale beside the difficulties plaguing Latin America. アジアのNIES（新興工業経済地域）が直面しているどんな問題も、中南米を苦しめている財政上の困難に比べればたいしたことはない。
3 $a\sim$ くい、棚、囲い地、境界

**Paleogene** the ～ (period [Period]) 古第三紀

**Paleolithic** ◆the Paleolithic age [era, period] 旧石器時代 (= the Old Stone Age)

**Paleozoic** the ～ 〈地〉古生代; adj. ～ the Lower [early] Paleozoic (era) 〈地〉旧古生代 ◆the Upper [late] Paleozoic (era) 〈地〉新古生代

**palette** $a\sim$ パレット、調色板、〈パレット上の〉色一揃い、〈ある画家が用いる〉色彩の幅、《コンピュ》（グラフィックス機能で扱える）色の総数 ◆an icon palette （画面に表示される）アイコンパレット ◆select a pattern from [on] the palette パレットから［で］パターンを選択する ◆256 colors from a 16.7 million color palette 《コンピュ》1,670万色中の［1,670万色の中から選べる］256色 ◆The graphics controller gives you a 16- or 256-color display out of a palette of 256,000. このグラフィックスコントローラーは、256,000色中の16色または256色を表示できる。◆The new terminal has a 13-inch screen and provides a pixel resolution of 640 x 480, while offering 15 displayable colors from a palette of 64. その新型端末機の画面は13インチ、解像度は640×480画素で、64色中の15色までを同時に表示できる。

**palladium** パラジウム（元素記号: Pd）

**pallet** $a\sim$ パレット、（フォークリフトによる荷役用の）すのこ板、荷運び台、陶磁器を乾燥させる際にのせる板、陶芸用の、《機械》爪、歯止め

**palliative** adj. 緩和する、軽減する、姑息な、間に合わせの、一時しのぎの ◆palliative measures 暫定措置 ◆so-called palliative care, which is dedicated to alleviating physical and emotional pain もっぱら肉体的・精神的苦痛の緩和が目的の、いわゆる緩和ケア

**palm** 1 $a\sim$ 手のひら、掌、たなごころ ◆palm-sized animals 手乗りサイズの（小）動物 ◆a palm-size cellular phone 手のひら大［サイズ］の携帯電話機 ◆VCRs that fit comfortably in the palm of a hand 手のひらに無理なく［具合よく］収まるビデオデッキ ◆Do not turn the steering wheel with one finger or the flat palm of your hand. ハンドルを指一本であるいは手のひらで回さないこと。
2 $a\sim$ 椰子《ヤシ》の木 (= a palm tree)、椰子の葉［枝］

**palmtop** adj. パームトップ型の、掌［手の平］サイズの; $a\sim$ パームトップ型の電子機器［パソコン］、パームトップ機 ◆a palmtop personal computer; a palmtop PC; a palmtop パームトップ［ハンディ型の（超小型）］パソコン（＊形容詞palmtopの類語に palm-size(d), handheld, pocket, pocket-size(d) がある）

**paltry** adj. つまらない、取るに足らない、くだらない、ケチな、ささいな、小さい、価値のない、卑しい、《金額が》わずかな、端《ハシタ》、雀の涙の、微々たる ◆a paltry fellow つまらない［度量の狭い］人間; 品性のない［下劣な］男; ケチな野郎; 小人物［小物、雑魚《ザコ》］◆a paltry salary of $50 per month 月50ドルの僅かな給料［薄給］ ◆he belittles the amount as paltry 彼はその額をはした金だとけなしている［目眩れ金だとのののしっている］◆they have in the end been discharged with paltry severance packages 彼らは結局［とうとう、ついに］雀の涙の［微々たる］退職手当で解雇された

**pampas** ◆the Pampas of Argentina and Uruguay アルゼンチンとウルグアイのパンパス［大草原］

**pan** 1 $a\sim$ 平なべ、皿状のもの、天秤の皿 ◆a two-pan [double-pan] balance 皿が2個の天秤
2 vt., vi. （カメラの首を左右にゆっくり振って）パン（撮り）する、〈カメラ〉の首を振る; n. パン振り（による撮影） ◆ビデオカメラの首をゆっくり左右に（ときに上下に）振りながら撮影することをpanするという。コンピュータでは、1画面に入らない大きな表データや画像データを、カメラを回すように上下左右にスキャンして表示する意味で用いられる。類語の scroll は画面の中でデータが巻物のように移動する概念であり、panはデータをカメラを移動して写す（=表示する）という概念のものである。◆pan the display 《コンピュ》表示をパン［スクロール］する ◆pan one field to the right 《コンピュ》1フィールド右にパンする［画面表示を］移動する］ ◆pan across the image using the L, R, U, and D keys 《コンピュ》L（左）, R（右）, U（上）, D（下）キーを使ってマウスを縦横にパン［スクロール］して表示する ◆The monitor has pan and zoom capabilities. 《コンピュ》そのモニターにはパン［スクロール］と拡大／縮小機能がある。◆pan your view to the right. 《コンピュ》これによって表示（されている領域）が右方向へ移動します［もっと右の部分を表示します］。

**pan-** 《接頭辞》汎～, 全～, 総～ ◆a pan-European standard 欧州統一標準規格 ◆a pan-European marketplace 欧州統一市場

**panacea** $a\sim$ 万能薬、万事解決してくれる策 ◆There is no panacea for the earth's ills. 地球の病を癒《イヤ》してくれるような万能薬はない。

**panache** 心意気取り、華麗さ、さっそうとした様、きらびやかさ、派手さ、気迫、《かぶとの》羽飾り ◆the Porsche's individuality and panache ポルシェ（車）の個性と気品

**pandemonium** 《無冠詞 Pandemonium で》伏魔殿、地獄; $a\sim$ あらゆる悪魔の巣窟、悪の根源、大混乱の場所、修羅場; 大混乱、大騒ぎ、無秩序 ◆turn... into a pandemonium, a habitation of devils [an abode of demons] ～を伏魔殿、すなわち悪魔の住みかに、変える

**pander** vi. 迎合する、おもねる、《古》売春を斡旋する; $a\sim$ 売春斡旋業者［ぽん引き］(a pimp, a procurer) ◆Popular literature was often seen as pandering to the shallow tastes of the general public. 大衆文学は、得てして一般大衆の浅薄な嗜好に迎合しているものとみられていた。

**pane** $a\sim$ 窓ガラス、ドアガラス、鏡板 ◆a window pane 窓ガラス ◆double-paned [double-glazed] windows 二重［複層、ペア］ガラスが入っている窓 ◆a dual-pane(d) [double-pane(d)] window　二重[複層, ペア]ガラス窓　◆a pane of glass　1枚の(窓)ガラス　◆five panes of glass　5枚の板ガラス

**panel**　a～　パネル板, パネル画, 制御盤, 分電[配電]盤, 羽目板, 鏡板; a～《鉱》採掘区画, 鉱画; a～委員団, 代表団, 陪審員名簿, 陪審員全員, 小委員会(= a subcommittee); vt. ～に羽目[鏡板]を張る、パネルにする、《陪審員》を選定する　◆a GATT panel　ガットの小委員会　◆a panel painting　パネル画　◆a single-panel [one-panel] LCD projector　単板液晶プロジェクタ　◆a panel mount fuseholder　パネル取付け用のヒューズホルダー　◆a panel of options to be selected　《コンピュ》(画面に表示される)選択項目パネル　◆a three-panel LCD projector　三板式液晶プロジェクタ　◆a panel-mounted "S" meter　(前面)パネルに取り付けられているS[信号強度]メーター　◆display panels to control printing, filing and the like　《コンピュ》印刷やファイル操作などの制御のための表示パネル　◆panel discussions conducted by employers from different fields　各種分野からの雇用主らによって行われたパネルディスカッション[座談会形式の公開討論会]　◆refer the issue to a settlement panel under the General Agreement on Tariffs and Trade　この問題をガット(関税貿易一般協定)のもとに設置される紛争処理小委員会に付託する[委ねる]　◆The term "photovoltaic (PV) module" is often used interchangeably with the term "panel".　「太陽電池モジュール」という用語は, よく「パネル」という用語と同義語的に用いられている.

**panelboard**　a～制御盤[分電盤, 分電箱](= a switchboard)

**pangram**　a～パングラム(*アルファベットの全文字を使った「いろは歌」とでも言える短文. The quick brown fox jumps over the lazy dog.が有名. 商業界ではこれを改造したものをテストに使っている)→ fox message　◆A pangram is a sentence that uses every letter of the alphabet.　パングラムとはアルファベットの文字のすべてを使用する文のことである.(=いろは歌に相当)

**panhandler**　a～《口》物乞い, 乞食　◆an aggressive panhandler　しつこい物乞い[乞食]

**panhead**　a～(ネジやリベットの)鍋頭; adj. 鍋頭のような　◆a panhead screw　なべ頭ネジ

**pan head**　a～(カメラなどを取り付ける)雲台(ウンダイ)　◆a remote pan head [panhead]　遠隔操作式の雲台; 電動旋回台(*ビデオカメラなどを取り付ける)　◆a tripod with a pan head [panhead]　雲台付きの三脚

**panic**　1　(a)～パニック, 恐慌, 狼狽, うろたえ, 混乱, 経済恐慌　◆press [hit] the panic button　《口》パニック状態になる, 気が転倒[動転]してる, 慌てふためく　◆a panic button　非常(停止)ボタン　◆panic-stricken inhabitants　恐怖に襲われた住民達　◆a prominently mounted panic switch　目立つように取り付けられているパニック[非常用]スイッチ　◆The confusion touched off a wave of panic buying.　その混乱は, 波状的な恐慌買いを引き起こした[多くの人を買いだめに走らせた].

2　vt. ～に恐慌を起こさせる, うろたえさせる; vi. 狂乱する, 取り乱す, あわてふためく, 恐慌を来す, 恐慌状態に陥る　◆If you forget your password, don't panic.　もしも暗証を忘れても, うろたえないでください(慌てる必要はありません, 大丈夫です, 心配ありません].

**Panmunjom**　《地名》板門店(パンムンジョム)　◆enter the Joint Security Area (JSA) in the truce village of Panmunjom　休戦の村である板門店の共同警備区域に入る(*韓国と北朝鮮のDMZ「非武装地帯」にある)

**pant**　1　vi. あえぐ, 息を切らす, (～を)熱望する<for>; vt. 息を切らせながら〈言葉〉と言う[を話す]; a～動悸, 息切れ　◆an asthmatic patient pants [gasps] for breath　喘息患者があえいで息をする

2　adj. パンツの, ～s《複扱い》《米》ズボン, (子供・婦人用)パンティー, 《英》男性用ズボン下　◆It's amazing what you can accomplish when your pants are on fire.　尻に火がついて[せっぱ詰まって]いるとどんなことができるのか, 驚くべきものがある.

**pantograph**　a～(電車の)パンタグラフ

**pantry**　a～パントリー, 食料品貯蔵室, 食器室, 配膳室　◆a well-stocked pantry　蓄えの豊富な食品庫

**pants**　→ pant

**paper**　1　回紙, 用紙; (a)～壁紙　◆a piece of paper　一片の紙(切れ)　◆a paper count　用紙の枚数　◆a paper document　(電子文書ではなく)(紙の形)の書類　◆a paper feed [paperfeed] mechanism　給紙機構　◆a paper-products maker　紙製品メーカー　◆a paper transport　給紙装置[機構]　◆continuous fanfold [Z-fold] paper　(プリンタの)連続用紙　◆pin-feed computer paper　ピンフィード[連続]コンピュータ用紙(*両サイドに沿って, 穴が縦に並んであいている)　◆waste paper; wastepaper; a scrap of paper; scraps of paper; paper scrap　反故(ホゴ), 反故紙　◆a paper(-making) machine　抄紙機　◆2500 sheets of 20 lb. paper　2500枚の20ポンド紙　◆a friction-feed paper handler　《プリンタ》摩擦式給紙装置　◆a printed sheet of paper　印刷されている1枚の紙　◆a recycling paper mill [plant]　古紙を原料に使う)リサイクル製紙工場　◆automatically feed paper　自動給紙する　◆cause paper jamming　紙づまりを起こさせる　◆commit one's goals to paper　目標を紙に書く[書き記す, 書き留める, 認める(シタタメル), 書き出す]　◆engaged in the manufacture of paper　製紙に携わって[従事して]　◆paper quality data　紙質に関するデータ　◆error messages like "out of paper" and "paper jam"　「紙切れ」や「紙づまり」などのエラーメッセージ　◆by a simple pencil-and-paper calculation　紙と鉛筆を使った簡単な計算により　◆a report in its paper form　(画面表示されたものに対して)紙[ハードコピー]の形の報告書　◆the printer is out of paper　プリンタが用紙切れになっている　◆when the tray is low on paper　トレイの用紙が(残り)少ない[(口意訳)トレイが紙切れしそうな]とき　◆produce output in the form of characters on paper　紙に書かれた文字の形で[ハードコピーとして]出力する　◆How does recycling affect the quality of paper produced?　リサイクルは, 製造される紙の質にいかなる影響を及ぼすのであろうか　◆Indicator lights on the front include Paper Out, On line, and Power.　前面部の表示灯には「紙切れ」, 「オンライン」, および「電源」がある.　◆The plotter works with both cut sheets and continuous rolls of paper.　本プロッタは, カットシート[カット紙]と連続用紙のどちらも使用できます.　◆With paper books, you can dog-ear pages.　紙[書籍版]の本では, ページの角を折って目印にすることができる.(*電子出版物[電子版]と対照した表現)　◆The printer supports A4 paper.　本プリンタはA4版[A4判]の用紙をサポートしている.

2　～s(書かれている紙)書類, 文書; a～論文, レポート, 新聞, 一紙, 試験問題[答案]用紙　◆a research paper　研究論文　◆write a paper on...　～についての研究論文[論説, 作文, レポート]を書く　◆present a paper on [dealing with] the treatment of vitiligo　白斑の治療についての論文を提出する

3　adj. 紙製の, 紙の, 名目上の　◆a paper company　紙製品の会社; ペーパーカンパニー(*脱税などを目的として登記だけはしてあるが実体のない会社)　◆paper wedding　(書집だけの)偽装結婚; 紙婚式(▶結婚1周年の「紙婚式」の意味では, 後ろに anniversary や celebration を付けて用いるのが普通. → wedding)　◆the proposal still is a paper plan　この計画は依然として机上案である

4　vt. ～を紙に包む, ～に紙を貼る; vi. 壁紙を貼る

**on paper**　紙の上で[に]; 紙の上では(= in theory, theoretically　理論上, 理屈の上では)　◆a bank on paper in Anguilla, British West Indies　イギリス領西インド諸島アングウィラ島に登記されているが実体のない[ペーパーカンパニーの]銀行　◆an idea that looks good on paper　紙の上[机上]ではがすばらしいもののように思われるアイデア　◆enhance your ability to put words on paper　物を書く(あなたの)能力をアップする　◆These specifications sound good on paper.　これらの仕様は, (実際はともかく)紙の上に限って言えばよく聞こえる.

**paperback**　a～ペーパーバック(の本), 紙表紙の本; ペーパーバックの　◆in paperback　(本が)ペーパーバックの[で]　◆a paperback edition of...　～のペーパーバック[紙表紙軽装本版, 廉価版, 文庫本版]

**paperbound** ◆a paperbound book　冊子体［紙版、書籍版］の本（＊電子媒体の本に対して）；ペーパーバックの（普及版の）本

**paper clip**　a ～ ゼム・クリップ（▶ゼムクリップは商標であり、英語として通じない）

**paper jam**　a ～《OA》紙詰まり（→ jam）

**paperless**　ペーパーレスの、紙を使わない〈情報などが〉電子的［電子化された］ ◆paperless publishing　ペーパーレス［電子］出版 ◆paperless society　ペーパーレス社会

**papermaker**　a ～ 製紙会社

**papermaking**　Ⓤ製紙 ◆hand papermaking　手漉きによる製紙

**paper-out**　紙が無くなった ◆a paper-out condition had occurred　《OA》用紙切れ［紙無し］状態が発生した（＊「用紙切れ」は紙を使い切ったという意味であって、ちぎれているという意味ではない）

**paper-thin**　紙のように薄い、紙一重の（差の）、ほんのわずかの違いの ◆paper-thin shavings of ham　紙のように［ごく、極めて、非常に］薄く切ったハム；薄切りのハム

**paper tiger**　a ～ 張り子の虎、強大で脅威を与えるように見えるがその実たいしたことのない人、見かけ倒しの人、本当は弱い居丈高な（空威張りするこわもての）人、こけおどし（＊中国の故毛沢東首席が使った「紙虎」から） ◆America was regarded as a paper tiger in Asia.　アメリカはアジアにおいては張り子の虎だと思われていた。 ◆Communism may look like a paper tiger today. But it didn't back then.　共産主義は今日では張り子の虎のように見えるが、当時はそうではなかった。

**paper-white**　◆a paper-white screen　《コンピュ》ペーパーホワイト画面

**paperwork**　文書を扱う仕事、事務、執務 ◆paperwork tasks　事務の仕事 ◆cumbersome paperwork　面倒な事務処理［事務手続き］ ◆due to a paperwork mixup　事務（手続き）上の手違いにより ◆handle paperwork　事務処理をする ◆have to deal with the burdensome paperwork　その面倒な事務手続きを処理しなければならない

**par**　(a) ～ (= an equality) 同じ水準、同じ位（クライ）、平等、同等、対等、同価、等価；Ⓤいつもの状態［量、程度］、普通、常態、標準；Ⓤ(= par value) 平価、額面価格；Ⓤ（ゴルフの）規定打数、パー ◆on a par with...　～と同じで［同様で、同水準で、対等で、どこといっこ違いもなく；互角で、負けず劣らずで、肩を並べて］ ◆On some parts, their prices are on a par with discount stores.　一部の部品について言えば、彼らの値段はディスカウント店と同じだ［どっこいどっこいだ］。 ◆In terms of numbers alone, urban poverty is fast becoming on a par with rural poverty.　数［人口］だけで見た場合、都市部の貧困は急速に農村部の貧困と並ぶようになってきている。

**parabola**　a ～ 放物線 ◆fly in a parabola　放物線を描いて飛ぶ

**parabolic**　adj. 放物線（状）の；たとえ話（寓話（グウワ））の、比喩的（ヒユテキ）な ◆a parabolic antenna　パラボラアンテナ

**Paracel Islands**　the ～ パラセル諸島、（中国名で）西沙諸島

**parachute**　a ～ パラシュート、落下傘；vt., vi. パラシュートで降下する［させる］

**paradigm**　a ～ 例、代表的な例、典型、範例、模範、思考の枠組み、パラダイム；a ～ 語形変化（表） ◆a paradigm shift had occurred　規範［思考、理論、市場原理］の枠組みの変化が起こった；パラダイムシフト［発想］の転換が起きた ◆a paradigm shift in thinking　思考の枠組みの変化；根底からの発想の転換；発想の大転換 ◆Japanese companies need a change in attitude – a shift in paradigm, if you like.　日本企業は姿勢を変化、すなわち思考の枠組みを変える［発想の転換を図る］必要があると言える。 ◆Radical changes in the theories that shape a field are known as paradigm shifts.　ある分野を形作っている理論の枠組みをパラダイムシフト［理論の枠組みの変化、思考の転換］と呼んでいる。 ◆The company has become a paradigm of America's failure to compete with the Japanese.　こ

の会社は、アメリカは日本人には歯が立たないということを表す典型［代表例］になってしまった。

**paradise**　Ⓤ(通例 Paradise) 天国、エデンの園(the garden of Eden)、極楽、浄土、極楽浄土、天堂；a ～ パラダイス、楽園、楽土、桃源郷、楽天地；Ⓤこの上ない幸福［至福］の境地(a state of supreme bliss [felicity]) ◆complete the building of an earthly paradise　地上の楽園の建設を完成させる

**paragon**　a ～ 模範、手本、規範とすべきもの［鑑（カガミ）］、亀鑑（キカン）、典型；a ～ 100カラット以上の完璧な球形のダイヤモンド、完全な球形の大玉真珠。 ◆look like a paragon of self-effacement　～には謙虚さの鑑（カガミ）［お手本、模範、典型例］のような観がある ◆she is a paragon of beauty　彼女は美の典型［権化、化身］だ

**paragraph**　a ～ （文の）段落、パラグラフ、区切り、節、項、短い新聞記事、段落記号の（¶） ◆as defined in paragraph 6.6 of this specification　本仕様書の第6.6項に規定されて［定められて］いるように ◆on a paragraph-by-paragraph basis　段落ごとに

**paralic**　◆(a) paralic coal　《地質》沿岸性石炭（種類は可算） ◆a paralic [coastal, marine] swamp　海岸湿地

**parallax**　(a) ～ 《光》パララックス、視差 ◆low parallax　小さい視差 ◆The mirror arc helps eliminate parallax errors.　(メーターの針の下にある) 円弧形ミラーは、視差による読取誤差をなくすのに役立つ。

**parallel**　1 adj. 平行の<to, with>、（興味、意味などが）同様な［似ている、類似した、対応している］<to>; adv. 平行に、並列に、並行［併行］して<with, to> ◆a parallel computer　並列コンピュータ ◆a parallel resonant circuit　並列共振回路 ◆parallel resonance　並列共振 ◆real-time parallel processing　《コンピュ》リアルタイム並列処理 ◆a parallel arrangement of elements　《電子》素子の並列接続 ◆a parallel combination of switches　《電気》スイッチの並列接続 ◆a parallel connection of A and B　AとBの並列接続 ◆by parallel connection of cells　電池の並列接続により；並列接続している ◆parallel rays of light　平行光線 ◆the negotiations concerning... took parallel courses　～についての折衝は平行線をたどった ◆the sides become parallel　これらの辺は平行になる ◆three parallel-connected resistors　《電気》並列に接続されている3つの抵抗 ◆send a parallel byte of data　《コンピュ》1バイトの並列データを送る［1バイト分のデータを並列にして送る］ ◆After parallel attacks occurred in New York City and Washington,　《意訳》ニューヨーク（市）とワシントンで並行して複数の［同時多発］攻撃が発生した後、 ◆once you are parallel to the vehicle you are passing　追い越しをかけている車両の横に並んだら ◆the curve moves to a new position parallel to itself　曲線は新しい位置に平行移動する ◆use parallel transmission of multiple data streams in the same optical fiber　《通》多数のデータストリームを同一光ファイバー内に流す並列伝送（方式）を用いる ◆The semiconductor laser emits a beam parallel to within 0.3 milliradians.　この半導体レーザーは、0.3ミリラジアン以内の平行度でビームを発射する。

2 a ～ 平行な線［面、物］<to, with>、緯線；(a) ～ 類似［匹敵する］もの［人、事］<to, with>；a ～ 類似点［性］<between, with>；《電気》並列 ◆a parallel of latitude　緯度線 ◆at [on] the 48th parallel north of the equator　北緯48度線［上］で ◆see parallels between A and B　AとBとの間に類似点を見いだす ◆The solar cell outputs are connected in parallel to the charger.　太陽電池の出力は、充電器に並列接続されている。

3 vt. ～と平行である、～を平行にする、～と並ぶ、～に匹敵する、～に対応する、～と一致する、～に等しい ◆The sort order parallels the way the ASCII character codes are assigned.　《コンピュ》ソートの順序は、ASCII文字コードの割り当て順と同じである。 ◆Paralleling the development of new functions, there has been a growing interest in combining the various facilities of separate applications into a single cohesive system.　新機能の開発と並行して、個別のアプリケーションの種々の機能を組み合わせて一つのまとまったシステムに［《意訳》機能

**in parallel** <with> (〜と)平行に, 並列に, 並行して, 同時に ◆in parallel with... 〜と並列に;〜と平行[並行]して;〜と同時進行して ◆$R_1$ and $R_2$ in parallel 《電気》並列接続されている(抵抗)$R_1$と$R_2$ ◆stage a small exhibition in parallel with the main conference 本会議と同時に小規模な展示会を実施する ◆In parallel with the price cuts, the company is running an August promotion. これらの値引きと並行して、この会社は8月の販売促進を実施している。 ◆The circuit uses two 3S4 tubes in parallel as a crystal oscillator. この回路は、真空管3S4を2本並列接続して[パラにつなげて]クリスタル発振器として使用した。 ◆the three-year scheme will run in parallel with a telecoms industry initiative to <do...> この3カ年計画は、〜することを目指す通信業界の構想と同時進行することになっている

**parallelism** 《回》平行, 平行度; 《類似, 対応, 比較; (a) 〜 類似点, 対応するもの;《コンピュ》並列性, 並列処理 ◆bring A into parallelism with B AをBと平行にする; Bを基準としてAの平行出しを行う

**parallelogram** a〜 平行四辺形

**Paralympian** a〜パラリンピック選手 ◆a Japanese Paralympian パラリンピックの日本人選手

**Paralympic** adj. パラリンピック[国際身体障害者スポーツ大会]の ◆the IPC (International Paralympic Committee) 国際パラリンピック委員会 ◆The Paralympics are the equivalent of the Olympic Games for the physically challenged. パラリンピックは、身体に障害をもつ人たちのオリンピックに相当するものです。

**Paralympics** (= Paralympic Games) パラリンピック, 国際身体障害者スポーツ大会

**paralysis** (a〜) (pl. -ses) 麻痺, 不随, 中風[中気, よいよい], (活動や思考などの)停滞, 麻痺状態, 無力[無気力] ◆he was shocked to the point of paralysis 彼はショックで茫然自失になった ◆The world's busiest air traffic control center at O'Hare Airport in Chicago went into paralysis last week when, during a major storm, its aging computer broke down. 世界一混雑の激しいシカゴ・オヘア空港の航空管制センターは、先週、老朽化したコンピュータが大嵐の最中に故障した際に麻痺に陥った。

**paralyze** vt. 〜を麻痺させる (*比喩的な意味でも用いる) ◆paralyze nerves 神経を麻痺させる ◆paralyze train service 列車の運行を麻痺させる ◆he is paralyzed from the chest down 彼は胸部から下が麻痺している ◆in case of a major disaster under such crowded conditions, city functions would be paralyzed そのような過密状態下で大きな災害が発生した場合には、都市機能は麻痺してしまうことだろう

**paramagnetic** 常磁性の ◆a paramagnetic substance 常磁性体 ◆the alloy is paramagnetic この合金は常磁性である

**paramagnetism** 《回》常磁性 ◆exhibit [display] weak paramagnetism 弱い常磁性を示す

**parameter** a〜 パラメータ, 媒介変数, 助変数, 仮引数(カリキュラン), 母数, 要素, 要因, 制約; formatting and layout parameters 書式設定パラメータ ◆parameter passing conventions 《コンピュ》パラメータの受け渡し規則[方法] ◆if the parameter is specified with a value ranging from 200 through 233 そのパラメータに200から233までの範囲の値が指定されると

**paramount** adj. 最高の, 最も重要な, 至高の, 卓越した ◆markets where speed is paramount スピードが最重要視される[最優先事項になっている]市場 ◆when weight reduction is paramount 軽量化が最優先される場合 ◆In Japan, where personal hygiene is paramount,... 身体の清潔さが最大の関心事である日本において ◆Reliability is of paramount importance. 信頼性が最も重要[一番大事]である[《意訳》最優先だ]。

**paranormal** adj. 超常的な (*心霊現象など科学的に説明のつかない事について) ◆a paranormal phenomenon [event] 超常現象[事象] ◆believe in the paranormal 超常現象(があること)を信じる ◆He said he has witnessed a lot of paranormal behavior, such as moving furniture. 彼は、動く家具など多くの超常的な挙動[《意訳》超常現象, 心霊現象]を目撃したと言った。

**paraphernalia** 《回》(時に複数扱い)装備, 装置, 用品, 機器, 機材, 付属品, 七つ道具, 身の回りの品々, 妻個人の(法が定めるところの)所有品, 嫁入り道具;《the 〜 of ... -ing の形で》(〜するのに付き物の)用事[面倒なこと, 煩雑な手続き] ◆the paraphernalia of a businessman ビジネスマンの七つ道具 ◆A Russian drug dealer displays the paraphernalia of his business [trade]. ロシアの麻薬売人が自分の商売道具を見せている。(*写真説明文)

**paraplegia** 《回》対麻痺(ツイマヒ)(*両側麻痺とも. 脊髄の傷害などによる両脚を含む下半身不随)

**paraplegic** adj. 対麻痺(ツイマヒ)の, 両側麻痺の; a〜 対麻痺患者(*脊髄損傷などで下半身不随になった人) ◆a paraplegic woman in a wheelchair 車いすに乗っている下半身麻痺[不随]の女性 ◆become a paraplegic; become paraplegic 下半身麻痺[不随]になる(*前者のa paraplegicは名詞, 後者のparaplegicは形容詞)

**parasite** a〜 寄生生物, 寄生植物, 寄生虫; a〜 居候, 食客 ◆morose pin-striped politico polecats and bureaucratic parasites 気むずかしい顔をしてピンストライプの(背広を着た)胡散臭い政治屋どもと官僚機構に巣くう寄生虫[ウジ虫官僚]ども ◆We have more machinery of government than is necessary, too many parasites living on the labor of the industrious. 我々は必要以上に多くの政府機構を持ち、勤勉な人々の労働に寄生する過剰な役人を抱えている。

**parasitic** adj. 寄生する, 寄生(性)の, 寄生虫による; 居候, 食客する; 付随的に発生する好ましくない現象の,〈アンテナが〉送信機にも受信機にも接続されていない, 無給電〜 ◆a parasitic disease 寄生虫による病気[寄生虫症] ◆parasitic singles 《日》パラサイトシングルたち (* 「親元に寄生する独身者」の意で山田昌弘 東京学芸大助教授がつくった造語) ◆diseases caused by parasitic worms 寄生虫による病気[寄生虫症] ◆prevent output-stage parasitic oscillations 出力段の寄生発振を防止する[防ぐ] ◆reduce various parasitic losses いろいろな寄生損を減らす

**parcel** a〜 包み, 小包, 小荷物; a〜 (土地の)1区画, 1筆, 1区域; a〜 (売り物の単位として)1束, 1口, 1回の取引高; a〜 (人, 動物の)1群, 1団, 1組; vt. 〜を分割[分配]する<out>, 〜を小包にする<up> ◆an active [inactive] gold-mine parcel 稼働中の[操業していない]金鉱の鉱区 ◆on an adjacent parcel of land 隣接する一区画の土地の上に ◆send... by registered parcel post 〜を書留小包郵便で送る

**pardon** 許す[勘弁する]こと, 赦し, 容赦, 寛恕(カンジョ); a〜 《法》恩赦, 特赦;《回》免罪, 免罪符; vt. 〜をを許す, 容赦する, 見逃す, 大目にみる, 特赦[恩赦]する ◆I beg your pardon? (聞き取れませんでしたので)もう一度おっしゃってくださいませんか。

**pare** vt. 〈りんごなど〉の皮をむく,〈爪など〉を切る, 切り詰める[削減する, 削ぎ落とす] <down> ◆a pared-down budget 切り詰められた予算 ◆a pared-down organization 減量した組織 ◆pare down the company's overhead 会社の総経費を切り詰める ◆a pared-down space station 規模縮小した宇宙ステーション ◆pared-to-the-bone competition 経費をぎりぎりまで切り詰めた競争 ◆he pared down a flabby frame of more than 200 pounds to a lean, taut 150 by... -ing 彼は、〜することにより、200ポンド以上もあったぶよぶよの体付きから細く引き締まった150ポンドにまで減量した。 ◆Many securities firms pared down their economic research staffs during the corporate restructurings that started in the late 1980s. 多くの証券会社は、1980年代後期に始まった企業リストラの時期に経済調査職員を削減した。

**parent** 1 a〜 親(父親または母親), 原因, 源, もと, 起源, 根源,《コンピュ》親[上位のもの]; 〜s 両親, 二親, 父母, 親御さん, 保護者; adj. ◆in (the) place of a parent;《ラテン語》in loco parentis 親代わりで; 親に(成り)代わって; 親の立場

で◆ride [hang, climb] on one's parent's coattails　親の七光りにあずかり　◆a parent company　親会社　◆families where both parents work　共働き世帯　◆a single-parent [one-parent] family [household]　片親(しかいない)家庭[世帯]　◆a two-parent family　二親[両親]のそろっている家庭　◆strengthen a parent-child bond　親子の絆を強める　◆without the knowledge of parents　親[親権者,父母,保護者]の知らない所で[うちに]　◆behind the [their] parents' backs; behind one's parents' back　親の知らないところで[知らない間に];親に黙って　◆a very high proportion of these young people are dependent on or semi-dependent on their parents　これらの若者は非常に高い割合で親におんぶに抱っこかあるいは半分すねをかじっている状況にある

2　vt. 〈子供〉を(親として)育てる,～を生み出す　◆Parenting is a tough job.　子育ては,大仕事だ.

**parental**　adj. 親の,両親の,親権者の,親としての,親による,親のような　◆parental rights　親権　◆a lack of parental supervision　親[父母,保護者]による監督の不行き届き　◆under parental supervision　親[父母,保護者]の監督の下で[に,の]　◆without parental knowledge or consent; without his [her, their] parents' knowledge or consent　親の知らないところで[親の知らないうちに,親に知らせずに],または親の同意[承諾,了解]なしに　◆without parental notification　親へ通知せずに;(意訳)(児童・生徒の)保護者に知らせることなく

**parentheses**　《parenthesis の複数形》
**parenthesis**　a ～ (pl. -ses) 小括弧[丸括弧](の片方),パーレン;a ～ 挿入句　◆the term inside the parentheses　括弧内の項　◆Items within parentheses apply to... only.　括弧内(の項目)は,～にのみ適用されます.　◆the term outside the parentheses in Eq. (3-4)　(3-4)式の括弧の外の項　◆Numbers in parentheses are 1998 rankings.　括弧内の番号は,1998年のランキング[番付,順位]です.

**parenthesize**　vt. ～を(丸)括弧に入れる,～を括弧でくくる[囲む], ～に(～)を交える <with>, ～を(挿入句として)挿入する　◆a parenthesized list of arguments　括弧でくくられた[括弧内の]引数のリスト

**Paris**　パリ(＊フランスの首都)　◆Paris' National Library　パリの国立図書館

**parity**　n 同等,等量,同位,同格,対応,互角,類似,均等,等価,平価,(素粒子の)偶奇性,《コンピュ》奇偶性,パリティー[検]　◆a parity bit [check]　《コンピュ》パリティービット[チェック]　◆even [odd] parity　《コンピュ》偶数[奇数]パリティー　◆main memory with parity　パリティー付きメインメモリー　◆parity-protected DRAM　《コンピュ》パリティー付き DRAM　◆The Soviet Union moved up from a distant second place in the nuclear arms race at the beginning of the 1960s to a position of parity with the United States at the decade's end.　ソ連は,核兵器開発[装備]競争において1960年代初頭には大きく水をあけられていた2位から追い上げて1960年代末には米国に伍する地位にまで到達した.

**park**　1　a ～ 公園,国立公園,庭園,遊園地,テーマパーク,工業団地,スポーツスタジアム,運動場,駐車場,n《無冠詞》《車》(ギアの)駐車位置　◆an industrial park　工業[工業]団地
2　vt.〈車など〉を駐車する, 〈衛星〉を軌道に乗せる; vi. 駐車する　◆a parked vehicle　駐車中の車両　◆park a vehicle　車を駐車する　◆Once your vehicle is parked, be sure the handbrake is set, then lock your vehicle.　車を駐車したら,ハンドブレーキがかけてあることを確かめ,それから車に施錠してください.

**parking**　n 駐車　◆a parking lot　駐車場　◆parking lights　《車》駐車灯　◆shoehorn parking　狭い場所で駐車すること　◆a designated no-parking zone　駐車禁止に指定されている区域　◆set the parking brake　《車》サイドブレーキを引く

**Parkinson's disease**　パーキンソン病　◆a 61-year-old man with Parkinson's disease　61歳のパーキンソン病の男性

**parkout**　a ～ ごみ集積所

**parliamentary**　adj. 議会の,国会の,国会議員の,議会で制定された,議会の法規に従った　◆the Parliamentary Secretary for Finance　《日》財務大臣政務官

**parrot**　a ～ オウム,人の言ったことを考えなしにオウム返しする人,他人の言語や動作をまねる[人真似(ヒトマネ)する]人; vt. ～を機械的に復唱り,オウム返しで言う　◆repeat an old slogan like a parrot　古いスローガンをオウムのように繰り返し唱える　◆he parroted Bill Clinton's physical mannerisms　彼はビル・クリントンの形振模写をしてみせた　◆repeat this parrot fashion without the slightest idea of what it means　まる意味が分からないまま,これをオウムのように復唱する

**parse**　vt. 〈文など〉を解剖[解析]する,《コンピュ》～を構文解析[オペランド解析,パース,パーズ]する; vi. (文が)文法的に解剖できる　◆develop the logic to parse the 386 instruction set into the company's internal RISC instruction set　80386 CPU の命令セットをその会社の内部RISC命令セットに構文解析するための論理を開発する

**part**　1　a ～ 一部,部分,部位,一部分,一部,一分,要素,重要[不可欠]な部分,(全体の中で占める)比重,器官,地方[地域,区域(などの)部[部分冊,編,巻]　◆as part of a companywide streamlining　全社を挙げての合理化の一環として　◆as part of the lead-up to...　～へ向けての下準備[下地作り,前段階,前哨戦,伏線,環境作り]の一環として　◆as part of this project　この計画の一環として　◆be merely a part of the whole　全体の一部分にすぎない　◆form a part of a plan to <do...>　～する計画の一部となる[一環である]　◆for the most part　主に,主として,多くは,大方,概して,たいがい,ほとんど,大半は,大部分は,大多数は,大抵,あらまし,だいたい,おおよそ,得てして　◆in various parts of vast Russia　広大なロシアの各地で[さまざまな地域において]　◆the traveled part [portion] of a freeway　フリーウェイの車が通る部分　◆in the proportions of 1 part oil to 5 parts water　油1対水5の割合で　◆check for density on the last part of multiple-part forms　複数枚重ねの]複写紙最後[一番下]の紙上の(複写)濃さをチェックする　◆engine heat will be transferred to all parts of the engine　エンジンの熱はエンジンのあらゆる部分[(意訳)各部]に伝達される　◆$\phi_2$ is only one-tenth to one one-hundredth part of $\phi_3$　$\phi_2$は,$\phi_3$の10分の1から100分の1でしかない　◆You may not make copies of the Program or any part thereof.　お客様は本プログラムの全体的あるいは部分的複製をつくってはならないものとします.　◆Consumables clearly constitute the greatest part of the running costs of a page printer.　消耗品が明らかにページプリンタのランニングコストの一番大きな部分をなしている[比重を占めて]いる.　◆Part of the output signal returns through the resistor to the input.　出力信号の部が抵抗を経て入力に帰還する.　(▶part に不定冠詞を付けて a part としてもよいが,その場合無冠詞である)　◆The company felt that part of the problem was the audio quality of the in-flight entertainment system.　この会社は,問題の一端は機内娯楽システムの音質にあると感じていた.

2　四～内,側(ガワ); (a) ～ (単のみ)関与,参加,役割,役目,本分,受け持ち; a ～ (演技の)役[役割,せりふ],《音楽》パート[音部,声部],パート譜　◆on the part of a person; on a person's part　〈人〉のほう[側,サイド]としては；～のほう(の側の,サイド)の,　◆anger on the part of shareholders　株主側の怒り　◆avoid any confusion on the user's part　ユーザー側での混乱を一切避ける　◆on the part of the user　ユーザーサイドで[の]　◆take part in a conference　会議に参加する　◆play a big part in saving gas　ガソリンを節約する上で大きな役割を果たす　◆We for our part have no objection to...　我々としては～に少しも異論はない.　◆John Travolta makes a great comeback in a part suited to him.　ジョン・トラボルタが適役[はまり役]で大いなる復活[復帰,返り咲き]を果たす.

3　a ～ 部品,部品,部分,パーツ　◆a part number　部品番号　◆a parts count　パーツ[部品]点数　◆a parts list　パーツリスト[部品表]　◆moving parts　可動部品　◆work《集合的》; workpieces; workparts　製造中の被加工物[被加工品,被工作物],ワーク,仕掛け品,仕掛かり品　◆half-finished parts [components]　半製部品　◆part characteristics　部品の特性　◆a part-numbered component; components that [which] are part-numbered　部品番号が振られたコンポーネント　◆a parts handling system　部品取り扱い装置　◆parts being worked on in manufacture　製作途上にある部品，製造中の被加工物，仕掛け品，仕掛かり品，被工作物　◆an auto-parts store　自動車部品店

**4** vt. 〜を分ける，分割する，配分する，〜を（〜から）引き離す，別にする<from>; vi.（道などが）分かれる，（人が）別れる，（ケーブルなどが）切断する，分裂する　◆We all parted on bad terms with him.　私たちは，皆彼とは不仲[不和]の内に訣別[絶交，絶縁]した．　◆The lady who called me first wanted $200 a ticket, the gentleman who called last night said he would part with one for $100.　真っ先に電話をよこした女性は，チケット1枚につき200ドル欲しいと言った．昨夜かけてきた男性は，1枚100ドルで手放してもいいと言った．

**in part** ある程度，一部は，幾分　◆in part in entirety; in one's entirety or in part; in whole or in part　部分的に，または全体的に；全部または一部は　◆create derivative works based on the program in whole or in part　このプログラムの全体あるいは一部を基に派生的なものをつくる

**partake** vi.（〜に）加わる<in>,（〜を）共にする<in>,《古》（〜を）他の人と共に飲食[食事]する<of>, いくぶん（〜の）性質がある<of>　◆be accused of partaking in the theft of the document　その書類の盗みに関与した罪に問われている　◆I partook of orange juice and a cold, leathery croissant at the stand-up bar.　私は，立ち飲み[立ち食い]屋でオレンジジュースを飲み，冷たくて革みたいに固いクロワッサンを食べた．（*partake of = 他の人と共に〜を飲む[食べる，飲食する，食事する，摂取する]）

**partial** adj. 部分的な，局部的な，一部を成す，不完全な，軽度の，半端な，偏った，不公平な，えこひいきの，《叙述的用法》（〜が）大好きで<to>　◆a partial-load region　《火力発電所》部分負荷領域　◆a partial metering button　《カメラ》部分測光ボタン　◆the law of partial pressures of mixed gases　混合気体の分圧の法則（*Dalton's law ドルトン[ダルトン]の法則とも呼ばれる）　◆a partial revision of…　〜の部分改訂[一部修正]

**partially** adv. 部分的に，一部分だけ，不十分に，半ば，不完全に，不公平に，えこひいきして　◆Partially fill the pan with water.　その平たい容器に（縁までいっぱいにではなく）部分的に[《意訳》適当に]水を入れて下さい．　◆The floppy disk pops partially out of the drive.　《意訳》フロッピーディスクがドライブから勢いよく頭を出す[少し見えるくらいまで飛び出してくる]．

**partial pressure**（a）〜分圧　◆the partial pressure of a gas　ある気体の分圧

**participant** adj. <in> 加わる，参加する，加入する，参画する，関与する，与る（アズカル），協同する，一緒にする　a 〜 <in>　参加者，出場者，参与者，加入者，当事者，協力者，仲間　◆the project has participants from around the world　このプロジェクトには世界から参加者がいる[参加している]（*インターネット上で進められているプロジェクトについての記事から）

**participate** vi.（〜に）参加する，加わる，関係する，荷担[加担]する，〜の片棒を担ぐ<in, with>　◆participate in a stock manipulation scheme　株操作の陰謀に加担する　◆participate in discussions　議論に加わる　◆participate in the building of these tunnels　これらのトンネルの建設に参画する

**participation** 《U》参加，関与，協同，協同，分配にあずかること　◆solicit participation by companies and individuals　企業や個人の参加を広く募る　◆RIMPAC is a war-at-sea exercise conducted in Hawaiian waters with the participation of Australia, Canada, Chile, Japan, and the U.S.　リムパック（環太平洋海軍合同演習）とは，ハワイ海域でオーストラリア，カナダ，チリ，日本，および米国が参加して行う海戦演習のことである．

**particle** a 〜 微小な粒，微粒子，微量，極少量，《物》粒子[素粒子]，《理》質点　◆a particle accelerator　粒子加速器　◆a

particle diameter　粒径　◆(a) particle size　粒径; 粉末度; 粒度　◆a particle size analyzer　粒度測定器[分析器]　◆(a) particle size [grain-size] distribution　粒度分布　◆particle-beam weapons　粒子ビーム兵器　◆be of varying particle size　〜の粒度[粒径]はまちまちである　◆coarse coal particles　石炭の粗粒; 粗粒の石炭　◆fine particles of soil　土の細かな粒[微粒子]　◆particles in the 10-to-15 micron range　粒径が10から15ミクロンの範囲の微粒子　◆particle sizing　分粒，分級　◆obtain the size distribution of particles in…　〜中の粒度分布を求める

**parti-colored, party-colored** 色とりどりの，色がまだら模様の　◆a parti-colored jacket　まだら模様の上着

**particular 1** adj. 特定の，特別の，特殊な，個別の，個々の，特有の，独特の，格別な，別段の，特段の，《人柄に対して》うるさい，小難しい<about>, 詳細な，念入りな，精密な　◆be of particular importance <for, to>　（〜にとって[〜に]）特に重要[大切，大事]である　◆devices for use in particular applications　特定の用途向けのデバイス　◆for no particular reason　（特に）これといった理由もなく　◆to overcome this particular problem　当該問題を克服するために　◆a particular use of the computer　コンピュータの特定[特殊]用途の一つ　◆Photos!（not in particular order）　写真です[順不同]．　◆no one pays any particular attention to us　誰一人として私たちに特別注意を払うものはいない　◆recognize the particular characteristics of each discipline　各学科の特徴[特質，特色]を理解する[知る]　◆to conform more closely to the particular needs of users　各ユーザーの特定[《意訳》]ユーザー個別]のニーズにいっそうきめ細かく対応する　◆to meet your own particular needs　あなただけ[貴社だけ，個々のお客様の]の特別[特殊]なニーズを満たすために，《意訳》お客様の個別のニーズに応えるために　◆with no particular purpose　（特に）これといった目的もなしに　◆the investigation of this particular case is continuing to determine how he obtained the copies of…　彼が〜のコピーをどのように入手したのかを解明すべく，本件[当該事件]の捜査が続いている　◆Noise should be given particular consideration.; Particular consideration should be given to noise.　騒音に格別[特段]の配慮をしなければならない．; ノイズに特に配慮すること．　◆She does not think there are any particular advantages or disadvantages to being an all-female crew.　彼女は，搭乗員が全員女性であることに別段[とりわけ，これと言った，取り立てて言う]メリットもデメリットも無いと考えている．

**2** a 〜（個々の）項目，事項，箇条; 〜s 詳細，細目，委細，各論　◆go [enter] into particulars of [about, as to, concerning, on, regarding]…　〜の[について]詳細に立ち入る; 細部[細目]にわたる[わたって説明する]（*particularsはdetailsに置き換えてもよい）　◆disagree on particulars　細かい点で意見を異にする[意見が合わない]; 各論で反対する　◆from the general to the particular; from generals to particulars　一般論[総論]から各論へ　◆go [get] into particulars　細部にわたって[こまごまと]説明する; 詳細に調べる[述べる]; 委曲[委細]を尽くす　◆Without getting into the particulars of the case,…　本件の細かい部分[細部，詳しい点]にまでは立ち入らずに　◆"Nothing (in) particular," he said.　「別に何でもない[特になし，とりたてて話すことはない]」と彼は言った．　◆walk through a local hardware store with nothing particular in mind　特に（なにを探すといったで）当てもなく地元のハードウェア店内を散策する　◆when nothing particular seems to be going on　特に何か[これといった異状]が起こっているようには見えない[思えない]ときに　◆"Other than that, I can't go into particulars."　「それ以上，詳しいことは話せません」

**in particular** とりわけ，特に，別に，別段，特別，格別，特段　◆IBM and Microsoft in particular say that…　特にIBM社とマイクロソフト社が〜だと言っている　◆Japan, in particular, is accused of erecting barriers against American imports.　とりわけ日本が，米国からの輸入品に対する障壁を設けていると非難されている．

**particularly** adv. 特に, 特段に, 格別に, とりわけ, なかんずく, 殊更(に), 著しく, 個々に, 個別的に, 詳細に ◆It is particularly suited for... それは, 特に…に適している.

**particulate** adj. 粒状の, 粒子の, 微粒子の; a~ 粒子, 微粒子; ~s 粉塵, 煙塵(エンジン), 空気中に浮遊する塵[粒子状物質, 汚染物質] ◆particulate matter 回粒子状物質 ◆particulate pollution 粒子状物質による汚染 ◆particulate contaminants 微粒(子)汚染物質 ◆particulate-laden exhaust 粉塵を含んでいる排気ガス ◆remove particulate matter （煙など に含まれる）粒状物質を除去する ◆a filter that can effectively stop microscopic particulates 効率良く微粒子を阻止できるフィルター

**partition** 1 a~ 仕切り, 隔壁, 境界, 区画,《コンピュ》パーティション; 回分割 ◆a partition curve （鉱山, 炭鉱）《浮遊選鉱・選炭での》分配曲線（= a Tromp curve トロンプ配分率曲線）◆a partition between two adjacent rooms 隣接する2つの部屋の間の間仕切り ◆create a partition on a hard disk 《コンピュ》ハードディスクにパーティション[区画]を設ける[切る]◆there were huge partitions in many of the rooms that had to be taken out （直訳）それらの部屋の多くには, 撤去しなければならない巨大な間仕切りがあった
2 vt. ~を分割[分断]する, ~を仕切る ◆partitioned Berlin （東西に）分割されているベルリン（*ベルリンの壁があった冷戦時代の）◆partition a basement into cubicles 地下室を小間[小部屋, 小室, 小さな個室]に分ける ◆partition a disk 《コンピュ》ディスクをパーティション[区画]に分割する[ディスクにパーティションを切る] ◆partition a tract of land 土地を区画割りする ◆a room partitioned off for the separate accommodation of people 人々を個別に収容するために間仕切りされている部屋 ◆Vietnam was partitioned provisionally at the 17th parallel. ベトナムは北緯17度線で暫定的に（南北に）区分された.

**partly** adv. 部分的に, 一部, ある程度に,《意訳》限定的に ◆be at least partly [in part] responsible for... …に対して少なくとも半分の責任がある ◆Partly because of the new spotlight on the dangers of alcohol, Americans are beginning to moderate their drinking habits. アルコールの危険が新たな注目を浴びていることもあって, アメリカ人は習慣性の飲酒を控えるようになっている.

**partner** a~ 相手, 相手方, 相棒, 仲間, 提携先,《法》共同経営者（出資）組合員）, 配偶者（連れ合い）◆trading partners of the U.S. 米国の貿易相手国 ◆the company's foreign partners and subsidiaries 同社の海外取引先（商社相手や）子会社 ◆Mrs. Clinton was a senior partner in [at] the Rose Law Firm in Little Rock. クリントン夫人はリトルロックにあるローズ法律事務所の上席経営弁護士だった.

**partnership** (a)~ 提携, 連携, タイアップ, 協力, 協同 <with, between>; (a)~ 《法》組合関係（契約）, 合資会社, 合名会社, 共同事業（経営）◆go into partnership with...; join with... to form a partnership （人）と合資（合名）会社をつくる ◆in partnership with... ～と共同で[～と協力して, ～と提携して]; ～と合名[合資]で ◆enter into a partnership with... ～と提携する ◆PPP (Public Private Partnership) 官民協働 ◆create a global partnership <between, among> 地球規模の協力関係をつくる ◆build a new equal partnership with the United States 米国と新たなる対等な関係をつくる ◆The company is interested in partnerships and joint ventures with other companies. その会社は, 他の会社との協力関係や合弁事業に興味がある.（▶joint ventureは一つのプロジェクトについて, partnershipは複数のプロジェクトについてのものを意味する）

**part per million** (ppm) a~ (pl. parts per million) 百万分率（*化学物質などの濃度の単位）◆measure... in parts per million ～をppm単位で濃度を測定する ◆measure... with a precision of 1 part per million ～を1ppmの精度で測定する

**part-time** adj. パート（タイム）の, アルバイトの, 短時間労働[雇用, 就労]の, 非常勤の, 定時制の; adv. ◆a part-time farmer 兼業農家[副業的農家]（▶「副業的農家」は新しい呼び方）◆a part-time job パートタイム[非常勤]の仕事 ◆a part-time student 定時制の学生 ◆part-time employees [workers] パートタイム[短時間]の従業員たち ◆part-time teaching 非常勤で教鞭をとること ◆part-time employment パートタイム[短時間労働]雇用 ◆teach part-time at law schools 法律学校で非常勤で教える[非常勤講師をする] ◆work on a part-time basis; work part-time パートタイム[非常勤]で働く ◆part-time four-wheel drive 《車》パートタイム四輪駆動

**part-timer** a~ パートタイムで働く人, パート, アルバイトの人, 短時間労働者, 非常勤者 ◆full- and part-timers 常勤労働者とアルバイトさん[短時間労働者]たち

**partway, part way** adv. ある程度まで, 幾分(か), 部分的に, 途中まで, 途中で ◆gently depress the shutter release part way シャッターボタンを途中[中途]まで軽く押し下げる; シャッターボタンを軽く半押しする ◆Filters can be pushed in partway for local color control. フィルターは, 局部的な色調整をする目的で途中まで押し込んで使えます.

**party** a~ パーティー, 社交的な集い, 会合, 宴会,（行動を共にする）グループ, 仲間, 一行, 政党, 党派,（国際条約などの）相手,（契約などの）相手（方）関係者,（口）人; adj. ～に関係[関与]する <to>, パーティー（用）の, 政党の ◆be (a) party to... ～に関係[関与]している（*a party の場合は名詞, party のみの場合は形容詞）◆a party leader 党首;（政党の）党首（総裁, 委員長）◆a party line （電話）共同線 ◆a three-party call 三者通話 ◆all who are parties to it それの（利害）関係者[当事者, 係争者, 該当者]全員 ◆a person not a party to... ～に関係していない者[非当事者] ◆a single-party system 一党体制 ◆a working party on... ～についての作業部会[特別審議会, 専門調査委員会] ◆intra-party disputes 党内紛争 ◆the Parties to this Convention 本条約の締約国 ◆the party on the other end (of the (phone) line connection) （電話の）相手側 ◆throw [have] a Christmas party for... （人）のためにクリスマスのパーティーを開く ◆26 years of one-party rule 26年間にわたる一党（独裁）支配 ◆one who is not a party to the contract その契約に関係していない者[非当事者] ◆electric companies who are parties to similar power supply agreements 同様な電力供給協定に参加している電力会社 ◆inform all countries party to the Convention on the Rights of the Child that... 子供の権利条約の全加盟国に～であることを通知する ◆Each such meeting is referred to as a Conference of the Parties (COP). 個々のそういう会議は締約国会議と呼ばれる. ◆In this Contract, "Party" means a party to this Contract and "Parties" shall be construed accordingly. この契約書において,「当事者」とは当該契約の当事者であり,「当事者等」もこれに準じた解釈がなされるものとする.

**party line** a~ 共同加入線[共同電話],（隣地との）境界線; ~s （党の）政策[基本方針, 路線]（▶踏み越えてはならない線の意味から）; a~ 党綱領 ◆a party-line bus 《コンピュ》パーティーラインバス ◆a party-line telephone system 共同加入電話システム ◆along party lines 党の路線[綱領, 方針, 政策]に従って[沿って] ◆cross party lines to <do...> 超党派で～に当たる ◆follow party lines 党の方針に従う ◆This issue cuts across party lines. この問題は, 各政党の政治路線を越えて横断的に共通した問題である.

**par value** (a)~ 為替平価,（証券の）額面価格 ◆sell shares at less than par value 株を額面価格[券面額]以下で売却する

**parvenu** a~ 成り金（ナリキン）, 成り上がり者

**pascal** a~ パスカル（*圧力単位, 記号 Pa, Pas., pas）◆a pressure of 101,325 pascals 101,325パスカルの圧力

**PASCAL** 《コンピュ》（パスカル）（*プログラミング言語）

**pass** 1 vt. ～を通す, 通過させる, ～を渡る, 越える, しのぐ, 上回る, 突破する, クリアする, 経験する,〈時間〉を過ごす,〈試験など〉に通る（合格する, 及第する）,〈学生など〉を合格させる,〈法案など〉を通過させる,〈法案〉～を通過する, ～を渡す[回す, 送る],〈うわさなど〉を広める,〈ボール〉をパスする,〈判決など〉を下す, ～を述べる; vi. 進む, 通過する, 通り過ぎる, 経過する, 追い越す, 消滅する, 終わる, 死ぬ, 起こ

る, 流布する, 通用する, (〜として)通る<as>, 移る, 転移する, 述べる, 見送る, 球送する ◆as time passes 時間が経つにつれ ◆a flow of air passes through... エアーフロー[空気流]が〜を通る ◆allow the beam to pass through... 〜に光線を透過させる ◆a passing rate of 100 percent 100%の合格率 ◆Nearly a month has passed since... 〜以来ほぼ1カ月経った ◆parameter passing conventions 《コンピュ》パラメータの受け渡し規則[方法] ◆pass a current of 5A through... 〜に5アンペアの電流を通電する ◆pass a driving test 運転実技試験に合格する ◆pass close by... 〜のそばを通る[通過する] ◆pass information to... 情報を〈人に〉伝える ◆pass light 光を通す ◆pass on the left (他の車の)左側を通行して追い越す ◆Should the worst come to pass,... 仮に最悪の事態が起これば[現実になれば, 生じたら]; もしものことがあったら, ◆with each passing season [year, month, day, album, generation] 季[年, 月, 日, アルバム, 代]を重ねるごとに ◆NO PASSING 追い越し禁止 ◆a complete list of passing applicants 合格した出願者をすべて記載したリスト; 全合格者名簿 ◆an undercover agent trying to pass as a Colombian コロンビア人を装おうと[に扮装しようと]している秘密捜査官 ◆as winter passes into spring 冬から春になるにつれ ◆If the bill is passed into law,... 同法案が可決されて法律となれば, ◆Japan's Diet yesterday passed an electoral reform law 日本の国会は昨日, 選挙改正法を通過させた ◆pass a parameter to a subroutine 《コンピュ》パラメータをサブルーチンに渡す ◆pass a thread through the eye of a needle 針の目に糸を通す ◆pass stringent MIL-STD-202 tests 厳しいMIL-STD-202(米国軍用規格)試験に通る[試験をクリアする] ◆pass the stage of drawings and prototypes 設計図および試作品の段階を経る ◆a straight line passing through the point その点を通る直線 ◆Japan prefers being bashed to being passed over 日本は(無視されて)素通りされるよりは, むしろたたかれた方がいいと感じている ◆pass a bill imposing refundable deposits on bottles and cans ビンやカンに預かり金を上乗せするという法案を通す ◆the quantity of oil that passes through the pipe そのパイプを通る油の流量 ◆these students have a low rate of passing the bar exam これらの学生の司法試験合格率は低い ◆she found an error in the ledger by merely passing her eye over the page 彼女はページをざっと目を通した[見渡した]だけで, 台帳の誤りを見つけた ◆the signal is then passed through a filter 次に, この信号はフィルターを通される ◆A face with a 10- to 15-degree slant will pass for italics. 10度から15度の傾斜をつけた字体は, イタリック体として通用するだろう。 ◆Mr. Young, 43, could easily pass as in his early 30s. ヤング氏43歳が, 30代前半だといっても無理なく通る。 ◆The capacitor does not pass direct current. コンデンサは, 直流を通さない。 ◆The output is then passed through a differentiator. それから出力は, 微分器を通される。 ◆The passing rate was 4 points higher than last year. 合格率は, 前年比4ポイント高かった。 ◆The planes passed within 500 ft. of each other vertically. これらの飛行機は, 500フィート以内の相互垂直離隔距離ですれ違った。 ◆Should they fail to pass this test, their license will be canceled. もし彼らがこの試験に落ちると, 彼らの免許は取り消されることになります。 ◆When the liquid-crystal element is on, light can pass through. 液晶素子がオンのとき, 光は通過可能である, 通り抜けもする。 ◆Pass a screwdriver blade along the length of the high-tension cable. If sparking occurs,... 高圧ケーブルの長にわたってねじ回しの平先を, (接触させずに距離を保って)あてながら移動させてください。もし火花放電が起こるようなら, 〜 ◆The bill passed the lower house of the national Diet but has been stalled by opposition lawmakers in the House of Councillors. 《意訳》同法案は, 国会の衆議院は通過したものの, 参議院で反対派議員の妨害に遭って行き詰まって[暗礁に乗り上げて]しまっている。 ◆The interprocess communication mechanism passes messages between those processes. 《コンピュ》プロセス間通信[連絡]機構は, それらのプロセス間のメッセージの受け渡しを行う。 ◆When passing bicyclists, give them plenty of room and be very careful at intersections. 自転車に乗っている人を追い越す時は間隔を十分空け, また交差点では細心の注意を払うこと。 ◆The Agriculture Department's "USDA Inspected and Passed" label now will mean, "At least 75 percent of this hamburger you're eating is free of E coli bacteria." 農務省の「米国農務省検査済み合格」ラベルは今後,「少なくともあなたが食べているそのハンバーガーの75%には大腸菌はついていない」ということを意味することとなります。

**2** a〜 通過, 定期券, 合格, 及第, 送球, 山道, 峠, 難関, 段階, (手品)の手先のはやわざ ◆in one pass 1回の走査[走行, 動作, 通過]で; 1工程で ◆a 20-ride punch pass 20回の回数券(*一回乗るごとにパンチ穴が開けられる) ◆a multipass ribbon cartridge 繰り返して[反復]使用できる(プリンタ用インク)リボン・カートリッジ ◆encrypt entire folders in one pass すべてのフォルダーを一度に[一括して]暗号化する ◆go [travel] beyond a pass 峠を越える ◆pass/fail criteria 通すかそれとも通さぬか[合格か不合格か, 合否, 真否あるいは真贋]を判定[判断]するための基準 ◆wipe the squeegee after each pass (窓を)1回なで終わるたびにスキージ(に付いた汚れ)を拭く(*汚れが窓に再付着するのを防ぐため) ◆we decided to enter Afghanistan through the Khyber Pass in Pakistan 我々はパキスタン側のカイバル峠を通ってアフガニスタンに入国することに決めた ◆Best of all, all this can be done in one pass. 中でも一番いいことは, これがすべて一発[1回の操作]で出来てしまうということである。 ◆An 18-needle interlaced dot matrix printhead permits 18×n character generation in one pass. 18ピンのインターレース・ドット・マトリックス方式のプリントヘッドは, 1回のヘッド走行で18×nドットの文字を発生(印字)させることができる。

**pass along** 〜を通って行く; 〜を(〜に)手渡す, 〜を伝える, 〜を伝承する, 〜を転嫁する<to> ◆unlettered pass-along graduates ところてん[エスカレーター]式で出た学力のない卒業生 ◆Higher import prices are passed along to American consumers. 輸入価格上昇分は, 米国の消費者に転嫁[しわよせ]される。

**pass away** 過ぎ去る, 終わる, 亡くなる[逝く(ユク)], 〜を過ごす ◆My father died [passed away] when I was seventeen (years old). 父は私が17(歳)のときに死亡した[死去した, 亡くなった, 他界した, みまかった, 寂滅(ジャクメツ)した]。

**pass by** (〜の)そばを通過する, (〜を)通りすぎる; 〜を無視する, 〜を大目に見る, 黙過する

**pass on** 〜を通過する, 通り過ぎる, 〈判決など〉を下す, 承諾する, 遺伝する, 死ぬ, 〜を(〜に)手渡す<to>, 伝える, 〈人〉を(〜に)たらい回しにする<to> ◆get tuberculosis and pass it on to others 結核に感染してほかの人に移す[伝染させる] ◆pass on a signal from A to B AからBに信号を伝える ◆pass the savings on to one's customers (材料などを)節約して得られたその成果を顧客に還元する ◆pass price increases in raw materials on to consumers 〈意訳〉原材料の値上がり分を消費者に押しつける[転嫁する, しわよせする] ◆Given good care, some pelts such as mink and beaver can be passed on to succeeding generations. 手入れがよければ, ミンクやビーバーのような一部の毛皮は代々伝えていくことができる。

**pass through** 〜を貫通する, 通過する, 透過する, 経る, 過ぎる, 経験する(→ pass 1) ◆rock that does not allow water to pass through it 水を通さない岩石(*不透水性岩石(an) impermeable rockの説明から)

## passable
adj. かなりの出来の, 一応及第点の, 一応満足できる, まずまずの, 無難な; 通れる, 渡れる ◆a passable car まあまあの車

## passage
a〜 通路, 廊下, 一区切り, (文の)節, (音楽の)楽節, (空の, 海の)旅, 航海; (a)〜 旅費, 船賃; 図通行, 通過, 経過, 推移, 透過 (*電磁波などが物体を通り抜ける過程で) ◆passage rites 通過儀礼 ◆an underground passage 地下通路 ◆block passage of a bill; block a bill's passage 法案の通過を阻止する[妨げる] ◆by the passage of an a.c. current through... 〜に交流電流を流す[通じる]ことにより

◆quick passage from one room to another 部屋から部屋へと急いで通り抜けること ◆with the passage of time 時の経過につれ, 時間が経つにつれ ◆the passage of direct current through the electrolytic cell 電解槽に直流電流を通電すること ◆highways used by the general public for the passage of vehicles 公衆の車両通行のためのハイウェイ ◆The passage of times makes it a daunting task to resolve. 時代の経過[流れ]は, それを極めて解決困難な仕事にしてしまう

**passageway** a～ 通路, 廊下
**passband** a～ 《電子回路》通過（帯）域
**passbook** a～ 銀行通帳（= a bankbook）
**passé** adj. 時代遅れの, 古めかしい, 旧式の, 女性が盛り[娘盛り, 女盛り]を過ぎた, 廃れた, 過去の ◆be becoming passé 時代遅れになって[廃れて, 流行らなくなって]きている
**passenger** a～ 乗客, 旅客, 搭乗者, 乗り物の利用客, （乗用車の）乗員（*運転者またはその同乗者 = an occupant of a car, （運転者以外の）同乗者 ◆a passenger car 乗用車;《鉄道》客車 ◆a passenger-cargo ship 貨客船 ◆a passenger list （船舶や航空機の）乗客[旅客]名簿 ◆a (railway) passenger car [coach] 客車 ◆passenger automobiles 乗用車 ◆a passenger-side air bag 《車》助手席側エアバッグ（*和訳するとこうなるが, 日本では単に「助手席エアバッグ」とよんでいる） ◆a passenger terminal building 旅客ターミナルビル[～空港の] ◆a two-passenger electric car 2人乗り電気自動車 ◆a motorcycle passenger オートバイの同乗者 ◆a bus carrying passengers 乗客を乗せたバス ◆passenger safety and comfort 乗員の安全と乗り心地よさ ◆the passenger compartment [cabin] of an airplane 飛行機の客室 ◆passenger-vehicle sales 乗用車の売上高 ◆the rear seat on the right (passenger's) side of the car 《車》その車の右（助主席）側の後部座席 ◆The other driver, Xxx, was killed. Two passengers in his car were injured, one seriously. もう一人の運転手[もう一方の車を運転していた]Xxxさんは死亡. 同じ車に乗っていた［同乗していた］2人は負傷し, そのうち1人は重傷を負った. ◆If there are two passengers plus the driver in the front seat of a car, then the driver and one passenger must buckle up. 車の前部座席に乗員2人とドライバーがいる場合, ドライバーと乗員1人がシートベルトを締めなければならない.
**passerby, passer-by** a～ (pl. passersby, passers-by) 通りがかりの人[通りすがりの]人, 通行人
**pass/fail** adj. 合格・不合格の, 合否（判定）の ◆a pass/fail indicator 《品管》合否表示器[装置] ◆be evaluated on a pass/fail basis 合否[良否, （意訳）合格不合格］で判定される ◆capable of giving pass/fail results 合否判定結果を出すことができる ◆conduct a pass/fail test 合否判定試験[テスト]を行う
**passing** adj. 過ぎ（去）って行く, 一時的な, つかの間の, 合格の, 及第の; n. 通過, 経過, (法案の）可決, 合格, 追い越し, 消滅, 死 ◆a passing lane 追い越し車線 ◆a passing mark 合格点 ◆a passing track 待避線; 行き違い線（*単線などで, 別の列車を通過させるための）◆get a passing grade 合格点を取る ◆its importance grows with each passing year それの重要性は年が経つにつれて[年を重ねるごとに, 年を追うごとに, 年一年と, 年々]増してゆく ◆message passing between processes 《コンピュ》プロセス間のメッセージのやり取り [受け渡し］; プロセス間での情報の交換 ◆he made a passing reference to... 彼は, ～についてだけ触れた ◆Only (a) passing reference was made to... ～についてはほんの少し[さらりと]言及され[触れられ]ただけだった;～についてはさらっと流してあった ◆permit passing of faster vehicles 高速車に追い越しをさせる ◆a train with a lower priority will take to a passing track to allow a superior train to pass it 優先度の低い列車は退避線に入り, 優先度の高い列車が通過できるようにする（*単線の鉄道などで列車の「行き違い」または「追い越し」のため）◆The military situation deteriorated with each passing hour. 軍事情勢は刻一刻と［刻々, 時間の経過とともに］悪化をたどっていた. ◆Only passing reference (two pages) is made to the disease in his book. 彼の本の中で, この病気については, ついでに(2ページ分) 触れられているだけである.

◆With each passing selection, the hope of a monstrous contract dwindles. 選考が進むごとに[につれて], 莫大な契約の希望はしぼんでいく. 《参考》For 10 years, we were the target of "Japan bashing" for trade surpluses, conspicuous consumption and other real and imagined excesses. Now we face the prospect of being ignored. You might call it "Japan passing." 米国の対日観はジャパン・バッシング［日本たたき］からジャパン・パッシング［日本素通り］へと変わってきているという話)

**passion** (a)～ 情熱, 熱情, 情念, 激情, 情欲, 色情; a～ 情熱[熱意]を注ぐ対象; a～（突然こみ上げる怒り）逆上, かんしゃく; a～（口）（大好きなゆえの）夢中［熱中, のぼせ］<for> ◆(a) killing in the heat of passion 一時的な激情にかられての殺人;（旧刑法での）故殺 ◆a passion for knowledge 知識を求めようとする情熱; 知識欲 ◆teachers need to have a passion for education 先生方は教育に対する情熱［熱意]を持つ必要がある ◆so-called "heat of passion" crimes いわゆる「つい, カッとなって［キレて］やってしまったという種類の」犯行 ◆parents who instill in their children a passion for education 子どもたちに学習意欲を植え付ける親たち ◆the crime [slaying] was committed in the (sudden) heat of passion 犯行[殺人]は激情にかられて行われた ◆For me what started out as an obligation has ended up as a passion. 私としては義務として始まったことが（結局）情熱を傾ける対象になってしまった. ◆The speedster may stoke your automotive passions into a raging inferno. このスポーツカーは, 君のクルマに対する情熱を荒れ狂う灼熱地獄のごとく燃え上がらせるだろう.

**passivation** 《IC の》パッシベーション［不活性化］（*半導体表面にの酸化被膜を形成し, 表面を安定化させること), 不動態化（*金属の表面が酸化被膜に覆われて反応性を失うこと）◆create a protective passivation layer on copper surfaces 銅の表面上にパッシベーション保護層[不動態化保護膜]をつくる ◆passivation treatment for stainless steel ステンレス鋼の不動態化処理

**passive** adj. 受身の, 主体性のない, 受動的な, 消極的な, 受動態の; the～ 受動態 (= the passive voice) ◆a passive element [component] 受動素子 ◆passive safety 《車》衝突安全性（*万一衝突しても死なないための）◆passive smoking 間接喫煙 ◆passive elements [components, parts] 受動素子[部品] ◆a passive communications satellite 反射型通信衛星（*電波を単に反射させるのみで増幅はしない）◆a passive matrix liquid crystal display; a simple matrix LCD 単純マトリックス液晶ディスプレイ ◆due to exposure to passive smoking in the workplace 職場における受動[間接]的な喫煙のため
**Passover** the～ (ユダヤの) 過ぎ越し祭
**passport** a～パスポート, 旅券, (比喩的)(～のための) 手段［切符, 鍵］<to>; 許可 ◆obtain [get] a passport パスポートを取る ◆issue a passport 旅券を発行する ◆accept a passport application 旅券の申請を受け付ける ◆apply for a new passport 新規パスポート取得のための申請をする ◆lose one's passport パスポートを無くす［紛失する］
**password** a～パスワード[合い言葉, 暗証]（*本人であることを確認するための, 秘密のコード）◆an invalid password 正しくない［不正な, 無効の］パスワード ◆a private, password-protected folder パスワード（によって）保護されている個人用フォルダ ◆input [supply, furnish, present, etc.] a password to the computer system to gain access to its resources コンピュータシステムのリソースへのアクセス権を得るために, システムにパスワードを入力する[表示する］◆use passwords to guard access to sensitive files 重要ファイルへの侵入を防ぐためにパスワードを使う ◆you can password-protect individual files 個々のファイルを[ファイルを個別に]パスワード保護することができる
**past** 1 adj. 過去の, 昔の, 前の, 以前の, この前の, 終わった, 過ぎたばかりの, この～, ここ～, 前任の, 前一, 元— ◆in the past year 過去[この, ここ]1年間に ◆based on past findings 過去の調査・研究結果［これまでの知見］に基づいて ◆during [over] the past few years 過去数年の間に[にわたって] ◆go back

to a past age 過去の時代にさかのぼる ◆The past few years have seen... 過去[ここ]数年の間に、〜が出てきた[出現した、起きた] ◆This is only the preliminary estimate of the April – May – June GNP and if past history is any indication, it will probably be adjusted quite a bit at a later date. これは単に4, 5, 6月のGNPの速報推定値なので、過去の例からすると後日かなり大幅に修正される可能性が高い.
**2** n. (通例 the 〜) 過去, 前歴, 経歴, 既往, 歴史; a 〜 過去[日く(イワク)]; the 〜 過去形, 過去時制 ◆a person's past (人)の過去 ◆as in the past 以前と同様に; 今までで[これまで, 従来]どおり; 前のとおりに; かつてと同じく; 昔ながらに ◆now as in the past 今もなお; (旧態)依然として ◆to a greater degree than in the very recent past 以前に increase ◆from 1989 until the very recent past 1989年から〜い先頃[最近, この間]まで ◆Belafonte's banana-boat hit of 40 years past ベラフォンテの40年前のヒット曲「バナナボート」 ◆his attempts to relegate... to a distant past [the ancient past] 〜を遠い過去の遺物と化そうとする彼の試み ◆so as not to repeat the mistakes of the past 過去の過ちを繰り返さないように ◆Surface inspection could become a thing of the past. 表面検査は、過去のものとなるかも知れない. ◆Sales volume in many outlets is running three times greater than in the recent past. 多くの店舗で販売量は少し前[ちょっと前]の3倍で推移している. ◆In the past, a major barrier to widespread telemedicine implementation was the lack of an adequate low-cost network. 従来、広範な遠隔医療の実現[普及]を阻んでいた一大障壁[障害, 障碍]は、十分な容量の低杚なネットワークがないことだった.
**3** prep. 〜を通り越して、〜を追い越して、〜を過ぎて、〈時刻など〉をまわって、〜を越えた、〜の及ばない、〜の先に; adv. 通り越して、過ぎて ◆the month just past 直前月; 前月 ◆a past-due bill 支払い期限が過ぎている[延滞している]勘定 ◆as the input voltage rises or drops past the threshold value 入力電圧が、閾値を通り過ぎて上昇または下降するにつれ ◆Inflation is rising past 20% annually. インフレは、年率20％を上回って上昇している. ◆Rotate the knob past this point of resistance until you feel a click. この抵抗感[回し応え]のある箇所を通り過ぎてカチッと感じるところまでツマミを回してください. ◆The engine makes no untoward noises unless you rev it past 5700 rpm. 毎分5700回転以上にしない限り、このエンジンは聞き苦しい騒音は発生しない. ◆The tape moves at a constant speed past the recording/playback head. テープは定速で録再ヘッドを通り過ぎて走行する.

**paste** **1** (a) 〜 ペースト, 糊(ノリ), 練り製品, すり身, 練り歯磨き, 練り顔料,《コンピュ》貼り付け ◆solder pastes 数種類のはんだペースト (*solder paste は通常は不可算)
**2** vt. 〜を糊で貼り付ける,《コンピュ》貼り付ける[ペーストする] ◆paste it on... 〜にそれを(糊で)貼り付ける ◆You can cut a range and paste and repaste that range to many new locations. ある領域をカットして[切り取って]からペーストし[貼り付けて]、さらに同じ領域を別の場所にも何度でもペーストすることができる. ◆When you cut, the current selection does not disappear until after you paste. カット[切り取り]すると、現在選択された領域はペースト[貼り付け]するまでは消えない.

**pastel** (a) 〜 パステルクレヨン; a 〜 パステル画; @パステル画法; adj. 淡い柔らかな感じの中間色の, パステルカラーの ◆Everything in 1998 new homes is made to look light and airy by the use of muted colors – pastels and light beige. 1998年の新築住宅に備えられているありとあらゆるものが、パステルカラー[柔らかな明るい色]や淡いベージュといった抑えた[控えめな]色合いを使って、明るく軽やかな印象を与えるようつくられている.

**paste-up, pasteup** a 〜《印刷》切り貼りをした版下 (= camera-ready copy),《新聞印刷》大組 (= a mechanical) ◆hourly typesetting and pasteup rates 1時間当たりの植字料金および版下制作料金

**pasteurization** 回低温殺菌(法) ◆the pasteurization of milk and fruit juices 牛乳および果物ジュースの低温殺菌 ◆undergo a pasteurization process 低温殺菌処理される ◆undergo pasteurization prior to distribution for consumption 飲食用に配送[発送, 流通, 販売]される前に低温殺菌される ◆Sterilization kills all bacteria. Pasteurization can kill many bacteria of public health significance, but not all bacteria. 殺菌[消毒]は、細菌をすべて殺します. 低温殺菌は、公衆衛生上意義のある細菌を多数殺せるものの、菌を全滅させるわけではありません.

**pasteurize** vt. 〜を低温殺菌する ◆pasteurized milk 低温殺菌牛乳

**pastime** a 〜 気晴らし, 娯楽, リクレーション, 好きな遊び, 遊戯, 遊技 ◆one of my favorite pastimes 私の好きな気晴らしの一つ

**pasty** adj. 糊(ノリ)のような, ペースト状の, どろどろして粘り気のある,〈顔色が〉青白い ◆Most molten lavas consist of a pasty mixture of liquid and solid crystals. 溶融した溶岩はたいてい、粘り気[粘稠性]のある、液体と固体の結晶の混合物から成っている.

**pat** **1** vt. 〜を(手のひらや平らなもので繰り返し)軽くたたく、〜を軽くたたいてならす[平たくする、整える、はめる]、〜をなでる ◆pat... dry with a soft clean cloth きれいな柔らかい布で〜を(軽くなでて)水気を拭き取る
**2** a 〜 (親しみを込めて)軽くポンと叩くこと, 軽く叩いたときに出る音

**patch** **1** a 〜 継ぎ当て, 眼帯, 当て布, 当て金, 当て板,《コンピュ》パッチ (*つぎはぎ修正のためのもの),《電気》接続, 〈野菜畑などの〉狭い土地, 周囲と違う部分,〈壁などの〉染み, 斑点(ハンテン), ワッペン,《軍》(所属を示す)袖章(ソデショウ) ◆a patch cord 《AV》パッチ[接続]コード ◆an adhesive skin patch 貼り薬[パップ剤, 貼付剤]
**2** vt. 〜に継ぎ[当て金]を当てる, 〜を(応急的に)補強[修理]する <up>, 〜をつぎはぎして作る, 〈争いなど〉を鎮める <up>,《プログラム》に応急修正を施す, パッチする, パッチをあてる, 〜を(一時的に)接続する ◆temporarily patch cracks with a sealer 間に合わせにひび割れを充塡材[剤]で修繕する

**patchbay, patch bay** a 〜《電気》(ケーブルの)接続交換箱

**patch cord, patchcord** a 〜 接続コード (*両端にコネクタがついた一時接続用のもの)

**patch-up** adj. 寄せ集めの, 応急的な ◆patch-up stories 断片的情報を寄せ集めた記事

**patchwork** (a) 〜 パッチワーク, はぎ合わせ細工, 雑多なものの寄せ集め, ごたまぜ, やっつけ仕事 ◆patches in a patchwork quilt パッチワークキルトの布(などの材料)の小片 ◆The Northern Alliance, as the patchwork anti-Taliban opposition is known, is... 寄り合い所帯の反タリバン勢力として知られる北部同盟は... ◆a patchwork quilt approach to health care reform 医療改革へ向けてのつぎはぎ型のアプローチ (*根本から変えようという抜本改革ではなく、あちらこちらを手直しする間に合わせ的なもの) ◆a patchwork of programs that fail to fully address the problem 〜を十分対応しない制度の寄せ集め[意訳]対応できないつぎはぎ型の制度) ◆The Northern Alliance is a patchwork of groups that fought one another. 北部同盟は互いに戦いを交えていた組織の寄せ集め[寄り合い所帯]である. ◆Mr. Thompson has said gun control is best achieved through state law rather than a patchwork of antiquated local ordinances. トンプソン氏は、銃規制は時代遅れの地方条例の寄せ集めによってではなく州法を通して実り実効性のある形で実現されると述べた.

**patchy** adj. つぎはぎ(だらけ)の, 寄せ集めの, まだら模様の, まばらな, とぎれとぎれの, 切れ切れの, 断片的な,〈雨が〉所により降る; むらのある, ばらつきのある, 均一でない, 平均してない, 出来不出来の入り交じった ◆a patchy recovery まだら模様の回復 (*業界や部門により業績回復の程度がまちまちであるという意) ◆look patchy 〈文字などが〉がかすれて見える ◆their patchy memories 彼らのとぎれとぎれの[断片的な]記憶 ◆Latin America is experiencing [undergoing] a patchy recovery. 中南米は、まだら模様の景気回復を続けて[たどって]いる.

**patent** 1 a ～特許(権), 特許状[証], 専売特許(証), 特許製品, (米国政府の)公有地譲渡証書; ⑩エナメル革 (= patent leather); adj. 特許の, 特許によって保護されている, 明白な, エナメル革製の, 《医》開発性の, 開出した ◆an infringement of a patent 特許の侵害 ◆a patent examiner 特許審査官 ◆a patent holder 特許権者; 特許を持っている人; 《意訳》発明[考案]者 ◆a pending patent 出願中の特許 ◆a (registered) patent agent [lawyer, attorney] 弁理士 (*registered = 弁理士登録簿に登録されているの意) ◆the Patent Office 特許局, 《日》特許庁 ◆a patent law firm 特許事務所 ◆patent income; income (derived) from patents; income from patent royalties 特許収入 ◆the USPTO (U.S. Patent and Trademark Office) 米国特許商標庁 ◆apply for a patent 特許申請[出願]を行う ◆be protected by patent 特許で保護されている ◆obtain [acquire] a patent on [for] an invention ある発明について[対して]特許を取得する ◆(patent applied for) (特許出願中) ◆Patent pending 特許出願中 ◆a patent cross-licensing agreement 特許のクロスライセンス[特許相互使用]契約 ◆file a patent application for the invention その発明の特許申請を出す ◆included in patents issued in the early 1980s 1980年代初期における特許の中に含まれていた ◆obtain a United States patent for... ～の米国特許をとる[取得する] ◆... is a proprietary technology that only Nanotronics and Rexel hold patents on. ～はナノトロニクス社とレクセル社のみが特許を持ち独占している技術である. ◆it incorporates the xxxx technology for [on] which the Company holds a patent それには同社が特許を持つxxx技術が搭載されている ◆By 1995 almost all of them will be off-patent. 1995年までに, ほとんどすべてが特許切れになる. ◆He is the holder of nine patents. 彼は, 9件の特許の所有者である. ◆I have been doing patent translation work. 私はずっと特許翻訳の仕事をやってきています. ◆Nanotech has a patent on the function. ナノテック社はその機能の特許を持っている. ◆The patent runs out in three years' time. 特許はあと3年で切れる. ◆Gottlieb's earliest patent was filed prior to patents of other companies. ゴットリーブ社の一番はやい特許は, 他の会社に先行して申請が出されていた. ◆The company has applied for 150 domestic and 20 overseas patents to cover the new technology. 同社はこの新技術にまつわる国内特許を150件および海外特許を20件申請した. ◆Under patent law, after a patent has been awarded, the invention is protected for 17 years. 特許法により, 特許がおりるとその[当該]発明は17年間保護される. ◆All makers of Beta-format VCRs are licensed under patents belonging to Sony Corporation. どのベータ方式ビデオデッキメーカーも残らず, ソニーに帰属する特許の使用許[許諾]を受けている. 2 vt. ～の特許を取得する, 〈公有地〉を公有地譲渡証書により〉譲渡する ◆patented and patent-pending features 特許取得済みおよび特許申請中の機能 ◆It has been patented as an antifungal agent. それは防かび剤として特許が下りている.

**patentee** a ～特許権所有者

**patent leather** 《英》(人造の)エナメル革

**patent medicine** (a) ～特許医薬品, 売薬 (*商標または特許により保護されている医薬品で, 医師の処方なしに買えるもの) (= a proprietary medicine, an over-the-counter drug)

**paternalism** (父親が子供に温情を持って接するような)[家父長的]温情主義, 家族主義, パターナリズム

**paternalistic** adj. 温情主義の, 家族主義の; -tically adv.

**paternity leave** 父親がとる育児休暇, 父権休暇

**path** a ～ 道, 路, 小道, 小径, 細道, 歩行路, 歩道, 通路, 通り道, 道筋, 行路, 軌道, 道, 接続経路, 順路, 方針, 進路, コース, 《コンピュ》(階層ディレクトリの)パス ◆a path leading to... ～に至る道 ◆a direct [reflected] path 直接[反射]路 ◆a signal-flow path (= a signal path) 信号伝達経路 ◆specify the path to the directory 《コンピュ》そのディレクトリ(へ)のパスを指定する ◆the cursor path カーソルの軌跡[通り道] ◆the path of a typhoon 台風の通り道 ◆the path taken by a bullet in a body 弾丸が身体内で取った経路; 《意訳》体内での銃弾の軌跡 ◆under the directory path \published\dict 《コンピュ》¥published¥dictというディレクトリパスの下に ◆place the file in an appropriate directory path 《コンピュ》そのファイルを適切なディレクトリパスに入れる ◆put the deficit on a downward path 赤字減らしの方向に持っていく ◆the market is clearly on an upward path [trend] 市況は明らかに上昇傾向をたどっている[上昇基調にある]; 相場はしっかり堅調である; 同市場には上昇傾向が基調としている ◆the path of a moving vehicle 動いている車両の進路[通り道] ◆to ensure the economy stays on a stable growth path 経済が安定成長の道を(外れずに)確実にたどって行くようにするために ◆the path over which the current flows この電流が流れる経路 ◆the traditional path to a good job and financial security 良い仕事と経済的保証にありつくための伝統的な道 ◆the economy is on a stable growth path with little sign of inflation 経済はインフレ化の様相もほとんどみせず安定成長の道をたどっている ◆It provides an interesting upgrade path for current Mac users. それは, 現在のMacユーザーに興味深いアップグレード法を与えてくれる. ◆Make sure that the users' Windows directory and the shared Windows directory are in the PATH and in this order. ユーザーのWindowsディレクトリと共用Windowsディレクトリが, この順でPATH (文) に指定してある[パスが通してある]ことを確認してください. ◆You can put these files into any directory called out by your DOS PATH statement. これらのファイルは, DOSのPATH文に指定されている[パスが通っている, パスが切ってある]どのディレクトリに入れてもかまいません. ◆The actual DLL file must reside in the current directory, on the DOS path, in the Windows directory, or in Windows' SYSTEM subdirectory. 実際のDLLファイルは, 現在のディレクトリ, DOSのパス, Windowsディレクトリ, またはWindowsディレクトリの下のSYSTEMサブディレクトリになければならない.

**pathogen** a ～病原体 ◆heat-resistant pathogens 耐熱病原菌 ◆fungal pathogens 病原糸状菌 ◆kill pathogens 病原菌を殺す ◆the pathogens lose their virulence when... ～した場合, これらの病原体は毒性[病原性]を失う

**pathogenic** adj. 病気を起こさせる, 発病させる, 病原性の, 病原- ◆a pathogenic microorganism 病原性の微生物 ◆pathogenic bacteria 病原菌

**pathological, pathologic** adj. 病理学的な, 病理学上の, 病理的な, 病的な, 異常な ◆a pathological liar 病的なうそつき

**pathologically** adv. 病的に, 病的[異常]なまでに, 病的[異常]なほど ◆He is pathologically afraid that... will... 彼は～ということになるのではないかと病的におそれている.

**pathology** ⑩病理学, 病理, 病状, 病変 ◆plant pathology 植物病理学

**pathway** a ～ 小道, 細道, 経路 ◆Sony's Walkman paved the pathway all manufacturers would shortly follow in developing the portable stereo tape player. ソニーのウォークマンは, ほどなくしてあらゆるメーカーが携帯型ステレオテーププレーヤーの開発であと追いすることになる道[道筋]をつけた.

**patience** 忍耐(力), 辛抱(強さ), 我慢, 堪忍, 根気 ◆with (a little) patience 我慢強く; 根気よく ◆run out of patience 辛抱[我慢]できなくなる; こらえられなくなる ◆her patience snapped 彼女の堪忍袋の緒が切れた ◆my patience is exhausted 私の忍耐は尽きた; 我慢は限界に達した; 堪忍袋の緒が切れた. ◆Thank you for your patience. ご不便をおかけして[お待たせして]申し訳ありません. ◆my patience is wearing thin そろそろ我慢の限界に近づいている; もう我慢し切れなくなってきている; 堪忍袋の緒が切れそうだ.

**patient** adj. 忍耐強い, 我慢強い, 辛抱強い, 寛容な, 理解のある, 勤勉な, 気長な, 気長に待って; a ～ 患者, 病人, クランケ ◆patient-physician communication 患者と医者の間の意思の疎通 ◆take care of patients 患者の世話[看護, 介護]をする ◆to link patient-connected medical devices to a bedside monitoring device or a computer network 患者につながれている医療装置[機器]をベッドサイドモニターあるいはコンピュータネットワークに接続するために ◆Venue info will be posted shortly, so please be patient. 間もなく会場についての案内を掲示しますので(しばらく)お待ちください.

**patiently** adv. 辛抱強く, 根気よく, 気長に, じっと, 淳々(ジュンジュン)と

**patina** (a) ~ (銅の表面に発生する)緑青(ロクショウ), 青錆(アオサビ), 銅青(ドウセイ), 古色, (長い年月を経たものが持つ)趣(オモムキ), さび, 渋み, 風格, 貫禄 ◆copper forms a patina in moist air 銅は湿気のある空気中で緑青を生じる

**patio** a ~ (pl. patios) (スペイン風の)中庭, 内庭, テラス ◆at a party on the patio of an apartment building マンションの建物のパティオ[中庭, 内庭, テラス]で開かれたパーティーで

**patrol** 1 ◎パトロール, 見回り, 巡回, 巡視, 警邏(ケイラ); a ~ 見まわりする人[隊], 巡回中の警官, 取締り[監視, 巡視]船, ボーイ[ガール]スカウトの班; a ~《軍》斥候(セッコウ), 偵察隊, 哨戒(ショウカイ)機[艦] ◆a plane on an anti-submarine patrol 対潜哨戒(タイセンショウカイ)中の飛行機 ◆a law-enforcement officer on patrol 警邏(ケイラ)[パトロール]中の警官[巡査] ◆a police officer on highway patrol ハイウェイの巡回取り締まり中の警官 ◆an AWACS-fitted P-3 Orion patrol plane 空中早期警戒管制システムを搭載したオライオン哨戒機 2 vt.〈地区〉をパトロールする, 見回る, 巡視[巡回]する; vi.〈パトロール〉ある地域をパトロール[巡回, 巡視]する ◆patrol Olympic villages [train stations] オリンピック村[列車の駅]を巡回警戒する ◆patrol the freeways 24 hours a day フリーウェイを24時間体制で見回る

**patrol car** a ~ パトロールカー, パトカー (= a squad car)

**patron** a ~ 利用者, 利用客, お得意様, 得意先, 得意客, パトロン, ひいき客, 後援者, 後ろ盾, 支援者, 保護者, 美術[芸術]愛好家 ◆with the help of a rich patron リッチなパトロン[後援者](の資金)援助で ◆public libraries and their patrons 公共の図書館とその利用者 ◆One writer has described him as "the supreme patron in a land of patron-client relationships." 一人の記者が彼のことを「親分ー子分関係の国における大親分」と形容した[評した].

**patronage** ◎ひいき, 引き立て, 愛顧, 後援, 賛助, 保護, 寵愛, 君寵(クンチョウ) ◆under their patronage 彼らの引き立てで ◆under the patronage of... ～の後援[支援, 賛助, 保護]の下に ◆to reward one's customers for their continued patronage 客の相変わらずのひいき[ひいき, 愛顧]を感謝して, それに応えるために ◆we thank you for your continued patronage of our products 《意訳》弊社製品を日頃(から)[平素]ご愛顧いただきありがとうございます ◆Your company has been our customer in the past and we value your patronage. 《意訳》ご愛顧に感謝いたします; 毎度ありがとうございます; 平素は格別のご配慮を賜り, 厚く御礼申し上げます. (＊手紙の冒頭などで)

**patronize** vt. ～をひいきにする, よく利用する, 引き立てる, 後援する, 支援する, 奨励する, ～に恩着せがましい態度で接する ◆patronize a hotel [restaurant] ホテル[レストラン]をひいきにする

**pattern** 1 a ~ 模様, 図, 柄, 図柄, 絵柄, 意匠, デザイン, 図形, 皺(シボ), 型, 原型, 模型, 型紙, 種類, タイプ, 見本, 配列, (行動の)様式, 類型 ▶《電気》プリント配線基板全体の回路図形をa pattern, その中の個々の線をa traceと呼ぶ. 日本の技術者の間では, これら2つの概念を区別せず, どちらもパターンと呼んでいるが, 英語ではきちんと区別して使い分けなければならない. ◆a conductor pattern (プリント基板の)パターン (＊基板上の回路全体のことであり, 個々の線ではない) ◆pattern recognition パターン認識 ◆voice patterns 声紋 ◆analyze patterns of usage 使用パターン[利用形態, 使用状況]を分析する ◆a usage pattern 利用形態, 使用状況 ◆fall [slip] into a pattern of thinking あるひとつの思考パターン[物の捉え方]に陥る (そして, その袋小路みたいなところから抜け出るのが難しくなる) ◆in specific patterns 一定のパターンで ◆patterns of behavior 行動様式 ◆retain the pattern of...-ing ～をするという(慣習的な)パターンを続ける ◆the detection of land use patterns (衛星を利用しての)土地利用形態[状況]の探知 ◆the main objective of a grounding pattern アースパターンの主な目的 (＊印刷回路基板の) ◆there developed a pattern where [in which]〈S・V〉～であるというパターン[図式]が生じた ◆a tendency to brush aside everything that does not fit into conventional patterns 従来の型にはまらないものはすべて拒絶する[払いのける]といった傾向 ◆design the pattern of copper traces on a PC board 《電気》プリント回路基板上に(布線される)銅のトレース[配線, 回路]パターンを設計する ◆What has developed is a pattern in which... was [were]...; What developed was a pattern where... would... 生まれた[生じた, 誕生した, できた]ものは, 〜というパターン[《意訳》図式, 生活習慣, 慣習]である. ◆As the CD player market matures, it follows a pattern established in other markets. CDプレーヤー市場が成熟するにつれ, 別の市場で確立されたパターンをたどるようになる. ◆In an individual case where the auto-off feature is causing a customer sizable inconvenience due to his/her particular usage patterns,... 顧客の独特な使用パターン[利用形態, 利用状況, 使い方]のせいで自動電源切断機能が顧客に大きな不便をかけてしまう個別ケースにおいては ◆produce a pattern of ink in the same form as the original scanned image (読み取り)走査された原画面上と同じ形のインクのパターンを作る ◆These unhappy boys may fall into a pattern of provoking and attacking others, stimulating further retribution. 不満を持ったこれらの男児らは, ほかの子たちを挑発したり攻撃したりすることで仕返しを受ける羽目と同じ形の[図式]に陥るのである. ◆The parts must be placed in a predetermined pattern of locations on the pallet. 部品は, パレット(荷運び台)上に所定の配置で置かれなければならない. ◆The pattern of identically sized dots are varied to represent different levels of gray. 同じ大きさを持つドットの配列を変えることにより, いろいろな階調[中間調]を表現する. 2 vt. ～を(見本にならって)作る<after, on, upon>, ～に模様をつける ◆during the "step and repeat" process of patterning integrated circuit wafers using photolithography フォト[光]リソグラフィ法により集積回路ウェーハにパターンを焼き付ける「逐次反復」工程中に

**patterning** ◆submicron patterning 《半導》サブミクロンでの[超微細]パターン成形[描画] ◆super minute patterning (大規模集積回路の)超微細加工 ◆the elimination of costly patterning methods, such as plasma etching プラズマによるエッチングなど費用のかかるパターン形成[微細加工]法の不要化 ◆Photolithography, also known as patterning, refers to creating the actual circuitry of a semiconductor chip. パターン形成[露光]とも呼ばれるフォトリソグラフィは, 半導体ICの実際の回路を作るを指す.

**paucity** a ~ <of>《単のみ》不足, 欠乏, 少数, 少量, 足りないほどの量 ◆a paucity of proof 証拠不十分 ◆due to the extreme paucity of... ～が極端に少ないために ◆he lived in fear of having his paucity of talent exposed 彼は才能のないことがばれてしまうのではないかと恐れ[びくびくし]ながら生きた ◆There is a paucity of studies comparing A with B. AとBを比較した研究は, ほとんど無い.

**pause** 1 a ~ (一時的な)停止, 休み, 休止, 小休止, 中休み, 中断, 間隔, 間(マ), 間合い, 息つぎ, 間合い,《音楽》延長記号[フェルマータ] ◆a pause button (テープレコーダーなどの)一時停止ボタン ◆he said with a long pause 彼は長い間をおいて[長いこと言葉を途切らせて, 長い沈黙をはさんで]言った ◆even the pauses within speeches are well-calculated for effect スピーチ中の息つぎさえも効果[受け]を狙ってよく計算されて[うまいこと間合いがはかられて]いる ◆After a brief pause, the lecturer continued. ちょっと間をおいてから, 講師は話を続けた. 2 vi. 一時停止する, 休止する, 立ち止まる, 中断する, ためらう, 思案する<on, upon> ◆cause the directory display to pause 《コンピュ》(＊画面にリスト出力中の)ディレクトリの表示をいったん停止させる

**pave** vt. ～を(〜で)舗装する<with> ◆pave the way [road] <for, to> ～への道を開く[つける]; ～を容易にする; ～へ

**pavement** a~ (ハイウェイなどの)舗装道路, 舗装された面[床], ((英))歩道 (=((米))a sidewalk); ⓒ舗装材料 ◆pavement markings 路面標示 ◆on dry [wet] pavement ドライ[ウェット]路上で ◆pavement crevices 舗装路面の亀裂[裂け目, 割れ目]

(向けて)の地均しをする ◆paved with concrete コンクリート舗装されて ◆pave the way for the acceptance of new products 新製品が受け入れられるための下地を作る ◆Library automation paves the road to faster interlibrary loans. 図書館のオートメーション化は, 図書館どうしの迅速な貸し出し融通を容易にする.

**pay** 1 ⓒ給料, 給与, 賃金, 給金, 俸給, 報酬, 支払, 支給; adj. コイン(を入れると作動する方)式の, 有料の ◆for pay 有償で ◆a pay raise ((米)); a pay rise ((英)) 賃上げ ((ラフな意味で))ベースアップ ◆scrambled pay channels 《TV》スクランブルがかかっている有料チャンネル ◆strike for better pay 賃上げを要求してストをする ◆take-home pay 手取り[手取り給与(額)] ◆work at low pay 低賃金で働く ◆a long maternity sabbatical without pay 無給の長期出産・育児休業 ◆calculate the gross pay based on the number of hours worked 総賃金を労働時間数に基づいて計算する ◆A heavier workload could result in a fatter pay envelope. 仕事の量が増加して給料袋がふくらむ[給料が増える]かもしれません.(*占いから) ◆Large companies should not owe employees back pay. ((意訳))大企業は従業員に対して賃金未払い[((場合によっては))給料の遅配]をすべきではない.

2 vt.〈金〉を支払う,〈人〉に金を支払う,〈金額〉を(〜の代価として)払う<for>,〈税金など〉を払う, 納付する[納める, 納入する],〈借金〉を弁済する,〜に(とって)引き合う;(pay A to B または pay BA の形で)〈利益, 報酬など〉を〈人〉にもたらす, まかなう; vi. (〜の)代金を支払う<for>, (〜に対して)弁償する<for>, 引き合う[採算がとれる] ◆do not pay ペイしない; 引き合わない; 割り[間尺(マシャク)]に合わない; 損得勘定からしたら合わない; 甲斐(カイ)[値, 値打ち]がない ◆be paid [transferred] directly into a bank account 銀行口座に直接支払われる[振り込まれる, 入金される] ◆(とって)引き合く ◆low-paid foreign workers 低賃金の外国人労働者 ◆low-paying jobs 低賃金の働き口 ◆pay a pension to... 〈人〉に年金[恩給]を給付[支給]する ◆Crime doesn't pay. 《諺》悪事は引き合わない[割りに合わない]. ◆It pays to <do> 〜しても損にはならない; 〜することは, それだけの価値がある ◆a series of attempts to make the theater pay for itself この劇場が立ち行く[採算がとれる]ようにするための一連の試み ◆the amount paid for a service rendered 供された役務[用務]に対する支払額 ◆You get what you pay for. 所詮値段に見合ったものしか手に入らない; 安物買いの銭失い; 安物は高物. ◆as an example of getting a customer to pay an invoice on time 顧客に期限通りインボイス[送り状, 仕切り状, 商品明細請求書]に対する支払に[及ぶ]方法の一例として ◆pay for itself in the first full year of operation それは営業[運航, 操業, 稼働, 運用]開始丸一年で引き合う[採算がとれる]ようになる ◆If you try to cut corners, you will end up paying for it. 手抜きでぞんざいな仕事をすれば, そのつけが回って来ることになるだろう. ◆Nothing is more expensive than paying for free stuff. ただのものに金を出すほど高いものはない. ◆It is expected that the simulator will pay for itself very quickly. このシミュレータは, すぐに元がとれるものと見込まれている. ◆Pays for itself in no time! (お買い求めになれば)すぐにでも(購入代金の)元がとれます.(*広告文. 主語は製品であり, 省略されている) ◆The salesclerks are paid about 20% better than those of competitors. 店員らは, 競合店の店員よりも20%ほど給料がいい. ◆We believe the market's finally getting the message that it does not pay to engage in illegal copying. 私たちは, 市場がようやく違法コピーをすることは間尺(マシャク)[割り]に合わないという趣旨がわかってきているものと信じています.

**pay back** 〈借金など〉を返す,〈人〉に借金などを返す,〈人〉に(〜のことで)仕返しをする<for>,〈金〉を(〜に)返

<to> ◆He is notorious amongst friends for borrowing money and never paying it back. 彼は借金をして踏み倒すということで友人の間で悪名が高い.

**pay off** vi. ペイする, 引き合う, 割に合う, やるだけの価値がある, 報われる, 利益をもたらす, 良い結果をもたらす, 功を奏する, 効果があがる, 成果を挙げる, うまくいく, 成功する; vt. 〈人〉に借りていた金を返す,〈借金〉を全額返済[完済]する,《口》〈人〉を買収する,〈人〉に支払うべきものをすべて払って解雇する,〈人〉に仕返しする ◆pay off a loan ローンを完済する ◆...-ing... may take some effort, but it will pay off 〜するのはたいへんかもしれないが, それはやるだけのこと[価値]はあるだろう ◆Continued diligence has paid off. 不断の努力は報われた. ◆His strategy has paid off handsomely. 彼の戦略は大いに[見事に]功を奏した. ◆Turn off the water heater when you go on vacation. For less than 24 hours, this doesn't pay off, but for longer periods it makes a real difference. 旅行に出かけるときは湯沸かし器を消しましょう. 24時間以内の場合は消す甲斐[価値]はありませんが, もっと長い時間だったら本当に違いが現れます.(*光熱費の話)

**pay out** 〜を分配する, 〜を支払い[支出]する, 〜を繰り出す ◆pay out... 〈(ケーブルなど)〉を繰り出す

**payable** adj. 支払うべき, 支払われるべき, 利益になる, 儲かる; n. 〜s (= accounts payable) ◆accounts payable 買掛金, 買掛金勘定, 支払勘定, 未払金 ◆make one's check payable to... 小切手の受取人[名宛て人, 振り出し先]を〈人〉に指定する ◆If cancellation occurs 14 or more days prior to the scheduled attendance date, no cancellation charge shall be payable. 解約金が出席予定日よりも14日以上以前に発生した場合には, 解約金を支払う必要はありません.

**pay-as-you-earn** adj. ((英))源泉徴収方式の (=((米))pay-as-you-go)

**pay-as-you-go** adj. 従量料金制の, 使用量に応じて料金を支払う方式の, その都度[現金]払い制の; ((米))源泉徴収方式の (cf. pay-as-you-earn) ◆on a pay-as-you-go basis 使用量に応じた料金[従量料金]で, その都度払いで ◆pay-as-you-go metering of database use データベース使用料金算定のための計量 ◆pay-as-you-go online charges オンライン使用の従量料金(*データベースや通信接続など)

**payback** (a) 〜 元金回収, 資本回収, 投資回収, 見返り, 払い戻し(金); adj. 元金[資本, 投資]回収の, 払い戻しの, 見返りの ◆The cost benefits of automated file migration alone can produce a payback in less than six months. ((意訳))ファイル移行の自動化から生じるコスト上のメリットだけで, 6カ月もしないうちに元が取れる[償却ができてしまう].

**pay cable** (a) 〜 有料有線テレビ

**paycheck** a 〜 給料支払い小切手, 給料, 給与; (a) 〜 給料の額

**payday** (a) 〜 給料日

**pay dirt** ⓒ採掘して採算のとれる鉱物質に富んだ土砂や鉱石, ((鉱業))富化土; ⓒ((口))金を手に入れることができると[金蔓(カネヅル), かねのなる木], 価値ある[金銭的においしい]発見[もの] ◆hit [strike] pay dirt and become enormously rich 一山当てて超大金持ちになる

**PAYE, P.A.Y.E.** (pay as you earn) n. ((英))(税金の)源泉徴収方式; adj. (= pay-as-you-earn)

**payee** a 〜 (小切手などの)名宛て人, 受取人, 支払い先

**pay envelope** a 〜 ((米))給料袋 (=((英))a pay-packet)

**payer** a 〜 支払人

**payload** a 〜 ペイロード [有効搭載量](*航空機・宇宙船に搭載の乗員・機器; 打ち上げられる衛星などの輸送料計算対象となる積荷;((ミサイルに搭載の爆弾の量)ミサイルの弾頭(の破壊力),(乗客, 貨物類の)有料荷重,(会社の)給料支払い用経常負担[人件費] ◆a NASA payload specialist 米航空宇宙局のペイロードスペシャリスト[搭乗科学技術者, PS](*スペースシャトルの) ◆loft a payload into orbit 《宇》ペイロードを軌道(上)に打ち上げる

**payment** (a) ～ 支払い, 納入, 納付, 払い込み; a ～ 支払い額; (a) ～ 報酬, 仕返し, 返礼, 報復, 復讐, 罰 ◆a payment method 支払い方法 ◆the payment of a debt 借金の返済 [弁済] ◆an interest payment 利子支払い, 利払い ◆owe $3 million in back payments 300万ドル分の支払いが遅れって; 300万ドルを滞納した ◆experts in balance of payments [balance-of-payments] problems 国際収支問題の専門家 ◆Payments of more than $10 million are being made by...to... ～から～への1000万ドルを上回る金額の支払いが進行中である. ◆Please note that payment by VISA is perfectly acceptable to us. VISA (カード) でのお支払いも喜んでお受けします.

**payoff** (通例 the ～) 支払い, 返済, 支払日; (a) ～ 報復; a ～《口》賄賂 (ワイロ); a ～ (事件, 物語などの) 結末, クライマックス ◆a payoff reel (テープの) 供給リール ◆a payoff to depositors 預金者へのペイオフ [預金払い戻し] (＊銀行倒産時の) ◆take payoffs from drug dealers 麻薬密売人から賄賂をもらう ◆make big payoffs to Japanese government officials 日本の官僚に多額の賄賂を贈る ◆For much less investment and with much quicker payoff, ... はるかに少ない投資ではるかに早い見返りを得るために ◆he was accused of taking payoffs ranging from $500 to $3,000 to <do...> 彼は, ～することで500ドルから3000ドルの賄賂を受領していたとして告訴された ◆there is a commercial payoff for the effort put into the engine design エンジン設計に注ぎ込んだ努力に対して商業面での見返りがある ◆He is accused of taking more than $60,000 in payoffs from a developer. 彼は, 不動産開発業者から6万ドルを上回る額を賄賂として受けとった廉 (カド) で告発されている.

**pay-packet** a ～《英》給料袋 (=《米》a pay envelope)

**pay-per-view** 〈有料テレビなどが〉従量料金制の ◆on a pay-per-view basis 〈有料テレビなどが〉従量料金制で [視聴量に応じた料金で]

**pay phone, payphone** a ～ (= a pay station) 公衆電話

**payroll** a ～ 給与支給簿, 従業員名簿, (ある企業の) 給与・賃金の支払いの総額 ◆keep [have] a person on one's payroll 〈人〉を雇っている ◆a payroll clerk 給与 (担当) 事務員 ◆a wholesale payroll-cutting campaign 大規模な無差別人員削減運動 (＊wholesale は,「区別をせずに大幅に」) ◆she is no longer on our payroll 彼女は当社に在籍していません [退職しました] ◆The biggest U.S. industrial corporations have restructured, cutting their payrolls by some 3.1 million workers. 米国の最大手製造業各社は, 約310万人に上る人員のリストラを実施した.

**pay station** a ～ 公衆電話

**Pb** 鉛 (lead) の元素記号

**PBS** (the Public Broadcasting Service)《略語形でthe は不要》米国公共放送

**PBX** (private branch exchange) a ～ (電話回線の) 構内交換機

**PC** (personal computer) a ～ (pl. PCs, PC's) パーソナルコンピュータ, パソコン ◆Unlike PCs, Macs have no manual eject button for floppy disks. IBM系のパソコンはPCとは異なり, (アップルの) Macにはフロッピーディスク用の手動イジェクトボタンがない.

**PCB** (polychlorinated biphenyl) (a) ～ PCB (ポリ塩化ビフェニール); (printed circuit board) a ～ (pl. ～s) 印刷回路基板, プリント回路基板, プリント配線板 ◆PCB-laced sludge PCBで汚染されたヘドロ ◆six tons of PCB-contaminated waste PCBで汚染されている廃棄物6トン ◆treat sludges and oils containing PCBs and dioxins PCB類やダイオキシン類を含むスラッジ及び油を処理する

**pc board** a ～ 印刷回路基板, プリント配線板 ◆a bed-of-nails pc board test fixture 〈電子〉プリント基板布線検査用ジグ (＊生け花で使う剣山のように電気的接触用のピンが多数植え付けられている)

**PCC** (Press Complaints Commission) the ～《英》新聞・雑誌苦情処理委員会 [報道苦情処理委員会]

**PC-DOS**《コンピュ》(ピーシーディーオーエス) (＊MS-DOSのIBM PC用版)

**PCI** (Peripheral Component Interconnect)《コンピュ》

**PCM** (pulse code modulation) PCM (パルス符号変調)

**PCMCIA** (Personal Computer Memory Card International Association)《コンピュ》 ◆a PCMCIA expansion card 《コンピュ》PCMCIA拡張カードスロット ◆the PCMCIA standard PCMCIA規格 ◆a PCMCIA card slot 《コンピュ》PCMCIA拡張カードスロット

**PCR** (polymerase chain reaction) (a) ～《遺伝工》PCR法, 合成酵素連鎖反応 (法) (＊ヌクレオチオドをポリヌクレオチオドの鎖にするポリメラーゼという酵素を用いて, 微少のDNA試料から短時間に大量の複製を作る法)

**PCS** (plastic-clad [poly-clad] silica) プラスチッククラッド石英

**Pd** パラジウム (palladium) の元素記号

**PDA** (personal digital assistant) a ～ (pl. PDAs) 携帯情報端末 (＊手のひらサイズでポケット型の個人用モバイル情報機器)

**PDF** (Portable Document Format) (＊Adobe社により開発されたフォーマット. Adobe社が無償で配布しているソフト Adobe Acrobat Reader を使って読める) ◆scan documents directly into PDF format 文書をスキャンして直接PDF形式 [フォーマット] に読み込む

**PDL** (page-description language) a ～ ページ記述言語 ▶レーザープリンタ等のページプリンタの印刷制御言語のこと. 現在, 代表的なものに Adobe Systems 社の PostScript, Xerox 社の Interpress がある.

**PDP** a ～ (plasma display panel) プラズマ・ディスプレイ・パネル

**PDS** (public domain software)《コンピュ》(ピーディーエス), パブリックドメインソフトウェア, 公開ソフト; (Processor Direct Slot)《コンピュ》

**pea** a ～ エンドウ; (通例 ～s) エンドウ豆 ◆pea gravel 豆砂利

**peace** (a) ～ 平和, 和平, 太平 [泰平], 静寂 (セイジャク), 講和, 和睦 (ワボク); the ～ 治安 ◆安らぎ, 平穏 (ヘイオン), 無事, 安泰, (心の) 落ち着き, 静寂 ◆a peace dividend 平和の配当 ◆peace enforcement forces [units] 平和執行部隊 ◆keep the peace 治安を維持する ◆support world peace 世界平和を維持する ◆with peace of mind; with peace in mind 安心して ◆peacemaking, peacekeeping and post-conflict peace-building 平和創出, 平和維持, そして紛争後の平和建設 ◆I pray that she can now rest in peace. 彼女が今は安らかに眠れるように [《意訳》彼女のご冥福を] 祈ります.

**peaceable** adj. 平和な, 泰平な, 平和的な, 平和を好む, 争いを好まない [避けようとする], 喧嘩嫌いでない, 穏やかな, 温和な ◆in a peaceable manner 平和に, 平和裏に, 穏やかに, 平穏に ◆By nature, David is a peaceable man. He dislikes fighting. 生まれつき [生来, 元来, もともと, 本質的に], デービットは平和を好む男だ. 彼は喧嘩 [争い] が嫌いだ.

**Peace Corps** the ～《米国の》平和部隊 (＊日本の青年海外協力隊のモデルとなった機関, 開発途上国の復興援助のためにボランティアを派遣する)

**peaceful** adj. 平和な, 平和的な, 泰平な, 争いを好まない, 平和を好む, 温和な, 穏やかな, のどかな, 坦々とした ◆the peaceful use of nuclear energy 原子力エネルギーの平和利用

**peacefully** adv. 平和に, 平和的に, 平和裏に, 穏やかに, 平穏に, 安らかに, 静かに, すやすやと, おちおちと, 波風が立たずに, 丸く, 円満に ◆live here together peacefully under one roof ここで一つ [同じ] 屋根の下で平和に [平穏に, 穏やかに] 同居している

**peace-keeping, peacekeeping** n. 停戦などによる国際的な平和維持活動; adj. 平和維持の ◆a peace-keeping force 平和維持軍

**peace-loving** 平和を愛する ◆a peace-loving population 平和を愛する人々

**peace of mind** 心の平和 [安らぎ, 平穏], 安心 ◆a feeling of peace of mind 心が安らいでいる感じ; 心のやすらぎ ◆

bring [provide] peace of mind 心の安らぎをもたらす; 安心感を与える; 心を平安にする; 心をなごませる ◆for your peace of mind (あなたの)心の平安[安心]のために ◆for your own peace of mind あなた自身の安心のために; (どうしても気になるなら)自分の気が済むように ◆Gain peace of mind by checking into whether... かどうか調べて安心を得ましょう...かどうかを調べて安心です ◆but that's a small price to pay for the peace of mind of knowing (that)... だがそれは、〜がわかっているという安心を買うための小さな代価[代価]だ ◆It may be worth the cost for the peace of mind you get in return. (直訳)それは、見返りに安心を得るための代価に足るだろう.; (意訳)それは安心料として価値があるだろう.

**peacetime** n. 平時 (→wartime) ◆during peacetime 平時に (*戦時と区別して) ◆the largest peacetime buildup in the nation's history その国の歴史上最大規模の平時の軍備拡張[軍拡]

**peak** 1 a〜 (とがっている)山頂、峰、最高峰、とがった頂の山、とがっている先端、ピーク、絶頂、最高点、尖頭(セントウ); adj. ピークの、最高の、最大の、尖頭-、波高- ◆a peak value ピーク値; 尖頭値(セントウチ); 波高値 (*正方向または負方向のいずれか一方向の振幅の最大値) ◆Alpine peaks アルプスの峰々 ◆be at one's peak ピークにある [最高に達して、最盛期で、最高潮で] ◆be past one's peak 盛り[峠]を過ぎて ◆demand reached a peak 需要が最大になった [ピークを迎えた] ◆except at peak vacation periods 休暇シーズンのピーク[どこもかしこも休暇の時期]を除いて ◆in [during] peak periods 最盛期[最繁期、ピーク時]に ◆reach one's peak ピークに達する; 最大[最高]になる; 最高潮を迎える ◆the voltage reaches its peak value 電圧がピーク[尖頭、最高、最大]値に達する ◆about 200 amps in peak value ピーク値[尖頭値(セントウチ)、波高値、最高値、最大値]で約200アンペア ◆due in part to his peak physical condition 彼の体調は絶好調ということもあって ◆during off-peak hours ピークをはずれた時間帯に[ピーク時間帯を避けて] ◆during off-peak times 閑散時[閑散期]に ◆energetic people can walk to the peak 元気な人は、峰[いただき、山頂、頂上]まで歩いて行ける ◆when street traffic is at its peak 道路の交通量が最も多い時に ◆Emission power shall be measured in peak values. 放射電力は、ピーク値[尖頭値(セントウチ)、波高値、最高値、最大値]で測定するものとする. ◆It occurs at the peak of the output voltage. それは、出力電圧が最高になったところで起きる. ◆In 1984, when the recovery was at its peak, capital investment surged by 15.3%. 景気回復の最盛期だった1984年に、資本投資が15.3%急増した. ◆Water loss by sweating may reach a peak of about 3 litres per hour during intense exercise. 発汗による水分の喪失は、激しい運動時には最高で約3リットルに達することがある.
**2** vi. ピークに達する、最高になる、最大になる ◆the demand for... has peaked 〜の需要が最高に達した[ピークを迎えた] ◆when the star peaks in intensity この星の明るさがピークに達すると[最高になると] ◆wild fish capture peaked out in 1989 天然ものの魚類の水揚げ[漁獲高]は1989年にピークに達し[下降線に入った; 頭打ちになった] ◆the number of émigrés peaked in 1979 at more than 51,000 海外に移住[脱出]する者の数は、1979年に51,000人以上を数え(史上)ピークに達した ◆In my particular case, I peaked out at 29. 自分の場合に限って言えば、29歳で脂が乗り切った[絶頂期を迎えた].

**peak off** ◆the stock market suddenly peaked off after reaching a new all-time high 株式相場は過去最高値を更新した後、突如天井を打った ◆The Leonid meteor shower is supposed to peak off at 2 a.m. tonight. 獅子座流星群は、今夜午前2時に最高(潮)に達するものとみられている.

**peak-to-peak** adj. adv. 最高最低(振幅)の[で]、ピークツーピークの[で]、p-p値[波高値]での[で] ◆a peak-to-peak value ピークツーピークの値、ピークツーピーク値; p-p値; 尖頭同振幅値; 波高値 (*振幅の正負方向の最大差・最大値・最高値) ◆a square wave of current having a peak-to-peak amplitude of 100 ma ピークツーピーク振幅が100ミリアンペアの方形波電流

**peanut** a〜 ピーナッツ、落花生、ナンキンマメ、ジマメ; a〜 取るに足らない[小物の]人; 〜s (俗)僅かばかりの金銭[はした金、目腐れ金] ◆foam packing peanuts ピーナッツの殻の形をした発泡梱包材

**peat** ⓤ ピート、泥炭、草炭(ソウタン); a〜 泥炭塊(*燃料用に切り出したもの) ◆a peat swamp ピート[泥炭、草炭(ソウタン)]が堆積している湿地[湿原]; 泥炭湿地

**pebble** 〜 小石、丸石、玉石、水晶 ◆a pebble-grained surface みかん肌[砂目]仕上げされている面

**pebbling** 仕上げ面に細かい凹凸が生じること

**PECC** (the Pacific Economic Cooperation Council) 太平洋経済協力会議(省略形にtheは不要)

**pecking order** a〜 (鳥の社会における)つつきの順位; a〜 (人間社会の)階級、順位、序列、階層 ◆establish a pecking order 階級[順位、序列、階層]を設ける ◆one's position in the military pecking order 軍の階級[(意訳)指揮命令系統]における地位[位置] ◆he has quickly advanced in the pecking order 彼は速いペースで階級[地位]が上った ◆he is lower in the pecking order than the foreign minister 彼は外務大臣よりも位が下である ◆they are at the bottom of the pecking order 彼らは階級[序列]の最下位にいる; 一番位が低い ◆In Japan, such egalitarianism is by and large unthinkable; every person knows his place in an intricate pecking order. 日本においては、そのような平等主義は概して考えも及ばないことである. 誰もが複雑に入り組んだ序列[階層、上下関係]にあって自分の場所[地位、位置(付け)]を知っているからだ.

**peculiar** adj. <to> (〜に) 独特[特有、固有、特徴的、特質的、特異、特別、特殊]な(の)、持ち前の、〜独自の、〜専用の、異様な [一風変わった] ◆Gulf war veterans suffer from a disease peculiar to them 湾岸戦争の帰還兵たちは彼らにしか見られない特有の[特異な]病気で苦しんでいる ◆whenever a peculiar-looking machine instruction is encountered おかしい[異常]と思われる機械語命令に行き当たったときはいつでも ◆This is not peculiar to Harvard. これは(何も)ハーバード大学に特有な[限った]ことではない.

**peculiarity** (a)〜 特色、特質、特性、特異性; a〜 (奇妙な)癖、性癖、奇習 ◆regional peculiarities 地域毎の特殊性[特殊事情] ◆the peculiarities of each model 各車種[機種]の特徴 ◆a peculiarity of that dialect is that... 〜ということが、その方言の特殊性である ◆every place has its peculiarities どの場所にも、その場所ならではの[他にはない、独自の]特色がある ◆It's a national peculiarity in America that... 〜ということは、米国という国の特殊性[特殊事情]である

**pecuniary** adj. 金銭の、金銭的な、金銭上の、財政の ◆be in great pecuniary difficulties 大きな財政難[非常な経済的困難]に陥っている ◆suffer from pecuniary difficulties 金銭的な困難[財政難、経済難]に苦しむ ◆Pecuniary offenses require payment. 罰金刑には支払いが伴う.

**pedal** 1 a〜 ペダル、踏み板 ◆a bike's pedals; bicycle pedals 自転車の(両)ペダル ◆hold the pedal down ペダルを踏み込んだままでいる ◆press the pedal flat ペダルを完全に[いっぱいに、限度まで]踏む ◆pump the brake pedal to build up the pressure 圧力を高めるためにブレーキペダルをしこしこと何度も踏む ◆The car's pedal feel is numb. ペダルフィール[ペダルを踏んだ感じ]が甘い[スポンジー]である. ◆The pedal must be at least two-thirds depressed. ペダルは少なくとも3分の2踏み込まれなければならない.
**2** vt. 〜のペダルを踏む[こぐ]; vi. ペダルを踏む、自転車に乗る

**pedantic** adj. 学者ぶった、知識をひけらかす[衒学(ゲンガク)的な]、融通の利かない[杓子定規な、小さなことにこだわる、せせこましい、やかましい[小うるさい]、想像力に欠ける[面白味のない]、平凡な[つまらない] ◆show a pedantic attitude 衒学的な態度をみせる (*学問や知識のあることを自慢げに学者ぶってひけらかす)

**peddle** vt. 〜を売り歩く、呼び売りして歩く、行商する、売り渡す、(考えなど)を押しつけようとする、(うわさなど)をばらまく[言いふらす]; vi. 行商して歩く、呼び売りする、小

事に汲々とする ◆peddle counterfeit merchandise 模造品を行商する ◆peddle (one's) influence to... [to <do...>] （金をもらって）〈政府など〉に対して［～するために］影響力を行使する

**pedestrian** 1 *a* ～ 歩行者; *adj.* 歩行の, 歩行用の ◆a pedestrian crossing; a crosswalk 横断歩道 ◆a pedestrian mall 歩行者専用［車両乗り入れ禁止の］の商店街; 遊歩道 ◆cause inconvenience to pedestrians 歩行者に迷惑をかける ◆observe pedestrian rules 〈ドライバーが〉歩行者優先の交通規則を守る ◆protect pedestrians 歩行者を保護する ◆Several of those streets will be closed to create a pedestrian-only zone around PNC Park. 《意訳》それらの道路の何本か［一部］は閉鎖され［通行止めになり］, PNC公園のあたり一帯が歩行者天国［区域］になる。 ◆On Sunday, September 24, a part of the Xxx Street will be blocked off to traffic and open to pedestrians only. 9月24日の日曜日に, Xxx通りの一部は交通が遮断されて［通行止めになり, 閉鎖されて］歩行者天国になる。
2 *adj.* 平凡な, つまらない, 月並みな, 特徴のない, 活気のない ◆the car's more pedestrian brethren その車のより月並みな仲間

**pediatric, paediatric** *adj.* 小児科(学)の; ～*s* ① 小児科, 小児医学 ◆pediatric dentistry 小児歯科［歯科学, 歯科医術, 歯科医薬］ ◆the pediatrics department at Holy Cross Hospital 聖十字病院の小児科

**pedometer** *a* ～ ペドメータ, 万歩計, 歩数計

**peel** 1 *vt.* ～の皮をむく, ～をむく[(U)脱ぐ, はぐ, 剥離する］<off, away>, 〈服〉を脱ぐ<off>; *vi.* <off> むける, はげる, はがれる, はがれ落ちる, 剥離する, （口）脱ぐ ◆a peel-off sticker（台紙からはがして貼る）粘着シール ◆peel strength 剥離強度 ◆a peel-and-stick, self-adhesive label（裏紙を［台紙から］はがしてそのまま貼れる粘着ラベル［はがして貼るシール]（*self-adhesive = 接着剤やのりが要らない） ◆peel off the contaminated surface その汚れた表面をはがす ◆peel the Velcro-fastened edges of the fabric away from... 布地の端のマジックテープで留めてある部分を～からはぎ取る ◆Paint is peeling and there are holes in many walls. ペンキははがれていて, 多くの壁に穴があいている。 ◆The coating has good adhesion and will not peel off. コーティングは密着性［付着性］が良好なので, 剥がれることはありません［剥げません］。
2 (*a*) ～ 〈果物, 野菜の〉皮; 剥離 ◆a banana peel [skin] バナナの皮（*peelの方がよく使われる） ◆made from orange peels オレンジの皮から作られた ◆a test method for peel resistance of adhesives 接着剤の剥離抵抗性試験方法

**peel off** (→peel 1); *vi.* (航空機が編隊から) 離脱する, グループを抜ける, コースを離れる

**peep** 1 *vi.* のぞき見する, 次第に姿を現してくる, 出てくる; *a* ～ のぞき見 ◆peep through the keyhole 鍵穴からののぞき見 ◆peep into their mouths 彼らの口の中をのぞく ◆he became a Peeping Tom 彼はのぞきの常習者［出歯亀］になった ◆minor crimes such as peeping into windows 窓からのぞき見するような［窃視(セッシ)］などの軽犯罪 ◆peep through a hole in the wall to spy on... ～をこっそりうかがうために壁の穴からのぞく
2 *a* ～（小鳥やネズミなどの）ピーピー［チュウチュウ］というような声［音］, しゃべること, ぶつぶつ言うこと, 小言, より; *vi.*

**peer** *a* ～ 対等の人, 同輩, 同僚, 仲間, 同等の物, 匹敵する物 ◆a peer-to-peer network 〈コンピュ〉ピアツーピア・ネットワーク（*サーバー機は使用せず, 各コンピュータが対等な立場で接続されているLAN） ◆by [through, under] peer pressure 仲間からの圧力で; 同僚から強要されて ◆peer through a peephole のぞき穴からのぞく

**peg** 1 *a* ～ くぎ, 木くぎ, 栓(セン), 合い釘（アイクギ), 目釘（メクギ), くさび,（英）洗濯ばさみ, 〈弦楽器の〉糸巻, 機会, 口実,（評価の）段階, 等級 ◆a peg-in-hole assembly task 部品を挿入する方式での組み立て作業

2 *vt.* ～をくぎで固定する, 〈価格, 為替レートなど〉を固定する ◆peg the Argentine peso to the dollar アルゼンチンペソをドルに連動させる（*直訳は「ドルに固定する」だが, ドルと一緒に変動するので「ドルに連動」の意味） ◆the CFA franc (common currency of the Francophone African Community, pegged to the French franc) CFAフラン（フランス・フランに連動している旧仏領アフリカ共同体の共通通貨）

**peg away at** ～にせっせと精を出す, ～を根気強くやる

**PEG** (polyethylene glycol) ポリエチレングリコール

**pejorative** *adj.* 軽蔑的な, 蔑視的な, 誹謗(ヒボウ)的な, 悪口の; *a* ～ 軽蔑語 ◆"Leave us alone!" is the rallying cry wherever Internet vets gather to gripe about "newbies", the pejorative term for newcomers. 「(我々の邪魔をしないで)引っ込んでいろ」というのが, インターネットのベテランが集まって「ニュービーズ連中」(初心者を軽蔑した［バカにした］呼び方）について愚痴のたびに発するスローガンである。

**pel** (picture element) *a* ～ ペル, 画素（*主としてIBMが画素のことをこう呼んでいる。= a pixel）

**pelagic** *adj.* 遠海の, 遠洋の, 外洋性の, 《生物》（*底生と対照して）漂泳性の, 浮き－［浮－］ ◆coastal pelagic fishery 沿岸での浮き魚の漁業 ◆Pacific pelagic fish such as salmon and herring 鮭やニシンなどの太平洋の浮き魚［浮魚］（*底生と対照して）

**pelt** *vt.* ～に（～を）続けざまに投げつける <with>, ～を（～に）続けざまに投げつける <at>, ～を続けざまに打つ, ～に（質問などを）浴びせる <with>; *vi.* 連打する, (雨などが)叩き付けるようにして降る <down>, 続けざまに投げる, 急ぐ ◆a pelting spray of water バシャッと叩きつけるような水しぶき

**Peltier** ◆a Peltier (effect) device ペルチェ［ペルティエ］（効果）素子 ◆the Peltier effect ペルチェ［ペルティエ］効果

**pen** 1 *a* ～ ペン, インクで書く筆記具, ペン先 (= a nib), ペン軸にペン先が付いた筆記具,（比喩的）文筆, 著述, 作家 ◆a pen PC; a pen-based computer; a penpad; a stylus computer; a notepad ペン［手書き］入力コンピュータ ◆a pen recorder ペン（書き）レコーダ ◆basic pen gestures 基本的なペンジェスチャー（*手書き［手描き］入力コンピュータのペン操作のこと。tap, press-hold, circle などのペンの動かし方） ◆under her pen 彼女のペンによって ◆a pen-shaped barcode reading wand ペンの形［格好］をしているバーコード読み取りワンド ◆The pen is mightier than the sword. 《諺》ペンは剣よりも強し。
2 *vt.* ～をペンで書く［描く］, ～を執筆する, ～を認める（シタタメル), 〈詩など〉を作る ◆Richard Nixon began to pen his memoirs リチャード・ニクソンは回顧録を執筆し始めた ◆The new Pulsar NX was penned by Nissan Design International. 新型車パルサーNXの設計は, ニッサン・デザイン・インターナショナルの手になる。

**penal** *adj.* 刑罰の, 刑事上の, 刑罰を受ける,（財政負担や税金が）過酷な［非常に厳しい］ ◆penal provisions applicable to...～に適用される罰則規定

**penalize** *vt.* ～を罰する, ～に有罪の宣告をする, ～にペナルティー［罰則］を科す, ～を不利な立場に立たす ◆penalize the manufacturer for the late deliveries メーカーに納期遅れに対する違約金を課す

**penalty** (*a*) ～ 刑, 罰, 刑罰, 制裁, 処罰; *a* ～ 罰金, 反則金, 違約金, 科料(カリョウ, トガリョウ), 過料(カリョウ, アヤマチリョウ); *a* ～ 不利益, たたり, 報い; *a* ～（競技の）ペナルティー, ハンデ, 罰則 ◆a penalty clause (契約書の)違約条項 ◆with no performance penalty 性能を犠牲にすることなく,《意訳》性能を維持したままで ◆with only a speed penalty involved 速度におけるマイナス面［不利点］を伴うというだけで ◆a 50% antidumping penalty 50％のダンピング防止課徴金 ◆at considerable penalties in cost and throughput 《コンピュ》コストと処理能力をかなり犠牲にして ◆harsh penalties for unauthorized tampering with Government computer data 政府のコンピュータデータの破壊工作［不正な作出・毀棄］に対する厳しい刑罰 ◆Pakistan has come under increasing [growing, mounting] pressure from the United States and Europe to stiffen its penalties for narcotics violations. パキスタンは, 麻薬法違反に対する

罰則の強化をするよう米国と欧州からますます圧力がかけられた.(\*厳罰化を求められた) ◆This is a small penalty to pay for better mileage. これは、燃費の改善に対して払う小さな代償である. ◆A penalty is provided for refusal to submit the vehicle for examination. 車両を検査に供することを拒む場合に適用される罰則が設けられている.

**penchant** a～好み, 趣味, 嗜好 <for> ◆He has a penchant for dispensing advice. 彼は、助言をするのが大好きだ.

**pencil** 1 a～鉛筆, 束, 光束, (ペンシル型の)まゆ墨[口紅] ◆an electric pencil sharpener 電動式鉛筆削り ◆a pencil of light (pl. pencils of light) 光束 ◆a pencil of rays (of light) 光線束, 光束 ◆a pencil drawing; a drawing in pencil 鉛筆画 ◆a 3H pencil 3Hの鉛筆 ◆a penciled line 鉛筆で書いた線 ◆a pencil sharpener 鉛筆削り ◆a sharpened pencil 削ってある鉛筆 ◆a small pencil style soldering iron 小さなペンシル型はんだごて ◆write in pencil 鉛筆で書く ◆write with a pencil 鉛筆で書く ◆colored-pencil shavings 色鉛筆の削りくず ◆a light pencil diverging from... ～から発散している光束 ◆a pencil as hard as 5H or 6H 5Hか6Hほどの硬い鉛筆 ◆\*Be prepared. Keep a pencil and paper near your telephone for taking down pertinent information. 備えあれ. 紙と鉛筆を電話のそばにいつも用意しておいて必要な情報をメモできるようにしておくこと.

2 vt. ～を鉛筆で書く[描く, 印を付ける]
**pencil in** vt. ～を仮に鉛筆で書く, ～を～にする, ～を一応予定に入れる

**pendant, pendent** a～ペンダント, シャンデリア, 懐中時計の吊り輪; adj. 垂れ下がった, ぶら下がった, 吊り下げ式の, 張り出した, 未決の, 保留の ◆a pendant lamp 吊り下げ形ランプ

**pending** 1 adj. 決着[決定]を待っている, 係争中の, 未決(定)の, 懸案の, 保留(中)の, ((意訳))先送りになっている, ((コンピュ))待ち状態の, 差し迫った, 切迫した ◆a pending patent 出願中の特許 ◆a pending problem [issue, question] 懸案の問題 ◆pending matters 懸案[未決定]事項 ◆in/out/pending trays 入り[未決]/出[既決]/保留トレー ◆patent pending 特許出願中 ◆solve another pending problem 懸案になっているもう一つの問題を解決する ◆Both matters are still pending. 両事項[両件]とも依然として懸案になっている. ◆That is a pending matter, and I really should not comment on that." 「それは懸案事項ですので、本当にこの件につきましてはコメントしかねます.」

2 prop. ～を待つ間, ～の間, ～まで, ～の結果が出るまで ◆pending further investigation 今後の捜査の結果[結論]が出るまで ◆stop shipments pending receipt of specific instructions from the department その部門からはっきりした指示を受け取るまで出荷を止めておく ◆It will be determined pending a financial analysis. それは財務分析の結果が出るのを待って決定されることになっている.

**penetrant** a～浸透剤 ◆a liquid penetrant test 液体浸透探傷試験 ◆(a) fluorescent penetrant inspection 蛍光浸透探傷検査(\*傷に入り込んだ蛍光性のpenetrant「浸透剤」がブラックライトにより蛍光を発することにより傷の部位が分かる)

**penetrate** vt. ～を貫く, ～を貫通する, ～に入り込む, 染み込む, ～に浸透する, (市場など)に浸透[進入]する, ～に深い感動を与える, ～に強い影響を及ぼす, ～の意図を見通す, 見抜く, 見破る, 看破する; vi. 貫く, 貫通する, 浸透する, 染み入る, 染み通る, 見抜く, ((口))意味が通じる ◆((口))理解される, ((口))意味が通じる ◆penetrate walls 壁を突き抜ける[貫通する, 通り抜ける] ◆It has penetrated massively in the U.S. それは米国で大々的に浸透した. ◆These products increasingly penetrate the American marketplace. これらの製品は、ますますアメリカ市場に浸透しつつある.

**penetration** 浸透, 透過, 貫入, 貫通, 侵入, 侵入, 差し込み, 圧入, (溶接)溶け込み, [医]穿通(センツウ); (a)～(弾丸の)侵徹深度; ((口))洞察力, 眼識, 看破 ◆market penetration 市場への浸透[進入, 食い込み] ◆achieve penetration into this marketplace この市場への浸透を達成する[実現する, 成し遂げる, やり遂げる, 成就する]; 食い込みを果たす ◆aggres- sive penetration pricing 思い切った浸透[普及]価格設定 ◆an 18 percent penetration rate 18パーセントの(市場)浸透率 ◆boost market penetration 市場侵透度を増大させる ◆boost market penetration 市場への浸透を高める[食い込みを深める] ◆despite a high market penetration よく市場に浸透しているにもかかわらず ◆increase one's penetration in the market ～の市場への浸透を増す; 同市場にいっそうの食い込み[進入]をはかる ◆make a deeper penetration into the market より深くこの市場に浸透する; 本市場への浸透を増す; 同市場にいっそう深く食い込む ◆mostly due to undercuts or incomplete penetration たいていの場合アンダーカットあるいは溶け込み不良のせいで(\*溶接で) ◆an area very vulnerable to moisture penetration 非常に湿気の浸透を受けやすい[湿気が侵入しやすい]箇所 ◆accelerate the corporate penetration of new technologies from numerous countries 多くの国々からの新技術が企業に浸透する[導入される]のを加速する ◆as VCR penetration increases ビデオデッキの浸透(度)が進む[増す, 増大する, 大きくなる]につれ; ((意訳))VTRの普及が進むにつれて ◆in an effort to gain increased market penetration within the United States 米国内で市場浸透を増進させようとして ◆open the Japanese semiconductor market to greater penetration by U.S. chips 米国製ICチップの浸透がより進むよう日本の半導体市場を開放する ◆the increasing penetration of digital technology into the telecommunications networks デジタル技術の電気通信網へのいっそうの浸透 ◆the penetration of the probe is 8 mm 探針の挿入深さは8mmである ◆predict a market penetration of one in ten users in Japan by the year 2000 西暦2000年までに日本においてユーザー10人に1人の割り合いで市場浸透を果たすであろうと予測する ◆take all necessary steps to protect the computers from penetration by hackers ハッカーによるコンピュータへの侵入から守るために、あらゆる必要な対策を講じる ◆Yet Mac penetration is relatively small in Japan, Germany and many other countries, ... それでもなお、Mac(コンピュータ)の浸透は日本、ドイツ、その他の多くの国々において相対的に小さく、◆the level of penetration the company is making in the market その会社がこの市場で果たしつつある浸透の度合い[食い込みの程度] ◆It has only a 14 percent penetration. 同市場浸透率は、わずか14パーセントである. ◆CCITT #6 common channel signaling has achieved little penetration outside the U.S. CCITT #6共通信号方式は、米国以外ではほとんど浸透[定着]しなかった. ◆In 1959, the full-fledged penetration of the gospel style into pop music was realized in Ray Charles' revolutionary What'd I Say. 1959年に、レイ・チャールズの革命的な「What'd I Say」により、ゴスペルスタイルのポピュラー音楽への本格的な浸透が実現した.

**penicillin** ((口))ペニシリン ◆penicillin-resistant strains ペニシリン耐性菌株

**peninsula** a～半島 ◆the Korean Peninsula 朝鮮半島 ◆a peninsula that juts out of northern Sri Lanka スリランカ北部から突き出ている半島

**penitence** ((口))後悔, 悔い, 悔悟, 懺悔(ザンゲ), 改悛 ◆without any penitence [repentance, contrition] なんの後悔もなく; 性懲りもなく ◆The Church expressed penitence for not speaking out against their wartime government この教会は、戦争当時の自国政府に対して反対[非難]の声を上げなかったことについて後悔を表明した[悔悟の意を示した.]

**penny** a～(pl. pence)((英))1ペニー; a～(pl. pennies)((英))ペニー硬貨(\*100分の1ポンド); a～((米, カナダ))1セント, 1セント銅貨; a～(単のみ)((否定文で))びた一文 ◆Don't be penny-wise and dollar-foolish. 安物買いの銭失いということにならないように.

**penny-pinching** adj. けちな, けちんぼうな, しみったれの; ((口))極度の倹約[節約, 物惜しみ, 吝嗇(リンショク)], しみったれ, どけち ◆a club known for its penny-pinching (ド)ケチで知られているクラブ ◆a penny-pinching college student つましい[倹約家の, 節約している, 貧乏]大学生

**penny-wise** adj. わずかな金を出し惜しむ, 一文惜しみの ◆... may well prove to be penny-wise and pound-foolish ～は

多分に安穏買いの銭失い[一文惜しみの百失い]ということになりかねない

**pension** a ~（1人の人が受ける1種類の）年金，恩給; vt.〈人〉に年金［恩給］を給付する ◆live on a pension 年金暮らしをする ◆an old-age pension 老齢年金 ◆receive [draw, have] a pension 年金を受ける
 **pension off...**〈人〉を年金付きで退職させる; 〈もの〉を（使用をやめて）廃棄する

**penstock** a ~ （水車へ水を導く）導水路, （水力タービンへの）水圧管, （水力発電所の）水門 ◆three 9-foot diameter penstocks 9フィート径の水圧管3本（※水力発電所の）

**pentagon** a ~ 五角形; the Pentagon 米国国防総省（の俗称） ◆the Pentagon building 米国国防総省の建物（※五角形＝pentagonであることから） ◆a senior Army officer at the Pentagon 米国防総省の上級陸軍将校

**penthouse** a ~ ビルの屋上のテラス付き豪華住宅, ビルの最上階の部屋, ペントハウス,《技術》塔屋 (※ビルの屋上の, 電気・エレベータ・貯水設備などを収容する部分)

**Pentium** the ~《ときに a ~》《コンピュ》ペンティアム (※米Intel社開発のマイクロプロセッサ. 80486の後継版) ▶Pentiumの種類を言う場合は a Pentiumマイクロプロセッサを言う場合に可算になる. 80486などの他のマイクロプロセッサについても同様である. ◆the Pentium microprocessor Pentiumマイクロプロセッサ ◆a 2.53GHz Pentium-4 machine 《コンピュ》Pentium 4 2.53GHz搭載機

**pent-up** adj. 閉じ込められた, 鬱積 (ウッセキ) した, 積もり積もった ◆there is a pent-up demand 累積［繰り延べ］需要がある ◆unleash pent-up fury 鬱憤（ウップン）を晴らす ◆his pent-up urge for adventure 彼の冒険をしてみたいという内に積もった衝動 ◆pent-up feelings of hurt and resentment 精神的苦痛や憤りの鬱積した感情 ◆A long pent-up demand for quality foods is slowly being met. 長い間に積もりに積もった高級食品の需要は, 徐々に満たされてきている.

**people**《複扱い》人々, 方々（カタガタ）, 世間（の人々）, 住民,《the ~《複扱い》一般大衆 ◆国民, 民族, one's ~ 家人, 親類, 身内 (の人) ◆a people photograph 人物写真 ◆the People's Republic of China 中華人民共和国 ◆people-originated calls 人がかけた電話 (※電子機器が自動でかけた電話に対して) ◆the government and the people of Japan 日本の政府と国民 ◆that means doing more with fewer people それはより少ない人員でより多くのこと［仕事］をするということを意味している (※リストラについて) ◆This type of machine is unfamiliar to most people. この種の機械は, ほとんどの人にとってなじみのないものである.

**people's republic** a ~ 人民共和国; the People's Republic <of> ~人民共和国

**pepper** ① (香辛料としての) 胡椒 (コショウ), ペパー; a ~ (植物としての) 胡椒, 唐辛子; vt. ~に胡椒を振りかける, ~に（弾丸・質問など）を浴びせる＜with＞ ◆a pepper shaker コショウ入れ

**pep talk** a ~ 激励の話[演説, 言葉], 発破 (ハッパ), 檄 (ゲキ) (※檄文の意味ではなく, 俗に用いられている激励の訓辞の意味で) ◆deliver a pep talk on... to... ～について［に］激励の訓辞をする［活を入れる, 檄を飛ばす］ (※「檄を飛ばす」のこの用い方は, 国語辞典では認められていないようだ) ◆give salespersons and employees a pep talk 販売員と従業員にハッパをかける［檄を飛ばす］ ◆Head Coach Bruce Craddock gave a pep talk to the team. ブルース・クラドックヘッドコーチは, チームに檄を飛ばした［ハッパをかけた］.

**peptic** adj. 消化を助ける, ペプシンによる, 消化性の ◆a peptic ulcer 消化性潰瘍

**per** ～につき, ～当たり; ～に従って, ～に準拠して; ～で, ～に依って ◆2 dividers per drawer 各引き出しに2個ずつの仕切り ◆a per-unit price 1個当たりの価格 ◆fire at a rate of 20 rounds per second 毎秒20発 (のペースで) (弾丸を) 発射する ◆per cubic foot of air 空気1立方フィート当たり ◆per liter of air 空気1リットル当たり ◆per-person limits 1人当たりの限度 ◆a four-valve-per-cylinder engine 各気筒に4バルブ付いてい

るエンジン ◆gold plated per MIL-G45204 MIL-G45204規格に従って［準拠して］金めっきが施されている ◆we wanted to lower our costs on a per-motorcycle basis 我が社はオートバイ1台当たりのコストを引き下げたかった ◆Charges for these access services are per minute. これらのアクセスサービスの料金は, 分単位(での課金)である. ◆The above-listed products are manufactured on a per-order basis to customer specifications. 上に列挙した［上記］製品は, お客様の仕様に合わせて注文ごとに製造されます［受注生産となっております］.
 **as per** ～通りに, ～の通り, ～のごとく, ～により, ～に従って, ～に則って ◆as per safety standards 安全規格に従って［則って, 準拠して］

**per annum** 1年当たり; 1年ごとに

**per capita** 1人頭の, 頭割りの ◆a per capita income of about $300 一人当たり約300ドルの所得 ◆per capita [per-capita] income; income per capita 1人当たりの所得

**perceive** vt.（目, 鼻, 耳, 舌, 皮膚のいずれかで）知覚する, 気付く, 感知する, 認める, 認識する, 分かる, 理解する, 悟る ◆perceive sounds 音を知覚する［感じる, 感じ取る］ ◆perceived self-efficacy 《心》効力感 ◆perceive a faint smell of smoke かすかに煙の臭いを感じる ◆when the desired change is perceived to be urgent この求められてる変化が急務を要するものであると認識された場合に ◆when the situation is not perceived as urgent 状況は焦眉の急を要しているのだという認識がもたれていない場合に ◆it was not perceived as a problem by many Americans それは多くのアメリカ人に問題としては認識［問題とはとらえられ, 問題視され］なかった ◆I do not want to appear dissatisfied or be perceived as a job-hopper. 私は, 不満を持っているように見られたり, 職を簡単に転々と替える人間だとかいうふうに受け取られたくありません. ◆Luminance represents the perceived brightness of a monitor. 輝度はモニター（表示装置）の知覚された明るさ（《訳》明るさ感）に相当する.

**percent, per cent** (記号%, 略p.c.)(→ hundred percent) a ~《単／複扱い》パーセント, 百分の1, 1分 (ブ); adj. パーセントの ▶"X percent of Y"は, Yが単数形なら単数扱い, Yが複数形なら複数扱いする. ◆a 5% to 10% performance improvement 5～10パーセントの性能向上 ◆be usually expressed as a percent 通例パーセント (値) (百分率) で表示されている ◆contain 2% molybdenum モリブデンを2％含有する ◆contain about 2% of the hydrocarbon その炭化水素を約2％含む ◆in 90 percent of the served area その供給区域の90パーセントの部分で ◆65 percent of homes have two or more television sets 65パーセントの世帯がテレビを2台以上保有している ◆cars used less than 50 percent of the time for business driving 仕事[事業, 業務]用に乗ること[割合]が50％より少ない車 ◆It has been 70% to 75% successful. それは70％から75％成功だった. ◆It is believed to be 97% accurate. それは97％正確だと考えられている. ◆Prices have risen 100% or more on most goods. 大部分の物の値段が100％以上上がっています. ◆The British economy grew by 3% last year. 英国経済は, 昨年3％成長した. ◆On a national average, college students end up in jobs of their choice about 76 percent of the time. 全国平均で, 大学生は約76パーセントが自分の志望する仕事にありついている.

**percentage** a ~《単／複扱い》パーセンテージ, 百分率, 百分比, 率, 比率, 比率, 割合, パーセント値 ▶"X percentage of Y"は, Yが単数形なら単数扱い, Yが複数形なら複数扱いする. ◆on a percentage basis パーセントでいうと; 百分率換算で ◆the percentage of change 変化率 ◆a pie chart that shows the percentages of... ～の(《意訳》構成比)を示す円グラフ ◆a component's percentage by weight [volume] 成分の重量[体積]百分率 ◆be expressed as a percentage パーセント(値)で表される ◆increase the size of the printout in percentage increments プリントアウトのサイズを％単位で拡大する[パーセント刻みで上げる] ◆if they win they pay their lawyers a percentage of the damages もしも彼らが勝訴すれば弁護士らに (勝ち取った) 損害賠償金から歩合を (報酬

**percentage** (として)支払う(＊a percentage = あるパーセント値。具体的な数値はここでは言っていない) ◆pay them a percentage of what they collect 彼らが集金する[した]金額の何パーセントかを彼らに歩合として支払う(＊a percentage は、1％のことではなく「ある百分率値」のこと) ◆GM's fixed costs as a percentage of sales are 31％. ゼネラルモーターズの固定費は、対上比で31％である。 ◆Enter the percentage by which each new xxx increases over the previous xxx. 各新規xxxが前のxxxに対して[比べて]何パーセント(の比率で)増加するかを入力します。 ◆He said it is not clear what percentage of essential hypertension might be related to the gene. 何パーセントの本態性高血圧がその遺伝子と関係しているのかは不明である[定かではない]と彼は述べた。 ◆In little more than a decade, the percentage of U.S. homes with VCRs has zoomed from zero to 70. 10年もしないうちに、ビデオデッキを所有している米国世帯の率は[米国世帯のビデオデッキ普及率は]ゼロから70％に急増した。 ◆The population of older readers – those of the pre-boomer and baby boomer generations – is expected to grow [increase] in percentage (terms) for the next 20 years. 年輩の読者の人口、すなわち団塊の世代とその上の世代の人口は、この先20年間にパーセンテージを伸ばすだろうとみられている。(＊全体に占める構成比が上がる) ◆According to Gallup polls, the percentage of Americans who profess a high degree of faith in bankers dropped from 60％ in 1979 to 51％ last year. ギャラップ調査によると、銀行に高い信頼をおいていると回答するアメリカ人の割合は、1979年の60％から昨年の51％に落ちた。 ◆Economic and humanitarian aid for developing countries has been cut far more, in percentage terms, than other parts of the budget. 開発途上国向けの経済援助および人道的援助は、率にしてほかのどの予算項目よりもはるかに大幅に削減された。

**percentagewise, percentage-wise** adv. 百分率[パーセンテージ、パーセント]で(いうと)、率にして、割合からいうと ◆be evaluated percentagewise パーセントで評価される ◆Percentagewise, is it up or down? パーセントで言ってそれは増加しているのかそれとも減少しているのか？

**perceptible** adj. 感じとれる、知覚できる、認知できる、認められる、感じ取れるほどの、かなりの ◆a perceptible time delay かなりの時間の遅れ ◆consumer prices rose a barely perceptible 0.1 percent in July 《意訳》消費者物価が7月に0.1％微増した ◆there is no perceptible political tension 政情面での表だった緊張はない

**perception** 回知覚、認知、感覚、認識、意識、洞察、理解; a ～ 見解、見方、受け止め方、印象、認識 ◆There is a perception that... ～であるといった認識がある ◆visual perception 視知覚 ◆a false perception 誤った認識、《事実》誤認; 妄認 ◆from a customer's perception 顧客の感じ方[観点]から ◆alter time and space perception 時間と空間の感覚を変えてしまう ◆Many people today have a false perception of Christianity. 多くの人たちは今日、キリスト教に対して誤った認識を抱いている。 ◆There is a strong perception outside the U.S. that the FCC will, of course, mandate use of the Standard. 米国外では、連邦通信委員会が無論この標準規格の使用を義務付けるのではないかといった強い見解がある[見方が強い]。 ◆There is a growing perception among some U.S. officials that... 一部の米国政府当局者の間では、～といった見方[見解、認識]が強まって[広がって]いる。 ◆Motivated by a false perception of their bodies as fat, the patients starve themselves or use other techniques, such as vomiting or taking laxatives, to induce weight loss. 身体は脂肪だという妄想に駆られて、これらの患者は体重を減らすために自らを飢餓状態に置き[《意訳》極端に食事制限または絶食し]たり、あるいは嘔吐や下剤を飲むなどその他のテクニックを用いたりする。

**perchloroethylene** 《化》パークロロエチレン、パークロルエチレン、ペルクロロエチレン ◆perchloroethylene (used mainly in dry cleaning) パークロロエチレン(主にドライクリーニングで使用されている) (＊別名: tetrachloroethylene = 四塩化エチレン、テトラクロロエチレン)

**percolate** vt. ～を濾過(ロカ)する、漉(コ)す、(水などが)～に染み透る[浸透する]、〈可溶物〉を(～から)溶かし出す[抽出する、浸出する] <from>、〈コーヒー〉をパーコレータで煮出す; vi. 漉される、濾過される、(～に)浸透する[しみ透る] <through>、《比喩的》(考え、情報などが)次第に浸透する[広まる]、(コーヒーが)パーコレータで沸く

**percolation** 濾過(ロカ)、浸透、浸出、抽出、透水

**percussion** 回(2つの堅いもの同士がぶつかる音、振動)衝撃、衝突、打撃、《医》打診法; the ～ (集合的、単／複扱い)打楽器(部)、パーカッション(セクション) ◆a percussion cap 雷管 ◆a percussion (musical) instrument パーカッション楽器; 打楽器 ◆percussion welding 衝撃溶接; パーカッション溶接

**percutaneous** adj. 皮膚を通しての、経皮的な ◆percutaneous electrodes for neuromuscular stimulation 神経筋刺激用の経皮電極

**per diem** adj. 1日当たりの、その日その日の、日割りでの; adv.; a ～ (pl. per diems) (出張の際の)日当、日給 ◆a per diem of $50 1日当たり50ドルの日当[出張手当] ◆eat three meals per diem; eat three meals a day 1日3食食べる ◆on a per diem basis その日その日[日割り]で; 日割計算で ◆receive $40 per diem 1日40ドルの日当をもらう ◆receive $70 a day per diem 日当[日給]で1日70ドルもらう ◆receive per diem and travel allowance 日当と出張旅費をもらう ◆receive per diem of $50 per diem 1日50ドルの日当[日給]をもらう

**perennial** adj. 一年中続く、年中絶えない、長期間続く、永続的な、永年[長年]の、永久的な、《植》多年生の、宿根の; a ～ (= a perennial plant) 多年生植物、多年草 ◆a major but perennial opposition party 大所帯の万年野党 ◆... is a perennial bone of contention between the United States and Japan ～は日米間の恒常的な争いの種[不和の原因]である

**perestroika** 《ゴルバチョフ旧ソ連政権の》ペレストロイカ[改革](政策) ▶ロシア語で改革[再建、建て直し、再構築]の意味。英語のrestructuring、あるいはrebuildingに相当。 ◆perestroika (political and economic reform) (旧ソ連の)ペレストロイカ(政治と経済の改革) ◆Gorbachev's economic restructuring program, known as perestroika,... ペレストロイカとして知られるゴルバチョフの経済再建計画は、～

**perfect** 1 adj. 完全な、完璧な、万全の、十全な、申し分のない、この上ない、非の打ちどころない、遺憾無い、完全無欠な、理想的な、絶好の、全くの、正確な、寸分たがわない、絶対的な、《文法》完了形の; n. the ～ 《文法》完了形、完了時制 ◆a perfect food 完全食品 ◆a perfect solder joint 申し分ない(仕上がりの)はんだ付けによる接合部[箇所] ◆bring them to their perfect state それらを完全[完璧]な状態にする ◆he had a perfect chance to <do...> 彼には、～する絶好のチャンス[この上ない機会]があった ◆score [achieve] a perfect ten (out of ten) 10点満点取る[を得る、獲得する] ◆a perfect-bound [adhesive-bound] magazine 無線綴じの雑誌 ◆a less-than-perfect outcome 決して完璧とはいえない結果 ◆This is a perfect opportunity for them to <do...> これは〈人など〉にとって～する絶好の機会[チャンス]だ ◆have a perfect AAA credit rating 《信頼性において最上級[最高]の格付けでAAAを得て[AAAに格付けされて]いる ◆the mouse interface is less than perfect マウスインターフェースは不完全である[《意訳》完成の域にまで達してない] ◆by making sure the LH cars that get to the consumer are as near-perfect as possible 消費者に届くLH車を可能な限り完璧に近いものにすることによって ◆It is perfect for motion studies. それは運動解析にうってつけだ。 ◆The car is close to perfect. その車は完璧に近い。 ◆The car is designed to be as nearly perfect as possible. この車は、限りなく完全無欠に近く[《意訳》完璧を期して]設計されている。 ◆The technology of atomic energy is not perfect. 原子力エネルギー技術は、完全無欠ではない ◆The weather was perfect and the countdown went smoothly. 絶好の天気で、秒読みはスムーズに行われた. ◆The cordless soldering iron is perfect for in-field service and maintenance repair. このコードレスはんだごては、現場での[出張]サービスや保守修理用

**perfection**

にもってこいだ. ◆You can't blame us for not being perfect, because let's face it, there is no school that could be even close to being called that. あなたには私たちのことを完璧でないといって非難することはできないはずです. 実際の状況をみてみれば, 仮にもそれに近いかと呼べる学校すら存在しないのだから.
2 vt. ～を完成させる, 仕上げる, 改良する, 完璧に近いものにする, 完全無欠にする ◆by perfecting and honing their existing technology 彼らの既存の技術を完成させ磨きをかけることに

**perfection** 完全, 完璧, 万全, 十全, 完全無欠, 円満, 完成, 仕上げ, 完備, 具備, 理想, 極致, 典型 ◆with perfection 完璧に, 完璧をもって ◆bring...nearer to perfection ～をより完成［完全なもの］に近づける, ～の完成度を上げる, 完璧を期して～を改善［改良］する ◆bring...to a state of perfection ～を完全な［完璧な, 完全無欠な, 完成した］状態に持って行く ◆bring...to perfection ～を完成［の域］まで持って行く, ～を完成させる［完成力］する ◆it will still take several years for virtual reality (VR) to arrive at perfection 仮想現実(VR)が完成の域に達するまでには後数年かかるだろう
**to perfection** 完全に, 完璧に, 申し分なく［非の打ち所なく, 遺憾なく, 十分に］, (100%)正確に, (文字)実に見事に ◆almost to perfection ほぼ完全に, ほぼ完璧に近くまで ◆imitate [copy] a painting to perfection 絵画を(100%)正確に模写［複写］する

**perfectly** adj. 完全に, 完璧に, 申し分なく, 非の打ち所なく, 文句なしに, 異存なく, よく, 極まって, すっかり, 全く, 全面的に, 本当に, 誠に, 大いに, 遺憾なく, ぴったりと, ちゃんと, 見事に, 立派に, 心から ◆I think it is perfectly alright [all right] to <do...> 私は～しても一向に構わない［全然差し障りない, 全く差し支えない］と思っています. ◆it lends itself perfectly to home use to keep track of where your money comes from — and where it's going to これは, 家庭において家計収支の管理に使うのに申し分ない(*会計ソフトの話) ◆absolute pitch
**perfect pitch** 絶対音感

**perforate** vt. ～に穴を開ける, 鑽孔(サンコウ), ［穿孔(センコウ)］する, ～にミシン目を入れる; vi. 貫く, 貫入する, ぶち破って［～に］穴を開ける <through> ◆a perforated tear-off strip ミシン目で切り離せる用紙片 ◆be perforated with holes 穴が開いている ◆Pin-feed paper is perforated between pages. ピン給紙(連続)用紙は, ページとページの間にミシン目が入っている.

**perforation** 穴を開け, 鑽孔(サンコウ), 穿孔(センコウ), 貫通; 《しばしば ～s》(切手, 小切手などの)目打ち, ミシン目, 切り取り線 ◆lead to perforation of the wall 壁面の穿孔(センコウ)［壁面に穴があくこと］につながる ◆TO OPEN: TEAR ALONG PERFORATION 開封のしかた: ミシン目に沿って切り離してください

**perform** vt. ～をする, ～を行う, 実施する, 実行する, する, 遂行する, 成し遂げる, 果たす, 執(トリ)り行う, 履行する, 演じる, 上演する, 公演する, 演奏する, 実演する; vi. 働く, 演奏する, 機能する, 動作する (▶他の辞書にある「作動する」という訳語は, 「動き始める」の意味になってしまうので多くの場合不適切である) ◆inspections and tests performed by the supplier 部品供給メーカーによって実施されている検査や試験 ◆perform each task in succession 各々の作業を順に行う ◆perform edits 編集をする ◆aircraft that do not perform as specified in government contracts 政府の契約書にうたわれている仕様通りの性能を発揮しない航空機 ◆a set of instructions that the personal computer performs repeatedly パソコンが繰り返し実行する一連の命令 ◆Should your product not perform properly,... 万一お買い上げの製品が正常に動かない場合は,... ◆The computer performed without a hitch. そのコンピュータは, 支障なく働いた. ◆Intelligent terminals have the ability to perform functions on their own. インテリジェントターミナルは, 自分自身で機能を遂行する能力を備えている.

**performance** ①実行, 遂行, 実施, 動作, 履行, 働き; 性能; ②(投資の)パフォーマンス［運用成績］; (a)～ 実績, 業績, 成

果; a～ 公演, 上演, 演奏, 演技, 実演 ◆increase [grow] in performance 性能が上がる［向上する, 高くなる］ ◆a live performance ライブ演奏［上演, ショー］; 公演; 実演 ◆a PAR (performance appraisal review) system 人事考課［勤務評定, 業績評価］制度 ◆performance capabilities 性能 ◆performance figures 〈車, 機械などの〉性能値 ◆performance specifications 〈性能面の〉仕様 ◆substantial performance 《建築》〈契約の〉実質的履行; 《工業》かなりの［なかなかの］性能 ◆a high-performance alloy 高性能合金 ◆a performance car 高性能車 ◆achieve higher performance 《工》より高い性能を実現する, 高性能化する; 《商》より高い実績を達成する［上げる］, 高業績化する ◆achieve outstanding performance 優れた実績を達成する［業績を上げる］ ◆a relentless drive for ever higher performance 高性能化への飽くなき衝動 ◆a system of outstanding performance 卓越した性能の［抜群のパフォーマンスを発揮する］システム ◆deliver [offer] outstanding performance 抜群の性能を発揮する ◆enable the performance of more tasks より多くの作業の実施［遂行］を可能にする ◆for added performance; for an added performance boost 性能アップのために ◆for a performance boost 性能アップのために; 性能アップを目指［追求］して ◆operate on a results-oriented [performance-oriented] basis 成果［業績, 実績］主義に基づいて運営する ◆quality performance history records 品質実績履歴記録 ◆the performance characteristics of... ～の動作性能［性能, 動作］特性 ◆the performance of an instruction 《コンピュ》命令の実行 ◆the performance of a variety of tasks 種々の仕事の遂行 ◆without incurring a performance penalty 性能の低下を招くことなしに(*ある目的を達成するための代償として, 普通ならば当然起きるであろう性能の低下のことを言っている) ◆In an attempt to achieve ever higher performance,... 一段と高性能化を達成しようと,... ◆the DTP system's performance characteristics このDTPシステムの性能特性 ◆the performance of a feasibility study for privatization of... ～の民営化可能性調査の実施 ◆we compared performance between A and B 我々はAとBの性能を比較してみた ◆a performance gain of 25 percent to 30 percent 25パーセントから30パーセントの性能向上［改善］ ◆attain high levels of performance 高い水準の性能［実績］を達成する ◆at the time of the performance of the research in question 当該研究実施時に ◆create a performance appraisal system to rate job performance 業務遂行能力を格付けするための人事考課制度を設ける ◆during the performance of official firefighting duties 公務上の消火職務の遂行［執行］中に ◆enhance your overall athletic performance あなたの全体的な運動［遂行］能力を高める ◆if performance cannot be met [satisfied] using... ～を使用して(もし)性能に満足できない場合は ◆meet the incessant demand for increased engine performance 絶え間ないエンジン性能の高級化［高度化］要求に応える ◆pay off with significant improvements in performance (いくつかの点での)性能改善［アップ］が得られるので引き合う ◆performance figures for the month just past 前月［直前月］の(売上などの)実績の数字［統計］ ◆with an intent to enhance the performance of his car 彼の車の性能を高める目的で; 彼の車を高性能化しようとして ◆her performance appraisals were based almost exclusively on the results 彼女の勤務評定は, ほとんど実績［実績, 成果, 業績］のみに基づいてつけられていた ◆maintain a high overall level of sales performance 総じて高水準の販売実績を維持する ◆Monitoring enables the performance of the system to be assessed. モニタリングによって, システムの性能の評価が可能になる. ◆Several key design features contribute to the enhanced performance of the AV4200. いくつかの設計上の主要な特徴が, AV4200の高性能化に貢献している. ◆The 2040AX delivers about four times the performance of the 1020AX. 2040AXは, 1020AXのほぼ4倍の性能を発揮する. ◆The 2040CG has [offers] three times the performance of the earlier 1020CG. 2040CGは, 先行機種1020CGの3倍の性能をしている［持っている, 備えている］. ◆This approach will lead to a 5% to 10% performance improvement. このアプローチを採れば, 5%から10%の性能向上につながるだろう.

◆The seniority system is gradually being replaced by a new job performance-based pay system that companies are using to raise white-collar productivity. 《意訳》年功序列制は、業績[実績、成果、実力]ベース[主義]の賃金制に徐々に取って代わられつつある. 後者は、企業がホワイトカラーの生産性向上のために採用しているものだ.

**performer** a~ 演者, 実演家, 出演者, 演奏者, 演技者, 芸人, 役者, 曲芸師, 軽業師, タレント, 行う人, 実行[履行, 遂行]者 ◆a high performer 成績の優秀な人[もの]; 性能が優れている車; 高性能機器; (植物などの)優秀な個体[品種] ◆a top performer 最高の性能[値]を持つ機器; 成績最優秀者; 業績が最高の企業; 運用益が最高の銘柄

**performing arts** 《複数形》舞台[公演]芸術, 芸能 ◆a performing arts center 芸能センター ◆performing arts of [in] Japan; Japanese performing arts 日本の芸能

**perfumer** a~ パフューマー, 調香師(*香りの素材を嗅ぎ分け, 創造力でさまざまな香りを創る. 調香師の最高の称号は"nose"「鼻(ネ)」) ◆a creative perfumer 創造性豊かな調香師

**perfunctory** adj. おざなりの, 通り一遍の, 機械的な, 事務的な, お決まりの, 熱意のない, 本気でない, 魂の入っていない, いい加減な, お役目的な, 形式ばった, 表面的な「上辺だけの」 ◆in a hurried and perfunctory manner [fashion] 慌ただしく通り一遍に

**perhaps** adv. ことによると, 多分, 恐らく, あるいは, 大方, 大体, ~くらい, けだし;《文全体で》~かも知れない, だろう, でしょう

**per head** 一人頭の, 頭割りでの

**peril** (a)~ 大きな危険, 危難, 危殆(キタイ); a~ 危険なもの ◆do... at one's peril 危険を覚悟で~やる ◆a peril to the peace of the world 世界平和を脅かすもの ◆those in peril on the sea 海上で危険にさらされている人々 ◆Whether at seaside or at sea, use this protective case to keep your photo equipment safe from the perils of water. 浜辺においても海上においても, この保護ケースを使って写真機材を水の危険から安全に守ってください.

**perimeter** a~ 周囲, 外周, 外周部, 縁の部分, 周界, 周囲の長さ, 周囲長, 全周; a~ 視野計 ◆the perimeter of a circle 円の円周(の長さ) ◆the perimeter of a polygon 多角形の周囲(の長さ) ◆see edge thickness for the entire perimeter of the lens レンズの周囲全体[レンズ全周]にわたって縁の厚みを見る ◆four equal-sized areas around the perimeter of the screen 画面の周辺部に配置されている同じサイズの4つの領域(*ここでの周辺部は, 画面の縁の内側にある領域) ◆There are a total of six heads around the perimeter of the rotating drum. 回転ドラムの外周に(ひとめぐりするように[分散して])合計6個のヘッドがある. (*VTRの話)

**period** a~ 期間, (ある長さの)時間, 周期, 時期, 時代, 一期, 一紀, 一代, (学校の)時限; a~ ピリオド, 終止符; adj. ある時代に関しての, (劇などが)時代物の ◆a period of time during... ~の間の期間 ◆a time period over which... ~の間を通して at inconvenient periods 都合の悪い時期に ◆be true to the period 〈演劇, 映画など〉が時代[時代考証]に忠実で ◆during rush-hour periods ラッシュアワーの間に ◆for a time period of five years 5年の期間にわたり ◆over an extended time period 長期間にわたって; 長期間の間 ◆over a period of time ある期間にわたり ◆put a period to [on]... ~に終止符を打つ; ~を終わりにする; ~に決まり[決着, けり]をつける ◆the length of a transition period 移行期間[過渡期]の長さ ◆the length of the period of employment 雇用期間の長さ; 勤続年数 ◆the voltage is raised gradually over a period of time T 電圧は徐々に, 時間Tをかけて上げられた ◆women who develop irregular periods when they exercise 運動をすると生理が不順になる女性 ◆after a set period of time ある一定の期間[時間]の(経過)後に ◆during certain time periods 特定の時間帯に ◆over a fixed time period ある一定の期間にわたって ◆within a fixed time period ある一定の期間[時間]内に ◆a square wave having a period of 300 µsec. 300マイ

クロ秒の周期の方形波 ◆automatic sending during low phone rate periods 《通》電話料金の安い時間帯における自動送信 ◆during periods of system overload or high usage システムの過負荷時または高稼働時には ◆last for some period of time ある長さの期間[《以下意訳》いくらかの間, しばらく]続く ◆throughout extended periods of use 長期間にわたる使用期間全体を通して ◆during the April-to-September period 4月から9月までの期間に ◆over a two-day period 2日間にわたって ◆during periods of low humidity 湿度の低い期間の間 ◆after a predetermined period of time has elapsed 所定の長さの時間が経過した後 ◆check the measuring devices at established periods 測定器を定められた期間ごとに検定する ◆for a period of five years after the date of the last shipment 最終出荷日から5年間の期間 ◆the agreement finally put a period on this question once and for all 同協定は, ようやくこの問題にきっぱりと終止符を打った ◆the number of 1s and 0s that can be transmitted in the period of one second 1秒間に伝送できる1と0の個数 ◆throughout the long period during which this book turned from a design concept into a reality 本書が構想から形になるまでの長い期間中を通して ◆If occasional, brief periods of downtime are acceptable. たまにならば, 短時間の(故障などによる装置の)停止は容認[許容]できる. ◆She often develops irregular periods or stops having them altogether. 彼女は生理不順になったり, 全く生理がなくなったりすることがよくある. ◆How many periods of the square-wave input signal will the system take to reset itself? このシステムは, 自分で[自動的に, 自己]リセットするのに何周期分の方形波入力信号を要するか. ◆In the first six months of last year, Alcatel had a profit of 3.11 billion francs, up 20 percent from the year-earlier period. 昨年上半期に, アルカテル社は, 前年同期比20%増31億1000万フランの利益を上げた. ◆Sales of U.S.-built cars were up 29% in the middle ten days of November from the same period a year ago. 米国製自動車の11月中旬の販売高は, 対前年同旬比29%増だった.

**periodic** adj. 周期的な, 周期性の, 定期的な, 断続的な, 間欠的な, 反復的な ◆become periodic 周期的になる ◆a periodic antenna 同調アンテナ[空中線](= a resonant antenna 共振アンテナ) ◆a periodic brake check ブレーキの定期点検 ◆a periodic structure 周期構造 ◆a periodic wave 周期波 ◆a periodic input 周期的な変化をする入力 ◆periodic and aperiodic signals 周期的な信号と非周期的な信号 ◆periodic relubrication 定期的な再注油 ◆Preventive Maintenance: Conduct a periodic inspection of the Xxx system at least once a year. 予防保全: Xxxシステムの定期検査[点検]を少なくとも年1回行ってください.

**periodical** a~ 定期刊行物, 雑誌; adj. = periodic, 定期刊行の ◆a periodical publication 定期刊行物 ◆carry out periodical inspections 定期検査を実施する

**periodically** adv. 周期的に, 一定間隔をあけて, 定期的に, たびたび, ときどき ◆... shall be tested periodically at least every 3 years according to... 〈機械など〉は, 〈仕様など〉に従って少なくとも3年に1回の周期で[3年ごとに定期的に]テスト[試験, 検査](を行うものと)する ◆Gaging and testing equipment must be periodically inspected. 測定器および試験装置は定期的に検査しなければならない. ◆Periodically check the drum for damage. 定期的に, ドラムに損傷がないか点検してください.

**periodicity** 周期性 ◆occur without periodicity 非周期的[不規則]に起こる ◆a signal with different periodicity and amplitude 周期と振幅の異なる信号 ◆exhibit approximately 3-hour periodicity 約3時間の周期性を示す ◆These stars show no periodicity in their variations in brightness. これらの星の輝度変化には周期性が見られない.

**periodic table** the~ 《化》(元素の)周期(律)表

**peripheral** adj. 周辺(部)の, 周辺装置の, 末端(ハマツ)な, ささいな,《医》末梢性の; a~ 周辺装置 ◆(a) peripheral speed [velocity] 周速度; 周速; (円盤型カッターなどの)切断[切削, 削り]速度 ◆computer peripheral equipment; a computer peripheral device コンピュータ周辺装置[機器] ◆peripheral equipment for personal computers; peripherals for PCs; PC peripheral equipment; PC peripherals パソコン(用)の周辺機器 ◆The cutting speed in milling is the peripheral speed of the cutter. ミリング[フライス作業]における切削速度とは,切削工具の周辺速度のことである.

**periphery** a ~ 周囲[周辺,周辺部,外面,表面],近郊[郊外]; a ~ 《医》末梢(マッショウ),末端部 ◆on the periphery of the town 町の周辺部に ◆the periphery of a barrel 樽の側面 ◆they are strategically placed around the periphery of the park to <do...> それらは,〜するために公園の外周の要所要所に配置されている

**periscope** a ~ ペリスコープ,潜望鏡 ◆the periscope of a submarine 潜水艦の潜望鏡 ◆raise a periscope and search for the enemy 潜望鏡を上げて敵を捜す ◆a submarine is about to come to periscope depth from below periscope depth 潜水艦が,潜望鏡の届かない深度から潜望鏡が見える深度まで上昇[浮上]しようとしている ◆The need for attack submarines to operate at periscope depth has been increased by... 攻撃型潜水艦が潜望鏡を上げて海面が見える潜水[深]度で作戦行動をする必要性が〜により高められた[高まった]

**perish** vi. (非業な死に方で)死ぬ,滅びる,消滅する ◆those who died [passed away, were killed, lost their lives, perished] in this tragedy この悲劇[惨事]で亡くなった方々

**perishable** adj. (食品などが)腐敗しやすい; n. 〜s 生鮮食料品 ◆a perishable product 腐りやすい製品,生鮮食品,生もの ◆the storage of perishables 腐敗しやすい食品の貯蔵

**perjure** vt. (perjure oneself のごとく再帰的に用いて)(特に法廷で)偽証する

**perjury** Ⓤ偽証すること,偽証罪; a ~ (特に法廷でつく)嘘,偽り,偽証 ◆commit perjury 偽証罪を犯す;偽証する ◆Lying has become a way of life now that perjury is so well practiced from the president on down to the lowest echelon and seldom prosecuted. 嘘をつくことは生活様式の一端となり,今や嘘は大統領を始めとして末端に至るまで広く行われている.そして(これにより)起訴されることはめったにないのだ. (*the lowest echelon 一番低い階層(の人々))

**perk** (→ perquisite)

**permalloy** (a) ~ パーマロイ(*ニッケルと鉄が主成分の高透磁率磁性合金,商標は Permalloy) ◆a hard permalloy record/ playback head 硬質パーマロイ録音再生ヘッド

**permanence** Ⓤ永久,永遠,永久不変,永続性,耐久性,耐久度,持久性,持久度,保留性 ◆the permanence of peace 平和の永続性 ◆they think the current slowdown will have permanence 彼らは現在の景気の低迷は非常に長引くだろうと考えている

**permanent** adj. 永久の,永遠の,悠久の,とこしえの,恒久的な,恒常的な,永続的な,不変の,千古の,死ぬまで続く[一生の,生涯の,終身の], (一時的にではなく)常時,常置-,常設-,常任-,常駐-,常時-,固定-,本-,整定する,持続性-,耐久-,不揮発性 n. a ~ (髪型の)パーマネント (= a permanent wave) ◆a permanent magnet 永久磁石を ◆create a permanent swap file 《コンピュ》常設スワップファイルを作成する ◆permanent [adult] teeth 永久歯 ◆permanent currents 恒流 (*海流の) ◆... can be used on a permanent basis 〜は(一時的にでなく)常時使用できる;〜は永久的に[恒久的に]使用可能である ◆cause permanent damage 永久的な被害を与える ◆gain [apply for] permanent residence 永住権を取得する[申請する] ◆grant the right of permanent residence to... 〜に永住権を与える ◆make the database changes permanent 《コンピュ》データベースの変更を確定する (*トランザクションをコミットすることによって) ◆mark... with [in] permanent ink 〜に不滅インクでマーキングする[印を付ける] ◆hire them as permanent employees 彼らを常勤[常用雇用]の従業員として[正社員に]雇う ◆use floppy disks to keep data on a relatively permanent basis データを半永久的に保存しておくためにフロッピーディスクを使う ◆The centre has permanent staff to train users, aid in the implementation of experiments and develop new NMR applications. 本センターは,ユーザーに対する訓練,実験の実施支援,および新規 NMR(核磁気共鳴)応用用途開発を行うための常勤スタッフを抱えている. ◆Each bottled product shall be affixed with a permanent date stamp indicating the date of bottling for that individual container (month and year). 個々のビン詰め製品には,それぞれにビン詰めされた日付(年月)のスタンプを消えないように押すこと. ◆The Security Council currently has five veto-bearing permanent members and 10 nonpermanent members that serve two-year terms. 国連安全保障理事会は現在のところ拒否権を持つ常任理事国5カ国および任期2年の非常任理事国10カ国で構成されている.

**permanently** adv. 永遠に,永久に,とわに,とこしえに,恒久的に,恒常的に,いつまでも,未来永劫,常時,死ぬまで[一生,生涯,一生涯,終身],常設で,常任で ◆a permanently-installed unit 《意訳》恒久的に設置されているユニット;固定ユニット ◆be permanently mounted on... 〜に恒久的に取り付けられている ◆either permanently or temporarily 永久的(恒久的,永続的,常設的)にまたは一時的に ◆utilize permanently-installed systems 恒久的に設置された[常設型の]システムを利用する ◆at permanently established facilities employing permanently located equipment 恒久的に設置された機器類を使用している恒久施設で ◆permanently affix the decal to the windshield 移し絵式ステッカーをフロントガラスに永久的に[《意訳》容易に剥がれないように]貼り付ける ◆we must significantly and permanently lower our cost of doing business 我が社は事業費を大幅かつ永続的に下げてゆかねばならない ◆Each shipping container shall be clearly and permanently marked as follows: 各輸送コンテナには,はっきりと(容易に)消えないように下記のごとく表示すること.

**permanent wave** a ~ パーマ; vt. 〜にパーマをかける ◆permanent wave a patron's hair 客の髪にパーマをかける

**permeability** 透過性,透過度,浸透性,透水性,透湿性,通気性; (a) ~ 透磁率,透磁率,浸透率,透磁性 ◆permeability tuning 《無線》ミュー同調 (= slug tuning) ◆magnetic permeability 透磁性 ◆high-permeability steel 高透磁率鋼 ◆exhibit [have] extremely high magnetic permeability 極めて高い透磁率を示す[有している]

**permeable** adj. 透過性の,浸透性の,通気性の,透湿性の,透水性の ◆a permeable layer 透水層 ◆a permeable membrane 透過膜[透析膜]

**permeance** 《磁気》パーミアンス (*reluctance 磁気抵抗 の逆数)

**permeate** vt. 〜にしみ通る,染み込む,浸透する,浸潤する,透過する,広がる,行き渡る,普及する,蔓延する,充満する,立ちこめる,みなぎる; vi. 《through, among 名詞》 ◆Nepotism permeates our society. 同族[一族]登用は我々の社会に浸透している.

**Permendur** パーメンジュール (*等量の鉄,コバルトから構成される磁性材料.加工性を高めるためにバナジウムを1〜2%加えることがある.飽和時に非常に高い透磁率を持つ)

**permissible** adj. (= allowable) 許容できる,許し〜る ◆the maximum permissible deviation 最大許容偏差 ◆the maximum permissible concentration (*特に放射性物質の)最大許容濃度,規制濃度 ◆法律などによって上限が定められているので the maximum permissible の部分を「規制」と読み替えることができる) ◆at the maximum permissible level 最大許容レベルで;受忍限度で ◆it would be within the bounds of what is permissible それは許される[受忍限度[許容範囲]内にあるものと思われる ◆the maximum permissible dose of radiation 放射線の最大許容線量 ◆air pollution levels still exceed permissible limits virtually every day of the year 大気汚染度は年間を通して許容限度[許容値]をほぼ毎日上回っている.

**permission** Ⓤまたは〜s 許可,認可,許諾,許諾(キョダク),許し,断り, (許可されて得た)権限, 権 ◆without permission 無許可で,許可なしに ◆without permission 許可[なし]なしに,許諾[認可]を得ないで,無許可で,みだりに,断りなしに,無断で,黙って,勝手に ◆request [seek, ask for] permission to <do...> 〜する許可を願い出る[請う・仰ぐ,求める] ◆receive [get, obtain, win] permission to <do...> 〜する許可を

受ける[得る, 手に入れる, 勝ち取る, 獲得する] ◆give [grant] permission 許可を与える ◆give permission for the use of... 〜の使用許可をおろす ◆give permission to 〜する許可を与える ◆have permission to <do> 〜する許しを得ている ◆prevent the use of a trade name without permission 商標の無断使用を防止する ◆reprinted with (the) permission of... 〜の許可により転載されて ◆those who have been granted permission to <do>... 〜する許可[認可, 許し]を受けた方 ◆win permission to <do> 〜する許可を得る ◆without seeking permission from... 〜の許しを仰ぐことをせずに; 〜の許可を得ずに; 〜に断りなしに ◆without special permission 特別な許可無く ◆You need permission if you intend to <do>... 〜するつもりなら, 許可が必要です. ◆without getting [gaining, obtaining] advance permission from... 〜からあらかじめ取り付けて[許諾を前もって得て]おくことをしないで ◆Permission is granted to <do> 〜することは許されている. ◆he was denied permission by Femtex to create... 彼は〜をフェムテックス社から得られなかった; 彼が〜を設立しようとしてフェムテックス社に出しておいた許可願いが却下された ◆I will willingly give you my permission to <do>... 私は, 喜んであなたに〜する許可を出そうと考えています ◆the board voted to deny him permission 理事会は, 彼に許可を与えないことを投票により決定した[彼の許可申請の却下を票決した] ◆they applied to the city government for permission to <do>... 彼らは, 〜をするための許可を取るために市役所に申請した ◆airport officials put barricades on the runways and denied permission to land 空港職員は滑走路にバリケードを設置し, 着陸許可を出さなかった(*ハイジャックの話で) ◆without prior written permission from [of] the publisher 発行者からの書面による事前の許可を得ずに ◆Pakistan denied permission for the plane to land in Lahore. パキスタンは, 同機がラホールに着陸することを拒んだ. ◆If you own forest land, in some states, you must get permission to chop down your trees; often that permission is denied. 森林地を所有している場合, 自分の木を切り倒すのに州によっては許可を得なければなりません. そしてこの許可(申請)は往々にして却下されることがあります. ◆The regime controls all domestic media. Citizens need permission to relocate even within the country. 政府があらゆる国内メディアを統制している. 市民は国内でさえも転居するのに許可を要する. ◆Q: Do I need permission to link to someone else's site? A: No, but you should ask permission, particularly if you are linking to an image. 問: 他の人のサイトにリンクを張るのに許可[許諾]が必要でしょうか? 答: いいえ(必要ありません). ただし, 特に画像にリンクする場合は許可を求め[願い出]なければなりません.

**permissive** adj. 許容の, 寛大な, 甘すぎる ◆a permissive traffic sign 許可を指示する道路標識

**permit** 1 vt. 〜を許す, 許可する, 認める, 認可する, 許可する, 〜にさせる <to do>, 〜を可能にする; vi. (時間, 健康, 事情などが)許す, 都合がつく ◆if time permits もし時間が許せば ◆permit the building of... 〜の建設を許可[認可]する ◆Modular design permits vertical stacking. 標準寸法設計なので, 積み重ねできます. ◆A bearing permits free motion between moving and fixed parts. ベアリングは, 可動部品と固定部品の間の自由な動きを可能にする. ◆Suppliers must not permit the shipment to Lehman of any supplies which they know do not meet Lehman specifications in all respects. 部品供給メーカーは, レーマン社規格をすべて満たしていないないとわかっている部品をレーマン社向けに出荷することを許可してはならない.
2 a 〜 許可, 許可証, 免許証, 鑑札 ◆a building permit application 建築許可[認可]申請 ◆apply to... for a permit to <do>... 〜にーをするための許可を申請する ◆people with work permits 労働許可証を持っている人たち ◆acquire [get, obtain] permits [a permit] and approval from the city 市の許可と承認を取得する: 市から許認可をもらう

**permittivity** n. 〜 誘電率(= a dielectric constant) ◆the permittivities ε of seawater and fresh water 海水と淡水の誘電率ε

**permutation** (a) 〜 順列, 並べ換え, 置換 ◆permutations of A, B, and C A, B, Cの順列

**peroxide** n. 過酸化物; 過酸化水素(= hydrogen peroxide) ◆hydrogen peroxide (for cleaning wounds) 過酸化水素(傷の洗浄用)

**perpendicular** adj. 垂直な, 直立した, 直角の; n. a 〜 垂直線, 垂線, 垂直面; the 〜 垂直位置 ◆perpendicular magnetic recording 垂直磁気記録方式 ◆a motion perpendicular to the incident light 入射光に対し垂直な動き ◆from a direction perpendicular to... 〜と直角(を成す)方向から ◆perpendicular magnetization 垂直磁化(*記録媒体の厚み方向の磁化) ◆travel in a direction perpendicular to... 〜に対して垂直方向に移動する ◆The two lines are perpendicular [orthogonal, normal] to each other. これら2本の線は, 互いに垂直である[直交している].

**perpendicularly** adv. 垂直に, 鉛直に ◆descend almost perpendicularly ほぼ真っ直下する ◆Cliffs rise perpendicularly from the sea to about 1,000 feet. 崖は海から垂直に約1,000フィートの高さまで切り立っている.

**perpetual** adj. 永久の, 永遠の, いつまでも続く, 果てしない, 絶え間ない, 年じゅう絶えない, 一年中の, のべつ幕なしの, 年中の, 慢性的な, 執拗な, 終身の, 四季咲きの, 不老の, 常〜, 万年〜, 千古〜 ◆in a state of perpetual homesickness 常時[いつも, 常に]ホームシックにかかった状態

**perpetuate** vt. 永続させる, 不朽のものにする, 途絶えない[途絶れない, 絶滅しない]ようにする ◆as a way of perpetuating the art of shrine-building 神社建設の技術[宮大工の技]を永久に[後世に]伝えてゆく方法として ◆Hate words are only perpetuated by their use. When you use it, you're giving permission for others to use it. 憎悪を表す言葉は, 使われることによってのみ存続し続ける[使用をやめない限り永久になくならない]. それを使うことは, 取りもなおさず他の人に使ってよいという許可を出していることになる.

**perplexity** n. 当惑, 困惑, 混乱, 紛糾; a 〜 当惑させるもの, 途方に暮れること, 面倒なこと ◆he scratched his head in perplexity 彼は当惑して[とまどって, どうしていいかわからず]頭を掻いた

**perquisite** n. 《しばしば 〜s, 口語では短縮してperks》役得, 余禄, 特権, 特典

**per se** adv. それ自体で[が, は], 本質的に[本来] ◆A densitometer cannot be used to measure color per se – it is strictly a device to measure the density of colors. 濃度計は色自体の測定に使うことはできません. これはもっぱら色の濃さを測定するための装置なのです.

**persist** vi. 固執する, めげずに頑張る, あくまで主張する, いつまでもなくならない, 長く続く, 持続する, 生き残り続ける ◆if stubborn stains persist もし頑固な汚れが残ってしまう場合は ◆if the problem persists (それでも[どうしても])問題が解消されなければ ◆if the trend persists この傾向が続く[続いている, 継続する]ならば ◆If the trouble persists,... (なんらかの処置をしてみた上で)それでもまだ具合がおかしい[直らない]なら

**persistence** n. 根気強さ, 頑固さ, 頑張さ, 辛抱強さ, 不撓不屈(フトウフクツ), 粘り強さ, しぶとさ, 固執, 執拗さ, しつこさ, 持続性, 永続性, 持久性, 継続, 存続, 残存, (蛍光体の)残光, (刺激を取り去った後の感覚の)残留 ◆long-persistence phosphors 長残光性蛍光体[蛍光物質] ◆by persistence of vision 残像により(*目の特性による)

**persistent** adj. (よい意味で)粘り強い[辛抱強い, 根気強い], (悪い意味で)頑固な[執拗な, しつこい, しぶとい], いつまでも続く, なかなか消滅しない, 永続的な ◆(a) persistent current 《超電導》永久電流 ◆a patient in a persistent vegetative state 持続的[永続的, (意訳)ずっと]植物状態の患者; (意訳)植物状態になったままの患者 ◆persistent organic pollutants (POPs) such as DDT and PCB DDTやPCBといった残留性有機汚染物質 ◆persistent prank calls しつこいいたずら電話 ◆persistent traffic violators 常習的な交通違反者 ◆through persistent, never-say-die effort ねばり強い不撓不屈

(フトウフクツ)の努力を通じて; 諦めずにこつこつと[不断の]努力をすることにより

**person** a～ 人, 方(カタ), 者, 人物, 性格, 一名, -人; a～ 外見; the ～, one's ～ 身体; (名) 一人称 ◆a serious car person 熱心なクルマ人間[車好き] ◆her nine-person staff 彼女のもとで働いている9人のスタッフ ◆persons with hearing handicaps 聴覚障害を持っている人たち, 聴力障害者 ◆take orders person to person 一人一人(から)注文を取る ◆the very persons who committed treason against... ～に対して謀反を起こした張本人たち ◆an 80-person [-seat] meeting room 80人収容の会議室 ◆violate the one-person, one-vote principle 1人1票[1票等同]の原則を侵す ◆repair procedures which might be hazardous to your person (あなたの)身体に危険を及ぼす恐れのある修理作業手順 ◆When you must carry your passport, hide it securely on your person. パスポートを携帯しなければならない時には, しっかりと身につけて[肌身離さず]隠しておくこと.

**in person** (間に人を介さないで)本人みずから, 本人がじきに, (本人)じきじきに, 出向いて直接, 直接会って ◆After we met in person [When we met face-to-face], we both knew it was love at first sight. 直接会ってみて[会ったときに], お互いに, これは一目惚れだと感じたんです.

**personal** adj. 個人の, 個人的な, 私的な, 本人[当人]の, 本人自らの; 人身の; 体の, 容姿の ◆a personal check 個人小切手 ◆(a) personal injury (人身への)傷害, 危害 ◆a personal organizer システム手帳 ◆a personal relationship 対人関係; 個人的な関係 ◆one's personal opinion [judgment, estimation, conception] 個人的な意見[見解]; 私見 ◆personal consumption 《経》個人消費(= personal [consumer] spending); 個人による飲食 ◆personal income 個人所得 ◆personal investors 個人投資家 ◆personal effects 個人の物品[個人財産, 私物品, 私物, 身の回りの品, 見回り品, 手回り品, 所持品, 携帯品, 携行品]; 遺留品[遺品, 形見] ◆a personal communication network パーソナル通信ネットワーク ◆personal hygiene 体の清潔 ◆arrange for a personal introduction to... 〈人〉に個人的[コネで]に紹介してもらうように手はずを整える ◆develop personal contacts 人脈を作る[増す] ◆establish a personal relationship 《意訳》個人的に近しい[親しく]間柄になる; 近づきになる ◆for personal reasons 個人的な[一身上の]理由で, 《意訳》自己の都合で ◆have a personal relationship with... ～と〈人〉と個人的なつながりがある ◆his personal life 彼の個人としての生活[私生活, プライベートな生活] ◆individuals facing personal bankruptcy 個人破産に直面している(個々の)人たち ◆personal-consumption spending 個人消費支出 ◆user-friendly computers for personal use パーソナルユースのユーザーフレンドリーなコンピュータ ◆personal effects such as clothes, electrical appliances and furniture 衣類や家電製品や家具といった身の回りの品《意訳》家財道具 ◆it is written from a more personal point of view それは, より主観に基づいて書かれている ◆Attempts at personal betterment should yield handsome results. 自分を良くしようという試みは, すばらしく大きな成果をもたらしてくれるはずです. ◆Do whatever you can to repair a personal relationship that has been torn by conflict. 対立[争い, 葛藤, 摩擦]により壊れた対人関係をなんとしても修復するようにしなさい.

**personal computer** a～ パーソナルコンピュータ, パソコン ◆a personal-computer system パソコンシステム ◆personal computer communications パソコン通信 ◆the personal computer communications market パソコン通信市場 ◆those customers who wish to operate their... under the control of a personal computer パソコン制御によって～を運転したい[稼働させたい]と思っている顧客

**personal computing** パーソナルコンピューティング, 個人レベルでのパソコン利用

**Personal Digital Assistant** (personal digital assistant とも表記) a～ (PDA) (pl. ～s, PDAs) パーソナルデジタルアシスタント, (小型)携帯情報端末(機器), (俗に)デジタル手帳

**personality** (名) a～ 個性, 人格, 性格, 人柄, a～ パーソナリティー, タレント, 有名人 ◆a radio [television] personality ラジオ[テレビ]番組のパーソナリティー[タレント] ◆Antiques with personality are always in demand. 個性のある骨董品は常に需要がある. ◆a personality change 性格の変化 ◆She has a very outgoing personality. 彼女は非常に外交的な性格をしている; 彼女の性格は非常に外向的である. ◆treat borderline personality disorder 境界人格障害を治療する ◆radio personalities Rush Limbaugh and Howard Stern ラジオ・パーソナリティーのラッシュ・リンボーとハワード・スターン ◆a high-salaried television personality いい金をもらっているテレビタレント ◆men who buy sex with children are abnormal personalities 児童買春する男たちは, 異常性格者[性格異常者, 異常人格者, 人格障害者] ◆the personality difference in the GT's exterior styling (マツダ)GTの外装デザインにおける性格の違い ◆Each has a personality all its own. それぞれに固有[独特]の性格がある; それら(の製品)にはそれぞれの個性が備わっている[持ち味がある].

**personalize** vt. ～を個人のもの[個人専用]にする, (もの)に(名前や記念日の日付などを)入れる[印刷する]<with>, 名入れする, (しばしば悪い意味で)〈議論など〉を個人的な問題にすりかえる ◆At the day-care center, the pots are personalized by number. その保育園では, おまるは番号を振って個人別になって[個々の園児専用に識別されて]いる.

**personally** adv. (人を間にいれないで)じかに, じきじきに, 自分自身で, 本人みずから; 個人的には, 一個人としては, 個人に向けられたものとして, 内密に, 内々に ◆I am personally acquainted with... 私は〈人〉を個人的に[直接]知っている ◆... notice of such change must be forwarded to the Ministry or personally filed そのような変更の通知は, 当該省に送付するか直接(出向いて)提出し[届け出]なければならない

**personal stereo** a～ パーソナルステレオ(*一人で楽しむための, 特にウォークマンタイプのステレオ)

**personnel** 《集合的, 複数扱い》(全)職員, (全)従業員, (全)社員, 人員, 作業員, スタッフ, 要員, 〈レコーディングなどの〉メンバー, (無冠詞, 単/複扱い)人事, 職員担当者, 技術部門 ◆a personnel agency 人材斡旋(アッセン)[職業紹介]業者 ◆a personnel file 人事ファイル ◆by personnel protection 人員保護により ◆personnel shifts [changes] 人事異動 ◆technical personnel 《集合的》技術担当者; 技術部門 ◆an anti-personnel mine 対人地雷 ◆the National Personnel Authority 《日》人事院 ◆a constant coming and going of personnel 人員の絶えない出入り[入れ替わり] ◆in order to save on personnel costs 人件費を節約する[節減する, 軽減する, 抑える]ために ◆low-level personnel 《集合的に》下級職員, 平社員 ◆the personnel department of a company ある会社の人事部[人事課] ◆the designation of essential personnel required to work during the University's closings 大学の閉鎖期間中に勤務する必要のある必須職員[要員]の指名 ◆a personnel records system in the personnel office 人事課にある人事記録システム ◆YBM says personnel layoffs are not projected. YBM社は, 人員整理は予定していないと言っている. ◆Are there sufficient and properly trained quality control personnel? 十分な員数の然るべき訓練を受けた品管要員がいますか.

**person-to-person** adj. 個人対個人の, 《電話》指名通話の; adv. 指名通話で, 差向いで, じきじきで ◆a person-to-person call 指名通話 ◆good person-to-person relationships 人と人との良い関係, いい人間関係, 好ましい対人関係

**perspective** □遠近法, 透視画法, 遠近感; a～ 透視図[図式], 将来の見通し, 眺望, 眺め, 展望; (a)～ (釣合のとれた全体的な)物の見方, つり合い, 均衡, 大局観, とらえ方, 観点, 尺度 ◆from a broad perspective 大観して, 大所から見て, 広い視野から ◆a historical perspective on... ～についての歴史的観点 ◆a perspective view of...; ... in perspective view ～の透視図 ◆create 3D perspective drawings 3次元[立体]透視図を作成する ◆draw images in perspective 画像を遠近法[透視図法]で描く ◆from an economic perspective 経済面から ◆from a publisher's perspective 出版社の見地からすれば ◆view...

**from this perspective** ～をこの見地から見る ◆get a perspective on the right things 正しい物事を見極める洞察力を身に付ける ◆get a well-focused and in-depth perspective on... ～について焦点の合った[焦点を絞った]掘り下げたとらえ方をする ◆look at the global warming problem from a comprehensive perspective rather than the single-gas, namely $CO_2$ 地球温暖化問題を、二酸化炭素という気体だけに注目するのではなく、広い視野から見る ◆In other words, as the viewer moves, the image appears to be seen from a different perspective. つまり、見る人が移動するにつれ、画像は違った視点から観察されているように見えるのである。

**in perspective** 遠近法によって、(物事が)適正な相互関係[釣り合い]で、(物事の)全体像[真相]を正しくとらえて ◆look at... in perspective (諸般の事情を勘案して)バランス[釣り合い]の取れた見方をする ◆when viewed in perspective 大局的に見た場合、全体的に見て、長期的にみると ◆if you look at the situation in perspective 情勢を大局的に見通してみるならば

**perspiration** 発汗、蒸散、汗 ◆Genius is one percent inspiration and ninety-nine percent perspiration. 天才は、1パーセントのインスピレーション[ひらめき]と99パーセントの汗[努力]である。(*エジソン「Thomas Alva Edison」の言葉)

**persuade** vt. ～を説得する、説き伏せる、～に勧めて[慫慂(ショウヨウ)して、～を説得して]～させる <to do>、〈人〉に(～ということを)納得させる <that>、〈人〉に(～を)信じさせる <of>、〈人〉を説得して(～を)思いとどまらせる <out of>

**persuasion** 説得、慫慂(ショウヨウ)、説得力；a ～ 確信、信念、信条、意見、見解、持論 ◆as a means of persuasion for local residents 地元住民に対する説得の手段として ◆men of the Caucasoid persuasion 白色人種の男性たち ◆performers from all musical persuasions あらゆる音楽ジャンルの演奏者ら ◆the persuasion of the community 地域社会の説得 ◆all stripes and persuasions of religious folk あらゆる種類および教義(の宗教)の信仰者[信者]たち ◆Make the most of your powers of persuasion while you still have the opportunity. まだチャンスがあるうちに、あなたの説得力を遺憾なく発揮しなさい。

**persuasive** adj. 説得力のある、納得させるような、口のうまい ◆a persuasive presentation 説得力のあるプレゼンテーション[発表]

**pertain** (～に)関係する <to>、(～に)属する <to> ◆information pertaining to improving communication skills 意思伝達能力向上に関する情報

**pertinent** adj. 関係する <to>、該当する <to>、適切な[要領を得た] <to> ◆be pertinent to... ～に関係[関係]がある ◆pertinent information 関連[当該]情報 ◆pertinent notes 関連注記事項 ◆laws pertinent to the case 本件に関連する法律

**perturbation** (心の)乱れ、動揺、混乱、不安；a ～ 動揺[乱れ]を起こさせる原因；《天文》摂動(セツドウ) ◆external perturbations 外乱 (*外部からの温度、圧力、光、電界、磁気など)

**perusal** (文語)(a) ～ ざっと目を通すこと、読むこと、検討 (*商業文では、一般の英和辞典に出ている訳「熟読、精読」の意味では通常あまり用いられない) ◆I'm enclosing a catalog for your perusal. カタログを同封いたしますのでご覧[ざっとお目通し、ご査収]ください。

**peruse** vt. ～を詳細に調べる；～にざっと目を通す、～を通読[通覧]する；《文語》～に丹念に[じっくり]目を通す ◆peruse (the contents of) Webpages ウェブページ(の内容)を閲覧する ◆A simple memo can be perused on the screen just as easily as on paper, but a long report is generally much more manageable in its paper form. 簡単なメモ書きならば画面上でも紙の上と同じぐらい楽に目を通せるが、長い報告書ともなるとたいていの場合紙の形の方がずっと扱いやすい。

**pervade** vt. ～一面に広がる、行き渡る、みなぎる、浸透する、普及する、はびこる、蔓延[瀰漫(ビマン)]する ◆A civil service mentality pervaded the corporation. 公務員根性[役人気質、(意訳)官僚主義的な体質]がこの会社の隅々にまで蔓延(マンエン)した[企業全体にはびこった]。◆Facsimile machines pervade corporations of all sizes. ファクシミリは、大企業から零細企業にまで普及している.; ファクシミリは、企業規模を問わず行き渡っている[浸透している]。

**pervasive** adj. 広がる、行き渡る、(広く[広範囲に、あまねく])浸透する、普及する、蔓延している ◆know how pervasive drug use on the job is 勤務中の薬物乱用がどのくらいまん延しているのかを知る ◆Computer control has become pervasive. (意訳)コンピュータ制御がいたるところに入り込んで[浸透して]きた。◆The electronic keyboard is becoming pervasive across the U.S. 電子キーボード楽器は、米国全土で普及しつつある。

**perverted** adj. 正しい道[正道]から逸れている、邪道に陥っている、正しい用途から外れている、誤った、ゆがんだ、異常な、変態の、(性的に)倒錯している ◆an unnatural and perverted sex act 変態性行為 ◆one's perverted [perverse] sexual appetite 変態性欲、倒錯性欲

**pervious** adj. 透過性の、浸透性の、(空気、水、光などを)通す、透水性の、(道理などを)受け入れる、(道理などが)分かる[通じる] ◆a pervious formation 《地》透水層 ◆a pervious material 透水性のある材料

**pessimism** 悲観[悲観主義、厭世(エンセイ)、厭世主義] (→optimism)

**pessimistic** adj. 悲観的な、厭世(エンセイ)的な ◆consumers are still pessimistic about the economy 消費者は依然として景気を悲観的にとらえている ◆grow more pessimistic about... ～に対してより悲観的になる

**pessimistically** adv. 悲観的に

**pest** a ～ 害をもたらす動物、害虫、有害生物、悪役(アクエキ)、疫病(エキビョウ)、《口》厄介者、厄なもの ◆a pest-control firm 害虫防除会社 ◆a pest-control operator 害虫駆除士 (*住宅やビルのゴキブリや、ネズミなどの害獣の) ◆pest-resistant plant species 害虫に強い植物種(シュ)

**pesticide** (a) ～ 病虫害を駆除する農薬、除草剤、殺鼠剤(サッソザイ)

**pet** a ～ ペット、愛玩(アイガン)動物、お気に入りの人[物]; adj. 得意とする、得意技の、御家芸(オイエゲイ)の、お株の、おはこの、十八番の ◆a pet project (個人が実現を夢見て)大切に温めているプロジェクト、(議員などの)お手盛りのプロジェクト ◆a pet project of Sen. Howard Baker ハワード・ベイカー上院議員のお手盛りプロジェクト ◆pet loss; the loss of a (family) pet ペットロス; 愛玩動物の死(が原因の喪失感、悲しみ、心の痛手) ◆their pet techniques 彼らの好きなテクニック; 彼らの得意技

**PET** 1 (polyethylene terephthalate) ペット(ポリエチレンテレフタレート) ◆a PET bottle ペットボトル
2 (positron emission tomography) 陽電子[ポジトロン]放射断層撮影法

**petabyte** a ～ 《コンピュ》ペタバイト (*1ペタバイトは、2の50乗バイト＝1,125,899,906,842,624バイト＝ほぼ1千兆バイト。1テラバイトの1024倍) ◆a petabyte of data ペタバイトのデータ (*ほぼ1千兆バイト) ◆A petabyte equals roughly a quadrillion bytes. 1ペタバイトは、ほぼ1千兆(*10の15乗)バイトに等しい[である]。

**petition** a ～ 請願[嘆願、陳情](書); vt., vi. ～に請願[嘆願]する

**petri dish, Petri dish** a ～ ペトリ皿、シャーレ ◆in a petri [Petri] dish ペトリ皿[Petri]皿の中に

**petrochemical** a ～ (通例 ～s で)石油化学製品;《形容詞的に》石油化学の、石油化学製品の ◆a petrochemical plant [maker] 石油化学工場[メーカー] ◆the petrochemical industry 石油化学工業

**petrographic** adj. 岩石の組成や形成を記述する科学の ◆the petrographic components of coals (各種)石炭の組織成分

**petrol** 《英》ガソリン（▶petroleum と混同しないこと）（=《米》gas, gasoline）

**petroleum** （精製前の）石油、原油、鉱油 ▶一部の英和辞典の訳「ガソリン」は不適切である。◆a petroleum mine 石油鉱山 ◆the petroleum industry 石油業界 ◆petroleum gases 石油ガス（*プロパンやブタンなど）◆Never use petroleum products for cleaning. 石油製品は、決して洗浄に使用しないでください。

**petticoat** a～ ペチコート、スリップ; adj. 女性の、女性によって執り行われる ◆a husband under petticoat government; a henpecked husband 女房の尻に敷かれている［かかあ天下の、妻にいばられている、よめはんの方が権力が強い、カミさんに頭の上がらない］亭主; 恐妻家

**petty** adj. 取るに足らない、些細（サイ）な、些末（サマツ）な、つまらない、他愛ない、たわいもない、しがない、心［了見（リョウケン）］の狭い、狭量（キョウリョウ）な、いやしい、けちな ◆a petty official 小役人、こっぱ［ケチな、地位の低い］役人、下級官吏、小吏

**pF** (picofarad) a～ ピコ（ファラッド）（*静電容量の単位）◆a 15-pF capacitor 15pF［ピコ］の容量のコンデンサ

**PFI** a～ (Private Finance Initiative) PFI＝民間資金を活用した社会資本整備構想。民間の経営ノウハウを病院等の公共サービスの効率化に活用しようとする行政手法。Public Private Partnership (PPP) とも〕

**PGA** (pin grid array)《半導》a～ ピングリッドアレイ; PGA, P.G.A (Professional Golfers' Association) the～ 米国プロゴルフ協会

**pH** (a)～ ペーハー、ピーエッチ、水素イオン濃度 ◆raise pH pHを上げる［上昇させる］ ◆a pH below 5.6-5.7 5.6～5.7以下のpH値（*belowは厳密には「未満」）◆determine the pH of the solutions それらの溶液のpHを測る ◆have a pH greater than 7 pH7以上である（*厳密に解釈すると、pH7ちょうどは含まれそれより大きい）◆It is pH 4.6. そのpHは4.6である。◆solutions of different pH pHの異なる溶液 ◆a slight increase [decrease] in pH pH値のわずかな増大［減少］ ◆The pH of the solution is close to 3.5. その溶液のpHは、3.5に近い値である。◆The pH value is determined by the degree of concentration of the hydrogen ions. ペーハー値は水素イオン濃度によって決まる。

**phantom** a～ 幽霊、お化け、まぼろし、幻影、幻象、幻覚、幻想、妄想、錯覚; a～ 有名無実の人［物］; a～《医》（人体または人体内の）模型; adj. 錯覚の、幻想の、偽りの、実際には存在しない、架空の、幽霊の ◆a head phantom 人体頭部模型［疑似頭部、ダミーヘッド］ ◆an F-4 Phantom fighter F-4ファントム戦闘機 ◆a phantom antenna 疑似アンテナ ◆a phantom company [employee] （不正を働くための）架空の［幽霊］会社［社員］ ◆a phantom ship （不正を働くための）架空の船［幽霊船］ ◆a phantom order （拘束力の無い）仮発注［仮注文］ ◆a phantom line 想像線（*二点鎖線で表される）◆He says he experiences "phantom pain" where his feet used to be. うない彼の脚に「幻の痛み」を感じると彼はいう。(*phantom-limb pain ＝肢体切除後の遺痛［幻肢痛］)

**pharmaceutical** adj. 製薬の、調剤の、薬学の、薬剤［薬物、医薬品］の; a～ 薬、医薬、調合薬 ◆a pharmaceutical manufacturer 製薬［医薬品］メーカー ◆pharmaceutical drugs 医薬品、薬剤 ◆Pharmaceuticals and Medical Devices Safety Information 《日》医薬品・医療用具等安全性情報（*元は、医薬品等安全性情報）◆pharmaceutical production; the production of pharmaceutical drugs 製薬、医薬品の製造 ◆the development of new pharmaceuticals 新薬の開発 ◆the Pharmaceutical Affairs Law《日》薬事法

**pharmacognosy** 〔〕生薬学 ◆pharmacognosy – the science dealing with medicines made from natural substances 天然の物質から作った薬を扱う科学である生薬学

**phase** 1 a～ 段階、局面、時期、様相、面 ◆phase two [Phase Two] 第2段階; 第2次;《意訳》第2期 ◆a new phase opens 新局面が開く ◆enter an adjustment phase 《経》調整局面に入る［突入］する; 調整局面を迎える ◆enter a new phase 新局面に入る ◆In Phase Two, ... 第2期［第2段階］においては、 ◆undergo [go through] an adjustment phase 調整局面を経験する（通過する、経る）◆a Phase One reduction of 6,987 第一次削減分の6,987 ◆in the first phase of privatization 民営化の第一段階において、民営化［民間移行］第一弾で ◆during the design [production] phase 《順に》設計［生産］段階中に ◆Phase One is the incipient stage. 第一期は初期段階である。◆the cost of the construction project's first phase 第一期工事の費用 ◆a great many high-tech companies in all phases, from start up to maturity 発足したて（のベンチャー）から成熟までのあらゆる（発展）段階にある、非常に多くのハイテク会社 ◆It is still in the trial phase. それは、まだ試験段階にある。◆Construction will begin in mid-2002, with the first phase scheduled for completion in early 2004. 建設は2002年半ばに開始される予定で、第1期工事の完成は2004年の早い時期に計画されている。◆We take charge of every phase of a project, from design to construction. 弊社は設計から施工まで一貫して［一手に］プロジェクトをお引き受けいたします。

2 a～ 相、位相（→子見出し in phase, out of phase）◆an open-phase relay《強電》欠相［開放相］継電器 ◆a phase advancer 進相機 ◆a phase comparator 位相比較器 ◆a phase detector (= a phase discriminator) 位相検波［回路］,《意訳》位相比較器 ◆(a) phase lag [delay] 位相遅れ ◆(a) phase lead [advance] 位相進み ◆a phase-locked loop (PLL) 《電気回路》位相同期ループ (PLL回路) ◆a phase-reversal relay 逆相継電器 ◆phase inversion 位相反転 ◆phase reversal 位相反転 ◆a phase-change medium 相変化媒体（*情報記録媒体）◆a phase-compensation method 位相補償法 ◆a phase under-voltage relay《強電》相不足電圧継電器［相電圧低下検出リレー］（*多相交流のうちの1相についての）◆a synchronous phase modifier 同期調相機 ◆a phase difference plate; a phase plate《光学》位相差板 ◆a phase-change ink-jet printer 相変化インクジェット・プリンタ ◆a phase-contrast microscope 位相差顕微鏡 ◆(a) phase-to-phase voltage 相間電圧（*多相交流の）◆adjust the hue [tint, (color) phase] control《TV》色相（= 色合い）調整（つまみ）を調整する ◆a feedback signal of opposite phase 逆相の帰還信号 ◆changes in phases （物質の状態の）相の転移 ◆changes of phase of water 水の相の変化［相転移］ ◆in opposite phase 逆相に ◆require phase compensation 位相補償を要する ◆the phase angle between A and B A B間の位相角 ◆compare the phases of signals 信号間の位相を比較する ◆a phase difference of 120° between the two signals これら2信号間の120°の位相差 ◆introduce phase lead to counteract phase lag 位相遅れを打ち消すために位相進みを加える ◆the phase difference between the subcarrier and a reference color burst signal 副搬送波と基準カラーバースト信号の位相差 ◆when the two impedances have opposite phases これら2つのインピーダンスが互いに逆相の場合に

3 vt. ～を段階的に行う、～を段階に分けて行う（→ phase in, phase out, phase-in, phase-out）◆phase down..., phase... down ～を段階的に削減［縮小］する ◆phase... in; phase in... ～を段階的に導入する ◆phase... out; phase out... ～を段階的に廃止する、～を徐々に停止する ◆a phased pull-out 段階的撤退

**in phase** <with>（～と）位相が合って［同相で］ ◆in phase with the internal processor clock《コンピュ》内部プロセッサクロックと同相で ◆when the voltages are in phase これらの電圧が同相の時に

**out of phase** <with>（～と）位相がずれて ◆an out-of-phase signal 位相のずれた信号 ◆an equal and opposite vibration exactly 180° out of phase with the noise to be blocked 阻止されるべき騒音からちょうど180°位相がずれている、同じ大きさで逆方向の振動 ◆These signals are 180° out of phase with each other. これら2つの信号は、互いに180°位相がずれている［逆相である］。

**phase... in, phase in...** ～を段階的に導入［実施］する ◆phase in... over the next five years ～を（完全実施までに）今後5年の移行期を経て［この先5年かけて］導入する ◆with a view to phasing the system in during 1995 本システムを1995

年に段階的に導入していくことを目指して ◆phase in more sophisticated testing equipment to be ready for the next generation of devices 次世代の素子に備えてより高度な試験器を逐次導入して行く

**phase... out, phase out...** 〜を段階的に廃止[撤廃]する ◆phase out barriers to the free movement of goods, services and investment among the U.S., Canada and Mexico 米国, カナダ, メキシコ間の自由なモノ, サービスおよび投資の移動を妨げる障壁を順次廃止する ◆Next spring the automaker will phase out its 180-m.p.h. $160,000 sports car and introduce an even faster model. 来春, この自動車メーカーは, 時速180マイル・価格16万ドルのスポーツカーを段階的に生産中止して, より速い車種を市場投入する予定である.

**phase-in** a 〜 段階的導入[実施]; adj. ◆a phase-in method 段階的導入方法 ◆a phase-in ban on chlorofluorocarbons フロンの段階的禁止 ◆introduce a law with a 10-year phase-in 10年間にわたって段階的に実施していく法律を導入する ◆The plan calls for the phase-in of... この計画は〜の段階的導入を求めている

**phase-out** a 〜 段階的廃止[撤廃]; adj. ◆propose a CFC phase-out （特定)フロンの段階的廃止を提案する ◆seek a five-year phase-out period 5年間の段階的廃止期間を要求する ◆recommend a gradual phase-out of older billboards 比較的古くなった広告掲示板の段階的撤去を勧告する ◆there would be a phase-out of other sanctions 他の制裁措置も順次解除されて行くことであろう ◆accelerate the phase-out of substances that deplete the ozone layer オゾン層を減少させる物質の段階的全廃を速める

**phase shift** 1 (a) 〜 位相ずれ, 位相外れ, 位相偏移, 移相; phase-shift adj. ◆a phase-shift circuit 移相回路 ◆phase-shift keying 移相偏移変調 ◆a phase-shift oscillator 移相発振器 ◆a 180°phase shift 180度の位相偏移[位相ずれ] ◆a phase shift of -45 degrees -45度の位相シフト[移相, 位相の変化] ◆produce phase shift 位相偏移を生じさせる; 位相ずれを起こさせる ◆the amount of phase shift 位相シフト[移相, 位相の変化]量 ◆measure the relative phase shift between the two beams 2本の光束の間の相対位相偏移を測定する ◆To determine line lengths, the amount of phase shift a sine wave incurs when it travels each line under test must be compared. 電線路の長さを決定するにあたり, 各被試験電線路を正弦波が伝わって行く際に受ける位相偏移量を比較する必要がある.
2 vt. 〜に位相ずれを起こさせる, 〜を位相偏移させる ◆The reflected signal is slightly phase shifted. 反射信号は, わずかにフェーズシフトされる[位相ずれをおこす].

**phase shifter** a 〜 移相器[回路]

**Ph.D.** a 〜 博士, 博士号 ◆a Ph.D. degree 博士号 ◆a Ph.D. dissertation 博士論文 ◆earn a Ph.D. at a U.S. university 米国の大学で博士号を得る ◆earn [receive] a Ph.D. from Harvard ハーバード大学の博士号を得る ◆get a Ph.D. in chemistry 化学の博士号を取る ◆win a Ph.D. in sociology with a dissertation on... 〜についての論文で社会学の博士号を得る

**phenol** 《化》フェノール, 石炭酸; 〜s フェノール類

**phenomena** 《phenomenonの複数形》

**phenomenal** adj. 驚くべき, 驚異的な, 並外れた, すばらしい, 異例な; 現象の, 現象に関する, 感知できる ◆a phenomenal success すばらしい(大)成功; 驚異的な成功 ◆the company's phenomenal growth of 20 percent a year 同企業の年率20%という驚異的な[驚くべき]成長

**phenomenally** adv. 著しく, 非常に, すばらしく, 驚くほど, 信じがたいほど, 並外れて; 現象的に, 現象として ◆the phenomenally successful AE-1 驚異的な成功を収めたAE-1

**phenomenon** a 〜 (pl. -na) 現象; a 〜 (pl. -na, 〜s) 非凡な人, 神童, 並外れた物, 事件 ◆a phenomenon occurs 現象が起きる[発生する, 現れる, 生じる] ◆a phenomenon called "the Graying of America" by the media マスコミが「米国の高齢化」と呼んでいる現象 ◆a phenomenon in which... 〜ということが起きる[発生する]現象 ◆exhibit the phenomenon of superconductivity 超伝導現象を示す[呈する] ◆cause a signal-fading phenomenon 信号をフェージングさせる現象を引き起こす[発生させる] ◆VisiCalc was a phenomenon. VisiCalcは驚異的な(コンピュータソフト)だった.

**philanthropy** (a) 〜 博愛, 慈善(活動), 篤志活動, 企業による社会貢献[奉仕, メセナ](活動) ◆corporate philanthropy 企業の社会貢献[奉仕](活動); 企業メセナ

**Philips** ◆Philips Electronics NV フィリップス・エレクトロニクス・NV (*オランダ, Eindhovenに本社を置く世界的企業)

**Phillips** ◆a Phillips screwdriver プラスねじ回し

**philosopher** a 〜 哲学者, 哲人, 賢人, 賢者, 叡智を窮めようとする者, 求道者, 悟りを開いた人, (困難に遭遇しても)冷静沈着な人 ◆Harry Potter and the Philosopher's Stone ハリー・ポッターと賢者の石 (*the philosopher's stoneは「哲学者の石」とも呼ばれる架空の化学物質. 非金属を金に変える力があると信じられていて錬金術師が探し求めていた)

**philosophic, philosophical** adj. 哲学の, 哲学的な, 哲学に基づいた, 物事に動じない, 冷静な, 達観した, 深い境地に達した, 悟りを開いた ◆a fundamental philosophical principle 基本的な哲学原理; 根本哲理 ◆With all three lawmakers coming from the conservative wing of the GOP, there are few philosophical differences among them. 3人の国会議員は全員共和党の保守派出身なので, 彼らの間に考え方の相違はほとんどない.

**philosophy** 《哲学》a 〜 哲理, 原理, 理念, 根本的な考え方, 基本的な考え方[方針, 姿勢, 立場], 人生観, 主義, 哲学 ◆(a) design philosophy 設計思想[理念] ◆The basic philosophy adopted is to analyze... ここで採った基本的な考えとしては, 〜を検討するということにある. ◆Gary's philosophy of not worrying about things you can't control どうにもならないことにはくよくよ悩まないというゲーリーの主義[人生観] ◆the company's philosophy of presenting a "high level of attention to individual needs" 同社の「個人個人のニーズに合わせたハイレベルの世話」を提供するという理念[社是, 経営方針] (*高齢者用介護つき施設の話で) ◆the Japanese business philosophy of making things that your clients really want and not what you think they want 《意訳》顧客は多分これが欲しいのだろうなどと勝手に想像してつくるのではなく, お客さまが本当に欲しがっているモノをつくるという日本的ビジネスの考え方 ◆His philosophy of life is simple: "Nothing ventured, nothing gained." 彼の人生観はシンプルだ. 「虎穴に入らずんば虎子を得ず」がそれだ. ◆We've always had a philosophy of serving women and children. 私たち(団体)は, 女性や子供のためにはをするという理念を持ち続けて[貫いて]きました. ◆The philosophy of the Supreme Court decision on the legality of videotaping would probably extend to videodiscs. ビデオ録画の合法性についての最高裁判決の基本的考え方が, ビデオディスクにも及ぶ[《意訳》適用される]だろう. ◆Our philosophy, which has earned us the leadership position in consumer electronics retailing, has been to offer convenience, service, and the right product at the right price. 民生電子機器の小売分野で指導的地位[トップシェア]を獲得することを可能にした弊社の哲学[基本方針, 理念, 社是]は, 利便性[便利さ], サービス, および適正な製品を適正価格で提供するということです.

**phobic** adv. 病的[異常]に嫌がる[怖がる], 恐怖症的な, 《化》(-phobicの形で)親和性の欠けた; a 〜 恐怖症の人 ◆keyboard-phobic users キーボード恐怖症のユーザーたち

**phoenix** a 〜 不死鳥, フェニックス ◆rise phoenix-like from the political dustheap 不死鳥のごとく政界の忘却の彼方からよみがえる ◆He returned, phoenix-like, to the center of the political arena 彼は, 政治の舞台中心に不死鳥のごとく舞い戻った.

**phon** a 〜 ホン (*音圧・騒音レベルの単位. 1997年10月1日から「デシベル」に取って代わられた) ◆a loudness level of 40 phons 40ホンの音の大きさのレベル

**phone** (= telephone) (→ telephone の用例も参照) **1** 《通例 the ~》電話, 電話口, 電話設備; a ~ 電話機 ◆answer a phone 電話に出る[応対する] ◆a car phone 自動車電話 ◆a prepaid phone card （英）プリペイドテレフォンカード ◆by phone request 電話での要請により; 電話リクエストにより ◆tape a phone conversation 通話をテープに録音する ◆the phone is ringing 電話が鳴っている ◆spending 45 minutes on hold waiting for a technical support person to pick up the phone 技術サポートの人が電話をとる[電話に出る]まで電話がつながったまま[受話器を持ったまま]45分間待たされて ◆I could not reach her by phone [over the phone]. 彼女に電話で連絡がつかなかった. (＊場合によっては「電話が通じなかった」) ◆Help from ThyDraw engineers is now just a phone call away 24 hours a day, Monday through Friday. 月曜から金曜まで1日24時間いつでも, 電話1本［1つ］でThyDraw（ソフト）の技術者のサポートが受けられます. ◆A single monomode glass-fiber can carry almost 20,000 phone calls simultaneously. 単一モードのガラスファイバー1本で, ほぼ2万通話を同時に搬送することができる.
**2** vt. 〈人〉に電話する; vi. 電話をかける

**phonecard** a ~ 《英》テレホンカード［テレカ］
**phone tapping, phone-tapping** 電話盗聴
**phonetic** adj. 音声学の, 音声の, 音声上の, 音声を表す, 表音の ◆Hiragana and Katakana (the Japanese (phonetic) syllabaries [phonetic alphabets, phonetic scripts]) ひらがなとカタカナ（五十音字［仮名］）(＊どちらか一方の仮名を指すのなら単数形syllabary) ◆automatically put them in alphabetic or Japanese phonetic (a-i-u-e-o) order 自動的にそれらをアルファベット順あるいは日本語音標［五十音］（アイウエオ）順に並べる
**phonetically** adv. 発音通りに, 音声学的に, 音声学上, ◆type a Japanese word phonetically 《コンピュ》日本語を（ローマ字やかなの）読みでタイプする
**phonograph** a ~ レコードプレーヤー, 蓄音機 ◆a phonograph turntable レコードプレーヤー
**phonographic** ◆IFPI (the International Federation of the Phonographic Industry) 国際レコード産業連盟（略語形にtheは不要）
**phosphate** 〖〗《種類は a ~》燐酸塩, 燐酸エステル, (フルーツシロップと少量の燐酸が入った)炭酸飲料;《通例 ~s》燐酸肥料 ◆a nonphosphate detergent 無りん洗剤 ◆phosphate-containing [→phosphate-free] detergents 有りん［→無りん］洗剤
**phosphide** 〖〗《種類は a ~》燐化物 ◆indium phosphide 燐化インジウム
**phosphor** a ~ 燐光体, 蛍光体［物質］; 燐; phosphor-; phosphoro-. 燐の, 燐を含む ◆phosphor bronze 燐青銅
**phosphorous** adj. 燐(リン)の, 燐を含む, (特に)三価のリン(trivalent phosphorus)を含んだ ◆an organic phosphorous compound 有機リン化合物
**phosphorus** リン［燐］（元素記号: P）
**photo** 《口》a ~ 写真 ◆a (digital) photo [photographic] printer; a snapshot printer （デジタル）フォトプリンタ ◆color photos カラー写真 ◆a photo lab （写真）現像所 ◆photo equipment 写真［撮影］機材 ◆travel photos 旅行（先で撮った）写真 ◆a one-hour photo-developing shop 1時間仕上げ写真（現像）店 ◆the location of photo shooting 撮影場所 ◆Kodak's Photo CD system コダック社のフォトCDシステム
**photoacoustic** adj. 光音響の ◆photoacoustic spectroscopy (PAS) 光音響分光法
**photocatalyst** a ~ 光触媒 ◆photocatalysts for the destruction of indoor air pollutants 室内空気汚染物質分解のための光触媒
**photocathode** a ~ 光電陰極
**Photo CD** ◆a built-in Photo CD-compliant CD-ROM drive 《コンピュ》フォトCD準拠［対応］の内蔵CD-ROMドライブ
**photocell** a ~ フォトセル, 光電池

**photochemical** 光化学の ◆photochemical smog 光化学スモッグ ◆photochemical reactions 光化学反応
**photochromic** adj. 光互変性の; a ~ (= a photochromic substance) 光互変性物質 ◆the use of photochromic materials like those found in sunglasses which darken or lighten automatically, depending on the amount of sunlight 太陽光線の量によって独りでに濃い色になったり薄い色になったりするサングラスに見られるようなフォトクロミック［光互変性］材料の使用
**photoconduction** 〖〗光導電, 光伝導
**photoconductive** adj. 光導電性の ◆a photoconductive cell 光導電セル ◆a photoconductive drum 感光ドラム（＊乾式複写機, 普通紙ファックス, レーザープリンタ等で使用されている, 表面に光が当たると帯電性を失うドラム. 高電圧で帯電したドラム表面に画像が投影されると帯電性を失う箇所と失わない箇所（潜像）ができる. 電荷がある箇所には着色トナーが吸着するので, このトナー像を普通紙に転写, 溶融定着させる）
**photoconductivity** 光伝導(性), 光導電性
**photoconductor** a ~ 光導電体 ◆a photoconductor drum 感光ドラム (= a photoconductive drum)
**photocopier** a ~ 写真複写機
**photocopy** **1** a ~ (pl. -pies) 写真複写, (複写機でコピーされた)コピー
**2** vt. 〈書類など〉を写真複製［コピー］する
**photocoupler** a ~ フォトカプラー (= an optical isolator, an optically coupled isolator, an optical-coupled isolator, an optoelectronic isolator, an optoisolator, an optocoupler, etc.)
**photocurrent** (a) ~ 光電流
**photodetector** a ~ 光検出器 ◆a photoconductive photodetector 光導電光検出器
**photodiode** a ~ フォトダイオード ◆a unitraveling-carrier photodiode 単一走行キャリアPD
**photoelectric, photoelectrical** 光電の, 光電効果による ◆a photoelectric cell 光電セル (= a photocell)
**photoelectron** a ~ 光電子
**photoemissive** 光電子放出の ◆a photoemissive effect 光電子放出効果
**photoemissivity** 光電子放出性
**photoengrave** vt. ~の写真版［凸版］を作る, ~を写真製版する, ~を写真触刻する ◆The circuitry is photoengraved onto the surface of the silicon wafer from a greatly reduced photograph of the original design. 回路は, 設計原図を大幅に縮小した写真からシリコンウェーハの表面上に写真触刻される.
**photoengraving** 写真製版, 写真触刻; a ~ 写真凸版, 写真凸版で刷った印刷物
**photogenic** adj. 〈被写体が〉写真向きの, 写真うつりのよい, 写真になる ◆a photogenic face 写真に映える顔 ◆photogenic events 写真の格好の対象［材料, 被写体, 素材, ネタ, 標的］となる行事・催し
**photograph** **1** a ~ 写真 ◆a photograph of an engine エンジンの写真 ◆a 1945 book of photographs on the theme of racial prejudice 人種偏見をテーマにした1945年刊行の写真集 ◆The printer produces photograph-like output. 同プリンタは写真並みの画質［写真品質］の出力を生成する. ◆The taking of photographs is forbidden. 写真撮影は禁止されている. ◆Photographs were taken of Swaggart and the woman outside the Travel Inn Motel. スワガートと例の女性は, トラベル・イン・モーテルの外で写真を撮られた (＊俗な言い方では「フォーカスされた」,「フライデーされた」など)
**2** vt. ~の写真を撮る, ~を撮影する,《（意訳）～》をカメラに収める［納める］; vi. 写真を撮る, 被写体になる, 写真にうつる ◆she photographs well 彼女は写真映りがいい
**photographer** a ~ 写真家, カメラマン ◆an amateur photographer アマチュア写真家 ◆a male press photographer 新聞社の男性カメラマン ◆photographer Robert Mapplethorpe 写真家ロバート・メイプルソープ

**photographic** adj. 写真(用)の、(まるで写真のように)正確な ◆photographic technology 写真工業技術 ◆a color [black-and-white] photographic [photo] print カラー[白黒]写真のプリント ◆100 years of photographic expertise 100年にわたって蓄積された写真工業技術のノウハウ[知見] ◆a photographic-quality still video image 写真画質の静止ビデオ画像 ◆project an enlarged image from a negative onto a sheet of photographic paper ネガの拡大像を印画紙の上に投影する ◆a color printer that produces letter-size output that is photographic quality 写真画質のレターサイズ出力を生成するカラープリンタ

**photography** 写真術、写真技術 ◆news photography 報道写真 ◆available-light photography 自然光写真撮影(法) ◆a photography enthusiast アマチュア写真家 ◆fill-flash photography フラッシュを暗部の補助光として用いる写真撮影

**photogravure** グラビア印刷; a～ 写真凹版、グラビア印刷で刷ったもの

**photolithographic** adj. 写真食刻[蝕刻]の、写真石版の、写真平板の ◆a photolithographic mask 《微細加工》フォトマスク ◆a photolithographic process 光リソグラフィ・プロセス(＊露光によりパターンを焼き付け・形成・加工する方法[工程]) ◆photolithographic processing equipment 《意訳》超精密露光式微細加工装置

**photolithography** 《微細加工》フォトリソグラフィ、光リソグラフィ、露光によるパターンの形成法; 《印刷》写真製版(方式)、写真平版(印刷法) ◆submicron photolithography capability 《意訳》サブミクロン露光パターン形成技術(＊超精密微細加工のための)

**photomask** a～ フォトマスク(＊集積回路パターンの露光に使用)

**photometric** adj. 光度測定の、光度計の、測光の ◆photometric measurements 光度測定、測光 ◆make photometric observations of... 《天文》～の光度観測をする

**photometry** U光度測定(法)、光度計測(法)、測光(法)

**photomicrograph** a～ (＊顕微鏡を通して撮影した写真)顕微鏡写真、顕微写真 ◆a photomicrograph of a foraminiferan 有孔虫の顕微鏡写真

**photomontage** Uモンタージュ写真[合成写真]製作法; a～ モンタージュ写真、合成写真 ◆prepare [make] a photomontage 合成写真を作成する

**photomultiplier** a～ 光電子倍増管、フォトマル

**photon** a～ フォトン、光子(コウシ)、光量子(コウリョウシ)

**photonic** ◆a photonic computer 光コンピュータ ◆a photonic IC 光IC ◆photonic-switching technology 《通》光交換技術 ◆photonic devices フォトニック[フォトニクス、光エレクトロニクス、光・電子]素子(＊光通信や光応用情報処理に用いるもので、主として化合物半導体によるもの)

**photonics** フォトニクス(＊光子、光学的物質、および電子工学を融合させた応用に関する科学技術分野; 電気的な素子の代わりに光素子を使って回路を構成する科学; 光情報処理および光通信を扱う学問分野) ◆the photonics industry フォトニクス[光エレクトロニクス、光・電子]産業[業界](＊固体発光素子、レーザー、光学素子などの部品や、これらを利用した光通信や情報処理システムを製造する産業)

**photo opportunity, photo op, photo-op** (後者は口語)a～ 写真撮影の席、写真撮影会(＊特に、報道陣などに設けられる要人撮影の機会)

**photopic** ◆spectral luminous efficiency for photopic vision 明所視の分光視感効率[比視感度]

**photoreactive** 光反応性の ◆a photoreactive polymer 光反応ポリマー

**photorealistic** adj. フォトリアリスティックな、写真とほとんど変わらない高精細[高解像度]の画像の ◆photorealistic rendering software 《CG》フォトリアル・レンダリング[写実的描画]ソフト ◆a photorealistic printer 本物の写真のような画像の[写真画質に迫る]プリンター(＊near-photo quality よりは高品位だが本物の写真よりは劣る) ◆A photorealistic print looks, at least on first glance, as if it were produced in a darkroom. フォトリアリスティック[《意訳》写真画質に肉薄する]プリントは、少なくとも1回のチョット見だけだと、あたかも暗室で作成したもののように見える。

**photoreceiver** a～ 《電子》受光器(センサー)

**photoreceptor** a～ 《生》光受容器、光受容体; a～ 《電子》受光器、受光素子、受光装置 ◆a photoreceptor (device) 受光器、受光装置、受光素子 ◆a photoreceptor material 受光(素子用の)材料

**photoreflective** ◆a photoreflective strip 光を反射するテープ

**photoresist** a～ フォトレジスト、感光性耐食樹脂膜、感光樹脂(＊プリント回路基板や半導体集積回路の製造工程で使われる) ◆a photoresist coating フォトレジストコーティング ◆Photoresists for 193-nanometer wavelength lithography systems should be commercially available by the end of 1998. 《半導体》193nm波長リソグラフィ装置向けのフォトレジストは、1998年内に市販される予定である。(＊193nmの波長の光による露光で固化する)

**photosensitive** adj. (= light-sensitive) 感光性の、光感受性のある ◆photosensitive material 感光材料; 感material

**photosensitize** vt. ～に感光性を持たせる、～を感光性にする ◆photosensitized paper 感光紙

**photostimulated** ◆photostimulated luminescence (PSL) 輝尽(キジン)発光

**phototelegraphy** 写真電送(法)、電送写真(法)、ファクシミリ、ファックス(= telephotography)

**phototransistor** a～ フォトトランジスタ、フォトトラ(＊受光素子の一種)

**phototransmitter** a～ 《電子》投光器(＊受光センサと対で使う)

**phototronic** adj. (= photovoltaic) 光起電力の、光起電性の、光起電形の ◆a phototronic photocell 光電池

**photovoltaic** adj. 光起電力の、光起電性の、光起電形の ◆a photovoltaic cell 光電池 ◆a photovoltaic photodetector 光電式光検出器 ◆a (solar) photovoltaic panel 太陽光発電パネル ◆photovoltaic cells used in solar batteries 太陽電池に使用されている光起電力セル

**phrase** 1 a～ 句、フレーズ、成句[慣用句、熟語]、名言、語句[表現、文句、言葉、文言(モンゴン)、言い回し]、《音楽》楽句[フレーズ] ◆a concise, well-crafted phrase 簡潔でよく練られた表現 ◆Users can enter several words or a phrase to narrow the search. ユーザーは、複数の単語または一連の語句[文字列]を入力して検索をしぼることができる。
2 vt. ～を言葉で表現する、《音楽》を楽句に分ける

**phraseology** U用語、術語; U語法、言葉遣い、措辞(ソジ)、(＊言葉づかいや言い回しの意での)辞令 ◆sports phraseology スポーツ関係の言葉遣い[専門語、語句や表現、言い回し]; スポーツ用語 ◆Use correct and appropriate phraseology. 正しい適切な言葉遣いをすること.

**PHS** (Personal Handyphone System) the～ 簡易型携帯電話システム(＊NTTが作った和製英語。当初はPersonal Handy Phone Systemと呼ばれていた); (Public Health Service) the～ 《米》公衆衛生局 ◆a PHS phone 《日》PHS(ピーエッチエス)電話、ピッチ(＊日本以外ではa microcellular phone) ◆access... via the PHS microcellular telephone system マイクロセルラーPHS電話システムを経由して～にアクセスする

**physical** adj. 物質の、物質的な、物の、物理的な、理学的な、自然科学の、身体的な、物理的な、肉体的な、実～、実体の、絶対～、力学的～、物理～、(概念的または仮想のものに対して)実際の、(ソフトウェア上ではなく)ハードウェア上の; a～ (= a physical examination) ◆a physical address 物理アドレス ◆a physical quantity 物理量 ◆physical conditioning 体調の調整、体力作り、(身体の)コンディション作り ◆the physical layer 《通》物理層 ◆国際標準化機構(ISO)の開放型システム間相互接続(OSI)参照モデルの第1層) ◆a physical [↔logical] drive

《コンピュ》物理[↔論理]ドライブ（*物理ドライブとは、実際のドライブの意味。たとえば、物理的には1つのドライブを、ソフトによって2つの論理ドライブがあるかのように使用できる） ◆a physical (examination)　健康診断[身体検査] ◆the physical properties of...　〜の物理的特性[物性] ◆physical distribution activities　物的流通[物流]活動 ◆because of my poor physical condition　体調が思わしくありませんので ◆be in poor physical condition　体調が悪い ◆do physical work　肉体労働する ◆physical signs of being subjected to punishment　体罰を受けた跡; 体罰の跡 ◆reach the point of sheer physical exhaustion　体力の限界に達する; 疲労困憊する ◆teach physical education　体育を教える ◆the movement of a physical object　物体の移動 ◆verify physical laws experimentally　物理の法則を実験により検証する ◆be approaching various physical limits imposed by...　〜によって課せられている色々な物理的限界に近づいている ◆have a physical predisposition to gain weight　《意訳》〜は太りやすい体質である ◆physical activities such as running and walking　ランニングや競歩などの運動 ◆reduce the physical size of a memory board　《コンピュ》メモリーボードの物理的サイズを小さくする（*記憶容量ではなく、ボードの寸法を指している） ◆to make the nation aware of physical conditioning　国民に体力づくりの大切さを知らせるために ◆Xxx R&D will be conducted at Riken (the Institute of Physical and Chemical Research).　《日》Xxxの研究開発は理研（理化学研究所）で実施されることになっている。 ◆I'm gonna have to get into better physical condition in order to compete with...　〜に対抗するためにもっと体調を整えなくちゃいけない。 ◆Mr. Simpson had the physical prowess to overpower two adults at the same time.　シンプソン氏には、大人2人に力まかせに負かす[やっつける]体力があった。 ◆Physical condition can deteriorate quickly.　体調は急速に崩れることがある。 ◆The most critical moments of the 11-day meeting occurred when negotiators were nearing their physical limits after two days of nearly nonstop negotiations.　11日間にわたるこの会議で最も重大な瞬間が起こった[会議が山場を迎えた]のは、ほとんど不眠不休だった2日間の折衝で交渉者らが体力の限界に近づいていたときだった。 ◆Those systems were known to be approaching their physical limits, and a number of computing systems vendors were developing parallel systems that promised to overcome those limits.　これらのシステムが、物理的限界に近づいていたことが知られていた。そして多くの電算システムベンダー[メーカー]が、この限界の克服を約束する並列システムの開発を行っていた。

**physical contact**　物理的接触、体の接触、肌のふれ合い[スキンシップ] ◆Sexual harassment does not always involve physical contact.　セクハラとは、必ずしも身体をさわることばかりとは限らない。 ◆There is a lot of physical contact in basketball.　バスケットボールでは、しょっちゅう体が接触する。

**physical distribution**　物流, 物的流通

**physically**　adv. 物質的に, 身体的に, 物理的に, 自然の摂理に従って ◆physically challenged [disabled, handicapped] people; the physically challenged [disabled, handicapped]　身体障害者の人々 ◆be physically impossible　物理的に[全く, 絶対に]不可能である ◆X is chemically and physically similar to Y.　XはYと化学的にも形状的にも似ている。 ◆X physically resembles Y.　XはYに形状的に[外観的に]似ている。

**physical therapist**　a 〜 理学療法士

**physical therapy**　①理学療法, 物理療法 ◆he is still in physical therapy　彼はまだ理学療法[物理療法]を受けている

**physician**　a 〜 医師、(外科医に対して)内科医

**physicist**　a 〜 物理学者 ◆a medical physicist　医学物理士

**physicochemical**　adj. 物理化学的の, 理化学的の ◆physicochemical [physico-chemical] properties　物理化学的性質, 理化学特性

**physics**　《単扱い》)物理学

**physiographic**　adj. 地形的な, 地文の, 地相の, 自然地理学[地形学, 地文学(チモンガク), 記述的自然科学](上)の ◆a physiographic feature　地形学的な特徴

**physiography**　(= physical geography) ①自然地理学, 地形学, 地文学(チモンガク), 記述的自然科学

**physiological**　adj. 生理学の, 生理学的な, 生理的な, 生理 〜 physiological anthropology　生理人類学 ◆physiological saline　生理的食塩水; 生理食塩液

**physique**　(a) 〜 (特に男性の)体格, 体形, 体型, 体軀(タイク) ◆a well-developed physique　いい体格

**phytoplankton**　①植物プランクトン (cf. zooplankton) ◆feed on [eat] both phytoplankton and zooplankton　(魚などが)植物プランクトンも動物プランクトンも両方食べる

**piano**　(a) 〜 ピアノ; adj., adv. ピアノの[で], 弱音の[で] ◆an electronic piano　電子ピアノ

**pick**　1　vt. 〜を選ぶ, 選択する; 〜を摘む(ツム), 摘み取る, もぐ, もぎりとる, むしり取る, 〜をつっつく, ほじくる, (あら)を探す, (けんか)を仕掛ける, 〜の中から盗む, (繊維など)をほぐす[ばらばらにする], (弦楽器)をつまびく; vi. つっつく<at, on>, 注意深く選ぶ, くすねる, 摘む ◆pick a lock of [on, in] a door　ドアの錠のピッキングをする[鍵破りをする] ◆pick-and-place equipment　装着機「プリント基板に部品を自動実装する」 ◆pick one's nose　鼻をほじる ◆fresh-picked [just-picked] apples　取れたて[もぎたて]のリンゴ ◆fresh-picked [just-picked, fresh-plucked] herbs　摘みたてのハーブ ◆pick from the range of robots on the market　種々のロボット全体の中から選ぶ ◆pick the arc endpoint using the pointing device　《コンピュ》(描画したい)円弧の終点をポインティングデバイスでピック[選択, 指示]する
2　①選ぶこと, 選択; the 〜 <of> (〜のうちで)最もすぐれているもの; a 〜 (= a pickax(e)) つるはし; a 〜 (a toothpick) ようじ; a 〜 (= an ice pick) アイスピック; a 〜 (= a plectrum) (ギターなどの)ピック, 義爪(ギヅメ), 義爪(ギヅメ) ◆by point pick　《コンピュ》ポイントピックによって（*座標などの指定で、数値を入力するのではなくマウスなどで画面上で位置を指定すること） ◆Q: Is it legal to carry lock picks? A: This depends on where you are.　質問: 錠ピッキング用の道具[工具]を持ち歩くのは違法ですか。答え: それは場所によります。

**pick on**　〜を選ぶ, 選び出す; (特に選び出して)〜を非難する 〜 のあらがしをする, 〜をいじめる ◆Usually, a bully is physically bigger than the person he picks on.　普通、いじめっ子はいじめる相手[いじめられる子]よりも身体が大きい。

**pick out**　vt. 選び出す, 選定する, (たくさんの中から)見てそれとわかる, 解する　目立たせる[際立たせる], 耳で聴いた音を演奏する; (弦楽器で)一音一音弾く

**pick up**　vt. 〜を拾い上げる, 持ち上げる, (倒れている人など)を起こす, 出迎える, 選抜する, 引き取る, 捕まえる, 買う, 〜を思いがけず手に入れる, (かぜ)をひく, (女)を拾う [引っ掛ける, ゲットする, 釣る, 《意訳》ハントする], (商売などが)上向く, 片付ける (= tidy up), (〜を)理解する<on>, 〜を受信[傍受]する, (スピード)を上げる, 再開する ◆demand for... picks up　〜の需要が上向く[回復する, 持ち直す, 好転する, 改善する] ◆pick up a microphone　マイクを手に取る ◆pick up a phone from...　〜からの電話をとる ◆pick up a woman [chick] at a bar　バーで女性[カワイコちゃん]をひっかける[釣り上げる, ゲットする] ◆pick up passengers　乗客を乗せる ◆pick up some empty cans and trash　空き缶やごみをいくらか拾う ◆the economy picked up　経済[景気]が上向いた ◆Come on, just pick yourself up!　さあ、元気出せよ! ◆pick up small parts　小部品を拾い上げる ◆a shortwave radio capable of picking up broadcasts from just about anywhere　事実上どこからの放送でも受信可能な短波ラジオ ◆As industrial demand picks up in Europe and Japan over the next two years,...　これから2年間にわたり欧州および日本において工業製品の需要が上向く[増加する]につれて、 ◆If demand picks up quickly, the company may aim for monthly production of two million units as early as September.　需要が迅速に立ち上がれば、同社は早ければ9月には月産200万個も狙える[《意訳》

視野に入ってくる]可能性がある. ◆When you turn the laptop back on, the auto-resume feature will pick up where you left off. ラップトップの電源を再投入すると, オートレジューム機能に より(操作を)やめたところに復帰します. ◆The automaker expects that volume will remain flat through most of 1998, though things could pick up later in the year if there's a strong economic recovery. 同自動車メーカーは, 台数ベースで1998年のほぼ 全体を通し横ばいになると予想しているが, 力強い経済[景 気]回復があれば同年遅くになってから事態は好転するもの と期待している.

**picking** 回摘み取ること, 採集, (ギターなどを)爪弾くこと, 耳かき状の工具で錠を開けること, 織り工程でのよこ糸入れ, 《炭鉱》選別[選鉱, 手選]; ~s 摘み残し, 残り物, 労せずに得 た利益、ピッキングするための道具[工具] ◆a lock picking tool [device] 錠をピッキングするための道具[工具] ◆anti-picking protection ピッキングに対する防備 (*シリンダー錠などの)

**pickle** a ~ ピクルス, 漬け物, 香の物; 回漬け液, (金属表面 用)酸洗い液, 希薄酸水; a ~ 《口》困った状態, まずい状況, 苦 境, 窮境; a ~ 《英》いたずらっ子; vt. ~を漬け物にする, 漬け 込む, 酸洗いする ◆be used in the pickling of metals [steel] 金 属[鋼]の酸洗いに用いられる (*硫酸などの酸性溶液中に浸 して表面からサビやケガを除去する)

**pickpocket** a ~ すり, 巾着(キンチャク)切り

**pickup** (a) ~ 拾い上げること, 集めること, 集荷, 人を車に 乗せること, 拾った便乗者; a ~ 回復, 好転, 向上; (a) ~ 加速 (能力); a ~ 小型トラック, (レコードプレーヤーの)ピック アップ[カートリッジ], 〈エレキギターの〉ピックアップ ◆an image pickup device 撮像素子 ◆a pickup (truck) 小型 集配トラック ◆a phonograph pickup レコード用ピックアッ プ(*カートリッジのこと) ◆receive a pickup order while on the road 移動中に集荷の指示を受ける《運送業の話》 ◆a car with good pickup 加速性能が優れている車 ◆because of engine noise, the production of particulates and a slow pickup エンジン騒音, 粒子状物質の発生, および加速が遅い[鈍い加 速応答]といった理由で(*ディーゼル車) ◆make certain that mail rates are in proportion to the distance between pickup and delivery 郵便料金が集荷と配達の間[集配]の距離に比例する ようにする

**pickup truck** a ~ ピックアップトラック (*運転室の後 ろに屋根なしの荷台が付いている小型トラック)

**picnic** a ~ 野外でみんなで会食するお出かけ, ピクニック, 遠足, 行楽, 遊山, 野遊び, 野掛け; a ~ 野外で食べる弁当[食 事]; a ~ 楽しいこと, 楽な仕事, 楽勝な[ちょろい]こと; vi. ピクニック[遠足]に行く, 野外で食事する ◆picnic supplies 行楽用品 ◆go on a picnic ピクニック[行楽]に行く ◆hold [have] a picnic ピクニックをする ◆It's a picnic to <do...> ~するなんて簡単なことだ[楽勝だ, 朝飯前だ, ちょろい, お茶 の子さいさいだ]

**pico-** (= micromicro-)《単位》ピコ- (*10の-12乗, 1兆分の1を 表す) ◆A picocurie is a trillionth of a curie, a standard measure of radiation. ピコキューリーは, 放射エネルギーの標準(計 量)単位であるキューリーの1兆分の1です.

**picofarad** a ~ (略 pF) ピコファラッド, ピコ (*静電容量の 単位) ◆some tens of picofarads to over 50 pF 数10ピコから 50ピコ以上まで

**pictorial** adj. 絵画の, 図形の, 画像の, 画家の, 絵で表した, 挿絵入りの, 〈叙述, 描写が〉まざまざとした, 生き生きとし た; n. a ~ 写真中心の定期刊行物[雑誌], 画報 ◆pictorial data 画像データ ◆pictorial output 図形出力 ◆a pictorial schematic diagram 実体配線図[概要図, 系統図] ◆pictorial communication software 画像通信ソフトウェア ◆The cur- rent wiring diagrams have pictorial representations for the elec- trical components rather than symbols as in earlier diagrams. 現 行の配線図は, 電気部品を旧配線図で使用していた記号の代 わりに実体図で示している.

**pictorially** 図[絵, イラスト, 写真]によって, 図入りで ◆ Figure 2-3 pictorially represents... 図2-3は, ~を図示したも のである. ◆Pictorially, this is represented as in Figure 3-4. こ れは, 図式化すると図3-4のようになる.

**picture** 1 a ~ 絵, 絵画, 図, 画, 画像, イメージ, 画像, 図 形, 映像, 画面, 写真, 映画; a ~ 絵のように美しい人[物, 光景 など]; the ~ 事情, 状況, 事態, 状態, 現状; the ~ <of> (~ の)具現, (~を)絵にかいたようなもの, (~)そのもの, (~ に)似ている, (~に)そっくりなもの ◆a picture area; an im- age area 画面 ◆a picture postcard 絵はがき ◆a TV pic- ture tube テレビのブラウン管 ◆the picture carrier (= the video carrier) 《TV》映像搬送波 ◆an uncertain export pic- ture 不透明な輸出情勢 ◆during picture taking 写真撮影 中に ◆look at it from the big picture それを広い視野で見 る[達観]する ◆the weather picture for the area その地域 の天気概況 ◆transmit a color picture カラー映像を送信す る ◆high-quality pictures 高品位の画像; 高画質の写真 ◆a picture-bearing identification card 写真入りの身分証明書 ◆ totally automatic picture-taking 完全自動の写真撮影 ◆con- vey the real picture of the consequences of atomic bombing to the world 原爆の結果の本当の姿を世界に伝える ◆pictures taken under difficult lighting situations 難しい光の状態のも とで撮った写真 ◆without the slightest loss in picture quality 少しも画質を劣化させることなく ◆but we don't have a real picture of what's been going on 私たちにはどんな経過[経緯, 進展, 動き]があったのか実情はわかりませんが ◆That pic- ture is about to change with the advent of... その状況は, ~ の到来[出現]で変わろうとしている. ◆the real picture is far more serious for black American men 現実[現状, 実状]は黒人 のアメリカ人男性にとってははるかに深刻である ◆there were some very nit-picking commission members who didn't see the big picture 大局的な見地[大所高所]から見ないで, つまら ないあら捜しばかりしている委員が何名かいた ◆A picture is worth a thousand words. 《意訳》長々と言葉で説明するよ りも写真や図表なら一目でわかる[百聞は一見にしかず]. (決 まった言い方)(国 Seeing is believing.) ◆Each index can cat- alog up to 250,000 pictures. 《コンピュ》1つの索引には最大 25万画像[25万件の画像情報]まで登録できる. ◆She is the picture of health. 彼女は健康を絵に描いたよう[健康そのも の]だ. ◆The picture does not lock horizontally. 画面の水 平同期がとれない. (*画面が横に流れる) ◆Visitors can take pictures of more than 400 species of fish. 来園者は, 400種を越 える魚をカメラに納めることができる[魚の写真を撮れる]. ◆ Pictures can be viewed as a self-running slide show or one at a time. 写真は, 自動連続送りのスライドショーのように, また は1枚[1葉, 1コマ]ずつ見られる. (*デジタル・カメラの液晶 ディスプレイの話) ◆The picture control sharpens the images in reproduced pictures. この画質調節器は, 再生画の画像を 鮮明にする.

2 vt. ~を絵に描く, 図示する, 心に描く, 想像する, 言葉で描 写する, 述べる, 叙述する ◆picture... to oneself ~を心に描 く[想像する]

**get the picture** 《口》(事情が)分かる, (状況を)飲み込む
**in [out of] the picture** 《口》(事情が)分かって[一分からないで]; (この事に)関与して[していないで] ◆put a person in the pic- ture 《口》〈人〉に状況説明をする

**picture element** a ~ 画素 (→ pixel)

**picturephone** a ~ テレビ電話 ◆a full-motion picture- phone フルモーションテレビ電話 (*滑らかな動きの映像が リアルタイムに転送できる)

**PID** (proportional, integral and differential [derivative])《制御》 比例, 積分, 微分(動作)方式の; (proportional integral derivation) 《制御》比例積分偏差 ◆All channels shall have independent Proportional, Integral, Derivative (PID) control capability. す べてのチャンネルには, 独立した比例, 積分, 微分(PID)制御機 能が備わっていること.

**pie** (a) ~ パイ, (分配されるものの)全体[総量, 総額], シェア を伸ばす競争の場としての市場, ぶんどり合戦の対象である 予算 ◆(as) easy as pie 《口》ものすごく簡単な ◆a pie wedge パイを扇形に切り取ったもののひとつ; 円グラフの扇形部分

◆fight over too small a pie あまりにも小さなパイを巡って奪い合う（*a pieは、分割対象としての市場や予算を言い表したもの）◆Considering the county school system consumes the largest piece of the budget pie (60 percent),... 郡の学校制度が予算全体の一番大きな部分[構成比](60%)を占めているということを考えると、... ◆Some Wall Street analysts expect Detroit's share of the American auto pie to shrink from its current 68% to as little as 55% by 1990. 米国自動車市場でのデトロイトの占有率は、1990年までに現在の68%から55%にまでも下がると一部のウォール街アナリストらは見ている。

**have a finger in the [every] pie** → finger

**pie in the sky** （口）実現可能性のない計画、絵に描いたもち［画餅（ガベイ）］、空頼みのみ ◆a pie-in-the-sky utopianist 非現実的な（ことを思い描いている）夢想家［空想家、社会改良主義者］

**piece** 1 a～ 部分、部品、切れ端、切れ、片、切片、断片、破片、かけら; a～（助数詞として）1つ、1個、1点、1枚、1通、1本、1通、1切れ、1片、1区画; a～（音楽・文学などの）作品［曲、1編、1篇］、記事、硬貨、（チェスなどの）こま ◆piece by piece 一つ一つ、少しずつ ◆pick up the pieces of... ～の破片を拾う、～のかけらを拾い集める；（比喩的に）～の後始末をする、（結果起きた）事態を収拾する、～から立ち直る、回復する、復興する、復調する ◆a piece [length] of wire 1本の針金 ◆a piece of scrap lumber [wood] 一片の廃材 ◆a piece of software ソフトウェア1本 ◆a soft piece of plastic 柔らかい合成樹脂片（▶修飾する形容詞は piece of の前に置かれている）◆get [be] paid by the piece 出来高払いで賃金をもらう ◆pick up the pieces after a hacker attack ハッカーからの攻撃の後始末をする［攻撃（による被害）から復旧する］ ◆several pieces of video equipment 数台のビデオ機器 ◆thousands of pieces of paper 何千枚もの［何万という枚数の］紙 ◆a 1" x 6" piece of lumber 1インチ×6インチの板材1個 ◆a big and substantial piece of machinery 大型でどっしりした1台の機械（▶修飾する形容詞は、piece of の後ろではなく前にくる）◆a narrow piece of metal 細い［細長い、帯状の］金属片 ◆a scrap piece of wood 木っ端［屑の木片］ ◆ten pieces of merchandise 10点の商品 ◆a 101-piece orchestra 101人編成のオーケストラ ◆a 125-piece tool kit 125点からなる工具一式 ◆a 12-ft. piece of rope 長さ12フィートのロープ1本 ◆a 60-piece orchestra and a 1,000-voice choir 60人編成のオーケストラと1,000人の合唱団 ◆a twelve-piece coffee set 12点コーヒーセット ◆available by the piece or case 単品またはケース（単位）で入手できる ◆subdivide the problem into manageable pieces その問題をもっと扱いやすい大きさに細分する ◆if any pieces of the old gasket are stuck to the mounting surface もし古いガスケット［パッキン］のかけらが取付け面にこびりついているようであれば ◆The beaker broke into pieces. ビーカーは粉々に砕けた。 ◆Divided into six parts, the book contains 44 pieces of varying length. 6部から構成されるこの本には、いろいろな長さの作品44点が収録されている。

2 vt. ～を継ぎ合わせる、(継ぎを当てて)～を修理する、～を完全にする ＜out＞、～を繋ぎ合わせる ＜together＞ ◆as pieced together from the various accounts いろいろな状況説明から総合的に判断すると ◆piece together information on... ～に関する（断片的な）情報をまとめ（て整理す）る

**(all) in one piece** （口）無傷で、無事で
**come to pieces** 分解［解体］できる、ばらせる、ばらばらになる
**go to pieces** ばらばらになる、（口）（精神的、肉体的に）まいる、（口）自制心を失う

**piece goods** （複扱い）反物（= yard goods）

**piecemeal** adv. 少しずつ、一つずつ、個別に、断片的に、漸次、次第に; adj. 少しずつの、漸次の ◆in a piecemeal fashion; on a piecemeal basis 少しずつ、個別に、個々それぞれ単独に、別々に、ばらばらに、断片的に、(まとまってではなく)細切れに、小分けにして、徐々に、次第に ◆begin to forward medical materials on a piecemeal basis 医学資料を少しずつ送り始める ◆Issues should be considered comprehensively, not piecemeal. 問題は、個別に［個々に、別々に、ばらばらに］ではなく総合的に検討しなければならない。 ◆Sales were done largely on a piecemeal basis. 販売は、大体において細切れに行われた。

**piece-rate, piece rate** a～（出来高払い工賃としての）単価、1個当たり（請け合い）の労賃［工賃］ ◆be on piece-rate work （人が）出来高払いの仕事に就いている ◆work on a piece rate 出来高払いで働く ◆be paid at piece-rates; be on piece-rates （人が）出来高払いで賃金をもらっている ◆Workers at the plant are paid on a piece-rate basis. その工場の労働者らは、出来高払いで賃金をもらっている。

**piecewise** 区分的に ◆piecewise-linear characteristics （折れ線グラフのように）区分区分で直線的な特性（*専門的には、区分線形特性）

**piecework** 請負仕事、出来高払いの仕事、賃仕事（↔timework）◆do piecework in one's home 内職をする

**pieceworker, piece worker** a～ 請負［出来高払い］賃金で働く人 ◆a factory pieceworker 出来高払いで賃金をもらって［出来高払いで働いて］いる工場労働者

**pie chart** a～ パイチャート、円グラフ（= a pie diagram, a circle graph）◆a separated pie chart セパレート［分割］円グラフ（＊それぞれの扇形部分が離れているもの）◆an uncut pie chart 分割されていない円グラフ ◆an exploded pie chart 切り出し円グラフ（*強調したい1個または複数の扇形部分を切り離して少し外にずらした円グラフ）◆because of the large slice of the population pie chart the baby boomers occupy 団塊の世代が大きな人口構成比を占めているので ◆the sum of all the wedge values will be 100% of the pie chart すべての扇形部分の数値[《意訳》全構成比］の総計は、この円グラフの100%になります

**pierce** vt. ～に穴をあける、～を突き刺す［突き通す、突き抜ける、貫通する]; vi. 突き抜ける、貫通する ◆boil until potatoes can just be pierced through with sharp knife 芋を鋭いナイフで突き刺せるようになるまで［串通りがよくなるまで］煮る ◆To check for doneness, pierce the thigh with a skewer or cooking fork. 火の通り具合［出来具合］を調べるには、腿に串か調理用フォークを突き刺してみます。

**piezoelectric** 圧電(性)の ◆a piezoelectric crystal 圧電結晶 ◆a piezoelectric transducer 圧電変換器 ◆a piezoelectric transformer 圧電トランス ◆piezoelectric ceramics 圧電セラミックス ◆exhibit a piezoelectric effect 圧電効果を示す

**piezoresistive** 圧電抵抗の ◆a piezoresistive pressure sensor ピエゾ［圧電］抵抗式圧力センサー

**pig** a～ 豚、（口）どん欲者[はた迷惑な人、大ぐい]、（口）警官; a～(= a pig of iron; = pig iron) なまこ、ずく、銑鉄、鋳鉄

**pigeonhole** 1 a～（書類棚、袖机の引出しなどの中の）仕切りの一つ、ハト小屋の分室の一つ ◆The architect's work is not strictly modernist or postmodernist, classical or avant-garde; the pigeonholes do not apply. この建築家の作品は、厳密に言えばモダニズムでもポストモダニズムでもクラシックでもアバンギャルドでもない。どの分類にも当てはまらない［どの枠にもおさまらない］ものである。

2 vt. ～を分類・整理する、仕分ける、保留にする、棚上げにする ◆It doesn't pigeonhole easily. それは簡単に分類区分できない。 ◆You can get pigeonholed to the point where you can't budge. Many people still think of me only as "Coltrane's piano player." 身動きがとれなくなるほどまでに「のっぴきならないところまで、動かし難い]レッテルを張られてしまうことだってあります。多くの人たちはいまだに私のことをコルトレーンのピアノ奏者としか思ってくれないのです。

**piggyback** 1 adv. 肩車して、背負って、おぶって; adj. 肩車の、背中に乗った、付加の ◆a piggyback board （他の大きめの基板に載せられる）付加回路基板 ◆a piggyback structure （親亀の上に子亀が乗った格好の）積み重ね構造（*プリント基板の上に小さめの基板を更に実装しているような構造）

2 a～ を分離・肩車、おんぶ、車両運搬用車両、航空機を背中に搭載して運搬する航空機 ◆give... a piggyback (ride) （人を）肩車してやる

**3** vt. 〜を肩車して[おぶって]運ぶ, 〈車両〉を車両輸送する, 〈航空機〉をピギーバック方式で航空輸送する; vi. おんぶする, 上に搭載して運ぶ ◆Control data is piggybacked onto the video signal. 《電子》制御データはビデオ信号に重畳されている. ◆The board piggybacks directly onto the motherboard. 《コンピュ》本ボードはマザーボードに直接搭載できる[マザーボードの上にじかにのっって実装される]. ◆The printer piggybacks onto the main unit. プリンタは, (コンピュータ)装置本体の上に乗る.

**piggy bank, piggybank** *a* 〜 貯金箱(*貯金箱は豚の形が典型的であることから)

**pig iron** [U](*「a pig of iron, pigs of iron の形では可算」) 銑鉄(*俗にズクまたはナマコ)

**pigment** (a) 〜 (粉末の)顔料; [U](動植物の)色素 ◆violet pigments in plants 植物の紫色の色素 ◆mix paraffin, stearic acid, oil and pigments パラフィン, ステアリン酸, オイルおよび顔料を混ぜ合わせる[混合する]

**pigmentation** 着色, (皮膚の)色素沈着 ◆Leukoderma is a condition in which areas of the skin lose their pigmentation. 白斑とは, 皮膚の所々が色素を失う疾患である.

**pigtail** *a* 〜 (可動電極と固定電極を接続するための柔軟なより線,または編み線), (半導体レーザーなどの光部品から出ている光ファイバーの)リード線(= a launching fiber), (豚のしっぽのようにくるりと巻いた)文字削除の校正記号, おさげ, 左右2つに分けて(編んでから結んだ)髪の片方 ◆laser diodes with single-mode fiber pigtails シングルモードファイバー付きレーザーダイオード(*a pigtail とは, 裁断されたままで端末加工が施されていない状態のリード線が豚のしっぽに似ていることから)

**pigtailed** adj. 光ファイバーのリード線付きの, おさげの ◆a pigtailed laser diode ぶった切り光ファイバー付きレーザーダイオード

**pile** 1 *a* 〜 (物を積み重ねてできた)山, 堆積, たくさん[大量, 多数], 高層のまたは大きな建築物[群], 《口》大金[財産], 原子炉 ◆an atomic pile 原子炉 ◆an in-pile loop 《原子力》炉内試験ループ ◆a pile of reports 山のような報告書
2 vt. 〜を積み重ねる[上げる] <up>, 積載する <up>, 〜に(〜を)山のように積む <with>; vi. 積み重なる[積もる, たまる, 堆積する], 《口》(車が)玉突き衝突する <up> ◆ they are piling up unpaid interest on their debts 彼らは債務の未払い利子を(滞納により)積もり上がっている ◆a room piled to the ceiling with dolls, balls, baby shoes, books and games, all in their boxes 人形やベビーシューズや本やゲームがすべて箱入りで天井まで積み重ね[積み上げ]られている部屋 ◆ Goods blocked from entry to the country are piling up in ports in the Persian Gulf. 同国への入国を拒止された荷はペルシャ湾の各港で滞貨し, その量は増えつつある. ◆The number of ice creams sold in the park last year alone would, if piled up, reach a height of 14 times that of Mount Fuji. この遊園地で昨年1年間だけで売れたアイスクリームの数は, 積み重ねると富士山の14倍の高さに達する. (参考) The government's data on business inventories, also released yesterday, showed goods piling up faster than they could be sold during October.
3 *a* 〜 (基礎工事で地中に打ち込む木, 金属, コンクリートの)パイル, 杭(クイ); vt. 〜に杭を打ち込む ◆pile driving 杭打ち ◆a pile driver 杭打ち機
4 [U](タオルなどの表面の)パイル, 毛羽(ケバ), 綿毛; (形容詞的に)パイル地の

**pileup** *a* 〜 (数台または多数の車両の)玉突き[多重]衝突事故 ◆a fatal 99-vehicle pileup 99台が巻き込まれ死者を出した玉突き[多重]衝突事故

**pilferage** [U]くすねること, こそ泥, チョロまかし, 窃盗, 泥棒, 万引き, 荷抜き, (荷などの)抜き取り, 盗難 ◆盗品; [U]pilferage による損失[損害] ◆customer pilferage 客が(商品を)くすねること; 万引き ◆employee pilferage; pilferage by (one's) employees 従業員によるこそ泥[ちょろまかし] ◆an anti-pilferage seal 盗難[盗み,《訳ない》万引き]防止のための封[シール] ◆Lock your bags to help prevent pilferage. 中身の一部を盗み取る手口の[荷抜き, 抜き取り]盗難に遭わないようバッグには鍵をかけてください. ◆Exactly where pilferage occurred – on the ships, in warehouses, on trains – is difficult to determine. 荷抜きの発生した場所が船上なのか, 上屋[倉庫]内なのか, あるいは列車上なのかを厳密に特定するのは困難である.

**pilgrimage** (a) 〜 巡礼の旅, 聖地参拝, 参詣の旅, 行脚(アンギャ); *a* 〜 長期の旅行, 長旅; vi. 巡礼の旅に出る ◆make a pilgrimage to (the) Yasukuni Shrine 靖国神社にお詣りする[参拝する, 参詣する] ◆make [go on] a pilgrimage to... 〜へ向けて巡礼[遍路]の旅に出る; 〜に行脚する; 〜参詣する, 参り]の旅をする; 〜詣でをする ◆aimed at making this Galilee town into a major pilgrimage site このガリラヤの町を一大巡礼地に仕立て上げようきもくろんで ◆make a pilgrimage to 88 Buddhist temples on the Japanese island of Shikoku 日本の四国にある88箇所の寺院を巡り歩く遍路の旅をする ◆US software publishers have made another pilgrimage to Capitol Hill to ask again that Congress allow the export of software containing data encryption technology. 米ソフトウェア会社は, データ暗号化技術を含むソフトウェアの輸出許可を議会にもう一度請願[陳情]するために再びキャピトルヒル[米連邦議会]詣でをした.

**pill** 1 *a* 〜 丸薬, 丸剤, 錠剤, カプセル剤; the 〜 経口避妊薬, ピル; *a* 〜 耐えしのばなければならないやなこと, 《口》うんざりさせられやな奴 ◆in pill form ピル[丸薬, 丸剤]の形で[として] ◆on the Pill [pill] ピル[経口避妊薬]を服用している ◆For many, that is a bitter [difficult, hard, tough] pill to swallow. 多くの人にとって, それはいやな[承伏しがたい]ことではないが, あえて甘受し[堪え]なければならないことである.
2 vt. 〜を丸薬[錠剤]にする, 《俗》〜に反対投票する; vi. (セーターなどに)毛玉ができる, ピリングする

**pillar** *a* 〜 柱, 支柱, (柱状の)記念碑, (立ちのぼる煙などの)柱状のもの, 大黒柱的な人, 中心[重要]人物, 《鉱山》残柱, 鉱柱 ◆a pillar industry 業界を支える柱となる産業 ◆concrete foundation pillars コンクリート製の基礎杭 ◆one of the four pillars of the German social security system ドイツの社会保障制度の4つの柱のうちの一つ

**pillar box** *a* 〜 《英》郵便ポスト ◆pillar-box red 《英》郵便ポストの赤い色

**pillow** *a* 〜 枕, 《機》受け台

**pilot** 1 *a* 〜 (航空機, 飛行船, 宇宙船の)パイロット, 操縦士, 飛行士, 水先案内人, (船舶の)舵手(ダシュ), 指導者, 先達(センダツ), パイロットランプ[口火], 《機械》ガイドピン, (研究開発が終わり, 次に本格的または実立に立ち上げる前の)準備的[実験的]な試験; adj. 案内の, 指導の, [本格的稼働, 導入前の]実験的な, 試験的な ◆a pilot burner [flame, light] (ガス器具の)口火, 種火 ◆a pilot lamp [light] 《電気》電源表示灯[パイロットランプ] ◆pilot production 試験生産(*本生産 full-scale productionに入る前の) ◆an office automation pilot project OA化実験[試験]プロジェクト ◆drill a very small pilot hole first まず, 非常に小さな下穴[案内孔]をあける
2 vt. 〜を操縦する, 〜の水先案内をする, 〜の案内役を務める

**pilot plant** *a* 〜 パイロットプラント, 実用化試験工場, 実験工場(*本格的な生産設備に先立って作られる試験的な設備) ◆on a pilot-plant scale パイロットプラント規模で

**pin** 1 *a* 〜 ピン, 虫ピン, 留め針, 固定ピン, 目釘, シャフト, 洗濯ばさみ, ヘアピン, 安全ピン(ゴルフのホールの目印の)旗竿, (ボーリングの)ピン, 《電気, 電子部品の》足(アシ), 《外部引き出し端子), 《口》(人間の)脚(アシ) ◆an 8-pin DIP filter 《電子》8ピンDIPフィルター ◆a pin jack 《AV》ピンジャック ◆I/O pins 《電子》入出力ピン ◆a miniature seven-pin receiver pentode 7本足の受信用5極MT管(*昔のラジオに使用されていた真空管) ◆a pin-for-pin equivalent for... 《電子機器》〜のピンコンパチブル[ピン互換]品 ◆a pull-tractor for pin-fed paper ピン給紙タイプの[連続]用紙用のプルトラクタ(*プリンタの話) ◆be pin-compatible with... 〜とピン互換で

ある◆when the pin is being held high　《電子》そのピン(の制御信号)がHighのレベルに保たれているとき(→highに用例多数)◆Figure 2-12. DIP Pin Assignments　《半導》図2-12. DIPピンの割り当て(*各ピンに割り当てられている信号名を示す図の表題)◆Figure 2c. 8060 Pin Configuration　《半導》図2c. 8060のピン配列を示す図の表題. 図中には各ピンの呼び名が付記してある場合が多い)◆The AD1860 is pin-for-pin compatible with the industry standard Burr-Brown PCM56.　《電子機器》AD1860は、業界標準のバーブラウン製のPCM56とピン互換である.
2　vt. 〜をピンで留める、〜を一定の場所に釘付けにする <down>
**pin... down, pin down...**　〜を留める、〈原因など〉を究明する、〈事実など〉を明らかにする、〈人〉に〈ついての〉確定的な答えを出すよう要求する、〈日取りなど〉を決める、〈契約〉を締結する◆pin down the source of problems　問題の原因を突き止める◆He is very difficult to interview because he is very elusive and tough to pin down.　彼はインタビューしにくい。というのは、彼は質問をかわすのが巧みでなかなか核心をつけない[肝心なことを聞こうとするとうまく逃げてしまう]からだ.
**pin... on**　<a person> 〜をピンで人の服に留める[付ける]、〜を人のせいにする、〈期待〉を人にかける、〈信頼〉を人に置く;《pin... on [onto] の形で》〜を〜にピンで留める[付ける]◆pin one's hopes on...　〜に希望を託す；〜に期待をかける
**PIN**　(personal identification number) a 〜 個人識別番号、(キャッシュカードなどの)暗証番号 (= a PIN number) ◆a PIN (positive-intrinsic-negative) photodiode　PINフォトダイオード
**pincers**　(《複似》)やっとこ(ばさみ)、ペンチ、(つまんで抜く式の)釘抜き、鉗子(カンシ)、(エビ、カニなどの)はさみ
**pinch**　1　vt. 〜をつまむ、つねる、はさみつける、はさんで締めつける、摘みとる、〈顔〉をゆがませる、やつれさせる、苦しめる、困らせる、切り詰める、しなびさせる; vi. (靴などが)つくって痛い、締め付ける、激しい苦痛を生じる、けちけちする◆pinch his arm; give him a pinch on the arm　彼の腕をつねる◆when his finger was suddenly pinched between two steps　彼の指が突然ステップとステップの間に挟まれた時に(*エスカレーターの)
2　a 〜 つまむ[つねる、はさみつける]こと; a 〜 <of> (〜の)一つまみ、少量; the 〜 (特に金が無いための)苦労、窮乏、困難、ピンチ、危機◆a pinch roller　(テープレコーダーの)ピンチローラー◆a pinch of salt　ひとつまみの塩◆cut custom-order lead time from a dozen weeks to five days in a pinch　特別注文のリードタイム(*受注から納品までの期間)を、せっぱ詰まったら[いざとなったら]十数週間から5日間に削減する◆a drop in orders put a pinch on hundreds of subcontractors　注文の落ち込み[受注減]で、何百社にも下請け業者をピンチ[苦境]に陥れた[追い込んだ、立たせた]◆The system operates for nearly 5 hours on a charge. In a pinch, you can use 6 AA cells.　《北米》このシステムは、1回の充電で5時間動作する。緊急の時には、単3乾電池6本が使える.
**pincher**　a 〜 つまむもの; 〜s ペンチ (= pincers)
**pincushion**　a 〜 針刺し◆pincushion distortion　(画面の)糸巻き形歪み
**PIN diode**　a 〜 ピンダイオード
**pin-feed**　a 〜 ◆pin-feed computer paper　ピンフィード[連続]コンピュータ用紙(*両サイドに沿って、穴が縦に並んであいている)
**ping**　1　a 〜 (単のみ)ピーン[ビュー、ビシッ](という音); vi. pingという音を出す;〈エンジンが〉ノック音を出す
2　《Ping, PINGとも言う》(packet Internet groper)《コンピュ》ping機能; a 〜 1回のping◆pingは元々はUNIXのコマンド);vt. 〈装置(のネットワークアドレス)〉をpingする(*相手装置とのネットワーク接続状況を確認するため、テストパケットを送信し、応答にかかる時間や応答内容をみる)、〜にテスト送信して応答を求める

**ping-pong, ping pong, Ping Pong**　《口》ピンポン、卓球 (= table tennis);《小文字の表記で》《通》ピンポン伝送◆time-compression multiplexing (ping-pong access transmission)　《通》時間圧縮多重化(ピンポン・アクセス伝送)
**pinhole**　a 〜 ピンホール、針穴、微小な穴
**pinion**　a 〜 ピニオン、小歯車、子歯車
**pink**　1　adj. ピンク色の、《俗》左翼がかった; n. (a) 〜 ピンク色、桃色、the 〜 最高の状態、極致; a 〜 《俗》思想的に左よりの人◆pink noise　《音響》ピンクノイズ(*平坦な周波数特性を持つホワイトノイズを低域フィルターに通すことにより作られる)◆a pink slip　《米》解雇通知◆He is now in the pink of health.　彼の健康状態は今非常に良好である。;彼の体調は絶好調だ.;彼は今(元気一杯で)ぴんぴんしている.
2　vt. 刺す、突く、穴をあける
**pinnacle**　a 〜 (山、岩などの)頂上、高い峰、(教会などの)屋根の上の)小尖塔;《通例単数形、the 〜 <of> の形で》(〜の)絶頂、頂点◆reach the pinnacle of success　成功の極致を究める
**pinout**　a 〜 《半導》ピン配列、ピンの並び方、各ピンの機能や信号を示す図や説明文◆the pinouts for the ROMs　《電子》それらのROMのピンの引き出し[ピン配列]
**pinpoint**　1　a 〜 ピンの先端、小さな点、鋭利な先端; adj. 正確な、精密な; 極めて小さい◆with pinpoint accuracy　極めて正確な[高い]精度で
2　vt. 〜の位置を正確に特定する、〜を正確に指摘する、〜を精密爆撃する◆pinpoint its own location to within 300 feet　〈装置〉が自分の位置を300フィート以内の誤差で極めて正確に測位する◆pinpoint the precise location of...　〜の正確な場所を特定する[示す]◆pinpoint the precise location of instruments and vocals　《音響》楽器やボーカルを正確に定位する(*ステレオ再生で)◆If a problem was indicated by the check, use the following procedure to pinpoint the trouble in the electrical system.　その検査で障害があることが判明したら、次の手順によって電気系統におけるその障害個所を正確に特定してください.
**pins and needles**　《(手足などの)血流が悪い時の》しびれてじんじんする感じ◆get [have] pins and needles in one's legs　脚がしびれている
**on pins and needles**　びくびくして、そわそわして、針のむしろにいすわる思いで◆without driving on pins and needles　ひやひやして運転することなしに(*on pins and needlesは、事故を起こさないだろうかなどと気をもみながらの感じを表している)◆Everybody is walking around on pins and needles wondering if they're going to be next.　次は自分の番ではないかと、誰もがびくびく[やきもき、はらはら、そわそわ、ひやひや、戦々恐々と]している.
**pioneer**　1　a 〜 開拓者、先駆者、先覚者、草分け、創始者、《軍》工兵; adj. 開拓者の、初期の、他に先駆けた[先んじた]、先駆的な、草分け的な、創意に満ちた◆a pioneer in bioethics　生命倫理の草分け的存在(の人)[先駆者]◆one of the leading pioneers in computer animation　コンピュータアニメの指導的草分け[先駆者]の一人
2　vt. 〜を開拓する、〜を創始する; vi. 開拓者[先駆者]となる◆equipment pioneering in front end technology　最先端技術分野での機器開発◆Philips-pioneered small-outline packages　フィリップス社によって(初めて)開発されたスモールアウトラインパッケージ◆pioneer a method of measuring the minute movements that occur inside atoms　原子の内部で発生する小運動を測定する方法を開拓する[(他に先駆けて、いち早く)開発する]◆The institute pioneered the use of laser technology in the treatment and cure of myopia.　その研究所がレーザ技術を近視の治療に応用することに先鞭をかけた.
**pioneering**　adj. 他に先駆けた[先んじた]、先駆的な、草分け的な、創意に富む◆The auto company has done pioneering work in new composite materials and high-performance engines.　その自動車会社は、新複合材料と高性能エンジン分野で、先駆的な仕事をした.
**pipe**　1　a 〜 パイプ、チューブ、管、導管、筒、管楽器、《コンピュ》パイプ(*一つのプロセスの出力結果を次のプロセスの入

力として渡す機能、またはそのためのメモリー領域》 ◆an exhaust pipe 排気管 ◆a pipe fitter [pipefitter] 配管工 ◆a pipe course ところてん[エスカレーター]式に出られる課程 ◆a seamless steel pipe 継ぎ目なし鋼管 ◆intra-pipe conditions パイプ内部[管内]の状態 ◆pipe cutters and benders パイプ切断器およびパイプ曲げ機 ◆puff on [at] a [one's] pipe パイプを(スパスパ)くゆらす ◆the laying (down) of pipes; pipe-laying パイプの敷設 ◆wield [brandish] a steel pipe 鉄パイプを振り回す(▶brandishは威嚇など見せつける目的で、wieldは実際に使用する》 ◆the sending process places data into the pipe... 《コンピュ》送る側のプロセスがパイプにデータを入れる ◆use pipes to connect programs in a sequence 《コンピュ》パイプを使ってプログラムをつないで一続きにする 参考 pipelayers and pipelaying fitters 配管工(*前者は主に敷設を行い、後者は溶接に先立ちパイプ継ぎ目の整列・位置合わせなどを受け持つ)

2 vt. ～を管で送る、～に配管する、《コンピュ》〈出力〉を〈～に〉渡す<to> ◆to pipe background music into offices and elevators バックグラウンドミュージック[BGM]をオフィスやエレベータに(送り込んで)流すために ◆pipe the result of... to the SORT command 《コンピュ》～の結果を(パイプ機能によって)SORTコマンドに渡す

**pipe dream** a～ 非現実的な計画[希望、話]、夢物語 ◆his plans to double auto exports to Mexico have turned into a "pipe dream" メキシコへの自動車輸出を倍増させるという彼の計画は「夢物語」になってしまった

**pipeline** 1 a～《水、原油などを長距離運ぶための》パイプライン、輸路、油送管、送水管、情報ルート、供給ルート、《軍》補給線、《コンピュ》パイプライン《*複数のコマンドがパイプによってつなげられたもの》 ◆real-time pipeline processing 《コンピュ》リアルタイムパイプライン処理 ◆pipeline transportation for natural gas 天然ガスのパイプライン輸送 ◆This utility is often used in pipelines. 《コンピュ》このユーティリティは、しばしばパイプラインで使われる.

2 vt. ～を(パイプラインで)輸送する、補給する; vi. パイプラインを敷設する ◆a fast pipelined transfer mode 《コンピュ》高速パイプライン転送モード

in the pipeline 開発途上で、移送中で、進行中で、間もなく登場する、間もなく実現の手筈になっている ◆new products in the pipeline (現在開発途上にあり)市場投入の予定になっている新製品 ◆Also in the pipeline for a first/second quarter introduction is... その他に第1あるいは第2四半期の市場投入が予定されているものとして～がある. ◆A radical new model is in the pipeline for 1994. 斬新な新型が、1994年に登場しようとしている. ◆The company has no big moneymaking drugs in its development pipeline and its established products are facing generic competition as patents expire. この会社の開発中の医薬品で大きく儲かりそうなものはなく、市場で定評のある同社の製品とて特許切れと共にゾロ薬からの競争に直面している.

**pipet, pipette** a～《化》ピペット; vt. ～をピペットで計る、～をピペットで取る[移す、分注する] ◆a bellows dropping pipette 蛇腹式スポイト ◆a graduated [measuring] pipette メスピペット

**piping** ◯《集合的》管、配管《系統》、笛の音、かん高い音、管楽《吹奏楽》; ◯《衣服、掛け布などの》ふち飾り《玉縁《タムチ》};adj. かん高い音をだす、笛を吹く;adv.《piping hot の成句で》(特に飲み物、食べ物が)非常に熱い、出来たてのほやほやの、新着の[届いたばかりの、入ったばかりの] ◆install piping パイプを敷設する[取り付ける]; 配管する ◆the installation of piping; piping installation パイプを取り付けること; パイプ敷設工事; 配管《*見出しならば「配管設備」とも訳せる》 ◆to install piping to a gas main ガス本管まで配管を敷設[布設]すること

**piquant** adj. ぴりっとおいしい、ぴりっと辛い、ぴりっとした、きびきびした、痛快な[乙な(オツナ)、小気味良い、味な、小粋な] ◆a piquant sweet-and-sour broth ぴりっと辛くて甘酸っぱいスープ

**piracy** (a)～ 海賊行為、著作権侵害、《特許権、意匠権、商標権などの》工業所有権の侵害 ◆a piracy act 海賊行為、著作権抵触行為 ◆software piracy abounds at the Ministry その省ではソフトの著作権侵害行為[盗用、不正使用]が多く横行している

**pirate** 1 a～ 海賊、海賊船、著作権侵害者、《特許権、商標権などの》工業所有権を侵害する者、海賊放送をする者 ◆a pirate bus もぐり営業のバス ◆a pirate radio station 海賊ラジオ局(*公海上に停泊した船などから放送する)

2 vt. ～に海賊行為を働く、～の海賊版を作る、～を無断使用する、～を剽窃(ヒョウセツ)する; vi. 海賊行為を働く、略奪する、剽窃する ◆a pirated design 不正コピーした意匠; パクリ[パクった]デザイン ◆a pirated edition 海賊版 ◆pirating and home taping 《海賊版》《*海賊版ビデオ》と個人で楽しむための自家[私的]録画・録音行為 ◆mass-production tape-pirating operations 海賊版テープ大量生産行為 ◆pirating of such goods as tape cassettes and computer software カセットテープやコンピュータソフトなどの商品に対する著作権違法行為

**piston** a～ ピストン、押し込みプラグ、活栓《カッソク》、咽子（シュクシ）、吸い鐸（ツバ） ◆a piston-engine aircraft ピストン機 ◆a piston-type reciprocating engine ピストン式レシプロエンジン

**pit** 1 a～《表面、地面の》穴、くぼみ、落とし穴; a～《身体のくぼみ》小窪(コクボ);《しばしば～s》あばた; a～ 露天採掘場、炭鉱、縦坑; a～ 闘鶏場、闘犬場; a～《劇場の》オーケストラボックス; the～s《自動車レース場の》給油・整備所; the ～s《俗》ひどん底、最悪の状態、いやな人間; a～《商品取引所での》特定の商品の取引場 ◆a test pit 探査坑井(コウセイ); 試掘井; 探試井 ◆pits and projections でこぼこ ◆recorded pits (CDなどの表面上に)記録されているピット

2 vt. ～に穴を開ける、へこみを作る、～を点食[点腐食]する、～を穴に貯蔵する、～を(～と)闘わせる<against>; vi. 点々と穴があく、点食される、へこみができる ◆pit KALW-FM and KQED-FM in direct competition for listeners KALW-FM局とKQED-FM局を聴取者獲得でもろに[真っ向から]競争させる

3 a～《モモなどの》種[核]; vt.《果物》の種を抜く ◆pitted prunes [dates] 種を抜いてあるプルーン[ナツメヤシの実]

**pitch** 1 vt. ～を投げる、ほうる、《テント、キャンプ》を張る、～の音の高さ[音律の高低]を(～に合うよう)調整する<for>、～の程度《難易》度を(人に)合わせる<to>、～を傾斜させる、～を売り込む; vi. 投球する、投球する、《船舶、航空機が》縦揺れする、まっ逆さまに落ちる、テントを張る、野営[露営]する、売り込む ◆(a) pitch diameter《機》《歯車の》ピッチ円直径;《電》《撚り線・電線の》撚り径 ◆a high-pitched sound 《周波数・振動数が》高い音[高音] ◆The manuals are pitched directly at the level of first-time users. これらのマニュアルは、初めて使うユーザーのレベルにぴったり合わせてある.

2 a～ 投げること、投球、投げた物; a～ 音の周波数の高さ、音律の高さ(*俗に「調子」);(a)～ 程度、度合い、レベル、激しさ; (a)～ 勾配、傾斜度;《しばしばa sales pitch》売り込み口上; a～《1列に並んでいる物同士の》距離、ピッチ、ねじ山の間隔、歯車の歯と歯の距離、プロペラやスクリューが1回転して進む距離; a～《英》《サッカーやホッケーの》競技場; the～ 縦揺れ ◆a pitch circle ピッチ円《歯車の製図で》 ◆a pitch circle diameter 《歯車の》ピッチ円径 ◆fine-pitch SMT (印刷回路基板上の)ファインピッチ[狭ピッチ]表面実装(*端子の間隔が狭いもの) ◆a 0.3mm-pitch flat flexible cable connector 0.3mmピッチのFFCコネクタ ◆at a feverish pitch 熱の入った急ピッチで ◆his perfect pitch 彼の絶対音感; 彼の完璧な投球 ◆the pitch of a sound 音の高低[高さ](*周波数の高低) ◆make person-to-person telephone pitches 電話攻勢をかける ◆a coil wound with a small pitch 小さなピッチで巻かれているコイル ◆IC sockets with 0.3- or 0.4-inch pitches (ピンが)0.3インチあるいは0.4インチピッチ[間隔]のICソケット ◆the display offers a 0.31-mm dot pitch このディスプレ

**pitching**

イはドットピッチが0.31mmである ◆The trend towards finer pin pitch creates a number of issues that must be addressed. ピンの狭ピッチ化への流れは、対処しなければならない問題を数多く生む。 ◆Sound varies in pitch according to the length of the sound waves: the shorter the wavelength, the higher the pitch. 音は、音の波の長さによってピッチ[音の高低]が変わる。波長が短ければ短いほど、ピッチは高くなる。 ◆There is a natural disposition in many singers to fall below the pitch in singing. Thus they get out of harmony with those who keep the pitch. (合唱団の)歌手の多くには、歌唱時に音程が下がってしまうといった生来の性質がある。このため彼らは音程を保っている人とハーモニーが揃わなくなってしまうのだ.
**3** 回ピッチ(*原油などの蒸留残渣(ザンサ).黒い色をしている)、樹脂,松やに ◆the room was pitch dark 部屋(の中)は真っ暗[暗闇]だった ◆grope one's way in the pitch dark 真っ暗闇の中を手探りで進む ◆Except for the stage, it's pitch black in the theater. 舞台を除いて、劇場の中は真っ暗だ.

**pitching** ピッチング,投球;(飛行機·船·自動車などのシーソーのような前後方向の)縦揺れ ◆simulate an aircraft's rolling, pitching, and yawing motions 航空機の横揺れ,縦揺れ,そして偏揺れの動きをシミュレートする

**pitfall** _a_〜 落とし穴,陥穽(カンセイ)

**Pithecanthropus erectus** 回 ◆Pithecanthropus erectus, or Java Man, has been reclassified as a Homo erectus, as has Sinanthropus pekinensis (Peking Man). ピテカントロプス·エレクトゥス[直立猿人],すなわちジャワ原人は,シナントロプス·ペキネンシス[北京原人]と同様にホモ·エレクトス[原人]の一属に分類しなおされた.

**pitot tube** _a_〜,a P-ピトー管,静圧管(*流速を測る) ◆a pitot-tube anemometer ピトー管式風速計

**pitting** 点腐食,点蝕,(塗装したての面などに)穴ができること,木材の表面などの孔の並び方 ◆resist pitting corrosion 孔食[点食]に強い ◆Check the surface for roughness or pitting. その面に荒れや点食(点状の腐食)がないか調べてください。

**pity** 哀れみ,同情,(一念の念);a〜 残念な[惜しい,遺憾な,気の毒な]こと;vt., vi. かわいそうに[気の毒に]思う,同情する,哀れむ ◆out of pity 気の毒に感じて[思って],同情(心)から,かわいそうで,哀れんで ◆feel deep pity and compassion for... 〈人〉に深い憐憫[惻隠(ソクイン)]の情を覚える ◆in pity of... 〜を気の毒に思って;〜に同情して

**pivot** **1** _a_〜 ピボット,旋回軸,回転軸,かなめ,かなめ軸,遊動軸,軸ピン,中枢;_a_〜 旋回,回転;_a_〜 肝心かなめの人[中心人物],中心点,枢軸,最重要点 ◆establish a pivot foot on the sideline サイドライン上に軸足を置く[据える]
**2** vt. 〜を旋回軸上に置く,〜に旋回軸を取り付ける; vi. (〜を軸に)旋回[回転]する ⟨on⟩ ◆a bar pivoted near its center 中央付近に旋回軸が取り付けられている[支点がある]棒材[細長い板] ◆the legs pivot about the pin 脚は,ピンを軸にして(弧を描くように)動く

**pivotal** _adj._ 回転軸の,中心的な,中枢の[枢軸]な,肝心かなめの,重要な ◆a pivotal country [nation] 枢軸国 ◆a pivotal figure [character] 中心[中心的な]人物 ◆his increasingly pivotal role ますます重要性を帯びてきている彼の中心的役割 ◆The U.S. Navy played a pivotal role in winning the war against Iraq. 米海軍は,対イラク戦を勝利に導く上で中心的役割を演じた. ◆The vast new Kazakh state occupies a pivotal position within Central Asia. この広大な新しいカザフ国は,中央アジア域内で中心的な[枢要な]地位を占めている.

**pixel** _a_〜 画素,ピクセル(a picture element, a pel) ◆images of 800 x 600 pixels 800×600画素の画像 ◆in 720- by 348-pixel resolution 720×348画素の解像度で ◆edit the picture pixel by pixel ピクセル単位でその絵を編集する ◆Each character is derived from an 8- by 16-pixel matrix. 各文字は,8×16画素[ドット]のマトリックスから生成される.(*カラー表示装置については,色の異なるドットが集まって1つの画素を構成するという見方をすることもあって,ドットと画素は異なる) ◆White pixels are designated as 1s on a black background

of 0s. 0から成る黒い背景に対し,白い画素は1として指定される.

**pizza** (_a_)〜 ピザ,ピッツァ ◆okonomiyaki (a Japanese pizza-like food) お好み焼き(日本のピザのような食べ物)

**PKO** ◆the PKO (Peacekeeping Operations) bill 《日》PKO協力法案 ◆through the Price Keeping Operation (PKO) 《日》株価維持操作を通して ◆end the price-keeping operations (PKO) in the stock and real estate markets 《日》株式市場および不動産市場における価格維持策(PKO)をやめる

**place** **1** _a_〜 場,所,場所,位置,所在地,-地,箇所,部分,一節,くだり,楽句,立場,境遇,席,座席,職,職務,義務,責務,地位,順位,-位,位(クライ),桁(ケタ);回空間,余地 ◆a place for...-ing するための場所 ◆a second-place medallion [trophy] 2位[次点]入賞メダル[トロフィー] ◆A and B change (their) places AとBが入れ替わる (*their は無い場合の方が一般的) ◆at a particular place ある特定の位置[場所]で ◆at many places in the world 世界各地で ◆at places like [such as] Harvard and MIT ハーバードやMIT(マサチューセッツ工科大学)といった場所で ◆change places with... ⟨人⟩と席[立場]を入れ替わる ◆earn a close second place 小差で第2位[次点]の座を獲得する ◆fall two notches to third place 2位転落して3位になる ◆occupy a place of honor among... (並み居る)〜の中で栄光の座を占める ◆retain one's place as... 〜としての地位を保つ[確保している] ◆take first and second place(s) 1位と2位を占める ◆the number of decimal places 小数点以下の桁数 ◆the one place 一の位 ◆the sixth-place carrier 第6位の航空会社 ◆the tenth-place jumper 10位のジャンプ選手 ◆to any place in the world 世界中どこへでも ◆add 1 to the digit in the nth decimal place 小数点第 n 位の数字に1を加える ◆he broke his right arm in four places 彼は右腕を4箇所折折した. ◆because plastic coating has come off in places プラスチックの被膜が所々はがれてしまったので ◆store all tools in one safe, convenient place すべての道具を安全で[出し入れに]便利な場所一箇所にまとめてしまっておく ◆Muhammed Ali (Cassius Clay) cared about his place in history. モハメド·アリ(カシアス·クレイ)は自身の歴史上の位置付けというものを気にしていた.(*ボクシングの世界ヘビー級チャンピオン) ◆Post the emergency number, 911, in an easy-to-see place. 緊急時の電話番号「911」を見やすい場所に[位置に]貼って(おいて)ください。 ◆Store in a cool dry place. 涼しい,乾燥した場所に保管してください. ◆Kristi Yamaguchi and Nancy Kerrigan of the U.S. are in first and second place, respectively. 米国のクリスティ·ヤマグチとナンシー·ケリガン選手がそれぞれ1位と2位である. ◆Most nanches in the world are no longer feeding meat and bone meal to ruminants. 世界のほとんどの地域では,もはや[もう,すでに]肉骨粉を反芻動物に与えることはしていない. ◆Teleconferencing allows people in different places to work together. 遠隔会議は,離れた場所にいる人たちが一緒に仕事をすることを可能にする. ◆Move the decimal point two places to the left to convert a percentage into a decimal. 小数点を2桁[2つの位]だけ左にずらしてパーセント値を小数に換算しなさい. ◆Like most leaders felled by an assassin's bullet, Yitzhak Rabin will surely take his place in history as a martyr. 暗殺者の凶弾に倒れたほとんどの指導者と同様に,イツハク·ラビンは殉教者[受難者]として歴史に位置を占めることになるだろう. ◆That total amount places Japan third among foreign investors in the United States, behind Britain and the Netherlands. その総額で,対米海外投資国の中で日本は英国,オランダに次ぐ第3位につけている. ◆The 2002 911 GT2 takes its place at the top of the current Porsche model range as the most powerful and fastest member of the 911 family. 《意訳》2002 911 GT2は,911ファミリー[911シリーズ]の最もパワフルかつ最速の1台としてポルシェの現行モデルのトップの座を占める.
**2** vt. 〜を置く,据える,設置する,配置する,配列する,〈広告,注文など〉を出す,〈人〉を〈職務,役職に〉つかせる[任ずる]⟨in⟩; vi. 〜位[等,番,着]になる,(レースで)3着内に入る,《米》(競馬で)2着になる ◆place intelligence on-board

《電子》基板にインテリジェンスを搭載する ◆place bar code labels on work in process 仕掛け品にバーコードラベルを貼る ◆place the automatic transmission in Neutral オートマチックトランスミッションをニュートラルに入れる ◆place the subject in the center of the viewfinder 被写体をファインダーの中央に配置する ◆a card catalog that is placed [stored] on microfiche マイクロフィッシュに収められたカード式目録 ◆a floppy disk with a gummed tab placed over the write-protect notch 書き込み禁止の切り欠きに粘着ラベルを貼ったフロッピーディスク ◆place the tip of the arrow pointer on the icon and click the mouse button 《コンピュ》矢印形のポインタの先をそのアイコンに位置付けて[合わせて]、マウスボタンをクリックする ◆place an order for more than $25,000 worth of new computers and software 2万5千ドルを上回る金額の新しいコンピュータおよびソフトウェアの注文を出す[発注する] ◆It has come to be adopted in many places around the globe. それは世界各地の多くの場所で採り入れられるようになった[世界各地で採用されるに至った]。 ◆The gauges are big, easy to read, and logically placed. これらの計器類は、大きく、読み取りやすく、理にかなった順で[よく考えて]配置されている。 ◆Despite its shortcomings, the telephone has established a dominant place in the office. 短所があるにもかかわらず、電話はオフィスで優勢な地位を固めた。 ◆Of this amount, the original coal deposits in Illinois alone were placed at 18 billion tons. この(埋蔵)量のうち、イリノイ州の元来の埋蔵量のみで180億トンと推定されていた。(*be placed [put] at... = ～と見積もられる[推算される]) ◆Place your food processor in a convenient place for use at anytime. いつでも使えるように、フードプロセッサーを(調理に)便利な場所に置いてください。 ◆You can place your most-used applications on the RAM disk for quick access. アクセスを速くするために、特によく使うアプリケーションをRAMディスクに入れることが可能です。 ◆Among the various media, where do you place cinema as an influence on people and society? いろいろあるメディアの中で、人々や社会への影響を及ぼすものとしてあなたたちら映画をどのように位置付けますか？ ◆A voltage is placed across the gap by means of metal electrodes bonded onto the glass plates. ガラス板にボンディングされた金属製の電極により、その間隙に電圧がかけられる[印加される]。 ◆Its flatness of frequency response, dynamic range, and noise level place it at the top of the field. 本機のフラットな周波数特性、ダイナミックレンジ、およびノイズレベルは、本機を分野の最高峰に位置付けるものである。 ◆To avoid damage, do not place the juicer on or near a hot gas or electric burner. 損傷を避けるために、ジューサーを熱くなっているガスレンジや電気レンジの上または近くに置かないでください。 ◆When the highlight bar is placed over the report of interest, the operator presses a mouse button to access the report. 《コンピュ》関心のある[見たい、目的の]レポート(名)に強調表示バーが位置付けられているときに、(オペレーターが)マウスボタンを押すと、そのレポートにアクセスできる。

**in [into] place** (=in situ) 所定の位置に(置かれて[固定されて、挿入されて、はまって、存在して])、適所に、適した、(→out of place)、しかるべき所に、本来の場所に、定[原、同じ]位置に、その位置にある ◆slide the gate back into place そのゲートを元の位置までスライドさせる ◆with the cover locked correctly in place 蓋を正しく所定の位置にロックした状態で ◆poured-in-place [molded-in-place] concrete 現場打ち[場所打ち]コンクリート ◆put the write-protect ring in place 《コンピュ》(磁気テープに)書き込み禁止リングを(所定の位置に)はめる ◆The cover is snapped into place. カバーはパチンとはめられる[はめ込まれる]。

**in place of...** ～の代わりに ◆use A in place of B BのAの代用にAを使う

**out of place** 所定の位置にない、場違いで[の]、不適切で(→in place) ◆his out-of-place outfit 彼の場違いないでたち ◆feel out of place in American culture [with her pals] (順に)アメリカの文化に[彼女の友達とは]なじめない ◆they thought the question was out of place 彼らは、その質問は場違いだと思った ◆The high-tech building looks out of place in the City, London's oldest district. そのハイテク・ビルは、ロンドンの最も古い地区であるシティには場違いに見える[外観がそぐわない]。

**take place** 催される、行われる、起こる、出来(シュッタイ)する ◆global warming is taking place 地球温暖化が起きている[進行している] ◆modulation takes place 変調が行われる ◆a completion ceremony due to take place in June 6月に行われる予定の落成[完成、竣工]式 ◆the digital revolution taking place in the music and video worlds 音楽とビデオの世界で起こりつつあるデジタル革命 ◆CeBIT takes place from March 16 through to March 23. CeBIT(セビット)は、3月16日から3月23日まで開催される。(*CeBIT=情報・通信・OA機器分野をカバーする世界最大級のエレクトロニクスショー)

**take the place of...** ～に取って代わる、～の代わりをする、代理をする

**placeability** 圖(the) workability and placeability of fresh concrete 生コンクリートの施工性と打設性

**placebo** a～(pl. -bos, -boes) プラセボ、プラシーボ、偽薬、偽型薬、擬薬、擬薬、囮(オトリ)薬、姑息(コソク)薬、にせ薬、だましくすり、かくし薬、ダミー薬、《中国》安慰剤 * 近年、日本でも通用するようになってきた ◆a randomized, double-blind, placebo-controlled trial of...〈新薬など〉の無作為(化)二重盲検プラセボ[プラシーボ、偽薬]対照(比較)試験

**placeholder** a～ プレースホルダー(*コード番号やアドレスなどの形式を表す式の中で、実際には他の具体的な文字や数字に置き換えられる記号や文字)

**placement** 圖置くこと、配置、(部品の)装着、実装、位置付け、位置; (a)～就職斡旋、就職、職業紹介 ◆a placement office 《米》(大学の)就職課 ◆automatic [automated] chip-placement equipment チップ部品用の自動装着装置[実装機] ◆authorize the placement of an order for... ～の発注を許可[認可]する ◆prior to the pouring [placement, casting] of concrete コンクリート打設に先立って；コンクリート打ちの前に ◆the placement of buttons and readouts 操作ボタンと表示部の配置 ◆the placement of the speakers in a listening area 《音響》リスニングエリア内のスピーカの配置[置き方、セッティング、位置] ◆the University of Michigan's career planning and placement office ミシガン大学の就職課 ◆The computer's key placement takes some getting used to. そのコンピュータのキー配置には、多少の慣れが必要だ。 ◆The swivel base permits placement almost anywhere. 回転台がありますから、ほとんど場所を選ばずに設置できます。 ◆If your product does not arrive within 14 days of order placement, please call +1 (123) 345-6789. 発注後14日以内にご注文の商品が届かない場合は、+1 (123) 345-6789番までお電話ください。 ◆Due to the copier's lack of precise control over registration, the placement of words and pictures will vary slightly from page to page. この複写機には精密な位置調整機能がないため、文章や図の配置[位置]はページごとに若干ずれてしまう。 ◆LED chips are bonded to the front of the display substrate using automated chip-placement equipment which can achieve 2000 chip placements per hour. 発光ダイオード・チップは、毎時2000チップの実装が可能な自動チップ実装機[装着機]を用いてディスプレイ基盤の前面に接合される。 ◆Call Xxx toll-free order hotline at 1-888-123-4567 for order placements Monday through Friday between 7 a.m. and 6 p.m. and Saturday between 9 a.m. and 1 p.m. Pacific Standard Time. Xxxへのご注文は、フリーダイヤルのご注文受付ホットライン1-888-123-4567にお電話ください。月曜から金曜の午前7時から午後6時までと土曜の午前9時から午後1時まで(太平洋標準時)受け付けています。

**place of work** a～(pl. places of work) 仕事をする場所、職場、勤務先、勤め先

**plague** 1 a～悪性伝染病、疫病(エキビョウ)、悪疫(アクエキ); the ～ペスト; a～<of>(害虫、害獣などの)異常[大量]発生、(害虫などの)大群の来襲; a～《口》厄介な物、人を悩ます[苦しめる]物事 ◆a plague of insects 昆虫の異常発生 ◆a plague of locusts イナゴの大群の来襲

**plain**

**2** vt. <with> ~を(~で)しつこく悩ます, 苦しめる[さいなむ], 困らせる, ~にたたる ◆an accident-plagued auto　事故多発車 ◆an error-plagued second set　ヘマに悩まされた2回戦目 ◆the shortage-plagued capital　物不足に苦しんでいるこの首都 ◆The damaging effects of solder wicking plague electronic component manufacturers worldwide.　(毛管現象による)はんだあがりの(部品)接合部信頼性作用は, 世界中の電子部品メーカーを悩ませ[困らせ]ている.

**plain** 1 adj. 分かりやすい, 理解しやすい, 平易な, 平明な, はっきりした, 明白な, 明瞭な, 全くの, 率直な, 直截(チョクセツ)的な, 腹蔵のない, 普通の, 美しくない, 魅力的でない, 飾らない, 質素な, 難しくない, 複雑でない, 無地の, 単色の, 平織の[平地の, 淡白の, 味付け[調味料が添加]されていない, 平らな, 平坦な, 平滑な, 平野の; adv.《口》全く, 明らかに, はっきり ◆plain and simple　(挿入句)簡単明瞭に[端的に, 単刀直入に, ありのままに, 直截(チョクセツ)簡明に, 簡単に, 一言で]言えば; 要するに; まさにそのもの; 言いたいことはそれだけだ(=以上) ◆in plain English [language]　平易な[分かりやすい]英語[ことば]で言うと;(もっと)平たく言えば ◆plain water　淡水 ◆a plain (friction) bearing　滑り軸受 ◆plain English statements　平易な英語による陳述 ◆a plain white T-shirt　白い無地の[柄のない, 飾り気のない]Tシャツ ◆chilled buckwheat noodles either plain or accompanied with tempura　具無しのまたはてんぷら付きの冷やしそば; 冷やしかけそばまたは冷やし天ぷらそば(*plain noodles は, うどんなら「素うどん」) ◆It's a lie, plain and simple.　それは嘘でしか[嘘以外の何物でも]ない; それは, まさに虚言そのものであって, それ以上でもそれ以下でもない. ◆It dissolves completely in plain water.　それは, 普通の[ただの]水のなかで完全に溶ける. ◆It is racial discrimination, plain and simple.　それは人種差別そのものだ[以外の何物でもない]. ◆Let me break it down and make it simple and plain to you.　それを噛み砕いて, 簡明かつ明瞭, 単純明快, 直截(チョクセツ)簡明)に言い換えてみることにします. ◆NEVER leave valuables in plain view, even if your car is locked. Put them in the trunk or at least out of sight.　たとえ車にロックをかけていてさえも, 決して貴重品を丸見えにして放置しないこと. トランクにしまうか, せめて見えないようにすること. ◆The plain fact [truth] is that much of black Africa is in an advanced state of political and economic disintegration.　実情[実状, 実態]は, ブラックアフリカの多くが政治的[経済的崩壊の進んだ状態にある. ◆The Clinton administration is ignoring the plain truth about Russia and avoiding hard choices in foreign policy.　クリントン政権は, ロシアに関するありのままの事実[(意訳)ありのままの実情, 真相, 実状, 実状, 実態, 本当の実情, 実際のあり様]を直視しないようにして外交政策での厳しい選択を避けようとしている.

**2** a ~, ~s 平原, 平野, 大草原 ◆in [on] the Great Plains　(米国の)グレート・プレーンズ[大平原]に[の] ◆the Andean high plains　アンデス高原

**plainly** adv. はっきりと, 単純明快に, 簡単明瞭に, 端的に, 率直に, 質素に, 地味に ◆be plainly visible　はっきりと見える ◆by saying all too plainly that...　~であるとあまりにもはっきりと[あけすけに, 包み隠さずに, あらわに, 露骨に, 腹蔵なく, ずけずけと, ずばずばと, ざっくばらんに]言うことによって ◆Plainly this trend can't be reversed without a very high degree of international cooperation.　明らかに, 非常に高水準の国際協力なくしてはこの傾向を逆転させることはできない.

**plain-paper** adj. 普通紙(使用)の ◆a plain-paper copier (PPC)　普通紙複写機

**plaintext, plain text**　《コンピュ》プレーンテキスト(*単に text とも. フォントおよび書式情報や特殊な制御コードを含まない, 純粋に文字だけの情報); (暗号化されていない)平文(=cleartext) ◆in plain text　(制御コードなどを含まない)プレーンテキストで;(暗号化されない)平文(ヘイブン, ヒラブン)で ◆import ASCII, or plain text, files　《コンピュ》ASキーファイル, つまりプレーンテキストファイルをインポー

トする ◆in unencrypted (i.e., plaintext) form　暗号化されていない(つまり, 平文)形式で

**plain-vanilla** adj. 飾り気のない, 単純な, 基本(構成)的な ◆a plain-vanilla shirt　飾り気のないプレーンなシャツ ◆a plain-vanilla 33-MHz 486 model　《コンピュ》(クロック周波数)33MHz, (CPUが)486の基本構成[シンプルな, 必要最低限の機能を備えた]モデル

**plan** 1 a ~ プラン, 計画, 計画書, 案, やり方, 方式, 方法, -法, 制度, -制; a ~ 計画書; a ~ 図, 図面, 設計図, 平面図, 配置図, 配列 ◆a plan for...(ing)　~する計画 ◆create a plan　プランを作る ◆devise [make, formulate, draw up, lay (out), map out, produce] a plan　計画を作る[立てる, 立案する, 策定する] ◆have plans to <do...>　~する計画を持っている[計画だ, 予定でいる] ◆a floor plan　床面配置図, 間取り図, 平面図 ◆a sampling plan　抜き取り(検査)方式 ◆a tentative plan　試案 ◆agree on a basic plan to <do>　~するといった基本方針に同意する ◆create [construct, design, develop, devise, establish, formulate, make, prepare, set up] a sampling plan　《品管》抜取計画を立てる ◆implement a streamlining plan　合理化計画を実行[遂行]する ◆make a carefully worked-out plan　綿密[入念, 周到]な計画を立てる ◆Plans are now afoot to <do...>　~しようという計画が現在進行中でいる[<do...>をする計画を持っている] ◆push forward (with) a plan to <do...>　~する計画を前に進める[前進させる, 推し進める, 推進する] ◆scrap a plan to <do...>　~する計画を破棄する[反故にする, 捨てる] ◆the company has plans [no plans] to <do...>　~する計画を持っている[持っていない] ◆an employee stock ownership plan [program]　従業員持ち株制度 ◆an ill-conceived subsidy plan　お粗末な[ずさんな]助成金交付計画 ◆a well-worked-out [well-laid] plan　よく練られた計画 ◆if all goes according to plan　すべて計画[予定]通りに行けば ◆Plans are already in the works for...　すでに~の計画の準備は進行している. ◆The company has announced plans to <do...>　その会社は, ~する計画[予定]であると発表した[(意訳)~する考えを明らかにした]. ◆announce a five-year plan for the decontrol of all prices　価格統制全廃に向けての5カ年計画を発表する ◆The government developed a tax-incentive plan designed to...　政府は~することを図って優遇税制を策定した ◆Plans are in the works to <do...> [for...ing]　~する計画が進んでいる[進行中である].

**2** vt. ~を計画する, 図(ハカ)る, もくろむ, くわだてる, 仕組む, ~するつもり[予定, 心積もり, 腹積もり]である <to do>, 設計する; vi. 計画する, 予定する ◆as planned　計画[予定]通りに ◆plan on...-ing　~するつもりである[意図がある] ◆planned buildings　計画された[(建設)予定の]ビル; 計画中の建物 ◆work out as planned　計画通りに(うまく)行く[運ぶ] ◆a planned stadium site adjacent to...　~に隣接する[(陸上)競技場(建設)予定地[計画地点] ◆a site planned for a sports arena　スポーツ競技場(建設)予定地[計画地点] ◆A third building is being planned.　3つ目のビル(の建設)が計画中である. ◆cancel the planned employment of three college students　大学生3人の就職内定を取り消す ◆Completion of... is planned for 1997.　~の完成[竣工]は1997年に予定されている. ◆in order to achieve [accomplish] planned goals; to meet [reach] planned targets　計画目標を達成するために ◆plan an early resumption of relations with...　~との関係の早期修復を図る ◆Trains ran as planned.　列車は定刻どおり運行した. ◆planned extensions to the Futurebus standard　フューチャーバス規格に加えられる予定になっている追加項目 ◆We plan to sell 50,000 a year.　私どもは, 年間5万台は売るつもりです. ◆The company plans to branch out into areas other than telecommunications.　この会社は, 電気通信以外の分野に多角化しようともくろんでいる.

**planar** adj. 平面の, 2次元の; a ~ 《コンピュ》(装置内の)電子回路基板

**planarization**　⑪平坦化 ◆CMP (chemical-mechanical polishing [planarization])　《半導体》(ウェハの)化学的機械研磨による平坦化

**planarize** v. 平坦化する ◆the surface becomes locally planarized 表面は局所的に[局部的に, 部分部分で]平坦化する[平らになる](＊凸凹がなくなることにより．半導体ウェハの表面研磨の話で)

**plane** 1 a～ 平面, 面; a～ 水準, 程度, 段階, レベル; adj. 平らな, 平坦な, 平面の, 平面図形の ◆a plane figure 平面図形 ◆four carbons in one plane 同一平面上にある4個の炭素 ◆on a horizontal plane 水平面上に ◆a plane-polarized wave 平面偏光波［偏波］ ◆they are all in the same plane それらはすべて同一平面上にある 2 a～ 飛行機, 水中翼船, (飛行機, 水中翼船の)翼 ◆a planeload of... 飛行機1機分の〈乗客, 積荷〉 ◆an ultralight plane 超軽量飛行機, 超軽量機 ◆a plane [an airplane] ticket 航空券 ◆travel by plane 飛行機で旅行する 3 vi. 滑空する, 舞い上がる, (快速モーターボートなどが)水面から部分的に浮き上がる, (口)飛行機で行く［旅行する］ ◆the read-write head planes over the disk surface on an air cushion 〈意訳〉読み取り書き込みヘッドはディスク表面上を風圧によって浮上して移動する(＊ハードディスク) 4 a～ かんな; vt. ～にかんなをかける, ～を平削りする

**planer** a～ かんな, 平削り盤

**planet** a～ 惑星; the～ 地球 ◆a planet gear [wheel] 《機械》遊星歯車 ◆planet-friendly practices 地球にやさしい習慣

**planetarium** a～ (pl. -tariums, -taria) プラネタリウム[館], 星座投影装置, 天体の運行を示すモデル［模型, 装置, 仕掛け］

**planetary** 惑星の, 惑星状の, 地球の, 世界的な, 《機械》遊星の, 《天文》(惑星が)地球型の ◆a planetary gear train 遊星歯車装置 ◆planetary waves プラネタリー波(＊ジェット気流の蛇行のことで the Rossby waves とも)

**plank** a～ 厚板, 矢板; a～ (政党の綱領の)項目 ◆The Republican Party had a strong antiabortion plank in its 1988 platform. 共和党は, 1988年の〈大統領選前の〉党の綱領発表演説で強硬な妊娠中絶反対を基本方針の一つとして掲げていた.

**plankton** ①プランクトン, 浮遊生物, 浮遊微生物 ◆Plankton is a general term for both phytoplankton and zooplankton. プランクトンとは, 植物プランクトンと動物プランクトンの両方を指す一般的な用語である.

**planner** a～ 企画を立てる人, 計画者, 立案者

**planning** プランニング, 計画[を立てること], 企画, 立案, 企画立案, 設計 ◆the Economic Planning Agency 《日, 旧》経済企画庁(＊内閣府の Cabinet Office の前身) ◆a policy implementation planning report 政策実施企画報告書, 政策実行計画報告書［計画書］ ◆a product-planning manager in charge 担当の製品企画部長 ◆be at the planning stage 計画段階にある ◆be in the early stages of planning ～は計画[企画]立案の早い[初期]段階にある ◆new projects under planning 計画中[企画立案中]の新規プロジェクト ◆the planning and preparation stage 企画・準備段階 ◆the planning of complex strategies 複雑な戦略の策定 ◆the computer product-planning department of the company この会社のコンピュータ商品企画部門 ◆It is still in the planning stage. それは, まだ企画立案段階にある. ◆A very great deal of thought has gone into the planning of these buildings. 非常に多くのアイデア［構想, 考え］がこれらの建物の設計に盛り込まれた.

**plant** 1 a～ 植物, 草, 草木, 苗, 苗木, 植木; a～ 工場, プラント, 製作所, 生産設備, 機械設備一式, 施設, 設備; a～ (人をだまして陥れる)わな, 計略; a～ おとりの者, 回し者 ◆a plant manager [superintendent] 工場長 ◆spending on new plant and equipment 設備投資 ◆a plant-derived substance 植物由来の[植物から採った, 植物生まれの]物質 ◆at the supplier's plant 部品供給メーカーの工場で ◆during in-plant testing 工場(現場)における試験中に ◆make [carry out] in-plant inspection(s) of... ～の工場内検査［工場立ち入り検査］を行う ◆new plant and equipment spending 設備投資分 ◆in a Ford Motor Co. assembly plant あるフォード自動車会社の組み立て工場で ◆plant-derived foods, such as fruits, vegetables, whole grains and beans 果物, 野菜, 全粒の穀類, 豆類などの植物性食物 ◆the decline in autos was attributed to temporary plant shutdowns for model changeovers 自動車の落ち込みはモデルチェンジのための一時的な工場閉鎖のせいであった. ◆Some of the most toxic pesticides are of plant origin. 毒性の最も強い殺虫剤［農薬］の中には植物由来[植物性]のものもある. ◆The car is manufactured in a 1.2-million-square-foot stamping and assembly plant. この車は, 120万平方フィートの広さのプレス・組み立て工場で製造されている. 2 vt. 〈植物など〉を植える［作付けする］, 〈種〉をまく, 〈場所〉に〈～を〉植える〈with〉, 〈人〉を配備［張り付ける］, 〈思想など〉を植え付ける, ～をしっかりと地面にさす, 〈スパイ〉を潜入させる; vi. 作付(サクツケ)する, 種まきする ◆plant a tree on Earth Day 地球の日に木を植える ◆plant vegetables and rice 野菜の作付けや田植えをする ◆reduce one's rice planting area 稲作の作付け面積を減らす; 減反する ◆a terrorist who planted a bomb on a Pan Am flight in 1982 1982年にパンナム便[パンアメリカン航空の飛行機]に爆弾を仕掛けたテロリスト ◆He has planted 500 acres of rice and has plans for 5,000 acres of soybeans. 彼は, コメを500エーカー作付けした. さらに大豆を5,000エーカー作付けする計画がある.

**plantation** a～ 亜熱帯・熱帯地方で単一作物を大規模に栽培する農園, プランテーション, 大農園, 栽培園, 栽培者; a～ 植林地, 造林地 ◆a plantation owner 大農園主, 大農園主, プランテーション経営者 ◆a sugar cane plantation (大規模)砂糖きび栽培農園［農場］ ◆he was born on a cotton plantation 彼は綿花のプランテーションで生まれた

**plan view** a～ <of>～の平面図

**plaque** ①(dental plaque)プラーク, 歯垢, 歯苔; a～ 斑, 斑点, (細菌培養での)溶菌斑, 血小板; a～ 飾り板, 銘板, 額, 刻板, 門標 ◆honor awards in the form of medals, plaques and certificates メダル, 楯[盾], 賞状といった形での名誉賞

**plasma** 高度に電離した気体, プラズマ; 血漿(ケッショウ) ◆a (gas-)plasma display プラズマディスプレイ ◆plasma spraying [plating] プラズマ溶射 ◆fresh frozen plasma 新鮮凍結血漿, FFP ◆plasma-addressed liquid crystal (PALC) technology プラズマアドレス液晶技術

**plaster** ①石膏, 漆喰(シックイ), 壁土; a～ (英)絆創膏(バンソウコウ)［青薬(コウヤク)］(=(米では通例)a Band-Aid); vt. ～に漆喰を塗る, ～に絆創膏［青薬］を貼る, 〈ポスターなど〉を〈～に〉ぺたぺたと貼る<on>, ～に〈～を〉塗りつける<with> ◆plaster (of Paris) 焼き石膏

**plastic** adj. プラスチックの, 塑性(ソセイ)の, 可塑性の, (口)(軽蔑的に)人工的な, 合成の, 〈外科, 手術について〉形成の; n. (a)～ プラスチック, 可塑性物質, 合成樹脂; ～s プラスチック製品, ◆クレジットカード ◆become plastic 可塑性を帯びる ◆a plastic bag ビニール袋, ポリ袋 ◆a plastic card プラスチックカード(＊クレジットカードの類) ◆a thermoplastic plastic 熱可塑性プラスチック ◆plastic foam 発泡プラスチック ◆plastic money ①プラスチックマネー(＊クレジットカードの別名) ◆plastic surgery 形成外科(学); 成形術 (cf. cosmetic surgery 美容整形外科[手術]) ◆(a) plastic optical fiber (POF) プラスチック光ファイバー[ファイバ] ◆be made of plastic プラスチック製である ◆a molded-plastic receptacle 成型プラスチックソケット ◆a plastic-bodied car プラスチックボディーの車 ◆a plastic-clad silica (PCS) fiber《光ファイバ》プラスチッククラッド石英ファイバー ◆be made of [be manufactured from] engineering plastic(s) materials エンジニアリングプラスチック［エンプラ; 高級特殊硬質樹脂, 高機能(性)樹脂; 高機能プラスチック］材料で作られて［製造されて］いる ◆he had plastic surgery to disguise his face 彼は偽装のために顔を整形した ◆the casing is constructed from two types of plastic only この筐体(キョウタイ)は, 2種類のプラスチックのみで造られている

**plasticity** 可塑性, 塑性, 可塑度, 形成性, 柔軟性, 適応性

**plastics** (plastic の複数形); ①プラスチックを製造すること ◆the plastics industry プラスチック業界［産業］

**plat du jour** a ~ (pl. plats du jour) 本日の特別料理 (*レストランの) ◆order a plat du jour 日替わりお薦め料理を注文する

**plate** 1 a ~ 板, 平板, 金属板, 電極, 極板, (真空管の)プレート, 陽極, 写真感光板, (印刷の)版, 図版, 挿絵 [写真], (地殻の)岩盤; the ~ (野球の)本塁; a ~ 皿, 一人前の食事, 料理の一品 ◆a rating plate 定格銘板 ◆plate dissipation (= anode dissipation) (真空管の)陽極損失 ◆plate glass 板ガラス ◆plate-ready film 〈印刷〉版(plates)の作成に回せるフィルム ◆plate tectonics 〈地球物理〉プレートテクトニクス [プレート理論, プレート変動学] ◆the plate (anode) of an electron tube 電子管のプレート[陽極] ◆Plate 1 図[図版, 写真]1 (*写真であることが多い)

2 vt. ~をめっきする, ~に金属板をはる, ~から電鋳版[鉛版]を作る, 〈紙〉に強光沢を付ける ◆chrome-plated クロームめっきされた ◆plate bolts with zinc ボルトに亜鉛めっきをかける ◆a very thickly plated teapot 厚くめっきがかけられたティーポット ◆It is chrome plated. それはクロムめっきされている.

**plateau** 1 a ~ (pl. ~ s, -x) 高原, 台地, 楯状地, (海底地形の)海台, (特性などの)平坦域[水平]域, 安定水準, 平衡状態, 横ばい状態, 停滞期 ◆be reaching a plateau 踊り場的[伸び悩み, 横ばい, 一服]状態になりつつある ◆But within the last few decades, many events and performances have seen a plateau, with records being broken by mere tenths of a second. だが過去数十年の間に, 多くの競技種目や演技で, わずかコンマ何秒の記録更新といった伸び悩み[《意訳》頭打ちに近い]状態がみられるようになった.

2 vi. 横ばい状態になる, 大幅な変動なしに推移する, 安定水準[期]に達する ◆motivate plateaued employees 進歩が止まって[伸び悩んで]いる従業員にやる気を起こさせる ◆plateau at a certain growth ceiling ある成長の限界で横ばいに[頭打ち]になる ◆After growing strongly, demand has plateaued. 力強い伸びをみせた後に, 需要は頭打ち[横ばい, 停滞状態]になった. ◆His career seemed plateaued somewhere short of superstardom. 彼の(俳優としての)キャリアは, 大スターまであと一息というところで足踏み状態になったようにみえた.

**platform** a ~ 高床式床面, 駅の(プラット)ホーム, (バスの)乗降口[段], 足場, 踊り場, 台地, 高台, 壇, 演壇, 教壇, (政党の)綱領, 公開討論の場[フォーラム], (政党の)綱領, 海底石油掘削用プラットフォーム, プラットホーム《車》車体構成・体系を展開する際に, 設計の土台[元]となる基本構造[車台], プラットフォーム《コンピュ》プログラムが動作するソフトウェアおよびハードウェア環境としてのOSや機種, ◆a hardware platform 〈コンピュ〉ハードウェアプラットフォーム(*ソフトを開発するベースとなるコンピュータ機種分類, プログラム互換性のある機種同士は, 同一のプラットフォームとみなされる) ◆a weighing platform 秤量台(*はかりの乗せ台) ◆a software platform 〈コンピュ〉ソフトウェアプラットフォーム(*アプリケーションソフトを走らせる環境となるオペレーティングシステムやデータベースプログラム) ◆the cross-platform porting of... 〈コンピュ〉異なるプラットフォーム間における[異機種間での]~の移植 ◆wear platform boots [shoes, sandals] 厚底ブーツ[厚底靴, 厚底サンダル] ◆provide a platform from which to <do...> ~するための基盤となる ◆retain portability across various platforms 《コンピュ》異なる機種間での移植性を保つ ◆the train is approaching platform 3 列車が3番線ホームに入って来る ◆Chrysler builds virtually all of its new products around the basic K-car platform. クライスラー社は, 自社のほとんどの新製品を基本的なKカーのプラットフォームを中核にして組み立てている. ◆The Ford Thunderbird is exactly the same platform on which Ford makes the Mercury Cougar. フォード・サンダーバードは, フォード社がマーキュリー・クーガーを作る土台にしているものと全く同じものである. ◆produce a standard set of specifications based on a platform of a revised and extended IEEE 896.1-1987 Futurebus standard 改訂・増補された IEEE 896.1-1987 フューチャーバス規格を土台に, 標準となる一連の仕様を作成する

**plating** めっき, 鍍金(トキン); (金属)板で被覆すること; 外板, 装甲; 〈医〉平板培養 ◆a plating bath めっき槽[浴槽] ◆the thickness of the silver-plating その銀めっきの厚み ◆be coated with 1 to 3 microns of gold plating 1~3ミクロン厚の金めっきがかけられている ◆Can be furnished with plating if required. 《広告句必要に応じてめっきを施すこともできます[メッキがけのご用命も承ります] ◆The entire wrench is given heavy chromium plating. スパナ全体に, 厚いクロムめっきが施されている. ◆The use of cadmium as an anti-corrosive plating on fasteners and brackets has been reduced. 留め具や取り付け金具の防蝕めっきとしてのカドミウムの使用は削減された.

**platinum** 白金(元素記号: Pt), プラチナ

**platter** a ~ 大皿, (ロ)レコード(盤) ◆a multiplatter hard (disk) drive 〈コンピュ〉マルチプラッタ《複数枚のディスクが内蔵された》ハードディスクドライブ(*2枚のディスクの場合 dual-platter という表現もある. 装置は密閉されていて中のディスクは普通見えない)

**plausible** adj. もっともらしい, まことしやかな, 口先がうまい, 一応信頼できそうな ◆a plausible hypothesis まことしやかな[正しそうに思われる]仮説

**play** 1 回遊び, 娯楽, 遊戯, 遊技, 《機械》遊び [動きのゆとり, 遊隙(ユウゲキ); (a) ~ 作用, 働き, (自由な)動き, (目先の)ちらつき[ゆらめき, きらめき], (試合や競技での)プレー [わざ], (ゲームなどの)手, 戯曲, 劇, 演劇, 芝居, 演技, 上演, 再生, 〈コンピュ〉《マクロ記法》の実行, しゃれ[言葉のあそび]; one's ~ (ゲームなどの)番 ◆after multiple plays 何回も再生した後に(*録音機の話で) ◆a play family ままごと遊びの家族 ◆a play-only model 再生専用機 ◆backlash and play 《機械》ガタ[バックラッシュ] ◆convert a novel into a play 小説を演劇化[舞台化]する ◆unusually long play in the brake pedal ブレーキペダルの異常に長い遊隙(ユウゲキ) [大きい遊び] ◆The play husband is Tom. ままごと遊びの夫はトムだ. ◆allow one's imaginative faculty its full play in the decoration of... ~の飾り付けにて創作力が存分発揮できるようにする ◆a street sign that says "CAUTION CHILDREN AT PLAY" 「子ども飛び出し注意」と書いてある道路標識 (*children at play = 遊んでいる子どもたち) ◆he gave full play to his gifts for dialogue 彼は対話劇を書く才能を遺憾なく駆使[発揮]した ◆many of the adults were acting like children at play in virtual reality exhibits バーチャル・リアリティー展示会場では, 大人達の多くが遊びに興じている子供のように振舞っていた ◆there are elements at play that influence... ~に影響を及ぼしている(いくつかの)要因がある; ~を左右する(種々の)要因が働いて[作用して]いる ◆turn the hex head bolt until nearly all play is removed 遊び[ガタ]がほとんど全部なくなるまで六角ボルトを回す ◆Make inquiries and give full play to your intellectual curiosity. いろいろと調べなさい, そしてあなたの知的好奇心をフルに働かせなさい. ◆There is too much play between A and B. A B間に遊び[遊隙, ガタ]がありすぎる.

2 vi. (~で)遊ぶ[遊び回る, 飛び回る, 動き回る], ふるまう, 演じる, 演奏する, (音を)出す[奏でる], 鳴る, 再生する ◆a long-playing record 長時間再生[演奏]レコード ◆piano playing ピアノ演奏 ◆...you are assured that your MIDI files will play on the standard system 《コンピュ》標準のシステムでは必ずMIDIファイルは再生できる[MIDIファイルを聴くことができる] ◆The chart shows playing times for different modes. 表はモード別の再生時間を示す. (*ビデオテープの) ◆Children often forget the dangers of traffic when playing on sidewalks. 子供は, 歩道で遊んでいるときに往々にして行き交う車の危険を忘れてしまう.

3 vt. ~の役を演じる[務める], ~を上演する, 〈ゲーム, 競技〉をする, ~と対戦する, ~を奏でる, ~を演奏する[弾く], (音)を出す, 鳴らす, 再生する, 《コンピュ》〈マクロ記法〉を実行する ◆play prerecorded videocassettes ビデオソフトテープを再生する ◆she will meet [face, play, play against] Steffi Graf in the semifinals 彼女は準決勝でシュテフィ・グラフ選

手と対戦する（ことになっている）◆The keyboard plays 100 sounds. このキーボード（楽器）は100音色出せる。◆They are a play-it-safe breed. かれらは, 冒険をしない[危険を冒さない]やから[タイプ]だ.

**bring [put]... into play** 〜を活動[稼働, 操業]に入らせる, 働かせる ◆put the engine into full play エンジンをフル稼働[フル回転, フル]にする ◆the production facilities are brought into play （直訳）生産施設が稼働させられる;（意訳）工場が操業に入る[操業を開始する] ◆it has been brought into full play in dealing with the problems of... それは〜の問題の処理に当たり最大限活用[駆使]された

**come into play** 活動し[働き, 作用し, 効き]始める, 稼働[操業]に入る, 活動を開始する, 効力[効果, 能力]を発揮し[表し]始める, 働き[作用]を示し始める, 役を務める ◆natural selection comes into full play 自然淘汰が存分に作用している;自然淘汰がものを言う ◆Personal ties may come into play. 個人的なつながりが威力を発揮するかもしれない. ◆random number generation comes into play 乱数発生が開始される ◆there are other factors that come into play such as... （意訳）ほかに〜などの要素が効いてくる ◆because the limits of the speed of light really comes into play at those kinds of frequencies そういった類の周波数では光の速度の限界が実際に効いてくるので ◆That is where our system's strength comes into play. そこで我が社のシステムの強みが発揮されるのだ. ◆ABS doesn't come into play unless your wheels approach lock-up. アンチロックブレーキシステムは, 車輪がロックアップ状態に近づかない限り働かない[作動しない]. ◆With education moving into multimedia, our experiences come into play. 教育がマルチメディアに入り込んできており, 我が社の経験がものを言う[生かせる]ようになる.

**full play** 盛んな活動,（エンジンなどの）全開, 真価[本領, 威力]の発揮, 存分な作用[働き, 発揮]（→play, およびその子見出しの bring into play, come into play, in play の下に用例）

**in play** 遊びで, 冗談で;〈ボールが〉ラインに[ライン内に]入って, セーフで;試合中で; 作用して, 働いて, 効いて, 生きて, 活かされて, 活躍して, 有効で(= in effect, in operation, in action);〈会社, 株が〉買収されそうになって ◆an engine in full play フル稼働[フル回転, 全開]のエンジン ◆a project in play 進行中のプロジェクト ◆plot takeovers and put companies in play 乗っ取りを企て, 企業を買収の危険に陥れる ◆a lot of factors that were in play at that time... 当時作用して[働いて]いた多くの要因 ◆She just kept the ball in play and moved me around, waited for me to miss it. 彼女はとにかくボールをつないで[ラリーを長くして]私をゆさぶり, 私のミスを待った.

**play around** 遊びまわる, いいかげんに扱う, もてあそぶ, 遊びの男女関係を持つ <with> ◆Last week I had the chance to play around with this phone. 先週, 私はこの電話器をいじってみる[触ってみる,（意訳）試しにちょっと使ってみる]チャンスがあった.

**play back** 〈撮られた音や映像〉を再生する,《コンピュ》〈マクロやスクリプト〉を実行する ◆play it back at fast speed 《AV》それを高速再生する ◆a macro feature to record and play back a sequence of operations 《コンピュ》一連の操作を記録して（後で再び）実行するマクロ機能 ◆A video disc player can only play back prerecorded material. ビデオディスクプレーヤーは, 録画済みソフトの再生しかできない. ◆At the time, recordings played back off a gramophone amazed the general population. 当時, 蝋管（ロウカン）から再生された録音は一般大衆を驚かせた. ◆The images can also be played back on computers equipped with CD-ROM drives. これらの画像は, CD-ROMドライブを装備したコンピュータでも再生できる.

**playback** (a) 〜 再生,《コンピュ》（記録されたマクロやスクリプトの）実行 ◆a playback head 再生ヘッド ◆a playback-only machine 再生専用機 ◆during playback 再生時に ◆listen to a playback of her taped message 彼女の録音メッセージの再生を聞く ◆listen to the playback of the disc その盤面の再生を聴く ◆the record and playback time is only about 90 minutes 録画・再生時間はわずか約90分である ◆Acoustic signals can be recorded on a variety of media for future playback [replay]. 音声信号は, あとで再生するために各種のメディア[媒体]に記録[録音]することができる.

**play-by-play** adj. 実況を逐一伝える, 状況[経過]を逐次把握[説明]する; n. 実況放送, 実況アナウンス ◆play-by-play commentary 実況解説（＊スポーツ番組の）◆a play-by-play announcer for basketball バスケットボールの実況アナウンサー

**player** a〜 プレーヤー, 音声[画像]再生装置, 再生専用機（＊レコーダーに対して）, 自動演奏装置, 選手, 競技者, 演奏者, 一奏者, ゲームをする人, ギャンブラー,（商取引などの）当事者 ◆a CD player CDプレーヤー ◆key players 主要プレーヤー[選手]たち; 主要関係国[企業, etc.] ◆a major player in this industry この業界の主要企業[大手]

**playground** a〜（固定遊具のある）公園,（学校の）運動場, 行楽地[保養地], 活動の場[領域]

**playing field** a〜 競技場, 運動場, 土俵 ◆be on a level playing field with...〈人〉と公平に[同列で, 同じ土俵で]競える場にあって ◆construct a multi-purpose playing field 多目的運動場[グラウンド]を造る ◆US carriers can never have a level playing field to compete in the UK （意訳）米国の通信業者らは決して英国において対等には競い合えない ◆By using this new technology, the company claims it can compete on a level playing field with its competitors. この新技術を用いることにより同社は競合他社と同じ土俵で[同列で]競争できると言っている. ◆Traditional retailers hail the bill as creating "a level playing field" between them and their mail-order competitors. 従来型の（有店舗）小売業者らはこの法案を, 彼らと彼らの競争相手である通信販売業者の間に「（対等に競い合える）共通の土俵」を創設するものであると呼び歓迎している.

**plaything** a〜 遊び道具, おもちゃ, 玩具, 玩弄物（ガンロウブツ）, 慰みもの, もてあそぶもの ◆Toy means an object or a number of objects manufactured as a plaything for a child or children up to the ages of fourteen years old. 玩具とは, 年齢14歳までの1人または複数の子供用の遊び道具として意図されている1つまたは複数のものを指す.

**plaza** a〜 広場, ショッピングセンター,（高速道路の）サービスエリア ◆since the Plaza Agreement [Accord] of 1985 1985年のプラザ合意以来（＊五カ国蔵相会議G5がニューヨークのプラザ・ホテルで開かれたことから）

**PLC** (programmable logic controller) a〜 プログラマブルロジックコントローラ（＊俗にシーケンサとも）;(public limited company) a〜《英》株式会社;(power line communications) 電力線搬送（＊一般家庭用電灯線を, 家庭内・建物内LANまたは長距離をカバーするWANのデータ転送媒体として用いる）

**PLCC** (plastic leaded chip carrier) a〜《半導》プラスチックリードチップキャリア, PLCC

**PLD** (programmable logic device) a〜 プログラマブルロジックデバイス, プログラム可能な論理素子

**plea** a〜 懇願, 請願, 弁解,《法》抗弁[申し立て]

**plea bargain** 1 〜 司法取引, 減刑取引,（場合によっては）刑事免責取引,（自白や, 他者に関する証言の提供によって）減刑[不起訴]処分にしてもらうための取引 2 v. ◆... can plea bargain with prosecutors 検察当局と司法取引が出来る ◆through plea bargaining 司法取引を通じて ◆plea bargain one's way out of prosecution 司法取引をして起訴を免れる

**plead** vi. 嘆願する <for, against, with・人, to do>, 弁護する <for>; vt.（弁護, 弁明, 弁解のために）〜を主張する, 〜であると弁護[抗弁, 弁解]する

**pleasant** adj. うれしい, 喜ばしい, 楽しい, 愉快な, 快適な, 快い, 心地よい, 気持ちよい,（人, 態度, 性格が）感じのよい, 人当たりがよい, 人好きのする, 礼儀正しい,（天気が）良い ◆a pleasant-sounding concept 良さそうな考え ◆Volatile esters have pleasant, rather characteristic odors. 揮発性エステルには, やや独特[特有]の芳香がある.

**pleasantly** 快適に, 気持ち[気分]良く, 心地よく, 愉快に, 楽しく, 愛想よく ◆at a price that will pleasantly surprise you 驚きの嬉しい価格で

**please** 1 vt. ～を喜ばせる，楽しませる，満足させる; vi. 欲する，望む，したい[やりたい]と思う ◆hard-to-please clients うるさい[気難しい]顧客たち ◆as one pleases[wishes, likes, chooses] 好きなだけ，好きなように ◆difficult-to-please higher-ups 気難しいお偉方[上役]たち ◆Unlimited entries: a player may enter and exit the game as many times as he/she pleases. 出場回数無制限: 選手はゲームに任意の回数[(意訳)何度でも自由に]出入りしてよい．
2 adv. 《人に丁寧に依頼，命令する時に用いる》どうぞ，どうか，なにとぞ，すみません ◆Please reply ASAP! Thanks! 至急返事[返答，返信]乞う．(よろしく．); 至急ご返事願います． ◆Please charge all these purchases to me. これら買ったもの全部私につけておいてください． ◆Please take this opportunity to renew your subscription to Consumer Reports. どうぞこの機会にConsumer Reports誌の購読を更新されますように．

**pleasing** adj. 満足な，快い，人当たりのよい，愛想のよい ◆crowd-pleasing theatrics 観客受けする演出

**pleasurable** adj. 楽しい，愉快な，うれしい，気持ちのいい，満足を与える ◆be pleasurable to read 読んで楽しい[おもしろい]

**pleasure** 回喜び，楽しみ，満足，娯楽，気晴らし，快楽，肉体的な喜び; a～ 喜びのもと，喜ばしい[うれしい]こと; one's～ 望み，希望，意向，おぼしめし，好み，都合 ◆with pleasure 喜んで，楽しみながら ◆give pleasure 喜びを与える ◆a small pleasure boat レジャー用小型船舶 ◆the pursuit of pleasure 快楽の追求 ◆a pleasure boat プレジャーボート; レジャー用船舶; 娯楽用小型船 ◆at pleasure; at one's pleasure 思うままに，気ままに，望み通りに，随意に，自由に，自由裁量で，好きなように，好き勝手に，その時々の気分次第で ◆combine business and pleasure 仕事と遊びを兼ねる ◆find pleasure in...-ing ～することに喜びを見いだす ◆for the pleasure of outstanding sound すばらしいサウンドの喜びのために ◆get a lot of pleasure from [out of]... ～を大いに楽しむ[楽しんでいる] ◆have the pleasure of...-ing... 《丁寧》～することを光栄に[うれしく]思う; 光栄にも～する; ～させていただく ◆the pleasure of escaping the maddening noise of daily life 日常生活の気も狂いそうな喧噪から逃避することの喜び ◆when you travel on business or for pleasure 仕事[出張]であるいは遊びで旅行するときに ◆I have much pleasure in informing you that...; it gives me great pleasure to inform you that... ～ということをお知らせすることをうれしく存じます ◆the sensory pleasures afforded by driving with wind in the hair 風に髪をなびかせてドライブすることにより得られる感覚的な快感 ◆He seems to take pleasure in teasing me. どうも彼は，私をからかって喜んでいるようだ． ◆I find [take] pleasure in books. 私は読書を楽しみとしている． ◆I get a lot of pleasure out of my hobby. 私は，趣味を大いに楽しんでいる． ◆The gift gave him a great deal of pleasure. その贈物は彼を大喜びさせた． ◆Will you do me the pleasure of dining with me? ご一緒にお食事していただけませんか．

**pleat** a～ 《スカートなどの》折りひだ，ひだ，プリーツ; vt. 《布やスカート》に〔折り〕ひだをつける ◆a pleated miniskirt プリーツ〔折りひだ〕のあるミニスカート ◆be pleated like an accordion アコーディオンのように蛇腹状のひだがついている ◆iron pleats [ruffles] on clothing 衣服にアイロンでひだをつける

**pledge** 1 a～ 誓約，固い誓い，堅い約束，言質(ゲンチ, ゲンシツ)，申告，公約; 回質入れ，抵当にとられていること; a～ 抵当物件，担保，質物(シチモツ); a～ <of> 〈友情，愛情などの〉しるし，証し ◆Bush's no-new-tax campaign pledge ブッシュの「新税は設けない」という選挙公約
2 vt. ～を誓う; ～すると誓約[堅く約束]する <to do>, ～だと堅く誓う <that>, ～に［～すると］誓約させる <to do>; ～を質に入れる，～のために乾杯する ◆pledge to return it それを返すと約束する

**plenary** adj. 完全な，全体の，絶対的な; 全員出席の ◆a plenary meeting [session] 総会，本会議 ◆a plenary session (会議参加者全員が出席する)全体会議; プレナリー・セッション ◆an envoy with plenary powers 全権外交使節 ◆give a person plenary powers to <do...> ～する全権を〈人〉に与える［委託する］

**plentiful** adj. 豊富な，潤沢な，たくさんの，多量の，たっぷりした，十分なゆとりがある ◆The kitchen is open and spacious, and storage space is plentiful. キッチンは開放的で広々としており，収納スペースもたっぷりある．

**plenty** 回たくさん，多量，多数，十分; 回豊か［豊富］さ，繁栄; adj. 《口》たくさんの，十分な; adv. 《口》かなり，十分に，たっぷり，非常に，とても，たいへん ◆have plenty of room 十分なゆとりがある ◆have plenty of time at command. 私には，自由にできる[使える]時間がたっぷりある ◆there was plenty to go around 皆に行き渡るだけどっさり[たっぷり，たくさん]あった ◆The car's seats are plenty attractive. この車の座席はとても魅力的だ．(*plentyは口語) ◆There is plenty of time. たっぷり時間がある． ◆These suggest that there is plenty of scope for improvement in children's diet. これらは，子どもたちの食事に大幅な改善の余地があるということを示唆している． ◆To calculate the circuit's output, a calculator is plenty good enough. 回路の出力を計算するには，電卓で十分事足りる．

**pliability** 聞き分けのよさ，従順さ; (革などの)しなやかさ，柔軟性; たわみ性，可撓(トウ)性 ◆treat pelts with fats to ensure pliability しなやかさを出すために毛皮を脂肪で処理する

**pliable** adj. 曲げやすい，柔軟な，しなやかな，言いなりになる，従順な，素直な，すぐに影響を受ける，順応[適応]性のある ◆pliable attitudes regarding... ～についての柔軟な態度 ◆smokers' skin is less pliable and more difficult to reshape than nonsmokers' skin 《意訳》喫煙者の皮膚は，非喫煙者の皮膚とくらべてしなやかさが足りなくて再建手術にはより困難が伴う ◆Warming up by exercising slowly before exercising more vigorously raises a muscle's temperature and makes it more pliable. 激しい運動をする前にゆっくりとウォーミングアップ[準備運動]することにより筋肉の温度を上げて柔軟性を高める． ◆For your summer checkup, make sure the hoses are still soft and pliable and that the connections are tight. Look for cracks and any brittle spots. If you find any, replace the hoses. 夏季の点検の場合，ホースがまだ柔らかく柔軟性があり，接続部がしっかりと結合していることを確認してください．裂け目やもろくなっている箇所がないか調べて，もしあったらホースを交換する．

**pliant** adj. 柔軟な，しなやかな，融通のきく，従順な ◆pliant materials such as rubber ゴムなどの柔軟な材料

**pliers** 《複扱い》やっとこ，ペンチ ◆a pair of long-nose pliers ラジオペンチ(一丁)

**Pliocene** the Pliocene (age [epoch, period]) 鮮新世(*新生代新第三紀の後半)

**PLL** (phase-locked loop) a～ 《電気回路》位相同期ループ，PLL回路

**P.L.O., PLO** (Palestine Liberation Organization) the ～ パレスチナ解放機構

**plot** 1 a～ グラフ[図表]，建物の平面図[見取図]; a～ 小区画の土地，地所，測地された土地; a～ 秘密計画，陰謀，謀略，たくらみ <to do>, (文学作品，戯曲の)プロット[筋，筋立て] ◆a plot (of land) for...(ing) ～するための用地 ◆a (graphic) plot of... ～をグラフ化[図表化]したもの ◆a log plot of a sine wave 正弦波の対数グラフ ◆a plot plan 土地利用計画[状況]図，区画図 ◆at plot time プロット時に(*プロッターが作動する時) ◆a volt-ampere plot 電圧対電流特性図; 電圧・電流グラフ ◆assemblage of small plots into one ownership 数筆の(隣接している)土地の合筆 ◆Figure 23 is the plot of the total solution. 図23は，全体解をグラフ化したものである． ◆The program supports Smith charts, polar plots, contour charts, and 3D mesh plots. このプログラムは，スミス図表，極図表，等高線図，および3Dメッシュ図をサポートしている． ◆More and more luxury homes are being built on relatively small plots because of the decreasing availability and

surging price of choice suburban land.  郊外の一等地が入手しにくくなってきていることと価格高騰のせいで，ますます多くの高級住宅が比較的狭い土地に建てられつつある．
2 vt. ~を図［地図，チャート］に記入する，〜のグラフ［見取図，地図］を作る，グラフ上で〈点〉の位置を求めそこに印をつける，〜をグラフ化［図化］する，グラフ上の点をもとに〈線〉を描く，〈計算〉をグラフを用いてする，〈土地〉を区割りする，〜を秘密に計画する，たくらむ，仕組む，〈戯曲など〉の筋を立てる; vi. 陰謀をくわだてる，文学作品の筋立てを考える ◆a point-plotting technique  点プロットの手法 ◆on (a) plotting paper  グラフ用紙［方眼紙］に ◆plotting and graphing software  グラフ描画ソフトウェア ◆plot previous pyroclastic flows and lahars on a hazard map  （火山）災害予測地図に過去の火砕流および（火山）泥流を書き込む ◆plot the input volt-ampere characteristics of the circuit  その回路の入力電圧・電流特性のグラフを作図する

**plotter**  a~ プロッター, 作図装置; a~ 陰謀者，計画［構想］を立てる人 ◆a drum plotter  ドラム式プロッタ ◆a flatbed plotter  平面プロッタ ◆an A0-size pinch-rolling plotter  A0（用紙）サイズのピンチローリング式プロッタ

**plow**  1 a~ すき (*トラクターや牛馬に引かせて耕すのに用いる), すきににているもの, 除雪機(= a snowplow)
2 vt. 〈畑〉を耕す, 〈雪〉をかく, 〈古い根など〉をすきごこす <up>, 〈群衆, 波など〉をかき分けて進む <through>; vi. 耕す, すく, こつこつ仕事する［読む］ ◆an out-of-control car plowed into a group of people  コントロールを失った［暴走］車が, 群衆［一団の人々］に突っ込んだ ◆... the U.S. is still plowing ahead in pure science...  米国は, 依然として純粋科学分野で地道に歩んでいる
**plow back**  〈利益など〉を〈~に〉再投資する <into> ◆plow back one's earnings in new plant and equipment  収益を設備に再投資する ◆plow profits back into the business [company]（会社から上がった）利益を会社に再投資する

**ploy**  a~ （優位に立つための）策略, 計略 ◆a marketing ploy  営業戦術

**pluck**  vt., vi. ~を引き抜く, むしる, もぐ, 〈弦楽器〉をかき鳴らす［つま弾く］, 〈弦〉を〈指やピック〉ではじく［鳴らす］ ◆fruits plucked [picked] fresh from the tree (and vine)  もぎたてのフルーツ

**plug**  1 a~ 栓, プラグ, 差し込み ◆a plug strip; a multiple plug box  テーブルタップ ◆a mini plug  (3.5mmφの)ミニプラグ ◆an extra-mini plug  (2.5mmφの)ミニプラグ ◆a 2-pin AC plug  2ピンのAC［電源］プラグ ◆a 3-prong [3-pin] grounded AC plug  3ピン接地端子付きACプラグ ◆Place the line cord plug in a location where someone will not plug it in by mistake.  電源コードのプラグを, だれかが間違って差し込むおそれのない場所に置いてください．
2 vt. 〈栓, プラグ〉を差し込む <in>;〈電気製品〉を〈~に〉プラグ接続する <into>; vi. 〈電気製品が〉〜にプラグ接続されて働く <into> ◆a pipe partly plugged with rust  さびで部分的に[一部]詰まっているパイプ ◆plug the cord into a wall outlet [receptacle, socket]  コードを壁のコンセントに差し込む ◆The adapter plugs into any standard XT/AT system.  このアダプタは, どの標準XT/AT（コンピュータ）システムにでも差し込める. ◆The unit plugs into a 120-Vac wall outlet.  本装置は, AC 120Vの家庭用商用電源（に差し込ん）で使用する.

**plug and play, plug-and-play, Plug and Play**  (PnP, plug-n-playとも表記) adj. 《電子機器》プラグ・アンド・プレイの, プラグを差し込むだけで自動的に認識・設定されてそのまま使用できる, 設定不要の; n. 〔プラグ・アンド・プレイ（機能［使用, 方式］;〕v.《plug and playの形で》（面倒な設定なしに）プラグを差し込んで使用する ◆PnP peripherals  プラグ・アンド・プレイ周辺機器 ◆... can be attached [added] on a plug-and-play basis  ～はプラグ・アンド・プレイで接続［増設］できる ◆plug-and-play compatibility  〈電気製品〉の接続するだけで使える互換性; プラグ・ア

ンド・プレイ互換性 ◆the monitor is not plug and play  そのモニターはプラグ・アンド・プレイではない ◆a self-configuring plug-and-play device  （装置自身が）自動で設定を行うプラグ・アンド・プレイ装置

**plug-compatible**  adj. そのまま差し替えがきく, 差し込むだけで交換可能な, プラグ互換の ◆They are designed to be a plug-compatible replacement for two existing systems installed on...  それらは, 〜に既設の2のシステムに取って代わるプラグ互換機［プラグの差し替えだけで使用可能な代替品］として設計されている. ◆The trackball is a direct plug-compatible mouse replacement.  このトラックボールは, 直接プラグ互換のマウス代替装置である;《意訳》このトラックボールは, マウスとプラグ互換性があり, マウスの代わりに直接マウス用ソケットに差し込んで使う.

**plug-in**  adj. プラグ接続式の, プラグイン式の, 差し込み式の; a ~ (pl. ~s) プラグイン式のもの (*スロットやソケットに差し込むタイプの部品や基板) ◆these plug-ins  これらのプラグイン式のもの (*部品, 基板などのように, スロットやソケットに差し込むタイプのもの) ◆with plug-in ease of use  （プラグを）差し込むだけの容易さで

**plug-n-play, plug n' play, plug-in-and-play**  (→ plug-and-play)

**plumb**  a~ 〈垂直を調べる〉下げ振り, 錘鉛(スイジュウ), 重錘(ジュウスイ), 〈水深を調べる〉測鉛, 錘鉛(スイエン), （釣りの）おもり; adj. 垂直の, 〈口〉全くの; adv. 垂直に, 正確に, 直ちに, 即座に, 〈口〉全く, すっかり; vt. 〜の垂直を振り下げて調べる, 〜の深さを測鉛で測る, 〈比喩的〉を探る, 推し量る; vi. 配管［鉛管］工として働く, 水道工事業に携わる ◆a plumb line  鉛直線 ◆make sure it's plumb  それが垂直であること（《専門的な表現で》それの垂直が出ていること）を確認する ◆Use a level to plumb the first board in place.  水準器を使用し, 所定の位置で最初[第1番目]の板の垂直を出します.

**plumber**  a~ 配管工, 鉛管工 ◆a (toilet) plunger; a plumber's helper [friend]  排水カップ［ラバーカップ］(*排水管などの詰まり解消に使う長柄付きゴムカップ)

**plummet**  1 a~ （垂直方向を調べる下げ振り糸に付ける）おもり, 錘鉛(スイジュウ), （水深測定用の）測鉛(ソクエン), 錘鉛(スイエン)
2 vi. まっすぐに落ちる, 飛び込む, 急激［急峻(キュウシュン)］に落ちる, （物価などが）暴落する, （株価などが）急落する ◆one's prestige has plummeted  〜の威信は失墜した ◆plummet to earth  （人工衛星などが）地球に落ちる, （飛行機などが）地面に落ちる ◆stock prices plummeted  株価が急落［暴落］した ◆The stock market plummeted  株式市場（相場, 市況）は, すべり落としに下落［下降, 《意訳》悪化］した. ◆Growth in the gross national product plummeted from an annual rate of 8.6% in the first half of the year to only 1.9% in the July-September quarter.  国民総生産の成長は, 上半期の年率8.6%から7月〜9月の四半期の1.9%へと急落した.

**plunge**  1 vt. 〜を突っ込む, 投げ込む, 〈短剣など〉を〈〜に〉突き刺す, 〜を突然（ある状態に）する［陥らせる］; vi. 飛び込む, 落ちる, 突入する, 突っ込む, 〈〜に〉陥る〈into〉, （船が）激しく縦揺れする, （群衆を）かき分けて進む<through> ◆plunge headlong into the water  まっさかさまに水に飛び込む ◆plunge enthusiastically into fuzzy research  熱意をもってファジー（理論）の研究に深く没頭［投入］する ◆The share of the U.S. consumer electronics market held by American companies has plunged from almost 100% in 1970 to less than 5% today.  米国民生電子機器市場における米国企業の占有率は, 1970年のほぼ100%から今日の5%未満へと急激に下がってしまった.
2 a~ （まっ逆さまに）飛び込むこと, 飛び込み, （価格などの）下落, 突入, 突入, （船の）突然の縦揺れ; 株価の急落 ◆a plunge in the stock market  株式市場の急激な落ち込み; 株価の急落 ◆a stock-market plunge  株式市場の暴落 ◆prevent a sharp plunge in commodity prices  物価の急激な下落［急落］を防ぐ ◆since their big plunge in Oct. 1987  1987年10月の大暴落以降 (*この用例の原典での their = stock prices)

**plunger**

**take the plunge** （非常な決意で）思い切ってやる［冒険する］ ◆decide to take the plunge and <do...> （非常な決意で）思い切って［清水の舞台から飛び下りて］〜することに決める ◆I can't believe I finally did it! After months of agonizing over whether or not to take the plunge and get a tattoo, I decided to give it a try. ついに自分がやってしまったなんて信じられない! 思い切って［清水の舞台から飛び降りて］タトゥーを入れるかどうか、何カ月も悩んだ末にやってみることにしたんです。

**plunger** a〜プランジャー、（ポンプや注射器などの）ピストン、飛び込む人、通水カップ［ラバーカップ］（*柄の先にゴムカップがついたもので、排水口の詰まり解消に使用）◆a (toilet) plunger; a plumber's helper [friend] 通水カップ［ラバーカップ］（*排水管などの詰まり解消に使う長柄付きゴムカップ）

**plural** adj. 複数の; n. 《文法》the 〜 複数（形）; a〜 複数形の語

**plurality** 回複数（性）; a〜 多数、過半数、《米》(3人以上の選挙で、過半数に達しない)最高得票数、(次点者との)得票の差 ◆contain a plurality of holes 多数の孔を有する

**plus** 1 prep. ＋(タス)、〜を加えて、〜を足して、〜に加えて、〜の他に; adj. 正の、プラスの、有利な、有益な（ランキング評価等で後置して）〜の上(ジョウ)の、《数詞に後置》〜以上の、〜余りの、〜と少しの、〜の、強の、プラスアルファの ◆a plus factor プラス要因 ◆a plus sign プラス（＋）記号、正号(セイゴウ)、加号 ◆an A-plus AのＡ(エー)［A＋］（の評価）◆On the plus side,... プラス面［良い面］としては、〜 ◆plus or minus 0.0025 in. プラマイ［±］0.0025インチ ◆put a '・' sign [plus sign] in front of... 〜の前にプラス記号[' ・'記号]を置く［つける］◆the plus side of having 〜 を持って［所有して］いることのプラス面［いい面］◆stagflation – zero growth plus inflation ゼロ成長にインフレを加味したところのスタグフレーション ◆$50,000-plus prestige cars 5万ドルとちょっとの高級車 ◆a 40 years-plus student 40過ぎの学生 ◆handle all sheet sizes up to A3 plus A3ノビまでの全シート［用紙］サイズに対応する（*プリンタ、スキャナ、複写機などで。ノビはA3サイズより少し大きいという意の「伸び」を表し、常にカタカナで表記）◆in his 25 years plus as a newscaster 彼がニュースキャスターであった25年余りの間に ◆the $1 billion-plus men's grooming market 10億ドル以上の規模の男性おしゃれ用品市場 ◆The margin of error is plus or minus 4 percent. 誤差の幅はプラスマイナス4パーセントである。 2 a〜プラス記号、正符号、正の量［数］; a〜《口》有利な［有益な、望ましい］点、利点、有利さ、都合のよいこと ◆as an additional plus for both new users and pros 新規ユーザーおよびプロのユーザーの双方にとって、更にもう一つのプラスとして ◆...their portability and compact size is a definite plus それらの携帯性とコンパクトさは、明らかにプラス材料［好都合］である ◆pluses and minuses of the VCR in terms of audio and video quality このビデオデッキの音質と画質面でのプラス点とマイナス点［有利点と不利点、長所と短所］◆Those who favor the 8mm format cite its small size as a definite plus. 8mm(VTR)フォーマットを支持する人たちは、サイズが小さいということは決定的なプラス［良い点］であると言っている。 ◆Learning a foreign language will make travel more enjoyable. It can also be a huge plus in business. 外国語を学ぶと、旅行がより楽しいものになります。ビジネスでも非常に大きなプラスになるでしょう。

**plush** ◆プラッシュ、フラシ天、毛長ビロード; adj. 《口》豪華な ◆The car's interior is plush and comfortable. この車のインテリアは豪華で快適である。

**plutonium** プルトニウム（元素記号: Pu）◆reactor physics data for the utilization [use] of plutonium in thermal (neutron) power reactors 発電用熱中性子炉でプルトニウムを使用する［(意訳)プルサーマルの］ための原子炉物理データ［資料］

**ply** 1 (a)〜(pl. plies)（重ねた紙、布、合板などの）層［重ね］、（ロープや糸などの）撚り(ヨリ) ◆one roll of strong two-ply toilet paper 丈夫な［(意訳)破れにくい］二重(フタエ)のトイ

---

レットペーパー(ロール)1個 ◆a two-ply [double-ply, dual-ply, twin-ply] paper bag 二重になっている紙袋 ◆My roommate insists that single-ply toilet paper is OK, and that dual (or more!) ply toilet paper is a waste and useless. 私のルームメートは、「一枚重ねのトイレットペーパーでいい。2枚重ね（あるいはそれ以上）は無駄で不用だ」と力説している。 2 vi. （バスが）（〜間を）往復運転[往復運航]する、（船が）往復運航する（通う）<between>; vt. 〜を行き来する、（道具）をせっせと動かす（使う）、〈商売など〉に励む［精を出す］、〈人〉に（〜を）しつこく勧める［強いる］<with> ◆busily ply one's pen せっせとペンを動かす［振るう］ ◆he plied me with wine 彼は私にワインをしつこく勧めた ◆pickpockets busily ply their trade スリはせっせと仕事に精を出す［励む］（*a trade =「稼業」）◆Excursion boats and ferries ply the Rhein River offering sightseers a unique perspective. 遊覧船やフェリーがライン川を定期航行して［運航して、行き交って、行き来して、往来して］観光客にそこならではの素晴らしい眺望［眺め］を提供している。

**plywood** 回合板（*日本で間違って俗にベニヤ板と呼ばれているもの。英語のveneerは合板を作るために貼り合わせる一枚一枚の薄い単板を指す）◆2,000 sheets of plywood 合板2,000枚 ◆a piece of plywood 一片の合板 ◆Plywood panels are made by peeling or slicing a log into thin sheets called veneers, which are dried and then glued together. 合板パネルは、丸太を薄く剥ぐかスライスして薄切りにしてベニヤ板とよばれる薄い板とし、それらを乾燥させてから貼り合わせて作る。

**Pm** プロメチウム(promethium)の元素記号

**p.m., pm, P.M., PM** (post meridiem) 午後 ◆at 11:20 p.m. 午後11時20分に ◆from 9 a.m. to 5 p.m. 午前9時から午後5時まで

**PMA** (Pharmaceutical Manufacturers Association) the 〜 米国製薬工業協会

**p-n, pn** ◆a p-n [pn] junction 《半導体》pn接合

**PNET** (Peaceful Nuclear Explosives [Explosions] Treaty) the 〜 平和目的地下核実験条約

**pneumatic** adj. 空気の、気体の、風の、気圧力学［空気力学］の、空気で動く、空気圧［排気］駆動式の、空気入りの、圧搾-、《動物》含気性の、肺［気腔］を有する ◆a pneumatic jig 《鉱山、炭鉱》空気動力ジグ［《意訳》比重選別機］ ◆a pneumatic tool （圧搾［圧縮］）空気工具

**pneumatically** adv. 圧搾空気により ◆This valve is pneumatically operated. このバルブは空気圧で操作される。

**pneumoconiosis** 回《医》塵肺(ジンハイ, ジンパイ)、塵肺症 ◆the prevention of pneumoconiosis (black lung disease) among coal miners 炭坑夫［炭鉱労働者］の間における塵肺症（炭塵肺）の予防

**PnP** (→ plug-and-play)

**Po** ポロニウム(polonium)の元素記号

**pock** a〜あばた; pocked adj. ◆bullet-pocked walls 銃弾のあとのある壁

**pocket** 1 a〜ポケット、袋、嚢(ノウ)、飛行機などの座席背もたれの裏に付いている網袋、エアーポケット、孤立した地域［小集団］; one's 〜収入、所持金、自腹、懐(フトコロ); adj. ポケットに入れて運べるほど小さい、通常のものよりも小さめの ◆pay out of (one's own) pocket 自弁する、自腹［身銭］を切る ◆a pocket edition of... 〜のポケット版［文庫本版、（辞書など）の袖珍(シュウチン)版］ ◆a pocket computer ポケット（サイズ）コンピュータ ◆corporations with deep pockets 懐が暖かい［潤っている、資金力の強い］会社 ◆investors with deep pockets 潤沢な資金を持っている［資金力の豊かな］投資家 ◆a pocket clip-style screwdriver ポケットクリップ付きねじ回し（*ポケットクリップとは、万年筆についているようなポケットにはさむクリップ）◆He did it all out of his own pocket. 彼はそれをすべて自腹／身銭を切って／自費で／やった。 ◆It fits in your pocket like a fountain pen. これは、万年筆のようにポケットに収まります。 ◆I will pay for this out of my own pocket. それの分は私が自分で払います。 ◆The officers paid

for the parts out of their own pocket(s) at Trak Auto and installed them themselves because the department had none in stock and no money to buy them.　署には部品の在庫もそれを買うお金もなかったので，警察官らは身銭［自腹］を切ってTrak Auto店で部品を購入し，自分らで装着した．
**2**　*vt.* 〜をポケットに入れる［しまう］，〈金など〉を着服［横領］する，〈自尊心など〉を抑える［隠す］，〈侮辱など〉を堪え忍ぶ

**line one's pocket**　私腹を肥す
**pocketbook**　*a*〜 札入れ，財布，ハンドバック，小手帳，メモ帳; one's 〜 資金力，資力，財源(financial resources)，懐（フトコロ）具合; *a*〜 (= a pocket book) （ペーパーバックの）小型本，文庫本; 〈英〉小型の手帳　◆hit the user in the pocketbook　ユーザーの懐を痛める　◆relatively easy on the pocketbook　金銭面であまり負担にならない［比較的お金がかからない］　◆the company was also hit in the pocketbook　この会社は財政上の痛手もこうむった

**pocket-size, pocket-sized**　*adj.* ポケットサイズの，ポケットに入る，ポケット版［判］の，小型の　◆a pocket-size calculator　ポケットサイズの計算機［電卓］

**POD, P.O.D.**　(port of debarkation) ; (payment on delivery) 代金引き換え［代引き］; (pay on delivery); (payable on death)

**poem**　*a*〜 (1編の)詩　◆poems of unknown authorship　詠み人知らずの詩歌

**poetry**　①(集合的に)詩，歌，詩歌，韻文; ②詩の持つ趣やあじわい［詩情，詩趣］　◆a form of Japanese verse [poetry]　日本の定型詩

**poikilothermal**　*adj.* 《動》変温性の，冷血の　◆poikilotherm [poikilothermic, poikilothermal, poikilothermous] animals; poikilotherms　変温動物，(= cold-blooded animals)冷血動物

**point**　**1**　*a*〜 鋭い先端，先（サキ），先端部，岬［崎］（ミサキ），点，ピリオド，終止符，小数点，〈英〉転てつ器［分岐点］，電気接点，程度，時点，場所，箇所，地点　◆at one point　一時は; ある点で　◆from that point on　その先は，それ以降は　◆as of this point in time　現時点では［現時点で見た限り］　◆at some point in time　ある時点で，そのうち，いつか　◆at this point in time　現時点で(は)　◆a point-source light　点光源ランプ　◆a point-contact diode [transistor]　点接触ダイオード［トランジスタ］　◆boiling point elevation and freezing point depression　沸点上昇と凝固点降下　◆multipoint [multi-point] videoconferencing　多地点［多元］テレビ会議　◆non-point [nonpoint] (source) pollution　発生源［場所］を特定できない汚染; 非点原汚染　◆non-point pollutants　発生源［場所］を特定できない汚染物質　◆a point of application of a force　力の印加点　◆a point of connection in a circuit　回路の接続点　◆a dual-set-point digital indicator　2点設定のデジタル表示器　◆at appropriate points in the manufacturing process　製造工程の適切［的確］な箇所に　◆between the points of transmission and reception　送信地点と受信地点の間で　◆draw a smooth curve through these points　これらの点を通る滑らかな曲線を描く　◆return to a specific point of a tape　《AV》テープのある特定箇所に戻る　◆dealer margins had dropped to the point where it was hard to achieve a 12-percent gross margin　ディーラーのマージンは，12％の粗利益率を確保することが難しくなるところ［困難になるほど］まで下がった　◆the point at which benefits begin to accrue is hard to define　どこでプラスに転じ得るかを特定することは困難だ　◆It is useful to the point of being indispensable.　それがなくてはならないほど便利だ．　◆As the level increases, there comes a point where the gate opens.　《電気回路》レベルが上がって行く，ゲートが開く点［時点］がある．　◆Standard broadcast images can also be improved up to a point.　普通の(テレビ)放送画像もある程度まで改善可能である．　◆But Canada has not pressed this to the point of trying to force the French out of the area.　しかしカナダは，その地域からフランスを力ずくで排除［駆逐］しようとするほどまでは，この件を押し進めなかった．　◆However, as was made clear earlier, machine translation technology is not yet at the point where it can be used to produce high-quality translations.　しかしながら，先に明らかにしたよ

うに，機械［自動］翻訳技術は依然として，高品質の翻訳を生み出すのに使えるところまでは至っていない．　◆We are still a "start-up" company, and have not yet reached the point where we can purchase or commission material for publication.　小社はまだ「発足間もない」会社ですので，出版のために原稿を買い取ったり依頼したりするところまではいっておりません．　◆The technology of liquid crystal displays has not yet reached a point where it can match the CRT's capability in terms of color, variable intensity, and resolution.　液晶ディスプレイ技術は，色，調節可能な輝度［(意識)］階調］，解像度の点で，まだCRTの能力に匹敵するまでには至っていない［匹敵するところまではいっていない］．
**2**　*a*〜 (概念，事実，論，主張などの)一項目［点，ポイント，事項］，(目につくような)点［箇所，節（フシ）］，特徴［特質］; *the*〜 主眼，眼目，趣旨，要点，要諦，論点，意味; ④目的，意義　◆to the point　ポイント［要点，急所］を押さえて; 要領［要］を得た; 要領よく; 適切な［に］; 的を射た; 正鵠(セイコク)を射た［得た］; 核心を衝いた; 急所を突いた; 壺にはまった　◆drive one's point home　〈人〉の論旨［論点，趣旨，要旨］を十分に納得させる　◆see no point in…-ing　〜することの意味が見いだせない　◆an important point　重要な［大事な］点，要点，要項，大切な箇所　◆as a case in point　その好適例［好例，適例，一例］として; それを言い当てている例として　◆a strong [↔weak] point　強み［弱点］　◆a ten-point plan　10項目からなる計画　◆I see no point in <doing…>　私は，〜しても意味がない［何にも始まらない，なんにもならない，無駄だ］と思う　◆points to check; points to be checked　確認(すべき)ポイント［事項，項目］　◆there is no point in…-ing　〜する意味がない; 〜してみたって何も始まらない［なんにもならない，無駄だ］　◆The point I'm trying to make here is that…　私がここで強く言いたい［力説，主張］したいことは〜だということです．　◆An [One] important point here is that…　ここでひとつ大切なことは，〜ということである．　◆the questionnaire is short and to the point　このアンケート質問票は短くまとめられていてポイント［要点］を押さえている　◆there is no point in discussing it at all　このことを話し合う意味は全くない［皆無である］; このことを話し合ってみても何も始まらない　◆use pictures to emphasize important points　要点［重点］をはっきりさせるために図を使う　◆books that teach the fine points of being a carpenter　大工であることのすばらしい点を教えて［大工冥利を説いて］いる本　◆points to consider for the use of recycled plastics in food packaging　食品の包装にリサイクルプラスチックを使用する場合に考慮すべき点［ポイント］　◆There are several basic points to be considered when…ing　〜する際に考慮すべきいくつかの基本的な点［事項］がある．　◆Its good points outweighed its bad.　その良い点は，悪い点に勝っている．　◆In durability, it is superior.　耐久性の点では，これの方が優れている．　◆In regard to your initial point, you are absolutely correct.　あなたが提起された第1(番目)の点に関しては，(あなたは)完全に正しい．　◆I only have a 33.6k modem, is there any point in upgrading to a 56k modem?　私は33.6Kbpsのモデムしか持っていませんが，56KbpsモデムにグレードアップするEのモデムがありますか．　◆Tokyo made the U.N. issue a main point in its recent normalization talks with Pyongyang.　日本は，国連関係の最近の北朝鮮との国交正常化協議の主な点［要点］にした．
**3**　要点，点数，(増減を表す単位の)ポイント，(活字の大きさの単位の)ポイント　◆a demerit point system　減点法／(交通違反の)点数制度　◆9.5 percentage points　9.5ポイント（＊百分率の比較で，百分率の基準数値が異なる場合に，差をポイントで表す）　◆be leading all others in points obtained　〜は得点で他をリードして［先頭を切って，(ひきはなして)トップに立って］いる　◆Courier and Helvetica in point sizes from 8 to 24　(文字サイズが)8ポイントから24ポイントのCourierとHelvetica(フォント)　◆even a one-point difference is statistically significant　1ポイントの差でさえも統計上有意である［意味がある］　◆The hand-held scanner reads words or numbers from 6 to 20 point.　この手持ち式スキャナーは，(活字の大きさが)6ポイントから20ポイントまでの単語［文字］や数字を読む．

**4** vt. ~を(~に)向ける <at, to, upon>, ~を指し示す[指摘する]<out>, ~に注目させる, ~を強調する<up>, ~の先をとがらせる, ~に点[句読点, 小数点]をうつ; vi. (~を)示す[指773]<at, to>, ねらう<at>, 方角を示す, (ある方向に)向いている ◆a downward-pointing arrow 下向きの矢印 ◆an up-pointing triangle 上向きの三角形 ◆point in the direction of... ~の方向を指す ◆point the camera at your subject カメラを被写体に向ける ◆the arrow points down その矢印は下を向いている ◆very pointed 非常にとがっている ◆with simple point and click operations 《コンピュ》(ポインタ[カーソル])で)指示[ポイント]してクリックするだけの簡単操作で; 《カメラ》カメラを向けてボタンを押すだけの簡単操作 ◆a sharp-pointed tool 先が鋭くとがっている工具 ◆The survey points to the fact that... この調査は, ~であることを示している; 同調査から, ~であることが分かる. ◆point the tube toward the sun チューブを太陽に向ける ◆point to [at] the icon with a mouse 《コンピュ》そのアイコンをマウスで指示する[アイコンにマウスのポインタを合わせる] ◆the directory pointed to by the XXX environment variable 《コンピュ》XXX環境変数で指定されたディレクトリ ◆the file pointed to by this shortcut 《コンピュ》このショートカットのリンク先のファイル ◆Any other window can be selected by pointing at it with the mouse. 《コンピュ》他のどのウィンドウも, マウスで指示する[指し示す]ことによって選択できる. ◆Make sure the battery's contacts point inward or you will get no power. 必ず電池接点が内側を向くようにしてください, そうでなければ電気は供給されません. ◆Saw teeth should point in the clockwise direction when viewed from the installation position. 丸ノコの歯は, 取り付け位置から見て時計方向を向いていなければならない.

**point off** 点を打って区切る, (整数に小数点をつけて)位[桁]を下げる ◆To convert centimeter kilograms (cmkg) to newton meters (Nm), point off the one place with a decimal. For example, 50 cmkg would become 5.0 Nm. (トルク単位を) cmkgからNmに換算するには, 一の位を小数点で区切って桁を下げる. たとえば, 50cmkgは5.0Nmになる.

**point out** ~を指し示す, ~を指摘する, ~に注意を向けさせる, ~に注目させる ◆It has been pointed out that... ~であると指摘された. ◆point out a major reason why... どうして~なのかの主たる原因を指摘する

**point to** ~の傾向を示唆する, ~の証拠になる, ~を示す, ~を示唆する, ~の方を指す ◆Growing evidence points to the conclusion that... 集まってきている証拠は, ~という結論を示唆している. ◆signs pointing to a softening economy 経済の軟調傾向を示唆している兆候 ◆The research may point to a new way to <do...> この研究は, ~するための新しい方法を示してくれるだろう.

**point up** ~を示す, ~を強調する, ~に関心を向かわせる ◆The circumstances surrounding the bank at least point up the need for greater transparency in the Japanese regulatory process. その銀行[同行]をとりまく状況は, 少なくとも日本の規制制度にもっと透明性が[制度をよりガラス張りにすることが]必要であることを浮き彫りにする[はっきりさせる, 明らかにする, 際立たせる]ものである.

**point-and-click, point and click** 向けて[指し示して](ボタンを)押す[クリックする]だけの, 《カメラが》押すだけの簡単操作の[簡便な] ◆a point and click camera; a point and shoot camera 被写体に向けてボタンを押すだけの簡単カメラ(*いわゆるバカチョンカメラ)

**point-and-shoot, point and shoot** 《カメラ》被写体に向けてボタンを押すだけの, 簡単操作の

**point-blank** adj. 至近距離からの, 直射の; 単刀直入の, 率直すぎる, あけすけの; ぶっきらぼうな, 素っ気ない, にべもない; adv. 至近距離から, 直射で; 率直に, 端的に, ずばりと, 単刀直入に, すげなく, 断固として ◆at [from] point-blank range 至近距離からの発射[発射]で, (弾丸の)直射, (球技での)まっすぐな高速シュート ◆see the bloodshed at point-blank range その流血の惨事を間近に見る ◆be fired point-blank [at point-blank range, from close range] 至近距離から撃たれた ◆refuse point-blank そっけなく拒絶する; 無愛想に拒否する; にべもなく断る ◆ask him point-blank if... 単刀直入に[ずばり]彼に~かどうか尋ねる

**pointer** a~ 指すもの, 針, 指し棒, ポインタ ◆a mouse pointer (= a mouse cursor) 《コンピュ》マウスポインタ[マウスカーソル] ◆move the mouse pointer over the icon 《コンピュ》マウスポインタ[マウスカーソル]をそのアイコンに合わせる

**pointing device** a~ 《コンピュ》ポインティングデバイス, 位置決め装置(= a locator) (*画面上の位置指定に用いる, マウス, トラックボール, タッチスクリーンなどの入力装置)

**point-of-purchase** adj. 購買点の, 購買時点の, 店頭の ◆point of purchase advertising POP広告 ◆point-of-purchase displays POP展示広告

**point-of-sale** (POS, p.o.s.) 販売時点(情報管理)の, 売り場の (→ POS) ◆The point-of-sale system reads the bar code on merchandise, rings up the price automatically, and keeps track of the products sold. POSシステムは, 商品上のバーコードを読み取り, 自動的に価格をレジに打ち込み, 売れた商品(データ)について記録・管理する.

**point of view** a~ (pl. points of view) (= a viewpoint) 観点, 視点, 視座, 見地, 立場, 着眼点, 見解, 見方, 考え方 ◆from a designer's point of view 設計者の視点から ◆from a research point of view 研究という見地から ◆from a broader spectrum of points of view より広い観点[見地, 見方]から ◆from a Western European point of view 西欧の立場から ◆from the user's point of view ユーザー側からみた場合[ユーザーの立場からいえば] ◆consider... from different points of view ~を違った視点[視座]から考える ◆show it from a different point of view [vision] それを違った[別の]視点[観点, 見方]から見せ(てくれ)る

**point source** 点源, 点光源, 点音源, 点状源, 点放射源 ◆a point source of light 点光源

**point-to-point** adj. ポイントツーポイントの, 《通》固定二地点間の ◆point-to-point communication(s) 固定通信

**poise** ①バランス, 均衡, 平衡, 釣り合い; ②落ち着き, 平静; ③身のこなし, 物腰, 姿勢; vt. ~のバランスをとる, ~を宙に浮かせる, ~を(ある状態に)据える; vi. 空中でとどまる, 釣り合う ◆stand poised to <do...> 即~できる態勢が整っている

**poised** adj. 態勢[準備, 用意, 道具立て]が整って, ~しそうで; (~の間を)揺れ動いて <between>; 空中に止まって, 宙に浮かんで; 釣り合いがとれて; 落ち着いた ◆be poised for action すぐにでも行動に移れる態勢が整っている ◆a plane poised for takeoff from... ~から飛び立つばかりになっている飛行機 ◆he appears poised to run as an independent 彼は無所属議員候補として出馬する(心)構えのようである ◆GaAs devices are poised for a leap upward in the frequency; indeed, some experimental parts already have speeds of more than 100 GHz. ガリウムヒ素素子は(動作上限)周波数が飛躍的に向上しようとしている. 実際, いくつかの試作パーツ(素子)ですでに100ギガヘルツを超えるスピードが得られている.

**poison** 1 (a) ~ 毒, 毒物, 毒薬, (社会に及ぼす)害, 弊害; adj. 有毒な, 有害な ◆a deadly poison 猛毒[劇毒] ◆airborne poisons 空中浮遊毒物
2 vt. 《人》に毒を盛る, ~を毒殺する, ~に毒を入れる, 〈酵素, 触媒など〉の作用を損なわせる, 《比喩的》~を腐敗[堕落]させる, ~をだめにする ◆The Vistula is so poisoned and corrosive-laden that... ビスチュラ川は, 非常に毒物汚染されており腐食性物質を多量に含んでいるため...

**poison gas** 毒ガス (*特に戦争で使用されるものを指す)

**poisoning** 中毒 ◆mercury poisoning 水銀中毒 ◆self-poisoning [autointoxication] 自家中毒 ◆poisoning from ingestion of... ~の摂取による中毒 ◆poisoning resulting from... ~の結果生じた中毒 ◆suffer from poisoning 中毒に苦しむ; 中毒になる ◆the poisoning of the earth's atmosphere 地球の大気の汚染

**poisonous** *adj.* 有毒な,有害な,悪意に満ちた ◆a poisonous gas 有毒ガス ◆it has [possesses] strongly poisonous qualities それは強い毒性を持つ;それには強い毒性がある ◆it is highly [strongly] poisonous それは,毒性が高い[強い] ◆poisonous to humans ヒトに有毒である ◆render... poisonous ~に毒性を帯びさせる[~を有毒化する]

**poison pill** *a* ~ポイズンピル(*乗っ取りの標的になった会社が自己防衛のためにとる乗っ取り防止戦略,会社を魅力の乏しいものとするために優先株の発行や従業員の待遇改善などの手段が採られる)

**polar** *adj.* 北極の,南極の,極地の,極地性の,寒帯の;極の,磁極の,極を持つ,極性の,有極性の;正反対の,対極的な,対極をなす,対極にある[位置する] ◆a polar climate 寒帯気候 ◆a polar orbiter 極軌道衛星 ◆a polar relay 有極リレー[継電器] (= a polarized relay) ◆in polar regions [areas] 極域で ◆in the north [south] polar region [area] 北[南]極域で ◆a polar-orbit [polar-orbiting] weather satellite 極軌道気象衛星

**polarity** (*a*) ~極性,有極性; (*a*) ~(意見,性格,主義などの)対立,正反対,両極端 ◆negative-polarity current 負極性電流 ◆additive and subtractive polarity (変圧器の)加極性および減極性 ◆a pulse of the opposite polarity 極性が逆のパルス ◆as the polarity of the signal reverses その信号の極性が反転すると ◆be opposite in polarity 極性が逆である ◆change the polarity of a signal 信号の極性を反転させる;(意訳)信号の位相を反転させる ◆change the polarity without rewiring 配線をやり直さずに極性を変える ◆have a '+' (positive) ['-' (negative)] polarity sign ~にはプラス[マイナス]の極性符号がついている ◆make its polarity negative それの極性を負にする ◆pulses of one polarity 単極性パルス ◆pulses of opposite polarity 双極性パルス ◆reverse the polarity of the bias voltage バイアス電圧の極性を反転する ◆to ensure correct [proper] polarity 正しい極性になるように;(意訳)極性を間違わないように;(意訳)逆接続をなくすために ◆when I reversed the polarity on my telephone 電話の(線の)極性を逆にしたとき に;電話機を逆接続しているときに間際に ◆withstand a total of 50 pulses (25 per polarity) 計50パルス((意訳)正負各25パルス)に耐える ◆a terminal with positive [→negative] polarity プラス[→マイナス]端子 ◆a periodic wave that changes polarity from positive to negative 正から負へ極性を変える周期的な波 ◆the two voltages are of opposite polarity 《電気》これら2つの電圧は,極性が逆《俗》逆相である ◆An outlet with reversed polarity should not be used. 極性が逆になっている《意訳》逆相の)コンセントは使用してはならない. ◆At t = 0, the signal changes polarity. t=0で,信号は極性が変わる. ◆The most frequently encountered improper wiring condition is reversed polarity. 《意訳》一番多い誤配線状態は《極性の)逆接続である. ◆Select a polarity. We will select positive (•) polarity for this example. Depress the POLARITY pushbutton to select positive. 極性を選びます. この例では,正(+)の極性を選ぶことにします.POLARITY(という押し)ボタンを押して正を選択してください.

**polarization** 分極を生じること[生じた状態],分極,分極化,偏光,偏波;(二つの両極端なグループに分かれること)二極分化,二極化,分極化; (*a*) ~(主義,性格などの)分裂,対立,対峙,正反対,両極端 ◆cross polarization 交差[直交]偏波 ◆plane polarization 平面偏光 ◆polarization mode dispersion (PMD) 《光通》偏波モード分散 ◆a growing polarization between rich and poor 進展している富裕と貧困の二極化 ◆As polarization proceeds,.... 二極分化[二極化,分極化]の進展に伴って;両極への分化[《意訳》傾向,傾向]が強まるにつれて ◆bring about polarization 偏光を起こさせる[生じさせる] ◆exhibit polarization 分極現象を呈する ◆polarization between groups increased 集団間の対立が増した ◆racial polarization is deepening 人種間の対立 [溝] が深まりつつある ◆the polarization of income in the job market based on level of education 求人市場での教育程度による所得の分極化 ◆The world is undergoing a sharp polarization across economies, clustering on the very rich and the very poor, while the middle-income class of countries is vanishing. 《意訳》世界は各国経済間の画然たる二極化が進んで[二極分化が進展しており,ごく裕福な側とごく貧困な側に固まる一方で,中所得諸国が消えていっている.

**polarize** *v.* 二極分化[分極]させる[する],極性を与える[持つ],偏光させる[する] ◆a polarized plug [receptacle] 有極プラグ[コンセント] ◆a polarized relay 有極リレー[継電器] (= a polar relay) ◆a polarizing filter 偏光フィルター ◆vertically polarized waves 垂直偏波 ◆an LCD polarizing plate 液晶ディスプレイ用の偏光板 ◆The world is polarizing into rich and poor. 世界は富裕と貧困に二極化しつつある. ◆a beam of plane-polarized light 平面偏光線 ◆Japan's population is being polarized between haves and have-nots. 日本国民は,持てる者と持たざる者に二極化されつつある. ◆The carbonyl group is polarized in such a way that the oxygen is slightly negative and the carbon is slightly positive. カルボニル基は,酸素がわずかに負に,また炭素がわずかに正に極性を帯びている.

**polarizer** *a* ~偏波器,分極器,偏光子 ◆a rotatable polarizer 回転偏光子 ◆a near-infrared polarizer 近赤外線偏光子

**Polaroid** 図ポラロイド偏光フィルター板;~s ポラロイド偏光フィルター使用のサングラス; *a* ~《商標》ポラロイド ランド カメラ (= a Polaroid Land camera),ポラロイド写真

**pole** *a* ~ポール,さお,棒,柱,電柱; *a* ~極 [極地],電極,磁極 ◆a magnetic pole 磁極 ◆a negative pole 陰極[負極,マイナス] ◆a pole transformer; a pole-type [pole-mounted] transformer 柱上変圧器 ◆a telephone [telegraph] pole 電話線用の柱[電信柱];電柱 ◆pole-mounted 柱の上に取り付けた [設置された];柱上式[用]の ◆the North [South] Pole 北極[南極] ◆a pole-and-line tuna fishing boat マグロ一本釣り漁船 ◆assemble a power [utility] pole (電柱に)装柱する ◆if your ski poles are too tall,.... スキーのストックが高すぎ[長すぎ]ると ◆the pole pieces of a generator 発電機のポールピース[磁極片,磁極片] ◆the north [south] pole of a magnet 磁石のN極[S極] ◆be suitable for mounting on a pole 柱上設置に適している ◆the two stand poles apart from each other 両者は対極的立場に立つ ◆they are poles apart [asunder] in every respect 彼らはあらゆる点で両極端[正反対,対蹠的(タイショテキ),対極的]である;彼らの間には万事,天地の開きがある. ◆the two occupy positions as wide as the poles apart from each other 二者は互いに対極的ともいえる隔絶した位置を占める[対蹠的(タイショテキ)立場をとっている] ◆In this respect, Patton was poles apart from Montgomery, and had much in common with Rommel and von Manstein. この点において,パットンはモントゴメリーとは正反対[全く反対,完全に逆,対蹠的(タイショテキ),対極的]で,ロンメルとフォン・マンシュタインとは共通するものが多かった.

**police** 1 《複扱い》 (*the*) ~警察;《集合的,複数》警察官,警官,警察 ◆call the police 警察を呼ぶ ◆a female (police) officer; a policewoman; a police lady 婦人警官;婦警 ◆a police officer 警察官,警官 ◆a police state 警察国家 ◆police (department) radio 警察無線;(可算名詞扱い *a* ~で)警察無線用の無線機 ◆a 911 [999] call to the police 警察への通報(*日本の110番は,米国の911番,英国の999番に相当する.日本とは異なり消防・レスキュー,救急車の出動要請もこれらの番号にかけることになっている) ◆a U.S. Army military police battalion 米陸軍憲兵大隊

2 *vt.* ~を取り締まる,《場所》を警備する,~を監視する ◆monitor and police water, air, and noise pollution 水質汚濁,大気汚染,ならびに騒音公害を監視・規制する ◆Factories are seldom policed for pollution transgressions. 工場は,公害規制違反の取り締まりを受けることはほとんどない.

**policeman** *a* ~警察官,警官,巡査,お巡りさん,官憲 ◆the U.S. [American] role as world policeman [policemen] 世界の警察官としての米国の役割

**Police Reserve** *the* ~《米》予備警察隊,《日》警察予備隊(*自衛隊の前身) ◆As American troops went off to the Korean War, General Headquarters set up a 75,000-man National Police

Reserve. 米軍が朝鮮戦争に出動したことから,連合国軍[占領軍]最高司令官総司令部は75,000人規模の国家警察予備隊を創設した.

**policy** 1 (a) ~ 政策, 施策, 方針, 方策, 計画, 方式, 方法, 《意訳》基本戦略,《コンピュ》ポリシー; 得策, 賢明な方法, 好都合, 便宜的措置, 政略, 抜け目なさ ◆a policy goal [objective, target] 政策目標 ◆a U.S. policy objective 米国の一政策目標 ◆As a policy, ... 方針として ◆as government policy 政府方針として ◆develop a policy concerning... ~に関する方針を策定する[つくる] ◆inaugurate a policy of... (ing) ~する計画[政策]を始動させる ◆policies to prevent inflation インフレ防止の諸政策 ◆a policy-deliberation committee 政策審議委員会 ◆Link Policy 《ネット》《標題》リンクについて[リンク規定](*Webサイトが他サイトからのリンクを許諾したり他サイトと相互リンクしたりするにあたっての方針) ◆it is a policy of Teratronics to <do> ~することがテラトロニクス社の方針です ◆in accordance with Femtex's policy of having only one inside director 社内重役は一名しか置かないというフェムテックス社の方針に従って ◆under a new policy that places higher priority on the protection of the environment 環境保護優先の新しい政策のもとで ◆formulate and implement policies to reduce temperature increases caused by greenhouse gasses 温室ガスによる温度上昇[温暖化]を抑えるための方策[計画]を立てて実行する ◆A manufacturing policy of "zero defects" is enforced in the plant. 「無欠陥」という製造方針が同工場で実施されている. ◆The U.S. Government's policy not to negotiate with terrorists is firm – doing so only increases the risk of further hostage-taking by terrorists. テロリストとは交渉しないという米国政府の方針は確固たるものである. そんなことをしたら, ほかでもなく[とりもなおさず]テロリストによる更なる人質事件発生の危険を増大させることになるからだ.

2 a ~ (*pl. -cies*) (= an insurance policy) 保険証券, 保険証書

**policymaker** a ~ 政策立案者, 政策担当者 ◆policymakers in the Clinton administration クリントン政権の政策立案者たち

**policymaking** 政策づくり, 政策立案, 政策形成 ◆a policymaking meeting 政策立案会議

**polio** (*poliomyelitisの省略形)ポリオ, (脊髄性)小児麻痺, 急性灰白髄炎 ◆a polio vaccine ポリオワクチン ◆the polio virus ポリオウイルス ◆Oral poliovirus vaccine (OPV) has a slight risk of vaccine-associated paralytic poliomyelitis [polio] (VAPP). 経口ポリオ(生)ワクチンには, わずかながらワクチン関連麻痺ポリオ[ワクチン関連麻痺ポリオ]の危険がある.

**polish** 1 vt. ~を磨く, 研磨する, ~の艶(ツヤ)を出す, ~に艶だし[磨き]仕上げをほどこす;((比喩的に))~を磨きをかける, ~を洗練する; vi. 艶がでる, 磨きがかかる[加わる] ◆polished for ornamental use 装飾用に研磨されている

2 (a) ~ 艶, 光沢, 磨き; a ~ 磨かれた面, 磨くこと[磨き]; (文章, 態度などの)洗練さ, 上品さ, 優美さ; 艶出し剤, 光沢剤, 磨き剤, 磨き粉 ◆The engine is in need of more polish. このエンジンには, もっと磨きをかける[洗練する]必要がある. (*外観的でなく性能面での)磨き)

**polish up** 練習することによって~に磨きをかける ◆polish up one's Spanish スペイン語に磨きをかける

**polishing** (a) ~ ポリッシング, 研磨, 研ぎ出し, 磨き, つや出し ◆polishing powder 研磨砂; 砥の粉[砥粉](トノコ) ◆electropolishing; electrolytic polishing; electrolytic brightening 電解研磨

**polite** adj. 丁重な, 礼儀正しい, 上品な; -ly adv. 丁重に

**political** adj. 政治の, 政治上の, 政治面での, 政治的な, 政治に関心のある, 政治活動をする; 政略的な ◆political correctness 政治的適正[正当性, 妥当性, 公正性] ◆political instability 政情不安 ◆political realities 政治情勢 ◆the political world 政治の世界; 政界 ◆a political foe of... ~の政敵 ◆as a devious political stratagem 正道を踏み外した政治的謀略[政略]として ◆fight for political leadership in a multiparty system 多党制において政権を手に入れようと争う [政権争い をする] ◆for reasons of political expediency 政略的な方便として, 政略上 ◆political and business leaders 政財界の指導者たち ◆the political scene in the United States; the American political scene 米国の政治情勢[政情] ◆to effect political change 政治的な変革をもたらすために ◆use it for political ends それを政治的な目的に用いる; ~を政治的に活用[利用]する ◆watch future political developments 今後の政治の成り行き[政治の趨勢, 政局の行方]を見守る ◆It will worsen the political situation inside Russia. それはロシア国内の政治情勢[政情]を悪化させかねない.

**politically** adv. 政治的に, 政治上, 政治的観点から, 政略的に ◆politically correct expressions 政治的に正しい[政治的に適切な, 差別的でない, 差別や偏見のない公正な]表現 (*言葉狩りに引っ掛からない言い回し)

**politician** a ~ 政治家; a ~ 政治屋, 策士 ◆bring about changes in the cozy relationships among the politicians, bureaucrats and business 政治家と官僚と企業[官財界]の間の癒着[もたれ合い]に変化をもたらす

**politics** 政治学;((単/複扱い))政治, 政見, 政治的信条, 政策, 政略, 政略的, 駆け引き, 派閥抗争, 権力闘争 ◆office politics 集団[職場]内での人間関係を悪化させる政治的駆け引き[奸策, わるだくみ, 派閥抗争, 権力闘争, 足の引っ張り合い] ◆change the way politics operates [runs, works; is conducted, is done, is practiced, is run] in this country この国の政治の運営方法[((意訳))政治のあり方]を変える ◆I don't know much about politics, and I don't want to know. 私は政治のことはさほど分からないし, 知りたいとも思わない.

**poll** 1 a ~ 世論調査 (= an opinion poll), アンケート調査; 選挙, 投票; (a) ~ 投票数, 投票結果; (通例 ~s)投票所; a ~ 選挙人名簿 ◆according to a telephone poll of readers of the magazine その雑誌の読者を対象に行った電話でのアンケート調査によると ◆According to a poll of more than 1,000 Moscow residents, ... 1,000人以上のモスクワ住民を対象としたある世論調査によると, ◆in a poll taken in July for the newspaper その新聞社の依頼で行われた世論調査 ◆From a telephone poll of 1,000 Canadian adults taken for CCB by POF on Feb. 14, 1994. Sampling error is plus or minus 3.5%. "Not sures" omitted. カナダ人の成人1,000人を対象に1994年2月14日にCCB社のためにPOF社によって実施された電話アンケート調査より. サンプリング誤差は±3.5%である. わからないという回答は除いてある. (*表の但し書き)

2 vt. ~の世論調査をする, (ある数の)票を得る, ~の票を集計する, (投票, 課税のために)~を名簿に載せる,《コンピュ》~に対しポーリングを実施[処理を探査]する (*コンピュータやプログラムが, 各接続先に対して, 処理すべきことのアンケートを問いかけるなどして調べる); vi. (~に)投票する <for> ◆Sixty percent of the people polled said they thought the quality of life has become worse. 調査対象者[回答者]の60%は, 生活の質が以前より悪くなったと思うと言った[答えた].

**pollen** 花粉 ◆people with (a) pollen allergy; people who have (a) pollen allergy 花粉アレルギー[花粉症]の人たち ◆These medications can help ease some of the discomfort when it's necessary to be in areas with high pollen counts. これらの医薬品は, 花粉の数が多い地域にいる必要がある場合に不快感をいくらか和らげることができます.

**pollen count** a ~ 花粉数 (*特定の地域における, ある時点での空中浮遊数)

**polling** n. 投票,《コンピュ》ポーリング[探査]

**pollster** a ~ 世論調査家

**pollutant** a ~ 汚染物質 ◆a Pollutant Release and Transfer Register; a PRTR system 環境汚染物質の排出・移動登録制度 (*特定化学物質の把握と管理を促進するための) ◆detect environmental pollutants 環境汚染物質を検出する

**pollute** vt. ~を(~で)汚染[汚損]する <with>, ~を(~で)汚(ヨゴ)す<with>; ~を堕落させる, けがす, 冒涜(ボウトク)する ◆become polluted with... ~で汚染される ◆highly polluted Czechoslovakia (公害で)非常に汚染されているチェコスロバキア ◆pollute the atmosphere 大気を汚染する ◆a

**polluter** *a* ～ 汚染する人, 汚染者 ◆a PPP (polluter pays principle); the Polluter Pays Principle 汚染者負担[排出事業者処理責任]の原則

**pollution** 囗汚染, 汚損, 汚れ, 環境汚染, (水質の)汚濁, (汚染の結果としての)公害[環境破壊], 汚染物質, (= air pollution) 大気汚染; 囗汚れ(ケガレ), 堕落, 冒涜; (a) ～ 遺精(イセイ) (*性行為などによらずに不随意におこる射精) ◆a source of pollution; a pollution source 汚染源 ◆pollution control 公害[汚染]防止[対策] ◆water pollution 水質汚濁[汚染] ◆a pollution-free electric car 無公害電気自動車 ◆an anti-pollution device 公害[汚染, 大気汚染]防止装置 ◆cause air pollution 大気汚染を引き起こす ◆cause [prevent] secondary pollution 2次公害を引き起こす[防ぐ] ◆mountain asceticism and female pollution 山岳修行と女人の汚れ(ケガレ) ◆pollution-caused diseases 公害病 ◆pollution-causing impurities 公害発生の原因となる不純物 (*燃料に含まれる硫黄など) ◆pollution prevention: prevention of pollution 公害[(大気)汚染, (水質)汚濁]防止 ◆prevent the pollution of groundwater 地下水の汚染を防止する ◆reduce the pollution of the air 大気汚染を減少させる ◆the pollution control equipment industry 公害防止機器[設備]産業 ◆illnesses traceable to environmental pollution 環境汚染に起因した病気[公害病] ◆light pollution from urban areas 都市部からの光公害 ◆environmentalists pressed for tougher pollution-fighting measures for heavy-duty diesel trucks 環境保護運動推進家たちは, 大型ディーゼルトラックにもっと厳しい公害対策を適用するよう迫った (*ここでのpollutionは, より具体的にはair pollution「大気汚染」)

**polonium** ポロニウム (元素記号: Po)

**poly** *a* ～ (*pl.* polies, polys) プラスチック, 合成樹脂, 合成繊維, 《略》(ポリエステル(製)の衣料品); adj. プラスチック製の, ポリエステル製の ◆a poly bag ポリ袋 ◆a poly-clad [plastic-clad] silica fiber 《光ファイバ》プラスチッククラッド石英ファイバー

**polyacetal** 囗《種類はa～》ポリアセタール

**polycarbonate** 囗《《種類はa～》》ポリカーボネート ◆polycarbonate resin ポリカーボネイト樹脂

**polychlorinated biphenyl** (a) ～ ポリ塩化ビフェニール, PCB

**polycrystal** *a* ～ 多結晶 ◆a polycrystal of iron 鉄の多結晶

**polycrystalline** adj. 多結晶の ◆polycrystalline silicon [germanium] 多結晶シリコン[ゲルマニウム]

**polycyclic** 《電気》多周波の; 《化》多環式の

**polyelectrolyte** *a* ～ 高分子電解質, 多価電解質 ◆a polyelectrolyte coagulant [flocculant] 高分子電解質凝集剤

**polyethylene** ポリエチレン ◆polyethylene terephthalate (PET) ポリエチレンテレフタレート (ペット)

**polygon** *a* ～ 多角形, 多辺形 ◆a regular polygon 正多角形 ◆12 varieties of polygons 12種類の多角形[多辺形]

**polygonal** adj. 多角形の ◆a complex, polygonal shape 複雑な形状の多角形

**polyhedron** *a* ～ (*pl.* -rons, -dra) 多面体, 《生物》多角体 ◆a regular polyhedron 正多面体

**polyimide** *a* ～ ポリイミド (*耐熱樹脂の一種) ◆(a) polyimide film ポリイミドフィルム ◆the surface properties of polyimide films ポリイミド・フィルムの表面の性質[性状, 特性]

**polymer** *a* ～ 重合体, ポリマー, 《特に》高分子 ▶ polymers には, 重合度の最も低い二量体(dimers)も含まれるが, 特に高分子(high polymers)のことを指して用いられることが多い. ◆a polymer coating ポリマーコーティング ◆(high) polymer chemistry [physics] 高分子化学[物理] ◆a conductive polymer 導電性ポリマー ◆a functional polymer capacitor 《電子》機能性高分子キャパシタ[コンデンサ]

**polymeric** adj. ポリマーの, 高分子の, 高分子量の, 重合(体)の, 重合による ◆a polymeric material 高分子材料

**polymerization** 重合 ◆photoinitiated polymerization 光によって開始される重合[光重合] ◆made by the polymerization of A and [with] B AとBの重合により作られる

**polymetallic** adj. 多金属の ◆a polymetallic ore deposit 多金属鉱床

**polymethyl methacrylate** ポリメチルメタクリレート, ポリメタクリル酸メチル (*PMMAと略す. アクリル樹脂の一種でレーザーディスクの材料として用いられている)

**polymorphism** 《鉱物》多形, 《結晶》同質異像, 《生物》多形現象, 《コンピュ》ポリモフィゼム

**polyolefin** *a* ～ (*種類は可算)ポリオレフィン ◆a polyolefin-coated woofer (振動板に)ポリオレフィンがコーティングしてあるウーファ[低音用スピーカー]

**polyphase** 《電気》多相の ◆a polyphase synchronous motor 多相同期モーター

**polyphonic** ポリフォニックの, 多音の, 多声の

**polypropylene** ポリプロピレン

**polysilicon** ポリシリコン ◆a polysilicon [poly-Si] active-matrix LCD projector ポリシリコン・アクティブマトリックス型液晶プロジェクタ

**polystyrol** ポリスチロール (= polystyrene)

**polytechnic** adj. 工芸の, 科学技術を教える; *a* ～ 工芸学校, 《英》ポリテクニック (*大学レベルの総合的な専門技術を教える) ◆a polytechnic school [institute] 総合(科学技術)専門学校 (*英国ではサッチャー首相時代に大学に昇格)

**polyurethane** ポリウレタン, ウレタン樹脂 ◆a polyurethane foam pad ポリウレタンフォームマット

**pondage** 囗 (*貯水池や調整池への)貯水; (a) ～ 貯水量 ◆a pondage (power) station 調整池式発電所

**ponder** v. 熟考する, とくと[じっくり]考える, 思案する ◆Bush ponders retaliation as many howl for revenge. 復讐[報復]を求めて叫ぶ多くの声に呼応し, ブッシュは報復を慎重に検討している.

**Ponzi** 《人名》ポンジー (*Charles A. Ponzi = イタリア生まれの米国人詐欺師, 1949年没) ◆set up a Ponzi scheme ネズミ[無限連鎖]講を創設する ◆operate a Ponzi scheme [= a pyramid scheme] マルチ商法[ネズミ講]を運営する

**pool** 1 *a* ～ 水たまり, 池, (川の水の深いところ)淵(フチ), 多量の液体のたまり, 水泳プール (= a swimming pool), 含油層[油層], (地下の天然ガスの)ガス層
2 vi. 水たまりになる, 充血[鬱血(ウッケツ)]する; vt. ～に水たまりを作る
3 *a* ～ プール (*共同利用のための資金, 資材, 人材など); *a* ～ 企業連合[カルテル], 共同出資, 共同資金; *a* ～ 共同利用施設; *a* ～ (= a car pool)(特に通勤のための)自家用車の相乗り制; *a* ～ (ゲーム, 宝くじなどで参加者が出し合った)総賭金; the ～ s 《英》(フットボールなどの)競技のくじ; 《米》 囗 玉突きの一種 (= pocket billiards) ◆a pool hall 玉突き[ビリヤード]場 (= a billiard hall) ◆a pool table 玉突き台 ◆a press pool 代表取材の報道陣 ◆Virtual Pool バーチャル・プール (*パソコン用ビリヤード[玉突き]ゲームのソフト名, Interplay社製) ◆the Pentagon adopted the pool system 国防総省は代表取材制を採った ◆senior citizens and handicapped persons – a new pool of potential part-time workers 新しいパートタイム労働者予備軍としての高齢者や障害者
4 vt. (資産, 資金など)を共同出資する, ～をプールする

**poop** 《俗》情報 ◆provide pertinent poop on time, distance, average speed, and fuel use 時間, 距離, 平均速度, および燃料消費の関連情報を提供する (*計器の話)

**poor** adj. 貧しい, 貧乏な, 貧困な, 貧民の, 乏しい, 欠乏している, 正確さに欠ける[甘い, 厳密でない], 貧弱な, 芳しくない, 不出来な, お寒い, 不満足な, 不良の, 欠陥のある, 低品質の, 低品位の, 劣っている, 悪い, 劣等の, 下手な, 未熟な, 養分の少

## poorly

ない，(土地が)やせた，不毛の，運のない，気の毒な，かわいそうな，哀れな ◆a poor connection 接続不良 ◆a poor driver (運転の)へた［未熟］な運転者 ◆a poor showing 悪い［良くない，おそまつな］成績; 不成績; 成績［業績］不振 ◆non-poor households 貧しくない世帯 ◆lead a poor and austere life 貧しく質素な生活を送る ◆poor management ずさんな［まずい］経営 ◆poor manufacturing practices 不念実な製造上の慣行 ◆poor print quality 低い［劣っている］印字品位 ◆poor QC practices ずさんな［お寒い，なおざりな，いい加減な］品質管理のやり方 ◆the car's poor reliability record この車の芳しくない信頼性の経歴 ◆a country poor in natural resources 天然資源に乏しい［恵まれていない］国，資源小国 ◆a shock absorber in poor condition ひどい状態のショックアブソーバー ◆for improvement of the living standard of the poor 貧困層の生活水準の向上のために ◆a poor-mileage problem 燃費が悪いという問題 ◆poorer-than-expected earnings 予想を下回る収益 ◆resource-poor Japan 資源の乏しい[恵まれない，《意訳》資源小国の]日本 ◆Its performance is poor. その性能は劣っている［低い］. ◆burn with a poor 65% to 85% efficiency 65％から85％という思わしく[かんばしく]ない効率で燃焼する ◆...could lead to poor performance パフォーマンスの低下につながることがある ◆despite the poor tolerance of Vref 基準電圧Vrefの甘い精度にもかかわらず ◆the fiber is of poor quality このファイバーは品質が悪い［劣悪である］ ◆I've racked my poor brain(s). 私は貧弱な頭脳[出来の悪い頭,《意訳》ない知恵]を絞った.

**poorly** adv. 貧しく，下手に，不十分に; adj.《主に英》気分がすぐれない ◆a poorly performing network 性能の劣っている[パフォーマンスの低い]ネットワーク ◆a poorly tuned engine 調整が不十分なエンジン ◆poorly thought-out policies 考えの足りない［出来損ないの，お粗末な］政策 ◆they found poorly poured concrete and faulty wiring 彼らはコンクリートの打設[充填]不良および配線不良を発見した. ◆The alloy conducts electricity and heat poorly. この合金は電気と熱をあまりよく伝えない. ◆The color plotter performed poorly on pen-changing-intensive graphics. このカラープロッタは，頻繁なペン交換を要するグラフィックでは成績が良く[芳しく]なかった.

**poor-quality** 低品質の，低品位の ◆a poor-quality communication line 低品位の通信回線 ◆a poor-quality network 劣悪な品位の回線網

**pop** 1 vi. ポンと音を立てる，ポンとはじける，ひょいと現れる，ふいさらになる，(〜にめがけて)発砲する<at>, [目が]飛び出る; vt. 〜をポンと鳴らす，〜をポン（ポン）とはじかせる，〜をひょいと動かす，〜をずどんと撃つ ◆The floppy disk pops partially out of the drive. フロッピーディスクがドライブから勢いよく頭を出す［少し見えるくらいまで飛び出してくる］.
2 a〜ポン［パン］という音，発砲; adv. ポン［パン］と(音をたてて)，突然に，ふいに ◆the pop of champagne corks シャンペンのコルクを抜くポンという音

**pop up** vi. 突然［突如，ひょいっと，ふっと］現れる，〈事件などが〉突然起こる［持ち上がる］，ポンと飛び上がる，〈野球で〉ポップフライを打つ ◆The program can pop up within any application. このプログラムは，どのアプリケーションソフト内からでもポップアップさせられる. ◆Anyone who has ever tried to install a hard disk drive or get a CD-ROM drive working knows that there is a series of annoying little problems waiting to pop up, one by one. ハードディスク装置をインストールしようとしたりCD-ROMドライブを動作させようとしたことのある人なら誰でも，しゃくにさわる小さな問題が次から次へとぽんぽん出てくるのを知っている.

**POP** (Post Office Protocol)(フルスペルにはtheを付けることがある)(＊電子メールプロトコルの一種) ◆Post Office Protocol version 3 [v.3, 3] (POP3)《ネット》ポストオフィスプロトコル バージョン3 (POP3)

**pope** (通例the Popeの形)教皇，ローマ法王; a〜 教祖，教主 ◆convoke a conclave to elect a new Pope 新しいローマ法王[教皇]を選出するためのコンクラーベを召集する

**POPs** (persistent organic pollutants) 残留性有機汚染物質

**popsicle** Popsicle(商標); a〜 棒付きアイスキャンディ ◆a popsicle stick アイスキャンディの棒 ◆a frozen-juice popsicle ジュースを凍らせてつくったアイスキャンディ ◆buy popsicles from a popsicle man アイスキャンディ売りのおじさんからアイスキャンディを買う

**pop-top** a〜 《口》コンバーチブル車

**populace** 団(通例the〜で)一般の人々，大衆一般，一般民衆，庶民 ◆retailers who cater to the high end of the populace 上層［上流］階級が客層の小売商

**popular** adj. 人気のある，人望のある，もてはやされている，好評の，評判の(よい)，売れっ子の，売れている，もてる，一般的な，普通の，よくある，世間に広まっている，普及している; adj. 一般大衆［庶民，民衆］向けの，一般大衆(の好み［理解力，ふところ具合]))に合わせた ◆popular literature 大衆(俗)文学 ◆popular music ポピュラー音楽 ◆a popular edition 普及版[通常版，廉価版，流布本(ルフボン)，通行本] ◆popular art 大衆［民衆，庶民］芸術 ◆mass [popular] culture 大衆文化 ◆popular-priced [popularly-priced] 普及価格の ◆at popular prices 大衆［普及］価格で ◆become popular 人気が出てくる［はやる，もてるようになる］; 一般的になる［普及する］ ◆the notion made popular by... 〜によって世間一般に広められた考え ◆in response to popular demand; by popular demand 一般の人々［一般大衆，民衆］の要求に応えて，多くの人々からの求めにより; 皆様のご要望にお応えしまして ◆respect and accept the popular mandate arising from the vote 投票に反映されている民意を尊重しそれを汲み上げる ◆A resolution of 300 dpi is becoming popular. 300DPIの解像度が一般的［普通］になりつつある. ◆Gingerbread was extremely popular throughout the Victorian era. ショウガ入りケーキはビクトリア朝時代を通して一世を風靡(フウビ)した. ◆Facsimile technology is becoming popular as a means of increasing immediacy. ファクシミリ技術は，速報性を高める手段として普及している. ◆This article proved one of the most popular with our readers in 1990. この記事は，1990年に本誌読者に最も好評だったもののーつでした. ◆The morning drive time host soon became popular among listeners for his knowledge and love of music.《意訳》朝の(マイカー)通勤時間帯のこの男性ラジオ・パーソナリティーは，音楽のことを良くかつ深く知っていることから，聴取者の間でじきに人気が出た. ◆They dedicated their lives to their art and refused to let it become debased by pandering to popular tastes, even if this meant a drastically reduced readership. 彼らは生涯を自らの芸術に捧げ，そして，大衆の嗜好に迎合することによる作品の低劣化を拒んだのだった．たとえこのことが読者の激減を意味していたとしてもだ．

**popularity** 団人気，評判，好評，知名度，支持率，俗受け，通俗性，大衆性，庶民性，人望，流行 ◆grow in popularity 人気が高まる［出てくる，上昇している］ ◆the growing popularity of jogging 人気が高まりつつあるジョギングの人気 ◆attract popularity from the fans ファンの人気を集める［博する］ ◆bask in sky-high popularity 極めて高い人気を浴びる; 大変な人気を浴する ◆enjoy a new popularity 新たな人気［好評］を博する ◆enjoy great popularity 大好評[大人気]を博している ◆gain great popularity 大好評[大人気]を得る［博する］; 大評判を得る［取る］ ◆have a 35 percent popularity rating 〈政治家〉が35パーセントの支持率を得ている ◆spring into popularity 突然人気が出る ◆win enormous [immense] popularity 大好評[大人気]を博する; 大流行する ◆it is currently enjoying a popularity explosion around the world それは目下，世界中で人気が爆発している［大ブレイクしてる］ ◆Mr. Bush's popularity rating began to plunge ブッシュ氏の支持率が急落し始めた ◆the game enjoys a burst of popularity with no signs of slowing このゲームは爆発的人気を博しており［大ブレイク中で］衰えの兆しを全くみせていない ◆he ascribes the plummeting popularity of the Social Democrats, now at an all-time low, to... 彼は、社会民主党員への支持率が急降下していて現在どん底にある原因は、〜のせいだと言う ◆The Macintosh's rise in popularity is attributable to its ease of use. マッキントッシュの人気の高まりの原因は使い勝手の良さにある ◆... underwent an enormous upsurge in popularity in the mid-1980s 〜は1980年代半ばに急激に大流行［ブレイク］した ◆Both types are exploding in popularity. 両タイプとも人気が爆発している。 ◆Japanese cars soared in popularity with American buyers. 米国の消費者の間で、日本車の人気が急上昇した。 ◆Polls show his popularity is at an all-time low. 世論調査で、彼への支持率が過去最低であることが判明した。 ◆They attracted popularity among whites with their Rock and Roll beats. 彼らはロックンロールのビートで白人の間で人気を集めた［博した］。 ◆We've been trying to attract popularity to our program over the years. 私ども［当社］は、長年にわたり私どものプログラムに人気を集めようと［《意訳》人気を高めようと］努力してきました。 ◆Orthodontics (teeth-straightening) is enjoying rising popularity among adults as well as adolescents. 歯列矯正は、青年だけでなく成人の間でも人気が高まっている。 ◆The modem has now been shrunk to a chip size, enhancing its popularity in personal computers. モデムは今やICチップの大きさにまで小型化され、パソコン内蔵用として人気が高まって（普及が進んで）いる。 ◆The popularity of biking took off after the 1984 Los Angeles Olympics, and it shows no signs of slowing down. 自転車（に乗ること）の人気は1984年のロスオリンピック後に急に高まり、まだ衰えを見せていない。

**popularization** 一般化、普及；大衆化、通俗化
**popularize** vt. 〜を世間一般に広める、大衆化［通俗化］する、一般化する、普及させる、〜を一般民衆の人たちにとって理解しやすいようにする ◆popularize the use of... 〜の使用を広める［普及させる］ ◆the user-friendly screen displays popularized by the Mac マッキントッシュによって広められたユーザーフレンドリーな画面表示 ◆Word-of-mouth has popularized the stores. 口コミがそれらの店の評判を高めた。

**popularly** 一般（的）に、通俗的に、平易に、人民により ◆a popularly priced [a popular-priced, an affordably priced] model 普及価格［廉価版、《意訳》普及タイプ、普及版、普及型］のモデル［機種、車種］（*popularly...は「価格的に受け入れられやすい」、affordablyは「お手頃価格の」） ◆popularly considered as... 〜であると一般に考えられている ◆popularly known as... 〜という俗称［通称］で知られている ◆It is popularly believed that... 〜であるということが一般に信じられている ◆the Esaki diode, popularly called the tunnel diode トンネル・ダイオードの通称［俗称］で呼ばれているエサキ・ダイオード ◆They are popularly priced. これら（商品）には普及価格が付いている。

**populate** vt. 〈地域〉に住む［居住する、棲息する］、〈ある地域〉に人を定住させる、〜を植民する；〜を（〜で）埋める［〜に（〜を）実装する］＜with＞、〜に実装されている、〈場所〉（を埋めるように）に並んでいる、《コンピュ》〈データベース、入力フォームなど〉にデータを読み込む［入れる、格納する、埋める］、〜に値を代入する、〜をポピュレートする ◆a populated printed circuit board 部品が取り付けられている印刷回路基板；部品実装済みのプリント回路基板 ◆a densely populated city 人口密度の高い都市 ◆test both bare and populated PCBs 部品装着前［板単体の状態］のプリント回路基板と部品を実装した基板の両方を試験［検査］する ◆love affairs, murders, intrigues, and divorces that populate daytime television 昼間のテレビを賑わしている恋愛、殺人、陰謀、および離婚を題材にしている番組 ◆Printed circuit boards are populated with parts and components. 印刷回路基板にはパーツやコンポーネントが実装されている。

**population** (a) 〜人口、(総)住民数；(通例the 〜、単／複形い)（ある地域の）全住民；(a)〜《統計》母集団、《生物》（一定区域内に生活する特定の種の）個体数、個体群 ◆a population explosion 人口爆発 ◆a statistical population 統計母集団 ◆population dynamics 個体群動態（学）◆population growth 人口増加 ◆the UNFPA (United Nations Population Fund) 国連人口基金 ◆the population of the world; the world's population 世界の人口；世界人口 ◆a low-population-density nation 人口密度の低い国 ◆high-density population areas 人口密度の高い［密集、稠密］地域 ◆make a population projection 人口動向を予測する ◆the mainstream population 大勢を占める人々 ◆the population of the town この町の人口 ◆To begin with, the under-18 population is shrinking. まず第一に、18歳未満の人口は減少している。 ◆a rate of population growth of 3 percent per annum 年率3％の人口増加率 ◆the density of population in Holland or Hong Kong オランダあるいは香港の人口密度 ◆a largely French-speaking population フランス語を主に話している住民 ◆states with lower population densities 人口密度の低い州 ◆estimates of population parameters based on a sample of the population 母集団の標本を基にした母数の推計 ◆economic development usually leads to a reduction in a nation's population growth rate 経済発展は通常、国の人口増加率の低下につながる（*不特定の国について）◆Japan has a population of 120 million. 日本の人口は1億2000万である。 ◆If it were not for immigration, the U.S. would soon have a declining population. もし移民がなかったら、米国の人口はじきに減少に向かうことだろう。 ◆Modern technology makes possible a concentration of population never seen before. 近代技術は、かつて見られなかった人口の集中を可能にする。 ◆China has an estimated 1.1 billion people but India's population density is more than twice as high. 中国には推定11億人いるが、インドの人口密度は2倍以上の高さである。 ◆Hong Kong has a population density of 247,501 people per square mile – more than 6,000 times more crowded than Zaire. 香港の人口密度は1平方マイルあたり247,501人で、これはザイールの6,000倍以上の込み具合である。 ◆With an estimated population of 9,500 people, Milton encompasses approximately 38,336 acres of land. 推定9,500人の人口を擁し、ミルトンの土地面積は約38,336エーカーあります。 ◆With a population of more than 100,000 domestically produced robots, Japan is the world leader in factory automation. 100,000台以上の国産ロボット人口を有し、日本はファクトリー・オートメーションで世界のトップ［首位］に立っている。

**populism** 人民主義、大衆政治、大衆迎合、(有権者を相手にしての)人気取り
**populist** a 〜大衆迎合政治家；a Populist《米史》人民党党員、人民主義者；adj. ポピュリスト［大衆迎合（主義）］の ◆populist politics 大衆迎合政治 ◆a right-wing populist 右派［右寄りの］大衆迎合政治家 ◆very popular and populist architecture 非常に人気の高い大衆迎合主義的な建築（*いかにも一般の人たちが好みそうな）

**pop-up** adj. ポンと飛びでる、ポンと飛び上がる；a 〜 飛び出す絵本、飛び出す式の挿絵など ◆a pop-up menu 《コンピュ》ポップアップメニュー ◆a pop-up picture book 飛び出す［仕掛け］絵本 ◆a pop-up toaster ポップアップトースター（*パンが焼けると飛び出すタイプ）◆a pop-up flash 跳ね上がり式ストロボ

**porcelain** n. 回(集合的)磁器、磁器製品；《形容詞的に》磁器の、磁器質の、磁器製の、磁製の ◆hard porcelain 硬質磁器 ◆insulation porcelain 絶縁用磁器(= electrical porcelain) ◆soft [tender] porcelain 軟質磁器；軟磁器 ◆a porcelain teacup 磁器製のティーカップ

**porch** a 〜ポーチ、(建物から張り出した屋根つき)玄関、車寄せ ◆a car [carriage] porch; a (vehicle) drop-off porch 車寄せ

**pore** 1 a 〜孔、細孔、毛穴、気孔 ◆open the pores of the skin 皮膚の毛穴を開く［開かせる］ ◆pore sealing solutions for gold plating 金メッキ用の封孔溶液 ◆Water evaporates through pores, called stomata, in the leaf. 水分は葉の気孔と呼ばれる小さなところから蒸発する［小孔から蒸散する］。
2 vi. 熟考する、〈本などを〉精読［熟読］する ＜over＞、注視［凝視］する ◆pore over hundreds of pages of material on... 〜に関する何百ページという資料を熟読する

**pork barrel** a～《米俗》(地方選出議員が地元に金をばらまくために国庫から支出される)政府交付金, 地域開発援助金・補助金, 政府助成金による地元利益誘導型事業 ◆a pork-barrel politician (地元優先の活動を展開する)地域エゴ議員 ◆a pork-barrel project 政府助成金による地元利益誘導型公共事業 ◆pork barrel [pork-barrel] politics (地元の利害に密着する)どぶ板政治; 地元への利益誘導型政治 ◆pork-barrel spending for road construction (地元のおねだり的な)道路建設のために地方公共団体に払われた国庫からの補助金・交付金の支出

**porno, porn** pornography, pornographic の短縮形 ◆a porno movie house ポルノ映画館 ◆a porn video actress ポルノビデオの女優; AV女優

**pornographic** adj. ポルノの, エロの, 好色文学の;《意訳》アダルトものの, 裏― ◆a pornographic [porno] movie [film] ポルノ映画, ブルーフィルム ◆pornographic video tapes ポルノビデオテープ, 裏ビデオのテープ ◆send pornographic images ポルノ [わいせつ] 画像を送信する

**pornography** ①《集合的に》ポルノ, エロ [好色] 文学, エロ写真, ポルノ映画, 春画 (＊口語では porn, porno)

**porosity** 多孔性, 有孔性; (a) ～ 多孔率 [度], 有孔率, 間隙(カンゲキ)率, 孔隙率, 気孔率, 空間率; a ～ 孔, 穴, 穿孔, 巣 ◆a porosity test 吸湿試験 (＊磁器の碍子(ガイシ)などを真空チャンバに入れ, 真空引きをした後に水を入れて一定時間放置してから重量差を求める)

**porous** adj. 多孔質 [性] の, 有孔の, 小穴のたくさんある, 浸透性の, 通水性の, 通気性の ◆a porous bearing 多孔質軸受 ◆have a porous structure 多孔質構造をもつ ◆by increasing coating thickness and adopting porous sealing treatment コーティング厚を増加させたり封孔処理を採用することにより

**porphyria cutanea tarda** 晩発性皮膚ポルフィリン症 (＊例として, ベトナム戦争で使用された枯葉剤 Agent Orange の影響による肝臓障害がもとで元帰還兵などの間に発生)

**port** 1 a～ 港 (町), 空港, 出入り口, 口, 穴,《コンピュ》ポート (＊データの出入り口) ◆a parallel printer port 《コンピュ》パラレルプリンタポート ◆a port of call 寄港地 ◆a port of entry (POE) 輸入港; 入国港; 税関手続港; 通関港 ◆New York City's Port Authority Bus Terminal ニューヨーク市ポートオーソリティ [港湾公共事業体] のバスターミナル ◆a port on a device 《コンピュ》装置のポート ◆at Kobe port 神戸港で [の] ◆enter a port ～に入港する ◆Japan's port of Kobe 日本の神戸港 ◆the port city of Yokohama 港湾都市 (である) 横浜 ◆in the picturesque port town of Dover 絵のように美しい港町ドーバーで [の] ◆the ship goes into port <at...> 本船が〈地名に〉入港する ◆As needs dictate, additional ports can be installed in expansion slots. 《意訳》必要があれば [《意訳》適宜 (テキギ)に], 拡張スロットにポートを増設できる. ◆MIDI, line-in, microphone and speaker ports are present on the back. 《コンピュ》 MIDI, ライン入力, マイクおよびスピーカー用ポート [接続コネクタ] が裏面にある. (▶コンピュータ業界ではオーディオのコネクタでさえ一般にポートと呼んでいる) ◆The aircraft carrier USS Theodore Roosevelt is making a port call at Haifa, Israel. 米航空母艦セオドア・ルーズベルト号はイスラエルのハイファに寄港している.

2 v. 《コンピュ》 (プログラム) を別の機種で使えるようにする [(別の機種に)移植する], 〈データ〉を〈異なった機種に〉移す (cf. import, export) ◆allow [facilitate] the porting of applications from a workstation to a personal computer ワークステーションからパソコンへのアプリケーションの移植を可能に [楽に] する ◆He ported the program first to a Macintosh and then to an IBM PC. 《コンピュ》彼はそのプログラムをまず Macintosh に, 次に IBM PC に移植した.

**portability** 〈商品の〉携帯性,（携行できることによる）機動性;〈コンピュータソフトの〉移植性<between, across> ◆software portability ソフトウェアの移植性 ◆pursuit portability 携帯性を追求する ◆the convenience of portability 携帯性 (があること) の便利さ ◆when greater portability is desired より高い携帯性が求められる場合には ◆a built-in carrying handle for enhanced portability 《意訳》携帯性をアップする [《意訳》携行に便利な] 内蔵の持ち運び用取っ手 ◆portability of applications across operating systems 異なる OS 間のアプリケーションの移植性 ◆... result in wide portability of applications ～ はアプリケーション (プログラム) の広い移植性をもたらす ◆retain portability across various platforms 《コンピュ》異機種間の移植性を保つ ◆write the program in FORTRAN for portability between host computer systems ホストコンピュータ間の移植性を確保するためにフォートランでプログラムを書く ◆It enables portability across various operating systems. 《コンピュ》それによって, いろいろな OS 間の移植が可能になる. ◆The Java programming language is used for enhanced portability. 移植性を高めるために Java プログラミング言語が使われている. ◆The battery-powered feature eliminates the need for extension cords and provides increased portability. 《意訳》このバッテリ給電式機能のおかげで延長コードが不要になり, 携帯性が向上する. ◆This telescope looks and feels fantastic! For its size you cannot buy a better scope, the optics are excellent and its portability is very good. このサイズでこれ以上の優れものの望遠鏡は買えない. 光学系は優秀かつ携帯性に非常に優れている.

**portable** 1 adj. (手に持ったりして)持ち運びできる, 携帯型の, 携帯用の, 携帯の効く (→transportable) ◆It is easily portable, weighing only 7 kilograms. それは重量わずか 7kg で, 簡単に持ち運びできる. ◆The unit is lightweight and portable. 本ユニットは軽量で携帯性能に優れ.

2 《コンピュ》(データ, ソフトなどが)他のシステムで使える [移植できる, 移植性のある] ◆a portable high-level language 移植性のある高級言語 ◆software development tools that are portable across various platforms 《コンピュ》いろいろなプラットフォーム [機種] 間で移植可能なソフト開発ツール ◆The software is portable to many other versions of UNIX. このソフトは, 他の多くの UNIX バージョンで使える.

3 n. a～ 携帯型 [携帯用] の装置, ポータブル機 ◆a pen-based portable 携帯型ペンコンピュータ ◆IBM-compatible portables IBM 互換の携帯用 (パソコン) ◆portables and tabletops 携帯型機と卓上 [据え置き] 型機

**portal** a～ 入り口; ～表玄関 [正門], 発端;《ネット》(= a portal site) ◆a portal site 《ネット》ポータルサイト (＊インターネットサーフィンをする際の出発点にしたサイトで, 多くの人が Web ブラウザ起動時に最初に表示したりブックマークをつけたりしているサイト)

**portend** vt. ～の前兆になる, ～を予示 [予告] する ◆October's sales don't portend a strong Christmas season. 10月の販売高には, 堅調なクリスマスシーズンの前兆が見られない [《意訳》クリスマス商戦が不調に終わる可能性を示唆している]. ◆This portends an additional slowdown in 2003. ～は, 2003年に更なる減速があることの前兆 [予兆, 前ぶれ, 兆し] である.

**portfolio** a～ (pl. -s) 書類入れ [かばん], 紙挟み, 画帳, (書類入れ, 画帳の中身である) 書類 [絵, 図面], (ある個人投資家や機関投資家の所有する) 各種有価証券の組み合わせ [分散, 目録, 明細書];〈大臣の〉職務 [地位] ◆a stock portfolio 株のポートフォリオ (＊リスクを分散させ株の運用を有利に展開するための数種の銘柄の組み合わせ) ◆No one else has a comparable portfolio of ruggedized electronic components for strategic defense applications. 戦略防衛用の高耐久化電子部品で我が社に [匹敵する] ほどの品揃えをしているところはどこにもありません.

**portion** a～ 一部, 部分, -部, -分 (ブン), 分け前, 割り当て分, (食事の)一人前; one's ～《文語》運命 ◆volatile portions 揮発分 ◆the European portion [part] of the U.S.S.R. ソ連の欧州に属する部分 ◆in the lower portions of the 30- to 400-MHz band 30から400MHz 帯の低い方の部分において ◆in the top portion of the screen 画面の上部に ◆order an extra portion of fish 魚肉料理をもう一人前注文する ◆remove portions of the existing abandoned pipeline　現存する廃棄パイプラインの一部を[パイプラインを局部的に]撤去する　◆a portion of the output signal is returned to the input　出力信号の一部が入力に帰還される　◆the fixed-point and exponent portions of a floating-point number　浮動小数点数の固定小数点部分と指数部分　◆You can depreciate the portion of your house you use as an office.　自宅の事務所(として使用している)部分は償却できます．　◆Though the car split in two, rescue personnel still had to cut portions of the vehicle to free the youths.　車が2つに分裂したにもかかわらず，救助隊員は少年たちを脱出させるために車両の一部をさらに切断しなければならなかった．

**portion out**　vt. ～を(～の間で)分配する[分け合う,分け与える]〈between, among〉

**Portland cement, portland cement**　ポルトランドセメント(＊普通のセメントの正式名称)

**portrait**　1　a～(特に顔の)肖像(画),人物写真,人物を形どった影像[塑像],人物像,(口頭による)人物描写; adj. 肖像の,人物像の　◆a full-length portrait of...　～の全身像　◆family portraits　家族の(顔)写真
2　adj. 〈長方形の紙や画面が〉縦長に置かれた,縦向きの,縦方向の,縦型の,画面縦長式の(↔landscape),縦長方向orientation　…用紙などの長方形のものが〉縦(の向き)に　◆a 16" portrait monitor　16インチ縦型[縦型]モニター　◆in portrait or landscape configurations　〈縦向き〉または〈横置き〉で　◆paper in portrait format　(書式が)縦長の用紙　◆a portrait-oriented display　縦(置き)型ディスプレイ　◆display a document in either portrait or landscape orientation　文書を縦[縦長]または横[横長]の向きに表示する　◆Both portrait and landscape printing is supported.　縦置きおよび横置き用紙の印刷がいずれもサポートされている．(＊プリンタの話)　◆The major benefit of the monitor's ability of being rotated is to see and edit documents in both "portrait" and "landscape" orientations.　このモニターの回転機能の大きな利点は，「縦」と「横」の両方向で文書の表示や編集が可能なことである．

**POS**　(point-of-sale)(ポス),販売時点情報管理の,売り場の　◆a POS system　POSシステム　◆a POS terminal　POS端末(装置)

**pose**　1　a～ ポーズ,姿勢,格好,構え,気構え,気どった態度,見せかけ,思わせぶり
2　vi. 〈写真,絵のために〉ポーズ[姿勢]をとる,(～を)装う〈as〉,気どる; vt.〈問題など〉を持ち出す[提起する,投げかける],…の原因となる,呈する,与える,もたらす,生じさせる,招く,来す; 〈人〉にポーズを取らせる　◆pose a significant risk for...　…に重大な危険を呈する　◆pose a threat of retaliation 報復の脅威をもたらす　◆pose no danger to...　…に危険を及ぼさない　◆pose questions about...　…について質問を問いかける[投げかける,提起する]　◆pose the danger of even more conflict　対立がいっそう深まる危険をもたらす　◆He will pose new challenges for the President.　彼は，大統領に新たな問題[難題]を投げかけるだろう．　◆All of these shots were taken during actual gameplay. There are no posed shots.　これらの写真はすべて実際のゲームプレイ中に撮影されたものです．ポーズをとった[((意訳))やらせ]写真は一切ありません．

**poser**　a～ 難題,難問

**posh**　adj. ((口))豪華で流行の先端を行く,エレガント[優雅]な,洗練された,瀟洒(しょうしゃ)な,しゃれた　◆dining at [in] a posh restaurant　しゃれたレストランで食事する　◆the general manager of the posh Park Hyatt Hotel in San Francisco　サンフランシスコの瀟洒なパークハイアットホテルの総支配人

**posistor**　a～ ポジスター　◆a chip resistor　チップタイプのポジスター(＊ある温度以下で抵抗値が急激に上昇する特性を持つ,過熱防止回路の温度検知素子として使用される)

**position**　1　a～ 位置[場所],地点[位置体/位],桁[位](クライ); 口所定位置,所在　◆a position error　位置誤差　◆a two-position switch　2点設定[2段切り換え]スイッチ(＊ON/OFや強弱などを切り換えるスイッチ)　◆call for position adjustments　位置調整を要する　◆determine positions　位置を測定[確定]する,測位する　◆in a horizontal position　水平[横向き]の姿勢[位置]で　◆in an upright position　立位で[直立の姿勢で]　◆measure the position of stars　星の位置を測定[測位]する　◆put [place] it back into position　それを元の位置に戻す　◆a button at 3 o'clock position　3時方向の位置にあるボタン　◆a three-position slide switch　3点切り換え[3接点, 3位]スライドスイッチ　◆"open" and "closed" position indicators　開閉設定状態表示器　◆the alcohol group at position 6 of glucose　グルコース(分子)の6位の(炭素に付いている)アルコール基　◆adjust the position of the image on the screen　画面上の画像の位置を調整する　◆move the throttle to a wide open position　スロットルを広く開いた状態になるように動かす　◆obtain accurate measurements of the position of stars　星の位置の正確な計測値を求める　◆switch it to the on position　それをON位置に切り替える　◆with the control knob in its OFF position　調整つまみをOFFに設定して　◆the position of the scroll box within the scroll bar　《コンピュ》(画面上の)スクロールバーにおけるスクロールボックスの位置　◆when the knob is turned to the OFF position　つまみをOFF位置にセットした時　◆when the mouse switch is in the "down" position　マウスのスイッチが押されているとき　◆a mirror attached to the vehicle in a position to give the driver a clear view of the roadway in the rear　車の運転者によく後方の道路が見える位置に取り付けられているミラー　◆due to human error such as a switch in the wrong position or an improper connection　間違ったスイッチ設定や誤接続などの人為ミスによって　◆the presence or absence of a magnetic field at each position on the tape　(磁気)テープ上の各箇所での磁界の有無　◆Finding a comfortable driving position is no problem.　快適な運転ができる(座席などの調整)位置を見つけるのに問題はない．　◆Make sure the switch is in the OFF position.　そのスイッチがOFFになっていることを確認してください．　◆Place the lever in its central position.　レバーを中央(位置)に設定してください．　◆You can move or copy rectangular areas of the image to other positions.　画像の矩形領域をほかの位置に移動したりコピーしたりできます．　◆A hundred years after the foundation of psychoanalysis, it is necessary to reevaluate its position in the modern world and think about its future.　精神分析学の成立から百年経った今，近代世界におけるその位置(付け)を再評価することとその行方について考えることが必要である．

2　a～ 立場[境遇],意見[見解,見方,態度]; (a)～ 地位,身分,席,座,イス; a～ 順位[席順],働き口,職　◆be in a position to <do>　～できる立場[状況]にある　◆be in no position to <do>　～できない立場[状況]にある　◆he exploited his position of power and authority by ... ing　～する事により，彼は自らの権力と権威の座を利用[悪用]して　◆maintain a powerful position　有力な地位を保つ　◆maintain one's position as...　…としての地位を保つ[確保している]　◆occupy a central position　中心的な位置を占める　◆secure a position on the board of directors　重役[役員,理事]の椅子を手に入れる　◆occupy [assume] a position of power and influence　権力と影響力のある地位を占める　◆minimum-wage positions in restaurants and shops　レストランや商店での最低賃金の働き口　◆analyze the position of financially distressed companies　財政的に困窮[逼迫]している会社[経済困難に陥っている企業]の状況を分析する　◆I am not in a position to <do>　私は，～する立場にない．　◆negotiate from a position of strength　強い立場から交渉する　◆a weakening of the American position in the world　世界における米国の地位の弱体化　◆His first single hit the No. 1 position on the dance chart.　彼の第1作目のシングル盤が，ダンスチャートで1位になった．　◆The deal would leave the company in a very strong financial position.　この取引は，結果的に同社を財政面で非常に強い立場に立たせることになるかも知れない．　◆CD-ROM has already won a position as an archival system for non-changing information.　CD-ROMは，すでに不変情報の保管システムとしての地位を獲得した．　◆This question is beginning to assume a more and more dominant position in engineering design philosophy.　この問題は，工学設計の基本的考え方の上でますます重要な位置を占めるようになってきている．

**3** vt. ～を適切な場所に置く, ～の位置を特定する, ～を位置付ける, ～を配置する ◆ insert the batteries positioning each as shown　電池を一つ一つ(図に)示されたような配置・向きで入れる ◆ the database is left positioned at this record　《コンピュ》データベースはこのレコードに位置付けられたままに ◆ position the company at the cutting edge of photographic technology　(製品などの)その会社を写真工業技術の最先端に位置付ける ◆ Position the pointer in OK and click the mouse button.　ポインタをOKに位置付けて[合わせて]マウスボタンをクリックしてください。 ◆ The GOTO command positions the database to the specified record.　《コンピュ》GOTOコマンドは, データベースを指定したレコードに位置付けます。

**positioning**　ポジショニング, 測位, 位置付け, 位置決め, 位置出し, 位置決定, 位置調整 ◆ (a) positioning accuracy　位置決め精度 ◆ the Global Positioning System　全地球[全世界]測位システム ◆ part positioning and orientation　《意訳》パーツの整列 ◆ positioning services　位置情報サービス(＊GPSやPHSなどを利用する) ◆ systems for proper positioning of parts　部品を正確に[きちんと正しく]置くためのシステム ◆ the positioning of hundreds of thousands of soldiers　何十万もの兵員の配置[配備] ◆ a high-precision X-Y positioning stage　高精度X-Y位置決めステージ[台, テーブル]

**positive**　**1** adj. プラスの[正の, 陽の], 《磁石が》N極の, 《写真》ポジの, 《医》陽性の, 《機械》押し込み式の, 《化》塩基性の, 《文法》原級の ◆ a positive pulse　正パルス; 正極性パルス ◆ a positive-going pulse　正極に向かって立ち上がるパルス ◆ positive-going　プラス方向に向かう; 〈パルスなどが〉正極性の ◆ B-positive blood　B型(肝炎ウイルス)陽性血液 ◆ the positive terminal of the battery　そのバッテリーの正端子 ◆ the positive electrode of a battery　あるバッテリーの陽極 ◆ the Egyptian economy has registered positive growth　エジプト経済はプラス成長を記録した
**2** adj. 肯定的な, 積極[建設]的な, 前向きな, 良い; 確実な, 絶対的な, 全くの, 疑うをさしはさむ余地のない, 紛れもない, 明確な, 確信している, 自信過剰の; 実際的な, 現実の, 実在[実在]する, 実証的な, 経験に基づく ◆ take positive action　積極的な行動をとる ◆ positive thinking　前向きな[建設的な]思考 ◆ bring both positive and negative effects　良い影響と悪い影響の両方をもたらす ◆ create a positive ripple effect on...　～にとっていい波及効果を生む ◆ for positive autofocus operation　確実な自動焦点合わせ動作のための ◆ give positive promises about...　～についての確約を与える ◆ have no positive proof　確実な証拠[確証]を持ちあわせていない ◆ positive-tactile, firm-feel keys　押し応えが固めで堅めの感じのキー ◆ require more positive evidence before... -ing　～する前に, もっとはっきりとした[確かな]証拠を必要とする ◆ adopt [take] a positive approach to resolving disputes　紛争解決に積極的な方法を採る ◆ Unless positive action is taken now,　積極策が今講じられないと, ◆ There was a positive distinction between A and B　AとBの間には, はっきりした[明確な, 歴然とした]区別があった ◆ "Are you sure?" "Positive!"　「間違いないですか。」「間違いありません。」 ◆ However, there is some overlap between these two main functions and that's why it's difficult to draw positive distinctions.　しかしながら, これら2つの機能には一部重複があるので, 明確な区別をつけるのは難しい。
**3** a ～ 正数, 陽画[ポジ], 陽電気, 陽極板, 実在; ⓤ 積極性 ◆ Many a great person has profited by the philosophy of always trying to turn a negative into a positive　多くの大物たちは, 常にマイナスをプラスに転じるよう努めるという考え方によって得して[を生かして, (意訳)]実践して]きた。

**positively**　adv. 確信をもって, 明確に, 断然と, きっぱりと, 断固として, 確かに[本当に, 全くに, 実際に, 正に, プラスに, 《医》陽性に]; interj. (肯定的な答えとして)はい, ええ, 確かに ◆ positively charged particles　プラス[正]に帯電している粒子 ◆ positively identify friend from foe　敵味方を確実に識別する ◆ public support for banks might affect stock prices positively　銀行への公的支援は株価にプラスの影響を

及ぼす[好材料となる]かもしれない ◆ Defective parts must be positively identified to prevent use.　不良部品は, 使用されるのを防ぐためにはっきりと(不良品として)識別されなければならない。

**positron**　a ～ ポジトロン, 陽電子 ◆ positron emission tomography (PET)　ポジトロン[陽電子]放射断層撮影法, PET ◆ positively charged positrons　プラス[正]に帯電している陽電子

**possess**　vt. ～を持っている, ～を所有[保有, 所持]する, ～がある, 《しばしば受身形》《悪魔, 考えなどが》〈人〉に取りつく[とらえる] ◆ a man possessed by Satan [a demon, the devil]　悪魔にとりつかれている男 ◆ as if possessed by a demon　まるで悪魔にとりつかれた[悪霊が乗り移った]かのように ◆ he became possessed by the music　彼は, その音楽のとりこになって[に心を奪われて, に病みつきになって, にはまって] ◆ a man accused of possessing counterfeit money　偽札所持のかどで告発[告訴]された男 ◆ French art possessed by the Japanese Spirit　日本精神に魅入られた[魅せられたる]フランス美術(＊ジャポニスムJaponismの話で) ◆ Scud missiles similar to those possessed by Pyongyang　ピョンヤン[《略》北朝鮮]が保有しているものに類似しているスカッド・ミサイル ◆ What possessed her to do that?　いったいなんで彼女はそんなばかなまねをしたんだろう。 ◆ What possessed him to act like that?　一体(全体)どうして彼はそんな行動に出たんだろう。 ◆ he came to be possessed by the idea that...　～という考え[《意訳》強迫観念]にとりつかれるようになった ◆ the approximately 72 million handguns currently possessed by legitimate private owners　合法的に個人の所有者が正当に所持している約7200万丁に上る拳銃[ピストル] ◆ people with mental disorders were regarded as being possessed by devils　精神障害のある人は悪魔にとりつかれて[悪霊が乗り移って]いると考えられていた ◆ The method possess three properties:　この手法には3つの特性がある: ◆ These alloys possess high strength.　これらの合金は, 高い強度を有している。 ◆ He lacks the objectivity, judgment, and scientific understanding that should be possessed by a researcher.　彼は, 研究員ならば当然持ち合わせて[備えて]いるべき客観性, 判断力, 科学的知力に欠けている ◆ Columbus was a man possessed of an idea that occurred to almost no one else in his time -- that by sailing west you get to the east.　コロンブスは, 「西へ向かって航海すれば東にたどり着ける」という, 当時ほとんどだれにも想像も及ばない考えにとりつかれた男だった。

**possession**　ⓤ 所持, 所有, 保有, 占有; 《通例～s》所有物, 所持品, 財産; a ～ (ある国の)領土; ⓤ (悪魔, 感情などに)取りつかれること, 憑依(ヒョウイ), 憑き物(ツキモノ) ◆ be in possession of...　～を所有[保有, 所持]している; ～を持っている ◆ take possession of...　～を入手する[手に入れる] ◆ get [take, come into, enter into] possession of...　〈人など〉が～を手に入れる[入手する, 所有する, 占有する, 手中に収める, 自分のものにする, 我が物にする] ◆ (be) in the possession of...　～に保有[所有, 保管]されて(いる); ～が持っている; ～の手[手中]にある ◆ demonic possession; possession by a demon; the possession of a demon　悪魔の乗り移り[憑依(ヒョウイ)] ◆ have a right to possession of [to]...　; have a right of possession of [to]...　～の所有権を持っている ◆ he had $420 in his possession　彼は420ドル所持していた ◆ the data in my possession　私の手元にあるデータ ◆ (the) unlawful possession of...　～の不法所持 ◆ a single man in possession of a good fortune　かなりの財産を持っている独身男性 ◆ Documents in the possession of the committee show that...　委員会が保有[保管]している書類は, ～であることを示している。 ◆ he was charged with unlawful possession of a counterfeit driver's license　彼は偽造運転免許証のかどで告発された ◆ put him in possession of the information　彼がその情報を入手できる[情報にありつける]ようにしてやる

**possibility**　(a) ～ 可能性, 実現性, (何かが起こる)見込み, 公算, 成算, 当て, 傾向, 蓋然性, 恐れ; ～ties (= potential) 潜在能

力, 将来性, 見込み, ポテンシャル ◆there is a possibility <that, of> ~(ということ)になる可能性がある ◆increase the possibility of... ~の可能性を大きくする ◆raise the possibility of... ~の可能性をもたらす ◆study the possibility of...-ing ~できるかどうかを検討する ◆to prevent the possibility that... ~ということにならないようにするために; ~になる可能性[恐れ]をなくす[小さくする, 少なくする]ために ◆a [the] possibility of danger 危険の可能性[おそれ] ◆expand the range of the possibilities 可能性を広げる ◆open up new possibilities for...-ing ~する新たな可能性を開く[もたらす] ◆recognize the possibilities of CIM CIM (コンピュータ統合生産)の将来性に気付く ◆there is every possibility <of, that>... どうやら~ということになりそうな公算が大きい ◆When you've exhausted all possibilities,... 万策尽きたら,... ◆A second possibility arises where... ~であるといった別の可能性が生じる ◆there is a high possibility that... ~という可能性[公算, 見込み]が高い[大きい, 濃厚である] ◆there is a (very) strong possibility (that) ... ~という公算が(非常に)強い[大きい] ◆avoid possibilities of any altercation 口論に発展する可能性を一切避ける ◆be not within the realms of possibility 可能の域にない[不可能である] ◆be within the realm of future possibility 将来実現するかも知れない域にある ◆especially when there is a strong possibility of being able to <do...> 特に~できる可能性が非常に高い場合に ◆to prevent the possibility of severe personal injury (人身上の)大けがのおそれのないように ◆eliminate the possibility of their being extradited 彼ら(犯罪人)が引き渡される可能性をなくす ◆the possibility that it may exist それが存在するかもしれないという可能性 ◆eliminate the possibility of nuclear disasters like Chernobyl チェルノブイリのような核災害が起きる可能性をなくす ◆The development of... has created unlimited possibilities for... ~の開発は~の無限の可能性をもたらした ◆the kitchen is rife with possibilities for modification キッチンには, 改造[《意訳》改善, 改良]できそうな点[の余地]がたくさんある (*家庭内事故防止の話である) ◆The possibilities are endless with this camera. このカメラの可能性は無限だ. ◆There is the possibility of a reoccurrence of these events. ~これらの事件の再発の[これらイベントが再現する]可能性がある. ◆There is not even the remotest possibility that such a thing will come about. そんなことが起きるなどという可能性は到底あり得ない. ◆There is the possibility of still further fragmentation of the market. その市場がよりいっそう細分化する可能性がある. ◆If there is even a remote possibility of eye injury in a particular situation, don't hesitate to wear safety goggles. ある特定の状況で目にけがをする可能性がわずか[少し]でもある場合は, ためらわず安全[保護]メガネを着用するようにしてください. ◆Speech-recognition technology holds out the possibility of automatic conversion of dictated speech to text. 音声認識技術は, 口述からテキストへの自動変換の可能性をもたらす.

**possible** adj. 可能な, 実行[実現]可能な, ありうる, 起こりうる, 予想[推定]される, (~という)可能性[公算, 見込み]がある <that>; (《最上級》all, every と共に)可能な[できる]限りの, 最大限の; 一応満足できる, 我慢できる, 適当な ◆as much as possible できるだけ ◆where possible 可能な場合は, できる限り, できるだけ ◆one possible scenario 有り得る[考えられる, 想定される]1つのシナリオ ◆possible reserves 予想埋蔵量[鉱量, 炭量] ◆as long as possible できるだけ長期にわたって ◆his possible successors 彼の後継候補者たち ◆if possible できれば ◆in the most effective manner possible 最大限の効果を収められるように; 極力効果が上がるように; できるかぎり効果的に ◆It becomes possible to <do...> ~することが可能になる[なってくる]. ◆wherever possible どんな[いかなる]場合でも可能な限り ◆with the fewest possible components 最小限のパーツで ◆for the largest possible dynamic range できるだけ大きなダイナミックレンジを得るために; ダイナミックレンジを最大にするために ◆in defiance of possible infringement-of-copyright suits 著作権侵害訴訟になる可能性があるにもかかわらず ◆to prevent possible injury to fingers 万一の指のけがを防ぐために ◆This is made possible by...(-ing) これは, ~することにより可能になる. ◆... can result in possible damage to the drive ~はドライブ装置の損傷[破損]の原因になります ◆investigate possible manipulation of foreign exchange markets by the company その会社による外国為替市場操作の容疑[嫌疑]について取り調べを行う (▶possibleは, 市場操作があったことについてまだ断定できないという意味で用いられている) ◆make arrangements as far in advance as possible できるだけ[なるたけ, なるべく, せいぜい]早めに手配しておく ◆make this book possible この本を実現させる ◆to a far greater degree than hitherto considered possible 今まで[従来]可能と考えられていた程度[《意訳》限度, 限界]をはるかに上回って ◆transmission becomes possible 伝送が可能になる ◆use gender-neutral terms wherever possible できるだけ(男女の区別のない)中性の語を使う ◆by not showing all possible state transitions but only those that are expected to occur 起こり得るすべての状態遷移を示すのではなく, 起きると予想されるもののみを示すことにより ◆Each byte can have any of 256 possible values. 《コンピュ》各バイトは, (考えられる)256通りの値のいずれかを取ることができる. ◆Other possible uses of the technology abound. ほかにもこの技術には多くの用途の可能性がある[用途が考えられる]. ◆Use soft water whenever possible. 可能なときはいつでも[できるだけ]軟水を使用してください. ◆Our design expertise provides you with the highest possible performance at the lowest possible price. 弊社の設計力により, 最低限の価格で最高限度の性能を提供いたします. ◆We've engineered our printers with the fewest possible components for maximum reliability at a sensible price. 当社は, 納得のいただける価格で最大限の信頼性が得られるよう最小限の部品点数でプリンタを設計いたしました. ◆Windows can be adjusted in size and shape to make the best possible use of the available screen space. 《コンピュ》ウィンドウは, 使用可能な[《意訳》限られた]画面スペースをできるだけ有効に利用するために, サイズと形を調節できる.

**possibly** adv. ことによると, もしかすると[したら], ひょっとすると; 《can, could と共に》《肯定文で》何とかして[できる限り, 最大限]; 《否定文で》とても[~ない, の余地]; 《疑問文で》なんとか[一体(全体)] ◆as fast as I possibly can 私としてできる限り速やかに ◆... can possibly damage the drive ~はドライブ装置の損傷[破損]の原因になります ◆I did all I possibly could 私はできる限り[最大限やれるだけ]のことをやった ◆the disease was possibly in an advanced stage 病気は進行している可能性があった ◆identify and correct problems before they become possibly dangerous 故障・障害が危険につながり得る状態にならないうちに, それらを特定して是正する ◆He said a decision will be made soon, possibly as early as today. 彼は, 決定は早ければ今日にでも早急に下されるだろうと語った. ◆How could you possibly think so? いったいどうしてそんなふうに考えられるんだ ◆The actions of those now living will determine the future, and possibly the very survival of the species. 現在生きているものたちの活動が, その種の将来を, そしてもしかすると[ひょっとしたら]その存続自体さえも決定することになるだろう.

**post** 1 a ~ (金属, 木などの)棒, さお, 柱, 支柱, 標柱, 標, 杭 2 vt. (ビラなど)を貼る, 貼り出す, 掲示[標示, 公示, 発表, 公開]する, 《電子掲示板に》〈メッセージ〉を書き込む, 《データベースなどに》〈データ〉を書き込む[登録する, 保存する], ~を記入[掲記]する, 〈得点など〉を上げる[記録する], (= score), 計上する, 《簿記》~を転記[記帳]する ◆post bills ビラを貼る ◆through [under] the posting system 《野球》ポスティングシステム[入札制度]を通して[-のもとで] (*米大リーグ球団が, 獲得したい日本人選手の所属球団への移籍金を入札し, 最高金額を提示した球団が独占交渉権を得る制度) ◆post a keep-out sign 立ち入り禁止の標識を掲示する[貼り出す] ◆Post no bills [Bill-posting prohibited] 貼紙禁止 ◆post a message [an article] on [to] an electronic bulletin board 《国》submit a message)電子掲示板にメッセージ[記事]を書き込む[アッ

プする, 掲示する］; 電子掲示板に投稿［発言］する ◆he posted it on his World Wide Web home page so others could read it 彼はそれを, ほかの人達が読めるようWorld Wide Web〈(意訳)インターネット〉上の自分のホームページに掲載した［に載せた, で公開した］ ◆Specifications of the system are posted on a CompuServe forum (GO PLUGPLAY). 本システムの仕様は, CompuServeのフォーラム (GO PLUGPLAYと入力) に掲示してあります.;《意訳》システムの仕様は, ~でご覧いただけま す. ◆Last year South Korea posted a $10 billion trade surplus against the U.S. 昨年韓国は100億ドルの対米貿易収支黒字を計上した. ◆The new "posting system," baseball-speak for Japanese teams auctioning players to the highest ML Bidders, will get its first test run when outfielder Ichiro Suzuki goes on the block. 新しい「ポスティングシステム［入札制度］」(野球用語で日本の球団が選手を大リーグの最高入札球団に競り売りすること)が, 鈴木イチロー外野手が売りに出される際に初めて試運転されることになっている.

**3** a~〈電子掲示板への〉書き込み［投稿, 発言］ ◆a post code 《コンピュ》通知コード (*動作状態を知らせるため の) ◆If you do not see your post [posting], please push on the RELOAD button on the top of your browser. 《ネット》ご自分の書き込み［投稿］が表示されない場合は, ブラウザの上にあるリロード［更新, 再読み込み］ボタンをクリックしてください. (*書き込んだ後でその投稿が表示されない場合についての説明)

**4** a~〈人〉職, 勤め口, 役職, 地位, イス, 任務, 部署, 持ち場; a~ 《軍》駐屯軍［駐留］地, 駐屯部隊, 《証券取引所における特定の銘柄の》取引場所, 《未開地の》交易所 ◆the post of a minister 大臣の地位 ◆a candidate for the post そのポスト［地位, イス, 職］を獲得する可能性のある候補者 ◆He lost his post as Finance Minister last fall after being tainted by a scandal over a book advance. 彼は著書の前渡し金に関するスキャンダルにまみれて, 昨秋に財務大臣の地位を失った［から失脚した］.

**5** vt.〈人〉を配属［配置］する, ~を部署につかせる,〈警官, 兵〉を張り付ける <to>

**6**《主に英》(the) ~ 郵便, 郵便制度; the ~《集合的に》郵便物; (the) ~《一回分の便, 配達, 郵便》; (英)the ~ 郵便ポスト, 投函口, 郵便受け; vt.《英》~を郵送する［ポストに入れる, 投函する］,〈人〉に最新情報を知らせる ◆keep a person posted on...〈人〉についての最新情報を絶えず〈人〉に流しておく ◆by post (英)郵送で ◆the Ministry of Posts and Telecommunications (日, 旧)郵政省 ◆the Minister of Posts and Telecommunications; the Minister of MPT (日, 旧)郵政大臣, 郵政省の大臣

**post-**《接頭辞》~の後の, ~の次の ◆post-sales [post-sale] support 販売後のサポート［アフターサービス］ ◆post-operation [postoperative] care 手術が終わったあとのケア; 術後の看護

**postage** 回郵便料金, 郵送料 ◆a postage stamp 郵便切手 ◆an envelope affixed with 33 cents in postage 33セント分の切手が貼ってある封筒 ◆NO POSTAGE NECESSARY IF MAILED IN THE UNITED STATES 合衆国内で投函の場合は切手不要 (*料金受取人払いの郵便物の表示)

**postage stamp** a~ 切手 ◆a tape the size of a postage stamp 切手大のテープ (*録音テープの話)

**postal** adj. 郵便の ◆a postal code (カナダ)郵便番号 ◆a postal drop box 郵便投函箱; 郵便ポスト (=《英》a pillar box) ◆a postal order 郵便為替 ◆postal life insurance (日)郵便簡易保険 ◆by postal mail; through the postal mail 郵便で［郵送で］ (*e-mailやvoice-mailに対して通常のメール)

**postal card** a~(米)官製はがき, 郵便はがき (= a postcard)

**Postal Service** the~(米)郵政公社

**postbox** a~(英)郵便ポスト (=(米) a mailbox)

**postcard, post card** a~ 郵便はがき, (米)(特に)私製の（市販の）(絵)はがき (→ postal card) ◆a postcard-size form はがき大の用紙

**postcode** a~(英, 豪)郵便番号 (=(米) a zip code) ◆write a postcode on a letter (英)手紙に郵便番号を書く

**postdate** vt. ~に実際の日付より遅らせた日付を記入する, ~に先日付を振る ◆a postdated check 先日付(サキヒヅケ)[先付(サキヅケ)]小切手 ◆be postdated by two days (実際の日付より)2日遅らせた日付がふられている ◆postdate a check 小切手に実際の日付よりも後の日付[先日付]を書く

**poster** a~(広告)ポスター ◆put up a poster ポスターを張り出す

**poste restante** (英)n. 回局留め, 局留め係[課] (=(米) general delivery); adv. 局留めで

**posterior** adj.〈時間, 位置, 順序が〉(~の)後部の <to>, 後方の, 後の(アト)の, 次の(ノチ)の, 次の, あとに続く,《生物》尾の, 尾方の (→ anterior); n. the~, one's~s (ふざけて)おしり

**posterity** 回子孫, 子子孫孫, 後世(の人々) (→ ancestry) ◆go down to posterity as... ~として後世に名を残す ◆transmitted [handed down] to posterity 後世に伝えられた

**post exchange** (PX) a~(軍事基地, 駐留地, 駐屯地の売店)酒保(シュホ), 購買部

**post-free** adj., adv.《英》郵便料金前納の[前払いで] (=(米)postpaid)

**postgraduate** adj. 大学卒業後の, 研究科の,《英》大学院の (=(米) graduate); a~ 大学院生, (高校または大学を卒業した)研究生 ◆a postgraduate course (主に英)大学院課程

**postharvest** adj. 収穫後の, ポストハーベストの ◆a postharvest treatment for rice コメの収穫後農薬散布 (*殺虫剤やカビ防止剤をかけること)

**posthaste** adv. 大至急, 大急ぎで, 特急で

**post-industrial, postindustrial** adj. 脱工業化~ ◆post-industrial society 脱工業化社会 ◆the post-industrial age 脱工業化時代

**Post-it** ポストイット (*米国スリーエム社Minnesota Mining & Manufacturing Co. の商標) ◆Post-it stickers ポストイット・ステッカー［付箋紙(フセンシ)］ ◆You can tear it off and stick it on your spreadsheet, just like a yellow Post-it note.《コンピュ》黄色いポストイットのように, はがしてスプレッドシートに貼りつけることができる.

**postmark 1** a~(郵便の)消印

**2** vt.〈郵便物〉に消印を押す ◆Must be postmarked by [no later than] December 20. 12月20日の消印まで有効. ◆The postcard was postmarked "Bern" 葉書には「ベルン」という消印が押されていた ◆In order to qualify for this discount, the envelope must be postmarked on or before this date. この割り引きを受けるには, 当日消印(の申し込み)まで有効です.

**postmenopausal** adj. 閉経後の ◆post-menopausal [post-menopausal] women 閉経後の女性

**post office** a~ 郵便局,《ネット》ポストオフィス; the Post Office《英》郵政公社 (*2001年3月26日付で, 英国郵便公社は株式会社になるとともにConsignia「コンシグニア」と名称が変更された) ◆at a post office 郵便局で ◆a [the] General Post Office 中央郵便局

**postpaid** adj., adv.《米》郵便料金前納の[前払いで] (=(英) post-free)

**postpone** vt. ~を延期する, 順延する, 先に延ばす, 見送る, 繰り延べる, 日延べする, 先送りにする, 後回しにする ◆be postponed to a later date 後日に延期される ◆it caused many customers to postpone purchasing decisions それは多数の顧客に買い控えを起こさせることになった ◆long-postponed negotiations 長期間延期されてきた折衝

**postponement** (a) ~ 延期, 繰り延べ, 日延べ, 先送り, 後回し, 見送り ◆an indefinite postponement 無期延期 ◆call for a postponement of the election until... ~まで選挙を延期するよう要求する ◆This further postponement was decided (on [upon]) by the Committee. この更なる延期[見送り, 先送り]は委員会によって決定された. ◆A request for postponement of a closing date must be made in writing. If granted, all bidders will be notified of the extension in writing. 締切日延期の要請

は書面で行う必要がある. 認められた場合には, 全入札業者に書面で延期が通知されることになっている.

**postprocessing** 〘〙後処理 ◆preprocessing and postprocessing software 前処理および後処理ソフトウェア

**postscore, post-score** a〜 後の点数, 後で付ける曲; v.

**postscript** a〜 追伸 (略 PS, P.S.); a〜 追記, 後記, あとがき ◆as a postscript 補足説明として ◆a postscript to a letter 手紙の追伸 [二伸, 追い書き, 追って書き] ◆in a terse editorial postscript at the end of... ～の巻末の簡潔な編集後記に ◆ he added a postscript encouraging her to <do...> 彼は彼女に～するよう励ます [勧める] 内容の追伸を書き添えた ◆He explained in a postscript that... "By the way,..." 彼はその手紙の追伸で「ところで、～」と明かした.

**PostScript** 《コンピュ》PostScript (＊米アドビ社Adobe Systemsが開発した, 業界標準となっているプリンタ用ページ記述言語) ◆the PostScript page description language PostScriptページ記述言語 ◆PostScript developed by Adobe Systems Inc. of Palo Alto, California カリフォルニア州, パロアルトのアドビ・システムズ社が開発したポストスクリプト (言語)

**postulate** 1 vt. ～を自明のこととみなす, ～を当然のこととみなす, ～を仮定する, ～を要求する ◆a postulated ideal device 仮に在ると想定された [仮想の] 理想的な素子 ◆postulate the existence of... ～の存在を仮定する ◆postulate that... would... ～ということになるのではなかろうかと想像する
2 a～ 自明の原理, 仮定, 仮説, 前提条件, 必要条件

**posture** 1 (a)〜 姿勢, 格好, 体位, ポーズ; a〜 (通例単数形で)(物事に対する) 姿勢, 態度, 心構え, 気どった態度; the〜 <of> (〜の)様子 [状態, 状況] ◆a posture of defense 防御の構え ◆adopt a hostile posture 敵対するような態度 [姿勢] をとる ◆the posture of the workers 作業者たちの姿勢 ◆take a more aggressive posture in the computer market コンピュータ市場でより積極的な姿勢をとる ◆Poor posture is a major contributor to lower back pain. 悪い姿勢は腰痛の一大原因である.
2 vi. ポーズをとる, 気どる, わざとらしく振舞う, (〜に)見せかける <as>; vt. <人>にポーズをとらせる

**postwar** adj. 戦後の ◆reach an all-time low for the postwar period 戦後最低になる

**pot** 1 a〜 深い容器, つぼ, 鉢, びん, なべ, おまる, 深い穴 [窪み] (= a pothole); マリファナ ◆potted plants 鉢植えの植物
2 vt. ～を鉢植えする, 深い容器に入れる, をペースト状に [してびん詰めに]する, (食用やスポーツのために)～を撃つ, 《主に英》～を簡約する
3 (potentiometer) 《電気》
4 (potential)

**potable** adj. 飲用に適する, 飲用の; n. (通例〜s)飲み物, 飲料 ◆potable water 飲用に適する水, 飲料水

**potassium** カリウム (元素記号: K)

**potassium cyanide** 〘〙アン化カリウム, 青酸カリ

**potato** (a)〜 (pl. -es) ジャガイモ, ポテト, 馬鈴薯 (バレイショ), 男爵いも ▶サツマイモなどに対して Irish potato, white potato とも ◆a small potato 小さなジャガイモ; 《以下米口》重要でない [取るに足らない, つまらない]人 [物]; はした金; 小規模な [けちな] ビジネス [事業]
**hot potato** a〜 《口》(下手を出したらやけどしてしまいそうな) 扱いにくい問題 [状況]

**potbellied** adj. 太鼓腹の, ほてい腹の, 〈ストーブなどが〉丸みを帯びたダルマのような形をしてる ◆a pot-bellied man 太鼓腹の男性 ◆a potbellied stove だるまストーブ

**potency** 〘〙(薬などの) 強さ, 効き目, 効力, 薬効, 効能, 有効性; 力, 能力, 勢力, 潜在能力, 男性の性交する能力 [精力] ◆reduce the potency of a drug 薬の効き目を弱くする ◆the potency of an alcoholic drink アルコール飲料の強さ ◆toxins of varying potency 強さがいろいろ異なる毒素

**potent** adj. 〈薬などが〉効き目の強い, よく効く, 有力な, 〈政治的に〉勢力 [影響力] のある, 人を納得させる, 説得力のある, 〈男性が〉性的能力がある ◆a potent political player 有力な政界の立て役者 ◆a potent therapeutic drug 強力な治療薬

**potential** 1 adj. 可能な, 〈(将来)そうなる [起こる] 可能性 [おそれ] のある, 起こりうる, ありうる, 潜在している, 潜在的な, 潜在性の; 電位 [電圧] の, 位置の, 位置的な ◆a potential customer 見込み [脈のありそうな]客; 顧客になりそうな人; 来店客 (＊品を買うとはかぎらない) ◆a voltage [potential] divider 《電》分圧器 ◆potential buyers (取引成立までの)買い手; 潜在購買者(層); 購入する [買ってくれる] かもしれない人たち; 購入を考えている人々; 見込み客 ◆potential partners [suppliers] 提携先 [納入業者]になりそうな会社 ◆potential users ユーザーになりそうな人々; ユーザー予備軍 ◆potential hydro energy 包蔵水力エネルギー ◆potential Presidents 大統領候補者ら ◆potential sources of fire (火事の原因になるような) 火の元 ◆the potential demand for... is enormous ～の潜在的な需要は巨大である ◆examine the latest cancer statistics and explore potential reasons for changes in trends 癌に関する最新の統計を調べて, 動向の変化の理由を探る (＊potentialは, 「考えられる, あり得る」程度の意味であり, 英語ではよく挿入されるのに対し日本語ではあまり明示的には言わない) ◆measure the potential difference across the resistor この抵抗の両端に生じる電位差を測定する ◆research into potential materials for tactile sensors (ロボットの) 触覚センサ用として可能性のある [有望な] 材料の研究 ◆the company is always looking for potential sites to <do...> この会社は～をするための候補地を常に探している ◆the potential energy of an elevated object 高い所にある物体の位置エネルギー ◆develop a situation that has a potential cause for concern 心配の種になりそうな状況をつくり出す ◆if a potential difference of 100 volts is applied between... 仮に100Vの電位差が～間にかかると ◆the potential quantity of energy that may be released (熱などの)エネルギーの放出 [排出] 賦存量 ◆realize the potential applicability of this new technology to the production of... この新技術が～の生産に応用できるのではないか [かもしれない] と気付く
2 n. 〘〙可能性, 潜在性, 将来性, 眠っている資源; one's〜 潜在能力, 素質; (a)〜 電位(差) ◆be at the same potential 同電位にある ◆enormous petroleum potential; a tremendous oil potential 眠っている膨大な量の石油資源 ◆exploit the full potential of... ～の秘められた可能性を最大限に [フルに, 余すところなく, 100％] 引き出す ◆have the potential for becoming... ～になる可能性を持っている ◆have the potential to <do> ～する潜在能力を持っている ◆potential for development 発展の(潜在的)可能性 ◆a dynamic region with the potential for instability 大きく揺れ動いていて政情不安になる恐れのある地域 ◆eliminate the potential for off-track errors トラック外れエラーの可能性 [恐れ] を無くす ◆in terms of the future potential of this new technology この新技術の将来性という観点からみれば [今後の発展性から考えれば] ◆invest in quality companies with a lot of potential 将来大いに発展する見込みのある優良企業に投資する ◆there's a potential for a lot of things to go wrong 多くの [諸々の] ことがうまく行かなくなる可能性 [おそれ] がある ◆control the potential of the electrode to within certain limits その電極の電位を一定の限度内に抑え込む ◆land that has a potential for coal, oil and natural gas production 石炭や石油または天然ガスの産出の見込みがある [生産が有望視されている] 土地 ◆there's the potential of polluting the atmosphere 大気を汚染する可能性がある ◆It has a lot of future potential. それは豊かな将来性をもって [大きな発展性を秘めて]いる. ◆It's an explosive field with enormous potential. それは, 爆発的に発展しているとてつもなく将来性のある分野だ. ◆It still has plenty of potential. それは, まだまだ大きな可能性を秘めている. ◆The electrode is maintained at a fixed positive potential. この電極は, ある一定のプラス電位に維持される. ◆the proposed technology has potential for commercialization 提案された技術は実用化できる見込み [可能性] がある ◆Do you think the world's top running

athletes are reaching the limits of human potential? 世界の先頭を走っている運動選手たちは、人類の潜在能力の限界に到達しつつあると思いますか ◆Vietnam has considerable energy potential in oil, gas, coal and hydroelectric power. ベトナムには、石油、ガス、石炭、水力発電の潜在エネルギー(＊眠っているエネルギー資源)がかなり豊富にある。◆An electron volt is the amount of energy an electron gains when accelerated by a potential of one volt. 1エレクトロンボルトとは、ひとつの電子が1ボルトの電位(差)で加速される際に得るエネルギーの量のことである。◆Now that computer engineers in Japan have solved the problem, new potentials are open for extending office automation across an entire quarter of the world. 日本のコンピュータ技術者たちがこの問題を解決したので、オフィス・オートメーションを全世界に広める可能性が開けた ◆There is also the potential for shutting Third World nations out of the chance for industrial growth if restrictive energy policies are imposed. 規制的なエネルギー政策が課されることにでもなれば、第三世界の国々から工業成長の機会を奪ってしまう可能性もある。◆Studies show that oil exploration and production on the coastal plain has the potential of creating 250,000 to 735,000 jobs nationwide. 調査では、海岸平野における石油の探鉱・生産により全国で250,000から735,000の雇用を創出する見込み[可能性]があることがわかっている。◆Water to Laos is like oil to Kuwait. The Mekong River and its tributaries hold a vast and largely untapped potential for hydroelectric power needed by energy-hungry Thailand next door. ラオスにとっての水は、クウェートにとっての石油のようなものだ。メコン川とその支流は、エネルギーに飢えている隣国タイが必要としている未開発の莫大な包蔵発電資源力を持っている。

**potentiality** 回または -ties 可能性, 発展の見込み, 将来性, 潜在能力, 潜在価値 ◆have great growth potentiality [potential] 大いに成長する可能性を秘めている

**potentially** adv. 潜在的に, ひょっとすると, もしかしたら, ことによっては, ともすれば ◆a potentially dangerous situation 潜在的危険をはらむ状態 ◆a potentially hazardous condition 潜在的危険な状態, ともすれば[もしかすると, ことによっては]危険が生じるかもしれない状態 ◆a potentially huge market 巨大になる可能性を秘めた市場 ◆Gasoline is potentially dangerous. ガソリンは, 場合によっては危険である。◆The cost of replacing these superannuated communications systems is potentially enormous. これら老朽化した通信システムを取り替える費用は, いずやるとなったら莫大なものになるだろう。

**potentiometer** a～《電気》ポテンショメータ, ポット, 電位差計, (電圧の)分圧器[分圧計], 可変抵抗器, (俗に)ボリューム ▶つまみを指やねじ回しで回すことによって抵抗値が変化する部品で, 回路図にVR (a variable resistorの略であろう)と書き入れたりする代物である。(→ボリューム) ◆a trim pot トリマー[半固定]抵抗器 (a pot is a potentiometer) ◆a trimmer potentiometer of approx. 100kΩ 約100kΩのトリマーポテンショメータ[分圧器] ◆The microprocessor controls all drive functions; so potentiometer adjustments are a thing of the past. マイクロプロセッサが全駆動機能を制御する。従って, ボリューム[トリマー]調整は(今や)過去の遺物である。

**pothole** a～(道路などの)穴, 穴ぼこ, くぼみ, (浸食作用により川底の岩塊などにできた穴)甌穴(オウケツ), ポットホール ◆bumps and potholes 道路の隆起やくぼみ[穴(ぼこ)] ◆A puddle may appear to be shallow, but the water can disguise a large pothole which could damage your vehicle. 水たまりは浅いように見えることもあるが, 水は車に損傷を来すような大穴を隠していることもある。

**pot life** (a)～ ポットライフ(＊接着剤, 液状・粘性樹脂, 乳剤などの調製後に使用可能な時間[品質保持期限])

**POTS** (plain old telephone service) 普通の従来の電話サービス

**potting** n. ポッティング, 《電子》絶縁・封止樹脂の回路全体への充填, 注封; (→ high-potting) ◆a potting compound 充填[埋め込み]用樹脂 ◆a potting syringe 注封用の注射器[スポイト] ◆The syringe's long tip is flexible and nonconductive for deep component potting. そのスポイトの長い先端部は, 部品の深部へのポッティング[樹脂充填]ができるよう, 柔軟で非伝導性になっている。

**pound** 1 a～《通貨単位》ポンド(記号 £); a～《重量単位》ポンド(記号 lb)(＊1 pound = 16 ounces = 約0.454 kilograms) ◆a pound (sign) シャープ[井桁(イゲタ)]記号(#); ポンド記号 ◆100 pounds sterling; £ 100 stg. 英貨100ポンド ◆the # (pound sign) button on the telephone faceplate 電話の面板の# (シャープ[井桁])記号)ボタン
2 v. 何度も強く打つ, 何度もたたく, 突き砕く, ～をすりつぶす ◆The farmer pounded a stake into the soil. 農夫は畑地に杭を打ち込んだ。

**pound sterling** the ～ (記号 £)《通貨》英ポンド(= the British pound); a～ 1英ポンド

**pour** vt. ～を(～に)つぐ[注ぐ, あける, 注ぎ込む]<into, in>, 〈汚れた水など〉をあける[あけて捨てる]<away>, 〈煙など〉を吐き出す<out>; vi. (～から)大量に流出する<from>, (人々が)(～から)どっと出てくる[出ていく](人々が)に殺到する[どっと押し寄せる]<into>, (口)(茶, コーヒーなどを)つぐ; (it を主語にして)(雨が)激しく[ざあざあ]降り注ぐ ◆be in the process of pouring concrete on... ～上にコンクリートを打設中である ◆poured-in-place concrete 現場打ち[場所打ち]コンクリート ◆but no concrete has yet been poured しかし, コンクリートはまだ流し込まれて[打設されて]いない; (意訳)ただし, コンクリート打ちはこれからである ◆pour a detergent directly on... 洗剤を～に直接かける ◆pour a solution from a bottle into a flask 水溶液をビンからフラスコに注ぐ ◆pour molten metal into a mold 湯を鋳型に流し込む ◆pour out molten metal from a crucible 溶けた[溶融した, 溶融]金属をるつぼから注ぎ出す; るつぼから出湯する

**pour cold water on [over]** 〈アイデア, 計画など〉に冷水を浴びせる[を差す]

**poverty** 回貧乏, 貧しさ, 貧困, 経済的な窮乏[疲弊]; (a)～ 欠乏, 不足 ◆a poverty-stricken [poverty-riddled, poverty-plagued] country (意訳)貧困にあえぐ国 ◆poverty-stricken ひどく貧しい[赤貧の] ◆poverty-ridden citizens 貧困にあえいでいる庶民

**poverty line** the ～ 貧困線, 貧乏線(＊生活保護を受けるための判定基準となる所得額, 最低生活を維持するために必要な所得水準) ◆live below the poverty line 貧困線以下の生活をする ◆those with incomes above the poverty line 貧困ライン以上の[貧困線を上回る]収入がある人々

**POW** a～ (prisoner of warの略)(pl. POWs)捕虜, 俘虜 ◆POW camp 捕虜収容所 ◆650 German POWs 650名のドイツ人捕虜[俘虜]

**powder** 1 (a)～ 粉, 粉末, 粉体, 微粉, 微粉末, 粉おしろい (= face powder), 散薬, 散剤, 粉雪, 火薬 (= gunpowder) ◆abrasive powder 粉末状の[粉体]研磨剤, 磨き粉; 磨き砂 ◆a powder magazine 火薬庫; 弾薬庫 ◆a powder room 化粧室(= a ladies' room) ◆as [in the form of] a fine powder 微粉として[の形で] ◆grind [reduce]... to (an) impalpable powder ～を微細な粉末に[微粉に](なるまで)すりつぶす[する] ◆grind... to fine powder; grate... into a fine powder ～を細かい粉にする[細かく粉砕する]; ～をすりおろして粉末にする ◆plutonium powder プルトニウム粉末
2 vt. ～を粉[粉末, 粉々]にする, (微)粉砕する, 粉末化する, ～に(～を)振り掛ける[まき散らす]<with>, ～におしろいを塗る; vi. 粉[粉末]になる, おしろいを塗る ◆powdered coal 微粉炭 ◆powdered milk [formula]; milk powder 粉ミルク[調製粉乳]

**powder room** a～ 化粧室, 女性用手洗い

**powder table** a～ 化粧台, 鏡台

**powdery** adj. 粉の, 粉末の, 粉状の, 粉になりやすい, 粉がかかっている, 粉だらけの ◆a fine powdery substance 微粒粉末状の物質 ◆fresh powdery [powder] snow 降ったばかり[積もりたて]の粉雪 [パウダースノー]

**power** 1 (a) ~ 力, 能力, -力, -能, パワー, 威力; ~s 体力, 知力, 才能 ◆a detergent's cleaning power 洗剤の洗浄力 ◆her intellectual powers 彼女の知力 ◆make one's power felt 力を知らしめてやる; 目にものを見せてやる; 威力を発揮する; 権力を振るう ◆personal computers of comparatively low computing power 比較的演算処理能力の低いパソコン ◆the power of mass communication マスコミの力 ◆we did everything in our power to <do> ~しようと我々はできることはすべてやった [最善を尽くした]

2 回動力, 原動力, 機械力, 原子力, 労働力, 工学, 出力, 電力, 電気, 電源 ◆supply... with power; supply power to... ~に電力を供給する ◆a power cord 電源コード ◆a power feeder cable 饋電(キデン)ケーブル ◆a power management feature 〈パソコンなどの〉電力管理[省電力, 節電]機能 ◆a power plant [station] 発電所 ◆a power pole (送配電用の)電柱 ◆a power range 《原子力》出力領域 ◆a power source 動力源 ◆utility power (= commercial power) 公共電力会社からの電力; 商用電力; (意訳)商用電源 ◆(a) power supply [source] voltage 電源電圧 ◆a low-power cordless phone system 小電力コードレス電話システム ◆a power-saving condition 節電 [省電力] 状態 ◆half-power points 電力半値点 ◆an electric power exchange; a power exchange 電力取引所; (無冠詞の場合) 電力融通 ◆a UPS (an uninterruptible power supply [system]) 無停電電源装置 [無停電電源システム] ◆electric power steering (EPS) 電動パワーステアリング [パワステ] ◆power-conservation measures 省電力 [節電] 対策 ◆a small amount [small amounts] of electrical power 少量の電力量 ◆a high-power, short-pulse laser 高出力短パルスレーザー ◆(a) power failure 停電 ◆a power savings of about 50 percent 約50パーセントの節電 [省電] ◆demand for power 電力需用 [需要] ◆during normal operation on [off, from] AC power AC電源による通常動作中に [稼働時の] ◆engine power output エンジン動力出力 ◆generation of electric power 発電 ◆power-frequency withstand voltage tests 商用周波耐電圧試験 (*power-frequencyは「商用周波数の」) ◆power-sharing between [among]... ~間での権力の分担 [権限の分割(化)、権限の移譲] ◆sporadic power cuts 散発的な停電 ◆the direction of power flow 電力潮流の方向 ◆to greatly reduce power requirements 大幅に低消費電力化 [省電力化, 省電化, 節電化, (意訳)省エネ化] するために ◆turn the power on [turn on the power] 電源を投入する, 電源を入れる, 電源をオンにする ◆under its own power (搭載している自己の動力源・推進装置を使用して) 自力で ◆a 10-hp improvement in power 10 馬力の出力の改善 ◆the (electric) power-carrying capacity of a system ある系統の電力輸送容量 ◆derive power from attached devices 接続されている装置から電源を得る ◆disconnect the power to the drive wheels 駆動輪に伝達されている動力を切る ◆take [receive] power from the AC line ACラインから電源を取る [電源供給を受ける]; (意訳)(家庭用)交流電源を使用する ◆The set is a power saver. (意訳)本セットは省エネタイプである。◆when AC power returns (停電後に) 電気が復旧すると ◆when power fails or is shut down 停電になったり電源が切られ [落とされ] たりした時 ◆when power is turned on 電源投入時に ◆When the power comes back (on), ... (停電後に) 電気がまた来ると [復旧すると] ◆when the power comes on unexpectedly (意訳)不意に電源が入った場合に; 突然電気が来た時に ◆a 200W power supply switch-selectable between 117V and 240V 容量が200ワットで, 117Vと240Vのスイッチ切り替えが可能な電源部 [装置, ユニット] ◆the overload protection switch automatically detects excessive current and temporarily cuts the power to the unit 過負荷保護 [防止] スイッチが過剰電流を自動的に検出し, ユニットの電源を一時的に切断 [遮断] する ◆an effort is being made to develop other sources of power generation ほかの(種類の)電源を開発する努力がなされて[取り組みが進行して]いる ◆if you can get no power to the machine 機械の電源が入らない場合 ◆The power to the unit should be turned off when... ~の際, ユニットへの電源は切っておくこと。 ◆when the power line voltage drops below 104 volts (電線[AC])電源電圧が104ボルトを切ると (*belowは「以下」ではなく「未満」) ◆when the power to the VCR has been interrupted ビデオの電源がいったん切られた場合 ◆When the printer has power applied to it and the printer is functioning properly, ... プリンタに電源が入っていて正常に機能している時に ◆It consumes [draws] 7.5 watts of power. それは7.5ワットの電力を消費する。◆Power is provided by four AA batteries. 《北米》電源は, 単3電池4本で供給される。 ◆The modem draws its power from the RS-232 interface. このモデムは, RS-232インターフェースから電源を取る [電源供給を受ける]。 ◆These boards feature low power CMOS components. これらのボードは, 低(消費)電力のCMOS部品を特徴とする。 ◆The innovative new battery technology gives you over four hours of power. この革新的な新しいバッテリー技術は, 4時間以上にわたり電力を供給します。 ◆Turn on (the) power to the projector using the On/Off button on the top of the projector. プロジェクタ上面のON/OFFボタンでプロジェクタの電源を投入してください。 ◆Power problems - spikes, sags, surges, noise, brownouts and blackouts - cause downtime, lost data, increased service costs and shortened computer life. スパイク [瞬時電圧上昇], サグ [瞬時電圧低下], サージ [(意訳)異常電圧], ノイズ, 電圧低下, 停電などの電源障害は, ダウンタイム, データ喪失, 修理費の上昇, コンピュータの短命化を引き起こす。

3 a ~大国, 強国, 勢力 [影響力] のある団体, 有力者; 回権力, 政権, 国力, 政治力, 軍事力, 経済力; (a) ~勢力 [支配力, (経営などの) 実権], 権限 [権能, 職権] ◆an appetite for power 権力欲 ◆a power grab by the military 軍による政権の奪取 ◆a transfer of power 政権の移譲 ◆have the power to <do> ~をする権限がある ◆internal power struggles 内部権力闘争 ◆people in positions of power 権力のある地位 [権力の座] に就いている人々 ◆seize power 権力を奪取する, 政権を奪い取る, 権力を握る, 実権を掌握する ◆the power and prestige of a nation 国の威力と威光 [威信] ◆the rise and fall of the great powers 列強の台頭と衰退 [栄枯盛衰] ◆those in power 権力者たち ◆wield one's power 権力を振るう; 威力を発揮する ◆rise in the corporate power structure 企業の権力機構をのぼる [会社で出世する] ◆the Group of Seven major Western industrial powers G7西側主要先進工業国 ◆India's expanding role as a regional power 地域の大国 [強国] としてのインドの拡大しつつある役割 ◆restore a [the] balance of power between A and B AB間の勢力の均衡を回復する ◆he who wins power with great difficulty, tries to keep it as long as possible やっとのことで権力を勝ち取る [権力の座につく] ものは, できるだけ長くその権力を維持しようとする ◆they are now moving into real positions of power within corporations 彼らは今, 企業で実際の権力の座に就き [実権を握り] つつある ◆As those interest groups have grown in power and number, the system has become increasingly unworkable. それらの権益団体が力をつけ数が増えるにつれて, 制度がますます機能しなくなっていった。

4 (a) ~ 《光学製品の》倍率; a ~ 《数》幕 (ベキ), 累乗; 回仕事率, 動力 ◆2 (raised) to the 10th power 2の10乗 ◆8 is the third power of 2 8は, 2を3乗したものである ◆a microscope of high power 高倍率の顕微鏡 ◆expressions which contain squares or higher powers 《数》2乗以上のべき指数を含む式 ◆The loupes are available in a complete range of powers from 2X to 20X. これらのルーペは, 2倍から20倍の倍率までフルレンジ揃っている。

5 adj. (= powerful) 強力な, 高性能の, 実力のある, 有力な; 電動 [電気] 式の, 動力駆動式の, 油圧 [空圧] 式の, 発電 [電力] の, 電力を扱う, 電源用の, 出力の ◆a power 80486-based PC 80486搭載の高性能パソコン ◆a power amplifier パワーアンプ; 電力増幅器 ◆power users 《パソコン》パワー [上級] ユーザー ◆a power zoom lens 電動ズームレンズ

**6** vt. ～に電力[動力]を供給する, ～にエンジン[モーター]を積んだ。(→ -powered) ◆power A with B　AにBをエネルギー源として供給する　◆high-powered　高出力の, 高性能の,《光》高倍率の　◆an electrically powered arm　電動式アーム　◆an engine that powers all current 626s　《訳》現行の626s型車すべてに動力源として使われているエンジン　◆power the system off and on again to allow the new setup to take effect　新しい設定が有効になるように, システムの電源を(いったん)切って再度投入する[入れ直す]　◆An optional automobile adapter powers the unit from a car cigarette lighter.　オプションの自動車用アダプターは, 車のシガレットライターから本ユニットに電源を供給できます。　◆The unit is powered by either 115 or 230V ac, and 50 or 60 Hz at 8W.　本ユニットは, AC 115Vまたは230V, 50Hzまたは60Hzの電源供給で働き, 8W消費します。　◆The laptop can be powered from a wall socket, a car's cigarette lighter, or its own rechargeable internal battery.　このラップトップ機は, 壁のコンセントや車のシガレットライターや内蔵の充電式電池を電源にして動作する。　◆The PC-compatible laptop is powered either through the AC power line or through an internal rechargeable battery.　この(IBM) PC互換のラップトップ機は, AC電灯線もしくは内蔵充電式電池から電源が供給される。

**power down**　〈情報処理機能を備えた装置〉の電源を切る[電源を落とす](= power-down vt.)　◆the automatic shutoff function powers down the camcorder　オート・シャットオフ機能がカメラ一体型ビデオの電源を切る

**power off**　vt. ～の電源を切る, ～の電源を遮断する　◆after powering off the machine　機械の電源を切った後で

**power up**　vt. 〈エンジンなど〉を起動[始動]する, 〈コンピュータなど〉の電源を投入する

**power-adjustable**　adj. 電動[動力]にて調整可能な　◆The seat's vertical position is power-adjustable.　このシートの高さは, 電動調整可能である。

**power-assisted**　adj. 動力援助式の, 補正式の, 倍力式の, 増力式の　◆rack-and-pinion, power-assisted steering　《車》ラック＆ピニオン式パワーアシステッド[補力]ステアリング

**powerboat**　a ～ 強力なエンジン搭載の大型ボート, モーターボート

**power center**　a ～ 権力の中心[中枢]; a ～ パワーセンター(= a strip center)(*shopping mallsより新しい形態。複数のスーパー, ディスカウント店, 量販家具店, 家電店などの大集合体で, 大駐車場を備える。通常デパートは含まない)　◆"power center" retailers like Toys " Я " Us and Home Depot　トイザらすやホームデポのような「パワーセンター[特定商品の大型量販店, カテゴリーキラー]」

**power consumption**　n. 電力消費, 消費電力, 電力使用量　◆minimize power consumption　電力消費を最小にする　◆negligible power consumption in the dormant state　無視できる程度の待機時の消費電力　◆Power consumption measures 1W.　消費電力は, 1ワットである。　◆in keeping with trends to lower power consumption for personal computers　パソコンの低消費電力化[省電力化, 節電化]傾向に合わせて　◆a sleep mode is provided to reduce power consumption when...　～の時の電力消費を低減させるために休眠モードが設けられて[備わって]いる　◆The notebook has circuitry to reduce power consumption when idle.　このノート型パソコンは, 使っていない時に消費電力を下げる回路を持っている。

**power-down**　1　n. 〈情報処理機能のある装置の〉電源切断[遮断]　◆during power-down　〈電子機器〉電源切断中に　◆upon power-down　〈電子機器〉電源切断時に　2　vt. ～の電源を切る[落とす](= power down)　◆If something goes wrong, users have no choice but to power-down and reset.　何かおかしくなったら, ユーザーは電源を切ってリセットするほかない。

**-powered**　～を動力[エネルギー]源とする, -出力の, -性能の, -倍率の　◆a gasoline-powered machines　ガソリンを燃料[動力源]として働く機械　◆a low-powered [low-power] laser　低出力レーザー　◆steam-powered machinery　蒸気を動力とする機械　◆a jet-powered drone　ジェット推進式の無人無線操縦機

**power factor**　a ～ 力率　◆a power-factor meter　力率計　◆a power-factor regulator [controller, relay]　力率調整器[制御器, リレー]　◆power-factor correction [improvement]　力率改善　◆improve the power factor of...　～の力率を改善する　◆the power factor of the circuit　その回路の力率　◆a power-factor-correcting device such as a capacitor　コンデンサなどの力率改善装置　◆to prevent the power factor of the system becoming leading　システムの力率が進み力率にならないようにするために　◆Industrial facilities tend to have a "lagging power factor", where the current lags the voltage (like an inductor).　産業設備は, 電流が電圧に対して遅れる「遅れ力率」を取る傾向にある[きらいがある]。

**power failure**　(a)～ 停電　◆in the event of a power failure　万一の停電の場合に　◆if a voltage sag or power failure does occur　万一, 瞬時性の電圧低下や停電が起きたら　◆We had a mini power failure.　小停電[瞬時・短時間の停電]があった。

**powerful**　adj. 強い, 強力な, 力強い, 雄渾(ユウコン)な, 強大な, 屈強な, 威力のある, (臭いなどが)強烈な, (薬が)よく効く[効き目が強い], (光学製品が)倍率が非常に高い, 大きな勢力[影響力]を持つ, 勢力のある, 有力な　◆a powerful sound　強い音; 迫力のある音響　◆a powerful clan [family]　大きな勢力をもつ一族; 《歴》豪族　◆Columbia's most powerful drug lord　コロンビアの勢力を誇る麻薬のドン　◆deep, powerful bass　力強い重低音　◆Since then, the personal computer has grown continually more powerful.　それ以来, パソコンは絶えず高性能化してきた。

**power-hungry**　adj. 権力の座に飢えている; 性能[馬力, 出力]を強く望む; 電力を大食いする, 消費電力の大きな, 大量に電気を喰う　◆driven by a power-hungry mentality　～への飢えに駆られて　◆As a come-on to power-hungry Americans, the car's 230 horsepower engine...　(エンジンの)出力に飢えているアメリカ人に対する目玉として, その車の230馬力エンジンは, ...

**power of attorney**　(a)～ 委任状

**power-on**　n. 電源投入　◆at power-on　電源投入時に

**power plant**　a ～ 発電所(= a generating station [plant]); a ～ (powerplantとも綴る)動力装置, (クラッチ, トランスミッションを含む)エンジン系　◆an aircraft power plant　航空機のエンジン[発動機, 原動機]系　◆power-plant coal　発電所向けの石炭; 電力用炭　◆its V10 engine was derived from a truck powerplant　それのV-10エンジンは, トラックのエンジンから派生したものである(*英語では, 同じ単語の使用を避けようとするために engine を powerplant に言い換えている)

**power politics**　《四》パワーポリティックス, 力の政治, 強権政治, 権力政治, 力の[武力]外交　◆by means of power politics　強権[力の, 権力]政治により　◆practice power politics　力の[強権, 権力]政治をする

**power saving**　(a)～ 省電力化, 節電化, 低消費電力化　◆achieve a power saving(s) of up to 200 watts　最高200ワットまでの省電力化[節電化, 低消費電力化]を実現する　◆send the system into a power-saving standby mode　システムをパワーセーブ待機モードにする　◆achieve [realize] power savings from not having to operate power-hungry motors　電力消費の大きいモーターを動作させずにすむことにより省電力化[節電化, 低消費電力化]を実現する

**power source**　a ～ 電源, 動力源　◆The laptop operates from a 117- or 220-volt power source, and also from a 12-volt cigarette lighter.　このラップトップ機は, 117Vまたは220Vで動作し, また(車の)12Vのシガレットライターから電源をとることもできる。

**power steering**　《車》パワーステアリング, パワステ, 動力舵取り[操舵]装置　◆The car's power steering lacks precision.　この車のパワーステアリング[パワステ]は, 精度に欠ける。

**power supply**　(a)～ 電力供給, 電源供給; a ～ パワーサプライ, 電源[電力]供給装置, 電源供給部[回路, 装置, ユニット, モジュール]　◆Most personal computers use a 230-watt power supply. ほとんどのパソコンは230ワットのパワーサプライ[電源供給部，電源ユニット，電源モジュール]を使用している． ◆With this amount of power supply, we have been unable to produce lights in our classrooms. この電力供給量では，私たちの教室に電灯をともすことができないで来ている．

**power-thrifty** adj. 節電［省電力，低消費電力］型の ◆more-potent but power-thrifty notebook computers よりパワフルながらも消費電力の小さい［低消費電力の］ノート機 ◆The power-thrifty Crusoe is designed to extend the battery life of portable computers and next-generation Internet access devices. 低消費電力［省電力］型の（CPUである）Crusoeは，携帯型コンピュータおよび次世代のインターネットアクセス機器の電池の持ちを伸ばすことを目的に設計されている．

**powertrain, power train** a ~ 《車》パワートレイン，動力伝達機構，駆動系 ◆the car's eager powertrain その車のやる気満々の［元気のいい］動力伝達系［駆動系］ ◆as the car's powertrain builds up speed 車の駆動系［動力伝達系］が加速するにつれて

**power-up** n. 〈情報処理機能のある装置の〉電源投入（による立ち上げ） ◆on [upon, during] power-up 《電子機器》電源投入時に（＊コンピュータ，またはマイクロプロセッサ内蔵の機器に用いる表現） ◆initialization programs run at power-up 電源投入時に実行される初期化プログラム ◆the processor is reset at power-up 《コンピュ》そのプロセッサは電源投入時にリセットされる

**ppb** (part(s) per billion) 十億分率（＊化学物質などの濃度の単位．1 ppbは十億分の一）

**PPC** a ~ (plain paper [plain-paper] copier) 普通紙複写機

**ppm** (part(s) per million) 百万分率（＊化学物質などの濃度の単位．1 ppmは百万分の一） ◆about 200 parts per million [ppm] 約200ppm

**PPP** a ~, the ~ (polluter pays principle) 汚染者負担［排出事業者負担］の原則; (Public Private Partnership) 官民協働（＊(旧) a PFI = a Private Finance Initiative); (Point-to-Point Protocol)《ネット》ポイント・ツー・ポイント・プロトコル

**PPS** (poly(p-phenylene sulfide) または poly(phenylene sulfide)) PPS樹脂

**ppt** (part(s) per trillion) 兆分率（＊化学物質などの濃度の単位．1 pptは一兆分の一）

**Pr** プラセオジミウム［プラセオジム］(praseodymium) の元素記号

**PR** (public relations) ピーアール ◆a Nanotech PR spokesperson ナノテック社の広報担当者 ◆a PR war PR戦争

**practicability** (a) ~ 実行［実現］可能なこと; ① 実行［実現］可能性，実行性，実際性，実用性 ◆both methods reached a state of practicability 両方法は実用可能なところにまで達した ◆convince him of the practicability of... ～の実現が可能であることを彼に納得させる

**practicable** adj. 実行［実施，実現］可能な，使用［実用］可能な，実際的な ◆practicable technology 実用に供し得る技術 ◆to the greatest extent practicable 可能な限り ◆where practicable 実行可能な場合 ◆Bring the vehicle to a stop as soon as safe and practicable. 安全かつ可能になり次第すぐに車を停止させること． ◆Many alternative circuit configurations are practicable. 他にも多くの回路構成が可能です．

**practical** adj. 実際的な，現実的な，実地の，実用的な，実用上の，実際に役に立つ，事実上の，実質的な ◆be in practical use 実際に用いられている；実用に供されている ◆where practical 実用［実施］可能な場合には，可能な限り，可能であるならば，できたら ◆practical applications 実際の応用;（(意訳)) 実用例，実用化例 ◆practical mathematics 実用数学 ◆practical utility 実用性 ◆be adequate [sufficient] for practical applications 実際の適用・応用には妥当［十分］である; 実用上事足りる［差し支えない，間に合う］ ◆furniture made for practical use only 実用一点張り［実用本位］の家具 ◆in all practical cases すべての実際例において［実際的には例外なしに］ ◆put [apply, turn]... to practical use ～を実用に供する，～を実用に振り

向ける，～を実用化する ◆put it to practical use それを実用に供する ◆reach practical levels 実用レベルに達する ◆to enhance [increase] the practical usefulness of... ～の実用上の有用さを高める; 実地における有益さを増大させる; 実際に使った場合の便利さを増す ◆to make practical use of... ～を実際に用いる［実用に供する］ために ◆from a practical standpoint [point of view, perspective] 実際的な見地から; 実用上 ◆at least 2 years of practical experience in the field その分野における少なくとも2年間の実務経験 ◆to the extent necessary and practical 必要かつ実行可能な範囲で ◆accumulated findings and their practical implementation in the classroom 蓄積した知見および教室［(意訳)]教育の場］におけるそれらの実践 ◆Practical English for Non-Native Speakers 英語を母語としない人たちのための実用英語（＊講座名） ◆it might be of some practical use in...-ing それは～するのに多少実用的になるかもしれない ◆because no one can see a practical use for it 誰もその実用的な用途を見出せないために; 誰もそれを実用的だと見ていないために ◆be nearing practical use 実用化に近づいている ◆college courses heavy on dialectics but of little practical use 《意訳》理論に重点が置かれていて，実用性のほとんどない大学講座［教科課程］ ◆practical solutions to technical challenges 技術的な課題の現実的解決策 ◆This is a practical exercise in understanding the difficulties of doing... これは，～することの難しさを理解するための実地訓練である． ◆those improvements have made... suitable for practical use これらの改良［改善，向上］により，～が実用に適するように［～の実用化が可能に］なったのである ◆to make electric vehicles practical on a large scale 電気自動車を大々的に実用化するために ◆I can't think of much practical use for this program except to <do...> ～すること以外に，このプログラムはあまり実用になるとは思えない ◆HDTV is proceeding toward practical utilization. 高品位テレビは実用化に向かいつつある． ◆There is no practical use for this program. このプログラムには実用的な使い道はない． ◆The system is far too slow at this time for practical consideration このシステムは，現在のところ，実際的な考察の対象にするにはスピードがあまりにも遅すぎる［(意訳)] 実用上のろぎすぎてお話にならない］． ◆Use clamps to hold work when practical. できれば，加工物を固定するのにクランプを使ってください． ◆High-speed computers developed for SDI will have thousands of practical uses. SDI（戦略防衛構想）用に開発された高速コンピュータには，実用的な用途が何千とあるだろう． ◆It is wisely said that knowledge without the know-how of practical application is useless. 実際に応用する［実用に供する，実用化の］ためのノウハウを伴わない知識は役に立たないとは至言である． ◆How long will it be before optical computers become practical? 光コンピュータが実用になるまでにどのくらいかかるだろうか． ◆The book is written from a purely practical standpoint, and theory is held to an absolute minimum. 本書は，全く実践的［実用的］な見地から書かれており，理論は最小限［最低限］に抑えられている． ◆Price reductions and technological changes have made workstations more practical for many other uses such as financial trading and desktop publishing. 価格低下と技術進歩により，ワークステーションは，金融取引やデスクトップパブリシングといった他の多くの用途においてより実用的になった．

**practicality** 実際的であること，実用性，現実性; a ~ 実際的な物事 ◆as a matter of practicality 実用性という点では ◆those who are interested in practicality over performance 性能よりも実用性に関心を持っている人たち

**practically** 実際的に，現実的に，実用的に，実用上，実地に，事実上，実質的に，ほとんど，ほぼ ◆it has practically no electrical resistance それには事実上［実用上］電気抵抗がない ◆the curve is practically a straight line この曲線は実際には［事実上］直線である

**practice** 1 (a) ~ 練習，稽古（ケイコ），訓練，修練，習うこと; ① 技量，腕前，手練，熟練，熟達，精熟; (a) ~, ~s 習い，習わし，しきたり，習慣，慣習，慣行，慣例，通例，決まったやり方，手法;

② 実際に行うこと, 実施, 実践, 実行; a～（開業医, 弁護士などの）仕事, 業務, 事務所, 診療所; a～〈集合的に〉(開業医の)患者, (弁護士などの)依頼人 ◆a practice curve （スポーツなどの）練習曲線 ◆medical practice 医療行為; 診療 ◆practice problems 練習問題 (＊教科書などでの) ◆a practice that became common during... ～のあいだに一般化した習わし; ～の間に定着した慣習 ◆but the practice is becoming passé しかしこの慣習[慣例]は廃れてきている; だがこのやり方[方法]はやらなくなってきている ◆get [receive] hands-on practice 実際的な[実地での]練習を受ける; 実習を授かる ◆good driving practices よい運転の習慣 ◆in a break with past practice 過去のやり方にとらわれないで[従来の型を破って] ◆the growing [increasing] practice of abortion 人工中絶[堕胎]を行うことの増加 ◆traditional printing practices これまで行われてきた印刷のやり方 ◆Vietnamese business practices ベトナムの商慣習 ◆instances of poor manufacturing practices ずさんな[不手際]な製造の慣行[やり方]のいくつかの例 ◆It is a good practice to ＜do＞ いつも～するのはよいことだ; ～するのを習慣にしておくとよい ◆Practice makes perfect. 《諺》習うより慣れよ. ◆learn the basics and practice them 基本を習って実践する ◆practices directed toward the prevention of... ～防止へ向けての実行[実践] ◆put [get, introduce] new therapies into widespread practice 新療法の普及と拡大を図る ◆The practice of...-ing is growing steadily. ～することが着実に盛んになってきている. ◆the use of... is not a standard practice in the industry ～を使うことはこの業界における標準的なやり方[普通のやり方]ではない ◆when you have had more practice （あなたが）もっと練習を積んだら ◆In the rural areas and to a lesser extent in the cities, it is a widespread practice to ＜do...＞ 農村部において, ならびに程度は控えめながら都市部においても[農村部を中心に都市部でも（多少は）], ～することが慣習的に広く[(意訳)＜普通＞[常識]に]行われている. ◆shifting to neutral in an automatic requires practice オートマチック車でニュートラルにシフトするには練習を要する ◆the company was using monopolistic marketing practices この会社は独占的販売慣行を用いていた ◆Unlike semiconductors, reduction to practice of a software idea is usually quick and inexpensive. 半導体とは違って, ソフトウェアのアイデアの実施[具体化, 具現化]は一般に迅速かつ安上がりである. ◆Although it is not necessary, it is a good practice to follow. 必ずしもそうしなくともよいが, 従うとよい慣習である[その慣習にならってやるのがいいだろう]. ◆The practice of drinking wine from a common cup fell into disuse in the 11th century. 共通のカップ[同じ杯から]ワインを回し飲みする習慣は11世紀に廃れた. ◆Trying to start a disabled vehicle by towing is a dangerous practice. 故障車を引っ張って起動を試みるのは危険なことだ. ◆Towing usually refers to the practice of attaching a trailer or similar device to a motor vehicle. 牽引とは, トレーラーまたはそれに類する装置を自動車に連結することを指す. ◆All this is like the silly current practice of running around asking software vendors if their products are year 2000 compliant. すべてこれらは, ソフトウェア製品が2000年問題に対応しているかについてかけずり回って各ソフトウェアベンダーに聞いて回るといった現在のばかげたやり方みたいだ. ◆It has become common practice for top military men to retire and head straight for consulting companies. 高級軍人は退役してまっすぐにコンサルタント会社に下ることが通例[相場]になってしまった. ◆It has been the practice of the association for very many years to arrange its affairs into a four-year cycle. 同協会ではこれまで長年のしきたりとして, 業務を4年の周期で取りまとめてきた. ◆It is (a) common practice to always store floppy disks with a tab placed over the write-protect notch. 必ずフロッピーディスクの書き込み禁止切り欠きにラベルを貼って[タブをかぶせて]保存するのが, 普通[常識]になっている. ◆The company has moved away from its longstanding practice of producing nearly all its own components. その会社は, ほとんどのパーツを自社生産[内製]するという長年の慣行[やり方]をやめた.

2 vt. ～を習慣的に行う, ～を実践する, ～を生業（ナリワイ）としている, ～を営む, 〈楽器など〉を練習する, 〈人, 動物〉に（～を）訓練する＜in＞; vi. 練習[稽古]する, (町医者, 弁護士などが)開業している ◆practice cosmetic surgery 美容整形手術に従事して[携わって]いる ◆practice fraud 詐欺を働く ◆They practice their English on me, asking me my age and which country I'm from. 彼らは私を英語の練習台にして, 年齢を聞いたり, どこの国からきたのかと尋ねたりする.

**in practice** 実際には, 実践上は, 熟練して, 開業して, 練習して ◆assimilate knowledge and apply it in practice 知識を消化吸収して[自分の血と肉にして, ものにして]それを実際に応用する ◆These ideal capacitors do not exist in practice. これらの理想コンデンサは, 実際には存在しない.

**put... into practice** ～を実行[実践, 実施]に移す ◆It isn't necessarily easy to put into practice. 実行[実践]に移すのは必ずしも容易なことではない.

**practicing** adj. 現役の, 実際に活動している, (開業医, 弁護士などが)開業している ◆a practicing engineer 現役の技術者 ◆a practicing medical doctor working in the geriatrics ward of Western State Hospital ウェスターン・ステート病院の老人病棟に勤務している現役医師[治療医] (＊a practicing doctor には個人開業医の意味もあるが, この用例では病院で働いているので現役の実際に診察に携わっているという意)

**practitioner** a～開業医, 町医者, 弁護士, 個人経営者 ◆a general practitioner 一般開業医, 町医者 ◆one's medical practitioner 〈人〉の開業医; かかりつけの医者

**pragmatic** adj. 実際的な, 実用的な, 実利的な; 多忙な, おせっかいな, 独断的な, 頑固[強情]な; 《哲》プラグマティズム[実用主義]の

**pragmatism** プラグマティズム, 実用主義

**prairie** a～(＊アメリカとカナダの)大草原, プレーリー ◆the prairies of central North America 北米中部の大草原

**praise** vt. ～を称賛する, ほめる, たたえる; ②称賛 ◆she was praised highly for her accomplishments [for what she did] 彼女は, 彼女の業績／功績[彼女が行った仕事／功労]に対して賞賛された. ◆French President Jacques Chirac, also to attend the funeral, praised him as a "great statesman." やはり葬儀に参列するジャック・シラク フランス大統領は, 彼を「偉大な政治家」と讃えた.

**praiseworthy** adj. 賞賛に値する, 称賛するに足る, 誉めるべき, 見上げた, あっぱれな, 感心な, 殊勝な, 奇特な

**prank** a～いたずら, 悪さ, 悪ふざけ, 悪戯, 冗談 ◆a prank [prankster] caller いたずら[迷惑]電話をかける人 ◆make a prank phone call to... ～にいたずら電話をかける ◆tape prank phone calls いたずら[迷惑]電話をテープに撮る[録音する]

**praseodymium** a～プラセオジウム[プラセオジミウム, プラセオジム] (元素記号: Pr)

**prayer** 1 (a)～祈り, 祈祷（キトウ）, 礼拝; (しばしば～s)祈祷の言葉, 祈りの文句; a～願い事, 祈願, 嘆願 ◆make [have] one's prayer come true 祈りを実現する; 願いをかなえる; 祈願を成就する ◆It was like a prayer come true. それは, 祈りが通じたかのようだった.

2 a～祈る人

**PRC** (People's Republic of China) ◆in the PRC market 中華人民共和国[中国]市場で

**pre-** (接頭辞)～の前の, ～以前の, ～に先立っての ◆in a pre-Earth Day concert アースデーに先立つコンサートで ◆a pre-production prototype 本生産(に入る)前の試作品 ◆turn back the clock to those good old pre-electricity days 電気のまだなかった, かのよき時代まで時計[時間]を逆戻りさせる

**preamble** a～＜to, of＞(～の)前書き, はしがき, 序（ジョ）, 序文, 序言, 緒言（ショゲン, チョゲン）; a～(法律などの)前文; a～前置き, 前口上

**preamplifier** a～プリアンプ, 前置増幅器

**prearrange** vt. (arrange beforehand) 前もって打ち合わせる[手はずを整える, 手配する, 手当する], あらかじめ示し合わせる, 予定する

**prearranged** adj. (arranged beforehand) あらかじめ示し合わせた, あらかじめ決められた, 既決の, 既定の, 前もって打ち合わせた, 事前に協議した, 予定の, 予約の, 約束の, 談合の, 計画的な, 予ての[かねてよりの]

**Precambrian** the ～ 先カンブリア時代[紀, 代], 太古代; adj. 先カンブリア時代の ◆(a) Precambrian metamorphic rock 先カンブリア紀の変成岩

**precancerous** adj. 前癌性の, 前癌状態の, 前癌(性)- ◆remove a precancerous polyp in his colon 彼の結腸に発生した前癌性ポリープを切除する

**precarious** adj. 危険な, 剣呑(ケンノン)な, 不安な, 心許ない, 不安定な, 根拠の弱い[薄い, 薄弱な], あやふやな ◆the bank's precarious financial condition 同行の危ない経営状態 ◆the weak U.S. market and exchange rates have put the company in precarious financial straits 米国市場と為替レートの不調が, 同社を[危機的な]財政難[=経営難]に陥れた

**precast** vt. ～をあらかじめ成形[鋳造]する; adj. あらかじめ成形[鋳造]されている, プレキャスト[既製]の(＊コンクリート製品が) ◆a precast concrete panel プレキャスト・コンクリート・パネル, PC板(＊工場で成形された)

**precaution** a～ 予防策, 防止策, 対策, 用心, 注意, 警戒 ◆as a precaution 用心のため, 念のため, 大事をとって ◆as an extra precaution 念には念を入れて ◆anti-fire precautions 火災防止措置 ◆VCR precautions ビデオデッキの取り扱い注意(事項) ◆provided the following precautions are taken 次の注意を守れば ◆the precautions which must be taken when...-ing ～作業実施上の留意事項 ◆raise the basket as a precaution against the oil bubbling over the edge of the container 油が容器の縁から吹きこぼれないよう防止策としてバスケットを引き上げる ◆Read the precautions on this page. このページの注意事項[注意書き]を読んでください。 ◆The procedure can be dangerous if precautions are not taken. 本手順は, 用心[注意]を怠ると危険な場合があります。 ◆In addition to using seat belts, doors should be locked as an extra precaution against being thrown out of the car during a crash. シートベルトの使用に加えて, 更なる備え[二重の防備, 追加予防策]として衝突時に車から放り出されないようドアはロックしておかなければならない。 ◆When using electrical appliances, basic safety precautions should always be followed, including the following: 電気器具をご使用の際は, 以下に挙げた事項等の安全に関する基本的な注意事項を必ずお守りください。

**precautionary** adj. 用心[念]のための, 予防上の, 警戒上の ◆for precautionary purposes 念のため, 用心のため ◆as a precautionary measure against... ～に対する予防措置として ◆(based) on precautionary principles 予防原則に基づいて ◆take precautionary measures against... ～に対する予防措置を講じる

**precede** vt. ～に先行する, ～に先立つ, ～より前に起こる, ～の前に行く[くる], ～より位が上である, ～より重要である, ～に優先する, (演説など)の口火を(挨拶などで)切る<with>; vi. 先に行く[来る], 先行する, 先立つ ◆an inverted delta symbol (▽) preceding the part number 品名番号の前につけられた逆三角形記号(▽) ◆at the instant preceding the opening of the relay contacts リレー接点が開く直前に ◆Cogmos' patent preceded Hilroy's earliest patent by three weeks. コグモス社の特許は, ヒルロイ社の一番早い特許よりも3週間先行していた。

**precedence** 回先行, 優先, 優先権, 上位, 優位, (式典などでの)席順, 席次, 上席 ◆in order of precedence 優先順位の高い順に ◆give precedence to... ～の優位を認める; ～を優先させる ◆take [have] precedence over... ～よりも優先度[優先順位]が高い; ～に優先される; ～よりも優位である ◆handle precedences 〈コンピュータプログラムなどが〉優先順位の高いものから順に処理する; 優先順位に従う ◆The operators are listed vertically in order of decreasing precedence. 演算子は, 上から優先順位の高い順に一覧になっている.

**precedent** a～ 先例, 前例, 回先例の[ならう]こと ◆be without precedent 前例[先例]がない, 前例をみない ◆break with precedent by...-ing ～を行うことにより前例[先例]を破る ◆With this as precedent,... これを先例[前例]として ◆a precedent-setting treaty 前例となる条約 ◆It will also set a precedent for the opening up of other Japanese markets. これは, 他の日本市場の開放に向けての前例をつくることになるであろう.

**precedent-setting** adj. 先例を開く[作る]

**preceding** adj. 直前の, 前の, 先の, 先行する, 先出の, 前出の, 前述の, 上記の ◆during [in] the preceding year 前年に ◆in the preceding chapter 前章で ◆in the preceding [foregoing] paragraphs [sections] 前項で(＊複数の項を指して, preceding のほうは, 特に直前の意味が強い) ◆in the preceding years それに先立つ何年か[数年]の間に ◆in [throughout] the preceding chapters (複数の)前章で[前章全体を通じて] ◆the immediately preceding frame 《映像》すぐ前[1つ前, 直前]のコマ ◆during the preceding five years それに先立つ5年の間に ◆in the two preceding years それからさかのぼること2年の間に

**precious** adj. 貴重な, 価値の高い, 高価な, 大切な, 大事な, かけがえのない, 尊い, かわいい ◆(a) precious metal 貴金属 ◆a precious species 貴重種 ◆a precious stone 宝石 ◆precious-metal alloys 貴金属合金

**precipitate** 1 vt. ～を沈澱(チンデン)[析出]させる; ～が起こるのを早める, ～の到来を早める, ～を突然引き起こす, ～をまっ逆さまに投げ落とす, ～を突以[～に]陥らせる<into>; vi. 沈澱する, 沈降する, (空中の水分が)凝結する, 雨[雪, ひょうなど]になる, まっ逆さまに落ちる ◆precipitate out of solution 溶液中から沈澱する ◆be precipitated out of the solution as... ～として溶液から析出される

2 (a) ～ 沈澱物, 析出物, 沈降物, 沈着物, 澱(オリ) ◆form a precipitate on the addition of the reagent この試薬を加えると沈澱(物)が生じる

**precipitation** 回沈澱[沈殿](析出), 沈降(反応); 回降水[降雨](量), 降雪; (a)～ 沈澱物, 析出物, 沈降物, 沈着物, 澱(オリ); 回(文)(軽薄的に)軽率さ, 大あわて, あわてふためき; 回(文)落下, 投下 ◆acid precipitation 酸性の降水(＊雨や雪など) ◆a precipitation gage [gauge] 降水計 ◆a precipitation recorder 降水記録計 ◆by precipitation hardening 《金属》析出硬化により ◆physical [chemical] precipitation and clarification 化学的[物理的]沈澱および浄化[清澄化](＊水処理で) ◆precipitation-hardened [precipitation-hardening] stainless steel 析出硬化ステンレス鋼 ◆an area receiving [with] high precipitation [a high rainfall] 降水量[降雨量]の多い地域 ◆the forecast shows virtually no chance of precipitation through Sunday 予報によると日曜まで降水確率はほとんどゼロである ◆the precipitation of salts in feedwater on the inside of a boiler 給水中に含まれている塩類のボイラー内壁面上での析出 ◆Atlanta had 119 days of precipitation in 1993. アトランタの1993年における降水日数は119日だった.

**precipitator** a～ (物事を)促進する[促す]働きをするもの, 沈澱タンク, 電気集塵器 ◆an electrostatic precipitator 電気集塵器

**precipitous** adj. 絶壁の, 絶壁のような, 切り立った, 険しい, (傾斜が)急な, 急勾配の, 険峻な, 峻険な, 険阻な ◆trudge miles by foot across precipitous terrain and muddy green tea fields 険しい地形[急峻な土地]とぬかるんだ茶畑を越えて何マイルもとぼとぼと進む ◆It doesn't take long for the valley to become quite steep and precipitous. 谷が非常に険しくなり切り立って[断崖絶壁になって]くるのに長くはかからない.(＊トレッキングで) ◆The Russian economy, military and general society went into precipitous decline. ロシアの経済, 軍隊, 一般社会は急激に落ちぶれた[にわかに落ち目になった].; 急転直下没落[零落, 没落, 凋落, 衰退, 衰微]した.

**precipitously** adv. 険しく, 急に, 急激に, 急峻(キュウシュン)に ◆the value of... drops precipitously ～の価値が急激に下がる／～の価格が急落[暴落]する

**précis** a～《単複同形》要約, 摘要, 大要; vt. ～を要約する, ～の大要を書く ◆a précis of the report その報告書の要約

**precise** adj. 厳密な, 精密な, 精緻な, 高精度の, 正確な, 的確な, 明確な, そのものずばりの, まさにその, 丁度の, かっきりの, 寸分たがわない, 几帳面(キチョウメン)な, 小うるさい[やかましい], 杓子定規(シャクシジョウギ)な, 厳格な ◆a precise adjustment 厳密な調整 ◆make precise measurements 精密測定を行う ◆precise attitude control becomes impossible 厳密な[正確な, 高精度な]姿勢制御が不可能になる(＊航空機の話) ◆to be (more) precise (もっと)正確に言うと ◆ultra-precise 超精密な ◆be precise wording for the text to minimize the likelihood of misunderstandings できるだけ誤解されないように, 的確[明確]な表現を選んで(文章に)使う

**precisely** adv. 正確に, 精密に, きっかりに, 丁度, 全く ◆be precisely identical 全く同じである ◆precisely spaced pulses 正確に間隔を空けたパルス ◆The cursor follows my thumb movements precisely. カーソルは, 私の親指の動きにぴったりついてくる. ◆The design went from drawing board to production line almost precisely the way the designers conceived it. その設計は, 設計者らが考えていたものとほとんど寸分たがわずに生産に移行した.

**precision** n. 正確, 明確, 精密, 精度, 几帳面(キチョウメン)さ, (コンピュータ計算の)有効桁数; adj. 精密な, 精確な, 高精度の ◆with great precision 高い精度で ◆with precision 正確に ◆with very high precision 極めて高い精度で; 非常に高い[高精度]な ◆a precision clock 精密[高精度]クロック ◆a precision machine tool 精密工作機械 ◆a precision-type instrument 精密級計器 ◆a high-precision X-Y positioning stage 高精度X-Y位置決めステージ[台, テーブル] ◆chips of high precision and larger memory size 記憶容量のより大きな高精密IC ◆indicate the precision with which to convert the data データを変換する(際の)精度を表示する ◆measurement gauges with precision to 0.0051 mm 0.0051mmの精度の測定ゲージ ◆rub... to a high degree of precision ～を高精密研磨する ◆ultra-high-precision thick film microelectronics technology 超精密厚膜加工技術(＊microelectronics＝超小型電子技術[工学]を「加工」と意訳してある) ◆with a high degree of precision 高い精度で, 高精度で, 精度良く, 精密に, 的確に ◆with a precision never before possible 今まで実現できなかった[かつて達成不可能だった, 従来にない]精度で ◆with extreme precision 極めて正確[精密]に ◆an ultra-precision positioning stage 超高分解能[超微動]位置決めステージ ◆improve the precision of the mechanism by several orders of magnitude このメカニズムの精度を数桁向上させる ◆strike targets with a high degree of precision 目標を正確に攻撃する[たたく] ◆It is precision-machined to close tolerances. それは, 厳密な寸法公差で精密機械加工されている. ◆The car's power steering lacks precision. この車のパワーステアリングは, 精度に欠ける. ◆It must be moved to a desired location with a precision of only a few thousandths of an inch. それは, わずか千分の数インチの誤差という精度で望み通りの位置に移動されなければならない.

**preclude** vt. ～を排除[除外]する, ～を含まない, (あらかじめ)～が起きないようにする, ～を妨げる, 防ぐ, 邪魔する ◆preclude its use as... ～として使用できなくしてしまう ◆preclude similar problems in other countries 他の国で似たような問題が起こらないようにする ◆measures that preclude the possibility of a similar occurrence 似たようなことが発生する可能性を排除するための措置; 同様の事故(が起こる恐れ)をなくす[防止する]ための対策 ◆preclude the escape of radioactive substances into the atmosphere in the event of an accident 万一の事故の際に大気中への放射性物質の放出を防ぐ ◆"I think it's very unlikely that that would happen, but I cannot preclude that possibility," Mr. Lieberman said. 「それはとても起こりそうにないと思うものの, 私はそれが起きる可能性

を排除できない[捨て切れない]でいる」とリーバーマン氏は述べた. ◆The location and design of the automatic transaxle preclude the installation of a front anti-roll bar. その自動トランスアクスルの(適正な)位置と設計によって, フロントアンチロール[横揺れ防止]バーを取付ける必要がなくなっている.

**preclusion** 防止, 妨害, じゃま, 排除

**preconceived** adj. (考えや意見などが, 特に偏見から)前もって形成された, (弁解など)あらかじめ考えておいた ◆a preconceived notion about... ～についての先入観

**precondition** a～ 前提条件, 必須条件 ◆as a precondition 前提条件として ◆an absolute precondition 絶対前提条件 ◆a precondition to his joining... ～に彼が参加するための前提条件 ◆on the precondition that... ～であるといった前提で ◆a precondition for the normalization of relations between A and B AとBの間の関係正常化の前提条件

**precursor** a～ 先駆者, 先達(センダツ), 先輩, 先行モデル, (ビタミンDなどに変わる)前駆物質, 前駆体, (中性子の)先行核; a～ 前兆, 前触れ ◆amyloid precursor protein (APP) アミロイド前駆体たんぱく質 ◆precursors of the 2040AV system 2040AVシステムの原型となった機種 ◆He thinks the most important wartime development was the ENIAC computer, precursor of today's digital computers. 彼は, 戦時中の最も重要な開発は今日のデジタルコンピュータの原型となったエニアック計算機であると考えている.

**predecessor** one's～ 前任者, 先代, 先輩, 前身, 先行モデル[機種, 車種], 先代モデル, すぐ前のバージョン, (古)祖先[先祖] ◆they follow in the footsteps of their predecessors 彼らは先代の志を継ぐ[前任者の跡を継ぐ, 先輩を見習う, 先達の足跡をたどる] ◆The model bears a striking resemblance to its predecessor. このモデル[機種, 車種]は, 先行機種[先代モデル]と驚くほどよく似ている. ◆The new model is longer, lower, and wider than its predecessor. 新型は, その前身[すぐ前のモデル]よりも長く, 低く, 幅広である. ◆New embedded systems require a larger amount of flexibility as compared to their predecessors. 新しい組み込みシステムは, 先行[(以下に訳)現行, 既存の, 現存の, 既設]システムに比べてより大きなフレキシビリティを必要とする. (＊これから開発する新システムに対しては, predecessorsは現行のものということになる)

**predefined** adj. あらかじめ定義された, 《コンピュ》既定の, 定義済みの, 事前定義, 暗黙 ◆predefined page sizes あらかじめ定義されたいくつかのページサイズ

**predelivery** ◆an auto dealership's predelivery inspection 自動車販売代理店による納車前の点検 ◆All Xxx assemblies undergo a rigorous predelivery review prior to shipment to... すべてのXxx組み付け品は, ～に向けて出荷される前に厳しい[厳密な]納品前審査を受けます. (＊宇宙開発の話より)

**predetermine** vt. ～を前もって[あらかじめ]決める[定める, 設定する] ◆a predetermined life span あらかじめ設定[計画]されている寿命(＊設計などで) ◆in a predetermined way あらかじめ決められた[所定の]方法で ◆when a predetermined spindle speed is reached 決まった[所定の, 設定された, 既定の]主軸速度に達すると ◆a predetermined number of iterations (あらかじめ)設定された[所定]回数の繰り返し後に ◆because the purpose of the investigation is not to get predetermined results, but to find out... この調査の目的は所期の結果を得るのではなく, ～を明らかにすることにあるので ◆one's sexual orientation is genetically predetermined before birth 個人の性指向は誕生以前に遺伝的に運命づけられている ◆The game ends when one of the two players reaches a predetermined number of points. ゲームは, 対戦者2人のどちらかがあらかじめ決められた[決めておいた]得点に達したら終了です.

**predicament** a～ 困難な状況, 困った[苦しい]立場, 苦境, 窮地, 窮境 ◆be in a predicament 苦境にある

**predicate** 1 a～ 《文法》述語, 述部; adj. 述語[述部]の 2 vt. ～を断定する; ～の根拠を(～に)置く(＊しばしば受身で用いられる) ◆be predicated on [upon]... ～に基づく;

~を前提としている ◆predicated on quality performance history records 品質実績履歴記録に基づいて ◆the success of this operation is predicated upon the full cooperation and support of... この作戦の成功は、～の全面的な協力および支援にかかっている

**predict** vt. ~を予言する、予測する、予想する、予知する、予報する、予見する ◆predicted values 予測値 ◆predict earthquakes 地震の予知をする ◆predict the future 将来を予測する［占う］ ◆the predicted useful service life of a product 製品の予想耐用寿命 ◆A new report from Frost & Sullivan predicts that... フロスト＆サリバン社から新しく出たレポート［報告書］では、～だろうと予測している ◆oil savings in the past 20 years were less than one-tenth of what was predicted 過去20年間における石油の節減は、当初の予想の10分の1にも満たなかった ◆Scientists have predicted global temperature rises of between 1 and 3.5 degrees Celsius by the year 2100. 科学者らは、2100年までに1°C～3.5°Cの全地球的温度上昇があるとの予測を出している ◆Annual industry-wide shipments could top 3 million by 1995, although the company predicts a demand for double that number. 業界全体での年間出荷台数は1995年までに300万台を超えそうであるが、同社はこの台数の倍の需要を予想している

**predictable** adj. 予測［予想］可能な、予想［予測］がつく、予期［予想、予測］予言できる、先が見える［読める］ ◆The system must exhibit predictable behavior. システムと言うものは、予測可能な挙動を示さ［予期できる動き／動作を見せ］なければならない.

**prediction** (a)～ 予言、予測、予想、予知、予見、予報 ◆make predictions about [on, as to]... ～について［関して］（いろいろな）予測をする ◆a field-strength prediction model 電界強度予測モデル ◆earthquake prediction 地震予知 ◆make a prediction that... would [may] ... ～ということではないかという予想をつける ◆make predictions on the outcomes of races レース結果の予想をする ◆That prediction is already coming true. 予測はすでに現実のものとなりつつある

**predictive** adj. 予言［予報、予測］する、予言的な ◆predictive coding 予測符号化（*データ圧縮方式） ◆perform predictive analyses 予測解析を行う ◆predictive AF for moving subjects 動いている被写体のための予測［《意訳》動体予測］オートフォーカス機能（AF = autofocus, autofocusing）

**predisposition** a～ 傾向、気質（タチ）、性質、癖、性癖、素質、素因、体質 ◆a person's predisposition to commit a crime ある人の犯罪を犯しやすい性質 ◆he was born with a predisposition toward becoming gay 《意訳》彼は生まれつき［生来］ゲイになりやすい性質だ ◆have a genetic predisposition to [for] cancer 遺伝的に癌になりやすい［体質］である

**predominance** □優勢、優位、優越、卓越、支配／a～ 圧倒的多数、圧倒的に多い量 ◆there is a predominance of positive ions in... ～中には陽イオンが支配的な［圧倒的］な数で存在する

**predominant** adj. 支配的な、圧倒的な、最も優勢な、最も多数を占める、主流の、最も重要な、最も有力な、ひときわ目立つ、際立つ ◆become predominant 支配的［優勢］になる ◆play a predominant role 主要［中心的］な役割［役目］を務める；主役を演じる ◆retain a predominant position in... ～において支配的［優勢］な地位を占め続ける［維持する］ ◆it has become the predominant view among America's elite それは米国のエリートの間で支配的な［大方の］見方となった ◆establish multimedia as a predominant form of communication, entertainment, and education 通信、娯楽、および教育の有力な一形態としてマルチメディアを確立させる ◆MS-DOS, the predominant disk operating system for IBM-compatible personal computers IBM互換パソコン用の主流ディスクオペレーティングシステムであるMS-DOS ◆ban the use of race as a "predominant factor" in drawing election district boundaries 選挙区の線引きに人種を「主たる要因」にすることを禁じる（*人種にかこつけてはならないという意） ◆if your predominant purpose is running Windows software Windowsソフトを走ら

せるのが主な目的だったら ◆My own view, and it is probably not the predominant view in the US, is that... 私の見解は、米国で大勢を占めている見方とはおそらく違うでしょうが、～ということです. ◆Predominant colors are ivory, greens and rose. 基調をなす色は、アイボリー、いろいろな色調の緑、およびバラ色［淡紅色］である

**predominantly** adv. 大部分は、大多数は、優勢に、圧倒的に、たいてい、ほとんど、主として、主に、多分に ◆consist predominantly of... ～を主体［中心］として成り立っている：～を主たる構成要素として成る；主に～から構成されている ◆directed at a predominantly male audience 男性を中心［主体］とする客層［観衆、観客、聴衆、視聴者、聴取者、読者］向けの；主に男性向けに ◆Astoria, a predominantly Greek neighborhood in New York ニューヨークの中でギリシャ系住民が圧倒的な比重［大勢］を占めている地区であるアストリア ◆predominantly male "get rich quick" types of people 圧倒的に男性が多い「一攫千金」を夢みるタイプの人々 ◆the country is predominantly mountainous この国は全般的に山がちである. ◆a deposit that is predominantly composed of clay 主に粘土から構成される［粘土を主成分とする］堆積物 ◆the population is predominantly engaged in agriculture ここの住民は主に農業に従事している ◆Women have made substantial inroads into several previously male-dominated occupations. Some previously male-dominated occupations have even become predominantly female. 女性は、以前男性が支配していたいくつかの職業にかなり進出した. かつて男性中心だった一部の職業は、女性主体［主流］にさえ変わった.

**predominate** vi. (力、数、量などで)優勢である、支配的である、支配する、圧倒する、優位［首位］に立っている、まさっている <over> ◆whites predominate in this group 白人がこの集団の主体をなしている［主体となっている、主体になっている］ ◆Because women predominate as the primary caregivers in our society, ... 私たちの社会において女性が主たる育児・介護者として大勢を占めて［中心になって］いるので、◆Although I still see Macs predominate in the print and advertising worlds, Windows NT is making its mark there too. 私はMacが依然として印刷と広告の世界で優勢［支配的］であるのを目にしているが、Windows NTもこれらの業界で伸びてきている.

**pre-donate** ◆pre-donate one's own blood 〈患者が〉手術に先立ち自分の血液を採血してもらう（*自己血輸血に使用するために）

**preeminent** adj. 卓越［傑出］した、顕著な、秀でた、抜群の、屈指の、右腕 ◆a preeminent chef 一人前からはずれた腕前のシェフ［コック（長）］；凄腕［辣腕］料理人；料理界の鉄人 ◆a preeminent programmer 抜群の（腕を持つ）［飛び抜けて優秀な］プログラマ ◆be preeminent above all others 他よりも［他に抜きん出て］優れている ◆62 percent believe Japan will be the world's preeminent supercomputer manufacturer by 1999 《意訳》62%（の回答者）が、1999年までに日本が世界随一のスーパーコンピュータ生産国になると思っている

**preempt, pre-empt** vt. ~を先取りする、~を先売権で獲得する、〈レギュラー番組〉に取って代わる

**preemptive** adj. 先買の、先買権のある、先制の、《コンピュ》プリエンプティブの ◆preemptive multitasking 《コンピュ》プリエンプティブ・マルチタスキング

**preexisting, pre-existing** 既存の、(霊魂などが)前世から存在する ◆preexisting copyrighted material 著作権で保護されている既存の素材［ソフト］ ◆have a preexisting (health) condition ～には（今現在）すでにかかっている病気［既往症、持病］がある ◆people with preexisting conditions often cannot obtain insurance すでにかかっている病気［既往症、持病］のある人は保険に入れないことが多々ある

**prefab** a～ 《口》プレハブ住宅 (= a prefab house)

**prefabricate** vt. ~をプレハブ構法で建てる、~をあらかじめ作る ◆a prefabricated unit プレハブ工ユニット

**preface** a～ <to> (~の)前書き、はしがき、序(ジョ)序文、序、序言、緒言(ショゲン, チョゲン)、(演説などの)前置き、前口上

◆write a preface to the second edition 第2版の序文［前書き、緒言］を書く

**prefectural** adj. 県［府, 都, 道］（立）の ◆a prefectural school 県立学校 ◆prefectural officials 県の職員 ◆the seat of a prefectural government [office] （ある県の）県庁所在地

**prefecture** a ～ 県［府, 都, 道］ in (the) Nagano prefecture 長野県の ◆Japan's 47 prefectures 日本の47都道府県（*北海道, 東京都, 京都府, 大阪府を含む）◆the governor of Okinawa Prefecture 沖縄県知事 ◆the Osaka and Hyogo prefectures 大阪府と兵庫県 ◆the rural prefecture of Iwate 農業県の岩手 ◆in the Kanto region, which includes Tokyo and the adjacent prefectures of Saitama, Chiba and Kanagawa 東京および隣接する埼玉県, 千葉県, 神奈川県を含む関東地方で

**prefer** vt. どちらかといえば～を好む, ～の方が（…より）いい［好きだ］＜to＞;〈人〉に（～して）欲しい＜to do＞, ～だといいのだが＜that＞;《コンピュ》〈値, オプション〉を基本設定［デフォルト］にする ◆prefer A to [over] B B よりも A の方を好む ◆preferred stocks 《米》優先株 ◆a PPO (Preferred Provider Organization) 《米》選定医療提供者組織 ◆Newborn babies prefer physical contact to food. 新生児は食べ（*飲み）物以上にスキンシップを好む。 ◆Which (of them) do you prefer, A or B? A と B のどちらがよろしいですか。 ◆We can be contacted via e-mail which is currently the fastest and most preferred mode of communication. 弊社には, 現在最も速くて最も好まれる［人気のある］通信方式である電子メールにてお問い合わせいただけます。 ◆Day 11: We will take a plane back to Panama City. You will have the rest of the day free to do as you prefer [like, please, choose]. 11日目: 飛行機でパナマ市に戻ります。当日の残りの時間は自由行動です(ので, お好きなように［お気に召すように, ご自由に］お楽しみください)。

**preferable** adj. （～よりも）好ましい, 望ましい, ましで, ～に勝る＜to＞ ◆it is preferable that we focus attention on... …に注意を集中することが望ましい ◆Portrait view is preferable to landscape view for word-processing and desktop publishing applications. ワープロや DTP 用途では, 縦長画面の方が横長画面よりも好ましい。

**preferably** adv. 望むらくは, できれば, むしろ, なるべく; 好んで

**preference** (a)～ 選択, 好み, 選好, ひいき, 優先（権）, 取権, （国際貿易の）特恵;～好みのもの, 好物, 選んだもの, 《コンピュ》基本設定（*初期設定やオプションとも呼ばれる。ユーザーの好みに合わせて設定できる基本設定）◆give... preference on... 〈人など〉に～における優先権［先取権］を与える ◆preference shares 《英》優先株 ◆the GSP (Generalized System of Preferences) 一般特恵関税制度 ◆incorporate customer preferences into the car 顧客の好みを車の(設計)に盛り込む［加味する］ ◆set system preferences 《コンピュ》システムの基本設定を設定する ◆modify software to suit the needs or preferences of the user ソフトウェアをユーザーのニーズや好みに合うように変更する ◆Most jobs are assigned, by the country with little regard for a person's qualifications or preferences. ほとんどの仕事は, 個人の資格や希望はほとんど考慮されずに国家によって決められている。

**preferential** adj. 優先の, 優先権［先取権］のある, 優遇される, （関税）特恵の ◆a preferential tariff rate 特恵関税率 ◆give [grant] preferential treatment to... ～に特恵を与える; ～に特別に目をかけて待遇する; ～を優遇する ◆preferential treatment in return for... ～の見返りとしての特別扱い［待遇］ ◆preferential duty [duties] on imports of a country's goods into the United States 米国に入ってくるある国の産品の輸入に対して賦課されている特恵関税 ◆a preferential corporate tax rate of only 10 percent わずか10%という優遇法人税率 ◆receive [get] preferential treatment in hiring and promotion 雇用や昇進で優遇される［特別有利な扱いを受ける］ ◆revoke a country's preferential tariff treatment ある国の特恵関税待遇の適用を取り消す［撤廃する］

**prefix** 1 n. (→suffix) a～ 接頭辞, 接頭語, 接頭記号, 前綴り, プリフィックス, プレフィクス, 敬称(*Mr., Ms., Dr. など) ◆a local prefix; a local calling [phone number] prefix (= a central office code) 《電話》市内局番 ◆international call-sign prefixes 国際コールサイン符号列（*たとえば, 米国にはAAAからALZまで, 日本にはJAAからJSZまでが割り当てられている）◆by prefixing the name of a file with the ID of another system ファイル名の前にもう一方のシステムのIDを付けることにより ◆it is given the prefix "neo-" それには, neo-という接頭辞［接頭語］が付加されている ◆a three-digit area code followed by a three-digit prefix and four-digit local number 3桁の市外局番とそれに続く3桁の市内局番と4桁の(市内)番号 ◆the telephone number's prefix or central office code (the first three digits of a seven-digit local North American number) 電話番号の前の桁, つまり北米(北米で使用されている7桁の市内番号の最初の3桁)（*a local [subscriber] number は, 同一市内局域内にかけるときの番号。市内局番を含まない末尾数桁のみを指すことが多い）◆find words that begin with a specific prefix 特定の前綴り［接頭文字列］で始まる単語を検索する ◆OLE library calls begin with the prefix Ecd 《コンピュ》OLE ライブラリの呼び出しは Ecd という接頭辞［プレフィックス］で始まる ◆A 0x (zero-exe) prefix means that you are writing in hexadecimal. 《コンピュ》0xプレフィックスとは［頭に0xを付けると］, 16進表記を意味する。
2 vt. ＜to＞〈文字, 記号, 番号〉を（～の）前に付ける［頭に冠する］, 接頭辞として付ける, 前置する ◆all variables are prefixed with an ampersand 全ての変数が, (名前の)頭にアンドマーク（&）が付いている ◆a title of respect prefixed to a woman's name 女性の名前の前に付けられる［女性の名前に冠する］敬称

**pregnancy** (a)～ (pl. -cies) 妊娠, 受胎, 妊娠期間 ◆during the early stages of pregnancy 妊娠初期に ◆in the event of pregnancy もし妊娠してしまったら ◆unwanted pregnancies 望まない妊娠 ◆women in the early [advanced] stage of pregnancy; women in (the) early [advanced] stages of pregnancy 妊娠初期［後期］の女性たち ◆procedures performed in more advanced stages of pregnancy 妊娠がもっと進んだ段階で行われた処置 ◆while she was in the early stages of pregnancy 彼女が妊娠初期段階にあったときに

**pregnant** adj. 妊娠［受胎］して, ～をはらんだ, 含みのある ◆a pregnant woman 妊婦

**preheat** vt. ～をあらかじめ温める［熱する］, 前もって加熱する, 予熱する ◆preheat the oven to 350°F オーブンを前もって［あらかじめ］華氏350度に熱しておく

**preheater** a～ プレヒーター, 予熱器, 予備加熱器 ◆an air preheater 空気予熱器

**prehistoric, prehistorical** adj. 有史以前の, 先史時代の;《口》旧式の, 大昔の ◆prehistoric people 有史以前［太古］の人々

**prehuman** adj. 人類出現以前の; a～ 人間の原型となる動物［猿人］ ◆prehuman ape-men 人類出現以前の猿人

**preimplantation** adj. 《医》（受精卵）着床前の ◆the preimplantation diagnosis (PID) of genetic defects [diseases] 遺伝的欠陥［遺伝病］の着床前診断

**preinstall** vt. ～をあらかじめinstallする;《コンピュ》(= preload)〈ソフトウェア〉をあらかじめインストール［導入, 実装］する＜on, onto＞,〈装置〉に〈ソフトウェア〉をプリインストールする＜with＞ ◆preinstalled software (= preloaded software) インストール［導入, 組み込み］済みのソフトウェア ◆preinstalled items 既に取り付け済みの［あらかじめ装備されている］品目 ◆a preinstalled network card あらかじめ組み込まれている［(意図)当初から実装, 搭載されている］ネットワークカード ◆The system comes preinstalled [preloaded] with...; The system comes with... preinstalled [preloaded]. このシステムには～があらかじめインストール［導入, 搭載］されて(販売されて)いる ◆preinstall... in portable and desktop computers ～を, 携帯型およびデスクトップ型コンピュータにプリインストールする ◆DOS is preinstalled [preloaded] on the hard drive-equipped models. DOSは, ハードディスク実装のモデルにはインストール済み［導入済み］である。 ◆Windows NT 4.0 Workstation is preinstalled as standard. Windows NT 4.0 Workstationが標準でプリインストールされています． ◆The T5400C Series is preinstalled with MS-DOS 6.0, Windows 3.1 and UltraFont. T5400Cシリーズには，MS-DOS 6.0, Windows 3.1，およびUltraFontがプリインストールされている．

**preinstallation** ◇ software preinstallation on PC systems PCシステムへのソフトウェアのプリインストール，PCシステムにソフトウェアをあらかじめ（出荷前に）導入する［組み込む］こと

**prejudice** (a) ~ (~に対する)偏見[先入観]＜against＞，予断；[U]《法》不利益，損害；vt. (~に対する)偏見[先入観]を〈人〉に持たせる＜against＞，~を損なう[害する，不利にする] ◆without prejudice 偏見[先入観]なしに；虚心坦懐に；虚心平気で；既得権を侵すことなく ◆without prejudice to the interests of... ～の利益を損なうことなく[害することなしに] ◆in a society that is highly prejudiced against homosexuality 同性愛に対する偏見の強い社会において

**preliminary** adj. 予備の，準備の，事前の，先行の，（見積もりなどが）暫定的な，前置きの；n. （通例 ~ries）準備，準備行為，準備工作，予選（競技），予備試験 ◆a preliminary amplifier プリアンプ，前置増幅器 ◆a preliminary test [examination] 予備試験 ◆according to preliminary data from... ～がまとめた速報値[データ]によると ◆after a preliminary study 事前[予備，先行]調査後に ◆a preliminary estimate 速報推定値 ◆carry out preliminary research in preparation for... ～の（下）準備として予備[先行]調査を行う ◆preliminary figures for the first four months of 1997 1997年1月から4月までの速報値 ◆the preliminary design of a system システムの基本設計 ◆a preliminary study of documents attests to the fact that... 記録文書の事前調査は～であるという事実を証明している ◆pass a preliminary written test 予備筆記試験に合格する ◆Preliminary treatment removes the materials contained in wastewater that may damage or interfere with later treatment steps. 前処理では，後段［下流］の処理工程に損傷や支障を来す可能性のある下水中の物体を取り除きます． ◆The derailment disrupted train traffic from Chicago to Atlanta for at least 24 hours with preliminary damage estimates topping $1 million. この脱線事故は，シカゴからアトランタに至る列車輸送を少なくとも24時間混乱させ，暫定的な推定額で100万ドルを超える損害を出した．

**prelisted** adj. （株が）上場前の，未公開の ◆12,000 prelisted shares of Recruit Cosmos リクルートコスモス社の未公開株12,000株

**preload** vt. ~をあらかじめloadする，《コンピュ》~を（~に）あらかじめロードする［読み込む］＜into＞；(= preinstall) 〈ソフトウェア〉をあらかじめ（~に）導入する［組み込む，インストールする］＜on, onto, to＞，〈装置〉に〈ソフトウェア〉をプリインストールする＜with＞ ◆preloaded software インストール[導入]済みソフト ◆offer a PC preloaded with Linux Linuxがプリインストールされた PCを（製造）販売する ◆automatically preload a device driver before CONFIG.SYS executes 《コンピュ》CONFIG.SYS実行の前にデバイスドライバを（先に）自動的にロードする［組み込む，導入する］

**premarital** adj. 結婚前の，婚前の ◆promiscuous premarital sex 不特定多数の相手との婚前交渉

**premature** adj. 早すぎる，期が熟していない，時期尚早な，《意訳》時ならぬ，早まった，早熟[未熟]の，早産の ◆a premature baby [infant] 未熟児 ◆(a) premature birth [delivery, labor] 早産；早期産 ◆he said it is premature to predict the outcome 彼は結果を予想するのは時期尚早だと言った ◆it would be premature to comment on it at this point 現時点でそのことについてコメントするのは時期尚早であろう ◆men who suffer from premature ejaculation 早漏に悩んでいる男性たち ◆premature balding in women 女性の若はげ ◆in the event of premature termination of the contract; in the event of early contract termination 万一，契約の中途[途中]解約があった場合（*premature [early] termination = 早過ぎる［早期

の］解約） ◆About 280,000 babies are born premature each year. 《意訳》約28万人の未熟児が毎年生まれている．

**prematurely** adv. あまりにも早く，早まって，（時期）尚早に，早すぎて ◆a prematurely balding driver 若はげ（が進行中）の運転手 ◆major news services prematurely announced that Gore won Florida 主要通信社がフロリダ州でゴアを勝ち取ったと早まって[《意訳》性急に，せっかちに，早とちりで]発表した（*結局はブッシュが勝利した） ◆prematurely shorten the life of the battery 電池の寿命をあまりにも早く［著しく］縮めてしまう ◆when a removable disc is prematurely dismounted リムーバブルディスクの取り出しが早すぎると ◆companies that prematurely release new applications before they are sufficiently tested and debugged 新しいアプリケーションソフトを十分なテストとデバッグが行われないまま時期尚早に発売する会社

**premeditate** vi., vt. あらかじめ考える，前もって計画する，予謀する ◆These murders were premeditated and meticulously planned. これらの殺人事件は，あらかじめ考えられたものなので綿密［周到］に計画されたものだった．

**premeditated** adj. 前もって計画された，未必の故意による (↔ unpremeditated) ◆(a) premeditated murder [homicide, killing] 計画的殺人；《旧刑法》謀殺

**premeditation** n. [U] ◆with premeditation 前もって犯行の計画をして；あらかじめ犯行の意図をもって；あらかじめ企んで；あらかじめ殺意[犯意]を抱いて；未必（ミヒツ）の故意をもって；《旧刑法での》予謀（ヨボウ）して ◆His crime appears to have been an act of premeditation. 彼の犯行は，計画的行為であったように思われる． ◆The club was created without much premeditation. このクラブは，たいした事前計画もなしに創設された． ◆A charge of first-degree murder was dismissed by... because of a lack of evidence of premeditation. 第一級殺人罪は，犯行の計画性を証明する証拠が不十分なため～により棄却された．

**premier** 1 a ~ (= a prime minister) 首相，総理大臣，宰相 ◆British Premier Tony Blair トニー・ブレア英国首相 2 adj. 最も優れた，最も重要な，最高級の，第1位[1等，1級]の，首位の，主席[首席]の，最初の ◆Matsushita's premier DAT recorder 松下電器の最高峰DAT（デジタルオーディオテープ）レコーダー

**premiere** 1 a ~ （映画の）封切り，（演劇の）初演，主演女優；adj. 最も優れた，最も重要な，第1位[一等，一級]の，首位の，首席の，最初の ◆the world's premiere sports cars 世界の最高級スポーツカー 2 vt. ~を初公開する，〈新作映画〉を封切りする，〈演劇〉を初演する；vi. 初公開［封切り，初演］される

**premise** 1 a ~ 前提，根拠；the ~s 前述[上記]の事項 ◆a major [minor] premise 大[小]前提 ◆based on the premise that... ～という前提で ◆These opinions are built on premises that... これらの意見[見解]は，～という前提に基づいて[立脚して]いる ◆Judging from past history, a democratic social system is the major premise or the prerequisite for all developments – or modernizations. 過去の歴史から考えると，民主社会制度はすべての発展，つまり近代化のための大前提または必須［前提］条件である．
2 ~s《複扱い》土地と建物，建物と敷地，家屋敷，構内 ◆from within their premises 彼らの敷地内［構内］から ◆on [within, at] each subscriber's premises 各加入者の構内［敷地内］に ◆place an off-premises tap on the phone 構外に電話盗聴用の接続口を設ける ◆within the factory premises その工場の敷地内で；同工場構内[《意訳》同用地]で ◆on-premises equipment 構内機器 ◆an on-the-premises learning center 構内［敷地内］にある研修センター ◆brew pubs (taverns that make beer on the premises) ブルーパブ［直営所］(《意訳》自家製ビールを醸造している居酒屋)（*on the premisesは敷地内［構内］での意味） ◆bring a handgun onto the premises of a school 拳銃を校内[学校の構内，学内，学校の敷地内]に持ち込む ◆carry out repairs on the premises 現場[その場]で修理を行う ◆gas meters located on the premises of customers お客様［需用家］構内にあるガスメーター ◆illegally carry a handgun onto school

premises 拳銃を校内[学校の構内, 学校の敷地内, 学校内]に違法に持ち込む ◆restaurants that operate with an on-premises brewery （ビールの）自家醸造所を持って営業しているレストラン
**3** vt. ～を前提とする, ～を前提として述べる; ～を前置きする ◆West European unification was premised on the cold war. 西欧の統合は冷戦体制を前提にしていた。

**premium** **1** a ～ プレミアム, 割増金, 奨賞（ホウショウ）, 報奨金, 奨励金, 奨励給, ボーナス, 特別賞与, 打歩（ウチブ, ダブ）(*株式, 社債などにつく額面の金額以上の割り増し価格), (利子の他に支払われる)手数料, 保険の掛け金, 保険料, 非常に高い価値[評価]; a ～ (商品に付ける報償)景品, おまけ ◆put [place] a (high) premium on... ～（特に）重要視する, ～を（非常に）重んじる, ～を（高く）評価する, ～を（大いに）尊ぶ[貴ぶ](タットブ, トウトブ) ◆an insurance premium 保険の掛け金 ◆pay a monthly premium 月々の保険掛け金を支払う ◆put a higher premium on A than B BよりもAの方にA重きを置く ◆corporations that put a premium on producing high-quality products 高い品質の製品を製造することを重んじている企業
**2** adj. 特に品質の優れた, 上等な, 高級な, 高価格の, 高価な ◆premium grade gasoline オクタン価の高いガソリン ◆ultra-premium wine 極上ワイン ◆premium quality tools 品質が特に優れている[特撰品の]工具
**at a premium** プレミアム付きで, 少なくて貴重な, 額面（価格）以上で[の]（↔at a discount) ◆a stock priced at a premium above the market 相場以上のプレミアム付き高値がついている株 ◆designed for use where space is at a premium スペースが限られている[スペースに余裕のない]場所で使用できるように設計されている

**premixed** ◆a premixed flame 予混合フレーム[炎]
**premodern** adj. 前近代的な ◆premodern technology 前近代的な技術
**premolded** adj. プレモールド型の, 前もって[あらかじめ]モールドされた, 既成の(*成形品について) ◆a premolded shower unit プリモールド・ユニット式のシャワー室
**pre-owned** adj. 中古の(= secondhand) ◆pre-owned equipment 中古(チュウコ, チュウブル)[セコハン]の機器 ◆pre-owned vehicles 中古車
**prep** 《preparatory, prepositionの省略形》 ◆a prep school student 予備校生
**prepaid** adj. プリペイドの, 前払いの, 支払い済みの ◆a prepaid card プリペイド[料金前払い式]カード ◆a prepaid card public telephone (英)テレカが使える公衆電話 ◆a prepaid card プリペイド[料金前払い式]カード ◆Package and return the product to Terax Service Center, transportation charges prepaid. （要修理）製品を梱包の上テラックス社サービスセンターまで, 送料元払いにて送り返してください。
**preparation** (a) ～ 用意, 準備, 下準備, プレ準備, 支度(シタク), 手回し, 手配, 手筈, 段取り, 備え, (心)構え, 覚悟, 作成, 調理, 調製, 調剤, 調合, 処理, 前処理; a～ 調製食品, 料理, 配合物, 調整された薬剤[製剤], 調剤品, 医薬品, 化粧品, プレパラート, 標本, 組織標本, 試料 ◆as a preparation to... ～の準備として, ～に備えて ◆make preparations for... の準備をする ◆text preparation 文章作成 ◆(the) preparation of a document; document preparation 書類の作成; 文書作成 ◆a coal preparation plant 選炭工場 ◆the planning and preparation stage 企画・準備段階 ◆a rocket awaiting preparation for a launch 発射準備を待っているロケット ◆dishes in preparation 調理中の料理 ◆encourage further preparation 更なる準備[《意訳》対応]を促す ◆in preparation for summer 夏に備えて ◆to prevent cross-contamination during preparation of food 食品の調理中[仕込み中]の相互汚染を防止する ◆traditional preparations heavy on meat 肉を多く使った伝統料理 ◆a document in preparation 作成中の文書 ◆the preparation of a production facility for a new run 新たな操業のための生産設備の段取り ◆in preparation for becoming a game-show host ゲームショー番組の司会になるための準備 ◆in-vest $300 million in preparation for building a 2.5-liter diesel engine, code-named Puma ピューマというコードネームの2.5リッターディーゼルエンジンの製造に向けて3億ドル投資する ◆materials used in the preparation of synthetic rubber 合成ゴムの配合で使用される材料 ◆Preparations are currently underway [under way] to publish [for publishing]... 目下～を出版する準備が進んでいる[進行している]; 現在～の発表準備中である。 ◆require a considerable amount of preparation かなりの準備を必要とする ◆she made all possible preparations for her journey 彼女は旅行の準備を万端に整えた[万全の旅支度をした, 旅行に向けてぬかりなく準備した] ◆the developer has already begun site preparation work for a Formula One auto racetrack その開発業者は, F1自動車レーストラックのための用地造成工事を既に開始した ◆Volatile esters are often used in the preparation of perfumes. 揮発性エステルは, よく香水の調合に用いられる。 ◆The crew is currently putting on the final touches in preparation for a completion ceremony due to take place in June. 6月に行われる予定の竣工式の準備に[落成式に間に合わせるべく], 目下作業員らは最後の仕上げをしているところである。

**preparatory** adj. 準備の, 予備の ◆a preparatory school 《米》大学進学予備校 ◆a preparatory stage 準備段階 ◆preparatory work 下仕事[下準備, 段取り, 準備作業, 予備作業] ◆align... preparatory to welding 溶接の準備として[溶接に先立って]～の位置合わせをする ◆treatment preparatory to...; treatment in preparation for... ～の準備としての処置; 《意訳》～の前処理 ◆working-level preparatory meetings 実務レベルの準備会談 ◆the major part of all preparatory tasks was already finished すべての準備作業の大部分はすでに終わって[終了して]いる ◆Short films are considered as preparatory steps toward directing feature film projects. 短編映画は長編映画作品を監督することへ向けての準備段階[布石]と考えられている。
**preparatory to** ～の準備として, ～に先立って, ～の前に ◆Remove all parts preparatory to head removal. ヘッド取り外しの前に全部品を取り除きます。
**prepare** vt. ～を用意する, 準備する, 整える, 作成する, 調製する, 加工する, 処理する, 用意を調える, こしらえる; 〈人〉に（～に対する）心の準備[心構え, 覚悟]をさせる〈for〉; vi. （～の）準備をする〈for〉, （～に対する）覚悟[心構え]をする〈for〉 ◆be prepared to 〈do...〉 ～する用意がある; ～する態勢[準備]が整っている; ～することができる; ～する道具立てが揃っている; ～する構えである; ～することも辞さない; ～することをいとわない ◆a client-prepared drawing [document] 顧客が作成[準備, 用意]した図面[書類] ◆prepare (a) medicine according to a formula 薬を製法に従って調製する ◆prepare a site for development 不動産開発用の用地を造成する ◆prepare for the future by...-ing ～をすることによって今後に備える ◆prepare oneself for the worst 最悪の事態に備える; 万一に備える ◆prepare quotes for prospective customers 見込み客用に見積書を作成する ◆prepare the machine to carry out a new task 新たな作業をするために機械の段取りをつける ◆prepare the way for a major triumph 大勝利に向けての地均しをする ◆prepare dishes to customer specifications 客の仕様[客の好みによる細かい注文]に合わせて料理を用意する[調製する, 整える](*固め／柔らかめ, 濃い／薄いなどの客からの指定) ◆taste-tempting recipes that are economical and easy to prepare 経済的で手軽に調理できる, おいしそうなレシピ ◆the company is prepared to take legal action against... 同社は～を相手取って法的措置を講ずることも辞さない構えである ◆the development of technical programs that prepare graduates for positions of leadership in the industrial community 卒業生を産業界で指導的な地位につけるような準備をする[《意訳》養成する, 育成する]技術(教育)プログラムの開発 ◆they are prepared to pay a premium for an excellent service 彼らは卓越したサービスに対して割増料金を払うことをいとわない ◆Be prepared for inclement weather. 荒天[悪天候]に対する準備[備え]を怠らないこと。 ◆Be prepared

to pay more for a hi-fi VCR. ハイファイ型ビデオデッキを買うにはもっと出費がかさむものと覚悟を決めてください。 ◆ Bottle feeding: Be sure to prepare the formula exactly according to directions. 哺乳瓶による人工栄養の場合: ミルクは必ず正確に指示通り調乳してください。 ◆ Drive with extra caution and be prepared for changes in the speed limit. 特別に注意して運転し、制限速度の変更に対し心構えをしていること。 ◆ Acetylene can be prepared in the laboratory from the reaction of water with calcium carbide. アセチレンは、実験室では、水を炭化カルシウムと反応させることによって合成できる。 ◆ Before charging, prepare the battery by removing the vent caps and adding distilled water. 充電に入る前に、ガス抜きキャップを取り外し蒸留水を補充してバッテリーの準備を整えてください。

**prepared** adj. 用意ができた、調整された、精製された、加工された、覚悟[心構え]ができた ◆stand prepared to do... ～する態勢[準備、道具立て]が整っている ◆unions at Bridgestone/Firestone Inc. have warned the company that they are prepared to walk off the job if no new contract is reached ブリヂストン・ファイアストン社の組合は、新契約にこぎ着けない場合、ストライキを打つ構えである[スト突入も辞さない]と会社に警告した

**preparedness** 用意が[準備万端]整っていること、心構えが出来ていること[覚悟]; 戦争への備えが出来ていること[軍備] ◆natural disaster preparedness 自然災害への備え ◆a Y2K preparedness checklist 2000年問題対応チェックリスト ◆we maintain a high degree of preparedness in order to respond to disasters 私たちは災害に対処するために高度に整った[十分な]準備態勢を保っています ◆the degree of preparedness for a major emergency is unknown 大規模な緊急事態に備えての準備[態勢]がどの程度整っているかは分からない;《意訳》大規模な非常事態への対応状況は不明である ◆Sometimes a lack of questions on your part can be interpreted as a lack of interest or a lack of preparedness. 往々にして、あなた側から発する質問が少ないと、興味が欠如しているとか準備不足というふうにとられかねません。(＊面接で)

**prepend** vt. 《コンピュ》〜を(〜の)最初[先頭]に付加する <to>(←append)

**preplan** vt., vi. あらかじめ[事前に]計画を立てておく ◆a preplanned, organized tour of Europe お任せで[お揃りの]ヨーロッパ行き団体旅行 ◆demonstrate the ability to navigate to a preplanned point 《意訳》事前に[あらかじめ、前もって]計画しておいた地点に航行してたどり着ける能力があることを実証する; 予定地点への航行能力を証明する

**preproduction** 《映画、ビデオディスクなどの》制作に先立つ作業、下仕事、下準備; adj. 本生産開始前の準備の、試作の、制作準備の ◆a preproduction car 試作車 ◆a production unit 本生産の[技術評価用の]ユニット ◆in the pre-production phase 生産前の段階で; 本生産に入る前の段階

**preprogram** vt. 〜をあらかじめ設定する、予約設定する、〈コンピュータ、関数電卓など〉を前もってプログラミングしておく

**preprogrammed** adj. 工場出荷前に設定された、あらかじめ設定された ◆at a preprogrammed time あらかじめ設定されたある時刻に; 予約設定時刻に

**prequalification** (a) 〜事前資格審査 ◆apply for prequalification 事前資格審査を受けるための申し込みをする ◆fill out a prequalification form (事前)資格審査申請用紙に記入する(＊入札への参加資格、銀行から融資などを受けるための)

**prequalify** ◆prequalified bidders 事前資格審査を通過した入札業者ら

**prerecord** vt. 〜をあらかじめ録音[録画]しておく

**prerecorded, pre-recorded** adj. 録音[録画]済みの、あらかじめ録音[録画]されている、《音楽やビデオのソフトが》市販の ◆a pre-recorded video cassette (市販)ビデオソフトのカセット[テープ] ◆home taping of prerecorded music (CDやラジオ放送などからの)音楽ソフトの自家[私的]録音

**prerequisite** (a) 〜前提条件、必要条件; adj. あらかじめ必要な、不可欠な <to, for> ◆a prerequisite to the complete solution 完全解を得るための必要条件 ◆Economic development is a prerequisite to a stable society. 経済発展は、安定した社会の前提条件である。 ◆Social stability is an indispensable prerequisite for economic development and smooth progress in reform. 社会の安定は、経済発展および改革の順調な進展のために必要不可欠な前提条件[必須条件]である。

**preschool** adj. 就学前の、学齢前の、学齢に達していない、未就学〜; (a) 〜 保育園、保育所、幼稚園、幼児教室 ◆a preschool child 就学前の子供 ◆a preschool [kindergarten, nursery-school] teacher 幼稚園の先生 ◆children of preschool age 学齢に達していない子供達

**preschooler** (a) 〜就学前[学齢前]の幼児、未就学児、保育園児、幼稚園児 ◆preschoolers between 15 months and 5 years (月齢)15カ月から(年齢)5才までの就学前の[未就学]幼児

**prescience** 予知、先見の明、洞察(力)

**prescribe** vt., vi. 規定する、定める、指図[指示]する、命ずる、処方する ◆as prescribed 指示[指図、指令]通りに ◆a prescribed fee 所定の[定められた]手数料 ◆unless prescribed otherwise 別に定めのない[特別の規定がない、特に指示がない]限り ◆when the speed of... exceeds a prescribed rate 〜のスピードが規定速度を超えると

**prescription** 《医》指示、規定、命じること; (a) 〜 処方箋、処方、要指示薬、処方された治療法; (a) 〜 指示、命令、規定 ◆prescription medicine 処方薬、要指示薬 ◆a prescription for winning 勝つための処方箋 ◆prescriptions for growth 《経済》成長の処方箋 ◆without a doctor's prescription 医師の処方箋無しに[で] ◆Some drugs need a doctor's prescription, some you can buy off the shelf. 薬には、医師の処方箋が必要なものもあれば、店頭でそのまま買えるものもある。

**preselect** vt. 予め設定[選択]する ◆a preselected time あらかじめ設定されている時刻;《ビデオデッキ》(自動録画の)予約時刻

**presence** 居ること、在ること、存在、現存、実; 参列、列席、臨席、同席、立会い; 面前、人前、目の前、直面; 存在感、ある国の国外における軍事力や経済力の影響の存在(＊その国の軍隊の駐留や、商品がよく目に付くといった形で)、(特に)立派な、堂々とした風采、態度;《音響》臨場感 ◆enhance [→reduce] presence 臨場感を高める[→減じる] ◆detect the presence of... 〜が有ること[の存在]を感知[検知]する ◆an operator presence detector 操作員が居るか居ないかを検知する装置 ◆check these files for the presence of viruses これらのファイルにウイルスが存在していないか[《意訳》ウイルスがないか]調べる ◆make one's presence known to... by... 〜に存在を〈人〉に〈音など〉によって知らせる ◆suspect the presence [existence] of... 〜がある[存在する]のではないかと疑う ◆an indicator to detect the presence of... in drinking water 飲料水中の〜の存在[《意訳》含有、混入]を検出する[検知する、《意訳》調べる]ための指示薬 ◆detection of the presence or absence of electric impulses 電気インパルスの有無の検知[検出] ◆Make your presence felt! あなたの存在を主張するようにしなさい。; (目立った)存在感のある人間になりなさい。 ◆test for the presence of voltages 電圧がかかっているかどうかを調べる ◆It will make its presence known at the output. それは、出力に表れる(であろう)。 ◆The presence [existence] of lunar water has been confirmed by two different research methods. 月の水の有る[《意訳》月に水があることは]2通りの異なる調査方法により確認された。 ◆In the presence of heavy metal salts, the surfactant loses most of its solubilizing power. 重金属塩がある[含まれている]と、界面活性剤は可溶化力をほとんど失ってしまう。 ◆The constant presence of the antibiotics in humans might lead to harmful bacteria becoming resistant to antibiotic treatment. 抗生物質が人の体内に常時存在するということは、有害な細菌が抗生物質による治療に対して抵抗性を持つようになる[耐性を得る]ことにつながりかねない。

**in the presence of...** ～がある状態で、～の存在下で; ～の面前で、～の立ち会いのもとで ◆in the presence of an acid catalyst 酸触媒の存在下で ◆in the presence of explosive and/or flammable fumes 爆発性および引火性ガスのあるところで ◆confessions must be written out in the presence of a suspect's lawyer 供述書は容疑者の弁護士の立ち会いのもとで作成されなければならない ◆Because the solubility of insulin increases in the presence of glucose, the more glucose in the blood, the more drug is released. インシュリンの溶解度はグルコースの存在により増すので、血液中のグルコースが多ければ多いほど薬剤は多く放出されることになる.

**present** 1 adj. 居る, 存在する, 出席[同席]している, 居合わせている; 現在の, 当代の, 今の, 目下の, 当面の, さしあたりの, 検討[考慮]中の; n. the ～ 《文法》現在形, 現在時刻 ◆at present 目下, 現在(のところ) ◆for the present 当面の間, さしあたり, 当座の間 ◆at least for the present moment 少なくとも今のところ[さしあたり, 当分の間, 当座は] ◆at the present moment 現時点で, 現在は, 今, 目下 ◆at the present time 現時点では, 目下, 現在, 現在は, ただいま ◆under present circumstances 現状では ◆under (the) present [existing] conditions 現在[目下]の状態[状況, 事情, 情勢]では, 現状では ◆your present systems あなた[貴社]の現在のシステム ◆his analysis of the present situation of the royal family [in Central Europe] 彼による王室[中欧]の現状分析 ◆in the present stage of development 現発展段階において ◆if no lubricant is present 潤滑剤がついていなかったら ◆the elements present within the circuit その回路内にある部品 ◆they demand that the present state be preserved 彼らは現状を維持すべきであると要求している ◆when there are far more urgent and important matters to be addressed at the present time 現下対応すべきより喫緊な要務があるときに ◆Officials suspected that a harmful microorganism, cryptosporidium, was present in the water supply. 当局者は有害な微生物「クリプトスポリジウム」が上水道に混入していたのではないかと疑った. ◆An unknown quantity of chemical weapons was destroyed without international inspectors present to monitor the process. 不明量の化学兵器が, 処理工程を監視するための国際査察団の立ち会いなしに破壊された. ◆The DSP chip will soon be offered in a plastic package that will cut its present 1000-quantity price from $96 to $38. そのDSP(デジタル信号処理)チップは, 近々プラスチックパッケージに実装して売られることになっており, これにより1000個口での単価が現行の96ドルから38ドルにまで下がるかもしれない.

2 a ～ プレゼント, ギフト, 贈り物, 付け届け, 贈呈品, 進物(シンモツ)

3 vt. ～を贈る, 贈呈する, 進呈する, 与える, 手渡す, 授与する, 差し上げる, 進呈する, 差し出す, 提出する, 見せる, 表示する, 提示する, 紹介する, 上演する, 公演する, 見せる, 引き起こす, 提起する, 〈銃など〉を向ける; 《present oneselfの形で》〈人〉が出席する[出頭する, 現れる], 《present itself [themselves]で》〈機会, 問題, 困難, 考えなど〉が[浮かぶ, 浮上する, 出現する, 生じる] ◆present an exhibition 展示会を開く ◆present a paper on... ～についての論文を提出する ◆present data in graphical form データをグラフの形で表現する ◆present data in tabular form データを表形式で表す[示す] ◆present it to her as a Christmas present それを彼女にクリスマスプレゼントとして贈る[あげる, 差し上げる] ◆the ideas presented in Chapter 5 第5章で示した考え ◆present a password to the computer system コンピューターシステムにパスワードを呈示[入力]する ◆present your business card when you... ～の際に, (自分の)名刺を差し出[見せ]なさい ◆present data from the computer in a form useful for humans コンピュータからのデータを人間にとって便利な形で呈示する ◆This approach presents no problem, as long as... ～でない限り, このアプローチには問題がない. ◆I would like to present my views on this issue, which differ from those presented in... document. この問題について, ～の文書に示されている見解とは異なりますが, 私の意見を述べさせていただきたいと思います. ◆Significant new opportunities have presented themselves almost continuously. 新たな重要な機会がほとんど引きも切らずに出現した.

**presentable** adj. 人前に出しても恥ずかしくない, 見苦しく[聞き苦しく]ない, 十分見られる[聞ける], 観賞に耐え得る, 人に見られてもよい ◆a presentable looking sketch 公に出しても恥ずかしくない[観賞に耐える]手書き図面

**presentation** (a)～ 贈呈[授与], 上演[公演, 上映, 公開, 展示], 描写[表出, 表現]; a～ <on> (製品や物事についての)プレゼンテーション[プレゼン, 紹介, 発表, 説明, 披露], (オリンピック大会などの)招致演説; 図提示, (手形などの)呈示 ◆make a presentation to... 〈人〉に(対して)[の前で]プレゼンテーション[発表]を行う ◆the presentation layer 《通》プレゼンテーション層(*国際標準化機構(ISO)の開放型システム間相互接続(OSI)参照モデルの第6層) ◆a presentation copy (of a book) (ある書物の)贈呈本[寄贈本, 献本](*特に著者が贈るもの) ◆a prize presentation ceremony 授賞式 ◆make [hear] a presentation プレゼンテーション[(五輪の)招致演説]をする[聴く] ◆presentations to internal audiences 内部者を聴衆として[内部の集まりで]のプレゼンテーション[発表] ◆I have a major presentation tomorrow morning 私は明朝大事なプレゼンテーションをすることになっている ◆make an oral presentation of the report そのレポートを口頭発表する ◆produce a slide presentation for tomorrow's board meeting 明日の重役会議のためにスライド・プレゼンテーションを制作[プレゼン用のスライドを準備]する ◆present the three goals of a new marketing plan in a presentation プレゼンテーションで新しい販売計画の3つの目標を呈示する

**present-day** adj. 現代の, 当代の, 今日の, 当世の ◆present-day English 現代英語 ◆present-day Japan 今日[当代, 当世]の日本; 現代日本

**presenter** a～ 贈呈者, 提出者, (ラジオ・テレビ番組の)司会者 ◆a seminar presenter セミナーの講師

**presently** adv. (現在形で)目下, 今, 現在, 《通例未来形で》まもなく, やがて, じきに

**preservation** 保存, 保全, (自然, 野生動物の)保護, 貯蔵, 管, (健康, 法・秩序などの)維持 ◆the preservation of tropical rain forests 熱帯雨林の保全[保護] ◆the preservation of nature 自然保護 ◆the preservation of natural environments [the natural environment] 自然環境の保全[保存, 保護, 維持] ◆in an excellent state of preservation すばらしく良好な保存状態で

**preservative** (a)～ 保存薬, 保存料, 防腐剤; adj. 防腐の, 保存の ◆preservatives in food [foodstuffs]; a preservative of food 食品保存料

**preserve** 保存する, 保存加工する, 貯蔵する, 保管する, しまっておく, 残しておく; 保全する, 保護する, 守る, 保つ, 維持する, 保持する 湿地を保全する ◆preserve wetlands 湿地を保全する ◆preserve [conserve] biodiversity 生物の多様性を保全する ◆preserve humanity's rich genetic heritage 人類の豊かな遺伝的遺産を守る ◆vacuum-sealed to preserve freshness 新鮮さ[鮮度, 生きのよさ]を保つために真空封印された ◆preserve an intermediate output file for later processing 後に処理できるように, 中間出力ファイルを保存する ◆wines vary in their ability to be preserved for long periods of time 各種ワインの長期保存性はまちまちである ◆The printer can be tilted to preserve desk space. このプリンタは, 机上スペースを残しておくように[邪魔しないように]斜め置きできる.

**preset** vt. ～をプリセットする, あらかじめ設定[セット]しておく ◆select a favorite FM station from the twelve presets プリセット[あらかじめセット]されている12局から好みのFM局を選ぶ ◆Once the selected channels are preset, they can be viewed at the touch of a single button. 選んだチャンネルをあらかじめ[事前に]設定しておくと, ボタン一つでこれらのチャンネルを見ることができる. ◆The timer permits unattended recording of up to eight preselected programs and can be preset two weeks in advance to record your favorite programs. タイマーにより, あらかじめ選んだ番組を8つまで留守録でき, 好きな番組を2週間先まで録画予約設定できる.

**preside** vi. 司会(役)をつとめる, 議長(役)をつとめる <at, over>; 支配する, 管理する, 統括[統轄, 総括]する, 一切のことを取り仕切る <over> ◆preside over a meeting 会議の議長を務める ◆preside over the downscaling or demise of this office このオフィスの規模縮小あるいは廃止の統轄をする[指揮を取る]

**presidency** (a) ~ (pl. -cies) president (＊社長, 会長, 委員長, 学長, 総裁など)の職[任期], 《しばしば Presidency で》アメリカ合衆国大統領の職[任期] ◆under the presidency of... ~大統領[社長, 会長, 学長, 総長, 総裁]の下で; ~を大統領として

**president** a ~《役職を表す場合は無冠詞》社長, (事業部の)部長, (銀行の)頭取, 会長, (大学の)総長, 議長; (a) ~《しばしば P~》大統領, 国家主席, 総統 ◆a U.S. [an American] President ある米国大統領《いつの大統領かは不定》◆become president of a bank 銀行の頭取になる《president は無冠詞》◆Chinese President Jiang Zemin 中国の紅沢民国家主席 ◆Taiwan President Lee Teng-hui 台湾の李登輝総統 ◆a recent President of the United States 最近のアメリカの大統領 ◆Bill Clinton, President of the United States 米国大統領であるビル・クリントン ◆former Russian President Boris Yeltsin ロシアのボリス・エリツィン前大統領 ◆Russian President Vladimir Putin; President Vladimir Putin of the Russian Federation ロシア連邦のウラジミール・プーチン大統領 ◆the late North Korean President Kim Il-sung 北朝鮮の故金日成主席 ◆He is the president and CEO of Bexel Corporation. 彼はベクセル社の社長兼最高経営責任者である。◆Mr. Hashimoto is president of the Liberal Democrats, which represent the conservative mainstream. 橋本氏は保守本流を成す自民党の総裁である。

**preslip** a ~ プレスリップ, 直前滑り ◆local slow preslips 局地的なゆっくりとしたプレスリップ[直前滑り] (＊地震発生前の地殻変動)

**press** 1 vt. ~を押し, 押し固める, 押し付ける, 圧する, 圧し締める, ~に加圧する, ~を握り締める, 抱き締める, (特にアイロンがけして)~を平らにのす, 〈レコードなど〉をプレス成形して製造する, ~を(~から)しぼりとる, 圧搾(アッサ)する<from, out of>, 〈人〉に~を強く迫る<to do>, 〈人〉に~を求めて執拗に迫る<for>; vi. 押す, 圧迫する, 加圧する, アイロンがけする, プレスで重量挙げする, 強引に進む, 突進する, 押し合いへし合いする, ひしめく ◆press A against B AをBに押し付ける ◆press and hold a key [button, switch] キー[ボタン, スイッチ]を押し続ける[押したままにする] ◆time is pressing 時間が差し迫っている ◆Time presses. 時間が切迫している。◆carefully press the chip into the socket 慎重に(IC)チップを押してソケットに差し込む ◆press a pedal flat ペダルを完全に[いっぱいに, 限度まで]踏む ◆press in the locking button and hold it in momentarily ロックボタンを押し込み, ちょっとの間押し込んだままにする ◆press the new possibilities to the limit 新しい可能性をとことんまで追求してみる ◆time-pressed doctors and nurses in emergency rooms 緊急救命室で時間に追われている医師や看護師 ◆We are determined to press forward for a lasting peaceful settlement. 私たちは永続的な平和の解決に向けて邁進してゆく決意であります。◆Power Button: Pressing this button turns your notebook computer on and off. 電源ボタン: このボタンを押すと(お買い上げの)ノートパソコンの電源をオン/オフできます。

2 a ~ 一押し, 圧迫, 圧搾, 握ること; a ~《口》アイロンがけ; a ~ 印刷機, プレス機 ◆a hydraulic press 《機械》油圧プレス ◆button press information ボタンの押し下げ情報 ◆solderless press-fit contacts《電気》無はんだプレス止め接点 ◆the number of button presses ボタンの押し下げ回数 ◆press-fitted parts プレスばめ[圧入]して製造されている部品 ◆The program is available at the press of CTRL-G. 《コンピュ》CTRL-G(キー)を押すとそのプログラムを使える[呼び出せる]。

3 the ~《集合的》新聞, 雑誌, (あらゆる種類の)マスメディア, ジャーナリズム; the ~《単/複数》報道陣, 記者団, 《意訳》報道各社; a ~《新聞雑誌による》評[評論, 受け]; 《通例 Press》出版部[局], (社名を前置して)出版会社 ◆go to press 〈原稿〉が印刷にまわる[付される] ◆send... to (the) press 〈原稿〉を印刷にまわす ◆a press card 取材記者[取材許可]証 ◆a press [news] conference 記者会見 ◆Oxford University Press オックスフォード大学出版局 ◆a press shop《機》プレス工場; 新聞社やその他マスコミの記者に情報提供したりその他の便宜を図るための施設 ◆freedom of press; free press 報道の自由 ◆a reporter-filled press conference 大勢の記者で満員の記者会見 ◆at [during] a press preview of...《新製品》の記者発表時に ◆before it is committed to press それが印刷に付される[附される, 《意訳》回される, 出される, 渡される]前に ◆demand freedom of the press 出版・報道の自由を要求する ◆enjoy a free press 報道・出版の自由を享受する ◆fresh from [off] the press(es) 刷り上がったばかりで ◆inhibit freedom of press 報道・出版の自由を阻害する ◆restrict freedom of the press 報道・出版の自由を制限する ◆Dr. Steve Maran, Press Officer, of the American Astronomical Society 米天文学会の広報担当を務めるスティーブ・マラン博士 ◆"...," she said [told] in [at] a press briefing yesterday. 「~」と彼女は昨日の記者会見[発表]で述べた。◆The model should be available by the time this article reaches press. その機種[車種]が, この記事が印刷にまわるまでには(市場に)出回っているだろう。◆The product had not been released as this issue went to press. その製品は, この号(の原稿)が印刷にまわされる時点では, まだ発売されていなかった。◆Mary Leyshon is the Public Relations Officer and deals with all press and media relations for the College and should be contacted in the first instance by journalists. メアリー・レイションが広報担当をしています。本大学になり代わりマスコミを対象とした広報全般を扱っていますので, 記者の皆様におかれましては, まず最初にこちらにご連絡くださるようお願いします。

**press ahead** <with> (= press on with) ~をぐいぐいと推し進める[強力に推進する], (万難を排して)遂行する; どんどん続ける[続行する]; ~に邁進(マイシン)する ◆Many Japanese firms are pressing ahead with plans to shift some of their production overseas. 多くの日本企業は, 生産の一部を海外に移行する計画を推し進めている。

**press down** ~を押し下げる; <on> ~を押し下げる, ~を弾圧する, ~に対して強硬な措置を取る, ~を取り締まる ◆Press it down with as much force as you can muster. それを, ありったけの力を出して[力いっぱい]押し下げてください。◆Press down on the circular saw so that its teeth dig slightly into the board. 丸ノコを, 歯が軽く板に食い込むように押し下げてください。

**press forward** 推し進める, 進展させる, 進める; 急ぐ, 押し進む, 突き進む, 〈群衆〉が押し合いながら前に出る[進む] ◆More recently, work has been pressed forward on other aspects of... もっと最近になって, ~のその他の側面[局面]の作業も推し進められた[推進された]

**press on** <with> (= press ahead with) ~をぐいぐいと推し進める[強力に推進する], (万難を排して)遂行する; どんどん続ける[続行する]; ~に邁進(マイシン)する ◆press on with efforts to <do...> ~する取り組みを強力に推し進めている ◆press on with implementing the agreement 協定の実施を推し進める[推し進める]; 契約の履行を推進する ◆government troops are pressing on with an offensive to grab more territory in Bosnia's northwestern corner 政府軍は, ボスニア北西部の一角で更なる領土を奪取すべく攻勢を続行して[続けて]いる ◆the unit is conditioned to surmount such difficulties and press on with the mission 部隊はそういった困難を克服して任務を遂行するよう訓練されている (＊万難を排して)

**press-fit** a ~ プレス嵌(ハメ), 圧入; adj. ◆a press-fit connector 圧着型コネクタ (＊電子機器用の)

**pressing** adj. 緊急の, 差し迫った, 切迫した, 急を要する, 火急の, 焦眉(ショウビ)の, 喫緊(キッキン)の, 切なる ◆a pressing invitation to a dinner たっての[是が非でもの]食事の招待 ◆pressing problems 差し迫った[焦眉の, 緊急の]問題 ◆confer when anything pressing emerges 何か急を要する事柄[案件]が浮上したら相談[協議]する

**press release** a ～（発表のためにマスコミに渡す）プレスリリース［報道機関向けの発表（原稿）］(= a news release), 新聞発表 ◆send out press releases to newspapers　新聞発表用の原稿を新聞社に送付する

**press time** （原稿が）印刷にまわされる時間, 入稿の時間, 締め切り時間 ◆The manufacturer had not released prices for them at press time. （原稿が）印刷にまわされる時点では［原稿の段階では］, それらの価格はメーカーから発表されてはいなかった.

**press-to-talk, push-to-talk** adj. プレストーク通信方式の, 単信方式の（*送信する際にはマイクのボタンを押しながら喋る）◆press-to-talk operation　プレストーク通信方式, 単信方式 (= push-to-talk operation, over-over operation)

**pressure** 1　(a)～ プレッシャー, 圧, 圧力; ①（精神的なの）圧力, プレッシャー, 圧迫, 重圧, 強制; ①切迫, 緊急, 多忙; (a)～ 困難, 苦悩, 困窮, 窮迫 ◆at low pressure　（ガスなどが）低圧で ◆under pressure　圧力［プレッシャー］のかかった状態で, 圧迫されて, 切迫した状況下で, （非難・抗議・攻撃の）風当たりが強くて, 突き上げで, 強制されて, 否応なく ◆at high pressure　高圧で ◆a pressure bar　《板金加工》押さえ棒 ◆a pressure cabin　与圧室 (= a pressurized cabin) ◆a pressure cooker　圧力釜［鍋］◆a pressure drop　圧力降下 ◆a pressure gauge [gage]　圧力ゲージ ◆a pressure group　圧力団体 ◆a pressure test　圧力[耐圧, 加圧]試験 ◆financial pressure　金融逼迫（ヒッパク）[財政難] ◆resistance to pressure　耐圧性 ◆a pressure-proof housing　耐圧ハウジング ◆a pressure(-reducing) regulator　減圧調整器［調整機, 制圧機］; 減圧弁 ◆a pressure-sensing element　感圧素子 ◆a pressure-sensitive element　感圧素子 ◆a pressure reducing valve　減圧弁 ◆a pressure resistant container　耐圧容器 ◆at very high pressures　超高圧下で ◆be resistant to pressure　耐圧性がある ◆designed to open on positive pressure　陽圧になると開くように設計されている ◆hold a steady pressure　安定した圧力を保つ ◆negative pressure builds up in...　～内で負圧[陰圧]が高まる[強まる] ◆on pressure of the switch　そのスイッチを押すと ◆put pressure on a person to ⟨do...⟩　～させるために〈人〉に圧力をかける ◆raise the external pressure　外圧を上げる ◆receive pressure from...　～から圧力を受ける ◆the rate of pressure rise　圧力上昇率 ◆through [by] the application of pressure to...　～に圧力を加えることによって ◆to build up pressure　圧力を増す[上げる, 増加させる, 高める]ために ◆under a reduced pressure　減圧下で ◆unless the tires are inflated to the right pressure　タイヤに適正圧まで空気が入っていない限り ◆with 150 kilopascals of pressure　150キロパスカルの圧力で ◆at 50 to 70 times normal atmospheric pressure　大気の通常の圧力［常圧］の50倍から70倍の圧力で ◆the political pressure from the U.S. government　米政府からの政治的圧力 ◆a blood pressure-lowering drug　血圧降下剤［降圧剤］◆a low-pressure mercury lamp　低圧水銀ランプ ◆Contents under Pressure　内容物には圧力がかかっています; ～は加圧された状態です（*警告文の表示文句）◆X is (coming) under increasing pressure from Y to ⟨do...⟩　XにはYから～しろという圧力[非難, 風当たり]が強まっている ◆at a pressure exceeding about 10³ bars　約10³バール以上の圧力において ◆bring pressure to bear on [upon] Japan　日本に圧力をかける ◆form [develop, cause] a (slight) negative pressure in...　～内部に（弱い）負圧[陰圧]を生じさせる; ～の中を（わずかに）負圧[陰圧]にする ◆hold the compound under great pressure　この成形材料を高圧がかかった状態に保つ ◆improve the adhesion of pressure-sensitive tapes　粘着テープの粘着性を向上させる ◆provide a degree of hemostasis by pressure　圧迫によりある程度の止血をする ◆reapply pressure on the brake pedal　ブレーキペダルを再度踏む ◆reduce the susceptibility to pressure sores　圧迫性の壊疽（エソ）[床ずれ, 褥瘡（ジョクソウ）]になりにくくする ◆the fuel is delivered at a constant pressure　燃料は一定の圧力で供給される ◆there is generally a negative pressure in...　例he, ～内は負圧［陰圧］になっている ◆They exerted no pressure on...　彼らに～に圧力をかけなかった. ◆under double the barometric pressure at sea level　海抜0メートルにおける気圧の倍の気圧下で［2気圧で］◆when pressure is exerted on the brake pedal　ブレーキペダルに圧[圧力]をかけると ◆maintain a pressure difference between two points in a gas pressure control system　ガス圧調節［ガス調圧］システム内の2点間にある一定の差圧が常に現れているようにする ◆I was putting more pressure on myself than I needed to.　私は自分自身に必要以上にプレッシャーをかけていました. ◆The government of President Xxx has come under increasing foreign pressure to curb corruption.　Xxx大統領の政権は, 高まる外圧の下で腐敗を抑えるに至った［《意訳》外圧を受けて腐敗を抑えざるを得なくなった］. ◆There's constant pressure on all of us to become more productive year after year.　私たち全員には, 年を追うごとに生産性を上げて行かなければならないというプレッシャーが常にのしかかっている. ◆The system can operate under both vacuum and positive pressure conditions.　この装置は陰圧下および陽圧下の両方で動作可能である. ◆Automakers are coming under pressure from politicians and consumers to make cleaner cars.　自動車メーカーは, 政治家や消費者からよりクリーンな車をつくるよう圧力をかけられて［迫られて］いる. ◆China has stepped up pressure on the United States not to allow Taiwan's president to visit the United States.　中国は米国に対し台湾の総統の訪米を許可しないようにと圧力を強めた. ◆Mr. Jacobs, who owns 87 percent of the Orioles, has been under increasing pressure [attack] from creditors to sell the team.　オリオール球団の87％を所有するジェイコブ氏に対して, 同球団の売却を求める債権者からの圧力［非難, 風当たり］が強くなってきていた. ◆This high level of investment is not without risk, and it is continuing to put heavy pressure on the bottom line.　この高水準の投資にはリスクがないわけではない. そして引き続き（当社の）最終的な収益を大いに圧迫している.

2　vt.　～に圧力をかける ◆pressure a person into...　-ing〈人〉に圧力をかけて～させる

**pressure cooker**　a～ 圧力釜, 圧力鍋, 高圧鍋; a～ 精神的プレッシャー[社会的な重圧]のかかっている状態, 極めてストレスの高い環境 ◆They're in a pressure cooker all day, every day.　《意訳》彼らは, 毎日朝から晩まで高度な緊張を強いられる（ストレスの多い）状況にある.

**pressure-tight** adj. 耐圧性の, 気密性の

**pressurization** ①加圧, （電線ケーブルなどの）高圧密封(法), 《航空機の》与圧 ◆a cockpit pressurization system　コックピット与圧システム

**pressurize** vt. ～を与圧する, 加圧する, ～に圧力をかける ◆a pressurized reservoir　圧力容器 ◆a pressurized suit（宇宙遊泳などで使用する）与圧服 (= a pressure suit) ◆a pressurized fluid　圧力がかかっている液体 ◆pressurize the cylinders with compressed air　圧縮[圧搾]空気でシリンダーを加圧する

**pressurizer** a～ 加圧器, 加圧装置 ◆a pressurizer relief tank　《原子力》加圧器逃がしタンク

**Prestel**　the U.K.'s Prestel system　英国のプレステルシステム (*電話線を使った一昔前の一般家庭向けビデオテックスシステム)

**prestige** ①威信, 威光, 名声; adj. 格調高い, 高級な, 一流の ◆a prestige school　名門校 ◆a prestige [luxury] car　高級車 ◆national prestige　国の威信[信望, 威光, 威力]; 国威 ◆as a matter of national prestige　国威にかかわる問題として; 国の威信上 ◆be related to national prestige　国家の威信にかかわっている ◆damage its national prestige　その国の威信を損なう[傷つける] ◆enhance one's prestige　～の威信を高める ◆to recoup one's lost prestige　失った信望[名声, 威信, 威光]を取り戻そうと ◆he has bet his prestige on...　彼は～に彼の威信を賭けた[懸けた] ◆Congress has plummeted in prestige since...　～以降, 議会の威信は失墜してしまった ◆one's prestige has been dropping steadily　～の威信はじりじりと落ちて[失墜して, 失われて]きている

**prestigious** adj. 世評の高い, 一流の, 名声のある, 有名な, 名の通った, 信望のある, 格式ある, 名門の, 権威ある, 名誉ある, 栄えある, 栄光の ◆the product has garnered rave reviews in prestigious publications その製品は一流[有力, 有名, 名門]誌でべたぼめされた

**prestretch** v. あらかじめ[前もって]伸張する, 予張りする, 予備延伸する ◆(the) prestretching of lines [ropes] 索の伸び取り (*索を初めて引っ張った際に生じる永久伸びpermanent stretchをあらかじめ除去すること) ◆All ropes should be prestretched before measurement. ロープはすべて測定前にあらかじめ伸ばしを除去しておかなければならない

**presumably** adv. 推定するところ, 十分想定されるように, 察するに, おそらく, たぶん, 思うに, さぞかし ◆presumably because of... 多分[おそらく, 推定してみるに]〜のせいで ◆presumably sophisticated international bankers 海千山千だと思われている国際銀行家 ◆He died unexpectedly in 1993, presumably of alcohol poisoning or perhaps a heart attack related to alcoholism. 彼は, 察するところアルコール中毒かアルコールが関係した心臓発作が原因で1993年に突然死亡した. (参考) since the money presumably has been collected from... ; that has presumably been eaten by... (*presumably の挿入箇所の参考例)

**presume** vt., vi. 推定[想定]する, 察する, 〜と考える[思う], あえて[ずうずうしくも]〜する<to do> ◆illnesses presumed to have been caused by radiation exposure 放射線の被曝が原因であると推定される病気[疾病] ◆it would be wrong to presume that... would 〜だと思う[考える]のは正しくないことかもしれない ◆It is presumed true. これは真実だと思われている. ◆the company's world market share is presumed to grow to 17.4% by the latter half of next year 同社の世界市場シェアは来年後半までに17.4%に増えると推定されて[見られて]いる ◆North Korea is presumed to have extracted 48 to 60 pounds of plutonium. 北朝鮮は48ポンドから60ポンドのプルトニウムを抽出したものとみられる.

**presumed** adj. 推定された ◆his presumed successor 彼の後釜と目されている人間

**presumption** (a) 〜 仮定, 推定, 推測 ◆(based) on the presumption that... 〜であると推定[仮定]して, 〜であることを前提に ◆a woman abandoned by her husband on the presumption that she is barren 子供が生めない[不妊]だと思われ夫に捨てられた女性

**presumptuous** adj. 僭越な, しゃばりな, 出過ぎた, おこがましい, 身の程知らずの, 分を越えた, 差し出がましい, 生意気な, 増長した, つけ上がった, 思い上がった, 小癪な, 高慢な, 厚かましい, ずうずうしい, 無遠慮な, 大胆不敵な, 押しが強い ◆It would be [It may be, It might be, It might seem] presumptuous of me to say, but... こんなことを申し上げるのは僭越かと存じますが[差し出がましいようですが, おこがましいかもしれませんが]; 口幅ったい(ことを申し上げる)ようですが, ◆I'm not so presumptuous as to give her criticism. 私は彼女に批評を授けるほど身の程知らずでは, しゃばりじゃ, 生意気では, 無遠慮では, 厚かましくは, 不遜ではありません. ◆I so far have only read your first chapter. Thus, it is very presumptuous of me to say, however, I believe that your third central theme is mistaken. 私は今のところ貴稿の第1章しか拝読しておりませんので, こんなことを申し上げるのは大変僭越か[差し出がましい, 口幅ったい]と思いますが, 貴稿第3の中心テーマは誤っているのではと考えております.

**pretax** adj. 税引き前の, 税込みの; adv. 税引き前で, 税込みで ◆a 4% increase in pretax profits 税引き前利益の4%の伸び

**preterm** adj. 《医》月足らずの[早産の]; adv. 月足らずで, 早産で; a 〜 月足らずの赤ん坊[新生児], 早産児, 早生児, 未熟児 ◆a preterm baby struggling for life 懸命に生きようとしている早産児[早生児, 未熟児, 月足らずで生れた嬰児]

**pretext** a 〜 口実, 言い訳, 弁解, 弁明, 言いぐさ, 言い抜け, 言い逃れ, 屁理屈[理屈, 理由], 辞柄(ジヘイ), 託言; a 〜 表向きの理由, 名目, 上辺, みせかけ, 隠れ蓑, かこつけ ◆look for a pretext to <do...> 〜するための口実[言い訳,《意訳》建前]を

探す ◆Chancellor Helmut Kohl's conviction that Germany cannot keep using its Nazi past as a pretext for not helping its allies ナチスの過去を口実にドイツが同盟国を支援しつづけるわけにはいかないというヘルムート・コール首相の認識(*日本史と似た縛りのあるドイツがNATO軍に人的貢献を果たすに至るまでの話で) ◆the US government is using the fungal disease as a pretext to limit potato imports in order to reduce the US's own surplus 米国政府は, 自国の余剰を削減するために, カビ病をジャガイモの輸入制限の口実に利用して[盾にして]いる.

**pretreatment** (a) 〜 前処理, 事前処理,《農》予措(ヨソ) (*種まき前に薬液に浸すなど, 種子に処理を施すこと); adj. 処理[処置]前の ◆After pretreatment was completed, ... 前処理の終了後に

**prettily** adv. きれいに, 美しく; 的を射た, 明確に, 巧みに, すっきりと, 上品に, 上手に, 手際よく, 見事に; お行儀よく (*幼児に関して) ◆arrange prettily on a plate 皿にきれいに盛りつける

**pretty** adj. かわいらしい, 可憐な, 愛らしい, 愛嬌のある, きれいな, 美しい, 美人の, 感じのよい, 快い; すばらしい, みごとな, 巧みな; 相当な, かなりの; adv.《口》相当に, かなり, とても ◆We're going to do this pretty much the same way [in much the same way] we did last time. 我々は前回(やったの)とほとんど同じ方法でこれをやる.

**prevail** vi. 広く行われている, 普及している, 流行している, 優勢である, まさる, 説得する, 慫慂(ショウヨウ)する ◆while a certain condition prevails ある状態になっている間に ◆because perceptions prevail that it is cost-prohibitive それはべらぼうに高くてとても手が出せない, といった認識[見方, 印象]が支配的であるために ◆slum regions where only the law of the jungle prevails 弱肉強食[適者生存]の原理が支配しているスラム地区

**prevailing** adj. 一般の, 広く通用している, 優勢な, 主流となっている, 現行の ◆a prevailing wind 卓越風 ◆a prevailing price 一般価格; 時価 ◆at prevailing crop prices 現行の穀物価格で ◆at the prevailing market price 時価[通り相場]で

**prevalence** 〜 広く行きわたって[行われて]いること, 普及, 流行 ◆The increasing prevalence of UNIX in the computer industry makes it easier for workstations made by different manufacturers to communicate with one another and with larger machines. コンピュータ業界でUNIXがさらに普及することにより, 異なるメーカーのワークステーションが相互に交信したりもっと大型の機械と通信したりすることがいっそう容易になる.

**prevalent** adj. 広く行きわたって[行われて]いる, 普及している, はやっている, 流行している ◆become prevalent 普及する, 一般化する ◆Macro viruses are now the most prevalent computer viruses in the world. マクロウイルスは, 現在世界で最も蔓延しているコンピュータウイルスである. (*ある時期の話)

**prevalently** ◆This course will cover selected computer software programs which are most prevalently used in business and industry today.《意訳》このコースでは, 今日実業界および産業界で最も広く使用され[一般的に用いられ, 普及して]いるコンピュータソフトウェアプログラムを選んで取りあげ, 学習します.

**prevent** vt. 〜を防ぐ, 防止する, 予防する, 〜させないようにする, 妨げる, 妨害する, 阻止する ◆means to prevent or forestall osteoporosis 骨粗鬆症(コツソショウショウ)を予防するあるいは未然に防ぐための手段[方法] ◆prevent camera shake カメラブレを防ぐ ◆prevent electrostatic buildup 静電気がたまらないようにする ◆prevent [keep] ... from occurring [happening, taking place] 〜が起こらないよう[発生しない]防ぐ ◆prevent lightning damage to radio equipment 無線機〜雷害が及ぶのを防ぐ;《意訳》無線機の雷害対策をする ◆prevent static buildup 静電気の蓄積を防止する; 静電気がたまらないようにする ◆to prevent damage to... 〜の損傷を未

然に防ぐために; 〜に損傷を来さないようにするために; 〜を損傷から守る[保護する]ために ◆prevent... from becoming crimped 〜の曲がりを防止する ◆prevent damage from fingerprints, coffee spills, and the like 《意訳》指紋を付けたりコーヒーをこぼしたりすることが原因の損傷を防ぐ ◆prevent problems before they happen [occur] 問題を未然に防ぐ ◆to prevent the possibility of damage to the food processor フードプロセッサの損傷の可能性を防ぐ[フードプロセッサに損傷を来さないようにする]ために ◆his claim that his constitutional rights were violated by his being prevented from being on the ballot as a Republican 彼が共和党員として候補者名簿に載ることが妨げられている点で、憲法で認められている権利が侵害されたとする彼の主張[申し立て] ◆In the District of Columbia, large oil companies are prevented from owning and operating gas stations. コロンビア特別区においては、大手石油会社はガソリンスタンドの所有・経営はできないことになっている。 ◆The mechanical ABS prevents wheel lockup before it happens, rather than reacting to it after it occurs. この機械式ABSは、車輪のロックアップ[拘束]が起こった後にそれに反応して作動するのではなく、ロックアップを未然に防ぐのである。 ◆Relief workers are being prevented from carrying out their tasks. The vast supplies of food that are flowing to Somalia are being carried off by looters. 救援隊員らは、任務遂行を妨げられて[作業を実施する上で妨害を受けて]いる。ソマリアに流入する膨大な支給食糧は略奪者によって持ち去られているのだ。

**preventable** adj. 予防[防止, 阻止]できる, 防ぐことのできる, 妨げられる, 止められる ◆vaccine-preventable diseases ワクチンで予防可能な病気

**preventative** adj. 予防の, 防止の ◆a scale preventative 湯あか[缶石]防止剤

**prevention** 回防止, 予防, 止めること, 阻止, 一対策 ◆as a means of prevention 予防法[予防策]として ◆defect prevention; the prevention of defects 不良品発生防止 ◆eliminate defects by [through] prevention 予防によって欠陥[不良]を無くす ◆prevention measures 予防対策 ◆the prevention of shipment of defective supplies 不良欠陥品の出荷防止

**preventive** adj. 予防の, 防止の; a 〜 予防策, 予防薬 ◆preventive maintenance 予防保守[予防保全] ◆preventive measures 予防措置, 予防策; 予防手段 ◆preventive medicine 予防医学 ◆It is good preventive maintenance to <do> 〜することは、予防整備[保守]の観点から好ましい。 ◆promote preventive measures against natural disasters 自然災害に対する予防措置を促進する

**preview** 1 a〜 あらかじめ見て置くこと, 下検分, 下見, (映画などの)試写会, 試演, 予告, 予告編, 前触れ ◆(a sneak) preview 試写会; 予告編編; (新製品の正式発表に先立つ紹介で)下見発表会; 事前[先行]発表会, (事前)内覧[(特別)内見](会) ◆a depth-of-field preview button 被写界深度プレビュー[確認]ボタン(＊高級一眼レフカメラで) ◆It can be taken as a preview of what will happen. それは将来起きることの兆候と見ることができる。

2 vt. 〜をあらかじめ見せる[見る], 〜の試写[試演]をせる[見る] ◆preview a page 《コンピュ》ページ(＊の印刷イメージなど)をプレビューする[事前に画面で確認する] ◆The teacher had not even previewed the film before showing to her class. 同教師は、問題の映画を受け持ちのクラスに見せる前に下見さえもしていなかった。

**previous** adj. 前の, 以前(意訳)の, 従前の, 先の, 先行の, 前の, 旧〜, (口)(叙述用法)時期尚早な[早まった, 性急な, 早とちりな] ◆a previous engagement 先約 ◆as in previous years 例年のごとく ◆◆Current issue • Previous issue • Second previous issue 最新号または前々号・前号・前々号 ◆the next or previous page 次ページまたは前ページ ◆a previous-generation print engine 前世代の(プリンタの)印刷エンジン ◆Present employer: ..., First previous employer: ..., Second previous employer: 現在の勤務先:〜, 前の勤務先:〜, 前の前の勤務先:〜 ◆since the previous round of talks collapsed last month 前回の(一連の)協議が先月に決裂して以来 ◆another way to find bargains is to try to catch a sale on a previous model お買い得品を見つけるもう一つ別の方法としては、先行[型落ち]機種のセールを狙ってみることです ◆Press the exit key (F7) to return to the previous menu. 元[前]のメニューに戻るには、終了キー(F7)を押します。 ◆To return to a previous screen at anytime, click on the Back icon. いつでも前の画面に戻るには、Backアイコンをクリックしてください。

**previous to** (= before, prior to) 〜に先立って、〜以前に、〜より前に、〜より先に ◆all documents created 5 days or fewer previous to today 今日までの5日間以内に作成されたすべての文書 ◆Previous to entering education [Previous to being a teacher], he was... 教職につく[教諭になる]前、彼は〜

**previously** adv. 前に、以前に、かつて、前もって、あらかじめ、以前より、これまで、かねがね、かねて、かねてより ◆as has been decided upon previously かねてより[先に、以前に、前もって、すでに、先般]決定されていますとおり ◆... that has been previously unattainable これまでに実現できなかった〜 ◆previously agreed-upon [agreed-to] measures あらかじめ同意した措置; かねがね[かねてより、前々から]合意をみていた手段 ◆information not previously available 以前は手に入らなかった[入手できなかった]情報 ◆previously unseen yellow flecks of contamination これまで見られなかった黄色い汚染の染み ◆the previously known elementary particles 従来から知られている素粒子 ◆with less power and size than previously possible 従来(可能だった限度)よりもさらに少ない電力と小さなサイズで

**prewired** adj. 《電気》あらかじめ結線されている、布線済み、配線済みの ◆if a prewired jack is not located where you wish to install a telephone 電話を設置したい箇所に配線済みの差し込み口がない場合

**prey** 回餌食(エジキ)、獲物、回捕食すること、(a)〜 食い物にされる人、いいカモ、犠牲者、被害者; vi. <on, upon>(〜を)捕食する、餌食[エサ]にする、食い物[カモ]にする、略奪する、苦しめる ◆fall [become] (a) prey to... 〜の餌食になる[食い物にされる、犠牲になる、被害に遭う、思うままにいかなくなる] ◆prey on [upon]... 〜を獲物[食い物、餌食、カモ]にする; (比喩的に)〜を(悪の)毒牙にかける ◆prey on consumers 消費者を食い物にする ◆they run a risk of being preyed upon by crocodiles 彼らはワニの餌食になりかねない危険を冒す

**price** 1 a〜 価格、値段、代価、料金、〜s 物価 ◆fall [come down, drop] in price 低価格化する ◆smash prices 価格を破壊する ◆a high price 高い価格、高値 ◆a low [bottom, bargain, reduced, discount] price 《順に》安値[底値、特価、値下げ価格、割り引き価格] (＊類語に cheap 安い[安っぽい]、inexpensive 廉価な) ◆a price scale; a scale of prices 価格体系、単価表、価格表 ◆price setting 価格設定 ◆an attractive [irresistible, impressive] price 魅力的な価格 (＊irresistible... はつい手を出したくなる価格。impressive... は好印象を与える、訴求力のある価格) ◆a price cut [reduction] 値下げ、価格低下 ◆a price increase [rise] 値上げ、値上がり、価格上昇 ◆a steep [stiff, prohibitive] price; an outrageous [exorbitant] price 法外な[べらぼうな]値段 ◆a half-price ticket 半額[半値]チケット ◆a price war 価格[低価格化、激安]戦争、値下げ[値引き、廉売、安売り]競争、値引き合戦 ◆cutthroat price competition 熾烈[苛烈、激烈、猛烈、凄絶]な価格[低価格化]競争; 激安競争 ◆at very affordable prices たいへん求めやすい値段で ◆be (extremely) low in price (極めて)価格が安い[(非常に)廉価である] ◆buy [shop] by price 値段で(選んで)買う ◆commodities of low price 値段の安い[安価、廉価]商品[産物] ◆compete on price 価格競争をする ◆negotiate for price reductions 値下げ交渉をする ◆request a cut in price 値下げ要求をする ◆(retail) prices declined [came down] sharply (小売り)価格は急激に下がった[安くなった]、値段は急落した[値崩れを起こした] ◆sell... at low prices 〜を安価に提供する[売る] ◆bring down the price of... 〜の価格を下げる[安くする] ◆Prices are dropping for... 〜

の価格は下がってきている ◆put a price on a commodity 商品に値をつける ◆reduce the price of... 〜を値下げする ◆sell it at a good price それを良い値で売る ◆stabilize prices 物価[価格]を安定させる ◆a serious rise in prices 深刻な物価上昇 ◆at a base price of $20,000 2万ドルの基本価格[(オプション等を含まない)本体価格,基準価格]で ◆follow [trace, track] the day-to-day price movements of stocks [shares] 日々の株価の値動きを追う[追跡する] ◆Price is from $17.00. 価格は17ドルから。 ◆although a price had not been set 価格はまだ設定されて[決まって]いないが ◆at 20 to 40 percent below normal retail prices 通常小売価格の2割から4割引で ◆at a price within most office budgets たいていのオフィスの予算内におさまる価格で ◆at prices starting about $18,000 1万8000ドルからの価格で ◆beef prices are falling at the feedlot (意訳)牛肉の生産者[元売り]価格は下落している(＊feedlotとは穀物肥育場のことで牛はその場所では生きており、まだbeefの状態にはなっていないのだが、どうも英語ではこう書いてもおかしくないらしい) ◆Low price is another advantage. 低価格がもう一つのメリット[利点, 強み, 長所, 取り柄, 特長]である。 ◆must be achieved through improvements in price competitiveness 〜は価格競争力の改善[価格優位性の向上]を通して達成しなければならない ◆operate under price schedules established by... 〜が設定した料金[価格]体系のもとで経営する[営業する, 商売する, (事業を)営む] ◆purchase prices on [for]... 〜の購入価格 ◆the product has [carries] a suggested retail price of $398 この商品には398ドルの希望小売価格がついている ◆goods that are sold mostly on the basis of price 主に価格[値段]で売れる製品[売上が主に価格に左右される製品](= price-sensitive goods) ◆tend to drop in price and improve in quality very quickly 〜は急速に価格が低下し品質が向上する傾向にある ◆at prices well below what you might expect to pay あなたが考えているよりもずっと安い価格で; ご予算よりもずっとお安い値段で ◆it would have an effect on the price-competitiveness of natural gas それは天然ガスの価格競争力に影響を及ぼすことになろう ◆lower prices that result from market competition 市場競争の結果もたらされる低価格化 ◆prices appear to be coming down on many products such as... 〜など多くの製品の価格が下がってきているようだ ◆Prices begin at $15,000. 価格は15,000ドルから。 ◆All for an unbeatable price – less than $15,000! 全部まとめて15,000ドルを切るどこにも負けない価格！ ◆As computers drop in price, their spread accelerates. コンピュータの低価格化につれ, 普及が加速化する。 ◆It carries a retail price of $159. その小売価格は159ドルである。 ◆Price ranges from $28,000 to $31,000. 価格は28,000ドルから31,000ドルである。 ◆Prices have risen 100% or more on most goods. ほとんどのもの値段が100%以上上がってしまった。 ◆The manufacturer released prices for them. メーカーはそれらの(製品の)価格を発表した。 ◆The price of building materials has gone up. 建築資材が値上がりした。 ◆Each lists for between $200 and $300, but all carry estimated street price below $200. おのおののカタログ表示価格[定価, 正札]は200ドルと300ドルの間であるが, 推定実売価格はどれも200ドルを下回る ◆Personal computers have been maintaining steady price levels in the region of $500 to $5000. パソコンは, 500ドルから5000ドルの範囲の安定した価格水準を保っている。 ◆They say YBM's products are high in price and low in quality. 彼らは, YBM社の製品について, 価格[値段]は高くて品質はよくないと言っている。 ◆Under the new price schedule, the DSP1400 has a suggested retail price of $1,400. 新しい価格体系では, DSP1400の希望小売価格[参考上代]は, 1,400ドルである。 ◆Rexel's president promised to keep prices as low as possible on the company's upcoming products. レクセルの社長は同社の次に出す製品の価格をできるだけ低く[安く]抑えると約束した。 ◆At its reasonable – though not low – price, this new model won't take a back seat to any desktop machine on the market. 安くはないが納得のいく価格で, この新型は市場に出回っているデ

スクトップ機にも引けはとらないであろう。 ◆Data General may have started a price war by introducing a workstation for $7,450, far less than the typical $20,000 cost. データジェネラル社は, 一般的な2万ドルの価格をはるかに下回る7,450ドルのワークステーションを投入することにより, 値下げ戦争に火を付けてしまったのかも知れない。 ◆In single-unit quantities, the laser sells for $5000, and in quantities exceeding 3000 units, the per-unit prices will be below $2400. (1台ずつの)単価[ばら売り](の数量)では, このレーザー(装置)は5000ドルで販売しているが, 3000台を超える数量にまとめると1台当たりの価格は2400ドルより安くなる。

**2** (a) 〜 = 代償[犠牲, つけ]; a〜 (人の首などにかけられた)懸賞金, 褒賞金(ホウショウキン) ◆a small price to pay for the pleasure of outstanding sound すばらしいサウンドの喜びのために払う小さな代償 ◆The car's crisp handling comes at a price. この車のきびきびしたハンドリングは, それなりの代償[犠牲]を払って得ている。 ◆We have become complacent about infectious diseases. And in 1993, we paid a price for that. 私達は感染症に対して危機感がなくなり, 1993年にそのつけを払わされることとなった。 ◆Of course, competitiveness comes at a price for U.S. workers. Some 2 million manufacturing jobs have been slashed during the 1980s out of a total industrial work force of 20.3 million. 当然, 競争力は米国の労働者の犠牲によって得られるものなのである。1980年代に, 製造業の全就業者数2030万のうち約200万の生産に携わる雇用が大幅削減された。

**3** vt. 〜に価格をつける[設定する, 決める], 値づけする; 〜の値段を調べる[尋ねる] ◆comparably priced products 同等価格品; 価格競合品 ◆our products are affordably priced 弊社の製品はお手軽にお(買い)求めいただける価格になっています ◆bargain-priced wines 特売価格のワイン ◆the more popularly priced wines より庶民的な値段のワイン ◆It is priced for only $2,595. それには, たった2,595ドルの値段が付いている。 ◆A scaled-down dollar has made American goods competitively priced. ドル安によって, 米国の製品は価格競争力がついた。 ◆The DS104 is priced at $35.50; the 104A at $55 (quantity 1000). DS104の価格は35.50ドル, 104Aは55ドルである(数量1000)。 ◆Twelve models are available, priced from under $60 to over $500 per pair. 一対で60ドル以下から500ドル以上までの価格の12機種が用意されている。(＊スピーカーシステムの話)

**-priced** 〜の値がついている ◆bargain-priced 特売価格の; 特価品の ◆mid-priced [medium-priced] 中間価格の

**price/earnings ratio** a〜 株価収益率 ◆at a lofty price/earnings ratio of 19.2 (times) 19.2(倍)という高い株価収益率で

**price fixing** (競争をさけるために業者が不正に行う)価格協定 ◆an illegal price fixing agreement; a price-fixing scheme (違法な)価格カルテル; 闇カルテル; 談合; 価格操作

**priceless** adj. 値段がつけられないような, 非常に貴重な; (口)非常におもしろい(very amusing), ばかげた(absurd) ◆beachfront condos offering a priceless view of the Gulf of Mexico メキシコ湾の絶景が望める海岸沿いの[臨海]マンション

**price/performance** n. 価格性能比の; adj. 価格対性能の, 価格性能比の ◆The rapidly increasing use of OA equipment in business is largely a function of an improving price/performance ratio. 急速に拡大しつつあるOA機器のビジネス面での利用は, 多分に価格性能比の向上の所産である。

**price range** a〜 価格帯 ◆be in the moderate-price range between $40 and $60 40ドルから60ドルの手頃な価格帯にある ◆products in a variety of price ranges いろいろな価格帯の製品[商品] ◆The project is expected to fall within the price range of $1,000,000 to $5,000,000. 本プロジェクトは100万ドルから500万ドルの価格帯に収まる見込みである。

**price scale** a〜 (= a scale of prices) 価格体系, 単価表, 価格表 ◆cameras that tilt toward the high end of the performance and price scales 性能と価格帯の高い側に寄ったカメラ ◆At the opposite end of the price scale, South Korea's Hyundai Excel has made a dazzling debut. 価格表の他端(*低価格車部門)では、韓国のヒュンダイ・エクセルが華々しくデビューした.

**price-sensitive** 値段に敏感な ◆a price-sensitive market (売れ行きが)値段に左右されやすい市場、値段に反応しやすい市場 ◆price-sensitive shoppers (≒price-conscious shoppers); ⇔price-insensitive shoppers 値段に敏感な[値段にうるさい]買い物客; ⇔値段をあまり気にかけない[値段に頓着しない]買い物客

**price tag** a～ 値札, 正札; a～ 値段, 価格, 費用 ◆at an unbelievable price tag 信じられないような値段で ◆talking toys with price tags that run from $60 to $225  60ドルから225ドルの値札が付いたおしゃべり玩具 ◆The $900-plus price tag on the Hansematic FS3426 is steep for a tabletop TV set.  ハンゼマチックFS3426に付いている900ドル余の値札[価格]は、卓上型テレビにしては常識外れに高い. ◆Vascular operations carry steep price tags: $6,000 to $15,000.  血管手術の、6,000ドルから15,000ドルのとてつもなく高額な費用がかかる.

**price war** a～ 価格戦争, 低価格化戦争, 値下げ[値引き, 廉売, 安売り]競争, 値引き合戦, 激安戦争 ◆the company entered a price war with YBM over network adapter cards  同社はYBMとのネットワークアダプターカードをめぐる価格戦争[価格競争, 値引き合戦, 値下げ戦争]に突入した. ◆A price war has erupted in the low end of the U.S. tobacco market.  米国のタバコ市場の低価格部門で価格戦争が勃発した.

**pricey, pricy** adj. (口)(=expensive) 高価な, 値の張る, 値段の高い[いい], 費用のかかる, コストの多大な, いい[結構な]お値段のついた ◆pricey [pricy] expense-account lunches (口)高い接待ランチ

**pricing** 価格付け, 値づけ, 価格形成 ◆a street price; street pricing 店頭[実売]価格 ◆Modem pricing begins at $325, depending on configuration.  モデムの価格設定は325ドルからで、構成によって変わる.

**pride** 1 誇り, 自尊心, 自負心, 矜持(キョウジ, キンジ); 高慢, 思い上がり, うぬぼれ, 自慢; one's [the] ～ 自慢できる[誇れる]人や物, 自慢の種 ◆feel a glow of pride at...  ～に対して強い誇りを感じる ◆It made a bit of a dent in her pride.  それは、彼女のプライドをちょっぴり傷つけた. ◆Pride goes before a fall. (諺)おごれる者は久しからず.
2 vt. ((pride oneself on...)～の形で)～を自慢する[鼻にかける, 誇る] ◆pride oneself on being the cutting edge of the future  未来に向かって先頭を切っていることを誇りにする
**hurt one's pride**  プライドを傷つける
**take pride in...**  ～を自慢[誇りに]する

**priest** a～ 聖職者, 牧師, 司祭, 祭司, 和尚, 坊主, 僧, 僧侶, 法師, 神官, 神主, 宮司 ◆a high priest 位の高い[高位の]聖職者[牧師, 司祭, 祭司, 僧]

**primarily** adv. 主に, 主として; 第一に, はじめに, 最初は; 元来, 本来, 本質的に, そもそも ◆due primarily [mainly] to scattering 主に散乱のせいで ◆systems designed primarily for pulse amplification 主としてパルス増幅用に設計されているシステム ◆Joblessness is primarily caused by a shift in demand from less-educated workers to workers with problem-solving skills  失業は、低学歴労働者から問題解決能力を持った労働者へと需要が移ったことを主因として起きている. ◆A buyer primarily wants assurance that the house is structurally sound.  購入者というものは元来[そもそも]住宅が構造的にしっかりとしていることの保証を欲しがるものである. ◆The Foundation primarily is a volunteer organization. この(社会事業)財団は基本的にはボランティア団体である. ◆ADA is a language primarily developed for the U.S. Department of Defense.  ADAは、元来米国国防総省向けに開発された言語である. ◆The human body is primarily comprised of water that needs to be replenished frequently.  人体は、頻繁に補充する必要のある水分で主に構成されている.

**primary** adj. 第一の, 一次の, 主な, 主要な, 最も重要な, 首位の, 第一級の, 一番の, 《電気》一次側の, 《化》第1(級)の(*化合物の炭素原子の位置関係を表す); 初等[初級, 初歩]の, 最初の, 第1期の, 予備的な, 原始的な, 《医》(疾患が)原発性の, 根本的な, 本来の; 直接的な; a ～ 《米》予備選挙 ◆additive primary colors 加法混色の三原色(*赤, 緑, 青の3色で, カラーブラウン管の話ではよくR, G, Bと記される) ◆a primary cell [battery] 一次電池(*充電できないタイプの電池) ◆a primary-colors filter 三原色フィルター ◆a primary dealer 米政府公認の証券ディーラー[取引業者] ◆a primary (election) 《米》予備選挙 ◆a primary loop recirculation system (PLR) 原子炉再循環系 ◆primary air pressure 1次空気圧 ◆primary balance 《経》プライマリー・バランス; 基礎的収支 ◆primary education 初等教育 ◆primary glaucoma 《医》原発性緑内障 ◆primary protection 《強電》(リレー[継電器]による)主保護(*後備保護=backup protectionと対をなす) ◆primary rate access 《通》1次群速度アクセス(*ISDNの) ◆primary storage (= main storage) 一次記憶[主記憶]装置 ◆subtractive primaries 減法混色の三原色(*yellow, magenta, cyanの3色) ◆the primary colors of light 光の三原色 ◆ISDN Primary Rate Interface [primary rate interface] (PRI) 《通》ISDNの1次群インターフェース ◆a presidential primary 大統領予備選挙 ◆a primary care physician (PCP) 一次医療[初期総合診療, 一般診療]に携わる医師 ◆a primary coating [coat] 下塗り; 下地層; 地肌[地膚]塗り; 一次層; 1次被覆 ◆a primary election 予備選挙 ◆a primary industry (pl. primary industries) 第一次産業 ◆primary (loop) coolant (原子炉の炉心部を通り循環する)一次冷却材 ◆ten issues of primary importance to the American people 米国民にとって最も重要な問題10件 ◆the transformer's primary side そのトランスの1次側 ◆If the amount of silver used as primary plating is 60 grams, ...  下地メッキに使用された銀の量が60グラムなら ◆environmental degradation [decay] is a primary cause of political instability in developing countries  (自然)環境の悪化が, 発展途上国[開発途上国]における政情不安の主な原因[主因]の一つである

**primary care**  プライマリー・ケア, 一次医療, 初期総合診療, 一般診療(*住民に最も身近な医療)

**prime** 1 adj. 最も重要な, 主要な, 主な, 一番の, 第1位の, 第一級の, 主な, 《数》素数の ◆a prime contractor 主契約業者, 元請け業者 ◆a contributing factor of prime importance 一番重要な要因, 最大の要因 ◆an issue (that is) of prime [primary] importance to... 〈人など〉にとっての最重要問題 ◆become the prime issue 一番[最大]の問題になる ◆the prime constituents of...  ～の主要構成要素 ◆factor a number into its prime components  或る数を素因数に因数分解する ◆The prime purpose of our article was to <do...>  本誌の記事の第一の目的[主眼]は～することにあった.
2 n. the [one's] ～ 盛り, 全盛(期), 盛時, 最盛期, 青春時代; a～ 《コンピュ》素数(= a prime number)
3 vt. 〈人〉に(情報を)与える<with>, 〈人〉に前もって教えておく, 入れ知恵しておく, ～に下塗りする, 〈ポンプ〉に呼び水する, 〈キャブレータ〉にガソリンを注ぐ, ～に雷管を取り付ける ◆a self-priming pump 自吸式ポンプ ◆All metal portions shall be primed with zinc-chromate primer.  金属部分は全てジンクロメート下塗り剤[錆止めペイント]で下塗りのこと.

**prime minister** a ～ (内閣の主席の大臣=)首相, 内閣総理大臣, 宰相, 首相(= a premier) ◆Prime Minister Junichiro Koizumi 小泉純一郎首相[総理] ◆late former Prime Minister Keizo Obuchi 故小渕恵三元首相[総理]

**prime motor** a ～ 原動機, 原動力 ◆the prime motor of the country's economy  その国の経済の原動機[原動力] ◆A diesel motor, called a power plant or prime motor, creates the power, which is transformed into electricity.  パワープラントあるいは原動機と呼ばれるディーゼルエンジンが、動力を発生させ、それが電力に変換される.

**prime mover**  ～の原動力, 原動機, 主導力

**primer** 1 a ～ 入門書, 手引き書, 初級解説書, 教則本, (子供に読み書きを覚えさせるための)初歩読本 ◆a primer on [of]... ～についての[～の]入門書 ◆"Sign Language Primer" 『手話入門』

2 a〜 下塗り, 地肌 [粗面] 塗り, 下塗り する, 下塗り 剤; a〜 雷管; a〜 燃料注射装置　◆a primer coat　下塗り, 地塗り

**prime rate**　a〜 プライムレート（＊金融機関が優良企業に融資する際の, 短期最優遇貸し出し金利）

**prime time**　n. Ⅱ《放送》ゴールデンアワー（＊視聴率・聴取率が最も高い時間帯）; primetime [prime-time] adj. ゴールデンアワーの　◆in prime time　ゴールデンタイムアワーに　◆a primetime program　ゴールデンアワー番組　◆air a prime-time special　ゴールデンアワー特集番組を放送する

**primeval**　adj. 原始の(primal, primitive), 原生の(primitive), 太古の(ancient)　◆a primeval forest　未開の森林; 自然林; 原生林; 原始林; 処女林

**primitive**　1　a〜 原形, 原始関数, 基関数, 基本要素,《CG》基本形状 [基本立体]　◆points, lines, rectangles, circles, polygons, and other graphics primitives　《コンピュ》点, 線, 矩形, 円, 多角形, およびその他のグラフィックス基本形
2 adj. 原始的な, 原始の, 最初の, 初期の, 初歩の, 未発達な, 素朴な

**prince**　a〜 王子, 皇子, 皇太子, 親王, プリンス

**princess**　a〜 王女, 皇太子妃, 内親王, プリンセス

**principal**　1　adj. 一番の, 最も重要な, 第1位の, 主な, 主要な, 主〜; 元金 [元本] の, 資本の　《数, 光, 力学》主軸　◆a principal dancer　プリンシパルダンサー; 最高位 [プリマ] バレリーナ　◆constitute the principal part of...　〜の主要部を成している [中心的な部分となっている]　◆her principal source of income　彼女の主たる [主な] 収入源　◆... is the principal material used for...; ... are the principal materials in use for...　〜は…に用いられている主原料である　◆principal raw materials　主原材料　◆a principal stockholder [shareholder] in the company　会社の大株主　◆beverages whose principal ingredients are eggs, cream and sugar　卵, クリーム, 砂糖が主成分の飲み物　◆there are two principal differences between A and B　AとBの間には2つの大きな [根本的な] 違いがある　◆The Russian people's principal concern is inflation.　ロシア国民の最大の関心事 [主要な問題] はインフレである。　◆By the show's third day, the condition of one's feet becomes the principal topic of conversation.　見本市に3日目に入る頃には, 脚の状態 [疲れ] 具合が一番の話題になる。（＊歩き回って脚が棒になるため）
2 a〜《役職を表す場合は無冠詞》長, 頭, （小・中・高等学校の）校長; (a) 〜 元本, 元金, 資本; a〜《法》主犯, 正犯, 《法》（代理人に対して）本人　◆a principal of $10,000　1万ドルの元金　◆Both the principal and interest are guaranteed.　元金と金利の両方とも保証されている。　◆All U.S. Treasury securities – bills, notes and bonds – are guaranteed for principal and interest by the full faith and credit of our federal government.　すべての米財務省証券, すなわち短期証券, 中期国債および長期国債は, 我が連邦政府の全面的信任と信用に支えられ元金と金利が保証されている。

**principally**　主として, 主に, 大部分, たいてい, ほとんど　◆be composed principally [primarily] of...　主として〜からなる [〜によって構成されている]　◆consist principally of...　主に〜から構成されて [成って, 成り立って] いる; 〜主体で編成されている　◆it principally occurs during the night　これは, 主に [たいてい, もっぱら] 夜間に発生する

**principle**　a〜《しばしば 〜s》原理, 動作原理, 原則, 法則, 定理, -論, -則, -律, 律, 主義, 特性, 方式, 因子, 要素, 効果,《化》成分; a〜《しばしば 〜s》基本方針, 主義, 信条, 理念, 意地, one's 〜 主義主張; Ⅱ道義心, 節操, 律儀さ　◆an ethical principle　倫理的な規範　◆design principles　設計原理 [思想]　◆fundamental principles　基本原則; 根本原則; 大綱　◆market principles　市場原理　◆as first principles《複数形のみ》第一原則として　◆be a man of principle [↔of no principle]　節操のある [↔無節操な] 男である　◆He is without principles　彼は（確固たる）主義主張を持ち合わせていない; 彼は無節操 [無見識] である　◆It is a fundamental principle that...　（that以下の こと）は基本原則 [根本的な考え方] である。　◆remain true to one's principles　自身の主義に忠実でいる　◆the principle behind this device　この装置の背後にある動作原理　◆the principles of juche (self-reliance)　（北朝鮮の）チュチェ (主体) 思想　◆the principles of the engine　エンジンの動作原理　◆the principles on which it is based　それのよりどころとなっている原則; それが依拠している原理　◆the principle underlying...　〜の根底をなしている原理　◆a fundamental [basic] principle to be observed in carrying out experiments　実験 [試験] の実施において遵守すべき基本原則 [守るべき根本的な考え方]（の一つ）　◆The principles of supply and demand could operate in...　需要と供給の原理 [原則] が, 〜において働く可能性がある　◆designed on the principle of a bridge truss to gain stiffness　スチフネスを得るために橋トラスの原理に基づいて設計がなされている　◆designed on the principle of keeping weight to a minimum　重量をできるだけ小さく抑えようといった考えで設計されている　◆the principles on which the country was founded　この国の建国の理念; この国が立脚している理念　◆violate the principle that a person is innocent of criminal wrongdoing until proven guilty　有罪と立証されるまでは無罪であるという原則を犯す　◆All still-video cameras operate on the same basic principle.　スチルビデオカメラ [電子スチルカメラ] はすべて, 同じ基本（動作）原理で働く。　◆I did it as a matter of principle.　私はそれを主義でやった。　◆These systems operate on different principles.　これらのシステムは異なる原理で動作する。　◆The system operates on a master/slave principle.　このシステムはマスターとスレーブの原理 [《意訳》方式] で動作する。　◆Upon [On] what operating principles will they function?　それらはどういった動作原理 [《意訳》理屈] で機能するのであろうか。

**in principle**　原則 [主義] としては, 原則的に, 基本的には, 大筋で, 建前, 建前として　◆agree in principle to a plan　計画に大筋で同意する

**on principle**　原則に則って, 主義 [原則] に従って, 主義 [信条] として, 信念に基づいて　◆act on principle; act on one's principles　主義 [原則, 信念] に基づいて [従って, 則って] 行動する　◆he campaigns on his principles　彼は自らの主義・信条（の赴くところ）に従って選挙運動を進めている

**print**　1　vt. 印刷する, 印字する, 刷る, 出版する,〈写真を〉プリント [焼き付け] する, （手書きで）活字体で書く, 〜を押し付けてあと [模様] をつける, （心に）焼き付ける; 《コンピュ》（プリンタで）印刷 [印字] する,〈プリンタ以外の装置に〉出力する [表示する, 書き込む]; vi. （紙, プリンタで）印刷される, 〈写真などが〉プリントされる, 〈機械が〉印字 [印刷] する　◆printed output　《コンピュ》（紙に）印字出力（されたもの）　◆printing steps; steps for printing　印刷手順　◆print in full the names of...　〜の名前をフルネームで活字体で書く（＊文字と文字を連続して書く筆記体ではなく, タイプされた文字に近い形で書くこと。日本語の「楷書 (カイショ)」に相当する）　◆produce printed output　印字出力する　◆a printed output of a computer system　コンピュータシステムの印字出力　◆have business cards printed　名刺を（業者に依頼して）刷る [作る]　◆print a term in red [in bold face] ずく用語を赤で [太字で] 印字する　◆print a text file on the printer　《コンピュ》テキストファイルをプリンタで印刷する [プリンタに出力する]　◆produce a printed record of...　《コンピュ》〜の印字記録 [ハードコピー記録] を作成する　◆print the results in presentation-quality charts　《コンピュ》結果を, プレゼンテーションにそのまま使える品位のグラフにして印刷する　◆I would very much appreciate your printing this letter in your column.　この手紙を, あなたの担当欄に掲載して [載せて] いただけると幸いです。　◆The forecast is distributed in printed pamphlet form.　この予報は, 小冊子といった印刷物の形で配布されている。　◆This command prints the MS-DOS version number.　《コンピュ》このコマンドは, MS-DOSのバージョンナンバーを（画面に）印字 [出力, 表示] する
2 Ⅰ印刷, 印刷された文字; (a) 〜 （プリント）模様, プリント地; a〜 写真, 陽画; a〜（押してついた）あと; 〜《口》指紋, 足跡　◆a letterpress print shop [printshop]　凸版印刷工場 [印刷所]　◆a trial (photographic) print　試し焼きした写真　◆a voice print　声紋　◆books in print　現在出版されている

**printability**

本 ◆print quality 印字品質, 印刷品質 ◆print speed 印字速度 ◆a photo print made from a negative ネガから作った写真のプリント ◆be committed to print 印刷に付される ◆color prints カラープリント［写真］ ◆obtain a print from a simple printer 簡易プリンタから印字出力を得る ◆The toner cartridge will last for about 2,500 prints based on a four percent page-coverage rate トナーカートリッジは, ページ当たり4%の印字率で[4%密度印刷時, 4%標準原稿で]約2,500枚持ちます[(意訳)印刷できます]

**in [into] print**　(IP)（→out of print) 印刷になって,《書籍, CDなどが》発行されて ◆bring... back into print in hardcover ⟨作品⟩をハードカバーで復刻する ◆It's nice to see this album back in print. このアルバムが再発されることはすばらしい. ◆... disappeared because its label went under, and it's now back in print domestically. 〈アルバム〉はレーベル会社がつぶれたせいで廃盤になったが, 今は国内で復刻されている. ◆The album is now back in print on CD. このアルバムは, CDで再発されている.

**out of print**　(OOP)（→in print) 絶版の, 廃盤の,《CDなどが》生産［製造］中止の(▶日本語では「生産中止」と「廃盤」と「絶版」は意味が異なる); ⟨情報などが⟩紙面［誌面］に掲載［記載, 公表］されないで ◆be [remain] out of print ⟨本, レコード, ビデオなどが⟩絶版[生産中止]になっている ◆go [fall] out of print ⟨本, レコード, ビデオなどが⟩絶版[廃盤, 生産中止]になる ◆out-of-print albums 生産中止［廃盤］になっているアルバム ◆out-of-print books 絶版になっている本

**print out**　〜をプリントアウトする, 打ち出す, 印字［出力］する, 印刷する ◆print out phone lists 電話(番号)リストをプリントアウト[印字出力]する ◆Order forms can be printed out by the system on the customer's premises. 注文用紙が, そのシステムにより客先で打ち出せる.

**printability**　[印刷適性を] have good printability 〜は印刷適性が良好である

**printable** adj. 印刷できる, 印刷[印字]可能な, 印刷[出版]に値する, 焼き付け可能な(*写真ネガなど) ◆a printable area of 8.53 inches x 11.93 inches 8.53"×11.93"のプリント[印字, 印刷]可能面積［箇所]

**printed circuit**　a〜《電気》プリント回路, 印刷回路

**printed circuit board**　(PCB) a〜《電気》プリント[印刷]回路基板, プリント基板

**printed matter**　回印刷物

**printer**　a〜プリンタ, 印刷機, 印字装置,《写真》焼き付け機, 捺染(ナッセン)機, 印刷業者, 印刷屋 ◆a daisy wheel printer デイジーホイールプリンタ ◆a dot matrix printer ドットマトリクスプリンタ ◆a laser (beam) printer; a laser-beam printer レーザプリンタ ◆a line printer ラインプリンタ(→line printer) ◆an ink-jet printer インクジェットプリンタ ◆a serial printer シリアル[逐次]プリンタ(1字ずつ印字する) ◆a thermal printer 感熱プリンタ ◆a thermal transfer printer 熱転写プリンタ ◆a solid character printer 活字式プリンタ(*デイジーホイール式やバドミントン式のもの) ◆an impact printer（↔a non-impact printer) インパクト［衝撃式]プリンタ(*インパクトタイプとしては, ドットマトリクスやデイジーホイール, ノンインパクトタイプとしては, 熱転写やインクジェット, レーザといったるものがある) ◆a light-emitting diode (LED) printer LEDプリンタ ◆a liquid crystal shutter printer 液晶シャッタープリンタ ◆a color video printer カラービデオプリンタ ◆output to a printer プリンタに出力する ◆print the file on the printer そのファイルをプリンタで印刷[出力]する(*プリンタに出力する) ◆send... to a printer 〈データ〉をプリンタに送る[(意訳)出力する] ◆The artwork is ready to be sent to the printer. その図版は印刷屋に回す準備ができている[いつでも印刷に出せる].

**printing**　回印字, 印刷, 印刷術, 印刷業,《写真》焼き付け, 捺染(ナッセン), 捺染; a〜(同一の版で)1回に刷る印刷物, 一刷り ◆a printing company 印刷会社 ◆a printing factory [plant] 印刷工場 ◆a printing office 印刷所 ◆contact printing《写真》密着焼き ◆continuous-tone printing 連続階調印刷 ◆a printing calculator 記録式電卓, 印字機能付き電卓 ◆do color printing カラー印刷を行う ◆make a printing plate 版を製作する［製版する] ◆since its first printing in 1964 〈その本の〉1964年の初刷り以来 ◆a ready-for-printing document いつでも印刷にまわせる文書 ◆his book has gone into a third printing 彼の本が3刷りに入った ◆The book has been through four editions and 87 printings. この本は, 第4版87刷りまでいっている. ◆The book is in its forth printing. この本は第4刷り目に入っている. ◆Do not open the front cover of the printer while printing is in progress, as this may cause the paper to jam. 印刷[出力]中は, 紙詰まりの原因になりますのでプリンタのフロントカバーは開けないでください. ◆The book's first printing of 10,000 is nearly sold and a second run of 15,000 is on the way. この本の初刷り1万部はほぼ完売で, 2刷り1万5000部が近々出回ることになっている. ◆In the U.S. the book's first printing of 50,000 copies was sold out; a second printing of 100,000 was due in a few days, but stores reported orders of 200,000 or more. 米国では, この本の初刷りの5万部は売り切れて, 第2刷りの10万部は数日後に上がる予定だったが, 書店からは20万部を上回る発注がかかった.

**printing press**　a〜印刷機

**printout**　a〜《コンピュ》プリントアウト, 印字出力 ◆create [make, produce] a single printout of... only 〜のプリントアウトを1部のみ作成する［作る] ◆The private automatic branch exchange can provide detailed printouts on calls made. その自動式構内交換機は, (かけられた電話の)詳細な通話記録をプリントアウトで印字できる.

**prion**　a〜プリオン ◆It now seems that kuru, scrapie, BSE and CJD are all caused by prions. 今ではクール病, (ヒツジの)スクレイピー, ウシの海綿状脳症(*狂牛病), (人の)クロイツフェルトヤコブ病はすべてプリオンが原因で起きると考えられている. (*kuru: かつてニューギニアで死者の脳を食べる宗教上の儀式が原因で起きた病気)

**prior**　adj. 先の, 前の, より重要な, 優先する ◆a prior engagement 先約 ◆gain prior information about... 〜についての予備情報[予備知識]を得る ◆perform [do] prior consultation with... 〜と事前協議を行う ◆prior knowledge of the subject テーマについての予備知識 ◆subject to prior sale 売り切れ御免, 在庫限り ◆without prior Edmund approval エドモンド社の事前の承認無しで ◆without the prior written permission of the publisher 出版社の書面による事前の許可なしに ◆pharmacy sales in many months are running 20 percent ahead of the prior year 薬局店の売り上げは多くの月において前年比2割増で推移している ◆When this is to apply, the supplier will receive prior notice from Corinth Corporation. このことが当てはまる場合には, 部品供給メーカーはコリント社から予告を受けることになっている.

**prior to**　〜に先立って, 〜以前に, 〜より前に, 〜より先に ◆both prior to and subsequent to... 〜の前後共に ◆both prior to and subsequent to the crime その犯行の前後とも ◆prior to volume shipment of parts 部品の大量出荷の前に[(に先立って] ◆just prior to the time of this writing この原稿[記事]の執筆直前 ◆Prior to 1947, Japan had never displayed even a semblance of democracy. 1947年より前[以前]は, 日本はまったく民主主義の片鱗さえも示さなかった. ◆Rexel's earliest patent was filed prior to patents of other companies. レクセル社の一番始めの特許は, 他の会社の特許に先行して申請が出されていた. ◆The signals are modified by these weights prior to being summed. 信号は, これらの重み(付け)により合算に先立って修正される.

**prioritization**　優先順位付け

**prioritize**　vt. 〜を優先順に配置する, 優先する ◆prioritize research and development projects 研究開発プロジェクトに優先順位をつける

**priority**　回先行していること, 優先度, 先取権, 先行権; a〜優先すべき事項 ◆assign priorities to... 〜に優先度を割り当てる[優先順位をつける] ◆give (a) high [higher] priority to...; give... a high priority; place [put] (a) high [higher] priority on... 〜に高い優先順位を与える；〜を優先する；〜を優先的に扱う ◆win [gain, get] a high priority 高い優先事項である；優先すべきである ◆shutter priority 《カメラ》シャッター(速度)優先 ◆a lower-priority category 優先順位の低いほうのカテゴリー ◆a lower-priority objective [purpose] 優先順位のより低い目的、従目的 ◆a matter of highest priority 最優先事項 ◆a matter of high priority 優先(度の高い)事項 ◆as our number one priority 我が社の最優先事項として ◆assign top priority [the highest priority] to... 〜を最優先にする ◆assume a higher priority 優先度が比較的高い；より重要性を帯びる ◆deserve higher priority <than...> (〜よりも)高い優先度が与えられるべきである；〜のほうが(より)大事にされる[取り扱われる]べきだ ◆give... a very high priority 〜に非常に高い優先度を与える ◆give it first priority それを最優先にする ◆have higher priority than... 〜は〜よりも優先順位が高い；〜に優先する ◆occupy a higher priority than... より高い優先順位を占める ◆on a priority basis 優先的に ◆on a top-priority basis 最優先で ◆place... at the highest priority. 〜を最優先に据える ◆put it on a higher priority それを優先度の高いほうに位置付ける ◆receive a lower priority より低い優先順位を得る；後回しになる ◆take top priority 最優先になる ◆make A a higher priority than B AをBよりも優先順位の高い事項にする；AをBに優先させる ◆the highest-priority request 《コンピュ》優先度が一番高い(割込)要求 ◆consider the creation of... to be of the highest priority 〜の創設が最優先《意訳》最も急務)であると考えている ◆make the protection of... the highest priority 〜の保護を最優先にする ◆regard X as carrying a higher priority than Y XのほうがYよりも優先順位が高い事項[重要、大事]だとみる ◆set priorities for treating the wounded 負傷者らを治療するに当たり優先順位付けする ◆the issue should be assigned higher priority その問題が優先的に取り扱われてしかるべきである ◆the reform of... is our highest priority 〜の改革が私たちの最優先事項《意訳》最も急いでいること)である ◆give a higher priority to economic reform than to political reform 政治改革よりも経済改革を優先する ◆even if the topic is not number one on the company's priority list たとえテーマが会社の最優先事でなくとも ◆put them in order of priority, according to what the public thinks is important 世間一般が考える重要度に従って、それらを優先度順に並べる[それらに優先順位付けする] ◆that comes low on our list of priorities それは私たちにとって優先順位の低いことである ◆Good parenting will, and should, become a higher priority than ever before. しっかりとした子育てが以前にも増して大事[大切、重要]になるであろうし、またそうでなければならない。 ◆Priority should be given to modernizing obsolescent industries. 時代にとり残されてしまっている産業の近代化が優先されなければならない。 ◆The design of the overall system should take priority over that of individual functions. システム全体の設計のほうが、個々の機能の設計より優先されなければならない。 ◆In the case of simultaneous interrupt requests, the interrupt with the higher priority will be handled first. 《コンピュ》割込要求が同時にあった場合は、優先度の高い割込が先に処理される。 ◆Until fairly recently, the ideal of good medical care for every citizen has been proclaimed as a top national priority. つい最近まで、全市民に十分な医療を施すという目標は国の最優先事項としてうたわれていた。 ◆It used to be an industry maxim that, except for a small niche of buyers, "safety doesn't sell." Today, however, safety has become a top priority for most American motorists. かつて、少数の特定購入者層を除いて「安全は売れない」というのが業界の格言[箴言(シンゲン)、金言]だった。だが今日、安全はマイカーに乗る米国人ほとんどの最優先事項になった。

**prism** $a$〜 プリズム、角柱 ◆a right prism 直角柱

**prison** $a$〜 刑務所、監獄、拘置所 (= a jail)；回刑務所に入っていること、収監、拘留 ◆prison inmates on death row 死刑囚

**prisoner** $a$〜 囚人、受刑者、捕虜、虜囚 ◆Nazi prisoners of war in America アメリカにいるナチスの捕虜[俘虜(フリョ)]

**pristine** adj. 元来の純粋さを失っていない、無垢(ムク)の、汚れていない、初期の状態の ◆a second-hand antique camera in pristine [mint] condition 極上品[極美、飛び切り美品、準新品、新品同様]の中古年代物カメラ

**privacy** プライバシー、私生活、私事(シジ、ワタクシゴト)、秘密 ◆a privacy system (= a secrecy system) 秘話方式[秘話装置] ◆privacy equipment 秘話装置 ◆privacy transformation 《電話、通》秘話変換 ◆a guarantee of privacy プライバシーの保証 ◆an invasion of privacy; a violation of privacy プライバシーの侵害 ◆ensure privacy of a user's data ユーザーのデータのプライバシーを確保する[《意訳》守る、保護する] ◆infringe on [upon] a person's privacy 人のプライバシーを侵害する ◆offer a high degree of privacy 〈コードレス電話などの通信機器〉は、秘話性に優れている ◆seek privacy protection プライバシーの保護を求める ◆your privacy is protected by law あなたのプライバシーは法により守られている ◆file privacy on shared computers 共用コンピュータ上のファイルのプライバシー ◆buy products from the privacy of one's living room 〈誰にも気兼ねせず〉リビングに居ながらにして商品を購入する ◆encroach on a person's right to privacy 個人のプライバシー[私生活]を守る権利を侵害する ◆I have been warned that my privacy is not assured unless... 〜でない限り、私のプライバシーは保証されないと警告されました ◆to ensure that the individual's personal privacy is not encroached upon 個人の私生活上のプライバシーが侵害されるようなことがないようにするために ◆The privacy of donors should be respected. (臓器などの)提供者のプライバシーは守られなければならない。

**private** adj. 私有の、私用の、専用の、私設の、私立の、民間の、民営の、非公開の、個人的な、個人的な、公開についていない、一個人[私人]としての、独立自営の、内密[秘密、個人秘、内々]の；《通》専用[私設、構内]-、《コンピュ》〈変数などが〉プライベートな (回local; ↔public [global]) ◆go private 〈公共企業体などが〉民営化する[される] ◆a private company [firm, corporation, business] 民間企業[法人]；私企業 ◆a private detective 私立探偵 ◆a private house [home] 個人宅；私邸 ◆a private investor 個人投資家 ◆a private key 《通》秘密鍵 (cf. secret key) ◆a private line 《通》専用[私設]回線、専用線 ◆a private network 自営ネットワーク ◆a private school 私立学校 ◆private clothing 遊び着・普段着 ◆private consumption 個人消費 ◆a private-key cipher 《通》秘密鍵暗号 (*暗号鍵と復号鍵が同じなので別名「対称鍵暗号 = a symmetric cipher」。また、昔から使用されてきたので「慣用鍵暗号」とも) ◆a private-operated landfill 民間経営[民営]の廃棄物埋立地 ◆a PFI (Private Finance Initiative) project PFI事業；《意訳》民間資金を活用した社会資本整備事業 (*病院などの公共施設の建設、維持管理、運営を民間に任せてコストを抑えながら質の高い公共サービスの提供をさせる) ◆a private environmental group 民間の環境保護団体 ◆become private secretary to... (人)の私設秘書になる ◆explode in private 一人で(いるときに)[人知れず]怒りを爆発させる[激怒する] ◆for private use 個人用[自家用]に、個人専用の、私的使用を目的として ◆in a private capacity 私人として ◆open [set up] a private practice 個人又は法律事務所]を開く[設立する] ◆private-sector R&D spending 民間部門の研究開発支出 ◆You have to draw a line between public and private. 公私を区別しなければいけない。 ◆give strong administrative guidance toward private companies 私企業[民間会社]に対し強力な行政指導を行う ◆medical facilities and private corporations desiring to conduct xenotransplant clinical trials 異種移植の臨床試験[治験]を実施したいと望んでいる医療施設および私企業[民間の会社、《意訳》一般企業] ◆promote private investment in antipollution measures 公害防止策への民間投資を促す ◆The bridal dress was custom-ordered by a private client. この花嫁衣装は、個人客の特別注文で仕立てられたものである。 ◆A backup copy is permitted for private use, as long as this is not made available to third parties. 《意訳》バックアップコピーは、第三者に提供しない限り、私的使用を目的として一部[1本]認められています。 ◆France changed direction during the mid 1980s and turned many of its nationalized industries back to private hands. フランスは1980年代半ばに方向転換して、自国の国営化されていた産業の多くを民営に戻した。

**private brand** a~(メーカーや大手小売業者の)プライベートブランド, 独自ブランド, 自社ブランド, 自家商標 ◆a store's private brand ある店の自社ブランド ◆private-brand tires 自社商標付きのタイヤ ◆They increasingly use gunmen to enforce their own private brand of justice. 彼らは, 彼ら一流の正義を執行するためにますます殺し屋を使うようになってきている。

**privately** adv. 個人で, 個人として, 個人的に, 私的に, ひそかに, 内心, 内輪で[で], 内々に[で], 内密に[で], 非公式に[で], 個別に, 民間で ◆privately-owned pay phones 自営公衆電話 ◆a privately-owned corporation [company, firm] 民法人[会社] / 私企業 ◆a privately-owned railway 私有[民間]鉄道(会社), 私鉄 ◆the company is privately owned この会社は, 私企業[民間企業]である

**privately-owned, privately-held** 〈会社が〉(株式)非公開の ◆a privately-held firm founded in 1964 1964年創立の非公開会社

**private practice** 個人開業[営業] ◆a physician in private practice; an internship with a private practice (内科の)開業医, 町医者 ◆enter [go into] private practice (弁護士, 医師など)が個人開業する ◆he is a criminal lawyer in private practice 彼は個人開業している刑事弁護士である ◆In 1996, Dr. Burdick opened his private pediatrics practice here. 《意訳》1996年に, バーディック博士は当地で小児科の個人医院を開業した。

**private sector** the~ 民間部門 ◆a new law encouraging transfer of government-developed technology to the private sector 政府が開発した技術の民間部門への[転移/移行]を推進している新法 ◆government initiatives are entering into inappropriate competition with existing private-sector businesses 政府の構想は, 民間企業と不適切な競争に突入しつつある[《意訳》民業を圧迫するようになってきている]

**privatization** 国営化, 民有化, 民間経営への移行 (cf. corporatization) ◆a privatization program [plan] 民営化計画 ◆just two privatizations わずか2件の民営化 ◆complete the privatization of nine city schools 市立9校の民間経営への移行を完了させる

**privatize** vt. ~を民営[民有]化する (cf. corporatize) ◆a newly privatized gold mine 最近民営化された金鉱 ◆privatize wholly or partly state-owned firms 完全国有企業と半官半民企業を民営化する

**privilege** (a) ~ (役職, 地位, 身分に付随する)特権, 典典; (a) ~ 基本的人権による権利, (a) ~ (個人に与えられる)恩典, (特別な機会などの)名誉[光栄]なこと, 喜び; vt. ~に特権[恩典]を与える, ~に特権[特典]として~することを認める <to do>, 〈人〉を (~から) 免除する <from> ◆enjoy privileges 特権を持つ ◆greater privileges are granted より大きな権限が与えられる ◆my driving privilege 自動車を運転する私の権利 ◆abuse the privilege of operating motor vehicles 自動車を運転する権利を濫用する

**privileged** adj. 特権[特別]のある, 特権階級の, 特権的な, (特別)恵まれている, 特定の人だけに許される ◆a privileged instruction 《コンピュ》特権命令 ◆become a privileged class 特権階級になる ◆lose one's status as a privileged class 特権階級としての地位を失う

**prize** 1 a~賞, 賞金, 賞品, ほうび; a~(努力)目標, 的 ◆win [earn, receive] a prize 賞を勝ち取る[獲得する, 手にする, 受ける, もらう] ◆His accomplishments won him the Nobel Prize. 彼は業績を認められノーベル賞を獲得[受賞]した。

2 vt. ~を高く評価する, 珍重する, 大事[大切]にする ◆be highly prized for manufacturing... ~の製造に珍重されている

**PRK** (photorefractive keratectomy) (*レーザーで角膜の表面を薄く削って近視を矯正する手術の一種)

**pro** 1 a~《口》プロ, 専門家, 商売人, 玄人, 職業選手; adj. プロの, 職業選手の ◆like a pro; like a professional プロみたいに; 専門家さながらに; 商売人のように; 本職張りに; 《意訳》玄人はだし(の腕前)で ◆pro-football fans プロフットボールのファン

2 adv. 賛成して; n. (通例~s)賛成(論[票, 者, 意見]), 《意訳》賛成できる点[利点, 長所] ◆The idea has its pros and cons. このアイデアには賛否両論[《場合によっては》メリットとデメリット, 利点と不利点]がある。 ◆discuss the pros and cons of taking aspirin and drinking alcohol as methods for improving heart health 心臓の健康を増進する方法としてアスピリンを服用したりアルコールを飲んだりすることの可否[是非]について論じる

**pro-** 賛成の, ~びいきの, ~推進派の ◆a pro-Labour newspaper 《英》労働党寄りの新聞 ◆have a pro-gun control position 銃規制に賛成の立場に立っている ◆pro-environmental messages like "Buy recycled paper" 「再生紙を買いましょう」といった環境保護のための文を唱える, を推進する]メッセージ

**proactive** adj. (↔reactive) 事前対応の, 事前(対策)の, 予防的な, 先回りした, 先手の, (一歩)先んじた, 先取りの, 先取の, 前向きな, 積極的な, 行動志向の ◆proactive telemarketing (↔reactive telemarketing) 電話を使った攻め型の[積極的な]通信販売 (*電話で能動的に売り込みをするタイプの) ◆proactive security 事前対応型のセキュリティ ◆take proactive measures to correct... ~を是正するために事前の方策を講じる ◆We need to do something proactive to stop... 私たちは~を阻止するために何か先手を打つ必要がある。 ◆take proactive steps to find, recall and ban dangerous toys from the market (事故を未然に防ぐ目的で)危険な玩具を市場で見つけたり回収したり禁止したりするための予防策をとる

**proactively** adv. (↔reactively) ◆act proactively to protect... ~を保護するために先回りして行動する ◆do something proactively about it それに対して何か先手を打つ[先回りして手を打つ] ◆proactively anticipate problems 障害[問題]の発生を見越して, その前に先手を打つ ◆proactively prevent problems 事前に対処することにより問題[障害]を未然に防ぐ

**probabilistic** adj. 確率論的な, 確率的な, 蓋然論の ◆conduct [perform] a probabilistic safety assessment (PSA) <for, of, on> (~の)確率的安全性評価を実施する

**probability** (a) ~ 起こりそう[ありそう]なこと, 見込み, 蓋然性; (a) ~ 確率, 確度 ◆in all probability きっと; 多分; おそらく; 十中八九は ◆against all probability すべての予想に反して ◆a probability distribution 確率分布 ◆the probability is that... おそらく, ~ということになるだろう。 ◆the probability of occurrence of... ~の出現[発生]する確率 ◆There is a high probability that the economy will slow further. 経済が更に減速する可能性が高い。 ◆The probability is high that... will... ~となりそうな確率が高い[見込みが大きい]。 ◆there is a high [a strong] probability of... ~ということになる確率が高い[公算が強い] ◆have a low probability of occurrence 現れる[発生する]確率は低い ◆increase the probability of error-free data transfers エラーの無いデータ転送の確率を上げる ◆the probability it will take place そのことが起こる確率 ◆there is little [no] probability that... ~ということになる見込みはほとんど[全く]ない ◆have a greater probability of being in this region than in others 他の領域よりもこの領域に存在する蓋然性[可能性]が大きい ◆It denotes a probability of success, or a success ratio. これは, 成功の確率つまり成功する割合を示すものである。 ◆Averaging of the data produced a 95% probability that the shroud originated between 1260 and 1380 and near absolute certainty that it dates from no earlier than 1200. これらのデータの平均化により、この経かたびらは95パーセントの確率で1260年から1380年のもので、1200年より前まではさかのぼらない[1200年以降のものである]とほぼ断定できることがわかった。

**probable** adj. 起こりそうな、事実らしい、まず確からしい、確度の高い、有望な ◆a probable cause 考えられる[推定]原因 ◆the probable cause of an error or failure 異常や故障の推定される[考えられる]原因 ◆It is more than probable that... ～であることは、たぶんというよりももっと確度が高い[ほぼ間違いない、ほぼ確実だ、ほとんど確かだ、大体本当らしい、多分にありそうだ、いかにもそうらしい、おそらく正しいだろう]

**probably** adv. 多分、おそらく、けだし、大方、十中八九、まず間違いなく ◆it will most probably occur それは十中八九起こるだろう；それが発生する可能性は高い ◆It's probably [It would be] safe to say (that)... ～だといっても言い過ぎではないだろう ◆will probably be... きっと～であろう

**probation** a ～（能力、適性、性格などの）審査［考査、試験］（期間）、仮採用［試用］期間、執行猶予期間、保護観察（期間） ◆a probation officer 保護観察官

**on probation** 仮採用［試験採用、見習い、実習、試用］（期間）中で［の］、執行猶予中で［の］、保護観察中で［の］、仮合格で［の］、仮及第で［の］、仮入学で［の］ ◆remain on probation until... ～まで〈人〉が保護観察下に置かれる ◆supervise men on probation 執行猶予［保護観察］中の男［被告人］たちを監視する

**probationary** adj. 見習い（期間）の、試用［仮採用］の、《法》執行猶予［保護観察］中の ◆a probationary driver 仮免許の運転者（＊カナダでは日本の仮免許と異なり、単独で実際に出られる）◆a probationary period （人を雇う際の）試用［仮採用］期間；《法律》執行猶予期間、保護観察期間

**probe** 1 a ～プローブ、探り針、検出器、(ラジオ)ゾンデ、宇宙探査機、《医》消息子、（司直（シチョク）による）所本の捜査、調査の手、探り、調査、探求、探査 ◆a grabber test probe （電子）グラバーテストプローブ（＊電子部品のリードから動作試験のために信号を取り出すのに用いる）◆a space probe 宇宙探査機 ◆thirty members of the special prosecution team pursued their probe into... 特別捜査班の検査官30名が、～に捜査のメスを入れた。

2 vt. ～を深く究明する、突っ込んで調査する、～に（深く）捜査の手を入れる、探りを入れる；～を探り針［ゾンデ］を使って探る ◆probe into IT crimes 情報技術［コンピュータ］犯罪を捜査する（＊IT ＝ information technology）◆probe the internal structures of materials in the 1.0 to 100nm size range 材料の内部構造を1.0から100ナノメートルの大きさ［粒度］の範囲で調べる

**probiotics** プロバイオティクス、プロバイオテックス
Probiotics are a class of "good" or "friendly" bacteria that are normal inhabitants of the intestinal tract, helping with digestion. プロバイオティクスとは、消化を助ける腸内常在細菌である「善玉の」つまり「ためになる[有益な]」種類の微生物のことだ。

**problem** a ～ 問題、難題、課題、難問、設問、質問、異常、障害、病気、疾患、一病、厄介もの、悩み；adj. 問題の、問題視される、問題になる ◆without (any) problems （なんら）問題なく ◆problems associated with... ～にかかわる[絡んだ]問題 ◆a problem comes [crops] up 問題が起こる[持ち上がる、生じる、発生する、突発する] ◆exacerbate a problem 問題を悪化させる ◆solve [overcome] a problem 問題を解決[克服]する ◆surmount a problem 問題を克服する[乗り越える] ◆present no problem 問題を提起しない；問題とならない ◆prove no problem 問題（（ことが判明する） ◆a noise-pollution problem 騒音公害問題 ◆line-noise problems 回線ノイズ[雑音]障害 ◆become a problem of great difficulty 非常に難しい問題[難題]になる ◆in the event of a health problem もしも健康上の問題[差し障り]が生じた場合 ◆locate an electrical problem 電気的な異常[障害]のある箇所を特定する ◆perceive these as problems これらを問題として認識する[捕らえる]；これらを問題視する ◆solve [resolve] the problem of the need for... [the need to <do...>] ～の必要

性[～する必要]があるという問題を解決する ◆the problem stems from... その問題は、～に由来する[～から生じている] ◆pinpoint problem cylinders 問題のあるシリンダーを特定する ◆It is no problem since... ～なので、そのことは問題ではない。 ◆too large a problem to be tackled 取り組むには大き過ぎる問題[課題] ◆attack the problem at its source その問題に根本から取り組む ◆before they turn into problems それらが問題になる[問題化する]前に ◆find a way out of this problem この問題の出口を見付ける ◆if blowing snow becomes a problem もしふぶいている雪が問題になるようなら ◆if you can control it with no problems それを問題なく制御できるのであれば ◆in case a problem may arise もしも問題が起きたら ◆run into a hard-to-diagnose engine problem 診断の難しいエンジン故障に遭遇する ◆solve the problems besetting the party その政党を悩ませている問題を解決する ◆the problem lies within the unit itself 問題はそのユニット自身の内部にある ◆there is no serious problem in...-ing ～する上でなんら重大な問題はない ◆This approach presents no problem, as long as... ～である限り、このアプローチには問題がない ◆wrestle with the problem of how to <do...> どのように～するかといった課題[問題]に取り組む ◆isolate problems to the board and chip level 障害をボードやチップのレベルまで切り離す[切り分ける] ◆to battle the mountain of problems facing education in the United States 米国の教育が直面[当面]している多くの問題に取り組むために ◆face the growing problem of how to deal with toxic wastes 有害廃棄物にどう対処するかという、大きくなりつつある問題に直面する ◆find out whether the burnt fuse is really the problem その切れたヒューズが本当に問題（の種）なのかを確かめる ◆one problem which arises quite often when... ～の場合によく生じる問題の一つ ◆Problems [Symptoms]... Causes:... Remedies [Corrective actions, Solutions]:... 故障（内容）[症状、現象、異常]：～ 原因[点検箇所]：対処[直し方、対策、対処方法、対応策]：～（＊取扱説明書、修理マニュアルなどによく用いられる表現）◆identify and correct problems before they become costly and possibly dangerous トラブル[故障・障害]が高いものについたり危険につながり得る状態になる前に、それらを特定して是正する ◆The problem is that most solutions are costly equipment. 問題は、たいていの解決策が値の張る機器であるということである。 ◆There is no problem with his working if he and his doctors feel he can do it. 彼が仕事をすることについて、彼と彼の担当医がそうできるという感触を持っているなら、何ら問題はない。 ◆It is designed specifically for use in areas where contamination is a problem. これは、特に汚染が問題になる箇所で使用されるように設計されている。 ◆Parked vehicles and pedestrians are always a problem for drivers. 駐車している車両と歩行者は、常に運転者にとって厄介なものである。 ◆There are some very serious problems that need to be addressed. 取り組むべき[対処す]べき深刻な問題がいくつかある。 ◆The variations must be reduced to the point where they do not create a problem. ばらつきを、問題にならない程度にまで抑える[押さえ込む、追い込む]必要がある。 ◆Clean-up is no problem since the bowl, cover and attachments are removable for easy cleaning. 洗いやすいよう、ボウルや蓋やアッタチメント類は取り外せるようになっているので、片付けは簡単だ。 ◆If the voltage readings are not within specs, the problem is in the voltage regulator. 電圧測定値が規格[仕様]に収まっていなければ、問題は電圧調整器にある。 ◆If the warning brake light remains on, it could indicate a serious problem with the brakes. もし警告制動灯が点灯しっぱなしだったら、それはブレーキに重大な問題があることを示している可能性がある。 ◆Please include a note explaining the problem you have experienced – it helps us to properly service your product and speed its return to you. 発生した問題[不具合]を説明するメモを付けてください、それによりお客様の製品に適切な修理を施し早く返却することができます。 ◆Should any other problem with products and/or service arise, the client will need to contact Xxx during normal business hours 8:30-5:30 Monday through Friday. 製品やサービスにその他の問題が起きた場合、お客様は月曜

から金曜までの通常の営業時間8:30～5:30の間にXxx社までご連絡ください．

**problematic, problematical** adj. 問題となる，疑問の，疑わしい，未解決の，不確かな[不確実な，透明な](uncertain) ◆the country's political and economic future remains problematic この国の政治と経済の行方[先行き]は不透明である

**pro bono** adj. 無料[無償]の(＊慈善団体や貧しい人々のために，あるいは公共の利益のために専門的な労力を提供することについて) ◆pro bono work 無報酬[無報酬]の仕事[労働]，無料の[無給の]勤労奉仕 ◆do... pro bono [on a pro bono basis] ～を無償[無料(奉仕)，無給，料金なし]で行う ◆They got paid for work they had formerly done pro bono. 彼らは以前は無報酬[無給]でしていた仕事に対し支払いを受けた．

**pro-business** adj. 企業優遇の ◆the state's ferociously pro-business environment その州の極端なまでに企業を優遇する環境 ◆The pro-business attitude and the climate remain potent lures. 企業を優遇するという姿勢と気候が，相変わらず(企業にとって)強烈な魅力である．

**procedural** adj. 手続きの，手続き上の，手順の ◆a procedural manual (処理)手順書[手順マニュアル] ◆procedural steps toward implementation 実施へ向けての手順(＊stepsは，一連の手順における各段階) ◆list the procedural steps to follow in the event of fire 万一火事が発生した場合に従う[守る]べき手順を書き出す[箇条書きにする]

**procedure** (a)～手続き，(一連の)手順，順序，方法，要領，処置，措置，(一連の)工程，《意訳》操作方法[実施内容]，《医》手技[手法]，《コンピュ》プロシージャ ◆execute [launch] a procedure 《コンピュ》プロシージャを実行する[起動する] ◆call a procedure 《コンピュ》プロシージャを呼び出す ◆a repair procedure 修理手順(＊一連の修理手順，つまり修理作業の流れ全体) ◆an operating procedure 運転要領，操作手順 ◆a stored procedure 《コンピュ》ストアドプロシージャ ◆surgical procedures 外科(手術)的な処置 ◆a data communication control procedure データ通信制御手順 ◆a fiber-optic test procedure 光ファイバー試験手順 ◆procedures concerned with preventing... [the prevention of...] ～を防ぐこと[～の予防]に関わる手順[措置，処置，手続き] ◆a procedure by which <S·V> ～が～する(際に踏む)手順 ◆prepare [design, develop] a procedure manual for handling... 《廃棄物など》取り扱い[《客など》応対]の手順書を作成する[よく練って作り上げる] ◆To test..., use the following procedure: (1)...; (2)...; and (3)... ～のテストは，次の手順[要領，方法]で行うこと．(1)～，(2)～，(3)～ ◆develop work assignment procedures (WAPs) for essential personnel 不可欠職員[要員]の作業割り当て手順をつくる[立てる．《意訳》定める，確立する] ◆explain the procedure of the driving test 運転実技試験の手順を説明する ◆understand the financial operating procedures of high-tech companies ハイテク企業の財務管理運用規定を理解する ◆following much the same procedure used in installing... ～を取り付ける場合とほとんど同じ手順に従って ◆rules and procedures governing methods of information retrieval 情報検索の方法を定めている規則や手続き ◆maintain procedures for control of quality on outgoing completed products 出荷される完成品の品質管理のための手順を守る ◆The same procedure is followed in setting the recording stop time. 録画終了時刻を設定するのにも同様の手順をとります． ◆If the tests indicate a faulty voltage regulator, use the following procedure to replace it. これらのテストにより電圧調整器の不良が判明したら，次の手順で交換してください． ◆The procedure for changing the rear brakes is the same as for changing the front ones. 後部ブレーキを交換する手順は，前部ブレーキを交換する手順と同じです．

**proceed** vi. 進む[進行する，進展する，前進する，赴く(オモムク)，出向く]<to>，引き続き＜次の段階＞に移る[入る]<to>，次に進む，続行する<with>，続けて言う ◆before proceeding to do this 引き続きこの作業に移る[入る]前に ◆the reaction proceeds in two stages この反応は2段階で進行する ◆HDTV is proceeding toward practical utilization. 高品位テレビは実用化に向かいつつある． ◆Proceed with caution. 注意しながら前進せよ． ◆The shakeout is proceeding at a brisk pace. (市場競争による)整理・淘汰は，速いペースで進行している． ◆In 1988, we proceeded with the construction of our principal technology development facility. 1988年に私どもは，弊社の主要技術開発施設の建設を進めました． ◆Please read these warnings and cautions before proceeding with maintenance and repair work. 保守および修繕作業に取りかかる前に，これらの(警告や)注意事項をお読みください．(＊warningsは，人身への危険にかかわる注意事項) ◆The printing process starts printing while the text-editing process proceeds with its next task. 《コンピュ》テキスト編集プロセスが次のタスクを続行している間に，印刷プロセスは印刷を始める． ◆Work is currently proceeding into the production of a revised metadata specification that will be open for public review. 評価のために一般公開されることになっている改訂版メタデータ仕様書の作成に向けて，作業が現在進行中です[目下進んでいます]． ◆Simply place the frozen foods in the bottom of the container and proceed according to the instructions on the packet. 冷凍食品をそのまま容器の底に置いて，包装紙に印刷されている指示に従って先に進んでください．

**proceed against** 《人など》を相手どって訴訟を起こす[訴訟手続きをする]，《人など》を訴える[告訴する]

**proceed from** ～から発する，生じる，起こる；～から(次へ)進む

**proceeding** ①進行，続行；a～行為，処置，処分，措置；～s (= events, happenings)一連の出来事，事の経過，成り行き；～s 議事，議事録，会報，紀要；～s 訴訟手続き，裁判，審理 ◆criminal [civil] proceedings 刑事[民事]訴訟

**proceeds** (複扱い)(販売，取引からの)上がり，売り上げ(高)，収益，純益，収入

**process** 1 (a)～プロセス，過程，工程，製法，方法，-法，手順，経過，作用，作業，処理，《コンピュ》プロセス，《生物》突起[隆起]，《法律》訴訟手続き[召喚状，令状] ◆process industries (プラント関係の)プロセス工業[産業]；装置工業[産業](＊加工工業[産業，業界]ではないことに注意) ◆(a) process inspection 工程検査 ◆goods in process 製造[加工]途中の品物[製品]；仕掛かり品(= work) ◆work in process 製造[加工]中の未完成品；仕掛かり品；仕掛け品 ◆a two-handed process chart 《生産工学》両手工程表(＊右手・左手それぞれが並行してすべき作業を図示) ◆be in the process of being produced 制作[製作]途上にある；生産中[製造中]である；作られている[つくっている]最中だ ◆in [during, over] the course of this process この過程で，この過程の間の ◆initiate a process of democratic reform 民主化改革の過程に着手する[を始動させる] ◆without due process of law 正当な法手続きなしに ◆be in the process of...ing ～する過程にある；～中で；～しているところで ◆produce... in one process step ～を1工程で生産してしまう ◆undergo a manufacturing operation or process 製造工程にかけられる ◆during a wave soldering process ウェーブソルダリング工程中に ◆a dual-component toner development process 《OA》2成分トナー現像プロセス(＊コピー機の話) ◆in [during] the processes of production and purification of... ～の生成および浄化のプロセス[過程，工程]で ◆at appropriate points in the manufacturing process 製造工程の適切な箇所に ◆at every stage of the manufacturing process その生産工程のすべての段階において ◆improve manufacturing processes 生産[製造]工程を改善する ◆require a long process of mutual accommodation 相互の和解に至るまでの長い過程を必要とする ◆subject the material to a cleaning process この材料を洗浄工程にかける ◆the process of going from an art to a science 技術から科学に移り変わって行く過程 ◆use an advanced 0.5-micron CMOS process《半導》先進の0.5μm CMOSプロセスを用いる(＊IC製造で) ◆use [utilize] 0.5-micron complementary metal-oxide semiconductor (CMOS) process technology 0.5μm相補型金属酸化膜半導体(CMOS)プロセス技術を用いる(＊IC製造で) ◆while

this action is in process この作用が進行している ◆as it undergoes a process of weathering or erosion それが風化作用あるいは浸食作用の過程を進んで行く[経る]につれて ◆the process of globalization of the world's economy has accelerated 世界経済の地球規模化の過程は速度を速めてきた；世界経済の地球規模化の進展は勢いづいてきた ◆the railway was still in process of being built 鉄道はまだ建設中で[敷設途上に]あった ◆use a process known as digitization to put the pictures into a form suitable for computer analysis デジタイゼーション[デジタル化、数値化]という手法を用いて、これらの写真をコンピュータ分析に適した形に変換する ◆The company is in the process of changing right now. 会社は目下変身を遂げている最中である. ◆A process is under way which endangers many of the freedoms we have had. 私たちがこれまで享受してきた自由のうちの多くを危うくする過程が進行しつつある. ◆I am in a process of collecting all the necessary documents required to <do...> 私は〜するのに必要な書類をすべて掻き集めているところ[最中]です. ◆Many processes can co-reside in memory, taking their turns to run. 《コンピュ》いくつかのプロセスが同時にメモリーに常駐して、順番に実行されていくことができる. ◆The entire manufacturing procedure comprises some 250 process steps. 全製造過程は、約250の工程段階から成り立っている. ◆This process of changing frequencies is done automatically by the system. 周波数を切り替えることの手順は、システムにより自動的に遂行されている ◆With quick changeover, you minimize downtime between processes. 迅速な(生産ライン)切り換えで、工程間の中断時間を極小化することができます. ◆A military version of the processor will be manufactured in an enhanced CMOS process. 《半導》そのプロセッサの軍用版は、エンハンストCMOSプロセスで製造される. ◆The controller will be fabricated with a 1.0-$\mu$m CMOS process. 《半導》このコントローラー(IC)は、1.0-$\mu$m CMOSプロセスで製造されることになっている. ◆Computer-based systems can permit substitution of automatic processes for manual ones. コンピュータ援用システムは、手処理から自動処理への置き換えを可能にするかもしれない. ◆Greyhound buses are in the process of being equipped with a radar-based collision avoidance system that tells the driver when danger is near. グレイハウンドバスは、危険が近づくと運転手に知らせるレーダー式の衝突防止装置の取り付け[搭載]を行っている最中である. ◆The board gets by this limitation through the simple process of piggybacking directly onto the motherboard. 本ボードは、マザーボードに直接搭載するといった簡単な方法によりこの限界をなんとか切り抜けている.
2 vt. 〜を加工する、処理する、整理する、現像する ◆food-processing industries (各種)食品加工工業[産業、業界] ◆a food-processing plant 食品加工工場 ◆the film's ability to be push-processed フィルムの増感現像処理(を受ける)能力 ◆Apples are processed into preserves. リンゴは、ジャムに加工される. ◆process data into a form useful for human decision making データを人間の意思決定に役立つ形に処理する ◆Our computerized system processes your orders. 弊社のコンピュータ化されたシステムによりお客様からの注文を処理し[さばき]ます. ◆The thermal treatment of waste through incineration is an established method of processing combustible waste from household, commercial and industrial sources. 焼却による廃棄物の熱処理は、家庭、商業および工業を発生とする可燃ゴミを処理するための確立した方法方法である.

**processing** (一次)加工、処理、現像処理 ◆image processing 画像処理 ◆information processing 情報処理 ◆1-stop push-processing 1絞り分の増感(現像)処理 ◆2 stop pull-processing 《写真》2絞り分の減力(現像)処理 ◆be subjected to processing 処理[加工]にかけられる ◆perform parallel processing 《コンピュ》並列処理をする ◆without executing processing 《コンピュ》処理をせずに ◆a fish-processing plant 魚加工工場 ◆processing is carried out in the host 処理はホスト(コンピュータ)内で行われる ◆use principles of processing that are similar to those believed to apply in the brain 脳内で適用されると思われる処理原理と似通った原理を使う ◆when the image processing is complete その画像処理が完了すると ◆Q.26. Explain the principle of processing of petroleum. 問26. 石油精製の原理を説明せよ. ◆Changes to the database are frequent but processing on its contents is relatively rare. データベースに変更が加えられることは頻繁にあるが、データベースの内容についてデータ処理されることは比較的少ない.

**processor** a〜プロセッサ、プロセサ、コンピュータ、処理装置、演算処理機構[装置]、加工業者、現像処理機 ◆a Pentium processor [microprocessor, CPU] (running [operating, clocked]) at 300 MHz or higher [faster, above] 300MHz以上のPentiumプロセッサ[マイクロプロセッサ, CPU]

**pro-choice** adj. 妊娠中絶の権利を擁護する ◆a pro-choice movement (母親に生むか生まないかの選択を持たせるべきであるとする)妊娠中絶合法化推進運動 ◆he is pro-choice 彼は妊娠中絶合法化支持派である

**proclaim** vt. 宣言する、公言する、布告する、公告する、言い切る、喝破する、〜であることを示す、表す、告げる、物語る、証明する、明示する、〜であることが分かる ◆the ideas proclaimed in the Charter of the United Nations 国連憲章に高らかに謳われている理念

**procrastinate** vi., vt. ぐずぐずといつまでも先へ先へと延ばす、ぐずぐずする、手間取る ◆Do not procrastinate! (物事を)先送りするな. 先に延ばすな. ◆I procrastinated going to <do...>. 私は〜に行くのを延ばし延ばしにしていた ◆Stop procrastinating at work. 仕事上の物事を延ばし延ばしにするのを止めること.

**procrastination** ⓤぐずぐず[送り送りに、延び延びに]すること、引き延ばし、遅延、遷延(センエン) ◆without procrastination ぐずぐずしないで; 延ばし延ばしにせずに ◆purposeful procrastination 意図的な引き延ばし ◆without undue delay and procrastination 不当な遅延や延引なしに

**procure** vt. 〜(努力して)を手に入れる、手にする、入手する、調達する、獲得する ◆procure laboratory testing services from Teratek ラボテストサービスをテラテック社から調達する; 《意訳》ラボテストをテラテック社に外部委託[外注]する

**procurement** 調達、入手、獲得、《意訳》発注、(官公庁が民間から物資を調達する)買い上げ、(自衛隊などの装備の)取得 ◆a procurement source 調達先; 《意訳》(調達のための)発注先 ◆a (organ) procurement transplant coordinator; an organ procurement coordinator ドナー移植コーディネーター(＊臓器移植のための臓器提供側を支援. ↔レシピエント移植コーディネーター) ◆《工業》material procurement [(the) procurement of materials]; 《軍》materiel procurement [(the) procurement of materiel] 資材調達 ◆single source procurement 単一供給元[単一業者]からの(一切の品物の)調達 ◆the procurement of special samples 特別見本の入手[調達] ◆write procurement specifications 購入仕様[(複数部の)調達仕様書]を書く

**prod** vt. 〜をぐいっと突く、つつく、つっつく、せつく、せっつく、慫慂(ショウヨウ)する、駆り立てる、せき立てる、促す、催促する、せかす、奮起させる、刺激する、突き刺す ◆at [under, with] the (gentle [heavy]) prodding of...; under (gentle) prodding from [by]... (軽く[強力に])〜からつっつかれ[せっつかれ、駆り立てられ、せき立てられ、促され、催促され、せかされ]て ◆prod... into action 〈人など〉を行動に駆り立てる; 突き動かす; 〈人など〉をつっつて重い腰を上げさせる ◆prod the economy into life 経済を活性化する ◆under his prodding 彼にたきつけられて[せかされて] ◆without any prodding from anyone 《意訳》誰からも何の指示[要請]も受けないで自発的に ◆without outside prodding 外部からの刺激[働きかけ]なしに ◆act (on one's own) before being prodded into action せっつかれて重い腰を上げるのではなく、その前に(自ら)動く ◆keep prodding EPA to take appropriate action in this matter 米環境保護局が、この件で適切な措置を取ってくれるよう(同局を)せっつき[働きかけ]続ける; 継続して同局に要請する ◆prod employees to use car pools 従業員にカープール通勤を奨励する ◆prod [poke] (the) authorities into action 当局を(行動を起こすようにと)つつく[せつく、せっ

〈] ◆have finally prodded the world community into action　～はついに国際社会を(突き)動かした　◆it is an effective means of prodding foreign governments to <do...>　それは外国政府の尻を叩いて［けつをひっぱたいて］～させるのに有効な手段だ　◆the recent warm weather could prod insects into action　《意訳》このところの暖かい天気に誘われて虫たちが活動を始めるかもしれない　◆My dad was always prodding me to be a writer.　父は常に私が作家になるよう仕向けていた．

**pro-democracy** adj. 民主化に賛成する, 民主化推進［要求］(派) このような◆student-led pro-democracy demonstrations　学生に率いられた［学生を中心とする］民主化要求デモ

**prodigious** adj.（大きさ, 数量が桁外れに大きい）巨大な, ばく大な, ぼう大な, 驚異的な　◆beam it down to earth at a prodigious rate　それを驚くほどの速度で地球に向けて送信する

**prodigy** a～天才, 神童, 奇才, 麒麟児(キリンジ), (人並みはずれて力量のすぐれている若い人) 怪物　◆He came into prominence as a bass infant prodigy of the Frankfurt jazz scene.　彼はフランクフルトのジャズシーンでベースの神童［怪物］として名を上げた［著名/有名になった］.

**produce** 1 vt. ～を生産する, 製造する, 製作する, 謹製(キンセイ)する; 生成する,《医》産生する; 制作する, 創作する, 上演する, 出版する, プロデュースする,〈子〉を産む,〈有名人など〉を生む, 産出する,〈蒸気など〉を発生させる, 引き起こす, もたらす, 提示する; vi. 生産する, 製作［制作］する, 創作する　◆produce lasers　レーザー光線を発生させる　◆produce cracks in...　～にひび割れを生じさせる　◆produce graphics output　グラフィック［図形］出力を生成する　◆produce printed output　印字出力する　◆wealth-producing resources　富を生み出す資源　◆coffee beans from a different producing country　他の産出国からのコーヒー豆　◆goods-producing fields　物を生産する［製造］分野　◆the world's major wine-producing regions　世界の主要ワイン生産地域　◆produce educational materials for schools, TV and newspapers　学校, テレビ, および新聞向けの教育ソフトを制作する　◆documents produced mainly for archival or reference purposes　主として保存や参照の目的で作成された文書　◆to get him to produce relevant documents in his possession　彼が所有している関係書類を提出させるために［＊提出を迫るという意］　◆The University has produced a number of famous playwrights, actors and even theatre directors.　本学は, 多くの著名な劇作家, 俳優, さらには舞台演出家まで輩出した.　◆He reached into his pocket and produced a brick-thick wad of yen.　彼は, ポケットに手を入れて, 煉瓦ほどの厚みのある円の札束を取り出して見せた.　◆Methyl alcohol in sizable doses can produce blindness and death.　メチルアルコールは, かなりの服用量だと失明や死を引き起こすことがある.　◆The outer cladding is produced [made] from special acid-soluble glass.　この外側の被覆は, 特殊な酸溶性ガラスで作られている.　◆These printers can produce characters in different type fonts.　これらのプリンタでは, いくつかの種類の異なった字体［書体］で文字を印字出力できる.　◆The thyroid glands located within the neck produce a hormone called thyroxine.　頸部内に位置する甲状腺はチロキシンと呼ばれるホルモンを産生する.　◆Lotus 1-2-3 was produced by Lotus Development Corporation of Cambridge, Massachusetts, U.S.A.　Lotus 1-2-3はマサチューセッツ州ケンブリッジのロータス社によって生み出された.　◆The engine produces 161 hp at 5900rpm and 162 pound-feet of torque at 4500.　このエンジンは, 5900rpmで161馬力, そして4500rpmで162ポンド・フィートのトルクを発生させる.

2 □(集合的)農産物, 作物, 作物, 青果　◆farm produce　農産物　◆pesticide-laden produce　残留農薬がついている農作物　◆The produce department is usually close to the entrance.　青果売り場は普通, (店の)入口の近くである.　◆California and other produce-producing regions are bringing the bulk of their produce to market　カリフォルニアおよびその他の［カリフォルニア を始めとする］農産地が, 農産物の大部分を市場に出しているいる

**-produced**　～によって制作された, ～制作の　◆an ABC-produced cassette on the 1988 Winter Olympics　ABC放送局が制作した1988年冬期オリンピックのビデオカセット

**producer** a～メーカー, つくり手, 生産者, 製作者, 製造業者, 製造元, 演出家, プロデューサー, (ガス)発生炉　◆an automobile producer　自動車メーカー　◆a producer country　生産国, 産出国　◆a producer country [nation]　生産国, 産出国　◆a producer of sheet steel　薄鋼板製造業者［メーカー］

**product** a～製品, 製造物, 商品, 商材, 産物, 生産物, 成品（＊原炭を選炭して得た精炭など); a～《化》生成物,《数》積; a～(努力などの)たまもの, 成産, 結果, 作品　◆a product number　製品［商品］番号, 品番　◆product development　製品開発　◆software products　ソフトウェア製品［品］　◆a brand-name product　ブランド商品［ブランドもの］　◆an oxidation product of an alcohol　アルコールの酸化生成物　◆consumer products (↔industrial products)　消費者製品［民生品］(↔工業用品)　◆it was put through product testing in 1994　それは1994年に商品テストにかけられた　◆manual cleaning at product changeovers　製造品の切り換え段取りの際の［品種切替時の］手作業による清掃（＊生産ラインの）　◆products from polymers　ポリマーからつくられる製品［ポリマー製品］　◆radioactive fission products　放射性核分裂生成物　◆the product of this reaction　この反応によって生成されるもの　◆the product of two or more numbers　2個以上の数の積　◆new products embodying new technologies　新技術を採り入れた新製品　◆develop... into a final product　〈企画, 試作品などを〉（製品）開発によって最終製品［完成品］にまでもって行く　◆the product of five years of research　5年の研究の成果　◆view students as products rather than humans and citizens　学生［生徒］を人間や市民としてというより製品［《意訳》モノ］として見る　◆Digital's Alpha workstation lineup consists of two product families.　デジタル社のアルファワークステーションラインアップは2つの製品系列［製品群］から成る.　◆How can our company reduce the time it takes to bring a product to market?　どうすれば我が社は製品化［商品化］までの時間を短縮できるだろうか.　◆These new ideas and concepts are translated into products which gain competitive advantage by hitting the market ahead of others.　これらの新しいアイデアや概念は商品化［製品化］され, 他に先駆けて市場に出て競争性の優位性を得る.

**production**　回生産, 製造, 産出,《医》産生, 生成, 発生, 発電, 演出, 上演, 制作; (a)～生産高, 生産額, 生産数, 生産量, 生産数量, 生産個数, 生産（量）台数, 採掘量; a～製作［制作］されたもの, (特に)(芸術, 映画, 演劇などの)作品; (形容詞的に)(試作等ではなく)本生産の, 本番の, 本稼働の, 実働　◆put... into production　～を生産に移す　◆move into production　生産に入る　◆boost the production of...　～の生産を増やす［増強する］; ～を増産する　◆rush... into production　（製品）を急きょ生産に移す　◆discontinue production of...　～の生産を中止する［打ち切る］;《意訳》～の生産を終了する［を完了する］, から撤退する　◆a production plant　生産工場　◆production facilities　生産設備［工場］　◆volume [mass, quantity] production　量産　◆a small production run　(1回の)少量生産操業　◆production expenses　製造経費　◆the volume of production　生産量　◆full-scale production　本格生産［本生産］(cf. → full production)　◆mass production techniques　量産［大量生産］技術　◆the paper production industry　紙を製造する産業; 製紙業界　◆accelerate software production　ソフトウェア制作をスピードアップ［促進, 能率化］する　◆adjust one's production　生産を調整する　◆a production-model test car　生産［本生産］モデルのテスト車　◆based on actual production data　実際の生産データ［《意訳》生産実績］に基づいて　◆begin production of...　～の生産を開始する［《意訳》立ち上げる］　◆not yet in production　（新製品などが）まだ生産に入っていないで　◆shift [move] production to American shores　米国に生産を移す（移行する, 移転する）　◆the production of... in value (terms)　～の金額ベースでの生産高; ～の生産額　◆to boost oil production　石油生産を増強する［石油を増産する］ために　◆when production of... ceased　～が生産中止［打

ち切り, 完了, 終了]になった際に ◆a production Porsche 928 ポルシェ928量産車1台 (*試作車と対比させての表現) ◆exploratory and subsequent production activities 探鉱活動とそれに続く生産[探鉱]活動 ◆the U.S. share of world semiconductor production 世界全体の半導体生産に占める米国の割合 ◆a high-production flexible automation system 自動化フレキシブル大量生産システム ◆discontinue production of CFCs 特定フロンの生産をやめる[打ち切る]; 特定フロンを製造中止する ◆production-run chips 本生産チップ (*設計・試作段階のものではなく, 生産ラインで製造されたIC) ◆a stock-control system in the production department 製造部の在庫管理システム ◆take millions of acres out of production 何百万エーカーもの土地を休耕する ◆the production of mixed text-and-graphics documents テキストとグラフィックスの混在した文書の作成 ◆transfer a product from research to production 製品を研究から生産へ移す ◆(be) soon to be out of development and ready for production 近々に開発の手を離れて生産に入れることになって(いる) ◆the factory is ready to start production on a new model 同工場は, 新型[新車種]生産開始の準備が整って[完了して]いる ◆It will remain in production. それの生産は続行される. ◆Production has commenced for Xxx and will begin shortly for Yyy. Xxxの生産が開始された. Yyyの生産も間もなく始まる. ◆The model was recently dropped from production. このモデルは, 最近生産[製造]中止[打ち切り, 完了, 終了]になった. ◆The Rollei 35 went into production in 1966. ローライ35(カメラ)は1966年に生産に入った[生産が開始された.] ◆This model has gone out of production. このモデルは製造中止になった. ◆YBM's Canadian manufacturing plant in Toronto has commenced production. YBMのカナダ工場がトロントで生産を開始した. ◆Below is a table of manufacturers showing the production years for the models and variants. 次に示すのは, これらの機種および派生製品の製造年を記載した, 製造メーカー一覧表です. ◆Femtex has announced that production of its high-tech TR-3 may be discontinued. フェムテックス社が, 自社製品であるハイテク機TR-3の生産を中止する[打ち切る, 《意訳》完了させる]可能性があると発表した. ◆In the long term, the analyst believes Chrysler will have to expand its foreign production base. 長期的には, クライスラーは外国[《意訳》国外, 海外]の生産基盤を拡張しなければならなくなるだろうと, このアナリストは確信している. ◆This product will be discontinued from production during the second quarter of 2003. 本製品は2003年の第2四半期に生産打ち切りの[生産中止,《意訳》生産完了]予定となっている. ◆This remarkable transport aircraft has already been in production for over 35 years. このすばらしい輸送機は, すでに35年以上にわたって製造[生産]され(続け)てきた. ◆Upon customer approval, the device can go into volume production. 顧客の承認を得次第, このデバイスは量産に入ることができる. ◆Initial production starts [begins] in late October and full production should start in January 2002. 初回生産は10月遅くに, そしてフル生産は2002年1月に開始の予定である. ◆Production began last December, with a work force of 1,000 turning out ten vehicles an hour. 生産は昨年12月に, 総従業員数1,000名体制で毎時10台の車両生産ペースで始まった. ◆Flexible manufacturing systems are used when the volume of production is relatively low and there are a wide variety of products to be made. フレキシブル生産システムは, 生産量が比較的少なく幅広い種類の製品が作られる[多品種少量生産の]場合に用いられる. ◆In fiscal 2001, the value of production in this business area is expected to grow to about 100 billion yen. 2001年度には, この事業分野における生産金額は約1千億円に伸びるとみられている. ◆The strong yen will accelerate this tendency to rely on overseas production, just as the strong dollar helped push American manufacturing and assembly overseas. 強い円[円高]は, かつて強いドル[ドル高]がアメリカの製造業と組み立て業を海外に移行するのに手を貸したのと同様に, この海外生産依存の傾向を加速するだろう. ◆In a real inventory correction, stockpiles accumulate as a result of a downturn in demand, and the unintended inventory build-up leads to a production adjustment which, in turn, depresses employment and income. 実際の在庫修正[の過程]では, 需要の下振れの結果在庫が積み上がり, この意図せぬ在庫の蓄積が生産調整につながって, 雇用と収入を減少させる.

**production line** a～(流れ作業の)生産[製造]ライン (= an assembly line, 組み立てライン) ◆go from drawing board to production line (製品が)設計から生産へと進行する ◆shift production lines overseas 生産ライン[工場]を海外に移行する

**productive** adj. 生産的な, 生産力のある, 成果が上がる, 実りある, (土地が)肥沃(ヒヨク)な, (作家が)多作な ◆the productive sector of the economy 経済の生産部門 ◆make them more productive 彼らの生産性を上げる ◆look for ways to give disabled people a greater opportunity to be productive 《意訳》身体障害者の人たちに生産的な活動に従事する[仕事を持つ]機会をもっと与える道を探る

**productive of** ～を引き起こしやすい, ～を生みがちな, 場合によっては～をもたらす

**productivity** 生産性, 生産力, 生産[産出]能力 ◆increase productivity 生産性を上げる ◆a program of productivity improvements 生産性向上計画 ◆boost productivity 生産性を向上させる ◆productivity-enhancing equipment 生産性を高めてくれる機器 ◆bring [provide, deliver] immediate productivity gains 即, 生産性の向上をもたらす ◆the ability to <do...> will translate directly to productivity gains ～する能力は即, 生産性の向上につながると考えてよい ◆the need for increased efficiency and productivity 効率と生産性を向上させる必要性 ◆A skilled systems programmer can make major gains in the productivity of computer systems. 腕の立つシステムプログラマは, コンピュータシステムの生産性を大幅に上げることができる. ◆The tool provides increased productivity, and reduces fatigue. この工具を使えば, 作業効率は向上し, 疲労は減少する. ◆When it comes to making regulations, Government does that very well and with great productivity. こと法規づくりにかけては, 政府は非常にうまく, かつ高い生産性でやってしまう. ◆It appears the technology that was designed to make lives easier – cell phones, beepers and e-mail, for example – actually serves to hamper productivity, in small and large businesses alike. 生活の利便性の向上を目指して開発された技術, たとえば携帯電話, ポケベル, 電子メールといったものが, 企業の大小を問わず, その実(ジツ)生産性の妨げになっているようにみえる.

**product liability** 製造物責任 (*欠陥商品により消費者が被害にあった場合には, その責任を製造メーカーにとらせるべきであるという原則) ◆product-liability insurance 製造物責任保険 ◆a product liability lawsuit 製造物責任訴訟 ◆U.S. product liability laws 米国の製造物責任法

**product line** a～製品[商品]系列, 商品[製品]群, (ある系列の)品揃え ◆broaden [extend] one's product line (会社などが)製品系列を拡充する;《意訳》品揃えを充実させる[強化する] ◆The company currently manufactures over 50 different models in six distinct product lines. 《意訳》同社は現在, 6系列[6シリーズ, 6機種]に分けて50種類以上のモデルを生産している.

**profane** adj. 神聖を汚す[不敬の, 冒涜する], 世俗的[卑俗]な

**profess** vt. ～を公言する, はっきり言う, 明言する, 告白する, 主張する, ～への信仰を告白する, 信仰する, 自称する, ふりをする, 偽る, 教授として～を教える; vi. 公言[明言, 告白]する ◆She professed her love to him [her love for him]. 彼女は, 彼に愛を[彼への愛を]告白した.

**profession** a～専門職, 職業 (*専門教育と訓練を要する技術者, 弁護士, 医者, 教師などの職); the～(集合的に)同業者仲間, 一界, 一職; (a)～ 公言, 言明, 表明, 信仰の告白 ◆the medical profession 医学界 ◆the teaching profession 教職

**professional** adj. 専門職の, 知的職業の, 職業上の, 本職としての, プロの, 玄人(クロウト)の, 熟練した; a～知的職業に従事している人, 専門家, 本職の人, 商売人, 玄人(クロウト), 職業

選手, プロ ◆make one's professional debut　プロデビューする[プロ入りする] ◆produce professional-looking signs　本職の手になるような見栄えの看板をつくる ◆a professional-grade camera　(性能・品質が)プロ級のカメラ ◆after several years of rigorous professional use　《意訳》プロとしての仕事[実戦]での数年にわたる厳しい使用後に ◆high-performance lenses designed for professional use　プロユース向け[プロ用]に設計されている高性能レンズ ◆professionals from executive through entry levels　幹部から駆け出し[新米]までの専門家たち ◆students enter the professional world in such fields as Business, Government, Sales...　学生は, 実業界, 公務員関係, 販売業などに就職する[で働き始める] ◆three boxers made their professional debuts　3名のボクサーがプロデビューを果たした ◆he made a sales pitch that would have put some sales professionals to shame　彼は営業専門の人間顔負け[商売人はだし]の(うまい)セールストークをぶった ◆A video editing machine makes the finishing touches more professional-looking.　ビデオ編集機は, 最後の仕上がりをプロ顔負け[玄人はだし]の出来栄えに近づける.

**professionalism**　①プロフェッショナリズム, プロ意識, プロ根性, プロ精神, プロとしての資質, 職人気質(カタギ), 専門家としての職業意識; ②試合にプロのスポーツ選手を使うこと ◆due to a lack of professionalism　プロ意識[プロ根性, プロ精神, プロとしての資質, 職人気質(カタギ), 専門家としての職業意識]が欠如しているせいで

**professor**　a～(大学)教授, 大学教員,(国立大の)大学教官,《意訳》博士,(米口)教師,(ダンスなどの)先生 ◆an ophthalmology professor [a professor of ophthalmology] at...　(大学)の眼科学教授 ◆a Stanford University geophysics professor　スタンフォード大学の地球物理学教授 ◆Professor Freeman　フリーマン教授 ◆He is Professor of Electrical Engineering at Stanford University.　彼は, スタンフォード大学電気工学部の教授である.

**proffer**　vt. ～を申し出る, 提供する, 差し出す, ～を(「どうぞ」と差し出して)勧める, 進呈する,(助言など)を授ける; a～提供, 申し出 ◆proffer opinions on...　～について意見を提供する

**proficiency**　上達, 熟練(度), 習熟, 技能, 堪能(タンノウ), 実力 ◆a proficiency test　技能試験 ◆acquire proficiency　上達する[腕前を上げる] ◆acquire proficiency in a foreign language　～は, 外国語が上達する[上手になる, うまくなる] ◆a reasonable proficiency in French　まあまあのフランス語の実力 ◆her proficiency in German　彼女がドイツ語に堪能であること ◆her proficiency in translating　彼女の翻訳の実力 ◆her proficiency with figures　彼女が数字に強いこと ◆his proficiency as a mechanic　機械工としての彼の腕前[腕前] ◆his proficiency at....-ing　～する彼の実力[腕前] ◆proficiency in its use　それを使うことの技能[技量] ◆in order to maintain the highest level of pilot and crew proficiency　パイロットおよび乗組員[搭乗員]の熟練度を最高水準に維持しておくために ◆Successful course graduates will receive a proficiency certificate.　研修コースを無事終了した者には, 技能検定書が授与されます.

**proficient**　adj. 熟練した, 上達した, 堪能(タンノウ)な, 習熟している, 実力のある, 有能な <in, at>

**profile**　1　a～プロフィール, 横顔, 輪郭, プロフィル], 概要[大略, 人物紹介, 人物評, 略歴,(会社紹介等で)沿革], 姿勢[態度], 露出度, 特徴[特性](*色々な点をまとめて全体として捉えるもの) ◆～断面[断面図, 縦断面(図), 側面(図)], グラフ[分布図, 変化図]; a～形状, 異形 ◆a company profile　会社概要[会社の沿革,(表敬)会社案内] ◆a low-profile keyboard　《コンピュ》低型[薄型]のキーボード ◆a reduction in profile of...　～の側面の(高さ[厚さ, の])減少; ～の低形化 ◆keep a relatively low profile　(比喩)比較的低姿勢を保つ; 割と目立たないようにして(鳴りを潜めて)いる; 控えめに振る舞っている ◆reduce the profile (size [height]) of...　～の側面の高さ[厚み, 厚さ]を減らす; ～を低背化[薄型化]する(▶普通size [height]は省く) ◆your hip profile　あなたの腰の線 ◆a curve shaped like the cross-sectional profile of a bathtub　浴槽の断面のような形をした曲線 ◆companies are continually searching for ways of increasing their profile and market share　企業は絶えず露出度[《意訳》認知度, 知名度]とマーケットシェアを上げる方法を模索している(* profile = the degree [level] of public exposure) ◆carry out 12 vertical profile measurements of atmospheric aerosol using particle counters　粒子計数器を使用して大気中のエーロゾル[エアロゾル, 浮遊塵, 浮遊微粒子]の垂直(分布)構造測定を12回行う ◆to permit the calculation of the vertical temperature profile from the Earth's surface into the mesosphere　地表から中間圏内部に至るまでの(大気の)鉛直温度構造の計算を可能にするために ◆The unit has a profile just an inch high.　本ユニットは, わずか1インチの高さしかない. ◆To view a profile of a company, click on the company name below.　《意訳》会社の概要[案内]を見るには, 下記の社名をクリックしてください. ◆The Miami Herald ran a profile of him under a headline that called him "The Flamingo Kid."　マイアミ・ヘラルド紙は, 彼のことを「フラミンゴ・キッド」と呼ぶ見出しで彼のプロフィール[人物紹介(記事), 略歴]を掲載した.

2　vt. 〈人〉の人物紹介[略歴]を書く, ～の輪郭[横断, 側面図]を描く, ～の外形をつくる, ～の断面を調べる, ～の分布を測定する ◆subbottom reflection profiling　音波の反射を利用した海底下堆積層[地層]の探査 ◆a three-dimensional noncontact surface profiling instrument　表面の形状を非接触で3次元[立体]測定する装置

**profiler**　a～profileする人[もの], ならびにプロファイラ[盤, 型彫り機[盤], 人物紹介作家, 心理分析官, 心理技官, 輪郭・縦断面・垂直分布などの様子を計測・視覚化する観測装置(*たとえば, 探層装置) ◆an FBI profiler　連邦捜査局の心理分析官[心理技官] ◆a subbottom [sub-bottom] profiler system　表層断面探査装置(*海底[水底]下の堆積構造を調べるための) ◆a microwave water vapor profiler　《気象》マイクロ波を利用して水蒸気の垂直[高度]方向の分布を調べる観測装置

**profiling**　◆(psychological) profiling　プロファイリング, 心理分析, 犯人像の推定(*心理分析を応用して犯行手口や特徴から犯罪者の心理に迫り, 犯人像を浮彫りにし「割り出し」捜査に役立てる)

**profit**　1　①利益, 得, 利, 役にたつこと, ためになること; (a)～, ～s 利益, 収益, 儲け, 利潤, 利得 ◆make [earn] a profit　利益を上げる[得る] ◆boost profits　利益を伸ばす ◆for-profit [↔non-profit] adj. 〈団体などが〉営利を目的とした[↔非営利的な] ◆profit taking　《株》利食い ◆thin [lean] profits　薄利 ◆a profit-sharing plan [program]　(企業の)利益分配[還元]制度 ◆a 10% operating profit on sales　売上に対する10%の営業利潤 ◆if profits worsen　もし収益が悪化すれば ◆opportunities to make big profits　大きく儲けるチャンス ◆profits derived from...　～から上がった利益 ◆sell... at a profit　利益を出して売る[儲けて売る] ◆slim profit margins　薄い利幅, 薄利 ◆after ten consecutive years of profit　10年連続して利益[黒字]を出した後に ◆reap extra profits from efficiencies of scale　スケールメリットのおかげで余分に利益を上げる[儲ける](* efficiencies of scale = 規模拡大がもたらす効率向上) ◆turn the company from loss to profit by...-ing　～することにより会社を赤字から黒字に転換させる ◆The company made only a small profit this year.　この会社は, 今年ほんのわずかの利益を上げただけだった. ◆This course examines the efforts of an enterprise to secure profits.　このコースでは, 利益[収益]を確保するための企業の努力[取り組み]を調べてみます. ◆We're going to show a profit for the fourth quarter of 1994.　我が社は1994の第4四半期には利益を計上しそうだ. ◆Last year the company had profits of $96 million.　昨年その会社は, 9600万ドルの利益をあげた. ◆Last year the company made a profit of $13 million on sales of more than $100 million.　昨年, その会社は1億ドル余りの売り上げで1300万ドルの収益をあげた.

2　vi. 利益を得る, 得をする, (～から)学ぶ[いい勉強をする]<from>; vt. ～のため[利益]になる, ～に役立つ ◆profit from the rising demand for...　～への高まる需要(に応えること)から利益を得る

**profitability** ①利益の出ている状態[=黒字状態], 収益を出せる能力[=収益力], 採算性, 収益性, 利潤性 ◆a company's profitability; the profitability of a company　企業の採算性[収益力] ◆restore profitability to beleaguered banks　不健全化した銀行の収益性を回復する ◆to improve profitability　収益性を改善するために ◆raise [boost] profitability by trimming costs and introducing new services for consumers　コストを削り消費者を対象とした新しいサービスを導入して収益性を上げる ◆return the company to profitability　会社を黒字転換させる ◆the company has returned to profitability in fiscal 1993　この会社は, 1993会計年度に再び黒字に転換した[収益回復した, (直訳)利益の出ている状態に戻った] ◆many companies have seen their profitability soar　数多くの企業が自社の収益性が上がるのを見た[経験した]

**profitable** adj. 収益性の高い, 収益力が強い, 採算がとれる, 儲かる[うまみのある], 有利な, ためになる, 有益な, 役に立つ ◆secure a very profitable contract　非常にうまみのある契約を確保する ◆become a highly profitable product　非常に収益性の高い[収益力の強い, うまみのある]製品になる ◆gauge how profitable a business is　企業の収益力を測る

**profit-and-loss** adj. 損益— ◆a profit-and-loss account　損益勘定 ◆profit-and-loss calculations　損益計算 ◆a profit-and-loss statement　損益計算書

**profitmaking, profit-making** adj. 利益を得る目的の, 営利を目的とする ◆a profitmaking company　営利会社

**profit-taking** n. (相場の)利食い; adj. 利食いの

**profligate** adj. 放蕩(ホウトウ)な, 極道(ゴクドウ)な, ふしだらな, 無駄遣いする, 浪費する, 金遣いの荒い; a～ 浪費家, 放蕩者, 道楽者 ◆a profligate use of the world's resources　世界の資源の無駄遣い[浪費] ◆humanity's profligate burning of fossil fuels emits carbon dioxide that traps solar radiation and heats Earth's atmosphere　《意訳》人類が化石燃料を湯水のように[どんどん, どしどし, じゃんじゃん]燃やすことにより発生する炭酸ガスは, 太陽の輻射熱を閉じ込め地球の大気を温暖化する

**pro forma** adv. adj. 形式上(の); adj. (pro-forma, proforma とも表記)見積もりの, 仮の ◆a pro-forma invoice　プロフォルマインボイス; 試算[(買い付け)見積もり]送り状 ◆pro-forma financial statements　見積もり財務諸表 ◆wait a long time for a reply and then only receive a poor-quality pro-forma response　答えを長いこと待ったあげく, 質の悪い通り一遍の[形式的でおざなりな]返答を受け取る

**profound** adj. 深い, 深遠な, 重大な意味を持っている, 重大な, 心からの, 心底からの, なみなみならぬ, 深甚(シンジン)なる; 深い; 全くの, 完全な ◆a profound economic malaise　根深い経済の沈滞 ◆effect profound climatic changes　大幅な気候の変化[変動]を引き起こす ◆have a profound effect on the properties of...　～の特性に非常に大きな影響を及ぼす ◆he has [possesses] (a) profound knowledge <about, of, in, on>　彼は深い知識を持っている; 彼には蘊蓄(ウンチク)[造詣, 学殖, 学識]がある

**profoundly** adv. 非常に, 大変に, いたく, 極めて, とても, 大いに, 著しく, はなはだしく, ひどく, 全く, 深く, 深遠に, 心から, 心底(シンソコ) ◆he is profoundly grateful to...　彼は, ～にいたく[非常に, 深く, 心から, 大いに]感謝している ◆profoundly apologize　心から詫びる ◆profoundly retarded individuals　重度の知恵遅れの人たち ◆she is profoundly deaf　彼女は重度の難聴である

**progenitor** a～ 祖先, 先祖; a～ 創始者, 始祖, 開祖, 先覚者; a～ 原型, 原典 ◆the progenitor of reform　改革の父 ◆Because I am the biological progenitor of this child,　私はこの子の生みの親だから

**progesterone** ①プロゲステロン, 黄体ホルモン

**prognosis** a～ (pl. -ses) 《医》予後 ◆病後の経過についての医学的な見通し), 予測, 予想 ◆She is receiving chemotherapy but the prognosis is not good.　彼女は化学療法を受けているが, 予後は不良である.

**program** 1 a～ プログラム, 計画, 制度, —制, 予定(表), 〈式などの〉次第, 番組, 公演, 催し物, 教科課程 ◆a broadcast program　放送番組 ◆a computer program　コンピュータのプログラム ◆a utility program　《コンピュ》ユーティリティープログラム ◆an undergraduate program　学部課程 ◆a poorly structured program　《コンピュ》構造的に出来の悪いプログラム ◆under this program　この計画[制度]のもとで ◆by delaying implementation of new programs　新規事業の実施を遅らせることにより (*行政の話で) ◆programs running on MS-DOS-based systems　《コンピュ》MS-DOSベースのシステムで走っているプログラム ◆programs up to 100,000 bytes in size　《コンピュ》10万バイトまでのサイズのプログラム ◆through a voluntary early retirement program [plan]　早期希望退職制度[選択定年制]を通じて ◆American television's No. 1-rated program　アメリカの視聴率第1位のテレビ番組 ◆an air-traffic control modernization program　航空交通管制近代化計画 ◆a program of cost cutting and productivity improvements　経費削減・生産性向上計画 ◆launch a radical program of economic reforms　抜本的な経済改革計画に着手する ◆Programs [Projects] are underway to develop...　〜を開発する計画[企画, プロジェクト]が進行中である[走っている]. ◆Is there an effective program for controlling the quality of incoming materials?　(業者から)入ってくる材料の品質を管理する効果的な手順[仕組み, 制度]が設けられているか. ◆The system consists of several application programs running under the Unix operating system.　《コンピュ》そのシステムは, UNIXオペレーティングシステム上で走るいくつかのアプリケーションプログラムで構成されている. ◆Programs written in high-level languages can often be run on different types of computers with only minor changes.　《コンピュ》高級言語で書かれたプログラムは, わずかな変更を加えるだけで異種のコンピュータで走らせられる場合が多い.
2 vt. 〜の計画を作る, 〜を番組に入れる; 《機器》(の動作の)順序・条件)を予約・設定する, 《半導》《素子》にプログラムを書き込む, 〜に条件づける ◆program the sorter controls [the sorter panel]　《OA》ソーター制御盤の(ボタンを操作して)設定をする ◆program a ROM device with data　ROM素子にデータを書き込む ◆Microprocessor-controlled electronics allow manual, automatic and programmed operation.　マイコン制御式の電子回路により手動運転, 自動運転およびプログラム運転が可能である. ◆The VCR can be programmed to record as many as eight programs over fourteen days.　このビデオデッキは, 2週間8番組もの録画予約(設定)ができる. ◆Memory dialing allows you to program up to ten telephone numbers into one-touch memory.　メモリーダイヤル機能によって, 10件までの電話番号をワンタッチメモリーに登録することができる. ◆The VCR can be programmed to record different programs on different TV channels for weeks in advance.　このビデオデッキは, 別々のテレビチャンネルで放映された違った番組を録画するよう数週間分前もって予約[プログラム]することができる. ◆To record programs, simply program the VCR by setting the time clock to tune in and record at the designated hour.　番組を録画するには, 指定時刻に選局・録画するようタイマーをセットすることによって(ビデオデッキを)録画予約するだけです.

**programmability** ①プログラミング性, 設定性, 設定のしやすさ[容易さ], プログラミングできること, 設定が可能であること ◆improve the database's programmability　データベースのプログラミング性を向上させる ◆the programmability of devices normally controlled by humans through remote-control units　通常リモコンユニットを通して人間によってコントロールされる装置の設定性[設定のしやすさ] ◆Field programmability means our customers never have to buy another scanner simply because the specs change.　《意訳》使用現場で設定が可能ということは, 仕様が変わっただけでお客様が別のスキャナを買い直すという必要がありません.

**programmable** adj. プログラマブル, プログラム可能な, 設定可能な, 〈記憶素子が〉書き込み可能な ◆a programmable range 設定(可能)範囲 ◆user-programmable function keys ユーザーが設定できるファンクションキー ◆an electrically erasable programmable read-only memory (EEPROM) 電気的に消去可能で再書き込み可能な読み出し専用素子(EEPROM) ◆Phase shifts throughout the 360° range are programmable with 10° resolution. 電気位相偏移が、360度の範囲全域にわたり10度の分解能で設定可能である。

**programmer, programer** a ~ (コンピュータ)プログラマ ◆a system programmer 《コンピュ》システムプログラマ

**programming** 《コンピュ》プログラムを書くこと、プログラムの(ROMなどへの)書き込み[実装]; 〈タイマー、ビデオなどを〉(予約)設定すること; (集合的に)編成された番組 ◆transmit a multitude of programming 数多くの番組を送信する[送り出す] ◆millions of lines of software programming 何百万行もの(コンピュータ)ソフトのプログラミング ◆cancel programming of the automatic document handler (OA)自動原稿給紙装置の設定を取り消す ◆thousands of hours of U.S. television programming 何千時間分ものアメリカのテレビ番組 ◆distribute HDTV programming on videodiscs 高精細度テレビ番組をビデオディスクで配布する ◆Some VCRs even have twenty-one-day programming capability. ビデオデッキのなかには21日間の録画予約設定機能のあるものもある。 ◆Top-of-the-line VCRs feature digital scanner programming systems to quickly and easily program unattended recording. 最高峰ビデオデッキは、素早く簡単に留守録予約するためのデジタル(バーコード)スキャナー式予約システムを売り物にしている。

**programming language** a ~ 《コンピュ》プログラミング言語

**program trading** (株式売買や先物取引の)プログラム[電算]売買、コンピュータ取引 ◆(computer-driven [-generated, -guided]) program trading (コンピュータによる)プログラム[電算]売買; コンピュータ取引

**progress 1** 回進行、進歩、進展、発展、上達、向上、進捗(シンチョク)、進捗[進行]状況、経過、成り行き、趨勢; 〈形容詞的に〉中間(の時点での)(報告など)、分割の(支払いなど)、分納の ◆a progress report <on> (~についての)経過報告書; 進捗[進行]状況報告書 ◆a progress schedule 進行[進捗]予定; 進度表; 工程表; (工事などの)日程表 ◆progress payments 分割払い; 分納 ◆check on the progress of... 〜の進み具合[進捗状況、(意訳)経過状況]を確認する ◆during the progress of a call (電話の)呼び出しが行われている最中に ◆monitor the progress of a project プロジェクトの進捗状況[進み具合]を監視する ◆track progress on repairs 修理のすすみ具合[進捗状況]を追う ◆check on work progress 仕事[作業、工事]の進捗状況を調べる ◆an interim report on the progress to date 今日までの進捗[経過]についての中間報告 ◆ensure regular monitoring of progress at regional and national levels 確実に進捗状況が地域および国家レベルで定期的に監視されるようにする ◆give... an interim report on current progress toward the development of... 〈人など〉に~の開発に向けての最新の進捗状況[経過]について中間報告をする[中間報告書を提出する] ◆make considerable progress toward producing... 〜の生産に向けてかなり進歩する ◆our progress toward achieving that goal その目標へ向かっての我々の歩み ◆prepare a report on progress in implementing the plan その計画の進行[進捗(シンチョク)、遂行、実施]状況報告書を作成する ◆Rapid progress has been made in controlling... 〜を抑制することにおいて大幅な進歩[前進、進展]があった。 ◆regularly report on the progress of his/her work 彼/彼女の仕事の進捗状況[進み具合]を定期的に報告する ◆Significant progress was made toward... 〜に向けての大幅な進歩があった。 ◆we continue to make progress toward this goal 我々はこの目標に向かって前進し続ける ◆to assess our progress on controlling costs and improving quality コスト抑制および品質向上面での弊社の進捗状況[進展具合]を評価するために ◆a lumbering bureaucracy that has slowed a new car's progress from drawing board to showroom 新車の設計からショールームへ出すまでの経過[商品化]を遅らせた、動きの鈍い官僚的機構 ◆As development reaches stability, or at least, less rapid progress,... 開発が安定した状態に達するか、あるいは少なくとも進むペースが落ちてくると~ ◆There is progress on most fronts. ほとんどの方面で進歩が見られる。 ◆Compatibility with earlier models eventually hinders progress. 先発機種との互換性は、結局進化を妨げることになる。 ◆Progress in workstation development has been particularly rapid in recent years. 近年、ワークステーション開発の進歩がとりわけ速い。 ◆The division is making steady progress toward becoming an independent company. この部門は、独立企業への道を着実に歩んでいる。 ◆Recently some progress has been made toward providing better standards on which to base facsimile design. 近年、ファクシミリ設計のよりどころとなるより優れた規格の策定に向けて幾らかの進歩が見られた。

**2** vi. 前進[進行]する、進む、はかどる、進捗(シンチョク)する、進歩[発展、発達]する、上達する、うまくなる、向上する ◆as technology progresses 技術の進歩にともなって ◆as time progresses 時間が進行する[経つ、経過する]につれて ◆medical science was progressing by leaps and bounds 医科学は飛躍的な進歩を遂げていた ◆as infected individuals progress to more advanced stages of HIV disease 感染している個人個人のヒト免疫ウイルス病の段階が進むにつれて; (意訳)感染者のエイズの進行に伴って ◆relations between the two countries are progressing well 二国間の関係は良好に発展している

**in progress** 進行中で[の]、起こって ◆in-progress game reports 進行中の試合の報告; (意訳)ゲームの途中経過報道 ◆in connection with investigations which are currently in progress 現在進行中[進展中]の調査とからんで ◆To stop a search in progress, type H for Halt. 検索を途中でやめるには、Halt(停止)のHを入力してください。

**progression** (a) ~ (段階的な)前進、進行、進歩、進展、経過、推移、《医》本格的な癌化; a ~ 《数》数列 ◆an arithmetic [a geometric, a harmonic] progression 《順に》等差[等比、調和]数列[級数](*先の2つはそれぞれ算術数列、幾何数列とも) ◆the progression of AIDS エイズの進行[経過] ◆the progression of civilization 文明の発達 ◆the progression of technical innovation 技術革新の進展 ◆to expedite a quick and orderly progression to the P6 P6への迅速かつ秩序立った移行を促進するために ◆Line charts show the progression of values over time. 折れ線グラフは、時間に対する[時間経過に伴う、時系列での]値の推移[変遷]を示す。 ◆Experts are hopeful the discovery could lead to a therapy to slow or halt the progression of spinal muscular atrophy. 専門家たちは、この発見が脊髄筋萎縮症の進行を遅らせるあるいは止めるための治療につながるかもしれないと期待を抱いている。

**progressive** adj. 前進する、漸進的な、徐々に進行する、進歩的な、革新的な、累加する、漸進的な、《医》進行性の ◆a progressive wave (= a free-traveling wave) 進行波 ◆progressive [sequential, noninterlaced] scanning 順次走査 ◆a progressive multifocal lens 累進多焦点レンズ ◆a progressive-rate spring ストロークの増加にともなって累進的に堅くなるスプリング[ばね、バネ]

**prohibit** vt. 〜を禁止する、禁ずる、防ぐ、防止する、妨げる、妨害する、阻害する、〜させない、〜できないようにする ◆a prohibited item 禁制品 ◆be strictly prohibited 厳しく禁止されている、厳禁である ◆parking is prohibited 駐車は禁止されている ◆PCBs became prohibited from use by law PCB類は法律により使用禁止になった ◆prohibit a person from doing... 〈人〉に~することを禁止する ◆prohibit the use of... 〜の使用を禁止する ◆signs prohibiting parking 駐車禁止標識 ◆substances prohibited from use in animal food or feed 動物用の食品あるいは飼料に使用が禁止されている物質 ◆Under state law, people are prohibited from carrying a concealed weapon. 国家法の下、武器を隠し持って携行することは禁じられている。 ◆Bulgarian law prohibits anyone with dual citizenship from holding national office.　ブルガリアの法律が、二重国籍を持つ者が国家の公職に就くことを禁じている。◆ "Pirated" copies of copyrighted articles are prohibited from importation into the United States.　著作物の「海賊」版を米国に輸入する[持ち込む]ことは禁止されている。

**prohibition** ◻禁止, 禁制; a ～ 禁止令 <against>; Prohibition《米》禁酒法(時代) ◆ a prohibition law　禁止法 ◆ the prohibition of left turns　左折の禁止 ◆ current prohibitions on drug use　現在の薬物使用禁止令 ◆ observe these prohibitions　これらの禁止令[禁令, 禁止事項]を守る ◆ the total prohibition of the use of...　～の使用の全面的な禁止 ◆ There is no prohibition against...-ing　～することは禁止されていない

**prohibitive** adj. 禁止の, 禁制の, 禁止的な, 法外に高い ◆ a prohibitive price　法外に高い価格 ◆ prohibitive signs　禁止標識

**prohibitively** adv. 禁止同然なほどに;《値段がバカ高いという話で》とても手が出せないほどに, 法外に, 目玉が飛び出るほどに ◆ It is prohibitively expensive.　それには, 法外な費用がかかる。

**project** 1 vt. ～を投げ出す, 突き出す, 発射する, 投射する, 投写する, 投映する, 投影する, 射影する, 映写する; ～を予想する, 予測する, 見積もる; ～を企画する, 計画する, もくろむ, 考案する; vi. 突き出る, 突出する, 出っ張る ◆ an average projected annual growth rate　予期年平均伸び率[成長率] ◆ a projected area of 845 sq. inches　845平方インチの投影面積 ◆ a dictionary projected for release in late 2002　2002年遅くに発売予定の辞典 ◆ project information on a screen　情報をスクリーン上に投影する[映す] ◆ Projected sales of... continue to be revised downward.　～の予想売上は, 下方修正され続けている。◆ They project real growth at no more than 2%.　彼らは実質成長率をせいぜい2%と見積もっている。◆ The country's telecommunications market is projected to reach nearly $900 million by 1992.　その国の電気通信市場は1992年までに9億ドル近くに達すると推定されて[見積もられて]いる。◆ A recent survey projects that major companies will see pretax profits drop 21% this year, compared with the previous year.　最近の調査によると, 主要企業の今年の税引き前利益は前年比で21%落ち込むと予測[予想]されている。

2 a ～ 計画, 事業, 事業計画, 大事業, 企画, 調査, 研究,《先生が生徒に出す》研究課題,《工作などの》作品; a ～《しばしば ～s》《米》公営住宅 ◆ carry out [conduct, do, implement, perform] a project　プロジェクト[計画]を実行[実施, 遂行]する ◆ draw up a project　プロジェクト[計画]を立てる[立案する] ◆ operate [run] a project　プロジェクト[計画]を運営[運用, 遂行, 実行, 実施]する ◆ a national project　国家プロジェクト[事業(計画)] ◆ a project team (圏 a task force)　プロジェクトチーム; 推進委員会 ◆ a collaborator on the project　このプロジェクトの協力者 ◆ a project designed to <do...>　～することを目指して策定されたプロジェクト[事業計画] ◆ his assistance on this project　このプロジェクトにおける彼の助力 ◆ shelve a project　計画を棚上げにする ◆ the British government was closely involved with the plant from early on in the project　英国政府はこの工場に, プロジェクトの早い時期[事業計画の早期段階]から密接に[深く]関わっていた ◆ It pays to check the parts you'll be using in your next pet electronic project even if they're "brand new."　あなたの大好きな電子工作で次回に使う予定の部品は, たとえ「新品」であってもチェックしておくだけの価値があります。(＊完成後に働かなくて, 原因不明で苦労しないようにするため)

**projectile** a ～ 発射[投射]物; 弾丸, 砲弾; adj. 推進する, 発射できる,《蛙の舌など》突き出る

**projection** ◻発射, 射出, 映写, 投写, 投映, 投射, 投影, 射影, 突出; a ～ 計画, 予期, 予想, 見積もり; a ～ 《～から出ている》突起[突起物, 突起部, 出っ張り] <from>; a ～ 投影図, 映像, 投影像 ◆ a projection booth [box, room]　映写室(＊映画館で映写機の設置してある小部屋) ◆ a projection display　プロジェクション[投写型, 投影式]ディスプレイ, プロジェクタ型表示装置 ◆ projections and pits [depressions]　でこぼこ

◆ sales projections　売上高予想[予想売上高] ◆ a projection display system　投影[投写]型ディスプレイ・システム[表示装置] ◆ a (motion picture) projection lens　(映画用の)映写レンズ ◆ a front-projection video projector　前面投写型ビデオプロジェクタ ◆ a psychiatric phenomenon known as "projection"　「投射[投影]」として知られる心理現象 ◆ make projections about employment growth　雇用の伸びについての予測をする[立てる] ◆ statistical projections with a rosy gloss　楽観的観測で粉飾されている統計予測[予想]値 ◆ fail to measure up to projections　予想を下回る ◆ make a population projection　人口動態を予測する ◆ make future projections on earnings and sales　(将来的な)収益および売上高に関する予測を立てる(＊「予測」とは今後のことをあらかじめ推測することなので, future projections とことさらに訳出はしていない) ◆ tax revenues fell short of initial projections　租税収入[税収]は当初の見積もりを下回った ◆ the projection and assessment of the economic impact of short-term economic policy measures　短期経済施策の経済的影響の予測および評価 ◆ when sales fall below projections　売り上げが予想を下回ると ◆ We're ahead of our projections.　我々(の業績)は予想を上回っている。◆ He said interest in the product has been strong and orders are running well ahead of projections.　彼は, この製品への関心は強く注文は予想[見込み, 予測]をかなり上回って推移していると語った。

**projector** a ～ 映写機, プロジェクタ, 投光器; a ～ 計画[企画, 立案]する人 ◆ a big-screen video projector　大画面(投影型)ビデオプロジェクタ ◆ Zenith's popular DSV-100 portable DLP data projector　ゼニス社の人気のあるDSV-100携帯型DLPプロジェクタ(＊モバイル・パソコンなどと一緒にプレゼンテーションに用いる。DLP = Digital Light Processing) ◆ Remember that increasing the projector-to-screen distance also decreases the image's brightness dramatically.　プロジェクタからスクリーンまでの(投写, 映写)距離を大きくすることによっても画像の明るさが劇的に落ちることを忘れないでください。

**pro-life** adj. 妊娠中絶に反対の ◆ a pro-life movement　(胎児の生きる権利を尊重すべきであるという)妊娠中絶合法化反対運動

**pro-lifer** a ～ 妊娠中絶反対(論)者

**proliferate** vi. (数において)急増する, (核兵器などが)拡散する, 急激に広まる, 普及する, 蔓延(マンエン)する,《生物》増殖[繁殖]する

**proliferation** (a) ～ (核兵器などの)拡散, (看板などの)氾濫, 急増, 普及, 一般化; ◻《生物》増殖, 繁殖; a ～ 増殖部分 ◆ enter a period of proliferation　普及期に入る, (＊核軍備などの)拡散期を迎える ◆ reach a stage of proliferation　普及[拡散]段階に到達する ◆ the full proliferation of...　〈製品など〉の本格的な普及; 〈細胞など〉の本格的な増殖 ◆ the widespread proliferation of...　～の広範な普及 ◆ This proliferation proceeds rapidly until...　この増殖は, ～を急速に進む。◆ to achieve greater proliferation of...　～のよりいっそうの普及を図るために; ～をもっと広めるために ◆ the rapid, explosive proliferation of the Internet　インターネットの急激な爆発的普及 ◆ the wide proliferation of chemical weapons　化学兵器の蔓延 ◆ the dangerous proliferation of chemical weapons　化学兵器の危険な拡散 ◆ When the PC began to come into proliferation,...　パソコンが普及し始めていた当時に ◆ ...and therefore the limit of cell proliferation is often called the "Hayflick Limit."　よって, 細胞の増殖[((意訳))細胞分裂(回数)]の限界はしばしば「ヘイフリック限界」と呼ばれる。◆ In recent years, there has been a rapid proliferation of new methods for <...ing>　近年に至り, ～するための(いろいろな)新しい方法の急速な普及があった ◆ Will we set out on a path of proliferation?　我々(核)拡散の道に足を踏み出すのであろうか? ◆ Since 1995, there has been an uncontrolled proliferation of outdoor advertising.　1995年このかた, 屋外広告は野放しで氾濫[急増]してきている。◆ The following ten years have seen a proliferation of personal computers.　その後の10年間に, パソコンは普及を見た。◆ In recent years, the proliferation of networking in the of-

**prolong** vt. ～を長くする、延ばす、延長する、長引かせる、引き延ばす、〈命〉を延命する ◆machinery to artificially prolong life 人為的に延命するための機械装置 ◆prolong one's stay by ten days 滞在を10日延ばす ◆prolong the useful life of... ～の耐用寿命を伸ばす ◆the prolonging of the life of the hopelessly ill 回復の見込みがない患者の命を延ばすこと［延命化］

**prolonged** adj. 長引いた、延長された、延びた、長期の ◆over a prolonged period 長期間［長時間］にわたって ◆prolonged exposure to that much radon そのような多量のラドンの長期にわたる被曝 ◆due to the prolonged talks which have lasted for over a year 1年以上も長引く交渉のせいで；〈意訳〉長引く交渉が1年以上に及んでいるせいで

**PROM** (programmable read-only memory) a ～ プロムと発音.《コンピュ》(ピーロム)（*書き込み可能ROM）

**promethium** プロメチウム(元素記号: Pm)

**prominence** 目立つこと、顕著さ、著名、知名度が高いこと、卓越、傑出；a ～ 突起物、突起(部分)、出っ張り、隆起；a ～ 〈太陽の〉紅炎(コウエン) ◆a solar prominence; a prominence on the sun 太陽のプロミネンス［紅炎(コウエン)］ ◆a slight prominence on... ～上のわずかな出っ張り ◆her prominence in the field その分野における彼女の名声［高名、名望、活躍］ ◆rise [grow] to prominence; come to [into] prominence; gain [earn, win, achieve] prominence; rise in prominence 目立つ存在になる（出世して）有名［著名］になる；名を揚げる［成す、遂げる］；名声を上げる［博すようになる］ ◆the attainment of prominence 頭角を現す［目立つようになる、有名になる、著名になる、傑出する］こと ◆the rise of Russia (to prominence) ロシアの台頭［隆盛、興隆、勃興］ ◆vault [leap, surge] to prominence; spring [burst] into prominence 《比喩》一躍表舞台に躍り出る［脚光を浴びる］；突如登場する；急に有名になる ◆the degree of prominence of the upper jaw 上顎(ウワアゴ、ジョウガク)の出ている程度［出っ張り具合］ ◆a blunt prominence arising from a surface 表面の尖っていない突起［こんもりとした盛り上がり］ ◆he is looking [angling] for national prominence 彼は全国的に（自身の）知名度［露出度］を上げることを狙っている；彼は全国区で自分の名を売ろうと画策している ◆he rose to prominence as a writer 彼は作家として名声を上げた ◆print the idiom in red to give it prominence その熟語を目立つよう赤で印刷する ◆the issue has assumed greater prominence この問題は、より注目［世の耳目］を引くこととなった ◆since the '60s when the electric guitar came into prominence 〈意訳〉エレキギターが台頭してきた［表舞台に出てきた、普及してきた、ブームになった］1960年代このかた ◆he has never been given the prominence in the annals of Israel that he deserves 彼はイスラエルの国の年代記の中で正当な［当然受けてしかるべき］注目を受けたことは全然なかった ◆Our objectives in Europe include building Xxx brand recognition to the same prominence it enjoys in the US marketplace. 弊社の欧州における目標の中に、Xxxブランドの認知度を米国市場における際だった知名度と同程度にまで高めるということがあります。 ◆Small Computer Systems Interface, or SCSI – pronounced "scuzzy" – is an interface which first came to prominence on the Apple Macintosh. スモール・コンピュータ・システムズ・インタフェース、すなわちSCSI（スカジィと発音）は、当初アップル社のマッキントッシュに使用されて知れ渡ったインタフェースである。

**prominent** adj. 目立つ、顕著な、著名な、知名度が高い、よく目につく、有名の、屈指の、卓越した、傑出した、出色の、有数の、ぴかーの、飛び出ている；突き出た、隆起した ◆a prominent scientist 著名な科学者 ◆become very prominent as a chemist 化学者として頭角を現すようになる ◆his prominent nose 彼の（物理的に）高い鼻 ◆prominent business leaders from various APEC countries APEC諸国から訪れた実業界の大物［財界トップ／首脳］たち

**prominently** adv. 目立って、顕著に；突き出て、出っ張って ◆a photo of Bill Gates is prominently displayed ビル・ゲイツの写真が目立つように［目につきやすいように］飾られている

**promiscuity** 不特定多数との性行為、(性的)乱交、入り交じった状態 ◆promiscuous [promiscuity] mode 《ネット》プロミスキャスモード

**promiscuous** adj. 不特定多数の相手と性交する、ごたまぜの、見境なしの、《コンピュ》プロミスキャス ◆a promiscuous driver 《ネット》プロミスキャスドライバ ◆a promiscuous bachelor lifestyle 性的にふしだらな［だらしない、乱れた］独身生活（のしかた） ◆become sexually promiscuous 不特定多数の相手と性的関係を持つようになる；性的に乱れてくる ◆engage in promiscuous sex 乱交する；不特定多数の相手と交わる

**promise** 1 a ～ 約束、契(チギ)り、固(カタ)め、誓約(セイヤク)、誓い、取り決め、申し合わせ、協約、(選挙)公約 (= a campaign promise)、裏付け； (将来の期待)、有望さ、将来性; (a) ～ 兆し、兆候 ◆a promise to <do> ～する約束 ◆an empty promise; a hollow promise 口先のだけの約束［空約束］ ◆a breach of promise 約束違反、違約、破約、約束の不履行 ◆a sample promise date 見本提出約束日 ◆break a [one's] promise 約束を破る［反故にする］ ◆receive positive promises from... ～から確約を取り付ける ◆show some promise as a solvent 溶剤としてある程度の将来性がある ◆the business is filled with promise その商売［会社］は、将来の有望さで満ちている［前途は明るい］ ◆a technology showing great promise for inexpensive high-quality color printing of all kinds 安価で高品位なあらゆる種類のカラー印刷(の実現)に向けて大いに期待できる技術 ◆The area holds great promise. その分野は大いに有望である。 ◆The new drug holds promise of aiding diabetes sufferers. その新薬は、糖尿病に苦しむ人々を救えそうだ［救うことが期待できる］。 ◆The upcoming peace conference holds out great promise. 来る和平会談には大いに希望が持てる。 ◆Make no promises to local inhabitants unless you are certain you can fulfill them. 現地の人々に対しての約束は、果たせる確信がない限りしないこと。 ◆One proposal that holds out a good deal of promise is the medical savings account. 大いに有望な提案として、医療費貯蓄口座がある。 ◆Prototypes show promise for high performance and mass-producibility at low cost. 試作品は、低コストで高い性能および大量生産性［量産性］が実現できる可能性［見込み］を示している。 ◆The move holds out the promise of a possible low-end personal computer price war. この動きは、ローエンドパソコンの価格戦争(勃発)の可能性を示唆するものである。 ◆The scammers hold out the promise that for an advance fee payment, even consumers with bad credit histories can get a loan. 詐欺師たちは、手数料前払いを条件に、信用トラブルを起こしたことのあるいわくつき消費者がローンを受けられるという希望を持たせる。 ◆The new photoreceptor material holds significant promise of revolutionizing the design and performance of laser printers, plain-paper facsimiles, and high-speed copiers. この新しい受光素子材料には、レーザープリンタや普通紙ファックスや高速複写機の設計と性能に大変革をもたらす大きな見込みがある［ことが大いに期待される］。

2 vt. ～を約束する、～を請け合う；<to do> ～する見込みである、どうやら～しそうだ; vi. 約束する、請け合う、見込みがある ◆this technology promises to be used increasingly in... この技術は、～での利用がますます拡大するものと見込まれる ◆HDTV broadcasting promises to add yet another dimension to your home video needs. 高品位テレビ放送は、ホームビデオのニーズにさらに別の局面を加えてくれそうだ。

**promising** adj. 見込みのある、前途有望な、見通しが明るい、前途（将来）を嘱(ショクボウ)されている、期待がもてる ◆promising anti-AIDS drugs 期待が持てそうなエイズ治療薬 ◆the Democrats' most promising candidate 民主党の最有力候補［本命］（*大統領選の話で） ◆interview the three most promising candidates and make a final selection 最有望株3人に面接して最終的な人選を行う(*就職の人選の話で) ◆The company will focus on three application areas it sees as especially promising:... この会社は、特に将来性があると見ている[有望と踏んでいる](以下の)三つの応用[適用]分野に注力することになるだろう。 ◆It seems like a promising idea to us. それは私たちには有望なアイデアのように思われる。 ◆The most promising of these candidates will be advanced into development. これら候補のうち最も有望なもの[最も有力なもの、最右翼]が、開発へ向けて歩を進められることになる。 ◆Conditions appear promising for still more progress in both arms control and liberty in Eastern Europe. 東欧における軍備管理と自由化に、さらにいっそうの進展が期待できそうな状況である。

**promissory note** a~ 約束手形

**promote** vt. ~を促進する、推進する、奨励する、振興する、守り立てる、盛り立てる、助長する、増進する、〈主義など〉の肩を持つ、~の販売促進をする、~を売り込む、~を昇進[昇格、進級]させる、格上げする ◆promote savings 貯蓄を奨励する ◆a cancer-promoting agent 癌の促進物質 ◆actively promote research and development of... 積極的に~の研究開発の育成・助長を図る[研究開発を奨励する] ◆promote artistic exchanges with foreign countries 外国との美術交流を促進する; 外国と美術交流を深める ◆promote [enhance, heighten, increase, raise] environmental awareness 環境に対する意識を高める[高揚させる、向上させる] ◆promote stability 安定性を向上させる ◆promote the sales of... ~の販売促進をする ◆promote this industry この産業を振興する ◆to promote health and safety 健康を増進させ安全を推進するために ◆promote hand-washing to reduce (the) spread of infection 感染症の感染を減らすために手洗い(励行)を推進する ◆he is enthusiastic about promoting his new movie 彼は自分がつくった新作映画の売り込みに熱心である ◆promote him to sales manager 彼をセールスマネージャーに昇進[昇格]させる ◆promote sustainable growth of real per capita income 一人当たりの実質(国民)所得の持続可能な伸び[持続的伸長]を促す ◆promote the use of child safety seats 〈車〉チャイルドセーフティシートの使用(の拡大)を促進[推進]する ◆to promote the development of manufacturing industry 製造業の振興を図るために ◆the short and char types are promoted to int 〈コンピュ〉short型とchar型は、int型に格上げされる ◆he was promoted to... in 1998 for distinguished service in... 彼は~における功績で1989年に~に昇進した

**promoter** a~ プロモーター、興行主、推進者、促進剤、助勢媒 ◆a promoter of carcinogenesis in animals 動物に発癌を促進させる物質; 動物における発癌物質 ◆a promoter of skin cancer 皮膚癌の促進物質 ◆Oligosaccharides are known as a bifidus promoter and also found in mother's milk. オリゴ糖は、ビフィズス菌のプロモーター[増殖を促す物質]として知られており、母乳にも含まれている。

**promotion** 1 (a) ~ 促進、推進、増進、助成、振興、販売促進、昇進、昇格、栄転、《医》前臨床癌化; a~ 宣伝[販売促進]用のもの、宣伝商品 ◆a sales promotion 販売促進; 販促 ◆the promotion of health 健康の増進 ◆the Mobile Computing Promotion Consortium (MCPC) 《日》モバイルコンピューティング推進コンソーシアム ◆the promotion of development of... ~の開発[発展]の促進 ◆the promotion of international cooperation 国際協力の促進[推進] ◆the promotion of the introduction of new technologies that enhance productivity of... ~の生産性を高める新しい技術の導入の促進 ◆As part of a promotion campaign to boost July and August sales by up to 50 percent, the company has introduced 'bargain packs' to tempt summer shoppers. 7,8月の売上を5割分まで増加させようという販促キャンペーンの一環として、同社は夏場の客を呼び寄せるための「バーゲンパック」を導入した。
2 (a) ~ 昇進、昇進、格上げ ◆a promotion in rank 昇進 ◆promotions based on longevity 年功[勤続年数]に基づいての昇進 ◆maintain a 96 percent promotion rate 《教育》96パーセントの進級率を維持する ◆the date of promotion to the current post 現在の役職に昇進した日付

**promotional** adj. 販売促進[販促、宣伝、広報活動]のための; 昇進の、出世の ◆promotional sales activities 販売促進活動

**prompt** 1 adj. 《叙述的に》迅速で、機敏で、てきぱきして、時間に正確で、すぐに~する; 速やかな、迅速な、早速の、即座の、即時の ◆be prompt in...-ing 〈人が〉~するのが速い[すぐに~しようという姿勢で] ◆Domino's Pizza, famous for prompt delivery 迅速な配達者で有名なドミノピザ
2 a~ 《せりふを忘れた役者に舞台裏からせりふを教える》せりふ付け、後見; a~ 《コンピュ》プロンプト(*操作者に入力を促すために画面上に表示される語句、または >,?,: などの記号) ◆Follow the prompts. 《コンピュ》画面の指示[案内、メッセージ]に従ってください[従って操作します]。 ◆enter a date in response to the date prompt 日付の(入力を促す)プロンプトで日付を入力する ◆Respond to this prompt by entering either Y (the default) or N. このプロンプト《(意訳)メッセージ》が表示されたら、Y(デフォルト)またはNを入力します。 ◆At the command level prompt (->), type the word MENU and hit <ENTER>. コマンドレベルプロンプト(->)で、MENUとタイプしてENTERキーを押してください。 ◆The display and the vice prompts can be switched between English and Spanish at the touch of a "language" button. 表示と音声による案内は、「言語」ボタン一つで英語からスペイン語に切り換えられる。(*公衆電話機の話)
3 vt. 〈人〉を促す、刺激する、駆り立てる、〈言葉につまった人〉に助け船を出す、〈せりふにつまった役者〉にせりふを陰から教える、《コンピュ》〈ユーザー〉に(~するよう)促す[メッセージを表示する、指示する、確認する]<to do>; vi. <for>《コンピュ》〈プログラムが〉~(の入力)を促す[要求する]、~の入力待ちになる ◆prompt an irregular heartbeat 不整脈を起こさせる[引き起こす、誘発する] ◆you are prompted to enter a Y or N... 《コンピュ》(ユーザーが)YかNの入力を要求[指示]される ◆you will be prompted as to whether you want to remove them 《コンピュ》それらを削除していいかどうか確認するメッセージが表示されます ◆Enter the names of the files as you are prompted for them. ファイルの名前を、促されるとおりに[メッセージに従って]入力してください。(*画面に表示される案内に従って) ◆When the system comes up, it prompts for a password. システムが立ち上がると、パスワードを聞いてくる[パスワードの入力を要求してくる]。

**promptly** adv. 迅速に、素早く、即座に、時を移さず、すぐに、すぐさま、敏速に、テキパキと

**promulgate** vt. 〈法令など〉を発布する、公布する; 〈文化、宗教の教えなど〉を広める、普及させる ◆promulgate new legislation 新法を発布[公布]する ◆promulgate new legislation 新しい法律[法令]を公布する

**prone** adj. うつぶせの、うつむいて; ~をこうむりやすい[~の傾向がある]<to>, (ともすると)~しがちな<to do>; 《-prone の形で》~しがちな、~の傾向がある ◆be prone [apt] to <do>... ~する傾向になりがちである、~しがちだ、得てして〔ややもすると、ともすると、とかく〕~することが多くなる ◆accident-prone 事故が起きやすい[多発する] ◆a disaster-prone area 災害頻発[多発]地域 ◆a danger-prone job 危険の多い作業; 危険をはらむ仕事 ◆a danger-prone sport ともすると[ややもすると、とかく、得てして]危険なスポーツ競技; 危険をはらんでいるスポーツ(の一種) ◆a country prone to natural disasters 自然災害が発生しやすい[多発する]国 ◆a static-prone surface (静電気により)帯電しやすい表面 ◆be less prone to being <過去分詞> 比較的[より、いっそう]~されにくい ◆make it even less prone to wear それをいっそうすり減りにくくする; (意訳)それの摩耗[消耗、摩損、摩滅、損耗]に対する耐久性をますます高める[強化する] ◆make it less prone to damage from... それをもっと~からの損傷を受けにくいようにする; ~に対してそれをもっと強く[堅固に]する ◆correct risk-prone job settings before they result in an injury 《意訳》怪我が起きる前に危険をはらむ作業環境[状況]を是正する ◆lie-detector tests are not foolproof and often are prone to error by virtue of the human interpretive requirement うそ発見器を使っての鑑定は絶対に間違いのないというようなものではなく、人間による解釈を要することから誤りが多く紛れ込む傾向[きらい]がある ◆The Latin American car market is prone to surges and sags. 中南米の自動車市場は、大きく上下に変動しがちである. ◆A study found that oxygen sensors are the most trouble-prone of all emissions-systems parts. ある研究で、酸素センサーが排気システムの全部品中最も故障[問題]を起こしやすいことが判明した. ◆In general, south-facing slopes are less prone to avalanches because warmth from the sun promotes the bonding of the snowpack. 一般的に、南向きの斜面は雪崩を比較的起こしにくい. これは太陽の熱が雪原の(雪の)結合を促進するからだ.

**prong** a ~(フォークや鹿の角などの)ととがった先の一つ, 枝分かれした物のうちの一つ ◆the prongs (pins) of the IC ICの足(ピン) ◆a standard 3-prong electrical plug 通常の3ピン電源プラグ(*日本では2枚の平刃のプラグだが、それにアース[接地]用の丸ピンを付け加えた形状のプラグのこと. 北米でよく使用されている)

**-pronged** 《数字と複合語を作って》~股[又]の, (攻撃などが)~方向からの ◆a five-pronged fork 五つ又で[先が5つに分かれた]フォーク

**pronounced** adj. はっきりと分かる, 明白な, 目立つ, 顕著な ◆The shortening of the delay becomes more pronounced as... ~にともなって, この遅れの短縮化はより顕著になってくる

**pronouncedly** adv. 明白に, はっきりと, きっぱりと ◆a little more pronouncedly than the copybook dictates お手本帳が示すよりももっと強く[強調して, 目立つように, 際立つように]

**pronouncement** a ~ 宣言, 声明, 意見[見解]の表明, 宣告, 判決 ◆his ambiguous pronouncements 彼の要領を得ない意見

**proof** 1 回証拠, 証左, 証拠品[書類], 証(アカシ), 証明, 立証, 論証; a ~《数》検算; a ~ テスト, 試験, 《印刷》校正[ゲラ]刷り; 回アルコール含有量を表わす標準強度 ◆be proof of... ~は~の証明, 証左である ◆in proof of... ~を裏付ける証拠として ◆as (a) proof of authenticity 本物であることの証し[証明, 証拠]として ◆have positive proof 確証を持っている ◆That capitalism – and only capitalism – works in practice is proof that it is a good theory. 資本主義が, それも資本主義のみが, 実際に機能しているということは, これが良い理論だという証拠[証し]だ.
2 adj.《叙述的に》<against> ~に耐えうる, 耐性がある, ~に対し保護する, ~を防ぐ, ~を通さない, ~にびくともしない[動じない]; (アルコール性飲料が)標準強度の ◆proof stress 《機械》耐力 ◆make it kid proof これを子供に安全なようにする ◆The amplifier is completely short circuit proof. このアンプは, 短絡に対し万全です.
3 vt. ~を(~に)耐えられるよう加工を施す, ~を(~の)影響を受けないようにする <against>; ~を校正する ◆ten easy steps to Y2K-proofing your PC あなたのパソコンを2000年問題に対して万全[《意訳》2000年問題対応済み]にするための簡単な十のステップ[手順]

**-proof** adj. ~に耐える, ~を防ぐ, ~よけの, ~を透過[貫通]させない, ~に影響されない, ~に対し万全の, 耐~, 防~; v. I snowproofed my boots. 私はブーツに雪対策を施した[雪に対する万全の備えをした]. ◆make... fully earthquake-proof ~を地震に対して万全にする ◆scratch-proof lenses 傷つきにくいレンズ ◆a moisture-proof bag 湿気を防ぐ[防湿]袋 ◆a new counterfeit-proof currency 偽造されにくい[偽造防止対策を施した]新通貨 ◆a smudge-proof hardcopy (インクが擦れても)汚れないハードコピー ◆a spill-proof, dust-proof keyboard for hostile environments 苛酷な環境用の, 液体をこぼしても大丈夫でかつ防塵対策が施されているキーボード ◆

use steel because it's stronger than wood and termite-proof 木材より強くシロアリに対して万全であるという理由から鋼材を使用する ◆Child-proof your home. (*家庭内事故を防ぐために) 家を, 子供に安全なようにしておきなさい.

**proofread** 校正[校閲]する

**proofreader** a ~ 校正者, 校閲係 ◆proofreaders' marks (= proofreading symbols) 校正記号

**proofreading** 校正, 校閲 ◆because of a proofreading error 校正[校閲]ミスのせいで ◆do (a lot of) proofreading (たくさん)校閲[校正]する

**propaganda** 回(主義や思想の)宣伝, プロパガンダ, 宣伝活動 ◆launch a propaganda war プロパガンダ[謀略宣伝]戦を開始する(*戦時下に敵側に向けての)

**propagate** vt. ~を伝える, 広める, 繁殖[増殖]させる, 反映させる; 《俗》配布する, 適用する; vi. 伝わる, 伝搬(デンパン)する, 伝播(デンパ)する, 広がる, 繁殖[増殖]する, 波及する ◆sound waves propagate through the air 音波は空気中を伝わる

**propagation** 伝搬(デンパン), 伝播(デンパ), 普及, 宣伝, 繁殖[増殖] ◆a propagation path 伝搬路 ◆radio wave propagation 電波伝搬 ◆flame propagation velocity 火炎逸走[伝播, 伝搬]速度 ◆in the direction of propagation 伝搬方向に ◆the propagation of an electromagnetic wave 電磁波の伝搬

**propane** プロパン ◆a propane-powered vehicle プロパンガス車

**pro-patent** adj. プロパテント[特許重視]の ◆a pro-patent policy プロパテント[特許重視]の政策(*技術などの発明が侵害行為を受けることなく十分に利潤を出せるよう, 権利者の知的財産権の保護および強化を図る)

**propel** vt. ~を推進させる, 前進させる, 進ませる, 駆り立てる, 促す ◆propel a project (forward) プロジェクトを(前へ)推し進める[推進する, 前進させる] ◆propel vaccine development; propel the development of vaccines ワクチンの開発を[推し進める] ◆"Drive wheels" are the wheels which actually propel a vehicle along the road. 「駆動輪」とは車を, 実際に道路に沿って推進させる車輪である. ◆Propelled by the strength of the yen, Japanese companies continue to invest heavily abroad. 円の強さに背中を押されるように[円高が要因となって], 日本企業は海外に巨額投資し続けている.

**propellant** (a) ~ (ロケットなどの)燃料, 推進剤, 推進薬, 発射薬, (スプレーなどの)噴射剤 ◆a rocket propellant ロケットの推進剤[燃料] ◆an ozone-safe propellant オゾン層を破壊しない安全な[スプレー用の]充填ガス

**-propelled** ~によって推進する ◆rocket-propelled ロケット推進式の ◆a hyperfast magnet-propelled train 超高速磁気推進式列車[リニアモーターカー]

**propeller** a ~ プロペラ, (船舶の)スクリュー ◆a screw propeller; a marine propeller (船舶の)スクリュー ◆a propeller-driven aircraft プロペラ機 ◆a propeller-driven reconnaissance bomber プロペラ推進式の偵察爆撃機

**propensity** a ~ (通例好ましくない)傾向, 習性, 癖, 性癖, 性向, 性分, 性質, (タチ) ◆~を好む, for, to, toward; ~する to do) ◆a propensity toward brutality 残虐な行為におよびがちな傾向 ◆demonstrate [have] a propensity to <do> ~しがちな傾向を示す[持っている] ◆his propensity for coarse phrases 口ぎたない言葉を吐きがちな性質[性分, 性癖] ◆inherit a propensity to obesity 肥満になりがちな性質を(遺伝により)受け継ぐ ◆central Florida's propensity for thunderstorms 中部フロリダの激しい雷雨に見舞われがちな傾向; 雷を伴ったあらしが中部フロリダで多発[よく発生]すること ◆he had little mathematical propensity 彼にはほとんど数学の素養[筋, 才能]がなかった; 彼は, おおよそ数学に向いていなかった

**proper** adj. 適切[適当]な, 適正な, 適度の, 程よい, 正しい, 目的にかなった, 適した, ふさわしい, 妥当な, 正常な, 正規な, れっきとした, 正式の, 本格的な, 固有の, 特有の; (名詞に後置して)本当の, 本来の, 本土の, 本体の ◆a proper noun [name] 固有名詞 ◆a clamp of the proper size 適切なサイ

ズのクランプ ◆a proper engineer まともな[れっきとした]技術者 ◆attain proper focus 正確にピントを合わせる ◆at the proper moment しかるべき瞬間に[時点で] ◆handle this affair in the proper manner 本件[この案件]を適切に処理する ◆in England [Japan] proper 英国[日本]本土において ◆notify the proper authorities of... 当該当局に〜を通知する ◆proper usage 正しい用法 ◆systems for proper positioning of parts 部品を正確に[きちんと正しく]置くためのシステム ◆the proper amount of fuel 燃料の適正量 ◆the terminals of the instrument proper 当該機器本体の端子 ◆if the engine oil is not at the proper level エンジンオイルが、適正レベルでない場合には ◆keep the water at the proper temperature 水を程よい[ちょうどよい]温度に保っておく ◆the proper way to hold a pen ペンの正しい持ち方 ◆the proper use of seat belts by pregnant women 妊婦によるシートベルトの適切な使用 ◆Once you have the proper forms and documents, go to your nearest... 所定の用紙と書類が用意できたら、最寄りの〜に出向いてください。 ◆Check all exterior lights for proper operation. すべての外部灯が正常に動作するかチェックせよ。 ◆Check the system for proper operation. この系統が、正常に働くかどうか点検[正常に動作することを確認]してください。 ◆If..., proper CPU operation is not guaranteed. もし〜だと正常なCPU動作は保証されない。 ◆Wipers should be checked for proper functioning. ワイパーが正常動作するかチェックすること。

**properly** adv. 適切に, 適正に, 正常に, 正しく, きちんと, 本式[本格的]に, 満足に, 礼儀正しく, 厳密に, 当然 ◆properly speaking 正確[厳密]に言えば ◆a properly trained repair technician 訓練をきちんと受けた[しっかり積んだ]修理技能者[技師] ◆do it properly それをちゃんと[きちんと]やる ◆if equipment is not properly maintained 機器が適切に[ちゃんと、きちんと]保守されていないと;《意訳》機器の保守が不適切だと ◆The cement hadn't cured properly before... セメントは〜までに充分に養生しきってなかった ◆I still cannot get my SB32 to work properly under Linux. 僕は依然としてLinux上でSB32をまともに動作させられないでいる。 ◆Make sure it is properly seated. それが正しく据え付けられているか確かめてください。 ◆Should your product not perform properly, ... 万一お買い上げの製品が正常に動作しない場合は、

**property** 1 《集合的》所有物, 土地, 地所, 建物, 建物とその敷地, 財産, 財物, 資産; $a$〜《個々の》不動産物件; 《$C$》所有権, 物権(ブッケン), 著作権; $a$〜《しばしば〜ties》《舞台の》小道具 ◆property rights 所有権 ◆a real estate property 不動産物件 ◆damage to property; property damage 物的損害[財産損害, 財物損傷] ◆property damage insurance 対物賠償保険 ◆become the common property of us all 我々全員の共同所有物[共有物]となる ◆become the property of a person 〈人〉の所有物になる ◆become the property of the new owners これら新しい所有者の所有物となる ◆result in damage to property 結果として財産の損害をきたす; an accident causing property damage 対物事故 ◆All other trademarks are the property of their respective owners. 《意訳》その他の商号、製品名、またはサービス名、各社の商標および登録商標です: その他、社名および各商品名は各社の商標または登録商標です。 ◆Other trademarks are the property of their respective owners. その他の商標は、それぞれの所有者に帰属します[のものです]。 ◆Property prices in these areas continue to fall. これらの地域の不動産価格は引き続き下落する。 ◆This building is the property of the company [is company property]. この建物は、会社の所有物である。 ◆The Fire Prevention Bureau provides services that are aimed at the prevention of loss of life and property. 当火災予防局は、生命および財産が失われるのを防ぐ[《意訳》生命と財産を守る]ための業務を行っています。 ◆You don't require a license if you are only going to operate a snowmobile on private property. 個人所有の土地[私有地]でスノーモビルを運転するだけのつもりならば、運転免許は必要ない。 2 $a$〜 特性, 性質, 性状, 作用, プロパティ ◆a directional property (マイク, アンテナなどの)方向性 ◆thermal properties 熱特性 ◆material properties testing 材料特性試験; 材質試験 ◆anti-stick properties くっつきにくい[くっつかない]性質 ◆improve material properties 材料の性状を改善する ◆have the property of setting to high strength 高い強度で固まる性質を持つ ◆have the special property of being able to <do> 〜することができる特殊な特性[特殊性]を持っている ◆It has the property of neutralizing... これには〜を中和する性質[作用]がある ◆to obtain information on the properties and characteristics of dental materials 歯科材料の性状および特性に関する情報を得るために ◆In terms of properties, engineering plastics have... 物性面からいえば、エンジニアリングプラスチックは〜を有し ◆the heat-trapping property of gases that pollute the atmosphere 大気を汚染するガスの持っている、熱を閉じ込める特性 ◆The method possess three properties: その手法には3つの特性がある: ◆Copper has bactericidal properties. 銅には殺菌作用がある。 ◆It demonstrates the following three properties: これは次の3つの特性を:

**proponent** $a$〜 賛成者, 支持者, 弁護者, 擁護者, 提案者, 唱道者 ◆Proponents argue that... 賛成派の人たちは、〜であると論じている。

**proportion** 1 《U》バランス, 釣り合い, 均衡, 均整[均斉], 調和; 《U》比例; ($a$)〜 割合, 比率, 比; $a$〜 部分, 分け前; 〜$s$ 大きさ, 広さ ◆out of proportion to... 〜とバランス[釣り合い]が取れていない、〜と均衡を欠いている、〜に比べてアンバランスである ◆a problem [an issue] of proportion 大きな問題; 大問題 ◆in equal proportions 等量[同量]の ◆in proportion to the speed of the engine エンジン速度に比例して;《意訳》エンジンの回転数が上がるにつれて ◆satisfy a proportion of local demand 地元の需要の一部に応じる ◆foods containing a high proportion of starch 澱粉を多く含む[澱粉含有率の高い]食品類 ◆in the proportions of 1 part oil to 5 parts water 油1に対し水5の割合で ◆lose one's sense of proportion with regard to... 〜に関するバランス感覚を失う ◆solder composed of lead and tin in proportions of 6:4 鉛とすずが6対4の割合で配合されている半田 ◆the company has a sizeable proportion of the clone marketplace この会社は、クローン機市場でかなり大きな占有率を持っている ◆the distributor said it aims to increase the proportion of software it sells この販売代理店は、販売に占めるソフトの割合を増やそうことを目指していると述べた ◆The proportion of software in systems is increasing. システム中に占めるソフトウェアの割合が増えつつある[比重が大きくなっている]。 ◆They make up a sizable proportion of the crowds. 彼らは群衆のうちのかなりの割合を占める。 ◆For the variation xy = k, y varies inversely as x, or y and x are in inverse [indirect] proportion. xy = kの変化の場合、yはxに反比例して変化する、つまりyとxは反比例の関係にある。 ◆Labor costs form an increasing proportion of organizations' total expenditures. 人件費が組織全体の経費に占める割合は増大している。; 人件費は、組織全体の中でますます大きな比重を占めてきている。 ◆The sales proportion between notebooks and 486-based desktops is 60:40. ノート型機と486CPU内蔵デスクトップ型機の売り上げの割合は、60対40である。 ◆The size of the TV set should be in proportion to the size of the room. テレビの大きさは、部屋の大きさと釣り合いが取れていなければならない。 ◆By controlling the relative proportion of the three dyes, any color can be reproduced. これら3つの染料の相対比率を調整することにより、どんな色でも再現できる。 2 vt. 〜(のサイズ)を(〜と)釣り合わせる <to>, 〜を(〜と)調和[比例]させる <to>, 〜を調和よく配置する, 配分する, 配当する ◆all penalties ought to be proportioned to the nature of the offense 刑罰[罰則]はすべて犯罪[罪]の内容に比例すべきである ◆The new car is very well proportioned. この新車は均整が非常に良くとれている。

**proportional** adj. 比例した, 釣り合った, 均整のとれた, 〜に見合った;《印刷》プロポーショナルの (*文字配置を均等にせず個々の文字の形に応じて調整する) (←monospace) ◆proportional spacing 《英文ワープロ》プロポーショナルス

ベーシング機能; 自動文字間隔調整機能 (→monospacing) ◆a directly proportional change  正比例変化 ◆be roughly proportional to...  ～とほぼ釣り合って[比例して]いる; ～にほぼ相応して[ふさわしいものになって]いる ◆show a proportional increase  正比例の増加を示す ◆in a direct proportional relationship  正比例の関係で ◆X is indirectly [inversely] proportional to Y  XはYに反比例[逆比例]する ◆These two variables are directly [↔indirectly, inversely] proportional.  これら2つの変数は正比例[↔反比例]する. ◆The voltage drop across a resistor is directly proportional to the current flow through it.  抵抗の両端の電圧降下は, それを通過する[それに流れる, それの通電]電流に正比例する.

**proportionality**  比例(関係) ◆a factor [constant] of proportionality; a proportionality factor [constant]  比例係数, 比例因数, 比例定数 ◆a proportionality constant  比例定数 ◆where k is a constant [factor] of proportionality  ここで, kは比例定数[係数, 因数]である (＊数式の説明で) ◆The graph shows the direct proportionality between V and Kelvin T.  そのグラフは, V(体積)とケルビンT(温度)の間の正比例関係を示している.

**proportionally**  adv. 比例して, 釣り合って, 調和して ◆a proportionally spaced typeface  《ワープロ》プロポーショナルスペースの書体

**proportionate**  adj. (～に)比例して[釣り合って]<to>

**proportionately**  adv. 釣り合って, 比例して, 調和して, その分だけ ◆見合うように, その分だけ ◆go up proportionately with... ～に比例して上がる[高まる] ◆proportionately space letters  文字をプロポーショナル間隔で配置する ◆This added weight results in proportionately less cargo capacity.  この追加重量のせいで, その分貨物積載容量[能力]が減少する. ◆As the output current increases, the voltage across the circuit breaker increases proportionately.  出力電流の増加に伴って, サーキットブレーカにかかる電圧は比例して上昇する. ◆The basic recipe of water, butter, flour and eggs can be increased or decreased proportionately for any number of servings.  基本となる水, バター, 小麦粉, 卵の分量は, 何人前作るかに合わせて増減できます. ◆Before the high density format, increased performance has been accomplished by spinning the disc proportionately faster.  この高密度フォーマット以前は, パフォーマンスの向上は, ディスク回転速度をそれに見合うだけ上げることによって実現されていた.

**proposal**  (a～)提案, 提言, 建議, 動議, 申し込み, 申し出; a～提案書, 建議書; a～結婚の申し込み, 求婚, プロポーズ ◆withdraw a proposal  提案を撤回する[取り下げる, 引っ込める] ◆a draft proposal  試案 ◆a proposal of marriage  結婚のプロポーズ[申し込み]; 求婚 ◆accept a proposal made by US President Bush  ブッシュ米大統領の提案を受け入れる ◆accept a proposal of marriage from...  ～からの結婚の申し込み[求婚, 求婚]を承諾する ◆a concrete proposal of help for Russia  ロシアに対しての具体的な援助の申し出 ◆his reform proposals  彼の改革案を ◆receive a request for proposals  提案要求を得る; 提案書提出要請書[提案書提出依頼書]を受理する ◆prepare quotes and proposals for prospective customers  見込み客用に見積書と企画書を作成する ◆under the proposal of the American chip and computer makers  米国のICメーカーおよびコンピュータメーカーの提案のもとで ◆After reviewing proposals by 37 companies, NASA awarded contracts to A, B, and C.  37社のプロポーザル[提案]を審査した上で, NASAはA社, B社, C社に契約を与えた[授与した, 出した].

**propose**  vt. ～を提案する, 提言する, 申し出る, 持ちかける, 発議する, 人に～を(…として)指す<for, as>, 計画する, ～するつもりである<to do>; vi. (～に)結婚を申し込む, プロポーズする<to> ◆China's proposed Three Gorges Dam on the Yangtze River  中国の揚子江(＊長江の通称)に(建設が)計画[予定]されている三峡ダム ◆propose a theory  理論を提唱する

**proposition**  a～提案, 発案, 申し出, 話, 口提案[発議, 提議]すること; a～《数》定理, 《論理》命題; a～《口》難しい仕事, えらい代物, 手ごわい人物; a～(婉曲的に)セックスの誘い ◆agree with [to] the proposition that <S・V>  ～という提案に賛成する; ～であるという説[主張, 命題]に同意する ◆approach him with the proposition of…-ing  ～いたしますと申して彼に近づく ◆make a person a proposition  人に申し出をする ◆make a proposition to <do>  ～しようという提案をする ◆military personnel who are faced with the proposition of leaving the military  退役勧奨[勧告]に直面している軍職員ら ◆It just seemed like an unrealistic proposition.  それは全く非現実的なことのように思われた. ◆I remember Mr. Hall made a proposition that the case should be referred for decision to a higher tribunal.  私は, ホール氏が本件について上級裁判所に判断[判定]を求めるべきであると提案したのを覚えている.

**propositional**  adj. ◆a propositional function  命題関数 ◆propositional calculus  命題計算

**proprietary**  adj. 所有者の, 所有権の, 〈物が〉〈個人や企業の〉独占権[知的所有権]下にある, 個人経営[私立の], 〈薬などが〉専売(特許)の, 自社開発の, 独自(特許)の, 固有の; n. a～所有者 ◆a proprietary name  商標名; 特許登録名 ◆proprietary rights  所有権 ◆a proprietary trading system (PTS)  《証券》私設取引システム ◆a proprietary chip  工業所有権[特許権]によって保護されているICチップ ◆a proprietary hospital  個人経営の病院 ◆obtain [acquire] a proprietary right to...  ～の所有権を得る[取得する] ◆the company's proprietary technique  その会社が独自に編み出したテクニック; 同社が自社開発した手法 ◆Using proprietary technologies and advanced design methodologies, we have designed and developed...  自社開発技術および先進の設計技法を用いて弊社は, ～を設計・開発いたしました.

**proprietor**  a～(店, 不動産の)所有者, オーナー, 所有経営者 ◆proprietors of shops  商店主たち

**propriety**  口礼儀正しさ, 行儀作法にかなっていること; 口適切, 適正, 適当, 妥当, 正当; 《通例 the ～ties》礼儀作法, 礼儀, 礼節; 口(はたして)いいかどうかということ, 妥当性, 当否, 適否, あること ◆I personally question the propriety of...-ing  私自身としては～することが(はたして)妥当であるのか疑問視している ◆review the propriety of the payment  その支払いが適切なものであるか調査する

**propulsion**  推進, 推進力, 推力 ◆propulsion efficiency  推進効率 ◆provide the energy required for the propulsion of an aircraft  航空機の推進に必要なエネルギーを供給する

**propulsive**  adj. 推進する ◆a propulsive device  推進装置

**proscribe**  vt. 《有害または違法であるとして》～を禁じる, 差し止める ◆proscribed items  禁じられている品[品物, 品目]; 禁輸品; 御法度(ゴハット)品 ◆as prescribed under EC rules  欧州共同体(EC)の法規のもとで規制されている通り ◆safeguards to protect against diversion of equipment to proscribed countries  禁輸対象国へ機器が流れるのを防止するための予防策 ◆the law which proscribes unauthorized entry into computer systems  コンピュータシステムへの不法侵入を禁じているこの法律

**prosecute**  v. 起訴する, 告訴する, 求刑する, 《裏意》摘発する; 行う, 遂行[実行, 実施]する, 従事する, 営む

**prosecution**  (a)～起訴, 告訴, 告発, 告発, 告訴訟; the ～検察当局, 検察[起訴当局, 検事]側; 口遂行[実行]すること ◆the prosecutors of the Tokyo District Special Prosecution Team, better known as Tokuso  マル特捜(トクソウ)の呼び名のほうがよく知られている東京地検特別捜査班の検察官ら ◆The witnesses have been promised immunity from prosecution.  証人には(刑事免責)が約束された.

**prosecutor**  a～検察官, 検事, 告発[起訴, 訴追]者 ◆the Public Prosecutors Office  《日》検察庁

**prospect**  1  a～ながめ, 眺望, 見晴らし, 展望; ～s (今後の)見通し[予想], 景況見通し; (a)～予期, 期待, 可能性; ～s (成功の)公算, 見込み, めど, 展望, 将来性 ◆diminish prospects for... 〜の見通しを暗くする ◆economic prospects 経済見通し ◆business prospects for 1998 1998年のビジネス展望 ◆improve your career prospects あなたの出世の見込みをより確かなものにする ◆prospects of... over the long term 〜の長期展望[見通し] ◆the prospects that... will... are thought to be slim. 〜になるという見込みは薄いものと考えられる ◆until prospects for stocks and long bonds brighten 株や長期債券の見通しが明るくなるまで ◆We have the prospect of...-ing 我々は〜できる見通しが立っている ◆There is the prospect that... 〜といった公算がある ◆can have no prospects for the future 将来に対する見通しを持てない ◆companies with prospects of boosting profits 15% a year 利益を年に15%ずつ増やして行く見込みのある会社 ◆his prospects looked bright 彼の前途は、明るようにみえた ◆investigate an area's economic prospects ある地域の経済見通しを調査する ◆reflecting the prospect of an economic slowdown in the US 米国における経済の減速[景気低迷]の見通しを反映して ◆The long-term demand prospects look promising, but... 長期需要見通しは明るい[よい]ようにみえる、だが... ◆the prospects for the report turning out to be true are slim その噂が本当だということになる可能性は薄い ◆the robotics market and the future prospects ロボット市場と将来の展望 ◆to improve prospects for the global economy 世界経済の見通しを改善[明るく]するために ◆when a strong economy brightens corporate prospects 力強い経済が企業の見通しを明るくしているときに ◆face the prospect of ever tougher competition from... 〜からますます激しい競争が仕掛けられるかもしれないという可能性に直面して ◆the projects each offer exciting prospects それらのプロジェクトはどれもわくわくする期待をもたせてくれるものだ ◆Job prospects are growing dim along with the outlook on the economy. 雇用の見通しと共に暗さを増している。 ◆Prospects for founding a business are nil. 事業[会社]を興せる見通し[見込み、めど]が全く立っていない。 ◆Prospects for the new company appear bright. この新会社の展望[見通し]は明るいように見える。 ◆Prospects look good for a U.S.-Canada free-trade pact. アメリカ・カナダ自由貿易協定が、成立する公算が大きいように見える。 ◆The company's long-term earnings prospects look good. この会社の長期収益見通しは、よさそうに見える。 ◆By fall, the prospects for stocks and bonds could be deteriorating. 秋口までに、株や債券の見通しが悪くなる可能性がある。 ◆It raises the prospect of reduced choices and higher prices for consumers. そのことは消費者にとって選択が狭まり、価格が上がる可能性を引き起こす。 ◆The downturn in Japan and South Korea in particular was negative for fine wool demand prospects. 不景気、それも特に日本と韓国における景気の陰りが、ファインウール[最高級羊毛]の需要見通しにとってマイナス材料であった。

2 a〜 見込み客、有力候補者 ◆a 13-year-old Olympic prospect 13歳のオリンピック出場候補選手 ◆The salespeople list their sales prospects in order of expectancy. 営業部員らは、見込み客を期待のもてる順に一覧にする。

3 vt., vi.〈地域〉を(鉱石などを求めて)調査する<for>；探す<for> ◆a prospecting method 探査法(*鉱物資源の) ◆oil prospecting 石油探査 ◆prospect for ore deposits 鉱床を探査する

**prospective** adj. 期待が持てる、見込めそうな、〜になりそうな ◆a prospective [potential] customer (= a prospect) 見込み客 ◆prospective buyers 購入するかもしれない人たち；購入を考えている人 ◆prospective adoptive parents 養子を欲しがっている養親候補者たち ◆prospective users ユーザー予備軍；潜在ユーザー層(*これからユーザーになりそうな人たち) ◆a present or prospective personal computer owner パソコンを現在持っているか、または将来持ちそうな人 ◆Given the drop-off of prospective buyers visiting model homes, ... モデルハウスを訪れる見込み客[脈のありそうな客]が減少しているので、...

**prospector** a〜 試掘者、探鉱者、(鉱業の)探査技術者、投機者 ◆a gold prospector; a prospector for gold 金を探す探鉱者[山師]；金採掘者；砂金などを探し求める労働者(*アマゾン川流域で宝石の原石や金を探すprospectorsはgarimpeirosと呼ばれる) ◆a metal [a mineral, an oil] prospector 金属[鉱物、石油]探鉱者 ◆blind prospectors searching for unobtainable El Dorados 手に入るわけのないエルドラド[黄金郷]を探し求めている、金に目がくらんだ[金の亡者の]投機家たち

**prospectus** a〜 案内書、趣意書、(大学などの施設や講座を紹介する)要覧、一覧書 ◆a company's prospectus 会社案内(*会社の業務内容や資産内容を記した) ◆an admissions prospectus 入学要項、入学要項 ◆write [prepare] technical prospectuses (客先向けの)技術資料を書く[作成する]

**prosper** vi. 繁盛(ハンジョウ)する、栄える、興隆する、繁栄する、うまく行く、成功する、元気に育つ ◆corrupt politicians who financially prosper beyond belief 信じられないほど金回りのいい腐敗した政治屋

**prosperity** 繁栄、栄華、興隆、(特に金銭面での)成功 ◆he was born into a family of autoworkers and raised at the height of Ford Motor's prosperity 彼は、フォード自動車会社が繁栄の極みにあった頃が[が繁華を極めていた当時、の絶頂期]に自動車工場労働者の家系に生まれ育てられた

**prosperous** adj. 繁栄している、繁盛している、裕福な、好都合な

**prostate** a〜 前立腺(= a prostate gland) ◆most prostate cancers are diagnosed by urologists 大方の前立腺癌は、泌尿器科医によって診断が下されている ◆When a surgeon performs a TURP (transurethral resection of the prostate), only part of the prostate gland is removed. 外科医がTURP(経尿道的前立腺切除術)を行う場合、前立腺の一部だけが切除される。

**prosthetic** adj. 補綴(ホテツ, ホテイ)の、プロテーゼの、人工器官の、義肢の、義足の、義手の、義歯の；a〜 プロテーゼ、補綴物、補装具 ◆a prosthetic device [appliance] 補装具(*身体の障害を補うための用具) ◆wear a prosthetic 補装具をつける[着用する、装着する]

**prostitute** a〜 売春婦[淫売婦、醜業婦]、男娼、金のために名誉や才能を売る人；vt. ((prostitute oneself で))身を売る、売春する、(名誉や才能など)を金のために売る

**prostitution** ①売春、淫売、売淫、醜業、②金のために名誉や才能を売ること、堕落 ◆schoolgirl prostitution; prostitution by schoolgirls 女子生徒[学生]の売春；《意訳》援助交際 ◆organizations which are active in combating child prostitution 子供の売春[買春]撲滅に活躍している団体組織 ◆They engage in enjo kousai — "compensated dating" — a casual form of prostitution in which schoolgirls earn spending money by selling themselves to older men. 彼女らは援助交際、つまり「報酬付きデート」をしている。女子生徒・学生が小父さん連中に身を売って小遣い銭を稼ぐという手軽な売春の形だ。

**protactinium** プロトアクチニウム(元素記号: Pa)

**protean** adj. 変幻(ヘンゲン)自在の、極めて変化しやすい、形を色々に変える、(役者が)幅広い役を演じられる ◆a protean half-robot, half-vehicle toy 半分ロボット半分車両の変幻自在の玩具(*合体ロボットのようなもの)

**protease** プロテアーゼ(*酵素の一種)

**protect** vt. 〈from, against〉〜を(〜から)守る、保護する、保全する、防衛する、防護する、防備する、保安する、守護する ◆a diode-protected input 保護ダイオード付き入力 ◆a write-protect notch (5.25インチフロッピーディスクの)書き込み禁止ノッチ[切り欠き] ◆copy-protected software (無断コピーできないよう)コピー防止された[コピープロテクトのかかった]ソフト ◆a non-copy-protected disk コピープロテクトのかかっていないディスク ◆protected from the elements (風雨、寒暑などの)自然条件[気象環境]から守られて ◆protect software from unauthorized copying 不正コピーされないようソフトにプロテクトをかける ◆protect the component from damage その部品の損傷を防ぐ ◆to protect [guard] against inflation インフレに対する防衛のために；インフレに対処するために ◆protect against illegal copying of software ソフトウェアの無断[不正]コピーを防止する ◆protect drill bits from wear and corrosion ドリルの刃先

を摩耗と腐食から保護する ◆protect the surface against attack by chemicals 化学薬品による腐食から表面を保護する ◆to protect the hard disk from contaminants in the air 空気中の汚染物質からハードディスクを保護する[守る]ために ◆Programs can be protected against accidental erasure. プログラムは、過失による消去に対して[があないように、また防止するために]プロテクトをかけることができる。 ◆The fryer is protected against overheating by a thermostat. このフライ揚げ器は、過熱しないようサーモスタットにより守られています。 ◆The automatic, temperature-operated circuit breaker protects the motor from overheating. この自動温度作動式サーキットブレーカーが、モーターが過熱するのを防ぎます。 ◆To protect against electrical hazards, do not immerse your juicer in water or other liquid. 電気による事故を防ぐために、(お買い上げの)ジューサーを水やその他の液体に浸さないでください。

**protected mode** the ～《コンピュ》プロテクトモード ◆a protected-mode application 《コンピュ》プロテクトモード[で走る]アプリケーション ◆run in protected mode 〈プログラムなどが〉プロテクトモードで走る

**protection** 回 (～からの)保護、防御、防護、防備、擁護、庇護、守護、保全、保安 ◆from, against>; a ～ 《単のみ保護する人[物] ◆without protection 保護[庇護(ヒゴ)]なしに ◆a lightning protection device 雷防護素子；避雷装置 ◆write protection [情報記憶媒体などへの]書き込み禁止［ライトプロテクト] ◆protection [protective] coordination 《強電》保護協調 ◆an injection that provides three months of protection 3カ月にわたって予防効果のある注射 ◆as a protection against the spread of fire 火災の延焼を防止[防ぐ]として ◆demand protection money 〈やくざなど〉が用心棒代[みかじめ料]を要求する ◆for one's own protection 自分自身を守るために ◆give protection against injury 負傷しない[危害を受けない]よう守ってくれる ◆overload protection to 10,000V 1万ボルトまでの過負荷保護 ◆place them under police protection 彼らを警察の保護下に置く ◆protection against lightning 雷に対する保護；雷防護 ◆protection from the law 法律による保護 ◆require protection 保護を必要としている ◆seek protection from... ～の保護を求める ◆seek protection under Chapter 11 《米国の》連邦破産法第11条の保護を求める ◆there is no protection 保護がない ◆wear... for protection ～を保護のために着用する ◆more than 65 violations of animal protection laws 65件を上回る動物愛護法違反 ◆be conducted in such a manner as to provide maximum protection for... ～は～を最大限保護する[可能な限り守る]ようにして行われる[実施される] ◆the protection of foods from oxidation 食品の酸化防止 ◆to give proper and adequate protection to the life of any person or persons engaged in... ～に従事する人たちの生命を適切かつ十分に守る[保護する]ために ◆to provide [furnish] protection for persons engaged in building 建設に従事する人たちを保護[防護]するために ◆but it is uncertain how much protection this affords me しかし、これがどの程度私を守ってくれるかは分からない ◆Under Mexican copyright law, software already is afforded the same protection as a literary work. メキシコの著作権法の下ではソフトウェアは文学作品と同様な保護が実施されている。 ◆The ozone layer acts as a protection against the harmful effects of the sun's radiation. オゾン層は、太陽放射の有害な影響から防護する働きをする。 ◆The double-insulation system is for added protection against injury resulting from a possible electrical insulation failure within the power tool. この二重絶縁系は、電動工具内部で万一電気絶縁不良が発生してもけがをしないよういういうの防護を施すためのものである。

**protectionism** 保護貿易主義

**protectionist** a ～保護貿易論者、保護主義派の人 ◆protectionist measures 保護貿易措置、保護主義的な施策

**protective** adj. 保護の、防護の、防御の、安全保護のための、保安の、庇護(ヒゴ)の、防... adj. (～を)かばう[まもる、いたわる、大事にする]〈toward〉 ◆a hard hat [hardhat], a protective helmet 保護帽、保安帽 ◆a protective barrier 防護壁 ◆a pro-

tective case 保護ケース ◆(a) protective grounding resistance 保安用接地[アース]抵抗[値] ◆a protective [protection] relay 保護継電器[リレー] ◆full-body protective gear 全身を保護するタイプの防具[防護服] ◆protective high tariff walls (国内産業)保護のための高い関税障壁 ◆a protective device that prevents damage to... from excessive pressure 過大な圧力が原因で～に損傷を与えるのを防止する保護[安全]装置 ◆He is too protective of the organization's bureaucracy. 彼は、その組織の官僚主義を擁護しすぎるきらいがある。

**protector** a ～保護カバー、保護具[装置]、防具、保安装置、–防止装置、防護剤；a ～保護者、擁護者

**protectorate** a ～保護国、保護領 ◆the country became a British protectorate in 1891 この国は1891年に英国の保護国となった

**protein** (a) ～たんぱく質 ◆protein-containing foods タンパクを含んでいる食品 ◆protein-rich soy products タンパク質の豊富な大豆製品 ◆animal protein raises cholesterol far more than plant protein 動物性タンパク質は植物性タンパクよりもはるかに大きくコレステロールを上昇させる ◆The body makes about 100,000 proteins. 体内で10万種類ほどのタンパク質がつくられている。

**proteomics** 〈単扱〉プロテオミクス(*遺伝子と病気の関係を解明し、難病治療に役立つ目的でのタンパク質の構造と機能の分析。ハイテク自動解析機を用いて行う)

**Proterozoic** the ～era [age]》《地》原生代

**protest** a ～ 抗議、反対、文句、苦情、不服、不満の表明、異議、異議申し立て、物言い、抗議文[書、声明] ◆as a protest against... ～に対する抗議として ◆file a protest against... ～に対する抗議として ◆in (a) protest against... ～に抗議して ◆lodge a formal protest with... over [against]... ～について[～に反対して]《企業・団体など》に正式抗議を申し立てる ◆nip protest in the bud 抗議[反対](の声)がまだ小さいうちに、それ以上大きくならないよう未然に防ぐ ◆raise a voice in protest 抗議[反対]の声を上げる；異議を唱える ◆stage [mount] a protest against... ～に対[反対]して抗議をする ◆the number of protests 抗議デモの件数

2 vt. ～に抗議する、異議を唱える、文句を言う、不満を表明する；vi. 抗議する、異議を申し立てる［～に〈to〉」〈～のことで〈about, against, at〉〉 ◆protest against French nuclear testing in the South Pacific 南太平洋でのフランスの核実験に抗議する ◆protest in the strongest possible terms against... ～に激越(ゲキエツ)な口調で抗議する

**protestant** a ～抗議する人、異議申し立て人；adj. 抗議の、異議を申し立てる

**Protestant** a ～プロテスタント、新教徒；adj. Protestant unionists (北アイルランドの)プロテスタント系連合派の人々 (*英国への帰属を希望している)

**protocol** a ～ 条約案、議定書、外交文書、《コンピュ》プロトコル[通信規約] ◆典礼、外交儀礼 ◆a modem communication(s) protocol モデムの通信プロトコル[規約] ◆an error-correcting protocol 誤り訂正プロトコル[通信規約] ◆the Montreal Protocol to Control Substances That Deplete the Ozone Layer 「オゾン層を破壊する物質の抑制に関するモントリオール議定書」 ◆under the Kyoto Protocol 京都議定書のもとで[(認識)に基づいて] ◆communications protocols used on the Internet インターネットで使用される通信プロトコル

**proton** a ～ 陽子、プロトン ◆proton [beam [radiation]] therapy 陽子線治療(*水素の原子核(陽子)を加速して癌に打ち込む) ◆Hydrogen fuel dissociates into free electrons and protons (positive hydrogen ions) in the presence of the platinum catalyst at the anode. 水素燃料は陽極において白金触媒の存在下で自由電子と陽子[プロトン](正電荷を持つ水素イオン)に電離[解離]する。

**prototype** 1 a ～ これから開発を進めていく上で基本となる叩き台の役目をするもの、試作品[試作機、試作車]、ひな形、模型、原型、性状 ◆A prototype とは、量産に先立ち、どういった改良や設計変更が必要かを評価検討するためのたたき

台として試験的に作られるもの.「a prototype =(製品の)試作品」という訳を当辞典の初版に載せた1994年当時は, ほかの英和辞典でも和英辞典でもみかけなかったことで, そのことについて書いたが, ほかの辞典にもこの訳が加えられてきているようだ. 他辞典にも後で含められるようになった訳語はこれに限らないが. ◆a working prototype 動作可能な[実働]試作品[試作機] ◆ prototype manufacturing 試作品の製造[製造] ◆build a prototype of... ～の試作版を作る ◆a primitive prototype of an optical computer 光コンピュータの原始的な原型 ◆a prototype of a computer capable of recognizing... ～が認識可能なコンピュータの試作品 ◆a pre-production prototype of the new Mercedes-Benz 600SE 新型メルセデスベンツ600SEの本生産(に入る)前の試作車 ◆A few brands of DATs were unveiled as prototypes. 数社のDATが試作品[(意訳)参考出品]として発表された. ◆The first prototype is due to be completed by the end of 1995. 試作1号は1995年末までに完成の予定である. ◆By the mid-'80s, Klayman had come up with a working prototype of what he began to call his Sound Retrieval System. 80年代半ばまでに, クレイマンは彼がサウンド・リトリーバル・システムと呼び始めていたものの実働試作装置を開発していた. ◆Prototype solar-powered cars are being tested, but none are yet commercially available. いくつかの太陽電池式乗用車の試作品が試験中であるが, いずれもまだ市販[製品化]されていない. ◆Prototypes were completed in the summer of 1990. Field testing began in the fall of the same year. 試作品[試作車]は1990年に完成し, 実地[実路]テストは同年秋に開始された. ◆The device is still in the prototype stage, but its developers claim it is relatively simple and potentially cheaper than other similar systems. この装置はまだ試作段階ではあるが, 開発者らは, 比較的簡単なので他の類似システムと比べて安くなる見込みがあると力説している.

2 vt., vi. (～の)試作品をつくる, ひな形[原型]を試作する ◆The optical drive system is still at the prototyping stage. 同光学ドライブ装置は, まだ試作段階にある. ◆The prototyping phase for this chip may begin in late 1998. 本チップの試作段階は1998年も後半になってから開始ということになろう.

**protract** vt. ～を長引かせる, 引き延ばす ◆a protracted labor-management dispute 長引く労働争議 ◆during this protracted development period この長くかかった[長期に及んだ, 長期化した]開発期間の間 ◆for a protracted period だらだらと長時間にわたって; 延々と

**protractor** a～ 分度器

**protrude** vi. (～から)突き出る, 突出する <from>; vt. ～を突き出す, 突き出させる, 突出させる ◆protrude through the surface of... ～の表面から突き出る

**protrusion** (a)～ 突起(物), 突出(部), 隆起(部) ◆a threaded protrusion for mating with... ～と結合[接続]するためのネジ山が切ってある[ネジ付き]突起[出っ張り] ◆develop tests to identify protrusions on crib toys and other products contributing to strangulation 乳幼児用玩具およびその他の製品に窒息の原因となる出っ張りがないか判定するための試験を開発する

**protuberance** (a)～ 突起, 隆起, 盛り上がり, こぶ ◆external protuberances 外側の出っ張り部分 (＊スーツケースを例にとれば取手や鍵やキャスターなどの突起部分) ◆protuberances and hollows 出っ張りとへこみ[でこぼこ]

**proud** adj. 誇り高い, 自尊心のある, 誇らしく思って, 自負を持って, 胸を張って, 自慢して; 得意な, 鼻高々の, 高慢な, 尊大な, お高くまとまっている;《叙述的に》誇り[光栄]に思う ◆We are proud to announce... ～を発表できることを誇りに[喜ばしく, 光栄に]思います. ◆He is proud and quick-tempered. It is that which makes him bold, but also that which makes him prone to danger. 彼は自尊心が強くて気が短い. このことが彼を大胆にし, 危険な目にも遭わせやすくしている.

**proudly** adv. 誇らしげに, 得意げに[得意そうに],《意訳》したり顔で, 傲慢に[高慢に], いばって[偉そうに], 傲然と(ゴウゼンと), 堂々と

**prove** vt. ～を証明する, 実証する, 立証する; ～を試す, 試験する, 検査する, 分析する; vi.《補語を伴って》(～であることが)判明する[分かる], (～であることを)実証する, (＊結果として[ふたを開けてみたら, 結局])(～で)ある ◆prove a theorem 定理を証明する ◆prove oneself to...; prove one's worth to... (人)に真価を示す ◆... proved inferior to... ～に劣っていることがわかった; (結果として)～に劣っていた ◆that proved impossible それは不可能であることが判明した; それは(＊実際にやろうとしてみたら)不可能だった ◆he proved himself a tough negotiator 彼は手ごわい交渉相手であることを証明して見せた[はっきりと見せつけた] ◆You've got to prove yourself. 実力のあるところを見せなくてはいけない. ◆If this proves a successful marketing ploy, ... これが営業戦術として功を奏することになれば ◆It has proven itself in thousands of field applications. 本製品が優れているということは, 幾多の実地での使用で実証済みです. ◆The new car proves that there is hope for the carmaker. この新車は, この自動車メーカーに望みが持てるということを証明している. ◆The measuring devices shall be inspected and proved for accuracy prior to release for production use. 測定器類は, 生産での使用に供する前に検査[点検, 検定]を受け, 精度の確認がとられていなければならないものとする. ◆NASA mission specialists have proven that they can perform complex repair and maintenance tasks in orbit. NASAの搭乗運用技術者たちは, 軌道上で複雑な保守・修理作業が行なえることを実証してみせた.

**proved reserves**《複扱い》確認[確定]埋蔵量, 確定鉱量[炭量] ◆American proved reserves of oil [petroleum] 米国の確認[確定]石油埋蔵量 ◆the country has proved oil reserves of more than 36 billion barrels その国には360億バレルを上回る確認[確定]石油埋蔵量がある

**proven**《proveの過去分詞》adj. 証明された, 実績のある, 定評のある, 試験済みの, 実証済みの ◆proven products 定評のある製品 ◆a proven technique (実績がある)確実な[間違いのない, 必ずや好結果の得られる]手法 ◆by using the proven techniques これらの確かな専門技術を使って ◆detectors of proven performance 性能が折り紙付きの検出器 ◆our field-proven lasers 現場での(多くの使用で)実績がある弊社のレーザー ◆Hines was a salesman of proven ability. ハインズは, 証明された能力を持った[(意訳)実力を認められた, 実績のある]セールスマンだった. ◆Onik and others who perform the minisurgery are enthusiastic about its proven success in nearly four out of five cases. このミニ手術を行っているオニクをはじめとする外科医らは, 5例のうち4例近くまでが成功という実績に熱い期待を寄せている[気を吐いている].

**proverb** a～ 諺(コトワザ), 格言, 金言, 俚諺(リゲン), 言い習わし

**provide** vt.《provide A for [to] B; provide B with A の形で》(B に)A を供給[提供, 支給]する, 与える, 設ける, 施す, 備える;《法律などが》～を規定する[定める] <that>; vi. <for, against> 備えをする[準備する], 予防措置を講じる, 必要なものを供給する[扶養する], 規定する[定める] ◆provide for one's children 子どもを養う[食べさせて行く] ◆provide for one's future; provide for the future 将来に備える ◆provide instructions 指示を与える ◆a fountain pen provided with a pen clip ペンクリップ付きの万年筆 ◆provide adequate security of information 情報のセキュリティを十分に確保する ◆provide interconnectivity between dissimilar hardware 異機種ハードウェア間に相互接続性をもたらす ◆if adequate air velocity is provided at the supply outlet 吹き出し口で風速が十分ある場合 ◆Only one drive bay is provided.《コンピュ》ドライブベイは1つだけ設けられている. ◆Power is provided by four AA batteries.《北米》電源は, 単3電池4本で供給される. ◆There is a recording/playback head provided for each track. 各トラックには録再ヘッドが1個備わっている. ◆1788: The U.S. Constitution provides for a national capital and gives Congress power to govern it. 1788年: アメリカ合衆国憲法は首府[首都]を定め議会にそれを治める権限を与える.

◆The agreement provides for a notification period of 16 hours. 本協定は、16時間の通告期限を規定している。 ◆The artificial skin is used to provide robot hands with a tactile sense. その人工皮膚は、ロボットの手に触覚を持たせるために使用される。 ◆The compartment is provided with a removable cover plate for access. 《意訳》このコンパートメントには、内部の保守・点検の手が届く［中を開けられる］ように脱着式カバープレートが付いて［付属して］いる。 ◆The semiconductor laser provides a 50,000-hour operating life. この半導体レーザーは、5万時間の動作寿命を持つ。 ◆The survey provided radiation exposure dose rates at one meter above the ground surface. 《意訳》この調査により、地表から高さ1メートルにおける放射線被曝線量率が得られた。 ◆This report provides casualty estimates at various distances from a reactor. この報告書は、（原子）炉からの距離別の推定［予想］死傷者数を示している。 ◆Bell Laboratories and ITT have provided me with much information. ベル研究所とITT社は、私に多くの情報を提供してくれた。 ◆The system shall provide for the prevention of shipment of defective supplies to Nanotronics. この体制は、不良供品がナノトロニクス社に出荷されることを防ぐ手だてとなるべきものである。 ◆The technology provides three-dimensional surround sound from the two conventional speakers. 同技術によって、普通のスピーカー2本で立体サラウンド・サウンドを実現することができる。 ◆The workstation provides for link-ups with a communication board for free expansion of the system composition. そのワークステーションには、システム構成が自由に拡張できるようコミュニケーションボードとの接続に対する備え［配慮、対応］がある。

**provided** conj. もし〜ならば、〜という条件［前提］で、〜であれば ◆provided it is advantageous to do so そうすれば有利であるという前提で ◆provided that the time constant is very long 時定数が非常に長いという条件で ◆The Japanese are the kindest people in the world – provided you are 100% Japanese. 日本人は、世界一親切な国民だ。ただし、あなたが純然たる日本人だったらの話だ。（*日本人は日本人に対してのみ親切であるという趣旨）

**provider** a〜 提供者、供給者、（家族の）扶養者；a〜 インターネット接続サービス業者、プロバイダ、（中国語）網絡業商 ◆an information provider （データベースなどの）情報提供業者 ◆an Internet (service) provider; an ISP; an (Internet) access provider インターネット（サービス）プロバイダ、インターネット接続業者

**province** a〜 （地方行政区画の）県、省、道、州、（昔の日本の）国；the 〜s （複扱い）田舎、地方；one's 〜 （学問、研究、活動、仕事などの）分野、領域、専門、守備［受持ち］範囲 ◆in Liaoning province: in the province of Liaoning （中国の）遼寧省に［の］ ◆a province or territory of Canada カナダの州または準州 ◆Digital-signal processing is no longer just the province of academic researchers and military system designers. デジタル信号処理は、もはや学術研究者や軍事システム設計者のみの分野ではない。

**proving ground** a〜 （車や兵器の）性能を確かめるための実験場、理論を実験によって確かめるための状況 ◆become a proving ground for... （比喩的に）〜を検証する［確かめる、確認する］ための場となる ◆have the car checked out at the GM proving grounds ゼネラルモーター社の実験場でその車をチェックしてもらう

**provision** 1 回備えること、供給すること、用意、準備、備え、設備、設計段階での［装備、食料、設備面での］対応［対処、措置］＜for, against＞；〜s 食料、食糧 ◆the provision of assistance 援助の提供；援助供与 ◆buildings with emergency power provisions 非常用電源設備の備わったビル（*自家発電装置などがある）◆make safety provisions 安全保護のための備え［対策］をする；安全対策を取る［講じる］（*設備や装備がらみで）◆(the) provision of training 訓練を施すこと ◆make ample provision for the maintenance of... 〜の保守のための十分な用意［備え、対応、サポート、環境作り、環境整備］をしておく ◆provisions to support high-availability systems 高稼働率［高

◆the provision of $50 million in military equipment to... 〜への5000万ドルにのぼる武器供与 ◆Additionally, the school has made provisions for students with physical handicaps by offering... さらに学校は〜を提供することにより身体に障害を持つ学生への対応をとった。 ◆No special provision need be made for operation in... 〜における動作のために特別な備えをする必要はない。 ◆Provision is also made for RF, RGB and S-VHS output. 高周波出力、RGB出力、S-VHS出力にも備えている ◆Provision should be made for changes. 変更に対応［対処］できること。；変更に対応［対処］できるように備えておくこと。 ◆The model has provision for writing the date on the tape. その（ビデオカメラの）機種には、テープに日付を入れる機能がある。 ◆There's no provision for printing. 印刷のための対応［対処］はなされていない。（＊印刷のための備え(=機能や設備)［サポート］はないということ）◆The TV sets include provisions for stereo sound. これらのテレビにはステレオ音声への（機能上の）備えを搭載している。；これらのテレビはステレオ対応である。 ◆What provisions have been made for handling confidential information? 機密情報の取り扱いに対して、どのような備え［対応、対処］がなされているか。 ◆Provision must be made to enable wet work clothes to be dried. 濡れた作業衣を乾燥させるための備えを［《意訳》設備を用意］しておかなければならない。 ◆NRC regulations require that provisions must be made to enable the spent fuel to be retrieved. 米原子力規制委員会（NRC）の規則は、使用済み核燃料が回収できるように（設備上の対応を）しておくことを求めている。 ◆The standard approach is through the provision of a file system which... 《コンピュ》通常のアプローチは、〜というファイルシステムを設けることである。 ◆Financial provisions have been made to replace the present facilities with a year-2000-compliant system. 現在の設備を2000年問題対応型システムに置き換えるための、財政面での対応が取られて［対処ができて］いる。

2 a〜 （法律、契約などの）規定、条項、条文 ◆the provisions of this warranty 本保証書の規定［条項］ ◆the Super 301 provision スーパー301条 ◆determine whether agreement provisions have been adhered to 契約条項［条件］が守られてきたかどうか調べる ◆a provision providing for a $7,500 fine for attaching "Made in USA" labels to products actually made in other countries 実際には他の国で製造された製品に「米国製」のラベルを添付することに対して7,500ドルの罰金を規定している条項

**provisional** adj. 仮の、一時の、暫定的な、臨時の ◆a provisional government 暫定政府 ◆a provisional name for... 〜の仮称 ◆in a provisional manner 暫定的に ◆place a provisional order for an annual subscription to the magazine その雑誌の年間購読の仮注文を出す ◆The crater has been given the provisional [temporary, tentative] name (of) Zethus. このクレーターには、ゼートスという仮の名前［仮称］がつけられた。

**provisionally** adv. 仮に、一時的に、暫定的に、臨時に ◆provisionally give the name of yyy to... それに［yyy］という名前を臨時に付ける［仮称を付ける］ ◆It has been provisionally [tentatively, temporarily] named FKS3. それには、FKS3という仮の名前［仮称］がつけられた。

**proviso** a〜 (pl. -sos) ただし書き、（必要）条件 ◆with the proviso that... 〜という条件で（＊契約文中、および法令で定理の説明文中で用いられる）

**provoke** vt. （人）を刺激する、挑発する、誘発する、怒らせる、激発する；（感情など）を起こさせる、引き起こす、（考えなど）を呼び起こす［喚起する、惹起（ジャッキ）する］ ◆provoke a severe drop in production 生産の大幅な［深刻な］低下を引き起こす［誘発する、もたらす］ ◆provoke national attention 国民の関心をあおる［かきたてる］ ◆a thought-provoking book （読むと）考えさせられる本；示唆や暗示に富んでいる本 ◆provoke a hue and cry of protest from restaurant owners レストラン経営者からの激しい抗議を招く ◆My intent is to provoke

**prowess** n. 能力, 才能, 技量, 腕前; 勇気, 勇敢, 武勇 ◆the engineering prowess of the electronics company その電子機器メーカーの技術力 ◆the DTP program's prowess in electronically cutting and pasting galleys 電子的にゲラの切り貼りをするDTPソフトの能力

**prowl car** a ~ 《米》パトカー

**proximity** n. (場所, 時間, 関係が)近いこと, 近接, 近似, 近親 ◆in (close) proximity to... ~の近傍で, ~の至近距離で ◆in the proximity of... ~の近くに ◆atoms in extremely close proximity to each other 互いに極めて近い距離[至近距離]にある原子 ◆the area's proximity to two Metro stations この地区の, 地下鉄2駅までの近さ; この地区が2つの地下鉄駅に近いこと ◆the proximity of the two aircraft それら2機の航空機の(互いの)近さ[近接] ◆In order of increasing proximity to the station, ... 駅への近さと共に[((意訳))駅に近いものから近いものへと順番に, 駅から遠い順に]列挙してみると, ◆members of a family living in (extremely) close proximity (to one another) 《意訳》(互いに)スープの冷めない距離に住んでいる家族 ◆Sound levels increase dramatically with increasing proximity to the source. 音のレベルは音源までの近さが増加すると[((意訳))音源に近づくにつれて]劇的に高くなる. ◆The photoelectric proximity switches are available in diffuse-reflective, retro-reflective and through-beam versions. 光電式近接スイッチは, 拡散反射型, 回帰反射型, および透過ビーム型が取り揃えてあります. ◆High incidence rates occurred along the coast for both sexes. Rates reduced noticeably with decreasing proximity to the coast. Coastal rates were generally higher in the north of the State. 高い罹患率は, 男女共に海岸線に沿って見られた. 海岸からの距離の減少と共に[から離れるにつれて]率は顕著に減少した. 州の北部においては沿岸部の率は一般的により高かった.

**proxy** the ~ 代理人, 代人, 代名, 委任状;《代理(行為), 代理権;《コンピュ》プロクシ[プロキシ], 代理(人) ◆act as a proxy; act as someone's proxy 《だれかの》代理を務める[代理人となる] ◆act as a proxy server 《コンピュ》プロクシ[プロキシ, 代理]サーバーの役割を果たす ◆Write access rights let your proxy create and send items in your name. 《コンピュ》書き込みアクセス権は, 代理人が本人の名前で項目を作成して送信することを可能にします.

**PRTR** the ~ (Pollutant Release and Transfer Register) Law 《日》特定化学物質の把握と管理・促進法

**prune** 1 vt. (生育を助けるために)〈樹木〉の剪定[枝下ろし, 枝打ち, 枝払い]をする, 〈樹木〉を刈り込む[, 〈余分なもの〉を取り除く, 〈予算など〉を切り詰める; vi. pruneする ◆(the) pruning of tree branches (枝の)剪定, 剪枝(センシ), 枝下ろし, 枝打ち, 枝払い (*発育を助け, 節のない良木にするために下枝を切る) ◆prune one's underperforming operations 業績の悪い部門[不採算事業部]を切り捨てる

2 a ~ プルーン, 西洋スモモ

**pry** 1 vi. 詮索(センサク)する, のぞく, のぞき見する, のぞき込む<into> ◆pry information [a secret] out of a person やっとのことで〈人〉から情報[秘密]を聞き出す

2 vt. ~をてこで動かす[持ち上げる, 開ける], ~を苦労して[やっと]手に入れる ◆pry it open それをこじあける ◆pry it away from... それを~から (何かてこになる道具を使って)こじってはずす ◆pry out the oil seal オイルパッキンをこじり出す ◆pry the springs off with a screwdriver スプリングをドライバーでこじって外す ◆The board would not easily let go of its cable, and I had to gently pry the connector from its seat with a screwdriver. そのボードからケーブルが容易に外れなかったので, コネクタをねじ回しで手加減しながら台座からこじり外さなければならなかった.

**P.S., p.s.** (postscript) 追伸

**PS/2** 《コンピュ》《商標》(ピーエスツー) (*IBM社のパソコンのシリーズ) 《参考》the IBM Personal System/2 Model 80 [the IBM PS/2 Model 80] (*日本語でも, theをとるだけで英字のまま表記するのが通例)

**PSA** a ~ (prostate specific antigen) 前立腺特異抗原

**pseudo, pseudo-** 偽りの (ギジ)の, 仮の, 見掛け上の, 疑似の, 《医》偽性の ◆pseudo noise 《通》疑似雑音 (*スペクトル拡散に用いる) ◆a pseudo stereo effect 疑似ステレオ効果

**pseudocolor** 疑似カラーの ◆pseudocolor display 疑似カラー表示

**pseudonym** a ~ 仮名, ペンネーム, 雅号 ◆under a pseudonym 仮名で

**psophometer** a ~ 雑音電圧測定器 ◆measured with a psophometer 雑音電圧測定器により測定された

**psophometric** adj. 評価雑音の ◆(a) psophometric power [electromotive force] 評価雑音電力[起電力] ◆(a) psophometric voltage 評価雑音(電圧)

**PSTN** (public switched telephone network) a ~ 公衆交換電話網

**psychiatric** adj. 精神医学の, 精神科の, 精神上の, 精神病治療上の, 精神~ ◆psychiatric care 精神科の治療, 心のケア ◆psychiatric counseling 心理カウンセリング ◆psychiatric disturbance 精神障害 ◆a psychiatric hospital 精神病院 ◆a psychiatric patient 精神障害[病]の患者 ◆people with severe psychiatric illnesses 重篤な心の病にかかっている人たち; 重い精神病患者ら ◆subject... to a psychiatric examination [evaluation, test] 〈人〉を精神鑑定にかける ◆undergo a psychiatric examination [exam, evaluation, test] 精神鑑定を受ける ◆the psychiatric department at St. Vincent's Hospital セントビンセント病院の精神科 ◆he had been treated at Walter Reed Hospital for a psychiatric disorder 彼はウォルターリード病院で精神病[精神障害]の治療を受けた ◆At one time, she spent six months in a hospital psychiatric ward. かつて彼女は, 6カ月の間ある病院の精神科病棟で過ごした.

**psychiatry** 《》精神病学, 精神医学, 精神病治療[精神療法] ◆be licensed to practice psychiatry 精神病治療[精神療法]を行う免許を持っている

**psychic** adj. 霊魂の, 精神の, 心霊(現象)の, 心霊力を持つ; a ~ (= a medium) 霊媒, 巫女, いたこ ◆with psychic energy 心的なエネルギーで; 精神力により; 念力を使って ◆telepathy became the first psychic phenomenon to be studied scientifically テレパシーは科学的に研究される最初の心霊現象となった

**psychokinesis** 《》サイコキネシス, 念力, 念動力 (*物理手段を用いず, 心に念じただけで物体を移動させる) ◆Uri Geller's ability to bend spoons by psychokinesis [with psychic energy, by mind power] 念力でスプーンを曲げるユリ・ゲラーの能力

**psychological** adj. 心理学上の, 心理的な, 心的な, 精神的な, 心理面[精神面]の, 気持ちの上での, 心理~, 精神~, 神経~ ◆identify the victim and draw up a psychological profile of the killer 犠牲者の身元を確認し, (逃亡中の)殺人犯の心理分析書を作成する

**psychopath** a ~ 精神病質者 (*精神病ではなく人格に問題があるとされる. 特徴は口達者, 自己中心的, うぬぼれが強い, 良心・罪悪感の欠如, 他人の感情に無関心, 冷淡, 情緒に乏しい, 行動は衝動的で抑制がきかない)

**psychotherapist** a ~ サイコセラピスト, 臨床心理士, 精神療法家, 心理療法士 ◆a psychotherapist specializing in marriage, family and child counseling 結婚, 家族, 子どもにまつわる問題のカウンセリングを専門としている臨床心理士

**psychotherapy** 《》心理療法, 精神療法 ◆those who received psychotherapy in addition to medical treatment 医療の他に心理療法を受けた人たち

**psychrotolerant** adj. 耐冷性の, 耐寒性の ◆psychrotolerant bacteria 耐冷性[耐寒性]細菌

**Pt** 白金(platinum)の元素記号
**PTBT** (Partial Test Ban Treaty) the ～ 部分的核実験停止条約
**PTCA** ◆undergo [perform] PTCA (percutaneous transluminal coronary angioplasty) 経皮的冠動脈形成術を受ける［施す］(＊カテーテルとバルーン／ステントを用いる処置)
**PTSD** (post traumatic stress disorder) ◆cause [suffer from] PTSD 心的外傷後ストレス障害を引き起こす［に苦しむ］
**PTT, PT&T** (Post, Telegraph and Telephone; Post, Telephone and Telegraph) a ～ (pl. ～s)(＊各国の)郵便電信電話［郵便電気通信，郵電］総局［省，庁，公社］(＊多くの国で民営化・名称変更されている) ◆a PTT office 郵便(電信)電話局 ◆Swisscom (formerly Swiss Telecom PTT) スイスコム(元スイス・テレコムPTT)(＊元は電気通信業務を行う公共事業体だったのが民営化された)
**Pu** プルトニウム(plutonium)の元素記号
**pub** a ～ (a public houseの短縮形)(英)パブ，大衆酒場，居酒屋，飲み屋，バー ◆a pub crawler はしご酒をする人 ◆go on a stag pub crawl with... ～と連れ立って男だけのはしご酒をしに［飲み歩きに］行く
**public** adj. 公共の，公立の，社会の，一般大衆の，世間一般の，(株式)公開の，《コンピュ》パブリックの (園global; →private [local]); the ～ (単／複扱い)(世間の)人々，(一般)大衆，公衆，世間，社会(の人々)，一般国民［市民］; a ～ (単／複扱い)合関心や活動が同じ人々の集まり，層 ◆in a public capacity 公人として ◆go public (会社が)株式を一般公開する ◆be on public view 一般公開されている ◆a public building 公共の建物 ◆a public hall 公会堂 ◆public attention 世間の耳目(ジモク); 社会の注目 ◆public property 公共財産 ◆public safety 公共の安全 ◆the general public, the public at large 一般大衆; 一般の人たち; 世間一般 ◆the public sector 公共部門 ◆a public-health problem 公衆衛生問題 ◆a public-key cipher 《通》公開鍵暗号(＊暗号鍵と復号鍵が異なるので別名「非対称暗号＝an asymmetric cipher」とも) ◆a public utility 公共企業体 ◆public utilities corporations 公益事業体 ◆a public limited company; a PLC [plc] (英)株式会社 ◆a public key-encryption system 《通》公開鍵暗号化システム ◆a facility supported by public funds; a public-funded facility; a publicly funded facility 公設民営 ◆the Ministry of Public Management, Home Affairs, Posts and Telecommunications (日)総務省(＊2001年1月6日から) ◆a focus of public attention 世間の注目の的 ◆among the (general) public at large 一般大衆［一般の人たち，世間一般］の間で ◆announce increases in public utility rates 公共料金の値上げを発表する ◆a public affairs director 広報部長(＊役職の意味では無冠詞となる) ◆awaken the public to the danger of... 人々を～の危険に目覚めさせる ◆conduct a public hearing to receive views [comments, input] from... ～からご意見をいただく［～の意見を聴く］ための公開ヒアリング［公聴会，聴聞会］を実施する ◆draw public attention 世間の耳目を引く［集める］; (一般の［社会の，人々の］)耳目(ジモク)を惹く(ヒク) ◆fall in public esteem ～に対する一般の［社会的］評価が下がる ◆from both the public and private sectors 公共部門と民間部門の双方から; 公共と民間の両部門から ◆make decisions in accordance with public opinion (政府など)が世論に従って決定を下す; 万機公論に決する ◆near public housing projects 公共住宅団地(の建物)のそばで ◆plan and implement public expenditures 公共(事業)支出［(意訳)財政支出］を計画し実施する ◆privatize public enterprises 公共企業体を民営化する ◆provide public housing for senior citizens 高齢者用の公共住宅を供給する ◆public facilities such as parks and bike trails 公園や自転車専用道路などの公共施設 ◆public-spirited 公共心のある，公共道徳心の強い ◆public support for banks 銀行への公的支援; (一般)大衆［国民］の支持 ◆regulate smoking in public places 公共の場における喫煙を規制する ◆the preservation of public records and historical documents 公文書および古文書の保管 ◆to promote public safety 公共の安全を推進するために ◆you're mixing up public and private あなたは公私混同している ◆a public-

operated television station 公営の［公共］テレビ局 ◆a public stock offering to raise funds 資金調達のための株式公募 ◆commit vandalism on public property [utilities] 公共財産［公共施設］に対して荒らしを働く ◆make budget figures public 予算金額を公表する ◆make the information public その情報を開示［公開］する ◆promote public involvement through meetings, educational forums, and hearings 集会，啓蒙のための公開討論会およびヒアリングを通して(住民の)公共への参画［参加］を促す ◆public employees rarely are terminated 公務員はめったに解雇されない ◆the gardens are open to the public これらの庭園は一般に開放されている［一般の人が入れる］ ◆The public has been sharply divided about... ～についての世論は鋭く［大きく，(場合によっては)真っ二つに］割れている ◆a public officer responsible for inspecting medical facilities to ensure compliance with public health regulations 公衆衛生規則遵守の徹底を図るために医療施設の検査を担当する公務員［保健］ ◆public institutions such as schools, libraries, police stations, fire stations and hospitals 学校，図書館，警察署，消防署，病院などの公共の機関［公器］ ◆public support for President Bush has fallen in recent weeks ブッシュ大統領への(一般)大衆［国民］の支持は，ここ数週間の間に下がった ◆The university announced it had received a $2 million gift to enhance its public service. 同大学は，一般に解放している［一般を対象とする］サービスを向上させる［意訳）改善する］目的の資金として2百万ドルの寄付を受けたと発表した． ◆announce plans to spend $6.7 billion of public funds to help out some of the weaker institutions 弱小(金融)機関の一角を救済するために公的資金67億ドル使う計画を発表する ◆the Japanese government shouldn't use public money to help write off bad loans of Japan's seven housing loan companies 日本政府は日本の住専7社の不良債権処理を助けるために公的資金を使用すべきでない ◆The difficulties of... have become a matter of public awareness. ～の難しさが広く［一般に］認識されるようになった． ◆In its first year of going public in 2000, the company generated (an) annual revenue of $69 million. 株式一般公開［上場］を果たした初年度の2000年に，同社は6千9百万ドルの年間収入を上げた．

**in public** 公共の場で，公の場で，公衆の面前で，公然と，人前で，おおっぴらに(= openly) ◆make controversial statements in public 公の場で問題発言をする

**public-address system** a ～ (a PA system) 拡声装置

**publication** ⑥出版，発行，(出版物への)掲載，公表，発表，公布; a ～ (本，雑誌，新聞などの)出版物，刊行物，出版物に掲載された作品 ◆a Miller publication ミラー社の一出版物 ◆produce a publication 出版物を制作する ◆twelve issues of this monthly publication この月刊誌12冊［12カ月分］ ◆consider the product for publication その製品の(記事の)掲載を検討する ◆publications covering certain topics 特定のテーマを扱っている出版物 ◆the magazine is in its second year of publication 同誌は創刊2年目に入っている ◆The book is scheduled for publication late this year. この本は，今年遅くに出版の予定になっている． ◆He has authored more than 50 publications, including 8 books. 彼は，8冊の本を含めて50点を上回る著作物を著した［発表した］.(＊publicationsは，定期刊行物に掲載される論文なども含む)

**public comment** ◆The guidelines are in the final stages and will soon be published for public comment. これらのガイドラインは最終原案段階に入っており，パブリックコメントを募る［意訳）一般の意見や情報を求める］ためにまもなく発表される運びになっている．

**public convenience** a ～，～s (英)公衆トイレ

**public corporation** a ～ 公社，公団，特殊法人，公共事業体，事業団; a ～ (米)株式を一般公開している会社

**public domain** the ～ 公有地，誰にでも利用できる土地・所有物・情報など; the ～ 〈作品・発明が〉特許・著作権に保護されていない状態，パブリックドメイン ◆a public domain program パブリックドメインプログラム［公開プログラム］ ◆enter the public domain through age (著作物や発明が)特

**pull**

許権・著作権の期限が切れて権利が消滅する[公開される, 公共の財産となる] ◆release a program to the public domain プログラムをパブリックドメインに出す[公開する] ◆The program is available free of charge through the public domain. そのプログラムは, パブリックドメインから無料で手に入れられる. ◆Some public domain programs are superior to anything available commercially. パブリックドメインプログラム[公開ソフト]の中には, どの市販品よりも優れているものもある. ◆There are many commercial software packages that have no equivalent in the public domain. 市販ソフトの中には, パブリックドメインに無いようなものが数多くある. ◆The Xxx algorithm is being placed in the public domain for review and possible adoption as a standard. 《意訳》Xxxアルゴリズムは, 評価する目的のためと標準規格として採用する可能性を考えて一般公開中である. ◆The song Happy Birthday to You! will earn royalties until 2010, when it will pass into the public domain. ハッピーバースデートゥーユーという曲は, 2010年に失効して公共のものになるまで著作権使用料を稼ぐことになっている.

**public domain software** (PDS) 《コンピュ》パブリックドメインソフトウェア, 公開ソフト ▶著作権がなく, 自由にコピー・配布できるプログラムのこと ▶コンピュータ通信を介して多くの種類が出回っている. 広義には, 著作権のある無料のソフト(フリーソフトウェア)や, 一定の無料試用期間後に継続して使用したければ登録料を払うというもの(シェアウェア)も含まれる.

**public hearing** a~ 公開ヒアリング, 公聴会, 聴聞会 ◆at a public hearing on... ~に関する公聴会[聴聞会]で ◆hold a public hearing on [about]... ~についての公聴会[聴聞会]を開く

**publicity** n. ①知れ渡ること, 周知, 世間の注目, 露出, 知名, 著名, 評判; 広報, 宣伝, 広告 ◆attract publicity 人目[世間の人の目]を引く ◆a shameless publicity seeker 自分の名前を売る[売名の]ためならどんな事でもするという恥知らずの人 ◆in pursuit of publicity マスコミでもてはやされ[騒がれ]たくて[世間での] ◆a publicity-savvy lawyer マスメディア[マスコミ]の利用が上手な弁護士 ◆a publicity-shy chairman (マスコミなどを通じて)露出するのが嫌いな会長 ◆Satisfied customers are the best publicity for any product. どんな商品であれ, 満足している顧客は最高の宣伝である.

**publicize, publicise** 《後者は英綴》vt. 宣伝する, 広告する, PRする, 発表する, 公表する, 掲載する ◆well-publicized マスコミに良くとりあげられている ◆the publicizing of the fact that... ~だという事実を広く一般の人に知らしめること[広報すること]

**publicly** adv. 公に, 公然と, おおっぴらに; 公的に, 政府により ◆a publicly-listed [publicly-traded] company [corporation] 上場企業; 上場している会社

**public notice** (一般への)公示 ◆the established public notice and comment procedures of the Administrative Procedures Act 《米》(意訳)行政手続き法に規定されているパブリック・ノーティス・アンド・コメント手続き(*政府が規制を設定/改廃するにあたり, 行政機関が政省令の原案を公表し, 国民に意見や情報を求める)

**public offering** ◆following the company's initial public offering (IPO) of stock 同社の株式公開[公開公募, 新規公募, 《意訳》上場]後に ◆Xxx Computers, which went public with its initial public offering (IPO) in April, 2000, is... 《意訳》2000年4月の初公募をもって株式公開[上場]をはたしたXxxコンピューターズ社は, ...

**public office** a~ 公の性格を持つ要職, 公職(*法により選出・任命されて就く高い位の公職について言う) ◆hold (a) public office 公職に就いている ◆candidates for public office 公職に就こうと狙っている(選挙)候補者 ◆If convicted, he could be disqualified from public office for seven years. 有罪になった場合, 彼は7年間公職に就けなくなる可能性がある.

**public opinion** ①世間一般の意見, 世論, 公論, 民意 ◆a public opinion poll 世論調査 ◆According to public opinion polls, ... 世論調査によると, ... ◆ways of forming public opinion 世論の形成の仕方 ◆manipulation of public opinion through the media メディアを通しての世論操作

**public relations** (PR) ◆a public relations firm 広告・宣伝会社 ◆practice public relations PR[広報]活動を行う ◆study ways to conduct public relations more effectively より効果的にPR[広報]を行う方法について検討する

**public-sector** 公共部門の ◆public-sector workers 公共(部門)労働者

**public service** a~ (電気, ガス, 交通機関などの)公共サービス, 公共事業, 公益事業, 公益企業; (a)~ 社会奉仕; ①公職, (特に文民の)公務員[官公庁]勤務 ◆be disqualified from public service 公務員になる資格がない

**public-spirited** 公共心のある, 公共道徳心の強い

**public works** 《複扱い》公共土木事業, 公共事業, 公共工事, 土木工事; public-works adj. ◆a public-works contract 公共事業(建設)工事の契約 ◆boost public works spending 公共事業支出[公共投資]を増やす ◆His two terms were marked by vast spending(s) on public works and corruption. 彼の2期にわたる任期は, 巨額の公共投資と腐敗が特徴的であった.

**publish** vt. ~を出版する, 発行する, 上梓(ジョウシ)する, (情報, 投稿など)を出版物に掲載[記載, 発表, 発行]する[問う]; vi. ◆a decree published in the official gazette 官報で発表[公告, 公示, 告示, 公布]された行政規則[行政命令] ◆publish it electronically それを電子出版する ◆various theories on... have been published in several newspapers ~に関する様々な説[諸説]が数紙に掲載された ◆publish letters as space allows 誌面[紙面, 紙幅(シフク)]の許す限り投書を掲載する ◆the accuracy of information published herein 本出版物[本書, 本誌, 本紙]に掲載[記載]されている情報の正確さ(確度) ◆Ten years ago, Mary Campbell published her first book. 10年前にメアリー・キャンベルは彼女の最初の本[処女作]を出版した.

**publisher** a~ 出版社, 発行者, 発行元, 版元, 出版元, 発行所, レコード会社 ◆a record company; a record publisher レコード会社[レコードメーカー]

**publishing** 出版, 出版業 ◆electronic publishing (= paperless publishing) 電子出版 ◆desktop publishing デスクトップパブリシング ◆a book-publishing company 書籍の出版社

**puck** a~ (アイスホッケー用の球として用いられる)ゴム製平円盤 ◆a vacuum-puck wafer handler 真空吸盤式のウェーハ取り扱い装置

**pucker** vt.(しばしば up を伴う)~をしわにする, (口など)をすぼめる, (顔)をしかめる; vi. しわになる; a~ しわ, ひだ, 縮み ◆pucker up and kiss it 口をすぼめてそれにキスをする

**puddle** a~ 水たまり, 液体のたまり; ①こね土(*水もれを防ぐための水でこねた粘土) ◆stay out of puddles 水たまりを避ける

**puff** 1 vi. たばこを吹かす, 喘ぐ, 煙をぷかぷか出す, 蒸気をポッポと吐いて進む, 思い上がる; vt. (タバコなど)をプカプカふかす, ~をぱっと吹き出す[吹き飛ばす], のぼせ上がらせる, ふわふわにする ◆puff a cigarette タバコを(スパスパ, プカプカ)吹かす[《意訳》一服する, 飲む, 吸う]

2 a~ ひと吹き, ぷっと吹くこと[吹く音], ふわふわした塊, (パイ生地を使って)ふわっと焼いたケーキ, ふわふわした巻き毛, (化粧用の)パフ, 吹聴[誇大宣伝]するような評論, ちょうちん記事 ◆take a puff (of [on, at] one's cigarette) タバコを(スパッと1回)吹かす[吸って吐き出す] ◆Muslims do not take a sip of water, a bite of food, even a puff of a cigarette during daylight hours. イスラム教徒は日の出ている時間帯は, 水も, 食べ物も, タバコさえも全く口にしない. (*ラマダン断食月に)

**pull** 1 vt. ~を引く, 引っ張る, 引き寄せる, 引き裂く, むしり取る, (拳銃など)を抜く, 除去する, (投手)を降板させる, (票)を集める, (ボート)を漕ぐ; vi. 引く, 引っ張る<at>, (~に力を加えて[~を])引っ張る<on>, 漕ぐ, 吸

**pull-down**

う, 〈車, 列車などが〉進む ◆pull clear of the pack 群を抜く, 他を引き離す ◆(a) pulling speed 引っ張り速度 ◆have [get] a wisdom tooth pulled 親知らず (オヤシラズ) を抜いて[抜歯して]もらう ◆pull back from society 社会[俗世間]から退く (ヒク); 隠遁する; 引きこもる (ようになる) ◆pull information from… 〈ネットなど〉から情報を取り出して[引き出して, 得る] (*情報を見たい人が自分の意思で得る. これに対し, DMのように情報を送りつけるのは push information) ◆pull the pinion gear outward ピニオンギアを外側に引っ張る ◆cords of toys intended to be pulled along 引っ張って歩く玩具に使用するひも ◆Israel pulled its troops back from Lebanon イスラエルは自国軍をレバノンから撤退させた ◆minimize the pulling effects (by the cavity and neighboring lines) 《電気》(空胴および隣接する電線による) 引き込み現象を極力小さく抑える ◆Remove the cord from the receptacle outlet by pulling on the plug. コードを受口からコードを抜くときは, (コードではなく) プラグをつかんで[持って] 引っ張ってください. ◆The rate of pulling will cause differences in results. 引っ張り速度は結果に差を生む. ◆When disconnecting a cable, grip its connector. Do not pull on the cable itself. ケーブルを抜く時はコネクタをつかんでください. ケーブル自体を[そのものは] 引っ張らないでください. ◆Make sure the vehicle stops in a straight line, without pulling to one side or the other. 車が左右どちら側にも寄らずまっすぐ止まることを確認すること. (*ブレーキ試験の話より) ◆"The time has come for everyone – and I mean everyone – to start pulling on the same end of the rope," said Xxx. 「皆さん一人一人が全員で力を結集 [一致団結] しなければならない時がやってきました」と Xxx氏は呼びかけた.

**2** (a) ~引くこと, 引っ張り, 引っ張る力, 〈牽引〉引力; ~を引っ張って使う〉取っ手 [つまみ], 引き綱; 《口》(a) ~ コネ, 引き, つて, 手づる, 縁故, よしみ; a ~ (酒の) 一飲み, (タバコの) 一服 ◆the Earth's gravitational pull 地球の重力による引力 ◆2 stop pull post-processing 《写真》2絞り分の減力 (現像) 処理 ◆four drawers with metal pulls 金属製の [取っ手, 引き手] のついた4つの引き出し ◆oppose the pull of gravity 重力の引力に逆らう ◆pull-tractor paper handler 《プリンタ》牽引トラクタ給紙装置 ◆the pull of the earth's gravitational field 地球の重力による引力

**pull away** 〈乗り物, 運転手が〉(~を) 出る[発車する, 発進する], 〈from~〉, 〈~を) 引き離す (from~) ◆pull away from a parked position 〈車が〉駐車位置から発進する ◆"Mikiri hassya" is a Japanese expression for a train that pulls away while passengers are still running to get on. 「見切り発車」とは, 乗客が乗ろうとしてまだ駆けている最中に列車が発車してしまうという日本 (語) の表現である.

**pull for** ~を支持する, 声援する ◆Please give him my love and tell him I'm pulling for him. 彼によろしく. 応援していると云ってください.

**pull in** vi. 〈電車などが〉(駅に) 入る [到着する], 〈車が〉(駐車場, 車庫に) 入る, 〈車を〉(止まるために) 道の脇に寄せる; vt. (pull… in, pull in…)》〈人〉を逮捕 [連行] する, 〈金〉をかせぐ [もうける].

**pull off** vi. 〈車や運転手が〉(停車するために) 〈道路の〉脇による, 〈車や運転手が〉出る [発進する]; vt. 《(pull… off, pull off…)》《口》~をうまくやってのける, 〈服〉をぱっと脱ぐ ◆have the ability to pull off these things これらのことをやり遂げる [やってのける] 能力がある ◆With a personal computer and the right software, you can pull off this feat. パソコンと然るべきソフトがあれば, この離れ技をやってのけることができます.

**pull oneself together** 気を静める, 気を取り直す, 元気を取り戻す, 元気を出す, 立ち返る ◆Well, pull yourself together, man! さあ, しっかりしろよ [元気出せよ] おい.

**pull out** vi. 〈電車などが〉(~を) 出る[発車する]〈from~〉, 〈車が〉道路脇から車の流れに出る, 追い越し車線に出る; vt. 《(pull… our, pull out…)》〈of〉~を (~から) 引(ヒ)く, 引き抜く, を引き出す, 取り出す, (~から) 抜け出す [脱出させる], (~から) 撤退 [撤収, 退散] する [させる] ◆pull out of the deal

---

fully その取引から完全に手を引く ◆pull out the BIOS chip そのバイオスICチップを(コンピュータの基板から) 抜き取る ◆pull out the bit 刃先を引き抜く ◆pull the board out その基板を (引っ張って) 取り出す [引き抜く] ◆US Pulls Out of Kyoto Protocol 《見出し》米国, 京都議定書から離脱 ◆pull out of the low-end market entirely ローエンド市場から完全に撤退する ◆"Euroskeptics," who want to pull out of the EC before it is too late 手遅れにならないうちにヨーロッパ共同体から離脱したがっている「ユーロスケプティクス (欧州の政治・経済統合に対する懐疑派)」 ◆Iraq had told the White House that it would pull out of Kuwait イラクは米国政府にクウェートから撤収 [撤退] すると通告した. ◆The company last week announced it will pull out of South Africa. この会社は先週南アフリカから引き揚げる [撤退する] 旨の発表をした. ◆We have decided that, given the economic situation in the United States, it is better for us to pull out at this time. 弊社は, 米国の経済状況からしてここで撤退したほうが我が社のためになるのだという決定を下した.

**pull over** vi. 車を脇に寄せる; vt. 《pull… over, pull over…》〈服〉を頭からかぶって着る, ~を~の上に覆うようにかける, 〈車〉を道の脇に寄せる ◆pull over to the nearest shoulder 車を最も近い路肩に寄せる ◆At the first sign of trouble, pull over safely. 最初に故障の症状が現れた時点で, 車を道の脇に安全に寄せること.

**pull through** 病気が治る, 全快する, 〈危機など〉を切り抜ける, 〈pull a person through…〉〈人〉に [困難など] を切り抜けさせる, 抜け出させる, 全快させる, 助ける ◆outside air is pulled through the filter 外気はフィルターを通される ◆"It appears he's going to pull through (it)," she said. 「彼はどうにも持ちこたえられそうです」と彼女は言った. (*病気の話)

**pull together** 協力して働く, 協力する, 協調する, 〈会社など〉を立て直す

**pull up** ~を引き上げる ◆The R1-R2 junction is pulled up to +3 volts 《電子》R1とR2 (抵抗) の接続点は +3ボルトに引き上げれらる [プルアップされる].

**pull-down** adj. 《コンピュ》《メニューが》プルダウン方式の (*画面上で, 項目を選択するとその選択項目のすぐ下に垂れ幕のように現れるメニュー); n. ~プルダウンメニュー [リスト] ◆a pull-down menu 《コンピュ》プルダウンメニュー

**pulley** a ~ プーリー, 滑車, ベルト車 ◆a rope-and-pulley system ロープとプーリー [動滑車] を用いた装置

**pull-in** a ~ 《英》ドライブイン (→ drive-in); adj. (→ pull in) ◆(a) pull-in time 引き込み時間 (*PLL回路において同期が取れるまでに要する時間) ◆(a) pull-in torque 引き込みトルク (*同期モーターに) ◆solenoid pull-in voltage ソレノイド吸引電圧

**pulling power** U人の気持ちを引きつける力 (=アピールする力, 訴えかける力), 訴求力, 魅力, 集客力, 顧客誘引力; (a) ~ 牽引力 ◆an engine's pulling power エンジンの牽引力 ◆correctly rate the pulling power of ads 広告の顧客誘引力[訴求力]を正しく評価する ◆the pulling power of a beach destination ビーチが売り物の行楽地の集客力

**Pullman** a ~ プルマン車両 (*寝台付きの客車. 考案者 George M. Pullmanにちなんで) ◆a Pullman berth 寝台車の寝台[ベッド] ◆an all-first-class, all-Pullman train 全席一等寝台列車

**pullout, pull-out** (a) ~ 撤退, 手を引くこと, 脱出, 引き抜くこと, 《航空》急下降後の水平飛行; a ~ (雑誌など) 折り込みページ (引き出しページ, 閉じ込み部用), 引き出せる [取り外せる] ようになっている, 引き出し式の, pullout ◆a pull-out drawer 引き出し ◆a pullout tape measure; a pullout rule 巻き尺 ◆a phased pullout 段階的撤退 ◆a pullout announcement 撤退の発表 ◆the pull-out torque of a synchronous motor 同期モーターの脱出トルク ◆the pullout of Soviet troops from East Germany 東ドイツからのソ連軍の撤退[引き揚げ] ◆plan a pull-out from the home computer market ホームコンピュータ市場からの撤退を計画する

**pull-top** adj. 〈缶詰などが〉プルタブを引っぱって開ける方式の ◆open a pull-top lid プルトップ[引き抜き式]のふたを開ける(*缶詰の)

**pullup, pull-up** (a)〜 引き上げ, 懸垂(ケンスイ) ◆a pullup [pull-up, pull up] resistor 《電子》プルアップ抵抗

**pulmonary** adj. 肺の, 肺を冒す, 肺で起こる, 肺の病気[肺病]に関係した ◆a pulmonary function test 肺機能テスト ◆the Pulmonary Division at... 〈病院〉の呼吸器科 ◆a professor of pulmonary medicine 呼吸器系統の医学の教授

**pulp** (a)〜 パルプ, 果肉, どろどろにしたもの, スラリ ◆Paper companies used windmills to reduce wood to pulp for paper. 製紙会社は, 木材を紙パルプにするために風車を用いた.

**pulsate** vi. 脈動する, 脈打つ, 鼓動する

**pulse** 1 a〜 パルス, 瞬動; a〜 脈, 脈拍 ◆pulse code modulation (PCM) パルス符号変調 ◆pulse amplitude modulation (PAM) パルス振幅変調(パム) ◆a pulse of light 光パルス ◆pulse (rotary) signaling 《電話》パルス(回転ダイヤル)信号方式 ◆a pulse tube refrigerator [cryocooler] パルス管冷凍機(*超電導装置や衛星搭載の高感度赤外線センサーなどを冷やすための) ◆precisely spaced pulses 正確に間隔を空けたパルス ◆he is good at reading the pulse of the retail market 彼は小売市場の動き[動向]を読むのがうまい ◆the rate at which pulses are transmitted in the pulse train そのパルス列(*パルス波のつらなり)でパルスが伝送される速さ ◆Both buyers and sellers should take the pulse of the market as accurately as possible in order to make the right decision. 売り手, 買い手双方とも適確な決定を下すために市場の動向をできるだけ正確[的確]につかまなければならない.
2 vi. 脈動する, 脈打つ, 鼓動する ◆a pulsing stream of fuel 脈動している燃料の流れ

**pulverization** ① 粉々にする[砕く]こと, 粉砕, 微粉砕, 微粉化, 粉末化 ◆subject the crude ore to the successive processes of pulverization into a sandlike material この粗鉱を一連の微粉砕[微粉化, 粉末化]工程にかけて砂状の材料[粉体の物質]にする

**pulverize** vt. 〜を砕いて粉にする, 〜を(微)粉砕する, 粉末化する; 〜を粉になる, 粉末化する ◆pulverized coal 微粉炭 ◆be pulverized into small particles 粉砕される[細かく砕かれる] ◆pulverize the opposition 競争相手[反対勢力]を粉砕する[徹底的に負かす, 完膚無きまでやっつける, 完全に打ち破る] ◆pulverize gallstones [kidney stones] by delivering high-energy acoustic shock waves 高エネルギーの衝撃波を送って胆石[腎臓結石, 腎石]を細かく砕く[破砕する, 砕石する]

**pumice, pumicite** (= pumice stone) 軽石

**pump** 1 vt. 〜をポンプで汲み上げる, 〜を注入する, 〈弾丸〉を(〜に)ぶち込む<into>, 〜を上下[前後]に動かす; vi. ポンプを使う, ポンプをこぐような往復動作をする, 噴出する ◆a pumped-storage (hydroelectric) station; a pumped hydro power plant 揚水発電所 ◆an optically pumped laser 光励起形レーザー(*励起光ランプあるいは別の励起形レーザーによって励起されてレーザー光を発振するタイプ) ◆pumped hydropower 揚水発電 ◆optically pump a laser レーザーを光励起する ◆pump grease into bearings (under pressure) ベアリングに(圧力をかけて)グリスを注入する ◆pump up water out of... 〜からポンプで水を汲み上げる[汲み出す] ◆the pumping of groundwater 地下水の汲み上げ ◆employ optical pumping to pump a gas 〈レーザー〉ある気体を励起するために光励起による方法を探る ◆Don't pump the brakes; it will only increase your stopping distance. ブレーキは, シコシコと何度も踏まない[ポンピングしない]こと. 停止距離を延ばすことにしかならないからだ. ◆The state pumps $10 billion of taxpayers' money into the SNCF yearly to keep it going, almost as much as the SNCF earns in sales. フランス国鉄の存続を図るために, フランス国鉄の売り上げにほぼ相当する額の公的資金100億ドルを毎年注入している.
2 a〜 ポンプ, 加圧[圧送, 減圧]装置, 《口》心臓 ◆a bicycle pump 自転車の空気入れ ◆a pump dispenser ポンプ式ディスペンサー ◆Keynesian pump-priming ケインズ経済学理論に基づいた経済刺激法[呼び水式経済政策, 誘い水式経済政策] ◆a surfeit of gasoline at the pumps ガソリンスタンド[小売段階]でのガソリンのだぶつき ◆gasoline pump prices ガソリン小売り価格(*ガソリンのことだと分かっている場合は単に pump prices とも言う)

**prime the pump** ポンプに呼び水をさす, 《比喩的》経済を刺激しようとして政府の支出を増やす, 停滞している産業などの活性化をめざして資金を注ぎ込む

**pump up** 〜にポンプで空気を入れて膨らませる, 《口》〈人〉を鼓舞する

**punch** 1 vt. 〈人〉をげんこつで殴る, 〈人〉にパンチをお見舞いする, 〜をたたく[強く押す]; vt. 〜に穴を開ける, 〈穴〉を(〜に)開ける<in>, 〜を穿孔する, 打ち抜く, 〈切符〉を切る ◆1,000 bags with three punched holes パンチング穴が3個あいている袋1,000枚 ◆an inflatable punching robot 空気で膨らます(ビニール製)パンチングロボット(*なぐっても起き上がるパンチング人形) ◆punch a hole in the card カードにパンチで穴を開ける ◆use punches for punching holes in metal 金属にパンチングして穴を開けるのに鑽孔(サンコウ)機を使う ◆Mounting slots are punched in one operation. 取り付け穴は, 1回の動作で打ち抜かれる. ◆The brochure is punched for a 3-hole binding. この小冊子は, 3穴綴じ用に穴開けされている. ◆This voltage spike can punch through insulation or flash over sockets. この電圧スパイクは, 絶縁材を貫通(放電)したり, ソケット上でフラッシュオーバー[閃絡(放電)]を起こしたりすることがある.
2 a〜 パンチ一発, げんこつでの一撃; (a)〜 《演説, 文章の》迫力, 力強さ, パンチ; 〜 穴開け機, 鑽孔(サンコウ)機, 穿孔装置, 打ち抜き[具], 切符切りばさみ ◆a chassis punch シャーシパンチ(*シャーシに穴開けする工具) ◆a punch press 打ち抜きプレス機 ◆execute a double punch (left, then right) to the head 頭部にダブルパンチ[左, そして右]を与える ◆His action scenes have particular punch. 彼のアクション[格闘, 活劇]シーンは格別な迫力がある. ◆"I think our live show packs a lot more punch than the CD would lead you to believe." 「僕らのライブ公演は, CDから受ける感じよりずっとパンチ[迫力]があると思ってます.」

**punch in** 《米》タイムレコーダを押して出勤時間を打刻する (=《英》clock in)

**punch out** 《米》タイムレコーダを押して退勤時間を打刻する (=《英》clock out)

**punch line** ◆a punch line in a joke ジョークの落ち[下げ, サゲ, 落とし(どころ)]; 笑い話の触り(サワリ)の部分[聞かせどころ]

**punchy** adj. パンチの効いた, 強力な, (punch-drunk) パンチを食らってフラフラ[グロッキー]の ◆a punchy banner headline パンチの効いた[インパクトがある]トップの見出し ◆a punchy commentary by Jan herself ジャン彼女自身によるパンチの利いた[痛快な]解説

**punctual** adj. 時間に正確な[几帳面な, うるさい], 時間通りの, 時間を守る ◆The trains were so punctual that people could set their clocks by them! 列車は時間が正確[定刻通り]だったので, 人々は列車で時計(の時刻)を合わせられるほどだった.

**punctuality** ① 時間を守ること[時間厳守], 時間に正確なこと, 定時性, 几帳面さ, 《古》約束[義務]を守ること ◆his lack of punctuality 彼の時間に対するルーズさ ◆Punctuality is important. 時間を厳重に守ること が大切である. ◆Most visitors marvel at the punctuality of Japanese trains. (海外からの)ほとんどの訪問者は日本の列車の定時性[時間が正確なこと]に驚異の目を見張る.

**puncture** 1 a〜 《するどい物を刺してできた》穴, 刺し穴, 《主に英》《タイヤの》パンク, 《電気》絶縁破壊, 《医》穿刺(センシ) ◆Check the cables for cuts, punctures, cracks and age. これらのケーブルを, 切り傷, (何か鋭いものでつけてあいた)穴, 亀裂, および老化がないか点検してください.

**pungent**

2 *vt.* ～を刺す、～に(とがったもので)穴を開ける、〈穴〉を(刺して)開ける、《主に英》〈タイヤ〉をパンクさせる、〈夢など〉をだいなしにする、〈自尊心など〉をぺしゃんこにする、《電気》～を絶縁破壊する ◆puncture any bubbles with a pin to release trapped air 気泡があればピンで突いて(穴を開けて)中の空気を出す(*接着剤付きのシートを貼る作業の話で)

**pungent** *adj.* (味、においなどが)刺激性の、刺激的な、ぴりっとした、ツンとくる、鼻をつく〈言葉、批評などが〉鋭い、辛辣な、痛烈な、強烈な;〈葉などに〉とがった固い角がある ◆a pungent, penetrating odor (つんと)刺激的で刺すような臭い

**punish** *vt.* 〈～の理由で〉～を罰する[～を懲らしめる、～にお灸を据える]〈for〉; *vi.* ひどい目に合わせる

**punishment** (*a*) ～罰(バツ、バチ)、刑罰、処罰、懲罰、虐待、折檻、お仕置き、(体罰などによって)お灸を据えること ◆Probation simultaneously serves as punishment and rehabilitation. 保護観察は、懲罰と更生の機能を同時に果たす。 ◆Failure to observe the above rules will be subject to punishment by the authorities. 上記の規則の遵守を怠ると当局による処罰の対象となる。

**pupil** 1 *a* ～ 生徒、学童、弟子、門人、教え子 ※米国では小学生を、英国では中学生および高校生を指す。 ◆a 100-pupil school 生徒数100名の学校

2 *a* ～ 瞳(ヒトミ)、瞳孔(ドウコウ)

**purchase** 1 *vt.* ～を買う、買い求める、求める、購入する、買い入れる、仕入れる、買い付ける、(多大な犠牲を払って)～を獲得する ◆purchasing and receiving 購買と受け入れ(業務) ◆the NAPM (National Association of Purchasing Management) 全米購買部協会 ◆purchasing completed [finished] products 〔買い入れ、(意訳)外部購達した〕完成品 ◆a buying [purchasing] office 買い付け事務所 ◆purchase a building site ビル用地を買収[購入]する ◆purchased completed products (他社から)購入した完成品 ◆consumers' purchasing [buying] inclinations for this type of vehicle この種の車に対する消費者の購買意欲 ◆within one year of the date you purchased it (それを)お買い上げの日から1年以内に ◆Thanks for purchasing one of our CD-ROM titles. 弊社CD-ROM製品をお買い上げ[お求め]いただきありがとうございます。 ◆The company was purchased at the end of April by Bexel Corp., a Los Angeles venture capital firm, for an undisclosed amount of cash. この会社は、4月末にロスアンゼルスのベンチャーキャピタル会社であるベクセル社により金額不明[非公表]の現金で買収された。

2 回購入、購入、購入求め、仕入れ、買い付け; *a*～, *s* 買い物; *a*～ 購入品 ◆a purchase order 発注書、仕入れ注文書、購入指示書、購入発注書、購買発注書 ◆a purchase [purchasing] document 購買文書 ◆a stock purchase warrant (certificate) 株式[新株]引受権証書、ワラント ◆a purchase price of $24,000 24,000ドルという購入価格 ◆at the time of purchase 購入時に; 購入時点で; 購入の際に ◆consider purchase of... ～の購入を考える ◆within 90 days from the date of purchase 購入[(意訳)入手]した日から90日以内に ◆foreigners' credit-card purchases 外国人によるクレジットカードでの購入[買い物] ◆make large-volume purchases 大量購入をする ◆purchase prices on [for]...; the purchase price of... ～の購入価格 ◆the purchase of raw materials 原材料の購買 ◆the purchase price of a home 住宅購入価格 ◆books [software] under consideration for purchase 購入を検討中の[最中の]書籍[ソフトウェア] ◆provides pre-purchase and post-purchase technical support 購入前後の技術サポートを提供する ◆the store from which you made a purchase 購入した店、お買い上げの販売店 ◆within one year of the date of purchase 購入日から(起算して)1年以内に ◆customers have been delaying purchases while they wait for new and faster... 顧客らは、新型のより速い～(の登場)を待って買い控えをしている ◆the buyer and seller agree on a purchase price on a property 売り手と買い手が物件の購入価格について合意する[折り合う] ◆The car is a recent purchase. この車は最近買ったものだ。 ◆Purchase prices for used equipment depend on the quality of the equipment and whether it's seasonal. 中古機器の購入価格は、機器の程度(の善し悪し)と季節的に合っているかどうかで決まる。 ◆An average of 25,000 people a week browse through model rooms and select their purchases from a stock of 11,000 items. 週平均25,000人の買い物客が見本展示場を見て回り、11,000点にのぼる在庫の中から購入品を選んでいる。 ◆Laser beam scanners help reduce the number of checkout clerks needed to quickly process customers' purchases. レーザー式スキャナーは、客の購入品の処理[レジへの登録]を迅速に行うのに必要なレジ係の数を減らすことに役立つ。

**purchaser** *a* ～ 購入者、買い手、買い付け[購買]担当者、仕入れ係、バイヤー、発注者 ◆as a purchaser of a Nanotronics product ナノトロニクス社製品の購入者として

**purchasing power** 購買力 ◆the purchasing power of the middle class 中間階級の購買力

**pure** *adj.* 純粋な、混じり気のない、汚染されていない、きれいな、《医》純性な、純血種の、生っ粋の;〈口〉全くの、単なる ◆pure guesswork 全くの当て推量 ◆pure chemistry 純正化学;〈直訳〉純粋化学;〈意訳〉基礎化学(▶応用化学 applied chemistry と対をなす) ◆pure research 基礎研究 ◆pure water 純水 ◆a load of pure resistance 純抵抗負荷 ◆in a relatively pure form 比較的純粋な形で ◆nearly pure copper ほぼ純粋な銅 ◆pure cultures of microorganisms 微生物の純粋培養[純培養] ◆pure sports cars such as the RX-7 RX-7のような純然たるスポーツカー ◆be greater than 98% pure 98パーセント以上の純度である

**purely** *adv.* 全く、単に; 純粋に ◆from a purely contractual standpoint 純然たる契約的観点から ◆purely and simply ただ単に ◆purely for the ease of calculation 計算を簡単にするというだけの目的で

**purge** *vt.* ～をパージする、追放する、一掃する、粛清する、除去する、〈罪など〉を払う[清める]、～に下剤をかける; *a*～ 粛清、パージ、浄化、追放; *a*～ 下剤[瀉剤(シャザイ)、瀉薬(シャヤク)] ◆to purge air from the water line 水の管路から空気を抜くために

**purification** 浄化、精製 ◆water purification 浄水 ◆a water-purification plant 浄水施設(*上水用の) ◆methods for purification of foul water 汚い水をきれいにする方法; 汚れている水の浄化法 ◆Gas purification for analytical gases 分析用ガスの精製(*見出しで)

**purify** *vt.* ～を浄化する、精製する、精錬する; 純化する ◆purified natural uranium 精製天然ウラン ◆purified water 浄化した水

**purity** 純度 ◆a high purity degreaser 高純度の脱脂剤 ◆at a purity greater than 99.9999% 99.9999パーセント以上の純度 ◆copper wire of high purity 高純度の銅線 ◆produce line spectra with high purity 高純度の線[輝線]スペクトルを発生する ◆the degree of purity of... ～の純度 ◆filter incoming air and water to high standards of purity 入ってくる空気と水を高純度に濾過する

**purport** 回趣旨、主旨、意味、目的; *vt.* (～だと)主張する、称す; <to do...> ～だとされている、～だということになっている ◆a book that purports to be a thriller スリラー小説を志向している本 ◆a book that purports to teach you the fundamentals of... ～の手ほどきをするという趣旨の本 ◆The purport of Mr. Bradley's statement is that... ブラッドリー氏の述べたことの趣旨は～ということである。 ◆The game itself purports to help teach your youngsters letter recognition and pronunciation. そのゲーム自体、子供が文字と発音を覚えるのを助けるという趣旨である。

**purpose** *a* ～ 目的、趣旨、目標、意図; *a* ～ 用途、効果、成果 ◆special-purpose 特殊用途[特別目的、専用]の ◆to little [no] purpose ほとんど[いっこうに]効果があがらず ◆to some [good] purpose いくぶん[大いに]効果をあげて[成果をおさめて] ◆a school purposes bus 学校用の[学校が使用する目的の]バス ◆be used for general purposes 広く一般的な用途に[幅広い使途に、多くの目的で、万能的に]用いられる ◆depending on your purpose for using [employing]... あな

たの～の使用[利用]目的に応じて ◆effect a person's purpose 〈人〉の目的を果たす ◆for the purpose of... (ing) ～をする目的で ◆give... a new sense of purpose ～に新たな目的意識を持たせる ◆uses for home-building purposes 住宅建設用の区画[住宅建設用地] ◆one's [its] principal purpose is to <do...> ～の主目的[主眼]は～することである ◆purpose-built 特定用途向けに作られた ◆serve the purpose of...-ing ～するという目的にかなう ◆the underlying purpose of... ～の根底[背後]にある意図 ◆used for an unauthorized purpose 認められていない[正しくない]用途に使用されて; 不正使用[《以降意訳》悪用, 乱用, 転用, 流用]されて ◆in a manner (which is) consistent with the purposes of this Act この法律の目的と整合が取れる[一貫性がある]よう; この法令の目的[趣旨]に合う[かなう, 合致する, 適合する]よう ◆for the purposes of sharing peripherals, transferring files, and exchanging messages 周辺装置を共用したり, ファイルを転送したり, またメッセージを交換するために ◆slightly exaggerated for purposes of illustration 〈図などが〉説明のために若干誇張されて ◆The unit serves two purposes. このユニットは, 2つの目的を果たします. ◆we have lost our sense of purpose 私たちは目的意識を失ってしまった ◆internal documents produced mainly for archival or reference purposes 主として保存や参照の目的で作成された内部文書 ◆They are used for many purposes, for example,... これらは, たとえば～のためなど, 多目的に用いられている ◆It was used for purposes other than originally intended. それは, 本来の目的以外の用途に用いられた[流用された, 転用された]. ◆Pine needles are excellent for this purpose, but straw works well, too. 松葉はこの目的に最適[うってつけ, もってこい]ですが, 麦わらでもうまくいきます. ◆The prime purpose of our article was to <do...> 本誌の記事の第一の目的[主眼]は～することにあった. ◆Never work under a lifted car unless it is solidly supported on stands intended for the purpose. 車が専用のスタンドでしっかり支えられていない限り, 決して持ち上げられた車の下で作業してはなりません. ◆Wrapping and packaging must take place under hygienic conditions in a room or in a place intended for that purpose. ラッピングおよびパッケージングの包装作業は, その目的のための[所定の]部屋あるいは場所において衛生的な状態のもとで行わなければならない.

**for all practical purposes** 実際には, 実質上, 事実上; たいてい の[ほとんどの]場合 (= in most cases)

**on purpose** わざと, 故意に, 意図して, 意図的に, ことさらに; ～するつもりで, ～するために ◆(whether) on purpose or not 意図してかしないでか; わざと[あえて]なのかそうでないのか (*挿入句)

**purpose-built** 特定用途向けに作られた, 使用目的明確型の, 専用の, 特化型の ◆A word processor is a purpose-built computer system. ワープロは, 特定用途向けに作られたコンピュータ・システムである.

**purse** a～ がまロ, 小銭入れ, 財布, ハンドバッグ; a ～ 〈単のみ〉財力, 資力, 富, 財源, 財政, 金銭, 貯金[預金, 蓄え]; a ～ 賞金, 寄付金, 懸賞金; vt. 〈口など〉をすぼめる ◆hold the purse strings 財布の紐を握る ◆a Chanel purse シャネルの財布 ◆at an extra cost which is very light on the purse 負担にならない追加料金にて ◆be harvested by a fleet of vessels using mainly roundhaul nets (e.g., purse seines) ～は, 巻き網(たとえば, 巾着網)を主に用いている船団により捕獲される ◆elderly residents with tight purse strings 財布の紐の堅い高齢の住人[年輩の住民]たち ◆those holding the purse strings 財布のひもを握っている人たち ◆sell the project to those in control of the purse strings 財布の紐を握っている人間にこの計画を売り込む ◆sell the idea to the holders of the purse strings in the organizations これらの組織で財布の紐を握っている人間にこのアイデアを売り込む

**pursuant** adj. <to> ～に従って, ～に準じて, ～に準拠して ◆pursuant to procedures previously agreed to between A and B あらかじめAとBが同意していた[かねがねAB間で合意をみていた]手続きに従って ◆Dispute settlements should be pursuant to the rules mutually agreed upon in the contract. 紛争解決は契約で双方が合意したルールに従うものとする.

**pursue** vt. ～を追う, 追driven求する, ～につきまとう, ～を達成しようと求める, 追求[追究]する, 推し進める, 推進する, 遂行する, 進める[続行する], ～に従事する, 携わる, ～に沿って進む; vi. 追う, 追跡する, 続ける, 続行する ◆in an attempt to elude pursuing photographers 追跡して[追走して, 追いかけて]くるカメラマンたちから逃れようと[をまこうと]して ◆pursue [conduct, do] research 研究を行う[進める]; 《意訳》研究に携わる ◆pursue next-generation technologies 次世代の技術を追求する ◆pursue rapid industrialization 急速な工業化を推し進める ◆pursue the development of... ～の開発を進めていく ◆pursue several technologies simultaneously いくつかの技術を同時に[並行して]追求する ◆encourage engineers to pursue this direction 技術者たちにこの方向を探求するよう勧める ◆the common direction we are pursuing with... 我々が～と共に目指している共通の方向 ◆the direction of appeasement and disarmament toward the Soviet Union pursued by Mr. Genscher in the 1980s ゲンシャー氏が1980年代に推進していたソ連に対する宥和政策と軍縮の方向(*東方外交を推し進めていた西ドイツの外相) ◆Bob will pursue his studies at the University of Ottawa. ボブはオタワ大学で学ぶ[学問する, 勉学にいそしむ]ことになっている. ◆In order to burn less coal and oil, we should pursue alternative-energy sources. 石炭や石油を燃やさないですむようにするために, 私たちは代替えエネルギー源を探し求める努力をしなければならない.

**pursuit** 回追跡, 探索, 探求; a ～ 〈追求の対象としての〉仕事, 研究, 趣味, 娯楽 ◆advance the scholarly pursuit of... ～の学究を前進させる[振興する, 促す, 進める] ◆a space program for the pursuit of pure science 純粋科学追究のための宇宙計画 ◆a thorough pursuit is undertaken to <do...> ～するための徹底した追求が着手される ◆diligent pursuit of knowledge 熱心な知識の追究 ◆discontinue pursuit of... ～を追い求めることを止める ◆for the pursuit of profit 利益を追求するために; 営利目的で ◆in pursuit of an impossible dream 非現実的な[かなわぬ]夢を追って ◆police pursuit of computer criminals コンピュータ犯罪者を追っての警察の追及 ◆the daily pursuit of perfection 完璧さを期しての日々の精進

**purview** 回〈活動, 権限などの〉範囲[限界], 視界[認識範囲, 視野]

**push** 1 vt. ～を押す, 押し進める, 推進する, せっつく, せきたてる, ～に強要する, ～を強引に売り込む, 《口》麻薬など〉を密売する, 《口》〈年齢, 速度〉に近づく; vi. 押す, 押しのけながら進む, 突き出る, 《口》麻薬の密売人をする ◆push... downward ～を押し下げる ◆push film フィルムを増感(現像)する ◆push interest rates higher 利上げする[利率を上げる] ◆push oneself to the limit 自分の限界に挑む; 精一杯がんばる ◆push the door open ドアを押し開ける ◆push... to the next page 〈表や段落など〉を次のページに送る ◆push-in/push-out one-hand operation プッシュイン・プッシュアウト式の片手操作(*たとえば, メモリーカードなどを押し込んで装着, また押して脱着) ◆with the ease of pushing a button ボタンを押すかすぐに ◆companies pushing hard for overseas sales 海外販売をめざして邁進して[精力的に頑張って]いる企業 ◆have been pushing for renewed economic development 新たな経済発展に向けて突き進んできている ◆push information to the user 《ネット》ユーザーに情報を送りつける(*ユーザーが望む望まないにかかわらず勝手に) ◆push the technology to the absolute limit この技術をとことんまで押し進める ◆when you push a chip out of spec 仕様に決められた範囲を超えてICを使用すると[無理に仕様限度を超えたICの使い方をすると] ◆insert a Tab character and push text to the right 《コンピュ》タブ文字を挿入してテキストを右に送る ◆opening 19 new branches had pushed costs higher 新規の支店19店舗の開設はコストを押し上げた ◆the company has been pushing hard with PCMCIA technology この会社はPCMCIA技術を強力に推し進めて[推進して]いる ◆the company is pushing hard to increase its share of the market

同社はこの市場におけるシェア拡大をめざし邁進して［邁進して，驀進(バクシン)して，突き進んで］いる◆Push the housing as far as it will go. そのケースを突き詰めるまで［一番奥まで，止まるまで］押し込みます. ◆That could push the eventual total cost of... to as high as $100 million. それは～の費用［コスト］の最終的な合計額を，1億ドルにまで押し上げることになりかねない. ◆The overflow buffer stores any text pushed off the page by editing changes. 《コンピュ》このオーバーフロー・バッファは，編集中のボタンのせいでページからはみ出すテキストを（一時的に）格納［記憶］してくれる. ◆Time-Life technicians will push Ektachrome 160T to ISO320 or even 640 when necessary. タイムライフ社の（暗室）技術者らは，エクタクローム160TをISO320まで，あるいは必要であればISO640にまでさらに増感［増感現像］することがある. ◆They pushed economic development and modernization but made little effort to preserve cultural assets. 彼らは経済発展や近代化を推し進めたが，文化財の保護にはほとんど力を注がなかった.
**2** a～押しこと，一押し；a～取り組み，（宣伝などの）大攻勢；⑪（口）押しの強さ，強引さ，踏ん張り，やる気，積極性 ◆a push rod 《機》プッシュロッド；押し棒；衝棒 ◆push development 増感現像 ◆at the push of a few buttons 数個のボタンを押すだけで［数回のボタン操作で］ ◆at [with] the push of a button ボタンひと押しで ◆one-push recording ワンプッシュ録音（＊カセットテープレコーダで） ◆when [if] push comes to shove; when [if] it comes to the push いざとなれば；せっぱ詰まれば ◆a push for curbing ozone-depleting chemicals オゾン（層）を減少させる化学薬品の使用を制限しようとする努力 ◆make wiretaps possible at the push of a button ボタンひと押し［一つ，一発］で盗聴できるようにする ◆With just one push of a button, you can switch from disc to disc. ボタンをワンプッシュ［ひと押し］するだけで，ディスクが切り換えられる.

**push ahead** ～を押し進める，推進する＜with＞；どんどん進む ◆the firm is pushing ahead with investments throughout Europe and Asia 同社は欧州よりアジア全域で投資を推し進めている［展開中である］ ◆Both sides seem equally interested in pushing ahead with that relationship. 両サイドとも，その（安定した）関係を推し進めることに等しく関心を持っているようである.

**push back** ～を後ろに押しやる ◆push back the start of the season シーズンの開幕を遅くする［繰り下げる］ ◆NASA pushed back the launch time. NASAは打ち上げ時間を繰り延べた.

**push down** ～を押し下げる，押し下ろす ◆push down lightly on the operating handle 操作ハンドルを軽く押し下げる

**push forward** ～を前方に押す，どんどん進める，推進する，～を推し進める，～を前面に押し出す ◆push forward (with) a plan to＜do...＞ ～する計画を推し進める［前進させる，進し進める，推進する］ ◆push forward with work on a shopping mall ショッピングモールの建設工事を推し進める ◆to push forward a project and propel it to success このプロジェクトを前に押し進め，それを成功に導へと推進する［持って行く］ ◆the starting time for today's matches has been pushed forward from 12:30 p.m. to 11 a.m. 今日の試合の開始時間は午後12時30分から午前11時に繰り上げられた ◆Echoes of Earth, originally due in March 2002, has been pushed forward to January. 当初2002年3月発売予定の「Echoes of Earth」は，1月（の発売）に繰り上げられ［前倒しとなり］ました. ◆The meeting was pushed forward from January to March 1997 to allow more time for preparation. 会議は，準備にもっと時間をかけるために1997年1月から3月に先送りになった［繰り下げられた，後ろ倒しになった］. ◆The plan to build the huge Parana Medio Dam is being pushed forward by a US consortium. 巨大なパラナメディオダムを建設する計画が米国の共同企業体［事業体］により［が］進められて［推進されて］いる.

**push in** ～を押し込む ◆Filters can be pushed in partway for local color control. フィルターは，局部的な色調整のために途中まで押し込んで使えます. ◆Push the reset button in to reset the ground-fault interrupter. 漏電遮断器をリセットするにはリセットボタンを押して.

**push into** ～を追い込む，押し込む ◆the company is pushing hard into the US [the global marketplace] 同社は米国［世界市場］進出に向かって驀進して［邁進して，驀進（バクシン）して］いる ◆She was pushed into resignation. 彼女は，辞任［辞職］に追い込まれた. ; 詰め腹を切らされた.

**push up** 繰り上げる（= move up） ◆push the Evening News up by 30 minutes to make room for... ［他番組］のためにイブニングニュースを30分繰り上げる

**pushbutton, push button** （→ button） a～押しボタン；.push(-)button adj. 押しボタン式の，《電話，ダイヤルの》プッシュホン（方式）の ◆pushbutton [tone] dialing 押しボタン［プッシュホン，トーン］ダイヤル（方式） ◆with push-button ease ボタン操作の容易さで ◆when the pushbutton switch is in its normal position この押しボタンスイッチが通常位置にある時は（＊ボタンが押されていない状態） ◆It can be push-button reset. それは押しボタンでリセットできる.

**pusher** a～押しこむ［道具］，押し人，《日》（ラッシュアワー時の駅での）押し屋，押しの強い［強引な］人，《俗》麻薬の密売人，推進式プロペラ機（a pusher airplane），（急勾配区間で）列車を押す）補助機関車 ◆a pusher propeller 推進プロペラ（＊プロペラはエンジンよりも後ろの方にある）

**pushover** a～《口》簡単にやれること，朝飯前，ちょろい仕事，楽勝；a～《口》簡単にだまされる［負かされる］人，（いい女などに）すぐにいちころになる奴

**push-process** vt. 《写真フィルム》を増感現像処理する ◆the film's ability to be push-processed フィルムの増感現像処理（を受ける）能力 ◆This color film cannot be push processed. このカラーフィルムは，増感（現像）処理ができない.

**push-processing** 《写真》増感現像処理 ◆1-stop push-processing 1絞り分の増感（現像）処理

**push-pull** adj. プッシュプル式の，押したり引いたりするやり方の ◆a push-pull control rod 《航空機》押引操作棒 ◆a push-pull power amplifier プッシュプル電力増幅器 ◆remove and replace them with a simple push-pull motion 押して引っ張るだけの簡単な動作で，それらを取り外し交換する

**push-up** a～《米》腕立て伏せ（＝《英》a press-up） ◆do 20 push-ups 腕立て伏せを20回する

**put** vt. ～を置く，のせる，据える，塗布する，（ある状態）にする；入れる＜in＞，＜out＞ ◆put [apply, turn]... to practical use ～を実用に供する，～を実用に振り向ける，～を実用化する ◆put money in a purse 金を財布に入れる ◆To put it simply [honestly],... 簡単［正直］に言うと，... ◆Put another way,... 別の言い方で，言い換えると，言い換えれば，すなわち ◆Or to put it another way: 言い換えると；換言すれば；言葉を換えて言うならば ◆put a light coat of grease on the spindle スピンドルにグリースを塗る ◆put... in the same envelope [package] ～を手紙に同封する（荷物に同梱する） ◆put the cost at three hundred dollars その費用を300ドルと見積もる ◆It is small enough to put in a shirt pocket. それは小型なのでシャツの胸ポケットに収まる. ◆It was nice to put a face to the voice and e-mail. 《意訳》声と電子メールでしか知らなかった人の顔がわかってよかった. ◆The cost of the move was originally put at $74.5 million, but a Navy study in April put the cost at $218 million. 移転費用は当初7450万ドルと見積もられていたが，海軍の4月の調査では費用を2億1800万ドルと見積もた. ◆The risk of being infected from a transfusion these days is put at less than 1 percent. 輸血から感染する危険度は最近では1%未満と見られて［推測されて］いる.

**put aside** ～を脇へやる，しまい込む，取って［蓄えて］おく，そっちのける，捨てる，無視する，忘れる，やめる ◆put money aside for a rainy day 不時（の出費）に備えて金を蓄える ◆Putting aside the question of whether..., ～かどうかといった問題はさておいて，

**put away** vt. 片付ける，しまう，取っておく，離縁する，入れる［ぶち込む，放り込む］（＊刑務所などに），離縁する，《動物など》を殺す［安楽死させる］ ◆The host is not obligated to serve the wine brought by a guest. It's perfectly proper to put it away to serve at some future occasion. 主人役は招待客が持ってきてくれたワインを出す必要はありません。またの機会に出すために取っておいて一向に構いません．

**put back** ～をもとの場所へ戻す ◆put the lid back on 元通りふたをする ◆put the record back in the jacket レコードをジャケットに戻す ◆put the record back in the vinyl sheath レコードをビニールケースにしまう ◆take the gun apart and put it back together again 銃を分解して，また元通りに組み立てる

**put forth** vt. 〈芽，葉など〉を出す；〈案，計画など〉を(持ち)出す，提出する，提案する，述べる，発表する，出版する；〈力など〉を出す，発揮する；vi. 出発する，(芽などが)出る ◆Various schemes have been put forth to make HDTV more widely available. HDTVをもっと広範に利用できるようにするために，さまざまな方式が提案されてきた．

**put forward** vt.(持ち)出す，提案する，提出する，提示する；述べる，唱える，提唱する；前面に押し出す，推奨する；進める，早める，繰り上げる ◆one hypothesis put forward by... ～によって唱えられた一つの仮説

**put into** ～を～に入れる[注ぎ込む]，～を～にする，～を～の状態にする，～を～に翻訳する ◆put considerable effort into...-ing するのにかなりの努力を注ぐ ◆put money into an inactive industry 停滞している産業に金を注ぎ込む ◆put one's energies into...-ing することに注力する，vi することに力[精力]を注ぐ ◆A considerable amount of work has been put into designing... ～の設計にかなりの作業を要した．◆put a picture into a form suitable for computer analysis 写真を，コンピュータ分析に適した形に変換する ◆I've decided to put some of my ideas and experience into a product of my own. 私は，自分のアイデアや経験の一部を私自身の製品という形で体現[具体化，具現]する決心をしました．

**put off** vt. ～を先に延ばす［延期する，見送る，遅らせる］，〈テレビなど〉を消す［切る］，〈ガスなど〉を止める，取り去る，降ろす，下車[下船]させる；《(put a person off...) で》～の意欲[興味]をなくさせる；vi. 出発する ◆a lot of people put off maintenance and routine service 多くの人が整備や定期保守を延ばし延ばしにしている ◆The decision to put off construction was made due primarily to a lack of... 建設を延期する決断[見送る決定]は，～不足が主因となって下された．◆many will put off buying new... until well into 2000 多くの人たちが，新しい(製品)の購入を2000年もだいぶ経つまで延ばす[遅らせる]だろう

**put on** vt. ～(の上)に～を置く[塗布する，当てる，掲載する]，～を着る[身につける，まとう，装う，装着する]，〈眼鏡〉をかける，～を帽子[上演する，公演する] ◆put it on like a hat それを帽子みたいにかぶる ◆put on [apply] brakes ブレーキをかける ◆put on surgical gloves 手術用手袋をはめる[着用する] ◆Put white Vaseline on all unpainted chassis parts. 白色ワセリンを無塗装の車台部品すべてに塗って[塗布して]ください．◆wear [put on] clean clothes 清潔な衣類[衣服]を着る［身につける，まとう，着用する］ ◆figures on... were unavailable because the information was in the process of being put on computer ～に関する統計は，情報をコンピュータ処理にかけている最中だったので入手できなかった

**put out** 出す，出る，追い出す，出力する，발する，消す，外注に出す，出版する，製造する ◆a radio that only puts out noise 雑音しか出ないラジオ ◆put out the light 明かり[電灯]を消す ◆The amount of power a battery puts out on a zero-degree day (気温が)ゼロ度の日にバッテリーが出力[発生]できる電力量 (＊華氏でのzero degreesは，およそ-18℃.) ◆A report put out by the Council of Ministers showed that... 閣僚会議が発表した報告によると～ということが判明した．The cell puts out 3.6V under an open circuit. この電池は，(無負荷)開放回路状態で3.6Vを[発生する]．◆The transformer puts out 3 to 9V in 1V steps. このトランスが，3Vから9Vまで1V刻みに[ステップで]出力する．

**put through** ～を通過させる，～を(機械)にかける，～にを受け[経験]，させる，を成し遂げる ◆put... through the computer ～をコンピュータ処理にかける[コンピュータにかけ

## pyramid

る] ◆put vegetables through the food processor 野菜をフードプロセッサーにかける ◆These systems will be put through a series of "torture tests" designed to determine how well they would work in the real world. これらのシステムは，現実の世界[実際の使用環境]でいかにうまく機能するかを確かめるよう意図された一連の「拷問テスト[(意訳)極めて過酷な試験]」にかけられることになる．

**put together** vt. 組み立てる，まとめる，取りまとめる，寄せ集める，集約する，結成する，編成する，束ねる，一緒にする，くっつける，接合する，合わせる，合計する ◆you can watch a jumbo jet being put together ジャンボジェット機が組み立てられていくのを見ることができる ◆they put their heads together in Seattle last week to discuss... (意訳)彼らは先週シアトルで額を寄せ合って～について相談した ◆Saddam Hussein has put front-line units of his military back together again. サダム・フセインは彼の軍の前線部隊の陣容を立て直した．◆We need to put our energies together instead of working apart. 私たちは，ばらばらに活動するのではなく力を結集する必要がある．

**put up** vt. ～を上げる，掲(カカ)げる，掲示する，立てる，〈金〉を出す；vi. 宿泊する ◆put up a notice 知らせを掲示する ◆put up a rival candidate 対立候補を立てる[擁立する] ◆put up a satellite with a life-span of about two years 約2年の寿命の衛星を打ち上げる ◆No posters shall be put up on any glass or painted surfaces. ガラス面あるいはペンキが塗ってある表面には，ポスターを張り出さないこと[掲示してはならない]．

**put up with** ～を我慢する，こらえる，忍ぶ，辛抱する，～に耐える ◆These kinds of flaws have been accepted in CAD/CAM programs since they were introduced; users simply put up with the occasional loss of productivity they cause. これらの欠陥は，CAD/CAMプログラムが世に出て以来，やむを得ないものとして受け入れられてきた．ユーザーは，それらの欠陥によって時折生産性が損なわれることにただ甘んじて[を甘受して]いる．

**puzzling** adj. わけの分からない，不可解な，ちょっと変だ[何かおかしい]と思わせるような，まごつかせる，困らせる ◆a slew of puzzling military terms たくさんのわけの分からない軍事用語 ◆It's puzzling why... どうして～ということなのか，わけが分からない ◆he found the case puzzling 彼はこの事件には何か不可解な[おかしな]ところがあると思った

**PVC** (polyvinyl chloride) (= polychloroethene) ポリ塩化ビニール[ビニル]，塩化ビニル，塩ビ ◆PVC food film ポリ塩化ビニル製食品(ラップ)フィルム ◆(a) PVC(-insulated) wire ビニール[ビニル](絶縁)電線

**PWB** (printed wiring board) a～ プリント配線板，印刷配線板 (＊厳密には部品実装前の板のことで a bare board とも呼ばれる．これに部品が実装されて a PCB (printed circuit board) 「プリント回路基板」となる)

**PWM** PWM (pulse-width modulation) recording PWM (パルス幅変調) 記録方式

**PWR** (pressurized water reactor) a～ 加圧水型原子炉；加圧水型軽水炉；加圧水炉

**PX** (post exchange) a～ (pl. PXs) (軍用基地，駐留地の売店) 酒保(シュホ)，購買部

**pylon** a～ 高圧送電用の鉄塔，(航空機のエンジンをつり下げている) 支持架，(飛行場の) 目標塔，(古代エジプト寺院入り口の) 塔門，(道路工事で使う) パイロン [ポストコーン，カラーコーン] ◆an electric power pylon; a power (line) pylon; an electricity pylon 電力送電用の鉄塔

**pylori** ◆It is now known that the bacterium Helicobacter pylori can cause stomach ulcers. 今ではヘリコバクター・ピロリ菌が胃潰瘍を引き起こす可能性があることが知られている．

**pyramid** a～ 角錐(カクスイ)，錐(スイ)，ピラミッド，ピラミッド状の(もの)，ピラミッド形組織[構造]；v. ピラミッド形[状]にする[なる] ◆a frustum of a pyramid; a truncated pyramid 角錐台 ◆a pyramid scheme; a Ponzi scheme ねずみ[無限連鎖，連鎖販売]講，マルチ商法 ◆a pyramid-shaped pecking order ピラミッド型の序列体系[階級組織，(意訳)指揮命令系統] ◆

The population born after the baby-boomers exhibits a reverse pyramid effect.　団塊の世代以降に生まれた人口は，逆ピラミッド現象を示している．

**pyramidal**　adj. ピラミッド型の，角錐の（形をした）；驚くほど大きい，巨大な　◆a pyramidal wave　《海洋》三角波（サンカクハ，サンカクナミ）　◆into a nearly pyramidal shape　ほぼピラミッド型に近い形状に

**pyrite**　(a) ~ 黄鉄鉱　◆iron pyrites　黄鉄鉱；硫化鉄鉱　◆sulfur [《英》sulphur] pyrites　（硫黄を含む）黄鉄鉱；硫化鉄鉱

**pyroclastic flow**　a ~ 火砕流

**pyroelectric**　adj. 焦電の，焦電性の，焦電気の，パイロ［ピロ］電気の　◆(a) pyroelectric current　焦電電流　◆a pyroelectric detector　焦電検出器　◆show [exhibit] a pyroelectric effect　焦電効果を示す　◆a built-in pyroelectric infrared sensor detects the invisible heat radiation emitted by pedestrians　内蔵の焦電型赤外線センサーが，歩行者の発する目に見えない［不可視］熱放射を検出［感知］する

**pyroelectricity**　回焦電気，パイロ［ピロ］電気

**pyrolysis**　回熱分解，(石炭などの)乾留液化　◆the pyrolysis of polymers　ポリマーの熱分解

**pyrotechnic**　adj. 花火技術の，火工品の（製造［使用］の），華々しい；a ~ 花火，花火に似た装置，火工品　◆small pyrotechnics such as detonator caps　雷管など小物の火工品

**pyrotechnically**　adj. 花火式に，花火みたいに，火工品によって　◆a pyrotechnically actuated open/close oxidizer valve　《意訳》有効期（爆発による）爆発力を利用して開閉操作する酸化剤弁（*ロケットン）

**PZT**　(lead zirconate titanate) ジルコン酸チタン鉛（*圧電材料．頭字のPは鉛の元素記号Pbより）

# Q

**Q**　《電気》(*quality factorの略．コイルの品質や同調回路の共振の鋭さを表す);《電気》数式中で無効電力(reactive power)を表す　◆a high-Q tank circuit　《電気》Qの高いタンク回路　◆a Q of 500 can be obtained　Q＝500が得られる　◆result in a high Q　《電気》結果として高いQを実現させる

**QC**　(→ quality control) 品質管理

**QFP**　(quad flat pack) a ~（*ICパッケージの一種）

**QSO**　a ~《アマチュア無線》交信；a ~《天文》(a quasar [quasi-stellar object]) クェーサー（準恒星状天体，準星）　◆the ham operator had 10 QSOs last night　そのアマチュア無線家は昨夜10件交信した

**quad**　1　adj. 4倍の，4から成る (= quadruple); 4チャンネルステレオの (= quadraphonic); n. a ~ 4つ子（の中の一人）(= a quadruplet); a ~ 四分円，（グラフの）象限 (a quadrant); a ~《英》(四方を建物に囲まれた) 方形の中庭　◆a quad-speed [quadruple-speed] CD-ROM drive　4倍速のCD-ROMドライブ　2　a ~《印刷》クワタ (*字間におく込めもの); vt. ~にクワタを詰める

**quadrant**　a ~ 象限，四分円，四半分（*四角形を十字形に4分割してできる4つの部分は，右上が第1象限，左上が第2象限，左下が第3象限，右下が第4象限と呼ばれる）　◆the lower right quadrant of his portrait　彼の肖像画の右下の四半分（*第4象限に相当する部分）　◆Pictures are displayed in the upper right quadrant of the screen.　絵は，画面の第1象限に表示される．

**quadraphonic**　adj.《音響》4チャンネル（方式）の　◆quadraphonic recording　4チャンネルステレオ録音

**quadratic**　a ~ 2次方程式; adj. 正方形の，2次の　◆a quadratic equation　2次方程式

**quadrature**　n. 四角形［方形］にすること；《電子》直交位相，矩象（クショウ），直角－，直交－;《数》求積（法）;《天文》矩象　◆quadrature amplitude modulation　直交振幅変調　◆quadrature modulation　直角変調

**quadrennial**　adj. 4年ごとの，4年に一度の，4年間続く　◆The Congress directed the Defense Department to conduct a Quadrennial Defense Review (QDR) as recommended by the Roles and Missions Commission.　議会は国防総省に対し，（軍の）役割・任務検討委員会の勧告通り4年に一度の防衛（戦略）見直しを（実施するよう）指示した．

**quadric**　2次の

**quadrilateral**　a ~ 四辺形（のもの）; adj. 四辺形の

**quadruple**　adj. 4倍の，四重の; vt, vi. 4倍にする［なる］　◆a quadruple-speed [quad-speed] PD/CD-ROM drive　4倍速PD/CD-ROMドライブ　◆quadruple the number [size, capacity] of...　～の数［サイズ，容量］を4倍にする　◆project a quadrupling of the color printer market over the next four years　今後4年間にカラープリンタ市場の規模が4倍に拡大するものと予測する　◆the number of jobs in the area has quadrupled　この地域における雇用が4倍に増加した　◆the transmitter's output quadruples to 500 watts　送信機の出力が4倍の500ワットになる

**quake**　vi. 揺れる，震動する，身震いする，（がたがた［ぶるぶる］）震える，おののく，おびえる; a ~（口）地震 (= an earthquake); a ~ 揺れ，震動，ふるえ，身震い，おののき　◆meet the latest earthquake-resistance [quake-resistance] requirements　最新の耐震基準を満たす　◆Buildings are designed to be quake-resistant.　ビルは耐震設計されている．

**quakeproof**　(= earthquake-proof) vt. ~を地震に対して強くする，地震に耐えられるようにする，耐震性にする; adj. 地震に強い［耐える］，耐震性の　◆a quakeproof city　地震に強い［耐える］都市；耐震都市

**qualification**　(a) ~ 資格，資格証明書［免許状］，資質，適性，能力，条件　◆possess a qualification in education　教育（分野）［教職］の資格［免許］を持っている　◆our technical personnel is provided with qualification for...　弊社技術要員は～のための資格を持っている　◆This class will provide qualification to <do...>　《意訳》このクラスに出ると，～する資格を取得できます　◆Equipped with this qualification, he hopes to work with a non-governmental organization such as...　この資格があるので彼は～などの大手非政府組織で働きたいと思っている．　◆LEADERSHIP: Applicant must possess qualification as a potential leader and have the ability to deal effectively with people.　幹例: 応募者は，（潜在的）リーダーとしての［リーダーになれる］資質と，効果的に人を扱う能力を身につけている必要があります．（*求人広告より）

**qualified**　adj. 資格［免許］のある，必要条件をそなえた，適格の，資質のある，有能な; 条件つきの，限定［制限］された　◆be qualified to <do...>　～する資格がある　◆a qualified technical school　認可を受けている技術専門学校　◆a qualified instructor　資格を持っているインストラクター　◆hire a qualified professional　有資格専門家を雇う　◆a crimp tool qualified to MIL-C-22520/1-01　MIL-C-22520/1-01規格認定の圧着工具　◆give a qualified yes to U.S. proposals　条件付きながらも大筋で米国の提案に同意する　◆some parts are purchased in finished form from qualified suppliers　一部のパーツは完成品として（資格）認定部品供給メーカーから購入している　◆they are clearly qualified as combat pilots　彼らには明かに戦闘機の操縦士としての資格［資質］がある　◆be qualified for the job　彼がその仕事をするための資格を満たしているか否か　◆There have been qualified successes.　一応いろいろな成果はあった．（▶qualifiedは「条件付きの」，「手放しで満足はできないまでも」の意）　◆ABC Corp. produces all its boards in military qualified production facilities.　ABC社は，自社製品のすべてを軍の資格認定生産施設で製造している．

**qualify**　vt. ~に資格を与える，〈意味など〉を限定［修飾，制限］する; vi. 資格［認可，免許］を得る［受ける］，適格となる　◆He is qualified for selection as a mission specialist on future Space Shuttle flight crews.　彼は，ミッションスペシャリスト（搭乗運用技術者）として将来のスペースシャトル飛行の乗組員選考対象と[候補]となる資格がある．　◆Parts manufactured after incorporating the approved change(s) may not be shipped until they qualify for approval under Section 6 of this specification.　承認を受けた変更を反映した後に製造されたパーツは，それ

らが本仕様書の第6節に記載のごとく承認を取得するまで出荷してはならない.

**qualitative** adj. 性質上の, 質の, 質的な, 定性的な, 定性-(cf. quantitative) ◆qualitative analysis 定性分析 ◆Particularly in recent times, this market has grown in quantitative as well as in qualitative terms. 特に最近, この市場は質的に拡大したのみならず量的にも成長した.

**quality** 1 n. ①質, 品質; a～ 特質, 特性 ◆reduce the quality of... ～の質を下げる ◆image [picture] quality 画質 ◆personal qualities 個人的な資質 ◆quality first 品質第一[本位]; 品質を最優先にする[前面に押し出す]こと ◆acceptance quality standards 受け入れ品質基準[規格] ◆a good-quality car 質の良い車 ◆an item of high quality 高い質の品; 質の高い品 ◆be able to print with good quality 高品位印字ができる ◆be of acceptable quality ～は品質的に受け入れられる[一応満足がいく, 許容できる] ◆be of better quality than... ～よりも品質が良い ◆be of equal quality 同じ品質である; ((意訳))同等品である ◆be of excellent quality 卓越した品質である ◆be of poor quality 低品質である; 質が低い ◆determine the quality of... ～の品質[品位, 質(の善し悪し/良し悪し), 良否]を判定する ◆display a high quality image of... ～の高画質像を表示する ◆good-quality foodstuffs 品質の良い食品[食料品] ◆improve quality standards 品質水準を上げる ◆JQA (the Japan Quality Assurance Organization) (日)(財団法人)日本品質保証機構《略語形にthe は不要》 ◆maintain more uniform product quality 製品品質[成品品質]をいっそう[今まで以上に]一定[均一]に保つ ◆... of inferior [bad, poor] quality 品質[材質]の劣る[悪い]～; 粗悪な～ ◆roadholding qualities ロードホールディング特性 ◆safe and healthy food of good quality 安全で健康によい良質な食べ物[食物, 食品] ◆the quality of water worsens 水質が悪化する ◆video output of very high quality 非常に高品位なビデオ出力 ◆without loss of quality 品質を損なうことなく ◆oils of different qualities 質の違う油 ◆an image of satisfactory quality 満足の行く品位[画質]の画像 ◆audio and video reproductive quality 音声および画像再生品位 ◆a professional-looking typeset-quality document プロが作成したように見える植字印刷品位の文書 ◆book-quality documents (書籍並みの)高品位ドキュメント ◆fine-quality precision measuring tools 高品質[上等]の精密測定器 ◆meet water-quality standards 水質基準を満たす ◆near-photographic print quality 《コンピュ》写真に迫る印刷品位[画質](*もっと鮮明で濃すぎない画質は photorealistic) ◆near-typeset-quality text 活字印刷品位に近いテキスト ◆presentation-quality slides プレゼンテーションで使える出来栄えのスライド ◆reasonable-quality slides まあまあの質[仕上がり]のスライド ◆standard-quality wines 並の品質のワイン ◆achieve the required level of quality 要求されている品質度[水準]を達成する ◆check the quality of the mains 電源の善し悪しをチェックする(*電源は mains と書くのは主に英国) ◆create images with the quality of a photograph 《コンピュ》写真画質[写真品位, 写真並みの高画質]の画像を作成する ◆cutters reinforced for long lasting qualities 長寿命性を得るために強化されているカッター ◆improve the quality of software products ソフトウェア製品の品質を向上させる ◆take the best qualities of one type of plant ある種類の植物の一番望ましい特質を採る ◆This paper lacks the quality to be published in... ((意訳))この論文は～で発表できる質の高さにまで到達していない. ◆with virtually no loss of image quality ほとんどの質を損なわずに, ほとんど画質の劣化[低下]無しに ◆control of quality on outgoing completed products 出荷[船積み]される完成品の品質管理 ◆moving-picture images of a quality equal to videocassettes ビデオカセット並み[ビデオソフトと同等]の質の動画の画像 ◆images and sound are recorded as digital data onto 1/4-inch cassettes with very high quality 画像と音声はデジタルデータとして1/4インチカセットに(非常に)高い品位で[高品位]録画・録音される ◆photographs can be delivered at very high quality for printing in brochures, CD-ROMs or... 写真はパンフレット, CD-ROM, あるいは～などへのプリント向けに非常に高い品位[高品位]で配信できます(*通信回線を使っての話) ◆high-quality bonds – those carrying AAA, AA and/or A ratings 優良債券, すなわちAAA, AA, Aなどに格付けされているもの ◆Microphones come in all gradations of quality. マイクの品質にはいろいろなグレードがある. ◆The products have moved up in quality. その製品は品質が向上[アップ]した. ◆We are committed to delivering products of the highest quality. 弊社は, 最高の品質の製品をお届けすべく傾注してまいる所存です. ◆Hundreds of wines were classified into five levels of quality. 何百種ものワインが5段階の品質等級に格付けされた. ◆Most importantly, we have achieved a significant improvement in sound quality. 一番重要なことは, 弊社は音質の著しい改善を実現した[音質を大幅に向上させた]ということです. ◆The better we know our clients, the higher the quality of our service becomes. お客様を知れば知るほど, 弊社のサービスの質が向上します. ◆The quality of the picture declines as the tape speed becomes slower. 画質は, テープスピードが下がるにつれ落ちてくる. ◆The goods or services you sell should be of the highest possible quality. Customers will notice the difference. ((意訳))人様からお金をいただいて提供する品物やサービスは最大限の質でなければならない. お客さまは違いに気づいてくれるものだ.

2 adj. 上質の, 高品質の, 上等の ◆quality products 高品質の製品 ◆add a quality appearance to... ～に高級感を持たせる(*視覚的に)

**quality assurance** 品質保証 ◆ISO-9002 is a system model for quality assurance relating to production and installation operations. ISO9002は, 製造および据え付け作業に関する品質保証のシステムモデルである.

**quality control** (QC) 品質管理, 品管 ◆a quality-control method 品質管理方法 ◆for use in quality control 品質管理で使うため ◆poor QC practices お粗末[ずさん]な品質管理の慣行[やり方] ◆under strict quality controls 厳しい品質管理のもとで ◆Quality Control Specification QC-101 「品質管理仕様書QC-101」 ◆Management tried to keep stockholders happy by speeding assembly lines. In the quest for mass, quality control suffered. 経営側は, 組立ラインの速度を上げて株主の機嫌取りをしようとした. 量を追求する中で, 品質管理はなおざり[おろそか]になった. ◆All components are manufactured under the watchful eyes of a computer-controlled quality control system. すべての部品は, コンピュータ制御による厳重な品質管理体制のもとで製造されております. ◆Suppliers must maintain proper control of quality on Lehman parts throughout incoming, in-process and outgoing areas to insure conformance to Lehman specifications. 部品供給メーカーは, レーマン社の仕様を確実に順守するためにレーマン社向け部品の品質の適切な管理を, 受け入れ・製造工程・出荷部門全体を通して維持しなければならない. (参考) the control of quality of parts 部品の品質の管理

**quality of life** 生活の質, 命の質 ◆Sixty percent of the people polled said they thought the quality of life has become worse. 調査対象者[回答者]の60%は, 生活の質が以前より悪くなったと思うと言った[答えた].

**quantification** 定量化, 数量化, 量化 ◆quantifications were performed 定量化[数量化, 量化]が(複数回)行われた

**quantify** vt. ～の量を定める, 定量化する ◆quantify operating conditions 運転諸条件を定量化する

**quantitative** adj. 量的な, 定量的な (cf. qualitative) ◆a quantitative test 定量試験

**quantitatively** adv. 量的に ◆to both quantitatively and qualitatively assess the impacts of... ～の影響を定量的および定性的両面で評価するために

**quantity** 1 (a)～ 量, 数量, 分量, (箱などに入っている品物の) 入り数 ◆a fuel quantity indicator 燃料の量を示す表示計, 燃料計 ◆a small [little] quantity [amount] of water 少量の水 ◆be large in quantity 数量が大きい ◆in large quantity

大量 ◆the quantity of air supplied by a fan 扇風機の風量 ◆be produced in kilogram quantities キロ単位の量で生産されている ◆dig gypsum into the area in the quantities recommended on the package 包装容器に記載されている推奨分量の石膏をその箇所に鋤き込んでください ◆lower the amount [quantity] of carbon dioxide emissions 二酸化炭素の排出量を低減させる [減らす] ◆the repair of centrifugal pumps in the following sizes and quantities: 以下のサイズおよび数量 [台数] の (渦巻型) 遠心ポンプの修理 ◆if lubricant is present even in small quantities もし潤滑剤が少量でも存在すれば [少しでも付いていたら] ◆produce lasers of sufficient intensity and quantity to <do...> ～するのに十分な輝度と光量のレーザー光線を発生する ◆In quantities of 1000, it will sell for \$399. 千個口 (単位) で、(単価) 399ドルで販売される予定である。 ◆Quantity-1 price is \$995. 単品購入価格は995ドル。 ◆The DAC costs \$9.95 in OEM quantities. そのD/AコンバータはOEM数量で9.95ドルする。 ◆The board is priced at \$1,000 in quantities of one to nine units. このボードは、1枚から9枚の (注文) 数量で、単価1,000ドルです。 ◆Available in sample quantities, the DSP1040 is priced at \$35.50; the 2040 at \$85.50 (quantity 100). (まだ量産が本格化しておらず) サンプル用程度の数量で販売しており、DSP1040は35.50ドル、DSP2040は85.50ドル (100個口で) の単価がついている。 ◆The DSP chip will soon be offered in a plastic package that will cut its present 1000-quantity price from \$96 to \$38. そのDSP (デジタル信号処理) チップは、近々プラスチックパッケージに実装して売られることになっており、これにより1,000個口で現行単価96ドルから38ドルにまで下がる。

**2** a 《しばしば ~ties》大量、多数 ◆in quantity [= volume] 大口で [の]、大量に [の]、(情報の) 出所 [筋]; ~s 宿所、宿舎、居所 ◆quantity discounts 大口 [大量購入] 割引 ◆quantity production 量産 ◆manufacture... in quantity ～を大量に[に] 生産する ◆produce... in quantity [= volume] ～を量産する ◆the first quantity shipment of a new part 新規部品の初回の大量出荷 ◆despite the fact that these orders come in piecemeal in quantities as small as one unit これらの注文は、たった1個 [1台] からの数量で細切れに入ってくるにもかかわらず ◆The manufacturer says it has had trouble getting those parts in the quantities it requires. この製造メーカーは、これらのパーツを必要数入手するのに苦労したと言う。 ◆They are produced in quantities at reasonable prices and in many different lengths and diameters. これらは大量に、妥当な価格で、さまざまな長さや径で生産されている。

## Q

**quantization** 回量子化 ◆quantization distortion 量子化歪み ◆quantization noise 量子化雑音 ◆the quantization of an analog signal アナログ信号の量子化

**quantize** vt. ~を量子化する ◆a quantized signal 量子化された信号 ◆a quantized system 量子化系

**quantum** a ～ (pl. -ta) 量、特定量、少量;《理》量子- ◆a quantum dot 量子ドット ◆a quantum-effect transistor 量子効果トランジスタ ◆quantum electrodynamics 量子電気力学 ◆the quantum theory 量子論 ◆a quantum leap in productivity and profitability 生産性および収益性の飛躍的向上を実現するために ◆make a quantum leap in semiconductor memory technology 半導体メモリー技術で飛躍的な [長足の、目覚ましい] 進歩を遂げる [大躍進する] ◆Light's quantum unit is the photon. 光の量子単位は光子である。

**quarantine** 回 (伝染病予防のための) 強制隔離 [交通遮断]、検疫; a ~ 隔離 [検疫] 期間; a ～ 隔離所、検疫所 ◆to be quarantined 隔離する、(検査のために) ～に停船 [飛行禁止] を命じる ◆the State Administration for Entry-Exit Inspection and Quarantine (SAIQ) of the People's Republic of China 中華人民共和国 [中国] の国家出入境検験検疫局

**quark** a ~ 《物理》クォーク ◆There are six kinds [flavors] of quarks. 《物》クォークには6種類ある。

**quarter** **1** a ~ 4分の1、四半分、四半期、15分、25セント貨、クォーター ◆for a quarter of a century 4分の1世紀 (=25年) の間 ◆a quarter-wave antenna 4分の1波長アンテナ ◆a length equal to a quarter of the wavelength of... ～の4分の1波長に等しい長さ ◆a quarter-century 四半世紀 [25年] 前に ◆a quarter of a billion bucks 10億ドルの4分の1; 2億5000万ドル ◆a quarter of a century 4分の1世紀 [四半世紀] ◆a quarter of an hour 4分の1時間 [15分] ◆be one quarter-wavelength long 4分の1波長の長さである ◆be reduced to a quarter 4分の1になる ◆first-quarter earnings 第1四半期の収益 ◆give it another quarter turn それをさらに1/4回転回す [ひねる] ◆in the July-September quarter 7月～9月の四半期に ◆on a same quarter a year ago basis 前年 [対前年] 同四半期比で ◆a chip of silicon about one-quarter of an inch square 約4分の1インチ角 [四方、平方] のシリコンのチップ ◆be equal to one quarter-wavelength of the signal received この受信信号の4分の1波長に等しい ◆open the valve three-quarters of a turn バルブを4分の3回転開ける ◆show a profit for the fourth quarter of 1993 1993年の第4四半期に利益を計上する ◆the economy has experienced [the market has had] seven consecutive quarters of positive growth 経済 [この市場] は、7四半期連続プラス成長した ◆turn the cap counterclockwise one [a] quarter of a turn キャップを反時計方向に1/4回転回す [ひねる] ◆the volume is reduced to one quarter the original volume 体積は、元の体積の4分の1に減らされる ◆Her total sales are one-quarter larger than his. 彼女の総売上高は、彼より4分の1大きい。 ◆It is exactly one-quarter wavelength (λ/4) long. それは、正確に4分の1波長 (λ/4) の長さをしている。 ◆Production of the host adapter will commence sometime in the first quarter of this year. 本ホストアダプタの生産開始は今年第1四半期の予定である。

**2** a ～ 区域、地区、方角、方面、(情報の) 出所 [筋]; ~s 宿所、宿舎、居所 ◆living quarters 《複扱い》居住区域 [部分] ◆be contemplated in various quarters 各方面で検討されている ◆draw criticism from various quarters 方々から非難を受ける ◆forwarded to the various quarters concerned 関係各所に送付されて ◆it is not well-received in some quarters それは、一部 (の間) では不評を買っている

**3** v. ～を四分 [4等分] する、～を宿泊させる、宿営する

**quartet** a ～ 四重奏 [唱] 団、カルテット、4人組、4つ組 ◆a quartet of shock absorbers 4本1組のショック・アブソーバー

**quartz** 石英、クウォーツ ◆a quartz crystal 水晶振動子; 水晶 [材料としての石英水晶は 回] ◎ ◆a quartz lamp 石英水銀灯 ◆a quartz oscillator 水晶発振器 [振動子] ◆a quartz [quartz-crystal] resonator 水晶振動子 [共振子]

**quash** vt. 〈法律など〉を廃棄する、〈判決など〉を破棄する、取り消す、無効にする、却下する; 〈反乱などを〉を鎮める、鎮圧する ◆show a united front to quash rumors that... ～であるという噂を鎮めるために共同戦線を張る

**quasi-** 擬-、擬似-、準-、～のような、ある意味の ◆quasi S-VHS playback 《AV》S-VHS簡易再生 ◆a quasi-microwave beacon 準マイクロ波ビーコン ◆reach a quasi-stationary state 準定常状態に達する [到達する] ◆a quasi-crystal lattice 準結晶格子配列 ◆a quasi-linear feedback control system 擬線形フィードバック制御システム ◆quasi-periodic motion 準周期運動 ◆quasi-stable elementary particles 準安定素粒子 ◆use quasi-millimeter-wave- and millimeter-wave-band frequencies 準ミリ波帯およびミリ波帯の周波数を用いる

**quaternary** adj. 4要素から成る、4番目の; a ～ 4つから成るもの; the ~ (period [era])《地》第四紀

**queasy** adj. 〈人が〉吐き気がする、むかつく、むかむかする、〈食べ物が〉吐き気をもよおさせる、むかつかせる; <about, at> (～のことで) 不安に、不快に、落ち着かない、いらいらする ◆make... queasy 〈乗り物の揺れ、食べ物などが〉〈人〉に吐き気を催させる

**queer** adj. 変な [奇妙な、風変わりな] (strange); めまいがする (giddy)、気分が悪い (slightly ill);《口》怪しい [疑わしい、いかがわしい] (doubtful, suspicious);《口》少し頭がおかしい (mildly insane)、ちょっと気が変な [気が触れている] (touched);《俗》(侮蔑的に) 男性の同性愛 [ホモ] で ◆sexuality and queer theory セクシャリティとクイア [変態] 理論

**quell** vt. しずめる, 和らげる ◆quell inflation インフレを沈静化する ◆add balance shafts to the engine to quell its mighty shaking 強力な振動を抑えるためにエンジンにバランスシャフトを付け加える

**quench** vt. 〈渇き〉をいやす, 〈冷却媒体に漬けて〉急冷する, 焼き入れする, 〈光, 火〉を消す, 〈発光, 放電〉を消滅させる, 消失させる ◆a quench protection circuit 《超電導》クエンチ保護回路 ◆quench detection 《超電導》クエンチ検出 ◆rapid quenching 急速焼き入れ (*金属) ◆quench (one's) thirst のどのかわきを癒す ◆until the superconducting magnet quenches 超電導マグネットがクエンチ [常電導転移] を起こすまで ◆protection components for preventing and controlling the quench of superconductivity 超電導のクエンチ [常電導転移] を防いだり制御したりするための保護部品

**quenching** 〈冷却媒体中に漬けることによる〉急冷, 焼き入れ, ケンチング, 消光, 消失効果 ◆hardened by quenching 焼き入れ硬化 [急冷硬化] されている

**query** 1 a 〜, 問い合わせ, 質問, 疑問, 《コンピュ》クエリー [問い合わせ, 照会, 検索] ◆query software 情報照会 [情報検索] ソフト ◆run a query 《コンピュ》照会 [問い合わせ, 条件検索] する
2 v. 質問する, 尋ねる, 疑問を持つ, 《コンピュ》照会 [問い合わせ, 検索] する ◆query the database to find records matching a particular description 《コンピュ》ある特定の記述と一致するレコードを探すためにそのデータベースを調べる [を検索する, に照会する]

**quest** 1 a 〜 (長い) 追求, 探索 <of, for> ◆in quest of... 〜を求めて ◆her incessant quest for beauty 彼女のたゆまない美の追究 ◆in a quest to stabilize the world's leading currency 世界の主軸通貨の安定化を図って ◆relentless quest for a better way, for higher quality craftsmanship よりよい方法, より高度な仕上がり品質を目指しての飽くなき追求
2 v. 追求 [探索] する <for, after>

**question** 1 a 〜, 質問, 疑問, 質疑, 疑義, 不明な点, 分からないこと, 問題, 争点, 論点, 論題, 不審な点, 設問 ◆beyond [out of] question 議論の余地なく, 確実に, 当然な [の] ◆a question as to [about]... 〜についての質問 ◆the question of the Northern Territories 北方領土問題 ◆a divisive question 意見が分かれる問題 ◆ask questions about... 〜について質問する ◆the transmitter in question 問題の [問題になっている, 当該, 当の, 当, 本, 議論している, くだんの, 例の, かの] 送信機 ◆field (one's) questions about... 〜に関する質問に手際良く答える [当意即妙の答弁をする], 〜についての質問を上手に [うまく] さばく, (場合によっては) 質問を軽くいなす [あしらう] ◆take questions from the audience 聴衆から質問を受ける ◆answer a storm of questions about [concerning, as to]... 〜に関する質問の嵐に答える ◆fire a barrage of questions at him 彼を質問攻めにする; 彼に質問の集中砲火 [矢継ぎ早の質問] を浴びせる ◆during a parliamentary Question Time 《英国などの議会の》クエスチョンタイム [党首討論] の間に ◆Here, then, a question arises: Why...? ここで, それでは, どうして〜なのかという疑問が生じる. ◆Should a question [any doubt] arise as to... 〜について疑問 [疑義] が生じた場合は ◆there is some question as to whether... 〜かどうかは不明である [分からない, 不透明である, 疑わしい] (*someを特に訳出する必要はない) ◆..., and questions remain as to the efficacy of the system そして, この制度の有効性 [効力] については疑問が残るところである ◆If a person in question isn't listed on that page,... 問題の人物 [当の本人, 当該者, 当事者, 当人, 本人] がそのページに掲載されていない場合, (*特定の人についてならば を の に代える) ◆I put the same question to my wife. 私は妻に同じ質問をしてみた. ◆questions on traffic signs 交通標識に関する試験問題 [質問, 設問] ◆the question of whether to do it or not それを行うのか否かという問題 ◆If you have any questions, please refer them to... 万一ご不審な点 [不明な点, 質問, 疑問, 疑義] 等がございましたら, 〜までお問い合わせください. ◆The crucial question is what to do about... 決定的な問題は, 〜についてどうするかということだ. ◆there is no question (that) service and quality have improved サービスと品質が向上したことは疑いない [疑問の余地が, 間違い] ない ◆I hope this will clear the questions you raise. ご提起なさった疑問が, これで晴れるといいのですが [これがご質問へのお答えになるといいのですが]. ◆The question of whether or not it occurs is unresolved. それが起きるのか起きないのかという疑問に対する答えは出ていない. ◆Whether it will actually work remains in question. それが実際に働くかどうかは予断を許さない. ◆The Clintons have faced a blizzard of questions this week about the sources of the funds. クリントン夫妻は今週, 資金の出所をめぐって質問攻めに遭った. ◆A question comes to my mind – how did these products find their way onto store shelves in the first place? (ここで) ある疑問がわいてくる. そもそもこれらの製品が, どうして販売されるに至ったのだろうかということだ. ◆If there are any questions you would like to ask, ask before the start of the test. 質問があったら, 試験開始前にすること.; 不明な点は, 試験開始前に聞いておくこと. ◆The question on everyone's mind now is exactly how low can the equity markets drop and how long will it take for a recovery? 人々が今抱いている関心事はまさに, どこまで株式市況は落ち込む可能性があるのか, また回復までにどのくらいかかるのかといったことだ.
2 vt. 〜に質問する, 尋ねる, 問う, 問い質す, 〜を問題にする, 議論する, 〜を疑問視する, 〜に疑いをさしはさむ, 〜に異議を唱える ◆question the credibility of the article その記事の信憑性 (シンピョウセイ) を疑問視する ◆Of the 1,346 people questioned, 9.4%... 調査対象となった [調査に答えた] 1,346人のうち, 9.4%は〜 ◆question the precision of global warming models 地球温暖化モデルの精確さを疑う [精度に首を傾げる]

**out of the question** 問題にならない, 問題外の, 論外の, お話の外で, 全く不可能の, とうてい実行 [実施, 実現] 不可能な, 考えられない, 思いもよらない, 考慮に値しない, もってのほかの, とんでもない, めっそうもない ◆That is out of the question. それは問題外 [論外の, もってのほか] だ.

**questionable** adj. 問題の, 疑問の余地のある, 疑わしい, 不審を抱かせる, いぶかしい

**question-(and-)answer** 質疑応答の ◆a question-and-answer session 質疑応答セッション (*sessionは, 〜の場, 〜のコーナー, 〜の時間, 〜の模様, などと意訳できる)

**question mark** a 〜 疑問符 ◆One big question mark is... ひとつ大きな疑問は〜である.

**questionnaire** a 〜 アンケート用紙 [調査票, 質問表, 質問票], アンケート, アンケート調査 ◆devise a questionnaire on... 〜についてのアンケートを作成する ◆a questionnaire survey concerning the use of... 〜の利用状況に関するアンケート調査 ◆an on-line questionnaire survey インターネット [ネット] を使ってのアンケート調査 ◆send questionnaires to suppliers of optoelectronic devices オプトエレクトロニクス素子の製造業者にアンケート用紙 [調査票, 質問表, 質問票] を発送する ◆The survey was conducted by questionnaires that were mailed to 3000 people. この調査は, 3000人を対象にアンケート用紙 [調査票] を郵送して実施された. ◆The index, based on a 1995 base of 100, is derived from responses to questionnaires sent to 5,000 households nationwide. 1995年 (の実績) を100とした同指標は, 全国5,000世帯に送られたアンケートに対する答えから生まれたものです. ◆Subjects were asked to fill in a questionnaire how their leisure time was spent, under three main headings with several categories within each heading. 調査対象者は, 余暇をどのようにして過ごしたかについて, 3つの大きな項目に分けて, さらに各項目をいくつかのカテゴリに分けて, アンケート用紙 [調査票] に記入するように依頼された.

**queue** a 〜 列, 《コンピュ》キュー [待ち行列]; vt. 〜を (列を作って) 並ばせる <up>, 《コンピュ》〜をキュー [待ち行列] に入れる; vi. 列をつくる <up>, 並んで順番を待つ <for> ◆(a) queue time 《コンピュ》待ち行列 [キュー] 時間 ◆a long queue has formed　長い行列ができた　◆have to wait in some hours-long queue for an emissions test　排気ガステストのけるのに何時間か並んで待たなければならない　◆his habit of pushing to the front of the queue　人を押しのけて列の先頭に行こう［前面に出よう］とする彼の癖　◆we queued up for hours at the Haunted House　私たちはホーンテッドハウスに入るのに何時間も［列に］並んで［行列して］待った(*ディズニーワールド)　◆A queue of office workers waits for tables.　(意訳)サラリーマンらが行列をなして［並んで］テーブルの空くのを待っている.

**quick**　adj. 迅速な, 急速な, 機敏な, 速い, すばやい, 手っ取り早い, 簡単な, 簡易–, 〈リストなどが〉早見の, 高速–; adv. 速く, 急いで, さっさと, 手早く　◆a battery quick-charging system　バッテリー急速充電システム　◆a quick-charge battery　急速充電（が可能な）バッテリー　◆a quick response time　高速応答時間　◆quick-dry　速乾性の　◆an astonishingly quick-cooking dish　驚くほど早くできる（お手軽）料理　◆be required to make quick decisions; have to make prompt decisions　即断する必要がある; 即断しなければならない　◆Just a quick note to tell you that I...　取り急ぎ, 私は〜ということを申し上げます［お知らせ, ご報告］いたします　◆make a quick check of...　〜をざっと点検する　◆quick delivery of spare parts　スペアパーツの即納　◆ways to make quick cash　手っ取り早く金を儲ける方法　◆a quick-response turbocharger　高速応答［応］ターボチャージャー　◆a quick-stop shop　さっと立ち寄れる店　◆a simple and quick method of measuring pH　手っとり早いpHの測定法　◆a pocket-size computer for quick reference　即座に参照するためのポケットサイズのコンピュータ　◆avert an accident by quick thinking　機敏な判断で事故を回避する　◆make a few quick adjustments for the American market　米国市場向けに急ぎの改造［変更］を数点施す　◆make a quick [fast] buck and a good life　楽に金を儲けて快適な生活をする　◆The battery can be quick-charged in two hours.　同バッテリーは2時間の急速充電が可能である.　◆The system is easy to buy, easy and quick to install, and easy to manage.　このシステムは, 楽に購入できて, 設置が容易で迅速で, また管理も簡単です.　◆When quick or complicated decisions must be made, alcohol impairment can cause serious problems.　とっさの判断や複雑な判断をしなければならないとき, アルコールによる（判断能力の）低下は, 深刻な問題を引き起こすことがある.

**quick-acting**　〈薬などが〉即効性の, 《電気》〈リレーなどが〉連動性の

**quick-and-dirty**　a〜安食堂, 軽食堂, スナックバー; adj. 速くて汚い［いい加減な, ぞんざいな］, 簡便な, 手っ取り早い, やっつけ仕事の, 応急処置的な　◆a quick-and-dirty paint job　(速くて)ぞんざい［いい加減, ずさん, 雑, 乱暴］な塗装作業　◆a quick-and-dirty project　やっつけ仕事, 短期間で片付ける仕事　◆an efficient quick-and-dirty way to ＜do...＞　能率［効率］よく簡便に［手っ取り早く, 手短に簡単に］〜する方法

**quick-cash**　◆a quick-cash offer　一攫千金のうまい話

**quick fix**　a〜その場しのぎの解決策［改善策, 修復策］, 急ごしらえの対応策, 応急処置, 緊急措置, 即効薬　◆a quick-fix policy　応急策

**quickly**　早く, 速く, いちはやく, 速めて, 急に, 急きょ, 急速に, 早急(サッキュウ, ソウキュウ)に, 早期に, すぐに, すぐさま, すばやく, という間に, すみやかに, 急いで, 至急, 迅速に; 敏速に, あわただしく, 素早く, 手早く, 簡単に, 足早に, すばしっこく, さっと, さっさと, ささっと, てきぱきと, ずんずんと, 呆気なく, たちまち（のうちに）, にわかに, 間もなく　◆if circumstances don't change quickly　状況が急変［急激］に変わらなければ; 事情が急変しないなら　◆when conditions quickly change　状況［状態］が急速に変わる時に

**quicksort**　a〜《コンピュ》クイックソート（*効率的にソートするアルゴリズムの一種）

**quick-tempered**　adj. 短気な, 怒りやすい　◆a quick-tempered person　短気な［気短な］人 ◆気短か［気が短い］こと

926

すぐ怒る［怒りっぽい, 癇癪持ちの, すぐにカッとなる, キレやすい］人; 気性が激しい［荒い］人

**quiescent**　adj. 静止した, 休止した, 静かな, 穏やかな　◆during quiescent operation　《電子機器》動作休止中に

**quiet**　1　adj. 静かな, 騒音のない, 静粛な, しめやかな, 穏な, 閑な, 穏やかな, 落ち着いた, のどかな; n. 回静かさ, 平穏　◆quiet-sun noise　静穏太陽雑音　◆in the quiet of the evening [the summer afternoon]　夜の静寂［夏の午後の静けさ］の中で　◆order a person to keep quiet about...　〜については黙っているように〈人〉に命令する　◆The printer is quiet and aesthetically pleasant.　本プリンタは静粛で［静音性に優れ］, かつ外観が美しい.　◆The car is compact, lightweight, quiet and remarkably sparing on fuel.　この車は, 小型, 軽量, 低騒音で, 非常に低燃費である［燃費がよい］.
2　v. 静かにする［なる］, しずめる, 落ち着かせる, 落ち着く

**quietly**　adv. 静かに, 粛然(シュクゼン)と, しめやかに, そっと, おとなしく, 平穏に, 穏やかに, 静けに, 地味に, 目立たないように　◆wait quietly　静かに待つ

**quilt**　a〜キルト, 掛け布団, ベッドカバー(= a bedspread, a bedcover)（▶特にa quiltは厚手のもの）

**quintessence**　the〜＜of＞　(〜の)精, 精髄, 真髄, 神髄, 典型, (*華やかで, そのものの特徴をよく表しているもの = 精髄 = 花［精華］　◆the quintessence of a thing　物事の本質［真髄, 神髄, 精髄］

**quit**　v. やめる, 中止する, 終了する, 放棄する, 立ち去る, 辞す　◆quitting time　終業時刻（勤務の）　◆quit halfway through...　〜の途中［中途］でやめる; 中断［中止］する　◆quit (working for)...　〈会社・団体〉を辞める　◆record each employee's starting and quitting times　彼の出勤［出社］と退出［退社］の時間

**quite**　adv. すっかり, 全く, 実に; かなり, ずいぶん, なかなか, 結構, 相当, 至極; 《quite a [an, some]... の形で》相当な, なかなかの, めずらしい, すばらしい　◆quite a bit of work　かなりの量の仕事　◆Quite understandably,...　しごく当然のことながら,　◆work quite smoothly　なかなか［かなり］スムーズに働く

**not quite**　adv. 全く［完全に, すっかり］〜ではない,（数量には近いが）達しない, あまり〜でない　◆have not quite risen to the level of sophistication required for... -ing　〜するのに必要な水準までは完全には達していない（*not quite =「まだ完全には」）　◆I do not quite understand your question.　あなたの質問（の意味するところが）が, ちょっと［どうもよく, 今一つ］理解できません［分かりません］.

**quite a few**　かなり多数［たくさん］の, 相当な数［量］の　◆for quite a few years　かなり多年にわたって, 相当の年数に渡って

**quixotic**　adj. ドンキホーテ的な, 非現実的な, 空想的な　◆Most of his fellow scientists dismissed the idea as hopelessly quixotic.　彼の同僚の科学者たちは, そのアイデアを全く見込みのない非現実的［空想的］なことだと鼻に引っかけなかった.

**quorum**　a〜定数, 定足数　◆Being a quorum present, the meeting was called to order by...　定数の出席があり, 会議の開会が〈人〉により宣言された［宣言された］.（*定足数 = 議決をする場合に必要な最小限の出席者数）

**quota**　a〜割り当て分［量, 額］, ノルマ,（女性や少数民族出身者を一員とする目標値・引き入れなければならない数）　◆a quota system　数量割り当て［数量規制］制度　◆a sales quota　販売ノルマ　◆an export quota　輸出割り当て; 輸出規制数量; 輸出枠　◆an import quota　輸入規制数量　◆assign a quota　割り当てを行なう　◆establish [fix, set] a quota　割り当て数量を決める　◆meet [exceed] one's quota　〈人〉のノルマを果たす［超過する］　◆institute a quota system　割り当て制を設ける　◆impose a quota on the exportation of...　〜の輸出に数量規制を課す　◆impose quotas of 300,000 sets per annum　年間30万台の数量規制を課す　◆set quotas for catches of sardines, mackerel and anchovies　鰯（イワシ）と鯖（サバ）とアンチョビーの漁獲割当量を設定する　◆There may be an oversupply of milk until the baby has established a daily quota.　赤ちゃんの1日に

飲む量が一定になってくるまでは、母乳が出すぎて余ることもあるでしょう。

**quotation** (a)〜引用; (a)〜見積もり(金額) ◆on-site quotations 客先での見積もり(額) ◆Salespeople must occasionally prepare quotations for their customers at very short notice. 営業部員はときとして、顧客の依頼があってから即時[急いで]見積もりを作成しなければならないことがある。

**quotation mark** a〜引用符("""'の4種の記号のいずれか) ◆enclose [put, place] ... in quotation marks [in quotes] 〜を引用符でくくる[囲む]

**quote** 1 v. 引用する、引き合いに出す <from>、〜を引用符で囲む、〜に引用符を付ける; 相場[取引価格]を言う、見積もる <for><at> ◆quote a scientist as saying, "..." ある科学者が、「〜」と述べたことを引用する ◆the price quoted in response to the company's inquiry その会社の引き合いに対する見積もり価格 ◆We will quote special pricing for large quantity orders of pliers. ペンチ類の大口注文に対しましては、特別価格を見積もらせていただきます。
2 a〜引用文[句]、引用符(= a quotation mark), 見積書、見積金額, 相場, 時価 ◆put quote marks around the filename ファイル名の前後に引用符(")を付ける; ファイル名を引用符で囲む ◆How to Request a Quote from Us 《(標題)》弊社への見積もりご依頼の方法 ◆look at stock quotes on the monitors モニター上に映し出される株式相場を見る ◆prepare quotes for prospective customers 見込み客に見積書を作成する ◆Call or write for quotes. 電話又は手紙にて値段見積もりご請求ください。 ◆Please use the form below to request a quote on computer parts or components. コンピュータ用の部品や単体装置の見積もりをご依頼の際には下記の書式をお使いください。

**QWERTY** "kwertee"と発音。 ◆a QWERTY keyboard QWERTYキーボード(*英文字キー配列が最も標準的なもの。上段左端から右に向かってQ, W, E, R, T, Y...の順に並んでいる)

## R

**R** ◆an R-rated movie (保護者同伴でない限り)18歳未満お断りの映画(▶Rは"restricted = 制限"の略) ◆a series RLC circuit RLC直列回路(*Rは抵抗器、Lはコイル、Cはコンデンサ)

**Ra** ラジウム(radium)の元素記号

**rabbit** a〜ウサギ; ⓝウサギの毛皮、ウサギの肉; vt. ウサギ狩りをする ◆a rabbit hutch ウサギ小屋(*狭い日本の住宅の蔑称としても)

**race** 1 a〜競走, 競泳, 競輪, 競馬, オートレース, 競艇などのスピードをきそう)競技会、レース; a〜(一般的に)競争[戦い, 一戦]; a〜急流, 早瀬; a〜水路, 導水溝; a〜(ボールベアリングの)球溝, 軌道輪 ◆an extremely [a very] close race among... 〜間の大戦争 ◆in a race against time 時間との競争[闘い]という状況下で、一刻一秒を争うなかで ◆outperform competitors in the race for survival 生き残りをかけた競争[生存闘争]で相手に勝つ ◆Alexander's foursome wanted a prime race-watching location midway along the stretch. 《(意訳)》アレクサンダー家の4人(組)は、レース区間沿いの中間地点で観戦に一番いい場所を確保したのだ。 ◆Two new polls showed an extremely tight race among Minnesota's three major-party gubernatorial candidates. 2つの新たな世論調査により、ミネソタ州知事の有力政党候補者3名の間で大接戦になっていることが明らかになった。
2 vi. 競走[競争]する, 走る, 駆ける, 疾走する, 乱調する, 高速で空回[空回り]する; vt. 〜を(〜と)競争[競走]させる <against>、〜(エンジンなど)を高速で空転[空回り]させる ◆a daily racing-tip sheet (競馬などの)日刊レース情報[予想]紙 ◆the team will race on Michelin tires このチームはミシェリンのタイヤを履いてレースをする[レースに出場する](予定だ) ◆Race conditions and memory leaks are often found under stress testing. 《コンピュ》ストレス試験ではレース状態[競合状態]およびメモリーリークがよく見られる。
3 a〜人種, 民族, 〈生物の〉種[品種]; ⓝ人種に属していること ◆he is of mixed race 彼は混血である ◆mixed-race children; children of mixed race 混血児 ◆two persons of mixed race 2人の混血の人

**racer** a〜競走者、レーサー、競走馬、競走自動車、レース用ヨット[ボート] ◆an F-1 racer; a Formula One racing car エフワン競走自動車

**racism** ⓝ人種差別(意識[政策])、民族的優越感, 民族主義(政策) ◆to combat racism 人種差別と闘うために

**racist** a〜人種差別主義者、民族主義者; adj. 人種差別主義(者)の ◆he claims the Japanese are the most racist people on the planet 彼は、日本人はこの惑星上(=地球)上で最も人種差別主義者的な国民であると自説を披露している

**rack** 1 a〜ラック, 棚, 網棚, 架, 台, 架台, 一棒, 一掛け, 一吊り掛け, 一立て; a〜《機械》(ピニオンとかみ合う)ラック, 歯竿(ハザオ), 歯棒, 歯板, 調節棒; the〜(中世の)拷問台 ◆a rack-mountable system ラックに収納可能なシステム(*電子機器など) ◆a rack-mount unit ラックマウント[ラック収納]型ユニット(*電子機器など)
2 vt. 〜を無理に使う、〈人〉を搾取する、〜を絞りとる、〜を拷問にかける、ひどく苦しめる[悩ます](*しばしば受身で用いる) ◆rack one's brains 脳ミソ[頭]を絞る, 良い考えを生み出そうとあれこれ一生懸命考える、頭をひねる、ありったけの知恵を出して考える、頭を悩ます、苦慮する ◆a violence-racked province 暴力に悩まされている地方

**rack-and-pinion** ラックアンドピニオン式の(*回転運動と直線運動の変換をする) ◆rack-and-pinion steering 《車》ラック&ピニオン・ステアリング

**racketeer** a〜(ゆすりやたかりをして)不正に金もうけをする者、人や会社を脅して金品をゆする人、総会屋、会社ごろ、恫喝[恐喝]者、暴力団員、詐欺師 ◆professional racketeers who extort money from companies with threats to embarrass management by acting rowdy 《(意訳)》経営陣に嫌がらせをするぞと脅しお金を巻き上げる(ことを常習としているプロの)会社ゴロ[総会屋]

**rackmount, rack-mount** ◆a rackmount unit ラックマウント式のユニット

**rad** a〜ラド(*放射線の吸収線量の単位)

**RAD** (Rapid Application Development)《コンピュ》

**radar** ⓝ電波探知法、レーダー(*radio detecting and rangingより) ◆radar-absorbing レーダー波を吸収する(レーダーに探知される) ◆lose radar contact with... 〜(の機影)がレーダーから消える ◆radar-eluding Stealth technology レーダーをかわすステルス技術 ◆a radar-invisible Stealth fighter レーダーに見えないステルス戦闘機

**rad-hard** (radiation-hardened)放射線に対する耐性を高めた、放射線耐久強化の、耐放射線堅牢性のある、放射線耐久型の ◆CMOS rad-hard devices for industry, aerospace, and military applications 産業、航空宇宙、および軍事用途向け耐放射線CMOSデバイス

**rad-harden** vt. 〈半導体素子など〉の耐放射線性を高める、放射線耐久を強化する、〜を放射線に対して堅牢にする ◆rad-harden microprocessors マイクロプロセッサに放射線に対する防護を施す

**radial** adj. 放射状の、輻射(フクシャ)状の、(旧式飛行機のエンジンが)星型の、半径(方向)の、径方向の; a〜ラジアルタイヤ ◆a radial-flow turbine 半径流タービン ◆radial clearance 半径[(円筒状のものの)側面]方向の隙間 ◆radial tires ラジアルタイヤ ◆a radial bearing ラジアル軸受 ◆(a) threefold radial symmetry 3方向の放射相称[対称]; 3方対称 ◆a steel-belted radial 《車》スチールベルト入りラジアルタイヤ ◆high-performance car and truck radials 乗用車およびトラック用の高性能ラジアルタイヤ

**radian** a〜(pl. 〜s)《数》(角度の単位)ラジアン ◆2 microradians 2マイクロラジアン

**radiant** adj. 光を発する, 輝く, (顔, 目が)輝いている;《物》放射の, 輻射(フクシャ)の, 放射[輻射]熱の; a ~ 光点, 放射点, 放射状体 ◆radiant heat 放射熱; 輻射熱 ◆radiant heating 放射[輻射]加熱 ◆light and other forms of radiant energy 光やその他の種類の放射エネルギー

**radiate** vi. (光, 熱などが)放射される, 放射状に広がる, 輝く, (人が)喜びなどに輝く; vt. 〜を放射[輻射]する,〈喜びなど〉を発散する,〈幸せ〉をまき散らす ◆a radiating fin 放熱フィン ◆it radiates heat それは熱を放射[輻射, 放散, 発散, 放熱]する ◆The areas are then radiated with a 60mW laser. 次に, これらの箇所に60mW(出力)のレーザーが照射される. ◆Power P originates at a transmitting antenna and radiates out into space. 電力Pは, 送信アンテナを起点として空間に放射する.

**radiation** 回放射, 輻射(フクシャ), 照射, 発散, 放散, 発光; 回放射状の配置; (a) 〜 放射されるもの, 放射線; 回放射エネルギー, 放射能 ◆a radiation leak 放射線[放射能]漏れ ◆a radiation source 放射線源, 線源 ◆heat [thermal] radiation 放熱 ◆radiation cooling 《物, 電子》放射[輻射]冷却 ◆the intensity of radiation 放射[照射]の強さ[強度], 輻射の強さ[強度] ◆a radiation counter [counting instrument] 放射線計数管[計測器] ◆medical radiation physics 医療放射線物理[物理学] ◆radiation [radiological] protection;《軍》radiation [radiological] defence 放射線防護 ◆an easy-to-use infrared radiation thermometer 使いやすい赤外線放射温度計 ◆a remote radiation-monitoring device 遠隔放射線監視[モニター]装置 ◆be used for cancer radiation therapy 癌の放射線治療[療法]に用いられ(てい)る ◆radiation hardness 放射線耐性, 放射線耐力, 耐放射線脆弱性, 放射線に対する耐久性(*半導体素子などの) ◆reduce radiation emission 放射線の放射を減少させる ◆the radiation of heat [light] from... 〜からの熱[光]の放射[輻射] ◆the sun's ultraviolet radiation 太陽(から)の紫外線 ◆radiation-hardened IC chips 放射線[放射能]に対する耐性を高めた[放射線耐力強化, 耐放射線堅牢化]ICチップ ◆radiation-tolerant chips 放射線に対する耐性を持ったチップ ◆prepare the areas of depigmentation to aid in absorbing the laser radiation レーザー照射の吸収を助けるよう(皮膚の)白斑の部分を準備(処置)する ◆The workers received up to five times the safe annual dosage of radiation. 作業員たちは, 年間安全被曝線量の最高5倍までの放射線を浴びた. ◆The doctor determined that four of the nuclear accident victims had been exposed to about 600 rads, a degree of radiation absorption equivalent to 4,000 chest X rays. その医師は, その核事故被害者のうち4人は胸部X線撮影4,000回の放射線吸収に相当する約600ラドの被曝を受けたと判定した.

**radiational** adj. 放射[輻射]の, 放射[輻射]に関する ◆radiational cooling 《地球》(天空)放射冷却(*地表面の)

**radiative** adj. 放射[輻射](フクシャ)の, 放射[輻射]性の, 発光性の, 放熱する ◆radiative transfer 放射伝熱

**radiator** a 〜 ラジエータ, 放熱器, 冷却器, 放熱板, 放射器, 暖房器, 線源, 放射体, 発光体

**radical** adj. 基本的な, 根本的な, 抜本的な, 徹底的な, 本質的な, 急進的な, 急進派の, 過激な,《数》根の,《化》基の; a 〜 過激派[過激派](の人間)[過激論者, 急進主義者],《数》累乗根,《化》基,《漢字の》部首, 根本[根元] ◆a radical idea 過激な考え ◆a radical sign 《数》ルート記号(√), 根号 ◆the radical right 極右(勢力) ◆a radical step 抜本的な措置[処置] ◆a radical from the '60s 60年代の過激派の人物 ◆a radical new model 斬新な新型 ◆a radical reform program 抜本的な改革計画 ◆bring about radical change 抜本的な変革をもたらす ◆a 80-member radical group 80名から成る過激派集団

**radically** adv. 根本的に, 根底的に, 急進的に, 完全に, すっかり, がらっと; 過激に, 急進的に ◆change things radically 物事を根本的に変える ◆Within two decades, the scene has become radically different. 20年も経たないうちに状況は様変わり[激変]してしまった.

**radio** 1 n. a 〜 ラジオ受信機, 無線機; (the) 〜 ラジオ, ラジオ放送, ラジオ放送事業; 回無線, 無電, 無線電話; adj. ラジオの, 無線の, 電波の, 高周波の, 放射性の ◆turn on [off] the radio ラジオをつける[消す] ◆a radio telephone 無線電話 ◆radio-active ラジオで活躍の, 無線交信の活発な,〈アマチュア無線家などが〉活発に空に出て (cf. radioactive 放射性の, 放射能の)(*radioactiveを誤って分かち書きにする実例もよく見うけられる) ◆radio noise 電波雑音 ◆radio wave energy 電波エネルギー ◆a radio play [drama] ラジオ放送劇[ドラマ] ◆a radio cassette (tape) recorder; a radio-cassette player/recorder [player-recorder] ラジオカセットテープレコーダー;(録再タイプの) ラジカセ (cf. 再生専用は, a radio cassette player) ◆the Radio Law 《日》電波法 ◆an RBDS radio 見えるラジオ (*RBDS は the Radio Broadcast Data System の略) ◆(a) radio-influence voltage (RIV) ラジオ[無線, 電波]障害電圧(*高圧送電電線などが原因) ◆a spread spectrum radio スペクトラム拡散方式無線装置 ◆ARIB (the Association of Radio Industries and Businesses) 《日》社団法人 電波産業会 (略語形にthe は不要) ◆be transmitted by radio (waves [signal, frequency]) from A to B 無線でAからBに送信[伝送]される ◆hear it on the radio それをラジオで聞く ◆lose radio contact with... 〜との無線連絡を絶つ;〜と無線連絡がとれなくなる ◆turn up the radio ラジオの音量を上げる ◆a radio-cassette player ラジオカセットプレーヤー[ラジカセ] ◆be excited by electrical discharge at radio frequencies 高周波電磁により励起される ◆transmit data up to 100 feet away via radio frequencies データを最高100フィート離れたところまで電波で転送する[飛ばす] ◆a visual radio which displays text broadcast テキスト[文字]放送を表示する見えるラジオ(*業界でFM多重ラジオと呼んでいるもの. ただし「多重」はマルチプレックス・ステレオサウンドの多重とは異なる) ◆Teenagers listen to radio while doing homework. 十代の子供たちはラジオを聴きながら宿題をする.
2 vt., vi. ラジオ放送する, 無線送信する, 無線電話連絡する

**radioactive** adj. 放射性の, 放射能の (cf. radio-active ラジオで活躍して, 無線交信が活発な) ◆a radioactive material [substance] 放射性物質 ◆according to radioactive carbon dating 放射性炭素年代測定法によると (*放射性の炭素14が, 既知の一定速度で崩壊することを利用した方法) ◆the vitrification of highly radioactive waste(s) 高放射性[非常に放射能の強い]廃棄物のガラス固化[固定化] ◆The measurement result showed four to five times the normal amount of radioactive emissions. 測定結果は, 通常の4〜5倍の放射能放射量を示した.

**radioactivity** 放射能 ◆a leak of radioactivity; a radioactivity leak; radioactivity leakage; (the) leakage of radioactivity 放射能漏れ ◆exhibit significant radioactivity 著しい[著しく強い]放射能を示す ◆contaminated with high levels of radioactivity 高レベルの放射能で汚染されている ◆when a small amount of radioactivity was released into the atmosphere 少量の放射能が大気中に放出された時に ◆No leak of radioactivity into the outside environment was reported in that accident. その事故における敷地外への放射能漏れは報告されていない.

**radio-controlled** adj. ラジコン[無線操縦]式の ◆a radio-controlled flying machine ラジコン[無線操縦]式の飛行機

**radio frequency, radiofrequency** n. a 〜 無線周波数; radio-frequency, radiofrequency adj. 無線周波(数)の, 高周波の, 電波の ◆radio-frequency amplification circuitry; an RF amplification circuit 無線周波[高周波]増幅回路 ◆a Class-C radio-frequency amplifier C級高周波増幅器

**radiograph** a 〜 放射線(透過)写真, X線[ガンマ線]写真, レントゲン写真, エックス線[放射線透過]写真を撮る ◆an x-ray radiograph X線[レントゲン]写真 ◆take [develop] radiographs X線[放射線透過]写真を撮影[現像]する

**radiographer** a 〜 診療放射線技師, レントゲン技師, X線撮影技師 ◆a medical radiographer specializing in CT & MRI

意訳)CT(コンピュータ断層撮影)およびMRI(磁気共鳴断層撮影)専門[担当]の医療放射線技師 ◆Radiographers take X-ray films (radiographs) of all parts of the human body for use in diagnosing medical problems. レントゲン[X線撮影,診療放射線]技師は,内科的疾患の診断に使うためのあらゆる人体部位のX線写真(放射線写真)を撮影する.

**radiographic** adj. 放射線透過写真術[X線撮影法]による,放射線透過の,(廃)無線電信の ◆(an) industrial radiographic film 工業用X線写真フィルム ◆a radiographic image (X線などの)放射線を用いて写真撮影した画像

**radiography** 放射線透過写真術,X線[レントゲン]写真撮影法

**radioisotope** a~ 放射性同位元素[同位体]

**radiologic, radiological** adj. 放射線学の,放射線医学の,核放射線[放射能]の ◆a radiologic (x-ray) device 放射線(X線)装置 ◆radiologic equipment X線を使った医療機器 ◆the National Radiological Protection Board; (the) NRPB 英国放射線防護庁; 英国·国立放射線防護委員会 ◆a radiologic technologist; a radiological technician; a radiographer; an X-ray technician レントゲン[X線撮影,放射線]技師

**radiologist** a~ 放射線専門医,放射線科医師(＊放射線撮影画像の判読を専門としている医師,X線撮影技師と混同しないよう注意)

**radiology** 放射線学,放射線医学 (cf. roentgenologyは,X線を利用した放射線医学) ◆work in the radiology department of George Washington University Hospital ジョージワシントン大学病院の放射線科に勤める

**radiometer** a~ ラジオメーター,放射計 ◆an infrared radiometer 赤外放射計

**radionuclide** a~ 放射性核種

**radiopaque** adj. (エックス線などの)放射線を透過しない,X線不透過性の,放射線不透過性の,放射線不透～ ◆Barium sulfate is a radiopaque agent. 硫酸バリウムは放射線[エックス線]不透過性剤である.(e訳)造影剤である.

**radiosonde** a~ ラジオゾンデ,(無線式)上層気象観測装置 ◆radiosonde data 《気象》ラジオゾンデ·データ ◆a hypsometer-equipped radiosonde 沸点気圧計[測高計, 高度計]を搭載しているラジオゾンデ

**radiotherapy** (= radiation therapy) 放射線療法 ◆a radiotherapy linear accelerator (linac, lineac) 放射線医療用直線加速器(ライナック, リニアック) ◆a radiotherapy treatment planning system 放射線治療計画システム

**radio wave** a~ 電波 ◆send it by radio waves それを電波にのせて飛ばす; 無線で送信する

**radium** ラジウム(元素記号: Ra)

**radius** a~ (pl. -dii, -es) 半径, (活動の, 影響の)範囲, (航空機などの航続)距離 ◆the radius of the Earth 地球の半径 ◆a cell of 2-km radius 半径2キロの(移動電話)セル[ゾーン] ◆at a radius of about 50 km or... ~から半径約50kmのところで ◆in the direction of the radius of the disc ディスクの半径[内外周]方向に ◆over a 100-mile radius 半径100マイルの範囲にわたって ◆somewhere within a 50-mile radius of the capital 首都から半径50マイル以内のどこかに ◆a ball less than 1 mm in radius 半径1ミリ未満の球 ◆have a radius approximately the same as that of... ~は~と半径がほぼ同じである ◆tracks at the inner radius of the disc ディスクの内周部にあるトラック ◆The missile has a radius of error of 50 to 200 meters. このミサイルは, 誤差半径が50～200メートルである. ◆The sun has a radius of about 432,500 miles. 太陽の半径は約432,500マイルである. ◆Delivery is free within a 3-mile radius of the store; outside of that the customer pays a fee. 配達は, 店から半径3マイルまでは無料. 区域外については顧客が料金を払うこと[有料]になっている. ◆First-class mail is supposed to be delivered overnight within a radius of about 100 miles. 第一種郵便[郵便物]は, 約100マイル以内であれば翌日に配達されることになっている. ◆The linear tracking arm moves in and out along the radius of the disc. (レコードプレーヤーの)リニアトラッキングアームは, レコードの半径に沿って(直線状に)内周側あるいは外周側に向かって移動する. ◆The planet has a mass 3 times that of Earth and a radius 1.5 times that of Earth. この惑星の質量は地球のそれの3倍あり, 半径は1.5倍である. ◆The areas within a 1,000-yard radius of the president's mansion were declared a national security zone to keep protesters away. 大統領官邸の周囲1,000ヤードの区域内は, 抗議の人々を寄せ付けないようにするため国家安全保障地帯に指定すると宣言された.

**radius of curvature** a~ 曲率半径

**radix** a~ (pl. -es, radices) 《数》基数, 乗根 ◆a numeral system with a radix of 16 16を基数とする記数法 ◆The radix of the hexadecimal numeral system is 16. 16進記数法の基数は16である.

**radon** ラドン(元素記号: Rn) ◆homes with a reading of 4 picocuries of radon 4ピコキューリーのラドン(ガス濃度の)測定値を示した家

**rafter** a~ 《建築》垂木(タルキ) ◆The band's energy, zest and emotion reached into the rafters. そのバンドのエネルギー, 熱意, 感情は, (屋根のたるきに届くほど)会場いっぱいにみなぎっていた.

**rag** (a) ~ 布きれ, ぼろ切れ, くず, 断片; a~ 三流新聞 ◆from rags to riches 《成句》貧乏から大金持ちに ◆wiping rags (機械などの)清拭[拭き掃除]用のボロ切れ; 工業用清掃布, ウェス[ウエス](は textile waste, waste materials, cotton waste とも呼ぶ) ◆a rags-to-riches success story 貧しい境遇から身を起こして大金持ちになる出世物語 ◆a rags-to-riches hero 裸一貫から大金持ちになったヒーロー ◆Clean the inside of the reservoir with a soft lint-free rag. 油タンクの内側を柔らかくて綿ぼこりの出ないぼろ切れ[ボロ布]できれいにします.

**rage** 1 (a) ~ 激怒, 憤激, 憤怒, 激昂(ゲッコウ), (嵐などの)激しさ; a~ (ロ)熱狂的な流行 ◆be all the rage (ロ)大流行している ◆pent-up rage 鬱積(ウッセキ)した怒り 2 vi. 激怒する, 激しく[かんかんになって]怒る, (波, 風が)荒れ狂う, (伝染病などが)猛威をふるう ◆inflation raged as high as 12% a year インフレは12%にものぼる高い年率で荒れ狂った. ◆The arguments raged. 議論は大荒れに荒れた.

**ragged** adj. ぼろを着た, ぼろぼろの, ずたずたの, ぎざぎざの, でこぼこの, ごつごつした, ざらざらした, 端がそろってない, 不ぞろいの, ぼさぼさの; 〈仕事, 作品が〉雑な[粗削りな, ぞんざいな, いいかげんな] ◆Text-editing operations leave the text of a paragraph in a ragged state. 文章編集作業によって, 段落のテキスト(の各行末)が不ぞろいの状態になる.

**raging** adj. 激怒した, 荒れ狂う, 激しい ◆a raging debate 大荒れの[激しい]論争, 激論 ◆a raging, out-of-control officer who crossed the line and beat and kicked the youths after they were handcuffed かっとなって自制心を失い, 一線を越えて, すでに手錠をかけた若者を殴ったり蹴ったりしてしまった警察官

**raid** a~ 襲撃, 急襲, 奇襲, (警察による)手入れ, (人材の)引き抜き, (株式相場の)売り崩し, 公金流用; vi., vt. 襲撃する, 急襲する, (警察が)手入れする ◆because of an air raid siren 空襲警報のサイレンのせいで ◆escape takeover raids 乗っ取りの襲撃から逃れる ◆launch a takeover raid on Kogmos コグモス社に乗っ取りの襲撃を仕掛ける ◆launch [make, mount, stage] a raid on... ~に急襲[奇襲]する; ~を急襲[奇襲]する; 〈警察〉が~に手入れを行う ◆regular air raid drills at school 学校における定期的な防空演習

**RAID** (redundant array of independent [inexpensive] disks) 《コンピュ》(レイド) ◆RAID technology 《コンピュ》RAID技術(＊複数のハードディスクをまとめて1台のディスク装置として管理するための技術)

**rail** 1 a~ (一本の)レール, 軌道, 軌条, 手摺(テスリ), (タオルなどを)掛ける〕横木, 横棒; 口鉄道 ◆a curtain rail カーテンレール ◆a rail line section foreman 保線区長 ◆rapid-rail transit 高速旅客鉄道輸送 ◆a single-rail system 《鉄道》単線軌道系統 ◆come off the rails [line(s)] 〈列車が〉脱線する ◆rail travel is safe 鉄道旅行[列車での移動]は安全だ ◆

rapid-transit rail cars 高速鉄道車両 ◆switches [《英》points] mounted on rail ties [《英》sleepers] 枕木上に設置されている転轍機(テンテツキ) ◆transportation by rail 鉄道輸送 ◆travel by rail from A to B AからBまで鉄道[《意訳》列車, 電車]で旅行[移動]する ◆a rail-carried [rail-mobile] ICBM 鉄道輸送式[鉄道で移動できる]大陸間弾道弾
2 vt. 〜を柵で囲む, 〜に手摺[横木]をつける

**railcar** a〜 鉄道車両, 軌道車, 気動車(*エンジン付きの鉄道車両), 動車 ◆a railcar maker [builder] 鉄道車両メーカー[製造業者]

**railroad** 1 a〜《米》鉄道, (鉄道)線路, 鉄路, 軌道, 鉄道会社 ◆railroad engineering 鉄道工学 ◆railroad [track] maintenance workers 保線作業員 ◆abandon [discontinue] railroad lines [rail service] 廃線にする ◆at a railroad crossing 踏切で
2 vt. 〜を鉄道輸送する, 〜に鉄道を敷く,《法案》を異議をさしはさむ余裕を与えずに素早く通過させる; vi. 鉄道に勤めている

**railway** a〜《米》(短距離を運行する)軽便鉄道, 市街鉄道; a〜,《英》鉄道, 鉄道線路(=《米》railroad) ◆European railway timetables 欧州の鉄道時刻表 ◆the privatization of the Japanese National Railways in 1987 1987年における日本国有鉄道[国鉄]の民営化

**rain** 1 回または〜(a-形容詞・〜の形)雨, おしめり; the 〜s 雨期; a〜 <of> 〈銃弾, 質問など〉の雨, 雨のように浴びせられる〜 ◆a rain gage [gauge] 雨量計 ◆continuous rain 降り続く雨; 長雨 ◆tropical rain forests 熱帯雨林 ◆a rain-swollen creek 雨で増水した小川[水路] ◆drive in (the) rain 雨の中を運転する ◆rain-slick(ed) roads 雨で(濡れて)滑り[スリップし]やすくなっている道路 ◆In the event of rain, the site shifts to... 雨天の場合は, 〜に変更となります. ◆Don't expose it to rain. それを雨ざらしにしないでください. ◆Free, canceled in the event of rain. 入場無料, 雨天の場合は中止. ◆It becomes corrosive when dissolved by rain. それは, 雨で溶けると腐食性を帯びる.
2 vi.(it を主語にして)雨が降る, (爆弾などが)雨のごとく降りそそぐ<on>; vt. 〜(雨のように)降らす, 〜を浴びせかける, 〜を(人に)どんどん与える<upon, on> ◆It never rains but it pours. 《諺》泣き面に蜂; 弱り目に祟り目(タタリメ)(*不運・不幸は重なるものである) ◆though I was rained on (very lightly) every day for the first two weeks of my trip (私の)旅行の出だしの2週間は毎日(ごく軽く)雨に降られたものの ◆Slow down when it begins to rain. 雨が降り出したら, スピードを落とすこと.

**rain out** (通例受身)〈行事, ゲームなど〉を雨で流す[中止にする, 順延する], 〈飛行機など〉を雨のため欠航にさせる[運航中止とする] ◆The field day was rained out. 運動会は雨で流れてしまった.

**rainbow** a〜 虹, 多種多様; adj. 虹色の, 七色の, 多色の

**rainfall** (a) 雨降り, 降雨, 降水; (a) 降雨量, 降水量 ◆the amount of rainfall 雨量 ◆an annual rainfall of 800 mm 800ミリの年間降雨量 ◆the region received above-average rainfall from 1988 to 1992 この地域は, 1988年から1992年にかけて平均[例年]を上回る量の雨が降った ◆Localized rainfall amounts have exceeded 3 1/2 inches an hour at times. 局地的な雨[集中豪雨]による雨量は, 時として1時間当たり3.5インチを上回った.

**rain forest** a〜(特に熱帯の)雨林, 多雨林, 降雨林

**rainproof** adj.(雨に対し)防水の; ◆a rainproof material 防水材料

**rainstorm** a〜 暴風雨 ◆when rainstorms occur 暴風雨[嵐]になると

**rainwater** 雨水, 天水

**rainy** adj. 雨の, 雨降りの, 雨の多い, 雨で濡れた, (雲が)雨をもたらす ◆on a rainy day (pl. on rainy days) 雨の日に ◆on rainy nights 雨の夜に

**rainy day** a〜 雨降りの日; a〜 将来のまさかの時, もしもの時, 万一の場合 ◆save up for a rainy day いざという時

[もしもの時]に備えて貯金する ◆a $2 million rainy-day fund 不時の(出費)に備えての2百万ドルの資金

**raise** 1 vt. 〜を上げる, 引き上げる, (垂直方向に)起こす, 〜を高くする, 昇進させる, 育てる, 〈気力〉を奮い立たせる,《資金など》を調達する, 《家など》を建てる, 〈さざ波, ほこりなど〉を立てる, 〈叫び声など〉を立てる, 〈警報〉を発する,《問題など》を提起する,《コンピュ》〈イベント, 例外など〉を生成する[発生させる], 〈小切手など〉の金額に不正に手を加え増額する,《死人》をよみがえらせる,《数》累乗する ◆raise the subject of... 〜の話題を持ち出す[提起する] ◆the raising of livestock; livestock-raising 家畜の飼育[畜産] ◆2 raised to the 16th power 2の16乗 ◆organically grown [raised, produced] 有機栽培された ◆raise a ruckus 《口》騒ぎ[大騒ぎ, 騒動]を起こす ◆raise dust clouds もうもうたるほこりを立てる ◆raise or lower the lever レバーを上下させる ◆raise the fuel efficiency of... 〜の燃料効率を上げる ◆raise the level of... 〜のレベルを上げる[水準を引き上げる, 高さを上げる], 〜を上昇させる[レベルアップする] ◆raise the level [standard] of... 〜の水準[レベル]を引き上げる, 〜の底上げをする; 〜をレベルアップする ◆raise the price of... 〜の値をつり上げる ◆control rods are raised and lowered from above 制御棒は, 上の方から(吊したような状態で)上げ下げられたりされる[上方から下方に動かされる] ◆Questions were raised about the propriety of... 〜の妥当性をめぐっての疑問が提起された ◆raise an invoice and send it to... インボイス[送り状, 仕切り状, 商品明細請求書, 納品伝票]を起こして[起票して]〜(宛て)に送付する ◆raise the fighter from a depth of 3,500 feet 戦闘機を水深3,500フィートから引き揚げる ◆raise the saw blade from the workpiece ノコ刃を加工物から(離して)上に上げる ◆The invoice was raised on 12.17.90. その納品伝票は, 1990年12月17日に起票されて[切られて, 起票された] ◆The tray has a raised edge. そのトレーは, 縁が高くなっている. ◆Grasp the upper guard and raise it straight up and off the motor. 上側のガードをつかんで, まっすぐ上に起こすようにしてモーターから離してください. ◆The film does raise troublesome questions, and that's its beauty. 実際この映画は厄介な問題を提起するが, それがこの映画のいいところなのである. ◆Raised [Embossed] printing can be used on most jobs from business cards to letterhead and envelopes 肉盛り[浮き出し]印刷は, 名刺に始まり名入り便箋から封筒に至るまでたいていの端物印刷に利用できる.
2 a〜《米》昇給[賃上げ](額)(=《英》a rise; a〜 増加, 増額; a〜《鉱山》(上方へ掘り進む)坑道, 堀上がり, 切り上がり ◆get a raise 昇給してもらう ◆receive a raise (in salary) 昇給する ◆I received a raise not only in salary but in position as well. 私は昇給してもらったばかりでなく昇進させてもらった.

**raison d'etre** a〜(pl. raison d'etre) 存在理由[意義, 価値], 存立根拠 ◆It has lost its raison d'etre. それは存在理由[意義, 価値]が無くなった.

**rakish** adj. スマートな, 快活そうな, 粋な, いきな, いかす, ハイカラな, 見るからにスピードが出そうな ◆a rakish sports car (見るからにスピードが出そうで)かっこいいスポーツカー

**rally** 1 vt. 〜を(再)結集する, 〜の陣容を立て直す, 〜を回復する, 取り戻す, 奮い起こす, 鼓舞する; vi. 結集する, はせ参じる, 駆けつける, 快方に向かう, 回復する, 持ち直す, 盛り返す, ボールを打ち合い続ける ◆rally from an 18-point deficit to trail 38-31 18点差をつけられた後, 持ち直して38-31(で後を追う状態)にまで追い上げる[点差を詰める](*trailは後を追う意) ◆rally from the slump of the last year 昨年の不振から回復する[立ち直る] ◆The New York stock markets rallied on Tuesday, May 29 5月29日にニューヨーク株式市場が反発[反騰]した ◆The civilized world is rallying to America's side. They understand that if this terror goes unpunished, their own cities, their own citizens may be next. 文明世界全体が米国の側に立って[味方について]いる. このテロが罰せられず

**range**

にいれば、次は自分たちの都市や市民の番[《意訳》]が標的になるかも知れないことを認識しているからだ。
2 a〜 再結集、回復、持ち直し、反騰、反動高、反発、巻き返し；a〜 大集会、大会、(労働者の)決起集会、デモ集会、示威運動；a〜《スポ》ラリー(＊相手コートに球を返し合う競技で長い応酬が続くこと)；a〜 カーラリー(＊公道での長距離レース) ◆a sharp rally in stocks 株価の大幅な反発[反騰] ◆at an anti tax rally 課税反対の大(決起)集会で ◆trigger a rally on the bond market 証券[債券,公社債]市場の反発を引き起こす ◆stock prices staged a powerful rally yesterday 株価は昨日、力強い反発[反騰]した ◆At Xxx University, about 1,000 students staged an outdoor rally to denounce the police brutality. Xxx大学では、約1000名の学生が警察の暴力を弾劾[糾弾、非難]する野外集会を開催した。

**RAM** (random-access memory)(通例①まれに a〜)《コンピュ》(ラム).ランダムアクセスメモリー、メモリー ▶ 記憶空間や記憶場所としてのRAMは不可算．RAMチップやRAMの種類をいう場合は可算である．従って、ソフトウェアでは常に不可算．ハードウェアでは時に可算名詞扱いになる．◆a RAM disk RAMディスク ◆nonvolatile RAM 不揮発性RAM ◆a battery-backed RAM card バッテリーバックアップ付きRAMカード ◆RAM-resident programs RAMに常駐のプログラム ◆All models come standard with 64MB RAM. 全機種に64メガバイトのRAMメモリーを標準搭載している。◆The program operates in 512K RAM. このプログラムは、512KのRAMで動作する．◆This computer comes with 8 megabytes of RAM, which you can expand to 32 megabytes. このコンピュータは、8メガバイトのRAMを(標準で)実装しており、32メガバイトまで拡張できる[増設できる、積む]。◆The software package program takes up 2.5 MB of hard disk space and runs in 1 MB of RAM. そのソフトウェアパッケージは、2.5MBのハードディスク容量を使い、1MBのRAMで走る。

**Ramadan** ラマダン(＊イスラム暦の9月．この1カ月間イスラム教徒は日の出から日没まで断食を行う) ◆Muslims practice fasting in Ramadan [during the month of Ramadan] all over the world. イスラム教徒は、ラマダン[断食月]に世界各地で断食を行う。

**Rambus** ◆Direct Rambus, Direct RDRAM, and RIMM, are trademarks of Rambus Inc. 《コンピュ》Direct Rambus, Direct RDRAM, RIMMは、米国ラムバス社の商標です。

**ramp** n.〜(立体交差の高さの異なる道路相互間を結ぶ)ランプ、傾斜路、傾斜道、坂路、(旅客機用の)タラップ(= a boarding ramp); v. 後ろ足で立つ、増加[減少]していく<up, down> ◆an entrance [exit] ramp (高速道路の)入口[出口]ランプ ◆manufacturers are ramping up production メーカーはコンスタントに生産量を増やしつつある ◆on an interchange ramp (高速道路の)インターチェンジのランプ上に[で] ◆the production ramp-up of new products 新製品の増産

**rampant** adj. 猛威をふるって、横行して、蔓延(マンエン)して、はびこって、広がって、放恣で、盛んで、(病気などが)はやって、〈植物が〉繁茂して[生い茂って]、〈ライオンなどが〉後ろ足で立ち上がって ◆rampant inflation 激しい[猛威をふるっている]インフレ ◆illicit copying is rampant 違法[不正]コピー行為が横行して[はびこって]いる ◆rampant corruption はびこる腐敗 ◆Rumors are rampant that... ー という噂が飛び交って[はびこって、流行って]いる ◆Even in the pharmaceutical industry, which enjoyed the luxury of raising prices at twice the rate of inflation through the 1980s, price-cutting is becoming rampant. 1980年代全体を通してインフレ率の倍のペースで値上げするというおごりを極めていた製薬業界においてさえも、値下げ[低価格化]が広がってきている。

**Ramsar** ◆the 94-nation Ramsar Convention 94カ国が加盟するラムサール条約(＊水鳥などの多様な生物の生息地としての湿地の保全を目的としている) 〈参考〉the Convention on Wetlands of International Importance especially as Waterfowl Habitat 特に水鳥の生息地として国際的に重要な湿地に関する条約(＊1971年にイランのRamsarで採択。現在はラムサー

ル条約 = the Ramsar Convention, あるいは国際湿地条約 = the Convention on Wetlands と呼ばれている)

**ramshackle** adj. がたがたの、ぐらぐらの、今にも壊れそうな ◆a near-condemned ramshackle house ほとんど廃屋のようなおんぼろの家[あばら屋] ◆an old ramshackle shed 古くてガタガタの物置

**R&D** 研究開発(→research and development) ◆make giant strides in R&D of VLSI technology 超大規模集積回路技術の研究開発において大幅な進歩を遂げる

**random** adj. でたらめの、手当たり次第の、行き当たりばったりの、その場かぎりの、無作為の、任意の、寸法がそろっていない、偶発的な、偶然の、不規則な、確率的な、無順位の、乱れ ◆in a random fashion ランダムに ◆on a random basis ランダムに ◆a random inspection 抜き取り試験[検査] ◆a random method 無作為抽出法；任意抽出法 ◆a random variable 《統計》ランダム変数、変量(= a variate) ◆random noise ランダム[不規則]雑音(= fluctuation noise) ◆random numbers 乱数 ◆random samples 無作為に抜き取られた[無作為抽出]標本 ◆a random number generator 乱数発生器 ◆at random intervals 不規則な間隔で ◆use random sampling to <do...> 〜するのにランダム抜き取り[無作為抽出、任意抽出]法を用いる ◆the random motion of electrons 電子の不規則な動き ◆occur at random and infrequent intervals 散発的に起きる ◆Using machine vision, the robotic system is capable of picking parts in random orientations and positions out of a bin. そのロボットシステムは、機械視覚により、向きも位置もばらばらに入っているパーツを容器から取り出すことができる。

**at random** でたらめに、任意に、無作為に、無計画に、手当たり次第に、行き当たりばったりに、出たとこ勝負で

**random access** 《コンピュ》ランダムアクセス(= direct access; →sequential access) ◆《AV》ランダムアクセス[即時頭出し] ▶ ディスク装置などで目的の情報記録箇所にいきなりアクセスすること．テープ媒体の場合のような順次アクセスと異なり、アクセスの所要時間は目的場所の位置に影響されない．◆random access memory (RAM) 《コンピュ》ランダムアクセスメモリー ◆a random-access color TV ダイレクト選局式カラーテレビ

**randomize** 無作為化する、ランダム化する

**randomly** adv. でたらめに、任意に、無作為に、無計画に、手当たり次第に、行き当たりばったりに ◆at a randomly chosen point 任意に選んだ地点で；任意の場所で ◆retrieve randomly oriented parts from a container ばらばらに入った部品を容器から取り出す ◆randomly select for "life" test two units per day from the daily production run 「寿命」試験用に1日当たり2台[毎日2台ずつ]を日々の生産操業から無作為に選ぶ

**randomness** ランダム性、不規則性、無作為、偶然性、偶発性

**random sampling** ランダムサンプリング、無作為抽出、ランダム[でたらめ、任意]抜き取り

**range** 1 n.《距離に類するものは(a)〜、他は a〜》範囲、領域、帯域、域、-圏、-系、-帯、-幅、-較差、-限界[範囲]、音域、区間、潮差、射程、飛程、距離、視程、視界、(期間の意味での)-期、(生物の)分布範囲 ◆an operating range 動作範囲[領域]；運転領域；作動距離；作業範囲 ◆a range sensor 距離[測距]センサー ◆the range of a gun 銃砲の射程(距離) ◆medium- to long-range flights 中長距離飛行 ◆a 10A current range 〈テスターの〉10A電流測定レンジ ◆a missile with a range of 186 miles 射程186マイルのミサイル ◆a wide range of studies 広範にわたる研究 ◆extend the range of choices 選択の範囲[幅]を広げる ◆narrow the range from 80 to 20 範囲を80から20に狭める ◆over a range of (from) 47 to 63 Hz 47〜63Hzの範囲にわたって ◆over a wide range of temperatures；over a wide temperature range 広い温度範囲にわたって ◆the beginning [→end] of the range (その)範囲の開始点[→終了点]；範囲の下限[→上限] ◆throughout the gray-scale range (濃淡の)階調全体[全域]にわたって ◆concentrations in the range of parts per billion 十億分率(ppb)の範囲[《意訳》レベル]の濃度 ◆fall within the prescribed range 〈値が〉所定

の範囲内におさまる ◆over the full range of audible frequencies 可聴周波数全域にわたって ◆the range of applications of photonics フォトニクスの応用範囲 ◆a wider-range tone control より広いレンジ[調整範囲]の音質調整(つまみ) ◆amplify an extremely wide range of frequencies 極めて広いレンジの周波数を増幅する ◆at any frequency in the 4- to 200-MHz range 4MHzから200MHzの範囲のどの周波数においても ◆in an ever-widening range of applications ますます拡大する用途で[に] ◆render a wide [broad] range of services 幅広いサービスを提供する ◆the development of sales strategies to broaden the range of potential buyers for the new product 新製品の見込み客の幅を広げる[(意訳)潜在需要層の裾野を拡大する]ための販売戦略を立てる[練る,策定する,計画すること] ◆bring the system into a price range that individuals can afford そのシステムを個人が購入できる範囲の価格[価格帯]まで持ってくる ◆filter glasses with ranges from ultraviolet through infrared 紫外線域から赤外線域までのフィルター用各種ガラス(材料) ◆if the coolant temperature falls below this range 冷却液の温度がこの範囲より低くなると;冷媒の温度が下がってこの範囲を外れると ◆If the value falls outside this range,... その値がこの範囲から外れると ◆low mortgage interest rates, which are expected to remain in the single-digit range for the rest of the year (現時点から)今年末までの間,1ケタ[1桁]台にとどまると見られている低い抵当金利 ◆spur G.N.P. growth into the 4%-to-5% range for the first half of 1985 GNP成長率に拍車をかけて1985年の上半期に4～5%の範囲にまで持っていく ◆As an increased range of functions and capabilities are integrated into one system,... より幅広い[豊富な]機能や能力が同一システムにまとめられる[統合化される,一元化される,集約される]につれ, ◆The car's seats are limited in their range of adjustment. この車のシートの調整範囲は狭い. ◆Their operating range extends from -10°C to 50°C. それらの動作範囲は-10°Cから50°Cまでに及ぶ. ◆The speaker is mostly used in the mid- to high-frequency ranges. そのスピーカは,主に中高周波数域[中高音域]で用いられる. ◆The systems sell in the $8,000 range. これらのシステムは,8,000ドル台で売られている. ◆The tests used a light wavelength range of 20nm. これらの試験は20ナノメートルの光波長帯を使った. ◆Ultrasound is beyond the range of human hearing. 超音波は人間の可聴範囲を超えている. ◆The allowable range is between -2,147 and 2,147. 許容範囲は-2,147から2,147までである. ◆Information management embraces a very wide range of office activities. 情報管理には広範なオフィス業務が含まれる. ◆It has an extended operating temperature range of 300°F to 900°F. 本装置は,動作温度域が広く華氏300度から900度までである. ◆Over the years, her range has narrowed and her voice has grown huskier. 長年の間に,彼女の音域は狭まり声はよりハスキーになった. ◆The audio generator section has a frequency range of 10 Hz to 20 kHz. オーディオ信号発生部の周波数レンジ[範囲]は10Hzから20kHzである. ◆The count of button presses will always be in the range 0 to 32767. ボタンの押し下げ(回数)のカウントは,常に0から32767の範囲内になっている. ◆The exports are in the highly profitable $20,000-to-$60,000 price range. これらの輸出品は非常にもうかる[うまみのある]2万ドルから6万ドルの価格帯にある. (*自動車の話) ◆This system is capable of amplitude and phase measurements from 500 kHz to 1300 MHz, or any portion of this range. 本システムは,500kHzから1300MHzまでの範囲にわたって,振幅と位相を測定することができます. ◆The range of computers currently on the market is enormous, varying widely in terms of both price and performance capabilities. At one end of the range are... At the other end are... Between these extremes exist... 現在市販のコンピュータは,価格の点でも性能の点でも非常に多様で幅が広い. 下は～から上は～まであり,その中間に位置するものとして～がある. ◆The range of text processing systems extends from the most basic text editor up through mainstream word processors to the most elaborate text-and-graphics document preparation DTP systems. 文書処理システムの範囲は,最も基本的なテキストエディタにはじまって,上は主流のワープロや,テキストとグラフィックス混在のドキュメント作成ができる最高に凝ったDTPシステムにまで至る. 2 a~ 部類,種類,階級; a~ 並び,列,山脈(= a mountain range) ◆portability across a range of platforms 〈コンピュ〉同異異機種間の移植性(*a range of...は,ある一つの分類でくくられるもの. platformsとは,ハード,ソフトの設計開発を行う土台となる一機種一機種のコンピュータのこと) ◆ships in the range of 500 deadweight tons (DWT) 500重量トンクラス[トン級]の船 ◆Our range of forest machines is without equal. 弊社の森林用機械ラインナップは他の追随を許しません. ◆The new LBP3260 is the flagship model in Canon's laser beam printer range. この新型LBP3260は,キヤノンのレーザービームプリンタ商品系列のフラッグシップ[旗艦,最高峰]機種です. 3 a~ 射撃場,(ミサイルの)実験場,試射場,射爆場,(米)牧場;[放牧地]; a~ (調理用)レンジ 4 vi. (ある範囲内を)動く[上下する], 分布する,広がる <between, from, to>; 達する,届く,およぶ,いたる <to>; 〈ミサイルが〉(～の)飛翔距離を有する,〈銃砲が〉(～の射程)を持つ; a~ 動き[歩き]回る <through, over> ◆7 boats ranging from 20 to 29 feet long 長さが20フィート台のボート7艘 ◆at depths ranging from dozens to hundreds of feet 数十から数百フィートの深度で ◆at prices ranging from $1,400 to $29,000 1,400ドルから29,000ドルの値段で ◆pay raises ranging up to 45% 最高45%までの範囲の昇給 ◆the company's services are quite wide-ranging 同社のサービスはかなり広範囲にわたっている[間口が広い,多岐にわたっている,多彩である,(意訳)業務内容/業容が広い] ◆His income ranged between $10,000 and $20,000. 彼の収入は,1万ドルから2万ドルまでの幅があった. ◆Its measurement ranges from 3 to 15 feet. それの寸法は3フィートから15フィートである. ◆His approval rating has ranged between 59% and 71% in recent polls. 彼の支持率は,最近の世論調査で59%から71%の間で推移していた. ◆The instrument incorporates autoranging and autozeroing. 本測定器は,自動レンジ切り換え機能と自動ゼロ設定機能を備えている. 5 vt. ～を並べる,整列させる,そろえる,分類する,〈ある地域〉を動き回る,〈望遠鏡,砲など〉の照準を合わせる,～を構える[向ける],～の距離を測る

**rangefinder, range finder** a~ (カメラなどの)レンジファインダー,距離計,測距儀 ◆a laser rangefinder レーザー距離計

**ranger** a~ 国立公園や森林の警備員[管理人],レインジャー,山の番人[山番,山守],〈軍〉奇襲[突撃]隊員,放浪者 ◆a forest ranger 森林監視員[警備隊員] ◆a park ranger 公園管理官

**rank** 1 (a)~ 位,地位,身分,階級,階層,等級,順位,序列; 口高い地位[身分]; a~ (a file)(横)列,(横)1列の人々[もの], 並び,〈軍〉横列[横1列分の兵士や車両]; the ~s (管理職者に対し)一般社員[職員],平社員,ぺえぺえ,下っ端;〈軍〉(将校に対して)兵[兵卒,兵士,兵隊,下士官]; ~s (ある分類に入る)層[集団,一組,仲間] ◆rise [move] up through the ranks 出世階段を上る; 地位が上がっていく; 昇進 [栄進]していく; 偉くなっていく ◆a person of rank 身分[(社会的)地位]の高い人 ◆(a) low-rank coal 低炭化度炭 ◆a Cabinet-rank official 閣僚レベルの(政府)高官 ◆climb [rise, move up, come up, work one's way up] through the ranks of... 〈組織など〉の出世階段を登る; 〈組織〉内で地位が上がる[昇任する,昇進する,昇格する,栄達する] ◆join the ranks of the unemployed 失業者の仲間[集団]に加わる;失業する ◆rise [move up] from the ranks 平(ヒラ)[ぺえぺえ]から上級の地位・役職に昇る ◆those of lesser rank 位がより低い人たち ◆back the promotion of someone from the ranks (意訳)下っ端[平(ヒラ)]の人間を上に引き揚げるための後押しをする ◆be promoted [advanced] to the rank of four-star general 陸軍大将の階級に昇進する ◆he worked his way up from the ranks 彼は平(ヒラ)の身分からはい上がった ◆place it in the top rank それを最高位[トップラ

ンク]に位置付ける ◆these companies moved up in profitability ranks これらの会社は収益部門でランクアップした(*企業番付で) ◆As each level is completed, the player moves up a rank. 1つのレベルを終了するごとに、プレーヤーは1段ずつランクが上がる。(*コンピュータゲームの話で)
2 vt. ～を並べる、整列させる、横列にする、～と同列に置く、～を位置付ける、格付けする、分類する、(米)～より上位に[階級]である; vi. 並ぶ、地位を占める、(地位や身分に)位置付けられる、一位である、(～の部類に)分けられる[入る、属する]、～に列する⟨among, with⟩ ◆be ranked No. 8 worldwide 世界で第8位である[に位置付けられている] ◆rank A and B in first and third place AとBを第1位と第3位にランクする[順位付けする] ◆rank...on a scale of 1 to 10 ～を1から10までの段階にランク付けする ◆Japan's second-ranked carmaker 日本第2位の自動車メーカー ◆the No. 3-ranked network 第3位のネットワーク ◆third-ranked [-ranking] 第3位の ◆rank as the worst 最下位を占める[最低である、最悪である] ◆choose American places and rank them one, two, three 米国の各地を選んでそれらを1位、2位、3位とランク[順位]付けする ◆the company ranks number 125 on the Global 500 list in terms of profits 同社は収益部門で世界大企業500社番付の125位にランクされている ◆The Taj Mahal, which ranks as the world's largest gambling hall, ... 世界一大きな賭場の殿堂として位置付けられるタージマハル...(*Las Vegasの) ◆X ranks behind Y and Z in total production (製品)Xは、総生産量の点で(順位)がYとZの下である ◆The bar chart ranks scores against the national mean. その棒グラフは、得点を全国平均を基準にした評価[ランク付け]で示している。 ◆Dallas ranked first among the nation's eleven largest cities in... ダラスは、全米11大都市の中で～において1位だった。 ◆The company's R&D budget ranks as one of the largest in U.S. industry. その会社の研究開発費は米国産業界で最も多額な部類にはいる。 ◆Americans now rank fighting crime as a higher national priority than reforming health care. 米国人は今では犯罪撲滅を、医療改革よりも優先順位の高い国家的関心事であると位置付けている。 ◆The city ranked 51st of 253 cities in the value of finished goods exported, according to a recent Commerce Department study. 同市は、最近の商務省の調査によると、完成品輸出額で253都市中51位にだった。
3 adj. 全くの、はなはだしい; 生い茂った、はびこった; いやな臭い[味]がする、へどがでるような、粗野な、野卑な ◆courses for rank beginners ずぶの初心者向けコース ◆A program called ThySketch lets a rank amateur novice rookie like me draw acceptable-looking pictures. ThySketchというプログラムは、私みたいなずぶの[ど]素人でもまあまあ[一応]見られる絵が描けるようにしてくれる。

**rank and file** the ～(単/複扱い))(管理職者層に対し役付きでない)平社員、一般職員[社員]、一般構成員、(将校、士官に対し)下士官と兵卒、一般大衆 ◆rank-and-file workers 一般職員[従業員]; 平社員; 役付きでない[平の、ぺえぺえの]会社員 ◆the rank and file members of society 社会[世間]の一般の人; 一般庶民; 一般大衆

**rank and filer** a ～ 下士官兵、一般人、一般従業員、一般社員、平社員、一般組合員、平会員 ◆rank and filers (= the rank and file; rank-and-file staff [personnel, employees, workers]) 役付きでない職員、一般従業員; 平社員

**Rankine** n. ◆a Rankine cycle steam turbine ランキンサイクル蒸気タービン

**ranking** n. 順位付け、等級付け、順位付け、番付け、序列化; (a)～ 順位、番付表; adj. 最高位の、名高い、一流の、(《複合語を伴って)～位(イ)の、～の位(クライ)の ◆a credit-ranking agency 信用格付け機関 ◆the second-ranking manufacturer 第2位のメーカー ◆win high ranking among... ～の中で上位を占める ◆The ranking of types, from highest to lowest, is, ...... , and... 型の格付け[順位]は、最も高いものから低いものの順に、～、～、～である。 ◆For states with the same percentage, ranking was determined by the incidence of readings over 20 picocuries. 同じパーセントを示した各州については、20ピコキューリーを上回る測定値の発生頻度により順位を決定した。

**rape** (a)～ レイプ、性暴力、婦女暴行、女性への乱暴、強姦、略奪、蹂躙(ジュウリン)、陵辱(リョウジョク); the ～ ⟨of⟩ (～を)損なう[むしばむ]こと、(～から)略奪すること; vt., vi. (～を)強姦する、婦女暴行[乱暴]する、破壊[侵犯、略奪]する ◆on a charge of rape 強姦の容疑[嫌疑、疑い、廉(カド)、罪、罪名]で ◆rape the Earth 地球の環境を破壊する; 地球を蹂躙する ◆the 1937 Rape of Nanking 1937年の南京大虐殺[暴行略奪虐殺事件] ◆the horrible rape of the environment すさまじい環境破壊 ◆the rape of Kuwait by Iraq イラクによるクエートの侵略[蹂躙]

**rapid** adj. 急速な、高速な、速い、迅速な、敏速な、素早い、急ぎの、早い、急–、速–、瞬–、n. (通例～s)急流、早瀬; ～s (= rapid-fire shooting) 早撃ち、速射、連射 ◆a rapid start fluorescent lamp ラピッドスタート蛍光灯 ◆at an increasingly rapid pace なおいっそう速いペース[テンポ、速度、足取り]で; ますます急速に; ぐんぐんと足を速めて; どんどんとスピードを上げて ◆at a rapid clip (口)高速で、すばやく ◆at a rapid pace 速いペース[テンポ、速度、足取り]で; 急速に; 早足で、急ぎ足で ◆at very rapid speed 非常に速い速度で[高速で] ◆a U.N. rapid-deployment force 国連緊急展開部隊 ◆high-tech start-ups undergoing rapid growth 急成長[急伸長]しているハイテクベンチャー企業 ◆thus the retraces must be very rapid 《TV》したがって帰線は非常に高速でなければならない ◆the product's rapid establishment in the business community その製品の、ビジネス界における瞬く間の普及[定着] ◆the rapids of the Colorado River コロラド川の急流区間

**rapid-fire** adj. 速射の、矢継ぎばやの、すばやい ◆rapid-fire questions 矢継ぎ早の質問 ◆launch a series of rapid-fire pulses 《意訳》一連の(非常に)速い周期の[短い間隔の、小刻みな、細かい]パルスを発射する ◆He posed questions in rapid-fire, seemingly random fashion. 彼は矢継ぎ早に、一見手当たり次第に質問を浴びせかけた。 ◆Large RAM buffer has plenty of room for rapid-fire shooting. 大容量RAMバッファは高速連写に十分な容量です。(*デジタルカメラの話)

**rapidity** 速さ、速度; 急速、迅速、敏捷(ビンショウ)、素早さ ◆with sufficient rapidity 十分な速さで

**rapidly** 急速に、高速に、速やかに、速く、迅速に、敏速に、素早く、急いで ◆be rapidly cooled 急冷される ◆keep pace with rapidly changing technology 《直訳》急速に変わりつつある技術[《意訳》日進月歩の技術]について行く ◆rapidly changing city life 急速に変わりつつある都市生活 ◆the situation is changing very rapidly 情勢[状況]は極めて急速に[目まぐるしく]変化している ◆cellular telephone technology is advancing rapidly セルラー方式無線電話技術は、長足の[日進月歩の]進歩をしている ◆We are expecting sales to continue growing rapidly 弊社では売り上げが引き続き急伸するものと期待しています

**rapid-paced** adj. ペースの速い、速い[すみやかな]歩調の、急ぎ足の、早足の ◆a rapid-paced tour 急ぎ足の[駆け足、速いペースで巡る]ツアー ◆the rapid-paced advance of technology 長足の技術の進歩

**rapid-response** ◆rapid-response feedback 高速応答フィードバック

**rapid-start** ◆a rapid-start lamp ラピッドスタート[高速点灯]形ランプ

**rapid transit** (a)～ 高速輸送(線)(*特に都市部の、地下鉄および高架鉄道によるもの) ◆a rapid transit system 高速輸送システム

**rapport** (a)～ 《仏語》ラポール、疎通性、心が通い合う関係、調和、一致 ◆establish close rapport with... ⟨人など⟩と親密[打ち解けた関係]になる ◆have a rapport with... ⟨人など⟩と心のつながりを持っている ◆in close rapport with... ⟨人⟩としっかり役を(通い)合わせて ◆promote rapport between them 彼らの間の(心の)触れ合いを助長する ◆rapport between teachers and their pupils 先生と生徒の間の心の絆

**rare** 1 adj. まれな、めったにない、珍しい、希有(ケウ)な、希代(キタイ)の、希少の、極めて少ない、まばらな、(気体が)希薄な、薄い、まれに見る、賞賛に値する、模範的な、立派な ◆in some rare cases まれ[たま]に(は) ◆on rare occasion まれに ◆a rare species 《動植物》希少種 ◆a rare-earth element 希土類元素 ◆a circumstance of rare occurrence めったにしない[めったに起きない]状況 ◆collect rare old books めったにない珍しい古本を収集する;稀覯本(キコウボン)を蒐集(シュウシュウ)する ◆total brake failure is very rare 全くブレーキが効かなくなるということは非常にまれ[めったにない]ことである ◆a television news crew was given a rare opportunity to videotape... テレビ取材クルーは、〜をビデオ撮りするといっためったにない機会を与えられた ◆Injuries from seat belts are very rare. シートベルトによるけがは、非常にまれである。 ◆It's rare for me to take a vacation. 私が連続休暇を取るのは珍しい[希な、めったにない]ことです。 ◆Unfortunately, such attacks are no longer a rare occurrence. 残念ながら、もはやそういった襲撃暴行事件は珍しい出来事ではない。
2 adj. (ステーキなどが)レアの、生焼きの、生煮えで[半煮え]の

**rare earth** a〜 希土酸化物; rare-earth adj. 希土類の ◆rare-earth metal oxides 希土類金属酸化物 ◆rare-earth metals 希土類金属 ◆a rare-earth-cobalt magnet 希土類コバルト磁石

**rarely** adv. めったに〜ない、めったにしないほど、著しく ◆rarely stop thinking about... 〜のことを片時も考えず[思わずには、想わずには]にいられない ◆Good drivers rarely get into an emergency situation. 優良ドライバーは、めったに緊急事態に陥ることはない。

**rare metal** a〜 レアメタル、希少金属、希有金属 ◆a bar of the rare metal palladium 希有[希少]金属(である)パラジウムの延べ棒

**raring** ◆be raring to <do...> 〜したくてうずうずして[むずむずして、たまらないで、じっとしていられないで]いる、しきりに[無性に、ひどく、盛んに]〜したがっている

**rarity** 回希な[珍しい]、(気体などの)希薄さ; a〜 稀な[珍しい]物[品品]、稀なき事、滅多にない(優れた)人、希代の人材[逸材(イツザイ)] ◆He is a rarity among bright young Chinese scientists. 彼は頭脳明晰で優秀な中国人科学者の中でも希有な人材[逸材]である。 ◆Prices are determined based on rarity. 価格は希少さ(の度合い)によって決まる。

**rash** a〜 吹き出物、発疹(ホッシン、ハッシン)、〜疹、かぶれ; a〜 <of〜> (〜の)突然の頻発[頻出、大量発生] ◆diaper rash おむつかぶれ[負け] ◆a rash of accidents 事故の突然の多発 ◆a rash of errors ミスの突然の大量発生 ◆he considered her rash and frivolous 彼は彼女のことを軽はずみで うわっいていると思った(軽佻浮薄(ケイチョウフハク)であると考えた) ◆When asked how often diaper rash occurred, nine percent said... おむつかぶれができた頻度について尋ねたところ、9%の回答者は〜と答えた。

**raster** a〜 ラスター(＊ブラウン管の画面の走査線により走査されて光る実際の表示部分) ◆a raster image processor ラスターイメージプロセッサ

**rat** a〜 ネズミ(＊a mouseより大型のもの); a〜《俗》卑劣な奴、変節者、裏切り者、脱党者、スト破り(a scab)、密告者(an informer); vi. ネズミを捕る、裏切る、スト破りをする ◆arsenic-type rat and mouse poison ヒ素系の殺鼠剤(サッソザイ)

**ratchet** 1 a〜 ラチェット、歯止め、爪車(＝a ratchet wheel)、爪車の歯(＊ラチェットは、a catch や a pawl と共に用いられる。周囲に、一方向にしか回転できないようなギザギザの爪がついている)
2 v. つめ車で動かす; <up> 段階的に増やす[徐々に高める、段々増大させる]、<down> 段階的に減らす[徐々に下げる]

**rate** 1 a〜 割合、比率、率、割、速度、歩度、〜率、料率、料金、値段、運賃、時間給 ◆(a) transfer rate 《コンピュ》転送速度 ◆operator-assisted rates 交換手扱いの通話料金[料率] ◆at a constant rate (ある)一定の速度[割合、率]で; 定速で ◆at an increasingly fast rate [pace] どんどん速度を上げて;ますます[歩]を速めて[加速して] ◆at a rate more than three times the average 平均の3倍以上の率[速度]で ◆the annual rate of change 年間の変化率 ◆the rate of increase 増加[上昇]率 ◆the rate of spread 広がる速さ ◆the rate-determining step of [in] a reaction 《化》反応の律速段階 ◆increase at a nearly geometric rate ほとんど幾何級数的なペースで増加する ◆occur at more than twice the normal rate 通常の2倍以上の率[割]で発生する ◆run generators at a steady, constant rate 発電機を安定した一定の速度[定速度、定速]で運転する[回転させる] ◆the rate at which technical advances are made 技術の進歩の速さ[ペース] ◆issue a figure on the rate of recycling of all containers, including bottles ビン類をはじめとする全容器類のリサイクル率を公表する ◆we have no plan to change our rate schedule 弊社の料金表[料金制]を改定する予定はありません ◆economic growth is now increasing at the rate of 7 percent per year 経済成長は現在年7%の率で[年率7%で]伸びている ◆inquiries are pouring in at the rate of 70 or 80 a day 問い合わせは日に70件とか80件の割合で舞い込んできている ◆Unemployment reached a rate of 7.6%. 失業は7.6%の率に達した。 ◆The voice recognition system has a high success rate in recognition. その音声認識システムは、認識率が高い。 ◆Figure 4 shows that the rate of increase of $CO_2$ concentration has accelerated in the past few decades. 図4は、二酸化炭素濃度の上昇[増加]速度が過去数十年に加速したことを示している。 ◆These printers operate at rates ranging from a few dozen to a few hundred characters per second. これらのプリンタは、1秒間に数十から数百文字の速度で動作[印字]する。 ◆Japanese automakers have been forced to raise prices, as the yen rose steadily from an exchange rate of about 125 yen to the dollar in the beginning of this year to a post-World War II record of near 101 yen in August. 円がじりじりと上昇して年初の為替レート1ドル約125円から8月には戦後最高の101円近くにまでなったため、日本の自動車メーカーは値上げを余儀なくされた。 ◆Our new reader/writer has an improved head that reads all 4 tracks simultaneously – providing twice the amount of information in one-half the time, thereby improving reading time by a rate of 4. 当社のリーダー／ライターは、同時に4トラックを全部読取ることのできる改良ヘッドを装備しています。つまり、2倍の情報量を半分の時間で得ることができ、それによって読み取り時間が4倍に向上します。
2 a〜《序数などと合成語を作って》〜等の、〜級の、〜流の
3 vt. 〜の価格[価値]を見積もる、評価[査定、鑑定]する、格付け[等級]付ける、〈製品〉の定格の〜とする、〜を〜と見なす[思う]; vi. 評価[査定、鑑定]される、見積もられる、見なされる ◆be rated against standards 基準に照らして評価[格付け]される ◆bonds rated AAA or AA トリプルAまたはAAに格付けされている債券 ◆maximum rated currents for contacts 接点の最大定格電流(値) ◆rate... as A-1 [poor, being "outstanding"] 《順に》〜を第一級と[劣るものと、「抜群である」と]評価する ◆rate... as a success 〜を成功として評価する ◆rate... on a scale of 100 百点満中の何点という具合に〜を評価する;〜に100点満点で点をつける ◆a method of rating product quality 製品品質評価法 ◆AA-rated bonds AA格の債券 ◆rated as being in the "Top One Hundred 1999" by... 〜により「1999年トップ100」にランクインされて ◆the new system is rated as being three times faster 新システムは3倍速いという評価を受けている ◆Capacitors are rated at 105°C with 50,000 hours MTBF. コンデンサは、105°Cにおける定格平均故障間隔が50,000時間となっている。 ◆Frequency response is rated as 5 to 20,000 Hz ± 1 dB. 周波数特性は、(定格で)5Hz〜20,000Hz±1dBとなっている。 ◆The unit is rated at 250 volts, the mains voltage in Australia. 《意訳》本ユニットの定格電圧は、オーストラリアの電源電圧であるところの250Vである。；このユニットはオーストラリアの電源電圧に合わせた250V仕様である。 ◆Seven testers rated the cars in ten categories on a 1-to-5 scale (5 being best). 試験官7名が、それらの車を10項目につき5段階評価(5が最高)で評価した。 ◆The power amplifier is rated to deliver 35 watts per channel into 4- or 2-ohm loads. このパワーアンプの定格出力は、4から2Ωの負荷で1チャンネル当たり35ワットである。 ◆The unit

is rated at no more than 300 milliamperes of current from the 5-volt power supply.　本ユニットは、5ボルト電源から〔定格で〕300mAの電流しか消費しないとされている。◆This website has also been reviewed by SafeSurf for content, and is rated as being suitable for all ages.　当ウェブサイトの内容は、SafeSurfによる審査も受けており、すべての年齢層に適している[見てもよい]との評価を受けている。

**at any rate**　とにかく、いずれにしても、《意訳》少なくとも

**rated**　adj.《電気,機械》定格の　◆the rated load of the rectifier unit　その整流装置の定格負荷　◆when the unit is operating at rated load　本装置が定格負荷で動作しているときに　◆Total harmonic distortion is given as 0.01 percent at rated power.　全高調波歪は、定格出力の0.01%となっている。

**rather**　adv. むしろ、まだしも、どちらかと言えば、かえって、逆に、どころか、もっと正確に言えば；いくぶん、やや、多少、かなり　◆Water, or rather the lack of it, has caused...　水が、というよりむしろ[もっと正確に言えば]水不足[渇水]に、～を引き起こした　◆The unit has a rather large footprint.　このユニットは、かなり置き[結構な据え付け]場所を食う。

**rather than**　〜ではなく、〜の代わりに、〜よりはむしろ、どちらかといえば (= instead of, in place of)　◆from within rather than from without　外側[外部]ではなく内側[内部]から　◆present data in graphical rather than tabular form　データを表形式ではなくグラフの形で表す　◆When heated to high temperatures, they decompose rather than melt.　高温に加熱されると、それらは融解するのではなく分解する。

**ratification**　回批准、承認、裁可　◆the ratification of a treaty [a pact, a convention, an agreement]　条約の批准

**ratify**　〈条約など〉を批准する、承認する、裁可する　◆President George W. Bush announced in March that the United States will not ratify the Kyoto Protocol.　ジョージ・W・ブッシュ大統領は3月、米国は京都議定書を批准しないと宣言した。

**rating**　a 〜〈製品の、船舶の〉最大総定格[トン数]；〈企業、個人の〉格付け[信用度]、〈政治家の〉〔世論調査による〕支持率；the 〜 視聴率、聴取率；a 〜〔映画の〕子供、成人向けなどの部門　◆an A-minus rating　Aマイナス格《 *債券の格付け》　◆a power rating　定格電力　◆a rating company　視聴率調査会社　◆a rating sheet　評価表；成績表；性能表　◆a ratings race　視聴率獲得競争　◆a top-quality, brand-name oil with an SD rating　SD等級の最高品質有名ブランドのオイル　◆lower the company's rating one notch　会社の格付けを一段階格下げする　◆measured in gross rating points (GRPs)　総視聴率で計測される　◆the rating of the machine　この機械の定格　◆maximum current ratings for speed limit switches　速度制限スイッチの最大電流定格〔値〕　◆Transformers with 80°C Temperature Rise Rating　温度上昇定格[《意訳》階級]が80°Cの変圧器《 *標題なので80°Cの表記は省略されるべき不定冠詞anが省略されている》　◆the credit-rating agency Moody's　信用格付け機関ムーディーズ《 *Moody's Investors Serviceが正式名》　◆enjoy an excellent customer-satisfaction rating　高い顧客満足度を獲得している　◆insurance companies with high safety ratings　安全度の格付けが高い保険会社《 *倒産する危険の程度からみて》　◆operation at its continuous rating　その連続定格での運転　◆reduce the company's rating to AA, down from AAA last year　会社の格付けを、昨年のトリプルA格からAAに格下げする　◆The movie carries a PG-13 rating.　この映画の[入場規制年齢別]格付けはPG-13である。《 *PG-13はParental Guidance-13の略で、13歳未満の子供が見る場合、親または保護者の指導が望ましいという意》　◆Other units' ratings are shown for comparison.　比較のために他のユニットの評価値[定格値]を示す。　◆The input rating of the power tool is given in watts.　この電動工具の入力定格は、ワットで示されている。　◆The model came out on top in our quality ratings.　この機種は、我々の品質評価でトップ[1位、首位]になった。　◆Voltage ratings range from 5 to 50 kV and capacitance ranges from 10 to 1,000 pF.　電圧定格は5〜50kVで、〔静電〕容量は10〜1,000pFである。

---

**ratio**　a 〜 比、比率、率、割合　◆a breeding ratio　《原子力》〔増殖炉の〕増殖率 (= a breeding factor)　in direct ratio to...　〜に正比例して　◆the ratio between...　〜と〜[2つの〜]の割合[比、比率]　◆an aspect (length-to-width) ratio　アスペクト〔縦横〕比　◆at a ratio of two to five　2対5の比で　◆the ratio between A and B　AとBの比　◆the ratio of A to B　AとBの比　◆the ratio of on versus off　ONとOFFの比率　◆the ratio of the output voltage to the input voltage　出力電圧の入力電圧に対する比　◆the ratio stood at nearly 3-1　比率[割合]は、ほぼ[だいたい]3対1だった　◆when the ratio is relatively large　比が比較的大きければ　◆a 1-to-40 teacher-to-student ratio　1対40という先生対生徒の割合　◆adjust the air-fuel ratio　空気と燃料の混合比を調節する　◆空燃比を調節する　◆the ratio had fallen to 2.5-1　比率は2.5対1に落ちた　◆maintain a carrier-to-interference ratio of 18 dB　《通》18dBの搬送波対妨害比を維持する　◆the ratio of the time constant to the period of the input　時定数と入力周期の比　◆the ratio of total cholesterol to HDL, the good cholesterol　総コレステロールに占める善玉コレステロールであるHDLの比率　◆thanks to taller ratios in the five-speed manual transmission's top three gears　《車》5速マニュアル・トランスミッションの上位3速[ギア]の比較的高い〔変速〕比のおかげで　◆By 1994, the ratio had dropped to less than half.　この率は1994年までに半分以下に落ちてしまった。　◆The liquid-crystal display offers a 12:1 contrast ratio.　この液晶ディスプレイは、12対1のコントラスト[明暗]比を持っている。　◆The ratio stood at a lofty 2.56.　比率は、2.56と高かった。　◆The tank is filled with a mixture of gasoline and oil in a 50:1 ratio.　タンクにはガソリンとオイルを50対1の割合[比率]で混ぜた混合油が入っている。　◆A referendum held on 1 May 1976 resulted in a ratio of 13:6 in favour of daylight saving.　1976年5月1日に行われた国民投票では、夏時間に賛成の比率[割合]が13対6という結果を生んだ。　◆The ratio of exports to imports has been steadily increasing, and now stands at 56 percent.　輸出の輸入に対する比率は着実に上がってきて、現在56%になっている。

**ration**　1　a 〜 配給〔量〕、割り当て、配給品；〜s〔軍隊、探検隊などの日々配給される〕食料　◆Kingston residents line up for rations of fresh water.　キングストンの住民たちは、並んで飲料水の配給を待っている。
2　vt. 〜を配給する、〜の消費を規制する、〜の供給制限をする、〜を配給制にする　◆under a rationing system established by...　〜がつくった配給制度のもとで

**rational**　adj. 理性的な、道理をわきまえた、分別ある、合理的な、《数》有理の　◆rational drug design (RDD) methods　合理的薬剤設計法　◆I don't think it's rational to <do...>　〜することは合理的でないと思う

**rationale**　(a) 〜 根本的な理由、根拠、根源、基本原理　◆as rationales for integration　合理化の理由として

**rationalization**　《英》〔経営などの〕合理化 (=《米》streamlining)；〔自分の言動にもっともらしい理由をつけて〕正当化すること　◆a rationalization of an organizational structure　組織構造の合理化　◆The country underwent a rationalization of industry　この国は産業の合理化を経た[経験した]

**rationalize**　vt. 〜を合理化する、《英》〜〔の経営〕を合理化する (▶米国では streamline)、〈言動など〉を正当化しようとする、《数》〜を有理化する　◆rationalize the process of decision making　意思決定の過程を合理化する

**rational number**　a 〜 有理数

**rat race**　a 〜 ネズミの競走、熾烈な生存競争、過当競争、ばかげた[意味のない]競り合い、神経をすり減らす[あくせくした]際限のない競争、死に物狂いの出世競争、大混乱[した状態]、大混乱[した状況]；the 〜 競争社会　◆I've considered leaving the corporate rat race and becoming a consultant myself.　会社での〔うんざりするような〕激しい競争から抜けて[《意訳》脱サラして]一人でコンサルタントを始めようと考えた。

**rattle**　1　vi., vt. ガラガラ鳴る[鳴らす]、がたつく、ガタガタする、ガタガタ揺さぶる、震撼させる、《音響》びる、どぎまぎ[混乱]させる　◆soul-rattling vibrations　魂をゆさぶる

振動(*楽器・音楽ホールなどの) ◆Our bus rattled along the country road. 我々のバスは、田舎の道をガタゴト走った. ◆If the gear shift lever rattles in the ball socket, you can quiet in by filling the ball socket with a very heavy grease. ボールソケット内でギアチェンジレバーがガタつく場合は、ボールソケットの高い粘度の高いグリースで満たすことで静寂性を回復化できる. **2** *(a)* ～ ガタガタ[ゴロゴロ]いう音,《音響》ビリ; *a* ～ = a baby rattle, an infant rattle](ベビー用の)がらがら ◆a door rattle (自動車の)ドアのガタつき ◆The car is solid and rattle-free. この車は、堅牢で鈴(つき)がない.

**rattly** adj. ガタガタ[ガラガラ]と音を立てる[立てがちな] ◆The car has a rattly, clunky feel. この車には、ガタガタ、ゴトゴトする感じがある.

**ravage** **1** vt. ～を荒らす,荒廃させる,破壊する,略奪する ◆an earthquake-ravaged city 地震で破壊された都市 ◆a war-ravaged economy 戦争で荒廃した経済
**2** 回破壊,荒廃,略奪; the ～s *of*〈～の〉破壊の跡,〈～の〉被害の跡[損害] ◆the ravages of pollution in Eastern Europe 東欧における公害の爪あと

**rave** **1** vi., vt. (熱にうかされるなどして)うわごとを言う,熱狂的に[夢中になって]言う[書く],激賞する,〈風,人が〉荒れ狂う,〈嵐などが〉吹き荒れる ◆They all raved about it. かれらは皆それについて熱弁をふるった[褒めちぎった.]
**2** *(a)* ～ 絶賛[激賞,ほめちぎり,べたぼめ],熱狂[夢中],大流行,わめき立てる[荒れ狂う]こと,狂乱,怒号 ◆draw raves べたぼめ[絶賛,激賞]される;手放しの賞賛を受ける ◆it garnered [received, drew, earned, won, got] a rave review in [from] ... それは一誌[紙]で絶賛[べたぼめ,激賞]された(*いろいろな媒体で評論された場合は rave reviews と複形にする) ◆The seminars are getting rave reviews already. セミナーはすでに大評判[大好評]を得て[とって]いる.

**ravel** vi.〈織物など〉がほつれる[ほどける,ほぐれる],もつれる,こんがらがる,複雑になる; vt. ～をほどく,解決する,～をもつれさせる,複雑にする; *a* ～ ほどけた[ほぐれた]端っこ,もつれ,混乱,錯綜 ◆a garment that's raveling at the seams 縫い目がほころびてきている衣服

**raw** adj. 熱を加えてない,料理してない,生の,生物(ナマモノ)の,未加工の,未処理の,〈布の端が〉始末してない,精製されてない,原材料のままの,殺菌してない,未熟な,未経験の,経験不足の;ありのままの,飾らない,率直な;〈傷が〉肉が見える,赤むけの,ひりひりする,〈天候〉野卑な,下品な,ひどい,酷な;自然の,未開の,〈酒類が割ってない〉生(キ)の,〈酒などが〉未成熟の,寝かしてない;〈日などが〉じとじとして寒い ◆raw data 生[未処理]データ ◆raw materials 原料,材料,材料,素材 ◆a raw coal (= run-of-mine coal, unwashed coal) (採掘された状態のままの石炭)切り込み炭; [坑口出]炭;《訳》未選炭 ◆a drop in prices of raw materials 原材料価格の低下 ◆in an oyster eaten raw 生のまま食べられた[生食された]カキの中に ◆scarcities of raw materials 原材料不足 ◆(the) utilization of waste as a secondary raw material 二次原料としての廃棄物の利用 ◆principal raw materials for glass production ガラス製造のための主原材料 ◆For food safety reasons, eggs should not be eaten raw. 食品安全上、卵は生で食べては[生食しては]いけません. ◆One risk of eating raw oysters is the microbes in their digestive tracts. 生ガキを生食する[(意訳)カキを生食する]ことの危険の一つは、カキの消化管に含まれる微生物である. ◆Liquid aluminum sulfate (alum) is added to untreated raw water. 液体の硫酸アルミニウム(みょうばん)が未処理水[原水]に加えられる.
**in the raw** 自然のままで[の],未開の状態で[の],ありのままで[の],むきだしで[の],〈口〉裸で

**ray** *a* ～ (*pl.* ～*s*) 光線,放射線; *a* ～ <*of*>〈希望などの〉わずかな[かすかな]光 ◆a pencil of rays (of light) 光線束,光束 ◆gamma [ultraviolet] rays ガンマ[紫外]線 ◆rays of light 光線 ◆a ray of hope in the fight against AIDS エイズとの戦いにおける一縷(イチル)の望み

**rayon** レーヨン,人造絹糸,人絹

**razor** *a* ～ かみそり ◆hone one's skills to razor sharpness カミソリの切れ味に到達するまで技術を研ぎ澄ます[腕を磨き上げる,技を研鑽する] ◆operate on razor-thin margins カミソリのように薄い薄利で商う ◆The chopping blade is razor sharp. このきざみ刃は、極めて鋭利です.

**Rb** ルビジウム(rubidium)の元素記号

**RBOC** *an* ～ (a regional Bell operating company) (*pl. RBOCs, regional Bell operating companies*)《米》地域ベル電話会社,地域ベル電話運営会社 (= a Baby Bell) (*AT&T社から分離してできた各社)

**RC 1** (R.C., rc とも表記) (reinforced concrete) 鉄筋コンクリート
**2** (resistance-capacitance)《電気》抵抗・容量の ◆an RC-coupled amplifier RC結合増幅器[CR結合増幅器,抵抗容量結合増幅器](*抵抗器とコンデンサによって構成された入力回路を用いたもの)

**RCA** (Radio Corporation of America) アールシーエー ◆an RCA audio-in [line-input] jack RCA仕様の音声入力[ライン入力]ジャック ◆This board has an RCA jack for a composite video input. 本基板にはコンポジットビデオ入力用のRCAジャックがある.

**RCC** ◆The new proposal envisions using the Resolution and Collection Corporation (RCC) to buy up bad debts [loans] that the banks are unable to write off in two years. 《日》この新提案は、整理回収機構(RCC)を使って、銀行が2年で処理できない不良債権を買い取ることをもくろんでいる.

**RDS** (respiratory distress syndrome)新生児呼吸窮迫症候群(*肺の内側を覆って呼吸を助けるサーファクタントと呼ばれる物質の不足している未熟児が、生後まもなく呼吸障害に陥る)

**Re** レニウム(rhenium)の元素記号

**reach** **1** n. 回(手などを)伸ばすと届く距離,簡単に行ける距離,(影響,勢力,理解などの)およぶ範囲; *a* ～ 手の長さ[リーチ]; *a* ～ (川の)直線区域; the ～es <*of*> (ある河川の複数の直線区域)流域,(生産ラインなどの)部分,段階,階級,レベル ◆a reach of a river 川の(ある一)流域 ◆a long reach handle リーチの長い柄 ◆areas beyond the reach of radio waves 電波の届かない地域 ◆the upper reaches of the atmosphere 大気圏の上の方[上層域,上の部分] ◆an easy-to-reach switch 手の届きやすい(ところにある)スイッチ ◆be still within the reach of radio waves from a station まだ局の電波の届く範囲内にいる ◆bring down hardware costs to within easier reach ハードウェアのコストをもっと簡単に手の届くところまで下げる ◆expand one's reach throughout the country 国中に勢力を拡大する;国全体に手を広げる,全国展開する ◆prices are out of the reach of many shoppers 価格は、多くの買い物客に手が届かない(ほど高い) ◆to pursue his goal of a global reach, including into the lucrative Pacific Rim 収益の上がる環太平洋地域への進出など、世界制覇をめざす彼の目標を追い求めるために ◆the company appears bent on extending its reach into office expansion この会社は事務用機器にまで勢力範囲を拡大しようと決意を固めている様子だ ◆NYNEX is looking for ways to broaden its market reach outside phone services ナイネックス社は電話サービスを越えた市場展開を図るべく方法を模索している ◆Keep electrical cords out of baby's reach. 電気コードは、赤ちゃんの手が届かないようにしてください. ◆Keep electrical cords out of (the) reach of children. 電気コードは、子供の手に届かないようにしてください. ◆The robot has an arm reach of 3 meters. このロボットの、アームの届く距離[範囲]は3メートルである. ◆The virus has achieved a worldwide reach. そのウイルスは世界中に広がった. ◆CAUTION: Keep this and all medications out of the reach of children. 注意: 本剤をはじめとして医薬品はすべて小児の手のとどかないところに保管してください. ◆Highly secretive, these gangs are quickly extending their reach across Europe. 極めて密かに、これらのギャングは急速に勢力を欧州全土に拡大しつつある. ◆The car is boosting itself to the upper reaches of the sport-box class. この車は、スポーツタイプのボックス車クラスの上位に上がってきている. ◆

The motorized arm swings forward to place your seatbelt within easy reach.　モーター駆動[電動]のアームが前方にスイングし、シートベルトを手の届きやすいところまで持ってきてくれる。　◆Xxx actually outdistances British Telecommunications in terms of global reach.　Xxx社は、全世界をカバーしているという点で、実際のところ英国電気通信会社をはるかに引き離している。　◆The program has taken a big leap forward into the upper reaches of desktop publishing.　このプログラムは、デスクトップパブリッシング分野で一躍上位に躍り出た[踊り込んだ]。　◆Should computers of this kind come within reach of the average user, there will probably be software available to make use of it.　この種のコンピュータが平均的ユーザーの手に届くようになれば、それを使うためのソフトも出回ってくるだろう。

**2** vt. 〜に着く、〜に到着する、〜まで行く、〜に届く、〜に達する、〜に達する、〜におよぶ、〜に至る、〈人〉とコンタクトをとる、〈人〉と連絡する、〈人〉に達する、〈人〉に及ぶ、広がる、伸びる、手を伸ばす　◆reach for...　〜を取ろうと手を伸ばす；〜を(手に)取ろうとする；〜に触手を伸ばす；〜に到達し[手を届かせ]ようとする　◆help you reach (for) your goals　あなたが目標に到達できるよう助ける　◆reach a size of 2-3 cm　2〜3センチのサイズ[大きさ]になる　◆reach a target audience　対象とする層の人々にアピール[訴えかける、訴求]する　◆hard-to-reach parts up high　高いところにあって(手の)届きにくい部品　◆in temperatures reaching 50°below zero　零下50度までの(範囲の)温度で　◆reach a high degree of sophistication　高度化する　◆reach into the food processor bowl with hand　フードプロセッサのボウルの中に手を入れる　◆reach under the seat from the door side　ドア側から座席の下にアクセスする[手を入れる]　◆walk until a target heart rate is reached　目標心拍数になるまで歩く　◆when the counter reaches 9999　カウンターが9999になると　◆If the fryer does not reach the temperature chosen, ...　もしこのフライ揚げ器が設定温度に達しない場合には、...　◆make... reach its full potential　〜の能力を最大限に発揮させる[遺憾なく発揮させる]　◆remove liquid and solid contamination from difficult-to-reach areas　届きにくい箇所から液状および固形の汚染物質を取り除く　◆to reach people who are always on the road　いつも外に出ている[外回りの]人に連絡をつける[と連絡を取る]ために　◆The long nose reaches into tight places.　(ラジオペンチの)長い先端は、すき間にゆとりのない箇所に届きます。　◆Welding speeds can reach hundreds of centimeters a minute.　溶接速度は毎分何百センチにも達する。　◆According to the factory, the new car reaches 60 mph in 5.5 seconds.　同工場によると、その新型車は5.5秒で60mphに達する能力がある(とのことだ)。　◆The new fiber-optic network will reach throughout the entire city by mid-2003.　新しい光ファイバ・ネットワークは2003年半ばまでに同市全域に行き渡る予定である[市全体に張り巡らされることになっている]。　◆If you want to reach out and touch someone electronically, the Internet is the way to go.　電子的に手を伸ばして[差し出して]誰かに接触したかったら、まさにインターネットがそのための方法だ。　◆Many people were busy on cell phones, trying to reach friends and relatives they knew in the buildings or to alert their own loved ones that they were all right. But the circuits overloaded.　多くの人が携帯電話をかけて、ビル内にいることが分かっている友人や親戚に連絡をとろうとしたり、自分の無事を身内に伝えようとしたりした。だが、回線がパンクした。

**react** vi. <to>〜(に)反応する、応える、対応する、対処する　◆A reacts with B to form C　AはBと反応してCを生成する　◆react more quickly to market demands　市場の需要により迅速に応える[対応する]　◆know how to react when the unexpected happens　予期せぬこと[不測の事態]が起きたときにどう対処すればよいのか知っている

**reactance** (a)〜《電気》リアクタンス　◆capacitive reactance　《電》容量[容量性]リアクタンス

**reaction** (a)〜 反応、反動、反作用、反発、はね返り、影響、反響、手ごたえ、感想[意見]　◆by reaction with...　〜との反応により　◆in reaction to...　〜に反応して、〜の反動で、〜に反発して　◆a reaction occurs　反応が起きる　◆a chain reaction　連鎖反応　◆a gut reaction　直感的な反応；直感的に受ける印象[感じること]；勘　◆the heat of (a) reaction　反応熱　◆a rapid-reaction force (RRF)　緊急対応部隊　◆a second-order reaction　二次反応(*プログラミング)　◆the reaction of A and B to yield C　Cを生ずるAとBの反応　◆the reaction with A to form B　Bを生成するAとの反応　◆undergo an addition reaction　付加反応する　◆a chemical reaction between A and B　AとBとの間の化学反応　◆by the Hofmann reaction　ホフマン反応により　◆reaction occurs between A and B　AB間に反応が起きる　◆launch a trial balloon to test the Clinton administration's reaction　クリントン政権の反応を見るために観測気球を揚げた[出方を瀬踏みする]　◆I would like to hear your reaction to this.　これについてどのようにお感じでしょうか[感想をお聞かせください]。

**reactive** adj. 反応の、反応しやすい(↔unreactive)、反作用の、受け身の、事後対応の(↔proactive)、《電》リアクタンスを持っている　◆(a) reactive power　無効電力　◆a reactive system　《コンピュ》応答系(*プログラミング)　◆reactive telemarketing　電話を使った待ち受け型の[受け身的な]通信販売(▶顧客からの電話注文が入るのを待っているタイプの。↔proactive telemarketing)　◆a highly reactive element　反応性の大きい元素　◆a reactive component　《電》リアクタンス成分；リアクタンス部品(*容量リアクタンスを持つコンデンサーや誘導リアクタンスを持つコイルなど)　◆resist highly reactive solvents　反応性の高い溶剤に耐える　◆deal with critical situations in a proactive rather than a reactive manner　後手後手へと回るのではなく[後追いの対応ではなく]先手先手を打つようにして重大な局面に対処する　◆The mechanical ABS is a proactive rather than reactive system.　メカ式のアンチロックブレーキ・システムは事後対応型ではなく事前対応[予防]型の装置である。(*車輪のロックアップが起こる前と後のことを事前・事後と言っている)　◆The Police Department traditionally worked in a reactive fashion to the gang issue.　当警察署は、以前からのならわしとしてギャング問題については後追いの対応[後手に回る対応、問題対応型の処置]をしてきた。

**reactivity** (a)〜 反応性、反応度　◆a reactivity accident　《原子力》反応度事故　◆the reactivity of a (nuclear) reactor　原子炉の反応度　◆the chemical reactivity of a substance　ある物質の化学反応性　◆the reactivity of a metal　ある金属の反応性[反応のしやすさ](=イオン化傾向)　◆have high reactivity　〜は高い反応性を有する[反応しやすい]　◆insert [introduce] positive reactivity　《原子力》正の反応度を投入する　◆the widely varying reactivity of metals　金属によって大きく異なる反応性[《意訳》イオン化傾向]　◆(in order of decreasing reactivity) K, Na, Ca, Mg, Al, Zn, Fe, Pb, Cu, Hg, Ag, Au, Pt　(反応のしやすい順に) K, Na, Ca, Mg, Al, Zn, Fe, Pb, Cu, Hg, Ag, Au, Pt (*これはイオン化傾向の大きい順)　◆Metals are arranged in a reactivity series.　《意訳》各種金属には、イオン化列という序列がある。　◆The reactivity series can also be seen as an electrochemical series.　《意訳》イオン化列は電気化学列(*各種金属の標準電位の序列)と見ることもできる。　◆Metals at the top of the reactivity series lose electrons easily and form positive ions.　《意訳》イオン化列の上のほうにある金属は、電子を失って[放出して]陽イオンになりやすい。

**reactor** (a)〜 原子炉、反応がま、反応器、反応体、反応炉、リアクター、《電気》リアクトル　◆a reactor core　《原子力》炉心　◆a reactor vessel　原子炉容器(*図面上の記号はRV)　◆reactor cooling systems　原子炉冷却系　◆reactor-grade plutonium　原子炉級プルトニウム　◆a fast breeder reactor　《原子力》高速増殖炉　◆inside a nuclear reactor　原子炉内で　◆the costs of reactor decommissioning and site cleanup　廃炉および跡地の浄化[汚染除去]のための費用

**read 1** vt. 〜を読む、音読する、朗読する、判読する、解読する、解釈する、予想する、読み取る、読み出す、《通》受信して了解する；vi. 読む、読書する、音読する、読んで知る　◆things to read　読み物　◆a reading machine　読み上げ機(*複写機

**readability**

のようなガラスの原稿台に,本などの原稿を置くと音声で読み上げてくれる視覚障害者用の機器 ◆data read off (of) the disc ディスクから読み取ったデータ ◆read... as the beginning of the end of... ～を～の終わりの始まりであると解釈する ◆read [insert] one file into another 《コンピュ》あるファイルを別のファイルに読み込む ◆read the road conditions 路面状態を判断する ◆easy-to-read articles 読みやすい記事 ◆a list in a form that can be read by humans 人間が可読なリスト ◆read data from the shared memory その共用記憶領域からデータを読み取る [読み出す] ◆read data into the computer from magnetic input media 《コンピュ》磁気入力媒体からデータをコンピュータに読み込む ◆read information from a disc ディスクから情報を読む ◆read the bar code on merchandise 〈機械が〉商品のバーコードを読み取る ◆correct a galley proof while reading against the original manuscript ゲラ刷を元原稿と読み合わせて校正する ◆The material on the screen is read aloud by a synthesized voice. 画面上の素材[《意訳》原稿]が,合成音声により読み上げら[音読,朗唱さ]れる.(＊aloud＝声を出して) ◆Please read this License Agreement carefully before using the Program. 「プログラム」を使用する前に,この使用許諾書をよくお読みください. ◆ThayMail can also read your text e-mail messages to you over the telephone. ThayMailでは,あなた(宛て)の文字の電子メールメッセージを電話で読み上げることもできます. ◆These completed forms are then read directly into the computer. これらの記入済み用紙は次にコンピュータに直接読み込まれる. ◆Of course, a 2 often was read as a Z, N as an H, and a B for an 8, but that's pretty common. もちろんのこと,しばしば2はZと,NはHと,そしてBは8と読み違えられた[読み誤った,読み替えられた]が,そんなことは結構よくあることだ.(＊スキャナーの性能評価の話で) ◆Speech synthesis can read a word processed file to a blind person without the need to have it translated into Braille. 音声合成(機能)は,ワープロで作成されたファイルを点字に変換する必要なしに盲人に読み上げることができる

**2** vt., vi. 〈計器,寒暖計などが〉〈値など〉を指す[示す,指示する,表示する], 〈標示などが〉読める[書いてある,書いてます] ◆a stamp reading BS1088, or British Standard 1088 英国工業規格1088を意味するBS1088と書いてあるスタンプ ◆a voltmeter that reads in tenths of a volt (最小)読み取り[目盛]単位が0.1ボルトの電圧計 ◆if the output reads slightly less than 9 volts 出力(の読み取り値)が9ボルトを若干下回るならば ◆The meter should read no more than 5 volts. メーターは,5ボルトを示さな[ければ[5ボルトを超えては]ならない. ◆The voltmeter reads 12.5 volts. 電圧計は,12.5ボルトを指している. ◆A nicad battery in a good state of charge reads approximately 9.6 volts. 良好な充電状態にあるニッカド電池は,約9.6ボルトの測定値を示す. ◆What voltage would be read on an a-c voltmeter connected across the inductor? インダクターの両端に接続されているAC電圧計の読みは何ボルトになるか?

**3** (a) ～読むこと,読みもの,《コンピュ》読み取り[読み出し,読み込み] ◆a read/write head 読み取り書き込みヘッド ◆The article is very well-researched and worth a read. この記事は,非常によく調べられており,一読に値する.

**read back** ～を復唱する ◆a read back facility will read the text on screen in a synthesized voice so any mistakes will be easily noticed by the user 復唱機能では,ユーザーが簡単に(入力)ミスに気づけるようスクリーン上のテキストを合成音声で読み上げます

**read in** 《コンピュ》～を読み込む,～を取り込む ◆use a digitizer to read pictures in 《コンピュ》絵[図形]を読み込むのにデジタイザ[タブレット]を使う

**readability** ⓤ 読みやすさ,読んで面白いこと,可読性,見読性,判読率,《通》(送信内容の)判読率 ◆the readability of a signal 《通》信号の判読率 ◆improve readability 読みやすさを向上させる

**readable** adj. 楽に読める,読みやすい,読んでおもしろい;読める,読み取れる,判読可能な;《-readable の複合語で》～

◆in human-readable form 《コンピュ》人間可読の形で,《意訳》人間が読んで[見て]わかる形で ◆a clear, sharp, easily readable display that reduces eyestrain 眼精疲労を減らし,はっきりくっきり映る読みやすい[《意訳》見やすい,視認性に優れた]ディスプレイ ◆transcribe data from human-readable source form into machine-readable form 《コンピュ》データを人間が読めるソース形式から機械可読形式に転記する ◆These characters are OCR readable. これらの文字は,光学式文字読取装置にて判読可能である.

**reader** a ～ リーダー,読む人,読者,読み取り装置,読本,教科書,校正係,閲覧者,大学助手,《英》講師

**readily** adv. 喜んで,快く,進んで;すぐに,即座に,直ちに,容易に,簡単に,たやすく,難なく,無造作に ◆be readily formable 容易に成形できる ◆readily available from stock 在庫より即入手可 ◆The liquid polymerizes readily upon heating. この液体は,加熱されるとすぐに簡単に重合する.(＊readily＝「すぐに」と「簡単に」の両方の意味がある) ◆Standalone systems can be expanded or moved around quite readily. 独立型のシステムは,かなり手軽に[たやすく]拡張または移動[移設]できる. ◆Firms must be able to demonstrate the ability to readily obtain this expertise on an as-required basis. (改札)企業は,必要あらば直ちにこの専門技術を修得する能力がある旨を証明できること.

**readiness** ⓤ 準備[用意]ができていること;(a) ～(単のみ)やる気＜to do＞,迅速さ〈敏速さ,対応などが早くできること〉＜of＞ ◆Microsoft Year 2000 Readiness Disclosure & Resource Center マイクロソフト西暦2000年対応情報開示リソースセンター ◆be in a condition of readiness to ＜do...＞ ～する準備が完了している状態にある;～出来る態勢が整っている ◆in a state of readiness to ＜do＞ ～する用意[準備,段取り]が整っている状態で;～する道具立てが揃って;～できる状態にある ◆a metal's readiness to lose electrons to form cations ある金属の,電子を失って[《意訳》放出して]陽イオンを生じやすい性質[傾向] ◆keep the equipment in readiness to ＜do...＞ その装置を(いつでも)すぐに～できる状態にしておく ◆put the machine in readiness for a polishing operation 研磨作業のために機械の準備を整える[段取りをする] ◆Germany expressed (its) readiness to cooperate with the new states of the former Soviet Union ドイツは旧ソ連分裂後に新しく成立した諸国に協力する用意があると表明した

**reading** 1 (a) ～ 読むこと,読み,解釈 ◆a reading room (図書館などの)閲覧[読書]室 ◆for ease of reading 読みやすさのために;読みやすさを追求して;読みやすくするために ◆geared to the reading level of fifth-graders 《意訳》5年生の読解力に合わせられて ◆technical specifications to facilitate eye and machine reading of information 目と機械による情報の読み取りを容易にするための技術仕様 ◆the reading and writing of data from and to files 《コンピュ》ファイルからのデータの読み出し[読み取り]およびファイルへのデータの書き込み ◆his novel has become required reading in high schools 彼女の小説は高校の必読書となった ◆This book will no doubt become required reading for [at, in]... この本は間違いなく〈人〉に[～において]必読のものとなるであろう

**2** a ～〈計器の〉読み取り値,表示値,示度,測定値 ◆take readings 測定を行う ◆a reading of 200 200という(計器)読取値[測定値,示度,《意訳》実測値] ◆If you get a reading of 45 ohms, ... (測定器の)読み取り値[指示値,測定値]が45Ωだったら ◆obtain the highest reading 最高測定値を求める ◆if there is a very low or zero reading (メーターの)指示値が非常に低いかゼロの場合 ◆the effect of temperature on gage reading 温度が計器の読み[測定値]に及ぼす影響 ◆if the radon readings are between 4 and 20 picocuries ラドン測定値が4から20ピコキューリーであれば ◆The fuel gage could give you a false reading. 燃料計は,間違った指示値を示すことがあります. ◆To use, simply turn on, breathe into the sensor for three seconds, and a reading appears on the digital display. 使うには[使い方は],ただ電源を入れてセンサーに3秒間息を吹きかけるだけです.すると測定値がデジタル

ディスプレイに現れ[表示され]ます. ◆If you use a voltmeter, the reading should be at 12.60V or above, and for a hydrometer it should stand at 1.260 and above. 電圧計を使用する場合には, 読み[測定値]が12.60V以上, 比重計ならば1.260以上を示して[指示して]いなければなりません. (＊蓄電池の話)

**readjustment** (a)~ 再調整, 再調節, 再整理 ◆with a minimum of readjustment 最低限の再調整で

**read-only memory** 回読み出し専用メモリー, 読み出し専用半導体記憶装置, ROM, ロム ◆have 4 megabytes of read-only memory (ROM) 4メガバイトの読み出し専用メモリー(ROM)を装備[搭載]している

**readout** (a)~ 読み出し, 読み取り, 表示, 表示された測定値; a~ 表示器; (人工衛星からの)送信 ◆give a readout 読み取り値を表示する ◆readout numbers 読み取り[測定]値 ◆a digital readout voltmeter デジタル[数字][表示]式の電圧計 ◆provide [give] a readout [readouts] on... 〈測定器が〉~に関する測定値を表示する ◆the placement of buttons and readouts 操作ボタンと表示器の配置 ◆a panel meter, which provides [allows, enables] an easy readout of xxx values xxx値の容易な読み取りを可能にする[xxx値が見やすい]パネルメーター ◆CD-ROM readout involves no physical contact. CD-ROMの読み出しは物理的接触を伴わない. ◆It features an LCD readout and a beeper. これには特徴として液晶表示器と電子ブザーが付いています. ◆A digital readout is given in millimeters to three decimal places, with an accuracy of 25 $\mu m$. デジタル読み取り値は, ミリ単位で小数第3位まで表示され, 精度は25ミクロンである. ◆The instrument incorporates a digital display selectable for readout in watts or dBm. 本測定器は, 表示単位をワットまたはdBmに切り替えられるデジタル表示器を備えている. ◆The multifunction readout displays battery voltage, oil pressure, and coolant temperature. その多機能(読み取り)表示器は, バッテリー電圧, 油圧, および冷却液温度を表示する. ◆The bike's digital console gives readouts on elapsed time, distance traveled and maximum speed achieved. この自転車のデジタル式計器盤は, 経過時間, 走行距離, 最高到達速度の測定値を表示する.

**ready** 1 adj. 用意[準備, 支度]のできた, 覚悟[心構え]ができた, 喜んで[進んで]やる, 即座の, 素早い, すぐに役立てられる, 手持ちの, 今にも~しそうな <to do> (→ -readyも参照) ◆stand ready to <do...> ~する用意がある[出来ている]; ~する準備[お膳立て]が整って[完了して]いる; ~する道具立てが揃っている; ~できる状況にある ◆ready money; ready cash 手持ちの金; すぐに用立てられるお金; 現金 ◆be ready for a snowstorm 暴風雪への備え[覚悟]ができて ◆be ready for use; be ready to use 使える準備[用意]が整っている; すぐに[そのままで]使える ◆get ready for next year 来年度に備える ◆move to the ready state 〈電子機器〉動作可能状態に移行する[なる] ◆stand ready, if need be, to die 必要とあれば死をもいとわない[辞さぬ]覚悟でいる ◆tabulated for ready comparison すぐに比較できるように[比較しやすいように]表にしてある ◆get the gymnasium ready for the ceremony 体育館を式典用に準備する ◆make a computer system Year 2000 (Y2K) ready [compliant] コンピュータシステムを西暦2000問題対応済みにする ◆a collection of data in a form suitable for ready reference いつでも即座に参照するのに都合のよい形のデータの集り ◆by the time children are ready for college or work 子供たちがそろそろ大学に入ったり就職したりする頃までに ◆Now you are ready to install... これで~の取付けの準備が完了しました. ◆the electorate is ready for a change 有権者は変化を歓迎して[望んで, 求めて]いる ◆a listing of the tools you must have ready to do the job その仕事をするのに準備して[用意して, 揃えて]おく必要のある工具の一覧表 ◆How much do we have in ready cash? 自由になる金はいくらあるのか. ◆The station is ready for sending. これ[送信]の, 送信の準備が整っている. ◆To record the readings, have a pencil and paper ready. 測定値を記録するのに, 紙と鉛筆を用意してください. ◆We're getting ready to buy a house. 私たちは家を買う[住宅購入]準備をしています. ◆The three

children were getting ready for school when the fire broke out about 7:30 a.m. 3人の子供は, 火事が発生した午前7:30頃, 学校に行く準備[したく]をしていた. ◆Much of the research and development that these companies have been doing for years is now becoming ready for market. これらの企業が何年も行ってきた研究開発の多くは, 今や市場に出す準備が整いつつ[商品化/製品化/実用化が可能な状態になりつつ]ある.

2 n. the ~ 準備の整った状態, 構えの姿勢, 〈銃などが〉構えられた状態; the ~, the readies 手持ちの金[現金](= ready money) ◆keep [have]... at the ready ~をすぐに簡単に使えるように用意[準備]しておく; 〈銃など〉を構える ◆a batter at the ready 構えているバッター ◆we must stand at the ready to respond forcefully to... 我々は~に対し強力に対処できる態勢を整えていなければならない ◆An abacus sits at the ready on one desktop. 机の上には, いつでも使えるように算盤(ソロバン)が置いてある.

3 vt. ~を用意[準備]する

4 adv. 《過去分詞の前に置いて》あらかじめ, 既に, 前もって, ~済みの ◆ready-mixed concrete 生コンクリート; 生コン; レミコン ◆a ready-built new home 建て売りの新築住宅 ◆ready-made 〈服などが〉出来合いの, 既製の

**-ready** ~の準備のできた, ~に対する備えのある, -対応の ◆a market-ready model 市場に投入できるばかりになっているモデル[車種, 機種] ◆a road-ready driver (免許取りたての)実路に出られるドライバ ◆combat-ready troops 戦闘準備ができている[戦闘即応態勢にある]部隊 ◆a stereo-ready jack ステレオ対応ジャック ◆an HDTV-ready two-million-pixel CCD image sensor 高品位テレビ対応の200万画素CCDイメージセンサー ◆a non-IDE-ready motherboard 《コンピュ》IDE対応でない[IDE非対応の]マザーボード ◆if your VCR is not cable-ready もしお宅のビデオデッキが有線テレビ対応でないなら

**ready-made** 出来合いの, 既製の

**ready-to-** 《後ろに不定詞を伴って》adj. そのまま[すぐに]~できる[ようになっている] ◆a ready-to-use system (買ってきて)すぐ使用できるシステム (＊インストール済みのコンピュータなど) ◆ready-to-wear fashion 既製服ファッション ◆a component catalog with over 200,000 ready-to-use parts 《意訳》既製の[出来合いの, 共通, 汎用, 定番, 標準]部品が20万点載っている部品カタログ ◆ready-to-eat chicken products 出来合いの[調理済み]鶏肉製品 (＊レトルトパウチ食品など) ◆Ready-to-feed formula may be used directly from the can, requiring no mixing. 調乳済みのミルクは, (お湯で溶くなどの)調合の必要がなく, 缶からそのまま使用することができる.

**reaffirm** vt. 再度[改めて]断言[主張]する, 再確認する ◆reaffirm that... (~ということを)再確認する ◆We therefore reaffirm our support for... したがって私たちは~に対する支持を再確認します ◆It has been reaffirmed that the scale of U.S. forces stationed in the Asian Far East will remain at 100,000. アジア極東地域に駐留する米軍の規模は10万人に維持される予定であることが再確認された.

**reaffirmation** (a)~ 再確認 ◆We're going to be seeking [looking for] a reaffirmation of assurances that we have already been given. 私たちがすでに手にしている確約の再確認を求めることにした.

**reagent** a~ 試薬, 反応物

**real** adj. 本当の, 真実の, 事実の, 現実の, 本物の, 真の, 真正な, 真性の, 実の, 実際の, 実在の, 実質の, 本格的な, リアルな, 真に迫った, 生々しい, 心からの, 誠実な, 全くの, 正統の, 《数》実の, 実数の; adv. 《米口》本当に, 非常に, とても, すごく; n. the ~ 現実, 本物[実物] ◆(a) real power 有効電力 ◆a real [an actual, a real-world] economy 実体経済 ◆a dress rehearsal for the real thing 本番に向けてのドレスリハーサル[衣装をつけてのリハーサル, ゲネプロ] ◆a real professional 真のプロ ◆growth in real terms 実質成長 ◆obscure [cloud] the real picture 実状[現実, 実際の姿]をぼかしてしまう ◆the real part of a complex number 複素数の実数部 ◆through actual [real, real-world, hands-on, direct, firsthand] experience(s)

実体験を通して〔*hands-on = 実地［実践］の〕; direct, firsthand = じかの〕 ◆an LCD projector with true [real] XGA resolution リアルXGA解像度の液晶プロジェクタ（*英語では real の代わりに true の方が圧倒的に多い） ◆a real but undeclared state of limited war 宣戦布告はないが事実上の限定戦争状態 ◆The real picture is this:... 実states［現状］は以下の通りです。 ◆but it has no real content だがそれは実質［中身, 内容, 本質］がない［欠如している］ ◆Is Asia's recovery for real? アジアの(景気)回復は本物か？ ◆but slow sales are undoubtedly the real reason しかし売れ行き不振が間違いなく本当の原因である ◆maybe the real condition of the company is worse than you thought it was もしかしたら会社の実状[実際の状況]は、あなたが考えていたよりも悪いのかも知れません ◆This is the real thing. こいつは正真正銘の［的]だ。(*常に定冠詞 the が付く) ◆Personal-consumption spending has increased more than 26% in real terms during 1988-1991. 個人消費支出は、1988年から1991年の間に実質で26パーセント以上増加した。 ◆Are you for real? Of course I'm for real! 本気ですか［まじかよ］？もちろん, 本気です[まじで]。 ◆The program makes landscapes you create more real than ever. このプログラムは、あなたが創り出す景観にこれまでにないリアル感を与えます。(*バーチャルリアリティ用ソフトの話)

**real axis** the ～ 《数》実軸
**real estate** 回不動産 ◆(米)a real-estate agent [broker] 不動産屋［業者］(= a realtor,〔英〕an estate agent) ◆a real estate-management firm 不動産管理会社 ◆board real estate 基板［ボード］上のスペース［面積］ ◆develop real estate 不動産開発を行う ◆develop modems that occupy as little real estate as possible 場所をできるだけ食わないモデムを開発する
**realignment** 再編成, 再編 ◆The communications industry has been undergoing radical realignment in a number of countries. 通信業界は、多くの国で抜本的に再編成されてきている。
**realism** リアル感, ライブ感, 臨場感, 現実感; リアリズム, 現実主義, 写実主義, 実在論, 念論 ◆the realism of a live performance ライブ演奏の臨場感 ◆Stereo adds a sense of realism. ステレオは臨場感を醸し出す。 ◆Surround sound adds realism in movie viewing. サラウンド・サウンドは映画鑑賞にライブ感を出してくれる。 ◆With our 3-D CAD program, your structures gain realism and depth. 弊社の3次元CADプログラムをご使用になることにより、あなたの構造物は現実感［リアル感］と奥行きを帯びます。 ◆Bass at lower-than-audible frequencies adds to the realism by actually shaking viewers. 可聴周波数より低い低音は、観客を実際に揺さぶることによって臨場感を増す。
**realistic** adj. リアル感［ライブ感, 臨場感, 現実感］のある, 本物［実物］みたいな, 写実的な, 真に迫った, 迫真の, 現実的な, 現実みのある, 実際的な, 現実主義の ◆a realistic assessment of the situation 状況の現実的な判断 ◆a meticulously painted, realistic-looking skyscape 入念に描かれた写実的な空の風景画 ◆provide... with a realistic feeling of flying a plane ～に飛行機操縦するときの現実感を感じさせる［(意訳)飛行機操縦の疑似体験をさせる］ ◆under realistic operating conditions varying from routine patrols to extreme battle 通常の偵察任務から激戦までの実戦さながらの作戦行動状態で ◆Three-dimensional digital techniques are generating and moving realistic-looking objects. 3次元デジタル手法が、本物のように見える物体を生成したり動かしたりしている。 ◆Television manufacturers keep steadily improving their large-screen designs with the goal of creating a more realistic, movie-theater-in-the-home effect. テレビメーカーは、より臨場感あふれる家庭内映画館的効果をめざして、常に大画面設計を向上させている。
**realistically** adv. 現実的に; 写実的に, 真に迫って, 如実に; 実在論的に ◆This book realistically depicts how things were and is a great work of literature for students to read and learn from. この本は、当時の状況を如実に描いて［物語って］おり、学生が読んで学び取るのに素晴らしい文学作品の一つである。 ◆There is a general rule of thumb that PCs halve in price (or more realistically, double in what you get for your dollar) every eighteen months or so. パソコンについては、いつも18カ月ないこいらで値段が半分に下がる（もっと実際に即した言い方をすれば、払うお金［金額］に対して得るものが2倍になる）という経験則［目安］がある。

**reality** 回現実［状況, 現況］, 現実性, 実在, 存在; a～ 現実のもの, 実際のこと; 回現実み, 写実性, 迫真性 ◆become a reality 実現する, 実現化する, 現実のものとなる, 現実化する ◆make... a reality ～を実現させる ◆artificial reality 《CG》人工現実感, 疑似環境 ◆virtual reality 《CG》バーチャルリアリティ［仮想現実感］ ◆a change in political realities 政治情勢の変化 ◆augmented reality 《CG》拡張［増補］現実(*現実の光景を電子的な情報で補強する) ◆be out of step with reality 現実離れしている［現実に即していない, 現実から乖離している］ ◆change the realities in the region as a whole この地域の情勢[状況, 実情]を全般的に変える ◆consideration of market realities 市場の実情の考察 ◆do not square with the reality [realities] of today's... 今日の～の実情にそぐわない; ～の現今の[状況, 現況, 現状, 実状, 実情, 実態]に合っていない ◆in light of such current realities このような現状に鑑みて ◆move a step closer to reality 実現に一歩近づく; 一段と現実味を増す ◆see the reality that <S・V> ～であるといった現実を見る ◆there are realities we can't control 私たちにはどうにもできない現実がある ◆Today it is a reality that... 今日, ～ということは現実の姿となっている。 ◆to make... appear much closer to reality ～をずっと現実に迫って見えるようにするために; ～により現実味を帯びて見えるようにするために ◆turn their ideas into reality 彼らのアイデアを現実のものにする［実現させる］ ◆during the "Realities of Making Money on the Web" panel discussion 「ウェブでの金儲けの実際」と銘打ったパネルディスカッションの間に ◆he is totally out of touch with the reality 彼は完全に現実離れ［現実から乖離(カイリ), 現実から遊離］してしまっている ◆the realities of today's international markets 今日の国際市場の実情［実勢］ ◆cope with the realities of information system environments 情報システム環境の実情に対処する ◆throughout the long period during which this book turned from a design concept into a reality 本書の構想からそれが形になるまでの長い期間中を通して ◆But how close is reality coming toward reaching that dream? だが現実は、その夢に向かってどのくらい近くまで接近しつつあるのだろうか。 ◆Remote voice-actuated control is a reality today. 音声による遠隔操作は、今日では現実のものとなっている。 ◆The flight simulator recreates reality. フライトシミュレータは実感を再現する。 ◆This satellite radio technology is far from a reality. この衛星ラジオ技術は、実現［《意訳》実用化］にはほど遠い。

**in reality** 実は, その実, 実際は, 現実には, 実情は, 実に ◆But in reality, ... だがその実, ...
**realizable** adj. 実現可能な, 遂げられる; 金に換えられる, 換金可能な ◆evaluate the realizable value of buildings and equipment 建物および機械類の換金［現金化］可能な額を査定する
**realization** 1 (a) ～気付く［分かる, ピンとくる, 悟る, 実感する, 理解する, 認識する］こと ◆because of the realization that... ～であるといったことが分かったので ◆do so with the realization that... ～であるという認識を持ってそうする ◆Then came the realization that... それから～であることに気がついた［～であると悟った］。 ◆This will lead to a realization that... このことは、～という認識につながるだろう。
2 the ～ <of> ～がかなうこと, (～の)実現, 現実化, 達成, 成就 ◆a practical realization (計画や設計などが)実現したもの ◆be written with a movie realization in mind 映画化を想定して書かれている ◆In the case of HgCdTe photodiodes, there are variations in growth methods and device-realization processes such as, ... HgCdTeフォトダイオードについていえば、成長方式や素子実現のプロセスの点で異なる～などの変種がある。
3 the ～ <of> 《資産などの》売却, 現金化, 換金
**realize** 1 vt. ～を悟る, ～に気付く, ～を分かる, 合点する, 思い知る, 認識する, 理解する, 実感する ◆It must be realized

that... ～ということをはっきり認識しなければならない ◆If you realize you made a mistake, ... (自分の)間違いに気付いたら、◆They're not realizing the enormity of the situation. 彼らは事態の重大さを認識していない。◆In this day of ballpoint pens, it is hard to realize the importance of inkstands and inkwells. このボールペン時代において、インクスタンドとインク壺の重要さを認識することは難しい。

2 vt. ～を現実のものにする、実現させる、達成する、かなえる、成就する ◆realize the full potential of this technology この技術の秘めている可能性を余すところなく実現する[現実のものとする] ◆see technology as aiming toward realizing concrete material objects 技術というものを具体的で有形なものの実現[具現化]を目指すこととみる[捉える] ◆It will probably be several months before anything concrete is realized. なんらかの具体的な形が出来上がるまでには、おそらくまだ数カ月かかるだろう。

3 〈資産など〉を売却して現金化する[換金する], (～の売却で)〈利益〉を得る <on>, 〈所有物が〉〈ある金額で〉売れる

**real life** (無冠詞)現実生活, 実生活, 現実, 実際; real-life adj. 現実生活の, 実生活の, 現実の, 実際の ◆a real-life situation 架空でなく実存する[現実の]状況 ◆in real life 現実[実際]には ◆real-life color pictures 実際の[実物を撮った]カラー写真(*コンピュータなどで生成したものでないナマ写真)

**reallocation** (U)振り当て直すこと, 再割当て, 再配分, 配置転換, 人事異動 ◆the reallocation of personnel [employees, workers] 職員[従業員, 労働者]の配置転換[配置換え, 配転]; 人事異動

**really** adv. 実は, 実に, 本当に, 実際には, 現に, いかにも, まったく, すっかり, 本当に, はたして, (間投詞的に)そう, 本当, えっ, へえ ◆I really have to have... ～が是非必要だ it seems the cost-reduction policy really is taking effect コスト削減計画の効果が実際に現れているようである ◆The monitor is capable of really beautiful displays. そのモニターは、実に美しい表示ができる。

**realm** a ～(しばしば ～s)領域, 範囲, 分野, 部門, 一界; a ～《しばしば a Realm》王国, 国土, 領土 ◆be [↔be not] within the realms of possibility 可能の域[可能な範囲]にある[↔ない] ◆It still remains in the realm of speculation. それはまだ憶測の域[範囲]を出ていない: それはまだ憶測にすぎない。◆Computer graphics is migrating to the personal computer realm. コンピュータグラフィックスは、(ワークステーションから)パソコンの領域へと移りつつある。

**real time** (無冠詞)即時, 同時, リアルタイム, 《コンピュ》リアルタイム[実時間] ◆in real time リアルタイムで, 同時進行で ◆in non-real time 非リアルタイムで ◆Images can be viewed in real time. 画像はリアルタイムで見ることができる。◆When this country is attacked, the president must respond in real time and with real force. もしこの国が攻撃されたら、大統領は実際の武力をもって即座に対応[即応]する必要がある。

**real-time** adj. 即時の, 同時の, 《コンピュ》リアルタイム[実時間]での ◆a real-time gross settlement system; an RTGS 即時グロス決済システム(*金融機関同士の資金決済の) ◆real-time information [intelligence] 即時情報(*後者は軍事関係で用いられる) ◆real-time news stations such as CNN and C-SPAN CNNやC-SPANなどの速報ニュース局 ◆real-time voice communications 即時音声通信 ◆averaging, subtraction and other real-time operations 平均値算出, 減算, その他のリアルタイム演算 ◆The UK is due to move to a system of real-time gross settlement (RTGS) later this year. 英国は年内に即時グロス決済制に移行[RTGS化]することになっている。

**Realtor, realtor** a ～((米))(商標)不動産業者(*a Realtor は特にthe National Association of Realtors に加盟の業者); a realtor (=((英))an estate agent)

**real world** (通例 the ～)実世界, 現実[実際]の世界, 実際の世の中, (意訳)実社会 ◆leave the academic nest and fly into the real world 学窓を巣立って実社会に飛び立つ ◆be out of touch with the real world; not in touch with the real world 世間離れしている[世間知らずである] ◆give students skills they can really use out in the real world 学生に, 実世界[実際の世の中, 実社会]に出て本当に使える技術を教える ◆such a shape cannot be generated in the real world そのような形状を生成させることは現実には不可能である

**real-world** adj. 実世界の, 現実[実際]の世界の, 現実の, 実在の, 実際の ◆a real-world example 実例 ◆in a real-world emergency 現実の緊急事態に即しては ◆real-world products 実際の製品 ◆this video does not accurately reflect real-world situations このビデオは現実の状況[実態]を正確に反映していない ◆use... in a real-world setting 実際の場[状況]で～を使用する ◆attempt to mimic real-world devices 実在する[実際の]デバイスを再現しようとする(*ソフトウェア的に) ◆it showed promise in a real-world test それは, 実地試験で有望であることを示した

**ream** 1 a ～連(レン)(*用紙の単位: 一連は米国で500枚, 英国で480枚); ～s (口)大量[多量]に(特に, 書いた物について用いる) ◆reams of data on... ～に関する大量のデータ

2 vt. 〈穴〉を大きくする[広げる]; 〈レモンなど〉のジュースを搾り器で搾る

**reamer** a ～リーマ(*穴ぐり用の工具), 果汁搾り器

**reap** vt. ～を刈り取る, とり入れる, 収穫する, 〈利益など〉を得る; vi. 刈り入れをする ◆reap results beyond all expectations 全く予想外[予想以上, 望外]の成果[成績]を収める; 期待以上の結果を得る ◆Government officials are only reaping what they have sown. 官僚は, 自らの悪行の報いを受けているにすぎない。◆He could be in trouble for reaping what he sowed. 彼は, 自業自得[因果応報]で困った目にあいそうである。

**reappear** vi. 再び現れる[出てくる], 再現する, 再び出現する, 再発する, 再版される ◆polyps can reappear ポリープは再現[再発]することがある

**reappraisal** (a)～再評価, 再査定, 再鑑定, 見直し, 再吟味, 再検討 ◆make (conduct, perform, do, carry out) a reappraisal of... ～を再評価[再査定, 再鑑定, 見直し, 再吟味, 再検討]する ◆call for reappraisal of... ～の再評価を要求する ◆undertake a fundamental reappraisal of... ～の根本的な見直し[再検討]を始める ◆a reappraisal of the property gave it a value of only $1.2 million その物件の再評価では, わずか120万ドルの価値しかないことが判明した

**reapproval** (U)再承認, 再認可 ◆must submit an application for reapproval to... 再承認[再認可]を得るための申請を～に出さなければならない[提出する必要がある] ◆After review, if a policy is reapproved as written, the dates of reapproval will be added to existing dates at the bottom of the policy. 審査ののち, (運営/経営)方針が表記文言のとおりに再承認されると, 方針(を記した文書)の下の既存の日付に再承認の日付が追記される。

**rear** 1 n. the ～後ろ, 後部, 背後, 背面, (家, バスなどの)奥(の方), (婉曲)にお尻; adj. 後ろの, 後部の, 裏の, 背面の, 背後の, 奥の ◆in a rear direction 後方に ◆toward the rear 後方方向に[後方に向かって] ◆a rear panel 後ろ側の[背面, 裏面]パネル ◆a rear speaker 後方のスピーカー ◆a rear suspension (車)後部懸架装置[リアサスペンション, リアサス] ◆rear-seat air bags (車)後部座席エアーバッグ ◆a clear view to the rear 後方がよく見えること ◆approach from the rear 後方から近づく ◆in the rear of the orbiter 軌道船の後部に ◆rear-mounted 後方に取り付けられた ◆sit in a rear seat 後ろ座席に座る ◆situated at the rear of ～の後ろに位置している ◆the rear end of a sanitation truck ゴミ収集車の後部 ◆the roadway in the rear 後方の道路 ◆at the rear of the transmission case 伝動装置ケースの背後で ◆(a) rear-maintenance design 背面[裏面]から保守を行うようになっている設計 ◆the terminal block at the rear of the motor モーターの裏(手)にある端子盤 ◆two eyes located toward the rear of the head　頭部の後ろの方にある2つの目　◆Pass another vehicle only when the way is clear, ahead and to the rear.　道の前方および後方が共にあいている時にのみ追い越しをすること．　◆The school bus is equipped with two red signal-lights on the rear and two red signal-lights on the front.　スクールバスには，赤信号灯が後部に2個と前部に2個装着されている．

**2** *vt.* 〜を育て上げる，養う，飼う，飼育する，栽培する；〈体の一部分，特に頭部〉をもたげる，起こす　◆child rearing　子育て

**rear light, rear lamp** *a* 〜《対で使用されるので通常は〜s)》(英) (自動車の) 尾灯，テールランプ (=(米, カナダ)a taillight, a tail lamp)

**rearmost** *adj.* 一番後ろの，最後尾の，最後部の，最後の　◆the rearmost door of a streetcar　路面電車の最後尾［一番後ろの］ドア

**rearrange** *vt., vi.* 並べ変える，配列し直す，配列換え［再配列，配置転換，編成換え，再編成，再編，再整理］する　◆rearrange [sort] the records based on [according to] the values in the field　《コンピュ》その項目の値に基づいて［従って］レコードを並べ替える［ソートする］

**rearview mirror, rear-view mirror** *a* 〜　バックミラー

**rearward** *adj.* 後方［後尾］の，後ろの方にある，後尾にある；*adv.* 後方に［へ］，後尾に［へ］，後ろに［へ］，背後に［へ］　◆in a specified rearward direction　指定された後方方向に　◆located in a rearward position　後方位置にある

**rear-wheel** 後ろ車輪の，後輪の　◆rear-wheel drive　後輪駆動(方式)　◆a front-engine, rear wheel-drive car　フロントエンジン後輪駆動車

**reason** 1 *(a)*〜　理由，事由，所以(ユエン)，根拠，訳(ワケ)，動機，事情，言い訳，口実；回理性，正気，思慮，分別，思慮分別，判断力，道理，理屈　◆by reason of...　〜のために，〜のせいで［理由］で，〜に基づく　◆for this reason　この理由から［で］；こういうわけで；そんなわけで；これ故に；このため；よって　◆for this (very) reason　（正に）この理由から［で］；（正に）これが原因で　◆for what reason　どういう理由で，どうして　◆with reason　多分に道理があって，もっとも，無理からぬことで　◆the reason why...；for this reason that...　どうして〜なのかの理由　◆for no obvious reason　はっきりした理由なしに　◆for no particular reason　（特に）これといった理由もなく　◆for one reason or another　なんだかんだ［なんらか］の理由で　◆without any reason whatever; for no reason whatever　何らの理由もなく　◆see reason to <do>　〜することを当然［正当］だと思う　◆personal [private] reasons　一身上の理由［個人的な事情］　◆an ideologue impervious to reason　道理の通じない［通用しない］夢想家　◆as a reason for...-ing　〜する理由［口実］として　◆for health reasons; for reasons of health　健康上の理由で；健康問題で　◆for reasons of nationality　国籍上の理由で　◆for safety reasons　安全上（の理由）で　◆for some other reason　何か別の理由［都合］で　◆for some reason (or other)　なんらか［何らか］の，どういうわけか，どうしたことか，なぜか，何かの都合により　◆give reasons why...　なぜ〜なのかという理由を挙げる　◆it stands to reason that...　〜というのは理屈に合っている［理にかなっている，筋道が通っている，道理至極だ，もっともだ，理の当然だ，むべなるかな］　◆my reason for doing it　私がそれをやる理由　◆nothing happens [occurs] without a reason　理由［原因，訳］なくしては何も起こらない；(意訳)火のないところに煙は立たぬ　◆One reason may be that... ; One reason may be due to...　一つの理由としては，〜ということがあるのではないだろうか．　◆overstep the bounds of reason　《直訳》理性の範囲を越える［踏み外す］，(意訳)理性を失う　◆it doesn't stand to reason that...　〜というのは理屈［道理］に合わない　◆It is for this reason that they are called...　それらが〜と呼ばれるのは，こういう理由から［このため］である　◆There are several reasons:　以下に挙げるい

くつかの理由がある．　◆The reason is simple:...　理由は簡単だ．〜（だからである）．　◆for reasons that are not yet clear　原因は不明であるが，まだ解明されていない原因で　◆for the simple reason that...　〜という単純な理由で［単に〜という理由で］　◆I have every reason to suppose that...　私には〜でなかろうかと考えるに十分な理由がある　◆So I think that's the main reason why...　そういうわけで私は，それが〜だということの主因だと思っている　◆that seems a flimsy reason for keeping him off TV　彼のテレビ出演を差し止めておく，その件は薄弱な理由［根拠］のように思える　◆there is every reason to assume that...　〜であると考えるに足る十分な理由がある；(意訳)(どう見ても)〜だと思われる　◆there is no reason to believe that...　〜であると考える根拠がない　◆undermine one's reason for living　生きる意味［価値］を失わせる　◆unless there is some special reason (to the contrary)　(そのことに反対する) 特別な理由がない限り　◆seven good reasons to order from Omni-Tool　オムニツール社に注文［発注，用命］すれば良いという納得できる7つの理由　◆Although he cited poor health and old age as his reasons for leaving　彼は健康が思わしくないことと高齢であることを辞任の理由に挙げたが，　◆If..., there's very little reason to opt for a desktop model.　もし〜なら，デスクトップ型機種を選ぶ理由はほとんどない．　◆There are two reasons for this. First,... Second,...　これには2つの理由がある．第1に，〜．第2に，〜．　◆There are two reasons. The first lies in... The second reason lies in...　理由は2つある．第1の理由は〜にある．第2の理由は〜にある．　◆Fines are imposed for non-attendance without good reason.　正当な理由なく［みだりに］欠席した場合には，罰金が課せられる．　◆It's the reason for their existence.　これが，それら(製品)の存在意義である．　◆Never remove the guard for any reason whatsoever.　いかなる理由があろうとも，防護具を取り外さないでください．　◆The reason for the slow sales is the price.　売れ行き不振の理由は価格にある．　◆This is the reason why the US Army considers tanks to be obsolete.　これが米陸軍が戦車を時代遅れであると考えている理由［所以(ユエン)］である．　◆He has resigned suddenly [abruptly] for reasons that are not clear [for undisclosed reasons].　彼は突然，理由を明らかにしないで辞任した．［理由不明の辞任をした．］　◆It is not without reason that Mr. Yeltsin will be greeted warmly here.　エリツィン氏が当地で温かい歓迎を受けるであろうという予測［理由［根拠,訳］］がないわけではない．　◆It is the reason for which the Association was called into existence.　これが同協会ができた理由［事情，(意訳)経緯，いきさつ］である．　◆It's another reason Hansematic's performance is unequaled by other systems.　これが，ハンセマティックの性能に匹敵する他のシステムが存在しないというもう一つの理由です．　◆Now as for the reason (of) why we have contacted you. During my tenure as Headmaster of the...　さて，ご連絡申し上げた理由について［用件］ですが，私が〜の校長を在任中に...　◆This CD-ROM is unconditionally guaranteed. If you are dissatisfied for any reason, simply return it with a short note and your contact information for a full refund.　このCD-ROMは無条件保証されています．理由のいかんにかかわらずご満足いただけない場合は，返金いたしますので，簡単なメモとご連絡先を添えてそのままご返品ください．

**2** *vt.* (理論的に)〜を考える，論じる，議論する，推論する，推理する，〈人〉を説得する <into〜するよう>, <out of〜しないよう>; *vi.* 理論的に考える，推論する，推理する，(人に)道理を説く <with>

**within reason**　常識の範囲内で，理に［道理に］かなっている限り，理不尽［不条理，無理，無謀］でない（限り）　◆if you want to keep the commuting time within reason　通勤時間を無理ない範囲に［あまり長くないように］抑えたいならば　◆Keep spending within reason.　支出を妥当な線に［ほどほどに］抑えなさい．　◆The salesclerks are well trained and encouraged to do about anything within reason to satisfy customers.　（その）店員らは良く教育されていて，顧客を満足させるためには理不尽［不当，無理］な注文でない限りほとんど何でもするようにいわれている．

**reasonable** adj. 思慮分別のある, 物分かりがいい, 理にかなった, もっともな, 妥当な; 適度な, 適当な, 高くない, 手頃な, ほどほどの ◆reasonable grounds 正当な根拠 ◆a reasonable amount of calories 正当な量のカロリー ◆at a reasonable price 納得のいく[妥当な, 適正な, 格好な, 値ごろ感のある, 良心的な]価格で ◆reasonable conduct 分別ある行為 ◆reasonable-quality slides まあまあの仕上がりのスライド ◆set a fair and reasonable price schedule for... ～の公明正大かつ適正な[《意訳》明朗な, ガラス張りの]料金体系を作る ◆it is perfectly reasonable to think (that)... 《意訳》～であると考えて全く構わない[良い] ◆check to see if both answers are in reasonable agreement 双方の解が理にかなって合致しているか確かめる ◆Recharge time is a reasonable 2 hours. 充電時間は, 妥当な線の2時間である. ◆There is a reasonable expectation for significant accomplishments in pollution prevention. 汚染防止でかなり大きな業績をあげるそれなりの見込み[見通し]がある.

**reasonably** adv. かなり, 相当に, 結構, まあまあ, ほどほどに(良く); 適度に, 手頃に, 合理的に, 理性的に, 道理に合うよう, 理にかなって, 無理なく, 妥当に, 当然, 当たり前に ◆within a reasonably short period of time; in a reasonably short time 比較的短期間のうちに[近いうちに]; そう遠くない将来; じきに ◆the mass production of reasonably priced items 値ごろ感のある商品の大量生産 ◆a fixed-focus camera that will produce reasonably sharp pictures from about 10 feet to infinity 10フィートから無限遠まで, ほどほどに鮮明な写真が撮れる固定焦点カメラ ◆Page printers can produce reasonably good monochrome graphics. ページプリンタは, なかなかの出来ばえのモノクロ[単色, (多くの場合)黒]のグラフィックスを生成できる.

**reasoning** 推論, 推理 ◆fallacious reasoning 誤った推論 ◆The reasoning behind this is that... ～であるということがこれの証明である. ◆a variety of questions designed to test the reasoning ability of students 学生の推論能力[論理的思考力]を試すためにつくられたさまざまな設問[問題,《意訳》応用問題]

**reassemble** vt. ～を再度組み立てる, 再び集める; vi. 再度集まる ◆Reassemble the lid. 蓋部を組み立て直してください.

**reassess** vt. ～を再評価する ◆After the Challenger tragedy, every system in the shuttle was reassessed with an eye to its safety and reliability. チャレンジャー号の惨事があってから, シャトルのすべてのシステムは安全性と信頼性の観点から再評価[見直し]が行われた.

**reassessment** (a) ～ 再評価 ◆make a reassessment of... ～を再評価する ◆call for (a) fundamental reassessment of... ～の根本的[抜本的]再評価[見直し, 再検討]を求める ◆make a radical [fundamental] reassessment of the problem その問題の根本的な見直し[抜本的再検討]を行う ◆reassessments about... ～についての再評価

**reassign** vt. ～を再割り当てする, 〈人〉を(～に)任命しなおす[配置転換する]<to> ◆get reassigned to other jobs in the company 社内で他の仕事に配置換えされる

**reassignment** (a) ～ (役職や担当の)配置転換, (人事)異動

**reassuring** adj. 安心させる[安心感をあたえてくれる]ような, ほっとさせる, 元気[勇気]づける, 励ますような, 心強い, 頼もしい ◆it's reassuring to know help is just a phone call away 電話一つで助けてもらえるとわかっていると安心できる(*パソコンの技術サポートの話では)

**reattach** vt. ～を再度取り付ける; vi. 再び付着する ◆Reattach the hose you removed in step 5. 手順5で取り外したホースを元に戻して下さい.

**rebate** 1 vt. ～を割り戻す, (代金の一部を返すことにより)～を割り引きする
2 a ～<on> (～の)リベート, 割り戻し, 払い戻し金, キャッシュバック(プレゼント) ▶日本語の「リベート」が持つ「ワイロ」, 「世話料」, 「手数料」のような意味は rebate にはない. ◆a $20 mail-in rebate coupon on... 〈商品〉についていて郵送で申し込む(タイプの)20ドル割り戻し[キャッシュバック](プレゼント)クーポン ◆get a rebate of about $300 約300ドルの割り戻しを受ける ◆in the form of tax rebates 戻し減税の形で ◆We offer a rebate of up to $10.00 to try... ～をお試しの方には最高10ドルの割り戻しをプレゼントいたします. ◆The amount of the rebate varies from manufacturer to manufacturer. その割り戻しの額はメーカーによって異なる.

**rebel** 1 vi. <against> 逆らう, 反抗する, 反発する, 抵抗する, 謀反(ムホン)する, 反感を持つ ◆rebel at the idea of... -ing ～をするという考えに反発を覚える
2 a ～ 反対する人, 反逆者

**reboot** vt. 〈コンピュータなど〉をブートし直す[再起動する] ◆reboot the computer そのコンピュータを再起動する[立ち上げ直す, 再立ち上げする] ◆The machine reboots itself upon exiting the setup program. 本機はセットアッププログラムを終了すると自動的に再起動する. ◆On Windows NT 4.0 or Windows 2000, log out and log in again, or reboot your computer. This ensures that changes to your environment settings take effect. Windows NT 4.0またはWindows 2000の場合は, いったんログアウトして再ログインするかコンピュータを再起動します. これにより, 環境設定に加えた変更が有効になります.

**rebound** vi. はね返る, 〈音〉が反響する, 反発する, 立ち直る, 持ち直す, 回復する; vt. ～をrebound させる; a ～ リバウンド, 跳ね返り, 反動, 反発, 持ち直し, 回復, 反騰; a ～ 反響, エコー, こだま, 山びこ ◆a sharp rebound 《相場》大幅な反発, 反騰 ◆be on the rebound from a slump スランプからの回復[立ち直り, 復調, 復帰, 復活]途上にある ◆with [in] hopes of rebounding from... ～の雪辱を期して; ～からの回復[回復, 立ち直り]を願って ◆a rebound from a slow year 不景気[不況]からの回復 ◆in [with] hopes of rebounding from a lackluster performance at Indiana インディアナで精彩を欠いたプレー[成績]の雪辱を果たし[晴らし]たいと願って ◆Once..., stock prices should rebound sharply. (いったん)～ということになれば, 株価は反騰するはずである.(*反騰は下がっていた株価が大きく反発すること) ◆forecast a rebound in revenue growth to about 12 percent in 1998 1998年に12%増程度にまで収益が回復するだろうと予測する ◆some of the Macintosh models staged a rebound from recent declines in value Macintoshの一部の機種は最近の(実売)価格低下から再び上げに転じた[上昇に転じた, 立ち直った, 回復した] ◆there was a rebound that brought the prices back up 価格を再び上昇に導いた反発[反動]があった ◆Battered bank stock prices have been on the rebound since the beginning of the year. 打撃を受けた銀行株の価格は年初来(反発して)回復基調に乗っている[復調傾向にある]. ◆Lucile married Stuart Wallace who was twenty years her senior on the rebound after a failed relationship. ルシルは, (前の恋愛)関係が壊れたことの反動で20歳年上のスチュアート・ウォレスと結婚した.

**rebuild** vt. ～を建て替える, 再建[再興, 復興]する, 立て直す, 改造する, 再構築する, 〈使い古した工業製品〉を更生[再生]する ◆rebuilt parts 再生[更生]部品(*中古品に手を入れて再び使えるようにした部品) ◆rebuild an index 《コンピュ》インデックスを再構築する[かけ直す] ◆rebuild the nation's economy 国家の経済を再建する ◆I will get [have] my house rebuilt. 私は自宅[家]を建て替える(つもりだ). ◆The rubble has been swept away and rebuilding has begun. がれきは片付けられ, 復興が始まった.

**rebut** vt. ～が誤りであることを証明する, ～に反駁(ハンバク)[論駁(ロンバク), 反証]する

**recalibrate** vt. ～を較正(コウセイ)し直す, ～の目盛りを定め直す, 再調整する ◆recalibrated suspension bushings 《車》再調整されたサスペンション・ブッシング

**recall** 1 vt. ～〈欠陥品〉を回収する, 〈大使など〉を召還する[呼び戻す], ～を取り消す, 撤回する, ～をリコールにより解職[解任]する, ～を思い出す, 振り返る, ～を思い起こさせる ◆recall the good old days 古き佳き時代をしのぶ ◆his melodies recall the glory years of folk pop 彼のメロディーは

フォークポップの栄光の時代[全盛期, 絶頂期]を思い起こさせる ◆Last week the company announced that it was recalling its product worldwide. 先週, この会社は自社製品のリコールを全世界で実施中であると発表した。 ◆The company has recalled 100 furloughed workers and is returning one of its plants to 24-hour production. 会社は一時帰休の労働者100名を呼び戻し, 工場のうちの1つを24時間生産態勢に戻しつつある。 **2** (a) ~ (製品)回収, 召還, 取り消し, 撤回, リコール解任[解雇請求]; 回回想, 想起, 記憶力 ◆do a major recall 大規模なリコール[回収]を行う(*欠陥製品などの) ◆Up to ten instrument settings may be stored for later recall. 最高10種類までの測定器の設定(内容)を, 後でまた呼び出せるよう保存しておけます。 ◆Ford Motor Co. and Mazda Motor Corp. on Monday announced the recall of 358,663 sport-utility vehicles to correct a flaw that may prevent starting. フォード自動車会社とマツダは月曜日, 始動不能になりかねない欠陥を正すべく, RV車358,663台のリコール[無料回収・修理]を発表した。

**recant** vt. ~を取り消す, 撤回する, 〈信仰など〉を改める; vi. 自分の意見を引っ込める

**recap** 1 vt.《米》〈古タイヤ〉を更生する(=《英》retread); n. a~ 更生タイヤ ◆a recapped tire 《米》更生タイヤ(*英国では a retreaded tyre)
**2** vt.《口》= recapitulate; n.《口》= recapitulation ◆a recap of the week's news 今週のニュースのハイライト ◆recap the main points of the speech そのスピーチの要点を要約する ◆a well-edited recap of the Games' highlights うまく編集されたオリンピックのハイライト総集編 ◆recap the major events of the 20th century 20世紀の主な出来事を整理する

**recapitulate** vt. ~を要約する, (話が済んだ後で)~の要点を繰り返す; vi. 要点をまとめる ◆recapitulate the president's speech 社長のスピーチを要約する

**recapitulation** (a) ~ 要約, まとめ, 総括 ◆a recapitulation of... ~の概括[要約], 総括

**recapture** vt. ~を奪い返す, 奪還する, 取り戻す; ~を再び捕らえる, 再捕獲する; ~を(心中に)再現する, 思い出す; (法律により, ある一定額以上の所得分は収益)を徴収する; n. 奪還, 取り戻し, 回収, 回復 ◆an economizer recaptures heat normally lost in the waste gas smokestacks 燃料節約装置は, 普通ならば廃ガス煙突内で失われてしまう熱を回収する ◆in an effort to recapture the market share lost to PC-AT clones PC-ATクローン機に奪われたマーケットシェア[市場占有率]を取り戻そうとして

**recede** vi. 退く, 後ろにどく, 後退する, 退出する, 引っ込む, 後方へ傾く, (価値, 価格などが)下がる, 落ちる, 減少する, 衰える ◆wait for flood waters to recede 洪水の水が引くのを待つ(*川水を指すときは waters と複数形)

R **receipt** 回受け取り, 受領, 受信; a~ (金の)領収書[証], (物品)受領書[証] ◆30 days after receipt of merchandise 商品の受領後30日目に ◆the receipt of messages メッセージの受け取り ◆upon receipt of this notification この知らせを受け取り次第 ◆upon the receipt of the parts from the manufacturer メーカーからそれらの部品を受け取り次第 ◆be responsible for the receipt and inspection of incoming materials 入ってくる[搬入される, 持ち込まれる]材料の検収[受け取りと検査の]を担当している ◆it bears [has] a receipt stamp dated [of] May 7, 1999 それには1999年5月7日の受領印[受け取り印]が押されている ◆All invoices are to be paid within 45 days of receipt. 仕切り書[仕切り状, 送り状]の請求額はすべて, 受領後45日内に支払われるものとします。 ◆Discrepancies must be reported immediately upon receipt of shipment. (注文品との)食い違いは, 出荷品を受取次第直ちにお知らせください。 ◆The fax software has the option to print a time-of-receipt stamp in the upper left corner of fax printouts. このファクスミリソフトには, 着信時刻をファックス受信紙の左上の隅に刻印するオプションがある。 ◆The Cashier will receipt stamp both the top and bottom sections of the invoice and return the top portion to the debtor as a receipt. 出納係は請求書の上部と下部の両方に受領印を押して, 上部を領収書として債務者に返します。

**receivable** adj. 受け取り得る, 受け取るべき; n. ~s 受取勘定 ◆accounts receivable 売掛金, 売掛債権, 受取勘定, 確定勘定, 未収金

**receive** vt. ~を受け取る, 受領する, 受理する, 受ける, もらう, 手にする, こうむる, 負う, 受信する, 聴取する, 受け入れる, 収容する, 迎える, 認める; vi. 受け取る, 訪問を受ける, 受信する; 《形容詞的に》受信の ◆a receive circuit 受信回路 ◆(a) receiving inspection 受け入れ[受け取り, 受領, 購入]検査, 検収 ◆a television receiving antenna テレビ受信アンテナ ◆at the receiving end 《通》受信端末[口]で ◆messages are received out of sequence メッセージは順序が乱れて[《意訳》ランダムな順序で]受信される[着信する, 入信する] ◆receive [accept] trainees from abroad 海外から研修生を受け入れる ◆receive maintenance (機械などの)整備保守を受ける ◆receive signals from far-off stations 遠くの局からの信号を受信する ◆the product is being well received in the market この商品は市場でよく受け入れられている[受けがいい, 受けている, 評判が良い, 好評である, 歓迎されている] ◆within two weeks of receiving... ~受領後[~を受け取ってから, ~をもらってから]2週間以内に ◆power receiving and distributing substation equipment 受電・配電変電所用の機器 ◆for the purpose of receiving or discharging passengers 乗客の乗り降り[乗降]のために ◆receive power from an existing third rail system 《電気》既設の第3レールシステムから集電[受電]する ◆the number of channels that can be received 受信可能なチャンネル数 ◆when an interrupt request is received from the bus 《コンピュ》バスからの割込要求が受け取られると ◆our stations' new programming is being well received 私たちの放送局の新番組はうけがいい[好意的に受け止められている, 歓迎されている, 好評だ, 評判がいい, 親しまれている, 喜ばれている] ◆we had no idea that our product would be so well received 弊社の製品がそんなにもよく受け入れられる[大きな反響を呼ぼう, 大受けする]とは全く思ってもみませんでした ◆we are receiving electronic-mail from all across the world voicing support for... 私たちのところに~を支持する電子メールが全世界[世界中]から送られてくる[届いて]いる ◆The SQ3270 and SQ5200 drives were being very well received by customers and demand for the products was strong. SQ3270およびSQ5200ドライブは, 顧客に非常に好感をもって迎えられており, これらの製品の需要は堅調である。 ◆When the translated articles are received back from the Translation Department, they are sent for typesetting. それらの記事が翻訳部から戻ってくると, 植字に回される。 ◆Due to the timing constraints associated with the paper-review process, papers must be received by the deadline shown below to be considered by the Program Committee. 論文審査過程にかかわる時期的な制約のために, 論文がプログラム委員会による選考対象となるためには下記の締め切りまでに受信されなければなりません [《意訳》必着とします]

**receiver** a~ 受信人, (盗品の)故買人, (破産)管財人; a~ 受け手, 受信機, 受像機, 受話器; a~ 容器, 受液器, 油取, 受槽, 一受け, 一溜め(ダメ), 一タンク; a~ 《音響》レシーバー(*チューナー, プリアンプ, メインアンプ, グラフィコイライザーなどが, 同一ケースに一体化されているセット)

**receiving** n. 受け取ること, 荷受け, (盗品の)故買; adj. 受け取りの, 受ける, 歓迎の, 荷受けの, 受信の, 受像の, 受電の, 受- ◆purchasing and receiving 購買と受け入れ(業務) ◆new employees in the receiving and inspection department at the firm その会社の(受け入れ)検収部[部署, 部門]の新人[新しい従業員]

**recent** adj. 最近の, 近ごろの, 新しい, 近代の; R- 《地質》現世(ゲンセイ)の ◆in recent years [times] 近年, 近年に[の], 至近年における ◆a trend of recent times 最近のトレンド[傾向, 動向] ◆changing market environments of recent years 変化している近年の市場環境 ◆in recent times 近代において; 最近[近年](の)(*いつ頃を指すかはかなり幅がある) ◆in the recent past (現在からあまり隔たっていない過去において=)少し前に, ちょっと前に, (つい)先頃, 最近, 近ごろ, この間, こ

のほど,先般 ◆recent-model 最近の型[モデル]の ◆recent years' rainfall 年年の降雨量 ◆up until the recent past 最近[少し前,ちょっと前,近頃]まで ◆As has been the case in recent times [years],... 最近[近年]のように,◆cancel the most recent change you've made to a screen 最後に画面上で行った変更を取り消す ◆the price cuts on... are made possible by the sales surge that the company has experienced in recent times 〜の値下げは,同社の最近[近頃,近年]の販売高の急増により可能になった ◆Recent years have seen significant advances in the area of... 近年,〜の分野で著しい進歩が見られた.◆Some facts leaked after...,but the whole story wasn't told until recent years. 〜後に一部情報は漏れたが,全貌が語られるようになったのは近年になってのことだ.◆It is not just in recent times that cashmere has become the world's most coveted fabric. In Italy, it was for many centuries the preserve of the wealthy and aristocratic. カシミアが世界で最も求められる織物になったのは,何も近代においてのことではない.イタリアでは何世紀もの間,金持ちや貴族の領域であった.

**recently** adv. 最近,近ごろ,近時,(つい)この間,この前,このところ,このほど,先日,つい先頃 ◆until recently 最近(になる)[近年,近頃]まで ◆(up) until fairly [quite, very] recently つい最近まで ◆(up) until quite recently つい最近[この間,先ごろ,近頃]まで ◆(up) until very recently つい[ごく]最近まで ◆recently added titles 最新追加[新着]タイトル[図書,CD, etc.] ◆the most recently stored data 最後に格納されたデータ ◆as recently as 1998 ごく[つい]最近の1998年に ◆as recently as last week つい先週 ◆as recently as two years ago ほんの[わずか]2年前に ◆I have only recently become a fan of... 私は最近〜のファンになったばかりです ◆It is only recently that steps have been taken towards... 〜への対策が最近になってようやく講じられた

**receptacle** a 〜《電気》レセプタクル,(プラグの)受け口,差し込み口,ソケット,コンセント,端子;a 〜 入れ物,容器,栓受け,貯蔵所,置き場 ◆a wall receptacle [outlet]《電》壁の電源差し込み口[コンセント]◆a molded-plastic receptacle 成形プラスチックソケット ◆When the plug is inserted into a receptacle,... プラグがコンセントに差し込まれると,◆Remove the line cord plug from the receptacle. コンセントから電源コードプラグを抜いてください.

**reception** (a) 〜 受け取ること,受領,受理;回 受信,受像,受信状態,映り具合;接待,a 〜(形容詞で修飾されて)(ある種の)歓迎,もてなし,接待,レセプション,歓迎会,招待会,結婚披露宴;回(無冠詞)(英)(ホテルなどの)フロント,(会社などの)受付け;a 〜(世間の受け止め方)評判,評価 ◆a bad reception areas; areas of poor reception 難聴地域,放送受信の困難な地域 ◆at a hospital reception desk 病院の受付で ◆during reception 受信時に ◆find a favorable reception in financial markets 金融市場で好感される ◆reception becomes weak 受信が弱くなる ◆have a wedding reception with more than 200 guests 200人以上の客を招いての結婚披露宴を開く[催す]

**receptionist** a 〜 受付係,受け付けの人,フロント係,案内係,応接係,応対係 ◆a telephone receptionist 電話受付[応対]係

**reception room** a 〜 応接室,(患者,陳情団などのための)待合室,居間 (*不動産屋が使う用語,広告では a recep. と略される)

**receptive** adj. 理解[飲み込み]が早い,敏感な,感受性の豊かな,すぐによく,容易に]受け容れる ◆Is the government receptive to NGO policy advocacy? 政府はNGOの政策提言に対し聞く耳を持っているか.

**receptor** a 〜 レセプター,受容体,受容器,感覚器官(= a sense organ) ◆a calcium-sensing receptor (CaR) カルシウム感知受容体

**recess** 1 (a) 〜 休息,休み(時間),(議会などの)休会;a 〜 くぼみ,へこみ,(底がある)穴,《機械》逃げ,《建築》壁龕(へきがん),《医》陥凹 ◆in the deep recesses of... 〜の奥に[奥深

いところに,《意訳》奥底に]◆in the recesses of his own mind 彼自身の心の奥に ◆during a lunch(-hour) recess 昼休みの間に ◆the conference recessed for an indefinite period 会議は無期休会に入った
2 vt. 〜にくぼみを作る,〜を引っ込んだ所[壁面]に置く,《米》〜を休み[休会,休校]にする;vi. 休む,休息する ◆a recessed trackball (ノートブックパソコンの)埋込み型のトラックボール ◆a reset button recessed on the underside (キャビネットの)底面に引っ込めて取り付けられているリセットボタン ◆a recessed area in the unit base 装置基部のくぼんだ部分 ◆The taillights are deeply recessed. 尾灯は,深く引っ込んでいる.◆The switch levers are recessed to prevent accidental actuation. これらのスイッチレバーは,誤って作動させることがないように引っ込ませて取り付けられている.◆The bill will now proceed to a Conference Committee, with little hope of completion before Congress recesses for the elections. この法案は間もなく両院協議会に回されることになってはいるものの,選挙のために議会が休会するまでの成立はほとんど期待できない[成立の見込みはまずない].

**recession** 回後退(局面),退場,退出;(a) 〜 (一時的な)景気後退[不況,不景気],リセッション ◆slump into a recession 景気後退に落ち込む ◆a worldwide recession 世界的な景気後退 ◆suffer a recession 景気後退に見舞われる ◆the 1981-82 recession 1981年から82年にかけての景気後退 ◆recession-hit European countries 景気後退の痛手を被った欧州各国 ◆In 1992 Japan fell into a recession. 1992年に日本は,景気後退に陥った.◆Will the U.S. economy slide into a prolonged recession? 米国経済は長引く景気後退にずるずると入っていく[次第に陥る]だろうか.

**recessionary** adj. 景気後退に関した,(一時的な)不況[不景気]の,リセッションの ◆recessionary Europe and Japan 景気後退[一時的な不況]に見舞われている欧州と日本

**recharge** vt., vi. (再)充電する,〜に再度充填[注入,装填,投入]する,再襲撃する,再告訴する;a 〜 (再)充電,再充填,再注入,再装填,再投入,再突撃,再告発 ◆an electric recharging station 充電スタンド(*電気自動車用の) ◆become recharged (放電した後で)再度)充電される ◆the batteries need recharging これらの蓄電池は充電が必要だ ◆Full recharging requires eight to nine hours. フル充電[満充電]するのに8時間から9時間要する.◆It operates for up to a month between battery recharges. それ(装置)は,(直訳)バッテリーを充電してから次の充電まで[(意訳)1回のバッテリー充電で]最高1カ月間動作する.◆Recharge time is a reasonable 2 hours. 充電時間は,妥当な線の2時間である.◆The battery can be recharged in less than 3 hours.; The battery recharges [will recharge] in less than 3 hours. バッテリーは3時間以内で充電できる.;バッテリーの充電は3時間弱からなない.◆The shaver recharges fully in one hour. このシェーバーは,1時間でフル充電する[満充電になる].◆A hydrometer reading between 1.000 and 1.225 means that a recharge is necessary. 比重計の読みが1.000から1.225の間にあるということは,充電が必要だということを意味しています.◆The car can go 100 miles in the city before it needs five hours of recharging. この(電気自動)車は,5時間の充電が必要になるまでに市街地を100マイル走行できる.◆The mobile telephone can be used for just 75 minutes before needing a recharge. この移動電話機[携帯電話,ケータイ]は,1回の充電で75分しか使えない.
**recharge one's batteries**《比喩的》充電する,英気を養う,活力を蓄える

**rechargeable** adj. 充電可能な,充電[蓄電]式の ◆a rechargeable NiCad battery 充電式ニッカド電池[バッテリー] ◆Nickel-Cadmium batteries are commonly used in rechargeable equipment. ニッケルカドミウム電池は,充電型機器によく使用されている.

**recharger** a 〜 充電器 ◆a battery recharger [charger] バッテリー充電器 ◆a recharger-adapter 充電器を兼ねたAC電源アダプター(*携帯型パソコンなどの)

**recheck** vt. ～を再チェック[検査, 点検]する, ～を調べ直す ◆recheck the tension of a newly-installed belt after about 100 miles of driving 新しく取り付けたベルトの張りを約100マイル走行後に再点検する ◆Check and recheck the figures before signing a contract. 契約にサインをする前に, 念には念を入れて数字を確認すること. ◆Your rechecking of travel details and appointment dates will catch mistakes before they happen. 旅行の細部の詰めや予約日を再確認しておけばミスを未然に防げます.

**recipe** a～ 料理法, 調理法; a～（薬の）処方, 処方箋, 配合表, 製法; a～ うまい方法, こつ, 秘訣, 秘伝, 奥の手, 奥義 ◆a recipe for success 成功の秘訣, 確実に成功にありつける方法 ◆a surefire recipe for success 成功疑いなしの方法; 必勝法する秘訣; 必勝法

**recipient** a～ 受取人, 受領者, 臓器の提供を受ける人［臓器受容者, 臓器移植患者］, 移植を受ける[受けた]人, 受給者, 受益者, 受領国, 受取人国 (recipient country) ◆a gift recipient 贈り物をもらう側 ◆an organ recipient 臓器受容者［レシピエント］ ◆a recipient of a prize （ある賞の）受賞者 ◆a welfare recipient 福祉を受ける人, 福祉の受益者 ◆a Deming prize recipient デミング賞受賞者 ◆a Social Security recipient 社会保障の受給者 ◆the ability to broadcast a fax to any number of recipients [addressees] ファックスを任意の数の受信者[宛先, 配信先]に同報[一斉]送信する機能

**reciprocal** adj. 相互の, お互いの, 互恵的な, 代償的な, 報復的な, お返しの, 返礼の;《数》逆の, 相反の, 相互の; n. a ～ 《数》逆数, 反数 ◆consider a (reciprocal) link exchange with other web sites 他サイトと相互リンクすることを検討する ◆encourage [facilitate, promote] reciprocal communication among participants [members, all interested parties] 《順に》参加者[メンバー, すべての関係者]相互間の意見の疎通を図る ◆Admittance is the reciprocal of the impedance. アドミタンスは, インピーダンスの逆数である. ◆The shutdown phase is the reciprocal of the startup. 操業中止の段階の手順は, 操業開始の逆である.

**reciprocate** vi. （機械部品が）往復直線運動をする; vt. （同様な物事に）～に返礼する, 報いる ◆(a) reciprocating motion 往復運動 ◆a reciprocating engine 往復動エンジン, レシプロエンジン, 往復機関, ピストンエンジン

**reciprocity** ①互恵主義, 相互主義, 相互依存, 相互利益, 相互関係, 逆関係, 相反性 ◆a reciprocity agreement [treaty] 互恵条約 ◆act on the principle of reciprocity 相互互恵の原則に基づいて行動する ◆on the basis of reciprocity; based on reciprocity 相互[互恵]主義に基づいて

**recirculate** vt. ～を再循環させる; vi. 再循環する ◆a recirculating [recirculation] pump 再循環ポンプ ◆a recirculating system 《工業》再循環系統

**recite** vt. （詩など）を（聴衆の前で）朗読する, ～を（人前で）暗唱[復唱]してみせる, ～を暗唱する, ～を物語る, 列挙する; vi. 暗唱する, 朗唱する ◆recite multiplication tables by rote 九九を暗唱する

**reckless** adj. 向こう見ずな, 無鉄砲な, 無謀な, (～を) 気にかけない[意に介さない]<of>, (～に)無頓着な<of> ◆crack down on reckless drivers 無謀運転ドライバーを（厳重に）取り締まる ◆Visitors should note that Indonesian bus drivers are notorious for reckless driving. 旅行者は, インドネシアのバス運転手が無謀《意訳》神風》運転で悪名高いということを覚えておかなければならない.

**reckon** v. 計算[合計, 勘定, 算出]する, 数える, 評価する, ～を（～とみなす<as, being>, (～を) 当てにする <on> ◆reckon with ～を（無視できないものとして）考慮に入れる ◆a man to be reckoned with 一目置かれる[無視できない, 目の離せない, あなどれない]男 ◆Iraq remains a regional power to be reckoned with 《意訳》イラクは, 無視できない地域大国として存在し続けている[侮れない地域大国としての健在ぶりを示している] ◆the company is fast becoming a force to be reckoned with in the PC marketplace 同社はパソコン市場で無視できない勢力に《意訳》目の離せない存在に急速になりつつある ◆they are a team to be reckoned with 彼らは侮りがたい[なかなかの]チームだ ◆there's no doubt we're going to be a team to be reckoned with 我々が一目置かれるチームになることは疑いない ◆But women have gradually become a force to be reckoned with as they have outnumbered men as voters since 1969. だが女性たちは有権者数として男性を上回るようになった1969年以降次第に無視できない勢力に成長した.

**reclaim** vt. ～の返還を要求する, ～を（～から）回収する <from>, ～を埋め立てる[干拓する, 開拓する], 〈前科者などを〉更生させる ◆a dry ink reclaim bottle 《OA》トナー回収ボトル ◆reclaim free space 《コンピュ》空きスペースを取り戻す; 《意訳》（ディスクまたはメモリーの）領域を解放する ◆At the world championships in Rotterdam, he reclaimed the title he had won four years earlier. ロッテルダムで開催された世界選手権大会において, 彼はこの大会の4年前に勝ち取ったタイトルを奪還した. ◆The company has already reclaimed 72 million bottles from stores and restaurants in North America. この会社は, 既に北米の商店や飲食店から7200万本回収し終えている.

**reclamation** ①開拓, 開墾, 農地造成, 土地造成, 土地改良, 埋立, 干拓; ①再生して利用すること, 再生活用, 再活用, 再使用, 再利用, 再開発; ①取り戻し, 回収 ◆land reclamation 干拓[埋め立て] （による土地の[造成]）（＊海や沼地の） ◆waste reclamation; (the) reclamation of wastes 廃品[《意訳》リサイクルできる物の, 資源ゴミ] 回収 ◆the Interior Department's Bureau of Reclamation; the Bureau of Reclamation at the Department of the Interior 《米》内務省の開墾局 ◆a land reclamation project 干拓事業 ◆a waste reclamation expert ゴミ[廃棄物]再資源化の専門家 ◆the reclamation of slums スラムの再開発 ◆the system has deteriorated beyond reclamation システムは再使用[再利用, 再活用]できないほど劣化して[傷んで]いた（＊手直し, 修理, 修復などがきかないほど）

**recline** vi., vt. ～にもたれる, ～を横たえる <against, upon> ◆a reclining chair [seat] リクライニング・チェアー[シート]

**reclosable** adj. （いったん開けた後）再び閉じることができる ◆a reclosable poly bag 何度でも口が開閉できる[開閉自在のチャック付き]ポリ袋

**reclose** ◆a reclosing relay 《強電》再閉路リレー[継電器]

**recluse** adj. 世を捨てた, 隠遁（イントン）[遁世（トンセイ）]した, 孤独な, 寂しい; a～ 世を捨てた人, 隠遁者, 遁世者, 隠者, 隠者 ◆This young girl had become a recluse, refusing to go to school, church, parties, etc. この少女は, 引きこもりになり, 学校や教会やパーティーなどにどうしても行こうとしなくなった.

**reclusive** adj. 世を捨てた, 隠遁（イントン）[遁世（トンセイ）]した, 孤独な ◆come out of one's reclusive world 自分だけの引きこもりの世界から抜け出る ◆reclusive youngsters 引きこもり(がち)の若者[青年, 少年, 青少年]たち

**recognition** ①見分ける[られる]こと, 認識, 識別; ①認める[認められる]こと, 認知, 承認; (a)～（功績などを）認めること, 報賞 ◆a voice-recognition system 音声認識システム ◆pattern recognition パターン認識 ◆optical character recognition 光学的文字認識 ◆an MRA (a Mutual Recognition Agreement) 世界的な[国際的な, 国家間の, 多国間]相互承認協定 ◆achieve [earn, gain] international recognition as... ～として国際的に認められる（ようになる） ◆a face that's emaciated beyond recognition 見る影もないほどやつれてしまった顔 ◆gain [win] the recognition of... ～に[～から]認められる ◆handwritten recognition accuracy 手書き認識精度 ◆have name recognition 名前が（社会的に）認知されて[知られて]いる; ～には知名度[ネームバリュー]がある ◆in recognition of her merits 彼女の功績を認めて ◆seek recognition through bizarre behavior 奇抜な振る舞いをすることにより人の気を引こうと[関心を集めようと, 注目を浴びよう と]する ◆she's changed beyond all recognition 彼女はすっかり変わって[別人のようになって, 昔の面影をすっかりなく

して,《場合によっては)見る影もなくなって]しまった ◆the recognition of written words　書かれている単語の認識 ◆win official recognition from...　～から公認を得る[取り付ける] ◆change the original beyond recognition　原作を原形をとどめないまでに改竄(カイザン)する ◆distort the signal beyond all recognition　それと分からなくなるほど[原形をとどめなくなるほど]信号を歪ませる ◆in recognition of the importance of preserving...　～を保存することの重要性を認識して ◆the neighborhood is gentrifying beyond recognition　この区域は見違えるほどに美化が進んでいる ◆establish an honorary award for the recognition of distinguished service by employees of...　～の従業員[職員]の功労[際だって優れた手柄や功績, 殊勲]を認める[称える, 表彰する]名誉賞を創設する ◆to build [increase, enhance] the name recognition of one's product or company among retailers and consumers　小売店および消費者の間で製品または会社の知名度[認知度]を築く[上げる, 高める]ために ◆this company retains high brand-name recognition　同社は高いブランド知名度を保っている; 同社のブランドは知名度が高い ◆the car was destroyed beyond recognition and the driver could not be immediately identified　車は原形をとどめないほど大破し, ドライバーの身元はすぐには確認できなかった ◆the growing recognition of the importance of the stratospheric ozone layer　成層圏のオゾン層の重要性に対する認識の高まり ◆His films have won equal recognition abroad and at home.　彼の映画は, 国の内外で等しく認められた. ◆The switch has U.L. recognition.　このスイッチは, UL規格承認取得済みです. ◆Mr. Landsbergis appealed to democratic nations for official recognition of his new government.　ランズベルギス氏は, 彼の率いる新政府の承認を求めて民主主義諸国に訴えた. ◆Users of previous versions of ThyDraw will find the new program improved almost beyond recognition.　ThyDrawの旧バージョンのユーザーは, この新しいプログラムが見違えるほど[別のプログラムかと思えるほど]良くなっていると感じるだろう.

**recognize** vt. ～を認める, 見分ける, 認識する, 識別する, 承認する, 表彰する ◆recognized authorities　公認の機関 ◆It has been recognized that...　～であることが認められた[確認された] ◆recognize the possibilities of CIM　CIM(コンピュータ統合生産)の将来性に気付く ◆recognize the significance of the symbol　その記号の意義を理解する ◆a recognized leader in laser technology　認められた[他が認める]レーザー技術のトップクラス企業 ◆the magazine has recognized Xxx as a company to "Keep an Eye On" in 2002　同誌は, Xxxを2002年に「目の離せない[注目すべき]」企業であると認めた[《意訳》高く評価した] ◆but this right is still far from being recognized by society at large, and even further from being applied　だが, この権利は依然として一般社会[世間一般]から知られているとはいいがたく, そして適用については更にお寒い状況である. ◆All of my hardware has been automatically detected [recognized].　《コンピュ》(私の)すべてのハードウェアが自動的に検出[自動認識]された. ◆The format is recognized by the industry as being standard.　本フォーマットは業界により標準として認められている. ◆These plugs are UL-recognized.　これらのプラグは, UL規格認定取得済みです. ◆These machines will be recognized as the steam engines of the 21st century.　それらの機械は21世紀の蒸気機関車として認められるであろう.

**recoilless** adj. 《火器の》反動のない, 無反動の ◆a recoilless rifle　無反動ライフル[銃, 砲]

**recombinant** adj., n. 《遺伝子》組み換え型(の) ◆recombinant DNA technology [research]　組み換えDNA技術[研究] ◆the Recombinant DNA Advisory Committee of the National Institutes of Health　《米》国立衛生研究所の組み換えDNA諮問委員会

**recombine** v. 再結合[再び結合]する, 結合し直す. ◆recombine [rejoin] with oxygen　酸素と再結合する

**recommend** vt. ～を推薦する, 推奨する, 推挙する, 慫慂(ショウヨウ)する, 勧める, 勧告する, 忠告する, 助言する ◆486DX2/66 MHz or higher processor (Pentium recommended) [(preferably Pentium)]　66MHz版486DX2以上のCPU (Pentium推奨) (*アプリケーションソフトの表示) ◆recommend scrapping [the scrapping of]...　～の廃棄[破棄]を勧告する ◆You are recommended to <do...>　～するようお勧めします[《意訳》お願いします] ◆The salesperson strongly recommended...　その販売員は, ～を強く薦めた. ◆These tools are recommended for...　《意訳》これらの道具は～に適して[向いて]いる ◆Nonslip footwear is recommended.　滑べらないはき物をはいてください. ◆Using safety glasses is recommended.　安全めがねの使用をお勧めします. ◆We often take on people recommended by our workers.　当社では, 従業員の推薦[《意訳》紹介]で人を採る[採用する]ことがよくあります. ◆It is recommended that drivers of disabled vehicles obtain assistance, whenever possible, from...　故障車の運転者は[《意訳》運転していた車が故障したら], 可能な限り～の援助を得るのがよいでしょう. ◆The report recommended that government concentrate its spending on education and training, infrastructure improvement and...　同報告書は, 政府は教育・訓練, インフラ整備, ...に支出を集中すべきであると提言した. ◆Don't use circular saws of larger or smaller diameter than recommended.　推奨されている直径よりも大きかったり小さかったりする丸ノコは, 使用しないでください. ◆Oil changes are factory-recommended every 3,000 miles for a turbocharged engine.　オイル交換は, ターボ過給機付きエンジンの場合, 工場[《意訳》メーカー]が推奨する3,000マイルごとです. ◆Although the bowl, cover and all attachments are dishwasher-safe, it is strongly recommended that they be washed and dried by hand.　ボウル, ふた, およびすべてのアタッチメントは, 自動皿洗い機で洗っても大丈夫ですが, 是非手洗いにして手で(布きんで)拭くようにしてください. ◆The gas duster is recommended for use on electronic components, camera optics, photographic film, clock movements, and all delicate instruments.　この除塵ガススプレーを, 電子部品, カメラレンズ, 写真フィルム, 時計メカおよび一切のデリケートな計器の清浄にお使いいただくようお勧めします.

**recommendable** adj. 推薦[推奨]できる, 勧められる, 助言できる ◆It is advisable [recommendable] to <do>　～した方が賢明です, ～することをお勧めします, ～すると良いでしょう

**recommendation** Ⅲ推薦, 推奨, 推挙, 慫慂(ショウヨウ); (a) ～勧め, 助言, 忠告, 勧告; a ～推薦状; a ～長所, 取り得 ◆a CCITT recommendation　CCITT勧告 ◆a letter of recommendation　推薦[紹介]状 ◆CCITT Recommendation V.24　《無冠詞》CCITT勧告V.24 ◆bring [put, set] forth a recommendation　勧告を出す ◆make a recommendation calling for the creation [establishment, improvement] of...　～の創設[設立, 改善]を求める勧告をする ◆make recommendations with respect to work plans submitted by...　～から提出された作業計画について勧告を行う ◆fuel-saving tune-up and driving recommendations　燃料を節約するチューンナップと運転についての(お勧めしたい)アドバイス ◆recommendations of the International Electrotechnical Commission　IEC(国際電気標準機関)の勧告 ◆the National Transportation Safety Board's recommendations that airlines install new data recorders　航空会社に新しいデータレコーダーの設置を求める国家運輸安全委員会の勧告

**recompose** vt. ～を構図し直す ◆recompose the picture before pressing the shutter button all the way in　《写真》(フォーカスロックの後)構図をとり直してからシャッターボタンを最後まで押し込む[全押しする]

**reconcile** vt. ～を(～と)仲直り[和解, 和睦]させる<with>, 〈争いなど〉を仲裁[調停]する, ～を(～と)一致[調和, 両立]させる<with> ◆be reconciled to...; reconcile oneself to...　～を諦める; ～を(仕方がないことだと)納得する; (諦観して[あきらめの境地で])～に満足する; ～にせんじる; ～を甘受する ◆have to reconcile oneself to being unable to do...　～できないことを甘受しなければならない; ～できないことを仕

**recondition** v. ～を修理・調整し再び申し分なく使える状態にする、～を更生［再生］する ◆a reconditioned Japanese motorbike (新品)再生した日本製モーターバイク ◆a reconditioned (used) electric piano 再調整品の(中古)電気ピアノ ◆recondition brake discs ブレーキ・ディスクを再生する(＊不調になったディスクブレーキのディスクを精密機械で新たな摩擦面を削り出して再調整し、再使用可能にする)

**reconfigurability** 再構成可能性、再構成可能度

**reconfiguration** n. 再構成、再配置、再設定 ◆allow reconfiguration of... ～の再設定を可能にする ◆need no reconfiguration of client workstations クライアントワークステーションの再設定を必要としない ◆perform reconfiguration automatically 再設定を自動的に行う

**reconfigure** vt. ～を再configureする(→ configure)

**reconfirm** v. 再確認する、〈予約など〉を確認する ◆Reconfirm your return reservation at least 72 hours before departure. 少なくとも出発72時間前に帰りの予約を再確認してください。

**reconnaissance** (a) ＝ 偵察、踏査、(下)検分、探索、探査、調査、捜索 ◆a reconnaissance satellite 偵察衛星 ◆spy flights by reconnaissance aircraft 偵察機によるスパイ飛行

**reconnect** vi., vt. 再びconnectする、connectし直す ◆reconnect a cable to... ケーブルを元通り～に接続する［元に戻す］

**reconsider** vt., vi. 考え［思い］直す、再考する、再審議する ◆The proposal is accepted but being reconsidered. この提案は、受理されたものの再考中［再検討中、再審議を受けている最中］である。

**reconstitute** vt. ～を再構成する、再編成する、再現する、〈乾燥食品〉を水で戻す、〈濃縮果汁など〉を水で還元する ◆use water to reconstitute freeze-dried food 冷凍乾燥食品を戻すために水を使う ◆read and encode documents and pictures, transmit them and reconstitute them at the distant terminal 書類や写真を読み取って符号化し、転送し、遠方のターミナルで復元する［元に戻す］ ◆reconstitute a human immune system in mice that lack their own immune systems 免疫機構を持たないマウスの体内にヒトの免疫機構を再現する ◆Beverages labeled "100% pure" may have no added ingredients other than water, which is added to reconstitute concentrated fruit juices. 「100%ピュア」というラベル表示のある飲料は、濃縮果汁を還元する［戻す］ために水以外の添加内容物を含んでいてはならない。

**reconstitution** n (乾燥食材などを水で)戻す［還元］すること、再構成、再構築、再組成、再編制、復元; (a) ～犯行現場における実況見分［により犯行を再現すること］ ◆find additional evidence and even do a reconstitution of the crime scene 更なる証拠を見つけて犯行現場の再現さえも行う ◆the reconstitution of imported concentrated fruit juice into fruit juice for sale 輸入濃縮果汁を販売用フルーツジュースに水で還元する［戻す］こと

**reconstruct** vt. ～を再建［再構築、復興、復元、再現］する ◆a reconstructed audio signal 復元されたオーディオ信号

**reconstruction** n 再建、復興、復元、再現; a ～復元［再現］されたもの ◆Reconstruction work proceeds apace in Kobe that had been wrecked by the Jan. 17 quake. 1月17日の地震で破壊された神戸で復興作業が急速に進んでいる。

**reconstructive** adj. 再建=、再構成=、再生= ◆undergo reconstructive knee surgery ひざの再建手術を受ける

**record** 1 a ～ 記録、控え、経歴、(情報の単位としての)レコード、(音楽の)レコード［a phonograph record, a vinyl record］ ▶《コンピュ》a record とは、データベースを構成する個々のまとまったデータで、表形式のデータでいえば横列1行分、カード形式のデータでいえばカード1枚分にあたる。たとえば、人事ファイルの従業員1人分のデータ、あるいは売上伝票

1枚分のデータなどを、1レコードとしてとらえることができる。 ◆make a record of... ～の記録を取る ◆put [set, get] the record straight 記録を訂正する; 誤り［誤解］を正す［訂正する］ ◆produce records レコードをプロデュース［制作］する; レコード(盤)を生産する; 記録を提出する; 記録を生む; 記録をとる ◆set a record (最高・最低などの)記録を打ちたてる、記録的な数字になる ◆a track record 業績、実績 ◆record-keeping 記録を取り管理すること ◆records retention 記録の保管 ◆(a) maximum record time (テープなどの最大)記録［録画、録音］時間 ◆a records management system 記録管理システム ◆break sales records 売り上げ記録を破る［更新する］ ◆keep a record of taxes collected 集めた税金の記録を取る; 徴税記録をつける ◆obtain a continuous record of... ～の連続記録を得る［～を連続的に記録する］ ◆records on control items 管理［規則］(対象)品目に関する記録 ◆the car's poor reliability record この車の芳しくない信頼性の経歴 ◆a world-record holder 世界記録保持者 ◆find a specific item of data in the record 《コンピュ》そのレコード中の特定のデータ項目を探す ◆have [maintain] records of status of crossings and repairs 踏切の状態と修理状況の記録を持って［取って］いる ◆the phonograph-record section of the department store 同デパートのレコード売り場 ◆a finding based on a well-documented record going back nearly 40 years ほぼ40年前までさかのぼる詳細な記録に基づく発見［記録からわかったこと］ ◆find a record containing the string "upgradable" 《コンピュ》upgradableという文字列を含んだレコードを検索する ◆keep detailed records of all business transactions 全ての商取引の詳細な記録を取る ◆produce a printed record of the interaction with the computer コンピュータとのやりとりを印字記録する ◆A record may be hundreds of K-bytes long. 《コンピュ》レコード長は数百キロバイトあってもよい。 ◆The car is setting records. この車は、(売り上げ)記録を塗り替えつつある。 ◆An oscilloscope does not have inherently associated means for producing records. 《意訳》オシロスコープは、記録を取るための手段を元来具備［装備］していない。(＊inherently associated = 始めから関連している、元々付属している) ◆The Inventory Department is responsible for the record-keeping of all inventory. 在庫管理部は、すべての在庫を記録管理する責任を負っている。 ◆The text is written into the screen image and a record is kept of its position. 画面の画像にテキストが書き込まれ、その位置の記録が残される。 ◆Demerit points will remain on the record for a period of two years from the date of offense. (運転免許の)減点は、違反を犯した日から起算して2年間記録にとどめられる。 ◆Movies of 2000: This page is going to keep a record of all the movies that have been released in 2000. 2000年の映画：このページは2000年の封切り映画をすべて記録しようとしているページです。

**2** adj. 記録的な、新記録の、空前の ◆a record low 過去最低の水準 ◆at a record rate 記録的な速さで ◆Americans voted [went to the polls] in record low numbers in the midterm elections 米国の中間選挙の投票率は記録的な低さだった ◆The number last year climbed to a record 297. この数字は昨年、空前の297に上った。 ◆The company's profits increased 128% to a record $652 million on sales of $16 billion. 同社の収益は128%増の、160億ドルの売り上げに対して記録的な6億5200万ドルとなった。

**3** vt. ～を記録する、録音［録画、収録］する、〈音声〉を吹き込む、(記録媒体に)書き込む、(計器が)～を示す; vi. 記録する、録音する、録画する ◆studio-recorded material スタジオ録音された素材 ◆erase the flash disk and record new material フラッシュディスク(に収録されていた内容)を消去して新しいものを記録［録音］する (＊半導体オーディオプレーヤーで) ◆record music on a tape テープに音楽を録音する ◆record television programs onto videotapes テレビ番組をビデオテープに録画する ◆record the amounts paid on other forms それらの支払った金額を別の書類に記録する ◆record them into memory for future use それらを(いつか)後で使用するためにメモリーに記録［保存］しておく ◆record variations in the earth's magnetic field　地磁気の変動を記録する　◆the software automatically records revisions　同ソフトは自動的に改定の記録[履歴]を取る　◆automatically record TV programs when you aren't around　テレビ番組を自動的に留守録する　◆tapes recorded on a good deck from records or compact discs　上等のデッキを使ってレコードとかCDから録音したテープ　◆the lowest atmospheric pressure ever recorded in the Western Hemisphere　西半球で観測史上最低の気圧　◆The VCR can record television programs while you are away [out].　このビデオデッキはテレビ番組を留守録できる．　◆This optical disk allows the user to record data only once.　この光ディスクには、ユーザーは一度だけデータを書き込むことができる．　◆Any VCR can be set up to record at least one program in your absence.　どのビデオデッキも少なくとも1つの番組の留守録が設定できる．　◆We took our prototype to the test track and recorded a 0-to-60-mph time of 5.4 seconds, a top speed of 155 mph, and a 70-to-0-mph stop of 181 feet.　我々は試作車をテストトラックに持ち出し、0→60mph発進加速タイム5.4秒、最高速度155mph、および70→0mph停止の制動距離181フィートを記録した．

**off the record**　オフレコで、記録に残さないで、非公式[非公開]で(の)、記事に[報道、公表]しない(ということ)で　◆on an off-the-record basis; under off-the-record rules　報道は差し控えてもらう[メモは取らず記事にもしない]という条件で

**recordable**　adj. recordすることが可能な　◆a recordable CD　書き込み可能なCD　◆CD-recordable (CD-R) technology　追記型CD [CD-R] 技術（＊1回だけデータ書き込みが可能）

**record-breaking**　adj. 記録破りの、過去最高[最多、最大、最小、最長]の、新記録の、史上初の、空前の、未曾有(ミゾウ)の、破天荒の　◆the government's record-breaking deficits　政府の記録破りの赤字

**recorded history**　（文字で）記録に残っている歴史、有史時代　◆before the dawn of recorded history　有史以前に　◆for the first time in recorded history　歴史上[史上]初めて　◆in 5,000 years of recorded history　5000年にわたる有史時代において　◆long before recorded history　はるか有史以前に　◆the first collision of its kind in recorded history　その種の衝突では史上初のもの　◆throughout recorded history　有史時代全体を通して　◆the greatest upsurge in crime in recorded history　歴史が始まって以来最高の犯罪の急増　◆Games have been a means of enjoyment and recreation almost from the beginning of recorded history.　ゲームは、ほとんど歴史が始まって以来ずっと娯楽と気晴らしの手段であった．　◆It will be the first trip by a Japanese emperor to China in the recorded history of the two nations.　それは両国の歴史の上で以来初の日本の天皇による中国訪問となる．　◆It will remain radioactive for more than 10,000 years – a period longer than all of recorded history.　それは1万年以上にわたり放射能を出し続けることになる。これは有史時代全部[歴史が始まって以来現在まで]よりも長い期間である．

**recorder**　a～　テープレコーダー、テレコ、録音機、録画機、記録計[装置]、記録755、(木管楽器の一種) リコーダー

**recording**　(a)　録音、音撮り、吹き込み、録画、記録；a～録音[録画]したもの；adj. 記録する、録音する、録画する　◆a recording head　録音ヘッド　◆(a) recording time　録音時間　◆a recording/playback [record/playback] head　(録再)ヘッド　◆(an) electric [electrical] recording　電気吹き込み（＊レコード盤の）　◆make live recordings　ライブ録音[ナマロク]をする　◆the recording industry　レコード業界　◆photographs and tape recordings of violence　暴力シーンの写真やテープ[ビデオ]録画　◆provide customers with very-high quality sound and long-duration recording capability　極めて高い音質と長時間録音の機能を提供する　◆The unit automatically provides continuous hard copy recording of data or critical events.　この装置は、データや重大な事象の連続ハードコピー記録を自動的にとってくれる．　◆The number of bits which can be stored per unit length of magnetic tape is called the recording density.　磁気テープの単位長あたりに記憶できるビット数は記録密度と呼ばれる．

**record player**　a～　レコードプレーヤー

**record-shattering**　adj. (⇒ record-breaking)　◆a record-shattering qualifying run　予選での記録破りの走り　◆Britain's record-shattering unemployment rate　英国の空前の失業率　◆his record-shattering 100-meter dash　彼の記録破りの100メートル短距離走

**recoup**　vt. ～を取り戻す；差し引く、控除する；《recoup a person for...》〈人〉に～の補償をする[償い、弁償、埋め合わせ]をする　◆recoup [recover] initial investment　初期投資を回収する　◆They'll never be able to recoup their losses　彼らは絶対に損失を取り戻せ[挽回でき、埋め合わせ]ないだろう

**recourse**　回頼ること、頼みの綱、援助[助け、助言、情報]を求めること；回償還請求権　◆have recourse to　～に頼る、～の助けを求める、手段として～を用いる　◆without recourse to...　～に頼らないで

**recover**　vt. 〈失ったものなど〉を取り戻す、回収する、〈損失など〉を埋め合わせる、〈健康、落ち着きなど〉を取り戻す[回復する]；vi. もとの状態になる、回復する、平癒する、復旧する、立ち直る、勝*/する　◆can recover from this error by...-ing　～することにより、このエラーから復旧できる[《意訳》エラーを解除できる]　◆heat recovered from...　～から回収された熱　◆recover from an error　エラーから復旧する　◆recover losses caused by...　～により生じた損害[損失]を取り戻す　◆the circuit recovers to zero　回路がゼロに復帰[回復]する、回復する　◆the dollar recovers against the yen　円に対してドルが持ち直す　◆businesses that are aiming to recover lost ground to competitors　競争相手に奪われた座の奪回を狙っている[目指している]企業　◆recover from unintentional modifications to the spreadsheet　スプレッドシート(表)にうっかり加えてしまった変更を元に戻す　◆recover the circuit's clamping action　その回路のクランプ動作を回復させる　◆About a third of stolen cars are never recovered.　盗難車の約3分の1は、決して戻ることはない[出てこない]．　◆He never recovered from the error.　彼は、その過ちから全く立ち直れなかった．　◆The tax law allows you to recover the cost of your car over a period of 5 years. (Depreciation rates for other assets vary.)　税法では、乗用車の原価を5年間で回収する[償却する]ことが認められています．(償却率は、資産の種類によって異なります．)　◆The economy is going to show some slow improvement like a very sick patient recovering from a disease that takes a very long time to recover from.　経済[景気]は、治癒に非常に長くかかる病気から回復[快復]に向かいつつある重病患者のごとく、ゆっくりと回復の様子を見せつつある．

**recoverable**　adj. 取り戻せる、回復可能な、回収可能な、〈地下資源が〉採掘可能[可采]な、《軍》修理可能な　◆recoverable coal reserves　《復扱い》石炭の採掘可能埋蔵量；可採[実収]炭量

**recovery**　(a)～《単のみ》〈体調、景気などの〉回復；回復旧、取り戻すこと、挽回(バンカイ)、回復、平癒、復帰、立ち直り、再起、復興、回収、再生利用、廃物利用、《鉱山》採収[採取]　◆a data recovery utility　データ修復ユーティリティー　◆a failure-recovery mechanism　故障[障害(からの)]復旧[回復]機構　◆the Resource Conservation and Recovery Act (RCRA)　資源保護および再資源化法（＊アメリカの連邦法）　◆conditions that will promote a recovery in domestic demand　内需の回復を促す状況　◆easy recovery from errors　エラーからの容易な復旧[回復]；容易なエラー解除　◆he expects her to make a full recovery in three to six months　彼は彼女は3カ月から半年で完全に治る[完治する、全快する、全治する]ものと思っている　◆make [stage] a strong recovery　《経済》力強い回復を見せる　◆perform [do] data recovery　データ修復をする　◆show (some) signs of recovery　〈人や経済など〉が回復の兆しを(若干)見せる　◆they will act as engines of recovery　《経》それらは回復の牽引役を務めるだろう　◆tourism to China is making a recovery　中国行きの観光旅行は回復[復調]してきている．　◆wait for recovery to take place　《機器》回復[復旧]

するまで待つ ◆a delayed recovery from the overload 《電気》その過負荷状態からの遅延回復 ◆a solid recovery in the economy 経済の堅実な回復 ◆a fuel-vapor recovery system 燃料蒸気回収系統 ◆a strong recovery is already underway 力強い回復がすでに始まっている[進行している] ◆he is making rapid progress toward a full recovery 彼は急速に全快[全治,快癒,本復(ホンプク)]に向かっている ◆suitable for exhaust heat recovery from diesel generator units ディーゼル発電機ユニットからの排熱回収に適して ◆the economy may be heading toward recovery 経済[景気]は回復に向かっている可能性がある ◆the stock market appears to be well on the road to recovery 株式市場は着実に回復への道をたどっているようだ; 株式況は回復に向け順調な足取りを見せている; 株式相場は確実な回復基調[調]にあると思われる ◆the recession-hit housing market shows signs of recovery 景気後退に見舞われた住宅市場は回復の気配を見せている ◆I've demonstrated very clearly that I have had a remarkable recovery. 私は著しく回復[快復]したことをはっきりと証明してみせた。 ◆These assets are depreciated using a seven-year recovery period. これらの資産は、回収期間[償却年数]を7年として減価償却される。(＊米国のa recovery periodは、日本における減価償却計算の「耐用年数」に相当) ◆Since 1954, the inflation rate has always fallen in the first year of a recovery. 1954年以降、インフレ率は決まって景気回復期の最初の年[初年]に下がった。 ◆For any cure to work, the physical healing power must be sufficient to enable recovery to take place. どんな治療であれ効果が上がるためには、回復[快復]を実現させるだけの十分な身体的治癒力がなくてはならない。

**recreate** 1 vt. (休養と娯楽を通して)〜に英気を養わせる[活力を蓄えさせる]; vi. レクリエーションをする、休養と娯楽を楽しむ
2 (re-create とも) vt. 〜を再現する ◆re-create the situation in the lab for further testing さらにテストをしてみる[追試の]ためにその状況を実験室で再現する

**recreation** 回レクリエーション、休養と娯楽、気晴らし; a〜(特定の)娯楽; (a)〜(re-creation とも) 再現 [復元、再創造、再作成] ◆a recreation [recreational] vehicle レクリエーションビークル (＊休養と娯楽のための車で米国・カナダではa mobile [motor] home, a camper などを指す) ◆a recreation room 娯楽室 ◆a complete, full-color recreation in book form of all 12 issues of the legendary psychedelic newspaper originally published in... 元々は〜で発行されたサイケデリック系の幻の新聞全12号を本の形にまとめた完全復刻版

**recreational** adj. レクリエーションの、休養と娯楽の、保養の ◆recreational facilities 娯楽施設 ◆an all-terrain vehicle for recreational use; a recreational-use ATV レジャー用の全地形型車両[《通称》四輪バギー]

**recruit** 1 a〜 新人、新入り、新メンバー、新入社員、新会員、新入生、《軍》 新兵 ◆the company plans to recruit about 500 people その会社は約500名採る計画である
2 vt. (会員、新人、新兵など)をリクルートする[入れる、採る、募集する、募る]、〜を新人で補充する; vi. 人員補充する、募集する ◆recruit more staff 採用を増やす ◆recruit new staff 新しいスタッフ[職員、従業員]を募集する ◆recruit qualified staff 有能なスタッフを集める ◆Around 800 subscribers will be recruited for the trial. その実験のために約800人の(電話)加入者を公募することになる。

**recruiter** a〜 リクルーター、新兵[入隊者、党員、新会員、新入社員、新入生、etc.]を募集する担当者 ◆a corporate recruiter 企業の採用担当者 ◆an Army recruiter 軍の(志願兵[入隊員、隊員])募集[徴募]官 ◆a personnel recruiter 職員[従業員]求人係

**recruitment** 回 (人員の)新規採用、新人募集、(新兵、志願兵などの)募集[徴兵]、人員補充、欠員補充、《生物》加入、動員、漸増 ◆a recruitment agency 人材スカウト代理業 ◆pass a recruitment test [examination] 採用試験を通る; 就職[入社]試験に合格する ◆the CIA had run a recruitment ad [advertisement] in the New York Times CIA (中央情報局)が

かつてニューヨークタイムズに募集広告を出した[打った]ことがあった

**rectangle** a〜 長方形、矩形(クケイ)、《意訳》四角形 (＊長方形または正方形を平易な言葉で呼ぶ字) ◆a rounded rectangle 角に丸みをもたせた長方形[四角] ◆a rubber-band rectangle for specifying the scanning area 《コンピュ》走査領域を指定するためのラバーバンドの四角形 (＊ラバーバンドとは、マウスの動きに応じて線が伸縮し、大きさや形が変わること)

**rectangular** adj. 長方形の、矩形の、四角い、直角の ◆a rectangular box 長方形の箱[《意訳》四角い枠] (＊記入欄や囲み枠) ◆a rectangular region 角穴 ◆a rectangular-shape region 長方形[矩形、《意訳》四角形]の領域 ◆a rectangular metal bar 角形の金属棒 ◆(an) enamelled rectangular copper wire 平角エナメル銅線 ◆a rectangular wave 矩形波(クケイハ)

**rectification** 整流、順変換、矯正、修正

**rectifier** a〜 整流器、順変換装置、修正機、精留搭 ◆a rectifier diode; 《希に》a rectification diode 整流用ダイオード ◆a bridge rectifier circuit ブリッジ整流回路

**rectify** vt. 〜を整流する; 〜を正す、矯正する、修正する; 清留する ◆rectified to direct current 直流に整流された ◆rectify alternating current 交流を整流する ◆The user has no way of rectifying the mistake. ユーザーには、このミスは訂正の仕様がない。

**rectilinear, rectilineal** adj. 直線の、直線からなる、一直線に動く ◆by a rectilinear motion of... 〜の直線運動により

**rectilinearly** adv. 直線的に ◆move rectilinearly [in a straight line] まっすぐに移動する; 直進する

**recuperate** vt. (健康や損失)を取り戻す、回復する ◆get well again), 立ち直る、治癒に向かう、平癒する ◆a patient recuperating from major surgery 大手術後の回復期にある患者 ◆recuperate at home 自宅で静養する ◆health care costs and wages paid to recuperating workers 療養中の労働者に支払われた[払う]医療費と賃金 ◆He is recuperating at his Ottawa-area home after surgery. 彼は、手術後、オタワ地区の自宅で療養[静養]している。

**recuperation** 回 (健康や活力の)回復、(健康などを)取り戻すこと ◆for rest and recuperation 静養のために ◆design drugs that speed recuperation 回復を速める[促進する]薬を設計[創薬]する ◆After a few weeks of recuperation, the group will... 数週間静養(して疲労が回復)したら、一行は〜 ◆These plants had superb powers of recuperation after fire. 《意訳》これらの植物が、火災の後で見事な回復力を見せた。

**recuperative** adj. 回復に関した、回復させる力を持った、《工業》熱を回収する、復熱式の; a〜 《農》 地力を回復させる物質 (＊肥料など) ◆his recuperative powers are amazing 彼の回復力には驚くべき[目を見張る、驚嘆すべき]ものがある

**recur** vi. (いやなことが)再び起こる、再発する、繰り返される、(記憶が)よみがえる、(問題などが)再浮上する、《数》循環する

**recurrence** (a)〜 再発、再来、繰り返し、再現、回想; 《数》循環、反復、回帰 ◆prevent any recurrence of pneumonia 肺炎の再発を防ぐ ◆prevent the recurrence of the disaster 惨事[災害]の再発を防止する ◆to prevent a recurrence of the tragedy (同じ)悲劇が繰り返されないようにするために ◆Global warming may, in addition, increase the frequency of recurrence of drought-producing weather conditions in some regions. 地球温暖化はほかにも、日照りを起こす[干ばつを発生させる]気象状況の再現頻度を一部の地域で高める可能性がある。

**recurring** adj. 何度も繰り返す、継続的に発生する、循環、経常 ◆(a) recurring profit 経常利益 ◆Recurring profit amounted to US$252 million, an increase of 10 percent against the year-earlier US$229 million. 経常利益は2億5200万ドルに上り、前年額2億2900万ドルの10%増であった。

**recursive** adj. 繰り返して用いられる、再帰的、帰納的

**recyclability** 回リサイクル[再利用]性、再資源化しやすさ ◆Chrysler, Ford and General Motors are working together to further improve the recyclability of their products. クライスラー, フォード, およびゼネラル・モーターズ各社は自社製品のリサイクル性の向上を目指して一致協力している. ◆Each of the Big Three automakers asked its engineers to consider recyclability when designing future vehicles without sacrificing performance and quality along the way. 三大自動車メーカー各社は, 自社技術者に対して, 今後車を設計する際にはリサイクルのしやすさに配慮する上で性能と品質を犠牲にしない上でリサイクルのしやすさに配慮するよう求めた.

**recyclable** adj. リサイクル[再利用, 再生]可能な; a〜リサイクル[再利用]可能なもの, 資源ごみ ◆keep a record of recyclables collected 収集した(再生可能)資源ゴミの記録を取る ◆Buy products made from recyclables. リサイクル[循環使用]可能な材料で作った製品を買うようにしましょう.

**recycle** vt. 〜をリサイクルする, 〜を再生[更生]して利用する, 再利用する, 再資源化[再商品化]する; vi. 秒読みの途中で前に戻る, 動作初期状態に戻る; n. ◆a paper-recycling company 古紙再生[古紙再資源化]会社 ◆printed on 100 percent recycled paper 100%再生紙に印刷されて ◆recycle bath water 風呂の水を再利用する ◆recycled paper 再生紙 ◆recycle tires タイヤを再生[新品更生]する ◆recycle waste ごみをリサイクルする ◆promote (the) recycled use of materials or products that are commonly discarded 通常捨てられてしまう材料や製品のリサイクル[循環]使用を促進する

**recycling** 資源回収, 再利用, 再活用, 再生, 再資源化, 再商品化, (不要品)回収, 再生, リサイクル ◆a recycling plant リサイクリング[資源回収]プラント ◆reduce garbage [waste] through recycling 家庭ゴミ[廃棄物]をリサイクル[再資源化]により減量する ◆Susan's recycling of gifts スーザンが贈り物を他の人に回すこと ◆the recycling industry リサイクル業界[産業] ◆the recycling of aluminum cans アルミ缶のリサイクル ◆to create a recycling-based society リサイクル[循環型]社会を構築するために ◆He used a cartoon to illustrate the need to change to a recycling-based society. 彼はリサイクル[循環型]社会に変わる必要[必要性]を説明するのに漫画を使った. ◆Anything that is too small, torn, stained or hasn't been worn in the past two years should be on its way to the trash, recycling shop or charity bin. 小さすぎるもの, 破れたもの, 汚れたもの, あるいは過去2年間に着用されなかったものは, ごみ箱, リサイクル店, またはチャリティー行きの入れ物に出すべきです.

**red** adj. 赤い, 赤色の; 極左の, 共産主義の; (a)〜赤, 赤色; the〜赤字, 損失を出している状態, 負債をかかえている状態; (以赤い色の絵の具[塗料, 染料], (以赤い)服; a〜共産主義者 ◆be in the red 赤字に陥っている ◆get out of the red 赤字から脱する ◆red meat 赤身の肉 ◆red phosphor [phosphorus] 赤燐, 赤リン ◆red fuming nitric acid 赤色発煙硝酸 ◆$10 billion worth of red ink 100億ドル分の赤字 ◆a red cap [redcap] (porter) at Union Station ユニオン駅の赤帽さん (*旅客の手荷物を運ぶ) ◆a red-ink-plagued organization 赤字に悩まされている団体[組織] ◆have lots of red ink 多額の赤字を抱えている ◆heat the nail until it is red hot 釘を赤熱するまで加熱する ◆keep the company out of the red この会社を赤字にならないようにしておく ◆put the company in the red; push [bring] the company into the red 会社を赤字にする ◆red-ink financial statements 赤字の財務諸表[決算報告書] ◆stanch the red ink 赤字[出血]を食い止める ◆the Red Revolution in Russia ロシアの赤色革命 ◆the U.S. is already running deeply in the red 米国はすでに深刻な赤字になっている ◆three consecutive [straight] years of red ink 3年連続の赤字 ◆wallow in red ink 赤字であふれている ◆the red end of the visible spectrum 可視スペクトルの赤色端 ◆a red-emitting LED 赤色発光ダイオード ◆its tip is red hot with a tinge of orange その先端はオレンジ色がかって赤熱している ◆Our eyes are red with fatigue. 私たちは, 疲労で目が赤い. ◆the company has accumulated $2 billion in red ink since... この会社は, 〜このかた赤字を20万ドル蓄積した[溜め込んだ] ◆the company has dipped into the red この会社は, 赤字に転落した ◆the company was leaking red ink so freely that... この会社はあまりにも野放図に赤字を垂れ流していたので〜 ◆The red menace [Red Menace] is gone. 赤い[共産主義の]脅威は去った. ◆as tomatoes ripen to bright red amid the luxuriant greenery of late summer 晩夏のうっそうと茂った緑の中でトマトが赤々と[真っ赤に]熟してくるにつれて ◆the company blamed the slide back into red ink on recession この会社は, 赤字への再転落を景気後退のせいにした ◆the company slipped into the red in the second half of fiscal 1993 この会社は, 1993会計年度後半に赤字に陥った. ◆the profits from these divisions will turn into red ink this year これらの部門から上がる収益は今年, 赤字に転落するかも知れない

**red carpet** the〜 (貴賓を迎える際の)丁重[盛大]な歓迎[歓待]; red-carpet adj. 〈歓迎などが〉丁重な ◆be treated to the red carpet 丁重な歓迎[扱い]を受ける ◆get red-carpet treatment from... 〜から丁重な歓迎[待遇]を受ける ◆roll out the red carpet for [to] ... 〈人〉を丁重に迎える ◆we are rolling out the red carpet to welcome... 私たちは, 〜を恭しく(ウヤウヤシク)迎えるための準備をしているところです

**reddish** adj. 赤みをおびた, 赤みがかった, 赤らんだ ◆reddish brown 赤茶色

**redeem** vt. 買い戻す, 回収する, 〈名誉など〉を挽回[回復]する, 〈質草〉を質請けする[請け戻す, 請け出す], (金を払って)〈とらわれている人〉を身請けする[救出する]; 〈証券など〉を現金化する, 〈手形など〉を落とす, 〈債券など〉を償還する, 〈商品券など〉を商品と引き換える, 〈約束〉を履行する(=fulfill); 〈(redeem man [men] from sin〉〈神, キリスト〉が人類を罪から救う[人々の罪をあがなう], 〈欠点など〉を埋め合わせる ◆redeem the prestige of... 〜の威信を取り戻す ◆The only redeeming feature of the event is that... このイベントの唯一の取り柄は〜ということである.

**redeposit** vt. 〜を再び付着[沈着, 沈殿, 沈積]させる, 〜を預け直す; vi. ◆wash away dirt without redepositing it on the laundry 汚れを洗濯物に再付着させることなく洗い落とす ◆It is important that food particles be kept from redepositing on already-clean dishes throughout washing and rinsing. 洗いやすすぎ全体を通じて, もうきれいになっている食器に食べ物のかすが再付着しないようにすることが大事です.

**redesign** 1 vt. 〜を設計し直す, 再設計する ◆redesign the airplane その飛行機を設計し直す
2 (以)再設計すること; a〜新しいデザイン, 新規設計 ◆the 1986 redesign of the Toyota Supra トヨタ・スープラの1986年のモデルチェンジ ◆require a redesign of the nose その機首部分の設計のやり直しを要する ◆this site has just had a major redesign 当サイトは, デザインを大変更[大改造, 大々的にリニューアル]したところです ◆The gear has undergone some significant redesigns. そのギアは何度か大幅に設計変更された.

**redevelopment** (以)再開発, 再興, 再建; 再現像 ◆a redevelopment plan [project] 再開発計画[プロジェクト] ◆a real estate redevelopment company 不動産再開発会社 ◆a plan for redevelopment of... 〜の再開発計画 ◆in redevelopment areas of New York ニューヨークの再開発地域で ◆the redevelopment of the St. Louis Station セントルイス駅の再開発 ◆The colonial buildings have been torn down for redevelopment. これらのコロニアル様式のビルは再開発のために取り壊された.

**red-eye, redeye** 《カメラ》赤目(現象)(*フラッシュとカメラレンズが近いと瞳が赤く写る現象), (以)〜赤目の魚, (口)夜間の飛行便, (口)安物ウイスキー, (口)ケチャップ, (カナダ口)ビールのトマトジュース割り ◆minimize red-eye 《写真》赤目(現象)をできるだけ抑える

**red-handed** adj. 現行犯の(*名詞の前には用いない); adv. 現行犯で ◆be caught red-handed attempting [trying] to steal... 〜を盗もうとしているところを現行犯で捕まる; 〜窃盗未遂の現行犯で逮捕される ◆even if you get caught red-handed たとえ(犯行)現場を押さえられたとしても

**redial** 1 vt., vi. 再度(電話を)かける, かけなおす, リダイヤルする ◆redial the last telephone number dialed 最後にかけた電話番号をリダイヤルする 2 n. 再ダイヤル, リダイヤル, かけなおし, 相手番号自動再送(機能) ◆last-number redial 最後にかけた番号の再ダイヤル(機能)

**redirect** 《主に英》〜を転送する (=《米では通例》forward) ◆a redirected call 他の番号に回された[転送された]電話

**redirection** (仕向け先を変える意味での)転送 ◆call redirection (かかってきた)電話の転送

**red-letter day** 〜祝日, 祭日

**red light** 〜 ◆《交通》赤燈火, 赤信号, 危険信号; red-light adj. ◆stop at a [the] red light (signal) 赤信号で一時停止する[止まる] ◆overlook a red (traffic) light; miss a red signal [light] 赤信号を見落とす ◆a red-light runner 赤信号を突っ切って走行する人(*そのような行動を red-light running と呼ぶ) ◆Hamburg's famous Roeperbahn red-light district ハンブルグの名立たるレーパーバーン赤線地帯

**redline** 〜 ◆(エンジンの回転計などの目盛り上の)赤い線 ◆the car's impressive 6500-rpm redline その車の堂々6500rpm(という高い値)から始まるレッドゾーン(*a redline は, タコメータの高速回転域を示す赤い線のことであるが, 日本ではむしろ危険域を示すレッドゾーンの語が使われる) ◆by the time the tach needle nicks into the redline タコメータの針がレッドゾーンに振れ込むまでに ◆The redline is 7500. 《車》《意訳》メーターの赤線領域[レッドゾーン]は7500rpmからだ[始まる].

**redness** 赤いこと, 赤色, 赤み ◆redness in skin overexposed to the sun 太陽に当たりすぎた皮膚の赤み ◆the redness of Mars 火星の赤い色 ◆have redness and swelling at the injection site 注射したところが赤く腫れる

**redo** vt. 〜をもう一度やる, やり直す, 〜を改装する, 模様替えする, 〈イス, ソファーなど〉を張り替える; 変える, 改装, 模様替え, 張り替え ◆a redo facility 《コンピュ》REDO [リドゥ, 再実行, やり直し]機能(▶取り消されたコマンドや操作を復活させるもの)

**redouble** vt. 〜を倍加する, 一段と大きくする, いっそう強める[強化する]; vi. 倍加する, ますます強まる, いっそう激しさを増す, 激増する ◆redouble the number of... 〜s 〜の数を倍に増やす[拡大する] ◆Redouble your efforts to <do...> 〜する努力をいっそう重ねなさい.

**redress** 1 vt. 〈不正など〉を正す[矯正する, 是正する], 〈損害〉を賠償する, 〈望ましくないもの〉を除去する, 〈平衡など〉を取り戻す ◆redress every conceivable wrong 考えられるあらゆる悪を正す 2 n. 賠償[補償, 救済], 矯正[是正], 除去 ◆require the company to pay $300,000 in consumer redress 消費者への補償[賠償]として30万ドル支払うよう会社に要求する ◆seek redress from the manufacturers of... 〜の製造業者に補償[賠償]を要求する

**Red Sea** the 〜 紅海

**redshift, red shift** 〜 ◆《天文》赤方偏移 ◆Quasars exhibit high values of z (redshift). クェーサー(準恒星状天体)らは, 高い z (赤方偏移)の値を示す.

**red signal** 〜 ◆《交通》赤信号 ◆observe a red signal 赤信号を守る ◆a "STOP ON RED SIGNAL" sign 「赤信号で停止せよ」という標識

**red tape** (形式的な手続きに振り回される非能率的な)お役所仕事, 官僚主義, お役所的な(煩雑な)手続き, 面倒な手続き, 繁文縟礼(ハンブンジョクレイ) ◆a maze of red tape 不透明な行政手続きの迷路 ◆cut through the red tape choking the domestic market 国内市場を閉塞させている煩雑な官庁関連の手続きをなくす

**reduce** vt. 〜を減らす, 低減させる, 減少させる, 緩和する, 還元する, 縮小する, 縮める, 煮詰める, 降格する, 〜を(〜に)換算する, 〜<to>, 〜(〜に)変える<to>,《be reduced to の形で》〜と化す; vi. 減る, 縮む, 〜に(〜に)煮詰まる, 減量する ◆reduce costs コストをダウンさせる ◆a reduced-voltage starting motor 減電圧始動モーター ◆a reducing agent 還元剤 ◆a reducing flame 還元炎 ◆(a) reduced inspection (検査基準が)ゆるい検査 ◆at new reduced prices 値下げした新価格で ◆at reduced prices 値下げ[割引]価格で ◆reduce metal oxides 金属酸化物を還元する ◆reduce operator fatigue 運転要員の疲労を減少させる ◆reduce overall thermal efficiency 全体的な熱効率を減じる[低下させる] ◆reduce power consumption by 50% 消費電力[電力消費量]を50%減らす ◆reduce rejection rates 《品管》不合格率[不良率]を下げる ◆reduce the flow of air 風量を絞る ◆reduce the noise in the system そのシステム内のノイズを低減させる ◆reduce the number of cancellations キャンセル[(予約)取り消し, 解約]件数を減らす[抑制する] ◆reduce waste(s) by 25 percent ゴミを25%減量(化)する; 廃棄物の発生を25%抑制する ◆reduce windows to a small icon 《コンピュ》ウィンドウを小さなアイコンにする[アイコン化する] ◆reduce wood to pulp 木材をパルプにする ◆the application of reduced speed 徐行の適用; 徐行をすること ◆labor costs can be reduced by relocation 人件費は移転により削減[軽減]可能である ◆reduce people to obedient, unquestioning, unthinking automatons 人々を, 従順で疑問を持たず考えることもない(*機械的に行動する)人間ロボットに変える ◆reduce the physical size of a board ボードを小型化する ◆a greatly reduced photograph of the original design 設計原図の大幅に縮小された写真 ◆reduce production time from several weeks to a couple of days 製作時間を数週間から2〜3日に縮める ◆the new price is reduced fifty percent to $500 from $1,000 新価格は1000ドルから500ドルに50パーセント引き下げられた ◆Component sharing reduces tooling and development costs. 部品の共用[《意訳》共通化]は, 設備費と開発費の削減になる. ◆The archiving program reduces files by nearly 50%. そのアーカイバは, ファイルを(圧縮して)50%近く縮小する. ◆The circuitry was reduced to about 50 integrated-circuit chips. その回路は50個ほどのICチップ(という小さな形)に圧縮[凝縮, 小型化]された. ◆Trains and engines must operate [proceed] at reduced speed within yard limits. 列車および機関車は操車場内においては, 徐行運転を[徐行して]進行しなくてはならない. ◆Large-scale integrated (LSI) circuit technology reduced the size of computers. 大規模集積 (LSI)回路技術が, コンピュータを小型化した.

**reduced-sodium** adj. 減塩の(cf. low-sodium) ◆reduced-sodium soy sauce 減塩醬油

**reductant** 〜 ◆還元剤 (= a reducing agent) ◆a chemical reductant 化学還元剤

**reduction** (a) 〜 低減, 減少, 縮小, 短縮, 値下げ, 割引, 削減, 減量, 減速, 減圧, 減力, 軽減, 緩和, 《化》還元; 換算, ある(すっきりした)形[状態]にする[なる]こと ◆price reductions 値下げ, 価格低下 ◆a big reduction 大割引 ◆a reduction gear; U reduction gearing 減速歯車装置; 減速機 ◆a reduction roll 圧延ロール ◆雑音低減 ◆an oxidation-reduction reaction 酸化還元反応 ◆a 50 percent reduction [cut] in... 〜の50%削減; 〜の半減 ◆a reduction in signal level 信号レベルの低下 ◆a reduction of ¥2,000 2,000円の値下げ ◆a reduction of an order of magnitude in processing time 処理時間の一桁台の減少 ◆call for a reduction in waste generation 廃棄物の発生抑制[《意訳》ゴミの減量化]を求める ◆call for a reduction of sulfur emissions 硫黄分の排出の削減を要求する ◆for the reduction of the daily hours of labor 1日当たりの労働時間の短縮のために[時短のための] ◆ozone reduction in stratosphere 成層圏におけるオゾンの減少 ◆photographic enlargement and reduction 写真の引き伸ばしと縮写 ◆reduction in picture quality 画質の低下 ◆reduction of flicker occurs ちらつきの減少が起こる ◆resulting die size reductions 結果としてのチップの小型化(*a die は IC チップのこと) ◆the amount of reduction in energy used 使用エネルギー[エネルギー消費]の削減量 ◆the reduction in... is usually accomplished by... 〜の低減は通常〜によって行われる ◆waste-reduction efforts ゴミ[廃棄物]の減量化への取

り組み ◆as a result of reductions in the cost of LCD panels　液晶ディスプレイパネルのコスト低減の結果として[コストダウンを受けて]　◆the reduction of this mass of data into readily usable form　この大量のデータをすぐに使える形に変換する[変える]こと（*ここでのreductionは，縮小とか減少の意味ではない）　◆tough deficit-reduction measures　厳しい赤字削減策　◆additional cuts can be made through reductions in overtime and travel　残業や出張の削減で更なる削減が可能である　◆as part of a companywide cost-reduction program　全社を挙げてのコスト低減[低コスト化]計画の一環として　◆substantial reductions in manufacturing costs　生産コストの大幅削減　◆for designs that require size and weight reduction　小型軽量化が必要な設計のために　◆The reduction in size has been made possible by the use of...　小型化は，〜の使用によって可能になった　◆the total amount of energy savings/$CO_2$ emissions reduction that will be achieved by the amendment　この法律改正案により実現するであろう累積省エネ量あるいは累積炭酸ガス削減量　◆It delivers a 60% reduction in component count.　それは，部品点数の60％削減をもたらす．　◆Significant cost reductions became possible by replacing A with B.　大幅なコスト[原価，費用，経費]の低減が，AをBに置き換える[取り替える]ことにより可能になった．　◆This results in a reduction of lift.　これは，結果的に揚力を減少させることになる．　◆encourage reduction and reuse as the most environmentally friendly and cost-effective methods of dealing with waste　最も環境に優しくかつ経済性に優れている廃棄物対処法として，減量化[減容化，発生抑制]と再利用を促す

**redundancy**　(a)〜　余分，余剰，過剰，過多，冗長，重複；回《技術》冗長性［冗長度］，二重化　◆a lack of redundancy　冗長性の欠如　◆as many as 900 workers are facing redundancy this week　今週900人にも上る労働者が余剰人員化の事態に直面している　◆need more redundancy to ensure reliability　信頼性を確保するために，より高い冗長度を必要とする　◆redundancy can be accomplished by use of identical...　冗長性[二重化]は，同一の〜を用いることにより達成できる（*冗長度が必ずしも2倍ではなくても，ラフな感覚で二重化と呼ぶことがある）　◆we should eliminate redundancy of organizations　我々は機構や組織の重複をなくさなければならない（*リストラで）　◆Fault-tolerant systems are systems designed with redundancy.　フォールトトレラントシステムとは冗長性が設計に盛り込まれているシステムである．　◆There's a lot of redundancy for backup purposes.　《コンピュ》バックアップの目的でリダンダンシが多く確保されている．

**redundant**　adj. 冗長な，重複している，余分な，余っている，余剰な，過剰な，〈装置，データ，回路などが〉（万一に備えて）二重化の，バックアップの　◆become redundant　余分[過剰]になる；余ってくる；余剰化する　◆a redundant system　冗長系[二重化されている系]（*冗長の度合いがちょうど2倍でなくても，冗長という言い方をすることがある）　◆redundant data　冗長データ　◆a dual-redundant I/F [data bus]　二重化インターフェース[データバス]　◆eliminate redundant costs　（重複している）余分なコストをなくす　◆eliminate redundant positions　余剰[過剰]になっている役職[ポスト]を廃止する　◆a drive to improve efficiency has made some positions redundant　効率向上運動は余剰ポスト[人員]をいくつか生み出した

**redward**　adv. 《天文》赤方に　◆be shifted redward　赤方偏移される

**reed**　a〜《植》葦（アシ），ヨシ；〜s（屋根の）ふきわら，（塗りぼの下地としての）木摺り，〈管楽器，オルガンなどの発音源となる小薄片振動体〉；（通例〜s）リード楽器類，リード楽器部　◆Man is but a reed, the weakest in nature, but he is a thinking reed.　人間は，自然の中でも最も弱い葦にすぎないが，だがそれは考える葦である．（*パスカル「Pascal」の言葉）

**reeducate, re-educate**　vt.〈人〉を再教育する，教育し直す　◆re-educate Americans about...　〜について米国人を再教育する

**reeducation, re-education**　回再教育　◆re-education for laid off workers　レイオフされた労働者[従業員]のための再教育　◆the re-education of prisoners　囚人[捕虜]の再教育

**reef**　a〜礁，岩礁，暗礁，砂州　◆a dangerous off-shore reef　危険な沖合いの岩礁　◆The main causes of tanker accidents that lead to large oil spills include running aground and into shore reefs, collisions with other vessels, and fires and explosions of the cargo.　大規模な油流出につながるタンカー事故の主因としては，座礁，岩礁への衝突，他の船舶との衝突，積み荷の火事や爆発などがある．

**reek**　1　a〜〈of〉（〜の）臭気，悪臭，回蒸気[湯気]，煙　2　vi. 悪臭を放つ，ひどい臭いをさせる；（〜の）（いやな）臭いがする，〜くさい〈of, with〉　◆The air in some parts of the city reeks from industrial waste.　この都市の一部の地域の空気は，産業廃棄物の悪臭がする．

**reel**　1　a〜リール，巻き枠，一巻；vt.〜を（リールに）巻く，巻き取る　◆a supply [payoff] reel　供給リール　◆a take-up reel〈テープなどの〉巻き取りリール　◆a recorded reel of magnetic tape　リールに巻いてある録音[録画]済み磁気テープ1本　◆a reel of tape　テープ1巻　2　v. よろめく，ぐらつく，ふらふら歩く，ぐるぐる回る；n. 千鳥足，めまい

**reel-to-reel**　adj.（テープレコーダが）オープンリール式の　◆a reel-to-reel recorder　オープンリールのレコーダー

**reenactment**　(a)〜再制定，再演，再現　◆true-to-life reenactments of actual crimes　実際の犯罪の真に迫る演技による再現

**re-energize**　v. 再びenergizeする　◆re-energize the industry　この業界を再活性化する

**reengineer**　vt.〜を再設計する，設計し直す，組み立てなおす，再構築[改革]する　◆Japanese companies must reengineer, or redesign, their basic operations.　日本企業は，彼らの根底をなしている事業のリエンジニアリング，すなわち再設計[再構築]をしなければならない．

**reengineering**　(a)〜再設計する[設計しなおす]こと，リエンジニアリング，根本的な事業[業務，企業]改革　◆business reengineering　事業のリエンジニアリング　◆Reengineering has become common in large manufacturing operations.　リエンジニアリング[経営や業務の抜本的見直し]は，大規模製造業で一般化した．

**reenter, re-enter**　vt.〜を再び入れる，再入力する，再記入する，〈元いた場所〉に戻って入る（= return to and enter）; vi. 再び入る，再入国する　◆without reentering any of the text　その文章を少しも再入力することなしに　◆The satellite is expected to re-enter the atmosphere within a month and burn up on re-entry.　この衛星は1カ月以内に大気圏に（再）突入し，突入時に燃え尽きてしまうものとみられている．（*「再びの突入」が大気圏内に戻るという意味）

**reentrant**　adj. 内側に向かってくぼんで[凹んで]いる，内曲した，凹の，凹角の，回帰一（*電機子コイルの巻き方が），《コンピュ》再入可能；a〜凹，凹部，凹入，再び入るもの，内に向かっているもの　◆this routine is reentrant　《コンピュ》このルーチンはリエントラント[再入可能]である

**reentry**　(a)〜再び入れる[入ること]，再入力，再入国，(元入っていた場所に)戻って入ること，《スペースシャトルやミサイルなどの大気圏への》（再）突入　◆reentry into the atmosphere　大気圏への（再）突入（*大気圏から出た後，再び大気圏内に入るという意味であって，「2回目の突入」の意味ではない）

**reestablish**　vt.〜を復職［復位，復帰］させる，再建する，再興する，〜を再び不動のものとする　◆re-establish [restore] diplomatic relations with...　〈国〉と外交関係[国交]を回復する　◆if the world's largest carmaker has any intention of reestablishing itself as a leader　世界最大手のこの自動車メーカーが，リーダーとしての地歩を再び固めようという意図がいくらかでもあれば　◆Commercial relations between the two countries were re-established only recently.　これら二国間の通商関係は，つい最近になって再開された．

**reestablishment** (a) ～ 復帰, 回復, 復職[復位], 再建, 再興

**re-evaluation, reevaluation** (a) ～ 再評価 ◆based on a re-evaluation of her research 彼女の研究の再評価に基づいて ◆Now is the time for a really long-overdue re-evaluation of... 今こそ, 実に遅きに失した感のある[遅蒔きながら]～について見直し[再検討, 再評価, 再判断, 再査定, 再審査, 再鑑定]する時期である

**reexamination** (a) ～ 再試験, 再検査, 再吟味, 再検討,《法律》再尋問 ◆file a request for reexamination; make a re-examination request 再審査請求を(提出)する

**refer** vi. <to>～を参照する, ～に照会する, (相対的数量など)～を基準とする, ～に言及する, ～のことを言う[口にする, 口に出す, 意味する, 指す]; ～と呼ぶ <as>; vt. <to>～を(～に)参照[照会]させる,〈人〉を(～に)差し向ける, ～を(～に)注目[留意]させる, ～を(～に)まかせる[委ねる], ～を(～の)せいにする ◆See [Refer to]. . . for more information on [for information about, for specifics on, for detailed description on]. . . ～についての詳細は, ～を参照してください。 ◆"I was referred to you by Xxx." Xxxさんからお宅[そちら]に訪ねて[会いに]来るように[行くように]言われましたが[Xxxさんからこちらで聞いてみるように紹介されたんですけど]《＊電話にも直接会うときにも使う》 ◆refer [bring, assign] the matter to the committee for discussion [deliberation] その案件を委員会の討議[話し合い, 審議, 会議]にかける[付議する, 上程する] ◆refer the case to the Department of Justice's Antitrust Division for an independent review 本件を司法省の反トラスト[独占禁止]担当部門に独自の再調査をしてくれるよう一任する ◆This Standard should be referred to when carrying out. . . ～を実施する場合は, 本規格を参照しなければならない。 ◆Any dispute about [concerning]. . . shall be referred to the International Court of Justice for decision. . . ～に関して紛争がある場合は, 国際司法裁判所の判断に委ねるものとする ◆CFE refers to the Conventional Forces in Europe treaty. CFEは欧州通常戦力条約を指す。 ◆Many refer to the company as DEC. 多くの人がこの会社をデックと呼んでいる。《＊Digital Equipment Corp.のこと。ちなみに98年にコンパックに買収された》 ◆Ryokan refers to a traditional Japanese inn. 旅館とは昔ながらの日本式の小さなホテルのことをいう。 ◆This obviates the need to constantly refer to the manual. これにより, マニュアルと首っ引きの必要はなくなる。 ◆Any issues concerning law shall be referred to the Legal Office for advice. 法律に関する問題がある場合は, 法務局に照会してアドバイスを得ること。 ◆For this reason, the AND gate is often referred to as a coincidence circuit. そのため, ANDゲートはよく一致回路と呼ばれている。 ◆Please refer to Chapter 8 of the Online Manual for more detailed information. 詳しくは[詳細については], オンラインマニュアルの第8章を参照して[お読み]ください。 ◆The A-weighted noise output was -115 dB, referred to a 0-dB signal level. (周波数等化)特性Aにて感能補正した雑音出力は, 0デシベルの信号レベルを基準として-115デシベルであった。 ◆The word "timbale" comes from an Arabic word meaning "drum" and refers to the round shape of the dish. タンバールという語はアラビア語の「ドラム」を意味する単語に由来し, 皿の丸い形を指す。 ◆He suggested that the issue might have to be referred to a third party for arbitration. 彼は, 本件の調停を第三者に委ねなければならないのではないかと言った。 ◆He went to his doctor, who X-rayed the toe and referred him to a surgeon, who sent him to another physician. 彼がかかりつけの医者に行ったところ, 医者は足指をX線撮影した上で彼を外科医に紹介した[回した]。そしてその外科医は彼を更に内科に回した。(＊「たらい回し」) ◆The last two chapters refer to the software included with the book, on a 3.5" diskette. 最後の2つの章は, 本書添付の3.5インチディスケットに収められているソフトについて言及している。 ◆You may find it helpful to refer to the glossary, which is located at the end of the book. 巻末の用語解説を参照されると便利です[参考にごらんください]。 ◆The user refers to these text files by name, typing in the name or selecting it out of a displayed directory. 《コンピュ》ユーザーは, これらのテキストファイルを, ファイル名をタイプ入力するなり表示されたディレクトリから選ぶなりして, 名前で参照する。

**reference** 1 (a) ～ 言及, 参考, 参照; a～ (信用, 身元の)照会状, 身元保証人; a～ 典拠, 出典, 参考文献, 参考文書, 参考資料, 参考書; adj. 基準の, 基準となる, 参照の[参照用の, リファレンスの[レファレンス]の] ◆for reference purposes 参考[参照]のため, 参考(資料)として, 参考までに ◆for reference (sake) のため(のもの) ◆a reference electrode 基準電極; (pH測定などでの)照合電極; (ケミカル・インピーダンス測定などでの)参照電極 ◆a reference line 基準線; 基準, 標線; 参照[参考, 関連]線 ◆(a) reference material; reference materials; (cf. a bibliography) 参考資料[文献, 文書] ◆a reference plane《電子, 導波管》基準面 ◆a reference surface《光ファイバ》基準面 ◆a reference voltage 基準電圧 ◆marginal references 欄外の参考事項[注] ◆a letter of reference 照会状 ◆a reference model 参照モデル ◆a reference standard《計測》参照標準 ◆the ISO Reference Model for Open Systems Interconnection (OSI) 開放型システム間相互接続(OSI)のためのISO(国際標準化機構)参照モデル ◆for future reference; for purposes of future reference; for the sake of future reference 今後[将来, 後日]の参考[参照]のために ◆Reference No. 65 整理番号65番 ◆undergo an interview and reference check 面接と身元確認調査を受ける(＊a reference = 身元紹介先のことで, 以前勤めていた会社など) ◆use. . . as the reference ～を基準として利用する ◆a voltage used as a standard of reference 比較対照[照合]の際に基準として用いられる電圧《＊意訳すると「基準電圧」となる》 ◆internal documents for reference purposes 参照用内部書類 ◆a reference color burst signal 基準カラーバースト信号 ◆there was no reference made to. . . ～についての記載がなかった ◆a pocket-size computer for quick reference 即座に参照するためのポケットサイズのコンピュータ ◆when a reference is made to the topic at a later point in the text 本文のもっと後ろの箇所でそのテーマに話が及んだ時 ◆For detailed information, reference should be made to the law and regulations. 詳しくは, 当該法令を参照して[ご覧]ください。 ◆This section makes many references to CD. 本節ではCDについてたびたび[何度も]言及する。 ◆Dear Mr. Brown: Reference is made to your letter of February 10, 1998, with which you enclosed. . . 《意訳》ブラウン様, ～をご同封いただきました1998年2月10日付けのお手紙についてですが, ～ ◆REFERENCE PUBLICATIONS: This Standard makes reference to the following Codes and Standards: 参考文献: 本規格は以下に記載する法律及び標準規格を参照している。 ◆The counter allows you to keep track of the location of different programs or portions of tapes for quick reference at a later date. このカウンタを使えば, 後日楽に頭出しできるように, テープ上のいろいろな番組の位置, つまりテープの各部分の位置を, 把握しておける。

2 v. reference する, 参考にする,〈論文など〉に参考文献・資料の一覧表を載せる ◆You can then reference to any part of the tape later. そうすれば後でテープのどの部分も参照[どの部分にもアクセス, どの部分も頭出し]することができる。

**with [in] reference to** ～に関して, ～に関連して, ～について; ～を基準として ◆alter. . . with reference to the environment 環境に応じて～を変える

**without reference to** ～に関係なく ◆without reference to time 時間に無関係に ◆without reference to a previous position 前の位置に関係なく[を参照せずに, を基準としないで]

**reference book** a～ 参考図書(＊辞書, 辞典など)

**referendum** a～ (pl. ～s, referenda) レファレンダム, 国民投票, 住民投票, 人民投票, 一般投票, 全員投票, 請訓書(セイクンショ)(＊外国駐在の外交官が本国政府の命令・指示を仰ぐために発する文書) ◆hold a national referendum on [over] whether. . . should. . . ～べきであるかどうかについての国民投票を実施する ◆a possible national referendum on a multi-party system 多党体制(移行)についての是非を問う現実のものとなりそうな[現実味をおびている]国民投票

**referential** adj. 関係のある, 参照の ◆referential integrity 《コンピュ》参照整合, 参照の整合性

**referral** (a) ~ 参照, 照会, 〈人材などの〉推薦 [紹介] ◆a referral bonus 人材紹介ボーナス (*自分が勤めている会社に人を紹介して, その人が入社した場合にもらえる紹介料. ハイテク企業が良質の技術者を集めるために設けている制度を a referral bonus program の話で)

**refill** 1 vt. ~を再び満たす, ~に補充する, ~に補給する, ~を詰め替える ◆refill a pen with ink ペンにインクを補充する ◆refill the brake fluid reservoir ブレーキ油だめに(油を)補充する
2 a ~ 補充 [補給] 容器, 詰め替え容器, 補充品, スペア; a ~ 替え芯, スペアインク ◆a ballpoint refill ボールペン替え芯 ◆0.5mm HB refill leads (シャープペンシル用) 0.5mm HBの替え芯

**refillable** ◆a refillable ballpoint pen 替え芯が使えるボールペン

**refine** vt. ~を精製 [精錬] する; 《比喩的に》~を洗練する, 上品にする, 磨きをかける, 練り上げる, 〈いいものをさらに〉改良する ◆(a) refining technology 精製技術 ◆a highly-refined petroleum base solvent 高度に精製されている石油系溶剤 ◆the 132-horsepower engine is highly refined 132馬力のこのエンジンは非常に洗練されている ◆refine aluminium from bauxite, an aluminium ore アルミニウムの鉱石であるボーキサイトからアルミニウムを製錬 [精錬] する ◆It's quite a refined car. これはかなり洗練された車だ.

**refinement** 精錬, 精製, 純化; 洗練されていること, 上品, 優雅; a ~ 改良点, 改善点, 更に良くするための工夫 ◆the latest refinement in soldering はんだけけにおける最新の改善 ◆knowledge refinement 知識をみがくこと ◆introduce refinements into... ~に改善 [改良] を加える ◆refinement of sentences and paragraphs 文章や段落を (構成する文) を洗練 [推敲 (スイコウ)] すること ◆refinements in tread design (タイヤの) トレッド・デザインにおける数々の改良点 [改善点] ◆the need for still more refinement よりいっそう洗練に [磨きをかける] ことの必要性

**refinery** a ~ 精錬所, 精製所, 精油 [製油] 所, 製糖所

**reflation** (デフレで下がってしまった価格を再び望ましいレベルまで引き上げる) 統制インフレ, 通貨再膨張 ◆It is increasingly clear that only a massive monetary reflation will enable Japan to pull out of its deflationary spiral. 大規模な通貨再膨張 [統制インフレ] によってのみ日本はデフレスパイラルから脱出できるということが, ますます明確になりつつある.

**reflationary** adj. リフレーションの, リフレ的な, 通貨再膨張 [統制インフレ, 景気浮揚] 的な ◆pursue a reflationary policy 通貨再膨張 [統制インフレ, 景気浮揚, 景気刺激] 政策を推し進める [推進する] ◆despite the introduction of massive reflationary measures in the summer and fall 夏と秋の大規模な景気浮揚策の導入にもかかわらず

**reflect** vt. ~を反射する, 〈音〉を反響する, ~を映す, 表す [示す], 《意訳》~に合わせる; vi. 反射する, 反響する, 映す, 映る, 反省する, 深く考える, 熟考する, 沈思する, 〈恥辱・不名誉・悪評などの〉弊害となって (~に) 跳ね返ってくる <on, upon> ◆reflected from... ~から反射された ◆a reflected path 反射路 ◆a ground-reflected wave 大地反射波 ◆a reflected ceiling drawing 天井伏図 (*天井を, 床に映して見るように描いた図面) ◆building-reflected waves 建物からの反射波 ◆as the laser light is reflected off the surface レーザー光がその面で反射される際に ◆due to the waves reflected from the surrounding buildings and other structures 周囲のビルおよびその他の建造物からの反射波のせいで ◆waves reflected by surrounding buildings 周囲のビルによって反射された電波 ◆The pond reflected the full moon. 池が満月を映し出していた. ◆The revisions reflect changes that occurred during the past year. これらの改訂は, 過去1年間 [(場合により) 昨年中] に起きた変化 [生じた変化] を反映している. ◆Modifications to the style sheet will be reflected throughout the entire document. 書式設定シートに加えられる変更は, 文書全体に反映される.

**reflectance** (a) ~ 反射度, 反射率 ◆samples with reflectances between 4% and 100% 反射率4%から100%までのサンプル

**reflecting telescope** a ~ 反射望遠鏡

**reflection** a ~ 鏡などに映った像; a ~ 〈世情などを〉表すもの, 映し出すもの, 反映するもの; 反射, 反響, 鏡映; 熟考, 熟慮, 沈思, 反省, 内省; a ~ 〈熟慮の結果生じた〉考え [意見, 感想] <on>; a ~ <on> (~に対する) 非難, とがめ ◆reflections occur 反射が起きる ◆a reflection coefficient 反射係数 ◆an [the] angle of reflection 反射角 ◆total reflection X-ray fluorescence spectrometry 全反射蛍光X線分光測定(法) ◆an idea accepted without reflection 考えなしに受け入れられてしまっている考え方 ◆due to undesired reflections 不要反射のせいで ◆his reflection in the mirror 彼の鏡に映った姿 ◆it causes large reflection losses on each surface それは各面で大きな反射損失を生じさせる (原因となる) ◆An antiglare treatment is a coating on the glass that either absorbs or diffuses the light to prevent reflections. アンチグレア [(意訳) 映り込み防止] 処理は, 反射 [(意訳) 写り込み] を防止する目的で光を吸収あるいは拡散するようガラス上に施されているコーティングのことである.

**reflective** adj. 反射する, 反射性の, 反響する, 反映する; 〈人が〉思慮深い ◆a reflective crystalline state 反射率の高い結晶状態 ◆a reflective supertwist LCD 反射型スーパーツイスト液晶ディスプレイ ◆The PDA has a low-power, reflective liquid crystal display(LCD). この携帯情報端末は, 電力消費の少ない反射型液晶ディスプレイを搭載している. ◆They are very reflective of the time period that they were written in. これら (の書物) には, 書かれた当時の時代が反映され [映し出され] ている.

**reflectivity** (a) ~ 反射率, 反射能 ◆a coating with 99.5% reflectivity 反射率99.5%のコーティング ◆a surface of very high reflectivity: a surface which has a very high reflectivity 反射率の非常に高い表面 ◆a sphere with a nominal interior surface light reflectivity of 0.60 公称内面光反射率0.60の球体

**reflectometer** a ~ 反射率計 ◆an optical time-domain reflectometer 光学時間領域反射率計

**reflector** a ~ 反射板, 反射鏡, 反射器, 《原子力》反射体, 反射望遠鏡

**reflex** 1 a ~ 《生理》反射運動, 反射作用 (a reflex action); ~es 反射神経, 運動神経 ◆Besides having good reflexes and eyesight, drivers should anticipate trouble ahead. ドライバーは, 反射 [運動] 神経と視力がよくなければならない上に, 行く手の障害をも予測しなければならない.
2 adj. 反射された, 〈カメラが〉レフレックス式の, 〈受信機が〉レフレックス式の (*高周波と低周波の信号双方を同一素子で増幅させる); 《生理》反射作用の, 反射的な ◆a single-lens [twin-lens] reflex camera 一眼レフ [二眼レフ] カメラ

**reflexology** リフレクソロジー (*足裏マッサージ法により神経の緊張を解きほぐす技法), 《生理》反射学 ◆the healing effects of foot reflexology on the entire body リフレクソロジー [足裏マッサージ法] の全身に及ぼすヒーリング効果

**reflow** vi. 〈潮〉が引く(ebb), 逆流 [還流] する(flow back); a ~ 逆流 [還流]; the ~ 引き潮 [下げ潮], 退潮 ◆lead-free reflow soldering with a tin-silver-copper alloy スズ・銀・銅 [Sn-Ag-Cu] 系の合金による鉛フリー [無鉛] のリフローはんだ付け

**reform** 1 vt. ~を改革する, 改造する, 改装する, 改修する, 改正する, 〈人〉を矯正する, 更生させる, 改心させる, 《化》改質する; vi. 改善される, 改革される, 心を入れかえる ◆catalytic reforming 触媒改質 (*CRと略す)
2 (a) ~ 改革, 改正, 改善, 改良, 改造, 矯正, 改心 ◆educational reform 教育改革 ◆reform proposals 改革案 ◆push forward (with) economic reforms 経済改革を推進する ◆radical market reforms 急進的な市場改革 ◆implement a variety of school reforms いろいろな学校改革を実施する ◆a dis-

cussion about the need for structural reform of the program　この制度の構造改革の必要性についての話し合い［討論］

**re-form** vt. 〜を作り直す, 二次形成する,〈組織など〉を改編する, 再編成［再編］する; vi. 再び形ができる, 陣容を立て直す

**reformat** vt. 〜の書式を設定し直す, 〜の体裁を整え直す, 〜の形式を変える, 〜をフォーマット［整形］し直す, 再フォーマットする ◆reformat the text to different line spacing　《ワープロ》テキストを異なった行間隔にリフォーマットする ◆As insertions or deletions are made, the text is automatically reformatted.　《ワープロ》挿入や削除を行うと, テキストは自動的にリフォーマットされる.（*文章の折り返し位置が変更されるなど, 書式設定に基づいて整形し直される）

**reformatory** adj. 改良［改革, 矯正, 更生］のための; a 〜 矯正施設, 更生施設, 少年院［旧称は矯正院］, 児童自立支援施設［旧称は教護院, 感化院］ ◆at a state-run reformatory　州立［国立］の教護院［少年院, 感化院］で

**reformer** a 〜 改革者, 改良者; a Reformer（プロテスタント改革派教会の）宗教改革者 ◆a radical reformer　急進的な改革（論）者

**refract** vt.〈光など〉を屈折させる ◆a doubly refracting transmission medium　《光》複屈折伝達媒体

**refracting telescope** a 〜 屈折望遠鏡

**refraction** 屈折

**refractive** adj. 屈折する, 屈折力を持つ, 屈折による, 屈折性の ◆a low refractive layer　低屈折層 ◆a low-refractive-index cell　低屈折率セル ◆acid-resistant glass with a low refractive index　耐酸性の低い耐酸ガラス

**refractory** adj. 耐火性の, 耐熱性の, 還元しにくい, 溶解しにくい, 加工しにくい, 手に負えない, 頑固な, 強情な,〈病気が〉治りにくい; a 〜 (pl. -ries) 耐火物 ◆a refractory material ◆a refractory metal [alloy]　耐熱金属［合金］ ◆refractory cancers　難治性の癌 ◆(a) refractory ore　難処理鉱; 難鉱 ◆a refractory material that is highly heat resistant　高耐火度の耐火材料［耐火材, 耐火物］

**refrain** 1 vi.〈from〉〈〜を〉控える, 慎む, やめる, 我慢する, 遠慮する ◆refrain from buying [purchasing]...　〜を買い控える ◆refrain from political comment　政治色を帯びたコメントを差し控える ◆refrain from eating or drinking for several hours before the test　検査前の数時間は飲食を控える ◆by refraining from purchasing products that do not contain recycled fiber　再生繊維を含まない製品を買い控える［買わないようにする］ことによって ◆he was politely asked to refrain from smoking　彼は, タバコを遠慮してほしいと丁重に［やんわりと］言われた ◆Please respect the rights of others and refrain from talking, eating, drinking, smoking, or engaging in distractive behavior.　他の人の権利を尊重し, 私語, 飲食, 喫煙, その他気を散らすようなふるまいは慎むようにしてください.
2 n. a 〜 繰り返されるフレーズ［詩句, 言葉］, 折り返し（句）, 畳句,《音楽》リフレーン ◆... said in a refrain repeated with endless variation　言い方を変えて（同じことを）何度も何度も繰り返した

**refresh** 1 vt. 生き生きさせる,〈記憶など〉を新たにする,《コンピュ》〜をリフレッシュ［更新］する; vi. 元気が回復する, リフレッシュする ◆refresh a screen　画面をリフレッシュ［再描画, 再表示, 更新］する ◆Dynamic memories (DRAM) require refreshing while static memories (SRAM) do not.　ダイナミックメモリ（DRAM）はリフレッシング［記憶保持動作］が必要であるのに対して, スタティックメモリ（SRAM）は必要としない. ◆They must be refreshed once every 2 milliseconds to maintain the data.　《コンピュ》それらはデータ保持のために2ミリ秒おきにリフレッシュされなければならない.
2《時に可算》《コンピュ》リフレッシュ ◆perform refresh　《電子》リフレッシュを行う ◆terminate the refresh cycle　リフレッシュサイクルを終了させる ◆have a refresh rate of 75 Hz　リフレッシュ速度が75Hzである ◆it is necessary to invoke refresh at the beginning of each cycle　各サイクルの最初にリフレッシュを行う必要がある

**refrigerant** a 〜 冷凍剤, 冷却剤, 冷媒, 清涼剤, 解熱剤; adj. 冷却する, 冷やす,《医》熱を下げる, 解熱する

**refrigerate** vt.〜を冷凍する, 冷蔵する, 冷却する ◆Refrigerate After Opening.　開封［開栓］後要冷蔵（*食料品の表示文句）

**refrigeration** 《回》冷却, 冷蔵, 冷凍,《医》低温療法 ◆by refrigeration　冷凍［冷蔵, 冷却］により ◆a refrigeration cycle　冷凍サイクル

**refrigerator** a 〜 冷蔵庫［室］, 冷凍庫, 冷蔵冷凍庫, 冷凍機, 冷却機, 凝縮器（= a condenser）

**refuel** vt.〜に燃料を補給する,〜に給油する ◆a refueling system　燃料供給［補給］装置; 給油装置 ◆inflight [midair] refueling　空中給油 ◆aircraft refueling facilities　航空機（に燃料を補給する）施設 ◆refuel aircraft in flight　飛行中の航空機に空中給油する（*aircraftは単複同形, この用例では複数形として使われている）

**refueling** 燃料補給, 給油

**refugee** a 〜（国外への）難民, 避難民, 亡命者, 逃亡者 ◆a refugee camp　難民キャンプ ◆Three out of four of the 270 refugee boats that set sail from Vietnam to Thailand were attacked by Thai pirates.　ベトナムからタイに向け出航した270隻の難民船は, 4隻中3隻がタイの海賊に襲われた.

**refund** 1 vt.〈返品代金など〉を払い戻す, 返金する, 償還する
2 (a) 〜 払い戻し, 払戻金, 返金, 償還, 償還金 ◆return it for a full refund　全額払い戻してもらおうとしてそれを返品する ◆cancel for a full refund on all unmailed copies　《雑誌の購読などを途中で》取り消して, 未発送の部数［号］の分すべてについて全額払い戻してもらう

**refurbish** vt.〜を改装する,〜を化粧直しする,〜に磨きをかける ◆a refurbished theater　新装なった劇場 ◆need refurbishing　改装, 修繕, 化粧直し, 衣替えが必要である ◆refurbish one's English　英語を磨く ◆refurbish one's image　イメージを一新する ◆the refurbished Saturday edition of the Times　面目を一新したタイムズ紙土曜版 ◆If you don't want to undertake interior refurbishing yourself,.....　もし自分で内装を改装するのがいやだったら,..... ◆The Hubble repair crew returned the refurbished telescope to its orbit.　ハッブル宇宙望遠鏡修理クルーは, 修理が終わった望遠鏡を軌道に戻した.

**refusal** (a) 〜 拒否, 拒絶, 断り, 辞退

**refuse** 1 vt.〜を断る, こばむ, 拒絶する, 拒否する, 突っぱねる, どうしても〜しようとしない〈to do〉,〈許可など〉を与えない,〈入場など〉を許さない; vi. 断る, 拒絶する ◆refuse outright to <do...>; flatly refuse to <do...>　〜することをきっぱりと断る［拒む］ ◆the washing machine refused to work　洗濯機がどうしても言うことを聞かなかった［働かなかった, 動こうとしなかった］ ◆He refuses to take advantage of a weakness in his enemy.　彼は敵の弱みに乗じる［つけ込む, 付け入る］ことをよしとしない. ◆Refusing to take the roadside breath test is an offense.　道路脇での飲酒テストを受けることを拒む［受けない］のは法律違反である. ◆A license will be refused if the physical or medical condition of the applicant does not meet the standards.　申請者の身体状態または健康状態が基準を満たしていない場合には, 免許（の交付）は拒否されることがある.
2 《回》ごみ, くず, 塵芥（ジンカイ）, 廃物, 廃棄物;《鉱山・炭坑》捨石, ずり, ぼた,《炭鉱》硬 ◆a refuse pile　ごみの山 ◆refuse derived fuel (RDF)　ごみ固形燃料 ◆The Machida plant can deal with almost any category of refuse: burnables, nonburnables, bottles, cans, durables such as furniture and refrigerators, and "harmfuls" like batteries.　町田処理工場は, ほとんどどんな種類のごみでも処理できる. すなわち, 燃えるごみ, 燃えないごみ, びん類, 空缶類, 家具や冷蔵庫のような耐久消費財, ならびに電池類などの「有害物ごみ」である.

**regain** vt.〜を取り戻す, 回復する,〈状態〉に復帰する ◆regain some stability　いくらか安定を取り戻す［回復する］ ◆the team's outlook for regaining the Cup will be bleak　チームが

とって優勝杯奪還[奪回]の見通しは厳しいものになるだろう ◆The company is slashing prices for its computers in an effort to regain lost market share. 同社は、失ったマーケットシェア[市場占有率]の奪回を図って自社コンピュータの価格を大幅に引き下げつつある。 ◆The U.S. semiconductor industry has regained its competitive strength in recent years. 米国の半導体業界は近年競争力を取り戻した[盛り返した、回復した]。

**regal** adj. 非常に立派な、〈威風〉堂々とした、荘麗な; 王者の、国王の、帝王の ◆the Mercedes-Benz 600SE's regal bearing メルセデスベンツ600SEの王者の風格[貫禄]

**regard** 1 vt. 考える、見る、評価する、〜を(〜だと)思う[考える、みなす]<as>、〜に注意を払う、〜に配慮する、〜を遵守する、〜を守る、〜にかかわる、〜に関係する; vi. 注意する、留意する、注目する、みつめる、凝視する ◆be highly regarded for... で(高く)評価されている ◆a highly regarded scholar 高名な学者 ◆a highly regarded writer 名高い[名立たる]作家 ◆a highly regarded computer publication 高い評価を受けているコンピュータ関連の定期刊行物 ◆be widely regarded as one of the most creative architects 最もクリエイティブな建築家の一人として広く認められて ◆is highly regarded in his field 彼は、彼の属する分野で高い評価を得ている ◆he was very highly regarded by everybody 彼は、だれからも高い評価を得ていた; 彼は周囲の評判が非常によかった; 彼は皆の信望を集めていた; 彼は人望が厚かった ◆resist regarding quality as a group responsibility 品質を連帯責任としてみなそうと[認めようと]しない ◆Bruce was highly regarded for his leadership qualities. ブルースは、人を引っ張って行く資質があるということで高い評価を受けていた。 ◆they have come to be regarded as being necessary for our country's growth それらは我が国の成長に必要であると見られる[考えられる、認識される、位置付けられる]ようになった[に至った]

2 n. 尊敬、敬意、尊重、好意、注意、関心、配慮、心配、思いやり、心づかい<for, to>、凝視、注視>〜s(〈メッセージとしての〉)よろしく ◆With best [kind] regards, よろしく、敬具(*bestは米、kindは英で用いられる。メモ、ファックス、テレックスの結辞) ◆with little regard for cost ほとんどコストのことを考えないで コストを度外視して ◆without regard to cost コストを度外視して ◆Give him my regards. 彼によろしく(伝えておいてください)。 ◆Please give my regards to your father and mother. お父様、お母様によろしくお伝えください。 ◆P.S. Please send your sister Rita my regards. 追伸、(お姉さん[妹さん]の)リタさんによろしく。

3 n. 関係、関連、(問題となる)点、事柄、事項 ◆from this regard この点から ◆without regard to rank 階級に関係なく[階級と無関係に、階級を度外視して] ◆with regard to the procurement of "special samples" 「特別見本」の調達に関して ◆in regard to your initial point あなたの最初の点に関して[点に対して、点については] ◆without regard for feasibility 実現できるか否かについては考えずに ◆with little regard for a person's qualifications or preferences 個人の資格や希望はほとんど考慮せずに ◆In this regard, Ford is a vivid contrast to GM. この点に関しては、フォードはGMと際立った対照をなしている。

**regarding** prep. 《特に商業書簡で多用される》〜に関して、〜について ◆his arguments regarding the article この記事に関する彼の議論

**regardless** adj. 気にかけない、無頓着な、注意しない<of>; adv. 《口》構わずに、気にかけずに、おかまいなしに、物ともせずに、どうしても<of>
 ◆regardless of 《前置詞句》〜にかまわず、〜にかかわらず、〜を無視して ◆regardless [irrespective] of whether... (or...)〜(のいかん)にかかわらず ◆regardless of cost いくら費用がかかろうが ◆regardless of the presence or absence of... 〜の有無にかかわらず ◆The rule applies regardless of how the fish is cooked. このルールは、どう加熱調理するときにも当てはまります。(*魚の厚みによる加熱時間の見当についても)

**regenerative** adj. 再生式[型]の、〈ブレーキが〉回生式の、〈ポンプ、ファンなど〉渦流型の、〈炉などが〉蓄熱式の; 《生物》新生-、再生- ◆a regenerative braking system 回生ブレーキ系統、回生制動装置(*ブレーキ時にはモーターを発電機として働かせ制動力を得る。その際に発生する電力は電源に戻し消費電力の節減を図る) ◆regenerative medicine 再生医療[医学](*臓器や組織を再生する)

**regime** a〜 制度、体制、政体、政権、政府、政治制度、統治形態、支配・統治形態 ◆adopt an "open skies" regime 「空の自由化」体制を採る

**region** a〜 範囲、領域、領分、分野、地方; a〜 地域、地帯、地方、区域、管区; a〜 部位、局部; a〜(複合語を作って)-域、-地、-部、-区、-field、-野 ◆the Tohoku region 東北地方 ◆an earthquake-damaged region 地震の被災地 ◆in the region of 40 percent 40パーセント近辺; 約40パーセント ◆in the visible region 可視域において ◆the audio-frequency region オーディオ[可聴、音声]周波数領域 ◆throughout the region その地域中で ◆vary from region to region 地域によって異なる ◆at temperatures in the region of 1,200°C 1200°C 近辺の温度で ◆the outer regions of the lens そのレンズの外周部 [*レンズの縁に近い部分から縁にかけての部分] ◆vary widely from region to region [from one region to another] 地域によって大きく異なる[大幅にばらつく]; 地域的な不均衡[格差]が大きい ◆She suffers from nearly constant pain throughout the chest region. 彼女は、胸部全体に広がるほとんど絶え間ない痛みに苦しんでいる。

**regional** adj. 地域の、地方の、地場の、地理的な; 《工学》領域の、《医》局部の、局限性の、部分の、部位の ◆a regional power 地域大国 ◆a super-regional bank 大地銀 ◆regional economic development 地域[地方]経済開発[振興] ◆20-to-70-passenger regional aircraft 20〜70人乗りのリージョナル[域内]機(*aircraftは単複同形) ◆strengthen intraregional economic cooperation 域内経済協力を強化する ◆the best means of promoting regional growth 地域振興[地域おこし]のための最善の手段 ◆The paper currently publishes four regional editions across the country. この新聞は、現在国全体で地方版を4紙発行している。 《訳例》interregional versus intraregional transportation 地域間の輸送 対 地域内の輸送

**register** 1 a〜 登録簿、記録簿、名簿、登記簿、原簿; a〜 登録機、記録器; a〜(冷暖房設備の室内吹き出し口の)シャッター[通風調節装置、換気調節弁]; a〜《電》音域、声域; (a)〜《言語》使用域 ◆a cash register 金銭登録機 キャッシュレジスター、レジ ◆a register of corporations, directors and executives 会社名鑑 ◆enter... in a register 台帳に〜を付ける[記帳する、登録する] ◆woofers handle the low registers 《意訳》ウーファー[低音用スピーカー]が低域を受け持つ ◆Check the groceries against the register tape as you unload your bags at home. 家で買い物袋から出すときに、(買った)食料雑貨品をレジのレシートと照らし合わせてみること。

2 a〜《電子》レジスタ、状態記憶装置 ◆a register circuit 《電子》蓄積回路 ◆increment or decrement a register by one 《電子》レジスタ(に格納されている値)を1(だけ)インクリメントまたはデクリメント[増分したり減らしたり]する ◆place the next two bytes of the program into the register プログラムの次の2バイト(の値)をレジスタに入れる ◆the ES register is loaded with the routine's segment address ESレジスタにはそのルーチンのセグメントアドレスが入れられる ◆If you shift the register right, bit 0 falls out of the register, and bit 7 is given a low. レジスタを右にシフトすると、ビット0(の内容)がレジスタから落ちて[捨てられ]、ビット7にはlowが与えられる。 ◆This instruction ANDs the immediate operand with the contents of the status register and stores the result in the status register. この命令は、即値オペランドとステータスレジスタとの論理積(AND)をとって、その結果をステータスレジスタに格納する[入れる]。(*ANDは動詞として用いられている)

3 a〜《印刷》(多色印刷の重ね合わせの)見当(合わせ)、トンボ合わせ ◆be in register (↔out of register)《印刷》(刷込)位置[見当]合わせが正しくなっている ◆maintain register

位置決めが狂わないようにしておく ◆a register mark 位置合わせ用の目印［見当，とんぼ］；《プリント回路基板の表裏などの》整合用のマーク ◆out-of-register colors 重ね合わせがうまくいっていない色；《印刷》見当ずれしている色，《広義》色の見当ズレ
4 vt. ~を記録する，登録する，記載する，記帳する，記入する，届け出る，登記する，記名する，《郵便物》を書き留めにする，《計器が》を示す［指す，指示する］，《人が》を顔に出す，《顔が》を浮かべる，~を位置合わせする《印刷》~の見当［トンボ］を合わせる；vi. 記録する，登録する，届け出る，記名する，位置が合う，《印刷》見当が合う ◆a registered nurse （免許を得て正式に登録されている）看護婦［正看］ ◆by registered mail [letter] 書留で ◆register the motor vehicle with the Ministry 自動車を（運輸）省に登録する ◆If a voltmeter registers 12.40V, the battery is charged to only 75 percent. 電圧計が12.40Vを示す［指示する］場合は，蓄電池は75%までしか充電されていません。 ◆The earthquake registered 7.2 on the Richter scale. この地震はマグニチュード7.2を記録した。 ◆A meter registered an unhealthy level of radiation in the air. メーターが，不健全なレベルの空気中の放射線を記録［表示］した。 ◆If you use a piece of shareware, you then register your use with the author. シェアウェア（プログラム）を使用する場合，使用することを作成者に登録します。 ◆The Ferrari F40 registered the fastest speed (212 mph). フェラリF40が最速《毎時212マイル》をマークした。(*他車との競走で） ◆The antiviral program will alert you if a registered program's checksum is modified, or if an unregistered program is run. 《コンピュ》その抗ウイルスプログラムは，登録されているプログラムのチェックサムが変更されていたり未登録のプログラムが実行されると，警告してくれる。

**registration** 1 ①登録，（名簿への）記載，登簿，登記，書き留め，（計器の）表示［指示］；a~ 登録［記載］事項，登録証書 ◆at the time of registration 登記［登録］時に ◆renew a vehicle registration 自動車登録を更新する ◆the registration of patents and trademarks 特許および商標の登録 ◆at the time of vehicle registration 車両登録の時に ◆discounts for early [advance] registration are being offered 早期登録［事前登録，予約］割引があります ◆if the registration is made prior to September 10 9月10日より前に登録［予約］すれば ◆Don't forget to mail in your owner's registration card.（製品の）所有者［ユーザー］登録カードを投函することをお忘れなく。
2 ①位置合わせ，位置決め，重ね合わせ，《印刷》見当合わせ［とんぼ合わせ］(*重ね刷り・多色刷り用の目印である＋印を重ね合わせること) ◆This requires careful registration of the paper if accuracy is to be maintained. 精度を保とうとすると，これには用紙の慎重［正確］な位置合わせ［見当合わせ，とんぼ合わせ］が必要となる。 ◆The full-color copier uses a drum that paper firmly mounted on it to maintain the picture in registration through the four passes. このフルカラー複写機は，4回の複写動作の間画像の位置合わせをくずさない［位置がずれない］ように用紙をしっかり保持するドラムを使用している。

R **registry** (a)~ (pl. -ries) 登録［登記，記録］，船籍（証明書），登記［登記，記録］簿［所］，登録された項目，《コンピュ》レジストリ

**regression** ①後戻り，帰還，復帰，退行，退歩，退化，逆行，《数，統》回帰 ◆(a) marine regression 《地》海退 ◆a linear regression equation 《統計》線形回帰方程式 ◆a software regression test ソフトウェアの回帰テスト(*バグや機能の修正を行った部分に新たな不具合が発生していないことを確認する)

**regressive** adj. 退行［逆進，逆行，後戻り，後退，退化］する，逆行的［逆進的］な，退行性の，逆進性の ◆a regressive tax 逆進税

**regressiveness** ①逆進性 ◆reduce the regressiveness of flat taxes such as sales tax and property tax 物品販売税［消費税，売上税］や固定資産税［不動産税，財産税］などの均一税の逆進性を緩和する

**regret** 1 ①残念，遺憾，悔やみ，後悔，悲しみ，悲嘆，失望，落胆，哀悼（アイトウ）［哀惜（アイセキ）］; ~s［丁重な辞退する際しての］

断わりの辞，断わり状 ◆have regrets over... ~についてくよくよ悩む ◆(much) to my regret （全く）残念［遺憾］ながら ◆express deep regrets over the loss of innocent civilian lives 無辜（ムコ）の民間人の命が失われたことに対して深い遺憾の意を表明する ◆Emperor Akihito expressed "deepest regret" for the pain Japanese rule caused on Koreans. 《意訳》明仁天皇は，日本の統治が朝鮮半島の人々に与えた苦痛に対して「痛惜の念」を表した。
2 vt. ~を残念［遺憾］に思う，くやしく思う［後悔する，悔いる，悔やむ］，〈失った人［物］〉を惜しむ［悲しむ］，残念［遺憾］ながら~する <to do> ◆I regret that I cannot <do> ~することができなくて残念だ ◆regret being unable to <do> ~できないことを残念に思う ◆regret to hear that... ~ということを聞いて残念に思う ◆it is to be regretted that... ~ということは遺憾にたえません ◆regret having said it それを言ってしまったことを悔いる［後悔する］(*It is (very much) to be regretted that... ~ということは（非常に［いかにも，実に］）残念だ ◆We [I] regret to say that... 遺憾ながら~とお伝えしなければなりません；残念ですが~です ◆She regretted her decision. 彼女は，自分の決定について後悔した［悔やんだ］。 ◆We regret any inconvenience this may have caused. このことでご迷惑［ご「不便」」をおかけしたようでしたら申し訳ありません。

**regrettable** adj. 残念な，遺憾な，悔しい，口惜しい，嘆かわしい，情けない，惜しむべき，悲しむべき，気の毒な ◆It is regrettable that... ~ということは遺憾［残念］である ◆It was a regrettable happening. それは残念な出来事だった。

**regroup** v. 再びgroupする ◆give a hard-pressed company an opportunity to regroup 財政難に陥っている会社に再編の機会を与える

**regular** 1 adj. 規則的な，規則正しい，定型［定期］，正規の，正式の，本式の，整正の，正則の，本則の，正-，本-，並の，普通の，いつもの，通常の，平常の，常用の，一定の，不変の，定期的な，予定通りの，定例の，定時-  ◆at regular times （複数回の）一定の間隔で一定時に；ある決まった時間に何度かにわたり ◆on a regular basis 定期的に ◆at regular time intervals 定期的に ◆a regular pentagon 正五角形 ◆a regular verb 規則動詞 ◆regular reflection 正反射 (= specular reflection) ◆regular [steady] customers いつも来る客，常連［定連］; 常客; 固定客; なじみ客; お得意様 ◆a regular [permanent, full-time] employee 正規［常勤，常用雇用］の従業員; 正社員 ◆regular-priced items 通常価格の商品 ◆become regular occurrences いつもながら［普通の］の［出来事］になる ◆during regular business hours 通常の営業時間内に ◆make regular use of... ~を日常的に［常用］使う ◆need regular maintenance ~には定期的な［日常の］保守［整備］が必要である ◆regular care and maintenance 定期的な［日常の］手入れと保守 ◆regular-size(d) レギュラー［標準，普通，通常］サイズの ◆tires in regular use 日常［日常］使っている［常用している］タイヤ ◆visit a physician on a regular basis 定期的に医者に通う ◆a regular meeting of the Legislature 《米》立法府の定例会議 ◆by low-dose, regular use of aspirin アスピリンの低用量常用により ◆a freighter that has no regular schedule 不定期貨物船 ◆Americans who use coupons on a regular basis: 71% （チラシなどで配布される割引）クーポンをいつも［恒常的に，常用して，普段］使っているアメリカ人: 71% (*統計で) ◆Besides his regular job working for an accounting firm, 会計事務所に勤める本業の傍ら， ◆switch to [resume, return to] regular programming （番組中断後に）予定［編成］通りの番組に切り替える［番組を再開する，番組に戻る］ ◆this will be a regular occurrence これは普通の［珍しくない］ことになるだろう ◆The museum's cafe and shop will be open at their regular times during... ~の時間，同美術館のコーヒーショップおよび売店は定時に［定刻通り］開店します。 ◆the yard was planted with trees spaced at regular intervals 庭には等間隔で木が植えられた

2 n. ①有鉛ガソリン，通常のオクタン価のガソリン; a~ 《口》常連，固定客，お得意様，常客，なじみ客; a~ 正規兵，正

選手 ◆Jimmy is one of the regulars who drops in, sometimes a couple (of) times a day, to eat and talk story with friends at the counter. ジミーは、ときには日に何度も立ち寄ることのある常連さん[なじみの客]で、カウンターで食事をしたり友人と話したりしていく.

**regularly** adv. 規則正しく, 正式に, 定期的に, しょっちゅう[たびたび], 一様に, 均整がとれて ◆Have your headlights adjusted regularly.　車のヘッドライトは、定期的に調整してもらうようにしてください. ◆Course participants should acquaint themselves with the current state of affairs about the Canadian economy, society and polity through reading regularly The Globe and Mail or The National Post.　課程参加者は、カナダの経済、社会、政治形態の現状について、Globe and Mail紙あるいはNational Post紙をいつも[普段]読んでよく知っているようにしなければならない.

**regulate** vt. 〜を調整[調節]する, 加減する, 規制する, 統制する, 取り締まる,（交通）整理する ◆a pressure-regulating valve 圧力加減[調節, 調整]弁 ◆laws regulating air pollution 大気汚染を規制している法律 ◆regulate the flow of ... 〜の流れを調節する ◆a market regulated by the forces of supply and demand 需要と供給の実勢によって調整される市場 ◆Traffic signals regulate vehicle and pedestrian traffic.　交通信号は、車と歩行者の交通整理をする. ◆Noise is regulated in the City of Pullman as a nuisance. Electronically amplified sound is regulated 24 hours a day. After 10 p.m. any sound is regulated including voices.　騒音は、プルマン市では迷惑行為として規制されています. 電子的に増幅された音は、1日24時間規制されています. 午後10時以降は、人声を始めとするいかなる音も規制の対象となります.

**regulation** 回 調整, 調節, 加減, 制御, 抑制, 調速, 規制, 取締まり; (a) 〜（電源電圧などの）変動率,（速度の）調定率; 〜規則, 規程, 法規, 規制基準, 則; adj. 規定で定められた, 法定の, 規程の, 正規の, 制〜 ◆enact laws and regulations 法規[法律と規則]を制定する[定める] ◆load regulation 負荷変動率 ◆a merger regulation 企業合併に対する規制 ◆the regulation of supply and demand 需給調整 ◆compliance with safety regulations 安全規定の順守 ◆free the industry from regulation その業界を規制から解放する ◆regulations of special applicability to ... 〜を対象に特別に適用している規則; 〜を適用の対象としている特例 ◆revise regulations 規約を改定[改定]する ◆artificially hold prices down using regulations 規制により物価を人為的に低く維持する[抑制する] ◆as required by the regulations 規則で要求されている通り ◆institute new environmental regulations on wetlands 湿地に適用する新しい環境規制を設ける ◆subject such items to regulation as drugs そのような品目を薬品として規制の対象にする

**regulator** a〜 〜レギュレータ, 調節器, 調整器, 加減器, 制御器, 調速機, 制圧機,（化）(鎮もさ)調整剤,（生物）(成長)調整物質; a〜 取り締まる人, 整理する人, 規定する人 ◆a voltage regulator 電圧調整器[安定器, 安定回路, 安定装置] ◆adjust the setting of a temperature regulator 温度調整[調節]器の設定を調整[調節]する

**regulatory** adj. 調節の, 規制することを目的とする, 取締りの,（意訳）法的な ◆regulatory constraints 規制上の制約 ◆regulatory signs 規制標識 ◆regulatory matters 法的な規制の案件 ◆the Radio Regulatory Bureau 電波監理局 (＊日本の旧郵政省の昔の組織) ◆comply with the requirements of the appropriate regulatory authority 当該規制当局の要求条件[要件, 求めるところ]に従う

**rehabilitate** vt. 〜をもとの良好な状態に戻す, 〜を旧状に戻す, 〜を修復する, 復興する,〈人〉を復職[復位]させる,〈病気の人〉を社会復帰[機能回復]させる,〈服役者〉を社会復帰させる;〈汚染された土壌など〉を浄化[除染]する ◆rehabilitated production machinery 更生[修復]された生産機械 ◆rehabilitate polluted farms 汚染された農地を元の状態に戻す[浄化する, 除染する] ◆rehabilitate the delinquent youth 非行少年少女を更生させる ◆rehabilitate streams that became barren of trout 鱒（マス）がいなくなってしまった河川をよみがえらせる

**rehabilitation** 回 リハビリ, 機能回復（訓練）, 社会復帰, 更生; 修理, 修繕, 修復, 再建, 立て直し, 回復, 復旧, 復興, 名誉挽回[回復], 復権, 復職, 復位;〈汚染された土地などの〉浄化, 除染 ◆rehabilitation therapy リハビリ[機能回復]療法 ◆disaster rehabilitation assistance 災害復旧援助 ◆a hospital's rehabilitation division 病院のリハビリテーション科 ◆rehabilitation of inmates 囚人[受刑者]の更生[社会復帰] ◆the rehabilitation of railroad lines 鉄道線路の修復

**rehearsal** (a)〜 リハーサル, 下稽古, 本読み, 練習, 予行演習, 予習, おさらい, 試演, 事前テスト; (a)〜 繰り返し語ること, 詳しく話, 物語 ◆after a quick warm-up rehearsal 調子を整えるための駆け足でのリハーサル[急ぎ早めの小手調べ演奏・演技]の後で

**reheat** vt. 〜を温め直す, 再加熱する; 回 再加熱, 再燃焼;《形容詞的に》再熱、再燃 ◆a non-reheat steam turbine 非予熱式の蒸気タービン ◆a reheating furnace 再熱炉

**reimburse** vt.（立て替えられた）（費用など）を精算する[払い戻す, 返済する] (cf. refund) ◆improperly reimburse a customer for trading losses （顧客が）取引で被った損失を不正に顧客に補填する

**reimbursement** (a)〜（立て替えたお金の）払い戻し[返済, 精算], 償還 ◆We will reimburse you for your traveling expenses.　（立て替えた）旅費は, 後でお払い[精算]します.

**reimplement** 再implementする (→ implement)

**rein** vt., vi.〈馬〉を（手綱を引いて）止める<back>, 〜を御する, 制する, 抑制［牽制, 制御］する, 支配する,（比喩的）活動を抑える<in>; a〜, s〜 手綱; (a)〜 制御, 統制, 拘束 ◆rein in the out-of-control bureaucracy 勝手でやりたい放題の官僚機構を抑え言うことを聞かせる

**reinforce** vt. 〜を補強する, 強化する, 強調する;（軍）増強する, 増援する ◆a reinforcing material 補強材 ◆in mutually reinforcing ways お互いに（さらに）補強し合う[強め合う]ように; 相互に増強[増長]し合う格好で ◆materials reinforced with glass fiber ガラス繊維で強化[補強]されている材料 ◆The bag is reinforced at stress points.　そのバッグは力のかかる箇所に補強が施されている. ◆Its long economic life reinforces the reason for continuing utilization.　それらの経済寿命が長いということは, これからも引き続き使用されるという根拠を裏打ちしている. ◆The company has reinforced its formerly sparse line of IBM PC compatibles with five new systems.　その会社は, かねてより手薄だった自社のIBM PC互換商品ライン[ラインアップ]に新型5システムを投入し, 強化[充実]を図った.

**reinforced concrete** 鉄筋コンクリート ◆build a structure of reinforced concrete 鉄筋コンクリート製の構造物を造る ◆a steel-framed reinforced concrete facility 鉄骨鉄筋コンクリート造りの施設

**reinforcement** 回 補強, 強化, 応援,（軍）増強, 増援; 〜s 補強材, 強化材; 〜s（軍）援軍, 授兵, 増援[後続]部隊 ◆fiber reinforcements ファイバー補強材 ◆The reinforcements don't quite make up for the extra window.　それらの補強材は, 追加された窓の（せいで低下した強度）の完全な埋め合わせにはならない.

**re-ink** vt. 〜にインクを補充する,〈インクリボンなど〉を再生する ◆re-ink fabric ribbons again and again （プリンタの）布リボンを（インクの補充によって）何度も再生する

**reinsert** vt. 〜を再度入れる, 再挿入する ◆reinsert each wire back in its hole 各線をそれぞれ元の穴に差し込む

**reinsertion** 回 再挿入 ◆direct-current reinsertion 《TV》直流再生 = clamping, direct-current restoration]

**reinspect** vt. 〜を再検査する, 再点検する, 再検定する ◆Reworked parts and materials are reinspected.　手直しされた部品や材料は, 再検される.

**reinstall** vt. 〜をもとに戻す, 再び取り付ける, 再実装する ◆reinstall the thermostat mounting bolt そのサーモスタット

取付けボルトを元に戻す ◆To reinstall the cover, reverse the procedure.　ふたを元通り取付けるには、手順を逆にして〔ひっくり返して〕ください。◆Reinstall the ring by placing it into position and screwing in.　リングを所定の位置にあてて回してはめ、元通り取り付けてください。

**reinstate**　vt. ～を元の状態に戻す, 復旧[復元, 復帰, 回復]させる, 〈人〉を復職[復位, 復権]させる ◆reinstate the Super 301 clause　スーパー301条を復活させる ◆It lets you set defaults that are automatically reinstated when you reboot.　それにより、再起動時に自動的に復旧[初期化]されるデフォルト値を設定することができる。◆the license is suspended and is not reinstated until six months have elapsed from the date of license surrender　免許は停止され、免許返納日から起算して6カ月経過しないと復活[意figured]停止解除]されない

**reinstatement**　(a) ～元の状態に戻すこと, 復旧, 回復, 復活, 復元; (b) ～の職や地位に戻すこと, 復職, 復位, 復権, 復籍 ◆call for the reinstatement of the powerful Super 301 provisions of the 1988 Trade Act　88年包括通商・競争力法の強力なスーパー301条の復活を求める

**reinvent**　vt. ～を再発明する, 今一度創造し直す[ (最初から) 作り直す] ◆there is no need to reinvent the wheel　車輪を今さら発明する[わざわざ創造し直す]必要はない (*すでに十分使い物になる制度, 案, 技術, 商品などが存在するのに、それを再び一から考案または開発する無駄な重複は避けなさいという意)

**reinvest**　vt. ～を再投資する ◆reinvest earnings [profits] in one's company　収益[利益]を会社に再投資する

**reinvestment**　(a) ～再投資, (b) ～a reinvestment of earnings [profits] in...　～への収益[利益]の再投資

**reinvigorate**　vt. ～を再び活気あるものにする ◆reinvigorate the competitiveness of American corporations　米国企業の競争力を復活させる ◆reinvigorate the country　この国を再活性化する ◆reinvigorate the economy　経済を (再び) 活性化する ◆reinvigorate the town　この町を再び活気あるものにする[再活性化する]

**reissue**　v. 再発行する, 〈絶版本〉を再刊行[復刻]する, 〈廃盤レコードなど〉を再発[復刻]する; a ～再発行, 再刊物, 再発[復刻]盤 ◆This album would be a good candidate for reissue on CD.　このアルバムは、CDで再発[CD化]される有力候補の一つだろう。

**REIT**　(real estate investment trust) a ～不動産投資信託会社

**reiterate**　vt. ～を何回も繰り返す, (何度も) 反復する, ～を何度も繰り返して行う[言う]

**reiteration**　(a) ～繰り返し, 反復

**reject**　1　vt. ～を不良にする, はねる, はねつける, 突っぱねる, 却下する, 棄却する, 拒否する, 否認する, 否定する, 認めない, 拒絶する,《通》阻止する,《医》〈移植された臓器など〉に拒絶反応を示す ◆reject a 20-percent rate hike request from...　...から出された2割の料金値上げの請願を退ける ◆reject a suggestion　提案[提言]を却下する ◆reject ink　インクをはじく ◆scrap rejected chips　検査不合格になったICチップを廃棄する ◆accept conforming products and reject nonconforming products　 (仕様書[標準, 規格]に) 合致する製品を受け入れ[適合品を合格にし], 不適合品を (検査・試験で) 落とす[不合格にする, はねる] ◆include the result as valid or reject it　《統計》その結果を有効データとして含めるか、あるいは棄却する ◆reject an offer as grossly inadequate　申し込みをひどく[著しく, 極めて, はなはだしく]不十分であるとして断る[拒絶する] ◆reject signals outside the band　この帯域外の信号を除去[排除]する ◆it was unanimously rejected in the committee meeting　それは委員会で全会一致で否決[棄却]された ◆The Lehman inspector rejects the first lot, the supplier must take immediate corrective measures to maintain shipping schedules with supplies that meet specifications.　レーマン社の検査員が初回ロットを不合格にした場合には、部品供給メーカーは規格を満たす納入品の出荷スケジュールを守るために即刻是正措置を取らなければならない。◆Press to reject the selection.　《コンピュ》選択を無効に (したいときに押) します。 (*ボタンの説明で) (→accept 確定する) ◆The value is rejected with 90% confidence.　《統計》その値は90%の信頼度で棄却されます。◆Electronic fruit sorting equipment can be programmed to accept or reject different degrees of blemish.　電子式の選果装置は、さまざまな程度の傷の合否判定が行えるよう設定できる。

2　a ～不良品, 不合格品, (検査などで) 排除されたもの, 拒否された人 ◆a reject light　不合格表示灯

**rejection**　(a) ～拒否, 拒絶, 断り, 却下, 棄却, 不合格, 否決;《通》(不要な信号の) 阻止[除去, 排除, 消去, 減衰];《医》拒絶反応; a ～(検査/試験で) 撥ねられた[落とされた]もの, 不合格品, 廃棄物, 排出物, 排泄物 (= excrement) ◆a rejection band　《通》(フィルターなどの) 拒絶帯 (= a stop band) ◆the antirejection drug cyclosporine　拒絶反応抑制剤[免疫抑制剤]シクロスポリン ◆dampen the rejection reaction　《医》拒絶反応を抑える[抑制する] ◆reduce rejection rates　《品管》不合格率[不良率]を下げる ◆this new security device boasts a false rejection rate of .1 percent　この新しいセキュリティー装置は0.1%の本人棄却率を誇る (*指紋, 声紋, 目の虹彩などにより本人確認をするような方式の) ◆reduce line rejection rates　(生産) ラインでの排除[不合格, 不良]率を低下させる ◆the vendor is being held responsible for rejections (i.e., nonconforming parts) and quality　ベンダー[仕入先, メーカー, 製造元]は、検査不合格品 (すなわち不適合部品) と品質に対する責任が問われている ◆Is the source of supply promptly notified of rejections?　供給元[納入業者]は、(受け入れ検査の) 不合格について迅速に知らされているか ◆This filter provides excellent out-of-band rejection.　本フィルターは、優れた帯域外リジェクション[除去・阻止特性]を示します。◆This move met with [got] a strong rejection by the unions.　この措置は、組合からの強い反発[反対]に遭った。◆It is used to document receipt and acceptance/rejection of goods or services.　それは物品およびサービスの受け入れ[受領]および合格・不合格の記録を取っておくために使用される。

**rejig**　vt. 〈工場など〉を再装備する, 修繕する, 手直しする, 改装する ◆rejig [re-equip] a plant　工場を設備がえ[設備更新]する

**rejuvenate**　v. 若返らせる, 若返る, 活性化する, 元気をアップさせる[する], 復活させる, 新品同様にする[なる] ◆rejuvenate his flagging creativity　衰え気味[下り坂]の彼の創造力に活力を与える ◆an advertising campaign to rejuvenate flagging sales　だれ気味の[下降線をたどっている]販売に活を入れるための宣伝キャンペーン ◆to rejuvenate a sagging economy and create jobs　落ち込みつつある経済を再活性化し、また雇用を創出するために ◆chairman William Coleman hopes to rejuvenate the company by...-ing　ウィリアムコールマン会長は～することにより会社の若返りをはかりたいと思っている ◆children really don't need a long summer vacation to rejuvenate themselves　子供たちには、保養のための長い夏休みは本当のところ必要ない

**rejuvenation**　若返り, 活性化, 賦活 (フカツ), 元気の回復, 復活, 新品同様にすること ◆in search of economic rejuvenation　経済の若返りを狙って

**rekey**　vt. ～をキーボード[タイプ]入力し直す ◆Rekeying of information is the usual solution.　情報を (キーボード) 入力し直すというのが、通常の解決策である。◆The rekeying of information introduces fresh errors.　情報をタイプ[手]入力し直すと、新たな誤りをまねく。

**relapse**　vi. <into>逆戻りする, (悪い状態に) 再び陥る; a ～逆戻り, ぶり返し, 再転霄, 〈病気の〉再発, 再犯

**relate**　v. ～を (～と) 関係[関連, 結び]づける <to>; ～を話す, 物語る, 述べる; vi. <to>～ (～と) 関係[関連]がある, (～と) かかわる, (～と) 心が通じる, 仲がうまくいく ◆the service charge is not related to distance　このサービスの料金は距離に応じたものではない (*通信サービスの話) ◆a chart which relates color to pH　色とpHの関連を示す[を対応させた]図表 ◆I am not related to the declarant by blood, marriage or adoption.　私は、宣言書の署名者とは、血縁、婚姻、または

養子縁組によるつながり[関係]はありません. ◆As people move up the ladder, what becomes important is not so much their technical skills but how they relate to others. So, interpersonal abilities take on far more importance. 出世するにつれて, 技術面での能力はさほど大事ではなくなり, 他人との関係の持ち方[対人関係]が重要になってくる. だから人間関係をうまく保つ能力の方がはるかに大切になるのである.

**related** adj. 関係のある, 関連した, まつわる, 随伴した; 親類の, 血縁の, 同族の, 縁続きの ◆a related report 関連報告書 ◆a related term 関連語[同義語](*電子シソーラスなどで) ◆alcohol-related driving offenses 飲酒にまつわる交通違反 ◆topics related to industrial robots 工業ロボットに関連した話題 ◆humans are most closely related to chimpanzees, judging from comparisons of anatomy and genetics 解剖学的および遺伝学的な比較から判断して, 人間がチンパンジーに最もつながりが近い ◆three separate (though related) aspects of car care 車の手入れについての3つの独立した(だが関連はある)側面 ◆update several related files or records at the same time いくつかの関連したファイルあるいはレコードを同時に更新する

**relation** (a)~ 関係, 関連, つながり, 間柄, 縁(エン, エニシ), 血縁, 縁故 ◆improve relations with... ~との関係を改善する ◆the Investor Relations office (企業の)投資家・株主向け広報室 ◆Powertek's investor relations department パワーテック社の株主・投資家向け広報部門 ◆a leap forward for trade relations 通商関係にとっての飛躍的な前進[目ざましい進展] ◆there is no relation between A and B AとBの間には関連[関係]はない ◆They went through a period of strained relations. 彼らは一時期ぎくしゃく[緊張, 緊迫]した関係にあった. ◆Guide pins maintain the proper relation between these members. ガイドピンは, これら部材間の適正な位置関係を維持する

**in relation to** ~に対して, ~について, ~に関して, ~と関連して, ~と連係して, ~との相関から, ~とのからみで ◆think of [consider] this in relation to... これを~とのからみで[関連]考える ◆accurately place objects in relation to one another 物体を相互の位置関係を保って正確に置く ◆be narrow in relation to its height; be narrow relative to its height 高さに対して[に比べて, の割りに]幅が狭い ◆consider the problem in relation to everything else その問題を他の諸々の事情との関連を含めて考える ◆analyze how they move in relation to each other それらが, 相互に[関連して]どのように動くかを解析する ◆our overall deficit is miniscule in relation to our total economy 我々の赤字は全体的に見た我々の経済と比べたら取るに足らない ◆the U.S. dollar has been declining in value in relation to the German mark 米ドルがドイツマルクに対して下落してきている ◆The rear wheels turn in relation to the front. 後輪は前輪と連係して回転する.

**relational** adj. 関係のある, 関係を示す ◆a relational database 《コンピュ》リレーショナルデータベース

**relationship** (a)~ 関係のある, 関連, 結び付き, 人間関係, 縁(エン, エニシ); 回関連性, 間柄, 親戚関係 ◆a volume-temperature relationship 体積と温度の関係 ◆deepen one's relationships with... ~との関係を深める ◆establish [promote] a favorable relationship with... ~との好ましい関係を樹立する[発展させる] ◆the relationship between workers and employers 労使関係 ◆a cause-and-effect relationship between A and B AとBの因果関係 ◆the very close relationship between CD and CD-ROM CDとCD-ROMの非常に深いかかわり ◆the switch-to-bit relationship for the address selection switches 《コンピュ》アドレス選択スイッチの各スイッチとビットの関係[対応] ◆a relationship of competition between capitalism and socialism 資本主義と社会主義の間の競争関係 ◆As our relationship with Sun has intensified over the past 18 months, ... 我が社のSun社との関係がここ18カ月にわたり強化した[密接になった, 緊密化した]ので ◆Femex and Nanotronics have formed a joint development relationship to build... フェメクス社とナノトロニクス社が, ~を構築するための共同開発

関係を結んだ. ◆Verbal communication in the office plays an essential role in maintaining social relationships with co-workers. オフィスにおける口頭での意思の疎通[職場での対話]は, 同僚との人間関係を保つのに重要な役割を果たしている.

**relative** adj. <to> (~に)相対的な, (~を基準として)相対的に, 比較の, 比の, 相関的な, 関係ある, 関係した; a~ 親戚の人[身内の者], 《文法》関係詞[関係代名詞] ◆relative to... 〈位置, 値などが〉~を基準として; ~に比べて[対して]; ~に相関して ◆relative luminosity [visibility] 比視感度 ◆a relative luminosity curve; a relative spectral sensitivity curve; a spectral luminous efficiency curve 比視感度曲線 ◆(a) relative velocity [humidity] (順に)相対速度[湿度] ◆achieve relative success 比較的(割合, まずまずの, 一応の)成功[成果]を収める ◆with relative ease 比較的容易に[たやすく, 楽に, 簡単に] ◆the velocity of the aircraft relative to the Earth's surface 航空機の地表に対する速度[対地速度] ◆measure the relative phase shifts between the two beams 2本の光束の間の相対位相偏移を測定する ◆small displacements relative to the wavelength of sound 音の波長に対して[比べて]小さい変位 ◆The average life expectancy before a software application is removed and discarded is relative to its overall size. アプリケーションソフトが(システムから)取り外され廃棄されるまでの平均寿命は, そのソフト全体の大きさと相関関係がある.

**relative humidity** (a)~ 相対湿度 ◆at 35% relative humidity 相対湿度35%で ◆a relative humidity of 60 percent 60パーセントの相対湿度 ◆the relative humidity of the environment [atmosphere] 環境[大気]の相対湿度 ◆maintain a constant relative humidity 相対湿度を一定に維持する ◆relative humidities of above 60% 60%を上回る相対湿度

**relatively** adv. 相対的に, 比較的, 割合, 割に[と], 比べれば, かなり, 結構, (~に)比例して <to> ◆a relatively short length of tape 割合[割に, 比較的]短いテープ1本 ◆at relatively high temperatures 比較的高温で ◆Thermal paper is relatively expensive. 感熱紙は割高である.

**relax** vt. ~を緩める, ~を緩和する, ~から力を抜く, ~の緊張をほぐす, リラックスさせる, ~を弛緩(シカン)する, ~を楽にする, ~をくつろがせる; vi. くつろぐ, リラックスする, 緩む, 和らぐ, 〈規制などが〉緩和される[ゆるやかになる] ◆discipline becomes relaxed 規律がゆるむ[たるんで, 乱れて]くる(*~harsh, punitive など) ◆relax restrictions on... ~に課せられていた規制を緩和する ◆Drive relaxed. リラックスして[堅くならないで]運転すること. (*運転の練習で) ◆relax the confidence level to 90% 信頼度を90%に緩める[落とす] ◆decide which requirement to relax どの必要条件[要求基準]を緩くするかを決める; どの条件について妥協するかを決める

**relaxant** adj. 《医》弛緩させる, 弛緩性の; a~ 弛緩剤 ◆a muscle relaxant (drug) 筋肉弛緩剤, 筋弛緩剤

**relaxation** 回緩和, 弛緩, 軽減, くつろぎ, 気晴らし, リラクセーション(▶日本では「リラグゼーション」「リラクゼーション」とも表記される); (a)~ (気晴らしになることや活動)娯楽, 遊び, レクリエーション ◆take advantage of a relaxation of restrictions 規制緩和の機会をうまくとらえて利用する ◆a relaxation of export controls on 43 of the 120 types of restricted products 120種にのぼる規制対象品目の内43種に対する輸出規制の緩和

**relaxed** adj. リラックスした, くつろいだ, ゆったりした, 気を楽にした, 肩の力を抜いた, 気の張らない, 気の置けない; 弛緩(シカン)した, ゆるんだ, たるんだ, 締まりのない, ゆるい, 厳しくない ◆it puts you in a relaxed state of mind それは, あなたをくつろいだ[ゆったりした, のんびりした]気分にさせてくれる ◆spend about 30 minutes a day in a relaxed state 1日当たり30分ほどリラックスした[緊張をほぐした]状態で過ごす

**relay** 1 a~ リレー, 継電器, 中継, 中継ぎ, 中継器, 交替要員, リレー競争, 駅伝の一区間, 継ぎ馬 ◆a relay station 中継局, 中継所(=a repeater station) ◆(a) relay release time リレー復旧[解放, 開放]時間(*「解放」が一般的な訳語らしいが, 接

点が開くことから「開放」を使っているメーカーもあるようである）◆a relay broadcast command　中継同報コマンド（＊ファックスなどの）◆work in relays　交替で働く◆a relay operates [functions]; a relay is activated [tripped]　リレー［継電器］が動作［作動］する（＊リレーはもともと外部から電気をもらって動く構造だから、原文に受身形で訳す必要はない）◆It has been broadcast nationally by relay.　それは全国に中継放送された．

2　vt.　〜を中継する，中継ぎする，取り次ぐ；〜と交替する　◆satellite-relayed　衛星中継の

**release**　1　vt. 解放［解除，放出，放流］する，放す［はずす，ゆるめる］，（初）公開［発売，公表］する，新発売する，《仏教》放生（ホウジョウ）する（＊捕らえた鳥や魚を放ち逃がすこと）◆release... into the atmosphere　〜を大気中に放出する　◆released drawings　発行済み図面　◆release one's vehicle to...　車両を〈人〉に譲渡する　◆release secret information　機密情報を公開［発表］する　◆release the lock　ロックを解除する　◆release the trigger switch　引金式スイッチ［から指］を放す　◆release water　水を放流する　◆to release pent-up aggression　鬱憤（ウッセキ）した攻撃性を解放するために；ガス抜きをするために　◆a circuit-released acknowledgment signal　《電話》回線解放応答信号　◆hydrocarbons and nitrogen oxides released from...　〜から放出される炭化水素や窒素酸化物　◆release [free] the memory block　《コンピュ》そのメモリーブロックを解放する　◆trade figures released in Tokyo last week　東京で先週公表された貿易統計　◆release those companies from the need to obtain government permission　それらの企業に，政府許可取得の必要を免除する　◆the relay will release to its deenergized position　継電器は，非励磁位置に解放［釈放］される（＊release は自動詞で用いられている）　◆The manufacturer released prices for them.　メーカーはそれらの（製品の）価格を発表した．　◆The shutter won't release until the lens is focused.　シャッターは，レンズのピントが合うまで下りない［切れない］（ようになっている）．　◆VDE 3.0 is scheduled [slated] to be released in the spring of 2001.　VDE 3.0は，2001年春にリリース［発売］の予定です．　◆This is a reissue of an album originally released on the Dome label in 1980.　これは，1980年にDomeレーベルからリリースされたオリジナルアルバムの再発（版）［盤］である．

2　（a）〜解放，釈放，放免，公開，公表，免除，（リレーなどの）継走，解錠，復旧，放出，逃がし；（b）〜ゆるめ装置［レリーズ］，発売［公開］（されたもの）；（a）〜免除，譲渡　◆an undercurrent [undervoltage] release　不足電流［電圧］引き外し装置　◆（a）relay release time　《電気》リレー復旧『解放』時間　◆a release mechanism　解除［引きはずし，トリッピング］機構（＝a tripping mechanism）　◆a shutter release button　《カメラ》シャッターボタン［シャッターレリーズ］　◆Lotus 1-2-3 release 1.0　Lotus 1-2-3のリリース1.0　◆a lens release button　（一眼レフカメラの）レンズ取り外し［レンズ交換］ボタン　◆a controlled-release drug　（薬効成分の）放出が制御されるようにつくられている薬　◆a time-release [slow-release, extended-release, controlled-release, sustained-release] drug　徐放薬；徐放剤　◆a delayed release after power failure　停電後の遅延釈放（＊工場の電力設備などで使用されている保護リレーシステムの遮断特性）　◆a quick-release valve　急速放出［逃がし，排出，排気］弁　◆at the last button release　最後にボタンを放した時点で［の］　◆prior to release for production use　生産での使用に供する［回す］前に　◆reduce releases of toxic chemicals　有毒化学物質の放出を削減する　◆their expected dates of release from prison　彼らの釈放予定日（＊datesと複数形なのは，それぞれ出獄日が異なるため）　◆the release of new information about pollution　大気汚染に関する新たな情報の発表　◆the release of pressure from...　〜からの圧力抜き　◆use（a）slow-release fertilizer　緩効性［遅効性，長効性］肥料を使う　◆touch the release button　レリーズ［シャッター］ボタンに触れる（＊AFカメラでのシャッター半押しのこと）　◆due for release in late September　9月下旬に発売の予定　◆major changes to File System for release 4　（コンピュソフト）File Systemにリリース4で加えられた主な変

更　◆on release of the mouse switch　マウスのスイッチを放すと　◆send a new product release to New Products Editor　新製品のリリース［発表案］を新製品紹介編集係に送る　◆slated for release before year's end　年末まで［年内］に発売の予定で　◆the number of button releases　ボタンを放した回数　◆the release of chlorofluorocarbons into the atmosphere　フロンの大気中への放出　◆view training camp fights as a good thing, a release of tension and pent-up frustrations　強化合宿でのけんかを好ましいこと，つまり緊張や鬱積（ウッセキ）した不満のはけ口［ガス抜き］と見る　◆when the hand brake lever is in the release position　手動ブレーキレバーが解除位置に入っている時に　◆Work on new releases continues at a high pitch.　新製品発売に向けての作業は，急ピッチで続いている．　◆The product might still be as much as a year away from release.　その製品が発売されるまでには，まだ1年もかかるかもしれない．　◆Release dates for the new storage systems are November of this year for the FX0012 and January 2001 for the FX0013.　新型記憶装置の発売日は，FX0012が今年11月，FX0013が2001年1月となっている．

**relegate**　vt. <to> 〜を（より低い地位，待遇の悪い場所に）追いやる［退ける，左遷する，飛ばす，追放する，遣る（ヤル），格下げする］；〜を（〜に）委ねる［任せる，委託する，移管する，付託する］，〜を（〜に）分類する　◆relegate manufacturing to robots　生産をロボットに委託する　◆because we've relegated food production to third-world countries　私たちは食糧の生産を第三世界国家に委託してしまったので　◆by placing frequently used files on the internal hard disk and relegating less needed information to the external hard disk　よく使うファイルを内蔵のハードディスクに入れておき，それほど必要のない情報は外付けのハードディスクに追い出す［入れる］ことにより

**relentless**　adj. 情け容赦のない，無情の，激しさの度合いが緩まない，手緩い，手加減のない，絶え間ない，執ような，飽くなき　◆his relentless pursuit of...　〜を追い求めての彼の飽くなき追求　◆a relentless search for new technologies　新技術への飽くなき探求　◆his relentless drive against corruption　汚職撲滅へ向けての彼の執ような［情け容赦しない］取り組み　◆The expansion of air travel will continue relentlessly.　飛行機旅行は，絶え間なく拡大し続けるであろう．　◆The miniaturization trend in portable products is relentless.　《意訳》携帯型製品の小型化への流れは，衰える様子を見せない［とどまるところを知らない］．

**relevance**　Ⓤ関連性，適切さ，妥当性　◆a relevance ratio　《コンピュ》適合率　◆His research bears some relevance to the discussions under way at the meeting.　彼の研究は，この会議で審議中の検討事項に若干関連している．

**relevant**　adj. 関連した，関係のある，適切な，該当する，妥当な　◆exceed relevant speed limits　適用される制限速度をオーバーする　◆material relevant to those who must design robot systems　ロボットシステムを設計しなければならない人たちのための関連［関係］資料

**reliability**　Ⓤ信頼性，信頼度，確実性　◆with reliability　確実に　◆secure [ensure, assure, insure] reliability　信頼性を確保［保証］する　◆an air carrier's Reliability Control Department　航空会社の信頼性管理部　◆be designed for (high [maximum]) reliability　（高い［できるだけ高い］）信頼性が確保できるよう設計されている　◆high-reliability parts; components of high reliability　信頼性の高い部品；高信頼部品　◆operate with a high degree of reliability　高い信頼性で働く　◆have a proven track record of reliability　〜には，信頼性の高さを実証済みの製品の実績がある　◆the products have proven their reliability　これらの製品は信頼性があることを証明した［あることが実証済みだ］　◆to maintain the safety and reliability of our nuclear (weapon [weapons]) stockpile　我が国の核兵器貯蔵の安全性と信頼性を維持［確保］するために（＊日本のことではない）　◆IBM microcomputers are consistently rated as being among those of highest reliability　IBMのマイクロコンピュータは，いつも変わることなく信頼性が最も高い類に入るとの評価が出ている　◆Improvements were made to increase the reliability of... ～の信頼性向上のために改良・改善が行われた.

**reliable** adj. 信頼できる,信じて頼れる,当てにできる,確実な,手堅い ◆a reliable supplier 信頼のおけるサプライヤー ◆efficient, reliable data transport 効率的かつ信頼性の高いデータ伝送 ◆a reliable backup system 高信頼性バックアップシステム ◆a reliable method of...-ing ～する確実な方法 ◆make... more reliable ～の信頼性を更に高める ◆the most reliable brand 最も間違いのないブランド ◆the system is fairly reliable 本システムはかなり信頼性が高い ◆the unit proved reliable このユニットは信頼性があることが実証された[わかった] ◆information obtained by... from sources believed to be reliable ～が信頼すべき筋から得た情報 ◆The product is extremely reliable with a field-proven track record. 本製品は,現場[実地]での〈稼働・実動・使用〉実績に裏打ちされた極めて信頼性の高いものだ. ◆This translates into higher speeds and more reliable connections. このことは,高速化およびより信頼性の高い接続[《意訳》接続の高信頼化]につながる.

**reliably** adv. 確実に,頼もしく ◆to download large files faster and more reliably 大きなファイルをもっと速くより確実にダウンロードするために ◆read the bar codes reliably regardless of how the item is oriented 品物がどんな向きになっていようとも確実にバーコードを読む

**reliance** n. 信頼,信用,頼る[依存する]こと,(物質的な)依存; a ～ よりどころ,頼れるもの ◆great reliance is still placed upon... 依然として～に大いに頼っている ◆reliance on supplies from... ～から供給[補給]される物資への依存

**reliant** adj. 依存して,当てにして,頼みにして,信頼[信用]して ◆Of all nations, the United States is the most reliant on fossil fuels. 世界中の国のうちで,米国が最も[一番]化石燃料に依存している. ◆The company has become increasingly reliant on foreign subsidiaries for supplies of everything from parts to design ideas. この会社は,パーツから設計アイデアまでありとあらゆる物の供給を海外の子会社にますます依存するようになってきた.

**relic** a ～ 遺族,遺骨,遺跡,遺骨,遺物,残存物,なごり ◆pray under the vaulted ceiling of the old church, a relic from the days of the czars (ロシアの)皇帝時代からの残存物である[から残っている]古い協会の丸天井の下で祈る ◆The Washington Redskins' name and logo may become relics of the past if... もし～なら,ワシントンレッドスキンズの名称とロゴは,過去の遺物になりかねない. ◆In the era of the word processor, fountain pens seem like relics. ワープロの時代にあっては,万年筆は過去の遺物のごとくに思われる.

**relief** 1 (a) ～ (苦痛などの)緩和[軽減,除去],息抜き; the ～ <of> (都市などの敵の支配からの)解放; 回救援,救助,救援(キュウジュツ),救援物資,救済金,義援金; [回法的救済(措置); a ～ 交替の人,交替の一団の人々 ◆a relief convoy 救援物資輸送隊 ◆a sense of relief 安堵感,安堵の気持ち ◆stress relief ストレスの緩和[《材料》応力除去(処理)] ◆a relief hole 割れ止め孔 ◆a vacuum relief valve 負圧調整弁 ◆apply for a relief loan at a bank 銀行につなぎ[救済]融資の申し込みをする ◆breathe a sigh of relief 安堵(アンド)のため息[のほっと]ため息をつく ◆distribute relief in a stricken area 被災地で救援物資を配る ◆earthquake relief money 地震の救援金[救済金,義援金] ◆humanitarian relief supplies 人道的援助物資 ◆she breathed a sigh of deep relief 彼女は深い安堵のため息をついた ◆the relief of pain 痛みの除去 ◆with a huge sigh of relief 大きな安堵のため息をついて; 大いに安堵の胸をなでおろして ◆either a burst disc or spring-loaded relief valve ディスク破裂式またはバネ式のリリーフ弁[逃がし弁,安全弁] ◆to provide relief from traffic congestion 交通渋滞を緩和するために ◆send emergency relief for earthquake victims 地震の被災者に救援物資を送る ◆Authorized Apple dealers are breathing a sigh of relief at that news. アップルの正規販売店は,そのお知らせを聞いてほっとしている.

2 (a) ～ 際立っていること,対照,浮き彫り[浮き出し,浮き上がり],(地形の)起伏; a ～ 浮き彫り彫刻作品 ◆bring [throw, put]... into sharp relief; highlight... in bold relief ～を浮き彫りにする ◆emerge [appear] in sharp relief; fall into sharp relief ～が浮き彫りになる ◆a relief map 起伏地図[立体模型地図] ◆a relief(-printing) technique 凸版印刷法 ◆relief sculptures 浮彫の彫り物 ◆to make... stand out in sharp [bold] relief ～を浮き彫りにするために ◆ornaments carved in shallow relief 彫りの浅い浮彫彫刻が施されている飾り物

**relieve** vt. ～を軽減する,緩和する,除去する,解放する,解除する,交替させる,救う,救済する,救恤(キュウジュツ)する,(場所)から敵を駆逐する,〈人〉から〈～を〉くすねる <of>,〈人〉を(職務などから)解任する[解放する] <of> ◆relieve mechanical strain 機械的な歪みを逃がす ◆relieve the congestion of traffic 交通渋滞を緩和する ◆relieve a person of his obligation to <do> 人の～する義務を免じる ◆relieve the programmer of an enormous amount of work 膨大な量の仕事からプログラマを解放する ◆It relieves the computer of the requirement of...(ing) これによって,コンピュータは～する必要が無くなる.

**religion** 回宗教,信心,信仰(生活); a ～ 宗派,信仰団体,-教; a ～ 信条,主義,生き甲斐 ◆fight for the freedom of religion 宗教[信仰]の自由のために闘う ◆she entered religion and became a nun 彼女は信仰の道に入って[入信して]尼僧[修道女]になった ◆Soccer is a religion for me. サッカーは僕の心の支え[生きがい]です.

**religious** adj. 宗教の,宗教上の,宗教的な,信仰上の; 信心深い,敬虔(ケイケン)な; 熱心な(=zealous),強烈な(=fervent); 良心的な,几帳面な,きちんとした,厳正な,細心の,用心深い; 教団の,修道院の ◆deepen one's religious faith 信仰を深める ◆a religious ceremony 宗教(上の)儀式 ◆religious freedom 宗教[信仰]の自由 ◆a Christian religious sect キリスト教の宗派 ◆join a religious group to become a monk [nun] 僧侶[尼僧,修道女]になるために,ある宗教団体に加わる[入信する] ◆Many religious organizations are better off financially than their followers. 多くの宗教団体は信者達よりも金回りがいい. ◆The word "Taliban" means religious students in Pashto, the language of Afghanistan's largest ethnic group. 「タリバーン」という単語は,アフガニスタン最大の民族集団[人種]の言語であるパシュトゥン語で「神学生」を意味する.

**relinquish** vt. ～を放棄する,手放す,明け渡す,譲渡する,〈計画など〉を断念する,～を放す ◆relinquish the shared bus 《コンピュ》〈バスアービタ,プロセッサなどが〉その共用バスを明け渡す[解放]する

**relish** n. (単のみ)味わい,風味,趣,賞味,好み; (a) ～ 薬味; (a) ～ 前菜,つけ合わせ,オードブル, a ～ <of> 少量; vt. ～を味わう,～を楽しむ,享受する; vi. ～の味がする ◆eat... with great relish ～を楽しみながらおいしく食べる[心ゆくまで]味わう,賞味する,堪能する ◆relish a full-course meal フルコースの食事を楽しむ[心ゆくまで]味わう,賞味する,堪能する ◆relish the fruits of success 成功の果実を味わう[成果を享受する] ◆talk about sex with relish セックスの話を喜んで[嬉しそうに,面白がって]する ◆he began to relish his new role as househusband 彼は主夫としての新しい役割を楽しむようになってきた ◆can take relish in performing tasks that others find tedious or boring 他の人がうんざりするとかつまらなくて退屈だと感じる作業を楽しんでやれる ◆The choir is relishing the success of their first album in six years. この合唱団は,6年振りに出したアルバムの成功を味わって[《意訳》成功に酔いしれて]いる. ◆Fresh raw vegetable relishes are a traditional part of the American table and an important element in Californian cooking too. 新鮮な生野菜のつけ合わせは,米国の食卓の伝統的な部分であり,カリフォルニア料理の重要な要素でもある.

**relocatable** adj. 移設[移動]可能な,再配置可能な ◆a relocatable structure 移設[移動]可能な[建造物]可動構造物

**relocate** vt. ～を再配置する,配置し直す,～を新しい場所に移す[移動する,移設する,移転させる]; vi. 新しい場所に

移る[移動する, 引っ越す, 移り住む]◆relocate convenience outlets (壁の)電源コンセントの場所を移す; 電源差し込み口を移動させる◆relocate the US Marine Corps Futenma Air Station to the city of Nago 米海兵隊普天間飛行場を名護市に移設する◆the company has announced plans to relocate its European headquarters from Belgium to the UK 同社はヨーロッパ本部をベルギーから連合王国[英国]に移転する計画[考え]であると発表した.◆The company will relocate production of its... to plants in Vineland, N.J., and Aurora, Ill. 同社は, 自社の…の生産をニュージャージー州バインランドとイリノイ州オーロラにある工場に移転する計画である[移す予定]である.

**relocation** (*a*) 〜 新しい場所に移すこと, 移転, 移設, 移転, 疎開; (*b*) 〜 配置し直すこと, 再配置, 配置転換 ◆a relocation destination 移転先 ◆a relocation firm 引っ越し会社 ◆fence relocation フェンスの移設 ◆plant relocations (複数件の)工場移転 ◆relocation costs [expenses] 移転費用; 引っ越しの費用 ◆be scheduled for relocation to... 〜に移転の予定となっている ◆a firm specializing in corporate relocation overseas 企業の海外移転を(手助けすることを)専門にしている会社 ◆job losses due to the relocation of production to Mexico メキシコへの生産の移転[移行, 移管]による失職[雇用の喪失] ◆the relocation of the state capital from Portsmouth to Concord ポーツマスからコンコードへの州都の移転[遷都] ◆Japanese-American relocation during World War II 第二次世界大戦中の日系アメリカ人の強制収容所送致[抑留地送り] ◆reduce labor costs through plant relocation 工場移転により人件費を軽減させる ◆the relocation of 110,000 Japanese-Americans during World War II 第二次大戦中の日系アメリカ人11万人の強制移動 ◆the program involved forced relocations of villages この計画は村落の強制移転を伴った ◆Ottawa is another possible relocation site. オタワが, 別の移転先候補地としてあがっている.

**relubrication** 再潤滑, 再注油, 再給油 ◆periodic relubrication 定期的な再注油

**reluctance** (*a*) 〜が進まないこと, 気乗り薄, 嫌気, 不本意, レラクタンス, 磁気抵抗 ◆with reluctance いやいやながら, しぶしぶ, 不承不承(フショウブショウ), 不本意ながら ◆magnetic reluctance 磁気抵抗 ◆reluctance to try new things 新しいことをやってみるのをいやがること; 新しいこと[への挑戦]に尻込みすること ◆indicating a reluctance on the part of consumers to spend money 《(訳)》消費者側における財布の紐の固さ[消費者マインドの冷え込み]を表している ◆there is usually a strong reluctance to move away from the status quo 現状から抜け出すことに対しては常に強い抵抗があるものだ ◆We are taking this action with great reluctance. 我が社は, 不承不承[しぶしぶ, まことに不本意ながら, (意訳)やむを得ず, やむなく, しかたなく]この措置を取っているのです.

**reluctant** *adj*. 気が進まない, 気乗りしない, いやいやながらの, しぶしぶの, 不承不承(フショウブショウ)の, 不本意の; (〜するのを)いとう[いやがる][<to do>] ◆they are reluctant to talk about it 彼らはそのことについて話したがらない ◆they are growing reluctant to buy equipment from a company they increasingly see as a future competitor これらの企業は, 将来自分らの競争相手になるだろうと見ている会社から機器を購入することを渋るようになってきている ◆I was reluctant to take the job because I wanted to be a producer. 私はプロデューサーになりたかったので, この仕事に就くのは気が進まなかった[気乗りしなかった].

**reluctantly** *adv*. いやいやながら, しぶしぶ, 不承不承(フショウブショウ), から, 不承不承(フショウブショウ)から ◆reluctantly agree 不承不承同意する ◆He acknowledged it, albeit reluctantly. 彼は, しぶしぶそのことを認めた.

**rely** *vi*. <on, upon> (〜を)頼りにする[当てにする, 信頼する, 信用する], (〜に)依拠する ◆rely heavily [solely, entirely, totally] on... 〜に大きく[《順に》ひとえに, すっかり, 全面的に]頼る[依拠する] ◆rely increasingly on imports ますます輸入に頼る ◆without relying on professionals for assistance 専門家の援助[助け]を当てにせずに

**REM** (rapid eye movement) 〔レム〕, 急速眼球運動; (REMark)《コンピュ》(*バッチファイルやプログラムの中で, 行頭に使用してその行が注釈行であることを示す印)

**remain** 1 *vi*. 居残る, あとに残る, 残る, とどまる, 残留する, 存続する, 居座る, 生き残る; 残っている; 〜のままであり, 依然として[相変わらず, まだ]〜である[〜でいる, 〜で推移する, 〜している]; ((〜 to be done の形で)〈事が〉これから〜されなければならない[まだ〜されないでいる] ◆a remaining quantity [amount] 残量 ◆one's remaining years; the remaining years of one's life 余命[余生] ◆a remaining-time counter 《AV》残り時間カウンタ ◆a tape remaining indicator 《AV》テープ残量インジケータ ◆free most remaining hostages 残りの大部分の人質を解放する ◆If the light remains turned on,... ランプがついたままの状態[点灯しっぱなし]になった場合,... ◆much remains to be done 多くの成すべきことが残っている; なすべきことはまだたくさんある ◆pay the remaining amount 残額[残金]を支払う ◆the amount of charge remaining (帯電物の)残電荷 ◆the amount of... remaining 〜の残量 ◆the light stays [remains] on ライトが点灯したままになっている; ランプが点灯し続ける ◆the amount of remaining battery time バッテリの残り使用時間 ◆the remaining time on the disc 《AV》ディスクの残り(再生)時間 ◆the sole remaining major U.S. manufacturer of color TVs 米国で生き残っている唯一の大手カラーテレビメーカー ◆there still remains only one good book on... 《意訳》〜に関する唯一の良書が依然として残っている(*絶版にならずに生き延びて存在している) ◆extract nearly all of the remaining heat from the system 装置から余熱をほぼ完全に取り出す ◆indicate approximately how much battery time remains 電池の残り時間があとおよそどのくらいあるのか表示する ◆It will remain in production. それの生産は続行される. ◆people want to remain healthy 人々は常に健康でありたいと望んでいる ◆remain at the scene of an accident 事故現場にとどまる ◆remain faithful to the existing customer base 既存の顧客基盤に忠実であり続ける ◆resolve most of the remaining issues 残りの[残っている]問題の大方を解決する ◆the time remaining for raising capital was growing shorter 資本を調達するための時間は, 残り少なくなっていた ◆the yen remains weak relative to the dollar 円はドルに対して弱い状態で推移している ◆eliminate the last remaining drawback to inkjet printing インクジェット印字法の最後まで残っていた欠点をなくす ◆The company's rating has remained at A-minus since May 1993. この企業の格付けは1993年5月以来Aマイナスにとどまっている. ◆The output remains about the same. 出力は, ほとんど変わらない. ◆It remains conceivable that the government is shielding some significant secret. 政府がなんらかの重大な秘密を隠ぺいしているということは依然として考えられる. ◆The time remaining until the 1992 launch of a European Community is growing short. 1992年の欧州共同体のスタートまでに残されている時間は, 少なくなってきている. ◆It must remain there for a sufficient period of time to permit it to exert its effects それが効き目を発揮できるためには, 十分長い間そこにとどまっている必要がある. ◆The Air Force called off the launch of a Titan 4 rocket yesterday with 5 minutes remaining in the countdown. 空軍は昨日, タイタン4号ロケットの打ち上げを, 秒読み段階であと5分を残して[5分前の秒読み段階で]中止した.

2 the 〜*s* <of> (〜の)残った物, 遺跡, 遺構, 遺物, (食事の)残り物; 〜*s* 死骸, 遺物, なきがら, 遺骨; 〜*s* 遺稿 ◆the bodies [remains] of war dead 戦死者[戦没者]の遺体 ◆the remains of four unknown servicemen 4柱の無名軍人の遺骨 ◆the remains of microscopic organisms 肉眼では観測できない極めて小さな生物の遺物 ◆excavate the remains of an ancient city 古代都市の遺跡[遺構]を発掘する

**remainder** the 〜 <of> (〜の)残り, 残りの人々[物], 他の人たち[物], 残余; a 〜 《数》余り, 剰余, 残り; 〜*s* (売れ残り

の廉価販売本)ぞっき本 ◆(Remainder of page intentionally left blank.) (以下余白)(*The remainder of this page is intentionally left blank.を省略したもの) ◆the remainder are classified as "others" そのほかは[それ以外]は「その他」に分類される ◆the remainder of the current fiscal year 今年度の残り期間 ◆the remainder of the receive circuitry 受信回路の残りの部分 ◆the remainder of the installation procedure 以降の[残りの]取り付け手順 ◆The remainder of this chapter provides information on... 本章ではこれより[(意訳)次に, ここでは], ～について説明する

**remaining** adj 残った, 残りの → remain
**remake** vt. ～を作り直す, 改作[改造]する,〈旧作〉を焼き直しする, ～を再映画化する; a～ 原作を下敷きにして改めて作った作品[リメーク作品, 焼き直し版, 翻案, 改作, 再映画化作品] ◆a remake of a 1968 pop hit 1968年のポピュラー音楽ヒット曲の焼き直し版
**remand** vt. ～を再拘留(サイコウリュウ)する,〈事件〉を(更なる審理のために)より下位の裁判所に差し戻す; [[ 再拘留 ◆the case is remanded to the Court of Appeals for further consideration 本件は, 更なる審理のために控訴裁判所に差し戻されている
**remanence** 《磁気学》残留磁気(residual magnetism, retentivity) ◆magnetic remanence in... ～の残留磁気
**remanufacture** vt. (使い古した工業製品)を作り直す, ～を再生[更生]する ◆a remanufactured engine 再生品のエンジン(*中古エンジンを新品更生したもの)
**remark** 1 a～ コメント, 意見, 見解, 所見, 発言, 言葉, 寸評, 批評; (a) ～ 注目[認知, 観察], 論評[言及]; ～s 摘要, 備考, 注, 注釈, 特記事項, 記事(*表の欄の見出しで) ◆make a remark about [upon, on]... ～について見解を述べる ◆have a few remarks to make about... ～について2～3述べることがある ◆his abrasive remarks 神経を逆なでするような彼の発言 ◆supplemental remarks 補足説明, 見書き(ナオガキ) ◆there is nothing worthy of remark 注目[特筆]に値することは何もない ◆See remarks 備考[摘要, 特記]欄を見よ(*表で用いられる表現) ◆be worthy of special remark 特に注目に値する; 特筆に値する ◆He retracted his remarks [words, statement]. 彼は発言を撤回した[取り消した]. ◆it's not even worthy of remark それは取り立てて言うほどのことでもない ◆Some vacancy announcements may include special remarks, providing additional information for the job candidate, such as... 一部の求人広告では, 特記事項として応募者に対する～などの追加情報が述べられています.
2 vt. ～を(意見として)述べる[言う, 発言する], ～に気付く; vi. 見解[感想]を述べる, 一言する, 気付く ◆He remarked that... ～であると彼は見解[意見]を述べた ◆Then he remarked on [upon] the fine weather, and said... そして彼は, 天気がいいことを口[話題]にしてから, ～と言った.
**remark out** 《コンピュ》〈行, 命令文〉にコメント[注釈]記号をつけて無効にする, ～をコメント行[文]にする(= comment out)(*一時的に不要な命令を, 後で簡単に復活させられるよう削除せずに注釈扱いにすること) ◆remark out (REM) the lines for the driver in AUTOEXEC.BAT and CONFIG.SYS 《コンピュ》AUTOEXEC.BATおよびCONFIG.SYS内での, そのドライバに関する行を(無効になるように, REMを付けて)注釈[コメント]行にする
**remarkable** adj. 注目に値する, 注目[特筆]すべき, 顕著な, 著しい, 際立った, 出色の, すばらしい ◆the remarkable progress of RISC processors RISCプロセッサの目覚ましい進歩 ◆remarkable strength 著しい強度 ◆show remarkable growth 著しい[顕著な]成長[伸び, 伸張, 伸長]を見せる ◆the remarkable proliferation of computers and information technology コンピュータと情報技術[IT]の目覚ましい普及 ◆Its design is remarkable for simplicity and performance. その設計は驚くほど簡潔で性能が良い. ◆The industry has made remarkable progress in the past year. この業界は, この1年の間に目覚ましい進歩を遂げた. ◆The chariots underwent technological innovations of remarkable nature when the horse eventually replaced the onager. 戦闘馬車は, オナジャー(*西南アジア産野生ロバ)が馬に取って代わられた時, 目覚ましい[(意訳)画期的な]技術革新を受けた. ◆The semiconductor industry has seen a remarkable miniaturization trend, driven by many scientific and technological innovations. 半導体業界では, 科学技術面での革新を原動力とする驚異的な小型化への流れがあった.

**remarkably** adv. 著しく, 目立って, 非常に, とても, めきめき, めっきり,《文全体を修飾して》驚く(珍しい, 注目すべき)ことには ◆remarkably cheaply priced leather jackets, shoes, and bags 非常に安い値段がついている皮のジャケットや靴やバッグ ◆Today's video printers are simple to use, and picture quality is remarkably high. 今日のビデオプリンタは使い方が簡単で画質は非常に[実に]高い.

**remedial** adj. 治療上の, 救済する, 修理の, 修繕の, 補強の, 補正の, 矯正[改善]のための, 学力不足を補うための[補講の, 補習の] ◆take [effect] remedial measures 善後策[救済策, 改善策, 是正策, 対策]を講じる ◆take remedial action 是正措置を取る[講じる] ◆take remedial steps 改善策を取る; 対応策を講ずる ◆they need remediation [remedial classes] in math 彼らは数学の補習[補講]が必要である ◆Remedial measures are being initiated [are undertaken]. 善後策[救済策, 改善策, 是正策, 対策]が講じられつつある[実施されている].

**remediation** (a)～ 矯正, 改善, 治療, 治療教育, 補習, レメディエーション(汚染土壌などの)修復 ◆environmental remediation activities [efforts] 環境修復活動(*汚染された環境を浄化して元に戻すための) ◆kids that need remediation 矯正(教育)が必要な子どもたち ◆properties that need some amount of remediation ある程度の除染による修復が必要な不動産物件(*汚染されている土地の汚染除去の話で) ◆students requiring remediation in English or mathematics 英語または数学の補習[補講]を必要としている学生 ◆College remediation courses aim to correct the deficiencies of secondary education. 大学における補講[補習]コースは中等教育で不足している部分を補うことを目指している.

**remedy** 1 (a)～ 治療, 医薬, 療法, (直すための)処置, 改善方法, 対応策, 対処, 是正措置, 救済(措置), 矯正法, 補償,(損害)の回復 ◆administer a remedy orally 経口的に治療を施す ◆a trade-gap remedy 貿易不均衡是正策 ◆new types of remedies (いくつかの)新しい種類の治療法 ◆prescribe remedies for malfunctions 誤動作が起こらないようにするための対策を処方する ◆Problems [Symptoms]:... Causes:... Remedies [Corrective actions, Solutions]:... 故障(内容)[症状, 現象, 異状]: ～ 原因[点検箇所]: ～ 処置[直し方, 対策, 対処方法, 対応策]: ～(*取扱説明書, 修理マニュアルなどによく用いられる表現) ◆Two remedies were developed to deal with these inherent shortcomings of... ～に固有のこれらの短所[欠点]に対処するために2通りの対応策が編み出された. ◆If you have any clues or remedies to this problem, I would greatly appreciate them. この問題の手がかりや解決法をご存じでしたら, 教えていただけると有り難く存じます. ◆Some allergy remedies and cold pills may contain ingredients which could affect your driving. アレルギーの薬や風邪薬のなかには, 運転に悪影響を及ぼす成分を含んでいるものがある. ◆Table 1 lists possible engine trouble symptoms with their probable causes and remedies. 表1は, エンジン障害[不調]の症状ならびにそれらの(考えられる)原因と対策を示したものです. ◆Seller's and manufacturer's only obligation, and buyer's only remedy, shall be the replacement and repair by the manufacturer of the product. 販売者と製造者の唯一の義務, ならびに購買者の(受けられる)唯一の補償は, 製造者による製品の交換および修理とする.(*保証期間内の無料修理などを networking)
2 vt. ～を直す, 治療する, 補修する, 矯正する, 賠償する
**remember** vt. ～を思い出す[思い起こす], 覚えている, 記憶している, 記憶に留める, ～を(～だったと)覚えている[思う] <as>, 忘れずにいる, (意訳)～に注意している <that>, (人)から(人に)よろしくと言う <to>; vi. 覚えている, 思い

出す, 記憶している ◆easy to remember 覚えやすい ◆"Remember Pearl Harbor!" 「真珠湾(奇襲)を忘れるな」 ◆a long, hard-to-remember name 長くて覚えにくい名前 ◆very easy-to-remember mnemonic commands 非常に覚えやすい簡略記憶コマンド ◆An important point to remember is that... 忘れてはいけない重要な点は, ~ということです ◆It should be remembered that... ということを忘れてはならない. ◆a period spanning 63 years that will be remembered as the Showa era 昭和時代として記憶に留められるであろう63年にわたる期間 ◆Here are a few things you should remember: ここで留意すべきことを次にいくつかあげておきます. ◆It can become a long-remembered event. それは長いこと記憶にとどまる[忘れがたい]出来事になるかもしれない. ◆Remember to check all wiring between them. それらの間の配線をすべて点検することを忘れないでください. ◆This will be a long-remembered experience. これは, 長く記憶に残る[忘れがたい]経験になろう. ◆The compact disc player can be programmed to remember up to 785 favorite tracks. このコンパクトディスクプレーヤーは, 好みの曲を最高785曲まで(設定して)記憶させておける. ◆Flash memory has the advantage of being able to remember information even after the power is off, unlike random access memory (RAM). フラッシュメモリーは, ランダムアクセスメモリー(RAM)とは異なり, 電源を切った後でさえ情報を記憶しておけるという利点がある.

**remembrance** 回記憶, 記憶力, 覚えている期間[範囲], 思い出す[思い出させる]こと, 回想, 思い出; a ~ 思い出になる物事, 記念, 記念品, 記念物; ~s よろしくという挨拶[伝言] ◆December 6th is a day of remembrance for the 14 women slain in 1989 at... 12月6日は, 1989年に~において殺害された14名の女性の追悼記念日です.

**remind** vt. ~に(~を)思い出させる <of>, ~に(~ということを)気付かせる <that>, ~に(~するように)注意する <to do>

**reminder** a ~ 思い出させる人[物], 注意[思い出させるため]のメモ書き, 合図, 注意; (促進状, 延滞通知など)督促状, 催促状, 通知 ◆constant reminders to all personnel to <do...> ~することを全従業員に対して常に注意を促す[喚起する, 呼びかける]もの ◆(*ポスターや標語など)

**reminisce** vi. <about> (~の)思い出を述べる, (~の)思い出話をする, ~を述懐する, (~を)しのぶ, 回想[追懐, 追想]する ◆He reminisced about the beginnings of personal computers. 彼はパソコンの黎明期の追想を書いた[述べた].

**reminiscent** adj. <of>(~を)思い出させる, しのばせる, ほうふつさせる, (~に)良く似ている; 昔をしのぶ, 思い出にふける

**remission** (a)~(病症の一時的な)鎮静, 軽減, 和らぎ, 緩解[寛解(カンカイ)]; 回負債[債務]の免除, 回罪を赦すこと, 赦免, 免罪, 赦罪; (a)~ 減刑, 刑期の短縮 ◆(the) remission of a debt 負債[債務]の免除, 負債の棒引き[帳消し] ◆Four rounds of high-dose chemotherapy sent the cancer into remission, at least temporarily. 4度にわたる大量化学療法により, 癌は少なくとも一時的には小康[緩解, 寛解(カンカイ)]状態に入った.

**remit** vt. 〈金, 小切手など〉を送る, ~を送金する, 〈刑罰など〉を免除する, 〈違反, 罪など〉を許す, 〈苦痛など〉を軽減[緩和]する, 〈事件〉を差し戻す<to>; vi. 注意を怠る, 〈病気が〉一時的に軽くなる, 〈病気の熱が〉一時的に下がる, 弱まる

**remittance** 回送金すること; a~ 送金, 送金額 ◆a mode of remittance 送金方法 ◆send [make] a remittance to... ~に送金する ◆receive a remittance of $500 500ドルの送金を受け取る

**remodel** vt. ~を作り変える, ~の型[形(カタチ)]を変える, ~を改造する, ~を改築する, ~を整形[美容]手術する

**remorse** 回(過去の行為に対する深い)後悔, 悔恨(カイコン), 自責(の念)(=self-reproach), 良心の呵責(カシャク), 強い罪悪感 ◆without remorse 情け容赦なく ◆express deep remorse for over, concerning] ~に対し[~に関し]深い後悔の意を表明する ◆express remorse 後悔[後悔]の念を表する ◆with deep remorse 深い反省をもって ◆a show of remorse can bring about a more lenient sentence 《意訳》悔悟の念[悔いている様子, 反省の色]が見てとれれば, 刑が軽くなる[(場合によっては)情状酌量される, 酌量減軽になる]こともある ◆the letter had expressed profound remorse over Japanese treatment of British and other Allied POWs この親書は英国人捕虜およびその他の連合国捕虜に対する日本の処遇について深い反省を表していた ◆Japanese Prime Minister Tomiichi Murayama expressed his profound remorse for Japan's actions in a certain period of the past. 日本の村山富市首相は, 過去のある時期における日本の行為について深い反省を表明した.

**remote** 1 adj. (距離的に)遠い[遠く離れた, 遠方の, 遠方の], 僻地の, 辺鄙(ヘンピ)な, 鄙びた(ヒナビタ), (時間的に)遠い[はるかな], (関係, 関連が)薄い[遠い, 遠縁の, かけ離れた], (実現性, 可能性が)ほど遠い[乏しい, わずかな, かすかな, 薄い], 〈態度が〉よそよそしい[そっけない]; 《コンピュ》リモートの(*ネットワークで接続された異なるコンピュータ間の, ↔local) ◆at remote sites 遠隔の地で ◆receive faxes from remote locations 遠隔地からファックスを受け取る ◆the chances of... are extremely remote ~の可能性は極めて低い ◆remote operation of your audio system あなたの音響システムの遠隔操作 ◆four weakened men have been found on a remote South Pacific island 衰弱した男性4名が南太平洋の離島[離れ島]で発見された ◆The chances of major change seem remote. 大変革の可能性はわずかしかないように思われる. ◆The car stereo offers remote adjustment of volume, station, and cassette track by means of three buttons on the instrument panel. このカーステレオでは, インストルメントパネル上の3つのボタンを使って音量, 選局, カセットトラックを遠隔調整することができる.

2 adv. 離れて, 隔たって, 《コンピュ》リモートで
3 a~ リモコンユニット, リモートコントローラ(= a remote control)

**remote control** 回遠隔制御, 遠隔操作; a~ 遠隔制御装置[リモコンユニット, リモートコントローラ](= a remote control unit) ◆by remote control 遠隔操作により ◆at the touch of a remote control button リモコンのボタン一つで ◆by remote control signals リモコン[遠隔操作, 遠隔制御]信号により ◆the mute button on the remote control リモコンのミュートボタン ◆a twenty-five-function remote control 25機能リモコン ◆manipulate the command computer under remote control from JPL コマンドコンピュータをJPL(米ジェット推進研究所)から遠隔制御により操る[遠隔操作する] ◆Using a special remote control device,... 特殊リモコン装置を使用して, ~

**remote-control** adj. リモコン式の, 遠隔操作[制御]の; vt., vi. 遠隔操作[制御, 操縦]する ◆a remote-controlled audio system リモコン式オーディオシステム ◆a remote-controlled vehicle 遠隔操縦式車輌 ◆a remote-control [remote-controlled] camera リモコンカメラ

**remotely** adv. 遠く離れて[隔てて]; (通例否定文で)ほんの少しも, 全然, 《コンピュ》リモートで ◆control PCs remotely; remotely control personal computers パソコンを遠隔操作する ◆remotely operated equipment 遠隔操作式の機器 ◆the ability to remotely access and download... data ~のデータを遠隔接続[リモート(で)アクセス]してそれをダウンロードする機能

**remote sensing** リモートセンシング, 遠隔探査(*人工衛星などからの地球や天体の探査) ◆the remote sensing of the Earth from a low orbit 低い軌道からの地球のリモートセンシング

**removability** 取り外しができること, 脱着性, 着脱性

**removable** adj. 取り外しできる, 脱着[着脱, 挿抜]可能な, 除去できる, リムーバブルの ◆removable disks リムーバブル[取り外し可能]ディスク ◆removable tape 再剥離(ハクリ)性粘着テープ(*ポストイットのように貼ったり剥したり(ハガシ)たりできるもの) ◆a removable and rechargeable battery pack 脱着可能な充電式バッテリーパック ◆a removable-media hard disk system 媒体着脱[脱着]可能ハードディスクシステム

◆a water-removable chemical 水で(洗浄)除去可能な化学薬品 ◆The rigid disks themselves are not removable from the disk drive. これらのハードディスク自体は、ディスクドライブから取り外せない。 ◆Instead of using rolls of film, a digital camera uses removable, reusable memory cards to store images. The most common memory media are SmartMedia and CompactFlash cards. パトローネ入り[銀塩]フィルムを使う代わりに、デジカメでは挿抜・反復使用可能なメモリーカードを使用して画像を保存する。最も一般的な記憶媒体は、スマートメディアカードとコンパクトフラッシュカードだ.

**removal** (a)～ 移動, 移転, 転居; (b)～ 除去, 撤去, 撤収, 排除, 剥離, 分離, 解除, 取り出し, 抜き出し, (金型から成形品を取り出す)離型, (塵を集めて除去する)集塵, 取り, -落とし, -抜き, 脱-, 排-; (a)～ 解任, 免職, 解雇, 罷免 ◆hidden line removal〈CG〉隠線[陰線, 隠れ線]処理 ◆snow removal vehicles 除雪車 ◆removal of official recognition of... ～の公認取り消し ◆require removal of the current CPU 現在使用しているCPUの取り外しを要する ◆soil removal (＊基板などから)の汚れの除去; (＊汚染された)土壌の撤去 ◆the removal of the martial law その戒厳令の解除 ◆Following the removal of the Berlin Wall,... ベルリンの壁の撤去について、◆about the complete removal of American influence from Panama パナマから米国の影響を完全に排除することについて ◆call for the removal of restrictions on... ～に課せられていた[加えられていた]制限の解除[規制の撤廃]を要求する ◆involve the removal of the ROM chips from the motherboard マザーボードからROMチップを取り外す作業を伴う[取り外す必要がある] ◆surgical removal of the ovum from the mother 母親の卵子の外科的採取[採卵](＊体外受精) ◆the removal of a majority of Nanox's existing board of directors ナノックス社の現在の重役[役員]の大部分の解任 ◆the removal of various tariff and non-tariff barriers 様々な関税障壁および非関税障壁の撤廃 ◆even a complete removal of all tariffs might not result in any actual increase in trade すべての関税を全廃してさえも実際に貿易が増加することにはならないかもしれない

**remove** vt. ～を移す, 移動[移転]させる, 取り除く, 取り去る, 取り出す, 除去する, 撤去する, 撤収する, 撤収[撤収]する, 解消する, 解除する, 〈変更など〉を取り消す, 削除する, 解任[解職, 罷免]する; vi. 移動する, 移転[転居]する ◆remove a cancerous growth from... ～から癌腫瘍を切除する ◆remove a cover ふた[カバー]を取る ◆remove [lift] a gag order 箝口令(カンコウレイ)を解除する ◆remove noise from recordings 録音からノイズを除去する ◆remove the pan from heat 鍋を火[加熱調理器具]からおろす ◆a hard-to-remove spark plug 取り外しにくい点火プラグ ◆remove a person from public office 〈人〉を公職から追放する ◆remove the bowl from the base ボウルをベースから取り外す ◆... removes any changes you made to the options in the dialog box and restores the original settings ダイアログ・ボックス内のオプションに対して行った変更をすべて取り消して元の設定に戻す ◆Covers shall not be able to be removed from the frames. カバーはフレームから取り外しできないようになっていること。(＊仕様書で) ◆Existing pumps shall be removed and replaced with new pumps. 既設ポンプは撤去して新しいポンプに交換すること。 ◆Remove all packing material. 梱包材をすべて取り除いてください。 ◆Remove the line cord plug from the receptacle. コンセントから電源コードのプラグを抜いてください。 ◆The tail gate removes easily without the need of tools. 尾板は道具を使わずに簡単に取り外せる。 ◆The safety spectacles removes 99% of U.V. rays to 400 nanometers. この安全めがねは、波長400ナノメートルまでの紫外線の99%を除去[遮断]します.

**renaissance** a～ 復興, 復活, 再生; (the Renaissance で)(14～16世紀にヨーロッパで広がった)ルネッサンス, ルネサンス, 文芸復興(期) ◆an Italian Renaissance-style theater イタリアルネッサンス様式の劇場 ◆the renaissance of U.S. manufacturing 米国製造業の復興

**rename** vt. ～に新しい[別の]名前をつける, ～を改名[改称]する, ～の名前を変更する ◆help a tiny community rename itself from Xxx to Yyy ある小さな地域社会がXxxからYyyへと改称[改名]するのに手を貸す ◆the Strategic Planning Committee (renamed from the former Governance and Structure Committee) 戦略立案委員会(旧 Governance and Structure Committee より改名) ◆The National Bureau of Standards has recently been renamed the "National Institute of Standards and Technology." 国家標準局は、最近「国立標準・技術研究所」に改名[改称]された.(▶renamed の後ろは to なしでいきなり新名がくる)

**render** vt. ～を(ある状態に)する, ～を翻訳する, ～を(解釈して)表現する[描写する, 演じる, 演出する, 演奏する, 描画する], 〈援助など〉を与える, 〈役務など〉を提供する[判決]を下す[言い渡す], (～に対して)～を返す[返礼する] ◆be rendered in 256 shades of gray 256階調で描写されている ◆be rendered in monotone モノトーンで描かれている ◆be rendered radioactive by... ～により放射能を帯びるように[放射性に]なる ◆information is rendered as graphical objects 情報は図形オブジェクト化される ◆render a service 役務[用務, サービス]を提供する ◆render the circuit ineffectual その回路を効果的でなく[うまく働かなく]する ◆render 3-D images on a 2-D computer screen 2次元[平面]のコンピュータ画面上に、(陰影をつけて立体感を出して)3次元[立体]像を描画する

**rendering** a～ 表現, 演出, 脚色, 描写, 描画, 翻訳, (建物などの)完成予想図; a～《CG》レンダリング(＊2次元あるいは3次元のコンピュータグラフィックスによって, 現実感ある画像を描画する技術); (主に砂とセメントをまぜた)壁の下塗り[土居塗り]の材料, 土居塗り ◆artists' renderings of... (アーティストによって描かれた)～の想定図[想像図, イメージ図] ◆architectural renderings of what's to come 未来の建築物の想像図[イメージ図] ◆the artist renderings for the pavilion have been completed パビリオンの完成予想図は出来上がった。◆The program's rendering modes include wire-frame, flat shading, Gouraud shading, Phong shading, and ray tracing. 同プログラムのレンダリングモードには、ワイヤーフレーム、フラットシェーディング、グーローシェーディング、フォンシェーディング、およびレイトレーシングがある。

**rendezvous** 1 a～ (pl. ～) 待ち合わせ, 会合, 密会, デート[しのびあい, あいびき], ランデブー<with>; a～ 待ち合わせ[落ち合い]場所, 会う場所, よく人が集まる場所(軍隊などの)集結地; a～《宇》ランデブー(地点)(＊あらかじめ決めた地点で2つの宇宙船が接近してアベック飛行すること) ◆a rendezvous with... ～とのランデブー ◆two rendezvous 2回のランデブー ◆achieve rendezvous and docking with...《宇》～とランデブーでドッキングすることに成功する 2 vt., vi. (打ち合わせ通りの場所と時間に)会う[会わせる], 落ち合う[合わせる], 集結する[させる],《宇》ランデブーする<with> ◆The spacecraft will rendezvous with a comet several years after launch. その宇宙機は、打ち上げから数年後にある彗星とランデブーすることになっている.

**renew** vt. ～を新しくする, 一新する, 更新する, ～の期限を延長する, 回復[復活]させる, ～を(新品)更生[再生]する, ～を新品と交換する, ～を再開する, ～を繰り返す; vi. 再開する, 更新する, 回復する ◆renew a license 免許を書き換える[更新する] ◆renew a part 部品を更新する[交換する] ◆and they renewed their interest in... そして彼らは～に対する関心[認識]を新たにした ◆renew old facilities into state-of-the-art operations 旧式の施設を最新の(作業[操業, 生産])施設に更新する ◆Doctors renewed warnings about the drug. 医師たちはその薬物について改めて警告を発した。◆The company has put a renewed focus on improving service and employee morale. この会社は、サービス向上と従業員の士気高揚についての見直しを図った.

**renewable** adj. 更新可能な, 延長[継続]可能な, 再生可能な, 回復可能な ◆renewable power sources 再生可能な電力源(＊太陽エネルギー, 水力など)

**renewal** (a) ～ 更新, 更改, 書き換え, 〈免許などの〉切り替え［切り替え］, 期限延長, 再生, 再開, 回復, 復活; a ～ 更新される もの ◆urban renewal 都市再開発(= urban redevelopment) ◆death and renewal 死と復活［回生, 蘇生, よみがえり, 生き返り］◆an urban renewal project 都市再開発計画 ◆a renewal of diplomatic relations 外交関係の一新 ◆a renewal of interest in... ～についての関心を新たにすること ◆the renewal of old ethnic and territorial strife 昔の民族紛争や領土紛争のぶり返し ◆U.S. economic renewal 米国経済の再生 ◆the renewal of a license 〈免許の〉書き換え［更新］◆at contract-renewal time 契約更新時に ◆a right of renewal for another 30 years さらに30年延長できる更新の権利 ◆spur renewal of inner cities and other depressed areas スラム化した区域および他の貧困者居住区域の再生［再開発］に拍車をかける ◆lead to a renewal of the downtown area, which is dotted with vacant lots and abandoned buildings ～は, 空き地［更地］や空き家のまま放置されているビルが点在しているダウンタウン地区の更新［再開発, 再生］につながる ◆If you don't receive a renewal application at the time your license is due for renewal, contact... あなたの免許証が更新の時期になっても更新申請書を受け取っていない場合は, ～までご連絡ください.

**renewed** adj. 再びの, 新たな ◆enjoy renewed popularity 再び［再度, 改めて］人気を呼ぶ ◆for fear of renewed inflation インフレ再燃をおそれて ◆Already, foreign investors are showing renewed interest in Mexico. すでに, 外人投資家はメキシコに新たな関心を示している. ◆The sudden rise in gasoline prices has brought renewed interest in smaller, more fuel-efficient vehicles. 突然のガソリン価格の上昇［ガソリン値上げ］は, より小型で燃料効率の高い［燃費の良い］車を再認識させることとなった.

**renounce** vt. ～を(公式に)放棄する, 宣言して捨てる［断つ］, 廃棄する, 棄却する, 棄権する, 断念する, 投げ出す, なげうつ ◆they renounced their right to <do...> 彼らは～する権利を放棄［棄権］した ◆the Japanese people forever renounce war as a sovereign right of the nation and the threat or use of force as means of settling international disputes 日本国民は, 国権の発動たる戦争と, 武力による威嚇又は武力の行使は, 国際紛争を解決する手段としては, 永久にこれを放棄する (*憲法第9条) ◆The U.S.-PLO dialogue began after Mr. Arafat renounced terrorism and recognized Israel's right to exist. 米国とPLO (パレスチナ解放機構) との対話は, アラファト氏がテロを放棄しイスラエルの生存権を承認してから始まった.

**renovate** vt. ～を修理する, 修復する, 修繕する, 改修する, 改造する, 刷新する, 再活性化する ◆renovate room #464 into 2 offices 464号室を二つのオフィスに改装［模様替え, 改造, 改装］する ◆renovate the old facilities 古くなった施設を改修する

**renovation** (a) ～ 修理, 修復, 修繕, 改修, 改装, 改造, 再生, 更生, 刷新, 再活性化 ◆under the policies of "doi moi," or renovation 「ドイモイ」と呼ばれる刷新政策の下で (*1988年から始まったベトナムの経済改革路線) ◆The building has undergone a complete renovation. この建物は, 全面改修［修繕］を受けた. ◆The DOT plans to spend $50 million on the renovation of New York City's Penn Station. 米運輸省は, ニューヨーク市のペンステーション駅の改修［(意訳)更新］に5,000万ドル拠出する計画を持っている.

**renowned** adj. 有名な, よく名の知られた, 名の通った［知れ渡った］, 名高い, 著名な, 名だたる, 名声のある, 評判の高い, 世に聞こえた ◆a renowned news magazine 有名［名高い, 一流, 高級］ニュース雑誌 ◆a city renowned worldwide for its arts and culture 芸術と文化で世界的に知られた［世界に名だたる］街 ◆Solingen cutlery is renowned for its excellence. ゾーリンゲンの刃物は, 卓越した品質で有名だ.

**rent** 1 (a) ～ 賃貸料, 賃借料, 賃料, 賃貸し, 借り賃, 使用料, 損料, 家賃, 部屋代, 店賃 (タナチン), 地代; ～ in a low-rent district 低家賃の地区で; 賃料の安い地域の ◆pay four months' rent in advance 家賃4カ月分を前払いする ◆pay the rent 家賃を払う ◆New York's high-rent buildings ニューヨークの賃貸料の高いビル ◆be [get] behind with one's rent 家賃を滞納している［する］◆The landlord raised our rent. 大家は, 我々の家賃の値上げをした.

2 vt. ～を料金を払って(～から)借りる, 賃借りする, 賃借する <from>; ～を料金を取って(～に)貸す, 賃貸しする, 賃貸する <to>; vi. (部屋などが)(ある料金で)賃貸される <at> ◆live in a rented house 借家に住む; 借家暮らしをする ◆rent a room to... ～に部屋を貸す ◆rent prerecorded videotapes レンタルビデオソフトを借りる ◆authorize the staff to rent the equipment on an "as needed" basis in a cumulative sum not to exceed $10,000 累計額1万ドルを超えないという条件で, 「必要に応じて」その機器を賃借り［レンタル］することをスタッフに許可する

**for rent** 《米》賃貸中の (=((英))to let) ◆an apartment for rent 賃貸アパート［マンション］

**rental** ⓝ料金をとって貸すこと, 賃貸し, 賃貸; a ～ 賃貸料, 賃借料, 貸付料; a ～ 《米》賃貸用のもの［部屋, テレビ, 車など］; adj. レンタルの, 賃貸の, 賃貸業務に携わっている ◆a video-rental shop レンタルビデオ店, 貸しビデオ店 ◆the apartment-rental market アパート・マンション賃貸市場

**reoccurrence** (a) ～ 再び起こる［発生する］こと, 再発 ◆so as to prevent a reoccurrence 再発を防ぐ［再発防止の］ために ◆to avoid a reoccurrence of the Xxx scandal Xxxスキャンダルの再発を避けるために ◆introduce new procedures designed to prevent (any [the]) reoccurrence of a similar problem 似たような問題の再発防止を図る目的で用いられる新しい手続きを導入する ◆the biopsy confirmed a reoccurrence of the seminoma その生検で精上皮腫の再発が確認された ◆to significantly reduce or eliminate the likelihood of a reoccurrence of the same situation 同じ状況が再び起こる可能性を大幅に減らしたり無くしたりするために

**reopen** v. 再びopenする ◆The branches will be closed today but will reopen for business Monday. 支店は今日閉まっていますが, 月曜日に再開します.

**reorganization** ⓝ〈組織, 業界の〉再編成, 再建, 改革 ◆file for bankruptcy reorganization 破産による会社更生法の適用を申請する ◆business bankruptcy filings — corporate reorganizations under Chapter 11 — more than tripled 企業破産申請件数, すなわち連邦破産法第11条のもとでの会社更生件数は, 3倍以上に増加した ◆The company filed for bankruptcy protection in January and filed a [its] reorganization plan in February. 同社は, 1月に破産保護法の適用を申請し, 2月に会社更生［再建］計画を申告した.

**reorganize** vt. ～を再編成する, 再編する, 組織替えをする, 〈財政など〉を再建する, 〈部屋など〉を模様替えする (*家具などの配置替えをする意) ◆the firm is reorganizing under Chapter 11 of the bankruptcy law 《米》この会社は, 連邦破産法第11条のもとで再建［更生］中である

**reorient** vt. ～の向きを変える ◆reorient the receiving antenna 受信アンテナの向きを変える

**repack** vt. ～を詰め替える, 詰め替え, 再梱包する, 荷造りし直す, 再荷造りする, 包装し直す, 再包装する ◆volunteers sort and repack bulk donated food items into smaller packages for distribution to... ボランティアの人達が, 寄付された食品を分類し, ～に配るためにもっと小さな包みに詰め替える ◆When potassium permanganate is repacked, the packing markings, labels, and shipping conditions must meet applicable Federal regulations. 過マンガン酸カリウムが再梱包される［詰め替えられる］場合, 梱包表示, ラベル, および船積み状況は, 当該連邦規定を満たさなければならない.

**repair** 1 vt. ～を修理する, 直す, 修復する, 修繕する, 繕う (ツクロウ), 改修する, 〈健康, 体力など〉を回復する, 〈損害, 損失など〉を賠償する, 補償する, 補てんする, 償う, 〈文法〉〈間違いなど〉を正す［訂正する］◆free repairs done under warranty 保証が効いている内［保証期間内］に行なわれた無償修理 ◆make repairs on... ～に修理［修繕］を施す ◆repair U.S.-Japan economic relations 米日経済関係を修復する

**2** (a) ~, ~s 修理, 補修, 修繕, 修組, 改修, 手入れ; a~ 修理を施した箇所 ◆beyond [past] repair 修理できないほどの[で] ◆repair people サービスマン, 修理人 (男女区別なしの) ◆repair procedures 修理手順 ◆spare and repair parts 予備部品および補修部品 ◆a faulty repair job 不完全な修理[修繕]作業 ◆a post-repair third party inspection 修理[修復]後の第三者(機関)による検査 ◆need repair 修理が必要だ ◆old equipment in need of frequent repairs 頻繁に修理[修繕]が必要な古い機器 ◆our authorized repair center 弊社指定(特約)修理センター ◆a company specializing in on-site computer repairs コンピュータの現場[出張]修理専門の会社 ◆a car in a good state of repair [in good repair] 良く手入れされている車; 整備の行き届いた車 ◆a house in a bad [poor] state of repair; a house in bad [poor] repair 手入れの悪い家 ◆be in urgent need of repair 至急修理する必要がある ◆Make any needed repairs before using your electric tool. 電動工具をお使いになる前に, 必要な修理はすべて済ませておいてください。 ◆Repairs should be done by properly trained repair technicians. 修理は, 適切な訓練を受けた修理技能者によって行われなければなりません。 ◆The supplier shall assure that repairs to a part do not adversely affect quality function or durability. 部品納入メーカーは, パーツに加えた修理が品質機能や耐久性に悪影響を及ぼさない旨の保証をすること. ◆under repair 〈ものが〉修理中で[修理を受けて] ◆The road is (now) under repair. この道路は, (目下) 改修工事中である.

**repairability** ⑩修理性, 修復性
**repairable** adj. 修理のきく, 修繕できる, 取り返しのつく ◆repairable damage 修理できる[修繕できる, 直せる]損傷
**repairman** a~ 修理人[屋], 修理工
**repay** vt. 〈借金〉を返す, 返済する, 〈人〉に返金する; 〈もてなしなど〉のお返しをする, 〈人〉に返報する
**repayment** (a) ~ 払い戻し, 返金, 返済, 恩返し, 仕返し ◆a debt-repayment plan 借金[負債, 債務]返済計画 ◆make repayments 返済する ◆repayment of a debt 負債[債務, 借金]の返済 ◆We are looking for an extension of the debt repayment period. 私たちは, 負債返済期間の延長を求めているところです.
**repeat** 1 vt. ~を繰り返す, 反復する, 復唱する, 再現する, 他人に言って[他言する]; vi. 繰り返す, 繰り返し言う ◆a repeating decimal 〈数〉循環小数 ◆repeat... a given number of times ~をある決まった回数繰り返す[所定回数反復する] ◆repeat the program next month この番組を来月再放送する ◆repeat sequences in slow motion or fast-forward 場面をスローモーションや早送りで繰り返し再生する ◆History repeats itself. 歴史は繰り返す. ◆Please repeat after me. 私の後について言ってください. ◆Please repeat the question. ご質問をもう一度おっしゃってください[もう一度お願いします]. ◆You can repeat the hyphen in several places in the name. 名前の中で複数箇所にハイフンを使用することができます. ◆The chances of the failure that destroyed the winter-launched Challenger repeating on this hot September day are slim, but nobody forgets that image easily. 冬季に打ち上げられたチャレンジャー号が破壊してしまった失敗が, この9月の暑い日に再発[再現]する可能性は薄いが, あのイメージ[光景]を誰もが簡単に忘れることができないでいる.
2 a~ 繰り返し, 反復, 再放送番組, 再上演,《音楽》反復記号 ◆do a repeat of... ~を反復する[繰り返す] ◆a repeat order 追加注文, 再注文 ◆to prevent a repeat of this disaster この惨事[災害]の再発を防止するために ◆There will be a repeat of this program next month. この番組の再放送が来月に予定されています. ◆You might have already got this mail, sorry if it's a repeat. このメールをすでに受け取られていたら, 重複して[ダブって]しまってすみません. ◆The aircraft has subsequently flown for a number of hours without a repeat of the problem. その航空機はその後, 障害の再発[再現]なしに何時間も飛行した.
**repeatability** 反復性, 再現性, 繰り返し精度, 反復率 ◆positioning repeatability 繰り返し位置決め精度 ◆insure repeatability 繰り返し精度を確保する ◆with a repeatability of -1 micrometer プラス1マイクロメートル[ミクロン]の繰り返し精度 ◆repeatability is 0.005 inches 繰り返し[繰り返し]精度は0.005インチである ◆to increase the accuracy and the repeatability of measurements 測定の精度と繰り返し再現性を向上させる ◆Interferograms are scanned, digitized and analyzed using computer systems allowing measurement repeatability to 0.01λ peak to valley. インターフェログラムは, 0.01λ (波長) までの山から谷までの測定繰り返し精度を実現するコンピュータシステムを使って走査され, デジタイズされ, そして分析されるのです.

**repeated** adj. 繰り返された, 繰り返し言われた, 再三再四の, たびたびの, たび重なる
**repeatedly** adv. 繰り返して, 繰り返し繰り返し, 数回, 何度も (繰り返して), 幾度 (イクド, イクタビ) も, 幾度となく, しきりに, たびたび, 再三再四, 何度も, 重ねて, 重ね重ね, 重々, くれぐれも, 広い意味を含め, 諄々 (ジュンジュン) と ◆I have repeatedly asked her not to bring this subject up again, but she does anyway. 彼女にこの話題はもう持ち出さないようにと再三再四頼んでいるのですが, それでもやめないのです.
**repeater** a~ 繰り返す人[物], 中継器, 連発銃, (単位を落として) 再履修する学生, 二重投票者, 常習犯 ◆a repeater station 中継局, 中継所 (= a relay station)
**repel** vt. ~を寄せつけない, はねかえす, 撃退する, ~に反発する, 〈水など〉をはじく, ~と混じらない, 〈人〉に反発[反感]を覚えさせる; vi. 反発[反感]を買う ◆They repel one another by virtue of their electrostatic interactions. それらは, 静電的な相互作用により互いに反発しあう.
**repellency, repellence** ⑩ねはつれい[はじく, よせつけない]こと, 撥水性(ハッスイセイ); ⑪反発, 反抗的な感情, 反感, 嫌悪感, 不快感 ◆evoke repellence 不快感をおこさせる, 反感を買う ◆water repellency 撥水 (ハッスイ) 性
**repellent, repellant** adj. 反感[反発, 嫌悪]を覚えさせる, 反発する, はねかえす, はねつける; 《-repellent で複合語を作って》~を寄せつけない, ~をはじく, ~を通さない; ~を寄せつけないもの, 忌避(キヒ)剤, 防虫剤, 撥水(ハッスイ)剤 ◆an insect repellent 昆虫忌避剤; 防虫剤[駆虫剤] ◆a water repellent 撥水剤 ◆a moth-repellent 防虫剤 ◆make... water repellent; render... water repellent ~に撥水性をもたせる[付与する], 〈意訳〉に撥水加工を施す ◆apply moth-repellent treatment 防虫加工を施す ◆It is water repellent. それには撥水性がある. 《参考》render the surface nonrepellent to water その表面を水をはじかないようにする
**repertoire** a~ レパートリー, 上演目録, 全演奏曲目, 持ち歌, 芸域, 芸の幅, 受け持ち分野, (能力的にできる) 守備範囲 ◆expand one's repertoire レパートリー[芸域, 芸の幅, 持ち歌, 上演種目, 受け持ち分野, 守備範囲]を広げる ◆add... to one's repertoire ~をレパートリーに加える ◆his repertoire is fairly limited 彼のレパートリーはかなり限られている ◆an insurance salesman who has a huge repertoire of tales to amuse his customers 顧客を楽しませる話のレパートリーがとてつもなく広い保険のセールスマン
**repetition** (a)~ 繰り返し, 反復, 再発, 再現, 複写, 地層重合 ◆a repetition period 繰り返し周期[時間] ◆a high-repetition-rate laser 高繰り返し速度レーザー ◆an integer indicating the number of repetitions to be performed 繰り返し回数を示す整数 ◆avoid a repetition of those problems それらの問題の再発を防止する ◆with a pulse repetition frequency of 800 pps 毎秒800パルスのパルス繰り返し周波数で
**repetitive** adj. 反復する, 反復型の, 反復性の, 繰り返しの, 循環する ◆repetitive documents 定型文書 (*本文内容が同じで宛名や日付などのみが異なるようなもの) ◆routine, repetitive work 反復的な定型作業
**replace** vt. ~を (~と) 取り替える[交換する, 交替させる, 差し替える, すげ替える]<with, by>, ~に取って代わる, ~の後釜(アトガマ)に座る, ~のあとを継ぐ; ~を元の場所に戻す, 元通りに取り付ける, 再配置する ◆automation replaces human labor オートメーションが人間の労働に取って代わる ◆

**replace a manager** マネージャーを取り替える[変える, 更迭する, すげ替える] ◆**replace out-of-date [existing old] equipment** 旧式の[古くなった現在の/既存の/現行の]設備を交換[更新]する ◆**without replacing parts on the circuit board** 回路基板上の部品を交換[置き換え, 換装, 乗せ換え]せずに ◆**destroy obsolete Xxx documents and replace them by current versions** もう使用しないXxxの書類[文書]を破棄して現行版と差し替える ◆**e-mail is replacing "snail mail"** 電子メールは「スネイル・メール」(通常の郵便)に取って代わりつつある ◆**the hoses definitely need replacing** これらのホースは明らかに交換する必要がある ◆**when components need replacing** 部品交換が必要な時に ◆**replace human secretaries and operators with a new kind of high-tech equipment** 人間の秘書とかオペレータを新種のハイテク装置に置き換える ◆**Estimates vary as to how many human workers robots will replace.** どの位の数のロボットに置き換えられることになるのかについての予測はさまざまである。 ◆**Remove the used filters and replace with the new ones.** 使用済みのフィルターを取り外し, 新しいものと交換してください。 ◆**Replace the panel and tighten the thumbscrews.** パネルを元に戻し, ちょうねじを締めて下さい。 ◆**Replacing the coil cured the engine misfire.** エンジンのミスファイヤは, コイルを交換することにより直った。 ◆**The company has replaced half of its dealers.** その会社は、(販売)特約店の半数を入れ替えた。 ◆**If you ever need to replace memory chips on the motherboard, follow this procedure:** 万一マザーボード上のメモリーICを交換する[換装する, 置き換える, 取り替える, 乗せ換える]必要がある場合には, 次の手順に従ってください。 ◆**The system had to be taken out and replaced with equipment of different make.** そのシステムは, 撤去して違うメーカー製の機器に取り替えなければならなかった。 ◆**You are prompted to confirm that you are replacing the existing group with your group.** 《コンピュ》(あなたの)作成した既存のグループに上書きしてよいかの確認メッセージが表示されます。 ◆**Before getting into the details of how I replaced the hard drive, the following is a list of tools required for the drive swap.** 《意訳》ハードディスクドライブを私がどうやって換装[乗せ換え]したかの詳細説明に入る前に, ドライブの交換に必要な道具の一覧表を以下に掲げます。 ◆**This software application will have a normal life expectancy of more than five years before it is replaced.** このアプリケーションソフトが, (他のソフトに)とって代わられる[お払い箱になる]までの耐用寿命が通常で5年以上あるだろう。

**replacement** ① 取り替え, 交換, 置き換え, 差し替え, 置換, 交代[交替], 更新, 補充, 〈臓器〉移植; *a* ～ 代用品, 代替(ダイガエ, ダイタイ)品, 交換用部品, 補修部品; *a* ～ あとを継ぐ人, 交替要員, 後任(者), 後釜 ◆**as a replacement for...** ～の代用品として ◆**replacement parts** 交換部品 ◆**a direct replacement for...** そのまま～に置き換えて使える代替え品 ◆**allow (the) replacement of existing equipment** 既存の機器の取り替え[交換]を可能にする ◆**a mouse-replacement device** 《コンピュ》マウスに取って代わる装置[マウスの代替え装置] ◆**be in need of replacement** ～は取り替える[交換する, 変える]必要がある ◆**prepared by a replacement reaction** 置換反応により生成された ◆**replacement purchases by corporate users** 企業ユーザーによる買い換え ◆**in the event costly repairs or replacements are needed** もしも金のかかる修理や交換が必要になれば ◆**return... to the seller for free replacement** ～を無料交換してもらうために売り手に返品する ◆**the replacement of coal with natural gas** 石炭から天然ガスへの転換[切り換え] ◆**attract new customers rather than grow from replacement purchases** 《意訳》買い換え(需要)で成長するのではなく新規(購入)の顧客を獲得する ◆**a virtually brand new network resulting from a massive replacement of lines and equipment over the past decade** 過去10年間にわたっての回線と設備の大規模な更新によって, 事実上真新しいとも言えるネットワーク ◆**These units are drop-in replacements for 3.5" drives.** これらのユニットは, 3.5インチドライブの代わりに差し込んで使える。 ◆**These units are scheduled for**

replacement within two years. これらのユニットは, 2年以内に交換される[取り替えられる]ことになっている。 ◆**Two girls are scheduled for organ replacements this month.** 今月2人の少女が臓器移植を受ける予定になっている。 ◆**Long-term maintenance costs can be cut by replacement with better quality equipment.** 長期の保守費用は, より上質の機器に交換する[置き換える]ことで削減可能である。 ◆**The facsimile industry has graduated from an "original placement" business to a "replacement" business.** ファクシミリ業界は, 「初回導入設置」ビジネス(の段階)を卒業[脱皮]して「買い換え[置き換え, 代替え設置, 更新需要]」ビジネス(の段階)に入っている。 ◆**High-end notebooks are accounting for an increasing percentage of portable sales. This is due in part to a higher demand by businesses for desktop PC replacements.** 高性能ノート型パソコンの携帯型販売に占める割合が伸びている。企業のデスクトップ型パソコンのリプレース[置き替え, 買い換え, 更新]需要が活発化しているのが一因である。

**replay** 1 *vt.* 〈人, 装置が〉〈録音, 録画〉を再生する; ～を再演奏する, ～を再演する, 〈試合〉を再度行う, 《コンピュ》〈マクロなど〉を再実行する; *vi.* 再生する, 再演(奏)する, 再試合する ◆**a player replays CDs** プレーヤーがCDを再生する 2 *a* ～ 〈録音, 録画〉の再生, 再試合, 再演, 再演奏, 再実行 ◆**(an) instant replay** 即時ビデオ再生(＊スポーツ番組などで決定的瞬間を直後にプレイバックして見せること。「ビデオでもう一度」) ◆**a replay of the tape** テープの再生(1回) ◆**a connector for tape replay** テープ再生用コネクタ

**replenish** *vt.* ～を再度満たす, 〈容器〉に再び注ぎ足す, ～に燃料を補給する, 給油する, ～に(～を)補給[補充]する 〈with〉; *vi.* 再び一杯[満杯]になる, 再度満ちる ◆**replenish our dwindling supplies** 少なくなってきている我々の在庫を補給する ◆**replenish the cartridge with ink** カートリッジにインクを補給[補充]する ◆**replenish the store's sold-out stocks** その店の売り切れとなってしまった在庫を補充する ◆**use water faster than it is replenished** 補充されるよりも速い速度で水を使う ◆**The brake fluid reservoir needs replenishing.** ブレーキ液タンクに補給が必要だ。

**replete** *adj.* 〈with〉(～で)満たされた, (～で)一杯の, (～が)ふんだん[満載, 盛りだくさん]の, (～が)豊富な, (～で)満腹[飽食]した, ～の完備した[充実している] ◆**a magazine replete with stories about...** ～についての記事を満載している雑誌 ◆**replete with potential for world war** 世界戦争を引き起こす可能性を多大にはらんでいる ◆**stewed sheep's heads replete with eyeballs** とろ火でぐつぐつ煮た目玉付き羊の頭 ◆**a gleaming kitchen replete with microwaves, commercial-size freezers and stoves** 電子レンジ, 業務用サイズのフリーザおよびレンジが完備したピカピカの調理場 ◆**His writings are replete with phrases that are ambiguous or can be interpreted in various ways.** 彼が書いたもの[著作, 著述]は, 曖昧な, あるいはいろいろな意味に取れる語句であふれている[フレーズがたくさん出てくる]。 ◆**Replete with butter and cream, risotto is not for cholesterol-watchers.** リゾットはバターとクリームがたっぷりで, コレステロールを気にしている人向きではない。

**replica** *a* ～ レプリカ, 複製, 写し, 複写, 模写, 復刻 ◆**a full-scale replica of...** ～の実物大[実寸大]複製 ◆**a full-size replica of an AK-47** 〈軽機関銃〉AK-47の実物大[原寸]複製 ◆**an exact replica of...** ～の寸分たがわない複製 ◆**... were issued in a replica paperboard sleeve mimicking the original vinyl release.** ～は, オリジナルLP盤そのままの紙ジャケット復刻仕様で発売された。(＊CDの話)

**replicate** *vt.* 〈実験など〉を再現する, ～を繰り返す, ～を複製[複写]する; *vi.* 〈細胞, 微生物などが〉自己複製する; *adj.* 折り返された, 反復される; *n. a* ～ 繰り返されるものの1回分 ◆**a self-replicating organism** 自己複製する微生物 ◆**replicate this problem** この障害を再現する ◆**A computer worm is a virus which can replicate itself.** コンピュータワームは自己複製[増殖]する可能性のあるウイルスである。 ◆**At least some parts of the Pons-Fleischmann experiment has been**

replicated. 少なくとも部分的にはポンス・フライシュマンらの実験は再現された.
**replication** (a) ~反復, 繰り返し, 再現, 反響, 写し, 〈DNAなどの〉複製, (複数回に渡る実験などの)実施, 原告の第二訴答 ◆replication of data データの複製を作ること ◆replication costs for a single CD-ROM CD-ROM1枚の複製コスト

**reply** 1 vi. <to> ~に答える, 返事をする, 応答[返信, 返答, 回答, 答弁]する, 応える, 応じる, 応酬する; vt. (~だと)答える<that> ◆reply in writing 文書で回答する ◆reply to a message [a post, an article] メッセージ[書き込み, 発言, 投稿]に返信する[レスをつける, コメントをつける, 返事を書く] ◆reply to the question その質問に答える ◆Anyone on the Internet can post articles or reply to previously posted articles. インターネット上のだれでも, 記事を投稿したり, 以前に投稿された記事に返信したりできる.
2 a ~ 応答, 返答, 回答, 返事, 答え, 受け答え, 答弁, 返信, 返報, 応酬 ◆a reply to his question 彼の質問に対する返答 ◆make a reply to a question 質問に回答する ◆in reply to your letter of November 12 貴11月12日付けお手紙に対する返事として

**report** 1 vt. ~を報告する, 伝える, 報道する, 報じる, 訴える, 通報する, 届け出る, 申告する ◆report oneself to the police 警察に出頭する ◆report... to the police ~を警察に届け出る[通報する] ◆report an accident to a police officer 事故を警官に通報する[届け出る] ◆the pilot reported engine trouble パイロットはエンジントラブルを通報した[エンジンの不調を訴えた] ◆It has been reported that the explosion was not very powerful. 爆発はあまり強力なものではなかったと伝えられて[言われて]いる. ◆It has been reported that the manufacturer has improved its quality control. その製造業者は, 自社の品質管理を改善したと伝えられて[報じられて]いる. ◆The company today reported a year-over-year revenue increase of 61 percent. 同社は今日, 前年同月ベースで61%の収入増[収益増]があったことを報告[発表]した. ◆More than 1,500 cases have been reported nationwide, and 25 persons are known to have died from the condition. 全国で1,500件を上回る症例が報告され, 25人がすでにこの病気で死亡したことが分かっている. ◆The system offers wide-ranging services, from reporting simple account balances to up-to-the-minute foreign exchange rates. 本システムは, 簡単な口座残高のご案内から最新の外国為替相場情報まで広範なサービスを提供いたします.
2 vi. (~に)伝える[報告する, 通報する, 届け出る, 通知する]<to>; 報告書[レポート]を作成する, 記録する, 記している; <to> ~の直属部下[配下]である, ~の管轄[監督]下にある, ~の直属である, ~に従属している; <to> ~に出頭する[出向く, 出動する] ◆report sick 病欠すると連絡する ◆they report to work; they report to their jobs [offices] 彼らは出勤する[出社する, 出動する, 職場・事務所・仕事場に出て来る, 登庁する] ◆record the amounts paid on other forms for later use in tax reporting 後で税の申告に使用するために, それらの支払い金額を別の書類に記録する ◆I am a sales manager with seven account executives reporting to me. 私は, 取引先担当責任者7名を直属の部下下に持つセールス・マネージャーです. ◆He has four regional offices and three environmental review specialists reporting to him. 彼は4カ所の地方出張所を管轄[所轄]しており, さらに直属の部下[配下]として環境調査の専門家が3名ついている.
3 a ~ 報告書, 通報, 通知書, 記事, レポート, リポート, (伝えられる)情報, 《コンピュ》レポート[帳票]; (a) ~ うわさ, 評判; a ~ 爆発音, 爆音, 発砲音, 銃声 ◆a report about [on] ~... ~についての報告[書] ◆make a report about [on]... ~についての報告書を作成する ◆a test report 試験報告書; テストレポート ◆an initial sample inspection report 初期試料検査成績書 ◆generate a report of all the...-s 《コンピュ》すべての~をレポート[帳票]出力する ◆in a related report 関連報告書の中で ◆provide [transmit] up-to-the-minute reports on... ~についての最新報道[速報]を流す ◆The report concludes that... この報告書は, ~と結論づけている. ◆The report

said that... 報告書によると, ~ということである. ◆This report describes the methods used to <do...> このレポート[本稿]は, ~するのに用いられる方法について記述[(意)訳]説明, 解説]する. ◆A new report from Frost & Sullivan predicts that... フロスト&サリバン社から新しく出たレポート[報告書]では, ~だろうと予測している. ◆The committee is requested to make an interim report to the Faculty Council by the end of... 委員会は, ~末までに教授会に中間報告をするよう求められている. ◆there have been unconfirmed reports circulating in the computer industry that... ~という未確認情報がコンピュータ業界で流れている ◆there were no reports of the occurrences of the virus その(コンピュータ)ウイルスが出現[発生]したという報告[(意)訳]情報]はなかった ◆According to the reports I have received, ... 私のところに入ってきた情報によりますと[私の入手した情報では], ◆The report covers the supercomputer market country by country. この報告書は, スーパーコンピュータ市場について国別にまとめている.

**reportable** adj. 報告できる, 伝えるだけの価値のある, 申告[通報]する義務のある ◆a reportable accident 通報の義務がある事故

**reportedly** adv. 伝えられるところによると, ~とのことである, うわさによると~らしい ◆Reportedly... 伝えられるところによれば[情報によると], ~ ◆reportedly America's richest person アメリカ一の大富豪と言われている人 ◆in a deal reportedly inked just moments before its announcement on January 9 1月9日の発表直前に署名成立したと伝えられている取引で

**reporter** a ~ 報道記者, 通信員, 報告者, 申告者, (議事録などの)速記者, 記録係 ◆news reporters (ニュースの)取材陣; 報道陣 ◆a reporter on a local paper 地方紙の記者

**reporter-researcher** a ~ (pl. ~s) 調査報道記者 (*あるテーマに沿って取材調査し記事を書く記者)

**repose** 回休息, 休養[静養], 睡眠, 安寧, 平静; vt., vi. 休める, 横たえる, 休む, 眠る ◆pray for the repose of the souls of those who were killed in the tragedy この惨事で亡くなった方々の冥福を祈る (▶ the repose of はどちらかというと教会で使用するようだ. 普通は単に pray for (the soul of) <人> という場合が多い)

**reposition** vt. ~を別の[違う, 新たな]場所に移す, ~の位置を変える[動かす], 売り上げ増を目指し販売戦略を改める, 《医》 (手術で一時的に動かした) [骨などの部位] を整復する(元の位置に戻す); 回保存, 保管, 貯蔵, 《医》整復 ◆the bedridden women weren't regularly repositioned to prevent bedsores これら寝たきり女性たちには, 床ずれ[褥瘡(ジョクソウ)]防止のための体位変換が定期的に行われてなかった

**represent** vt. ~を表す, 示す, 表現する, 描写している, 描いている, 象徴する, 意味する, 代表する, ~の代表例[典型, 見本, 標本]である; (= be, amount to, constitute) ~である[~(ということ)になる, ~に相当する] ◆represent oneself as [to be]... ~であると自称する; ~だと偽称する[いつわる] ◆a character represented as a series of bits 一連のビットによって表された文字 ◆The model is intended to represent actual... このモデルは実際の~を想定して作られている ◆blacks represent 12 percent of the population 黒人が人口の12パーセントを占めている ◆represented by higher order polynomials より高次の多項式によって書き表されている ◆a digital data stream representing a perfect 997-Hz sine wave 完璧な997Hzの正弦波を表して[表現して]いるデータストリーム ◆Apple's Macintosh represents a break with tradition. アップル社のMacintosh(コンピュータ)は, 伝統との決別を意味する[象徴している]. ◆This treaty represents a landmark in postwar history. この条約は, 戦後の歴史に節目を刻む出来事である. ◆The bits are represented by the presence or absence of electronic impulses. ビットは電気インパルスの有無によって表現される. ◆The new version of xxx represents some important "firsts." xxxの新バージョンには, いくつかの重要な「初物」の意味合いがある. ◆The development of the system's software can represent 200 worker-years of effort or more. そのシステムのソフト開発は、200人年以上の労力に相当するだろう。◆Moving a large area of the screen, for example a displayed window, can take several seconds. This represents an unacceptable delay in a rapid-paced office environment. 画面の大きな領域、たとえば表示されているウィンドウを移動するのに、数秒要することがある。これは、あわただしいオフィス環境では許容できない遅れである。

**re-present** vt. 〜を再提出する、〜を再上演する

**representation** ①表現, 表示, 描写, 図示, 表象; ②代表権, 代表制; a〜 表現したもの、象徴, 図, 写像, 絵画, 彫像; ③正式の抗議, 陳情 ◆in hexadecimal representation 10進表現で ◆store modules in both source-code and machine-code representations 《コンピュ》モジュールを、ソースコード表現とマシンコード表現の両方の形で保存する ◆Figure 7 shows a schematic [diagrammatic] representation of... 図7は、〜を図示[図式化、模式図化]したものである ◆Generally, DAT recorders sample the sound 48,000 times per second and assign a 16-bit digital representation to the sound level of each sample. 通例, DAT録音機は、音を1秒間に48,000回サンプリング[標本化]し、一つ一つのサンプル[標本]の音のレベルに16ビットのデジタル表現を割り当てる。(*and以下は「16ビットでデジタル化する」と意訳できる)

**representative** 1 adj. 代表的な, 典型的な, 代議制の, (〜を)代表する<of>, (〜に)表す<of> ◆a representative example 代表的な例 ◆open a representative office in China 中国に駐在員事務所を開設する ◆as president and representative director of Xxx KK 《日》Xxx株式会社の代表取締役社長として ◆these trends can be seen as representative of a general shift toward... これらの動向は、〜へと向かう全般的な流れを象徴するものとして見ることができる ◆Where we simply couldn't fit everything in or cover everything available, we chose products that are representative of those in a particular area. とてもすべては掲載できない場合、あるいは市販されているものすべてについて扱い切れない場合、本誌では特定分野の代表的製品[代表格的商品]を選んでいます。(*製品テスト記事で)
2 n. a〜 代表する人[物], 見本, 標本, 典型; a〜 代表者、代理人, 代議士, (米)下院議員 ◆a sales representative セールスレップ; セールスマン; 営業マン; 営業部員; 販売[営業]担当(者) ◆a support representative 〈メーカーなどの〉サポート担当者[要員] ◆act as a person's representative 〈人〉の代理(人)を務める ◆Representatives of 31 nations agreed in principle to... 31カ国の代表が、〜に原則的に同意した

**repress** vt. 〜を抑える, 抑制する, 抑圧する, 鎮圧[制圧、弾圧]する, 〈感情〉を押し殺す[こらえる] ◆long-repressed tales 長い間禁断だった小説

**reprimand** (a)〜 (公式の)叱責(シッセキ), 譴責(ケンセキ), 懲戒; vt. 〜を叱責する, 叱責する, 譴責する, 懲戒する

**reprint** 1 vt. 〜を再度印刷する, 増刷する, 復刻する ◆reprinted from... 〜から転写された ◆reprinted with (the) permission of... 〜の許可により転載されて ◆This book became unavailable except at auction, until reprinted in 1993. この本は、オークション以外では入手できなく(*絶版)なっていたが、1993年に復刻された。 ◆This record is out of print, and currently EMI has no plans to reprint it. このレコードは廃盤になっていて、EMI社では再発[復刻]の予定はない。
2 a〜 増刷[重版, 再版](本), 復刻[翻刻](本, 版, 盤), 再発(盤), 転載記事 ◆a reprint is, in most cases, of previously released material 再刷とは、以前に発行されたものの一部または全体の再印刷

**reprisal** (a)〜 ◆protect whistle-blowers who fear reprisals 報復[仕返し]を恐れる(内部)告発者を保護する

**reprocess** vt. 〜を再処理する, 再加工する, 再生する

**reprocessing** 再処理, 再加工, 再生 ◆a reprocessing plant 再処理工場 (*使用済み核燃料などの) ◆the reprocessing of spent nuclear fuel 使用済み核燃料の再処理

**reproduce** vt. 〈音声, 映像など〉を再生する, 複製する, 複写する, 転載する<from>; 〈動植物が〉〜を生

殖する, 〈失われた部分〉を再生する; vi. 複写される, 再生される; 繁殖する, 生殖する ◆nonreproducible 再現不可能な ◆reproduced pictures 再生画 ◆a sound-reproducing system 音響再生システム ◆No part of this book may be reproduced in any form or by any means. 本書のいかなる部分も, いかなる形あるいは手段によっても複写[複製, 転載]することは禁じられています。 ◆By controlling the relative proportion of the three dyes, any color can be reproduced. これら3つの染料の相対比率を調整することにより, どんな色でも再現できる。

**reproducibility** ①再現性, 再現精度, 繰り返し再現性 (= repeatability) ◆improvement of the reproducibility of measurement of... 〜の測定の再現性の向上[改善] ◆applicable to... with a high degree of reproducibility and reliability 高い繰り返し再現精度と高信頼性をもって〜に適用することが可能 ◆enhance the reproducibility of microlevel sound 極微弱音の再現性を向上させる ◆The motorized stage must have a reproducibility of at least +/- 3 microns. この電動ステージの繰り返し再現精度は、最低±3ミクロンなければならない。

**reproducible** adj. 再現[再生, 復元]可能の

**reproduction** ①複写すること, 複製すること, 再現, 再生, 生殖, 繁殖, 再生産, 再演, 再刊; a〜 複写したもの, 複製品, 模造品 ◆color reproduction 色の再現(性) ◆for high quality musical reproduction 高品位な音楽再生のため ◆Improved color reproduction delivers brighter, crisper and truer color images. 向上した色の再現性[(意訳)発色性の向上]により, より高輝度で鮮明な、いっそう自然な色に近い画像が写し出されます。(*ディスプレイの話で)

**reproductive** adj. 生殖の; 複製の, 複写の, 再生の, 再現の ◆(sexual and) reproductive health 性と生殖に関する健康 (*女性問題の話で) ◆(sexual and) reproductive rights 性と生殖に関する権利

**reprogram** vt. 〈タイマーなど〉を(予約)設定し直す, 《コンピュ》〜を書き換える, 〈人, 動物〉を(〜するよう, 〜を目指して)新しい習慣をつけさせる<to do, for> ◆The memory chip can be reprogrammed. この記憶素子は, 書き換え可能である。

**reprogramming** ①〈タイマーなどの〉再設定, 〈人, 動物の〉新しい習慣を身につけること, 〈記憶素子の〉書き換え

**reptile** ①〈動物〉爬虫類(の動物), 卑劣な人間 ◆25 species of reptiles 25種の爬虫類

**republic** a〜 共和国; a〜 共和政体, 共和制 ◆the Republic of Ghana ガーナ共和国 ◆the Fourth Republic of France フランス第四共和制[共和政] ◆Belarus is one of four former Soviet republics that inherited nuclear weapons when the Soviet Union broke up in 1991. ベラルーシは, ソビエト連邦が1991年に崩壊した際に核兵器を受け継いだ4つの旧ソ連共和国のうちの1つである。(*ベラルーシ共和国の旧称は白ロシア(ハクロシア))

**republican** adj. 共和国の, 共和制の, R- 共和党(支持)の; a〜 共和主義者の, a Republican 共和党員[支持者]

**repulsion** ①反発作用, 反発力, 斥力(セキリョク), 相反; (a)〜 嫌悪, 反感, 反発 ◆a repulsion-start motor 反発始動電動機 ◆electrostatic repulsion 静電反発(力)[斥力] ◆produce a feeling of repulsion 嫌悪感を起こさせる

**reputation** (a)〜 評判, 世評, 公評, (多くの人による)評価; (a)〜 名声, 好評, 名名, 令名; (a)〜 人望, 信望 ◆a bad reputation can damage... 風評[よくない評判]は、〜に傷をつけかねない[被害を及ぼすことがある] ◆an institution with an established reputation 定評のある(教育)機関; 名門校 ◆earn an excellent reputation as... 〜としての高い評価を得る ◆reputation-denting 評判を落とすような ◆an operation with a top-notch reputation 最高の名声のある企業 ◆as the machine's reputation spreads 本機の評判が広がるにつれ ◆maintain a reputation for quality and reliability (高い)品質と信頼性で評判を維持する ◆name brands that have a reputation for quality 品質で定評ある有名ブランド ◆the bar enjoys a high reputation for good food and service このバーは、おいしい料理といいサービスで評判が高い ◆Frank Sinatra's long-established reputation as America's greatest singer of popular music 米国随一のポピュラー音楽歌手としてのフランク・シナトラの長年の定評 ◆blacken the reputation of a man who never had a mar on his reputation これまで(の評価に)一点の非の打ち所もなかった男に汚名を着せる ◆earn a reputation as a reliable supplier of high quality products 高品質製品を送り出している信頼のおけるメーカーとして定評を得る[評判をとる] ◆gain a reputation for building products that last 長持ちする製品をつくることで評判を得る ◆quality cameras built on our worldwide reputation for technology 技術力における我が社の世界的評判を土台に作られている高品質カメラ (*広告) ◆He got the reputation of being a prophet. 彼は,予言者との評判をとった. ◆We have an established reputation for completing projects under tight deadlines, while maintaining a high standard of quality and accuracy. 弊社は,高水準の品質および正確さを維持しながらも厳しい納期でプロジェクトを完遂することにかけて定評があります.

**reputed** adj. 有名な,著名な,評判の,うわさの;《be reputed to be... [to do...]》~だと見られている,~だと言われている,~だと称せられている,~という評判である ◆a reputed class bully クラスの名うてのいじめっ子

**request** 1 (a)~ (丁重な)願い,頼み,懇願,要請,要求,要望,(要求の意味の)声,需要; a~ 願い事,頼み事,リクエスト曲 ◆a request to <do>; a request that... ~してほしいといった旨の依頼 ◆issue a request to... 《コンピュ》~に対してリクエスト[要求]を発行する ◆make a request 要求[要請]する;《コンピュ》要求する[リクエストを発行する] ◆act on a request from... ~の要請で行動する ◆a request asking... [asking that...] ~を求める[~してほしいという]要求[要望,頼み,要請,依頼,懇願] ◆a request should be made to xxx to <do...> ~してもらうよう~に要望を出さなければ[請願しなければ,頼み出なければ]ならない ◆a supplemental budget request seeking to <do...> ~しようとする[~を図る]ための追加予算要求 ◆at Frank's request; at the request of Frank; by request from Frank フランク(から)の希望[要望,要請,要求,求め,願い,依頼,頼み]で ◆honor an interrupt request 《コンピュ》割込要求を受け付ける ◆lodge a request or a complaint regarding City services 市のサービスに関する要望[要求]や苦情を提出する ◆respond to client requests クライアントの要請に応える;《コンピュ》クライアントからの要求に応答する ◆100 requests could be processed in 29.9 ms 《コンピュ》100件のリクエスト[要求]が29.9ミリ秒で処理できた ◆accept song requests by fax ファックスによる希望曲のリクエストを受け付ける ◆a request for the performance of an operation 《コンピュ》演算実行要求 ◆file requests for permits to make modifications to... ~に変更を加えるにあたり許可願いを申請する ◆make a formal request of the company for the documents それらの書類(の提出)を求めて同社に正式に申し入れる[要請する] ◆process requests for waivers and deviations (RFWs & RFDs); process Requests for Waiver/Deviation (RFWs/RFDs) 《宇宙,工業》デビエーション/ウェーバー申請(書)を処理する ◆receive an interrupt request from... 《コンピュ》~から割込要求を受信する[受け取る] ◆requests for information about how to use... ~の使い方に関する情報をくださいという要請 ◆submit [send] a $20 million fiscal 2003 budget request to... 2千万ドルに上る2003年度予算要求を~に提出する[出す] ◆when a memory request comes in 《コンピュ》メモリー要求が来たとき ◆user requests for a multiuser version of the software package そのソフトウェアパッケージのマルチユーザー版が欲しいという利用者からの要望 ◆make a request of the Justice Department to investigate this matter 米司法省に本件の調査を要請する ◆Requests for permission should be addressed to... 許可の願い出は,~宛に出しなければならない. ◆when the memory manager receives a request that cannot be fulfilled 《コンピュ》そのメモリー管理プログラムが,応じられない[処理できない]要求を受け取ったとき ◆The program grew from user demands - specifically, requests by... このプログラムは,ユーザーの要求から,それもとりわけ~の要望から生まれたものです. ◆Any such request should be made to the Headmaster. そのような要望[依頼,頼み事,リクエスト]は一切校長あてに出すこと. ◆Howard County alone gets about 400 name-change requests a year. ハワード郡だけで一年当たり400件の名前の変更[改名]願いを受理している. ◆Requests made by telephone will not be honored. 電話での申請[依頼,要請]は受け付け[応じ,認め]られません. ◆The budget request for this program is $2 billion for 2002. この計画の2002年度分の予算要求は,20億ドルである. ◆A print request from the text editor is passed to the printing process. 《コンピュ》テキストエディタからの印刷要求は,印刷プロセスに渡される. ◆A strong request was made that compatibility with A, B, and C should be possible. A, B, およびCとの互換性が保てるようにとの強い要望が出された. ◆If multiple transmissions occur at once, the higher-priority requests are serviced first. 《コンピュ》複数件の送信が同時に起きると,優先順位の高いリクエスト[要求]が先に実行[処理]される.

2 vt. ~を要求する,請求する,頼む,お願いする ◆a customer-requested test 顧客から依頼されるテスト;需用家から要求のあった試験 ◆request a change 変更を願い出る ◆request the transmission of... ~の送信を要求する ◆It is requested that you return... ~をご返却ください ◆request notification of test results by telephone 試験結果の通知を電話で請求する ◆Should the system crash after a program has requested a write,... プログラムが書き込みを要求した後でシステムがクラッシュすると,... ◆the client requests parameter values from the application server クライアントは,アプリケーションサーバーからの[アプリケーションサーバーに]パラメータ値を要求する ◆the company has also included some user-requested features in the new version, including... 同社はまた,ユーザーから要望があった~などの機能を新バージョンに盛り込んだ ◆Enclosed is the material you requested. ご請求[お求め]の資料は同封してあります. ◆Similar cooperation shall be requested of the private institutions in the state. 州内の民間機関に対しても同様の協力が求められることになっている.

**at the request of..., at a person's request** 〈人〉の希望[要望,要請,要求,求め,願い,依頼,頼み]で ◆at the request of many of our listeners 多くの聴取者の皆様のご要望により

**by request** 求めに応じて,要請[希望]により

**on [upon] request** 請求あり次第 ◆it will be sent on request それは要求[請求]あり次第送り出されることになっている ◆Quantity prices available upon request. 大口価格見積もりもご請求あり次第いたします. (*広告文. be動詞が省略されている) ◆Various handle sizes available upon request. ご要望[希望]は,いろいろな柄(え)のサイズがお求めいただけます. (*広告文. be動詞が省略されている)

**require** vt. ~を必要とする,要する,要求する,~が欠かせない,~を命令する,命ずる ◆as required 必要[要求]に応じて;要求されるがごとく ◆if required 必要(とされる)ならば ◆when required 必要な時[場合](に);必要[要求]に応じて ◆become required 必要[要る]ようになる[なってくる];必携[必備]となる ◆at the instant required しかるべき瞬間に ◆technical features required of robots ロボットに要求される技術的フィーチャー ◆deliver information at the speeds required 必要とされる速さで情報を提供する ◆the time required to access data on a disk ディスク上のデータにアクセスするための所要時間 ◆water that is colder than required 必要以上に冷たい水 ◆we intend to do everything required of us 私たちに求められることはなんでもするつもりです ◆it is required that the plate current Ip be zero 陽極電流Ipは0でなければならない ◆... the time required for the output to rise from 0 to 70.7 percent of the final steady state voltage 出力が最終定常状態電圧の0%から70.7%まで上昇するのにかかる時間 ◆The heads require cleaning. そのヘッドはクリーニングが必要だ. ◆The program prints multiple copies when required. このプログラムは,必要時には複数の部数を印刷してくれる. ◆The user can change the window's dimensions as required. ユーザーは必要に応じてウィンドウの大きさを変えることができる. ◆The U.S. Constitution requires the government to take a census of (the population of) the U.S. every 10 years. 米国憲法は, 政府が10年ごとに国勢調査を実施するよう求めて[《意訳》規定して, 定めて]いる. ◆You can add software and hardware to the system, as you require. 必要に応じて, ソフトやハードをシステムに追加[増設]できます. ◆Lack of graphics handling facilities requires illustrations to be prepared by hand on paper. グラフィックスを扱う機能がないため, 紙に手でイラストを描くことを強いられる. ◆Saxon Corporation requires that initial samples be produced from production tooling and setup. サクソン社は, 初回サンプルが生産設備および生産段取りにより生産されることを要求する. ◆Winning the efficiency battle requires achieving the economies of scale that result from long production runs and highly automated lines. 効率化戦争に勝つためには, 長期連続生産操業と大いに自動化された生産ラインによるスケールメリット[量産効果]を達成する必要がある.

**required** adj. 必要な, 必要とされる, 所定の, 所要の, 必須の, 要求される, 規定の, 必修の ◆the required amount of... 〜の必要量[所要量] ◆The wire is cut to the required length. ワイヤーは必要な長さに切断される. ◆The thermostat control enables the oil to be kept at the required temperature from 60°C to 200°C. このサーモスタット調節器によって, オイルを60°Cから200°Cまでの(範囲内で)必要な温度に保っておくことができる.

**requirement** a〜要求, 必要, 要求[必要]条件, 要件, 要求事項, 要件, 条件, 必要なもの, 要求基準, 要求仕様, 要求値, 規定, 規制; (→ system requirements) ◆satisfy [meet, fulfill] requirements 要件[(必要)条件]を満たす[《意訳》(必要)条件]を備えている ◆market requirements 市場の要求 ◆minimum requirements 最低必要条件[要件] ◆in preparation for meeting future customer requirements 顧客[客先]からの今後の要求に応えるべく ◆make it absolutely a requirement to <do...> 〜することを絶対に必要[要件]条件にする ◆meet (all) the requirements of the product specification 製品仕様書の(すべての)条件[要求事項, 要件, 規定, 基準, 基準値, 要求値]を満たす ◆meet basic requirements 基本要求[要件, 仕様, 基準]を満たす ◆meet MIL-M-38510 requirements MIL-M-38510(規格)の諸条件を満たす ◆minimum requirements for application (免許)申請に最低限必要な条件 ◆requirements about [on, as to, concerning, regarding]... 〜についての要求条件[要件, 要求事項], 〜に関する規定 ◆requirements set by... 〜によって規定された[定められた]要件 ◆set membership requirements 会員になる[入会]資格を規定する ◆without the requirement of <do...>; without the requirement for... 〜する必要なしに; 〈品物〉を必要とせずに ◆a requirement for car manufacturers 自動車製造業者に要求される条件[仕様](に対する要求基準) ◆decide which requirement to relax どの要求条件[要求基準]を緩くするかを決める; どの条件について妥協するかを決める ◆reduce the power requirements of gas plasma displays using new technology 新技術を使ってガスプラズマディスプレイを省電力化[低消費電力化, 節電化]する ◆medium to large minicomputers with power requirements of 10 to 18 kVA 10から18kVAの電力を必要とする中規模から大規模のミニコンピュータ ◆supplies conforming to the requirements of the order 注文書の要件に合致している供給品 ◆the quality control requirements of the Consumer Electronics Division 民生[家電]エレクトロニクス部門の品質管理条件[品管に要求される基準] ◆Maintenance requirements are lower than ever. 保守の必要性は, 従来にないほど低くなっている. ◆The tool complies with NASA requirements. この工具は, NASAの仕様[規定]に適合している. ◆All three potential sites meet the company's minimum requirements. 3箇所の候補地すべてが同社の最低(立地)条件を満たしている. ◆Recent modem designs have addressed this requirement by using custom-engineered chips. 最近のモデムの設計では, 特注ICチップを使用することによってこの要求に対処している.

A fundamental requirement is that the new proposal must coexist with the present arrangements. 基本的な必要条件としては, 新規の提案は現行の取り決めと併存[共存, 並立]できなければならないということである. ◆It conforms to all the qualitative requirements of the following specifications: MIL-F-14256D Type R, NASA NHB 5300.4 (3A),.... 本製品は, 以下の仕様の品質基準すべてに適合している: MIL-F-14256D タイプ R, NASA NHB 5300.4 (3A), 〜. ◆The Virginia State Council of Higher Education has urged that colleges develop admission requirements that weed out students who aren't capable of college work. バージニア州高等教育審議会は, 大学での勉学についていけない学生を排除すべく入学要項を策定するよう各大学に勧告した.

**requisition** (a)〜〜(を求めての)文書による要求[請求, 申し入れ] <for>, 徴発[接収](*軍隊が強制的に民間の所有物を取り立てること); a〜 請求書, 注文書, 命令書; a〜 要件, 必須条件; ⓑ需要, 入用; vt., vi. 徴発[接収]する ◆a luxury hotel requisitioned by the U.S. Army アメリカ陸軍に接収された豪華ホテル ◆go on midnight requisitions in search of supplies 物資を調達すべく真夜中の徴発に出かける ◆To flesh out military airlift, the Secretary of Defense can requisition civilian airliners. 軍の空輸力を増強するために, 国防総省長官は民間の大型旅客機を徴用[徴発, 強制借り上げ]できる. ◆It is the responsibility of the originating department to obtain the necessary approvals prior to submitting each purchase requisition to the Purchasing Department. 購買部へ購買請求を1件1件提出する前に, 必要な承認[決裁]を得ることが発行元の部署に義務付けられている.

**resale** (a)〜 再販売, 再販, 転売, 小売り ◆a resale price 再販価格 ◆the resale market 中古[転売, 再販]市場 ◆resale price maintenance 再販売価格維持

**rescale** ◆rescale images (to different physical sizes) (違った大きさに)画像を倍率変更[変倍, 拡大縮小, サイズ変更]する (*「physical = 物理的な」は, 電子画像のバイト数などを変えるのではないということをはっきりさせる) ◆images can be rescaled from 25 to 400 percent 画像は25%から400%まで倍率変更[変倍, 拡大/縮小]できる

**reschedule** vt. 〜の予定[日程, スケジュール]を変更する; 〈ローン, 借金など〉の返済計画を組み直す[償還条件を緩める] ◆reschedule debts 債務[負債]の返済繰り延べ[返済条件変更]をする ◆our flight had been canceled because of mechanical problems and rescheduled for the morning 我々の便は, 機械故障のためキャンセルされ朝方(の出発)に予定が変更された ◆The company is negotiating with lenders to reschedule loan payments. 同社は, 貸し手[《意訳》債権者]と借り入れ金返済猶予の交渉を進めているところである

**rescheduling** n. ◆debt rescheduling 債務のリスケジューリング[返済猶予, 返済繰り延べ, 返済条件変更] ◆the country seeks a rescheduling of its debt この国は, 債務のリスケジューリングを求めている

**rescind** vt. 〈法律, 契約など〉を取り消す, 無効にする, 廃止する

**rescue** 1 vt. 〜を(〜から)救う, 助ける, 救出する <from> ◆to rescue the passengers of a hijacked airliner 乗っ取られた大型定期旅客機の乗客を救出するために
2 (a)〜 救援, 救助, 救出, 救済 ◆a rescue operation 救助活動

**rescuer** (a)〜 救助[救出, 救命, 救済, 救援]する人, 救命器 ◆a (miner's) self-rescuer 自己救命器(*鉱山や炭坑で有害ガス発生時に用いる万能フィルター式マスク)

**research** 1 (a)〜〜es (学術的, 科学的な)研究, 調査, 探究 <in, into, on> ◆pursue [conduct, do] research 研究を行う[進める]; 《意訳》研究に携わる ◆a research center 研究センター ◆a research facility 研究施設 ◆a research institute 研究所 ◆a research institution 研究機関 ◆a research laboratory 研究室, 研究所 ◆biomedical research バイオメディカル[生物医学]の研究 ◆a research card 調査[アンケート]のはがき ◆a research theme; a theme of research; themes of research;

themes of his research; the theme of one's research　研究テーマ ◆an opinion-research firm　世論調査会社 ◆an economics-research firm　経済調査会社 ◆a market research study　市場調査研究 ◆a research study activity report　調査研究活動報告［レポート，報告書］ ◆advances in gene research　遺伝子研究の進歩［発達，進展］ ◆a private research organization　民間の研究機関 ◆a volunteer research subject　研究対象［モルモット役，実験台］になってくれているボランティアの人；ボランティアの被験者 ◆because of a scarcity of research money　研究費不足のせいで ◆because of cuts in defense research funding　防衛研究費削減のせいで ◆begin research on the development of…　～を開発するための研究を始める ◆conduct joint research　共同研究を行う ◆for scientific research of all kinds　あらゆる種類の［科学］研究のために［ための］ ◆get [receive] research funds from…　…から研究費をもらう［支給される］ ◆his research relative to the use of…　～の使用に関する彼の研究 ◆make close research　綿密な調査研究を行う ◆research into parallel processing　並列処理の研究 ◆research on the microstructures of polymers　ポリマーの微細構造の研究 ◆an important piece of research　重要な研究 ◆Bellcore, the research arm of AT&T　アメリカ電話電信会社AT&Tの研究部門であるベルコア社 ◆companies involved in AIDS research　エイズ研究にかかわって［従事している，携わって］いる会社；エイズ研究を手がけている企業 ◆many interesting pieces of research　数多くの興味をそそる研究 ◆a nuclear-research reactor　核研究用原子炉 ◆based on research of the brain's blood flow and alpha waves　脳の血流とアルファ波の研究に基づいて ◆based on the research of Dr. Otfried Hatzold in Germany　ドイツのオットフリート・ハッツォルト博士の研究に基づいて ◆(further) research is being conducted to develop…　～を開発すべく（更なる）研究が行われて［実施されて］いる ◆undertake research and study into the feasibility of … ing　～することの可能性調査研究に着手する ◆be engaged in research on a form of cancer known as multiple myeloma　多発性骨髄腫として知られる癌の一種の研究に従事している ◆capitalize on 20 years of research in voice recognition　20年にわたる音声認識研究（の成果を）を利用する ◆get $10 million in research funding [research funds] from…　…から研究費1千万ドルが支給される ◆to promote academic research in basic science　基礎科学分野の学術研究を振興するために ◆transfer a product from production to production　製品を研究から生産へ移す ◆Although it is still in the early stages of research, …　それは（まだ）研究初期段階にあるのだが ◆although more research is needed in this field　この分野の更なる研究が必要とされている［待たれる］ものの ◆our research into improving the efficiency of solar cells　太陽電池の効率向上のための我々の研究 ◆Since 1988 considerable research has been done on the fabrication of…　1988年以来，～の製造についてかなり研究がなされてきている ◆Research is going on to find an alternative to the CRT.　CRTに取って代わるものを探す研究が進んでいる．
2 vi. 研究する，調査する ＜in, into, on＞; vt. ～を研究する，調査する ◆research and study the feasibility of … ing　～できないかどうか研究・調査を行う

### research and development　(R&D) 回研究開発; research-and-development adj.
◆研究開発 adj. ◆a research-and-development division　研究開発部門 ◆a research-and-development firm　研究開発会社 ◆achieve a research and development objective　研究開発目標を達成［目的を実現］する ◆conduct R&D　研究開発を行う ◆conduct research and development of [on]…　～の［について］研究開発を行なう ◆finance the research & development of…　～の研究開発に金を出す ◆high research-and-development costs　高い研究開発費 ◆increase [boost] research and development　研究開発を増やす ◆reduce military research and development　軍事関係の研究開発を減らす ◆research and development aimed at… -ing　～することを目指しての研究開発 ◆complete research and development of… by 1999　～の研究開発を1999年までに終了

［完了］させる ◆Research and development is required to further improve the performance of…　～の性能を更に向上させるには研究開発が必要である．◆Research and Development [R&D] is well underway to ＜do…＞　～することを目指して研究開発がかなり進んで［進行して］いる ◆to secure research and development funds from the government for…　政府から～向けの研究開発費を確保するために ◆After some research and development activity, they had the technology to ＜do…＞　ある程度の研究開発を行って，彼らは～する技術を得た．◆carry out research and development work on a range of projects and applications related to multimedia　マルチメディア関連のいろいろなプロジェクトおよびアプリの研究開発作業を行う ◆Research and development is being carried out with the objective of designing…　～を設計する目的で研究開発が進められている ◆The new light is still in the research and development stage so we as consumers need to be patient.　この新しいライトはまだ研究開発段階なので，私たち消費者としては（発売まで）待っている必要がある．

### researcher　a ～（学術）研究者，学究の徒，研究員，調査員
◆researchers in this field　この分野の研究者ら

### resection　endoscopic mucosal resection (EMR)　《医》内視鏡的粘膜切除

### reseller　a ～ 再販業者，販売代理店 ◆a computer reseller　コンピュータ再販業者

### resemblance　(a) ～ 類似; a ～ 類似点，似通った点 ◆bear a startling [striking] resemblance to…　～と驚くほど良く［著しく］似ている ◆bear a strong [faint] resemblance to…　～とよく［ちょっと］似ている ◆bear no [little] resemblance to…　～と全然［ほとんど］似ていない ◆There is a striking resemblance between A and B.　AとBは著しく似ている［酷似している］ ◆there is no resemblance between A and B　AとBは，全然似たところがない［似ても似つかない］

### resemble　vt. ～に似る，似ている，似通っている，類似している ◆designed to resemble the shape of a water droplet　小さな水滴の形に似せて設計された ◆resemble… in shape [in function]　～と形状［機能］が似ている ◆resemble… very closely　～にそっくりである ◆the two resemble each other　これら二者は似通っている ◆They resemble each other very strongly.　それらは非常に良く似ている．◆It resembles the letter M when looked down on from the top.　それは上から見下ろす［見る］とMの字のように見える．

### resend　vt. ～を再び送る，送り直す，再送する ◆If errors are detected, the message is resent.　誤りが検出されると，メッセージは再送される．

### resentment　回憤り，憤慨，恨み ◆long-smoldering resentments　長年くすぶり続けてきている憤慨［恨み，怨み，怨恨］

### reservation　a ～, ～s（部屋，席などの）予約，（前もっての）確保; (a)～ 制限，条件，保留，留保; (a)～ 疑問，不安; a ～ アメリカン［カナディアン］インディアンのための保留地［居留地］，禁猟区，野生動物保護区，自然保護 ◆book reservations　予約を入れる ◆make a reservation [a booking]　予約をする ◆cancel a reservation [a booking]　予約を取り消す［キャンセルする］ ◆a reservation clerk　予約係 ◆an automated reservation system　（航空機などの）自動予約システム ◆confirm transportation and hotel reservations　乗り物やホテルの予約の確認をする ◆enter reservations into a computer system　（受けた）予約をコンピュータシステムに入力する ◆live on a Navajo reservation　ナバホ・インディアン保留地［居留地］に住む ◆make a seat reservation　座席の予約をとる；席を確保しておく；前売り入場券［前売り指定席］を入手する ◆take [accept] reservations for meals and parties　食事や宴会の予約を受け付ける ◆reconfirm hotel and travel reservations　ホテルや旅行の予約を再確認する ◆Reservations are required.　予約が必要です．◆Admission is $13.50 with reservation, $15 at the door, half-price for children.　入場料は予約［前売り］が13.5ドル，会場［当日売り］で15ドル，子供は半額です．◆Reservations may be made eight weeks in advance, and it's advisable to do so.　予

約は8週間前からできますので, 予約しておくことをお勧めします.

**without reservation** 保留なしで, 無条件で, 率直に, 遠慮[忌憚(キタン), 腹蔵(フクゾウ)]なく

**reserve** 1 vt. 〜を(〜のために)取って[確保して, 押さえて, 残して]おく<for>, 予約する, 前売り指定券を差し控える, 遠慮する, 保有する, 保留する, 留保する, 〈判決など〉を延期する ◆a reserved seat 予約[前売り(指定)]席 ◆a reserved word 《コンピュ》予約語《▶a keyword とも》◆All rights reserved. 無断転載を禁ず, 無断転載禁止, 禁無断転載, 著作権[版権]所有; 不許複製(▶ "Copyright (C) Xxxxx 1998-2002" などの表記と共に, 国際的に通じるようにしたい場合は日本語文書であっても英語で表記するのが常) ◆Reserved for future use 《電子》将来の規格化に備えて未使用《*図や表の中での表現》◆dip into a $40-million fund reserved for... のための準備金[引当金]を(一部)取り崩す ◆Reserved for future standardization 《電子》将来の規格化に備えて未使用《▶電子部品などの接続ピンの割り当ての図表でよく用いられる. 日本では単に「未使用」「予備」などと表記される》◆reserve one partition for DOS and another for OS/2 《コンピュ》1つのパーティションをDOS用に, もう1つのパーティションをOS/2用に確保する《*ハードディスクの話》◆virtually all the seats in the Symphony Hall has been reserved by avid... シンフォニーホールは, ほぼ全席が熱心な〜の予約で埋まってしまっている ◆Call 234-4567 to reserve a seat [your seat] on the bus. 電話でのバスの座席の予約は, 123-4567番で受け付けています. ◆Some pins are reserved for future use. 《電子》一部のピンの使用に備えて[の意訳]未使用となっている.《*未使用=機能が割り当てられていない=unassigned》◆These drives have spare sectors that are reserved for future use. これらのドライブ装置には, 将来の使用に備えて予備セクタがある. ◆Encrypting is usually reserved for files that are used infrequently. (ファイルの)暗号化は, 普通, 使用頻度の低いファイルに限定される. ◆We reserve the right to correct typographic errors in quotations. 弊社は, 価格見積もり中の誤植を訂正する権利を留保[保留, 保有]します.

2 (a)〜蓄え, 備え, 準備金, 積立金, 予備金, 予備力, 補欠選手; 〜s埋蔵量; the〜s予備軍; 回慎み, 遠慮, 無口 (a)〜保留, 条件, 除外; a〜《英》《特に競売などの》最低売却価格(=《米》an upset price); a〜《カナダ》インディアン保留地, 居留区, 禁猟区, 野生動物保護区, 自然保護区; adj. 取っておいた, 予備の, 蓄えてある, 準備の ◆a reserve (generating) capacity 《電力系統の》予約容量; 余力 ◆a reserve machine 予備の機械 ◆a reserve tank 予備タンク ◆reserve fuel 予備燃料 ◆a reserve (power-)generating capacity 予備発電容量 ◆a 20% reserve margin 《発電》20%の供給予備力 ◆with nothing in reserve 何の蓄えもなくて ◆reserves for losses 欠損の補填にあてるための準備金[引当金]◆illegally shoot partridges in a nature reserve 自然保護区で違法にコリンウズラを撃つ ◆be kept in reserve for the maintenance and repair of... 〜の保守および修理のために予備にとってある ◆Avoid dipping into your financial reserves. 蓄えを取り崩すことは避けなさい.

**in reserve** (必要なときに使えるように)とっておいてある, 予備の ◆hold... in reserve 〜を取っておく

**without reserve** 保留なしで, 無条件で; 率直に, 遠慮[忌憚(キタン), 腹蔵(フクゾウ)]なく, 虚心坦懐(キョシンタンカイ)で

**reservoir** a〜(液体を溜めておく場所)貯水池, 溜め池, 調節池, タンク, 水槽, 槽, 貯水槽, 貯蔵池, 貯蔵槽, (万年筆などの)インク筒, 油層, ガス層, 貯留層, 〜溜(ﾀﾞﾒ), 《医》貯水瓶(ミズガメ); a〜, 〜s <of>《比喩的》(知識, 人材, 富などの)大量の蓄え, 蓄積, 宝庫 ◆a regulating reservoir 調整池 ◆a reservoir (formation)《地》貯留層 ◆find a reservoir of trapped oil or gas 《地》石油貯留層あるいはガス貯留層を発見する ◆high-rise apartments with rooftop storage reservoirs 屋上貯留槽[貯水タンク]を備えた高層マンション《*特に雨水をためておく》◆The brake fluid reservoir needs replenishing. このブレーキ液タンクには, 補給が必要だ.

**reset** 1 vt. リセット, 再設定する, 所定の状態に戻す, 初期状態[設定]にする, 解除する, 初期化する, 〈コンピュータなど〉を(電源切断切)下で)再立ち上げする; 〜を再び置く, 置き直す, 〈宝石など〉をはめ直す, 〈活字〉を組み直す, 〈折れた骨〉を整骨する ◆reset all of the mode values with just a few key strokes わずか数回キーをたたくだけですべてのモード値をリセットする《初期値に戻す》◆reset the frequency controls of the radio transmitter 無線送信機の周波数ツマミを再設定する ◆reset the tape counter to "000" テープカウンタを000にリセットする ◆the paper is reset to its starting position 紙はスタート位置に戻される[リセットされる]◆Due to a mini power failure, the computer reset itself. 小停電のせいで, コンピュータがひとりでにリセットした. ◆Reset the rotation speed if it was previously altered. 回転速度[回転数]が以前に変更されていたら, それを元の設定に戻してください. ◆The board is reset to its initial state. 本ボードは初期状態にリセットされる[戻される].

2 n. 回resetすること; adj. 《電気, コンピュ》リセットを起こさせる ◆a reset button (カウンターなどの)復帰[リセット]ボタン ◆a reset device 解除[復帰]装置《*自動列車停止装置でかけられたブレーキを解除するためのもの》◆trigger a reset リセットを引き起こす[かける], リセットさせる ◆press the counter reset button to "000" カウンターリセットボタンを押して000にする

**resettability** 再設定性

**resettle** vt. 〈人〉を再び定住させる; vi. 再び沈澱[沈下, 沈降]する, 再び鎮まる[安定する, 整定する], 再び定住する ◆Soil loosened during the wash can resettle on the laundry. 洗浄中に落ちた汚れが, 洗濯物に再付着[沈着]することがある

**reshape** vt. 〜を(形)作り直す, 再構築する, 〜の形を再修正する, 〈波形〉を整形し直す ◆Recent developments in graphics software products are reshaping the way information is presented. グラフィックス・ソフト商品に見られる最近の開発の所産が, 情報の表示の仕方に変革をもたらしつつある. ◆By sending increasing numbers of parts orders abroad, they have drastically reshaped their traditional supply networks. 海外へのパーツ発注を増やすことにより, 彼らは従来の供給ネットワークを大幅に再構築した.

**reshuffle** vt. 〈トランプのカードなど〉を切り直す, 〈内閣など〉を改造する; a〜(トランプなどの札)の切り直し, 〈内閣などの〉改造, (組織内の人員の)入れ替え [配置転換] ◆announce a surprise Cabinet reshuffle 突然とも言える内閣改造を発表する ◆reshuffle the tarot cards タロットカードを切りなおす ◆the company reshuffles its top management 同社は最高管理職の陣容の立て直し[トップ人事の刷新]をする ◆Prime Minister Kaifu reshuffled his Cabinet yesterday 海部首相は昨日内閣改造を行った ◆reshuffle the structure of the council その評議会の構造改革を行う; 同評議会を再編する ◆Powertek has announced a reshuffle of its PC product line in Germany. パワーテックはドイツにおけるパソコン製品のラインアップの入れ替え[改造]を発表した.

**reshuffling** (a)〜reshuffleすること ◆Cabinet reshuffling 内閣の改造 ◆require the reshuffling of priorities 優先事項の入れ替えを要する ◆with a minor reshuffling of the leadership 指導部の小規模な人事改造により

**reside** vi. 〈人が〉住む[住まう, 居住する, 駐在する], 〈性質, 権利などが〉〈〜に〉ある[存在する, 属する, 帰する] <to> 《コンピュ》〈プログラムが〉〈メモリーに〉常駐する, 〈ファイルが〉〈ディスク上などに〉ある

**residence** a〜(大きな立派な)住宅, 住居, 邸宅, 公邸; 回居住, 居留, 駐在, 在住; 《化》滞留 ◆(a) residence time 残留[滞留, 滞在]時間; 《化》(分子などの)平均滞留時間 ◆the official residences of ambassadors 大使の公邸 ◆the Prime Minister's official residence 首相官邸 ◆the Blue House, the official residence of South Korea's president 韓国大統領官邸である青瓦台(チョンワデ, セイガダイ)◆"Hello? Is this the Oliver residence?" 「もしもし、オリバーさんのお宅ですか」 ◆take up permanent residence in Canada カナダに永住する

**resident** 1 adj. 居住する,在住,駐在する,住み込みの,《コンピュ》常駐している,〈メモリー内などに〉ある ◆a memory-resident program 《コンピュ》メモリー常駐(型)プログラム ◆the resident part of the COMMAND.COM 《コンピュ》COMMAND.COMの常駐部 ◆a real-time multi-tasking kernel resident in EPROM EPROMに常駐の[(意図)格納されている]リアルタイム・マルチタスク・カーネル ◆The software is memory-resident. 《コンピュ》本ソフトは、メモリー常駐型である[メモリーに常駐している]。 ◆The TSR software stays resident until you press the hot key. 《コンピュ》このメモリー常駐型プログラムソフトウェアは、ホットキーが押されるまで常駐し続ける。
2 a ~ 居住者,在住者,入所者,長期滞在者,レジデント[病棟医,病院に内勤の研修医] ◆a resident card 住民票 ◆a resident of Ontario オンタリオ州の居住者 ◆nursing home residents 養護[老人]ホームの入所者たち ◆residents and non-residents 居住者および非居住者 ◆a resident movement dedicated to defeating... 〈建設計画など〉の粉砕を目指している住民運動

**residential** adj. 住宅の,住宅向きの,居住(用)の ◆a residential area 住宅街[地] ◆the installation of simple residential premises wiring 住宅敷地内の簡易配線の敷設

**residual** adj. 残りの,残個分の,残(ザンサ)の,残余の,残余の,余剰の;a ~ 残り,残差,残金,残りかす,残留物(ザンサ),残滓 ◆residual errors 残留エラー (* どうしても無くせないエラー) ◆(a) residual (magnetic) flux density 残留磁束密度 ◆residual heat remaining in... ~に残っている余熱 ◆harmful levels of residual agricultural chemicals in... ~中に含まれる有害な濃度の残留農薬 ◆Residual magnetism: Magnetism remaining in a substance after removal of the magnetizing force. 残留磁気: 磁化力の除去後に物質に残って[残留して]いる磁気。

**residue** a ~ 残り,残りかす,残分,残留物,残渣(ザンサ),残滓(ザンシ),燃え殻[かす],残余,残る,《数》剰余,《法》残余財産 ◆flux residues 残留フラックス (* はんだ付けした回路基板の洗浄処理後に残るもの) ◆recover zinc from filter residues フィルター残留物から亜鉛を回収する ◆the oil residue being processed この処理中の残留油 ◆a residue of brake fluid around a connection 接続部周辺にあるブレーキ液の(漏れた)跡 ◆monitor the presence of agricultural chemical residues in food products 〈意訳〉食品に含まれる残留農薬の有無を監視する ◆The detergent is completely soluble and leaves no residue after proper rinsing. この洗浄剤は完全に溶けますから、すすぎを十分にすればかすは残りません。

**resign** vt. 〈仕事、役職〉を辞める,辞任する,辞職する;あきらめる,諦観する,断念する,放棄する,~を(~に)譲り渡す <to>,~を(~に)まかせる[ゆだねる] <to>; vi. 辞任[辞職、退陣]する,退陣する <from、as> ◆resign oneself to ~に身をゆだねる,(あきらめて)~することに甘んじる ◆He was forced to resign due to pressure from... 彼は~からの圧力で辞任させられた[詰め腹を切らされた]。 ◆resign in scandal 不祥事を起こし(引責)辞任する

**resignation** 回辞任,辞職,離職;a ~ 辞表;回あきらめ,諦観、断念、忍従、服従、甘受 ◆submit [tender, hand in] one's resignation to... ~に辞表を提出する ◆a voluntary resignation 任意退職[辞職] ◆She was pushed into resignation. 彼女は、辞任[辞職]に追い込まれた;詰め腹を切らされた。 ◆Resignation shall be requested of all officers not meeting the requirements of office as specified in this Constitution. 本規約に明記された職務要件を満たさないすべての役員に対しては、辞職[辞任]が要求される。

**resilience, resiliency** 弾力性,復元力,反発性,はね返り,反動;《病気などからの》回復力,立ち直る力 ◆They think the economy has lost its resilience 彼らは経済は回復力を失ってしまったと考えている

**resin** (a) ~ やに,松やに,樹脂,合成樹脂 ◆ABS resins ABS樹脂 ◆a thermoplastic synthetic resin 熱可塑性合成樹脂

**resist** 1 vt., vi. 抵抗する,逆らう,反抗[反攻]する,反撃する;~を我慢する,~に負けない,~に耐える,~に冒されにくい,~の影響を受けにくい,~によって変わらない,《cannot resist...-ing で》~せずにはいられない,《cannot resist...で》~の誘惑に勝てない,~には目がない ◆resist attack by most acids ほとんどの酸に対して耐食性がある ◆resist damage 損傷しにくい; 損傷を受けにくい ◆resist melting when soldering はんだ付けの際に溶けにくい ◆a material capable of resisting high temperatures 高温に耐える[耐熱]材料 ◆an area that has resisted downsizing from mainframes to smaller machines メインフレームからより小型な機械へのダウンサイジングを拒んでいた分野 ◆It resists being disturbed. それは、外乱を受けにくい。 ◆Stainless steel resists rust. ステンレス鋼はサビにくい。 ◆The glue is formulated to resist cracking. その接着剤はひび割れしにくい[ひび割れしないような]配合になっている。
2 a ~ 《エッチング,印刷基板》レジスト,絶縁塗料,耐蝕膜,耐インキ膜; a ~ 《半導体製造》感光樹脂 (= a photoresist)

**resistance** (a) ~ 抵抗,抗力,抵抗力,耐性,反感,反抗,反発,《意訳》手ごたえ; a ~ 《電気》抵抗器; the ~, the R-《単/複扱い》(特に第二次大戦中の)地下抵抗組織 ◆be of high resistance 抵抗(値)が高い ◆electrical resistance 電気抵抗 ◆impact [shock] resistance 耐衝撃性 ◆resistance welding 抵抗溶接 ◆series resistance 直列抵抗 ◆a resistance-capacitance-coupled amplifier 抵抗容量結合増幅器 (= an RC-coupled amplifier) ◆temperature resistance 温度耐性 ◆coercivity (resistance to being demagnetized) 保磁力[抗磁力](減磁[消磁]脱磁されにくさ) ◆develop resistance to drugs 〈病原菌など〉が薬剤に対する耐性をつける[持つようにする],~に薬剤に対する抵抗力が出て[できて]くる ◆improve resistance properties 耐性を向上させる ◆increase the resistance to the flow of current 電流の流れに対する抵抗を増加させる ◆near a resistance level 《株価の下値》抵抗線の近くに ◆reduce contact resistance 接触抵抗を減らす ◆resistance to soiling 汚れにくさ ◆steel wool abrasion resistance スチールウールに対する耐摩耗性 ◆the "resistance forces" in [inside, within] the LDP 自民党内の「抵抗勢力」 ◆to produce resistance to scratches ひっかき傷に対する耐性[抵抗性,《意訳》強度]をつける[持たせる]ために ◆weaken resistance to fungi 真菌類に対する抵抗力を弱める ◆a potentiometer with a very large resistance 抵抗値の非常に大きな分圧器[(俗に)ボリューム抵抗器] ◆increase [enhance] resistance to [against] disease 耐病性を高める[向上させる]; 病気に対する抵抗力を強める[増す、養う] ◆not-in-my-backyard resistance 住民(エゴ)による反対 (*ゴミ処理場新設などに対する反対) ◆feel a resistance in the knob to rotate 回すのを阻もうとする抵抗[手ごたえ]をツマミに感じる ◆high resistance to attack by chemical agents 化学薬剤に対する高い耐腐食性 ◆increase the resistance of gasoline to knock ガソリンの耐ノック性を高める ◆it invites intense resistance from farmers 農業者の激しい反発を招いて[反感を買って]いる ◆the degree of resistance of a material to breaking 材料の壊れ[破断し、破壊し、裂断し、割れ]にくさの程度; 耐破壊性の度合い; 耐破壊強度 ◆utilize a resistance method of determining the moisture content of grain 穀物の水分測定に抵抗法を用いる ◆Corrosion builds up resistance and eats away at the cable. 腐食は、抵抗を増加させケーブルを侵食する。 ◆Stop your useless resistance! 無駄な抵抗はやめろ。 ◆These varieties display excellent disease resistance. 《意訳》これらの品種は、優れた病害抵抗性を示す[耐病性に優れている]。 (*植物の話で) ◆When set, the material offers considerable resistance to... 凝結すると、この材料は~に対しかなりの耐性を持つ。 ◆A 100 percent scratch- and scorch-proof surface that's easy to keep clean. Excellent resistance to all stains except for hot oils. 百パーセント擦り傷、焼け焦げ知らずで、いつもきれいにしておくのが楽な表面。高温の油を除いてあらゆる種類の汚れを寄せ付けな

い優れた耐性。◆A voltage drop of more than 0.3 volts means there is a lot of resistance in the ground circuit.　電圧降下が0.3ボルト以上あるということは、アース回路の抵抗が高いということを意味している。◆The diode has a forward resistance of 50 ohms and an reverse resistance of 0.5 megohm.　《電気》このダイオードの順方向抵抗は50Ωで、逆方向抵抗は500KΩである。◆One of the reasons why industrialization and modernization progressed rapidly in Japan is that the Japanese have accepted foreign culture without resistance.　日本で工業化と近代化が急速に進展した理由の一つは、日本人が外国文化を抵抗無く受け入れた[異文化をすんなりと受容した]からである。◆Push the cassette into the unit until you feel a resistance. When you meet this resistance, gently push the cassette further in until you feel the cassette "click" into place.　ユニットにカセットを、手ごたえが感じられるところまで押し込みます。この手ごたえのある位置からにそっと押し込み、カセットが「カチッ」と(手に感じて)所定の位置に収まります。

**resistant**　adj.〈to〉(～に)抵抗する、抵抗性[抵抗力]のある、耐性のある、～に負けない◆become [develop] resistant to...　(害虫などが)〔薬品など〕に対し耐性[抵抗性、抵抗力]を持つようになる◆acid-resistant glass　耐酸ガラス◆a disease-resistant fruit　(栽培中)病気に強い果物◆a drop-resistant multimeter　落としても大丈夫なマルチメータ◆an antibiotic-resistant strain　抗生物質に対する耐性を持っている菌株；抗生物質耐性株◆be highly resistant to corrosion　腐食(に対して)非常に強い◆be resistant to penicillin　ペニシリンに対し耐性がある◆corrosion-resistant alloys　耐食性合金◆drought- and frost-resistant crops　日照りや霜に強い農作物◆make... highly resistant to corrosion　～を腐食に対して強くする◆oil-resistant vinyl leads　耐油性[油に侵されにくい]ビニール被覆リード線◆resistant to oxidizing　酸化しにくい◆resistant to warping　反りにくい[反らない]◆rust-resistant metals　さびにくい[容易に錆びない、さびに強い]金属◆Some bacteria become resistant to penicillin　菌の一部にはペニシリンに対する耐性ができる[耐ペニシリン性ができる]ものもある◆termite-resistant redwood　シロアリがつきにくい[耐蟻性(タイギセイ)の高い]赤色材◆a penicillin-resistant strain　ペニシリンに対し耐性がある[ペニシリンが効かない]菌株◆high-impact-resistant Kevlar　高耐衝撃性のケブラー繊維◆a material that has been rendered resistant to acids　酸に対する耐性を持たされた材料◆be resistant to leaks　漏れにくい

**resistive**　adj.　抵抗する、抵抗可能の、抵抗力のある、抵抗性の；《電》抵抗性の、電気抵抗の◆a resistive (film [membrane]) touch panel　抵抗(膜)方式のタッチパネル(*指で触れた画面上の点を電気抵抗の変化で感知する)◆the resistive component of leakage current　漏れ電流の抵抗分◆the resistive component of the impedance　《電》インピーダンスの抵抗成分(*純抵抗成分[純抵抗分]のこと)

**resistivity**　(= specific resistance)　比抵抗、固有抵抗、抵抗率

**resistor**　a～　抵抗器(*略して単に「抵抗」とも)◆a chip resistor　チップ抵抗器◆a 1-megohm resistor　1MΩ[メグオーム]の抵抗器　[参考] color bands; colored rings　《電気》(円筒形の抵抗器の値を示すための、胴体にぐるりと鉢巻き状に塗ってある)カラーコードの色の帯

**resize, re-size**　vt.　～の大きさを変える、サイズ変更する◆re-size a window　《コンピュ》ウィンドウをサイズ変更する

**reskin**　vt.〈車〉～の外装のモデルチェンジをする；(a)～スキンチェンジ(された車)◆a reskinned four-door　スキンチェンジ[外装がモデルチェンジ]された4ドア車

**resolutely**　adv. 強い意志で、固い決意をもって、断固として、断じて、決然として、毅然として◆resolutely implement a bold strategy　思い切って[まなじりを決して、敢然と]大胆な戦略を実行する◆resolutely implement economic reforms　経済改革を断固実施する[断行する]◆Japan will remain resolutely a nation of peace.　日本は断固として平和国家であり続けるであろう。

**resolution**　1　(a)～　解決、解明◆without a resolution of political and humanitarian problems　政治的または人道的問題の解決が無いことには◆The prospects of a peaceful resolution are dim.　平和的解決の見通しは暗い。

2　(a)～　解像度、分解能、分解力、分析、分解、音の粒立ち◆vertical [horizontal] resolution　垂直[水平]解像度◆a low-resolution [medium-resolution, high-resolution] color monitor　低解像度[中解像度、高解像度]カラーモニター◆superhigh-resolution photographs　超高解像度[超高精細]写真◆ultrahigh-resolution spectroscopy　超高分解能分光学[分光法]◆500 lines of resolution　500本の解像度◆a higher-resolution graphics card　より高い解像度を出せるグラフィックスカード[基板]◆a horizontal resolution of 400 lines　400本の水平解像度◆be displayed in [at] low [medium, high] resolution　低[中、高]解像度で表示される◆images in 600 dpi resolution; images with a 600-dpi resolution; images with a resolution of 600 dpi　解像度600dpiの画像◆images of different resolutions　解像度の異なる画像◆in resolutions higher than 300 dpi　300dpiより上の解像度で◆print at (a) low [high] resolution; print in low [high] resolution　低[高]解像度で印刷する◆with a spatial resolution of one kilometer　空間分解能1kmで(*衛星による観測の話では)◆a horizontal resolution of 2048 pixels/line　2048画素／走査線の水平解像度◆a 16" portrait monitor with 300-dot/inch resolution　300dpiの解像度の16インチ縦型モニター◆a CCD (charge-coupled device) with 390,000 pixel resolution　39万画素の解像度を持つCCD[電荷結合素子]◆satellite imagery with 1-meter resolution　分解能1メートルの衛星画像(*スパイ衛星の話では)◆an image with a resolution of 320 by 200 pixels with 64 levels of gray　解像度320×200ピクセル、64階調の画像◆display in 720- by 348-pixel resolution　720×348画素[ピクセル]の解像度で表示する◆make copies of much finer resolution　はるかに精細な解像度で複写する◆print black text at a resolution of 600 dpi　テキストを600dpiの解像度で白黒印刷[印字出力]する◆deliver a degree of resolution not possible with conventional videotape　従来のビデオテープでは不可能だった解像度を実現する◆Moving to finer-resolution processes opens the door to producing...　高精細化プロセスへの移行は、～の生産への扉を開く。◆Resolutions of 200, 240, 300 dots/inch are user-selectable.　解像度は、200, 240, 300dpiのうちからユーザーが選択できる。◆The chip provides noninterlaced 1024 x 768 resolution.　そのチップによって、ノンインターレースで1024×768の解像度が実現する。◆The screen provides [has] 750 lines of horizontal resolution.　画面は、750本の水平解像度がある。◆Phase shifts throughout the 360° range are programmable with 10° resolution.　移相は、360度の範囲全域にわたり10度の分解能で設定可能である。◆Resolutions can be changed by scaling the resolution up or down electronically.　電子的に解像度を上げたり下げたりすることによって、解像度は切り換えられる。◆Thus, the larger the display resolution, the slower the image will be generated on-screen.　従って、表示解像度が高ければ高いだけ画面上での画像の生成が遅くなる。

3　a～　決意、決心、決議、決議案；[]断固としていること◆make a New Year's resolution to <do...>　～しようと新年の決意を固める◆unanimously approve a resolution　満場一致[全会一致、出席者全員の賛成]で決議案を可決する◆The resolution was approved unanimously at the annual meeting.　本決議案は年次総会において全会一致で承認[可決]された。

**resolve**　1　vt.〈問題など〉を解く、〈紛争など〉を解決する；～することを決心する<to do>、～と決心する<that>、〈人〉に(～するよう)決心させる<to do>、～することを[～と]決定[票決、決議]する<to do, that>；～を(～に)分解する<into>、〈炎症、腫れなど〉を散らす[消散させる]; vi.［～を]決定[決心、決議]する<on, upon>、〈構成要素〉に分解する<into>◆resolve troubles　トラブルを解消する◆resolving power (= resolution)　分解能；解像力◆resolve the contradiction　その矛盾を解消する◆in resolving such problems　そのような問題の解決に当たって◆spectrally resolved observations of the comet　その彗星のスペクトル分解観測結果 ◆I have resolved to <do...>　私は、〜しようと決心した ◆resolve the address to standard Internet addressing syntax (user@host)　《コンピュ》そのアドレスを解決［解釈］して標準のインターネットアドレッシング構文［形式］(user@host)に〈変換〉する ◆Mars Observer cameras will resolve [discern] objects as small as 33 feet across [in diameter].　火星観測機のカメラは、直径33フィートほどの小さい物体を解像できる［見分けられる］だろう. 2　a〜 決心, 決意, 決断; ①決加力, 不撓不屈, 堅忍不抜 ◆toughen one's resolve　決意をより堅くする

**resonance**　①共振, 共鳴; (a)〜 共鳴音, 響き, 反響 ◆produce resonance　共振［共鳴］を起こさせる ◆a resonance bridge　共振ブリッジ ◆a resonance frequency　共振周波数; 共振［共鳴］振動数 ◆resonance occurs　共振［共鳴］が起きる ◆self resonance occurs　自己共振が起きる ◆the establishment of resonance　共振［共鳴］を起こさせること ◆at frequencies slightly [just] off resonance　共振［共鳴］点からわずかにずれた周波［振動］数において; 《意訳》共振［共鳴］点からほんの少しずれた所で ◆The engine excites drones and resonances in the structure.　そのエンジンは、構造体内部でうなりを上げて共鳴を起こす. ◆The team concept finds little resonance in France.　連帯という概念は、フランスではほとんど共鳴を得られない.

**resonant**　adj. 共振の, 共鳴の; 響く, 反響する, 鳴り響く, 響き渡る, （声が）朗々とした ◆a resonant frequency　共振周波数; 共振［共鳴］振動数 ◆a resonant mode　共振モード ◆a ferro-resonant constant voltage transformer　鉄共振定電圧トランス

**resonate**　v. 共振［共鳴, 反響］する［させる］ ◆The question is bound to resonate long into the future.　この問題は必ずや今後ずっと尾を引くことになるだろう.

**resonator**　a〜 共振子［器］, 共鳴器［体］ ◆a ceramic resonator　セラミック共振子［発振子, 振動子］ ◆a crystal [quartz-crystal] resonator; a quartz resonator [oscillator]　水晶振動子［発振子, 発振器］（＊JISでは「振動子」. a quartz oscillator は水晶発振器とも）

**resort**　1　vi. <to>（解決の手段として）〜を用いる, 使う, 行使する, 取る, 探る, 〜に訴える, 〜に頼る; <to>〜に〔習慣的に〕行く, 〜にしげく通う ◆resort to force [arms]　武力に訴える［頼る］; 武力を行使する ◆resort to all sorts of tricks and tactics to <do...>　〜するためにありとあらゆる種類の計略や戦術［駆け引き］を使う［万策を弄する］ ◆without resorting to using external resistors　外部抵抗を用いるという方法をとることなく［外部抵抗を用いる必要なしに］ 2　a〜 リゾート地, 行楽地, 保養地, 休養地, 避暑地, 避寒地, 盛り場, たまり場; ①訴えること, 頼ること; a〜 頼る人［物］, 訴える手段, 頼みの綱 ◆an upscale resort　高級リゾート〔地〕 ◆as a last resort; in the last resort　最後の手段［取っておきの手段, 切り札, 窮余の一策, 奥の手, 苦肉の策, 伝家の宝刀］として ◆without resort to surgery　外科手術に頼らずに ◆a year-round vacation and health resort　通年型の保養地 ◆a resort that caters to families　家族連れ向けの行楽地

**resource**　〜s 資源, 資産, 《コンピュ》リソース; a〜 （いざというときの）手段, 手立て, 方策, 頼みの綱; ①機知, 臨機応変［当意即妙］の才 ◆energy resources　エネルギー資源 ◆human resources　（集合的）人的資源, 人材 ◆an Earth resources satellite　地球資源衛星 ◆a resource-rich country　資源の豊かな［資源に恵まれている］国; 資源国［大国］ ◆the Agency of Natural Resources and Energy　（日》資源エネルギー庁 ◆an Earth-resources survey camera　地球資源調査カメラ（＊衛星搭載用） ◆a profligate use of the world's resources　世界の資源の贅沢なむだ使い［浪費］ ◆available storage resources　《コンピュ》使用可能な記憶資源 ◆consume many [much] resources　多くの資源［リソース］を消費する ◆for the sake of savings in resources　省資源のために ◆perform [make] surveys of Earth resources　地球資源調査を行う ◆result in resource savings　（結果として）資源の節約［省資源］になる ◆Virginia's natural resource(s) policies　バージニア州の天然資源政策 ◆a country rich [abounding] in mineral resources　鉱物資源の豊富な国, 資源国［大国］ ◆adopt resource-saving technologies　省資源技術を採用する ◆resource-poor Japan　資源の乏しい［資源に恵まれない,《意訳》資源小国の］日本 ◆strategies for resources conservation, pollution prevention, and environmental protection　資源保護, 公害防止および環境保護のための戦略 ◆a country almost devoid of natural resources　天然資源のほとんどない国 ◆in areas where water resources are scarce　水資源の乏しい地域において ◆leave a person to his/her own resources　（特に, 難しい局面で助言などを与えずに）〈人〉を好きなようにさせておく ◆run in environments with very small resources　《コンピュ》リソースのごく少ない環境で実行［動作］する ◆This web site will serve as an excellent resource for students to learn about...　このウェブサイトは, 学生たちが〜について学ぶのにとても良いリソース［情報源］になります. ◆Ukraine is rich in natural resources.　ウクライナは天然資源が豊富だ.; ウクライナは豊かな天然資源に恵まれている. ◆LANs facilitate the sharing of expensive computing resources among a group of users.　ローカルエリアネットワークは, 団体ユーザーが組織内で高価な電算資産を共用することを容易にする.

**respect**　1　vt. 〜を尊重する, 尊ぶ［貴ぶ］（タットブ, トウトブ）, 重んずる, 考慮する; 〜を尊敬する, 敬う, 〜に敬意を払う; (=heed, observe carefully)〈規則など〉を守る, 遵守［順守］する ◆a respected authority on opera　尊敬を集めて［一目置かれて］いるオペラの権威〔者〕 ◆the law should be respected　法律は守らなければならない; 法は遵守［順守］すべし ◆well-respected　大いに尊敬を集めている ◆respect Ontario's traffic laws　オンタリオ州の道路交通法を守る ◆She was dearly loved and highly respected.　彼女は（人々の）深い尊敬を集めていた. ◆Technology and communications don't respect national borders.　《意訳》技術と通信は国境を飛び越えて伝播する. 2　①敬意, 尊敬 <for>; ①考慮, 尊重 <for>; a〜 点, 箇所, 細目 ◆in all respects; in every respect　すべての点［面］で ◆in this respect　この点〔で〕 ◆pay one's respects to...　〜に敬意を表する;〜に弔意を表す;〈人〉に挨拶に伺う［顔出しする］;〈人〉を表敬〔訪問〕する（＊表敬の礼） ◆with respect　敬意を払って, 丁寧に, うやうやしく, 丁重に, 慎重に（テイチョウニ）, 大事に, 大切に, 注意深く, 慎重に ◆handle [treat] it with respect　丁寧に気をつけて　他の点からすれば, 別の点では ◆promote respect for laws concerning...　もっと〜に関する法律を守り従うようにさせる; 〜法の順守［遵守］を促す ◆treat... with respect and courtesy　敬意を払って礼儀正しく；うやうやしく, 丁重に, 手厚く〈人〉に接する ◆meet the specifications in all respects　すべての点で〔完全に〕その規格を満たしている ◆his accomplishment has not yet gotten the respect it deserves　彼の業績は, 受けてしかるべき［正当な］評価をまだ受けていない ◆The exhaust note from the four exhaust pipes commands respect.　4本の排気管から発せられる排気音［エンジン音］は敬意［尊敬］の念を抱かせる.（＊クラシックカーの話でも） ◆Sodium should be handled with respect, as it can be dangerous when improperly handled.　ナトリウムは不適切に取り扱うと危険なので, 丁寧に扱うこと.

**in respect of**　〜に関して, 〜について〔は〕,《特にビジネスレターで》〜の支払いに［代償として］

**without respect to**　〜にかかわりなく, 〜を問わず, 〜にかまわず

**with respect to**　〜に関して,〈位置, 数量など〉に対して［〜を基準にして, 〜について, 〜と比較して］ ◆be measured with respect to a reference point　ある基準点を基準にして測定されている ◆the instantaneous rate of change of y with respect to x　x に対する［x についての］y の瞬間変化率 ◆improve performance with respect to the specified characteristic　その指定された特性について性能を向上させる ◆maintain the output voltage small with respect to the input　入力に対して出力電圧を低く維持する［保っておく］ ◆The dollar has fallen so dramatically with respect to the Deutsche Mark in the past year.　ドルは過去1年間にドイツマルクに対してそれほどにも劇的に急落した. ◆Of the remaining choices, comparisons should

**respectable** adj. 尊敬すべき、立派な、れっきとした、品のよい、体裁のよい、《質的に》まあまあの、《口》《数量が》かなりの［多い］ ◆Seek time is a very respectable 28 milliseconds. シークタイムは、堂々の28msである。 ◆The changes will drop the figure to a much more respectable 0.35. それらの変更によって、その数値はずっと立派な［堂々の］0.35(の値)まで下がるだろう。(＊車の空力抵抗の話) ◆This idea would be respectable, but what is not respectable is that they are trying to impose it by force. この考えは立派かもしれないが、立派でないのは彼らがこの考えを力ずくで［武力で］押しつけようとしていることだ。

**respectfully** adv. うやうやしく、謹んで ◆I respectfully request that... 謹んで、~ということをお願い申し上げます。 ◆Respectfully yours,; Yours respectfully [Respectfully], 敬具［敬白］(＊目上に対する手紙の結び文句。古い英語表現) ◆treat... lovingly and respectfully 〈人〉に愛情と尊敬の念をもって接する ◆I would (like to) respectfully suggest that... 僭越ながら、~ということを提案させて［述べさせて］いただきたく存じます。 ◆listen as respectfully to a child or repairman as to a president 子供や修理マンに対しても大統領にするのと同じように尊敬を払って話を聞く ◆they bowed respectfully at the tomb 彼らは墓前で恭しく(ウヤウヤシク)頭を下げて［礼をした］ ◆We treat every call respectfully. 私どもでは一本一本の電話に丁寧に［丁重に、相手を立てるようにして］応対しています。 ◆I must respectfully decline your invitation. 《意訳》大変残念ですが、ご招待をお受けできないことを申し上げなければなりません。 ◆I respectfully disagree with your hypothesis. 私は、あなたの仮説［仮定、憶測］には同意しかねます。

**respective** adj. それぞれの、めいめいの、各々の、各自の、ひとりひとりの ◆their respective territories (彼らの)それぞれの領土 ◆UNIX, MS-DOS, OS-9, and XENIX are trademarks of their respective companies. UNIX, MS-DOS, OS-9, およびXENIXは、各社の商標です。

**respectively** adv. 《通例後置して》それぞれ、めいめい、別々に ◆The semiannual Consumer Electronics Show, held in January and June in Las Vegas and Chicago, respectively, is... 1月と6月にそれぞれラスベガスとシカゴで開催される年2回［半期ごと］のコンシューマ・エレクトロニクス・ショーは、~

**respiration** 《□》呼吸(作用)；a~ 一呼吸、一息 ◆practice artificial respiration on... 〈人〉に人工呼吸を行う［施す］

**respirator** a~ レスピレーター、人工呼吸器、ガーゼのマスク、ガス［防毒］マスク ◆he is breathing with the aid of a respirator 彼はレスピレータ［人工呼吸器］の助けを借りて呼吸している

**respiratory** adj. 呼吸の、呼吸のための、呼吸に関する、呼吸器の ◆the respiratory center 《医》(脳)の呼吸中枢 ◆a respiratory center 呼吸器(疾患の医療)センター ◆diseases of the respiratory organs; a respiratory disease 呼吸器の疾患 ◆a device for protecting the respiratory system 呼吸器系を守るための装置；呼吸保護具

**respite** (a~) 小休止、息抜き、休息、一時的な中断、猶予 ◆need [seek] (a) respite from... ~を忘れての、しばしの休養［休息、一休み、ゆったり気分での（くつろぎ）］を必要とする［求める］ ◆offer [provide, give] (a) respite from... ~から離れての、しばしの休息［休養］を与える ◆take [get, have] (a) respite from... ~から遠ざかって、しばらくの間休暇［休息、休養］をとる ◆during the respites between waves of attack 波状攻撃が止む合間に ◆This is a period of respite, in which to prepare for the next round. これは次に向けて備えての休息期間である。

**respond** vi. <to>(~に)答える、応答する、返答する、応え、応じる、対応する、反応を示す、応酬する；<to>〈治療・薬〉に好ましい反応を示す［のおかげで良くなる、が効く］；vt. (~)と)答える［返答する］<that> ◆respond to consumer demands 消費者の要求［要望、要請］に応える ◆have the ability [capability, capabilities] to respond to rapidly-changing technologies 移り変わりの速い技術への対応力を持って［備えて］いる ◆respond quickly to shifting tastes 変化する(消費者の)嗜好にすばやく対応する ◆cyclosporine was effective in patients who did not respond to steroid drugs シクロスポリンはステロイド剤に感受性を示さなかった患者に有効であった［効き目があった］ ◆The mobile station responds to the order from the fixed station. 移動局は、固定局からの指令に応答する。 ◆The car responds quickly to the steering wheel even at the limit of adhesion. この車は、接地粘着力が無くなるぎりぎりのところでさえも敏感にハンドルに追従する。 ◆When the mobile station receives a page from the fixed station, the mobile station responds back. 移動局が固定局から呼び出しを受けると、移動局は返答する。 ◆Layers of management are being reduced so that the department store can respond more quickly to changes in fashions and consumer tastes. このデパートでは、流行と消費者の嗜好の変化により迅速に対応できるように、管理職層が削減されつつある。 ◆The report predicts that speech recognition is an area that will respond strongly to improvements in equipment. この報告書は、音声認識は機器類の性能向上に強く影響される分野であろうと予測している。

**respondent** a~ 応答者、返答者、(調査などの)回答者、(特に離婚訴訟の)被告 ◆In a survey of 1,000 engineers, 42% of the respondents said... 1,000人の技術者を対象とする調査で、回答者のうちの42%が~と答えた。 ◆Over 73% of the respondent companies have less than 50 employees. 《意訳》回答した企業の73%以上が従業員数50人未満である。(＊アンケート調査など)

**response** a~ (~に対する)応答[返事、回答、受け答え]、手ごたえ、対応<to>;(a) ~ (~に対する)反応[反響、手ごたえ]<to> ◆a response message 応答メッセージ ◆(a) VU meter response speed 音量メーターの応答速度 ◆a delay in response 応答遅れ ◆demand openness and quick response 開放性と即応性を求める ◆the server sends back a response サーバーは応答を返す ◆the steering response of a car 車の操舵［操縦］反応 ◆to ensure a fast response speed 高速応答速度を保証する［確実なものにする、《意訳》実現する］ために ◆to increase the speed of response(s) 応答速度を上げるために ◆changes in leaf orientation in response to the sun's movement 太陽の動きに呼応しての［《意訳》合わせた］葉の向きの変化 ◆give a quick response to buyers' enquiries about products 購入予定者からの商品についての問い合わせに対し迅速に答えを返す ◆measure the frequency response characteristics of an audio amplifier オーディオアンプの周波数応答特性を測定する ◆perform a frequency response test on an amplifier アンプの周波数特性試験を行う ◆share prices tumbled in response to... ~(の流れ)を受けて株価が暴落した;(イヤキ)して株式大幅に値を崩した ◆the car's instant and insistent throttle response その車の瞬間のかつ執いようなスロットル応答 ◆the device's fast response to the input signal その素子の入力信号に対する高速応答 ◆the movement received a groundswell of response この運動は大きく盛り上がる手ごたえを得た ◆If there is no response after the request is sent for 5 s,... この要求が送信されたあと5秒間全く応答が無い場合 ◆Among businessmen, the letter evoked mixed responses. 事業家の間で、その手紙はさまざまな反響を呼んだ。 ◆The extensive processing slows down the display's response. その大規模な処理は、ディスプレイ(装置)の反応を遅く［鈍く］する。 ◆The help-wanted ad drew responses from 25 people. その求人広告には25人からの反響があった。 ◆The response to changes in temperature settings is slow. 温度設定の変更に対する応答［レスポンス］は遅い。 ◆The speed of response of the system increases with bandwidth. システム［系］の応答速度は、帯域幅の拡大に伴って上がる［高速化する］。

**in response to** ~に応じて［応えて、答えて、呼応して、即応して、反応して、対して、対応して］、~を受けて、~のあお

りで, 〜のあおりを食って[受けて] ◆in response to changes in temperature 温度の変化に応じて ◆Most of the initiatives were bankrupted or eliminated in response to government belt-tightening. それらの構想のほとんどは, 政府の緊縮政策のあおりを受けて破綻あるいは撤廃の憂き目をみた. ◆American companies are restructuring in response to leaner, meager times. 米企業は, ぜい肉を落とした[スリム化]時代に呼応してリストラをすすめている.

**responsibility** ⓤ (〜に対する)責任, 行動責任, 義務, 責務<for>; a〜責任として果たさなければならない個々の事柄, 務め, 任務 ◆have a responsibility to <do> 〈人〉が〜する責任を負っている ◆be burdened with the responsibility of... -ing 〜する責任を負っている[責任が課せられている] ◆be placed under the responsibility of... 〜の責任下[管轄下, 管理下, 指揮下]に置かれる ◆come [fall] under the responsibility of... 〜は〜の責任[管轄]になる; 〜は〜が管理[指揮]することを負うことになる ◆decide (on)... on one's own responsibility 〜を自分自身の責任[自己責任]で決める, 一存[独断]で決定する ◆establish [create, form] a chain of responsibility 責任系統[責任体制]を確立する[創設する] ◆exercise that responsibility その責任を果たす ◆fulfil one's responsibilities [obligations] 責任[義務]を果たす ◆shoulder all responsibility 全責任をしょいこむ ◆step down to take responsibility for... 〜の責任をとって辞任する; 〜のせいで引責辞任する ◆take on more responsibility もっと責任を引き受ける ◆your responsibilities as a driver ドライバーとしてのあなたの責任 ◆the responsibility for...-ing...will likely fall on the shoulders of... 〜する責任は, おそらく〜氏の双肩にかかることになるだろう ◆burden a person with too many responsibilities 〈人〉にあまりにも多くの責任を担わせる[抱え込ませる] ◆He resigned to take responsibility for... 彼は, 〜の責任をとって辞任[〜が原因で引責辞任]した. ◆In many cases, responsibility for...-ing... has fallen to... 多くの場合, 〜する責任は〈人〉にかかった. ◆know where the final responsibility lies どこに最終責任があるのかを知っている ◆resist regarding quality as a group responsibility 品質が集団責任であることを認めようとしない ◆Where does the responsibility for... rest? 〜の責任の所在はどこにあるのですか. ◆let the president dodge responsibility for the huge deficit 《意訳》巨額の赤字を出した社長の責任を問われないで済むようにする ◆many of them lay the responsibility for all their hair problems on the last product they put on their hair 彼らの多くは, 髪の毛の問題すべてを最後に髪につけた製品のせいにする ◆take active steps to ensure that the location of responsibility for the quality of... is clear 〜の品質に対する責任の所在が明確になるよう積極的な対策を探る[積極的な対策を講じる] ◆We see ourselves as having the responsibility to actively cooperate in the effort to overcome... 私たちには〜を克服するための取り組みに積極的に協力するという責任[責務, 努め, 義務]があると思います. ◆It is the responsibility of the driver to make sure... 〜を確認するのは運転者の責任[任務]である ◆Arab men don't believe women should be in positions of responsibility. アラブ人男性らは, 女性は責任ある地位に就くべきではないと考えている. ◆No one claimed responsibility for the bombing. 爆破事件の犯行声明はなかった. ◆There should be some sharing of responsibilities between the two parties. 両党間で何らかの(形での)責任分担があってしかるべきである. ◆They did it on their own responsibility. 彼らは自己の責任[独断]でそれをした. ◆Lehman assumes no responsibility for damage caused by misuse or careless handling. レーマン社は, 誤用や取り扱い上の不注意に起因する損傷に対しては責任を負いかねます. ◆Please note that whilst we have taken all reasonable care in getting the times correct in this timetable, – there are no guarantees and we accept no responsibilities whatsoever for errors. この時間表に掲載の時刻については細心の注意を払って[できる限り]正確を期していますが, (間違いがないという)保証はなく, 誤りに対して当方は一切責任を負いませんのでご了承ください.

**responsible** adj. 〈物事に対して〉責任を負うべき<for>, 〈役割など〉を担当して[担っている]; 〈人〉に責任のある<to>, 責任の重い, 信頼のおける(= trustworthy); 〈叙述的に〉(〜の)原因である ◆a responsible official 担当官[係員]; 主管の(係の)人 ◆hold a person responsible for... 〈人〉に〜の責任を負わせる ◆the endocrine system that is responsible for producing hormones ホルモンの生成を担当する[つかさどる]内分泌系 ◆gases that are responsible for the greenhouse effect 温室効果の要因[原因]であるガス ◆The driver is responsible for ensuring that... 運転者は, 〜であることを確認する責任がある. ◆the nutrients responsible for the decline of water quality in the Bay 同湾の水質低下の原因となっている養分 ◆These plants are responsible for contamination of drinking water. これらの工場は飲料水の汚染の原因である. ◆In the 1970s, these substances were identified as being responsible for the depletion of the ozone layer. 1970年代に, これらの物質はオゾン層の減少に係わっていることが確認された. ◆These manufacturers are responsible for supplying such items as aluminum castings, cylinder heads, plastics, and glass to the factory. これらの製造業者らは, その工場にアルミ鋳造[鋳物]部品, シリンダ・ヘッド, プラスチック, ガラスなどの品目を供給(する役割を果)している. ◆The supplier is responsible for the quality of supplies or services furnished to Velden Corporation. 納入業者は, ヴェルデン社に納品されている納入品もしくは提供されるサービス(用役・役務)の品質に対する責任を負っている. ◆Most recalls are carried out voluntarily by manufacturers under the supervision of the Federal agency responsible for the product category involved. ほとんどのリコール[製品回収]は, 当該製品カテゴリーを所轄[管轄]する連邦行政庁の監督下で製造業者によって自発的に実施されている.

**responsive** adj. (〜に対し)すぐに応答する, 敏感な, 感受性がある, 反応を示す, 飲み込みが早い<to> ◆a faster, more responsive screen より高速で応答性に優れている画面(＊液晶ディスプレイの話) ◆an ultra-responsive gas-plasma screen 超高速応答ガスプラズマ画面 ◆the system becomes noticeably less responsive システムは, 体感できるほど反応が鈍く[のろく]なってくる ◆The company is more responsive to the needs of consumers. その会社は消費者のニーズにより敏感に応えている. ◆The keyboard has a responsive touch. このキーボードは, 押し応えがある. ◆The detector produces signals responsive to the intensity of the infrared radiation. この検出器は, 赤外線照射の強度に応じた信号を発生する.

**responsivity** 応答性, 応答度, 敏感さ, 感受性 ◆high-speed responsivity 高速応答性 ◆photodetector responsivity 光検出器の応答性

**rest** 1 (a)〜<from> (〜からの)休み, 休息, 休憩, 休養; (a)〜 睡眠; ⓤ永眠, 死; ⓤ静止(状態), 停止(状態); (a)〜 安静, 落ち着き, 安心, 平穏なひととき; a〜《音》休止, 休止符; a〜《載せる物の意味で複合語を作って》〈ひじ〉掛け, 〈背〉当て, 〈背〉もたれ, -枕, -支え, -置き, -のせ, -止め, -受け, -台, -受け台, -架台 ◆be at rest 停止[静止]している ◆come to rest 停止する ◆a body at rest 静止(している)物体 ◆remain at rest 静止したままである ◆take a short rest 小休止する ◆accelerate the motor from rest to normal speed 静止状態から常用速度までモーターを加速する

2 vi. 休む, 眠る, 永眠する, 安心している, 休止[停止, 静止]している, 遊んでいる, 寄りかかる<on, against>, 載っている<on, upon>; 基づく<on, upon>; vt. 〜を休ませる, 〈眠〉落ち着かせる, 安心させる(= stop), 置く[載せる]<on>, もたせかける<against>, 〜を基づかせる<on>, 〈視線など〉を(〜に)注ぐ<on> ◆rest the other three fingers lightly on the three mouse buttons 他の3本の指を3個の(コンピュータ用)マウスボタンの上に軽く置く[のせる] ◆He is resting at home after being treated for an irregular heartbeat. 彼は不整脈の治療を受けたあと自宅療養している. ◆His resting pulse rate was 55. 彼の安静時の脈拍は55だった. ◆May they all rest in peace [peacefully]. 彼らが皆安らかに眠りますように.; この方々す

べてのご冥福を祈ります. ◆The final decision rests with him. 最終決定権は彼にある.
**3** *the* ~ (= the remainder) (〜の)残り, 残余 <of>; *the* ~ (= the others) (〜の)その他の人［もの］<of> ◆cellular systems in the rest of the world 世界のそのほかの地域［国々］における移動電話システム ◆set the switch on "automatic" and let the system do the rest そのスイッチを「自動」に設定し, あとはシステムにまかせる ◆The rest comes from the U.S. and other sources. 残りは米国および他の供給国から来る.
**4** *vi.* (ある状態の)ままでいる ◆rest assured 《直訳》確信したままでいる[《意訳》安心している]
**restart 1** *a* 〜 再スタート, 再出発, 再開, 再始動, 再起動, 再立ち上げ ◆a restart of the program 《コンピュ》そのプログラムの再起動
**2** *vt., vi.* 再始動[起動]する, 再開する, やり直す ◆ideal for critical applications where reliable instant restarting of a high-pressure sodium lamp is crucial 高圧ナトリウムランプの確実な瞬時再点灯が極めて肝心な[《意訳》不可欠となる, 大前提である］重大な用途に最適
**restaurant** *a* 〜 レストラン, 飲食店, 食堂, 食事処, 料理屋［店］, 割烹(店), 料亭 ◆at [in] a restaurant レストランで ◆expense-account lunches at top-dollar restaurants 交際費［接待費, 会社のツケ］で落とす高級レストランでの昼食
**restock** *vt.* 〜に(〜を)在庫補充する<with>, ［河川, 湖など］に魚を放流する; *vi.* 在庫補充する, 新たに仕入れる ◆restock a store [refrigerator] 店に品物を［冷蔵庫に食品を］補充する ◆restock parts for the assembly line 組み立てラインで(生産)使用するための部品を補充する
**restoration** ⑪元に戻すこと, 回復, 復旧, 復興, 再建, 中興, 修復, 復元, 再生, 返還, 復職; *a* 〜 復ード[修復]されたもの; the Restoration ［英国史］王政復古 ◆direct-current restoration 《TV》直流再生(= clamping, direct-current reinsertion) ◆perform restoration work of [on]... 〈発掘品や古美術品など〉の修復[復元]作業を行う, 〜の復旧工事を実施する ◆promote restoration to health 健康回復[快復, 平癒]を促進する ◆the Meiji Restoration 明治維新(*日本語の「維新」とはすべて新しくなること, 維新がRestorationと言われている理由は, the restoration of power to the emperor「天皇への政権を戻すこと＝王政復古」から) ◆the speed of restoration of power during an outage 停電時に電力を復旧[復電]させる速さ ◆upon the restoration of the correct voltage 正規の電圧に復旧すると
**restorative** *adj.* 元気を回復させる, 力を取りもどさせる, 体力をつける, 回復させる, 修復の, 復旧の, 成形の(*手術の); *a* 〜 強壮剤, 健康増進剤, 気付け薬 ◆attain a deep restorative, peaceful sleep (疲れが)とれて体力・元気が）回復する穏やかな睡眠を手に入れる
**restore** *vt.* 〜を元に戻す, 元通りにする, 回復する, 復旧する, 復元する, 復職[復位, 復帰]させる, 返還する, 返す; (*a*) 《コンピュ》復元 ◆execute a restore 《コンピュ》リストアを実行する ◆at restore time 《コンピュ》リストア［復旧, 復元］時 ◆restore one's vision 視力を回復する ◆restore the company's vigor この会社に活気を取り戻す［を再活性化する］ ◆monitor and compile the progress made in restoring contaminated sites 汚染された場所の原状回復の進み具合［進捗状況］を監視し, それについてまとめる ◆restore a malfunctioning system to proper working condition [to working order] 動作不良［障害, 機能不全］を起こしているシステムを正常な動作［運転］状態に戻す［復旧させる］ ◆restore an adequate blood supply to the heart muscle 再び心臓の筋肉［心筋］に血液が十分に供給されるようにする ◆restore electrical continuity to contacts 接点に電気的導通を復活［接点を復活］させる ◆restore normal operation to the system システムを正常動作［運転］に復旧させる ◆restore power to thousands of homes 何千という世帯に電気を復旧させる ◆restore the battery to full charge バッテリーをフル充電［満充電］状態に回復させる［戻す］ ◆select the backup file you want to restore from 復元

するバックアップファイルを選択する ◆so as to restore them to their normal positions それらを正常な位置に戻すために ◆to restore [recall] the factory default settings 工場出荷時の設定を復元させる［工場設定に初期化する］ために ◆... the screen is restored to a single view 《コンピュ》画面は(分割表示から)非分割表示に復帰する ◆restore nitrogen to the soil クローバー［シロツメクサ］は, 土壌に窒素を取り戻す助けをする ◆if the dead could be restored to life もし死者［死人］を生き返らせる［甦らせる, 蘇生させる, 復活させる, 息を吹き返させる, 回生させる］ことができれば ◆restore the file MEMBER from the backup disk in drive A to the ¥DAT directory on drive C 《コンピュ》MEMBERというファイルをドライブAのバックアップディスクからドライブCの¥DATというディレクトリに復元[復旧, 回復]する ◆the old synagogue is nearly restored to its original state その古いユダヤ教礼拝堂はほぼ元の状態に復元されている ◆Sidekick then restores the screen to its previous state. 《コンピュ》するとSidekick (プログラム)は画面を元の状態に復帰する.; 《意訳》すると前の画面に復帰する. ◆This program is used to save disk files on magnetic tape and to later restore these saved files back onto the disk. 《コンピュ》このプログラムは, ディスクのファイルを磁気テープに退避し, 後でディスクに戻して復旧するのに使う.
**restrain** *vt.* 〜を抑える, 制止する, 抑制する, 制御する, 制限する, 制約する, 牽制する, 〜の自由を奪う, 〜を拘束する, 束縛する, 監禁する ◆We recommend that small children be properly restrained. 《車》小さなお子様は, (座席から投げだされないよう)シートベルトやチャイルドシートで)きちんと拘束しておくようお勧めします.
**restraint** (*a*) 〜 抑制, 抑止, 自制, 制限, 制約, 掣肘(セイチュウ), 禁止, 入港［出港］禁止, 拘束, 束縛, 監禁; 《車》シートベルト ◆a supplemental restraint system 《車》補助拘束装置(*エアバックの正式な呼び方. 衝突時に乗員の体が前に行かないよう拘束するために, シートベルトに加えて補助的に使用されるものという意味) ◆budgetary restraint 予算緊縮 ◆exercise voluntary restraint on... 〜に対し自主規制を行う ◆there is no restraint on... 〜に対して何ら制限がない ◆exercise restraint in the export of... 〜の輸出を自主規制する
**without restraint** 抑制なしに, 自由に, 思いのまま, 思う存分, 思いきり, 勝手気ままに, 勝手［やりたい］放題に, 無遠慮に
**restrict** *vt.* 〜を(〜に)限る［制限する, 限定する］<to>, 掣肘(セイチュウ)する ◆restrict one's intake of salt; restrict salt in one's diet 塩分摂取量を制限する［塩分の摂取を控える］ ◆restrict the operation of the equipment その設備の運用を制限[規制]する ◆restrict the use of... 〜の使用を制限する ◆be constructed in a manner that restricts contact with or entry by humans and animals 人間や動物が触れたり中に入ったりしないように造られている ◆those of you who restrict fat consumption 脂肪分の摂取を控えている皆さん ◆make popular the knowledge of the universe which is now almost restricted to astronomers 現在はほとんど天文学者たちにしか知られていない宇宙に関する知識を普及させる ◆We will restrict our interest to relatively simple systems. 比較的簡単な系に限定して考察することにする. ◆By law, the use of the white cane is restricted to blind persons. 法律により, 白杖(ハクジョウ)の使用は目の不自由な人たち［視覚障害者］に限られている.
**restricted** *adj.* (特に, 法律により)限られた, 制限された, 規制された, 機密［非公開］の, 狭苦しい, (生活が)付き合いが狭く閉鎖的な ◆a restricted area 立ち入り禁止［禁止］区域; 規制地区 ◆a restricted work area 立ち入り禁止[制限]になっている作業区域 ◆a relaxation of export controls on 43 of the 120 types of restricted products 120種にのぼる規制対象品の内43種に対する輸出規制の緩和
**restriction** (*a*) 〜 <on> (〜に対する)規制, 制限, 掣肘(セイチュウ), 制限事項, 制約; *a* 〜 狭窄(キョウサク), くびれ ◆import restrictions 輸入規制 ◆a lifting of restrictions on... 〜の制限の解除 ◆a restriction [constriction] in the fuel line 燃料配管のくびれ(箇所) ◆remove restrictions on... 〜に加えら

れて[課せられて]いた制限を解除する[規制を撤廃する] ◆signs giving parking restrictions　駐車を規制している標識 ◆put restrictions on the number of times they can...　彼らが〜できる回数に制限を設ける ◆impose a restriction affecting the entire part or assembly　部品または組み立て部品の全体に関わる[を対象とする]規制を加える ◆the requirement that...constitutes a restriction on...　〜であることという要求条件は、〜に対する制約となる ◆without introducing severe timing restrictions on circuit design　厳しいタイミング制約を回路設計に課すことなく ◆impose a no-change restriction in design, composition or process without prior Velden approval　ヴェルデン社の事前の承認無しで設計, 組成, もしくは製法について変更してはならないという制約を加える ◆Noise restrictions limit the hours of operation.　騒音規制により営業時間が制限されている. (＊空港の話) ◆Severe restrictions continue to be placed on freedom of association throughout the region.　地域全体にわたって, 結社[集会]の自由に対し厳しい制限が引き続き付け[設けて]られている.

**restrictive**　adj. 制限的な, 規制する, 抑制的な, 限定的な, 拘束する ◆a restrictive condition　限定条件 ◆a restrictive energy policy　エネルギー抑制政策 ◆The cost of customized chips may be restrictive until volumes reach a trade-off level.　数量がトレードオフ・レベルに達するまでは, 特注チップの費用は手が出にくいほど高いかもしれない.

**restroom, rest room**　a〜《米》(大勢の人が利用する建物にある)トイレ[手洗い, 化粧室] ◆Can you tell me where the restroom [the bathroom, the toilet, the gents, the ladies] is (please)?　トイレはどこですか.

**restructure**　vt., vi. リストラする, 再構築する, 再編成[改編]する, 構成する, 改革する, 改造する ◆require a top-to-bottom restructuring of the company's operations　会社の事業の上から下までの建て直しを必要とする ◆Steve Halliday remembers the day he learned his job was about to be "restructured" out of existence. "It was white knuckle time," says Halliday.　スティーヴ・ハリディは, 自分の職が「リストラ」で風前の灯火だと知った日のことを思い出す.「（思わず手を握りしめてしまうほど)不安でいっぱいの思いでした」とハリディは言う.

**restructuring**　(a)〜リストラ, (事業の)再構築, (経営の)構造改革, 構造調整, 再編, 改編, 再編成, 再構成, 改革, 改造 ◆announce a major restructuring of...　〜の大リストラを発表する ◆need a major restructuring　〜は一大リストラを必要としている ◆the restructuring of the company　会社の再構築[再建, リストラクチャリング] ◆a restructuring of the distribution system　流通機構の再編 ◆the restructuring of the nation's economic system　この国の経済体制の建て直し ◆Under his direction, the company lurched through round after round of restructurings.　彼の指揮下[彼をトップに頂いて], この会社は相次ぐリストラをくぐってよろめきながら[傾きながら]やってきた. ◆The slump finally forced the company's management last week to launch a major restructuring that involves paring down its overhead and revamping its marketing philosophy.　業績の悪化のため, 同社の経営陣は先週になっていよいよ, 諸経費の切り詰めと営業理念の見直しを伴う大がかりな再建の腰を上げることになった.

**restructurization**　回リストラ, (事業の)再構築, (経営の)構造改革, 構造調整, 再編, 改編, 再編成, 改革, 改造

**restyle**　vt. 〜のスタイルを新しくする, (車)をモデルチェンジする ◆the restyled 928　《車》モデルチェンジを受けた(ポルシェ)928

**result**　1　(a)〜結果, 成り行き, 結末, 帰趣(キスウ)、成果, 所産, 成績, 実績, (意訳)影響; a〜計算の答え; (通例〜s)《英》試験の点数 (=《米》scores) ◆as a result (of this)　この結果; このため ◆as a result of...-ing　〜した結果 ◆test results　テスト結果, 試験成績 ◆end in undesirable results　好ましくない結果[不首尾]に終わる ◆the monitoring of quarterly results　四半期ごとの実績の監視 ◆to maximize results　できるだけよい結果を得ようと; 最大の効果をねらって; 最大限の成果を収めようと ◆with dramatic results　劇的な成果でもって[を収

めて] ◆yield practical results　実際に役立つ成果をあげる ◆test results on a drug　ある剤に関する試験結果 ◆The result is that...　結局は[結果として]〜ということである[になる]. ◆as a result of rough handling during shipment　出荷段階での手荒な取り扱いの結果(として) ◆introduce results-oriented pay strategy to managers and employees　管理職や従業員に対して成果主義[成果志向型の]賃金戦略を導入する ◆It is clear from the results that...　これらの結果から〜であるということが明白である. ◆our strategy is beginning to yield results　我が社の戦略は成果を生み始めている ◆The improvement is a direct result of...　この改善は, 〜によって直接もたらされたものである. ◆Actual fourth-quarter results, to be reported Oct. 28, will...　10月28日に報告[発表]される(ことになっている)第4四半期の実績は, ◆if the actual results don't meet those numerical targets　もし実際の結果[実績]がこれらの数値目標に届かなければ ◆An algorithm is a method for achieving a specific result.　アルゴリズムとは, ある特定の結果を求めるための方法である. ◆As the result of tips, police found Brice.　たれ込み情報があった結果, 警察はブライスを見つけ出した. ◆Sears' automotive business continued to lag behind year-ago results　シアーズのカービジネスは, 前年実績を下回って推移した ◆The result is that all statistics are recalculated...　この結果, すべての統計情報が再計算される ◆The new Corrado is the end result of a great deal of diligent design and engineering study.　新型(車)Corradoは, 設計・技術研究における多大な努力の最終成果である. ◆Gay communities around the world have made "safe sex" the watchword, and the use of condoms is up − with dramatic results.　世界中のゲイ社会は「安全なセックス」を合い言葉にした. そしてコンドームの使用は増え, 劇的な成果を収めている.

2　vi. 結果として生じる, もたらされる, 起因する, 起きる <from> ◆If..., problems will result.　もし〜ならば, (その結果)問題が生じる[発生する]. ◆protect...from damage resulting from stress, strain and/or vibration　応力や歪みや振動に起因する損傷から〜を保護する ◆resulting die size reductions　結果としてのチップの小型化 (＊a dieはICチップのこと) ◆an injury resulting from a possible electrical insulation failure　万一の電気絶縁不良による[起因する]負傷[危害] ◆lower prices that result from market competition　市場競争の結果もたらされる低価格化 ◆Any handbook results from the efforts of many people.　どんなハンドブックも, 多くの人々の努力のたまものである. ◆Severe injury or death often results when you are thrown out of a car.　重傷や死亡(事故)は, 車から放り出される場合によく発生する. ◆Overshoot, undershoot, and slowing of rise time all result from distortion of the higher frequency signals.　(波形の)オーバーシュート, アンダーシュート, および立ち上がり時間の遅れはすべて, 高域信号のひずみに起因する. ◆This test should not be done for more than 20 seconds, or damage to the final amplifier may result.　この試験は, 20秒を越えては行わない (〔実施時間を〕20秒以内にとどめる)こと. さもないと終段増幅器に損傷を来す[招く]ことがある. ◆CAUTION: Never mix any combination of bleach, ammonia and commercial cleaners; a toxic gas may result.　注意: 漂白剤, アンモニア, および各種市販洗剤を, (いかなる組み合わせでも)絶対に混ぜて使用[併用]しないでください. 有毒ガス発生の原因になります.

**result in...**　〜という結果になる, 〜になる, 〜に終わる, 〜に帰する, 帰着[帰結, 帰趣(キスウ)]する, (結果として)〜に陥る, 〜をもたらす, 〜を招く, 〜の原因となる ◆result in the loss of...　結果的に[結局は]〜を失うことになる ◆traffic violations which result in the driver's license being suspended　運転免許停止(という結果)になる交通違反 ◆You can subtract a date from a date resulting in a number of days.　《コンピュ》日付から日付を減算して[引いて][差し引き]日数を求めることができる. ◆Soldering smoke contains noxious components that, if inhaled, can result in headaches, nausea, etc.　はんだの煙は有毒成分を含んでおり, 吸い込むと頭痛や吐き気などの原因になることがある.

**resultant** 1 adj. 結果として生じる[生じた], 《物》合成された ◆a resultant tone （結果として得られる）合成音 ◆a resultant total output （結果として得られる）合成出力 2 《通例 the ～》結果; a～ 《物》合力 ◆the resultant of a set of forces 1組の力の合成力[合力]

**resume** vt. ～を再び始める, 再開する; ～を再び取る, ～を再び占める, 〈席〉に再び着く, ～を取り戻す, 〈旧姓〉に戻る; vi. 再開する, 再び始まる, 再び続ける ◆resume scrolling the display 《コンピュ》(リスト出力)表示のスクロールを再開する ◆resume shipments （停止になっていた）出荷を再開する ◆the notebook can resume operation when... そのノート型パソコンは, ～の時レジュームすることができる ◆A resume feature brings you back where you left off. レジューム機能は, あなたが作業を中断したときの状態に戻してくれます。◆When you turn the laptop back on, the auto-resume feature will pick up where you left off. ラップトップの電源を再投入すると, オートレジューム機能によって(操作を)やめたところに復帰します。

**résumé, resumé, resume** a～ レジメ, 要約, 要旨, 概説, 摘要, 梗概, 総括; a～ 履歴書, 経歴書

**resumption** (a)～ 再開, 続行; 取り戻すこと, 回収, 回復 ◆(the) resumption [the reemergence] of malaria transmission; the resumption of transmission of malaria （意訳）マラリアの伝染の再発 ◆the resumption of work 作業の再開 ◆permit complete resumption of normal operation in a stable state within a short time 安定した状態での通常の動作に短時間で完全復帰することを可能にする ◆plan an early resumption of relations with... ～との関係の早期修復を図る

**resurgence** (a)～ 復活, 再起, 回復, 再生, 再来, 再発, 再燃 ◆bar a resurgence of inflation インフレの再燃を防止する ◆The success of the iMac has played a big role in Apple's resurgence, along with the streamlining of product lines and cost-cutting. iMac(アイマック)の成功は, 製品ラインの合理化および経費削減とともに, アップル社の捲土重来(ケンドチョウライ, ケンドジュウライ)に大きな役割を演じた。

**resurrect** vt. ～を復活させる, よみがえらせる, 蘇生(ソセイ)させる, 再生[再興]させる, 復興する ◆to resurrect the faltering Soviet economy 足元のおぼつかないソ連経済を再生するために

**resurrection** 囗復活, 蘇り(ヨミガエリ), 蘇生(ソセイ), 再生, 再起, 復興; the Resurrection キリストの復活 ◆the resurrection of the Japanese economy 日本経済の再生[再起, 復活, 復興] ◆an already moribund economy beyond any hope of resurrection 再生の[生き返る]見込みの全くない, すでに瀕死の状態にある経済

**R**

**resuscitate** vt. ～を生き返らせる, 蘇生(ソセイ)させる, よみがえらせる, ～の意識を回復させる, 〈経済など〉を再活性化[復興]する; vi. 生き返る, 甦る, 息を吹き返す, 蘇生する, 意識が戻る ◆resuscitate oneself by ...ing 〈企業などが〉～することにより自ら息を吹き返す; 自力更生[再建, 再生]する ◆resuscitate the bank under new management 新しい経営陣の下で, その銀行を蘇生させる[再建する, 復興する] ◆The ailing Japanese economy is proving difficult to resuscitate. 病んでいる[不調の]日本経済は, 再活性化[再興, 再生]が難しいということが明らかになりつつある。

**retail** 1 n. 囗小売り, 小口（金融[取引]）, 個人客 ◆for～ 小口(の)[向けの]; adv. 《米》at retail; 《英》by retail 小売りで ◆the Large Retail Store Law 大規模小売店舗法, 大店法 ◆the retail trade 小売業 ◆a retail banking industry 小口金融業界 ◆a retail clothing store 衣料品小売り店 ◆a retail price of $159 159ドルの[という]小売価格[上代] ◆The machine is now on retail sale 本機は現在小売販売されている ◆manufacturers' suggested retail prices メーカー希望小売価格; 製造元による参考[参照]上代 ◆discounts of up to 40% from retail 小売価格から最高4割までの値引き
2 vt. ～を(小売りで, 〈話など〉を他に受け売りする); vi. (ある価格で)小売りされる <at> ◆The system retails for $49,500. そのシステムは, 49,500ドルで小売りされている。

**retailer** a～ 小売商, 小売業者, 小売店 ◆a men's clothing retailer 紳士服[メンズウェア]小売店

**retain** vt. ～を保持する, 維持する, 保つ, 保管する, 貯留する; 〈金具など〉を留める[押さえる]; ～を記憶している, 覚えている, 〈顧客など〉をつなぎ止めておく; 〈人〉を雇っておく, 〈弁護士〉を抱える ◆a blade retaining nut ブレード押さえ[留め]ナット ◆a cable retaining bolt ケーブル留めボルト ◆(percent) elongation retained 伸び等の残率 (＊弾性材料の) ◆retain a tie to... ～とのきずなを[つながり, 結び付き]を保つ ◆retain the services of a lawyer 弁護士を雇う ◆tighten the impeller retaining nut インペラの止めナットを締める ◆with the main objective of retaining the current customers 現在の顧客をつなぎ止めておくことを主な目標として, （意訳）今いる客を逃がさないことを主眼に ◆a water-retaining structure 水を溜めておく[貯水の]ための構築物[建造物, 構造物] ◆the soil's ability to retain water 土壌の水をたくわえておく[保水]能力 ◆retain the data for reporting purposes そのデータを報告用の記録として保存して[残して]おく（＊ほとんど使われなくなったデータをアーカイブに移す話で) ◆retain unerring control of the road 的確な路上走行運転を維持する ◆we want to retain as much greenery as possible 私たちはできるだけ(植物の)緑を残したい ◆A customer retained translates into profits. つなぎ止めた客は利益を意味する。; 逃がさずつかんでいる顧客は利益に直結する。 ◆High-tech companies are finding it increasingly difficult to hire and retain highly skilled workers. ハイテク企業は高度熟練労働者を雇ったりつなぎ止めておくことがますます難しくなっていると感じている。 ◆Quality performance records shall be retained by the supplier for one year after the last shipment. 品質実績記録は, 部品供給メーカーが最終出荷から1年間保管[保存]すること。 ◆The material gives service to 550°C and retains half its strength at that temperature for 1,000 hours in continuous use. この材料は, 550°Cまで使用でき, この温度で1,000時間連続使用で半分の強度を保つ。

**retainer** a～ 保持する物, 保持器, 保持装置, 維持装置, 固定装置, 保持板, 枠, 《医》保定装置, 受け, 止め, 押さえ, 掛け; a～ 弁護士依頼料金(= a retaining-fee); a～ (封建時代の)家来, 家臣, 従者 ◆Push the battery in against spring tension until the retainer comes down to hold it in place. 押さえが下がってきて電池を所定の位置に保持するまで, 電池をばね圧に逆らうようにして押し込んでください。

**retake** vt. ～を取り戻す[取り戻す, 奪い返す, 奪還する, 奪回する], ～を再び[を](撮る), 取り[撮り]直す, 撮影[録音, 音撮り, 録画]し直す; a～ 撮り直し[再撮影], 録音, 再録画; a～ 改めてとったもの, 撮り直しシーン ◆to retake the initiative from... ～から主導権を取り返す[奪い返す, 奪還する, 奪回する]

**retaliation** 囗仕返し, 報復, しっぺい返し, 報復, 復讐, 意趣返し, 腹いせ ◆in retaliation for... ～の仕返しに[腹いせに]; ～に対する報復[返報, 復讐, 意趣返し]として ◆US military retaliation for the terrorist attacks on New York and Washington ニューヨークとワシントンへのテロ攻撃に対する米国の軍事報復 ◆the United States launched military retaliation against the Taliban 米国は対タリバン軍事報復に着手した ◆An ex-employee of a Boston brokerage killed his former supervisor, apparently in retaliation for having been dismissed. ボストンにある証券会社の元従業員が, 解雇された腹いせからか元勤務先の上司を殺した。

**retaliatory** adj. 報復的な, 仕返しの, 復讐の ◆a retaliatory air strike 報復爆撃

**retard** vt. ～の速度を減ずる, ～を減速する, 制動する, ～を遅らせる, 遅延させる, 〈化〉抑制する, 〈発達など〉を妨げる[阻害する]; vi. 遅れる, 遅延する ◆retard corrosion 腐食を抑制する ◆retard technological advance 技術の進歩を遅らせる, 技術の発展を阻害する ◆retard the motion 動きを抑える ◆retard the transfer of data データの転送を遅延させる ◆a flame-retarding material 難燃性材料

**retardancy** ◇難燃性 ◆to improve flame [fire] retardancy 難燃性を向上させるために ※Xxxs are available in several levels of fire [flame] retardancy. Xxxは数段階の難燃度の中からお選びいただけます［ものが取り揃えてあります］.

**retardant** 1 adj. 遅らせる, 遅延させる ◆flame-retardant 難燃性の ◆... can be rendered flame retardant 〈素材など〉は[に]難燃性を持たせることができる; ～は難燃化できる
2 (a)～ 遅延剤, 遅延材, 抑制剤 ◆(a) flame [fire] retardant 難燃剤 ◆(a) growth retardant 成長抑制剤

**retardation** (a)～ 減速度, 減速; ◇遅延, 遅滞, 遅れ, 抑制, 妨害, 阻止; a～ 障害物, 妨害物

**retention** ◇保持, 記憶, 保存, 維持, 保留, 〈顧客などを〉逃がさず〉引き留め[つなぎ止め]ておくこと; 〈汚れなどの〉固着, 定着, 残留, 滞留, 残余, 残留[保持, 保水]率; 《医》鬱滞(ウッタイ), 停留, 閉留, 秘留 ◆records retention 記録の保管 ◆(a) retention time 《化》[滞留, 沈澱] 時間; 《コンピュ》保有時間 ◆96% retention of elongation 96%の伸びの残率（＊弾性材料の） ◆an acceptable percentage of retention 一応十分といえる［(意訳)合格点をつけてもいい］残率 ◆be expressed as a percentage of retention 残率で表される ◆elongation retention [retention of elongation] after aging 老化後の伸びの残率（＊弾性材料の） ◆excellent retention of tensile strength 優れた引っ張り強さの残率（＊弾性材料の） ◆retention of stored parameters in memory メモリーに格納されたパラメータの保持 ◆RECORDS DISPOSAL: Dispose of records with expired retention periods according to the disposition instructions in the file plan. 記録の処分: 保存[保管]期間の過ぎている記録はファイルプランの処分指示に従って処分すること.

**retentivity** (a)～ (飽和)残留結束密度, 残留磁気, 残磁性, 保持力[維持力, 保有力] ◆a retentivity [remanence, residual magnetism] of 1100 Gauss 1100ガウスの(飽和)残留磁束密度

**retest** 1 vt. ～を再度試験する ◆The processor repeatedly retests the line at five-clock intervals. プロセッサは, その信号線を5クロックサイクルの間隔で繰り返し調べる.
2 a～ 再試験

**rethink** 1 vt., vi. 再考する, 考え直す, 再検討する, もう一度検討する ◆rethink the rear suspension そのリア・サスペンションを再検討する
2 a～ 再考, 再検討 ◆have a rethink on [about]... ～について再検討を行う ◆require a rethink of... ～の再考を必要とする

**reticent** adj. 寡黙(カモク)な, 口数[言葉数]の少ない, ほとんど物を言わない, 無口な, 控えめな,〈～について〉多くを語らない<about, on> ◆a reticent, self-effacing man 寡黙(カモク)で[口数が少なくて, 無口で]出しゃばらない男

**reticle** a～ 焦点板, 方眼目盛り線, フォーカシングスクリーン（＊目盛り線, 十字線などが施されていて焦点合わせや構図の決定をしやすくするスクリーン）

**retina** a～ (pl. -nas, -nae) (目の)網膜 ◆implant silicon chip artificial retinas in the eyes of blind patients 盲目の患者の目の中にシリコンチップの人工網膜を埋め込む ◆blood-vessel arrangements in the eye's retina 目の網膜の血管の走り方のパターン

**retire** vi. 〈～から〉引退する[退職する, 退却する, 退く, 下がる, 引く, 引き上げる]<from>, 〈～に〉引っ込む<to>, 床に就く[就寝する]<to bed>; vt. ～を退職[引退, 退役]させる, ～を回収する, 〈機械など〉を廃棄する,〈軍艦〉を廃艦[用途廃止]する, 〈打者〉をアウトにする ◆retire 17 nuclear submarines 原潜17隻を退役させる ◆He will retire on Sept. 30, the day he reaches the mandatory retirement age of 65. 彼は, 65歳の定年になる9月30日付けで[9月30日に65歳の定年で]引退する.

**retired** adj. 引退[退職, 退役]した, 退職者の, 人目につかない, 引っ込んだ, へんぴな; the～ 引退した人々

**retiree** a～ (定年)退職者

**retirement** (a)～ 引退, 退職, 退役, 隠遁(イントン), 隠居生活 ◆go into retirement 引退する[年金・恩給生活に入る] ◆a retirement benefit 退職手当[年金, 恩給] ◆a retirement [retiring] age 定年 ◆an early retirement plan [program] 早期退職制度 ◆a mandatory retirement age of 60 60歳の定年年齢 ◆enjoy a worry-free retirement 心配事のない[安心の]老後生活を楽しむ ◆force him into early retirement 彼を早期退職に追い込む ◆take (an) early retirement 早期退職する ◆take early retirement 早期(定年)退職する[早めに現役を退く, 早めに年金・恩給生活に入る] ◆allow the early retirement of nearly $30 million in bonds ほぼ3000万ドルにのぼる債券の早期償還を可能にする ◆cause the early "retirement" of President Bush ブッシュ大統領の早期「引退[辞職, 退陣]」を引き起こす ◆encourage early retirement of fossilized professors 化石人間化している教授らに早期退職[引退, 退陣]を促す ◆he is toying with the idea of retirement 彼は引退[退役, 退職, 現職を退くこと]も考えている ◆raise the mandatory retirement age from 55 to 57 定年を55歳から57歳に上げる ◆there should be a mandatory retirement age for boxers ボクサーに強制現役引退年齢を設けるべきである ◆until his retirement in 1995 彼が1995年に引退するまで ◆It is time to take steps to provide for your retirement. そろそろあなたの退職後[余生]に備えるための方策を講じるよい時期[時機]ではないでしょうか. ◆The mandatory retirement age is 65. 定年は65歳である. ◆More companies than ever before are relying on early-retirement schemes and generous severance packages to entice voluntary resignations as a means of meeting slimming goals. 以前に増して多くの企業が, 減量目標達成の手段の一つとして, (希望退職勧奨[肩たたき]のための)早期退職制度と気前のよい退職手当パッケージに頼るようになっている.

**retool** vt. 〈工場〉を設備更新する[〈工場〉の〈生産設備〉を再編成する, ～に新しい生産設備を備える, ～を〈道具も含めて〉手直しする ◆a near total retooling of the assembly line 組み立てラインのほぼ全面的な再編成

**retort** 1 vi., vt. 言い返す, 口答えする; (a)～ 言い返し, 反論, 口答え, しっぺ返し ◆He retorted that.... ～であると反論した[言い返した, 切り返した]. ◆He snapped in retort, "..." 彼は反駁して[反論して, 抗弁して, 口答えして, たて突いて, 口答えして, 反撃に出て, 切り返して, しっぺ返しに]「～」と食ってかかった[かみついた, 鋭い口調で言った]. ◆he returned a sharp retort 彼は鋭く応酬した[切り返した] ◆ "Absolutely not," the economist retorted. 「(そんなことは)断じてない」とエコノミストは切り返した.
2 a～ 《化》レトルト, 蒸留フラスコ, 蒸留器 ◆be vacuum packaged in a retort pouch レトルトパウチに真空包装[レトルト真空パック]されている

**retouch** 1 vt. (= touch up)〈写真, 絵〉を修整する, 〈文章〉を修正する, ～に加筆する, ～に手を入れる[加える] ◆a retouched photo (加筆)修整[レタッチ]された写真 ◆retouch a photograph 写真を修整する
2 a～ 修正, 修整, 加筆

**retrace** vt. ～を戻る, 後戻りする, 引き返す, 再びたどる; ～をさかのぼって調べる, ～の元[起源]を探る; ～を思い出す[回想, 回顧, 追想]する; vi. 来た道を後戻りする[引き返す], きびすを返す; n. in the 500-μs vertical retrace time 《TV》500マイクロ秒の垂直帰線期間の間に ◆If you lose your ticket at the airport, retrace your steps. 空港で航空券をなくしたら, 元来た道をたどって捜しなさい.

**retract** vt. ～を後退させる[引っ込める, 収縮させる], 取り消す[撤回する]; vi. 後退させる[引っ込む, 縮む], 自分の言ったことを取り消す[前言撤回する] ◆a retracting mechanism 格納機構 ◆an auto-retract feature [function] 自動引き込み[後退, 引き戻し, 巻き戻し, 巻き込み, 格納, 収納,《ハードディスクのヘッド》]機能 ◆a tape measure with an auto-retract feature 自動巻き込み[巻き戻し]機能付きの巻き尺 ◆projection screens that retract into the ceiling 天井に引っ込む映写幕; 天井格納式[収納式]映写スクリーン ◆He retracted his statement [remarks, words] shortly afterward. 彼は発言をその

**retractable**

後まもなく取り消した[程なく撤回した, いくらもたたないうちに引っ込めた]... ◆The lipstick doesn't retract fully into its case. その口紅は、ケースの中に完全に[隠れるまで]引っ込まない。 ◆Upon power-down, the heads are automatically retracted and locked in place. 電源切断時には、ヘッドはオートリトラクトして[自動的に引き込まれて、自動退避して]ロックされます。(＊ハードディスクの話)

**retractable** adj. 格納式の, 引き込み(収納)式の, 可倒式の, リトラクタブル ◆a retractable roof 開閉式屋根 ◆retractable landing gear (飛行機の)引き込み式着陸装置

**retread** 1 vt. ～〈古タイヤ〉に踏み面(フミメン, フミヅラ)を付け直して新品更生[再生]する ◆a retreaded tire 再生[更生]タイヤ ◆A decade ago, 30% to 40% of the 240 million tires Americans threw away every year were retreaded and resold. 10年前には、毎年アメリカ人が捨てた2億4000万本のタイヤのうちの30%から40%が再生されて再度売られていた。
2 a ～ 再生[更生]タイヤ

**retreat** a ～ (～からの[～への]) 退却[後退, 避難, 引き払い, 引き上げ, 撤退, 撤収, 退去] ◆～ を ～ 退却[後退, 避難, 引き上げ, 撤退, 撤収]する ◆～ 退却[後退, 撤退, 撤収, 退去]する ; a ～ 逃げ場, 憩いの[隠とん]場所, 隠れ家, 隠れ里, 山荘 ; vi. 退く, 立ち去る, 逃げる, 後退[退却, 撤退, 撤収, 退去]する, 引き返す, 引き上げる, 引き揚げる ; vt. ～ をretreatさせる, 〈チェスの駒〉を引く ◆beat a retreat from... ～から退く[退去する, 立ち去る, 逃げ出す, 後退する, 退却する, 撤退する, 撤収する, 引き上げる, 手を引く] ; ～ を引き払う, 〈改革など〉をやめる[放棄する] ◆With a "no retreat, no surrender" attitude,... 「不退転, 不撓不屈(フトウフクツ)」の姿勢[構え,《意訳》決意]で,... ◆investors beat a retreat from (the battleground of) housing stocks 投資家は住宅株(の戦場)から手を引いた

**retrieval** 回取り返し, 取り戻し, 挽回, 回復, 復旧, 修復, 訂正, 償い, 想起, 〈データの〉検索[抽出, 取得, 呼び込み] ◆an information-retrieval system 情報検索システム ◆high-speed data retrieval 高速データ検索 ◆information retrieval from databases データベースからの情報の(検索と)取り出し ◆keep data in a form which allows easy retrieval 検索しやすい形でデータを保存する

**retrieve** vt. 〈情報など〉を検索する[取り出す, 取得する, 抽出する, 呼び込む, 取り込む], 取り返す, 取り戻す, 挽回する, 回復する, 復旧する, 修復する, 訂正する, 償う, 思い出す, 想起する ; vi. 〈猟犬が〉獲物を捜して回ってくる ◆retrieve a reusable satellite 再使用可能衛星を回収する ◆retrieve information [data] stored in databases データベースに格納されている情報[データ]を検索[取り出し]する ◆retrieve information from stored data 保存されたデータから情報を検索する[検索して取り出す] ◆retrieve the stolen cash 盗まれた現金を取り戻す ◆search-and-retrieve functions 検索および〈検索結果〉取得機能 ◆retrieve randomly oriented parts from a container バラバラの向きで入っている部品を容器から取り出す ◆to retrieve any record in a file ファイル中の任意のレコードを検索[抽出]するために

**retro** adj. レトロな(スタイルの), 復古調の, 懐古的な；＝retroactive ◆the popularity of retro fashions レトロファッションの人気 ◆retro-1950s plastic sunglasses 1950年代を思わせるレトロなプラスチック製サングラス ◆they are fueling a retro-boom for symbols of the '60s 彼らは60年代を象徴する品々をめぐるレトロ[懐古(趣味)]ブームをあおっている

**retro-** 《接頭辞》「逆に, 逆方向へ, 逆行して, 後へ, 後方へ, 後退して, さかのぼって」の意

**retroactive** adj. 過去にさかのぼって効力を及ぼす, 遡及的な ◆a retroactive law 遡及法 ◆a retroactive tax 遡及税 ◆The increase is retroactive to Jan. 1, 2000. この引き上げは, 2000年1月1日にさかのぼっての適用[実施]となる

**retroactively** adv. さかのぼって, 遡及(ソキュウ)して, 遡及的に ◆The increase applies retroactively to Jan. 1, 2000. この引き上げは, 2000年1月1日にさかのぼって適用[《意訳》1月1日まで遡及(ソキュウ)して実施]される ◆The new law, obviously, cannot be applied retroactively to Mr. Price. この新法は明らかに, (過去に)さかのぼってプライス氏に適用はできない。

**retrofit** vt. 〈自動車, コンピュータ, ビルなど〉に (～を) 後付けする〈with〉, ～ を (～に) 後付け[追加設置]する〈to〉 (＊本体製造時にはまだなかった部品や設備などを後で取り付けて改良, 改装, 設備更新などをすること) ; a ～ 後付け部品[装置, 設備], 改良[改装]工事で付け加える[付加する, 追加設置する]もの ◆retrofit... with new parts ～ に新しい部品を後付け[追加設置, 付加,《意訳》増設]する ◆retrofit them to [into, on/onto]... それらを ～ に [～ 内に, ～ 上に] 後付けする ◆the retrofitting of air bags (＊車への)エアバッグの後付け[付加] ◆it can be retrofitted to existing cars 既存の車に後付け可能である[付加できる] ◆Some printing presses will require retrofitting with equipment designed to allow the use of substitutes for isopropyl alcohol at about $120,000 per press. 印刷機によっては, イソプロピルアルコールの代替品を使えるようにするために1台当たり120,000ドルほどで装備する必要があるだろう。

**retry** vt. ～ を再度試みる, 再びやってみる, やり直す, 再試行する, 再実行する, 再審理する ; n. (a) ～ 《コンピュ》再試行 ◆make [perform] a retry 再試行する ◆The modem retries eight times before breaking the connection. 本モデムは8回(呼び出し)を試みてから接続を切ります。

**return** 1 vi. vt. 帰る[戻る, 舞い戻る], ～ を返す[戻す], 返還する, 《利益》を生じる ◆a returning customer 再来客；再利用客；リピート客；(初めてでなく)以前に利用[購入]したことのある客 ◆control returns to the main menu 《コンピュ》(制御は)メインメニューに戻る ◆put [return] borrowed equipment back in its designated location 借りた機器を決められた場所に戻す[返す, 返却する] ◆return a file to its original state ファイルを元の状態に復元する (＊圧縮されたファイルを展開することなど) ◆return a system to its original state システムを元の状態に復帰させる ◆return the device to a normal operating state そのデバイスを正常な動作状態に復帰させる ◆return the levers to their normal positions それらのレバーを通常の位置に戻す ◆return to a specific point of a tape 《AV》テープのある特定箇所に戻る ◆return to its original state 元の[最初の]状態に復帰する ◆return... to the seller for free replacement ～ を無料交換してもらうために売り手に返品する ◆return the license plates to a license-issuing office ナンバープレートを免許発行事務所に返納する ◆parts returned from Saxon Corporation because of quality deficiencies 品質不良のためサクソン社から返品された部品 ◆review returned materials to determine the cause of defectiveness 欠陥の原因を突き止めるために返品された材料を調べる ◆the country's battered economy would return to positive growth next year 同国の疲弊した経済は来年再びプラス成長に転じるだろう ◆Clicking OK takes you back [brings you back, causes a return, returns control] to the Reports page. 「OK」をクリックすると「Reports」ページに戻ります。(▶Clicking xxx will take [bring] you back,... のようにwillを使う形や, you のかわりに the user を使う形も) ◆The cancer returned three years later, in April 1998. 癌は3年後の1998年4月に再発した。 ◆the scientists had to make the correct calculations in order for the Apollo 13 astronauts to return safely to Earth 科学者らは, アポロ13号の宇宙飛行士らを無事に地球に帰還させるために正確な計算をしなければならなかった。 ◆This function returns the decimal ASCII code of the first character of a character string. 《コンピュ》この関数は, 文字列の最初の文字の10進アスキーコードを返す。

2 (a) ～ 戻る[舞い戻る, 返ること], 復帰, 再来, 返答, 返却, 返還, 還付,《タイプ》リターン；(通例 ～s) 返品, ダイレクトメールの反響；adj. 戻りの, 帰りの, 返しの, 折り返しの, 復帰の, 再度の, 戻し戻し, 帰り戻し ◆a common return (conductor) 《電気》共同帰線 ◆a return airway [air-course] 排気坑道 ◆a return line 《配管》戻りライン[管, 管路] ◆a returns department 返品受け付け部門 ◆a condensate return pipe 復水戻し[戻り, 帰り]管 ◆on a [one's,

the] return journey　帰途の旅[帰路, 帰り道, 復路] ◆yield nothing but a return to the status quo　現状への復帰しかもたらさない ◆the name and return address of the sender　発送人の氏名および返送宛先 ◆eliminate callbacks and return visits（客先で行った修理が不完全だったことによる）再呼び出しや再出張をなくす ◆insert a hard (carriage) return into the text　《コンピュ》テキストにハードリターン[強制改行]を挿入する ◆Our (merchandise) return policy is as follows:　弊社の返品制度は次の通りです。 ◆a return to step 3 would be required　手順3に戻る必要があるでしょう ◆the reforms have passed the point of no return　（これらの）改革は、引き返せないところまで来てしまっている ◆With this capability, they make fewer return trips to <do...>　《意訳》この機能のおかげで、彼らは～するために往復する回数が少なくて済む ◆prevent a return of the double-digit inflation that followed energy crunches in the 1970s　1970年代のエネルギー危機後に発生した2ケタ[2桁]台のインフレの再来[再燃]を防止する ◆The environmental issue has reached a point of no return.　環境問題は引き返し得ない点に到達した。; 環境問題は引き返せない[後戻りできない]ところまで来た。 ◆We would be grateful for a reply by return mail.　折り返し（郵便で）ご返事いただけると幸いです[有り難く存じます]。 ◆The questionnaire achieved an excellent return of 40 percent.　このアンケート調査では、40%というすばらしい回収率を達成した。 ◆As long as Russia's economy and politics remain free and open, there is no possibility of a return to the hypermilitarized society of the past.　ロシア経済と政治が自由でオープンであり続ける限り、過去の[かつての]極度に軍事化した社会に（舞い）戻る可能性はない。

3　a～, ～s　総売上高, 利益, 利潤, 収益, 投資収益率, 利回り, 見返り ◆a return on an investment　投資からの収益 ◆a risk-free return　リスクのない見返り（*投資の話で）◆high-risk, high-return junk bonds　ハイリスク・ハイリターンのジャンク債；信用度の低い高利回り債 ◆a high return on equity (ROE) of at least 18%　最低でも18%という高い株主資本利益率 ◆get the highest return for the least risk　最小のリスクで最大の利益を得る

4　a～（公, 正式の）報告書[申告書]

in return for　～と引き替えに, ～の見返りとして, ～の返礼[お返し]として ◆his company has paid money to politicians in return for contracts from the government　彼の会社は, 政府発注の契約の見返りに政治家に金を払った ◆honor the agreement in return for his backing down　彼が降りることと引き換えに, ～の契約を履行する

**returnable**　adj. 返却可能な, 再利用可能な; 返還すべき; a～ 返却できる物（*返すとデポジット「預り金」が戻ってくる空きビンなど）◆a returnable bottle　リターナブルびん（*返却すると洗って繰り返し使用される再使用びん, 生びんとも）◆a returnable box [case, container]　（*配送用の）通い箱［ケース, 容器］; 通い函（カヨイバコ）; 通函（ツウカン）◆non-returnable [one-way] beverage containers　ノンリターナブル［返却できない, ワンウェイの, 《意訳》再使用できない, 使い回しできない, 使い捨ての, 消耗品の］飲料容器（*ノンリターナブルのガラスびんは, 砕いてガラス成形の原料として再利用できる）

**returnee**　a～（戦地・外国［外地］などから）戻ってきた人, 帰国者, 帰国子女, 帰還者, 帰還軍人, 復員者, 引揚者, 復学生 ◆Japanese student returnees in Japan　日本に（帰ってきて）いる日本人帰国子女

**return ticket**　a～《米》帰りの片道切符; a～《英》往復切符（=《米》a round-trip ticket）

**reunification**　回再統一, 再統合 ◆the reunification of Germany　ドイツの再統一

**reunion**　回再結合, 再合同; a～ 再会, クラス会, 同窓会 ◆at a class reunion　クラス会［同窓会］で

**reusable**　adj. 再利用可能な, 繰り返し使える, 使い回しができる, リサイクルできる ◆a reusable launch vehicle (RLV)（完全）再利用型打ち上げロケット ◆a reusable rocket　再使用可能ロケット ◆render it reusable　それを再利用できるようにする ◆a reusable vinyl pouch　繰り返し使えるビニール製ポーチ ◆it is designed to be reusable　それは繰り返し使用できるようにつくられている

**reuse**　1　vt. ～を再利用[再使用]する, 繰り返し使う, 使い回しする, リサイクルする, 再生[更生, 再資源化]する ◆develop needles that are difficult to reuse　再使用[使い回し]の難しい（注射）針を開発する

2　回reuseすること ◆frequency reuse in the space domain　空間領域における（同じ）周波数の繰り返し使用（*セルラー式移動電話の話から）◆recovered from scrap for reuse　再利用のためにスクラップから回収された ◆the reuse of plastic parts from scrapped automobiles　廃車から外したプラスチック部品の再利用[再使用] ◆The reclosable poly bags permit reliable reuse.　これらのチャック付きポリ袋は, 安心して繰り返しお使いいただけます[再使用可能です]。 ◆Condemned mail bags must be destroyed in such a way that will prevent their reuse.　使えなくなった郵袋は, 再使用できないよう破壊しなければならない。（*condemned は「使用に適さないと宣言された」の意）

**rev**　1　v. (revs, revved, revving) vt. 《口》～の回転を上げる <up>,〈エンジン〉をふかす<up>,（比喩的に）～を上げる[増やす, 増加させる]<up>; vi.（エンジンが）回転を上げる<up> ◆a high revving overhead cam engine　《口》高速回転オーバーヘッド・カム・エンジン ◆rev up an engine　エンジンの回転（数）を上げる ◆rev up interest in...　～に対する関心を高める［煽る］

2　a～ 回転 ◆at midrange revs　中速（回転域）の回転数で ◆augment low-rev thrust　低速回転域の推力を増幅する ◆when the revs are below 4500 rpm　回転数が4500rpmを切っている［以下の］時に（*below は厳密にいうと「未満」の意）

**revaluation**　(a)～再評価, 《経済》平価切り上げ

**revalue**　vt. ～を再評価する,《経済》〈ある国の通貨〉を切り上げる ◆revalue the dollar　ドルを切り上げする

**revamp**　1　vt.《口》刷新［改造, 組織改革, 再編, 再建, 改装］する, 修繕［修正］する ◆a revamped rate structure　改定された料金体系 ◆a total revamping of the car's shape　その車の形状の〔全面的改良〕刷新 ◆revamp the company's marketing philosophy　会社の営業理念の見直しをする

2　a～《口》改造, 刷新, 機構改革, 再編, 改修, 修理

**reveal**　vt.〈秘密など〉を暴露する, 明かす, 明らかにする, 漏らす, 見せる, 公然と示す, 露呈する, 大っぴらにする,《意訳》洗い出す ◆reveal the composition of...　～の組成を明らかにする ◆Tests on animals revealed that...　動物実験の結果, ～であることが判明した［明らかになった］ ◆The company has revealed plans to <do...>　この会社は～する計画を明らかに［発表］した ◆it was revealed that the cheater was a used car salesman　その詐欺師［いかさま師, ペテン師］は中古車セールスマンだ（ということがわかる） ◆to minimize the risk of a password being accidentally revealed　パスワードが何かの拍子に漏れてしまう［知られてしまう］危険を最小限にするために ◆It reveals the true nature of his extreme hostility toward Japan.　そのことは日本に対して極度の敵愾心（テキガイシン）を持つ彼の本性を暴いてみせてくれる。 ◆This time, a more careful inspection of the tape transport mechanism revealed that a spacer plate had been installed improperly in one of its subassemblies.　今回, テープ走行メカのより綿密な検査によって, サブアッシーの一つにスペーサープレートが間違った風に取り付けられていたことが明らかになった［分かった］。

**revenge**　回復讐, 報復, 仕返し, やり返し, 返報, 逆襲, 意趣返し[晴らし], 腹いせ, 仇討ち（アダウチ）, 敵討ち（カタキウチ）, リベンジ, 雪辱（セツジョク）; 回復讐心; vt. ～にrevengeする ◆in revenge for...　～に対する復讐［報復, 仕返し, 返報, 意趣返し, 仇討ち, 敵討ち, お礼参り, 腹いせ］として［に］;《意訳》～の遺恨［怨み, 恨み, 無念］を晴らそうと ◆a revenge game against...　～との復讐戦 ◆I harbor no feelings of revenge because...　私は全く復讐心を抱いてはいない［復讐しようという気持ちは全くない］。なぜなら, ～ ◆in a spirit of revenge　復讐心を抱いて ◆revenge oneself on...　〈人など〉に復讐[報復, 仕返し, 返報, 逆襲, 意趣返し, 腹いせ, 仇打ち, 敵討ち,

お礼参り]をする ◆the revenge of Godzilla　ゴジラの逆襲 ◆it drives him to seek revenge by murdering...　そのことが、〜を殺害して怨みを晴らすという衝動に彼を駆り立てる ◆He says he wants to take "revenge" on cancer – the disease that took the life of his father.　彼は、父親の命を奪った病気の癌に「復讐」したいと言う。 ◆Palestinians burned American and Israeli flags yesterday and swore [vowed] revenge for the assassination of Fathi Shakaki [Shaqaqi].　パレスチナ人は、昨日米国とイスラエルの国旗を燃やしてファティ・シャカキの暗殺に対する報復を誓った。

**revenue** 回(国, 公共団体の)歳入, 税収入, (企業などの)収入, 収益, 事業利益; $a$ ～ 個々の歳入[収入]科目, 収入源; $\sim s$ 総歳入, 総収入 ◆a revenue stamp　収入印紙 ◆a falloff in revenue　〜の減少 ◆their revenues from... -ing ～することからあがる彼らの収入 ◆if revenues fall below a certain amount　収益[収入, 歳入, 財源]が一定の金額を割り込む[下回る]と ◆raise the proportion of revenues derived from value-added services　付加価値サービスからくる収益の割合を上げる ◆Over recent years, Xxx has achieved considerable growth in revenue whilst exerting effective control over costs.　ここ数年間にわたり、Xxx社は、コストを効果的に抑制しながらかなり大幅な収入の伸びを達成した。

**reverberate** vt.〈音〉を反響させる、〈音, 光, 熱〉を反射する; vi. 反響する, 反射する ◆reverberate throughout the length and breadth of the nation　全国的に[国中で]大きな反響を呼ぶ ◆its impact may reverberate throughout the industry for years to come　それの影響は、同業界全域にわたりこの先何年も続きかねない[尾を引く恐れがある]

**reverberation** 回反響, 反射; $a \sim$ (通例〜s)反響音, 残響, 余韻, 響き (a) reverberation time　残響時間 ◆the reverberation of a sound　音の反響 ◆the reverberations of a concert hall　コンサートホールの[残響] ◆it would cause reverberations throughout the economy　それは経済全体に(わたり)影響を及ぼし[与え]かねない ◆The reverberations of [from]... are felt everywhere in the world.　〜の影響[余韻]は世界の随所で感じられる。 ◆The room has a relatively long reverberation time.　この部屋の残響時間は比較的長い。 ◆The reverberations of [from] the Sept. 11 terrorist attacks are still being felt today.　9月11日の同時多発テロの余韻[影響]は今日依然として感じられる。

**reverberatory furnace** $a \sim$ 反射炉

**reversal** (a)〜 逆転, 反転, 転換, 転倒, どんでん返し ◆a reversal of direction　方向転換; (進む)方向の逆転/反転 ◆(a) polarity reversal occurs [takes place]　極性反転が起きる ◆CAUTION: Observe the polarity markings when installing new batteries. Reversal of the batteries will force the in-line fuse in the battery wire. 注意: 新しい電池を装填するときは極性マーク[表示]に従ってください。電池(のプラス/マイナス)を逆にすると電池の電線に直列に入っているインライン・ヒューズが飛びます。

**reversal film** (a)〜 リバーサル[反転]フィルム(＊陽画が得られるもので、スライド用フィルムなどに用いられる)

**reverse** 1 adj. 逆の, あべこべの, 反対の, 逆方向の, 逆行する, 逆進の, 逆進の, バックの, 反転の, 裏の, 裏面の, (辞典の)逆引きの, 反向〜, 反向〜 反位〜, 反向〜 反位[inverse] video (⇔in normal [standard] video)　(白黒[明暗]が)反転表示されて ◆in the reverse direction　逆方向に ◆(a) reverse transcriptase 逆トランスクリプターゼ(＊逆転写酵素) ◆a reverse-biased diode　逆(方向)バイアスがかかっているダイオード ◆in reverse chronological order　(年代[日付]の)新しい順に; 時間をさかのぼって ◆look at... from the reverse angle ～を逆の角度から見てみる(＊比喩的に) ◆victims of reverse discrimination　逆差別の被害者たち ◆on the reverse side of a check　小切手の裏に ◆"reverse imports" from Japanese auto plants abroad　海外の日系自動車工場からの「逆輸入車」 ◆switch from reverse to normal video　(白黒)反転表示から通常表示に切り替える ◆the use of reverse video (white text on black)　白黒反転(黒地に白文字)の使用 ◆free blocks of memory in reverse order to how they were allocated　《コンピュ》メ

モリーブロックを、それらが割り当てられたときと逆の順序で開放する ◆The remainder of the receive circuitry, apart from the waveform shaping circuit, is the reverse equivalent of the send circuits.　受信回路のうち波形整形回路を除く残りの部分は、送信回路を逆にしたものに相当する。

2 n. the ～ <of>　(〜の)逆[反対], (〜の)裏[裏面(リメン), 裏)]; 回《車》(= reverse gear) バックギア(位置); $a \sim$ 逆転, 後退, 敗北, 失敗, 不運 ◆in [into] reverse　逆[反対]に ◆a fast search in forward or reverse　前方または後方高速検索 ◆put a car into reverse (gear)　車のギアをバックに入れる ◆put the jet engines into reverse　ジェットエンジンを逆噴射させる ◆Reverse Intentionally Left Blank　裏面白紙(＊印刷もれでないことを示す表示文句) ◆it enables you to play video frames in forward or reverse　ビデオのコマを正確または逆回転再生できます ◆the reverse doesn't necessary hold true　逆は必ずしも真ではない ◆Assembly is the reverse of disassembly.　組み立て(手順)は分解の逆です。 ◆But the same chain reaction can work in reverse.　しかしながら、同じ連鎖反応は逆に作用するかも知れない[逆の結果を生むかも知れない]。 ◆Install the hose, following the removal steps in reverse.　取り外し手順を逆にたどってホースを取り付けます。 ◆The remainder of installation is the reverse of removal. 以降の取り付け作業は、取り外しと逆に行います。 ◆Regenerative braking works by using the drive motors in reverse, turning them into generators.　回生制動は、駆動モーターを逆に使用し発電機に変えてしまうことによって作用する。

3 vt. 〜を逆にする, 反対にする, 逆転[逆進]させる, バックさせる, 裏返し, 反転させる, ひっくり返す, (決定, 判決など)を逆転させる[覆す], 翻す(ヒルガエス), 転換する; vi. 逆方向に動く, 後戻りする, 逆回りする, 逆転する ◆reverse [overturn] a Court of Appeals decision　訴訟裁判所の判決を逆転させる[覆す, ひっくり返す] ◆reverse the direction of rotation　回転方向を逆転[反転]させる ◆to reverse that trend　その傾向を逆転させるために ◆he subsequently reversed his position　彼はその後、手のひらを翻すように態度を変えた ◆reverse the polarity of the bias voltage　バイアス電圧の極性を反転する ◆reverse the magnetic alignment of nuclei of hydrogen　水素原子核の磁気的配向を反転させる ◆When the reversing thermometer is turned upside down (reversed), the mercury column ruptures at...　転倒温度計が転倒(倒立)させられると、水銀柱は〜のところで切れる。(＊海や湖の深部の温度測定用) ◆Install the new valve by reversing the removal procedure. 新しいバルブを、取外し手順を逆にして[取り外しと反対の手順で]取付けてください。 ◆Reversing a vehicle requires extra care.　車をバック[後退, 逆進]させるには、いつも以上の注意を要する。 ◆Reversing the removal procedure, install the hose.　取り外しのときと逆の手順でホースを取り付けます。 ◆The photo of the chateau apparently was reversed during printing.　シャトーの写真はどうも裏表[左右]逆に焼き付けされているようです。(＊ネガを裏返しの状態でプリントされた結果) ◆This results in the ceasing of brain function and cannot be reversed.　このことは結果的に、非可逆的[《意訳》回復不可能]な脳の機能の停止につながる。 ◆To install, simply reverse the removal procedure.　取り付けは、取り外し手順を逆にするだけです。 ◆To reinstall the cover, reverse the removal procedure. ふたを元通り取付けるには、手順を逆にして[ひっくり返して]ください。

**reversed** adj. 逆の, 逆にした, 逆流の, 反対の, 裏の, 裏返しの, 入れ替わっている, (決定, 判決などが)くつがえされた, 逆転された, 破棄された, 取り消された ◆a reversed image　《光》倒立像(= an inverted image); 《CG》鏡像(= a mirror image), 反像(= a negative) ◆reversed (negative) characters 白黒反転(ネガ)文字 ◆Not all phone modular jacks are wired the same way. Some have the two wires reversed.　電話のモジュラージャックがすべて同じように配線されているとは限らない。なかには2本の線が逆になって[入れ替わって、逆相になって]いるのもある。

**reverse-engineer** v.　(仕組みを調べて複製もしくは似たようなものを製造するために)〜を分解工学する ◆it was

**reverse-engineered from...** それは、〜を分解工学して製造されている

**reverse engineering** リバースエンジニアリング、（ソフトウェアなどの）解析複製、分解工学（＊結局は他人のアイデアを盗むことなので、軽蔑的な響きがある）◆reverse engineering of U.S. software programs 米国製ソフトウェア・プログラムの分解工学 ◆they used reverse engineering to produce their own version of... 彼らは分解工学（の手法）を用いて〜の自分たちのバージョンを製造した

**reverse mortgage** a〜 リバースモーゲージ（＊高齢者が住宅などの不動産を担保にして老後の生活資金を一括あるいは月払いで借りる。不動産は死後に処分され返済にあてられる.）

**reversible** adj. 戻せる、可逆性の、（衣類などが）両面［裏表］使用できる; n. a〜 リバーシブルの［裏表どちらでも着用できる］服 ◆a reversible change 可逆変化

**reversion** (a)〜 戻り、返り、後戻り、逆戻り、復帰、復返、復元、反転、逆転、転換、転倒、（化）解重合、（生物）隔世遺伝、先祖返り、復帰突然変異 ◆a reversion to Stone Age agriculture 石器時代の農業への後戻り ◆the Okinawa reversion; the reversion of Okinawa (to Japan) 沖縄の（本土）復帰; 沖縄返還 ◆there is no reversion to the chaos that existed 以前の混乱［無秩序、混沌とした］状態への後戻りはない

**revert** vi. <to> (〜に) 戻る、立ち返る、逆戻りする、（生物が）先祖返りする、（土地などが）〈元の持主に〉帰する、帰属［復帰］する、返還される ◆I will revert to that a little later それについては少し後で、また（戻って）述べます

**review** 1 vt. 〜をもう一度見る、見直す、校閲する、再表示する、点検する、調査する、綿密に調べる、審査する、評価する、検閲する、閲読する、再審理する、復習する、〈作品など〉を論評［批評、書評］する、回顧する; vi. (テストに備えて)復習する、(新聞・雑誌用に) 論評［批評］を書く ◆patiently review the manuscript この原稿を辛抱強く見直す［校閲する］ ◆review past inspection and test records 過去の検査・試験記録をよく詳しく、入念に］調べる ◆review the historical development of the Internet （直訳）インターネットの歴史的発達を詳しく調べる; （意訳）インターネットがどのようにして発達してきたのかを振り返ってみる; インターネット発達の足取りを見てみる ◆The patent examining staff reviews applications for patents and makes legal determinations concerning the granting of patents. 特許審査官は特許申請を審査し、特許の許可にかかわる法的判断を下す。 ◆Corinth Corporation may require that first production lots be reviewed and approved by the Corinth inspector before shipment to the Company. コリント社は、初回生産ロットが当社に向け出荷される前にコリント社の検査員による検査および承認を受けることを要求することがある。

2 n. 回批評［書評、論評］、批評］を書くこと; a〜 批評［書評］記事; (a)〜回顧、回想; (a)〜 見直し、点検、再検討、評価、（再）調査、審査、再協議、復習; a〜 検閲、閲兵 ◆be under review 検討中である ◆a review panel [board] 調査委員会 ◆a safety-review committee 安全審査委員会 ◆an environmental impact assessment review board 環境影響評価審査会 ◆the Australian Film and Literature Board of Review オーストラリアの映画・文芸審査会 ◆be subject to court review 〜は再審［審査］を受ける（ことになっている） ◆be subject to review by... 〜による調査を受けることになっている ◆be subject to review for appropriateness 〜は妥当かどうか審査にかけられる; 妥当性について吟味［調査、精査］される ◆do [conduct] a performance review 業績評価を行う ◆draw mixed reviews 賛否［称賛と批判の］入り交じった評価を受ける; 毀誉褒貶（キョホウヘン）の交錯した批評をいただく ◆submit... to him for review 〜を検討してもらうために彼に提出する ◆write reviews of new books 新刊書の書評を書く ◆a review of those topics in robotics ロボット工学分野におけるそれらのテーマの概要 (説明)［概説］ ◆ask an assessor for a review 課税額査定者に再調査をしてくれるよう要求する ◆call for a review of the ban on the importation of... 〜の輸入の禁止の見直しを要求する ◆lodge a request for a review of a decision 決定

の見直し［再検討、再審査］を求める要求を提出する ◆make a foundation-to-roof review of the house その家の（土台から屋根までの）徹底した（査定）調査をする ◆the contract is subject to review each year 本契約は、毎年見直される［再検討される］ことになっている ◆... will undergo a review (arranged by...) every five years 〜は、5年ごとに（〜によってお膳立てされた）見直しを受けることになっている ◆The FDA move was met with mixed reviews. (米) 食品医薬品局の措置は、さまざまな評価を受けた［論評を巻き起こした、《意訳》反響を呼んだ］。 ◆There had been no report of torture having taken place in New Zealand, either in the period under review or before or since that time. ニュージーランドで拷問が行われたという報告は、対象となっている期間およびその前後の期間のいずれにおいてもなかった

**reviewer** a〜（演劇や新刊書の）評論家、批評家、書評家、評論記者 ◆a book reviewer 書評家

**revise** 1 vt. 改訂［改定、改正、改版］する、校閲する、〈文章〉に手を入れる［を手直しする］、変更［修正］する、変える、(英)復習する ◆a revised and extended edition 増補改訂版 ◆be completely revised (and updated) 全面改訂［改正］されている ◆revise a budget 予算を修正［補正］する ◆revise a manuscript 原稿を校閲する［加筆修正する、《意訳》見直す］ ◆the market-research firm said it is revising its earlier growth predictions この市場調査会社は、当初の成長予測［見積もり］を修正しているところであると述べた ◆Recently, estimates of cholesterol in eggs have been revised downward, from 274 to 213 mg. 先頃、卵のコレステロールの推定値が274mgから213mgへと下方修正［訂正］された。 ◆They revised the death toll from a fiery highway pileup downward from 15 to 13 and raised the number of vehicles involved to 83. 彼らは幹線道路上での玉突き車両火災事故による死亡者数を15人から13人へと下方修正し、巻き込まれた［関係した］車両数を83台へと上方修正した。

2 a〜 再校刷り

**revision** (a)〜 改訂、改定、改正、校閲、修正、変更、(英)復習; a〜（意訳）変化 ◆a revision date 改訂日、改正日 ◆announce a major downward revision of... 〜の大幅な下方修正を発表する ◆a (partial) revision draft of... 〜の（部分）修正原案［改定案］ ◆a revision of regulations 法規［規則、規約、規定］の改定［改正］ ◆make a budget revision [some budget revisions] 予算の修正［補正］をする ◆need revision; be [stand] in need of revision 修正が必要である ◆revisions made to a document 文書に加えられた修正［訂正、変更］ ◆the language is continuously under revision 言語は絶え間なく改訂を受けている［《意訳》変化している］ ◆the management of revisions of these reports これらのレポートの改定管理 ◆the story behind the revision 改訂の裏話（《意訳》経緯、いきさつ］ ◆to track the revision history of documents 文書の改定履歴をたどるために［の］ ◆undergo a major revision 大改訂［大改正］される ◆a small upward revision 小幅の上方修正 ◆major price revisions on all PC hardware components and printers パソコン用ハードウェア部品のすべておよびプリンタ全機種の大価格改定 ◆help with the preparation and revision of documentation (マニュアルなどの) 文書の作成および改訂を支援する ◆As of September 12, 1999, this page is under revision. 1999年9月12日現在、このページは改訂中です。 ◆I'm currently working on the fourth revision of the book. 小生は目下この本の第四訂版（制作）に取り組んでいる。 ◆Since 1989, the standard has been undergoing revision. 1989年以来、この規格の改定作業が進行している。 ◆These opinions are subject to revision and editing changes prior to publication. この所信は、出版に先立って修正および編集上の変更が施される場合があります。 ◆If a major revision becomes necessary, a re-issue takes place. A revision record shall be included in the manuals 大改訂が必要になると再発行になる。改定の記録は、各マニュアルに記載すること。 ◆The space station has undergone a half-dozen revisions over the last decade – each time growing smaller and more costly. この宇宙ステーションは過去10年間に6回ほど設計

変更を受け、そのたびに小型化してコスト高になった。◆The V-12 engine has undergone significant revisions that will ensure it maintains both its competitiveness and its reputation as one of the industry's most successful power units.　V12エンジンは大幅に設計変更[改善]されたので、このエンジンの競争力と業界有数の発動機としての評価は安泰だろう。◆This publication explains the logic [rationale, reasons] behind the revisions to the Uniform Building Codes, providing a valuable comparison of the 1991 and 1994 editions.　この刊行物[本書]では、統一建築基準法の改訂の経緯(ケイイ, イキサツ)[根拠, 理由]について解説し、1991年度版と1994年度版の有用な比較検討を行っている。

**revisionist** *a* ～ 修正論者, 見直し論者; *adj.* 修正主義の ◆the so-called "revisionists," a group of academics who claim Japan needs heavy-handed pressure from outside to change　いわゆる「日本見直し[日本異質]」論者たち、すなわち、日本が変わるには高圧的な外圧が必要だと主張する一群の学者達

**revitalization** ① 再び活力を与えること, 活力を呼びさらせること, 再活性化 ◆improve commercial buildings in designated revitalization areas　再活性化[再開発]指定地域の商業ビルを整備する ◆spur inner-city revitalization　スラム街の再活性化に拍車をかける[再開発を促進する] ◆the revitalization of commercial districts　商業地域の再活性化[再開発]

**revival** (*a*) ～ 復活, 復興, 回復, 再生, 蘇生; *a* ～ リバイバル, 再上演, 再上映 ◆it has led to a revival of work on... それは～の作業の再開につながった

**revive** *vt.* ～を復活[回復]させる, よみがえらせる, 再開する, 再上演[再上映]する; *vi.* 回復[復活, 復興]する, 意識[体力, 元気]を取り戻す ◆revive a flagging economy　だれている経済に活を入れる ◆the British government pumped hundreds of millions of pounds into downtown Belfast in the 1980s to revive commerce　《意訳》英国政府は、1980年代に何億ポンドもベルファストの商業地区に注ぎ込み, 商業の再活性化を図ろうとした

**revocation** (*a*) ～ 取り消し, 廃止, 撤回, 破棄 ◆he should be subject to a revocation of license　彼は免許取消処分に処せられるべきである

**revolution** (*a*) ～ 革命, 維新; *a* ～ <in> (～の)大変革, 一大革命, 改革; (*a*) ～ 回転, 旋回, 循環, 《天文》公転[自転, 周転]; *a* ～ 1回り, 1回転, 一巡 ◆the number of revolutions of... ～の回転数 ◆a revolution in laser printers and facsimiles　レーザープリンタとファクシミリにおける革命 ◆the digital revolution taking place in the music and video worlds　音楽とビデオの世界で行なわれつつあるデジタル革命 ◆Now in the 1990s, we are caught up in an AV revolution that is fast transforming living rooms across the country into sophisticated home entertainment centers.　1990年代の今, 私たちは, 全国のお茶の間が高度なホームエンターテインメントセンターへと急速に変わりつつあるAV革命の真っただ中にある。

**revolutionary** *adj.* 革命の, 革命的な, 大変革の, 画期的な; *a* ～ 革命家 ◆a revolutionary concept　革命的な考え ◆a revolutionary new technology　画期的な新技術

**revolutionize** *vt.* ～に一大革命を起こす, ～に大変革をもたらす, ～を激変[一変]させる, 根底[根本]から変える ◆revolutionize the design and performance of laser printers　レーザープリンタの設計と性能を激変させる ◆The advent of VCRs in the 1970s revolutionized our use of leisure time.　1970年代におけるビデオデッキの到来が、私たちの余暇の使い方に大きな変革をもたらした。 ◆The utility revolutionizes the way we handle and transfer documents.　このユーティリティー(プログラム)は、(私たちの)文書の扱い方や転送の仕方を革命的に変えてしまうものである。 ◆People should never trust the man who says he can revolutionize society. He is either a despot or a fool, and probably a little of both.　社会を根底から変革できるなどというような人間だと信じてはだめだ。こやかばで、多分どちらの要素も少しは持ち合わせてる奴に決まっているからだ。

**revolve** *vi.* (～の回りを)回る[回転する, 公転する, 自転する]<about, around>, 巡る[循環する], <考えなどが>(胸に) を)巡る <in [around] one's mind>; *vt.* ～を回転させる, ～を思い巡らす ◆a revolving door　回転ドア ◆a revolving fund　回転資金 ◆revolve about [go around] the sun　太陽のまわりを回る[公転する]

**reward** 1 (*a*) ～<for> (～の)報酬, ほうび, 報い, 応報, 懸賞金, 報償金, お礼, 謝礼, 礼金, お駄賃 ◆Your efforts at work could bring a promotion or new monetary rewards.　仕事での努力によって, あなたに昇進あるいは新たな金銭的報酬がもたらされるかもしれません。
2 *vt.* 〈人〉に報いる, 〈人〉に(～に対し, ～で)報酬[ほうび, 謝礼, 賞]を与える <for, with> ◆a workplace where workers are rewarded monetarily for a job well done　いい仕事をした従業員が金銭的に報われる職場

**rewind** *vt.* ～を巻き戻し[リワインド]する, ～を巻き戻す, 再度巻く; *a* ～ (フィルムやテープなどの)巻き戻し機構; (*a*) ～ 巻き戻し(動作), 巻き戻されたもの; *adj.* 巻き戻しする, 巻き戻されたものの ◆the MP3 player has a fast forward/rewind feature　このMP3プレーヤーには早送り／高速巻き戻し機能がある ◆You may also view the videos in fast forward and fast rewind modes.　これらのビデオ画像は、早送りモードおよび高速巻き戻しモードでもご覧になれます。

**rework** 1 *vt.* 再加工する, 再生[更生]する, 手直しする, 補修する, 《地質》再食する ◆a reworked transmission　手直しされた変速機 ◆The component is difficult to rework.　この部品の手直しは難しい。
2 (*a*) ～ 手直し, 修正 ◆the crankshaft was reusable without rework　クランクシャフトは手直しなしで使用可能だった ◆a capacitor re-work on the board　基板上のコンデンサの手直し ◆reduce trial-and-error adjustments and rework　手探り式の調整や手直しを減らす

**rewritability** ① 書き換え可能性, 書換性

**rewritable** *adj.* 書き直せる, 再書き込みできる, 書き込み・消去自在の, 書き換え可能の ◆a rewritable medium　《コンピュ》書き換え可能な媒体

**rewrite** 1 *vt., vi.* 書き直す, 再書き込みする, 再び書く, 書き換える, (記録媒体などに)上書きする ◆electrically rewrite new contents into the memory chip　新規の内容を記憶素子に電気的に書き込み直す; 記憶素子を新しい内容で電気的に書き換える ◆Writable MD DATA disks can be erased and rewritten any number of times.　書き換え可能なMD DATAディスクは、何度でも消去・書き換え[再書き込み]できる。 ◆Should laws defining death be rewritten to allow the "harvesting" of anencephalic donors?　無脳症のドナーを「収穫」する(＊無脳症の新生児から移植臓器を得る)ために、死を定義している法律を書き換えるべきだろうか。
2 *a* ～ 書き直し, 再書き込み, 書き換え, 上書き, 書き直されたもの[書き直し記事]

**rf, RF, r.f.** (radio frequency) 無線周波数の, 高周波の ◆an RF-excited CO₂ laser　高周波励起炭酸ガスレーザー

**RFC** (Reconstruction Finance Corporation) *the* ～ 《米》復興金融公社(1932～1957)

**RFI** (radio-frequency interference) ラジオ障害, 高周波妨害, 混信

**RGB** (red, green, blue) (アール・ジー・ビー) ◆RGB inputs　RGB入力(端子)

**Rh** ロジウム(rhodium)の元素記号

**RH** (relative humidity) 相対湿度の; (right hand) ◆at 50% RH 相対湿度50%において

**rhenium** レニウム(元素記号: Re)

**rheological** *adj.* レオロジー[流動学]の ◆the rheological properties of... ～のレオロジー的[流動学的]性質

**rheologist** *a* ～ 流動学者 ◆Mr. Clifford is a rheologist, a specialist who studies how matter flows.　クリフォード氏はレオロジスト[レオロジーの研究者], すなわち物質の流れ方を研究する専門家である。

**rheology** ⦅U⦆レオロジー, 流動学 ◆These same rules of rheology apply to... 流動[流性]学上のこれら同じ法則には～にも当てはまる

**rheostat** a～ 可変[加減]抵抗器

**rhetoric** ⦅U⦆巧言, (内容を伴わない)巧みな言葉, (実際とは違う)うまいことを言うこと; 雄弁, 説得力のある言葉, 効果的な表現, 文章作法, 修辞学

**rhinitis** ⦅U⦆⦅医⦆鼻炎, 鼻, (ビ)カタル ◆a type of seasonal allergic rhinitis called pollen allergy 花粉症と呼ばれる一種の季節性アレルギー鼻炎

**rhino-hide** ◆rhino-hide textures (サイの皮のように厚く)ごつごつとした質感

**rhinovirus** a～ ラ イノウイルス(＊鼻風邪を引き起こすウイルス) ◆The amount of rhinovirus in the body begins to drop as the immune system starts producing interferon and other infection-fighting proteins. 体内のライノウイルス[ハナカゼウイルス]の量は, 免疫機構がインターフェロンやその他の感染と戦うタンパク質を生成し始めるにつれて低下しだす.

**rhodium** ロジウム(元素記号: Rh)

**rhombus** a～ 菱形, 斜方形

**rhythm** (a)～ リズム, 律動, 周期性, 調律, (脳波の)一波 ◆begin with a mid-tempo rhythm 中くらいのテンポのリズムで始まる[始める] ◆the rhythm method of birth control オギノ式避妊法[受胎調節法] ◆the body's biological clock loses its rhythm 身体の生物時計[体内時計]が失調をきたす

**rhythmic** adj. リズミカルな, 律動的な, 周期的な, 《意訳》〈音などが〉規則的な

**RIAA** (Recording Industry Association of America) the ～ 米国レコード協会

**rib** 1 a～ 肋骨(ロッコツ), あばら骨; a～ 補強リブ, (船の)肋材(ロクザイ), 傘の骨, うね, あぜ ◆stiffening ribs 補強リブ 2 vt. ～に補強リブをつける, ～を肋材で囲う, ～にひだのような模様をつける

**ribbon** a～ リボン, インクリボン, テープ, 飾りひも, (板ヒューズなどの)細長い板状の物; ～s ずたずたに細長く裂けたもの ◆a ribbon cable リボン[フラット]ケーブル(＊平たく幅広い多芯ケーブルで, コンピュータ機器などの接続用) ◆an optical-fiber ribbon (cable) 光ファイバーリボン(ケーブル) ◆a multistrike film ribbon 何度も繰り返し使用可能な(プリンタ用)フィルムリボン(＊インクリボン) ◆a ribbon-wrapped box; a box wrapped with a ribbon (贈り物の)リボンのかかった箱 ◆tear...to [into] ribbons ～をずたずたに引き裂く 2 vt. ～をリボンで飾る, ～をずたずたに裂く

**rice** ⦅U⦆米, 稲, 米穀, 米飯, ライス ◆white rice 白米 ◆an automatic [electric] rice cooker 自動[電気]炊飯器 ◆a rice-growing town 稲作をしている町 ◆in a rice paddy 水田に ◆rice-growing regions 稲作をしている地域 ◆the rice-planting season 田植えシーズン

**rich** adj. 金持ちの, 裕福な, 豊富な, 豊かな, たっぷりある, たくさんある, 天然資源に恵まれた, 濃厚な, 高価な, 豪華な, (色などが)濃い, 深みのある, こくのある, 肥沃な, 芳醇(ホウジュン)な, (口)非常におかしい[滑稽な, ばかばかしい]; the ～ (集合的)裕福な[富んでいる]人々, 金持ち ◆rich [fertile] soil 肥沃な土壌; 沃土 ◆the rich and the poor 貧者と富者, 貧乏人と金持ち, 貧富 ◆the ultrarich 超大金持ち, 大富豪 ◆a resource-rich country 資源の豊かな[資源に恵まれている]国; 資源国[大国] ◆rich-best power 《エンジン》混合気の濃度が最良のときの出力; 最良濃混合気出力 ◆an over-rich mixture 《エンジン》濃過ぎる混合気; 超過濃混合気 ◆give (deliver, offer) a rich full-bodied sound 豊かで[量感のある]ふくよかな音を出す ◆rich and vibrant colors 強烈で鮮やかな色 ◆foods rich in beta carotene ベータカロチンを[多く]に含んでいる食物 ◆an area rich in dinosaur bones 恐竜の骨が豊富にある地域 ◆an atmosphere rich in oxygen 酸素を多く[多く]に含んでいる雰囲気 ◆calcium-rich foods カルシウムに富む食品 ◆fruit-rich cakes フルーツがいっぱい[たっぷり]

入っているケーキ ◆"get rich quick" types of people 「一攫千金を狙う」タイプの人たち ◆magnesium-rich dolomite マグネシウムを多量に含有している白雲岩 ◆petrol-rich Alberta 石油の豊富な(カナダの)アルバータ州 ◆apply a rich coat of cement to the back of the tile セメント[接着剤]をタイルの裏側にたっぷりと[厚く]塗る ◆the area is rich in oil and natural gas その区域は石油と天然ガスに富んでいる ◆deep ocean water rich with the nutrients on which phytoplankton and other marine organisms depend 植物プランクトンおよびその他の海洋生物が(生命維持のために)依存している栄養分に富む海洋深層水 ◆he is rich in talent, but not in experience 彼は才能は豊かではあるが, 経験は豊かではない[経験に乏しい] ◆the Russian "new rich" who have emerged since the collapse of communism 共産主義崩壊後に現れたロシアの「(にわか)成金たち」

**richly** adv. 豊富に, 豊に, たっぷりと, 十分に, 濃厚に, 豪華に, 立派に ◆richly-plated metal parts めっきが厚く[たっぷりと]施されている金属部品

**richness** ⦅U⦆豊かさ, 豊富さ, 肥沃さ, 豊饒(ホウジョウ)さ, 貴重さ, 贅沢さ, 豪華さ, 濃厚さ, (味・声・色などの)深み ◆a richness [wealth] of experience 豊かな経験 ◆impart [add, lend] richness to... ～に豊かな感じ[ふくよかさ, 芳醇さ, こく, 深みのある豊かな味わい, 重厚感, ふくらみと重量感]を与える; 重厚感, 量感]を与える

**Richter scale** the ～ リヒタースケール(＊地震の規模をマグニチュードで表す単位. 米国の地震学者Charles F. Richter(1900-1985)にちなんで) ◆The earthquake measured 7.9 on the Richter scale.; The earthquake had a magnitude of 7.9 on the Richter scale. この地震ではマグニチュード7.9が観測された. (＊通例, 日本語ではいちいち「リヒタースケールで」と言わない

**rickety** adj. 今にも崩れ落ち[倒壊し]そうな, ぐらぐらする, くる病の, 関節の弱い ◆a rickety bridge がたがたの[おんぼろな]橋 ◆a rickety car がたがたの[がたが来ている, おんぼろ]の車 ◆a rickety table [chair] グラグラするテーブル[イス] ◆a rickety boat ガタガタの[老朽]船

**ricksha, rickshaw** a～ 人力車(a jinrikisha [jinricksha]), 輪る(a trishaw, a pedicab) ◆a rickshaw puller [man] 人力車[輪タク]の車夫, 人力車夫

**rid** vt. 〈場所, 物, 人など〉から(～を)取り除く[無くす, 駆除する, 一掃する, 免れさせる]〈of〉 ◆be rid of... ～から開放されて[ている]; ～が無くなる[抜ける]; ～を免れる ◆become rid of moisture 水分が抜ける[無くなる] ◆to rid neighborhoods of drugs and crime 区域[地域, 町, 町内]から麻薬と犯罪をなくす[一掃する]ために ◆get rid of ～を無くす, ～を厄介払いする, ～を駆除する, ～を処分する, ～を免れる, ～から脱する ◆get rid of a bad tenant 悪質な入居者[店子, 借家人]を追い出す ◆get rid of broadleaf weeds [greens] 広葉の雑草を除草する ◆heavy discounting to get rid of surplus stock 余剰[過剰]在庫を処分するための大幅割引 ◆Gossip is hard to get rid of. ゴシップは, なかなか消えないものだ.

**riddance** ⦅U⦆(時に, a riddance)(口)厄介払い ◆most said good riddance when he departed 彼が去っていった時, ほとんどの人が(これで)厄介払いができた[せいせいした]と言った

**-ridden** adj. ～の影響に苦しんでいる, ～に悩まされている, ～にさいなまれている, ～のさばっている, ～があまりにも多い, ～のはびこっている, ～の横行する ◆a virus-ridden disk ウイルスに冒されている[感染している]ディスク ◆bug-ridden software バグだらけのソフトウェア ◆crime-ridden (社会, 場所などが)犯罪の多発している ◆debt-ridden 借金で苦しんでいる ◆a deficit-ridden state (財政)赤字を抱えている州 ◆a financially crisis-ridden country 財政的危機をはらんだ[抱えて]いる国

**riddle** a～ なぞなぞ, 判じ物; a～ 不可解なもの, 謎, 難題, 難問; vi. 謎を掛ける, なぞなぞ問題を出す, 謎めいたことを言う; vt. ～の謎を解く, ～を惑わす; a～ ふるい; v. ～をふるいにかける[ふるい分けする], ～を(弾丸などで)穴だらけにする

**-riddled** *adj.* 《好ましくないことについて》〜でいっぱいの, 〜だらけの, 〜がはびこった, 〜の蔓延した; 〜で穴だらけ[蜂の巣のよう]になって ◆graft-riddled (社会, 組織などが)汚職のはびこった[蔓延した, 瀰漫(マンエン)した] ◆a faction-riddled party 派閥のはびこっている政党 ◆error-riddled 間違いだらけの, ヘマ[ミス]の極め付け多い

**ride** 1 *vi.* 乗る, 乗って行く, 乗じる, 〈車が〉乗り心地が〜である, 浮かぶ, 宙に浮かんでいるように見える, 〈船が〉投錨(トウビョウ)している, 停泊中である; *vt.* 〜に乗る, 〜に乗って行く[進む], (しばしば受身で)〜を支配する, 苦しめる, 悩ます; 〜を乗せる, 〈船舶〉を停泊する ◆an electrically propelled ride-on toy 電動乗用玩具 ◆while riding in an automobile [a car] 乗車中に ◆No riding of pedal cycles: Mon. - Sat.: 10 am - 4 pm 自転車駅乗り入れ禁止: 月〜土曜日: 午前10時〜午後4時 ◆the sedan in which the couple were riding 二人の乗っていたセダン ◆The company has hired too many staff when the Japanese economy was riding high. この会社は, 日本経済が好調の波に乗っていた頃に[時期に, 時分に]社員を採りすぎた。 ◆The tires offer very good riding characteristics. そのタイヤは乗り心地が非常に良い。 ◆We ride to work together which saves money on gas. 私たちはガソリン代の節約になる相乗りをして出勤しています。
2 *a* 〜 乗ること, 乗せてもらうこと, (乗り物での)旅行, (遊園地などの)乗り物, (森の中の)乗馬道, 乗り込み ◆a free ride on defense 防衛のただ乗り ◆add some velvet to the ride 乗り心地にビロードの(ように滑らかな)感触を与える ◆a ride on a bus バス乗車 ◆a supple ride 《車》しなやかな乗り心地 ◆develop an amusement park ride 遊園地用の乗り物を開発する ◆improve the car's ride quality その車の乗り心地を改善する ◆ride comfort 乗り心地のよさ[快適な乗り心地] ◆they had taken a ride on the tramway 彼らは市街[路面]電車に乗った ◆a ride that is softer during normal driving but firms up instantly whenever you make an enthusiastic move with the pedals or the steering wheel 通常運転時には比較的ソフトだが, ペダルやハンドルを積極的に操るととたんに堅くなるといった乗り心地 ◆The car offers a ride that is almost unsurpassed in suppleness. この車は, しなやかさではほとんど他の追随を許さない乗り心地。 ◆The only disadvantage to these tires is their somewhat harsher ride. これらのタイヤの唯一のマイナス点は, 乗り心地が多少硬いことだ。 ◆The combination of a tight body structure and a supple suspension provides a smooth ride. 堅牢な車体構造としなやかなサスペンションの組み合わせはスムーズな乗り心地[走り]を与えてくれる。

**rider** *a* 〜 ライダー, 乗り手, 騎手, 乗り; *a* 〜 添え書き, 追加条項, 補足条項 ◆add a rider to... 〜に補足条項を加える ◆morning rush-hour riders [passengers] 朝のラッシュアワーの乗客 ◆long-distance train riders 長距離列車の乗客[旅客] ◆Paris subway riders パリの地下鉄の乗客

**ridership** 図特定の交通機関を利用する人の数; *adj.* 旅客数, 乗客数の, 利用客数の ◆at peak ridership times 乗車率が最も高い時間帯に ◆increase [boost] ridership 乗客数[旅客数]を増やす ◆a comparison of ridership figures in April 2000 and April 2001 2000年4月と2001年4月の乗客数[乗客数, 旅客数]の比較 ◆achieve high-ridership levels exceeding projections made at the time of... 《意向》〜時に立てた予想を上回る, 高い乗車率[利用率, 利用状況]を達成する (*公共交通機関の)

**ridge** 1 *a* 〜 稜(リョウ), 稜線, 山の背, 尾根, 分水嶺, (屋根の)棟, 山脈, 海嶺, ひだ, 畝(ウネ), (ねじの)山, 水切り; *a* 《医》隆起, 隆線, 堤 ◆after crossing a mountain ridge line (*航空機が)山の稜線を越えた後で ◆make [form] ridges and grooves on the surface 表面にひだを作る[形成する]
2 *vi.* 〜に隆起をつける; *vt.* 〜に畝を作る

**ridiculous** *adj.* ばかばかしい, ばかげた, べらぼうな, 滑稽な, あきれた, 途方もない, とてつもない ◆a ridiculous waste of money ばかげた金の無駄遣い ◆The trend toward more and more functions reached a ridiculous level when Nanotronics introduced... 機能をとにかくどんどん増やすといった傾向[ますますエスカレートする多機能化への流れ]は, ナノトロニクス社が〜を市場投入した時には, ばかげた[あきれてしまうくらいの]ところまで行ってしまっていた。

**ridiculously** *adv.* ばかげて, ばかみたいに, ばかばかしいほど, べらぼうに, めっぽう, 途方もなく, とてつもなく, おかしく, 滑稽で ◆at ridiculously low prices ばかばかしいほど[ばかみたいに]安い値段で ◆The prices are just ridiculously [absurdly] cheap! 値段はとにかくばかみたいに[全くべらぼうに, 実にめっぽう]安い。

**rife** *adj.* 〈好ましくないことが〉広まって[はびこって, 瀰漫(マンエン)して]いる, 蔓延(マンエン)[横行]している;〈with〉〜で)いっぱいで, (〜)だらけで ◆grow rife with nepotism 縁故主義がはびこって[瀰漫(マンエン)して]くる ◆the city is rife with problems この都市は問題をいっぱい[山ほど]抱えている ◆The administration is rife with corruption. 行政当局には, 腐敗[汚職]がはびこって[横行して]いる。 ◆Silicon Valley remains rife with speculation about how well Apple will function without Jobs. シリコンバレーでは, アップル社が(スティーヴン)ジョッブズ氏抜きでどれだけうまくやっていけるかについてあれこれ憶測が乱れ飛んでいる。

**rift** *a* 〜 <in>亀裂, 裂け目, 切れ目, 割れ目, (岩石の)石目(イシメ), 《地》地溝; *a* 〜 <between> (人と人との)ひび, 不和, 仲たがい ◆a widening rift between the two 拡大を続ける二者間の亀裂 ◆widen a rift with the United States 米国との亀裂を拡大する ◆a flat-floored rift valley lying between... and... 《地》〜と...の間に横たわる平坦な底辺を持つ地溝

**rig** 1 *vt.* 〈船〉に必要な装備を施す《艤装(ギソウ)する》, 〜に(〜を)装備する[取り付ける]<with>, 《口》〈人〉に着かせる<out, up>, 《口》〜を急ごしらえする <up>
2 *a* 〜 (船舶の)艤装, 帆装(法), (複合語を作って)装置, 《口》衣服一そろえ, 身なり, 《米》(特に荷を満載した)大型トラック ◆an offshore oil rig 海上[洋上]石油掘削施設[基地] ◆an oil-drilling rig 石油掘削リグ[船, 施設, 基地] ◆His rig can deliver a bone-jarring 144 decibels of sound. 彼の装置は, 骨まで響くような144デシベルの音を出せる。
3 *vt.* 〈相場, 選挙など〉を不正に操作する, 〜で八百長をする ◆rig prices 価格を操作する

**rigging** 1 回不正手段で操ること, 不正行為, 八百長, 相場操縦[操作], 談合, (決算などの)粉飾, 買い占め ◆large-scale share-price rigging (不正な)大規模株価操作, 大掛かりな株式相場の操縦
2 回網を主たる材料にして作った帆綱などの船具一式(サク), 網具, 艤装, 設備一式, (張り線・支柱構造航空機の)機体の)組立調整, 索張り (*ロープやケーブルを張ること) ◆increase rigging tension 索張り[索張着]張力を高める[上げる, 増す]

**right** 1 *adj.* 正しい, そのとおりで, 正当な, 当然の, 正義の, 正確な, 適切な, 正直な, 適当な, 正規の, 結構な, ふさわしい, 直角の, 表の, 表側の, 表面の, 前面の, 正常な, 健全な, 健康な; *adv.* 正しく, 公正に, 適切に, 一直線に, 直行で, (寄り道せずに)まっすぐ, 完全に, すっかり, すぐに, 直ちに, ちょうど, 正式に, 《口》非常に, 《口》極めて ◆right side out [up, down] (印刷物)表を外側にして[上にして, 下にして] ◆a right circular cylinder 直円柱 ◆a right [right-angled] triangle 直角三角形 ◆the right side of a form 記入用紙の表面 ◆be (about) the right size (だいたい)ちょうどよいサイズ[大きさ]で ◆land right side up 表面を上にした状態で着地する ◆prove to be right 正しいことが判明する ◆right at your fingertips まさにあなたの意のままに ◆right before the deadline 締め切り日[時刻]の直前に ◆right next to... 〜のすぐ隣に ◆the right amount of light 適正光量 ◆freight cars of the right size and type 適正[適当]な大きさで適切な種類の貨車 ◆Now is the right time to <do...> 今こそ〜するのにふさわしい時だ。 ◆find the model that's right for you あなたに適した機種を見つける ◆it was popular in the years right after the war それは終戦直後(の何年かの間)に流行した ◆just right for the home mechanic 機械いじりの好きな人にまさにうってつけの ◆to ensure [insure, assure, make sure, make certain,

**rightsize**

guarantee] that the right product gets to the right customer in the right quantity at the right time 間違いない商品が正しい顧客に正確な数量適時に届くようにするために ◆be well-seasoned with the right hint of garlic ニンニクの風味をほどよくちょっぴり効かせてうまく味付けされている ◆it is designed "just right" – not overdesigned or underdesigned 《意訳》それはオーバースペックでもアンダースペックでもなく「ちょうどよく[適正に]」設計されている ◆the roots need just the right amount of water 根には適量[ほどほど]の水が必要である(*多すぎても少なすぎてもいけない) ◆Jim is the right man in the right place at the right time. ジムは、適切な時期に適材適所におかれている。◆The locks will open only when the case is right side up. 錠は、ケースの正しい側[表側、上側]が上になっているときのみ開きます。◆We'll do our best to set it right. 私たちは、それを正すために最善を尽くします。◆Comfort is an individual matter. What is "just right" to one isn't right at all for another. 快適さとは、個人的[主観的]なものである。ある人にとっての「ちょうどよい」は、他の人にとってはまるきり適度でない。◆With a personal computer and the right software, you can pull off this feat. パソコンとしかるべきソフトがあれば、この離れ技をやってのけることができる。◆We are a law firm that works by one principle: What's right is right, and what's wrong is wrong. 私どもは、良いことは良い、悪いことは悪い[是々非々]という一の原則に則って仕事をしている法律事務所です。◆When buying O rings, remember to take along the old parts to be sure that new pieces are the right size and shape. Oリング[オーリング]を購入する場合、新しい部品の大きさと形状が合っているかを確認するために古い部品を忘れずに持っていくこと。

**2** ①よいこと, 善, 正義, 公正; (a) ~ 権利, 権限 ◆have the right to <do> ~する権利をもつ; (~には) ~する権利がある ◆an ownership [a property, a proprietary] right 所有権 ◆a right to die 死ぬ権利 ◆fundamental rights 基本的権利 ◆exercise one's right to vote 選挙権を行使する ◆know right from wrong 善悪をわきまえる ◆carbon emissions rights trading among industrialized countries 先進国の間での炭素排出権取引 ◆禁無断転載を禁ず; 無断転載禁止; 禁無断転載; 著作権[版権]所有, 不許複製 (▶「Copyright (C) Xxxxx 1998-2002」などの表記と共に, 国際的に通じるようにしたい場合は日本語文書であっても英語で表記するのがよい) ◆deprive citizens of their [the] right to <do>... 市民から~する権利を奪う ◆safeguard the right to privacy プライバシーの権利を守る[保護する] ◆give others proxy rights to your Mailbox 自分のメールボックスに対する代理権(*自分に代わってメールを見ることのできる権利)をほかの人[ユーザー]に付与する ◆intellectual property rights like patents, copyrights and licenses 特許, 著作権, 使用権などの知的所有権[無体財産権] ◆grant users read/write/create rights for disk drives and directories 《コンピュ》ディスクドライブおよびディレクトリに対する読み取り / 書き込み / 作成権をユーザーに与える[許可する, 付与する] ◆Anyone has a right to express their views. 誰もが自分の見解[ものごとの見方, 考え方, 意見]を表明する権利を持っている。◆The company recently bought the rights to ThyDraw from Soho Graphics. その会社は、最近Soho Graphics社からThyDrawの権利を買った。

**3** vt. ~を正す, 直す, 是正する, ~を元の(状態)に戻す, (倒れたもの)を立て直す; vi. もとの状態[姿勢, 位置]に戻る, 回復する

**4** adj. 右の, 右側の, 右手方向への; (政治上での)右派の, 保守の, 右翼の; adv. 右に[へ], 右側に[へ], 右方に[へ]; a ~ 右折, 右曲がり; the ~ 右, 右側, 右方向; a ~ 右手での一撃, 右手パンチ; the Right《単／複扱い》右派, 保守派, 右翼; a ~ 右手での一撃, 右手パンチ ◆flush right 《文字, データなどの》右揃え[右詰め, 右寄せ]された ◆right justification 《ワープロ, コンピュ》右揃え[行末]揃え, 右寄せ ◆drag it just to the right of the spreadsheet icon それをスプレッドシートアイコンのすぐ右[右横]にドラグする ◆drive on the right 《車で》右側通行する ◆from the right of... ~の右[右手, 右側]から ◆move toward the right

右に(向かって)移動する; 右方向に動く; 右側の方に移行する ◆right-leaning politicians 右に傾倒した[右寄りの, 右翼がかった]政治家たち ◆click the right-side mouse button マウスの右のボタンをクリックする ◆drive on the right side of the road 道路の右側を走行する ◆in the upper right-hand corner of the screen 画面の右上隅に ◆KEEP RIGHT EXCEPT TO PASS 追越し時以外は右に寄って通行せよ ◆look ahead and to the right and left 前方および左右を見る ◆move to the right across the line 《コンピュ》(画面上で)行を右に移動する ◆on the far-right portion of the screen 画面の右端部分に ◆on [to] the right of the window 窓の右に ◆See the table at right. 右の表を見よ。◆an exit ramp is ahead on the right (高速道路の)出口ランプは右前方にある ◆keep immediately to the right of the center line センターラインのすぐ右側を走行する ◆Always keep well to the right. 常に十分右側に寄ってください。◆It's mounted to the right of the keyboard. それはキーボードの右[右側, 右の方]に取り付けられている。◆The cylinder is at the right front of the engine. その気筒はエンジンの右手前部にある。◆The runners-up are printed at right. 次点者[次点作品]は右に掲げられている。

**in one's own right** もちまえの才能[本来の資質]によって, 自身の真価[本領]によって, それ自体で[その人自身が], 自身の力で, 自助努力で, 他者の力に頼らないで ◆The Maxima is a fine automobile in its own right, although... ~ではあるが, マキシマは本質的には[元来, 本来]すばらしいクルマである ◆In 1979, BCM became a fully licensed bank in its own right. 1979年にBCMは、名実ともに完全に認可された銀行となった。

**right angle** a ~ 直角, 90度 ◆achieve a true right angle 真の直角を出す ◆in a direction at right angles to... ~と直角方向に ◆straight lines intersecting at right angles 直交している直線 ◆A and B form a right angle. AとBは直角を成す。◆Cut the tape at the right angle. テープを直角に切ってください。

**right-angle(d)** adj. 直角の, 90度の ◆make a right-angle turn 90度向きを変える ◆a right-angle finder for the camera's eyepiece カメラの接眼レンズ部に取り付けて使用する直角アングルファインダー

**right-click** a ~ 《コンピュ》右クリック(*マウスの右ボタンでのクリック操作); v. (~を)右クリックする

**rightful** adj. 正しい, 公正な(fair and just), 合法の, 適法の, 正当な, 当然の ◆police return recovered valuables to the rightful owner 警察は回収した貴重品を正当な持ち主に返す

**right hand** a [one's] ~ 右手; the ~ 右側 (= the right side); one's ~ 《信頼のおける人物》右腕, 腹心

**right hand** adj. 右手の, 右の, 右側の, 右手方向の, 右手用の; 信頼のおける, 右腕[腹心]の ◆a right-hand drive car 右ハンドル車 ◆the right-hand rule 右手の法則 (= Fleming's right-hand rule) ◆the equipment shown in the right-hand part of Fig. 10 図10の右側の部分に示されている機器 ◆Keep to the right-hand roadway. 右側の車道を通行し続けよ。◆Pass streetcars on the right-hand side. 路面電車を追い越すときは、その右側を通行すること。

**right-handed** adj. 右利きの, 右手で行う, 時計方向の, 右回りの, 右巻きの

**right-hander** a ~ 右利きの人, 右手でのパンチ

**rightly** adv. 正しく, 公正に, 適切に, 当然に, しかるべきように, ふさわしく;《口》《否定文で》確かには, はっきりとは ◆the aversion people rightly feel for military applications 人々が軍事利用に対して当然のごとく覚える嫌悪(感)

**right of way, right-of-way** a ~ (pl. rights of way, right of ways, またはハイフンを入れる) 優先通行権, 通行権 ◆give [yield] right-of-way to... ~に先を譲る ◆the right-of-way of pedestrians 歩行者の優先権 ◆cars that did not yield the right of way 道を譲らなかった車 ◆pedestrians crossing on the green light have the right-of-way over all vehicles 青信号で横断中の歩行者がすべての車両に優先する

**rightsize** vt. ~の規模を適正化する, ~を合理化する; vi. メインフレームコンピュータ[汎用(超)大型コンピュータ]

から中型機へ乗り換える,合理化する ◆a rightsized system 規模が最適化されているシステム ◆companies attempting to rightsize and ready themselves for regrowth and profitability 規模を適正化し再び成長と収益性を取り戻すべく試みている企業

**rightsizing** ⓝ規模の適正化,合理化,汎用大型コンピュータから中型機への切り替え[置き換え,乗り換え] ◆approach rightsizing from both the downsizing and upsizing directions ライトサイジング[規模の適正化]にダウンサイジングとアップサイジングの両方向からアプローチする

**right-to-die** adj. 死ぬ権利の,尊厳死の ◆a right-to-die case 死ぬ権利をめぐっての訴訟事件 ◆right-to-die advocates 死ぬ権利[尊厳死]を擁護する人たち

**right-to-life** 妊娠中絶に反対の

**rightward** adj. 右向きの,右寄りの; adv. 右方向へ,右の方へ,右へ ◆a rightward arrow 右向きの矢印 ◆a rightward direction 右向きの方向;(政治・思想的に)右寄りの[右翼的な]方向 ◆an increasingly rightward-leaning radio station ますます右寄りの傾向を強めている[右翼的になってきている,右傾化している]ラジオ局

**rigid** adj. 剛性の,剛体の,剛質の,硬質の,(飛行船の)硬式の,硬直した,固定された,厳しい,厳格な,厳正な,峻厳な,頑固な,強情な,堅苦しい,融通の利かない(↔flexible) ◆become rigid 堅くなる,硬化する ◆a rigid structure 剛構造 ◆a rigid rotor 固定型回転翼(*ヘリコプターの)

**rigid disk** a～《コンピュ》《やや古》ハードディスク(装置)(=a hard disk)

**rigidity** ⓝこわさ,硬さ,剛性,硬直,厳格,厳正さ;(気性の)強直(キョウチョク,ゴウチョク,剛直,気骨 ◆the car's lack of structural rigidity その車の構造的剛性の欠如 ◆provide greater rigidity in a frame フレームにもっと剛性を持たせる

**rigorous** adj. 厳しい,厳格な,厳密な,過酷な,酷寒の ◆in rigorous slalom testing 《英》過酷なスラロームテストにおいて ◆rigorous quality standards 厳しい品質基準

**rigorously** adv. 厳しく,厳格に,厳密に ◆Every machine is rigorously tested before delivery. 機械は一台一台,納品[引き渡し]前に厳しく試験される.

**rim** 1 a～ 縁(ヘリ,フチ),(メガネレンズなどの)枠,(丸い物の)外周(部),リム(ホイールのタイヤを履かせる鉄輪) ◆the rim of a lens レンズの縁[外周] ◆the magnetic heads are mounted in the rim of a drum 磁気ヘッドはドラムの外周に埋設実装されている(*ビデオデッキの話)
2 vt. ～に縁をつける,～を縁取る

**Rimpac** take part in military exercises known as RIMPAC in the Pacific Ocean near Hawaii ハワイ近海の太平洋で行われる,リムパック[環太平洋合同演習]という名の軍事演習に参加する(RIMPAC = Rim of the Pacific Exercises)

**rind** (a)～(フルーツなどの食品の)皮(*メロン,スイカなどの厚くて堅めの皮) ◆a watermelon rind スイカの皮

**ring** 1 a～ リング,環,輪,円環,円輪,丸環,指輪,腕輪,円形の競技場[コース],a～(ギャングなどの)一味,徒党,一党,仲間[tube] 浮き輪 ◆substituents in [on] the ring その環の置換基 ◆a ring-shaped tunnel 環状トンネル ◆ring and open-chain compounds 環状および鎖状化合物 ◆ring-opening reactions (環状化合物の)環を開く反応
2 vt. ～を取り囲む,～をぐるりと囲む,～を丸く囲む,～にリングをはめる[はめる];vi. 丸くなる,輪になる ◆the mountain-ringed town of Innsbruck (周りを)山々に取り囲まれた[囲繞(イニョウ,イジョウ)された]インスブルックの町
3 vi. 鳴る,響く,鳴り響く,響き渡る,～の音がする,～らしく聞こえる,呼び鈴[ベル]を鳴らす(*英の方言);vt. ～を(打ち)鳴らす,(人)をベルを鳴らして呼ぶ,《英》(人)に電話する<up>,〈時〉を告げる[打つ],《金額》をレジに打ち込む<up> ◆a false input generated by circuit ringing by ringing in a circuit] 回線のリンギング(現象)により生じた誤入力 ◆the telephone rings 電話が鳴る ◆the ringing of an alarm clock 目覚まし時計の鳴る[鳴り響く]音;目覚ましの鳴動(メイドウ)音 ◆ring up the price automatically レジに価格を自動的に入力する ◆We've got three phones literally ringing off the hook. (私たちのところでは)3台の電話が文字通り鳴りっぱなしだった. ◆A few unscheduled items (including worn-out brake pads) rung up an additional $225.00. 2～3の予定外の(修理)項目(摩耗したブレーキパッド等)で,その他に225.00ドルかかってしまった.(◆ring upはレジをチーンと鳴らす)

4 a～ ベルを鳴らす音,(ベルなどの)鳴る音,鳴り響く音;a～, the ～ <of>(音を聞いたときに受ける)感じ,響き;a～《英》電話を掛けること ◆answer calls within six rings ベルが6回鳴るまでに電話に出る ◆hang up after the first ring (呼び出し音を)1回鳴らして[コールして](電話を)切る ◆The word has a nice ring to it. その言葉は響きがよい.

**ringer** a～ 鐘[鈴]を鳴らす人,鈴鳴,振鈴装置,電話の呼び出しベル,(通例 a dead ringer of 形で)そっくりさん ◆different vibration ringer patterns 各種バイブレーション呼出パターン(*携帯電話などの) ◆24 selectable ringer tones and 1 self-composed melody 24種類の選択可能な呼出音[着信音]と1種類の自作メロディ ◆It offers call alerts in the form of a vibration mode and has various programmable ringers. それ(*携帯電話)は,バイブモードでの呼び出し[着信通知]が可能で,各種呼出[着信音]パターンを設定することができる.

**ring finger** a～ 薬指(*特に左手の薬指)

**ringing** 鳴ること,鳴り響くこと;adj. 響きわたる,断固たる[決然とした,毅然とした] ◆a ringing signal 《電話》呼出信号;呼出音 ◆a ringing tone; an audible ringing tone; a ringback tone 《電話》呼出音 ◆selective [distinctive] ringing 《電話》個別呼び出し ◆a ringing telephone (呼び出し音が)鳴っている電話 ◆make ringing sounds 《電話》呼出音を出す ◆the phone gives you a choice of four ringing melodies この電話では,4種類の呼出[着信]メロディから選択できる ◆Ringing is repeated overshoots and undershoots. リンギングとは,反復性のオーバーシュートとアンダーシュートのことである.(*信号波形の歪みの原因となる)

**rinse** 1 vt. ～を水で軽く洗う,(石鹸水ではなく)真水で洗い流す,水洗いする,素洗いする,洗浄する,すすぐ[ゆすぐ]<out>,〈石鹸,汚れなど〉を…から洗い流す <out of, from>; vi. ▶rinseの訳語として,多くの英和辞典には「洗う」がないが, rinseには石鹸を洗い流す意味のほかに「水で洗う」意味がある. ◆by thorough rinsing 徹底したすすぎにより;十二分にすすいで ◆rinse… in clear water ～を清浄な水[水]の中で洗う[洗滌する] ◆rinse… with pure water ～を純水で洗滌する ◆rinse the salmon fillet under cold, running water サケの切り身を冷たい流水で洗う ◆Rinse it out with water. それを水ですすいでください. ◆Soap doesn't rinse out of textile fibers as thoroughly as detergents do. 石けんは,洗剤ほどすっきりとは衣類の繊維からすすぎ落ちない.
2 a～(軽い)水洗い,すすぎ,ゆすぎ,素洗い,洗滌;(a)～ すすぎ用の水[液体],ヘアリンス ◆rinse water 洗浄水;すすぎ水

**riot** a～ 暴動,乱出,騒動,騒擾(ソウジョウ);a～ 乱痴気[騒ぎ,どんちゃん,底抜け]騒ぎ;a～《口》ものすごく面白いもの;a～ <of> 種々多彩 ◆riot police; anti-riot police; police in riot gear 機動隊 ◆a riot broke out 暴動が発生した;騒擾事件が起きた ◆a riot situation 暴動[騒擾(ソウジョウ)]状態 ◆especially in autumn when the deciduous trees are a riot of color 特に落葉樹が色とりどりに紅葉する秋に ◆Kenzo's clothes come in a riot of color and pattern. ケンゾーの衣服は,多彩な色彩と多様なパターンが取り揃えられている. ◆the lake's shores become a riot of color in May and early June when the tens of thousands of rhododendrons and azaleas are in bloom 湖の岸[湖岸]には,何万というシャクナゲやツツジが咲く5月から6月初旬には,いろいろな色の花が咲き乱れるようになり

**rip** 1 vt. ～を引き裂く,～を(～から)引きはがす[はぎ取る]<from>; 〈木材〉を(のこぎりで木目に沿って)縦びきす

る; vi. 裂ける, ほころびる, 《口》荒っぽく[物凄いスピードで]疾走する ◆rip the country apart 国を分裂させる ◆... and the carton can get ripped open そして紙箱が裂けて[破れて]あいてしまうことがある ◆jeans worn-in and ripped through at the knee はき古して膝の所が破れているジーンズ ◆A bomb ripped through the Central Post Office. 爆弾が中央郵便局を破壊した. ◆A land mine ripped into the military convoy. 地雷が軍の輸送車隊を爆破した.
2 a ~ 裂け目, ほころび ◆rip currents 離岸流 (= riptides) (＊高速の流れで海水浴客が海に流される事故の原因となる) ◆rip-resistant 〈布地などが〉引き裂けにくい[に強い] ◆the aerostat balloon developed a rip in its seam 気球に縫い目に沿って裂け目ができた

**rip off** むしり取る, 撤去する; 《俗》〈人〉に法外な料金をふっかける, だます, ぼる, ぼったくる, 食い物にする, 〈金品〉を巻き上げる [盗む, 奪う] ◆rip off consumers 消費者から(不当な利益を)むしり取る [暴利を搾り取る]; 消費者を食い物にする ◆rip off tourists 旅行者から金を巻き上げる; 観光客をいいカモにする

**rip up** ~をずたずたに裂く, ~を破る〈ヤブ〉く

**ripe** adj. 熟した, 熟れた, 成熟 [熟成, 円熟] した ◆"Ripen Age"「熟年」 ◆The time is ripe <for, to do> ~の機[機運, 時機]は熟した ◆a field that is ripe for research 研究へ向けての機運が熟している分野 ◆The time is now becoming ripe for them to begin ... ing 今や彼らが~を始める〈のにいい〉時機[機運]が熟しつつある; そろそろ彼らが~し始めるのにいい好機だ ◆wait until conditions are ripe for ... -ing ~するのに機[情勢, 状況]が熟すまで待つ

**ripen** vi., vt. 熟す〈させる〉, 円熟する〈させる〉 ◆ripened on the vine; vine-ripened tomatoes; tomatoes that are vine-ripened 完熟トマト ◆buy immature cheese and ripen it to perfection under carefully controlled conditions 完熟度していないチーズを買って, それを細心の注意を払った管理状態の下で完全熟成させる ◆mangoes that have a tinge of starting-to-ripen color 熟し[熟れ]始めの色をしているマンゴー ◆a decades-old struggle that has ripened into a full-fledged battle for independence 本格的な独立戦争にまで発展した何十年も前からの闘争

**ripeness** 回成熟, 円熟, 機が熟す[熟している]こと, 熟れ[熟し]具合, 成熟度, 熟度 ◆check apples for ripeness リンゴの熟し具合[成熟度, 熟度]を調べる ◆depending on the degree [stage] of maturity [ripeness] 熟し具合[熟度]によって ◆The terms "hard," "firm," and "soft" are subjective terms used to describe the degrees of maturity or ripeness of a fruit. 「堅い」,「身が締まっている」,「柔らかい」という用語は, 果物の成熟度あるいは熟し具合[熟度]の段階を主観的に言い表すのに用いられる語である.

**rip-off** a ~ 《俗》法外な値段をふっかけること, 人を食いものにすること, 暴利のむさぼり, ぼること, ぼったくり, 暴利儲け, 荒稼ぎ, ペテン, 詐欺, 盗品, 盗作, 剽窃[ヒョウセツ], 焼き直し作品 ◆a rip-off artist 詐欺師 ◆adopt strong anti-rip-off protections on retail sales activities 小売り販売活動に関して, ぼったくりに対する強力な防護策[防止措置]を採用する ◆to ensure against robberies and rip-offs 強盗や盗難から守るために ◆Know your car to avoid rip-offs by disreputable repair shop. 悪徳修理工場にぼらないように, 自分のクルマ〈の状態〉を知っておくべし. ◆Mr. Conrad says an interest rate of 21 percent is a "rip-off." コンラッド氏は, 21%の金利は「暴利[ぼったくり]」だと言っている.

**ripper** a ~ 引き裂き殺人鬼, 縦びきノコ (= a rip-saw), 《俗》金庫などを破るための道具, トラクターに取り付けてコンクリートや土壌を砕く装置; a ~《俗》すてきな人, 上玉 [ジョウダマ], 別嬪[ペッピン] ◆a CD ripper CDリッパー (＊音楽CDからPCMデータを吸い出す) ◆Jack the Ripper's heft murders 切り裂きジャックによる8件の殺人 (＊1888年にロンドンで起こった女性の連続バラバラ殺人事件. 逮捕にいたらず迷宮入り)

**ripping** 回引き裂くこと, 《コンピュ》(音楽CDの) リッピング, (木材などを) 縦挽きすること, 《鉱山》追切り (＊天井や

側壁を発破して坑道を広げること), 剥岩, 盤打ち; adj.《英》すばらしい, すてきな, 大した ◆CD ripping CDのリッピング (＊CDに収録されている音楽データを吸い出すソフトを使って取り出しパソコンで圧縮してから携帯型半導体オーディオ機器に保存すること)

**ripple** 1 a ~ さざ波, 波紋, 波形, 小じわ, 波しわ, 表面張力波; a ~《電気》リップル, 脈動; a ~《比喩的》ざわめき, ざわめき, どよめき ◆(a) ripple voltage リップル電圧 ◆Inserting a single word while editing can cause a sentence to drop onto the next page, setting off pagination ripples throughout the document. 編集で単語を1つ挿入すると, 1文が次のページに送られて, 文書全体にわたってページがずれることになり得る.
2 vt. ~にさざ波を立たせる, ~を波打たせる, ~に波形の模様をつける; vi. (湖などが) さざ波を立てる, (水が) せせらぐ [さらさら (と) 流れる] ◆The editing change rippled through the entire newsletter. この編集上の変更は, 会報全体に影響が及んだ. ◆If you make an addition to page 1 of a 20 page report, the effect will ripple through all 20 pages. 20ページある報告書の1ページ目に追加を行うと, この影響は20ページすべてに波及します.

**ripple effect** a ~ 波及効果 ◆have [cause] a ripple effect on ... ~に対して波及効果を及ぼす[引き起こす] ◆These changes have a ripple effect through ... これらの変更は, ~全体に波及効果を及ぼす ◆The ripple effect washes over the entire economy. 波及効果は, 経済全体に及ぶ. ◆Every major delay has a ripple effect that can stretch across much of the Continent. どの大幅な遅れも, (欧州) 大陸のほぼ全域にわたり波紋を広げる[その影響が連鎖的に拡大する]可能性がある. (＊飛行機便の話) ◆Clearly the effects of the lower earnings reports and the recent layoffs at big wireless and networking equipment companies are having a ripple effect across many sectors of the European high-tech economy. 明らかに, 大手無線機器・ネットワーク機器企業による減収発表と最近のレイオフの影響は, 欧州ハイテク経済の数多くの部門に波及している.

**rip-roaring** adj. 騒々しい, 狂乱の, 刺激的な, 興奮させる ◆a rip-roaring economy 狂乱経済

**ripsaw** a ~ 縦びきのこ (→a cross-cut saw); vt. 〈木材〉を縦びきする (＊木目に沿って切る)

**RISC** (reduced instruction set computing) (リスク), 縮小命令セットコンピューティング; (reduced instruction set computer) a ~ 縮小命令コンピュータ ◆utilize RISC (reduced instruction set computing) technology リスク (縮小命令セットコンピューティング) 技術を利用する ◆use a 20-MHz MC88100 RISC (reduced instruction-set computer) processor 20メガヘルツ版 MC88100リスク (縮小命令セットコンピュータ) プロセッサを使う

**rise** 1 vi. 上がる, 昇る, 上昇する, 興奮する, 勃興する, 〈煙が〉立ち上〈ノボ〉る, 起き上がる, 〈太陽が〉出る, 〈声が〉大きくなる, 昇進する, 出世する, 〈意気が〉高揚する, 〈緊張が〉高まる, そびえる, そそり立つ, 〈河川が〉増水する, 〈風, 嵐が〉強まる, 〈会議が〉閉会する, 〈法廷が〉閉廷する, 〈座った姿勢などから〉立ち上がる, 〈河川が〉〈~に〉源を発する <in>, 〈民衆が〉〈~に刃向かって〉立ち上がる [決起する, 蜂起する] <against>, 〈死者が〉よみがえる <again>, 〈魚が〉水面近くまで上がってくる ◆rise in value 価値が上がる [出る, 増す]; 価格が上がる ◆mountains rising in the background 背景にそびえる[そそり立つ, 屹立〈キツリツ〉する]山々 ◆rise from a chair 椅子から立ち上がる ◆rise to the lips of ... 〈人〉の口の端に上る; 〈人〉の話題になる ◆the number of ... has risen sharply ~の数が大きく伸びてきた ◆As the standard of living rises, ... 生活水準の向上に伴って, ◆because of a rising number of armed robberies 武装強盗が増え[増加して]いるせいで ◆black billows of smoke rise up into the sky 黒もうもうたる[もくもくと]黒煙が空に向かって立ち上る ◆he rose to the rank of chief petty officer 彼は(米海軍の)一等兵曹(の階級)に昇進した ◆smoke and dust rose from the pit 煙と粉塵が穴から立ち上った ◆the healthy body's response to rising blood-sugar levels 健康な身体の血糖濃度の上昇に対する反応 ◆A plume of dust rose into the sky when explosives went off. 爆薬が爆発した際に砂塵が空高く舞い上がった。 ◆Nationalism is rising throughout the area. ナショナリズム[国家主義]が同地域全域にわたって高まりつつある[台頭してきている]。 ◆She quickly rose to a position of importance. 彼女は、急速に重要な地位に昇進した。 ◆This will allow the motor arm to rise to the "up" position. これにより、モーターアームは「上」位置まで上昇できるようになります。 ◆As the engine reaches 2000 RPM, the voltage should rise to between 13.5 and 14.5 volts. エンジンが毎分2000回転に達したら、電圧は13.5から14.5ボルトの範囲に上昇しなければならない。

2 a〜 上昇、立ち上がり、高まり、増加(量)、増大(量)、勾配、上り坂、丘、高嶺、海底山脈、(英)昇給[賃上げ](額)(=(米)a raise); (a)〜 向上、進歩、昇進[出世]、出現、台頭、興隆、隆盛、勃興(ボッコウ)、起源、(ミナモト)〜の(栄枯)盛衰[興亡、興衰、荒廃、隆替、浮き沈み、浮沈、昇降、台頭と没落、興隆と衰退] ◆a pulse rise time パルス立ち上がり時間 ◆the rise and fall of... 〜の(栄枯)盛衰[興亡、興衰、荒廃、隆替、浮き沈み、浮沈、昇降、台頭と没落、興隆と衰退] ◆a 70% rise in ridership 乗客[旅客]数の70%の増加 ◆a rise in prices 価格[物価]上昇 ◆her rise in the company 会社での彼女の昇進 ◆the East Pacific Rise 東太平洋膨隆 ◆the rise and fall of the Third Reich 第三帝国の台頭と衰退[興隆と衰亡、興亡、栄枯盛衰] ◆a sudden rise in temperature 温度[体温]の急上昇 ◆a sudden rise of current 電流の急増 ◆the rise in value of the yen 円の価値の上昇、円高 ◆the steep rise in the dollar's value ドルの急騰；ドル高 ◆the yen's sharp [rapid] rise against the dollar ドルに対する円の急騰；強まる円高ドル安 ◆the rise of take-outs foods 持ち帰り料理(ビジネス)が勢いを持ってくること ◆a 10℃ rise in the ambient temperature 周囲温度の10℃の上昇 ◆calculate the drag-rise Mach number of aerofoils エアロフォイル[翼]の抵抗増大マッハ数を計算する ◆cause a temperature rise of less than 1.0℃ 1.0℃未満の温度上昇を引き起こす ◆a rise in the earth's average temperature of 1.5℃ to 4.5℃ 1.5℃から4.5℃の地球の平均気温の上昇 ◆The desolder system features quick rise vacuum. このはんだ除去システムは、立ち上がりの速い真空を特徴としている。

give rise to... 〜を引き起こす、〜のきっかけを作る、〜の元となる、〜を誘発する ◆give rise to a chain reaction 連鎖反応を起こさせる ◆give rise to a problem 問題を引き起こす[起こす、惹起(ジャッキ)する、誘発させる、生じさせる、生む、招来する]

on the rise 上昇[増加]中で、上昇[昂進(コウシン)]、騰貴、増加、増大]傾向[基調]にあって、上向いて、上向きで、上り坂で、(作家など人気商売の人が)新進の、今売り出し中の、(赤丸)上昇中 ◆when inflation is on the rise インフレが昂進傾向にあるときに

rise above 〜の上にそびえる、〜を超越する、〈困難、問題など〉を克服する

riser a〜 起床する人、(階段の)蹴込み(ケコミ)[蹴上げ]板、(電気、ガス、水道などの)立ち上がり管、上昇管、竪管 ◆a riser cable 立ち上がりケーブル ◆a cabling riser ケーブル布設用の立ち上がり管 ◆a riser of a stair 階段の蹴込み(*階段の踏み板と踏み板の間の垂直な部分)

rise time (a)〜 立ち上がり時間、上昇時間、ライズタイム ◆the rise time of the amplifier その増幅器の立ち上がり時間 ◆with a rise time of 20 nanoseconds 20ナノ秒の立ち上がり時間で ◆The device achieves rise and fall times of better than 10 psec. このデバイスは、10ピコセカンドより望ましい[(意訳)10ピコセカンド以下の]立ち上がりおよび立ち下がり時間を実現する。

rising 1 回起床、(死者の)よみがえり[復活]、(a)〜 蜂起、謀反、反乱
2 adj. 上る、昇る、上昇する、高騰する、潮位[水位]が上昇している、増水する、立ち上がり―、現れつつある、新進(気鋭)の、成長株の、勢いをつけてきている、成長[発達、発展]中の ◆the rising generation 青年層 ◆rising expectations 高まる期待

rising edge a〜《電子》(パルスの)立ち上がり端 (↔a trailing edge) ◆on the rising edge of the receive clock 《電子》受信クロックの立ち上がりで ◆the refresh counter is incremented by the rising edge of... 《電子》リフレッシュカウンタは、〜(信号)の立ち上がりで増分される

risk 1 (a)〜 リスク、危険、冒険、危険度[性、率]、(危険[損失、危害]をこうむる)可能性[確率]、危険を招く要因; a〜 被保険者[物] ◆reduce [increase] the risk of... 〜の危険性を低下[増大]させる ◆run a risk 危険を冒す；危ない[危険な、剣呑(ケンノン)な]ことをする；冒険する；危ない橋を渡る；危ない網渡りをする；一六勝負をする、山を張る[かける]上、当たって砕ける ◆a risk hedging strategy 《経》リスクヘッジ[危険回避]戦略 ◆risk-based insurance リスク細分型保険 ◆incur the risk of being evil spoken of 悪口を言われる危険を招く[招来す
る] ◆minimize the risk of human error 人為ミスの起きるおそれ[可能性]をできるだけ小さくする ◆on a low-risk basis 低リスクで ◆perform a risk assessment 危険性[危険度]評価を実施する ◆pose substantial [significant] risks to children 子どもにかなり大きな危険を及ぼす ◆the risk is too high リスクが高過ぎる ◆as a (possible) risk factor for lung cancer 肺癌の危険因子(となり得るもの)として ◆pose a significant risk for human space travelers 宇宙飛行士に重大な危険をもたらす ◆reduce the risk of damage to the unit being tested 試験中のユニットに損傷を来す可能性を低下させる ◆run the risk of choking the economy 経済を窒息させてしまう危険を冒す ◆have 20 times the normal risk of developing cancer 癌になる危険性[確率]は通常の20倍である ◆on the assumption that all gay people are at risk of being blackmailed 全ての同性愛者は脅迫を受ける危険があるという想定[仮定]のもとに ◆30-Day Money Back Guarantee (No Questions Asked): There is no risk involved in purchasing... 30日間返金保証(理由は問いません)。〜をお買い求めになる際に(お客様に)リスクは一切ございません。 ◆But the risk factor is so low. しかし危険度[危険率]は非常に低いのである。 ◆The company is trying to spread risk more evenly. 会社は危険をもっと均等に分散しようとしている。 ◆The operation carries a 2.8% risk of death. (意訳)その手術による死亡の確率は2.8%である。 ◆The pharmaceutical business is very high risk. 製薬ビジネスは非常にリスクが高い。 ◆You would be willing to take a risk to win big. 大儲け[大当たり]するには、リスクを進んで取らなければ[敢えてリスクを冒さなければ]ならない ◆If you have had a heart attack and you have ischemia, you may have a three times greater risk of dying. あなたが過去に心臓発作に襲われたことがあって、かつ局所貧血症であるならば、死ぬ危険性[確率]が3倍大きいかもしれない。 ◆Those who lack both estrogen and progesterone are at increased risk of suffering from osteoporosis. エストロゲン[卵胞ホルモン]とプロゲステロン[黄体ホルモン]の両方とも欠けている人は、骨粗鬆症(コツソショウショウ)にかかる危険性が高い。(*女性についての話)

2 vt. 〜を危険にさらす、〜を賭ける、〜を賭(ト)する、(職など)を失う覚悟でやる (〜する)危険を冒す[(〜する)おそれがある] <-ing>、〈罰など〉を受ける覚悟でやる ◆risk national prestige 国の威信を危うくする ◆without risking the possibility of... 〜のリスクをおかさずに ◆If you..., you risk losing special characters in the table. 〜すると、テーブル内の特殊文字が失われるおそれがあります。 ◆Don't risk engine damage by warming up too long in idle. アイドリング状態でウォームアップを長くやりすぎてエンジンに損傷をきたすような危険をおかさないようにしてください。

at risk 危険にさらされて (= in danger)
at any risk, at all risks どんな危険を冒しても、ぜひとも
at one's own risk 自分自身の責任で、自らの責任で、自己責任で ◆Use them at your own risk. これらは皆様ご自身の自己責任においてご利用ください。
at the risk of... 〜の危険を冒して、〜の危険を覚悟の上で、〜を賭して[賭けて]

risk management 回リスクマネジメント、危機管理、(意訳)安全管理、(無冠詞)(企業などの)リスク管理部門 ◆

**a risk-management plan [program]** リスク[危険, 危機]管理計画[制度] ◆**a risk-management company [firm]** 危険[危機]管理会社 ◆**experts in risk management** 危険[危機]管理の専門家; ((意訳))安全管理のエキスパート

**risky** adj. リスキーな, 危険を伴う, 危険な, 剣呑(ケンノン)な, 冒険的な ◆**Investments are inherently risky.** 投資とは元々[本質的に]リスクを伴うものである. ◆**Department stores are eager to buy established brand names because developing and promoting new products have become increasingly risky.** 新商品を開発し宣伝・販売することのリスクがますます大きくなったので, 百貨店は定評あるブランドを仕入れることに熱心になっている.

**rite** a〜, 〜s 儀式, 祭式, 儀礼, 典礼, 儀式の一定の形式, 習慣[慣行, 習わし, しきたり]

**ritual** (a)〜 (宗教的な)儀式, 典礼, 礼拝式, 儀式的行為, ((集合的))儀式[式典], ((比喩的))習慣的行為; adj.

**rival** 1 a〜 ライバル, 好敵手, 競争相手, 競合品, 匹敵する[比肩する, 肩を並べる]人[物], 商売がたき, 恋がたき; adj. ライバルの, 競争[競合]する, 対抗する, 匹敵[比肩]する ◆**a rival company** ライバル企業 ◆**a rival [competing] presidential candidate** 対立大統領候補; 大統領の対抗馬 2 vt. 〜と競争[競合]する, 競い合う, 対抗する, 張り合う, 〜といい勝負[互角, どっこいどっこい]である, 〜に太刀打ちする, 〜に匹敵[比肩]する, 〜と肩を並べる, 〜に伍する ◆**a car that can rival foreign cars in performance and price** 性能と価格面で外車と優劣つけがたい車 ◆**arithmetic throughput that rivals the best 32-bit machines** 最高の32ビット機に匹敵する[劣らない]数値演算処理能力 ◆**the machine rivals or exceeds...** その機械は, 〜ならかそれ以上だ[〜に勝るとも劣らない] ◆**The car rivals the Opel Kadett in drivability.** この車は, ドライバビリティ[運転・操縦性]の点でオペル・カデットといい勝負だ[互角だ, どっこいどっこい だ, 優劣つけがたい]. ◆**The new European currency, the ECU, could rival and outstrip the dollar in importance.** 新欧州通貨であるエキューは, ドルと同等またはそれをしのぐ重要性を帯びる可能性がある.

**rivalry** (a)〜 競争, 対抗, 拮抗, 張り合うこと ◆**cause intense rivalry among powers** 苛烈な群雄割拠を引き起こす ◆**heighten intra-regional rivalries, both political and economic** 政治と経済の両面で, 地域内の抗争[対立]を激しくする ◆**The rivalry between these two companies has spurred lower prices.** この2社間の競争が, 低価格化に拍車をかけた[を促した]. ◆**Washington was expected to be one of the first battlegrounds of head-to-head rivalry between phone and cable television companies.** ワシントンが, 電話会社と有線テレビ会社が拮抗する最初の戦場の一つになるものと予想されていた.

**river** a〜 河, 川, 流れ; a〜, 〜s〈of〉(〜の)大量の流れ[流出] ◆**a river catchment** 河川域 ◆**river gravel** 川砂利 ◆**a dry river bed** 干上がっている川底[河床] ◆**a run-of-river station [power plant]** 流れ込み式[自流式]発電所(*日本の発電所はrun-of-riverではなく, run-of-riverが正しい) ◆**an on-river practice** 川[河川]での練習 ◆**Mesopotamia (the region between the Euphrates and Tigris rivers)** メソポタミア(ユーフラテス川とチグリス川の間の地域) ◆**the Shenandoah River meets [joins, merges with] the Potomac River** シェナンドー河はポトマック河と合流する ◆**rivers and streams pour [empty] (their water) into the oceans** 川や小川は大洋[海]に注ぐ(*one's waterは違和感がありたかまらない)

**riverbed** a〜 川床, 河床, かわどこ, 川底, ((場合によっては))河川敷 ◆**The term riverbed degradation refers to lowering of riverbed elevations.** 河床低下という用語は川底の高さが下がることをいう.

**rivet** 1 a〜 リベット, 鋲(ビョウ) ◆**a rivet hole** リベット穴, 鋲穴 ◆**a rivet pitch** リベットのピッチ(*隣接する鋲と鋲の中心間の距離 = (a) rivet spacing 「鋲の間隔」) ◆**a rivet squeezer** 鋲締機(*リベットを打って頭をつくるのではなく, シリンダー動作による圧力で一工程で押しつぶしてshop headをつくる) ◆**a solid shank rivet** 中実軸鋲(*軸が中空でないリベット) ◆**the manufactured head of a rivet** リベットの既製頭部(*鋲製造工場で作られた) ◆**the shop head of a rivet** リベットの現場頭部(*接合する金属片同士に穴をあけ, リベットを差し込んで, 反対面に出た軸の部分を押しつぶして作った第2の頭. この shop head をつくる加工を upsetting process「成頭作業」という) 2 vt. 〜をリベットでかしめる, リベット締めにする; ((比喩的に))〜を釘付けにする ◆**a riveting hammer; a pneumatic hammer; a pneumatic rivet gun** 空気鋲打機(*リベットを打つための鉄砲形をした) ◆**Public attention remained riveted on...** 世間の目は, 〜に釘付けになったままになっている.

**rms, r.m.s., RMS** (root-mean-square) 自乗平均(値)の, 実効(値)の(= effective) ◆**an rms value of voltage** 実効電圧値 ◆**from 130 $\mu$V rms to 650 $\mu$V rms** 実効値で130$\mu$ボルトから650$\mu$ボルトまで

**Rn** ラドン(radon)の元素記号

**RNA** (ribonucleic acid) RNA (リボ核酸)

**road** a〜 道, 路, 道路, 車道, 通り道, 交通路, 街道, 道筋; a〜 道, 方法, 手段 ◆**the road testing of a prototype** 試作車の実路テスト[路上走行試験] ◆**pave the road to...** 〜を可能にする; 〜への道を開く ◆**a road-building project** 道路建設プロジェクト ◆**a road map** 道路地図 ◆**a road network, a network of roads** 道路網 ◆**a road [street] sign** 道路標識 ◆**a road warrior** (口)セールスマン; 外回りの営業マン; 営業最前線の戦士; 猛者(モサ), 強者(ツワモノ) ◆**road feel** 《車》路面感覚(*路面から運転者に伝わるフィーリング) ◆**an access road [roadway]; roads for access purposes** (プラントなどの施設の敷地に通じる)進入経路[取り付け道路, 連絡道路] ◆**road traffic control** 道路交通管制 ◆**(a) road clearance** 《車》地上高 ◆**a road of evolution** 発展[進化, 進歩]への道 ◆**he uttered "one for the road"** 彼は「帰る前にもう一杯」と言った. ◆**on dry roads** ドライ路で ◆**on wet roads** ウェット路で ◆**over a bad road** 悪路上で ◆**the rules of the road** 道路交通法規 ◆**transportation by road** 陸路[陸上]輸送 ◆**the implementation of road pricing to reduce congestion** 混雑を緩和するためのロードプライシングの実施(*road pricing = 道路を走る自動車に課金して交通量を抑制する政策) ◆**begin on-road testing of fuel-cell vehicles** 燃料電池自動車の実路試験[路上走行テスト]を開始する ◆**to help put impaired workers on the road to rehabilitation** 健康を害した労働者をリハビリへ向けての道に乗せるのを助けるために ◆**treat the use of a mobile phone in a car by the driver as an offense under the Road Traffic Act** ドライバーが乗車中に携帯電話を使用することを道路交通法違反とみなす ◆**Portable modems are essential if you need to fax from the road.** 携帯モデムは, 外出先からファックスする必要があるなら, 不可欠である. ◆**The capital is 1,568 road miles away.** 首都までは1,568マイルの道のりがある. ◆**The car holds the road well.** この車のロードホールディングは, 良好である. ◆**We know that we have a long road ahead of us.** まだまだ先の道のりは長いということがわかっている. ◆**The car produces impressive numbers at the test track, but not much joy on the road.** その車は, テストトラック[試験路]ではすばらしい(性能)値を出すが, 実路ではそれほどの喜びを与えてはくれない[乗ってそれほど楽しい車ではない]. (参考)囲(大きい道路順に)**an interstate (highway)** (州間高速道路); **a freeway** 州内の無料高速道路; **an expressway** (地域の無料or有料主要幹線道路, 中央分離帯と立体交差がある); **a boulevard** (両側に木が植えられている広い一般道路); **an avenue, a street** (通常の幅の一般道路); **a road, a drive** (住宅地内の道路)

**by road** 車で, 陸路で

**down the road** 将来, これから先, 先行き, 先々, 今後 ◆**I can't speak hypothetically of what will happen down the road.** 私は, 将来何が起きるだろうというような仮定法で物を言うことは出来ない. ◆**If you want to make a living in music five or ten years down the road, you must...** もしも5年とか10年先に音楽で食べて行きたいなら, 〜する必要がある. ◆**We've planned carefully in the past, and our investments will really come to fruition five years down the road.** 我々は過去において計画

**hit the road** 《米口》出かける, 出発する

**on the road** 路上で, 路上に出て; 〈車両が〉(まだ現役で)走っている; 外出して, 出張中で, 出先[出張先, 客先]で, (仕事で)外回りして, 移動中で[で], 移動しながら; (= on tour) 地方巡業中で; (= on the way) 進行中で, 途上にあって ◆on-the-road salespeople 外回りの[外交]販売員 ◆enable on-the-road access 出先からのアクセスを可能にする;《意訳》移動中でもアクセスできるようにする ◆on-the-road presentations 客先[出先, 外出先, 出張先]でのプレゼンテーション ◆salespeople on the road 外回りの[外交]販売員 ◆staff who are (out) on the road 外出中の部員[職員]ら ◆to use cellular modems for on-the-road communications from hotel rooms 出張時の通信・連絡用にホテルの部屋から携帯電話用モデムを使うために ◆emergency driving techniques and other valuable information to aid you when you're on the road 外出している時に助けとなる緊急時の運転技法やその他の貴重な情報 ◆if you need to communicate while (you're) on the road 外出中に通信する必要があるなら ◆since the economy seems to be well on the road to recovery 経済は着実に回復への道をたどっているように見えるので; 経済は回復に向け順調な足取りを見せているので; 景気は確実に回復途上[復調基調]にある様子ので ◆A trucker who has been out on the road for three weeks stops into a brothel outside Vegas. 3週間道路に出ずっぱりだったトラック運転手[3週連続で走り回っていたトラック野郎]が, ラスベガスの町外れ[場末]の売春宿に立ち寄る. ◆Many users take a laptop on the road to do simple tasks, such as word processing. 多くのユーザは, 文書作成などの簡単な作業をするのにラップトップコンピュータを持ち歩く. ◆For on-the-road use where you can't plug your portable facsimile into a phone jack, the manufacturer offers an acoustic coupler that works with telephone handsets. 携帯用ファクシミリを電話ジャックにプラグ接続できない出先での使用のために, メーカーは電話の送受話器と組み合わせて使う音響カプラーを用意している.

**roadholding** 《車》ロードホールディング[走行安定性, 路面把持性能]《*車のタイヤの路面に対する密着性, 接地性, 粘着性, 追従性, 固定感》◆roadholding qualities ロードホールディング特性

**road map** a ~ 道路地図, ロードマップ ◆create a "road map" showing where technology is headed and where it should go in order to <do...> 技術はどこへ向かっているのか, また~するためにはどこへ向かうべきかを示す「ロードマップ」を作成する《意訳》未来図を描く, 将来計画を立てる, 発展シナリオを描く ◆He detailed a road map to the future that relies on Xxx technology to <do...> 彼は, ~するためにXxx技術に立脚し, 将来への道筋[発展計画]を詳しく述べた

**roadside** the ~ 道端(ミチバタ), 路傍(ロボウ); adj. 道路脇の, 道端の, 道路沿いの, 辻売り(ツジアキナイ)の ◆at [by, on] the roadside 道端で[に] ◆a roadside inn 街道沿いの旅籠(ハタゴ)沿いの旅籠 ◆a roadside stand 露店; 屋台

**roadster** a ~ 2人乗りオープンカー《*布製の幌付き, トランクは後部にある》◆a two-seat roadster 2人乗り(幌付き)オープンカー

**road test** a ~ 路上走行性能試験, 実路試験, 実地運転試験

**road-test** vt.〈車〉を路上走行[実路, 実地運転]試験する ◆road-test a car 車を実路テストする[路上試験する]

**roadway** a ~ 道路, 坑道; the ~ (道路の車の通行する部分)車道 ◆an underground roadway 坑道

**roadwork** 《英》~s) 道路工事; ロードワーク[路上トレーニング, 走り込み] ◆do roadwork 道路工事をする《*のロードワークとも》《*ボクシングの選手など》がロードワーク[路上トレーニング, 走り込み]をする

**roadworthy** adj. 道路に適した, 実路での使用に[走行]に適した状態にある,《稀》旅が[旅行に]できる《*人などが》◆Eventually, the 95-year-old antique vehicle once again achieved roadworthy status. ようやく, この95年経ったアンティーク

車は, 再び道路[実路]走行可能な状態になった.《*大がかりの復元修理の末に》

**roam** vi., vt.《あてもなく》歩き回る, うろつく, 放浪する

**roaming** 歩き回る[うろつく, 放浪する]こと,《通》ローミング[相互運用接続, 相互融通接続]《*インターネット接続サービスや携帯電話のサービスにおいて, 利用者が契約事業者のサービス区域外でも他の事業者の設備を利用して通信できるようにすること》; adj. ◆a roaming cell phone ローミング中の携帯電話 ◆enable international roaming 国際的なローミング[相互運用接続, 相互融通接続]を可能にする

**roar** vi., vt.《大きい声や音を出して》ほえる, うなる, わめく, どなる, 叫ぶ,《観客などが》ドッと沸く, どよめく, 爆笑[高笑い]する,〈赤ん坊が〉泣きじゃくる, とどろく, 轟音(ゴウオン)をたてる; a ~ 大きくて比較的長く連続する声[音] ◆the roar of airplanes 飛行機の轟音[爆音]

**roaring** n. roarすること; adj. 吠える, 咆哮(ホウコウ)する, とどろく, うなりをあげる, 騒々しい, やかましい,《口》大繁盛の[活発な, 活況の, 活気ある],《口》飲み騒ぐ, 全くの; adv. ものすごく, ひどく, 騒々しく, 騒がしいさいほどに ◆a roaring success 大成功, 大当たり ◆come home roaring drunk ひどく酒に酔って[泥酔して, 大虎になって, べろんべろんに酔っぱらって, ぐでんぐでんになって]帰宅する ◆do [make] a roaring trade in...〈商品〉を商って大繁盛する ◆roaring demand 旺盛な需要 ◆the roaring '80s 狂乱の80年代

**rob** vt.〈人〉から(~を)盗む, 強奪する, 略奪する, 失わせる <of>;〈場所〉を荒らす[襲う], 〈場所〉で強盗を働く; vi. 強盗[略奪]を働く ◆at a bank that was recently robbed in broad daylight 昼真昼間に強盗に入られたある銀行で

**robber** a ~ 強盗, 泥棒, 物取り, 盗人, 略奪者, 盗賊

**robbery** a ~ 強盗, 強奪, 略奪, 盗み, 泥棒, 物取り,《法》強盗罪 ◆attempted robbery 強盗未遂

**robot** a ~ ロボット, 省力化自動装置, 型にはまって機械的に物事をする人,《中》機器人,《ネット》(= a web robot) ロボット《*Web検索用データベースのデータを収集するためにWeb上を巡回するプログラム》◆an industrial robot 産業[工業](用) ロボット ◆a robot system ロボットシステム ◆robot technology ロボット技術 ◆the Robot Exclusion Standard《ネット》ロボット排除規格《*Web上を自動巡回してデータを収集していくプログラムに対し, 巡回を拒否するためのもの》◆Sony's robotic dog Aibo ソニーのロボット犬アイボ ◆build a working robot powered by batteries that can perform a practical function 実用的な機能が果たせる電池駆動式の作業ロボットを組み立てる

**robotic** adj. ロボットの[を] ◆a robotic arm ロボットの腕 ◆a robotic [robot] system ロボットシステム

**roboticist** a ~ ロボット研究者[専門家]

**robotics**《単扱い》ロボット工学 ◆industrial robotics 産業[工業] ロボット工学 ◆the International Federation of Robotics 世界ロボット連盟

**robotization**《米》自動化,《*特に人の》ロボット化 ◆the robotization of the productive sector《*産業構造における》生産部門のロボット化[自動化]

**robotize** vt.《米》〈生産工程など〉を自動(制御)にする[自動化する],〈人〉をロボット化する ◆robotize a human being 人間をロボット化する《*ロボットのように管理するということも》

**robust** adj. 頑強な, 強健な, 達者な, 頑健な, 強壮な, 強固な, 強靱な, たくましい, 頑丈な, 丈夫な, 堅牢な, 堅固な, 堅調な, がっしりした, 荒々しい[粗野な], 体力を要する, こくのある[芳醇な] ◆a robust economy 活気のある経済; 好況; 好景気 ◆robust health 頑健, 強壮 ◆a robust beer 芳醇なビール(の一銘柄) ◆a robust dish [meal] こくのある料理[食品] ◆report robust sales 好調な売り上げを報告する; 売り上げが好調であることを報じる ◆robust economic growth 力強い[勢いのある, 活発な, 活気ある] 経済成長 ◆a sign of robust economic activity《直訳》活気ある経済活動の徴候;《意訳》好況の前兆 ◆a very robust cast aluminum case 非常に頑丈[頑

強]な鋳造アルミ製のケース ◆the economy is hardly robust at present 経済は、目下とても活況を呈しているとは言えない状況にある ◆Germany has a robust trading relationship with Iran. ドイツは、イランと活発な交易関係を持っている。◆It is robust in construction, small in size but big in utility それは造りが堅牢で[しっかりした構造で]小型ながら大いに役に立ちます。

**robustly** adv. 頑丈に、丈夫に、堅牢に、強固に、堅固に、がっしりと;たくましく、頑健に ◆The P5-1700's desktop case is robustly built. P5-1700のデスクトップ筐体は、頑丈に[丈夫に、堅牢に、強固に、堅固に、がっしりと]つくられている。

**robustness** 囗頑強さ、強健さ、頑丈さ、強壮さ、強固さ、強靭さ、たくましさ、頑丈さ、丈夫さ、堅牢さ、堅牢性、《意訳》耐久性 ◆improve the robustness of payphones《直訳》公衆電話の丈夫さを向上させる[堅牢性を高める];《意訳》公衆電話をより壊れにくくする ◆a feedback loop for improved circuit robustness against outside stimuli 《電気》回路の外乱に対する耐性を改善するための帰還ループ

**ROC** (Republic of China) the ~ 中華民国(*台湾)

**Rochelle salt** ロッシェル塩(*圧電材料としてクリスタルイヤホンなどに使用される)

**rock** 1 vt., vi. (揺りかごやロッキングチェアのように前後[左右]に)揺れる[揺らす]、揺れ動く[揺り動かす]、〈心が〉動揺する[させる] ◆a rocking chair [horse] 揺り椅子[木馬] ◆Avoid rocking the boat. 波風を立てることは避けなさい。◆The Olympics were rocked by the biggest drug-abuse scandal in their history. オリンピック競技大会は、五輪史上最大の薬物濫用スキャンダルで揺れた。
2 n. (a) ~ 揺れ、揺り動かすこと、(心の)動揺;《音楽》ロック
3 n. (a) ~ 岩、岩石、岩盤、巌(イワオ); a ~ 《米》石 ◆a rock; a bedrock [bed rock]; a rock bed 岩盤 ◆a rock mass [a mass of rock] (pl. masses of rock) 岩塊 ◆a rock-fill [rockfill] dam ロックフィルダム(*石や岩を主な材料にしてつくられている) ◆play rock, paper and scissors じゃんけん(ぽん)をする ◆a rock-strewn landscape 石[岩石]がごろごろしている風景 ◆rock-throwing [rock-hurling] youths 投石している若者たち ◆We make our living on the Web, so our server platform has got to be absolutely rock-solid. 我々はウェブでメシを食っている。だから我が社のサーバプラットフォームは絶対的に盤石(バンジャク)でなければならない。

**rock-and-roll** adj. (前後左右の)揺れの;《音楽》ロックンロールの ◆The car traverses back roads with a series of rock-and-roll lurches. 車は、田舎道をガタゴト揺れながら走る。(*a lurch =がくんと揺れること)

**rock bottom** 囗(無冠詞)最低、どん底、底値

**rock-bottom** adj. (価格などが)最低の、どん底の ◆at rock-bottom prices 最低価格で

**rocker switch** a ~ 《電気》ロッカースイッチ(*弧状の操作部の中央に支点があり、指でシーソーのように動かしてON/OFF操作するタイプのスイッチで、波動スイッチなどとも呼ばれる)

**rocket** 1 a ~ ロケット、ロケット弾、ロケットミサイル、ロケットエンジン、打ち上げ花火 ◆a rocket engine [motor] ロケットエンジン ◆a rocket-launching base ロケット打ち上げ[発射]基地 ◆a Long March rocket (中国の)長征ロケット ◆a booster rocket motor ブースターロケットのモーター[エンジン] ◆a rocket-propelled grenade launcher ロケット推進式の擲弾筒(テキダントウ)
2 vi. ~をロケットで打ち上げる[輸送する]; vi. 急上昇する、急騰する、ロケットのように勢いよく突進する

**rocketry** ロケット工学

**Rockwell** ◆a Rockwell hardness measurement ロックウェル硬さ[硬度]測定 ◆steel with a Rockwell hardness factor of 58 to 60 ロックウェル硬度係数が58から60の鋼

**rod** a ~ 棒、棒材、杖、竿、釣竿、避雷針、むち、小枝、(網膜の)桿状体(カンジョウタイ)、(細胞)、一棹(カン) ◆be rodlike 棒の形をしている;棒状である ◆a curtain rod カーテンのつり棒(*rodはレール付きのものも含む) ◆a stirring rod 撹拌棒(カクハンボウ) ◆nuclear fuel rods 核燃料棒 ◆a rod-shaped crystal ロッド[棒]状の結晶 ◆purified natural uranium fabricated in rods 棒の形状に製造されている精製天然ウラン

**rodent** a ~ 齧歯(ゲッシ)類の動物(*ネズミ、ビーバー、リス、ウサギなど) ◆flour bags torn open by rodents and other vermin ねずみやその他の害虫・害獣に喰い破られている小麦粉袋 ◆Like most other rodents, the wireless mouse is... 他のほとんどのマウスと同様に、この無線式マウスは~(*多少遊び心でマウスをrodentと呼んでいる)

**Rodong** ◆the Rodong [Nodong] 1 労働1号(*北朝鮮の国産ミサイル)

**roe** (a) ~ 特に魚の産卵前の卵塊[はららご、腹子]、魚卵(の)精巣[白子(シラコ)、魚精] ◆a roe-bearing female 卵を持っている[腹子を抱いた、子持ちの]メス(の魚)

**ROE** an ~ (a return on equity) 株主資本利益率、自己資本収益率; ROE, RoE (rules of engagement) 交戦規則(*軍隊ではない日本の自衛隊では「部隊行動基準」と呼ぶ) ◆a high ROE 高い自己資本収益率[株主資本利益率] ◆an ROE above 15% 15%を上回る株主資本利益率

**roentgen, röntgen** a ~ 1レントゲン (pl. ~s)(*X線の照射線量の単位、略R); adj. (しばしばR-)X線の(*X線を発見したドイツの物理学者Wilhelm Konrad Röntgen 1845-1923にちなんで) ◆They are recommended for use in roentgen examinations of the spine and pelvis. これらを脊柱および骨盤のレントゲン検査に用いることが推奨されている。

**roger** interj.《無線交信》了解(*内容が聞き取れた意の返事)、〈口〉OK [了解した、分かった、了解]

**rogue** a ~ ならず者、無頼漢、悪漢、ゴロツキ、与太者、《動》群れから離れた凶暴な象あるいはその他の動物; a ~ いたずらっ子、茶目っ気のある人; adj.《動》群れから離れて生きる凶暴な、はぐれ、一匹狼的な ◆a rogues' gallery (警察の)犯人[犯罪者]写真台帳 ◆The State Department indicated this week that countries once known as "rogue nations/states" will now be called "states of concern" instead. 米国務省は今週、「ならず者国家」とかつて呼ばれていた国々について、今度は代わりに「問題国家」と称されることになる[称する]と表明した。(*Cuba, Iran, Iraq, Libya, North Korea, Sudan, Syriaについて2000年6月に)

**ROK, R.O.K.** (Republic of Korea) the ~ 大韓民国、韓国 (= South Korea)

**role** a ~ 役、(割り当てられた役)配役、役割、役回り、役所(ヤクドコロ)、任務、職務 ◆the role of...~をする、~の役目は~をすることである ◆the Roles and Missions Commission 役割・任務検討委員会(*米軍の) ◆a role model 役割模範、模範となる[見習うべき]人物 ◆give...a role in...(ing)〈人〉に~での役割を与える ◆his role as...~としての彼の役(役柄、役目) ◆play a key role as... ~として重要な役目を演じる[果たす] ◆the laser's data-carrying role レーザーのデータを搬送する機能 ◆play an important role in...-ing ~するのに重要な役割を果たす ◆debate whether America should play the role of world policeman アメリカが世界の警察官の役をすべきかどうかを議論する ◆Resistors play an important role in the building of circuits. 抵抗器は、回路を構築する上で重要な役割をはたす。◆Technical skills could play a big role in your getting a raise or promotion. 技術的な能力[技能]は昇給や昇進への大きな要素になることがあります。

**role-playing** n., adj. 役割演技(法)[の]、(ゲームが)RPG(アール・ピー・ジー)の(*ゲームする人がゲームの世界の登場キャラクターになる) ◆a role-playing computer game ロールプレイングコンピュータゲーム;コンピュータRPG ◆role-playing game software ロールプレイングゲーム[RPG]ソフト ◆a video game with some fantasy role-playing elements 空想的なRPGの要素を多少盛り込んだビデオ[テレビ]ゲーム

**roll** 1 vi. 転がる、転がって行く、波打って進む、(車が)走る、進む、流れる、経過する、ごろごろ鳴る[音をたてる]、寝返りを打つ、(目が)きょろきょろする[くるくる]動く、〈船舶、飛行機、電

**rollaway**

車が] 横揺れする[左右に揺れる]、ゆさゆさ歩く、〈土地が〉起伏して広がる、〈輪転機やビデオカメラが〉回り[動作し]始める; vt. ~を転がす、~を横転がしさせる[左右にゆする]〈目〉をきょろきょろさせる、~を巻く、丸める、〈一つのものに〉まとめる <into>、〈ドラム〉を連打する ◆a rolling machine 圧延機 ◆a rolling trackball 回転式のトラックボール ◆rolled steel 圧延鋼 ◆a rolling picture 〈TV〉同期がとれなくて流れている画像 ◆a roll-over accident 転倒事故(*車などの) ◆rolled edges for safety 危なくないように折り返してあるエッジ ◆the picture rolls up [down] 〈TV〉画面が上の[下]の方に(縦に)流れる ◆the capabilities of a copier, fax, printer, and scanner are rolled into a single piece of equipment 複写機、ファックス、プリンタ、スキャナの機能が一台の機器にまとめられる[統合化される、複合化される] ◆The company is rolling out four-megabit chips. その会社は4メガビットチップを量産している。 ◆The rolling elements roll between the inner and outer races. 〈転がり軸受けの〉転動体は内輪と外輪の間で転がる。 ◆Todd Beamer said "Are you guys ready? Let's roll!" as he led the charge against the terrorists who had hijacked United Flight 93. トッド・ビーマーは、ユナイテッド航空93便をハイジャックしたテロリストを襲う陣頭指揮を取ったとき、「みな(準備は)いいか、行くぞ[かかれっ]」と言った。
**2** a ~ 転がすこと、回転、横揺れ、巻いた物、名簿、出席簿、さいころを振ること、《体操》前転または後転; the ~ <of>〈雷鳴、号砲、太鼓など〉のとどろき[ととどろく音] ◆a spring roll (中華料理の)春巻き ◆50 rolls of 24 exposure film 24枚撮りフィルム50本 ◆a 36-exposure roll 36枚撮りフィルム1本 ◆a continuous roll of paper 連続ロール紙 ◆a half roll [half-roll] 〈航空〉半横転(*機体の長手方向を回転軸としての半回転) ◆call the roll (一人一人名前を読み上げて)出席をとる ◆He is on a roll. 彼は、名簿に載っている[名を連ねている、出席・列席している]。 (参考) Tell your processing lab you removed the film midroll and then reloaded so that their automatic machines won't cut the film in the picture area instead of between the frames. 現像所〈意訳〉写真屋に(出すとき)、フィルムが自動装置によってコマとコマの境界でなく画面内で切断されてしまわないように、フィルムを途中で取り出してまた装填したということを伝えるようにしましょう。
**roll back..., roll... back** ~を巻き戻す、巻き戻す、〈敵などに〉を押し返す[撃退する]、〈物価など〉を引き下げる ◆a rolled-back odometer 〈*中古車などの不正に〉巻き戻されている走行距離メーター
**roll down** (→ roll, roll up)
**roll off** ~から転がりながら離れる[落ちる]、周波数帯域の端を境になだらかに減衰する ◆roll off the assembly [production] line 〈量産第1号(車など)が〉工場出荷される ◆the lengthy lead times between the moment an idea is conceived and the time it finally rolls off an assembly line アイデアが生まれた瞬間からそれが組み立てラインを離れる[製品化される]時までの長いリードタイム ◆When the model rolls off the assembly line, it will become the first $50,000 production car built entirely in the U.S. このモデルが工場の組み立てラインを離れると、100%米国産の初の5万ドル本生産車となる。
**roll out** ~を転がして出す、旅に出る、〈巻いたもの〉を広げ出す、~を(めん棒などで)のばす、~を圧延する、〈しまっておいた自転車など〉を(転がして)出す、〈新製品〉をお披露目する (大々的に)売り出す」〈製品〉が転がり出る ◆roll out of bed ベッドから(あたふたと)転がり出る ◆roll out the red carpet for... 〈人物〉を丁重にもてなす[大歓迎する] ◆roll the service out on a national basis; roll out services throughout the country サービスを全国展開[全国化]する ◆it is probably going to roll out of the laboratory this summer それは研究所の手を離れておそらく今年の夏に登場[お目見え]するでしょう ◆Motorola rolled out a new line of workstations with up to 60 times the power of a PC. モトローラ社は、パソコンの最高60倍の能力を持つワークステーションの新機種系列を製品展開した。
**roll up** vt. ~をまくり上げる、~を丸く巻く、丸める; vi. 巻き上がる ◆a rolled-up umbrella (きちんと)巻いてある傘 ◆the picture rolls up [down] 〈TV〉絵[画像]が上に[下に]流

◆Without vertical synchronization, the picture rolls up or down the screen. 垂直同期がないと、画像は画面を上または下に流れてしまう
**rollaway** adj. (キャスターが付いて片付けやすい)移動式の; a~ 移動式のもの ◆a five-drawer rollaway 5段引出し付き移動式[キャスター付き]キャビネット
**roll call** a~ 出欠をとること[点呼] ◆answer a roll call 点呼に答える、出欠の返事をする ◆he has never missed a roll call 彼は点呼の時にいなかった[遅れた]ことは一度もなかった; 出欠を取ることには必ずいた
**roller** a~ ローラー、ころ、キャスター、車、ヘアーカーラー、巻き軸、麺(メン)棒、転子、圧延機、大波、うねり ◆a roller bearing ころ軸受; 転がり軸受 ◆a roller cabinet キャスター付きキャビネット
**roll film** (a)~ 《写真》ロールフィルム; adj. roll-film ロールフィルムの
**rolling** U転がること、回転、延べ棒[麺棒]をかけること、圧延、転造、(航空機、船の)横揺れ、(波の)うねり、(地形の)起伏、(雷鳴などの)とどろき; adj. 転がる、回転する、回る、横揺れする、よろめく、起伏する、うねる、とどろく、とどろき渡る、〈目が〉ぎょろぎょろする、〈橋が〉転開式の、圧延の、転がりの、転動の、波状の ◆a rolling-element bearing 転動体軸受 ◆cold rolling of steel 鋼の冷間圧延 ◆Swept wing aircraft such as the B767 are prone to a yawing/rolling combination when they encounter turbulence. This is called "Dutch roll." ボーイング767などの後退翼航空機は、乱気流に遭遇すると偏揺れと横揺れの組み合わさった動揺を起こしやすい。これが「ダッチロール」と呼ばれるものだ。
**rolling mill** a~ 圧延機、圧延工場
**rolling stock** U(集合的に)(鉄道の)車両 ◆(railroad) rolling stock U鉄道車両(*機関車、客車、貨車その他車輪のついているもの一切合含む) ◆a piece of rolling stock (1両の)車両
**roll-off** n. 減衰 ◆The low-pass filter features sharp roll-off beyond the passband. 《電気》このローパスフィルターは、通(過)周波数)域を越えたところでの急激な減衰を特徴としています。
**roll-on** a~ ロールオン容器入りの液剤、回転塗布剤; adj.
**rollout, roll-out** (a)~ 飛行機の新型発表会、〈新製品などの〉発表展示会[お披露目、新規発表キャンペーン、大々的な売り出し] ◆the company has announced the roll-out of... 同社は、〜の発売開始を発表した ◆at Apple's roll-out of major new machines at Fall Comdex 秋季コムデックスにおけるアップル社主要新型機の発表会[展示会] ◆National rollout of the service in Ireland will be within the next few weeks. アイルランドにおける同サービスの全国展開、ここ数週間以内の運びとなっている。 ◆Pepsi-Cola Co. began the national roll-out of Crystal Pepsi late last year. ペプシコーラ社は、昨年遅くにクリスタル・ペプシの全国販売を開始[を全国一斉発売]した。 ◆The channel is scheduled for roll-out in July. 同(テレビ)チャンネルの開局[開業、運用開始]は7月に予定されている。 ◆A phased roll-out to replace the existing Xxx service is planned for 1995. Once that happens, Xxx users will be moved over to the new service. 現行のXxxサービスから乗り換えるための段階的な(新サービスの)導入は1995年の開始予定となっている。そうなった場合、Xxxユーザーは新サービスへ乗り換えさせられる)ことになっている。 ◆He told us that an expansion into southwestern Ontario is planned this summer, with a national roll-out set for next year. 彼は我々に、オンタリオ州南西部への進出は今年の夏に、そして全国展開[全国化]は来年の予定になっていると話した。
**roll-up** adj. 巻き上げ式の ◆a roll-up case (出張修理など)用具一式などを収納するための)巻物式のケース
**Rolodex, rolodex** a~ (商標)ロロデックス(*住所録の一種。アドレスカードを大きなリングに通して綴じ、カードを手で回転させるようにして検索する情報整理用具)、(一般に)アドレス帳[住所録] ◆spin [flip through] a Rolodex Rolodex(住所録)を回す[めくる]

**ROM** (read-only memory) (a) ~ 《コンピュ》(ロム), 読み出し専用メモリー ▶記憶領域としてのROMは不可算, a ROM chip の意味では可算. ◆a programmable ROM 書き込み可能読み取り専用記憶素子 (＊何も書き込まれていない状態で購入し, プログラムをいったん書き込んでから, 読み取り専用として使用するもの) ◆a ROM card [cartridge] ROMカード [カートリッジ] ◆a ROMed operating system ROM化されているオペレーティングシステム [基本ソフト] ◆ROM-executable DOS (RAMにロードすることなく)ROMで実行可能なDOS ◆burn programs into ROM プログラムをROMに焼き込む [焼き付ける, 焼く, 書き込む] ◆put . . . in the form of ROM chips ～をROM化する ◆ROM-based power-on self-test ROMに格納されている [ROM化されている] 電源投入時の自己診断(機能) ◆the operating system is held in 2 MB of ROM オペレーティングシステムは, 2MBのROMに入っている ◆MS-DOS 3.3 comes standard in ROM. 《コンピュ》MS-DOS 3.3がROMの形で標準装備されている. ◆The new model comes with 640K RAM and 128K ROM. この新型機には, 640KBのRAMと128KBのROMが搭載されている.

**ROMable, ROM-able** adj. ロム化可能な ◆ROMable applications ROM化可能なアプリケーション ◆This operating system is 100% ROM-able. このオペレーティングシステムは完全ROM化が可能である.

**Roman** adj. ローマ(市)の, ローマ人の, ローマ様式の, ローマン体の, ローマ字の, ローマ数字の; n. ◆a Roman numeral [figure] ローマ数字 (＊I, II, VI, IXなどのいずれか) ◆use either Roman letters or the Japanese phonetic symbols, the kana ローマ字, または日本の発音記号である仮名を使う

**romance** 回男女間のロマンス(恋愛, 愛情, 恋); a ～ 恋愛事件, 恋愛関係, 情事; 回《集合的に》恋愛小説; a ～ 恋愛物語 [映画], 空想 [伝奇, 冒険] 物語, 中世の騎士物語; (a) ～ 作り話, 夢物語; 回ロマンチックな雰囲気, 恋愛好き; vi. 作り話を作り上げる, (～について) 空想を巡らす <about>; vt. 《異性など》の気を引こうとする, ～に言い寄る, ～と恋愛関係にある, 恋仲である ◆It took considerably more effort to get this romance off the ground, however. だがこのロマンスを進行[本格化]させるには, 更にかなりの努力を要したのだった.

**Rome** ◆the Club of Rome ローマクラブ ◆Do in Rome as the Romans do. 《諺》郷に入っては郷に従え. (＊直訳ローマにいる時は, ローマ人のするようにせよ; 《諺》郷に入って(イッテ)は郷に従え. ◆Rome wasn't [was not] built in a day. 《諺》ローマは一日にして成らず. (＊大事業は完成までに長い年月を要する. 物事は一朝一夕にして成るものではない.)

**röntgen** →roentgen

**roof** 1 a ～ 屋根, 家, 屋根のように覆う物, 《鉱山》天盤 ◆live under the same roof with . . . ～と一つ屋根の下に住む ◆a roof of a building 《屋根がいくつかある》建物の(," 或る一つの」)屋根 ◆if a building isn't one but 1つしかない建物なら roof の前の冠詞は a でなく the ◆she had lived all her life under the same roof with her mother 彼女は生涯母親と同じ屋根の下で生活した [同居した] ◆Freon is in increasingly short supply and prices will be going through the roof. フロンはますます品薄が進み, 価格は天井知らず[青天井]の様相を呈することになりそうである. 2 vt. ～を屋根を付ける, ～を屋根で覆う ◆a tin-roofed shack ブリキ板張り屋根の掘っ立て小屋
**under one roof** 一つ屋根の下で, 同じ家で, 同居して, 寝食を共にして, 同じ釜の飯を食って, 一堂に会して, まとめて ◆gather together under one roof 一堂に会する ◆keep everything under one roof すべて(の業務・活動)を一つ屋根の下[同一拠点]にまとめておく ◆they live happily under one roof 彼らは同じ[一つ]屋根の下に幸せに暮らしている ◆three generations under one roof 3世代同居 ◆a conference that's packing a lot of presidents under one roof 大勢の会社社長に一堂に集めて開催されている会議 ◆bring together various existing Nanotech activities under one roof さまざまな在来よりのナノテク社の活動を一つ屋根の下にまとめる[一元化する, 統合する, 集約する] ◆combine different aspects of our business under one roof 我が社の事業のさまざまな側面

を一つ屋根の下に統合[集約]する ◆designed, manufactured, and tested under one roof ひとつ[同じ]屋根の下で設計され, 製造され, 検査された (＊まとめて意訳すると「一貫生産された」となる) ◆process raw cotton into finished cloth under one roof 一つ屋根の下 [一箇所, 一工場内] で原綿から織物にまで(一貫)加工する ◆"We wanted to put all our operations under one roof," said Sheron Carter, the company's president. 「弊社のすべての業務を一つ屋根の下に[《意訳》一箇所に集約]したかったのです」と同社社長であるシェロン・カーター氏は述べた. ◆Collected under one roof are chic boutiques rivaling the most upscale stores in Paris and New York. 一堂に集められているのは, パリやニューヨークの最高級店の向こうを張っているシックなブティックである. ◆The exhibition will give customers an opportunity to inspect the company's wide range of products under one roof. この展示会は, 同社の幅広い商品を一箇所で見る機会を顧客に与えてくれる(ことになる).

**rooftop** a ～ (ビルなどの)屋根, 屋上; adj. 屋根 [屋上]にある ◆a rooftop antenna 屋上アンテナ ◆a roof-top water tank (回an elevated water storage tank) 屋上水槽

**rookie** a ～ (口)新人, 新米, 新メンバー, 初心者, 新兵, (野球の新人)選手 ◆a rookie draft (プロ野球の)新人選抜会議 ◆I think this is a rookie to keep an eye on for the future. こいつは今後目の離せない[注目の, 期待の]新人だと思う.

**room** a ～ 部屋, 室, 居室, (～の間)(マ); the ～ 部屋に居る人々; 回場所, スペース, 空間; 回余裕, ゆとり, 余地, 機会(= a chance) ◆give. . . room to <do> 《人》に～する自由を認めてやる[許してやる] ◆a (hotel) room (ホテルの)客室 ◆an operations room 作戦司令室 ◆a one-room [-roomed] apartment ワンルームマンション[アパート] ◆a 1,000-room hotel 部屋数が1,000室のホテル ◆a six-room home 6室[6間]ある住宅 ◆leave them at room humidity for 36 hours それらを常湿で36時間放置する ◆should allow enough room for. . . ～に十分な場所 [ゆとり, 余裕, 余地]をみておかなければならない ◆if there is room to <do> もし～する余裕があれば ◆a "revolutionary" lighter-weight air bag that inflates faster and takes up less room もっと軽量で, もっと急速に膨張し, もっと場所をとらない「画期的な」エアバッグ ◆free the industry from regulation to give it room to grow その業界に成長の余地を与えるために規制から解放する ◆the system has little or no room for future expansion そのシステムには, 将来拡張するための余地がほとんど残されていないか, あるいは全くない ◆Allow tapes to reach room temperature before use. テープは室温に戻してからご使用ください. ◆Give yourself some working room by sliding. . . ～をスライドさせて作業スペースを空けてください. ◆It still has plenty of room for improvement. それにはまだ大いに改善[改良]の余地がある. ◆There's plenty of room inside for future expansion. (筐体)内部には将来の拡張のための余地がたっぷり[十分]ある. ◆内蔵コンポーネントの増設の余地 ◆This copier takes up too much room. この複写機は場所を取り過ぎる. ◆Depending on your room to maneuver, you have three choices of action: 取り得る術策の余地によって[状況がどの程度許すかによるが], 次に掲げる3通りの対処方法から選べる.(＊緊急事態の対処の仕方の話より) ◆The country's desert climate offers little room for agricultural expansion. この国は, 砂漠性気候のせいで, 農業規模拡大の余地はほとんど残っていない. 《参考》headroom and legroom (車の室内などの)頭上スペース[上方空間]と足元スペース

**room temperature** 《無冠詞》室温(＊約20℃); room-temperature adj. 室温での ◆at room temperature(s) 室温 [常温]で ◆at normal room temperatures of 68 to 72 °F (20 to 23 °C) 華氏68～72度(摂氏20～23度)の通常[平常]の室温で ◆carry out room-temperature fusion 常温[室温]核融合を行う ◆it is soft at room temperature それは室温で柔らかい ◆Wait until the car is at room temperature, then get your tools. 車が室温になるまで待ってから作業を始めるようにしてください. (＊やけど防止ための注意書き)

**roomy** adj. 広々とした ◆a roomy rear seat ゆったりした後部座席 ◆three roomy drawers to accommodate a growing wardrobe 増えてくる衣類を収納できる、たっぷり入る3つの引出し ◆The station wagon is as roomy as a limo. そのステーションワゴンはリムジン並に広々と[ゆったり]している.(＊a limo は a limousine の口語短縮形)

**root** 1 《口》～根,付け根,根元,(ねじの)谷底,根本,根源,起源,原因,《コンピュ》ルートディレクトリ;～s 故郷,ルーツ,祖先;a～《数》ルート,根,乗根,累乗根,冪根(ベキコン) ◆a root circle 歯元円[歯底円](＊歯車の製図で) ◆a root crop [vegetable] 根菜 ◆a root diameter 歯底径[歯底円](＊歯車の製図で) ◆a root directory 《コンピュ》ルートディレクトリ ◆(a) root extraction (累乗)根の開方[開法] ◆a root-mean-square value (累乗)根の開方[開法] ◆a root-mean-square value 二乗平均平方根値;自乗平均値;(サインウェーブ[正弦波]の)実効値;rms値 ◆an idea [institution] takes root 考え[制度]が定着する ◆democracy is beginning to take root 民主主義が根付き始めている ◆solve the problems at the root それらの問題を抜本的[根本的]に解決する ◆the root of an external thread 雄ねじの谷底 ◆bleached hair showing dark at the roots 根元が黒く見える脱色した毛 ◆trees rotted down to their roots 根まで腐った木 ◆At the root of the problem lies [is] ... この問題の根本に横たわるのは[根底にあるのは]～である.(＊この倒置法はよく用いられる) ◆At the root of all systems of law is the notion of justice. あらゆる法体系の根底にあるのは正義という観念で ある. ◆His black hair was cropped to its roots. 彼の黒髪は根元まで[丸坊主に]刈られた. ◆They concluded that this was a root cause to the explosion. 彼らは,これが爆発の根本原因[真因]であったという結論を下した. ◆Unwanted pregnancy is a root cause of many social problems. 望まない妊娠が,多くの社会問題の根本的な原因(の一つ)である. ◆The roots of all these systems go back to work done at the research institute in the 1960s. これらのシステムすべてのルーツは,その研究所で1960年代に行われた研究にさかのぼる.

2 vt. 根付く,〈考えなどが〉定着する; vt. ～を根付かせる, 定着させる,《通例 root out [up, away] で》～を根絶する[根こそぎにする] ◆stay rooted in one place 一箇所に根を下ろす[定着する,定住する]

3 v. 《口》〈ブタなど〉が〈地面〉を鼻で掘り返す,《root about [around]... for... で》～を求めて～を引っかき回して探す,《root out で》～を引っかき回して探し出す

4 vi. 《口》～に〈声援を送る,〈～を〉応援[精神的に支援]する<for> ◆Can you root for the Hanshin Tigers in English? 英語で阪神タイガースを応援できますか？(＊米国人写真家 Shannon Higgins「シャノン・ヒギンス」氏の著書)

**root-mean-square** (電気)実効の,rmsの(＊自乗平均値の平方根[2乗平方平方根]の意) ◆a root-mean-square value; an rms value 実効値

**rope** 1 (a)～ロープ,ひも(ヒモ),縄,綱,索(サク); a～<of>(～の)一連,ひとつづき; the ～s (ボクシングリングの)ロープ; the～《口》しきたり,やり方,こつ ◆a length of rope 1本のロープ ◆a heavy, strong rope 太くて強靭なロープ ◆a (flexible) rope light (フレキシブル)ロープライト(＊数珠つなぎの豆電球をホースの中に入れた構造のもので,装飾などに使用) ◆a right regular lay rope 右普通撚りのロープ[索] ◆12-ft. piece of rope 12フィート長のロープ1本

2 vt. ～をロープで縛る<up, together>,～をロープで(～に)つなぐ<to>,～に縄を張り(めぐらして)境界を定める[仕切る]<off>,～を投げ縄で捕まえる; vi. ねばねばして糸を引くようになる,糸を引く,ロープ(状)になる[ねじれる] ◆rope off reporters and photographers ロープを張って記者やカメラマンを寄せ付けないようにする

**ro-ro** (roll-on, roll-off) a ro-ro ship ローロー船(＊船腹や船尾に設けられたランプウェーと呼ばれる入口を使って荷役ができる,自動車の輸送に便利な貨物船)

**rose-colored** adj. バラ色の,楽観的な,楽天的な

**rose-colored-glasses** adj. 楽観的な見方の ◆see... through rose-colored glasses 〈人生,世界など〉を楽観視する

**rosin** 《口》(半田付けや弦楽器の弦に塗る)松やに, ロジン; vt. ～にロジンを塗る ◆rosin-core solder (松)やにが入りはんだ

**roster** a～名簿,リスト,勤務当番表 ◆the newest player on the roster その名簿に一番新しく加わったプレーヤー

**rosy** adj. バラ色の,(ほおなどが)赤い,血色のよい;希望的な,希望に満ちた,明るい,楽観[楽天]的な ◆a rosy-cheeked girl 赤いほっぺの女の子 ◆statistical projections rosy with gloss 希望的観測で粉飾されている統計予測[予想]値 ◆The European economic outlook is growing rosier every day. 欧州の経済見通しは,日に日に明るく[楽観的に]なってきている.

**rot** 1 vt. ～を腐らせる,腐敗させる,悪くならせる,だめにする,朽ちさせる,～を堕落させる,〈人〉を朽ち果てさせる; vi. 腐る,腐敗する,朽ちる,落ちぶれる,衰亡[退廃]する ◆become [go] rotten 腐敗する ◆Leaking acid can rot the floor of the car. 漏洩している酸(液の漏れ)は,車の床を腐食させることがあります. ◆Buildings in the city center are rotting away from pollution. 都心にあるビルは公害で,朽ち果てつつある.

2 《口》腐れ,腐敗,腐朽(フキュウ),堕落; the ～《口》なにもかもがうまく行かなくなってしまう過程

**rotary** 1 adj. 回る,回転する,回転[輪転,旋回,旋転]式の ◆a rotary engine; a rotary-combustion engine ロータリーエンジン; 回転[回転機関;回転式発動機,回転シリンダ[気筒式]発動機;星形発動機;ワンケル[バンケル]エンジン(a Wankel engine) ◆a rotary motion 回転運動 ◆a rotary press 輪転機 ◆a rotary wing aircraft (= a helicopter) 回転翼航空機 = a helicopter's rotary wings ヘリコプターの回転翼 ◆impart a rotary motion to... ～に回転運動を与える

2 a～(= a traffic rotary) ロータリー(＊交通整理のための円形島が中央に設けられた交差点)

**rotary dial** a～回転(式)ダイヤル

**rotary-dial** 1 adj. 回転ダイヤル式の ◆a rotary-dial telephone 回転ダイヤル式電話機

2 vt. ～に(回転ダイヤルをまわして)電話をかける[回線接続する] ◆rotary-dial a number 番号をダイヤル(を回して電話)する ◆rotary-dialed pulses (電話の)回転ダイヤルにより発生したパルス

**rotatable** adj. 回転できる,回転可能な,回転- ◆a rotatable mirror [dome] 回転ミラー[ドーム]

**rotate** 1 v. 回転する[させる] ◆a rotating magnetic disk 回転磁気ディスク ◆rotate about the vertical axis 垂直軸を中心に回転する ◆rotate the image in three planes (3Dグラフィックスで)その像を3つの平面上で回転させる ◆rotate about the axis with an angular velocity ω その軸を中心に角速度ωで回転する ◆Rotate the key counterclockwise until its barrel points straight down. そのキーを,筒状部が真下を向くまで反時計方向[左]に回してください. ◆The rotation function allows parts of the picture to be rotated through any angle. 《コンピュ》回転機能は,絵の各部をどんな角度にでも回転させることができる. ◆The tip can be rotated 360°without the extension tubing coming loose. 先端部は,延長チューブが緩むことなしに360度回すことができる. ◆Venus revolves about [goes around] the sun in 225 days, rotating on its axis in 243 days. 金星は,243日の周期で自転しながら,太陽のまわりを225日の周期で公転する.

2 v. 循環[交替]する[させる],輪作する

**rotation** 1 (a)～回転,自転 ◆by rotation 回転により ◆(a) rotation [rotational] speed 回転速度,《意訳》回転数 ◆the Earth's rotation 地球の自転 ◆an angle of rotation: a rotation [rotational] angle 回転角度,回転角 ◆reverse the direction of rotation of... ～の回転方向を逆転[反転]させる ◆reverse the rotation of... ～の回転を逆転させる[反転する]; ～を逆回転させる ◆the normal direction of rotation 正常回転[正回転]方向 ◆at (a rotation [rotational] speed of) 1800 rpm 毎分1800回転(の回転速度[回転数])で ◆measure the amount of rotation of the front wheel 前輪の回転量を測定する ◆the scaling and rotation of images 画像の拡大縮小と回転 ◆The tool supports rotation to any angle in thousandths of a degree. 《コンピュ》その(グラフィックス)ツールは、千分の1度きざみでの任意の角度の回転をサポートしている。 ◆Make certain that the blade marking indicates rotation in a clockwise direction when viewed from the end of the arbor shaft. 取付シャフトの端から見て、ブレードの表示が時計回り方向の回転を示していることを確認してください。

2 (a) ～ 輪番, 交替, 順繰り, 循環, ローテーション ◆in rotation 順繰りに, 順々に回って ◆in rotation, rather than re-electing... every five years ～を5年ごとに再選するのではなくローテーション制[輪番制, 持ち回り]で ◆He tested the effects of a rotation of crops. 彼は輪作の影響について調べた。 ◆In a timeshared system, users' inputs are serviced in rotation by the computer. タイムシェアリングシステムでは、ユーザーからの入力はコンピュータによって順番に処理される。 ◆Avoid tomatoes, potatoes, peppers, okra, raspberries, or strawberries in rotation with eggplant. トマト、じゃがいも、ペッパー、オクラ、ラズベリー[キイチゴ]、あるいは苺をナスと輪作するのは避けること。

**rotational** adj. 回転-, 旋回- ◆(a) rotational latency 《コンピュ》回転待ち時間 ◆a rotational direction opposite to... ～とは反対の[逆方向の]回転方向 ◆the rotational speed of the shaft そのシャフトの回転速度[《意訳》回転数] ◆run at a 5400-rpm rotational speed; operate at a rotation speed of 5,400 rpm 毎分5,400回転の回転速度[《意訳》回転数]で動作する ◆specify the rotational orientation of the camera around the axis specified by the two points これら2つの点で定義される軸を中心に回転するカメラの回転方向[《意訳》旋回方位]を指定する ◆detect minute differences in the rotational speed of the car's front and rear axles 車の前車軸[前輪軸]および後車軸[後輪軸]の回転速度のわずかな差を検出する

**rotative** adj. 回転の, 循環- ◆have constant rotative speed ～は一定の回転速度を持っている; ～は回転速度が一定である

**rotator** a ～ ローテーター, ローテータ, ロテータ, 回転体, 回転子, 回転器, 回転装置, 《医》回旋筋 ◆the rotator muscles of the arm 腕の回旋筋

**rote** ①機械的反復練習による記憶一点張りの学習; 詰め込み式の教育, 機械的な手順; adj. 機械的反復練習の, 丸暗記の ◆by rote 機械的に, 空で, 記憶だけで, 丸暗記[棒暗記]で, 詰め込みで (*勉強に) ◆knowledge gained through rote learning 暗記で仕込んだ[詰め込み学習で覚えた]知識 ◆memorize [learn] a formula by rote 公式を丸暗記[棒暗記]する ◆students learn [recite] the multiplication tables by rote 生徒たちは九九を丸暗記する[空で唱える]

**rotor** a ～ 回転子, 回転体, 回転翼, ローター (cf. a stator) ◆the rotor blades of helicopters ヘリコプターの動翼 ◆the rotor of a motor [generator] モーター[発電機]の回転子 ◆vibrations from helicopter rotor blades ヘリコプターの回転翼からの振動 ◆A rotor blade in one of the engines of the Boeing 707 was found to be chipped. そのボーイング707のエンジンのうち1基のローターブレード[動翼]に欠け傷があるのが発見された。

**rotten** adj. 腐った, 悪くなった, 腐敗した, 腐臭を放つ, 堕落した, ぼろぼろになった, 不健全な, 不潔な, 卑劣な, たちの悪い, 卑しい, ひどい, いやな, 不快な, うんざりする, さんざんな ◆an apple rotten to the [its] core 芯まで腐ったリンゴ ◆a timber that's rotten at the [in; of] core [芯, 中心, 中]まで腐っている材木 ◆emit a rotten-egg odor 腐った卵のような臭いを発する

**rough** adj. 大ざっぱな, 粗い, でこぼこの, 粗野な, ぞんざいな, 乱暴な, 荒っぽい, 苦しい ◆a rough; a rough drawing [sketch, draft] <of> 下絵 ◆a rough plan 大まかな計画 ◆rough estimations 大まかな[概算]見積もり ◆a rough outline [the rough outlines] of an agreement 協定の概略 ◆even on rough terrain and steep roads 不整地や険しい道路においてさえも ◆get a rough idea of... ～についておおざっぱに理解する[つかむ]; ～を大まかに知る ◆in rough order of size ほぼ大きい順に ◆make a rough cut 荒加工する, おおざっぱに切断する ◆sketch some roughs 何枚かの下絵をスケッチする ◆the car's warts and rough edges 車の欠点や荒削りなところ ◆withstand rough handling 手荒な[乱暴な, 荒っぽい, 荒々しい, 粗末な]取り扱いに耐える ◆a rough-edged technique 荒削りのテクニック ◆a skirt of rough-woven wool 粗く[ざっくり]織ったウールのスカート ◆a product designed to withstand rough usage 酷使[荒っぽい使用, 乱暴な使い方]に耐えるように作られている製品 ◆reach a rough consensus that... ～といった大筋での合意[認識の一致]に達する ◆a rough estimate should be sufficient for the purpose of... ～の目的のためには概算[概算見積もり, 目の子算, 目の子勘定]で十分であるはずである ◆to get a rough estimate of where they are buried それらがどのあたりに埋設されているのかおおよその見当を付けるために ◆Never subject a crystal microphone to rough treatment. クリスタルマイクは、決して乱暴に取り扱わないでください。 ◆The engine is rough. このエンジンには、荒々しいところがある。 ◆The number of rings furnishes a rough estimate of the age of a tree. 年輪の数で樹齢のおおよその見当が付く

**rough and tumble, rough-and-tumble** adj. 無秩序な, めちゃめちゃな; n. 乱戦, 乱闘

**rough-hewn** adj. 荒削りな, 洗練されてない, 無教養の, あか抜けていない, やぼったい, 素朴な, 野趣に富んだ, ひなびた味わいの, 作りが雑で粗末な; (荒っぽい)粗野な, がさつな, 無骨な, 武骨な ◆rough-hewn hands ごつごつした手 ◆a rough-hewn carving of a cat's head 荒削りなネコの頭の彫刻

**roughly** adv. おおよそ, 大まかに, 大ざっぱに言って, 概略で, ほぼ, ざっと(見積もって); だいたい, おおむね, 大枠で, 荒々しく, 乱暴に, 手荒に, 粗雑に, 粗野に, 下品に ◆roughly speaking; broadly speaking 大ざっぱに言って; 概して; 大枠でいうと; 大枠でくくると ◆during roughly the same period ほぼ同じ期間に; ほぼ時期を同じくして ◆be roughly estimated at $10,000 to $16,000 ～は、ざっと見積もって[概算で, 目の子算で, 目の子勘定で]10,000ドルから16,000ドルである

**roughness** n. ① ◆surface roughness 表面粗さ[粗度] ◆the engine's roughness そのエンジンの荒々しいところ (*外観[表面]で性能面での) ◆the degree of terrain roughness 地形の起伏の程度 ◆Check the surface for roughness or pitting. 面に荒れや点食(点状の腐食)がないか調べてください。

**round** 1 adj. 丸い, 円形[輪状, 球形]の, まどかな; 端数のない [端数を丸めた, おおよその] ◆a round house 円形の家 ◆a round bar [rod, stick] (断面が)丸い棒; 丸棒 ◆small round structured virus (SRSV) 小型球形ウイルス (*生ガキなどから感染し、発熱・腹痛などの症状の食中毒を起こす) ◆become very round 非常に, 丸くなる[丸々としてくる, ふっくらとしてくる, 《意訳》球形に近くなる] ◆a tire that has lost its round shape 形が崩れて丸くなくなった[形崩れした, 変形した]タイヤ ◆It is round like a ball. それはボールのように丸い[球形をしている]。 ◆Columbus was not the first to believe "the world was round"; the ancient Greeks knew that. コロンブスは、なにも「世界は丸い」と信じた最初の人間ではない。そんなことは古代ギリシャ人は知っていたのだ。 ◆The car is much rounder in its nose and tail than its siblings. この車は、兄弟車種よりも機首と後尾がいっそう丸みを帯びている。

2 adv., prep. 丸く, まわりに, あちこちに, 回って, 巡って, ～の間じゅう ◆go [spin, turn, whirl, twirl] round and round [round-n-round, round'n round, round 'n' round] ぐるぐる, ぐるぐる回転する ◆the steep, spiral stairs that wind round and round (and round) ぐるぐる渦を巻いている[ぐるぐる巻きの]急ならせん階段

3 n. a ～ 円形[輪形, 球形], 巡回, 一巡, 1回, 1期, 1ラウンド, (弾丸による)一発, 1回の一斉射撃 ◆do another round of usability testing 使いやすさを調べるための試験をもう1度[1回]行う ◆from the next round of matches onward 次回の試合から[以降] ◆regularly make the rounds of... ～を定期的に巡回する ◆the current [present] round of multilateral trade talks 現在の多国間貿易交渉 ◆advance to the fourth round by beating... ～を破って[下して]4回戦に(勝ち)進む[進出する] ◆artillery fired round after round into the capital 大砲の

首都に向かって続けざまに火を噴いた ◆inundated with round after round of criticism 非難の集中砲火を浴びる; 非難の声が相次いで; 非難また非難と ◆make the rounds of the galleries in SoHo (ニューヨークの)ソーホーの画廊を見て回る ◆pepper a person with round after round of bullets 〈人〉に弾丸の集中砲火を浴びせる ◆the first round of home video cameras 家庭用ビデオカメラの第1弾 [世代, 陣] ◆If you're a visiting nurse making rounds at patients' homes, ... 患者宅を巡回する訪問看護師 [ホームヘルパー]をしている場合は、 ◆A second round of surveys will follow. 二次 [2回目の] 調査が引き続き実施される予定である。◆He has looked more dominant in each succeeding round of the tournament. 彼はトーナメントの回を勝ち進むにつれてますます優勢になっていくように見えた。 ◆A second round of talks [negotiations] will be held at the Wye Plantation from Wednesday to Friday next week. 会談 [協議, 交渉] の第2ラウンドが、ワイ・プランテーションにおいて来週水曜から金曜にわたって開催される。◆The first round of talks after four years of tension was completed in Athens Wednesday night. The final round will take place in Macedonia's capital, Skopje, on Tuesday. 4年にわたる緊張の年月を経た初回の交渉は、水曜の夜アテネで終わった。最終回はマケドニアの首都スコピエで火曜日に開催される予定である。
4 vt., vi. 丸くする [なる]、丸み [アール] をつける、回る、囲む; 完成させる <off, out> ◆a rounded rectangle 角を丸めた長方形; 角の丸い [角丸] 四角形
5 vt. 〈数値〉の端数を丸める (→ round down, round off, round up) ◆a rounding error; a rounding-off error 《数》丸め誤差 ◆round a variable towards zero 変数をゼロに向かって丸める (*符号の正負にかかわらず、小さい位を切り捨てる) ◆round (off) a number to the nearest integer ある数を最も近い整数に丸める [四捨五入する] ◆ ... the number is rounded up if positive, and down if negative. その数が正ならば切り上げられ、負ならば切り下げられる。◆... the specified number of digits to the left of the decimal point is rounded to zero 小数点の左の指定された桁数の位が、ゼロに丸められる。◆Percentages many not equal 100 due to rounding. 《意訳》各パーセント値は丸め [端数処理されて]いるため、合計が100にならないことがあります。
out of round 真円でない、偏心 [偏芯] している、中心がずれている
round down..., round... down ～の端数を切り捨てる ◆round... down to the nearest tenth of a nanosecond 〈数値〉を、端数切り捨てによって10分の1ナノ秒の位に丸める
round off..., round... off ～を丸める; 締めくくる [仕上げる, 完成させる]; 〈角のあるもの〉に丸みをつける ◆the nuts began to round off (角がとれてきて) ナットが丸くなり始めた (*スパナで回すときなどにナットの角がつぶれるため) ◆round off a number to the nearest ten [thousand] ある数を十 [千] の位に四捨五入する ◆round off the number to the third decimal place その数 (の小数点第4位以下) を四捨五入して小数点第3位にする ◆round off the number to two decimal places その数を (小数点第3位以下に) 四捨五入して小数点以下2桁にする ◆round off Value 1 to the number of decimal places specified by Value 2 〈数値1〉を、〈数値2〉によって指定された小数点以下桁数に四捨五入する ◆For example, 8,765 rounded off to the nearest hundred is 8,800. たとえば、8765を百の位に四捨五入すると8800である。 ◆some of the edges have been shaved and rounded off 一部のエッジにカンナがかけられて、まるみが付けられた
round out 完成 [完了] する、ふっくらと丸くなる
round up..., round... up ～の端数を切り上げる、～を寄せ集める [かき集める, 駆り集める]、～を一斉検挙する、～を要約 [総括] する ◆round up suspects 容疑者を検挙する ◆round up the results of a test 試験の結果をまとめる [集計する] ◆round up volunteers ボランティア (の人) を集める [駆り集める] ◆round up about 30 tickets for local well-wishers 地元のファン [サポーター, 支持者] のために入場券を30枚ばかり集める ◆All test scores of less than a second are rounded up to 1 second. 1秒未満のテスト結果値はすべて、1秒に切

り上げられている。(*コンピュータのベンチマークテストの話で)

**roundabout** adj. 回り道の、遠回りの; 遠回しな、持って回った、回りくどい、婉曲 (エンキョク) な、迂遠な; a～《英、豪》円形交差点、ロータリー; a～《英、豪》回転木馬、メリーゴーラウンド (=《米》a merry-go-round, a carousel) ◆say in a roundabout way [fashion, manner] 回りくどい [持って回ったような、遠回しな、迂遠 (ウエン) な] 言い方をする ◆the intelligentsia usually prefer a more roundabout way of talking インテリ [知識人, 知識階級の人間] は、普通、もっと持って回った言い方を好む

**roundhaul** ◆a round haul [roundhaul] netter; a roundhaul vessel 巻き網漁船

**roundness** 凹丸み、丸み度、丸み率、丸さ、真円度、《地質》円磨度 (エンマド) (*かどの磨減の程度) ◆out-of-roundness 真円でないこと [度合い]; 真円度

**round robin** a～ (順序がわからないように) 輪形に署名した連名文書、円卓会議、総当たり戦 ◆after an inconclusive round robin of talks 堂々巡りの議論の後に、議論が空転を続けた末に、小田原評定のあげく (に) ◆(based) on a round-robin system 総当たり制で ◆in a round-robin fashion [manner] 輪番で ◆After round-robin matches on the first day, ... 初日の総当たり戦の後に、 ◆We read in a round robin manner, each participant going on for about 1/4 to 1/2 page. 私たちは、各参加者 [一人] 1/4～1/2頁ずつ輪番で読み進めて [持ち回りで] 朗読して、輪読して (*読書会で) ◆They're not a group. They're merely three solo performers who get together occasionally to perform in a sort of round-robin manner. 彼らはグループではない。単にときどき集まってローの輪番体制で [《意訳》順番に、順繰りに] 演奏する3人のソロ演奏家に過ぎない。

**round-the-clock** 《主に英》→around-the-clock

**round trip** a～ 往復 (旅行); round-trip adj. ◆a round-trip ticket 往復切符 ◆round trip echoes 往復エコー、多重反射エコー

**route** 1 a～ 道、道筋、通り道、路線、経路、順路、ルート ◆an escape route 逃げ道、逃走路、脱出路、脱出路、退路、避難路 ◆by a route passing through Dallas County ダラス郡を通る経路によって; ダラス郡経由で ◆the Pope's motorcade routes 法王の自動車パレードの順路 [道筋]
2 vt. ～を (～経由で) 送る [(～を) 経由させる、(～を) 通す <through, by way of>、～を (～に) 転送する [配信する、回す] <to>、～をルーティング [経路制御、経路設定] する、〈ケーブルなど〉を通す [引き回す、配線する] (→ routing) ◆a placement and routing tool 配置配線ツール (*コンピュータによる回路設計の) ◆automatically route calls 電話を自動転送する (*a call は専門的には呼 (コ) と訳す) ◆conductor routing 《プリント基板》パターンの引き回し [回路導体配線] ◆route the revised plans to... for approval signatures 承認の署名をもらうために、修正を施した計画を～に回す ◆route the cord through the cord restraint in the base of the equipment コードを装置基部のコード押さえを通らせる ◆Make sure the cables are routed properly. ケーブルが正しく引き回されていることを確かめてください。◆The fuel line is routed through the chassis tunnel. 燃料配管は、シャーシのトンネル [空洞部分] を通して引き回されている。◆The output is routed to the printer instead of the screen. 結果は画面ではなくプリンタに出力される [出力先は画面ではなくプリンタになる]。◆If cords or cables must be routed on the floor, tape them securely to the floor. 《意訳》コードやケーブルを床に配線する [床に這わせる] 場合は、しっかりと床にテーピングすること。◆Packet switching divides data into standard-sized pieces, called "packets," then rapidly routes them through a network over different paths. The packets are reassembled at the other end. 《ネット》パケット交換は、データを「パケット」と呼ばれる標準サイズの断片にばらし、ネットワークを通じて別々の経路で高速送信する。これらのパケットは他端で再びまとめられる。

**router** *a* ～溝かんな (= a router plane), くり抜き機, ルーター ◆an automatic printed circuit board router system 自動プリント基板配線[布線]システム (*プリント基板設計CADシステムのこと)

**routine** *a* ～ 決まりきった順序[過程, 手順], 機械的な作業, 日常業務; *a* ～「コンピュ」ルーチン (*プログラム内で実行される一まとまりのプログラムコード); adj. 定期的な, 日常の, 日々の, 常日頃の, いつもの, 普通の, 正常な, 通常の, 正常的な, 経常的な, 常用の, 型通りの, 定型化した, 決まり切った, お決まりの, 定石の, 慣例[慣行]的な, 単調な, 機械的な, 平凡な ◆on a routine basis 常日頃, 日常的に ◆a routine check [checkup] 通常[日常]の点検; 定期点検; 定例検査 ◆a routine task 定型業務 ◆routine work 手順の決まっている[反復性の, 決まりきった]作業; 典型的な仕事 ◆a routine check by OSHA 米労働安全衛生局による定期検査 ◆during a routine inspection 定期点検[定例検査]中に ◆Deferred maintenance has become routine, rendering campuses and their buildings shabby and sometimes dangerous. 保守管理の先送りは常態化しており, そのためキャンパスや建物が老朽化し, 時には危険な状態になっている。 ◆Good drivers develop a systematic routine for looking ahead, from side to side. よい運転者は, 前方左右を確認するための系統だったやり方を習慣付けてしまうものである。(*develop a routine で, 決まった手順を身につける, すなわち習慣化するという意) ◆Its clients soon became aware of the faster service and better quality and began to expect this as a routine matter. その(会社の)顧客は, サービスの迅速化と品質の向上にすぐに気がつき, いつしかそうなることを[それを当たり前のこととして]期待し始めた。(意訳)じきになれっこになった。 ◆If an evaluation is not carried out, and the effects of policies are not known, the policies become routine and are maintained simply through inertia. 仮に評価が行われないで政策の効果が分からずじまいのままだと, これらの政策はマンネリ化し, 単なる惰性で維持継続されるのである。

**routinely** adv. 日常的に, 定期的に, 決まって, 決まり切ったように, 型通りに, いつものように, 常日頃, 慣行[慣例]的に, 機械的に, マンネリ的に, 単調に ◆Although laundries and dry cleaners prefer entrants with previous work experience, employers routinely hire inexperienced workers. 洗濯屋やドライクリーニング業者はどちらかといえば業務経験のある新しい人を好んで雇い入れたがるものの, 雇い主は(一般に)未熟練労働者を採用するのが常だ。

**ROV** *an* ～ (a remotely operated vehicle) (*pl. ROVs*) 探査用海中ロボット

**rove** v., vi. 徘徊する, さまよう, さまよい歩く, あちこち動き回る, 放浪する, 流浪する; 〈目〉がきょろきょろする[キョロキョロ見回る], 〈心,考え〉が定まらない[散漫である] ◆a roving musician 流しの音楽家, ストリートミュージシャン

**rover** *a* ～ 歩き回る人, 放浪者, 流浪者 ◆a lunar surface rover 月面移動車

**row** 1 *a* ～ (横)列, 並び, (表の)行, (横方向の)段, 一街[通り]; vt. ～を(一)列に並べる ◆表の縦列は a column で aligned in a row 1列に並べられている ◆in [from] the back row 後列に[から] ◆three parallel rows of studs 平行に3列配置されているスタッド ◆two staggered [→in-line] rows 2列の互い違いの[→縦横そろっている]列 (* ° ° . ° . ° : : : :) ◆Fleet Street, London's former newspaper row ロンドンのかつての新聞街[新聞通り]であるフリートストリート ◆studs in two parallel longitudinal rows 平行2列縦隊で長手方向に配置されているスタッド ◆if the range is more than one column wide and one row deep （表中の)その範囲が横に2列以上, 縦に2行以上であれば ◆show charts instead of rows and columns of numbers and letters 数字や文字を縦横に並べた形の表ではなくグラフを呈示する ◆The print head has a row [column] of tiny pins. その印字ヘッドには小さなピンが1列に並んでいる。(*このように縦の列でも a row と呼ぶことがある。横の列を縦列と区別するための表現でもある) ◆They are spaced in two rows. それらは2列

に (間隔をおいて) 配列されている。 ◆The worksheet's rows are numbered, starting at 1, and the columns are labeled with the letters of the alphabet starting at A. ワークシート[作業表]の(横)行には番号が1から振ってあり, (縦)列にはアルファベットの文字がAから振ってある。

2 v. (船を)こぐ ◆row a boat downstream 下流方向にボートを漕ぐ ◆We are all in the same boat, so let's all row in the same direction. 私たちは皆同じ境遇にいるの[我々全員は運命共同体なの]だから, いざみんなで力を結集して同じ方向に漕ぎ進もうではないか。

**in a row** たて続けに, 連続して; 1列に並んで(→ row 1) ◆for two years in a row 2年連続で; 2年続けざまに ◆twice in a row 2回続けて ◆after three or four system crashes in a row 3～4回たて続けにシステムクラッシュが発生した後に ◆Federal workers in the nation's capital stayed home for the second day in a row 首都(ワシントンD.C.)の政府職員は, 連続2日目の自宅待機となった (*大雪の話)

**rowdy** adj. 乱暴な, 騒々しい; n. *a* ～ 乱暴者, けんか好きな人 ◆in rowdy Shinjuku 喧噪の新宿で

**royal** adj. 王の, 王室の, 王家の, 気高い, 高貴な, 堂々とした, すばらしい ◆the Royal Society (英)王立協会 (*世界初の学会といわれる) ◆There is no royal road to learning. (諺)学問に王道なし。

**royalty** *a* ～ 特許使用料, 権利使用料, 印税, 使用料, 利権料; ⓤ王位, (単/複扱い)王族 ◆a royalty fee (特許などの)使用料, ライセンス料 ◆book-sale royalties 本の売上印税 ◆earn royalties 権利使用料[印税]を稼ぐ ◆on a royalty basis ライセンスベースで ◆pay royalties 権利使用料を払う ◆Some franchisers may want to have little involvement with you other than collecting royalties. フランチャイズ連鎖店本部の中には指導料を徴収すること以外深入りしたがらないものがある。

**RPG** *an* ～ (a role playing game) 《ゲーム》(アールピージー), 役割演技型ゲーム, アニメ漫画ゲーム

**RPI** (repetitive-motion injuries) 反復性動作傷害 (*腱鞘炎(ケンショウエン)など)

**rpm** (revolutions per minute) 毎分回転数, ～回転／分 ◆at high rpm 高速回転時に ◆at very low rpm 非常に低い回転速度に ◆control the RPM of a motor モーターの回転数を制御する ◆low-rpm pulling power 低回転域での牽引力 ◆the power is nearly constant across all RPMs on an electric car 動力出力は, 電気自動車の場合全回転域にわたりほぼ一定している ◆The tachometer indicates the engine RPM. タコメータは, エンジンの回転数を表示する。 ◆The engine produces 162 pound-feet of torque at 4500 rpm. このエンジンは, 4500rpm [毎分4500回転]で162ポンド・フィートのトルクを発生する。

**RRF** *an* ～ (a rapid-reaction force) 緊急対応部隊

**RS-232C** ◆an RS-232C interface RS-232Cインターフェース

**RSI** (repetitive strain [stress] injuries) 反復性疲労[緊張]傷害

**RTC** (Resolution Trust Corporation) *the* ～ 米整理信託公社 (*経営破綻したＳ＆Ｌを整理するための)

**RTGS** *an* ～ (a real-time gross settlement system) 即時グロス決済システム (*金融機関同士の資金決済の)

**Ru** ルテニウム(ruthenium)の元素記号

**rub** 1 v. こする, ～に擦り込む, 塗る, みがく, ぬぐう, すりうつす ◆a rubbing sound （何かが)こすれる音 ◆rub... with oil ～に油を(擦り込むようにして)塗る ◆these components are rubbing against each other これらの部品は(互いに)こすれ合っている ◆If no lubricant is present, these moving and fixed parts will rub against each other in the dry state. もしも潤滑剤が施してなければ, これらの可動部品と固定部品が乾いている状態でこすり合うことになる。

2 *a* ～ 摩擦, こすること, みがくこと; *the* ～ 困難 (な問題), 難問, 障害

**rubber** (天然または合成の)ゴム; *a* ～ こする人, こするもの, 黒板消し, 消しゴム ◆a pair of rubber-soled sneakers

**rubber band**

ゴム底のスニーカー1足　◆a rubber friction test machine　ゴム剥離試験機　◆a rubber-covered conductor　ゴム被覆[ゴム引き](電)線　◆a rubber-isolated subframe　ゴムで絶縁されている[浮かしてある]サブフレーム

**rubber band**　a ~ 輪ゴム (= an elastic band); rubber-band adj. 輪ゴムの,《コンピュ》ラバーバンドの　◆a rubber-band line　《コンピュ》ラバーバンドライン(*画面上のポインタやカーソルを移動させると,それに引っ張られるように自在に伸び縮みする線)　◆rubber-band drawing　《コンピュ》ラバーバンド描画　◆Rubber-band lines are anchored at the starting point and stretch to the cursor position, extending and contracting as the cursor moves.　ラバーバンドラインは,始点で固定されカーソル位置まで伸びていて,カーソルの動きに伴って伸縮する.

**rubber banding**　(= elastic banding)《コンピュ》ラバーバンディング(*画面上の図形の一部を移動・変形させるとき,移動する部分と固定されている部分がゴムのように伸縮すること)

**rubberize**　v. ~にゴムを引く, ~をゴムで被覆する　◆The rubberized case provides a good grip.　そのゴム引きのケースは,握りやすさを与えてくれる[《意訳》ケースはゴム引きで,握りやすいようになっている].

**rubberneck**　vi., vt. 首を伸ばして物珍しげに見る; a ~ 興味津々で首を伸ばすように見る人, 物見高い人, 野次馬, 観光客, おのぼりさん　◆The car didn't generate any rubbernecking on the street.　その車は, 街頭で少しも野次馬[関心]を集めることはなかった.

**rubber stamp**　a ~ ゴム印, ゴム判, 他人の(言動を無批判で)まねばかりする人, 付和雷同[追随]する人, 機械的に承認[追認]する人[団体], めくら判(を押す人), 判で押したような言葉[常套句]; rubber-stamp adj.　◆the imprint of a rubber stamp　ゴム印の押印[印影]; 押されたゴム印　◆a check bearing his rubber-stamp signature　ゴム印で押した彼の署名のある小切手

**rubber-stamp**　vt. ~にゴム印を押す, 言われるがままに[機械的に]~を承認する[~に判を押す]　◆a rubber-stamp president　言われるがままに承認する人[めくら判を押す人]大統領

**rubbing alcohol**　消毒用アルコール(*消毒用のメタノールやプロパノール)

**rubbish**　がらくた, くず, ごみ　◆a rubbish heap　ごみの山

**rubble**　□《集合的》(崩壊した建物などの)がれき, がらくた, くず, 割りぐり(石)(*適当な大きさに割った石): 荒石[粗石](フライси), 野面石(ノッラіс)(*採石場から切り出されて未加工の石)　◆building rubble　建設廃材(*廃棄物として), (倒壊した)ビルのがれき　◆remains found in the rubble of Tuesday's earthquake　火曜日に起きた地震のがれきの中で発見された遺体　◆thousands of bodies have been pulled from rubble　何千もの遺体が, がれきの中から回収された　◆trapped earthquake survivors cried out from under the rubble　地震で閉じ込められた生存者がれきの下から(助けを求めて)叫んだ　◆The five-story building was reduced to rubble.　その5階建てビルはがれきと化した.

**rubidium**　ルビジウム(元素記号: Rb)

**rude**　adj. 無礼な, ぶしつけな, 失礼な, 荒っぽい, ぞんざいな, 未開の, 未加工の　◆Typing in ALL CAPITAL LETTERS on the Web is considered very rude. Like yelling in someone's face. Please don't do it.　ウェブで, 全部大文字でタイプ入力することは非常に無作法なことと[失礼だとみられて]います. 面と向かってだれかに怒鳴り立てているみたいなものですから, なさらないでください.

**rudiment**　the ~s <of>　(~の)基本[初歩, 基礎]; a ~ 初期段階のもの[兆し, 芽]

**rudimentary**　adj. 基本的な, 基礎的な, 初歩的な, 根本的な, 未発達な, 発育不全の, 痕跡の　◆be at a rudimentary stage　〈研究など〉は初期[初歩, 基礎]段階にある　◆His command of oral English is rudimentary.　彼の英会話の力は初歩のレベルだ.

**rugged**　adj. 堅牢な[丈夫な, 頑丈な], でこぼこした, ごつごつした, 厳しい, 困難な, 高温多湿の, 粗野な　◆Shop-floor computers are designed to be rugged.　製造[生産]現場用コンピュータは, 堅牢[頑丈]に設計されている.

**ruggedization**　□高耐久化(*コンピュータや電子機器や電子部品の, 機械的衝撃, 高温多湿, 温度ショック, 放射線などに対する耐久性を高めること), 堅牢化, 耐環境化[耐環境性強化](*電子機器の)　◆ruggedization against high shock, vibration, and humidity [moisture]　強い衝撃, 振動, および湿度[湿気]に対する耐環境性強化　◆require a greater degree of ruggedization　より高いレベルの堅牢化[高耐久化, 耐環境化]を必要とする

**ruggedize**　vt. 〈電子機器や部品〉の耐久性を高める, ~を高耐久化する, ~の耐環境性を強化する, 堅牢化する　◆ruggedized for outdoor use　屋外での使用向けに耐環境化[耐環境性の強化]が図られている　◆ruggedized Mil-Spec products　堅牢化したミル仕様の(電子機器などの)製品　◆units ruggedized for industrial use　産業用用途向けに高耐久化[堅牢化]されたユニット

**ruggedness**　□(製品の特徴としての)robustnessやdurability =)丈夫さ, 頑丈さ, 堅牢さ, 堅牢性, 耐久性[度]; □洗練されてないこと, 荒削りさ, 粗野, 武骨さ, ごつごつ[でこぼこ]していること　◆Truck buyers demand toughness, ruggedness and durability in a truck.　トラックの購入を考えている人は, トラックに頑丈さ, 堅牢性および耐久性を求める.

**ruin**　1　破滅[破壊, 破産, 倒産, 荒廃](の原因[もと]); ~s 廃墟　◆save...from ruin　~を破滅[滅亡, 没落, 荒廃, 堕落, 崩壊, 破産, 倒産]から救う　◆He has driven this resource-rich, once-prosperous country into economic ruin.　彼は, かつて繁栄していた資源豊かなこの国を経済的な破滅に追い込んだ[追いやった].
2　v. 破滅[破壊, 破滅, 荒廃]させる[する], ぶち壊す, だめにする, 台なしにする, 棒に振る, 損なう, 害する, めちゃめちゃにする, 〈望み〉をつぶす, 〈信用〉を失墜させる, 〈身〉を滅ぼす[持ち崩す]

**rule**　1　a ~ 規則, (*会の規則)会則[会規], 規制, 規定, 法則, 通則, 通例, 決め事, 約束事; a ~ 定規, 罫線　◆as a rule; as a general rule　一般[一般的]に, 一般的な意味で, (一般)原則として, 基本的には, 通例, 普通は, 概して, おおむね, たいてい(の場合)　◆make [establish, devise, formulate, lay down] rules　規則を作る[定める, 設ける, 制定する]　◆make it a rule to <do>　~することをきまりにする[原則にする, ルール化する]　必ず[決まって, いつも]~することにしている　◆abide by [adhere to, conform to, obey, observe, yield to] rules　規則を遵守する　◆break a rule　規則を破る　◆addition follows Markovnikov's rule　付加反応は, Markovnikov則[の法則]に従う　◆become the rule, not the exception　例外ではなく当たり前[普通]のことになる　◆bend rules　規則を曲げる[曲解する, 歪曲する]　◆by this rule　この規則にのっとって, conduct... under these rules　これらの規則に則って~を行う　◆observe pedestrian rules　〈ドライバーが〉歩行者優先の交通規則を守る　◆rules for operation　安全な運転のための原則　◆... should [must] be the rule　~を原則とする　◆we make it a rule never to <do...>　私たちは, 決して[絶対に]~しないことにしています　◆adopt [employ, use] "work-to-rule" tactics　「順法闘争」戦術を採る[使う]　◆The first rule is to <do...>　第一の原則は, ~することである.　◆Follow these rules for...-ing.　~する際にはこれらのルールに従ってください.　◆standard rules for equalization of opportunities for persons with disabilities　障害を持つ人たちの機会均等を実現するための標準ルール[手本となる規則, 規準, 規範]　◆such laws, rules and regulations shall be abided by by...　そういった法律, 規則, および規制は, ~により守られなければならない[《意訳》~が遵守[順守]する必要がある](*by byは誤植ではない)　◆the rigid rules of technique and composition　(撮影)テクニックや構図といったガチガチのルール　◆With the five-day week becoming the rule rather than the exception, ...　週5日制が例外ではなく当たり前に

なる[定着する]につれ，◆amend rules governing the handling of classified information　機密情報の取り扱い方を定めて[規定して]いる規則を改定する　◆There is no set rule for us to follow in this case.　この場合，決まったやり方といったものはない．◆Since the first generation of autofocus camera models, increasing sophistication has been the rule.　オートフォーカスカメラの第一世代以来，高度化が常であった．◆Many writing instructors advise eliminating the passive voice. They are usually right, but once again, the rule should not be taken overboard.　ライティングを教える多くの講師は，受動態をなくすように指導しています．彼らのいうことはたいていの場合正しいのですが，もう一度言うと，ルールというものを金科玉条としてはいけません．◆Mayor Larry Langford has decreed that modesty will be the rule at a new indoor swimming pool the city is building: No bikinis for women or skimpy Speedos for men.　ラリー・ラングフォード市長は，市が新しく建設中の屋内プールでは慎み深さを原則に[旨とする]との命令を出した．女性はビキニは御法度，男性は露出度の高いSpeedos（＊ブリーフ型競泳パンツ）は不可である．

2　Ⓤ 支配[統治, 君臨]（期間）◆26 years of one-party rule　26年間にわたる一党（独裁）支配　◆Palestinians living under Israeli rule　イスラエル統治下で暮らしているパレスチナ人たち　◆the British mandatory rule over Palestine　英国によるパレスチナの委任統治（＊1921〜1948）◆the town came under Spanish rule　この町はスペインの統治下に入った．◆East Timor had been under Portuguese rule.　東ティモール[チモール]はポルトガルの統治下にあった．◆They rebelled against Dutch rule and proclaimed their independence.　彼らはオランダ統治に反旗を翻し独立を宣言した．

3　v. 支配する，制する，規定する，定規で（線を）引く，〜に線を引く　◆white-ruled South Africa　白人支配の南アフリカ（＊かつての話）◆the military junta which has ruled Burma since September 1988　1988年9月からビルマを統治してきた軍事政権

**rule out**　〜を除外する，〜を不可能にする　◆We cannot rule out the possibility that...　我々は，〜といった可能性を捨て切れ[排除でき]ないでいる．

**ruler**　a 〜 定規 (= a rule), 支配者

**ruling**　a 〜 裁定, 判決, 決定；Ⓤ 支配, 罫線を引くこと；adj. 支配している，支配的な，有力な，優勢な，一般的な　◆a ruling party　国を支配[統治]している政党；政権を担当している政党[政権党]（政治の実権を握っている）政党；政権党；政府与党　◆an unfavorable ruling　不利な裁定　◆become a [the] ruling party　政権党になる（＊政権を担当する党が複数の場合は不定冠詞 a をつかう）◆hand down a ruling to...　（人）に判決を言い渡す　◆A future court decision is expected to reverse this ruling.　今後の判決が，この判決を逆転させる[裁定を覆す]ものとみられる．

**rumble**　v. ゴロゴロ[ガラガラ]いう[いわせる]；a 〜 ゴロゴロ[ガラガラ]という音　◆the rumble of engines　エンジンの振動音

**rumbly**　adj. ゴロゴロ[ガラガラ]と音をたてる　◆the charisma of a rumbly exhaust　《車》ブルブル[ブルルン]と腹に響く排気（音）の魅力

**ruminant**　adj. 反芻（ハンスウ）する (cud-chewing), 反芻動物の考え込む(thoughtful), 沈思黙考する(meditative); a 〜 反芻動物　◆a ruminant animal　反芻動物　◆non-ruminant animals　非反芻動物　◆In the US, the authorities banned the feeding of ruminant-derived MBM to ruminants from August 1997.　米国では当局は1997年8月から，反芻動物由来肉骨粉を反芻動物に給餌することを禁止した．（＊MBM ＝ meat and bone meal）

**rummage**　vt.〈場所〉をひっかき回して[ひっくり返して]（〜を）捜す〈for〉，〜をくまなく捜す；vi.〈about〉〈〜を〉かき回して捜す〈in, through, among〉〈for〉；Ⓤ 捜索（くまなく捜すこと），《米》a rummage sale（がらくた市, バザー）で売る古着や雑品 (cf. jumble)

**rumor, rumour**　《前者は米，後者は主に英》(a) 〜 うわさ，風説，風評, 流説, 流言, 浮言, 下馬評, 取り沙汰；vt. 〜をうわさする，取り沙汰される　◆Rumors fly that...　〜という噂が飛んで[飛び交って]いる　◆spread rumors about... [that S -V]　〜に関する[〜だという]噂を広める　◆start a false rumor about...　〜についてデマを飛ばす[流す]　◆unconfirmed rumors abound that...　〜といった未確認情[怪情報]が多く飛び交っている　◆damage caused [create, done] by rumors about...　〜に関する風説による被害[風評被害]　◆by posting rumors anonymously on Internet message boards　ネットの（いろいろな）掲示板に風説[風評]を匿名で書き込むことにより　◆rumors circulating [circulated] on the Internet; rumors floating over [around] the Internet　インターネットに流布して[で飛び交って]いる噂[風説, 風評]　◆I heard a rumor on [in] the street that...　私は〜という巷の噂[巷間の噂]を聞いた；風説を耳にした　◆rumors are abounding [rampant] that...　〜という噂が溢れて[(((意訳)))飛び交って, 乱れ飛んで]いる　◆spread rumors on [over, via] the Internet that...　〜であるという噂[風説, 風評]をインターネットで広める[流布させる]　◆the rumored, strained relationship between YBM and Mikrosaft　噂[取り沙汰]されているYBM社とミクロザフト社の間の緊迫した関係　◆these rumors are totally [completely, absolutely] unfounded and false　これらの噂は全く事実無根で[根も葉もないことで]間違っている　◆more exaggerated and shrouded in rumors than the original information　元の情報よりも誇張され噂に包まれて　◆Enemies deliberately spread rumors that the institution had failed.　敵（の銀行）は，その金融機関が破綻したという噂[デマ, 風説, 風評, 流言, 怪情報]を故意に流した．◆Rumors are spreading that a merger or takeover is near.　合併あるいは乗っ取りが近いという噂が広まっている．◆Rumors spread that he had died of malaria.　彼はマラリアで死んだという噂が広まった．◆Rumors say the bomber will be canceled before it reaches full production because of mounting costs.　噂によれば，この爆撃機はフル生産になる前に，コスト上昇のためキャンセルの憂き目に合うかもしれないということである．

**run**　1　v.［物理空間における線的な広がり・移動］走る, 疾走する, 進む, 通う, 流れる, 伝わる, はう,（編物が）ほつれる[伝線する], 走らせる，〈糸状のもの〉を通す，伸びて[走って, 通って]いる　◆the paint runs　ペンキが垂れる　◆a length of tape that runs between two reels　2つのリールの間で張りようにして掛けられている1本のテープ　◆run the cable through the slot in the base　ケーブルを底部のスロットに通す　◆save the expense of running new wiring throughout the facility　施設全体に新規の配線を張り巡らす費用を要らなくする　◆the electric current running through the conductor　その導体（中）を流れている電流　◆the new cable runs (for) 250 kilometers from A through B to C　この新しいケーブルはAからBを通りCまで250kmの距離[亘長（コウチョウ）]にわたり布設され[てい]る（＊電線の長さや距離＝亘長）◆the train runs five times a day　列車は1日に5本運行している　◆All of the cars run from 0 to 60 mph in less than ten seconds.　これらの車は全車, 10秒未満で0→60mphに加速する．◆The wire runs up to the dashboard.　この線は，ダッシュボードまで延びて[行って]いる．◆A character is represented as a series of bits running across the tape.　文字は，テープの幅方向に並んだ一連のビットによって表される．◆Run a live wire from the positive terminal of the battery to the luggage compartment.　電池の正端子からトランクルームまで, 活線[通電している電線]を引いてください．

2　v.［数量, 範囲, 状態の表現］(数量[範囲]に)及ぶ[わたる, 達する]〈from, to〉;（〜の状態に）陥る[ぶつかる, 近いやる]〈into〉,〜になる,〜である,（進行形で）〜（の水準[状態]）を維持[で推移]している〈at〉, 続く；（費用が）かかる,〈人〉に（費用）がかかる　◆America's long-running economic good times　長続きしている[息の長い]アメリカの（好）景気　◆when they run low on oil　それらが油切れしてくる[油が残り少なくなる]と　◆sales are running behind what they were a year ago　売上高は前年同期比[対前年比を下回って]で推移している　◆Delivery time runs about two months from the order date.　納期は, 発注日から2カ月ほどかかります．◆Reservations are running 50% ahead of last year.　予約は（現時点で）昨年を50%上回っている．◆The diameter runs anywhere from 13 to 26 inches.　直径が13インチから26インチである。　◆The report runs to 350 pages.　報告書は、350ページになる。　◆Phase 1 chip yields are currently running in the 2%-to-3% range.　第1段階のチップの歩留まりは現在のところ2%から3%の範囲を推移している。　◆The latest top-of-the-line laser printer can run you as much as $8,000.　最新の最高峰レーザープリンタは、8,000ドルもする[8000ドルの費用がかかる]。　◆Big Three vehicle sales for the year, through September, were running about 8 percent ahead of 1993.　ビッグスリー(米三大自動車メーカー)の今年9月までの販売高は1993年の約8%増で推移していた。

**3** v. [活動,実施](機械)が動作する[を運転する]、(コンピュータプログラム)を実行する、を起動する]、進行する、効力を持つ[試験など]を実施する[行う]、〜を経営[運営、切り盛り]する、(一定期間連続して)〜を上映[興行、開催]する[される]、(マスメディアに)掲載[発表]する[される]、出馬する[させる]　◆run a company　会社を経営する　◆run an experiment　実験する[を行う]　◆run commercials　コマーシャルを流す　◆run [place, post] an advertisement in...　〜に広告を打つ[出す、流す、載せる、掲載する]　◆run a program [routine]　(コンピュ)プログラム[ルーチン]を実行[起動]する　◆in the event George Bush decided not to run　万一ジョージ・ブッシュ氏が出馬しないことに決めた場合　◆make adjustments with the engine running　エンジンがかかっている状態で調整を行う　◆run at 33.33 MHz with zero wait states　《コンピュ》ノーウェイトで33.33MHzで動作する　◆run the around-the-clock operation　24時間[終日]操業[運転、営業]を行う　◆run them through tests to measure performance　性能を測定するために、それらをテスト[試験]にかける　◆we ran 23 extra trains today　今日増発便を23本運転した[運行させた]　◆Never leave electric tools running unattended.　決して電動工具を動かしたまま放置しないで[その場を離れないで]ください。　◆States would have greater flexibility in how the programs would be run.　各州が制度の運用面において大幅な裁量権を得ることになるだろう。　◆The chip set runs with a 25-MHz 386.　《コンピュ》そのチップセットは、25MHzの386 (CPU)で動作する。　◆The program runs in well under 640K bytes of RAM.　《コンピュ》そのプログラムは640キロバイトをかなり下回る(容量の)RAM内で走る。　◆The program runs under [on] UNIX.　《コンピュ》このプログラムはUNIXで走る。　◆The show runs from April 12 to May 15.　その展示会は、4月12日から5月15日まで開催されます。　◆The program runs on IBM PCs or compatibles with 640K memory and a hard disk drive.　《コンピュ》そのプログラムは、640Kのメモリーとハードディスクドライブを装備したIBM PCまたはその互換機で走る[動作する、実行できる]。　◆With the speed control knob turned fully counterclockwise, the motor will run at a low speed.　速度調整つまみが反時計方向に回し切られていると、モーターは低速回転します。

**4** n. a〜 走ること[走行、運行、運転、競走]、行程[走路]、流れる[流す]こと、ほつれ、一続き[連続、次々]、(機械の)(1回の)連続運転[操業](時間)、(選挙への)出馬　◆in the long run　長期にわたって　◆make a production run　(1回の)生産操業をする(* "a run is, 1回の操業")　◆a tape [taperunning] indicator　テープ走行表示器　◆1-999 copies per run　1～999枚の連続コピー部数(*複写機の)　◆a run/halt switch　運転/停止スイッチ　◆at run-time　《コンピュ》実行時に　◆calculate cable run lengths for computer networks　コンピュータネットワークのケーブルの引き回し[布設区間]の長さ[距離]を計算する　◆during computer runs　コンピュータが実行している[走っている、動作している]最中に　◆in the short [long] run　短期[長期]的に(みて)　◆on a long downhill run　長い下り坂走行時に　◆check... for runs or drips of a different color than the top layer of paint　〜に仕上げ層と異なる色の塗料流れやたれがないか調べる　◆the initial run of 200 cars is already sold out.　初期生産ロットの車200台はすでに売り切れている。　◆After demonstration runs were completed, Xxx Corp. assumed responsibility for the operation of the unit.　《説訳》実証運転完了後に、Xxx社がこの装置の運転業務を引き受けい だ。(*assume responsibility = 責任を帯びる[担う、引き受ける、取る])

**5** a〜 <on>(単のみ)(〜の)大需要、(〜への)殺到、(銀行への)取り付け、人気　◆a run on a bank; a bank run　銀行の取り付け騒ぎ(*信用を失った銀行からお金をおろそうと預金者がどっと押し寄せること)　◆prevent a run on deposits (預金払い戻しの)取り付け(騒ぎ)を防ぐ

**on the run**　走り回って、急いで、逃走中で[追われて]
**run away**　逃げる、制御が利かなくなる、暴走する、流れ去る
◆run away out of control　暴走してコントロール[制御、抑制]が効かなくなる；暴走する
**run down**　(電池が)切れる、(機械が)停止する、減少する[させる]、衰える、捜し出す[突き止める]、〜を引き倒す　◆let old equipment run down　古い機器をガタが来るまで使う　◆The battery may run down in an hour.　電池は1時間で切れるかもしれない。
**run in**　〜をならし運転する、差しはさむ、注入する、立ち寄る　◆run in a car　車をならし[なじみ]運転する　◆the running-in period of the car　車のならし[なじみ]運転期間
**run into**　〜に衝突する、〜にぶちあたる、〜に偶然会う、遭遇する、〜に行き当たる、(数値に)達する[上る]、陥る　◆run into a problem　問題にぶつかる[ぶちあたる、出くわす]　◆If the number of files runs into the thousands,...　ファイルの数が何千にもなると　◆The only instance of trouble that I ran into was the situation when students would...　唯一私が遭遇したトラブルは、学生が〜してしまうといった状況でした。　◆Our expenditure on the new computer system ran into thousands of dollars.　弊社の新規コンピュータシステムに対する支出[設備投資]は、何千ドルにも上った。
**run off**　流出[排出]する、すらすらと書く[つくる]、〜をコピーする、逃げる　◆his car ran off the right side of the road into a wooded area　彼の車は道路の右側を飛び出して樹木の繁っている区画に突っ込んだ
**run on**　(延長して)続ける[続く]、話し続ける、〜を燃料として走る[動作する]　◆a car that runs on hydrogen energy　水素エネルギーで走る車　◆The aircraft engines will run on liquid hydrogen.　航空機エンジンは、液体水素を燃料にして働くようになるかもしれない。
**run out**　使い尽くされる[尽きる、切れる、無くなる]、(期限が)切れる　◆Paper had run out.　用紙が無くなって[切れて]しまっている。　◆The patent runs out in three years' time.　特許はあと3年で切れる。　◆Without corrective action, Social Security's old-age and disability funds will run out of cash in 2030.　是正措置が講じられなければ、社会保障制度の養老年金および障害年金用の資金が2030年には底を突くことになる。
**run out of**　〜を使い切る、〜を(消費して)切らす、〜がなくなる；〜から走って出る[逃げ出す]　◆run out of fuel　燃料切れになる　◆run out of the burning building　燃えているビルから逃げ出す　◆before the printer runs out of paper　プリンタの用紙が切れる[無くなる]前に　◆The computer has run out of memory.　《コンピュ》コンピュータがメモリーを使い果たして[使い切って]しまった。；コンピュータのメモリーが枯渇した[足りなくなった]。
**run up**　急成長する、(借金、出費など)を重ねる[ためる]、急いでつくる

**runaway**　(a)〜 逃走(者)、暴走、一方的勝利、大勝；a runaway success　大成功、大当たり　◆runaway detection　暴走検出[検知]　◆a runaway vehicle　暴走車両　◆runaway real estate prices　(抑制が効かずに高騰して)天井知らずの不動産価格　◆the main cause of runaway inflation　天井知らず[青天井]のインフレの主因　◆runaway protection provided by an overtemperature cutout and a thermal fuse　過熱(防止)遮断器および温度ヒューズによる暴走保護　◆The temperature rise in the transistor can lead to a runaway effect.　トランジスタ内の温度上昇は、暴走効果につながることがある。

**rundown**　a〜 (〜についての)手短な要約 <on>
**run-down**　消耗した、疲れた、(ぜんまいが)ぴきった、荒廃した　◆a very run-down piece of land　非常に荒廃した(一区画の)土地

**rung** a～（はしごの）横木［段］，（椅子の足の）桟，輻（ヤ）（＊車輪のスポーク），（出世階段の）段 ◆climb the ladder rung by rung はしごを一段一段登る

**run-length** ◆run-length encoding 《ファクシミリ》ランレングス符号化（＊連続する白や黒の画素を1つのコードに置き換える画像データ圧縮方式）

**runner-up** a～（pl. ~s, runners-up）2位［次席，次点］の人［もの］，上位入賞者［入選者］♦ finish runner-up to...〈人など〉に次ぐ2位に終わる［つける］◆The runners-up are printed at right. 入賞［入選，上位］者［作］は右側に記されている。◆Salt Lake City was (the) runner-up to Nagano, Japan, in the bidding for the 1998 Winter Games. ソルトレークシティは、1998年冬季オリンピック招致合戦で、日本の長野に次ぐ2位［次点］であった。

**running** 回走ること［ランニング］、競走，運営［管理］; adj. 流れる，流出する，稼動（中）の，連続［継続］の，実況の，現行の ◆running costs (expenses) ランニングコスト［運転費］◆with running costs of under $500,000 50万ドル以下の運転［運営］費で ◆during the running of that program そのプログラムの実行中に ◆be required in the running of a program プログラムを走らせるのに必要で ◆break sales records for three years running 3年連続で販売記録を破る［更新する］◆earn $3 million a year with running costs of under $300,000 30万ドル以下の経営［運転］費で年に300万ドル稼ぐ ◆the day-to-day running of the factories それらの工場の日々の経営 ◆every department involved in the running of the corporation この会社の運営［経営］に関与して［係わって］いる部門のすべて ◆require the running of a number of different programs いくつかの異なるプログラムを走らせることを必要とする

**running mate** a～《米》（大統領候補とペアで立候補する）副大統領候補 ◆Clinton's selection of Al Gore to be his running mate クリントン氏がアル・ゴア氏を彼の副大統領候補として選んだこと

**running water** 回流れている水［流水］，水道（水）(= tap water) ◆rinse... under [with] running water ～を流水で洗う;～を流水すすぎる ◆running water turned brown 水道の水が茶色になった ◆bring electricity and running water to remote communities へき地の集落に電気と水道を引く ◆to restore running water to 250,000 people in their eighth day with dry taps 断水8日目を迎えた25万人の人々に水道水の供給を再開するために

**runoff** a～（同点者同士の）決勝戦、決勝レース，決選投票;回地に吸い込まれずに地表を伝わる雨水，流去水，（）表面流去，流出（量）◆a runoff vote [election] 決選投票 ◆rainfall runoff 雨水が地表を洗いながら流れる ◆to win in a head-to-head runoff 大接戦の決勝戦で勝つために ◆While U.S. smokestack industries have moved to clean up air and wastewater emissions, runoff from farms has become by far the largest single source of water pollution in the country. 米国の重厚長大産業が大気と排水の浄化に向けて動いている間に、農地からの（表面を洗って流れてくる）流出水（が工業汚染より）遙かにひどい、同国の唯一最大の水質汚染源になってしまった。

**run-of-mine** a～（石炭や鉱石が）採掘されたままの状態の ◆run-of-mine coal (= raw coal, unwashed coal) 採掘された状態のままの石炭［坑口］原炭;《意訳》未選炭

**runout** (a)～ 心振れ，振れ，はずれ ◆only 0.2 mm of side-to-side runout 僅か0.2mmの横ブレ（＊回転体の）◆see if there is a lot of side-to-side runout かなりの横振れ［ブレ］があるか調べる（＊回転軸を手で回してみて）◆A warped disc has too much runout. 反っているディスクは面振れがありすぎる。◆The high-precision spindle/bearing system offers high damping, low noise and nonrepetitive runouts that are virtually zero. その高精度スピンドル・ベアリングシステムは、ダンピングが高く、低騒音で、非反復性の心振れは事実上皆無である。

**runtime, run time** 《コンピュ》実行時，ランタイム; run-time adj. ◆at runtime 実行時に ◆offer run-time support 《コンピュ》実行時のサポートを提供する

**run-up** the ～（～に向けての）準備期間，前段階<to>; a～《スポ》助走; a～ 試運転，～急騰，急増 ◆a run-up approach to a two-level green 《ゴルフ》2段の段丘状の地形をしているグリーンにボールを乗せるためのアプローチ（ショット）◆a run-up in crude oil prices 原油価格の急騰 ◆make an engine run-up 《航空機》エンジンの試運転をする ◆make a run-up《英》助走をする ◆play run-up shots 《ゴルフ》グリーンにボールを乗せるためのショットを打つ ◆a run-up to Desert Storm 砂漠の嵐作戦～に向けての準備作戦［段階］◆during the run-up to the planned Nov. 4 presidential election 11月4日に予定されている大統領選へ向けての準備運動期間［選挙の前哨戦］の間

**rupture** (a)～ 破裂，裂傷，（人と人の間や国家間の）決裂，物別れ; a～ 脱腸，ヘルニア; vt. ～を破裂させる、決裂させる，仲たがいさせる; vi. 破裂する、裂ける，仲間割れする ◆a 2 1/2 safety factor against rupture （応力）破壊［破断］に対する2.5倍の安全係数［安全率］◆a rupture of the wall その壁体の破裂［破断］◆conduct stress-rupture testing 応力破断［破壊、破損］試験を行なう ◆rupture takes place 破断［破壊］が起きる ◆the pipe had ruptured パイプが破断した ◆a 1967 speech by French President Charles de Gaulle that almost caused a rupture in [of] diplomatic relations between France and Canada 危うくフランスとカナダの外交関係の［国交］断絶を引き起こしそうになった1967年当時のシャルル・ド・ゴール仏大統領による演説 ◆The actual cause of rupture of the Achilles' tendon is not known. アキレス腱断裂の実際の原因は不明である。◆The seal shall be capable of being pressurized to 225 psig without rupture. 本シールは破裂せずに225psigまでの加圧に耐えること。◆The announcement led to a rupture of talks between the public sector unions and the government. その声明は公共部門の労働組合と政府との交渉の決裂につながった。

**rural** adj. 田舎の，地方の，田園の，農業の，農村の（↔urban）◆a rural (farm) community 農村部の地域社会 ◆in a rural area 田舎で ◆in other rural areas 別の農村部において

**rush** 1 v. 急行［突進，殺到］する［させる］，急送する，急ぐ; 向こうみずに急ぐ<into> ◆rush... into production （製品を）急きょ生産に移す ◆rush to the scene of the accident 事故現場に急行する ◆in this busy and rushed world we live in today 今日私たちが暮らすこの忙しくあわただしい［せわしない］世界において，～ ◆rush equipment and workers to accident sites 事故現場に機材と作業員を急行させる ◆they rushed into the Japanese Consulate General in Shenyang 彼らは瀋陽の日本総領事館に駆け込んだ ◆warn them not to rush the introduction of... 彼らに～の導入を急ぐべきではないと警告する 2 (a)～ 突進，急行，急ぐ［あわてる］こと［必要］，（注文の）殺到，多忙 ◆a rush of orders for...〈商品〉の注文の殺到 ◆If you are in a rush, ... お急ぎの場合は、～ ◆cost you $100 to $200 for rush and super-rush charges 特急や超特急でやってもらうと料金は100ドルから200ドルかかる

**rush hour** (a)～ ラッシュアワー，朝夕の混雑する時間帯 ◆rush-hour traffic jams ラッシュアワーの交通渋滞 ◆during the rush hour ラッシュアワー時に ◆morning and afternoon rush hours 午前と午後のラッシュアワー ◆a morning-rush-hour train 朝のラッシュアワー［混雑時］の列車

**Russian** adj. ロシアの、ロシア人の、ロシア語の; a～ ロシア人; 回ロシア語 ◆a Russian Orthodox church ロシア正教の教会 ◆The president of the Russian Federation, Boris Yeltsin, is... ロシア連邦大統領ボリス・エリツィンは...

**Russophile** ロシア［旧ソ連］びいき; a～ ロシア［旧ソ連］びいきの人，親ロ派

**Russophobe** a～ ロシア［旧ソ連］嫌い［恐怖症］の人

**Russophobia** ロシア［旧ソ連］嫌い，ロシア［旧ソ連］嫌悪症［恐怖症］

**rust** 1 回（金属の）さび，酸化や腐食によってできる錆のようなもの，（比喩的に）さびつくこと［鈍化、だめになること］，赤さび色［赤茶色］，〈植物の〉サビ病 ◆a rust inhibitor 防錆［さび止め］剤 ◆a rust preventive 錆止め［防錆］剤 ◆rust resistance 耐食性; 防錆性 ◆(a) rust-inhibiting antifreeze 防錆

不凍液 ◆(a) rust-inhibiting [rust-preventing, a rust-proof] paint; a rust preventive [inhibiting] coating 錆止めペイント（圏(an) anticorrosive [anticorrosion] paint 防錆・防食ペイント）◆a rust-free car さびの出ていない車 ◆Rust Belt industries [manufacturers] （米国の）さびつき［鉄さび］地帯の産業［製造業］（*閉鎖工場の多い中西部の）◆it is rust-prone それはさびやすい ◆prevent the formation of rust さびの発生を防ぐ ◆rust prevention さび止め；防錆 ◆to prevent rust さびを防ぐために ◆to protect... from rust さびから守るために、～にさび が発生しないよう保護するために ◆keep tools rust free 工具類をさびないようにしておく ◆rust-infected brake parts さびに冒されている［やられている］ブレーキ部品 ◆Rust will form if... もし～すると、さびが発生する．◆... will not [won't] rust 〜はさびない ◆a brass body that has [provides] superior resistance to rust and corrosion （意訳）防錆（ボウセイ）・防食性に優れている黄銅［真鍮（シンチュウ）］製ボディー ◆It is rust-resistant and suitable for outdoor use. それはさびにくく［錆に強く、容易にさびないので］屋外での使用に適している．◆Today, mills all across the rust belt are slowly and sadly decaying into their landscapes. 今日、寂れた工業地帯の端から端まで、工場は寂しく朽ちながら景観に溶け込んでいっている．

**2** vi. さびる、さびつく、赤さびる、鈍化［腐食］する；vt. さびつかせる、（使用しないで）鈍化させる［腐食させる］、赤さび色にする ◆rusted-through floors 中まで腐った床 ◆the parts were left to rust away under the company's circus-tent warehouse これらの部品は会社のサーカスのテントみたいな倉庫でさびるにまかせて放置されていた ◆Check [Examine] them for rusting. それらに錆が出ていないかを［さびの発生の有無を］確認してください．◆Contamination of the case with acid can cause the case to rust away rapidly. ケースの酸による汚染は、ケースを急速に腐食させることがある．

**rustproof, rust-proof** adj. さびにくい、さびに強い、さび止めの、防錆（ボウセイ）の；vt. 〜に錆止めをする、防錆処理を施す ◆a rust-proofing product 錆止め製品 ◆it is rust-proofed それには錆止め［防錆］処理が施されている ◆use a rust-proof paint （ある種類・銘柄の）さび止め塗料を使う（▶paintは通常不可算。種類や銘柄をいうときは可算） ◆Despite two rustproofing treatments years ago,... 何年か前に2度防錆［さび止め］処理を施してあるにもかかわらず、◆The body is rustproofed by hand. 車体には手作業でさび止め処理が施されている．

**rusty** adj. さびた、錆（サビ）の生じた、さび付いた、《叙述的に》〈能力などが〉さびついている、鈍くなった、なまった、下手［だめ］になった；さび色の、色あせた；〈声が〉しわがれた；時代遅れの ◆a rusty knife さびたナイフ

**ruthenium** ルテニウム（元素記号：Ru）

**ruthless** adj. 無慈悲な、情け容赦ない、冷酷な、むごい、残忍な、無残な、あこぎな ◆a ruthless businessman あこぎなビジネスマン［実業家、商人］ ◆a ruthless policy of ethnic cleansing 冷酷な［残忍な、むごい］民族浄化政策 ◆ruthless hit men 非情な［冷酷無情の］殺し屋たち

**RV** (recreational vehicle) an〜 キャンピングカー（▶和製英語のRVに相当するのはミニバンや多目的スポーツ車であるよ SUV = a sport-utility [sport/utility, sports utility] vehicle）

**RX** receive, reception, receiverの略（*「受信」関係の話に用いる）

## S

**S** アルファベットの第19字；略字としてのS；硫黄（sulfur)の元素記号 ◆an S-Video socket for high quality pictures （意訳）高画質用のS映像端子（*DINソケットの親類のような格好で、これ一つで入力と出力が可能）◆the unit offers "regular" video and audio as well as S-video outputs このユニットは、「通常の」ビデオ出力とオーディオ出力、ならびにS映像出力［端子］を装備している

**-s, -es** 1 《名詞について複数形をつくる》▶略語、英文字、アラビア数字の複数形のsは、一般にはアポストロフィーを付けて's とする。ただし、複数形のsであることがはっきりわかる場合は、アポストロフィー無しでもよい。たとえば、an IC の複数形は、IC's または ICs のどちらでもよい．◆purchasers of the new Apples これらのアップル社新製品の購入者ら ◆Equipment is a useful word, but don't put an s on it. Equipmentは非常に便利な単語ではあるが、（複数形の）sは付けないこと．
**2** 《動詞について三人称単数現在形をつくる》

**'s** 1 《所有格を表すアポストロフィーエス》単数形名詞、または末尾がs以外の複数形名詞には's を、末尾がsで終わる複数形には ' のみを付ける。単数形で"s" 音か"z" 音で終わる語については、一般に、's の部分が "iz" などと発音される場合は 's を (lens's)、発音されない場合は ' のみを (righteousness' goodness', convenience', Paris') 付ける。◆for convenience' (s) sake 便宜上 ◆Siemens' Nuremberg plant ジーメンス社のニュルンベルグ工場 ◆the U.S.'s... 米国の〜 ◆the lens's center そのレンズの中心 ◆in his boss's office 彼の上司のオフィスで ◆Columbus' discovery of America コロンブスのアメリカ大陸発見（▶sで終わる歴史上の名前には ' の後はsは付けない。sで終わる普通の固有名詞の場合、's でも ' のみでもよい）◆hundreds of millions of dollars' worth of stock 何億ドルもの価値の株 ◆He borrowed his good friend Barry Bootan's father's Chevrolet. 彼は、彼の良友バリーブータンのお父さんのシボレー車を借りた．（*所有格が重なっている例）
**2** 《頭字語、アラビア数字、英文字、および記号の複数形》▶アポストロフィーは、複数形のsをその前の英数記号とはっきり区別するためのもの。必ずしも付けなくてもよい．
**3** 《is, has, usの省略形》

**SAARC** (the South Asian Association for Regional Cooperation) 南アジア地域協力連合

**sabbatical** a〜 安息年暇、(7年目ごとの) 安息年、(大学教授などの) 長期研修［研究］休暇（*通例7年に1年）；adj. 安息休暇の ◆take a sabbatical （教授）が長期研修［研究］休暇を取る ◆professors who are away on sabbatical 長期研究［研修］休暇でいない教授ら

**sabotage** 囚サボタージュ（*不平・不満を持った従業員による生産設備や原料の破壊あるいは生産妨害）、敵国市民あるいは工作員による戦争遂行能力への妨害あるいは破壊活動、妨害行為、破壊行為（*注：日本でいう「サボタージュ」怠業」とは別物）◆crack down on sabotage activities 破壊［妨害］活動を取り締まる ◆to prevent sabotage 破壊活動［破壊工作、妨害行為、生産妨害、営業妨害］を防止するために ◆sabotage against a train carrying spent nuclear fuel 使用済み核燃料を運搬している列車に対する妨害

**SABR** (Society for American Baseball Research) the 〜 アメリカ野球学会

**SAC** (Strategic Air Command) the 〜 米戦略空軍（*1992年6月に廃止され、新設のthe Strategic Commandに任務を引き継いだ）

**SACD** bitstream signals from Super Audio CDs (SACDs) スーパーオーディオCD (SACD) からのビットストリーム信号

**sack** a〜 （大）袋、一袋の量；the 〜 解雇；首；vt. 〜を袋に入れる、（即座に）解雇する ◆get the sack 《口》首になる ◆give a person the sack 《口》〈人〉を首にする ◆a sack of coal （麻）袋一杯分の石炭 ◆buy... by the sack 〜を一袋［包み］いくらで買う ◆three sacks of apples りんご3袋

**sackful** a〜 袋に一杯分 ◆by the sackful 袋入り［詰め］で ◆two sackfuls of cement セメント2袋

**sacrifice** (a)〜 犠牲の、投げ売りの；vt., vi. 犠牲にする、なげうつ、断念する、ささげる〈for, to〉 ◆without sacrificing performance and flexibility 性能と自由度を犠牲にせずに ◆sacrifice a lot of living space for a room full of speakers スピーカーで埋め尽くした部屋のせいで［一室をスピーカーでいっぱいにして］居住空間を大きく犠牲にする

**sacrosanct** adj. この上なく神聖な, 不可侵の ◆Welfare remains a sacrosanct budget item. 福祉は, 予算の聖域項目のままになっている.

**saddle** a∼(馬の)鞍(クラ), (二輪車などの)サドル[腰掛け], 鞍形のもの; vt.(馬)に鞍をつける, 〈人〉に[∼を]負わせる[課す]〈with〉, 〈責任など〉を〈人に〉負わせる[課す]〈on〉; vi. ◆become [get] saddled with...〜を背負い込む[抱え込む](ようになる) ◆be saddled with the job of . . . -ing 〜を〜する仕事を背負って[抱えて]いる; 〜には〜する仕事が課せられている ◆Once saddled [burdened] with $10 million in short-term debt, the company is . . . かつて1千万ドルの短期借入金を抱えていたこの会社は . . . ◆The steel industry is saddled with far too much capacity and mountainous losses. 鉄鋼業はあまりにも大きな余剰生産能力と山のような損失[欠損]を背負い込んで(苦しんで)いる.

**Saemaul Undong** セマウル運動(*新しい村の意の韓国の農村近代化運動)

**safe** adj. 安全な, 危険のない, 心配ない, 無難な, 間違いのない, 手堅い, 確かに〜する<to do>; a∼ 金庫 ◆(just) to be on the safe side; to stay on the safe side 念のため; 安全を期して; 安全を取って; 危ないことはしないで用心して; 無理せずに慎重に; 余裕をみて[持たせて] ◆a safe distance 安全(確保のための)距離 ◆safe-cracking 金庫破り ◆a safe driver 安全運転をする運転手[安全ドライバー] ◆a feeling of being safe; a feeling of security 安心感 ◆an inherently [intrinsically] safe system 本質的に安全なシステム ◆a safe operating area (SOA) 安全動作領域(*半導体の) ◆at a safe distance 安全距離をおいて(*それは《安全》の)◆a wide ASO (area of safe operation)《半導体》広い安全動作領域 ◆be reported to be safe and well 無事だと伝えられて ◆directions for safe use 安全に使用するための指示[注意, 説明書, 注意書き] ◆get back safe and sound 無病息災で[つつがなく]戻る[帰る] ◆I think it is safe to say (that) . . . 私は, 〜だといっても言い過ぎ[過言]ではないと思う ◆keep . . . safe from loss なくならないように[安全に]守る; 〜を[紛失から]守る ◆keep . . . safe from rain [theft] (順に)〜に雨がかから[〜が盗まれ]ないように(安全に)守る ◆make a safe emergency landing 無事に緊急着陸する ◆to keep . . . within safe bounds 〜を〜の範囲内[限度内]に保って[安全圏内に留めて]おくために ◆a safe-sex educational film 安全なセックスについての啓蒙映画 ◆a static-safe work environment 静電気にする安全対策が取られている作業環境 ◆keep a safe distance between vehicles 安全な車間距離を保つ ◆keep it in a safe place それを安全な場所に保管する ◆make aircraft safer to fly 航空機がより安全に飛行できるようにする(*この用例の aircraft は複数形) ◆much safer types of nuclear reactors はるかに安全性の高いタイプの原子炉 ◆the slowest safe-to-handhold speed《カメラ》手持ちしても(ブレることなく)大丈夫な, ぎりぎりの遅さの《シャッター》スピード ◆I'm just very glad to be back safe and sound. 無事に帰れて[生還できて]ただただ非常に喜んでいます. ◆It's better to be on the safe side. 大事をとった方がいい. ◆This sign indicates the safer speed on the ramp. この道路標識は, 坂道[坂路]での安全速度を標示している. ◆You're always safe if you buy name-brand videotapes. 有名ブランド[有名メーカー製]のビデオテープを買えば, 常に大丈夫です. ◆The bowl, cover and all attachments are dishwasher-safe. ボウル, 蓋, およびすべてのアタッチメントは, 自動皿洗い機で洗って大丈夫です.

**safeguard** 1 a∼ セーフガード, 安全装置, 予防措置, 防護策, 防御措置, 緊急輸入制限措置 ◆anticopying safeguards (音楽ソフトの)コピー防止対策 ◆as a safeguard against . . . 〜に対する安全措置[防止策, 防護策]として ◆safeguards from import surges; safeguards for surges in imports 輸入急増に対処するためのセーフガード[緊急輸入制限措置, 保障措置, 安全装置] ◆Important Safeguards (直訳)重要な安全対策[(意訳)安全のための注意事項](*取扱説明書などの注意書きの表題) ◆the Jan. 30, 1992, full-scope safeguards agreement between the International Atomic Energy Agency and North Korea 国際原子力機関と北朝鮮の間で1992年1月30日に締結された包括的査察協定 2 vt. 保護する, 擁護する, 守る ◆safeguard the environment (自然)環境を保全[保護, 防衛]する ◆a static-safeguarded work area 静電気に対する安全対策がなされている作業エリア ◆common-sense measures to safeguard against computer fraud コンピュータ詐欺に対する常識的な予防策[防衛策, 防衛策] ◆safeguard the right to keep and bear arms 武器を保有および携帯[携行]する権利を守る[擁護する] ◆use uninterruptible power supplies (UPSs) to safeguard [protect] against power failure 停電から守るために[停電予防策として, 停電対策として, 停電に備えるために]無停電電源装置(UPS)を使用する ◆Safeguard your retirement savings by diversifying them. 老後の蓄えを分散運用して(安全に)守るようにしてください.

**safekeep** vt. 〜を保管する, 保護する ◆safekeep clients' securities 顧客の証券を保管する[(意訳)預かる, 預かって守る, 管理する] ◆Some banks also safekeep securities on behalf of clients. 一部の銀行も顧客に代わって証券を保管してくれる.

**safekeeping** 保管, 保護 ◆a safekeeping deposit account 保護預かり口座 ◆the safekeeping of goods in a warehouse [depository] 倉庫[保管所, 保管施設, 貯蔵所]における品物の保管 ◆Find a safe, convenient, well lit storage area in your kitchen for safekeeping. 台所で, 安全で都合がよくて明るい場所を見つけて(選んで)保管してください. (*取扱説明書)

**safely** 安全に, つつがなく, 危険のないように, 無事に, 〜しても差しつかえなく, 間違いなく ◆can safely say (that) . . . 〜であると言っても構わない, 〜といっても差し支えない[過言でない] ◆we can safely say that he will come 彼が来ることはほぼ間違いないと言える ◆Never change lanes until you make certain that you can do so safely. 安全を確認するまで, 決して車線変更してはいけません. ◆It can be safely said that by the end of the 1990's everyone will be using 64-bit personal computers. 90年代末までに猫も杓子も64ビットパソコンを使っているはずだと言って差し支えないだろう.

**safety** ①安全, 安全性, 無事, 保安, 無難; a∼ 安全装置 ◆for safety 安全(確保)のために ◆in safety from . . . 〈害を及ぼす恐れのあるもの〉から安全に[で] ◆for added safety いっそうの安全を確保するために; 更に用心のために; 念には念を入れて; 駄目押しに ◆for safety reasons 安全上の理由により ◆for safety's sake 用心[念]のために ◆ensure [secure, assure, insure] safety 安全を確保[保証]する ◆improve safety 安全性を向上させる ◆promote safety 安全を推進する ◆a factor of safety; a safety factor 安全率[係数] ◆a safety device (予防)安全[安全]装置 ◆a safety lug (カセットテープの)誤消去防止ツメ ◆a safety myth: a myth of safety 安全神話 ◆passenger safety 乗員の安全 ◆safety equipment 保安設備 ◆safety management; safety controls 安全管理 ◆safety standards 安全規格 ◆safety-tempered glass 安全強化ガラス ◆a safety relief valve 安全逃がし弁(*圧力を除去して安全にするという意) ◆a safety-review committee 安全審査委員会 ◆a safety shutdown valve 安全(緊急)遮断弁 ◆a bank safety rating firm 銀行安全度格付け会社(*破綻する危険の程度を評価・判定する) ◆a high level of safety 高い(レベルの)安全性 ◆a safety allowance; an allowance (made) for safety 安全余裕[程度] ◆Check all equipment for safety. 安全を確保する(確認する, 確かめる)ために, すべての機器を調べよ. ◆check line safety 回線が安全かどうか調べる; 回線の安全確認をする ◆determine the safety of loved ones 大切な人の無事を確認する ◆doing . . . requires attention to safety 〜する際には安全に配慮する必要がある ◆ensure continued reliability and safety of the electric system (直訳)電力系統の継続的な信頼性と安全を確保する; (意訳)電力系統の安全を(確実に)維持する ◆escape to safety 安全な場所へ逃げる[逃れる, 避難する] ◆establish the safety of a substance. ある物質の安全性を確立する ◆from a safety standpoint 安全という見地[安全面]から ◆give top priority to safety 安全を最優先にする ◆live in safety つつがなく暮らす ◆reach a 70%

safety belt usage rate　70%の(高所作業用)安全バンド[命綱, 救命帯]使用率に達する; 70%の(乗り物用)安全ベルト[シートベルト]装着率に到達する ◆residents sought safety in bomb shelters and cellars　住民たちは防空壕や地下室に避難した ◆safety comes [is] first　安全第一; 安全はすべてに優先する ◆safety hazards　安全を脅かす危険因子;(意訳)安全上の問題[事故のもと] ◆score high in safety　安全性[安全面]で高い点数を獲得する[評価を得る] ◆secure greater safety　いっそう安全を確保する ◆the maintenance of safety for employees [myself]　従業員[自分自身]のための安全維持[確保] ◆to assess the safety of your bank　取引銀行の安全度を評価するために[取引銀行がどのくらい安全か調べるために] ◆with complete safety　全く安全に ◆with maximum safety　できるだけ安全に ◆a social safety net to fall back on　(いざとなったら)頼れる[よりどころとなる]社会的なセーフティネット[安全網, 保護策, 救済策, 最低生活の保障] ◆offer a superior level of safety　[装置など]が優れた[高い]安全性を提供する ◆built-in safety devices　内蔵式安全[保安]装置 ◆a carrier with an inadequate safety rating　安全性不十分と評価される[(意訳)安全面で基準を十分に満たしていない]輸送業者[運送会社, 航空会社](*事故件数などからみて) ◆a product designed with safety in mind　安全を(念頭に置いて)[に留意して]設計されている製品 ◆safety measures for preventing accidents　事故を防ぐための安全対策; 事故防止安全策 ◆adversely affect air safety　空の安全を脅かす ◆for the purpose of the safety of workmen　作業員の安全確保の目的で ◆Important Safety Instructions　重要安全上の表示; 〈取扱説明書の表現, 家電品の場合ならば, さしずめ「安全にご使用いただくための注意」とでも訳せる〉 ◆one can say with safety that...　〜であると言って差し支えない; 〜であると言っても間違いではない ◆reach the destination in safety　目的地に無事[つつがなく]に到着する ◆safety requirements governing [relating to] the operation of...　〜の運転を規定している安全要求条件[要件]; 〜の操作に関する安全規定 ◆secure safety from fire, panic and other dangers　火災やパニックやその他の危険[危難]に対して安全を確保する ◆to permit maintenance personnel to work with safety　保守要員が安全に作業出来るようにするために ◆with some assurances of safety　ある程度安全[大丈夫]だという保証があって ◆essential to the safety of life and property　生命と財産の安全を守るに必要欠くべからざる ◆condoms provide a high degree of safety against AIDS infection　コンドーム(の使用)により, エイズ感染に対して高い安全性が確保される ◆it is used for the purpose of maintaining the safety of human life and property　それは人命および財産の安全を維持する(守る, 確保する)ために用いられる ◆products such as cribs, playpens, high chairs and strollers must be selected with safety in mind　ベビーベッド, ベビーサークル, ハイチェア[小児用食卓椅子], ベビーカーなどの製品は, 安全性を考えて選ばなければならない ◆most shocks can last longer than 25,000 miles without compromising safety　ついているショックアブソーバーは, 安全性を損なわず[脅かさず]に(走行距離)25,000マイル以上持つ[使用できる] ◆An extension cord of adequate size must be used for safety.　安全(確保)のために, 十分な太さの延長コードを使わなければならない. ◆A "safety distance" is maintained between trains to prevent collisions.　「安全距離」が衝突防止のために列車間で保たれて[いる]. ◆In a typhoon, he guided the ship to safety with radar.　台風の中, 彼は本船をレーダーを利用して安全な場所に(避難)誘導した. ◆To cut costs, they simply cut corners on safety.　コストを削減するために, 彼らは単純に安全上の手抜きをした[安全面をおろそかにした]. ◆For child safety, never leave the room while the appliance is operating.　子供の安全のために, この器具が動作している最中に部屋を離れないようにしてください. ◆Allowing for a margin of safety, we believe surge suppressors should not let more than 500 volts pass through.　安全確保のための余裕を見て, サージ(意訳)異常電圧]サプレッサーは500ボルト以上は通してはならないと私たちは考えております. ◆Because they are backed by the U.S. government, Treasury securities have the highest safety rating and they pay interest.　財務省証券は, 米国政府によって保証されているので, 安全度において最高の格付けを得ており, これらには利子が付く. ◆Hanover's schools are stepping up their commitment to safety, and parents and the community will feel the effects immediately – both in school and out.　ハノーバーの学校は, 安全への取り組み[対応]を強化しているところです. そして親御さんや地域の方々には, 学校の内外においてその効果をすぐに感じ取っていただけるでしょう. ◆Safety and a willingness to obey the rules is of the first importance in the performance of duty. If in doubt, the safe course must be taken.　安全と積極的に規則を遵守しようという気持ちが, 職務遂行において最も大切である. もしも判断に迷うことがあったら, 安全コース[無難の道]を取らなければならない.

**safety pin**　a〜　安全ピン

**sag**　1　vi. たわむ, たるむ, たれる, 落ち込む, 沈下する, 〈相場が〉下落する; vt. 垂下させる, たわませる ◆sagging land prices　低下しつつある土地の価格; (意訳)土地の下落 ◆Press down on the chain halfway between the two sprockets with the edge of a ruler. If the chain sags more than half an inch, tighten it.　これら2個のスプロケット間に張られているチェーンの中程を, 定規の端で押してみてください. もしもチェーンが半インチ以上たるむようなら, きつくしてください.
2　a〜　たるみ, 垂れ, 沈下, 下落, サグ, 瞬時性の電圧低下[降下] ◆a (voltage sag) [dip] generator　瞬時電圧降下試験器 ◆a voltage sag rate of 20%　20%の瞬時電圧低下率[低下率] ◆the sag of a conductor　導体[導線]のたるみ(*張り渡されている電線の) ◆fairly frequent line sag events　〈電気〉かなり高い頻度で発生する瞬時性のAC電源電圧低下事象 ◆in the event of a voltage sag　〈電気〉万一瞬時性の電圧低下があった[発生した]場合 ◆transmission-line sag calculations　送電線のたるみ[垂れ下がり距離]の計算

**sail**　a〜帆, 帆船; (一隻の船の帆すべて; (a)〜帆走, 航海[航行]; (a)〜航程; v. 帆走[航行]する, 船で行く, すいすい飛ぶ[滑る]ように進む; (〜へ向けて)出帆[出航]する<for>, 〈ヨットなど〉を操る ◆sail smoothly (along)　とどこおりなく[順調に, 順風満帆で]進む

**sailing**　a〜航海, 帆走; 〜出帆, 出航; 〈口〉航海術; 〈口〉セーリング(スポーツ), ヨット競技 ◆While everything appears to be smooth sailing on the surface, what goes on behind the scenes at these fund-raisers is another story.　外見上はすべて順風満帆のようにみえるものの, これらの資金調達イベントの舞台裏で起こっていること[実態, 内幕, 内実, 内情]はまた別の話だ.

**sailor**　a〜セーラー, (下級)船員, 海員, 船乗り, 船舶乗務員, 水夫, 甲板員, マドロス, 水兵, (形容詞と共に)船に〜の人; a〜水兵帽(a sailor hat)

**sake**　(〜の)ため, 目的 ◆for my (own) sake　私(自身)のために ◆for the sake of... (-ing)　〜する目的で[ために]; 〜を図って[意図して, 目指して] ◆for safety's sake　安全(確保)のために; 用心のために ◆for the sake of argument; argument's sake　議論のために ◆we struck upon the idea of archiving the work we were doing for the sake of future reference　我々は, 取り組んでいる作業について将来の参考に資するために記録保管しておくことを思いついた

**salability, saleability**　◆enhance a property's salability [marketability]　物件の商品性[商品力, 市場性]を高める ◆to enhance the salability of our home　我が家の商品性[市場性]を高めるために

**salable, saleable**　adj. 〈ものが〉売れる[よく売れる, 売り物になる], 商品性[商品力, 市場性]のある, 商品力がある ◆a saleable product　売り物になる[商品性のある, 商品力がある]製品 ◆(a) saleable technology　売り物になる技術 ◆get one's design into salable shape　設計を売り物になる形にする ◆goods must be of a saleable quality　商品は, 販売に適した品質でなければならない ◆these machines are eminently saleable　これらの機械は非常によく売れる[売りやすい]ものである

**salacious**　adj. みだらな, 猥褻(ワイセツ)な, 好色な(*人が) ◆view salacious pictures　性的にいやらしい[わいせつな, エッ

チな, スケベな, 官能的な, 好色, エロ, アダルト]写真[画像]を観る

**salaried** adj. ⟨人が⟩給料をもらっている, ⟨職務が⟩俸給の出る, ⟪意訳⟫雇われ〜 ◆a high-salaried employee 高給を取っている従業員 ◆a high-salaried player 高額プレーヤー[選手] ◆salaried workers サラリーマン, 勤労者, 月給取り, 俸給生活者 ◆low-salaried Mexican workers 給与の安いメキシコ人労働者たち ◆leave a salaried position to become an independent consultant サラリーマンの身分をやめて独立した⟦⟪意訳⟫脱サラして⟧コンサルタントになる

**salary** (a) 〜 給料, 給与, 給金, 俸給, 報酬 ◆a two-salary household 共稼ぎ[共働き]世帯 ◆employee salaries 従業員給与 ◆a starting salary of about $27,000 約2万7000ドルの初任給 ◆starting salaries in those fields それらの分野における初任給 ◆"What salary do you expect?" 「給料はどの位お望みですか」(＊就職の面接試験で) ◆to erase 2,000 midlevel managers' salaries from the city payroll with as little pain as possible ⟪意訳⟫できるだけ痛みを伴わずに市の総職員の内の中間管理職2,000名を解雇するために ◆The National Rugby League has a salary cap set in place to cut down player payments. ナショナル・ラグビー・リーグ(NRL)は選手への支払いを削減する[抑える]ためにサラリーキャップを設定して[⟪意訳⟫年俸総額の上限を設けて]いる.

**sale** 1 n. (a) 〜 売ること[販売], 売り渡し, 譲渡, 売れ行き[需要]; a 〜 特売[セール], せり売り[競売, オークション] ◆be up for sale 売りに出されている ◆put... up for sale; put... on sale; put... on the market 〜を売りに出す, 発売する, 販売にかける, 販売する ◆a bill of sale 売買証書 ◆homes for sale 売り家 ◆land for sale 売り地 ◆a "for sale" sign 「売ります」の看板 ◆a sale-priced item 売り出し[特売]価格の品物; セール[バーゲン]商品 ◆sale-priced items 特売価格の商品 ◆$6 by advance sale 前売りで6ドル ◆at the point of sale of... 〜の販売時点で(の) ◆homes with for-sale signs 売り家の看板が出ている住宅 ◆in the first year of sale of... 〜の〈意訳〉発売)初年度に ◆launch the sale of the Xxx to Yyy XxxのYyyへの売却に着手する[販売に乗り出す] ◆the sale of subsidiaries 子会社の売却 ◆for sale in distant markets 遠隔地の市場での販売のために ◆conduct [run] a going-out-of-business sale 閉店セールをする ◆facilitate the sale of... 〜の販売を促進する ◆Regular price: $2.24 Sale price: $1.90 通常価格: 2.24ドルセール[売り出し]価格: 1.90ドル ◆make a conditional [bargain, bulk, direct, retail] sale of xxx to yyy xxxをyyyに条件付き[(値)割引, 大口, 直接, 小売り]販売する ◆produce products for sale on a [the] market 市場で販売するための商品[売りに出す製品]を生産する ◆release the program for sale そのプログラムを有償で[発売]する ◆Sales were done largely on a piecemeal basis. 販売は, 大体において細切れに行われた.

2 〜 s n. 売上高[販売高, 販売実績, 販売数量, 販売台数], 売れ行き, 販売促進(業務), 営業活動, 営業部門; 〜 s adj. 販売の ◆a sales agency 販売代理店; 発売元 ◆a sales battle 販売合戦; 販売競争; 商戦 ◆a sales channel [route] セールスチャネル[ルート]; 販売経路 ◆a sales office 営業所 ◆a sales price 販売価格; 売価 ◆a sales slip 売り上げ票 ◆sales promotion 販売促進 ◆sales materials 販売促進資料 ◆a sales talk セールストーク[決まり文句の売り込み口上] ◆a sales pitch (しばしば高圧的な)セールストーク[売り込み口上] ◆a sales promotion campaign 販売促進[販売促進]キャンペーン ◆a telephone sales call セールスの電話 ◆the amount of sales 売上高, 売上げ高, 販売高, (商売の売上高は)水揚げ(高) ◆a sales force automation (SFA) system 営業支援システム ◆new-car sales 新車販売高 ◆achieve sales of $3.7 billion 売上高37億ドルを達成する; 37億ドル売り上げを上げる ◆after four months of sales 発売から4カ月で; 販売開始4カ月後に ◆after less than four full months of sales 発売後4カ月たたないうちに ◆a powerful, unique sales system 強力かつユニークな販売機構[販売体制, 販売組織] ◆increase sales 売り上げを増加させる[伸ばす] ◆to beef up marketing and sales operations 営業・販売体制を強化するために ◆

launch a sales campaign 販売[セールス]キャンペーンを開始する ◆a report on orders and sales prospects 受注(状況)と売上予想についての報告書 ◆first-issue sales 創刊号の販売部数 ◆thanks to an increase in volume of sales 販売量[数量, 台数, 個数]が増えたおかげで ◆estimate CD sales at about $3 billion in 2002 2002年のCDの売上高を約30億ドルと見積もる[予想する] ◆if sales are strong for S-VHS-C camcorders もしS-VHS-Cカメラ一体型ビデオの売れ行きがよければ ◆if the new car proves a sales success もしこの新型車の売れ行きが非常によければ; この新型車が当たれば ◆sales are now beginning to take off 販売が今立ち上がり始めている ◆to bolster (the) sales of products and services on the Internet 商品とサービスのインターネット販売を強化するために ◆with sales starting across Europe from September onward 販売は欧州全域で9月から開始される運びになっており ◆chalk up earnings of $18.6 million on sales of $327 million... 3億2700万ドルの売上高で1860万ドルの収益を計上する[上げる] ◆forecast that sales of Internet-related software will approach $4 billion by the end of... インターネット関連ソフトの売上高[売上げ高]は〜の末までに40億ドルに迫るものと予想する ◆Big-screen TVs quadrupled in sales between 1988 and 1990. 大画面テレビの売り上げが1988年から1990年の間に4倍に膨れ上がった. ◆Domestic sales of VCRs are forecast to be high. ビデオデッキの国内販売高[売上高]は高いと予想されている. ◆It is expected to bring in $95 million in sales. それは, 9500万ドルの売上(高)をもたらすと見られている. ◆Last year it had sales of about $10 billion. 昨年その会社は約100億ドルの売り上げがあった. ◆Mac applications have been growing steadily in sales. Mac用のアプリケーションの売り上げは着実に伸びてきている.; Mac向けアプリは堅実に売り上げを伸ばしている. ◆Sales are still going well. 売れ行きは依然として好調である. ◆The company enjoys sales success in the States. その会社は, 米国で好調な販売成績[営業実績]をあげている. ◆Both companies have recently introduced sweeping sales-incentive programs. これら両社は広範な販売促進制度を導入した. ◆Sales in telescopes have risen almost 50% in the past twelve months. 過去12カ月間に望遠鏡の売り上げが50%近く上がった. ◆The automaker said yesterday it will launch sales of an electric car in June. 同カーメーカーは昨日, 6月に[⟪意訳⟫6月から]電気自動車の販売を開始すると発表した. ◆Sales of those systems will quadruple from $3.2 billion in 1993 to $12.8 billion in 1998. これらのシステムの売り上げは, 1993年の32億ドルから1998年の128億ドルへと4倍に増加するだろう.

**on sale** (品物が)売りに出て; 特売で, 安く ◆go on sale 〈製品など〉が発売[販売]される, 売り出される; (ふだんよりも安い価格で)〈商品〉がセールになる ◆be on sale now 〜は発売中[販売中, 売り出し中]です ◆the Atari Portfolio Pocket PC, now on sale in the U.S., is... 米国で発売中のAtari Portfolio Pocket PCは, ... ◆It has been on sale in Canada since 1989. それは1989年以来カナダで販売されている. ◆The first generation of ferroelectric memories is already on sale. 第1世代の強誘電体メモリーは, すでに商品化されている. ◆Within two years of going on sale, the Xxx became the best selling vacuum cleaner in the UK. 発売後2年以内に[⟪意訳⟫発売2年足らずで], Xxxは英国における電気掃除機のベストセラーになった. ◆Your appearance tells others a great deal about you. Buy high-quality clothes when they go on sale. 馬子にも衣装といいます. 高級服がセールになったら買いましょう.

**saleable** →salable

**sales** → sale

**salesclerk** a 〜 店員, 売り子

**salesman** a 〜 (pl. -men) セールスマン, 営業マン[スタッフ], 男性外交販売員, 外交員, 外務員, (店での)男性販売員, 販売係[スタッフ], 外務員, 売り子 ◆a door-to-door salesman 訪問販売員 ◆an educational-materials salesman 教材のセールスマン

**salespeople** 《複扱い》外交販売員, 外交員, 外務部員［スタッフ］, 販売スタッフ, (店での)販売員, 販売係, 店員, 売り子

**salesperson** a ~ (pl. salespeople) 外交販売員, 外交員, 外務員, 営業部員［スタッフ］, 販売スタッフ, (店での)販売員, 販売係, 店員, 売り子

**sales representative** a ~ セールスレップ, セールスマン, 営業マン, 営業部員, 販売［営業］担当(者) ◆a sales representative seeking orders from... ～から注文をとるセールスマン［営業マン, 営業部員, 販売担当者］

**sales tax** (a) ~ 売上税, 物品販売税, 消費税 ◆Fairbanks has no sales tax, except on alcohol, tobacco and hotel rooms. (＊アラスカの)フェアバンクスには, アルコール, タバコおよびホテルの部屋(代)以外には売上税［物品販売税, 消費税］がない.

**saleswoman** a ~ (pl. saleswomen) セールスレディ, 女性外交販売員, 外交員, 外務員, (店での)女性販売員, 販売係［スタッフ］, 店員, 売り子

**salient** adj. 突き出た, 突出した, 凸角の; 顕著な, 目立った, 際立った, めぼしい ◆the salient features of this irradiator この照射装置の目立った［(意訳)注目すべき, 主な］特徴

**saline** adj. 塩の, 塩気の, 塩分を含む, アルカリ金属塩あるいはマグネシウム塩を含む塩; (physiological saline)生理的食塩水, 生理的塩類溶液; 《塩類下剤》a ~ 塩水湖［泉］, 塩気のある場所, 岩塩鉱山 ◆(a) saline solution 食塩水 ◆ある濃度のものを云うときには a がつく ◆placed in a large volume of physiological saline 大量の生理的食塩水中に浸けられて

**salinity** 《塩分, 塩気(シオケ); (a) ~ 塩分濃度, 塩度 ◆salt fog with salinity of 35 parts per thousand 塩分濃度35パーミルの塩水噴霧

**salinometer** a ~ 塩分計, 検塩計 ◆A salinometer is sometimes called a salt gauge. サリノメーター［塩分計］は, ソールンゲージと呼ばれることがある.

**sally** a ~ 突撃, 出撃; a ~ (感情などの)突然のほとばしり［突発, 爆発, 発作］a ~ 気のきいた言葉, 当意即妙の返答, しゃれ, 冗談, 皮肉, 冷やかし; a ~ (人のあまり行かないところへの)小旅行［遠足］; vi. 出撃する ◆Intel's foray [sally] into networking [the networking arena] インテルのネットワーク分野への進出

**salmonella** a ~ (pl. ~s, -nellae) サルモネラ菌 ◆(a) salmonella poisoning サルモネラ中毒 ◆salmonella contamination of... ～のサルモネラ汚染

**salt** n. 《食塩, 塩(シオ), 塩(エン); adj. 塩の, 塩味の, 海水の; vt. ～に塩をかける［ふる］, ～に塩味をつける, ～を塩漬にする ◆a salt-rich diet 塩分を多く含んだ食事 ◆a salt shaker 食卓塩入れ ◆rock salt 岩塩 ◆salt air 塩分を含んでいる空気 (＊塩害の原因) ◆salt manufacture 製塩 ◆salt resistance; resistance to salt (attack) 耐塩 ◆a salt-resistant insulation layer 耐塩絶縁層 ◆a salt-fog [salt-spray] test 塩水噴霧試験 ◆rust or deteriorate from salt-water damage 塩水による被害でさびたり劣化したりする ◆salt-cured foods 塩で保存処理された［塩蔵］食品 ◆salt damage to plants 植物への塩害 ◆salt particles from the ocean 大洋からの（汚染物質としての）塩分 ◆(the) enhancement of salt tolerance 《生物》耐塩性を高めること［の強化］ ◆in a 2-percent to 3-percent [a 2- to 3-percent; a 2-3 percent] salt solution 2％～3％の食塩水中に ◆salt-laden water 塩分を含んでいる水 ◆(the) application of thin, waterproof, and saltproof overlays on roads 道路上への薄い防水・防塩性の上塗り層の塗布 ◆protect the VCR from the salt in the air ビデオレコーダーを（空気中の）塩分から守る

**SALT** (Strategic Arms Limitation Talks) "salt"と同じ発音. 戦略兵器制限交渉 ◆the second Strategic Arms Limitation Treaty (SALT II) 第二次戦略兵器制限条約 (SALTII条約)

**salto** a ~ 宙返り［空中回転, サルト］

**saltwater, salt water** a ~ 塩水(エンスイ, シオミズ), 海水, 鹹水(カンスイ); adj. 塩水の, 海水の, 海産の ◆salt water [saltwater] resistance; resistance to salt water; resistance to saltwater corrosion; corrosion-resistance to saltwater 耐塩水性 ◆a salt water [saltwater] resistance test 耐塩水性試験 ◆a salt water immersion test; saltwater immersion testing 塩水浸漬試験 ◆gargle with salt water 塩水［食塩水］でうがいする

**salty** adj. しょっぱい, 塩辛い, 塩気(シオケ)のある［強い］, 塩を含んだ, 塩-, 潮-, 海-; 〈言葉などが〉ぴりっとした, 機知に富んだ, 辛辣な, 痛烈な ◆be overly salty 塩気が強すぎる［塩辛すぎる］

**salvage** 《海難救助, 沈没船などの引き揚げ［サルベージ］(作業), (火災などからの)家財救出, 救出された貨物［財貨, 家財］, 引き揚げられた船, 海難救助の謝礼金［金額］, 廃品回収, 廃物利用［活用］; vt. (沈没船)を引き上げる, ～を救助する ◆The salvage of a sunken ship, plane, submarine, cargo, etc. from the sea bottom is performed in several ways. 沈没した船, 飛行機, 潜水艦, 貨物などの海底からの引き揚げは, 数通りの方法で行われる.

**SAM** (surface-to-air missile) a ~ 艦対空ミサイル

**samarium** サマリウム（元素記号: Sm) ◆a samarium-cobalt [cobalt-samarium] magnet サマリウムコバルト磁石

**same** adj. (～と)同じ<as>, 同一の, 一致する, 同様の, 変わらない; adv. (通例 the ～)同様に; pron. (しばしば the, that, those と共に)同一［同様, 前述］のもの ◆more of the same; much the same ほとんど同じ, ほぼ同じで, 似たり寄ったりで, 大した差［大差］がなくて, 大筋で変化はない, 相変わらず で, 大同小異で, どっこいどっこいで, 五十歩百歩で ◆at the same instant 同じ瞬間に［同時に］ ◆a same-day pass 当日通用パス; 当日1日券 ◆crack the same old jokes about... ～をだしに［肴に, ネタに］したワンパターンのジョークを飛ばす［言う］ ◆the same goes for... 同じことが～についても当てはまる ◆The same holds true for [of, with]... 同じことが～にも当てはまる. ◆the same size prints from one slide 1枚のスライドから焼き付けた同一サイズのプリント［写真］ ◆under the same conditions of temperature and pressure 同一温度・圧力条件下で ◆it is all the same to me whether... ～であろうとなかろうと, 私には同じ［どうでもよい］ことだ ◆all schools will be treated the same すべての学校には同じ扱いを受ける［同列に扱われる］ことになる ◆..., and the same thing can be said for [about]... そして～にも［～についても］同じ［同様な, 似たような］ことが言える ◆four robots of the same manufacturer and model 同一メーカー製同一モデルのロボット4台 ◆raise the gate voltage in several steps from 30 to 44 V in order to maintain the same current 同じ電流を保つ［電流を一定に維持する］ために, ゲート電圧を30Vから44Vまで数段階［数回］に分けて上げていく ◆the situation remains the same 状況は変わらない ◆We think the same way. 我々も同じように考えている. ◆a bullet of the same make as the one that killed [the one used to kill] Mr. Phon フォン氏を殺害した［殺すのに使われたも］のと同じメーカーの弾丸 ◆get more time out of the same-length tape 同じ長さのテープをより長時間（の記録に）使用する ◆diesel engines, which are fuel-efficient than same-size gasoline engines 同一サイズ［同じ大きさ］のガソリン・エンジンよりも燃料効率の良いディーゼル・エンジン ◆If you're feeling stuck in the same old patterns that lead nowhere,... どこにも行き場のないワンパターンに陥っていると感じているなら, ◆use memory cards in much the same way floppy disks are used フロッピーディスク感覚でメモリーカードを使う ◆Both outputs are of the same amplitude. 双方の出力の振幅は, 等しい. ◆It costs as much as gold of the same weight. それは, 同じ重さの金に匹敵するほど値が張る. ◆These speakers all sound about the same. これらのスピーカーは皆ほとんど同じように鳴る［同じ鳴りっぷりだ］. (＊音響特性について) ◆We'll ship it to you the same day you call. お電話いただいたその日のうちに出荷［発送］いたします. ◆Holes in wood can be made with the same drill bits used for metal. 木の穴開けには, 金属用と同じドリルビットを［金属用のドリルビットをそのまま］用いることができます. ◆In general, the permittivities ε of seawater and fresh water are the same. 一般に, 海水と淡水の誘電率εは等しい. ◆Take the same care with dog guides as you would with a white cane user. 盲導犬（を連れている人）に対しても、白い杖［白杖（ハクジョウ）］（を使っている人）の場合と同じ注意を払いなさい。 ◆January machine-tool orders were twice what they were for the same month of 1987. （1988年）1月の工作機械の受注［受注高］は、1987年同月の倍［同月比2倍］だった。 ◆The procedure for changing the rear brakes is the same as for changing the front ones. 後部ブレーキを交換する手順は、前部ブレーキを交換する手順と同じです。 ◆Nanox has decided to keep the same level of production as last year, with each factory producing 10,000 and 20,000 units per month. ナノックス社は、生産（高）を各工場につき月産1万から2万台という昨年並みの水準［((意訳))昨年の実績］を維持していくことを決定した。

**more of the same** 同様な［で］、同じような、同程度の、相変わらずの; n. 回同じこと、現状（維持） ◆do more of the same kinds of things Nanotronics is doing now ナノトロニクス社が今していることとほとんど同じようなことをする ◆The National Weather Service is forecasting more of the same today and tomorrow, with temperatures expected to reach 100 degrees both days. アメリカ気象局は、今日と明日共に気温は100°Fに達する相変わらずの天気になるだろうと予報している。

**one and the same** 同じ一つのもので、同一人物の、同一物の ◆one and the same person 同一人物 ◆They are one and the same. それらは同一のものである［同じもののことを指している］。

**same-day** adj. 同じ日の、同日の、即日の、当日の ◆local passengers making same-day trips 日帰りの旅行［移動］をする地元の旅客［乗客］たち ◆offer same-day service 同日［即日］仕上げのサービスを提供する（＊修理、整備、写真のDPEなど） ◆remainder tickets for same-day performances 当日の公演の売れ残りチケット［売れ残り当日券］ ◆clinics that offer same-day surgery 日帰り手術をしているクリニック［診療所、病院］

**same-sex** adj. 同性（同士）の

**same-side** 同サイドの、同一側の、同じ側の ◆same-side steering 《車》（前輪と後輪の）同位相操舵［ステアリング］（→ steering）

**sample** 1 a～ サンプル、見本、試供品、標本、実例、例、（検査）試料、供試体、検査材料、《医》検体 ◆a sample of soil 土壌試料 ◆a sample value 標本値 ◆initial samples 初回見本［試料、サンプル］ ◆a sample videotext page ビデオテキスト画面の例 ◆a test sample テストサンプル、試験試料 ◆deliver samples of... 〜のサンプルを出荷する；〜のサンプル出荷をする ◆gather soil samples 土の試料を収集する ◆manufacture the new chip in sample quantities 《意訳》この新型ICチップを少量サンプル生産する ◆nine sample machines 見本用の機械9台 ◆tests made on sample equipment 供試機器に対して実施された試験 ◆a free sample of a product 商品の無料試供品 ◆a sample of pieces drawn from a lot ロットから抽出した一群のサンプル ◆Samples will ship in November. サンプル出荷は11月となっている。 ◆be based on a randomly chosen sample of 10,000 households 1万世帯の無作為抽出標本に基づいている ◆blood samples must be taken from at least two relatives of the patient to provide a comparison 比較［照合］のために血液サンプルを患者の親族最低2人から採取する必要がある ◆Over 90,000 sample sentences and expressions are provided bilingually. 9万件を越える用例と表現が二カ国語で載っている。（＊辞書について） ◆Samples of the chip set, however, are not expected until 1992. しかしながら、そのチップセットのサンプル［見本］は、1992年までは出てこないものと思われる。 ◆The company expects to ship the first samples of... in the first quarter of this year. 同社は〜の初回サンプル出荷を今年の第1四半期に予定している。 ◆Available in sample quantities, the DSP1040 is priced at $35.50; the 2040 at $85.50 (quantity 100). （まだ量産が本格化しておらず）サンプル程度の数量で販売しており、DSP1040は35.50ドル、DSP2040は85.50ドル（100個口で）の単価がついている。 ◆Samples will go to manufacturers early next year; volume production is due by the second quarter. メーカー向けサンプル出荷は来年早々、そして量産開始［立ち上げ］は第2四半期までの予定になっている。 ◆This product has no official retail price yet, but the initial sample price was set at $2,000. 同製品には正式の小売値はまだついていないが、最初のサンプル価格は2000ドルに設定された。 ◆When defective pieces are found in a sample, the entire lot must be 100% inspected for the discrepant characteristic(s) to sort out the defectives. （抜き取った）サンプルの中に不良品が見つかった場合には、不良品を選別し除去するためにそのロット全体を、規格外れの特性について全数検査しなければならない。（＊a sample ＝ 標本集団）

**2** vt. 〜からサンプル［試料、標本］を抜き取る、〜を標本化する、〜から標本抽出する、〜を試用［試食、試飲］する ◆until this input is sampled HIGH 《電子》この入力（信号）がサンプリングによってHIGHの状態であることが確認される［((意訳))この入力信号がHIGHになる］まで ◆Generally, DAT recorders sample the sound 48,000 times per second and assign a 16-bit digital representation to the sound level of each sample. 通例、DAT録音機は、音を1秒間に48,000回サンプリング［標本化］し、一つ一つのサンプル［標本］の音のレベルに16ビットのデジタル表現を割り当てる。（＊and以下は「16ビットでデジタル化する」と意訳できる） ◆Resulting die size reductions have allowed Intex Corp. to sample the chip in a 132-lead plastic quad flat-pack. 結果としてのICチップの小型化により、インテックス社はそのチップを132ピンのプラスチック製クアド・フラット・パックに実装して試作することができた。（＊a die はICチップのこと） ◆TI says the chipset will be sampled to TI customers worldwide this summer. Production quantities are expected to be available in the fourth quarter. TI社によると、このチップセットは今年の夏に全世界のTI社顧客に向けてサンプル出荷されることになっており、量産数量が得られるようになるの［((意訳))本格生産の立ち上がり］は第4四半期の見通しである。

**sample-and-hold** ◆a 16-bit sample-and-hold amplifier 16ビットの サンプルアンドホールド アンプ

**sampler** a～ 見本検査係、試料採取器、試料抽出検査装置、サンプリング［標本化］回路、サンプリング音源楽器、試食者、試飲者、（初心者が腕前を見せるための）刺繍の試作見本作品、取り揃えたもの、見本集、選集 ◆an automatic [auto] sampler 自動サンプル採取装置

**sampling** n. 標本抽出［抜き取り］、試料採取、標本化、サンプリング、試供品配布; a～ 抽出標本 ◆a sampling frequency 標本化周波数 ◆a sampling inspection 抜き取り検査 ◆a sampling plan 《品管》抜取方式［抜き取り計画］（＊検査・試験用の試料の採り方などについての） ◆a 39.3-MHz sampling rate 39.3MHzの標本化速度 ◆a sampling rate of 1 in 100 100個につき1個の抜き取り率 ◆the sampling of information on... 〜についての情報のサンプリング ◆compact discs' sampling rate of 44.1 kHz コンパクトディスクの44.1kHzというサンプリングレート［標本化速度］ ◆(Sampling error is plus or minus 3.5%. "Not sures" omitted.) （サンプリング誤差は、プラスマイナス3.5%であり、「分からない」という回答は省いてある。）（＊アンケート調査の話） ◆the 44.1-kHz standard sampling rate of the CD 44.1kHzのCD標準サンプリングレート［標本化速度］ ◆The following is a sampling of photogenic events occurring in Canada during July. 以下は、写真の格好の材料となる7月中のカナダの催しをいくつかピックアップしたものです。

**Samsung** 三星［サムスン］（＊韓国の財閥） ◆Samsung Electronics Co. 三星（サムスン）電子（＊韓国の）

**samurai** a～ (pl. 〜, 〜s) 侍 ◆Akira Kurosawa's Seven Samurai 黒澤明（監督）の「七人の侍」 ◆prices of Argentine samurai bonds; Argentine Samurai bond prices アルゼンチンのサムライ債券の価格（＊アルゼンチンが日本の投資家を対象に発行した［発行する］円建て外債）

**sanction** 回是認、承認、認可、決裁、裁可、批准; a～ 罰則（通例〜s）制裁［処罰］措置; vt. 〜を是認［認可］する ◆continue the Iran and Libya Sanctions Act (ILSA) of 1996 until 2006 1996年制定のイラン・リビア制裁強化法(ILSA)を2006年まで

**sanctity** ①神聖, 尊厳; ①高潔, 敬虔(ケイケン); -ties 神聖な義務［権〕 ◆degrade the sanctity of the battlegrounds これらの戦場の神聖さを損なわせる ◆the sanctity of all human life 全人類の生命の尊厳 ◆"invade" the sanctity of the home via the telephone 侵さざるべき家庭に電話で「侵入」する

**sanctuary** a ～ (pl. -aries) 神聖な場所, 聖域, 聖所, (教会・神社・寺・神殿の)最も神聖な場所) 内陣, 内殿; a ～ 法の力の及ばない聖域, 安全な場所, 避難所, 駆け込み寺, 犯罪者などの安全な隠れ場所; ①保護, 庇護(ヒゴ), 中世の教会の罪人庇護権; a ～ 野生生物の保護区[(意訳)楽園], 鳥獣保護区, 禁猟区, 禁漁区 ◆a bird sanctuary 鳥類保護区[禁猟区] ◆(意訳)鳥の楽園 ◆create a huge whale sanctuary 広大なクジラの保護区[禁漁区]を設ける ◆a wetland area designated as a sanctuary for birds 鳥の聖域[保護区, 禁猟区]として指定されている湿地帯の区域 ◆found a wildlife sanctuary there その地に野生動物の自然保護区を設ける

**sand** 砂; ～s 砂地, 砂浜; vt. ～に砂をかける[まく], (サンドペーパーで)研く[こする] ◆a sand mold; a mold of sand 砂型(＊砂で作った鋳型) ◆(a) sandrock; (a) sandstone rock サンドロック(＊砂地の弱い砂粒からなる砂岩) ◆sand casting 砂型鋳造 ◆the borrowed sand has been tamped down その客土は突き固められた

**sandblast** ①(サンドブラスト, 砂吹き; a ～ 砂吹き機; vt. ～をサンドブラストで仕上げる[彫刻する, 磨く](＊面を磨くか粗面を形成するための場合もある) ◆The engine was sandblasted to remove more than a half century of accumulated grime. 半世紀以上にわたってこびりついた汚れを除去するためにエンジンにサンドブラストがかけられた.

**sandlot** a ～ 空き地(＊子どもたちがスポーツをして遊ぶ場所); adj. 空き地の, 空き地でする ◆a sandlot baseball team 草野球チーム ◆a plastic sandlot baseball bat 草野球用のプラスチックバット

**sandstone** ①砂岩 ◆statues in sandstone 砂岩の彫像

**sandwich** ①サンドイッチ, サンドイッチのようなもの; vt. ～をサンドイッチ状にはさむ ◆a thin film sandwiched between two electrodes 2つの電極にはさまれた薄膜

**sandy** adj. 砂の, 砂を含んだ, 砂まじりの, 砂だらけの, 砂質の; 黄土色の, 薄茶色の ◆a plant that grows in sandy soil 砂地に生える植物 ◆if you live in a dusty or sandy area 粉塵あるいは砂ぼこり[砂塵]の多い地域にお住いなら

**sanitary** adj. (公衆)衛生の, 衛生上の, 衛生的な, 清潔な ◆sanitary fitments (通例複数形で)(トイレ, バスや洗面用の)衛生装備品 ◆take responsibility for achieving sanitary conditions 衛生的にする責任を負う, 衛生責任者を務める ◆Maintenance of sanitary conditions within storage rooms is essential. 貯蔵庫内を衛生的な状態に保つことが不可欠です. ◆Remember, always reduce the level of contamination by keeping all work areas clean and sanitary. すべての作業区域を清潔に保って, 常に汚染が少なくなるよう心がけてください.

**sanitation** ①衛生, 公衆衛生, 保健衛生, 衛生設備, 下水設備, 下水処理 ◆a sanitation truck ゴミ収集車; 清掃局の作業員(＊かつてa sanitation engineer と呼ばれたこともある) ◆public sanitation 公衆衛生 ◆a city's Sanitation Bureau [Department] ある都市の清掃局 ◆a report that rates sanitation on all cruise ships that call at U.S. ports 米国の港に寄港する巡航客船の衛生状態[清潔度]の評価を載せている報告書

**sans** prep. (= without) ～なしに, ～なしで ◆It weighs 5 pounds (sans hard disk drive). その重量は5ポンドである(ハードディスクドライブ無しで).

**sans serif** (a ～) 《印刷》サンセリフ(字体)

**sap** ①樹液; ①生気[活力, 元気]; a ～ (米口)ばか, まぬけ; a ～ ((英口)(武器としての)こん棒 (= a cosh, a blackjack); vt. ～から活力[生気]を失わせる ◆The additional mass sapped much of the car's liveliness. この追加

重量は, その車の軽快さをほとんど奪ってしまった. ◆Their insensitivity saps the motivation of their employees. 彼らの感受性の欠如が, 従業員のやる気[士気, 意欲]を失わせて[喪失させて, 削いで]いる.(＊管理職の話で) ◆Excess conservatism is sapping vitality from both the company's product line and the way the entire corporation does business. 過度の保守性は, 同社の商品ラインと社会全体のビジネスのやり方の両方から活力を奪っている.

**saponification** けん化

**saponify** v. けん化する ◆a saponifying agent けん化剤 ◆saponify rosin はんだフラックスをけん化させる

**Saran Wrap, saran wrap** (商標)サランラップ(＊米国ダウケミカル社の商標) (=(米)plastic wrap, (英)cling film)

**sardine** a ～ 鰯(イワシ), イワシに似ているアンチョビなどの小さな魚(＊特に缶詰など保存食品に加工されたもの); ①イワシの身 ◆be packed [squashed] like sardines ぎっしり詰め込まれて[ぎゅうぎゅう詰めになって, すし詰めになって]いる ◆eat a sardine いわしを (1匹)食べる ◆passengers were jammed into [packed into, crammed onto/onto] trains like sardines 乗客は列車にすし詰め[ぎゅうぎゅう詰め]にされた

**sarin** ①サリン(＊有機リン酸系致死性神経ガス, 化学兵器に使用) ◆the subway sarin case: the Tokyo subway (nerve) gassing; the Tokyo subway nerve-gas attack 地下鉄サリン事件

**sash** (a) ～ サッシ, 窓枠, 戸枠; vt. ～にサッシを取り付ける ◆a sashless [frameless] window 枠なしの窓

**SAT** (Scholastic Aptitude Test) the ～ 《米》大学進学適性試験 ◆the police's Special Assault Team (SAT) 《日》警察の特殊急襲部隊

**satellite** a ～ 衛星, 人工衛星, 衛星都市, 衛星国; adj. 衛星のような ◆by satellite 人工衛星で[による] ◆a communications satellite 通信衛星 ◆an imaging satellite 偵察衛星(＊画像偵察・精密写真偵察をするもの) ◆a police satellite office 駐在所, 派出所, 交番 ◆a satellite-delivered program 衛星放送番組 ◆satellite broadcasting 衛星放送 ◆satellite communications 衛星通信 ◆satellite receiving ◆a satellite receiving dish 衛星放送受信アンテナ ◆a military surveillance satellite 軍事偵察衛星 ◆digital mobile satellite communications services デジタル移動体衛星通信サービス ◆Navstar Global Positioning System satellites 全地球[全世界]測位システムのナヴスター衛星 ◆a television-via-satellite system 衛星中継テレビシステム ◆receive satellite television 衛星テレビ放送を受信する ◆receive television broadcasts from... via satellite テレビ放送を～から受信する ◆Russia and its former satellite states ロシアおよび旧ソ連(時代)の衛星国 ◆satellite-relayed 衛星中継の ◆set up a satellite interconnect 衛星接続をする ◆via a satellite link 衛星中継で ◆watch the ceremony via satellite この式典を衛星中継で見る ◆a satellite-linked question-answer session 衛星で結んだ(多元)質疑応答セッション ◆an elliptical satellite television receiving antenna 楕円形の衛星テレビ受信アンテナ ◆transmit it by satellite to the U.S. それを衛星中継で米国に送信する ◆satellite-transmit film of the pages to printing plants 各ページの版下フィルムを衛星を使って印刷工場に送信する

**satisfaction** ①満足[充足](感), (要望, 必要などを)かなえる[満たす]こと, 心にかなうこと, 会心, 納得, 名誉回復(の機会); a ～ 満足を与えてくれるもの ◆with satisfaction 満足して ◆give satisfaction 満足を与える ◆the feeling of satisfaction 満足感 ◆a surprisingly low level of satisfaction 驚くほど低い(レベルの)満足度 ◆feel a glow of satisfaction at... ～に対して強い満足を覚える ◆find satisfaction in...-ing ～することで満足を得る ◆... so that your gift recipient will be guaranteed satisfaction あなたたからの贈り物を受け取る人に必ず満足して[(意訳)喜んで]いただけるよう ◆the satisfaction of certain conditions ある(一定の)条件を満たす[クリアーする]こと ◆assess the current level of satisfaction with a particular vendor ある特定の販売業者から現在(顧客が)受けている満足度を評価する ◆to ensure a high level of customer satisfaction 高い顧客満足度を確保するために ◆ to ensure that new services achieve a high level of user satisfaction 《意訳》新規サービスが高いユーザー満足度を確実に達成できるように ◆ although there is a high level of satisfaction with the vendors これら業者に対する満足度は高いのであるが ◆ consistently yield the highest level of customer satisfaction 一貫して最高レベルの顧客満足度をもたらす ◆ satisfaction that comes from doing the task well その作業をうまく行うことから得られる満足 ◆ to achieve the highest level of end-user satisfaction 最高のエンドユーザー満足度を達成するために ◆ MicroPro received high marks of satisfaction from WordStar users. マイクロプロ社は、WordStarユーザーの高い満足度を得た.（＊WordStarは製品名）◆ The circuit finally worked, but not to my satisfaction. その回路は遂に働くことは働いたが、私の満足の行く出来ではなかった。◆ There's also the personal satisfaction of being an informed consumer. 情報通の[《意訳》(商品)知識のある]消費者なのだという個人的な満足感もあります。◆ The system did not operate to anyone's satisfaction. このシステムは、だれにも満足の行く働きをしなかった。◆ You may sublicense the software to other users ONLY upon satisfaction of the following conditions: 《あなたは、》次の条件を満足する[満たす]場合に限り、本ソフトウェアを他のユーザーに二次使用のために提供することができます。

**satisfactorily** 満足に、十分に ◆ function satisfactorily 満足に[十分に、申し分なく]機能する ◆ satisfactorily complete an examination 試験に合格する

**satisfactory** adj. 満足な、会心の、十分な、申し分ない、納得のゆく ◆ a product of satisfactory quality 満足の行く品質の製品 ◆ meet these three criteria to a satisfactory degree. これらの3つの基準を満足に満たしている[十分にクリアしている]◆ virtually all fluorescent tubes tested produced satisfactory results 試験した蛍光灯のほぼすべてが満足の行く結果を生んだ[《意訳》合格した、及第だった]◆ For satisfactory results, it must be neither too large nor too small. 満足の行く結果を得るためには[うまく行くためには]、それは大き過ぎても小さ過ぎてもいけません。◆ While traditional piston engines improved greatly through the 1930s and '40s, they did not offer satisfactory reliability. 従来型のピストンエンジンは1930年代と40年代に大幅に良くなったが、満足の行く信頼性を持っていなかった[《意訳》信頼性は十分なかった]。

**satisfy** vt. 〜を満足させる、〈基準,仕様,条件〉に適合する[を満たす、をクリアーする]、〈要望〉をかなえる[に応える]、〈義務〉を果たす[履行する]、〜を納得させる、〈疑問〉を解く; vi. 十分である、満足させる ◆ satisfy an equation 方程式を満たす ◆ satisfy requirements 必要条件を満足させる[クリアする]; 必要条件にかなう; 要求条件を満たす; 要件に合致する ◆ satisfy these needs これらのニーズを満たす[ニーズにかなう]

**satisfying** 満足な、申し分のない、十分な ◆ In a BMW520i, the pleasures of touring grandly are satisfying. BMW520iに乗ってグランドツーリングの[威風堂々と旅行]する快感は申し分ない。

**saturable** adj. 飽和できる、可飽和− ◆ a saturable reactor 《電気》可飽和リアクトル[リアクター]

**saturate** vt. 〜を飽和させる、〈液体を〉たっぷり含ませる〈with, in〉; adj. = saturated ◆ saturate A with B AをBで飽和させる[いっぱいにする] ◆ saturate an amplifier 増幅器を飽和させる ◆ the U.S. market is becoming saturated 米国市場での需要は一巡しつつある ◆ a sponge saturated with oil 油を限度一杯[たっぷり]含んでいるスポンジ ◆ because of the saturated real estate market 《意訳》不動産市場での需要が一巡してしまっているために

**saturated** adj. 飽和した、(液体に)しみ込んだ、充満した ◆ become saturated 飽和する ◆ saturated fats 飽和脂肪 ◆ saturated hydrocarbons 飽和炭化水素 ◆ a saturated market 《需要が一巡して》飽和状態になっている市場 ◆ because society is saturated with guns 社会に銃があふれているために ◆ in the saturated region 《電子,磁気》飽和領域で

◆ the market is becoming saturated 市場が飽和してきている ◆ the U.S. market has become saturated with... 米国市場は、〈製品〉で飽和状態になってしまっている

**saturation** ①飽和、飽和度；①色の飽和度＝彩度、《カラーテレビ》《俗に》色の濃さ；①浸透、浸潤、充満 ◆ to saturation 飽和するまで；《比喩的に》充満するまで、一巡するまで，限界[限度,極限]まで、めいっぱい、ぎりぎりまで ◆ saturation magnetization 飽和磁化 ◆ (a) high saturation magnetic flux density 高飽和磁束密度 ◆ color saturation 《写真フィルム》色の飽和度、色の彩度、再現色純度 ◆ drive the amplifier [transistor, output] into saturation 《電子》増幅器[トランジスタ, 出力]を飽和(状態[領域])に追い込む ◆ in saturation 飽和状態においては ◆ magnetized to saturation 飽和状態まで磁化されている ◆ overshoot the saturation point 飽和点を越える ◆ reach a level of saturation 飽和レベルに達する ◆ reach the saturation point 飽和点に達する ◆ under saturation 飽和時に ◆ under saturation conditions 飽和状態で ◆ operate in the saturation region 《電子回路》飽和領域で動作する ◆ the North American market has reached saturation 《直訳》北米市場は、飽和状態に達した;《意訳》北米市場における需要は一巡した ◆ reached a saturation point beyond which there was no scope for improvement それ以上改善の余地がない飽和点に達した; もうそれ以上向上できない限界に達した;《意訳》進歩し尽くした[行き着くところまで行った] ◆ they have reached saturation levels in terms of market penetration これら(製品)は市場浸透という観点からして飽和点に達してしまっている ◆ As demand reaches saturation, better services will be introduced. 需要が飽和する[一巡する、頭打ちになる]につれて、よりよいサービスが導入されるであろう。◆ Inspect wires carefully for signs of oil saturation. 油浸し(アブラビタシ)になった[油が含浸(ガンシン)した]跡がないか電線を念入りに点検してください。◆ Energy consumption in the developed countries reached a level of saturation and did not increase. 先進国におけるエネルギー消費は頭打ちになり、増えなかった。◆ We judged the projectors on brightness, image quality, color saturation, sound quality, and ease of use. 我々は、これらのプロジェクタを輝度,画質,彩度[《意訳》発色性]、音質、および使いやすさという観点で審査した。◆ While nuclear power has reached a level of saturation in several European countries and North America, it continues to expand in Asia. 原子力発電は、欧州数力国および北米において飽和レベル[《意訳》限界]に達した一方、アジアにおいては拡大を続けている。

**sauce** (a)〜 料理にかける調味料、ソース、ドレッシング;（a)〜（デザート用）フルーツの砂糖煮;（a)〜 心に味を添えるもの、刺激、面白み；①生意気な言葉[言動]、ずうずうしさ; the 〜《俗》酒; vt. 〜にソースをかける、〜にソースで味をつける、〜に面白み[小粋な味]を添える、〈人〉に生意気な口をきく ◆ a thick dipping sauce 濃厚な付けだれ

**savanna, savannah** (a)〜 サバンナ、(熱帯や亜熱帯地方の)大草原、(特に米国フロリダ州の樹木の生えていない)平原 ◆ a savanna area サバンナ[熱帯草原]地方 ◆ tropical and subtropical savannas 熱帯および亜熱帯サバンナ[草原]

**save** 1 vt. 〜を救う[救助する]、〜を蓄える[貯蓄する]、〜を将来のために取っておく、セーブする、〜を守る、〜の無駄をなくす、〜を大切に使う、〜を浮かす、〜を不要にする[省く] ◆ save receipts 領収書を取っておく ◆ a power-saving switch パワーセーブ[節電,省電力,省電]スイッチ ◆ money saved for special future use 将来の不時(の出費)に備えるための貯金 ◆ save a great deal of time for us 我々にとって大幅な時間の節減になる ◆ save energy エネルギーを節減[節約、セーブ]する ◆ save...from calamity 〈人〉を惨事から救う ◆ save lives 命を救う ◆ save lives 人命を救助する ◆ save months of waiting time 何カ月もの(無駄な)待ち時間を省く ◆ save (on) gas ガソリンを節約する ◆ save [prevent] wear and tear on the engine エンジンの傷み[劣化,老朽化]を防ぐ ◆ save the building from destruction この建造物を倒壊から救う ◆ save the Earth's environment 地球環境を救う ◆ save... the inconvenience of... 〈人〉に〜といった不都合をなく

す　◆save time and money　時間と金を節約する　◆the system saves you money　このシステム（の導入・使用）は金の節約になります　◆to save money on these cartridges　カートリッジ代を節約する［浮かす，浮かせる］ために　◆to save weight without sacrificing reliability　信頼性を犠牲にしないで軽量化するために　◆time-and-money-saving services　時間と金の節約になるようなサービス　◆save you from having to 〈do...〉 — しなければならない手間を省く　◆SAVE THESE INSTRUCTIONS　これらの使用説明書きを保管しておいてください（*取扱説明書で，重要注意事項の欄の下などに太字で書いてある常套句）　◆it is designed to save you a lot of work　これは，あなたの作業を大幅に省力化すべく設計されています　◆It would save the time and expense of designing...　それは〜を設計する時間と費用の節約になるであろう．　◆Save $20 when you buy A and B. Separate prices total $139.99.　AとBを（セットで）買うと20ドルお得になります．個別の価格は合計139.99ドルです．(*この例ではセット価格が$119.99という計算になる)　◆Save $2 on A when you also buy B　BもAと一緒にお買い上げになると，Aを2ドル割引［値引き］いたします．　◆There is little consensus, save for one point: that...　〜であるという一点を除いて，意見の一致はほとんどない．　◆A high-speed printer can save the user a lot of time.　高速プリンタはユーザーにとって大幅な時間の節約［短縮］ができる．　◆Save this catalog through august 31, 1993.　本カタログは1993年8月31日まで取っておいて［保存して］下さい．　◆Seat belts save lives.　シートベルトは命を救ってくれます．　◆Cannon connectors with integral filters save up to 75% space and weight.　内蔵フィルター入りのキャノンコネクタは，最高75％のスペースと重量の節約になる．　◆It can be installed under a kitchen cabinet for extra space saving.　本機は，いっそうの省スペース化を図るために台所の食器棚の下に取り付けられます．　◆A right-angle finder saves a lot of wear and tear on your back when shooting flowers that are low to the ground.　《カメラ》アングルファインダーを使えば，地面に近い低い位置にある花を撮影する際に背中の疲れを大幅に減らすことができる．　◆How much time will you save on a 15 km (9 mile) trip if you drive at 115 km/h (70 mph) instead of at 90 km/h (55 mph)?　15キロ（9マイル）の距離を行くのに時速90キロ（55マイル）でなく115キロ（70マイル）でドライブすると，いったいどれだけ時間が節約できるというのだろうか．　◆Nearly half the world's annual oil consumption could be saved if Japan were to transfer its energy-saving technologies to developing countries.　もし日本が省エネ技術を開発途上国に転移［移転］すれば，世界の年間石油消費の半分近くをセーブ［節約］することができる．

**2**　vt.　《コンピュータ《人やプログラムが》〈データ〉をセーブする［保存する，退避する］　▶一般に，一時的な記憶場所から半永久的，またはより安全な記憶場所にコピーすることを意味する．具体的には，たとえばワープロや計算ソフトで作成したデータをメインメモリーからディスクに書き込む［保存する］ことをいう．saveは，データが破壊されたり消えてしまうような場合に備えて，データを別の場所に退避させる，あるいはバックアップコピーをとるという意味を持つ．　◆save the changes to the default file　それらの変更内容をデフォルトのファイルに保存する　◆save the entire contents of memory to disk [tape]　メモリーの内容をすべてディスク［テープ］に保存する（*この用例は原典で元々diskもtapeも無冠詞で使用されていた）　◆save the national patrimony by converting it to high-quality preservation microfilm　国の歴史的な遺産を高品位保存マイクロフィルムの形に変えて保存する　◆the contents of RAM are automatically saved into flash memory　RAMの内容は，自動的にフラッシュメモリーに保存［セーブ］される　◆You can save the programs to a floppy disk.　それらのプログラムをフロッピーディスクに保存［セーブ］できる．　◆Image data can be saved in files compatible with desktop publishing programs.　画像データは，DTPプログラムと互換性のあるファイルに保存できる．　◆When you turn off the laptop, the state of the system is saved in the CMOS memory.　そのラップトップコンピュータをOFFにすると，システムの状態はCMOSメモリーに保存される．　◆When an interrupt request is received from the bus, the processor saves the program counter and processor status on the stack.　《コンピュ》バスからの割込み要求が受け取られると，プロセッサはプログラムカウンタとプロセッサステータスをスタックに退避させる．

**3**　a〜　《スポーツ》セーブ

**saver**　a〜節約するもの　◆a space-saver storage cabinet　省スペース収納キャビネット

**saving**　(a)〜(しばしば 〜s で単独扱い)節約，節減；〜s（複数扱い）貯蓄，貯金，蓄え，預貯金の額；回救助，救済　◆live on one's savings　貯金を取り崩して生活する　◆dip into savings　預金を取り崩す　◆cost savings　費用の節約　◆savings in cost, in cost of...　コストの節減　◆private savings　個人貯蓄　◆public savings　公共貯蓄　◆savings bonds　貯蓄債券　◆a savings and loan association (S & L)　(米)貯蓄貸付組合（*省略形の複数形は S & Ls）　◆a falling ratio of private savings to income　《意訳》個人貯蓄率の低下［低下］　◆a low rate of savings　低い貯蓄率　◆a saving in labor　省力　◆Germany has the highest rate of savings in Europe.　ドイツの貯蓄率は欧州統一である．　◆have a savings account (普通)預金口座を持っている　◆pay for... by wringing savings from...　〜から金を浮かせて〜の代金を払う　◆produce a 20 percent power savings　20パーセントの節電[省電]効果を生む　◆savings in production costs　製造費の節減　◆savings in time and money　時間と金の節約　◆savings-type insurance (policies)　貯蓄型の保険(証券)　◆a 10-percent savings on overseas phone rates　海外通話料金の10％節約[削減] (*節約の意味の savingsは，sが付いているほど単複扱いされることが多い)　◆a saving of money through savings in travel　旅行に行くのを減らすことによる金の節約　◆savings from lower construction costs　《直訳》より低い建設費から生じる節約; 《意訳》建設費の低下で浮く金　◆a high personal-savings rate　高い個人貯蓄率　◆the equivalent of six years of savings　6年間の貯蓄に相当する額　◆a savings of up to $200 off the suggested retail price of each package　各パッケージの希望小売価格に対して最高200ドルの節約[削減]　◆estimate the amount of energy savings achieved by the programs　これらの計画や制度によって達成された省エネ量を推定する[見積もる]　◆result in substantial [lead to significant] labor savings　大幅な省力化になる　◆savings in board space of 50% or more　基板面積50％以上の省スペース化　◆..., thus adding to further energy savings.　《意訳》これによりいっそうのエネルギー節減[省エネ, 節電, 省電力]を進めることになって (*add to... = 〜を増す)　◆he may have to dip into savings and sell stocks to pay the bill　彼は代金の支払いをするために預金を取り崩したり株を売ったりしなければならないだろう　◆The circuitry results in space savings.　その回路により省スペース化が可能となる．　◆These features offer direct time and cost savings.　これらの機能は, 時間とコストの節約に直接つながる．　◆This small design change will effect a considerable saving in mold cost.　この小さな設計変更は, 金型費用の相当な節約になる．　◆The Xxx case provides 39% board space savings, 50% weight savings, and 22% height savings over the Yyy case.　《意訳》XxxケースはYyyケースと比較して基板実装面積で39％の省スペース化, 50％の軽量化, 22％の低背化をもたらす．　◆With gasoline, heating oil, jet fuel and diesel prices hovering at record low levels, consumers and energy-intensive industries pocketed billions in savings.　ガソリン, 暖房用石油, ジェット燃料, ディーゼル油の価格が記録的な低い水準で[空前の低水準で]推移している中で, 消費者とエネルギー集約産業は何十億ドルにものぼる浮いた金[差益]を懐にした．

**savvy**　adj.　実際的な知識[ノウハウ]のある, 精通している, よく知っている, 抜け目のない．　n.　回実際的な知識[ノウハウ], 知識と経験; v.　理解する　◆a computer-savvy company　コンピュータに明るい[強い]会社　◆Get technologically savvy.　科学技術に明るくなりなさい．　◆The company's automotive savvy, as expressed in its top-of-the-line model, hasn't yet trickled down to this car.　この会社の最高峰車種に具現化されているクルマ造りのノウハウは, まだこの車にまで浸透してきていない．

**saw** 1 *a* ~のこぎり, 電動のこぎり; *v*. のこぎりで切る, のこぎりでひく(ような動作をする) ◆a cross-cut saw 横びきのこ ◆a saw blade ノコ刃 ◆a sawed-off shotgun 銃身を短く切り詰めた改造ショットガン[散弾銃] ◆saw-notched ridges (のこぎり歯のように)ぎざぎざした稜線[尾根]
2 《see の過去形》

**SAW** ◆a SAW (surface-acoustic-wave) device (弾性)表面波素子

**sawdust** 回大鋸屑(オガクズ), のこ屑, 挽き屑

**sawtooth** adj. のこぎりの歯の形をしている, のこぎり歯状-, 鋸歯状(キョシジョウ)- ◆a sawtooth generator のこぎり波[鋸歯状波(キョシジョウハ)]発生器[回路] ◆a sawtooth pulse のこぎり波[鋸歯状(キョシジョウ)]パルス ◆a sawtooth waveform 鋸歯状波形

**say** 1 *v*. 言う, 云う, 口にする, 口に出す, しゃべる, 述べる, 語る, 話す, 発表する, 曰く(イワク), おっしゃる, のたまう, 書き抜かしやがる ◆It goes without saying that...; It is needless to say that... ~ということは, 言うまでもない[断るまでもない, 言うに及ばずである, 言わずもがなだ, 論を待たない, 言を待つまでもない]. ◆As is often said,... よく言われるように, ~ ◆In general, we can say that... おおむね, ~であると言える ◆It is said that... ~という話である[~だそうだ, ~といわれている] ◆That is not to say that... だからといって~というわけではない ◆The same can be said of... ~についても同じことが言える ◆The Northern Alliance said (on) Wednesday (that)... 北部同盟は水曜に, ~であると述べた[発表した] ◆to dispose of excess inventory, say, fax machines たとえばファックス機などの過剰在庫を処分するために ◆we can say with safety that...; we can safely say that...; it can be safely said that... ~であると言っても差し支えない[間違いない] ◆If you have retail sales of, let's say, $1 million,... 小売売上高[販売高]が, たとえば100万ドルだとすると, ◆Suffice it to say that this system is well worth investigating and buying if... もし~なら, このシステムは検討して購入するには十分価するものだとでも言っておこう. ◆be able to threaten Rome, Paris or London — to say nothing of Washington — with nuclear-armed ballistic missiles ワシントンは言うまでもなく[言わずもがな, もちろんこと], ローマ, パリあるいはロンドンに, 核を装備した弾道ミサイルで脅威を与えることができる ◆it can be said that this kind of thing should be left to the experts こういった類のことは専門家にまかせておくべきだと言える ◆The one thing that can be said with certainty about... is that... ~について一つ確信を持って言えるのは, ~ということだ. ◆The two firms said they are jointly developing a technology that... ~な技術を共同で開発していると述べた[((意訳))共同開発にあることを明らかにした] ◆Certainly, it can no longer be said that Nanotronics is a one-product company. たしかに, もはやナノトロニクス社は一つの製品のみで食べている会社だとは言うことはできない. ◆Experts say chances of a mistake are one in 4 trillion. 専門家によると, 間違いの起きる確率は4兆分の1である.
2 *n*. 《単のみ》言いたいこと, 言うこと, 発言の機会[権利], 決定への影響力, 決定権 ◆with none of the say on [as to]... ~に関して一切口を出す[ものを言う]権利がなくて; ~について発言権[決定権]を全く持たずに ◆they have most of the say 彼らが大方の発言権[決定権]を握っている ◆to reduce the say of a person in deciding on... (人の)~に関する決定権を弱めるために

**say-so** *n*. (決定に大きな影響を及ぼす)発言権, 権限, 許可, 主張, 意見, 根拠のない発言 ◆But I don't have the say-so on that. だが, 私はそれに関しては決定権[権限]を持っていない.

**Sb** アンチモン(antimony)の元素記号

**SBC** 1 *an* ~ (a small business computer) スモールビジネスコンピュータ, オフィスコンピュータ
2 *an* ~ (a single-board computer) シングルボードコンピュータ

**SBIR** *the* ~ (Small Business Innovation Research) Program《米》中小企業技術開発制度

**Sc** スカンジウム(scandium)の元素記号

**scaffold** *a* ~ (建築などの作業用)足場, 絞首台 ◆fall from a building scaffold ビル工事の足場から転落する

**scaffolding** (*a*) ~ (建築現場の)足場, 足場組み, (採鉱場の)棚つり, 《集合的》足場 ◆build scaffolding 足場を組み立てる ◆use catwalks on scaffolding 足場組みの上の作業用通路を利用する ◆workers on scaffolding 足場に上がっている作業員ら ◆workers put scaffolding around... 作業員らは~を取り囲むように足場を造った ◆climb scaffolding outside the building その建物の外側の足場を登る

**scalability** 回スケーラビリティ, (規模)適応性, 拡張(可能)性 ◆upward scalability 拡張性; アップグレード性; 規模拡大性

**scalable** adj. (規模やサイズを何かに合わせて)拡大できる, スケーラブルな, 適応性のある, 計れる, 計測できる, うろこが落とせる, 登れる ◆it must be upwardly scalable それは拡張[規模拡大]できなければならない; それは上方にスケーラブルでなければならない

**scald** vt. ~を(~で)やけどさせる<on, with>, 《scald oneself》やけどする, 熱湯[高温蒸気]処理する, 熱湯消毒する, 煮沸する, 湯通しする, 湯がく; *a* ~ 熱湯・蒸気やけど, 湯傷(トウショウ); 回(リンゴの)やけ ◆get scalded [burned] by bath water 風呂のお湯でやけどする ◆he scalded himself with a cup of steaming coffee 彼は熱いコーヒーでやけどした

**scale** 1 (*a*) ~ 等級[段階, スケール], 物差し, 尺度, 目盛り, 縮尺; (*a*) ~ 規模, 程度; *a* ~ 音階 ◆at full scale フルスケールで ◆on a large [massive] scale 大々的に; 大規模に ◆get out of scale with... ~と釣り合いが取れないほど大きくなる ◆large-scale production 大規模生産 ◆economies of scale (回advantages of scale; efficiencies of scale) 規模の経済(性)[スケールメリット, 量産効果] ◆a real-scale fire test 実規模火災実験 ◆a world-scale enterprise; a global-scale company 世界規模の[世界的な, 国際]企業 ◆commercial-scale production 商業規模での生産 ◆a Chernobyl-scale disaster チェルノブイリ規模の災害 ◆a drawing made to scale 縮図 ◆a meter with a scale of 0 to 100 0から100までの目盛のメーター ◆an instrument went [jumped] off scale 計器(の針)が振り切れた ◆based on a scale of 100 百点を最高点[満点]として ◆be measured on a scale from zero to 10 ゼロから10までの段階で測られる ◆be rated on a scale of 100 100を最高値として[百点満点中で]評価されている ◆cause the needle to go off scale 針を振り切れさせる ◆on a worldwide [global, world] scale 世界的な規模で ◆rate... on a scale of 1 to 10 ~を1から10までの段階に分けて[10段階]評価する ◆..., be it on a small scale or on a large scale, ... 小規模であるにしろ大規模であるにしろ[大なり小なり, 多かれ少なかれ] ◆an earthquake on the scale of the 1923 disaster 1923年に起きた大惨事ほどの規模の地震 ◆a titan on the scale of Winston Churchill or Charles de Gaulle ウィンストン・チャーチルやシャルル・ドゴールに匹敵するような人物[大偉人, 巨星] ◆points on a logarithmic scale 対数目盛り上の点 ◆the benefits of economies of scale 規模の経済(性)の諸々の利点; スケールメリットの恩恵 ◆the consumer on the lower end of the scale 低価格・低級品を購入対象にしている消費者(*scaleは, ピンからキリまでいる消費者を格付けした場合の上下の幅) ◆a laboratory-scale amorphous-silicon solar cell 実験室規模のアモルファスシリコン太陽電池 ◆an out-of-scale punishment (犯した罪に比べて)不釣り合いな刑罰 ◆the seven-eighths-scale-Mustang styling (フォード製)マスタングを8分の7に縮小したこのスタイリング[デザイン] ◆be not drawn to scale (図записей)一律の縮尺に従わずに[変形させて, 歪めて]描かれている ◆a standing wave expressed in a log scale 対数目盛で表した定在波 ◆draw the scales of the y and x axes y軸とx軸の目盛りを描く ◆give it a 2 on a scale of 10 それに10点満点中の2点[2の評価]を付ける ◆he gave himself a 55 on a scale of 100

彼は自分自身に百点満点評価で55点をつけた ◆move up the socioeconomic scale 社会経済の階級を登る［社会経済的地位が上がる］ ◆sketch the output to scale 出力をある一定の縮尺で描く ◆a geologic map of the United States (exclusive of Alaska and Hawaii) on a scale of 1:2,500,000 縮尺250万分の1の米国地質図［アラスカとハワイを除く］ ◆design a building ridiculously out of scale with its surroundings 周変の環境と不釣り合いなばかでかいビルを設計する ◆a 250,000:1 scale map, called a quarter-million scale map 25万分の1の地図と呼ばれている縮尺250,000:1の地図 ◆crimes on the scale of those committed by the Nazis ナチスが犯したのと同じ程度の犯罪 ◆When taking readings and the needle goes off scale, press... 測定値を読み取っている際［(値)指針］に針が振り切れる場合、～を押します。 ◆Each container has ml scales (in 10 ml increments). 各容器にはml目盛りが（10ml刻みで）ついている。 ◆On the fun-to-drive scale, the car was eighth. ファンツードライブ［乗る楽しさ］での（評価）尺度では、この車は第8位である。 ◆The pH scale extends from 0 to 14. ペーハーの測定尺度は、0から14までの範囲である。 ◆Seven testers rated the cars in ten categories on a 1-to-5 scale (5 being best). 試験官7名が、それらの車を10項目につき5段階評価（5が最高）で評価した。 ◆The scale is in seconds. Setting this switch to 10 means the daemon polls the directory every 10 seconds. 《コンピュ》単位が秒です。このスイッチを10に指定すると、デーモンは10秒ごとにディレクトリをポーリングします。 ◆As matters now stand, however, the scale of the software market is only about a fifth that of the hardware market. だが、現状では、ソフトウェア市場の規模はハードウェア市場のわずか5分の1でしかない。 ◆There has been some price appreciation in recent years, but certainly not on the scale of an astronomically priced van Gogh or Rembrandt painting. 若干の値上げが近年にあったが、天文学的な価格がつけられているヴァン・ゴッホやレンブラントの絵画の比でないことは確かだ。 ◆Prototypes of these technologies are expensive, however, prices are expected to come down as devices are produced on a larger scale. これらの技術を具現化した試作品は高価であるが、装置の量産化（進展）にともない低価格化が進むものと予想される［みられる］。（＊比較級であるlargerに「化」と「進展」の感じがこもっている）

2 v.（はしごで）登る，登攀（トウハン）する，ある縮尺にする［作る，調整する］，倍率変更［変倍］する，スケール変更する，（規模などを）拡大・縮小する <up, down>; (n. →scaleup, scale-down) ◆a scaled laboratory model 研究［実験］用縮小模型 ◆scale pictures down 絵を縮小する ◆the scaling and rotation of images 画像の拡大縮小と回転 ◆a scaled-down sedan 小型化されたセダン ◆scale down existing parts with improved processes 改良を施した工程を用いて既存の部品を小型化する ◆the image is scaled up 100 times or more その画像は100倍以上に拡大される ◆This unit is a scaled-down version of... 本ユニットは、～の小型版［廉価版］である。（＊scaled-downは、規模を縮めたという意味で、サイズ、性能・機能、価格、などいろいろな点での縮小の意味にとれる）◆Users can scale text from 25 percent to 400 percent of the original size. ユーザーは文字（の倍率）を原寸サイズの25パーセントから400パーセントの範囲で変える［拡大・縮小する，変倍する］ことができる。 ◆A scaled-down dollar has made American goods competitively priced. ドル安によって、米国製品に価格競争力がついた。 ◆The scaling function allows graphical material to be enlarged or reduced. 変倍機能はグラフィックデータの拡大・縮小を可能にする。

3 a～天秤，はかり，体重計；（しばしば～s で単扱い）皿が2つある天秤 ◆a (bathroom) scale; a weight watcher scale; a Weight Watcher's scale 体重計［ヘルスメーター］ ◆a hanging scale with top and bottom hooks 上と下にフックのついた吊り秤（ツリバカリ）［ばね秤］

4 vt. ～（の重さ）を天秤ではかる，～を天秤にかける; vi. 重さが～ある

5 a～（一片の）うろこ，鱗片（リンペン），うろこ状のもの，薄片；❏（ボイラーなどの内面に発生する）湯あか，缶石，水あ

か ◆pipe scale パイプ（内）の湯あか［水あか］ ◆prevent scale in boiler systems ボイラー系統内での湯あか［缶石］の発生を防止する ◆remove scale from... ～から缶石を除去する ◆remove scales from fishes 魚の鱗をとる ◆I feel like scales have fallen from my eyes of late, and for the first time in my life I can understand my situation clearly. 私は目から鱗が落ちる思いが最近しています。そして生まれて初めて私の置かれている状況がはっきりと分かるようになりました。

6 vt. ～のうろこを落とす，～を薄片にしてはがす［落とす］; vi. 薄片となって落ちる，うろこが落ちる ◆a scaling hammer (ボイラー内面に析出した缶石を除去するための)チッピングハンマー ◆Inspect it for signs of scaling. それに剥離した跡がないか点検してください。

**scale back** 規模を縮小する，縮小する，小さくする，短縮する，削減する ◆scale back operating hours at... ～における操業［営業，運転］時間を短縮する

**scaledown, scale-down** a～（一定の比率での）縮小［小型化］，スケールダウン ◆plant closures and scale-downs 工場閉鎖と規模縮小

**scalene** adj.〈三角形が〉不等辺の，〈円錐が〉斜軸の ◆a scalene triangle 不等辺三角形

**scale-of-** 《電子》～進の ◆a scale-of-16 counter 16進カウンタ

**scaler** a～魚の鱗を取る［ボイラーから缶石を除去する］人［道具］，歯石除去器; a～(パルス) 計数回路［装置］，材木の石数を見積る人，（測量で）スケールやメジャーを使って測る人，山（壁）をよじ登る人 ◆a scale-of-16 scaler 16進スケーラー［計数器］

**scaleup, scale-up** a～（一定の比率での）拡大［大型化］，スケールアップ

**scaling** 倍率変更，変倍，拡大縮小 ◆a scaling factor （画像などを拡大・縮小する）倍率

**scalp** a～頭の皮，敵の死体から剥ぎ取った毛のついている頭皮，戦利品; vt. ～の頭の皮を剥ぐ，（株）を売り逃げして利ざやを稼ぐ，〈チケットなど〉をプレミアムをつけて高く売りつける，～のダフ屋をする

**scalper** a～頭の皮を剥ぐ人（＊特に、昔のアメリカンインディアンについて），ダフ屋，（オンラインのデイトレードなどで）短期で売買を繰り返し利ざやを稼ぐ人 ◆buy a ticket from a scalper ダフ屋からチケットを買う

**scan** v. 走査［スキャン］する，端から端まで順に見ていくこと，細かく［入念に］調べる，（何かを探して）ざっと見る; a～走査，スキャン，綿密に調べること ◆a horizontal scanning line 水平走査線 ◆slow-scan television (SSTV) スロースキャンテレビ（＊低水平走査速度のテレビ）◆scanned-in graphic images 走査して読み込まれたグラフィック画像 ◆scan (through [over]) a list リストにざっと目を通す，一覧表をざっと見る［調べる］ ◆edit scanned-in text files スキャナで［走査して］読み込んだテキストファイルを編集する ◆the scanning-in of text and images into an electronic-file format 文章や画像の電子ファイルフォーマットへの走査読み込み ◆scan in a paper document 紙の書類を（走査して）読み込む［読み取る，スキャンする］ ◆use digital information scanned off bar codes attached to every item on sale 各商品に付いているバーコードから走査した［読み取った］デジタル情報を利用する ◆operate the fast-scan feature of a VCR at two or three times the normal viewing speed 《意訳》ビデオデッキの高速サーチ機能を使って通常再生速度の2倍から3倍で早送り（再生）する ◆This picture was scanned off (of) a post card. この画像は絵はがきから読み取り走査した［スキャナで読み取った］ものです。

**scandal** （a）～スキャンダル，不祥事，醜聞，汚職事件，疑獄; a～（不祥事に対する世間の）憤り，憤慨，反感，物議，騒ぎ; a～恥しからぬ事，全くもって言語道断な話，恥，不面目，不名誉，悪評; ❏中傷，悪口，陰口 ◆a telephone bugging scandal 電話盗聴スキャンダル ◆a scandal-ridden bank スキャンダル［醜聞］まみれの銀行 ◆be tainted by a scandal about [over, involving]... ～に関するスキャンダル［醜聞，醜事，不祥事］にまみれてい

る ◆resign in scandal 不祥事を起こし(引責)辞任する ◆the 1989 Recruit stock-for-influence scandal 1989年のリクルート事件 ◆the scandal-ridden Conservative government スキャンダルに悩まされている保守党政府

**Scandinavian** adj. スカンジナビア[北欧、北ヨーロッパ、ヨーロッパ北部]の、スカンジナビア人[語]の; ⓝスカンジナビア語; a～スカンジナビア[北欧]語 ◆Scandinavian countries スカンジナビア諸国 (*一般にDenmark, Norway, Swedenの3カ国を指す。Finland, Icelandなどを含めることもある)

**scandium** スカンジウム(元素記号: Sc)

**scanner** a～スキャナー、走査機、走査機構 ◆a scanner-equipped supermarket バーコードスキャナーを装備したスーパーマーケット ◆The flatbed scanner lets you scan bound documents including books and magazines. 平面スキャナーは、本や雑誌などの綴じられた文書を走査読み込みできます。 ◆The scanner can read single pages of text through an integral sheet feeder at the rate of 9 seconds/page. そのスキャナーは、内蔵のシートフィーダーを通して1ページ9秒の速さでテキストを1ページずつ読み込める。

**scanning** (a)～スキャンすること、走査; adj. 走査の、走査型の ◆a scanning electron microscope 走査電子顕微鏡 ◆a scanning tunneling microscope 走査型トンネル顕微鏡 ◆in a [the] main scanning direction 主走査方向に[の] ◆in the direction of scanning 走査方向に

**scant** adj. 不足ぎみの、乏しい、足りない、貧弱な ◆consume a scant 5KB of RAM わずか5KBのRAMしか使わない ◆in a scant 10 months わずか10カ月で

**scapegoat** a～スケープゴート、(聖)贖罪のヤギ、(他人の罪を負わされる)身代わり、いけにえ、犠牲者、悪玉として槍玉に上げられる人[企業]; vt. ～をスケープゴートにする、～に罪[責任]を負わせる ◆by scapegoating an innocent person 罪のない人に罪をなすりつける[濡れ衣(ヌレギヌ)を着せる]ことによって

**scar** a～(皮膚などに残る)傷あと[あと]、(心の)傷; vt., vi. 傷あとを残す ◆inflict physical wounds and emotional scars on... (人)に心身の傷を負わせる ◆acne-scarred ニキビのあとのある、にきびであばた面の ◆a bullet-scarred building 銃弾あと[弾痕(ダンコン)]のあるビル

**scarce** adj. 乏しい、不十分な、不足している、品薄である、まれな、見つかりにくい、珍しい ◆as landfill space becomes scarce (廃棄物)埋め立てスペースが不足[逼迫]してくるにつれて ◆scramble for scarce parking spots 数少ない駐車場所を奪い合う ◆As landfills reach capacity, new sites become scarcer and more expensive. ごみ埋立地が収容能力限度に達する[収容限度いっぱいになる]につれ、新規の用地はますます不足し[入手難になり]、高くつくようになる。

**scarcely** adv. かろうじて[やっと]、ほとんど[まず]～ない、きっと～ない、おそらく～ない

**scarcity** a～不足、欠乏、品薄、飢饉; ⓝ稀な[珍しい]こと、希少価値、希少性 ◆water scarcity 水の欠乏; 水不足; 渇水 ◆despite scarcities of everything 何から何にまで足りない[あらゆるものが不足している]にもかかわらず ◆the degree of scarcity of skilled labor 熟練労働者[熟練工、技能労働者、技能工]不足の程度 ◆create a scarcity of goods that can then be sold at a high price 高くで売れるよう物不足[品不足](の状態)を作り出す ◆There's no scarcity of people who want to talk on the show. このショー番組に出演して話をしたい人はいくらでも[ごまんと]いる。 ◆Some medical care is available in most camps, but the lack of sanitation and the scarcity of water is leading to increased illness. ある程度の医療が(難民)キャンプで受けられるが、衛生状態の悪さと水不足が病気を増加させる原因となっている。

**scare** vt. こわがらせる、びっくりさせる、おどす; vi. おびえる ◆this word was scaring me to death この言葉はものすごく怖かった[恐ろしかった]

**scarf** 1 a～スカーフ、襟巻、ネクタイ; vt. ～をスカーフでおおう

2 a～そぎ継ぎ、はぎ合わせ継ぎ、はめ(合わせ)継ぎ、そぎ継ぎ用に斜めに切られた端

**-scarred** adj. ～の傷とがついた

**scary** adj. 怖い、恐ろしい、おっかない、薄気味悪い、おびえた、びくびくした、小心[小胆]な、気の小さい、臆病な、すぐに驚く[びっくりする] ◆in a dark scary forest 暗い薄気味悪い森の中で

**scatter** 1 vt. 散乱させる、まき散らす、ばらまく; vi. 散乱[拡散、分散、点在]する ◆a back-scattered wave 後方散乱波 ◆be scattered at random over the surface その表面一面に不規則に分散している ◆be scattered on the floor 床の上に散らかっている ◆centers scattered strategically across Europe 欧州全域にわたって戦略的に[要所ごとにうまく]分散配置されているセンター[拠点] ◆data is scattered randomly across the disk データはディスクのあちこちに散らばって[バラバラに分散して](書き込まれて)いる ◆light scattered from particles in the air 空気中の(浮遊)粒子による散乱光 ◆parts of these files become scattered over the disk 《コンピュ》これらのファイルの断片がディスク上に散らばる[点在する]ようになってくる(*断片化「fragmentation」のこと) ◆data is scattered evenly across every disk in the array データはアレー中の各ディスクに等しく分布している ◆Scattering your energies too widely would be an error. (いろいろなことに)力を分散しすぎるのはよくないことかもしれない。 ◆There are many promenades and pocket parks scattered throughout the city. 散歩道や小公園がこの都市全体に数多く点在[散在]している。 ◆Stop scattering your energies and concentrate on one task at a time. (意訳)同時にいろいろな事に力を分散することはやめて、一つの仕事に集中するようにしなさい。

2 (a)～(= scattering) 散乱、拡散、分散、散在、点在; a～<of>(散在している)少量 ◆sector scatter 《光ディスク》セクタの散乱

**scatterer** a～散乱体

**scattering** (a)～〈光など電磁波の〉散乱、拡散、散逸、分散; a～<of>(散在している)少量、散らばったもの; adj. 散乱する ◆cause Rayleigh scattering 《光》レイリー散乱を起こさせる ◆the scattering of energy エネルギーの拡散 ◆cause a scattering of light 光を散乱させる ◆seismic wave propagation in a scattering layer 散乱層中における地震波の伝播[伝搬] ◆Forward scattering of electromagnetic waves occurs in optical fibers due to... 電磁波の前方散乱は、～のせいで光ファイバー中で起こる。

**scavenger** a～腐食[清掃]動物、(英)(市街の)掃除人、屑拾い(の人)、屑屋、廃品回収業者、《化》捕集[捕捉、掃去、脱気、脱除]剤 ◆animal scavengers 掃除屋を務める動物(*死肉をあさるハイエナなど) ◆garbage scavengers ゴミあさりを[廃品を回収]して生活している人たち ◆winged scavengers 掃除屋の鳥類(*ハゲタカなどの) ◆go on a scavenger hunt to find... ～を探す品物集め競争に出かける ◆scavengers such as snails, mussels and tadpoles remove excess algae and keep the water clean and clear 巻き貝、イシガイ、おたまじゃくしなどの掃除屋たちが余分な藻類を除去して水を清澄に保つ

**scenario** a～脚本[台本]、シナリオ、筋書き、(意訳)ケース ◆in a worst-case scenario 最悪のシナリオの場合 ◆under the scenario このシナリオ(のもと)では; この筋書きによると

**scene** a～場、場面、背景、(活動の)舞台、分野、状況[事態]、光景、情景、景色 ◆behind the scenes 舞台の裏で; (比喩的に)舞台裏で、密かに、陰で、水面下で、暗躍して ◆the scene of a crime 犯行現場 ◆die at the scene 現場で[その場で]死ぬ; 即死する ◆the international economic scene today 今日の国際経済情勢 ◆the world's economic scene 世界の経済状況 ◆fit right in to the high-tech scene in Southern California 南カリフォルニアのハイテクシーンにしっくり溶け込む ◆she faded quietly from the scene 彼女はシーンから静かに消えていった ◆Here's the test scene, photographed with my trusty Canon F-1. これが頼もしい私のキャノンF-1で撮影したテストシーン[((意訳))テストの様子]です。 ◆Japanese securities firms and commercial banks are moving in a big way onto the American monetary scene.　日本の証券会社と商業銀行は、アメリカの金融シーンに華々しく登場しつつある．

**scenery**　⦿風景，景色；(芝居の舞台の)書き割り，背景幕，背景をなす大道具　◆simulated scenery　本物に似せてコンピュータで生成された風景(*コンピュータ・ゲームなどの)

**scenic**　adj. 風景[景色]の，舞台の　◆a scenic shot　風景写真，風景を撮ったもの

**scenography**　⦿遠近法，遠近図法，舞台遠近法(stage scenography)　◆principles of scenography　遠近法の原理

**scent**　1　(a)～匂い，香り，芳香(ホウコウ)，香気；(e)～気配(獲物の)残す臭い[臭跡]，手がかり；(a)～嗅覚[(感覚的に)嗅ぎつける]，鼻，直感力，勘；⦿[英]香水
2　vt. ～をかぎつける，かぎ出す，～に感づく；(～である)と気付く[感づく，察知する(*that>；～に香水をつける；((口語))受身)～を(～で)満たす[充満させる(*with>　◆herb-scented dishes like ratatouille　ラタトゥイユ(フランス・プロバンス風野菜シチュー)のようなハーブで香りをつけた料理

**Schadenfreude, schadenfreude**　(a)～他人の不運・不幸・失敗などを小気味よく感じること

**schedule**　1　a～計画[予定](表)，日程，日程表，スケジュール，時刻表，(運行[運航])ダイヤ，一覧表，目録，付表[別表]　◆on [ahead of, behind] schedule　予定[時間]通りに[より早く，より遅れて]　◆put ... back on schedule　～のスケジュール遅れを取り戻す　◆draw up a schedule　予定を立てる　◆a fare schedule　運賃表　◆coordination of schedules　スケジュール調整　◆according to schedule (= on time)　スケジュール[予定]どおりに[定時で]；(鉄道)ダイヤどおりに[定時]　◆draw up a flight schedule　航空便時刻表[航空ダイヤ]を作成する　◆fall behind schedule　スケジュール[予定，計画，納期，工期]よりも遅れる；日程を超過する　◆maintain shipping schedules　出荷日程を守る　◆upset the entire schedule　予定全体を狂わせる[(列車の)ダイヤ全体を混乱させる]　◆adjust one's production and delivery schedules accordingly　それに対応して生産および納品のスケジュールを調整する　◆projects continued to lag behind schedule　諸プロジェクトが引き続き予定より遅れていた；諸々の事業が計画より予想よりさまに遅れていた　◆if all goes according to schedule　すべて予定通りに行けば　◆a schedule of those wages must be attached to the specifications for the work　それらの賃金を記した付表を作業仕様書[明細書]に添付する必要がある　◆enact a new rate schedule for low-income users　低所得利用者向けの新しい料金制度を制定する　◆... parents can adjust work schedules to school schedules　親が仕事のスケジュールを子供の学校のスケジュールに合わせて調整することができる(*フレックスタイムにより)　◆they decided to move up the replacement schedule rather than try to repair，修理[修繕]するのではなく，(新品との)交換[建て替え]予定を前倒しにすることを決定した　◆those who are on tight schedules for meetings and other engagements　会合やらその他の約束でびっしりの[ぎっしりの，ハード]スケジュールで動いている方々　◆The new price schedule will go into effect on January 1, 2003. 新しい値段表[価格体系]は2003年1月1日に発効する．　◆The manufacturer may open a new plant in Britain two years ahead of schedule.　そのメーカーは，予定より2年早く英国で新工場の操業を開始するかもしれない．　◆The VCR lets you plan your recording schedule 365 days in advance.　このビデオデッキは、365日先までの録画予約ができます．
2　vt. ～を予定[計画]する，～を予定[スケジュール]に組み込む[組み入れる]，～をスケジュール設定する，～を予約する，～のを予告する　◆as scheduled　予定[計画]通りに　◆be scheduled to <do>　～する予定で　◆scheduled maintenance　定期整備[保守，保全]；定期点検，計画保全　◆at a scheduled time　予定の[あらかじめ決めておいた]時刻に，定刻に　◆the scheduling of the election　その選挙の予定表[日程]作成　◆Average scheduled train speed (including station stops): 33 kmh (20.6 mph)　(鉄道)平均表定列車速度(途中駅の停車時間も含む)：毎時33km (毎時20.6マイル)　◆re-examine and redefine production and scheduling of the programming offered

on Maine PBS　メイン州の公共放送局で提供[((意訳))放送]している番組の制作と編成の再検討および再評価を行う　◆scheduled for launch in 1994　1994年に打ち上げの予定　◆scheduled for release this spring　今春発売[封切り]予定の[で]　◆the local elections scheduled for Jan. 18　1月18日に予定されている地方選挙　◆If you can't schedule your visit to coincide with this one-day festival, ...　この1日限りのお祭りに旅行の日程[旅程]を合わせられないなら　◆The conference was originally scheduled to be held in Kyoto.　この会議は当初京都で開催されることに[予定]になっていた．

**scheduler**　a～スケジューラ

**schema**　a～図式，概要，大意，スキーマ

**schematic**　adj. 図式[模式]化された，概略の，(慣例的の)記号を用いて図示された；a～図式，図面，図，系統図，(特に)回路図　◆a schematic circuit diagram　回路図　◆an electrical schematic diagram of a control circuit　制御回路の回路図[結線図，接続図，系統図]　◆a schematic diagram of a loudspeaker　スピーカーの模式図[((意訳))概略説明図]　◆enter a circuit schematic into a CAD tool　CADツールに回路図を入力する　◆schematic diagrams for [of] gas, plumbing and electric lines　ガス，水道，電気の配管の系統図　◆Fig. 3 Schematic cross section of a mask　第3図　マスクの断面(構造)図　◆make schematic views of radar systems　レーダーシステムの略図[概略説明図]を描く　◆schematic views of groove undulations　(*レコード盤の)溝のうねりを図式化したもの　◆A perspective view in schematic form depicting... is shown in Fig. 5.　～を(簡単に[簡略に])模式化した透視図が、図5に示されている．　◆Figure 3 shows a schematic representation of...　図3は～を図示[図式化，模式化]したものである．　◆Rough schematics of the bombs also were found.　爆弾の略図[概略図]も発見された．　◆Figure 4 illustrates the schematic representation of the components.　第4図は、それらの部品を(回路図用の)記号で図示したものである．

**schematically**　adv. 図で、図式的に、模式図的に　◆as shown schematically in Fig. 4　第4図に(簡単に[簡略化して])図示されているように；図4に略図的に示してあるとおり

**scheme**　a～計画[計略]，陰謀，謀略，駆け引き，機構[体制，枠組み，体系，系統]，方式[手法，方法]，手口[やりり]，図式[図解]，一制，一式　◆under the scheme　この制度[方式、計画]のもとで　◆a color scheme　色使い[配色]　◆a modulation scheme　変調方式[方法]　◆a high-risk moneymaking scheme　リスクの高い金儲けの企て　◆an error-correction scheme for modems　モデム用の誤り訂正方式[方法]　◆a voluntary-retirement scheme　希望退職制　◆bus-based interprocessor communication schemes　バスをベースにしたプロセッサ間通信方式[様式、設計、手法]　◆run [operate] a pyramid scheme　マルチ商法[ねずみ講，無限連鎖販売法組織]を運営する[経営する、営む]　◆implement a results-oriented pay scheme [system]　成果重視型[成果主義]の賃金体系を実施する　◆The government has set up a scheme to <do...>　政府は，～するスキーム[枠組み]を創設した．　◆a wide range of schemes to prevent the illegal use of credit cards　クレジットカードの不正使用防止のための幅広い工夫　◆make a reasonable determination of where Archaeopteryx should be placed in the phylogenetic scheme　始祖鳥を系統発生的分類体系のどこに位置付けるべきについて合理的[理論的]に割り出す

**schizophrenia**　⦿統合失調症(*精神分裂病[精神分裂症]からの改称)，分裂性格者(a split personality)　◆individuals suffering from schizophrenia　統合失調症[(旧)精神分裂病，精神分裂症]に苦しんでおられる方々　◆people with schizophrenia　統合失調症の人たち

**schmaltzy, schmalzy**　adj. いやに感傷的な，情緒が込められ過ぎてる，すごくセンチメンタルな，ひどくおセンチな　◆schmaltzy syrupy words that make me want to vomit　吐き気がする[ヘドが出る]ような感傷的で甘ったるい言葉

**Schmitt trigger**　◆a Schmitt trigger circuit　シュミットトリガー回路

**scholar** a～ 学問や研究を専門とする人, 学者, 学匠, 学究の徒, 学徒, (意訳)研究者 ◆he was a profound scholar of Buddhism 彼は仏教の大学者[碩学(セキガク)]であった ◆scholars who study the shape of things to come 今後の動向を研究している学者ら

**scholarly** adj. 学問的な, 学問上の, 学究的な; 学力の; 学術的な; 学識のある, 該博(ガイハク)な; 学者(として)の, 学者らしい, 学者的な, 学者気質の ◆a general-interest and scholarly bookstore 一般書と学術書を置いている書店 ◆a scholarly treatise on... ～についての学術論文

**scholarship** a～ 奨学金; 回学識, 博識, 学問 ◆award a scholarship to... 〈人〉に奨学金を授与する[与える, 出す]

**school** a～ (各種)学校, 学園, 学院, 学び舎, 学舎, 学問所, 塾; 回学業, 授業, 学校(の機能, 活動), 学府, 文教; the ～ (集合的, 単/複扱い)一校の生徒(と教師); (a)～ 学部, 大学; a～ 派, 学派, 流派 ◆after school 学校が終わった後で, 放課後, 学校を終えた[出た, 卒業した]後で ◆after dropping out of school 学校中退後に ◆after-school activities 放課後の活動 ◆a school-age [school-aged] child 学校に行く年齢に達している子供; 学齢児 ◆a school crossing guard 緑のおばさん[おじさん](*に相当する人. 小学校などの通学路の交通整理にあたる) ◆be fresh out of a film school 映画learning校出たてである ◆both schools of users (ある観点で互いに異なる)両派のユーザー ◆elementary [middle, high](-)school-age children (順に)小学生[中学生, 高校生] ◆go on a school excursion [trip] 修学旅行に行く ◆he is of the old school 彼は古いタイプ[保守派, 守旧派, 旧守派, 伝統派, 旧習墨守派](の人間)だ ◆in a school yard ある学校の校庭で ◆locate a school of fish using electronics 電子機器を使って魚群を探知する ◆refuse to go to school (どうしても)学校に行こうとしない; 登校拒否する ◆swim (together) in schools [shoals]〈魚〉が群をなして泳ぐ; 群泳する ◆toward the end of the school year 今学年度末頃まで ◆when she returns home after school 彼女が学校から帰宅したときに ◆the Foreign Ministry's China school 外務省のチャイナ・スクール[中国専門家集団] ◆40km/h school zones around schools 学校周辺の(速度制限区で)時速40キロの文教地区 ◆during the back-to-school season (意訳)入学[進学, 進級]シーズンに(*夏休みの後に新学年度が始まる) ◆a school bus used for the transportation of children to and from school 子供たちの学校への送り迎え[送迎]に使われているスクールバス ◆After school, he lived in Europe for a while. 学校を出た後, 彼はヨーロッパでしばらく暮らした. ◆They live within walking distance of their schools. 彼らは学校に歩いて通える[通学できる]範囲内に住んでいる. ◆I'm of the school that holds that low-fat diets also reduce the risk of colon and breast cancer. 私は, 低脂肪食餌療法は結腸癌と乳癌の危険性をも低下させると考える学派[グループ, 側, 部類]に属しています. ◆"Richard! Wake up already! It's your first day of school today, remember?" Mom yelled by the stairs. 「リチャード, もう起きなさい. 今日は, 学校が始まる日よ. しっかりして」と母は階段の脇で叫んだ. ◆Many large companies prefer to hire sales representatives directly out of school, while smaller companies prefer to hire individuals who have a proven sales record. 多数の大企業は新卒の営業部員を採りたがるが, 中小企業はどちらかというと販売実績のある人を好んで雇い入れている.

**schooling** 学校教育(を受けること), 授業, 受業, 学費, 訓練 ◆After ten years of schooling, he became a singer. 10年間の学校教育の後, 彼は歌手になった.

**schoolyard** a～ 校庭, 学校の運動場 ◆a schoolyard bully 学校のいじめっ子

**Schottky** ◆a Schottky barrier ショットキー障壁 ◆a Schottky (barrier) diode ショットキー(障壁[バリヤー, バリア])ダイオード

**science** 回科学, 自然科学, 科学的研究[知識], 理t; (a)～〈個々の科学分野は可算〉科学, -学, -術, (学問の)分野 ◆a forensic science laboratory 科学捜査施設 ◆basic [applied] science 基礎[応用]科学 ◆science education 科学教育 ◆a department of science and technology 理工学部, 理工科 ◆a science and engineering college; a college of science and engineering 理工系の大学 ◆the Science and Technology Agency 《日, 旧》科学技術庁(*文部科学省に統合された) ◆the Tsukuba Science Expo in Tsukuba 筑波での科学博(*1985年に開催, 正式には国際科学技術博覧会) ◆a Master of Science 理学修士号 ◆an encyclopedia of science and technology 科学技術の百科事典 ◆develop as a science 科学の一分野として発展する ◆the science of the application of... ～の応用科学 ◆Engineering is the science of compromise. エンジニアリングは妥協の科学である.

**scientific** adj. 科学の, 科学的な, 学術的な, 学術上の, 理系の ◆a scientific calculator 関数電卓 ◆scientific and technical terms 科学技術用語 ◆scientific investigation 学術調査 ◆scientific literacy 科学が理解できること; 専門外の文献読解能力 ◆scientific literature 学術文献 ◆scientific observations 科学観測 ◆scientific instrumentation 科学計測 ◆a scientific student 理科系[理系, 理学系]の学生 ◆a nonscientific [non-scientific] student 非理工系[非理学系, 非理系, (意訳)文科系, 文系]の大学生 ◆a scientific research institute 学術的な研究所 ◆scientific and technological education 科学技術教育 ◆carry out scientific experiments 科学実験を行う ◆within scientific circles 科学界内部に ◆cultural, scientific and technological exchanges 文化的, 学術的, および技術的な交流 ◆medical procedures lacking scientific evidence 科学的根拠を欠いている医療処置 ◆treat it in a scientific way それを科学的に取り扱う ◆use a high-performance computer to solve complex scientific and engineering problems 高性能コンピュータを用いて複雑な科学技術問題を解く ◆despite the government's insistence there is no scientific basis for their anxieties 彼らの心配[懸念, 不安]を裏付けるような科学的根拠はないと政府が主張しているにもかかわらず ◆Rapid scientific progress is being made. 科学の長足の進歩が続いている[見られる].

**scientifically** adv. 科学的に, 科学的方法により, 科学的理論に基づいて ◆alcoholism has been scientifically proved to be a disease アルコール中毒症は病気であることが科学的に証明された

**scientist** a～ 自然科学者, 科学者 ◆a prominent scientist 著名な科学者

**scintillator** a～ シンチレーター, シンチレータ (*放射線が衝突すると蛍光を発する物質) ◆a plastic scintillator プラスチックシンチレータ

**SCIP** (the Society of Competitive Intelligence Professionals) 《米》競合情報専門家協会(略語形にtheは不要)

**scissors** (複数扱い)はさみ; a pair of ～ はさみ一丁 ◆a game of "scissors, paper, rock" じゃんけんぽん(遊び)

**SCMS** (Serial Copy Management System)

**scold** v. 叱る, 叱りつける, がみがみ言う, (口頭で)お灸を据える; a～ がみがみ言う人, 口うるさい女; a～ 叱責(シッセキ), 小言

**scoop** a～ シャベル[ひしゃく, すくう道具], スクープ記事[報道]; v. すくう[すくい上げる, 汲む],〈ニュース〉をスクープする

**scope** 1 回(適用, 影響, 活動の)範囲, 限界, 視野, 余地, 画面, 目的[意図] ◆the scope of a variable 変数の有効範囲 ◆out-of-scope tests (指定[規定])範囲外の試験; (意訳)想定外の[お呼びじゃない]テスト ◆expand [increase] our scope of business 我が社[弊社, 小社]の業務内容を拡大[拡充]する ◆fall within the scope [limits] of... ～範囲内に入る ◆full-scope financial audits 全般にわたる[包括的な]財務監査 ◆If it's narrow in scope,... それの(内容の)範囲が狭いならば ◆limit [decrease] the scope [sphere] of application(s) 適用範囲を狭める ◆widen the scope of one's research 研究の間口[領域]を広げる ◆1. SCOPE (*規格書, 仕様書などの冒頭で)1. 適用範囲(*Scope of application(s)を略したもの) ◆broaden [widen] the scope of information that can be made available to... 〈人〉が利用できる情報の(種類

の)範囲[幅, 領域]を広げる[多彩化する, 多様化する] ◆give greater scope to individual initiative 個人個人が自主性をもって発揮できる余地を与える ◆environmental problems that are global in scope 地球規模の環境問題 ◆the problem is extremely difficult and beyond the scope of this book この問題は, 極めて難しく本書で扱う範囲の外[本書の埒外(ラチガイ)]にある ◆there is obviously plenty of scope for improvement <in, for> (〜には)明らかに大幅な改善の余地がある ◆BHI's scope of activities include marketing, execution of short-term and long-term contracts, and... BHIの活動範囲には, マーケティング, 短期・長期契約の実施, および〜が含まれる. ◆The scope and variety of the lectures presented at this meeting were mind-boggling. この大会で行われた講演の(内容の)範囲[幅]の広さと多様さ[種類の多さ]には, 圧倒された.
2 ((-scope の形で))見る道具[機械], 〜鏡, 〜検器, 〜示器

**scorch** vt. 焦がす, あぶる, 〈植物〉を〈高温で〉枯らす, 酷評する; vi. 高速で走る, 焦げる ◆a scorched-earth war 焦土戦 ◆(a) scorched-earth strategy; scorched-earth tactics 焦土戦術 ◆eye-scorching colors 目に強烈な[どぎつい]色 ◆The Corvette scorches the earth with a 5.6-second 0-to-60-mph time. コルベットは, 5.6秒の 0〜60mph 加速タイムで大地を疾走する. ◆They retaliated with a scorched-earth campaign of burning villages and killing indiscriminately. 彼らは, 村々を焼き払い無差別に殺戮する焦土作戦で報復した. ◆Despite its 3581 pounds, the new car scorches from 0 to 60 mph in a mere 6.4 seconds. 3581ポンドの重量にもかかわらず, その新車は 0〜60mph をわずか6.4秒で疾走する[その新車の 0〜60mph 加速は6.4秒である]. (*scorch 自体に加速の意味にも)

**score 1** a〜 得点(表)[点数], 刻み目, 理由[原因], 《音楽》総譜(= a full score), 楽譜, 譜面; a〜 (pl. score) <of> 20(の数のもの); 〜<of> 多数 ◆on this [that] score この点[その点]に関しては; この点[で]は; こういう[そういう]理由で ◆test scores 試験の点数 ◆extract instrumental parts from a score 各楽器のパート譜を総譜から抜き出す ◆receive a score of 99 out of 100 100点満点で99点をもらう[取る] ◆scores of customers 数十人のお客; 多数[大勢]の顧客 ◆write music notes on to a score 譜紙[譜面]に音符を書き込む; 記譜する ◆a list of examinees with passing scores 合格点をとった[に達した]受験者の一覧 ◆be ranked [listed] in descending order of scores 得点の高い順にランキング[リストアップ, 列挙]されている (*最高得点が一番上にくる) ◆the maximum possible score is 200 可能な最高点[満点]は200点である ◆The area gets a perfect score in economy and makes strong showings in transportation, housing and health. この地域は経済面で満点を取り, また足の便, 住宅, 及び医療面で優秀な成績を収めている. ◆OSHA will eliminate scores of regulations that appear to have no direct bearing on safety and health. 米労働安全衛生局は, 安全や健康に直接関係のない数十件の規制を廃止する ◆score points on a score 得点する
2 v. 得点する, 〈点, 勝利〉を得る, 記録する, 刻み目[跡, しるし]を入れる, 楽譜[譜面]を書く, 〈映像など〉に曲付けする, 〜用に作曲[編曲]する ◆music scoring [notation] software; score-writing software; a scorewriter 楽譜浄書ソフト ◆scored jaws (ペンチの)ぎざぎざになっているあご ◆have scoring on jaws (ペンチなどの)あごにぎざぎざが付いてある ◆score high on an intelligence test 知能検査で高い点をとる ◆specializes in post-scoring television ads テレビの広告に後で曲付け[音楽を作曲]することを専門に扱う ◆if the brake pads are scored or excessively worn ブレーキのパッド[摩擦材]が, かき集め, かき混ぜ[ているか過度にすり減って ◆Inspect the washers for scoring or wear. 座金に引っかけ傷[摩損]や摩耗がないか調べて下さい. ◆They have scored impressive advances in basic technology. 彼らは, 基礎[基盤]技術で見事な進歩を遂げた. ◆Alaska Airlines scored in cabin comfort as well as service and food. アラスカ航空は, 客室の居住性と共にサービスと食事で高得点を上げた.

**scoreboard** ◆an electronic scoreboard 電子式の得点表示板

**scoring** 試合の記録を取ること, 採点, 得点を記入すること, かじり, 引っ掻き傷, 擦痕, (こすれによる)摩損, 摩滅, 摩耗, 氷河が移動する際に岩床が地層面上につけた平行線や溝(この過程による平行条痕の形成); 《音楽》総譜の作成 ◆be free from scratches or scorings こすった傷またはかすり傷がない

**scour** vt. 〜をごしごし磨いて[こすって]きれいにする, 〈汚れなど〉を(〜から)こすり落とす[洗い落とす, 洗い流す] <from>, 〈パイプ, 溝など〉を水を流してきれいにする[流れ・通りをよくする]; 水の勢いで〈穴, 溝〉を洗掘りする; 〈羊毛〉を洗い上げる[洗浄する, 精練する, 練る]; (a) 〜 こすり落とすこと, 磨き, 流水による侵食, 浸食でできた溝[水路], 羊毛を精練すること ◆throat-scouring wine 咽がひりひりするワイン ◆use CFCs to scour grease from metal parts 金属部品から油汚れを洗い落とすのにフロンを使う

**scramble** v. あたふた[そそくさ]する, 先を争う[奪い合う], 急いで這う[よじ登る], (航空機を[で])緊急発進する, かき集める, かき混ぜる[ごちゃ混ぜにする], 撹乱する, 〈信号〉にスクランブルをかける, 暗号化する; n. a 〜 a scrambled signal スクランブルがかけられている信号 ◆a scramble-speech telephone (スクランブル方式の)盗聴防止電話 ◆garbled sounds and scrambled images ぐちゃぐちゃの音と映像 ◆Kuwaiti F-1 Mirage fighters scrambled to meet the invaders クウェートのF-1ミラージュ戦闘機は侵略軍を迎撃すべく緊急発進した ◆scrambled pay channels (ケーブルテレビ・衛星放送の)スクランブルがかけられている有料チャンネル ◆scrambling for taxis タクシーを奪い合う[取り合う] ◆be scrambled to prevent enemy eavesdropping 敵側による傍受を防ぐためにスクランブルがかけられている ◆dozens of photographers scrambled for position near the rear entrance to the State House 数十名のカメラマンが州会議事堂の裏門近くで場所の取り合いをしていた陣取り合戦を展開した ◆Fans scramble for seats. ファンが座席を奪い合う. ◆It has caused a fierce scramble for customers. それは, 熾烈な客の争奪戦[奪い合い]を引き起こした. ◆When they finally did open the doors to the seats. There was a mad scramble for seats, with people running, pushing and yelling. (*劇場が)座席に通じるドアをようやく開けると, 走ったり押したり叫んだりする狂乱の座席争奪戦になった. ◆Asahi Pentax and Canon both introduced autofocusing SLRs within the last six months, and other manufacturers are scrambling to bring out autofocus systems of their own. 旭光学とキャノンは共に自動焦点一眼レフを過去6カ月の間に市場投入しており, 他社も先を争って自動焦点式カメラを出そうとしている.

**scrambler** a 〜《放送, 通》スクランブラー, 信号かくらん[暗号化]装置, 秘話装置 ◆a digital voice scrambler デジタル音声秘話装置

**scrap 1** a 〜 切れ端, 断片, 切抜き, ①(再利用できる)屑(クズ)[スクラップ, 廃物] ◆a scrap auto; a scrapped car [automobile] 廃自動車, 廃車 ◆a scrap iron dealer 屑鉄業者 ◆scrap recycling ごみのリサイクル ◆a piece of scrap lumber [wood] 一片の廃材 ◆a scrap piece of wood 木っ端[木片くず] ◆minimize scrap くずをできるだけ出さないようにする ◆scrap white goods 白物家電の廃品 ◆small pieces of scrap iron 小さな屑鉄 ◆the recycling of iron scrap 鉄スクラップのリサイクル ◆write down... on scraps of paper 〜を紙の切れ端に書き留める
2 vt. 〜を廃棄[廃止]する, ボツにする, 解体する[スクラップにする] ◆scrap a plan to <do...> 〜する計画を破棄する[反故にする, 捨てる] ◆scrap old cars 古くなった車をスクラップ[屑鉄, 鉄屑]にする ◆without scrapping their existing equipment 彼らの既存[既設]の機器を廃棄することなしに ◆under a scrap-and-build approach [strategy, system, scheme] スクラップ・アンド・ビルド[破壊しては建てる, 壊しては建てる]というやり方[戦略, 方式, 計画]のもとで ◆under the US-Japan [Japan-US] semiconductor agreement, which Japan wants to scrap 日本が破棄したがっている米日[日米]半導体協定のもとで(の) ◆Old rolling stock was scrapped. 古い鉄道

車両はスクラップ[屑鉄に]された。 ◆The law was scrapped in 1993. この法律は1993年に破棄された。 ◆Bruce Springsteen spends years between albums, fine-tuning the statements he wants to make and often scrapping whole records. 《意訳》ブルース・スプリングスティーンは、伝えたいメッセージの推敲に推敲を重ね、次のアルバムを出すまでに何年も費やしている。アルバム全体をボツにすることもよくあるのだ。

**scrape** vt., vi. こする、かする、ひっかく、すれてきしむ、かき落とす<off, down, from>; a~ こすること、すれる音、きしり音、かすり傷、《比喩的》摩擦[不和]、苦境 ◆scrape old paint off walls 壁から古いペンキを削り取る ◆scrape paint off walls 壁からペンキをかき落とす ◆scrape the old gasket off the cover flange 古いガスケット[パッキン]を蓋のフランジからはがす[こそぎ落とす]

**scraper** a~ こする人[もの]、かき落とす[かき取る]道具 ◆a scraper blade かき取りブレード

**scratch** 1 vt., vi. ひっかく、かく、かき傷[擦り傷]をつける、なぐり書きする、かき消す、取り消す、抹消する ◆its resistance to scratching その耐引っ掻き性[引っ掻き抵抗性] ◆DJs use 12-inch singles to do their scratching ディスクジョッキーは、スクラッチをするのに12インチシングル盤を使う ◆Abrasives will scratch the clear plastic surface of the bowl. 《意訳》研磨剤[クレンザー]を使うと、ボウルの透明なプラスチック表面に傷がつきます。

2 a~かき傷、擦り傷、擦傷(サッショウ)、ひっかく音、(かゆいところなどを)かくこと、なぐり書き ◆a scratch made by... ~によってつけられたスクラッチ[ひっかき傷] ◆a scratch on a negative 写真ネガ上の傷[引っかき傷、かすり傷、スクラッチ傷] ◆scratches on prints (写真)プリントの[引っかき]傷 ◆a scratchproof, no-rust exterior 傷つきにくく、さびない外装 ◆scratch-proof lenses 傷つきにくいレンズ ◆an all-glass construction that is impervious to scratches and environmental contaminants すべてガラスでできていて、スクラッチ[引っかき傷]が付きにくく、かつ環境中の汚染物質に強い構造 ◆a protective coating that resists scratches, dirt, and rough handling スクラッチ傷[擦り傷]や土埃[砂ぼこり]や手荒な扱いに耐える保護層

**from scratch** 最初から、はなから、ゼロから、一から、白紙の状態から ◆start over from scratch 最初から新規に出直す[再出発する]; 一からからやり直す; 振り出しに戻って出直す; 白紙に戻して最初から[改めて、再度]やり直す; 原点に戻りゼロから(再)出発する; 新規まき直しする

**scratchy** adj. ひっかく、ガリガリひっかかる、〈毛糸、衣類などが〉チクチクする、かゆくなる、〈文字などが〉ぞんざいな、なぐり書きの、〈レコードが〉ザーザー[シャーシャー]と音の多い ◆speak in a scratchy voice かすれた声で話す ◆transform scratchy old LP (long playing) recordings to CD sound quality 雑音の多い古いLP(長時間演奏)録音をCD並みの音質に変換する

**scream** v. 悲鳴をあげる、ヒューヒュー[キーキー]音をたてる、悲鳴声で言う; a~ 金切り声、甲高(カンダカ)い音 ◆the screams of jets passing overhead 頭上を通り越さて行くジェット機の甲高い騒音 ◆Use of capital letters usually denotes yelling or screaming at your e-mail recipients. 大文字の使用は通常、電子メールの受け取り手に向かって大声で怒鳴ったり[叫んだり]、がなり立てたり、金切り声で悲鳴を上げ[絶叫し]たりすることをあらわします。

**screech** a~ かん高い[黄色い、金切り]声、きいきいという鳴き声、キーッときしる音; vi. 金切り声をあげる、キーッときしり音を立てる、キーキー[ギーギー]鳴る; vt. ~を黄色い声で叫ぶ<out>、~と甲高い声で言う ◆screech to a halt キーッ[ギーッ、ギギーッ]という(ブレーキをかける)音を立てて止まる

**screen** 1 a~ 画面、映写幕、遮蔽(シャヘイ)壁[板]、網戸、仕切り、スクリーン、篩(フルイ) ◆a screen grid 《電気》(真空管の)遮蔽格子、スクリーニンググリッド ◆screen glare 画面のギラツキ ◆a four-screen theater [cinema, movie theater, multiplex] 映写スクリーンが4箇ある[映画館が4館入っている]総合映画館 ◆(a) lens-to-screen distance (プロジェクタの)レンズからスクリーン[映写幕]までの距離;《意訳》投射[投写、投映]距離 ◆a two-stage vibrating screen classifier 二段式ふるい分け(分級)機(*分級とは粒子を大きさを基準として選り分けること) ◆call up a screen 画面を呼び出す ◆a 14-inch diagonal screen with 640 by 400 pixels 《コンピュ》640×400ピクセルの14インチ画面 ◆display the file's contents one screen at a time 《コンピュ》ファイルの内容を一画面分ずつ表示する ◆project information onto a screen 情報をスクリーン上に投影する[映す] ◆a liquid crystal display with 11-inch diagonal screen 11インチ画面の液晶ディスプレイ《意訳》11インチの液晶画面 ◆a spectrum of screen styles for representing molecules 《コンピュ》分子(構造)を表現するための多様な画面スタイル ◆you can create files on the File Screen 《コンピュ》ファイル画面でファイルを作成できる ◆A list of available facilities fills the screen. 《コンピュ》使用可能な機能のリストが画面いっぱい[画面全体]に表示される。 ◆This command will bring up to the screen specific notes about the disk. 《コンピュ》このコマンドは、そのディスクについての詳細な説明を画面に出します[表示します]。

2 v. おおう、保護する、仕切る、網戸[スクリーン]をつける、映写[上映、放映]する、選抜する、選別する[ふるい落とす]、審査する、遮蔽(シャヘイ)する ◆a giant-screened theater 大スクリーンの(備え付けられた)映画館 ◆coal washing and screening plants 選炭工場[選炭場]および篩分(フルイワケ)工場 ◆screen a film 映画を上映する ◆a green-screened monitor 画面が緑色のモニター ◆The IC chips are screened to MIL-STD-883. ICはミル規格883に従って選別されている。

**screen out** 〈日光、騒音など〉を遮る、遮断する、遮蔽する; ~を(審査[検査])によってふるい落とす ◆screen out high levels of background noise 高レベルの暗騒音を分離して除去する ◆screen out the unfit 不適格者をふるい落とす ◆once you are screened out [rejected] いったんふるい落とされたら ◆screen out loans with excessive interest rates 金利の高すぎるローンを洗い出す ◆sunglasses that screen out 75 percent to 90 percent of light 光を75パーセントから90パーセント遮蔽[カット]するサングラス

**screenful** a~ <of> 一画面に表示する分 ◆a screenful of data 一画面分のデータ、画面一杯分のデータ ◆two screenfuls of scanning lines 2画面分の走査線

**screening** (a)~ 選別[ふるい分け、選考、審査]、(集団)検診、健診、screen すること ◆a screening room 映写室 ◆a screening test 選別検査(*不良品を除去する目的の) ◆a screening of a movie 映画の上映(1回) ◆hold a test screening 試写会を開く ◆pass a vision screening (運転免許申請者などが受ける)視力検査に合格する ◆perform eye screening [on] employees 従業員を対象とした目の(集団)検診を実施する ◆the screening of films on television 映画をテレビで放映すること、テレビでの映画放映 ◆conduct health screening on employees [for kindergarten children] 従業員[幼稚園児]の(集団)健康診断[健診]を行う ◆Call Screening: Allows you to accept or reject the call after hearing the caller state their name. 受信選択: 電話をかけてきた人が名乗った後で、あなたは受けるか受けないかを取捨選択できます。

**screen saver** a~《コンピュ》スクリーンセーバー(*ブラウン管画面の焼き付きを防ぐために、一定期間入力がないと自動的に画面を暗くして動画を表示してくれるソフト)

**screw** 1 a~ ねじ、ビス、ねじ釘、(船の)スクリュー、らせん、一ねじり[一ひねり] ◆a screw hole ねじ穴 ◆a (screw) thread ねじ山 ◆a single-thread screw 1条ねじ ◆an Allen hex socket screw 頭部に六角形のくぼみが彫ってあるねじ ◆a coat-hook screw コートを掛けておくためのねじ釘 ◆be fastened securely with [by] screws 確実にねじで固定されている; しっかりとビス止め[ネジ止め]されている ◆a screw-mount SLR (交換レンズが)スクリューマウント[ねじ込み]式の一眼レフ ◆a screw-thread gage ねじゲージ ◆cut a female screw thread in a hole 穴に雌ねじを切る ◆secure the module to the chassis by screws そのモジュールをシャーシに

しっかりとねじで取り付ける[ねじ留めする] ◆These small screws tend to get lost. これらの小さいビスは、無くなりやすい。 ◆Use a coin to undo the screw. そのネジを緩めるのに硬貨を使ってください。 ◆Unscrew the two screws that hold the transformer to the chassis. トランスをシャーシに留めている2本のネジを取り外してください。 ◆Fasten the tool to the workbench using screws or bolts through the holes in the four mounting feet. この工具を、4本の取付け脚の穴にネジまたはボルトを通すことによって作業台に固定してください。 2 vt. ～をねじで留める[ねじ, ねじぶたなど]を回す[締める], ねじる, ひねる, ねじ込む<in>, ～にねじ山をつける; vi. (ねじのように)回る, ねじれる ◆screw...firmly into place ～を回してしっかりはめる(＊電球などのネジ式のものをはめる) ◆screw down the nut firmly against the washer ワッシャーに押しつけるように[(意訳)ワッシャーをあてた上から]ナットを堅く締め付ける ◆Screw it in by hand until it is finger-tight. それを手で回して指の力いっぱいに堅く締めてください。 ◆The filters screw into lenses. 《カメラ》それらのフィルターは、回して[ねじ込み式に]レンズに取り付けられる。 ◆Reinstall the ring by placing it into position and screwing in. リングを所定の位置にあてて回しては、元通り取付けてください。

**screwdriver** a～ ねじ回し, ドライバー ◆with a screwdriver ねじ回しで ◆a Phillips [flatblade] screwdriver プラス[マイナス]ねじ回し ◆a screwdriver factory ノックダウン組み立て工場(＊現地調達部品をほとんど使用しないで、キットで輸入した部品を組み立てるだけの工場) ◆a stubby screwdriver (ずんぐりしている)短ねじ回し[スタビドライバー] ◆the blade of a screwdriver ねじ回しの平らな先端部分[平刃]

**screw-in** ねじ込み式の, 回してはめるタイプの ◆a screw-in lens mount ねじ(込み)式レンズマウント ◆a screw-in connector ねじ込み式コネクタ

**screw-on** ねじ込んで[回して]取り付ける式の, ねじ式の ◆a screw-on [screw] cap ねじ込み式のふた[ねじぶた]

**scriber** a～ けがき針

**scrimp** vt. ～をひどく制限する[切り詰める, 節約する], ～にわずかしか与えない, ～にあてがいを惜しむ; vi. <on> (～)を切り詰める[節約する, けちけちする]

**script** a～ 原稿, 読み上げ原稿[原文], 筋書き; (a) ～筆記[スクリプト]体, 手書き(文字); a～ (文字の)書き方[書記体系, スクリプト] (＊言語によって異なる文字の表し方・綴り方・書く方向など); a～《コンピュ》スクリプト(＊マクロやバッチファイルと同じ部類の簡単なコマンドを順に示したリスト); vt. ～の読み上げ原稿を用意する, ～の脚本[台本]を書く ◆create [write, edit, execute, run] a script 《コンピュ》スクリプトを作成する[(順に)書く, 編集する, 実行する, 実行する] ◆automatically record and play back a script 《コンピュ》スクリプトを自動記録したり実行したりする ◆script a presentation プレゼンテーションの筋書きを決める ◆awkward translation of the original Japanese script results in colloquial speech where formal speech would be expected, and vice versa 日本語の元原稿を下手に翻訳すると、(その結果)改まったスピーチでなければならないものがくだけた語調のスピーチになってしまったり、あるいはその逆になったりする

**scroll** a～ 巻き物[掛け軸の], 巻き物状のもの; (形容詞的に)《コンピュ》スクロールの; a～ bend... into a scroll pattern ～を渦巻き模様[状]になるよう曲げる ◆thumb to a new position by dragging the scroll box to a new position in the scroll bar スクロールバー内のスクロールボックスを別の位置に(マウスで)ドラッグすることによって、(ページをパラパラめくるように)新しい箇所に高速スクロール(移動)する 2 vt.《コンピュ》(データ)をスクロールする<up, down>; vi. スクロールして(～へ)移動する<to, down, up>, スクロールする[して見る]<through> ▶表示画面上で, 巻き物を見るようにデータを上下または左右に移動させて見ること。ビデオカメラをパンさせることに例えて pan ともいう(→ pan). 現在表示されているデータより下の内容を見たい場

合, 〈データ〉を上にスクロールする scroll...up (他動詞), つまりスクロールして下に移動する you scroll down (自動詞)とにしる。 ◆page and line scrolling; scrolling by page and line 《コンピュ》ページ送りおよび行送り ◆scroll across and down a report 《コンピュ》レポートを左右上下[縦横]にスクロールする ◆scrolling a page can take over 10 seconds. 1ページ分スクロールするのに10秒かかることがある ◆scroll the screen up or down one row 画面を1行上または下にスクロールする ◆scroll around the map (画面上で)その地図を(あちこち見るように)スクロールする ◆scroll through a document [a list, a database, an image] ドキュメント[リスト, データベース, イメージ]をスクロールする ◆scroll the screen left or right one column 画面を左または右に1カラム[1列]スクロールする ◆scroll from one part of a document to another 文書内のある部分から他の部分へとスクロール[移動]する ◆scroll hidden portions of the document into view 《コンピュ》文書の(画面からはみ出し)見えない部分をスクロールして見えるようにする ◆scroll quickly to any spot in the document 文書内の任意の箇所まで高速スクロールする ◆scroll the text sideways instead of up and down 上下[縦方向]にでなく左右[横方向]にテキストをスクロールさせる ◆scroll the text up one line by clicking on the scroll control (画面上の)スクロールコントロールを(マウスで)クリックしてテキストを上に1行スクロールする(＊この場合、表示されていた一番上の行が消え、最下行に新たな行が表示されることになる) ◆Drag the scroll box on the horizontal scroll bar to scroll through the fields of the table. 水平スクロールバーにあるスクロールボックスをドラッグして、テーブル[表]のフィールド[列]間を(左右に)スクロールします。 ◆Use the up and down scroll arrows on the vertical scroll bar to scroll through a table one record at a time. 垂直スクロールバーにある上向きと下向きのスクロール矢印を使うと、表[テーブル]を1レコードずつスクロールできます。

**scrub** 1 v. (たわし, ブラシ, 研磨剤などで)ごしごし洗う[こする, 磨く], ～を洗い落とす; a～《単のみ》ごしごしすること[みがく]こと, 取り消し ◆scrub away stickiness ねば付き[べた付き]をこすり落とす ◆scrub...from... ～から～[～についている]〈汚れなど〉をこすり落とす ◆to become scrubbed from sin 罪を洗い流す[身を清める, みそぎをする]ために ◆well-scrubbed children 身ぎれいな[あか抜けている, こざっぱりした]子供たち(＊「ごしごし洗われて」という感じ) ◆a well-scrubbed anchorperson 洗練された[あか抜けている]アンカー(＊アンカーは、番組の中心のキャスター) 2 a～ 低木林、ちっぽけなもの; adj.

**scrum, scrummage** a～《ラグビー》スクラム; a～ 混乱と喧噪の集団 ◆they were surrounded by a scrum of reporters and photographers 彼らは(記者とカメラマンの)過熱[過激]取材陣に取り囲まれた

**scrutinize** ～を綿密[精密, 詳細]に調べる, 吟味する ◆Non-profit-making departments are closely scrutinized for opportunities to save money. 非営利部門は、経費削減できる機会[余地]がないか綿密に調べられる。

**scrutiny** (a) ～ 精密[綿密]な調査, 精査, 吟味 ◆be subject to FDA scrutiny ～はFDA(米食品医薬局)による監視の対象となっている[監視を受けることになっている] ◆A by-product of research has been a growing realization that methods of production must themselves come under scrutiny. 研究の一つの副産物として、製造方法自体が検討されなければならないという認識の高まりであった。

**SCSI** (small computer systems interface) "スカジィ"と発音. 《コンピュ》(スカジー), 周辺機器接続インターフェースの規格 ◆an 800-megabyte SCSI hard disk 800メガバイトのSCSIハードディスク

**scuff** v. すり足で歩く, 足をこする, すり切れる[すり減らす], 〈ものに〉すり傷をつける, 〈ものが〉すり傷でいたむ; a～ ひきずった跡, すり傷, すり減った箇所 ◆scuff-resistant vinyl すり傷がつきにくいビニール

**scullery** a～《＊厨房に接する食器置き場つきの》食器洗い［皿洗い］場、流し場、食器室 ◆a scullery dishwasher 洗い［流し場］用の食器洗い機

**sculpt** v. (= sculpture) ◆a lavishly sculpted silver vase 贅沢に彫刻が施されている銀製の花瓶

**sculpture** n. 彫刻; a～ 彫刻品; vt. 〜の像を作る、〜を彫刻する、〜に彫刻をほどこす、〜を立体的に作る［形作る、かたどる］、〜の表面を立体的に造形する; 〈地表、岩など〉の形を《侵食や堆積によって》変える; vi. 彫刻する ◆a touch of Paris fashion in the sculpturing of the dashboard ダッシュボードの造形に見られるパリファッションの趣

**scythe** a～ 大鎌(オオカマ, オオガマ); vt. 〜を大鎌で刈る; vi. 大鎌を使う ◆scythe through the air 弧を描きながら空を切って飛ぶ

**SDF** (Self-Defense Forces) the 〜《日》自衛隊

**SDI** (the Strategic Defense Initiative)《米》戦略的防衛構想《略語形にtheは不要》(＊俗称はスターウォーズ)

**SDLC** (synchronous data link control) 同期データリンク制御

**SDRs** (Special Drawing Rights)《IMF国際通貨基金の》特別引出し権

**Se** セレン(selenium)の元素記号

**sea** the ～ 海、海岸［海辺］; a～、～s《ある状態の》海、波［波浪］;《大きな湖の名前につけて》-海; a～《月の》海; a～、～s <of>～《海のように》たくさんの《広大な》 ◆under the sea; in the sea 海中の［で］ ◆a sea area 海域、海区 ◆(a) sea level [sea-level] rise 海面の上昇 ◆an (a) sea waybill 海上《貨物》運送状 ◆sea bathing 海水浴 ◆an at-sea survey 海上調査 ◆a sea of debris 一面の瓦礫《の山》 ◆before heading to sea 海上に抜ける前に(＊台風などが) ◆corrosion by sea water 海水による腐食 ◆create a sea of red ink totaling $100 billion 総額1000億ドルにものぼる大赤字を生む ◆high wind and high sea warnings; high wind and seas warnings; a high wind/seas warning 強風波浪注意報 ◆sea fishery 海洋［海上］漁業 ◆survey the (hydrographic) state of the sea 海況《海の状態、海の状況》を調査する ◆the sea floor; the floor of a sea [an ocean] 海底 ◆the sea level rises 海面が上昇する ◆the surface temperature of the sea 海面水温 ◆transportation by sea 海上［海路］輸送 ◆under the U.N. Law of the Sea Treaty 国連海洋法条約の下で ◆a narrow strip of land bordering a sea; a narrow strip of land at the edge of an ocean 海に臨んだ細い土地;臨海地帯 ◆a tragedy at sea that claimed the lives of 134 persons 134名の命を奪った海難事故 ◆extract oil from under the sea 海底から石油を採取する ◆"Listen to the Voices from the Sea" – Writings of the Fallen Japanese Students 『きけわだつみのこえ』– 戦没日本人学生の手記 ◆whether at seaside or at sea 海岸《リゾート》においてであろうが海に出ていようが ◆the website provides updated information every hour about weather and sea state このウェブサイトは毎時更新される気象情報および海況情報を提供している

**seabed** a～《通例the 〜》海底 ◆when deep seabed mining becomes economically feasible 深海底採鉱《採掘、鉱業》が経済的に実現可能になると ◆the English Channel tunnel 120 feet beneath the seabed 海底の120フィート下を通っているイギリス海峡トンネル

**seaboard** a～ 沿岸《地方、地帯》、海岸 ◆the eastern seaboard of the United States; the U.S.'s Eastern Seaboard 米国の東海岸(▶ the East Coastという表現よりも一般的)

**seaborne** adj. 海上輸送による、海を

**sea bottom** a～ 海底 ◆on the sea bottom 海底に［で］

**seafloor** a～《通例the》海底 ◆on the seafloor 海底《上》に ◆seafloor petroleum deposits 海底石油鉱床

**seagoing** adj. = oceangoing 外洋航行の、外航-、洋洋-、遠洋- ◆a seagoing vessel 外洋船

**sea grass** 《海中の》海草、《海辺の陸上の》植物

**seal** 1 a～ 証印、紋章、印章、印、はんこ、印影、印蝋(フウロウ)、封印シール、封、封印; a～ 封止《密封、封水》《材》、シール ◆affix one's seal upon... 〜に印を押す ◆a corporate seal stamp 社判［社印］のハンコ［印］ ◆a seal against high pressures 高圧封止材 ◆a seal impression 印を押した跡の形、押した印、捺印、印影、印鑑 ◆a leaky head-to-cylinder seal 漏れがあるヘッド・シリンダー間の封止［シール］ ◆An individual, at least one with a common last name, will often use a mass-produced seal purchased at a shop that specializes in seals, or at a stationery store. 個人は、少なくともよくある苗字の人の場合、ハンコ屋［印舗］や文具店で購入した大量生産印《《意訳》できあいのハンコ、三文判》を使うことがしばしばである。(＊日本についての話)

2 v. 〜に印を押す、捺印［調印］する、《正式である［間違いない］ことを》証明する; 〈封筒など〉に封をする、封印［封かん］する; 目張り［封止、封水、漏れ止め、密封、密閉、シール、封孔処理］する、〜を固く閉じる［閉める］、〜を封じ込める［封じる］ ◆a sealed lead-acid battery シール型鉛蓄電池 ◆a sealed-off area of an active coal mine 稼行中の炭鉱の密閉区域 ◆be of sealed metal case construction 密閉金属ケース構造をしている ◆open a sealed package 封止されているパッケージを開封する ◆seal against leakage 漏れを防ぐために封止する ◆seal (off) a section of a coal mine 炭鉱内のある区画を密閉する ◆a dust-resistant O-ring-sealed metal case オーリングで《密閉》封止されている防塵金属ケース ◆a sealed-in liquid crystal material 封入されている液晶材料 ◆seal the envelope and sign across the seal to assure confidentiality 封筒にをし、機密を厳重にするために封じ目に署名する ◆provided the wrapper remains sealed 包装が未開封ならば ◆complete the form, seal it in an envelope, and sign across the flap of the envelope 用紙に必要事項を記入し、それを封筒に入れ《封じ》、封じ目に署名する ◆encapsulate the component in epoxy to seal out moisture 湿気を締め出す［閉め出す］ために、その部品をエポキシで固める［封じ込める］ ◆the burial of sealed drums containing low-level radioactive waste 低レベル放射性廃棄物が封入されているドラム缶の埋設 ◆completely seal the switch top and bottom to be impervious to cleaning processes スイッチの上部と底部を、洗浄工程に耐えるように完全に密封［密閉］する ◆Seal all bolt holes with an automotive sealing compound. すべてのボルト穴を自動車用シール剤に封止してください。

3 a～ アザラシ

**sea lane** a～ 海上交通路［輸送路、航路帯］、シーレーン ◆defend sea lanes シーレーン［海上輸送路、海上交通路、海上航路帯］を防衛する ◆patrol vital sea lanes that provide Japan and other pro-Western nations with most of their oil and raw materials 日本およびその他の西側寄りの諸国に石油や原材料の大部分を供給する重要なシーレーン［海上交通路］をパトロールする

**sealant** a～ 密封［封止、封水、シール、充填、接合］材［剤］、シーラント ◆a medium-viscosity sealant 中粘性［粘度］のシーリング剤

**sea-launched** ◆a sea-launched cruise missile 海上発射巡航ミサイル(SLCM)

**sealer** a～ シーラー、seal するもの［人］、下地《堅め》塗料、封孔処理剤 ◆temporarily patch cracks with a sealer 間に合わせにひび割れを充填材［剤］で修繕する

**sea level** 回《通例無冠詞》海抜、海面、海水面、潮位 ◆at sea level 海面の高さで;海抜0メートルの高さで ◆a rise in sea level 海面の上昇 ◆the future rate of increase of sea-level 将来の海面上昇率《速度》 ◆1000 feet of altitude above sea level 海抜［標高］1000フィートの高度 ◆(a) height above the sea level 標高 ◆the mean height of...above sea level 〜の平均標高 ◆The peak is 3100m above sea level. 山頂は海抜3100メートルである。 ◆The walls of the access shaft rise skyward from 100 ft. below sea level. そのアクセス縦坑の壁は、海抜マイナス100フィート［海面下100フィート］から上空に向かってそそり立っている。

**sealing** シーリング、封印、封かん;目張り、封止、封着、密封、密閉、遮水 ◆a sealing agent [compound] (= sealant) 封止剤［材］ ◆a sealing surface 密封［封止］面 ◆a gasket for watertight [airtight] sealing of... 〜の水密シール用のパッキン[気密封止用のガスケット]

## seal of approval
*a* 〜 (正式な) 承認, 承認を示す印 [承認印, 認可印, 認め印], (品質) 保証印 [極印, 太鼓判, 折り紙] ◆receive [get] a seal of approval from... 〜から正式な認可を得る

## seam
*a* 〜 縫い目 [継ぎ目, 合わせ目], 鉱層; *vt.* 縫い合わせる, 継ぎ合わせる, 綴じる; *vi.* 裂ける, 盛り上がったすじができる ◆a coal seam 石炭層 ◆seam welding シーム[縫い合わせ] (抵抗) 溶接 ◆a longitudinally seam-welded tube 長手方向にシーム溶接されているチューブ[管] ◆increase the seam allowance to about 2 1/2 inches 縫い代を約2.5インチに広げる ◆the seams of [on] a ball ボールの縫い目 ◆molded in one piece to eliminate seam leakage 接合部からの漏れをなくすために一体成形されて ◆a rare disorder, plagiocephaly, which causes the seams in the skull to close prematurely 頭蓋骨の縫合を早期に閉じさせてしまう「斜頭蓋症」という珍しい病気 ◆sewed seams that wouldn't dare come undone 決してほころびそうにない縫い目 ◆Bill Clinton's dubious economic plan is coming apart at the seams. クリントン大統領の心もとない経済計画は空中分解の様相を呈しそうで.... ◆The once-mighty empire is coming apart at the seams. かつて強大だったこの帝国は, ばらばらになり[分裂し]始めている. ◆Thirty-five miles from land, the seams opened and the ship sank. 陸から35マイルの地点で, 継ぎ目が開いて船は沈没した. ◆The "cradle-to-grave" welfare system is cracking at the seams. 「ゆりかごから墓場まで」の(社会)福祉制度は破綻[崩壊, 瓦解] し始めている. ◆It was said that Ted Williams had such keen eyesight he could see the seams on the ball as it whizzed toward the plate. テッド・ウイリアムズはホームベースに向かってビューンと飛んでくる球[ボール]の縫い目が分かるほどの鋭い(動体[動態])視力を持っていたそうだ.

## seaman
*a* 〜 (*pl. -men*) 船員, 海員, 船乗り, 船舶乗務員, 水夫, マドロス, (米海軍の) 水兵

## seamless
*adj.* 継ぎ目のない, シームレスの, スムーズにつながった ◆a seamless pipe シームレスパイプ; 継ぎ目無し鋼管 ◆a seamless steel pipe [tube] シームレス鋼管 ◆a seamless transportation system 一貫輸送システム ◆a nearly seamless montage ほとんど継ぎ目が分からない合成写真 ◆a seamless worldwide transportation system 世界を網羅する輸送システム ◆integrate C and assembly language into one seamless environment 《コンピュ》C言語とアセンブラ言語を一つの継ぎ目の無い[スムーズにつながった] 環境に統合する

## seamlessly
*adv.* 継ぎ目なく, なめらかに, 連続的に, しっくりと ◆seamlessly merge with... 〜としっくり溶け合う[一緒になる, 合体する] ◆... can change [morph] seamlessly into any shape 〜は連続的にどんな形にでも変化 (ヘンカ, ヘンゲ) 可能である

## seamount
*a* 〜 海山 (*海面下の山の意)

## seaport
*a* 〜 海港, 港町, 港湾都市 ◆a coastal seaport city 沿岸港湾都市 ◆in the English seaport town of Portsmouth 英国の港町 [港湾都市] ポーツマスで

## sear
*vt.* (= scorch) (〜の表面を) 焼く, 焦がす, 〈植物〉 (熱で) 枯らす; *vi.* ◆the searing heat of the Big Bang ビッグバンの灼熱 (シャクネツ) ◆eye-searing blues and purples 目に強烈な[まぶしい, けばい] 青色や紫色 ◆a searing bone-dry desert climate からからに乾燥した灼熱の砂漠気候

## search
1 *v.* (〜を求めて) 捜す [捜索する, 調べる, 漁る, 物色する]<for>]<コンピュ>《データの集り》を (ある特定のデータを探して) サーチ [検索] する<for> full-text searching [retrieval] 全文検索 ◆search a house 家宅を捜索する ◆search for ways to cope with... 〜に対処する方法を探す ◆search for a word across the entire text ある語を探してテキスト全体をサーチする[テキストを総なめ検索する, 全文検索をする] ◆search for reasons behind runaway crime figures とめどなく増加の一途をたどる犯罪件数の理由[原因, 要因] を探る ◆search on less than the full index key value 《コンピュ》 インデックスキー値の (全部ではなく) 一部分を対象に検索する ◆search the index for the occurrence of a string 《コンピュ》 ある文字列 (の出現) を探して索引をサーチ [検索] する ◆search through the contents of each record's third field 《コンピュ》 各レコードの第3フィールドの内容をサーチ [検索] する ◆they are searching for a new method to remedy... 彼らは〜を是正するための新しい方法を探している ◆search [explore] for oil and natural gas in areas with the potential for significant reserves かなりの埋蔵量が見込まれる地区で石油や天然ガスを探す [探鉱する] ◆search for the first record that matches the specified condition 《コンピュ》 指定された条件に合致 [一致, 適合] する最初のレコードを探す ◆search for ways [paths, avenues] to create a more streamlined and effective government より贅肉を削ぎ落とした効率的[スリム化した能率的] な政府をつくる方法を探す [道を模索する] ◆search the list based on more than one search specification 《コンピュ》その表を複数の検索 (条件) 指定に基づいて検索する ◆search through the file for the first occurrence of "R&D" 《コンピュ》そのファイルで最初に出てくるR&D (という語) を検索する ◆search across directories, drives, and networks by filename, file type, file extension, or text string 複数のディレクトリ, ドライブ装置, およびネットワークに渡って, ファイル名, ファイル種別, ファイル拡張子, あるいはテキストストリング [文字列] を検索条件として検索する ◆Time number searching – that is, searching for pictures that correspond to the elapsed playing time from the beginning of a program – is possible on CLV discs. 《AV》時間サーチ (つまり, 番組の最初からどれだけ時間が経過したかによって画像を検索すること) が, CLVディスクでは可能だ.

2 *a* 〜 捜索, 調査, 探索, 探求, 《コンピュ》 検索 ◆in search for... 〜を捜して[求めて] ◆begin a search for... 〜の捜しを始める ◆be on a search for... 〜を探索 [捜索] 中である ◆conduct a search 捜索を行う; 検索する ◆make a search for... 〜を探索 [捜索] する ◆perform [do, conduct] a search 検索を行う [実行する]. 検索する ◆a search area 捜索区域; 検索領域 ◆a search warrant 捜索令状 ◆search software; a search engine 《コンピュ》 検索ソフト [サーチエンジン] ◆a search term 検索語; サーチで探す語 ◆a search-and-replace operation 《コンピュ》 検索・置換処理 ◆a search will be done thoroughly 捜索 [捜査] が徹底的に行われる (ことになっている) ◆be engaged in a search for... 〜の捜索にたずさわっている ◆narrow (down) the focus of search [scope of search] (行方不明者などの) 捜索範囲 [〈情報などの〉 検索 (範囲)] を狭める [絞る, 限定する] ◆run a search 検索を実行する; サーチをかける ◆a word processor's string-search function ワープロの文字列検索機能 ◆deep-sea search and recovery operations 深海捜索・回収活動 ◆Enter search criteria:___ 検索条件を入力してください:___ ◆narrow the search using various parameters いろいろなパラメータを使って検索を絞り込む ◆We've cordoned off certain areas of the city and have launched house-to-house searches for the terrorists, who remain at large. そして逃走中のテロリストをしらみつぶしに捜索するためのローラー作戦を開始した. ◆if the search fails to find a matching record 《コンピュ》その検索で一致 [適合, 合致] するレコードが見つからなかった場合 ◆perform searches from selection criteria defined by the user 《コンピュ》 ユーザーが定義した条件で検索する ◆A search for X has resulted in the discovery of Y. Xを見つけようとしていたことが結果としてYの発見につながった. ◆Finding a job shouldn't be a job. Scan 75 job sites in one search. 職探しが仕事であってはいけません. 75以上の求人サイトを1回の検索でスキャン [《意訳》一度に検索] しましょう. (*インターネット広告) ◆The function allows users to narrow the scope of a search to certain parts of the CardFile. この機能を使って, ユーザーは検索 [探索] の範囲をCardFileの特定の部分に絞り込むことができる. ◆Wildcards are symbols that act as variables in a search word. ワイルドカードとは, 検索キーワード中で変数の役割をする記号のことです. ◆The Word Wheel, which displays while entering search criteria, makes searching easier. 検索キーワードの

**in search of** 〜を捜して、〜を求めて ◆in search of employment 職を[探して]求めて ◆wade through the rubble of collapsed buildings in search of bodies 遺体を捜索して倒壊ビルのがれきの中を苦労しながら進む

**searchability** 〈データベースなどの〉検索性

**searchable** adj. 検索できる、検索可能な ◆machine-searchable 機械検索可能な

**seasickness** 回船酔い、船暈(センウン) ◆a seasickness drug 船酔いの薬

**seaside** (通例 the 〜)海辺、海岸；海岸の、臨海の、海辺の ◆at seaside 海岸[リゾート]で ◆at seaside resorts 臨海リゾート地で

**season** 1 a〜 季節、季、シーズン、時節、時候、一期 ◆a season ticket (乗り物の)定期券[乗車券]；(ゲームやコンサートの)定期入場券、通し券 ◆an all-season tire オールシーズン・タイヤ ◆an end-of-season clearance sale 期末[季末]クリアランスセール ◆except at peak seasons ピークシーズン以外 ◆fruits [fish] in season 旬の果物[魚] ◆out-of-season fruits 季節外れの果物 ◆an out-of-season snowfall 季節外れの降雪；時ならぬ雪降り

2 vt. 〜に味付けをする、〜に(味[興趣])を添える<with>、〈木材〉を乾燥させる、〜を(気候、環境に)慣らす[習熟させる]<to>；vi. 乾燥して使えるようになる ◆seasoned lumber 乾燥木材 ◆well-seasoned lumber [timber] よく乾燥している木材[材木] (*lumberが米語、timberが英語) ◆natural-seasoned lumber 天然[自然]乾燥材；大気乾燥[調質]木材 (= air-dried lumber) ◆be seasoned with salt and pepper 塩とコショウで味付けされている ◆Jim is a terrific coach, well-seasoned and well-experienced. ジムはすばらしいコーチだ。にしろ年季は入っているし経験も豊富だ。 ◆The pastry almost melts in the mouth; fillings are generous and well-seasoned. ペーストリー(パイ)は口の中でとろけるといった感じだ。詰物はたっぷりで、味付けがとてもよい。

**seasonal** adj. 季節の、季節に関する、ある季節のみの、旬の、出盛りの(時期)の、時季的に食べ頃の ◆seasonal vegetables [fruits] 季節の[旬の、出盛りの、食べ頃の]野菜[果物] ◆a seasonal worker 季節労働者 ◆seasonal greeting cards 季節[時候]の挨拶のカード (*クリスマス、正月、卒業、母の日、父の日などのカード)；((特に))クリスマスカード ◆because of seasonal factors 季節要因のせいで ◆Those figures were adjusted for seasonal variations. それらの数字[統計]は、季節変動調整済みである。

**seasonally** adv. 季節によって、季節になると、ある季節に限って、周期的に ◆on a seasonally adjusted basis 季節調整済み(ベース)で；季節調整化して ◆seasonally adjusted figures 季節調整済みの数字[数値、統計]；これらの数字[数値]は季節調整されていない ◆In seasonally adjusted terms, exports to East Asia increased by $25 million, or 1 percent, in March. 季節調整済みで[3月期の東アジア向け輸出は2千5百万ドル、率にして1%増加した。

**seasoning** 回(種類は〜を)調味料、薬味、味付け、味加減、味[赴き]を添えるもの；〈木材の〉乾燥、枯らし、ならし ◆taste and adjust [correct] seasonings 味見をして味を加減する[整える]

**seat** 1 a〜 シート、席、座席、客席、議席、座部、座面、〈身体、衣服の〉尻、台座、基底部 ◆取り付け[設置]位置、所在地、拠点、中心地 ◆a train seat reservation ticket 列車座席予約[指定席]券 ◆a two-seat sports car 2人乗りの[複座型]スポーツカー ◆a 60-seat [-person] meeting room 60人収容の会議室 ◆a seat [seats] in [of] a theater 劇場の客席 ◆passengers get firm seat assignments 乗客には確定した座席が割り当てられる；座席は指定になっている ◆rear-seat occupants 《車》後部座席の乗員 ◆scramble for seats on [in] trains 列車の座席を奪い合う[(我先にと)取り合いをする] ◆a forward-facing seat 前方を向いている[前向きの]座席 ◆Is this seat taken?; Will someone be using this seat? この席、空いていますか[誰かお掛けになりますか] ◆reserve seats on the Metroliner to New York ニューヨーク行きメトロライナーの座席を予約する ◆New York City is the seat of the United Nations. ニューヨーク市は国連の拠点[所在地]である。 ◆Reservations for seats at RFK Stadium were made by calling... RFKスタジアムの座席予約[前売り指定席申し込み]は〜への電話によって行われた ◆if there are two passengers plus the driver in the front seat of a car 車の前部座席に乗員2人とドライバーがいる場合 ◆There are no assigned seats. 指定席[座席指定]はない。 ◆The battery is under the rear seat on the right side of the car. バッテリーは、後部座席の下、車の右側にある。 ◆The popular events fill quickly, and church officials recommend you arrive early to get a seat. これらの人気の高い行事はすぐに一杯[満員、満席]になるので、教会の役員らは席を確保するには早めに到着[来場する]するよう勧めている。

2 vt. 着席させる、〈人数〉を収容する[の座席収容力がある]、取り付ける、設置する、すえる；vi. ぴったりはまる ◆a seated operator 着席している操作員 ◆Please remain seated. 席をお立ちにならないで、そのままお待ちください。 ◆the auditorium seats only 68 このホールは68人分の座席しかない[68人の座席収容力しかない] ◆vary your posture from a seated to a standing position あなたの姿勢を座位から立位に[腰掛けた状態から立った状態に]変える ◆Make sure it is properly seated. それが正しく据え付けられているか確かめてください。

**seatbelt, seat belt** a〜 シートベルト、安全ベルト ◆unlatch a seatbelt シートベルト(の掛け金)を外す ◆wear a seatbelt シートベルトを着用する ◆Please fasten your seatbelt. シートベルトをお締めください。

**-seater** 一人乗りの乗り物 ◆a two-seater 2人乗りの乗り物

**seating** 座席を備えること、着座させること、座面の材料、座席配置；〜台座、基底部 ◆(a) seating capacity 座席定員、客席数、座席収容能力、収容力、収容人数、乗車定員 ◆Seating order on the bus:... バス内の席順は次の通り：〜 ◆spacious six-across seating ゆったりした横に6人掛けの座席配置 ◆(飛行機などの) in approximate order of their seating placement ほぼ彼らの座席の配置順[席順]に ◆the restaurant has a seating capacity of 700 このレストランの客席数は700席である ◆adjust the seating position to suit oneself 自分に合わせて着座位置を調整する

**seawater** 回海の水、海水 ◆in seawater 海水中に ◆desalinated seawater 脱塩されている[塩分が取り除かれている]海水

**seaweed** 回海藻、海草 ◆(a) seaweed salad 海藻サラダ ◆dried (laver) seaweed 板海苔 ◆4 sheets of toasted nori (a seaweed used to wrap sushi) 焼き海苔4枚(すしを巻くための海藻)

**seaworthiness** 回耐航性、堪航性 ◆check... for seaworthiness 〜の耐航性を調べる

**SEC** (Securities and Exchange Commission) the 〜 (米)証券取引委員会

**SECAM** ◆the SECAM color television system セカムカラーテレビジョン方式 (*フランスの方式、フランス、東欧およびソ連を始めとする旧ソ連を構成していた各共和国での標準方式)

**seclusion** 回隔離、隔絶、隠遁(イントン) ◆retreat to life of seclusion (隠遁生活へと)引きこもる

**second** (2nd)〜twenty second, thirty second, ... の略記は、22nd, 32nd, ... 1 adj. (通例 the second...の形で)第2の、2番目の、次位の、〜に次ぐ<to>；(a second...の形で)もう一つの、別の、付加の、補助の、追加の、2つめの 《無冠詞》でセカンドギア[第2速]の；adv. 第2に、2番目に ◆for a second time 2回目[2度目]に；今一度、もう一度、再度、再び ◆(the) second time around 2回目[2度目]に ◆a second derivative 2階導関数 ◆as the second step 第二のステップ[第2段階]として ◆a [the] second harmonic 第2高調波 ◆during the second half of 1994　1994年の後半[下半期,下期]の間に　◆(for) the second and subsequent times　2回目以降は[に];次回からは　◆get a second opinion <from>　〈専門家などから〉セカンドオピニオン[別(の人)の意見]も聴く　◆in the second half of 1995　1995年の後半[下半期,下期]に　◆in the second [latter] half of June　6月の後半[下半期,下期]に　◆look for a second wife　二度目の妻[後妻,後添い,後添え]を探す;〈イスラム教徒が〉第二夫人を探す　◆on second thoughts　考え[思い]直して　◆the second-best seller　売れ行き第2位の商品　◆Gorbachev's second-favorite buzzword "glasnost"　ゴルバチョフの2番目に好きな標語「グラスノスチ」　◆be awarded a second Nobel Prize　2度目のノーベル賞を授与される　◆priority was given to A and B was relegated to the second place　Aを優先し, Bは二の次にされた　◆A built-in cutter eliminates the need for a second tool.　カッターが内蔵されていますので, 別の[ほかに]工具を要しません。　◆As a steel producer, Italy is second only to Germany within the European Union.　鉄鋼生産国として, イタリアは欧州連合内でドイツに次ぐ2位である。　◆A second [The second] step involves privatization.　第2段階は民間経営への移行を伴う。　◆The dynamics of this car are second to none.　この車の動力性能は他のどの車にも引けをとらない[トップを走っている]。　◆The Redskins beat the Cowboys a second time this season.　レッドスキンズはカウボーイズを今シーズン再び[再度]下した。　◆The second round of field work was completed during May 5-15, 2000.　第二次フィールドワーク[2回目の現地観察]は2000年5月5日〜15日に完了した。　◆We gave him a second chance.　我々は彼に再度チャンスを与えた。　◆China is second only to the Soviet Union as a wheat customer.　中国は, 小麦の得意先[輸入国]としてソ連に次ぐ第2位である。　◆Pressing the same button a second time executes the highlighted command.　同じボタンをもう一度押すと, 強調表示されたコマンドが実行される。　◆At the graveside, his coffin was opened for a second time so mourners could pay respects to Grinkov.　墓地のそばで, 弔問客がグリンコフに(最後の別れの)挨拶ができるよう, 再び彼の棺が開けられた。

2　n.　《通例 the 〜》第2のもの, 2番目のもの;回第2速[セカンドギア];a 〜　二流[2級, 2等, 2度]の;《通例 〜s》傷もの　値引き商品　◆be [rank, come in, finish] a close second <to, behind>　〈…の後で[〜に追る]〉2位である[につける, 入る, (という結果)になる];僅差で次点になる　◆during the second-to-third gear upshift　〈車〉2速から3速へのギアアップシフト[ギアチェンジ]の間に

3　vt.　を支援する, 加勢[助太刀(スケダチ)]する;〈動議, 決議に〉賛成する[を支持する]

4　a 〜　(時間の単位の)秒, (角度の単位の)秒, 瞬間, ちょっとの間　◆by a thin tenth of a second　わずか10分の1秒の差で　◆in a fraction of a second　(直訳)何分の1秒で;コンマ何秒で;一瞬のうちに　◆shoot at 1/500th second　500分の1秒のシャッタースピードで撮影する　◆A fraction of a second [A split-second] later, ...　コンマ何秒後には[間髪を入れず, すかさず, 直ちに, 直後に, 即, ...　◆take between several tenths and several hundredths of a second　十分の数秒[数百ミリ秒, 数百 msec.]から百分の数秒[数十ミリ秒]かかる

**secondary**　adj.　副-, 従-, 副次的な, 従属的な, 二次的な, 第2の, 2次の, 2位の, 二流の, 《電気》二次(側)の, 《化》第2(級)-, (*炭素原子の位置関係を表す), セカンダリ　◆a secondary air fan [mixer]　二次空気ファン[混合機]　◆a secondary storage (= auxiliary storage)　二次[補助]記憶装置　◆a secondary cell [battery]　二次電池(= a rechargeable cell [battery], a storage battery)　◆a secondary industry　第二次産業　◆be used only in a secondary manner [way]　単に二次的に, ほんの補助的に]用いられた場合　◆bullying in elementary and secondary schools　小中学校[中学校と中学校]におけるいじめ(*米国紙の日本についての記事から)　◆The IRFBL3703 is a 30V MOSFET for secondary-side, synchronous rectification.　IRFBL3703は, 2次側同期整流用の30V MOS FETです。　◆This situation has brought about a secondary problem [secondary troubles].　この状況は二次的な問題をもたらした[二次障害を引き起こしている

た]。　◆Safe sex education has been widely implemented in the primary and secondary education systems of Australia.　安全なセックスに関する教育は, オーストラリアの初等・中等教育制度において広く実施されてきた。

**second-born**　a 〜　2番目に生まれた子, 第2子; adj.　2番目に生まれた, 2人目の　◆my second-born grandson　私の2人目の孫息子

**second-generation**　第2世代の, 2代目の

**secondhand**　adj.　セコハンの, 中古の, お古の, 古物の, 使い古しの; 間接的な, また聞きの, 受け売りの; adv.　◆a secondhand car dealer　中古車ディーラー　◆secondhand smoking　二次[間接]喫煙　◆secondhand information about [concerning, on]...　〜に関する間接的に得た[また聞きで仕入れた, 受け売りの, 人から伝え聞いた, 孫引きで引用した]情報　◆secondhand knowledge from others　他人からの受け売りの知識　◆to prevent recirculation of secondhand smoke　(他人が吸ったタバコからの)二次喫煙の煙が再循環しないようにするために　◆a pre-owned [secondhand] camera　中古[セコハン]カメラ　◆Secondhand smoke includes both exhaled mainstream smoke from smokers and sidestream smoke from the end of a cigarette, cigar, or pipe.　二次喫煙は, 喫煙者によって吐き出される主流煙, およびタバコ, 葉巻またはパイプの(火のついている)端から出る副流煙の両者を含む。(＊米EPAより)

**second-rate**　adj.　二流[二等, 二級]の, 劣った, 平凡な(mediocre)　◆become second-rate　二流になる[成り下がる, 落ちぶれる]　◆he's really a second-rate guy　彼は実に二流の男だ　◆some consider his poetry second-rate　彼の詩を[月並み]だと考える向きもある　◆to keep the country from becoming a second-rate power　この国が二流の国家[二等国]に成り下がらないようにするために　◆it could make the United States a second- or third-rate industrial power　それは米国を二, 三等工業国にしかねない

**second-rater**　a 〜　二流の[平凡な, 劣った]人[もの]　◆he is surrounded by second-raters　彼は二流の輩[人間]に取り囲まれている

**second source**　a 〜　二次供給者, セカンドソース; second-source adj.　◆as a second-source producer of...　〈製品〉の二次供給製造業者として

**second-source**　vt.　〜の二次供給者になる　◆The V-series CMOS microprocessors are second-sourced by Zilog, Inc.　Vシリーズの CMOS マイクロプロセッサは, ザイログ社が二次供給している。

**secrecy**　秘密, 内密　◆in secrecy　秘密裏に, ひそかに, こっそりと　◆a veil of secrecy came down around...　〜の周りに秘密のベール[ヴェール]が下りた　◆It's getting increasingly difficult to research in secrecy.　秘密裏に研究を進めることがますますもって困難になってきている。

**secret**　adj.　秘密の, 機密の, 内密の, 内々の, 隠れた, 秘められた; a 〜　秘密[機密, 内緒], 神秘[不思議, 謎(ナゾ)], 秘訣[極意, 鍵, 要諦(ヨウテイ)]　◆a secret code　〈コンピュ〉秘密コード　◆a secret key　〈通〉秘密鍵[共通鍵](cf. a private key)　◆a secret number　秘密の番号; 暗証番号　◆secret information　機密[秘密]情報　◆a female secret agent　女性の秘密諜報員[情報部員, スパイ, 諜略要員, 特務工作員, 特殊工作員, 秘密工作員, 秘密偵察員, 密偵]　◆a top-secret file　最高機密ファイル　◆the project was shrouded [cloaked] in secrecy　この計画は秘密に包まれていた　◆the secrets of the universe　宇宙の謎(ナゾ)　◆voluminous reports marked "secret"　大量の丸秘報告書　◆we have got a CIA report classified as top secret　我々は CIA の極秘扱いの報告書を入手した　◆It is no secret that...　〜ということは周知のことである。　◆protecting the identity and commercial secrets of bank customers　銀行利用客の個人情報および取引の秘密を[個人情報や取引情報が外部に漏れないよう]守る　◆The secret of software success is not merely top quality, but...　ソフトウェアの成功の秘密[秘訣, 要諦(ヨウテイ)]は, 最高の品質だけでなく〜　◆you have to keep your job hunt a secret　あなたは自分が職探しをしていることを秘密にしておかなければならない　◆They kept some of the secrets

to themselves. 彼らは、これらの秘密の一部を自分たちだけのものにしておいた.
**in secret** 秘密に, 内密に, 内密に, 内緒で, ひそかに, 内々に, (陰で)こっそりと, 人知れず, 人目を忍んで[かすめて]

**secret agent** a ~ 秘密諜報員, 情報部員, (軍事)スパイ, 謀略要員, 特務[特殊, 秘密]工作員, 秘密偵察員, 密偵 ◆James Bond, 007, is a fictional British secret agent created by Ian Fleming in the 1950s. ジェームズ・ボンド「007」は、イアン・フレミングが1950年代に創造した架空の英国諜報部員である.

**secretary** a ~ (pl. -taries) 秘書, 書記, 幹事, 書記官, 秘書官, (英)次官; (大文字で始めて)(米)(省の)長官, (英)大臣 (*ただし新設の省ではMinister); a ~ 書きもの机 ◆Deputy Secretary of State Strobe Talbott ストローブ・タルボット国務副長官 ◆General Secretary Kim Jong-il 金正日総書記(*北朝鮮の) ◆She is secretary to the president. 彼女は社長秘書をしている.(*a secretaryとすると、彼女は複数の社長付き秘書の中の一人ということになる) ◆Treasury Secretary [Secretary of the Treasury] Robert Rubin (米)ロバート・ルービン財務長官 ◆Former United Nations Secretary-General Boutros Boutros-Ghali is... ブトロス・ブトロス・ガリ元国連事務総長は、... ◆President Bush and Secretary of State Colin Powell ブッシュ大統領およびコリン・パウエル国務長官 ◆Anson Chan, Hong Kong's Chief Secretary for administration; Hong Kong's Chief Secretary for Administration Anson Chan 香港の政務官陳方安生(アンソン・チャン) ◆a part-time receptionist-secretary パートの受付係兼秘書

**secrete** vt. ~を分泌(ブンピ, ブンピツ)する ◆an endocrine [internally secreting] gland 内分泌腺 ◆secrete excessive amounts of growth hormone 成長ホルモンを過剰に分泌する ◆Hormones are secreted into the bloodstream by the endocrine glands and transported to their target tissues. ホルモンは内分泌腺により血流中に分泌されて目的とする組織に運ばれる.

**in the secret** 秘密を知って, 秘密を知らされて, 秘密に通じて ◆a participant in the secret 秘密を知っている関与者[参加者, 参与者, 関係者, 協同者]

**secretly** adv. 秘密に, 秘密裏に, ひそかに, 内密に, 隠れて, こっそりと, こそこそと, 内緒[内証]で, 内々で, 人目を忍んで, 内心で ◆prosecutors had secretly recorded phone conversations of the suspects 検察官らは、容疑者らの通話を、悟られないように録音した

**secretory** adj. 分泌に関した, 分泌を促す, 分泌性の ◆perform endocrine [internal secretory] functions 内分泌機能を果たす

**secret police** the ~ 秘密警察 ◆create a secret police 秘密警察を創設する

**section** 1 a ~ 区分[区域, 区画, 区間], 部分, 部門, 〈文書の〉節[部, 段落, 項, 欄], 課, 部, 部署, セクション; (a) ~ 切断(面), 切り口, 断面(図), 切開 ◆a drawing of a section of... ~の断面図 ◆a section view of... ~の断面図 ◆a section of a road 道路の一区画 (鉄道の)線路[路線]の区間 ◆a curved section of a road 道路の曲線部 ◆a section drawing of an axial fan 軸流ファンの断面図 ◆(Cross-)Section A-A' A-A断面(*図面上の表記, crossが付くことは少ない) ◆move, copy, save or delete sections of text 本文を部分的に移動、複写、保存、または削除する ◆the tuner section of a VCR ビデオデッキのチューナー部 ◆horizontal section through... ~の縦断面 ◆as described in the section on adjusting the ring gear リングギアの調整の節で述べたように ◆measure the thickness of the section to be radiographed X線撮影する部位の厚みを測定する ◆select the correct sections of tape to play back 再生するためにテープの的確な箇所を選ぶ ◆the phonograph-record section of the department store そのデパートのレコード売り場 ◆under Section 6 of this specification 本仕様書の第6節で ◆I read with interest the special section on... 私は、~についての特集欄を興味深く読んだ. ◆the remarks entered in the address section of the form その書式の住所欄に記入されている備考 ◆Section 108 of the 1976 United States Copyright Act 1976年施行の米国著作権法の第108項 ◆See "To Care for Your Juicer" section. 「ジューサーの手入れ」の節を参照してください. ◆See the earlier section "To replace alternator" for the proper procedure. 適切な手順については、前出の「交流発電機の交換」の項を参照してください ◆With MRI and the CT scanner, the body can be seen in sections, "like slices in a loaf of bread." 《意訳》MRIやCTスキャナを使えば、身体を「食パンのスライスのように」輪切りにして見ることができる.

2 vt. ~を区分[区画]する, 分ける, 切断する; vi. 部分に分かれる

**sector** a ~ 部門, 分野, 領域, セクタ, 扇形, 《コンピュ》セクタ; vt. ~をセクタに区切る ◆has the shape of a sector 扇を開いた形[扇形]をしている

**secular** adj. 世俗の, 現世の, 宗教的でない; 長年の, 長い過程での, 一世代[世紀]に一度の ◆a secular bull [→bear] market 長期上昇[→下降]相場 ◆by secular changes in... ~の永年[経時, 経年]変化により ◆due to a secular variation of... ~の永年変化[経年変化, 《天文》永年差]のせいで

**secure** 1 adj. 安全な, 安全確実な, 安心な, 安泰な, 確保された, 安定した, 固定された, セキュリティ保護された, 《通》暗号化された, 秘匿(ヒトク)対策のとられた, セキュアな ◆a secure-voice [an encrypted-voice] communication system 暗号化音声通信システム ◆the Secure Digital Music Initiative (SDMI) デジタル音楽著作権保護協議会[協会] (*(直訳)安全なデジタル音楽構想) ◆an investment that will make your future more secure あなたの将来をより確実なものにするであろう投資 ◆his place in boxing history is already secure ボクシングの歴史に占める彼の位置はすでに確固たる「揺るぎない」ものになっている ◆They feel their jobs are less secure than three years ago. 彼らは、3年前よりも雇用が安定していないと感じている. ◆Check that the cable to the welder is firmly secured and secure. 溶接機につながっているケーブルが、良好な状態でしっかり取り付けられていることを確認せよ. (*secure自体で「確実に取り付けられている」の意)

2 vt. ~を確保[獲得]である, 確実にする, 保証する, 固定する[留める, 取り付ける], ~を安全にする, ~をセキュリティ保護する, 厳重に保管する ◆secure a contract 契約を獲得する ◆secure work 被加工物をしっかり固定する ◆the securing of stability of funding 資金調達の安定性[安定した資金]の確保 ◆the securing of trailers to flatcars 無蓋貨車へのトレーラーの固定 ◆to secure support from... 〈人〉の支持を取り付ける[確保する, 獲得する]ために ◆try to secure information on... ~に関する情報を得ようとする ◆a Velcro-secured flap マジックテープで留めてある[マジックテープ式]フラップ ◆secure the cover with the four mounting screws 4個の取り付けねじでカバーを固定させる ◆secure the module to the chassis by screws そのモジュールをシャーシにしっかりとねじで取り付ける[ねじ留めする] ◆until a new permanent water supply can be secured 新規の恒久的な水の供給が確保できるまで ◆Air supply hoses must be secured against inadvertent disconnection. 空気供給[給気]ホースは、不用意に外れる[間違って抜ける]ことのないよう万全を期すること.

**securely** adj. しっかりと(固定して), 確かに, 確実に, 安全に, セキュリティ上安全に, 機密を守って ◆tighten the nut more securely ナットをもっとしっかり[堅固に]締める ◆A load rating chart, with clearly legible letters and figures, shall be securely fixed at a location easily visible to the operator. はっきりと読みやすい文字と数字で書かれた定格荷重表を、運転員の見やすい場所に、容易に取れないよう貼り出す[掲示する]こと, (*securely=確実に, しっかり固定して=容易に剥がれないように)

**securitization** 《金融》セキュリタイゼーション, 証券化 ◆mortgage securitization モーゲージ[不動産担保]の証券化 ◆(the) securitization of real estate 不動産の証券化

**security** 1 安全, 安心, 無事, 安泰; 保全性, セキュリティ; (a) ~ 機密保護, 安全保障, 警備, 防衛, 保安, 安全対策, 警備態勢, 警備要員, 警備部門, 警備会社; 保証, 抵当, 担保(物件), 敷金 ◆with security 安心して[心配なく, 確実に保証さ

れて、自信を持って]◆a security deposit　保証金　◆a security force　治安(維持)部隊　◆computer security　コンピュータの機密保護[セキュリティ]　◆job security　雇用保証[保障]　◆password security　パスワードによって守られているセキュリティ[*不正アクセスに対する安全の確保・保証]　◆security measures　安全保障のための対策; 安全策; 保安策; 治安対策; (意訳)警戒態勢[体制]; 警備措置[施策]; セキュリティ対策　◆the National Security Council　(米)国家安全保障会議　◆the Security Police　米空軍憲兵(隊)　◆an International Security Assistance Force (ISAF)　国際治安支援部隊　◆biometric security　生物測定学を応用した警備(*個人個人で異なる指紋, 声紋, 網膜の血管の模様などを鍵にするセキュリティ)　◆airport security checks　空港での航空保安検査　◆as security for payment of a debt　債務弁済の担保として　◆a top-security facility　警戒が極めて厳重な[水も漏らさぬ警備の]施設　◆from a national security standpoint　国家の安全保障といった観点から　◆heavy security　厳重な警戒[セキュリティ]; 物々しい[水も漏らさぬ]警備　◆security against risks　リスク[危険・損害を受ける恐れ]の無いこと　◆under tight [heavy] security; amid tight [heavy] security (arrangements)　(順に)厳重な[物々しい]警戒のもとで; 厳重な警戒(態勢)の中で　◆department-wide data security　部門全体にわたるデータの機密保護　◆a lock for maintaining the security of the trunk　(自動車後部の)トランクルームの安全を守るための錠　◆break the security of the system　そのシステムのセキュリティ[機密保護]を破る　◆deliver... as security for (the payment of) a debt　～を借金(の返済)の担保として差し出す　◆lack security measures against others' listening-in　～は盗聴に対する防衛対策に欠けている　◆need very high levels of security　非常に高いレベルの[高度の]セキュリティを必要とする　◆receive instructions from the head of the Security Police　公安警察長から指示[指図, 命令, 指令]を受ける　◆while retaining a high level of security　高いセキュリティを維持[保持]しながら　◆guidelines should be developed to ensure adequate protection of security and personal privacy　機密保護[保持]と個人のプライバシーの保護が十分にできるよう保障するためのガイドラインが策定すべきである[(意訳)指針を策定すべき]である　◆if Japan and Germany become permanent members of the Security Council　仮に日本とドイツが(国連の)安全保障理事会の常任理事国になれば; (意訳)日・独が国連安保理入りすると　◆A password ensures security against unauthorized access.　パスワードは, 不正アクセスに対するセキュリティ[防衛, 保安]を確実なものにする.　◆The US embassy has been placed under heavy security.　アメリカ大使館に厳重な警戒[物々しい警戒]態勢が敷かれた.　◆Those systems failed to provide adequate security of information.　それらのシステムは情報の機密保護を十分に守れなかった.　◆You can look forward to your future in this field with security.　この分野におけるあなたの将来は安泰だと思っていいでしょう.　◆You get all the security of removable storage.　《コンピュ》(あなたは)着脱式記憶装置の安全性を全面的に確保することができます.(*ハードディスクをうっかり動作中に取り外そうとしてもデータが壊れないように設計されている話で)　◆The 2002 Winter Olympics in Salt Lake City begin tonight amid the greatest security presence in the history of the Olympic games.　2002年ソルトレークシティー冬季五輪がオリンピック史上空前の厳戒態勢の中今夜開幕する.　◆Almost all landlords require a security deposit which is a sum equal to one month's rent. Upon termination of the rental contract, this amount is refunded minus any damages and/or outstanding bills.　たいていの家主は, 家賃1カ月分に相当する金額を要求する. 賃貸借契約終了[解除]時に, この金額は返却されるが, 損害賠償や未払い請求分があればそれらは差し引かれる.　◆2　(通例 ～ties) (有価)証券, 債券, 株券　◆a securities analyst　証券アナリスト　◆a securities firm　証券会社　◆(a) securities investment　証券投資　◆a securities trading company　証券取引会社

**sedan**　[ə] ～ セダン (*4～6座の2ドアまたは4ドアの乗用車)　◆a sumptuous sedan　豪華なセダン

**sedate**　adj. 落ちついた, もの静かな, まじめな, 〈色など〉地味な; vt. 〈人〉に鎮静剤を投与する

**sedation**　[0]鎮静作用, (*鎮静剤などによる)鎮静状態　◆increase sedation of a terminally ill patient with the intention of relieving pain and suffering　疼痛と苦しみ[苦痛]を緩和する目的で末期患者のセデーション[鎮静]レベルを深める　◆massage has the effect of sedation of pain and relaxation of muscle spasms　マッサージには, 痛みを鎮静する効果と筋肉の痙攣を弛緩させる効果がある

**sedative**　adj.　鎮静作用のある; a ～　鎮静剤　◆a sedative (drug [agent]); (a) sedative medicine　◆a sedative [tranquilizing, calming, soothing] effect　鎮静効果

**sediment**　(a)～澱(オリ)(*沈んで底にたまった滓(カス), 沈澱物, 沈殿物, 堆積物＊土砂などの)　◆He studied sea floor sediments called turbidites, or layers of mud.　彼はタービダイトと呼ばれる海底堆積物, すなわち泥質堆積層を研究した.(*turbiditeは混濁流により大陸から深海に運ばれた陸源堆積物)

**sedimentary**　adj. 澱(オリ)[沈澱物, 沈殿物, 堆積物]の, 沈澱物[堆積物]に関する[を含む], 《地》堆積[沈澱]により形成された　◆a sedimentary basin　堆積盆地, 堆積盆　◆a sedimentary layer; sedimentary strata　沈澱層; 堆積層　◆sedimentary deposits　堆積[成層, 水成]鉱床　◆these rocks are granite and sedimentary　これらの岩石は花崗岩および堆積岩[水成岩]である

**sedimentation**　[0]沈殿[沈澱], 沈降, 沈降分離, 堆積(作用), 堆砂, 血沈　◆a sedimentation basin　沈澱池[沈殿池](= a settling basin, a settling reservoir, 《鉱》a settling pond, 《水力, 土木》a sand trap)　◆a sedimentation tank　沈澱[沈殿]タンク[槽]　◆sedimentation has occurred or is taking place　沈澱[沈殿]が起こったか, または進行している(最中である)　◆Humus is created by the process of sedimentation of geological and biological layers.　腐葉土は, 地質学的および生物学的層の堆積作用によりつくられる.

**seduce**　vt. 誘惑する, たぶらかす, そそのかす <into, (away) from>, 魅する, 惹きつける

**see**　1　vt., vi. 見る, 見える, 会う, お目にかかる, 見なす, 見て取る[見受ける, 認める], 拝見する, 認識する, 理解する, 気付く, 想像する, 予見する　◆go to the airport to see them off　彼らを見送りに空港に行く　◆see text on-screen　画面上でテキストを見る　◆a large, easy-to-see LCD display [LCD monitor]　大きくて見やすいLCDディスプレイ[((意訳))視認性に優れた液晶ディスプレイモニター]　◆can be seen from the truth table　真理値表から分かる[((意訳))明らかな]ように; (意訳)この真理値表を見てお分かりいただけると思いますが,　◆cannot be seen by the user　ユーザーには見えない　◆see him off at the railroad [train] station　彼を(鉄道)駅で見送る　◆a feat that must be seen to be understood　見てみなければ[見てみなくては, 見てみなきゃ]分からない離れ技　◆a friend (whom [who]) I haven't seen in close to [almost] ten years　10年近く会っていない友人(▶inのかわりにforも用いる. who はぬけた用法)　◆after an apparition of a ghost has been seen　幽霊(の出現)が目撃された後で　◆a throwable life-saving ring of the type you see on cruise ships　巡航客船でよく見かける, 投げて使える救命浮き輪　◆the clear plastic cases used by Canon make it very easy to see visually whether the ink is out or not　キヤノンが使っている透明プラスチック容器は, インクがなくなったかどうか非常に見やすく[((意訳))一目で分かるように]なっている　◆the country's see-no-evil policy toward drug traffickers　都合の悪いものは見て見ぬふりをするといったその国の麻薬密売者に対する政策　◆when poor visibility prevents you from seeing clearly　視界が悪くてはっきり見えにくいときに　◆Whether he can... remains to be seen.　彼が～できるかどうかは今後を許さない.　◆Mia's height makes her easy to see in the crowd.　ミアは背が高いので人混みの中で見つけられる[目立つ].　◆She was last seen last week.　彼女が最後に目撃されたのは先週のことである.　◆Some companies see an increasing need to <do...>　一部の

企業は、~する必要性がますます高まってきていると見ている。 ◆The past few years have seen a flood of notebook computers. ここ数年の間に、ノート型コンピュータの洪水を見た［ノート型機が洪水のように出現した］。 ◆We won't see them for a few years yet. それらの出現までにはあと数年かかるだろう。 ◆It was not until the mid-eighties that the building became as we see it now. この建物が現在の姿になったのは、80年代半ばになってからです。 ◆One glance at the speedometer, and you see that you're driving rapidly indeed. 速度計をちょっと見れば、確かに［事実、実際に］高速で走っているのが分かる。 ◆Recent years have seen significant advances in the area of... 近年、~の分野で著しい進歩が見られた。 ◆Smaller vehicles are difficult to see and motorists must be alert and observant. 小型車両は見えにくいので、自動車を運転する人は注意を怠らずよく見るようにしていなければならない。 ◆We'll see more farm bankruptcies, more nonperforming loans and more bank closings. この先さらに多くの農場破産、焦げ付き融資、銀行閉店［銀行の廃業］を見ることになろう［があるだろう］。 ◆In modern computer-assisted instruction systems (CAI), we can see considerable progress toward addressing these needs. 最新のコンピュータ支援学習（CAI）システムにおいては、これらのニーズに応える方向でかなりの進歩を見ることができる。 ◆It remains to be seen whether the analog cassette tape recorder will survive competition from the DAT recorder. アナログカセットテープレコーダーは、デジタルオーディオテープレコーダーとの競争で生き残れるかどうか予断を許さない。 ◆Progress in workstation development has been particularly rapid in recent years, and we are seeing the mass production of very inexpensive graphic workstations. 近年、ワークステーション開発における進歩がとりわけ速く、私たちは非常に安価なグラフィック・ワークステーションの大量生産を見ることができる。 **2** vt., vi. 参照する、調べる、確かめる；《(see (to it) that...の形で)~するように注意する［気を付ける、気を配る、心がける、留意する、配慮する、取り計らう、努める、目を光らせる、監視する］》 ◆...(see figure 2). ~《図2参照》 ◆Check to see the following: 次の点を確認してください： ◆I'll see to it that... 〜となるよう心がけ［努め、留意し、配慮し、気をつけ、注意し、監視］する ◆Please see below for instructions on how to <do...> ~のしかた［方法］については、以下をご覧ください ◆See Chapter 2 for details [more information]. 詳しくは、第2章を参照してください。 ◆see to it that the law is complied with この法律が守られるよう目を光らせる［司法の遵守の徹底を図るべく監視する］ ◆see if there is voltage available to the nonfunctioning component 機能していないその部品に電圧がかかっているか調べる ◆"If you..., I will see to it that you get a $10,000 bonus." 「もし君が、~なら、君に1万ドルのボーナスが入るよう取り計らおう。」 ◆See (to it) that you arrive on time! 時間通りに到着するようにしてください。 ◆See to it that your home is as energy efficient as possible. あなたの家庭ができるだけエネルギー効率がよくなるよう留意してください。《(意訳)》ご家庭での省エネに努めましょう。 ◆Check to see that the headlights and directional signals function. ヘッドライトと方向指示器が機能することを確認してください。 ◆See the earlier section "To replace alternator" for the proper procedure. 正しい手順については、前出の「交流発電機の交換」の項を参照してください。 ◆We will do our very best to see to it that you are pleased with your purchase EVERY TIME! If EVER you are not satisfied, please do not hesitate to call me directly at 123-456-7890. お買い求めいただいたびにお客様に喜んでいただけるよう全力を尽くす所存です。万一ご満足いただけない場合は、お気軽に直接私め（123-456-7890）までお電話ください。

**see through** ~を通して［透かして］見る、~を見破る；最後までやり抜く ◆... by the time people have seen through your lies, you're outta here! やつらが嘘を見透かす［見抜く］前に、そこを引き払ってしまってるってわけさ ◆If you start something, see it through to the finish. 何か事を始めるなら、とことん［最後まで］やりぬきなさい。 ◆If the light can be seen clearly through the filter element,... もしフィルターエレメントを透かしてライトがはっきり見えれば、 ◆When you can see through the

square hole, the floppy disk is protected. その四角い穴が（ふさがっていないで）開いている状態のときは、フロッピーディスクはプロテクトされています。

**Seebeck** ◆the Seebeck effect ゼーベック効果

**seed** (a) ~ 種、種実、種子、シード；the ~s《(比喩的)》種；v. 種をまく、種を取り除く ◆a seed crystal 種結晶［種晶、結晶の核］ ◆plant the seeds for future success 将来成功を勝ち取るために種をまく ◆sow seeds of hope among... 〈人々など〉の間に希望の種をまく ◆sow the seeds of an even greater war より大規模な戦争の種をまく ◆The seeds of civil war are being sown. 内戦の種はまかれつつある。 ◆Plant the seeds for future success by widening your circle of social and business contacts. 社会的また仕事関係での交際の輪を広げ、これから先の成功のための種をまくようにしよう。

**seed money** 元手、元金、新規事業開始資金 ◆seed money to start a business 事業を開始するための元金［元手］ ◆With $30,000 in seed money, he has launched a cottage industry. 3万ドルの元手に、彼は家内工業を始めた。 ◆Within a few weeks, his $2,000 in seed money had dwindled. (事業開始後)数週間のうちに、彼の2000ドルの元手は次第に減っていった。

**Seeing Eye, seeing-eye**《ニュージャージー州Morristown近くの盲導犬訓練所 Seeing Eye, Inc.の名から》 ◆He lives alone with a Seeing Eye [seeing-eye] dog and is remarkably independent. 彼は盲導犬と一緒に一人暮らしをしていて非常に自立している。

**seek 1** v. 捜し求める、得ようとする、探る、求める［仰ぐ、乞う］、要求する、頼る、当てにする、~しようと努める<to do>、《コンピュ》シークする ◆seek advice [guidance, opinions] from... 〈人〉の助言［指導、意見］を求める［乞う、仰ぐ］ ◆foreign officials seeking bribes 賄賂を要求している外国の役人 ◆seek a judicial determination 法［裁判、司法当局］による決定を仰ぐ ◆seek external assistance in... -ing ~するに当たり外部の援助［支援、協力］を求める［仰ぐ］ ◆seek international aid 国際支援［援助、協力］を要請する［求める、仰ぐ］ ◆seek to keep the status quo 現状を維持しようとする ◆be much sought after 需要が多い［大いに求められている、引く手あまたの、人気が高い］ ◆countries seeking membership in the WTO 世界貿易機関への加入要望国 ◆much-sought-after 至極需要の多い［引っ張りだこの、人気の高い］ ◆Coordination with... was sought after. 〜との協調が図られた。 ◆determine what knowledge is sought どんな知識が求められているのかを見極める ◆seek a more organized method of solution より系統立った解決法を探る ◆seek the root of the equation《数》その方程式の解を求める ◆the advice and help of the appropriate authority should be sought 関係当局の助言と助けを求める［仰ぐ］べきである ◆the disk head seeks back to the home position ディスクヘッドがホームポジションにシーク［位置決め］復帰する ◆Seek the active cooperation of your co-workers and family members. 仕事の同僚や家族に積極的に協力してもらうよう頼むこと。 ◆We are always seeking [searching for, look for] new talent. 当社では常時新人を探して［《意訳》募集して］います。 ◆The computerized machine recognizes personal characteristics of the people seeking entrance to the room. コンピュータ化された機械は、その部屋に入ろうとする人たちの個人個人の特徴を認識する。
**2** n. a ~《コンピュ》シーク《*ディスクドライブの読み書きヘッドが目的の位置に移動する過程》 ◆do seeks《コンピュ》シークを行う ◆seek time シークタイム［シーク時間］

**seek out** 捜し出す、見つける ◆seek out new markets 新規の市場を探す；新しい販路を開拓する

**seeker** a ~ 捜す人、捜索者、探究者、希望者、志望者、希求する人、欲しがる人、~したがっている人、~を求める人、~を夢見る人 ◆opportunity seekers 機会をねらっている人々 ◆an asylum seeker 庇護［亡命］希望者

**seem** vi. ~であるように見える［思われる］、~らしい、~のように見える ◆make the world seem smaller 世界が小さくなったように感じさせる ◆People are not always what they seem. 人は見かけによらぬもの。 ◆there seems to be no way

道[方法, 術(スベ)]はなさそうだ; 無理[不可能]のように思われる ◆be offered at what seems like a remarkably cheap price 一見非常に安い値段で提供されている ＊だがその裏があって, 実際には高くついてしまう) ◆I'm really interested, but I don't want to seem like a stalker. とても関心を抱いているけど, ストーカーみたいに思われたくないんです。 ◆It seems like a promising idea to us. それは私たちにとって有望なアイデアのように思われる。

**seeming** adj. 外観上の, 見かけ上の, うわべの, 見せかけの; n. 外観, うわべ, 見せかけ

**seemingly** adv. みたところ, (一見)～のように見える[思われる], 外見では, 外観上, 表面上は, うわべは ◆a seemingly idiotic question 一見ばかみたいな質問 ◆a seemingly interminable struggle 果てしなく続くように思われる闘い ◆Doctors are finding that seemingly healthy children are lacking necessary iron in their bodies. (一見)健康そうに見える[健康とおぼしき]子どもたちの体内で必要な鉄分が不足していることが, 医師たちによって判明しつつある。

**seep** vi. しみ出る, しみ込む, 徐々に漏れる, 浸出[浸潤, 浸透]する; (a)～ しみ出ること(= seepage); a～ 小さな泉 ◆seep through the cracks in the wall 壁の亀裂から水が染み出る

**seepage** (a)～ しみ出し, 浸潤, 浸出, 浸透, 漏れ[しみ]出る液体, にじみ出る液体の[漏出]量 ◆a seepage containment liner (廃棄物埋め立て処理などのために地面に掘った穴の)内側を遮水する目的で覆う膜や粘土層 ◆seepage water from landfills (廃棄物)埋め立て処分場からの浸出水 ◆cutoff walls for seepage control at hazardous waste sites 有害廃棄物埋め立て処理場における水の浸出を抑える[遮水するための]止水壁

**seesaw** a～ シーソー(遊具), シーソーの; (a)～ シーソー遊び; (a)～ 上下[前後]運動, 一進一退, 抜きつ抜かれつの状態; adj., vt., vi. 上下[前後]運動させる, 上下[前後]に動く, 変動する ◆a seesaw motion 上下運動 ◆seesawing prices 変動している価格, (意図)価格変動 ◆a seesaw game [match, battle] ＜between＞ シーソーゲーム; 抜きつ抜かれつの試合 ◆it takes two to seesaw シーソーするには2人必要だ ◆QRV shares seesawed between $53 and $57 QRV社の株は53ドルと57ドルの間を揺れ動いた[上下した] ◆last spring's seesaw weather – hot one day, freezing the next 暑い日があったかと思うと翌日には凍りつくような寒さになる, という具合に変わりやすかった昨年の春の天候

**seethe** vi. 煮え立つ, 煮えたぎる, 沸騰する, 波立つ, 逆巻く; 《(比喩的)》沸き返る, 沸き立つ, 激高する, 騒然となる, ごった返す; vt. ～を浸す, 水につける ◆The country is seething with pent-up frustration. この国は鬱積(ウッセキ)した欲求不満で物情騒然としている。

**see-through, see-thru** 透けて見える, シースルーの ◆a see-through design スケルトンデザイン(＊透明あるいは半透明のケースを使って内部が透けて見える) ◆a see-thru tube シースルーの[透けて見える]チューブ

**segment** 1 a～ 区分, 部分, 線分, 扇形[弓形](部分), セグメント 2 a～ a straight-line segment 直線線分 ◆in the form of a segment of a circle 円の一部分[円弧]の形状に; 弧の形の ◆seven character-forming segments 文字を形作る7個の線分(＊電卓などの数字表示に用いられる, 「日」の字の形をした seven-segment displaysの話) ◆neatly divided into clear market segments 明確な市場区分にきちんと分けられて ◆the consumer banking segment of the finance industry 金融業界の消費者金融部門 ◆the pizza segment of the fast-food industry ファーストフード業界[産業]のピザ部門 ◆the initial 1.3-mile segment of the Las Vegas People Mover ラスベガス・ピープル・ムーバー線の最初の1.3マイル区間 ◆Workstations are the fastest-growing segment of the computer industry. ワークステーションは, コンピュータ業界で最も成長著しい部門[分野, 部分]である。
2 v. 分化する, segmentsに分ける[分かれる]; ((segmented の形で))セグメント化されて, いくつかのセグメントに分かれて[で構成されて] ◆the telescopic antenna is eight-segmented このロッドアンテナは8段式である

**segregate** v. (社会的に)分離[分け隔て, 隔離]する[分け隔て, 隔離, 差別]する; adj., n.

**segregation** 分離, 隔離, 差別, 分け隔て ◆segregation of similar parts 似通っている部品の隔離(＊混ざり合ってしまうのを防ぐ[混入防止の]ため)

**seine** a～ 引き網, 地引き網[地曳網]v. 引き網で獲る, 引き網漁をする ◆Fish are harvested using a seine [dragnet]. 魚は引き網で捕獲[漁獲]される。

**seismic, seismical, seismal** adj. 地震の ◆a seismic detector 地震感知器[検知器] ; (人工地震による地下探査に用いる)振動検出器[装置] ◆a seismic instrument 地震計 ◆a seismic isolation system 免震システム[装置] ◆seismic exploration [prospecting] 地震探査, 弾性波探鉱[探査](＊人工地震による) ◆a seismic intensity scale 震度階[階級] ◆generate seismic waves 地震波を発生させる

**seismograph** a～ 地震記録計

**seismology** ◎地震学 ◆the IASPEI (International Association of Seismology and Physics of the Earth's Interior) 国際地震学地球内部物理学協会

**seismometer** a～ 地震計

**seismoscope** a～ 感震器(＊地震の発生または発生時刻のみを記録するもので地震の大きさは記録できない)

**seize** v. (ぐいと)つかむ, 差し押さえる, 没収する, 押収する, 奪う, 奪い取る, 奪取する, とらえる, 拿捕(ダホ)する, 制圧[掌握]する, 把握する, 理解する, (つっかかったり拘束されることにより機械が)急に動かなくなる ＜up＞ ◆seize [conquer, capture] the capital city 首都を制圧[攻略, 掌握]する ◆seize control of markets of the future 未来の市場を掌握する[牛耳る] ; 今後の市場に君臨する ◆to keep the wheel from seizing 車輪がロック(アップ)してしまわないようにするために ◆in an attempt to seize power 権力を奪い取ろう[政権を奪取しよう, と, 実権を掌握しよう, 権力を握ろう]として ◆Since Mr. Mobutu seized power in a coup d'etat on Nov. 24, 1965, ... モブツ氏が1965年11月24日にクーデタで実権を掌握して以来 ◆they have experienced seizing up of their car's oil rings due to contaminants in the Mexican gas 彼らは, メキシコ製ガソリンに含まれていた汚染物質のせいで車のオイルリングが焼き付きを起こした経験を持っている ◆The engine has seized up. エンジンが, 焼き付いて(動かなくなって)しまった。 ◆If it is found that the vehicle is unsafe, the vehicle license plates may be seized. 自動車が安全でないと認められた場合, 自動車のナンバープレートが押収されることもある。

**seizure** (a)～ 差し押さえ, 押収, 没収; つかむこと, 掌握, 捕らえること, 拿捕, 捕獲; a～ 発作 ◆a seizure signal 《通》起動信号 ◆he planned a seizure of power through a coup d'etat 彼はクーデターによる政権奪取を計画した

**seldom** めったに～しない, まれに ◆a seldom-used feature めったに使われない機能 ◆because actual terrain is seldom flat 実際の地形は平坦であることはほとんど[めったに]ないので

**select** v. 選ぶ[選択する, 物色する, 選抜する] ＜from, among...＞, (装置の)〈機能, モード〉を選択[指定, 設定]する; adj. 選ばれた, えり抜きの; 排他的な, えり好み ◆a criterion for selecting a computer コンピュータの選定条件 ◆select from among four chassis 4種類のシャーシの中から選ぶ ◆... shall be selected from among... ～は, ～の中から選ぶ[選択する, 選出する, 選抜する]ものとする ◆grant the parents the right to select among public schools （米)公立学校が自由に選べる権利を父母に与える ◆make a decision about which system to select どのシステムを選ぶか決める; システム選定の方針を立てる ◆select one's purchases from a stock of 11,000 items 11,000点にのぼる在庫の中から購入品を選ぶ ◆select the file name out of a displayed directory 《コンピュ》表示されたディレクトリからファイル名を選択する ◆the consumer's right to select among products 消費者の商品選択の権利 ◆select which schools the children attend 子どもたちをどの学校に行かせるか[通わせる]か選ぶ ◆A 5-position rotary switch selects the mode of operation. 5接点ロータリースイッチが, 動作モードを選択する[動作モードの設定切り換

えをする］．◆A single rotary dial selects all input modes. 回転ダイヤル1つでどの入力モードにも切り換えられます．◆A three-position slide switch selects A, B, or C. 3点切り換えスライドスイッチによって、A, B, CのいずれかがAが選択できる．◆Link-processor speeds are user selected. リンクプロセッサの速度は、ユーザーによって設定される．◆Make sure the document icon is still selected (highlighted). 《コンピュ》そのドキュメント アイコンがまだ選択されている状態である（強調表示されている）ことを確認してください．◆The user can select between color and monochrome display modes. ユーザーは、カラー表示モードかモノクロ表示モードかを（スイッチで切り換えることにより）選べる．◆Those items that are not selected will become selected and those which are selected will no longer be selected. 《コンピュ》選択されていない項目が選択状態になり、選択されているアイテムは非選択状態になり［選択解除され］ます．◆Users can select from among three resolution settings: 400 by 400 dpi, 600 by 600 dpi, or 800 by 800 dpi. ユーザーは、次の3通りの解像度設定から選ぶことができる：400×400dpi, 600×600dpi, 800×800dpi ◆With a switch, you can select either "normal" or "firm" shock-absorber damping for all four wheels. スイッチを使用することにより、四輪すべてに対して「普通」と「堅め」のいずれかのショック・アブソーバー制動特性を選択することができます．

**selectable** adj. 選択可能な ◆be software selectable between A and B ～は、AとBのいずれにするかをソフトで切り換えられる ◆switch-selectable スイッチで選択［切り換え,設定］可能な ◆three selectable modes 3つの選択可能なモード ◆at jumper-selectable clock speeds of 15 to 20 MHz ジャンパー（スイッチ）で選択可能な15～20MHzのクロック速度［《意訳》クロック周波数］で ◆All functions are push-button selectable. 機能はすべてボタン操作で選択［設定, 指定］できます．

**selected** 選ばれた、選択された、《意訳》特定の；えり抜きの、精選された

**selection** (a)～選択, 選抜, 選定, 選考, 精選, 選択したもの, 選曲, 選択されたもの［領域, 項目, 内容］；a～ <of>（一分類の）品ぞろえ［とりそろえ］◆make a selection 選択し、選び出す ◆an end-of-selection (EOS) character 《通》接続完了文字 ◆a selection committee 選考委員 ◆allow selection between A and B A B間の切り換えを可能にする ◆a rotary mode selection switch 回転式モード切り換えスイッチ ◆a wide selection of woodworking tools 木工具の豊富な品揃え ◆broaden [expand, enhance] the scope of selection of... ～の選択の範囲［選択の幅］を拡げる［広げる, 拡大する］,《意訳》～の選べる種類を充実させる ◆criteria for selection; selection criteria 選ぶための［選択, 選定, 選抜］基準 ◆have a limited selection of... （選択できる）～の種類が限られている ◆pose questions that help you narrow down your selection 《コンピュ》～は選択［選定］を絞り込んで行く際の助けとなる質問を表示する ◆pushbutton selection of functions 押しボタンによる機能の切り換え ◆the current selection 〈コンピュータなどで〉現在選択されているもの ◆the selection of a site; site selection 用地選定；立地 ◆announce the results of the selections of the new council members 新しい委員の選定結果を発表する ◆give purchasing officials greater [wider] selection discretion （資材）購入担当者により大きな選択の自由を与える［裁量権を付与する］◆make selections from a variety of still-picture menus いろいろな静止画面メニューから好きなものを選び出す ◆permit (the) selection of programming methods best suited to... ～に最適なプログラミング方法が選べる［選択できる］ようにする ◆the user can make various selections to customize. ユーザーは～をカスタマイズするために設定をいろいろと選んだ［好きなように］変えることができる ◆firms that wish to be considered for selection are invited to respond by submitting... 選考審査を受けたい企業は、～を提出して応募するようにしてください（＊入札に）◆provide customers [the customer] with a wide selection of selections 顧客に幅広い選択の余地［幅広い（商品の）品揃え］を提供する ◆remember the last selection you made from that menu そのメニューで最後に選択したものを記憶している ◆Switches 412 and 414 permit selection between the two frequencies. スイッチ412と414により、これら2つの周波数のいずれかを選択することができる．◆There's an excellent selection of products from which to choose. すばらしい品揃えがあります．◆There's a wide selection of furniture to choose from. 幅広い［豊富な］家具の品揃えがあります．◆The store carries a limited selection of goods. この店は品揃えが限られている［少ない］．◆Up to twenty selections can be programmed for dubbing or playback. 《AV》好きな［好みの、聴きたい、観たい］曲［チャプター、トラック］を最大20曲［ステップ, etc.］までプログラムダビングまたはプログラム再生できます．（＊ダビング／再生の順序を好きなように設定できる）◆An external resistor allows selection of gains from 1 to 100. 外部抵抗1本で、1から100の範囲のゲイン設定が可能になる．◆The Supreme Court has repeatedly upheld the freedom of school boards to exercise discretion in the selection of curriculum materials. 最高裁は、教育委員会がカリキュラム教材を選択する際の裁量を行使する自由をたびたび支持している．

**selective** adj. 選択的な, 選択性の, 選択眼のある, 注意深く［慎重に］選ぶ、えり好みする、淘汰の、選抜-, 指定-, 局部-, 重点-,《意訳》個別の ◆selective ringing 《電話》選択呼び出し（= distinctive ringing）◆in a highly selective manner 非常に選択的に

**selectively** adv. 選択的に ◆a selectively permeable membrane 選択性透過膜 ◆You can selectively freeze and unfreeze images. 《CG》画像を選択的にフリーズ［静止］させたりアンフリーズ［静止解除］できる．

**selector** a～選択する人［もの］、選択、選択-［切り換え］弁、選択［切り換え］スイッチ、選別機 ◆a selector switch (= a selector)（選択）切り換えスイッチ

**Selectric** ◆the IBM Selectric family of typewriters IBM社のセレクトリック系タイプライタ ◆the typeball in a Selectric-style typewriter セレクトリック式タイプライタの活字式印字ボール

**selenium** セレン（元素記号: Se）

**self** n. (a)～自己［自身, 自分］；a～個性［本性, 持ち味］；(b)私利［自分のこと］；《用紙記入欄などで》本人,（団体ではなく）個人; pron.; adj. ◆(a) self weight 自重 ◆increase self-power generation 自家発電を増やす ◆the philosophy of "juche," or self-reliance （朝鮮民主主義人民共和国の）「チュチェ」主体思想 ◆I have become a much better person than my former self. 私は以前の［昔の］自分よりもはるかにいい人間になった．◆Here Branden explains that fostering self-responsibility in a company must begin at the top of the organizational ladder. ここでブランデンは、企業における自己責任の涵養は組織のトップから始まらなければならないと説く．《参考》How do you get people to take responsibility for themselves? あなただったら、どのようにして人に自らの責任［自己責任］を取らせますか．

**self-** 自分で、自己-, 自動の、自然に ◆a self-seating hub（自分自身で）自動的に所定位置に落ち着くハブ ◆a self-diagnostic system 自己診断システム ◆a self-correcting mechanism 自動修正機構 ◆a self-replicating program 自己複製するプログラム（＊コンピュータウイルスのこと）◆self-induced [self-excited] vibration; self-sustained oscillation 自励振動 ◆self-generation (of electricity) 自家発電 ◆a self-close spout 自動的に閉じる吐出口［閉まる吐水口］◆self-accusatory 責責の念にかられた ◆self-locking devices that might trap a child inside 子供を中に閉じ込めてしまうおそれのある自動ロック（の仕掛け）

**self-actualization** 《心》自己実現 ◆her journey toward self-actualization 自己実現へ向けての彼女の旅［遍歴］

**self-addressed** adj. 自分名宛ての、返信用の宛名を表書きした ◆send a self-addressed, stamped enveloped to... 返信用封筒に自分宛の住所氏名を書いて切手を貼ったものを～に送る

**self-adhesive** adj. 〈封筒, シールなどが〉糊付きの［接着剤付きの, 糊のいらない, 粘着一］(▶ 単に adhesive でも同じ意味がある)(= self-stick) ◆ The tape is self-adhesive.　本テープは粘着性である.

**self-aligning** 《機械》自動調心式の, 自己整列式の;《半導体》自己整合的な［整合性の］(＊ICチップ製造における膜厚平坦化で) ◆ a self-aligning bearing　自動調心軸受

**self-assertive** adj. 自己主張の強い, 我が強い, 我を張る, 出しゃばり［出過ぎ］の, 無遠慮［身勝手, 傲慢］な ◆ If you are too self-assertive, you can create enemies.　自己主張［押し, 我］が強過ぎると敵を作ってしまうことがあります.; 過度の出しゃばり［出過ぎ］は敵を作りかねません.

**self-bias** vt. 《電子》〜に自己バイアスをかける; n. (a) 〜 自己バイアス ◆ self-bias a tube　真空管に自己バイアスをかける

**self-centered** adj. 自己中心的な, 自分本位の, 利己的な, 自給自足の(self-sufficient) ◆ Avoid appearing self-centered.　自己中心的［ジコチュー, ジコチュウ, エゴイスト］にはみえないようにしなさい. ◆ She is considered by some to be very self-centered.　彼女は一部の人から非常に自己中心的［利己的, 自分本位, エゴイスト］だと思われている.

**self-centering** adj. 自動調心の, 自動芯合わせの, 自動芯出し調整の ◆ a self-centering chuck　自動調心チャック

**self-complacency** 自自得(＊自己満足すること), 自己満足, 自己陶酔, 慢心, 高慢, うぬぼれ, 独善, 独りよがり ◆ This self-complacency, bordering on self-conceit, is a very great enemy to spiritual enthusiasm.　ほとんど自己過信［ひとり天狗, うぬぼれ, 慢心, 高慢, 自負心, 虚栄心］にも近いこの自己満足は, やる気にとってまさに大敵である.

**self-complacent** adj. 自ら満足［自得］している, 自己満足［自己陶酔, 自己満悦］している, うぬぼれた, 独善［独りよがり］の ◆ Without being self-complacent about our past achievements, we should...　過去の実績［業績］に自己満足する［あぐらをかく］ことなく, 私たちは...しなければならない.

**self-confidence** 自信, 自負, 自負心, うぬぼれ, (意訳)矜持(キョウジ) ◆ lack self-confidence　自信が無い

**self-contained** adj. 〈機器などが〉自立［独立］型の, すべて完備した, 自己完結型の ◆ a self-contained go/no test instrument designed to check...　〜を検査用の独立［自立］型良否判定試験器 ◆ a self-contained pump　内蔵ポンプ ◆ an all-inclusive and self-contained book　包括的かつ自己完結的な内容を網羅した, これ1冊でこと足りる]本 ◆ The camcorder is a self-contained camera and recorder.　カムコーダー(カメラ一体型ビデオ)とは, 必要なすべての機能を内蔵したビデオカメラでありビデオレコーダーである. ◆ The equipment must be portable and operate in a self-contained mode.　本機は携帯型で単独［自立］モードで動作できること.

**self-contradicting** adj. 自己矛盾［自家撞着(ドウチャク)］する ◆ self-contradicting ideas coexisting at the same time　同時に共存［共在］する自己矛盾［自家撞着］的な考え

**self-contradiction** 自自己矛盾, 自家撞着(ドウチャク); a 〜 自己矛盾した言葉［陳述］ ◆ outright self-contradiction　全くの自家撞着[ドウチャク], 完全な自己矛盾

**self-contradictory** adj. 自己矛盾［自家撞着(ドウチャク)］する ◆ his argument is self-contradictory　彼の議論は自己矛盾をきたしている［自家撞着(ドウチャク)に陥っている］

**self-control** 自自制, 自制心, 克己(コッキ), 克己心, 自動制御

**self-controlled** 自制心［克己心］のある, 自動制御式の ◆ a self-controlled robot　自動式のロボット

**self-cooled** ◆ a self-cooled transformer　自冷式変圧器

**self-described** ◆ a self-described pro-development Republican　自称開発賛成派の共和党員

**self-destruct** ◆ send self-destruct commands to a rocket　自爆指令をロケットに送る(＊打ち上げ失敗のときに指令破壊するために)

**self-development** 自自己開発, 自己啓発, 自らを養成［陶冶］すること ◆ self-development activities　自己啓発のための活動

**self-diagnostic** ◆ self-diagnostic software　自己診断ソフト ◆ have a range of self-diagnostic functions [capabilities]　〜には色々な自己診断機能がある

**self-driven** 自己推進型の ◆ a self-driven young woman　自主性［主体性］のある若い女性

**self-effacement** おとなしく［黙って, 出しゃばらずに］引っ込んでいること, 謙虚 ◆ He has opted for self-justification when self-effacement might have been wiser.　彼は, 控えめな態度の［黙っておとなしくしていた］ほうが賢明と思われるときに自己正当化［自己弁護］する方を選んでしまった.

**self-employed** adj. 自営の, 自由業の; the 〜 自営業［自由業］の人たち ◆ a self-employed businessman　自分で商売をやっている人［自営業者］ ◆ a self-employed machine designer　自営の［独立してやっている, 一本立ちの］機械設計技術者 ◆ become a self-employed [freelance] interpreter　自営業［フリーランス, 自由業, フリー］の通訳者になる ◆ About one-fourth of all tilesetters are self-employed.　タイル施工職人全体の約4分の1は自営である. ◆ Are you planning to become self-employed sometime in the future?　あなたは, いつか将来自営になろうかと計画をめぐらせて［(意訳)脱サラを考えて］いますか. ◆ Many in-house translators move on to become self-employed after working several years in an agency.　多くの内勤翻訳者は, 数年間翻訳会社に勤めた後に自営業になる.

**self-employment** 自自己［自家］経営, 自営 ◆ if you have self-employment income　もしもあなたに自営から上がる収入があるなら

**self-esteem** 自自信, 自尊心, 自負心; うぬぼれ ◆ A chronic sense of failure generates low self-esteem.　慢性的な挫折感は希薄な自尊心につながる. ◆ to develop confidence and self-esteem　自信と自分を大事［大切］にする気持ちを育てる

**self-evident** adj. 自明の, 分かり切った, 決まり切った ◆ It's self-evident that...　〜であることは自明のことだ［自明の理だ］;〜なのは分かり［決まり］切ったことだ ◆ what is taken for granted as being self-evident　自明の理で当然のこととして受け取られていること

**self-explanatory** adj. 改めて説明するまでもなく自ずから［自然と, ひとりでに］分かるようになっている, 自明の ◆ the most features are self-explanatory　ほとんどの機能は(説明書を読むまでもなく)非常に分かりやすい ◆ The installation was easy and self-explanatory.　インストールは簡単で説明を読む必要もなかった. ◆ It is really not necessary to read the manual as the program is self-explanatory.　このプログラムは説明なしで［直観的に］分かるので, マニュアルを読む必要は実際のところない.

**self-extracting** ◆ a self-extracting [self-unarchiving] file　《コンピュ》自己展開形式［自己解凍型］のファイル(＊展開用のソフトが無くても, そのファイルをプログラムのように実行すると自分で圧縮前の状態に復元する, 実行形式のファイル)

**self-financing** adj. 自己資金(調達)での, 自己金融の, (意訳)独立採算の ◆ a self-financing system　自己資金(調達)制, (意訳)独立採算制 ◆ make the division self-financing　その部門を自己採算制にする ◆ operate on a self-financing basis　自己資金調達ベースで運営する ◆ simplify the financial structure of our corporation by establishing a separate, self-financing enterprise to <do...>　〜するための別個の独立採算制の企業を設立することにより, 我が社の財政構造［体質］を簡略化する ◆ For 1997, it will have a budget of 800 million rubles, but starting next year the Center should become self-financing.　(意訳)1997年度については8億ルーブルの予算が付くが, 来年から同センターは財政的に一人立ち［自立］しなくてはならない.

**self-help** 自自助(努力), 自力救済, 自力更生; adj. 自助の, 自力更生の ◆ self-help efforts　自助努力 ◆ Alcoholics

Anonymous and other self-help groups アルコール中毒者更生会[匿名断酒会]およびその他の自力更生グループ

**self-importance** n. うぬぼれ, 尊大さ

**self-important** adj. 尊大な, うぬぼれた

**self-imposed** adj. ◆a self-imposed deadline 自ら[己に, 自分自身に]課した期限; 自分で決めた[設定した]締め切り

**self-interest** n. 自分だけの利益, 自利, 私利, 私欲, 欲得, 利己(主義)

**self-interested** adj. 自分の利益だけを追い求める, 自分本位の, 私利私欲の, 利己(主義)的な, 我利我利亡者の(ガリガリモウジャ)の

**self-invented** adj. 自己流の, 自分で編み出した, 無手勝流の

**selfless** adj. 無私の, 無欲の, 無私無欲の, 恬淡(テンタン)とした, (他者の幸せのために)滅私[自己犠牲]的な献身をしている, 献身的な ◆a selfless priest 無私の僧侶

**self-made** adj. 自分自身で作った, 自作の; 独力[自分自身の力]で成した, 叩き上げの ◆a self-made millionaire 自力で財を築いた[一代で財を成した]大富豪 ◆a self-made receiver 自分で作った[自作の]受信機 ◆He is a self-made man. 彼は裸一貫から身を起こした[叩き上げた]男だ.

**self-medication** n. セルフメディケーション, 自己治療, 自己治癒

**self-motivated** adj. 自ら動機づけた ◆All of her activity is self-motivated. 彼女の活動のすべては, 自発的[自主的]なものだ.

**self-paced** adj. 学習者自身のペースに合わせて学習できるようつくられている, マイペースで学べる ◆self-paced learning マイペースでの[自分のペースに合わせた]学習

**self-preservation** n. 自己保存, 自己防衛[自衛]本能, 自衛, 自己保身, 護身

**self-proclaimed** adj. 自ら宣言した, 自称 ◆As a [the] self-proclaimed champion of women rights, he is... 女性の権利の擁護者を自称する彼は...

**self-propelled** adj. 自動推進式の, 自己推進式の, 自力走行式の, 自走式の, 自航式の ◆a self-propelled artillery gun 自走砲

**self-published** adj. 自費出版の, 私家版[自家版, 私版]の ◆a self-published book [paperback] 自費出版の本[ペーパーバック]

**self-realization** 自己実現

**self-reliance** n. ◆a sense of self-reliance 自立心; 独立心; 自主性, 自力本願[独立独歩, 独立独行]でやるという意識 ◆foster [further] self-reliance 自主性を育む; 《意訳》自立心[独立心]をはぐくむ ◆Students show significant increases in self-reliance and maturity. 生徒[学生]たちは, 自立面および精神面で著しい発達を示す.

**self-reliant** adj. ◆become (more) self-reliant (より)自主的[自主的]になる ◆grow lazier and less self-reliant より怠惰になり自立性[自主性, 自立心, 主体性, 独立心]がなくなる ◆make them self-reliant in food 彼らが食糧面で自立[食糧を自給自足]できるようにする

**self-replicating** adj. 自己複製する ◆a self-replicating organism 自己複製する微生物

**self-respect** n. 自尊心(自分の立場の)わきまえ[自覚]

**self-respecting** adj. 自分を大切にする, 自尊心のある; 自分の立場をわきまえている

**self-restraint** n. 自粛, 自制 ◆The Japanese Government, working with other countries, intends to urge China and persons concerned to practice self-restraint so that China-Taiwan relations will not become further strained. 日本政府は, 他の国々と連携して, 中台関係のいっそうの緊迫化を防ぐべく中国および関係者に自制を強く促す意向である.

**self-service** n. セルフサービス; adj. ◆a self-service store セルフサービス店

**self-serving** ◆a self-serving politician 私利私欲に汲々(キュウキュウ)としている政治家

**self-sufficiency** n. (自給)自足, 自信心, うぬぼれ ◆achieve a high order of self-sufficiency 高い自給自足率を達成する ◆achieve economic self-sufficiency 経済的な自立を達成する ◆move toward self-sufficiency 自給自足に向かう[移行する] ◆self-sufficiency in rice 米の自給自足

**self-sufficient** adj. 自給自足の; うぬぼれている, 天狗になっている, 自信過剰な, 高慢な, 横柄な ◆a self-sufficient village 自給自足の村 ◆build a self-sufficient economy 自給自足経済を築く ◆to become more energy self-sufficient 《意訳》エネルギー自給率をいっそう高めるために ◆The country is 90% self-sufficient in military production. この国の兵器生産の自給率は90%である.

**self-sustaining** adj. 自立-, 自活の, 自己持続-, 自統- ◆self-sustaining speed 自立速度 ◆a self-sustaining glow discharge occurs 自己持続型[自続]グロー放電が起きる

**self-tapping** ◆a self-tapping screw セルフタッピングねじ, セルフタップビス, タッピングネジ

**self-teach** (self-taught) 独学[独習]する ◆an excellent self-teaching guide for beginners 初心者向けの優れた独学[独習, 自修, 自習]手引き書

**self test** a ~ 自己診断, セルフテスト; self-test adj. 自己診断の ◆self-test capabilities 自己診断機能 ◆place the printer in test-mode to make sure it is working 動作していることを確かめるためにプリンタを自己診断モードにする ◆The MT-42 runs self-test routines to ensure proper operation. MT-42(装置)は, 正常動作を保証するために自己診断ルーチンを実行します.

**self-timer** a ~ セルフタイマー, 自動シャッター ◆a self-timer lever セルフタイマーのレバー(*昔のカメラの機械式タイマーの) ◆Activate the self-timer and run to get in the picture. セルフタイマーを作動させ, 走って写真に入ってください. ◆Most cameras have a self-timer (or delayed exposure button) somewhere on them. たいていのカメラには, セルフタイマー(あるいは遅延撮影ボタン)がどこかについています.

**self-titled** adj. (*アルバムが)グループ名[アーティスト名, 歌手名]がそのままタイトルになった ◆the group's self-titled album そのグループの名前をタイトルにしたアルバム

**self-winding** adj. 自動巻きの ◆a self-winding watch 自動巻き腕時計

**sell** v. 売る, 売り込む, 売れる ◆a selling price of approximately $23.70 約23.70ドルの売り値[販売価格, 売価] ◆give [place] sell orders 《株》売り注文を出す ◆it has a suggested selling price of $398 それの(メーカー)希望販売価格は398ドルである ◆sell like hot cakes 飛ぶようにが売れる ◆sell merchandise 商品を売る ◆exporters wishing to sell into the Japanese market 日本市場に売り込みたがっている輸出業者 ◆South Africa's biggest-selling paper 南アフリカで販売部数最大の新聞 ◆sell company assets 会社の資産を売却する ◆to keep track of the products that are selling and those that are not どの商品が売れていてどの商品がそうでないかを絶えずつかんでおくために ◆It is set to sell for $2,000. それは, 販売価格が2,000ドルに設定されている. ◆Sell yourself before you sell your product. 商品を売り込む前に, 自分自身を売り込め.(*営業マン向けの言葉) ◆The hardware/software combination sells for $12,000. そのハードとソフトの抱き合わせは, 12,000ドルで販売されている. ◆The systems sell in the $8,000 range. これらのシステムは, 8,000ドル台で売られている. ◆The wine sells in the U.S. for a mere $5. そのワインは, たったの5ドルで米国で売られている. ◆Videotapes are sold in a variety of different lengths. ビデオテープはいろいろ異なった長さで売られている. ◆The set is priced at 38,000 yen ($380) and Femtex hopes to sell around 10,000 units a month, initially. 同セットの価格は38,000円(380ドル)で, フェムテックスは当初, 月に1万台の販売を望んでいる. ◆Hyundai Excel has sold more than 130,000 units so far in 1986, a record for an imported auto's first year. ヒュンダイ・エクセルは1986年の現時点までに130,000台以上売れており, これは輸入車の初年度としては記録的な数字だ. ◆Most vendors are trying hard to sell into the growing small-office/home-office segment at the risk of leaving corporate users behind.　大部分のベンダーは、企業ユーザーを後回しにする危険を冒してでも、伸びを見せているパソコン活用型の小規模・個人事業者向け市場部門に猛烈な売り込みをかけている.

**sell off**　売却する, 売り払う　◆sell off unprofitable government-owned businesses　採算のとれない[不採算]国有企業を売却する

**sell out**　売り切る[売り切れる], 完売する, 売り払う, 裏切る,《意訳》〈イベントなどが〉満員になる　◆a first printing of 10,000 copies has sold out　最初に刷った[初刷り]一万部は完売した

**sell-by date**　a～ 品質保持期限,《食品の》賞味[消費]期限

**seller**　a～ 売り手[販売人], 仕入先, 購入先, よく売れる商品　◆the second-best seller　売り上げ第2位の商品　◆Top sellers always sell well and are upgraded.　売れ筋商品は恒常的によく売れてバージョンアップが行われる.

**selling**　adj. 売り[販売の]《商品が》売れている; n. 販売　◆a selling price　販売[売却]価格; 売価　◆the largest selling [top-selling, hottest-selling] product　最売れ筋商品

**selling point**　a～ セールスポイント(▶セールスポイントは和製英語)　◆a strong selling point　強力なセールスポイント　◆ Ease of use and integration with other Windows applications are the software's main selling points.　使いやすさ, ならびに他のWindowsアプリケーションとの統合が, このソフトウェアの大きな売り物[ウリ]である.

**sell-off**　a～《株, 土地, 資産などの》売却　◆a company [firm] sell-off　会社[企業]の売却[身売り]　◆as a result of the sell-off of five major state-owned companies　主要国営企業5社の売却[身売り]の結果　◆the sell-off of state-owned assets, known as privatization　民営化として知られている国有資産の売却　◆A sell-off of technology stocks was primarily to blame for yesterday's downward spiral.　技術関連株の売り浴びせ[売り崩し]が, 昨日の株価下落スパイラルの主因であった.

**semantics**　セマンティックス, 意味論, 意味規則, 記号論

**Sematech**　(the SEMATECH consortium)《米》半導体製造技術研究開発組合(＊1987年に国防総省と民間の半導体メーカー12社により創設された)

**semblance**　a～《単のみ》外見, 外観, 様相, 見せかけ[風, うわべ]　◆bring a semblance of order and calm to...　〜に表面上[上辺上, 見かけ上, 形だけ]での秩序をもたらす　◆his semblance of indifference　彼のあたかも無関心であるかのような振り　◆take on the semblance of...　〜の様相を呈する　◆to create the semblance of 3-D　《意訳》疑似3次元[立体]効果を生み出すために　◆contain at least a semblance of truth　〜には少なくとも真実の片鱗がある　◆forge a semblance of peace between Jordan and Israel　ヨルダンとイスラエルの間に平和らしきものを作り上げる　◆return to some semblance of normality [normalcy]　一応(おもて上は)普通の状態に戻る[正常化する]　◆but the CEO was unable to restore a semblance of calm　最高経営責任者は, 平静を回復したかのごとく装う[落ち着きを取り戻したかの印象を与える]ことができなかった　◆In fact, most of these purchases lacked any semblance of competitive bidding.　事実, これらの購買のほとんどについては競争入札らしきことは[のまねごとさえも]一切行われていなかった.　◆Sarajevo had lost any semblance of a normal city.　サラエボには, 普通の都市らしいところがまるでなくなってしまった.　◆If Labor moves any farther toward the center, it will lose any semblance of its former self.　仮に労働党がもう少しでも中道に寄れば, 以前の労働党の面影はなくなってしまう.

**semester**　a～ 1学年の半分, 半学年, 学期(＊1学年を2学期とした場合の, 前期 or 後期)　◆before first-semester final examinations　前期の期末試験の前に

**SEMI**　(the Semiconductor Equipment and Materials International)国際半導体製造装置材料協会(省略形にtheは不要)

**semi-**　半分, 片方の, なかば, 幾分, やや, 〜に2回の, 半-

**semiannual**　adj. 半年に1度の[半年ごとの, 半期ごとの, 年2回の],〈植物が〉半年生の(＝biannual) (cf. biennial)　◆semi-annual preventive maintenance　半年に一度[年2回, 半年毎に]実施する予防保全[保守]

**semiannually**　adv. 半年ごとに, 年(に)2回　◆a journal published semiannually　半年[半期]ごとに[年2回]発行される定期刊行物

**semiautomatic**　adj. 半自動式の; a～ 半自動式小銃　◆semiautomatic control　半自動制御

**semibituminous, semi-bituminous**　adj.《石炭などが》半瀝青状の (cf. sub-bituminous)

**semicircle**　a～ 半円, 半円形, 半円形のもの　◆Halve lengthwise, then thinly slice into semicircles.　縦に2つに切ってから, 半月に薄くスライスします.(＊料理の説明文では, 前出の目的語によることが省かれる.)　◆form a semicircle around Mr. X.　バンドのメンバーは, X氏を半円形に取り囲んで立っている.

**semicircular**　adj. 半円の, 半円形の　◆a semicircular window　半月窓　◆a semicircular protractor　半円形の分度器

**semiconducting**　adj. 半電性の, 半導体の　◆a semiconducting layer　半導電層　◆semiconducting materials　半導体材料　◆semiconducting polymers　半導電性ポリマー

**semiconductor**　a～ 半導体　◆a semiconductor device　半導体デバイス[半導体素子]　◆a semiconductor laser　半導体レーザー　◆a semiconductor maker　半導体メーカー(＊半導体材料メーカーばかりでなく, ICメーカーもこう呼ばれる)　◆SEMI (the Semiconductor Equipment and Materials International)　国際半導体製造装置材料協会(の省略形にtheは不要)　◆an elemental [a compound] semiconductor　元素[化合物]半導体　◆the SEAJ (Semiconductor Equipment Association of Japan)　《日》(社団法人)日本半導体製造装置協会　◆adhere to the 1991 Japan-U.S. semiconductor agreement　1991年に成立の日米半導体協定を遵守する

**semicustom**　adj. 半特注の, 準カスタム(仕様の)　◆semi-custom ICs　準カスタムIC　◆standard, semicustom, and full-custom products　標準品や半特注品や完全特注品

**semidetached**　adj. セミデタッチト[半一戸建て, 準一戸建て, 準独立型]の(＊一戸建てを左右対称に中央の壁で区切った2世帯住居)　◆a semidetached house [home]　二戸建住宅, 二軒連続住宅, 二軒長屋

**semiduplex operation**　《通》半復信, 半二重運用(＊一方の端がduplex operationで他端がsimplex operationの通信)

**semifinished**　adj. 半分仕上がった, 半ば完成した, 半完成状態の, 半完成品の, 半完成品, 半製品　◆a semifinished [half-finished] product　半完成品, 半製品　◆a semifinished [half-finished] rotor　半製品[半完成品]のローター

**semifixed, semi-fixed**　adj. 半固定されている, 半固定式の, 半固定の

**semigloss**　adj. 半艶の, 半光沢の　◆semigloss enamel paint　半艶[光沢]エナメルペイント

**semilogarithmic, semi-log**　片対数の

**semimonthly**　adj., adv. 半月ごとの[に], 月2回(の); n. a～ 月2回発行の刊行物

**seminar**　a～ セミナー, ゼミナール, 研究会, 演習　◆take a seminar　セミナー[ゼミ, 講習会, 研修]に出席する　◆give [hold, open] a seminar　セミナーを開催する[催す, 開く]　◆hold a research seminar　研究セミナー[研究会]を催す[開催する]　◆seminars presided over by Professor Hall　《意訳》ホール教授が講師を務めるセミナー

**semipermanent**　adj. 半永久的な　◆sockets for semipermanent connections　半永久接続用のソケット

**semipermanently**　adv. 半永久的に, ほとんど永久に　◆program data can be stored semipermanently　プログラムデータは半永久的に保存できる

**semipermeable**　adj. 半透過性の, 半透過の, 半透〜　◆a semipermeable membrane　半透過性膜[半透膜]

**semiprofessional, semipro** a～ セミプロ; adj. セミプロの, 半ば職業的な, 半玄人の, 準専門的な

**semirigid** adj. 半硬質の, 半剛性–, 半固定– ◆a semi-rigid [semirigid] rotor　半固定型回転翼(＊ヘリコプターの)

**semiskilled** adj. 半熟練の, 限られた訓練を要する(＊熟練工と未熟練工の中間の熟度の) ◆semiskilled labor　半熟練労働者, 半熟練工

**semistandard** a～ 準標準(規格), 準規格; adj. 準標準の, 準規格の, 準標準準規格の ◆standard and semistandard parts　標準部品および準標準部品

**Semitism** 回セム族の特色[性格, 気質], 他の外国語に出現するセム語の特徴, ユダヤ人を優遇した政策, ユダヤ人びいき 政治や社会におけるユダヤ思想やユダヤ的な影響 ◆the Committee Against Anti-Semitism in Japan　在日ユダヤ人名誉保護委員会

**semitransparent** adj. 半透明の, 半透過の ◆semitransparent reflective　半透明[半透過]反射型の

**semiweekly** adj., adv. 週2回(の); n. a～ 週2回発行の新聞[雑誌]

**senate** 《通例 the Senate で》(米国やカナダの)上院, (古代ローマの)元老院; a [the] Senate (大学などの)評議会, 評議員会, 理事会 ◆Senate Majority Leader Bob Dole, Kansas Republican, said...　カンザス州選出ボブ・ドール共和党上院院内総務は, ...と語った. (＊Majority Leaderは多数党院内総務の意)

**senator** v. 《しばしばa Senator》上院議員, 《史》(古代ローマの)元老院議員; a～ (大学などの)理事, 評議員 ◆Senators [senators] on both sides of the aisle　《米》共和党および民主党[与野党]双方の上院議員

**send** v. 〈もの〉を送る[発送する, 出す, やる, よこす], 送信する, 〈使者など〉を遣わす[派遣する, 差し向ける, 行かせる] ◆a send circuit　送信回路 ◆send the economy into a tailspin　経済を混乱状態に陥らせる ◆send [dispatch] nine warships to the area　戦艦[軍艦]を, その海域に9隻派遣する ◆send letters　手紙を出す ◆the sending and receiving sides　送信側と受信側 ◆the sending of messages　メッセージの送信[送り出し] ◆automatic sending during low phone rate periods　《通》電話料金の安い時間帯における自動送出 ◆God sent Jesus Christ into the world to <do...>　神は～するためにイエス・キリストをこの世に遣わした ◆the remaining carcass is then sent through a shredder　その残りの車体はシュレッダー[破砕機]にかけられる ◆young people sent into the world without adequate preparation　十分な準備なしに世の中に送り出された若者たち ◆The manuscripts are then sent to the typesetter [sent for typesetting].　それらの原稿は, それから植字担当者に回される[植字に出される].

**send back** 〈もの〉を送り返す, 返送する, 返還する, 戻す, 〈衛星など〉が宇宙から地上に〉〈データなど〉を〈送信する,〉〈人〉を（～に）戻らせる<to> ◆send a value n back to...　《コンピュ》～に値nを返す ◆send a case back to a lower court for additional proceedings　さらに審理を尽くさせるために事件をより下位の裁判所に差し戻す ◆send information back to a host computer　情報をホストコンピュータに送り返す ◆send the machines back for repairs [replacement]　機械を修理[交換]のために送り返す[返送する]

**send out** vt. 《send...out, send out...》～を送り出す, 発送する, 送出する, 発信する; vi. <for, to>〈～を入手しに～へ〉(人)を行かせる[遣いにやる] ◆send out information [a signal]　情報[信号]を送出する[送り出す] ◆send out questionnaires to hundreds of personal computer owners　何名ものパソコン所有者にアンケート(調査票)を発送する

**sender** a～ 送り主, 送信者, 送信器, 差出人, 発送人, 発信人, 発信者, 送り主, 荷主

**send-off** a～ 見送り, 送別, 送別会, 歓送会(＊新社会人などの) 門出[船出]の祝い, (＊新規事業などの)発足祝い ◆More than 10,000 people turned out Wednesday in Midland, Texas to give President-elect Bush and his wife Laura a heartfelt send-off. 一万を超す人々が次期大統領ブッシュ氏とローラ夫人を温かく見送るために水曜日にテキサス州ミッドランドに集まった.

**senile** adj. 老齢の, 老衰した, 老いぼれた, もうろくした, 老化の, 老化による, 老年[老人]性の ◆suffer from senile dementia　老年(期)痴呆[老人性痴呆]症にかかっている ◆those who become senile or develop Alzheimer's disease　ぼけ[もうろく]し, 老人性痴呆症になっ)たりアルツハイマー病になったりする人たち

**senility** 回老いぼれること, もうろく, ぼけ, 老衰 ◆become brainless because of senility　ぼけのせいで知能が低下する[バカになる]; 痴呆になる

**senior** adj. 年上[年長]の<to>, (最)上級[上位]の; a～ 年上の人, 高位にある人, 《米》(高校, 大学の)最上級生 ◆a senior high school student; a senior high schooler　高校生 ◆a senior moment; a momentary lapse of memory due to age　《順に》年令りの物忘れ; 年齢によるど忘れ ◆Medicare for senior citizens　シニア[シルバー]層を対象にした医療健康保険制度(＊65歳以上の) ◆senior-level managers　上級管理職(者) ◆Singapore Senior Minister Lee Kuan Yew　シンガポールのリー・クアンユー上級相 ◆a senior-grade civil servant　上級公務員 ◆burn effigies of several senior Japanese politicians　日本の大物政治家数人の似姿を燃やす ◆company presidents, CEOs, and senior executives　各社の社長, 最高経営責任者, および幹部役員[上級管理職者]ら ◆wealthy men twenty years my senior　私より20歳年上[年長]の裕福な殿方 ◆We all experience a senior moment occasionally [every now and then].　私たちは皆ちょくちょく[ときどき, 時折]年令りの物忘れ[物忘れ]をする. (＊高齢者が) ◆The U.S., South Korea (the Republic of Korea), and Japan created in April 1999 a Trilateral Coordination and Oversight Group (TCOG) as a mechanism for frequent senior-level consultation on issues related to the Korean Peninsula. 米国, 韓国(大韓民国), および日本は, 朝鮮半島関係の諸問題について頻繁に話し合う局長級協議のためのメカニズムである三国調整監督グループ(TCOG)を1999年4月に創設した.

**senior citizen** a～ 高齢者, 老人, お年寄り, お年を召した方, 年長者(＊60歳から65歳以上, 特に引退した年金を受けている人)

**seniority** 年上[先輩, 上位]であること; 年功 ◆a seniority rule　先任権ルール; 先任権制度(＊米国などの企業でこの制度により, 最後に雇われた者が真っ先にレイオフの対象となる) ◆under the seniority system long in place in the railroad industry　鉄道業界で長く続いてきた年功序列制のもとで ◆In deciding whom to let go, seniority will be the first consideration: last hired will be the first fired.　誰を解雇するかを決めるのに[解雇者の決定に当たり], 年功が第一の考慮点となる. つまり, 一番最後に雇用された者が真っ先にお払い箱となる.

**sensation** (a)～ 感覚, 知覚; a～ 感じ[気], 興奮, センセーション ◆cause a great sensation　一大センセーションをまきおこす ◆I have no sensation in my left hand.　左手の感覚がない. ◆The hot pepper left a burning sensation on my tongue.　唐がらしは, 私の舌にひりひりと焼けるような感じを残した.

**sense** 1 a～ 五感の一つ[感覚]; (a)～ 感覚, センス, 勘, 観念, 認識; 回(集団の)意見[意向]; a～ 意味, 意義 ◆in a broad sense　広義では ◆in a sense　ある意味では; 見方によっては;一方から見れば[一面, 他方から見れば, 反面, 他面] ◆a sense of balance　バランス[平衡]感覚 ◆a sense of belonging　帰属意識 ◆a sense of mission　使命感 ◆the five senses　五感 ◆a sense of time　時間の感覚 ◆a sense of urgency over...　～に対する切迫感[緊迫感] ◆feel a deep sense of remorse　深い自責の念を感じる ◆in a sense that...　～という意味において;[《直訳》点で, 観点から] ◆in a strict sense　厳密な意味で ◆in different senses　(それぞれ)違った意味で ◆in the strict sense of the word [words]　その[これらの]語の厳密な意味で ◆make [→make no] sense of this instruction　この指示の意味が分かる[→分からない] ◆not in the narrow sense of...(ing)　～といった狭義の意味ではなく ◆our aesthetic sense　我々の美的感覚[センス] ◆in the geometric sense of the term　その用語の幾何学的意味で ◆It does not make sense.　それ

には何の意味もない［ばかげた、無駄な］ことだ。◆the five senses of seeing, touching, smelling, tasting, and hearing　視覚, 触覚, 嗅覚, 味覚, 聴覚の五つの感覚［五感］◆There is a persistent sense that...　〜という根強い認識［意識, 見解］がある◆The CCD is unique in the sense that...　同CCDは、〜という点［意味］でユニークである◆To get a sense of the enormity of Canada's fiscal crisis, let me cite...　《意訳》カナダの財政危機がいかに重大かを感覚的につかむために、ここで〜を引用させていただきます。◆A sense of unease is still felt.　不安感は、依然として感じられる。◆Our five senses are hearing, seeing, touching, tasting, and smelling.　私たちの五感とは、聴覚, 視覚, 触覚, 味覚, そして嗅覚です。◆There's no sense rocking the boat.　波風立てる［ことを荒立てる］は意味がない。◆Well, you've got a better sense of direction than me!　えー, 君の方が僕よりいい方向感覚をしてるね。◆What's the sense of consulting our boss?　上司に相談して何になるというのか。◆The event aroused a sense of shuddering awe at the incredible powers of technology, a sense that almost anything is possible, almost anything that can be imagined can be done.　その出来事は, 驚くべき技術の力に対するおのゝのくような畏敬の念, つまりほとんど何でも可能なのだ, 考えられるたいていのことはできてしまうのだ, という念を呼び起こした。
2　vt.　〜を検出［検知, 探知, 感知, 受感, 感光］する, 知覚する, 感じる, 感づく［気付く］◆a sensing element　検出素子◆remote sensing　遠隔探査（＊人工衛星などからの地球や天体の探査）◆if the computer senses wheel lockup　コンピュータが車輪の拘束を検知すると◆I sensed that...　私は, 〜である と感じた。◆the modem's automatic speed-sensing feature　そのモデムの自動速度感知機能◆a SQUID is capable of sensing even very weak magnetic fields　超伝導量子干渉素子は極めて弱い磁場であっても検知［極微弱な磁場にさえも感応］できる
**sensibility**　感覚, 感受性, 感性, 敏感, 感度◆products fully in touch with human sensibilities　人の感性に合った製品
**sensible**　adj.　分別のある, 賢明な, 堅実な, 趣味のよい; 知覚できる（ほどの）, 感づく［気付く］◆a sensible decision　賢明な決定◆sensible heat　顕熱（＝ enthalpy, heat content, total heat）◆Be sensible.　分別をわきまえなさい。; 良識で物事を判断しなさい。◆our knowledge of... is too limited to argue in any sensible manner　〜に関する私たちの知識はあまりにも限られているので気のきいた［意味のある］議論は一切できない
**sensibly**　adv.　分別をもって, 賢明に, 賢明にも; 感じられるほどに, 目立って, 著しく◆act [eat] sensibly　分別ある行動［食べ方］をする◆sensibly priced products　妥当な値段がついている［値頃な］製品◆use... sensibly　〜を賢く使う
**sensitive**　adj.　感度のよい, 感光性の, 感受性の高い, 敏感な, 微妙な, デリケートな, 影響されやすい, 左右される, 反応の, 〜に弱い, 〜による損害を受けやすい［〜にやられやすい］〈to〉; 機密保持にまつわる［重要な］◆sensitive documents　慎重な扱いを要する［機密（上重要な）］文書◆a highly sensitive camera　高感度カメラ◆(highly) sensitive electronic equipment　高感度電子機器◆sensitive equipment　デリケートな［損傷を受けやすい］機器◆sensitive surfaces　傷つきやすい表面◆an exceedingly sensitive detector　極めて［非常に, いたって］感度の高い検出器◆environmentally sensitive consumers　《意訳》環境に配慮している消費者◆heat-sensitive vegetables　暑さに弱い［やられやすい］野菜◆sensitive connector surfaces and circuit traces　損傷しやすいコネクタ接触面や回路パターン◆sensitive to shifts in market demand　市場の需要［要求, 要請］の変化に敏感な◆heat-sensitive parts　市場マインド［心理］が最低の水準にある時に◆Remember, there is no room for sentiment in business when you are fighting a ruthless competitor.　無情な［あこぎな］商売がたきと戦うときには, ビジネスに感傷［情け］の入り込む余地などないことを忘れなさいしろ。

**sentimental**　adj.　センチメンタルな, 感傷的な, 涙を誘う, 涙もろい, (理性よりも)感情に動かされる, 感じやすい, 感情的な, 多感◆make [take] a sentimental journey to...　〜へ向けての感傷旅行に出かける

---

ほこりと油分におかされやすいので触らないこと。◆This liquid crystal is temperature-sensitive.　この液晶は温度の影響を受けやすい［温度によって特性が変化する］。（＊色や明るさ）◆The sensitivity of the hydrometer depends on the diameter of the stem. A very sensitive hydrometer would have a large bulb and a thin stem.　浮きばかりの感度は柄の径で左右される。(つまり) 非常に感度の高い［《意訳》高精密の, 精度の高い］浮き秤は, 胴部が太くて目盛部が細いということになります。

**sensitivity**　感度, 感受性, 感知性, 敏感さ, 反応性, 他の人に対する思いやり［心遣い, 神経の細やかさ］◆environmental sensitivity　環境（問題）に対する意識を持ちあわせていること［意識が高いこと］◆high sensitivity　高感度◆price sensitivity　価格感受性◆case sensitivity [→case-independence, case-blindness]　《コンピュ》英字の大文字・小文字を区別すること［↔区別しないこと］◆adjust the sensitivity of the mouse　マウスの感度を調整する◆a temperature sensitivity　温度に対する感度◆its sensitivity to magnetic fields　それらの磁界に対する感度◆public sensitivity about...　〜に対する一般大衆の感受性◆the sensitivity of a radio receiver　無線［ラジオ］受信機の感度◆below the sensitivity of the measurement equipment　その測定器の検出限界［検出感度］(レベル) 以下である◆the sensitivity is adjustable　感度は調整可能である◆the Japanese industry's lower sensitivity to copyright issues　日本の産業界の著作権問題に対する比較的低い意識［認識］

**sensitize**　vt.　〜を敏感にする, 鋭敏化する, 〜の感度［感光性］を高める, 高感度化する, 増感する; 〜に感光性を持たせる, 《医》〈人など〉に抗原に対して感じやすい状態にする＝感作（カンサ）する◆a sensitized material　感材［感光材料］

**sensor**　a 〜 センサー, 検出器, 感知部, 感知装置◆a velocity sensor　速度センサー◆a sensor detects the signal　センサー［感知器］がその信号を検出する◆The controller receives input about the temperature, pressure, water level, and so on via sensors.　制御装置は, センサーを通じて温度, 圧力, 水位などについての入力を受け取る。

**sensory**　adj.　感覚の, 知覚の◆a sensory organ [apparatus]　感覚器官◆sensory feedback signals　感覚フィードバック信号◆sensory deprivation　《心》感覚遮断◆A sensory illusion is a false perception of reality caused by...　錯覚とは, 〜によって引き起こされる現実の誤った認識［誤認, 妄覚 (モウカク)］である◆conduct initial sensory testing on the items under development　開発中のこれら製品について初回の官能検査を行なう◆the sensory pleasures afforded by driving with wind in the hair and sun in the face　風に髪をなびかせ顔に陽を浴びてドライブすることから得られる感覚的な満足感

**sentence**　a 〜 《文法上完結した》文, 判決; a 〜 刑; vt.　判決を下す, 宣告する, 言い渡す, 〜の刑に処す◆be sentenced to death [life imprisonment] for killing...　《順に》〜を殺害した廉（カド）で死刑［終身刑］を宣告される◆strive to construct sentences correctly　文章を正しく作ろうと努力する《意訳》一生懸命正しい文章を作ろうとする◆a Czech court sentenced him to death by hanging　チェコの法廷は彼に絞首刑を宣告した, 言い渡した, 申し渡した。

**sentiment**　(a) 〜 感情, 心情, 気持ち, 感傷, 感慨, 感想, 所感, 意見; 情緒◆anti-German sentiment was running high　反独感情が高まりつつあった◆boost [improve, ↔cool] (the) market sentiment　《順に》市場心理を強気にする［改善させる, ↔冷やす］◆harbor strong anti-Japanese [-American] sentiment　強い反日［反米］感情をいだいている◆fuel anti-American [anti-Japanese] sentiment　反米［反日］感情に油を注ぐ◆when market sentiment is at its depth　市場マインド［心理］が最低の水準にある時に◆Remember, there is no room for sentiment in business when you are fighting a ruthless competitor.　無情な［あこぎな］商売がたきと戦うときには, ビジネスに感傷［情け］の入り込む余地などないことを忘れなさいしろ。

**separate** 1 vt. 分ける, 分離する, 切り離す, 区別する, 隔てる, 選別する, 分離して取り出す, 分別する, 区切る; vi. 分かれる, 分離する, 切れる, 剥れる. ◆ become [get] separated 取れる, 剥がれる, 剥離する, 離ればなれ[バラバラ, 別々, ちりぢり, 別れ別れ]になる ◆ separate [divide] the warring factions in Bosnia ボスニアの（交戦中の）対立勢力を引き離す ◆ the chaff is separated from the wheat 小麦から殻が分離（除去）される ◆ be separated into several grades 〜は, 数段階の等級に分けられる ◆ keep the two parts separated これら2つの部品を離しておく ◆ the satellite separated properly from its launch vehicle 衛星は, 打ち上げロケットから適切に分離した ◆ the two electrodes separated by a dielectric material 誘電材料で隔てられた2つの電極 ◆ They became separated from their son in the chaos. 彼らは, この混乱状態の中で自分たちの息子と離れ離れになってしまった. ◆ Besides separating your trash, there are other things you can do to help the environment. ごみの分別に加えて, ほかにも環境を救うためにできることがあります. ◆ The engine has been separated into three segments to expose its internal parts. エンジンは内部の部品が見えるように3つの部分に分けられた. (＊動作原理を示す展示用エンジン) ◆ The ConnectionString property can contain a number of connection parameters, each separated by semi-colons. 《コンピュ》ConnectionStringプロパティには, いくつもの接続パラメータをセミコロンで区切って指定することができる. 2 adj. 分かれた, 離れた, 単独の, 独立した, 分離した, 別途の, 別々の, 別個の, 異なる ◆ a separate volume 別冊[別巻] ◆ two separate methods 2通りの異なった方法 ◆ use separate record and replay heads 録音用と再生用にそれぞれ[別個]のヘッドを用いる;《意訳》録音専用ヘッドと再生専用ヘッドを使う ◆ write it on a separate sheet (of paper) それを別紙に書く ◆ over ninety separate manufacturing steps 90以上の個々の生産工程 ◆ three separate (though related) aspects of car care 車の手入れの3つの独立した（だが関連はある）側面 ◆ keep professional and personal matters strictly separate 仕事上の事と個人的な事をはっきりと分けておく ◆ Booklets and separate sheets available. とじた形でも, ばらのシートでもお買い求め可.

**separately** adv. 分離, はく離, 分流, 分別, 選別, 独立, 離脱, 離隔, 隔離; (a) 〜 隔離距離; (a) 〜 別居, 離別; a 〜 仕切り, 境界線 ◆ a sink-float (separation) process 重液選別[分離]法; 重液法; (鉱石の) 重液選鉱法; (石炭の) 重液選炭法 ◆ heavy-media [dense-media] separation 重選［（比重の大きな液状の media ＝ 媒体を使用する選別法）］ ◆ sync separation 同期分離 ◆ the separation-of-three-powers principle 三権分立の原則 ◆ achieve separation between A and B AとBの分離を行う ◆ get $60 as a family separation allowance 別居手当てとして60ドルもらう ◆ guarantee high separation precision 高い選別[選鉱, 選炭]精度を保証する ◆ separation by jigging; jig separation （鉱山, 鉱石）ジグによる選別［選鉱, 選炭, 淘汰］（＊a jig ＝ 機械的振動を発生する装置, jigging ＝ 脈動）◆ the mean separation between atoms 原子間平均結合間隔 ◆ the separation of plutonium from uranium ウランからのプルトニウムの分離 ◆ set a minimum separation distance of 150 feet between Xxx and Yyy XxxとYyyの間に150フィートの最小離隔距離を設ける ◆ the dismantling and separation of plastic parts from scrapped automobiles for recycling リサイクルする目的での廃車からのプラスチック部品の取り外しと選別[分別] ◆ a bad bulb without a visible separation of the filament フィラメントの断線が目で見ても分からない不良電球 ◆ The Y/C refers to the separation of the Y (luminance) and C (chrominance) signals. Y/CはY（輝度）およびC（色）信号の分離を意味する. ◆ This MGS is capable of making gravity separations of fine particles as small as one micron in diameter. このMGSは, 粒径（僅か）1ミクロンという小さな微粒子の比重分離[比重分級]が可能である. (＊MGS ＝ multi-gravity separator)

**separator** a 〜 セパレータ, 分離[隔離]するもの, 分離器[機], 分離[区切り]記号[文字] ◆ a magnetic separator 磁力分離[選鉱]機[装置]; 磁選機 ◆ a sync separator 同期（信号）分離回路 ◆ a separator between statements 《コンピュ》命令文と命令文の区切り記号

**sepia** [U] イカの墨, イカの墨からつくった黒褐色[セピア色]の絵の具, セピア色, セピア色の写真[プリント]; adj. セピア色の 〜 a sepia-tinted [sepia-toned] picture [photo] セピア色[調]の写真 ◆ a portrait tinted in sepia （黒茶色[暗褐色]の）絵の具で描かれた肖像画[人物画] ◆ sepia (ink from cuttle fish) セピア[暗褐色の絵の具]（イカの墨）

**sequence** 1 [U] 連続, 続発, 相次いで起こること; a 〜 一連のもの, 順序, 並び,《映像の》一続きの場面[画面], 数列;《複合名詞で》順序-, 逐次-, 連続-, 一連-, 順番-, 順位-, 一列 ◆ in orderly sequence 順序正しく ◆ out of sequence 順序が乱れて; 順番が狂って;《意訳》ランダムに／順序で ◆ perform [run] a sequence 《コンピュ》シーケンスを実行する ◆ a start-up sequence 《装置類の》起動シーケンス[順序] ◆ a clean unbroken sequence of scenes きれいにつなぎ撮りされた一連のシーン ◆ alter [change] the sequence of... 〜の順番を入れ換える ◆ arrange... in a different sequence 〜を別の順番に並べ替える ◆ follow the exact sequence in the book 本の中にある順序に厳密に従う ◆ the number of start-stop sequences 起動・停止シーケンスの回数（＊a sequence ＝ 順番に行われる一連の動作や手順）◆ the sequence of operation of switches スイッチの操作順序 ◆ supervisory sequences are executed 《コンピュ》監視シーケンスが実行される ◆ to ask about something's or somebody's position in a sequence 物や人の順位[が何番目なのか]を尋ねるために ◆ Logical flow is governed by three basic control structures: sequence, selection, and repetition. （あるいは sequence, condition, and iteration [sequences, branches, and loops] とも） 《コンピュ》論理フローは, 順次（実行）[連接], 選択[分岐], 繰り返し[反復]の3つの基本制御構造によって制御される. ◆ The timeshared system services each user in sequence. 時分割システム（コンピュータ）は各ユーザーに順々に[順次]応対する. ◆ All acronyms and terms in this dictionary appear in alphabetic sequence, ignoring hyphens. 本辞典中のすべての頭字語および用語は, ハイフンを無視してアルファベット順に並べてある. 2 vt. 〜を順に行う＜through＞, 〜を順番に並べる, 配列する

**sequencer** a 〜《自動制御》シーケンサ,《音楽》シーケンサ,《生》DNA塩基配列分析装置, DNA配列解析機 ◆ a control sequencer 制御シーケンサ ◆ a DNA sequencer DNA塩基配列分析装置; DNA配列解析機

**sequential** adj. 連続した, 一連の, 順次[逐次], 一つ一つ順番に行う]的な ◆ sequential access (= serial access; ↔random access) 順次アクセス ◆ sequential control シーケンス[順次, 逐次]制御 ◆ sequential processing 順次[逐次]処理 ◆ sequential [progressive, noninterlaced] scanning 順次走査

**sequentially** adv. 順次, 逐次(的に), 順を追って, （順序を飛ばさず）連続的に ◆ The forms are sequentially numbered for traceability. これらの用紙には追跡を可能にするための連続番号[連番, 続き番号, 通し番号]が振られている.

**serendipitous** adj. 偶然発見された、掘り出し物を見つけるのが上手な、都合のよい ◆a serendipitous find 掘り出し物 ◆become a serendipitous hit 予期せぬ[予想だにしなかった]ヒットになる

**serendipity** n. あてにしていなかったものを偶然見つける能力、偶然に(貴重な)ものを見つける才能、望んでいたものをまぐれで手に入れる才能、掘り出し物上手、予想もしなかった大当たり;運、幸運、まぐれ ◆a perfect spot for serendipity as you walk around 散策をしながら思いがけない新しい発見をするのに格好な場所 ◆By sheer serendipity, she found her dream dress. 全く思いもかけず[偶然に]、彼女は夢のドレスを見つけた。

**serene** adj. 静かな、穏やかな、平穏無事な、のどかな ◆call out "All serene!" 「異状なし」と叫ぶ ◆They were very much in love and all was serene for six years 彼らは実にいい仲で、6年間はすべて平穏無事だった[波風は立たなかった]

**serial** adj. 直列の、シリアルの、連続の、続き[連載]物の、一連の;連載[続き]物[連載物、続き物]、続き物の1回[1本]分、逐次[定期]刊行物 ◆a serial printer シリアル[逐次]プリンタ ◆serial access (= sequential access; ↔random access) 《コンピュ》順次[逐次]アクセス ◆serial numbers シリアルナンバー[一連し番号、連続番号、一連名前、連番、(意訳)製造番号] ◆serial processing 逐次処理 ◆serial transmission 《コンピュ》直列伝送 ◆serial-numbered products; products that are serial numbered シリアル番号[通し番号、連番、製造番号]が振られた製品 ◆a prolific serial killer 何人も殺した連続殺人鬼[魔、犯] ◆a radio play in serial form; a serialized radio drama 連続ラジオ放送劇[ラジオドラマ] ◆put serial numbers on... ~にシリアルナンバー[連続番号、連番、通し番号、(意訳)製造番号]を振る ◆serial-numbered items シリアルナンバー[連番、通し番号]が振られている物品 ◆This novel was initially released to the public in serial form. この小説は、最初続き物の形で大衆向けに発売された。

**serialization** N シリーズ化、シリアル化、連載(化)、連載番号[連番、通し番号] ◆begin the serialization of Adolf Hitler's "Mein Kampf" アドルフヒットラーの「我が闘争」の連載を始める ◆review a manuscript for serialization in Mobile Computing モーバイルコンピューティング誌に連載化[続き物と]して載せるために原稿を見直す ◆Serialization of products and/or equipment is performed under instructions provided by... 製品および/または機器へのシリアル番号[通し番号、連番、製造番号]振りは、~からの指示のもとに行われる

**serialize** vt. ~を連載する、~をシリーズで[続き物として]放送[放映、上映、出版、刊行]する、~に一連番号[連番、通し番号]を振る、1列に並べる ◆serialized products シリアル番号[連番、通し番号、製造番号]が振られた[振られる]製品 ◆the serializing of the data そのデータのシリアル化 ◆a serialized TV drama 連続テレビドラマ ◆serialize CPUs to help prevent theft 盗難防止のためにCPUに連続番号[連番、通し番号]を振る ◆start serializing... ~を連載し始める ◆serialize his story in four consecutive issues 彼の小説を4回にわたって連載する

**series** a～(単複同形)一続き、連続、シリーズ、系列、列、並列、級数、連続もの、叢書(ソウショ)、連続試合[連戦]; adj. 連列の ◆a series of... -s は単数形の動詞で受ける、several series of... -s のように series が複数の意味で用いられるときは、複数形の動詞で受ける。 ◆in series 連続して、直列に ◆an infinite series 無限級数 ◆a series of tests 一連の試験 ◆a television series テレビの連続番組 ◆the reactivity series (of metals) 《意訳》(金属の)イオン化列(*イオン化傾向の大きい順に並べたもの) ◆a dc series motor 直流直巻モーター ◆equivalent series resistance (ESR) 等価直列抵抗 ◆in a series RLC circuit RLC直列回路において ◆the two capacitors in series 直列に接続されているこれら2個のコンデンサ ◆two "C" cells placed in series 《米状》直列接続されている単2電池2本 ◆a three-tape VHS video series VHSテープ3巻にわたったビデオシリーズ ◆a five-part series that is broad-

cast on successive evenings 5回にわたって毎晩放送される連続番組 ◆insertion of the diode in series with the transmission path 伝送路にダイオードを直列に挿入する[入れる] ◆the first of the new Mariner Mark II series of spacecraft 新型マリナー・マークIIシリーズ宇宙船の第1号機 ◆The march, one of the latest in a series of nationwide demonstrations, resulted from... 一連の全国的なデモ行進の中でも最近開催された この行進は、~に起因していた ◆Here in the UK, we only use the ISO A series of paper sizes - normally A4. ここ英国では、国際標準化機構(ISO)のA系列用紙サイズのみを使用しており、通常はA4を使用する。 ◆The following products are available under the Delta Series: 以下の商品は、デルタシリーズとしてお求めいただけます。 ◆The program runs on the Wang PC 200/300 Series of personal computers. このプログラムは、WangのPC 200/300シリーズのパソコンで走る。 ◆They differ widely in performance from their predecessors in the same series. これらは、同シリーズ中の先行モデルとは性能の点で大きな違いがある。

**serif** a ~ セリフ(*活字体のひげ飾り、またはひげ飾りのあるセリフ書体。ひげ飾りとは、文字の線端あるいはしなどの角から、横や縦に短く張り出させた部分)

**serious** adj. 真剣な、真摯(シンシ)な、まじめな、本気の、本格的な、本格派の、(本などの)堅い;重大な、大事な、深刻な、(程度が)重い、甚大な、重篤(ジュウトク)な、ゆゆしい ◆a serious question 大きな問題[疑問] ◆a serious dilemma 深刻なジレンマ ◆dead serious about... ~に対して非常に[至極、いたって]まじめで ◆do [cause, inflict] serious damage to... ~に大きなダメージ[深刻な被害、重大な損害]を与える[及ぼす、来す];~をひどく傷める ◆get serious about cutting spending 支出削減に本腰を入れる ◆in the event of a serious accident 万一、重大事故が発生した場合に ◆serious mold breakage 重大な金型の破損 ◆suffer grave [extremely serious, very severe] side effects 極めて深刻な[非常にひどい、重篤な]副作用に苦しむ ◆the presidential campaign becomes serious 大統領選挙戦が本格化する ◆you should give serious thought [consideration] to visiting... 君は~に行くことを真剣に[本気で、まじめに、真摯(シンシ)に、まともに]考えるべきだ。 ◆a problem which is becoming increasingly serious 深刻の度をます深めて[いっそう深刻化している]問題 ◆Should conditions become serious,... 状況が深刻化したならば ◆He is in stable but serious condition. 彼の容態[病状]は安定してはいるものの危険な[安心できない、気を許せない、重篤な]状態にある。 ◆He is still a patient in serious condition at the hospital. 彼はその病院に依然として重症[重病、重体]患者として入院している。 ◆I said, "Are you serious?" He assured me he was. 私は「本気[マジで]?」と言った。彼はそうだと答えた。 ◆It's a package worth looking at if you're serious about DTP. DTPに重大な関心のある方には、これは一見の価値のあるパッケージ(ソフト)だ。 ◆The carmaker has finally gotten serious about building interesting cars. その自動車メーカーは、ようやくおもしろい車を作ることに真剣になった。 ◆The computer's 8-MHz math coprocessor is a weak point for serious CAD or numerical analysis work. そのコンピュータが8MHz数値演算コプロセッサを使用していることは、本格的なCADや数値解析作業用としては弱点[弱味]である。(*1980年代に拾った用例であり、昨今のパソコンと比べるとまさに隔世の感がある) ◆Those repeat offenders, whom I refer to as the "cream of the crud," must be targeted for serious treatment. 私が「人間のくずの中のくず」と呼んでいる、そういった常習的な累犯者には、厳しい[重い]処分の対象にすべきだ。

**seriously** adv. 本気で、まじめに、真剣に、真摯に、本格的に、本腰を入れて、ひどく、重く、重大に、厳粛に、ゆるがせにしないで ◆more than 340 are seriously ill 340人以上が重体[重態、重症]である ◆the accident seriously damaged the bridge その事故は橋に大きなダメージ[被害]を与えた ◆think seriously about...; seriously think about... ~を真剣に[真面目に、本気で、本格的に]考える ◆a seriously brain-injured person 脳に重傷を負った人 ◆U.S. intelligence services took the matter seriously 米国の諜報機関はそのことを重大視した[重く見た]．◆He is taken very seriously in the Republican Party. 彼は共和党内部で非常に重要視[重視]されている．◆The advice should be taken extremely seriously このアドバイスは極めて真摯に[重く]受け止めなければならない．◆Water on the brake drums can seriously impair braking efficiency. ブレーキドラムについた水は，制動効率を著しく悪くする可能性がある．◆South Korea is a nation of hardworking people who take education very seriously. It's also an orderly nation. 韓国は，教育を大切に考えている[教育熱心かつ]勤勉な人々の国である．また秩序正しい国家でもある．

**seriousness** n. ①重大さ[性]，重み，深刻さ，本気，まじめ，真剣 ◆the degree of seriousness 深刻さの度合い[事の重大さの程度]

**sermon** a ～ 〈教会の〉説教，〈仏教の〉法話[説法]；a ～ お説教，非難がましい話，小言，訓戒 ◆preach [deliver] a sermon on... ～について説教[〈仏教〉法話，説法]する ◆Customarily, preachers will organize their message into the form of a sermon, which is "a speech with an organized collection of thoughts." 説教師[牧師，伝道師]とは慣習的に，メッセージ[～を伝えようとすること]を，「ものの考え方や見方を集成したものを含むスピーチ」であるところの説教の形にまとめるものだ．

**serpentine** adj. (= sinuous, winding, coiling)ヘビのような，曲がりくねった，カーブ多い，つづら折りの ◆a serpentine course 曲がりくねった[カーブの多い]コース ◆a serpentine path [road] 曲がりくねった[つづら折りの]道[道路] ◆a serpentine river 蛇行している川

**serrate** adj. のこぎり状の，ぎざぎざの；vt. ～(の縁)にぎざぎざをつける ◆a serrated knife 刃にぎざぎざが付いているナイフ ◆serrated-edge scissors 刃にぎざぎざが付いているはさみ ◆serrated jaw tips 〈ペンチの〉ぎざぎざがついているあご先

**Serratia** ◆Serratia bacteria セラチア菌（＊院内感染の話題でよくでる）

**serration** (a) ～ぎざぎざ ◆pliers with serrations ぎざぎざ付きのペンチ ◆the serrations of the leaves これらの葉のぎざぎざ（＊縁の部分の）

**servant** 〈～〉使用人[お手伝い，家政婦，執事]，公僕[奉仕者] ◆a public [civil] servant 公務員，公僕

**serve** v. 仕える，奉仕する，務める，〈刑〉に服する，任務[役割]を果たす，貢献する，～を満足させる[満たす]，〈～にかなう[応える]，供給する，〈食べ物〉をよそう，給仕する ◆serve as... (≒act as...) ～として働く，～の働きをする，～の役を[役目を]務める，～としての役割を演じる[機能を果たす]，～として働く[作用する]，役割をする，～の代わりをする，～である，～の役を果たす ◆serve two masters （比喩）二股かける ◆serve no purpose 役立たずである，役に立たない，無意味である ◆the longest-serving person 最古参（＊一番長く在職している人）◆serve a customer 客の応対をする ◆serve as a model [an example, a pattern] 模範となる ◆serve as chairman 議長を務める ◆serve a useful function 便利な機能を果たす[便利な働きをする] ◆serve the need for... ～に対する要求を満たす ◆serve the purpose of... -ing ～するという目的を果たす ◆X also serves as Y XはYを兼ねる；XはYを兼任する ◆dishes served at a meal 食事に出される料理 ◆He will also [also will] serve as chairman of... 彼は～の会長を兼任することになっている ◆serve for four years for manslaughter 傷害致死[過失致死]罪で4年間の刑期をつとめる[4年間服役する] ◆a tavern in Edmonton is serving draft beer at ridiculously cheap prices エドモントンのある居酒屋[飲屋]ではバカ安の値段で生ビールを出している[呑ませている] ◆this personal computer served us well このパソコンはとても〈我々の〉役に立った ◆Are you being served? ご用は承っておりますでしょうか．◆Coffee and doughnuts will be served after [following] the meeting. 集会の後でコーヒーとドーナツが出されます［〈意訳〉出ます］．◆The unit serves two purposes. このユニットは，2つの目的を果たします．◆They served as ... go/no-go indicators. それらは合否[可否]を決める指標とはならない．◆They served on the panel of judges. 彼らは審査団のメンバーとして務めた．◆Specially selected wines are served with the finest of foods. 特選ワインが，最高級の食物と共に出された．◆The stand also serves as a recharger for the battery contained in the handset. スタンドは，〈コードレス電話の〉子機に収納されているバッテリーの充電器の役も果たします[充電器としても使えます]．◆The laptop has the potential to serve in many of the situations where a desktop personal computer might be used. ラップトップ機は，デスクトップ型パソコンが使われるであろう状況のかなりの部分で役に立つ潜在能力を持っている．◆The model makes many concessions in an attempt to serve both schools of users. この機種[車種]は，両派のユーザー層に対応しようとして多くの〈設計上の〉点で妥協している．◆Heavy doses of medicine or electro-convulsive therapy (shock treatment) served as punishment for those who refused to do the jobs. 多量の薬剤あるいは電気痙攣〈ケイレン〉療法〈ショック療法〉が，作業を拒む者たちに対する罰の役をしていた［お仕置き代わりだった］．（＊精神病院における患者の虐待で）

**server** a ～ 奉仕者，給仕人，飲食物を食器にとりわける[配膳する，給仕する]道具；a ～ 《コンピュ》サーバー（＊LAN全体の中心的，管理的役割を果たすデータ集配信用コンピュータ．cf. a client) ◆a beer server ビールのサーバー[注ぎ機] ◆a file server 《コンピュ》ファイルサーバー ◆a server machine 《コンピュ》サーバー機[サーバーマシン] ◆store documents on Web servers ドキュメントをWebサーバーに保存している

**service** 1 ①顧客へのサービス，接客［客扱い，客あしらい］，給仕；(a) ～ 〈機械，自動車など〉の（販売後の）点検［修理，整備，補修，保守，手入れ］，〈ソフトウェアの〉（販売後の）サポート ◆improve [enhance] service サービスを向上させる[強化する] ◆after-sales service アフターサービス ◆a service manual サービスマニュアル[保守説明書] ◆customer service 顧客サービス ◆electrical service 電気系統の手入れ[修理] ◆a service technician 修理マン ◆a service garage 自動車修理〈整備〉工場 ◆a service improvement expert サービス強化[向上，改善]担当の専門スタッフ ◆carry-in service 持ち込み修理 ◆employ the services of a psychotherapist 心理療法医にかかる ◆require high degrees of service 高度なサービスを必要とする ◆offer same-day service 同日[即日]仕上げのサービスを提供する（＊修理，整備，写真のDPEなど）◆require a minimum of service 〈機器が〉最低限の手入れしか要しない ◆think about seeking the services of a counselor カウンセラーに相談してみようと考える ◆obviate the necessity for a customer to return a laser to the United States for service 修理のために（わざわざ）顧客がレーザーを米国に送り返さないで済むようにする ◆require the services of a skilled attorney to <do...> ～するために腕のいい弁護士の力添えを必要とする ◆Service is the lifeblood of the customer satisfaction index. サービスは顧客満足度指数を押し上げる原動力である．◆The fax machine needs a service. このファクシミリは，整備[修理]が必要だ．◆The problem will probably require the services of a repairperson. この故障は，おそらく修理マンに頼む必要があるだろう ◆We offer quick service, too - within 8 hours, if you need it. 特急サービスも承っております．ご用命いただければ8時間以内で．◆The sound had become loud enough to indicate that service was required. 整備が必要であることを示すのに十分なほど，その〈異音〉音は大きくなった．◆Will rural Canadians get the same level of service as people in urban areas? 農村部のカナダ人は都市部の人々と同じレベルのサービスを受けられるようになりますか？ ◆To obtain service for your appliance, follow the instructions on the warranty card. （お買い上げの）器具のサービスをお受けになるには，保証カードに記載の指示に従ってください．（＊取扱説明書では，serviceは，点検，修理，整備，調整，クリーニングなどを指す） ◆In case a problem may arise, a technician will be in your location within 5 to 10 hours from our 566 service locations. 問題が起きた場合，弊社の566箇所のサービス拠点から技術者が5時間から10時間以内に参上いたします．

**service**

**2** (a) ～（人などに）仕えること，任務に就いている［任務を果たす］こと，勤務，勤続，用務，役務，服務，公務，行政，奉仕，勤め，礼拝; (a) ～，～s 貢献，骨折り，助け，有用; Ⓒ（公共事業・サービス事業の）営業［業務，運用，操業］，（交通機関の）運行［運航，便(ビン)］，（電力，ガス，水道などの）供給，（機械などの）稼働［実際に使用されること］; ～s（医者，弁護士などの専門的）業務; (a) ～《コンピュ》（装置やアプリケーションによる）サービス（＊他からの要求に応じて働くこと）◆go out of service 運転［運用，営業］を中止［休止］する; 運休する，《機械類が》動作を停止する［使われなくなる］◆out of service 役立つか有効［有用］で◆put...to service ～を使用に供する; ～を使用［利用, 活用］する◆come [go] into service 《新しい運輸・通信設備が》開通する，《公共事業が》開始される，運用［運営，運行，サービス］開始する◆be withdrawn from service （設備などが）運用から外される; （用途）廃止される◆remove... from service （設備，装置など）を運用から外す［廃止する, 撤去する］◆a service area 《電力，ガス，水道などの》供給区域［地域］，《放送局などの》受信可能区域; 《携帯電話などの》利用可能圏［サービスエリア］; 《電力会社の》電力管区，担当［管轄，受け持ち］区域［地域］◆a service brake 常用ブレーキ◆(a) service voltage 使用電圧（電力会社からの）供給電圧◆service reliability 《電力系統などの》供給信頼度; サービスの信頼度，運用［使用］する上での信頼度◆service wires 《強電》引込線◆the length of service 勤続年数; 在職期間◆service-entrance conductors [cables] 《強電》引込線［ケーブル］◆an interrupt-service routine; an interrupt handler 《コンピュ》割込処理ルーチン（＊他からの要求に応じて動作すること）◆Quality-of-Service (QoS) Control 《通》サービス品質制御◆a service rendered 提供された役務［用務］◆ask for a service (as a client) 《コンピュ》《アプリケーションや装置が》サービスを要求する◆cut back rush-hour subway service ラッシュアワー時の地下鉄運行を削減する◆equipment with [that saw] years of service 何年も使用された［経年使用の］機器◆have special express service 特急列車を運転して［運行させて］いる◆in-service reliability 使用［稼働, 運転, 動作］状態における信頼性◆put a ship into service （新造）船を就役させる◆put a system into service システムを使い始める; システムの運用を開始する◆robots now in service 現在使用されている［稼働中の］ロボット◆under service conditions （装置などが）使用状態で◆usual service conditions （装置などの）通常の使用状態◆a service ceiling of over 45,000 feet （航空機の）45,000フィートを上回る実用上昇限度◆be able to withstand extended service at elevated temperatures ～は，高温で長期の使用に耐え得る◆a barn put to service as a museum 博物館として使用に供されて［利用されて］いる納屋［車庫］◆excess and out-of-service computers 余っているコンピュータと使用されて, 利用されて］いないコンピュータ◆thermal stresses occurring in service 使用中に発生する熱応力◆his 38 years of distinguished service 38年間にわたる彼の功績［際だった功労, 立派な働き］◆passenger train service will be provided between A and B ＡとＢの区間で客車列車の運行が予定されている◆protect service from interruption （電力などの）供給が中断されないようにする◆reduce the frequency of some bus service 一部のバスの運行［運転］回数を減らす◆take an aircraft out of [remove an aircraft from] service for repairs 修理のために航空機を使用から外す◆she has ten years of service 彼女は勤めて10年になる◆the date that the asset was placed in service 資産の使用開始日（＊減価償却費計算の話だ）◆undergo intensive testing in service conditions similar to the intended application 本来の使用目的に近い運転状態で徹底的に試験される◆when these new exchanges begin service これらの新しい交換機の運用が開始されるようになると◆The equipment is unavailable for service because of... ～といった理由でこの機器は使えない。◆He retired from the company in 1999 after 38 years of service. 彼は，1999年に，38年間勤めた会社を［勤続38年で］退職した。◆The ISDN is gradually coming into service in some countries. 総合デジタル通信網が一部の国で次第に運用［営業］されつつある。いくつかの

国で，ISDNが次第に立ち上がってきている。◆American Airlines will launch its first smoke-free trans-Atlantic service May 1. アメリカン航空は，同社初の全席禁煙大西洋横断運航を5月1日に開始する計画である。◆In April, KDD opened service on the first trans-Pacific fiber-optic cable. 4月にKDDは初の太平洋横断光ファイバーケーブルの運用を開始した［を開通させた］。◆It is built to last for many years of tough, trouble-free service. 本機は，長年にわたる苛酷な使用に故障知らずで持ちこたえる［《意訳》ご愛用いただける］よう作られています。◆Service is scheduled to begin in time for the 1992 World's Fair in Seville. セルビアで開催の 1992 年万国博に間に合うよう，営業開始［開通，開業］が予定されている。（＊スペインの新幹線の記事より）◆The system can give years of service with a minimal amount of maintenance. 本システムは，最小限の保守で何年にもわたってお使いいただけます。◆United Airlines will launch scheduled service between Dulles and Las Vegas on March 5. ユナイテッド航空は，ダレス（国際空港）―ラスベガス間に3月5日から定期便を就航させる［運航開始する］予定である。◆In France, the first long-haul fiber optic link was put into service in November of 1986. フランスにおける最初の長距離光ファイバーリンクは，1986年11月に開通した。◆The first stationary-orbit public communication satellite was brought into service in 1962. 最初の静止軌道公衆通信衛星が1962年に運用開始された。◆The first of 19 new Airbus A320s entered service. 新しいエアバスA320型機19機の第1号機が就航した。◆The service temperature range is the range of ambient temperature where the use of the strain gauges is permitted without permanent changes of the measurement properties. 使用温度範囲とは，測定特性に永久的な変化を来すことなくこれらストレインゲージが使用できる周囲温度の範囲のことである。

**3** 《通例～s》（ものを生産しない）サービス産業; a ～ サービス事業; (a) ～ 公益事業，（水道，電気，ガスなどの）供給施設; a ～ （官公庁，企業の）部局［部門］◆service industries サービス産業; サービス業◆services balance サービス収支（＊一国の国際収支の）◆a financial-services firm 金融サービス会社◆hotels, restaurants and other service businesses ホテル，レストランおよびその他のサービス業◆industries within the service(s) sector [category] サービス部門［分野］の産業◆to raise productivity in service businesses サービス業の生産性を上げるために◆tourism services 観光事業; 観光産業◆a diaper service picks up soiled diapers 貸しおむつ業者が汚れたおむつを持っていく

**4** a ～, the ～ s 軍; Ⓤ または ～s 兵役, 軍務

**5** a ～《スポ》サーブ（すること）; Ⓤ サーブ権; a ～ 食器などのひとそろい

**6** vt. 《販売後》〈機械など〉を点検［修理，整備，保守，補修，手入れ］する; サービスを提供する，～の要求に応える，～の需要を満たす，～に（必要なものを）供給する，補助する◆service [handle] an interrupt 《コンピュ》割込を処理する（＊service は，要求に応じて処理すること．この場合，割込によって呼び出された処理ルーチンを実行すること．→interrupt, →割込）◆use uni-servicing, cross-servicing, common-servicing or joint-servicing support arrangements 《軍》単一後方補給支援方式，交換後方補給支援方式，共通後方補給支援方式，統合後方補給支援方式のいずれかを用いる◆The machine needs servicing. その機械は整備・修理を必要としている。◆In a timeshared system, users' inputs are serviced in rotation by the computer. 《コンピュ》時分割システムでは，ユーザーからの入力はコンピュータに順番に処理される。◆The 737 is a short-range twin-jet transport designed to service routes from 100 to 1300 miles. 737型機は，100～1300マイルのルート（への就航）向きに設計された短距離ツインジェット［双発］輸送機です。◆Any servicing other than the above cleaning should be performed by an authorized service center. 上記のクリーニング以外の一切の整備は，（ユーザーではなく）特約サービスセンターによって行われなければなりません。◆Although the timeshared system actually services each user in sequence, the high speed of the system makes it appear that the users are all handled simultaneously. 《コンピュ》時分割システムは実際には各ユーザーに順々に応対するが、システムの(処理)速度が速いので、すべてのユーザーが同時にサービスを受けているようにみえる.

**serviceability** 実用性, 有用性, 役に立つこと, 使用に供せること; 利用しやすさ, 修理[整備, 点検, サービス, 保守]のしやすさ[容易性], 保守性, 信頼性 ◆easy serviceability 保守容易度[容易度] ◆diagnostics capabilities for increased serviceability サービス性[保守性]を向上させるための診断機能 ◆Only two minor drawbacks mar the serviceability of the PRO807. たった2点の軽欠点がPRO807の保守性を悪くしている. ◆Serviceability in the engine compartment is excellent. エンジンルーム内の保守性は, きわめてよい. ◆Check all moving parts for serviceability, repair or replace as required.  すべての稼働部品を使えるかどうか検査して[《意訳》全可動部の良否を判定し]、必要なら修理あるいは交換してください.(*中古の機械の話で)

**serviceable** adj. 使える[役に立つ], 保守[修理, 整備, 手入れ]しやすい ◆be old but serviceable 〜は古いが使える ◆he has a serviceable story idea 彼は使える筋書きの構想を持っている ◆translate in serviceable English (なんとか)使い物になる英語で翻訳する ◆only 40 percent of the U.S.-supplied aircraft remain serviceable 米国から供与された航空機のうち, たった4割しか使用できる状態にない ◆use more serviceable fabrics that will last より手入れが楽で, かつ長持ちする繊維を使用する(*カーペットの話で) ◆Which animals are more serviceable to mankind: A, B, or C? A, B, Cの動物のうち, 人類にとってより有用な[役に立つ]のはどれであろうか. ◆People want to own what is both serviceable and beautiful. 人々は, 実際使えてかつ美しいものを持ちたがっている. ◆If cleaning does not restore the switch to serviceable condition, replace it. スイッチをクリーニングしても使える状態にならなかったら交換してください. ◆There are no user-serviceable parts inside your food processor. お買い上げの)フードプロセッサー内部には, ユーザー[お客様]がご自分で修理・交換できるような部品はありません.

**service center** a〜 (自動車, 電気製品などの)サービスセンター, 修理拠点

**service entrance** a〜 通用口, 業務用出入口, 従業員口, 《電気》引き込み口 ◆They broke in through a service entrance at the back of the supermarket. 彼らはスーパー裏手の通用口を通って侵入した.

**service life** (a)〜 (製品の)使用できる期間, 耐用寿命, 耐用期間, 有効寿命, 実用寿命 ◆the predicted useful service life of a product 製品の予想される耐用寿命 ◆the service life of switching equipment 交換機の耐用年数

**serviceman** a〜 修理人, 修理[整備]工, 修理員, サービスマン, サービスエンジニア; a〜 軍人 ◆mixed-race children of U.S. servicemen 米国軍人の混血児たち(*特に駐留先の現地女性との間にもうけ遺棄した子ども)

**serviceperson** a〜 (a serviceman の男女区別をしない形)

**servicer** a〜 サービサー, 債権回収専門[代行]会社 ◆a (loan) servicer サービサー, 債権回収専門[代行]会社(*金融機関の貸し出し債権などを管理・回収する専門企業)

**service station** a〜 (自動車, 電気製品などの)サービスステーション, 修理承り所, (車の)ガソリンスタンド, 給油所

**serving** ◎もてなすこと, serveすること; a〜 (食べ物の) 1人分[1人前, 1杯, 1皿]; adj. 配膳用の ◆two or [to] three servings of... 2〜3食分[杯分, 皿分, 人分, 人前, 盛りつけ分]の〜

**servo** (servomotor, servomechanism) a〜 (pl. 〜s); adj. サーボ機構の, 倍力装置の, サーボ制御の (= servo-controlled) ◆a servoed arm サーボ制御がかかったアーム ◆a servo-controlled butterfly valve サーボ制御式の蝶形弁

**servomechanism** a〜 サーボ機構, 倍力装置

**servomotor** a〜 サーボモーター

**session** a〜 (1回または一会期の)会議, 会期, 学期[学年], セッション, 一会, 人が集まってある活動を行うこと, ある活動を行う期間, 1回[一連]の活動[作業], 《コンピュ》セッション(*プログラムの起動から終了まで; コンピュータが通信用に接続されてから接続がたたれるまで) ◆a (trading) session (取引所の)立ち会い ◆the session layer 《通》セッション層(*国際標準化機構(ISO)の開放型システム間相互接続(OSI)参照モデルの第5層) ◆an question-and-answer session (1回の)質疑応答セッション; 《意訳》質疑応答の場(機会, 時間) ◆at the beginning of an editing session 《コンピュ》編集作業の最初に ◆load the software from the disk for each session 《コンピュ》そのソフトを実行させるたびにディスクからロードする[読み込む]

**set** 1 a〜 (単/複扱い)一組, 一そろい, 一式, セット; a〜 テレビ(= a TV set), 舞台[撮影]のセット, 《数》集合; a〜 (単の)凝固[凝結, 硬化], (髪型の)セット ◆a television set テレビ(受像機) ◆a family of sets 《数》集合族 ◆a set maker (大道具・小道具などの)舞台装置を製作する人; 電子機器製造メーカー ◆a set manufacturer セットメーカー[電子機器製造業者](= a set maker) ◆a minimum set of instruments 最低限[最小限]必要な計器類一組 ◆a new set of disc brake pads 一組の新しいディスクブレーキパッド ◆Ball bearing casters (set of 4) ボールベアリング入りキャスター(4個組)(*カタログやチラシの表現) ◆a set of proposals that are presented as one thing 一括して提出されている一連の提案 ◆A set of eight chips produces 4 MB of RAM. 8つの(RAM)チップ1組で4MBのRAMになる. ◆It comes packed in a set of four.; They are packaged in a set of four. 〈商品〉は, 4個を一組として包装[荷造り]されています.

2 vt. 〜を置く[すえる], (ある状態に)する, 準備する, 設ける, 整える, 設定する, 定める[決める, 規定する], 〈先例など〉を作る, はめる, 固定する, 締める, 固まらせる; vi. (陽や月が)沈む, 凝固する[固まる], 〜の方へ向く, ある位置につく; <to> (〜を)始める, (〜に)取りかかる ◆after a set period of time ある一定の期間[時間]の(経過)後に ◆set a goal 目標を設定する ◆set a time limit 時間制限[制限時間, 期限]を設定する[設ける] ◆set global standards 世界[国際]標準規格を制定する ◆set the counter at 0000 カウンタを0000にセットする ◆set the handbrake ハンドブレーキをかける ◆a government-set Nov. 30 deadline 政府が設定した11月30日の期日[期限] ◆a set-and-forget system (一旦設定したら, ほうっておいてよい)自動システム ◆a bad precedent has been set 悪い先例が作られてしまった, よくない前例がついてしまった ◆set the switch on "automatic" and let the system do the rest そのスイッチを「自動」に合わせて, 後はシステムに行わせる[まかせる] ◆Initial production is set at 2,000 units a month. 《直訳》当初の生産は, 一月当たり2,000台に設定されている.; 《意訳》当初月産(台数)は2千台を予定している. ◆It is set to sell for $2,000. それは, 販売価格が2,000ドルに設定されている. ◆Set your unit on a clean dry counter or table. ユニットを, 清潔でぬれていないカウンターかテーブルの上に置いてください. ◆The adhesive sets in five minutes. 本接着剤は, 5分で固まります. ◆Thermosetting plastics set when heated under pressure. 熱硬化性プラスチックは, 圧力下で加熱されると硬化する. ◆When the cement or mastic has set, tilesetters fill the joints with grout. セメントあるいはマスチックが養生[硬化]したら, タイル職人は目地にグラウトを充填する[目地をグラウトで埋める].

3 adj. (setの過去分詞)あらかじめ決められた, 所定[規定]の, 型にはまった, 固定した, 決まった, 準備[用意]ができて ◆when... exceeds the set value 〜が設定値を超えると ◆shuttle flights leave at set times such as on the hour or on the half-hour during the business day 折り返し運行便は, 平日は毎正時[毎時刻00分]とか毎時刻30分とかの定時[定刻]に出発する

**set about** 〜 ◆he set about his new task 彼は新しい仕事に取りかかった[手を付けた, 着手した]

**set against** 〜と比較[対比, 対立]する, 敵対[対抗]させる

**set apart** 別にする, 引き離す, きわ立たせる; さておく ◆a sum of money set apart for a particular purpose 特定の使途のために(別に)とってある金額 ◆These special features set the model apart from... これらの特別機能は本機種を〜から

**setback**

差別化する．◆An impressive sales presentation incorporating color slides can set you apart from the rest of the crowd. カラースライドを織り込んでの強い印象を与えるセールス・プレゼンテーションは，あなたを他から引き離す[他に差をつける]ことができる．

**set aside** 取っておく，脇においておく，除外する，無視する ◆set it aside until it cools それを冷めるまで放置しておく

**set back** 遅らせる，後退させる，〈建造物〉を引っ込めて建てる；〈人〉に～の費用をかけさせる[費用がかかる] ◆An oil-and-filter change set me back $18.57. 〔口〕オイルとフィルターの交換は，18.57ドルかかった．◆The calamity set the economy of the region back 20 years. この災害は，この地域の経済を20年逆戻り[後戻り，後退]させた．

**set in** 始まる[起こる]，挿入する，～の方へ流れる[吹く] ◆before the winter sets in 冬になる前に

**set off** 出発する，始めさせる，引き起こす，爆発させる，発射する；仕切る，区別する，きわ立たせる；相殺する，埋め合わせる；〔点火〕[ignite] a raging debate over... ～について激しい議論を巻き起こす ◆Entries are shown with syllables set off by a centered dot. 見出し語は，中黒で音節を区切って示してある．

**set out** 並べる，出発する，着手する〈with, to do〉，〔書いて〕述べる[説明する，詳述する]

**set the pace** 手本[模範]を見せる，〔競争で〕ペースをつくる，先頭に立っている，一流である

**set up** 〔機械など〕をセットアップする［準備する，調整する，設定する，組み立てる，据え付ける，設置する］，立てる，設立する，新設する，発足させる，始める，引き起こす，もたらす，～を〔周到に〕準備する，～を〔入念に〕計画する ◆set up an antenna アンテナを立てる ◆set up a system システムを設置する ◆set [tense] oneself up for the battles of the day 一日の戦闘に備える；その日の戦いに向けて気持ちを奮い立たせる[気を引き締める]（*比喩的にも）◆set up a design center in Tokyo 東京にデザインセンターを開設[新設]する ◆set up an application アプリケーション(プログラム)をセットアップする ◆set up a network ネットワークをつくる[設立する] ◆set up an investigation 調査を計画する ◆set up production plants on the Continent 欧州本土に生産工場を設ける ◆Setting Up Your Imagewriter イメージライターを使用するための準備(*アップル社のプリンタの取扱説明書の章名) ◆set up a task force to study... ～を調査するためのプロジェクトチームを設置[創設]する ◆He has set up his own company. 彼は自分の会社を設立した．

**setback** 妨げ，支障，障害，後退，停滞，打撃，敗北，挫折，つまづき，失敗，蹉跌(サテツ)，〈建築〉〈高層ビルの上部が階段状に後退する〉セットバック；(a) set-back[板金]背返り高 ◆use a set-back chart to calculate bend radii for precision sheet metal 精密板金の曲げ半径を計算するために背返り高を使う ◆The basic rule will stipulate that new high-rises along Seventh Avenue have deep low setbacks: only the first 50 to 60 ft. can be built out to the sidewalk; the rest of the structure must be set back at least 50 ft. 基本原則は，7番街沿いの新規高層ビルは，低く深いセットバック[雛段型]構造でなければならないといと規定することになる．そして，下から50～60フィートの高さまでに限って歩道までせり出してよいが，残り[それより上]の部分は最低50フィート後退させなければならないということものである．

**SETI** (the Search for Extraterrestrial Intelligence) 地球外知性探査(略語形にはtheは不要)(*NASAのプロジェクトの1つだったが1993年に連邦予算打ち切りとなった．現在Project Phoenixと改称され，非政府組織のSETI Instituteにより個人の寄付を頼って規模を縮小して遂行されている)

**set screw** a ～止めネジ

**settable** adj. 設定可能な，沈降[沈殿]可能な ◆Settable solids are removed from... 沈下固形物は～から除去される ◆user-settable global variables 《コンピュ》ユーザ設定可能なグローバル変数

**setting** 1 a～ 状況[環境，境遇]，〈出来事，物語の〉背景[舞台，設定]；the ～〈of〉(～を)setすること ◆in natural settings 自然な環境[の中で] ◆use... in a real-world setting 実際の状況[場]で～を使用する ◆in an ordinary household setting 通常の家庭の場において ◆to create settings where [in which] individuals and communities of all kinds can flourish さまざまな人々やあらゆる種類の地域社会が繁栄できる環境をつくるために ◆demonstrate the potential of the car as a setting for high quality musical reproduction 高品位な音楽再生のための場としての車の潜在的資質を実証する

2 (a)～〔機器などの〕設定[調節，整正](値) ◆aperture setting 絞り設定 ◆an Internet settings file 《コンピュ》インターネット設定ファイル ◆at a predetermined setting あらかじめ決められた[既定の]設定値で；あらかじめ設定しておいた値で ◆change settings on a printer プリンタの設定を変更する ◆IRQ settings 2 through 5 and 7 《コンピュ》IRQ設定値2～5および7(*IRQ = interrupt request 割込要求) ◆make printer setting changes プリンタの設定変更をする ◆reset settings 設定(内容)をリセットする[初期値に戻す] ◆adjust the setting of a temperature regulator 温度調整器の設定を調節する ◆at all settings of the volume control 音量調節つまみがどの(設定)位置になっていても ◆make the setting by adjusting... ～を調整することによりその設定を行う ◆suggest a hair dryer on a low setting aimed at... ヘアドライヤーを低い(温度)設定にして～に向けることをすすめる ◆automatic DX-coded film speed setting from ISO 25 to 5000 《カメラ》ISO 25から5000までのDXコード付きフィルムの自動感度設定 ◆switch the shock absorbers from their soft to their firm settings ショック・アブソーバーを柔らかい設定から堅い設定に切り替える ◆the user doesn't have to worry about what settings to make ユーザーは，どんな設定をするのか心配しなくてもよい ◆After a number of setting changes and system part swaps,... 数多くの設定変更およびシステム部品の交換を行ったあとでも ◆All controls are locked into manual settings. 調整つまみ類はすべてマニュアル側にロックされている．◆Each model has 4 temperature settings. 各機種とも，4段階の温度設定が可能である．◆Once settings are complete, they are saved until you change them. 《コンピュ》設定が完了すると，設定内容は次に変更されるまで保存される．◆The LED display indicates switch settings. LED表示器は，スイッチの設定状態を表示します．◆Then make certain the parity settings are done properly. 次に，パリティー設定が正しく行われていることを確認すること．◆Thus a setting of 50 would be below normal speed. よって，50という設定は標準速度を下回ると言える．◆The settings of fifteen toggle switches can be read under program control. 15個のトグルスイッチの設定は，プログラム制御によって読みとることができる．◆The W stands for the setting that will record a program once every week. W(の表示)は，ある特定の番組を毎週1回録画することを意味する．(*録画タイマー)

**settle** vt. 落ち着かせる，住み着かせる，休める，鎮める，静める，すえる，決める，解決する，～に決着[けり，折り合い]をつける，処理する，清算する，沈降[沈澱]させる，整定する；vi. a settling tank (= a settlement tank) 沈降[沈澱]タンク[槽] ◆settling time (= correction time) 《制御》整定時間 ◆settle market access talks 市場参入交渉をまとめる ◆be sufficiently heavy to settle out 沈降[沈澱]するのに十分な重さがある ◆The output has settled back within 10% within just 30 μsec. 出力は，わずか30μsecもかからずに(変動率)10%以内の安定状態に戻った[整定した]．

**settle for** ～に決める；(不本意ながら)～に甘んじる，～を甘受する，～で手を打つ，～で我慢しておく ◆may have to settle for second best 次善のもの[策]を甘受しなければならなくなるかもしれない ◆settle for the status quo 現状に落ち着く ◆he had to settle for second (place) 彼は2位に甘んじなければならなかった ◆he ultimately settled for $90,000 彼はついに9万ドルで手を打った ◆He wanted to be a novelist, but had to settle for a journalist. 彼は小説家になりたかったが，ジャーナリストで我慢しなければならなかった．◆I was ready to settle

**settlement** (a) ～解決, 和解, 合意, 同意, 清算, 決済, 決算, 決着, 落着, けり, 折り合い, 調停, (和平の)協定, (財産などの)継承[譲渡, 贈与], 入植地[集落, 村落, 部落]; ⑤移民, 入植, 定住; ⑤沈下, 降下, 沈澱, 沈殿 ◆a settlement day [= an account day] 決算日, 勘定[会計]日; 《株》受け渡し日[当日] (= a pay day) ◆a settlement [settling] tank 沈澱[沈殿]タンク[槽]; 澄ましタンク ◆the BIS (Bank for International Settlements) 国際決済銀行 ◆conclude a settlement 協定を締結する ◆Israeli settlements in the occupied Palestinian territory パレスチナ占領地におけるイスラエルの入植地 ◆the peaceful settlement of disputes among… ～間の紛争の平和的な解決 ◆they were making rapid progress toward a settlement to end the war 彼らは戦争終結のための和解に向け急速な歩み寄りを見せていた ◆with a view to encouraging settlement at the earliest possible stage できる限り早期の解決[調停, 示談, 和解, 合意]を目指して ◆A and B reached an amicable settlement in their contract dispute. AとBは契約上の紛争を円満に解決した. ◆We're getting close [closer] to a settlement. 我々は決着[和解, 解決]に近づいている.

**set-top** セットトップの, セットトップ・ボックスの(＊有線[ケーブル]テレビの上に置いて, テレビ受像機に情報端末的機能を持たせる装置) ◆a (TV) set-top box [unit] セットトップ・ボックス, STB(＊CATV=ケーブルテレビを一般家庭のテレビに接続するための受信端末. 機種によっては「デジタル放送用チューナー」であることも)

**setup, set-up** (a)～〈機械, コンピュータソフトの〉セットアップ[(調整・設定などの)準備, 段取り], (装置, 必要用具の)一式, 機構, 構成, 配置 ▶《コンピュ》データ処理システムや通信システムを構成している個々の装置に, 動作に必要な相互接続や調整をすること. また, そのような接続, 設置, 調整. フロッピーディスクや用紙を装填する等の準備を指すこともある. ◆a setup for drawing optical fiber 光ファイバーの線引き設備[装置] ◆do [make, perform] a setup to install [for installing]… 《コンピュ》～をインストールするためのセットアップを行う ◆setups and changeovers 《生産ラインの》段取りや段取り換え ◆the car's climate-control setup その車のエアコン設備 ◆automatic set-up of programmed parameters 《電子機器》設定パラメータの自動セットアップ(＊自動的に設定パラメータを読み込ませて機器の準備をすること) ◆at the time of initial setup 最初のセットアップ時に ◆Please check your printer setup. プリンタの設定を確認してください. ◆when I perform a setup of some products いくつかの製品をセットアップするときに ◆Where a routine tool set-up has occurred,… 工具の通常の段取りが発生した場合,… ◆serial interface chips that allow direct connection to Ethernet setups イーサネット(LAN)設備[機構]への直接接続を可能にするシリアル・インターフェース・チップ

**seven** adj., n. 7(の); -th (7th) adj., n., adv. ◆sea water from the seven seas 7つの海から採った海水

**seven-segment display** a～セブンセグメント表示器(＊電卓や計測器用の数字表示器で, 1桁分が「日」の字の形をしている. 各数字は, この日の字を構成する7本の線分を選択的にon/offすることにより表現される)

**seventy** 70; the seventies 70年代, 70(度, 番)台 ◆in one's seventies 70(歳)代で

**sever** v. 切断する, 切り離す, 断つ, 分断する

**several** いくつか(の)(＊a few より多いが, many ではない), それぞれの, 別々の ◆for the first time in several years 数年ぶりに ◆over several times 数回にわたって ◆several tens of yards 数十ヤード ◆take several tenths of a second 10分の数秒[コンマ数秒]かかる ◆from several hundredths of a second to several dozen seconds 百分の数秒[数十ミリ秒]から数十秒まで(＊0.01 sec. (= 10 msec.)×several = 数10ミリ秒)◆the project has been underway at Carnegie Mellon for several years このプロジェクトはカーネギーメロン大学で数年来進められてきた

**severance pay** ⑤退職金, 解雇[離職]手当

**severe** adj. 過酷な, 厳しい, 厳しさの, 厳密な, 峻厳な, 猛烈な, 激しい, 重篤(ジュウトク)な, 極度な; 簡素な, 地味な ◆a severe accident ひどい[重大]事故, 大事故, 《原発》過酷[苛酷]事故 ◆an officer who is severe in discipline 規律に厳しい将校[厳格な士官] ◆by the increasingly severe shortage of nurses ますます深刻化する看護師不足により ◆suffer serious [severe] side effects 深刻な[ひどい, 重大な, 重い]副作用に苦しむ ◆chronic severe arthritis that can last for years 何年も続きそうな症状の重い慢性関節炎 ◆pressures on people connected to the dissidents were increasingly severe 反政府運動家と関係がある人々に対する弾圧は, ますます厳しさを増した ◆The conditions of her house arrest have become increasingly severe. 彼女の自宅監禁の状態は, 厳しさの度合いを増してきている[ますます厳しさを増してきた].

**severely** adv. 厳しく, 激しく, 重く, ひどく, さんざん(に), 極度に ◆severely hamper the widespread adoption [proliferation] of… ～の広範な採用[普及]を著しく阻む

**severity** ⑤厳しさ, 厳格さ, 厳重さ, 厳正さ, 厳粛さ, いかめしさ; ⑤激しさ, 苛烈さ, 過酷さ, 痛烈さ; ⑥つらさ, 苦しさ; 《通例～ties》厳しい経験[体験, 行為, 仕打ち]; ⑤どのくらいsevereかという程度[度合い, 率], 重大さ, 重大度, 深刻さ, 重篤(ジュウトク)さ, 発病度; ⑤簡素さ, 簡潔さ, 地味さ ◆the severity of (a) disease 病気の重さ ◆the severity of a storm あらしの強度 ◆the severity of punishment 処罰の厳しさ ◆the severity of pollution 汚染のひどさ ◆the severity of recent fighting 最近の戦闘の激しさ ◆with increasing severity ますます厳しさの度合を増して ◆depending on the severity of the burn やけどのひどさの程度によって ◆he suffered terribly from his father's severity 彼は, 父親の厳格さに[(意訳)厳格な父親に]苦しめられた. ◆recognize the severity of the problem その問題の重大さ[深刻さ]を認める ◆Two major factors determine the severity of flicker. 2つの大きな要因がちらつきの(ひどさの)度合い[程度]を決定する.

**sewage** 排水, 下水 ◆sewage drains 下水施設 ◆sewage treatment equipment 下水[汚水, 廃水]処理装置 ◆liquid sewage 廃水 ◆the disposal of sewage treatment sludge 下水[汚水]処理汚泥の処理・処分

**sewer** a～(地下の)下水管, 下水道, 下水溝, 下水暗渠(アンキョ), 下水渠 ◆an open sewer 下水溝 ◆a sewer pipe [line] 下水管 ◆the construction of roads and sewers 道路および下水道の建設

**sewerage** ⑤(集合的に)下水設備, 下水道, 下水処理; ⑤下水, 下水汚物, 汚水

**sewing** ⑤裁縫, 針仕事, 縫いもの, 縫製 ◆a sewing shop 縫製工場 ◆a sewing store 縫い物[裁縫]用品店

**sewing machine** a～ミシン

**sex** ⑤(生物学上の)性, 性別; 性交, 情交, 交わり; 性風俗[風俗]; adj. 性の; vt. ～の性別を区別する, ～の性的魅力を増す, ～を性的に興奮させる ◆a same-sex roommate 同性のルームメイト ◆a sex [sexual] orgy 乱交パーティー ◆a sex slave 性の奴隷, 慰安婦 ◆sex determination 性別判定; 性決定 ◆a safe-sex educational film 安全なセックスについての啓蒙映画 ◆find him almost devoid of sex appeal 彼にはセックスアピールがほとんどないと思う ◆safe sex 安全なセックス[性行動](＊特に, 性感染症などを予防するためにコンドームを使用した) ◆without discrimination against sex 性差別なしに; 男女の分け隔てなく; 男女平等に ◆Laws in India and China now ban sex-determination testing. インドと中国の法律は, 今では性別判定テスト[検査]を禁じている. ◆Leukemia affects people of all ages, of both sexes and from all backgrounds. Leukemia affects all ages, both sexes and every background. 《意訳》白血病は, 年齢や男女や生活環境を問わず誰でもかかる.

**sexual** adj. 性の, 性的な, 雄雌の, 男女の, 有性の, 生殖の ◆sexual reproduction 有性生殖 ◆sexual and reproductive (health) rights 性と生殖に関する（健康）権利 ◆women are still depicted as sex [sexual] objects by the media, advertising, and the fashion industry 女性は依然として，メディアや広告やファッション業界で性の対象として描かれている

**sexual harassment** 🔊セクハラ，性的いやがらせ ◆on-the-job sexual harassment 職場でのセクハラ

**sexually** adv. 性的に，性差によって，性別によって ◆a sexually transmitted disease (STD) (pl. ~s, STDs) 性行為感染症 ◆Robert Mapplethorpe's sexually pathological photos ロバート・メイプルソープの性的に病的な[《意訳》変態］写真

**SFO** (Serious Fraud Office) the ~ 《英》重大不正取締局

**SFOR** (the Stabilisation Force) 平和［和平］安定化部隊（略語形にtheは不要）(*ボスニア・ヘルツェゴビナに駐留する米軍主力のNATO軍．1996年12月20日に前身のIFORから引き継いだ)

**SFU** (Space Flyer Unit) the ~ （日本の）無人宇宙実験室

**SFX** (special effects, sound effects) ◆Sound Effects (aka Sound FX & SFX) 音響効果（またの名をサウンドFXあるいはSFX）(*SFXは, special effects = 撮影現場で行われる「特殊効果」の意味もある．撮影後に加える特殊効果をVFX = visual effects, virtual effects と呼ぶ)

**shabby** adj. 粗末な，よれよれの，すり切れた，着古した，みすぼらしい，うらぶれた，惨めな，荒涼とした，さもしい，むさ苦しい，見苦しい，薄汚れた，汚らしい，汚い，卑劣な，(商売上)不正な ◆a shabby product 品質の悪い（安物の）商品 ◆a shabby port town さびれた港町 ◆a shabby port town みすぼらしい［うらぶれた，荒れ果てた，荒涼とした］港町 ◆his shabby, cluttered office むさ苦しく散らかっている彼の事務所 ◆men in shabby suits よれよれのスーツを着た男性たち ◆skinny women in shabby clothes みすぼらしい身なりをした痩身の女性たち ◆deteriorate and take on a shabby appearance 老朽化し，みすぼらしい外観に［薄汚い様相を呈するように，見苦しく］なる ◆my clothing is beginning to look a bit shabby 私の持っている衣服は（使い古して）ちょっぴりみすぼらしい［くたびれた］感じになり始めている ◆the shabby treatment he received from [at the hands of]... ～から彼が受けた惨めな［ひどい］待遇［仕打ち，あしらい］ ◆The excuse is so transparently shabby that no one is buying it. その言い訳はあまりにもお粗末で見え透いていて，誰も信じちゃいない． ◆The 35-year-old center had become shabby and outdated. この築35年のセンターは，老朽化し，時代遅れになってしまった．

**shack** a ~ 小屋，掘っ立て小屋，丸太小屋，仮小屋，あばら屋; vi. (shuck up with...で)(俗)～と同棲する（ *セックスを意味して）～と寝る ◆a chicken shack ニワトリ小屋

**shackle** a ~ (通例 ~s)手枷(テッセ), 足枷(アシカセ);~s 束縛，拘束; a ~ U字形をした金具［締具，掛け金］; vt. (通例受け身で用いる)～に手かせ［足かせ］をはめる，～を束縛する，～の自由を奪う ◆break free from the shackles of past mistakes and start afresh 過去のしがらみから自由になって再出発する［出直す，新規まき直しする］ ◆her desire to be liberated and break free from the shackles of society 解放されて社会の手かせ足かせ［束縛］から自由になりたいという彼女の強い願望

**shade** 1 n. the ~ 陰; a ~ 光を遮るもの［シェード，セード，かさ，日よけ］; a ~ 濃淡［明暗］の度合い; a ~, ~s <of>微妙な違い; a ~ ほんの少し ◆produce light and shade 濃淡［明暗］をつける ◆shades of gray 濃淡［中間調，階調］ ◆64 shades of gray 64階調 ◆print images in shades of gray 中間調で画像を印刷する ◆a collapsible dual-purpose wide angle and normal rubber lens shade 《カメラ》折り畳み式広角／標準兼用ゴム製レンズフード ◆Red, blue and purple flowers will deepen in hue, but other shades may fade a little. 赤や青や紫の花は色が深まり，その他の色調［色合い］の花は少々色褪せることがあるでしょう．(*乾燥花の話です)

2 vt. 陰にする，隠す，陰をつける，陰付きにする，網掛け（表示）にする，徐々に変化させる; vi. 徐々に変化する ◆a

shaded area 《コンピュ》網掛けされている領域 ◆a shaded-pole motor くま取り（コイル式）モーター ◆the diagonally shaded areas in Fig. 2 図2の斜線（で蔭をつけた）部分 ◆sections in shaded areas freeze first 日影になっている区間が先に凍る

**shading** 《CG》シェーディング，描法，陰影付け ◆flat shading, Gouraud shading, and Phong shading 《CG》フラットシェーディング，グーローシェーディング，およびフォンシェーディング

**shadow** a ~ (物理的または比喩的の)影，暗影，微量; 🔊または ~s 暗がり，陰; vt. ~を影［陰］にする; ~を尾行する ◆cast a shadow over [on]... ...に影を落とす［投げる］ ◆a shadow area [region] (= a blind area [region]) 不感区域 (*レーダの電波が届きにくい区域); 難視聴地域; 受信不良地域 ◆a shadow mask (= an aperture mask) (カラーブラウン管の)シャドウマスク［（多孔）遮蔽板］ ◆Britain's shadow Cabinet system 英国の影の内閣制度 ◆the scale [size] of the underground [black, shadow, undeclared] economy 地下経済［闇経済］の規模［大きさ］

**shaft** a ~ 軸，心棒，シャフト，立て坑［立坑，縦坑，竪坑］(= a mine shaft, a vertical shaft, a pit), エレベータの通り穴 ◆a compressor shaft seal コンプレッサの軸封 ◆an incline [inclined] shaft 斜坑 ◆an incline-shaft, an inclined shaft 傾斜した坑道; 斜坑 ◆a revolving [rotating, rotation, rotational, rotary] shaft 回転軸 ◆a main shaft 《機》主軸，《鉱》主要坑代［竪坑，立坑］ ◆a single-shaft unit system power station 一軸型ユニットシステム発電所

**shake** 1 vt. 振る，揺さぶる，揺るがす，振り混ぜる［シェークする, 振とうする］，握手する; vi. 揺れる，震える ◆a shaking table 振動台; 《炭鉱》揺動テーブル (*粉炭を選別する) ◆shaken-baby syndrome (SBC) 揺さぶられっこ症候群 ◆shake a good amount of Parmesan over... パルメザンチーズを...にたっぷり振りかける ◆the engine's mighty shaking そのエンジンの強力［強烈］な振動 ◆he stuck out [held out, extended, offered] his hand for me to shake 彼は私に握手の手を差し出した［さしのべた］ ◆... would shake the very foundations of society ～は社会の基盤そのものを揺るがすであろう ◆shake off the economic doldrums in which the world economy now finds itself 世界経済が現在陥っている景気の低迷を払拭する ◆The news has shaken all of us to the core. その知らせに，私たちは皆すっかり動揺した［衝撃を受けた，ショックを受けた］． ◆Dust fish on both sides with flour and shake off excess. 魚の両面に粉をまぶしてから，余分な粉を振り落とします． ◆Terrorist attacks can shake the foundations of our biggest buildings, but they cannot touch the foundation of America. テロリストは我が国最大のビルの土台を揺るがすことはできても，アメリカの土台に触れることはできない．(*同時多発テロにより世界貿易センターが崩壊したことに関するブッシュ大統領の演説)

2 n. a ~ シェーク，振とう，振動，動揺，衝撃，(樹木の)割れ，握手 ◆prevent camera shake カメラブレを防ぐ

**shake up** 組織がえ［再編成，大異動，改造，改革，刷新］する，振り混ぜる

**shakedown** a ~ (船舶，航空機などの)試運転，(形容詞的に)試運転の ◆give the new car a thorough shakedown その新車を徹底的に試運転する

**shakeout** a ~ 振り落とし，競争力のない企業の淘汰 (*景気後退を伴う), 競争による商品の淘汰，(業界内などにおける)整理［再編成］，価格の急落［反落］ ◆a structural shakeout 《経済》構造的な大変革［大改革，大再編］ ◆as the industry shakeout wave continues 業界再編の波が続く中にあって ◆a major industry shakeout is expected 業界大再編がやってくるであろう ◆require a massive shakeout and restructuring 大改革および大再編［リストラ］を必要とする ◆we are in the midst of a fierce [brutal, violent] shakeout in the xxx industry 《意訳》我々は，xxx業界を激しく吹き荒れる整理・淘汰の嵐の真っただ中にいる

**shaker** a～ 振動機, 振動篩(フルイ), 震盪(シントウ)機, 加振機, 起振機, 撹拌[混合]機, 《生》ばとう培養機, カクテルシェーカー, (マラカスのように手に持って)振って鳴らす楽器, (塩やコショウの)振りかけ容器; the Shakers 《集合的に》シェーカー派の信者; a Shaker 一人のシェーカー教徒; Shaker adj. シェーカー教の ◆a shaker conveyor　機械振動[揺動]コンベア[コンベヤ]

**shake-up** a～ 組織がえ, (大)組織[機構]改革, 再編成, 大異動, 大改造, 大改革, 大刷新 ◆embark on a management shake-up　経営管理機構の大改造に着手する ◆launch a top-management shake-up　最高経営管理者層の大異動[大改革]に乗り出す ◆As soon as he took office, he ordered a shake-up of CIA personnel, replacing top managers who were deemed tainted by the scandal.　就任するや否や, 彼はCIA人事の大異動[大刷新, 大改革]を命じて, スキャンダルにまみれていると思われる最高幹部らをすげ替えた。

**shale** シェール, 頁岩(ケツガン), 泥岩, 泥板岩

**shall** (助動詞)～だろう, ～することになっている, ～するものとする, ～すべし ◆there shall be no need to <do...>　～する必要はないものとする

**shallow** adj. 浅い, 表面[地表, 海面]に近い, 浅部(センブ)の, 表層部の, 浅層の, 浅一, 軽度の ◆at a relatively shallow depth　比較的浅い深さで ◆at shallow depths　浅い深度で, 浅いところで ◆it lives in shallow waters along the shore　それは沿岸域の浅瀬に生息している ◆These long lenses have very shallow depth of field.　これらの(焦点距離の)長いレンズの被写界深度は非常に浅い。 ◆You might find all this a bit shallow, but the fact is that hip design sells.　これは全体にちょっと浅薄だと感じられるかもしれないが, 実際のところ流行の先端を行くかっこいいデザインは売れるのである。

**shambles** a～ と殺場, 修羅場, 散乱状態, 大混乱 ◆an agency that the GAO in 1992 described as a management shambles　米国議会の会計検査院(GAO)が1992年に乱脈[放漫]経営だと形容したある政府機関 ◆The overall Russian economy remains a near shambles.　ロシア経済全般は, ガタガタに近い状態のままになっている。 ◆Windstorms reduced the barn to a shambles.　暴風は, 納屋をめちゃめちゃに壊してしまった。 ◆the company's financial management and accounting systems are in a total shambles　同社の財務管理部門および経理体制は乱脈を極めている

**shame** 《恥, 不名誉; a～ 不名誉な[残念な, 嘆かわしい, ひどい]こと; vt. 恥じさせる ◆they have honed their craft to such an exquisite level that they put "professional" entertainers to shame　彼らは「本職[玄人]」の芸人が顔負けするほどの極めて優れた水準にまで自らの技を磨き上げた[研鑽した] ◆The Mercedes-Benz 600SE's regal bearing and sterling composure put most cars to shame.　メルセデスベンツ600SEの王者の風格[威風堂々とした態度]と正真正銘の泰然自若たる風は, ほとんどの車を見劣りさせる

**shank** a～ 脛(スネ), 脚, 軸, 軸部, 柄, 柄部, 胴, (靴底の)シャンク[土踏まずの部分]; (a～ (動物の)すね肉 ◆the shank of a drill; a drill shank　ドリルの軸[軸部] ◆the shank of a screw [bolt]　ネジ[ボルト]の軸(＊ネジが切ってある)

**shape** 1 (a)～ 形, 形状, 格好, 型, 輪郭, 形態, 構造, 様相, 性質; 回形になったもの, 具体化 ◆alter the shape of...　～を変形させる ◆in shape (of): 形状において, (形崩れせずに)しゃんとして; 形を保って ◆keep...in shape　～の形が崩れないようにしておく; ～をしゃんとしたままに保つ; 形崩れを起こさないよう ◆take the shape of...　～の形々をとる ◆という形をとる ◆a shape-memory alloy　形状記憶合金 ◆change in shape　形が変わる ◆come in varying sizes and shapes　～にはさまざまな大きさや形のものがある。～の大きさや形はまちまちである ◆cut...into desired shapes　～を望みの形状にカットする[好きな形に切る] ◆in a desired shape　思い通りの形状で, 《意訳》任意の形状の ◆objects of complex shape　複雑な形状の物体 ◆resemble an egg in shape　卵の形に似ている ◆take on any shape　どんな形にでもなる ◆the shape of a building　建物の形状 ◆without losing shape　形くずれせずに ◆distinguish the shape of buried objects　埋設物の形状を知る ◆give it a streamlined shape　それに流線形を持たせる ◆It is of nearly identical shape with...　それは, ～とほぼ同じ形状をしている。 ◆plums lose their shape if overcooked　プラムは煮すぎると形が崩れる ◆study the shape of things to come　今後の動向を研究する ◆a ruby crystal in the shape of a right circular cylinder　直円柱形をしたルビー結晶 ◆The material changes its shape and size under...　この材料は, ～のもとで形と大きさが変わる ◆Plastics lend themselves to many terrific shapes and forms.　プラスチックは, 数々のすばらしい形状やフォルムになる[がつくりやすい]。 ◆This will prevent doughnuts from losing their shape.　これでドーナツの形崩れを防げる。 ◆Video furniture comes in many shapes and sizes.　ビデオ用家具は, 数多くの形状とサイズがそろって売られている。 ◆Water takes the shape of its container.　水は, 器の形のとおりになる。; 水は方円の器に従う(シタガウ)。(＊方円の器＝四角い器と丸い器) ◆As you move the cursor around the perimeter of the selection box, the cursor changes shape.　カーソルを選択ボックスの周囲に持っていくと, カーソルの形が変化する[形状が変化する]。 ◆In the early '70s, the rough outline of the information-telecommunications revolution took shape.　1970年代初頭に, 情報通信革命のおおよその輪郭が形を現した[形作られた]。

2 回状態, 調子, 体調, 好調 ◆get the program back into shape　(がたがたになっている)この計画を正常[まとも]な状態に戻す ◆used equipment that is in really poor shape　全く状態[調子]の悪い中古機器 ◆the company is focusing on getting its balance sheet in shape　この会社は, 財政の健全化に力を傾注している。

3 v. 形づくる, 成形する, つくる, 形をとる ◆a waveform shaping circuit　波形整形回路 ◆an L-shaped bracket　L型ブラケット ◆a wave-shaping circuit　波形整形回路 ◆be shaped like a ring　円環の形状をしている ◆different shaped parts　異なった[いろいろな]形状のパーツ ◆shape a market　市場を形成する ◆shaped like a letter V; V-shaped　V字形をしている ◆shape... into a ring　輪の形にする ◆a wire wrapping tool shaped like a gun　拳銃のような格好をしているワイヤーラッピング工具 ◆manufacture complex shaped components　複雑な形状をした部品を製造する ◆shaped to fit with adjustable Velcro fasteners　調節可能なマジックテープでぴったりフィットする形に作ってある ◆The ease with which it can be shaped makes it particularly suitable for the following applications.　それは, 成形が容易であることから, 以下に掲げるような応用例にとりわけ適している。

**in shape, into shape** 《in shape で》形の点で, 形状において, (形崩れせずに)しゃんとして, 形を保って (→ shape 1); 《in [into] shape で》健康な[健全な, 正常な, まともな, 本来の, 然るべき]状態で[に] (→ shape 2)

**take shape** 形になる, 形をとる, 形を表す[格好]がつく, 形になって現れる, 体を成す, 具体化[具現化, 実現化, 現実化]する, まとまる, 目鼻が付く, それらしくなる, 輪郭がはっきりする ◆as plans for a wedding begin to take shape　結婚式の計画が具体的になり始める[が具体化してくる, に目鼻が付いてくる]に[ついて]

**shard, sherd** a～ 破片, かけら ◆shards of [from]...　～の破片

**share** 1 (a)～ シェア, 市場占有率, 配分比率, 構成比, 取り分, 分け前, 分担, 《コンピュ》共有資源; a～ (英)株 ◆a share price (英)株価 (= a stock price) ◆stock [share] price manipulation　株価操縦[操作] ◆for fear of losing market share　マーケットシェアを失うことを恐れて ◆to increase their market shares　それら(企業)のマーケットシェアを拡大するために ◆command a 45% share of the market　45%のシェアを占める ◆have the largest share of the sales pie　売り上げ全体で一番大きな構成比を占めている ◆he doesn't carry his share of the workload　彼は仕事の分担をこなしていない ◆take market share away from specialty stores　専門店のマーケッ

トシェアを奪う ◆garner a substantial share of the camcorder market カメラ一体型ビデオ市場でかなりのシェア［相当大きな占有率］を獲得する ◆each passing year sees a decline in market share for impact printers 年を追うごとに［年々］インパクトプリンタの市場占有率が下がってきている ◆Chronic offenders are responsible for a large share of the collisions. 常習的違反者が，衝突事故の大きな割合［比重］を占めている。 ◆Consideration must be given to making the wealthy pay a larger share. 裕福な人々により多く支払い分担させるよう配慮する必要がある。 ◆Despite its praiseworthy management, the company had its share of failures. 賞賛に値する経営にもかかわらず，その会社にも［だって］失敗はあった。 ◆Sears' dependable Kenmore appliances, which held a commanding 46% share of the market only five years ago, have slipped to a 33% share. ほんの5年前に46％という堂々たる市場占有率を誇っていた，シアーズの信頼のおけるケンモア商標の家電製品類は，33％に落ちたということである。 ◆The share of the U.S. consumer electronics market held by American companies has plunged from almost 100% in 1970 to less than 5% today. 米国民生電子機器市場における米国企業の占有率は，1970年のほぼ100％から今日の5％未満へと急激に下がってしまった。 ◆In the semiconductor field, the U.S. in 1982 enjoyed a 49.1% world-market share, while Japan had 26.9%. Now Japan is the No. 1 producer, with 45.5% of the $45 billion world market, while the U.S. has 44%. 半導体分野で，1982年の米国の世界市場占有率は49.1％であったのに対し，日本は26.9％であった。今や日本は，米国の44％に対し450億ドル規模の世界市場の45.5％を占める最大の生産国である。 ◆The U.S. share of world semiconductor production has slipped from 57.2% to 39.4% during this period, while Japanese companies have expanded their market share from 27.4% to 48%. 世界全体の半導体生産に占める米国の割合が，この期間に57.2％から39.4％に低下した一方で，日本企業は市場占有率を27.4％から48％に伸ばした。 2　v. 共用する，共有する，分かち合う，分担する，分配する ◆shared files [folders, printers] 共有ファイル［フォルダ，プリンタ］ ◆allow [enable, permit, make possible] the shared use of. . . ～の共同使用［共用］を可能にする；～を共有して使えるようにする ◆on a cost-sharing [cost-shared] basis （関係者による）費用分担方式で；費用分担して ◆share work according to ability 能力に応じて労働を分担する ◆share work among. . . ～の間で仕事［労働］を分配する［分かち合う］ ◆because these devices do not have to be shared with anybody これらの装置は誰とも共用［共同で使用，共有］しなくてもよいので ◆have them share the expenses as much as possible 彼らにできるだけ費用を分担させる［負担してもらう］ ◆I don't share your views on. . . 私は～についてのあなたの見解［意見］にはくみしない ◆share the load of. . . -ing ～する負担を分担する ◆share the use of a database package データベースのパッケージソフトを共用する ◆companies that want to share data among all their computers 社内の全てのコンピュータでデータを共有したい企業 ◆models intended to be shared among multiple users through a local area network LANを通じて複数ユーザーによって共用される［複数ユーザーが一緒に使える］ように意図されて［設計されて］いる（コンピュロジ）機種 ◆reforms the budgeting methods by which the costs of U.N. peacekeeping are shared among U.N. members 国連平和維持費を国連加盟国間でどのように分担するかを決める予算編成方法を改革する ◆tasks where there is a need to share information between large numbers of people 大勢で情報を共有する必要のある作業 ◆a fair and appropriate sharing of burdens among different generations can be achieved by optimally utilizing social resources 世代間での公平かつ適正な負担分担は，社会資源を最適に活用することにより実現可能である ◆* All bulleted items are shared by all models. * 黒丸記号（◆）のついている項目はすべてのモデルに共通です。（* 仕様の表で） ◆A printer can be shared among [between] several users. プリンタは数人のユーザーに共用［共同使用，共有］できる。 ◆They share components with one another. これら（の製品）は，部品を共用［《意訳》共通部品を使用］している。 ◆They share so many components with

other models that they can't really be called all-new cars. これらは，他の車種と非常に多くの部品を共用しているので，本当のところ全くの新型車とは呼べないものである。

## shareable, sharable adj. 共同で使用できる，共用可能な ◆make the printer shareable among multiple users このプリンタを複数のユーザーが共用［共同で使用］できるようにする

## shared adj. 共用の，共有の，共同利用［使用］型の，分担の ◆over a shared channel 共用チャンネルで［を通じて］ ◆through shared use of. . . 《意訳》～を共用で使用することにより；～の共用を通じて ◆develop a shared awareness of being. . . ～であるといった共通の認識を持つようになる［深める］ ◆write data into the shared memory その共有［共用］記憶装置にデータを書き込む ◆A standalone personal computer cannot provide shared access to public databases. 独立型パソコンでは，公のデータベースに共用アクセスできない。

## shareholder a ～ 株主 (= a stockholder), 出資者 ◆a special shareholders' meeting to consider. . . ～を審議するための臨時株主総会 ◆he became its largest shareholder last fall by acquiring nearly 10% of its stock 彼は，その会社の株の10％近くを取得し，昨年秋に筆頭株主となった ◆"sokaiya" gangsters [racketeers] who threaten to hold up or disturb company shareholder meetings unless they are paid off 金をよこさないと企業の株主総会の議事の進行を止めたり妨害すると脅しをかける「総会屋」会社ゴロ

## shareware 《コンピュ》シェアウェア ▶自由にコピーして試用できるが，freewareと異なり正式に使用するには登録料の支払いを要求されるソフト．登録料は，市販ソフト価格に比べて一般に安い．sharewareは，広義の public domain software （公開ソフト）に含まれる． ◆a shareware program シェアウェア・プログラム

## sharing ① 共用，共有，兼用，分配，配分 ◆job sharing; worksharing 仕事の分配［分かち合い］（*雇用を守る目的などで，限られた量の仕事と賃金を従業員同士で分け合うこと） ◆a redundant load-sharing power supply 二重化負荷分散型電源 ◆manage the sharing of a printer プリンタの共有を管理する ◆needle-sharing [the sharing of needles] among drug users 薬物乱用者間での（注射）針の共用［使い回し］ ◆demand a more equitable sharing of wealth より公平な富の配分を要求する ◆the sharing of the same keys for cursor movement and Home, End, PgUp and PgDn 同じキーをカーソル移動とHome, End, PgUp, PgDn用に［それぞれ］兼用すること ◆the two governments will increase [intensify, strengthen] (their) information and intelligence sharing 両国政府は情報および諜報の共有を強化する ◆Component sharing reduces tooling and development costs. 部品の共用［《意訳》共通化］は，設備費と開発費の削減になる。

## sharp adj. 鋭い，鋭敏な，鋭利な，尖鋭な，とがった，（勾配，カーブ が）急な，鮮明［鮮鋭］な，はっきりした，画然とした，激しい，厳密な，急激な，大幅な；adv. 急に，突然，（時刻の表現の後に置いて）きっかり［ぴったりに］；n. a ～ 鋭利な［鋭い］もの，シャープ記号，嬰音 ◆a sharp bend 急な曲がり ◆a high-contrast sharp image コントラストの高い［硬調で］鮮鋭な画像 ◆a sharp increase in. . . ～の急激な上昇［急増，増加，激増］ ◆an accessible sharp point 接触の可能性がある尖鋭な先端（*玩具安全基準の話で，子供が指などで触れるおそれのある鋭利な箇所） ◆a sharp blade 鋭利なブレード ◆at a sharp angle 鋭い角度で ◆at five o'clock sharp 5時きっかりに ◆make a sharp distinction between A and B AとBをはっきりと［截然（セツゼン）と］区別する；峻別する ◆take a sharp turn for the worse 一転して［一変して，がらりと］悪化する；悪い方に急変する；よくない方向に急転［急激に変化］する ◆ultra-sharp pictures 超鮮明な写真 ◆a sharp drop in technology stocks 技術関連株の急落 ◆a sharp-pointed projection （先端が）鋭くとがっている突起 ◆keep everything sharp, or blur away backgrounds 《撮影》すべてシャープに写るようにするか，あるいは背景をぼかす ◆whether the toy has sharp edges that can cut その玩具に，切り傷のもとにな

**sharp-edged** adj. 鋭い刃をした、刃の鋭い、鋭利な、切れ味のいい、薄刃—;〈言葉などが〉切れ味がいい[辛辣な、痛烈な]《航空機》鋭角[瞬間垂直]突風 ◆a sharp-edged gust

**sharpen** vt. 鋭利にする、研ぎ澄ます、研磨する、とがらせる、鮮明[鮮鋭]にする、鋭敏にする ◆sharpen one's creativity 創造力を研ぎ澄ます[研ぐ、鋭敏にする] ◆sharpen pencils 鉛筆を削る ◆The picture control sharpens the images in reproduced pictures. この画質調整器は、再生画の画像を鮮明にする。

**sharpener** a～研ぐ[削る]人、削り器、シャープナー、研ぎ機、研削盤 ◆a knife sharpener 刃物研ぎ屋、包丁研ぎ[ヤスリ、砥石]、ナイフ研磨機

**sharply** adv. 急に、急速に、急激に、素早く、急峻に、急角度で、著しく、甚だしく、非常に、いたく、極めて、大幅に、大きく、ひどく、厳しく、きつく、強く、激しく、荒々しく、猛烈に、とげとげしく、辛辣に、痛烈に；鮮明に、シャープに、際立って、くっきりと、はっきりと、画然と、截然(セツゼン)と、きっぱりと、きちんと；切実に；きりっと、ぴりっと、ぴしっと、がちゃんと、さっと、はっと、がくんと ◆sharply cut advertising outlays 宣伝のための支出を大幅に削減する ◆sharply increase the cost of... 〜のコストを急激に上昇させる ◆the sharply growing multimedia market 急成長[急伸、急拡大]しているマルチメディア市場 ◆blue-chip stocks fell sharply yesterday 優良株が昨日急落した ◆sales of corn and wheat were up sharply トウモロコシと小麦の売り上げが大きく伸びた ◆stock prices rose sharply yesterday 株価が昨日急伸した ◆they sharply criticized one another 彼らは、激しく非難の応酬をした

**sharpness** ①鋭さ[鋭度]、尖っていること[尖り具合]、鮮明さ[鮮明度]、鋭敏さ[鮮鋭度]、明敏さ[明敏のなさ](intellectual acuteness, shrewdness), すご腕[辣腕(ラツワン)] ◆inspect cutting edges for sharpness (物を切る道具の)刃先の切れ味をを検査する；切刃の鋭さ[鋭利度]を調べる ◆pictures with a sharpness comparable to 35mm film 35mmフィルムに匹敵する鮮明さの[鮮明度をもつ]画像 ◆a tripod should be used to maximize sharpness 鮮明度をできるだけ[可能な限り]上げるためには三脚を使用すべし

**shatter** vt., vi. 粉砕する、粉々に砕く[砕ける]、うち砕く、〈希望など〉をくじく、打ちのめす、打ちひしがれさせる ◆shatter kidney stones 腎臓結石[腎臓結石]を破砕する ◆shatter-resistant windows (ガラスが)飛散しにくい[安全ガラス製の]窓 ◆the earthquake-shattered city of Rasht 地震で壊滅したラシット市 ◆the accident has shattered the myth of Japan's supersafe nuclear technology この事故は、日本の超安全核技術神話を打ち砕いた

**shatterproof** adj. (ガラスが)飛散防止の、安全ガラスの ◆a shatterproof lens 飛散しないに割れない(＊安全ガラス製またはプラスチック製の)レンズ

**shave** vt., vi. (ひげ)をそる、剃髪する、剃毛(ティモウ)する、削り落とす、削り落とす、そぐ、かすめる；a〜 ひげをそること、その道具、削りくず、剃り ◆It [That] was a close shave. (口)あわやという危機一髪の状況だった。；危機一髪だった。 ◆The added processing power can shave hours off the time it takes to <do...> 増強された処理能力[処理能力アップ]は、〜するのに要する時間[所要時間]を何時間も削減して[縮めて]くれるでしょう ◆The swimmer got his legs shaved. その水泳選手は脚の毛をそってもらった。

**shaven** (shave の過去分詞)adj. 髪[ひげ]を全部そった ◆a shaven-headed musician 坊主頭の[剃髪(ティハツ)している]音楽家

**shaving** (通例〜s)削りくず(a) 〜 そること、ひげそり、剃毛(ティモウ); ◆shavings of Parmesan cheese パルメザンチーズを削ったもの ◆wood shavings 木の削り屑 ◆a shaving of

wood 木の削り[かんな]くず ◆cheesecake topped with chocolate shavings 削ったホワイトチョコレートでトッピングされているチーズケーキ ◆(silken) shavings of a dried bonito (絹のように)なめらかでつややかな(かつお)削り節

**shear** せん断(力)、ずれ、ずり；(a pair of) ～s 大ばさみ; v. せん断(変形)する、切る[切断]する、刈る ◆a shearing machine シャリング機; 剪断[せん断]機；シャー；シヤー ◆shearing stress 剪断[せん断]応力、ずり[ずれ]応力 ◆a thickness-shear mode resonator 厚み滑りモード発振子[振動子、共振子]

**sheath** a〜 さや、(さや状の)覆い、鞘、外装 ◆a cable sheath ケーブルの被覆 ◆an outer sheath 〈ケーブルなどの〉外装 ◆a protective sheath 《工業》保護被覆[防護管] ◆a protective sheath for the nerves 神経の保護層[髄鞘(ズイショウ)] ◆draw the knife out of its sheath ナイフをさやから抜く ◆put the knife back in the sheath ナイフをさやに収める ◆When the outer sheath of a cord is damaged,... (電気)コードの外皮[外皮]が損傷していた場合,...

**sheathe** v. 〜をさやにおさめる、外装する、おおう sheathe A with B AをBで覆う[被覆する] ◆a metal sheathed cable 金属外装ケーブル ◆a nonmetallic-sheathed cable 非金属外装ケーブル ◆a PVC-sheathed cable ビニール[ビニール]被覆ケーブル ◆sheathe a dagger 短刀をさやに収める

**sheathing** ①被覆、覆い、被い、外装、被覆材料；①さやに収めること

**shed** 1 vt. 〈涙、血など〉を流す、発する、注ぐ、落とす、脱ぎ捨てる、〈水〉をはじく ◆shed light on... 〜に光をあてる、〜を照らす、〈なぞ、問題〉に解明[解決]の光をあてる ◆load shedding 《配電》負荷遮断 ◆shed unprofitable facilities 採算のとれない[不採算]施設を切り捨てる ◆the company plans to shed 2,000 employees at the end of September 同社は、9月末に2,000人の従業員を解雇する計画である ◆the extra weight has been shed by doing away with the video recording part 余分な重量は、ビデオ録画部をなくすことによりそぎ落とされた ◆This fabric sheds water. この繊維は水をはじく。 ◆Puppy teeth begin to shed and be replaced by permanent adult teeth at about four months of age. 子犬の乳歯は、月齢約4カ月で抜け始め永久歯に取って代わられる。 ◆Last year, the company shed about 2,000 employees through an incentive program that was initially meant to cut the payroll by some 1,000. 昨年この会社は、当初約1,000人の削減を目指していた退職金積み増し制度を通じて約2,000人の従業員を削減した。

2 a〜 置き場、物置、納屋、上屋(ウワヤ) ◆a backyard (storage) shed 裏庭設置用の物置

**sheen** (a) ～ 艶(ツヤ)、光沢、輝き、光輝 ◆it lost its sheen それは輝きを失った(＊比喩的にも) ◆buffed and polished to a high sheen よく光沢[つや]が出るまでバフがかけられ艶出し研磨された ◆a face glistened with a sheen of perspiration [sweat]《意訳》光る汗で輝いている顔 ◆strip the sheen off his polished image 磨きのかかった[洗練された]彼のイメージから輝き[輝かしさ]を奪う ◆His coat once dull and lifeless, began to show a sheen. かつて光沢がなくて生き生きした感じのしなかった彼の毛皮に艶が出てきた。(＊動物の話)

**sheep** a〜 (単複同形)ヒツジ、綿羊；a〜 臆病で無防備な動物[人]、小心で従順[服従的]な人；①(= sheepskin)ヒツジの皮、羊皮 ◆One might as well be hanged for a sheep as a lamb.; As well be hanged for a sheep as a lamb. 子羊を盗んで絞首刑になるくらいなら、羊を盗んで絞首刑になるほうがましだ。；《諺》毒を食らわば皿まで(＊もじってIf they're going to hang you for stealing a goat, you might as well take a sheep.とも。)

**sheer** adj. 全くの、純然たる、(勾配が)ほとんど垂直の、ごく薄手の; adv. 完全に、垂直に ◆an increase in sheer numbers of workers 労働者の数の上での[《意訳》絶対数の]増加 ◆as for sheer size 単純に規模という点について言えば ◆by sheer good fortune 全く偶然に ◆for the sheer joy of driving 純粋にドライブを楽しむために ◆in terms of sheer numbers alone 数の(多さという)点だけでみても；絶対的に数が多いことだけからいっても ◆in terms of sheer processing power 純然たる[生の]処理能力という観点から ◆... is sheer joy 《意訳》

～は喜び以外のなにものでもない ◆it was sheer luck それは、全くの幸運だ ◆just for the sheer pleasure of driving... ～を運転するという単純な楽しみだけのために ◆sheer translucent curtains 薄く透けて見えるような透明感のあるカーテン ◆the sheer fact that... ～であるという厳然たる[動かせない、確固たる、紛れもない]事実、本当のこと[,...]という真実 ◆the organization uses its sheer numbers to <do...> その組織は、～をするために数の力を行使する[人海戦術を使う] ◆The march, measured by sheer numbers of participants, was successful. 行進は、参加者の数(の多さ)から[絶対数で]見て成功であった。 ◆"We started out going after big sources, but the sheer number of small sources contributes a lot of pollution," he said. 「私たちは大きな汚染源を追及することから着手したのですが、絶対的に多い小汚染源が公害に大きく関わっているのです」と彼は語った。

**sheet** a ～ シート, 薄板, 薄く広がる層, (紙など)1枚 ◆a metal sheet 金属板, (薄)板金 ◆a rating sheet 性能表 ◆a sheet count between 200 and 320 (紙などの)200枚から300枚の間の枚数 ◆a sheet-type polarizer シートタイプ[シート状]の偏光子 ◆print on A4 sheets A4版の用紙に印字する ◆sheet glass 板ガラス ◆sheet-metal welding 板金溶接 ◆sheet-metal working 板金加工 ◆single-cut sheets; single sheets of paper; cut sheets 単裁用紙[単票紙, カット紙] ◆a 4- by 6-inch sheet of film 4インチ×6インチのフィルム1枚 ◆an inspection method sheet 検査法手順書 ◆come in the form of sheets; be available in sheet form ～はシートの形で[シート状になって]入手できる[市販されている, 売っている] ◆made of thin sheets of painted metal 塗装された(複数枚の)薄い金属板[板金]で作られて ◆on another sheet (of paper) 別紙に ◆the number of sheets printed 印刷済みの枚数 ◆a transparent substrate of glass or plastic that has been coated on its underside with a sheet of a transparent conducting material such as indium tin oxide ITO等の透明導電膜が下側(裏側)にコートされているガラスまたはプラスチックの透明基板 ◆The large paper cassette holds 2500 sheets of paper. 大容量用紙[給紙]カセットは、2500枚の用紙を収納[セット]できる。 ◆The printer takes multiple sheets without external paper feeder. そのプリンタは, 外部給紙装置なしで多枚数の用紙を給紙することができる。 ◆The temperature at which dimensional inspection was performed shall be entered on [onto, into] each data sheet. 寸法検査が実施された温度を, 各[一枚一枚の]データシートに記載すること。

**sheeting** ⦿敷布[シーツ]地, 薄板[箔]にすること, 薄板に成形加工すること, 板金, (表面保護用の)被覆材料, 土止め, 堰板(セキイタ) ◆highway signs using reflective sheeting 反射シート材を使用している道路標識

**sheet metal** ⦿シートメタル, 板金, 薄板金, 薄板金, 金属シート, 金属板

**sheet music** (本の形に綴じてない)楽譜(*紙ぺら1枚から, 二つ折り両面4ページ, もっとページ数の多いものまで), 《旧》パンチの入った紙をもとに自動演奏ピアノなどで演奏された音楽 ◆how to read sheet music 楽譜の読み方

**sheet pile** a ～ シートパイル, (鋼)矢板 ◆a steel sheet piling wharf 鋼矢板方式の波止場[岸壁]

**shelf** a ～ 棚, 棚状, 棚状のもの ◆a shelf warmer 店ざらし品, 売れ残り品, 死に筋商品 ◆near-empty supermarket shelves ほとんど空のスーパーの棚 ◆buy standard components off the shelf 市販の標準部品を購入する ◆New books are displayed on the new accessions shelves. 新しく入った本[図書]は, 新着図書の棚[書架]に展示されています。 ◆Everyday items like good shoes and toilet paper are also missing from the shelves. 良質の靴やトイレットペーパーなどの日用品も商品陳列棚[店頭]から姿を消してしまった。 ◆The Windows version of CADraw is on the shelves of bookstores and retail software stores now, and a Macintosh version will follow in 1999. CADrawのWindows版は, 現在書店およびソフトウェア小売店にて発売中。これに続いてMacintosh版は1999年の発売予定です。

**off the shelf** 在庫から（入手可能な), 標準規格[標準仕様]として, 既製品として, 市販されて, 棚からおろされて ◆They are provided off the shelf. A business need only purchase the product. それらは, 在庫から[既製品[定番品, 標準品, 規格品, 標準仕様品, 即納品]として]供給される。企業は製品を(特注しなくとも)ただ購入するだけでよいのである。 ◆What has kept the DAT technology off the shelves this long has been objections from the international recording industry. DAT(デジタルオーディオテープ)技術の商品化[製品化]をこんなにも長い間妨げてきたのは世界のレコード業界からの反対の声だった。(*ここでの off the shelves は, 店の棚に並ばないこと)

**on the shelf** 棚にのせられて, 放置されて,〈検討事項などが〉棚上げになって,〈商品が〉(棚上げ[在庫]として)既製品[定番品, 標準品, 標準仕様品, 即納品]として販売されて,〈女性が〉売れ残って ◆leave... on the shelf 〈事項, 成すべき事〉を棚上げしておく ◆be put [laid] on the shelf 保留[棚上げ]になっている ◆the wide range of devices already on the shelf at Makel マーケル社が既に標準仕様品[規格品, 定番品, 既製品, 即納品]として販売している幅広い品揃えの素子

**shelf life** (a)～ 保存[貯蔵]寿命, 保存[有効]期間,〈食品の〉賞味[消費]期間, 棚持ち(期間), 品質保持期間(*薬品や食品などの商品の品質が維持できる期間の長さ), 保存性, 売り物としての息の長さ ◆have excellent shelf life and holding characteristics ～には卓越した保存性と優れた(品質)保持特性が備わっている ◆impart excellent shelf life to... ～に優れた保存性を持たせる ◆The advantages of food irradiation are improved product safety and shelf life. 食品照射の利点は, 製品の安全性向上および品質保持[賞味, 棚持ち]期間の延長である。 ◆These products were found to have an excellent shelf life of more than 90 days at 39 degrees F and exhibit good odor, flavor, texture, and color. これらの製品は, 華氏39度で90日を上回る棚持ち[品質保持]期間があり, また良い匂い, 風味, 舌触り, 色を呈することが判明した。

**shell** a ～ 貝殻, 甲羅, 殻(カラ, カク), 外殻, 卵殻, 船殻, 外皮, ケース, 鞘, 鉄皮, 砲弾, 弾丸, 榴弾(リュウダン) ◆a shell mound [heap]; a mound of (refuse) shells 貝塚 ◆a shell-encased disc ハードケース入りのディスク ◆a shell-type transformer 外鉄型の変圧器[トランス]

**shell shock** 砲弾ショック, 戦争神経症; shell-shock vt. ◆After a company has been through a layoff, the remaining workers are usually shell-shocked — thankful that they still have jobs and afraid to complain about an increased workload. 会社のレイオフがあった後は, 残留組の従業員らは強烈なノイローゼになっているのが普通だ。まだ仕事に就いていられることをありがたく思い, 仕事量が増えたことに文句をいうことをおそれるのはばかってである。

**shelter** a ～ 避難所, 避難[保護]施設, (ホームレスの人のための)緊急一時宿泊施設, 保護用覆い, シェルター; ⦿避難, 退避, 保護, 風雨をしのぐもの; v. 避難[退避]する[させる], (～から)保護する <from> ◆live in a temporary shelter 一時宿泊所[保護施設]で暮らす ◆a 30-bed emergency shelter for victims of domestic violence 家庭内[夫婦間]暴力の被害者用に30床を備えた緊急一時保護施設 ◆the Holborn subway station, where Londoners took shelter from Luftwaffe raids ドイツ空軍の爆撃[空襲]を避けるためにロンドンの人達が避難[退避]したホルボーン地下鉄駅 ◆Civilians have been told to leave the area or take shelter. 民間人はその地域から離れるか避難[退避]するよう告げられた。 ◆Embassy staff took shelter in the basement. 大使館職員は地下室に避難[退避]した。 ◆The facility offers [provides] 24-hour emergency shelter for victims of domestic violence. 同施設は家庭内暴力の被害者向けに24時間態勢[体制]の緊急一時避難[保護]サービスを行っている。 ◆The shelter is funded through donations — mainly from people who entrust their animals to its care. この(動物)保護施設は, 主に動物を預けに来る人たちの寄付を資金にして運営されている。

**shelve** vt. ~に棚をつける, ~を棚にのせる, 棚上げにする, 後回しにする, 解雇する ◆shelve a final decision on... ～についての最終的な決定を棚上げにする

**shepherd** a~ 羊飼い, 牧羊者; a~ 指導者, 教師; a~ (= a German shepherd) (動) ジャーマンシェパード; vt. (ヒツジ) の番をする[を飼う], ~を引率する[導く, 誘導する] ◆As is usual, powerful members of Congress shepherded money to their own districts rather than to where the most serious problems lie. 例によって, 有力な国会議員らは深刻な問題のある所へ資金を回さずに, 自分らの地元へ利益誘導した.

**sherd** (= shard)

**SHF** (superhigh frequency) 超高周波(の), マイクロ波(の), センチメートル波(の), 準ミリ波(の) (＊極超短波で周波数は3GHz～30GHz, 波長は1～10cm) ◆an SHF receiver 超高周波[センチ波, マイクロ波]受信機

**shield** 1 a~ 楯(タテ), 保護[遮蔽(シャヘイ)]するもの[覆い], シールド ◆act as a shield 遮蔽材(として)の役目をする ◆the woven metal shield of a coaxial cable 同軸ケーブルの編み組み[編み線]金属シールド ◆a set of programs that serve as a shield against intrusion into a computer network コンピューターネットワークへの侵入に対して「盾の役目をする一群のプログラム ◆The rock and dirt over the detector act as a shield to stop cosmic rays and other radiation, but not neutrinos since they will pass right through the whole planet unperturbed. 検出器の上方の岩石や砂は, 宇宙線やその他の放射線を阻止する遮蔽体[物]の役目をする. だがニュートリノについては別だ. なぜなら, これは地球全体を乱されることなく真っすぐに貫通する[突き抜ける]からだ.

2 vt. ~を遮蔽[保護]する, 覆う, ~にシールドを付ける ◆a shielded room (= a shield room) シールドルーム, 電波暗室 ◆a shielded speaker 防磁スピーカー ◆a shielded wire シールド線 ◆electromagnetic shielding 電磁遮蔽[シールド] ◆a static-shielding bag 静電保護[帯電防止]袋 (＊電子部品を静電破壊から守るためのもの) ◆shielding against electromagnetic interference (EMI) 電磁障害(EMI)防止のためのシールド ◆a lead-shielded aluminum chamber 鉛でシールド[遮蔽]してあるアルミ製チャンバ ◆shield life on earth from excessive doses of the sun's ultraviolet radiation 太陽光線の紫外線放射が過剰に降り注がないよう地球上の生命を(楯となって)保護する (＊オゾン層)

**shift** 1 v. 移動する, 移る[移す], 移管する, (ギアを)入れ換える, シフトする ◆shift to lower gear; shift to the lower gears 《車》ギアをシフトダウンする ◆a smooth-shifting gearbox 《車》切り換えが滑らかな変速機 ◆be shifted in time 時間的にずれている ◆shift more production abroad 今までに増して生産を海外にシフトする; 《意訳》海外での生産の比重を高める; 《意訳》海外への生産移転を(推し)進める ◆all production has been shifted to Taiwan すべての生産は台湾に移された ◆avoid shifting down on slippery roads すべりやすい道路で(ギアを)シフトダウンしないようにする ◆shift some production from Silicon Valley to the Far East 一部の生産をシリコンバレーから極東にシフトする[移す, 移行する, 移転する, 移管する] ◆shift the equilibrium to the reactant side 平衡を, 反応物の方へ移動させる ◆shift the focus of... away from... ～の関心[焦点]を～からそらす[ずらす] ◆shift the location of the segment その線分の位置を移動させる ◆manufacture for the international market will gradually shift to Ireland 国際市場向けの製造は次第にアイルランドに移行していくだろう ◆shift to neutral (automatic shift) or declutch (manual shift) 《車》ニュートラルにシフトする(自動シフトの場合)かクラッチをはずす(手動シフトの場合) ◆the company too shifted focus from hardware to software and services 《意訳》この会社もハードウェアからソフトウェアとサービスへと軸足を移した ◆the East bloc nations now shifting toward democracy 現在民主化へ移行しつつある[《意訳》民主化への傾斜を強めている]東側ブロック諸国 ◆an initiative designed to shift the country away from its rigidly anti-Communist policy その国を硬直した反共産政策から転換させるべく練られている構想 ◆Some labor-intensive work is being shifted overseas. 労働集約型の仕事は一部海外にシフトされつつある. ◆The company plans to shift to overseas production. 会社は海外生産への移行[移転]を計画している. ◆Since the trailer was not properly secured, it shifted and fell off the flatcar. トレーラーがきちんと固定されていなかったために, 動いて[《意訳》元の位置から動いて]貨車から落ちてしまった. ◆We'll shift from being a software company to being a content producer. 弊社は, ソフトウェア会社からコンテンツ制作会社へと転換[脱皮]を図ります. ◆Consumers are already shifting their savings out of banks and into the Postal Savings system, aggravating the problems of private institutions. 消費者はすでに預金を銀行から郵便貯金制度に預け替え始めており, これにより民間金融機関の問題が悪化している.

2 a~ 移動[転換, 移行, 変化], ギアシフト, 勤務交替[交代勤務の番(＊時間帯または勤務する人達), 一番] ◆a shift <from...><to [toward]...> 〈～から〉〈～へ〉の移行 ◆a case shift 《コンピュ》大文字/小文字の切り換え; 《テレックス》上段/下段の切り換え, 文字/数字の切り換え ◆an early-morning shift (交替制の)明け番 ◆a time shift タイムシフト[時間ずらし] ◆a shift foreman 当直長 ◆a figure-shift signal 上段シフト符号(＊テレックスでキーボードを上段に切り換える信号) ◆a shift toward free enterprise 自由企業化への移行 ◆ask... to work late shifts ～に遅番で働いてくれるように頼む ◆staggered work shifts 時間をずらした勤務交替 ◆undergo a significant shift 著しい変化を遂げる ◆effect a frequency shift 周波数偏移をさせる ◆effect a shift of authority from the throne to the Senate 皇帝から元老院へ権力の移譲を行う[引き起こす] (＊古代ローマの) ◆foresee an early shift to more robust hiring より堅実な雇用情勢への早期移行を予測する ◆there has been a significant shift toward the use of... ～の使用へと向かう大きな流れがあった ◆a fluorescent material that creates a shift toward warmer [colder] colors 暖色[寒色]方向への色の偏移[色ずれ]を起こさせる蛍光物質 ◆a shift in the equilibrium to the side having fewer gas molecules 《化》その平衡の, 気体分子数の少ない側への移動 ◆personnel shifts at the top of the party hierarchy 党の上層部での人事異動 ◆the factory will change to a three-shift operation この工場は三交替制での操業[稼働]に移行することになっている ◆the industry will accelerate its shift toward specialty products 業界は専門[特殊, 特定, 特化]製品へのシフト[移行]を加速する ◆Only 45 people work in shifts to run the round-the-clock operation. わずか45人で交代[交替]勤務をし24時間操業を行っている. ◆A complex operation like a division takes a lot longer than a simple shift. 《コンピュ》割り算[除算]のような複雑な演算は, 単純なシフト[桁送り, 桁移動]よりも長い時間がかかる. ◆Once up to design speed and running two shifts, the plant will have a staff of 2,000 and an output of 40 cars an hour, or 163,000 a year. 設計速度に達し二交替で操業するようになれば, この工場は2000名の従業員を抱えて毎時40台, すなわち年間163,000台の生産高をあげるように[163,000台体制に]なるだろう.

**shifter** a~ シフトレバー

**shift lever** a~ (ギア)シフトレバー, チェンジレバー, 変速レバー ◆the low-friction travel of the shift lever 《車》シフトレバーの摩擦の小さい動き

**shimmy** (a)~ シミー, (前輪の)激しいゆれ ◆front wheel shimmy 《車》前輪の異常横揺れ振動

**shine** 1 v. (shone [shined]); vi. 光る[輝く, 照る], ひいでる; vt. ~をぴかぴかに輝かす, ~を〈で〉〈～を〉照らす <at, on, into> ◆shine light on... ～に光を当てる ◆shine a flashlight into the tank 懐中電灯でタンク内を照らす ◆the sun finally shone yesterday 昨日ようやく日が照った ◆the trumpet shone brighter still トランペットはいっそう光っていた[異彩を放った] ◆The sun is shining. 日が照っている.

2 (a)~ 光, 輝き, 光沢[つや], 日光, 晴れ ◆have a shine 光沢をもつ, つやがある ◆put a shine on... ～の表面に光沢[つや]をつける ◆give the silverware a good shine 銀食器を

磨いて光沢[つや]を出す ◆the shine of a flashlight 懐中電灯の光

**Shinkansen, shinkansen** the [a] 〜 新幹線(＊必ずしも大文字で始める必要はない) ◆on the next shinkansen to Kyoto 次の新幹線で京都まで ◆a shinkansen "bullet" train ride to Kyoto 新幹線「弾丸」列車に搭乗しての京都までの旅

**shiny** adj. 光, 輝く, 光沢[つや]のある; 晴れた ◆shiny solder joints 光沢のあるはんだ接合箇所

**ship** 1 a 〜 (大型の)船 ◆by ship 船で ◆a ship date (= a shipping date) 船積[発送]日 ◆a ship's cabin 船室 ◆a ship radio station 船舶無線局 ◆a wooden boat [ship, vessel] 木造船

2 vt. 〜を船に積む[載せる], (船に限らず)陸路や空路で)輸送する, 積み出す, 発送する, 送る, 出荷する; vi. 船に乗る, 船で行く, 出荷される ◆ship... by air 〜を航空便で送る, 航空貨物輸送する, 空路で送る ◆ship the samples to... 見本を〜に発送する ◆SHIP TO: 宛先: (＊輸送箱上の表示文句で) ◆the total number of units shipped so far これまでの総出荷数 ◆the factory-shipped jumper configuration 《電子機器》工場出荷時のジャンパーの設定 ◆become the number one HDD manufacturer in terms of units shipped 出荷台数ベースで第1位のハードディスク装置メーカーになる ◆the GWSMTP.CFG file that ships with the gateway そのゲートウェイ(ソフトウェア製品)に添付されているGWSMTP.CFGファイル ◆The circular saw was shipped with the motor arm locked down in the "carrying" position. この丸ノコ盤は,「運搬」の位置にモーターアームを押し下げてロックした状態で出荷されています. ◆Upon receiving the replacement drives, customers can use the same packing material to ship back the defective drives. (良品の)交換ドライブを受け取り次第, 顧客は不良ドライブを返送するのに同じ梱包材料を使うことができる. ◆High-end notebooks jumped from about 10 percent in 1993 to 25 percent in 1994 of the total number of portable units shipped in the U.S. ノート型高級パソコンが携帯型機の米国内総出荷台数に占める割合は1993年の約10%から1994年の25%へと急伸した.

**shipboard** adj. 船上の, 船舶搭載の; n.《on 〜 の形で》船上に ◆a shipboard system 船舶に搭載されている[搭載用の]システム

**shipborne** adj. 船舶輸送(用)の, 船舶搭載(用)の ◆ground-located or shipborne equipment 地上に設置された機器, あるいは船舶搭載の機器

**shipment** (a) 〜 出荷, 発送, 輸送(▶配達まで含む), 船積み, 積み出し, 船荷, 積荷, 出荷貨物, 配送品 ◆announce shipment of a product ある製品の出荷(開始)を発表する ◆approve [permit] a shipment 〜 向けの出荷を許可する ◆cease shipment of... 〜の出荷を止める(ヤメル) ◆get... ready for shipment 〜の出荷準備をする ◆have parts ready for shipment 部品の出荷の準備をする ◆perform preshipment inspection activities; carry out preshipment inspection 船積み前検査を実施する ◆prepare goods for shipment 品物の発送準備を整える ◆prior to shipment 出荷前に ◆start [begin] shipment [shipments] of... 〜の出荷を開始する ◆stop [halt] shipment [shipments] of... 〜の出荷を停止する[止める(トメル)] ◆stop [suspend] shipments それらの出荷を停止する ◆according to preliminary PC shipment estimates released by Dataquest データクエスト社が発表したパソコンの出荷推定速報によると ◆resume shipments of O.K. parts (検査)合格パーツの出荷を再開する ◆verify the quality of outgoing shipments 出荷品[出荷品質]の品質を確かめる ◆as a result of rough handling during shipment 輸送時の手荒な取り扱いの結果 ◆the date of the last shipment of parts to Lance Corporation ランス社向け部品最終出荷日 ◆All items offered are available for immediate shipment. 売り出し中の商品はすべて即出荷[即納]可能です. ◆A recent shipment of milk powder was contaminated by oil. このあいだの粉ミルクの船荷[積荷]は油で汚染されていた. ◆A shipment of cocaine was smuggled into Japan. 船積み1回分のコカインが日本に密輸された. ◆The

first shipment of 50,000 tons will be made as early as this week. 5万トンの初回積み出し[船積み, 出荷, 発送]は今週中にも実施されるだろう. ◆Apple Canada Inc., Ontario, has started shipments of the PowerBook 5300 notebook computer. オンタリオ州に本社を置くアップル・カナダ社はPowerBook 5300ノートパソコンの出荷を開始した. ◆Shipments of factory goods – a measure of current production – jumped 0.8 percent to a seasonally adjusted $250 billion in March. 現在の生産高の指標である工場製品[工業製品, 工業品]の出荷は, 3月に0.8%急増し季節調整済みで[季節調整値で]2500億ドルとなった. ◆Supercomputer sales are expected to reach $1.2 billion this year on shipments of 130 to 150 machines. スーパーコンピュータの売上(高)は, 130台から150台の出荷で今年12億ドルに達すると見られている. ◆The company makes 750 shipments of radioisotope products a month on charter and commercial air carriers from a facility near Ottawa. 同社はラジオアイソトープ製品をオタワ近隣の施設からチャーター機および民間航空機に積載し月に750回出荷を行っている.

**shipping** 船積み, 出荷, 発送, 積み出し, (船, 航空機, 鉄道, トラック等による)輸送[運送](▶配達まで含む), 海上輸送; 運送業, 海運業;《集合的に》船舶(数), 船舶トン数 ◆a shipping date 発送[出荷]日 ◆although shipping charges become expensive ただしシッピングチャージ[送料, 船積料, 輸送料]は高くなります(▶船に限らず他の輸送手段についても) ◆XBASIC for Windows 95 is already in its third week of shipping. Windows 95版のXBASICは, 出荷が開始されてから既に第3週目に入っている.

**shirk** vt. (責任など)を回避する[から逃れようとする, から逃げる, を避ける] ◆shirk one's responsibility 責任を回避する ◆shirk work 仕事をサボる[さぼる]

**shirt** a 〜 シャツ ◆a shirt-pocket-size disk シャツのポケットサイズのディスク ◆a wash-and-wear shirt 形態安定[形状記憶, ノーアイロン]シャツ

**shirt-sleeve(d), shirtsleeve(s)** adj. 背広を抜いだワイシャツ姿の, ラフな格好の,《天候など》上着のいらない,《作業》シャツ姿で行うのにふさわしい, 率直な[ざっくばらんの], 略式の ◆a shirt-sleeved, cigarette-smoking executive (背広を脱いで)ワイシャツ姿でタバコをふかしているエグゼクティブ

**shock** 1 (a) 〜 衝撃, 打撃, 激突, 激しい震動, ショック, 電撃, 感電, (突然の出来事などに対する心の)動揺; a 〜 (= a shock absorber) ◆shock absorption 緩衝 ◆a shock wave; an impulse wave 衝撃波 ◆a shock-absorbing mechanism 緩衝機構 ◆significant resistance to shock and vibration 著しい耐衝撃・振動性 ◆a 40-megabyte shock-mounted 3 1/2-inch hard disk drive 緩衝取り付けされた40メガバイトの3.5インチハードディスクドライブ ◆Avoid physical shock. (物理的)衝撃を与えないようにしてください. ◆It is shock-resistant to 300Gs. それは300Gまでの衝撃に耐えられる. ◆To avoid shock hazards, do not use the appliance outdoors. 感電の危険を避けるために, 本器具を戸外でお使いにならないでください. ◆Sizable shock waves rattled around the world in the wake of the U.S. action. 米国のとった行動に, 大きな衝撃の波が世界中を震かんさせた. ◆The unit is too small to have much shock absorbency built into the cabinet. 本ユニットはあまりにも小さ過ぎるので, たいした衝撃吸収性[緩衝性]をキャビネットに持たせることができない.

2 v. 衝撃[打撃, ショック]を与える, 感電させる ◆He has been shocked by the ground swell of opposition to the bill. 彼はその法案に反対する気運の盛り上がりに衝撃を受けた[愕然とした].

**shock absorber** a 〜 緩衝器[装置], ショックアブソーバー ◆a gas-filled shock absorber 《車》ガス封入ショックアブソーバー

**shockproof, shock-proof** adj. ショック[衝撃, 震動, 強い振動]に耐えられる, 衝撃[震動]から守られている, 耐衝撃性の, 電気ショック[電撃]防止対策がとられている, 心理的

なショック[衝撃]を受けそうもない ◆a shock-proof removable hard disk 耐衝撃性着脱式ハードディスク

**shock-resistant** adj. adj. ショック[衝撃, 震動, 激しい振動]に強い, 耐衝撃性の, 耐震性の; 精神的なショックを受けそうもない ◆make the unit water-resistant and shock-resistant 本ユニットに耐水性および耐衝撃性を持たせる

**shock wave** a～ 衝撃波, 衝撃の波 ◆ESWL (extracorporeal shock wave lithotripsy) 体外衝撃波結石破砕療法

**shoddy** adj. まがいものの[安物の], いいかげんな[ぞんざいな, おざなりな, できの悪い]; a～ まがいもの, 安物 ◆do a shoddy job いい加減な[ぞんざい]な仕事をする ◆shoddy construction work 手抜き建設工事 ◆shoddy roof repairs ずさんな屋根修理 ◆shoddy [sloppy] workmanship ぞんざいな仕上がり; 施工不良

**shoe** a～ 片方の靴(クツ); (通例 shoes)靴, シューズ, 下足, (意訳)履き物; a pair [two pairs] of shoes 靴1足[2足]; a～ (= a horse shoe) 蹄鉄(テイテツ), 馬蹄; a～ くつに似ているもの, (ブレーキの)制動片[制輪子], (電車の)集電くつ[舟], 擦り板, 滑り金, (椅子の足の下端にかぶせる)キャップ, (杖などの)石突き ◆Put yourself in the shoes of... (人)の身[立場]になってみてください. ◆if I were in their shoes (口)仮に私が彼らの置かれている状況にいたら

**shoehorn** a～ 靴べら; vt. ～を(狭いところに)押し込む[詰め込む] ◆shoehorn parking スペースに余裕のない駐車 ◆... shoehorn information into the precise data format required by the database program データベースプログラムが要求する四角四面なデータ形式に情報を押し込める

**shoestring** a～ 靴ひも(= a shoelace); a～ わずかな金[資本, 元手], 乏しい資金, はした金; adj. わずかな, 乏しい; 細長い, 細切りの ◆on a shoestring budget (俗)わずかな予算で; 低予算で ◆operate [run] on a shoestring びいびいの状態で運営する ◆shoestring filmmaking 低予算での映画づくり ◆Start-up companies are often founded on a shoestring. 新興企業は, わずかな資本[資本金, 元手, 資金]で創設[設立]されることが多い.

**shoot** 1 vt., vi. 撃つ, 射る, 射止める, 発射[放射]する, 急に向ける, カメラに収める[納める], (芽を)出す, 突き出す[出る], 撮影する ◆shoot at f/5.6 [f/5.6 絞り f/5.6 [F5.6]で撮影する ◆shoot in dark conditions 低光量で撮影する ◆a police officer was shot point-blank and killed 警察官が至近距離から撃ち殺された ◆cause blood sugar levels to shoot sky-high ～は, 血糖値を危険な高い値に劇的に上昇させる原因となる ◆they shot him dead at point-blank range 彼らは彼を至近距離から射殺した ◆You can shoot 30, 24-exposure rolls with 50% flash usage per set of four AA cells. ストロボ使用の割合が50%の場合, 単3電池4本(1組)で24枚撮りフィルム30本分の撮影ができる. ◆Over 676,000 people have been killed by guns in the U.S.A. since John Lennon was shot and killed on December 8, 1980. ジョン・レノンが射殺された1980年12月8日以降(今日に至るまで), 米国では67万6千人以上が銃によって命を落とした. (*2000年12月の時点の話)
2 a～ 発芽[新芽, 若枝], 萌え[若]茎[幼茎], (写真・映画)撮影, 発射, 発砲, 射撃 ◆after a live-fire shoot 実弾射撃の後で

**shoot up** vi. 急に背が伸びる, 急に[急速に]成長する, 急伸する, 急上昇する, 急騰する, 跳ね上がる; 高く上がる, 吹き上がる, そびえ立つ; vt. ～を(を打ち込む), 〈麻薬〉を乱射する ◆his album shot up 18 notches to No. 10 彼のアルバムは, 一気に18位上昇[アップ]して第10位になった ◆Total exports shot up to $2.3 billion last year, from $1.9 billion the year before. 輸出総額は, 一昨年[おととし]の19億ドルから昨年の23億ドルへと急増[急伸]した. (*「the year before」は「その前年」の意.「一昨年」は普通は「the year before last」と表す)

**shooting** (a～) 射撃, 発砲[銃撃](事件), 撮影 ◆a shooting distance 撮影距離 ◆flower-shooting techniques 花の撮影テクニック

**shop** 1 a～ (小売)店[商店, 店舗], 仕事[作業, 修理]場, 修理工場, 製造所, 工作所, 工場, 職場, 〇工作, 仕事

[専門]の話 ◆a shop drawing (工場で使用する)製図[図面], すなわち)製作図, 工作図 ◆a video-rental shop レンタルビデオ店 ◆a body shop 《車》車体修理場[整備工場] ◆an electrical-shop owner 電器店主 ◆Shop Inspection fees: $50/hour 工程立ち入り検査料: 1時間当たり50ドル (*製造・修理・据え付けなどの作業が行われている場所での現場検査) ◆serve as an assistant to a shop superintendent in a large shop or as the only supervisor in a small shop 大きな工場で(何人かいるうちの一人の)現場監督の補佐として, あるいは小さな工場でそこの唯一の監督として勤務する
2 v. 買い物をする[に行く], 密告する ◆how to shop for and buy your next car stereo 次の[次に買う]カーステレオの物色のしかた[探し方]と買い方

**shop around** いろいろと[あちこちの店を]見て回る, 探し回る, 物色する ◆shop around for bargains お買い得品を求めてあちこち見て回る[探し回る] ◆Shop around and compare prices. いろいろ見て回って[下見し, 物色し]て値段をくらべてみること.

**shopaholic** a～ 買い物中毒[依存症]の人; adj.

**shopaholism** a～ 買い物「ショッピング」依存症[中毒症]

**shop floor** the～ 生産現場(の全従業員), (生産工場の)作業場, 現場, 現業(部門), (雇用主に対して)労働者[組合員](側); a～ 店の床, 売場の床 ◆a shop-floor terminal 生産現場[製造現場, 現業部門]用の端末装置 ◆shop floor working conditions (工場などの)生産現場[製造現場, 現業部門]における労働条件 ◆workers on the shop floor; shop-floor workers [employees] 現業部門の従業員; (生産[製造, 作業])現場の作業員

**shoplift** vt., vi. 万引きする ◆an anti-shoplifting system 万引き防止システム ◆an anti-shoplifting (security) tag 万引き防止タグ(～は, 無線周波数を利用したもので, 出入り口に設置の a radio-frequency security gate と組み合わせて使用される) ◆he had seen a woman shoplift a purse in a store 彼は, ある店で女性が札入れを万引きするのを目撃した ◆Shoplifting, or "shrinkage" as it is referred to in the retail industry, is a major problem, often accounting for two percent of sales. 小売業界で「目減り」と呼ばれる万引きは, しばしば売り上げの2%を占める大きな問題である.

**shoplifter** a～ 万引きする人 ◆catch a shoplifter 万引きを捕まえる

**shopper** a～ 買い物をする人, 買い物客, (意訳)購入予定者, (意訳)買おうとする人[購入を考えている人] ◆The shopper for a full-fledged facsimile can choose from about 60 different models. 本格的ファクシミリを買おうとする人[購入予定者]は, 約60種の違ったモデルの中から選ぶことができる.

**shopping** 買い物, 買い出し; 物色 ◆a shopping trolley キャスター付き買い物[ショッピング]バッグ ◆shopping aficionados 買い物が大好きな人たち ◆home shopping [at-home shopping, stay-at-home shopping, shopping from home] ホームショッピング[家に居ながらにしてのショッピング, 通信販売] ◆a busy [strong, ↔depressed] Christmas selling [sales, shopping] season (活況[堅調な, ↔(売れ行き)不振の])クリスマスセール商戦 ◆an item on a [one's] shopping list (of wants) 買いたい[購入したい]物品; 欲しい品物; 購入予定品[候補] ◆do one's shopping 買い物をする ◆go on a shopping [buying] spree 散財[買いまくり]ショッピングに出かける ◆consumers showed a strong appetite for shopping 消費者は旺盛な購買意欲を見せた ◆do last-minute Christmas shopping 間際になってから[駆け込みで]クリスマスの買い物をする ◆Do some comparison shopping before purchasing a major appliance. 大物電化製品を購入する前には, ある程度物色をすること.

**shopping cart** a～ (米)ショッピングカート (=(英)a supermarket trolley) ◆a shopping cartful of... ショッピングカートいっぱいの～

**shopping list** a～ 購入(予定)品リスト, 買い物メモ, 購入品目; a～ 要求[検討, 関連, 注意]事項, 対象項目 ◆put... on one's shopping list ～を購入品目[要求事項, 対象項目]に含め

る ◆add ~ to one's shopping list  ~を購入品目[要求事項, 対象項目]に追加する  ◆No. 1 on one's shopping list  一番買いたい[欲しい]もので; 最重要事項[課題]で  ◆one's Christmas shopping list  クリスマスに買う(いくつかの)物

**shoptalk**  a ~ (特に仕事の場をはなれての)仕事の話

**shore**  1  (a) ~ 海岸, 湖岸, 渚 (なぎさ); 浜辺; ⓘ陸, vt. 陸揚げする  ◆a shore station  (無線の)海岸局; 沿岸局  ◆the Shore Patrol  米海軍憲兵(隊)  ◆an on-shore oil field  陸上の油田  ◆when the Dreamcast reaches US shores  (セガの)ドリームキャストが米国に上陸すると  ◆the direction and velocity of coastal waters along the shore  沿岸水の方向と速度  ◆counter-drug efforts which stop illegal narcotics before they ever reach U.S. shores  米国の海岸に着く前に(水際で)違法な麻薬を阻止する麻薬対策の取り組み  ◆Japan's automakers are rapidly shifting production to American shores.  日本の自動車メーカーは, 急速に米国に生産を移行しつつある.  ◆The intermodal facility makes the transfer of containers from ship to shore and vice versa a task done with unprecedented speed, efficiency and ease.  この協同一貫輸送施設によって, 本船からのコンテナの積揚げおよび本船へのコンテナ積み込み(荷役)作業が, かつてないスピード, 効率, たやすさで行えるようになる.

2  v. 支柱で支える, 支える, てこ入れする, 強化する <up>  ◆shore up a bridge  橋を補強する  ◆shore up a weak spot  弱いところ[弱点]を増強する  ◆shore up share prices  株価を支える  ◆to shore up the Mexican economy  メキシコ経済を強化[にてこ入れ]するために  ◆in an attempt to shore up and maybe increase property values in their towns  (意訳)彼らの町における(不動産)物件価格の下支え[底支え], そしてできることなら底上げを目指して  ◆in an effort to shore up support for... among...  ~の間で~に対する支持固めをしようとする  (*「低озに所の支持」というニュアンスがある)  ◆shore up a sagging market  下落[値下がり, 落調, 軟化]基調にある市場[相場]を下支え[底支え]する  ◆to shore up Russia's economic recovery  ロシア経済の回復にてこ入れするために  ◆to shore up the city's flagging finances  減少をたどっている同市の財政を底上げ[嵩上げ]するために  ◆To shore up family incomes, 72 percent of women are...  一家の収入の足しにしようと, 72%の女性は...  ◆Central banks intervened on the international money markets to shore up the ailing dollar.  各国の中央銀行は, 病んでいるドルを買い支えるために国際通貨市場で介入した.

**shoreline**  a ~ 海岸線, 湖岸線, (*海面あるいは湖面と陸地との境の線)汀線 (テイセン, ミギワセン), 水際線 (ミズギワセン), 水涯線 (スイガイセン), 河岸線, 岸線  ◆the entire shoreline of the United States  米国の海岸線の全長  ◆the village of Naubinway, the northernmost community on the Lake Michigan shoreline  ミシガン湖の湖岸線の最北端地域であるNaubinway村

**short**  1  adj. 短い, 短尺の, 不足している, (~に)達しない[満たない] <of>, ⓘ短絡した  ◆in the short term [run]  短期的に(は)  ◆within a very short time  非常に短期間のうちに; まもなく  ◆short-time current  短時間電流  ◆at a time of short supply  供給不足[物不足]の時に  ◆be of short duration  短期の, 長く続かない  ◆be short of water  水が欠乏している, 水不足である, 渇水状態だ  ◆be short on funds  資金ショート[資金不足を起こし]ている  ◆for a short period of time  短期間の間  ◆for a short time  短時間の間  ◆get [grow] short  短くなる  ◆in a short time; in a short while  短時間で[すぐに, まもなく, じきに]  ◆in a very short time  非常に短時間で  ◆in the shortest distance  最短距離で  ◆in the shortest possible (length of) time  極力短い時間で; できるだけ短期間で  ◆in the short-to-medium term  短期から中期的に; 中短期的に  ◆on [at] short notice  通告を受けてすぐまもなく  ◆only a short while ago  ほんの少し前に, さっき, 先ほど  ◆three short of the required number  必要数に3足りない  ◆until a short time ago  少し[ちょっと]前まで  ◆within a short (space of) time  短期間のうちに  ◆within a short time [period] 短期間で  ◆a ban on the short selling of stocks [shares]  株の空売りの禁止  ◆be $9,000 short  9,000ドル不足している  ◆labor-short Japan  人

手不足の日本  ◆As time was short,...  時間が足りなかったので  ◆bend a short length of metal tube or rod  (1本の)短い金属チューブあるいは金属棒を曲げる  ◆stay for a short while  短期間滞在する  ◆take a short view of things  近視眼的な物の見方をする  ◆when money gets short  金が足りなく[手元不如意 (フニョイ)]になってくると, 金がショートしてくると  ◆with my time remaining on this earth growing shorter  この世で私に残された時間が[私の人生が残り]少なくなっている中で  ◆as product life cycles become shorter  製品ライフサイクルが短く[速く]なるにつれ  ◆good engineers are in short supply  優秀な技術者が不足している  ◆OLAP is short for Online Analytical Processing.  OLAPとはオンライン分析処理を短縮したことば[省略形]である.  ◆turnaround times are getting shorter  ターンアラウンドタイムは短く[速く]なりつつある  ◆The company is short of staff.  この会社は, 職員が少なすぎる.  ◆The condition lasts only a short time.  この状態は, 短時間しか持続しない.  ◆Stop the vehicle as quickly as you can in the shortest possible distance.  できるだけ速く最短距離で車を停止させなさい.  ◆The salad bars in the Moscow Pizza Huts are short on lettuce and heavy on the coleslaw.  モスクワのピザハットのサラダバーはレタスが少なくキャベツの千切りが多い.

2  adv. 急に, 不足して[達しないで], 下回って, 割り込んで <of>  ◆fall short of...  ~に達しない[及ばない, 至らない], ~には届かない, ~を下回る[割る], 足りない, 不十分である  ◆stop short of... -ing  ~する手前で止める[とどまる]  ◆speculators are selling short  投機家は空売りをしている (*空売りは信用売りとも呼ばれる. 値下がりしそうな株を借りて売り, 下がったところでその株を買い戻して返す. 差額が利益となる)  ◆stop short and refuse to proceed  〈馬などが〉急に[はたと, ぴたりと, ぴたっと, 突然](立ち)止まって進もうとしない (*stop short = pause abruptly)  ◆because time is running short for them to do so  彼らがそうする時間がなくなっているので  ◆he died just 13 days short of his 18th birthday  彼は18回目の誕生日まであとわずか13日というところで亡くなった  ◆Short of surgery, there is no "cure" for flat feet.  手術を除いて[手術以外, 扁平足の()「治療法」はない.  ◆Gorbachev's idea of glasnost stops well short of Western-style artistic and journalistic freedom.  ゴルバチョフのグラスノスチ(=情報公開)の考えは, 西洋流の芸術やジャーナリズムの自由とはほど遠いものである.  ◆The company would be perfectly content to stop short of an actual merger and sell its current shares at a profit.  この会社は, 実際の吸収合併まではやらずに現在の株を売って儲けることだけで, 十分に満足するであろう.

3  n. a ~ (= a short circuit) ⓘ電気 ショート, 短絡  ◆cause a short in the wiring  その配線内でショートを引き起こす  ◆prevent shorts by removing solder bridges  はんだブリッジを除去することによりショートを防止する  ◆protect the power amplifier from speaker-wire shorts  パワーアンプをスピーカー線のショート[短絡]から保護する  ◆There is a short in the circuit.  その回路中には短絡箇所がある.  ◆When a short exists in the element, the meter will display a low value.  《意訳》エレメントがショート[短絡]していると, メーターは低い値を示します.

4  v. (= short-circuit)  ◆cause the charging system to short out  充電系統に短絡を来す[招く]  ◆short across the in-rush current-limiting resistor  突入電流制限抵抗器の両端を短絡する  ◆should the output leads become shorted to one another  もしも出力リード線同士がショート[短絡]すると  ◆without accidental shorting of adjacent contacts  隣り合っている接点が偶発的に短絡するということなしに  ◆if the neutral line should somehow become shorted with the hot line  もしも中性線が電気の流れている線と何らかの理由でショート[短絡]すると  ◆NiCad batteries can short out internally from excessive heat or overcharging  ニッカド電池は過熱や過充電により内部短絡[ショート]することがある  ◆Do not short out the battery as it will explode.  爆発するおそれがありますので, 電池をショートさせないでください.

**for short** 略して、短縮して ◆the U.N. Population Fund (UNFPA for short) 国連人口基金(略称: UNFPA)
**in short** 手短に言えば、一言で要約して言えば、約言すれば
**short out** 短絡[ショート]する[させる]; 短気をおこす ◆an air conditioner shorted out エアコンがショート[短絡]した

**shortage** (a) ～ <of> 不足, 欠乏, 品薄 ◆water shortages 水の欠乏, 水不足, 渇水 ◆a severe shortage of funds 深刻な資金不足 ◆because there's a shortage of... ～不足のために ◆cause a cash shortage 現金不足を引き起こす ◆have a shortage of funds to <do...> ～するための資金ショートを起こしている[ショートに陥っている] ◆produce a severe shortage of nurses 深刻な看護婦不足を生む ◆shortages of food and water 食糧不足と水不足 ◆the shortage will be relieved by... この不足は～により緩和されるだろう ◆be facing serious landfill shortages 深刻な(ゴミ[廃棄物])埋め立て地不足[埋立地の逼迫]に直面している ◆faced with skilled-labor shortages 熟練労働者不足に直面している ◆if you have an income shortage (意訳)もしあなたの収入では足りないのなら ◆there's no shortage of engineers at the present time 現在技術者不足はない; 技術者は今不足していない ◆there will be shortages of labor 労働力不足が生じるだろう ◆when Western Europe suffered labor shortages 西欧が労働力不足に苦しんでいたときに ◆If you want to learn, there's no shortage of opportunities. 勉強したければ, 機会はいくらでもある. ◆The shortage of skilled labor has become critical. 熟練労働者の不足は深刻になった. ◆Factories are working at 40 percent of capacity because of shortages of parts and raw materials. 工場は部品や原材料が不足しているなどの理由で40%の稼働率[操業率]で操業[稼働]している.

**short-change** vt. 〈人〉に(ごまかし目的で)釣り銭を少なく渡す, ～をだます, ～を相手にごまかす

**short circuit** n. a ～ 《電気》ショート, 短絡 ◆establish [develop, make] a short circuit <in...> (～の)短絡[ショート]を起こす ◆(a) short-circuit current 短絡電流 ◆(a) short-circuit impedance [inductance] (順に)短絡インピーダンス[インダクタンス] ◆a short circuit in a feeder 給電線の短絡[ショート] ◆be shunted by a short circuit 短絡[ショート]により分流されている ◆create the risk of a short-circuit 短絡の危険を生じさせる ◆in the event of a short-circuit; in the event that a short circuit occurs 万が一ショートが起こったら; 仮に短絡が発生すると ◆a short circuit forcing e₂ = 0 e₂をOボルトにしてしまうショート ◆a short circuit occurs [happens] when... ～の時に短絡[ショート]が起きる

**short-circuit** v. 《電気》ショート[短絡]する ◆in a circuit with a 15% short-circuit power factor 短絡力率が15%の回路中で ◆short-circuit durations as large as 50 µs 50マイクロセカンドもの長さの(複数回に及ぶ)短絡[継続]時間 ◆with these terminals short-circuited これらの端子を短絡させた状態で ◆when the other end is short-circuited 他端短絡時に ◆It short-circuits the commutator bars when... それは, ～の時に整流子片を短絡させる.

**shortcoming** a ～ 不足している[至らない, 不行き届きな, 不備な]点 [ところ], 短所, 欠点, 弱点, 不足, 欠陥, 欠乏 ◆improve the shortcomings of a product 商品の短所を改善する; 製品の欠点を改善する ◆improve on [upon] shortcomings of earlier models 先行機種の短所に改良[欠点に改善]を加える ◆existing GUI products were implemented in 16-bit days and are quite likely saddled [burdened] with shortcomings as a result 現行のGUI製品は16ビット時代に実現されたものであり, 不行き届き点 [欠点, 欠陥, 不備点] を抱えている可能性がかなり高い ◆They are not without their shortcomings. それらに短所[難点, 欠点]がないわけではない. ◆The current products have shortcomings. One obvious shortcoming is the price. ... Another shortcoming is the quality of the images displayed. 現在の製品には欠点がある. 一つの明白な欠点は価格である. (中略) もう一つの欠点は表示画像の画質である. ◆Recent advances in composite emitters will significantly overcome this shortcoming and greatly enhance the overall efficiency of thermophotovoltaic systems. 複合材放射体の最近の進歩によって, この欠点は大幅に克服され, 熱光発電システムの総合効率は大いに向上するだろう.

**shortcut** a ～ 近道, 《コンピュ》ショートカット ◆there are no shortcuts to success 成功への近道はない ◆create a shortcut to a document or application and place it on the desktop for quick access 《コンピュ》ドキュメントまたはアプリケーションへのショートカットを作成し, すぐにアクセスできるようそれをデスクトップに配置する ◆a site they often passed while taking a shortcut to nearby stores 彼らが近くの店に近道して行くときによく通った場所 ◆define your own shortcut keys for frequently-used commands 《コンピュ》自分が頻繁に使用するコマンド用にショートカット・キーを定義する

**short-distance** adj. 短距離の ◆a short-haul [short-distance] train 短距離[短区間]列車

**shorten** v. (距離的または時間的に)短くする[なる], 減らす ◆shorten one's timescales (物事を行う)時間を短縮する[効率化する] ◆reduce [shorten] the (length of) time required for the development of prototypes 試作品開発の所要期間を減らす[短縮する] ◆the shortening of the president's term from seven to five years 大統領任期の7年から5年への短縮 ◆this may seem an extension rather than a shortening of the time limit これはタイムリミットの短縮ではなく延長に見えるでしょう ◆Word processors save time when changes are needed in a document and thus shorten the overall turnaround time. ワープロは, 文書に変更が必要な時に時間を節約し, それによって文書作成全体にかかる時間を短縮する.

**shortfall** a ～ 不足, 不足額, 不足量, 不足分 ◆cover [make up] a shortfall 不足分[不足額]を補う[補填する]

**shorthanded** adj. 手不足な, 人手[人員, 労働力, 労働者, 人足(ニンソク)]不足の ◆Some businesses may become shorthanded if... ～ということになると, 一部の事業所で人手不足になってくる可能性がある

**short-haul** adj. 近距離の, 短距離輸送の, 短時間の ◆a short-haul communications link 短距離通信リンク

**shorting** ①《電》短絡, ショート; ②不足; adj.《電》ショート[短絡]の, 不足の ◆electrical shortings 電気ショート; 短絡 ◆To avoid danger in case of shortings,... ショートした場合にショート時の危険を避けるために, ... ◆to prevent accidental shortings 偶発的なショート[短絡]を防止するために

**short-lived** adj. 短命の, 短寿命の, 短期間の, 短期の, 一時的な, はかない, つかの間の, 線香花火のような, 長続き[永続]しない ◆a short-lived government 短命政権[政府] ◆a short-lived victory 束の間の勝利 ◆short-lived isotopes 短寿命アイソトープ ◆But the revolution was short-lived. だが革命は短命に終わった. ◆The euphoria proved short-lived, however. だがその浮かれ気分は長くは続かなかった. ◆crack produces intense but short-lived euphoria (麻薬の)クラックは, 強烈ではあるが長続きしない[束の間の]陶酔感を生み出す ◆Metro officials said they expect a short-lived drop in ridership because of the higher fares. 地下鉄当局者は運賃値上げの影響により乗客数は一時的に減少するだろうと述べた.

**shortly** 間もなく[すぐに], 近いうちに, 近く, 近々; 簡単に[短く] ◆take place very shortly after the absorption of light ～は, 光の吸収[吸光]に起きる ◆begin at or shortly after birth 出生と同時に, または生後間もなく始まる ◆we're confident they'll be released very shortly 我々は彼らがすぐに[間もなく]解放されるものと確信している

**shortsighted** 近視[近眼]の, 先見性のない[近視眼的な] ◆the shortsighted approach of American business 米国流ビジネスの近視眼的なやり方

**short-tempered** adj. 短気な, 怒りっぽい

**short-term** adj. 短期間の, 短期の ◆short-term government securities 短期政府証券, 政府短期証券 ◆a short-term goal 短期目標 ◆a short-term stay at... ～における短期間の滞在 ◆on a short-term basis 短期, 短期間(*名詞ではなく副詞句である) ◆short-term interest rates 短期金利[利率] ◆The Bank of Japan's Short-Term Economic Survey (tankan) taken in

June confirmed that... 6月に実施された日本銀行の短期経済観測調査(短観)で、〜ことが確認された.

**short-time** *adj.* 短い時間の, 短時間の, 短期の, 一時的な ◆a short-time rating 短時間定格

**shortwave, short wave, short-wave** 回短波の; shortwave, short-wave *adj.* 短波の ◆a short-wave receiver 短波受信機 ◆a shortwave broadcast station 短波放送局

**shot** *a* 〜 発射〔発砲〕,《口》写真,《口》注射 ◆a single-shot rifle 単発式のライフル銃 ◆a scenic shot 風景写真 ◆get a DTP shot DTP(三種混合ワクチン)の注射を受ける ◆a doctor-administered shot of prostaglandin 医師(の指示)によって注射されたプロスタグランジン ◆These shots were taken during my trip to... これらの写真は,私の〜旅行中に撮影したものです. ◆This throwaway camera sells for $6.95 and takes 24 shots. この使い捨てカメラは6ドル95セントで販売されていて,24枚撮りである. ◆State government needs a "shot in the arm" to improve Maryland's business climate and create new jobs. 州政府は,メリーランド州の景気を改善して新規の雇用を創出するために「カンフル注射〔剤〕」を必要としている.

**shotcrete** 回ショットクリート,吹付けコンクリート ◆repairs using shotcrete ショットクリート〔吹付コンクリート〕による補修(工事) ◆apply approximately 100 to 130 cubic yards of shotcrete to all deteriorated areas 吹付コンクリート約100〜130立方ヤードを,老朽化した箇所すべてに吹き付ける

**shotgun** *a* 〜 散弾銃,猟銃 ◆a shotgun microphone ショットガン型マイク

**should** 1 《助動詞 shall の過去形》〜べきである, 〜のはずである,〜だろう ◆it worked the way that it should have worked それは,しかるべく[まともに]働いた[機能した] ◆This standard should be adhered to. この規格に従うこと,本標準を遵守すべし.;この水準を守らなければならない. ◆The seat is a bit farther forward than it should be. その座席は,あるべき位置よりも少し前方にでて[少し前に出過ぎて]いる. ◆Yes, they will be home for Christmas, and that is as it should be. たしかに,彼らはクリスマスに家に帰りますし,またそうであるべきな[そうでなければならない,そして当然な]のです. ◆The building has gone beyond standard concepts of what a high-rise should be. このビルは,高層ビルのあるべき姿の通常概念を越えている.

2 《条件節に用いて》万一,もしも,たとえ〜 ◆Should your product not perform properly, return it to the nearest White service depot. 万一お買い上げの製品が正常に働かない場合には,最寄りのホワイト社のサービス拠点までご返品ください.

**shoulder** 1 *a* 〜(片方の)肩,肩に似た部分,(山の)肩,《米》路肩 ◆〜s(比喩的)(重荷などを担う)肩 ◆get stiff shoulders from... ing 〜をして肩が凝る[肩凝りになる] ◆give the cold shoulder to; give... the cold shoulder 冷淡に扱う;すげなくする;無視する;冷遇する;ないがしろにして顧みない;袖にする[なす, あしらう] ◆have stiff shoulders 肩こりがする;肩がこっている ◆receive a cold shoulder from...〜から冷淡な扱いを受ける;すげなく[冷遇,ないがしろに]される;顧みられない;無視される;袖にされる ◆sloping, round shoulders なで肩 ◆SOFT SHOULDERS 《道路標識》路肩注意 ◆all of the beleaguered city's hopes rest on the shoulders of Graham この包囲されてしまった都市の住民の希望はすべてグラハムの双肩にかかっている ◆be about 1 m high at the shoulder 肩のところで約1メートルの高さがある ◆sling [swing, hoist, heft] a backpack over one [one's] shoulder リュックを(片方の)肩に(ひょい)かける(*sling と swing は「ひょい」勢いよく, hoist と heft は「よっこらしょ」という感じ) ◆She dropped her shoulders in disappointment 彼女は落胆のあまり肩を落とした ◆It takes a load off my shoulders. これで私の肩の荷が下りる. ◆They have turned a cold shoulder to his proposal 彼らは彼の提案を袖にした[無視した,無関心を装ってないがしろにした] ◆Look over your right shoulder through the rear window. 右肩越しにリアウィンドウから外を見てください. ◆Shoulder stiffness tends to be a chronic condition. 肩こりは慢性病になりやすい. ◆The hatch limits over-the-shoulder

vision.《車》そのハッチ(後部はねあげ式ドア)は,肩越しの[後方]視界を狭めている.

2 *v.* 肩で押す,背負う[担う];(〜-shouldered の形で)〜な形をした. ◆shoulder all responsibility 全責任を背負い込む ◆the car's broad-shouldered appearance その車の幅広の外観 ◆Be prepared to shoulder new responsibilities at work. 職務上の新たな責任を担うことへの[職責を負うための]心構えをしておくこと.

**shout** *vt., vi.*(大声で)叫ぶ,大声を出す,どなる,がなる,大声で呼び掛ける,喚声〔歓声,喊声(カンセイ)〕をあげる,シュプレヒコールする; *a*〜 大声,叫び声,喝采,歓呼,喚声,歓声,喊声 ◆shout in chorus 一斉に[声を合わせて]叫ぶ,シュプレヒコールする

**shove** *v.*(乱暴に)押す,突く,押し込む,押しのける,(ぞんざい)置く; *a*〜 乱暴に押すこと,ひと押し,ひと突き ◆when [if] push comes to shove; when [if] it comes to the push いざとなれば;せっぱ詰まれば ◆Trains are always full of city workers so the pushers have to shove the people in. 列車はいつも都市労働者で満員なので,押し屋が人々を押し込まなくてはならない.

**show** 1 *vt.* 見せる,表示する,示す,提示する,呈示する,案内し《意訳》紹介する,説明する,証明する,明らかにする; *vi.* 見える,現れる,明らかになる ◆as shown by the dotted lines 点線で示されているように ◆It has been shown that...〜ということが認められた[確認された,明らかになった,判明した,証明された,示されている](*論文などで多用される言い方) ◆show slides スライドを映す ◆As shown in the previous figure,... 前の図に示すように[前の図からわかるように] ◆as shown here: 次に示されるように[示される通りの](*後ろに図表が続く) ◆show a blue-violet fluorescence 青紫色の蛍光を呈する ◆the material shows elasticity その材料は,弾性を示す ◆he showed prescience and boldness in leading the company... 彼は,会社を率いて行く上で先見の明と大胆[豪胆,果敢]さを発揮した ◆It was shown by experiment that...〜でということを実験で明らかにした[実証された] ◆scroll the spreadsheet so that columns C and H are both showing 《コンピュ》列Cと列Hの両方が(画面に)表示されるようにスプレッドシートをスクロールする ◆It has been shown that chronic use of large amounts of the drug can have severe effects on... その薬を長期にわたって大量に使用すると〜に重大な影響を及ぼすということが明らかになって[証明されて]いる ◆Customer flow has shown a dramatic increase. 客足の劇的な増加を見せた. ◆A cursor shows the place on the screen where the next character will appear. カーソルは,画面上で次の文字が表示される位置を示します. ◆Trade figures released in Tokyo last week showed that despite the dollar's long decline against the yen, Japanese exports to the U.S. actually increased by 23.5% last year, to $80.5 billion. 東京(日本)で先週公表された貿易統計によると,日本円に対するドルの長期低落にもかかわらず,昨年日本の対米輸出は実に23.5%増の805億ドルに上った.

2 *a*〜 展示会[展覧会,ショー,見せ物],見せかけ[ふり,表向き],現れ[表出,見えること]<of>〜 on show 展示[陳列]されて ◆at this show この展覧会[展示会]において[にて] ◆in a show of support for Mr. Yeltsin エリツィン氏支持を表明し ◆the spring Comdex show 春期コムデックス展示会 ◆A welcome theme at this show was... このショーでの歓迎すべきテーマは,〜ということであった. ◆give a slide show to one's relatives 親類を集めてスライド映写会を開く ◆the Consumer Electronics Show held in January 1月に開催されたコンシューマー・エレクトロニクス・ショー

**show off** 見せびらかす,ひけらかす,誇示する,引き立てる,よく見せる

**show up** 現れる,姿を現す,姿が浮かび上がる ◆If you would like to prevent... from showing up 〜を表示したくない[非表示にしたい]場合には ◆nothing shows up until you type... 〜を(タイプ)入力するまで何も表示されない ◆errors that show up only when the output file is printed 《コンピュ》(画

**shroud**

面上では分からないが）出力ファイルを印刷してはじめて現れるエラー ◆Low prices on gypsy parts usually indicate poorer workmanship that will show up in shorter life and earlier failures than with higher-priced name-brand items. 非純正部品の値段が安いことは、往々にして仕上り品質が劣っていることを示し、これは後になってから、比較的値の高い有名ブランド品よりも寿命が短くより早い時期で故障してしまうといった形で現れることになる。

**showcase** 1 a～ 陳列棚、陳列ケース、展示ケース、公開の場; adj. 際立って見える、特に強調して見せたい、ハイライトの ◆The Saudis are placing their hopes for industrial growth in showcase projects like........, and... サウジアラビアは、～等の目玉プロジェクトでの工業成長に期待をかけている。
2 vt. ～を展示する、～を(ショーケースに飾るようにして)見せる、～を映えるように見せる ◆an attractive display showcases a store's image 魅力的な(商品)陳列が店のイメージをよく見せる[効果的に演出する]

**shower** 1 a～ にわか雨、驟雨(シュウウ)、夕立ち、シャワー、殺到、～攻め、雨あられ
2 vt. ～をにわか雨でぬらす、～を(雨のように)注ぐ; vi. 雨のように降り注ぐ、シャワーを浴びる ◆shower gifts on... 〈人〉を贈物攻めにする

**showing** a～ (単のみ)でき、できばえ、外観、成績、成績; a～ 展示、表示、披露、公開、上映、上演 ◆make a good showing 良い[上々の、見事な、好調な]成績[業績、実績]を収める[上げる]; 好調な成績[好成績]を残す(選挙)で好結果を得る; 健闘する ◆a showing of a video movie ビデオ映画の上映 ◆give an advance showing of... (一般)公開に先立って～を披露[展示]する ◆make a strong showing 優秀な成績を取る[収める] ◆make possible the showing of movies 映画の上映を可能にする ◆A big factor in the poorer-than-expected showing is that... 予想よりも悪かった不成績[業績不振]の一大要因は、～ということである。◆The first public showing of... takes place this week at... ～の初公開は今週～において行われる ◆the party will make a strong showing at the next general election この政党は今度の総選挙で躍進[好得票を獲得]するだろう ◆you can choose to disable or enable the showing of the icons これらアイコンの表示・非表示を選択できます ◆We really didn't expect to win this series. We just wanted to make a good showing. このシリーズで優勝できるなんて思ってもいなかった。ただいいところを見せたかった[ある程度の成果をあげたかった]だけなんだ。◆Repeated showings of a film result in deterioration whereas a digital movie retains the same quality, regardless of the number of showings. 繰り返し映画を上映すると結果として劣化するのに対し、デジタル方式の映画は上映[再生]回数に関係なく同じ質を維持する。◆There were 13 automobile fatalities on Cape Cod during 1929, an increase of four over 1928. This is a favorable showing when traffic increases are taken into consideration. 1929年にケープコッドで発生した自動車事故による死亡は13名で、1928年を4名上回った。交通量の増加を考慮すると、これは芳しい成績[いい実績]である。

**showman** a～ 興行師、芸人、人を喜ばせる[楽しませる]こつを心得ている人、受け狙いの演出効果センス抜群の人 ◆He gave the audience another "Hollywood" smile again, and in showman spirit said, "Well, ... " 彼は観客に更にもう一度「ハリウッド」スマイルを振りまいてから、芸人魂を発揮して「さて、～」と言った。

**show-off** a～ 見せびらかす[ひけらかす、誇示する、見識張る](のが大好きな)人、自慢屋、見栄っ張り、気取り屋さん、目立ちたがり屋; a～ ひけらかし、見せびらかし、誇示 ◆a loud-mouthed show-off who even boasts... さえる自慢話の種にしてしまう大ほら吹きの目立ちたがり[自慢]屋

**showpiece** a～ 陳列品、賞賛に値する見本[実例]、見本となる傑作 ◆The city is a showpiece of urban success. その都市は、都市として成功している恰好の見本である。

**showroom** a～ ショールーム、展示室

**showy** adj. 目立つ、華やかな、引き立つ、派手な、けばけばしい、はえばえしい、飾り立てた、華奢(カシャ)な、これ見よがしの、見栄を張る、見栄っ張りの ◆make a showy gesture of triumph 勝ち誇った派手な[受けを狙った、これ見よがしの、人目を引く、けれん味のある]ジェスチャー[身振り]をする

**shred** 1 a～ 細片[断片、切れ端]、(通例否定文で)わずか[僅少] ◆rip... to shreds ～をずたずたに引き裂く ◆if shreds of the filament shake around inside the bulb フィラメントの切れ端が電球内で飛びはねるようであれば(＊電球が切れているようだから手に持って振ってみて)
2 vt. ずたずたに切る、細断する; vi. ずたずたになる ◆shred Government documents 政府の書類を細断する ◆The junkers are stripped of glass and plastic parts before they are shredded. これらのポンコツ車[廃車]は、破砕[シュレッダー処理]されるのに先立ち、ガラス製やプラスチック製の部品がはぎ取られる

**shredder** a～ シュレッダー、(書類)細断機 (= a shredding machine) ◆auto shredder fluff 自動車シュレッダーダスト[破砕くず](▶ shredder dustは、もっぱら日本発の文書で用いられており和製英語の疑いが濃厚。shredder dust とすると破砕機から発生する本物の「ほこり」の意味になるので要注意) ◆shredder dust emissions (廃自動車や廃家電品などを破砕する)シュレッダーから発生したほこりの(環境中への)排出 ◆The 25 percent of a shredded vehicle that is not currently recycled – plastics, glass, sealers, fabric, adhesives, paint, rubber, etc. – is called "auto shredder residue" or "fluff." 破砕処理車のうち現在リサイクルされていない25%の部分は、プラスチック、ガラス、封止材、布、接着剤、塗料、ゴムなどで、「自動車シュレッダー残留物」あるいは「ふわふわした物[＝シュレッダーダスト]」と呼ばれる。

**shrine** a～ 聖骨[聖物]箱(＊聖人の遺骨や遺物を納めた)、聖堂、廟、神社、祠(ホコラ)、社(ヤシロ)、神殿、殿堂、神聖な場所、聖域、聖所、聖地、霊場 ◆make [go on] a pilgrimage to a Shinto shrine 神道の神殿に向けて参拝の旅に出る、遠路はるばる神社参詣[お宮参り]に行く

**shrink** v. 縮む[縮ませる]、小さくなる[する]、縮小する、減少[させる]、小型化する、微細化する、圧縮する、収縮する ◆profit margins have shrunk 利幅が小さくなってしまった ◆shrink circuit boards 回路基板を小型化する ◆shrink from contact with strangers [unfamiliar people] 知らない[見慣れない]人と接触する[会う]のを嫌がる; 人見知りする; 人怖じする ◆shrink the size of... ～のサイズを小さくする; ～を小型化する ◆they don't shrink from adverse circumstances 彼らは逆境にめげない[くじけない、ひるまない] ◆he overcomes dangers which others shrink from 彼は、他の人だったら縮み上がる[尻込みする、たじろぐ、逃げ腰になる、長幅する、怖じ気づく、恐れをなす、ひるむ、びびる]ような危険を乗り越える ◆while households have grown in number, they have shrunk in size 世帯数が増加した一方で、世帯の少人数化が進んだ ◆One must not shrink from making changes. 改革(すること)に尻込みしてはならない。◆Unemployment is likely to shrink from 9.2% to 8.5% by the end of the year. 失業率は、年末まで[年内]に9.2%から8.5%に減少しそうである。

**shrinkage** (a)～ 収縮(度)、縮小(率)、減少(量) ◆a shrinkage of 3 percent 3パーセントの収縮率 ◆the growth or shrinkage of livestock numbers 家畜の数の増大あるいは縮小[増減]

**shrink-wrap, shrinkwrap** vt. ～をシュリンク[(熱)収縮]包装する; a～ (プラスチックフィルムによる)収縮包装 ◆shrink-wrapped product 収縮[シュリンク]包装されている製品[商品] ◆come shrink-wrapped in batches of 100 ～は、100個[本、枚、部]単位で収縮フィルム包装されてくる[売られている] ◆the software is available in shrink-wrapped form 同ソフトは、シュリンク包装されて売られている

**shroud** 1 a～ (死者に着せる)経かたびら、包むもの、覆うもの、覆い、とばり、幕、囲い板、側板、落下率のロープ、マストから左右の舷側に張られた綱[横静索]、打ち上げ時に宇宙船を高熱から守るガラスファイバー製ガード

**shrug**

**2** vt.（通例受身）〜に経かたびらを着せる、〜を覆い隠す、覆う、包む ◆keep...shrouded in secrecy 〜を秘密に包まれたままにしておく

**shrug** a〜肩をすくめること; vt.〈肩〉をすくめる; vi. 肩をすくめる ◆shrug one's shoulders 肩をすぼめる［すくめる］
**shrug off** 〜を無視する、気にしない、一笑に付す、はねつける、退ける、振り払う、振り捨てる、〈眠気〉を払う ◆The subnotebook also shrugs off extremes of temperature and humidity. 同サブノート機は、過酷な温度や湿度の変化（にもびくともしないシステムであり、平気でいる、大丈夫である）

**shuffle** v.（トランプの札を）切る［混ぜる］、あちこちに動かす、混ぜる、すり足で歩く; a〜組織替え、再編成、混ぜること、足を引きずって歩くこと ◆paper-shuffling transactions 書類を右から左へ動かすだけで儲ける式）の取引 ◆shuffle back and forth between software packages 《コンピュ》ソフトを何度も入れ替えて使う（＊一度に1つのソフトしか実行できないシステムで）

**shunt** v. 脇へそらす、分路［分流］する; a〜分路、分流、側線、車の衝突事故 ◆a shunt reactor 《送電》分路リアクトル ◆a shunt-wound motor 分巻モーター ◆connected in shunt with.. 〈電気〉と並列に接続されている ◆shunted by a short circuit 短絡［ショート］により分流されている

**shut** v. 閉じる、閉ざす、〈傘など〉をすぼめる［畳む］◆even when he closed the door to his small apartment and shut himself inside 彼が小さなアパートのドアを閉めて中に引きこもっていたときでさえ
　**shut down** おろして閉める、閉鎖［休業］する、〈電源、接続など〉を遮断する、〈機能〉を落とす、〈事業〉を停止する ◆the area's last coal mine shut down years ago その地域の最後の炭鉱は何年も前に閉山した ◆even after the engine is shut down エンジン停止後でさえも ◆shut down a functioning nuclear power plant 稼働中の原発を操業停止にする ◆If you don't know the password, the machine will shut down. 《コンピュ》パスワードを知らないと、機械はシャットダウンする。 ◆Production operations are shut down until... 生産操業が、〜まで停止される。 ◆The hospital is in danger of shutting down. その病院は閉鎖の危機に面している。 ◆They shut down all power at the facility to correct the problem. 彼らは、問題を直すために施設のすべての電力を遮断した。 ◆A standby switch lets you shut down the unit while maintaining the memory contents in RAM. スタンバイスイッチは、RAMの記憶内容を保持したまま〈コンピュータ〉装置をシャットダウン［停止］させることができる。 ◆Should someone try to remove a disk unit during operation, all activity is shut down. 稼働中に〈何者かが〉ディスクユニットを引き抜こうとすると、すべての動作が停止する。
　**shut off**〈供給、流れなど〉を止める、遮断する、切り離す ◆if we shut off textile imports from China もし我々［我が国］が中国からの輸入繊維製品を閉め出せば ◆shut off a computer 〈コンピュ〉（の電源）を切る ◆shut off (electrical) power 電源を遮断する ◆while the system is shut off システムの電源が切断されている間 ◆when the power is shut off 電源が遮断される時に ◆The model shuts off automatically after several minutes to save the battery. この機種は、バッテリ節約のために、（使っていないと）数分後に自動的に電源が切れる。
　**shut out** v. 〜を締め出す、（競技で）完封する ◆shut... out of the chance for... 〈人〉から〜の機会［可能性］を奪ってしまう
　**shut up** (命令形で)黙る、閉じこもる、戸締りする［しめる］◆shut (up) an umbrella; shut an umbrella up こうもり傘を閉じる［すぼめる、畳む］◆those [people] who shut themselves up at home and refuse to take part in social activities 家に閉じこもって社会参加を［引きこもり］の人達

**shutdown** a〜《工場などの》一時閉鎖［一時休業、操業停止］、《機械などの》運転停止 ◆after power shutdown 電源遮断後に、電源を落とした後で ◆a fire that causes a shutdown of a plant 工場の一時操業停止［閉鎖、休業］をまねく火事 ◆after an extended shutdown 長期にわたる［長期の］停止状態後

◆at system shutdown 《コンピュ》システムのシャットダウン［停止］時に ◆a turbine or motor shutdown occurs タービンあるいはモーターの停止が起こる ◆require a 24-hour shutdown 24時間の停止を要する ◆the shutdown of a production plant 生産工場の閉鎖 ◆in the event of a complete computer shutdown 万一コンピュータが完全停止した場合に ◆order shutdowns of most of its Canadian manufacturing facilities その会社のカナダにある製造施設のあらかたを閉鎖するよう命じる ◆perform an unattended shutdown of a personal computer パソコンの無人電源切断を行う ◆be equipped with emergency shut-down buttons that will stop the escalators in case of trouble トラブル発生時にエスカレーターを止める非常停止ボタンが備わっている ◆Battery packs can be interchanged during use without equipment shutdown. 電池パックは、装置を停止させることなく使用中に交換できます。 ◆The department store chain is using Chapter 11 to buy time for an orderly shutdown. その百貨店チェーンは、秩序ある閉店［店仕舞、廃業］のための時間稼ぎをするために連邦破産法第11条を利用している。

**shutoff, shut-off** a〜止めるもの、栓;（a）〜遮断、停止、閉止、締め切り、シャットオフ ◆a back-light shut-off button（ディスプレイの）バックライト［背面照光］を消すためのボタン ◆backlighting shutoff（液晶ディスプレイの）バックライトの消灯 ◆a 60-minute variable auto shut-off timer 60分までの範囲で設定が変えられる自動電源切断タイマー ◆T = maximum ambient temperature (°C) at time of power shutoff T = 電源遮断時の最高周囲温度(°C)（＊凡例中で冠詞が省略されている。正確にはat the time of a power shutoff） ◆An automatic shutoff function powers down the camcorder after it sits idle for more than five minutes. カムコーダが5分間以上使用されないでいる［放置されたままになる］と、オート・シャットオフ機能が電源を切断します。

**shutter** a〜《カメラ》のシャッター、雨戸、閉じるもの［人］◆shutter priority 《カメラ》シャッター(速度)優先 ◆a shutter speed of 1/250th [1/250] second 1/250秒のシャッタースピード ◆a vertical-traveling, focal plane shutter 縦走りフォーカルプレーンシャッター ◆click [snap] the shutter カシャッ［パシャッ、パチリ］とシャッターを切る ◆press the shutter release シャッター（リリースボタン）を押す ◆release the cocked shutter 《カメラ》巻き上げられているシャッターを切る ◆the shutter repeatedly fires（カメラの）シャッターが連続して切られる［下りる、落ちる］◆trip the shutter quickly すばやくシャッターを切る ◆depress the shutter halfway シャッターを途中まで押し下げる［半押しする］◆recompose the picture before pressing the shutter button all the way in 《写真》（フォーカスロックの後）構図をとり直してからシャッターボタンを最後まで押し込む［全押しする］◆The shutter does not release until focus is achieved. シャッターは焦点［ピント］が合うまで切れない［落ちない、下りない］; シャッターは合焦して初めて切れる。 ◆The camera's shutter fires [releases] only when focus is achieved. そのカメラのシャッターは、焦点が合った時にしか切れない［合焦時にしか下りない］。

**shutterbug** a〜写真の虫［愛好家］、カメラ［写真］マニア、アマチュア［素人］写真家

**shuttle 1** a〜（織機の緯糸を巻いた）杼(ひ)、定期往復便、シャトル便; a〜《宇宙》往復機（= a space shuttle）◆jog-shuttle [jog and shuttle] controls ジョグ／シャトルコントロール（＊ジョグとシャトルの機能を併せ持つつまみのこと。a controlにはつまみの意味もあるが、この用例の場合は制御機能を指して複数形）◆operate a shuttle service between A and B AB間の定期往復便［折り返し運行］を運行する
**2** vt., vi. 往復する、左右［前後］に動かす［動く］、（定期的に）往復［折り返し］運航［運航、運行、輸送］する ◆shuttle to and fro 前後［左右］に往復する; 行きつもどりつする ◆"shuttle" quickly, forward or in reverse 《AV》シャトル機能を使って正または逆方向に高速再生する ◆早送りまたは早戻しする

**shy 1** adj. はにかみ屋の［引込み思案の］、（〜に）気が進まない、（〜を）いやがる［こわがる、苦手な］<of>; （〜に）足りない［達しない］<of> ◆work- [book-, camera-, publicity-] shy

《順に》仕事 [読書, カメラ (を向けられるのが) a, 《マスコミなどに》露出するのが] 嫌い [苦手] な ◆ stop just shy of the end of the runway 滑走路が終わろうとする直前で停止する; 滑走路の端ぎりぎりで止まる ◆ If you're Net-shy, you can order by phone from 9 a.m. to 5 p.m.　インターネットが苦手な方のために, 午前9時から午後5時まで電話で注文を受け付けて [ご用命を承って] います. ◆ He dropped out of graduate school at the University of Michigan in 1967, just a few months shy of getting a Ph.D. in chemistry.　彼は1967年にミシガン大学の大学院を, あとわずか数ヵ月で化学の博士号を取れるというところで中退してしまった.

**2** vi. しりごみする, ひるむ ＜away, off＞＜from, at＞; vt. 避ける ◆ shy away from ... -ing　～することにしりごみする

**Si** ケイ素(silicon)の元素記号
**SI** ◆ an SI unit　SI単位 (＊国際単位系 ＝ the International System of Units の)
**SIA** (Semiconductor Industry Association) the ～ 米 [米国, 全米] 半導体工業会; (Securities Industry Association) the ～《米》証券業協会

**sibilance** シューシューいう音, シューシューいうこと
**sibilant** adj. シューシューいう, 歯擦音の; a ～ 歯擦音
**sibling** a ～ 兄弟, 姉妹, 同胞 ◆ the Renault GTA and its econobox siblings　ルノーGTAとその兄弟経済車
**sick** adj. 病気の, 疾病の, 病んでいる;《(the sick の形で)＝(sick people)病人たち; 具合 [気分] の悪い, (を) 非常に恋しがって＜for＞; (～に) うんざりして [いやになって, 嫌気がさして]＜of＞; (～に) がっかりして [気が滅入って, くさって]＜at, about＞; (～が) しゃくにさわって [腹立たしくて]＜at, about＞ ◆ get [become, fall] sick 病気になる ◆ sick leave 病欠 ◆ become [get, grow] sick and tired of ...　～がつくづくいやになる; ～に飽き飽きする; ほとほと疲れる [嫌気が差す, うんざりする]; 全く辟易 (ヘキエキ) する; 本当に閉口する
**sickbed** a ～ 病床, 病の床, 病褥 (ビョウジョク) ◆ rise from one's sickbed 病床から起き上がる;〈病人〉が床から離れる 床上げ [床払い] する ◆ Arthur visited Pauline in [on] her sickbed.　アーサーはポーリンの病床を見舞った [病気見舞いをした].
**sick house** a ～ 病人用の家 [病院], シックハウス (＊室内の空気が建材などから発生する化学物質などで汚染されている住宅); adj. シックハウスの ◆ provide adequate ventilation and prevent sick house syndrome　十分な換気をしてシックハウス症候群を防ぐ ◆ Sick house syndrome is a serious air quality problem in homes and work places.　シックハウス症候群は, 家庭および職場における重大な空気質問題である. (＊同義語としてsick building syndromeがある)

**side 1** a ～ 側面, 脇, 側, 辺, 面, サイド, 陣営, 一派 ◆ from side to side 左右に; 横に ◆ take sides with ...　～に味方をする; ～の肩を持つ; ～の側につく [加わる]; ～に加勢 [加担] する ◆ access all components from one side　《四方のうちの》一方から [装置内の] すべての部品にアクセスする (＊プリンタの保守の話) ◆ a cube measuring 8 inches per side　各辺が8インチある立方体;《意訳》8インチ角のサイコロ状のもの ◆ on either side of a door　ドアのいずれの側にも ◆ on the side of a building　ビルの側面上に ◆ set the barrel on its side　たるを横にする ◆ take sides on this issue　この問題について立場 [態度] を明確 [明らか] にする, 旗色 (ハタイロ) [旗幟 (キシ)] を鮮明にする ◆ the transformer's primary side　《電気》そのトランスの一次側 ◆ the grounded side of an AC line　ACラインの接地側 ◆ the driver's-side window　《車》運転席側の窓 ◆ The negative side is that ...　マイナス [悪い] 面は, ～ということである. ◆ ... can be tilted slightly to one side or the other　《直訳》一方の側または他方の側に [《意訳》どちらか片方に, 片側に] 少し傾斜できる ◆ if the weather is on your side　天気があなたに味方すれば [天候条件がよければ] ◆ reach under the seat from the door side　ドア側から座席の下にアクセスする [手を入れる] ◆ Whose [Which] side are you on?　君はどっち [どちらの] 側についているのか, 

か. ◆ because the impact was from the side, not from the front or back　衝撃は前とか後ろからでなく横方向からだったので ◆ look backward and to the sides [to the sides] to see ...　～を確認するために後方および左右を見る ◆ Multiplying both sides of the equation by T gives us ...　式の両辺にTを掛けると ～ になる. ◆ the side of the paper facing both sides of the ream wrapper　用紙の束包装紙の張り合わせ目側を向いている面 ◆ A genial, open-minded approach will win people over to your side.　にこやかに心を開いた態度で臨めば人々をあなたの (味方に) つけることができる. ◆ He does have a self-effacing side. We just don't see it.　彼は確かに控えめな面 [一面] を持っている. 我々にはそれが見えないだけだ. ◆ It has no right-side up.　それには上下 [裏表] が決まっていない. ◆ One-half hour per side of recording is possible.　片面30分の録音が可能だ. ◆ The label side should be loaded down.　ラベルの貼ってある側が下になるように装着されなければならない. ◆ The one-sheet mailer is printed on both sides.　その郵送葉書広告 [ちらし, 宣伝ビラ, リーフレット] は, 両面印刷されている. ◆ The shock absorbers are on the stiff side.　《車》ショックアブソーバーは, 堅めになっている [堅めに振られている]. ◆ Try not to take sides during family disputes. Remain independent.　家族の喧嘩 [内輪もめ] の間は, どちらか一方の肩をもつようなことはしないように. どちらにも属さない (中立の立場) でいること. ◆ They can never take sides or they will become part of the problem.　彼らは決して旗幟 (キシ) を鮮明にはできない. さもないと問題に巻き込まれてしまうことになるから. ◆ The chip has 3 million transistors, in a package about four tenths of an inch per side.　このICチップは, 約10分の4インチ角のパッケージに300万個のトランジスターを実装している. ◆ The fuses are located in a fuse box under the dashboard on the right-hand side.　これらのヒューズは, ダッシュボードの下の右側の [ダッシュボード右下の] ヒューズボックス内にあります. ◆ You must have safe clearance to the side, ahead and behind your vehicle.　あなたの車の横, および前後に, 安全のための間隔をあけなければなりません.

**2** adj. 側面 [側部, 脇] の, 側方-, 副次的な ◆ a side view of ...　～の側面図 ◆ sudden side winds　突然の横風 ◆ side-door beams　《車》サイドドアビーム [補強材] ◆ Volvo's Side Impact Protection System (SIPS)　《車》ボルボの側面衝撃吸収システム ◆ a side-mounted towel bar　側面に取り付けられているタオル掛け ◆ protect occupants during a side-impact collision　側面衝撃衝突時に乗員を守る

**3** vt. ～に側面をつける, ～と並ぶ, ～側につく [の味方をする]; vi. 横へ動く [傾く], ～に味方する＜with＞ ◆ Saudi Arabia sided with the United States in the Afghan war　サウジアラビアはアフガニスタン戦争で米国に味方した [米国側についた, 米国に加勢した]

**side by side** adv. (横に) 並んで, そばに, 並列に, 並行して, いっしょに, 協力して [手を組んで]; adj. side-by-side 並んでいる ◆ be written side by side　貼り合わせに [横に並べて] 書かれ (てい) る; 併記され (てい) る
**sideband** a ～《通》側波帯 ◆ SSB (single-sideband) modulation　SSB (単側波帯) 変調
**side-by-side** adj. 並んでいる ◆ a side-by-side configuration　並列構成 ◆ side-by-side competition at 330 mph　《意訳》時速330マイル横並びレース展開での競走 ◆ a side-by-side comparison of A and B　AとBを横に並べて [突き合わせて] の比較 ◆ do a side-by-side machine evaluation　機械の比較評価をする
**-sided** -面の, -側の, -辺の ◆ a two-sided copy　両面コピー ◆ single-sided and double-sided printing　片面印刷および両面印刷
**side effect** a ～ 副作用, 副次的作用 ◆ produce side effects　副作用を起こす ◆ A possible side effect of laser surgery is hazy vision, a temporary scarring of the cornea that occurs in up to a third of patients.　レーザー手術で起こり得る副作用 (のひとつ) は霞目で, これは患者の最高1/3に起こる角膜の一時的な瘢痕 (ハンコン) によるものである.

**sideline** a 〜 側線［横線］，副業［サイドビジネス］ ◆Take charge of your life instead of sitting passively on the sidelines. 受け身の傍観者的な態度を取るのではなく，自主性をもって［積極的に］自分の人生というものに係わっていきなさい． ◆Honda the automaker first burgeoned as a tiny sideline of Honda the motorcycle maker. 自動車メーカーのホンダは，オートバイメーカーホンダの小さなサイドビジネスとして芽を出した．

**sidelit** adj. 横方向［脇］から照らされた，側面照光方式の ◆a 9½-inch sidelit LCD 9.5インチのサイドライト付きLCD［液晶ディスプレイ］

**sideplay, side play** (a) 〜 《機械》横方向の遊び ◆Check the sideplay of the shaft by moving it from side to side. そのシャフトの横方向の遊びを，シャフトを左右に動かして調べてください．

**sidereal** adj. 星の，星座の，恒星の ◆a sidereal day [month, year] 《天文》恒星日［月，年］ ◆sidereal time 《天文》恒星時

**sidesaddle** a 〜 横鞍［ヨコグラ］; adv. 横鞍にのって，横鞍にのるような状態で ◆The engine sits sidesaddle in its cavern. エンジンは，エンジンルームに横置きされている．

**sidestep** vt. 〜を［横に寄って］かわす，〈問題，責任，いやな質問など〉を回避する［避ける，はぐらかす］; vi. 脇による，横へ寄ってかわす ◆help drivers sidestep traffic tie-up ドライバーが交通渋滞を避けるのを助ける ◆an excellent way of sidestepping this problem この問題を回避するためのうまい方法

**sidestream** a 〜 支流(a tributary stream), 副流(a subsidiary current) ◆Sidestream smoke is the smoke that is emitted from the lit end of a cigarette. 副流煙とはタバコの火のついた側の端から出る煙のことである．

**side-to-side** 左右の，横方向の ◆a side-to-side rocking motion 左右の揺れ ◆a side-to-side movement of... 〜の横方向［左右］の動き

**sidewalk** a 〜 《米》歩道，人道，歩行者道 (=《英》a pavement) ◆play on sidewalks 歩道で遊ぶ ◆Nearly a third of the city's 8 million residents live in flimsy huts or on sidewalks. その都市の800万住民の3分の1近くが吹けば飛ぶような小屋［バラック］や歩道上［路上］で生活している．

**sideward, sidewards** adj. 横向きの，横（方向）への; adv. 横方向へ，横へ，横向きに ◆Normally a person can only walk backward or sideward when wearing fins. フィンを履いて［足ヒレを着けて］いると，普通後ろ方向か横向きにしか歩けない．

**sideway, sideways** adv. 横に，横から，横向きに; adj. 〜 a sideways move 横方向への［水平］移動 ◆slide sideways 横滑りする ◆put the engine into a sideways position エンジンを横向きの位置に ◆The printer supports both portrait (normal) and landscape (sideways) printing modes. このプリンタは，縦置き（通常）と横置き（横方向［横長］）の両方の印字モードをサポートしている．

**sidewise** (= sideway(s))

**siding** a 〜（鉄道の）引き込み線，待避線，側線，はめ板 ◆a railroad siding 待避線，側線，引き込み線

**SIDS** (sudden infant death syndrome) 乳幼児［乳児］突然死症候群（*(a) cot [crib] death とも呼ばれる）

**sieve** 1 a 〜 ふるい，漉(コ)し器，ざる ◆sift flour through a sieve 小麦粉をふるいにかける ◆press... through a fine-meshed wire sieve 〜を目の細かい金属製のふるい［裏漉し器］で裏ごしする ◆The law is a sieve. 法律は，ざるだ． 2 v. ふるいにかける，ふるい分ける

**sift** v. ふるいにかける，ふるい分ける，ふるう

**sigh** vi. ため息をつく，嘆息する; 焦がれる［慕う］<for>; vt. ため息をつきながら〜を言う; a 〜 ため息，嘆息(タンソク), 吐息; int. ふう, やれやれ, あ〜あ, ホッ ◆heave [breathe, give out] a sigh of <contentment, discomfort, impatience, joy, regret, relief, resignation, sorrowなど> 〜のため息［吐息, 嘆息］をつく ◆let out a sigh of relief 安堵のため息をもらす ◆I won't take a sigh of relief until my name is on the dotted line. 契約の署名をするまでは気を抜け［安心でき］ません．

**sight** 1 ⓤ視力，視覚，視界，視野，視界内にあること; (a) 〜 見ること，一覧，一目(ヒトメ); adj. 《商》一覧払いの ◆at first sight 最初に一目見ただけで［一見して, 初見で］ ◆at the sight of... 〜を見て ◆be in sight; be within sight 見える ◆come into sight [view]; come in sight 見えてくる，視野［視界］に入る，目に入る，姿を見せる［現す］, 現れる ◆in a person's sight; in sight of a person 〈人〉の見えるところ［目の前，目前，面前，視界の中，視野内］で ◆catch sight of... 〜を目にする ◆get a good sight of... 〜をよく［じっくり］見る ◆keep sight of... 〜から目を離さないでいる ◆lose sight of... 〜を見失う ◆raise [lower] one's sights 〜を上げる［下げる］ ◆set one's sights high 〈人〉の目標を高く設定する ◆be [go] out of sight 見えない［見えなくなる］ ◆disappear from sight 見えなくなる，消え失せする ◆drop [vanish] out of sight 見えなくなる，消え失せる ◆keep... out of a person's sight 〜を〈人〉の目に触れない［目に留まらない］ようにしておく ◆out of a person's sight 〈人〉の見えないところで ◆put... out of a person's sight 〜を〈人〉に見つからないように隠しておく ◆come [get, move] within sight of a person 〈人〉の視界に入ってくる ◆come [get, move] within sight of a thing 〈ある物〉の見える範囲に入る ◆stay [keep] within sight of a person 〈人〉の目の届く範囲内にいる ◆stay [keep] within sight of a thing 〈ある物〉の見える範囲内にとどまっている ◆have [get] a quick sight of... 〜をぱっと［ちらりと］見る ◆a sight bill [draft] 一覧払い為替手形 ◆the sense of sight 視覚 ◆come within sight of the mountaintop 山頂が見えるところまで来る ◆know a person by sight 〜を見知っている ◆come within sight of the NHL's Grail 北米アイスホッケーリーグ(NHL)の優勝杯の射程内に入る ◆ensure clear sight lines [sightlines] to the outside （内側［車内, 室内］からみて）視線がさえぎられる［視界が邪魔される］ことなしに外がよく見通せる［見渡せる］ようにする ◆The line can be used as a sight line when drilling. この線は，〜に穴あけする際に視準線として使える．(*案内として役立つ) ◆sight glass on the top of some maintenance-free batteries 一部の保守不要バッテリーの上面にあるのぞき窓 ◆the resolution of nuclear problems on the Korean peninsula is within sight 朝鮮半島の核問題の解決のめどがついて［見通しが立って］いる ◆A complete détente is not yet in sight. 完全な緊張緩和は，まだ見えていない． ◆I can't stand the sight of it any longer. 私にはもうこれ以上それを見るに堪えない．

2 a 〜 照準器，照準，ねらい ◆take a sight at... 〜に照準を合わせる; 〜にねらいを定める ◆train [set] one's sights on... 〜にねらいを定める; 〜に照準をあてる［合わせる］; 〜を目標に定める ◆set one's sights too high 高すぎる目標を設定する［掲げる］ ◆be high sights She focused her sights on selling... 彼女は〜の販売に照準［ねらい］を絞った［定めた］; 彼女は〜の販売を中心的目標にすえた ◆my sights were set on... -ing 私のねらいは〜することにあった ◆with one's sights set on sales of 30,000 units 30,000台の販売を目標に掲げて ◆The US modem maker has entered the Japanese market with its sights set on sales of 30,000 units, or a 5% share of the market, in a year's time. この米モデム・メーカーは，(最初の)1年で3万台の販売高，つまり5%のマーケットシェアの獲得を目標にすえて，日本市場に参入した．

3 a 〜 見えるもの，光景，情景，景色; a 〜, the 〜 観光名所 ◆Singer's "S" trademark became a familiar sight in households all across America. シンガーの商標「S」は，アメリカ中の家庭でよく見かけられるようになった． ◆The jet is likely to become a familiar sight on Japanese runways. このジェット機は，日本の滑走路でよく見られること［(意訳)空港で見慣れた光景］になりそうだ． ◆The video cassette recorder has become almost as common a sight in Japanese living rooms as the television set. ビデオデッキは，日本のお茶の間ではテレビとほとんど同じぐらいありふれた光景になっている．

4 v. 目撃する，(目算によって)確認［観測，観察］する，照準を定める ◆sight a gun 銃の照準を定める ◆sight... through

the telescope ～を望遠鏡で観測する ◆they sighted suspicious figures 彼らは不審な人物を目撃した

**at sight** 見てすぐに，一目で; 提示［請求，要求］あり次第 ◆a check [cheque] payable at sight 一覧払いの小切手 (*chequeは英式綴り) 参考 fall in love with... at first sight ～に一目惚れする; ～を見初める(ミソメル)

**sighting** a ～ <of> (～が) (初めて) 確認［観察，観測］される［された］こと，(～の) 発見 ◆a UFO sighting 未確認飛行物体の目撃［確認，観測，発見］

**sightline, sight line** a ～ 観測者と観測対象である物体や場所を結ぶ見通し線，観客の目と舞台を結ぶ視線 ◆without interrupting sightlines 視線［視界］を遮らずに

**sigma** シグマ(Σ, σ) ◆variation within plus or minus three sigma limits 《統計》±3σ限度内の偏差(*σ＝標準偏差)

**sign** 1 a ～ 符号，記号，略号，標示，標識，合図，兆し，前兆，兆候，徴候，気配，様子，現れ，症状，症候，形跡，痕跡，跡 ◆an equal sign 等号記号 ◆(the) ASL (American Sign Language) アメリカ手話 ◆a keep-out sign 立ち入り禁止の標識 ◆an early sign of the onset of diabetes 糖尿病発病の最初の徴候 ◆at the first sign of trouble 最初に故障の症状が現れた時点で(すぐに) ◆born under the sign of the fishes (Pisces) 魚座生まれで［の］ ◆although some signs of improvement are seen 改善の兆しは多少なりとも見られる［見受けられる］が ◆signs pointing to a softening economy 経済の軟化傾向を示唆している兆候 ◆there are no signs of heart failure 心不全の症状はない ◆there was no sign of mechanical failure 機械的な故障は認められなかった (*航空機墜落事故の検分の話で) ◆there were no signs of further spread 更なる広がりを示す兆候は［更に拡大した様子は］なかった (*ほくろの話で) ◆the two numbers A and B must be of opposite sign 2つの数AとBは符号が逆でなければならない ◆watch closely for signs of change in... ～に変化の兆しがないかどうかしっかり見守る ◆When..., the slope reverses in sign. ～の時，(グラフの) 勾配は符号が逆になる. ◆Russian economy shows signs of improvement ロシア経済は改善している模様［様子］ある ◆a sign warning of road work has been posted near the accident scene 道路工事の警告標識が事故現場の近くに掲示されていた ◆If there are any signs of damage or leaks at or around the catalytic converter,... 触媒コンバータまたはその周辺に損傷や漏れ跡が見られる場合には,... ◆There are signs of change at the factory. 工場に変化の兆しが見られる. ◆Drug abuse shows no signs of abating. 薬物濫用は一向に衰える兆し［気配，様子］を見せない. ◆Examine the spring for signs of rusting. ばねにさびている様子がないか［さびが出ていないか］調べてください. ◆Software sales in Japan show no signs of slowing down. 日本でソフトの売れ足が鈍る様子［ソフト販売の減速兆候］は全くない. ◆The boom in CD-ROM sales shows no signs of abating. CD-ROMの販売ブームは，衰える様相を全く見せていない. ◆The derivative changes sign at this point. ～の微分値は，ここの点で符号が変わる. ◆The exhaust system should be examined for signs of looseness. 排気系のゆるみ［ガタ］がないか調べること. ◆Maybe in 10 or 15 years, we will know if this is a sign of man-made effects. 多分10年とか15年後に私たちは，これが人為的な影響の前兆であるのかどうかを知ることになるだろう. (*気候変動の話で) ◆So far however, there are still no concrete signs of progress from the Government. だがこれまでのところ，政府からは何等具体的な進展の兆しは見られない. ◆The telltale signs of an engine needing a rebuild or an overhaul are: loss of power, hard starting,... 再生あるいは分解修理が必要になっているエンジンの分かりやすい症状としては，出力の低下，始動しにくい,... などが挙げられます. ◆Weaving in and out of heavy traffic is a sure sign of an inexperienced or careless rider. 混んでいる車の流れをぬって走るのは，未熟な，または軽率なライダーであることの明白な現れである.

2 v. 合図する，署名する，(署名して) 契約する，～に印［符号］を付ける ◆a signed [↔an unsigned] integer 《コンピュ》符号付き［↔符号なし］整数 ◆a signing ceremony 調印式 ◆sign a contract 契約書に署名［サイン］する ◆sign a visitors' book 訪問者名簿に記帳する ◆sign one's name on a document 文書に署名する ◆a letter signed and sealed by President George Washington ジョージ・ワシントンが署名捺印した手紙 ◆at the White House treaty-signing ceremony そのホワイト・ハウスでの条約調印式において ◆Big Blue has also signed on the dotted line IBMも署名した ◆sign a lucrative contract with... to build... ～を製造する実入りがいい契約を～と結ぶ ◆the ceremonial signing of an intermediate-range nuclear forces treaty 《意訳》中距離核戦力(制限)条約の調印式 ◆The President signed the bill into law. 大統領は法案に署名し，(同法案は) 法律として成立した. ◆Nearly 4 million people signed their names in get-well registers. 400万人近い人々が，見舞いの記帳をした.

**sign off** (＝log off [out]) <from> 退会［利用停止］(手続きを) する，《ネット》(中央コンピュータやサービスと) (接続を) 切断する《切る》(*ソフトウェア的な連絡の終了)

**sign on** (＝log on [in]) <to> 登録［加入，利用開始］(手続きを) する，《ネット》(中央コンピュータやサービスに) 接続(ログオン) する(*ソフトウェア的な連絡の開始)

**sign up** (署名して) 入会する［加盟する，登録する］，契約を結ぶ，入会申し込み手続きをする <for> ◆sign up online 《ネット》オンラインで入会手続きを［登録］する; オンラインサインアップする ◆sign up for one year's subscription to the magazine その雑誌の1年間の購読を申し込む ◆The company will waive the $100 installation fee for those signing up in the next three months. 今後の向こう3カ月の間に契約する人からは100ドルの据え付け料をとらないことになっている.

**signage** 回《(集合的に)》看板，標識 ◆the proliferation of advertising signage [signs] 広告看板の氾濫［急増］

**signal** 1 a ～ 信号，合図，しるし ◆a signal 信号灯; 信号灯，信号燈火 ◆directional signals 《車》方向指示器 ◆a signal-flow path (＝a signal path) 信号伝送経路 ◆a weak-signal locality 難視聴地域 ◆a signal for indicating... ～を知らせるための合図; ～を表示するための信号 ◆a signal of 850 MHz 850MHzの信号 ◆under no-signal conditions 無信号時に［の］ ◆a signal to announce the occurrence of... ～の発生を知らせるための信号 ◆a flashing red signal light 点滅している赤信号灯 ◆operate under control of signals from... ～からの信号によって制御されて働く ◆the signal appears at point b その信号がb点に現れる ◆interrupt the laser beam under signals from the computer コンピュータからの信号によってレーザービームを断続させる ◆the signal (light) turns [changes] from green to yellow [amber] 信号(灯) が青から黄色に変わる ◆This signal is asserted LOW [is active low]. この信号はLOWレベルでアサートされる［アクティブLOWである］. ◆An amber signal light means that red signal is about to appear. 黄色の信号灯は，もうすぐ赤信号になろうとしていることを意味している. ◆To produce a no-output condition, every input must be in a no-signal state. 無出力状態を作り出すには，各入力は無信号状態になっている必要がある. ◆Unless a sign indicates otherwise, a right turn may be made on a red signal. 特に他の指示をする標識がない限り，赤信号で右折しても構わない. ◆Pedestrians must not cross against the flashing green light, wait for the "walk" signal. 歩行者は青信号が点滅している時に横断してはならない．walkの信号まで待つこと. ◆Signals shall be given by directional signals, brake lights, or hand and arm signals. 合図は，方向指示器，制動灯，または手と腕による合図によって行うこと. ◆The detector produces signals responsive to the intensity of the infrared radiation. この検出器は，赤外線照射の強度に応じた信号を発生する. ◆The line over the signal name is a notation to tell you that the pin is active low. 《電子》その信号名の上のバーは，そのピンがLOWレベルのときアクティブであることを示す記号である. (*信号名の上に線を引く代わりに，信号名の前に＊を付ける場合もある) ◆Bugs pick up and transmit the electronic signals given off by each key or by the ball in a Selectric-style typewriter. 盗聴器は，各キー，もしくはセレクトリック式タイプライタの

印字ボールから発せられる電気信号をピックアップして送信する．　**2**　v. 信号を送る，信号で伝える，知らせる，合図する　◆signal a turn　曲がる合図をする　◆to signal whether or not an error has occurred　エラーが起こったか否かを知らせるために　◆signal other drivers of your intention to stop　他の運転者に，あなたが停止するつもりであることを合図して知らせる　◆the arrival of fresh corn that signals the season　季節[旬]を告げる新鮮なコーンの入荷　◆Make sure you signal any intended change of direction.　方向転換しようと思ったらその都度，必ず合図してください．　◆The stock market's rapid conversion from boom to gloom may well signal a fade-out of confidence in America's economic good times.　株式市場の好景気から不景気への急激な転向は，アメリカの景気に対する自信の衰えを如実に示すものであろう．

**signaling**　(a)　~信号方式，信号法；adj. 信号，通信-　◆out-of-band signaling　《電話，通》帯域外周波信号方式

**signal-to-noise**　(S/N)　《電子》信号対雑音の

**signal-to-noise ratio**　(a)　~《電子》S/N比，信号対雑音比　◆a signal-to-noise ratio of 70 dB　70デシベルのS/N比　◆2 to 3 dB of improvement in signal-to-noise ratio　～2~3dBのS/N比の改善[向上]　◆achieve a chroma signal-to-noise ratio of 45 decibels　45デシベルのクロマS/N比を達成する

**signatory**　◆Intelsat signatories　インテルサット (国際電気通信衛星機構) の締約国　◆signatory country contacts　署名[(意訳)加盟]国の担当部局 (*contactsは各国の連絡窓口)　◆a list of signatories to the Kyoto Protocol　京都議定書署名国[調印国，締約国]一覧

**signature**　a~　署名，シグニチャ[シグネチャ]，花押 (カオウ)，《製本》折 (記号)　◆a rubber signature stamp　署名のゴム印　◆a signature-gathering campaign　署名運動　◆affix one's signature to...　～に署名する　◆obtain his acknowledgment signature　彼から了承[承認，承諾]の署名をもらう　◆place [write] one's signature on...　～に署名する　◆gather the required number of signatures to <do...>　～するのに必要な数の署名を集める　◆the affixed approval signature authorizes...　この承認を示す署名[お墨付き]は～を正式に許可[認可]するものである　◆become effective upon signature of the Governor　知事の署名をもって有効となる[発効する]　◆You can have a signature automatically added to the messages you write.　自分の書くメッセージ[メール]に自動的にシグニチャ[署名]を付けることができる．(*電子メールの話)

**signed**　adj. 符号付きの (*数に正符号+または負符号-が付いている)；署名入りの，サインされている，記名-

**significance**　(a)~《単のみ》重大さ[重要性]，意義[意味]，有意性　◆a national treasure of great significance　極めて重要な国宝　◆recognize the significance of the symbol　その記号の意義を理解する　◆there had been improvements of statistical significance　統計上有意な[意味のある]改善があった　◆have great commercial significance in the preservation of food products　食料品の保存に応用できるということで大いに商業的価値がある

**significant**　adj. 影響・効果のある，重要な，重大な，意味深い，主な，著しい，甚大な，かなりの，大幅な，有意の，有効な，意味を表す[示唆する，暗示する]<of>，意味ありげな，〈大文字と小文字が〉区別される　◆become increasingly significant　ますます大きくなる；重要性がよりいっそう高まる；更にいっそう大きな意味・意義を持つようになる　◆the most [←least] significant bit　《コンピュ》最上位ビット[最下位]ビット　◆significant information [data]　《コンピュ》有効な情報[データ]　◆a significant impact　重大な影響　◆a significant number of banks　かなりの[結構な]数の銀行　◆a significant number of people; significant numbers of people　かなりの[かなり大勢の]人々　◆a statistically significant difference　統計学上意味のある差[有意な差]　◆be significant for two reasons　2つの理由で注目に値する　◆for significant reduction in fuel consumption　大幅な燃料消費節減のために　◆gain a significant foothold in...　～において[商品などが]確実に定着する

[浸透する，地盤を固める]，確固たる地位を確保する[築く]　◆make a significant difference　著しい[大きな]違いを生じ(させ)る　◆produce [sell] ... in significant numbers　～をかなりの数[数量]生産[販売]する　◆As significant as it is, ...　注目に値することには，　◆I believe that it is of significant importance for teachers to do...　私は，諸先生が～なさることは大変に重要[有意義]なことであると確信しております．　◆when the speed of A becomes significant compared to the speed of B　Aの速度がBの速度に比べて大きくなると　◆without a significant voltage drop　さほど大きな電圧降下なしで　◆No significant differences existed between A and B in...　～という点について，AとBの間に意味のある差[有意差]はなかった　◆they said the difference is not considered statistically significant　彼らは，この差が統計上意味があるとは考えられないと言った　◆Researchers in... are making significant strides in these areas.　～の研究者たちはこれらの分野で著しい進歩を遂げている．　◆The turn-on time is too small to be significant.　ターンオン(に要する)時間は，問題にならないほど小さい．　◆Only the first 8 characters of a file name are significant.　《コンピュ》ファイル名の先頭から8文字までのみが，有意[有効]である．　◆Protective eyewear and facial shields MUST be worn if there is significant potential for the splattering of blood and body fluids to the eyes, nose or mouth.　血液や体液が飛び散って口，鼻，ロなどに入る可能性が大きい場合は，保護[安全]眼鏡[ゴーグル]および顔面シールド[保護板，保護用具，保護マスク]を装着すること．

**significant figure, significant digit**　a~　有効数字，有効桁　◆the number of significant figures [digits]　有効桁数 (*たとえば，1.568×10$^3$の有効桁数は4桁)　◆three significant figures [digits]　有効数字3桁

**significantly**　adv. 著しく，はなはだしく，大いに，重大に，極めて，非常に，相当に，かなり，結構，意味ありげに，意味深げに，意味深長に　◆be significantly toxic to humans　ヒトに著しく有毒である[極めて毒性が強い]　◆impact significantly the future of CAE/CAD　CAEやCADの将来[行方]に重大な影響を与える　◆The U.S. Government expects exports of U.S. cars and parts to the Japanese market to increase significantly.　米国政府は米国製自動車および部品の日本市場向け輸出が大きく伸びるものと見ている．

**signify**　vt. ~を意味する，表わす，示す，知らせる，告げる，表明する；vi. 重要[重大]である　◆be clearly colored red or black to signify polarity　極性を示すためにはっきりと赤または黒に色分けされている

**sign language**　⦅手話⦆　◆a sign language interpreter　手話通訳　◆sign language for the deaf　聴覚障害の人たちのための手話　◆communicate through [by using] sign language　手話で意思を伝え合う

**sign-up**　a~　登録[加入，入会，加盟]（手続き）；adj.　◆the sign-up rate　加入[登録，入会，加盟]率　◆an online sign-up procedure　《ネット》オンラインサインアップの手順；(意訳)オンラインでの入会手続き[登録]のしかた　◆charge a first time sign-up fee of 4,500 yen ($53)　4,500円 (53ドル) の新регистр加入料を請求する　◆make a sign-up　登録[加入，入会，加盟]（手続き）をする　◆There's no sign-up fee for registration.　登録申し込み料は，いただいておりません．

**silane**　⦅シラン，水素化珪素 (ケイソ)⦆　◆silane gas　シランガス (*=水素化ケイ素ガス，半導体製造に使用)

**silence**　(a)~　沈黙，無言，音沙汰のないこと，静けさ，静寂；vt. 黙らせる，静かにさせる　◆break one's silence　沈黙を破る　◆Penthouse magazine has broken weeks of silence by announcing...　ペントハウス誌は，~を発表し何週間にもわたった沈黙を破った．　◆silence annoying squeaks　不愉快なきしり音を立てる物を静かにさせる[静寂にする]　◆the silencing of noisy machinery　うるさい[騒々しい，騒音を発生する]機械類の静音化[静粛化，低騒音化，消音化，(意訳)防音]　◆gun silencers are able to silence guns　銃のサイレンサーは銃を消音化[(意訳)銃の音を消せる，発射音が出ないようにできる]　◆Silence is more useful than an excess of words.　沈黙は，

言葉数が多過ぎるよりも効果がある。　(参考) the Japanese broke the silence of a sleepy Sunday morning in Hawaii with a deadly sneak attack on Pearl Harbor　日本は，多数の死者を出した奇襲攻撃によってハワイの眠ったような日曜午前の静寂を破った

**silencer** ◆a〜 静かにさせる［静音化する，静粛化する］もの，黙らせる［沈黙させる］人，(拳銃や小火器の)消音器，サイレンサー，消音装置付きの拳銃［ピストル］《(英)《エンジンの》マフラー(*米語では a muffler)　◆a jet engine silencer　ジェットエンジン用の消音装置

**silent** adj. 音のしない，音声を伴わない，静かな，無言の，沈黙の；(〜について)言及しない［黙秘している］〈on〉◆a silent film [movie]　無声映画　◆a silent killer　サイレントキラー(*高血圧症，癌，住宅内のラドンガスなど知らないうちに身をむしばみ死に至らせる要因)　◆The beeper remains silent when...　〜の場合，電子ブザーは鳴らない(でいる)　◆Silent Spring is widely viewed as the beginning of the modern environmental movement.　『沈黙の春』は，現代の環境運動の源［淵源（エンゲン），(意訳)原点］であると広く見られている。(*レイチェル・カーソンの著書．1962年発行)

**silica**　シリカ，無水ケイ酸

**silica gel**　シリカゲル

**siliceous** adj. 珪酸(ケイサン)［シリカ］を含む，珪質の　◆(a) siliceous rock　珪質岩(《種類は可算》)

**silicon** ◆a〜 ケイ素，シリコン(元素記号: Si)　◆amorphous silicon　アモルファスシリコン，無定形珪素　◆a silicon foundry (LSI製造に特化した) シリコンファウンドリ；(受託)半導体メーカー　◆silicon steel　けい素鋼　◆the silicon-chip society　シリコンチップ社会［(比喩的に)情報化社会，コンピュータ化社会］　◆the periodic silicon cycle is starting to swing back in favor of the chip makers　周期性を持つシリコンサイクル［半導体の好況・不況の波］は半導体メーカーにとって好ましい上昇基調に戻り始めた

**silicon disk**　a〜 《コンピュ》シリコンディスク(*RAMディスクのこと)　◆You can also boot the system from the silicon disk.　シリコンディスクからシステムを起動する［立ち上げる］こともの可能です。　◆A silicon disk is all-electronic — movement of data is literally movement of electrons.　シリコンディスクは，完全電子式である．データの動きは文字通り電子の動きということになる．

**silicone**　《種類は a 〜》シリコーン，ケイ素樹脂，高分子有機ケイ素化合物　◆silicone rubber　シリコーン［シリコン］ゴム　◆a silicone grease coated O-ring　シリコーングリースを塗布したオーリング

**Silicon Valley** (the) 〜 the Silicon Valley, Los Angeles, and the San Francisco Bay area　シリコンバレー，ロサンゼルス，およびサンフランシスコ湾地域　◆a start-up company based in Silicon Valley　シリコンバレーに本拠［本社］をおく新設会社［新興企業，(意訳)ベンチャー企業］

**silk** ◆corn silk　トウモロコシの毛［髭，ヒゲ］　◆silk-smooth　絹のように滑らかな　◆a silk-screen poster　シルクスクリーン［孔版］印刷のポスター　◆he's done pen and ink, oils, and silk-screening　彼は，ペン画や油絵それからシルクスクリーン印刷をやった

**silky**　絹の(ような)，光沢のある，つややかな，滑らかな　◆silky highs　《音響》絹のようにつややかで滑らかな高音［高域の音］　◆the silky feel of the large, easy-to-use knobs　使いやすい大型ツマミの絹のように滑らかなフィール［感じ］

**silly**　愚かな，愚かしい，ばかばかしい，ばかな，思慮に欠ける；取るに足りない，他愛がない，たわいない　◆Population density is a silly statistic. It tells us nothing useful.　人口密度とは，ばかげた統計である．役に立つことは何一つ教えてくれない．

**silo**　a 〜 サイロ，地下ミサイル格納庫　◆an ICBM silo　大陸間弾道弾の地下格納・発射台施設　◆a silolike storage tank　サイロのような貯蔵タンク［貯槽］

**silt**　《シルト，泥砂，沈泥；《silt up で》vt., vi. 〜を泥砂でふさぐ，泥砂でふさがる　◆the fertile silt of the Nile　ナイル川の肥沃なシルト［砂泥］

**siltstone**　シルト岩

**silver**　銀(元素記号: Ag)，銀色; adj. 銀の(ような)，銀色の，25周年(記念)の　◆(a) silver salt　《種類は可算》銀塩　◆silver brazing　銀ろう付け　◆a silver-salt film emulsion　銀塩フィルムのエマルジョン［感光乳剤］　◆a silver-halide film camera (圖a film [film-based] camera)　ハロゲン化銀フィルムカメラ［(《意訳》)銀塩カメラ］(*日本では「銀塩カメラ」とよく呼ぶが，英語では silver-halide film camera はあまり用いず a film camera をよく用いる)　◆a silvered photo-plate; a silverized plate; a silver plate　(写真黎明期のダゲレオタイプ写真の感光)銀板

**silviculture**　◆森林の育成および手入れについて扱う林業の一部門，育林，造林［造林法，造林学］　◆a silviculture research laboratory　森林を育てる研究をしている［造林，育林］(《意訳》)林業［営林］(の研究)試験場

**similar** adj. (〜に)似ている〈to〉，類似［同類］の，ほぼ同じ，ほぼ同等の，相似の　◆similar-size　同様な［似たような］大きさの　◆similar figures　相似形　◆similar parts　類似部品　◆similar-performance chips　似たような性能のICチップ；性能がほぼ同等のIC　◆test equipment or equipment of a similar kind [nature]　試験機器あるいはこれに類する機器　◆X looks very similar to Y　XはYに非常によく似ている［に酷似している，とそっくりだ］　◆manufacture equipment similar to what had been produced by Xxx　Xxx社が生産していたものに類する［類似した］機器を製造する　◆It increased the probability that firms would adopt similar strategies.　各社は似たような(《意訳》)横並びの)戦略を採るかもしれない可能性を高めた．　◆They are geometrically similar.　それらは，幾何学的に相似である［(平面的・2次元的に)形状が似ている］．　◆The car is very similar in appearance to the Chrysler-Maserati two-seater.　この車は，2人乗りのクライスラー・マセラティと外観［見た目］が非常によく似ている．　◆The DynaBook 3020 is remarkably similar to the Sony Vaio 505RX. Indeed, at first glance it is hard to see the difference between them: both computers feature remarkably similar 10.4" TFT screens;...　DynaBook 3020はソニーのVaio 505RXと非常によく似ている．一見しただけでは両者の違いがよく判らない．両コンピュータとも酷似した10.4インチTFT画面を搭載し，更には〜

**similarity**　《類似(性)，相似; a 〜 類似点　◆a lot of similarities exist between the two services　これら二つのサービスの間には多くの類似点がある　◆a similarity among...　〜間の類似点　◆geometrical similarity　形状面での相似性，幾何学的相似性　◆points of similarity between A and B　AB間の類似点　◆there are similarities as well as dissimilarities between...　〜間には類似点のみならず相違点もある　◆admit certain degrees of similarity between them　それらの間に一定の類似性(があること)を認める　◆the degree of similarity between A and B　AとBの類似の度合い　◆they show similarity in the way...　それらは〜の仕方に類似性を示す　◆X has a remarkable similarity in appearance to Y.　XはYと外見［外観，見かけ，見てくれ］が非常によく類似して［酷似して］いる　◆there is little similarity between A and B　AとBの間に類似性はほとんどない　◆They have a high degree of similarity.　それらは，非常によく似ている．　◆The drive components of all those floppy disk drives have a remarkable similarity in appearance.　それらのフロッピーディスクドライブすべての駆動部品は，外観が著しく類似［酷似］して．

**similarly** adv. 類似して，同様に，同じように

**similitude**　《類似，相似，同様; a 〜 そっくり［類似］のもの，比喩　◆similitude relations between A and B　AB間の相似関係

**SIMM** (single in-line memory module) a 〜 "sim"と発音．《コンピュ》

**simmer** v. 沸騰寸前の状態で(ぐつぐつ)煮える［煮る］，爆発寸前である　◆a long-simmering feud　長い間一触即発の状態が続いてきた不和　◆bring... to a simmer in a pan　鍋(の中

**simple**

で~をぐつぐつ煮立たせる ◆reduce the heat and simmer until the meat is tender 火を弱めて、肉が柔らかくなるまで弱火[とろ火]で煮る ◆If the syrup should crystallize, you can bring it back to liquid form by placing the can in a pan of simmering water. もしシロップが結晶化[晶析、晶出]したら、お湯が煮立っている鍋の中に缶を入れて(湯煎して)液状に戻せます.

**simple** adj. 《単純な、簡単な、平易な、純然たる、全くの、質素な、無造作な、造作ない、他愛ない、たわいもない、易しい、生易しい、単一》◆a simple equation 1次方程式 ◆the Simple Network Management Protocol (SNMP) 《ネット》簡易ネットワーク管理プロトコル ◆for the simple reason that... 〜という単純な理由で、単に〜という理由で ◆In simple terms, ... 簡単に言えば, ... ◆make operation of a VCR really simple ビデオデッキの操作を本当に簡単な作業にする ◆The simplest is to <do..> 一番簡単なのは、〜することです。 ◆with simple point and click operations 《コンピュ》(ポインタ[カーソル]で)指示[ポイント]してクリックするだけの簡単な操作で ◆The printer is simple to operate. このプリンタは、操作が簡単です。 ◆The ink cartridges are easily accessible and changing them is a simple operation. インクカートリッジには楽に手が届きますので、交換するのは簡単な作業です ◆The Pronto is a reading machine as simple to operate as a photocopier; just place your text on the glass, press the start button, and pronto, it reads! Prontoは複写機のように操作が簡単な(音声)読み上げ機です。原稿を単にガラスの上に載せてスタートボタンを押せばすぐに読み上げ始めます.

**simple interest** 回単利 ◆borrow money at 12 percent simple interest 12%の単利で金を借りる ◆Annual compounding is better than simple interest, on which there is no compounding. 年単位の複利は、複利計算されない[複利が全く付かない]単利よりはましだ.

**simplex** adj. 《通》単信方式の[単信-,単向-], 単式-, シンプレックス; n. 簡略 ◆simplex operation 《通》単信[単向]方式(圖two-way alternate communication) ◆a simplex mode of data transmission 単方向データ伝送モード

**simplicity** 回簡単、単純、平易、質素、簡素、素朴、質朴、木訥(ボクトツ)、純真、素直さ、愚直さ、愚かさ、分別のなさ ◆for simplicity's sake; for the sake of simplicity (話を)簡単[簡素、単純]にするために ◆in the interests of simplicity 簡単明瞭にするために、(問題の)簡略化のために ◆with touch-of-the-button simplicity ボタン一つのたやすさ[簡単操作]で ◆in this case, A and B are the same for simplicity この場合、AとBは(話を)簡単にするために同じくしてある ◆Much emphasis has been placed on true simplicity of operation. (開発の)大きな重点は本当の簡単操作(の実現)に置かれています. ◆Simplicity and ease of use are the ML-200A's strongest features. 簡単にたやすく使えるというのがML-200Aの最強の特徴です.

**simplification** (a)〜単純[簡略、簡素]化 ◆a simplification of the process for licensing... 〜の許可[認可](過程)の簡素化 ◆for the sake of simplification 簡素化、容易化、簡易化、(意訳)合理化を図って ◆the simplification of work made possible by... 〜により可能になった作業の簡素[簡易、容易]化 ◆work simplification 業務[作業]の簡素化 ◆a plan that aims at a radical simplification of the law その法律を根本的に簡素化することを目指している計画 ◆promote the clarification and simplification of the law 法律の簡単明瞭[簡略]化を推進する

**simplify** vt. 簡単(なもの)にする、単純[平易、簡略、簡素]にする[化する] ◆a simplified diagram of... 〜の略図で ◆for the sake of simplifying... 〜を簡単化する狙いで、〜を簡略化(容易化、簡易化)を図って ◆simplify a busy background うるさい[繁雑な、ごちゃごちゃした]背景をすっきりさせる ◆simplify product acquisition 製品の調達を簡略化[簡易化、簡単(なもの)に]する ◆simplify the calculation 計算を単純化する ◆simplify the use of computer programs コンピュータプログラムが簡単に使えるようにする ◆visually simplify the organization of your text 本文の構成を視覚的にすっきりさせる

**simplistic** adj. 簡単[単純]すぎる、過度に単純化した、簡単に割り切りすぎた、あまりにも単純・明快に片づけすぎた ◆The ad is misleadingly simplistic. この広告は、(読者に)誤解を与えかねないほど過度に単純化してしまっている.

**simply** adv. 簡単に、単純に、簡潔に、簡素に、(特に何もせず)そのまま、ただ単に、ただただ、全く、ひたすら; (= without exception)例外なく、残らず、すっかり、ことごとく、悉皆(シッカイ); (= absolutely)絶対に、完全に; (《否定文で)全然、断じて、とても、全く ◆To put it simply... 簡単に言うと、〜 ◆it is simply not possible to reply to everyone; it is simply impossible to answer everyone すべての方にお返事することはとてもできません[どだい無理です] ◆Simply follow her instructions. ただ[とにかく]彼女の指示に従ってください.

**simulate** vt. 〜を模擬実験[模擬操縦、シミュレート]する、〜をまねる ◆a simulated system 模擬システム ◆simulate a communication network 通信ネットワークをシミュレートする ◆test devices under simulated use [usage] conditions 模擬的につくった使用状態のもとでデバイスを試験する; 装置の疑似実働試験をする ◆It's possible the wire from the sending unit has become shorted to ground. That would simulate a full-tank condition. 送信ユニットからの電線が、アースに短絡した[落ちた、地絡した]可能性があります. このことは、擬似的な[見せかけ上の]満タン状態を引き起こします.

**simulation** (a)〜シミュレーション, 模擬, 模擬実験, 擬計算, 《意訳》数値実験 ◆perform [run] a simulation シミュレーションする ◆a computer simulation コンピュータシミュレーション, 《意訳》数値実験 ◆a flight simulation game 模擬飛行操縦ゲーム ◆a simulation exercise conducted by... 〜により実施された模擬訓練 ◆do computer simulations コンピュータ・シミュレーションをする ◆do simulation testing; do a simulation test 模擬実験をする, 模擬試験を行う(*模擬試験といっても入試準備のための試験の意味ではない) ◆experience... in simulation 〜をシミュレーションで経験する;〜を疑似体験する ◆look good in computer simulation シミュレーションでは、いいように見える ◆simulation is done by... シミュレーションは〜によって行われる ◆a three-dimensional simulation of the hand's movement 手の動きの3次元シミュレーション ◆put the electronic "car" through crash test simulations その電子的[(意訳)バーチャル]な「車」を衝突試験シミュレーションにかける ◆Hardware engineers use a CAE system to see the results of their explorations immediately in simulation. ハードウェアの設計者らは、自分たちの研究の成果を即シミュレーションで見てみるためにCAE(コンピュータ援用エンジニアリング)システムを利用する.

**simulator** a〜シミュレータ, 模擬訓練装置, 模擬装置 ◆a flight simulator フライトシミュレータ ◆a stereo simulator 疑似ステレオ化装置 ◆a simulator for the German Leopard 2 tank ドイツのレオパルド2型戦車の操縦訓練装置

**simulcast** vt., vi. 同時に放送する ◆simulcast TV and radio broadcasts テレビ放送とラジオ放送を同時に放送する ◆It will be beamed to 40 sites around the country and simulcast on the Internet. それは全国40サイトに向けて送出[発信]され、インターネットで同時放送される予定である.

**simultaneous** adj. (〜と)同時の、同時に起こる[存在する]<with> ◆a simultaneous interpreter 同時通訳者 ◆a system of simultaneous equations 一組の連立方程式 ◆by means of simultaneous equations 連立方程式によって ◆either on a simultaneous or non-simultaneous basis 同時に、あるいは別々(のとき)[個別]に ◆to handle multiple, simultaneous terrorist events 《意訳》同時多発テロ事件に対処[対応]するために ◆the possibility of multiple simultaneous attacks in multiple locations 同時に複数箇所かで複数の攻撃が行われる[同時多発攻撃の]可能性 [*テロ攻撃]

**simultaneously** adv. 同時に; <with>(〜と)同時に、共に、並行[併行, 平行]して、時を同じくして ◆pursue several technologies simultaneously いくつかの技術を同時に[並行して]追求する

**sin** (a) ~ 罪, 罪悪; a ~ 過失, 違反; a ~ 間違っている［非常識な, ばかげた, 常軌を逸した］こと; vi.（～に）反する［背く］<against>, 罪を犯す ◆the seven deadly sins [Seven Deadly Sins] 七つの大罪（▶pride 高慢, anger 憤怒, avarice 強欲, envy 嫉妬, sloth 怠惰, gluttony 大食, lust 欲情）◆the priest had the power to hear confessions of sins and to pronounce absolution or remission of sins as God's forgiveness 司祭は, 罪の告白［告解, 懺悔］を聞き, 神の赦し（ユルシ）として罪障消滅すなわち罪の赦し［赦免, 免罪, 赦罪］を宣言する権限を持っていた ◆"You can love the sinner and detest the sin," she warned. 「罪を憎んで人を憎まずということだってできます」と彼女は諭した.

**since** 1 ～以来（ずっと）, ～の時から（ずっと）, ～来（ずっと）, 爾来（ジライ）, 爾後（ジゴ）◆since Edison エジソン以来［以降］◆Nothing has gone right since. それ以来, その後, 爾来（ジライ）何事もうまくいかなくなってしまった. ◆(ever) since the car's introduction in 1988 その車の1988年の市場導入以来［投入したのかた］◆Ever since I was a little girl I've believed in... 少女時代［小さい頃］からずっと, 私は～を信じてきた. ◆it's a long time since then あれ以来随分と時がたった ◆During August, U.S. factories, mines, and utilities operated at 83.7% of capacity, the highest figure since 1980. 8月には, 米国の工場, 鉱山, および公益事業体は, 1980年以来［80年来］最高の83.7％の操業率で稼働していた.
2 ～なので, ～だから, 理由は［というのは］～だから, ～ですので, ～ということから.

**sincere** adj. 誠実な, 真摯な, 切実な, 率直な, 真実の, 偽りのない ◆a sincere attitude 真摯［誠実, 正直, まじめ］な態度 ◆a sincere apology 心からの謝罪［詫び］◆It is our sincere [sincerest] hope that... ～ということが私たちの心からの［切実な］願い［祈り］です; 私達は～であることを切に希望する［望む］ものであります ◆I am writing to you today in the sincere hope (that) you will join... つきまして, あなたが, ～（是非とも）参加されますことを心より［切に, 切実に］祈り［願い］つつこの手紙を書いています.

**sincerely** adv. 心から, 本当に, 本当に, 切実に, 切に, 誠心誠意 誠実に, 誠意をもって, まじめに

**sine** (略 sin.)《数》正弦, サイン ◆a sine wave (= a sinusoidal wave) サインウェーブ［正弦波］

**sing** vi., vt.（～を）歌う,〈鳥や虫が〉鳴く［さえずる, すだく］◆a karaoke sing-along bar カラオケバー ◆sing a song along karaoke music カラオケ音楽に合わせて歌を唄う ◆The singer, who underwent throat surgery in June, has been advised to take more time to allow her singing voice to come back fully. 6月に喉の手術を受けたこの歌手は, 彼女の歌声が完全に戻る［回復, よみがえる］までもっと時間をかけるようアドバイスされている.（*歌をもっと休んだ方がいいに違いない）

**singer** a ～ シンガー, 歌う人, 歌手, 歌歌い, 歌い手（唄い手）(さん), 声楽家, 歌妓 ◆a singer-songwriter; a singer-song-writer; a singer-song writer; a singer/song writer; a singer, song writer シンガーソングライター; 自作自演歌手

**single** 1 adj. たったひとつの, たった一人［1個］の, 単一の, 単独の, シングルの, 単-, 一重, 独身［単身者, 独り者, チョンガー］の ◆single button dialing ワンタッチダイヤル ◆single sheets of paper; single-cut sheets; cut sheets 単葉用紙［単票紙, カット紙］◆the single aristocracy 《日》独身貴族 ◆a single-entry permit （1回限り有効な）一次入国許可証 ◆a single-purpose [single-function] device 単能型のデバイス［装置］◆a single-engine Cessna 単発（エンジン）セスナ ◆single-step operation 《コンピュ》単一命令操作, シングルステップ操作（＝one-shot operation）◆a room-temperature single-electron memory 常温単一電子メモリー ◆a Single Integrated Operations Plan (SIOP) 《米軍》単一統合作戦計画（*略は"サイオップ"と読む）◆in a single step 1回の操作で ◆a single-rail system《鉄道》単線軌道系 ◆a single semiconductor crystal 半導体の単結晶 ◆a single-tuned circuit 単一同調回路 ◆a single-vehicle accident （他の車を巻き込まない）単独車両による交通事故 ◆single-channel sound 片チャンネルの音声 ◆a number of disks mounted on a single spindle 1本だけのスピンドルに取り付けられた何枚かのディスク ◆process a set of data as a single unit 一まとまりのデータを一括処理する ◆the greatest single cause for traffic accidents 交通事故の唯一最大の原因 ◆In single-unit quantities, the device sells for $300.（1台ごつの）単品［ばら売り］（の数量）の場合, この装置は300ドルで売られている. ◆You must be in single-width Roman mode to convert Roman characters to Korean. ローマ字を韓国語に変換するには, 半角ローマ字モードになっていなければならない. ◆The printer employs a single-byte buffer to store the latest character of data. プリンタは, 最新の1文字分のデータを記憶しておくために1バイトのバッファーを用いている. ◆There isn't even a single American manufacturer that produces high definition television sets. 高品位［高精細度］テレビ受像機を生産している米国製造業者は一社たりともない. ◆"Not a single gram of plutonium-239 has gone missing from storage in Russia," Mr. Sergei Vasilyev said. 「ロシアでは, プルトニウム239は1グラムたりとも貯蔵庫から行方が分からなくなった［紛失した］ことはない」と, セルゲイ・ワシリエフ氏は言った. ◆The scanner can read single pages of text through an integral sheet feeder at the rate of 9 seconds/page. このスキャナーは, 内蔵のシートフィーダーを通して1ページ9秒の速さでテキストを1ページずつ読み込める.
2 a ～ 1個, シングル,《音楽》（1曲または2曲入っている）シングル盤［CD, 音楽テープ］

**single-board** adj.《電子》一枚基板の, 必要な回路が1枚の基板にすべて実装されている ◆a single-board image processor シングルボード画像プロセッサ

**single-chip** ◆a single-chip 9,600 bps modem 9,600ビット／秒（の転送速度）のシングルチップモデム

**single-function** ◆a single-function device 単機能デバイス

**single-handed** adj., adv. 独力の［で］, 片手の［で］◆a single-handed yachtsman ヨットで単独航海する人 ◆start up one's own business single-handed 一人で独立して商売を始める ◆He sailed around the world single-handed. 彼は単独世界一周航海をした.

**single-handedly** 単独で, 独力で, 片手で

**single-layer** 単層の, 1段の ◆a single-layer winding 単層巻き

**single-lens** 単レンズの

**single-lens reflex** a ～ (an SLR) 一眼レフ（カメラ）

**single-mode** ◆a single-mode optical fiber 単一モード光ファイバー

**single-parent** adj.〈家庭が〉片親の

**single-part** adj. 単一の要素で構成される［単体構成の, 一部構成の］(→multipart)

**single-phase** adj.《電子》単相（交流）の ◆a single-phase three-wire circuit 《強電》単相三線［単3, 単三］回路 ◆a single-phase full-wave rectifier 単相全波整流器

**single-piece** ◆single-piece construction 一体構造

**single-ply** ◆single-ply toilet paper 一重のトイレットペーパー

**single-pole** ◆a single-pole double-throw (SPDT) switch 単極双投スイッチ ◆a single-pole-single-throw (SPST) switch 単極単投スイッチ

**single-shell** ◆single-shell construction 《車》モノコック構造

**single-sided** 片面の, 片側の, 一方だけの, 一方だけの, 一方的な ◆a single-sided printed circuit board 片面プリント回路基板

**single-space** vt. ～を行間をあけずに印字する, ～をシングルスペースでタイプする

**single-speed** ◆a single-speed [standard-speed] CD-ROM drive 標準速CD-ROMドライブ

**single-track** adj. 単一トラックの, 単線の; (one-track) 知的な幅がない, 受容力に欠ける, 融通のきかない ◆They are single-tracked workaholic people.  彼らは, 視野の狭い [融通のきかない] 仕事中毒の人たちだ.  ◆The short parts of the line crossing the border are single-tracked, the rest is double-tracked.  《鉄道》この線のうち国境をまたぐ短い線区は単線となっているが, その他はすべて複線である.

**single-use**  adj. 一度使うだけの (ためにつくられている),  使い捨ての  ◆a single-use [disposable] camera  使い捨て [使い切り] カメラ; レンズ付きフィルム  ◆a single-use (medical) device (pl. single-use devices); an SUD (pl. SUDs)  使い捨て (医療) 器具

**single-user**  ◆a single-user machine  《コンピュ》シングルユーザー機

**single-year**  ◆single-year budgets  単年度予算

**singly**  adv. 個々に, 単独で [に]  ◆Misfortunes never come singly.  不運が単独で来ることはない; 運の悪いことは重なるものだ; 弱り目に祟り目 (タタリメ); 泣きっ面に蜂  ◆The lenses are used singly or in combination.  レンズは単体 [単独] か組み合わせで使用される.  ◆These options can be used singly or in combination.  《コンピュ》これらのオプションは, 単独であるいは組み合わせて使える.

**singular**  adj. 単数形の, 個々 [別々] の, 唯一の [類のない], 特異の, 並外れた, すばらしい; n. a ~ 単数形の語  ◆a singular solution  《数》特異解  ◆an author of singular originality  希にみる創作力の作家  ◆with the single [singular, sole] exception of...  唯一〜を除いて; 〜というただ一つの例外を除いて

**singularity**  n. a ~  《数》特異点 (= a singular point), 《気象》特異日 [気象異常] 日

**sink**  1  v. 沈下する, 落ち込む, 下がる [下限る], 陥る, 減少する, 低下する, 悪化する  ◆a float-and-sink test  浮沈試験  ◆by means of sink-float separation  《鉱山・炭鉱》浮沈 [重液] 選鉱 [選炭] により; 重選で  ◆Russia's sunken Kursk submarine  ロシアの沈没した [沈んだ] 潜水艦クルスク  ◆sink below 3 percent  3%を割り込む  ◆sink below the surface  表面下に沈む  ◆sink the flat-head screw into the countersunk hole  皿頭ねじを座ぐり穴に潜り込ませる  ◆The Titanic sank in 1912 after hitting an iceberg on its maiden voyage from Southampton, England  タイタニック号は, 1912年英国サウサンプトンからの処女航海で氷山に衝突し沈没した.  ◆the economy is now sinking into the doldrums  経済 [景気] は今低迷状態に陥りつつある
2  a ~  (台所の) 流し (台)  ◆a kitchen sink  台所の流し  ◆a stainless steel sink  ステンレスの流し台  ◆the role of forests as carbon sinks  森林のカーボンシンク [炭素吸収資源] としての役割

**sinkable**  adj. 沈下可能な, 沈没可能な; n. (通例 〜s) 沈下物  ◆floatables and sinkables  浮揚物および沈下物

**sink-float**  ◆a sink-float separator  《鉱山, 炭鉱》浮沈重選機 [重液選別機]

**Sino-**  中国と〜との, 中国の  ◆Sino-Japanese trade  中日貿易, (中国側から見ての) 対日貿易  ◆a joint Sino-Russian communiqué  中ロ共同コミュニケ  ◆in the opening stages of the Sino-Japanese War of 1937  1937年の日中戦争の開戦段階 [緒戦] で  ◆the 1894 Sino-Japanese War; the first Sino-Japanese War of 1894  1894年の日清戦争  ◆the Sino-Russian Treaty of Nerchinsk  ネルチンスク清露条約 (*1689年に清国とロシアの間で結ばれた)

**sinter**  v. 焼結する [される]; 温泉沈澱物 [温泉華]  ◆undergo sintering  焼結作用が起きる, 焼結される  ◆sintered tungsten carbide  焼結タングステンカーバイド  ◆a sintered density  焼結密度  ◆a sintered compact [body]  焼結体  ◆the sintering of ceramics  セラミックスの焼結

**sinusoidal**  adj. 正弦曲線の, 正弦波の  ◆a sinusoidal signal  正弦波信号  ◆a sinusoidal wave (= a sine wave)  正弦波 [サインウェーブ]  ◆a near-sinusoidal voltage waveform  正弦波に近い電圧波形

**sip**  vt., vi. ちびりちびり [ちびちび] 呑む, すする, 少しずつ飲む; n. a ~  (飲み物の) 一口, ちびちび飲むこと  ◆every time I take a sip of wine  ワインを一口飲むたびに  ◆he took a sip of his iced tea  彼はアイスティーを一口飲んだ  ◆sip brandy [whiskey]  ブランデー [ウイスキー] をちびりちびり飲む [ちびちび呑む]  ◆sip green tea  緑茶をすする

**SIP**  (single in-line package) a ~ "sip" と発音. シングルインラインパッケージ

**siphon**  1  a ~ サイホン, 吸い上げ管, 水出し管
2  サイホンで吸う  ◆be siphoned from... into...  〜から〜にサイフォン式に移される  ◆molten metal is periodically siphoned off  湯は, 定期的にサイフォン式に取り出される  ◆... the company is siphoning sales away from department stores  その会社は, 百貨店から売上げを奪っている

**SIPRI**  (the Stockholm International Peace Research Institute)  ストックホルム国際平和研究所 (略称形にてよむ)

**siren**  a ~ サイレン, 号笛; a ~  (しばしばSiren) 《ギリ神》セイレン (*美しい声の半人半鳥の海の精); a ~ 男を惑わす妖婦, 魅力的な美人, 美声の女性歌手  ◆a siren sounds [wails, howls, screams, blasts]  サイレンが鳴る  ◆the wail of sirens  サイレンの (鳴る [吠える, わめく]) 音  ◆Air-raid sirens wailed through the city.  空襲警報のサイレンが市中全域に鳴り響いた.  ◆sound [set off, blow, blare] a siren  サイレンを鳴らす

**sirocco**  a ~ シロッコ (*アフリカから地中海・南欧に吹く熱風)  ◆a sirocco fan  シロッコファン (*送風機の一種)

**sister**  a ~ 姉, 妹, 姉妹, シスター, 修道女, 《米口, 呼びかけで》ねえちゃん, 《英》(看護) 婦長, 看護婦  ◆the Nissan Sunny and its sisters  ニッサン・サニーとその姉妹車  ◆Interactive C is a little-sister version of C.  Interactive Cは, C (言語) の縮小 [下位] 姉妹版です.

**sister city**  a ~ 姉妹都市  ◆declare San Francisco a sister city to Ho Chi Minh City  サンフランシスコがホーチミン市の姉妹都市であることを宣言する  ◆establish a sister-city relationship with...  (都市) と姉妹都市関係を樹立する  ◆Los Angeles has sister-city relationships with 17 cities around the world.  ロサンゼルスは世界17都市と姉妹都市関係を結んでいる.

**Sisyphean**  adj. さいの河原の, 際限なく徒労に思われる  ◆Treating crack addicts can be as Sisyphean a task as busting crack dealers.  クラック常習者を治療するのは, クラックの密売人を逮捕するのと同じくらい (さいの河原のように) きり [際限] のない仕事である.

**sit**  v. 腰掛ける [すわる] <down>, 位置する, 置かれている  ◆sit in the chair  椅子に座る  ◆sit on the sofa  ソファーに座る  ◆sit right at the center of...  〜の真中に位置している  ◆be sitting in the driver's seat  運転席に座っている  ◆maintain a comfortable working position which promotes proper sitting posture  正しい座った姿勢 [座位] になるような楽な作業姿勢を維持する  ◆A small daughterboard sits atop the expanded memory board.  小さなドーターボードが拡張メモリーボードの上に乗って [搭載されて] いる.  ◆His computer sits unused.  彼のコンピュータは (使われずに) 遊んでいる.  ◆Let the suds sit on the sink for 30 minutes if you can before rinsing.  すすぎ洗いの前にできれば洗剤の泡を30分間シンクにつけたまま放置するようにしてください.  ◆There are two buttons – one sitting directly above the trackball, and one about an inch below.  ボタンが2つある. 1つはトラックボールのすぐ上 [真上] に, もう1つは約1インチ下にある.

**sit about [around]**  (何もしないで) ごろごろ [ぼうっと] している, 漫然とすごす  ◆let it sit around for a week [at room temperature]  それを1週間 [室温で] 放置しておく [そこらへんにほうっておく, ほったらかしにする]

**sit back**  (椅子に) 深く掛ける, 何もせずに傍観する, 袖手傍観 (シュウシュボウカン) する, 手をこまねく, 手を引く  ◆We cannot sit back and wait for a consensus to emerge on how to solve this crisis. We must go out and build that consensus.  この危機の解決方法についてのコンセンサスが拡散るのを座して待つことはできない. 我々は打って出てそのコンセンサスを形成しなければならない.  ◆Americans invented the technology behind VCRs but then sat back and watched (so to speak) as the Japanese adapted the machines to home use.  アメリカ人がビ

デオデッキを支える技術を発明したというのに，そのあとは日本人が機械を家庭向けに開発するのを(いわば)ただ手をこまねいて傍観していたのである．

**sit in** すわり込みストライキに参加する；聴講する<on a class>, 出席する<on a conference>, 参加する<on a jam session>，飛び入り出演[ゲスト出演, スイットイン]する<on a show, on 楽器>, (臨時に)代理で入る<for a person> ◆sit in for a few tunes on a gig 〈ミュージシャンが〉ライブにゲスト参加して[飛び入りで]ベース[ギター]を2〜3曲演奏する ◆Gary dropped by and sat in with our trio　ゲイリーがひょっこり立ち寄ってスイットイン[飛び入り]して, 我々トリオと演奏[共演]した (*sit inはカナで「シットイン」と書かれることが多いが, shit「糞」と区別するために「スイット」と表記したいものだ)

**sitcom** (a)〜 (= (a) situation comedy) (ラジオやテレビの)連続ホームコメディー[ドラマ] ◆a 1950s-style family sitcom　1950年代スタイルのホームコメディー[ドラマ](番組)

**sit-down** a〜 すわりこみて; adj. すわりこみの, すわっての ◆a sit-down strike　座り込みスト

**site** 1 (a)〜 敷地[用地]; (a)〜 現場, 場所, 位置, 立地, 所在地, 開催地, 部位, 部位, 拠点, 局, 基地局；《ネット》サイト, 《特に》website ◆at a site　ある場所で ◆a launch(ing) site　発射基地 ◆a waste-treatment site　廃棄物処理場 ◆a plastic recycling site　プラスチック・リサイクル処理場 ◆at the site of construction　建設現場で ◆begin construction at this site　この敷地で建設を始める ◆carry it to other sites　それを別の場所に運ぶ ◆conduct [oversee] site investigations　現地調査する[監督する] ◆on a building site　建設現場で ◆run [operate] a site [home page]　《ネット》サイト[ホームページ]を運営する ◆at 60 sites in Europe　ヨーロッパの60箇所[拠点]で ◆site-mixed concrete　現場配合コンクリート ◆a $3 million project to consolidate radio stations into one site　ラジオ局を一箇所に集約しようという3百億ドル規模の事業計画 ◆have redness, swelling, or pain at the injection site　注射したところ[部位]に赤くなったり, 腫れたり, 痛くなったりする ◆the selection of a suitable construction site　適した建設用地の選定 ◆seek sites outside Silicon Valley that are less expensive　シリコンバレー以外のもっと土地代の安い用地を探す ◆maintenance and service technicians carry... to customer sites　修理保守技術者は, 〜を客先まで持っていく ◆they said that the sites near... are most likely to meet the requirements for size, access, traffic and environment　彼らは, 〜近くの用地が最も規模, アクセス, 交通, 環境といった(立地)条件を満たしそうであると言った ◆The site has an area of 28,000 square meters.　敷地の面積は28,000平米ある. ◆This new plant site covers 81,300 square meters in area.　この新工場の敷地面積は81,300平方メートルである.
2 vt. 立地する, 位置させる, 据える ◆a centrally sited room　中央に位置[設定]されている部屋 ◆dam siting conditions　ダムの立地条件 ◆objection to the siting of a new nuclear power plant　新規原子力発電所の立地に対する反対 ◆the underground siting of nuclear reactors　原子炉の設置場所を地下に決めること; 原子炉の地下立地 ◆Factories are sited helter-skelter around the town.　工場は無秩序に町のいろいろな場所に立地して[(意訳)建てられて]いる.

**site licensing**　《コンピュ》サイトライセンシング (*ソフトハウスが企業ユーザーに, コンピュータ・ソフトの使用場所を限定して使用を許可すること)

**sitting duck** a〜 楽にものにできる標的, いいカモ ◆If you rely exclusively on what you're being told by someone else, you become a sitting duck.　他人の言うことばかり当てにしていたら, いいカモになってしまいますよ.

**situate** vt. 〜の位置を定める; (situated の形で)位置している ◆situated toward the front　前の方に位置している

**situation** (a)〜 状況, 状態, 事態, 情勢[雲行き], 境遇, 形勢, 位置, 場所 ◆a situation report　状況報告[報告書] ◆the (present) situation　現在の状態; 現状 ◆in blackout situations　停電時に ◆in this situation　この状況で; この場合 ◆the economic and political situation in El Salvador　エルサルバドルの経済情勢および政治情勢 (*situation は単数形) ◆the situation with regard to...　〜についての状況 ◆With this being the situation,...　こういった状況[訳]なので; こうした状況[現状]を踏まえ, このため; そこで ◆a situation that occurs when...　〜の時に生じる[生まれる]状況; 〜の際に起きる状態 ◆come upon a situation in which...　〜という状況に出くわす(偶然〜という状況に立たされる) ◆pictures taken under difficult lighting situations　難しい光の状態のもとで撮った写真 ◆the situation is about to change　状況は変わろうとしている ◆If the present situation remains unchanged for another few more years,...　現在の状況があと数年間変わらなければ... ◆We must create a situation in which...　私たちは, 〜といった状況を作る必要がある. ◆When you have a situation in which you have to <do...>　〜をしなくてはならない立場[状況]にある場合は, ◆Since a potentially dangerous situation can develop,...　潜在的危険をはらむ状態が生じる可能性があるので〜 ◆It is used in situations that require new wiring.　それは新たな配線が必要な場合に用いられる. ◆We are still a long way from being out of this situation.　依然として我々がこの状態を[状況から]脱するまでにはほど遠い. ◆The laptop has the potential to serve in many of the situations where a desktop personal computer might be used.　ラップトップ機は, デスクトップ型パソコンが使われるであろう状況のかなりの部分で役に立つ潜在能力を持っている.

**situation comedy** (a)〜 (= (a) sitcom) (ラジオやテレビの)連続ホームコメディー[ドラマ] ◆In 1951, the situation comedy "I Love Lucy" premiered on CBS.　1951年に, ホームドラマ[コメディー]「アイ・ラブ・ルーシー」がCBSで初映された.

**SIV** (the simian immunodeficiency virus) サル免疫不全ウイルス 《略語形にはthe は不要》

**six** adj., n. 6 (の); -th (6th) adj., n., adv.

**sixth** adj. (通例 the sixth で)第6番目の, 第6の; 6分の1の; (通例 the sixth で)6番目のもの[人], (日付で)6日; a [one] — 6分の1 ◆he has an unerring sixth sense for... ing [for how to <do...>]　彼には〜する[どう〜すべきなのかについて]確かな第六感[誤りのない直感力]がある

**sixty** 60; the sixties 60年代, 60 (度, 番)台 ◆in one's sixties　60 (歳)代で

**size** 1 (a)〜 大きさ, 寸法, サイズ, 規模 ◆an A4-size(d) printer　A4 (版)プリンタ ◆a size selector　整粒装置 (*空気中に浮遊する塵やほこりの固体微粒子をその粒径や比重などによって分級するサイクロン分級機) ◆size reduction　サイズ[大きさ]を小さくすること; 〈画像などの〉縮小; 小型化 ◆an electrostatic aerosol size classifier　静電式煙霧分級装置 (*a classifier = 基準に従って選り分ける装置. この用例での基準とは, size = 粒度 = 粒子の大きさ) ◆a clamp of the proper size　適切なサイズのクランプ ◆built in a standardized size　規格サイズで作られている ◆change in size　大きさが変わる ◆come down in size　(サイズが)小さくなる, 小型化する ◆computers come in many sizes　コンピュータには多くのサイズがある ◆increase in size　(寸法的に)大きくなる ◆particles of this size　この大きさの粒子 ◆particles within a certain size range　ある一定の粒径[粒度]範囲の(大きさの)粒子 ◆reduce [→inflate]... to the desired size　〜を希望するサイズ[大きさ]になるまで減らす[→膨らませる] ◆size-11 high heels　11号サイズのハイヒール ◆the size of the market　この市場の規模 ◆a case about the same size as a shoe box　靴箱とほぼ同じサイズのケース ◆0603-size chip parts　(電子) 0603サイズのチップ部品 (*大きさが0.6×0.3mmの表面実装用パーツ) ◆a map of India the size of four football fields　(広げると)フットボール競技場4面分の大きさのインドの地図 ◆An area roughly the size of Manhattan　ほぼマンハッタンほどの大きさの面積 ◆a variety of objects of different sizes　サイズの異なったいろいろな物体 ◆be cut into the required sizes and shapes using various saws　〜は色々なのこぎりを使って必要なサイズ[大きさ]と形状に切断される ◆handle programs of much greater size　より大きな規模のプログラムを扱う　◆most files can be cut in size by 50 percent　《コンピュ》ほとんどのファイルは、半分のサイズ[元の半分の大きさ]にできる(*データ圧縮で)　◆on a wafer the size of a child's fingernail　子供の爪の大きさのウェーハの上に　◆The fish are of fair size.　これらの魚はかなりの[まあまあの]大きさである．　◆to accommodate different sizes of ropes　太さの異なる[いろいろな太さの]ロープに対処[対応]するために　◆use a size larger [smaller] drill　一回り大きい[小さい、小ぶりの]ドリルを使う　◆we offer a wide selection of sizes and materials　弊社は幅広い種類のサイズおよび材料を取り揃えています　◆a tiny TV camera the size of a Magic Marker　マジックペン大の小さなテレビカメラ　◆. . .the sizes of tree leaves are large and thick　木の葉の寸法は大きく厚みがある　◆print. . . in sizes from one point to as big as the page and beyond　1ポイントからページ大以上の大きさで〜を印刷する　◆probe the internal structures of materials in the 1.0 to 100nm size range　材料の内部構造を1.0から100ナノメートルの大きさ[粒度]の範囲で調べる　◆General Motors is four times Chrysler's size.　GM社は、クライスラー社の4倍の規模である．　◆Smaller size and weight make handling less cumbersome.　《意訳》小型軽量化は取り扱いを(より)楽にする．　◆The particles range in size from 10 to 40 micrometers.　これらの粒子の粒径は、10から40マイクロメートルである．　◆These keys are about half of normal size.　これらのキーは標準サイズの約半分である．　◆The unit is the same size as previous models.　このユニットは、先行モデルと同一サイズである．　◆They are available in sizes S, M, L.　(それらの)サイズはS, M, Lがある．　◆They don't have a thing in my size!　あの店には私のサイズのものがひとつもないんだ！　◆They vary considerably in size.　それらは、大きさがかなり異なる．　◆Facsimile machines pervade corporations of all sizes.　ファクシミリは、大企業から零細企業にまで普及している．　ファクシミリは、企業の規模を問わず行き渡っている[浸透している]．　◆Our family is used to big weddings, of a size from 300 to 500, so "small" to us means 200 guests.　我が家では300人から500人規模の大きな結婚式に慣れているので、うちにとって「小さい[小規模]」とは来客数200人です．　◆The pillow had a cut size of 22" x 28" and a finished size of 21" x 27".　その枕は、裁断寸法が22×28インチで仕上がり寸法が21×27インチである．　◆"You don't really get economies of scale until you reach a certain size," he said.　「スケールメリットは、ある程度の大きさ[規模]にならない限り本当には生じないものだ」と彼は言った．　◆An extension cord of adequate size must be used to prevent loss of power and overheating.　電力ロスと過熱を防ぐために、十分な太さの延長コードを使う必要がある．　◆The laptop machine is the only one of its size that accepts standard 3.5-inch floppy disks.　このラップトップ機は、このサイズのものとしては、標準3.5インチフロッピーディスクが使える唯一の機種である．　◆The Miniature Card, measuring just one-quarter the size of a PC Card, is good news for those who need to share data between a hand-held device and a PC.　PCカードのたった4分の1のサイズ[大きさ]でしかないミニチュアカードは、ハンディー機器とパソコンの間でデータを共用したい人たちにとっては朗報である．(*超小型メモリーカードの話)

**2** vt. 〜を所定の大きさに作る、〈画像など〉を拡大縮小して大きさを調整する、サイズ変更する、大きさに従って順に並べる[分級する]、〈粒子状のもの〉を大きさで分級[分粒]する；vi. 評価する[はかる]　◆a particle sizing system　粒子を粒度に従って分級する装置；整粒機；選別システム　◆fine coal sizing techniques　粉炭の塊[分粒]手法　◆crush, size and wash coal to prepare it for use by a particular customer　特定の顧客の使用に供すべく[ある決まった需要向けに]石炭を破砕し、分級し、そして選炭する　◆If the rope is incorrectly sized then this may result in stretching or even failure.　ロープの寸法(長さ)が適正でないと、伸びたりあるいは切れたりすることさえもあります．

**3** n. どうさ、サイズ(*インクのにじみを防いだり表面に光沢を与えるために、紙や布などに引く粘性のある処理剤)；vt. 〜にサイズを塗る[引く]　◆size paper　紙にサイズ処理をする(*紙に剛性を持たせたりインキのにじみを防ぐ)

**size up**　〜を評価する　◆size up the future of. . .　〜の将来[行方]を予測する

**-size, -sized**　〜の大きさ[サイズ]の、-大の、-型の、-判の　◆similar-size　同様の[似たような]大きさの　◆normal-size(d); standard-size(d); regular-size(d)　普通[標準、レギュラー、定型、定形]サイズの　◆4 C-size batteries　《北米》単2電池4本　◆a child-size camcorder　お子様サイズのビデオ一体型カメラ　◆a moderately sized optical fiber　ほどほどの太さの光ファイバー　◆an equivalent-size comet　同等のサイズの彗星　◆different-sized parts　異なった[いろいろな]サイズの部品　◆various sized components　さまざまな[いろいろな]の部品　◆wristwatch-sized　腕時計大の、腕時計サイズの　◆a credit-card-sized card　クレジットカード大のカード　◆a fingernail-sized piece of silicon　指の爪大のシリコン　◆a shirt-pocket-sized disk　シャツのポケットサイズのディスク　◆a jacket with 22 various sized pockets　いろいろな大きさのポケットが22個付いているジャケット

**sizing**　回大きさに基づく選別、(粒子状のものの)分級[分粒]、(設計時の仕様決定や裁断や上大の)特定の大きさにすること；回製紙段階で紙にサイズ剤を加えること(*印刷適性などの性状を改善する)　◆(the) sizing of coal; coal sizing　石炭の分級

**skeletal**　骨格の、骨組みの　◆a skeletal structure　骨組み構造　◆a skeletal outline for. . .　〜の骨格　◆his skeletal frame　彼の骨格　◆the skeletal essentials of my theme　私のテーマの骨子　◆severely malnourished, skeletal children　ひどく栄養失調で骨と皮ばかりになっている子ども　◆the skeletal remains of an extinct mammoth　絶滅したマンモスの骨の化石　◆the skeletal remains of a white man　白人男性の遺骨　◆the agency shrank to a skeletal staff　この政府機関は最小限の人員にまで縮小した

**skeleton**　a〜骨格、骸骨、骨組み、スケルトン、(建物などの)躯体(クタイ)構造、概略、骨子、形骸化したもの　◆a skeleton diagram of. . .　〜の略図　◆a skeleton framework of timber　材木で作った骨組み　◆the carbon skeleton of an amino acid　アミノ酸の炭素鎖骨格

**skeptical**　adj.《米》懐疑的な、疑い深い(*英綴りはsceptical)　◆currency traders are becoming increasingly skeptical about the future of the Euro　為替トレーダーはますますユーロの将来に懐疑的になってきている

**skepticism**　回懐疑的な態度、懐疑、懐疑論、無神論　◆Although the data were published in The Lancet and accompanied by a supportive editorial, the results met with much skepticism from the medical community.　このデータは『ランセット』誌に好意的な論説と共に掲載されたが、この(研究)結果は医学界から大いに疑惑を招いた[多くの疑いの声を浴びた]．

**sketch**　回a〜略図、概略図、外形図、見取図、スケッチ、デッサン、素描、下絵、写生画　◆a sketch of knockout pins　ノックアウトピンの略図　◆sketch some roughs　何枚かの下絵をスケッチする　◆The output is sketched in Figure 2.　出力は、第2図に図示されている．

**sketchy**　adj.　スケッチ[素描、写生画、略図、概略図]的な、概略の、大ざっぱな、おおよその、詳しくない、(詳細を欠いて)不完全な　◆Although details [specifics] of the agreement are sketchy, . . .　契約の詳細はよくわかっていない[明らかでない]が、〜(*大まかな内容しか分かっていないが)　◆Until a few years ago, there few industry-accepted standards, and specifications were sketchy.　数年ほど前まで、業界に受け入れられた標準規格というものはなく、また仕様も大ざっぱだった[(詳細が)明確でなかった]．

**skew**　**1** v. 斜めにする、ゆがめる、ゆがむ、偏る、曲がる　◆be skewed toward. . .　傾向がある、偏っている　◆a skewed page (向きが斜めに)曲がったページ　◆allow rotation and skewing of text and graphics in .01-degree increments　テキストとグラフィックスの0.01度刻みでの回転および傾斜を可能にする　◆his tie is skewed to his right [to the left]　彼のネクタイは

右の方に斜めになって[左に曲がって]いる ◆That results in a one-tenth degree misalignment, which skews the shaft to the right. それは結果的に0.1度の相対位置調整不良を発生させ、ひいてはシャフトを右方向に傾斜[ずれ]させることになる。 ◆Soviet procurement practices are skewed toward the purchase of proven products rather than sophisticated new equipment. ソ連の調達の慣習は、最新の高度な機器よりむしろ定評・実績のある製品を購入する傾向にある。 **2** adj. 斜めの、ゆがんだ、曲がった; n. 斜行、ずれ、ねじれ、ゆがみ、(斜め方向の)曲がり、非対称; on the 〜斜めに ◆a skew bevel gear 斜歯[はすば]かさ歯車

**skid** **1** a〜《車》スキッド、横すべり、スリップ、ホイールのすべり止め、滑材 ▶横すべりすることのみならず、ときとして進行方向への滑りをも指すことがある ◆cause [provoke] a skid スリップを引き起こす ◆a sideways skid (= a sideslip) 横すべり ◆skids occur 《車》スリップが起きる ◆throw the car into a skid 車を横滑りさせる ◆In a rear-wheel case, the back of the vehicle can swing in either direction. 後輪スキッドでの場合、車両後部は左右どちらの方向にも振れる可能性がある。 **2** vi. スキッドする、滑べる、横滑べりする ◆a car skids 車がスリップする

**skidpad** a〜《車》スキッドパッド ◆on a skidpad 《車》スキッドパッド[テストコース]で

**skid row** a〜ドヤ街

**skill** (a)〜 (習得した)技術や知識、技能、技量、能力、熟練、わざ、腕、手腕 ◆a language skill 語学力; 言語能力 ◆verbal and writing skills 会話運用能力と文章を書く能力 ◆with the focus on improvement in skills 技術の向上に焦点を当てて; スキルアップを中心にして ◆a dearth of low-skill factory jobs 未熟練労働者向けの工場勤め口の不足 ◆teach English and basic life skills to immigrants 移民に英語を教えたり生活する上での基本的な技能(ジュツ、スベ)を教える ◆to help translators and would-be translators acquire new translation skills or improve their existing skills 翻訳者や翻訳者を目指す人たちが、新しい翻訳の技能を習得したりあるいは腕を磨くのを助けるために ◆become familiar with the basic skills for using Lotus 1-2-3 Lotus 1-2-3を使うための基本的な操作法を覚える (*skillsは、習得される技術や知識の意であり、「操作法」は意訳) ◆if he is so lacking in driving skills 彼の運転技能が非常に未熟なら ◆they don't have the skills to do the necessary job 彼らは必要な仕事をする技術[腕、手腕、腕前、能力]を持ち合わせていない ◆Keep your skills up. 常にスキルアップしに心がけること。 ◆Practice something you don't like; the skill will come in useful later. 自分にとってなにか苦手[不得手]なことを練習しなさい。後々になって芸が身を助けることになるでしょう。 ◆Brush up your technical skills to increase your earning power. 稼ぐ能力の向上[(意訳)所得アップ]のために技術的能力[技能、腕、腕前]を磨き直しましょう。

**skilled** adj. 熟練した、練達した、技量のある、腕のいい[立つ]、熟練を要する ◆skilled labor《集合名詞》熟練[技能]労働者、熟練工 ◆a person skilled in welding 溶接の技能のある人 ◆a 52-year-old skilled factory worker 工場に勤務する52歳の熟練作業員[熟練技能者、技能工] ◆capital-intensive industries with small but highly skilled work forces《(意訳)少数精鋭の労働人口を擁する資本集約型[設備投資集約型]の産業 ◆faced with skilled-labor shortages 熟練労働者不足に直面している

**skillful** adj. 上手な、巧みな、熟練した、腕の立つ

**skim** v. 〈液体の表面に浮いているもの〉をすくいとる、かすめる、ざっと読む ◆skimmed milk powder; skim-milk powder; non-fat dry milk 脱脂粉乳 ◆because of cream-skimming of profitable sectors of the mail market by companies given a licence by Postcomm Postcomm (英国郵便サービス委員会)から免許を受けた企業によって郵便市場の儲かる部門がいいとこ取りされるせいで ◆The hovercraft skims over the water. ホバークラフトは、水上をかすめて滑べるように走る。

**skin** **1** (a)〜皮膚、肌、皮膚、(液体表面にできた)膜、外殻 ◆a skin irritant 皮膚刺激物 ◆a tomato [an onion] skin ト

マト[玉ネギ]の皮 ◆the color of the skin; skin color 肌の色 (*使われ方によっては人種差別的な意味合いを持つ) ◆skin friction drag 表面摩擦抗力 ◆accurately reproduce skin tones 肌の色[肌色]を正確に再現する ◆all skin types and complexions あらゆる肌のタイプおよび色 ◆because of skin effects《電気》表皮効果のために ◆lessen [reduce] the skin effect《電気》表皮効果を減じる ◆skin-lightening cosmetics 肌の色を明るくする[美白]化粧品 ◆the car's sexy new skin その車のセクシーな新しい外殻 ◆a new skin wrapped around old components 旧式の部品を包み込んでいる新規(設計)の外殻[筐体(キョウタイ)] 

**2** v. 〜の皮[覆い]をはぐ、〜を外皮で覆う ◆skin plastic parts from the steel carcasses of junked cars 廃車の鋼鉄製車体からプラスチック部品をはぎ取る

**skinhead** a〜頭を剃っていたり非常に短く刈り込んでいる人、スキンヘッド (*極端な短髪あるいは丸坊主の白人の若者、白人至上主義を信奉し右翼・暴力的); adj. スキンヘッドの、白人優越論者[反ユダヤ、ネオナチ]の ◆a skinhead extremist 過激派の白人至上主義者[白人優越論者]

**skip** **1** v. 軽く飛ぶ、飛ばして進む、抜かす、省く ◆skip between programs (コンピュータ)プログラム間を行き来する ◆skip lunch 昼食を抜く ◆skip the manual マニュアルを読まないで済ませる ◆skip two notches 2段階飛び越す ◆skip the 386, and move straight from the 286 to the 486 (Intel のCPU) 386を飛び越していきなり286から486に移行する ◆a reader can skip over pages that aren't of interest 読者は興味のないページを飛ばすことができる ◆jogging makes portable CD players skip ジョギングをすると、携帯用CDプレーヤーが音飛び[音飛び]する ◆If you know how to play Panzer, skip the next two sections. Panzerの遊び方を知っている方は、次の2つの節を飛ばして読み進んでください ◆

**2** a〜スキップ、飛ばす[抜かす]こと ◆uninterrupted play with no sound skip 音飛びがなく途切れない再生 ◆if any audio skip occurs; if a skip occurs もし音飛びが起きると

**skipjack** a〜海面でジャンプする[海面近くで活発に活動する]類の魚、(特に)カツオ (a skipjack tuna)、垂直の船縁とV型の船底をもつ一本マスト帆船[スループ船] ◆skipjack pole-and-line fisheries カツオ一本釣り漁法

**skipper** a〜スキッパー、船長、艇長、艦長、機長、指導者、(チームの)主将[マネージャー]、コーチ ◆a boat skipper 船長、艇長 ◆a nuclear submarine skipper 原潜の艦長 ◆a yacht skipper ヨットの艇長

**skipping** スキップすること、跳ぶこと、跳び、飛び越し、縄跳び ◆Anti-Shock Memory eliminates skipping under most conditions. ショック[衝撃、(意訳)振動]対策メモリーは、ほとんどの状況下で音飛びを解消してくれる[(意訳)防止してくれる]。 (*CDプレーヤーの話)

**skirmish** a〜(偶発的な)小規模な武力衝突、小戦闘、小競り合い、小論争; vi. (〜と)小規模戦闘[小競り合い]をする <with> ◆This is only the first skirmish in what will be a long and hard-fought battle against an ill-conceived policy. これは、構想のお粗末な政策との長く厳しい闘いの前哨戦にしか過ぎない。

**skirt** a〜スカート、(衣服の)裾[腰から下の部分]; a〜《しばしば〜s でも》乗り物や機械の裾の覆い、~s (町の)周辺部[外れ、郊外] ◆outskirts のほうが一般的); 回《古》性の対象としての娘・女; v. 囲む、巡る、周辺にある、周辺を通る、縁に沿って行く、避ける[回避する]、よけて通る ◆a highway skirting an urban area 市街地[都市部]を取り巻いているハイウェイ (◆環状道路[(米)a beltway、(英)a ring road]の意がある) ◆Japanese police have arrested a U.S. Marine in Okinawa on suspicion of lifting a high school girl's skirt and taking a picture. 日本の警察は、日本人女子高校生のスカートをまくって[めくって]写真を撮った容疑で沖縄の米海兵隊員を逮捕した。

**skirting board** a〜《建築》(壁が床と接する下側の部分に張られた)幅木、腰板 (= a baseboard)

**skull and crossbones** ◆put a skull and crossbones on the label ラベルにどくろ[海賊]マークを印刷する

**sky** *the* ~, *skies* 空, 上空 ◆an "open skies" policy オープンスカイ[空の自由化, 航空市場の開放, 《軍》相互空中査察, 領空解放]政策 ◆under the blue skies of Cyprus キプロスの青空[蒼穹(ソウキュウ)]の下 ◆towers of orange and black flames shooting toward the sky 空に向かって高く立ち上る, オレンジ色と黒の混ざった炎 ◆you won't see a pile of money drop out of the sky and land at your feet 天から棚ぼた式に大金が足元に降ってくるような目には遭わないでしょう

**sky-high** *adj.* 法外に[ばか, べらぼうに, めっぽう, 目玉が飛び出るほど]高い; *adv.* 天まで届くほど高く, 天を衝くばかりに, 法外に高く, こっぱみじんに, 粉々に(砕け散って) ◆drive prices sky-high 価格[値段]を法外に押し上げる ◆prices go sky-high 値段[価格]が法外に上がる ◆their morale is sky-high 彼らの士気は極めて高い ◆sky-high-priced food 法外な目玉が飛び出るような, べらぼうに, この上ないほど高い[値段の付いている食べ物] ◆pay a sky-high price to sit in the front of the plane 飛行機の前の方に座るためにバカ高い値段を払う ◆the price of rent is rising sky-high 家賃は天井知らずで上昇を続けている ◆If..., such assumptions would be blown sky-high. もし〜だとしたら, そのような仮定は(木っ端微塵に)消し飛んでしまう. ◆If there had been any sort of fire, the entire house could have been blown sky-high. 何らかの火があったなら, 家全体が木っ端微塵に吹き飛んでいた.

**skyrocket** *v.* 急上昇する, うなぎのぼりになる ◆skyrocketing inflation 青天井のインフレ ◆skyrocketing prices 青天井の物価 ◆the skyrocketing yen 急騰を続けている円 ◆put a dent in the skyrocketing murder rates 急増[急騰]している殺人率を減少させる ◆Sales of CD players have skyrocketed. CDプレーヤーの売り上げは, 急上昇した[うなぎのぼりになった]. ◆If foreign supplies were cut off, oil prices would quickly skyrocket. もしも外国からの供給が絶たれたら石油価格はすぐに急騰するであろう. ◆It is naive to believe that productivity will skyrocket shortly after the design-automation tools are installed. 設計自動化ツールがあるからといって間もなく生産性がうなぎのぼりになるだろうなどと考えるのは, おめでたい限りである.

**skyscraper** *a* ~ 超高層ビル, 摩天楼 ◆New York [New York's] skyscrapers ニューヨークの摩天楼[超高層ビル]

**skywalk** *a* ~ (ビルとビルを結ぶ)高架連絡橋[通路, 歩道] (= a skybridge)

**skyward** 空へ向かって, 空の方へ, 上空の方へ ◆jut skyward 空に向かってそびえ立つ[そそり立つ, 屹立(キツリツ)する]

**skywatcher** *n.* ~ 天体観測をする人

**slack** 1 *n.* (ロープ, テープなどの)たるみ, 不振[不況], 中だるみ; *adj.* ゆるい, たるんだ, だらけた, 緩慢な, 不振な ◆because of slack business 商売が不振のために ◆slack-mouthed 口の軽い, 口軽な ◆take up (the) slack in the tape そのテープのたるみをなくす ◆remove all the slack from the cable ケーブルからたるみ[緩み, だれ]を残らず取る ◆take the slack out of the cables それらのケーブルのたるみを取る ◆It should be close enough to a jack to allow slack in the cords. コードに緩みを持たせるために, それをジャックの十分近くに置かなければならない. ◆There should be no slack between your chest and the shoulder belt. 胸と肩ベルトの間にたるみがあってはならない.

2 *v.* たるむ, なまける

**slacken** *vi.* ゆるやかになる, ゆるむ, 弱まる, 衰える, 〈需要〉が鈍る, 鈍化する, 減退する, 緩和する, 緩慢になる, 沈滞[低迷]化する, 不活発になる, 不活発化する, 低迷(化)する; *vt.* ~を緩める, 遅くする, 〈ペースを〉落とす, 〈緊張など〉をほぐす ◆demand for... slackens 〜の需要が減退する ◆due to a slackening of demand for... in the UK 英国における〜の需要の減退により ◆the economy slackens 経済が減速[活発でなくなる, 低迷化する] ◆if the pace of sales is slackening 売り上げが低迷して[鈍って]きているようであれば ◆that pace will slacken そのペースは緩むだろう

**slag** 〔U〕スラグ, 鉱滓, 鉱滓(コウサイ) (*鉱石の溶解製錬中に溶剤の作用により生ずる非金属性の滓(カス), 金屎(カナクソ), からみ (*精錬中の溶融非鉄金属の表面に浮く滓), ○(*高炉での鉄製錬時の), 鋼滓 (*平炉や転炉で) ◆slag cement スラグ[鉱滓(コウサイ)]セメント ◆a layer of slag floating on top (溶融金属の)上に浮かんでいるスラグ[滓(サイ), 鉱滓(コウサイ)] ◆○の層[膜] (*鉱滓は鉄精錬の場合, カラミは非鉄金属の場合) ◆without undercutting and slag inclusions アンダーカットやスラグの巻き込み(を発生させること)なしに(*溶接で)

**slalom** 《車, スキー》スラローム ◆a women's giant slalom race 《スキー》女子大回転競技 ◆in rigorous slalom testing 《車》過酷なスラロームテストにおいて

**slam** *vt.* 1 〔句動〕 〜をバタン[ピシャリ]と閉める, 〜をドンと置く, 〈受話器〉をガシャンと置く, ドサッと投げ出す, 勢いをつけて強く押す[踏み込む, 叩く], 酷評する, こき下ろす; *vi.* バタン[ピシャリ]と閉まる; *a* ~ 乱暴に扉を閉めること, 乱暴に閉める音, 荒っぽく閉めるときの音, 激しい衝撃, 強烈に叩く音, ボールへの強烈な一撃, 酷評, こき下ろし ◆two hijacked planes slammed into the twin towers 2機の飛行機がツインタワーに激突[突入]した ◆U.S. AC-130 gunships slammed round after round of 105mm shells into an area near... 米AC-130武装ヘリが〜近くの地点に105ミリ砲弾を続けざまに叩き込んだ[ぶち込んだ]

**slant** 1 *v.* 傾斜させる[する], 傾く, 斜めにする, はすに置く ◆in a slanting direction 斜め方向に ◆Put the cutting board in a slanting position in the kitchen sink. まな板を台所の流しに斜めに傾けて[傾斜させて]置きます. ◆Up to now, the company's products have been slanted to customers with a very high level of technical sophistication. これまでのところ, 同社の製品は, 非常に高度な技術を持った顧客に傾斜していた.

2 *a* ~ 傾斜, 〔句点〕, 斜面, 斜線, 斜線, 観点[見解] ◆a face with a 10- to 15-degree slant 10度から15度の傾斜がついた字体

**slap** *a* ~ 平手打ち, 非難; *v.* 〜を平手で[ぴしゃりと]打つ, 〜をたたきつけるように置く, 〈料金, 税など〉を課す<on> ◆slap an energy-conserving tax on gasoline ガソリンに省エネ税を課す

**slash** 1 *v.* 切りつける, 切りおろす, 大幅に削減する[切り下げる], 〈雨が〉激しく打ちつける ◆a slashed zero スラッシュ[斜線](/)を入れた[重ねた]ゼロ(↔an unslashed zero)(*英字のオーと区別しやすくしたゼロの文字) ◆a relentless slashing of expenses 経費の容赦ない大幅削減 ◆The manufacturers slashed their prices on some models in an effort to <do...> これらのメーカーは, 〜しようとして一部の機種の値段を大幅に下げた. ◆Some 2 million manufacturing jobs have been slashed during the 1980s out of a total industrial work force of 20.3 million. 1980年代に, 製造業の全就業者数2030万のうち約200万の生産に携わる雇用が大幅削減された.

2 *a* ~ スラッシュ[斜線](/), 一撃, 長い切り傷, 切り込み, 大幅な削減[切り下げ] ◆a backward slash mark バックスラッシュ(\) ◆a forward slash スラッシュ(/) ◆a 50% slash in acid-rain-producing sulfur-dioxide emissions 酸性雨を生じさせる亜硫酸ガス排出の50%の大幅削減 ◆print the numeral zero with a slash through it to distinguish it from the capital letter O 数字のゼロを大文字のO(オウ)と区別するために, ゼロにスラッシュ[斜線]を引いて[重ねて]印字する

**slash-and-burn** ◆slash-and-burn agriculture [farming]; the slash-and-burn system 焼畑農業[農業, 農法, 耕作](*中南米やメキシコでは焼畑をmilpaと呼びトウモロコシを栽培する) ◆practice slash-and-burn agriculture 焼き畑農業を行う

**slate** 1 〔U〕スレート(色), 粘板岩 (= slate rock); *a* ~ スレートの屋根ぶき用薄板, 石板; *a* ~ 候補者名簿

2 予定する〈受身で使われる〉<for, to do> ◆Among those slated to attend: ........ 出席が予定されている企業は, 〜, 〜などである. ◆with operation slated for the mid-1990s 1990年代半ばの営業[操業, 運転, 稼働](開始)をめどで[《意訳》目標]に ◆The company has two computers in the works, both slated

for introduction in early April. この会社はコンピュータ2機種を開発中で, いずれも4月早々に市場投入の予定である.

**slaughterhouse** a~ 屠殺場, 畜殺場, 屠場, 屠場; a~ 大量殺人の場所[現場], 修羅場 ◆at a slaughterhouse 屠殺場[畜殺場, 屠畜場, 屠場]で

**slave** a~ 奴隷, とりこ; n.《電子機器》スレーブ, 従属(装置), 子機 (↔a master); adj. 奴隷の, スレーブの, 他の装置の制御下におかれた, 従属の, 追従の, 子, 従 ◆a slave station 子局 ◆the emancipation of slaves 奴隷解放

**Slavic** adj. スラブ人[民族]の, スラブ語の; n. スラブ語 ◆Russian and other Slavic languages ロシア語およびその他のスラブ語

**SLBM** (submarine-launched ballistic missile) an~ 潜水艦発射弾道ミサイル

**SLCM** an~ (a sea-launched [submarine-launched] cruise missile) (pl. *SLCMs*) 海上[潜水艦]発射巡航ミサイル

**sleazy** adj. 薄っぺらな, ぺらぺらの, 安っぽい, みすぼらしい, 薄汚れた, 取るに足らない[ケチな, つまらない, きたない], 品のない ◆a cheap, sleazy hotel 薄汚い[薄汚れた]安宿 ◆get burned in a sleazy scam つまらない詐欺にひっかかってやけどする

**sledgehammer** a~ 両手で使う大型のかなづち, 大槌(オオヅチ); adj. 致命的な大打撃を与える, 高圧[圧倒]的な, 情け容赦ない; vi., vt.大ハンマーで打つ[ぶち壊す] ◆using this was a bit like a sledgehammer cracking a nut これを使用したのは, 幾分, 鶏(=ニワトリ)を割く(サク)のに牛刀を用いるようなものだった[大げさだった]

**sleek** adj. 滑らかな, つやややかな; 余計な飾りがなくなめらかな形の, 流麗な, すらりとした ◆a slick [sleek] car (ボディラインが)流麗な車 ◆sleek portable keyboards スマートな携帯型キーボード楽器 ◆The new car is sleek of line. この新車は, 線が流麗だ.

**sleep** 1 (a)~ 睡眠, 眠り, 活動休止 ◆during their sleep 彼らが眠っている間に ◆get sound sleep 熟睡する ◆patients with sleep apnea syndrome (SAS) 睡眠時無呼吸症候群の患者 ◆Did you have a pleasant sleep? 気持ちよく(ぐっすり)眠れましたか, 快眠できましたか. ◆if you can't get to sleep 眠りにつけ[寝付け]なかったら ◆A sleep mode works after the keyboard is idle for more than five minutes. 5分以上の間キーボードから何も入力されないと, スリープ[休眠, 待機]モードが働く. ◆If you're security conscious, will a removable hard drive give you worry-free sleep? あなたが機密保護には対する意識が高いとすれば, リムーバブルハードディスクドライブだったら(*コンピュータから取り出して手元においておけるので)枕を高くして寝られるのではないでしょうか. ◆You can set the unit to go into sleep mode automatically after a certain period of idleness. 一定時間使われないと自動的にスリープ[休止]モードになるよう, その装置を設定することができる. ◆The slide control lets you set the amount of idle time before your laptop blanks the screen and puts itself to "sleep." このスライドコントロール(つまみ)を使うと, ラップトップが画面を消してスリープ[スタンバイ, 休止, 待機]状態になるまでのアイドル[遊休]時間を設定できる. ◆The switch sends the unit into "sleep" mode, which stops the CPU and cuts the power to most subsystems except memory. このスイッチは, 装置をスリープ[休眠, 待機]モードにして, これによって, CPUは停止し, 記憶装置以外のほとんどのサブシステムへの電源が切断される.

2 v. 眠る ◆sleep on...《口》~について一晩寝て考える (*必ずしも厳密に一晩ではない), ~についての決定を(翌日まで)先送りする ◆The lodge has three bedrooms and can sleep from 2 to 5 persons. このロッジには寝室が3部屋あり2名から5名宿泊できる[泊まれる]. ◆It shall not be installed in any room used or designed to be used for sleeping purposes. それは, 寝るために[寝室として]使用または設計されている部屋に設置してはならない.

**sleeper** a~ 眠って[寝て]いる人, 寝台車,《英》(線路の)枕木 (*米語では a rail tie) ◆a sleeper terrorist スリーパーテロリスト (*普通の人を装って生活しながら潜伏し, 突然行動を起こす) ◆a concrete [wood, wooden] sleeper rail ties [sleeper] コンクリート製の[木の, 木製の]枕木 ◆a wooden sleepered track; a wood sleeper track 木の枕木を使っている軌道[線路] ◆take a sleeper train to... 寝台列車に乗って~に行く ◆he was a sleeper agent for a secret service agency 彼はある諜報機関の潜伏工作員[冬眠スパイ]だった

**sleeping** 眠ること; adj. 眠っている, 眠るための ◆a sleeping car; a Pullman car [sleeper];《英》(a) sleeping coach 《鉄道》寝台車 ◆a train of sleeping cars 寝台列車 ◆wake a sleeping giant 眠れる巨人を起こす ◆He purchased an old bunkhouse for $100.00, which had formerly been used as sleeping quarters for men working the oyster beds nearby. 彼は, かつて近所のカキ養殖場で働く作業員用の宿舎として使われていた古い小屋[宿泊所, 飯場]を100ドルで購入した.

**sleeplessness** 眠れないこと, 不眠 ◆Caution: This article may cause sleeplessness – Read at your own risk! 注意. この記事のせいで眠れなくなるかもしれません. ご自分の責任でお読みください.

**sleepy** adj. (= drowsy) 眠い, 眠気を起こさせる, 眠ったような, 活気のない ◆get [become] sleepy 眠くなる, 眠気がさす[をもよおす], 眠気ざす ◆a sleepy election 活気のない[精彩に欠ける, 盛り上がりに欠ける, (有権者の)関心の低い, 気合いの入っていない]選挙 ◆a sleepy college town 活気のない大学町 ◆a sleepy driver 眠くなって[眠気をもよおして, 眠気さして]いるドライバー ◆a sleepy fishing village (活気がなくて)かったるい感じの[退屈な]漁村 ◆on a [in the] sleepy summer afternoon けだるい夏の午後に

**sleeve** a~ 袖,《機》スリーブ(*他の部品を覆う筒状のパーツ), 封筒状の袋, (レコードの)ジャケット, (ジャケットの中のレコードを入れる)袋; vt. sleeveを付ける, 袖を付ける ◆roll up one's sleeves 腕をまくる; 腕まくりする ◆on the sleeve [jacket] of an album アルバムのジャケットに ◆with rolled-up sleeves [shirtsleeves] 袖口をまくり上げて; 腕まくりして

**slender** adj. 細い, 細長い, 薄べったい, 乏しい, ほっそりした[すらりとした], きゃしゃな ◆a (long) slender aircraft (胴体の[機体が])細長い航空機 ◆a long slender strip of steel 鋼鉄製の細長い(帯状の金属)一片 ◆a pointed, slender body traveling at supersonic speeds 超音速で移動《((意訳))飛行》する先端の尖った細長い胴体の物体 ◆a slender body shape ほっそり[すらり]とした体形; 細身の体形; 細長胴体形状(*航空機体などの) ◆a very slender line 非常に細い傾斜

**slew** vt. ~を回転[旋回]させる; vi. 回転[旋回]する ◆slew a telescope to a certain star 望遠鏡を旋回させてある星に向ける ◆The rise and fall time in reaction to an input step waveform is known as the slew rate. 入力階段状波形に対する立ち上がりおよび立ち下がり時間はスリューレート[スルーレート]と呼ばれている. (*増幅器などの応答速度に関係し, 使用可能な波数の上限を決定する一因になる)

**slice** 1 a~ 薄片, 薄い一切れ[一枚], スライス, 一部, パイや円グラフの切った一切れ ◆be sold in slices 薄切りにされて売られている ◆cut... into 16 equal slices ~を16等分の切片にスライスする; ~を均等な厚みの16枚に薄切りする ◆thinny-thin slices of white bread 白パンの極薄スライス ◆Nomura claims a commanding slice of the bond market. 野村は証券市場の高い占有率を誇っている. ◆Pie charts should contain the fewest number of slices. 円グラフの分類項目数は出来るだけ少なくすべきである. ◆The company is aiming for the largest slice of the color printer market with its PaintSpray CL printer. 同社はPaintSpray CLプリンタの売りこみをかけて, カラープリンタ市場のトップシェア獲得をもくろんでいる.

2 vt. 薄く切る, 薄板[薄片]状に切り取る, スライスする, かき取る, ナイフで切る ◆Any information can be sliced countless ways. どんな情報にも切り口はいくらでもある.

**slick** 1 adj. すべすべした[つるつる滑べる, なめらかな], 如才のない, 巧妙な; a~《口》油膜(*特に海面上に流出した油), 滑らかにするもの, 滑らかに動く物質 ◆a slick gearshift 《車》滑らかなギアシフト[滑らかに動くシフトレバー] ◆a

slick [sleek] car （ボディラインが）流麗な車 ◆a slick-talking lawyer 弁舌さわやかな弁護士
2 vt. ~を滑らかにする、（水、油などで）つるつる[てかてか]にする ◆rain-slick [rain-slicked] streets （路面が）雨でつるつるに[滑りやすく]なっている通り

**slide** 1 vi. 滑る、滑るように進む、滑らかに動く、摺動（シュウドウ）、シュルとする; vt. 滑らせる、スッといれる[滑り込ませる]＜in, into＞ ◆slide into a sports car スポーツカーの中に滑り込む[スッと乗り込む] ◆slide out of control 徐々にコントロール[制御、抑制]が効かなくなる、思うままに手に負えなくなる ◆slide out of favor （商品などが）いつのまにか人気がなくなる ◆slide the disk onto the shaft 円盤をその軸にはめる（*シャフトに円盤の穴を通すようにはめる）◆the removable hard drive slides out easily リムーバブルハードディスクは簡単に取り出せる ◆a non-sliding cast aluminum base 滑らないアルミ鋳物製台 ◆slide the dioptric lens into the eyepiece その視度補正レンズを（カメラの）アイピースにはめる[←調整を加える] ◆Slide the seat all the way back until it stops. 座席をうんと後方に、行き止まるところまでずらしてください。◆The head slides over the disk surface. ヘッドは、ディスクの表面上を滑る。◆Earthquakes happen when the plates abruptly slide past each other. 地震は、プレートが突然互いにずれ動くときに発生する。◆Sliding A over B in the paper plane shows nonsuperimposability. 紙平面上でAをずらしてBに重ねてみると、（二者の形状が）重なり合わないことがわかる。
2 a ~滑り、滑走、滑り台、スライドフィルム、透明画面、スライドガラス ◆a slide camera 撮像焦点 ◆a slide mount スライド（フィルム保持用の）枠[マウント] ◆a slide show スライド・ショー ◆the slide-rest of a lathe 旋盤の工具送り台 ◆a blank [→prepared] glass slide （顕微鏡用の）何ものっていない[←試料が準備された]スライドガラス[プレパラート] ◆beautiful color corrected slides 色補正された美しいスライド[透明画] ◆adjust... via slide controls ~を（いくつかのスライドつまみで調節[調整]する（*ここでのcontrolsは、摺動抵抗器の類） ◆give a slide show to one's relatives 親戚を集めスライド映写会を開く ◆Femtex kept the downward slide and fell $1.375 to $59.875. フェムテックス（の株）は下げが止まらず、1.375ドル下げて59.875ドルとなった。

**slide-out** （CDなどの装填が）スライドアウト[引出し]式
**slider** a ~ 滑るもの、摺動（シュウドウ、ショウドウ）部品、摺動[滑り]子、すり板、《野》スライダー（*水平に曲がる変化球）◆select from a slider コンピュ[スライダー]を使って（値を）選択する ◆the slider [wiper] of a potentiometer 可変抵抗器[《俗に》ボリューム]の摺動子（ショウドウシ）◆Move the volume slider control on the screen to the right. 画面上の音量調整スライドつまみを右に動かします。

**sliding** adj. 滑る、移動する、変化する、滑り~、摺動（ショウドウ）、ショウドウ~） ◆a sliding door 引き戸 ◆a sliding surface 摺動（ショウドウ）面 ◆a sliding bearing 滑り軸受 ◆sliding contact 滑り接触

**sliding lever** a ~ スライドレバー、スライドつまみ、スライドスイッチ ◆The dashboard contains 48 buttons and three sliding levers. ダッシュボードには48個のボタンとスライドレバー[つまみ]がある。

**slight** adj. わずかな、軽微な、か細い[きゃしゃな]、取るに足りない; vt. 軽んずる; n. 軽視、なおざり、侮辱[軽蔑]、わずか ◆a slight flush on his cheeks 彼の頬のわずかな赤み ◆have not [haven't] the slightest intention of ... ing ~する気は一向に[少しも、ちっとも、まるきり、いささかも、毛頭、ちっとも、微塵も、全然、全く、かりそめにも、決して、絶対に、どうしても、さらさら]ない ◆use only a slight amount of cropping 少ししかトリミングしない（*写真を焼くときに） ◆without the slightest loss in picture quality 少しも画質を劣化させることなく ◆It did not interest me in the slightest. それは、全然[少しも、ちっとも]私の興味をそそらなかった。 ◆I don't have the slightest idea [of] what this symbol stands for. この記号の意味が、さっぱり[皆目]分からない。 ◆I was just a student at the time and I hadn't the slightest idea of what they

were talking about. 私は当時ただの学生で、彼らが何について話していたのか全然[皆目]分からなかった。

**slightly** adv. 少しばかり、わずかに、かすかに、弱く; 若干、多少、いくらか、いくぶんか ◆slightly enriched natural uranium 低濃縮天然ウラン ◆a slightly different frequency わずかに異なる周波数 ◆slightly contoured automotive body surfaces ゆるやかなカーブがついている自動車の車体の表面[外周] ◆Although rainfall was only slightly lower than normal, ... 降雨量[降水量]が通常よりほんの少なかったけども ◆slightly more than half of all Americans believe that... 米国人全体の半数強が~であると信じている ◆Sales slipped [declined] slightly to $2.30 billion from $2.31 billion. 売り上げは23億1000万ドルから23億ドルへとわずかに減少[微減]した。

**slim** 1 adj. 細い、ほっそりした、きゃしゃな、（見込みなどが）ほんのわずかな ◆a slim camera 薄型カメラ ◆a slim [narrow] piece of wood 細長い木材 ◆operate on slim margins 薄い利で商う ◆slim profit margins 薄い利幅、薄利 ◆The chances are slim. その可能性は薄い。◆Expectations of Senate passage are looking increasingly slim. House passage continues to have even slimmer prospects. 上院通過の期待薄の様相が色濃くなってきている。下院通過はそれより一層見込み薄の状況が続いている。
2 vi. やせる、体重を減らす; vt. ~をスリム化する、軽量化する、薄型化する、~（の規模）を縮小する ◆a further slimming down of ladies' watches in all sizes あらゆるサイズの女性用[女物]腕時計の更なる薄型化 ◆slim down the cost of ... ~のコストを削減する ◆the slimming down of notebook computers ノート型コンピュータの薄型化 ◆a slimmed-down version of WordPerfect WordPerfect（*ワープロソフト）の小型軽量版 ◆A radical slimming down of ... is recommended by ... （組織・団体など）の抜本的なスリム化[贅肉落とし]が~によって勧告されている ◆contribute to the slimming down of cost structures コスト[原価]構造のスリム化に貢献する[資する] ◆the overgrown company is slimming 肥大化したこの会社は減量化を進めている ◆the program has been slimmed down to fit in about two MB of memory このプログラムは約2MBのメモリーにおさまるよう軽量化された ◆Firms are really trying to slim down, and downsizing is going to continue, especially in the middle ranks. 企業は本気で減量化を進めようとしており、人減らしが続くことになるが、とりわけ中間層がその対象となろう。

**slime** 1 ねばねばした[ぬるぬるした、どろどろした、ねとねとした]もの、粘液、ぬめり、粘泥、粘泥、ヘドロ、汚泥、鉱泥 ◆to control corrosion, scale, algae, and slime in the heating, cooling and production equipment 加熱[暖房]装置、冷却装置または生産装置の内部に腐食、湯あか[缶石、水垢]、藻やスライム[ぬめり]が発生するのを抑える[防止する]ために

**slimline** adj. ほっそりしたスタイル[デザイン]の、（蛍光管が）細長い、不要な要素[余分な贅肉]を削ぎ落として身軽で経済的な ◆a slimline package 薄型パッケージ

**slimness** ほっそりしている[痩せている、細身の、痩身である、スリムな]こと、厚みが薄いこと、薄型であること（*液晶ディスプレイなどが）、厚みが薄いこと、低背であること（*ノートパソコンなどが） ◆diet strenuously to achieve slimness スリムになる[ほっそりとする、細めになる、痩せる]ために熱心にダイエットする ◆achieve a slimness of only 23.5 mm わずか23.5mmという薄さ[《意訳》薄型、低背]を実現する ◆weight-loss clinics that advertise slimness 減量[痩身]広告を打っている痩身クリニック

**sling** 1 vt. (slung) ~を吊す[吊り下げる、吊り上げる、掛ける]、投石器[パチンコ]ではじく、（肩から下げて）携帯[携行]する; 放り投げる ◆a waist-slung bag ベルトポーチ
2 a ~ 吊り包帯、吊り鎖、吊り索、掛け鎖、投石器[パチンコ] ◆a lifting [sling] fitting 吊り上げ金具

**slingshot** a ~ パチンコ（*ゴムひもで小石を飛ばして遊ぶ）、カーレースで後ろにつけていた車が余力を利用して先行車を追い抜く操縦法、ドライバーが後輪よりも後ろに座る

式のドラッグレース用自動車 ◆a slingshot [《英》a catapult] is powered by elastic tension 《意訳》パチンコは弾性張力が動力源になっている

**slip** 1 *vi.* すべる, するりとはずれる [抜ける] <off, out of, away, from>, 失われる [消え去る] <out of, away, from>, すっと [滑らかに, たやすく, そっと, こっそり] 動く [入れる] [知らない間に] ～の状態になる <into>, 落ちる, 急落 [下落] する, 滑落する, (ちょっとした) 間違いをする, すばやく着る [脱ぐ] <into, out of>; *vt.* すべらせる, すべり込ませる, (すべらせるようにして) はめる ◆slip a ring on one's finger 指輪を指にはめる ◆slip the paper tube over the bottle 紙筒をビン に(かぶせるように)[ビンの外に]はめる ◆slowly slip into the summer doldrums (いつのまにか)徐々に8月の夏枯れ(状態)に陥ってしまう ◆the ring slipped off her finger 指輪が彼女の指から抜けた [外れた, 取れた] ◆let the opportunity slip away その機会を逃して [逸して] しまう ◆she slipped a treasured ring off her finger 彼女は大切にしていた指輪を(滑らせて)外した ◆slip the column into the mounting hole 支柱を取付孔にはめる [差し込む] ◆slip the exposed portion of the ribbon between... 《プリンタ》リボンの(カセットから)露出している部分を～の間に(はめるように)入れる(*カセットの装填) ◆standards are slipping because of shortages 不足しているせいで水準はずるずると落ちつつある ◆to prevent them from slipping down the steeply inclined plane それらが急斜面を滑り落ち [ずり落ち] で行かないようにするために ◆Don't let your chance slip you by. 《直訳》チャンスにあなたのそばを通り過ぎさせるな.; 《以下意訳》チャンスは逃すな.; 機会を逸するな ◆Lift the baby's legs by the ankles and slip a diaper under. 赤ちゃんの脚を足首をもって持ち上げ, おむつを下にスッと入れて [差しはさんで] ください. ◆The problem slips deeper into the social fabric. この問題は社会構造にますます深く根を下ろしていく. ◆The ultra-thin glove slips on and off easily. この超薄手の手袋は, 容易にはめたりはずしたりできます. ◆The company had planned to complete... by September 2001, but the date has slipped to May 2002. 同社は～を2001年9月までに完成させる予定だったが, それが2002年5月にずれ込んでしまった. ◆The U.S. share of world semiconductor production has slipped from 57.2% to 39.4% during this period. 世界全体の半導体生産に占める米国の割合は, この期間に57.2%から39.4%に低下した.

2 *n.* すべり [ずれ], 下落 [低下], 小さな誤り, ちょっとした失策, 失敗, ～伝票, -票, 短冊 ◆a credit card slip クレジットカード(利用)の伝票 [控え] ◆a sales slip 売上伝票 ◆improve slip 滑りを良くする

**SLIP** (Serial Line Internet Protocol) シリアル・ライン・インターネット・プロトコル

**slip-in** 挿入式の, はめ込み式の ◆a convenient slip-in NiCad battery 便利な挿入式のニッカド電池

**slip-on** *a*～ (止め具を用いないで)着脱が容易な靴 [手袋, 服]

**slippage** (*a*)～ すべり (量), ずれ, (伝達動力の) 損失, (理論上と実際の) 差 ◆Every so often, abrupt slippages occur and the earth around them shudders in what geologists call strike-slip quakes. しばしば突発的なずれが発生し, その周辺の地面は, 地質学者が走向移動 [横ずれ, 水平ずれ] 地震と呼ぶ地震により震動する.

**slippery** *adj.* 滑りやすい, ぬるぬるする, つるつる滑る, とらえどころ [つかみどころ] のない, 信用の置けない, 信頼できない, 油断ならない, 不安定な, 変わりやすい ◆a slippery road surface 滑りやすい [スリップしやすい] 路面 ◆when pavement is slippery 路面が滑りやすい場合に ◆The solution feels slippery to the touch. この水溶液は, 触るとぬるぬるした感じがする. ◆It is a concept notably slippery to define. If you talk to 77 people, you'll get 77 different definitions. Everyone has a slightly different twist. これは, 定義するにはとりわけとらえどころ [つかみどころ] のない概念だ. もし77人の人と話をしてみれば77通りの異なった定義が返ってくるだろう. 一人一人少しずつ違うこじつけ [十人十色の理屈] がある.

**slipstream** *a*～《航空》プロペラ後流,《自動車》スリップストリーム(*高速走行する直前の車が生ずる気流の中の空気の薄い部分. 直後の車は引っ張られる状態になりやすく上がって追い越しがしかけやすくなる) ◆a propeller slipstream [slip stream, slip-stream] プロペラの後流

**slit** *a*～スリット, 細長い切れ目, 細長い開口 [隙間]; *vt.* ～に切れ目を入れる, 細長く切る, 切り開く ◆cut a longitudinal slit with a handsaw ハンドソーを使って縦方向の [長手方向に] 切れ目を入れる ◆Using a knife, make a slit along the entire length of the hot dog that's about 3/4 of the way through the hot dog. 《意訳》包丁で, ホットドッグの縦方向に端から端まで切れ目を入れます [胴割りします]. 切り込みの深さはホットドッグの太さの3/4ほどにします.

**slob** *a*～だらしない野暮な人, 無精で薄汚い人 ◆become a slob ぐうたら(な人間)になる

**slog** *vt.* ～を強打する; *vi.* 難儀しながらとぼとぼ歩く, せっせと働く ◆slog the aisles at Comdex or the Hannover Fair コムデックスやハノーバー見本市会場で人込みを押し分け [かき分け] ながら通路を進む ◆The country is slogging through its longest recession since the Depression. この国は, 大恐慌以来最長の景気後退期を重い足取りで進んでいる [非常に厳しい状況で推移している]. ◆the median price of... tends to peak in August, bottom out in October and then slog along without much improvement through December ～の中心価格は8月にピークに達し10月に最低になり, その後12月までさしたる上向きの変化なしに推移する [底を這う] 傾向がある

**slogan** *a*～スローガン, 標語, 標榜語, モットー ◆chant a slogan スローガンを一斉に [声を合わせて] 唱える ◆スローガンをシュプレヒコールする ◆paint radical slogans on walls 過激なスローガンを壁に描く ◆under the slogan of "..." ～というスローガンのもとに ◆shout anti-American slogans 反米スローガンを叫ぶ [シュプレヒコールする] ◆slogan-chanting students スローガンを一斉に叫んでいる [シュプレヒコールする] 学生たち ◆a slogan expressing objection to... ～に反対するスローガン ◆Their slogan is "reproductive rights are human rights." 彼らのスローガン [標語] は, 「性と生殖に関する権利は人権である」だ.

**slope** 1 *a*～坂, 坂道, 斜面, のり面, 傾斜角 [度], 勾配 ◆the inclination of a slope 斜面 [法面 (ノリメン)] の勾配 ◆slope stability 斜面の安定 [安定性] (*崩壊地滑りに対する) ◆the slope of the line segment その線分の傾き ◆a straight line having a slope -B/r ～B/rの勾配を持っている直線 ◆It has returned to an upward slope. それは上向きのカーブ [上昇傾向] に戻った ◆The subwoofer crossover frequency can be set at 30, 60, or 120 Hz, and each point has a 24-dB-per octave slope. サブウーファのクロスオーバ周波数は, 30Hz, 60Hz, および125Hzに設定可能で, 各々の点は24dB/オクターブのスロープを有している.

2 *v.* 傾斜する [させる] ◆a sloped line 斜線 ◆a sloped front panel 傾斜が付けられているフロントパネル

**sloppy** *adj.* いい加減な, ぞんざいな, ずさんな, だらしない, ずぼらな, 締まりのない, ルーズな, 放漫な, 野放図な ◆a sloppy job いい加減な [ぞんざいな] 仕事 ◆be criticized for sloppy management of... ～の放漫経営 [ずさんな管理] が原因で非難される ◆be sloppy about... -ing ～することにおいてだらしない; ～の仕方がぞんざいである

**SLORC** (the State Law and Order Restoration Council) 国家法秩序回復評議会 (略語形にtheは不要) (*1988年9月からビルマ [ミャンマー] を統治している軍事政権. 1997.11.15に国家平和発展評議会SPDCに改称)

**slosh** *v.*〈液体〉をはねとばす, (容器中で)〈液体〉を振り動かす,〈液体〉がはねる ◆water sloshing around in the coffee urns コーヒー沸かしの中でパシャパシャと波打っている水

**slot** 1 *a*～細孔, 長穴, 溝穴, 溝, スロット, 投入 [挿入] 口, (しじ頭の) すり割り, 時間枠 (→ time slot) ◆a three-slot receptacle 3穴コンセント ◆a 12-slot card cage 《コンピュ》12スロットあるカードケージ ◆takeoff-and-landing slots 離着陸の (時間) 枠 [間隔] ◆a manual feed slot on the printer's top プリ

タ上面にある手差し給紙口　◆the ventilation slots in the cabinet　キャビネットの換気孔[通気孔]　◆keyhole slots in the frame for easy wall mounting　楽に壁に掛けられるようにフレームに開けられている鍵穴形の穴　◆The Model 80 is a small-footprint desktop system with three open expansion slots.　モデル80は, 空き拡張スロットを3つ備えた, 場所を取らないデスクトップシステムだ.

**2** *vt.* ~にスロット[長穴, 溝]をつける, ~に差し入れる　◆a slotted head screw　マイナスねじ (＊正式には「すり割付きねじ」)　◆turn a coin-slotted fastener　コイン溝が切ってある留め具を(硬貨を使って)回す

**sloth** 回怠惰, 無精, ものぐさ; a～ ナマケモノ　◆his sloth　彼のぐうたらさ

**slouch** *vi.* 前かがみになる[座る, 立つ, 歩く], だらりと垂れる; *vt.* 前かがみにする; a～ だらけた態度, 無精者, 〈帽子の〉たれ　◆slouch in front of the television　テレビの前で前かがみになって[身を乗り出すような姿勢で](座って)いる　◆Be careful not to allow slouching (which will lower a standing height) or standing on the toes and stretching (which will raise a standing height).　前屈みにさせないよう(身長が低くなる), あるいはつま先立ちして背伸びさせないよう(身長が高くなる)注意してください.(＊身長測定で)

**slovenly** *adj.* だらしない, いい加減な, ずさんな, ずぼらな, 無精な, 薄汚い[汚らしい]; *adv.* ◆slovenly roommates　だらしないルームメイト

**slow 1** *adj.* ゆっくりな, 遅い, のろのろした, もたもたした, 緩慢な, 遅れている, (動きが)鈍い, とろい, 不景気な, 緩速~; *adv.* ◆become [get] slow [slower]　遅くなる[なっていく]　◆a slow speed signal　徐行信号機　◆a slow-acting [slow-operating] relay; a time-delay [time-lag] relay　緩動継電器[リレー](＊後者は「時延継電器」とも)　◆a slow virus; a slow-acting virus　スロー[遅発性]ウイルス　◆at a (very) slow pace (非常に)ゆっくりとしたペースで　◆despite slow [sluggish] economic growth　緩慢な[鈍い]経済成長にもかかわらず　◆due to [because of] slow sales　売れ行き不振[低迷]のため　◆run at a slow regular pace　ある一定の速度で, 低速で[ゆっくりと]走行する　◆the market has been slow to take off this market　この市場の立ち上がりは鈍かった　◆to bolster sales of slow-moving products　売れ足の鈍い製品の販売を強化するために　◆under conditions of slow cooling　徐冷状態下で　◆a slow-developing illness　進行の遅い病気　◆slow-charge a battery バッテリーを緩速充電する　◆slower-than-expected growth in the market　予想外[意外]に低かった[悪かった]この市場の伸び　◆slow-moving government bureaucrats　動きの遅い[鈍い]政府官僚たち; スローモーな官吏[(意訳)親方日の丸のお役人]たち　◆replay ... in slow motion and stop-motion　~をスローモーションやストップモーションで再生する　◆but the Ministry has been slow in doing anything about it　だが同省は, それについて何をするにも遅いという状態[スローモード]でやってきた　◆Manitoba's economy remains in slow gear.　マニトバ州の経済は減速状態で推移している.　◆gun sales are traditionally slow in the summer and peak in fall hunting seasons 銃の売り上げは昔から, 夏の間はかばかしくなく, 秋の狩猟シーズンに最高となる　◆The story line felt sluggish and slow-moving from beginning to end.　(小説の)筋は, 最初から終わりまで起伏に乏しく[メリハリがなく, 平板で]だらだらと進む感じだった.　◆The streamlining process was frustratingly slow in restoring the company's vigor.　この合理化のプロセスは, 会社に活気を取り戻すのがじれったい[イライラする]ほど遅かった.

**2** *vt., vi.* <down, up> 遅くする[なる], 速度[スピード, ペース]を落とす[緩める], 減速する, 衰える, 弱まる, 鈍る, 緩慢になる, 生産を落とす　◆as inflation slows　インフレが沈静化するにつれ　◆sales slowed　売れ行きが鈍った　◆slow down a server's performance　サーバーのパフォーマンスを低下させる　◆slow down standardization　標準化のペースをダウンさせる　◆slowing of rise time　立ち上がり時間の遅れ　◆slow the economy　経済を減速させる　◆slow the

growth of a market　市場の伸び[成長]を鈍化させる　◆slow the growth of world population [the world's population]　世界の人口の伸び[増加]を鈍化させる　◆slow down the elevator エレベーターを減速させる　◆the slowing down of television production　テレビ生産の減速　◆The popularity of ... shows no signs of slowing down.　～の人気はまだ衰える気配がない　◆there are no signs that the growth of this market is slowing　この市場の伸び[成長]が鈍化して[ペースを落として]いるという様子は(見受けられ)ない　◆I think the growth will slow down.　私は, 伸びは[成長は緩やかになって]くるだろうと考えています.　◆Slow down, drive with extra caution, and watch for children.　徐々に, 運転には格別気をつけて, 子供に注意をすること.　◆The car slowed nearly to a stop.　車はほとんど停止するまでに速度を落とした.　◆The small-business boom shows no signs of slowing.　小企業[零細企業]ブームは, 一向に衰える兆しを見せていない.

**slowdown** *a* ～ 減速, 失速　◆an abrupt economic slowdown 経済の突然の失速[減速]; 景気の急激な沈滞[低迷]　◆enter a slowdown section　徐行区間に入る　◆this means a slowdown in our industry's growth　(意訳)これは我々の業界の成長[伸び]の鈍化を意味する　◆But despite a slowdown in customer traffic in some shops, ...　だが, 一部の店舗で客足は鈍ったものの, ～　◆European economies are in a slowdown.　欧州各国経済は停滞[沈滞]している.

**slowly**　ゆっくりと, 遅く, のろのろ, やおら　◆allow it to cool slowly　それを徐冷する　◆demand for ... has been recovering very slowly　～の需要の回復の(足取り)は遅々たるものだった　◆a slowly-moving vehicle　低速車両

**slow motion** 回スローモーション

**slow-release** *adj.* 《化・薬》徐放性の, 緩効性の, 遅効性の; 《電》緩開放の[緩復旧, 緩復]《継電器など》　◆a slow-release, long-lasting fertilizer　緩効性[遅効性, 徐放性]で長期間効果の持続する肥料

**slow-scan** *adj.* 〈テレビなどが〉スロースキャン[低水平走査速度]の　◆A pioneering use of slow-scan TV was to allow consultants to examine X-ray pictures transmitted to them over the PSTN (public-switched telephone network).　スロースキャンテレビの草分け的用途は, 公衆交換電話網(PSTN)を通じ送られてくるX線写真の顧問医師による診査を可能にすることであった.

**slow-speed** *adj.* 低速の　◆a roll of slow-speed film　低感度[微粒子]フィルム1本(＊低速シャッタースピードでの撮影可)

**SLR**　*an* ～ (a single-lens reflex) 一眼レフ(カメラ)　◆a 35mm SLR　35ミリ一眼レフ　◆an AF SLR　自動焦点一眼レフ

**sludge** 回スラッジ, 汚泥, 下水汚泥, ヘドロ, 沈殿[沈澱]物, 殿żon(デンプン), 廃泥　◆dewater and dispose of sludge　汚泥を脱水し処分する

**slug 1** *a* ～ スラグ, スラッグ　◆a slug tuner　スラグ同調器(＊導波管内に誘電体もしくは金属製の可動部品を入れたもので, インピーダンス整合をとるなどの目的に使用する)　◆slug tuning　スラグ同調; ミュー同調(＊中空の同調コイルに可動ダストコアを挿入し, その挿入の深さを変え共振周波数を変化させる = permeability tuning)　◆The coil is a slug-tuned form on which 20 turns of No. 20 enamel wire are close-wound. コイルは, ミュー同調用のボビンに20番エナメル線を20回密着巻きしたものである.

**2** *v.* ～を殴りつける, とことん闘い抜く <out>; a～ 強打　◆They were originally intended to slug it out in the lower end of the market.　これら(製品)は, もともと市場の裾野部分で戦うよう意図されていた.　◆The stage is being set for a slug out between rival Web sites as to Santa's "real" home on the Internet. インターネット上で, サンタの「本家争い」をめぐるライバルウェブサイト同士の対決に向けて準備が整いつつある.

**sluggish** *adj.* のろい, 鈍い, 停滞した, 伸び悩んでいる, 不振な, 不景気な, 低調な, (意訳)〈小説などの筋が〉変化や起伏に乏しい[メリハリがない, 平板的な, 単調な]　◆a sluggish economy 活気のない経済　◆an extremely sluggish economic recovery　極端に歩みの遅い[遅々(チチ)とした]経済回復　◆a sluggish employment market 低迷している雇用市場 ◆a sluggish growth rate of 2% 2%の低成長率 ◆despite a sluggish start 出足のにぶい[立ち上がりの悪い]スタートであったにもかかわらず ◆sales are sluggish 売れ行きは低調である ◆sluggish demand [sales] 需要[販売]の不振 ◆sluggish economic growth 緩慢な[ゆっくりとした]経済成長 ◆sluggish growth 遅々とした成長, 低成長 ◆sluggish real estate markets 不振の不動産市場 ◆the economy is sluggish 経済は停滞している ◆the sluggish movement of... ～ののろい動き ◆the state's sluggish [slow-moving] welfare bureaucracy 動きのにぶいこの国の福祉官僚機構 ◆because of the FDA's sluggish pace in approving drugs （米国の）食品医薬品局による薬品認可のペースが遅いために ◆increase at a sluggish 3% a year 年率3%という低い伸び率で増える ◆sluggish economic performance over the past decade 過去10年間にわたる低迷した経済実績 ◆the real estate market is sluggish 不動産市場は低迷している ◆Strong exports are helping to make up for sluggish demand at home. 力強い輸出が伸び悩んでいる内需をカバーする助けになっている.

**slum** a ～《しばしば ～s》スラム街, 貧民街; vi. 慈善目的あるいは好奇心からスラムを訪れたり、自分の住む街の裏通りを行く ◆slum areas [regions] スラム街, スラム地区 ◆turn into slums 貧民街へと変貌する; スラム化する

**slumber** (a) ～《しばしば～s》眠り, うたたね, まどろみ, 睡眠, 活動していない状態, 休止, 沈滞; vi. ＜away, out, through＞〈時間〉を眠って過ごす,〈年月, 生涯〉を無為に過ごす; vi. 眠る, 休止する ◆reinvigorate our slumbering economy 沈滞している我々の経済を（再び）活性化する

**slump** 1 a ～ スランプ, 不調, 不振, 調子のでない期間, 不況, 暴落, 急落, 急激な落ち込み, 悪化 ◆a lingering economic slump 長引く経済の落ち込み[不振,停滞,不況,不景気]; 長引く景気の低迷[後退] ◆break out of a slump スランプを抜け出す[脱出する, 脱却する] ◆during the first year of a slump 不況期の最初の年に ◆a slump in the dollar's value ドルの暴落[急激な安] ◆All athletes suffer a slump now and then. どのスポーツ選手も, たまにはスランプを経験する[不調に苦しむ]. ◆The company is slogging through a slump in its product development. 同社は製品開発中での不振[低迷]期を重んじる取り組みで進んでいる[《意訳》製品開発で非常に厳しい状況で推移している] ◆Recent reports show that the Japanese economy is making some recovery overall but some areas of the economy still remain in a slump. 最近の報道から, 日本の景気は一部の経済分野で依然として低迷しているものの全般的にいくらか回復[復調]しつつあることが分かる.
2 vi. 急落する, 急激に落ち込む, 悪化する, 背を丸める, 前かがみで歩く ◆slump into a recession 景気後退に落ち込む[陥る]

**slurp** vt., vi. すするような音を立てて食べる[飲む, 食する]; a ～ 飲食時の大きなズルズル［チューチュー, ピチャピチャ, ペチャペチャ］という音 ◆a monkey slurps on a large popsicle 猿が大きなアイスキャンディーをピチャピチャ[ペチャペチャ]とすするように食べている ◆It's customary to make loud slurping sounds when eating noodle soup. 汁物の麺を食べるときに大きな音をたてるのが習慣[普通]です.

**slurry** ①スラリー, （ドロドロ[トロトロ]した）液体と固体粒子と好の懸濁液, 泥漿(デイショウ), 泥水 ◆a slurry pipeline スラリー（輸送[流送]）パイプライン ◆a slurry pump スラリーポンプ ◆to transport approximately 5 million tons of coal in a water-based slurry 約500万トンの石炭をスラリー輸送[流送]するために

**slush** ①半分解けた雪[氷], 雪どけ, 軟雪, ぬかるみ, 雪泥, 軟泥; ①感傷的な低級文学作品[映画] ◆slog through slush ぬかるみを苦労しながら進む

**slushy** adj. 雪解けの, ぬかるみの ◆a slushy road 雪解けでぬかっている道

**Sm** サマリウム(samarium)の元素記号

**small** adj. 小さい, 小ぶりの, 小型の, 小規模な, 少量の; adv., n. ◆become [get, grow] smaller (in size) 小さくなる, 小型化する ◆become small 小さくなる ◆a small retailer 小規模小売商 ◆a small-scale brewer 小規模[零細な]醸造業者 ◆a small-signal transistor 小信号トランジスタ ◆be small in size ～は大きさが小さい, 小ぶりだ, 小形だ, 小型だ ◆$10,000 or 25 percent, whichever is smaller 1万ドルまたは25%のいずれか(額)の小さいほう ◆a small amount of distortion 少量の歪み ◆a small-diameter wire 径が小さい[細い]ワイヤー ◆a small-plane crash 小型飛行機の墜落事故（▶small と plane の間にハイフンが無ければ, 事故の規模が小さいという意味になる） ◆a small-scale retailer 零細な小売業者 ◆a very small quantity 微量 ◆become smaller in volume 体積的に[容積的に, 量的に, 嵩(かさ)的に, 扱い高という観点で, 音量的に]により小さくなる ◆develop [design] a smaller version of... ～の小型版を開発[設計]する;《意訳》～を小型化する ◆ever since I was small 小さな[幼い]時分からずっと ◆for a very small cost ($1 - $2 a year) （年に1～2ドルの）非常に少ない[安い]費用で ◆keep the output voltage small 出力電圧を小さく保っておく ◆make them smaller (in size) それらを小型化[小ぶりに, (のサイズに)小さく]する ◆... must be no smaller than 18 inches and no longer than 36. ～は長さが18インチ以上36インチ未満であらねばならない. ◆on a small scale 小規模で[に]; 小さいながらも; こぢんまりと ◆the advantage of being small 小さいことの[小型であるという]利点[長所, 取り柄, 強み, メリット] ◆use type fonts no smaller than 24 points 24ポイント以上の[最低でも24ポイントの大きさ]活字を使う ◆a nondescript small store in a nondescript small California valley town カリフォルニアヴァレーの何の変哲もない小さな町にある平凡な店 ◆5 1/4-inch and smaller hard disk drives 5インチ以下のハードディスク（＊日本では普通, 1/4を省略する） ◆use a toner with a smaller particle size than current toners 現在（使用中）のトナーよりも粒径の小さい[細かな]種類のトナーを使う（＊tonerに不定冠詞 a がついているのは「ある種類の」の意）◆the difference in price gets much smaller when you consider that... ～であることを考慮すると, 価格差は'ずっと小さくなる ◆without losing even the smallest fraction of its energy それが持っているエネルギーを少しも失わずに ◆Electronic calculators have become [gotten] smaller. 電卓は小型化した. ◆It is a very powerful motor for its small size. これは小さなサイズに似合わず[小さい割には, 小型ながら]非常に強力なモーターである. ◆They are small in number, but they are fanatics. 彼らは, 人数は少ない[小人数, 小勢]とはいえ狂信的な信者たちだ. ◆This ultraminiature video camera is one of the world's smallest. 《意訳》この超小型ビデオカメラは世界最小クラスのものです. ◆Our present laboratory is getting too small [became too small]. 我々の現在の研究室は, どうしようもなく手狭になってきている[手狭になった].

**small-account** ◆a small-account [→big-account] holder 小口[大口]預金者
**small-bore** 小口径の
**small business** a ～ 小企業, 中小企業, 零細企業 ◆the U.S. Small Business Administration (SBA) 米零細企業, 米中小企業庁 ◆a small-business operator 小企業[零細企業]経営者
**small business computer** a ～ オフィスコンピュータ, オフコン
**smallness** ①小さいこと, 微少, 微小, 短小 ◆the smallness of the quantity 数量が小さいということ
**small-signal** ◆a small-signal amplifier 小信号増幅器
**small talk** ①世間話, 雑談, 当たり障りのない会話, 無駄話, よもや話, おしゃべり ◆after brief exchanges of small talk about the weather with her 彼女と天候について短いおしゃべりを交わした後で ◆"Let's cut the small talk and get down to having fun." 「無駄話はやめて楽しもうじゃないか.」◆make [trade] small talk ＜with, about＞ 雑談[世間話, よもや話, おしゃべり]をする
**small-time** adj. 重要でない, 取るに足りない, 些末(サマツ)な, つまらない, ケチな, 他愛ない, たわいない, しがない, 三流の ◆a small-time entrepreneur 小起業家 ◆a small-time

**small-volume**

private detective しがない[三流の]私立探偵 ◆a small-time television personality ケチな[小物]テレビ番組司会者[タレント] ◆a small-time thief [burglar] 小粒な[スケールの小さい、小物の、雑魚(ザコ)の、ケチな]泥棒[強盗];こそ泥 ◆both small- and big-time investors 小投資家[弱小投資家]と大投資家の双方 ◆start small-time farming 小規模農業を始める ◆Even those two issues look small-time compared to... これら2つの問題でさえ〜と比べたら取るに足らないことの[スケールが小さい]ようにみえてしまう.

**small-volume** adj. 容積の小さい、量の少ない、少量の、小口の ◆a small-volume manufacturer 少量生産メーカー

**smart** adj. 頭の切れる、賢い、利口な、賢明な、機知にとむ、気のきいた、敏腕な、きびきびした、元気な、活発な、洗練された、かっこいい、センスのよい〈身なりが〉、(機械やソフトが)情報処理能力のある ◆a smart bomb スマート爆弾 ◆a smart peripheral (= an intelligent peripheral)《コンピュ》スマート周辺機器(*プロセッサとメモリーを内蔵し、自身の装置内で情報処理ができる周辺機器) ◆work smarter よりスマートに仕事をする ◆The smart thing to do is to <do...> 〜するのが賢明です ◆Farmers are getting smarter in the way they go about their business. 農業経営者たちは、ビジネスのやり方が賢く[スマートに]なってきている.

**smart card** a〜 スマート[IC]カード(*情報記憶ICを内蔵したカード. 金銭の出し入れなどを記録する)(= an intelligent card)

**SmartMedia** ◆a 64MB SmartMedia Card [card] for digital cameras デジタルカメラ用64MBスマートメディアカード

**smash** vt. 粉砕する、壊滅する、打ち破る、撃砕する、激突させる; vi. 粉々になる、激突する、破産する[した]; a〜 粉砕、激突、墜落、倒産、破産、失敗、《テニス》スマッシュ、《口》大成功[大当たり] ◆smash electrons into positrons 電子を陽電子に激突させる ◆smash them together with a fury far greater than any natural collision on earth 地球上でのどんな自然衝突をもはるかにしのぐ激しさでそれらを激突させる

**smasher** a〜 粉砕機、smashするもの、すてきなもの ◆an atom smasher 粒子加速器、原子加速器

**smash hit** a〜 スマッシュヒット、大ヒット、大当たり、大成功 ◆a smash-hit album 大ヒットアルバム ◆become a smash hit スマッシュヒット[大ヒット、大当たり、大ブレイク]になる ◆the new game machine will be a smash hit with kids その新型ゲーム機は子どもたちの間で大ヒット[大当たり、大ブレイク、大成功]するだろう

**SMD** (surface mount/mountable/mounted device)(→surface-mount); (System Management Device); (Storage Module Drive)

**smear** a〜 (油性または粘性物質の)汚れ、汚点、しみ、名誉毀損 ◆a smear-resistant, waterproof document 水に濡れて印刷のにじまない文書 ◆The new ink produces a finer dot and is less prone to smear. この新しいインクはより高精細なドットを描画し、またこすっても汚れにくい.
2 v. 汚す、汚れる、(油っぽいもの、べたべたしたものなど)を塗りつける[[、こするようにして]つける]、〜をこすって汚す[きたなくする、ダメにする]; vi. 汚れる ◆tar-smeared beaches タールでべとべとに汚染された浜辺 ◆excessively oily skin which causes makeup to smear 化粧崩れを起こす極端に脂性の肌 ◆The images resist smearing when wet, or marked by a highlighter. 《意訳》印刷[画像]は水に濡れたり蛍光ペンでマークしたりしてもにじまない.

**smell** 1 v. においをかぐ、においがする、におう ◆delicious-smelling leather upholstery いい匂いのする革張り ◆Hexane is said to smell like kerosene. ヘキサンは石油のような臭いがするといわれている. ◆The laboratory smells of rotten eggs. 研究室は、腐った卵の臭いがする.
2 a〜 におい、においをかぐこと; □嗅覚 ◆a bad smell 悪臭 ◆an unpleasant smell 不快な[いやな]臭い ◆the sense of smell 嗅覚 ◆notice the [a] smell of smoke 煙の臭いに気付く ◆the smell of stale beer 気の抜けたビールの臭い ◆there is a smell of gas ガスの臭いがする; ガス臭い ◆If a bad smell of exhaust is present in car, ... 車の室内で排気ガスのいやな

臭いがする場合は ◆Store-bought tomatoes are devoid of smell (and taste, if you ask me). 店で買ったトマトは匂いがしない[香りがない](そして、言わせてもらうならば味もしない).

**smelt** vt. 〈鉱石〉を融解して製錬[精錬]する、〜を融解して吹き分ける; vi. 融解される、製錬[精錬]される ◆a smelting furnace 製錬炉[溶解炉、溶鉱炉] ◆a process of smelting 製錬[精錬]工程 ◆a copper-smelting process 銅の製錬[精錬]工程 ◆in the smelting of nonferrous ores 非鉄金属の鉱石の製錬で[の]

**smelter** a〜 製錬工、製錬業者、製錬所、溶鉱炉、溶解炉 ◆a copper smelter 銅製錬所 ◆an aluminum smelter アルミニウム溶解炉[製錬業者、製錬所]

**SMES** (superconducting magnetic energy storage) □超電導(磁気)エネルギー貯蔵(装置)(*energyとは電力のこと)

**smile** 1 a〜 微笑、ほほえみ ◆flash one's smile にこりと笑顔を見せる ◆with a smile (on one's face) 笑みを浮かべて ◆Put a smile in your voice. 声にはにこやかに.(*電話の応対の話で)
2 v. 微笑する、にっこりする、ほほえむ、《意訳》目を細める

**smiley** adj. にこにこした; n. a〜 (pl. 〜s)《ネット》にこにこ顔のフェイスマーク[にこにこマーク]、(にこにこ顔に限らずいろいろな種類の)顔文字(= an emoticon) ◆a smiley [an emoticon] dictionary 《ネット》フェイスマーク[顔文字]辞典

**S/MIME** (Secure Multipurpose Internet Mail Extension)《ネット》

**smog** (a)〜 煙霧、スモッグ ◆smog-covered cities スモッグに覆われている都市 ◆a smog-plagued city スモッグに悩まされている都市 ◆to cut emissions of smog-causing chemicals by 15 percent スモッグの原因となる化学物質を15%削減するために

**smoke** 1 □煙、ばい煙; a〜 喫煙、タバコ ◆go up in smoke [flames] 炎上する;《比喩的》価値が突然下がる[水泡に帰する] ◆a smoke detector 煙探知器 ◆a smoke meter ばい煙濃度計 ◆a smoke screen; a screen of smoke 煙幕 ◆smoke and dust 煙塵(バイジン) ◆a smoke-free lifestyle タバコを吸わないライフスタイル ◆a smoke-free restaurant [workplace] 禁煙のレストラン[職場] ◆a whitish smoke coming out of ... 〜から出ている白っぽい煙 ◆expose... to peat smoke 〜にピートの煙で薫煙[燻香]をつける;〜を泥炭の薫煙で燻煙する(*独特の香りをつけるために) ◆produce smoke 煙を発生する、発煙する ◆a smoke-producing material 発煙材料 ◆it was engulfed in flames and smoke それは炎と煙に包まれていた
2 v. 煙を出す、タバコを吸う[喫煙する]、燻蒸(クンジョウ)する[燻煙する、いぶす、燻製にする] ◆a slice of smoked salmon 薫製のシャケ[スモークサーモン]一切れ ◆burn without smoking 煙を出さずに燃える ◆hickory-smoked pork ヒッコリーの木で燻煙した[薫製にした]豚の肉 ◆If the oil starts to smoke, it is too hot. 油から煙が出始めるようなら温度が高すぎます.

**smokeless** adj. 無煙の ◆smokeless fuel 無煙燃料

**smoker** a〜 喫煙者、愛煙家、タバコのみ、喫煙車、男だけの気軽な会合; a〜 海底の熱水噴出口 ◆a cigarette smoker タバコ喫煙者

**smokestack** a〜 大煙突 ◆smokestack industries 重厚長大型の産業(*大煙突が付き物の鉄鋼などの産業) ◆a belching smokestack もくもくと煙を吐き出している煙突

**smoking** 喫煙 ◆a no-smoking compartment (客車の)禁煙室 ◆a smoking cessation method 禁煙する方法[禁煙法] ◆a stop-smoking class 禁煙教室(*禁煙の仕方を伝授する講習会) ◆passive smoking 受動喫煙 ◆give up smoking 禁煙する ◆No Smoking 禁煙！ ◆smoking occurs 発煙する

**smoky** adj. 大量に煙を出す、いぶる、くすぶる、煙のような、煙が充満している、いぶしたような[くすんだ]色をしている、曇っている、すすけた、煙臭い、薫製風味[スモーク味]の ◆give... a smoky flavor 〜に薫煙(クンエン)をつける;〜を燻

煙(クンエン)する(*薫製食品やウイスキーの製造などで,煙でいぶして独特の燻香をつける)

**smolder** vi. いぶる, くすぶる, 内攻する, 心がもやもやする, (目などが)抑えつけた怒り・憎悪・嫉妬などの感情を示す, (通例 smolder out で)くすぶってそのまま燃え尽きる; a～いぶり, くすぶり ◆This event ignited the long-smoldering frustrations of the people of Okinawa. この事件は, 沖縄の人々が長年くすぶり続けてきた不満[長期にわたり鬱積したやり場のない感情]に火を付けた.

**smooth** 1 adj. (表面, 動きが)滑らかな, 平滑な, 円滑[順調]な ◆silk-smooth 絹のように滑らかな ◆a smooth ride スムーズな乗り心地 ◆creamy-smooth クリームのように柔らかな ◆hammer it smooth and flat それを金槌で打って平らで滑らかにする ◆a smooth muscle (an unstriated and unstriped muscle) 平滑筋(平滑で筋のない筋肉) ◆a satin-smooth finish cut サテンのように滑らかな仕上げ裁断 ◆a smooth-shifting gearbox 《車》切り換えが滑らかな変速機 ◆for a smooth implementation and enforcement of the ban その禁止令の円滑な実施と執行[施行]のために
2 vt. 平ら[滑らか]にする, ならす, 均等化[平滑化, 平準化]する, しわをのばす, (困難)を取り除く, 容易にする; vi. 平らになる, 滑らかになる, おさまる ◆a smoothing circuit 《電気》平滑回路 ◆smooth out wrinkles [creases] しわを伸ばす ◆smooth the way [path] to... 〜を容易にする, 促進する ◆the smoothing of jagged, sloped lines ギザギザの斜線を滑らかにすること ◆jagged edges of... will smooth out 〜のぎざぎざしたエッジは滑らかになる ◆smooth out the staircase effect, or "jaggies," typical of low-resolution screen displays and dot-matrix printers 低解像度ディスプレイやドットマトリックスプリンタに特有の階段状効果, つまり「ギザギザ」を滑らかにする ◆The pulsating voltage is smoothed into a steady d-c voltage. 脈動電圧は, ある一定した直流電圧に平滑化される. ◆Input-output devices employ buffering to smooth out speed discrepancies. 入出力装置は, (装置間の処理)速度の違い[差違]を吸収するためにバッファリングを用いている. ◆To smooth out their production schedules, the manufacturers have become aggressive exporters. 生産スケジュールをならすために[生産スケジュールの平準化を図って], それらの製造業者らは精力的な輸出業者になった.

**smoothly** adv. 滑らかに, 順調[円滑, 快調]に, 如才無く ◆a smoothly-moving scene なめらかな動きのシーン ◆it was smoothly [readily, easily] accepted by consumers それは消費者にスムーズに[すぐに, 簡単に, すんなりと]受け入れられた. ◆to ensure that all will go smoothly あらゆることが[万事]滞りなく運ぶようにするために ◆The changeover was achieved smoothly. その切り換えは, スムーズに執り遂げられた. ◆The program ran very smoothly on my machine. このプログラムは, 私の機械で快調に走った.

**smoothness** 四平滑性, 平坦さ, 平滑性, 滑らかさ, 円滑さ, 流暢さ, よどみなさ, 流麗さ(海などが)穏やかなこと, 平穏さ, 慇懃(インギン)さ, 物腰の柔らかさ, 愛想よさ, 人当たりのよさ, 口当たりのよさ, 耳当たり[耳触り]のよさ ◆improve surface smoothness 表面平滑度[平滑性]を向上させる

**smooth-talking** adj. ◆a smooth-talking hustler 口のうまい[達者な]詐欺師[ペテン師] ◆a smooth-talking politician 立て板に水の政治家 ◆a smooth-talking disc jockey 立て板に水の[すらすらとよどみなく・流暢にしゃべる]ディスクジョキー

**smother** v. 深くおおう[包む], 窒息させる, 〈火〉をおおい消す, 抑制する; (a)～煙霧, 濃い灰・霧, 濃いほこり, 濃霧, もや, 窒息 ◆In the unlikely event of the oil catching fire, unplug the fryer and cover the top with a plate to smother the flames. (まずは起こりそうもないことですが)万が一にも油が発火した場合には, フライ揚げ器の電源を抜き, 上に皿でふたをして火を[窒息]消火してください.

**SMT** (surface mount technology) 《電子》表面実装技術(*リード線無しのチップ部品を, 回路基板に直にはんだ付けする技術)

**SMTP** (Simple Mail Transport Protocol)

**smudge** a～汚れ[汚点](*輪郭がはっきりしない, またはこすりつけてできた汚れ); v. 汚す, きたなくする, しみをつける ◆cause [create] smudges on the backs of pages ページの裏に汚れを発生させる(*複写機やプリンタの話で) ◆a smudge-proof hardcopy こすっても汚れないハードコピー ◆Smudges and glue glops uglify the front panel. 汚れや接着剤のねばねばした塊でフロントパネルが醜くなっている.

**smuggle** vt. 〜を密輸[密貿易]する, 密輸入する, ひそかに持ち込む<into>; 密輸出する, こっそり持ち出す<out of>; vi. 密輸[密貿易]する, 密輸出する, 密輸入する ◆the smuggling of... into a country ある国への〜の密輸

**Sn** スズ(tin)の元素記号

**S/N** (→ signal-to-noise)

**snafu** 《米》a～混乱(状態); adj. 混乱した; v. 混乱させる, だいなしにする ◆without any major snafus 《口》大した混乱もなく

**snag** 1 a～思わぬ障害[困難], (引っ掛かるような)突起物[出っ張り], かぎ裂き ◆hit a snag; run up against a snag; encounter a snag 障害[問題, 難問]にぶつかる ◆hit a snag in the water 水中の沈み木[突起物]にぶつかる
2 vt. 妨げる, (〜に)ひっかける<on>; vi. ひっかかる ◆to keep it from getting snagged on weeds and other obstructions それが海草やその他の障害物に引っかからないようにするために ◆I've snagged my pants on a nail. 釘にズボンをひっかけてしまった. ◆These packages can get snagged and torn on conveyor belts. これらの包みがベルトコンベヤーにひっかかって破れることがある.

**snail** a～カタツムリ, 渦状カム ◆at snail's pace 遅々とした歩みで ◆by [via, through] snail mail 通常[昔ながら]の郵便で(*電子メールに比べて遅い通常のメール)

**snake** a～ヘビ, 陰険[こうかつ]な人; v. 曲がりくねって動く[進む] ◆a snake head [snakehead] 蛇の頭; 中国人の密航を手引きする組織[スネークヘッド, 蛇頭(ジャトウ)] ◆a line of automobiles snaked its way to... 自動車の長蛇の列が〜に向かって進んで行った ◆snake (one's way) through tight turns 急カーブを蛇行運転する ◆Long lines snake into the street for such ordinary items as sausage, rice, coffee and candy. ソーセージ, 米, コーヒー, キャンデーなどの普通の品物を求めて長蛇の列が通りにまで続いていた.

**snap** 1 v. パチン[カチャッ]ととめる, カチッと動かす, カチッ[カチャッ, パチン]という[鳴る], ポキッと折る, プチッと切る, ばくっとかみつく, かみつくように言う, がみがみ言う ◆snap out of it 陰鬱[憂鬱]な気分からサッと抜け出す; 気持ちをパッと(明るく)切り換える; 気を取り直す; 元気を出す ◆click [snap] the shutter カシャッ[パシャッ, パチリ]とシャッターを切って行った ◆fans snap up scalper tickets ファンはダフ屋が売るチケットに飛びつく[ダフ屋のチケットを先を争って買う] ◆Hey! Snap out of it! さあ, 元気出せよ. ◆a wire attached to a detonator snapped 雷管に接続されている電線が切れた[断線した] ◆how far it will stretch before it snaps それはぶつっと切れる[破断する]までどのくらい伸ばせるだろうか ◆snap pictures with a motor-driven camera モータードライブ[電動フィルム巻き上げ式]カメラで写真を撮る ◆the chain snapped [jumped] back into expansion mode このチェーン企業は, 急きょ拡大局面[路線]に戻った ◆after a series of snappings of ties with companies such as Apple Computer and Tektronix アップル・コンピュータやテクトロニクスなどの企業との一連の関係断絶の後に ◆touch the release button and watch the image snap into focus レリーズ[シャッター]ボタンに触れて, 画像のピントがサッと合う[合焦する]のを見る ◆Slowly slide the unit downward until it snaps on. ユニットを, カチャッとはまるまでゆっくり下にスライドさせてください. ◆The cover is snapped into place. カバーはパチンとはめられる[パッチンばめられる]. ◆The mechanism snaps out of position. その機構はカチャッと外れる. ◆The bone doesn't snap neatly like a dried twig but cracks more like a green stick. 骨は, 乾燥した小枝のようにきれいにポキッと折れる

**snap-in**

のではなく、むしろ青々として生きている枝木のように裂けるのである.
**2** *a* ～パチンという音, 留め金, スナップ写真, 楽な仕事, 朝飯前の[楽勝な, ちょろい]こと; *adj.* ◆*in a snap* 簡単に, 一発で ◆*a snap turn* 急旋回 ◆*a snap-action switch* パチン[カチッ]と入ったり切れたりするスイッチ ◆*a snap-fastened binder* パチンと留められるバインダー ◆*make microprocessor analysis a snap* マイクロプロセッサの解析を非常に容易(なもの)にする ◆*Installation is a snap for both versions.* インストールは両バージョンとも簡単だ[一発でできる].

**snap-in** カチッ[パチン, パチン]とはめる[差し込む]方式の ◆*a snap-in cartridge* カチッとはめて装着できるカートリッジ ◆*a snap-in LED indicator* (取り付け穴に)パチンとはめて取り付ける式[パッチンばめ]のLED表示灯

**snap-on** パチン[パッチン, カチッ]と留める[取り付ける]方式の ◆*a snap-on cover* パチンとはまる[パッチンばめの]カバー

**snapshot** *a* ～スナップ[早撮り, 速写]写真(＊特にアマチュア写真家が小型カメラで撮影した), ある時点で捉えた画像, 一瞬の印象, 《コンピュ》スナップショット(＊絶えず変化するデータなどのある時点での全体像); *v.* スナップ写真を撮る ◆*a snapshot printer* (＝ a photo [photographic] printer) フォト[写真]プリンタ ◆*take snapshots of animals* 動物のスナップ写真を撮る

**snarl** *vt.* ～をもつれさせる, 紛糾させる, 〈交通など〉を混乱させる, 麻痺させる; *vi.* もつれる, 紛糾する, 混乱する; *a* ～もつれ, 混乱, 紛糾, 交通麻痺[渋滞] ◆*cause a rush-hour traffic snarl* ラッシュアワー時の交通の混乱[交通麻痺]を引き起こす ◆*snarl rush-hour traffic with wildcat strikes* ラッシュアワー時の交通を山猫ストで麻痺させる ◆*An electrical fire beneath the New York Hilton yesterday led to the evacuation of 1,000 people and snarled rush-hour traffic.* 昨日ニューヨーク・ヒルトン地下で電気系統から発生した火災は, 1,000人が避難する事態となり, ラッシュ時の交通の混乱を引き起こした.

**sneak** *vi.* こそこそと入る[出る], こっそり近づく; *vt.* ～をこっそり持ち込む[持ち出す]; *adj.* こっそりの, 内密の, 不意打ちの; *a* ～卑怯者, こそこそする人 ◆*when the Japanese made their 350-plane sneak attack on the American base at Pearl Harbor* 日本が真珠湾の米基地を350機で奇襲したとき

**sneaker** ～*s* スニーカー; *a* ～こそこそする人, 卑劣[下劣]な奴 ◆*a pair of high-cut [high-top] sneakers* 1足のハイカット[ハイトップ]スニーカー[運動靴](＊くるぶしまで隠れる深いタイプ)

**sneak preview** *a* ～試写会, 予告番組, (新製品の正式発表に先立っ紹介)下見展示会, 事前[先行]発表会, (事前)内覧(特別)内見](会)

**SNF** (short-range nuclear forces) 短距離核戦力

**SNG** ◆*a DSNG (digital satellite news gathering) vehicle [van]* デジタル衛星・ニュース・ギャザリング車(＊放送局が出先から衛星回線を使って中継映像伝送するためのもの)

**snick** *vt.* ～に切れ目を入れる[刻み目をつける]; *vi.* 軽く切る動作をする; *a* ～小さな切れ目, 刻み目, 切り込み, ノッチ ◆*The steering is light and the shifter snicks.* 《車》ステアリングは軽く, (ギア)シフトレバーは小気味いい切れ味だ[節度感がある, メリハリがある].

**snip** *v.* (チョキンと)はさみ切る; *a* ～はさみ切ること, 断片; ～*s* 金切りばさみ, スニップス

**sniper** *a* ～狙撃者, 狙撃手, 狙撃兵 ◆*Kennedy was shot by a sniper in Dallas on Friday, Nov. 22, 1963.* ケネディは1963年11月22日金曜日に狙撃者により撃たれた.

**SNMP** (Simple Network Management Protocol)《ネット》簡易ネットワーク管理プロトコル

**snorkel** *a* ～スノーケル, シュノーケル, J字型をした呼吸用の潜水具, 潜水艦の給排気用の筒; *vi.* シュノーケルを使って潜水をする[泳ぐ] ◆*a submarine snorkel breathing device* 潜水艦の吸排気装置(＊ディーゼルエンジン式の)

**snow** **1** ⦿雪, 《TV》スノーノイズ ◆*snow-making equipment; a snow-making system* 造雪機[装置] ◆*snow-making equipment; a snow-making machine* 人工降雪機 ◆*snow tolerance [resistance, endurance]; resistance to snow* 〈草木の〉耐雪性 ◆*because of heavy snow [a heavy snowfall]* 大雪[豪雪]のせいで ◆*blowing snow* 吹雪 ◆*slog through snow* 雪を掻き分けながら進む ◆*a motorized snow vehicle operator's license* 原付軽上車両運転免許 ◆*a snow-covered road* 雪で覆われた道路; 雪道; 雪路 ◆*a snow-melting agent* 融雪剤 ◆*galloping caused by snow accretion and strong wind* 着雪と強風によって引き起こされるギャロッピング(＊送電線の異常振動) ◆*snow-proof [snowproof] ski clothing* 雪への対策が施されているスキーウェア ◆*..., so the quality of snow can be quite good* だから, 雪質はかなりいいほうです ◆*the removal of snow from a highway* ハイウェイの除雪 ◆*DSS users who may have outages due to snow and ice on the dish antenna* パラボラアンテナの着氷と着雪で(衛星放送が)受信不能になっているかもしれないDSSユーザーたち(＊DSS＝Digital Satellite System) ◆*if there happened to be enough snow on the ground* たまたま地面に十分な積雪があったなら ◆*the maximum accumulation of snow yesterday was 3 inches* 昨日の最高積雪は3インチだった ◆*Seven inches of snow had fallen.* 雪が7インチ降り積もった. ◆*If you intend to drive in snow, equip your vehicle with snow tires.* 雪の中を運転(しようと)するときは, 車にスノータイヤを履かせてください. ◆*By subtracting random elements that appear on one frame but not the other, the circuitry removes snow before it shows up on the screen.* あるフレームには現れるが, もう一方のフレームには現れないランダムな画素を減じることにより, この回路はスノー・ノイズを画面に現れる前に除去してしまう.
**2** *v.* 雪が降る, 雪でおおう

**snowball** *a* ～(雪合戦の)雪玉, 雪つぶて, (雪の積もった上を転がして作る)大きな雪の玉; *vt.* ～に雪つぶてを投げる, ～を雪だるま式に増大させる; *vi.* 雪合戦する, 雪だるま式に[加速度的に]増える, 急増する, 急拡大する ◆*snowballing losses* 雪だるま式に膨らんで[増えて]いる損失

**snowbelt** *a* ～豪雪地帯 ◆*in snowbelt areas* 豪雪地帯では

**snowfall** ⦿降雪, 雪降り; (*a*) ～降雪量 ◆*a heavy snowfall area; an area with [of] heavy snowfall* 豪雪地域 ◆*following [after] a sudden heavy snowfall* ドカ雪の後で

**snowgun** *a* ～スノーガン, 人工降雪機(＊水と圧搾空気を用いて人工雪を製造する. スキー場などで使用)

**snowman** *a* ～ (*pl.* -*men*) 雪だるま ◆*build a snowman* 雪だるまを作る

**snowmobile** *a* ～スノーモービル, 雪上車 ◆*travel by snowmobile* スノーモービル[雪上車]で移動する

**snowplow** ～で除雪する

**snowproof** *adj.* 耐雪性の, 雪に対して強い, 雪がつきにくい; *vt.* ～を耐雪性にする, ～に雪支度を施す, ～を雪に対して強いものにする ◆*snowproof a house* 家に雪支度[雪対策]を施す ◆*a snowproof temperature controlled satellite dish* 雪防止のための温度調節機能付きの衛星(放送受信用)パラボラアンテナ

**snowy** 雪のような, 雪におおわれた, 雪の積もった, 雪の降る[多い] ◆*slow down on rutted snowy roads* わだちがついた雪道[雪路]で速度を落とす

**SNP** *a* [*an*] ～ (a single nucleotide polymorphism) 一塩基多型 (＊DNA塩基配列の一つの違いが体質などの個人差になる) ◆前に付く不定冠詞は, SNPの読み方によって a SNP "スニップ"または an SNP "エスエヌピー".

**SNR** *an* ～ (a signal-to-noise ratio) S/N比, 信号対雑音比

**S/N ratio** *an* ～, *a* ～ (a signal-to-noise ratio) S／N比, 信号対雑音比(＊S/Nの直前の不定冠詞は, S/N を "es en"と読む場合は an, "signal-to-noise" と読む場合は a となる.

**snubber** *a* ～緩衝器, 緩衝装置, ショックアブソーバー, スパイク電圧吸収回路 ◆*a snubber circuit [network]* スナバ回

**snuff** vt. ～を鼻でかぐ, 鼻から吸い込む; vi. 鼻でくんくんにおいをかぐ, かぎタバコを鼻から吸入する; a～ くんくんにおいをかぐこと, 鼻から吸入すること; ⓒかぎタバコ ◆up to snuff 《口》標準に達して, 良好な状態で, 元気で, 体調がよくて, 《英》抜け目のない ◆Unfortunately, the car wasn't completely up to snuff. 《口》ついていないことに, その車の調子は万全ではなかった.

**snug** adj. 心地よい, 安楽な, ぴったりフィットする; adv. v. ◆a snug fit ぴったりとしたフィット性, 滑べりばき ◆with the lap belt fitted snug 膝ベルトを(きつくない程度に)きっちりと締めて

**snugly** adv. 快適に, 心地よく, ぴったりと(フィットして) ◆It fits snugly in my hand. それは私の手にしっくりとなじむ. (＊拳銃の話で) ◆It fits snugly in the palm of the hand. それは手のひら[掌]にすっぽり収まる.

**so** その[この]ように, そのように, それだけ; 左線, かように; とても ◆A, B, C and so on and on (and on...) A, B, C 等々 [などなど] ◆By doing so [By so doing], ... そうすることにより, ◆in so doing そうすることにより ◆in the not-so-distant future それほど[そんなに, さほど, あまり]遠くない将来に ◆only when you so desire; only if you so wish あなたがそう望む場合に限り; (お客様がそのように)希望された場合にのみ ◆"So what?" 「それがどうした(というのか)」; 「だから何なんだ」 ◆while doing so そうしている間 ◆(a) failure to do so could result in... [could lead to...] そうしないと～という結果を招き[～につながり]かねない ◆when required to do so そうすることが要求されている場合に ◆an extension cord intended for use outdoors and so marked 屋外用に作られていて, またそのように表示してある延長コード ◆A brief study of the devices concerned shows why this is so. 当該デバイスを簡単に調べるだけで, どうしてそうなのかが判る. ◆As Mexico recovers, so will demand for U.S. goods and services. メキシコが回復するにつれて, 米国製のモノやサービスに対する需要も増えて来る. ◆As the number of clients grew, so did the firm's accounting workload. 顧客数の増加につれて, その会社の経理の仕事量[業務量]も増えた. ◆Basic engineering has come so far that just about every carmaker now has at least one passable performer. 基礎工学は, 今日ほとんどの自動車メーカーが一応満足のいく性能のものを少なくとも1車種は持つほどまでに(ずいぶん)進歩した. ◆The magnetic tape is the most common audio and video recording medium, and is likely to remain so for many years into the future. 磁気テープは最も一般的な録音・録画媒体であり, この先何年も変わらないだろう.

**or so** 《数量の後について》～かそのくらい[そこら], ～くらい, ～ほど ◆after a day or so 1日かそこらしてから ◆an hour or so 1時間くらい

**so as to <do>** ～するように; so... as to <do> ～するほどに, 非常に～なので～する ◆be so constructed as to separate A from B AとBを分離させておくように建設されている

**so that** ～するように[～するため], それで[そのため, ので, これにより]～; so... that... 非常に～なので, ～ほど

**soak** vt. 浸す[つける, 浸漬する], 〈液体など〉を吸い込む[吸収する], 専心させる; vi. 浸る, にじむ; n. a～ 浸漬, 浸透, 浸漬液 ◆in a liquid ～を液体に浸漬する ◆soak... in cold water for 10 minutes ～を冷水に10分間浸す ◆an acid-soaked cloth 酸をたっぷり含ませた[吸わせた]布切れ ◆Hollywood's movie-soaked image どっぷりと映画にひたっているハリウッドのイメージ ◆leave the cookware to soak overnight 調理器具を一晩浸けおきする ◆A twenty-four soaking test in distilled water at room temperature was used to evaluate... 常温蒸留水中における24時間浸水[浸漬(シンセキ)]試験が, ～の評価のために用いられた.

**so-and-so** pron. だれそれ, だれだれ, なんとかさん, ある人, 何々, 某(ボウ, ナニガシ), 何某(ナニボウ, ナニガシ), 何のだれかが; a～ 《口》いやな奴 ◆Mr. So-and-So [So-and-so] 某氏, なになにさん ◆Mrs. So-and-So's children だれだれ[だれそれ]夫人の子供たち ◆so-and-so received X amount of dollars ある人がある金額を受け取った ◆That was Congressman So-and-So. それは某下院議員[国会議員]であった.

**soap** n. 石けん; vt. ～に石けんをつける ◆a cake [bar, tablet] of soap 1個の石鹸 ◆unwrapped bars of unscented soap (何個かの)無包装の無香料石鹸 ◆Use only mild soap and a damp cloth to clean the appliance. この器具の汚れを落とすには, マイルドな石けんとぬれ雑巾のみをご使用ください.

**soap opera** n. 《～(ラジオやテレビの主婦向け)》連続メロドラマ, 昼メロ, 昼の連続テレビ[ラジオ]小説[奥様劇場] (＊当初スポンサーの多くが石鹸会社だったことから) ◆a daytime soap opera theme song 昼のメロドラマ[昼メロ]のテーマソング, 昼の連続テレビ[ラジオ]小説の主題歌 ◆I really like to watch soap operas. 私は連続メロドラマ[続き物のホームドラマ, 連続テレビ小説]をみるのが本当に好きです.

**soapy** adj. 石けんのような, 石けんを含んだ, 石鹸だらけの ◆wash it in warm soapy water それをぬるま湯の石けん水中で洗う

**soar** vi. 高く昇る, 高まる, 高揚する, 急上昇する, 急騰する, 《意訳》飛翔する, そびえる[そそり立つ] ◆soaring skyscrapers 屹立(キツリツ)する[そびえ立つ, そそり立つ]摩天楼[超高層ビル] ◆the yen's soaring by 29% against the dollar 円のドルに対する29%の急騰; 対米ドル29%の急騰 ◆Sales in Japan alone soared from 1,265 cars in 1985 to 8,513 in 1990. 販売車数は日本だけでも1985年の1,265台から1990年の8,513台に急上昇した. (＊輸入車の話) ◆Soaring oil prices pushed up the cost of air travel – at least temporarily. 暴騰する石油価格[石油価格の暴騰]は, 空の旅の費用を押し上げた. 一時的現象かもしれないにしても.

**sober** adj. 酔っていない, しらふの, 冷静な, 落ち着いた, まじめな, 誇張のない; vt. 酔いをさまさせる, 落ち着かせる; vi. 酔いがさめる, 落ち着く, まじめになる ◆sobering-up time 酔い醒ましのための時間

**SoC, SOC** a SoC (System on a Chip), a SOC (system on a chip) (＊「システムLSI」とも)

**so-called** adj. いわゆる, 《世の中で一般に》言うところの, 世間で言う, 世にいわれている, 《軽蔑的に》名ばかりの, ～とやら, ～と称するもの, ～なるもの ◆the so-called Super 301 provision of the 1988 trade law 88年(包括)通商法のいわゆるスーパー301条

**soccer** n. 《英》サッカー, 蹴球(シュウキュウ) (=《英》association football または football とも) ◆a soccer player サッカー選手

**social** adj. 社会の[社会的な], 社交的な[社交界の] ◆social instability 社会不安 ◆social pathology 社会病理学 ◆Social Security 社会保障 ◆the Social Insurance Agency 《日》社会保険庁 ◆a psychiatric social worker (PSW) 精神保健福祉士 ◆social anxiety disorder (SAD) 社会不安障害(＊以前はsocial phobia 《対人》恐怖症と呼ばれていた) ◆a person of higher [←lower] social position [standing] 社会的地位[身分]のより高い[上の, ←のより低い]人 ◆become a social phenomenon 社会現象になる, 社会現象化する ◆between families of similar social standing 似たような社会的地位の家族の間[《意訳》家柄どうし]で ◆in a social environment 社会環境で[の] ◆the controversy has become a social issue この論争は社会問題になった[社会問題化した] ◆those having a high social status 社会的地位の[身分が]高い人たち ◆widen a person's social circle 交際[付き合い, 交わり]の輪を広げる, 交際範囲を広げる ◆formidable social obstacles to waste management 廃棄物管理に対する手ごわい社会的な障害 ◆Human beings are basically social animals. 人間は元来社会的動物である.

**socially** adv. 社会的に, 社会を通して, 社交上, 社交的に, 社交上手に, 打ち解けて, 親しく ◆the socially withdrawn 世捨て人; 隠遁(イントン)者; 俗世間を離れて[世間と縁を切って]暮らしている人; 引きこもり(の人) ◆a socially inept person 社交[交際]下手の人; 人付き合いが不器用な人

**societal** *adj.* 社会の, 社会に関する ◆talk about a societal issue [problem] 社会の問題について話す ◆the effect of guns on societal safety 銃の社会安全(面)に及ぼす影響

**society** ⓊⒸ社会[《意訳》世の中, 世間, 俗世間], 社交界, 社交, つきあい; *a* ~ (ある限られた)集団の)社会, 協会, 会 ◆a society for information display 情報の表示に関する協会 ◆by society at large or people in general 社会一般あるいは一般の人々によって; 世間一般あるいは一般大衆により ◆contribute to the well-being of society 社会[世の中](をよくするため)に貢献する(*well-being は, 普通「福祉, 幸福, 福利, 安寧」と訳される) ◆those who isolate themselves from society 自ら社会と緑を切る人々; 隠遁者; 世捨て人; 引きこもり(の人達) ◆To become a hermit requires almost complete isolation from society. 隠者[隠遁者, 世捨て人]になるためには, 社会[世間, 俗世間]からほぼ完全に絶縁する必要がある. ◆I see the goal of education as preparing our children for their lives in society. 私は, 教育の目的は子どもたちを社会生活へ向けての準備を整えさせることにあると理解しています.

**socioeconomic** 社会経済の, 社会経済的な

**socket** *a* ~ ソケット, 受け口, 差し込み口, 《解剖》眼窩(ガンカ); *vt.* ~にソケットを付ける ◆a wall socket コンセント ◆screw an electric light bulb into a socket ソケット[受け口, 差し込み口]に電球を(回しながら)はめる ◆a socket for an 80387 math coprocessor 《コンピュ》80387数値演算コプロセッサ用ソケット ◆insert a bulb into its socket 電球をソケットにはめる

**sodium** ナトリウム(元素記号: Na) ◆a high-pressure sodium (vapor) lamp 高圧ナトリウム(蒸気)ランプ ◆reduced-sodium [low-sodium] soy sauce 減塩[低塩]醤油 ◆a low-sodium diet 低塩食[減塩食餌療法] ◆a sodium sulfur battery ナトリウム硫黄[NAS]電池

**SOFA** "ソゥファ"と発音. (Status of Forces Agreement) *a* ~ 地位協定(*米国政府が自国の軍隊の駐留する国の政府と結んだもので, その国における米軍の法的地位などを定義する)

**soft** 1 *adj.* 柔らかい, 穏やかな, 優しい, 軟弱な,《写真》軟調の, 〈通貨が〉外貨にすぐ換えられない,〈水が〉軟水の ◆a soft cloth 柔らかい布 ◆a soft magnetic material 軟磁性材料 ◆soft money 《米》ソフトマネー(*連邦法の規制の枠外にして調達・支出される政治資金. 企業や労組から政党に無制限に流れるので, 候補者個人に対する献金を規制する法律の抜け穴になっている. cf. hard money) ◆a 1.1-inch (28mm) soft dome tweeter 1.1インチ(28mm)径のソフトドームツイーター (*高域用スピーカー) ◆an area of soft, muddy ground 軟弱な泥質地盤の地域 ◆a soft crude oil market 軟調な原油相場 ◆soft copper wire 軟銅線 ◆soft sintered materials 軟質焼結セラミックス ◆when in a soft state 柔らかくなっている状態のときに ◆a butter-soft cashmere overcoat バターのように柔らかなカシミヤのオーバー ◆soft, low-contrast, fast film 軟調な低コントラストの高感度フィルム ◆as Europe has been a soft market recently 欧州がこのところ軟調市場しているので ◆the market remains soft この市場は軟調で推移している ◆the market for surimi products (such as kamaboko) has been soft for a long time すり身製品(カマボコ等)の市場は長い間弱含み[軟調]で推移してきた ◆All hoses should be soft and pliable. すべてのホースは, 柔らかくかつしなやかでなければなりません.
2 *adj.* ソフトウェアの, (ソフトウェアによって)変更可能な, 実体のない, 触れることのできない, 一時的な ◆(a) soft copy ソフトコピー(*印刷されたハードコピーに対し, 画面に表示される一時的なイメージなど) ◆a soft error 《コンピュ》ソフトエラー(*再現性のない一過性のエラー-a transient error, またはシステムをリセットせずに復旧できるエラー) ◆a soft key 《コンピュ》ソフトキー(*ファンクションキーの別名) ◆a soft return 《ワープロ》ソフト改行[自動改行]

**softcover** *adj.* ソフトカバーの, (特に)ペーパーバックの; *n.* Ⓤ in softcover 〈本〉ソフトカバーの[で] ◆a softcover book ソフトカバー[ペーパーバック]の本

**soft drink** *a* ~ 清涼飲料, ソフトドリンク(*アルコール分を含まない, 冷たい飲料) ◆soft drinks ソフトドリンク類(= non-alcoholic [alcohol-free] drinks)

**soften** *v.* 柔らかくする, 軟化する, 硬水軟化する ◆water softening 水の軟化, 軟水化 ◆water-softening chemicals (硬)水を軟化させる化学物質[硬水軟化剤] ◆signs pointing to a softening economy 経済の軟調傾向を示唆している兆候 ◆Demand for oil usually softens during springtime. 石油需要は, 通常春期に軟化する.

**softener** *a* ~ 軟化剤, 柔軟剤, 軟化装置, 柔らかくするもの ◆a fabric softener 布地用柔軟剤(*日本では一般に「衣料品用柔軟仕上げ剤」と呼ばれる)

**soft-iron** *adj.* 軟鉄の ◆a soft-iron inductor 軟鉄インダクタ

**softkey, soft-key** *a* ~ ソフトキー(*使用しているプログラムによって機能が割り当てられる); *adj.* ソフトキーの ◆with soft-key operation ソフトキー操作により

**soft landing** *a* ~《宇》軟着陸,《経》ソフトランディング(*不景気や失業増加を招かないようにして経済成長率を下げること) ◆a soft landing without any bloodshed (政権や体制の)無血でのゆるやかな移行 ◆make a soft landing 軟着陸する ◆a slowdown without recession - a.k.a. a soft landing ソフトランディングとも言われる, 景気後退なしでの(経済の)減速 ◆bring the economy to a soft landing after a period of overheating 経済を過熱期の後にソフトランディングに持って行く[させる] ◆if the economy is going to have a soft landing 経済がソフトランディングするのであれば ◆to bring the current economic boom to a soft landing 現在の経済ブームを軟着陸させるために ◆achieve the first soft landing of a spacecraft on another planet 他の惑星への初の宇宙船軟着陸を達成する

**soft-touch** *adj.* ソフトタッチの, タッチがソフトな, 柔らかな感触の ◆a soft-touch electromagnetic release 《カメラ》ソフトタッチ電磁シャッターレリーズ

**software** Ⓤソフトウェア,《中国語》软件 ► 不可算名詞であるから, 不定冠詞や複数形の -s はつかない. 数える必要のある時は a software program [package, module, component], a piece of software などと表現する. ソフトの固有名称は無冠詞(個々のバージョンを区別して可算扱いすることもある). プログラミング言語の名前もやはり無冠詞で, たとえばC言語は単に C, または the C language と表記する. ◆a piece of software (1本の)ソフトウェア ◆image processing software 画像処理ソフトウェア ◆packaged software; a software package 《コンピュ》パッケージソフト (→ package) ◆soft [software-based] fonts 《コンピュ》ソフトフォント ◆software piracy ソフトウェアの著作権侵害[盗用, 不正使用] ◆software portability ソフトウェアの移植性 ◆a software development library ソフトウェア開発ライブラリ ◆a software item ソフトウェア製品[作品] ◆large amounts of software 大量のソフトウェア ◆two trailblazing pieces of software 先駆的なソフトウェア2本 ◆write computer software コンピュータのソフトウェアを書く ◆5-in-1 Windows integrated software 5つのアプリケーションを一つにまとめた[一体化した]Windows用統合ソフト ◆have access to a rich lode of IBM-type software 豊富なIBMタイプのソフトが使用できる ◆the Capability Maturity Model (CMM) developed by Carnegie Mellon University's Software Engineering Institute カーネギーメロン大学のソフトウェア工学研究所が開発した能力成熟度モデル(*ソフトウェア受託開発業者の開発能力を5段階評価するためのもの, レベル5でないと国防関連の受注ができない) ◆the processing can be handled by software rather than by hardware この処理はハードウェアではなくソフトウェアによって行える ◆produce a small software application of up to 10,000 source code statements ソースコード命令文が1万編までの小さなアプリケーションソフトを制作する ◆The software runs on UNIX. このソフトは, UNIX(上)で走る. ◆This scanner came with Dexxa software and two other great pieces of software, Adobe PhotoDeluxe and Textbridge Classic OCR. このスキャナには, Dexxaソフトウェアと, ほかにもAdobe PhotoDeluxeおよびTextbridge Classic

OCRというすばらしいソフトが2本ついてきた[《意訳》同梱されていた]． ◆The VCO (voltage-controlled oscillator) can be software-controlled through a DAC (digital-to-analog converter) to provide a master clock.  このVCO（電圧制御発振器）は，マスタークロックを供給するために，D/A（デジアナ）コンバーターを介してソフトウェア制御することができる．

**software-compatible** adj. ソフト互換性がある ◆The single-board computer is 100% PC software-compatible.  このシングルボードコンピュータは，(IBM)PCと百パーセントソフトウェア互換性がある．

**software control** n. ソフトウェア制御; vt. ソフトウェア制御する

**software house** a～ソフトハウス，（コンピュータ）ソフト開発会社

**software-programmable** adj. ソフトウェアによって設定(変更)可能な ◆The resolutions are software-programmable to match U.S. and European broadcast standards.  これらの解像度の値は，米国と欧州の放送規格に適合するようにソフトで設定可能である．

**software-switchable** adj. ソフトウェアで切り換え[変更]可能な ◆The laptop's 80286 processor is software-switchable between 8 and 10 MHz.  このラップトップコンピュータの80286プロセッサは，8MHzと10MHzの切り替えがソフトでできる．

**Soho** ロンドン中心部の一地区の名;《SoHoまたはSohoと表記》ニューヨーク市マンハッタン内の一地区の名

**SOHO** 《コンピュ》(small office/home office) ◆the SOHO (small office/home office) market  SOHO（小規模事業所／個人事業所[自宅兼用オフィス, 在宅就労者, 在宅勤務者]）相手の市場; ソーホー市場 ◆Can SOHO (small office, home office [small office/home office]) entrepreneurs compete with big corporations on the Web?  ソーホー起業家は，ウェブ上で大企業と競争できるのだろうか．

**SOIC** an～(a small-outline integrated circuit) スモールアウトライン集積回路の（*表面実装用ICパッケージの形の一つ）

**soil** 1 vt., vi. ～をよごす，～にしみをつける，～をけがす，汚れる，汚損する，堕落させる[する] ◆get soiled 汚れる，汚くなる ◆soil A with B  AをBで汚す ◆soiled [dirty] clothes 汚れた衣服; 汚れ物［洗濯物］ ◆ease of cleaning and resistance to being soiled 掃除のしやすさと汚れにくさ[防汚性] ◆a diaper service picks up soiled diapers  貸しおむつ業者が汚れたおむつを持っていく ◆be resistant to sunlight, fading, soiling, stains, abrasion and mildew 直射日光，退色，汚れ，染み，摩耗およびカビに強い ◆if your baby soils his [her] diaper  赤ちゃんがオムツを汚したら ◆to keep our carpet from being soiled カーペットの汚れを防ぐ ◆If the disc becomes soiled by fingerprints, dust or dirt, ...  ディスクが指紋や埃や塵で汚れたら ◆The shelves are dirty, and the carpet is soiled.  商品陳列棚は汚れている[きたない]し，カーペットも汚れ[にはしみがついて]いる．

2 回汚れ，汚損，汚物，堕落 ◆soil removal  (*基板などからの)汚れの除去;  (*汚染された)土壌の撤去 ◆(a) soil-resistance treatment  汚れに強くする処理（法） [防汚加工] ◆be impervious to soil [soiling]  汚れを(まったく)寄せ付けない ◆excellent soil resistance; superior soiling resistance 優れた防汚性 ◆soil-resistant print fabric  防汚性のプリント地 ◆a process for imparting soil resistance to...  汚れに対する耐性を～に付与する[～に防汚性を持たせる，～を汚れに強くする]ための工程; 防汚加工工程 ◆anti-soil [soil-resistant] and anti-stain [stain-resistant] finishes are available for... (商品)には汚れに強い仕上げおよび染み防止仕上げもあります; 防汚加工もご用命いただけます ◆they should be in the darker tones of the fashionable colors so they won't show soil easily  それらは，汚れが目立たないよう，おしゃれな色の中でも暗めの感じの色調[色合い，色相]にしなければならない

3 (a)～土，土壌; the～地面，地盤，大地; 回領土，国土，地 ◆a soil survey  土壌[土質，地盤]調査 ◆soil improvement 土壌改良 ◆become foreign soil  外国の領土になる ◆set foot on Japanese soil  日本の土を踏む; 日本の国土［領土］に上陸する［降り立つ］ ◆take soil samples  土壌サンプルを採取する，採土する ◆terrorist attacks on American soil  米国（領土）内でのテロ攻撃 ◆grow vigorously beneath the soil surface  地面の下で盛んに［活発に］育つ ◆a plant struggling to survive in the dusty soil  乾燥してぱさぱさの土壌で生き延びようと奮闘している植物 ◆The soil surveys revealed no evidence of toxic dumping.  これらの土壌調査で，有毒［有害］廃棄物の投棄を示唆する証拠は認められ［出てこ］なかった． ◆The organization set an amount of 1 part per billion of dioxin in soil as the danger level.  同機関は，土中ダイオキシン量1ppbを危険レベルとして定めた［規定した，決めた］．

**soiling** 回汚すこと，汚れること，汚損; 回失禁による排便，病人や幼児による糞尿の垂れ流し; 回田畑に下肥や堆肥を施すこと; 回牛馬に青刈りした牧草を給餌すること; 回土を被せること; adj. 汚す，不潔にする，汚損［汚染］させる，汚辱させる ◆be impervious to soiling  ～は汚れ（を寄せ付け）ない

**solar** adj. 太陽の，太陽熱［光線］を利用した ◆a solar-powered car; a solar energy-powered car  ソーラーカー ◆solar calendar  太陽暦 ◆solar heat  太陽熱 ◆solar irradiation  日照 ◆solar radiation  太陽放射［輻射］; 日射（量）; 日照; 太陽の放射線 ◆solar observations  太陽観測 ◆the solar constant  太陽定数 ◆a solar collector  太陽集熱器; 太陽熱温水器 ◆an amorphous silicon solar cell  アモルファスシリコン太陽電池 ◆solar-electric power generation  太陽発電（*太陽光による太陽熱，光起電力，光電気化学反応を利用したもの） ◆a solar thermal hybrid power (generation) system  光熱ハイブリッド発電システム（*太陽光発電システムとエンジン発電機などを組み合わせた装置） ◆convert solar energy into electricity  太陽エネルギーを電気に変換する［変える］ ◆the amount of solar radiation received  受けた日射量 ◆a solar panel looking sunward from a garage window  車庫の窓越しに太陽の方を向いている太陽電池板 ◆the sun is in the center of our [the] solar system  太陽は太陽系の中心にある ◆Skin damage from solar radiation varies by skin type and color.  太陽の放射線による皮膚へのダメージはスキンタイプと皮膚の色で違いがでる．

**solder** 1 回はんだ ◆a perfect solder joint  申し分ない（仕上がりの）はんだ付けによる接合部［箇所］ ◆solder bridging must be prevented  半田ブリッジを防がなければならない（*回路が短絡［ショート］するから） ◆useful for cold solder probing  はんだ付け不良［いもはんだ，いも付け，てんぷらはんだ］を調べるのに役に立つ ◆solder short circuits caused by splashes  はねたはんだによって出来た短絡回路［ブリッジ］ ◆The damaging effects of solder wicking, or the travel of solder along male contact surfaces, plague electronic component manufacturers worldwide.  はんだのはい上がり，すなわちオス接点の表面を伝ってはんだが広がることによる(部品)損傷作用は，世界中の電子部品メーカーを悩ませている．

2 v. はんだ付けする ◆a soldered connection  はんだ接続 ◆an electric soldering iron [copper]  電気半田ごて ◆solder wires to terminals  電線を端子にはんだ付けする ◆the side that components are soldered to (↔the component side)  (プリント回路基板の)はんだ側［面］(↔部品側［面］) ◆when the assembly is to be dip-soldered  この組み立て部品が，ディップはんだ付けされることになっている場合は ◆These switches are designed for soldering onto PC boards.  これらのスイッチは，プリント基板上にはんだ実装できるよう設計されている．

**solderability** 回はんだ付け性，半田上げ性 ◆promote solderability  はんだ付け性［はんだのり］を向上させる

**soldering** 半田付け，はんだ上げ ◆securely attach components to printed circuit boards by means of soldering  確実に部品をプリント基板にはんだづけによって取り付ける［実装する］

**solderless** adj. 無はんだの，はんだ付け不要の，ソルダーレス［ソルダレス］の ◆a solderless contact [terminal]  ソルダーレス端子（*物によっては，圧着［圧力］端子であることも） ◆a tubular solderless connector  円筒状の無はんだ［圧着］コネクタ

**soldier** a ~ 兵士, 兵, 戦士, 軍人 ◆a soldier termite シロアリの兵隊蟻 ◆corporate soldiers 企業戦士 ◆by a party of soldiers under the command of a certain officer ある将校の指揮下にある軍勢によって; 某将校(配下)の手勢により ◆while their children play soldier in the woods 彼らの子供が森の中で兵隊[戦争]ごっこしている間

**sold-out** 売り切れの, 完売の, 品切れの ◆replenish the store's sold-out stocks その店の売り切れで底をついてしまった在庫を補充する

**sole** 1 adj. ただ一つの, 唯一の, 単独の ◆the sole agent for Volkswagen cars フォルクスワーゲン車の総代理店 ◆the sole remaining major U.S. manufacturer of color TVs 唯一生き残っている大手米国カラーテレビメーカー
2 a~ 足裏, 靴底, 裏, 底; vt. ~に底をつける, 〈靴〉に新しい底をつける

**solely** adv. 単独で, ただ一人で, もっぱら, 全く, ひとえに, ただ単に ◆use nuclear energy solely for peaceful purposes 核エネルギーを平和目的に限って利用する ◆a full-time person solely committed to developing and implementing programs that will increase the number of... ~の数を増やす計画の作成と実施をもっぱら担当する専任[専従]の人間 ◆Blue Note is a record label solely dedicated to jazz. ブルーノートはジャズ専門[一辺倒, 一本槍]のレコードレーベルです. ◆Teratronix has been solely committed to the manufacture of... for over 25 years. テラトロニクス(社)は、25年以上にわたり~の製造に一意専心(邁進)してまいりました.

**solenoid** a~ 筒形コイル, 線輪, ソレノイド ◆a solenoid valve 電磁弁, ソレノイドバルブ

**solicit** vt., vi. 請う, 求める, 募る, 募集する, 公募する, 勧誘する, 誘う, そそのかす, 客引きをする ◆solicit orders 御用聞きをする; 注文取りをする ◆Papers describing... are solicited. ~について述べた論文の募集が行われている. ◆solicit ideas from viewers 視聴者からアイデアを募集する ◆solicit information on... ~についての情報を広く一般から募る ◆solicit public comments about... 〈行政サイド〉が~について一般(の人々)からの意見を募る[求める] ◆solicit signatures on street corners 街角で署名を呼びかける[お願いする, 募る] ◆solicit support for... ~への支持を要請する(仰ぐ) ◆We solicit your contributions to this column. 本欄へ投稿をお寄せください. ◆We also request [solicit] the provision of personal information such as name and e-mail address. 弊社では、お名前や電子メールアドレスなどの個人情報の提示もお願いしています.

**solicitation** (a)~ 誘い, 勧誘, (入札の)募集, 懇願, 客引き, 袖引き ◆a solicitation issued by the government to prospective bidders 脈のありそうな入札者を相手に政府が出した[かけた]募集 ◆men and women arrested for solicitation for prostitution 売春の客引き[袖引き, ぽん引き]で逮捕された男女 ◆companies that sell their products through direct mail and telephone solicitation ダイレクトメールや電話による勧誘で商品を販売している企業

**solicitor** a~ 懇願者, 勧誘員, 販売員, セールスマン, 注文取り, 物乞い, 客引き, ポン引き, 選挙運動員, (米)市・町の法務官, (英)事務弁護士(*法廷弁論や下級裁判所で弁護などする弁護士会には非加入) ◆a telephone [phone] solicitor 電話を使って勧誘する人

**solid** 1 adj. 固体の, 固形の, 固い, 手堅い, がんじょうな, 堅固な, 堅調な, 連続した, 密な, 均質な, 〈金属が〉(堅さや色を出すための)最低限の混ぜものしかされていない, (かぶせではなく)無垢の, べた組みの, ベタの, (間にスペースやハイフンを入れず)一語の, 中実の, 一体化した, 実線の, 〈電線が〉単線の, 団結した ◆a solid character printer 活字式プリンタ(デイジーホイール式など) ◆a solid coupling ~の単軸継手 ◆a solid-fuel missile 固体燃料ミサイル ◆a solid line 実線 ◆a solid object 固い物体 ◆a solid object [body] 固体 ◆a solid [solid-state] laser 固体レーザー ◆solid matter 固体, 固形物[固形分]; 《印刷》ベタ組(物) ◆solid matter 固体, 固形物[固形分]; 《印刷》ベタ組 ◆solid silver 無垢(ク)の銀; 銀無垢(キンムク); 純銀 ◆solid wire 単線(*芯線が1本だけの金属ででさせている電線 cf. stranded wire) ◆solid solubility 溶解度, 固溶度(*合金をつくるための金属に、別種の金属が固溶する量) ◆an interstitial [a substitutional] solid solution 侵入型[置換型]固溶体(*合金の結晶構造) ◆solid polymer fuel cells 固体高分子燃料電池 ◆a solid ceiling of 20 percent 頑として動かない[確保不動の]20パーセントの上限 ◆a solid-gold statue of... (中まで全部金の)~の無垢の黄金像 ◆solid drew solid filled rectangles 中を塗りつぶした[ベタ塗り]の矩形を描く ◆one of the two solid rocket boosters 2基の固体補助ロケットの内の1つに ◆lay a solid foundation for... ~に備えて堅固な基礎を築き上げる ◆a green solid color shirt (= a plain green shirt) 緑色の無地のシャツ ◆the solid beat of bands such as AC/DC (ハードロックバンド) AC/DCのようなバンドのメリハリのきいたビート ◆introduce the baby to solid foods at four to six months (月齢)4～6カ月で赤ちゃんに離乳食を与え始める[離乳を始める]、(離乳食というと固いものをイメージするが、水やミルクで溶いてドロドロにして赤ちゃんに与えるものも solid foods である) ◆whether they are plated or solid gold それらがかぶせ金かあるいは金無垢であろうと ◆The car is solid and rattle-free. この車は、堅固でガタ(つき)が無い. ◆U.S. factory shipments of electronics gear [equipment] hit $159.5 billion for the first half of 1994, up a solid 10% over last year's first half, according to the Electronics Industries Association. 米電子工業会によると、1994年上半期[前半]の電子機器工場出荷は、前年同期比10%増という堅調な伸びで1,595億ドルに達した.
2 a~ 固体, 固形物; ~s 固形食 ◆3D solids modeling 3次元立体モデリング ◆separate a solid from a liquid 液体から固形分[固形物]を分離する ◆start a baby on solids 赤ちゃんの離乳を始める ◆The total solids content in... will not exceed 4 ppm ~中の全固形分は4ppmを超えることはない

**solidification** 回固める[固まる]こと, 固化, 凝固, 凝結; 回結, 結束 ◆the solidification of radioactive waste(s) 放射性廃棄物の固化 ◆Clotting is the solidification of blood in a process known as coagulation. 凝固とは、凝集[凝結]と呼ばれる過程で血が固まることです.

**solidify** v. 固体化[固化]する, 凝固する, 固まる, 団結する ◆The ink solidifies instantly on contact with the paper. インクは紙と接触するや否や固まる[凝固する]. ◆We're solidifying our relationship with Femtex more and more. 弊社はフェムテックス社との関係をよりいっそう強固なものしようとしているところです.

**solidity** 固いこと, 固体性, (中味の)充実, 堅固, 健全性, 剛性 ◆the solidity of the structure その構造物の剛性

**solidly** adv. 頑丈に, がっしりと, しっかりと, 堅実に, 確実に, 一致して, 団結して, 一致団結して, こぞって, 徹底的に ◆it is solidly supported on the stand それはスタンドの上にしっかりと支えられている ◆the solidly shaded areas in Fig. 3 図3のべた塗りの部分[(真っ黒に)塗りつぶした部分]

**solid-state, solid state** adj. 固体の, ソリッドステートの, 気体や真空の物性ではなく固体物質の特性を応用した, 半導体素子使用の ◆solid-state physics 固体物理学 ◆solid-state science 物性科学 ◆solid-state secondary memories ソリッドステート[半導体(メモリー素子を使った)]補助記憶装置 ◆solid-state (audio) player メモリー[デジタルメモリー, 半導体]プレーヤー(*音楽データをMP3, ATARAC3, TwinVQなどの方式で圧縮してメモリーに格納したものを再生する) ◆solid-state image sensor 固体イメージセンサー ◆the ISSCC (International Solid-State Circuits Conference) 国際固体回路会議(*the Solid-State Circuits Society of the IEEE (電気電子工学会の固体回路分科会)が主催) ◆a solid-state relay 固体化リレー(*機械的可動部品を用いずに、半導体受光素子と受光素子を組み合わせた固体化したリレー) ◆All circuitry is solid state for long trouble-free service. 長期間故障知らずで使用できるよう, 回路はすべて固体化されています.

**solitary** adj. ひとりだけの, ひとりぼっちの, 独り暮らしの, 単身での, 孤独な, 寂しい, 淋しい, 孤独な, 人里離れた, たった

たった一つの, 唯一の ◆I am a dedicated professional, excelling in both team and solitary working environments. 私は仕事熱心なプロで, 共同作業と単独［個人］作業のどちらの環境でも仕事に自信があります. ◆They demand to be paid overtime and sometimes reject solitary transfers, which require them to work at a branch office in another town, away from their families. 彼らは, 残業に対しては手当を要求し, またときには家族と離れてよその町の支店で勤務しなければならない単身赴任を拒絶する.

**solo** *a* ～ 独奏, 独唱, 独奏［独唱］曲, 独演, 単独飛行, 単独航海; adj. soloの; adv. 単独で, ただ一人で ◆fly solo across the Atlantic 大西洋横断単独飛行をする ◆travel solo 一人で［単独］旅行する; 一人旅をする

**solubility** 溶解性, 溶解度, 可溶性 ◆decrease solubility 溶けにくくする ◆a solubility limit 溶解限度, 《金属》固溶限 (＊合金元素の添加量を増やしていくと, もはやとけ込めず固溶体となりきれずに別の相となって分離し始める. この限界点をさす) ◆provide both water and oil solubility 水に対する溶解性と油に対する溶解性［水溶性と油溶性］の両方を付与する ◆the solubility of insulin インシュリンの溶解度 ◆a compound having a low degree of solubility in body fluids 体液への溶解性の低い［溶解度の小さい］化合物 ◆compounds with a high degree of solubility in water 水溶性の高い化合物

**soluble** adj. 可溶（性）の, 溶解する, 溶ける, 溶けやすい, -溶性の ◆acid-soluble glass 酸溶性ガラス ◆become more soluble もっと溶けやすくなる ◆be soluble in water 水にとける, 水溶性である ◆soluble cladding 可溶性の被覆 ◆a water-soluble［↔water-insoluble］liquid 水溶性［↔非水溶性］の液体

**solute** (*a*) ～ 溶質

**solution** **1** (*a*) ～ 解決, ソリューション; *a* ～ 解法, 解答, 解 ◆arrive at a solution 解決に至る ◆work toward a solution to... ～の解決に向けて努力する［(意訳)対処］する ◆a problem incapable of solution 解決できない問題 ◆result in the solution of a problem 結果的に問題の解決になる ◆solutions to differential equations 微分方程式の解 ◆Although..., a solution is near. ～ではあるが, 解決は近い. ◆attain the best possible solution 問題の最善の解決策を得る ◆come up with subtle solutions to thorny problems 難しい問題に対する巧みな解決法を考え出す ◆describe the solution of a differential equation 微分方程式の解法を説明する ◆perhaps one solution would be to <do...> ことによると［けだし］～することが一つの問題解消法になる ◆practical solutions to technical challenges 技術的な課題の現実的解決策 ◆significantly increase our ability to provide solutions to a wider range of customers より幅広い顧客に解決策を提供すべく弊社の能力を大幅に増強する ◆a single-chip solution would free up a lot of board area 《電子》シングルチップという解決法ならば［シングルチップ化すれば］, 広い基板スペースを空けられるであろう ◆The solution to this problem lies in using... この問題への対策は, ～を使うことにある. ◆These problems are likely to converge on solution. それらの問題は, 解決に向けて収束しそうである. ◆Three problems require solution. 解くべき問題は3つある. ◆The company delivers a workable solution at a reasonable price. 同社は実行可能なソリューションを手頃な価格で提供している.
**2** (*a*) ～ 溶液, 溶解液, 溶解, 分解, 解体; (in ～ の形で)溶解している状態 ◆an ammonia solution アンモニア溶液 ◆in an aqueous solution 水溶液中で ◆wipe dirt from... using a sponge dampened with a mild detergent solution 水で薄めたマイルドな洗剤で湿らせた［を含ませた］スポンジを使って～の砂ぼこりを拭き取る (＊solution = 水溶液 = 水で薄めたもの)

**solve** vt. 解く, 解明する, 解答する, 解決する, 溶く, 溶解する ◆solve problems one by one ひとつひとつ問題を解く［つぶしていく］ ◆a problem-solving method［technique］ 問題解決法［手法］ ◆make use of the system in problem solving システムを問題解決に利用［活用, 使用］する

**solvency** *U*支払い能力; *U*《化》溶解力, 溶解性 ◆a solvency margin ratio of 940％ 940％のソルベンシーマージン［支払い余力］比率 (＊保険会社の)

**solvent** (*a*) ～ 溶剤, 溶媒 ◆an organic solvent 有機溶剤 ◆solvent resistance 耐溶剤性 ◆solvent-resistant plastics 耐溶剤性プラスチック

**some 1** いくらか(の), いくつか(の), 多少(の), 何人［個, 件etc.］かの ◆some time later (それから)少しして; しばらくして; その後; 後日; 程経て ◆a measure of success; some success; some measure［degree］of success 一定な程度, いくばくか, 一応, (意訳)それなりの成果［成功］ (＊いくばく＝数量や程度がどれくらいなのかは, はっきりしない) ◆some days ago 先日, このあいだ, 先頃 ◆resume some operations 〈企業などが〉業務〔営業, 操業, 作業〕を部分的に再開する; 一部の業務を再開する ◆some of the largest robberies in U.S. history 米国史上屈指の強盗事件 ◆find some application in the manufacture of... ～の製造に一部応用されている ◆over some brief interval of time いくらかの［ある］短い時間間隔にわたって ◆some hundreds of microamperes 何百［数百］マイクロアンペア
**2** どれか, 何か, いつか, だれか ◆after some point ある時点を過ぎたあとで［過ぎてからは］ ◆some number other than 1 1以外のある数 ◆use some type of fill light 《カメラ》なんらかの種類の補助光を用いる ◆use some other means of communication 何かほかの［別の, それ以外の］通信方法［手段］を用いる ◆At some point, you have to say enough is enough. どの時点かで［いつかは］, もうたくさんだ（よしてくれ）と言わなくてはならない. ◆The data must be processed in some way in order to serve a useful function. そのデータが, 役に立つようにするには何らかの方法で処理する必要がある. ◆When the game starts, you are given a piece of some kind (it may be a car, horse, or mouse). ゲームがスタートする際に, 何かこまが一つ与えられる（それは, 車だったり馬だったり, ねずみだったりする）.
**3** (～の)中には～もある［いる］, ～によっては, 一部の～ ◆there are some who shun the light, either for reasons of necessity, or preference 必要上あるいは好き好んで光を避ける向きもある［人も中にはいる］ ◆In some countries, according to AT&T, governments routinely monitor in-coming faxes. AT&T社によると, 国によっては政府が恒常的に入信ファックスを監視しているとのことである. ◆Some companies see an increasing need to <do> 企業の中には, ～する必要性がますます高まってきていることに気付いているところもある. ◆Some people think the space program was a big waste of money. 宇宙計画は, 大きな浪費だったと考える向きもある. ◆We need access to various kinds of information, some public, some private. 我々は, いろいろな種類の情報にアクセスする必要がある. 公的な情報もあれば, 私的な情報もある.
**4** 約［およそ］～の, ～くらい ◆some 15 years ago 15年ぐらい前に ◆some 30％ of the population 人口のだいたい［ほぼ］30％
**5** 相当な, かなりの, なかなかの

**some time** しばらく［しばし］(の間); かなり長い(期間の)間; いつか, そのうち(に) ◆for some time しばらく(の間); ここしばらく; 先頃［以前, 先般, 先だって, さっき］から; かねてから; ある(一定)期間にわたって ◆it will linger for some time to come このことは, ここしばらく［当分の間］尾を引くことになるだろう ◆This trend may continue for some time. この傾向は, ここしばらく間続くであろう.

**some time ago** 以前(に), この前, この間, 先頃, せんだって, しばらく前に, いつぞや, いつだったか ◆... and that was quite some time ago そしてそれはかなり前［以前］のことだった.

**somebody** pron. ある人, だれか; *somebodies* ひとかどの人物, 重要人物, 大物, 偉い人 ◆the 10 most overexposed somebodies （メディアで）最も露出度の高い大物10人衆 ◆... prove that he is indeed somebody to be reckoned with ～は, 彼が確かに一目置かれるひとかどの人物であることを証明して［示して］いる ◆Alice butts［sticks］her nose into somebody else's business.　アリスは他人のことに首を突っ込む[人のことに]余計なおせっかいを焼く].　◆If you don't know what you're doing, then find somebody who does.　どうしていいかわからなったら、わかる人を探すこと.(*税の申告のしかたの話から)

**someday**　(= at some future day [time])いつの日にか、やがて、行く行くは、将来いつか、そのうちに

**someone**　誰か、ある人、人　◆meet someone new　誰か新しい人に会う　◆a motor vehicle owned by someone else　誰か他の人が所有している自動車

**somersault**　a~とんぼ返り[宙返り]; vi. somersaultをする　◆a double-back somersault　後方2回宙返り　◆She jumped up high, then turned a somersault (in the air [in midair]).　彼女は高く跳び上がってトンボ返りをした.

**something**　1　何か、あるもの[こと]; いくぶん、いくらか　◆something entirely new　何か全く新しいもの　◆cost something on the order of $500 million to $1 billion　だいたい[ざっと]5億ドルから10億ドルかかる; 5～10億ドルほどかかる　◆he acts like he's possessed by demons or something　まるで悪魔か何かにとりつかれたかのように彼は振る舞う　◆Now is the time to do something about it.　今それを何とかしなければならない時期になっている.　◆Something must have happened to her.　彼女に何か起こったに違いない.　◆Something tells me this is a band to keep an eye on.　何となくこのバンドは目が離せないという気がする.　◆Remember, the right-of-way is something to be given – not taken.　優先通行権は与えるべきものであって、奪うものではないことを忘れてはならない.　◆Police want to hear from anyone who may have heard something or seen anything unusual in the Xxx Apartments complex at that time.　警察は、その時にXxx団地でなにか異状な物音を聞いたり不審なものを見かけたりした人がいたら通報してくれるよう求めている.　2　たいしたもの、重要なこと、(おもしろい、ただならぬ)何か　◆he is something of a troubleshooter　彼はちょっとした解決役だ　◆It is no longer something that only large companies can afford.　それは、もはや余裕のある大企業だけしか買えないといったような代物ではなくなった.　◆Latino mothers tell their kids to learn English if they want to make something of themselves.　ラティーノ[中南米系移民]の母親は、自分たちの子どもに、ひとかどの人間になりたい[出世した]かったら英語を習うと言い聞かせている.　3　《末尾がはっきりしない数字や名前の後に用いて》～何(ナン)、～なにがし、～何とか　◆a fortysomething rocker　40歳代のロックミュージシャン　◆twentysomething people　20代の人達　◆twenty-to-thirtysomethings; twenty- to thirty-somethings　20～30代の人達; 二、三十歳代の層　◆bankers in their thirtysomethings　三十四歳[30代]の銀行員たち　◆she is more than thirtysomething　彼女は30歳代を過ぎた　◆We, age 50-59 [We fiftysomethings, We 50- to 59-year olds] drive too fast on the interstate and too slow in town.　我々50歳代の人間が車を運転すると、州間幹線道路ではスピードを出し過ぎ、市街地ではスピードを落とし過ぎる.

**sometime**　いつか、そのうち、いずれ　◆sometime this week [month, year]　今週[今月、今年]のいつかに; 今週[今月、今年]中に(は)(▶過去にも用いる)　◆I remembered reading someplace sometime ago that...　～ということを、どこかでいつか[いつだったか、かつて、以前、昔]読んだことを思い出した.　◆A similar incident happened to me sometime ago.　似たような事件がせんだって[前にも]起こった.

**sometimes**　ときどき、たまに、時には、時として、間々(ママ)、折々に、往々にして;(意訳)～こと[とき]もある、～ことが[とき]がある、場合によっては　◆Sometimes it takes a while for the image to load, but hang on.　《コン通》画像のロード[読み込み]にしばらく時間がかかることがありますが、そのまま待ってください.

**somewhat**　n., adv. ある程度、いくぶん、いくらか、いささか、多少、少し、やや、若干、いくらか、いくぶんか、幾らかというと、なんとなく、一気味の　◆a somewhat-new used car　どちらかというと[比較的]新しい中古車　◆be somewhat smaller than...　～より多少[幾分、いくらか、やや、若干、少しばかり]小さい[小振りである]　◆1) Strongly agree; 2) Agree somewhat; 3) Neither agree nor disagree [No opinion]; 4) Disagree somewhat; 5) Strongly disagree　1)賛成[そう思う]; 2)どちらかといえば賛成; 3)どちらともいえない; 4)どちらかといえば反対; 5)反対[そう思わない](*アンケートの回答項目)　◆How useful did you find this booklet? Please circle the appropriate number. 1: Very useful 2: Useful 3: Somewhat useful　この小冊子はあなたにとってどの程度有用でしたか. 該当する番号に丸をつけてください. 1. 大いに役立った、2. 役立った、3. いくらか[少しは]役立った.

**somewhere**　どこかに; およそ、～あたり <between, about, around>　◆appear from somewhere　どこからか現れる、どこからともなく現れる　◆insert the text somewhere else　この文章をどこかほかの場所に挿入する　◆somewhere in 1994 to 1995　1994年から1995年のいつか　◆somewhere in the middle of the period　その期間[時期]の中ごろに　◆in the unlikely event a break occurs somewhere along the route　まず滅多にあることではないが、もし経路のどこかで断線が発生すると　◆I would put the situation somewhere between bad and terrible.　状況は「悪い」と「ひどく悪い」の間ぐらいに評価しておきたい.

**son**　a~息子、子息、せがれ、(人様の息子=)令息、御曹司

**sonar**　①ソナー、水中音波探知装置、音響測深器[深測器、探深器]、水中聴音機　◆sonar equipment　水中音波探知装置[音響探知器]　◆a sonar seafloor imaging system　海底地形を画像[映像]化するためのソナー[音響測深]式の装置

**sonde**　a~《気象》ゾンデ、上層気象観測装置、《医》(検査などのために体腔に挿入する)消息子(ショウソクシ)、ブジー　◆a frost-point hygrometer stratospheric water vapor sonde　霜点湿度計を搭載した成層圏水蒸気ゾンデ

**SONET/SDH**　SONET/SDH(Synchronous Optical Network/Synchronous Digital Hierarchy)(*光ファイバ通信プロトコル)

**song**　(a~)歌　◆a song title　歌の題名; 曲名(>*器楽曲も含む)　◆a song writer　作曲家　◆song writing　作曲　◆Happy Birthday to You!　ハッピーバースデートゥーユーの歌[曲]　◆the title of a current hit song　現在のヒット曲のタイトル

**sonic**　音波の、音速の、可聴音の、音響の　◆sonic reproduction　音響再生　◆the sonic barrier (= the sound barrier)　《航空》サウンドバリアー[音速障壁、音の壁](▶この意味では冠詞はaでなく必ず the)　◆a sonic boom　ソニックブーム[衝撃波](*超音速航空機によるもの)

**sonobuoy**　a~ソノブイ、水中音波探査装置浮標(*軍用機から海上に投下され、潜行中の敵潜水艦を探知すると無線で情報を発信する)

**soon**　すぐに、直ちに、まもなく、じきに、近日[近々、近く]、近いうちに、ほどなく、早く　◆sooner or later　遅かれ早かれ、早晩、いつかは(必ず)、そのうち　◆very soon　じきに、もうじき、すぐに、今に、ただ今、間もなく、近いうちに　◆none too soon　決して早過ぎない、決して時期尚早ではない; 遅ればせながら、ようやく、やっと;(意訳)遅すぎた[遅きに失した]感がある　◆anytime soon　今すぐにでも　◆as soon as possible　できるだけ[できる限り、なるべく、少しでも]早く、一刻も早く、すぐに、早急に、至急、大至急、(お役所言葉で)可及的速やかに(*略 ASAP, a.s.a.p., 《俗》soonest possible)　◆soon to be commercially practical　〈新技術などが〉商用化間近で[実用化が目前に迫って]　◆a soon-to-be-closed military installation　間もなく閉鎖されることになっている軍事施設　◆The sooner, the better (for us).　早ければ早いほど(私たちにとって)良い.　◆That is not likely to change any time soon.　それはどうもすぐには変わりそうもない.　◆I am investigating.... I will report my findings in this column as soon as they become available.　私は～を調査しているところです. 調査結果が出次第この欄で報告いたします.

**soon-to-be-** 《過去分詞が続いて》近日[近々]～されることになっている ◆a soon-to-be-glutted market すぐに供給過剰になって[だぶついて]しまう市場

**soon-to-be-available** 近日発売予定の，近々入手可能の ◆the soon-to-be-available HDTV broadcasting 近々開始予定のハイビジョン放送

**soon-to-be-released** 近日発売[封切り，公開]予定の ◆a soon-to-be-released album 近日発売のアルバム

**soot** 回すす，煤煙(バイエン); vt. ～をすす[煤煙]で汚す，すすだらけにする ◆a wall blackened by smoke and soot 煤煙で真っ黒になった壁 ◆a soot-covered workman すすだらけの作業員

**soothe** vt. 〈痛みなど〉を鎮める[静める]，和らげる，軽くする，いやす，なおす; 慰める，なだめる，なだめすかす (心)なごませる，機嫌を取る，慰撫する; vi. ◆soothe itching かゆみを鎮める[和らげる]，鎮痒する

**SOP** (standard operating procedure) a ～ (pl. SOPs) 標準作業[操作，処理]手順，標準作業細則，標準実施要領 (＊元々は米軍の用語)

**sophisticated** adj. 洗練された，都会的な，あかぬけした; 世間ずれした，如才ない; 繊細な，緻密な，精巧な; 高性能の，(技術的に)高度な，高度先進技術の，ハイテクの ◆a sophisticated satellite (技術的に)高度な衛星 ◆as computers grow more sophisticated コンピュータが高度化[高性能化]するにつれ ◆become more sophisticated より洗練されてくる[センスが良くなる] ◆a highly sophisticated international fraud 手口の非常に巧妙な国際詐欺 ◆highly sophisticated stealth fighters and bombers 高度先進[高性能]ステルス戦闘機およびステルス爆撃機 ◆crime has become increasingly sophisticated 犯罪はますます巧妙化した ◆sophisticated instruments for scientific observations and measurements 科学観測および計測用の精巧な測定器 ◆..., and users themselves are growing more sophisticated そしてユーザー自身ますます熟達し[レベルが上がってき，高度化し]つつある ◆With each succeeding generation of satellites, remote sensing instruments became increasingly sophisticated... 衛星が代を重ねるたびに[衛星の世代が進むごとに，衛星が世代交代するたびに]，リモートセンシング用の計測器はいっそう高度化し，そして... ◆The hardware has become much more sophisticated. 《意訳》ハードウェアは大幅に高性能化した。

**sophistication** 回洗練，高度化，精巧[複雑](化)，巧妙さ ◆grow in sophistication; become sophisticated 高度化する，精巧になる，巧妙化する，洗練される，センスがよくなる，〈人〉が擦れる，悪ずれ[世間ずれ，世慣れ]する，海千山千になる ◆achieve this level of economic sophistication この経済発展段階において ◆at this level of sophistication この高度化[発達]段階において ◆due to greater sophistication of software ソフトウェアの高度化のせいで ◆popular music began to acquire [gain] greater sophistication ポピュラー音楽がより洗練されだした ◆undergo much sophistication 大幅に洗練[高度化]される; 非常に高度化する ◆weapons of that level of sophistication その程度に発達した武器 ◆give the game a level of sophistication that would make it appeal to... ...にアピールするようゲームにある程度の複雑さと精巧さを加味する ◆The Company will also increase the sophistication of its database of customer [client] information. 同社は顧客情報のデータベース管理の高度化も行う(計画だ)。 ◆The Xxx Web Site has undergone continual sophistication over the past year. It now receives 7,000 visits per month. Xxxウェブサイトは，ここ1年間絶えず洗練されて[高度化して]きた。今では月に7,000件の訪問がある。 ◆Videophones will be installed only after the ISDN system has reached a high level of sophistication. テレビ電話は，ISDNシステムがある程度発達して初めて設置されることになるだろう。

**sore** adj. 痛い，炎症をおこした，ただれた，ヒリヒリする; a～ 傷んだところ，苦痛の種 ◆an open sore 開いている[(意訳)ふさがっていない]傷口 ◆the discomfort of sore detergent hands 《意訳》洗剤かぶれした手[洗剤による手荒れ]の不快さ

**sorrow** (a)～ 《しばしば ～s》悲しみ，悲嘆，不幸，哀悼 <over, at, for>; vi. 嘆く，哀悼する ◆rejoice in the sorrow of others 他人の悲しみを喜ぶ ◆People tend to feel sorrow and grief after having made an error in judgment. 人というものは判断誤りをした[判断ミスを犯した]後には，とかく悲嘆にくれがちである。

**sort** 1 a ～ 種類，部類，タイプ，類(タグイ)，種; a ～ <of> 一種の，～のようなもの ◆all sorts of environment measuring equipment あらゆる種類の[もろもろの，各種]環境計測器 ◆The car's aerodynamic drag is an Achilles' heel of sorts. この車の空力抵抗[抗力]は，ちょっとしたアキレス腱だ。 ◆What sort of work do you do? どんな種類のお仕事をしてらっしゃいますか。; お仕事は何ですか。

2 a ～ 分類，選別，仕分け，選り分け，ソート，(ある規則に基づく順序での)並べ替え ◆a bubble sort 《コンピュ》バブルソート

3 v. 分類する，選別する，仕分けする，選り分ける，より分ける，(昇順や降順に)並べ替える，ソートする ◆an automated mail-sorting system [machine] 自動郵便物区分システム[仕分け機] ◆not neatly pigeonholed and sorted きちんと分類[仕分け]整理されていない ◆the sorting of data データの並べ替え ◆sort the list based on more than one column 《コンピュ》複数のカラムによって[に基づいて]ソートする[(昇順/降順に)並べ替える] ◆sort the list according to the values in the leftmost column 《コンピュ》その表を，一番左のカラムの値によって[従って，基づいて](昇順/降順に)並べ替える ◆Lots of parts are sorted whenever defectives are found. 不良品発見のたびに，部品ロットの選別が行われる。 ◆You can sort on any combination of character, numeric, and date fields. 《コンピュ》文字，数値，日付フィールドのどのような組み合わせによってもソート[並べ替え]できます。 ◆Data can be sorted in many ways, including alphabetically, by date, and in ascending or descending numeric order. データは，アルファベット順，日付順，数字の昇順/降順などの多くの方法で並べ替えられる[ソートできる]。 ◆You may sort a file on any combination of numeric, character, and date fields, but the sort keys must be whole fields. 《コンピュ》ファイルのソート[並べ替え]は，数値フィールド，文字フィールド，および日付フィールドのどんな組み合わせをキーにしてもよいが，ソートキーはフィールド(の一部ではなく)全体でなければならない。

**sort out** 分類する，選別する，仕分けする，整理する，解決する ◆sort out roles for high- and low-loss fibers 高損失と低損失ファイバーの役割を分類整理する ◆to sort out defectives 不良品を選別(し除去)するために

**sorter** a ～ 仕分けする人，選別機，ソーター ◆The automatic sorter collates copies or stacks them in groups. 自動ソーターは，コピーを1部ずつ別々にページ順にそろえたり，ページごとのコピーの山に分けて積み重ねたりする。

**sort-out** a ～ 《口》《英》整理，分類 ◆give the office a sort-out 事務所の整理・整頓をする

**SOS** an ～ 遭難信号，助けを求める呼びかけ，緊急の救難[救助, 救援]要請 ◆send out an SOS SOS信号を送出する

**sought-after** adj. 求められている，欲しがられている，人気のある，需要のある，売れっ子の ◆the most sought-after wine in the world 世界で最も人気の高いワイン

**soul** a ～ 魂[霊魂]，人; 精神，心; ソウルミュージック ◆I pray for the souls of all who lost their lives and their family and friends 《意訳》亡くなったすべての方々の冥福を祈り，そしてご遺族やご友人のために祈ります。 (▶ pray for the soul(s) of... の表現は，生きている人にも使う) ◆pray for the souls of the war dead at Yasukuni Shrine in central Tokyo 東京の中心にある靖国神社で戦没者の御霊[精霊，英霊]のために祈る《(意訳)参拝する》

**sound** 1 (a)～ 音，音声，物音; 回(映像と対照して)音響; the ～ <of> 調子，響き，感じ，印象 ◆play a sound サウンドを再生する ◆an impulsive sound 衝撃音 ◆a sound board 音源[サウンド]ボード ◆a sound generator 音源装置[回路] ◆a sound image; an acoustic image 音像 ◆a sound source 音

◆a sound system 音響システム ◆a sound wave 音波 ◆sound absorption 吸音 ◆sound insulation 遮音 ◆sound quality 音質 ◆the sound carrier 《TV》音声搬送波 ◆the velocity of sound 音の速さ；音速 ◆a sound barrier 遮音［防音］壁 (cf. the sound barrier ＝《航空》サウンドバリアー［音速障壁, 音の壁］) ◆a high-pitched sound 〈周波数・振動数が〉高い音［高音］ ◆a sound-shielded room 音が遮断［防音］されている部屋；防音室 ◆the sound of an engine エンジンの音［エンジン音］ ◆a sound level of 48 dBA 48dBAの音量レベル ◆in a sound field 音場内で ◆travel faster than sound 音速より速く移動する ◆a metal-against-metal sound 金属どうしが接触する音 ◆single-channel sound 片チャンネルの音声 ◆sound-accompanying still-frame video images 音声付きの静止ビデオ画像 ◆sound-damping foam insulation 音を抑制する発泡材［発泡制音材］を使った防音［消音］(材) ◆If the sound doesn't play,... 音が出ない［鳴らない, しない］場合は,（＊音を出す機能についての話）◆indicate by a sound the end of... 〜の終了を音で知らせる ◆sounds come out of a speaker 音がスピーカーから出る ◆The game offers stereophonic [stereo] sound. 同ゲームは立体音響［ステレオサウンド］付きです. ◆the sound is monaural instead of stereo ステレオではなくモノラルです ◆a fixed length of sound is cut into arbitrary length segments ある固定長［一定の長さ］の音が任意の長さ片に切断される ◆Vinyl Gradings: VG = Very good (no major loss of sound quality)　F = Fair (noticeable loss of sound quality)　レコード盤の等級：VG = 非常に良好（たいした音質の劣化なし）F = 可（聴いて分かる音質の劣化あり）（＊中古盤の）◆A DAT cassette has a much clearer, sharper sound. DATカセットは, はるかに澄んだシャープな音がする. ◆The electronic keyboard offers [plays] 100 different sounds. その電子キーボードは, 100種類の音色が出る. ◆The record is turning, but no sound is coming out. レコードは回転しているが, 音が出ない. ◆With additional software, you can add sound to your slide shows. ソフトを追加することによって,（あなたの）スライドショーに音（サウンド）を加えることができる
**2** vt., vi. 音を出す, 鳴る［鳴らす］,〈ブザー, 警報などが〉鳴動［吹鳴］する, 〜のように聞こえる［〜と思われる］, 発音する<out> ◆learn how to sound out the letters phonetically これらの文字の発音の仕方を習う ◆sound a horn 警笛を鳴らす ◆teach children to sound out words 子どもたちに単語の発音の仕方を教える ◆lights out was sounded on a conch shell every evening ホラ貝による消灯ラッパが毎夜鳴った ◆the electronic beeper sounds two short beeps when... この電子ブザーは,〜の時ピピッと電子音を2回短く発する ◆These specifications sound good on paper. これらの仕様は,（実際はともかく）紙の上に限って言えばよさそうに思われる. ◆This sounds simple, but it isn't necessarily easy to put into practice. これは簡単なことのように聞こえるが, 実行に移すのは必ずしも容易ではない.
**3** v. 水深を測る, 調べる,（〜について）打診する<out><about, on> ◆sound out a person about [on]... 〜について〈人〉に打診する
**4** adj.（精神的または肉体的に）健全な, 正常な, 堅実な, 適切な, 完全な, 安定した, 安全な, 堅固な, 手堅い, しっかりした,〈睡眠が〉ぐっすりの ◆a mechanically sound engine 機械的に健全［正常］なエンジン ◆in order to put the Japanese financial system back on a sound base 日本の金融システムを再び健全化するために ◆restore the entire system to a sound economic base 体制全体を健全な［安定した］経済基盤に戻す ◆to make sure it is structurally sound それが構造的に強固［堅固, 健全, しっかりしている］かどうかを確かめるために
**sound out** 発音する (→ sound 2);（〜について）打診する<about, on> (→ sound 3)
**sound barrier** the 〜 (= the sonic barrier)《航空》サウンドバリアー［音速障壁, 音の壁］；a 〜 防音［遮音］壁 ◆break the sound barrier 音［音速］の壁を破る（＊音速を超える）
**sound effects** ◆special sound effects 特殊音響効果 ◆sound-effects men 擬音係（＊生音を出す音響効果担当者）

**sounder** a 〜 音を出すもの, 鳴るもの；a 〜 測深機；adj. sound（健全な）の比較級 ◆an echo sounder system 音響探査システム（＊海底地形図を作成する機器）
**-sounding** 〜の性質を持ったように聞こえる, 〜な響きの, 〜のように伺われる ◆a pleasant-sounding concept 良さそうな考え ◆military-sounding 軍隊調の
**soundness** 健全性 ◆it is an indication of the degree of soundness of... それは〜の健全さの程度の表れ［《意訳》健全度を示す指標］である ◆the soundness of the financial system 金融システムの健全性
**sound pressure** (a) 〜 音圧 ◆a sound pressure measuring device 音圧測定装置 ◆at a sound pressure level of 50 dB 50デシベルの音圧レベルで ◆measure sound pressure at... 〜における音圧を測定する
**soundproof** adj. 音を通さない (impervious to sound), 防音の, 遮音の; vt. 〜を防音にする, 〜に防音［遮音］処理を施す ◆a soundproofing material 防音［遮音］材
**soundscape** ◆create an ever-changing interactive soundscape 時々刻々変化するインターアクティブな音環境［音場空間］をつくる
**soup** **1** vt.《俗》〈機械など〉を強化［増強］する, 〜の性能・効率を高める［向上させる］<up> ◆a souped-up version of...〈機器, 車など〉の増強版［拡張版, 改良版,《意訳》上位機／機種／車種］ ◆a souped-up cell phone 機能強化されている［高性能化した］ケータイ ◆a souped-up engine 強化されたエンジン ◆souped-up graphics and sound 強化されたグラフィクスとサウンド機能 ◆a lot of detail changes (including further souping up of the Saturn V to handle the extra payload mass) 数多くの詳細変更（余分に追加される積載質量に対応するためのサターンV型ロケットのいっそうの強化を含む）
**2** スープ
**soup kitchen** a 〜（生活に困っている人たちのための）炊き出し所, 無料食糧配給施設, 無料給食所, スープキッチン ◆a soup kitchen for the homeless and needy 路上生活者や生活困窮者のための炊き出し所［無料食糧配給施設, 無料給食所, スープキッチン］
**sour** adj. すっぱい, 酸敗してすっぱくなった, すえた；硫黄分の多い, 酸性の；不機嫌な, 気難しい, 意地の悪い, ひねくれた, いやな, 不快な；すえた, 〜をsourにする; vi. sourになる; a 〜 すっぱいもの, (a) 〜 サワー ◆go [turn] sour すっぱくなる,《口》まずいことになる, うまくいかなくなる, だめになる, 変な風になる, おかしいことになる ◆sour [high-sulfur] crude (oil) 硫黄の含有量の高い原油 ◆relations between the two countries soured 二国間の関係がまずくなった ◆to eat sweet and sour pork 酢豚を食べる
**source** 〜源, 源泉, 原泉, 淵源（エンゲン）, 基, 根源, 元凶, 原因, 水源, 源流, 供給源, 出所, 出典, 典拠, 情報源, 消息筋, コピー元, 送信元, 送り側, 入力元, 一元, 元, ソース；《コンピュ》(= source code); vt.〈引用など〉の出所［出典, 典拠］を明示する, 〜を情報源として調達する, 〜を〈〜から〉調達する <from> ◆a source address《通》出所アドレス, 送信［発信］元アドレス ◆a source document 原稿；［入力］原稿；元文書［ドキュメント］◆a source of light 光源 ◆a source range《原子力》中性子源領域 ◆According to an industry source,... 業界筋によると, ◆alternative-energy sources 代替エネルギー源 ◆a source-level debugger《コンピュ》ソースレベルのデバッガ ◆a source of consumer confusion 消費者を混乱させる元［種, 材料］◆a source of disorder and instability 混乱と不安定の根源 ◆collection of contaminants at the source 汚染物質の発生元での集積 ◆track a failure to its source 障害を調べてその源［原因］を突き止める ◆sources [an unnamed source] well-versed in North Korean affairs 北朝鮮の事情に詳しい消息筋 ◆address the problem at its source その問題に根本から［根源から］取り組む ◆taxes are withheld at the source of income 税金は源泉徴収される ◆find the source of a problem 問題［障害, 異常］の原因を見つける［突き止める］ ◆Other potential carbon monoxide sources include...《直訳》その他の一酸化炭素の源になりそうなものとして［《意訳》以上の他

にCO発生原因として]〜があります。 ◆replace a crushed seal believed to be a major source of hydrogen leaks 水素漏れの主な原因[主因]と考えられている、圧砕損傷を受けたシール[封止材]を取り替える ◆when the power tool is connected to the electrical power source 電動工具が電源に接続されている時に ◆Source and destination are the same. 《コンピュ》転送[コピー、移動、etc]元と〜先が同じです。(*画面表示で) ◆The DAC operates from a single 5V source. そのD/Aコンバータは、5Vのシングル電源で働く。◆The rest comes from the U.S. and other sources. 残りは米国および他の供給国[調達先]から来る。◆The source of supply is notified of rejections. 供給元[業者]には、(受け入れ検査)不合格の旨が知らされる。 ◆We are a source of high quality raw stock. 弊社は、高品質の原料の供給元です。 ◆The hand-held scanner can be passed over a bound source document such as a book. 《意訳》ハンドヘルドスキャナーは、書籍などの冊子体の原稿の上をなでるようにして読み取り走査できる。 ◆The light in the individual fiber bundles originates from a common light source. 各ファイバーバンドルの光は共通の光源から(出て)来ている

**source code** ◻《コンピュ》ソースコード、原始コード
**sour grapes** 《複扱い》負け惜しみ(*ブドウを取れなかったキツネがあれはすっぱいとうそぶくイソップ物語から) ◆There's no point in talking about it now, because it would just sound like sour grapes. 今さらそれについて話してもなんの意味もありません[何も始まりません]。負け惜しみのように聞こえるだけでしょうから。
**south** (the) 〜 南; the 〜 南部; adj. adv. 南の[へ、に、から] ◆the South Pole 南極 ◆in Northern Europe south of Sweden スウェーデン以南の欧州北部[北ヨーロッパ]で ◆the North's intrusions into the waters south of the Northern Limit Line (NLL) 北方限界線以南の海域への北の侵入(*北朝鮮海軍の韓国の海域への) ◆the south pole of a magnet 磁石のS極 ◆sell cars south of the border 国境の南(*米国でいえばメキシコをさす)で車を販売する
**South American** adj. 南の、南米の、南米人の、a 〜 南米人 ◆the South American continent 南アメリカ[南米]大陸
**South Atlantic** the 〜 (Ocean) 南大西洋 ◆an island in the South Atlantic (Ocean) 南大西洋の島
**Southeast Asia** 東南アジア
**Southeast Asian** adj. 東南アジアの ◆the Southeast Asian region 東南アジア地域 ◆several Southeast Asian countries 東南アジア数カ国
**southern** adj. 南の、南向きの、南からの、南部の、南方の; Southern 米国南部地方[諸州]の、南部特有の、南部方言の ◆a southern-exposure window 南向きの窓 ◆the University of Southern California 南カリフォルニア大学 ◆the U.S. Southern Command 米南方軍 ◆a porch with a southern exposure 南向きの張り出し屋根付き玄関 ◆have a southern exposure 南向きである ◆in southern Sumatra 南スマトラに[の] ◆in the southern Atlantic 南大西洋に ◆southern-exposure sunlight 南方向からの陽[日光]
**Southern Hemisphere** the 〜 南半球 ◆in the Southern Hemisphere 南半球で
**South Pacific** the 〜 (Ocean) 南太平洋
**sovereign** a 〜 君主、元首、主権者、国王、女王; a 〜 ソブリン貨(*英国の20シリングあるいは1ポンドの旧金貨); adj. 主権を有する、独立した、自主の; the 〜[元首]である; 最高の、至上の、卓越した、著しい効果を持つ ◆a sovereign medicine [remedy] for... 〜の特効薬[卓効薬、著効薬] ◆recognize... as a sovereign state 〜を独立国[主権国]として承認する ◆become a sovereign state 独立国[主権国]になる ◆He is the sovereign of snore. 彼はいびきの王様[大のいびきかき]だ。
**sovereignty** ◻主権、統治権、独立; a 〜 独立国 ◆In a democracy, sovereignty rests with the people. 民主主義国家にあっては、主権は国民にある[主権在民である]。

**sow** vt., vi. 種をまく(*比喩的にも用いられる)、植え付ける ◆Mr. Anderson reaped the very whirlwind he had sowed. アンダーソン氏は、因果応報[自業自得、身から出た錆(サビ)]で何倍もひどい罰を受けた。 ◆What you sow, so shall you reap. まいた種は刈らねばならないのだ。; 自業自得だ; 因果応報の理[コトワリ]だ。
**soybean** a 〜 大豆(ダイズ) (=(英)a soya bean) ◆flavorful Japanese fermented soybean paste that comes in white, yellow and red 白、黄、赤の種類で売られている風味[味わい]豊かな日本の味噌 ◆Green soybeans (known in Japan as edamame) can be found in frozen food sections of natural and health food stores. グリーンソイビーン(日本では枝豆と呼ばれる)は、自然健康食品店の冷凍食品コーナーに(たいてい)おいてあります。
**spa** a 〜 スパ、鉱泉、温泉、温泉地、温泉保養地、湯治場 ◆a remote spa village へんぴな温泉の村[湯の里、湯治場]、ひなびたいで湯の村
**SPA** an 〜 (a speciality store retailer of private label apparel) 製造販売小売業(*衣料品の一企業が自社ブランドで企画・生産・販売まで手がける)
**space** 1 ◻空間、間隔、空き、場所、間合い、行間、余地、ゆとり、余白、紙面、広がり、〈記憶装置の〉空き[空き容量、空き領域、記憶空間]; (a) 〜 時間; a 〜 空白文字; adj. 空間の ◆save space 省スペース化する ◆a subterranean space 地下空間 ◆a domestic space-heating appliance 家庭用暖房器具 ◆24,000 square miles of empty space 24,000平方マイルの空いている土地 ◆due to limitations of space スペース[紙面、紙幅(シフク)、場所]の制約上 ◆in confined spaces 狭い空間(の中)で ◆provide [obtain, get] space for... 〜のためのスペースを確保する ◆32 megabytes of free hard disk space 《コンピュ》32メガバイトのハードディスク空き容量[領域] ◆multiple CPUs sharing a common memory space 《コンピュ》共通のメモリー空間を共用している複数のCPU ◆a compact space-saver [space-saving] model コンパクトな省スペース機種 ◆there is ample empty space behind... 〜の裏に空いているスペース[空き場所]がたっぷりある ◆when space is tight スペースがきつい時には; 場所的に余裕がない場合には ◆allow sufficient white space between paragraphs 段落と段落の間に余白を十分にとる ◆open up [increase, ...lessen, reduce] the space between the points それらの点の間隔を広げる[→狭める] ◆publish letters as space allows 紙面[誌面、紙幅]の許す限り投書を掲載する ◆the adjustment of spaces between letters 文字間隔の調整 ◆be designed for use in applications where board space is at a premium (意訳)基板上のスペースが限られている[スペースの確保が難しい]用途向けに設計されている ◆ideal for use where [when] space is at a premium スペースが貴重な[スペースが限られている、ゆとりのない]場所での[場合の]使用にうってつけで ◆leave about one inch of space to the rear of the unit ユニットの後ろに1インチのスペースを空ける; ユニットの後ろを1インチ空ける ◆need a minimum of 3 megabytes of hard disk space for... 〜のために最低3メガバイトのハードディスクスペースを必要とする ◆require only 8" of table top or rack space 机上またはラックの8インチのスペースしかとらない ◆use the unit where space is limited そのユニットをスペースを限られている[狭い]場所で使用する ◆The plant covers some 614 acres and 2 million sq. ft of floor space. その工場の敷地面積は614エーカーで、(延べ)床面積は200万平方フィートである。 ◆The tool chest provides 1403 cubic inches of storage space. その引出し式工具箱は、1403立方インチの収納容量がある。 ◆Be sure there is sufficient space for your vehicle to fit into the traffic flow. 車を交通の流れに合流させるのに十分な余地[余裕、空き]があることを確認すること。 ◆Flat-panel displays take up less space than a comparable CRT display. フラットパネルディスプレイは、対応するブラウン管式ディスプレイより場所を取らない。 ◆If too large, UNZIP exits with a "Not enough free disk space to extract file" message. 《コンピュ》《ファイルが》大きすぎると、UNZIPは「ファイルを展開するための空きディス

容量[領域]が足りません」というメッセージを表示して終了してしまう。◆Pop-up menus take up screen space only when they are being used. ポップアップメニューは、使用されている時にのみ画面のスペースを取る ◆Reservations made after this date can only be honored on a space available basis. この日を過ぎてからの予約は、空きがある場合に限って受け付けられます。◆The whole package is extremely compact, so it saves space and fits in almost anywhere. パッケージ全体が非常にコンパクトで、スペースの節約になり、ほとんど(場所を選ばず)どんなところにも収まります。◆A 400M-byte hard disk and a removable hard disk will fit into the space required for one mini-floppy disk drive. 400メガバイトのハードディスクとリムーバブルハードディスクが、ミニフロッピーディスクドライブ1台分のスペースに収まる。◆Space does not permit a close examination of all of these, but I shall spend considerable time on them in the reports that follow. 誌面[紙面,紙幅]の制約上これらすべてについての吟味 正確に間隔を空けたパルス ◆cut four evenly spaced 1-inch-deep slits in the surface 表面に等間隔で1インチの深さの切込み[切り目]を4本入れる ◆Manuscripts should be typed double spaced. 原稿は、ダブルスペースでタイプ打ちのこと。◆The side walls have a slot spaced every 1/2". 側壁には、半インチずつ間隔をあけてスロットが並んでいる。◆They are spaced in two rows in a staggered configuration. それらは、2列に互い違いに間隔をおいて[二列千鳥]配列されている。

**space-age** /spéisèidʒ/ adj. 宇宙時代の, 超近代的な, 最新の ◆space-age industries 宇宙時代の[最先端]産業 ◆space-age materials 宇宙時代[最先端]の材料

**spacecraft** /spéiskræft/ a~《単複同形》宇宙船, 宇宙機

**space heater** a~ストーブ ◆an electric space heater 電気ストーブ

**Spacelab** /spéislæb/ スペースラブ(*スペースシャトルの荷物室内に搭載される, 欧州宇宙機関ESAにより開発・製作された実験室)

**space-saving** 省スペースの ◆the unit features [has, offers, provides] a space-saving design 本ユニットは省スペース設計を特徴とする[-設計である]

**spaceship** a~宇宙船 ◆We must learn to live reasonably and modestly with one another on Spaceship Earth. 私たちは、宇宙船地球号で互いに分別をわきまえてつつましく暮らせるようにならなければだめだ。

**space shuttle** a~スペースシャトル, 宇宙往還機

**spacesick** adj. 宇宙酔いの ◆become [get] spacesick 宇宙酔いをする

**spacesickness** a~宇宙酔い ◆he somewhat suffered from spacesickness 彼は少々宇宙酔いをした

**spacewalk** a~宇宙遊泳; vi. 宇宙遊泳をする ◆take [execute] a spacewalk 宇宙遊泳をする

**spacing** 間隔をとること, 行間のあけかた; a~(ある決まった量の)間隔 ◆at regular [equal] spacings of 20 meters [years] 20メートル[年]の一定間隔[均等間隔, 間隔]をあけて ◆lines of different spacing 間隔が異なる線 ◆a 0.28-mm spacing between triad pairs 《ブラウン管》0.28mmのドットピッチ(*正三角形に配置されている赤緑青RGBのドットのそれぞれの対の間隔が0.28mmということ) ◆adjust the spacing between specific pairs of letters 特定の(隣接った)文字対間の間隔を調整する ◆allow a 50-μm pixel spacing 画素間に50μmの間隔をあける ◆spacing between adjacent channels 隣接チャンネル間の間隔(確保) ◆the spacing between the two break points これら2つの区切り点の間隔 ◆a family of parallel lines having a spacing determined by... ~によって決まる一定の間隔を保っている一群の平行線 ◆the average spacing between cars is 10 m 平均車間距離は10メートルである ◆trees in plantations are usually planted at regular spacings 大農園[植林地]では、樹木は通例一定の間隔を開けて植林される[植えられる] ◆Semilogarithmic graphs have equal spacing on one axis and logarithmic spacing on the other axis. 片対数グラフは、一方の軸は均等に、もう一方の軸は対数的に間隔がとられて[目盛られて]いる。

**spacious** 広々とした, ゆったりとした ◆The car's interior is spacious and practical. この車のインテリアはゆったりとしてかつ実質的である。

**spade** a~鋤(スキ), スペード

**spall** a~はがれ落ちた破片(*特に岩石や鉱石の破片)

**spalling** 《剥離(ハクリ), 落屑(ラクハク), 破砕 ◆minimize spalling 剥離をできるだけ少なくする

**spam** (a)~スパムメール, 不要な電子ダイレクトメール, 迷惑メール, スパム行為; v. スパムメールを(大量に)送る[送りつける]

**span** 1 a~期間, 範囲, スパン, 全長, 全範囲, 支柱から支柱までの長さ[距離], 支点間距離, 柱間距離, 支間, 径間(長), 渡り間 ◆a span of time (ある長さの)時間[期間] ◆in such a short [brief, small, ~long, large, vast] span of time [this] short a span of time そんな[こんな]短い間[短期間]に ◆one's attention span 集中力[注意力]持続時間 ◆over a five-year span 5年の期間にわたって ◆within the [a] span of 15 minutes 15分間以内で ◆over a span of one week 1週間(の期間)にわたって ◆a huge plane with a wing span of more than 100 feet 翼幅が100フィートを超える巨大な飛行機 ◆within the span of one or two generations 1~2世代の間で

2 v. (時間的あるいは空間的な範囲に)及ぶ, わたる, かける, (橋などを)かける ◆span a river with a bridge 川に橋をかける[渡す, 架け渡す] ◆a period spanning 63 years 63年にわたる期間 ◆a mammoth bridge spanning the Amur River アムール川にかかっている巨大な橋 ◆His company spans 28 countries. 彼の会社は、28カ国にまたがっている。◆Humidity range spans 20 to 98%. 湿度範囲は、20%から98%まで。◆As Japanese corporations span the globe, language skills become ever more critical. 日本企業が世界を股にかけるようになるにつれ、語学力はますます重要になる。

**SPARC** (Scalable Processor Architecture) (スパーク), 米国のSun Microsystemsが開発したアーキテクチャ

**spare** 1 vt. 〈時間など〉を(~のために)さく[とっておく], 余地を残す, 惜しんで使わない, なしですます, 節約する, 割愛する, 控える, 省く, 容赦する ◆a no-expense-spared wedding ceremony 金に糸目を付けない結婚式 ◆spare little effort in trying to <do...> ~しようとする努力[労力, 骨身, 骨]をほとんど惜しまない ◆spare no effort trying to <do...> ~しようとする努力を惜しまない ◆perform a "nerve-sparing" prostatectomy「神経温存」前立腺切除[摘除]手術を行う

2 a~ (タイヤや部品の)予備品; adj. 予備の, あいている, 余っている, 余分の, 足りない, 切り詰めた, 貧弱な ◆XX: Spare – not assigned. 《電子》〈番号, 記号など〉: 予備 – 割り当てなし[空き, 未使用](*接続ピン・ビット・機能などの割り当てを示す図表)

**spare part** a~(交換用の)予備部品, 補修部品, スペアパーツ ◆a spare parts list スペアパーツ[予備部品]表

**spare time** (仕事をしなくてよい)空いている時間, 暇な時間, 余暇 ◆a spare-time activity 余暇に行う活動 ◆in one's spare time 時間があいている時に

**sparing** adj. 倹約する, 節約する, 控えめな, 質素な, 乏しい, 貧弱な, 容赦する[寛大な] ◆It's compact, lightweight, quiet and remarkably sparing on fuel. それは小型, 軽量, 静粛[低騒音]で, 非常に低燃費である[燃費がよい].

**sparingly** adv. 控えめに, 少なめに, 少々; 倹約して, 節約して, つましく, けちけちして ◆he spoke sparingly because of a cold 彼は風邪のためにあまりしゃべらなかった[口数・言葉が少なかった] ◆spend sparingly and save with difficulty 倹約してやっとのことで金を貯める ◆use it as sparingly as possible それをできるだけ節約して[少なめに]使う ◆Add peppers very sparingly as these are quite hot. ペッパーはかなり辛いので, ほんの少々加えるだけにしてください. ◆Use "But" sparingly to start a sentence. 文の冒頭にやたら「But」を使用[「But」を多用]しないこと. ◆Use jokes sparingly. ジョークは控えめに[乱発しない]こと.

**spark** 1 a ~ 火花, 電気火花, スパーク, ひらめき, きらめき, 《否定文》わずか[幾分] ◆a spark plug (エンジンの)点火プラグ, 点火栓 ◆avoid sparks スパーク(の発生)を避ける ◆make a spark スパークを発生させる ◆the spark arcing to the transformer's primary side トランスの一次側にアーク放電しているスパーク
2 v. 火花を出す[飛ばす]<off, out>, スパーク[火花放電]す[させる], 火花のように光る[飛び散る], 《比喩的に》~に火を付ける[~を刺激する], ~の火付け役[引き金, 起爆剤]となる<off><to do> ◆if sparking occurs 火花放電が起きるようなら ◆spark lively debate 活発な議論を呼ぶ[引き起こす] ◆spark off inflation インフレに火を付ける, インフレを引き起こす ◆spark an intensive search for... ~の徹底的な探索に火をつける ◆spark off waves of company failures and mass unemployment 企業倒産と大量失業の波を引き起こす ◆spark the frenzy of takeovers and buyouts 企業乗っ取りや買収の狂乱に火を付ける ◆the issue that sparked off bloody riots 流血の暴動の起爆剤となった争点

**sparkle** 1 (a) ~ 火花, 火の粉, 輝き[きらめき, 閃光], 泡立ち[発泡]
2 vi., vt. 火花を散らす[発する], きらめく, 発泡する, ~をきらきらと輝かす ◆(a) sparkling wine 発泡(性)ワイン

**sparse** adj. まばらな, 希薄な, 乏しい, 貧弱な ◆sparse trees まばらに生えている木 ◆The company has reinforced its formerly sparse line of IBM PC compatibles with five new systems. その会社は, かねてより手薄だった自社のIBM PC互換商品ライン[ラインアップ]に新型5システムを投入し, 強化[充実]を図った.

**sparsely** adv. まばらに, 疎に, ちらほらと, ばらばらと, 散在して ◆a sparsely populated province 人口密度の低い地方 (*カナダなどの場合は a province = 州と訳す)

**spate** a ~ [言葉などの]ほとばしり, (感情などが)堰を切ったように[どっと]あふれ出ること, 鉄砲水, 出水[洪水, 氾濫], 《英》突然の土砂降り[豪雨]; a ~ (よくないことの)多発, 急増 ◆There is a growing downsizing trend in the corporate sector, reflected in the recent spate of delistings. 最近の上場廃止の多発[続発, 急増]に反映されているように, 企業[法人]部門でダウンサイジング傾向が高まっている. ◆The prime suspect in the spate of terrorist attacks against the United States is Osama bin Laden's organization, Al-Qaeda [Al-Qa'ida]. 対米多発テロ(襲撃)の主要な[有力な]容疑者は, オサマ・ビンラディン氏の組織アルカイダである.

**spatial** adj. 空間の ◆spatial coherence 《光ファイバ》空間コヒーレンス ◆spatial resolution 空間解像度 ◆the spatial arrangement of atoms 原子の立体配置

**spatter** 1 vt. ~をはねかける[飛び散らす, 振りかける, 浴びせる], ~を(はねで)汚す<with>, ~に汚点をつける, ~に悪口[中傷]を浴びせる; vi. はねる, 飛び散る, 降り掛かる, 降り注ぐ
2 a ~ はね, はねたもの, 飛沫, 飛散するもの, 斑点, 汚点, 《金属》スパッター(*溶接の際に飛散する金属粒子), (液体, 細かい個体などの)少量[少し], ちらほら, (拍手などの)パラパラいう[まばらな]音 ◆it is constantly subject to spatters from cooking それには, いつも調理の跳ねがかかる

**spawn** ⊙(集合的)(魚などの)卵, はらご, 《菌》菌糸, (うようよしている)子供, 子孫; vt. (魚, かえるなどが卵)を産む, ~に放卵させる, ~に菌糸を植えつける, 《コンピュ》生成する; vi. 放卵する, たくさん生まれる ◆deregulation spawned a boom in... 規制緩和は, ~にブームを引き起こした ◆spark intense competition 激烈な競争を引き起こす[生む] ◆spawn jobs [new markets] (結果的に)雇用[新しい市場]を創出する ◆these nutrients spawn massive algae growths これらの栄養分が藻類(ソウルイ)を大量に発生[大発生]させる ◆they migrate back to their original freshwater streams to spawn 彼ら(魚)は, 産卵のために元の淡水河川[母川]に戻る ◆they successfully reach their spawning grounds 彼らは無事, 産卵場所に到達する(*魚などが) ◆The technology will spawn new broadcast standards. この技術が, 新しい放送規格を生むことになるだろう.

**SPDT** (single-pole double-throw) ◆an SPDT switch 単極双投スイッチ

**speak** vi., vt. 話す, 語る, 口をきく, 口にする, 述べる, 物語る, 演説[講演]する ◆so to speak [say] (挿入句)言わば; 言ってみれば, たとえて言ってみると ◆Speaking of UNIX, ... ユニックスについて言えば, ~ ◆speak more plainly [clearly] もっとはっきりと話す ◆speak of the need to <do> ~をする必要性を説く ◆technically speaking 技術的な観点から言えば[技術面では] ◆the firm's non-English-speaking employees その会社の英語が話せない従業員 ◆begin a 20-week intensive course in spoken English 20週間英会話集中コースを始める ◆It's only guns that speak here, and whoever has a weapon has the say. ここでものを言うのは銃だけだ. そして武器を持つ者が発言権を握っているのだ.

**speak up** (人前で意見を)はっきり言う, 率直に話す, もっと大きな声で話す ◆when consumers speak up and get their money back 消費者が(黙っていないで)はっきり言って返金してもらう場合は ◆Speak up if you feel that others are not carrying their share of the workload. もし他の人がちゃんと仕事[作業]分担していないと感じたら, そのことをはっきりと言うようにしなさい.

**speaker** a ~ 話し手, 話者; a ~ 拡声器, スピーカー, ラッパ(= a loudspeaker, a driver) ▶ (音響)スピーカシステムの個々のドライバ (loudspeaker drivers)には, 受け持つ周波数帯によって, low-frequency (a woofer, a subwoofer), mid-frequency (a midrange, a squawker), high-frequency (a tweeter, a supertweeter), full-range といった種類がある. ◆a video speaker (防磁型の)ビデオ用スピーカ ◆speaker verification 話者照合(*音声認識の) ◆(a) speaker grille cloth スピーカーグリル用の布地[サランネット] ◆(*スピーカーボックス前面に張る) ◆as Deputy Speaker (議会の)副議長として ◆a subwoofer speaker サブウーファースピーカー(*重低音・超低音再生用スピーカー) ◆House Speaker Newt Gingrich (米国の)ニュート・ギングリッチ下院議長 ◆a native speaker of English [the English language] 英語のネイティブ・スピーカー, 英語を母国語[母語]とする人

**speaking** adj. 話をする, 口をきく, ものを言う, しゃべる, 〈肖像などが〉ものを言っているような, 生きているような, 真に迫る, 表情たっぷりの; ⊙話すこと, 話, 談話, 演説, 弁論 ◆a mishmash of machines that aren't on speaking terms 互いに通信できない機械[相互交信できないマシン]の寄せ集め(*この文例でのmachinesはコンピュータのこと)

**spearhead** a ~ 槍(ヤリ)の穂, 最前線[先頭, 先鋒](の人); vt. ~の先頭に立つ ◆The Government agency spearheads the U.S.'s microelectronics effort. この政府機関は, 米国のマイクロエレクトロニクス研究の先頭に立っている[急先鋒である].

**spec** 1 (→ specification) *a* ~ (*pl.* ~*s*) 仕様(書), 明細(書); vt. ~の仕様[明細]書を書く ◆But if the reading is above or below specs, further investigation is required. だが, 読み取り値が仕様[《意訳》測定値が基準値]よりも高かったり低かったりする場合は, 更に調査する必要がある.

2 (speculation)

**special** adj. 特別な, 格別の, 特段の, 特殊な, 特異な, 独特の, 固有の, 専用の, 臨時の, 別途─; n. *a* ~ 特別なもの, 特価品, 目玉品 ◆the British Special Air Service (SAS) 英陸軍の特殊部隊 ◆because of special circumstances 特殊事情で ◆deserve special note とりわけ注目に値する; 特筆すべきである ◆for special purpose applications 特殊用途向けの[に] ◆pass a special Diet session 《法案など》の特別国会を通過する ◆take [employ, implement] special measures to do... 〜するために特別措置[対策, 処置, 医療処置]を講じる[とる, 実施する] ◆the Special Action Committee on Okinawa 日米沖縄特別行動委員会[SACO] ◆the special properties of the silk 絹の独特な性質 ◆a special-formula adhesive 特殊処方, 特殊製法による]接着剤 ◆identify the special characteristics of the city その都市の特殊性を特定する ◆Custom printing on bags is also available by special order. 袋のオリジナル印刷[《ご希望の内容の印刷]も特別注文にてお請けいたします. ◆Special ordered tweezers are nonreturnable. 特注のピンセットは、返品ができません.

**special effect** *a* ~ 《通例 ~*s*》特殊効果 ◆special effects filters 《カメラ》特殊効果フィルター

**special envoy** *a* ~ 特使 ◆act as a special envoy 特使(役)を務める

**specialism** *a* ~ 専門分野, 専門技術; ⓊⒶ専門, 専攻, 専門主義 ◆Hitherto, specialists have been content to remain within their specialism. 今まで, 専門家は自分たちの専門分野にとどまっていることに満足していた.

**specialist** *a* ~ 専門家, 専門職(の人), 専門医, 特殊技能者, 玄人(クロウト), 専門要員, 担当者(*⇔generalist)◆a specialist (physician); a medical specialist 専門医 ◆a one-track specialist その道一本で畑違いのことについてはうといスペシャリスト; 専門ばかりの人 ◆a specialist in image communications 画像通信のスペシャリスト[専門家, 専門企業] ◆specialists in preventive medicine 予防医学の専門医 ◆there seems to be a greater trend toward more and more lawyers declaring themselves specialists in certain narrow fields of law 《意訳》法の特定領域を専門に扱う弁護士が増える傾向にあるようだに; 弁護士のスペシャリスト化[専門分野の特化]傾向が進んでいるように見受けられる

**speciality** (= specialty)

**specialization** (*a*) ~ 専門化, 特殊化, 特化, 分業化 ◆technological specialization 技術の分化[細分化, 特化] ◆switch areas of specialization 専門分野を変える ◆A further widening of specialization has been caused by... 《意訳》専門領域の拡大は〜により更に進んだ. ◆Her areas of specialization include A, B, and C. 彼女の専門分野はA, B, Cなどである.

**specialize** v. 専門[特殊]化する, 特化する, 〈範囲, 対象を〉限定する, 専門とする, 専門に扱う, 専業にする ◆an FBI unit specializing in serial-killer profiles FBIの連続殺人犯心理分析専従班 ◆a manufacturer specializing in GPS receivers GPS受信機専業[専門]メーカー ◆be prescribed by a medical specialist, specializing in the care of patients with dementia 痴呆症患者の治療を専門にしている専門医[《意訳》痴呆症専門医]により処方される ◆specialize in the treatment and research of children's catastrophic diseases such as cancer 癌などの悲惨な小児病の治療と研究を専門にする

**specialized** adj. 専門の, 専用の, 特殊化した, 特化された ◆specialized applications 特化用途 ◆a specialized hospital 専門病院 ◆specialized professional [vocational] education 専門職業教育 ◆a specialized 24-track hard disk recorder 特殊24トラックハードディスク録音機(*デジタル録音するための特殊プロ仕様装置) ◆the United Nations Organization (UN) and its main specialized Institutions (World Bank, IMF, etc.) 国際連合機構および, その専門機関(世界銀行やIMFなど) ◆custom chips for specialized uses 特殊用途向けカスタム[個別仕様]ICチップ ◆in use in specialized applications 特殊用途に用いられている ◆These topics may be considered too specialized for an undergraduate program. これらのテーマは, 学校での課程用としては専門的過ぎるかもしれない.

**specially** 特別に, 格別に, 特段に, 特に, 別途 ◆a specially-trained dog 特別な訓練を受けた犬 ◆specially selected wines 特選ワイン

**special-purpose** 特殊用途の, 特別目的の, 専用の (→general-purpose) ◆a special-purpose company (known as an SPC, SPE or SPV) 《経》(SPC, SPEあるいはSPVとして知られている)特別目的会社 (*E = entity, V = vehicle) ◆special-purpose computers 特殊用途[特化]コンピュータ

**specialty** *a* ~ 専門(分野), 特殊分野, 専攻, 特質[特性, 特色, 特異点], 特産品, 特別品], one's ~ お手の物, 得手, 得意技, 得意芸, お家芸, 十八番; ⓊⒶ特殊[特異]性 ◆a specialty retail business 専門小売店 ◆a tire specialty shop タイヤ専門店 ◆a woman's specialty shop [store] 婦人物の高級専門店 ◆a front-end specialty shop 自動車前部を専門にしている修理工場 ◆my forte [line, specialty] 私の強み[商売, 専門]; 私の得意技, 小生の十八番 (オハコ, ジュウハチバン) ◆Japan's specialty used to be the Nordic combined, but... 日本のお家芸はかつてノルディック複合競技だったが、 ◆full-line specialty stores like Circuit City (electronics) and the Home Depot (hardware) サーキットシティー(エレクトロニクス)やホームデポ(金物類)のような総合専門店

**species** 《単複同形》種(シュ), 種族 ◆a variant species 変種 ◆a new species of criminal 新手[新種]の犯罪 ◆a new species of oysters 新種のカキ ◆a species of bird 鳥の1つの種[一種] ◆divide the species into two subspecies その種を2つの亜種に分ける[分類する] ◆reptile and amphibian species 各種には爬虫類と両生類 ◆Many species of lizard and snake are... 多くの種類[各種]のトカゲやヘビは... ◆pictures of more than 400 species of fish 400種を上回る魚の写真 ◆the creation of hybrid species 交配種[ハイブリッド]を生み出すこと ◆threatened or endangered species 生存が脅かされているかもしくは絶滅が危惧されている種 ◆The fundamental problem with transferring organs between species is rejection by the recipient's immune system. 異種間の臓器移植の基本的問題は, レシピエント(臓器受容者)の免疫機構による拒絶反応である.

**specific** 1 adj. 具体的で明確な[細かい], ある決まった, 一定[特定]の, 個別の, 特殊な, 〈~に〉特有[独特, 固有, 専用]の 〈to〉; 〈specific to..., または ...-specific の形で〉〜に特定的な, 〜に限定される, 固有の, 特有の, 独特の, 特異的な, 独自の, 一専用の, 一別の ◆to be more specific もっとはっきり[具体的]に言えば; さらに詳しくは ◆specific immunity 特異免疫 ◆specific resistance; resistivity 比抵抗; 固有抵抗; 抵抗率 ◆AIDS-specific laws エイズ関連法 ◆application-specific standard products (ASSPs) 特定用途向け標準製品 (*特にICチップの) ◆antibodies specific to [for] HCV 《直訳》C型肝炎ウイルス (HCV) に特有の抗体; 《意訳》HCV特異抗体 ◆must follow certain specific requirements ある特定[一定]の要件[基準, 規定, 規則]を遵守する必要がある ◆new Mac-specific features Mac独自の新機能 ◆set a specific goal 特定の[具体的な, はっきりした, 明確な]目標を設定する ◆specific data (ある)特定のデータ ◆tailored to a specific application 特定用途向けに作られて ◆the specific conductivity of lead 鉛の比導電率 ◆have a high specific thermal conductivity 高い比熱伝導率を持つ ◆without a specific, constructive purpose これといった建設的な目的を持たずに ◆AIDS-specific research エイズに限定した研究 ◆digital-specific versatile videography 《意訳》デジタルならではの, いろいろなことができるビデオ撮影術 ◆hardware-specific graphics chips 《コンピュ》特定のハードウェア用の[ハードウェアによって異なる]グラフィックスチップ ◆minority-specific scholarships 少数民族出身者のみ

を対象にした[に限定された]育英資金 ◆race-specific [sex-specific] data 人種別[性別]データ ◆receive a race-specific scholarship 特定人種向け[対象]の奨学金を受ける ◆the radio frequency specific to that radio transmitter その無線送信機に固有の無線周波数 ◆a database that is Windows-specific Windows専用のデータベース ◆determine the genetic-specific lifetime of a person ある人の遺伝子により決定される寿命を求める ◆furniture and other items specific to that era その時代特有の家具やその他の品々 ◆memories tailored to specific market segments 特定の市場区分に合わせてつくられている[特化された]記憶素子 ◆With a less specific use of wildcarding, . . . ワイルドカードの使用(による指定)で絞り込み方が甘いと, . . . (*検索) ◆gender-specific cancers such as breast and cervical cancer 乳癌や子宮頸癌などの,いずれかの性に特有の癌 ◆Specific to the system is the fact that. . . 本システム特有[独特]なのは,〜ということである ◆To narrow your search to certain specific fields, check the boxes next to. . . 検索を特定の分野に[検索の対象分野を]絞るには,〜横の(チェック)ボックスにチェック印を付けてください。 ◆turn to direct mail to reach more specific audiences より的を絞った客層に訴求するためにダイレクトメールに頼る ◆Any specific transistor of the same type may be. . . 同タイプのどのトランジスタも〜かもしれない ◆Could you be more specific? もっと具体的に[詳しく]言ってくださいませんか。 ◆Machine languages are very machine-specific. 《コンピュ》機械語は,非常に(個々の)機械に固有のものである[機種に大きく依存する] ◆We need research to compare disease-specific results from country to country. 国ごとに疾患別の結果を比較検討する研究が必要である。 ◆The artist says his work is site specific and that moving it is tantamount to destroying it. 同芸術家は,自分の作品は特定の場所に置かれたものであり,作品を移動させることはそれを破壊するのにも等しいと言っている。

**2** *n*. *a*〜 特定のもの,特効薬; 〜s 詳細,細目 ◆be short on specifics 〜は具体的な(個々の)内容に乏しい ◆discuss specifics of the deal この取引の細部[詳細,細かな点,具体的内容]について話す ◆work on specifics 細部の検討をする ◆decline to offer any specifics on planned future products 計画中の今後の製品についての詳細を明かすことを拒む ◆give the reader specifics rather than generalities 読者に総論でなく各論を呈示する ◆won't talk much about specifics concerning. . . 〜の詳細を多くは語ろうとはしない ◆AT&T has not yet worked out the specifics of its pricing plan. AT&T社は,まだ自社の料金体系の細部の詰めを行っていない。 ◆Q: Could you give some specifics about what changes you would make to make the system more equitable? 質問: その制度をより公平なものにするために,どんな改変をなさろうとしているのか具体例を少し挙げていただけませんか。

**specifically** *adv.* 特に,殊更(に),とりわけ,はっきり限定して,明確に; 詳細に調べると,個別にみていくと ◆be developed [designed, manufactured, built, made] specifically for. . . (特に)〜用に[(専ら)〜向けに,〜専用に,(特に)〜を目的として]開発される[設計され,製造され,造られ,作られて] ◆More specifically, . . . もっとはっきり[具体的に,厳密に]言えば; すなわち; もっと詳細にみていくと ◆Specifically speaking, . . . 具体的にいうと, ◆manufacturers of high-quality cabinets specifically for export to Japan 《意訳》日本向け高級飾り棚の輸出専業メーカー ◆. . ., and more specifically, . . . (そして)もっと具体的に言えば ◆a system designed specifically for word processing ワードプロセッシング専用に設計されている[ワープロ専用の]システム ◆a tow truck specifically designed to tow disabled vehicles 故障車の牽引専用につくられて[牽引に特化されて]いるレッカー車

**specification** (略 spec) *a*〜 明細書,規格書,基準書,明細書; (通例〜s)仕様,規格,規格値,基準,基準値,規定,明細,内訳; 《表中の欄タイトルなどで》規格値,諸元; (通例〜s)《特許》明細書, (添付)付属書; 回答特定化,明確化,指定(すること) ◆be below specifications 規格以下である ◆be out of spec 規格[仕様]から外れている; 規格外れである; 仕様を満

たしていない; 基準に適合していない; 基準不適合である ◆within specs 規格内に収まって ◆performance specifications (性能面の)仕様 ◆technical specifications 技術仕様; 技術面での要求値[要求数値] ◆product specification values 製品規格値 ◆a global specification table 全体(書式)設定表(*ワープロ) ◆a high-spec PC (ロ)高仕様パソコン; 高性能機 ◆a Military Specification soldering station (米軍の)軍仕様に準拠しているはんだごて置き台 ◆prepare steaks to customer specifications 客の仕様[好みの指定,好みによる細かい注文]に従ってステーキを用意する ◆require specification of a file ファイルの指定を要求する ◆require specifications about. . . 〜についての指定を要する ◆specifications of a car 車の仕様[《意訳》諸元] ◆under Section 6 of this specification 本仕様書の第6節に ◆Major Specifications of OCTS 《表題》OCTSの主な仕様[主要スペック] ◆a heavy duty case in Mil-Spec green (米軍の)軍仕様に準拠した緑色をしている頑丈なケース ◆Quality Control Specification QC-101 「品質管理仕様書QC-101」 ◆Extension: Not specified by specification 拡張子: 仕様による指定なし。 ◆a document such as a plan or a specification 図面や仕様書などの文書 ◆because of rigid government specifications 政府の厳しい仕様[要求値]のせいで ◆bring end play within specifications 終端部のあそびを規格内に収める ◆detect out-of-specification [out-of-spec] equipment on subscriber lines 加入者線に接続されている規格外れの[仕様を逸脱している]機器を検出する ◆document [describe] requirements in the form of specifications 要求条件を仕様の形に文書化[記述]する; 要件を仕様化する ◆if the specific gravity is below specs 比重が仕様[基準値]を下回っていたら ◆if the voltage goes higher than specs もし電圧が規格[規定値]より高くなると ◆meet Saxon Corporation engineering specifications サクソン社の技術仕様を満たす ◆microprocessors being run out of spec 仕様を逸脱した状態で動作させられているマクロプロセッサ ◆street maps and house specification sheets 現地案内地図と住宅[家屋]物件情報シート ◆tailor-made to the specifications of customers 顧客の仕様に合わせて特注製作されて ◆make specifications about such things as point size and the amount of white space between paragraphs 文字の大きさや段落間の空きなどについて指定する ◆Quality Control Specification For Purchased Completed Products 「購入完成品の品質管理仕様書」 ◆the inverted delta symbol (▽) on Saxon Engineering specifications サクソン社技術部の仕様書に記載されている逆三角形記号(▽) ◆engineering specifications covering appearance, dimensional performance, or functional characteristics 外観,寸法性能,もしくは機能特性に関する技術仕様 ◆Both models are identical in specifications and features. 両機種とも仕様とフィーチャーが同じである。 ◆Its torque was found to be within specifications. そのトルクは規格内におさまっていた ◆Set the ignition timing to specifications. 点火時期を仕様通りに設定してください。 ◆The rod ends are polished to customer specifications. ロッドエンドは,客先[顧客]の注文仕様通りに[に合わせて]研磨される。 ◆The unit is built to exacting specifications. その装置は,厳しい仕様に則って製作されている。 ◆These devices are tested to -55 to 125 °C temperature specifications. これらのデバイスは,-55〜125°Cの温度仕様で試験されている。 ◆We measured the motor's torque and found it within specifications. 我々は,モーターのトルクを測定してみて,仕様内に収まっていることを確認した。 ◆If these voltage readings are not within specs [specifications], . . . これらの電圧測定値が仕様[規格値]内に収まっていない場合, . . . ◆Specification of the variable name and associated input port is done by the following command. 変数名およびそれに対応する入力ポートの指定は,次のコマンドによってなされる。 ◆This specification defines the quality control requirements of the Consumer Electronics Division of Saxon Corporation. この仕様書は,サクソンコーポレーションの民生[家電]エレクトロニクス部の品質管理要件を定めるものである。 ◆When all other engine parameters are within specs [specifications], poor economy can sometimes be traced to a bad sensor/switch/valve. その他のエンジンパラメータがす

べて仕様［規格内，規定値内］に収まっているならば，燃費の悪さはセンサー，スイッチ，またはバルブの不良が原因である場合がある．

**specific gravity** (a) ～ 比重 ◆a low [small] specific gravity 軽［小］比重 ◆a precision specific gravity hydrometer 精密（液体）比重計 ◆a higher [greater] specific gravity より高い比重 ◆a substance of low [small] specific gravity 軽比重物（質）◆have a specific gravity of 0.7 比重は0.7である ◆the specific gravity of the battery's electrolyte そのバッテリーの電解液の比重 ◆they are of very low [small] specific gravity それらの比重は非常に小さい；それらは軽比重物である ◆its specific gravity is about 2 それの比重は約2である ◆These substances have specific gravities well below 1.0. これらの物質の比重は，1.0をかなり下回る．◆Therefore, differences in specific gravity among eggs of similar weights are mainly due to variations in the amount of shell. 従って，似たような重さの卵同士の比重の違いは主に殻の量のバラツキによるものである．

**specific heat** (a) ～ 比熱

**specificity** ①特異性, 特殊性, 特定性, 限定性 ◆utterly devoid of concreteness and specificity 全く具体性に欠ける［欠く］◆a fingerprint has enough specificity to lend itself to a positive identification 指紋には，誤りのない鑑識［（犯人の）明確な割り出し］に役立つだけの十分な特異性がある

**specify** vt. 〈設定値, 仕様など〉を指定する, 明記［明示］する, 明細に記す, 規定する ◆as specified 指定されているとおり, 指示通り, 仕様通り, 規定のごとく, 明記されているように, 表記のとおりに ◆unless otherwise specified （それ以外の）指定の無い限り；特に明記されていない［明記しない］限り ◆as specified in the contract [accord] 契約に［協定に］謳われているごとく ◆specify which to buy どれを買うかを名指しする ◆within specified limits 所定の限度内に ◆rules requiring manufacturers, importers and processors of specified chemical substances to submit information to EPA 特定化学物質の生産業者，輸入業者および処理業者に対して，米環境保護局への情報提出を要求する規則 ◆Other ___ (please specify [describe]) その他___ （内容を具体的に示して［書いて］ください）（＊用紙の記入欄の表現）◆remove airliners from service after a specified level of wear and tear 大型旅客機を，規定の消耗水準に達したら運航から外す ◆All resistors are 1% 0.25w metal film type unless otherwise specified. 特記なき抵抗はすべて（誤差）1%，1/4W金属皮膜型とする．◆the length of the confiscation should be specified, whether it is days, weeks, months or years 没収［押収］期間が数日なのか，数カ月なのか，はたまた数年に及ぶのかを明記［明示］するようにしなければならない

**specimen** a ～ 見本, 標本, 試料, 供試体, 試験片, 検査材料, 実例, 適例,《医》検体 ◆a test specimen 試料；供試体；試験用見本［標本］

**speck** a ～ しみ, 斑点 ◆a speck of dirt on the surface of a disk ディスクの表面上の汚れのしみ ◆If you notice "specks" or "missing pixels" on your display,... ディスプレイ上の「小さな点」つまり「ドット欠け」に気付いたら，（＊黒点にみえる）

**SPECT** (single photon emission computed tomography) スペクト, 単光子放射型（コンピュータ）断層撮影法

**spectacle** a ～ 光景, 壮観, 見もの ◆The spectacle of robots at work in banks, hospitals, and fast food restaurants will not be uncommon in the future. ロボットが銀行や病院やファーストフードレストランで働いているという光景は，将来そう珍しいことではなくなるであろう．

**spectacular** adj. 見世物的な, 壮観な, 見ごたえのある, 華々しい, 大々的な ◆the speakers deliver spectacular sound これらのスピーカーはすばらしい音を出す

**spectral** adj. スペクトルの,《画像》の, 幽霊のような ◆a spectral [spectrum] line スペクトル線 ◆spectral transmittance and reflectance measuring equipment 分光透過率・反射率測定器 ◆spectral luminous efficiency 分光視感効率, 分光視感度, スペクトル比視感度（標準）比視感度 ◆spectral relative luminous efficiency 分光比視感度 ◆a mesoscale spectral model

(MSM) メソ［局地］数値予報モデル（＊mesoscale は，天気を予測する対象地域を，中程度の間隔の格子に区切ること）◆conduct spectral observations of... ～の分光観測を行う ◆the spectral sensitivity [response] characteristic of a CCD chip sensor （撮像用）CCDチップの分光感度特性 ◆emit light with a spectral distribution approximating that of daylight 日中の太陽光に近似した分光分布の光を発する［出す］

**spectrally** adv. スペクトル［分光］的に, 幽霊のように ◆spectrally resolved observations of the comet その彗星のスペクトル分光観測結果

**spectrometer** a ～ スペクトロメータ, 分光計, スペクトル計 ◆a submillimeter spectrometer 準ミリ波分光計

**spectrometry** ①スペクトロメトリー, 分光測定法 ◆perform high-resolution gas chromatography/high-resolution mass spectrometry 高分解能ガスクロマトグラフィー／質量分析（CG/MS）を行う ◆the analysis of... by gas chromatography/mass spectrometry (GC/MS) ガスクロマトグラフィー／質量分析法(GC/MS)による～の分析

**spectroscopic** adj. 分光の ◆a spectroscopic ellipsometer 分光エリプソメーター［楕円偏光計］

**spectrum** 1 a ～ (pl. ～s, spectra) スペクトル, スペクトラム, 分光, 周波数域, 周波数範囲, 周波数帯 ◆a line spectrum 線スペクトル ◆a spectrum analyzer 《電子》スペクトラム・アナライザー ◆spread spectrum technology 《通》スペクトラム拡散[SS]技術 ◆a fast Fourier transform spectrum analyzer 高速フーリエ変換スペクトル分析器 ◆a spread-spectrum communication(s) [telecommunication] system スペクトラム拡散[SS]通信システム ◆across a wide frequency spectrum 広い周波数スペクトル（全体に）わたり ◆light in the visible spectrum 可視域の光 ◆30 dB over the whole spectrum スペクトル全域にわたって30デシベル ◆all colors of light in the visible light spectrum 可視光スペクトル［《意訳》領域］のすべての色［全色］◆in the visible portion of the spectrum そのスペクトルの可視部分において ◆spread spectrum technology sends data over a wide spectrum of frequencies to minimize interference スペクトラム［スペクトル］拡散技術は妨害をできるだけ少なくする［極力なくす］ために，広い周波数範囲にわたってデータを送信する ◆shift the wavelength of the emitted light more deeply into the red end of the visible spectrum 発せられた光を可視スペクトルの赤色端により深く追い込むように波長を変える［赤方偏移させる］

2 a ～（様々に変化する要素を持つ連続した）範囲［領域, 幅］◆a broader spectrum of points of view より広い見方［観点, 見地］◆a huge spectrum of applications 極めて広範なアプリケーション ◆a wide spectrum of users 幅広いユーザー層 ◆clients from all across the social spectrum 社会の各層からの顧客 ◆a country at the opposite end of the political spectrum 政治的に対照的な国 ◆39 groups of blacks and whites from a wide political spectrum 政治的に幅広く異なった黒人や白人の39団体 ◆His career spanned [covered] virtually the entire spectrum of entertainment. 彼のキャリアは事実上エンターテインメント全体にわたった［娯楽全能全域をカバーした］．◆Systems for document filing and retrieval cover a fairly broad spectrum. 文書保管検索システムの種類はかなり多様である．◆The report covers the entire spectrum of computer-based systems from a designer's point of view. この報告書は，コンピュータをベースにしたシステムを全般にわたって設計者の視点から扱っている．◆It is the world's only magazine that deals exclusively with computer graphics applications across a broad spectrum of interests. それは，コンピュータグラフィックアプリケーションを幅広い関心事［トピック］にわたって専門に扱う世界で唯一の雑誌である．◆Databases cover a fairly broad spectrum. At one end are simple filing systems organized on a personal basis by individual users, and at the other end of the spectrum are large commercial information-retrieval systems. データベースの種類はかなり広範に及んでいる．小は一人ひとりのユーザーが個人ベースでまとめた簡単なファイリングシステムから，大は大規模商用情報検索システムまでと様々だ．◆The types of

corporations cover [span] a broad spectrum. At one end (of the spectrum) are the large multinational corporations that own... At the other end (of the spectrum) are the small family corporations. 会社の種類は広範に及ぶ［ピンからキリまである］。ピンはーを持つ大多国籍企業からキリは小さな同族会社までと多種多様だ。

**specular** 鏡の，鏡のような ◆specular reflection 正反射，鏡面反射 (= regular reflection)

**speculate** vt., vi. 憶測［推測，推量］する，投機する，思わく買い［売り］する；vi. 沈思（黙考）する，思索する ◆speculate on what might be in store for mankind 何が人類を待ち受けているのだろうかと考えをめぐらす

**speculation** (a)〜 憶測，推測，推量，思索，思わく買い［売り］，投機 ◆speculation transactions スペキュレーション［投機］取引 ◆dampen speculation 投機［思惑買い］を抑制する ◆speculation abounds about...  〜について盛んに取り沙汰されている ◆Speculation has been rampant that... （これまでに）〜という憶測が乱れ飛んでいる ◆there has been much speculation about... （これまでに）〜について多くの憶測がなされて［飛び交って］いる

**speculative** adj. 投機的な，思惑，仕手―，山気［やまっけ］のある；不確かな，危険な；憶測による，思索的な；推測の，見込み［見越し］―；純理論的な，思弁的な，観念的な ◆speculative buyers 思惑買い筋 ◆speculative stocks [shares] 投機株；仕手株 ◆speculative leaders [stocks, shares] 仕手株 ◆be engaged in speculative business [trading, transactions] 思惑［投機］取引をしている ◆incite [encourage] a speculative spirit 射幸心［投機心，山気（ヤマキ，ヤマケ），山っ気（ヤマッケ）］を煽る［かき立てる］ ◆speculative buying 思惑［見越し，投機］買い ◆Prizes should be reasonable amounts within the current social standards, and should not arouse any speculative spirit. 賞金は，現在の社会常識の範囲内にとどめ，射幸心をそそらない［かき立てない］ようにしなければならない

**speculator** a〜 スペキュレーター，投機家，投機筋，思惑筋，相場師，仕手（筋），山師，ダフ屋；a〜 理論家，空論家 ◆competition [a battle, a fight] between speculators 仕手戦

**speech** 話すこと，言語能力；(a)〜 話し方；a〜 演説，講演，スピーチ，（〜の）辞 ◆speech recognition 音声認識 ◆give a speech スピーチをする ◆a speech therapist スピーチセラピスト，言語療法士，聴能言語士 ◆free speech 言論の自由 ◆speech code critics 言葉狩りに批判的な人たち ◆deliver a speech on... to...  〈聴衆〉に向けて〜に関する演説をする ◆from a free-speech aspect 言論の自由という側面から ◆limit freedom of speech 言論の自由を制限する ◆use speech dictation to enter reports レポートを入力するのに音声［口述］入力を利用する ◆a 15-minute speech presentation 15分間の口頭によるプレゼンテーション ◆a Windows-compatible speech compression utility 《コンピュ》Windows対応の音声圧縮ユーティリティー ◆natural-language speech-input software 《コンピュ》自然言語音声入力ソフトウェア ◆interfere with the companies' freedom of speech これらの企業の言論の自由を妨げる ◆within the speech band (300Hz-3400Hz) 《電話》の通話帯域(300Hz〜3400Hz)内で ◆convert human speech into bits of digital code 《電子》人間の音声をデジタルコードのビットに変換する ◆the latest speech recognition engines can recognize spoken words with better than 90% accuracy 最新の音声認識エンジンは，90%を上回る精度［《意訳》認識率，正解率，同定率］で話し言葉を認識できる ◆Free speech and a free press have made this nation great. 言論の自由と出版［報道］の自由がこの国を偉大にした。 ◆It is definitely a freedom of speech issue. これは明らかに言論の自由にかかわる問題である。

**speechless** adj. （ショックなどから一時的に）物も言えない，唖然とした，あいた口がふさがらない，言葉がない，言葉もない，（言葉で）言い表せない，口がきけない，唖（オシ）の，無言の ◆After a few speechless seconds he continued, "..."  数秒間の沈黙の後，彼は「〜」と続けた。

**speed** 1 (a)〜 速度，速力，速さ，（フィルム）感度；a〜 変速ギア（の一段）；凹速いこと ◆with speed すばやく，高速で，迅速に，急速に；直ちに，即座に ◆at (a) low speed 低速で ◆at full [top] speed 全速力［最高速度］で ◆at low [→high] speeds 低［→高］速時に；低［→高］速域で（▶複数形のspeedsは，いろいろな速度値の集まり，つまり速度の幅を表す） ◆pick up [gather, build up] speed 速度を増す；スピードが上がる［上昇する］；加速する ◆reduce speed 減速する ◆a quad-speed modem 4倍速モデム ◆(a) transport speed （テープ等の）走行速度 ◆a speed-enhancement technology 高速化技術 ◆a 5-speed transmission 《車》5速［5段変速］トランスミッション ◆at a constant speed 定速度で ◆at (a) faster than normal speed 通常より速い速度で ◆at high speed [speeds] 高速で；高速時に ◆at idle speed 空ぶかししている時のエンジン回転数で ◆enhance [increase, boost, raise] the speed of... 〜の速度を上げる；〜を高速化する ◆keep... at a constant speed 〜を一定の速度に維持する ◆keep the [one's] speed down スピードを出さない（でゆっくり進む）；徐行する ◆maintain a reasonable speed ほどほどの速度を維持する ◆the aircraft lost speed and stalled 航空機はスピードが落ちて失速した ◆to control speed; for speed control; for the control of speed; for speed control purposes [applications] 速度を制御するのに；速度調節［調整］のために ◆a standard-speed [single-speed] CD-ROM drive 標準速度のCD-ROMドライブ ◆at close to the speed of light 光速に近い速度で ◆at horizon-gobbling speeds 地平線にくらいついて行くようなものすごいスピードで ◆at speeds approaching 575 m.p.h. 時速575マイルに迫る速度で ◆automatic DX film speed setting 自動DXフィルム感度設定（*DXは，最近の電子化カメラが自動的にフィルムの種類，すなわちISO感度や撮影コマ数等の情報，を読み取れるよう35ミリフィルムに付けられているコードの名前） ◆be powerful enough to run Windows applications with speed 〜は強力なのでWindowsアプリケーションを高速で［《意訳》サクサクと］動かせる ◆change the speed of the turbine そのタービンの速度を変える ◆... operate at one half, one third, or one fourth the speed of... 〜の2分の1、3分の1、あるいは4分の1の速度で動作する ◆reach a speed of 350 km an hour [350 km per hour] 時速350キロに達する ◆suddenly decrease the speed of your vehicle 急激に（あなたの）車を減速する ◆the speed with which the multimedia market grows マルチメディア市場が成長する速度 ◆when the blade gains full speed （回転している）ブレードが高速度になったら ◆Reduce Speed on Wet Pavement 《道路標識》舗道が濡れているので徐行せよ ◆at a speed which allows the circular saw to cut without laboring 丸のこが無理しないで切断できる速さ ◆It is rated at speeds up to 8,000 rpm. 定格速度は最高8,000rpmである。 ◆The 80286 is available in speeds of up to 25 MHz. 《コンピュ》80286（マイクロプロセッサ）は，最高25MHzまでの（クロック）スピードのものが売られている。 ◆To increase speed, turn the Speed Control Knob clockwise. スピードを上げるには，速度調整ツマミを時計方向に回してください。 ◆Welding speeds can reach hundreds of centimeters a minute. 溶接速度は毎分何百センチ（といったオーダー）に達することがある。 ◆The speed of the drill press will decrease as the load is increased. ボール盤の（回転）速度は，負荷の増加に伴って下がる。 ◆The supercomputer is capable of operating at speeds in excess of 1 billion instructions a second. そのスーパーコンピューターは1秒間に10億命令以上のスピードで処理ができる。 ◆The speed with which the withdrawal timetable was agreed upon clearly demonstrated Moscow's determination to end a seemingly interminable struggle. 撤退へ向けての時間表が合意に達した速さは，果てしなく続くように思われた戦いを終結させたいという、ソ連政府の決意を如実に示すものである。

2 vt. 速める，早める，急がす，迅速化する，促進する；vi. 速く進む，スピードを出す ◆a speeding locomotive 疾走している機関車 ◆a speeding violation スピード違反 ◆speed [expedite] the adoption of... 〜の採用をはかどらせる ◆speed service サービスを迅速化する ◆speed the drying of

**speedily**

paint　ペンキの乾きを速くする　◆speed the way you do business　(あなたの)ビジネスを能率アップする　◆add a coprocessor to speed number crunching　数値データ処理を高速化するためにコプロセッサを増設する　◆when the van sped through a red light at about 85 mph　そのバンが赤信号を時速約85マイルで突っ切った際に　◆With the world economy speeding toward globalization,...　世界経済が急速にグローバリゼーションに向かっている中で、〜　◆The automatic functions of the new EEV250 help speed your measurements.　新型機EEV250の自動機能が、貴社の測定作業の迅速化[高速化,能率化,効率化]のお手伝いをします.

**speed up**　速度を上げる[が上がる]、加速する、速める[速まる]、スピードアップする、拍車をかける[↔slow down]　◆speed up research on...　〜の研究のペース[ピッチ]を上げる　◆a technique for speeding up the computer's response　コンピュータの応答を高速化するテクニック　◆speed up a chemical reaction　化学反応を速める　◆speed up the process of democratic reform　民主改革の過程を速める　◆speed up the timetable of the program　その計画の日程を早める　◆the speeding up of a chemical reaction　化学反応の促進　◆If the vehicle you are passing speeds up, don't race.　追い越しをかけている車両がスピードを上げたら、競走はしないこと.　◆As soon as a bullet leaves the barrel, it begins to slow down, not speed up.　弾丸は、銃身を離れたとたんに加速ではなく減速し始める.

**speedily**　adv. 速やかに、迅速に、素早く、機敏に、きびきびと、てきぱきと；直ちに、すぐに、即座に、早急に　◆deal speedily with...　〜に迅速に対処する

**speed limit**　a 〜　制限速度　◆exceed the speed limit by 30 km/h or more　制限速度を30キロ以上オーバーする　◆Once on the freeway, obey posted speed limits.　高速道路に入ったら、標示されている制限速度を守ること.

**speedup**　(a) 〜　スピードアップ、高速化、加速、促進、迅速化、効率化　◆a math speedup utility　数値演算高速化ユーティリティープログラム　◆a 250-fold speedup　250倍の高速アップ[高速化]　◆achieve a five-fold speedup [a speedup of 5 times]　5倍の高速化を実現[達成]する　◆although speedups are possible　スピードアップ[高速化]は可能ではあるが　◆result in a significant speedup　結果的に大幅なスピードアップが可能となる　◆speedups of over 2 to 1 are common　2倍を上回る高速化[倍以上のスピードアップ]は普通である　◆a speedup in the government's approval of new-product applications　新製品申請に対する政府の許認可の迅速化(*医薬品の話でも)　◆Another speedup is to use a print spooler.　もう一つのスピードアップ法は、プリントスプーラーを使用することである.　◆We are seeing speedups ranging from 25 percent to 100 percent on many applications.　私たちは、数多くのアプリケーションで25パーセントから100パーセントの高速化を確認しています.

**speedy**　adj. 迅速な、すみやかな、すばやい、早速の、即座の

**spell**　1　v. 〈語〉をつづる、意味する　◆Technological level can spell the difference between life and death.　技術水準というものは、死ぬか生きるかの違いを意味する.
2　a 〜　ひと続き、ひとしきり、ひと仕事；a 〜　呪文、まじない

**spell out..., spell...out**　〈語〉(のつづり)を1文字ずつ言う［書く］、〈語〉を略さずに書く、詳細[明瞭,明解]に述べる、(記載の意で)掲げる、規定する　◆the 1984 Joint Declaration spelling out the one-country, two-systems arrangement　中国が[返還を探る旨の]取り決めを謳って[正式化]いる1984年の共同宣言(*香港返還へ向けて英国との間の)　◆it is spelled out exactly on page 15　それは15ページに明記されている　◆The law spells out harsh penalties for unauthorized tampering with Government computer data.　その法律は、政府のコンピュータデータの不正な作出・毀棄[破壊工作]に対する厳しい刑罰を明記[規定]している.

**spellbound**　adj. 呪文で縛られた、魔法にかかった、魅せられた　◆As if spellbound, I couldn't move my hand.　呪縛にかかったかのように、手を動かすことができなかった.　◆Elvis held [kept] the audience spellbound throughout the entire show [throughout his performance].　エルビスは、ショー全体を通して[公演の始めから終わりまで]観客を魅了した.

**spelling**　(a) 〜　つづり、スペル　◆a spelling checker　《ワープロ》スペルチェック・プログラム　◆consult a dictionary for spelling(s)　スペルを調べるのに辞書を引く；辞書でスペルをチェックする

**spend**　v. 〈金、時間、労力など〉を費やす[かける、使う、用いる、注ぎ込む、過ごす]　◆spend time enjoying watching TV　テレビを観て楽しんで時間を過ごす　◆he spent much time in New York　彼はニューヨークで長く過ごした[暮らした]　◆spend 2 hours on homework　宿題に2時間かける　◆spend time on internal power struggles　内部権力闘争に時間を費やす　◆He spent much of Thursday frantically phoning suppliers to <do...>　彼は、(〜するよう)納入業者に必死に電話をかけまくって木曜日の大半をつぶした.(*「ほとんど一日中」、「一日仕事」などの表現として応用できる)　◆Already $2 billion has been spent on research and development.　この20億ドルが研究開発に注ぎ込まれた[費やされた].　◆Much time is spent in tracking down the cause of errors.　多くの時間がエラーの原因究明に費やされる.

**spending**　回　歳出、支出、消費(支出)、浪費　◆cut back on spending　支出を抑制しようとする　◆cut spending through reductions in...　〜の削減により支出を削減する　◆expand public works spending　公共事業支出[公共投資]を拡大する　◆flagging consumer spending　振るわない消費者支出　◆personal-consumption spending　個人消費支出　◆spending on new plant and equipment　設備投資　◆the company pared its spending on research and development by $2 million　この会社は、研究開発費を200万ドル削減した　◆Keep spending to a minimum.; Spending should be kept to a minimum.　支出は極力抑えるべし.　◆Cutting back after years of free spending may be a difficult pill to swallow, but a commitment to monitoring and controlling costs is essential for long-term corporate survival.　何年にもわたって放漫[野放図]な金の使い方をしてきた後で経費削減ということは大変いやなことだが、末長く企業が生き延びるためには、コストの監視と抑制に本気で取り組むことがどうしても必要である.

**spent**　(spendの過去・過去分詞形)使用済みの、使い尽くした　◆spent nuclear fuel　使用済み核燃料　◆spent gas　使用済みガス(*排気ガスのこと)

**spew**　v. 〈煙〉を吐き出す<forth>, 吐く、もどす　◆spew (out) carbon dioxide　炭酸ガスを排出する[吐き出す]　◆A fire in a transformer spewed PCB-laden smoke into a New York high-rise.　変圧器内で起きた火事は、PCBを含んだ煙をニューヨークの高層ビルに吹き込んだ.

**SPF**　◆Always apply a sun screen with a sun protection factor (SPF) of 15 or higher if you're going to be out of doors for an extended period.　長時間戸外に出る場合は必ずSPF[日焼け止め指数,太陽光線防護係数]15以上の日焼け止めを塗るようにしてください.

**sphere**　a 〜　球、球体、天体、天球、地球儀；a 〜　圏、分野、領域、領分、地位、階層　◆the academic sphere　学界　◆In Japan, high technology extends into just about every sphere of daily life.　日本では、ハイテクが日常生活のほぼ隅々まで行き渡って[浸透して]いる.

**spherical**　球[球状、球体、球面]の、真球状の　◆spherical aberration　球面収差　◆a spherical gas holder　球形ガスホルダー[(意訳)ガスタンク]　◆a spherical toner particle　真球状のトナー粒子　◆It is roughly spherical in shape.　それは、ほぼ球形である.

**sphygmomanometer**　a 〜　血圧計、脈圧計　◆a mercurial [an aneroid] sphygmomanometer　水銀[アネロイド]血圧計

**spice**　(a) 〜　香辛料、薬味；(a) 〜　《単のみ》風味、趣、興趣；vt. 〜に香辛料で味をつける、〜に興趣を添える　◆Add a splash of bourbon and vinegar for spice.　薬味にバーボンと酢を少量加えます.

**spider** a~ クモ, 《ネット》スパイダ (= a web spider, a web robot, a web crawler, a web wanderer; → robot)

**spike** a~ 大くぎ, くぎ状のもの[突起], 靴裏に打つくぎ; ~s スパイクシューズ; a~ スパイク(波) (*鋭く振幅の大きい山形のパルス), 瞬時性電圧上昇, 《原子力》スパイク (*臨界事故初期にパルス的に発生する強力な核分裂)

**spill** 1 v. こぼす, こぼれる; あふれる <over>; 〈情報〉をもらす <out> ◆ if the electrolyte spills on your clothing もし電解液が衣服にこぼれたら ◆ to keep processed food from spilling on the base 加工された食材がベースの上にこぼれないようにするために ◆ The aversion people rightly feel for military applications must not spill over to the peaceful use of nuclear energy. 人々が軍事的応用に対して当然のごとく覚える嫌悪(感)は, 彼の思考から生み出されたもの[思考の産物] ◆ Spin-off benefits accrue from group meetings. 派生的なメリットがグループミーティングから生まれる. ◆ Even if the artificial heart ultimately fails, "spin-offs" from that type of research would be invaluable. 人工心臓が最終的に失敗に終わろうとも, その種の研究から生まれる副産物は計り知れないほど貴重なものとなるであろう. ◆ Technological spin-offs of the space program extend beyond medicine, science and industry. Even the arts community has benefited. 宇宙計画の技術的な波及効果は, 医学や科学や産業といった分野を越えて, 美術界でさえその恩恵に浴した.

2 ~ こぼす[こぼれる]こと, 流出 ◆ a spill-proof surface 液体をこぼしても[液体がかかっても]大丈夫な表面 ◆ the Exxon Valdez spill エクソン社のバルディーズ号が起こした原油流出事故 (*1989年3月アラスカ沖での事故) ◆ a small spill of a mere 1,500 bbl. わずか1,500バレルの(油の)小さな流出(事故)

**spillover** (a) ~ あふれ出ること, あふれ[こぼれ]出たもの, 流出信号, 過剰, 豊富, 《経済》漏出効果, 溢出効果, 《通》こぼれ信号, 《経済》溢出[イツシュツ]; 〜~の衛星電波漏れ ◆ a spillover crowd 入りきれない(であふれている)来場者[聴衆, 観客, 観戦者] ◆ a spillover effect おこぼれの[副次的]な効果; 波及効果; 余沢(ヨタク); 余録; 《経済》溢出(イツシュツ)効果 ◆ have a spillover effect on... 〜に間接的な影響[溢出効果, 漏出効果]を及ぼす ◆ technological spillovers to other industries 他の産業への技術面でのおこぼれ ◆ prevent a spillover of the Yugoslav crisis into the southern Balkans ユーゴスラブの危機が南バルカン諸国に波及するのを防ぐ

**spillway** a~ 余水路, 余水吐き, 洪水吐き, 排出溝, 排出路 ◆ a 300-foot wide concrete overflow spillway 幅300フィートのコンクリート余水路

**spin** 1 v. (速く, ぐるぐると)回転する, 紡ぐ ◆ a rapidly spinning body 高速回転体 ◆ the drive spins smoothly このドライブは, なめらかに回転する ◆ by the continuous spinning of the hard disk ハードディスクをひっきりなしに回して[連続回転させて]おくことによって

2 (a) ~ (ぐるぐる)回転[を](させる[こと]); a~ 急降[下落], (飛行機の)きりもみ降下 ◆ a spin-dryer [spin-drier] 遠心脱水機 ◆ the spin of the electron 電子のスピン ◆ a spin(-stabilized) rocket スピン(安定化)ロケット (*回転をかけると姿勢が安定する)

**spin off** (回転体から)はずれて飛ぶ[振り落とされる], 〈会社〉〜の一部を分離独立させる, 副産物[副作用]を生む ◆ a computer-servicing business that was spun off from Nanotronics ナノトロニクス社からスピンオフしてできたコンピュータサービス会社

**spin out** (自動車が)すべってスピンする, 長引かせる[引き延ばす]; spin... out <of> ~を(~から)遠心分離する ◆ Recently spun out of NTT, the company is... 最近NTTからスピンアウトしたこの会社は, ~

**spin up** vi., vt. 回転を上げる, 回転を上げる, 回転が速くなる ◆ the power required to spin up the drive is reduced ドライブの回転立ち上げに必要な電力が削減された

**spinal** adj. 脊髄の, 背骨[脊柱, 脊椎, 脊梁]の ◆ (a) spinal cord injury 脊髄損傷 ◆ spinal caries; tuberculosis of the spine; Pott's disease 脊髄カリエス (*結核菌により骨がとける)

**spin casting** 遠心鋳造法, (リール付き釣り竿を使用しての)投げ釣り

**spindle** a~ スピンドル, 軸, 心棒; a~ 錘(ツム), 紡錘(ボウスイ) (*糸をつむぐときに撚りをかけながら巻き取る) ◆ a multi-spindle drilling machine 多軸ボール盤 ◆ a single-spindle profile milling machine 単軸(型)ならい[輪郭]フライス盤 ◆ The main spindle runs clockwise or counterclockwise and speeds may be varied between 200 and 1200 R.P.M. 主軸は時計方向あるいは反時計方向に回転します. そして速度は毎分200〜1200回転の間で変化できます.

**spin-down** ◆ spin-up and spin-down indicators 回転立ち上げおよび立ち下がり表示灯

**spine** a~ 脊柱, 脊椎, 背骨 (= a backbone, a spinal column); a~ 〈本の〉背[背表紙], 〈植物の〉とげ[針] ◆ a spine label 背表紙ラベル

**spinning** 糸を紡ぐこと, 紡糸, 紡績; (高速)回転, 旋回; へら絞り加工, ろくろ[回し]細工 ◆ a spinning mill [factory] 紡績工場 ◆ spinning machinery; a spinning machine 紡績機

**spin-off** a~ 副産物, 派生してできたもの, 波及効果, スピンオフ(会社の一部門が分離独立してできた子会社) ◆ a spin-off of his thought 彼の思考から生み出されたもの[思考の産物] ◆ Spin-off benefits accrue from group meetings. 派生的なメリットがグループミーティングから生まれる. ◆ Even if the artificial heart ultimately fails, "spin-offs" from that type of research would be invaluable. 人工心臓が最終的に失敗に終わろうとも, その種の研究から生まれる副産物は計り知れないほど貴重なものとなるであろう. ◆ Technological spin-offs of the space program extend beyond medicine, science and industry. Even the arts community has benefited. 宇宙計画の技術的な波及効果は, 医学や科学や産業といった分野を越えて, 美術界でさえその恩恵に浴した.

**spin-up** ◆ The new disk drive requires only 1 second of spin-up time. この新しいディスクドライブは, わずか1秒の回転立ち上がり時間しか要さない. ◆ The lower spin-up time translates into an "instant on," meaning that users don't have to wait for the drive to respond when turning on their computers. 回転立ち上がり時間の短縮は, 「即稼働状態になる」ということで, ユーザーがコンピュータの電源投入時にドライブが応答するまで待たなくてもいいということにつながる.

**spiral** a~ らせん, 渦巻き, 連続的上昇[下降], スパイラル; adj. らせん[渦巻き]状の; v. らせん[渦巻き]状になる[に動かす], 連続上昇[下降]する ◆ a spiral staircase らせん階段 ◆ a multiple-stage fine coal spiral concentrator 多段式微粉炭スパイラル選別機 ◆ by the force of a spiral spring ぜんまいの力によって ◆ in a spiral [helical] fashion らせん状に ◆ move in a spiral らせんを描いて移動する ◆ She developed a pattern where stress would often lead to bouts of illness, which would cause depression and more stress, each feeding upon the other to lead her spiraling down. 彼女は, ストレスからとかく(何度もの)病気になりがちで, それが憂鬱[意気消沈]といったそうのストレスを引き起こし, 相互に影響を及ぼして悪循環するという図式に陥った.

**spirit** (a) ~ 精神, 魂, 〈〜の〉心, 真髄, 神髄, 気性, 気風, 気質, 気構え, 念, 気持ち, 態度, 風潮; 《口》勇気[意気込み] ◆ s 気分, 気持ち, 気勢; 忠誠心; 〜s 気分, 機嫌, 元気, 活気, 意気; (a) ~ 《単のみ》真意, 意図; a~ 霊, 霊魂, 妖精, 精霊, 精; a~ 《形容詞を伴って》〜な人; 〜s 酒類, エチルアルコール, 蒸留酒 ◆ dampen one's spirits 気分[心を]湿らせる[沈ませる], 気分をそぐ[こわす], 意欲[意気込み]をそぐ, 元気をなくさせる, 意気消沈させる ◆ a spirit level 水準器; 水平器 ◆ lift the spirits of citizens 市民の意気[気分, 気持ち]を高揚させる ◆ the spirit of international cooperation 国際協力の精神 ◆ keep team spirit at a high level チームの気勢を高く保つ[維持しておく] ◆ market them with new aggression and spirit 新たなる積極性と気迫をもって[意気込みも新たに]それらを市場に出す ◆ A change of scenery could send your spirits soaring. 《直訳》旅行などしていつもと違う場所に行ったりすれば気分は高揚するでしょう[気持ちが明るくなりますよ]. ◆ Drug abuse reflects a poverty of spirit, not of material goods. 薬物乱用は, 物質的な貧しさではなく心の貧しさの現れである.

**spirited** adj. 元気な, 活気[覇気, 勇気]のある; 《-spirited の形で》〜の精神を有する, 《口》元気[気力]が〜の ◆ public-spirited 公共心のある, 公共道徳心の強い ◆ the free-spirited ways of Americans アメリカ人の自由の精神にのっとったやり方

**spiritual** adj. 精神的な, 精神の, 神聖な, 宗教上の, 教会の; 超自然的な, 霊的な; ◆(a source of) spiritual nourishment 精神的な栄養源, 心の糧

**spiritually** adv. 精神的に, 精神面から, 霊的に, 宗教的に, 敬虔(ケイケン)に, 気高く ◆both physically and spiritually 肉体的にも精神的にも

**spit** v. つばを吐く, ~を吐く, パチパチはねる, (雨が)パラパラ降る; n. つば, 唾液 ◆The machines spat out reams of data on... これらの機械は, ~に関する大量のデータを吐き出した.

**spite** 回悪意, 意地悪, 反感; vt. ~をいじめる ◆In spite [defiance] of all difficulties, Apollo 6 had gone into orbit. 万難を排して, アポロ6号は軌道に乗った.

**in spite of** ~にもかかわらず, ~をものともせず, ~を押し切って [ついて, 冒して] ◆in spite of the fact that <S・V> ~であるにもかかわらず; ~であるくせに; ~なのに

**splash** 1 v. ~にはねかける, はね散らす ◆splash oil onto... ~にオイルをはねかける ◆be splashed by a vehicle driving through a puddle 水たまりを通って走る車に泥水をはねかけられる ◆the computers will withstand rain and being splashed with water これらのコンピュータは雨や水が跳ね掛かっても大丈夫である
2 (a) ~ はね散らすこと, はね ◆make a splash ドボン[ザブン, バシャ]と水音を立てる;《(ロ)》大評判を取る, 世間をあっと言わせる[騒がせる], (一大)旋風を巻き起こす ◆splash lubrication (エンジンなどの)はねかけ注油[潤滑]; 飛沫給油[潤滑] ◆an industrial dust- and splash-proof luminaire 産業用防塵・防沫(ボウマツ)照明器具 ◆solder splashes はんだのはね; 半田が跳えて固まったもの(*ショートの原因になったりする) ◆splashes of oil 油のはね ◆a splash-proof case 防沫(ボウマツ)ケース(*電子回路などが飛沫を浴びないようにするための筐体) ◆it is constantly subject to water splashes from the sink それには恒常的に流し台から飛び散る水[水滴]が跳ねかかる ◆Finish with a splash of fresh lemon juice and a little salt. 仕上げに新鮮なレモンジュースを少量と塩少々を加えます. ◆Dodge is intent on making a splash with their Ram, and wants to become more than an also-ran in this market. ドッジはRam(という車種)で世間をアッと言わせる考えであり, そしてこの市場での負け組状態から脱却したいと願っている.

**splashback** a~《建築》(台所などで用いる)跳ねよけ

**splatter** 1 v. ~(のしぶき)を飛び散らせる, ~をはねかける, ~を(飛び散ったもので)汚す<with>; vi. 飛び散る, はねかかる(= spatter) ◆blood-splattered 血を浴びた ◆watch out for the splattering of paint ペンキの飛び散りに[跳に]注意する ◆Blood was splattered on the carpet, walls and three pieces of furniture. 血は絨毯, 壁, そして3つの家具に飛び散って(ついて)いた. ◆Some of the children on board were splattered with infected blood when police killed the man. 乗車していた子供の何人かは, 警察がその男を殺した際に感染血液の血しぶきを浴びた.
2 a~ スプラッター《過変調ひずみ》(*瞬時の過変調の, その結果生ずる隣接チャネルへの妨害) ◆Microscopic examination found about 10 blood splatters on one sock and about 19 on the other. 顕微鏡での鑑識により, 片方の靴下には血の飛び散った跡が約10箇所, もう一方の靴下には血痕が約19箇所あることが判明した.

**splendid** adj. 目を見張らせる, 華麗な, 壮麗な, 荘厳な, 堂々たる, 豪壮な, 輝かしい, 見事な, 立派な, あっぱれな, 素晴らしい, すてきな, 申し分ない

**splice** vt. 重ね継[添え継ぎ, 組み継ぎ]する, 接合する; n. a~ スプライス, 添え継ぎ, 継ぎ合せ, 接合, 接続 ◆a fusion splice 《光ファイバ》融着接続 ◆a splicing member 継手部材 ◆a splicing [splice] tape スプライシング・テープ(*録音テープ, ビデオテープ, 映画フィルムなどをつなぎ合わせるためのもの) ◆make a tape splice テープの継ぎ合わせをする[切れてしまった録音テープを] ◆achieve a clean splice between scenes

on the tape (ビデオテープ上に)きれいなつなぎ撮り録画をする ◆the only recourse is to cut out the damaged tape and splice the cut ends together 唯一の頼みの綱は, 損傷したテープを切除して切断端同士を継ぎ合わせる[つなぎ合わせる, 接ぐ]ことです

**splicer** a~ スプライサ, 継ぎ台, 接続具 ◆an optical fiber splicer 光ファイバースプライサー[光ファイバー(融着)接続器]

**splint** a~(骨折部にあてがう)添え木, 副木(フクボク), 副子(フクシ), 当て木; a~《匠》(*よろいを作るための金属の小板), へぎ板(*カゴなどを編むための材木を薄く削いだ板); a~(= a splint bone)《医》脛骨(ヒコツ); vt. 添え木を当てる ◆apply a splint to... ; place a splint on... (骨折箇所など)に添え木を当てる 医師らは彼の手の添え木[副木(フクボク)]をはずした

**splinter** a~ 破片, 裂片, とげ; v. 裂ける[裂く], 割れる[割る] ◆splinters of wood 木のとげ ◆The user base is so splintered ユーザーベースは非常に細分化されている ◆work that is apt to splinter 割れやすい加工物

**split** 1 v. 分割[分裂]する ◆cell splitting 《移動電話》セル[小ゾーン]分割 ◆split the bill 割り勘にする ◆split water into hydrogen and oxygen 水を水素と酸素に分解する ◆split the file across multiple disks 《コンピュ》そのファイルを複数のディスクに分けて[分割して, またがって]入れる ◆split the window in two by dragging the split control 《コンピュ》分割コントロール[ボタン, ボックス]を(マウスで)ドラッグすることにより, そのウィンドウを2つに分割する ◆As many as 300 officers split up and fanned out across two search zones. 300名にも上る警察官が手分けして二つの捜索対象地域全域に展開した. ◆The move split the family into warring factions. この動きによって, ファミリーは互いに反目する派閥へと[敵対し合う勢力に]分裂した. ◆His personality split in order to endure abuse from his father when he was young. 彼の人格は, 幼いころに父親の虐待に耐えるために分裂した. ◆The channel is split off from the digital modem by filters. 《通》そのチャネルは, フィルターによってデジタルモデムから分けて[分記して]取り出される. ◆The highway is split into two separate roadways by a median. ハイウェイの前方は, 中央分離帯によって隔てられる2本の別々な車道に分流する. ◆Xxx was splitting his time between four bands, all doing different styles of music Xxxは4つのバンドを掛け持ちしていて, これらのバンドは皆, 異なるスタイルの音楽をやっていた.
2 adj. 裂けた, 割れた, 分裂した, 分割の,《体操》前後開脚の; a~ 分裂 ◆a split-cavity mold 割り型 ◆a split personality《心》分裂性性格[精神分裂症](の人) ◆a 50/50 split of the profits 利益の折半[山分け] ◆a split-phase motor 分相電動機 ◆longitudinal splits 縦[長さ, 長手]方向の割れ(目)[裂け(目), 亀裂, 分裂] ◆perform a split liver transplant 部分肝移植を行う ◆split ferrite cores for round cables 《コンピ》丸ケーブル用の分割フェライトコア(*ノイズを抑制する) ◆split-folding rear seats 《車》分割可倒式リアシート ◆A split-second later,... 間髪を容れず[すかさず, コンマ何秒後には, 直ちに], ... ◆when you have split views 《コンピュ》(画面が)分割表示されているとき(*分割されていない表示は a single view) ◆a split screen with part of A on top and B on bottom 《コンピュ》Aの一部が上に, Bの一部が下に表示されている分割画面 ◆These were then compared with the original on a four-part split screen. それから, これらのものはオリジナルと4分割画面上で比較された.

**split second** a~ 一瞬, 数分の1秒; split-second adj. 瞬間的な ◆split-second decisions based on... ~に基づくとっさの判断 ◆make split-second decisions in life-or-death situations 生死を分ける状況において瞬時に判断を下す[とっさの判断をする, 速断する, 即断する] ◆split-second switchover to alternative paths 迂回経路への瞬時の切り換え

**splitter** a~ 分割する[裂く, 割る]もの[人], 分岐線, 分割ツール, スプリッタ,《通》分配器

**SPM** (suspended particulate matter) 〔U〕浮遊粒子状物質（＊大気中に浮遊する大気汚染の原因物質）

**spoil** v. 害する, 損なう, だめにする［なる］, 傷める, 汚損する; n. ～s 略奪［戦利］品; a～（製造過程で発生した）不良品, 出来損ない, 仕損じ品, 汚損品; 〔U〕だめにする［なる］こと; 〔U〕〔鉱山・炭鉱〕捨て石(ステイ), 廃石(ハイセキ), ずり, ぼた ◆a spoil bank [heap] 捨石場 ◆Victors of the battle enjoy the spoils. 戦いに勝ったものが戦利品にありつける.

**spoilage** 〔U〕品質が悪くなる［ダメになる, 劣化する, 落ちる, 変質する］こと, (食料品の)腐敗, 損傷, 仕損じ(品), 印刷(の)刷り損じ ◆avoid spoilage by adding an anti-oxidant 酸化防止剤［抗酸化剤］の添加によって, 品質が悪くなる［ダメになる, 劣化する, 落ちる, 変質する］のを避ける［防ぐ］（＊食品などの話で）

**spoiler** a～ スポイラー, spoilするもの ◆a rear spoiler 《車》リアスポイラ ◆a "spoiler" circuit （DATの）デジタルコピーを不能にする回路 ◆CBS's Copy-Code "spoiler" chip in DAT consumer equipment 民生［家庭］用DAT機器に内蔵の, CBS社のコピー・コード・スポイラー（コピー防止）チップ

**spoils system** a～ スポイルズシステム〔猟官制, 情実任用制〕（＊公務員の任用制度の一種）（→a merit system）

**spoken** (speakの過去分詞形); adj. 話し言葉の, 口語の, ～な話し方の

**spokesman** → spokesperson ◆Nanotronics spokesman says, the manufacturing processes at its plants are free of CFCs, cadmium and asbestos. ナノトロニクス社の広報担当者は, 同社工場の生産工程では特定フロンやカドミウムや石綿は使われていないと語っている.

**spokesperson** (pl. ～s, spokespeople) (= a spokesman, a spokeswoman) スポークスマン, 代弁者 ◆a company spokesperson 企業の広報担当者 ◆former State Department spokeswoman Margaret Tutweiler 元国務省報道官マーガレット・タトワイラー ◆Nanotech spokespeople ナノテック社の広報担当者ら

**spokeswoman** → spokesperson ◆A spokeswoman in the admissions office at Harvard University said... ハーバード大学入学事務局の女性スポークスマン［(意訳)広報担当者］は, ～と述べた.

**sponge** (a)～ 海綿, スポンジ; v. (スポンジ, ぬれ雑巾などで)こする, (スポンジで)吸い取る ◆made of easy-to-sponge-clean cloth 簡単に汚れを拭き取ることができる生地でできている（＊ビニールコーティングの生地など）

**spongiform** adj. 《医》海綿状の ◆spongiform encephalopathy 海綿状脳症

**spongy** adj. スポンジのような, 弾性があり多孔質な, 柔らかく孔だらけの, 水を含んだ ◆if the brake pedal feels spongy rather than firm ブレーキペダルが, 確実な踏み応えが無く（ブカブカと）スポンジのような感じがする場合には ◆CJD causes the brain to become spongy. クロイツフェルトヤコブ病は, 脳をスポンジ状にしてしまう.

**sponsor** a～ スポンサー, 協賛企業, 後援者, 支持者, 保証人; vt. ～のスポンサーとなる, ～を(スポンサーとして)提供する, 協賛する, 主催者 ◆a commercial sponsor 広告主（＊ラジオやテレビCMの）◆the sponsor of the ad その広告のスポンサー［広告主］◆seminars sponsored by George Washington University ジョージワシントン大学主催のセミナーの一つ ◆seek sponsors from the business community 実業界からスポンサーを探す ◆She now sponsors 10 children all over the world. 彼女は今, 世界各地の子供10人を支援［援助］している. ◆This Show was brought to you by the following sponsors: このショーは, ご覧のスポンサーの提供でお送り致しました.

**sponsorship** (a)～ 後援, 支援, 援助, 資金提供, 助成金; 〔U〕主催; 〔U〕スポンサー［後援者, 発起人, 広告主, 番組提供者, 保証人, 名付け親, 乳子］であること ◆a seminar held under the sponsorship of... ～主催のセミナー

**spontaneous** adj. 自然な, 自然発生的な, 自発的な ◆spontaneous combustion [ignition] 自然燃焼［発火］◆spontaneous fission 自発核分裂

**spontaneously** adv. 自然に, ひとりでに, 自然発生的に, 自発的に ◆emit light spontaneously 光を自然に発する ◆the gas will spontaneously ignite このガスは自然発火することがある

**spoof** a～ もじり, ひやかし, パロディ <of, on>; vt., vi. (～を)もじる［ちゃかす, かつぐ, だます］, (偽信号で敵のレーダーを)妨害［かく乱］する, (モデム装置により)古いソフトの仕様を超えて高速で動作できるようにする, 《ネット》他人になりすまして不正侵入する, 詐称［偽装］する, スプーフィングする ◆spoofed email なりすまし［詐称, 偽装］メール ◆the worm has the ability to spoof the From: field このワーム（＊ワーム型コンピュータウイルス）には, From［差出人, 発信元］欄を詐称［偽装, 偽造］する能力がある

**spool** a～ スプール, 巻き枠, 糸巻き; ～を糸巻きに巻く

**spooler** a～ スプーラ

**spooling** (simultaneous peripheral operation on line) 《コンピュ》スプーリング（＊プリンタなどの低速の入出力装置に直接データを転送すると, コンピュータは処理待ちとなって時間の無駄が生じる. この処理速度の差を吸収するために, データをいったん磁気ディスクなどの高速の補助記憶装置に転送することをいう. これによって, 並行してプログラムの実行ができるようになる）

**spoon** a～ スプーン, スプーン状のもの; vt. ～をスプーンですくう, ボールをすくい上げるように打つ; vi.

**spoonful** a～ <of> スプーン一杯(分) ◆a spoonful [two spoonfuls] of sugar スプーン1杯［2杯］分の砂糖

**sporadic** adj. 時々起こる, 散発的な, 突発性の, 単発の, まばらな ◆a sporadic failure 突発的な故障 ◆Her attendance at school had become sporadic and her grades had dropped to D and F. 彼女の登校は散発的になり, 成績はDやFに落ちていた.

**sport** 1 (a)～ スポーツ ◆an all-boy sport 男子スポーツ ◆a sports coupe 《車》スポーツクーペ ◆sports [sporting] facilities スポーツ施設 ◆a sport [sports] drink; an isotonic sports drink スポーツドリンク（＊isotonicは体液の浸透圧と同じという意）◆a sport bucket seat 《車》スポーツ仕様のバケットシート ◆a sports fan スポーツファン ◆practical sports clothes 実用的なスポーツウェア ◆sport-utility vehicles, known in Japan generically as recreational vehicles (RVs) 日本では一般的にリクレーション・ビークル［レジャー車］(RV)として知られているスポーツ・ユーティリティー車（＊米国では, an RVはキャンピングカーのことである）

2 v. ～をみせびらかす［誇る, 誇示する, ひけらかす, てらう］, スポーツをする, ～して楽しむ ◆The CMOS static RAM sports a radiation hardness of 500,000 rads. このCMOSスタティックRAMは, 50万ラドの耐放射線強度を誇る.

**sportiness** 〔U〕 ◆the Mazda RX-7's sportiness and performance 《車》マツダRX-7のスポーツ味［スポーティー感］と性能

**sporting** スポーツ(用)の, スポーツ好きな ◆sporting equipment 運動用具 ◆a sporting-goods store スポーツ用品店 ◆sporting goods and clothes 運動用具と運動着

**sports car** a～ スポーツカー ◆a rakish sports car かっこいいスポーツカー ◆a novel aerodynamic sports car 斬新な空力的流線型をしたスポーツカー

**sportwagon, sportswagon** a～ スポーツワゴン車

**sporty** (服が)明るくて堅苦しくない［はでな］, スポーツマンらしい, 運動能力が高い ◆The shift lever is appropriately sporty-looking. このシフトレバーは, それ相応にスポーティーな外観である.

**spot** 1 a～ しみ［よごれ］, 場所［地点, 箇所］, 点, 立場, 地位, 順位 ◆on the spot 即座にその場で ◆spot metering 《カメラ》スポット測光 ◆spot welding 点溶接, スポット溶接 ◆be arrested on the spot 現行犯逮捕される ◆decide on the spot <about, which, whether, ...> その場で決める; 即断する ◆rely on spot purchases 当用買いにたよる ◆at a pre-determined spot あらかじめ決められた場所で ◆if a wire is bare in a certain spot 電線がある箇所で［一部］（被覆が破れ

て）露出していた5 ◆Use chlorine bleach to remove ink spots on washable wallpaper. 水拭きの効く壁紙のインク汚れを落とすのに塩素系漂白剤を使いましょう。 ◆The points are open at the widest at the high spot of the cam and closed on the flat spot. これらの接点は、カムの高い箇所で最大に開き、平らな箇所で閉じる。 2 vt. ～の（所在を）突き止める、見つける、発見する、目撃する、～を配置する［点在する］、しみ［斑点］をつける；vi. しみになる、汚れる ◆Cholesterol and blood-pressure checks can spot high-risk cases and lead to effective treatment. コレステロールと血圧の検査は、危険性の高い患者を発見し有効な治療に導くことができる。 ◆Had the fire not been spotted by a passer-by, the entire facility could have burned, investigators said. もし火事が通行人によって発見されていなかったら、施設は全焼していたかもしれないと、捜査官は言った。 ◆In spite of fans going from hotel to hotel looking for him in London, Michael Jackson hasn't been spotted since Friday. ファンがロンドン市内のホテルからホテルへと探し回っているにもかかわらず、マイケル・ジャクソンは金曜日以降目撃されていない。 ◆Some mechanical problems are hard to spot in even the most thorough of inspections. 機械的障害の中には、最高に徹底した検査においてさえ見つけることが難しいものもある。

**spot check** a～ 抜き取り検査、無作意抽出検査、サンプリング検査、(予告なしの)抜き打ち検査 ◆Inspectors are running spot checks of public rest rooms. 検査官は公衆トイレの無作為抽出［サンプリング、抜き打ち］検査を行っている。

**spot-check** 抜き取り[無作意抽出]検査をする、(予告なしの)抜き打ち検査を実施する

**spotless** adj. 一点の曇りもない、しみひとつない、少しの汚れもない、清潔な、無垢(ムク)の、(一点の)非の打ち所もない、潔白な、欠点のない ◆drivers with spotless driving records 無事故運転歴を持つドライバーたち

**spotlight** a～ スポットライト；the～ 世間の注目(= public attention)、(比喩的)脚光；v. ～にスポットライトをあてる、注目を向ける ◆the spotlight is on... ～に話題が集中している；～に(世間の)注目が集まっている ◆turn the spotlight on... ～にスポットを当てる、～に関心[注意]を向ける；～に話題を集中させる；～に注目する ◆gain the spotlight （世間の)注目を浴びる ◆keep out of the spotlight 表舞台に出ないようにしている；正式［公式］の場に顔を出さないようにしている ◆The spotlight centers on... ～に関心が集まっている。 ◆the spotlight fell on him （人々の)関心は彼に集まった。 ◆under the glare of the spotlight まぶしい［まばゆい］スポットを浴びて ◆keep reformers from grabbing the spotlight 改革推進派が(世間の)注目を集めることがないようにする ◆when the spotlight is focused on her （世間の)関心が彼女に集まっている時に ◆has captured much of the spotlight in robotics. それはロボット工学(分野)において大いに注目された。

**spot market** a～ スポット市場、当用買い市場、現金取引市場、実物市、現物市場、相場市場 ◆on the spot market スポット[現金取引、現物、直物]市場で ◆through spot-market purchases 当用買いにより（*原油などの) ◆oil companies' dependence on the spot oil markets 石油会社の原油スポット市場への依存

**spot price** a～ スポット価格、現物価格[値段]、現金相場価格 ◆sell at the spot price スポット[現物、直物]価格で売る ◆the spot price of gold 金のスポット価格

**spotter** a～ 斑点をつける人、点を打刻する装置；a～ スパイ、刑事、面割りする人、禁止令違反のお目付役、従業員の不正などの監視をする人；a～（弾着)観測機、観測手、射撃訓練学校の教官、監視所の配置員、監視員；a～ 機関車か自動車の型を言い当てるのが趣味の人 ◆Japanese police asked their European counterparts to send so-called "spotter" officers to keep hooligans from entering stadiums. 日本の警察は、フーリガンがスタジアムに入るのを阻止するために欧州の警察にいわゆる"面割り"警察官を派遣してくれるよう要請した。

**spotty** adj. 斑点のある、まだらな、染みだらけの、むらのある、不規則な、飛び飛びの、まばらな、点在[散在]する ◆Suburban commuter traffic in and out of Paris was spotty, with lines south of the capital most affected. 《意訳》パリ発着［を起点とする上り下り］の近郊通勤通学輸送はまばら[（不規則な)間引き運転]だった。影響を最も強く受けたのは首都の南側[《意訳》パリ以南]の路線だった。（*鉄道労働者のストで)

**spot-weld** a～ スポット溶接[点溶接]による溶接箇所；vt. ～をスポット溶接する ◆All the other parts are spot-welded into place. その他の部品はすべて所定の位置にスポット[点]溶接される。

**spouse** a～ 配偶者、夫あるいは妻 ◆families in which both spouses work 共稼ぎ[共働き]世帯 ◆for two years after the death of a spouse 配偶者の死後2年間 ◆those who have lost a spouse through separation, divorce or death 別居、離婚、あるいは死別により配偶者がいなくなった人たち

**spout** v. 吹き出す、噴出する；a～ 噴出口、口、噴出、噴流

**Spratly Islands** the～ スプラトリー諸島、(中国名で)南沙諸島

**spray** 1 v.〈液体〉を吹き付ける、噴霧する、噴霧器でかける、しぶきを飛ばす ◆plasma-sprayed thermal barrier coatings プラズマ溶射による熱障壁コーティング ◆spray it into... それを～の中に噴霧する ◆spray water from a garden hose 庭用の散水ホースから水をまく[放水する] ◆spray water on... ～に散水[放水]する；～に水をまく[かける] ◆an aerial-spraying program 空中散布計画 ◆spray insect repellent on the back of one's hands 虫よけの薬を手の甲にスプレーする ◆spray penetrating oil on the sealing surface 高浸透性の油を密封面にスプレーする ◆spray the engine with pressurized water 加圧水をエンジンに放水する ◆spray working areas with water to weigh dust down and keep it from becoming airborne 作業区域に[噴霧状に][スプレー]散水することにより、ほこりが舞い上がらないよう鎮める ◆the spraying of liquid fuel into an engine エンジン内への液体燃料の噴射 ◆Direct injection sprays the fuel right into the cylinder. ダイレクトインジェクション[直噴方式]は、燃料を筒内に直接噴射する。 ◆This solution is sprayed onto both surfaces of the panel. この溶液はパネルの両面にスプレーされる[吹き付けられる、噴霧される]。 ◆Aerial distribution means the spraying [spreading, dispersing] of agricultural chemicals from an aircraft in flight. 空中散布とは飛行中の航空機からの農薬の散布を意味する。

2 n. しぶき、噴霧；(a)～ 噴霧液；a～ 霧吹き ◆a pump spray ポンプスプレー(式の製品)（*充填ガスを用いないもの、ノンエアゾールとも呼ばれる) ◆a water spray test 水吹き付け試験[水噴霧試験] ◆spray coating [painting] 吹き付け塗装[スプレー塗装] ◆a pelting spray of water バシャッと叩きつけるような水しぶき ◆a spray of water from vehicles 車がたてる水しぶき ◆emit fine spray 細かい霧を吹く ◆spray-paint the band's name バンドの名前をペンキのスプレーで描く ◆a wisp of the nasal spray その鼻スプレーのひと吹き

**spread** 1 vt. 広げる、伸ばす、塗りつける、並べる、散らす、普及させる、分配する、行き渡らせる；vi. 広がる、開く、伸びる、延びる、及ぶ、わたる、広まる、拡大する、普及する、はびこる、瀰漫(ビマン)する、散布する、分布する ◆spread disinformation 偽情報[デマ]を流す ◆be spread out over an area [a length] ある範囲に[ある長さ・距離に]わたって分散されている ◆spread out into space from... ～から空間に広がる ◆spread paint across a surface ペンキを面全体にのばす ◆spread the use of... among the general public ～の使用を一般大衆の間に広める；～(の利用)を普及させる；～を一般化する ◆to let its fibers spread out それのファイバをばらけさせるために ◆an information-spreading telecommunications network 情報を広める通信ネットワーク ◆a vinyl sheet spread on the ground 地面の上に広げてある[敷いてある]ビニールシート ◆hoping to strike a blow against the spreading of rumors on the Internet ネットでの風説[風評]の流布に一撃を加えることを期待して ◆MRSA has spread to almost all hospitals now in the UK メチシリン耐性黄色ブドウ球菌が、今では英国のほとん

どすべての病院に蔓延してしまった（＊蔓延する＝はびこり、広がる）◆paragraphs spreading across page boundaries　ページ境界をはさむ［複数ページにまたがっている、ページまたがりの］段落　◆spread lubricant equally around the cam　潤滑剤をカムのまわりに［《意訳》摺動（シュウドウ, ショウドウ）］面に］均一に伸ばして塗る［塗布する］　◆the use of endoscopy has spread　内視鏡検査の使用が広まった　◆to prevent AIDS from spreading to hemophiliacs　エイズを血友病患者にうつさない［感染させない］ようにするために　◆to prevent the ink from spreading on paper　紙の上でインクがにじまないようにするために　◆fire spread rapidly to other parts of the home　火事は急速に家屋の他の部分に燃え広がった［延焼した］　◆Should the war spread to neighboring countries, ...　戦火が隣接する国々に広がる［飛び火する］ようなことにでもなると　◆spread the use of these appliances to those unable to afford them when new　新品だと買う余裕のない人々に，これらの電気器具を普及させる（＊中古品を）　◆the rebellion is spreading to mainstream Parliament members　この造反は主流派の国会議員にも広がりつつある　◆A concave lens causes parallel light rays to spread out.　凹レンズは，平行光線を発散させる［広がらせる］．　◆The cream spreads easily.　このクリームはよく伸びる［伸びがよい］．　◆The liquid spreads across the surface.　溶液は，その表面全体に広がる．　◆The solvent spreads over the surface.　溶剤が，その表面上に広がる．　◆Thin the varnish so it will spread easier.　ニスの伸びがもっと良くなるよう薄めてください．　◆This comment is spread over two lines.　《コンピュ》この注釈は，2行にわたって［またがって］ある．　◆Millions of manganese nodules are spread on the sea floor around the Cook Islands.　何百万ものマンガン団塊がクック諸島周辺の海底に分布している．　◆Such a "dirty bomb" would use conventional explosives to spread radioactivity over a wide area.　《意訳》こういった「汚い爆弾」は，通常の爆薬を使用して放射能を広範囲にまき散らすものになるだろう．　◆The walkout by 182,000 employees in the National Railroad Company has threatened to spread to other industries.　国鉄の従業員18万2千人が参加した職場放棄［ストライキ］は他の産業に波及［飛び火］する様相をみせていた．　◆In terms of economics, the cost of the programmable production equipment can be spread over a large number of products even though the products are different.　経済面からいえば，プログラマブル生産機器（プログラムの変更で異なった製品が生産できる機器）のコストは，たとえ製品が異なっても，大量の製品に分散することができる．　◆Semiconductor lasers have spread the use of laser technology to measuring devices, CD players, personal computer systems, and other equipment.　半導体レーザーは，レーザー技術の利用を測定装置，CDプレーヤー，パソコンシステム，およびその他の機器に広げた．

**2**　（通例 the ～の）広がること，拡散，普及，蔓延，はびこること；(a)～（パンなどに）伸ばして塗るもの；a～見開き広告［記事］；a～食卓に並んだごちそう；a～値開き，鞘稼ぎ額，売買差額，手数料，口銭　◆a double-page [double, two-page] spread 見開き（ページ）　◆spread spectrum transmission　スペクトラム［スペクトル］拡散送信　◆fat profit spreads　大きな利ざや［鞘稼ぎ額］　◆prevent the spread of fire　火の回り［延焼］を防ぐ　◆the emergence and spread of cancer　癌の発生と広がり［浸潤］　◆the prevention of spread of fire between buildings　建物間の火災拡散［延焼，類焼］の防止　◆the often-deadly spread of cancer to other organs in the body　往々にして致命的な，身体の他の器官［臓器］への癌の広がり　《意訳》転移）　◆limit the spread of military nuclear technology　軍事核技術の拡散を制限する　◆spread spectrum wireless data communications　スペクトラム拡散式無線データ通信　◆As computers drop in cost, their spread accelerates.　コンピュータが低コスト化するにつれ，普及が加速化する．　◆If we ignore its presence, we may be creating conditions for full-fledged spread and infestation.　私たちがその存在に目をつむれば，私たちは本格的な伝播［拡散］と蔓延のための条件づくりをしていることになるかもしれないのです．（＊外来種の植物の駆除から）　◆It is feared that global warming could enhance the spread of malaria-carrying

mosquitoes, and that European mosquitoes could acquire the parasite.　地球の温暖化によってマラリアを媒介する蚊の蔓延が拡大し，またヨーロッパの蚊がこの寄生虫（＝マラリア原虫）を獲得するのではないかと懸念されて［危惧されて，心配されて，危ぶまれて］いる．　◆The West's attempt to prevent the spread of nuclear weapons, has failed, and a new and much more dangerous era of nuclear proliferation has begun.　西側諸国の核兵器の拡散を防ぐ試みは失敗した．そして更に一段と危険［剣呑（ケンノン）］な核拡散の新時代が始まった［幕を開けた］．

**spreadsheet**　a～《コンピュ》表計算プログラム，スプレッドシートプログラム（＝a spreadsheet program），（表計算プログラムで扱う）一枚の）表；a～集計用紙　◆a spreadsheet package　表計算パッケージソフト　◆use a spreadsheet to monitor a personal checking account　スプレッドシート（プログラム）を使って個人当座預金口座を記録管理する

**spree**　a～大騒ぎ，どんちゃん騒ぎ，ばか騒ぎ，浮かれ騒ぎ，盛んに［景気よく，派手に］やること　◆be on a shopping spree　派手に［景気よく］買いまくっている　◆during looting sprees　狂乱の略奪騒ぎの間に　◆go on a spending spree　派手に散財する，荒っぽい金遣いをする　◆in the wake of the shooting spree　その銃撃騒ぎの後で

**sprightly**　adj. 元気いっぱいの，活発な，快活な，はつらつとした，陽気な；adv. はつらつと，活発に，陽気に　◆a sprightly specialty store　活気にあふれている［活気がみなぎっている］専門店

**spring**　**1**　(the)～春；a～，～s 泉，わき水，湧水　◆a hot spring　温泉，いで湯　◆the spring Comdex show　春期コムデックス展示会　◆at the commencement of spring　春の始めに；初春に　◆by the spring of 1997　1997年の春までに　◆in the spring of 1990　1990年春に　◆spring finally arrives [comes, gets here]　春がようやくやってくる［いよいよ到来する］　◆starting in [from] spring (of) 2002　2002年春から　◆Starting this spring, students will...　今春［今年の春］から，学生は～することになっている．　◆during the spring of that election year　その選挙の年の春の間に　◆albums due out this coming spring　来るべき春［今度の春，来春，今春］に出る［発売，リリース］予定のアルバム　（＊年末にこの coming spring と言えば「来春」を，年が明けて1〜2月ならば「今春」を意味する）　◆As winter finally fades and spring is almost upon us, it's time to get out of the house.　いよいよ冬が去って春めいてきたら，家の外に出る時期です．

**2**　a～ばね，ぜんまい，発条，スプリング；Ⅲスプリングの弾性　◆a spring balance　ばね秤（バネバカリ）　◆a spring(-driven) clock　ぜんまい時計　◆a spring-loaded clock-like mechanism　ぜんまい仕掛けの時計のような機械　◆a spring-loaded toy　ばね仕掛け［ぜんまい仕掛け，スプリング式］の玩具　◆firm up the springs　それらのスプリング（の効き）を堅くする　◆return under spring force　スプリングの力で戻る，バネの力で復帰する　◆wind up a spring by hand　手でぜんまいを巻く　◆be returned to the release position by the force exerted by a spring　解除位置までスプリング［バネ］の力で戻してやる　◆Push the battery in against spring tension until the retainer comes down to hold it in place.　押さえが下がってきて電池を所定の位置に保持するまで，電池をばね圧に逆らうようにして押し込んでください．

**3**　vi. はねる，はね返る，しなる，たわむ，急に〜になる［する］，突如として現れる，生じる［起こる］＜up＞; vt. 〜をはねさせる，しならせる［たわす，曲げる］，〜を裂く［割る］，足首など）をくじく　◆spring into existence　突然現れる［出現する，生まれる，生じる］　◆spring into popularity　急に人気がでる　◆spring into wide use　急激に普及する　◆New business relationships are springing up between academia and industry.　新しいビジネス関係が学界と産業界の間でいろいろと浮上し［興り］つつある．　◆He sprang from the depths of poverty to become one of the most successful writers in this country.　彼は貧乏のどん底からのし上がり［一躍踊り出て］，この国で最も成功した作家の一人となった．

**springback, spring-back, spring back** ［U］弾性戻り, 跳ね返り（*外圧で変形させられていた金属が外圧の除去により元に戻ろうとする）◆compensate for springback by overbending 《板金》跳ね返りを曲げ越しによって補正する ◆spring-back occurs 《板金》弾性戻り［はね返り］が起きる（*所要の角度に曲げてやる時は, spring-backを見込んで, その角度以上に曲げてやる必要がある）

**springboard** a～ スプリングボード,（水泳の）飛び込み板［飛板］,（陸上競技の）踏み切り板; a～（比喩的に）（新たな）出発点（a point of departure）, 踏み台,（an impetus）,［ね, 契機, きっかけ ◆We also anticipate that these modules will serve as a springboard for the development of... 私どもはこれらのモジュールが～開発のきっかけ［契機, 足掛かり, 踏み台, 出発点, バネ, 弾み］になるのではないかとも見ています.

**springy** adj. 弾力［弾性］のある, ばねの［春の］ような（spring-like）, 軽快な; 泉の多い ◆... then grill about 4 minutes on each side, until it feels springy to the touch そして, 各々の側をグリルで4分ほどずつ, 弾力性に富んだ感触［手ごたえ］になるまで焼きます.

**sprinkle** v. 振り掛ける［振り掛かる］, 振りまく, 散在させる［する］; a～ 小雨, 振りまくこと, 少量 ◆sprinkle the top with butter shavings 上部に削りバターを振りかける ◆sprinkle water on［over］...; sprinkle... with water ～に水をまく［かける, 散水する］◆grate the cheese and sprinkle it on top チーズを下ろして上に振り掛ける［散らす］◆eliminate some 1,100 of the 3,400 to 3,600 regional offices sprinkled across the United States 米国全土に［全国に点在する］いる3,400から3,600箇所の地方事務所のうち, 1,100箇所を ◆my family has always sprinkled salt on their watermelon うちではいつもスイカに塩を振りかけていた ◆Tennis courts, playgrounds and 17 swimming pools are sprinkled throughout the town. テニスコート, 遊び場, そして17箇所の水泳プールが町のあちこちに散在している.

**sprinkler** a～ スプリンクラー, 散水器 ◆A pregame fireworks display triggered the arena's sprinkler system. ゲーム開始前の花火が, アリーナ［競技場, 闘技場］のスプリンクラー設備を作動させた.

**sprint** a～ 短距離走,（短距離の）全力疾走, ダッシュ, ラストスパート ◆The car sprinted to 60 mph in 7.6 seconds from a standing start. その新車は, ゼロ発進から時速60マイルを7.6秒で疾走［(意訳)加速］した. ◆The race to get maglev to the market has turned into a sprint. リニアモーターカーの商品化競走［競争］は, ラストスパート（の局面）に入った.

**sprout** a～ 新芽, 芽, 若枝;《通例 ~s》芽キャベツ（*Brussels sprouts のもの）, モヤシ（*alfalfa「アルファルファ」などの）; a～ 新芽を思わせるもの, 子孫,（米口）子供［若者］; vt. ～を生えさせる, 生やす, 成長させる; vi. 芽を出す, 萌芽する, 生える, 成長する ◆sulforaphane-rich broccoli sprouts （癌抑制効果があるといわれる酵素）スルフォラファンが豊富なブロッコリーの新芽

**spruce** adj. こざっぱりした, スマートな, きちんとした, 粋な, しゃれた; vi., vt. <up> こぎれいにする, めかす, めかし込む, 身なりを整える, 身づくろいをする ◆The building has been spruced up. この建物は, 新装された.

**SPST** (single-pole-single-throw) ◆an SPST switch 単極単投スイッチ

**spur** 1 a～ 拍車, 刺激［動機, あおり］◆a spur gear［wheel］平歯車 ◆he put spurs to his horse 彼は馬に拍車をかけた 2 v. ～に拍車をかける, 刺激する, あおる, 駆る, はずみをつける ◆spur competition［economic growth］競争［経済成長］に拍車をかける ◆spur entrepreneurial spirits 起業家精神に拍車をかける［を発揚させる, を奮い立たせる, を駆り立てる, を鼓舞する, を刺激して燃え立たせる, を大いに助長する, を強力に促進する］◆spur innovation 革新に拍車をかける［を進させる］◆spur [promote] economic growth 経済成長を促す ◆spur the economy 経済にはずみを付ける［に活を入れる］**on the spur of the moment** もののはずみで, 衝動的に, 出来心で, 軽率に, とっさに, 突然, 即座に, 急にのはずみ的に, 思わず

◆a spur-of-the-moment marriage （ものの）はずみでした結婚 ◆discourage them from making spur-of-the-moment purchases 彼らに衝動買いをさせまらせる. ◆squelch a spur-of-the-moment impulse to buy もののはずみで買いたくなってしまう衝動を抑える ◆I brought it on the spur of the moment. 私はそれを衝動買いした. ◆he had to make his decision on the spur of the moment without more time to consider whether... 彼は, ～かどうかを考える十分な時間の余裕なくして［場当たり的に］即決しなければならなかった.

**spurious** adj. 偽りの, にせの, 疑似の, まがいの, 偽造の, 模造の, 贋作の, 贋造の; 見せかけの, うわべだけの, もっともらしい, インチキの;（通）スプリアスの, 目的とする電波とは違う周波数の, 私生児の ◆(a) spurious output (response, emission) スプリアス出力［レスポンス, 発射］◆spurious radiation スプリアス放射 ◆spurious rejection スプリアス除去 ◆spurious radiation limits for television broadcast transmitters テレビジョン放送送信機に適用されるスプリアス放射（不要輻射）限度

**spurt** a～ 急で一時的な活発化［高まり, 力走］, 急上昇［急騰］, 噴出, 噴出する［させる］, ほとばしる, スパートをかける ◆a spurt in interest rates 金利の急激な上昇［急騰］

**sputter** vi., vt. （しゃべりながら）つば［食べ物］を（口から）飛ばす, つばを飛ばしそうな勢いでしゃべる, パチパチ音をたてる; スパッターする(→ sputtering) ◆high-coercivity sputtered media 高保磁力［高抗磁力］スパッターメディア ◆sputter deposition of titanium nitride seed layers 窒化チタン種膜のスパッター堆積［スパッターによる形成］

**sputtering** スパッタリング, スパッター（*真空中で陰極から金属原子が飛び出る現象. また, これを利用して金属膜を蒸着すること）◆a sputtering apparatus スパッタリング装置

**spy** a～ スパイ, 探偵, 間諜, 諜者, 間者, 回し者, 密偵, スパイする者, 諜報員, 諜報部員, 特務員, 特務［特殊］工作員, 諜略要員, 地下［秘密］工作員; v. ひそかに調査する, スパイ行為をする ◆an industrial spy 産業スパイ ◆a spy satellite スパイ（偵察）衛星 ◆industrial spying 産業スパイ行為 ◆a U-2 reconnaissance plane スパイ偵察機U2 ◆a North Korean spy boat [ship, vessel] 北朝鮮のスパイ船［（特殊）工作船］

**squad car** a～ パトロールカー, パトカー（= a patrol car）

**squalid** adj. 汚らしい, きたない, 卑しい, 下品な ◆a squalid slum 荒廃した不潔な［むさ苦しい］スラム

**squalor** ［U］汚さ, 不潔さ, むさ苦しさ, みすぼらしさ, みじめさ, 浅ましさ, 卑しさ ◆a beggar living in squalor can be the richest man in the world, spiritually むさ苦しい生活をしている乞食が世界で一番偉大な人間である可能性がある. 精神面での話ではあるが.

**squander** vi., vt. 浪費する, 無駄遣いする, 無駄に［向こう見ずに, 無分別に］使う, 散財する, 乱費［濫費］する ◆squander the taxpayer's money 血税を無駄遣い［浪費］する ◆in her old age she regretted having squandered her youth like that 年をとって彼女は自分の若い頃をそのように無駄に過ごしてしまったことを悔やんだ

**square** 1 a～ 正方形, 2乗［自乗, 平方］, 直角定規［曲尺（カネジャク, キョクシャク）, スコヤ］◆a framing square （木工用金属製）直角定規, 曲がり尺（マガリジャク）, 曲がり金（マガリガネ）, L形差金（サシガネ）◆the 64 squares of a chessboard チェス盤の64個の升目 ◆the long arm of a square 曲尺（カネジャク）の長い方の辺 ◆a number whose square is 5 自乗［2乗, 平方］すると5になる数 ◆vary inversely with the square of the distance 距離の2乗に反比例して変化する; 距離の自乗に逆比例する ◆a chip of silicon about one-quarter of an inch square 約4分の1インチ角［四方, 平方］のシリコンのチップ ◆Check the squareness of the circular saw using a square. 丸ノコの直角度を, 直角定規を使って調べてください. ◆The amount of image data goes up with the square of the resolution. （画像の）イメージデータは, 解像度の2乗で増える.

2 adj. 正方形［正立方体］の, 平方［2乗, 自乗］の, 直角の, 四角い, 角張った, まっすぐな, 公正な, 率直な, 杓子定規な, 四角四面な, 実直な, きちんとした, まともな, ダサい; adv. 四角に, 直

角に, 公平に, 等しく ◆a square bar (of wood) （木製の）角材;角材 ◆a square pillar （断面が）四角形の柱;角材を使った支柱 ◆the square root of... 〜の平方根［自乗根］ ◆a cup head square neck bolt 丸頭角根ボルト（*ナット締め付け時に一緒に回転しないよう首の断面が正方形になっている。角穴に挿入して使う） ◆a square wave generator 矩形波発生器 ◆a square wave of current; a square-wave current 方形波［矩形波（ケイハ）］電流 ◆a 1.2-million-square-foot plant （面積）120万平方フィートの工場 ◆an ideal square-loop material 理想的な角形（ヒステリシス）曲線を示す材料 ◆a square-cornered cube 角が角張った立方体 ◆within a few square millimeters of silicon 数平方ミリメートルのシリコン内に ◆if A and B are not square (90°) もしもAとBが直角(90度)でなければ ◆if the blade is square to the fence ブレードがフェンスに対し直角になっていたら

3 v. まっすぐ［四角］にそろえる, 直角にする［なる］<off, up> 正方形にする［正方形, 四角］にする［なる］, 乗に する, 合致する ◆(a) squared timber; a length [piece] of squared timber 角材 ◆the accounts didn't square with each other それらの話が互いに一致してなかった［矛盾していた, 食い違っていた］; 話の内容に齟齬（ソゴ）をきたしていた ◆square [even] up the edges of... 〜の端をまっすぐにそろえる ◆E=mc² (energy equals mass times the speed of light squared) E（エネルギー）イコールm（質量）かけるc（光速）の2乗 ◆The notion does not square with reality. その考えは, 現実とはそぐわない.

**square one** 物事のはじめ, 出発点 ◆back to square one 振り出しに戻って ◆start from square one 一から［最初から］始める［出直す］

**squareness** ◆achieve squareness between A and B AとBの間の直角を出す ◆adjust the squareness of A to B AのBに対する直角度を調整する

**squawker** a〜 スコーカー, 中音域用のスピーカ

**squeak** v. ギャーギャー［キーキー, キュッキュッ］いう; n. a〜 高く細く鋭い音［声, 泣き声］ ◆body groans and squeaks ◆車）車体のミシミシとかキーキーというきしむ音 ◆if the wipers make squeaking noises ワイパーがキーキーと（不快な）音をたてる場合は ◆the linkage squeaks リンク部がきしる

**squeaky** adj. キーキー［きいきい, キューキュー, チューチュー］いう, きしる ◆a squeaky hinge ギーギーときしる蝶番 ◆squeaky-clean Toronto （キュッキュと磨いたように）至極きれいなトロント

**squeal** v. キーッという; a〜 キーッという（長く高い）音［叫び］ ◆a loud squealing noise （タイヤがきしるような甲高い）キーッという大きな（きしり）音 ◆tend to squeal in hard cornering 〈タイヤが〉急旋回時にキーキーいう傾向がある

**squeegee** a〜 スキージ,（ゴム製などの）水切りブレード［ヘラ］, 水滴ワイパー ◆a rubber squeegee ゴム製の水切り（ブレード） ◆run the squeegee across the windows 窓一面にスキージをかける

**squeeze** 1 vt. 圧搾する, 押しつぶす, 強く握る, しぼる, しぼり出す［押し出す］<from, out of>, 搾取する, 押し込む［割り込ませる］<into, in>; vi. 押し分けて進む, 割り込む, 無理に［やっとのことで］通る ◆squeeze money out of... 〜から金を搾り取る［搾り上げる］ ◆squeeze water out of... 〜から水分を絞り出す ◆be small enough to squeeze through the hole その穴をくぐり抜けられるほど小さい ◆squeeze all the power of a desktop computer into a notebook-size box デスクトップコンピュータの性能のすべてをノート大の筐体に詰め込む ◆squeeze an hour and a quarter of music onto a 12-cm compact disc 1時間15分の音楽を12cmのコンパクトディスク上に凝縮する ◆squeeze a toothpaste tube until there is nothing left [until it is paper thin] 歯磨きのチューブを全部ひねる［紙みたいに薄くなるまで］しぼる［しごく］ ◆the excess material squeezed out of the mold cavity as the mold closes 金型が閉じる際に型穴から押し出される余分な材料 ◆use a breast pump to squeeze milk from one's breast 母乳を搾るのに搾乳器を使う ◆Apply the grease sparingly – too much will squeeze out and

drip. グリスは控えめに施してください, 多すぎるとはみ出してたれることになります。 ◆She tries to squeeze him out using the tried-and-true tactics of office politics: 彼女は, 以下に掲げる効果実証済みの派閥抗争戦術を使って, 彼をいびり出そうとしている。 ◆As the elements are squeezed into tighter and tighter dimensions, their boundaries become fuzzy, and the transistor begins to leak current. 《意訳》これらの素子の高集積化がますます進んでいくと, お互いの境界がぼやけてきて, トランジスタは電流を漏洩しだす。

2 a〜 圧搾, 圧迫, 経済的圧迫［引き締め］, 困窮;a〜（単のみ）混雑, ぎゅうぎゅう詰め, すし詰め ◆a squeeze [squeezable] toy スクイズ［握り］玩具（*握ると空気の出入りで音が出る） ◆put a squeeze on earnings [profits] 利益［収益］を圧迫する ◆That is causing a squeeze on profits. これが利益［収益］を圧迫する原因となっている。

**squelch** vi. ピチャピチャ［クチャクチャ］音をたてる; vt. 〜をぺちゃんこにする, 〜をやりこめる［黙らせる］; n. a〜（通例単のみ）ピチャピチャ（いう音） ◆a squelch circuit スケルチ回路（*無信号時に出力を遮断する回路）

**squid** a〜 イカ（*特にヤリイカやスルメイカなどの胴が細長く端がやりの穂先のようにとがっているもの）(cf. cuttlefish) ◆a squid pen; the pen of a squid イカの甲

**SQUID** "スクウィド"と発音. (superconducting quantum interference device) a〜 超伝導量子干渉素子

**squirrel** a〜《動》リス; リスの毛皮 ◆an induction motor with a squirrel-cage type rotor かご形回転子をもつ誘導電動機

**squirt** 1 v.（細く勢いよく）噴出［噴射］する,（液体を）ピシューッ［ピュッ, ピュッ］と飛ばす［かける］<with>
2 噴出, 噴射; a〜 噴出液, 細い口から少量ずつ押し出す容器, そのような容器から1回に押し出された量 ◆a small squirt of gasoline 少量の噴射ガソリン

**Sr** ストロンチウム(strontium)の元素記号

**SRAM** "ess・ram"と発音.(an) 〜 ((a) static random access memory)《コンピュ》(エスラム), スタティックRAM; an〜 (a short-range attack missile) 短距離攻撃ミサイル

**SRS** (supplemental restraint system) an〜 《車》補助拘束装置（*エアバッグなどの, シートベルトを補助して乗員を保護する装置）

**SSB** (single-sideband)

**SSC** (superconducting supercollider) the〜 超伝導超大型粒子加速器（*1996年の運転開始をめざし米国で計画されたが1993年秋に中止された）

**SSM** an〜 (a surface-to-surface missile) 艦対艦ミサイル

**SSRI** an〜 (a selective serotonin reuptake inhibitor) 選択的セロトニン再取り込み阻害剤（*抗うつ剤の一種. ハッピードラッグとも）

**SST** an〜 (= a supersonic transport) 超音速機, 超音速旅客機［輸送機, 航空機］ ◆an SST traveling at Mach 2.3 マッハ2.3で航行［飛行］する超音速旅客機［輸送機, 航空機］

**stability** 《電》安定度, 安定性［度］, 座り, 復元［力］ ◆maintain stability 安定を維持する ◆with stability 安定に; 安定して ◆ensure stability 安定性を確保する ◆give [lend, afford, bring) stability to... 〜に安定性を与える［〜を安定化させる］ ◆maintain stability 安定性を維持する ◆provide stability 安定性を与える ◆promote stability 安定性を向上させる ◆a high-stability crystal oscillator 高安定度の［安定性の高い］クリスタルオシレータ ◆a stability test: stability testing 安定性［安定度］試験 ◆heat stability 熱安定性［熱安定度］ ◆price stability 物価［価格］の安定 ◆bring... into a condition of stability 〜を安定した状態にもって行く ◆ensure [secure] the ship's stability 本船の復元性を確保する ◆high-speed stability 《車》高速安定性 ◆improve the stability of... 〜の安定性を向上させる ◆in order to gain stability 安定を得る［安定性を確保する, 安定化の］ために ◆lend long-term stability to... 〜に長期安定性を持たせる, 〜を長期安定化する ◆Stability is achieved by...-ing 〜することにより

**stabilization** 安定性が得られる。◆because of the high stability of the generated frequency 発生周波数が非常に安定しているので◆establish stability in foreign exchange rates 外国為替レートを安定させる◆produce line spectra with high stability 高い安定性で[非常に安定した状態で]線スペクトルを発生する◆pump water into cargo holds to ensure stability during an ocean voyage 航海中の復元力を確保するためにポンプで水を貨物倉に注入する◆improve the machine's stability by bringing its center of gravity forward 重心を前方にずらし、もっと機械の座りをよくする◆stability in the Balkans could only be secured by NATO troops on the ground バルカン諸国における安定は国連地上軍によってのみ確保できる◆As development reaches stability or, at least, less rapid progress, … 開発が安定した状態に達するか、あるいは少なくとも進歩のペースが落ちてくると～

**stabilization** 回安定化◆a period of stabilization 安定化のための期間◆stabilization time 整定時間◆a ruble-stabilization fund ルーブル安定(化)資金[基金]◆through stabilization of the ruble ルーブルの安定化を通じて◆the stabilization of Lake Biwa's water levels 琵琶湖の水位の安定化[一定化]◆call for a 12-to-18-month stabilization period 12カ月から18カ月の安定化期間を必要とする◆stabilization appears to be taking place in the industry この業界に落ち着きがでてきているように見受けられる◆The SP-77 automatic flight control system provides automatic flight control and stabilization from takeoff to landing in three flight axes. 《意訳》SP-77自動飛行制御システムは、離陸から着陸までの、3軸回りの飛行姿勢について自動フライト制御および安定化を行う。◆The summer bonuses paid to date were much stronger than expected at 1.7% year on year growth, suggesting that household incomes are well on the path to stabilization. 今まで出た夏季賞与は、予想以上に堅調で前年比1.7%の伸長となり、家計所得は着実に安定(化)してきていることが伺える。

**stabilize** v. 安定させる、安定化する、整定する、盤石(バンジャク)にする◆(an) aluminum-stabilized superconductor wire アルミ安定化超伝導体ワイア◆a stabilized light source 安定化光源◆a stabilized power supply 安定化電源(装置)◆for stabilizing purposes 安定化のために◆his condition has stabilized 彼の状態[病状]は安定した;彼の容体は落ち着いた◆stabilize prices 物価を安定させる◆stabilize the current in a circuit 回路の電流を安定化させる◆stabilize the flow 流れを安定させる[一定にする]◆stabilize the situation 事態を収拾する◆the lake's level began to stabilize この湖の水位が安定し始めた◆it would be a stabilizing factor for the region それは同地域にとって安定化要因となろう◆The concentration of ammonia goes up and then stabilizes at a new value as equilibrium is established アンモニアの濃度は上昇して、平衡が成立するよう新しい値で安定化する[一定となる]◆to stabilize the amount of greenhouse-gas emissions that trap heat in Earth's atmosphere 地球の大気内に熱を閉じ込める働きをする温室効果ガスの排出量を頭打ち[横ばい]にするために(*stabilize=これ以上増えないよう、一定の線に安定化[一定化]させる)◆Drug abuse has stabilized at half a million users. 麻薬の濫用者数は50万人に落ち着いた。

**stabilizer** a～安定装置、安定器、安定板、安定剤、《超電導》安定化材、スタビライザー◆a voltage stabilizer 電圧安定器[回路、装置]◆a power system stabilizer (電力会社の)系統安定化装置◆fully independent suspension with stabilizer bars (車)スタビライザー付き完全独立懸架(*訳例の際はbarsを訳さずに訳し可)

**stable** 安定した、安定性のある、盤石(バンジャク)な◆become stable 安定する;安定化する◆ensure a stable supply of … ～の安定供給を図る[目指す、確保する]◆lay a stable foundation for … ～に対し安定した基礎を置く[《意訳》盤石の構えを敷く]◆make it stable; stabilize it それを安定させる[安定化する]◆wait until stable laser operation is reached 安定的なレーザー動作に到達するまで待つ◆determine when it reached stable operation そいつが安定した動作に到達したか[稼働になった]のか調べる◆to secure a stable supply of food; to ensure a stable food supply 食糧の安定供給を確保するために◆It is stable toward alkalies. アルカリに対して安定している[耐アルカリ性である]。◆They are stable in aqueous solution. これらは、水溶液中では安定している。◆An electric arc has a negative resistance characteristic. The arc may be brought into a condition of stable operation by placing a resistor of proper value in series. 電気アーク[電弧]は負性抵抗特性を持つ。このアークには、適当な値[《意訳》適当な定数]の抵抗器を直列に入れてやることで安定動作状態に持っていくことができる。

**stack** 1 a～ 積み重ねた山、階層状になったもの;a～、～s たくさん <of>;a～ 煙突、排気筒◆have stacks of work to do 山ほど仕事を抱えている
2 a～《コンピュ》スタック(*一時的な記憶場所。通常最後に入れたデータが先に取り出される)◆a word is pushed onto the stack 1ワード(分のデータ)がスタックにプッシュされる◆call functions on the system stack システムスタック上で関数を呼び出す◆pop [pull] data from the stack スタックからデータをポップ[=プル]する◆The word at the new top of stack is popped into the CS register. 新たにスタックの一番上になったワード(データ)が、CSレジスタにポップされる。◆When an interrupt request is received from the bus, the processor saves the program counter and processor status on the stack. 割込要求がバスから受け取られると、プロセッサはプログラムカウンタとプロセッサステータスをスタックに退避させる。
3 v. ～を積み重ねる、積み重なる◆a stacked bar chart 積み重ね棒グラフ[要素グラフ]◆be stacked to the ceiling 天井まで積み重ね[積み上げ]られている◆a stack-together design 積み重ねられる設計[構造]◆intermodal trains which carry double-stacked cargo 2段積み貨物を輸送する必要な貨物列車◆double-stack trains [double-stacks] carry freight containers piled two high in specially designed rail cars 2段積み貨物列車は、特別設計の貨車に貨物コンテナを2段積みして輸送する◆Do not stack over 8 high. 8個より多く積み重ねないこと。[8段積みを越える積み重ね禁止。]◆Modular design permits vertical stacking. 標準寸法設計なので、積み重ねできます。◆They are stacked on top of each other in layers. それらは何層[何段]にも積み重ねられている。

**stackable** 積み重ね可能な◆stackable drawers 積み重ねられる引出し◆These racks are vertically stackable. これらのラックは積み重ねられる。

**staff** 1 a～(集合的、単／複扱い)職員[スタッフ、班、チーム、陣](*特定の職員グループ、あるいは、ある責任者の下で仕事をする全スタッフ)、(単複同形)スタッフの一員[職員、部員、要員]◆staff turnover スタッフの入れ替え、社員の配置転換、人事異動◆a temporary staff employment agency 人材派遣会社◆an American staff member (1人の)アメリカ人職員◆because of layoffs and staff reshuffling レイオフ[人員整理]や人事改革のせいで◆her nine-person staff 彼女のもとで働く9人のスタッフ◆supervise a staff of six people 6名の職員を監督する;6人の部下を持つ◆the number and kinds of staff required 必要なスタッフの数と職種◆when a new member of staff joins 新しいスタッフが1人加わると◆Mark Wayner and other key staff マークウェイナー(氏)をはじめとする重要スタッフ◆one of the three full-time editorial staff 3人いるフルタイム編集部員の1人◆temporary staff were able to access high-security computer files by using passwords of permanent staff 臨時雇用員[職員]らは、常勤の社員[職員]のパスワードを使って高度機密コンピュータ・ファイルにアクセスできた◆The company employs around 700 staff around the world. 同社は全世界合わせて約700名の職員を雇用している。◆The plant has a staff of 2,000. この工場には2,000名の従業員がいる。◆These activities are performed by a staff of approximately 300 employees. これらの業務は、総勢約300名の職員[社員、部員]によって遂行されている。◆Since CAGW has a small staff, interns gain hands-on experience in all aspects of CAGW's activities. CAGWは職員が少ない[小所帯な]の

で，見習いの人たちはCAGWの活動のあらゆる面で実地経験を得ることになります．
2 v. 〜に職員を配置する ◆a regional center staffed 24 hours a day 24時間体制で職員を張り付けてある地域センター ◆This likely would result in increased staffing requirements and longer operating durations. このことにより結果的に増した操業期間の長期化［運転時間の延長］が必要になるかもしれない． ◆We do pretty close to twice the amount of work with half the staffing we had before the strike. 私たちは，スト前の半分の職員で，ほとんど倍近くの仕事をしています． ◆In 1984, the cosmetics company put the finishing touches on a $12.3 million research laboratory in Yokohama and recruited some top-flight dermatologists to staff it. 1984年に，この化粧品会社は1230万ドルかけて横浜に建設した研究所に最終仕上げを施した．そしてそこに配置［配属］するための一流の皮膚科専門医を若干名募集した．
3 a〜 (pl. staves) つえ，棒，標尺，準尺，旗ざお，ささえ，《音楽》(五線) 譜表 (＊一般に用いられている譜表といえば五線なので普通は「五線」を指す)

**staffer** a〜 (＝a member of the staff of a business, etc.) 〈一人の〉スタッフ，職員，正社員 ▶一部の辞書では編集局，軍，官庁の職員としか出ていないが，米国では一般企業の従業員を指すのにごく普通に使われている語である． ◆company staffers 社員 ◆EMC test laboratory staffers 〈電〉EMC試験所職員

**staffing** 回(集合的に)職員，要員 ◆the company plans to increase its field sales and support staffing by more than 20 percent in 2001 同社は，2001年には外回りの営業担当者［外交販売員］とサポート要員を2割以上増員［強化，増員］する計画をしている

**stag** a〜 雄ジカ，(形容詞的に)男だけの，女性の同伴なしの ◆a stag party 男性だけのパーティー (＊ホモの人たちの会合ではない)

**stage** 1 a〜 段階，段，段落，第〜期 (→early stage)，病期，(癌などの)進行度；a〜 舞台［ステージ］，台，(活動の)舞台 ◆in stages 段階的に，段階を追って，だんだんと ◆a sample stage 試料台 ◆a stage-struck young man 舞台［俳優の世界，演劇界，劇壇，梨園］にあこがれている青年 ◆be at the planning stage 計画段階にある ◆be still in the testing stage まだ試験段階にある ◆in an output stage 《電気，電子》(増幅器などの)出力段で ◆We are in the final stages of <do...>. 我々は，〜する最終段階にある． ◆a certain stage in the development of... 〜の発達におけるある段階 ◆people in advanced stages of HIV infection ヒト免疫不全ウイルス感染の進行した段階にいる人たち；(意訳)エイズウイルスの感染が進んでいる人たち ◆a high-precision X-Y positioning stage 高精度X-Y位置決めステージ［台，テーブル］ ◆during a system-development stage システム開発の段階で ◆at all stages in the process of manufacture 製造工程のすべての段階において ◆be still in the research-and-development stage まだ研究開発の段階にある ◆it can result in an advanced stage of rust その結果［これにより］，錆が進行する可能性がある ◆products in varying stages of development いろいろな開発段階にある商品［製品］ ◆set the stage for trade sanctions against Japan 対日貿易制裁のための準備［お膳立て，環境，体制］を整える ◆stand at center stage at the Araneta Coliseum アラネタ・コロシアムで檜舞台［晴れの舞台］に立つ ◆these themes are moving toward center stage これらの議論は前面に出てきつつある ◆they are in the planning stages それらは計画段階にある ◆to set the stage for an acquisition 企業買収のお膳立て［準備］をするために ◆begin a stage career as an infant prodigy at the age of 2 非凡な子役として2歳で舞台生活の幕を切る ◆in a stage where the signal is amplified 《電気》信号増幅段で ◆the five-year survival rate for advanced-stage ovarian cancer is only 15 percent to 20 percent 進行した［進んだ］卵巣癌の5年生存率はわずか15%から20%である ◆The first stage in designing a user interface is to <do>. ユーザーインターフェースの設計における最初の段階は〜することである． ◆He was brought back to center stage by popular demand. 彼は，多くの人々の要望によ

り再び表舞台に引っ張り出された． ◆It is in an experimental stage of development. それは，開発の実験段階にある． ◆It sets the stage for the elimination of all hydrochlorofluorocarbons (HCFCs) by the year 2020. (意訳)それは2020年までにフロンを全廃するための環境を整える［環境づくりをする］ことになる． ◆One or more stages of intermediate-frequency amplification are included in all receivers. 1段または複数段からなる中間周波数増幅がすべての受信機に搭載されている． ◆We have returned the company to profitability and set the stage for continued growth. 私たちは会社を黒字転換させ，そして成長が継続するようお膳立てをした［(意訳)今後の安定成長へ向けての態勢固めを果たした］
2 vt. 〜に段［台］をつける，〜を段階的に行う，〜の舞台を設定する，上演［演出］する，(式，会)を催す，〈示威運動，作戦など〉を行う［繰り広げる，展開する］ ◆stage a comeback 返り咲きする ◆a staged photograph やらせ写真

**stagflation** スタグフレーション (＊stagnation-inflationより，物価上昇傾向下の景気停滞［低迷］) ◆produce stagflation スタグフレーションを生じさせる

**stagger** 1 vt. 互い違い［交互，千鳥，ジグザグ］に配置する，動揺させる；vi. ふらつく，よろめる，動揺する ◆a staggered arrangement [configuration] 千鳥配列 ◆in a staggered format 交互に，互い違いに，ジグザグに，千鳥状に ◆staggered work shifts 時間をずらした勤務交替 ◆stagger work starting times 始業時間をずらす；時差出勤する ◆two rows of staggered pins 2列の千鳥配列されているピン(。゜。゜。゜) ◆in two rows in a staggered configuration 2列に互い違いに配置されて；二列に千鳥配列されて ◆He staggered off a scaffold and broke both legs. 彼はよろけて足場から足を踏み外し［足場から転落し，］両脚を骨折した． ◆Stagger the piston ring gaps 90°apart. 各ピストンリングの切れ目を90度ずつずらします．
2 a〜 千鳥足，ジグザグ配置

**staggering** adj. ふらふらする，よろめかせるような，驚異的［圧倒的］な ◆staggering costs 目玉が飛び出るほどのコスト

**stagnant** adj. 停滞している，よどんでいる，沈滞している，〈市況が〉軟調な，だれている，活気のない，不活発な，不況の，不景気な，不振の，進展しない，伸び悩みの，足踏み状態の，鬱血(ウッケツ)性の ◆expel stagnant air よどんだ空気を外に出す［排出する］ ◆as Japan's stagnant economy is showing signs of hitting bottom and hopes of a recovery later this year (意訳)日本の停滞した経済［景気低迷］が底を打つ様相を見せ年内の回復基調へ向けての希望が持てそうな時期に (＊later this yearは今の時点から今年の残りの部分，つまり「年内」) ◆a stagnant economy will result in job losses 停滞した経済［(意訳)景気低迷］は(結果として)失業を生む

**stagnate** vi. よどむ，よどんで腐る，停滞［低迷，沈滞］する，伸び悩みになる，不活発になる，足踏み状態になる，活気がなくなる，だれる，不振に陥る，不景気になる，不況になる；vt. stagnateさせる ◆even if the U.S. economy continues to stagnate たとえ米国経済が引き続き足踏み状態にあったとしても ◆sales of... are starting to stagnate 〜の売り上げは伸び悩み始めている ◆the economy was stagnating 景気［経済］が低迷していた ◆the stagnating market for hard disk drives 低迷しているハードディスクドライブ市場

**stagnation** 回よどみ，停滞，低迷，沈滞，伸び悩み，不活発，だれ，不振，不景気，不況 ◆at a stagnation point 《流体》よどみ点［岐点(キテン)］で ◆due to lingering economic stagnation 長引く景気低迷のため［経済不況／停滞のせいで］ ◆enter an era of international economic stagnation 世界的な景気低迷［経済不況］の時代に突入する ◆a stagnation temperature of about 800 K 《流体》約800度ケルビンの岐点(キテン)；澱み点(ヨドミテン)，断熱回復)温度 ◆cause a major stagnation in the personal computer business パソコンの商売を不況［不景気］に陥れる

**stain** 1 a〜 しみ，汚れ，汚染，汚損，(比喩的)汚点［きず］；a〜 着色料，染料 ◆a stain remover しみ抜き(溶剤) ◆an ink stain インク汚れ ◆stubborn stains 頑固な汚れ

**2** vt. 〜にしみ［汚れ］をつける，汚損する，変色させる，〜を着色［色付け，染色］する；vi. 汚れる，a stain ができる，〈インクなどが〉しみになって残る ◆a staining method 染色［着色］法 ◆acid fuchsin staining of vulnerable hippocampal cells 壊れやすい海馬細胞の酸性フクシン液による染色

**stainless** adj. ステンレス［不銹鋼（フシュウコウ），耐食鋼］（製）の，さびたり腐食したりしにくい，(腐食などによる)変色を受けにくい；しみ［汚れ］のない ◆austenitic stainless steel オーステナイト系ステンレス鋼；オーステナイト(型［系］)不銹鋼（フシュウコウ） ◆18-8 stainless steel 18-8ステンレス鋼

**stair** a〜 (階段の1段)；〜s 階段 ◆ascend [↔descend] a flight of stairs [steps]; go up [↔down] stairs [steps] 階段を上がる［降りる］ ◆As she was descending a flight of stairs, she made a misstep and fell. 彼女は階段を降りているときに足を踏み外して落ちた。

**staircase** a〜 階段 ◆a staircase door 階段室の扉 ◆a staircase signal 階段波信号 ◆a space below a staircase 階段の下の空間 ◆they discovered a staircase of 30 steps leading to a landing 彼らは踊り場へと続く30段の階段を発見した

**stairstep** a〜 階段の一段 ◆the "stairstep" effect of curves, sloped lines, and circles (低解像度の画像に見られる)曲線，斜線，および円の「ぎざぎざ」現象

**stairway** a〜 階段 (*通例踊り場も含む) ◆a single step of a stairway 階段の一段 ◆a stairway to heaven 天国［天上界，天界］への階段

**stake** **1** a〜 くい，分け前［取り分］，出資金，(競馬などの)かけ金；a〜 (資本参加や経営権の話で)株，株式，持ち株［出資］比率 or a〜 賭けられる，あやうくなって ◆stakeholders 利害関係者ら ◆stake acquisitions by large investors 大投資家［大口投資家］による株式取得 ◆an investment stake of more than 25 percent 25％を超える出資比率 ◆a high-stakes poker game 賭け金を大きく張った［大勝負を張った］ポーカーゲーム ◆buy a 51-percent (equity) stake [= interest] in Cogmos コグモス社の株式［株］の51％を買収する (*資本参加することにより経営権を自分のものとする) ◆acquire, win, secure, take an 80 percent stake in Yyy Yyy社の株［株式］の80％を(取得)する ◆have [hold] a 49-percent stake in a company ある企業［会社］に(持ち株)出資比率49％で資本参加している ◆The acquisition of a 72.5% stake in NSJ Corporation was completed on 17th March 2000. NSJ社株式の72.5パーセントの取得は，2000年3月17日に完了した。 ◆Xxx announced today the completion of the acquisition of a 75% stake in Yyy. Xxx社は本日，Yyy社の株式の75パーセントを取得し終えたと発表した。 ◆KLM, which owns 20 percent of Northwest Airlines, has an option to increase its stake to 25 percent by 1998. ノースウエスト航空の(株式の)20％を所有するKLMは，1998年までに出資［持ち株］比率を25％まで増やせる選択権を有している。

**2** vt. くいにつなぐ，(土地)にくいをつける［を囲う］ <off, out>，〈建築〉なわ張りをする <out>，賭ける［カケル］ ◆stake out one's turf 縄張りを張る，自分の勢力範囲［図分］を確保する［主張する］，地歩を固める ◆stake out an area ある領域［分野］を自分の縄張りとする；ある領域で地歩を固める

**stakeholder** a〜 利害関係者，出資者，《法》係争物受寄者，賭け金の保管者 ◆stakeholders with fewer than 100 shares 100株未満の出資者 ◆all the people who are stakeholders in this 本件の利害関係者全員 ◆When people become homeowners, they become stakeholders in their communities. 《意訳》マイホームを持つ［持ち家があるようになる］人は，住む地域の利害関係者になる。

**stale** adj. (食品，飲料が) 新鮮でない，腐りかけた，陳腐な，新鮮味のなくなった ◆a stale joke わさびの利いていない［陳腐な］冗談 ◆stale beer [wine] 気の抜けたビール［ワイン］ ◆become stale 〈飲み物などが〉気が抜ける ◆deliver the same old stale jokes about... 〜をネタにしたお決まりのつまらない［陳腐な］ジョーク［しゃれ］を言う ◆taste stale 〈食べ物，飲み物が〉気の抜けた味がする

**stalemate** (a)〜 手詰まり，行き詰まり，膠着状態，暗礁 (に乗り上げた状態) ◆to find a way out of the stalemate この膠着状態の解決策を見いだすために；行き詰まりを打開するために ◆Any attempt to push the other side beyond its limits could bring the negotiation to a stalemate, if not cause a breakdown. 交渉相手を限度以上に追い詰めようとすると，決裂しないまでも交渉を行き詰まらせてしまう可能性がある［物別れとまでは言わないまでも折衝を膠着状態にしかねない］。 ◆Stationary fronts occur when neither warm nor cold air advances. The two air masses reach a stalemate. 停滞前線は，暖かい空気も冷たい空気も前に進めない場合に発生します。(つまり)これら2つの気団が膠着状態に［《意訳》居座るよう］になるというわけです。

**stalk** **1** a〜 茎，軸，柄

**2** vt., vi. 〜の後をこっそり付け回る，〜を追いかけ回す，〜にしつこくつきまとう，〜にしのびよる，闊歩する，我が物顔に歩く ◆be arrested for stalking her その女性の後を(こっそり)付け回していたとして逮捕される ◆star-stalking photographers スターを追いかけ回す［にしつこくつきまとう］カメラマンたち

**stalker** a〜 ストーカー，stalkする人

**stalking** ストーキング ◆As of September 1993, all 50 states and the District of Columbia have some form of stalking (anti-stalking) law. 1993年9月現在，50州のすべておよびコロンビア特別区に何らかの形でのストーカー法(ストーカー規制法)がある。 ◆Most anti-stalking laws define stalking as "the willful, malicious and repeated following or harassing of another person." ほとんどのストーカー規制法は，ストーキングを「他人に対する故意で計画的な，かつ悪意を持って繰り返し行われるつきまとい行為あるいは嫌がらせ行為」と定義している。

**stall** vi., vt. 失速する［させる］，エンストする［させる］，立ち往生する［させる］，行き詰まる，《コンピュ》ストールする ◆a stalled economy 失速経済 ◆a wing tip stall 《航空機》翼端失速 ◆eat in [customers seated at] an open-air food stall (屋外の)屋台で食べる［座っている客］ ◆stall on a bridge 〈車などが〉橋の上でえんこ［立ち往生］する ◆Growth, which had been faltering, finally stalled. おぼつかない足取りだった成長は，ついに立ち往生した。 ◆Japan's economic recovery appears to be stalling. 日本の経済［景気］の回復は足踏み状態にあるようだ。 ◆Education reform has stalled and the victims are always the weakest pupils. 教育改革は立ち往生した［行き詰まった，頓挫した，失速した］。そして犠牲者はいつも決まって最も弱い立場の生徒たちだ。

**stamp** **1** vt., vi. 踏みつける，刻印する，〜に切手を貼る ◆time stamping (日付と)時刻［タイムスタンプ］を刻印［記録］すること ◆a stamping die (刻印用などの)押し型 ◆optical disc-stamping methods 光ディスクのプレス方法 ◆stamp a thin sheet of plastic into the disk shape プラスチックの薄いシートを円盤形に打ち抜く ◆stamp an employee's time of arrival or departure on his timecard 従業員の出勤または退出をタイムカードに打刻する ◆It is made of stamped steel. それはプレス加工されたスチール製部品で作られている。 ◆The document is not stamped with the city's usual receipt stamp. この書類には同市の通常の受領印が押されていない。

**2** a〜 切手，消印，スタンプ，はんこ，印章，印，判，刻印，押し［打ち］型 ◆a trading stamp スタンプ；シール；景品［商品］引き換えクーポン (*店が客に，購入金額に応じて渡す券。何点か集まると商品やサービスと交換できる) ◆create a document with a time and date stamp 時刻と日付が刻印された文書を作成する ◆it bears no receipt stamp それには受領印が押されていない ◆put a receipt stamp on... 〜に受領印を押す ◆it had no receipt stamp on it それには受領印が押されてなかった ◆Place [Affix] Stamp Here (ここに)切手をお貼り下さい (*ハガキや封筒に印刷されている文言) ◆whether the physiotherapist's signature stamp has been affixed to the document 理学療法士の署名印がその書類に押印［捺印］されているかどうか

**stampede** a〜 (牛，馬などの群れが驚いてパニックになり)突然暴走すること，雪崩を打って逃げること，衝動的な大衆行動，ロデオに品評会やコンテストなどの行事を交えたお祭り；vi.,

**vt.** 暴走する[させる] ◆a cattle stampede occurs 牛の群の暴走が起こる ◆Vendors are stampeding to integrate CD-R/RW drives into their machines. 《コンピュ》メーカー各社は、どっと雪崩を打って自社機へのCD-R/RWドライブ内蔵[搭載]に走っている.

**stamping** 刻印すること, 打ち抜き加工, 型打ち抜き, 型打ち, スタンピング, シヤリング(剪断), (圧力を印加し形成するなどの)プレス加工 ◆a stamping die 押し型; 打ち抜き型; プレス金型 ◆date and time stamping 日付および時刻の刻印; 日時の打刻 ◆sheet metal stampings 板金(打ち抜き)プレス加工品

**stance** a ~ 構え, 立場, 態度, スタンス ◆his anti-cigarette stance 彼の喫煙に反対する姿勢 ◆take an optimistic stance 楽観的な態度を取る

**stand** 1 **vi.** 立つ, 立っている, たたずむ, 〈水準, 数量が〉~である <at>, (~の状態)である, 停止して[使われないで, よどんで]いる, もとのままである ◆hold [stand] good; hold true 有効である, 効力がある, 本当である, 当てはまる, 該当する, 適用される, 適用できる, 通用する, 成り立つ, 成立する ◆as things [matters] stand 現状では ◆their hair stood on end 彼らの髪の毛が逆立った(*超高電圧の話で) ◆standing-room (only) tickets 立ち見[席]の券 ◆let it stand in clear water overnight それを清浄な水に一晩漬け置きしておく ◆Let the solution stand overnight. その溶液を一晩放置してください. ◆The dynamic range stands at a low 40 to 45 dB. ダイナミックレンジは、40dBから50dBという低い値である. ◆The knob stands at 12. そのツマミは, 12の目盛りに設定されている. ◆The new Ford stands midway between Lincoln Continental and Mercury Cougar in exterior size. このフォードの新車は, 外形寸法でリンカーンコンチネンタルとマーキュリークーガーの中間に位置する.

2 **vt.** ~を立たせる, ~に我慢する[辛抱する, 耐える] ◆The building is designed to stand winds of up to 100 m.p.h. この建物は, 時速100マイルまでの風に耐えられるように設計されている.

3 a ~ 台[-立て], 立つこと, 主張[立場], 売店[屋台, カウンター] ◆an exhibition stand [booth] (見本市会場などでの)展示スタンド[小間] ◆a concession stand jerry-built against the border fence 国境の柵を背に粗末に建てられた売店(*concessionは「営業許可・免許を得ている」) ◆take clear stands on life-and-death safety issues 死活にかかわる安全問題について明確な態度をとる

**stand for** ~を意味する, 表す, ~を象徴する, ~の意である; ~のために立つ[戦う], ~に味方する[与する], ~を弁護[擁護]する, 〈主義, 思想など〉を標榜する, 賛成する, 支持する ◆CJD stands for Creutzfeldt-Jakob disease. CJDとはクロイツフェルト・ヤコブ病のことである. ◆That is the principle we stand for. それが私たちが標榜する原則[主義, 原理, 信条, 方針]です. ◆TRON stands for The Real-time Operating System Nucleus. TRONは, The Real-time Operating System Nucleusを表す[の略である]. ◆The KLARVISION name has stood for quality in low-cost image processing since 1978. 1987年以来, クラービジョンの名は低価格イメージプロセシングにおける高品質の代名詞になっています.

**stand in for** ~の代役をつとめる ◆The synthetic materials that stand in for varnished wood and tanned leather are tastefully and artfully applied. ニス[ワニス]塗りの木となめし革の代わり[代用]になる合成材料が, 趣味良くまた巧みに用いられている.

**stand out** 目立つ, 突出している, 抜きんでている, 卓越している <from, among> ◆stand out as being noteworthy for both quality and value 品質と価値の両面で注目に値するという点で際立っている ◆You must stand out in the crowd to be noticed. 人に存在を知られるようになるためには, 大勢の中で[群を抜いて]目立たなければ[頭角を現さなければ, 出る杭にならなければ]だめだ. ◆The PC486FX is the latest arrival to stand out from the competition. PC486FXは, 競争相手に差をつける最新型機です.

**stand up to** ~に堪える, 耐える; ~に抵抗する, 立ち向かう ◆stand up to a bully いじめっ子に立ち向かう ◆stand up to him one-on-one 一対一[一騎討ち]で彼に立ち向かう

**standalone, stand-alone** adj. 独立(型)の, 単独型の, スタンドアローンの, 他の装置と接続しないで機能する ◆a stand-alone house 一戸建ての家; 戸建て住宅 ◆a standalone security system 孤立型セキュリティシステム ◆a standalone [stand-alone] computer 独立[自立]型のコンピュータ ◆operate... on a stand-alone basis ~を単独で[独立して]稼働[運転, 操業, 運営]する ◆the unit functions on a standalone basis 本ユニットは単独[単体]で機能する

**standard** 1 a ~ 標準, 規格, 標準規格, 水準, 基準, 指標, 本則, 定番もの; adj. 標準的な, 基準となる, (標準)規格の, 標準仕様の, 定番の, 普通の ◆by any standard いかなる基準によっても; どんな規準に照らして(見て)も; どうみても; どう考えても ◆nonstandard 非標準(の); 標準から外れた ◆keep... up to standard ~を常に標準[水準]に達しているようにする ◆a jazz standard (tune) [song, number] ジャズのスタンダードナンバー[定番曲] ◆a multi-standard TV 多方式対応テレビ(*世界で何通りかある放送方式のうち, 複数方式の放送を受信することができる) ◆a multi-standard VCR 全世界対応ビデオデッキ, 多方式対応ビデオデッキ ◆a standard lens 《カメラ》標準レンズ ◆a TV broadcasting standard テレビ放送方式(→ system) ◆a standard [定型, 定形]サイズの(圏 normal-size(d), regular-size(d)) ◆technical [engineering] standards 技術標準 ◆the standard error of... ~の標準誤差 ◆a primary standard (*測定や較正のための)一次標準[標準器], 基準物質, 原器 ◆a SOP (standard operating procedure) (pl. SOPs) 標準作業[操作, 処理]手順; 標準作業手順書; 標準実施要項(*元々は米軍の用語) ◆a standards setting body 標準規格制定機関 ◆auto-emission standards 自動車排ガス規制基準 ◆standard-size(d) mail 定形郵便 ◆the Canadian Standards Association (CSA) カナダ規格協会 ◆the international standard of mass 質量の国際原器(*パリ近郊の国際度量衡局 = the International Bureau of Weights and Measuresにある, 1kgの質量を有するキログラム原器) ◆Group III and IV standards (ファックスの)G IIIおよびG IV規格; グループ3型および4型規格 ◆be of a high standard 高水準である ◆by Japanese standards 日本の基準からすれば ◆by modern standards 今日の尺度に照らし合わせてみれば ◆de facto standards for... ~の事実上の標準(規格[仕様]) ◆establish industrial standards 工業規格を制定する ◆living standards rise [have declined] 《順に》生活水準が上がる[下がった] ◆set a standard price for... ~の標準価格を設定する ◆all equipment manufactured under the same standard 同じ標準規格のもとで製造されたすべての機器 ◆Without these additional extra-standard specifications, ... これら追加の規格外仕様によっては, ◆acceptance quality standards 受け入れ品質基準[規格] ◆an industry-standard format 業界標準のフォーマット ◆fuel-economy standards for autos 車に対する燃費基準 ◆the in-development broadband network standards 草案段階の広帯域ネットワーク規格 ◆user-interface designs of a high standard 高水準のユーザーインターフェース設計 ◆washers with a smaller-than-standard diameter 普通[標準]より径の小さい座金 ◆elevate the standards of high fidelity ハイファイ[高忠実度]の基準を上げる ◆establish equipment operating standards 機器運用規格を確立する ◆hyphenate a word at an other-than-standard point 単語中で普通決められている以外の箇所にハイフンを挿入する ◆make... fully compliant with the OSF standard ~をOSF規格に完全に適合[準拠]させる ◆meet the standards set for the above classes 上記クラスに定められている基準を満たす ◆pass an examination to a satisfactory standard 満足の行く出来で試験にパスする; 十分な水準で検査をクリアする[審査を通る] ◆pursuant to standards established by North American Electric Reliability Council (NERC) 北米電力安定供給審議会によって制定された規格に準拠して; NERCに従って ◆standards on heat insulating materials 断熱材の規格 ◆This

**standard equipment**

standard governs the handling of... この規格は〜の取扱について規定する［定めるものである］. ◆double the industry's standard one-year warranty coverage 業界の標準となっている1年の保証期間を倍に延ばす ◆do not appear to measure up to the standards we expect of... 我々が〜に求めている［〜に求められる］水準に達していないようである ◆standards on which to base facsimile design ファクシミリ設計のよりどころ［もと］となる規格 ◆produce a standard set of specifications based on a platform of a revised and extended IEEE 896.1-1987 Futurebus standard 《電子》改訂・増補されたIEEE 896.1-1987 フューチャーバス規格を土台に，標準となる一連の仕様を作成する ◆recast futile care as "extra-standard" care, or better than standard care, and argue that physicians should not be obligated to provide care that goes beyond that required by the medical standard of care 無益な看護を「基準外［標準外］」看護，すなわち基準よりも良い看護として捉え直した上で，基準医療看護を超える看護を施すことは医師に義務付けられるべきではないと論陣を張る ◆It has become the standard by which... judged. それは，〜が判断される尺度になった. ◆Several standard recording densities are in use today. 今日, 数種の標準記録密度が用いられている. (＊磁気テープの話) ◆S-VHS VCRs will perhaps become the standard. S-VHS方式のビデオデッキがおそらく標準になるだろう. ◆The format has become a standard. このフォーマットは標準規格になった. ◆The plant will set new standards for efficiency. その工場は効率面で新基準を打ち立てるだろう. ◆The program sets the standard for data communications. そのプログラムはデータ通信の標準となっている. ◆The redesigned gears became standard in 1988. その設計変更されたギアが1988年に標準になった. ◆Although small in number, the papers are of a very high standard. 数は少ないものの, これらの論文は非常に高水準である［これら論文の水準は極めて高い］. ◆The technology will someday be standard in companies, stores and homes. この技術は, いつの日にか企業で, 店舗で, 家庭で当たり前のものになるであろう. ◆That goal is to offer each patient comprehensive medical care of the highest standard. その目標とは個人個人の患者に最高水準の総合医療を提供することである. ◆Until recently, in fact, this car was the standard by which all high-performance GTs were judged. 最近まで事実上, この車はすべての高性能グランドツーリング車を評価する「尺度」であった. ◆Worldwide ISDN (Integrated Services Digital Network) standards are still being defined. 世界共通のISDN（総合デジタル通信網）規格は, まだなお定義されつつあると言う［＝検討中, 審議中］である. ◆Throughout the 19th century, it was standard operating procedure for presidents to leave Washington for weeks during the heat of summer. 19世紀中を通して, 歴代の大統領は, 夏の暑い間何週間かワシントンを離れるのが普通のこと［習わし, 常］だった. (＊presidents と複数形で「歴代」の意味がある) ◆Your new mower has been carefully engineered and built to Linden's high standards of quality and dependability. お買い上げの芝刈機は, リンデン社の高水準の品質および信頼性に合わせて入念に設計・製造されています. ◆Originally, nature had not been too kind to her, giving her a face and body that did not measure up to the required standards of what was considered to be beautiful. 初めから, 自然は［（意訳）天は］彼女に対してあまり優しくはなかった. というのは, 美しいとされる必要な基準に達するだけの［（意訳）美人の条件を満たす］顔と身体を彼女に授けてくれなかったからだ.

**2** *adj.* 標準装備の, 本体に最初から含まれている (↔optional) ◆standard accessories 標準付属品［標準アクセサリ］ ◆... are all featured as standard 〜はすべて標準装備です［標準で搭載されています］ ◆a long-life tip fitted as standard（はんだごてに）標準で［標準仕様として］取り付けられている長寿命のこて先 ◆X comes equipped with Y as standard (equipment). XにはYが標準で付いてくる.; XにはYが標準装備［搭載］されている. ◆this ADSL modem is not included as standard このADSLモデムは, 標準仕様として含まれて［標準添付されて］いない ◆Also standard are a 200W power supply, six expansion slots, and... ほかに標準として含まれるものに, 200Wの電源, 拡張スロット6個, 〜がある. ◆An AC adaptor comes standard with the laptop. ACアダプターはこのラップトップ機に標準で付いてくる. ◆Anti-lock brakes became standard with the 1988 model. アンチロックブレーキは, 1988年型車に標準装備となった. ◆Four megabytes of RAM is standard. 4メガバイトのRAMが, 標準（装備）です. ◆MS-DOS 3.3 comes standard in ROM. 《コンピュ》MS-DOS 3.3 がROMの形で標準装備されている. ◆Stainless steel latches are standard on these boxes. ステンレススチールラッチがこれらの箱に標準で付いています. ◆They come standard on the head. それらはヘッドに標準装備されてくる. ◆The hard disk has become a standard component of small-business computers. ハードディスクはオフィスコンピュータの標準装備品になった. ◆Dual airbags are pretty much a standard with all manufacturers, so naturally, you'd expect to see them on Chrysler-made products; they are there. デュアル・エアバッグはすべてのメーカーでだいたいスタンダード［標準］（仕様）になっていますので, 自ずとクライスラーの製品にも期待されていることと思いますが, その通り装備されてます. ◆The laptop comes standard with one serial and one parallel port, a video port, and a built-in 3.5-inch floppy disk drive. このラップトップには, シリアルとパラレルポートそれぞれ1つ, ビデオポート1つ, ならびに3.5インチ内蔵フロッピーディスクドライブ1台［1基］が標準で付いて［装備されて, 搭載されて］いる.

**standard equipment** 回標準装備（品） ◆as standard equipment 標準装備として ◆become standard equipment on... 〜の標準装備になる ◆a high level of standard equipment 高水準の標準装備 ◆Standard equipment on the basic system includes... 基本システムに含まれる標準装備は〜である., 基本システムには標準装備として〜が含まれている. ◆the car's standard-equipment adjustable steering column この車の標準装備品である調整［調整可能］なステアリングコラム (＊a steering column はハンドルの軸) ◆They are standard equipment on cars produced since May 1990. それらは1990年5月以降に生産された車の標準装備である. ◆Standard equipment includes power windows, power mirrors, and a power antenna. 標準装備品には, パワーウィンドウ, 電動ミラー, 電動格納式アンテナが含まれる.

**standard gage** the 〜 《鉄道》標準軌道; a 〜 《機械》標準ゲージ（通例複数個合わせて使うので 〜s）(＊ブロックゲージなどで長さ寸法測定の基準として使用されるもの) ◆the standard gage [gauge] (of 143.51 cm) 《鉄道》(143.51cmの) 標準軌（間）(＊日本は東海道新幹線などがこの軌間を用いているが, 狭軌の在来線よりも広いので「広軌」と称している)

**standardization** 標準化, 規格化, 画一化, 共通化 ＜of＞ ◆achieve standardization of... 〜の標準化を達成する ◆Futurebus standardization efforts フューチャーバス規格化への向けての作業［取り組み］ ◆he urged standardization on... 彼は,〈製品〉の標準化を強く勧めた ◆promote standardization of... 〜の標準化を推進する ◆speed up the standardization process 標準化の過程を速める ◆standardization occurs 標準化が起こる ◆standardization within the industry その業界内部での標準化 ◆there has been little standardization of... 〜の標準化はほとんど行われてこなかった ◆the standardization of an interface インターフェースの標準化 ◆urge standardization on... 〜を標準化するよう勧告する ◆"We're for standardization." 「私たちは, 標準化に賛成です.」 ◆foster standardization among RAM cards for notebook PCs ノートパソコン用のメモリーカードの標準化を促す ◆meet the International Organization for Standardization's (ISO) standard 9241-3 for ergonomic design 人間工学設計のための標準規格9241-3を満たす ◆A lack of standardization among PC sound systems is the reason why... 各種パソコンサウンドシステムの間の標準化の欠如［十分に標準化がなされていないこと］が〜であるということの理由である. ◆a lack of standardization has allowed some major vendors to develop de facto standards 《直訳》標準化の欠如が,大手ベンダーの何社かに事実上の標準を開発する事を許した;《意訳》標準化が十分でないために,一部の大手ベンダーは事実上の標準を開発してしまった ◆the multimedia market is still too far young for formal standardization マルチメディア市場は依然として正式な標準化(を進める)にはあまりにも若[未成熟]すぎる ◆A subcommittee of the American National Standards Institute (ANSI) is currently considering... for standardization. 米国規格協会(ANSI)の小委員会は現在,〜を標準化すべく検討を進めているところである。◆The international standardization of 3.5-inch erasable magneto-optical disks, which is currently under way, will be finished by the end of this year. 目下進捗中の3.5インチ書き換え可能光磁気ディスクの国際標準化は,今年の末までには終わることになっている。◆Under standardization, all equipment manufactured under the standard is compatible with all other equipment manufactured under that same standard. 標準化のもとでは,規格のもとで製造されたすべての機器は,同規格のもとで製造された他のすべての機器と互換性がある。

**standardize** vt. 標準化[規格化]する、画一的に[画一化]する、共通化する、統一する; vi. 標準化[規格化,統一]する ◆a standardized die 規格[定型,定尺]サイズ ◆standardized symbols (製図などで用いる)標準化されている記号 ◆standardized testing for students 学生を対象にした共通[標準,統一]試験 ◆standardize the workweek at 40 hours 1週の労働時間を40時間に統一する ◆as computer technology has become more standardized コンピュータ技術がより画一的になってきたのについて

**standby, stand-by** a 〜 (pl. 〜s) 予備(品),代替要員; adj. 控えの,予備の ◆during standby 待機中[時]に,スタンバイ中に,待ち受け中に ◆on standby 待機して,待機状態で,スタンバって,待ち受け中で ◆a standby battery 予備電池 ◆a standby replacement system 予備の代替システム[装置] ◆(a) standby time 待機時間 ◆standby replacement redundancy 待機取替え冗長 ◆a standby power system (SPS) 予備電源装置 ◆a station in a standby status (受信)待機状態にある局 ◆a standby switch to conserve power 節電のためのスタンバイ[待機]スイッチ ◆a standby system for emergency use 緊急用の予備システム ◆The set draws 15mA on standby. このセットは待機[待ち受け]時に15mA消費する。◆the International Monetary Fund (IMF) approved a stand-by credit for Thailand. 国際通貨基金は,タイに対する包括的信用枠融資を承認した。◆Some of the latest digital cellular phones offer up to eight hours of talk time and nearly two weeks of standby time. 《意訳》最新型のデジタル携帯電話の中には,通話時間が最大8時間で待ち受け時間が2週間近くのものがある。◆When the feature detects that the system isn't being used, it switches the hardware into an ultralow-power standby state. 同機能は,システムが使用されていないことを感知すると,ハードウェアを極めてわずかな電力しか消費しない待機状態に切り換える。

**standing** a 地位[身分],持続[存続]期間; adj. 立った姿勢での,持続している,とどまっている,使用されていない ◆a standing committee 常設委員会 ◆a standing start (助走なし初速ゼロからの)静止スタート ◆a member in good standing of a club クラブの正会員(＊会則を遵守し会費を納めている会員の意味) ◆the operating comfort of a seated or standing neurosurgeon 脳神経外科医が着席してあるいは立位で[立って]手術を行うときの快適さ ◆especially when changing [moving] from a seated to a standing position 特に座位から立位へと転換する[移動する,移る,移行する]際に ◆The car started to 60 mph in 7.6 seconds from a standing start. この新車は,たったの7.6秒でゼロ発進から毎時60マイルに(加速)疾走した。

**standing-room-only** 満席の,立ち見席しか空いていない ◆a standing-room-only audience 満席の観客[聴衆] ◆A career seminar at the university drew a standing-room-only crowd of more than 550 students, even though it was held on a Saturday. その大学での就職セミナーは,土曜日だったにもかかわらず,550名を超す学生を集めて満員(の大盛況)となった。

**standing wave** a 〜 定常[定在]波(=a stationary wave) ◆a standing-wave ratio 定在波比 ◆a standing wave develops 定在波が発生する[生じる,現れる,出現する] ◆a voltage standing wave ratio (VSWR) of 1.5:1 or less 1.5:1以下の電圧定在波比

**standout** a 〜 傑出しているもの[人],目立って[際だって]いるもの[人],逸物(イチモツ,イブツ) ◆A and B are the two obvious performance standouts. AとBの二者が性能の点で他よりも際立って優れている。◆This machine has been a standout since we introduced it in 1990. この機械は,弊社が1990年に市場投入して以来,すぐれ物であり続けてきました。

**standpattism** 回 現状維持[事なかれ,保守,守旧,旧守,墨守,改革反対,非改革]主義 ◆the Eisenhower Administration's "standpattism" policies アイゼンハワー政権の「現状維持,守旧」政策 ◆those who favor standpattism 現状維持[事なかれ,保守,改革反対]主義に傾斜している人々;旧守派勢力の人間;改革抵抗勢力 ◆to make the party swing from standpattism to progressivism この政党を現状維持[非改革]主義から革新主義へと大転換させるために

**standpoint** a 〜 見地,観点,視点,視座,着眼点,立場(= a point of view, a viewpoint) ◆from a cultural standpoint 文化的観点から ◆from a safety standpoint 安全という見地[安全面]から ◆from their standpoint 彼らの立場からしたら ◆from the standpoint of the United States 米国の立場から(すれば)

**standstill** a 〜 《単のみ》(動き,活動,進展などの)停止[静止]状態,行き詰まり ◆an engine at standstill 止まっている[停止している,静止状態の]エンジン ◆be at a standstill 停止している ◆bring [come] to a standstill 停止させる[する] ◆start from a standstill 静止状態[初速ゼロ]からスタートする;《車》ゼロ発進する ◆This plan came to a standstill after Mason's untimely death. この計画は,メイスンの時ならぬ死の後に行き詰まった[頓挫した]。◆Always unplug a power tool before servicing or adjusting. Let moving parts come to a standstill. 修理や調整をする前に必ず電動工具の電源プラグを抜き,可動部は停止させること。◆The project came to a standstill at this point owing to the lack of funds to carry on the work. この事業計画は,工事を続けるための資金不足のせいで,この時点で行き詰まった[頓挫した]。

**stand-up** adj. 立っている,立って行う,立って使用するようにできている,立食式[スタンド]の,〈コメディアンなどが〉独演の ◆at a stand-up bar スタンドバー[立食スタンド,立ち食い店,立ち飲み屋]で ◆a computer with a sleek new stand-up design スマートで斬新な縦型[縦置き型]デザインのコンピュータ

**staple** 1 a 〜 《通例 〜s》主要産物[製品],必需[基本的]食料品,〈店の〉常備品; the 〜 主要素,主要部分; adj. 主要な,基本的な ◆rice is the chief staple of the diet コメが主食である ◆pantry staples such as tomato paste, flour and bouillon cubes トマトペースト,小麦粉,サイコロ型ブイヨンスープの素といった食品庫の定番品
2 a 〜 ホッチキスの針, U字形の針[とめくぎ],かすがい; vt. 〜をホッチキスで[ステープル,かすがい]で留める[固定する] ◆... should be stapled together as a set [as a single unit] 〈書類など〉はホッチキスで留めて一組[ひとまとめ]にすること
3 回 (紡績糸の材料としての)羊毛や綿の)繊維

**stapler** a 〜 ホッチキス ◆a stapler and staples ホッチキスとホッチキスの針(＊ホッチキスは商標名)

**star** a 〜 星[星形,星印,アスタリスク,アステリスク],人気者[花形,スター],立て役者,主演者; v. 〜を星で飾る,主演させる[する],星のように輝く ◆a star cluster; a cluster of stars 星団 ◆(a) star connection 星形接続[結線](= (a) Y connection) ◆a three-star restaurant [hotel] 三つ星級のレストラン[ホテル] ◆a star-connected circuit 星形接続回路 ◆a star-delta starter スターデルタ[Y-Δ]起動(＊三相交流電動機の) ◆a star network configuration 星状[星形]ネットワーク構成 ◆give... a perfect five-star rating [score] 〜に最高[満点]の五つ星(の評価)を与える[つける] ◆a fiber-optic bus with seven active ports configured in a star　星形接続されている能動ポート7個を有する光ファイバーバス　◆There are only 20 three-star restaurants in the whole of France.　三つ星レストラン (は), フランス全土[全体]でわずか20軒しかない。◆The voice command system is the star of the computer.　音声コマンドシステムは、このコンピュータの花形(機能)である。◆The film [movie] stars Arnold Schwarzenegger as a killer cyborg from the future.　同映画は、未来からやって来た殺人サイボーグ役としてアーノルド・シュワルツェネッガーを主演に[フィーチャー]している。◆The Xxx Hotel is a small friendly hotel, with a two star rating from the Welsh Tourist Board.　Xxxホテルはウェールズ観光局から二つ星に認定されており、こぢんまりとした居心地のよいホテルです。

**stare**　v. じっと[じろじろ]見る, 凝視する　◆stare ahead　前方を凝視する　◆stare at... in surprise [horror]　～を驚いて[恐怖に]目を見開いてじっと見つめる

**stark**　adj. こわばった, 硬直した, 荒涼とした, がらんとした, 飾りのない, 殺風景な, 殺伐とした, 潤いのない, ありのままの, 赤裸々な; くっきりとした, 際立った; 全くの, 極度の; 丸裸[素っ裸, 一糸まとわず]の　◆stark urban spaces　荒涼とした[殺風景な, 殺伐とした, 潤いのない]都市空間

**StarLink**　◆StarLink, a corn that contains a genetically engineered plant pesticide, marketed by the biotechnology company Aventis　《意訳》バイオ企業アベンティス社により販売されていて, 遺伝子組み換え植物性殺虫剤を組み込んだトウモロコシ(であるところの), スターリンク

**starry-eyed**　adj. 非現実的な, 夢見的な, 夢想的な　◆be starry-eyed about...　～に夢を見すぎて[過大な期待を寄せて]いる

**start**　1　v. 始める, 開始する, 始動[起動]する, 出発する, 出立する, 開幕する　◆starting with...　～をはじめとして(= beginning with...); S-願いまして (は)　◆start thinking about...　～のことを考え始める[考え出す]　◆a method of starting　起動[始動]方法　◆avoid accidental starting　(機械などが)思いがけず[突然に]起動[作動]するのを防ぐ　◆cause hard starting　(エンジンを)始動しにくくする[かかりにくくする]　◆facilitate starting　始動[起動]しやすくさせる　◆prices started to drop　価格が落ち始めた; 値段が下がりだした　◆start a company　会社を始める　◆start from a standstill　(車が)ゼロ発進する; 初速ゼロ[静止状態]からスタートする　◆starting April 1　4月1日から　◆starting in April　4月から　◆start [initiate] a program　《コンピュ》プログラムを起動[開始]する　◆start the grinding of lenses　レンズの研磨を始める　◆start the motor from rest　モーターを静止(状態)から始動させる　◆start the motor again　モーターを再起動[始動]させる　◆We must start with the realization that...　我々は、～であるという認識から出発しなければならない。　◆at prices starting at about $18,000　1万8000ドルくらいからの価格で　◆before starting your turn; before starting to make your turn　進路変更[ターン]し始める前に　◆the hours for starting and finishing [leaving] work　始業時間および終業時間　◆record each employee's starting and quitting times　各従業員の出勤[出社]と退出[退社]の時間を記録する　◆products were jointly developed starting in the 1980s　製品は1980年代から共同で開発された　◆Prices start below $12,000.　価格は$12,000以下から。(＊厳密には「以下」ではなく「未満」を指す)　◆Crowntek started [began] life as Datacrown Inc.　クラウンテック社は、データクラウン社として誕生[発足]した。　◆Decent wireless mic systems start at the order of $600 per channel for reasonably hi-fi sound.　ハイファイと呼べるだけの音質用の上等なワイヤレスマイクシステムは、片チャンネル当たり600ドル台からある。　◆The company will roll out the product starting in Las Vegas this August.　同社は今年8月, ラスベガスを皮切りにこの製品の発売キャンペーンを行う計画である。　◆The meeting will start here tomorrow evening with a working dinner at the Adams Hotel.　会談は、当地で明日の夜, アダムス・ホテルでの夕食会を皮切りに始まる予定である。　◆Start (up) the computer following the instructions on the computer start page and once the Windows desktop appears, start (up) the Xxx Software.　コンピュータ起動ページの指示[《意訳》手順]に従ってコンピュータを起動[立ち上げ]する。Windowsのデスクトップ画面が表示されたら, Xxxソフトウェアを起動[立ち上げ]してください。

2　a～　開始, 開業, 始動, 起動, 出発, 出立, 門出, 始め, 初め, 最初, 冒頭, 先頭　◆for a start　《口》まず最初[第一]に, 始めに(= to begin with, for starters)　◆from start to finish　はじめから終わりまで, 最初から最後まで　◆a start-of-text (STX) character　《コンピュ》テキスト開始文字　◆a jack-rabbit start　《口》急発進　◆at the start of last week　先週の初めに　◆at the start of the flight　飛行の最初に　◆make [have] a good start　上乗[上々]の滑り出しをする; 好調なスタートを切る　◆right from the start　全く最初から　◆the start of a new era　新たな時代の幕開け　◆the start of memory　《コンピュ》メモリーの最下位(アドレス)(= location 0)　◆a repulsion-start induction motor　反発始動誘導電動機　◆although the service is off to a good start　同サービスの立ち上がり[滑り出し]はいいものの　◆a start has already been made at... -ing　～することはすでに始められ[着手され]ている　◆build a car from start to finish　車を一貫生産する　◆locate the start of a recorded sequence　ある録画場面の初めの箇所を見つける[頭出しをする]　◆she reviews bargain days at the start of every month　彼女は、いつも月初めにバーゲンの日を調べる　◆With the start of training camp just a week away,...　トレーニングキャンプの開始がわずか1週間後に控え、～　◆Mr. Yeltsin's visit got off to a good start.　エリツィン氏の訪問は好調な滑り出しを見せた。　◆if the recording start time and the stop time are the same...　録画開始時刻と終了時刻が同じ(にセットされている)場合　◆Avoid very fast or very slow starts.　急発進やゆっくり過ぎる発進は避けること。(＊車の話より)　◆Meanwhile a start can be made on typesetting and layout.　その間に、植字と割り付けに取りかかれる。　◆The new policies will make a start on solving the problem.　これらの新しい方策は、その問題の解決の糸口となるであろう。　◆Press the counter reset button to "000" at the start of the tape.　テープの頭のところでカウンターリセットボタンを押して000にしてください。

**get started**　始まる, 開始する, 始める, 緒に就く(ちょにつく, しょにつく)　◆Getting Started　手始めに[《概訳》](＊章や節の見出し)　◆Did you ever wonder how the personal computer industry got started?　パソコン業界がどのように始まったんだろうと疑問に思ったことはありませんか。　◆Chapter 1, Getting Started with Q-Card, is a quick introduction to the basic skills for using the tool.　第1章「Q-Cardを使ってみよう」は、本ツールを使用するための基本的な操作法の手引きです。

**get things started**　◆Onion soup is a fine way to get things started.　オニオンスープから手を付ける[始める]のがよいでしょう。　◆To get things started, the governor tells a roomful of reporters that he's in a foul mood.　まず最初に[開口一番], 知事は部屋いっぱいの取材記者たちに向かって自分は不機嫌ですと言った。

**start over**　最初[始め]からやり直す　◆require the user to start over　ユーザーにはじめ[最初]からやり直すことを強いる　◆The U.S. must start over on education.　米国は教育について一からやり直さなければならない。　◆He considered leaving the neighborhood and starting over somewhere else.　彼はその街を離れてどこか別の場所で新規に出直そう[再出発しよう]と考えた。

**start up**　vt., vi.　(機械)を始動[起動]する, (車の)エンジンを始動する; 《コンピュ》(システム, マシン, アプリケーション)を起動する[立ち上げる], 立ち上がる　◆start up a task　《コンピュ》タスクを起動する　◆every time the computer starts up [boots]　コンピュータが立ち上がるたびに

**START**　(Strategic Arms Reduction Talks) "start" と同じ発音. 戦略兵器削減交渉　◆START I [II] (the first [second] Strategic Arms Reduction Treaty)　第1次[2次]戦略兵器削減条約(略語形にtheは不要)

**starter**　a～ 初心者, 駆け出しの人, 新米; a～ スタータ, 起動装置, 始動モータ, 始動機　◆a reduced-voltage motor starter

減電圧モーター始動器 ◆a starter (switch) [a glow switch] (蛍光灯用)点灯管[グロー・スターター] ◆a full-voltage starter (= an across-the-line starter) 全電圧[直入れ]起動[始動]モーター ◆For starters, how about...? 《俗》手始めに、～はいかがですか。

**starting line, start line** a ～ スタートライン、スタートの線, 出発点 ◆race drivers at the starting line スタートラインについているレースドライバー

**starting pay** 《口》初任給 ◆the average starting pay for college graduates 大卒の平均初任給

**starting point** a ～ 始点、起点、原点、基点、開始点、出発点、スタート地点、始め、もとになるもの ◆a starting point for the arc その円弧の始点[原点, 基点] ◆the starting and stopping points of a tool 工具の起点と停止点 ◆With this as a starting point, the company will develop... これを下敷き[叩き台]として、同社は～を開発することにしている。 ◆use the plan as a starting point in negotiations [for further negotiations, for drafting more ambitious cuts in spending] 《順に》その計画を交渉の[今後の折衝の、より大幅な支出削減の試案を作るための]叩き台にする ◆The Accord Sedan was used as a starting point for Honda's engineers in the design of the Odyssey. 《意訳》アコードセダンは、ホンダの技術者がオデッセイを設計する際の叩き台[下敷き、大本(オオモト)]になった。 ◆To define a straight line, click on the starting point and click again on the endpoint. 《コンピュ》直線を定義するには、始点[起点]で(マウスを)クリックして終点で再度クリックします。 ◆Use the advice of friends, neighbors and advisers only as a starting point. Ultimate responsibility for investment decisions rests with you. 友人や隣人やアドバイザーのアドバイス[助言]は、せいぜい叩き台[《意訳》参考]にするぐらいの気持ちで聞くこと。投資の意思決定の最終責任はあなたにあります。 ◆This booklet is not intended to be substituted for the law itself but should be a convenient starting point. この小冊子は、法律そのものの代役としてではなく便利な取っかかり[簡単な手ほどき]となればという意図で作成されたものです。

**startling** adj. びっくりさせる、びっくりするほどの、驚くべき、驚くほどの、はっとさせる、驚異的な、ショッキングな、ぎょっとするような、ぎくりとする、腰を抜かすような ◆with startling originality 驚くべき独自性をもって

**start-stop** 《通》調歩式の ◆start-stop transmission 調歩(同期)式伝送(＊asynchronous communications systems非同期通信方式の一種における)

**startup, start-up** (a) ～ (運転, 操業)開始, 始動, 起動; a ～ (= a start-up company [firm]) 創立[創業, 設立, 発足, 起業]間もない小さな会社、駆け出しの会社、新興企業、新設会社、《意訳》ベンチャー企業 ◆at start-up (電子機器の)立ち上がり[立ち上げ]時に ◆during system startup システムの起動中 ◆on startup; upon startup; at startup; on starting 起動時[始動時]に ◆on [upon] start-up (電子機器の)立ち上がりで、立ち上がると ◆a startup bankroll 事業開始資金 ◆a startup screen 起動画面(＊起動するときに表示される) ◆a start-up sequence 起動順序 ◆achieve a quick startup time 迅速な起動を実現する ◆nurture start-ups in Silicon Valley シリコンバレーのベンチャー企業を育成する ◆upon start-up of the computer コンピュータの立ち上げ時に ◆big outfits and garage start-ups alike 大企業もガレージで発足したばかりの会社[ベンチャー企業]も同様に ◆facilitate the start-up of new companies (複数の)新会社の立ち上げを容易化[円滑化]する ◆the superconducting supercollider's projected start-up date of 2000 超伝導超大型粒子加速器の西暦2000年の稼働開始予定日 ◆Mr. Quinn directed the startup of Chicago Online. クイン氏はシカゴ・オンラインの立ち上げの指揮をとった。 ◆To create [make] a startup floppy disk that can boot your PC, follow these steps: パソコンを起動[立ち上げる]できる起動フロッピーディスク(FD)の作成は、次の手順に従ってください:

**starve** vi., vt. 餓死する[させる]＜to death＞, (～に)飢える[させる]＜for, of＞, (～に)窮乏する[させる]、不足で苦しむ[苦しませる]＜for, of＞ ◆an energy-starved nation エネルギー不足に苦しんでいる国 ◆the parrot was starved for affection そのオウムは愛情に飢えて[愛情に飢えて(カツエテ)]いた ◆information-starved people; people who are information-starved 情報飢餓の人々、情報弱者 ◆We will starve terrorists of funding, turn them one against another, drive them from place to place, until there is no refuge or no rest. 我々はテロリストの資金源を干上がらせ[断ち切り]、互いに裏切らせ[軋轢を起こさせ、仲違いさせ、仲間割れさせ、内部抗争を起こさ]せ、どこにも隠れ場所や休息がなくなるまで各地を転々とさせ追い込んでいく。

**state** 1 a ～ 状態、様子、様相、形勢、ありさま、ていたらく ◆a [the] state of things 様子、状況、事情、状況、情況、状態、情態、事態、塩梅(アンバイ)、消息、有様 ◆assume either state 0 or state 1 状態0あるいは状態1を取る[になる] (＊デジタル回路などが) ◆a state of equilibrium 平衡状態 ◆a state transition occurs [takes place] 状態遷移が起きる ◆bring about such a state そのような状態をもたらす ◆enter a state called... ～と呼ばれる状態に入る ◆if the party remains in its present state この党が現状にとどまるのであれば ◆in a state of readiness to ＜do＞ ～する用意[準備、段取り]が整っている状態で; ～する道具立てが揃って; ～できる状態にある ◆the current state of affairs of digital library development デジタル図書館開発の現状 ◆the present state of affairs in Moscow モスクワにおける現在の状況[現下の情勢, 現況, 現状] ◆the present state of Ireland アイルランドの現在の状況[現状, 現況] ◆the state of the digital inputs それらデジタル入力の状態 ◆without a change of state (taking place) 状態の変化が起こらないで; 《意訳》状態変化を伴わずに ◆a state of not working properly 正常に働いていない状態 ◆a state-of-charge indicator 充電状態表示器 ◆a battery in a good state of charge 良好な充電状態にあるバッテリー ◆a change of state (solid to liquid, liquid to gas) (固体から液体、又は液体から気体への)状態の変化 ◆as the transistor changes state into cutoff トランジスタが状態を変えてカットオフ(状態)になると ◆change from the OFF to the ON state OFF状態からON状態に変わる ◆if the device remains in this state もしもその素子がこの状態のままになっていると ◆keep it in a liquid state それを液体状態[液状]に保つ ◆the state of the relationship between A and B A-B間の関係の状態 ◆the state of various camera settings いろいろなカメラの設定の状態[様子] ◆bring the program to a state in which it runs without crashing プログラムを、クラッシュせずに走る状態にまで持っていく ◆I wish you lots of dates, but not a state of being penniless. 大いにデートに出かけてください。ただし、すっからかん[素寒貧(スカンピン), 文無し]にはならないように。 ◆At t = 0, the transistors change state – they begin conducting. t=0で、トランジスタは状態を変える。つまり、導通し始める。 ◆How can you have the bizarre state of affairs where [in which] a union employee making $5 million a year would go on strike? 年に500万ドル稼いでいる組合員がストを打つなどという奇妙な状況を、どうして受け入れる[認める、許す]ことができるだろう。(＊大リーグの野球選手のストの話で)

2 a ～ 国家, 中央政府, 州, 州政府, 州当局; adj. 国家の, 国立の, 州の, 州立の (cf. federal); (→ state-owned, state-run) ◆a state-controlled company 国営企業; 公社 ◆the Chinese State Council 中国国務院(＊中国の中央政府) ◆the US Department of State; the U.S. State Department 米国務省 ◆a State of the Union message 《米》年頭[一般]教書(＊特定の大統領や年度のものを指す場合の冠詞は、もちろんtheである) ◆a state-required curriculum 規定カリキュラム ◆improve the finances of the state 国家財政[州財政]を改善する ◆in the state of Washington; in Washington State ワシントン州において ◆state-set prices 国が定めた価格 ◆the state of North Rhine-Westphalia 《独》Nordrhein-Westfalen》(＊ドイツの)ノルトライン・ヴェストファーレン州 ◆state-protected species 国によって保護されている種(＊絶滅の危機に瀕している種のこと) ◆in a state of the United States of America アメリカ合衆国のある州で ◆state enterprise workers who lose their

jobs as a result of privatization　民営化の結果職を失う[失業する]国営企業労働者[職員]　◆TV and radio are state controlled.　テレビとラジオは国家統制されている.
**3**　vt. ～と[を]述べる, 表明する, 言明する, 正式に述べる, 提示する, 指定する　◆Markovnikov's rule states that...　マルコニコフ則によれば, ～(である).　◆This equation states that...　この式は, ～であることを示す.　◆because the contract did not clearly state...　契約が～を明確に謳っていなかったために　◆State one size per package.　1パッケージにつきひとつのサイズをご指定[明記]ください. (*注文書などで)

**statement**　**1**　*a*～　言明, 陳述, 談話, 表明, 声明(書), 申告(書), 明細書, 計算書; ⓒ表現, 表明, 提示　◆a bank statement　銀行口座取引明細書　◆a caution statement about...　～についての注意書き[警告]　◆his controversial statements about...　彼の～についての問題発言　◆in a billing statement　請求明細書中に　◆make a controversial statement　問題発言をする　◆a statement on the estimated uncertainty of measurement　推定される測定の不確かさについての記述　◆prepare an environmental impact statement (EIS) on...　～に関する環境影響報告書(EIS)を作成する　◆according to a statement made by Prime Minister Junichiro Koizumi　小泉純一郎首相の談話によると　◆affix one's signature to a written statement　書面に署名する　◆the consent form must include a statement as to whether...　同意書には～かどうかについての表明が含まれていなければならない　◆I understand the charge may appear on my statement before the arrival of the products.　私は, 商品到着前に(クレジットカードの利用代金)明細書に代金が記されるかもしれないことを了解します. (*注文用紙にあらかじめ印刷されている文)　◆People buy a sports car to make a distinctive fashion statement rather than to enjoy its functional virtues.　人々は, 機能的価値を楽しむというよりはむしろ個性派ファッションを表現[主張]するためにスポーツカーを購入する.　◆Statements required to appear on the label by virtue of this standard shall be clear, prominent, indelible and readily legible by the consumer under normal conditions of purchase and use.　この規格により, ラベルに表示する必要がある文言[文面, 表示文句, 語句]は, 通常の購入・使用状況で消費者に明確に, 目に付きやすく, 簡単に消えることなく, 容易に読めるように記載すること.
**2**　*a*～《コンピュ》命令文, 文, 命令, ステートメント　◆statements to control the motion of...　～の動作を制御するための命令(文)　◆Direct statements immediately command the computer to do something for us, whereas with indirect statements we must wait for the computer to RUN them.　《コンピュ》直接ステートメントは即座にコンピュータに何かをするよう命令するのに対し, 間接ステートメントはコンピュータが(RUN命令で)それらを実行するまで待たなければならない.

**state of emergency**　*a*～　緊急事態, (国家)非常事態
**state of the art, state-of-the-art**　n.　最先端を行く最先の技術; adj. 現時点における最新[最高]の技術水準の用いた, 最先端高度技術を駆使した, 高度な技術[先進]技術を用いた, 《意訳》究極の　◆remain state of the art　最新の技術を維持し続ける　◆the state-of-the-art in disk manufacture　ディスク生産の最新技術(事情)　◆the state of the art in artificial intelligence　人工知能における技術の現状　◆the state of the art in the world of CD-ROM　CD-ROMの世界における最先端技術　◆advance the state of the art in computer graphics　コンピュータ・グラフィックスにおける最新技術をさらに前進させる　◆The chip is not only state of the art but also...　そのICは最先端であるばかりでなく～である.　◆We have gone from the turkey quill and laborious manual searches to state of the art in the past two years.　我々は過去2年間に, 羽根ペンと骨の折れる手作業検索から最新方式に移行してしまった.　◆With near-photographic print quality, the color copier represents the state of art in electrophotographic technology.　写真に迫る出力画質を誇る本カラー複写機は, 電子写真技術の最先端を象徴するものである.

**state-owned**　adj. 国が所有している, 国有の, 国立の, 国営の; 州所有の, 州立の　◆money-losing state-owned industries　赤字国有[国営]産業　◆privatize wholly or partly state-owned firms　完全国有[国営]企業と半官半民企業を民営化する

**state-run**　adj.　国営の; 州立の, 州営の　◆a state-run monopoly　国営の独占事業体; 専売公社　◆a state-run store　国営[州営]店　◆at a state-run testing center　国立検査センターで　◆the state-run Medicaid systems　《意訳》(米国の)政府管掌医療扶助制度　◆The king himself spoke on the state-run radio sta...　国王自らが国営ラジオで～と述べた

**stateside**　adj. 米国の, 米国(本土)への, 米国(本土)での(*ハワイとアラスカを除く48州); adv. 米国(本土)へ(向けて), 米国に, 米国で　◆they are sent stateside for repairs　それらは修理のために米国に送られた

**static**　adj. 静的な, 静止の, 空電の, 静電気の; n. ⓒ静電気, 空電[空電による雑音](*atmospherics とも. 雷など大気中の電磁波[雑音電波]のこと)　◆build up static　〈物に〉静電気がたまる　◆a static device　静止[静的な]装置 (*変圧器などのように可動部分を持たない装置)　◆a static image　静止画像(*特にパソコンが入力待ちしている間にディスプレイ上に表示されている画面: cf. a still image)　◆a static induction transistor　静電誘導トランジスター　◆(a) static random access memory (SRAM)　《コンピュ》スタティックRAM　◆a static test　静的試験　◆static electricity　静電気　◆static friction　静摩擦[静止摩擦](↔dynamical friction)　◆static protection products　静電気から保護するための[静電対策, 静電気対策]　◆static stability　静的な安定度[復元力]; 静安定; 定態安定度　◆static crackling　空電や静電気によるパチパチ・バリバリという雑音　◆a static control product　静電[帯電]防止製品のメーカー　◆a static eliminator manufacturer　除電製品のメーカー　◆operation under static pressure conditions　静圧状態での運転[稼働]　◆a polyethylene static-protective foam　ポリエチレン製帯電防止発泡樹脂製品　◆a static-shielding bag　静電保護[帯電防止]袋 (*電子部品を静電破壊から守るためのもの)　◆a static dissipative bag for encasing PC boards　プリント回路基板を入れておくための, 静電気を逃がす性質のある[帯電防止]袋　◆dissipate static charges as they develop　静電荷が発生すると同時にそれを逃がす　◆guard against static buildup with a CRT filter　CRTフィルターによって静電気の蓄積を防止する　◆measure static voltages on objects and surfaces　物体や表面上の帯電電圧を測定する　◆protect electronic components from static damage　電子部品を静電気による損傷から守る

**static-free**　空電雑音のない, 静電気のない, 帯電しない, 《意訳》帯電防止[静電防止]の
**statics**　静力学
**station**　*a*～　駅, 活動やサービスの拠点となる建物[場所], -局, -所, -場, -点, -台, ステーション; vt. ～を配置する, 置く　◆a radio station　ラジオ局, 無線局　◆a station service transformer　(発電所)所内変圧器　◆a station-to-station call　番号通話(= a number call)　◆the Brooklyn station　ブルックリン駅　◆businessmen stationed overseas　海外駐在ビジネスマン[駐在員]　◆U.S. forces stationed overseas　海外に駐留している米軍　◆an electric generating station　発電所　◆a station-selection knob　(ラジオの)選局ツマミ　◆U.S. Government employees stationed in Germany　ドイツ駐在の米政府職員　◆Station-service power is taken from [taken off]...　所内消費電力は～から取得する (*発電所内で使用する電力のこと)　◆remote adjustment of volume, station, and cassette track　音量, 選局, カセットトラックの遠隔調整

**stationary**　adj.　静止の, 固定された, 据え置き型の, 静止-, 静-, 定常, 停留-, 静置-, 定置-　◆a standing wave; a stationary wave　定常[定在]波　◆a stationary [geostationary] satellite　静止衛星　◆a stationary vane　固定羽根　◆stationary noise　定常ノイズ[雑音]　◆a stationary plant　定置型のプラント[工場]　◆a stationary observation point [post]　定点観測点[地点, 拠点] (*postの場合は, 刑務所付きで見張りをする場所も)　◆a stationary subject　静止被写体[静物]　◆portable or stationary computers　携帯型あるいは据え置き型コンピュータ　◆stationary exit vanes　後置静翼 (*風洞実験

用의 an axial-flow fan軸流ファンの話で）◆A stationary front forms when two air masses meet and stall. 停滞前線は、二つの気団が出会って立ち往生する場合に出来る．◆Avoid turning the steering wheel when the vehicle is stationary. 車が停止しているときは、ハンドルを回さないこと．

**stationery** ⓝ文房具，文具，便せんと封筒，《コンピュ》（主に実物の）用紙 ◆a stationery store [shop] 文房具店，文具店

**statistic** a〜 統計(statistics)の中の一つの数字［統計値，統計量］

**statistical** adj. 統計の，統計的な，統計上の，統計に基づく，統計学（上）の ◆a statistical model 統計モデル ◆a statistical table 統計表 ◆a statistical analysis package 統計分析パッケージ（ソフト）◆a statistical software package 統計ソフトウェアパッケージ ◆statistical quality control techniques 統計的品質管理手法 ◆by more sophisticated statistical techniques より高度な統計的手法により ◆perform [run] statistical analysis 統計分析［解析］を行う ◆use statistical methods to detect... 〜を見つけ出すために統計的手法を用いる

**statistically** adv. adj. 統計的に，統計的に，統計に基づいて，統計学的に，統計学上 ◆the differences are statistically significant これらの差は統計学上意味がある［有意である］(＊関係ではない)

**statistics** 《単扱い》ⓝ統計学；《複数扱い》統計，統計情報，統計結果，統計データ，データ ◆become statistics; become one of the statistics 犠牲者になる (＊交通事故，薬害，犯罪などの) ◆collect and organize statistics on... 〜に関する統計を収集整理する ◆gather [collect] statistics about [on]... from... 〜に関する統計を〜から集める ◆provide statistics about... 〜についての統計を提供してくれる ◆statistics on the occurrences of... 〜の発生件数についての統計 ◆statistics show [indicate] that... 統計は、〜であることを示す［示している］，《意訳》統計により、〜だということが判明した［分かった］ ◆past and present sales statistics 過去から現在までの売上高の推移 ◆convince a school nurse to tabulate statistics on the number of asthmatic children under her or his care 《意訳》学校の保健室の先生に，ぜんそくの子供たちについて統計表（形式）にまとめてくれるよう説得してお願いする ◆Statistics show [indicate] how things have changed. 統計は、状況がどう変わったかを示す．

**stator** a〜 固定子，ステーター (cf. a rotor) ◆stator blades 〈タービンなどの〉静翼 ◆compressor stator vanes コンプレッサの静翼 ◆the stator of a motor モーターの固定子

**statue** a〜 像，彫像，塑像（ソゾウ）◆a bronze statue of four nurses 4人の看護婦のブロンズ像 ◆a full-sized statue of the president その大統領の実物大の彫像 ◆a statue of Lenin レーニン像 ◆sculpt a full-length statue 全身像を彫る［造る］

**stature** ⓝ背丈，身長；ⓝ重要性，地位，〈社会的な〉格［品格，身分］，名声，評判，発達，成長，到達［達成］水準(level of attainment)，才能［技量，器量］ ◆a man of little stature 背丈の低い［背の小さい］男；小男（コオトコ）

**status** (a) 〜（ある時点の）状態［状況，現状，現況，実状，実態］，《コンピュ》ステータス［状況，状態］，地位［身分］；ⓝ高い地位 ◆(a) status indication 状態表示 ◆a cost status report コスト状況報告書 ●◆Age: 41 ◆Marital status: Married with two children. ●年齢: 41 ◆配偶者の有無: 既婚, 子供2人 ◆a status indicator light 状態表示灯［ランプ］ ◆generate alert messages that indicate printer status conditions プリンタの状態を示す警告メッセージを発生させる ◆issue a status request to the device controller 《コンピュ》デバイス・コントローラにステータス要求を発行する ◆notify you of changes in status, like new mail たとえば新しいメール（の着信）などの，状態の変化を知らせる ◆survey the status of telecom infrastructures around the world 全世界の電気通信基盤の実態［実情，状況］調査を行う ◆the operating status of the system システムの動作状態 ◆to keep track of the status condition that caused the error そのエラーを引き起こした状態を常監視するために ◆a single impediment to world-class status 世界的地位への唯一の障害 ◆grant... most-favored-nation status 〈国〉に最恵

国の資格［最恵国待遇］を与える ◆the employment status of an individual employee 従業員一人一人の雇用状況 ◆whether the country may regain its status as a full member state of the United Nations 《意訳》その国が国連の正式加盟国（の地位）に復帰するかどうか ◆At present, under the 1970 Japan-U.S. Status of Forces Agreement, Japan provides land, buildings and facilities for the U.S. military in Japan. 現在、1970年締結の日米地位協定の下、日本は在日米軍に対し土地、建物および施設を提供している．

**status quo** the 〜 現状 ◆accept the status quo 現状に甘んじる ◆disturb the status quo 現状を乱す ◆maintain [preserve, keep, retain] the status quo 現状を維持する ◆move beyond the status quo 現状を打破する ◆protect the status quo 現状を守る［維持する］ ◆under the status quo 現状の下で ◆Tip O'Neill, Ted Kennedy, and other liberals hell-bent on preserving the status quo 現状維持に汲々としている［《意訳》守旧派の、旧守派の、墨守派の、保守派の］ティップ・オニール、テッド・ケネディおよびその他の自由党員たち ◆let's not change the status quo 現状を変えずに（そのままにして）おこうではないか ◆to overcome of the objections of those who cling to the status quo 現状にしがみついている人々［《意訳》現状維持論者ら；《意訳》守旧的な人たち、旧守派、事なかれ主義者、改革抵抗勢力］の反対を突破する［乗り越える］ために

**status symbol** a〜 ステータスシンボル，社会的な地位［身分，階級］の象徴 ◆become a status symbol for... 〈人など〉にとってステータスシンボルになる

**statute** a〜 法令（書），法規 ◆protection by statute 法令による保護

**statutory** adj. 法令の，法定の，法的な，法による，法律によって定められている，法律（の条項）に則った ◆statutory regulations governing food production and food safety 食品生産及び食品安全について定めている法的規制 ◆the statutory useful life of an asset 資産の法定耐用年数 ◆pay more than the statutory minimum 法律によって決められている最低賃金より多く支払う

**stave** a〜 おけ板，(はしごの)桟(サン)，詩の1節，《音楽》(五線)譜表；v. ーにおけ板をつける，〈おけ、ボートなど〉を突き破る，穴があく；《stave offの形で》くい止める ◆to stave off a deflation spiral デフレスパイラルを防ぐ［未然に食い止める／阻止する］ために

**stay** 1 v. 〜のままでいる［推移する］，とどまる［とどまらせる］，滞在する，逗留する，やどを取る，泊まる，投宿する ◆stay back from.... 〜に近づかないようにしている ◆He requested a place to stay. 《意訳》彼はどこか泊まる場所を手配してくれませんかと言った．◆stay ahead of competition 常に競争相手の先を行っている ◆stay connected to the Internet all the time インターネットに常時接続している ◆stay out of trouble 常にトラブルを避けるようにしている ◆if you stay overseas for long periods of time 外国に長期滞在するのであれば ◆The LED stays out when... 〜の時には、このLEDは消えたままになっている ◆He had originally planned to stay overnight in a hotel, but... 彼はもともとホテルに一晩泊まる［宿泊する］予定だったが ◆if petroleum prices stay at their current depressed levels 石油価格が現在の落ち込んだレベルで推移するとなると ◆The lubricant stays on moving contacts and lasts for years. この潤滑剤は，可動接点上にとどまり［付いたままで］、何年も持つ．◆Geostationary satellites stay over the same spot on earth's surface. 静止衛星は地表上空で、常に同じ位置に留まっている．◆The company was forced to cut its payrolls to stay competitive. その会社は、競争力を維持するために、人員削減を余儀なくされた．◆The divorce-to-marriage ratio has stayed at one divorce for every two marriages for the past 15 years. 離婚対結婚の比率は、過去15年の間、結婚2件に対し離婚1件という線に落ち舞いている［落ち着いて推移してきた］．◆The removable tape tabs on Campbell's juice cans will be replaced by Reynolds' patented Stay-on-Tab ends. キャンベル社のジュース缶の引き抜き式口金は、レイノルズ社が特許を持つステイオンタブ［押し込み式口金］に取って代わられる

ことになっている。 ◆He sought several times in recent years to resign for personal reasons but was persuaded by his boss to stay on. 彼は、近年、一身上の理由［自己の都合］による辞職［依願］退職を再三再四願い出ていたが、上司に慰留されていた。 **2** *a* ～滞在、逗留、お泊まり; (*a*)《法》延期［猶予, 停止］ ◆a short stay 短い逗留; 短期滞在; (介護施設などでの)短期入所; (病院での)短期入院 ◆a long-stay traveler 長期滞在者 ◆a short stay in a hospital 短期入院 ◆a short-stay visa 短期滞在ビザ ◆a three-day, two-night stay 2泊3日の滞在 ◆for the duration of my stay 私の滞在している［逗留する］間中 ◆minimize lengths of stay in facilities 施設における滞在期間をできるだけ短くする ◆the period [duration] of a stay in... ～における滞在期間 ◆the average length of stays of men and women prisoners 男女囚人の平均収監期間 ◆These rates are for lengths of stays of one to six nights. これらの料金は1泊から6泊までに(に適用される)のものです。 ◆Since the H-1B visa is considered a temporary visa, there is a limitation on periods of stay. H-1Bビザは一時ビザと考えられているので、滞在期間に制限があります。 **3** *a* ～支柱、支え ◆guy wires and ground stays 水平支線および地支線［ジステ］(*柱などを物理的に支えるためのもの) ◆use stay wires to support power poles 電柱を支持するのに支線［支持架］を使う

**stay up** 寝ないでいる［起きている］ ◆stay up very late 夜更かしする

**stay-at-home** *a*～ (pl. ～s) 家にばかりいる人、出無精の人; *adj.* ◆a stay-at-home holiday 家で過ごす休日 ◆as America embraces easy stay-at-home shopping アメリカの国民が簡単にできる在宅ショッピング［手軽なホームショッピング、楽な通信販売］を受け入れるようになるにつれ ◆a stay-at-home model (ポータブルに対して)据え置き型の機種 ◆if you're the stay-at-home type あなたが出無精タイプならば ◆stay-at-home mothers [moms] (小さな子供を持つ)専業主婦 ◆stay-at-homes glued to TV sets 家にこもってテレビにへばりついている人たち; テレビおたく族

**STB** *an* ～ (a set-top box) セットトップボックス (*双方向ケーブルテレビ用のユーザーインターフェース装置、よくテレビ受信機 (a TV set)の上に置かれることから。) ◆a digital interactive TV set-top box (STB) デジタルインタラクティブTVセットトップボックス (STB)

**STD** (sexually transmitted disease) (*an*) ～ 性感染症 (*性病ばかりでなくウイルス性肝炎なども含む), 性病 ◆visit an STD (sexually transmitted disease) clinic 性感染症クリニックに行く (*STDは、かつて「花柳病」とも)

**steadfast** *adj.* 確固［断固］とした、固定した、ぐらつかない、不変［不動］の

**steadily** 着々と、着実に、堅実に、真直に、手堅く、どんどん、じりじり、絶え間なく、たゆみなく ◆keep steadily improving... ～を着々と［絶え間なく］改良し続ける ◆Output had been rising steadily since May. 生産(高)は5月以降着実にのびていた。 ◆The French government has been steadily preparing the way for the privatization and sell-off of Bull. フランス政府はブル社の民営化および売却に向けての道筋をつけながら着々と準備を進めていた。 ◆The number of female state legislators has increased slowly but steadily since 1969, when women held 4 percent of seats. 女性の州議会議員は、議席の4%を占めていた1969年からゆっくりではあるが着実に増加してきた。

**steady** *adj.* 定常の、安定した、しっかりした、堅調な、固定の、堅牢な、変わらぬ、実直な、手堅い ◆regular [steady] customers いつも来る客; 常連; 常客 ◆a steady d-c voltage ある一定した直流電圧 ◆a steady increase in demand 需要の着実な増加 ◆be [remain] on a steady [solid] upturn 堅調な上昇基調にある［上昇基調で推移している］ ◆create a steady demand 安定した需要を創出する (*steady = 落ち着いていて振幅の大きな変化・変動・動揺のない安定した状態をさす) ◆hold a steady pressure 安定した圧力を保つ ◆the nation enjoys steady economic growth この国は着実な経済成長を享受している; 《意訳》同国は順調な経済成長を維持している ◆there has been steady progress in resolving questions 問題解決において着実な進歩［進展, 歩み, 前進］があった ◆a steady stream of visitors flows up and down the corridor 来客［訪問客］が引きも切らず廊下を行き交う ◆drive at a constant steady speed 一定の安定した速度で運転する ◆the steady deterioration of their living conditions 彼らの生活状態の継続的な悪化 ◆A steady yellow light tells you that a red light will soon appear. 黄信号が(点滅ではなく)点灯している状態は、間もなく赤信号になることを示します。

**steady state** *a* ～ 定常状態 ◆before the output reaches a steady state 出力が定常状態に達する前に

**steady-state** *adj.* 定常状態の, 定態の ◆steady-state stability 定常状態における［定態］安定度 ◆a steady-state value 定常値

**steal** vi., vt. (stole, stolen) 盗む、泥棒する、盗み取る、盗用する、こっそり手に入れる、奪う、さらう、忍び寄る、人知れず［いつの間にか］迫る、こっそり近づく、盗塁する; 盗み; *a* ～ 盗品, 盗塁, 超破格値品 ◆stolen goods; (*a*) stolen property; a stolen item 盗んだ品, 盗品, 贓物（ゾウブツ) ◆stolen vehicles [cars] 盗難車 ◆A copycat stole my old design 剽窃（ヒョウセツ)者が私の昔の意匠を盗んだ［盗作した, 剽窃した, パクった］ ◆if the vehicle is stolen もし車両が盗難に遭ったら ◆steal his idea 彼のアイデアを盗む［剽窃］する、横取りする、盗用する、パクる］ ◆steal trade secrets 企業秘密を盗む ◆Stereotyping steals your freedom of choice. 色めがねを通して［固定観念にとらわれて］ものを見ると選択の自由が奪われることになる。 ◆I stole a glance at her 私は、彼女を盗み見した ◆try to steal the number-one position ナンバーワンの地位を奪おうとする ◆I once had my purse stolen while on business in New York. 私は、ニューヨークに商用でいたときに一度泥棒を盗まれたことがある。 ◆Chrysler cars and trucks are stealing sales from Japanese automakers. クライスラーの乗用車とトラックは、日本の自動車メーカーの売り上げを奪っている。 ◆The lead guitar player came up with an introduction and ending inspired by (or stolen from) Bach. リードギタリストが、バッハに触発されて（というかパクって)イントロとエンディングをひねり出した。

**stealth** *n.* 叵こっそりとすること、見られない［見つからない］ようにすること、ステルス［秘匿(ヒトク)］ (*航空機などが敵のレーダーに探知されにくい設計になっていること) ◆by [with] stealth ひそかに, こっそりと ◆a Stealth fighter ステルス戦闘機 ◆a Stealth submarine 特に隠密［秘匿(ヒトク)］性に優れた潜水艦 ◆Stealth technology ステルス技術 ◆assist them by stealth ひそかに［こっそり］彼らを援助する ◆It's better to move quietly, with stealth, under cover of night. 夜に紛れて隠密［隠密裏に］行動した方がいい。

**stealthily** *adv.* こっそりと, (相手に)悟られないようにそっと, 足音を忍ばせて, 隠密［隠密裡］に ◆The commandos stealthily moved into an empty cargo hold. 特殊部隊は空の貨物倉に忍び込んだ。

**stealthiness** 叵ステルス性、秘匿性(ヒトクセイ)、隠密性 ◆the B-2's stealthiness [stealth characteristics] B-2爆撃機のステルス［秘匿］性 ◆The B-2 stealth bomber loses its stealthiness in the rain. B2爆撃機は雨の中に入ると隠密［秘匿］性を失う。

**steam 1** 叵蒸気［水蒸気, 湯気, 霧］, 元気［精力, 怒り, 強い感情］ ◆generate steam 蒸気を発生させる ◆lose steam 勢い［威勢, 元気, 活気さ, 馬力, 活力, 気力］がなくなる; 息切れする ◆a steam generator 蒸気発生器［装置］ ◆a steam separator; a steam purifier 《火力発電所》汽水分離器 ◆a steam train 汽車 ◆high-pressure steam 高圧蒸気 ◆steam coal ボイラー炭; 一般炭 ◆steam distillation 水蒸気蒸留 ◆a steam power station [plant] 汽力発電所 ◆a Rankine cycle steam engine ランキンサイクル蒸気機関 ◆let off steam from work by singing... ～を歌って仕事のうさを晴らす ◆run out of steam 《口》元気［気力, 活気, 威勢, 活発さ, 馬力, 活力］がなくなる, 精力が尽きる, 勢い［勢力, 精力］が衰える, 失速する, 息切れする, 停滞する, 下火になる ◆steam-powered

machinery　蒸気を動力とする機械　◆a market that has run out of steam　活力[活気]を失ってしまっている市場　◆his campaign is picking up steam　彼の選挙運動は勢いづいて[勢いに乗って,勢いを増して,勢いを得て]きている;彼の選挙運動は盛り上がりをみせつつある　◆if the whole thing goes full steam ahead　もし事がすべて全速力で運んだとしたら　◆Jerry lost steam as it weakened to a tropical depression.　《意訳》《ハリケーン》ジェリーは,熱帯性低気圧になって勢いが衰えた[勢いを失った]。　◆The economy has lost steam since late last year.　経済は昨年遅くから停滞してきた。　◆The movement has lost steam since the early nineties.　この運動は,1990年代の初め頃から勢いを失って[勢いが衰えて,下火になって]きている。　◆The railroad was founded in May of 1994, and has been running full steam ahead ever since.　当鉄道は1994年5月に創設され,以来[爾来(ジライ)]全速力で[パワー全開で]前進してまいりました。
2　v. 蒸気を出す,湯気をたてる,蒸す,(水滴がついて)曇る<up>　◆a bowl of steaming hot rice　茶碗一杯のあつあつ[ほかほか]ご飯　◆sip a steaming hot cup of coffee; sip at a cup of steaming hot coffee　湯気の立ち昇る一杯の熱いコーヒーをすする　◆steaming-hot reindeer stew　あつあつの湯気が出ている[ほっかほっかの]トナカイシチュー

**steamy**　蒸気を出す,蒸気のような,蒸し暑い[高温多湿の]　◆a steamy Amazon rain forest　高温多湿のアマゾン熱帯雨林(のひとつ)　◆a steamy sex scene　ムンムン,ムレムレしたセックスシーン　◆on a hot, steamy day　蒸し暑い日に　◆on a steamy summer night　蒸す[むしむしする]夏の夜に　◆steamy French movies　フランスのエロ映画　◆a steamy-in-summer, frigid-in-winter house　夏は蒸し暑く,冬は寒い家

**steatite**　①ステアタイト,滑石(talc),凍石,石鹸石(soapstone)　②ステアタイト (*滑石で作った高周波特性に優れる電気絶縁用磁器)　◆an octal steatite socket　ステアタイト製のオクタルソケット (*真空管用の)

**steel**　①鋼(コウ, ハガネ),鋼鉄,スチール,鋼材; adj. 鋼鉄製の,鋼製の,鋼(ハガネ)のように強い[堅い,冷たい,冷酷な,非情な]; vt. 〈心など〉を堅く[非情に]する　◆a special steel　特殊鋼(種類可能)　◆a steel cabinet　スチールキャビネット; スチール戸棚　◆a steel-frame maker　鉄骨メーカー　◆a steel mast　鉄柱　◆a steel sheet　鋼板; 薄鋼板　◆a steel tower　鉄塔　◆the steel industry　鋼鋼業; 製鋼業　◆a steel pipe pole　鋼管柱　◆AIIS (the American Institute for International Steel)　米国国際鉄鋼協会(《省略形にtheは不要》)　◆Thermal Aluminum Conductor, Steel-Reinforced (TACSR)　鋼心耐熱アルミ合金絶縁線　◆a steel-frame [steel-framed] home [house]　鉄骨住宅　◆constructed of tubular steel　スチールパイプ製の　◆pass a heavy current through a length of steel wire　一本の鋼線に大電流を流す　◆steel bars for reinforced concrete　鉄筋コンクリート用の鉄筋　◆the hood and roof are sheet steel　ボンネットと屋根はシート鋼[(薄)鋼板]である　◆the house is steel-framed　この住宅は鉄骨構造である　◆ACSR (Aluminum Conductor, Steel-Reinforced) conductors have a long but finite life expectancy.　《意訳》ACSR(鋼心アルミ導体)電線は長寿命とはいえ,寿命に限度がある。(*中心に補強のための鋼心があり,それを取り囲むようにアルミニウム導体が撚ってある)

**steelmaking**　製鋼　◆a steelmaking plant　製鉄所

**steep**　1 adj. 急勾配の,急傾斜の,急峻(キュウシュン)な,険しい(ケンシュン)な,峻厳(シュンゲン)な,(価格の)高い; a〜急な坂,絶壁　◆a steep lightning impulse　急峻雷インパルス　◆a steep-sided mountain　山腹斜面の急峻な[険しい]山　◆at a steep angle　急角度で　◆at steep [deep] discounts　大割引で　◆prices become steeper　価格は法外に[値段はべらぼうに]高くなる　◆the steep change in resistance　抵抗の急激な変化　◆Its price tag is steep.　それの値段は法外に高い[えらくいい]。　◆As the meadows become steep, the mountains begin.　牧草地[草地,牧場]の勾配がきつく[傾斜が急に]なると,山が始まる。　◆This sign warns you of a steep hill ahead.　この標識は,前方に急勾配[急な坂]があることを警告している。　◆

As the number of amplifier stages increases, the response curve becomes flatter on top and steeper on the sides.　《電子》増幅段数の増加につれ,応答曲線(周波数特性曲線)は頂部が平坦化し両脇は急峻化してくる。
2　vt. 〜を液に浸す; vi. 浸す,つかる; n. 浸す[つかる]こと,浸す液　◆The company's culture was still too steeped in a civil service mentality for it to become truly competitive.　同社の企業風土は依然として公務員根性[役人気質]にどっぷりと浸かりすぎていて,真に競争力をつけることができないでいた。　《参考》Don't oversteep your tea! Oversteeped tea will taste bitter.　お茶は(お湯に)浸し過ぎ[出しすぎ]ないようにしてください。出すぎるとお茶は苦くなります。(oversteep = overbrew)

**steepen**　v. 急勾配にする[なる],険しくする[なる],急峻にする[なる]　◆the steepening of...　〜の勾配が急になること[急峻化]

**steeply**　adv. 険しく,急峻(キュウシュン)に,急勾配で,急激に,急速に　◆a steeply inclined street　傾斜のきつい[急傾斜の]通り

**steer**　v. ハンドル[舵(カジ)]をとる,(操縦によってある方向に)向ける[向く]　◆steer clear of...　〜を避ける,よける,〜に近づかない[〜とは関係しない,〜とかかわらない]ようにする,〜を敬遠する　◆steer around an obstacle　(ハンドルを切って)障害物をよける[かわす]　◆steer right　右にハンドル[舵]を切る　◆steer the vessel into port　舵を操って船を港に入れる; 船を操船して入港させる　◆steer to a safe area　安全な場所にハンドルを切る　◆steer to the left　左にハンドルを切る,左に舵をとる[切る]　◆steer in the desired direction　好きな方向にハンドルを切る　◆the ability to steer construction work to certain companies　建設工事の仕事が特定の会社に行くよう操作[誘導]する能力　◆steer a $5 million contract to Bautek in return for a promise of $300,000 in payoffs　見返りとして30万ドルの賄賂がもらえる約束で,500万ドルの契約をバウテック社が受注できるよう便宜を図る[取り計らう]　◆continue steering straight in the direction you want　あなたの行きたい方向に直進進路をとり続ける　◆convex and concave mirrors that steer the laser beams　レーザービームの向き[進路]を操作する凸面鏡と凹面鏡　◆Steer clear of off-brand tapes.　無名ブランドのテープは避けなさい。

**steering**　操縦,ステアリング,舵とり,操縦　◆a steering committee　運営委員会　◆abrupt steering　急ハンドル　◆a hydraulic power steering system　油圧パワーステアリング装置[パワステシステム]　◆rack-and-pinion, power-assisted steering　《車》ラック&ピニオン式パワーアシストシステム[補力]ステアリング　◆the steering response of a car　車の《操縦》応答性　◆Most of the new four-wheel-steer autos are capable of both countersteering and same-side steering.　ほとんどの新型四輪操舵車は逆位相ステアリングと同位相ステアリングの両方ができる。　◆Depending on the speed of the car, the rear wheels may turn in the same direction (same-side steering) as the front wheels, or in the opposite direction (countersteering).　車速によって,後輪は前輪と同方向(同位相ステアリング)を向いたり,逆方向(逆位相ステアリング)を向いたりする。

**steering wheel**　a〜《自動車の》ハンドル,《船の》操舵輪　◆a leather-wrapped steering wheel　《車》《本》革巻きハンドル　◆avoid sudden movements of the steering wheel　急ハンドルを避ける　◆turn the steering wheel to the left　ハンドルを左に切る

**stem**　1　a〜茎,柄,軸,心棒,ステム,船首,語幹,《音楽》符尾　◆direct the development of embryonic stem cells into specific cell types; direct embryonic stem cells to become specific cells　胚性幹細胞が特定の種類の細胞に育つよう誘導する; ES細胞が特定の細胞へと分化するよう導く
2　vi. (〜から)起きる[生ずる,由来する]　◆The new sense of urgency stems from the growing recognition of...　この新たな[《意訳》これまでにない]切迫感は,〜に対する認識の高まりから来ているものである。　◆The problem may have stemmed from the combustion chambers that surrounded the center of the

engine. その問題を、エンジンの中心を取り囲んでいる燃焼チェンバーから生じた可能性がある.

**3** v. 〈流れ〉を止める, ふさぐ, 詰める, 止まる ◆stem five straight years of red ink 5年連続の赤字を食い止める ◆stem pollution caused by... 〜が原因の汚染を食い止める ◆legislation aimed at stemming a growing shortage of nurses 深刻化する看護婦不足に歯止めをかけるための法律

**stencil** 1 *a* 〜 ステンシル, (孔版印刷用に文字や図形をくり抜いた)型紙[型板, 刷り込み型, 摺り込み型], (謄写版印刷用の)原紙, 〜を使って刷る, 謄写印刷する, 摺込(スリコミ)染めする ◆a stencil duplicator 謄写[孔版]印刷機(＊昔の謄写版印刷機 a mimeograph の現代語) ◆stencil dyeing 型紙を用いた捺染(ナッセン), 摺り込み染め[摺込染, 摺り染め] (＊布の表面に型紙を置き, 染料を含ませたブラシで種々の色をすり込んで模様を染め出す)

**stenographer** *a* 〜 速記者 ◆Stenographers take dictation in shorthand of correspondence, reports, and other material and operate typewriters or word processors to transcribe dictated material. 速記者は通信文, 報告書, およびその他の資料の口述を速記で書き取り, タイプライターあるいはワープロを操作して口述書きを書き写す[《意訳》清書する].

**step** 1 *a* 〜 歩, 歩調, 足音, 足跡, 一歩の距離, (目標への)一歩, (発達, 発展の)一段階 ◆as the first step 第1段階[第一歩]として ◆mark a step toward... 〜への一歩をしるす ◆stay a step ahead of... (常に)〜の一歩先を行く;〜より一歩リードし続ける ◆keep step with... 〜と足並み[歩調]をそろえている ◆stay in step with... (遅れを取らないように)〜と足並みを合わせるようにする;〜と同一歩調をとっている ◆bring... into step with... 〜を〜と足並み[歩調]を合わせさせる ◆as a first step in this direction この方向に踏み出す最初のステップとして ◆as a next step beyond... 〜を越えるステップ[段階]として ◆just a few short steps from... ほんの数歩離れた至近距離のところに ◆move a step closer to ...ing 〜することに一歩近づく ◆the first step in a phased rollout of... (製品)の段階的展開の第一歩[第一弾] ◆as a dramatic first step toward...-ing 〜に向けての劇的な第一歩として ◆As a next step, he hopes to <do...> 次のステップ[段階]として[次に], 彼は〜したいと思っている. ◆begin the first steps toward the standardization of... 〜の標準化に向けて歩み出す ◆constantly stay one step ahead of one's rivals ライバルより常に一歩先を行く; 競争相手を一歩リードし続ける ◆if there is a next step 次のステップ[段階]があるとすれば ◆I see this as the next step. 私はこれを(取るべき)次のステップ[段階, 処置, 措置]と見ている. ◆only a step short of neurosis ノイローゼの一歩手前で[ほとんど病気で] ◆retrace Christ's steps toward crucifixion 磔刑(タッケイ)に至るキリストの足跡をたどる ◆Police are trying to retrace the steps of... 警察は, 〜の足取りをたどろうとしている. ◆the first step in making zero-defect steel is to <do...> 無欠点の鋼鉄を作ることの第一歩は, 〜することである ◆development steps toward an integrated broadband fiber-optic network 統合化した広帯域光ファイバーネットワーク通信網についての沿革 ◆"One small step for a man, one giant leap for mankind." 「一人の人間にとっては小さな一歩だが人類にとっては偉大な躍進だ.」(＊1969年にアポロ11号で月面に人類初の足跡を残したNeil Armstrong船長のそのときの第一声) ◆To look healthy, skin needs a step beyond cleaning. It needs exfoliation. 健康的に見えるようにするには, お肌の汚れをとるだけでは足りません. はがし落とす[一皮むく]ことが必要です. ◆The acquisition will bring him one step closer to his goal of developing the most powerful communications empire in the world. その企業買収によって, 彼は世界最強のコミュニケーション帝国を築くという目標に一歩近づいた. ◆The chip maker's design goes one step further than most in allowing a large number of pending instructions to be stored within the microprocessor. そのICチップ製造会社の設計は, 多数の実行待ちの命令をマイクロプロセッサ内に格納できるという点で, 他社の設計よりも一歩先んじている[先を行っている, 先行している].

ている］. ◆Although this hi-fi system does not duplicate "live" sound (probably an unattainable goal), it is a giant step closer to bringing the realism of a live performance into the home. このハイファイシステムは「生(ナマ)」の音を複写するわけではないが (おそらく到達不可能なゴールであろう), ライブ演奏の臨場感を家庭にもたらすことへの大きな一歩である.

2 *a* 〜 (一連の決まった手順・手続き・工程のうちの)一手順[一工程, 一段階]; 〜s (一連の)手順, 措置, 施策, 諸施策 ◆procedural steps (個々の)手順; 手続きの各段階 ◆after performing step 5 5番目の手順を行った後に ◆be obtained in three steps (解などが)3段階を踏んで[経て]得られる ◆every step of the way 各段階(で) ◆go through a series of steps 一連の手順をたどる ◆go to step 6 ステップ6に進む ◆in one step 1回の動作で ◆return to step 1 ステップ1[手順1]に戻る ◆The next step is to <do...> 次のステップで, 〜します. ◆wrong steps against pornography ポルノに対する誤った施策 ◆procedural steps to follow [take] in [when]...ing; a procedure to follow in [when]....ing 〜するときに従う[守る, 取る, 踏む]べき手順; (意訳)〜する手順 ◆Here are some steps to follow: 以下に手順を示します. ◆To <do...>, perform [use] the following procedure [steps]: 〜するには, 次の[以下の]手順[《意訳》操作]を実行します[を行います, に従います]. ◆at each step in document preparation 文書作成の各段階 ◆carry out the steps needed 必要な手順[所要の手続き]を踏む ◆give him a long list of steps to follow 多数の段階を踏む[長たらしい実行]手順を彼に示す[指示する] ◆repeat similar steps to create... 〜を作成するために同様なステップ[手順]を繰り返す ◆rather than attempt to solve the problem in a single step 問題をいっぺん[一度]に解こうとするよりはむしろ ◆The machining operation is made in the five steps described below. この機械加工作業は, 次に述べる5段階(の手順)で行われる. ◆To fasten the base plate to the column, follow the steps below. ベースプレート[支承板]を支柱に固定するには, 下記の手順に従ってください. ◆There are certain steps which all drivers should take before making turns: 進路を変える前に, すべての運転者が踏むべき(次のような)一定の手順がある. ◆After tightening the bolts as described in step 5, perform the additional steps listed here to achieve squareness. 手順5で述べたようにボルトを締めたら, 直角を出すために, ここに挙げる別の手順を実行してください. ◆Once the system has been told which steps to follow, it faithfully performs the same function over and over again. システムは, どの手順に従うか一度指示されると忠実に同じ機能を繰り返し繰り返し実行する. ◆Some may wish to just be given a slight hint. Others may wish to be told specifically what needs to be done at every step of the way. 人によっては, ちょっとしたヒントが欲しい程度かもしれない. あるいは, いちいち具体的にああしろこうしろと指示してもらいたい人もいるかもしれない. ◆We can help you through every step of your design at one of our many Design Centers around the world. 世界に数多くある弊社の設計センターのいずれかで, 私どもはお客様[貴社]の設計を一貫してお手伝いいたします. ◆Under HACCP, companies determine stages in production where contamination is likely to occur, find steps to prevent contamination and document that steps are being taken. ハサップ[危害分析重点管理制度, 総合衛生管理]のもとでは, 各企業は, 汚染の発生しやすい工程を特定し, 汚染防止処置[措置]を見つけ, 処置が取られている旨の記録を残す[措置の実施状況の記録を残す].

3 *a* 〜 踏み段, 段, 目盛り, 刻み, 音階 ◆(a) step height 段差 ◆be expandable in steps of 128K 〜は128キロバイト単位[ステップ]で拡張可能である ◆increase in steps of 5 volts 5ボルト刻み[ステップ]で上がる ◆measure in inches the depth of one tread (the flat part of a step) and the height of one riser (the perpendicular section) 一枚の段板[踏み板, 踏み面(フミヅラ)] (階段の段の平らな部分)の奥行きと蹴込み(垂直部分)の高さ[蹴上げ]をインチで測定する ◆The transformer puts out 3 to 9V in 1V steps. このトランスは, 3Vから9Vまで1V刻み[ステップ]で出力する.

4 a～《コンピュ》ステップ（*プログラムを構成する1つまたは1行分の命令）◆bypass the remaining steps in the loop 《コンピュ》ループ内の残りのステップをとばす［実行しない］
5 v. (歩を)進める，踏み込む，～を歩調である，～に段［ギザギザ］をつける；《コンピュ》(プログラム中の)一命令を実行する，一命令ずつ実行する ◆a stepped wave 階段波 ◆single stepping 《コンピュ》(プログラム)を1ステップ[1命令]ずつ実行すること ◆step across the bounds 範囲を超える ◆step on a pedal ペダルを踏む ◆trace and step through a program 《コンピュ》プログラムをたどって一ステップ[命令]ずつ実行する(*デバッグの話) ◆the time-stepping [timestepping] of numerical models 《気象》数値モデルの時間発展 ◆step into the new century armed with information technology 情報技術(IT)で武装して新世紀に足を踏み入れる ◆step the cursor to the cell （コンピュータ画面上の)カーソルをそのセルへ移動させる ◆It is time to step back and take a longer view. そろそろ後ろに引いて[距離をおいて]もっと長い目で見る時だ ◆Menus and prompts step you through these applications. (画面の)メニューとプロンプトが、これらのアプリケーション（の使い方)を、段階的に[手順を追って、逐次]案内してくれる。 ◆The simulator permits programmers to step through code on a line-by-line basis to track all internal and external conditions. このシミュレータでは、プログラマがすべての内部および外部状態を順次調べるために、コードを1行ずつ区切って実行していくことができる。 ◆... the button steps the display from elapsed time on the current track to remaining time on the current track, remaining time on the disc, and total playback time on the disc. そのボタンで、表示内容を「現在の曲の経過時間」→「現在の曲の残り時間」→「ディスクの残り時間」→「ディスクのトータル再生時間」へと順に切り換える。

**in step** ＜with＞ ～と歩調を合わせて、～に足並みをそろえて、～に合わせて、～とそろって、～に準じて[準拠して]～に沿って、～に調和して、～と一致して、～と同期して ◆in step with the clock 《コンピュ》クロックに合わせて；クロックと同期して ◆walk in step with her 彼女と足並み［歩調］を合わせて歩く；彼女に合わせて歩く ◆the variations are in step with the changes in amplitude of the sound signal これらの偏移は音声信号の振幅の変化に比例している ◆make minute changes to the audiotape speed to keep it exactly in step with the video オーディオテープ速度が常にビデオ画像と完璧に同期するようオーディオテープ速度を微調整する ◆The rise of the Internet has happened in step with the proliferation of personal computers. インターネットの隆盛は、パソコンの普及と共に［に伴って］起こった。

**out of step** ＜with＞ ～と足並みがそろわないで、～との歩調を乱して、調和を欠いて、同期が合わなくて、(～に)そぐわなくて、(～から)乖離(カイリ)して、遊離して、浮き上がって、ずれて ◆be out of step with the public 一般大衆から遊離して[乖離して、かけ離れて、浮き上がって]しまっている

**take [make] a step** 足を踏み出す、歩を進める、(比喩的に)一歩前進する；(→take steps) ◆take a giant step toward making that dream come true その夢の実現に向けて大きく一歩踏み出す[飛躍する、前進する] ◆... take a giant step forward in picture quality with the introduction of... ～の市場投入により画質面で大きな前進をする ◆Researchers at Bell Laboratories have taken a major step toward solving a crucial problem in optoelectronics. ベル研究所の研究員らは、オプトエレクトロニクスにおける極めて重要な問題の解決に向けて大きく一歩前進した。 ◆This product takes a big step in the right direction, but it still has plenty of room for improvement. この製品は正しい方向への大きな一歩であるが、まだ改善の余地は大いに残っている。

**take steps** 《ときにtake a stepの形も》方策・処置・施策を講じる、手を打つ、手段をとる、(一連の)手続き［手順、行動］をとる ◆take a wrong step 失策する［失敗］と犯す、失策する、措置［対策］を誤る、誤った施策を講じる[行う] ◆take remedial steps 改善策を取る；対応策を講ずる ◆take steps to do... [toward...-ing] ～するための処置［措置］を取る［講ずる］ ◆The following section explains what steps you need to take to create these programs. 次の節で、これらのプログラムを作るにはどのような手順を踏まなければならないかを説明します。

**step by step** 少しずつ着実に、一歩一歩、着々と、段階的に、逐次、逐一順を追って ◆in a step-by-step manner 段階を追って ◆lead [walk] a person through every function step by step 〈人〉に《各機能（の操作)について逐次手順を追って、段階ごとに》説明する ◆Each operation is described step by step. 各々の作業は、順［段階]を追って説明してあります。

**step down** 低下［減少］する［させる]、(等級、段階から)下がる［下げる］、辞職する、降りる ◆step down the voltage （主に変圧器で)電圧を下げる［降圧する、逓降する］

**step up** 増大［上昇］する［させる］、増加［逓昇］する、(等級、段階が)上げる［上げる］ ◆stepped-up efforts are needed to <do...> ～するために(より)いっそうの［(意訳)以前に増した、従来にも増した]取り組みが必要である；《意訳》～への取り組みの強化を要する ◆step up efforts to <do...> ～への取り組みを強化する ◆step up to more sophisticated equipment より高度な［高級な、高性能の]機器にグレードアップする ◆the company is stepping up development of... この会社は、～の開発を活発化させている；are stepping up their activities 彼らは活動を活発化させている；各社の活動に拍車がかかってきている ◆they step up requirements that health care providers monitor and improve the quality of care 彼らは、医療機関は医療の質を監視・向上すべきであるとの要求を強めている ◆Stepped-up airport security checks may be a pain in the neck, but they're a small price to pay for preventing a terror attack. 空港での保安検査の強化は不快の種ではあるが、テロ襲撃防止のための小さな代償である。

**step-and-repeat** adj. 《半導体製造用の縮小投影露光装置が》逐次移動式の ◆step-and-repeat equipment (= a stepper) 逐次移動露光装置、ステッパー(*写真縮小技術を使ってシリコン上に集積回路を逐次反復移動しながら焼き付ける)

**step-by-step** 一歩ずつの、段階的な、逐次の ◆step-by-step directions [instructions] 一つ一つずつ順を追って実行して行くことが求められている指示(= 手順) ◆a step-by-step plan 段階的計画

**step-down** adj. 降下［減少］させる、逓降の；a～ 降下［減少］＜in＞；a～ 退位、退陣＜from＞ ◆a step-down transformer 降圧［逓降］変圧器

**stepless** adj. 無段階の、無段式の ◆a stepless shifting system 《車》無段シフト［変速］装置

**steplessly** adv. 無段階［連続的］に、無断変速的に、無段調整［調節］で、連続可変的に ◆In the case of tractors with a steplessly variable transmission,... 無段変速トランスミッション［変速装置］搭載のトラクターの場合は、 ◆The air volume is steplessly adjustable between 50 and 100%. 風量は50%と100%の間で無段階［連続的]に調節可能です。 ◆The fast forward or rewind speed can be steplessly varied with the built-in shuttle control. 早送りあるいは高速巻き戻し速度は、内蔵のシャトルコントロールで無段階に変えられます［無段変速可能です、連続可変式です］。

**steppe** 《ロ》または ～s ステップ(*ロシアや中央アジアの樹木のない大草原地帯) ◆a steppe region 草原帯 ◆The space capsule landed softly on the steppes of Central Asia. 同宇宙カプセルは中欧アジアのステップ［大草原］に軟着陸した。

**stepper** a～ ステッパー、逐次移動露光装置(= step-and-repeat equipment 半導体製造用の縮小投影露光装置) ◆an optical stepper (= step-and-repeat equipment) （半導体製造用)光学ステッパー；逐次移動露光装置、縮小投影露光装置 ◆a stepper motor ステッパー・モーター

**stepping-stone** a～ 飛び石、踏み石；a～ (比喩的に)前進［進歩]のための手段［方法]、足掛かり［布石］ ◆he was given a plum role that was seen as a stepping-stone to promotion within the agency 彼には、同政府機関内での昇進への踏み台としてみられているおいしい職務が与えられたが(*a plum = ご褒美として与えられるすばらしいもの) ◆Have big plans... accomplish them in little steps. Goals are your stepping-stones to

**step-up** *adj.* 上昇[増大]させる, 〈変圧器が〉昇圧[逓昇]の, 逓増の; *a* ~ 上昇〈in〉 ◆a step-up in quality 品質向上 ◆a step-up transformer 昇圧トランス[変圧器]

**stepwise** *adj., adv.* 段階を追っての, 段階的な ◆by stepwise addition of... ～を徐々に加えることにより ◆stepwise refinement 段階的洗練(*ソフトウェアのシステム開発方法で, おおまかな部分から開発の進展につれ細部の詰めを行う) ◆coaxial cables requiring a step-wise strip (層ごとに)段をつけて[階段状に]被覆をむく必要がある同軸ケーブル ◆in order to observe the so-called Coulomb staircase, a stepwise increase of current 電流の段階的な増加をさす, いわゆるクーロン階段を観察するために

**stereo** *a* ～ ステレオ装置[システム]; ⓤステレオ音; *adj.* ステレオの ◆a car stereo カーステレオ ◆tapes recorded in stereo (sound) ステレオ録音されているテープ ◆a stereo-capable video disk player ステレオ対応ビデオディスクプレーヤー ◆a stereo-ready jack ステレオ対応ジャック

**stereomicroscope** *a* ～ (双眼)実体[立体]顕微鏡 Leaves were examined visually and under a stereomicroscope for the presence of fungal pathogens. 葉は, 病原糸状菌がないか目視および(双眼)実体顕微鏡[立体顕微鏡]下で調べられた.

**stereophonic** *adj.* 立体音響の, ステレオ式の ◆stereophonic reproduction 立体音響再生, ステレオ再生

**stereoscopic** *adj.* (映像が)立体的な, 立体視の, 立体鏡の, 実体— ◆a stereoscopic 3-D view 立体感のある3D図[画像]

**stereotype** *v.* (～の)ステロ版を作る, ステロ版で印刷する; 型にはめる, 定型化する, 色眼鏡で見る; *a* ～ 固定観念, 決まり文句, 定型, ステロ版 ◆a false stereotype that... ～であるといった間違った固定観念 ◆become stereotyped [routine] マンネリ化する; マンネリに陥る ◆destroy [break] stereotypes 固定観念を壊す ◆shatter [destroy] that stereotype その固定観念を打ち破る[打ち壊す] ◆women are still stereotyped as the weaker sex 女性は依然として弱者の性であるといった固定観念に捕らわれている ◆abandon [get rid of] stereotypes (順に)固定観念を捨てる[排除する] ◆promote stereotypes of Japanese as evil businessmen 日本人イコール悪徳ビジネスマンという固定観念を助長する ◆the stereotyped view of nursing as an exclusively women's job 介護をもっぱら女性の仕事であるという固定観念化した見方 ◆we are fighting a stereotype 私たちは固定観念と闘っている ◆stereotypes about male and female roles in the household and in society 家庭や社会における男女の役割についての固定観念 ◆to build self-confidence in black youths, who often are stereotyped as underachievers 劣等生という色眼鏡で見られることの多い黒人の若者に自信を持たせるために ◆He did not fit the stereotype of a rapist. 彼は(どう見ても)婦女暴行をするようなタイプには当てはまらなかった. ◆Women are stereotyped as being more prone than men to psychiatric disturbance. 女性は男性よりも精神医学的な障害を患いやすいと思い込まれている.

**sterile** *adj.* 実を結ばない, 種子のできない, 不稔(フネン)性の, 繁殖[生殖]不能の, 不妊の; 〈土地が〉やせた, 不毛の, 無菌の, 殺菌[滅菌]した; 〈議論などが〉不毛な, 実りのない, 内容の貧困な, 平板な, 無味乾燥な ◆sterile materials 無菌材料 ◆after sterile culture for 15 days 15日間無菌培養した上で

**sterilize** 滅菌[消毒, 殺菌]する ◆a sterilizing chamber 消毒[殺菌, 滅菌]タンク ◆sterilized food 殺菌してある[無菌]食品

**sterling** ⓤ英国の通貨[英貨], (英)法定純度(*金貨は50%, 銀貨は91.666%), スターリングシルバー[純銀], 純銀製品; *adj.* 英貨[英国ポンド]の(*例: 英10ポンドは £10stg.と書く), 純銀の, 本物の, 信頼できる ◆sterling silver スターリングシルバー; 純銀(*銀の含有率92.5%以上のもの) ◆a few hundred pounds sterling 英貨数百ポンド, 数百英国ポンド ◆his sterling performance in the preseason プレシーズン(開幕前のオープン戦)での彼の優秀な[すばらしい]成績

**stern** *adj.* 厳格な, 厳しい, 厳重な, 手厳しい, 過酷[苛酷]な, 断固たる, (口調などが)きっとした; (面持ちが)厳しい, 険しい, こわい, いかめしい, きつい, 峻厳(シュンゲン)な ◆a stern-faced prosecutor 険しい[厳しい, いかめしい]表情の検察官 ◆take stern measures against... ～に対して断固たる[厳重な, 強硬]措置をとる[講ずる]

**steroid** *a* ～ ステロイド, 《特に》筋肉増強剤(= an anabolic steroid)

**stevedore** *a* ～ 港で船の貨物積卸作業をする労働者, 港湾労働者, 仲仕(*船内労働者の沖仲仕と沿岸労働者の浜仲仕を総称して) ◆a stevedoring firm [company] 港湾荷役会社に perform stevedoring services 港湾荷役業務を行う(*貨物の積み降ろし作業をする) ◆stevedores labored to unload up to 50 ships a day 港湾労働者[仲仕]たちは, (最高)1日50隻までの船揚げ[荷揚げ]作業をこなした

**Stevens-Johnson** ◆Stevens-Johnson syndrome スティーブンス・ジョンソン症候群(*かぜ薬, 抗生物質, 解熱剤などの副作用で重い皮膚障害が現れて, 時には死に至る. ライエル症候群 Lyell's syndrome とも)

**stewardess** *a* ～ 《古》スチュワーデス ◆Stewardesses are called "flight [cabin] attendants." スチュワーデスは「フライト[客室]乗務員」と呼ばれる. (▶現在では「スチュワーデス」は失礼な呼称とされ, 後者の性差のない呼び方が好まれる)

**stewardship** ⓤ管理, 監督, 監視, 切り盛り, 采配, 指揮, 経営, 運営, 世話; ⓤ執事の職[職務] ◆nuclear stockpile stewardship 核の備蓄管理

**stick** 1 *a* ～ 枝, つえ, 棒, スティック ◆a glue stick スティック糊; 口紅タイプの糊
2 *vt.* ～を突き刺す, 差し込む[突っ込む], 貼る[くっつける]<on, to>, 動けなくさせる, ～に押しつける; *vi.* 刺さる, 突き出る<out>, くっつく[はりつく]<to, on>, (はまって)動かなくなる[つっかえる] ◆stick it on [to]... ～にそれを(接着剤で)貼り付ける ◆prevent it from sticking to... ～にそれがくっつかないようにする ◆stick out one's tongue 舌[べろ]を出す ◆stick up a poster ポスターを貼る ◆water sticks to hydrophilic substances 水は親水性の物質に付着する ◆sticking points in negotiations [talks] 交渉を行き詰まらせている争点[問題点, 障害]; 話し合いを膠着状態に陥らせている引っかかり ◆to avoid foods from sticking together 食品が互いにくっついてしまうのを避けるために ◆ask if the participants have favorite commercial jingles that stick in their minds 参加者に, 頭の中にこびりついて離れない好きなコマーシャルソングとか宣伝文句[キャッチフレーズ]があるかを聞く ◆if any pieces of the old gasket are stuck to the mounting surface 古いガスケットのかけら[かす]が取付け面にこびりついているようなら ◆If you are stuck in a situation right now that you would like to change,... (あなたが)現在はまり込んでいる[陥っている, 行き詰まっている]状況を変えたいなら ◆When a gun is stuck in the back of your head,... 銃が(君の)後頭部に押し当て[突き付け]られた場合 ◆when you're stuck for just the right idea まさにこれだというアイデアが浮かばず行き詰まった[窮した]時に ◆Clean the blade after each use so food does not stick. 食材がこびりついてしまわないよう, ブレードは使ったら毎回きれいにしてください. ◆If the gas pedal sticks, shift to neutral (de-clutch). もしアクセルが突っかかったら, ニュートラルに入れる(クラッチを外す)こと. ◆Solder will not stick to the chrome-plated tips. はんだは, クロムめっきされている先端部にはくっつきません. ◆The car sticks to the pavement reasonably well. この車は, かなりロードホールディングがいい. ◆In corners, the car feels like as if it is sticking like magic. コーナーでは, この車はまるで魔法でも使ったかのように(路面に)吸いつく[へばりつく]といった感じだ. (*ロードホールディングがいいということ) ◆This name has been adopted by a single manufacturer, not a standards group, and may not stick. この名称は, 標準化団体ではなくある1メーカーによって採用されたものであり, 定着しないかもしれない.

**3** n. (a) ～ 粘着性[力], 粘着, こう着, 粘着物質; a～（一時）停止, 立ち往生; a～ひと突き[刺し] ◆if you want more stick 《車》もしもっと粘着摩擦力が欲しいのであれば; 路面密着性・追従性を更に高めたいのなら; 接地性の向上を望むなら ◆a nonstick saucepan こびりつかないソース鍋 ◆a no-stick Teflon tip こびりつかないテフロンびきの先端部 ◆anti-stick properties くっつきにくい[くっつかない]性質

**stick to** ～に固執[執着]する, ～を最後までやり遂げる, ～を守る, ～にくっつく ◆When you buy video cassette tapes, it's best to stick to name brands. ビデオカセットテープを買う時は, 必ず有名ブランドにする[有名ブランドにこだわる]のが一番です。 ◆Mr. Kim Jong-il urged his people to stick to the policy of his father, Kim Il-sung, a Stalinist Communist who founded and ruled North Korea for 46 years until his death in July 1994. 金正日氏は, 彼の父親でありました北朝鮮を建国して1994年7月に没するまで46年間にわたって統治したスターリン的共産主義者である金日成の政策を踏襲するよう国民に対して強く訴えた。

**sticker** a～ ステッカー, （貼る）シール[ラベル]（→ label） ◆a peel-off sticker （台紙からはがして貼る）粘着シール ◆the vehicle bears a current, passing inspection sticker （意訳）この車両には, 現在有効な車検合格ステッカーが貼ってある

**stick figure, stick drawing** a～ 棒線画（*人や動物の姿格好を, 円や直線を組み合わせた程度の単純な絵で表したもの）

**stickiness** 回粘着性[度] ◆scrub away stickiness ねばつき[べた付き]をこすり落とす

**stick-on** adj. のり付きの, 裏に接着剤の付いた, 粘着-, 貼り付け用の

**stick-to-itive** adj. 粘り強い, 根気強い, がんばり屋の ◆a stick-to-itive person 頑張り[粘り, 根気, 辛抱, 我慢, 忍耐]強い人, 執着力のある人 ◆one's stick-to-itive nature 頑張り[粘り, 根気, 辛抱, 我慢, 忍耐]強さ

**stick-to-itiveness** 回（米口）頑張り[粘り, 根気, 辛抱, 我慢, 忍耐]強さ, 執着性, 執着力 ◆He praises her stick-to-itiveness. 彼は彼女の頑張り[粘り, 根気, 辛抱, 我慢, 忍耐]強さ]を賞賛している。

**sticky** adj. 粘着性の, ねばねばする, べたべたくっつく, 蒸し暑い ◆a stickier compound 粘り気がもっと強い[粘着性のより高い]配合ゴム ◆sticky tires 粘着性の高いタイヤ

**stiff** adj. 堅い, 硬直した, （動きが）滑らかでない, 堅苦しい, 四角四面な, 断固とした, 難しい ◆a stiff-arm salute 腕をピンとまっすぐに伸ばした（ナチスドイツ式の）敬礼 ◆he developed[got] a stiff neck 彼は首が凝った ◆The car is stiff-legged. この車の足回りは堅い。（*サスペンションが堅い） ◆As the disease progresses, the muscles become stiff and the face loses all expression. この病気が進行すると, 筋肉はこわばり顔面は全くの無表情になる。 ◆When new chains are first installed, they are still stiff and may loosen after a short break-in period. 新しいチェーンが初めて取り付けられるときは, まだ（張りが）堅く, 慣らし運転期間の後に緩んでくることもある。

**stiffen** v. 堅くなる[する], 硬化[剛化]する, （固く）こわばる, 補強する, 堅苦しくなる[する] ◆stiffening ribs 補強リブ ◆anti-crime legislation stiffened penalties for a host of crimes 犯罪防止法では, 多くの犯罪に対する刑罰が強化された[犯罪の処分が厳罰化された] ◆his shoulders [right shoulder] stiffened 彼の肩が凝った[右肩が（固く）こわばった] ◆The suspension system remains supple over small irregularities and automatically stiffens for genuine bumps and potholes. このサスペンションシステムは, 小さなでこぼこの乗り越しではしなやかさを維持し, 本物の隆起や窪みに対しては自動的に堅くなる。

**stiffness** 剛性, 剛直性, こわさ, スチフネス ◆improve stiffness 剛性[スチフネス]を上げる ◆increase the stiffness of a vehicle 車両のスチフネスを増す[剛性を高める] ◆possess high stiffness 高い剛性を持っている ◆to ensure adequate stiffness 十分な剛性を確保するために ◆They are honeycomb shaped in order to achieve light weight and high stiffness. それらは軽量化および高剛性化を実現する[果たす]ためにハニカム形状になっている。

**stifle** v. 窒息する[させる], 抑えつける ◆stifle originality 独創性を殺す

**still** **1** adv. まだ, なお, 依然として, いまだに, それでもなお, やはり, 引き続き, 相変わらず, 今までどおり, 今もなお, でもまだ, いまだに, にもかかわらず, さらに, いっそう ◆a still-unnamed new park いまだ[まだ, 今になっても]名前の付いていない新しい公園 ◆still lower さらに低い ◆tensions heightened still further 緊張はなおいっそう高まった ◆a still-unresolved lawsuit 依然として解決してない訴訟事件 ◆before still more serious damage is done 一段と大きな被害をこうむる前に; もっとひどいダメージを受けないうちに ◆It may still be a few years before... ～までにはあと数年かかるだろう。 ◆purchase new equipment and technology for still more productivity gains 更なる[いっそうの]生産性の向上を目指して新しい機器や技術を購入する ◆It still has plenty of potential. それは, まだまだ大きな可能性を秘めている。

**2** adj. 静止している, 静かな, 穏やかな; n. a～ スチール写真 ◆a still-frame video image 静止ビデオ画像 ◆Picasso's cubist still lifes ピカソの立体派静物画 ◆when a mobile unit is standing still 移動体が静止している時に ◆when the car is standing still 車が止まっているときに ◆Time has stood still for... 時の流れは～では止まってしまっている[～には進歩が見られない] ◆No matter how automatic the camera, it won't provide sharp pictures unless the camera is held still. どんなにカメラが自動化されていようとも, カメラを（ぶれないよう）静止させて保持しない限りシャープな写真は撮れない。

**stillness** 回静けさ, 静寂（セイジャク, シジマ）, 静謐（セイヒツ）（tranquillity）, 静止（motionlessness）, 沈黙 ◆break the stillness of the night 夜の静けさ[静寂]を破る

**still-video camera** a～ 電子スチルカメラ, スチルビデオカメラ

**stimulant** a～ 興奮剤,《場合によっては》覚醒剤, 興奮を催させるもの（*酒やコーヒーなど）, 刺激, 激励, 誘因; adj. 興奮[刺激]性の, 激励[鼓舞]する

**stimulate** v. 刺激する, 活気づける ◆... have a stimulating influence on... （直訳）～に刺激的な影響を与える;（意訳）～にとっていい刺激になる ◆stimulate melanin production メラニンの産生を促進する ◆stimulate the economy 経済[景気]を刺激する ◆light amplification by stimulated emission of radiation 電磁波の誘導放出による光の増幅（*レーザー laser は, この表現の頭字語である） ◆stimulate job creation through tax incentives 租税の優遇措置を通して雇用の創出を促す

**stimulus** a～(pl. stimuli)(～～)の刺激〈to〉 ◆receive a stimulus from 彼から刺激を受ける, 彼に触発される

**sting** v. （針で）刺す, ヒリヒリ[チクチク, ピリピリ]させる[痛む]; a～ （動物の）毒牙[針], 〈植物の〉とげ, 刺すような痛み ◆a sting operation おとり捜査（*犯行の実行をそそのかす手法を用いるタイプの捜査） ◆during a 10-month sting 10カ月にわたるおとり捜査の間に ◆The air stings the eyes. その空気は, 目に刺すような痛みを与える[目をピリピリ刺激する]。

**stingy** adj. けちな, せこい, しみったれた, みみっちい, 締まり屋の, 金離れの悪い, 物惜しみ[出し惜しみ]する; わずかな, 少ない ◆a gas-stingy car ガソリンをけちけち使う[ガソリン消費を節約する, 燃費抜群の]クルマ ◆a stingy man named Scrooge スクルージという名のけちな男[けちん坊, せこい奴, 吝嗇家（リンショクカ）] ◆become [get] stingy with... ～をケチる[出し惜しむ, 物惜しみする, 出し惜しみする, しみったれる]ようになる ◆many banks are causing a credit crunch by being overly stingy in granting loans 多くの銀行が過度の貸し渋りによりクレジットクランチを引き起こしている ◆Xxx fits on one floppy disk and requires less than 1MB of hard disk storage. The software is also stingy in its memory requirements, using less than 300KB of RAM. Xxx（*ソフト名）はフロッピー1枚に収まり, 必要ハードディスク容量は1MBもしない。

このソフトはまた、必要メモリーも少なく[《(意訳)》メモリー節約型で]、RAMを300KBしか使用しない。

**stipulate** v. 規定[明記, 明文化]する, 約定[契約]する ◆it is now stipulated that... 今日では～と規定されて[定められて]いる; 現在～と明記[要求]されている ◆within a stipulated period (usually 60 days) 定められた[所定の]期間(通常60日)以内に ◆the upper limit stipulated by law 法律により規定されているこの上限 ◆The basic rule will stipulate that... 基本規則は～ということを規定することになるだろう。

**stipulation** (a)～ 規定, 約定, 条項, 条件 ◆on [under, with] the stipulation that... ～という条件で ◆nonfulfillment of these stipulations これらの規定の不履行

**stir** 1 v. かき回す, 撹拌(カクハン)する, (人の)〈感情〉をかきたてる[あおる]て ◆a beverage stirring stick 飲み物をかき混ぜる棒; マドラー ◆stir constantly until chocolate is thoroughly [completely] melted チョコレートが完全に溶けるまでかき回す ◆stir the water in the kettle with a spoon やかんの中の水をスプーンで掻き回す[撹拌する] ◆stir up fears 恐怖をかき立てる ◆Cook all together (except nuts) over slow fire (about 30 minutes) stirring constantly. Burns easily if not kept stirred. 全部一緒に(ナッツ以外)とろ火で(約30分)常にかき回しながら煮ます。撹拌され続けて[《(意訳)》ずっとかき混ぜて]いないと簡単に焦げてしまいます。
2 a～ 撹拌[動かすこと], 大さわぎ[評判, 興奮, 動揺]

**stirrer** a～ スターラー, 撹拌装置, 掻き混ぜ機; a～ 活動家; a～ (口)騒ぎを起こす人, 扇動者 ◆a variable speed stirrer 速度可変[変速]式撹拌機

**stitch** a～ ひと針, ひと縫い, ひと編み; (a)～ 縫い方; v. 縫う, とじる, かがる

**STN** (supertwist nematic) 《液晶》スーパーツイスト・ネマチック

**stock** 1 (a)～ 貯蔵, 在庫, 備蓄, 仕入れ品, 常備品, 資源, 資産, スープ用のだし, 原料, 紙[用紙], 手持ちのもの, 特別に調達しなくてもある[普通の, 一般の]もの (→ 子見出し out of stock) ◆be out of stock 在庫切れ[品切れ, 売り切れ]である ◆stock control 在庫管理 ◆90 lb. stock or heavier 90ポンド以上の(厚み等級)のストック用紙 ◆high quality raw stock 高品質の原料 ◆in stock for immediate delivery 即納できるよう在庫してある ◆merchandise carried in stock 在庫(＊merchandiseは不可算) ◆supplies are ample and stocks are building 供給は潤沢でストック[在庫]は積み上がりを続けている ◆according to U.S. and Canadian fishery stock assessments 米国とカナダの水産資源評価[調査]結果によると ◆a remote-access stock-control system 遠隔アクセス在庫(品)管理システム ◆load stock in the paper tray 用紙を用紙トレーにセットする ◆obtain total costs of the stock you have on hand 手持ちの[《(意訳)》現在の]在庫の総額を求める ◆replenish the store's sold-out stocks その店の品切れの在庫を補充する ◆select one's purchases from a stock of 11,000 items 11,000点に上る在庫の中から購入する ◆dealers are already in cut-throat competition to sell stock on hand 販売業者は, 手持ち在庫をさばこうと, すでに熾烈な競争をしている ◆The titles below are normal stock items and can usually be sent by return of post. 以下のタイトル[作品]は常備品ですので, 通常は郵便で折り返し発送できます。 ◆This offer is limited to stock on hand, so hurry before they're gone! この提供は現在の在庫分に限らせていただきますのでないうちにお急ぎ下さい。 ◆Last year's interest-rate incentives trimmed stocks of the models. 昨年の(クレジット)利率(を下げること)による購買意欲刺激策で, それらの車種の在庫は減った。 ◆The lists of new accessions to the Library's stock are now available on the website. 当図書館の蔵書に加わった新着図書のリストは, 今ではホームページでご覧いただけます。
2 (a)～ 株, 株式, 株券, 債券, 国債, 公債, 負債; 回評価品, 人気, お株; a～ (接ぎ木の)親木[台木], 親株; (a)～ 家系, 血統, 家柄; 回家畜 ◆a listed [an unlisted] stock 上場[非上場]株 ◆a not-yet-listed stock 未公開株 ◆a stock certificate (米)株券(＊英国では a share certificate) ◆a stock price (米)株価 ◆stock manipulation 株価[株式]操作 ◆stock market conditions; the tone of the stock market 株式市況 ◆stock-price collapse 株価の暴落 ◆stocks remain at high levels 株が高値を保つ; 高値(安定)で推移する ◆the Standard & Poor's 500 stock index; the Standard & Poor's 500 average; the S&P 500 SP五百種総合株価指数 ◆an employee stock-ownership plan 従業員[社員]持ち株制度 ◆12,000 prelisted shares of Recruit Cosmos リクルートコスモス社の未公開株12,000株 ◆a public stock offering to raise funds 資金を調達するための株式公募 ◆he is of northern European stock [Northern European descent] 彼は北部ヨーロッパ系である (＊ドイツも含む) ◆if the stock market climate improves significantly 株式市況が大幅に改善すれば ◆about two-thirds of the population consists of Caucasoid stocks 人口の約2/3は白色人種系で占められている ◆Then your gaze falls on the instrument panel, and the car's stock drops. それからこのインパネに目を移すと, (そのお粗末なできに)この車の株[評価]が下がる。 ◆Recombining the discreet elements of the basic stock, the engineering team has come up with everything from luxury sedans to sports coupes. 基本原型の個々の要素を組み合わせなおして, この技術チームはラクシャリーセダンからスポーツクーペまで一切がっさい開発してしまった。
3 vt., vi. 仕入れる, 買い込む, 買いだめする, 蓄える, 供給する ◆items you stock regularly (あなたが)常備しておく品 ◆a garage stocked with various kinds of accouterments いろいろな種類の装着品がストックして[蓄えて]あるガレージ ◆the best-stocked store for miles around 近隣で品揃え[在庫]の一番豊富な店 ◆stock up on salt, sand and snowplows in preparation for winter 冬支度のために塩, 砂, 除雪車を大量にストックする[蓄える, 用意する] ◆Stock up on high-priced items like cereal and aluminum foil when they're on sale. シリアルやアルミホイルのような値段の高い品は, 特売の時にまとめて買い込んで[買いだめして]おくこと。

**out of stock** 在庫切れ[品切れ]で ◆out-of-stock items 在庫切れになっている品 ◆if we are out of stock on your selection お選びの品[品々]が品切れでしたら ◆Last Christmas season, the market even ran out of stock! 去年のクリスマスシーズンには, 市場の[品]在庫までさえも出払ってしまった。 ◆"Out of stock sir," came back the reply. 「お客様, 在庫はございません」という返答が返ってきた。 ◆"We are out of stock and Powertek not responding quickly to anyone's orders," said the salesman. 「弊社で在庫切れになっております。 パワーテック社はどこからの注文にでも対応が遅いんですよ」と販売員は言った。

**stock car** a～ 市販の乗用車をレース用に改造した車 (= a stocker), 《鉄道》家畜運搬用の貨車

**stock exchange** a～ 《(通例 the ～)》証券[株式]取引所 (＊欧州では a bourse), 株式売買 ◆on the New York Stock Exchange ニューヨークの証券取引所[市場]で (＊経済用語辞典も含めて各社の辞書には「ニューヨーク株式取引所」として載っているが, 実際には「ニューヨーク証券取引所」の方がよく使われている)

**stockholder** a～ 株主

**stockkeeper** a～ 在庫管理担当者, 倉庫[貯蔵品, 在庫品]係; a～ 家畜の世話をする人[飼育者], 牧夫, 牧童

**stock market** a～ 《(通例 the ～)》株式市場, 証券市場, 株式市況, 株式相場, 《(意訳)》株価, 株式取引所, 株式取引 ◆a stock-market crash 株式市場の大暴落 ◆stock market manipulation 株式相場[株式市場]の操縦[操作] ◆stock-market analysis 株式分析 ◆a plunge in the stock market 株式市場の急激な落ち込み; 相場の急落

**stock of trade** (= stock-in-trade) 販売業者が販売目的で在庫している商品, 流通在庫; (仕事をするための)商売道具

**stock option** a～ (= an incentive stock option) ストックオプション, 自社株買入れ選択権 (＊会社役員などが自社株を安く購入し市場価格で売却できる権利のこと) ◆make a killing by exercising stock options ストックオプションを行使して大儲けする

**stockpile** a ～ 備蓄, 貯蔵, 在庫, 蓄積, 積み上がり, 山積み; a ～ 備蓄[貯蔵, 在庫]した品; a ～ 備蓄[貯蔵, 蓄積, 在庫]量; vt. ～をstockpileする ◆avert stockpiles of unsold goods 売れ残り在庫の積み上がりを防ぐ ◆stockpile a year's supply of oil 1年分の供給量の石油を備蓄する ◆stockpile weapons [food] 武器[食糧]を大量に備蓄する ◆try to work down one's stockpiles of unsold goods 売れ残り品の在庫減らしをしようとする[在庫圧縮を図る] ◆1 million tons of sugar are stockpiled 百万トンの砂糖が備蓄されている ◆dip into an emergency petroleum stockpile 非常用[緊急用]石油備蓄を取り崩す ◆have significant stockpiles of oil set aside for emergencies 非常時に備えかなり大量の石油を備蓄して持っている ◆To reduce their stockpiles, retailers had to cut back on prices and offer discounts. 在庫減らし[在庫圧縮]のために、小売業者らは値下げをしたり特別価格を提示しなければならなかった。 ◆Many Taiwan semiconductor firms have forecast that a sales slump which began late in 2000 will bottom out in the second quarter, after customers digest a mountain of stockpiles. 多くの台湾の半導体企業は、2000年遅くに始まった販売の不振について、顧客が在庫の山[積み上がり]を消化した後の第2四半期に底を打つものと予測している。

**stodgy** adj. 〈食べ物〉がこってりした, いっぱい詰まった, やぼったい, ずんぐりした

**stomach** a ～ 胃, 胃袋, 腹; the ～ 食欲 ◆lie heavy on a person's stomach 〈食べ物が〉〈人〉の胃にもたれる ◆lie heavy on the stomach ～は胃に重い[もたれる] ◆stomach [gastric] contents; the contents of the stomach 胃の内容物; 胃内容 ◆Babies put to sleep on their stomachs or on their sides have an increased risk of SIDS. うつぶせまたは横向きで寝かされる赤ちゃんは、SIDS[乳幼児突然死症候群]の危険が高い。 ◆Moving gives me a stomach ache. 引っ越しのことで、胃が痛む。 ◆she is having stomach problems and has to stay away from greasy foods 彼女はお胃の具合[調子]が悪くて[お腹を壊していて]脂っこい食べ物は避けないといけない ◆Having the symptoms of stomach ulcers and not being treated increases your chances of getting stomach cancer. 胃潰瘍の症状があって治療を受けないと、胃癌になる可能性が大きくなる。 ◆To prevent stomach upsets, find a well-balanced, dry pet food and stick with it, using a nutritious, canned food for variety. お腹を壊さないようにするために、バランスの良い乾燥ペットフードを探してそれを常用してください。そして、栄養価に富んだ缶詰をバラエティーを広げるために使いましょう。

**stone** a ～ 石, 小石, 砥石, 宝石, (梅などの硬い)種[種子, 核], 回石材, 岩 ◆a cathedral in stone 石造りの大聖堂 ◆a stone implement used for grinding grain or other material 穀物やその他のものを細かいか砕くのに使用された石器 ◆Hooligans overturned and burned cars, looted shops and pelted the police with stones and bottles. フーリガン[《意訳》暴徒と化した(サッカーの)ごろつきファン]は車をひっくり返し火を放ち, 商店を略奪し、警官に向かって投石したりびんを投げつけた。 ◆According to Xxx, the foundation stone for the facility was laid last month and construction should be finished by the end of the year, ready for occupation early in 1999. Xxxによると、同施設の定礎は先月行われており、建設は年末までに終了し1999年早々にはそこに入れるようになるとのことである。

**stop** 1 v. 止める[止まる], やめる, 中止, 中断, 停止, 休止[する], 阻止する, 待ったをかける, ふさぐ[詰まる], 立ち止まる, たたずむ, とどまる ◆correct stopping positions 適正な停止位置 ◆stop at all stations 各駅停車する ◆stop it getting damaged それが傷を受けるのを防止する ◆stop the growth of some cancer cells 一部の癌細胞の増殖を阻止する ◆stop the motor そのモーターを停止させる ◆stop up a hole [gap] 穴[隙間]をふさぐ ◆without stopping 止まらずに; 一時停止せずに; 中断せずに; 一気に; ぶっ通しで[どこにも]立ち寄らないで; 寄港しないで; 直航(便)で ◆a command to stop underlining 《ワープロ》下線を終了させる[下線の終点を指定する]コマンド ◆cause the conveyor belt to stop ベルトコンベアを停止させる ◆stop the building of nuclear power plants 原子力発電所の建設を止める ◆stop the tape for a brief period of time テープを短時間一時停止させる ◆stop the transfer of technology 技術移転[転移]にストップをかける ◆Electronic communication to and from... stopped dead. ～との間の電気通信の送受信[交信]が途絶えた ◆stop shipments pending receipt of specific instructions from the department その部門から具体的な指示を受け取るまで出荷停止にしておく ◆stop your swaying subjects in their tracks with a reasonably fast shutter speed 《写真》揺れ動いている被写体を、動きの途中でかなり速いシャッタースピードで静止させる[ぶれないで静止しているさまに撮影する] ◆He bowled 20 games without stopping. 彼は、20ゲームを休みなしで[連続して]投げた。 ◆Slide the seat all the way back until it stops. 座席をいっぱい後方に、行き止まるところまでずらしてください。 ◆They do not stop to think about what they are about to do, they do not select the best alternative, and they do the first thing that comes to mind. 彼らは、やろうとしていることについて立ち止まって[じっくり]考えたり最善の選択肢を選んだりすることなく、真っ先に頭に浮かんだことをやってしまう。

2 a ～ 停止, 中止, 終わり, 妨げ, 阻止, 防止, 止め(具), 栓, 停車場 ◆a stop band 《電子》(フィルターなどの)阻止帯(= a rejection band) ◆make a stop (一時)停止[停車]する; 止まる; 一休みする; 立ち寄る ◆a bus stop バスの停留所, バス停 ◆a bath 《写真》現像停止浴[液] ◆a stop sign 一時停止標識 ◆a temporary stop 一時停止 ◆at a stop line (道路などの)停止線で ◆bring the car to a full stop 車を完全に停止させる ◆come to a full [complete] stop 完全に(一時)停止する ◆make a stop at a store 店に立ち寄る ◆repeated hard down-hill stops 下り坂でのたびたびの急停止 ◆the motor comes to a stop 電動機が停止する ◆without stopping 止まらずに ◆2-stop push processing 《写真》2絞り分の増感(現像)処理 ◆a quick-stop shop さっと立ち寄れる店 ◆a total exposure latitude of five stops 《写真》(フィルムの)5絞りの総合露出ラチチュード[寛容度] ◆put a stop to the enactment of this legislation この法律の制定に待ったをかける ◆the first stop scheduled on his itinerary was Morocco 彼の旅行日程の最初の立ち寄り先[訪問先, 目的地]はモロッコであった ◆the train pulled to a stop 列車は停止した ◆if the meter senses that the centered subject is at least one stop darker than its surroundings 露出計が、中央の被写体が周囲よりも少なくとも1絞り分暗いと読み取った場合は ◆Set the stop time of the recording. 録画[録音]終了時刻を設定してください。 ◆Always wait until the blade comes to a complete stop before removing the cover. ふたを取り外す前に、必ずブレードが完全に停止するまで待ってください。 ◆The same procedure is followed in setting the recording stop time. 録画終了時刻を設定するのにも同様の手順をとります。 ◆A flashing red light means you must bring your vehicle to a stop and proceed only when it is safe to do so. 点滅している赤色の燈火[赤いランプの明滅]はあなたの車両を一時停止させ、安全を確認したら進行してもよいということを意味している。

**stop down** 〈レンズ〉の絞りを絞る ◆SLRs with match-needle, stop-down metering 追針式絞り込み測光一眼レフ

**stop off** vi. (途中で)(～に)立ち寄る[途中下車する]<at, in> ◆stopping-off sites (渡り鳥などの)立ち寄り先

**stopgap, stop-gap** a ～ 間に合わせ, 臨時の人[もの], 代理; adj. 間に合わせの, 当座[その場, 急場]しのぎの, 応急の, 急ごしらえの, 付け焼き刃の, 弥縫策(ビホウサク)的な, 姑息な ◆a stop-gap measure 当座しのぎの処置[応急策, 弥縫策], 姑息な手段 ◆a stopgap solution to a worsening traffic problem 悪化する一方の交通問題に対する一時しのぎ的な解決策 ◆operate on stopgap funding つなぎ資金で運営する ◆secure a $10 million stopgap loan from... ～から1,000万ドルのつなぎ融資を取り付ける ◆For the past four years, most of the measures taken have been stopgap. ここ4年間というもの、講じられた対策のほとんどが一時しのぎ的なものだった。

**stop-gap** ◆use... as a stop-gap until... ～を～までその場しのぎのつなぎとして使う

**stop motion, stop-motion** ①ストップモーション ◆replay...in stop-motion ～をストップモーションで再生する

**stopover** a～ 立ち寄り, 途中下車 [下船], 短期滞在, 立ち寄り先 ◆They made a stopover at San Francisco International Airport while on a trip from Moscow to Seattle. 彼らは, モスクワからシアトルに行く途中, サンフランシスコ国際空港で一時 [途中] 降機した.

**stoppage** (a)～ 停止, 作業の休止, 操業停止, ストライキ, 支払い停止, 閉塞, 障害, 支障, 故障 ◆at the time of occurrence of a strike or work stoppage ストライキあるいは作業操業の発生時に ◆despite a one-month work stoppage at the producer の製造業者のところで作業が1カ月間止まっていたにもかかわらず ◆in order to prevent work stoppages because of a lack of spare parts スペアパーツが足りないせいで作業が止まることのないように

**stopper** a～ ストッパー, 栓, 止め具; v. ～にストッパーを付ける ◆a cork stopper コルク栓 ◆a rubber stopper ゴム栓

**stopping** n. stopすること; adj. 停止 [中止, 休止] の, 《電》駐車中の ◆a stopping capacitor (= a coupling capacitor) 《電子》直流阻止 [交流結合] コンデンサ (*増幅段と増幅段の間に入れられる) ◆(a) stopping distance 《車》停止距離

**stop valve** ～ ストップバルブ, ストップ弁, 止め弁, 塞止 (ソクシ) 弁

**stop word, stopword** a～ 《コンピュ》ストップワード (*テキストデータで検索用のインデックスを付ける際, キーワードとしない語. つまり, 検索できない語. a, an, and, is, of, or, the 等)

**storage** (a)～ 貯蔵 [保管, 収納] (庫 [場所, 量]); 《電子》①蓄積, 《コンピュ》記憶, 保存, 記憶容量, 記憶領域 (= memory) ◆be in storage 保管 [保存] されている ◆during storage 保管 [貯蔵] 中に ◆put...into storage ～を入庫 [蔵入れ] する ◆take...out of storage ～を出庫 [蔵出し] する ◆a $20 storage fee 20ドルの保管料 ◆a storage element [cell] 記憶要素 [素子] (= 記憶装置の最小記憶単位) ◆a storage oscilloscope 蓄積オシロスコープ ◆a storage tank 貯蔵タンク; 打槽 ◆a storage tube 《電子》蓄積管 ◆a storage-type camera tube 蓄積型撮像管 (= an iconoscope) ◆main [internal] storage 主 [内部] 記憶 (装置) ◆storage capacity 収納容量, 《コンピュ》記憶容量 ◆storage life 貯蔵寿命 ◆storage space 貯蔵空間, 収納スペース, 収納容量, 《コンピュ》記憶空間, 記憶容量 ◆an auxiliary storage device 《コンピュ》補助記憶装置 ◆a liquid oxygen storage facility 液体酸素貯蔵施設 ◆a parts storage cabinet 部品収納キャビネット ◆an aircraft parts storage facility 航空機部品保管施設 ◆after a period of storage 一定の貯蔵期間が経過した後で ◆consume the available storage space 《コンピュ》記憶空き容量を消費する ◆for permanent archival storage 《情報を》永久的に保管 [保存] しておくために ◆mass storage on laptops ラップトップ (コンピュータ) の大容量記憶装置 ◆Storage Temperature: -65 to 85 degrees C 保存温度: -65～85°C (*電子機器の仕様書について) ◆the accurate monitoring of food storage temperatures 食品貯蔵温度の正確な監視 ◆the storage of perishables 生鮮食料品の貯蔵 ◆a bag for the storage of laundry 洗濯物を入れておく袋 ◆store in a cool, dry, dark place 乾燥した冷暗所にての貯蔵 [保管] ◆760 megabytes of unformatted storage アンフォーマット時で760メガバイトの記憶容量 ◆a box with 1296 cubic inches of storage space 1296立方インチの収納容量 [容積] の箱 ◆allocate storage space to files 《コンピュ》記憶空間をファイルに割り当てる ◆protect the contents from dust during storage 保存中に内容物をほこりから保護する ◆the amount of storage available on the disk このディスクの空き記憶容量 ◆the RAM card technology for mass storage on laptops ラップトップコンピュータの大容量記憶用のRAMカード技術 ◆the storage of text and numerical data 文字データと数値データの記憶 [保存] ◆temporary storage for seized vehicles, trucks and so on 押収した車両や貨物などの一時保管場所

**store** 1 a～ 《米》店 [商店], 店舗, ストア, 《英》百貨店 [大型店], 《米栄》倉庫; ①貯蔵, たくわえ; 《コンピュ》《英》記憶装置 ◆hit stores [store shelves] (商品, 流行など) が店に届く, 店に出回り始める; 店に入荷する; 店頭に出る [並ぶ]; 発売開始される ◆military stores 軍需品, 酒保 (シュホ) (軍事基地・駐留地・駐屯地などの店) (*=post exchanges) (の複数形) ◆a retail clothing store 衣料品小売店 ◆be in stores now 〈品物は〉(店頭) 発売中です ◆store-bought things 店で買った品々 ◆the game is due in stores here by the end of the month 《意訳》このゲームは月末までに当地の各店に入荷する予定です ◆It will be in stores soon. それは, まもなく店頭に並ぶ予定である [ちかぢか発売の運びである]. ◆Loss Leaders are used to attract [draw, entice] customers into a store to shop. 目玉商品は, 客を店に呼び込んで買わせるために使われている. ◆Response time improved to the point where Xxx could move from concept to store shelf in just 99 days, an impossible timeframe using the previous practices. 対処時間が, Xxxが商品構想から商店の棚へと移行 [《意訳》商品化, 製品化] できるまでにわずか99日という, 従来の方法を使っていたら不可能な期間にまで改善した.

2 v. 貯蔵する, たくわえる, 蓄積する, 保管する, ～に (～を) 供給する <with>; 〈情報〉を格納 [保存] する, (記憶媒体が)〈情報〉を記憶 [格納, 記録] する ◆be stored in memory メモリーに保存 [格納, 記憶] される; 記憶装置にメモリーされている ◆store...at low temperatures ～を冷蔵する ◆store data on floppy disks フロッピーディスクにデータを記憶する ◆store drainage 排水 [汚水] を溜める ◆store...in a customary place ～をいつもの場所にしまっておく ◆store information in a file [as a file] 情報をファイルに [ファイルの形で] 格納 [保存] する ◆information stored in memory メモリーに記憶 [格納] されている情報 ◆read information stored on this medium この媒体に保存 [記録] されている情報を読む ◆read a fingerprint and compare it with previously stored images 指紋を読み取って, あらかじめ登録してある画像と照合する ◆Do not store (at temperature) above 120°F. 120°F以上 (の温度) では保管しないでください. (*スプレー缶などの表示サイン) ◆It can store up to nine phone numbers. それは最大9件までの電話番号を記憶できる. ◆Music is stored as 16-bit data on the CD. 音楽は, 16ビットのデータとしてCDに記録される. ◆Potatoes are best stored in a dark place. ジャガイモは暗所で貯蔵するのがいい. ◆Rice can be stored for long periods at low temperatures. 米は, 低温で長期間にわたって貯蔵 [保存] できる. ◆Store cassettes in their cases. カセットはケースに入れて保管してください. ◆No part of this book may be stored in a database or retrieval system without permission. 本書のいかなる部分も, 無断でデータベースや情報検索システムに登録することは禁じられています. ◆The spark plugs should be stored in a safe place to prevent damage to the porcelain or outer electrode. スパークプラグは, 磁器部分と外側の電極を損傷しないような安全な場所にしまっておくこと.

**in store** 蓄えられて, 保管 [保存] されて, 用意されて, 待ち受けて, 次に控えて (▶複数形のin storesは, 店々に置かれて, 発売されて) ◆What fate is in store for...? どんな運命が～を待ち受けて [待ち構えて] いるのであろうろうか. ◆And if..., what fate lies in store for Mr. Clinton further down the road? そして～ということなら, クリントン氏の前途にどんな運命が横たわって [どんな運命がこの先クリントン氏を待ち受けて] いるのであろうか.

**store-and-forward** 《通》蓄積交換の ◆store-and-forward data transmission 《通》蓄積交換データ伝送

**stored-program** ～ 蓄積プログラム制御 ◆a stored-program computer プログラム記憶式コンピュータ [計算機] ◆a stored-program PABX 《通》プログラム内蔵式自動構内交換機

**storefront** a～ 店の正面, 店頭, 店先 ◆storefront prices; prices in storefronts 店頭価格; 店先での値段;《意訳》実勢価格 ◆Businesses prominently displayed "open" signs on storefronts, but... 商店はそれぞれ店先 [店頭] に目立つように「営業中」の看板を掲げたが,

**storekeeper** a～《米》商店経営者, 商店経営主, 商店主, 小売店主, 店主, 商人 (=《英》a shopkeeper)

**storey** 《英綴》→ story

**storm** a～ 嵐, 暴風, 大雪; vi.《it を主語にして》嵐が吹く, 激しく突進する, どなる,〈～に〉怒鳴りつける<at>; vt. ～を急襲[強襲]する ◆a tropical storm [hurricane] 熱帯暴風雨[熱帯低気圧, 台風]〔*stormよりもハリケーンの方が激しい〕 ◆snow storm 大雪の嵐〔*吹雪とは限らない〕 ◆cause [create, generate, kick up, provoke, raise, set off, spark, spawn, touch off] a storm of questions 質問の嵐を巻き起こす ◆but many analysts see the decline as the lull before the storm だが多くのアナリストたちは, この（倒産件数の）減少を嵐の前の静けさであるとみている ◆the commandos stormed aboard the aircraft and killed all four hijackers 特殊部隊が, 機内に突入し, 乗っ取り犯4名全員を殺した ◆The film raised a storm of protest. その映画は抗議の嵐を巻き起こした.

**stormy** adj. 嵐の, 暴風の, 暴風雨の, 荒れ模様の, 荒天の, 荒けしい; 嵐のような, 激しい, 荒れる ◆in [during] stormy weather 荒天時に; 悪天候の中を[で] ◆prepare for economic stormy weather 大荒れの経済に対する備え[準備]をする

**story** 1 a～ (pl. stories) 話, 説明, 陳述, 供述, うわさ,（新聞や雑誌の）記事, 読み物, 小説, 物語, ストーリー, エピソード,（導（タン）, 一談 ◆a newspaper story 新聞記事 ◆news stories written about... ～について書いてある記事 ◆look for a story that ran sometime ago しばらく前に出た記事を探す ◆tell the whole story of [about, on]... ～の[～についての]全貌[全容, 一部始終, 顛末]を話す[語る, 伝える] ◆but that is another story だがそれはそれで別の話だ ◆uncover the full story behind a tragedy at sea 海難事故の全容を明らかにする ◆but it's another story now だが, 今では事情は変わってしまっている ◆It is a story of an underdog becoming a top dog. それは弱かった者が勝者になるというストーリー[物語, 話]である. ◆Overseas the story is the same. 海外でも同じ[状況]は同じだ.

2 a～ (pl. stories)《英》a storey (pl. storeys) 階, 層;（-story, -storied の形で）一階建ての ◆a two-story house 2階建ての家 ◆a 30-story [30-storied] building 30階建てのビル ◆a one-story [one-storied, single-story, single-storied] house 一階建ての家; 平屋（造り［建て］）の家屋; 平屋 ◆The building is [stands] 60 stories high. このビルは60階（建てで）ある. ◆Most of the buildings on the island are single-story structures made of wood and brick. その島のほとんどの建物は木材と煉瓦で造られている平屋構造である.

**storyboard** a～ ストーリーボード（*映画やビデオの主要場面の絵を順に並べて全体の流れを示した大きなボード, またはそれらの一連の絵）; vt. ～のストーリーボードを作る ◆storyboard a presentation プレゼンテーション用の図表を準備する; プレゼンの演出をする

**stove** a～ ストーブ, 暖炉,（炊事用）レンジ, こんろ; a～（製品用）乾燥炉, 乾燥室; a～《英》園芸用温室 ◆heated by a kerosene stove 石油ストーブで暖房された

**straddle** vt.〜にまたがる, 〜をまたぐ,〈橋など〉にかかっている,（問題）に対し二股をかける[ひよりみする, どっちつかずの曖昧な態度をとる]; vi. 両足を左右に広げて立つ[歩く, 座る], 開脚する, 不規則に広がる, 両建てする ◆globe-straddling corporations 世界を股にかけている企業 ◆straddle an animal's back 動物の背中にまたがる ◆straddle the issue その問題についてはっきりしない[曖昧な]態度を取る ◆straddle the line between lanes 車線と車線の間の（境界）線をまたぐ ◆this capital straddling the Danube ダニューブ河の両側に[を挟んで]広がるこの首都（*Budapestの話です） ◆the two days straddling the harvest holiday 収穫祝祭日の前後の[を挟む]両日 ◆the Indian Reservation, which straddles the U.S.-Canadian border 米国・カナダ国境にまたがる, このインディアン特別保留地 ◆For 6 1/2 years, Mr. Gorbachev straddled the fence between the old guard and the young reformers. 6年半にわたり, ゴルバチョフ氏は保守派と若手改革派の間で, どっちつかずの曖昧な態度を取った.

**straight** adj. まっすぐな, 直線[垂直, 水平]の, 率直な, 正しい, 整理された, 連続した,（修正や変更なく）そのままの, 直接の; adv. ◆a straight hydrocarbon chain 直鎖形[直鎖型]の炭化水素鎖 ◆straight [consecutive] losses [defeats] 連敗 ◆straight dubbing 《AV》まるごとコピー ◆a straight bevel gear 直歯[すぐば]かさ歯車 ◆a straight-A student オール優[全優]の学生[生徒]（*オール秀[全秀]とも）◆for two straight weeks 2週間連続して ◆go straight from A to B AからBに直行する ◆keep the hydrometer straight up 比重計をまっすぐ上向き[垂直]にたもつ ◆light travels in straight lines 光は直進する ◆proceed [go, move] straight ahead [straight forward] まっすぐに進む[前進する]; 直進する ◆talk straight about... ～について腹蔵なく言う, ～に関して率直に話す[語る] ◆the stock market went straight up 株式相場は一本調子に上がった; 株価は棒上げした ◆travel in a straight line [in straight lines] （光, 車などが）直進する ◆straight-ahead driving 直進運転 ◆put [set, get] the record straight 記録を訂正する; 誤り[誤解]を正す[訂正する] ◆the poster [your tie] isn't straight ポスター[君のネクタイ]が曲がっている ◆when driving straight ahead 直進している時に ◆an ex-con who would go straight if he could only land a job 仕事にさえありつけられればまっとうに[まともに, まじめに, 堅気に]なれるであろう前科者 ◆return the steering wheel to the straight-ahead position ハンドルを直進位置に戻す ◆Now in its third straight year of deficits, the company is... 現在赤字連続3年目になる同社は,... ◆The week he died, he had worked seven days straight from 8 a.m. to 11 p.m. 彼は, 亡くなったその週, 午前8時から午後11時まで7日間通して働いていた[働きづめだった]. ◆They are deep-frozen to lock in all their straight-from-the-farm freshness. それらは, 農場直送の鮮度をそっくりそのまま封じ込めておくために急速冷凍されます. ◆Grasp the upper cover and remove it by pulling it straight up and off to the motor. 上蓋をつかみ, まっすぐに上に引っ張り上げモーター側に動かして取り外してください. ◆The Tower of Pisa is leaning less and less these days, or, if you're an optimist, it's standing straighter. ピサの斜塔は, このところ傾斜の度合い[傾き方]がますます減ってきている. つまり, 楽観的見方をすれば,（建も具合が）よりまっすぐ[直立, 垂直]になってきているということだ.

**straight out** 率直に, 腹蔵なく, ずばりと, 徹底的に ◆say straight out that... ～とざっくばらんに[ずけずけ, ずばずば]言う

**straightedge** a～ 直定規 ◆a metal straightedge 金属製の直線定規, 金尺（*直角を出すための曲尺（カネジャク）とは全く別物）

**straighten** vt., vi. まっすぐにする[なる],（曲げないで）伸ばす ◆chemically straightened hair 化学薬品でまっすぐ[ストレート]にした髪 ◆(a) sheet metal straightening operation 板金の歪み取り作業 ◆hair-straightening products 髪をまっすぐにするための製品 ◆straighten oneself (up) 真っ直ぐ立つ; 直立する;（背筋を伸ばして）シャンと[しゃきっと]立つ; 姿勢を正す;（襟を正す ◆straighten out errors in... ～中の誤りを正す ◆try to straighten out unruly children 手に負えない子どもを矯正しようとする ◆straighten out confusion that has followed the Soviet military withdrawal from Afghanistan ソ連軍のアフガニスタンからの撤退後に生じた混乱を収拾する ◆straighten up one's heart and life in accordance with the Word of God 《意訳》神の言葉に従って自らの襟を正す ◆Better get things straighten up before the holidays! 休暇になる前に物を片付けておいた方がいいぞ. ◆Straighten up your home and invite close pals for a casual supper! 家の中を片付けて, 飾らない[普段通りの]夕食に親しい友達を招きなさい. ◆Dan got in an accident and injured his left arm and couldn't straighten it out. ダンは事故に遭って左腕を負傷し, 左腕をまっすぐに伸ばすことができなかった.

**straight face** a～（感情を隠した, おかしさや嬉しさを押し殺した）真面目くさった顔つき, 真顔, しかつめ顔, すまし顔, 神妙な顔 ◆lie with a straight face; lie straight-faced

しゃあしゃあとうそをつく; 臆面もなく[素知らぬ顔で]嘘をつく ◆struggle to keep [maintain] a straight face (笑い[おかしさ]をこらえて)まじめな顔をし続けるのに苦労する ◆sit as calmly and straight-facedly as possible できるだけ平静に澄まし顔をして[神妙な面持ちをして]座る

**straightforward** adj. まっすぐの, 直進の, 直接の, 直截の(チョクサイ)(的)の, 直接の, 単刀直入の, 率直な, 直情径行の, 正直な, 端的な, 単純明快[簡単明瞭]な; (= straightforwardly) adv. まっすぐ, 直進して, 直接, 直截[チョクサイ](的)に, 率直に, 端的に, 単純明快に ◆a straightforward approach 単刀直入な[回りくどくない]アプローチ ◆in a straightforward manner 直接的に ◆Installation and operating steps should be straightforward and easy to remember. 設置手順および操作手順[運転方法, 使用法]は, さらに単純で見やすいようでなければいけない。 ◆The production of computer chips is comparatively straightforward. コンピュータ用チップの生産は, 比較的簡単明快である。

**straight line** a～ 直線; straight-line adj. 直線的な, 直線形の ◆a straight-line segment 直線線分 ◆arrange... in a straight line ～を一直線に[まっすぐに]並べる ◆be amortized on a straight-line basis 直線式[定額法]により減価償却される ◆move in a straight line 一直線[まっすぐに]に移動する ◆compute depreciation over a 5-year life using the straight-line method 直線法[定額法]を用いて, 耐用年数を5年として減価償却を計算する

**straightness** (1) まっすぐであること, 曲がっていないこと, 直線性, 真直度; (2) まともさ, 正直さ, 率直さ, 謹厳実直さ ◆(a) straightness tolerance 真直度公差 ◆(a) straightness measurement resolution [accuracy] 真直度測定の分解能[精度] ◆The rotors should be checked for straightness. ローター(の取り付け)が曲がっていないかチェックしなければならない。

**strain** 1 v. 無理をして傷める[弱める], 極限まで使う[使い過ぎる, 濫用する], 限界を越える[無理に拡大解釈する], 引っ張る[緊張させる]; vi. (→ strained) ◆strain the piezoelectric gage その圧電ゲージを(圧力を印加することにより)変形させる ◆strain the steering mechanism ステアリング機構に無理な力を加える ◆If you must strain your body to turn the steering wheel or use the brakes, you're too far away. もし, ハンドルを回したりブレーキを使ったりするために無理に体を伸ばさなければならないようなら, あなたの(着座)位置は遠過ぎます。 ◆If you're about to redo a kitchen, ask yourself a few questions: How far am I able to reach without straining myself? What would be the most comfortable height for a counter top? 台所の改装[リフォーム]をしようとしているのなら, いくつかの点を自問自答[自分で確認]してみましょう。–どこまでなら無理しないで手が届くか？カウンタートップの一番具合のいい高さはどのくらいか？
2 vt. 漉(コ)す, 漉過(ロカ)する, 裏ごしする, 漉し分ける; vi. 漉される ◆strained baby food 裏ごしのベビーフード ◆strain the sauce into the sauce pan そのソースを漉し器においてます鍋に入れる(＊ソースパンに漉し器をおいて漉す) ◆strain... through a fine-mesh sieve or cheesecloth 目の細かいふるいやチーズクロスで漉す ◆With a slotted spoon, strain out solids, reserving broth. 長穴のあいたおたまで, 汁から固形物を(すくって)取り出します。
3 (a) ～ ひずみ(度), 変形応力, 張り, 重荷, 酷使, 過労, (物理的, 精神的, または人間関係の)緊張 ◆a strain gauge ストレイン[ストレーン]ゲージ; 歪みセンサー; 歪み計 ◆cause [put, place, impose] (a) severe strain on the finances of... ～の財政を厳しく[激しく, 著しく]圧迫する ◆internal strains caused by temperature changes 温度変化に起因する内部歪み ◆relieve mechanical strain on the connector コネクタにかかっている無理な機械的な力を逃がす ◆estimate the amount of strain or displacement that has occurred 発生した(機械的な)歪みあるいは変位の量を推定する ◆The non-glare CRT cuts eye strain. このノングレアCRTは, 目の緊張[負担]を減らす。
◆Cold weather puts an extra strain on your vehicle's mechanical functions. 寒冷な天候は, 車の機械的な機能に余計な負担をかける。
4 a～ 菌株, 血統, 品種, (遺伝的な)素質[性質], (言葉などによる表現の)意味[調子] ◆a new strain of violence 新しい類の暴力 ◆new strains of computer viruses 新種のコンピュータウイルス ◆an antibiotic-resistant strain 抗生物質に対する耐性を持っている菌株; 抗生物質耐性株 ◆high-yield strains of rice 米の高収量品種

**strained** adj. 張りつめた, 緊張[緊迫]した, 無理な, 不自然な, わざとらしい, こじつけの, こわばった ◆become [get, grow] (further) strained (さらに)緊迫[緊張化]する; (いっそう)緊迫[緊張]の度合いが高まる[増す, 深まる] ◆Already tense relations between Russia and Chechnya, who fought a 1994-96 war, have become further strained in recent weeks. 1994～1996年にわたり戦闘を交えたロシアとチェチェンの間のすでに緊張した関係に, ここ数週間の間にいっそう緊迫の度合いが高まった[増した, 深まった]。 ◆The two companies, which have been cooperating in the production of Xxx, currently have strained relations. Xxxの生産で協力関係にあった両社は, 現在ぎくしゃくした[緊張, 緊迫]した関係にある。

**strainer** a～ 漉(コ)し器, ストレーナ, ざる, 水切り容器, 漉すためのガーゼ[フィルター], 漉す人 ◆a kitchen strainer 台所の流しのゴミ回収容器(＊排水口にセットする) ◆pour it through medium-mesh strainer それを中くらいの目の細かさの漉し器で漉す

**strain relief** ◆a molded through-the-panel strain relief (電源コードをキャビネット内部に引き込むための)成形パネル貫通形張力逃しブッシング

**strait** a～, ～s (地名 "Straits で単数い)海峡; ～s 窮地, 難局, 苦境; adj. 狭窄しい, (規則が)厳格な ◆(be) in dire [desperate] straits 窮地に陥って ◆put [place, push, drive]... in/into dire straits ～を窮地[危機, 厳しい状況]に陥れる[立たせる, 追い込む] ◆fall into dire [desperate] straits 窮地[ひどい苦境]に陥る ◆the Strait of Malacca マラッカ海峡 ◆be cast [thrown] into dire straits by... ～によって(突如ひどい)窮地[困窮状態]に陥らされる; 苦境に立たされる ◆be in dire straits financially; be in dire financial straits 経済的に困窮して[行き詰まって]いる ◆the dire economic straits of North Korea and Cuba 北朝鮮およびキューバの経済的な窮地[難局] ◆because she is in dire straits financially 彼女は金銭的に困窮して[お金に困って]いるので ◆the economy has fallen into dire straits 経済はひどい窮地[苦境]に陥ってしまった ◆... are the factors that have brought the company to its current dire straits ～がこの会社を今の苦境[窮地]に陥れた要因である ◆The Japanese were in dire straits, economically and socially, in the years after the war. 日本人は戦後の数年間というもの, 経済的にも社会的にも苦境のどん底にあった。

**strait-jacket** (政策などの)締め付けの厳しい, 自由を束縛する, 拘束する

**strand** 1 a～ 子なわ, より糸, よりひも, より線, より線の素線, 要素, vt. ～をよる, 結束する ◆a strand of a rope あるロープの(複数ある)撚り線(のうちの)1本(＊a strandは多数の素線wireを撚り合わせたもの) ◆a strand of DNA DNAの鎖[DNA鎖] ◆stranded wire より線(＊細い素線をより合わせて芯線にして作られている電線 cf. solid wire) ◆aluminium stranded conductors for overhead power transmission purposes 架空送電用のアルミ撚線(ヨリセン)導体 ◆strands of ultrafine microfilaments 超極細マイクロフィラメントをよったもの[の撚糸]
2 vt, vi. 岸に乗り上げる[させる], 座礁する[させる], 立ち往生する[させる] ◆a stranded whale 浜に打ち上げられたクジラ ◆a hook-shaped peninsula noted for whale strandings クジラが岸に打ち上げられることで知られている鉤形の半島 ◆Scientists don't know why whales strand [beach] themselves. 科学者は, なぜクジラが自ら浜に乗り上げるのか理由がわからないでいる。 ◆Stranded costs are utilities' investments in costly generating facilities that competition will render uneconomic. [回収不能コストとは, 競争のせいで経済的にペ

イしないものになってしまう高額発電設備への電力会社の投資のことである.(*strandedは「塩漬け」のニュアンスをだしunrecoverableの意味で使われる)

**strange** adj. 変な, 変わった, 奇妙な, 慣れていない, 場違いの, 面妖(メンヨウ)な ◆strange engine noises 変な[奇妙な]エンジン騒音; エンジンの異音 ◆a very strange creature 非常に奇妙な[珍しい, 奇異な, 珍奇な]生物; 奇妙きてれつな生物 ◆The unit is showing strange behavior. このユニットは, おかしな挙動を見せている.

**strangely** adv.(文全体を修飾して)不思議なことに, 奇しくも(クシクモ), 変に[妙に, 奇しく, 乙に], 異様に ◆everything happened strangely that year さまざまなことが不思議にも[奇しくも, (何とも)奇妙なことに]その年に起こった

**stranger** a ~ 知らない[見知らぬ, 面識のない]人, 縁もゆかりもない人, 他人, よそ者, 部外者, 外来者, 訪問者, 闖入(チンニュウ)者, 客, 初対面の人; a ~ 初めての人, 慣れない人, 未経験者, 初心者 ◆a perfect [complete] stranger 全く見ず知らずの人, 赤の他人 ◆if you noticed a stranger following you on foot もしも自分の後を見知らぬ[知らない]人がつけていることに気付いたら ◆Many of the mourners at the church were strangers to each other, connected only by a sense of tragic loss. 同教会を訪れた弔問者の多くは, 悲劇的な(事故で肉親や知人を亡くしたという)喪失感だけで結ばれた互いに知らない者同士だった.

**strap** a ~ 平ひも, 革ひも, 帯, ベルト, 平形導線, 拘束帯; vt. ~に平ひもを付ける, ~をひもで縛る, テーピングする, 困窮させる<for> ◆a cash-strapped client 金に困っている依頼人 ◆The unit operates at four strap-selectable asynchronous rates ranging from 1,200 to 9,600 bps. 本ユニットは, ジャンパー線で設定できる1,200bpsから9,600bpsまでの非同期速度で働きます.(*a strap = a jumper strap [wire])

**stratagem** (a) ~ 戦略, 軍略, 計略, 策略, 術策, 術数, 謀略, 謀計, 策謀; 策を巡らせる才 ◆a stratagem designed to <do...> ~すべく計画されて[仕組まれて, 計られて, 巡らされて]いる計略[謀略] ◆a stratagem to <do...> [for ...ing] ~するための計略[謀略] ◆come up with a stratagem; cook up a stratagem 計略[謀略]を考え出す ◆probably as a stratagem to get me to read... 多分私に~を読ませようとする計略[謀略]として ◆use [resort to] a stratagem 計略[謀略, 策略]を用いる

**strategic, strategical** adj. 戦略的な, 戦略上の, 戦略上重要な ◆the International Institute for Strategic Studies (IISS)(英国の)国際戦略問題研究所 ◆quartz crystal was an item of major strategic importance 水晶は戦略上非常に重要な物資の一つであった

**strategically** adv. 戦略的に, 目的にかなうよう戦略立てて, 最大限の効果が得られるように ◆occupy strategically important places 戦略上[軍事上]重要な場所[要衝, 要地]を占領する ◆strategically placed sand traps 要所要所に配置されているサンドトラップ(*ゴルフコースの) ◆view Austria as a strategically important market オーストリアを戦略的に重要な市場であると観る ◆a bracing breeze comes from strategically placed fans さわやかそよ風が良く考えて[ようどうよい場所に, 効果的に, 合理的に, 要所要所に]配置された扇風機から吹いてくる

**strategy** (a) ~ (全般にわたる[大局的な, 総合的な])戦略[策略, 方策, 計画, 方針, 手順, 兵法, 用兵] ◆adopt a strategy of...-ing ~するという戦略をとる ◆corporate strategies 企業戦略 ◆create [develop, draft, draw up] an economic strategy 経済戦略をつくる[練る, 策定する, 立案する, 立てる] ◆devise [make, formulate, set up, draw up, lay, map out] a strategy 戦術を立てる ◆implement economic strategies 経済戦略を実施する ◆roll out a strategy to <do...> [a strategy for ...ing] ~する(ための)戦略を展開する ◆Under the new pricing strategy,... この新規価格戦略のもとで, ◆cost-cutting strategy 経費削減戦略[(作戦)計画] ◆IBM's strategy, in part, was to cripple the clones. IBMの戦略の一端は, 互換機の足腰を立たなくすることにあった. ◆Special strategies are used to economize on memory usage. メモリー[記憶域]の節約のために特別な方策[方法, 手段]が採られている. ◆Solutions to such problems tend to oscillate wildly from one strategy to another and back again. そのような問題の解決案は, (考えが)一つの策からもう一つの策へ, そしてまた元の策へと大きく揺れ動く.

**stratification** □層になる[層を成す]こと, 層形成, 成層, 層化, 層別化, 層状になっていること, (地層の)層理; □(社会)階級化, 階層分化, 階層化 ◆During the summer stratification period, the thermocline largely prevents the transfer of heat and particles from the epilimnion to the lower layers. 夏の成層期には, 水温躍層が主として表水層から下層への熱の伝達や粒子の移動を妨げます.(*湖水の話)

**stratigraphic** adj. 《地質》層序学[層位学]的な, 層序の, 層位の ◆a method of stratigraphic correlation 《地》層序対比法

**stratosphere** the ~ 成層圏 ◆in the stratosphere 成層圏で[における]

**stratospheric** adj. 成層圏の, 極めて[非常に]高い, 桁外れに高額な ◆interest rates remain at the stratospheric heights 金利は非常な高水準にとどまっている ◆stratospheric CEO salaries 雲を衝くように高い最高経営責任者たちの給与[報酬] ◆the destruction of the stratospheric ozone layer 成層圏のオゾン層の破壊

**stratum** a ~ (pl. strata) 地層[《地》単層], (社会の)階層 ◆sedimentary strata (堆積してできた何層もの)地層 ◆arranged in strata 層状に重なり合って配されている ◆oil-bearing strata 石油含有層 ◆the middle income stratum 中間所得層

**straw** □藁(ワラ), 麦わら; a ~ 1本の麦わら, ストロー; a ~ 価値のない[つまらない]もの, 危急の際に何の頼りにもならないもの ◆a straw effigy of... (人)のわら人形(*憎しみの対象として作られた) ◆A drowning man will catch at a straw. 溺れる者は藁(ワラ)をも掴(ツカ)む.(圏苦しいときの神頼み) ◆It is the last straw that breaks the camel's back. ラクダの背中を砕くのは最後の一本のワラだ; たとえ藁一本でも限度を越えたら, ラクダの背骨が折れてしまう.

**stray** 1 vi. 《道から》それる<from>, 道に迷う, はずれる, わき道へそれる ◆when children stray off course 子供たちが道をあやまると[正道を踏み外すと] ◆when software strays outside the bounds of normal operations ソフトウェアが正常な動作範囲から逸脱すると
2 adj. 迷子の, はぐれた, それた, 流れ弾の, ときたまの; n. a ~ 仲間からはぐれた動物 ◆stray capacitances; stray capacity 《電子》浮遊(静電)容量 ◆stray cats and dogs 野良猫と野良犬 ◆a single milliampere of stray current can doom... to early failure わずか1mAの迷走電流でも, ~に初期不良を起こさせる可能性がある

**streak** a ~ 筋, 縞(シマ), 線; 縞[筋]をつける[になる] ◆noise streaks 《ビデオ》縞模状のノイズ ◆his rain-streaked face 雨が筋になって(流れ落ちて)いる彼の顔 ◆Lesions can appear in [as] streaks, suggesting plant contact. 患部は, 植物との接触を示唆する筋状[線状]に現れることがある.(*皮膚のかぶれで) ◆If your wiper blades do not clean the windshield streak-free, have them changed. 車のワイパーブレードが, 縞状の拭き取り跡を残さずにフロントガラスを拭くことができないようなら, 交換してもらってください. ◆The cleaning solution dries very rapidly without spotting or streaking. この洗浄液は, 点々や縞模様を残さずに素早く乾きます.

**stream** 1 a ~ 川, 小川, 河川, 細流, 流れ, 水流, 《コンピュ》ストリーム, 趨勢(スウセイ) ◆a data stream 《通》データストリーム(*ビットまたはバイト単位で直列に伝送される一連のデータ) ◆a stream cipher 《コンピュ》ストリーム暗号(*共通鍵の一種) ◆a stream of water 水流 ◆traffic streams 交通[車]の流れ ◆a stream tube model 《空気力学》流管モデル ◆streams of data 《通》(複数の)データストリーム ◆with-stream [←cross-stream] character orientation 行方向に対して普通の[←倒した, 回転させた]文字の向き(*横書きの

行の場合文字の向きはwith-stream, 縦書きの行の場合文字はcross-streamが普通。縦書きの英文字でwith-streamで使用されることもある) ◆a pulsing stream of fuel　脈動している燃料の流れ ◆a [the, one's] stream of consciousness [thought]　意識[思考]の流れ

2　v. 流れる, 流す ◆streaming tape　《コンピュ》ストリームテープ, ストリーミングテープ ◆a streaming tape drive　テープストリーマ ◆a 60 Megabyte streaming cassette tape　60メガバイトのストリーミング・カセットテープ(*ハードディスクの記憶内容をバックアップコピーするためのテープ) ◆be illuminated by sunlight streaming through the leaded glass of the front-door windows　正面玄関の窓の鉛ガラスを通して射し込む陽[日光]に照らされている

**on stream**　操業[生産]中で (= in [into] production)

**streambed**　(a)~河床, 川底[河底] ◆streambed sand　川底[河底, 河床]の砂

**streamline**　vt. 流線形にする, 〈組織, 体制〉を簡素化して効率を上げる[合理化する, 能率化する, 整備する, 円滑化する] ◆the streamlining of a factory　工場の合理化 ◆as part of a corporate streamlining to cut...　~を削減するための企業合理化の一環として ◆a streamlined hull　流線形をしている船体 ◆conduct a major streamlining of...　~の大々的な合理化を行う ◆streamline cumbersome work procedures　面倒な作業手順を簡素化する ◆to streamline and speed up procurement　調達を合理化したり迅速化したりするために;《意訳》調達業務の効率化を図るべく ◆launch governmentwide [companywide] streamlining efforts　政府[全社]挙げての合理化への取り組みに着手する ◆X is upgrading and streamlining all its billing systems.　X社は, 自社の課金システムの全般的な改善と整備を行っている。 ◆GM is still struggling to streamline a lumbering bureaucracy that has slowed a new car's progress from drawing board to showroom.　GMは, 新車の設計からショールームへ出すまでの進行[商品化]を遅らせてきた動きの鈍い官僚的機構を合理化するのに依然として苦闘している。 ◆The companies are consolidating and streamlining to make themselves even more competitive in the European market.　これらの会社は, 欧州市場でよりいっそう競争力を付けるために整理統合と合理化を進めている。 ◆The streamlining program enabled the company to bounce back from near bankruptcy faster than almost anyone expected.　この合理化計画により, 会社はほとんどの人が予想していたよりも速く倒産寸前の状態から立ち直ることができた。

**streamside**　a~川岸[河岸], 川の岸辺, 川のほとり; adj. 川端[川辺, 川べり], 河畔(カシ), 河畔(カハン)の ◆the protection of streamside forests from development and other activities that might harm water quality　川岸[川沿い]の森林を, 水質に悪い影響を及ぼす可能性のある開発やその他の活動から守ること

**street**　a~道, 道路, 街路, 通り, 街道, 街角, 街頭, 一街[-通り]; adj. 街の, 街路の, 街頭の, 〈人が〉路上生活している, 大通-, 〈価格が〉実売[実勢, 店頭]での, 〈株式相場の〉株式市場引け後の〈場外取引き〉の, 〈麻薬などの〉末端の ◆a multi-lane street　多車線道路 ◆a street performer　大道芸人(= a busker) ◆a street vehicle　実路走行可能の車両 ◆a street vendor　露店商 ◆Compaq street pricing　コンパック(社製品)の実売価格[店頭価格] ◆Police check citizens' identity papers at every street corner.　街角で市民の身分証明書を調べている。 ◆sell...on a street corner　~を街角で売る ◆street(-dwelling) children　ストリートチルドレン, 路上生活の子どもたち ◆take to the street　街頭に出る[繰り出す], 〈路上の〉示威行為[大衆抗議行動]に出る, デモに出る[て出る] ◆the man in [on] the street　普通の[どこにでもいる]人 ◆to combat street-corner drug sales　街角での麻薬の密売を撲滅するために ◆Rumor [A rumor, The rumor] on [in] the street is that...; Rumor on the street has it that...; It is rumored [on] the street that...　巷(チマタ)の噂では[巷間(コウカン)伝えるところでは], ~ということだ。 ◆with a street date of January 15　店頭発売日が1月15日で ◆The industry shake-out has also put veteran executives on the street.　業界再編のあらしは, ベテランの上級管理職者をも路頭に迷わせた。 ◆This product is a good buy if you can get the street price of $250.　この商品は, 実売価格[店頭価格]で250ドルにしてもらえれば割安の買い物といえる。 ◆Microsoft is still quoting an August street date for the new version of Windows, which means the Japanese software should follow by the end of September, contend some observers.　マイクロソフトは依然としてWindowsの新バージョンの店頭発売日を8月と見積もっていることから, 日本向けソフトは9月末までには後を追って発売されるはずだと一部の観測筋は言っている。

**streetcar**　a~路面電車

**streetcorner**　a~街角,《意訳》街頭 ◆a pay phone on a busy streetcorner　にぎやかな街角[《意訳》街頭]の公衆電話

**street price**　a~実売[店頭, 実勢]価格,〈株式の〉市場取引価格[引け後相場],〈麻薬などの〉末端価格 ◆a product with a street price of around $40　実売価格が40ドル程度の製品 ◆The disks are expected to have a street price of about $99.　これらのディスクの実売価格は約99ドルになる見通しである。; 市販ベースで99ドル前後の値段がつくものとみられている。 ◆The product now carries a street price of about $130.　その製品の現在の実売価格は約130ドルである。

**street value**　(a)~〈麻薬などの〉末端価格(= a street price)

**strength**　(a)~強さ, 強度, 力, 強み, 長所, 人数で測る強さ[兵力, 大勢], 強力- ◆dielectric strength　絶縁耐力,〈絶縁破壊に対する〉耐電圧 ◆peel strength　剥離強度 ◆material(s) strength testing: a material(s) strength test　材料強度試験 ◆compete from a position of strength　有利な立場で[優位に立って, 実力に立って]競争する ◆Femtron's technological, financial and distribution strength　フェムトロンの技術力, 資金力および販売力 ◆increase [decrease] in strength　強度が増す[減少する] ◆insufficient strength; a shortage of strength　強度不足; 強さが十分ではない[足りない] ◆possess adequate structural strength　十分な構造強度を有する; ~には十分な構造的な強さがある ◆reduce signal strength　信号強度を下げる ◆the strength of a solution　溶液の濃さ[濃度] ◆the wind abruptly increased in strength　風が突然強まった ◆to build up the strength in one's back　背筋力を増強するために ◆to ensure adequate strength　十分な強度を確保するために ◆an alloy of remarkable strength　並外れた強度の合金 ◆fibers of very high strength　非常に強度の高い繊維 ◆a medium-strength adhesive　中強度の接着剤 ◆a method for substantial enhancement of strength of cured natural rubber　硬化天然ゴムの強度を大幅に高める[著しく改善する, 相当向上させる]方法 ◆bases of widely varying strengths　強さの大きく異なる(種々の)塩基 ◆have high strength at high temperatures　高温において高い強度を有する ◆negotiate from a position of strength　強い立場から[有利な立場で]交渉する ◆overestimate Soviet economic strength and military prowess　ソ連の経済力と軍事力を実力以上に高く評価する[過大評価する, 買いかぶる] ◆these strengths of the computer as a business tool　ビジネスツールとしてのコンピュータのこれらの長所 ◆the strength of the attractive forces between A and B　A B間の引力の強さ ◆while he was restoring the company to strength　彼が, この会社の再強化に努めている間に ◆X is lower in strength than Y　XはYほど強度がない ◆an airframe structural strength analysis indicated insufficient strength in a panel in the rear of the airframe　機体構造強度解析は, 機体後部の(ある1枚の)パネルが強度不足であることを示した ◆Tropical Storm Alberto, the first of the hurricane season, gained strength as...　今ハリケーンシーズン第1号の熱帯性暴風雨[台風]アルベルトは, ~につれて勢力を強めた。 ◆The high-density polyethylene shell is ribbed for strength.　高密度ポリエチレン製の外殻には, 強度を増すための[補強]リブが付けられている。 ◆The real strength of this multi-function deck comes into play when doing automatic assemble edits.　この多機能デッキの真の強さが, 自動アッセンブル編集の際に強み[《意訳》実力, 真価]を発揮する。 ◆January's sales reflect a continuation of the strength in semiconductor sales that began to emerge in the fourth quarter of 1998. 1月の売上高は、1998年の第4四半期に現れはじめた半導体販売における力強さが続いていることを反映している。

**on the strength of** 〜のおかげで、〜のせいで、〜によって、〜の影響で、〜に支えられて、〜に説得されて ◆he predicted that Mr. Clinton will win re-election in 1996 on the strength of a sound economy 彼は、クリントン氏は健全［《意訳》好調］な経済に支えられて1996年の再選で勝利を収める［当選する］だろうと予言した ◆Last year, South Korea posted a $10 billion trade surplus against the U.S. on the strength of automobile, electronics and textile sales. 昨年韓国は、自動車、電子製品、および繊維製品の売り上げのおかげ［影響］で、100億ドルの対米貿易収支の黒字を計上した。

**strengthen** v. 強くする［なる］、強化する、補強する、増強する ◆strengthening ribs 補強リブ ◆a strengthening housing market ますます力強さを見せて来ている住宅市場 ◆strengthen a bond between friends 友人間［同士］の結束を強める［固める］ ◆strengthen the power of the ombudsman 行政監査委員の権限を強化する ◆as a way to strengthen [bolster] the balance sheet 財政を強化するための一方法として ◆believe there has been a strengthening of ties among these groups これらグループ間の結びつき［絆（キズナ）］が強まってきている［これら組織同士の関係強化が進んでいる］ものと確信する ◆benefit from the effects of the strengthening of the yen 強くなっている円［円高］の効果の恩恵に浴す

**strenuous** adj. 精力的な、活発な、激しい、懸命の、骨の折れる、困難な

**stress** 1 a〜 強調、重点、ストレス、重圧、圧迫(感)、緊張、応力 ◆(a) thermal stress 熱応力 ◆(an) allowable stress 許容応力 ◆a stress relief hole 応力除去孔 ◆its behavior under stress ストレスがかかっている状態下でのそれの挙動 ◆place too much stress on... 〜を重要視し過ぎる ◆produce stresses 変形を生じさせる ◆stress concentration due to a crack ひび割れが原因の応力集中 ◆stress-relieving music ストレスを和らげる［《意訳》ヒーリング、癒しの］ミュージック ◆the stress of not having it それを持っていないということの心の重荷［精神的ストレス］ ◆by the application of mechanical stress 機械的ストレスを加えること［ストレスの印加］により ◆a stress-reduction workshop ストレス低減の講習会［実習会］ ◆protect components from mechanical stress 部品を機械的応力から守る ◆to ensure stress-free surfing of the Internet ストレスのない［《意訳》快適な］インターネットサーフィンを現実のものにする［実現、可能にする］ために ◆高速アクセスにより ◆Were you under stress from work or at home? 仕事から、あるいは家庭でストレスを受けていましたか。 ◆... people subject to various stresses, such as alcohol, smoking, emotional, environmental, etc. アルコール、喫煙、精神的なもの、あるいは環境によるものなど、さまざまなストレスを受けている人々 ◆The bag is reinforced at stress points. このバッグは力のかかる箇所に補強が施されている。 ◆This CD is the ultimate stress reliever. このCDは究極のストレス軽減［《意訳》癒し、ヒーリング］商品です。（*広告で） ◆The old ramshackle shed could not bear up under the stress of the heavy snow. その古いがたがたの物置は、雪の重圧に耐えられなかった。
2 vt. 強調する、力説する、応力［緊張、重圧］をかける ◆stress the need for... 〜の必要性を強調［力説］する；《意訳》〜の必要を叫ぶ ◆stressed corrosion cracking 応力腐食割れ ◆they increasingly stress cost reduction 彼らがコスト低減［削減］にますます力（こぶ）を入れるにつれて ◆he is stressed out about something 彼は、何かのことでストレスにやられて［まいって］いる ◆American usage is stressed （英語の）米用法に重点が置かれている ◆He still sometimes gets stressed out when he's really busy at work. 依然として彼は、仕事が本当に忙しい時にストレスでまいる［ストレスにやられる］ことが往々にしてある。

**stretch** 1 vt. 伸ばす、広げる、引き伸ばす、引っ張る、張る、拡大解釈する；vi. 伸びる、広がる、及ぶ、達する（弾性によって）伸びる（ことができる） ◆stretch rules 規則を拡大解

1127 **stride**

釈する ◆look for destinations where the dollar stretches further, such as Mexico or Costa Rica メキシコとかコスタリカなど、もっとドル［金］の使いでのある旅行先を探す ◆The belt is stretched too much to be used. このベルトは、伸び過ぎていて使えない。 ◆His responsibilities stretch from law enforcement to foreign policy. 彼の職責は法の執行から外交政策にまで及ぶ。 ◆The material can be stretched to at least twice its original length. この材料は、元の長さの少なくとも2倍まで引っ張って伸ばす［伸張できる］。
2 (a)〜 伸張、広がり、伸び、引っ張り ◆It is not a stretch to say that... 〜だといっても誇張［過言、言い過ぎ］ではない ◆for as long as 15 minutes at a stretch 一気に［立て続けに］15分間も ◆he rolled 12 games at a stretch 彼は12ゲームを一気に投げた（*ボーリングで） ◆the world's longest railway stretch, which starts in Moscow and ends in Beijing モスクワから始まって北京で終わる世界最長鉄道区間 ◆She is not beautiful by any stretch of the imagination. 彼女は、どんなに想像力を働かせてみたところで［どう考えてみても］美しくない。；《意訳》彼女は、どう見ても［お世辞にも］美しいとはいえない。

**stretcher** a〜 ストレッチャー、担架(タンカ)、（バンドやワイヤー用の）伸張具、引き伸ばし器、引張器、しわ取り機、画家のキャンバス用の張り枠、つなぎ梁（バリ）（a tie beam）；a〜（比喩的に）誇張された話［大風呂敷、嘘］ ◆carry a victim on a stretcher 被害者を担架に乗せて［担架で］運ぶ

**strew** vt. (strewed, strewn/strewed) 〜をまき散らす、ばらまく ◆a garbage-strewn street ゴミが散らかった［散乱している］通り ◆rock-strewn hills 岩石がごろごろしている丘

**stricken** adj. 〈with, by〉（〜で）傷ついた、（〜に）襲われた、〈災害に〉見舞われた、（〜に［で］）苦しめられた、（病気に）かかった ◆an earthquake-stricken village 地震に襲われた村 ◆stricken victims 被災者 ◆a flood-stricken area 洪水に見舞われた地域；洪水の被災地 ◆an earthquake-stricken region [area] 地震の被災地 ◆guilt-stricken voice 気がとがめた声

**strict** adj. 厳しい、厳格な、峻厳な、厳密な ◆be strict with [toward]... 〈人〉に厳しい ◆in the strictest sense 最も厳密な意味においては ◆strict observance of laws 法律を厳しく守ること；法の厳守 ◆feature strict adherence to industry standards 〈製品〉は業界標準への厳密な［徹底的な、完全］準拠を特徴としている

**strictly** adv. 厳しく、厳重に、厳格に、厳密に、厳正に、細心の注意を払って、「全く、もっぱら、絶対に、決して、堅く、あくまで、極（ゴク）、《意訳》どんな事があっても」 ◆be strictly for the purposes of knowledge 〜は、あくまでも知識のためである ◆by remaining strictly neutral between xxx and yyy xxxとyyyの狭間で厳正中立を保つ［守る、維持する］ことにより ◆strictly observe the Geneva Convention ジュネーブ条約を厳守する ◆strictly speaking 厳密に言えば ◆be strictly for the purpose of promoting a cause 〜は、もっぱら主義主張を推進させるためのものである

**stride** 1 v. 大股で歩く、またがる、またがる
2 a〜 大股の一歩［ひとまたぎ］、大股の歩き方、いつもの調子、最も効果的なペース；《通例 〜s》進歩［発展］ ◆make great strides in [toward]...-ing 〜において［向けて］大幅［飛躍的］に進歩［発展、前進、進展］する ◆run at full stride 全力疾走する ◆to make... hit full stride 〜に全力を出させる［能力を十分に発揮させる］ために ◆talks on opening China's markets have just hit full stride 中国の市場開放についての交渉が本腰になり出した［本格化しだした、軌道に乗り始めた］ばかりだ ◆There have been great strides made in the study of... 〜の研究で大きな進展［大きな前進、長足の進歩］があった ◆At 33, the hard-working actor has hit full stride. 33歳にして、仕事熱心なこの俳優は一番脂の乗っている時期に入った。 ◆Japan has made huge strides in living standards since the war 日本は戦後以来、生活水準面で大躍進を遂げた ◆According to the plant, great strides have been made in reliability. 工場側によると、信頼性の点で［信頼性が］大幅に前進したという。 ◆Ink-jet printing technology has made considerable

strides since then.　それ以来、インクジェット印字技術はかなり大きな進歩を遂げた。　◆The company has made giant strides in R&D of VLSI technology.　この会社は、超大規模集積回路技術の研究開発において長足の[飛躍的な]進歩を遂げた。　◆Great strides are already being reported in the creation of optical signal processors.　光信号プロセッサの製造における著しい進歩はすでに報告されている。　◆Great strides had been made over the past two decades to preserve the Earth's ecosystem.　地球生態系の保全に向けて、過去20年の間に大幅な進歩があった。　◆Immense strides have been made in the last few years toward providing users with advanced computers.　過去数年の間に、ユーザーに高性能コンピュータを提供することにかけて著しい発展があった。　◆On switch-on there is a perceptible time delay before the function gets into its stride.　電源投入時、その機能が立ち上がるまでにかなりの時間遅れがある。

**strike** 1　v. 打つ、打ち当てる[当たる]、〈打撃など〉を与える、〈状態など〉に達する、～に行き当たる、印象を与える[思い当たらせる]、〈態度、姿勢〉をとる、〈記述事項〉を削除する〈off, from〉、～をなめらかにする〈out〉、～を襲う、ストをする　◆It somewhat strikes me that...　(私には)いくぶん～であるという印象を受ける；《意訳》何かちょっと[何となく]～ではないかと感じる[という気がする]　◆I was struck by the thought that...　私は、～であるという考えに襲われた　◆strike a bold new course　思い切った新路線をとる　◆cancer-stricken patients　癌に冒された患者たち　◆a boy struck by lightning during football practice　フットボールの練習中に雷に打たれた少年　◆a major earthquake struck northern Japan yesterday　大地震が昨日日本北部を襲った　◆what they said profoundly struck me　彼らが言った事柄が、私を大いに感動させた[私に深い感銘を与えた]　◆If struck from the rear, your car could...　後ろからぶつっけられると、あなたの車は～かもしれない　◆when parallel light rays strike a mirror surface　平行な光線が鏡面に当たると　◆when the Los Angeles area was struck by a major earthquake recently　ロサンゼルス地域がこのあいだ大地震に見舞われた時に　◆Modern-day "prospectors" are flocking to Eastern Europe in hopes of striking it rich.　現代版「山師(＝投機家)」たちは一山当てて金持ちになろうと東欧に大挙して押し寄せている。(＊ソ連崩壊後に民主化した東欧にビジネスチャンスを求める話で)　◆Light passes through a lens and strikes a CCD, which converts the image into electronic signals.　光はレンズを通り、それから画像を電気信号に変換するCCDに当たる。

2　a ～、打撃、ストライク、ストライキ　◆a stay-in strike　怠業スト[順法闘争]　◆end a strike　ストを中止する　◆go on strike　ストライキする；ストを打つ；ストに突入する；同盟罷業を行う；《比喩》実力行使する　◆in the event of a strike next week　万一来週ストに突入した場合に　◆protect... from a direct lightning strike　～を落雷の直撃から守る[保護する]　◆workers on strike (= striking workers)　ストライキ中の労働者　◆a three-strikes-and-you're-out law　三振即アウト法(＊3回重罪で有罪判決を受けたら自動的に即終身刑になるという法律)　◆pre-strike and post-strike bomb damage assessment photographs [images] of...　～の空爆前および空爆後の爆撃被害評価写真[画像]　◆stage a sympathy strike in support of...　～(の労組)を支援しての同情ストを打つ　◆to speed recovery when the forces of nature strike at Americans　自然の猛威が米国人[《意訳》アメリカ]を襲った場合の復興を迅速化するために

**strike out**　(ある方向に)進み出す、新しい活動を始める、考案[案出]する、～に線を引いて抹消する[取り消す]、三振する、～を三振にとる　◆Photographers felt a need to strike out in new directions.　写真家らは、新しい方向に踏み出す[新生面を開く]必要を感じていた。

**strikeout**　a ～《野球》三振、失敗、やり損ない；a ～《コンピュ、ワープロ》取り消し線、抹消線、打ち消し線　◆Check "Strikeout" to draw a horizontal line through the text.　「取り消し線[抹消線、打ち消し線]」にチェックマークを付けると、テキストを貫く[に重ねて]横線が引かれる。

**strikeover**　a ～《タイプやワープロで》重ね打ちすること、重ね打ち　◆type a strikeover　《ワープロ》重ね打ちする

**strike-slip**　adj.《地質》(断層)走向移動の、横ずれの　◆a strike-slip fault occurred along...　～に沿って[並行して]走向移動断層が生じた

**striking**　adj. 著しい、顕著な、打つ　◆bear a striking resemblance to...　～に著しく似ている[酷似している]　◆the most striking characteristic of [about]...　～の[～についての]最大の特色[特徴]　◆with striking success　著しい成功を収めて　◆one of the most striking, distinguishing features of...　～の最も興味を引く特色[最大の特徴]の一つ(＊ここでは striking は「観察している者の関心・興味を引く」の意)　◆A striking feature of... is that...　～の特色[特徴](の一つ)は～であるということである

**string** 1　(a) ～ 糸、ひも、じゅずつなぎになったもの、一連、連なり、連続；a ～《コンピュ》列[ストリング](＊一続きのデータや物理的要素)、(特に)文字列；the ～s《複数》《音楽》(オーケストラの)ストリングス　◆a data string; a string of data　データ列　◆a kite on a string　糸でつながれている凧　◆a string of product announcements　一連の製品発表　◆a record containing the string "schedule"　《コンピュ》「schedule」という文字列を含んだレコード　◆One way to find work is by pulling strings.　職を見つける一つの方法は、コネを使う[つてを頼る、縁故をたどる]ことです。

2　～s〈協定などにおける〉付帯条件　◆with no strings attached; without any strings attached　ひも付きでなく、無条件で　◆accept favors that have strings attached　恩着せがましい親切を受ける　◆a no-strings-attached invitation to 〈do〉　紐付きでない[見返り条件の無い]～について来ないかといった誘い　◆give assistance [provide aid] with no strings attached　ひものついていない援助を与える　◆give... to the poor with no strings attached　～を貧しい人たちに無条件で与える　◆the money [aid] came with no strings attached　その金[援助]は、ひもなしで来た　◆No strings seem to be attached to the offer.　このオファー[申し出]に、ひも[交換条件]はついていないようである。　◆Any favors or concessions you obtain now will almost certainly have strings attached.　あなたがこの時期に受ける好意[親切]や譲歩には、ほぼ間違いなく下心があるのです。(＊占いより)

3　vt.〜を糸に通す、〈糸状のもの〉を張る[かける、通す、張りめぐらす]、緊張させる; vi. 一続きになる　◆string cables　ケーブルを架設[布設、布設]する　◆string fresh cable around the plant　工場に新しいケーブルを張りめぐらせる

**stringency**　⓪厳重さ、苛酷さ、金融逼迫(ヒッパク)、金詰まり、切迫、説得力、迫力　◆budgetary stringency　予算の緊縮　◆apply controls of considerable stringency to...　かなり厳しい[手厳しい、相当厳格な]規制を～に適用する　◆at a time of financial stringency　財政的に厳しい折りに　◆because of economic stringency　財政逼迫のために　◆sell at the first sign of monetary stringency　金融逼迫[金詰まり]の最初の兆候が出たら即売却する　◆all regulations were doubled in stringency　すべての規則の(厳しさの度合いは)2倍に強化された　◆the stringency of regulation that banks would face　銀行が直面することになるであろう規制の厳しさ

**stringent**　adj. 厳しい、苛酷[過酷]な、厳重な、厳格な、厳正な、金詰まりの、逼迫(ヒッパク)の　◆stringent definitions　厳密な定義　◆make the law more stringent to protect...　～を保護するためにこの法律をより厳しくする[さらに厳格なものにする、いっそう強化する]　◆stringent MIL-STD-202 tests　厳しいMIL-STD-202 (米国軍用規格)試験　◆Stringent compliance with MIL standards and specifications is required.　米軍標準規格および仕様を厳守[厳重に遵守、厳格に順守]する必要がある。　◆We designed it to meet stringent requirements for rigorous professional use.　弊社ではそれを、過酷なプロ用途向け[プロ御用達(ゴヨウタシ、ゴヨウタツ、ゴヨウダチ)として]の厳しい要求条件を満たすように設計しました。

**stringently**　adv. 厳しく、厳重に、厳格に、厳正に、苛酷[過酷]に、(金融的に)逼迫(ヒッパク)して　◆it must be stringently sealed for dust and moisture protection それは防塵と防湿のために厳重に封印する必要がある ◆The lens must be stringently sealed for dust and moisture protection. 本レンズは、塵(チリ)や湿気から保護する[防塵(ボウジン)および防湿の]ために厳重に封止されていなければならない。

**stringer** a〜（フリーまたは非常勤の）報道通信員

**strip** 1 vt. はがす、むく、取り除く、〜のねじ山をすり減らす[つぶす]; vi. はがれる、むける、ねじ山がバカになる[つぶれる] ◆a strip-off length （電線の被覆を）むく長さ ◆topsoil stripping 表土はぎ取り ◆strip its veil of secrecy その秘密のベール[ヴェール]を剥ぐ[剥がす、剥ぎ取る] ◆strip off coatings 塗布膜をはがす ◆strip stranded wire cleanly より線（の被覆）をきれいにはぐ[むく] ◆the thread is stripped ねじ山がバカになって[つぶれて]いる ◆the stripping of wallpaper [paint] from surfaces 壁面から壁紙を剥がすこと[ペンキを剥離すること] ◆strip away all non-essential functions of the model この機種から無くてもよい機能をすべて取り除く ◆strip off about 2cm of insulation （電線の）絶縁被覆を2cmほどむき取る ◆strip suffix and prefix information from incoming words 入ってくる単語から前綴り(ツヅリ)および後ろ綴り情報を除去する ◆the store was stripped of its authorized Nanox dealer status この店舗は、ナノックス社特約代理店の資格を剥奪された ◆He was stripped of his gold metal. 彼は、金メダルを剥奪された ◆Fasten the mounting screws gently so as not to strip the threads in the mounting base. 取付ねじは、取り付け台内でねじ山をバカにしないよう、慎重に締めてください。

2 a〜 帯状のもの、細片 ◆an (AC) outlet strip; a plug strip; a power strip; a multiple plug box テーブルタップ(*電源プラグが数個差し込める。タコ足配線状態になる) ◆a copper metal strip 銅の細長い金属片; 帯状の銅板; 銅の帯板 ◆a strip chart recorder 帯状[連続]記録用紙使用の記録計 ◆in the Israeli-occupied Gaza Strip イスラエルが占領しているガザ地区に ◆… and plug the other end of the Power Cord into an AC convenience receptacle or power strip そして電源コードの他端を電灯線ACコンセントあるいはテーブルタップに差し込んでください ◆The core is tightly wound onto a cylindrical mandrel from a continuous strip [tape] of grain oriented silicon steel. 鉄心は、方向性ケイ素鋼の連続帯を円筒状の心棒の上に密着巻きして作られる。

**stripe** a〜（縞模様の1本の）縞、すじ、ストライプ、タイプ[種類、型]、〜に縞をつける ◆a magnetic stripe 磁気ストライプ（*クレジットカードの裏面などに塗布されている磁性体の帯）◆vertical [horizontal] stripes 縦縞[横縞]

**stripped-down** adj. 余計なものを省いた (= no-frills) ◆a stripped-down MicroTAC cellular telephone （値段を安くするために）機能が縮小されている[廉価版]マイクロTAC移動電話機 ◆a stripped-down version of ThyDraw ThyDraw（ソフトウェア）の低機能廉価版[廉価版]

**stripper** a〜 はがす[むく、除去する]ためのもの ◆a wire stripper 電線の被覆をはぐ工具; 電線の皮むき機

**strive** vi. 一生懸命に努力する、懸命に〜しようとする、励む、精進する、奮闘する ◆strive to meet the demands of the market 市場の要請[要求、需用]に応えようと励む ◆At Bytex, we're striving toward still better instruments. （私ども）バイテックス（社）は、さらによりより計測器をめざして日夜懸命に努力しています。◆We strive to make good use of all space so there's no dead space. 私どもではスペースはすべて有効利用するよう努力して[努めて]いますので、むだな空間[場所]は一切ありません。

**strobe** a〜 ストロボ（*a stroboscope の略。点滅光源により回転速度を測定したり回転状態を観測する装置）、〈写真〉ストロボ[フラッシュ] ◆a strobe light flashes ストロボが光る[閃光を発する] ◆strobe lights at airports 空港の（白色）せん光灯

**stroke** a〜 打つこと、一打、一突き、一振り、（ペンや筆の）一画（イッカク）、〈キーを〉押すこと、打鍵、ストローク[行程、行程、動程、移動量、動作距離]（*往復運動での1方向への移動）

; 発作、卒中、日射病、脈拍 ◆at a [one, single] stroke 一挙に ◆at half stroke （ピストンなどの）行程の半ばに位置して ◆in a [one] stroke = in a [one] stroke: at a [one] stroke; 一気に、一気呵成(カセイ)に、一遍に、一度に、一挙に、いちどきに; 一打ちに、一撃で ◆a four-stroke [four-cycle] diesel engine 4サイクルディーゼルエンジン; 4行程ディーゼル機関 ◆the stroke of a piston ピストンの行程[ストローク]（*端から端までの運動、またはその移動距離）◆with one stroke 一撃で ◆In a stroke we lost 10,000 subscribers. 弊誌は一気に[一遍に、いちどきに]1万人の購読者を失ってしまった。◆it was on the stroke of midnight when… 〜が起こったのは（時計が）深夜12時を打った時だった ◆With one stroke, he had cut the Gordian knot of… 一刀（両断）のもとに[一挙に]、彼は〜の難問を解いた ◆The letter 巾 ends with a downward stroke. 巾という字は、下向きの画（カク）[線]で終わる。◆We can increase capacity 30 percent at a stroke by adding three more coaches to each train. 弊社では各列車に3両増結することにより乗車定員を一挙に[一気に]30%増やすことが可能です。

**stroll** vt., vi. ぶらつく、散歩[散策、逍遥(ショウヨウ)]する、そぞろ歩きをする、そぞろ歩く

**stroller** a〜 散歩する人、放浪者、巡業者、（腰掛けタイプの）ベビーカー（=〈英〉a pushchair）

**strong** adj. 強い、丈夫な、達者な、強度の、激しい、強烈な、強力な、得意の、有力な、強〜 ◆a strong presentation 力強いプレゼンテーション ◆a strong solution of caustic soda 強い[濃い]苛性ソーダ溶液 ◆demand for housing remained strong 住宅需要は旺盛に推移していた ◆Family ties grow stronger. 家族の絆が強くなる。◆if you find that your glasses are not strong enough メガネ（の度）が弱いと感じるようでしたら ◆predict a very strong recovery for 1998 非常に力強い回復が1998年に見込まれると予測[予想]する ◆Corporate profits remained strong. 企業収益は順調であった。◆The tone is very strong. 市況は非常に堅調[硬調、強含み]である。(*値上がり形勢にある) ◆based on projections that domestic travel will remain strong 国内旅行（の需要）が堅調に維持されるであろうという予測に基づいて ◆they made strong showings in individual tests これらは、個々のテストで優秀な成績を残した[収めた] ◆Color laser printers have also come on strong in the past year. カラーレーザープリンタも、この1年の間に強くなって[健闘して、伸びて、伸びて]きた。◆he is still going strong at 83 彼は83才にしてまだかくしゃくとしている ◆Sales have been strong this year. 今年は、売り上げが順調に推移した。◆The show is in its fifth year and is still going strong. このショーは5年目に入ってなお健闘している。◆To avoid damage, do not use strong cleaners. 損傷を避けるために、強い洗剤は使わないでください。◆The fully independent suspension is one of the car's strong points. 完全独立懸架は、その車の強みの一つである。

**stronghold** a〜 要塞[とりで]、拠点 ◆to damage one of the last strongholds of a male-dominated establishment 男性支配体制の最後の砦の一つをそぐために ◆Japan, the most potent of them all, is pushing into such American strongholds as biotechnology and supercomputers. それらの中でも最も優勢な日本は、バイオテクノロジーやスパコンなどのアメリカの牙城に食い込みつつある。

**strongly** adv. 強く、激しく、強力に、強硬に、頑丈に、丈夫に、頑固に、切に、切実に、熱心に、しきりに ◆be strongly alkaline 強アルカリ性である ◆a small, strongly built man 小柄でがっしり[がっちり]、しっかり]とした体つき[体格]の男 ◆be very strongly acid 非常に強い酸性を示す ◆strongly recommend 〜を強く[是非〜]と勧める ◆It is most strongly recommended that you make a backup of the data on your hard drive before attempting to make Registry modifications. レジストリの変更をしようとする前に、必ずハードディスク上にあるデータのバックアップを取ることを強くお勧めします。(*most strongly = 極めて強く→「必ず〜」)

**strongman** a〜 力や武力で国を治める人, 強権リーダー[指導者], 独裁者, 権勢[権力]を振るう者, 実力者; a〜(サーカスなどの)怪力男 ◆ if Boris Yeltsin, as Russia's new strongman, decides to ban... 仮にボリス・エリツィンがロシアの新しい強権リーダー[指導者]として〜を禁止すれば

**strontium** Ⓓ ストロンチウム (元素記号: Sr) ◆ strontium carbonate 炭酸ストロンチウム

**struck** 〈strikeの過去および過去分詞〉; adj. 夢中の, 惚れている, 魅せられている; ストで閉鎖された, スト中の ◆ a lightning-struck tree 雷に打たれた木 ◆ flu(e)-struck crew members インフルエンザにかかった乗務員 ◆ recession-struck Japan 景気後退に見舞われている日本 ◆ Americans are star-struck. アメリカ人は, 人気スターに夢中になっている. ◆ He was stage-struck from an early age. 彼は若い頃から演劇にひかれていた.

**structural** adj. 構造上の ◆ a structural component 部材 ◆ a structural contour [structure-contour] map (地質) 構造等高線図 ◆ (a) structural inspection 構造検査 ◆ a structural test; structural testing 構造試験 ◆ structural materials 構造材, 構造材料 ◆ structural steel 構造用鋼 ◆ Structural Impediments Initiative talks between the United States and Japan; talks on the U.S.-Japan Structural Impediments Initiative; SII talks 米日構造協議 (※米国では米日の順) ◆ a full-sized structural model 原寸大の構造模型 [モデル] (= a mock-up) ◆ an impediment to structural change 構造的変化を阻んだ[ハバんだ]いる一つの障害 ◆ carry out major structural reforms 大構造改革を行う ◆ caused by structural weakness 構造的な脆弱さ[弱さ]により引き起こされた ◆ create a structural drawing 構造図[構造設計図]を作成する ◆ deep-running structural changes 《経済》深いところで進行している構造的変化 ◆ the impact of IMF structural adjustment policies on Tanzanian agriculture 国際通貨基金 (IMF) の構造調整政策がタンザニア国農業に及ぼす影響 ◆ it suffers from numerous structural weaknesses それは多数の構造的の弱点にたたられている ◆ the weight of all permanent structural and nonstructural parts of a coach 客車のすべての恒常的な構造部分および非構造部分の重量

**structural formula** a〜 (化学) 構造式 ◆ the structural formula of [for] ethylene 《化》エチレンの構造式

**structurally** adv. 構造的に, 構造上 ◆ a structurally flawed government 構造的欠陥を抱えている政府 ◆ be structurally sound 構造的に健全である; 構造がしっかりしている ◆ Congress is going to reform itself structurally. 議会自らを構造改革しようとしている ◆ it is not structurally designed to <do...> それは〜する構造[作り, 造り]にはなっていない ◆ reform oneself structurally 〈団体などが〉自身を構造的に改革する, 構造改革を行う ◆ the bridge is structurally deficient この橋は構造的に(強度が)不十分[不完全]である ◆ These agencies should be structurally reformed and downsized. これらの政府機関は, 構造改革と人員削減の見直しを行わなければならない. ◆ Structurally, the human ear is divided into an outer, middle, and inner ear. 構造的に, ヒトの耳は外耳, 中耳, 内耳に分かれる. ◆ The masonry portion of the collapsed wall was structurally flawed by a design error. 崩壊した壁の石積み部分には設計ミスによる構造的な瑕疵[カシ][欠陥]があった. ◆ Structurally speaking, the Internet is the interconnection of many computer networks which allows them to communicate each other. 構造的に言うと, インターネットは多数のコンピュータネットワークを相互接続したものであり, これによりネットワーク間の相互通信[交信]が可能になるのだ.

**structure** 1 〜 構造, 構成, 組織, 組成, 体系, 建築物, 構成 [構造] 物, 構造体, 構体, 建造物; a〜 《コンピュ》構造体 ◆ structure analysis 構造解析 ◆ a structure test; structural testing 構造試験[検査] ◆ structure-based drug design (SBDD) methods 構造に基づく薬剤設計法 ◆ a man-made structure 人造の建造物[構造物] (※「人造」は, 自然のものに対比しての表現) ◆ antennas of relatively simple structure 比較的簡単な構造をしているアンテナ ◆ lack structure 十分に組織化されていない ◆ resemble... in structure 〜と構造的に似ている

◆ take on a cubic structure 立方体構造になる ◆ the solidity of the structure その構造物の剛性 ◆ the structure of an object 物体の構造 ◆ with a -CH$_2$-CH(COOR)- structure 《化》-CH$_2$-CH(COOR)-構造を持って ◆ firm up its lackadaisical corporate structure 活気がなくてたるんでいる同社の会社構造を引き締める [《意訳》企業体質を強化する] ◆ in regions of highly complicated structure with large variations in elastic properties 非常に構造が複雑で弾性のばらつきの大きい地域において (※地質の話で) ◆ reorganize [reshape, redesign, revamp] a company's corporate structure ある会社 [企業] の組織 [機構] を再構築する ◆ under a single organizational structure 1つの組織機構のもとに ◆ a basic change in the structure of the corporation is taking place その会社の根本的組織変更 [抜本的改組] が進行中である ◆ the department's structure is shown in Figure 8 その部署の組織図は第8図に示されている ◆ probe the internal structures of materials in the 1.0 to 100nm size range 材料の内部構造を1.0から100ナノメートルの大きさ [粒度] の範囲で調べる

2 vt. 構成する, 組織する, 構築する ◆ become highly structured 高度に[非常に]体系化されて(てく)る ◆ a well-structured [poorly structured] program (構造が) よく出来ている[出来の悪い]プログラム ◆ well-structured tasks よく系統立てられた[合理化された]業務

**struggle** 1 v. もがく [あがく], 苦闘する, 奮闘する, 懸命[必死]に努力する, 苦労して進む ◆ struggle to <do> 〜しようと奮闘する ◆ We have either nodded off on the job or had to struggle not to do so on an average of 16 times a month. 私たちは, 仕事中に居眠りをしたかあるいはそれをしない[こっくりしない]よう懸命に努力したことが月平均16回あった.

2 a〜 奮闘, 努力, 苦闘, 戦い ◆ since the recent power struggle between Sculley and Jobs 最近あったスカリーとジョブズの間の権力闘争[争い]以来

**strut** 1 vi., vt. 気取って[もったいぶって, そっくり返って]歩く, 〜を見せびらかす

2 a〜 気取った[もったいぶった]歩き方, 誇示; a〜 支柱, 突っ張り ◆ a (support) strut for... 〜(を支持するため)の支柱

**stub** a〜 (木の) 切り株, 〈タバコの〉吸い殻, 〈鉛筆の〉使い残し, 〈ロウソクの〉燃え残り, 〈切符の〉半券, 折れ[切れ]残り, 〈小切手帳などに残った〉控え; vt. 〈つま先などを〉〈切り株などに〉ぶつける <against>, 〈タバコを〉もみ消す <out> ◆ stub out a [one's] cigarette in an ashtray 灰皿の中でタバコを(押しつけるようにして)もみ消す ◆ Check your pay stub to make doubly sure. 念には念を入れるために給与明細の控えを確認してください.

**stubborn** adj. 頑固な, 一徹な, 頑(カタクナ)な, 強情な, 頑強な, 狷介(ケンカイ)な, 確固とした, 断固とした ◆ if stubborn stains persist もし頑固な汚れが残ってしまう場合は

**stubby** adj. 短く太い, ずんぐりした, 切り株のような ◆ a stubby screwdriver (ずんぐりしている)短ねじ回し[スタビドライバー]

**stucco** Ⓓ スタッコ, 化粧漆喰(シックイ), 上塗り用プラスター; vt. 〜にスタッコ[化粧しっくい]を塗る ◆ a stucco finish スタッコ[化粧しっくい]仕上げ ◆ a stucco exterior wall 化粧しっくい(仕上げ)の外壁

**stud** a〜 (飾り) 鋲(ビョウ), 飾りくぎ, 植え込みボルト, 止め金具, 棒状のスペーサー, 間柱; vt. 〜にstudsを付ける, 〜に散りばめる ◆ a star-studded cast 大物スターが勢揃いする配役; 豪華(メンバー)キャスト ◆ a star-studded leotard 星をちりばめたレオタード ◆ studded tires are illegal スタッドタイヤは違法である

**student** a〜 (大)学生, (米)(中学, 高校の)生徒(→ pupil), 学者, 受講者[生], 学徒, 教え子, 研究生, 研究家, 学者 ◆ a student bus pass バス通学定期券[乗車券] ◆ an activist student 活動家の学生, 学生活動家[運動家] ◆ an International Student ID card 国際学生証 ◆ a strict student code of conduct 厳格な学生行動規範[行動規準, 校則] ◆ large discounts for students on... 〈商品などの〉大幅の学生割引 ◆ student-led protests

学生に率いられた抗議運動; 学生主導の抗議行動 ◆students of management 経営(学)を学んでいる学生 ◆The student discount price of... is about US$60. ～の学割値段は約60米ドルです ◆Are you a student or working [employed, a worker]? あなたは学生ですか, それとも働いていますか[雇われていますか, 勤労者ですか].; 《意訳》あなたは学生ですか, 社会人ですか ◆Group and student discounts are also available. 団体割引および学生割引[学割]もあります. ◆Student Special − 1/2 off Admission with VALID Student I.D. 学生優待[学生割引]− 有効な学生証(提示)で入場料半額 ◆Student members of the ACM are qualified for discounts on conference registration. ACM協会の学生会員は, 会議の登録[予約]に割引[学割]が受けられます.

**studio** a～ スタジオ ◆a studio apartment 《米》ワンルームマンション(＊小さな台所と浴室がついている) ◆in a recording studio あるレコーディングスタジオで ◆studio-recorded material スタジオ録音された素材[(音楽)ソフト]

**study** 1 (a)〜 研究, 調査, 検討, 分析, 勉強, 学業; a〜 研究課題[対象, 論文, 分野], 書斎, 書院, 研究室 ◆under study 検討[調査, 研究]中で[されているところで, 対象の]と ◆pursue one's studies 勉強する; 勉学に励む; 学問に努め励む; 学問[学業]を修める, 熱心に学ぶ; 研究を進める[推し進める, 続ける] ◆a feasibility study 実地の可能性を探るための調査; 企業化調査 ◆a nude study ヌードの下絵 ◆a JICA study team 〈日関国際協力事業団の調査団 ◆a schoolteacher on a study tour of Europe 欧州研修旅行中の学校教師 ◆a study guide <to, for> 勉強[勉学, 研究]の手引き[入門書, しおり]; 教本 ◆a study to determine whether... 〜かどうかを見極める[調べる]ための調査研究 ◆a vaccine currently under study 現在研究中のワクチン ◆be worthy of further study 〜は更に研究してみるだけの価値[意義]がある; 今後の検討[研究]に値する ◆leave room for future studies 〜は今後の検討の余地を残している ◆make [conduct, do] a close study of... 〜を詳細に検討[研究, 調査, 分析]する ◆the results of a study of 1,237 women 1,237人の女性を対象にした調査の結果 ◆a study done at the request of the EPA 米環境保護局の要請[要求, 依頼]で実施された調査[研究, 調査研究] ◆the performance [conduct] of a feasibility study into fund raising 資金調達可能性調査の実施 ◆After thorough study, we will... 徹底的に検討した上で, 〜するつもりである ◆Studies show that... 〜ということが調査研究により判明した. ◆a 1985 Rand Corp. study of 9,000 civil cases 1985年のランド社による9,000件の民事事件の調査 ◆approve $40,000 for a study to determine the feasibility of... 〜の実現の可能性を調査するための費用4万ドルを承認する ◆arrange 180 overseas study tours 180件の海外視察旅行を組む[の手配をする] ◆a study of feasibility of locating child-care centers near stations 駅の近くに託児所を設置できないかどうか調べる調査 ◆conduct a feasibility study for installing... 〜を設置することが出来るかどうかの調査を行う ◆conduct a study of the possibility of using... to <do...> 〜するのに〜が使用できないかを検討[調査]研究する ◆establish a research fund to advance scholarly studies in the study of... 〜研究(分野)における学術研究の振興を目的とする研究基金を創設する ◆From a study of..., we conclude that... 〜を検討した結果, 〜であると結論を出す ◆Several studies have shown that... いくつかの研究により, 〜ということが明らかにされている. ◆A particularly detailed study of... was made. 〜については特に念入りに[つぶさに]調べた. ◆carry out performance studies on the systems during the design phase 設計段階中にこれらのシステムについて性能の検討を行う ◆Oncology is the study of cancer. 腫瘍学とは癌を扱う学問です. ◆The studies conducted by Miller et al. showed... ミラーらが行った研究によれば〜ということである. ◆they carried out studies to establish whether silica was present in the tissue samples supplied 彼らは, 提供された組織標本中にシリカが存在するかどうか確かめる分析を行った ◆until the FCC conducts further studies on auctioning those airwaves 連邦通信委員会がそれらの電波

競売に関する更なる検討[継続審議]を行うまで ◆You have to narrow down your scope of study, for instance, to "Impact of xxx technology on..." 検討[研究]の範囲を, たとえば"xxx技術の〜に対する影響"といったふうに絞り込む必要があります. ◆The effect of indoor ozone on health is under study. 屋内のオゾンが健康に及ぼす影響について研究中[調査中]である. ◆He began studies to determine the effects of Retin-A on sun-damaged skin. 彼は, 日焼けで傷んだ肌に対するレチンAの効果を調べる[効用を確かめる]ための研究を始めた. ◆He suggested conducting a detailed study of how the house magazine was produced. 彼は, 社内報の制作の現状を詳細に調査検討することを提案した. ◆The imaging systems can be used in the study of satellite photographs. これらの画像システムは衛星からの写真の分析に使用可能である. ◆A more detailed study was conducted of the layout stages of the process. Several problems were identified. この工程のレイアウト段階の検討[見直し]がさらに詳細に行われ, いくつかの問題点が洗い出された[特定された, 突きとめられた].
2 v. 勉強する, 修学する, 研究[調査, 検討]する, 究明する, 熟慮する ◆study the Earth's environment from space 地球環境を宇宙から詳細に[詳しく]調べる ◆study the feasibility of building... 〜を建設することが現実的かどうかを検討する ◆study the possibility that... might 〜だということもありえないかと検討する ◆he was able to study under two composers he admired greatly 彼は自ら絶賛した作曲家二人に師事して学ぶことができた ◆He had the good fortune to study under two teachers he considered inspiring. 彼は, 幸運にも, やる気を出させてくれそうな二人の師匠の門下で[弟子として]学ぶことができた. ◆Forever the analyst, you do not enter into anything until it is thoroughly scrutinized and studied over and over again. 生涯分析家であるあなたは, 何事も綿密に調べ上げて[吟味して]検討を重ねるまで着手することはありません.(＊占いで)

**study group** a～ 研究グループ, 研究委員会, 研究会, 研究班(＊「研究−」の代わりに「検討−」とも) ◆form a human rights study group 人権問題研究会を結成する ◆Joint CCIR/CCITT Study Group for Vocabulary 用語を担当するCCIR/CCITT(国際無線通信諮問委員会と国際電信電話諮問委員会の)合同研究委員会 ◆Joint CCIR/CCITT Study Group on Transmission of Sound Broadcasting and Television Systems Over Long Distances 音声放送ならびにテレビシステムの長距離伝送について担当するCCIR/CCITT(国際無線通信諮問委員会と国際電信電話諮問委員会の)合同研究委員会

**stuff** 1 ①材料, 素材, もの; ①資質, 素質
2 v. 詰める, 詰め込む ◆a stuffed toy ぬいぐるみ ◆stuffing materials 詰め物材料(＊ぬいぐるみ人形などの中わた[あんこ]) ◆a stuffed Teddy bear; a stuffed toy bear クマのぬいぐるみ ◆dolls and stuffed animals 人形と, 動物のぬいぐるみ ◆a chatty doll stuffed with a microprocessor マイクロプロセッサが詰まっているおしゃべり人形

**stumble** vi. つまずく, けつまずく, よろける, よろめく, よろよろ歩く, 蹉跌(サテツ)する, ことばがつかえる[とちる, どもる], 偶然出くわす[見つける, 気付く] <across, on, upon>; a〜 つまずき, よろめき; a〜 しくじり, 失敗, 蹉跌 ◆Take 7 − Xxx stumbles on the introduction, then follows with a ragged run-through of the body of the song. テイク7−《演奏者》はイントロでつまずき, それから雑に曲の本体部分を流して通しリハーサルをする.(＊録音の話で)

**stumbling block** a〜 物事の進展を阻むもの, 障害(物), 邪魔もの ◆become a stumbling block for... 〜にとって障害[ネック]になる ◆remove stumbling blocks 障害を取り除く ◆the stumbling blocks preventing... 〜(のスムーズな進展[行く手])を阻んでいるこれらの障害 ◆the major stumbling block in the negotiations had been overcome 交渉の(進展を阻害していた, この)大きな障害は乗り越えられた[克服された] ◆the program has encountered some stumbling blocks 同計画はいくつかの障害にぶつかった ◆there are a variety of stumbling blocks ahead 前途[行く手]にはさまざまな障害が立ちはだかっている ◆Agriculture has been the biggest stumbling block to the present round of multilateral trade talks. 農業(問題)が今回の多国間貿易交渉の最大の障害[ネック]だった. ◆I regard it as a stumbling block in the way of negotiations which must be removed. これは, 交渉の過程の[交渉における], 取り除く[解消す]べき障害であると私は見ている. ◆It is considered by many to be a major stumbling block in the path of a peace settlement. これが和平調停へ向けての主な障害になっていると考える向きが多い.

**stun** vt. 〈人〉をぼう然とさせる, ~の肝をつぶさせる[度肝を抜く], ~を(びっくり)仰天させる, 参らせる, ~に意識を失わせる, ~を気絶させる, ~の耳を(大音響で)聞こえなくさせる, 茫然自失にさせる ◆a stun grenade 特殊せん光手投げ弾(*テロリストなどを閃光と大音響で驚かして数秒間抵抗不能にする)

**stunning** adj. 気絶[ぼう然と]させるような, 耳をつんざく; 《口》すてきな, みごとな, あっと驚くような, びっくりするほどの, 睡然とするような, すばらしい, すごく魅力的な; 奇麗な, 目の覚めるような ◆with stunning efficiency 《口》ものすごく能率よく

**stupid** adj. 愚かな, くだらない, いやな; a~ ばか ◆a stupid mistake ばかな間違い, 大失態 ◆a remarkably stupid bank robbery 非常にまぬけ[とんま]な銀行強盗(事件) ◆say remarkably stupid things 非常にばかな[愚かな, とんまな, 抜けた]ことを言う; 間抜けな[たわけた]ことを抜かす

**stupidity** 回ばか, 愚かさ, ばかさ加減, 鈍鈍; a~, *stupidities* ばかなこと, ばかな行為[言動], 愚行 ◆sheer stupidity 全くの愚かさ ◆as proof of human stupidity 人類の愚かさ[人間のばかさ加減]の証明として ◆There is just no end to human stupidity. 人間[人類]の愚かさには全く際限というものがない.

**sturdy** 頑丈な, 丈夫な, 頑強な, 不屈の, 剛毅な, たくましい, 堅固な, 堅牢な ◆a sturdy housing 堅牢な[頑丈な]ハウジング ◆a sturdy tool 丈夫[丈夫]な工具 ◆a sturdy yet flexible frame 頑丈だがしなやかな枠[フレーム]

**style** 1 (a)~ やり方, 方式, 様式, 風, 流, 一張り(バリ), 型, 形, 形式 ◆go out of style 流行遅れになる; はやらなくなる; 使われ[行われ]なくなる ◆an American-style house アメリカ様式の家 ◆an old-style clock 旧式の時計 ◆a tower-style case (パソコン用)タワー型のケース ◆American-style democracy; democracy American-style 米国流の民主主義 ◆8 different line styles 8つの異なった線種 ◆a clamp-on style ammeter クランプ方式の電流計(*style は説明のために加えられたもので, 通常は a clamp-on ammeter でクランプ型電流計と呼ぶ) ◆change paragraph styles 《ワープロ》段落の書式[形式, スタイル]を変更する ◆teenagers wearing 1950s-style leather jackets 1950年代風の革ジャンを着たティーンズ ◆with military-style efficiency and exactitude 軍隊張りの効率[能率]と厳格[厳正]さをもって ◆heavy on style but light on substance 《意訳》形[形式, 格好, 体裁]ばかりで内容が貧弱で[内容に乏しく]; 空疎で ◆a spectrum of screen styles for representing molecules 《コンピュ》分子(構造)を表現するための多様な画面スタイル ◆As with most items of apparel, ties go in and out of style. ほとんどのアパレル製品と同様に, ネクタイにもはやり廃りがある. ◆I was playing my favorite CDs and singing along, karaoke style. 私は好きなCDをかけながらそれに合わせてカラオケ風に歌っていた. ◆The style menu lets you change the style in which you view an image. 《コンピュ》スタイルメニューによって, 画像の表示スタイルを変更することができる. ◆Modifications to the style sheet will be reflected throughout the entire document. 《ワープロ》スタイルシート[書式設定シート]に加えられる変更は, 文書全体に反映される.

2 v. ~をある様式[様式, 型]にする[つくる], (~の称号で)呼ぶ ◆a cleanly styled car with smooth, flowing lines スムースな流れるような[流麗な]線ですっきりと体裁が整えられた車

**in style** 上品に, 優雅に, 立派に, 見事に, 豪華に, 豪勢に, 贅沢に, 派手に; ファッショナブルであることの要

件に沿って, 流行にかなって ◆dine in style スタイリッシュに[ファッショナブルに, 豪勢に, 豪華に, 上品に]食事する ◆drive in style 粋に[さっそうと, スタイリッシュに, カッコつけて]ドライブする ◆travel in style 豪華に[豪勢に, 豪奢に, 派手に, 大名]旅行する(*たとえば, 特等席に乗ったり, 高級ホテルに泊まったりして) ◆connect floors in style with spiral wooden staircases 各フロア[階]を上品に木製の螺旋階段で連結する ◆"Hot pants" are definitely back in style. 「ホットパンツ」は紛れもなく再び流行って[ブームが再来して]いる.

**styling** 回ある様式[スタイル]にする[つくる]こと, 様式, 型 ◆the car's styling この車のデザイン

**stylish** adj. 流行の, 流行に合った, ファッショナブルな, 粋な, 小意気な, かっこいい, 洒落た(シャレタ), おしゃれな, ハイカラな, 時代感覚にマッチした, 当世風の

**stylist** a~ (服飾などの様式[モード]の)デザイナー[アドバイザー], スタイリスト; a~ 独特の文体を持った人, 文体に凝った人

**stylus** a~ (pl. *-li, ~es*) 線を刻んだり書いたりするための針状の道具, レコード[再生]針, 《コンピュ》(手書き入力用の)ペン, (自動記録計の)針 ◆a touch screen and a metal stylus 《コンピュ》タッチスクリーンと金属製のペン

**stymie** a~ (ゴルフのグリーン上で打者の球とホールとの間に相手の球がある状態), 困った状態, 窮状, 窮境; vt. ~を窮地に追い込む, 妨害する, 挫折させる, ~に邪魔をする ◆stymie growth[technological progress] 成長[技術の進歩]を阻害する

**Styrofoam, styrofoam** 《商標》スチロフォーム, 発泡スチロール ◆a styrofoam box (発泡)スチロール箱; 雪箱 ◆Styrofoam [styrofoam] insulation 発泡スチロール断熱材 ◆a styrofoam cup of coffee スチロールカップ入りコーヒー1杯 ◆Styrofoam (packing) chips [peanuts] ポテトチップ(ピーナツ)形の発泡スチロールの梱包材料

**sub-** 副-, 下の, ~より下[未満, 以下]の(*「以下は」大ざっぱな言い方で), 下位の, 亜-, やや ◆sub-5-ns access times 5ナノ秒より下[未満, 以下]のアクセス時間(*「以下」は大ざっぱな言い方で) ◆submillimeter-sized crystals 1ミリに満たない[以下]のサイズ[粒径]の結晶

**subacute** adj. 《医》亜急性の ◆a subacute patient 亜急性患者

**subassembly** a~ 小[部分, 半]組み立て品, サブアセンブリ, サブアッシー ◆factory-built subassemblies 工場にて組み立て済みの半組立品 ◆PC boards, subassemblies and components プリント回路基板, 部品組み立て品, および部品

**subatomic** adj. 原子より小さい ◆a subatomic particle 亜原子粒子(▶ 素粒子か原子核. 実際には素粒子が an elementary particle を指して用いられることが多い)

**subbituminous, sub-bituminous** adj. 〈石炭など〉亜瀝青(アレキセイ)状の(cf. semi-bituminous) ◆subbituminous [sub-bituminous] coal 亜瀝青炭

**subbottom** adj. 海底下の ◆a subbottom depth recorder 海底層深度記録計 ◆subbottom reflection 海底下反射(*音響資源探査における海底下の堆積層からの音波の反射)

**subcarrier** a~ 副搬送波

**subcommittee** a~ (= a panel)小委員会, 分科委員会, 分科会 ◆technical Subcommittee on Integrated Services Digital Networks 総合デジタル通信網について担当する専門分科委員会

**subcompact** a~ 《車》サブコンパクト車, 小型車(a compact)より小型の車; adj.

**subconductor** a~ (送電線の)素導体; a~ 副指揮者 ◆subconductor oscillation (風による)素導体の振動(*送電線の)

**subconscious** adj. 潜在意識の, 意識下の, ぼんやりと意識している; n. the~ 潜在意識, 下意識(カイシキ), 前意識(ゼンイシキ) ◆subconscious fears 潜在意識にある恐怖 ◆send messages to the subconscious mind 潜在意識にメッセージを送り込む ◆uncover family secrets that had been buried in the subconscious 潜在意識に葬られていた家庭の秘密を探り出す

**subconsciously** adv. 潜在意識的に, 意識下で, ぼんやりと意識して ◆a patient who subconsciously lifts her foot when... ～の時に無意識に脚を上げる患者

**subconsciousness** ①潜在意識, 下意識(カイシキ), 前意識(ゼンイシキ)

**subcontract** 1 a ～ 下請け契約, 下請負い ◆Nike's Indonesian subcontract factories インドネシアにあるナイキの下請け[(意訳)協力, 受託生産]工場 ◆The company is engaged in the subcontract manufacturing of... 同社は, ～の下請け製造に従事して[受託生産を営んで]いる ◆undertake work under a subcontract 仕事を下請けする ◆The company won a $1 million subcontract from Powertek to install... この会社は, ～を設置する100万ドルの下請け契約をパワーテック社から獲得した.
2 v. 〈仕事〉を下請けに出す[外注に出す, 委託する] ◆a subcontracting company [business, firm] 下請け企業[会社, 業者]; a subcontracting factory [plant] 下請け工場; (意訳)協力工場 ◆subcontracted supplies 下請け業者から上がってきた納入品 ◆subcontract work to... ～に仕事を下請けに出す ◆Most production is subcontracted to professional production houses. ほとんどの制作作業は, 専門の制作会社に下請けに出される. ◆Nanotronics has subcontracting partners in Taiwan and South Korea. ナノトロニクスは, 台湾と韓国に外注提携先を持っている.

**subcontractor** a ～ 下請契約者, 下請け業者[企業], 外注先, 外注業者, 下請け[外注, 協力]工場 ◆Rexel is a subcontractor to MDB International Inc. レクセルは, MDBインターナショナルの下請けである. ◆The subcontractors deliver components and/or finished products to the factory. これらの下請け業者[(意訳)協力会社, 協力工場]は, この工場に部品, 完成品, あるいはその両方を納入する.

**subcritical** adj. 臨界未満の, 亜臨界の, 未臨界の, 臨界前の; 決定的とまではいかない ◆a subcritical mass 《原子力》臨界未満[未臨界]質量 ◆a subcritical reactor 臨界未満原子炉 ◆conduct subcritical nuclear testing; perform a subcritical nuclear test 未臨界核実験を実施する ◆be operated under either subcritical or supercritical conditions 亜臨界状態または超臨界状態で運転される(＊ボイラー等)

**subdivide** v. さらに分割する, 細分[細別]する ◆subdivide the problem into manageable pieces その問題を扱いやすい大きさに細分する

**subdivider** a ～ さらに分けるもの[人], 宅地分譲業者

**subdue** vt. ～を征服[制圧, 平定(ヘイテイ), 鎮圧]する, 〈感情など〉を抑える, 抑制する, 〈恐怖など〉を克服する, ～に打ち勝つ, 〈土地〉を開墾する, ～を鎮める, 和らげる, 緩和する ◆The suspected bomber was subdued by crew and passengers. 爆弾容疑者は乗員と乗客によって取り押さえられた.

**subgrade** a ～ 《道路や線路などの》地盤, 路床, 路盤; adj. 路床[路盤]の ◆a (road) subgrade 路床, 路盤

**subharmonic** a ～ サブハーモニック, 分数調波, 低調波, 分周波, 《音響》分周音 ◆Subharmonic: A frequency that is an integral submultiple of the fundamental [a frequency to which it is referred] 低調波[分周波]: 《順に》基本波[言及されている周波数]の整数分の一の周波数

**subject** 1 a ～ 題目, テーマ, 論題, 主題, 題材, 話題, 案件, 問題, 〈メール, ファックスなどの〉件名, 件, 標題, 教科[科目], 対象[的, 被験者], 主語 ◆raise a subject 話題を持ち出す ◆change the subject 話題を変える ◆a stationary subject 静止被写体[静物] ◆(a) subject copy 《ファックスの》原稿 ◆subject brightness 《撮影》被写体輝度 ◆the subject of a photograph 写真の被写体 ◆a subject under discussion 議題 ◆become a subject of interest 興味[関心]の対象になる ◆be considered an authority on the [this] subject このテーマ[問題, 分野, (意訳)斯界(シカイ)]の権威であると考えられている ◆a book on the subject of nanotechnology ナノテクノロジーをテーマ[主題, 題材, 話題]にしている本 ◆a conference on the subject of Europe and Islam 欧州とイスラム世界を議題とした会議 ◆a minimum lens-to-subject [camera-to-subject] distance 《被写体までの》最短[最低, 至近]撮影距離 ◆reader-grabbing subjects such as sports and business スポーツやビジネスなどの読者をつかむ題材 ◆Subjects high on the agenda include... 議事日程に載っているテーマのなかでも優先順位の高いものを以下に掲げます. ◆the subjects covered in Chapter 1 第1章で取り上げられているテーマ ◆determine subject contrast and brightness 被写体のコントラストと輝度を測定する ◆serve as a test subject for an experiment 実験の被験者を務める ◆use fill-in flash to add further "sparkle" to the subject's face 《写真の》モデルの顔の「輝き」を更に増すためにフラッシュによる補助光を使う ◆when it comes to the subject of... ～の話[件]になると ◆a dress belonging to Ms. Lewinsky which may become the subject of DNA testing DNA鑑定試験の対象になるかもしれないルインスキーさんのドレス ◆Let's get back to the subject. では, 本題に戻ろう. ◆Subjects were asked to fill in a questionnaire how their leisure time was spent. 調査対象者は, 余暇をどのように過ごしたかをアンケート用紙に記入させられた.
2 adj. ～《に従うこと》を条件として, ～を受けやすい, ～の支配[影響]下にある, ～次第である, ～によって決まる[変わる] <to> ◆... shall be subject to the following standards. ～は下記の標準規格に準拠するものとする ◆be not subject to oxidation [corrosion] 酸化[腐食]されない ◆ALL PRICES SUBJECT TO CHANGE WITHOUT PRIOR NOTICE. 価格はすべて予告なしに変更されることがあります. (＊価格表やカタログのきまり文句. be動詞が省略されている) ◆Failure to stop for this sign could make a driver subject to a fine. この標識で停止しないと, 運転者は罰金[反則金]を科せられることがある. ◆Russian automobiles are not subject to emission standards. ロシアの自動車は, 排ガス基準の規制がついていない. ◆Specifications are subject to change without notice. 仕様は, 予告なしに変更[変更する]することがあります. ◆The consummation of the restructuring is subject to the satisfaction of the following conditions: この《経営の》構造改革の達成は, 次の条件が満足されることが前提となっている. ◆The EC has placed Japanese VCRs on a list of goods that may become subject to controls. ECは日本製ビデオデッキを《輸入》規制対象予定品目リストに載せた.
3 vt. <to> ～に《～を》受けさせる[こうむらせる], ～を《に》さらす[あてる, かける], ～を《に》供する, ～を《に》付する[附する], ～を《の》支配[管理, 影響]下におく ◆... must be subjected to a heat treatment ～は熱処理にかけなければならない; (意訳)～に熱処理を施さなければならない ◆subjected to dicing or slicing さいの目に切られたりスライスされたりする ◆subject it to a reducing flame それを還元炎に当てる ◆subject... to an unfair "litmus test" ～を不公正な「リトマス試験[試金石]」にかける ◆when subjected to intense fire 激しく燃え盛る炎にさらされると ◆when subjected to radiation 放射線がかけられると; 被曝すると ◆by subjecting the material to enormous pressure 材料をものすごい圧力にさらすことにより; 材料に極めて高い圧力を印加することにより ◆endanger others by subjecting them to secondhand smoke 間接喫煙させることにより他人を《健康上の》危険にさらせる ◆subject the material to a cleaning process [①testing, a test] この材料を洗浄工程[テスト, 試験]にかける ◆subject them to various experiences 彼らにいろいろな経験をさせる ◆subject white males to "reverse discrimination" 白人男性に「逆差別」を受けさせる ◆the assembly shall not leak when subjected to a pressure differential of at least 10 PSI for 3 minutes 同組み付け品は, 最低10ポンド/平方インチの圧力差を3分間印加して漏れを起こしてはならない ◆It develops a voltage when subjected to pressure. それは, 圧力を受けると[圧力がかかると]電圧を発生する. ◆The image is subjected to image processing. その画像は画像処理される. ◆Every year, an estimated 3.5 percent of American schoolchildren are subjected to corporal punishment. 毎年, 推定3.5%の米国の生徒が体罰に処されて[体罰を受けて]いる.

**subjection** □<to> 他のものの力・影響・作用を受けさせること, 服従, 屈服, 屈服 ◆absolute subjection to... ～への絶対服従 ◆action was taken to bring them into subjection 彼らを服従させるために措置がとられた ◆women's subjection to men 女性の男性への服従 ◆Stalin's subjection of Eastern Europe after World War II 第二次世界大戦後のスターリンによる東欧の征服 (参考) be operational after subjection to a 4-foot drop on pavement 4フィートの高さから舗装上に落下させた後でも動作可能である[機能する] (*製品のドロップテスト)

**subjective** adj. 主観の, 主観的な, 個人的な, (作品などが)主観的な表現の, 想像上の[架空の], (文)主語[主格]の ◆from a subjective point of view 主観的見地[観点]から(見ると) 主観的に見て ◆the subjective judgments of experts about... ...に関する専門家の主観的な[((訳))個人的な]判断 ◆Deciding whether actions or words constitute sexual harassment requires a subjective rather than objective determination. In other words, it's in the mind of the woman. 行為や言葉がセクハラになるかどうかについては, 客観的ではなく主観的な判断を要する. すなわち, 判断はその女性の心の中[心中, 胸中, 胸のうち]にあるのだ.

**subjectively** adv. 主観的に ◆The panel concluded that IRS methods for pursuing employers have often been applied subjectively and inconsistently and have been too harsh on many well-meaning companies. 小委員会は(米国内)歳入庁の雇用主追及方法について, 主観的[恣意的]かつ一貫性に欠く[気まぐれの]適用が多々あった(=悪気なしに違反してしまった)会社に対して厳しすぎると結論づけた.

**subjugate** vt. 征服[平定]する, 支配する, 服従させる ◆With the ultimate aim of subjugating all of China, the Japanese launched a new attack at Lukouchiao (Marco Polo Bridge) near Peking on July 7, 1937. 中国全土を従属させる[隷属させる, 支配する, 征服する]という最終目標を掲げ, 日本は1937年7月7日北京近郊の盧溝橋(ロコウキョウ)(マルコポーロ橋)で新たな攻撃を仕掛けた.

**sublet** vt. 〈借りたもの〉を又貸し[転貸し(テンガシ), 転貸借(テンタイシャク)]する(sublease, underlet); 〈請けた仕事〉を下請けに出す[回す](subcontract) ◆perform [do] sublet work 下請け仕事をする ◆if you sublet work to others 貴社が他の会社に仕事を下請けに出す場合に

**sublimate** v. (化)昇華する, 純化する, 高尚にする[する]; a ～ 昇華物; adj. 昇華された

**sublimation** □.《化》昇華, □昇華, 高尚化, 崇高化, 純化, 理想化 ◆a dye-sublimation [dye-sub] color printer; a color dye-sublimation printer カラー昇華型プリンター(*インクフィルム上の染料を熱で昇華させ印刷する方式の熱転写型プリンター)

**sublime** 1 adj. 崇高[荘厳, 壮大, 雄大, 高尚]な, 卓越した 2 v. (化)昇華する, 高尚にする[なる] ◆the substance sublimes この物質は, 昇華性である ◆Dry ice sublimes at -78.48°C. ドライアイスは-78.48°Cで昇華する.; ドライアイスの昇華点は-78.48°Cである.

**subliminal** adj. 潜在意識の, 意識下の, 閾下(イキカ)の, 意識にのぼらない, 潜在意識に働きかける[訴える] ◆the subliminal effect of... ...の潜在意識的な効果 ◆through subliminal advertising 潜在意識に訴求する宣伝を通して

**subliminally** adv. 潜在意識的に, 意識下で, 閾下(イキカ)で, 潜在意識に働きかけて[訴えて] ◆still exist subliminally 依然として意識下に存在している

**submarine** a ～ 潜水艦, 潜水艇, 潜航艇; adj. 海面下の, 海底の, 海中の(= under [in] the sea) ◆an anti-submarine frigate 対潜フリゲート艦 ◆a submarine mine 潜水艦用水雷 ◆a submarine [undersea] cable 海底ケーブル ◆a submarine volcano 海底火山 ◆a submarine-launched ballistic missile (SLBM); submarine-launched ballistic missiles (SLBMs) 潜水艦発射弾道ミサイル ◆a submarine patent サブマリン特許(*米国では特許の審査過程を公開する制度がないので, 出願内容が常識化した後で突如特許を成立させて他者から特許侵害の賠償金を取ろうとするもの) ◆U.S. submarines 米潜水艦 ◆a submarine-launched cruise missile 潜水艦[海中]発射巡航ミサイル(SLCM) ◆land-based and submarine optical fiber systems 陸上および海底光ファイバーシステム

**submerge** v. 水中に入れる, 沈める[沈む], 浸水[水没]させる[する], おおい隠す ◆be submerged in water 水中に浸漬されている ◆use the submerged caisson method 沈埋ケーソン工法[方式]を用いる(*地盤が軟弱な場合などに)

**submersible** a ～ (特に学術調査用の)潜水機, 潜水艇, 潜水艦; adj. 水中に投入可能な[沈められる], 水中で機能できる ◆a submersible pump 水中ポンプ ◆a scientific unmanned submersible 学術用無人潜水機 ◆a manned deep-sea submersible 有人深海潜水艇

**submersion** (= submergence) 浸水, 水没, 冠水 ◆Fire or submersion in water is rare in automobile accidents. 車の事故で火事や水没はまれである.

**submicron** adj. ミクロン以下の, サブミクロンの, ((訳))超微細な ◆be submicron in size ミクロン以下の大きさ[粒径]をしている ◆MOS FET devices with submicron line widths サブミクロンの線幅を有するMOS FET素子 ◆Additives in the oil are submicron in size and pass easily through any oil filter. このオイルに含まれている添加物は超微細で, どんなオイルフィルターでも簡単に通り抜けてしまう. (*submicron in size とは粒径が1ミクロン以下という意) ◆Submicron technology is the art of etching onto silicon chips with a width of less than one-thousandth of a millimeter. サブミクロン技術とは, シリコンチップの上に千分の1ミリ未満の線幅でエッチングする技術である. (*微細加工の話)

**submicroscopic** adj. 顕微鏡で見えないほど小さな, 超顕微鏡的な, 極微小の ◆of submicroscopic size 極微小サイズ[粒径]の

**submillimeter** adj. (大きさや波長が)1mm以下[未満]の ◆a submillimeter telescope サブミリ波望遠鏡(*微量気体から放射されるサブミリ波帯の微弱電波信号を捕らえる) ◆a submillimeter wave サブミリ波 ◆a submillimeter (wave) system サブミリ波システム ◆a submillimeter-wave receiver 準ミリ波受信機 ◆the submillimeter region サブミリ波帯

**subminiature** adj. (電子部品, カメラなど)超小型の, サブミニ型の; a ～ 超小型カメラ ◆a subminiature camera [disk drive] 超小型カメラ[ディスクドライブ装置] ◆a subminiature tube [valve] サブミニチュア管(*超小型の真空管)

**subminiaturization** □.超小型化 ◆subminiaturization techniques for low-frequency receivers 低周波受信機の超小型化手法 ◆Subminiaturization of semiconductors is now well under way, with feature widths now at 0.3 micron and dropping. ((訳))半導体の超小型化[超微細化]が今日かなり進んでおり, 超微細加工線幅は現在0.3ミクロンで, 更に超微細化しつつある. (*feature widths = シリコン基板上につくられる各回路路素子の幅)

**subminiaturize** vt. ～を超小型化する ◆subminiaturized equipment 超小型化されている機器

**submission** (a) ～ 提出, 付託, 仲裁付託書, 仲裁付託合意; a ～ 意見の開陳, 提案, 具申; (a) ～ 服従, 降伏, 屈服, 従順; a ～ (電子掲示板などへの)書き込み, 登録 ◆for submission to... ...に提出するために, ～送りにするために, ～に回付[かける]ために ◆force the renegade republic into submission その反逆的な共和国を屈伏[服従]させる ◆make a late submission (期日などを過ぎて)遅い提出をする, ((訳))遅れて提出する ◆require submission of membership lists 会員名簿の提出を必要とする ◆traditional expectations of male dominance and female submission 男が支配し女が従う[隷従する, 隷属する]ものとする因習的な期待 ◆male 以下は「男尊女卑」と訳認してもよい ◆It is likely to be ready for submission by next week. それは, 来週までに提出の用意ができそうだ. ◆The deadline for submissions is Oct. 15. 提出期限は10月15日です. ◆Students have to complete each experiment and hand in the report on time – late submission of the report, without good

**reason**, results in zero mark for the whole experiment.　学生はすべての実験を予定通り終了したレポートは期日までに提出しなければならない．正当な理由なしでレポート提出が遅れた場合は，(結果的に)その実験全体について零点とする．

**submit** vt. <to> (〜に)〜を提出[提示, 提起]する, 服従させる, 委ねる[任せる], 〈処理などに〉かける[まわす, 渡す, 《パソ通》送り出す, 送信[送出, 書き込み, 登録]する, 《コンピュ》サブミットする, 《意訳》発行する[送信する, 登録する, 投入する, 実行する]; vi. <to> (〜に)〜屈伏する[甘受する, 従う], (〜を)受ける　◆submit a message　《通》メッセージを出す[発信する, 送信する]　◆submit a message to a mailing list [a message board, a forum, a conference]　《ネット》メーリングリスト[フォーラム, (電子)会議室, 掲示板]にメッセージをアップ[送信, 登録]する　◆submit a post《投稿[発言]する　◆refuse to submit to a breath test for alcohol　酒気検査を受けることを拒む　◆submit a dissertation [a report, an application, a proposal, a plan] to...　〜に学位論文[《順に》報告書, 願書, 提案, 企画案]を提出する

**submultiple** a〜約数, (割り算をして)割り切れる数; adj. 約数の　◆a frequency that is an integral submultiple of the input frequency　ある入力周波数の整数分の一の[《(意訳)》何分の1かの]値の周波数　◆a submultiple of the 44.1-kHz standard sampling rate of the CD　CDの標準サンプリングレート[標本化速度]である44.1kHzの約数

**subnotebook** a〜サブノート機[コンピュータ]　◆a subnotebook personal computer; a subnotebook computer; a subnotebook PC; a subnotebook　《コンピュ》サブノートパソコン

**subordinate** adj. 下位の, 副次的な, 〜に従属している <to>; n. a〜部下, 配下, 手下; vt. 〜を(〜の)下位におく <to>, 〜を(〜より)軽く考える <to>, 〜を従属させる, 〜を下位に置く <to>　◆a subordinate clause　従属節[副文]　◆a subordinated debenture　劣後債　◆a subordinate group　下部区分　◆a subordinated loan　劣後ローン　◆a government agency subordinate to the Xxx Ministry　Xxx省の下部政府機関　◆a subordinate organization of a central [parent] organization　ある中央[親]組織の下部組織　◆even if in a subordinate way　たとえ従属的[副次的, 補助的]とはいえ　◆her subordinates　彼女の部下[配下]たち　◆your immediate subordinates　あなたの直属の部下たち

**subpar** adj. 標準[水準]以下の　◆a subpar digital instrument　水準以下の(品質の)デジタル(表示の)計器

**subroutine** a〜《コンピュ》サブルーチン　◆image processing subroutines　画像処理サブルーチン

**subscan** v. 副走査する; a〜副走査　◆interrupt a subscan　副走査を中断する

**subscanning** (1)副走査; adj. 副走査の　◆in a [the] subscanning direction; in the direction of sub-scanning　副走査方向に[の]

**subscribe** v. 定期購読[定期サービス]を受けて[利用して]いる <to>, 申し込む[加入する, 契約する] <to>, 署名する <to>, 〜承認[承諾]記名する　◆subscribe to a diaper service　貸しおむつサービスを(定期契約で)利用する　◆a belief which continues to be subscribed to by some　一部の人たちによって信じ続けられている信仰[迷信]　◆The magazine continues to be subscribed to by over 8,000 people.　この雑誌は, 8,000人以上が継続購読している.

**subscriber** a〜定期購読者, 加入者, 利用者, 申し込み者, 予約者　◆a subscriber line [loop]　《電話》加入者線(路)(= a central office line)

**subscribership** 《集合的に》加入[購読, 利用]者層; 加入[購読, 利用]者数, 加入[購読, 利用]者であること　◆The company hopes to boost its subscribership approximately tenfold to 30,000-40,000 subscribers in fiscal 1998.　同社は, 1998年度に加入者数を約10倍の3万から4万に伸ばすことを目指す.　◆The online services saw [experienced] a 12.5 percent gain in subscribership to 1.4 million members.　同オンラインサービスの加入者数は, 12.5パーセント増の140万会員となった.

**subscript** a〜下付き文字, 添え字; adj. 下付きの, 添え字の　◆a numerical subscript　(下付きの)数字の添え字[個数](*$H_2$の2など)

**subscription** (a)〜申し込み, 予約, 加入, 定期購読(料[期間]), (定期的なサービスなどの)契約　◆he canceled his subscription to...　彼は〜の購読をやめた　◆sign up for one year's subscription to the magazine　その雑誌の1年間の購読を申し込む　◆A trial usage subscription is available for less than $1,000.　サービスは1,000ドル以下で試用できる.　◆Our subscription price will not be raised during your term of subscription.　お客様の購読期間中は, 弊社の購読料金の値上げはありません.　◆In order to activate your subscription, you must sign up again while you are online.　《ネット》入会を有効にするには, オンラインでもう一度サインアップ[入会申し込み]しなければなりません.　◆Send me one year (12 issues) of Car Review for $13.50. (Full subscription price $19.50.)　私に1年分のCar Review誌(12冊)を13.50ドルで送って下さい. (通常購読価格は19.50ドル)(*申し込み用紙に事前に印刷されている言葉)

**subsea** adj., adv. 海面下の[で]　◆a subsea digital lightwave superhighway　海底デジタル光通信スーパーハイウェイ

**subsequent** (〜に)引き続いて起こる, それに続く, (〜の)次の <to>　◆subsequent to that　その後　◆at a subsequent meeting　そののちのミーティングで　◆over the subsequent 14 years　それ以後14年間にわたって　◆during a subsequent retry　次の再試行の間に　◆in a subsequent chapter　後の方の章で; 後章で　◆in the subsequent chapter　これに続く章で; 次の章で; 次章で　◆reduce or eliminate [obviate] the need for subsequent treatment　《工》後処理[《医》それに続く治療]の必要性を減らすかなくす　◆subsequent to these events　これらの事件以後; これらの事件があってからは　◆Subsequent investigation has revealed that...　その後の調査で, 〜であることが明らかになった[判明した, 分かった].　◆Subsequent to approving the samples, ...　見本の承認の後で[に引き続いて], ,　◆The program is written out first, and an explanation of the program is provided in the subsequent section.　先にプログラム(のリスト)全体を示し, それに続く[次の]項でプログラムについて解説します.

**subsequently** adv. その後, その次に, 後に, 引き続き; (〜に)続いて <to>　◆he subsequently got cold feet　彼は, その後おじけづいた[逃げ腰になった, 腰が引けてしまった]　◆Windows revolutionized the PC when version 3.0, and subsequently 3.1, was introduced.　Windowsは, バージョン3.0が市場投入され, 次いで3.1が投入された時にパソコンに大変革をもたらした.

**subset** a〜(セットの一部分を成す)部分セット, 部分集合, 一部　◆Its design is modular and subsets may be implemented according to the needs of the application.　その設計はモジュラー化されていて, (構成単位である)サブセットはアプリケーションのニーズに応じて実装される.

**subside** vi. 〈興奮, 騒ぎなどが〉静まる[鎮まる], 収まる[納まる], 沈静化する, 静かになる, 〈痛みなどが〉和らぐ, 薄らぐ[ひく, 減る], 治る, 〈腫れ, 熱などが〉ひく, 〈土地が〉沈下[沈降, 陥没]する　◆The symptoms usually subside within a few days but reappear if therapy is stopped.　症状は通常数日で収まるが, 治療を止めると再現する[ぶり返す].

**subsidence** (a)〜(地盤などの)沈下, 沈降, 陥没, 沈静　◆ground subsidence caused by nearby underground construction work　近くの地下建設工事により引き起こされた地盤沈下

**subsidiary** adj. 補助の, 従属的な, 副次的な, 付帯〜; a〜子[系列]会社, 補助的なもの, 従属するもの　◆a subsidiary source of income　副収入源　◆A subsidiary agency is, by definition, an agency subordinate to or secondary to a primary agency.　子[下部]機関とは, 定義上, 主たる機関に従属する[機関の下に位置する]機関などに二次的な機関のことである.　◆The Shanghai municipal government approved the start-up of 3M China, Ltd., a wholly owned subsidiary of the U.S.-based Minnesota Mining & Manufacturing Co.　上海市政府は, 米国に本社を置くミネソタ・マイニング・マニュファクチュアリング社の完全所有[百

パーセント]子会社であるスリーエム・チャイナ社の事業開始を認可した。
**subsidize** vt. ～に補助[助成, 奨励]金を支給する, (援助金を払ってその見返りとして)～の支持を得る ◆government-subsidized health systems 政府から補助金[助成金]を受けている医療制度 ◆subsidize businesses involved in high technology research and development 先端技術の研究開発を手がけている企業に資金援助をする
**subsidy** a～ (pl. -dies) 補助金, 助成金, 奨励金, 保障金, (助成された)交付金, 寄付金, (利子などに対する)補給金 ◆a subsidy press [publisher] 自費出版専門の出版社
**subsist** v. 存続[存在]する, なんとか生活していく, ～を養う ◆enable them to subsist without having to work 彼らがなんとか働かないで生活して行けるようにする
**subsistence** 存続, 存在, 生存, 生計, 生活の糧, 生活必需品を得るためのみなもと, 生活基盤 ◆subsistence farming [agriculture] 自給(自足)農業(*自家消費用に農作物を作る) ◆the means of subsistence of the worker and his family 労働者および彼の家族の生活の糧 ◆the transformation of agriculture from being mostly a means of subsistence to a commercial enterprise 主に生活の糧を得る手段としての農業から営利事業への転換 ◆he is deprived of the means of subsistence through no fault of his own 彼は, 自分に落ち度はないのに生活の糧を奪われている ◆The government admits that up to 50% of the population lives at or below subsistence level. 政府は, 人口の50%までがやっと食べて行けるだけの生活水準かそれ以下で生活していることを認めている。 ◆The mercury used by gold prospectors as a separating agent has poisoned many rivers that the Yanomami rely on for subsistence. 金採掘者が分離剤として使用している水銀により, ヤノマミ族(インディアン)の生活基盤となっている多数の河川が汚染された。
**subsonic** adj. 音速以下の, 亜音速の; 超低周波の, 可聴下周波の; a～ 亜音速航空機 ◆a regular subsonic jet 普通の亜音速ジェット機 ◆at subsonic speeds 亜音[音速]以下の速度で ◆utilize subsonic frequency tones ordinarily undetectable to the human ear 通常人間の耳では感知できない超低周波音を用いる ◆Earlier stealthy planes are subsonic. 先に開発されたステルス機は, 亜音速機である。
**subspecies** (単複同形)亜種 ◆an endangered subspecies of red squirrel アメリカ・アカリスの絶滅の危機に瀕している亜種
**substance** a～ 物質, 物体; ①実質[実体], 趣旨[内容], 真実 ◆add substance to... ～に実質を付与する ◆a radioactive substance 放射性物質 ◆be devoid of substance ～には実体[実質, 本質]がない; 空疎である ◆give substance to the Rev. Martin Luther King Jr.'s dream 故マーチン・ルーサー・キング牧師の夢に実体を付与する[夢を具体化する] ◆it is short on substance それは実質に欠けている ◆an illusion without material substance 実体のない幻覚 ◆Freedom of artistic expression would become devoid of substance if... もし～なら, 芸術表現の自由は形骸化するであろう。 ◆need some substance to fall back on ある程度のよりどころとなる実質を必要とする ◆squeeze the substance from the tube チューブから中身[内容物]を絞り出す ◆a dangerous substance that must be handled carefully 慎重な扱いを要する危険な物質[危険物]
**substandard** adj. 標準[水準]以下の, 不十分な, (293)不良・ ◆substandard or out-of-focus pictures 出来の悪い[うまく撮れなかった, よく撮れていない]写真あるいはピンぼけ写真 ◆substandard products 水準以下の品質の[標準に達していない, 規格外れの]製品 ◆The road was surfaced with substandard asphalt. この道路は粗悪な[質の劣る]アスファルトで舗装されていた。
**substantial** adj. 充実した, 実[内容]のある, 実質的な, 実体の, 本質の, 価値のある, 重要な, かなりの, 大幅の ◆a big and substantial piece of machinery 大型でどっしりした機械1台 ◆a substantial portion of the book この本のかなりの部分 ◆make substantial changes or additions 大幅な変更や追加

をする ◆substantial performance of a contract 《建築》契約の実質上の履行 ◆to bring A into substantial agreement with B AをBに事実上[実質上, 実際上, だいたい, おおよそ]一致させるために ◆The new model provides substantial performance at a very attractive price. この新機種は非常に魅力ある価格でなかなか[かなり]の性能を発揮する。
**substantially** adv. だいたい(において), おおむね, 実質上, 実質的には, かなり, 結構, ずっと, 大いに, 大いに, 充分に, しっかりと ◆decrease substantially かなり減少する ◆substantially increase yields 大幅に歩留まりを向上させる ◆as a Class III device "substantially equivalent" to others on the market 市販されている他のものに「実質的に等価[同等]な」第三種装置として ◆a substantially constructed cabinet 丈夫[堅牢, 頑丈]に作ってあるキャビネット
**substantiate** vt. 証明する, 立証する, 証拠立てる, 裏付ける, 実証する, 確証する, 実体化[具体化, 具現化]する ◆substantiate a theory 理論を証明[実証]する ◆uncover $200,000 in unsubstantiated expenses 20万ドルに上る使途不明経費を発見する ◆when stories from... become substantiated ～からのニュースの裏が取られると[情報の真偽が確認されると] ◆the conjectures relating cancer to power-line fields have not been scientifically substantiated 癌を送電線の磁界と結びつける推論は, 科学的には実証[立証]されていない ◆Avoid making any charges you cannot substantiate. 証明できない, 立証できない, 裏付けできない, 証拠立てられない]ような告発は一切しないこと。 ◆We have never been able to substantiate these rumors. 私たちは, これらの噂(の真偽)を確かめられないできた。
**substantiation** 回実証, 証明, 立証, 裏付けること; 回実体化, (稀)具体化(embodiment) ◆evaluate the adequacy of the substantiation for those claims これら主張[《意訳》広告文面]の裏付けの妥当性[的確性]を審査する
**substation** a～ 変電所, 交番, 派出所, 出張所, 支局, 支署, 支所, 出先機関, (気象)観測点, 特定郵便局 ◆a very-high-voltage substation 超高圧変電所 ◆open [establish] a police substation on Kennedy Street ケネディー通りに交番を開設する
**substitute** 1 v. ～を代用[代入]する, ～で置換する <for>, ～に取って代わる, 代理になる ◆substitute A for B Bの代わりに[代用に]Aを使う ◆substitute B for A Aの代わりに[代用に]Bを使う ◆(数)BにAを代入する ◆(化)BをAで置換する ◆substitute as... ～の代わりになる, 代理を勤める ◆substitute A for B Bの代わり[代用]にAを使う; Bの代わりにAを代用する ◆substitute T$_2$ into Eq. (22.1) 式22.1にT$_2$を代入する ◆... a halogen atom substitutes for a hydrogen atom... ハロゲン原子が水素原子と置き換わる[置換される](*元あった水素原子のところにハロゲン原子がつく) ◆the PC has 64MB of RAM, a 40GB hard drive, a 32X CD-ROM drive (which can be substituted for a DVD drive) このPCには64MB RAM, 40GB HDD, 32倍速CD-ROMドライブ(DVDドライブに交換[変換, 置き換え, 取り替え]可能)が装備されている ◆Substituting this value of X in Equation (8.4) yields... Xのこの値を式(8.4)に代入すると=となる。 ◆The /(slash) character may not be substituted by any other character. スラッシュ「/」の文字は, ほかの文字には置き換えられません。
2 a～ <for> 代替品, 代わり, 代理 ◆as a substitute for... ～の代わりに; ～の代用品[代替品, 代替え品]として ◆a sugar substitute 砂糖の代用品 ◆CFC substitutes フロンの代替品 ◆there's no substitute for a knowledgeable technician 知識の豊富な技能者に取って代わられるものはない; 物知りの技術者[専門家]とは, かけがえのないものだ ◆Various materials can be used as substitutes for chrysotile. いろいろな材料が温石綿の代用品[代替品, 代替え品]として使用できる。 ◆Although a great help, a dog guide is no substitute for someone's vision. 盲導犬は大きな助けにはなるが, 人の視覚に代わるものではない。
**substitution** (a)～ 代用, 置換, 代入, 代替, 代理, 取り替え ◆by substitution 置換反応によって ◆by substitution of... ～の代入[置換]により ◆the substitution of A for B BからAへの切り換え[交換, 置換] ◆by making the following

**substitutions** 次の代入をすることにより ◆Substitution of Eq. (5-1) into Eq. (5-2) yields the path-loss formula. 式(5-1)を式(5-2)に代入することにより伝送路損失の公式が求められる。◆Computer-based systems can permit substitution of automatic processes for manual ones. コンピュータ化システムによって手作業から自動処理への置き換えが可能となる。

**substrate** a~ (回路)基板,基質,基体,下地 ◆on a sapphire substrate サファイア基板上に ◆Fusion hardfacing is a process by which weld materials, with superior properties than the substrate, are applied to the substrate. 溶融[融着,融接]硬化肉盛りとは、下地[(意訳)母材]よりも優れた特性を持つ溶接材を母材に加える[(意訳)肉盛りする]工程のことである。

**substratum** a~ (pl. -ta)基層,土台,基盤

**substring** a~ 《コンピュ》部分列,(特に)部分文字列

**substructure** a~ 基礎,下部構造,土台 <for>

**subsume** vt. ~を包含[包摂(ホウセツ)]する,~を属させる[従属させる] <under> ◆be subsumed under... ~(の下)に包含され[包摂されて,含まれて]ている ◆Tibet is now subsumed within China. チベットは今日中国に含まれている。◆In the broadest sense, communication subsumes the preparation of documents. 最も広い意味では、通信は文書作成なども包含する。◆The FDIC has subsumed the insurer of S&Ls, the Federal Savings and Loan Insurance Corp. 米連邦預金保険公社(FDIC)は、貯蓄貸付組合の預金保険機関である連邦貯蓄貸付保険公社(FSLIC)を吸収した。

**subsurface** a~ 表面直下にあるもの; (形容詞的に)表面下,地表の下の,地下の,水面下の,海面下の ◆a subsurface defect 表面下の欠陥 ◆subsurface [underground] volcanic activity 地下[地中]火山活動

**subsystem** a~ サブシステム,下部[副,部分的な]システム,下部[副]組織 ◆an optional external-speaker subsystem オプションで別売りされている外部スピーカーサブシステム

**subterranean** adj. 地下の,隠れた ◆a subterranean space 地下空間

**subtitle** a~ 副題,小見出し; ~s字幕スーパー ◆with [without] subtitles 字幕スーパー付きで[無しで] ◆add Japanese subtitles to... ~に日本語字幕スーパを付ける ◆a film in Japanese with English subtitles 英語字幕スーパー付きの日本語映画

**subtle** adj. 微妙な,繊細な,希薄な,とらえにくい,複雑な,巧妙な,ずるい ◆subtle colors such as skin tones 肌の色などの微妙な色 ◆a 1-point difference is subtle to the unaided eye 1ポイントの差は裸眼では見分けにくい(*活字の大きさ)

**subtlety** 回微妙さ,繊細さ,巧妙さ; (しばしば ~ties)微妙なもの,微妙な違い,機微 ◆attuned to the subtleties of A or B 〈人が〉AかBかの微妙な区別ができて[AとBの微妙な違いが分かって]

**subtotal** a~ 小計; adj. 小計の,完全[全体]とまでは行かない,ほぼ全体に近い,部分的の~; vt. 足し算をして小計を出す ◆a subtotaling command 《コンピュ》小計を計算させるためのコマンド ◆calculate subtotals 小計を計算する[出す]

**subtract** v. 引き算をする,引く,取り去る ◆subtract 60 from 95 and get 35 95から60を引くと35になる

**subtraction** (a)~ 引き算,減法,引くこと,減じること,控除 ◆perform 5 subtractions 減算[引き算]を5回行う ◆do a multiplication and a subtraction to check and see... ~かどうか確かめるためにかけ算と引き算[乗算と減算]をする

**subtractive** adj. 引く,減じる,減ずべき,引き去る,負の,負の[マイナス符号]で表された ◆a subtractive process (三原色の)減法混色法[減色法] ◆a subtractive polarity transformer 減極性変圧器

**subtropical** adj. 亜熱帯の ◆a subtropical climate 亜熱帯性気候

**subtropics** the ~ (複数扱い)亜熱帯地方 ◆in the subtropics 亜熱帯において

**suburb** a~ 《通例 the ~s <of>》郊外,近郊 ◆live in a suburb of a city 郊外に住んでいる

**suburban** adj. 近郊[郊外]の,都市周辺部の,近郊住宅地域の,郊外特有の ◆a suburban area (都市)近郊の地域 ◆a suburban shopping center 郊外のショッピングセンター

**suburbia** 回(集合的に)(しばしば軽蔑的)郊外,郊外[近郊]生活,郊外生活者特有の価値観[態度,活動] ◆live in suburbia 郊外に住む

**subway** a [the] ~(米)地下鉄,地下鉄道(=(英)the underground, the tube); a ~(英)地下道(=(米)an underpass) ◆subway work going on underneath Hollywood Boulevard ハリウッド大通りの下で進行中の地下鉄工事

**subwindow** a~ 《コンピュ》サブウィンドウ

**subwoofer** a~ 《音響》サブウーファースピーカー,重低音[超低域]再生用スピーカー

**succeed** vi. 成功する,奏功する,首尾よくいく,うまくいく,(りっぱに)成し遂げる <in>,相続する [続く,~の後に続く,後を継ぐ,跡目を継ぐ] <to>; vt. (人)の跡目を継ぐ[後任となる、後釜に座る] ◆a succeeding version 後継[後続]バージョン ◆the company has succeeded in developing [(the) development of]... この会社は~を開発すること[~の開発]に成功した ◆we did not succeed in....-ing 我々はうまく~できなかった ◆I succeeded in passing the exam. 私は、試験に通った[合格することができた]. ◆The project did not succeed. このプロジェクトはうまく行かなかった。◆For the first hour of computer use, the cafe charges $6.00; each succeeding hour costs $5.00. A complimentary drink (coffee, tea, or juice) comes with the price. 最初の1時間のコンピュータ利用料として、喫茶店は6ドル請求し、その後は1時間ごとに5ドルかかる。無料ドリンク(コーヒー,紅茶,ジュース)は料金に含まれている。

**success** 回成功,成果をおさめること,効を奏すること,うまく[首尾よく]いくこと; a~ 成功したもの[人] ◆without success うまく行かなくて、だめで、失敗して、効果が得られずに、不成功[不絶]に終わって ◆attain [achieve] success 成功を収める[遂げる]、成功する ◆achieve [achieve] a measure of success [some success; some measure of success; some degree of success] 一定の[ある程度,いくばくかの,一応の(意訳)]それなりの]成果[成功]を収める ◆an unqualified success 文句なしの[手放しの,完璧な,全くの]成功,大成功 ◆a roaring success 大成功; 大当たり ◆a runaway success 大成功 ◆have considerable success in... ~においてかなりうまく[首尾よく,順調に]やっている ◆have few prospects of success ~には成功を収める[うまくやっていける]見込みが[公算が,当てが]ほとんどない ◆her recipe for success 彼女の成功の秘訣 ◆with some measure [degree] of success ある程度[多少]うまく、ある程度の成功をおさめて; 一応の成果をあげて,一定の成果が出て ◆with striking success 著しい成功を収めて ◆a restauranteur with a long track record of success 長年順調にやってきた実績を持つレストラン経営者 ◆the key determinant of success or failure in a real estate transaction 不動産取引における成否の主要な決定要因 ◆declare the first five years of the program a qualified success この計画の発足当初からの5年間は概ね成功であった[うまく行った]と宣言する (*qualified = 「条件付きの」) ◆determine the success or failure of this project このプロジェクトの成否を決定する ◆He has little success in....-ing 彼は、~することにおいてあまりうまく行っていない ◆it brought us a measure of success それは我々に、ある程度成功[一応の成果]をもたらした ◆we have had a measure of success in....-doing 我々は、~するのにある程度の成功をおさめた[一応の成果をあげた] ◆I am a results-oriented executive with a track record of success in positions of... 私は、~などのポストで(これまで)実績を上げてきた、成果主義のエグゼクティブです。◆if the new car proves a sales success もしこの新型車が売れれば[当たれば] ◆our efforts have [this project has] met with reasonable success 我々の取り組み[本プロジェクト]は、それなりの成果を収めた[それ相応の効果をあげた] ◆their efforts to <do...> met with some measure of success 彼らの~しようとする取り組みは一定の[ある程度]成果を上げた。◆This approach has varied success depending on... このアプローチの成功の度合いは、~によ

って異なる。◆With varying degrees of success, the U.S. firms have tried to <do>... 米国の企業は、成功の程度の差こそあれ[成果はまちまちながら]、〜しようと試みてきた。◆Taken altogether, the procession was a grand success. 全体的にみて、行列[行進]は大成功だった。◆The car is an unqualified aesthetic success. この車は、美観上文句なしの成功例である。◆The company enjoys sales success in the States. その会社は、米国で好調な販売成績[営業実績]をあげている。◆The dictionary was a huge success. その辞書は、大成功だった。◆The method has a 96%-98% success rate. その方法の成功率は96%から98%である。◆The plan reportedly has had a high degree of success. この計画は、大いに成功を収めたということである。◆Success with the design will require a significant capital investment. その設計を成功させるには、かなりの設備投資[資本投資]が必要とされるだろう。◆The voice recognition system has a high success rate in recognition. その音声認識システムは認識率が高い。◆This disease has been treated with only limited success in the past. この病気の治療は、これまで不十分な成果しか[たいして成果が]あがっていない。◆Before plunging headlong into your own consulting company, you need to objectively evaluate your potential for success. 自分のコンサルティング会社の起業に向こう見ずに没頭しようとする前に、勝算を客観的に査定する必要があります。◆Asia's future prosperity and health are linked to China's degree of success or failure in accomplishing its own transformation アジアの今後の繁栄および健全性は、中国の自己転換達成における成功の程度に[中国が自国の本質転換をどの程度うまく成し遂げられるかにかかって]いる

**successful** adj. 成功した、成功している、奏功する、うまくいっている、上首尾の、上できの、順調な、繁盛している、盛会[盛況]の、合格した、〈コンピュータ処理などが〉エラーを伴わないで[的]正常な ◆a pass [passing] list; a list of successful applicants [examinees]; a list of passing applicants; a list by applicant name of the pass results 合格者名簿 ◆already have a successful track record in [of] operating... 〜の運用[運用]においてすでに成功の実績[上首尾の結果、(意訳)好成績]を収めている ◆notes for successful soldering はんだ付けをうまく行うためのポイント ◆successful course graduates 研修コースを無事終了した人たち ◆the phenomenally successful AE-1 驚異的な成功を収めたAE-1 ◆can lead to a successful sale of... down the road 〜はゆくゆく[やがて]〜の実売につながることもあるだろう〈*営業の話より、a successful sale = 成功裏の販売 = 実際に売れたこと〉◆If this proves a successful marketing ploy,... これが営業戦術として功を奏することになれば ◆Campaigns to reduce drunken driving have been remarkably successful. 飲酒運転削減運動は大成功だった。◆I would like to hear from readers about their laser systems experiences, both successful and unsuccessful. 読者の皆様のレーザーシステムの経験について、成否を問わず[うまく行った例も失敗した例も]、お便りください。◆Successful candidates must then achieve a score of at least 70 percent on a written 125-question multiple-choice test. 合格者は、次に125問の多肢選択式筆記試験で少なくとも70％の点数を取らなければならない。◆The Master's oral examination is administered only upon the successful completion of the written examination. 修士号の口頭試験は筆記試験に合格した上で[の合格者に対してのみ]実施される。

**successfully** adv. うまく、首尾よく、上首尾に、無事に、成功して[成功のうちに、成功裏に]、まんまと、うまうまと、見事に、上々の、でき、盛会裏に、盛況裏に、順調に、正常に ◆successfully complete a test 成功裏に試験を完了する；(意訳)〈人や製品〉がテストに合格する[試験に通る] ◆successfully pass a test テストを通る、試験に合格する ◆the missile successfully hit its target ミサイルは目標[標的]に命中した ◆in order to install the software successfully このソフトの[インストール]成功に[正常に]インストールするため ◆those who have successfully completed a course of study) 《直訳》(学習)コースを成功裏に終了した人たち;《意訳》課程を無事修了した[履修した]者 ◆he has successfully pulled off six bank robberies 彼はまんまと[うまうまと、見事に]6回に及ぶ銀行強盗をはたらいた ◆The memory test completes successfully, and... 《コンピュ》メモリーテストは正常に終了し、〜 ◆the number [percentage] of students successfully passing the exam has increased その試験の合格者数が増加した[合格率が上がった] ◆We must cope successfully with change. 私たちは変化にうまく対処していかなければならない。

**succession** 回連続、継続、相続、継承、譲渡; a 〜 <of> 《単／複扱い》ひと続き ◆a succession of stimuli 連続性の刺激 ◆twice in rapid succession 2回すばやく連続して；(ほとんど間を入れず)2度立て続けに ◆if troubles occur in succession もしトラブルが続発[続出]したら；問題が次々に[次から次へと、続けて、続けざまに]起きると；故障が連続して起こると；障害が連続的に発生する場合は ◆A succession of postponements has irritated some tenderers. 延期に次ぐ延期[たびたびの延期]は一部の入札業者をいらだたせた。◆It enables a computer user to perform such functions as writing and printing simultaneously instead of having to perform each task in succession. それによって、コンピュータユーザーは、文書作成や印刷といった機能を1タスクずつ順に行うのではなく、同時に実行することができます。◆Last month, in rapid succession, Fujitsu Ltd., Toshiba Corp., Matsushita Electric Industrial Co. and Hitachi Ltd. announced sweeping staff cuts. 先月、富士通、東芝、松下電器、日立が続々と大人員整理を発表した。

**successive** adj. 連続の、相継いでの、次にくる、相続の ◆on successive evenings 連日夕刻に[毎晩連続して]

**successively** adv. 引き続いて、続いて、続けて、連続的に、続々[続々と] ◆Do not grow carrots successively in the same field. ニンジンは同じ畑で続けて栽培[連作]しないこと。

**successor** a 〜 後継者、継承者、後継、後釜 ◆a successor to the current version 現在の版の次の版 ◆build a successor to the original Lincoln Continental オリジナル版リンカーン・コンチネンタルの後継[後続]車を組み立てる ◆Intel's successor to the Pentium chip, known by the code-name "P6" 「P6」のコード名で知られているインテル社のPentium後継[後続]チップ ◆the company is looking for a successor to Mr. Cannavino この会社はカナヴィノ氏の後釜[後継者]を探している

**success story** a 〜 サクセス・ストーリー、成功談、出世物語

**succumb** vi. (〜に)屈する[屈服する、負ける、倒れる] <to>、((病気など) 〜で)死ぬ<to> ◆The Polish army fought bravely but soon succumbed to overwhelming odds. ポーランド軍は勇敢に戦ったが、じきに圧倒的な強敵に屈した。

**such** 1 adj. そのような、かような、こんな、そんな、あんな、〜のような、〜するような、〜ほどの; adv. これ[その]くらい、これ[それ]ほどの、そんなにも、とても[非常に] ◆in such a manner that... ; in such a manner as to <do> 〜ように ◆in such a way that... ; in such a way as to <do> 〜ように ◆in such cases そのような場合に ◆such as... (たとえば)〜のような[といった]、〜などの、〜のごとき ◆to such an extent that; to such an extent as to <do> 〜というほどまでに ◆in such a case; in such cases; in such case こんな場合には、そんな時は ◆pure sports cars such as the RX-7 RX-7のような純然たるスポーツカー ◆Figure 5 illustrates one such circuit. 第5図は、そのような回路の一つを図示している。◆I'm sorry to write you such a long letter. こんな長い手紙を[長く]書いてすみません。◆Never park a vehicle on a highway in such a way as to obstruct traffic. 決してハイウェイ上で交通の邪魔になるような駐車の仕方をしてはならない。◆When design specifications require JIS- or JAS-standard products, contractors cannot use U.S. products which have not obtained such certification. 設計仕様がJISあるいはJAS規格製品を要求[規定、指定]している場合、契約業者は当該認証を取得していない米国製品を使用することはできない。

2 pron. そのようなもの[人]; adv. 《such that の形で》〜するように、〜のような具合で ◆(with) this [that, such] being the case [situation] こういった[そういう]事情、訳、状況]な

ので; かようなわけ[次第]で ◆Material should be such that you do not slide.  材質は滑らないものであること。 ◆Enclosure: The construction shall be such that no current-carrying part will be exposed.  《仕様書で》容器[ケース, 筐体]: 構造は, 帯電部[充電部, 通電部]が露出しないものとする。 ◆Our immigration policy should be such that it does not endanger the nation's safety.  我が国の移民政策は, 国家の安全を危うくするようであってはならない。 ◆Teaching should be such that what is offered is perceived as a valuable gift and not as a hard duty.  《意訳》教育とは, 施されるもの(*授業・指導)をつらい義務[押しつけ]としてではなく尊い[ありがたい]贈り物として受けとめてもらえるようでなくてはならない。(*Albert Einsteinの言葉)

**suck** vt. 吸う, 吸い込む, 吸引する, しゃぶる; vi. 吸う, すする, (米俗)劣る[お粗末でひどい]; a～ 吸うこと ◆suck [draw] up water  水を吸い上げる ◆suck out air  空気を吸い出す[排気する] ◆the sucking of fluid into...  ～内への液体の吸引 ◆thumb-sucking  指しゃぶり

**sucker** a～ 吸う[しゃぶる]人, 乳飲み子, 吸盤,《植》吸根, 吸枝; a～ 棒付きキャンディー(= a lollipop); a～ だまされ[ひっかかり]やすい人, カモ, (～に)目がない[弱い]人<for> ◆a solder sucker  はんだ吸い取り器 ◆I'm a sucker for heavy metal music.  僕はヘビーメタル音楽がたまらなく好きだ。; 俺はヘビメタに目がない[たまらなく弱い]。 ◆I was a sucker to his tactics.  私は, 彼の戦術にはめられたいいカモだった。

**suction** 回吸引(力), 吸気, 吸い込み, 吸い上げ ◆under suction  《陰圧・負圧による》吸引によって ◆a suction cup  吸盤; 吸着カップ (*陰圧によって物体を保持・移動するもの) ◆a suction fan  吸い込み[吸い出し]扇風機 ◆a suction port  吸入ポート ◆a suction pump  吸い上げポンプ ◆a vacuum suction machine  真空吸引装置 ◆a suction spray gun  真空スプレーガン (*ノズル先端付近に霧吹きの原理で部分的な真空をつくり液体を吸い上げて噴霧するタイプ) ◆remove... by suction  ～を吸引により除去する

**sudden** adj. 突然の, 急な, 不意の ◆all of a sudden; (very) suddenly  突然, 突如, 忽然(コツゼン)と, 勃然(ボツゼン)と, 唐突に, 出し抜けに, 何の前振れもなく, やにわに, にわかに, がぜん, 急に, 頓(トミ)に, いきなり, 一躍, 不意に, たちまち, 急転直下 ◆SIDS (sudden infant death syndrome)  乳幼児[乳児]突然死症候群 ◆(a) cot [crib] death ◆a sudden drop in the stock market  株式市場[《意訳》株価]の急落 ◆avoid sudden stops  急停止を避ける ◆sudden temperature changes  急激な温度変化 ◆a sudden interruption of the flow of blood to a part of the brain  脳の一部への血流が突然[突発的に]途絶えること

**suddenly** adv. 突然に, 突如, 急に, 勃発的に, にわかに, 忽然と(コツゼント), 急転直下, たちまち, はたと, はっと, いきなり, ぱっと, がくんと, 俄然(ガゼン), ふいと, 出し抜けに, やにわに, ぽっくりと《死ぬ》 ◆suddenly drop out of sight  こつぜんとして姿を消す ◆she disappeared very suddenly  彼女は忽然として姿を消した

**suds** (通例複扱い)石けん水, 石けん泡, 泡; vi. 泡立つ; vt. ～を石けん水で洗う ◆Nonionic surfactants are low-sudsing.  非イオン系界面活性剤は, 低起泡性である[泡立ちが少ない]。

**suffer** v. 苦しむ, 悩む, こうむる, 受ける, わずらう, 悪くなる, 悪化する ◆damage suffered in transit  輸送中[《意訳》運搬時]にこうむった損傷 ◆suffer a recession  景気後退に見舞われる ◆the quality of care suffers  介護の質が悪くなる[《意訳》介護の質に低下を来す] ◆suffer from NIMBY (Not In My Back Yard) syndrome  「よそならいいけど, うちはいや」症候群に苦しむ (*迷惑公共施設の立地で) ◆the Japanese car industry is suffering from a high yen  日本の自動車業界は円高にあえいでいる ◆the maker has suffered round after round of order cancellations  このメーカーは相次ぐ注文キャンセルに見舞われた ◆the marine ecosystems are suffering from industrialization  海洋の生態系は, 工業化によって痛めつけられている[工業化による痛手を受けている] ◆But as demand mushroomed, quality suffered.  だが需要が急速に伸びるにつれて, 品質が低下[悪化]した。 ◆Reduce your work-

load before your health suffers.  健康が損なわれ[身体をこわさ]ないうちに仕事の量を減らすようにしてください。 ◆The car suffers one fatal flaw.  この車には, 致命的な欠陥が1つある。 ◆The ship suffers from severe structural problems.  《意訳》その船は構造に重大な問題を来している。 ◆The U.S. team suffered a second loss [defeat] yesterday.  米国チームは昨日, 2敗目[2つ目の黒星]を喫した。

**sufferer** a～ 苦しむ[悩む]人, 患者, 被害者, 被災者, 罹災者 ◆anorexia sufferers; sufferers of anorexia nervosa  《意訳》拒食症の患者 ◆a back-pain sufferer  背中の痛みに苦しんでいる人 ◆sufferers of economy-class syndrome; economy-class syndrome sufferers  エコノミークラス症候群にかかった人[患者]

**suffice** v. (～に)十分である, 間に合う, 事足りる<for>, ～を満足させる, 満たす ◆Suffice (it) to say, ...; Suffice (it) to say that... ; Let it suffice to say that...  ～であるとだけ言っておこう, ～であると言うだけにとどめておこう ◆Unless you're a real audiophile, the factory systems should more than suffice.  本当のオーディオマニアでもない限り, 工場取付けされている[《意訳》標準装備の]装置で十分すぎるはずです。(*カーオーディオの話で) ◆If a crimping tool is not available, a pair of pliers will suffice.  圧着工具が無い場合は, ペンチで間に合います[十分です, 事足ります]。

**sufficiency** 回十分(であること), 足りる[充足している]こと, (a sufficiency of... で)十分な(量の)～ ◆attain a greater degree of self sufficiency  より高い自給自足率を達成する; 自己充足率を上げる ◆insure a sufficiency of food for all classes  すべての階層(の人々)に食糧が充足しているようにする ◆there is a sufficiency of evidence  十分な証拠がある

**sufficient** adj. 十分な, 足りる<for> ◆buy a sufficient quantity of insulation  十分な量の断熱材を買う ◆produce... in sufficient quantity  ～を十分な量生産[生成]する ◆a sufficient degree  十分に ◆be more than sufficient for this purpose  この目的のためには十分すぎるほどである[十二分である] ◆procurement of sufficient quantities of advanced aircraft and missiles  十分な量の高度先進航空機およびミサイルの調達 ◆evolution is no longer sufficient – revolution is what is called for  もはや段階的な変革では不十分である[必要を満たせない, 間に合わない]-求められているのは革命である ◆They are not yet available in sufficient quantity.  それらは, まだ十分な量は手に入らない。

**sufficiently** adv. 十分に, ちゃんと, たくさん, たっぷりと, 足りて; (～に, ～するに[できるのに])足るだけ[十分]<for, to do> ◆a sufficiently small time constant  十分に小さい時定数 ◆it is sufficiently possible for him to <do...>  彼が～することは十分可能である ◆over a time sufficiently long enough to <do...>  ～するに足る十分に長い時間[期間]にわたって

**suffix** a～ 接尾辞, 接尾部; v. 接尾辞をつける, 付加する, 後置(表記)する ◆add a suffix to...  ～に接尾語[接尾辞]を付加する ◆a name with the suffix LPX  LPXという接尾文字列が付いている名称 ◆the "PC" suffix on the name  その名前の後ろについているPCという接尾文字

**suffocation** 窒息, 窒息させる[息を詰まらせる, 息苦しくさせる, 息の根を止める, 呼吸を困難にする]こと ◆by suffocation  窒息により[が原因で] ◆a feeling [sense] of suffocation  窒息感; 息苦しい感じ[感覚] ◆die of suffocation; die from suffocation  窒息死する ◆with the danger of suffocation  呼吸困難[窒息(死)]を招く危険を伴って ◆Clouds of dust and smoke filled the air to suffocation.  息が詰まるほど煙塵がもうもうとあたり一面に立ちこめた。 ◆SAFETY FIRST: To avoid danger of suffocation, keep this wrapper away from babies and children.  安全第一: 窒息の危険を避けるために, この包装袋は赤ちゃんや子供の手の届かないところに保管してください。(*店が扱ってくれたビニール製買い物袋の表示, the danger of が省略されている)

**sugar** 回砂糖; a～ 砂糖一個, 砂糖一さじ; a～ 《化》糖; 回甘言, お世辞; vt. ～を甘くする, ～に砂糖を混ぜる[まぶす]; ～を糖衣で包む; vi. 糖化する, 糖を生じる, 顆粒になる, メイプ

ルシロップを作る ◆a sugar cube; a cube of sugar 角砂糖 ◆the album is characterized by lullaby sweetness, with ever-present sugar-coated melodies アルバムは子守歌のような優しさが持徴で、全体に甘美なメロディーに満ちている(＊sugar-coated＝糖衣錠の、口当たりがいい) ◆How many sugars do you take in your coffee? コーヒーに砂糖はいくつ入れますか。(＊角砂糖の数あるいはスプーンで何杯か)

**suggest** vt. 提案する, 提言する, 提唱する, 推薦する, 慫慂(ショウヨウ)する, 示唆する, 暗に言う, 連想させる ◆as the name suggests 名前が示すように ◆It has been suggested that... ～であるということが示唆された。 ◆suggest a multitude of ways to <do> ～するためのたくさんの方法を提案する ◆suggest how to improve... ～をどう改善すればいいのか提案する ◆manufacturers' suggested retail prices メーカー希望小売価格; 製造元による参考 [参照] 上代 ◆I suggest (that)... 私は、～ということを提案する。 ◆May I suggest (that) ... ? ～ということにしないのですが。 ◆All gift items are listed at suggested retail prices. 贈答用品は、すべて希望小売価格 [参考上代] にてリストアップされています。(＊卸問屋のカタログから) ◆These data suggest the need for caution in the use of estrogens. これらのデータはエストロゲンの使用に注意が必要だということを示唆している。 ◆We suggest you leave this work to a qualified shop. この作業は、資格ある自動車整備工場に任せられるようお勧めします。 ◆He suggested conducting a detailed study of how the house magazine was produced. 彼は、社内報制作の現状について綿密に検討することを提案した。

**suggestion** (a)～ 提案, 提言, 提唱, 建議, 忠告, 慫慂(ショウヨウ), (上位の者に対する)進言, 具申; a～ 示唆, ほのめかし, 連想; a～ (提案される)考え [案, 意見], 発案; a～ (コンピュータが示す置換や修正などの)候補 ◆advance a suggestion that... ～であるということを提案する ◆change the suggestion by a suggestion box 改善提案箱 (＊作業・業務上の改善案を入れる意見箱), 目安箱, お客様の声ボックス ◆at a person's suggestion 〈人〉の提案で ◆have several suggestions ～はいくつかの提案を持っている; ～にはいくつかの案 [考え] があります ◆heed their suggestions 彼らの提案 [考え, 意見] に耳を傾ける ◆make [offer, put forward] a suggestion about [concerning]... ～についての提案をする ◆make suggestions for the improvement of... [for improving...] ～の改善に向けての [～を改善するための] 提案をする ◆offer practical utilization suggestions for students 学生に対して実際的な利用法 [使い方] を提案する ◆user suggestions ユーザーの意見 [提言] ◆welcome any suggestions that will make... productive ～を生産的にするどんな提案でも歓迎する [《意訳》募る] ◆Cutting Suggestions 「切削作業についてのアドバイス」 ◆Tax Tips: Some suggestions on how to avoid the most common filing errors 税金のヒント: 最も一般的な申告ミスを避けるためのいくつかの提案 ◆Can I make a suggestion? 一つ提案してもよろしいでしょうか。 ◆participants were asked for their suggestions to improve the product 参加者たちはこの製品の改善のための案 [案] がないか聞かれた ◆As part of our commitment to constant quality improvement, we have installed a customer suggestion box. 私どものたゆみない品質向上へ向けての取り組み [対応] の一貫と致しまして、お客様の声ボックスを設置いたしました。

**suggestive** adj. 示唆する, 示唆に富む, 連想させる, 思い起こさせる <of> ◆services thought to be sexually suggestive 性的な連想を起こさせると考えられるサービス (＊ダイヤルQ2の米国版のような) ◆a flavor suggestive of Coca-Cola コカコーラを思わせる味

**suicidal** adj. 自殺の, 自殺的な, 捨て身の, 身を挺しての, 死に物狂いの, 決死の覚悟の, 無謀な ◆mount [stage] a suicidal raid on [upon]... ～に～の襲撃 [命がけの急襲, 玉砕覚悟の奇襲] を仕掛ける ◆suicidal price wars 自殺的な [熾烈を極めた] 価格競争 ◆a suicidal terrorist with explosives tied to his [her] body 爆発物を自分の体にくくり付けている自爆 [捨て身の, 決死の] テロリスト

**suicide** (a)～ 自ら生命を絶つこと, 自殺, 自決, 自裁, 自害; v. 自殺する ◆(a) suicide bombing 自殺を伴う爆破行為; 自爆; 自爆テロ ◆launch a suicide attack on... ～に自殺を伴う [自殺, 特攻] 攻撃を仕掛ける ◆a failed suicide attempt by a young woman 若い女性の自殺未遂 ◆No suicide note has been found. 自殺(した人)の遺書は見つからなかった。

**suit** 1 a～ スーツ, スーツ一揃い, 一組; a～ (＝lawsuit)訴訟 ◆a pressure [pressurized] suit 与圧服 (＊宇宙遊泳などで使用する気密服) ◆in a jogging suit (上下揃いの)ジョギングウェアを着て (＊suitは, 特定の目的で着用される衣服をさしてa bathing suit, a gym suit, a play suit, a wet suit などの合成語をつくる) ◆If someone brings in a pair of pants and jacket that are not from the same suit, the dry cleaner charges for each item separately, $5.00 for the jacket and $3.00 for the pants. 上下揃っていないズボンと上着の組み合わせを持ち込むと, ドライクリーニング屋は上着に5ドル, ズボンに3ドルの料金を個別に請求する。(＊スーツ1着の料金より高くなるという話)
2 vt. ～にふさわしい [似合う, 適切である, かなう], 適合 [適応] させる, ～に衣服を着せる; vi. 合う, 似合う, 適合する, 都合がよい <with, to> ◆The car's interior finish suits the luxury features. この車の室内の仕上げは、豪華装備にふさわしいものになっている。

**follow suit** 追随する, 前例 [先例] を踏襲する, 倣う, 右へならえする, (トランプ) 前に出されたのと同種のカードを出す ◆in the hope that other countries will follow suit ほかの国々も追随してくれるのではないかと期待して ◆If the Senate approves it, the House is expected to follow suit. 上院がそれを承認すれば, 下院は追随するものと見られている。

**suitability** 適性, 適合性, 適応性 ◆suitability for... ～に対する適性 ◆check the suitability of materials 材料の適合性 [適応性, 適性] を調べる ◆her suitability as a programmer プログラマとしての彼女の適性 ◆suitability of the metal to be soldered その金属のはんだ性

**suitable** adj. <～に> 適している, 格好な, 好適な, ふさわしい, 都合がよい ◆a suitable solvent 適切な溶剤 ◆make it suitable for the Japanese market それを日本市場向けに合わせる [適したものにする, 適合させる, 《意訳》改造する, ローカライズする] ◆the most suitable combination for our needs 我々のニーズに最適な組み合わせ ◆assess which country is most suitable for the establishment of... ～を創設するにはどの国が最適か調べる ◆... can [may] be changed [modified] as appropriate [suited, suitable] ～は適宜変更できる [変えてもよい] ◆find a suitable parking space 適当な駐車場所を探す ◆make wood fibers suitable for paper 木繊維を紙 (の製造) に適するよう加工する ◆... should be disposed of in a suitable and appropriate manner ～を [は] 的確に処分 [処理, 始末, 廃棄] しなければならない ◆suitable only for occasional use by... ～によるときたまの [臨時, 特別の場合の] 使用にしか適さない ◆It is suitable for outdoor use. それは屋外での使用に向いている。 ◆The car is suitable for hauling everyday freight. その車は日常の荷物を運搬するのにうってつけの [持ってこい] だ。 ◆The r.f. filter is suitable for use in telecommunications, instrumentation, or biomedical applications. その高周波フィルターは, 電気通信, 計測, あるいはバイオメディカル・アプリケーションでの使用に適しています。

**suitably** adv. 適切 [適当] に, 適宜に, よいように, 相応に, ふさわしく, しかるべく ◆a suitably located electrode 適切な位置に配置されている電極

**suitcase** n. スーツケース ◆live out of a suitcase (出張などで)旅装を解かずに(各地を転々とする)

**suite** a～ (ホテルの)スイートルーム (＊「続き間」の意), 一組 [一揃い] の家具, 一式, 一揃い, 一組, セット, 《コンピュ》スイート (＊複数アプリケーションを一つのパッケージに統合したもの, ファミリーソフトウェアパッケージ) ◆a bridal suite (ホテルの)新婚用スイートルーム (▶ 「スイート」は甘いsweetの意味ではない。ベッドルームと居間が続きになっているぜいたくな部屋のこと)

**suited** adj. 〜にふさわしい, 適した, 調和する ◆be ideally suited for... 〜に打ってつけ, もってこい, あつらえ向き, ぴったり, 最適, 最高である; この上なく向いている ◆methods best suited to achieving the objective 目的を果たすのに最適な方法 ◆provide the data in a form best suited for use 使うのに最も適した形でそのデータを提供する ◆they found the PowerPC chip to be much better suited than the Pentium or the Alpha for parallel processing applications 彼らはPentiumやAlphaチップよりもPowerPCチップの方がはるかに並列処理用途に適していることを発見した ◆Select the shape best-suited to your needs. 貴社のニーズに合った最適の形状をお選びください。

**SULEV** a 〜 (super ultra low emission [super-ultra low-emission, super ultra-low emission] vehicle) 極超低排出ガス車, 極超低公害車

**sulfate** (a) 〜 (〈種類は可算〉硫酸塩/〜》 ◆a zinc sulfate turbidity test 硫酸亜鉛混濁試験

**sulfide** (a) 〜 (〈種類は可算〉硫化物/〜》 ◆sulfides of iron 鉄の硫化物; 硫化鉄; 黄鉄鉱

**sulfur, sulphur** 硫黄 (元素記号: S) (*後者は英綴り) ◆pyrite sulfur 《鉱物》パイライト硫黄 ◆sulfur dioxide 亜硫酸ガス, 二酸化硫黄, SO₂ ◆sulfur oxides 硫黄酸化物, SOx ◆sulfur trioxide 三酸化硫黄, 無水硫酸, SO₃ ◆high-sulfur [low-sulfur] coal 高[低]硫黄炭 ◆produce coal with sulfur contents ranging from 0.44 to 0.71 percent 硫黄分0.44%から0.71%の石炭を生産[産出, 出炭]する ◆the sulfur content of the as-received coal 搬入を受けたままの状態の石炭の硫黄分 ◆Because Powder River coal has such a low sulfur content, it is in demand for use by electric power companies all over the United States. パウダーリバー産の石炭は非常に硫黄分が少ないので, 全米の電力会社で使うための需要が高い。

**sulfur dioxide** 亜硫酸ガス, 二酸化硫黄 (SO₂), 無水亜硫酸 ◆a sulfur dioxide test 亜硫酸ガス試験 (*メッキの耐食性などを検査する) ◆acid-rain-producing sulfur-dioxide emissions 酸性雨を生じさせる亜硫酸ガス [二酸化硫黄] の排出

**sulfuric acid, sulphuric acid** 《前者は米綴り, 後者は英綴り》回硫酸 ◆anhydrous sulfuric acid 無水硫酸 ◆concentrated sulfuric [sulphuric] acid 濃硫酸 ◆dilute sulfuric acid 希硫酸 (≒ diluted sulphuric acid 希釈された硫酸)

**sultry** adj. 蒸し暑い, うだるような, 暑苦しい, むしむしする, 焼けるように暑い; 情熱[熱情]的な, 官能的な, みだらな, なまめかしい, むんむんむれむれの ◆a sultry September day 9月のある蒸し暑い日

**sum** 1 a〜 合計, 総計, 総数, 総量, 総額, 和, 金額, 加算, 大要 ◆In sum,... つまり[要するに, 約言すると, 要約すれば, かいつまんで言うと]〜 ◆do sums 足し算をする ◆an L-R sum signal L-R和信号 ◆a sum total of $300 300ドルの総合計[総計] ◆the sum total of... 〜の合計[総計, 総和, 総計, 総計額, 全額, 累計, 通算; 総量, 総数; 総括]◆the sum of the weights of A, B, and C A, B, Cの重量の総計 ◆in full whole sum 総計で ◆The sum of 9 and 8 is 17. 9と8の和は17である。◆The sum of the angles in a triangle is 180 °. 三角形の内角の和は180度である。
2 vt. 〜を合計[総計]する, 〜を要約する; vi. 合計[総和]が〜になる 〈to, into〉 ◆sum the results 結果を合計する ◆To sum up, ...; Summing up, ...; In summing up, ... 要約しますと; 約言すれば; 要点をかいつまんで言うと; 総括すると; 全体を整理してまとめてみると ◆Summing up the military situation, Gen. Schwarzkopf said: "..." 戦況を整理して [まとめて, 要約して] シュワルツコフ軍司令官は以下のごとく述べた。「〜」

**summarize** vt., vi. (〜を)要約する[まとめる], 〜の概要を示す, 〜を集計する, 集約する ◆analyze and summarize information 情報を分析および集計する ◆as summarized in the table 表にまとめられている ◆This chapter has summarized... 本章では, 〜の概要を述べた ◆The following items are summarized from the Highway Traffic Act. 以下の事項は, 道路交通法から[を]要約したものです。◆The main points of these systems may be summarized as follows: これらのシステムの主だった点は, 次のように要約できる。

**summary** a〜 要約, 概要, 概括, 摘要, 一覧, 集計, 集約;《表題で》まとめ; adj. 概略した ◆give a summary of... 〜を総括する ◆a short [brief] summary of... 〜の概略 [概要, 要約]◆a short summary of the contents of... 〜の内容を短くまとめたもの; 〜の手短 [簡単, 簡易] な要約; 〜の概略 ◆a summary of the day's news 今日のニュース [出来事] のあらまし [概要] ◆In summary,... 要約すると [約言すれば, 以上のことをまとめてみると] 〜 ◆Here is a brief summary of the main points. 以下に[次に]主な点の要旨を掲げます。◆a summary of the employment status of an individual employee 従業員一人一人の雇用状況の概要 ◆a 13-page summary of the study is available free of charge from... この研究を13ページに要約したものを〜から無料で入手できる

**summation** a〜 加算 [合計, 和, 加重], 要約 [総括] ◆Summation of... is achieved by... 〜の積算は, 〜によって求められる。◆Total Summation of Your Order: US$__ ご注文の総計 [集計]: US$__ (*注文書で) ◆a summation of what he had discovered during his long investigation 長期に渡る調査の間に彼が発見したことをまとめたもの [《意訳》彼が得た知見の総括] ◆1987's "Live on the Double Planet," recorded at concerts across the U.S. and Canada, is a summation of Michael's development to that point and captures the intensity of his live performance. 米国とカナダの縦断コンサートで録音された1987年の『Live on the Double Planet』は, マイケルのその時点 [それ] までの進化の足跡をまとめたもの [総括した作品] で, ライブ公演の熱気をとらえている。

**summer** (a) 〜 夏, 夏期, 夏季, 夏場; a〜 《コンピュ》加算器 ◆summer, (the) summer months, summertime, the summer season, the summer period 夏季, 夏期, 夏場 ◆at the height of summer 夏の盛りに, 真夏に, 盛夏に ◆in [during] the summer months 夏場 [夏季] に [の間] ◆the record-breaking hot summer of 1988 記録破り [過去最高] の猛暑だった1988年の夏

**summer time** 《英》夏時間 (=《米》daylight saving [savings] time)

**summit** a〜 頂上, 頂点, 絶頂; a〜 サミット (会談), 首脳会議, 頂上会談, 巨頭会談 ◆a seven-nation economic summit 7カ国経済サミット ◆the Denver Summit of the Eight 8カ国デンバー・サミット [主要国首脳会議] (*それまでの先進7カ国にロシアを加えたサミット)

**summon** vt. 〈人〉を呼ぶ, 呼び寄せる, 呼び出す, 呼び出する, 召喚する, 呼び集める, 〈霊など〉を呼び出す, 〈会議〉を召集する [開く], 〈能力など〉を発揮する; 〈勇気, 力〉を出す [奮い起こす, 絞り出す] <up> ◆be summoned to court; be summoned to appear in court 出廷を命じられている ◆summon a person by name (by calling out his/her name) 〈人〉を名前を呼んで呼び出す ◆summon the called person to the nearest telephone 被呼者を最寄りの電話に呼び出す

**sump** a〜 水溜め, 水脚, 汚水だめ, 集水孔, 油溜め, 《英》オイルパン, 《英》クランクケース ◆the oil sump of an internal-combustion engine 内燃機関のオイルサンプ [オイルパン, 油受け, 油溜め] ◆Lubrication is by dry sump. 《自動車》潤滑は乾式である。

**sumptuous** adj. 高価で立派な, 豪華な ◆a sumptuous sedan 豪華なセダン

**sun** the 〜 太陽, 日光, 陽光, お天道様, 大日 (ダイニチ) ◆a sun deck 《建築》サン・デッキ ◆a sun room 《建築》サン・ルーム ◆a sun-synchronous orbit 太陽同期軌道 ◆a sun-synchronous weather [meteorological] satellite 太陽同期軌道気象衛星 ◆a sun-filled room; a room filled with sunlight 太陽の光がいっぱいの [日当たりのよい] 部屋 ◆bask in the hot sun 暑い太陽を浴びる ◆dehydrated by sun-drying 天日干しで脱水乾燥された; 日干しされ [dried [cured] in [by] the sun 天日で乾燥された; 天日干し [日乾し] された ◆investors from the Land of the Rising Sun 日出処(ヒイズルトコロ)の国 [日本] からの投資家 ◆just-picked, sun-filled produce 太陽

が一杯詰まった［太陽をいっぱい浴びた］取れたての作物 ◆ under [in] the [a] hot sun　炎天下で（▶ある特定の状態の sun には不定冠詞 a がついてよい）◆a sun-filled kitchen　日差しがいっぱいの台所 ◆sun-damaged skin　日焼けで傷んだ肌 ◆ sun-drenched [-splashed] beaches of Okinawa　陽が降り注ぐ沖縄のビーチ ◆under [in] a [the] scorching [broiling, baking] sun　焼けるように暑い日の下で; 炎天下で ◆drive with wind in the hair and sun in the face　風に髪をなびかせ顔に陽を浴びて車を走る ◆to exclude rain but admit sun　日差しは入れるが雨は入らないようにするために ◆Today's raisins are sun-dried in vineyards, then graded, packed and sometimes lightened in color with sulfur dioxide.　今日のレーズンは、葡萄畑で太陽のもとで乾燥［天日干し、日干し、日乾し］されてから等級分け［選果］および梱包される。そして場合によっては亜硫酸ガスで色を薄くしている。

**sun-cure**　vt.　〜を天日で乾燥させる、〜を日干しし［日乾し］する ◆It is sun-cured to about 10-30% moisture.　それは、水分が約10%から30%になるまで日干し［天日乾燥、日乾し］される。

**Sunday**　(a)〜　日曜日 ◆a Sunday [DIY, do-it-yourself] farmer　日曜百姓、にわか農民、日曜菜園する人

**sundry**　adj.　いろいろな、様々な、諸々の、雑多な; pron. 《複扱い》いろいろな人たち、さまざまな物事 ◆all and sundry《名詞的に、複扱い》《口》だれもかれも、いろんな人、ありとあらゆる人、みんな ◆sundry goods [articles]　種々の［雑多な］こまごました品々; 雑貨 ◆sundry items [articles]　種々様々な雑貨 ◆hawk boxes of matches and other sundries　箱入りのマッチやその他種々雑多な品々を呼び売りする ◆shampoo, toothpaste and various sundries　シャンプーや練り歯磨きやさまざまな雑貨［日用品］ ◆Nanking Foodstuffs & Sundries Co.　南京食品雑貨公司

**sunlight**　陽の光、陽光、太陽光線 ◆convert sunlight into electricity　太陽光［日光］を電気に変える ◆under bright sunlight　明るい日差しのもとで ◆be illuminated by sunlight streaming through the windows　窓から射し込む日差しで明るく照らされている ◆a bright display readable in sunlight　日が当たっても読める明るいディスプレイ ◆permit use in full sunlight　直射日光下での使用を可能にする ◆It should be stored out of direct sunlight and away from heat sources.　直射日光の当たらない、熱の発生源から離れた場所に保管しなければならない。 ◆Never leave the tape in an area exposed to direct sunlight.　テープを直射日光の当たる場所に放置しないでください。 ◆Never wash the car in direct sunlight.　決して直射日光の下で車を洗わないでください。 ◆Solar photovoltaic cells convert sunlight directly into electrical current.　太陽電池はそのまま［日光を、太陽光］を電気に変換する。

**sunny**　adj.　日当たりのよい、陽の当たる明るい、太陽の光［陽光］がさんさんと降り注ぐ、快晴の、雲ひとつない;《性質、物事》が明るい、陽気な、快活な ◆a sunny-side up egg　目玉焼き ◆live in a sunny apartment　日当たりのよいアパートに住む

**sunrise**　(a)〜　日の出 ◆at [before] sunrise　日の出時［前］に ◆Every morning at sunrise, ...　毎朝日の出時に ◆from sunrise to sunset　日の出から日の入り［日没］まで

**sunroof, sun roof**　(a)〜　《車》サンルーフ（＊開閉できる天窓付き屋根） ◆a power sunroof　電動サンルーフ［天窓］

**sunset**　(a)〜　日没、日の入り(= sundown)、夕焼け、《意訳》落日、黄昏（タソガレ） ◆after [at, by] sunset　日没後に［時に、までに］ ◆at [before, after] sunset today　今日の日没時［前, 後］に ◆between sunset and sunrise　日没から日の出までのあいだ ◆sunset industries such as coal mines　炭鉱のような斜陽産業

**sunshine**　太陽光線、日光、日差し、陽光、日照 ◆the number of hours of sunshine for any day of the year　1年の任意の日の日照時間 ◆Major amounts of sunshine can be admitted to the interior of the car.　十分な日光を車の中に入れることができる。 ◆The historic Korean summit meeting in Pyongyang was a tremendous victory for South Korean President Kim Dae-jung's "Sunshine Policy."　平壌で開催された歴史的コリアン首脳会談は、韓国の金大中大統領の「太陽政策」の大勝利であった。（＊包容政策とも）

**sunstroke**　日射病

**super**　adj.《口》すばらしい、最高の、上等の、極上の、ずば抜けた、ものすごくいい、超〜; adv. ◆a super cook　料理の達人［鉄人］ ◆a super-small hard disk drive　超小型ハードディスクドライブ ◆the Super 301 provision [provisions]　（米国の包括通商法の）スーパー301条 ◆the Super 301 Provision of the Omnibus Trade and Competitiveness Act of 1988《正式名称》; the Super 301 clause of the 1988 Trade Act [trade act]《省略・変形版》;《米》88年包括・競争力通商［貿易］法スーパー301条 ◆Nissan Motor will unveil a super-ultra low-emission vehicle (SULEV) version of the 2000-model Sentra small car at the Detroit Auto Show in January.　日産自動車は、2000年型小型サニーの極超低排出ガス車［極超低公害車］版を1月開催のデトロイト自動車ショーで発表する。

**super-**　超-、極-、以上 ◆a super-telephoto lens　超望遠レンズ ◆super-unleaded fuel　スーパー無鉛燃料 ◆a super-fast statistical software package　超高速統計ソフトウェアパッケージ ◆a superfast, superpowerful RISC chip　超高速・超高性能のRISCチップ

**superalloy**　a〜　超合金

**superannuated**　adj.　老齢で退職した、古くさい、時代遅れの、老朽化して十分に機能を果たさない ◆(a) superannuated technology　時代遅れの技術 ◆superannuated [retired] teachers　退職した元先生方 ◆surplus stock of a superannuated model　旧型機種の過剰在庫 ◆she became superannuated and scrapped　同艦は、老朽化し、用途廃止となり、スクラップにされた

**superb**　adj.　すばらしい、最上の、超一流の、秀逸な、極めて優れた［絶品の、逸品の］、華麗な、堂々たる、豪華な、結構な

**supercapacitor**　a〜　スーパーキャパシタ、超コンデンサー（＊ファラッド単位の超大容量をもつ電気二重層コンデンサー）

**supercharge**　vt.〈エンジン〉を過給する ◆supercharge an engine　エンジンを過給する

**supercharger**　a〜　過給機

**supercomputer**　a〜　スーパーコンピュータ［スパコン］（＊コンピュータの中で最速の分類に位置するもの. a number cruncher「数字をバリバリ喰う物」の異名（俗称）がある）

**superconducting**　adj.　超伝導の、超電導の ◆a superconducting computer　超伝導コンピュータ ◆a superconducting conductor　超電導導体 ◆(a) superconducting material　超電導［超伝導］材［体、物質］ ◆(a superconductor)　超伝導体 ◆SMES (superconducting magnetic energy storage)　《電磁気》エネルギー貯蔵（装置）（＊energyとは電力のこと） ◆a superconducting compound　超伝導化合物 ◆at superconducting temperatures　超伝導温度で ◆in the superconducting state　超伝導状態で ◆superconducting technology　超伝導技術

**superconductive**　adj.　超伝導［超電導］（性）の ◆to make niobium superconductive　ニオブを超伝導性［超電導］にするために

**superconductively**　adv.　超伝導で、超電導的に ◆operate superconductively　超伝導［超電導］で動作する

**superconductivity**　超伝導（性）、超電導（性）◆Superconductivity is the phenomenon in which a conducting material loses its normal resistance to the passage of electricity.　超伝導とは、導電材料が電気の通過に対して通常持っている抵抗を失う現象である。

**superconductor**　a〜　超伝導体、超電導体 ◆new warmer-temperature superconductors　新しい高温超電導体 ◆high-temperature superconductors (HTSs)　高温超伝導体; 高温超電導体 ◆Bi-based and Y-based superconductors　Bi系およびY系の超電導導体 ◆Since virtually no energy is lost, any electrical device becomes far more efficient when built with superconductors.　（電力）エネルギーがほとんど失われないので、

どんな電気装置も超伝導体を使って作ると効率が格段に良くなる。

**supercritical** adj. 臨界超過の, 超臨界の ◆a supercritical boiler 超臨界ボイラー

**supercurrent** (a)～ 超伝導電流

**superdreadnought** ～ 超弩級艦 ◆a super-Dreadnought [superdreadnought] battleship 弩級艦(ドキュウカン)を越える(超大型)戦艦; 超弩級艦

**superefficient** 超高効率の

**superexpressway** a～ 超高速道路, 弾丸道路 ◆open a new superexpressway 新しい超高速道[弾丸道路]を開通させる

**superfast** adj. 超高速～ ◆a superfast data communications system 超高速データ通信システム

**superficial** adj. 表面の, 外面の, うわべ(だけ)の, 皮相的な ◆move from superficial knowledge to deep understanding 表面的な[上滑りの]知識から深い理解へと移行する[進む]

**superfine** adj. 超微粒子の, 超高精細の ◆a superfine polishing compound 超微粒子艶出し(研磨)剤 ◆double-resolution superfine transmission 2倍の解像度を持つスーパーファイン[超高精細]伝送 (*ファックスによる)

**superfinishing** □超仕上げ ◆Superfinishing is a type of grinding also known as microfinishing. 超仕上げは研磨作業の一種で別名マイクロフィニッシングともいう。

**superfluidity** □超流動

**superfluous** adj. 余分な, 余剰な, 余計の, 不必要な ◆It almost seems superfluous to say that,... ほとんど言うまでもないと思われることだが,... ◆remove all that is superfluous 余計なものをすべて取り除く

**Superfund** (無冠詞)(米)スーパーファンド法 (=the Superfund law [legislation]) (*正式名称は the Comprehensive Environmental Response, Compensation and Liability Act (CERCLA), 包括的環境対策[対応]補償責任法。有害産業廃棄物の放置を防止する目的で制定された)

**superhard** adj. 超硬の

**superheater** a～ 過熱器

**superheterodyne** adj. 《ラジオ》スーパー(ヘテロダイン)式の ◆a superheterodyne receiver スーパーヘテロダイン式受信機

**superhigh** ◆SHF (superhigh frequency) 超高周波(の), マイクロ波(の), センチ(メートル)波(の) (*極超短波で周波数は3GHz～30GHz, 波長は1～10cm)

**superhighway** a～ スーパーハイウェイ, 高速自動車道路, 高速幹線道路, 超高速道路 ◆the Information Superhighway, officially known as the National Information Infrastructure 全米情報基盤として正式に知られる情報スーパーハイウェイ

**superimpose** vt. ～を(～の上に)重ね合わせる, (電気信号など)を重畳する <on> ▶重ねた結果, 両方とも見える状態を言う。 ◆a superimposing of one image onto another 画像を別の画像に重ね合わせること ◆audio signals can be superimposed on radio waves 音声信号は電波にのせることができる ◆superimpose [superpose, overlay] one image on another ひとつの画像を別の画像に重ね合わせる[重ねて合成する] ◆use a computer technique to superimpose photographs over skull images to see if they match 写真を頭骨の画像に重ね合わせて一致するかどうか調べるためにコンピュータ手法を用いる

**superincumbent** adj. 覆い被さる[のしかかる](格好で荷重圧をかけている) ◆superincumbent strata over,... ～(の上)に覆い被さる[のしかかる](状態で荷重圧をかけている)地層

**superintendent** a～ 監督者, 指揮者, (ビル, アパートの)管理人, 主管, 支配人, お目付け役, 係長, 室長, 所長, 局長, 部長, 院長, 教育長, 校長, (米)警察本部長, 署長, (英)警視 ◆a building superintendent 建物の管理人 ◆a construction superintendent 建設工事監督 ◆Maryland State Police Superintendent Larry Tolliver メリーランド州警察長官ラリー・トリバー氏 ◆Adm. Charles Larson, superintendent of the Naval Academy 海軍兵学校校長チャールズ・ラーソン大将 ◆Mr. Vance is the superintendent of schools in Montgomery County. ヴァンス氏はモントゴメリー郡の教育長をしている。

**superior** adj. 優秀な, すぐれた, 優勢な, 上位の, 上級の, 上司の <to>; (～を)凌(シノ)いでいる, 凌駕(リョウガ)している <to>; n. ～ すぐれた人, 上司[上役, 上の人] ◆be far superior to,... ～より格段に優れている ◆make a good impression on superiors and co-workers 上司や同僚の心証をよくする; 上役や仕事仲間に好印象を与える ◆In point of durability, it is superior. 耐久性の点では, これの方が上を行っている。 ◆The coolant has thermal properties superior to conventional formulations. 本冷却剤は, 従来の製剤よりも優れた熱特性を有しています。

**superiority** (～より)すぐれていること, (～に対する)優位性 <over> ◆hold superiority in,... over,... ～の点で～より優位に立って[～に対して優位性を保持して]いる ◆gain superiority over,... ～より優位になる; ～に対する優位性を得る[獲得する] ◆a superiority complex 優越感; 優越複合 ◆gain [ensure] superiority over the enemy 敵に対する優位性を得る[確保する] ◆in order to win superiority over,... ～よりも優勢[優位]に立つために ◆maintain the country's military superiority この国の軍事上の優位性を維持する ◆the numerical [technological] superiority of,... (順に)～の数の上での[工業技術面での]優位性 ◆they have military superiority 彼らは軍事上優勢に立っている ◆It is not a matter of superiority or inferiority これは優劣の[どちらが優れていて, どちらが劣っているとか言った]問題ではない ◆now that xxx has largely lost its superiority over yyy 今やxxxはyyyに対する優位性をほとんど失ったので

**superjumbo** adj. スーパージャンボ[超大型]の; a～ スーパージャンボ機 ◆a superjumbo passenger jet スーパージャンボ[超大型]ジェット旅客機 ◆superjumbo real estate loans 超大型不動産融資[不動産抵当貸付]

**superlative** adj. 最高の, 最上の; the ～ 最高のもの[人], 最上級 ◆superlative performance 最高の性能

**supermarket** a～ スーパーマーケット ◆at a scanner-equipped supermarket バーコードスキャナーを装備したスーパーで

**supermini computer** a～ スーパーミニコン, ミニコンより大型のクラスのコンピュータ

**supernatant** adj. 上澄みの, (混ざっていたのが分離して液体の表面に)浮いている; (a)～ 上澄み(液), 分離して液体の表面に浮いている物質(= a supernatant substance) ◆(a) supernatant fluid [liquor] 上澄み液 (*沈殿後の)

**supernatural** adj. 超自然の, 不思議な, (摩訶)不思議な, 神秘的な, 超常的な, 神通(力)の; the ～ 超自然[超常]現象 ◆exercise supernatural power 超自然力[神通力, 超能力]を行使する ◆possess [have] a supernatural power 超自然力[神通力, 超能力]を持っている ◆supernatural phenomena like ghosts 幽霊などの超自然[《意訳》怪奇, 不気味な]現象

**superpower** □超出力, 過力; a～ 超大国, 大国 ◆a world superpower 世界の超大国

**superrich** adj. 非常に rich な; the ～(集合的)大金持ち

**supersaturate** vt. 過飽和させる ◆when the solvent becomes supersaturated 溶剤が過飽和状態になると

**superscript** a～ 上付き文字, 肩字, 肩文字, 肩付き; 上付きの, 肩字の ◆a numerical superscript 数字の上付き文字 (*$\chi^3$の3など)

**supersede, supercede** vt. ～に取って代わる, ～をすたれさせる, ～の地位を奪う ◆Transistors have almost completely superseded tubes in many applications. 多くの応用分野で真空管はトランジスタに, ほぼ完全に取って代わられてしまった。

**supersensitive** 超高感度の

**super-slim** adj. 超薄型の, 超低背型の ◆a super-slim uninterruptible power system 超薄型[超低背型]無停電電源装置

**supersonic** adj. 超音速の, 超音波の; a～ 超音速航空機 ◆supersonic flight 超音速飛行 ◆a supersonic aircraft 超音速航空機 ◆at supersonic speed(s) 超音速で ◆design [build] a supersonic transport 超音速旅客機［輸送機, 航空機, SST］を設計［製造］する

**supersonics** 《単扱い》超音速［超音波］学

**supersophisticated** adj. 超高性能–, 超高度– ◆a supersophisticated jet fighter 超高性能ジェット戦闘機 ◆a supersophisticated radar system 超高度レーダーシステム

**superspeed** adj. 超高速の ◆a superspeed [ultra] centrifuge 超高速遠心分離機; 超高速遠心器; 超遠心機

**superstructure** a～ 上部構造, 基礎や土台に対してその上に築かれた部分 ◆the superstructure of a building ビルの上部構造［地上部分］ ◆the stiffness of both the substructure and superstructure of a bridge 橋梁の下部工と上部工両方のスチフネス［剛性］

**supersymmetry** 超対称性 ◆supersymmetry theories: theories of supersymmetry 超対称理論

**supertanker** a～ スーパータンカー, 超大型タンカー［油槽船, 油送船］ ◆the supertanker Exxon Valdez 超大型タンカー・エクソン・バルディーズ号 ◆deep-water ports capable of handling the world's largest supertankers 世界最大級の超大型タンカーの受け入れが可能な水深の深い港

**supertwist** ◆a reflective supertwist LCD 反射型スーパーツイスト液晶ディスプレイ

**supervise** vt. 監督［監修］する, 管理する ◆supervise theses and dissertations 論文の指導に当たる

**supervision** 監督, 監視, 看ていること, 番をしていること, 指揮, 管理, 監修 ◆come under the supervision of... ～の監督［監視, 管理］下に入る ◆exercise supervision and control over... ～を監督・管理する ◆the China State Bureau of Quality and Technical Supervision (CSBTS) 中国国家質量技術監督局 ◆attribute... to a lack of supervision over... ～を～に対する監督［監視］が十分でないからだとする ◆be subject to Department of Agriculture supervision ～は米農務省の監視の対象となっている［監督を受けることになっている］ ◆the bank's lack of supervision over each loan officer 各貸付担当者に対する, 銀行の監督不行き届き ◆under EPA supervision 米環境保護局の監督のもとに ◆under the supervision of... ～の監督［指揮, 管理］のもとで ◆under the supervision of a physician 医師の監督のもとで ◆write a dissertation under a person's supervision 〈人〉の指導のもとで論文を書く ◆Close supervision is necessary when any electrical appliance is used near children. どんな電気製品でも子供のそばで使う際には, しっかりと目を離さないように［監督］することが必要である. ◆This automatic sensing feature lets you plot your drawings with a minimum of supervision. この自動感知機能によって, 機械を最小限みるだけで製図のプロットが行える. (＊ここでの supervision は機械をみる［番をする］こと. 類語で, 機械についていることを attendance という)

**supervisor** a～ 監督（者）, 管理者, 監視役, 監察官, お目付役, 責任者 (= a foreman), 監修者;《one's》〈～の形で〉上司 (= one's boss), 指導教官 ◆a field supervisor in installation and repair work 据付け・修理工事の現場監督

**supervisory** adj. 監督の, 監視の, 管理の ◆supervisory control 監視制御 ◆supervisory functions [facilities] 監視機能 ◆a person having supervisory or management duties 監督職務あるいは管理職責を帯びている人［《意訳》担当者］; 監督あるいは管理の責任者 ◆supervisory monitoring equipment 監視用のモニター機器

**supper** (a)～ 〈昼に dinner を食べた後での dinner よりも軽い〉夕食［夕御飯, 夕げ, 晩餐］, 夜食; a～ 夕食会 ◆prepare supper 夕食の用意をする; 夕げのしたくをする ◆the Last Supper 《キリスト教》最後の晩餐

**supplant** vt. ～に取って代わる, ～の地位［座］を〈不当な手段で〉奪う ◆Designed to supplant Mikrosaft's Xxx, Yyy is... マイクロザフト社の Xxx との置き換えを目指して生み出された Yyy は... ◆Just as CDs supplanted vinyl records, digital devices will eventually replace analog modems. CD がビニール製のレコードに取って代わったのと同様に, デジタル装置が最終的にアナログモデムの座を奪う［モデムと選手交代する］だろう. ◆It will probably be some time before 64-bit personal computers totally supplant 32-bit machines. 32ビットパソコンが完全に64ビット機に取って代わられるまでには, まだかなりの時間を要するであろう. ◆Physical models were very common in the early days of the industry, but these have been supplanted by numerical models. 物理モデルはこの業界の初期の時代には非常に一般的であったが, 数値モデルに取って代わられた. ◆You can supplant the standard 2.1GB hard disk with a 4.3GB, 6.4GB, or 10GB model, and you can expand from 64MB of RAM up to 256MB. 標準の2.1GBハードディスクを, 4.3GB, 6.4GB あるいは10GBのものに置き換え可能です. また64MBのメインメモリーは256MBまで拡張できます. (＊注文組み立てパソコンの話で)

**supple** adj. 柔軟な, しなやかな, 〈身体の（関節の動き）が〉柔らか ◆a supple ride 《車》しなやかな乗り心地 ◆a supple suspension しなやかなサスペンション［懸架装置, サス］

**supplement** a～ 補足, 補遺, 付録; a～〈錠剤タイプの〉栄養補給食品［剤］, 健康・栄養食品 ◆a supplement to a document 文書の補遺［付録］ ◆a supplement to the family income 家計の足し; 家計の不足を補う金 ◆supplement income by moonlighting アルバイトをして収入の足しにする ◆supplement one's earnings by... -ing ～をすることで稼ぐの足しにする ◆take... as a dietary [nutritional] supplement ～を栄養補助食品として取る; サプリメントとして摂取する ◆a special supplement to Computer Week コンピュータウィーク誌の特集版

**supplemental** adj. 補足的な, 補遺の, 補助的な, 補充の, 追加の, 補給の, 予備の, 臨時運転［運行, 運航］の ◆supplemental remarks 補足説明, 肉書き〈ナオガキ〉 ◆a supplemental restraint system (SRS) 《車》補助拘束装置（＊エアバッグの正式な呼び方. 衝突時に乗員の体が前に行かないよう拘束するために, シートベルトに加えて補助的に使用されるものという意味） ◆a supplemental (budget) request of $2.1 billion 21億ドルの追加の（予算）要求 ◆textbooks, workbooks and supplemental materials traditionally used in classrooms 教室で昔から使われている教科書やワークブック［練習帳, 学習帳］や補助教材

**supplementary** adj. 補う, 補足の, 補–, 付加の, 足しにする, 追加の,〈予算が〉補正の, 補遺［付録］の, 付–, 補充の, 補給の, 付属の, 2次的な, 副–, 補助的な,〈費用が〉間接的な,〈権利などが〉特別の,《数》補角の ◆a supplementary item 付帯事項 ◆supplementary charges 追加料金 ◆supplementary documents 補足文書,《意訳》添付［付属］書類 ◆supplementary requirements 追加の必要条件［要件, 補足あるいは必要規定など］,《主要事項に付随する》必要事項; 付則; 附則; 付帯事項 ◆a large supplementary budget 大型補正［追加］予算 ◆the fiscal 1997 supplementary budget 1997年度追加補正予算 ◆a $5-billion supplementary budget 50億ドルの追加（補正）予算 ◆supplementary feed in the off-season シーズンオフの間に〈家畜に食べさせる〉補充飼料 ◆supplementary generators to supply back-up power バックアップ［予備］電源を供給するための予備の発電機 ◆programs that are supplementary to other programs 他の計画［制度］を補完［補足］する（性格の）計画［制度］

**suppleness** 《U》しなやかさ, 柔軟さ ◆The car offers a ride that is almost unsurpassed in suppleness. この車は, しなやかさではほとんど他の追随を許さない乗り心地だ.

**supplier** a～ 製造業者, 部品製造元, 納入業者, 仕入れ先, 購入先, 調達先, 原料［製品］供給国 ◆an electro-optics supplier 光・電子部品製造業者 ◆suppliers of optoelectronic devices オプトエレクトロニックス素子の納入業者［供給業者, 仕入れ先］ ◆switch suppliers 仕入れ先をかえる ◆as a reliable supplier of high quality products 高品質製品を供給している信頼のおけるメーカーとして

**supply** 1 vt., vi. 供給［支給, 配給］する, 与える, 提供する,〈必要〉を満たす, 埋め合わせる, 代わりを務める ◆install Client-supplied items 依頼者[施主]から供給された品物を取り付ける ◆supply high-velocity airflow 高速の(空)気流を供給している ◆the supplied battery (製品に)付属の[同梱の、付いている]電池；支給[供給]される電池 ◆using the supplied cable 付属の[同梱されてきた]ケーブルを使って ◆the brochure supplied with the car 車と一緒に提供される[車に付いてくる]小冊子 ◆supply [input, give, furnish, present] a password to the system システムにパスワードを入力する[呈示する] ◆supply four factories with raw materials for fiber cable manufacturing 4工場に光ファイバーケーブル製造用原材料を供給する ◆to take users beyond the information contained in the user manual supplied with the software ソフトに添付[同梱]の取り扱い説明書に書かれていない情報をユーザーに知らせるために ◆The factory is supplied with three-phase power. この工場には、三相電力が供給されている。 ◆If you do not supply a name, the program uses a default name. 《コンピュ》名前を指定しない場合、そのプログラムはデフォルトの名前を使う。

2 (a)～ 供給、補給、支給、電源; -lies 貯蔵品、たくわえ、補給品、食糧・物資、調度品 ◆a supply reel 〈テープの〉供給リール ◆an item of supply 支給品『(機能); 供給力 ◆semistandard supplies 準標準の納入品[(意訳)外注品、購入部品や部材、外部調達資材]《*購入者側からみて》 ◆clean room supplies クリーンルーム用補給品 ◆control supply from... ～からの供給を制御する ◆expand the money supply 通貨の供給を拡大する ◆have a stable food supply 〈国〉が(自国用に)安定した食糧供給を確保している ◆if supplies run out もし蓄え[貯え]が尽きたら ◆provide a supply of fresh water 清水(セイスイ)を供給する ◆supply chain management (SCM) サプライチェーンマネジメント、供給連鎖[経路]管理[*原材料から製品が消費者に届くまでの物流の無駄を省き最適化するよう一貫管理すること] ◆to secure an adequate supply 十分な供給を確保するために ◆be cut off from supplies of food and energy 食糧とエネルギーの供給が絶たれている ◆deliver 75 tons of relief supplies [goods] 75トンの救援物資を届ける ◆increase the supply of fuel 燃料供給を増やす ◆meet the demand with increased supply 増加した供給[《意訳》供給の拡大]により需要を満たす ◆power, water and fuel are in severe short supply and unavailable in many areas of the country 電力、水、燃料はひどい供給不足に陥っており、同国の多くの地域で利用や入手ができない ◆provide consumers with a stable supply of... 消費者に～を安定供給する ◆regulate the supply of fuel 燃料の供給を調節する ◆the supply of... falls far short of the demand ～の供給が需要をはるかに下回る ◆until supply catches up demand 供給が需要に追い付くまで ◆when there is a supply of steam 蒸気の供給がある[蒸気が供給される]場合 ◆a supply and exhaust ventilation system with pre-filters and HEPA filters 前置フィルタおよびヘパフィルタが備わった給排気システム ◆because the mother's milk supply is affected それは母乳の出が悪くなるからです ◆The evaluation of supplies by use of a measuring device 納品された品物の測定器を使っての評価[測定、計測] ◆the long-term demand-supply position is very favorable 長期的な需給状況は非常に良好である[明るい] ◆The country has abundant water supplies. 《直訳》この国は豊富な水の供給を持っている。《意訳》この国には豊富な水資源がある。 ◆(The) Offer (is) good while [until] supplies last. なくなり次第、[景品[商品]の提供を]終了させていただきます。; 在庫限り; 数に限りがございますのでご了承ください。; 品切れの場合はご容赦ください。; 売り切れ御免 ◆Virtually every kind of truck is selling and in short supply. ほとんどあらゆる種類のトラックが売れていて品薄感が漂っている。 ◆The automaker receives its supply of 1.7-liter engines from a Renault factory. この自動車メーカーは、ルノーの工場から1.7リッターエンジンの供給を受ける。 ◆Natural gas is preferred by utilities because price and supplies are relatively stable and it is cleaner than alternatives. 天然ガスは電力会社が好んで使っている。これは、価格および供給が比較的安定しており、他の燃料よりクリーンであるといった理由からだ。

**supply and demand** 需要と供給 ▶supplyとdemandの順序は日本語と逆である。 ◆supply-and-demand principles 需給[需要と供給]の原理[原則] ◆let the market forces of supply and demand operate 市場の需給の実勢が働くようにする ◆A hurricane changes supply and demand. ハリケーンは需給関係に変化を及ぼす。(*物流が滞り物価が上がる話で)

**support** 1 vt. (荷重を、経済的に)支える[援助、後援、支持、協力、扶助、扶養]する、加勢[助太刀(スケダチ)]する、助ける、補助[援助]する、後ろだてする、裏付ける、立証する；(製品の)〈機能、規格、方式など〉をサポートして[に対応して]いる、〈メーカーが〉〈ユーザー〉をサポートする(*技術的情報や製品使用上の支援を提供する) ◆supporting industries 裾野(スソノ)産業 ◆a supported catalyst 担持触媒 ◆support growth 成長を支える ◆the ability to support multiple standards 複数の標準規格をサポート[に対応]する機能 ◆support the contention that... ～であるという論旨[論点、主張]を弁護する[支持する、裏付ける] ◆a self-supporting chain reaction 自己持続性の連鎖反応 ◆a state-supported research-and-development project 国家が助成している研究開発計画 ◆Color printing is supported. カラー印刷がサポートされています[に対応しています、が可能です]。 ◆support diverse requirements 多種多様な要求をサポートする[に対応する] ◆support the workpiece by hand 加工部品を手で保持する ◆The computer comes ready to support... このコンピュータは、～をサポートする備えがついて[～を標準でサポートして、～に対応して](売られて)いる ◆there is no scientific evidence that supports the theory that... ～だとする説を裏付ける[立証]する科学的根拠はない ◆The CD player is supported on four vibration-isolating feet. 本CDプレーヤーは、4個の防振足で支持されている。 ◆Recom produces quality products supported by technical expertise. 弊社レコムは、高い専門技術に裏付けられた高品質の製品を生産しています。 ◆This site is not supported, endorsed or approved [acknowledged] by Xxx or his representatives [management]. 当(ウェブ)サイトは、Xxx氏または代理人[事務所]から協力も認可も承認も得ていません。(*非公式非公認のファンサイト) ◆A basic file system supports the creation of files, the reading and writing of data from and to files, and file deletion. 《コンピュ》基本的なファイルシステムは、ファイルの作成、ファイルからのデータの読み出しおよびファイルへのデータの書き込み、ならびにファイルの削除をサポートしている。

2 ①支え、支持、支援、援助、後援、サポート、加勢、応援、後ろだて、扶助、扶養、養育; ②裏付け、立証; ③(設計・装備・設備などを通じての)対応[対処]; a～ 支柱、支持物、支持体、支点部、支柱、支承、土台、サポータ、副木、支持台 ◆give support to... 〈人、物事〉を支持する ◆decision-support software 《コンピュ》意思決定支援ソフト ◆post-sales [post-sale] support 販売後のサポート[アフターサービス] ◆pay alimony and child support 別居手当と子供の養育費を払う(*離婚で) ◆speak in support of... ～を支持する[擁護する、弁護する、推挙する、裏付ける]発言をする ◆support for moving images [networks] 動画[ネットワーク]への対応 ◆support for... still abounds ～に対する支持は依然として多い ◆the support of major protocols 《コンピュ》主要プロトコルのサポート ◆a transmission-support crossmember 変速機支持横材[横ばり] ◆The CD-ROM comes standard with support for Windows NT and Novell NetWare. 同CD-ROMは、Windows NTとNovell NetWareを標準でサポート[に標準で対応]している。 ◆check the adequacy of the support behind those claims これらの主張[(意訳)うたい文句]の裏付けの妥当性[的確性]を調べる ◆evaluating the adequacy of support for an advertising claim 宣伝文句の裏付けの妥当性を審査する ◆He expressed his complete support for... 彼は、～を全面的に支持すると表明した ◆lean on him for support 彼の支えに頼る[彼におんぶする] ◆Support for the above argument can also be found from the observation that... 上述の議論の裏付けは、～であるといった観察報告からも得られる。 ◆The program also provides support for a mouse. このプログラムは、マウス(の使用)もサポートしている[マウス対応である]。 ◆Color support for Smith

**supporter**

charts, polar plots, and contour charts is included. スミス図表、極図表、および等高線図のカラー作図サポートが含まれている [をカラーでサポートしている]。 ◆Support is provided for both NTSC 30-frame-per-second and PAL 25-frame-per-second video. NTSC方式の毎秒30コマ・ビデオと、PAL方式の毎秒25コマ・ビデオの両方に対応している。 ◆We at ABC Systems would like to thank you for using our product(s) and for your continued support. 《意訳》弊社製品をご愛用いただきありがとうございます。平素から愛顧 [ごひいき] 賜り、ABCシステムズ社員一同御礼申し上げます。 ◆We want to thank all of our loyal customers who came to our store for their support over the years. 当店にお越しご来店]いただきごひいきいただいたすべての客様に、長年のご愛顧を感謝いたします。

**supporter** *a*~ サポーター、ファン、支持者、支援者、支える人、支え手、後援者、後ろ盾、援助者、応援する人、加勢する人、賛助会員、賛成者、幇助(ホウジョ)者、脇役、助演者; *a*~ 支持物、受け枕	、保持体、ガーター、靴下止め、(男子運動選手用のブリーフ形の) サポーター

**supportive** *adj.* 支えて [支持して、支援して]、(病人などの体力を) 維持して くれる、協力的な、裏付けとなる ◆*a supportive backdrop factor* (言っていることの) 裏付けとなる背景要因

**suppose** 1 *v.* 仮定する、想定する、推定する、~と考える [思う] ◆*be supposed to* <do> ~することになっている、~するはずである、~することを期待 [要求] されている ◆*it doesn't work the way it's supposed to* それは、しかるべく [正常に、まともに] 働かない [機能して、動作して] ない ◆*On that date, all trade barriers are supposed to be removed.* その日をもって、すべての貿易障壁は撤廃されることになっている。 ◆*What are you supposed to do?* あなたは何をすることになっていますか [をするべきでしょう]。
2 《接続詞的に》(= supposing) 仮に~とすると、~してみてはどうだろう ◆*Suppose you came upon a situation in which...* たとえば、あなたが~という状況に遭遇したと仮定しよう。

**supposing** *conj.* 仮に~とすると、もし~ならば

**supposition** 仮定、想定、推定; *a*~ 仮説、憶測 ◆*act on the supposition that...* ~だろうと思って [想定して] 行動する

**suppress** *vt.* 抑圧、鎮圧、平定 (ヘイテイ) する、抑える、阻止 [抑制、抑止] する、(情報の一部) を伏せる [表示しない、印刷しない、削除する、カットする]、~を行わない (設定にする)、〈感情など〉 を殺す、《電子》〈信号の一部〉 を除去 [阻止、抑圧、低減] する (*搬送波の除去など) ◆*As a result, crosstalk between audio signals on adjacent tracks is effectively suppressed.* その結果、隣接トラックの音声信号間のクロストーク [漏話] は、効果的に抑制されて [抑制されて、《意訳》低減して] いる。

**suppression** 回制御、弾圧、鎮圧、平定 (ヘイテイ)、抑圧、抑止、停止、禁止、(本などの) 発売禁止、発禁、発止、〈事実などを〉 隠すこと、隠蔽 (インペイ)、(ディスプレイなどに) 表示させないこと、削除 ◆*a harmonic suppression filter* 高調波除去 [阻止] フィルター ◆*suppression of the natural expression of emotion* 感情の自然な発露を抑える [抑圧する、抑制する、抑止する] こと

**suppressor** *a*~ サプレッサ、suppressするもの、抑制器 ◆*a noise suppressor* ノイズ抑制回路 [装置]

**supremacy** 回最高であること、至高、最高位、最高権力、最高限、至上権、覇権、(~より) 勝っていること<over>、(~に対する) 優位 [優位性] <over> ◆*maintain the US political-military supremacy over other countries and peoples* 政治面・軍事面で、他の国々およびそれら国民をしのぐ米国の覇権 [《意訳》優位性] を保つ

**supreme** *adj.* (地位や権力が) 最高の、最高位の; (程度や質が) 最高の、最大の、この上ない、至上の、究極の ◆*MacArthur became Supreme Commander for the Allied Powers (SCAP) in Japan.* マッカーサーは在日連合国軍最高司令官 (略称SCAP) になった。

**surcharge** *a*~ 追加 [不足] 料金、追加 [不足] 税、割り増し料 [金]、付加費用、追徴金、課徴金; *a*~ 過当の代価請求、不当料金暴利; *a*~ 追加 [過重] 積み込み、積み過ぎ; *a*~ (郵便) 料

手不足料金 [額面変更] 表示; *vt.* ~に追加料金 [追徴金] を課す、~に荷を積み過ぎる ◆*(government) import surcharges* (政府が賦課 [徴収] する) 輸入課徴金

**sure** *adj.* 確実な、確信して、きっと~の; 確かに、必ず、きっと、さぞかし、もちろん ◆*make assurance double [doubly] sure* 念には念を入れる; 駄目押しする; ダメを押す; 万全を期する; 石橋を叩いて渡る; 用心の上にも用心をする; 繰り返し念を入れて [くれぐれもよく] 確かめる ◆*Check to be [make] sure that...* ~であることを点検して確認してください。 ◆*Make sure [certain] (that)...* ~であることを確認して [確かめて] ください。; 必ず [確実に]~ようにしてください。; 《意訳》~ように注意する [心がける] こと ◆*Are you coming? - Sure.* 君も来るんだろう。- もちろん [いいとも]。(* *sure* = *of course*) ◆*Are you sure you want to [Do you really want to] delete...?* (ほんとに)~を削除してもよろしいですか?(* コンピュータ画面の確認メッセージでは「ほんとに」を入れないのが普通) ◆*to be sure nothing unexpected will occur when...* ~の際に予期せぬことが何も起きないようにするために ◆*to make sure that the law is complied with* その法令の遵守の徹底を図るために ◆*to make sure the connection is properly insulated* その接続部の絶縁を確実なものにするために ◆*Be sure to include a colon at the end of the volume name.* ボリューム名の最後に必ずコロンを付けてください。 ◆*Check all numbers to be sure they are correct.* 数字が全部正しい [《確かに》合っている] か確認して [確かめて] ください。 ◆*It should be made sure that the furrow or hole is deep and large enough.* 溝あるいは穴に十分な深さと大きさがあるようにしなければなりません。 ◆*Just make doubly sure all the spelling is correct!* 綴りがすべて正しいか再確認する [ダブルチェックする、念には念を入れる] こと。 ◆*"Not sure" responses are not included.* 「わからない」 という回答は除いてある。(* アンケート調査の報告) ◆*That couldn't possibly be true! Anyway, I sure don't believe it!* そんなこと本当のはずないわ! とにかく、私は絶対に信じないわよ! ◆*Be sure that the clamp knob is tight before starting any operation.* 作業開始前には、クランプのツマミがしっかり締まっていることを確認してください。 ◆*In the longer term, no one is sure what will happen to the area's wildlife.* より長期的に見た場合、その地域の野生の動物たちにどんなことが起きるかは誰にも分からない。 ◆*After attending this symposium, I am more sure than ever that we are a long way off from achieving this goal.* このシンポジウムに出席してからは、私は、この目標の達成まではるかに遠い [前途遼遠だ] ということについていっそう確信を深めています。 ◆*Although a pterygium is not dangerous, it should be checked to make sure that it is not something more serious.* 翼状片 [*眼の病気*] は危険ではないものの、何かもっと重篤な疾患ではないということを確かめなければ [確認しないと] いけません。 ◆*These are sure signs of trouble and you should have the brakes repaired immediately.* これらは紛れもなく故障の表れであり、ブレーキを直ちに修理してもらわなければなりません。 ◆*To be sure, about 80 percent of stomach ulcers are caused by a bacterium called Helicobacter pylori.* 実に、約80%の胃潰瘍は、ヘリコバクター・ピロリと呼ばれるバクテリアによって引き起こされている。

**surefire, sure-fire** *adj.* 《口》(絶対) 確実な、成功間違いなしの ◆*a surefire method of...-ing* 《口》~するのに必ず成功する [確実な] 方法 ◆*prunes and other surefire laxatives* プルーンやその他の間違いなく効く緩下剤 ◆*as a surefire way to protect valuables in case of a quake* 万一地震が起きた場合に貴重品を確実に守る方法として ◆*There is no surefire way to* <do...> 必ず [間違いなく、絶対に]~できるようなうまい方法はない。 ◆*Grafting is a surefire method of producing a tree whose fruit will be identical to its parents.* 接ぎ木は、親木と同じ果実の成る果樹をつくる上で確実な方法 [成功することが間違いない方法] である。

**sure-footed** 足元 [足どり] のしっかりした ◆*a sure-footed way to* <do...> ~する確実 [地道、手堅く堅実] な方法 ◆*The car is sure-footed over the humps and bumps.* その車は、でこぼこの悪路での走行で足元 [足回り] がしっかりしている。

**surely** adv. きっと, ちゃんと, 必ず, 確かに, 本当に, 実に, 着実に; まさか, よもや ◆America's leadership role in Europe surely will suffer 欧州におけるアメリカの指導的役割は確実に[必ずや, 間違いなく, きっと]低下するであろう

**surf** ①打ち寄せる波, 寄せてはくだける波; vi. vt. (~を)サーフィンする[見かけち, Web] ◆surf the Internet [the Web] インターネット[Web]をサーフィンする[回遊する, 見る, 閲覧する, 利用する]; インターネットサーフィンする

**surface** 1 a~ 〈物体, 液体の〉表面, 水面, 面; the ~ 外見[見かけ, うわべ, 表面]; the ~〈鉱〉坑外; adj. 表面の, 陸上・海上輸送の, 〈鉱山〉坑内の ◆come to the surface 浮上する; 浮かび上がる; 出てくる; 表面化する; 顕在化する; 表立つ; 表ざたになる; 出てくる(圏come to the fore) ◆a surface analyzer 表面分析計[検査装置] ◆surface analysis 表面分析[検査] ◆surface mounting 《回路基板》表面実装, 面実装 ◆surface mount technology (SMT) 表面実装技術 ◆surface transportation 水陸路輸送 ◆the surface of the Earth 地球の表面 ◆(a) surface preparation (塗装などに先立っての) 表面処理; (表面) 前処理; 素地調整; 生地ごしらえ ◆an asphalt surface course (道路の)アスファルト表層 ◆a surface acoustic wave (弾性)表面波(*単数形・複数形共に略はSAW) ◆a surface flaw 表面のきず ◆a surface texture symbol 面肌記号 ◆a surface grinding machine 平面研削盤 ◆a surface acoustic wave (SAW) filter 弾性表面波フィルター ◆a SED (surface-conduction electron-emitter display) 表面伝導型電子放出素子(*次世代の大画面ディスプレー用に期待されている) ◆surface preparation of concrete; surface preparations for concrete コンクリートの素地調整 ◆miners assigned to work on the surface 坑外作業に配属された鉱山労働者[鉱夫, 炭坑夫, 坑夫] ◆on the earth's [Earth's] surface 地球の表面上で ◆on [under] the surface of a material 材料の表面上[下]に ◆the surface area of ~ ~の表面積 ◆the surface tension of liquids 液体の表面張力 ◆it appears to be quite easy on the surface, but... それは表面上は[外見上は, 外から見る限り, 見た目には, 外目には, 上辺は]とてもたやすいことのようにみえるが ◆on the display surface of a display device 表示装置の表示面の上に ◆a surface-active agent that improves the hydrocompatibility of materials 物質の親水性を高める表面活性剤[界面活性剤] ◆but there's apparently a lot going on under the surface だが表面下[水面下]で多くのことが進行しているらしい[様子だ] ◆rain makes road surfaces very slippery 雨は路面を非常に滑りやすくする ◆Do not use this appliance on a wet surface. この器具を, 濡れているところに置いて使用しないでください。 ◆The problems are just beginning to come to the surface. これらの問題がまさに今顕在化し始めているところだ。 ◆The screw head must seat below the surface. ねじの頭は, 表面[つらいち]より下にならなければならない。

2 v. ~の表面を仕上げる, ~の表面を~にする, 表面化する, 明るみに出る, 浮上する ◆another problem has surfaced さらに別の問題が表面化した ◆About 95 percent of U.S. roads are surfaced with asphalt. 米国の道路の約95パーセントはアスファルト舗装である。 ◆Counter-tops were surfaced with pure white ceramic tiles. カウンターの上面は, 純白のセラミックタイルで覆われた[表面仕上げされた]。 ◆Turf battles surface most glaringly in actual combat. (陸, 海, 空軍の)縄張り争いは実戦で最もあからさまになる(露骨に表面化する, どぎつく浮き彫りになる)。

**surface active** 界面活性の, 表面活性の ◆a surface-active agent (=a surfactant) 界面活性[表面活性]剤 ◆be strongly surface active 強い界面活性がある

**surface-harden** v. 表面硬化(処理)する ◆surface-harden steel はがねに表面硬化処理を施す

**surface-mount** adj. 表面実装の, 面実装の, 表面取り付けの; vt. ~を表面実装[表面取り付け]する ◆all the ICs are surface-mounted ICはすべて表面実装されている ◆a surface-mounted connector 表面実装されたコネクタ ◆a processor surface-mounted to the logic board ロジック基板に表面実装されているプロセッサ ◆printed-circuit boards built with high-density surface-mounted-device (SMD) technology 高密度表面実装[面実装]デバイス(SMD)技術を使って組み立てられているプリント配線基板 ◆All surface-mount components are available taped and reeled. 表面実装部品は, すべてテーピング梱包されリールに巻いて納品されます。

**surface-mountable** adj. 表面実装可能な, 面実装~ ◆a surface-mountable coil 表面実装[面実装]コイル

**surface-to-air** adj. 地対空~, 艦対空~ ◆a surface-to-air missile 地対空[艦対空]ミサイル(SAM)

**surface-to-surface** adj. 地対地~, 艦対艦~ ◆a surface-to-surface missile 地対地ミサイル; 艦対艦[地対艦]ミサイル

**surface treat** vt. ~を表面処理する, ~に表面処理[前処理]を施す ◆lighting fixtures surface treated with baked enamel エナメル焼き付け表面処理が施されている照明器具

**surface treatment** (a) ~ 表面処理, 前処理

**surface water** ①地表水, 表流水, 地上水, 表面水 ◆use surface water for irrigation of arable land 表流水を耕作地[田畑]の灌漑に使う

**surfactant** (= surface-active agent) a ~ 界面[表面]活性剤; (肺)サーファクタント(= lung surfactant)

**surfboard** a ~ サーフボード, 波乗り板 ◆when riding a surfboard 波乗り[サーフィン]している時に

**surfeit** a ~ <of> 過度, 過剰, うんざりするほどの量, 洪水; v. 過剰供給する, うんざり[飽き飽き]させる, 暴飲暴食する ◆a surfeit of competition among carmakers 自動車メーカー間の過当競争 ◆a surfeit of gasoline at the pumps ガソリンスタンド[小売段階]でのガソリンのだぶつき ◆the sound system's surfeit of buttons その音響システムのあまりにも多いボタン類

**surfing** サーフィン, 波乗り

**surge** 1 a~ <of> 大波, 押し寄せ, 急増, 殺到; a~《電気》サージ, 《意訳》異常電圧 ◆a sudden surge in truancies (生徒の)無断欠席[する休み, サボり]の急増 ◆a surge in demand for... ~の需要の急増 ◆a surge in water pressure 水圧の急激な一時的上昇 ◆enjoy [experience, take on] a surge of popularity にわかに人気が出る; ブームが出る ◆cope with the surge in drug trafficking 麻薬密売の急増に対処する ◆there were about one million occurrences of power surges 電源サージの発生が約百万件あった ◆The Latin American car market is prone to surges and sags. 中南米の自動車市場は, 大きく上下に変動しがちである。 ◆The PD technology had a brief surge of popularity in 1995 to 1996. PD技術は, 1995～1996年に短いブームを呼んだ。 ◆Color models are enjoying a surge in demand and supply, and prices are dropping. カラー機種は需要および供給が急増しており, 価格は下落している。

2 vi. 押し寄せる, 急増する, 〈感情が〉高まる[こみ上げる]<up> ◆a surging yen 上昇を続けている円; 上げ調子の円 [円高] ◆as the development of microchip technology has surged forward マイクロチップの技術開発の躍進に伴って ◆Sales of UNICEF greeting cards are surging. ユニセフのグリーティングカードの売り上げは急増[急伸]している。

**surgeon** a ~ 外科医, 医師, 軍医 ◆an orthopedic [a plastic, a cosmetic] surgeon 《順に》整形[形成, 美容整形]外科医 ◆All cigarettes sold in the United States must bear the general's health warning. 米国で販売されるすべての紙巻きタバコには, 公衆衛生局長官の健康に関する警告を印刷して掲載しなければならない。

**surgery** ①外科, 手術; a~ 手術室, (英)診療所[診察室, 医院] ◆perform surgery (外科)手術を行う[執刀する] ◆non-contact surgery 非接触手術(*レーザーによる) ◆during major surgery 大(きな外科)手術の間 ◆face extensive surgery 大がかりな手術に臨むことを受ける ◆require neurosurgery 脳の外科手術を要する ◆undergo [have] knee surgery; undergo surgery on one's left knee; undergo reconstructive surgery on a knee; undergo surgery to repair a knee 《順に》ひざの手術を受ける; 左ひざの手術を受ける; ひざの再建手術を受ける; ひざ

の修復手術を受ける ◆undergo surgery for appendicitis [a gunshot wound] 虫垂炎［銃弾による傷］の手術を受ける ◆Dr. A, who performed the surgery, said... 手術を執刀したA医師は、〜と言った ◆she narrowly escaped surgery on... 彼女は、〈身体部位〉の手術をかろうじて免れた［何とか受けずに済んだ］ ◆he died Aug. 13 of complications following surgery for a ruptured aortic aneurysm at Arlington Hospital 彼は8月13日に大動脈瘤破裂術後の合併症によりアーリントン病院で死亡した

**surgical** adj. 手術の，外科 ◆(a) surgical therapy 外科［手術］療法 ◆surgical equipment 外科手術機器 ◆surgical instruments 外科手術の用具・器具

**surmise** vt. 〜を［〜であると］推量［推測，憶測］する; a 〜 推量，推測，憶測 ◆As you probably surmised, ... お察しのとおり、 ◆though this is merely a surmise of mine これは私の憶測にすぎない［単なる憶測だ］が

**surmount** vt. 〈山，障害物など〉を越える、〈障害，困難，問題など〉を乗り越える、克服する、超克（チョウコク）する 切り抜ける、打破する、突破する、〜に打ち勝つ ◆(be surmounted by [with]...の形で)〜が載っている、〜が上に付いている、〜をいただいている ◆have many obstacles to surmount 〜には克服すべき多くの障害がある ◆overcome [surmount] a difficulty 困難を克服する；困難に打ち勝つ；難局を乗り切る［切り抜ける］，打開，打破］する

**surmountable** adj. 乗り越え［切り抜け］られる，克服［打破，突破］できる ◆the obstacles are surmountable これらの障害は乗り越えられる

**surpass** 〜を凌ぐ（シノグ），凌駕（リョウガ）する，〜にまさる，〜を越える，超絶する ◆although stock prices certainly surpassed our expectations 株価は確かに我々の期待を上回ったとはいえ ◆So far nothing has emerged that can surpass the CRT in overall display capability. 今までのところ、総合的な表示能力でCRTをしのぐものはなんにも現れていない。

**surplus** a〜 余分，余剰［剰余］（分），余り，だぶつき；adj. achieve a surplus on the primary balance プライマリーバランス［基礎的収支］を黒字化［黒字化］する ◆there is a surplus of labor 労働力が余っている ◆The removal [disposal] of surplus soil 残土の処理 ◆Japan's trade surplus shrank in the first half of 1995 日本の貿易収支の黒字は1995年上半期に縮小［減少］した ◆Japan's trade surplus with the United States 日本の対米貿易黒字 ◆reduce surplus production capacity 余剰生産能力を削減する ◆turn Korea's trade deficit into a surplus 韓国の貿易赤字を黒字に転じ［黒字転換］させる ◆use a budget surplus to buy new projectors 余った予算［（意訳）予算の残り］を使って新しいプロジェクターを購入する ◆the international market is awash with surplus crude 世界市場は、余剰原油がだぶついている

**surprise** 1 ◻驚き；a〜 驚くべき［驚愕すべき］こと，意外なこと，思いがけないこと；(a)〜 奇襲［不意打ち］；adj. 突然の，予期しない，不意の，抜き打ち［不意打ち］的な，予告［事前の通達］なしの，出し抜けの，電撃的な ◆much to my surprise たいへん驚いたことには ◆to my (great) surprise （非常に）驚いたことに ◆get a pleasant surprise 意外な［予想より良い，期待以上の］ことに驚いて喜ぶ ◆a surprise visitor 不意の来客 ◆conduct [carry out, do, make, perform] (a) surprise inspection 抜き打ち検査［査察］をする ◆launch a surprise attack on... 〜を奇襲する ◆launch a surprise search on... 〜に対する抜き打ち捜査を開始する ◆The timing took us by surprise そのタイミングは我々の意表を突いた ◆Your mate or partner has a surprise in store for you. あなたの友人あるいは配偶者が、あなたを驚かす［びっくりさせる］ようなことを用意していることでしょう。 ◆On Dec. 7, 1941, the Japanese Imperial Navy staged a surprise attack on Pearl Harbor. 1941年12月7日に、日本帝国海軍は真珠湾に奇襲攻撃をかけた。（*日本の日付では8日） ◆Prime Minister Junichiro Koizumi made a surprise visit to Yasukuni Shrine on Sunday morning. 小泉純一郎首相は日曜日の朝、靖国神社に電撃参拝を行った。

2 vt. 驚かす，おどろかす，不意［意表］をつく

**surprising** adj. 驚くべき，驚かせる，予期しない，不意の，意外な，案外な ◆That wasn't too surprising because... 〜なので、それはさほど驚くには当たらない。

**surrealism** シュールレアリスム［レアリズム］，超現実主義

**surrender** 1 v. 〜を譲り渡す，引き渡す，明け渡す，〜を手放す，放棄する，降伏［降参，投降］する ◆surrender the license 〜の免許を返納する ◆surrender unconditionally to foreign powers 外国勢力に無条件降伏する ◆surrender unconditionally to pressure from the United States 米国の圧力に無条件に屈伏［屈従］する ◆One of our soldiers went to talk to them to persuade them to surrender. 我々兵士の一人が奴らに投降するよう説得しに［呼びかけに］行った．

2 (a) 〜 譲渡，引き渡し，明け渡し，降伏，降参，投降，(保険)解約 ◆(an) unconditional surrender 無条件降伏 ◆adopt a "no surrender" attitude 不撓不屈の態度［構え，姿勢］をとる ◆the signing of surrender terms aboard the USS Missouri in Tokyo Bay on September 2, 1945 1945年9月2日東京湾に停泊した米戦艦ミズーリ号艦上での降伏文書の調印

**surrogate** a〜 代理人，代理，代理母，遺言検認判事，（英国教会）監督代理；a〜 代わりのもの，代用品；adj. 代理の，代用の ◆a girl born under a surrogate-motherhood contract 代理母契約の下で生まれた女児 ◆become a surrogate mother 代理母になる

**surround** vt. 取り囲む，囲繞（イジョウ）する，取り巻く，包囲する，囲む，囲う ◆statements surrounded by braces 中括弧 で囲まれている文 ◆in order to lift the veil of secrecy surrounding... [that surrounds...] 〜を取り巻いている秘密のベール［ヴェール］を外す［取り払う，剥ぐ］ために ◆issues surrounding the use of copyrighted works 著作権のある作品の使用を取り巻く［を巡る，にまつわる，に関わる］問題 ◆the shower is surrounded with clear glass walls シャワーは透明ガラス壁で囲われている ◆ethical issues surrounding the use of human fetal tissue in experimental research 実験的研究における人間の胎児組織の使用をめぐる倫理問題

**surrounding** 〜s 環境［周囲］（の状況），取り巻く状況; a〜 取り囲むもの，包囲; adj. 周囲の，周辺の，取り巻いている，囲んでいる ◆an airport and its surroundings 空港とその周辺［周辺の環境］ ◆get the feel of the surroundings (その場所の）周りの雰囲気をつかむ ◆in hot and humid surroundings 高温多湿の環境で ◆the San Francisco waterfront and its surrounding environments サンフランシスコのウォーターフロント［臨海］地域とその周囲環境 ◆the health questions surrounding computer monitor emissions コンピュータ表示装置から発生する（電磁波の）放射にまつわる健康上の疑惑 ◆improve their surrounding natural environment 彼らの身の回りの自然環境を改善する ◆improve canals and their immediate surroundings 運河とその近辺を整備する ◆reflected waves from surrounding buildings 周囲のビルからの反射波 ◆the effect due to the near-by surroundings of a transmitter site 送信機設置場所近辺の環境の影響 ◆landfills always affect groundwater and the surrounding environment ごみ処分場は、例外なく地下水および周辺の環境に悪影響を及ぼす

**surround sound** ◻《音響》サラウンドサウンド; surround-sound adj. ◆a surround-sound effect 《音響》サラウンドサウンド効果 ◆play back a VCR in surround sound ビデオをサラウンドサウンドで再生する

**surveillance** 監視，見張り，監督 ◆a surveillance camera 監視カメラ ◆a surveillance satellite 監視衛星，偵察衛星，スパイ衛星 ◆a military surveillance satellite 軍事偵察衛星 ◆a marine surveillance aircraft 海上を飛んで見張り［監視］をする飛行機；哨戒機 ◆an Air Force electronic surveillance station 米空軍の電子防空監視所 ◆he is under surveillance 彼は監視されている ◆The new high-resolution video surveillance system may wipe the smiles off the faces of bank robbers. この新型高解像度ビデオ監視システムは、銀行強盗の顔から笑いを消し去ることだろう。

**survey** 1 v. 調査する，（アンケート調査のため）〈人〉に尋ねる，アンケートを取る，概説［概観］する，測量する ◆survey

the day-after damage （災害などの）事後の被害を調べる ◆survey supplier plants to observe inspections and tests performed 検査や試験の実施状況を視察するために部品供給メーカーの工場を査察する [[《意訳》立ち入り検査する] ◆In this chapter, we briefly survey the variety of computers available today. この章では、今日入手可能なコンピュータの種類について簡単に概観した［ざっと見て］みることにする。 ◆Ottawa-Hull had the highest average income of the 10 cities surveyed, just shy of $30,000. オタワーハル地区は、調査対象となった10都市中最高の平均所得（3万ドルをちょっと切る）だった。
2 a ～ （アンケート）調査, 探査, 踏査, 検分, 概説, 概観, 概要, 測量 ◆a survey on... 〜についての調査 ◆carry out [conduct, do, make, perform, run] a survey 調査を行う[実施する] ◆conduct surveys about [concerning, on, regarding]... 〜について調査を行う ◆undergo a survey 調査を受ける ◆a land survey 土地測量 ◆a seismic survey 地震探査[反射法探査]（＊人工地震を発生させ、反射してくる弾性波を解析する） ◆the implementation [performance, conduct] of a survey 調査の実施 ◆accomplish earth resources surveys 地球資源探査を実施し終える ◆a summary of survey specifics 調査内容の概要 ◆conduct a survey on domestic violence ドメスティックバイオレンスに関する調査を行う ◆perform a survey of real property 不動産物件の測量を実施する ◆surveys about pain control [management] ペインコントロール[疼痛管理]に関する調査 ◆a survey of the present situation of the labor market 労働市場の現状調査 ◆based on the results of surveys of UK teleworkers 英国の在宅勤務者を対象とした調査結果に基づいて[結果を踏まえ] ◆conduct special surveys of baby foods ベビーフードの特別調査を実施する ◆make accurate surveys of the earth's surface 地表の正確な観測調査を行う ◆several weeks ago I ran a little survey 数週間前に私は小さな調査をしてみた ◆a select group of dealers who received high marks on customer satisfaction surveys 顧客満足度調査で高い点を取った販売代理店のえり抜き集団 ◆a survey by the Government's General Accounting Office last March 去る3月の政府会計検査院による調査 ◆Please complete the survey questions below... 次のアンケート（調査）の質問に答えてください ◆Answer our survey about your products you want and get a coupon for $10 off your first order. あなたの欲しい製品について弊社のアンケート（調査）に答えて、初回注文の際にお使いいただける10ドルの割引券をゲットしてください。 ◆Last year, IDC did a survey of computer use in small, medium, and large corporations. 昨年、IDCは、零細・小企業、中企業、および大企業における コンピュータ利用の（実態）調査を行った.

**surveyor** a 〜 測量士[技師], 鑑定士[人, 官], 検査人[員, 官], 監視人 ◆a surveyor's level 測量用水準器 ◆a home surveyor 住宅鑑定士

**survival** ① 生き延びること, 生き残ること, 生存, 存続; a 〜 生存者, 残存物; adj. サバイバルの ◆the survival of the fittest 適者生存, 自然淘汰, 弱肉強食, 優勝劣敗 ◆achieve a survival rate in excess of 95% 95%を超える生存率[生残率]を達成する（＊「生残率」は人口統計や動植物の生き残りの話で用いるが、医療処置にまつわる話題では用いない） ◆a strategy for survival サバイバル[生き残り, 活路を開くための]戦術 ◆the five-year survival rate of cancer patients 癌患者の5年生存率 ◆She abandoned the dream in favor of survival. 彼女は、食べて行くためにその夢を捨てた。 ◆The five-year survival rate for breast cancer that has not metastasized is 91 percent. 転移を起こしていない乳癌の5年生存率は91パーセントである ◆In this fiercely contested market, superlative performance is essential to survival. 競争が激烈なこの市場にあっては、最高の性能というものが生き残り[存続]のために不可欠である。 ◆Preventing the spread of cancer cells is the key to improving the rate of survival for cancer patients. 癌細胞が広がるのを防ぐことが、癌患者の生存率を改善する鍵である。 ◆The best way to protect the unborn child is to ensure the survival of the mother – and seat belts are the best way to do this. （交通事故から）胎児を守る最も良い方法は、母親の生存を確実なものにすることであり、シートベルトはこれをするのに最善の方法である。

**survive** vt., vi. 生き延びる, 生き残る, 生きながらえる, 命拾いする, 〈生命の危機〉を乗り切る, 〜で一命を取り留める[助かる], 〜を切り抜ける[くぐり抜ける], 耐え[堪え]抜く ◆survive an endurance test 耐久試験に耐える; 耐久テストに耐えて合格［パス, クリア］する ◆survive on one's own 自力で生き延びる[何とかやっていく] ◆survive with serious injuries 重傷を負いながらも一命を取り留める ◆have a 90% chance of surviving at least five years （人）の5年生存率は90%である ◆teach them the ways of surviving in the wilderness 彼らに原野[荒野]でのサバイバル法を教える ◆the bank survived with the help of the Bank of England 同行はイングランド銀行（＊英国の中央銀行）の支援で生き残った［（資金）援助で生き延びた］ ◆those divisions are surviving on back orders and overseas sales それらの部門は注文残と海外への販売で生き延びている ◆the training program's annual budget of between $100,000 and $150,000 is barely enough to survive on このトレーニングプログラムの10万ドルから15万ドルの年間予算は、存続していくのがやっとである。 ◆Most pathogenic bacteria cannot survive in an acidic environment. ほとんどの病原菌は、酸性の環境では生きられない。 ◆They are expected to survive the shakeout. これらの企業は、この淘汰（トウタ）のあらしを生き延びると見られている。 ◆If you stay inside of the car, you have a much better chance of surviving. 車の（外に投げ出されずに）中にとどまっていれば、生存できる可能性はずっと大きい。 ◆The subnotebook can survive being dropped on to a concrete floor from a height of four feet. 同サブノート機は、4フィートの高さからコンクリート床に落下させても大丈夫である。 ◆In both procedures, women with early-stage cancers have a more than 90% chance of surviving at least five years after surgery. 両処置とも、初期の癌に侵されている女性の場合の術後の5年生存率は90%以上である。

**survivor** a 〜 生き残った人, 生存者 ◆survivors of corporate downsizing 企業のスリム化[人員整理, リストラ]で生き残った社員たち ◆perform triage to increase the number of survivors 生存者の数を増やすために, どの負傷者が先に治療を受けるべきか優先順位付けをする

**susceptibility** ① 影響されやすさ, こうむりやすさ, 受けやすさ, かかりやすさ, 感受性 <to> ◆susceptibility to noise 《電子機器》ノイズの影響の受けやすさ; ノイズに対する弱さ ◆the susceptibility of a material to fracture 材料の破損しやすさ ◆the high susceptibility of the material to corrosion その材料の非常に腐食されやすい[腐食に弱い]性質

**susceptible** adj. 影響されやすい, （病気に）かかりやすい, 受けやすい, こうむりやすい, 抵抗力のない <to>; 感じやすい, 多感な; （〜を）許す, （〜の）余地がある, 可能な <of, to> ◆be susceptible to improvement 改善の余地がある ◆be susceptible to differing interpretations いろいろと異なった解釈ができる ◆cause... to be susceptible to neo-Nazi propaganda 〈人〉をネオナチのプロパガンダの感化を受けやすくする ◆newspaper sales are becoming more susceptible to economic conditions 新聞の販売は、景気の影響をますます強く受けるように[より経済状況に左右されやすく]なりつつある ◆Rubber components are always the first to fail because they are so susceptible to temperature changes. ゴム製の部品は非常に温度変化の影響を受けやすいので、いつも決まって真っ先にだめになる。 ◆The component in the cassette tape recorder most susceptible to failure is the capstan drive belt. カセットテープレコーダーの内部の部品で、一番だめ[不良]になりやすいのはキャプスタンドライブベルトだ。

**suspect** 1 vt. 〈悪い内容〉であるらしいと思う <that, to do, to be>, 〜の疑いをかける <of>, 〈人（の正当性）, 事（の真実性）〉を疑う ◆a vessel suspected of being a North Korean spy or smugglers' ship 北朝鮮の工作船あるいは密輸船とみられる［おぼしき］船 ◆if a vacuum leak is suspected 真空漏れがあるようであれば ◆people suspected of committing a crime 犯罪を犯したのではないかという容疑［疑い, 嫌疑］が

かけられている人々 ◆suspect a detergent of causing skin rashes ある洗剤が皮膚発疹の原因ではないかと疑う ◆If a defect is suspected in the engine,... エンジンに障害があると思われたら[エンジン故障と考えられる場合],～ ◆These substances are being suspected of being carcinogens. これらの物質は, 発癌物質ではないかという疑いが持たれている.
**2** *adj.* 疑わしい, 怪しい;～ 容疑者 ◆a first-degree murder suspect 第一級殺人の容疑者 ◆inspect suspect facilities through surprise inspections 怪しい施設を抜き打ち検査する ◆If a car fails an emissions test, the oxygen sensor is a prime suspect. 車が排ガス試験に落ちる場合, 酸素センサーがまず疑わしい[臭い, 怪しい].

**suspend** *vt.* つるす, つり下げる, 〈液体/気体中に〉浮遊させる, 懸濁する, 一時停止[中止, 中断, 延期]する, 停止処分にする; *vi.* ぶら下がる, 浮遊する, 懸濁する, 一時停止する ◆suspended matter; (a) suspended material; suspended solids 懸濁物; 浮遊物; 懸濁[浮遊]物質 ◆be suspended from overhead 上からつるされている ◆be suspended in midair 空中に浮いている ◆particles suspended in the air 空気中に浮遊している粒子 ◆remain suspended like clouds in midair 中空の雲のように浮かんだ状態になっている ◆suspended particles 浮遊粒子, 懸濁粒子 ◆suspended solids 浮遊[懸濁]物質 ◆suspend five athletes from competition for two years 選手5名を2年間の競技出場資格停止処分にする ◆keep a lone electron suspended in a vacuum 電子1個だけを真空中に浮かせておく ◆put the system into suspend mode (コンピュータ)システムを一時停止[休止]する ◆temporarily suspend current program execution 現在のプログラム実行を[《意訳》現在実行中のプログラムを]一時的に中断する ◆to enable the wire to be suspended between widely spaced supports 電線を長い架設径間でも張れるようにするために(＊電線の強度に関係) ◆to suspend and resume processor operation [the operation of the processor] プロセッサの動作を一時停止させたり再開させたりするために ◆drive while one's license is suspended 運転免許停止中に運転をする ◆suspend transfers of high-technology equipment to China 中国へのハイテク機器の移送に待ったをかける

**suspense** [U]未決定[未決]の状態, 宙ぶらりん, あやふや, どっちつかず, (はっきりさせずに中途半端にしておくこと=)気殺し, はらはらする[気を揉む]こと, 気がかり, 不安な思い ◆a suspense account 仮勘定, 未決算勘定(＊災害損失などが発生した場合に会計期間中一時的に処理するための).

**suspension** (a) ～ 懸垂, 懸架, 浮遊, 懸濁, 停止; a ～ 浮遊物, 懸濁液, 懸垂[懸架]装置 ◆suspension of shipments 出荷停止 ◆a driver license suspension 運転免許停止 ◆a suspension system 〈車〉懸架装置 ◆a rear suspension 〈車〉後部懸架装置[リアサスペンション, リアサス] ◆a supple suspension しなやかなサスペンション[《意訳》足回り](＊足回りには懸架装置とタイヤが含まれるので, 厳密にはサスペンションは足回りの一部でしかない) ◆a suspension for 30 days 30日間の停止 ◆keep dirt in suspension 汚れを懸濁させておく(＊今洗っているものに再付着しないよう洗濯機内に汚れを漂わせて[浮遊させて]おく) ◆keep the pigment in suspension 色素をコロイド状に分散させた状態に保つ ◆remove particles in suspension 浮遊[懸濁]粒子を除去する ◆4-wheel independent suspension 〈車〉四輪独立懸架 ◆a decision over whether to lift a suspension of a plan 計画の一時棚上げを解除するかどうかの決定 ◆demand a suspension of all further government approvals of genetically engineered seeds and agriculture products 《意訳》遺伝子組み換え種子および農産物に今後いっさい政府認可を下ろさないよう保留[措置]を要求する(＊保留する＝決定, 実行, 実施などを一時ひかえる) ◆drive while under suspension 免許停止中に運転する ◆His driver's license is under suspension. 彼の運転免許は停止されている. ◆To discipline students, suspension and expulsion from school are still used regularly. 生徒[学生]に規律を守らせるために, 停学処分や退学処分は依然として恒常的に利用されている.

**suspicion** (a) ～ 疑い, 疑念, 不信の念, 不審, 疑惑, 嫌疑, 容疑, やましさ, 怪しいこと[うさんくさいこと, 不審に思うこと], 少量, 一気味 ◆a police officer was detained on suspicion that he ordered the killings (一人の)警察官がそれらの殺人を命令した容疑で拘留された ◆He had been stopped for suspicion of drunken driving. 彼は酒気帯び運転の疑いで停止させられていた. ◆He was arrested on suspicion of assault and robbery. 彼は暴行および強盗の容疑で逮捕された.

**suspicious** *adj.* 怪しい, 怪しげな, 不審な, いかがわしい, うさんくさい, 胡乱(ウロン)な, いぶかしい; 疑わしげな, 疑い[邪推]深い ◆a suspicious fire 不審火 ◆a suspicious(-looking) car [automobile] 不審な車 ◆a suspicious(-looking) person [stranger] 不審人物, 疑わしく怪しい[胡散(ウサン)臭い, 胡乱(ウロン)な]人 ◆cause a suspicious eye to be cast on... ～ に対して疑いの目を向けさせる ◆have a suspicious mind 疑うたぐいの気持ち[疑いの心, 猜疑心]を抱く ◆he became suspicious about... 彼は～について不審に思うようになった

**sustain** *vt.* 支える, 受ける, 〈被害, 損害, 傷など〉をこうむる[負う, 受ける], 〈敗北など〉を喫する, ～に耐える, 維持[持続]する ◆self-sustained oscillation 自己持続振動[自励振動] ◆sustain a chain reaction 連鎖反応を持続させる ◆sustain a considerable load かなりの荷重を支える ◆sustain [suffer] damage 被害[損害]をこうむる; 損傷を受ける; 損傷する ◆life-sustaining treatment 生命維持の処置 ◆banks sustained big [heavy, massive] losses 銀行は大損失[大損害]をこうむった ◆injuries the driver and passenger sustain in an accident 事故時にドライバーと乗員が負うけが ◆We must cope successfully with change if we are to sustain our growth into the 21st century. 私たちは, 成長をそのまま持続して21世紀に突入しようとするのであれば, 変化にうまく対処していかなければならない. ◆What we need to measure is the maximum force sustained by a "driver" in a "car" hitting a "barrier" at different angles. 私たちが計測する必要があるのは, いろいろな角度で「車」が「障壁」に衝突する際に搭乗「ドライバ」が受ける最大力です.

**sustainability** [U]持続可能性 ◆the sustainability of forests 森林の持続[存続]可能性 ◆the sustainability of project effects プロジェクト[事業]の効果の自立発展性 ◆examine the sustainability of economic growth in the East Asian economies 東アジア諸国経済における経済成長の持続可能性について調査する

**sustainable** *adj.* 持続可能な, 持続性のある, 支持できる, 耐えうる, 持ち堪えられる ◆promote sustainable growth [development] of... ～の持続的成長[開発, 展開, 発展]を促す[促進する] ◆the U.N. Commission on Sustainable Development 国連の持続可能な開発委員会

**suture** [U]縫合; a ～ 〈傷口縫合用の〉糸, 針(＊外科処置で縫い目を数える単位), 〈頭蓋骨などの〉縫合線; *vt.* 〈傷など〉を縫い合わせる[縫合する] ◆synthetic sutures that eventually are absorbed by the body 最終的に身体に吸収される合成縫合糸(＊外科手術用の) ◆She received [had] eight sutures in the cut at her temple. 彼女はこめかみの切り傷を8針縫ってもらった. ◆The doctor placed [put] eight sutures in the cut at her temple. 医者は彼女のこめかみの切り傷を8針縫った.

**SUV** an ～ (a sport-utility [sports utility] vehicle) 多目的スポーツ車, スポーツ用[スポーティな]多目的車(＊日本で言うところのRV, レクリエーショナルビークルに当たる)

**swab** a ～ 〈綿棒の先の〉綿, モップ; a ～ <of>～ 綿棒で採取した試料; *vt.* ぞうきんがけをする, モップで拭く, 綿棒で塗る ◆cotton swabs 綿棒(▶両端に綿が付いているものは1本でも複数形で表記) ◆clean... with a swab ～を綿棒できれいにする ◆the CBS worker was tested with a nasal swab test for anthrax 《意訳》このCBS従業員は, 炭疽菌を検出するための綿棒を使った鼻の粘膜拭き取り検査を受けた

**swage** *vt.* 〈金属〉を加圧変形する, 〈棒や管の一部を絞めて変形させて〉型鍛冶する[かしめる, スエージ据え込み]

加工する, 熱変形する; n. ◆a swaging tool　加締め[かしめ]工具　◆a swaging machine　スウェージングマシン, すえ込み機, 型締め機(＊金属ロープ/ケーブルをかしめて取り付けるための機械)　◆they are swaged together　それらはかしめて結合[接着]され(てい)る

**swallow**　1　vt. ～を飲み込む, 飲む, 包み込む, ～に甘んじる, ～を我慢する; vi. 飲み込む, つばを飲む; n.　飲み込み, 1回に飲み込む量, ひと口　◆prevent accidental swallowing　誤飲を防止する　◆small objects that might be swallowed　(赤ちゃんが)飲み込むおそれのある小さな物
2　a ～ ツバメ　a swallow-tailed coat (= a tailcoat [tail coat], 《口》a claw-hammer coat)　燕尾服　◆One swallow does not make a summer.　(諺)ツバメ1羽だけでは, まだ夏とは言えない.; 早合点は禁物.

**swamp**　1　(a)～ 沼, 沼地, 湿地
2　v. 浸水する, 水浸しにする[なる]; ～を(～で)あふれさせる＜with＞　◆Losers swamped gainers by a 6-1 margin, 1,530 to 255.　(株の)値下がり銘柄は, 値上がり銘柄の数を6対1の大差で引き離し, 1,530対255と大きく水をあけた.　◆People are swamped with too much information to absorb it all.　人々は, (とてもすべては)吸収しきれないほど多くの情報が洪水のように押し寄せている.

**swap**　1　vt., vi.　《口》交換する, 取り替える, 入れ替える＜with＞　◆swap data with...　～とデータをやり取り[授受]する　◆disk swapping　ディスク交換[入れ替え]　◆devices swap information over airwaves　装置は情報を電波に乗せて交換[授受, (意訳)交信]する　◆to have a dealer swap the hard drive out for you　(あなたの)ディーラー[業者]に(米)ハードディスクドライブを交換に[交換して, 交換用に]もらうために　(参考)hot-swappable components that can be plugged and/or unplugged while the unit is operating　装置の動作中に差し込み/引き抜き[装着/取り外し]できる活線挿抜コンポーネント
2　a ～ 交換[入れ替え, 差し替え, 置き換え], 交換するもの, 捕獲, 《口》スワップ　◆a prisoner swap　捕虜の交換　◆One of the repair orders was for a transmission swap.　《車》それらの修理依頼のうちの一つは, トランスミッション交換だった.　◆A swap to the superb fuel-injected powerplant would have worked wonders, but it would also have made the car a gas guzzler.　そのすばらしい燃料噴射式エンジンに取り替えれば, 絶大な効果があがったかもしれないが, その反面車をガソリン大食いにしてしまったことだろう.

**swarf**　回(プラスチック, 金属の)削りくず, 切り粉　◆clean swarf from...　～から削り屑を除去する

**SWAT**　(Special Weapons and Tactics) (米警察の)特殊攻撃部隊, 特別機動隊, 作戦行動部隊　◆a SWAT team　(米)特殊攻撃部隊　◆a SWAT-team member　特殊攻撃部隊のメンバー

**swath**　a ～ (pl. ～s) (大がまや草刈り機で刈り取った)一列[帯状]の刈り跡, (刈り取り機の)刈り幅, (災害が残した)被害の跡, 爪痕(ツメアト)　◆a swath of land (pl. swathes of land)　帯状の土地　◆paint a 1-inch swath of glue on...　～に糊[接着剤]を1インチ幅の帯状に塗る[塗布する]

**sway**　1　v. 揺り動かす, ぐらつかせる, 影響を与える, 風靡(フウビ)する, (人)の意見を変えさせる; vi. 動揺する, (意見が)傾く　◆swaying subjects　揺れ動いている被写体(＊風に揺れる花を写真撮影する話より)　◆they are trying to sway our opinions　彼らは我々の意見を左右しようとしている　◆Buildings swayed and the streets rocked during the one-minute temblor.　その1分間の地震[揺れ]の間に, ビルや通りが揺れた.　◆Federal Reserve Chairman Alan Greenspan may sway the market with his personal opinion.　連邦準備制度理事会のアラン・グリーンスパン議長は, 彼の個人的な見解で市場を左右することもあり得る.
2　回揺れること, 動揺, 左右[支配]する力, 影響力　◆a sway bar (= a stabilizer bar)　《自動車》スタビライザー(＊振動を軽減するstabilizing deviceのこと)　◆hold strong sway over...　～に強大な影響力を持っている　◆hold strong sway in [on] the market　その市場を左右する[その市場を左右する(ほどの)強い

な]影響力を持っている　◆The hawks on the board held sway over the doves.　理事会で, タカ派のほうがハト派より優勢だった.

**swear**　vi., vt.　誓う, 宣誓する, 断言する, 言明する, 主張する, 約束する, 確信する; ののしる, 毒づく, 悪態をつく
swear... in, swear in...　vt. 〈人〉に宣誓させる, 宣誓就任させる　◆a swearing-in ceremony　就任宣誓式

**sweat**　1　汗, 水滴, a ～(単のみ)発汗, 不安[心配]な状態, 冷汗(をかくような状態), 骨の折れる仕事　◆break into a sweat　〈人が〉ドッと冷汗をかく　◆it's no sweat for anybody　それは誰にでも簡単にできることだ　◆Their clothes are sweat-drenched.　彼らの衣服は汗でびっしょりとぬれている.
2　vi. 汗をかく, (表面に)水滴がつく, 汗水たらして働く; vt. 汗をかかせる, 加熱によって溶けやすい成分を出す, 〈はんだ〉を溶かす, 溶接する

**sweat shirt**　a ～ スウェットシャツ, トレーナー　◆wear a long-sleeved gray [gray hooded] sweat shirt　長袖[フード付き]のグレーのトレーナーを着る

**sweatshop**　a ～ (労働)搾取工場(＊いわゆる危険・汚い・きついの3Kに代表される劣悪な環境での低賃金長時間労働を強いて, 従業者から搾取している事業所のこと)　◆a sweatshop laborer　搾取工場労働者　◆she worked in sweatshops　彼女は搾取工場で働いた　◆Illegal aliens without fake documents often work at newly proliferating sweatshops.　偽造(労働)許可書類を持たない不法就労外国人らは, 多くの場合, 新たに急増しているたこ部屋的職場で働いている.

**sweep**　1　vt. ～を掃く, 払う, 押し流す, 一掃する, 掃討[掃蕩(ソウトウ)]する, (底を)ならう, 見渡す, さっと動く; vi. さっと動く, 弧を描くように動く[伸びる]　◆A wave of rationalization swept over...　《意訳》合理化の波が～に押し寄せた[を襲った]; ～は合理化の波をかぶった　◆a wave of unanticipated homesickness swept over me　予想もしなかった望郷の念が押し寄せた[私を襲った]　◆be sure to sweep the surface clean of dirt and debris　その面を汚れやくずがないよう必ず綺麗に清めること　◆Those who insist on clinging to the status quo will ultimately be swept away from that which they cling to.　現状にしがみつくことを主張している者たちは, 結局のところしがみついているそのものから一掃されることになるだろう.
2　a ～ 掃除, ひと振り[払い], 広がり, 範囲, 一帯, ゆるやかな曲線, 圧勝[全勝]　◆a sweep generator　掃引発振器(= a time-base generator)

**sweeping**　adj. 広範な, 包括的な, 一掃する, 全面的な, 圧倒的な　◆a sweeping technological conversion　広範にわたる技術転換　◆sweeping structural changes　大々的な[広範に及ぶ]構造変化　◆undergo sweeping revision　全面改定[改正]される　◆the lower house of Japan's national Diet passed a sweeping electoral reform bill　日本の国会の衆議院は, 全面的[抜本的]な選挙改革法案を通過させた

**sweet**　adj. 甘い, 甘味の, 〈音, 香りなどが〉快い, 優しい, 可憐な　◆sweet [low-sulfur] crude (oil)　硫黄の含有量の低い原油　◆a sweet and sour [sweet-sour, sour-sweet] odor　甘酸っぱい匂い　◆You must be accurately seated between the two speakers in the so-called sweet spot to enjoy any stereo imaging at all.　ステレオ[立体]音像をとにかく楽しみたいなら, 正確に2つのスピーカーの間のいわゆるスイートスポットと呼ばれる位置に座らなければならない.

**sweetheart**　a ～ 恋人, (恋人や家族に対する呼びかけに用いる) ◆a sweetheart arrangement　なれ合い[なあなあ, もたれあい, 癒着, 談合]的な取り決め

**sweetness**　回甘いこと, 甘味, 甘さ, 甘美さ, (声などの美しさ, (花などの)芳香(fragrance), 快さ, 優しさ, かわいらしさ, 柔和さ, (土壌の)柔らかさと肥沃さ(mellowness)　◆it has a tinge of sweetness　それにはほのかな甘みがある

**swell**　1　vi. 膨張する, ふくらむ, ふくれあがる, 膨脹する, 腫(ハ)れる, 増大する, いっぱいになる; vt. ふくらます, 増やす, いっぱいにする　◆a rain-swollen creek　雨で増水した小川[水路]　◆swell the red ink to as much as $10 billion　赤

字を100億ドルにまでも膨らませる ◆his face swelled beyond recognition 誰だか判らなくなるほど彼の顔は腫れ上がった ◆as the numbers swelled into the hundreds of thousands （群衆の）数が何十万にも［数え切れないほどに］膨れ上がるにつれて ◆Fir doesn't swell or shrink or warp as most woods do with moisture. 樅材（モミザイ）は、他のほとんどの木材のように、湿気で膨張・伸縮したり反ったりしない。◆The Civic Symphony's membership has swelled from 18 to 86. シビック・シンフォニー（市民交響楽団）の団員数は、18から86に膨れ上がった［増加した。◆The original budget swelled from $100 million to a quarter of a billion. 当初の予算は、1億ドルから2億5000万ドルに膨れ上がった。
**2** (a) ～ 膨張、膨満、ふくらみ、腫れ、(大きな波の)うねり、増great ～ Sags can cause loss of data on computer networks and cause misoperation of controllers. Swells can damage equipment by breaking down insulation. 瞬時電圧低下は、コンピュータネットワークのデータの消失やコントローラの誤動作を引き起こす。（一時的な）電圧上昇は、絶縁破壊により機器に損傷を来すことがある。

**swelling** 膨張、膨潤、膨化; a ～ 腫れ（ハレ）もの、隆起［突起］部 ◆a swelling of the windpipe caused by bacteria 細菌による気管の腫れ［腫脹（シュチョウ）］ ◆have redness and swelling at the injection site 注射したところが赤く腫れる ◆the constant shrinking and swelling of... breaks... ～の絶え間ない膨張・収縮が～を破壊する

**swelter** vi. 暑さにうだる、汗くだになる; 回茹だるような暑さ、猛暑、炎暑

**sweltering** adj. うだるように暑い、息が詰まりそうな暑さの、汗ばむ、暑気あたり［暑さ負けでグロッキー］になっている

**swerve 1** vi. (進路から)それる［はずれる、逸脱する］; vt. ～をそれさせる ◆the rocket swerved off course ロケットがコースから外れた
**2** a ～ 逸脱、それること

**swift** (a) 速い、速い、敏速な、迅速な、すみやかな ◆must take swift action to <do...> ～するために早急な措置を講じ［迅速に対処し］なければならない

**swiftly** 迅速に、すばやく、すみやかに

**swimmingly** adv. すいすい、すらすらと、とんとん拍子に、どんどん、順調に、楽々と、やすやすと ◆All [Everything] is going swimmingly. 万事順調にいっている。◆She thought things were going swimmingly at the outset. 彼女は、事がすらすらと運んでいるとも当初思っていた。

**swing 1** v. 振動する、揺れる、振り動かす、振り回す、スイングする、弧を描いて動く、一端を蝶番（チョウツガイ）や旋回軸で固定されて回転する ◆the tray swings open to a 75-degree angle トレーは（支軸を中心に回転でき）75度の角度まで開けられます ◆If the rear of the vehicle swings to the right,... もし車の後部が右に振られたら ◆the periodic silicon cycle is starting to swing back in favor of the chipmakers 周期的に繰り返すシリコンサイクルが、半導体チップメーカーにとって好ましい方向への揺り戻しが始まっている（*the silicon cycle = 半導体需要の好不調の波） ◆The financial markets have swung wildly between hope and despair. 金融市場は希望と絶望の間を乱高下した。◆The tone arm swings in and out along an arc over the disc surface. （レコードプレーヤーの）アームは、レコード盤の表面上を、円弧を描くように内周側や外周側に向かって移動する。
**2** a ～ 振動、揺れ、スイング ◆in the event of huge market swings 万一、相場が大きく変動した場合に ◆swings in the world price of crude oil 世界の原油価格の変動 ◆the gentle swinging of the body 身体の静かな揺れ［振動］ ◆wide foreign-exchange swings 外為の大きな変動

**in [into] full swing** 好調で、調子が出て［上がって］、たけなわ［真っ盛り、真っ最中、最高潮、絶好調］で、本格化して ◆get [come, move, go] into full swing 好調になる; 本調子になる; たけなわ［真っ盛り、最高潮］になる; 本格化する; 本格的になる; 最高潮に盛り上がる、ピークに達する ◆Now that the camping season is in full swing, キャンプシーズンが今やたけなわなので、◆to get our campaign into full gear before the legislature reconvenes on August 18th 8月18日に議会が招集される前に我々の運動を本格化するために ◆until the rebuilding effort in Kobe gets into full swing 神戸の復興作業が本格的になる［本格化する］まで ◆The festival will be in full swing by Sunday. フェスティバルは日曜までに、最も盛り上がりを見せる［最高潮に達する］だろう。

**swing door, swinging door** a ～ 自在ドア（*前後いずれにも開き、自動的に閉まる）

**swing shift** a ～ (夕方4時あたりから午前0時までの)昼番と夜番の間のシフト、半夜勤、(3交代制の)第二次夜勤 ◆take a job on a swing shift (夕方から真夜中までの)半夜勤シフトの仕事に就く

**swipe** vi., vt. 大きく振って打つ、強打する、ぶん殴る <at>; vt. (口)～を盗む［かっぱらう］; a ～ 強打、ガツンとくる［痛烈な］批判 ◆with a swipe of your credit card クレジットカードを機械(のスロット)にスッ［サッ、シューッ］と通して読ませることによって（▶このスロットをa swipe slotと呼ぶ）

**switch 1** a ～ スイッチ、切り換え、《電気》開閉器、転轍、(米)(鉄道の)転轍機(テンテツキ)、転換器、ポイント (=(英)point) ◆at [with] the flick of a switch スイッチ一発(の簡単操作)で; ワンタッチで ◆an oil switch 油入り開閉器［スイッチ］ ◆a two-position switch 2点設定［2段切り換え］スイッチ(*ON/OFFや強弱などを切り換えるスイッチ) ◆a three-position slide switch 3点切り換え［3接点、3位］スライドスイッチ ◆a mechanically operated switch 機械操作開閉器 ◆an on-off switch オン／オフスイッチ(= a toggle switch) ◆change switch settings スイッチ設定を変更する ◆flip on [→off] the switch そのスイッチをパチンと入れる［→切る］ (*flipは素早い動きを表す。使われ方はturn on/offとほぼ同じ) ◆flip the switch to "auto" 「自動」側にスイッチを入れる ◆the throwing of a switch スイッチの投入(*スイッチを入れる［ONにする］こと) ◆a front-mounted on/off switch (装置の)正面［前面］に実装されているオン／オフスイッチ ◆switch-selectable スイッチで選択［切り換え］可能な ◆when the mouse switch is in the "down" position マウスのスイッチが押し下げられた状態の［押されている］時 ◆make a switch from the old to the new version of Lotus 1-2-3 Lotus 1-2-3の旧バージョンから新バージョンに切り換える［移行する、乗り換える］ ◆Make sure the ON/OFF switch is OFF [in the OFF position]. そのオンオフ・スイッチが、OFFになって［OFF位置に設定されて］いることを確認してください。◆Make sure the power switch is on and the timer switch is off. 電源スイッチが入っていてタイマースイッチが切ってあることを確認してください。◆To increase the size of the existing environment, use the /e switch with the COMMAND command. 《コンピュ》現在の環境を拡張するには、COMMANDコマンドの/eスイッチを使います。◆The surgeon is able to control the fibers separately and choose them alternately by a switch. 外科医は、これらの(手術レーザー用の)ファイバーを別々にコントロールでき、スイッチで切り替えてどれか1つを選択(して使用)することができる。
**2** v. 切り換える、転換する、スイッチを(～の状態に)する ◆switch between A and B AとBを切り換える ◆a switching power supply スイッチング電源装置(*パソコンなどに内蔵されているAC電源ユニット部) ◆public switched telephone networks (PSTNs) 公衆交換電話網 ◆switch from reverse to normal video (白黒)反転表示から通常表示に切り換える ◆switch (fuel) from coal to natural gas (燃料を)石炭から天然ガスに転換する［切り替える］ ◆switch it to the on position をON位置に切り換える ◆switch to a different typeface 違った書体に切り替える［変更する］ ◆upon switching to position 4 4の設定［位置］への切り換えと同時に ◆switch back and forth between A and B AとBに切り換えたりBに切り換えたりする ◆switch back and forth between two ways 二通りの方式の間で切り替える ◆switch over to another application program 別のアプリケーションプログラムに切り換える ◆plot in several

colors by switching among a battery of pens 一組[一揃い]のペンを相互にいろいろ取り替えて多色でプロットする ◆Switch the mode selector to Program. モード選択はProgram(の設定)にしてください。 ◆The company switched from wood to fiberglass in 1968. そのメーカーは、1968年に(材料を)木からファイバーグラスに切り換えた。 ◆They were switched to new duties. 彼らは新しい職務に配置換えされた。 ◆You can switch between programs with a single keystroke. キーを一押しするだけでプログラム間を行ったり戻ったりできます。 ◆The backup can be switched into service should the primary computer fail. 万が一主コンピュータが故障すると、バックアップ(コンピュータ)による運用に切り換えられるようになっている。 ◆The notch filter can be switched in or out of the audio circuit. このノッチフィルターは、オーディオ回路に入れたりオーディオ回路から切り離したりできる。 ◆This key switches you back and forth between insert mode and write-over mode. このキーは、挿入モードと上書きモードの切り換えをする。 ◆Now Mexico is switching from its high dependence on petroleum exports to the manufactured-export sector. 現在メキシコは、石油輸出への大幅な依存から(の脱却をめざして)工業品輸出部門へと転換を図っている。

**switch off** ~を(スイッチで)オフにする、オフに切り替わる、《電気工事》殺す ◆switch off the engine エンジンを切る ◆switch off the light 明かり[電灯]を消す ◆The appliance will automatically switch itself off if... もしも~の場合は、この器具は自動的に電源が切れる。

**switch on** vt. ~を(スイッチで)オンにする、《電気工事》生かす; vi. オンに切り換わる; switch-on n., adj. ◆on switch-on 電源投入時に ◆switch the TV on テレビをつける[入れる] ◆The indicator light illuminates when the appliance is switched on. この表示灯は、本器具に電源が投入されると点灯します。

**switchboard** a~《電話》(手動式の)電話交換台;《電気》(= a panelboard)配電盤[分電盤] ◆a control switchboard 制御配電盤 ◆a power switchboard 配電盤;分電盤

**switchgear** 回《強電回路の》開閉装置、開閉器 ◆metal-clad [metal-enclosed] power switchgear 回《強電》閉鎖型電源開閉装置

**switching** 切り換え <from, to, between, among>、《電気》開閉 ◆switching equipment 《通》交換機 ◆a telephone switching network 電話交換網 ◆a switch-mode power supply スイッチング電源(*小型軽量で高効率なのでパソコンなど多くの電子機器に使用されている。a switch-mode power supplyとも) ◆a switching regulator スイッチングレギュレータ(*直流安定化電源としてパソコンなどの電源部に使用されている) ◆switching takes place 切り換えが行われる ◆switching is done by... 切り換えは~により行われる ◆The switching between these modes is done with... これらモード間の切り換えは、~を使用して行われる。 ◆Switching between the four ranges is easily accomplished. 4つのレンジ間の切り換えは簡単に行える。 ◆Switching is performed in this way. スイッチングはこのようにして行われる。

**switchover** 切り換え、転換《移行、乗り換え》 ◆allow switchover among... [from A to B] ~間[AからBへ]の切り換え[乗り換え]を可能にする ◆switchover is accomplished within 50 milliseconds 切り換えは50ミリ秒以内に行われる ◆the switchover to R-134a is occurring five years earlier than originally planned 当初の計画よりも5年早く(代替フロン)R-134aへの転換[切り替え]が起きている ◆The scheduled switchover date is March 1, 1995. 切り換え予定日は、1995年3月1日です。

**switchpack** ◆two dual line package (DIP) switchpacks 《電子》2個のDIPスイッチパック(*a DIP switchpackは、a DIP switch assemblyとも)

**switch-selectable** adj. スイッチで選択[切り換え、設定]可能な ◆at switch-selectable rates of 300 to 9600 baud スイッチで選択可能な300〜9600ボーのレート[転送速度]で ◆a 200W power supply switch-selectable between 100V and 240V 100Vと240Vのスイッチ切り替えができる、200ワット(容量)の電源ユニット

**swivel** a~回り継ぎ手、自在軸受け、猿環、旋回装置、回転台; vi. 回転する、旋回する; vt. ◆a swivel chair 回転椅子 ◆a mount which allows the display to tilt and swivel ディスプレイを傾斜させたり旋回[回転]させたりできる取付け台

**swung dash** a~波形記号、波形ダッシュ(〜)(cf. a tilde)

**sycophancy** 回おべっか、へつらい、おべんちゃら、おもねり、へつらい、阿諛(アユ)、《意訳》へいこらすること

**sycophant** a~おべっか使い ◆Stalin's sycophants スターリンの側にいて機嫌取り[おもねり]する人間たち[取り巻き連中; (意訳)倭臣(ネイシン)、奸臣(カンシン)、側用人(ソバヨウニン)、城狐社鼠(ジョウコシャソ)のたぐい] ◆He discouraged disagreement, and, as a result, many of those close to him were sycophants. 彼は反対意見を嫌った、そしてその結果、彼に近しい者の多くはおべっか使いのやからであった。

**sycophantic** adj. こびへつらう、おべっかを使う、奸佞[姦佞](カンネイ)の、佞奸[佞姦](ネイカン)の ◆China's sycophantic press 中国政府にとって都合のいい提灯(チョウチン)記事ばかり書いている新聞;中国の御用新聞

**syllable** a~シラブル、音節; a~一語、一言、片言隻語(ヘンゲンセキゴ) ◆never utter a syllable of thanks ありがとうのあの字も決して言わない; 一言の感謝の弁も口にしない ◆I can't understand a syllable of what you've been saying to me this half-hour. この半時間あなたが私にしゃっしたことは、私には口と言も理解できません。 ◆Words may be divided only between syllables. Consult a dictionary for syllabification. 単語は、音節と音節の間でのみ区切ってもよい。音節分けについては辞書を調べること。(*end-of-line hyphenation「行末のハイフン挿入」の話で)

**syllabus** a~ (pl. -buses or -bi) (大学などの年間or学期の)講義[授業]計画、講義内容の概略[摘要]、シラバス、概略、梗概、大綱、要目 ◆produce a syllabus 講義[授業]計画[概要]を作成する

**symbiosis** 回共生、相利共生、共同生活、共棲 ◆in cozy symbiosis with... ~とともに合い[持ちつ持たれつのなれ合い、癒着]の関係で ◆symbiosis and interdependency 《生物》共生[共棲]と相互依存

**symbiotic** adj. 持ちつ持たれつの、共生の ◆a new employer-employee symbiotic relationship 新しい労使相互依存関係 ◆establish [form] symbiotic relationships with... ~と共存[共生、共棲、持ちつ持たれつの]関係をつくる ◆the symbiotic relationship between people and their pets 人とペットの共存[共生、共棲]関係 ◆Japan's symbiotic relationship between government and industry 日本の政府と産業界のもたれ合いの関係[癒着]

**symbol** a~記号、マーク、しるし、略号、象徴 ◆become a symbol of national prestige 国威の象徴となる ◆identifying symbols 認識記号[符号] ◆schematic electronic symbols 電子回路図用の記号 ◆Within this document, symbols for units of measurement (and the font type for these symbols) are in accord with... 本文書内の測定単位記号(および記号の書体)は〈〜規格〉に準拠している。 ◆The Wild Boar symbol was often used as an armorial bearing of a warrior. このイノシシの図案は武人の紋章によく用いられた。

**symbolic** adj. 記号の、象徴的な ◆a symbolic debugger 《コンピュ》シンボリックデバッガ

**symbolize** vt. (符号で)表す、象徴する ◆use a teddy bear to symbolize softness ソフトさを象徴するために熊のぬいぐるみを使用する ◆A RETURN may be symbolized by a semicolon(;). リターンは、セミコロン(;)記号で表すことができる。

**symmetric, symmetrical** adj. (線)[点]対称(形)の、相称的な、相称の、対称型~ ◆a symmetrical [symmetric] square wave 対称形をした方形波 ◆be symmetric with respect to a point [a line, a plane] 《順に》点[線、面]に関して[ついて]対称である; 点を中心に[線を軸に、平面を対称面に]対称であ

◆be symmetric [symmetrical] about a point [a line, a plane] 《順に》点[線,面]について[点,線,面]対称である

**symmetry** (a) ~ 対称、対称性[度]、釣合、均整、相称 ◆perfect symmetry 完全な対称 ◆The letter "Z" has point symmetry but no line symmetry. 文字「Z」は点対称だが線対称ではない。 ◆Snow crystals typically have 6-fold rotational symmetry. (図A snowflake is a crystal of ice with 6-fold and 6-fold radial symmetry.) 雪の結晶は一般に、6回割り[6回]回転対称をしている。(図雪片は、6方向の放射対称[6方対称]の氷の結晶である。)

**sympathetic** adj. 思いやりのある、同情的な、共感[共鳴、共感]する、性(ショウ)に合った、好意的な、賛成の、《医》交感性の、(インクの)炙り出し(アブリダシ)用の ◆a word written in sympathetic ink あぶり出しインクで書かれた言葉 ◆be sympathetic to the idea that... [to the idea of ... ing] ~という思想に共鳴する[考え方に共感を覚える] ◆be sympathetic to [toward, with]... ~に同情的[好意的]である; 思いやりがある; ~に共鳴する[共感を覚える]ている ◆be sympathetic with the agony of the victims' kin 被害者の親族の心痛を思いやって[を思いやって、いかばかりかと察して] ◆make people sympathetic to the military junta 人々を軍事政権のシンパ[親派]にする ◆A sympathetic ear can work wonders. 親身になって耳を傾けることが、すばらしい結果を生みます。 ◆He is a powerful and persuasive orator, capable of winning a sympathetic ear even among his opponents. 彼は、対抗勢力の間にさえも共感を呼び起こし聞く耳を持たせてしまえるような力強い説得力に長けた雄弁家である。 ◆The U.S. has agreed to give sympathetic consideration to Japanese requests for transfer of custody of criminal suspects prior to indictment in specific cases of murder or rape. 米国は、殺人あるいは強姦[婦女暴行]の特定の事件の場合、起訴前の日本側からの犯罪容疑者身柄引き渡し要請に好意的配慮を払うことに同意した。(＊在日米軍の日米地位協定で。

**sympathy** (回(または複数形 sympathies で)同情、共感、共鳴、同感、賛成、思いやり、哀れみ、悔やみ ◆in sympathy with... ~に同情して[共感して、賛成して、共鳴して、同調して、感動して、心情的に動かされて、つまされて、(つい)つられて] ◆the Japanese government's desire to cut the "omoiyari yosan," or the sympathy budget [the host nation support] (在日米軍のための)「思いやり予算」を削減したいという日本国政府の強い希望 ◆flight attendants and pilots who conducted temporary sympathy strikes 時限的な同情ストを打った客室乗務員およびパイロット ◆We extend our deepest [sincerest, heartfelt] sympathies and condolences to those who lost loved ones in the tragic events. (私たちは)これらの惨劇で大切な人を亡くされた方々に深く[心より]お見舞いとお悔やみを申し上げます

**symphony** a ~ ◆Symphony No.3 in E flat major op.55 "Eroica" composed by Ludwig Van Beethoven ルートヴィヒ・ヴァン・ベートーベン作曲 交響曲第3番 変ホ長調 作品55「英雄(エロイカ)」

**symposium** a ~ シンポジウム、討論会 ◆hold an international symposium on circuits and systems 回路とシステムに関する国際シンポジウムを開催する

**symptom** a ~ 症状、前ぶれ、徴候 ◆Symptom [Problem, Problem description]:... Probable cause:... Remedy:... 症状[現象]:~ 考えられる原因[点検箇所]:~ 処置[解決法、対処]: ~(＊取扱説明書や修理マニュアルによく用いられる表現) ◆Because lung cancer symptoms often don't appear until the disease is in advanced stages, early detection is very difficult. 肺癌の症状は、往々にして病気が進行してからでないと現れないため、早期発見は非常に困難である。

**synagogue** ◆a (Jewish) synagogue ユダヤ教の教会[礼拝所、教会堂、会堂]

**synapse** a ~ シナプス ◆a (neural) synapse (神経)シナプス[シナプス](＊隣接するニューロン同士の接続点、この神経末端を介しインパルスが伝達される)

**sync** (→ synchronization, synchronize) 同期(する)、同時発生[進行](する) ◆bring A into sync with B AをBと同期させる ◆in sync with... ~と同期がとれて[歩調がそろって] ◆out of sync with... ~と同期がとれていないで[合っていないで、はずれて] ◆sync separation 同期分離 ◆the tip of sync; the sync tip 《TV》シンクチップ(＊同期信号パルスの先端) ◆one step out of sync ワンステップずれて ◆the cache buffer's contents can fall out of sync with memory 《コンピュ》キャッシュバッファの内容がメモリーと一致しなくなる可能性がある ◆become [get, go, fall, move, run] out of sync [synchronization, synchronism] 一致しなくなる; 合わなく[同期が取れなく、同調]になってくる; ずれてくる; 同期外れする; 同期脱する; 《発電、配電》脱調する ◆when the soundtrack of a movie gets out of sync with the video (ビデオ)映画のサウンドトラックが映像と合わなくなると ◆Flash sync. is at 1/60th sec. 《カメラ》ストロボ同調は、1/60秒である。

**synchronism** 回同時に起こる[発生する]こと、同期、同調、同時性 ◆in synchronism with... ~と同期して ◆synchronism [synchronization] between A and B AB間の同期 ◆pulling into synchronism 《電気、機械》同期投入 ◆pulling out of synchronism 同期外れ; 《発電、配電》脱調 ◆in the event of loss of synchronism (万一)同期が外れた場合[脱調が発生したら、同期が取れなくなったら] ◆lack of synchronism between A and B AとBが十分に同期していないこと ◆loss of synchronism between A and B AとBが同期していないこと; 同期を失うこと; AとBが同期していないこと ◆they have lost synchronism with respect to one another それらは互いに同期していない (＊one anotherなので3つ以上の間で)

**synchronization** 回同期、同調、同期化、同期投入、同期引き込み ◆for synchronization with... ~と同期をとるために ◆in synchronization [sync] with... ~と同期して ◆a synchronization method 同期方法 ◆a loss of synchronization [synchronism] occurs 同期外れ[同期離脱、脱調]が起こる[発生する] ◆cause a loss of synchronization [synchronism] 同期外れ[同期離脱、脱調]を引き起こす ◆for synchronization between A and B AとBとの間の同期をとるために ◆generators may lose synchronization 発電機は同期が外れることがある; 脱調する可能性がある; 同期外れ[同期離脱]を起こしかねない ◆go out of sync [synchronization] with... ~と同期が取れなくなる[取れなくなって脱調する] ◆maintain sound synchronization 常に音声の同期がとれているようにしておく; 音声の同期が外れないようにしている ◆Synchronization between A and B is achieved by... AとB(間)の同期は、~によって取られ(ている) ◆when the two modems lose synchronization with each other これら2つのモデムが互いに[モデム間で]同期が取れなくなると ◆set the shutter speed dial at the correct synchronization speed, usually 1/60 second シャッタースピードダイヤルを正しい同調速度、通常の場合1/60秒にセットする (＊一昔前のカメラで、外付けフラッシュを使う場合) ◆the loss of synchronization of generators can lead to the black-out of a power grid 発電機の脱調は、電源系統網の停電につながることがある ◆A timing signal is provided by the DTE for synchronization of the data transmission. データ伝送の同期を取るためのタイミング信号がDTE(データ端末装置)によって供給される[与えられる]。 ◆The lights, mounted on a bar in front of the radiator, turn in synchronization with the front wheels. ラジエータの前に設置されたバーに取り付けられているこれらのライトは、前輪に連動して向きが変わる。

**synchronize** v. 同期する、同期をとる、同時発生[進行]する[させる] ◆synchronize audio and video data 音声データと画像データを同期させる[の同期をとる] ◆synchronize the two systems これら2つのシステムを同期させる; これら2つのシステムの同期をとる ◆synchronize the audio to an assembled movie 音声を組み編集済み映画に同期させる ◆in order to keep the clock perfectly synchronized with the Earth's rotation 時計を完璧に地球の自転に同期させておくために(＊うるう秒の挿入の話です) ◆The internal clock synchronizes all the parts of the system. 内部クロックは、システムのす

べての部分の同期をとる. ◆The monitor automatically synchronizes to horizontal scanning frequencies of 31 to 57 kHz and vertical scanning frequencies of 50 to 90 Hz. そのモニターは, 31kHzから57kHzの水平走査周波数および50Hzから90Hzの垂直走査周波数に自動的に(追従して)同期する.

**synchronized** 同期性の, 同期した, 同調した, 動作を合わせた ◆synchronized swimming 《スポ》シンクロナイズド・スイミング

**synchronizing** ⓝ同期; adj. 同期(をとるため)の ◆a horizontal synchronizing pulse 水平同期パルス ◆a synchronizing signal 同期信号 (= a synchronization signal) ◆scanning and synchronizing 走査および同期

**synchronous** adj. 同期の, 同時(性)の (→asynchronous) ◆a synchronous detector 同期検波器; 同期検波回路 ◆a synchronous motor 同期電動機; シンクロモーター ◆The NCU must support asynchronous (start-stop) and synchronous (SDLC and BSC) protocols. 本NCU(網制御装置)は, 非同期式(調歩同期式)および同期式(SDLCおよびBSC)通信規約に対応していること. ◆The coprocessor can be driven by the microprocessor's clock (synchronous mode) or by a separate clock (asynchronous mode). このコプロセッサは, マイクロプロセッサのクロックによって動作することも(同期), 別のクロックによって(非同期)動作することもできる.

**synchroscope** a～シンクロスコープ

**syncline** a～《地質》向斜 ◆a downward fold of layered rock that geologists call a syncline 地質学者が向斜と呼ぶ, 層を成している岩石の下向きの褶曲(構造)

**syndicate** a～シンジケート, 企業連合(＊銀行団, 債権者の引受け団, 協調融資団など), カルテル, 通信社, 新聞雑誌連盟, 同一経営陣のもとで複数の新聞社から成る事業体; a～組織暴力団, ギャング組織 ◆an insurance syndicate 保険引受団 ◆an international syndicated loan 国際シンジケート・ローン[協調融資] (＊リスクの高い貸し付けについて世界各国の銀行が融資団を組み負担を分担)

**syndrome** a～《医》シンドローム, 症候群 (＊同時に発生する一群の症候) ◆develop burnout syndrome 燃え尽き症候群になる

**synergistic** adj. 相乗効果[作用]的な, 相助関係的な, 共同[共働]の, 協力(効果)的な ◆a synergistic effect 相乗効果[作用] ◆a synergistic relationship 協働関係 ◆Clinical studies indicate that this combination creates a synergistic effect on the immune system resulting in the increase of NK cell activity. 臨床研究により, この組み合わせは免疫機構に作用する相乗効果を生み, 結果としてナチュラルキラー細胞の活性を高めるということが示された.

**synergistically** adv. 相乗効果的に, 相助作用的に, 共同作用的に ◆According to numerous reports, IL-12 works synergistically (better in combination) with IL-2, increasing its effect manyfold. 多くの報告によると, IL-12はIL-2と併用すると(併用のほうが効き目が大きく), その効果を何倍にも倍増させるとある.

**synergy** ⓝ相乗効果[作用], 相関関係, 共同(作用), 協力(効果) ◆in synergy with... ～と一緒に, ～との相乗作用で, ～との相助作用で ◆There is excellent synergy between A and B. AとBとの間に, すばらしい相乗効果[(意訳)効果]抜群の, 効果倍増の](協力)関係がある. ◆Operating your instruments in synergy with HP computers helps you attain the best possible measurement solution. お手持ちの測定器をHP社のコンピュータと一緒に使用すると, 測定にまつわる問題の最善の解決策を得る助けになります.

**synonym** a～シノニム, 同義語, 同意語, 類義語 ◆RUN can be used as a synonym for [of] EXECUTE. 《コンピュ》RUNはEXECUTEのシノニム[同義語, 同意語, 類義語]として用いることができる. (＊runもexecuteも「実行する」)

**synonymous** adj. (～と)同義の, 類義の, (～の)代名詞(的存在)の <with> ◆(be) synonymous with xxx ～はxxxの代名詞的存在だ; xxxに代表される街[の]; 《意訳》鉄の町で[の] ◆the word "hacker" should not be considered synonymous with computer criminal 「ハッカー」という言葉をコンピュータ犯罪と同じ意味に考えてはならない ◆An intercom is synonymous with an interphone. インターコムは, インターフォンと同義(語)である. ◆In technical use, acceleration and speed are not synonymous. 技術的な用法では, 加速度と速度は同義[同じ意味]ではない. ◆Volvo has become synonymous with safety. ボルボは安全の代名詞になった. (＊スウェーデンの自動車会社) ◆The Xxx name is now known around the world as synonymous with communications. Xxxの社名は, 今や通信の代名詞として[通信といえばXxxというほどにまで]世界に知られている. ◆Mexico City has become synonymous with environmental disaster. Since the 1970s, one of the world's largest megalopolises has been plagued with air pollution, sinking grounds, and chronic water shortages. メキシコ市は環境災害の代名詞[代表格]になった. 1970代以降, 世界有数の巨大都市は, 大気汚染, 地盤沈下, 慢性的水不足に苦しんできた.

**synopsis** a～ (pl. -ses) 梗概(コウガイ), 概要, 概括, 摘要 ◆synopses of the hottest new movies on video 一番ホットな新作ビデオ映画のあら筋

**syntactic, syntactical** 構文上の, シンタックスの, 統辞論の, 統語論の ◆a syntactic difference 構文上の違い ◆syntactic analysis 構文解析 ◆a syntactical error 《コンピュ》シンタックス[構文上の]エラー (= a syntax error)

**syntax** 統語論, 構文(法), 構文規則, 《コンピュ》シンタックス[構文, 書式] (＊特定のプログラミング言語の文法. 命令文の書式や規則) ◆a syntax checker 構文チェッカー[検査プログラム] ◆a syntax-directed compiler 構文制御型コンパイラ ◆a syntax error (= a syntactic error) 構文エラー ◆use an incorrect syntax for the FIND command 《コンピュ》FINDコマンドに間違った構文を使う

**synthesis** 合成[統合, 総合]すること; a～ (pl. -ses) 総合したもの, 合成物, 人造物 ◆(a) chemical synthesis 化学合成 ◆voice synthesis 音声合成 ◆a speech synthesis device 音声合成デバイス ◆by chemical synthesis 化学合成により ◆the synthesis of diamond [alcohols] ダイヤモンド[アルコール]の合成 ◆integrate them into an overall synthesis それらを総合的に統合した形のものに一体化する

**synthesize** v. 合成する, 総合する ◆A can be synthesized from B. AはBから合成することができる.

**synthesizer** a～シンセサイザー, 合成装置, 合成器, 統合[総合]する人 ◆a voice synthesizer 音声合成装置 ◆a 20 voice FM synthesizer 20音色FM音源 ◆a PLL synthesizer tuner PLLシンセチューナー

**synthetic** adj. 合成の, 人造の, 人工の, 総合的な, 統合的の ◆a synthetic material 合成材料 ◆(a) synthetic resin 合成樹脂

**synthetically** adv. 合成して[されて], 化学合成にて, 人造的, 人工的に ◆prepare... synthetically ～を合成製造する

**syringe** a～シリンジ, 注射器, スポイト, 油差し(器) ◆a bellows syringe 蛇腹式のスポイト

**sysgen** (system generation) 《コンピュ》システム生成

**sysop** (system operator) "siss-op"と発音. a～《ネット》システムオペレータ), 電子掲示版システムの管理を行う人

**system** a～システム, 機構, 装置, 仕組み, 施設, 設備, 体系, 系, 系統, 組織, 器官, 方式, 秩序, 規則, 制度, 体制 ◆under this system この制度のもとで[において] ◆a demerit point system 減点法[制] ◆an automotive drive system 自動車の駆動方式 ◆a public utility supply system 電力系統(＊電力会社の) ◆a quota system 数量割り当て[数量規制]制度 ◆a system integrator システムインテグレータ ◆a system operator (sysop) 《ネット》シスオペ ◆the metric system メートル法 ◆a sound system 音響システム ◆a personal-computer system パソコンシステム ◆a 3-system VHS VCR 3方式対応VHSビデオデッキ ◆a multi-system VHS VCR 全世界対応[多方式対応]VHSビデオデッキ ◆a single-system VHS VCR 単方式VHSビデオデッキ(＊一放送方式のみに対応) ◆a System-On-a-Chip (SOC) test system 《半導》システム

**systematic**

LSI用のテストシステム ◆a commercial [utility] power system 商用電力系統 ◆a film advance system 《カメラ》フィルム巻き上げ機構 ◆a human immune system ヒト[人間]の免疫機構 ◆a transit system 交通機関 ◆develop a system to <do...> 〜する制度を策定する[体制づくりをする，システムを開発する] ◆form a system 〜をつくる[システム化する] ◆in the event of a system failure; in case of system failure (万一) システム故障[システムダウン]の場合には(＊システムダウンは和製英語) ◆it has resulted in system downtime それは結果としてシステムダウンにつながった(＊downtime = 動作不能時間) ◆lack system 系統立っていない ◆the NTSC color television system NTSCカラーテレビジョン方式 ◆under the principle of "one country, two systems" 「一国二制度」の原則の下で ◆a customizable menu system カスタマイズ可能なメニュー体系 ◆a single-party system 一党体制 ◆charge a battery with the system on 装置[本体]電源がオンの状態で充電する ◆programs running on MS-DOS-based systems MS-DOSベースのシステムで走っているプログラム ◆the establishment of a quality assurance system 品質保証体制の創設[確立] ◆The car has a 12-volt, negative-ground electrical system. この車の電気系統は，12Vマイナスアースとなっている．

**systematic** adj. 系統立った，体系化された，システム化された

**systematically** adv. 系統的に，系統立って，体系的に，組織的に，規則正しく，整然と，計画的に，意図的に，故意に，わざと ◆be systematically arranged along... 〜に沿って規則正しく[整然と]並べられている（＊そろばんの珠の話より） ◆plan systematically 整然と計画する ◆systematically organized espionage 組織的な諜報活動 ◆they are named systematically それらは系統立って呼称が付けられている ◆some media are systematically creating misinformation about... メディアの一部は意図的に〜に関する偽情報[デマ]を創り出している ◆They have systematically committed atrocities. 彼らは計画的に残虐行為を行った．

**systematization** 体系化，組織化，システム化，系統立て，分類整理

**systematize** vt. 組織化する，体系[系統]化する，秩序[順序]立てる，システム化する，〜を分類整理する ◆a systematized approach 系統立てたアプローチ

**system component** a〜 システムコンポーネント，システコン，システムの構成機器[構成部品]

**systemic** adj. 系統の，組織の，体系の，《医》全身[全身性]の，全身的な，(殺虫剤が)浸透性の; a〜 浸透殺虫剤[浸透性農薬] ◆(a) systemic pesticide 浸透殺虫剤[浸透性農薬] （＊根や葉から吸収させ作物体内の各部に浸透させる．害虫がこれを食べると死ぬ） ◆systemic risk 《経》システミックリスク(＊systemic riskとも．金融機関の連鎖破綻などで決済システムが麻痺すること)

**system requirements** 《コンピュ》システム要件，必要システム構成，(プログラムの実行に必要な)動作環境[使用環境] ◆Make sure the workstation meets the system requirements for running... ワークステーションが〈プログラム〉を実行するためのシステム要件を満たしていることを確認してください． ◆System Requirements: EzScope operates in 512K RAM with MS-DOS 3.0 or greater and an 80286 or 80386 microprocessor. 《コンピュ》システム要件[必要システム構成，(意訳)動作環境]: EzScopeは，512KBのRAM, MS-DOSバージョン3.0以上，および80286または80386マイクロプロセッサで動作します． ◆(MINIMUM) SYSTEM REQUIREMENTS: IBM 386X PC or compatible; Windows 3.1; 4 MB of RAM; VGA graphics card and monitor; MPC compatible CD-ROM drive; and approximately 4 megabytes of hard disk space. （最低限）必要システム構成[動作環境]: IBM 386X パソコンまたは互換機，Windows 3.1，メモリー4MB，VGAグラフィックスカードおよびモニター，MPC対応CD-ROMドライブ，および約4MBのハードディスク空き容量． ◆The minimum system requirements for ThyDraw are an Intel 486 or Pentium processor-based PC with 8 megabytes of RAM and 200MB hard drive, running Windows 3.1 and MS-DOS 5.0 or greater. ThyDraw (ソフト)に最低限必要な動作環境は，インテル486またはPentiumプロセッサ搭載のパソコンで，8MBのメモリーと200MBのハードディスクを装備し，Windows 3.1およびMS-DOS 5.0以上が走るのである．

**system software** 《コンピュ》システムソフト (＊オペレーティングシステムと基本的なユーティリティプログラム)

**system unit** a〜 システムユニット; the〜 《コンピュ》本体 ▶コンピュータのキーボードやディスプレイを除いた主要部分のこと．筐体(キョウタイ)の中にマイクロプロセッサ，メインメモリー，ハードディスクドライブなどが収められているものを指す．携帯型のコンピュータにおいては一般に，キーボード，ディスプレイ，およびバッテリーを除いた部分を意味し，マイクロプロセッサ，メインメモリー，ハードディスク，内蔵フロッピーディスクドライブなどが含まれる．

**T**

**Ta** タンタル(tantalum)の元素記号

**tab** 1 a〜 つけ札[ラベル]，(引っ張るための)つまみ[耳]，タブ，(缶飲料の)口金[飲み口金具]，(台帳などのページの仕分け用に)ページの端から張り出している部分 ◆place a sticky write-protect tab over the write protect-notch （5.25インチフロッピーディスクの）書き込み禁止切り欠きに書き込み禁止シールを貼る

2 a〜 請求書，伝票 ◆Buying a stereo camcorder will add about $100 to your tab. ステレオ音声のカメラ一体型ビデオを購入すると，100ドルほど出費が余計にかさみます．(＊a tabは，特に飲食店の勘定書，計算伝票の意．これから転じて「出費，費用，価格，値段」の意になる) ◆The warranty took care of the tab. （口）勘定書[伝票]は，保証（書）が面倒見てくれた（ので金がかからなかった）．

**keep tabs [a tab] on** 〜を監視する，〜に目を光らせている，〜の動きに注意している，〜の勘定[記録]をつける ◆keep tabs on lawmakers' foreign travel 国会議員の海外視察旅行に監視の目を光らせている ◆keep tabs on radiation levels 《口》放射線レベルを監視する[放射能レベルに注意している]

**TAB** （tape automated bonding)(＊プリント回路基板上へのICチップの実装方法の一つ．ケースを使用しないでフィルムキャリア上に実装されたICチップを基板に〜接着する)

**table** 1 a〜 テーブル，食卓，(作業)台，平板，平らなところ[高地，高原，台地]; the〜 （食卓，会議などで）テーブルを囲む人々，座 ◆put... on the table 《米》〈事項〉を棚上げ[懸案，先送り]にする; 《英》〈事項〉を〜にかける ◆the tables are turned 状況[局面]が一変した ◆turn the tables on... 〈人〉に対して形勢を逆転[一変]させる[逆(サカ)ねじを食わせる] ◆a glass-top table ガラス天板のテーブル ◆return the matter to the table for deliberation and decision 案件を検討[審議，協議]のために差し戻す ◆sit [down] at the table テーブルに着く ◆The chemical name for table salt is sodium chloride (NaCl). 卓上塩の化学名は，塩化ナトリウム (NaCl) です．

2 a〜 表，一覧表，テーブル ◆Table 2 provides a summary of... 表2は〜についてまとめたものである． ◆Table 2 provides a listing of some of the sensors. 表2にそれらのセンサの主なものを挙げる． ◆A comprehensive listing of these potential factors is presented in Table 1. これらの有り得る要因をすべて表1に一覧にして示す．

3 〜をテーブルに出す; 《米》〈議案〉を棚上げ[懸案]にする; 《英》〜を会議にかける ◆table the proposal until a later meeting 《米》本提案をのちの会議まで懸案にする

**under the table** こっそりと，不正に ◆get payoffs under the table 賄賂[袖の下，裏金]をもらう

**table of contents** a〜 目次 ◆look in the Table of Contents 目次を見る

**tablet** a〜 錠剤，(石けんなどの)板状小片，(碑文などを刻む)銘板，《鉄道》タブレット[票券] (＊単線鉄道での衝突防止に用いる金属盤) ◆a digitizing tablet 《コンピュ》デジタイ

**tabletop** *a* ～ テーブルの上面, 卓上; *adj.* 卓上用の, 平な面上で使用するタイプの ◆a tabletop unit 卓上型［卓上置き］ユニット ◆portables versus tabletops 携帯型機対卓上［据え置き］型機

**tabloid** *a* ～ タブロイド版大衆娯楽紙（＊紙面は普通の新聞の半分の大きさ）; *adj.* 小型にした, 要約した, 扇情的な, どぎつい［いかがわしい］内容の ◆a monthly tabloid 月刊タブロイド紙 ◆a London tabloid ロンドンのタブロイド紙（＊王室や有名人のゴシップ記事が売り物の大衆娯楽新聞）

**taboo** *a* ～ タブー, 禁制, 禁忌; *adj.* タブーの, 禁止の, ごはっとの; *vt.*

**tabular** *adj.* 平板状の, 表の, 表形式の, 表で計算した ◆a tabular worksheet 表形式のワークシート［作業紙］ ◆present data in tabular form データを表形式で表す［示す］

**tabulate** ～を表にする; 縦［横］列を合計する;《ワープロ, コンピュ》タブ設定する ◆tabulated data 表形式データ ◆tabulated for ready comparison すぐに比較できるように［比較しやすいように］表にしてある

**tabulation** 回表にまとめること, 表［図表］の作成, 図表化, 作表, 製表, 集計, 欄送り（＊印字の際のタブ送り）;～ a 表, 図表, 集計（表） ◆perform data analysis and cross-tabulations on...〈データ〉についてデータ分析やクロス集計をする

**tach** *a* ～ (= a tachometer) タコメータ

**tacho-generator** *a* ～ タコジェネレータ, 速度発電機（＊回転数に比例した直流電圧を発生する）◆a tacho-generator fitted to the main motor shaft 主電動機のシャフトに取り付けられているタコ・ジェネレーター［速度発電機］

**tachograph** *a* ～ （自動車の）タコグラフ, 運行記録計, 記録式回転速度計 ◆a tachograph analysis program タコグラフ［運行記録計］解析プログラム ◆A tachograph in the car monitors the speed of the car to ensure that relevant speed limits are respected. 車内に搭載のタコグラフ［記録式回転速度計］は, 適用される制限速度の徹底遵守を図るために車速を監視する。

**tachometer** *a* ～ タコメータ, 回転速度計, 回転計 ◆a hard-to-read graphic tachometer 読み取りにくいグラフィック（表示の）タコメータ

**tacit** *adj.* 無言（のうち）の, 暗黙の ◆by tacit consent of...〈人など〉の暗黙の承諾［黙諾, 黙認］により ◆tacit acceptance that...～であるとういう暗黙の了解 ◆There seems to be a tacit acceptance among...～の間に暗黙の了解があるように思われる ◆there was probably a "tacit understanding" between [among]...（多分）～の間には「暗黙の了解」があったのだろう ◆they nod in tacit understanding 彼らは以心伝心でうなずき合う

**tacitly** *adv.* 暗黙のうちに, 言わず語らずに, 暗に, 黙って, それとなしに, それとなく ◆an arrangement tacitly accepted by...～が暗黙のうちに了解している取り決め

**tack** 1 *a* ～ 鋲(ビョウ), 仮縫い［仮留め］, ジグザグの進路［進行］; 回粘着性［粘り付］, 進路［方針, やり方］ ◆a tack weld 仮付け溶接（箇所） ◆tack power 接着力 ◆a low-tack adhesive 低粘着性接着剤 ◆have to make a decision on what tack to take どの方針を取る［やり方を採る］のか決めなければならない
2 *vt.* ～を鋲（ビョウ）で留める, ～を仮留めする［軽く留める］<together>, ～をジグザグに進める, ～を付加する［添える］; *vi.* ジグザグに進む, 方針を急に変える

**tackiness** 粘着性, 粘着性

**tackle** 1 *v.* 〈困難なこと〉に取り組む, 〈人〉と徹底的に率直に〈～について〉話す<about>, 〈人〉と渡り合う, タックルする ◆tackle a comparative study of...～の比較研究に取り組む ◆There are too many issues to be tackled at once. 同時に取り組まねばならない課題があまりにも多い。
2 (*a*) ～ 滑車装置, テークル; 器具, 用具, 釣り道具 ◆a fishing tackle manufacturer 釣り具メーカー

**tactic** ～*s*《通例単扱い, 時に複扱い》戦術(学), 兵法, 用兵, 戦法, 作戦, 策略, 方策, 方法, 駆け引き, 巧妙なやり口 ▶strategy（戦略）よりも短期的な目標をねらうことを意味する。

**tactical** *adj.* 戦術［兵法］の, 駆け引きのうまい, 計算された ◆tactical missiles 戦術ミサイル

**tactile** *adj.* 触覚の, 触感の, 触知できる ◆a tactile "click" touch keyboard （押すとカチッという）「クリック感」のあるタクト・タッチキーボード ◆a tactile feel keyboard （押すとカチッという）クリック感のあるキーボード ◆a tactile-response membrane keyboard （押した時に指に）カチッと感じられる［クリック感がある］メンブラン・キーボード ◆a keyboard with tactile feedback （キーが押された時に）手ごたえで入力確認できるキーボード（＊押すとカチッという手ごたえがしたり, ペコンとへこんだりするもの）◆The keys have tactile feedback. これらのキーには, 確かな押し応え［クリック感］がある。 ◆The artificial skin is used to provide robot hands with a tactile sense. この人工皮膚は, ロボットの手に触覚を持たせるために使用される。 ◆The keyboard provides good tactile response with a clearly audible click. このキーボードは, 押し応えははっきり感じられ, （カチッと）はっきり聞こえるクリック音を出す。

**tag** 1 *a* ～ 下げ札, 付け札, 名札, 荷札, 値札, 標識, ラベル,《コンピュ》タグ; *a* ～ 垂れ下がり, 靴ひもやとじひもの端を固くするためについている金具, 結びの言葉 ◆an identifying tag 認識［識別］票 ◆at an unbelievable price tag 信じられないような値段で ◆a stick-on tag used to identify disks ディスクを識別するために用いられる貼り付け式のラベル［ディスクに貼る識別用のラベル］
2 ～に（識別用の）札を付ける, タグ付けする, ～にレッテルをはる ◆products are shelf-tagged [↔item-priced] 商品は, 棚の値札で価格表示されている［↔個別に値札が付けられている］

**tail** 1 *a* ～ 尾, 末端, 後尾, 尾部, 尾翼;～*s*（単扱い）回（硬貨の）裏 ◆a tail wind 追い風 ◆a tail rotor control system （ヘリコプターの）尾部回転翼操縦装置 ◆turn tail and run (from...) 尻尾を巻いて［恐れをなして］（～から）逃げる; 敵に後ろ［背中］を見せる
2 *vt.* ～の後尾につく, ～を（～の）後尾につける［末端につなぐ］; *vi.* 尾を引く, 列になって動く, 尾行する; 先細りする, 尻すぼみになる, 漸減する <off> ◆Growth is expected to tail off at the end of 1992 within the 2% range. 成長は, 1992年末には2台台に漸減するものと見られている。

**tail end** *the* ～ 末端, 終わりの時期, 末(スエ), 終尾, 最後尾 ◆at the tail end of the season 今シーズンの終わりの頃に ◆at the tail end of the war 同戦争の最終局面［終盤］に ◆the tail end of a march [a funeral procession, a train] デモ行進［葬列, 列車］の最後尾 ◆the C-17 can airdrop cargo out of the tail end C-17型輸送機は, 最後部［最後尾］から貨物を投下できる

**tailgate** *vt., vi.*《車》（前の車との車間距離を十分とらずに）走行する

**tailing** 回tailするこ, 尾引き;～*s* 残りかす, 澱 (オリ), 残滓 (ザンシ); ～*s* 選鉱・選炭後にでる廃物［選鉱滓, 鉱尾, 廃石, 捨石, ずり, ぼた, テール］ ◆A thick gray sludge of tailings from the two mines runs into...これら2つの鉱山から発生する選鉱廃物の灰色を帯びたどろどろのスラッジ［廃泥］は～に流入している

**taillight** *a* ～ 尾灯, テールランプ (= a tail lamp)

**tailor** 1 *vt.* ～を仕立てる, あつらえる, 適応させる, 合わせる, 調整する,《コンピュ》(= customize); *vi.* tailor polymer properties to application purposes ポリマーの特性を適用目的［用途］に合わせて調整［調製］する ◆tailor the system to their specific needs システムを彼らの個別ニーズに合ったものにする ◆enable the user to tailor the test instrument to his own application ユーザーが自分の用途［使用目的］に合うようにこの試験器に手［改造］を加えることができるようにする ◆They are tailored explicitly for various users. それらは, 各種ユーザーにはっきりと照準を合わせて［あつらえて］作られる。 ◆The program runs on a wide variety of personal computers with

the minimum of special tailoring. そのプログラムは、最小限の手を加えて[システムの]個別的仕様に合わせるだけで、幅広い機種のパソコンで走る。◆The word processor is an example of a computer tailored to a specific application. ワープロは、特定用途向けに作られた[特化された]コンピュータの一例である。◆A special-purpose intelligent terminal is one which has been tailored to fit the needs of a particular use of the computer. 特殊目的インテリジェントターミナルは、コンピュータのある特定用途のニーズに合うよう特別仕立てされた[特化された]ものである。
2 a~(紳士服を注文で作る)仕立て屋

**tailor-made** (= custom) adj. 注文仕立ての、注文[受注]製作の、(特別の)条件に)合わせた、特別仕様でつくられた◆a tailor-made suit あつらえ[注文]仕立てのスーツ1着 ◆offer tailor-made solutions for any travel plan どんな旅行計画に対しても個々の目的に合わせた解決策を提供する

**tailpipe** a~、尾筒、尾管、後部排気管、テールパイプ ◆automobile and truck tailpipe emissions 乗用車およびトラックの排気ガス ◆the car's dual tailpipes この車の二重(後尾・後部)排気管

**tailspin** a~(飛行機の)きりもみ垂直降下、意気消沈、景気の急降下[厳しい不景気]、混乱状態 ◆send the economy into a tailspin 経済を混乱状態に陥らせる ◆The huge oversupply sent prices and profits into a tailspin. その膨大な供給過多は、価格と利潤の暴落を引き起こした。

**taint** vt. 汚す(ヨゴス、ケガス)、汚染する、腐らせる、腐敗させる、〈名誉など〉を傷つける; vi.; n. (a)~ 汚点、汚れ(ヨゴレ、ケガレ)、堕落、腐敗、欠点、不名誉; a taint of...「悪いこと」の気味 ◆a scandal-tainted foundation; a foundation tainted by (a) scandal スキャンダル[醜聞、不祥事]まみれの財団(*まみれる＝汚いものが全体について汚れる) ◆drinking water tainted [contaminated] with cryptosporidium クリプトスポリジウムに汚染されている飲料水(*寄生性原虫の一種)

**take** 1 n. a~(1回の)テイク[録音、音撮り、撮影、録画、シーン]、(1回に)取る量[受け取る額]；取得、獲得、収穫 ◆the take was only $1 million 上がり[売り上げ]はわずか百万ドルだった。
2 vt. ~を手にとる；~を持ち去る[持って行く、持って出る]、連れて行く[案内する]；~を取り去る ◆take...on the road ~を携帯する[持ち歩く] ◆a take-it-with-you cellular phone 携帯用セルラー電話；持ち歩ける携帯電話；どこにでも一緒のケータイ ◆take good ideas from the drawing board to the assembly line いいアイデアを設計段階から生産ラインまで持っていく ◆Welcome, let me take your coat. ようこそ、いらっしゃい。コートをお預かりしましょう。
3 vt. ~を獲得する、奪取する、奪う、捕らえる、つかむ、手に取る；食事を取る、取り入れる、取り込む、吸収する、摂取する；〈食事〉を取る[食べる、いただく]；~を採る、選ぶ、採用する、利用する；~を買う、購読する、予約する；~を引き出す<from>、〜に由来する；~を撮る、~を測る ◆look through a (picture-)taking lens 撮影レンズを通して見る ◆take a pill 丸薬を飲む[服用する] ◆take a sample for analysis 分析にかけるためのサンプルを採取する ◆take prescribed medication 処方薬を服用する[飲む] ◆pictures taken under difficult lighting situations 難しい光の状態のもとで撮影した写真 ◆take a few college correspondence courses 通信大学講座をいくつか受講する ◆take the lives of innocent civilians 無辜(ムコ)の一般市民の命を奪う ◆the output is taken across the resistor 出力は抵抗の両端から取り出される ◆It therefore became absolutely necessary to take some measures which might... 従って、~であろうことの対策を取ることが不可欠に[措置を講じることが必要に]なった。 ◆random samples taken from an isolated aggregation of parts 隔離集団から抽出された[抜き取られた]無作為抜き取り[抽出]サンプル部品
4 vt. 出発する、引き受ける、受け取る、解釈する、甘受する ◆Take Zc as zero in this problem. この問題では、(変数)Zc(の値)をゼロとする。

5 vt. (= take on)〈性質、形状など〉を帯びる[呈する]、〈変数が〉〈値〉をとる ◆A binary operator takes two operands. 二項演算子は、2つの被演算数をとる。
6 vt. 〈時間、材料〉を要する[費やす]、占める ◆he has what it takes to be president 彼は大統領に求められる資質を持っている ◆she has what it takes to be a fine actress 彼女には素晴らしい女優になれる資質[素質]がある ◆I have a severe injury that will take quite some time to heal. 私は治るのにかなり長く[長期間]かかる重傷を負っている。◆It took 8.5 gallons of fuel to fill the tank. タンクをいっぱいにするのに、8.5ガロンの燃料を要した。◆The computer's key placement takes some getting used to. そのコンピュータのキー配置には、多少の慣れが必要だ。◆Training the voice-recognition system takes only minutes. 音声認識システムに(声を)教え込むのには、数分しかかからない。◆Making an impression in the U.S. power-coupe market takes good looks as well as strong legs. 米国の高性能クーペ車市場でいい印象を与えるには、外観[見た目]のよさのみならず強靭な足回りが必要だ。
7 vt.《動作を表す名詞と共に》~する[行う]
8 vi. 取得する、かみ合う[かかる](= engage)、人気を博する、効く、(根が)つく

**take along** 〈物〉を携帯する、〈人〉を連行する ◆a "take-along" microwave oven 携帯用[可搬型]電子レンジ
**take apart** 分解する、ばらばらにする、分析する ◆take a camera apart カメラを分解する
**take away** 取り去る、運び去る、差し引く <from>；~の効果[価値]を減ずる <from> ◆The extensive processing takes the CPU away from its other duties. その大規模な処理は、CPUをそれだけに掛かりきりにして他の仕事をできなくする。
**take back** 〈借りたものなど〉を返す、〈買ったもの〉を返品する、〈返品に〉応じる；〈前言〉を取り消す、撤回する；〈物事が〉〈人〉に昔を思い出させる
**take down** 〈高いところから〉取り外す、取り壊す、解体(して撤去)する、書き留める ◆take down an air conditioner エアコンを取り外す
**take in** 取り入れる、受け入れる、摂取する、収容する、理解する、〈旅行先で〉~を見に行く[予定に入れる] ◆Air taken in through... is filtered by... ~を通じて取り入れられた空気は~により濾過される ◆take in air 空気を取り込む ◆take in water 水を摂取する ◆the average American takes in between 6,000 and 15,000 milligrams of salt each day 平均的なアメリカ人は毎日6,000mgから15,000mgの塩を摂取している ◆Government spends more than it takes in. The private sector does the same. 政府は収入よりも多く支出している。民間部門も同じことをやっている。
**take off** 1 vt. 取り去る、はずす、放す、脱ぐ、差し引く[減ずる]、〈日、時〉を休む ◆take one's foot off the accelerator アクセルから足を離す ◆without taking either hand off the steering wheel ハンドルからどちらの手も離さずに ◆After much controversy, the drug was taken off the market. 多くの議論を呼んだ後、その薬は市場から撤収された。◆I think that will take some of the wear and tear off his arm. 私は、それで彼の腕の疲労を多少なりとも軽減できると思っている。
2 vi. 出発する、飛び立つ、離陸する、発進する、浮上する、立ち上がる、(急に)売り出す[普及し始める]、成長[発展]し始める、活況を呈し始める、本格的になる、〈主流〉から外れる ◆sales are now beginning to take off 売り上げが今、立ち上り始めている ◆the market for... is about to take off ~の市場が離陸しようと[立ち上がろうと]している ◆Will the technology take off? この技術は離陸するだろうか；《意訳》はたして本格的に実用化されるであろうか ◆Pen computing will take off rapidly. ペン入力式コンピュータの利用は、急速に立ち上がるだろう。◆The company does not expect the fledgling standard to take off for a couple of years. その会社は、できてまだ日の浅いこの規格が2~3年の間に急速に広まるとは思っていない。(*take off = spring into wide use [popularity])

**take on** 1 〈性質、形状〉を呈する(ようになる)、帯びてくる；〈変数が〉〈値〉をとる ◆take on a cubic structure 立方構造になる ◆the issue is taking on greater importance この

問題はますます重要性を帯びてきている ◆X takes on values from 0 to 1, which represent no reflection and complete reflection, respectively. Xは0から1までの値をとり、0と1はそれぞれ無反射と完全反射を表す。
**2** 〜を引き受ける、負う；（競技で）〜と戦う［の相手をする］；雇う；乗せる ◆take on a legal battle with... 〜を相手取って法廷の争いを挑む ◆take on the imports 輸入品に対抗する［挑戦する］ ◆take on the task of...-ing 〜する仕事を引き受ける ◆take on trainees from... 〜からの研修員を受け入れる ◆They are built to take on the most hostile environments with a degree of reliability never before achieved. それらの機器は、最も厳しい環境にかつてないほどの信頼度で耐えるようにつくられている。(*take on = 挑む、対戦する)

**take out** 取り出す、持ち出す、除外する、〈人〉を連れ出す、抜粋する、（申請して）取得する、〈保険〉にはいる、〈飲食物〉を（店で食べずに）持ち帰る ◆take out...on...（イライラなど）を〈人〉に（八つ当たりして）ぶつける ◆take him out to lunch 昼ごはんを食べに彼を連れ出す ◆The system had to be taken out and replaced with equipment of different manufacture. そのシステムは、撤去して違うメーカー製の機器に取り替えなければならなかった。

**take...out of** 取り出す、取り除く、抜く、差し引く ◆take the tedium out of programming プログラミング作業の退屈をなくす

**take...out [take out...] on...** 八つ当たりして〈怒りなど〉を〜にぶつける ◆Don't take it out on your child [take things out on your kids]. 子供に八つ当たりしてはいけません。◆Increasingly, people are taking out their anger and frustration on the foreigners who have flooded into Germany in huge numbers. ますますもって、人々は憤りや欲求不満の矛先を大挙して押し寄せてきた外国人に向けるようになっている。(*1990年初頭に東欧諸国からの難民が大量になだれ込んだ頃の話)

**take over** 引き継ぐ、（前のものに代わって）優勢になる、とって代わる〈from〉；支配する、を占める、持って行く［連れて行く］ ◆have [make] him take over... 彼に〜を引き継がせる；〈意訳〉〜を彼にバトンタッチする ◆He took over the helm from Mr. Ostma as chief executive officer on August 1st. 《意訳》彼は8月1日付けでオストマ氏から経営の実権のバトンタッチを受け最高経営責任者になった。◆Unite Airlines took over new routes from Pan American World Airways and hired Pan Am workers. ユナイテッド航空はパン・アメリカン航空から新路線を引き継ぎ、またパンナムの労働者を雇用した。◆In 1981, I took over the responsibilities of bookkeeping for one of the Farm's projects and inherited the Apple IIc that my predecessor had been using. 1981年に、私は会社の（何年かあった）プロジェクトの1つについて経理の職務を引き継ぎ［引き継ぐ］、ついでに私の前任者が使っていたアップルIICを引き継いだ。◆The explosion happened at 6:30 a.m., when workers on the night shift were preparing to leave and the day shift was taking over. 同爆発は、夜動番の作業員が仕事から上がる支度をしていて、昼番［日勤、朝番］の作業者が交替する［引き継ご］うとしていた午前6時30分に起きた。◆When that chip goes into large-scale production, and millions of copies are made, the economies of scale take over, and development costs virtually disappear. （開発に膨大な金がかかった）そのチップが大規模生産に入り何百万個もの複製が作られるようになると、量産効果の方が大きくなってきて開発費は事実上消滅してしまう。◆As countries with extremely low wage rates and local costs take over the production of simple commodities, U.S. manufacturers are increasingly turning to market niches in which products are more complex and specialized. 賃金と現地コストが極端に低い国々が単純な商品の生産を引き継ぐようになるにつれ、米国の製造業者は製品がより複雑で特殊化しているニッチマーケットにますます転向しつつある。

**take place** = place
**take to** 〜の世話をする、〜に専念［従事］する、〜が好きになる、〜し始める、〜になじむ、〜に逃げ込む［避難する］
**take up** （場所、時間）をとる［ふさぐ］、〈テープなど〉を始める、巻き取る、〈液体〉を吸収する〈事業、研究、練習〉を （途中）から始める［続ける、再開する、引き継ぐ］、〈問題など〉を取り上げる、あげつらう、〜に興味をもつ、〜に従事する ◆take up a great deal of board space 基板上のスペースを多く取る［食う］ ◆take up large amounts of hard disk space 大量のハードディスク容量を占有する ◆take up minimal space 最小限の場所にしか取らない ◆take up moisture 水分［湿気］を吸う；吸湿する ◆take up where one left off 中断したところから始める［再開する］；ストップした箇所から再生する

**takeaway** a 〜《英》持ち帰り用の料理、持ち帰り用の料理を売るレストラン (=《米》a takeout [carryout]); adj.《飲食店の料理の》お持ち帰り［テイクアウト］の ◆these restaurants offer elaborate eat-in or takeaway meals これらのレストランは腕によりをかけた、その場で食べる食事およびお持ち帰りができる食事を提供している

**take-home** adj. 手取りの；家へ持って帰る、持ち帰りの、宿題用の ◆take-home pay 手取り［手取り給与（額）］

**takeoff** (a) 〜 離陸（地点）、〈新しいことが〉順調に行き始める段階・時点［離陸、立ち上がり］、出発点、分岐点；取り出し、取り外し、動力などの取り出し口 ◆after takeoff 離陸後に ◆during takeoff or landing 離着陸時に ◆from takeoff to landing 離着陸から着陸まで ◆the economy is poised for a takeoff 経済は離陸態勢に入っている ◆the takeoff of the xxx market xxx市場の立ち上がり ◆ban use of laptop computers and other devices during takeoffs and landings 離着陸時の（機内での）ラップトップコンピュータやその他の機器の使用を禁止する ◆the ability to execute vertical takeoffs and landings 垂直離着陸を行う能力

**take-out, takeout** a 〜《米》持ち帰り用の料理、持ち帰り用の料理を売るレストラン (=《英》a takeaway); adj.《飲食店の料理の》お持ち帰り［テイクアウト］の ◆a take-out bag 《飲食店の》持ち帰り用の袋 ◆a take-out window 《飲食店の》持ち帰り（注文）窓口 ◆takeout roasted chicken （お）持ち帰りのローストチキン

**takeover** (a) 〜 引き継ぎ、バトンタッチ、（経営権の）取得、企業乗っ取り ◆a corporate takeover 企業乗っ取り ◆a takeover artist [player] 乗っ取り屋 ◆a takeover firm （乗っ取りを生業にしている）企業ころがし会社 ◆an anti-takeover law（企業）乗っ取り防止法 ◆fend off a takeover bid staged by... 〜によって仕掛けられた株式公開買い付け［TOB］をかわす ◆plan a takeover of Kogmos コグモス社の乗っ取りを計画する ◆unfriendly takeovers 敵対的な企業経営権取得

**taker** a 〜 取る人、受け手、庇護者、後見人、捕らえる人［捕獲者］、逮捕する人、押収［没収］する人、盗人、強盗、略奪者、盗作［剽窃（ヒョウセツ）］者、（土地などの）取得者、テナント、借り主、賃借人、申し出［示唆］を受ける人 ◆a (phone) call taker 電話に出る人［を取る人、の受け手］

**takeup, take-up** (a) 〜〈テープなどの〉巻き取り［たるみ取り］、巻き取り機構［装置］; take up すること ◆a take-up reel 〈テープの〉巻き取りリール

**taking lens** a 〜 撮影レンズ (*二眼レフカメラの二つあるレンズのうち下側のレンズ、ちなみに上側のレンズはピント合わせ用) ◆via a taking lens 撮影レンズを通して

**tale** a 〜 話、物語、嘘、作り話; 〜s 悪意のある噂、うわさ話、中傷、ゴシップ、悪口、告げ口、秘密 ◆The Tale of Genji 源氏物語 ◆Thereby hangs a tale. それにはちょっとした［話、いわく因縁、事情］がある。◆Dead men tell no tales.（諺）死人に口なし；死者は秘密を漏らさない；秘密を知る者は消すが安全。◆It's an uncommon tree. It has quite a tale attached to it. これは普通［そんじょそこら］の木とはわけが違う。かなり日くつきのものなのだ。

**talent** (a) 〜 才能、《集合的に、または一人の》人材 ◆a talent agency タレント事務所; 芸能プロダクション ◆an artist of many talents 多彩な才能を持つ［多才の］アーティスト ◆a veteran talent manager ベテランのタレント［芸能］マネジャー ◆discover and develop new talent 新人を発掘して伸ばす ◆open doors for a new talent 新人に門戸を開く［チャンスを与える］ ◆talented rookies to keep an [your] eye on 才能のあ

目の離せない[注目の, 期待の]新人たち ◆As more companies recognized the value of smart people, the war for talent has intensified.  ますます多くの企業が優秀な人たちの価値を認識するにつれて, 人材獲得競争は激化した. ◆He also was a talent agent, once representing Johnny Carson and Elizabeth Taylor. 彼は, かつてジョニー・カーソンとエリザベス・テイラーのマネージャーを務めたことのあるタレント[芸能]マネジャーでもあった. ◆Teaming up with a creative friend helps you discover a hidden talent. 創造力豊かな[独創的な]友人と一緒に組めば, あなたの隠れた才能を発見できる[見いだせる]かも知れません. ◆America is paying the price for the increasingly unproductive orientation of its top talent. アメリカは, 国の最高の人材がますます非生産的な方向に志向[《意訳》傾斜]を強めていることに対する代価を払いつつある. (*もの作りを忘れ, 第三次産業ばかりが盛んになることを憂慮して) ◆Work experience may uncover new talents you didn't even know you had.  仕事の体験をすれば, それまで自分では知らなかった新しい才能を見いだすことがあるかもしれない.

**Taliban** ◆the ruling Taliban have destroyed the two ancient Bamiyan Buddha statues in central Afghanistan  支配して[《意訳》政権を握って]いるタリバーンが, アフガニスタン中部バーミヤンの仏像2体を破壊した(*タリバーンとは神学生とか求道者たちの意) ◆The Taliban are fundamentalist Islamic students raised in refugee camps in Pakistan.  タリバーンとは, パキスタンの難民キャンプで育った原理主義イスラム神学生のことである.

**talk** 1 vi. [語る, 述べる, 講演する], 口をきく, 話し合う[相談する] ◆<with, to>, 抜かす]; vt. ~を話す[論じる], 〈人〉を説得して[に話して]~させる<into. . .-ing, to do>, 〈人〉を説き伏せて~するのをやめさせる<out of. . .-ing> ◆a much-talked-about TV commercial 話題のテレビコマーシャル ◆talk about the need for standardization 標準化の必要性について語る ◆the most talked about subject 最も話題となっているもの ◆a fast-talking con artist 口先でまくしたてるペテン師 ◆a much-talked-about product 話題[沸騰]の商品 ◆Today, I would like to talk about. . . 本日は, ~について述べ[講演]させていただきたいと思います. ◆look forward to talking to you  あなたとお話できることを心待ちにしています ◆my husband said, "We have to talk." 夫は「話があるんだ」と言った. ◆YBM is reluctant to talk about projects it is working on.  YBM社は推進中のプロジェクトについて明かしたがらない. ◆The advertisements for this model talk about "a study in beauty to the last detail."  この車種の広告頁は, 「繊微・末端にまでわたる美の研究」と謳っている.

2 (a) ~話すこと, 話, 談話, 談義, 語らい, (簡単な)講話[講演], 話題; ~s 会談, 協議; (a) ~ (特定の)話し方[方言]; (b) 空言 ◆arms talks 兵器削減交渉 ◆trade talks 通商協議 ◆become a talk of the town 町中の話題[市井の評判]になる; 話題の人になる; 巷の[巷間の]噂になる; 世の中の評判[世評]になる ◆use baby talk 赤ちゃん言葉[語]を使う ◆in trade talks with Japan 日本との貿易協議[会談, 交渉]において ◆give you a chance to become a talk of the town あなたに話題の人になるチャンスを与える[機会を授ける] ◆talks will resume between the management of Femex and its unions on February 12 フェメックス社の経営者側と労働組合の交渉は, 2月12日に再開されることになっている ◆it has reached the point where it is ready to move from the talk phase to action それは話の段階から実行に移す準備が整った[移せる]ところまで行き着いた ◆There's even talk that the company may. . .  その会社が~するのではないかといった噂(ウワサ)さえも取り沙汰されている. ◆There is a talk of a U.S. tour as well, possibly in June.  6月あたりに米国ツアー[巡業公演]をする話も出ている. ◆There's been a lot of talk lately about neurocomputers.  最近, ニューロコンピュータが随分話題になっている. ◆The built-in battery provides up to 3 hours of talk time between charges. 《意訳》内蔵の電池は1回の充電で, 最高3時間の通話が可能です. (*time between charges = 充電から充電までの間) ◆The talk of this month's giant Consumer Electronics Show in Las Vegas was digital audio tape, or DAT.  ラスベガスで開催の今月の巨大コンシューマー・エレクトロニクス・ショーでの話題は, デジタル・オーディオ・テープ, つまりDATであった.

**talk shop** vi. (場違いな所で)仕事の話[(自分の)専門の話]をする

**talkaholic** a~おしゃべりな[口数の多い, 話好きな], 饒舌な ◆a talkaholic with a penchant for dispensing advice  人に何かと助言をしたがるおしゃべり(中毒人間)

**talkdown, talk-down** (~s) ~ (無線による)着陸誘導指示; talk-down adj. 着陸誘導指示の ◆talk-down instructions (管制塔からパイロットに無線で伝えられる)着陸誘導指示

**talking** adj. (ものが)音声を出す, 話すような, しゃべりな; n. 話すこと ◆a talking calculator  おしゃべり電卓

**tall** adj. 背が高い, 縦長の, ~の高さの; 大げさな, 〈数量が〉大きな, 法外な; adv. 誇張して[大げさに], 得意になって[意気揚々と] ◆a tall blond man  金髪[長身]の男 ◆a tall order (to fill)  実現が難しい[無理な]注文, できない相談, 無理な話, 難題 ◆children less than 140 cm (55 in.) tall 背の高さ140センチ(55インチ)の[に届かない]子供 ◆Extremely tall buildings are generally found only in the downtown areas of large cities. Why is that so? Why are there usually no skyscrapers in suburbs or smaller cities? 超高層ビルは一般に大都市の繁華街[商業地域, ビジネス街]にあります. それはどうしてでしょう? なぜ高層ビル[摩天楼]は一般的に郊外とか小都市にはないのでしょう?

**tally** 1 a~(取引で)金額や数量を計算[記録]する道具[手段], 数量を数える単位, 割り符, 合い札, 検数; 一致, 符合
2 vi. 符合[合致, 一致]する<with>; vt. 一致させる, 記録する

**tame** 1 adj. 飼い慣らされた, 人になれた, 手なずけられた, 従順な, すなおな, いいなりの, おとなしい, 無気力な, 生気のない, ふがいない, 精彩を欠く, 平凡な, 面白くない, つまらない, 退屈な
2 v. ~を飼い慣らす, 手なずける, 服従させる vi. おとなしくなる ◆Ronald Reagan had a big hand in the taming of the Russian bear.  ロナルド・レーガンはロシアを手なずける上で大きな力を発揮した.

**tamp** v. (トントンと)突き固める, 締め固める, 〈発破孔〉に粘土を詰める ◆a tamping machine  突き固め機 ◆the unstable ground was tamped and pounded with a pile driver  不安定な地盤は杭打ち機を使って突き固められた ◆Then cover the area with a 3-inch layer of sand and tamp it down firmly.  それから, その箇所に砂を3インチ厚の層に盛り堅く突き固めてください.

**tamper** 1 vi. いたずらする, いじる, 改竄(カイザン)する, 改変する, 〈データや機器に〉不正変更を加える[細工する]<with>; vt. ~を不正変更する; n. make [render] the system impervious to tampering  そのシステムを, いたずらできない[(変なふうに)手を加えられない, (勝手に)いじれない, 不正変更が不可能な, 不正操作できない, 改竄不能な]ようにする ◆odometer mileage tampering (中古車などの)走行距離計の不正巻き戻し ◆protection against tampering by unauthorized persons 許可を受けていない者による改ざんを防ぐための保護 ◆a tamper-resistant [tamperproof] enclosure  不正に開けられないようになっている[改竄(カイザン)防止策が施されている]ケース ◆unauthorized tampering with Government computer data  政府のコンピュータデータに対する不正な作出・毀棄[破壊]工作 ◆tamper-resistant and tamper-evident techniques  (商品への毒物混入などの)いたずら行為が加えにくく, いたずら[改竄]された場合にそれがはっきり分かるパッケージングの手法(*覆ってあるフィルムを破らない限り開けられないとか, ビンの蓋が, 初めて開けるときにだけポンと音がするようにするなど) ◆The alarm circuit will shut down all traffic if the line is tampered with.  この警報回路は, 回線に不正に手が加わると, 通信をすべて停止します. ◆The car must have been tampered with so the accelerator would get stuck in the floored position, possibly by remote control.  車には, アクセルが床に踏み込まれた位置で遠隔操作か何かによってアクセルが引っかかるよう, 細工が施されていたに違

いない． ◆Demands from the recording industry for complete anticopying safeguards, however, would require tampering with the digital sound track.　完璧なコピー防止策が欲しいというレコード業界の要求に応えようとすると、デジタルサウンドトラックに細工する必要が生じることになる．（*tamperは悪い方向への改変で、ここでは「音質を劣化させる方向に」）
2 a～込め棒，突き棒

**tan** 1 vt.〈革〉をなめす，〈肌〉を日に焼く; vi. 日焼けする ◆leather tanning　革なめし ◆tan leather　皮をなめす ◆a darkly tanned [dark-tanned] face　黒く日焼けした顔 ◆tanned leather　なめし革
2 a～日焼け; adj. 黄褐色の，日焼けした，なめし（用）の

**tandem**　a～2人乗り自転車，直列［縦1列］の1組; adj. 直列の，2連の，タンデム（形）の; adv. in tandem with...　～と縦一列［前後］に並んで; ～と提携［連係，協力］して; 《意訳》～と並行して［同時に］ ◆tandem connection　タンデム接続，縦続接続 ◆a tandem compound turbine　くし型［くし形］タービン ◆be developed in tandem with the standardization of...　～の標準化［規格化］に合わせて開発される（*規格づくりが先行し、それを追うような格好で開発が行われる）

**tangent** adj. 接線の，正接［タンジェント］の，（道路，線路）の直線区間，（本来の筋からの）脱線 ◆power loss due to dielectric loss tangent (tan δ)　誘電体の損失正接(tan δ [タンジェント・デルタ])による電力損失 ◆the line is tangent to the curve at P　この線はP（点）において曲線と接している

**tangential** adj. 正接の，接線の，接線方向にある［働く］;（詳細には扱わずに）軽く触れる程度の，本題からそれる(digressive), 脱線する(divergent) ◆(a) tangential velocity　接線速度（*回転翼などの先端における）

**tangible** adj. 手で触れることができる，（目に見えて）はっきりとわかる，明白な，明確な，具体的な，実体のある，形のある ◆electronic transactions of tangible goods　有体物の電子的取引 ◆put an idea into tangible form　アイデアを具現化［具体化，体現］する ◆make [render] the effects visible and tangible　これらの効果が視覚的にまた体感的に分かるようにする［《意訳》発現させる］ ◆The business has net tangible assets of about $230 million.　同企業は約2億3000万ドルの純有体資産を保有している． ◆The new airport will be the foreign tourist's first tangible impression of South Korea.　この新空港は、外国人観光客が最初に受ける韓国の具体的な印象［韓国を直接肌で感じる最初のもの］となる．

**tango**　a～タンゴのダンス（*タンゴの音楽に合わせて踊る）; (a)～タンゴの曲; vi. タンゴを踊る ◆It is an old cliche that it takes two to tango, but this is the essence of negotiations.　タンゴは二人いないと踊れない［《意訳》独り相撲を取っても何にも始まらない］という昔からの決まり文句があるが、これこそ交渉の本質である．

**tank**　a～（気体，液体の）容器，タンク，槽，貯槽，ボンベ; a～戦車; v.～をタンクに入れる，タンク内で処理する ◆an anti-tank missile　対戦車ミサイル(ATM) ◆a tank circuit　《電気》タンク回路(= a tank, an electrical resonator) ◆a tank landing ship (LST)　（米海軍の）上陸用舶艇 ◆a gasoline tank truck [《英》tank lorry]　ガソリン（運搬用の）タンクローリー ◆detect [indicate] a full-tank condition　満タン状態を検出する［示す，表示する］ ◆steel tanks for storing isopropyl alcohol　イソプロピルアルコール貯蔵用の鋼鉄製タンク ◆the degassing and cleaning of fuel tanks　燃料タンクのガス抜きおよび洗浄

**tanker**　a～タンカー，油送船，油槽船，空中給油機，タンクローリー ◆an oil tanker　石油［重油］，油槽船

**tanner**　a～革なめし工，皮鞣し業者，製革業者 ◆a leather tanner　革なめし業者

**tantalate**　《化》タンタル酸塩 ◆a lithium tantalate IF filter　リチウムタンタレートIF［中間周波］フィルター（*tantalate = タンタル酸塩）

**tantalum**　タンタル（元素記号: Ta) ◆a tantalum capacitor　タンタルコンデンサ

**tantamount**　～と同等の，～に等しい <to> ◆It is tantamount to saying...　～と言うのにも等しい

**tap** 1　a～蛇口（ジャグチ）［飲み口，栓(セン)］，雌ねじ切り工具，《電気》（コイルの）中間引きだしロア［（中間）タップ］,（電話の）盗聴(= wiretapping) ◆have...on tap　～をいつでもすぐに［取り出して］使用できる（*状態に持っている） ◆a tap changer　《強電》タップ切り換え器（*トランスの巻き線比を変える） ◆a tap on a bleeder　ブリーダー抵抗器上のタップ ◆change transformer taps　変圧器のタップを切り換える ◆open [close] a tap　（水道の）蛇口を開ける［閉める］ ◆the tap hole of a cupola　キューポラ［キュポラ，溶銑炉］の出湯口 ◆the taps went dry　水道が出なくなった［断水した］ ◆turn the tap on [off]　（水道の）蛇口［コック，栓］を開ける［閉める］ ◆This restaurant/bar offers 10 beers on (the) tap.　このレストラン・バーは10種類の生ビールを出している．

2 vt.～に飲み口をつける，～の栓をあける［抜く］，～を（容器の栓をあけて）出す，〈地域，資源〉を開発する(= tap into),〈電気回路〉にタップをつける，〈電信・電話線〉にタップをつけて盗聴をする，〈管，回路〉を接続する，〈ナット，パイプ〉に雌ねじを切る［の内側にねじを切る］ ◆tapped-out，tapped [↔untapped]　開発し尽くされた［↔開発の手が入っていない，未開発の］ ◆a tapped resistor　タップ付き抵抗器 ◆tap blind holes　めくら穴に（雌）ねじを切る［立てる］ ◆tap new markets in England　英国で新しい市場を開拓する ◆tap new sources of energy　新しいエネルギー資源を（開発して）利用する ◆tap the real power you have　あなたが持っている本当の力［実力を十分に、君の持てる力のすべて］を引き出す ◆This coil is tapped at 11 turns from the end that goes to the FET's drain.　《電気》このコイルは、FETのドレインに行っている端から11回巻いたところでタップ［引出し線］が出ている．

3 v.（～を）軽くたたく［小突く］，トントン［コツコツ］という音をたてる; v.（～を）軽くたたく，トントン［コツコツ］という音をたてる，タップダンスをする ◆tap the pen on the icon　《コンピュ》ペンをそのアイコンに軽く当てる［《意訳》ペンでそのアイコンを軽く触れる］ ◆tap out the old bearing races and tap in the new ones　古い軸受軌道輪を軽く叩いて［小突いて］取り出して，新しいものをたたいてはめ込む

4 a～軽くたたくこと，トントン［コツコツ］たたく音の1回分，トン［コツ］という音，スネアドラムの連打のうちの1打，タップダンス用靴の金具 ◆with light taps of a hammer　ハンマーで軽くトントンと叩いて ◆with a few taps on a keyboard　キーボードを数回たたくだけで

**tape** 1 n. ▫テープ，平ひも，（磁気）テープ，接着テープ; a～1巻のテープ，テープに録音されたもの ◆a reel of tape　テープ1巻 ◆a blank tape　ブランク［生(ナマ)，無録音，無録画，空(カラ)の］テープ ◆a tape fastener　テープファスナー（*マジックテープや粘着性の留めテープ） ◆a streaming tape　《コンピュ》ストリーミングテープ ◆a tape backup system　《コンピュ》テープバックアップシステム（*ハードディスクの内容を磁気テープにバックアップする） ◆an end-of-tape mark　《磁気》テープ終端マーク ◆a tape head-cleaner　テープヘッドクリーナー ◆a tape run [tape-running] indicator　テープ走行表示器 ◆a blank videocassette tape　生のビデオテープ ◆a magnetic tape unit　《コンピュ》磁気テープ装置 ◆shorter lengths of tape　いくつかのもっと短い（長さの）テープ ◆tape-record...　～をテープに録音する ◆tapes recorded in stereo (sound)　ステレオ録音されているテープ ◆write data on a tape　テープにデータを書込む ◆a three-tape VHS video series　VHSテープ3巻にわたるビデオシリーズ作品 ◆record music on a tape　テープに音楽を録音する ◆return to a specific point of a tape　《AV》テープのある特定箇所に戻る ◆tapes recorded on a good deck from records or compact discs　上等のデッキを使ってレコードとかCDから録音したテープ ◆Some VCRs use an Auto Program Locate Device which automatically advances or rewinds the tape to the desired program.　ビデオデッキのなかには、自動的に希望する番組のところまでテープを送ったり巻き戻したりする自動頭出し装置を使用しているものがある．

2 vt.～にテープをつける，～をテープで留める，～をテープに記録する［採る，収める，録音する，録画する］ ◆home taping

**taper**

(個人で楽しむための)自家[私的]録音・録画(＊ダビングやエアチェックなどを含む) ◆They are supplied taped and reeled for automatic insertion. これら(＊表面実装部品)は、自動実装[挿入, 装着]に対応するためテーピング梱包されリールに巻いた形で納入されます。 ◆The parts are supplied "taped and reeled" for placement with standard SMT production machines. これらの部品は、通常のSMT(表面実装)用生産機械を使用しての装着向けに「テーピング梱包されリールに巻いた」供給[納品]されます。 ◆The program is taped [videotaped] at Xxx studio and airs nationwide on Saturdays. その番組はXxxスタジオで録画撮りされ、毎週土曜日に全国で[全国ネットで]放映[放送]されている。

**taper** 1 vi., vt. 先細りになる[する], 先細りする[させる], 尻すぼみになる, すぼまる, すぼむ, 徐々に減少する[させる], 漸減[逓減]する <down, off> ◆a long tapered tip 先細になった長い先端部 ◆taper down toward the tip 先端に向かって次第に細くなって[細くて, 幅が狭くなって, 尖って]いく ◆The jaw width tapers down to a narrow flat tip. (ラジオペンチの)顎の幅は、だんだんと先細りし、幅の狭い平たい先端になっている。 ◆Over the next five years through 1999, growth rates will gradually taper off to 2.5% a year. 1999年までの今後5年間で、成長率は漸減して行き(最終的に)年2.5%になるだろう。
2 a ～ テープを用いる人, テープをかける機械, テープ台 ◆an avid taper 熱心な自家録音[録画]家

**tape recorder** a ～ テープレコーダー, テレコ ◆speak into a tape recorder: record on a tape recorder テープレコーダーに吹き込む[録音する]

**tapping** 栓を開けること, 雌ねじ立て, タップ出し, 盗聴[傍受] ◆The network is vulnerable to tapping of confidential information files. そのネットワークは機密情報ファイルの盗聴に対する守りが甘い。

**tap water** ①水道水

**tardy** 遅い, 遅れた; のろい, 遅々とした ◆become slow [slower, tardy] のろくなる, もたもたしてくる, 緩慢になる

**tare** ① ～ 風袋, 空重, (積荷を除いた)車体重量, 自重; vt. ～ の風袋をはかる[差し引く] ◆(a) tare weight (輸送コンテナや鉄道車両の)自重[空重, 風袋, 風袋重量]; a ～ 風袋鐘(オモリ) ◆have a tare of three kilos 3キロの風袋[自重]である

**target** 1 a ～ 標的, 的, 対象, (達成)目標, 目標値; adj. 目標の, 目的の, 対象の, 宛先の, 宛名での, 〈情報の〉出力[転送, コピー, 書き込み]先の (→source 元の) ◆attain one's target 目的を達成する ◆hit a target 目標に当たる; (軍事)目標を叩く ◆reach a target 目標に到達する; (意訳)目標を実現する ◆miss a target 目標を外す[外れる] ◆a target [destination] disk 《コンピュ》コピー先, 転送先, 保存先, 受け側, 対象のディスク ◆a target figure 目標値[額] ◆a target language (= an object language) 目標[目的]言語(＊学習の対象となる言語, 翻訳の原文でなく訳文の言語; 《コンピュ》コンパイラによってコンパイルされた言語 (→a source language)) ◆a target market 対象となっている市場 ◆a target value 目標値, 狙い値 ◆a main target market [base, audience, groups] for... 〈商品, サービスなど〉のメインターゲット市場[層] ◆become an easy target for a criminal 犯罪者にとってのやすい標的となる; 犯罪者のいいカモ[好餌]になる ◆companies thought to be takeover targets 乗っ取りの標的と考えられている会社 ◆on-target instruction 的を射た[的確な]指導 ◆set a target to work toward 努力[到達]目標を設定する ◆The arrow hit bang on the target. 矢は的[標的]に命中した。 ◆the target of an assassination attempt 暗殺の企ての標的 ◆numerical targets for auto-parts imports 自動車部品輸入の数値目標 ◆employ a target-driven approach to drug discovery and development 新薬の発見と開発にターゲットドリブン方式のアプローチを採用する(＊まず目標を掲げ、その実現を目指すアプローチ) ◆set a fuel-efficiency target of 45 m.p.g. 1ガロン当たりの燃料効率[燃費]目標を45マイルに設定する ◆the chief target for the magazine その雑誌がねらいとしている[対象とする]読者層 ◆the design target of being an easy system to use 使い勝手が簡単なシステムにするといった設計目標 ◆We need a target to work toward. 我々には努力目標が必要だ。 ◆with the first quarter as a target date 第1四半期を期限とし[目処に] ◆give on-target directions on how to find and clear paper jams 紙詰まり箇所の見つけ方と詰まった紙の除去方法についての的を射た[的確な]指示を与える ◆those who may become or have been made targets for terrorist organizations テロ組織の標的になる可能性のある人々、あるいは標的にされた人々 ◆The Mazda RX-7 Turbo is right on the target. マツダRX-7ターボは(目的に)ぴったりである。 ◆Main targets of shelling were the central hospital and government buildings. 砲撃の主な標的は、中央病院と政府の建物だった。 ◆Without intending to do so, I became a focal point of controversy and the target of vicious attacks when I undertook to <do...> 私は～することを引き受けた折りに、私は意図せずして議論の的になり、悪意に満ちた攻撃の標的にされてしまった。 ◆Egypt feels it has become the main target of Iranian fundamentalists because of its increasing role on the international scene. エジプトは、国際舞台での役割が拡大しているせいで、イランの原理主義者たちのメインターゲット[主要な標的]になってしまったと感じている。

2 vt. ～を的[標的, 目標, ターゲット, 対象]にする, ～をねらう ◆be specifically targeted for... 特に～を対象とした[～用の, ～向けの, ～に照準を当てた, ～をターゲットにしぼった, ～に的を絞った] ◆launches targeted for 1999 1999年を目標に[めどに]している打ち上げ ◆target... at so-called "Generation X" buyers いわゆる「団塊ジュニア」の購買層に照準を定めて〈商品〉を訴求する ◆individuals targeted for layoffs レイオフ[人員整理]の対象になっている個人 ◆270 SS-20s that are targeted on Western Europe 西欧に照準が合わせられている270基のSS-20ミサイル(＊冷戦時代の旧ソ連のミサイル) ◆target customers and tailor goods to their needs 顧客の的をしぼって、商品をその人たちのニーズに合わせる ◆these games are targeted at adults これらのゲームは大人向けである[成人をターゲットにしている] ◆buy time on many stations to reach one's targeted audience (宣伝)対象である視聴者(=客層)に訴求するために何局もの放送局の番組のスポンサーをする ◆we are increasing the advertising targeted to young adults 弊社ではヤングアダルトを対象にした[若い人たち向けの, (意訳)若者に訴求する]広告を増やしているところ ◆Also under construction, and targeted for spring completion, are "honeymoon" cottages. その他、春の完成を目標に[目指して、めどに]建築中のものとして「ハネムーン」(新婚旅行向け)コテッジがある。 ◆It will be priced at below 50,000 yen, with initial sales targeted at 10,000 units per month. それ(＊新製品)は、5万円を切る価格になるとみられており、当初の月間販売目標は1万台である。 ◆Available image processing software is generally application-specific, targeting areas such as image analysis, compression, medical, and geographical analysis. 市販の画像処理ソフトウェアは一般に、画像分析、圧縮、医療、地形分析などの分野を対象とした特定用途向けのものである。

**tariff** ① ～ 関税, 関税制度, 関税表, 関税率, 運賃表, 料金表 ◆tariff abolition 関税廃止 ◆band-aid-like tariff actions 応急処置的な関税措置 ◆introduce a tariff on memory chips 記憶素子(の輸入)に関税を導入する ◆protective high tariff walls 高い保護関税障壁 ◆tariff and nontariff barriers to free trade 自由貿易を妨げる関税障壁および非関税障壁 ◆put a 100 percent tariff on Japanese goods 日本製品に百パーセントの関税をかける ◆impose anti-dumping tariffs on LCDs produced by Japanese companies and imported into the U.S. 日本企業により製造され米国に輸入される液晶ディスプレイにアンチダンピング関税をかける

**tariffication** ①関税化 ◆(the) tariffication of rice コメの関税化

**tarmac** (tarmacadamの略) ① タールマカダム舗装(＊砕石を敷いた上にタールバインダーを流しローラーで固めた舗装), (英)タールマカダム舗装材; the ～ タールマカダム舗装されている場所(＊道路, 飛行場の滑走路[ターマック]やエプロ

ン);vt. ～にタールマカダム舗装を施す ◆a tarmacked road タールマカダムで舗装されている道路(= a tarmacadam road) ◆on an airport tarmac 空港のターマック[タールマカダム]舗装路[滑走路]上に

**tarmacadam** → tarmac

**tarnish** vt.〈金属など〉を曇らせる、さびつかせる、変色させる、汚れさせる、汚す〈名声など〉; vi.さび、さびつき、色あせ、変色; (a)～汚れ、傷 ◆improve resistance to tarnish 曇りにくくする、変色しにくくする ◆prevent tarnishing of silverware 銀製品の曇りを防止する ◆their reputations were thus irreparably tarnished このようにして彼らの名声にはぬぐい去ることのできない汚点がついた ◆In air, the metal tarnishes rapidly. 空気中では、この金属は急速に曇る[変色する].

**tarpaulin** (a)～ ターポリン、防水シート[布、紙] ◆cover...with a tarpaulin ～をターポリンで覆う;～に防水シートをかける

**tartaric** adj.《化》酒石の ◆tartaric acid derived from grapes ブドウ由来の酒石酸

**task** a～ 仕事、課題、職務、事業、作業、《コンピュ》タスク; vt. ～に仕事を出す[課する、割り当てる、委託する]、酷使する、〈頭など〉を絞る[悩ます] ◆face the task of...-ing ～をするという課題に直面する ◆perform data processing tasks データ処理業務を行う ◆take on the task of ...-ing ～する作業[仕事、任務]を引き受ける[請け負う、受け持つ、担当する]、～の任に就く、～の任[務め]に当たる;～する責務[責]を負う ◆task a local law firm 現地の法律事務所に仕事を出す[委託する] ◆time-critical tasks 時間が肝心な作業[業務、仕事] ◆categorize the tasks in software development projects ソフト開発プロジェクトの業務を分類する ◆take on the task of being a PTA officer PTA役員(の仕事)を引き受ける ◆We have had the difficult task of...-ing 我々には～するという困難な仕事があった ◆divide the program into smaller, more manageable tasks 《コンピュ》そのプログラムをより小さく扱いやすいタスクに分割する ◆The first task in choosing a network is to decide... ネットワークを選ぶにあたって最初にすべきことは～を決めることである ◆The printing process starts printing while the text-editing process proceeds with its next task. 《コンピュ》テキスト編集プロセスが次のタスクを続行している間に、印刷プロセスは印刷を開始する.

**task force** a～ (特定の任務のために組織される)プロジェクトチーム、推進委員会、専門調査委員会、専門作業部会、作業委員会、専門委員会、分科会、対策本部、対策委員会、特捜班、特別隊、機動班[部隊]、支隊《軍》(特定の任務のために臨時編成された)部隊 ◆the Financial Action Task Force on money laundering (FATF) マネー・ロンダリング[資金洗浄]に関する金融活動作業部会(*OECD加盟国がつくった) ◆Task Force on Fiber Optics 光ファイバーに関する分科会[作業部会] ◆a task force on AIDS AIDSタスクフォース[対策委員会、特別対策本部、対策任務機関]

**task group** a～ (= a task force) ◆a task group on public digital network access 公衆デジタル網アクセスについて担当する専門調査委員会

**taste** 1 ①味覚; (a)～ 味、風味、嗜好(シコウ)、好み、趣(オモムキ)、風情、たしなみ、品、美的感覚、センス、; a～ 試食、試飲、一口 ◆people's tastes are diversifying 人々の嗜好[好み]は多様化している ◆people with very refined tastes 非常に洗練された感覚を持っている[センスのいい、ハイセンスな]人々 ◆a person who has refined taste; a person/man/woman of refined taste 洗練されたセンスの持ち主;目・耳・舌の肥えている人 ◆As tastes grow more sophisticated, consumers demand...味覚が肥えてくるにつれて、消費者は～を要求するようになる ◆impart tastes to tap water 水道水に味をつける ◆respond quickly to shifting tastes 人々の嗜好[好み]の変化にすばやく対応する ◆consumer tastes and preferences are changing all over the world 消費者の嗜好や好みは世界中で変わりつつある ◆tastes are diversifying and becoming more sophisticated 嗜好[好み]は多様化しつつあり、またより洗

練され[センスの高いものになり]つつある ◆This recipe was originally obtained from... but was heavily adapted to my own tastes. このレシピは元々～から取ったものですが、私自身の好みに合うよう大幅にアレンジしてあります. ◆If "sushi" or "sashimi" is not to your taste, then try "teriyaki" beef or chicken on a bed of rice. 「すし」や「刺身」がお口に合わなければ、ご飯にのせた「照り焼き」ビーフあるいはチキン[ビーフやチキンの照り焼き丼]を試されてはいかがでしょう. ◆The choice of which tungsten film to use is determined by the subject, situation, and photographer's taste. どのタングステン光[白熱電灯光]用フィルムを選択するかは、被写体、状況、そしてカメラマンの好み[センス]による.
2 vt. ～の味をみる、味見する、～を味わう、経験する; vi. 味見をする、味を感じることができる、〈ものが〉（～の）味がする ◆a bitter-tasting powder 苦い味がする粉末(*不可算名詞powderに a がついているのは、ある種類の粉末という意)

**to taste** 好みに合うように、好みに応じて ◆season to taste with salt and pepper 塩こしょうで好みの味にする; 塩こしょうを好みの量加えて味付けする

**tasteful** 趣味のよい、上品な

**tastefully** adv. 趣味よく、センスよく、体裁よく、上品に、趣向をこらして、風雅に ◆The synthetic materials are tastefully and artfully applied. それらの合成材料は、センス良く巧みに適用されている.

**tatter** vi. ぼろぼろ[ずたずた]に破れる; vt. ～をずたずたに裂く、ぼろぼろにする; a～((通例～s))ぼろ、ぼろ切れ、破れた服、ぼろ服 ◆tear...to tatters ～をずたずたに引き裂く;〈相手の議論など〉をぎたぎたに[さんざん、こてんぱんに、こてんこてんに、完膚無きまでに]やっつける ◆The economy is in tatters. 経済はガタガタになっている. ◆The war reduced the economy to tatters. 戦争は経済をずたずた[めちゃめちゃ、がたがた]にした.

**taut** adj. ピンと張られた、緊張した、引き締まった、〈話など が〉簡潔な ◆be stretched taut 〈ロープなどが〉ぴんと張られている ◆The skin becomes taut with a rosy tinge. 皮膚に赤みがさして張りがでてくる.

**tautology** (不必要な)類語[同語]反復、重複; a～ 類語反復の具体例、重複語 ◆In 2 and 5, time and duration is not tautology, the "time" being the time of day at which the communication takes place. 第2項目と第5項目におけるtimeとdurationは類語反復したものではなく、timeは通信が行われる時刻である. (*durationは、通信の持続[継続]時間)

**tax** 1 ①～ 税、重い負担[無理な要求] ◆a tax break 税制面の優遇策; 税制上の優遇措置; 優遇税[振興税、減税、免税]措置; 税金免除 ◆a tax dodger 税金逃れをする人; 脱税者 ◆a tax haven タックスヘイブン、租税回避地、避難地、逃避地 ◆a tax office 税務署 ◆a tax rate schedule 税率[課税率]表、税率[課税率]制 ◆our tax dollars 我々の血税 ◆tax accounting 税務会計 ◆tax avoidance 租税[納税]回避; 税金[課税]逃れ; 節税; 脱税 ◆net income after taxes 税引き後純所得 ◆the National Tax Administration Agency (日)国税庁 ◆the U.S. Tax Court 米国税裁判所 ◆after-tax take-home pay 税引き後の手取り給与[給料] ◆a $300 tax rebate 300ドルの戻し減税 ◆a new tax on cars 自動車新税 ◆consult with an experienced tax accountant ベテラン税理士に相談する ◆evade paying taxes 脱税する ◆higher taxes inhibit economic growth 増税は経済成長を阻害する ◆make an improper tax assessment 誤った租税評価をする ◆pay taxes 税金を払う ◆the imposition of local taxes 地方税の賦課 ◆the tax due on your return 申告書[に記載]の(支払われるべき)納税額 ◆through tax savings 節税により ◆a 7% across-the-board tax hike 一律7%の税の引き上げ ◆Jamaica's tax-free zones ジャマイカの保税地域 ◆tax-abatement policies 減税政策 ◆file a [one's] 2000 (income) tax return 2000年度の所得税[確定]申告を提出する ◆give a tax break to low-income first-time home buyers 低所得の一次住宅取得者に対して税制上の優遇措置[優遇税制措置]をとる ◆give a tax cut for a privileged few 恵まれた少数の人々の減税をする ◆newspa-

pers and books are tax-exempt in the U.K. 新聞や書籍は英国では非課税である ◆taxes levied on imported goods 輸入品にかかる税金 ◆a tax system that punishes marriage and parenthood 結婚していることや親であること［夫婦や子供のいる家庭］に対して不利な税金の制度［税制］ ◆A 5% consumption tax is levied on all goods and services. すべての商品とサービスに5%の消費税がかかる。 ◆Wholesale and Retail Prices do not include taxes. 卸値［卸価格］と売り値［小売価格］には税は含まれていません；下代および上代は税別です。(＊卸問屋のカタログから) ◆In Germany, the government favors tax breaks and other incentives to promote private investment in antipollution measures and a growing environmental-technology industry. ドイツでは、公害防止策や成長期にある環境技術産業への民間投資を促すために、政府は優遇税［振興税］措置およびその他の刺激策を推し進める姿勢をとっている。
2 vt. 〈人,会社,物品,所得〉に課税する、〜に重い負担をかける ◆tax equipment to the limit 機器を限度いっぱいに酷使する［使い倒す］ ◆tax short-term profits on securities 証券類から短期間に上がる利益に課税する

**taxable** adj. 課税対象の、課税できる、有税-、租税-、税負担-、担税の ◆be considered taxable income 〜は課税の対象になる収入と考えられている

**taxation** 回課税,徴税,税金,租税(収入)、税収,税金 ◆Our Constitution says no taxation without representation. 我が国の憲法は代表(権)なければ課税なしと謳っている。(＊米国の話）

**tax-exempt** adj. 税金が免除されている、免税の、無税の ◆a tax-exempt, nonprofit organization 税金が免除されている非営利組織［団体］ ◆generate tax-exempt interest if held for five years or longer 5年以上（おろさないで）持っていれば非課税の利子を生む［(意訳)利息が付く］

**tax-free** adj. 免税の、非課税の ◆tax-free savings 非課税貯蓄

**taxi** a〜 タクシー（＊a taxicabの略）；vi. (誘導路上あるいは水上を）（航空機が）滑走する；vt. 〜を地上［水上］滑走させる ◆by taxi タクシーで ◆As soon as the plane taxied to a halt, one of the hijackers jumped out. 同機がタキシング［誘導路上を走行］して停止するやいなや、乗っ取り犯の一人が飛び出した。

**taxicab** a〜 タクシー（＊省略して a taxi, a cabとも）◆a taxicab driver タクシー運転手

**taxiway** a〜 (空港の) 誘導路 ◆replace taxiway lighting [lights] at an airfield 飛行場の誘導路灯を交換する

**taxonomic** adj. 分類学上の、分類の ◆taxonomic groups 分類区分

**taxonomy** 回分類学,分類法,分類

**taxpayer** a〜 納税者,納税義務者 ◆taxpayer dollars 血税 ◆taxpayer [taxpayers'] money 公的資金 ◆a law-abiding taxpayer 法律を守っている［きちんと納税している］納税者 ◆at (a) minimum cost to the taxpayers 最小限の納税者負担で ◆the taxpayer-funded construction of forest roads 税金［血税］を使っての林道の建設 ◆his frequent travel to foreign countries on taxpayer dollars 納税者が納めた税金［血税］を使っての彼の頻繁な外国旅行

**Tb** テルビウム (terbium) の元素記号

**TBA, tba** (to be announced) 追って発表, 未定; (to be assigned)

**Tc** テクネチウム (technetium) の元素記号

**TCAS** a〜 (Traffic Alert and Collision Avoidance System) 空中衝突防止装置

**TCO** (Total Cost of Ownership) (pl. TCOs); (transparent conducting oxide) ◆reduce TCO (Total Cost of Ownership) 《情報機器》TCO［(意訳)総使用コスト］を削減する（＊製品のライフサイクル全体を通してかかる費用。たとえば、ネットワーク化費用、ソフトのバージョンアップ代、ランニングコスト、廃棄コストなども含む）◆reduce (the) TCO for your server environment サーバー環境のTCOを削減する

**TCOG** ◆a TCOG meeting 局長級会合,《直訳》三国調整監督グループ会合（＊The TCOG = the Trilateral Coordination and Oversight Group: 日本, 米国, 韓国で対北朝鮮政策を話し合うためのグループ）

**TCP** (the Transmission Control Protocol)《フルスペルにはtheを付けることがある》《ネット》

**TCP/IP** (Transmission Control Protocol/Internet Protocol)《ネット》

**TCXO** (temperature-compensated crystal oscillator) a〜 (pl. TCXOs) 温度補償型水晶発振器

**TDM** (time division multiplexing)《通》時分割多重

**TDMA** (time division multiple access)《無線通信》時分割多元接続

**Te** テルル (tellurium) の元素記号

**tea** 回茶, お茶 (＊通例紅茶をさす); a〜 一杯のお茶; (a) 〜 午後のお茶; (口)《俗》マリファナ ◆a formal tea ceremony 正式な茶会 ◆the tea ceremony (常には〜)茶の湯, 御茶, 茶道 ◆He insisted that male as well as female employees serve tea to guests, and often did it himself. 彼は女性社員と同様に男性社員も来客にお茶を出すべきだと主張していたし、そして彼自身お茶汲みをよくやっていた。

**teach** vt. 〜に教える,教授する, 仕込む, 〈ロボット〉に教示する; vi. 教える,教師をする, 教職に就いている, 教鞭(キョウベン)を執る, (意訳)教唆に[立って]いる ◆the teaching profession 教職 ◆a teach mode 《ロボット》教示モード ◆teach players the basics of the game 選手に競技の基本を手ほどきする ◆teach robots to perform simple, repetitive operations ロボットに単純な反復性の作業を行うための教示をする ◆teach seminars セミナーで教える ◆the teaching of science 科学を教えること ◆teach business-specific English to English teachers 英語教師にビジネス英語を教える

**teacher** a〜 先生,教師,教員,教諭,教育従事者,師範,師匠

**teaching** 回教えること, 教授, 教育, 教職, 教示 (＊ロボットに動作経路を教えること);(しばしば〜s)教え, 教義, 教訓 ◆a new approach to teaching 新しい教授法

**team** 1 a〜 チーム, 班, グループ, 一組; adj. ◆team [collective] responsibility 連帯責任 ◆a special prosecution team 特別捜査班［特捜班］◆a team of two 2人(編成)のチーム ◆engineers working in teams (いくつかの)チームを組んで[チームに分かれて]働いている技術者ら ◆in a team of four (horses) 四頭立てで ◆some 160 two-person teams 約160(組)の2人組 ◆Toyota's engineering team トヨタの技術陣 ◆a software engineer in a team of N people N人のチームの中の一人のソフトウェア技術者 ◆new-product development teams 新製品開発チーム［部隊］◆work in a team of three (people, members, engineers, students etc.) 3人のチームで[3人で組んで]作業する ◆work alone or as part of a team 一人で、あるいはチームの一員として[チームで]仕事をする ◆We're proud to have him on the team. 我々は, 彼がこのチームにいることを誇りに感じている。
2 vt. 組にする、結び付ける; vi. 組になる、協力する ◆team up with…〈人〉と協力, 協同, 共鳴, 提携]する, 〜と手を組む ◆the H teams up with the acid -OH to make water そのH(水素)は, 酸の -OH (水酸基) と一緒になって水を生成する

**teamwork** チームワーク, 協力, 共同作業 ◆in teamwork with… 〜と共同で[協力して] ◆expand individual productivity through teamwork チームワークを通じて一人一人の生産性を拡大する ◆foster a strong sense of teamwork 強い team結心を養う ◆In Japanese baseball, "wa" means harmony and teamwork. 日本の野球では、「和」は協調とチームワークを意味する。◆Marriage is a form of teamwork. 結婚は共同作業[活動]の一形態である。

**tear** 1 a〜 一滴の涙;(通例 〜s)涙 ◆a tear-jerking movie お涙頂戴[ひどく感傷的な]映画 ◆he burst into tears 彼はわっと泣き出した ◆tears fell in drops 涙がぽろぽろとこぼれた[こぼれ落ちた] ◆tears welled up in his eyes 彼の目に涙が込み上げた[浮かんだ、にじんだ] ◆with tears welling in his eyes 涙を浮かべて ◆he wiped tears from his eyes 彼は目から涙をぬぐった ◆his blue eyes welled with tears 彼

の青い目に涙が浮かんだ[にじんだ] ◆a story that will bring tears to your eyes 涙を誘う話；涙なくしては聞けない[読めない]物語 ◆my eyes well with tears of joy when they tell me... 彼らが私に〜と言うときに喜びの涙が込み上げる ◆she tried to hold back tears 彼女は涙をこらえようとした ◆She was close to tears because her name was left out of the office telephone directory. 社内電話番号簿から彼女の名前が漏れていたので，彼女は(今にも)泣き出しそうだった．

**2** a 〜 引き裂き，ちぎれ，切れ，裂け目，裂け傷 ◆a hot tear starting at a slag inclusion; hot tears emanating from slag inclusions スラグ巻込み箇所が起点となって発生している高温割れ (*溶接で)

**3** vt. (tore, torn) 〜を引き裂く，ちぎる，引きはがす，切き離す <off, away, down>; <from, off...>; vi. 裂ける[破れる]; 引き裂こうとする <at>; 猛烈な勢いで動く[走る] ◆a perforated tear-off line ミシン目のあいた切り取り線 ◆resist tearing 裂け[ちぎれ，引き裂かれ，かぎざきができ，破れ]にくい ◆tear a ligament 靭帯を断裂する[切断する, 切る] ◆tear off the back flap 後ろのフラップを切り離す ◆Tear open hear. ここを破って開けて下さい. (*パッケージの開封ロなど) ◆torn between loyalty to A and loyalty to B A と B の間で板挟みになって; A をとるか B をとるかのジレンマで悩んで[苦しんで] ◆tear off the form 1" below the last printed line 最後に印字した行から1インチ下がったところで用紙を切断[カット]する ◆nervous regimes torn between the risks of change and the dangers of maintaining the status quo 改革のリスクをとるかそれとも現状維持の危険を冒すかのジレンマで神経をピリピリさせている政権 ◆TO OPEN TEAR ALONG THIS PERFORATION 開封はこのミシン目に沿って切り離してください. (*ダイレクトメールなどの封筒の表示)

**tear apart** 〈もの〉をばらばらにする[取り壊す]，〈人々，物〉を分裂させる，〈物〉を引き裂く，〈人〉の心を引き裂く[かき乱す]

**tear down** 〜を取り壊す，ばらばらにする，分解[解体]する，〜を取りみす[取り却ろ]，〈議論など〉を論点ごとに反駁する[論じ返す] ◆The abandoned house was torn down. その廃屋は取り壊された.

**tear off** 引きはがす[引きちぎる]，(引っ張るようにしてミシン目などで)切り離す，〈衣服〉をはぎ取るように急いで脱ぐ；大急ぎで行く[飛んで行く，猛スピードで行く]

**tear up** v. ずたずたに引き裂く, 引きはがす, (口)改造; tear-up n., adj. ◆Finding room for the new air suspension system requires a major chassis tear-up. この新規のエアサスペンションシステムのためのスペースを確保するには，大々的なシャーシの改造が必要である.

**tearful** 涙ぐんだ, 涙あふれる, 目に涙をためた, 泣いている, 涙もよい, 涙を誘う, (もの)悲しい ◆Then, she'd bid a tearful good-bye to the children in her charge. それから，彼女は面倒をみていた子供たちに涙の別れを告げた.

**tear-off** a 〜 (pl. 〜s) (ミシン目などで)切り離される紙片部分，切り離し; adj. 切り離し(用)の ◆a serrated edge for tear-off (セロテープなどの)切り離し用のギザギザの刃 ◆tear-off plastic bags used in supermarkets スーパーマーケットで使用するミシン目で切り離すタイプのポリ袋 ◆With one keystroke, the printer advances paper to the tear-off edge. キーを1回押すと, プリンタは用紙を切り離し端[ミシン目]まで前送りします.

**technetium** テクネチウム (元素記号: Tc)

**technical** (科学・工業)技術的な，専門的な，技法[手法]の，人為[操作]的な，実用上の ◆an interim technical report 中間技術報告書 ◆a technical college 工業[工科]大学 ◆a technical committee 専門委員会 (*規格制定機関などの) ◆(a) technical literature 技術資料[文献] ◆a technical paper 技術論文 ◆a technical progress report 技術経過報告書 ◆a technical writer [editor] テクニカルライター[エディター] (*技術文書・文献を書く人や編集する人) ◆technical innovations テクニック[手法, 技法, 技術]上の革新 (*technological innovations とは意味合いが異なるので注意) ◆technical prowess (芸や

スポーツなどでの)技術力 ◆technical terms [words] 専門用語[技術用語, 術語] ◆(a) technical reference material 技術参考資料 ◆technical advances 技術の進歩[発展] ◆a non-technical [nontechnical] user 非技術畑[非技術系]のユーザー ◆hone their own technical skills 彼ら自身の技術能力[技能, 腕, 腕前]を磨く ◆provide [give] technical guidance to... 〈人など〉に技術指導を行う ◆provide technical cooperation and assistance to... 〜に技術協力および技術援助を(提供)する ◆technical imperfections 技術上の難点[不具合, 不備点] ◆technical topics related to... 〜に関する技術的なトピック ◆Microsoft's technical people who tried to help 助けてくれようとしたマイクロソフト社の技術者の人たち (*コンピュータのユーザーサポートの話)

**technically** adv. 技術的に，専門的に，法的に，たてまえとして，実際面で，実用上，厳密にいえば ◆be technically illegal 規則に照らしていえば[建て前としては]違法である ◆on technically justifiable grounds (直訳)技術的に正当化できる根拠に基づいて; 技術的に正当と認められる理由で ◆the technically illiterate 技術音痴の人たち ◆they are more technically useful それらは実際面でより有益だ[実用上より優れている] ◆the development of technically useful synthetic polymeric materials 実際に使って役に立つ[実用的な]合成高分子材料の開発 ◆Technically, there is nothing very new or startling about the new car. 技術的にみて, この新車に関しては特に目新しいとかびっくりするとかいったものはない. ◆The casting of iron did not become technically useful until the Industrial Revolution. (意訳)鉄の鋳造は産業革命で初めて実際面で有用になった[実用化された].

**technician** a 〜 は技師, 技士, 技能者, 専門家, 技術者, 技巧家 ▶an engineer は学術的知識を生かし研究・開発・設計に重点を置いた仕事をする技術者, a technician は熟練した腕をつかってより実際的な作業をする技術者を指す場合が多い. ◆an electronics technician 電子[弱電(の)](熟練)技術者 ◆a properly trained repair technician 訓練をきちんと受けた[しっかり積んだ]修理技能者[技師]

**technique** (a) 〜 技法[手法, 技術], 技巧, 技量[腕前], 戦術, テクニック ◆have a [the] technique to do... [for ...ing, of ...ing] 〜する[〜するだけの]手法を持っている; 〜には〜する[するだけの]テクニックがある ◆a newly pioneered technique 新しく開発されたテクニック; 新手法 [技法] ◆by a vacuum technique 真空技法によって ◆flower-shooting techniques 花の撮影テクニック ◆his extraordinary guitar techniques 彼の驚異のギターテクニック; 彼のギターの超絶技巧 ◆in this technique このテクニックでは ◆techniques to control pain 痛みを抑える[軽減する, 疼痛管理]手法 [技術, (意訳)処置] ◆adopt tried-and-tested techniques for (...-ing) 〜(をする)ための実績ある技術を採用する ◆teach the techniques of crossborder hacking 国境を越えたコンピュータシステムについての不正侵入のテクニックを教える[技(ワザ)を指南する] ◆a technique for speeding up the computer's response コンピュータの応答を高速化するためのテクニック ◆Under a modified statistical technique, the estimate was slightly more than 254,058,000 persons. 修正された統計的手法のもとでは, 推定値は254,058,000人を若干上回っていた.

**techno, techno-** 工学, 技術, 科学, 工芸, 技能, 技巧などを意味する接頭辞, テクノの 〜 ◆a techno freak テクノマニア ◆a techno-geek テクノおたく ◆techno-economic 技術経済(上)の ◆skyrocketing techno-stocks 急騰を続けているハイテク関連株

**technological** adj. 技術の, 科学[工業]技術の ◆a chip with no technological reason for existence 技術的観点からして存在意義のないIC ◆technological prowess (工業や科学方面での)技術力 ◆(a) technological advance 技術進歩 ◆technological breakthroughs 技術的な壁の打破; 技術躍進 ◆technological innovation 技術革新 ◆scientific and technological advances 科学技術の進歩 ◆due to technological limitations 技術上の限界があるために; 技術上の制約のせいで ◆enhance Japanese technological competitiveness 日本の技術

競争力を高める ◆from a scientific or technological point of view 科学的あるいは技術的観点[見地]から ◆technological changes 技術改革 ◆the latest (in) technology [technological] trends 最新技術動向[傾向] ◆the technology [technological] level of a country ある国の技術レベル ◆Technological level can spell the difference between life and death. 技術水準は(企業にとって)死ぬか生きるかの違いを意味する. ◆The military is conducting research and development by taking advantage of technological expertise accumulated in the private sector. 軍は民間部門で蓄積した科学工業技術を利用して研究開発を行っている.

**technologically** adv. 技術的に, 科学技術上 ◆become more technologically advanced 技術的に進歩する

**technologist** a~ 科学技術者, 技術者, 技師, 技士 ◆an engineering technologist 技師(*理論的にはengineersよりも下位に位置する) ◆a radiologic technologist; a radiological technician; a radiographer; an X-ray technician レントゲン[X線撮影, 放射線]技師

**technology** (a)~ 技術, 科学技術, 工業技術, 応用科学, 専門語 ◆technology research 技術研究 ◆technology trends 技術動向[傾向] ◆the technology gap 技術格差 ◆(a) basic [fundamental] technology 基本的な技術; 基盤技術 ◆a center for research into communications technology 通信技術研究センター ◆an institute of technology 工業[工科]大学 ◆as technology progresses 技術の進歩にともなって ◆photographic technology 写真工業技術(*撮影テクニックとは別物) ◆superconducting technology 超伝導技術 ◆technologies for doing...; technologies to do... ~するための技術 ◆technology-intensive industries 技術集約型の[技術集約の高い]産業 ◆the technology of distributed processing (コンピュータによる)分散処理の技術 ◆a new technology called Parallel Network Architecture 並列ネットワークアーキテクチャと呼ばれる新技術 ◆perform technology assessments in order to <do...> ~するためにテクノロジーアセスメントを実施する[技術評価を行う] ◆develop technologies for a new generation of vehicles 新世代の車向けの技術を開発する ◆stop the transfer of technology 技術移転[転移]にストップをかける ◆have the technology to produce a sophisticated satellite 高度な衛星を製造する技術を持つ ◆They equipped the car with the most advanced technology they could (muster). 彼らは, その車に最先端技術の限りを搭載した. ◆CAM is the technology of manufacturing and assembling products with the aid of computers. CAMは, コンピュータの助けで製品の生産・組み立てをする技術である.

**tectogenesis** 《地質》構造運動, 造山運動 ◆a period of tectogenesis 《地》構造運動[造構造]期

**tectonic** adj. 構造の, 建築の, 《地》地殻変動の; ~s (単扱い)構造学, 建築学, 地質学, 《地》地質構造 ◆according to plate-tectonics theory プレートテクトニクス理論によると ◆the slip-sliding of the Earth's tectonic plates 地球の地殻構造プレート[岩板]の地滑り(*tectonic plates = crustal plates) ◆The election caused a tectonic plate shift. この選挙は地殻構造の変化[地殻変動]を引き起こした.

**tedious** adj. 退屈な, 長たらしくてあきあきする, 冗長な ◆a tedious job [task] 退屈な仕事 ◆This process may become somewhat tedious. このやり方だと, いくらかうんざりするようになるかも知れない.

**tedium** 回退屈, 無聊(ぶりょう) ◆take the tedium out of programming プログラミング作業の退屈さを無くす

**teem** vi. (~で)満ちている[いっぱいである]<with> ◆a city teeming with tourists 旅行者であふれ返っている都市

**teen** adj. 13~19歳の; a~ 13~19歳の(=a teenager) ◆mid to high teen figures 10台半ばから後半の数字[金額]

**teenager** a~ 13~19歳の男子[女子], ティーンエージャー

**teens** (通例 the~) 13から19までの年[歳, 数]; the~ ティーンエイジャーたち ◆in [out of] one's teens ティーンエイジ[13歳から19歳]で[を過ぎて] ◆a growth rate in the high teens 10%後半の伸び率[成長率] ◆a growth rate in the high teens

to low 20 percent range 《意訳》20パーセント前後の成長率; 20%を中心とした伸び率 ◆young people, mostly in their mid-teens to mid-20s 大多数が10代半ばから20代半ばの若い人たち

**teeny-weeny, teensy-weensy** adj. 《口》(tiny「小さい」を意味する幼児語をおどけて真似て)ちっちゃい, ちいちゃな ◆an itsy-bitsy, teeny-weeny recorder ちっちゃな, ちっちゃなレコーダー[録音機]

**teething troubles** (複数扱い)当初のトラブル, 初期不良, 創業[開業, 発足]時の困難・苦労

**Teflon** (商標名)テフロン(樹脂) ◆Teflon coated tweezers テフロン加工を施してあるピンセット ◆Teflon coating テフロン加工

**telco** a~ (= a telephone company) 電話会社

**tele-** 「遠い」, 「離れて」, 「遠隔の」, 「テレビジョンの」 ◆be treated via telemedicine 遠隔医療により治療を受ける ◆teleschooling at the Vanderbilt Children's Hospital ヴァンダービルト小児科病院における遠隔授業[講義](*a videoconferencing systemを用いたもの) ◆a medium tele macro lens 中焦点距離のテレマクロレンズ

**telecine** adj. テレビと映画(間)の ◆a telecine converter テレシネコンバータ(*映画をテレビ・ビデオ用に映像信号化する装置)

**tele-classroom** a~ (衛星TV使用の)遠隔通信講座

**telecommunication** 電気通信, テレコム; ~s (単/複扱い)電気通信学[技術] ◆a mobile cellular telecommunications system 移動体セルラー通信システム ◆a telecommunication(s) revolution; a revolution in telecommunications (電気)通信革命 ◆interoperable telecommunications services 相互利用可能な電気通信サービス ◆in the age of digital telecommunications このデジタル通信時代にあって ◆If you do much telecommunications, get the latest modem. 通信することが多いなら, 最新型のモデムを手に入れてください.

**telecommute** v. 在宅勤務[就労]する, 遠隔勤務する ◆a telecommuting center 通信を利用した遠隔勤務センター; サテライトオフィス(*同じ会社に勤務し, 互いに近くに住んでいる人たちが集まって仕事する場所) ◆try to find ways to make it easier to telecommute もっと簡単に在宅勤務[就労]ができるような方法をみつけようとする

**telecommuter** a~ 在宅勤務者[就労者](*会社に雇われながらも, 電話線に接続した情報機器を使って自宅で仕事する人)

**telecommuting** 在宅勤務[就労](*パソコンなどの端末装置を用い, 電話線を通じて職場と情報をやり取りしながら, 自宅で勤務すること)

**teleconference** a~ 遠隔会議(*電子会議やテレビ会議など)

**teleconferencing** 遠隔会議[テレビ会議, 電子会議]をすること

**teleconversion** 望遠に変換すること(*望遠側にレンズの焦点距離をのばすこと) ◆a 1.5 magnification teleconversion lens 倍率1.5のテレコンバータ・レンズ

**telegram** a~ 電報, 電信 ◆by telegram 電報で ◆send a telegram to... ~に電報を打つ

**telegraph** (通例 the~)電信, 電報; a~ 電信装置, 方式; vt., vi. 電信[電報]を打つ ◆by telegraph 電信[電報]で

**telegraphic** adj. 電信の, 電報の ◆after telegraphic transfer has been made 電信送金実施後に ◆by telegraphic transfer; via telegraphic transfers 電信為替にて ◆Telegraphic transfers should be sent to... 電信為替は~宛に送ってください.

**telegraphy** 回電信 ◆radiotelegraphy [wireless telegraphy, Hertzian telegraphy] 無線電信

**telemarketer** a~ 電話を宣伝媒体に使い商売をする販売業者, 電話勧誘販売員[営業部員]

**telemarketing** 電話勧誘販売[宣伝]活動

**telemeter** a~ テレメーター, 遠隔計器[指示器, 指示計, 計測器], 遠距離測定装置; vt. ~をテレメーターで送信する;

**telemeter** vi. 遠隔計測[テレメーター測定]する ◆a frequency-type [an impulse-type] telemeter 周波数式[インパルス式]遠隔計測装置 ◆a laser telemeter レーザー式距離測定[測距]装置 ◆data from a weather satellite is telemetered to earth 気象衛星からのデータは地球に向けて送信[伝送]される(*telemeter は遠隔計測されたデータを電波で送信する場合に用いられる)

**telemetric** adj. 遠隔計測[測定]の ◆a telemetric electrocardiograph 遠隔測定式の心電計(*センサーから電波でデータを受け取る)

**telemetry** n. 回遠隔計測[測定](法),遠隔計測[測定]により送信されたデータ ◆a telemetry unit 遠隔測定ユニット ◆telemetry data 遠隔測定データ ◆a tracking, telemetry and command station 追跡管制司令局[衛星監視制御局, TTC, TT&C]

**teleoperate** 遠隔操作する

**telephone** (→ phone の用例も参照)1 《通例 the ~》電話, 電話口, 電話設備; a ~ 電話機 ◆by telephone 電話で ◆by voice telephone 声の電話で[電話で話して](*電話回線を利用したコンピュータ通信と区別して) ◆a mobile telephone 移動電話, 携帯電話, ケータイ ◆a public telephone box 公衆電話ボックス ◆a telephone office 電話局 ◆a telephone [phone] booth 電話ボックス ◆the number of telephone calls 通話数; 通話回数 ◆a telephone answering machine 留守番電話; 留守番電話 ◆conduct telephone surveys to <do...> ~するために電話による調査[電話アンケート]を行う ◆during a telephone conversation 通話中に ◆increase telephone subscribership; increase the number of telephone subscribers 電話加入者数を増やす ◆raise [increase] local telephone rates 市内通話料金を上げる ◆receive telephone solicitations 勧誘電話がかかってくる ◆via a telephone hookup 電話接続回線を介して ◆send reports over the telephone to a central computer 《通》電話回線によって中央のコンピュータにレポートを送る ◆"As easy to use as the telephone" is today's standard for user friendly products. 《意訳》「電話感覚で簡単に使える」というのが、ユーザーに優しい製品たる今日の標準である。 ◆The system enables callers to use their telephones to navigate through long lists of stock quotes. 本システムにより、電話による利用者[照会者]は自分の電話を使って長い株価表に目を通すことができます。
2 vt.〈人、電話番号〉に電話する,〈情報〉を電話で伝える <to>; vi. 電話する

**telephone line** a ~ 電話線,電話回線 ◆transmit it by telephone line to another site それを他の場所に電話回線を通じて伝送する ◆The monitor is tied through telephone lines into an online mainframe computer system. このモニターは、電話回線を経由してオンラインのメインフレームコンピュータシステムに接続されている。

**telephone number** a ~ 電話番号 ◆An on-chip random-access memory can store 40 16-digit telephone numbers, including the last number dialed. チップに内蔵されたランダムアクセスメモリーに、16桁の電話番号を最後にダイヤルした番号を含めて40件記憶できる。

**telephonic** adj. 電話の,電話機の,電話により伝達される[転送される] ◆a telephonic pager 電話ポケベル(= a beeper) ◆non-telephonic data 非電話系データ ◆a telephonic response from... ~からの電話による応答

**telephony** 電話通信,電話機の製作・操作

**telephoto** adj. 望遠写真術の,望遠レンズの,《通》写真電送の,電送写真の,ファクシミリの ◆a telephoto lens 望遠レンズ ◆a super-telephoto lens 超望遠レンズ

**telephotography** 望遠写真[撮影(法)](*望遠レンズを使用しての); (= phototelegraphy)電送写真(法),写真電送(法),ファックス

**telepolitics** 《複数扱》テレポリティックス,テレビを通しての政治活動

**teleport** 1 vt.〈物体や人間〉を念力[念動力]により[瞬間]移動させる,~をテレポートする; ◆teleport it to... 《SF 小説》~に瞬間移動で送る[テレポートさせる]

2 a ~ テレポート(*電気通信の港の意) ◆an international "teleport" for satellite communication between the United States and Latin America 米国とラテンアメリカを衛星通信で結ぶための「国際テレポート[電気通信の港]」

**teleportation** (a) ~ 念力[念動力]による〈物体や人の〉瞬間移動,念動 ◆a teleportation experiment 《SF小説》瞬間移動[テレポート]の実験

**telescope** 1 a ~ 望遠鏡 ◆a telescope [telescopic] antenna ロッドアンテナ(*携帯ラジオなどの伸縮式のもの) ◆view... through a telescope ~ を望遠鏡で見る[観測する]
2 v. (筒の中に別の筒が入る形でスライドして)伸縮する; ~を圧縮[縮小,短縮]する ◆The rack has a telescoping steel rod. そのラックには、長さがスライド調節できるスチール棒[パイプ]が使用されている。(*ラジオのアンテナなどと同様の仕組みのもの) ◆The steel rod telescopes from 24 to 36 in. そのスチール棒は、(全長)24インチから36インチまで(スライド調節によって)伸縮する。

**telescopic** adj. 望遠鏡の,望遠鏡のような,(パイプ状のものがスライドできる)伸縮式の ◆a telescope [telescopic] antenna ロッドアンテナ(*携帯ラジオなどの伸縮式のもの) ◆a telescopic boom conveyor 伸縮式ブームコンベア

**teletex** 《通》テレテックス(*一般の電話交換網を通じて提供される、国際的な双方向蓄積交換方式の文字通信サービス)

**teletext** 《通》テレテキスト(*videotex の一種。テレビの番組放送中に、垂直帰線消去期間の一部を利用して文字と簡易図形を送る。ユーザーは見たい情報を選択できるが、一方向の通信しかできない)

**televangelist** a ~ テレビ伝道師[宣教師](*テレビの番組を持ち、自ら出演し熱狂的な説教を通じて布教を行う牧師。布教にかこつけた寄付金集めが主たる目的の生臭坊主もなかにはいる。) ◆televangelist Pat Robertson テレビ伝道師パット・ロバートソン

**televise** ~をテレビで放映する

**television** テレビジョン技術,テレビ放送,テレビ番組,テレビ業界; a ~ テレビ受像機 ◆a television child テレビっ子 ◆a television receiver テレビジョン受像機 ◆a television set テレビ(受像機) ◆people known from television and film テレビや映画で知られている(有名な)人たち ◆programs broadcast [aired] on television テレビで放送[放映]される番組 ◆see it on television それをテレビで見る ◆to provide nationwide television coverage 全国カバーでテレビ放送するために ◆in the pre-television days of World War II 第二次世界大戦当時のまだテレビのなかった時代で ◆the young television-raised generation テレビで育った若い世代

**telex** n. テレックス; a ~ テレックス装置,テレックスメッセージ; v. ~をテレックスで送る ◆send a telex テレックスを送る ◆Call, write, telex or fax for information. 電話、手紙、テレックス、又はファックスにて、お問い合わせください。

**tell** vt., vi. 話す, 言う, 告げる, 知らせる, 伝える, 教える, 明かす, 物語る, (~するように)言う[命じる] <to do>; vt. 分かる, 見分ける <apart>, 区別[識別]する <from>; vi. 効く, 効果がある, 効を奏す, 手ごたえがある, 影響を及ぼす, 当たる[命中する] ◆tell one from the other [another] あるものを他のものと見分ける ◆A spokesman for Rexel told that... レクセル社のスポークスマンは~であると述べた。 ◆Time will tell. 時間が証す(いつか)分かる。 ◆residents were told not to drink the city tap water until further notice 住民たちは、追って知らせがあるまでは市の水道水は飲用しないよう言われた[告げられた] ◆I could tell a difference in the quality of the sounds. 私は、これらの音の音質の違いを聞き分けられた。 ◆I was told by my doctor to come back in a year. 私は医者から一年経ったらまた[診てもらいに]来るよう言われた。 ◆If you would prefer not to receive such information, then please tell us so. このような情報の受け取りをご希望にならない場合は、お申し出ください。

**teller** a ~ 数える人, 出納係, (銀行の)窓口係, 投票計算係(→ ATM); a ~ 話し手 ◆an automatic teller machine (ATM) 自動窓口係; 現金自動預払機

**telltale** adj. 隠そうとしても表れる, (証拠として)物語る; a ~ 他人の秘密を言いふらす人, 密告者, 暴露するもの, 証拠, 表示装置 ◆telltale evidence 明らかな[動かぬ]証拠 ◆a telltale symptom of the disease その病気の特徴的な一症状 ◆he shows a telltale sign of being malnourished 彼には栄養失調[不良]だと分かる症状が現れている

**tellurium** テルル(元素記号: Te)

**telnet** 《ネット》(テルネット)(＊パソコンを遠隔端末として使う方法); vi. (〜に)telnet接続する

**telomerase** テロメラーゼ(＊テロメアを伸ばす酵素) ◆ Telomerase seems to behave like the elixir of eternal life for cells. テロメラーゼは, 細胞にとって不老不死の霊薬のような作用があるらしい.

**telomere** a ~ テロメア, (染色体の)末端小粒 ◆telomeres shorten with successive cell divisions テロメアは細胞分裂が(連続して)進むにつれて短くなる(＊テロメアは, 染色体DNAの両端にあり細胞が分裂するたびに短くなる. ある程度短くなると細胞分裂は止み寿命を迎える)

**telop** (television opaque projector の略)a ~ テロップ(装置[画像, 放映]) ◆create [run] a telop テロップを作成する[流す]

**temp** a ~ 臨時雇いの人[派遣社員]; vi. a tempとして働く

**temper** 1 (a) ~ 気分[きげん], 気性[気質], かんしゃく, 平静[沈着] ◆lose one's temper 癇癪(カンシャク)[短気]を起こす; 腹を立てる; 業を煮やす; 怒る; かっとなる; キレる ◆ Keep your temper in check; issuing an ultimatum could backfire. 怒り[癇癪]を抑えなさい; 短気を起こさないように]. 最後通牒を突きつけたりしたらよくない結果になって跳ね返ってくる可能性があります.
2 ①焼きもどし, テンパー, 焼き戻し硬度[色], (物質特性を変えるための)添加物, 合金添加物, 鋼の含炭量 ◆to assess the physical properties and the temper condition of the metals これら金属の物理的特性[物性]および調質状態を評価するために
3 vt. 〈物質の特性など〉加減する, 和らげる, 抑制[調整]する; 〜を焼き戻す, 強化[硬化]する; vi. ◆tempered glass 強化ガラス(= toughened glass) ◆tempered for flexibility 可撓性(カトウセイ)を得るために焼き戻されている ◆Tempering was performed [conducted, done] for 1 hour in a nitrogen atmosphere. 焼き戻しは1時間にわたり窒素雰囲気中で行われた. ◆They can be provided in the as-rolled condition or in the quenched-and-tempered condition. それら(＊板金材料)は, 圧延したままの状態で, あるいは焼き入れ・焼き戻しを施した状態で提供できます.

**temperate** 温和な, 穏やかな, 適度の, 程よい, 節度のある, 穏健な, 温帯性の ◆in temperate latitudes 温帯で[の] ◆the warm temperate regions of the world 世界の温暖な温帯地方

**Temperate Zone** the ~ 温帯 ◆a temperate-zone tree 温帯樹 ◆in the North Temperate Zone 北温帯に

**temperature** (a) ~ 温度, 気温, 体温, 発熱 ◆at high [low] temperatures 高温[低温]で ◆take one's temperature; take their temperatures; take temperatures 検温する(＊複数の人の場合は temperatures と複数形) ◆rise [be raised] in temperature 〈もの〉の温度が上がる[上げられる] ◆(a) glass transition temperature 《高分子》ガラス転移点 ◆a temperature coefficient 温度係数 ◆a temperature-controlled oven [bath] 恒温槽 ◆a temperature cycling test 温度サイクル試験; 冷熱試験 ◆a temperature sensor 温度センサー ◆temperature compensation 温度補償 ◆temperature resistance 温度耐性 ◆temperature-rise tests 温度上昇試験 ◆low-temperature measurements 低温測定 ◆a temperature gradient 温度勾配 ◆temperature rise limits; the limit of temperature rise; the temperature rise limit 温度上昇限度 ◆at a low temperature 低温で ◆at an elevated temperature; at elevated temperatures 高温で ◆a temperature-measuring device 温度測定[検温]装置 ◆at temperatures between -30° and +150°C -30°から+150°Cまでの温度で ◆be reheated to a temperature of about 900°C 約900°Cの温度に再加熱される ◆be resistant to low temperatures 〜は耐寒性である; 〜には耐寒性がある ◆increase the boiling temperature 沸騰温度[沸点]を上昇させる ◆the ability to withstand temperature variations 温度変化に耐える能力 ◆under high temperature conditions 高温状態下で ◆operate over a wide temperature environment 広範な温度環境にわたり動作する ◆a 10°C rise in the ambient temperature 周囲温度の10°Cの上昇 ◆at a temperature of about 650°C 約650°Cの温度で ◆at sufficiently low temperatures 十分に低い温度で ◆at temperatures exceeding 1,500°C 1,500°Cを超える温度で ◆at temperatures up to 1400°C (最高)1400°Cまでの温度で ◆in temperatures reaching 50° below zero 零下50度までの(範囲の)温度で ◆over a wide range of temperatures 広い温度範囲にわたって ◆a material capable of resisting high temperatures 高温に耐える[耐熱]材料 ◆as the temperature rises 温度が上昇するにつれ ◆as wash temperatures grow colder 洗浄温度が低くなるにつれて ◆determine the equipment's temperature rise その機器の温度上昇を測定する ◆fall outside a comfort zone defined by a temperature-humidity relation 温度と湿度の[温湿度]関係により定義されている快適範囲から逸脱する ◆maintain constant temperature in the molds 金型内部の温度を一定に維持する ◆measure the temperature of the surface その面の温度を測る ◆temperature and humidity values meet specifications 温湿度値が仕様[規格値]を満たしている ◆the current increases with temperature この電流は温度と共に増加する[温度に伴って]増加する ◆the effect of temperature on gauge reading 温度が計器の読み[示度]に及ぼす影響 ◆when the temperature changes 温度が変わると ◆a decrease in temperature from room temperature to -50°C 室温から-50°Cまでの温度降下 ◆show temperatures in both Fahrenheit and centigrade 温度を華氏と摂氏の両方で表示する ◆the variation of electrical resistance with temperature 温度変化に伴って起きる電気抵抗の変化 ◆endure temperatures that could fall as low as -80°C マイナス80°Cにも下がることのある温度に耐える ◆if the coolant reaches a temperature between 170°F and 195°F 冷却材が170°Fから195°Fの間の温度に達すると ◆it is held for some time at a high temperature それはしばらくの間(ある一定の)高い温度に保たれる[維持される] ◆Operating Temperatures: -100 to -360°C 作動温度(範囲): -100°C 〜 -360°C(＊特定の温度範囲内に含まれる異なる無数の温度値を指して, 温度が複数形で書かれている. このように, 複数形によって値の幅を表現することができる) ◆pass 1,000 cycles of temperature cycling -65°Cto +175°C マイナス65°Cからプラス175°Cまで(の温度サイクル)を1,000回繰り返す温度サイクル試験に合格する ◆It deforms with temperature. これは温度の(上昇)に伴って変形する. ◆These parameters are somewhat temperature-dependent. これらのパラメータは, いくぶん温度に依存する. ◆The temperature soared into the 80s. 温度は80度台まで上がった[上昇した]. ◆The temperature stands at 25°C. 温度は, 25°Cである. ◆These characteristics apply for an environmental temperature of 25°+10/-5°C. これらの特性は, 25°+10/-5°Cの環境温度に適用される. ◆The temperature rise at the tape reel face shall not exceed 10 degrees Celsius above the ambient temperature. テープリール面の温度上昇は, 周囲温度を基準として10°Cを超えないものとする. ◆This cable has a temperature rating of -40°C to +80°C.; The temperature rating of this cable is -40°C to +80°C. このケーブルの温度定格は, -40°C 〜 +80°Cです. ◆The temperature rise limit was originally set at 167°C on the basis of the ignition temperature of cotton waste, but later was reduced to 139°C. 温度上昇限度は, 木綿のぼろ切れの発火点に基づいて最初167°Cに設定されていたが, 後になって139°Cに下げられた.

**template** a ~ テンプレート[型板](＊図形や文字をかくために, その形が切り抜いてある板. ガバリ板), テンプレート[定型書式](＊部分的に差し替えたり空欄に書き込んだりして使う既製の定型文書や定型書式) ◆The program provides templates to facilitate the choosing of options for all major commands. そのプログラムには, すべての主要なコマンドのオプションの選択を容易にするためのテンプレートがある.

**temple** 1 *a* ～〈古代文明の〉神殿,〈仏教の〉寺［寺院, 仏閣］,〈ユダヤ教やモルモン教などの〉教会堂,〈芸術などの〉殿堂 ◆an ancient Greek temple 古代ギリシャ神殿 ◆a branch of the main temple 本院の別院 ◆at an old temple outside of Shanghai 上海郊外のある古寺［古刹(コサツ)］で
2 *a*～（通例 one's ～s で）こめかみ; *a*～ メガネのつる（*左右のつるのどちらか一方）

**tempo** (*a*) ～ テンポ, 速さ ◆the slow tempo of the economic recovery in Japan 緩やかな日本の景気回復のテンポ［足取り］ ◆the song is in medium tempo この曲はミディアムテンポ［中くらいの速さ］だ ◆With the opening only weeks away, the tempo of work has quickened. 開催まで余すところわずか数週間となり, 工事のペースが早まった［ピッチが上がった］

**temporal** 1 adj. 時の, 時間の, 時間的な,《文法》時の［時を示す, 時制の］, 世俗の, 俗界の, この世の, 現世の ◆temporal logic 時相理論
2 adj. こめかみの, 側頭の

**temporarily** adv. 一時的に, 仮に, 間に合わせに, 臨時に, 当座しのぎに, さしあたり, とりあえず, いったん ◆close a plant temporarily 工場を臨時閉鎖する ◆If it is temporarily repaired それが仮修理されている場合には ◆Shipments [production] of... had been temporarily halted due to... ～が原因で～の出荷［生産］が一時停止された ◆temporarily patch cracks with a sealer 間に合わせに［応急処置として］ひび割れを充填材で修繕する

**temporary** adj. 一時的な, 時限的な, 仮の, 間に合わせの, 臨時の, 当座しのぎの, さしあたりの, とりあえずの, 暫定的な, 仮設の; *a*～ 臨時雇いの［人］派遣社員 ◆a temporary account 仮勘定 ◆a temporary halt 一時停止 ◆a temporary visa 一時ビザ［査証］ ◆a temporary staff employment agency 人材派遣会社 ◆as a temporary measure 暫定的な措置として ◆a temporary departure from specifications 仕様［規格］からの暫定的な逸脱 ◆temporary voltage sags 一時的な［短時間の, 過渡的な］電圧低下（*temporary = lasting for a limited time; lasting for a time only; not permanent; transient）◆work on a temporary or part-time basis 臨時雇いまたはパートで働く; アルバイトする

**temporize** vi. 一時しのぎをする, 一時を弥縫(ビホウ)する, 時流［大勢］に従う, 時代の趨勢に合わせる, 妥協する, 歩み寄る, 時間稼ぎのために［好転到来を期して］議論・交渉・折衝を引き伸ばす, ぐずぐずする, 因循(インジュン)する, 日和見をする ◆as a temporizing [makeshift, stopgap] measure 時間稼ぎのための方策［一時の間に合わせの策, 一時しのぎの手段, 弥縫策(ビホウサク), 姑息な手段］として ◆we must resort to the tactic of temporizing 我々は時間稼ぎ戦術に出なければならない

**tempt** vt. ～を誘惑する［そそのかす］,〈人〉に〈～する〉気にさせる<to do>, ～をそそる, ～の気を引く

**temptation** 誘惑; *a*～ 心を引きつけるもの, 魅力的なもの ◆so many wonderful shops filled with irresistible temptations《意訳》つい欲しくなってしまうような商品でいっぱいの数多くの素敵な店 ◆Very often apparently innocent pranks can seriously interfere with use of machines by others (e.g. by filling up available disk space). Please resist such temptations. 一見悪気のないいたずらで他の人が機械を使用するのに支障になること（たとえば, ディスクの空き容量を全部使ってしまうなど）がよくありますので, そういった誘惑には負けないようにしてください。

**ten** n., adj. 10（の）◆a few tens of kilometers 二, 三十［数十］キロメートル ◆for upwards of ten years; for ten-odd years; for more than 10 years; for over 10 years; for a dozen or so years; for a little over ten years 十数年間, 十余年の間 ◆several tens of dollars 数十ドル ◆tens of kilometers 何十キロメートル, 数十キロメートル ◆tens of seconds 何十秒 ◆tens to thousands of gigabytes 数十から数千ギガバイト ◆There are tens of thousands of pieces of equipment. 何万台もの機器がある。◆Miscellaneous Costs (in tens of thousands of yen) 雑費（単位は万円）

**tenacity** 固持, 固執, 頑固さ, 粘り, 粘り強さ, 粘着力, 靭性(ジンセイ), 引張り強さ

**tenant** *a*～ テナント, 店子(タナコ)［入居者, 賃借人, 借家人, 間借り人］; *a*～〈不動産の〉所有者 ◆a tenant-occupied dwelling 借家人が住んでいる［賃貸］住宅

**tend** 1 vi. ～する傾向がある［～するきらいがある, ～しがちである］, ～気味だ, ～傾向で［として～である］<to do>;（方向に）向いている［進む, 伸びる］◆the road that tends east 東の方角［方向］にのびている道, 東行きの道 ◆a force of such magnitude as to tend to break... ～を破壊しそうなほどの大きな力 ◆some organochlorines tend to accumulate in biological tissue 一部の有機塩素系殺虫剤は, 生物の組織中に蓄積する傾向［きらい］がある ◆we tend to have excessively high expectations 私たちはえてして［ややもすると, ともすると, とかく］過大な期待を抱いてしまうものだ; 高望みしがちだ ◆Non-interlaced display units tend to be more flicker-free. 順次走査ディスプレイ装置では, ちらつきが少ない傾向がある。◆These small screws tend to get lost. これらの小さいビスは, 無くなりやすい。◆Although the amount of blood donated tends to decrease during winter months, the need for it stays the same. 献血量は冬場に減る傾向にあるものの［減少気味だが］, 需要は一定している［変わらない］
2 vt. ～の世話［番］をする, ～の面倒をみる; vi. 仕える, 気を配る, 耳を傾ける ◆there may be a mechanical problem with the engine that needs to be tended to 対処に必要な機械的障害がエンジンにあるかもしれない

**tendency** *a*～ 傾向, 風潮, 趨勢, 性癖 ◆a tendency to buy things on impulse 衝動買いする性癖 ◆reduce its tendency to burn 物を燃えにくくする ◆there are increasing tendencies to do... ～しようという盛り上りを見せている傾向がある ◆the strong tendency of A and B to combine AとBの結びつこうとする強い傾向 ◆there is a tendency to add more and more features to... ～にもっともっと多くの機能を加えようとする［機能をどんどん増やすという］傾向［風潮］がある ◆accelerate the tendency to rely on overseas production 海外生産依存の傾向を加速する［強める］ ◆cultural and social tendencies that characterize much of Japanese life 日本の生活様式の多くの部分を特徴付ける文化的・社会的風潮 ◆the tendency has also been toward a rapid increase in storage capacity 傾向としては急速な記憶容量の増大といったこともあった ◆There is a natural tendency in companies to hoard information. 企業には情報を抱え込んで（外に出さない）という生来の傾向［性癖, 癖,《意訳》体質］がある。◆This tendency is showing signs of slowing down. この傾向は, 衰えを見せている。◆There has been a tendency to treat A and B as two distinct technologies. これまでAとBを2つの別個の［全く異なる］技術とみなす傾向があった。◆In the US, there is a strong tendency to consider a rug automatically as a floor covering, but in many parts of the world rugs such as this are hung on walls. 米国では, ラグのことを自動的に敷物と考える傾向が強いが［敷物と思いがち］ですが, 世界の多くの地域においては, この（図の）ようなラグは壁にかけて使われています。

**tender** 1 adj. 柔らかい, 弱い, 穏やかな, 優しい, 若い ◆at so tender an age; at such a tender age そんなに若い年で ◆at the tender age of 15 弱冠15歳［15歳の若さ］で ◆when her three brothers were at tender ages 彼女の3人の兄弟が年端もいかなかった［幼かった, 幼少の］頃に ◆Despite her tender age, Miss Connelly is... 若年［弱年］ながら, コネリーさんは, ～ ◆at the politically tender age of 39 《意訳》政治の世界にあっては異例の若さという若さで［弱冠39歳で］ ◆He's been performing at military bases around the world – Korea, Japan, Germany, Italy – since the tender age of 19. 彼は, 弱冠19歳の時から, 韓国, 日本, ドイツ, イタリアを始めとする世界中の米軍基地で公演を行ってきた。
2 v. 提出する, 申し出る, 入札する; *a*～（正式な）申し出, 請負見積書, 入札 ◆open tendering 一般競争入札 ◆selective tendering [bidding] 指名競争入札 ◆through a tender 入札によって ◆win a tender to acquire... ～取得の権利を落札する

◆the electric company uses its homepage to invite new suppliers to tender　この電力会社は自社ホームページを使って新規納入業者向けに入札を募って[募集して]いる

**tenderhearted** adj. 心の優しい, 同情心のある(compassionate), 憐れみ深い, 情にもろい, 情け深い, 感じやすい(impressionable)　◆but he is too tenderhearted to hurt a fly　だが彼は虫も殺さない心優しい人間だ

**tenement** a～貸し部屋, (安)アパート; 保有財産

**ten-key** 《コンピュ》テンキーの, 数字専用キーの (→ keypadの用例も参照)　◆The wireless remote control has a ten-key numeric [numerical] pad for direct access to any selection.　このワイアレスリモコンには, ダイレクト選曲のための数字テンキーパッドがあります.(→ keypad)

**tenosynovitis** 腱滑膜炎, 腱鞘炎

**tense** adj. ぴんと張った, 緊張した, 張り詰めた, 堅苦しい; v. 緊張させる[する]　◆If things get tense, tell a joke!　緊迫した雰囲気になったら[空気がピリピリと張りつめてきたら]ジョークを言いなさい.

**tensile** adj. 張力の, 伸張の, 引っ張り(力)の　◆a tensile rupture　引っ張り破壊　◆a tensile test　引っ張り試験　◆(a) displacement in the tensile direction　張り[引っ張り]方向への変位　◆a maximum tensile load of 8,000 lbf　8,000lbfの最大引張荷重　◆high tensile strength belts for industrial applications　産業用の高強力[高抗張力, 高耐張力]ベルト　◆improve tensile strength　引っ張り強度を向上させる　◆possess high tensile strength　～は引っ張り強さが大きい　◆test its tensile strength　それの引っ張り強さ[抗張力]を試験する　◆side protection beams made of ultra-high tensile strength steel　超高張力鋼製のサイドプロテクションビーム

**tensiometer** a～張力計(a tensometer)

**tension** (a)～ピンと張ること[伸張, 緊張], 張力[引っ張り力], 電圧　◆at a tension speed of 200 mm/min.　引っ張り速度200mm/minで[◆引張試験]　◆maintain proper tape tension　ほどよいテープ張力をたもつ　◆the tension at break is greater than 800 lbs　破断強度は800ポンドを上回っている　◆be held under a slight tension by a spring　バネの作用で軽く張力がかかった状態で保持されている　◆prevent axial tension on delicate components　損傷しやすい部品に軸方向[長手方向]の張力がかからないようにする　◆nonuniform tension in the take-up and pay-off reel systems　巻取りリールと供給リールシステムのむらのある張力　◆allow slack in the cords so that the plug and jack are not under tension　コードにゆるみをもたせて, プラグとジャックが引っ張られた状態にならないようにする　◆Check the chain's tension.　そのチェーンの張りを点検してください.　◆It is placed [held] under a tension of 500 Newtons.　それには, 500ニュートンの張力が加えられて[印加されて]いる.　◆make special tension-relieving statements to relax the customer's defenses　顧客の警戒を解くために, 緊張をほぐす特別な発言をする(＊セールスマン用マニュアルから)　◆Most hacksaw frames use a simple threaded stud and wing-nut to apply tension to the blade.　ほとんどの弓のこは, 単純なねじボルトと蝶ナットを使って刃に張力を加えている.

**tension meter, tensionmeter** a～テンションメーター, 張力計　◆an aircraft cable tensionmeter　航空機用の索張力計

**tensometer** a～伸び計; a～張力計(a tensiometer)

**tent** a～テント, 天幕, テントに似ているもの; vi. 野営[露営]する, テント暮らしをする; vt. (人)をテントに泊める. ～をテントで[天幕のように]覆う　◆It usually takes two to set up a cabin tent.　キャビン型テントの設営には通常2人は必要です.　◆pitch a tent　テント[天幕]を(一張り)張る　◆dismantle a tent they have erected　彼らが張ったテントを撤去する

**tentative** adj. 仮の, 一時的な, とりあえずのような, 不確かな, あやふ寛な, 自信なさげな, おどおどとした, 実験的[試験的]な　◆tentative approval　仮承認　◆engage in tentative sexual relations with...　～と一時的な性関係を持つ　◆have a tentative plan to do...　～する試案を持っている　◆set a tentative goal of raising $2 million by the summer　夏までに200万ドル調達するという一応の目標を設定する　◆virtual reality is still theoretical and tentative　仮想[人工]現実とは, まだ理論的かつ実験的[試験的]なものである

**tentatively** adv. 仮に, 暫定的に; 試みに, 試験的[実験的]に; ためらいがちに　◆be tentatively scheduled for the end of October　暫定的に10月末に予定されている　◆The next committee meeting is tentatively being scheduled for March 3.　次の委員会(の会合)は, 3月3日(という日取り)に仮決めされて[内定して]いる.

**tenth** adj., n., pron, adv. 10番目(の, のもの, に), 10分の1(の)　◆a tenth of a second　10分の1秒　◆some tenths of an ohm　10分の数[コンマ何]オーム　◆cooled by a few tenths of a degree C　摂氏(温度)で10分の数度[コンマ数度, 0.数度]冷却されて　◆only about one-tenth of 1% of Japanese doctors　日本人医師のわずか10分の1%[0.1%, コンマ1%]ほど　◆The unit weighs 340 grams or seven-tenths of a pound.　本ユニットは, 340グラムまり10分の7ポンドの重量がある.

**tenure** (□)(土地・身分・職位などの)保有, 保有権, 保有条件; (a)～保有期間, 在職期間, 任期; (□)終身在職権　◆receive lifetime tenure as...　～として終身在職権[身分保障]を得る　◆Under the present system, employees have virtual lifetime tenure, regardless of their performance.　現行制度の下では, 職員は成績[業績]のいかんにかかわらず, 終身(雇用的な)在職権が事実上保障されている.(＊公務員が)　◆The Chairman and Vice Chairman shall have a tenure of 4 years and shall not be eligible for re-election.　委員長および副委員長の任期は4年とし, 再選資格はないものとする.

**tepid** adj. (液体が)なまぬるい, 熱意のない, 煮え切らない　◆It's been a tepid winter so far in the Northeast. No measurable snow has fallen yet on Boston.　今までのところ北東部では温暖な冬だ. 測定可能な(量の)雪は, まだボストンに降ってない.

**tera-** 10の12乗の, 1兆の　◆teraFLOPS　テラ[1兆]フロップス(＊情報処理速度の単位)

**terabyte** a～テラバイト(＊1テラバイトは, 2の40乗バイト= 1,099,511,627,776バイト＝約1兆バイト. 1ギガバイトの1024倍)　◆fifteen terabytes (trillion bytes) of data　15テラバイト(兆バイト)のデータ

**terbium** テルビウム(元素記号: Tb)

**term** 1 a～期間[期限], 任期, 学期, 期日　◆for [over] the long term　長期にわたって[長期的に]　◆in the short [～long] term　短期[←→長期]的には[にみて]　◆in the short term [run]　短期的に(は)　◆in the near term　近い将来　◆the term of a contract　契約期間　◆extend the term of contract to 7/31/05　契約期間を2005年7月31日まで延長する　◆retire at the end of the term　任期満了で退任する[退く, ポストを離れる]　◆think in long terms　長期的な観点で考える　◆end-of-the-term decisions　任期末の意思決定(＊任期満了を前に下した決定という意味で使われていた)　◆carry an artificially inseminated child to term　人工授精でできた子を臨月[産み月]までお腹の中で育てる　◆the president will exercise his duties until the end of the term to which he was elected　大統領は選任された任期いっぱい職務を遂行する

2 a～言葉(＊単語または句), 用語, 術語, 専門語, 学術語; ～s 言い方　◆scientific and technical terms　科学技術用語　◆politically incorrect terms　政治的に不適切な言葉[差別用語](＊言葉狩りの対象になる表現)　◆Explanation of Terms　(標題)用語の説明[用語解説]　◆in acceptably polite terms　まあまあ丁寧な言葉遣いで　◆in simple terms　簡単な言葉で[簡単に言えば]　◆the term electronic mail　電子メールという用語

3 ～s (契約, 売買, 取引の)条件[条項, 規定, 料金]　◆general terms and conditions　一般取引条件　◆at more favorable terms　より有利な条件で　◆the terms of a contract　契約条項[事項, 条件]

4 ～s 交際関係, 間柄, 仲; 約定, 合意　◆be on friendly [good, bad, equal] terms with...　(人)と友好的な[良い, 仲が悪い, 対等な]間柄[関係]である　◆He is on bad terms with his half-brother.　彼は異母[異父]兄弟と不和[不仲]である[仲違いしている, 折り合いが悪い].

**5** a ~《数, 論理》項；《論理》命辞 ◆the first term of Eq. (11-30) 式(11-30)の第1項 ◆the second term of the equation その式の第2項
**6** ~を(…と)呼ぶ[名付ける] ◆We term systems, which are designed to aid management in making informed decisions, decision support systems. 経営者側が十分な情報を得た上で決定を下すことを助けるために作られたシステムを, 意思決定支援システムと呼ぶ.

**in terms of…, in… terms** ~的に見て, ~の観点からいえば, ~の面で, ~の点で; ~に換算して ◆be expressed in terms of weight 重量によって表される ◆in no uncertain terms 間違いなく, 紛れもなく ◆in practical terms 実際面では ◆in real terms 実質で ◆in terms of today's dollars [purchasing power] 今日のドル[購買力]に換算して ◆at a cost of $10,000 (at least $100,000 in today's terms) 1万ドルの費用（今日の金額[額]に換算して少なくとも10万ドル）で ◆the billing of electrical power is expressed in terms of the kilowatt-hour 電力の課金はキロワット時で表記される ◆This project was approved in general terms. この計画は（細部の詰めはともかく）大枠で[基本的に]承認された. ◆Wages have jumped 120% in dollar terms since 1988. 賃金は, 1988年以来ドル換算で120%急上昇した. ◆Computers currently on the market vary widely in terms of both price and performance capabilities. 現在市販されているコンピュータは, 価格と性能の点で[価格と性能が]多種多様[さまざま]である. ◆Microprocessors can be categorized in terms of the number of bits of data they handle at each step. マイクロプロセッサは, 1ステップで扱えるデータのビット数によって分類することができる. ◆Because of the current difficult market conditions in Japan, the total imports of textile products as well as the imports from the U.S. declined by 11% and 34% respectively in terms of Japanese yen. 日本における現在の厳しい市況のせいで, 繊維製品の輸入総額ならびに米国からの輸入額は, 日本円にしてそれぞれ11%および34%減少した.

**terminal** a ~ 終点, 末端, 終着駅, ターミナル,《電気》端子,《コンピュ》端末（装置）; adj. 末端の, 終端の, 終端の, 末期の, 末尾の, 末期死の,《通》端局の ◆a dumb terminal（←an intelligent terminal） ダムターミナル[無知能端末装置] ◆an intelligent terminal (= a smart terminal, a programmable terminal) インテリジェントターミナル[知能端末装置] ◆a terminal area [a land, a pad] 《電気》端子領域（*プリント回路基板のリード線挿入穴を取り囲む領域. 配線引き回し導体よりも幅が広くなっている） ◆a terminal block 端子台; 端子板 ◆a terminal board 端子盤 ◆a terminal strip 立て型ラグ板, 端子板 ◆a terminal treatment plant （下水の）末端処理場 ◆the terminals on the voltage regulator その電圧調整器の端子 ◆[across] the output terminals of the power amplifier そのパワーアンプの出力端子のところで[出力端子両端に] ◆the open terminal voltage of a fully charged battery フル充電した[満充電]電池の開放端子電圧 ◆activate and deactivate terminal equipment 端末[宅内]装置を起動させたり停止させたりする ◆Be careful not to short out battery terminals. 電池の端子の間を, 短絡させないよう気をつけてください. ◆Additional spent fuel storage capacity will be required until reprocessing or terminal disposal facilities are available. 再処理施設あるいは最終処分施設が用意できるまで, 使用済み燃料貯蔵容量の上積みが必要になるだろう.

**terminal care** 終末期医療 ◆terminal-care treatment ターミナルケア治療[処置]

**terminally** adv. 末期的に, 終末的に; 末端に, 端末で ◆the terminally ill （集合的に）末期患者; 終末期の患者 ◆a terminally ill patient 末期患者

**terminate** vt. ~を終了[終結]させる, ~の末端をなす, ~を終端させる, 成端する, ~を解雇する; vi. 終わる, 終了する, 終点となる ◆data circuit-terminating equipment (DCE) データ回線終端装置 ◆forcefully terminate a process 《コンピュ》プロセスを強制的に終了させる ◆if a client's program terminates abnormally もしもクライアントのプログラムが異常終了するなら ◆terminate a statement by a semicolon 《コンピュ》文

をセミコロンで終わらせる[ステートメントの終わりにセミコロンをつける] ◆the company served notice that it would terminated its relationship with the reseller as of May 13, 1994 その会社はその再販売業者に, 1994年5月13日をもって関係を解除する旨の予告を出した ◆try to discover new ways to terminate the termite シロアリを駆除する新しい方法を見つけようとする ◆the Mirror drives are unterminated and come with SCSI terminators これらのミラードライブ装置は終端されておらず, SCSIターミネータが付属している ◆Plastic optical fiber is easy to terminate and install. プラスチック光ファイバーは, 成端も布設するのも容易である. ◆This command terminates a program and returns control to the program that called it. 《コンピュ》このコマンドはプログラムを終了させ, そのプログラムを呼び出した元のプログラムに制御を返す.

**termination** (a) ~ 終了, 終止, 打ち切り, 解雇,《契約の》解除, 解約, 満了, 末端, 末尾, 終端, 成端, 限界, 結果; a ~《通》終端器 ◆at the termination of the pulse パルスの終端部分で ◆In the event of termination of this contract by either party, いずれか一方による, この契約の解除があった場合には, ◆the termination of the useful life of… ~の耐用寿命の終わり ◆Termination can be effected immediately if the User in using the Service is in breach of any law or other governmental regulation. 本サービスを利用する上でユーザーが法律あるいはその他の政府の規制[政令]を犯した場合には, 即（契約を）打ち切ることができるものとします.

**terminator** a ~《通》終端装置[終端抵抗, ターミネータ] ◆terminator resistors 終端抵抗器 ◆an active SCSI terminator アクティブSCSIターミネータ

**terminology** 術語[専門語], 術語学 ◆a terminology database on CD-ROM CD-ROM版の専門用語データベース ◆the terminology used to describe the range of computers on the market 市販されている（ピンからキリまで）種々の）各種コンピュータを記述するために使われている（専門）用語 ◆In the present terminology, amorphous and noncrystalline are synonymous. 現在の術語においては, アモルファスと非結晶形は同義[同じ意味]である.

**termite** a ~ シロアリ ◆an anti-termite cable 防蟻ケーブル（*シロアリ対策が施されている） ◆a termite-infested building シロアリがはびこっている建物

**ternary** adj. 3次の, 3進（法）の, 3値の, 3重の, 3つ組の, 3部からなる, 3成分の, 〈合金が〉3元の, 〈対数が〉3を底とする ◆a ternary system (of arithmetic) 3進法; 3値法

**terrace** a ~ テラス, 雛壇（ヒナダン）状のものの1段, 台地, 段丘（の1段）, 段々畑[棚田, 千枚田]の1段; vt. ~をひな壇状にする, ~にテラスを付ける ◆(a series of) terraced rice paddies; rice paddy terraces 千枚田, 棚田

**terrain** (a) ~ 地形, 地勢, （土地のありさまという観点から見た）地帯[地域, 土地] ◆natural terrains 自然の地形[地勢] ◆a steep, rugged terrain 険しいごつごつとした地形 ◆in a flat [hilly] terrain 平坦[傾斜]地で[の]

**terrestrial** 地球の, 地球上の, 陸地の, 陸生の ◆an terrestrial animal 陸生動物 ◆a terrestrial television channel 地上波のテレビチャンネル ◆digital terrestrial television broadcasting began デジタル地上波テレビ放送が始まった ◆terrestrial microwave links 地上マイクロウェーブ（無線）回線 ◆the terrestrial biosphere takes up far more carbon dioxide than the ocean does 陸上の生物圏は, 大洋[海, 海洋]よりもはるかに多量の二酸化炭素を吸収する

**terrible** ひどい, ひどく悪い[へたな], いやな, 恐ろしい, 困難な, 厳しい, 激しい, 過酷な ◆a terrible financial crisis ひどい財政危機

**terribly** adv. ひどく, 非常に(= extremely; very), さんざん(に), 恐ろしく, ものすごく

**territorial** adj. 領土の, 領分の, 土地の, 地域の, 地方の ◆He said that Iraq's sovereignty and territorial integrity should be respected. 彼はイラクの主権および領土の保全は守らなければならないと述べた.

**territory** (a) ～ 領土[領地], 領域[分野], なわ張り, 担当区域, 管轄区域, 受け持ち地域 ◆the defense of Japanese territory 日本の領土[領域]の防衛 ◆We are seeing an increasing range of OA equipment spreading into new territories such as the home. 我々は, ますます多くの種類のOA機器が, 一般家庭に代表される新しい領域に普及しつつあるのを目の当たりにしている.

**terror** (a) ～ 非常な恐怖, 恐ろしさ; a ～ 恐ろしいもの[事], 恐怖の種, テロ行為; a ～ (口)手に負えない[厄介]者 ◆a terror attack against [on]... ～に対するテロ攻撃[襲撃]

**terrorism** ①テロリズム, テロ(行為), 恐怖政治, 暴力主義 ◆adopt anti-terrorism measures; take measures against terrorism 対テロ対策を採る[取る, 講じる] ◆very radical groups that practice terrorism テロリズムを行う非常に急進的なグループ; テロ集団

**terrorist** a ～ テロリスト, テロ活動家, 暴力革命主義者; adj. テロリストの, テロの, 恐怖政治の〈政権など〉 ◆a terrorist country テロ支援国 ◆a terrorist organization テロ組織 ◆since the (tragic [devastating, deadly, horrible, terrible]) terrorist(s) attacks against the US on September 11 《意訳》9月11日の米国同時多発テロ以来 (*2001年の)

**tertiary** 3次の, 第3の, 3級の, 3位の, 《化》第3(級)-(*炭素原子の位置関係を表す), ターシャリーの; T-第三紀の ◆a tertiary treatment plant 三次処理工場(*汚水処理で) ◆the Tertiary period 《地》第三紀 ◆a tertiary industry 第三次産業

**Tesla** ◆a Tesla coil テスラコイル(*高周波共振と火花放電を利用して高圧を発生させる一種の感応コイル)

**test** 1 a ～ テスト, 試験, 試練, 実験, 考査, 検査, 審査, 試練, 小手調べ, 試薬 ◆do [run, conduct] tests on... 〈被検体, 被験者〉を試験する ◆run a test 試験を行う ◆take a test 試験を受ける; 受験する ◆fail a test 試験に不合格になる ◆a test certificate 試験証明書 ◆a test location 試験場所, 試験会場 ◆a test machine 試験機(*日本語の場合と同様に, 試験や検査をするための計測・測定装置, またその反対に評価のためにテストにかけられる開発途上の試作機や実験機をいう) ◆a test (performance [implementation]) date テスト[試験](実施)日 ◆a test pit 試掘坑; 探炭[探鉱]井 ◆a test report 試験報告書; テストリポート ◆a test sample 試験サンプル[試料, 試験品] ◆a test site 試験場, 試験会場, 実験場 ◆a test [testing] method 試験方法; 試験法 ◆test conclusions 試験結果; 試験の判定結果 ◆a product under test 試験中の[検査を受ける, テストにかけられる]製品[商品], 供試体, 供試器, 供試機, 被験品, 試験対象物, 《医》検体 ◆a test pilot テストパイロット(*試験機の試験飛行をする操縦士) ◆a test specimen 試料; 供試体; 試験用見本[標本], 試験片 ◆a fiber-optic test instrument 光ファイバー試験器 ◆a test of endurance 耐久試験[テスト] ◆a test plane; an experimental airplane (開発段階にある飛行機の)試験機; 実験機 ◆equipment under test (EUT) 供試機器, 被試験機器, 試験機にかけられている機器 ◆articles [goods, items, pieces, products, samples, specimens, units] under test 試験にかけられている品物; 供試体, 試験品; 検査試料 ◆software verification test steps ソフトウェア検証試験手順 ◆a board-test system 基板テスト装置 ◆begin test production of... ～の試験生産を開始する ◆carry out tests on patients 患者の検査をする ◆conduct a life test 寿命試験を行う ◆conduct test borings (数次の)試験的なボーリングを行う ◆generate a test pattern テストパターンを生成する ◆in tests on animals 動物実験で ◆it has fared poorly in performance tests それは性能試験で成績が振るわなかった; 芳しい成績を上げなかった[収めなかった] ◆make [carry out] a test on a machine 機械の試験を行う ◆stand the test of time 時の試練に耐える ◆start a printer test プリンタの試験[テスト]を始める ◆take a vision test 視力検査を受ける ◆Time of day test was conducted (hh:mm) 《表中で》試験実施時刻(時:分) ◆witness tests to pressure vessels 容器に圧力をかける検査[容器加圧試験]に立ち会う ◆a long-term durability test 長期耐久テスト ◆the force required to break a dumbbell test specimen ダンベル形[ダンベル状]試験片を破断するのに要する力(*弾性材料の試験) ◆a test of changes in parameters パラメータを変化させて行う試験 ◆a test to determine the ratio of A to B AとBの比率を測定する[調べる]ための試験 ◆begin test broadcasts from a test satellite this coming January 来る1月に試験衛星から試験放送を開始する ◆doctors ran him through every test 医師達[医師団]は彼をあらゆる検査にかけた ◆he underwent a treadmill test 彼はトレッドミルを用いた(運動負荷)検査を受けた ◆pass a test of operating knowledge of trucks トラックの運転知識の試験に合格する ◆run tests on a regular periodic basis 定期的に試験を実施する ◆score high on an intelligence test 知能検査で高い点をとる ◆submit the material to a tensile test その材料を引っ張り試験にかける ◆tests to determine the effects of microgravity on the formation of crystals 微小重力が結晶の形成に与える影響を調べるための実験 ◆a written preliminary test on the rules of the road 交通ルールの筆記予備試験 ◆emphasize the art of test-taking over acquisition of real knowledge or useful skills 本当の知識や役に立つ技能を身につけることよりも受験テクニックの方に重きを置く ◆81 percent of the students who took the test passed その試験を受けた学生[受験生]の81%が合格した ◆a test on the operating knowledge relating to motorcycles モーターバイクに関する運転知識の試験 ◆can be used as a test for the sodium ion 《化》ナトリウムイオンの存在を調べるための試薬として使用できる ◆provide an extremely useful test for the depth of knowledge about... ～についての知識の深さを究める極めて有用な試金石となる ◆A frequency response test on an amplifier gave the following results. アンプの周波数特性試験は以下の結果となった[試験では以下の結果が得られた.] ◆The following pre-test checks should be performed: 次の試験前点検を実施すること. ◆Mazda said it will join a test run of fuel cell vehicles planned for early 2001 in Yokohama. マツダは2001年の早い時期に横浜において予定されている燃料電池自動車の試験走行[試運転]に参加すると述べた. ◆The service has been operating under test for a few months and is scheduled to start accepting paying users on August 1. このサービスは, ここ数か月間試験運用されており, 8月1日に有料ユーザーの受け付け開始予定の運びとなっている.

2 v. 試験[検査, 検定]する[を受ける], 考査する, 調べる, 吟味する, 試す ◆a materials testing machine 材料試験機 ◆be tested for leaks 漏れ[漏洩]がないかどうか試験される ◆equipment (due) to be tested テストされる[試験にかけられる]ことになっている機器, 供試機器 ◆test a hypothesis 仮説(の真偽)を検証する ◆to test soil samples 土壌サンプル[資料]を調べるために ◆test the brakes by stopping quickly 急停止してブレーキを試してみる ◆test the continuity in the cable そのケーブルの導通を調べる ◆the dam's design was tested by a computer simulation 同ダムの設計はコンピュータシミュレーションにより審査された ◆All DACs are tested to a maximum clock rate of 8.47 MHz. D/Aコンバータは全数, 最高8.47MHzのクロック速度[《意訳》クロック周波数]で検査されている. ◆Test it for free operation by hand. それが手で自由に動く(状態になっている)か試して見てください. ◆Test the shock absorbers for wear. ショックアブソーバーに摩耗がないか検査してください. ◆The circuitry is computer tested to ensure optimum field reliability. この回路は, フィールド[使用現場]での信頼性をできるだけ高めるために, コンピュータで試験される. ◆These devices are tested to -55 to 125 °C temperature specifications. これらのデバイスは, -55 ～125°Cの温度仕様で試験されている.

**test-** 《動詞の前について》試し～する, 《動作を表す名詞の前について》試-

**testability** ◆design for testability (DFT) 《ハードウェア》テスト容易化設計

**testable** adj. 試験[検査, 分析]にかけられる; adj. 《法》遺言を作成する能力がある (capable of making a will) ◆a DOP testable HEPA filtering system DOP試験対応HEPAフィルターシステム (*DOP = dioctyl phthalate フタル酸ジオクチル)

**testament** a ～ 遺言(ユイゴン, イゴン), 遺書(*今日では通例 one's last will and testament); the Testament 聖書(*the New [Old] Testament 新約[旧約]聖書) ◆I hope I can serve as a living testament that dreams do come true – nothing is impossible. 私は、夢は本当に実現するのだ、やってやれないことはない、ということの生きた証になれたらいいなと思っています。

**testamentary** adj. 遺言の, 遺言[遺言書]による; 新約[旧約]聖書の ◆a testamentary trust 遺言信託

**test drive, test-drive** a ～(車の)試乗; v. 〈車を〉試験運転[試運転, 試乗]する ◆test-drive a car 車を試験運転[試運転, 試乗]する ◆he conducted much of the initial test driving of the car 彼がその車の当初の試験運転[試乗]の大部分を行った(*車の開発で) ◆Test drive the car to make sure the brakes are operating normally. ブレーキが正常に働くことを確かめるために、試験運転してください。

**tester** a ～ 試験官, 検査員, 試験器 ◆a compressive strength tester 圧縮強さ[強度]試験機

**testify** vi. 証拠となる, 宣誓する〈to, for, about, against〉; vt. ～を証明する〈that〉, ～だと(宣誓)証言する〈that〉, ～の証拠となる, ～を公言する ◆as the waveforms testify 波形が示しているように

**testimonial** a ～ 証拠, (人物,能力などの)証明)証明書[推薦状], 感謝状, 賞状, 記念品

**testimony** (a) ～ 《法》宣誓証言, (正式な)言明, (～の)証拠〈to〉; the ～ 十戒; the ～ [testimonies] 聖書の中の神のことば ◆the Diet Testimony Law 《日》国会証言法

**testing** adj. 試練の; n. テスト[試験, 実験, 検査](すること) ◆a drop testing machine 落下試験機 ◆a testing operations manual 検査作業手順書 ◆12 new medications are in testing 薬剤12点が治験[臨床試験]中である ◆determined by lab testing ラボでのテスト[試験, 検査]により突き止められた[判明した, 測定された] ◆do radon testing ラドン(ガス濃度の測定)試験を行う ◆during the performance of testing 試験(実施)中に; テスト時に; 実験の際に ◆in rigorous slalom testing 《車》苛酷なスラロームテストにおいて ◆our method of testing 我々のテスト[試験, 検査]方法 ◆prior to the conduct of testing テストの実施に先立って; 試験実施前に ◆the implementation of testing 試験の実施 ◆be still in the testing stage [phase] まだ実験[試験, テスト]段階にある ◆ban nuclear testing in the atmosphere 大気圏内での核実験を禁止する ◆determine which of more than 60,000 chemical substances need testing 6万種類を上回る化学物質のうち試験を要するものはどれかを決める ◆Changes in testing make comparisons difficult, but... 試験のやり方が変わったために比較は難しいが、～ ◆Other promising drugs are in early stages of testing. 他の有望視されている薬剤は、初期の試験[治験]段階にある。

**test-listen** a ～ 試聴; v. 試聴する

**test-market, test market** vt. ～を(地域限定)試験[テスト]販売する ◆start [do, end] test marketing of... ～のテストマーケティングを始める[行う, 終える] ◆successfully test-market... ～の試験販売を成功裏に行う ◆it is now being test-marketed in two cities of the country テストは目下、この国の2つの都市で試験的に地域限定販売されている ◆We are offering this product on a test marketing basis. 弊社はこの製品[商品]を試験販売ということで提供しています[ご案内申し上げております]。

**test run** a ～ テストラン, 試運転, 試験運用[操業, 利用, 走行, 動作] ◆begin test runs of... ～の試運転を開始する

**test track** a ～ テストトラック, (自動車の)試験路, (鉄道の)試験線[実験線] ◆The track produces impressive numbers at the test track, but not much joy on the road. その車は、テストトラック[試験路]ではすばらしい(性能)値を出すが、実路ではあまり走る喜びを与えてはくれない[乗ってそれほど楽しい車ではない]。

**test tube** a ～ 試験管; test-tube adj. 試験管内で作った, 実験的な, 人工授精の ◆involve several days' growth in a test tube 数日間の試験管内での培養を要する

**tether** a ～ (動物の)つなぎ綱[鎖], (能力などの)限界; vt. ～をつなぎ綱でつなぐ ◆get a keyboard that's either tethered or wireless 有線[コード付き]あるいはコードレス[無線式]キーボードを手に入れる ◆the astronaut is tethered to the spacecraft by a lifeline 宇宙飛行士は命綱で宇宙船につながれている

**tetrachloroethylene** 《化》テトラクロロエチレン, 四塩化エチレン ◆tetrachloroethylene (perchloroethylene, the principal dry cleaning solvent) テトラクロロエチレン[四塩化エチレン](別名パークロロエチレンとも。最も一般的なドライクリーニング溶剤)

**tetragon** a ～ 四角形, 四辺形(*a quadrilateral の方がよく用いられる)

**tetrahedral** 四面体の ◆A carbon with four single bonds has a tetrahedral geometry. 4個の単結合を持つ炭素は, 四面体構造をしている。

**tetrahedron** a ～ (pl. ～s, -dra) 四面体

**tetrapod** a ～ (護岸用の)テトラポット, (椅子などの)4本脚のベース, 四つ足[四肢]動物

**text** 回書かれた言葉[文, 文章, 文面], (序文, 後記, 脚注, 図表などを除いた)本文, (音声, 映像, 図, 数値, コンピュータの制御コードなどと区別して)テキスト[文字, 文字データ, 文字情報]; a ～ 主題[典拠], 原稿, 原典, 異本, 聖書の一節, 教科書(= a textbook) ◆a text input screen 文字入力画面 ◆a full-text database; an entire text database 全文データベース ◆text-based interaction 《コンピュ》テキスト[文字]ベースの対話(*アイコンなどの絵や音声を介してではなく, 文字によってユーザーとコンピュータが対話する方式) ◆a full-text search utility 全文検索ユーティリティ ◆text and numerical data 《コンピュ》文字データと数値データ ◆the text of his speech 彼の演説の文面 ◆respect the text of the Constitution 憲法の文言を尊重[重視]する ◆submit... by email in text format ～をテキスト形式の電子メールで提出[送信]する ◆the ability to construct written texts 文章構成能力(*「書き物での」) ◆text of 80 characters by 60 lines 80文字×60行の文字データ[テキスト] ◆the full [complete, entire] text of the speech その演説の全文(▶演説の「一部」は excerpts from (the text of) the speech) ◆the preparation and editing of text 文章の作成と編集 ◆the main text of the North American Free Trade Agreement, or NAFTA 北米自由貿易協定 (NAFTA) の本文(ホンモン, ホンブン) ◆in a speech that was delivered from notes rather than a prepared text 事前に準備した原稿を読み上げるのではなくメモを基に行われた演説で ◆Mrs. Clinton wrote the foreword and helped write the main text. クリントン夫人は, はしがき[序文]を書き、また本文の執筆を手伝った。

**textbook** a ～ 教科書, 教則本; 《形容詞的に》教科書的な, 手本[本質]を示す ◆a textbook case of paranoid disintegration 妄想性精神崩壊の典型的な[を非常にわかりやすく示す]症例

**text editor** a ～ 《コンピュ》テキストエディタ, エディタ ▶テキストエディタの は, 主にコンピュータプログラムを書いたり編集したりするための, 文字データ編集ソフトである。削除, 挿入, 保存などの基本的機能のほか, たいていは移動, 複写, 検索/置換などの機能も持つ。ワープロと異なる点は, 文字の拡大/縮小, 罫線, 中央寄せなどといった, 文書の見栄えを良くするための機能がほとんど無いことである。そのかわり, 一般にプログラムが小さくて処理速度が速い。テキストエディタは, 略して an editor とも呼ぶ。行単位で編集するものは a line editor, テキスト全体を自由に移動して編集するものは a screen [full-screen] editor である。広義には, a text editor は, ワープロも含めて, 文章作成・編集に用いられるソフトを意味する。 ◆a multiple-font screen text editor マルチフォント・スクリーン・テキスト・エディタ ◆These DTP products are primarily page-layout tools which merge the outputs of your word processor and your drawing package. They do not claim to be text editors. これらのデスクトップパブリッシング製品は, 基本的にはワープロで作成した文章と描画ソフトで作成した図とを合成するページレイアウトツールであり, テキストエディタとしてはうたわれていない。

**textile** *a* ~（織地, ニット, 不織布などの）布［生地］(= fabric), 繊維素材, 繊維 ◆textile stuff 材料としての織物［反物］; 原反 ◆the textile industry 繊維産業 ◆U.S.-Japan Cotton Textile Negotiations 綿製品をめぐる日米繊維交渉（＊1960年代初頭の） ◆an odor-eating fiber for use in textiles for curtains, carpets and clothes カーテン, カーペット, 衣服用の生地［布地］に使用する臭いを食べる［消臭］繊維

**textual** *adj.* 本文の, 原文の, テキストの［文字, 文］の ◆textual information （図や写真に対して）本文;《コンピュ》（グラフィックス情報などに対して）テキスト［文字］情報 ◆textual discourse competence 文章構成能力 ◆textual communication between terminals 端末間の文字通信

**texture** *(n.)* ~ テクスチャー,（織物の）織り方, 質地, 生地, 肌理（キメ）, 質感, 質, 手触り, 触感, 肌合い［肌触り］, 風合い, 口当たり, 食感, 組織［構造］ ◆the texture of leaves 葉の組織 ◆(a) crispy wafer texture サクサクしたウエハースの口当たり ◆a whetstone of fine [↔coarse] texture きめの細かい［↔粗い］砥石 ◆provide a smooth texture 滑らかな手ざわり［肌ざわり, 舌ざわり］にする ◆rhino-hide textures （サイの皮のように厚く）ごつごつとした質感［手触り］ ◆the feel and texture of fabrics 織物［布］の手触り［肌触り］と質感; 布地の風合い ◆a bar chart with textured bars 棒が（斜線, 網, 縦横などのパターンで）模様分けされた棒グラフ

**TFR** ◆The Total Fertility Rate (TFR) is the number of children, on average, that a woman bears in a lifetime. 合計特殊出生率とは1人の女性が一生に産む子どもの数のことである。

**TFT** (thin-film transistor) a~ 薄膜（ハクマク）トランジスタ ◆a backlit thin-film transistor (TFT) display バックライト付きの薄膜トランジスタ (TFT) ディスプレイ

**Th** トリウム (thorium) の元素記号

**-th** **1** （数に付いて序数を作って）第~の, ~番目の ▶すべての数字に -th が付くわけではない。~の位が 1, 2, 3 のものについては, (-)first [1st], (-)second [2nd], (-)third [3rd] となる（例: twenty-first [21st], one hundred (and) second [102nd]など。ただし, eleventh [11th], twelfth [12th], thirteenth [13th]は例外）。20や30のように -ty で終わる数に th を付けるときは, 語尾が -tieth で, twentieth [20th], hundred and thirtieth [130th] となる。◆the ith cell i 番目のセル

**2** （数に付いて分母を示す。可算名詞扱いして）~分の1 ◆be only one-eighth of an inch long わずか1/8インチの長さしかない ◆by four hundredths of a second 百分の4秒 [0.04秒]差で ◆One angstrom equals one 10-billionth of a meter. 1オングストロームは, 1メートルの百億分の1である。 ◆The sunlight reaching Uranus is only about 1/400th as intense as it is on earth. 天王星に届いている太陽光の強さは, 地球に届く分の約1/400ほどしかない。

**3**《名詞をつくる接尾辞》

**THAAD** (Theater High-Altitude Area Defense) 戦域高高度地域防衛, 戦域高々度広域防衛

**Thai** *the*~(s) タイ国民; a~ タイ人; U タイ語, シャム語; *adj.* タイ国の, タイ語の, タイ人の ◆the Thai market タイ（国の）市場

**thallium** タリウム（元素記号: Tl）

**than** *conj., prep.* ~よりも, ~に比べて; ~のほかの, ~と違った ◆a higher-than-average salary 平均を上回る給料 ◆higher-than-expected losses 予想を上回る損失 ◆grow at a rate that is faster than what has been projected 予想されていたよりも速いペースで成長する ◆when the tape is moving at a faster than normal speed テープが通常よりも速い速度で走行している時 ◆Basque people have a higher-than-normal incidence of left-handedness. バスク地方の人々は左利きの出現率［割合］が普通よりも高い。 ◆The problem is worse than it was five years ago. その問題は, 5年前よりも悪くなった。 ◆The unit's footprint is one-third smaller than the AT. 本ユニットの設置［占有］面積は, AT機より1/3小さい。 ◆Many storekeepers say that self-service often enables customers to meet their needs faster than would be possible if they relied on clerks. 多くの商店経営者が, セルフサービスはしばしば顧客にとって

店員に頼った場合より早く用が足せると言っている。 ◆The 1990 census for American Indians is about 10 percent higher than would be expected from natural population increases. 1990年調査のアメリカンインディアンの人口は, 人口の自然増加から想定されるよりも約10パーセント高い。 ◆The complexity of VLSI circuits necessitates greater numbers of package pins than were required for their smaller predecessors. VLSI（超大規模集積）回路では, その複雑さのために, それより（集積規模の）小さな先行素子よりも多くのパッケージピンを必要とする。 ◆Optical communications systems use parallel transmission of multiple data streams in the same optical fiber, giving greater capacity than is possible by merely increasing the speed of a single data stream. 光通信システムは, 多数のデータストリームを同一光ファイバー内に流す並列伝送方式を用いる。これにより, 単に1本のデータストリームの速度を上げることによるよりも大きな容量を実現することができる。

**thank** **1** *vt.* 〈人〉に感謝する［礼を言う］<for> ◆I received a thank-you letter from... 私は~からお礼の手紙を受け取った ◆I (just) want to thank you for... ing ~していただいたことに（ひと言）お礼を申し上げたいのです;《意訳》~してくださってありがとうございました ◆Thanking you in advance.; Thank you [Thanks, Many thanks!] in advance.; Thanks [I thank you] in advance for your help.; Thanks (in advance) for any help. よろしくお願いします。(＊依頼や問い合わせなどの文の結びで) ◆Thank you for the job you did [your company did] (. . . ing. . .) (~していただいて）どうもお世話さまでした ◆THANK YOU for buying MORRIS! モリス社製品をお買い上げいただき, ありがとうございます。 ◆Hey, thank you for that job. You did it really well. 君, あの仕事ご苦労さん。本当によくやったね。 ◆Thank you for today. It was great. 今日はありがとうございました。素晴らしかったです。; 今日はご苦労さま。とても良かったね。 ◆The judges thank all the contestants for their entries. 審査員一同,（参加者）皆様のご参加に感謝いたします。

**2** *n.* ~*s* 感謝［ありがとう］<for, to> ◆didn't get any thanks from... ~は, ~からはちっとも有り難がられなかった ◆Particular thanks must go to Xxx who... とりわけ, ~であるXxxさんには感謝を申し上げなければなりません。; 特に, ~してくださったXxxさんに感謝いたします。 ◆a letter of thanks to customers expressing gratitude for their continued patronage 平素の愛顧に対する感謝の意を表している顧客宛の礼状 ◆My first thanks go (out) to all those people who helped me <do...>. まずは, ~するにあたって私にご支援・ご協力くださったすべての皆様に感謝いたします［お礼を申し上げます］。 ◆Thanks for buying a Linden Drill Press. リンデン社製ボール盤をお買い上げいただきありがとうございます。 ◆And our thanks also go out to the governments of Syria and Lebanon, both of which have facilitated... そして, ~を促進してくださったシリアとレバノンの両国政府に対しても感謝いたします。

**thankless** *adj.* 感謝する気持ちのない, 感謝の念を表さない, 恩知らずの, 忘恩の, 感謝され［有り難がってもらえ］ない, 報われない ◆a thankless task 報いられない仕事［作業］; 縁の下の力持ち的な仕事; 縁の下の舞

**thanks to...** ~のおかげで, ~のため, ~のせいで, ~の余慶を蒙って［余慶にあずかって］

**that** それ, あれ, そちら, あちら, その, あの, ~のところのもの ◆at that time (= at the time) そのとき, その頃, 当時 ◆do that kind of thing そのようなことをする ◆In addition to [On top of, Added to] that,... そこへ持ってきて; さらに; その上; しかも; その他に ◆That is the very thing I want to do. それこそ, 私がしてみたいと思っていることだ。 ◆That is what we must do now. それこそが我々が今やらねばならぬことなのだ。 ◆That is where the system's strength comes into play. そこが本システムの威力が発揮できるところだ。

**in that...** ~という点で, ~ということなので

**thaw** *vi.* 〈氷, 雪などが〉解ける［溶ける］, 解凍される,〈態度, 気持ちが〉和らぐ, 打ち解ける, 融和する,〈体, 手足が〉

暖まる <out>; vt. ～をthawする; a～ 雪解け(の季節), 解氷, 緊張緩和, 融和 ◆20 freeze-thaw cycles 20回に及ぶ凍結・融解サイクル ◆thaw... under cold water ... を冷水で解凍する ◆thaw food in the refrigerator or microwave oven, not at room temperature 食品を,室温でなく冷蔵庫あるいは電子レンジに入れて解凍する

**THD** (total harmonic distortion) 全高調波歪, 総合高調波ひずみ

**the** 1《定冠詞》《特定のものを指して》その[この, 例の, あの], 本一, 当一, 同一;《限定されるもの, 限定したいものに付ける》《強調して》最も有名な[重要な, 優れた], 典型的な, 最もふさわしい;《単／複数形に付いて総称を意味する》;《ものの機能や性質を概念的に表す》;《形容詞, 過去分詞に付いて名詞的な意味をつくる》◆ The jobs are out there for the picking. 仕事の口はいくらでもある.
2 adv. それだけ, ますます ◆The larger the tumor, the higher the probability that it has already spread to the lymph nodes – and the lower the prospects for survival. 腫瘍が大きければ大きいほど, その腫瘍がリンパ節にまで広がっている可能性が大きく, またそれだけ生存の可能性[見込み]が低い.

**theater, theatre**《後者は英綴り》a～ シアター, 劇場, 芝居小屋, 映画館; the ～ 劇[演劇, 芝居], 演劇界[梨園(リエン)]; a～（事件や活動の）舞台, 現場, 戦場, 交戦圏

**theater** a～ 階段教室,（階段席のある[円形臨床]）講堂, 《英》手術室 (= an operating theater); adj. 戦域の

**theater, theatre** a～ a home theater 家庭用AVシアター

**theft** (a)～ 盗み, 窃盗(セットウ), 窃盗罪, 盗用 ◆as a theft-prevention measure 盗難防止策[予防対策]として ◆in the event of theft 万一盗難に会った場合 ◆on a charge of theft 盗み[窃盗]のかどで ◆protect... from theft ～を盗難から守る ◆software theft is rampant ソフトウェアの盗用[不正コピー]が横行している ◆an anti-theft car stereo 盗難防止対策が施されたカーステレオ

**their** 彼ら[彼女ら, それら]の ◆Electric cars have their advantages. 電気自動車には, それなりの利点がある.

**theme** a～ 主題, テーマ, 題, 論題, 議題, 話題, お題 ◆a theme song テーマソング;主題歌 ◆an exhibit, which has the theme of "Space and Technology" 「宇宙と技術」というテーマ[と銘打った]展覧会 ◆he wrote articles on [under] the theme of equality and justice 彼は平等と正義をテーマ[主題]にした記事を書いた ◆on [under] the theme "Plastics Product Design" 「プラスチック製品の設計」というテーマで ◆plan a town meeting with the theme of... ...と銘打った市民集会を計画する ◆the theme of your presentation あなたのプレゼンテーションのテーマ ◆with the theme "Robots in the 1990's" 「1990年代のロボット」というテーマで ◆To be consistent with [In keeping with] the theme of this special issue,... この特別号のテーマに沿って, ...

**theme park** a～ テーマパーク (*特定のテーマに沿って演出されている大型遊園地)

**themselves**《theyの再帰代名詞》〈彼ら[彼女ら]が〉自分自身を[に],〈それらが〉それら自身を[に];自分たちで,[彼ら[彼女ら, それら]自身で ◆The chief ingredients in providing quality care are the child care workers themselves. 質の高い保育を提供することにおける主要な要素は保育者自身です.

**then** 1 adv. その[あの]時, その[あの]頃; adj. その時の, その当時の ◆at the then prevailing market price その当時の時価で ◆between then and now 当時から現在(に至る)までの間に ◆from then onward 当時から先の時以来 ◆Apple's then-new Apple Laser-Writer 当時アップル社の新製品だったアップル・レーザーライター ◆The Prime Minister, then 69, was... 当時69才だった首相は, ～ ◆the then highly promising magnetic bubble memory 当時大いに有望視されていた磁気バブルメモリー ◆the act in question took place in a then sovereign East Germany 問題の行為は, その当時主権国家であった東独で起こった ◆We are the same people as we were then. 私たちは, 当時から変わっていない.

2 それから, その(すぐ)あとに, その次に;そして(次に), さらに ◆First comes A, then B, and then C. 最初にAが来て, 次にB, それからC(の順)になる.
3 では, それでは, それなら, (もし)そうなら

**thence** そこから, それから, それゆえ, その時から

**theodolite** a～《天文》セオドライト, 経緯儀 (*測量・測地に用いる軽便型は, a transitトランシットとも)

**theorem** a～ 定理, 法則, 原理 ◆a theorem about... ～についての定理 ◆formulate a theorem 定理を確立する ◆a fundamental theorem of thermodynamics 熱力学の基本定理 ◆a network theorem 回路網定理 ◆by Euler's theorem オイラーの定理により ◆De Morgan's theorem [law]（無冠詞）《数》ド・モルガンの定理[法則] ◆this theorem states that... この定理は, ～であると述べている;この定理によると, ～ということである. ◆use established theorems 確立された定理[法則]を用いる

**theoretical** adj. 理論の, 理論的な, 頭の中で考えただけの, 理屈上の, 道理の上での, 紙の上の, 机上の, 建前上の, (空理)空論的な, 学理的な, 純理的な, 仮定の, 架空の, 推論上の, 思索的な ◆a theoretical equation 理論式 ◆approach [reach] the theoretical limits of... ～の理論の限界(値)に近づく[到達する] ◆a theoretical yield of... ～の理論[計算]上の歩留まり

**theoretically** 理論的には, 理論上では, 理屈の上では

**theoretician** a～ 理論家 ◆an ivory-tower theoretician 象牙の塔の理論家 ◆He is not a mere theoretician. He has a wealth of practical experience. 彼は, 単なる理論家[机上の空論家]ではなく, 豊富な実践的[実地, 実際の]経験を持っている.

**theory** (a)～ 理論, 一論, 説, 学説, 仮説, 推測, 見解, 方法論, 定石 ◆in theory 理論的には, 理論上は;理屈の上では ◆based on theory 理論に基づいて ◆formulate a theory 理論を作り上げる ◆(a) mere theory 単なる理論, 机上の空論 ◆an established theory 定説 ◆the theory of relativity (アインシュタインの)相対性理論 ◆a theory of operation for [of]... ～の動作原理 ◆distinguish mere theory from science （机上の）空論と科学を区別する ◆Einstein's theory of gravitation アインシュタインの重力理論 ◆from theory to practical application 理論から実際の応用まで ◆his pet [cherished] theory on [about],... ～についての彼の持説[持論] ◆There are various theories why... ～の理由には諸説ある[いろいろな説がある] ◆The same theory holds true with [for]... 同じ理論が～にも当てはまる. ◆they offered various theories as to why... なぜ～なのかという問いに対し, 彼らはいろいろな説[諸説]を唱えた ◆various theories on [about, as to]... ～についてのいろいろな説[諸説] ◆My theory is that... ～であるというのが私の説だ. ◆It's his theory that... ～であるというのが彼の見解だ. ◆Theory holds that... 理論的には～である ◆investigators are increasingly leaning toward the theory that a lone domestic terrorist may be responsible 捜査関係者は, 単独の国内テロリストによる犯行ではないかという説にますます傾いて[傾斜を強めて]いる ◆illustrate how theory may be applied to obtain quantitative results 定量的な計算結果を求めるために理論がどのように応用されるのかを説明する ◆Several theories have been proposed [advanced] to explain... ～を説明する[説き明かそうとする]説がいくつか出ている ◆... the theory that the buildup of carbon dioxide and other greenhouse gases in the atmosphere will cause global warming 大気中での二酸化炭素および他の温室効果ガスの蓄積が地球温暖化を引き起こすという説 ◆limit one's product line to staple goods on the theory that these time-tested items never go out of style 時の試練を受けた商品は決して流行遅れにはならないという論に基づき, 品揃えを基本的な主要商品に限定する (▶stapleには流行や季節に左右されないという意味が含まれている)

**therapeutic** 治療の ◆a therapeutic laser 治療用レーザー

**therapist** a～ セラピスト, 治療士, 療法士

**therapy** (a)～ 治療, 療法, テラピー, (特に)精神療法 ◆radiation therapy [treatment] 放射線療法[治療] ◆drug therapy　薬物療法　◆perform [conduct, practice] therapy on kids　子どもに治療を施す; 小児治療をする　◆practice Gestalt therapy [psychotherapy]　ゲシュタルト心理療法を行う（*形態心理学を応用した精神療法）　◆undergo [receive] physical therapy　理学療法を受ける

**there** 1　そこに[へ, で], あそこに[へ, で]; その点[箇所, こと]で　◆There is no evidence to find.　証拠は見つからない。; 根拠は見当たらない。　◆There used to be a city there called…　かつてそこには～と呼ばれた都市があった。　◆there have been great advances (made) in palliative care and in pain control　緩和ケアおよび疼痛管理に大幅な進歩[大きな歩み]があった　◆I'm afraid I have to disagree with you there.　すみませんが, そこ[その点]であなたの意見に異論をさしはさむことを得ません。　◆She took a photo of me, just to show that I was there.　彼女は, 私がその場に居合わせたことを示すだけ[顔を出していたんだという単なる証拠]のために私の写真を撮ってくれた。　◆The jobs are out there for the picking.　仕事の口はいくらでもある。
2　《Thereで始まる文でbe動詞やその他存在, 出現などを表す動詞と共に用いる》;《注意を喚起して》ほら, そら

**thereafter**　その後, それ以降, それ以来　◆a year thereafter　その1年後に　◆for 5 years thereafter　それ以降5年にわたって　◆for decades thereafter　その後何十年間にもわたって　◆shortly thereafter; not long thereafter　その後間もなく　◆in the time of World War II and immediately thereafter　第二次世界大戦中およびその直後に　◆If ordering by mail add $4 shipping/ handling for first can, $1 for each can thereafter.　郵便でご注文の場合は, 1缶目は4ドル, 2缶目以降については1缶につき1ドルの発送・取り扱い手数料を（品代に）追加してください。

**thereby**　それによって, そのために, その結果, それに関して; その近くに, その辺に　◆the result thereby obtained　それによって得られた結果[成果]　◆Thereby hangs another tale.　それにはまた（ちょっとした）別の訳[話, いわく因縁, 事情]がある。　◆according to the thereby obtained solution　《数》それによって得られた[求められた]解によって　◆The results thereby obtained are shown in Table 1.　それによって得られた結果は表1に示されている。;《意訳》この結果を表1に示す。　◆The modem draws its power from the PC it is being used with, thereby negating the need for an external power supply.　このモデムは一緒に使用されるパソコンから電源供給を受けるこれにより外部電源が不要となる。　◆The company was able to use surface mount technology parts and thereby managed to decrease the physical size of the board.　同社は表面実装技術部品を使用することができ, これによりこの基板のサイズをようやく小さくできた。

**therefore**　したがって, その結果, だから, そこで, ゆえに, よって　◆Great attention should therefore be given to…　従って, ～に注意を大いに払わなければならない。

**therefrom**　そこから
**therein**　その中に, そこで, その点で
**T thereof**　それの, それについて, そのことから, それが原因で　◆any period or portion thereof　任意の周期もしくはその周期の一部分　◆by this process or some modification thereof　この製法もしくはこれの[その]改良版によって　◆During the first 14 days of your probationary period, no notice or payment in lieu thereof will be required to terminate the employment relationship.　試用期間の最初の14日間は, 雇用関係を解除するにあたり予告もそれに代わる支払いの必要もないものとする。

**thereon**　その上に, それについて; そのあとすぐに, そこでただちに, その結果
**thereupon**　その上に, それについて, そこでただちに, それに引き続いて, その結果
**therewith**　それをもって, それとともに, それに加えて, それによって, それに引き続いて

**thermal**　adj. 熱の, 温度の　◆a thermal fuse　温度ヒューズ　◆a thermal printer　感熱プリンタ　◆a thermal relay　サーマルリレー, 熱動[温度]継電器　◆a thermal spring　温泉　◆heat [thermal] insulation　断熱（性）, 熱絶縁; 保温[保冷]　◆thermal

barriers　熱遮断層; 遮熱層; 断熱層; 熱障壁　◆thermal breakdown　熱破壊　◆thermal capacity　熱容量　◆thermal conduction　熱伝導　◆thermal conductivity　熱伝導率[性, 度]　◆thermal paper　感熱紙　◆thermal stress　熱ストレス[応力]　◆thermal spraying　溶射　◆a thermal shock test　サーマルショック試験, 熱衝撃試験, 熱衝撃試験　◆a thermal test; thermal testing　熱試験; 冷熱試験; 加熱冷却試験　◆a thermal insulating material　保温[断熱, 防熱]材　◆a thermal power plant　火力発電所　◆a thermal infrared radiometer　熱赤外放射計　◆a thermal storage system　蓄熱システム　◆thermal-power generation; the generation of thermal power　火力発電　◆a low-thermal-conductivity connector　低熱伝導コネクタ　◆a thermal-wax print　溶融印字[印刷]法により得られたハードコピー（*パソコン用プリンタの話）　◆the thermal cracking [decomposition] of oil [petroleum]　石油の熱分解　◆boost thermal efficiency　熱効率を上げる　◆in order to provide thermal protection to…《意訳》～を熱[高温, 過熱]から守る[保護する, 防護する, ため]ために　◆thermal treatment through [by] incineration　焼却による熱処理（*廃棄物の）　◆All-in-one design gives better control through tight thermal coupling between components.　一体型設計（の採用）は, 部品どうしの熱結合が密であることから制御性[（意訳）温度調節性能]を向上させる。　◆A thermal barrier coating (TBC) is applied for improved durability and extended component life.　耐久性の向上と部品の長寿命化のために遮熱コーティング[断熱皮膜]が施された（ている）。　◆The conductors must have low thermal conductivity, to minimize the heat flow to the cryogenic section.　導線は, 極低温部への熱の移動をできるだけ少なくするために, 熱伝導率の低いものでなければならない。

**thermal expansion**　熱膨張　◆due to the thermal expansion of water　水の熱膨張により　◆the thermal expansion of objects　物体の熱膨張　◆have a high thermal coefficient of expansion　熱膨張係数が大きい　◆have a low thermal expansion coefficient　熱膨張率が小さい[低い]

**thermally**　adv. 熱的に, 熱によって　◆be well insulated thermally to prevent heat loss　熱が失われるのを[熱損失を]防ぐために十分に熱絶縁されている

**thermal runaway**　回熱暴走　◆exhibit thermal runaway〈電気回路が〉熱暴走を呈する

**thermal storage**　回蓄熱　◆thermal storage systems for heating and cooling applications　暖房用および冷房用の蓄熱システム

**thermal transfer**　熱転写　◆a thermal transfer printer　熱転写プリンタ

**thermionic**　adj. 熱イオンの, 熱電子の　◆a thermionic tube [valve]　熱電子管; 真空管

**thermistor**　a～サーミスター（*半導体素子. 温度が上昇すると抵抗値が大幅に小さくなるので温度センサーとして用いられる. 中国では「熱の」-resistor[抵抗器]からの造語）　◆a hard drive temperature detection thermistor　ハードディスクドライブの温度検知用サーミスター

**thermo-**　「熱の」, 「温度の」　◆a hermetically sealed mercury thermo-relay　気密封止型の水銀入りサーモリレー[熱動継電器, 温度リレー]

**thermocline**　a～水温躍層　◆成層化している海水や湖水の）the period of thermocline formation　（海水などの）水温躍層（スイオンヤクソウ）の形成期

**thermocompression**　回熱圧着　◆thermocompression bonding　熱圧着, 熱プレス接合[結合]　◆by thermocompression bonding　熱圧着（結合法）によって

**thermocouple**　a～熱電対　◆a Chromel-Alumel [chromel-alumel] thermocouple　クロメルアルメル熱電対

**thermoelectromotive**　adj. 熱起電力の, 熱電気の（thermoelectric）　◆The algebraic sum of the thermoelectromotive forces in a circuit is zero if…　～の場合, 回路に含まれる熱起電力の代数和はゼロである。

**thermoluminescent**　adj. 熱ルミネセンスの, 熱発光の　◆a thermoluminescent dosimeter　熱ルミネセンス線量計

**thermometer** a～ 温度計, 寒暖計, 体温計, 検温器, サーモメータ ◆a (clinical) thermometer 体温計 ◆a mercury-in-glass thermometer 水銀封入ガラス温度計 ◆a resistance thermometer 抵抗温度計

**thermopile** a～サーモパイル, 熱電堆, 熱電対列 ◆A thermopile essentially is a number of thermocouples connected in series. サーモパイルとは, 基本的に, 多数の熱電対が直列に接続されたものである.

**thermoplastic** (a)～熱可塑性物質[材料]; adj. 熱可塑性の ◆a thermoplastic resin 熱可塑性樹脂

**thermos** (《商標》Thermos Bottle より》◆a thermos bottle 魔法瓶

**thermosetting** 熱硬化性の ◆thermosetting plastics 熱硬化性のプラスチック

**thermosphere** the～《気象》熱圏 (*成層圏, 中間圏より上にある, 大気圏の最上層)

**thermostat** a～サーモスタット, 自動温度調節器, 自動温調装置 ◆a bimetallic(-strip) thermostat バイメタル・サーモスタット ◆a thermostat-operated flap サーモスタットで動くフラップ

**thermostatically** adv. サーモスタットで(温度調節[温調])して ◆thermostatically-controlled louvers サーモスタット制御式のルーバー

**these** これらは[が, の]; 以下[次](の) ◆in these days of cheap, dollar-a-gallon gasoline ガソリンがガロン当たり1ドルという格安な昨今のご時勢では

**thesis** a～ (pl. theses) (学位)論文 (*米国では特に修士論文) ◆a master's thesis 修士論文

**they** それら, 彼ら, 彼女ら, 人々 ◆Sales have dropped to a quarter of what they were one year ago. 売り上げは1年前の4分の1に落ちた; 販売高は対前年比で25%に落ち込んだ.

**thick** adj. 厚い, 厚手の, 太い, 濃い, 濃密な, 濃厚な, とろりとした, 密な; adv. (a) thick wire 太い電線 ◆As the films get thicker, ... これらの膜が厚くなるにつれて、◆thick, heavy lines 肉太な線 ◆1½-inch-thick bulletproof glass 1½厚の防弾ガラス ◆grow semiconductor films just a few angstroms thick 僅か数オングストローム厚の半導体薄膜を成長させる ◆a straight piece of wood approximately 4" high x 15 1/2" wide x 1/2" thick 縦4インチ×横15½インチ×厚さ½インチのまっすぐな板 ◆The layer is only one molecule thick. この層は, 分子1つ分の厚さしかない.

**thick with** ～でいっぱい[ぎっしり, 満ちて, 充満して]いて, ～が(一面に)立ちこめていて, ～だらけで, ～たっぷりで, 〈ほこりが〉厚く積もっていて ◆a market thick with competition 競争の激しい市場 ◆The air was thick with black smoke. 空気は黒い煙でもうもうとしていた. ◆The air was thick with the smell of burning rubber. 空気はゴムの燃える臭いで充満していた. ◆The windows are thick with grime. 窓に汚れが厚く付着している.

**thicken** vt. ～を thick に[厚く, 太く, 濃く, 密に]する, ～にとろみをつける; vi. thick になる ◆simmer until thickened 煮詰まるまでとろとろ煮る

**thickly** adv. 厚く, 密集して, 密に, 隙間なく, うっそうと, 密度高く, 所狭しと, 立て込んで, 込み合って; 濃厚に; 濃く, 太く, 肉太で, 太字で; だみ声で, しわがれ声で ◆a forest with trees growing thickly together 樹木が密生している森林; 密林

**thickness** 1 (a)～厚さ, 厚み, 太さ, 径, 濃さ, 濃度, 濃密さ, 濃厚さ, 密集, 繁茂 ◆(a) material thickness 材料の厚さ[厚み], 肉厚 ◆(a) small thickness 小さな厚さ ◆(a) fiber thickness ファイバの太さ(直径, 径) ◆be of nearly uniform thickness ほぼ均一な厚みをしている ◆by a reduction in fiberglass thickness ファイバーグラスの厚みの減少[薄型化]によって ◆... can be made with a variety of thicknesses ～はいろいろな厚み[太さ]で作れる ◆in uniform thickness 均一な厚み[厚さ, 肉厚]で ◆lines of different thickness 太さの異なる線 ◆the thickness of glue [mud] 糊[泥]の粘稠性 ◆the thickness of ink インクの濃さ ◆an abnormal increase in

the thickness of... ～の厚みの異常な増加 ◆be available in 3/4- and 1/2-inch thicknesses ～は, 3/4インチ厚および1/2インチ厚のものが入手可能である ◆it might come down in thickness to 0.75 inches それは, (厚み[厚さ, 肉厚]が)0.75インチまで薄くなる[薄型化する, 《場合によっては》低背化する]やもしれない ◆reduce the thickness and weight of eyeglass lenses 眼鏡レンズの厚みと重さを減らす; 薄型化と軽量化をする ◆The rate of reduction in thickness depends on... 厚さの減少率[厚さの薄くなる割合, 厚みの減る速さ]は～によって決まる. ◆bones increase not only in thickness, but (also) in length 骨は太さだけでなく長さも増す[太くなるばかりでなく長く伸びる] ◆he said manufacturing fibers at those thicknesses poses no special problem 彼は, 繊維をこれらの径で製造するのに特にこれといった問題は発生しない[支障はない]と言った ◆if the material thickness of the brake shoe drops below 2.00 mm ブレーキシュー材の厚さ[厚み, 肉厚]が2.00mmを下回る場合は ◆the protein fibers have a thickness of one-tenth of a micron これらの蛋白繊維の径は10分の1ミクロンである ◆when the brake pad has worn down to a thickness of 2.00 mm ブレーキパッド[摩擦材]が摩滅して(残り)2.00mmまで薄くなったら ◆ultrafine microfilaments ranging from 10 microns to 50 microns in thickness 太さ[径]10ミクロンから50ミクロンの超極細マイクロフィラメント ◆Greenland ice sheets are gaining in thickness. グリーンランドの氷床は, 厚みを増している[厚くなってきている]. ◆Slowly reduce the soup until desired thickness is reached. ゆっくりとスープを好みの濃さ[とろみ]になるまで薄めてください. ◆The thickness of the film is 35 to 70 micrometers. その膜の厚みは, 35から70ミクロンである. ◆The unit weighs 180 grams and measures 17 millimeters in thickness. この装置の重量は180グラムで, 厚さ[厚み, (意訳)高さ]は17mmである. ◆ 2 a ～層, 一重, 一枚(重ね) ◆a double thickness of gauze 2枚重ね[二重]のガーゼ ◆several thicknesses of absorbent material 何層かの吸収材 ◆use two or three thicknesses of cloth diapers 布おむつを2枚か3枚重ねで使う ◆lay several thicknesses of newspaper over the entire garden 新聞紙を数枚重ねにして庭一面に敷く ◆put on a fresh diaper with the extra thickness in front 新しいおむつをあてる際に, 前に1枚余分にあてる

**thief** a～ (pl. thieves) どろぼう, 物取り, 空き巣, こそ泥, 盗人, 偸盗(チュウトウ, トウトウ) ◆if a cyber thief intercepts an online transaction and gets hold of your credit card number and other personal information もしも電脳泥棒がオンライン取引を傍受して, あなたのクレジットカード番号やその他の個人情報を入手したら

**thimble** a～ (*裁縫で針の頭を押すのに使う) キャップ形の指貫(ユビヌキ), シンブル (*金属ロープの端を涙形の輪にして他の金具などと連結する場合, 保護のためにその輪の内側に入れる金具) ◆a half-ロープ用 半田ごて ◆a cable [rope] thimble ケーブル[ロープ]用のシンブル[索眼] (*索を末端処理するための水滴形の金具)

**thin** 1 adj. (→thick) 薄い, 薄手の, 薄っぺらい, 細い, 希薄な, まばらな, 乏しい; adv. ◆ultra-thin 超薄型の ◆a thinny-thin model ものすごく痩せている[細身の, 痩身の, 痩躯の]モデル ◆operate on thin margins 薄利[薄い利ざや]で商う ◆thin wire 細い針金 ◆to get thinner 痩せるために ◆a pencil thin soldering iron 鉛筆のように細い[ペンシル型の細身の]半田ごて ◆a thin-walled component 肉厚の薄い構成材; 薄肉の部材 ◆a thin-walled tube 肉厚の薄いチューブ ◆delicious, paper-thin shavings of sirloin 美味なごく薄く切ったサーロイン[牛ロース肉の極薄切り] ◆hold a paper-thin [razor-thin] majority 紙一重の差[僅差, 僅少差]で過半数を占める ◆a thin-lead mechanical pencil 細字シャープペン (*thin-leadの直訳は「細い芯」) ◆by a thin tenth of a second 10分の1秒という僅差で ◆the 10-pound model goes against the trend toward smaller, thinner, and lighter notebooks この重さ10ポンドのモデルは, ノートブック機の軽薄短小化傾向に逆行している ◆The hydraulic lines have become thin from rubbing against... これらの油圧配管は, ～とこすれ

**thin film**

合って(肉厚が)薄くなってしまっている. ◆Mobile PC users continue to demand higher performance, longer battery life, and thinner and lighter systems.　モバイルPCのユーザーは、絶えず高性能化、バッテリ持続時間の向上、そしてシステムの薄型化および軽量化を要求して[求めて]いる.
2　v. 薄める[薄まる], 細くする[なる], 痩せ細る, 軽量化する, まばらにする[なる] ◆he is thinning out on top　彼の頭のてっぺんは薄くなってきている ◆noticeable hair thinning occurs　見て分かる[顕著な]髪のやせ細りが起こる ◆thinned-out paint　薄めたペンキ ◆thin out a population　(動物などの)個体群を間引く ◆thin the ozone layer　オゾン層を薄くする ◆the desired thinning-out of the county's deer herds has been accomplished　この郡の鹿の群れの所期の間引き(目標)は達成された

**thin film**　(a)〜 薄膜(ハクマク, ウスマク); thin-film 薄膜の ◆a thin-film transistor (TFT)　薄膜トランジスタ ◆a 1.8-inch D-TFD (Digital Thin Film Diode) LCD　1.8インチD-TFD(薄膜ダイオード)液晶ディスプレイ ◆laser-trimmed thin-film resistors　レーザー光でトリミング(抵抗値が調整)された薄膜抵抗

**thing**　a〜 もの, こと; 〜s 物, 事, 物事, 事態, 状況, 事情, 情勢, 形勢, 雲行き ◆they want things to stay the same　彼らは何事も常に同じで有り続けてほしいと願っている; ((意訳))彼らは、変化を望んでいない ◆With all things being the same except for the temperature,...　温度以外の条件がすべて同じなら、◆if things continue the way they are [they have been going],...　もし事態[状況]が、このまま続けば[以前のままの進展／推移すれば] ◆Looking into the way things are going here,...　当地での現況を観察してみると、◆A few things to keep in mind when purchasing an old camera that you intend to use;...　古いカメラを(実際に)使用[実用に]するつもりで購入する際のいくつかの留意点[事項] ◆But that's not entirely a bad thing.　だが、それが全く悪いことだけではない. ◆MRI scanning is completely painless, and you won't feel a thing.　磁気共鳴画像(撮影のため)の走査は全く痛くなく、何も感じません. ◆Ten years from now, things will change completely.　今から10年後、状況[事態, 様相]は一変[様変わり]するだろう. ◆There are three things that have to be kept in mind:　(以下の通り)心に留めておくべきこと[注意事項, 留意点]が3つあります. ◆To get things started, you let us know the wine you're looking for.　まず[始めに、最初に]、私たちにお探しのワインを教えてください. ◆The thing I like about New York the most is the lack of pressure on me.　ニューヨークの一番好きな点は、私にとってプレッシャーがないということです. ◆Other things being equal, the greater the time pressure you work under, the more stress you will experience.　他の条件が同じなら、仕事にかかる時間的プレッシャーが大きければ大きいほど、あなたはより多くのストレスを受けることになる. ◆Binary signals with just two decision levels will, other things being equal, have a higher signal-to-noise ratio than multilevel signals.　2つの識別レベルしか持たない二値信号は、他の点[条件]が同じとすれば、多値信号よりも信号対雑音比[S/N比]が高いということになる. ◆Further, software is very often designed to be all things to all users, and so offers features which are seldom, if ever, used by many users.　その上、ソフトウェアは非常に多くの場合あらゆるユーザー向けに一般化されているので、たとえ使われることがあったとしてもユーザーの多くがめったに使用しない機能を持っている. ◆In horticulture, the creation of hybrid species is a good thing.　園芸学[園芸業]にあっては、交配種をつくるのはよいことだ. ◆Other important things to consider include choosing an appropriate casket, selecting flowers, and making cemetery arrangements.　その他の考慮すべき大切な事柄[事項]として、適切な棺の選択、花選び、それに墓地の手配があります. ◆This is a decent paper as it describes the general state of things in the electronic commerce world and then zooms in on e-cash.　((意訳))この論文はよくまとめる、というのは、電子商取引の世界の全般的な様子[状況, 動静]を述べてから電子マネーをクローズアップしているからだ.

**think**　vt. 考える, 思う, 思考する, 思案する, 想像する; みなす <to be>; vi. 考える[思う, 思索する] <of, about>; みなす <of...as...> ◆think twice　よくよく考える, 熟考する, 躊躇する, ためらう, 二の足を踏む, 再考する ◆by thinking fast under pressure　切迫した状況下で速く思考[頭の回転を早く]することにより ◆By thinking this way,...; Thinking this way,...　こう(ゆうふうに)考えることにより、◆think of it:...　以下のことを考えても見て下さい: 〜. ◆think of the value as being maximized　値が最大になったものと考える ◆...perhaps it's time to start thinking about...　そろそろ〜について考え始めてもよい時期であろう ◆These icons may be best thought of as push-buttons as they are...　これらのアイコンは、押しボタンとみなすのが[押しボタンみたいなものだと思えて]いいでしょう. なぜなら〜 ◆Until about 1981, it was thought that...　1981年ごろまで、〜であると考えられていた ◆"Do you think there is room for improvement?"　「改善[改良]の余地があると思いますか」 ◆I don't think much of his theory.　私は、彼の理論をたいして認めていない[評価していない, 買っていない]. ◆"I don't think we should miss this opportunity," he said.　「このチャンスを逃すべきではないと思う」と彼は言った. ◆It made him think twice about visiting China.　そのことで、彼は中国訪問に二の足を踏んだ. ◆Let us know what you think of our first issue.　私どもの[本誌]創刊号についてのご感想をお聞かせください. ◆Think before you buy. Don't buy on impulse.　買う前に考え、衝動買いはしないこと. ◆The company is thinking about setting up production plants on the Continent.　この会社は、欧州本土に生産拠点を設けることを考えているところである. ◆Only several years ago, uses for optical fibers were thought to be limited to long-haul communications and data transmission.　ほんの数年前、光ファイバーの用途は長距離通信やデータ伝送に限られていると考えられていた. ◆The company brass will have to think twice about eliminating you if you've made yourself "indispensable."　あなたが(会社にとって)なくてはならない存在になっていれば、会社の上役はあなたの解雇をためらわ[躊躇せ]ざるを得なくなります.

**think out**　考え出す, 案出する; 考え抜く, 十分に考える; 考えて解決する[解く] ◆His songs are well thought out and original.　彼の曲は良く練り上げられていて独創的だ. ◆Its interface is very well thought out and original.　そのインターフェースは非常に良く考え抜かれていて創意に富む[創意工夫されている].

**thinking**　n. 考えること, 思考, 思索, 思惟, 考え方; adj. 考える, 思考力のある ◆a change of thinking　考え(方)の変化 ◆build [develop] (one's) thinking power　思考力をつける[養成する, 養う, 育む, 培う] ◆did it without thinking　それを考えなしに[不注意で]してしまった ◆increase thinking power　思考力を高める[アップする] ◆President Gorbachev's "new thinking"　ゴルバチョフ大統領の「新思考」 ◆provide thinking time　考える時間を与える ◆they made a complete change of thinking　彼らは考えを一変させた ◆need some positive thinking　前向きな[建設的な]思考が必要だ ◆Choose the option closest to your way of thinking.　あなたの考え方[発想法]に一番近い選択肢を選びなさい. ◆What is your thinking on this matter [question]?　この件[問題]についての君の考えを聞かせてほしい. ◆All the responsibility should be placed with managers. That's the way of thinking in this country.　すべての責任は、管理する人間が負うべきである. それがこの国の考え方である. ◆A paradigm shift of thinking from the impossibility to the practicality of nuclear weapons abolition is needed.　((意訳))核兵器の廃絶は不可能だという考え方から、可能かもしれないという考え方への発想の大転換が必要である.

**thinking cap**　one's 〜 考えている状態 ◆put on one's thinking cap; put on one's thinking cap on　(じっくり、よく、一生懸命)考える; 熟考する

**think out**　考え出す, 案出する, 工夫する, 考案する, 編み出す; 考え抜く, 熟考する, 熟慮する

**thin-layer** adj. 薄層の ◆thin-layer chromatography 薄層クロマトグラフィ

**thinly** adj. 薄く、細く、まばらに ◆Thinly slice a cucumber and arrange on a plate. キュウリを薄切りして、皿に盛りつけます。

**thinner** [U]《種類は a ~》シンナー、溶剤、薄め液；a ~ 薄める人〈thinの比較級〉◆a thinner abuser シンナー遊びをしている人 ◆paint thinner abuse シンナー遊び

**third** (3rd) ▶twenty-third, thirty-third, ... の略記は 23rd, 33rd, ... 1 n. 《通例 the ~、場合によっては a ~》第3 [3番目, 3位, 3級] のもの；(無冠詞)《車の》サードギア；第3の、3番目の、〈ギアが〉サード；adv. 第3に、3番目に ◆third-order nonlinear optical properties 3次 [三次] 非線形光学特性 ◆the third highest in the U.S. 米国で3番目に高い ◆such Spielberg classics as "E.T." and "Close Encounters of the Third Kind" 「E.T.」や「未知との遭遇」といったスピルバーグ (監督) の名作 ◆South Korea is third in chip production, after the U.S. and Japan. 韓国は、米国と日本に次ぐ第3位のIC生産国である。 ◆Then we conducted a third hearing in the Dallas/Fort Worth, Texas area. その後我々は第3回目の聞き取り調査をテキサス州ダラス・フォートワース地区にて実施した。 2 a ~ (pl. ~s) 3分の1 ◆a two-thirds majority 3分の2の多数 ◆one-third cup of fruit juice 3分の1カップの果汁 ◆be about two-thirds the size of... ~のほぼ3分の2の大きさである ◆be out of phase with each other by one-third of a cycle 互いに3分の1サイクルづつ位相がずれている ◆memory prices today are about a third of what they were 18 months ago 現在のメモリー価格は18カ月 [1年半] 前の約3分の1

**third country** a ~ 第三国, 当事国以外の国, 非当事国 ◆in a third country 第三国で ◆through third countries 第三国を経由して ◆under a third-country flag of convenience 第三国の便宜置籍のもとで

**third party** a ~ 第三者, サードパーティ, 当事者以外の者, 非当事者 ◆a third-party company サードパーティ企業 ◆third-party software サードパーティのソフト ◆through third parties 第三者を介して

**third-rate** adj. 三流の、三等の、はっきりと劣ってる、非常に劣等な ◆There is a saying that Japan has a first-rate economic system, a second-rate political system and a third-rate standard of living. 日本は、経済システムは一流、政治制度は二流、そして生活水準は三流だという言い習わしがある。

**Third World** the ~ 第三世界 ◆Third World countries 第三世界諸国 ◆wield influence in the Third World 第三世界で影響力を行使する

**thirst** (a) ~ のどの渇き、渇望；vi. のどが渇く、~を渇望する <for, after> ◆satisfy the thirst for ever higher performance いっそう高い性能への渇望 [強い欲求] を満たす；更なる高性能化への強い要求に応える

**thirteen** n., adj. 13 (の)；-th (13th) adj., n., adv.

**thirtieth** (30th) adj., n., adv. 30番目 (の、のもの、に)、30分の1 (の)

**thirty** 30; the thirties 30年代, 30 (度, 番) 台 ◆in one's thirties 30 (歳) 代で ◆the thirty-first [-second, -third, -fourth, -fifth, -sixth, -seventh, -eighth, -ninth] 第31 [32, 33, 34, 35, 36, 37, 38, 39] の ◆略は31st, 32nd, 33rd, 34th, ...

**thirtysomething** → something

**this** これ [ここ、こちら、このこと]、以下 [次]；adj. この、本－、当－、今日 [今、現代] の；adv. これだけ、これほど ◆日本製品の取扱説明書、特に冒頭に、本製品、本装置、本機などの表現がよく用いられる。そのまま英語に訳すと this ~ となるが、英語の説明書では this ~ ではなく、製品名やモデル名を明記するのが一般的で、直前にしばしば the をつける。文章に出てきたものをいきなり this product と書くことは避けたい。ただし、その文章の媒体を this book のように呼ぶことは、この指し示すものが明らかであるから問題ない。 ◆this day 今日 ◆this month 今月、当月、本月 ◆(a) failure to do this may result in... これをしないと結果的に~となるかもしれない

◆by this time next year 来年の今頃までに ◆from this time onward 今回から；今後は；この時から；この時以降 [以後] ◆from this year onward 今年から；(過去・未来における) この年以降 [その年以後] ◆in this case この場合 ◆... must be defined like this: ~は次のように定義されなければならない ◆starting this year 今年から；本年度から ◆this (cup of) coffee このコーヒー ◆this past August 今年の (過ぎ去った) 8月 ◆this time 今回は、今度は、このたび、このほど、今般 ◆to do this safely これを安全に行うために ◆but this is where the arguments really begin だが、本格的に議論が始まるのはここからだ ◆Early this spring, they began... 今年の春 [今春] のはじめに、彼らは~を始めた。 ◆the equipment described in this manual 本マニュアル中で記述されている装置 ◆there has never been a technology that comes this close to reproducing actual sound これほどまでに実際の音 [《意訳》原音] に肉薄して再生する技術は (いままで) なかった ◆This is the very thing that has damaged... これは [この (cup of) coffee] これこそが~に傷 [損害] を与えたものだ。 ◆From this fact, we conclude that R is also negative. このことから、我々はRも負性であると結論づける。 ◆Hawaii welcomed more Japanese honeymooners this July than last (+9.7%). ハワイはこの7月に前年同月を上回る (9.7%増) 日本人新婚旅行客を迎えた。 ◆The menu looks like this: メニューは次のようなものです。 ◆The resulting screen looks like this: その結果、画面は次のようになります。 ◆The screen should look something like this: 画面は、だいたい次のような感じになります。 ◆THIS IS BECAUSE ALL CAPS ARE VERY DIFFICULT TO READ. これは [理由は、なぜなら]、すべて大文字だと非常に読みづらいからです。 ◆This is primarily as a result of the fact that <S ·V>. これは主に [このことは主として] ~という結果 (から生じたもの) である。 ◆This is the first time levels of turbidity have exceeded standards. 濁度が基準を上回ったのは今回が初めてである。 ◆We discussed this and that and concluded that we needed... 私たちはあれこれと討論して、~が必要であるという結論を出した。 ◆Dr. Mackey says she is excited to be back in the library school, this time as a professor. マッケイ博士は、このたび [このほど] 教授として図書館 [司書養成] 学校に戻れて非常に嬉しいと述べた。 ◆Whatever the validity of this or that theory, the earth will not remain as it is now. あれやこれやの学説の妥当性のいかんにかかわらず、地球は現状のままでいることはないだろう。 ◆This is Radio North Sea International, broadcasting from the radio ship MEBO II, which is anchored in international waters four miles from the coast of Europe. こちらは北海国際ラジオ局です、ヨーロッパ沿岸から4マイル沖合いに停泊したラジオ船MEBO II号から放送しています。(*1970年代にロックを主に流していた海賊放送局)

**thorium** トリウム (元素記号: Th)

**thorn** a ~ (植物の) 刺 [棘] (トゲ)、針、茨 [荊]、(イバラ) (a) ~ 《複合語の接尾語としてとげのある植物を示す。たとえば hawthorn 「山査子 (サンザシ)」》 ◆Every rose has its thorn.; Roses have thorns.; No rose without a thorn. 《諺》とげのないバラはない；薔薇に棘あり；楽あれば苦あり

**thorny** adj. とげのある、有刺の、とげの多い、とげのような；厄介な、困難な ◆a steep and thorny path leading to... ~に至る [つながる] 険しいばらの道

**thorough** adj. 徹底的な、完璧な、完全な、全くの、十分な ◆a thorough inspection of the gear box 歯車箱の総点検 ◆conduct a thorough study of all matters relating to... ~に関するあらゆる事項の徹底調査 [綿密／詳細な研究、十分な検討] を行う ◆gain [have] a thorough knowledge of... ~について徹底的に知る；~に通暁 (ツウギョウ) [精通] する；~を知り抜く [熟知する] ◆more thorough checks より徹底したチェック ◆emphasize the importance of the thorough implementation of... ~の徹底的 [完全] 実施の重要性を強調する ◆he needs a more thorough examination 彼にはより精密な検査が必要だ (*病院で)

**thoroughbred** a Thoroughbred サラブレッド (*英国在来種の雌馬にアラブ種を交配して競走用に作られたもの); a ~

純血種の動物, 血統・家系のすぐれた人; adj.〈動物が〉純血種の,〈人が〉育ちの[毛並みの]いい, 高級な, (T-)サラブレッド種の ◆a thoroughbred (horse)　サラブレッド, 純血[純血種]の馬

**thoroughgoing**　adj. 徹底した, 徹底的な, 完全な, 全くの, 根っからの, 周到な, 綿密な, 十二分に[飽くまでも]行き届いた, 至れり尽くせりの ◆more thoroughgoing reforms　より徹底した[抜本的な]改革

**thoroughly**　adv. 徹底に, 完全に, すっかり, 全く, 十分に, 入念に, とことん, 完璧なまで ◆read the owner's manual thoroughly　取扱説明書を徹底的に[丹念に, ていねいに, 十分に, よく]読む ◆test the brakes thoroughly　徹底的にブレーキをテストする ◆they searched the building thoroughly　彼らはその建物をくまなく[徹底的に, すっかり]捜索した ◆check even the small details thoroughly　細部に至るまで[微に入り細を穿って]チェックを入れる ◆Clean thoroughly after using.　使用後は, 完全に, 汚れを落としてください。 ◆Seed should be thoroughly dry before going into the bag, as excessive moisture can cause rapid deterioration of the seed.　種子は, 余分な水分があると急速に品質が落ちてしまうので, 袋詰めまでに十分乾燥していなくてはならない。

**thoroughness**　回完全, 徹底, 周到 ◆with great thoroughness　徹底的に, 十二分に ◆Although certain events and periods will be studied with a higher degree of thoroughness than others, ...　特定の出来事や特定の時代区分について特に徹底して[もっと詳しく, いっそう丁寧に]学習することにするが, ...

**THORP, Thorp**　(the Thermal Oxide Reprocessing Plant)《略語形にtheは不要》(英国の)熱中性子炉酸化物燃料再処理施設

**those**　それら[あれら](の(人々), それら[あれら] ◆in those times [days]　当時, あのころ, そのころ ◆Among those in attendance were...　参列した人々の中には～がいた。 ◆All those who are concerned or involved must please ensure that...　全関係者に[関係者各位]におかれましては, ～を徹底されますようお願いいたします。 ◆those who have been driving five years or less　運転歴5年以下の人たち ◆Their web site is an excellent resource for people, including those other than college students, across Colorado.　彼らのウェブサイトは, 大学生以外の人達も含めて[大学生に限らず]コロラド州全域の皆さんの役に立つすばらしい情報源である。

**though**　conj. ～けれども, ～にもかかわらず, ～だが; adv. けれども, だが

**thought**　1　(a)～ 考え, 思想, 思考[想像]力, 思索, 考察, 思索, 思惟, 配慮, 心遣い, 意向, 意図, 判断, 見解, 信念, 想い ◆give... careful thought　～について慎重に考える ◆without thought　考えずに, 思わず, 知らずに, 意識せずに, なんの気なしに ◆along these lines of thought　これらの考え方に沿って ◆a threat to freedom of thought　思想の自由に対する脅威 ◆give little thought to...　～をないがしろにする, ～をほとんど顧みない, ～のことをほとんど考えない ◆practice thought control　思想統制を行う ◆thought-provoking poetry style lyrics　考えさせられる[示唆や暗示に富む]詩の形式を取った歌詞 ◆When thought [consideration] is given to..., ...　～を考えてみたとき[考慮した場合に] ◆What are your thoughts on...?　～についてあなたのお考えは？ ◆with no thought given to strategic priorities　戦略上の優先順位を考慮せずに ◆A good deal of thought should be given to...　～を充分に考慮しなければならない ◆We'd like to hear your thoughts on this.　これについての皆様方のご意見を, 私どもにお聞かせください。 ◆The manufacturer put some thought into designing the laptop's carrying case.　そのメーカーは, ラップトップコンピュータのキャリングケースの設計に多少の工夫[思い付き, 着想]を盛り込んだ。

2　《think の過去, 過去分詞形》

**thoughtfully**　adv. 考え込んで, 考え事をして, 考え込むように[思案して]思いにふけって, 感慨深く; よく考えられて, 周到に, 用心深く; 親切に, 思いやり深く ◆be thoughtfully designed for easy troubleshooting and servicing　容易に故障(箇所)を突き止めたり修理たりできるよう, 十分考えて[熟考して]設計されている; 故障探索性および修理性を良くするための親切設計がなされている

**thought-out**　考え抜いた, 周到な, 《副詞を伴って》～に考えられた ◆as a result of poorly thought-out projects　考え足らずのプロジェクトの結果として

**thousand**　a [one] ～ ＝ 千 ◆a few thousand users　二, 三千人[数千人]のユーザー ◆a thousand dollars　1千ドル ◆a thousand-odd workers are building...　1千名余りの作業員が～を建設している ◆be tens and thousands of times faster than...　～より何万倍も高速である ◆be thousands of times more powerful than...　～よりも何千倍も強力である ◆by the year 2000 [two thousand]　(西暦)2000年までに ◆priced at tens of thousands of yen　何万円という[万円単位での]価格について ◆separate thousands with a comma　(数字を)3桁ごとにカンマで区切る ◆thousands of tons of apples　何千トンのりんご ◆several tens of thousands of years ago　数万年前に

**thousandth**　the ～ 1,000番目(のもの); a [one] ～ 1,000分の1; adj. 1,000番目の, 1,000分の1の ◆a thousandth of a watt　1ワットの千分の1; 千分の1ワット; 1mW(ミリワット) ◆thousandths of a second　1000分の数秒 ◆three thousandths　1,000分の3 (*つまり 0.003) ◆the plant's production of the ten thousandth transceiver　その工場の1万台目のトランシーバーの生産 ◆1 μm is one thousandth of a millimeter.　1マイクロメートルは, 千分の1mmである。

**thread**　1　(a)～ 糸, 細糸; a～ ねじ山; a～ 話の筋, (思考の)糸; 《コンピュ》スレッド (*1つのプログラム内で実行される連続的な処理の流れ; 電子会議やメーリングリストで, 投稿とそれに対する返信投稿によってつながった一連の発言の流れ) ◆hang by a thread　(命が)風前の灯(トモシビ)である; 危機[気息(キタイ)]に瀕(ヒン)している ◆terminate a thread　スレッドを終わらせる (*電子会議などで)スレッドを締めくくる発言[書き込み, 投稿]をする ◆a male [an external] thread; ↔a female [an internal] thread　おねじ↔めねじ ◆a double [triple, quadruple] thread　2条[3条, 4条]ねじ(山) ◆a right-hand [left-hand] thread　右[左]ねじ(山) ◆a single-thread screw　1条ねじ ◆the thread is stripped　ねじ山がバカになって[つぶれて]いる ◆a thread-rolling machine　ねじ転造機 ◆cut threads in a screw [on the inner surface of a pipe]　ねじに[パイプの内側表面に]ねじ(山)を切る ◆follow the thread of a conversation topic　ある話題のスレッドをたどる (*電子会議や電子掲示板で) ◆post a new message or start a new thread　《ネット》(電子掲示板などに)新しいメッセージを書き込む, つまり新しいスレッドを開始する[立ち上げる] (*人のメッセージに対するコメントや, 新しい話題で発言する) ◆the thread of life was cut by Atropos　生命の糸[命脈]はアトロポスによって絶たれた (*Atropos = ギリシャ神話のthe Fates「運命の三女神」の一人) ◆they suddenly found themselves linked by a single thread　彼らは, 一本の糸で結ばれていることに気づいた[はっと気が付いたら同じ糸で結ばれていた] ◆Check the screw to see that the threads are not damaged.　ネジ山が損傷して[つぶれて, バカになって]いないかねじを調べてください。 ◆Forcing the bolt the wrong way will strip the threads.　それを反対方向に力を入れて無理に回すと, ネジ山がだめ[バカ]になってしまいます。 ◆At the beginning of October, peace in our country was hanging by a thread.　10月の初め, 我が国の平和は風前の灯火だった。 ◆On the other thread we could argue what is considered cheap and what is considered expensive.　何が安くて何が高いかを別のスレッドで議論するのもいいでしょう。

2　vt. 〈糸など〉を通す[かける], ～に通す, ～を縫うように進む; vi. ～にねじ山をつける; 縫うように進み抜ける ◆a threaded cap　ねじ込み[ねじ付き]キャップ ◆a threaded cap　ねじが切ってある部品 ◆a threaded needle　糸が通してある針 ◆host threaded discussions on a Web site　Webサイトでのスレッド形式の討論[会議]を主宰する ◆thread a cord through a hole　穴にコードを通す ◆thread a needle　針に糸を通す ◆thread...

on [onto] a string 〈ビーズのようなもの〉をひもに通す ◆a tape threading pattern テープの掛け方［通し方］ ◆thread one's way through minefields [the traffic] 地雷原［車の間を］縫うようにして進む ◆the rope is threaded through a carabiner, a D-shaped steel ring このロープはカラビナという D 字形をした鋼鉄製の環に通された ◆They should be dual-threaded [double-threaded] to fit standard faucets. それら（の製品）は通常の蛇口に合うよう 2 条ねじが切ってなければならない．

**threadlocker** a～ねじロック
**threadlocking, thread locking** ◆a threadlocking adhesive ねじロック（*塗った後に固化する）
**threat** (a)～脅威（となるもの），脅迫，脅し，（悪いことの）兆し，恐れ ◆under threat of... ...に脅かされて ◆become a serious health threat for women 女性の健康にとって重大な脅威となる ◆see... as a threat to national security ...を（国家の）安全保障に脅威を与えるものと見る ◆a security threat could pose... セキュリティ上の脅威が発生すると ◆might pose a threat to Japan in the future 将来日本に脅威を及ぼすことになりかねない ◆pose a major threat to the health of children 子供たちの健康に大きな脅威を与える［大きく脅かす］ ◆present [pose] a health or safety threat to the employee 従業員に対して健康上あるいは安全上の脅威となる
**threaten** v. 脅かす［脅迫する］ ＜to do＞；（悪い）兆候がある，～しそうである ＜to do＞ ◆be listed as a threatened species 絶滅危惧種として登録されている ◆threaten a person with the sack 〈人〉に首にするぞと言って脅す ◆threaten the global [international] competitiveness of the U.S. 米国の国際競争力を脅かす［低下させるおそれがある］ ◆... where the native oysters are threatened by disease そこでは天然のカキが病気のため生存が脅かされている［絶滅の危機に瀕している］ ◆After sleeping quietly for almost 200 years, the volcano threatens to erupt. ほとんど 200 年の静かな眠りの後に，その火山は爆発するおそれがある．
**threatened** adj. 絶滅の危機に瀕している ◆a threatened bird 生存が脅かされている［絶滅寸前の，絶滅が危惧されている］鳥
**threatening** adj. 脅しの，脅迫の，（顔つきや態度が）大変な剣幕の，荒れ模様の，荒れそうな，険悪の
**three** adj. n. 3 (の) ◆a three-terminal device 3 端子素子
**three-D, 3-D, 3D** n. 3 次元の形態，立体効果，立体映像［写真］; adj. 3 次元の，立体の ◆3-D modeling 3 次元モデリング ◆render 3-D images on a 2-D computer screen 2 次元［平面］のコンピュータ画面上に，3 次元［立体］像を描画する ◆a three-D bar chart (aspect angle = 50) 立体棒グラフ（アスペクト角 = 50）（*棒に立体感を持たせたグラフ）
**three-dimensional** (3-D, 3D) adj. 3 次元の，立体の，立体感のある ◆give... a three-dimensional appearance; apply a three-dimensional appearance to... ...を立体的に見せる［...に立体感をもたせる，...に立体感を与える］ ◆a computer-generated shaded image of a three-dimensional object コンピュータによって生成された，陰影のある立体画像 ◆It cannot scan three-dimensional objects. その装置は立体物をスキャンすることができない． ◆Buttons on the screen are shaded to create a three-dimensional effect. 画面に表示されるボタンには，立体感が出るよう影がつけられている．
**threefold** → -fold
**three-phase** 《電気》3 相の ◆a three-phase half-wave rectifier circuit 三相半波整流回路
**threesome** a～《通例単扱い》3 つ［3 人］組; adj. 3 つ［3 人］からなる，三重の ◆in a threesome 3 人で
**three-star** adj. 三ツ星の，中級の，並みの；（場合によっては）質のよい，良質の，評価の高い，高級な，上級の ◆a three-star officer [general, admiral] 《米口》中将
**threshold** a～敷居，入口，とぼ口，閾（イキ），閾値（イキチ），ある現象や効果がその値以上で見られる境目のレベル，限界（点），開始，最小（値），最大（値） ◆a threshold level 閾値（イキチ）レベル ◆a threshold value 閾値（イキチ，シキイチ），限界値 ◆as

the input voltage rises above the threshold value 入力電圧が閾値以上に上がると ◆a threshold voltage しきい電圧 ◆on the threshold between A and B A と B の境目で ◆subthreshold stimulated emission しきい値以下での誘導放出 ◆When a threshold crossing is detected, ... 閾値超過が検出されると ◆the country stands on the threshold of a new phase of economic expansion この国は経済拡張［拡大］の新局面の入口に立っている ◆as certain threshold values of acceleration, cornering, braking and speed are exceeded 《意訳》加速，旋回，制動，および速度がある一定の値を超えると ◆We stand on [at] the threshold of a new age for humankind [mankind]. 私たちは，人類にとっての新時代の入り口に立っている． ◆Advances have come so fast that we are now on the threshold of being able to... 進歩が非常に速いので，今や我々は…ができるかできないかの境目［できそうなところ］まできた． ◆The jobless level is approaching the threshold at which it begins to spur wage and price increases. 失業率は，賃金と価格の上昇に拍車をかけ始めるところまで近づいてきている．
**thriftiness** □《倹約，節約，やりくり上手》(good husbandry) ◆the power-thriftiness of the Crusoe chips 《コンピュ》クルーソーチップの電力倹約［節約］性; 《意訳》低消費電力［省エネ，省電力］性
**thrifty** adj. 倹約な，つましい ◆a thrifty guy 締まり屋（の男） ◆grow thrifty つましくなる; 締まり屋になる ◆People have gotten more thrifty. 人々はより倹約［節約］するようになった． ◆the thrifty use of food and clothing 食糧や衣類を節約して使うこと ◆a fuel-thrifty Japanese subcompact 燃料消費の少ない［低燃費の，好燃費の］日本製サブコンパクトカー ◆Be thrifty with your money. お金を大切にしなさい．
**thrive** vi. 栄える，繁盛する，繁昌する，〈人，動物が〉よく［すくすくと］育つ ◆a thriving company 栄えている［《商売》繁盛している，業績好調な］会社 ◆a thriving seaport town 栄えている［繁盛している，栄えている，賑わっている，繁華な，活況の，景気のいい］港町 ◆thrive on diversity 多角化［多様化，多様性］でうまくいって［繁盛して］いる ◆a variant species that will thrive in a climate that neither of its parent plants could survive どちらの親植物も生存できないような気候でよく育つ変種 ◆Babies thrive on physical affection. 赤ん坊は，スキンシップによってすくすく育つ． ◆Our economy is thriving like never before, and the national budget is out of the red for the first time in years. 我が国の経済はかつてないほど繁栄して［活況を呈しており］，国家予算は久しぶりに赤字（体質）から脱却している．
**throat** a [one's] ～のど，のど状のもの
**throb** 1 vi. 脈打つ，鼓動する，震える ◆the engine throbs エンジンがリズミカルな爆音をたてる
2 a～鼓動，動悸，脈動，拍動，（振動数が小さく機械的な連続した強い）振動 ◆the throb of an engine エンジンのリズミカルな爆音
**throes** 《通例 the ～》苦闘，必死の努力 ◆in the throes of ～に懸命に［必死に］取り組んで，～に奮闘して ◆people in the throes of life-threatening illness 生命を脅かす病に苦しんで［病と闘って］いる人々 ◆the company is in the throes of reorganization この会社は苦しい懸命のリストラの真っただ中にある ◆the death [dying] throes of the communist regime その共産政権の断末魔の苦しみ ◆Japanese businessmen are in the throes of discovering Eastern Europe. 日本のビジネスマンは，東欧発見に苦闘［苦悩］している．
**thrombosis** (a)～(pl. -ses) 血栓症，血栓形成 ◆a common kind of stroke caused by blood clots, termed cerebral thrombosis or cerebral embolism 血液の塊［凝塊］によって起こるよくある類の卒中で，脳血栓（症）または脳塞栓（症）と称されるもの
**throng** 1 a～群衆，群れ，大勢 ◆a throng of 100,000 people 十万人の群集［群衆］ ◆Taiwanese-Americans gathered in throngs to greet Mr. Lee 台湾系米人は李氏を迎えるために大挙して集まった
2 vi., vt. 群がる，押し寄せる，殺到する

**throttle** 1 (a) ~スロットル, (エンジンの燃料流量を調節する)絞り; a ~ 絞り弁, 絞り弁レバー ◆at half throttle (エンジン)半開で ◆floor the throttle 《車》スロットルを全開にする(＊アクセルを床まで踏み込むことから) ◆a throttle valve 絞り弁, スロットルバルブ, スロットル弁 ◆during part throttle スロットルをある程度絞った状態時に ◆hold the throttle wide open スロットルを大きく開放しておく ◆the car's throttle response その車のスロットル応答 ◆Run the engine and accelerate it from idle to partial and then full throttle. エンジンをかけて, アイドル状態からスロットルを次第に開けてゆき, 全開まで加速してください. ◆The engine continues to run because the throttle plates on the carburetor are opening too much. エンジンが回り続けるのは, キャブレータ[気化器]の絞り板の開度が大きすぎるからです.
2 vt., vi. 窒息させる[する], スロットルを絞る, (スロットルを締めて)減速する ◆throttle back 絞る; 抑制[削減]する ◆throttle down [back] the engine （燃料供給量を絞って）エンジンを減速させる ◆use the valve for throttling その弁を流量調節に用いる ◆car manufacturers throttled back output to keep inventories in check 自動車メーカー各社は, 在庫を抑えるために生産を抑制した ◆prop up prices by throttling back the world's oil output 世界の産油量を絞って[抑制して]価格を支える ◆Some banks throttled their lending down so sharply that Government leaders began to fear a full-fledged credit crunch. 銀行の中にはあまりにも急激な貸し渋りに走ったところもあったので, 政府閣僚は本格的なクレジットクランチを憂慮し始めた.
**(at) full throttle** エンジン[アクセル]全開で, パワー全開で, フルパワーで, 全速力で[全速力で]走る ◆run at full throttle エンジン全開で走る ◆be going full throttle on the main line 本線をエンジン全開で走行中である ◆put pumps on full throttle ポンプを全開(運転)にする ◆even when the 6-cylinder Volvo diesel was running full throttle この6気筒ボルボ・ディーゼルエンジンがスロットル[(意訳)パワー]全開で走っていた時にでさえ

**through** 1 prep. ~を通って[通り抜けて], 経由して, 通じて, 介して, 通過して, ~を経て, ~を通して, 〈～から〉~にかけて; adv.; adj. 貫通の ◆(from) A through B AからBまで[Bにかけて] [▶through = to and including. Bを含む] ◆a through bolt 貫通ボルト ◆a once-through boiler 貫流ボイラー ◆through the dark days of winter 冬の薄暗い日々の間中[を通じ, を通して] ◆(a) flow-through current 《半導体》貫通電流 ◆a molded through-the-panel strain relief （電源コードをキャビネット内部に引き込むための）成形品でできているパネル貫通形張力逃しブッシング ◆There are (direct) through train services to... ~行きの直通列車サービスがある《(意訳)直通列車を表して》 ◆plated-through holes in double sided or multi-layer boards 両面基板や多層基板に開けられた, めっきが施されている貫通穴 ◆the sea is too shallow to allow supertankers through 《意訳》この海は超大型タンカーの通行には(水深が)浅すぎる ◆Bexel and BMC have both been through tough times of late. 最近, BexelとBMC社は共に厳しい時期[時代]を経験して来た. ◆Follow steps 3 through 7 above. 上記の手順3から7番までを実行してください. ◆The CIM system uses a mainframe computer, a CAD/CAM system, NC machine tools, and robots to take the manufacturer from product conception through engineering, drafting and numerically controlled production. CIMシステムは, 大型コンピュータ, CAD/CAMシステム, 数値制御工作機械, およびロボットを使うことにより, メーカーが製品構想から設計, 図面起こし, ならびに数値制御された生産までの一貫作業ができるようにする.
2 prep. 〈手段〉によって, ~を介して, ~の理由で ◆through the use of... ~の使用により ◆through the addition of heat to... ~に熱を加えることにより

**through beam** a ~ 透過ビーム; through-beam adj. 《光》透過ビーム型の, 透過式の ◆Objects as small as 1 mm in diameter can be detected in the through beam mode. 直径1mmの小さな物体も透過ビーム[透光]モードで検出可能である.

**through hole** a ~ 貫通孔, 通し孔, 《電気, 電子》(プリント基板の)スルーホール ◆The interior surface of the through hole is plated with copper during manufacturing to provide an electrical connection. スルーホールの内側表面は, (多層基板の各層を)電気的に接続するために製造時に銅メッキされる.

**throughout** prep. ~全体[全域]にわたって, 全体を通して, ~じゅうずっと, ~じゅうくまなく ◆throughout all of China 中国全土に(で) ◆throughout its length それの全長にわたって ◆throughout last year 昨年全般を通じて ◆throughout the audible frequency range 可聴周波数帯域全体[全域]にわたって ◆throughout the region その地域全体にわたって[地域中で] ◆throughout extended periods of use 長期にわたる使用期間全体を通して ◆work throughout [through] the night 夜を徹して[夜通し]働く ◆he maintained his innocence throughout the trial 彼は, 裁判の間, 一貫して無実を主張した

**throughput** 〈コンピュータ, 製造装置などの〉(単位時間当たりの)処理量, 処理能力, スループット ◆system throughput システムスループット ◆at considerable penalties in cost and throughput 《コンピュ》コストとスループットをかなり犠牲にして ◆a throughput of 57,600 bps 毎秒57,600ビットのスループット ◆increase your fax modem throughput speeds to 57.6Kbps over standard telephone lines あなたのファクスモデムの処理速度を普通の電話線で57.6Kbpsまで高める ◆because pneumatic tube systems are distance-limited and their throughput is restricted 空気輸送システムは距離的な制限[制約]があり処理できる量[処理能力]も限られて[限定されて]いるので

**through-the-lens** (TTL)《カメラ》TTL測光の(撮影レンズを通して測光する方式の) ◆cameras with through-the-lens metering TTL測光式のカメラ ◆my SLR has through-the-lens metering 私の一眼レフはTTL測光(方式)だ

**throw** vt. ~を投げる, 投擲[トウテキ]する, 投じる, 投入する, 投げかける, 〈スイッチなど〉を操作する, ~を動かして(~の状態に)する; vi. 投げる ◆a body thrown horizontally 水平に投げられた物体 ◆throw the switch from position 1 to 2 スイッチを1から2の位置に入れる[1の設定を2にする] ◆be thrown from [out of] the car in a collision 衝突で車から投げ出される[ほうり出される] ◆by throwing more engineers at the problem この問題の(解決)にもっと大勢の技術者を投入することにより ◆calculate the projection throw distance (the distance from the projector lens to the screen) 投写[映写]距離(プロジェクタのレンズからスクリーンまでの距離)を計算で求める[算出する, 算定する] (＊projectionは省いてもよい) ◆throw a magnified image of... onto a screen ~の拡大像をスクリーン上に投影する ◆one angry protester threw a bucket of water over his head 怒った抗議者一人がバケツの水を彼の頭にぶっかけた[浴びせかけた] ◆throwing butts out of car windows is now an offense 吸い殻を車の窓からポイ捨てすることは違法[不法]行為である
**throw away** (投げ)捨てる, 無駄にする, 見逃す, 棒にふる ◆throw away... after one use ~を(1回使って)使い捨てにする
**throw in** 〈ギア, クラッチなど〉を入れる[かみ合わせる], 投げ入れる, 差し出さむ ◆throw in a clutch クラッチを入れる
**throw off** 振り捨てる[かなぐり捨てる], 逃れる, 発する[放つ]
**throw out** 〈ギア, クラッチなど〉をはずす, 捨てる, 始末する, 追い出す, 退ける; 発する[放つ], 言う, 明白にする ◆throw out A in favor of B Aを捨てて[の代わりに]Bを採る ◆throw out [disengage] the clutch クラッチを外す

**throwaway** adj. 使い捨て用の (= disposable), 〈言葉が〉さりげない, 何気ない; a ~ ちらし[ビラ], 使い捨て用の品, 捨てられるもの; [U]捨てること ◆a throwaway panoramic camera 使い切りパノラマカメラ ◆a throwaway camera レンズ付きフィルム, 使い捨て[使い切り, 撮りっきり]カメラ

**thrum** v. 〈弦楽器を〉(じゃんじゃん単調に)弾く[かき鳴らす], 連続した低いうなり音を出す; n. 〈織物の〉耳, 織り端(の糸) ◆The car thrums like a tractor. この車はトラクターみたいなエンジン音を発する. ◆At about 70 mph, which corresponds to about 3000 rpm, the thrumming starts in earnest. ほぼ3000 rpmに相当する時速70マイル近辺で, (エンジンの)唸りが本格的になる[本格化する].

**thrust** 1 (a) 〜 ぐいと押すこと, 推力, スラスト ◆produce thrust 推進力[推力]を発生させる ◆a thrust bearing スラスト[推力]軸受 ◆a thrust bearing スラスト軸受 ◆develop an axial thrust load 軸方向のスラスト荷重を生じる ◆low-rpm thrust 〈車〉低速回転軸の推力 ◆the thrust force of a rocket motor ロケット・モーターの推力 ◆an engine that develops so much thrust それほど大きな推力を発生するエンジン ◆carry a thrust load 推力荷重に耐える
2 vt. 〜をぐいと押す, 〜を押し分けて進む; 突き出る, 伸ばす ◆an imposing statue of Lenin thrusting his arm into the future 未来に向かって腕を突き出している威風堂々のレーニン像

**thruster, thrustor** a 〜 スラスター, 軌道修正・姿勢制御用小型ロケットエンジン; a 〜 押すもの, 押し強い人 ◆a satellite's thrusters 衛星の姿勢制御ロケット

**thud** a 〜 ドサッ[ドスッ, ドシン, ゴツン]という音; v. ドサッという音をたてる, 〈心臓が〉ドキドキする ◆He fell to the ground with a dull thud. 彼はドサッという鈍い音とともに地面に倒れた.

**thulium** ツリウム(元素記号: Tm)

**thumb** 1 a [one's] 〜 親指[第一指, 母指, 拇指(ボシ)] ◆as a general rule of thumb 一般的な[大まかにではまる]経験則として ◆as a (rough) rule of thumb おおざっぱなやりかたとして; おおまかな評価ではあるが, 経験的にまず間違いのないやり方として; 経験に基づいて, おおよその目安として; だいたいの線で; 概算で; 目分量で; 目の子算で; 目の子勘定で ◆a (wing) thumb nut 蝶ナット, つまみナット ◆thumb-size 親指大の ◆rotate [manipulate] the trackball with your thumb トラックボールを親指で回す[操作する] ◆Hold the drill shank between the thumb and index finger. ドリルの軸柄を親指と人差し指で持ちます[(意訳)つまみます]. ◆The front keys are deliberately large for thumb operation. 前面の(押しボタン式)キーは, 親指操作用にわざと大きくしてある. ◆The Xxx features easy, one-thumb operation and weighs only 9 ounces. Xxxは親指一本簡単操作の特長で, 重さはわずか9オンスだ. ◆A rule of thumb estimation of its mean thickness is 11.3 m/0.057 = 200 m. 大まかな見積もりで, それの平均の厚みは11.3m/0.057 = 200mである. ◆The GPS 38 features easy [simple], one-thumb operation and weighs only 9 ounces. GPS 38は, 親指一本で楽[簡単]に行える操作を特長とし, 重量はわずか9オンスにする ◆As a rule of thumb, a back-up system should provide about 75 percent of the capacity of the main system. だいたいの目安[見当, めど, 目標]として, 予備[補完]システムは主システムの容量の約75%の容量を持っていなければならない.
2 vt., vi. 〈本〉を(親指で)パラパラとめくる <through>, (パラパラとめくるように)ざっと見る, 〜を親指でさわる [汚す], 親指を上げて車を止めてヒッチハイクする ◆thumb one's nose at... (親指を鼻に当て, 他の指を広げる格好をして)〜をばかにする ◆thumb through the information on the disk ディスク上の情報をざっと読む ◆while thumbing through a magazine 雑誌をパラパラとめくっている間に

**sit on one's thumbs** (= waste time in an unproductive way) 時間を無駄に過ごす, 無策のまま過ごす ◆the more time you wait for the graphics to load, the longer you sit on your thumbs 画像の読み込みに長く待つほど, 無駄に過ごす[つぶれる]時間が多いことになる

**thumbnail** a 〜 親指の爪, 《コンピュ》サムネイル(*複数のイメージを一覧するための縮小画像*); adj. (非常に)小さい, (記述などが)簡単な, 手短な

**thumbprint** a 〜 親指の指紋(の跡), 拇印 ◆affix [place, put] one's thumbprint on a document 書類に拇印を押す

**thumbscrew** a 〜 蝶ネジ, ツマミねじ, 親指をねじで締め付ける責め具(*中世の拷問用*) ◆be secured to the floor with two thumbscrews 蝶ねじ2個で床に固定されて(いる)こと ◆If you turn the thumbscrews, I'll eventually admit that... あな

たに(自白を)厳しく追及され[強く責められ]たら, しまいには〜だと自白してしまうでしょう. ◆Efforts to "find new thumbscrews" to force men to pay child support are not likely to pay off because many are too poor to pay. 男性に子どもの養育費を出させるための「新しい締め上げ手段を探す」という取り組みはうまくいかないだろう. というのは, 貧しすぎて払えない人が多いからだ.

**thumbs down, thumbs-down** (a) 〜 不賛成, 非承認, 非難, だめ, 拒絶 ◆get a thumbs down from... 〜から非難を受ける ◆receive a thumbs-down from... 〜から反対を受ける ◆turn thumbs down on... 〜を非難する ◆receive a thumbs-down response from American consumers 米国の消費者からの拒絶反応にあう

**thumbs up, thumbs-up** (a) 〜 承認, 賛成, 了承, 激励, OK ◆get a thumbs up 賛成[承認, 了承, OK]を得る(*辞典によっては定冠詞the がついている状態が感おされたりしないように*) ◆give... an implicit thumbs up 〜に暗黙の了承を与える ◆With a thumbs-up from President Clinton,... クリントン大統領の承認を以て,... ◆"Thumbs up" signifies approval. 「親指を上に向ける」動作は承認を表す.

**thumbtack** a 〜 《米》画鋲, 押しピン(*頭が平たい画鋲*) (=《英》a drawing pin)

**thump** a 〜 ドン[ゴツン, ドシン]とたたくこと[音]; vt. 〜をドン[ゴツン, ドシン]とたたく; vi. ドン[ゴツン, ドシン]とぶつかる, 〈心臓が〉ドキドキン[ドキドキ]と打つ ◆bone-rattling bass thumps 骨までガタガタゆさぶるドスンドスンと響く低音 ◆resist thumps, bumps, and vibration 〈精密機械などが〉衝撃や振動に耐える

**thunder** 雷鳴, 雷; v. 雷が鳴る, 大きな音をとどろかせる ◆a crack of thunder 雷鳴 ◆a thunder clap; a clap of thunder 雷鳴 ◆it thunders 雷が鳴る ◆thunder is heard 雷鳴が聞こえる

**thunderbolt** a 〜 雷鳴を伴う稲妻 ◆The news came as something of a thunderbolt. その知らせは, 青天のへきれきものだった.

**thunderclap** a 〜 雷鳴

**thundercloud** a 〜 雷雲, かみなり雲

**thundershower** a 〜 雷を伴った夕立

**thunderstorm** a 〜 雷雨

**thus** したがって, それゆえに, そんなわけで, だから, このように, こうして, かくして, 次のように, これほど ◆Nietzsche's Thus Spoke Zarathustra ニーチェの(著書)「ツァラツストラはかく語りき」 ◆It is thus believed that... という訳で, 〜であると信じられている. ◆Remove the cover thus: 次のようにしてカバーをとります: ◆Thus, the stage was set. かくて, お膳立てができたのであります. ◆The tightly clustered blooms are said to resemble a rooster's comb, thus the common name "cockscomb." びっしりと並んで付く花の形状が雄鶏の鶏冠(トサカ)に似ていると言われることから,「鶏頭(ケイトウ)」の俗名[正名, 通称]がついている.

**thyristor** a 〜 《半導》サイリスタ ◆a GTO thyristor ゲート・ターンオフ・サイリスタ

**thyroid** a 〜 甲状腺 (= a thyroid gland); adj. 甲状腺の ◆thyroid hormones 甲状腺ホルモン

**Ti** 《化》チタン(titanium)の元素記号

**Tiananmen Square** 《無冠詞》天安門(*中国, 北京の*)

**tick** 1 a 〜 (時計などの)カチカチという音(の1回の音); a 〜 照合印(√, /など), 目盛りの刻み目1つ ◆a major [minor] tick 大[小]目盛り(*目盛りの刻み目のこと*) ◆tick marks labeled with a range of numbers ある範囲の数値が振ってある目盛り ◆The Y axis is divided by tick marks. Y軸には目盛りが刻まれている.
2 vi. カチカチと音を出す; vt. 〈時〉を刻む, 〜に照合印をつける, 〜を照合する ◆the ticking of the clock クロック[時計]のカチカチ[カチカチ] ◆the ticking of the internal clock 内部クロックの時間刻み ◆take apart the device to see what makes it tick (意訳)その装置の動作原理[仕組み]を調べる

ために装置を分解する ◆Tick [Check] appropriate boxes. 該当する枠にチェック印を付けてください。 3 a～ダニ

**ticket** a～切符[乗車券, 入場券], 付け札[下げ札], (交通違反の)切符[呼出し状] ◆punch a ticket 切符を切る ◆a ticket dispenser 発券機, 券売機 ◆a ticket punch 切符を切るばさみ ◆a ticket agency; a ticket center; a ticket outlet チケット販売所[プレイガイド](＊旅行や娯楽興行の各種チケットを取り扱う) ◆a (ticket) box office プレイガイド(＊コンサート, スポーツ, 演劇, 映画などの入場券の前売り所) ◆a ticket agent 切符[チケット]取り次ぎ販売業者(＊航空券や鉄道乗車券, あるいは入場券や観覧券を扱う) ◆an automatic ticket-issuing system 自動発券機 ◆small-ticket items 低額商品 ◆a ticket to a popular play 人気の高い演劇の入場券 ◆at the time of ticket issue チケット[切符]発行時に; 発券時の ◆the advance sale of tickets チケットの前売り ◆remainder tickets for same-day performances 当日の公演の売れ残りチケット[売れ残り当日券] ◆Ten-Trip Ticket — 15% discount off the price of ten individual Single-Ride tickets; usable over six months. 《表示》10回乗車回数券 — 1回乗車用切符10枚を個別に購入した場合の15%割引. 6カ月間有効.

**tidal** adj. 潮の, 潮の作用[潮の干満]による, 潮の干満のある, 潮～, 潮汐～, 潮位～ ◆a (killer) tidal wave 津波 ◆a tidal estuary 河口の干潟 ◆a tidal salt marsh 潮汐湿地, 干潟 ◆catch fish in tidal (saltwater) flats 干潟で魚を捕る ◆The earthquake caused a series of tidal waves, landslides and fires. この地震は, 一連の津波や地滑りや火事を引き起こした.

**tide** 1 (通例the ～)潮(の干満); a～ 潮流, 趨勢; a～ <of> 多いこと, 広範に発生すること, 《比喩的に》洪水, 蔓延(マンエン) ◆a red tide 赤潮 ◆a rising tide of violent crime 暴力犯罪の増加傾向[蔓延しつつあること] ◆swim [go, run] against the tide 時流に抗する[逆らう] ◆the winds of change and the tides of reform 変革の風と改革の波 ◆a rising tide of democracy 高まりを見せている民主化のうねり ◆during incoming tides early or late in the day 1日の内の先ほたは後の方の満ち潮[上げ潮]の間に ◆The tides seemed to have turned in favor of... 風潮[時勢, 時流, 形勢]は,〈人など〉に有利なほうに逆転したようだ ◆they may not be able to turn the tide in time 彼らは決まった期限までに形勢を逆転できることはできないかも知れない ◆Time and tide wait for no man. 《諺》歳月人を待たず. 2 vi. 潮のように流れる, 潮のように押し寄せる, 潮に乗じる **tide over** 〈困難, 苦境など〉を切り抜ける[乗り切る]; tide a person over...〈人〉を助けて[困難など]を乗り切らせる ◆to tide over such temporary difficulties そのような一時的な困難に[を切り抜け/乗り切る]ために ◆bring snacks to tide children over until mealtime 食事時間まで子供が持ちこたえられるよう軽食を与える ◆We'd need to borrow money to tide us over until... 〜まで乗り切るためにお金を借りないといけなくなるかも知れない

**tideland** (a)〜(しばしば〜s でも)干潟, 潮汐地 ◆the tidelands of South Carolina サウスカロライナの干潟

**tidy** adj. きちんとした, 整然とした, 整頓された, きれいに片づいている, こざっぱりとした, こぎれいな, 手入れの行き届いた,《口》かなりの; vt.<up>〜をきちんとする, 整理整頓する, 片づける, 整える; vi. ◆tidy [pick] up a room 部屋を片づける

**tie** 1 a〜 ネクタイ, 結ぶためのひも, つなぎ材, 留め具, 結び目, 《送配電》連系[連係]線,《鉄道》《米》(= a rail tie)枕木(=《英》a sleeper); a～(しばしば～s)きずな, つながり, 関係, 束縛; a～ 同点, 引き分け ◆retain a tie to... 〜とのきずな[つながり, 結び付き, 縁]を保つ ◆strengthen one's ties with... 〜との関係を強化する[深める] ◆establish ties with... 〜との関係を樹立する ◆a piece of tie wire 1本のバインド線 ◆a (railroad) tie [crosstie] 枕木 ◆in the event of a tie 同点[引き分け]になった場合 ◆straighten one's tie ネクタイをまっすぐにする; ネクタイの曲がりを直す ◆Family ties deepen. 家族の絆が深まる. ◆Two power systems A and B are interconnected by a tie-line. 《配電》二つの電力系統AとBは, 連系線[連係線, 連絡線]により相互接続[連系]されている. 2 vt. 〜を縛る, くくる, 結び付ける, つなぐ, 拘束する; vi. 結び付く, つながる ◆a pension tied to inflation インフレに連動している年金 ◆tie cables together ケーブルを結束する ◆to tie the enemy forces down as long as possible 敵軍をできるだけ長い間止めておくために ◆Like the mind and body, theory and practice are inseparably tied. 精神と身体のごとく, 理論と実践は不可分の関係で結びついている[密接に結びついていて切っても切れない関係にある]. ◆This computer is tied to the central machine. このコンピュータは, 中央計算機に接続されている.

**tie up** 結びつける[つなぐ]<to>, 包装する, 拘束する, 忙しくさせる, 停滞[凍結]させる, 渋滞させる, 不通にする;〈取引の〉契約を結ぶ, 提携[連合]する[させる], タイアップする<with> ◆I am tied up for a few days. 私は2～3日間忙しくて身動きがとれません. ◆In the past couple of years, I've been tied up in the business end of the business. ここ数年間というものは会社の営業にかかりっきりだ. ◆The accident kept traffic tied up until 10 a.m., when wrecker crews cleared the last of the debris from the road. この事故により, レッカー作業員が道路から最後の破片を片付けた[破片を片付け終わる]午前10時まで通行が滞った[不通になった, 渋滞した](＊不通と渋滞のどちらの意味にもとれる)

**tie-in** a～ タイアップ,(業務)提携, 抱き合わせ, 抱き合わせ販売; adj. 〜 have a tie-in with... 〜と提携している(▶提携先が複数の場合は, have tie-ins with...) ◆a promotional tie-in 販売促進のための[販促]タイアップ ◆announce a tie-in with... 〜との提携を発表する ◆classify... as a tie-in sale 〜を抱き合わせ販売であると断定する ◆tie-in promotions with manufacturers メーカーとタイアップして[共同で]行う販売促進活動 ◆tie-in sales are illegal 抱き合わせ販売は違法である ◆have a technical tie-in agreement with... 〜と技術提携協定を結んでいる ◆noncompeting products can also be displayed in a natural tie-in (e.g., soft drinks and picnic supplies) 競合しない商品は自然での組み合わせ[抱き合わせ]にして陳列することも可能である(たとえば, ソフトドリンクと行楽用品) ◆Chrysler is rolling out the 1997 Dodge Dakota by promoting a tie-in with the NHL. クライスラーは, 北米アイスホッケー・リーグとのタイアップを推し進めて1997年型ドッジ・ダコタの車種展開をしている.

**tier** a〜 層, 段, 列 ◆second-tier companies 二流企業 ◆a three-tier system 3層構造のシステム ◆be listed in six tiers 6段階に分けてリストに記載されている ◆the middle tier of consumers 消費者の中間層 ◆a seven-tier cake with a plastic bride and groom on top てっぺんにプラスチック製の花嫁と花婿が載っている7段重ねのケーキ

**tie rod** a〜 タイロッド, 連結棒

**tie-up** a〜 (pl. tie-ups)提携[連合, 協力, かかわり合い], 一時的休止[停滞, 渋滞, 滞り] ◆have a tie-up with... 〜と提携[連合]する ◆a traffic tie-up 交通渋滞 ◆announce a tie-up with... 〜とのタイアップ[提携]を発表する ◆corporate tie-ups [tie-ins] 企業提携 ◆rush-hour tie-ups on the Beltway (ほとんど前に進まない状態の)環状線のラッシュアワー時の交通渋滞 ◆the traffic tie-up was caused by... 交通渋滞は, 〜によって引き起こされた ◆tie-ups between Japanese and American manufacturers 日本[日系]企業と米国企業間のタイアップ[提携] ◆an increase in international tie-ups in the semiconductor industry 半導体業界における国際的なタイアップ[(業務)提携]の増加 ◆a massive traffic tie-up occurred 大交通麻痺[交通の大渋滞]が発生した ◆the Toyota-GM manufacturing tie-up in California カリフォルニアでのトヨタとGMの製造提携

**TIG** (tungsten-inert-gas) ◆TIG arc welding ティグアーク溶接

**tight** adj. しっかり固定した, 堅く締め付けられた, 密な, 目のつんだ, ぎっしり詰まった, 厳しい, 厳格な, 厳重な, 狭い,

い, 余裕のない, 逼迫(ヒッパク)した, かつかつの, きっちりした, 身動きのとれない, 窮屈な, ぴんと張った; 締まり-, 締め-, 硬-, 密-, 密着-, 緊密-, 気密-, -密, 張り; adv. ◆a coil wound tight 密着巻きコイル ◆a tight fit ぴったりした[密な]嵌合(カンゴウ); 締まりばめ ◆a tight turn 急カーブ ◆tight coupling 《電気》密結合 ◆(a) tight-binding approximation 強結合近似 ◆achieve a tight fit between A and B AとBの間にきつい嵌合を実現する;《意訳》締まりばめによりAとBを結合[結合]する ◆a dust-tight box ほこりが入らないようになっている箱; 防塵ボックス ◆a tight close-up 至近距離から撮影された接写[クローズアップ]写真 ◆if your hard disk space is tight ハードディスク容量に余裕がない[ハードディスクにほとんど空きがない]場合は ◆in spots with tight access 狭くて(手,体,物が)届きにくい[入りにくい]箇所で ◆in tight spaces 非常に狭い[窮屈な]空間内で ◆turn the knob counterclockwise until tight そのつまみをしっかり締めるまで反時計方向[左]に回す ◆work in tight places 狭い[窮屈な]場所で働く; 狭隘部で作業する ◆ensure that the tow cable is kept tight 確実に牽引ロープがぴんと張った状態にしておく ◆the combination of a tight body structure and a supple suspension 強固な車体構造としなやかなサスペンションの組み合わせ ◆This joint must be steam tight. 継ぎ目は, 蒸気漏れに対し万全であること[気密であること]. ◆The long nose reaches into tight places. (ラジオペンチの)長い先端は, 手の届きにくい箇所に届きます. ◆Carey was in an extremely tight race against James P. Hoffa for the Teamsters presidency.《意訳》ケリーは, チームスターズ[全米トラック運輸組合]委員長の席をめぐる選挙戦でジェームズ・P・ホッファと大接戦になっていた. ◆The filter is designed to fit the tight space requirements of compact portable designs. このフィルタは, コンパクトな携帯向けの設計という厳しいスペース要求条件に合うよう設計されている.;《意訳》本フィルタは, 実装スペースが厳しく小型化が要求される小型携帯設計に最適です. ◆The movie was shot on a tight schedule of seven weeks for roughly $9 million. その映画は, 7週間のぎっしり詰まった[きつい, ハード]スケジュールで約9百万ドルかけて撮影された. ◆The race in New Mexico is extremely tight. The candidates are neck-and-neck and have been so for several months. ニューメキシコ州における選挙戦は大接戦である.《両大統領》候補は伯仲しており, ここ数カ月というものこの状況が続いている.

**tighten** vt. ~をしっかり締める, 堅くする, きつくする, きびしくする, ぴんと張る; vi. ◆a tightening bolt [screw, nut] 締め付けボルト[ねじ, ナット] ◆(a) tightening torque 締め付けトルク ◆(a) tightened inspection 厳しい[きつい]検査 ◆belt-tightening measures 冗費節減策, 金融引き締め策 ◆tighten connections 《電気》接続箇所を堅く[きつく]締める ◆tighten the drive belt そのドライブベルトをきつくする[の張りを強くする] ◆tighten the market further 市場をいっそう逼迫させる ◆tighten the monitoring of expenditures 支出[経費]の監視を強める[強化する] ◆tighten (up) a rope ロープ[綱, 索]を(ぴんと張るよう)引き締める ◆a 40% tightening of emissions standards for hydrocarbons from automobile tailpipes 自動車の排気管から吐き出される炭化水素の排出基準を40%引き締めること ◆As the baby boomers age and the birthrate falls, the labor market will tighten. 団塊の世代が高齢化し出生率が下がるにつれ, 労働市場は逼迫(ヒッパク)するであろう. ◆The Fed has already tried to introduce a mild dose of tightening to slow the economy. 経済を減速させようと, 米連邦準備制度理事会はすでに軽い引き締めを試みた. (*the Fed は口語) ◆Screw it in by hand until it is finger-tight; then tighten it 1/4 turn beyond finger-tight with a wrench. それを手で回して指の力いっぱいの堅さまで締めてください. 次にスパナを使って, 指で堅く締めたところからさらに1/4回転締めてください.

**tightly** adv. しっかりと, きつく, 堅くする, ぴんと張って, きびしく, きちっと, 厳重に ◆tightly-engineered products 緻密に設計されている製品 ◆a tightly controlled production environment 厳しく管理された生産環境 ◆close the door tightly きちんとドアを閉める ◆Don't pack schedules too tightly.《意訳》予定を立てる際は(あれもこれも)ぎっしり[びっしり]詰め込み過ぎないこと. ;《意訳》過密スケジュールを立てるのはよしましょう. ◆hold... tightly in place ~をしっかり所定の位置に保持する ◆tightly sealed against water and grime 水と汚れの侵入を防ぐためにぴったりと封止されている

**tight money** ⦿資金調達が難しい状況, 金詰まり, 金融逼迫, 金融引き締め ◆The Federal Reserve Board has softened the tight-money stance it adopted earlier in the year and is letting interest rates fall. 連邦準備制度理事会は, 今年先頃にとった金融引き締めの姿勢を緩め, 金利を下がるままにさせている.

**tightness** 締まり, 堅さ, 緊張(張り), 逼迫, ヒッパク, 窮屈 ◆give tightness to... ~に~をつく[固く]する ◆improve the tightness of a fastener 締め具の締まりを良くする ◆Check the screws periodically for tightness; retighten if necessary. それらのネジの締め付け具合を定期的に点検し, 必要があれば締め直してください. ◆The capstan drive belt must be adjusted to the correct tightness. キャプスタンドライブベルトは, 適正な張りに調整する必要がある. ◆This cutaway drawing shows how oil-tightness is achieved by a gasket and two "O" rings. この切図は, ガスケット1枚とOリング[オーリング]2個でどのように油密性が実現されているのかを示している.

**tilde** a~ ティルデ(*スペイン語でnの上に付ける~記号) (cf. a swung dash "~")

**tile** 1 a~ (一枚の)タイル[屋根がわら] ◆a tile-setter [tile-setter] タイル施工職人[貼り工]
2 vt. ~にタイルを張る,《コンピュ》~をタイルのように(重ねずに)並べる ◆tiled windows 《コンピュ》タイル型の[並べて表示される]ウィンドウ(*互いに重なり合わないように並べて表示されるウィンドウ) ◆tile open files vertically, horizontally, or as panes 《コンピュ》オープンしているファイルを縦, 横, または窓ガラスのように縦横に, 画面分割して[並べて]表示する(*"tile windows vertically" = 「窓を左右に並べて表示する」)

**till** (= until) ~まで(の間), ~までずっと

**tilt** 1 v. ~を傾斜させる, ~を傾ける, 偏らせる,〈カメラなど〉の傾きを調整する[をあおる]; vi. 傾く, 傾斜する, かしぐ, 偏る ◆mirrors that tilt to various angles いろいろな角度に傾くミラー ◆tilt the screen up and down 画面の傾き[向き]を(上下に)調節する ◆tilt the seat toward the front of the car 座席を車の前部方向に倒す ◆tilt toward the high end of the price scale 価格帯の高い側に寄る ◆heads that are tilted at different angles relative to the direction of the track トラックの方向を基準として[に対して](互いに)異なる角度で傾斜して(取り付けられている)ヘッド ◆the camera's lens can be tilted in various positions 《カメラ》このカメラのレンズはいろいろな姿勢であおることができる[煽り(アオリ)が可能です] ◆If you tilt your head to the left, you'll see it. それを左の方に首をかしげれば見えます. ◆The flip-up cover tilts 130 degrees. はね上げ(るようにして開ける)式のふたは, 130度まで傾斜する[開く, 倒せる]. ◆The printer can be tilted to preserve desk space. このプリンタは, 机上スペースを残しておくために[取らないように]斜め置きできる. ◆Antenna tilting can reduce the interference to the neighboring cells. アンテナを傾けることにより, 隣接ゾーンへの混信妨害を減少できる場合がある. ◆The flat-panel display tilts to any convenient viewing angle. このフラットパネル型ディスプレイは, 見るのに具合のいいどんな角度にも向けることができます. ◆Though income tax rates were reduced in all brackets, the cuts were tilted heavily toward the upper end of the scale. 所得税率はすべて(の所得)層で引き下げられましたが, 減税(の度合い)は上(の所得)層のほうに大きく[手厚くなるよう]偏っていた.
2 (a)~傾ける[傾く]こと, 傾斜, 傾斜運動, 傾斜角度,〈カメラの〉あおり ◆a remote pan/tilt camera mount 《カメラ》遠隔操作式パン・あおり用カメラ取り付け台[自由雲台(ウンダイ)] ◆a tilt stand 傾斜スタンド[台] ◆the amount of tilt [tilting] 傾斜量 ◆a tilt-and-swivel base 傾斜回転台[回

**timber** [名] 材木, 角材, 《集合的》立ち木, 人物[人柄, 素養] ◆ a length of timber (1本の)材木 ◆ a small piece of timber 2 to 4 inches thick 2〜4インチ厚の小角材[小割り材] ◆ transport timber to underground workings from the surface stockyard 坑外の資材置き場から坑内の採掘場[切り羽]まで坑木を運搬する

**timbering** [名] 支保, 支保工, 木組み; [名]《集合的》木製の建築材料[資材], 建築用材 ◆ support timbering; timbering; (a) support 支保[支保工]《*トンネルや坑道が崩れるのを防ぐための構造物. 支保用の支柱は a post, a prop, a support など》

**timbre** (a) 〜 音色, 音質 ◆ in a completely different timbre 全く違った音色で ◆ the tone [sound] quality or timbre of a particular musical instrument ある特定の楽器の音質すなわち音色 ◆ allow tones of different pitch and timbre to be produced ピッチ[周波数・振動数]および音色の異なる音の発生を可能にする ◆ his singing voice has a rich timbre 彼の歌声には豊かな響きがある ◆ it has a brilliant, metallic timbre それは明るく輝く金属的な音色[響き]をしている ◆ His North England accent has a rich timbre, evocative of hearth and heather. 彼の北イングランド訛には, 炉辺とヘザー《*ヒースとも呼ばれる小低木》を思い起こさせる豊かな響き[味わい, 持ち味]がある. ◆ The tenor sax is closest to the human voice in timbre and range. テナーサックスは, 音色と音域の点で人間の声に一番近い.

**time** 1 (尺度, 次元, 過去から未来へのつながりとしての)時間[時]; [名]時間の長さ, 所要時間, 与えられた時間; (a) 〜 計測時間 ◆ keep good time (時計が)正確である ◆ make time for... 〜のための時間を作る ◆ for all time to come 永久に, とわに, 永遠に, とこしえに, 恒久的に, 将来ずっと, (行く)末永く, 後々まで《*for または to come が省略できる》(副)permanently, for good, for ever) ◆ over the course of time 時が経つにつれ ◆ run out of time 時間が足りなくなる ◆ elapsed time 経過時間 ◆ time and space 時間と空間; 時空 ◆ time number searching 〈ビデオディスクの〉時間検索 ◆ time division multiple access (TDMA) 時分割多元接続 ◆ at intervals over time ある時間間隔をあけて; 一定時間ごとに《*ここでの「一定」は, いい加減な意味での「一定」》 ◆ because of lack of time 時間[暇]がなくて ◆ by [due to] the action of time 時間の作用によって[のせいで] ◆ go backward in time 時間を逆戻りする ◆ in proper time sequence 正しい時系列で ◆ so as to gain [buy] time 時間稼ぎをするために ◆ the amount of time between... 〜の間の時間の長さ ◆ There is still time to do... まだ〜する時間[期間]がある; 〜したければする間に合う ◆ travel in time タイムトラベル[タイムスリップ]する; 時空を越える ◆ time permits 時間が許せば ◆ the rate of change of... with respect to time 〜の時間変化率 ◆ time-pressed Americans 時間に追われているアメリカ人たち ◆ I sure appreciate your taking time to <do...> 《わざわざ》時間を割いて〜してくださって本当に感謝いたします ◆ I thank you for taking the time to <do...> 〜する時間を割いてくださりありがとうございます. ◆ it will take much time to <do> 〜するのに多くの時間がかかるだろう. ◆ My, how time flies! 時[月日]の経つのが何と早いことか. ◆ Time flies. 時間は飛ぶように[あっという間に]過ぎる, 光陰矢のごとし. ◆ Time is money. 時は金なり. ◆ a fourfold improvement in time-axis resolution 時間軸解像度の4倍の改善 ◆ an average calling time of 1.85 min 平均1.85分の通話時間

◆ at much expense in time and effort 手間を多くかけて, 手間ひまをかけて ◆ divide one's time between... -ing and... -ing 時間を〜することと〜することに振り分ける ◆ if they have a little time on their hands もし彼らに自由に使える時間が少しあれば ◆ kill time between classes (or, perhaps, during classes) 授業の合間に, あるいは, ことによると授業中に)時間をつぶす ◆ the time between requesting and receiving data データの要求から入手までの時間 ◆ the time elapsed between transmission and reception 送信から受信までに経過した[かかった]時間 ◆ the time that elapsed before... 〜までの[〜までに過ぎた]時間 ◆ to buy time on that and other big issues その件や他の大きな案件に対処する時間を稼ぐために ◆ when brakes are applied for too long a time あまりにも長い間ブレーキをかけ続けると ◆ at that point in time when you talked to Mr. Watkins あなたがワトキンス氏に話をしたその時点で[時に, 際に, 折りに] ◆ Give yourself enough time to <do> 〜する時間を十分とってください ◆ so as not to waste the time of a valuable mainframe 高価な大型コンピュータの時間を無駄にしないため ◆ the length of time that the phosphor screen continues to emit light after excitation 励起後に蛍光面が発光を継続する時間の長さ ◆ we believe that these housing projects have not stood the test of time 我々は, これらの公営住宅団地事業計画は時の試練[《意訳》時のアセスメント]に耐えられなかったと考えている ◆ An estimated time schedule of work must be attached to the application. (工事などの)予定工程表を申請書に添付すること. ◆ As time wore on, hope began to fade. 時間が経つにつれ, 希望がしぼみ始めた. ◆ It deteriorates with time. それは, 経年変化する[時間の経過につれて劣化する]. ◆ It's a race against time. それは時間との戦い[競争]だ. ◆ Much time is spent in tracking down the cause of errors. 多くの時間がエラーの原因究明に費やされる. ◆ Recharge time is a reasonable 2 hours. 充電時間は, 妥当な線の2時間である. ◆ They need to be tested over time. それらは時間をかけてテストしてみる必要がある. ◆ Time flies when you're having fun. 楽しいときは時間が飛ぶように[あっという間に]過ぎるものだ. ◆ Over time, the users may become psychologically dependent on the drug. 時とともに[長期間の服用によって], 使用者は薬に心理的に依存するようになる場合がある. ◆ This plan requires a massive infusion of staff time to implement. この計画を実行するにはスタッフのぼう大な時間を投入しなければならない. ◆ Try starting the motor again after ample time for the motor to cool off. モーターが冷えるのに十分な時間をおいてから, モーターを再起動[始動]させてみてください. ◆ It will take a long time to reach a suitable final agreement. This thing is not going to be settled in a generation. 適切な最終合意に達するまでには長い歳月がかかるだろう. これは一代で決着するようなことではない. ◆ Time translates to money when files are being sent via long distance telephone lines. 長距離電話線を通じてのファイル転送においては, 時は金なりである. ◆ Being a single parent, I have spent most of my time taking care of my children and now that they are a little older I would like to take a little time out for myself. 片親[母子家庭の母親]として自分の時間をほとんど子供の世話に費やしてきたが, 今じゃ子供も少しは大きくなったことだし, 自分自身のために少し時間を割き[時間を作り, 暇を見つけ]たいと思っています

2 (a) 〜 期間, 時間帯, 間; (a) 〜 兵役期間, 刑期, 見習い期間 ◆ serve time (in prison [jail]) 服役する ◆ during the recharging time (再)充電(時間[期間])中に; 充電中に ◆ for some time to come ここしばらくは; これからしばらくは(の間)の; さしあたりのところ; こに当面は, 当座は, ここ当分 ◆ in 100 years' time (= 100 years from now) 百年後に ◆ men serving time for homicide 殺人のかどで服役中の男たち ◆ replace time-change components 定期交換部品を交換する[取り換える] ◆ he has served time for the murder of... 彼は〜を殺したかどで刑期をつとめた ◆ if you are unable to find someone to exchange times with you 誰かが時間を代わってもらえる人を見つけることができない場合は《*順番や当番などの交代》

**3** the ~, a ~ 時刻, 一時; (a) ~ (ある状況の)時[時点]; (通例 the ~, ときに a ~))(~する)時機[機会, 好機, 軍運]<for, to do> ◆at one time かつて, 昔は, 以前は, ひところは ◆at a time when... ちょうど~の時[時期]に; 折から[折しも, 折しも, 折りも折り, 折りもあろうに]~という時に; ~といった(この)ご時世に ◆at all times 常に, いつも, いつでも, 常時 ◆in normal times 通常は, 通常の場合 ◆at other times そのほかは[それ以外]の時は ◆a [the] time of day 時刻 ◆about this time last year 去年の今ごろ ◆at a preprogrammed time あらかじめ設定された時刻に; 予約設定時刻に ◆at a specified date and time 指定された日時に ◆at compile time 《コンピュ》コンパイル時に ◆at [during] times of light load 軽負荷時に ◆at predetermined times あらかじめ決められた時刻[時間]に ◆at shift-change time 《要員などの》交替時に ◆at specific times during the day (1日に何回かの)決まった時刻[定時]に ◆at the earliest possible time できるだけ早く, 一刻も早く; 少しでも早い時期[早期]に ◆at the time of purchase 購入時に; 購入時点で; 購入の際に ◆at three different times 3回[3度]にわたって ◆his starting and quitting times 彼の出勤と退出の時刻 ◆set a starting time (タイマーなどの)開始時刻を設定する ◆the time of arrival [departure] of... ~の到着[出発]時刻 ◆The time is ripe <for, to do> ~の機[機運, 時機]は熟した ◆at the time when the current is zero 電流がゼロのときに ◆at the time you begin to turn あなたが進路変更し始めるときに ◆boost prices at a time of sluggish demand 需要が不振の時に値段をつり上げる ◆adjust the time at which the laser beam is turned on and off レーザービームをオン・オフする時期[頃合い, タイミング]を調整する ◆by the time the tach needle nicks into the redline タコメータの針がレッドゾーンに振れ込む(とき)までに ◆find the time at which the transistor again conducts トランジスタが再び導通する時間を求める ◆the times when [at which] trains arrive and depart 列車の出発および到着する時刻; 列車発着時刻 ◆the volume of traffic varies depending on the time of day 交通量[通信量]は, 時刻[時間帯]によって異なる ◆There are times when drivers may find it necessary to <do...> 運転者たちが~する必要があると感じるような時が往々にしてある. ◆He was 16 at the time of the crime. 犯行を犯した時, 彼は16 (歳)だった. ◆The technique works only 10% of the time. このテクニックがうまく行くのはたった10%の場合でしかない. ◆The time has come to get tough about conservation. (自然環境や天然資源の)保護[保全]に厳しくならなければならない時[時期]が来た. ◆The time to start attacking the problem vigorously is now. この問題に精力的に取り組むべき時は今だ. ◆Rutabagas are waxed at the time of harvest to prevent them from drying out. スウェーデンカブには, 乾燥を防ぐために収穫時点でワックスがけされる. ◆Winter is a time when houses are particularly vulnerable to moisture damage. 冬は住宅が特に湿気による損傷を受けやすい時期です. ◆Most parents worry at one time or another that their child's eating habits may not be good enough to stay healthy. たいていの親たちは一度や二度は, 自分の子供の食習慣が健康を保つのに十分適切でない[健康によくない]かもしれないと心配することがある. ◆In this era of laptops, it's about time you let the PC-XXX begin making your life simpler and your time more productive. このラップトップ全盛時代に, あなたもそろそろ PC-XXX を使ってもっと生活をシンプルに, そして時間をもっと有効に使うことを始めてもいい時期です. ◆The time is fast approaching when UNIX may be the only acceptable standard operating system for workstations. UNIXが, ワークステーションの標準オペレーティングシステムとして一応満足できる唯一のものになる時期が, 急速に到来しつつある.

**4** a ~, ~s (過ごした)時, ひととき, (人生の)時代[時期, 頃], (歴史上の)時代[時期]; the ~s 現代; ~s 時世, 景気 ◆a car ahead of its time 時代の先取りをしているクルマ ◆America's economic good times アメリカの好景気[好況]に ◆an idea whose time has come ようやく日の目を見た[受け入れられるようになった, 認められるようになった]考えやアイデア ◆an idea whose time is coming 日の目を見つつあるアイデア

be ahead of the times 時代を先取りしている, 時代の先を行っている ◆be in advance of the times 時代を先取りしている, 時代の先を行っている ◆in a time of look-alike car designs どれもこれも似たような車デザインの時代にあって ◆in those times [days] 当時, あのころ, そのころ ◆to meet the needs of the time [times]; to respond to the needs of the age 時[時代]のニーズ[要求, 要請]に応えるために ◆With the progress of times, ... 時代の進展と共に, ◆Keep abreast of the times. 時勢に遅れないようにしなさい. ◆an institution whose time has passed (時代が変わって今や)役目[使命]を終えつつある機関[制度, 法人, 協会, 学会, 大学, 医療機関, 病院, 研究機関] ◆send faxes at times when telephone rates are lower 電話料金が普段よりも安い時にファックスを送る ◆Bexel has been through tough times of late. 最近, Bexel社は厳しい時期を経験した. ◆In good times and bad (times), jobs open each year. 好景気[好況]の時にも不景気[不況]の時にも, 毎年働き口は出てくるものだ. ◆But in "The August Coup," Mr. Gorbachev himself confirms that he is a man whose time has passed. だが「8月のクーデター」で, ゴルバチョフ氏は, 自身が過去の人になったことを自分で確認することになるのだ. ◆The cookbook, however, is heavy on sweets and nutritionally behind the times. この料理の本は甘いものが多くて, 栄養学的に見て時代遅れである.

**5** a ~ 一倍, -度, 一回, 一倍, (順)番 ◆a times [multiplication] sign かけ算[乗法]記号(×, ·, *) ◆eight-times oversampling 《音響》8倍オーバーサンプリング ◆for a second time 2回目[2度目]に; 今一度, もう一度, 再度, 再び ◆turn down the case for a third time その訴訟を3度にわたって却下する ◆a five-time space traveler 宇宙を5回経験している宇宙飛行士 ◆result in a 2½-times speedup 結果的に2.5倍のスピードアップとなる ◆two-time world champion Yuri Korolev 2度の世界選手権保持者であるユーリ・コロレフ ◆magnify my entire screen by eight times 画面全体を8倍に拡大する ◆operate hundreds or even thousands of times faster than... ~の何百倍あるいは何千倍も速く動作する ◆cut down on the number of times you have to stop 一時停車しなければならない回数を減らそうとする ◆the European market is some four times larger than that of Canada 欧州市場は, カナダ市場の約4倍の大きさである ◆the number of times per second that it repeats... それが~を繰り返す1秒当たりの回数 ◆there is no limit on the number of times you can use it その利用回数に制限は設けられていない; それは何回でも利用できる ◆he is running for the office for a sixth time 彼はその役職を目指して6回目の出馬をしている ◆Diamond's thermal conductivity is five times that of copper. ダイヤモンドの熱伝導率は銅の5倍である. ◆How many times can plastic be recycled? プラスチックは何回リサイクルできるだろうか. ◆Operator-assisted calls are three times more expensive. 電話交換手扱いの通話は, 料金が3倍高い. ◆Radiation levels were many times higher than allowed. 放射線レベルは, 許容レベルの何倍も高かった. ◆That is nearly four times what it was as recently as 1996. それはつい最近の1996年(の値)の4倍近くだ. ◆Over the same 30-year period, violent crime has increased to almost 7 times what it was. 同じ30年の間に, 暴力犯罪は(過去の)7倍に増加した. ◆The application can be accessed only a set number of times or run for a preset period of time. 《コンピュ》そのアプリケーションは, 設定された回数だけアクセスできるか, またはあらかじめ設定された長さの時間だけ実行することができる. ◆The hypersonic passenger aircraft will fly at 25 times the speed of sound. その極超音速旅客機は, 音速の25倍の速度で飛行することになる. ◆These memory chips can be reprogrammed only a limited number of times. これらの記憶素子は, 限られた回数しか書換えできない. ◆The project aims to create vehicles with three times the fuel efficiency of cars today. このプロジェクトは, 今日の車にくらべて燃料効率が3倍の車両を造ることを目指している. ◆There are now 20 daily newspapers in the capital, three times as many as when the deposed dictator was in power. 今では日刊新聞20紙

が首都で発行されているが、これは追放された独裁者が権力についていた頃の3倍に当たる。
6 adj. 時の、時の経過を示す、時限装置付きの; 延べ払いの、分割払いの、定期の ◆a time bomb 時限爆弾
7 v. 〜の時間を計る、〈速度〉を計る、〜の時間を決める[合わせる、調節する] ◆time A to B Aのタイミング[時期、拍子]をBに合わせる ◆generate a properly timed signal 正確にタイミングがとれた信号を発生させる ◆the announcement was clearly timed to cause maximum damage その発表は明らかに、最大限のダメージを引き起こすタイミング[できるだけ大きな損害を与えるよう時機/頃合い]を見計らったものだった ◆The group said the incident was timed to coincide with George Washington's birthday. この事件は(犯行)グループでは、ジョージワシントンの誕生日に時を合わせたものだと公表した。 ◆The fuel injection pulses are timed to the firing of the engine, ensuring that fully vaporized fuel reaches the combustion chambers. 燃料噴射パルスは、完全に気化した燃料が燃焼室に到達するように、エンジンの点火にタイミングを合わせてある。 ◆The unusual string of weather-related disasters that struck the world last summer could not have been better timed to drive his point home. 昨年の夏に世界を襲った一連の異常気象がらみの災害は、彼の論旨を十分に納得させるのにこの上なく時宜(ジギ)にかなっていた。

**all the time** 常時、常に、いつも、いつでも、(その間)ずっと ◆all four wheels receive power from the engine all the time 四輪すべてが、常時エンジンから動力の供給を受ける
**at times** 時々、たまに ◆at times 時々、時には、時として、時折、折に触れて、たまに、場合によっては、どうかすると、ともすれば
**at a time** 一度に(〜ずつ)、1回につき、1回で、同時に ◆at a time, or several 一度に、あるいは何回かに分けて[わたって] ◆execute two instructions at a time 《コンピュ》二つの命令を同時に実行する ◆advance more than one record at a time 《コンピュ》一度に複数レコード[複数レコードずつ]進む ◆serve one customer at a time 一度に[1回につき]1人の顧客の応対をする ◆keep a lone electron suspended in a vacuum for months at a time 何カ月間も連続して電子1個だけを真空中に浮かせておく ◆The zoo staff goes unpaid for months at a time. 動物園の職員には何カ月も連続して賃金が支払われていない。 ◆Let me answer your questions one at a time and then give you a summation. 皆さんからのご質問にひとつひとつお答えしてから(全体を)まとめてみたいと思います[総括させてみてください]。 ◆Remove the spark plug wires one at a time from the distributor cap. ディストリビュータ・キャップからスパークプラグの線を1本ずつ取り外してください。 ◆The mat can last up to weeks at a time, depending on the amount of traffic. このマットは、人の通行量により、1回(の連続使用)で最高数週間持つ。 ◆The readout displays battery voltage, oil pressure, and coolant temperature, but only one at a time. その表示装置は、バッテリー電圧、油圧、および冷却液温度を表示する。ただし、1度に1測定項目である。
**at all times** 常に、いつも、いつでも ◆at all times during... 〜の間いつでも[ずっと] ◆Use the blade guards at all times. ブレード防具を常に使用してください。 ◆Please ensure that the ventilation slots remain unobstructed at all times. 換気孔は、常に[いかなる時も]ふさがれていることのないように(注意)してください。
**at any time** いつでも、随時、いかなる時点においても、いつ何時(*いつ何時〜するか分からない[〜するかもしれない]という文脈で) ◆a personal pocket telephone that lets users call anybody, anywhere, at any time だれに対しても、いつでもどこからでも電話がかけられるパーソナルポケット電話 ◆viewers can select from among 2,000 movies at any time 視聴者は、随時2,000種類ある映画の中から選べる
**at one time** 一度に、いっせいに(= at a time); かつて、ひところ
**at the same time** 同時に、いっせいに、並行[併行、平行]して、時を同じくして(= simultaneously, concurrently)

**for the time being** 当面(の間)は、当座は、当分は、しばらく、ここしばらくは、さしあたり、ひとまず; 一時的に、暫定的に、仮に、臨時に
**in time** 間に合って、遅れずに; いつかは、早晩、そのうちに、やがては、行く行くは ◆do... in time for Wednesday's midnight deadline 水曜日真夜中の最終期限に間に合うように[締め切り時刻に間に合うように]〜する ◆in time for the scheduled meeting 予定されているミーティングに間に合うように ◆Integration of media is likely to occur in time. メディアの統合は、そのうち[いつかは]起こるだろう。 ◆When stopping on a slippery surface, brake in good time. 滑べりやすい路面上で停止する場合は、十分余裕を持って早めにブレーキをかけること。
**in no time** 直ちに、じきに、すぐに、間髪を入れずに、すぐさま、時を移さず、ちょっとの[あっという、またたく、見る]間に、みるみるうちに、たちまち、《意訳》極短期間で、速成で
**in no time** じきに、すぐに、直ちに、直ぐさま、間髪を入れずに、あっという間に、ちょっとの間に ◆We can teach you how to use your computer in no time. 私どもでは、瞬く間に[《意訳》極短期間で、速成で]コンピュータの使い方をお教えします。
**many times, many a time** 何度も、たびたび、しばしば、往々にして、得てして、ともすると、ややもすると; 何倍も ◆first impressions are many times wrong 第一印象は往々にして[得てして、ともすると、ややもすると]誤っている
**mark time** 足踏みする;《比喩的》足踏み状態を続ける、停滞する、進展しない、伸び悩む、はかどらない、待機する、様子見をする ◆Mark time until work conditions improve. 仕事の状況がよくなるまで様子を見る[待機する]ことにしなさい。
**on time** 定時[定刻]に、時間通りに ◆the trains run on time 列車は時間通りに[定時]運行する ◆"Everything is on time as far as we know," Mr. Olson said. "We have no delays inbound or outbound." 「私たちが知る限り万事定刻どおりです」とオルソン氏は言った。「到着[上り]にも出発[下り]にも遅れは出ていません」 ◆Staffers are required to work overtime to get the issue out on time. 編集部員は号を期日通りに発行するために残業を余儀なくされている。
**over time** (過去または未来の)ある期間にわたって、時が経つにつれて、徐々に、だんだんと、次第に、そのうちに ◆change over time 経時[時間が経つにつれて]変化する
**with time** 時と共に、時間と共に、時がたつにつれ ◆do not vary with time 経時変化しない

**time-base** a time base corrector 《ビデオレコーダー》タイムベースコレクター ◆a time-base generator 掃引発振器 (= a sweep generator)、基軸発振器 ◆time-base correction (基準となる時間軸の、つまり)時間軸補正 ◆a digital time-base corrector (TBC) 《ビデオ、通》デジタルタイムベースコレクター; TBC (*時間軸補正装置[回路]のこと)
**timecard, time card** a〜 タイムカード、出勤票 ◆punch (in) a time card 《タイムレコーダーに挿入して》タイム・カードに打刻する ◆record [stamp, punch] the time of arrival or departure on a timecard タイムカードに出勤または退出時刻を記録[打刻]する
**time clock** a〜 タイムレコーダー ◆punch out on a time clock; punch a time clock タイムレコーダを(ガチャン)と押す
**time constant** a〜 時定数 ◆a large-time-constant RC circuit 時定数の大きいRC回路 ◆... the output decays toward zero with the time constant 出力がその時定数でゼロに向かって減衰して行く ◆an RC circuit having a time constant of 100 $\mu$sec. 時定数が100 $\mu$secのRC回路
**time-consuming** adj. 時間の(長く)かかる、時間を食い過ぎる[浪費する、無駄にする] ◆a time-consuming job 時間のかかる仕事 ◆a time-consuming, expensive legal battle 時間と金がかかる法律上の争い[法廷闘争]
**time delay** a〜 タイムディレイ、時間遅延、時間遅れ ◆a time-delay [time-lag] relay 時延[遅動]継電器; 時延[緩動]リレー ◆the time delay between the closure of the two switches それら2つのスイッチが別々に閉じる間の時間遅れ

◆On switch-on there is a perceptible time delay before the function gets into its stride.　電源投入時, その機能が立ち上がるまでにかなりの時間遅れがある.

**time division, time-division**　時分割(の)　◆a time division multiplexer　時分割多重装置　◆time-division switching　時分割交換　◆a time-division multiplexer [demultiplexer]　時分割多重化装置[多重分離装置]　◆asynchronous time-division multiplexing (ATDM)　非同期時分割多重　◆time-division multiplex equipment　時分割多重装置

**time-domain**　《電子》時間領域の　◆an optical time-domain reflectometer　光学時間領域反射率計

**time exposure**　a～《写真》タイム露出[長時間露光](＊比較的長い時間シャッターを開けての撮影1回)　◆call for time exposures of as long as 20 seconds　20秒以もの長さのタイム露出を必要とする　◆in low-light conditions that require time exposures　タイム露出撮影が必要な低輝度(状態)時に

**time frame**　a～　時間枠, 時間帯, 期間, 期限　◆a letter stating should be submitted within the prescribed time frame　その旨を記した書面を定められた期限内に提出しなければならない　◆Further improvements have been developed by Femtex during the time frame from 1995 to the present.　更なる改善[改良]が1995年から現在に至るまでの間[期間]にフェムテックス社により開発された[編み出された].

**time-honored**　adj.　昔ながらの, 伝統的な, 古来より確立している, 由緒ある　◆a time-honored tradition　由緒ある伝統　◆time-honored hunting methods　昔ながらの[伝統的な, 古来より確立している]狩りの方法

**time lag**　a～タイムラグ, 時間遅れ, 時間のずれ　◆There is a time lag of about five seconds between these events.　これらの事象の間には, 約5秒ほどの時間遅れ[タイムラグ]がある.

**time-lapse**　◆time-lapse photography　《カメラ》微速度[低速度, コマ落とし]撮影法(＊植物などを比較的長い時間間隔で一コマずつ撮影し, 通常速度で映写することにより開花の様子などが加速して見られる)　◆time-lapse cinematography　微速度映画撮影法, 低速度映画撮影法, コマ落とし映画撮影技術

**timeless**　時間[時, 時代]を超越した[越えた], 不朽の, 無限の, 永遠の, 永久の　◆a timeless art deco exterior　《時間を超越した, 不朽の》アール・デコ調の外装

**timelessly**　adv.　◆timelessly beautiful　時間を越えて[超越して]美しい

**time limit**　a～時間の限界, 時間制限, 制限時間, 時限, 時限, 期限　◆an extension [a shortening] of the time limit　時間制限[制限時間, 期限]の延長[短縮]　◆with a time limit imposed　時間制限[制限時間, 期限]が課せられて　◆within a two-year time limit　2年の期限内に　◆open two safes in a row with a time limit of one hour　1時間の持ち時間[制限時間]で2つの金庫を連続して開ける(＊safe-cracking trials＝金庫破り試走で)　◆set a time limit for each slide　スライド一枚一枚(ごとに)の時間制限を設定する　◆prepare project documents within the time limits set by the Government　政府が決めた期限内にプロジェクトのための書類を作成する

**time line, timeline**　a～年表, 時間表　◆a time-line chart　時系列チャート

**timely**　adj.　適時の, 時宜(ジギ)を得た, 折よい, 時節に合わせた; adv.　折よく　◆a timely hit　《野球》タイムリーヒット, 適時打, 適時安打　◆timely corrective action　適時な是正措置　◆timely information　時宜を得た情報　◆identify and correct insanitary conditions in a timely manner　(意訳)非衛生的[不衛生, 不潔]な状態を早期に発見し是正する　◆take corrective action in a timely fashion　時宜を得た是正措置をとる　◆This data will also enable schools to detect and correct problems on a timely basis.　このデータにより, 学校がタイムリーに問題を発見し是正することもできるようになる.

**time of day**　a～時刻, (一日のうちの)時間帯; the [this] ～現代[現在], 現状[状況, 事態, 実状]　◆pass [give someone] the time of day　人にあいさつをする, 言葉をかわす　◆a time-of-day clock　《コンピュ》刻時機構[時刻表示機構, 時計](＊a

timing pulseを発生するシステムクロックと区別して, また, 日付でなく時刻を示す機構を指していう)　◆time-of-day management　時刻管理　◆at a certain time of day　特定の時刻に　◆depending on the time of day or year　(一日の)時刻[時間帯]や一年の時期により(異なって)　◆not give...the time of day　〈人〉に見向きもしない[を相手にしない, に無愛想で]　◆control water heaters to conserve energy through time-of-day control　省エネのために時刻に基づく制御[管理]によって温水器を制御する　◆traffic is usually jammed this time of day　通常, この時刻[時間帯]には交通が渋滞する　◆during a time of day when traffic volume is heavy around...　～あたり[界隈]の交通量が激しくなる[交通が混雑する]時間帯に(＊a time of dayが「時刻」とも「時間帯」とも訳せるが)

**timeout, time-out**　(a)～休憩, 小休止, 一時休止, 短い中断時間, 中断, 《競技》タイムアウト; a～《通》タイムアウト[時間切れ, 時限](＊あらかじめ決められた時間が経過し終わること, またその期間)　◆upon time-out　《電子機器》タイムアウトになり次第　◆a timeout occurs　タイムアウトになる[所定の時間が経過し終わる]　◆set the hard disk timeout for 1 minute　ハードディスクのタイムアウトを1分に設定する　◆permit mobile stations to time-out　移動局が勝手にタイムアウトできるようにする　◆define an appropriate time-out period after which the sending process should try again　《通》それ以上時間が経過したら送信プロセスが再度トライしなければならないという, 適当な時限を設定する　◆The usual time-out period is 10 s.　通常のタイムアウトの長さは10秒である.

**time period**　a～時間帯, 時間区分, 期間, 時期, 時限, 周期

**timepiece**　a～時計(a clock or watch), クロノメータ, 時辰儀(ジシンギ), 計時器　◆an accurate timepiece [time piece]　正確な時計[腕時計]

**timer**　a～タイマー　◆a 60-min timer　60分タイマー　◆set the timer for five minutes　タイマーを5分にセットする　◆a 3-day/1-event timer　3日に1回ON/OFFできるタイマー　◆reset the timer for 5 s　タイマーを5秒にリセットする　◆The malfunction timer never expires as long as...　～である限り, 誤動作[誤作動](監視)タイマーは決してカウントアップしない.　◆if the malfunction timer counts to 5 s,...　誤動作[誤作動]監視タイマーが5秒カウントした場合　◆Set the timer turn-on time.　タイマーのスイッチ「入」時刻を設定して下さい.　◆The transmission will cease when the timer exceeds 30 s.　送信はタイマーが30秒を超えると打ち切られることになっている.

**time-release**　〈薬が〉徐放性の, 持続放出の, 持効性の　◆The small time-release capsules slowly dole out the hormones over several weeks during key growth stages.　これらの小さな徐放性カプセルは, 重要な成長段階において数週間にわたりホルモンをゆっくりと少しずつ放出する.

**timescale, time-scale**　a～時間尺度　◆shorten one's timescales　時間短縮する, 効率化する, 能率化する　◆Fundamental changes occur on a timescale measured in centuries.　重大な変化は百年単位で起きる.

**time series**　a～時系列　◆(a) time series analysis　時系列分析　◆time-series data　時系列データ　◆carry out an analysis on the time series　時系列分析を行う

**timeshare, time-share**　時分割する　◆a timeshared system　タイムシェアリング[時分割]システム　◆time-share a system　システムをタイムシェアリング[時分割使用]する

**timesharing, time-sharing**　Ⅱ《コンピュ》タイムシェアリング, 時分割; adj.　時分割─　◆a timesharing system　《コンピュ》時分割システム

**time shift**　a～タイムシフト, 時間ずらし; time shifting n.; time-shift v.　◆accomplish a time shift　タイムシフト[時間ずらし]をする　◆Time-shift playback allows you to watch a program from the beginning or review any scene while continuing to record on the hard disk drive.　追いかけ再生により, ハードディスクへの録画を続けながら[ハードディスクに録画している最中でも], 番組の頭からあるいはどの場面からでも観るこ

とができます。◆Most people use their VCRs for time shifting – recording a regular TV program for later viewing, or recording one program while they are watching another. ほとんどの人は、ビデオをタイムシフトに使っている。通常のテレビ番組を後で見るために録画したり、ある番組を見ている間に裏番組を録画するのである。

**time signal** a～時報 (＊ラジオやテレビの) ◆pick up a time signal from TV station broadcasts テレビ局の放送の時報を受信する

**time slot** a～ (= a time period, a time interval) 時間枠、時間帯 ◆the "time-slotted" school environment, where crayons are often taken away before the picture is finished because it is just time 時間になったという理由だけで絵が完成する前にクレヨンが往々にして取り上げられてしまうといった「時間で区切られている」学校の環境

**time stamp** a～タイムスタンプ; time-stamp vt. タイムスタンプ［(日付と) 時刻］を押す［刻印する、打刻する］◆time-stamp activities 《コンピュ》(個々の) 作業に日付、時刻をを入れる[記録する] ◆the files carry a time stamp of 3:00 p.m. これらのファイルのタイムスタンプは午後3時になっている

**timetable** a～時刻表、予定表、日程表、時間割、《列車の》ダイヤ ◆draw up a timetable 予定表［日程表、時刻表］を作成する ◆airline timetables 航空便時刻表 ◆speed up the timetable for automation (導入) の時期を早める[早める] ◆the timetable of the program その計画の日程［日程表］◆Establishing a timetable is very important. 予定を立てることは非常に重要である。

**time-tested** adj. 長期の使用や経験によって有用性が実証された、時の試練を受けた、(長年) 実績のある ◆a time-tested program 時の試練に耐えた制度;《意訳》時のアセス［アセスメント］をパスした事業 ◆time-tested and time-proven methods 時の試練を受け時に裏付けられた (実績のある確実な) 方法 ◆the time-tested 2.2-liter Turbo I motor 長年の実績があるこの2.2リッター・ターボIエンジン

**time-to-market** a～ 《製品の》アイデアの段階から開発などを経て市場に出るまでの時間の(の) ◆shorten product time-to-market; shorten the time-to-market of [for] products 製品化までの時間を短縮する ◆win a valuable time-to-market edge 商品化までの時間の点での貴重な優位性を得る (＊開発などの期間を短縮することにより) ◆Time-to-market is critical and we don't want to waste it rewriting software. 製品化までの時間は極めて重要であり、我々はソフトを書き直すようなことをして、その時間を無駄にしたくはない。

**time-varying** adj. 時間につれ変化［変動］する、経時変化する ◆a time-varying electromagnetic field 時間と共に変化する電磁場

**time-wasting** adj. 時間をむだにする［浪費する、空費する］ ◆without time-wasting decisions 《直訳》時間を浪費する決定なしに;《意訳》意思決定のための無駄に使うことなく) ◆The rekeying of information is a time-wasting and error-prone operation. 情報を手入力し直すことは、時間の無駄であり間違いやすい作業である。

**timework** 時間［日］払いの仕事、時間給［日給］の仕事 (↔piecework)

**timeworn** adj. 使い古された、古めかしい、古びた、古ぼけた、陳腐な、ありふれた、言い古された ◆give…a timeworn look ～に古色を帯びさせる;～を古びたように見せる

**time zone** a～時間帯 ◆time-zone differences 時差

**timing** タイミング、ちょうどよい時期、時機、時宜(ジギ)、間合い、頃合い、潮時、適切な時期に合わせること、時期調整、時間設定 ◆bad timing 悪いタイミング ◆adjust timing accordingly それに応じてタイミングを調節する ◆a perfect example of bad timing 悪いタイミングの絶好の例 ◆a timing-dependent program 《コンピュ》タイミングに依存する［タイミングがクリティカルに効いてくる］プログラム ◆control injection timing 《車》噴射のタイミングをコントロールする ◆detect timing タイミングを検出する ◆it's a matter of timing これはタイミングの問題だ ◆It's bad timing because…

は悪いタイミングだ、というのは～だから ◆judge "buy" or "sell" timings 「買い」または「売り」のタイミング［潮期］を判断する ◆set [adjust] the ignition timing 点火時期を設定する［調整する］ ◆the timing was off タイミングが外れていた ◆timing charts for the video signals ビデオ信号のタイミング［タイムチャート ◆with split-second timing 一瞬のタイミングで ◆but the timing of its introduction was too late for… しかしその (製品の市場) 投入のタイミング［時期］は、～には間に合わず遅きに失した ◆decide on the timing of national polling 国民投票の時機［時期］を決める ◆he believes the company's timing in asking for a rate increase is wrong 彼は、この会社の料金値上げ改定要求は時宜を得ていないと思っている ◆timing is very important when recommending the purchase of… ～の購入を勧める時はタイミング［間合い、頃合い］が非常に重要である ◆I think the timing is real good. 私は、全くいいタイミングだと思っている。◆Too bad it failed, but the reason was bad timing. 不発に終わってお気の毒さではあるが、その理由はタイミングの悪さだった。◆We missed timing on serves. 私たちはサーブでタイミングが合わなかった。◆Split-second timing is not really a necessity but some sense of timing helps. 一瞬のタイミングは全く必要というものでないが、多少のタイミング感覚は助けになる。(＊ゲームソフトの話) ◆Starting Point of Paging: This value controls the start timing of memory paging operations. 《コンピュ》ページング開始点:(この値で) メモリーページング動作の開始タイミング［時期］を制御します。◆Timing must be provided to control the rate at which data is transmitted. データ伝送速度を制御するためにタイミングを取らなければならない。(＊provide は、「与える」の意であるが、日本語では「タイミングを取る」の方が自然な表現である) ◆With the momentum of Windows 3.1, we feel the timing is right for a ThyListen 4.2 release. Windows 3.1が勢いづいているので、我が社はThyListen 4.2のリリースには格好のタイミング［頃合い、時期］だと感じている。◆For information on timings of all the sessions and who will be speaking, please check out this site. これらすべての会議の会期［時期］および講演者については、この (インターネット) サイトを調べてください。◆The date of the introduction is said to be in perfect timing for fall purchasing decisions by universities and colleges. (製品の) 市場投入日は、総合大学や単科大学の秋期仕入れ購買選定にぴったりタイミングが合っているといわれている。◆The system clock is 300 MHz, which is cut in half to provide timing for the microprocessor and system bus. システムクロックは300MHzであり、それを1/2に落として［分周して］マイクロプロセッサとシステムバスにタイミング(信号)を供給しています。◆The decrease in income is generally attributed to Femtron's poor timing in buying up huge quantities of… when prices were high. 収益の減少は概して、～を価格が高い時に大量に買い占めてしまったというフェムトロン社のタイミングの読み誤りの結果である。◆Sometimes when you play a couple of tough matches, you lose your timing the next day because you have played so many games. It's hard to get into the rhythm. 時々、2～3回激しい試合をすると、多数のゲームをこなしたせいで翌日にタイミングをくずす［が狂う］ことになります。リズムに乗るということは難しいものです。

**tin** スズ(元素記号: Sn)、錫(スズ); a～ブリキ製の容器、《英》缶詰(=《米》a can);《回》ブリキ(板)(= a tin plate [tinplate]) ◆a tinned copper wire スズ引き［スズめっき］銅線 ◆a tin-roofed shack ブリキ板張り屋根の掘っ立て小屋

**tinder** 《回》火口(ホクチ)(＊火打ち石で出した火を移し取る火のつきやすいもの);《回》扇動の誘因、火をつける発端となるもの ◆make…tinder-dry ～をからからに乾かす［乾燥させる］

**tinderbox** a～火打ち箱 (＊火打ち石・火打ち金・火口(ホクチ) などの道具を入れておく)、非常に燃えやすい物［場所］、大事件・大変革・戦争を引き起こす危険性をはらんでいる所、一触即発の所［状況］、《比喩的に》火薬庫 ◆The Balkans, Europe's traditional tinderbox, include… ヨーロッパの昔からの火薬庫であるバルカン諸国には、…

**tinge** 1 a ～(薄い)色あい, 気味, かすかな色[味] ◆potatoes with tinges of green 緑色がかったジャガイモ ◆say with a tinge of sarcasm 皮肉めいた[当てこすりっぽい, いやみっぽい]口調で言う ◆take on a pink tinge 桜色を帯びる ◆take on a tinge of irony 皮肉めく; いやみっぽくなる; 当てこすりじみてくる ◆extremely tender red meat with a tinge of sweetness 極めて柔らかくほのかな[ほんのりと, やや]甘みのある赤身 2 vt. ～に薄く色を付ける, ～に色合いを添える <with>; vi. 色合いを帯びる <with> ◆blues tinged with funk ファンクっぽいブルース ◆country- and folk-tinged pop songs カントリー調やフォーク調のポップス曲 ◆the sepia-tinged pages of an old photograph album 古い写真アルバムのセピア色のページ ◆in a voice tinged with frustration and resignation 欲求不満とあきらめ[諦観]に染まった声で ◆make politically tinged recommendations 政治色を帯びた勧告をする

**tinker** a ～ (巡回)修理屋, へたな修理, いじること; v. ～たな修理をする, いじり回す ◆These computer professionals work on mainframe systems and tinker around with their home computers. これらのコンピュータのプロたちは, 仕事で大型コンピュータシステムを扱い, 家では(パーソナル)コンピュータをいじり回している[いじって遊んでいる].

**tint** a ～ 淡い色, 色合い, 色調; v. 色をつける, 色づけする, 着色する ◆a bluish tint 青みがかった色[色合い, 色調, 色相] ◆non-tinted [untinted] glass 無着色ガラス ◆the tint [hue] control 《TV》色相[=色合い]調整(つまみ)(= the phase control) ◆tinted glass; a tinted piece of glass 着色ガラス ◆a color-tinted disk 着色されている円盤 ◆brown-tinted glasses 茶色のレンズのメガネ ◆soft tints of blue, green and ivory 青, 緑, アイボリーの柔らかい色調 ◆tint black-and-white films into color films using computers コンピュータを使って白黒映画を色づけ[に着色, をカラー化]してカラー映画にする ◆The ceiling was tinted a cool aquamarine 天井には涼しげなアクアマリン色の彩色が施されている

**tiny** とても小さい ◆the tiny focal spot of a laser beam レーザー光線の極めて小さな焦点スポット ◆It folds to a tiny 6½" x 2" x 3". 本品は, 6.5×2×3インチと小さく折り畳めます.

**tip** 1 a ～ 先端部, 先端に付けるもの, 先, 頂; vt. ～の先端に付ける[付いている], ～の先を覆う ◆the pen tip ペン先 ◆a diamond-tipped tool 先端にダイヤモンドがついている工具 ◆a felt-tipped pen フェルトペン ◆nuclear-tipped missiles 核弾頭(搭載の)ミサイル ◆Iwo Jima extends only 4½ miles from tip to tip. 硫黄島は端から端までわずか4.5マイルしかない.
2 vt. ～を傾ける, ひっくり返す; vi. 傾く, ひっくり返る ◆a tipped-over van ひっくり返って[逆さまになって]いるライトバン ◆a candle tipped over ロウソクが倒れた[転倒した] ◆a low-weighted doll that is impossible to tip over called "Daruma" 「ダルマ」と呼ばれる, 重心が低くて転倒しない人形[起き上がり小法師(コボシ), 不倒翁(フトウオウ)]
3 a ～ 助言, ヒント, 秘けつ, こつ, 極意, 奥義, 内密情報, たれ込み情報, 参考事項, 《意訳》豆知識, ちょっとしたアドバイス(圖 a hint); v. ～に情報を与える ◆take a tip from... 〈人〉の忠告[助言]を聞き入れる ◆cutting tips 切削作業のこつ[上手な切削のためのポイント] ◆through an informant's tip 密告者からの垂れ込み[秘密情報, 密告, 通報]を通して ◆tips on electrical service 電気系統の整備のポイント ◆useful fuel-saving tips 燃料の節約に役立つ[有益な]アドバイス ◆"Pro Shop" tips 「プロの自動車整備工場」からのアドバイス(＊見出し) ◆give tips on probable causes of observed symptoms 観測された症状の推定原因に関するヒントを与えてくれる ◆some basic tips to keep in mind when you replace a component 部品を交換する際に念頭においておくべき基本的な豆知識[《意訳》部品を交換する際の基本的な心得] ◆You could save on gas if you follow these tips: 次の忠告[ポイント, 事項]を守れば, ガソリン[《意訳》燃費]の節約ができます. ◆These are tips we picked up from the pros who do these jobs every day. これらは, 毎日の作業にあたっているプロたちから仕入れた秘訣[アドバイス, 知っておくと役に立つ知識]です.

4 a ～ 祝儀, 心づけ, チップ, お駄賃, 酒手, おひねり; v. チップを渡す ◆Taxi drivers do not expect to be tipped, but happily accept gratuities. タクシー運転手は, チップをもらうことを当てにはしていませんが, 心付けは喜んで受け取ります. ◆Tipping is not the general custom in Australia and service charges are not added to accounts by hotels and restaurants. チップは, オーストラリアでは一般的な慣わしではありません. また, ホテルやレストランの勘定書にサービスチャージが加算されることはありません.

**tip-off** a ～ 情報, 内密情報, (犯罪活動に関する)秘密情報, 内報, 垂れ込み, 警告 ◆receive a tip-off about... [that...] ～に関する[～だという]タレコミ(情報)をいただく[密告を受ける]

**tire** 1 a ～ タイヤ ◆a badly worn tire ひどく摩耗して(丸ボウズになって)いるタイヤ ◆change a tire タイヤ交換をする ◆put air in [into] tires タイヤに空気を入れる ◆run [roll] on Bridgestone Potenza S-02A tires ブリジストンのポテンザタイヤS-02Aを履いて走る ◆sticky tires 接地追従性の良いタイヤ ◆The car's tires are acceptably grippy on the skidpad. この車のタイヤは, テストコース上ではそこそこのグリップ力がある. ◆The new softer-compound tires are much stickier. 新しくより柔軟性に富む配合ゴム製タイヤは, 接地性がずっと高い. ◆Especially see to it that tires are properly inflated at all times. 《意訳》特にタイヤの空気圧を常に適正に保つよう気をつけてください. ◆If you intend to drive in snow, equip your vehicle with snow tires. 雪の中を運転(しようと)するときは, 車にスノータイヤを履かせてください. ◆Snow tires have become less popular in recent years as motorists switch to all-season tires. スノータイヤは, 近年[《意訳》ここに来て]ドライバー達がオールシーズンタイヤに履き替えるにつれて, 人気にかげりが出てきた.
2 ～を疲れさせる, ～を飽き飽き[うんざり]させる

**tired** adj. 疲れた, 飽きた ◆a tired jazz standard 歌い古された[聴き古された]ジャズのスタンダード曲 ◆become tired 疲れてくる ◆Do not operate the power tool when you are tired. 疲れている時は, 電動工具は操作しないでください.

**tiredness** 疲労, 疲れ, けん怠 ◆impairment of driving due to tiredness 運転能力の低下

**tissue** (a) ～ 〈生物の〉組織, 薄葉の包装紙; (a) ～ 薄い織物; a ～ ティッシュペーパー ◆a tissue box ティッシュペーパーの箱 ◆tissue engineering 《医》組織工学 ◆tissue from a living body 生体組織 ◆the use of human fetal tissue in experimental research 実験的研究における人間の[ヒト]胎児組織の使用

**titanate** 《化》チタン酸塩 ◆barium titanate ceramics チタン酸バリウム磁器

**titanium** チタン(元素記号: Ti) ◆titanium oxides 酸化チタン(＊複数の)

**tit for tat** (a) ～ しっぺがえし, 報復, 応酬; adv. 仕返しに; tit-for-tat adj. ◆tit-for-tat countermeasures 仕返しの[な]対抗策[対抗抗争, 対応策, 対処策]; 報復措置 ◆the two countries exchanged tit-for-tat bombing raids これら二ヵ国は互いに報復爆撃し合った ◆Tit-for-tat expulsions of diplomats and journalists were common. 外交官やジャーナリストに対する報復的な国外追放[過去]処分はよくあることだった. ◆Yesterday's tit-for-tat squabbling between the two great reformers followed its usual pattern. 二人の偉大な改革者の間で交わされた昨日の丁々発止の議論の応酬は, いつものパターンをたどった. ◆In an ongoing tit-for-tat price war, New T&T further cut rates on its One2One international calling card. 目下進行中のせめぎ合いの価格戦争の中にあって, New T&T社はOne2One国際通話カードの料金を更に値下きした.

**titillating** adj. (覗き見的な)好奇心を刺激する, 興味[感興]をそそる[もよさせる, かき立てる].

**title** 1 a ～ タイトル, 表題, 題名, 題目, 書名, 〈章, 節の〉見出し, 一名; a ～ 称号, 肩書, 役職(= a job title); 正当な権利, 主張しうる資格 ◆a title of respect [courtesy] 敬称 ◆1. Title of Report: ___ 1. レポートの表題: ___ ◆defend one's title against... 《スポ》～を相手にタイトルを防衛する ◆

deprive her of her title 彼女の敬称[称号, 爵位, 肩書き, 公的な呼び名, タイトル, 選手権]を剥奪する ◆learn a person's title beforehand 〈人〉の肩書[役職]をあらかじめ知っておく ◆Mr. Spindler retained his title as president スピンドラー氏は社長の肩書き[役職]を維持した ◆the number of new titles 新刊書[新アルバム, etc.]のタイトル数[点数] ◆break out sections under the titles of "Getting medical help," "Problems arising from daily care," and "Obtaining outside help" 「医療援助の受け方」,「日常の介護から生じる問題点」,「外部の援助を得る方法」という題[表題, 題名, 見出し]の節に分ける ◆the Virginia Military Institute, the nation's only remaining military academy in the true sense of that title 名実ともにこの国で唯一残存する陸軍士官学校であるヴァージニア陸軍学校 ◆"Oshou" is a title of address for a Buddhist priest. 「和尚」は仏僧の僧侶に対する敬称である ◆Please provide your full name and job title, as well as a phone number we can contact you. あなたの氏名, 役職名, ならびに連絡先の電話番号をお書きください。 ◆This is a title that has become noticeably less easy to acquire over the last decade. これはここ10年の間に, めっきり入手が難しくなってきたタイトル[本, アルバム, etc.]である.(*中古市場の話)

**2** vt. 〜に表題[タイトル]をつける,〈人〉に肩書き[権利]を与える ◆add titles of respect to untitled names 敬称のついていない名前に敬称を付ける(*データベースソフトの機能の話より)

**titration** (a) 〜 滴定 ◆estimate the amount of unreacted acid by titration 未反応の酸の量を滴定により求める

**Tl** タリウム(thallium)の元素記号
**Tm** ツリウム(thulium)の元素記号
**TMD** (Theater Missile Defense) the 〜 戦域ミサイル防衛(構想)

**to** **1** 〔移動, 流れ, 動作, 変化などの方向, 向き〕〜の方へ, 〜へ, 〜に向けて;〔付着, 接続, 付加, 添付, 付与などする〕〜にものの行き先]〜に ◆Remove the wires to the generator. 発電機に行っている線を取り外してください。

**2** 〔移動の到達点〕〜へ, 〜に, 〜まで;〔範囲の終端〕〜まで;〔範囲, 区間, 連絡〕〜から(〜まで), 〜と〜(の間) ◆computer-to-computer data exchanges コンピュータ間のデータのやり取り ◆from cover to cover 〈本や雑誌の〉始めから終わりまで(全部) ◆media-to-media transfers メディア間の転送 ◆a 4-to-20-mA output terminal 4から20ミリアンペアの(電流値の)出力端子 ◆aimed at eight-to-twelve-year-olds 8歳から12歳児向けの ◆a white to gray powder 白色ないし灰色の粉(*不可算名詞powderにa がついているのは, ある種類の粉末という意) ◆a bomb exploded aboard a Philippine Airlines flight from Manila to Tokyo フィリピン航空マニラ発東京行きの(直行)便で爆発が発生した(*to Tokyoは直行便であることを暗示している) ◆every category from accounting to database to word processing to graphics 会計をはじめとしてデータベース, ワープロ, グラフィックスなどを含むすべての(ソフトウェア)部門

**3** 〔行為の結果, 効果〕〜に;〔目的〕〜のために, 〜に ◆press the counter reset button to "000" カウンターリセットボタンを押して"000"にする ◆The varnish dries to a hard film. ニスは乾いて硬質膜になる

**4** 〔一致, 対応〕〜に合わせて, 〜通りに, 〜に応じて, 〜についで;〔原因, 作用〕〜によって ◆manufactured to MIL-C-22520-32 MIL-C-22520-32規格に則って[従って, 準拠して]製造されて ◆make a part to specifications 部品を仕様どおりに[に合わせて]作る ◆Set the ignition timing to specifications. 点火時期を仕様通りに合わせてください. ◆The plant is to be built to the highest possible environmental standards. この工場は, 可能な限り高い環境基準に沿って建設されることになっている.

**5** 〔関連, 関係, 所属〕〜にとって, 〜に対して, 〜への, 〜のため, 〜について ◆a further opening up of Japan's markets to goods from the U.S. 米国製品に対するいっそうの日本市場の開放 ◆Credit cards are to a shopaholic what a bottle is to an alcoholic. 買い物中毒[依存症]の人にとってのクレジットカードは, アルコール中毒者にとってのボトル[一本]みたいなものだ.

**6** 〔比較, 相対, 割合〕〜と比べて, 〜より, 〜に対して, 〜対〜 ◆at a ratio of 2:3 [two to three] 2対3の割合で ◆they slept two to a room 彼らは1部屋に2人ずつ寝た

**7** 〔同じ名詞を... to... の形で連ねて〕〜ごとに ◆day to day 日々 ◆an area-to-area prediction 地区ごとの予測

**8** 〔分 to (時)の形で時刻を表して〕(〜時に)〜分前で ◆at a quarter to five 5時15分前[4時45分]に

**to and fro** 行ったり来たり, 前後[左右]に往復して ▶英和辞典には「前後」とばかり説明されているが, 一部の英英辞典には from side to side (左右に)の説明もある. ◆shuttle to and fro 前後[左右]に往復する; 行きつもどりつする

**to do** (不定詞) ◆For this switch to function, ... must... このスイッチが機能するためには, 〜でなければならない.

**to-and-fro** adj. 往復運動の, 前後[左右]に行ったり来たりする; the 〜 <of> (〜の)往復(運動), 行き来, 往来, 行き交い ◆to-and-fro motion 行ったり来たり[前後, 左右]の動き ◆a pendulum's to-and-fro movements 振子の往復運動

**toast** **1** ロトースト, 両面を軽く焼いた薄切りパン; vt. 〜をこんがりと焼く; vi. きつね色に焼ける

**2** a 〜 乾杯, 祝杯, 乾杯の言葉; the 〜 乾杯を受ける人[物事]; vt. 〜のために乾杯する ◆let's drink a New Year's toast to... 〜のために新年の乾杯をしましょう ◆the champagne was opened and the staff gathered around to toast him シャンパンが開けられ, 彼に敬意を表し乾杯するために部員がまわりに集まった

**TOB** a 〜 (takeover bid) 株式公開買い付け ◆a hostile [friendly] TOB (takeover bid) 敵対的[友好的]なTOB (株式公開買い付け) ▶英語ではTOBと略すのは表記ぐらいで, 文章中ではフルスペルが一般的)

**-to-be** 近い将来〜になる人 ◆a mother-to-be (pl. mothers-to-be) 間もなくお母さんになる人; 妊婦; プレママ ◆an engineer-to-be エンジニアの卵 ◆Increasing numbers of fathers-to-be are... ますます多くの父親予備軍が〜

**today** n. 本日, きょう, 今日(コンニチ), 当代, 現在, 現今, 最近; adv. 行って今日は今日から ◆(up) until today 今日まで(キョウ)まで; 今日(コンニチ)に至るまで ◆(意訳)これまで ◆for three days beginning today 今日から3日間 ◆four years ago today 4年前の今日 ◆From 1947 until today, 1949年から今日(に至る)まで ◆in the world of today 今日の世界において ◆in today's world 今日の世界において ◆new products of today 今日の新製品 ◆today's largest computers 今日の最大級のコンピュータ ◆today's paper 今日の新聞 ◆be worth $100,000 in today's dollars [money] 〜に(は)現在の金額に(換算)して100,000ドルの価値がある ◆even in today's automated age 今日の自動化時代においてさえ ◆in today's postindustrial economy 今日の脱工業化経済において ◆What Happened Today In History? (標題)今日は何の日? ◆they invented barbecue-style cooking as we know it today 彼らが, 現在私たちが知っている[今日の]バーベキュースタイルの料理法を生み出したのである ◆What happened today many years ago? 今日は(昔の)何があった日ですか〜 ◆Contact Kaiser today for more information. 今日[(意訳)お早めに], カイザー社にお問い合わせください. ◆It took over 100 years for telephony to get where it is today. 電話通信技術は100年以上も今日のところ[水準]まできた. ◆We need to find current niches that will accept the technology as it stands today. (意訳)我々は, 今日あるがままの技術を[現状の技術をそのまま]受け入れそうな現在存在しているニッチ(*特殊な応用分野)を探す必要がある.

**toddle** vi. (赤ちゃん)が小刻みに頼りなげに[よちよち]歩く, (老人・病人)がよろよろと歩く, ぶらつく, そぞろ歩き[漫歩, 閑歩]する ◆a little child toddles along 小さな子がよちよち歩く

**toddler** a〜 よちよち歩きの幼児,《衣料品》トドラー ◆videos for babies and toddlers ages 9 months to 4 years 9カ月から4歳までの乳幼児向けビデオ

**to-do** a〜 大騒ぎ,行うことになっている事項 ◆a to-do list するべきことを書き出したメモ[予定事項リスト]

**toe** a〜 足指,〈靴,靴下の〉つま先; vt. 〜につま先をつける,〜をつま先で踏む; vi. つま先を内[外]に向ける<in, out> ◆toe to toe ぴったり向かい合って ◆a big [great] toe 足の親指 ◆a little toe 足の小指 ◆five toed socks 5本指ソックス ◆toe-to-toe competition from the Japanese 日本企業からの真っ向からの競争 ◆Stay on your toes at all times and don't take chances. 常に警戒を怠らず,冒険[危ないまね]はしないこと.

**toed** 《通例 -toed の形で》足指が〜の,つま先が〜の

**toe-in** a〜《車》トーイン(*前車輪がわずかに内向き[内股]に調整されていること.またその量)◆The rear wheels are given more toe-in. 《車》後車輪は,トーインの量が増やされた.

**together** いっしょに,ともに,合わせて,調和して,緊密に,連続して ◆act together for a better world [future] よりよい世界[明日]を目指し手を携えて行動する ◆live peacefully together 平和共存する,穏やかに[平穏に]一緒に暮らす ◆the fitting [putting, joining] together of parts into a machine 部品を組み合わせて[組み立てて]機械にすること ◆We get together every weekend to <do...> 私達は,〜するために毎週末集まる[寄り集まる,集う] ◆two metal plates cemented [bonded, welded] together 貼り合わされてある2枚の金属板 ◆A nuclear binding force holds the nucleus of the atom together. 原子核結合力は,原子の核を結合させる. ◆The components that make up the unit are carefully crafted to work together. その装置の各構成部分は,共に働く[一体となって協調動作する,全体的に調和して稼働する]よう入念に作られている. ◆IBM and Siemens have been working together in 16Mbit DRAM manufacturing and 64Mbit DRAM development. IBMとジーメンスは16メガビットDRAMの製造および64メガビットDRAMの開発で協同[協働]してきている.

**together with** 〜とともに,〜に加えて ◆Together with the Pioneer-built main unit, the four Bose speakers provide a clarity of sound that surpasses that of most other car stereo systems. パイオニア製メインユニットと相まって,これら4本のボーズ製スピーカーは,ほかのほとんどのカーステレオシステムを凌ぐ澄んだ音を出してくれる.

**togetherness** 団一体感,連帯感,親近感,結束,協働,協力,共同,親交 ◆a feeling of togetherness 一体[連帯,親近]感 ◆family togetherness 家族の連帯感 ◆the power of togetherness (人々の)結束力;連帯の力 ◆feel a sense of togetherness 一体感[連帯感]を感じる ◆promote racial togetherness 人種間の結びつきを強める ◆promote togetherness among bikers バイク乗り仲間の結束を固める ◆seek togetherness 一体感を求める ◆Married couples need more time for togetherness. 夫婦には,一緒にいる時間がもっと必要である.

**toggle** a〜 トグルスイッチ(*2つの状態のいずれかを選択するもの); v. (2つの選択可能な状態のどちらかに)切り換える[切り換わる]<on, off> ◆toggle... back on 〜を再びオンに戻す ◆toggle between 12 and 8 MHz 12MHzと8MHzの間で切り換える ◆after the power switch is toggled 電源スイッチが入れられた後で ◆This key toggles insert mode on and off. このキーは,挿入モードをオン/オフ切り換える. ◆The Caps Lock key is a toggle key. Pressing it once turns it on. Pressing it again turns it off. Caps Lockキーはトグルキーです. 一度押すとONになり,再度押すとOFFになります. (*コンピューター用キーボードの小文字と大文字を交互に切り換えるためのキー)

**toilet** a〜 便器,(主に英)トイレ[手洗い,化粧室,洗面所]; one's 〜の(古)(洗顔,整髪,着替えなどの)身じたく;《医》洗浄 ◆go to the toilet トイレ(へ(用を足しに))行く ◆toilet paper トイレットペーパー ◆strips of single-ply toilet tissue 一重のトイレットペーパー数枚 ◆The men's [women's] toilets are downstairs on the left. 男性[女性]トイレは階段を降りて左手にある.

**tokamak** ◆the Tokamak Fusion Test Reactor トカマク型核融合実験装置(*米プリンストン大学の)

**token** a〜 しるし,証拠となるもの,兆候,記念品[形見,みやげ],代用硬貨 ◆a token clerk in a subway station 地下鉄の駅の出札係(*乗車券としてトークンを使用する地下鉄の) ◆buy a subway token (硬貨の形をした)地下鉄乗車券を買う ◆by the same token 同様の理由で ◆the law passed with just token opposition この法律は大した[さほどの,さしたる,それほどの,あんまり,あまり]反対もなく通過した(*with just token opposition は「名ばかりの反対にあって」)

**Tokyo** ◆the Tokyo Metropolitan Government 東京都庁 ◆the Tokyo Metropolitan Government Office Building 東京都庁舎 ◆from the center of Tokyo; from central Tokyo 東京の都心から ◆trade talks between Washington and Tokyo [Tokyo and Washington] 日米通商協議 ◆The Tokyo Metropolitan Assembly withheld its decision on the issue last month, leaving it to the discretion of the new governor. 東京都議会はその問題に関する決議を先月撤回し,新知事の判断に委ねられることとなった.

**Tokyoite** a〜 東京人,都民

**tolerable** 許容できる;かなり良い,まあまあの ◆(a) Tolerable Daily Intake (TDI) 耐容一日摂取量

**tolerance** 許容,寛容,寛大,度量,忍耐,忍耐力; (a) 〜 (薬物や環境条件に対する)耐性,耐薬性, (意識的抵抗物,抵抗力) (a) 〜 公差,許容できる誤差の幅[範囲],許し代(シロ),許容範囲,許容誤差,許容差,寸法公差,精度,裕度(ユウド) ◆be within tolerance 公差内である;許容値内にある;許容誤差内に収まっている ◆go out of tolerance 許容誤差からはずれる ◆tolerance occurs 耐性ができる[生じる] ◆drug tolerance 薬剤耐性 ◆performance tolerances 性能面での公差[誤差,許容差,許容範囲];性能裕度 ◆components with tolerances of 5% or better 許容誤差[公差]が5%以内の部品 ◆cut... a dimensional tolerance of ±0.005" 〜を±0.005インチの寸法公差で切削する ◆enforce [implement] a zero tolerance policy 許容度ゼロ[根絶]政策を施行[実施]する(*人種差別,セクハラ,汚職などのあるまじき行為を断固として許さない[一切容認・容赦しない]) ◆have [build] a tolerance to a drug 薬物に対する耐性を持っている[抵抗力をつける] ◆his tolerance to pain 彼の痛みに対する我慢強さ;痛みに対する彼の忍耐力 ◆If an item is found to be out of tolerance ある品物[製品,部品]が公差[許容範囲]から外れていることが判明した場合 ◆if the part does not fall within tolerance limits 部品が許容限度内[許容誤差範囲内,許容値内]に入らない場合,公差内に収まらないなら ◆increased [enhanced] salt tolerance 《生物》強化耐塩 ◆manufactured to exacting tolerances 厳しい許容誤差で製造されている ◆manufacturing tolerances 製造公差 ◆the acquisition of a tolerance for... 〜に対する耐性の獲得[抵抗力を得ること] ◆the International Year of Tolerance 国際寛容年(*1995年をユネスコがこう名付けた) ◆tolerances on the part size パーツサイズの許容誤差 ◆without using expensive, tight-tolerance components 値段の高い高精度部品を使用せずに ◆ceramic components honed to extremely fine tolerances 極めて高精度の公差で砥(ト)いであるセラミック製の部品 ◆even when tolerance has built up 耐性[抵抗力]が強くなっていたとしても ◆inspect close tolerance parts with high accuracy 公差のきつい[精密]部品を高い精度で検査する(*公差がきついということは「精密」) ◆maintain close manufacturing tolerances 精密な製造公差を維持する ◆Obesity reduces tolerance to hot weather. 肥満すると暑い天候に弱くなる. ◆... shall be within a tolerance of plus or minus 5% of [from]... 〜の[〜から]±5%以内の公差[許容範囲,誤差範囲,誤差幅]に収まっていなければならない. ◆show a tolerance to a wide variety of habitat and environmental conditions 多種多様な[広範な]生息[生育]条件および環境条件に対する耐性[抵抗性]を示す ◆these limits were based on the concept of a tolerance dose これらの限度は耐量という

概念に基づいている ◆the University has no [a zero] tolerance for sexual harassment 本学では[この大学では]セクハラは一切容赦しません ◆to prevent any tolerance from developing 耐性ができない[生じない]ようにするために; 耐性阻止のために ◆some of the organisms have developed a tolerance [a resistance] to these poisons 微生物の中にはこれらの毒薬に対する耐性[抵抗力]ができたものもある ◆the resistor has a tolerance rating of ±10 percent この抵抗器の許容差[誤差]等級は±10パーセントである ◆tolerance develops upon the prolonged usage of only a few drugs わずか数種類の薬剤を長期間使用していると耐性が生じる[できる] ◆the output can be adjusted to good accuracy despite the poor tolerance of Vref 出力は,基準電圧Vrefの甘い許容差にもかかわらず,相当高い精度で調整できる ◆they are characterized by impulsivity and low tolerance for frustration 彼らの性格的特徴は,一時の感情に駆られやすい[直情径行的である]こととフラストレーションに対して弱い[耐えられない]ことである ◆Its dimensions must be held to closer tolerances. 寸法をより厳しい公差に追い込まなければならない. ◆The tolerance of each tone is ±10 Hz. 各々の楽音の許容差は±10Hzである. ◆The equipment has a somewhat limited tolerance to environmental conditions. この装置は,環境条件に対する耐性がやや限られている. ◆The nominal bore dimension is 0.5 inch, with a dimensional tolerance of 0.002 inch (±0.001 inch). 呼び[公称]口径[穴径]は0.5インチで,寸法公差は0.002インチ(±0.001インチ)です. ◆To maintain a tolerance to bee stings, Mr. Adams must be stung at least 200 times a year. 蜂刺されに対する耐性[抵抗力]を保っておくためには,少なくとも年に200回は刺されないとだめだとアダム氏は言う. ◆Very close tolerances of particle distribution and spacing are required. 極めて公差の小さい粒子分布および粒子間隔が必要とされる. ◆Those falling within the specified tolerances go on to a subsequent stage where each undergoes a visual check. 指定されている[規定の,仕様]許容公差内に収まったものは次の段階に進み,そこで一個一個目視検査を受ける. ◆Tolerance dose: The amount of radiation which may be received by an individual within a specified period with negligible results. 《意訳》耐容[許容]線量とは,個人が一定期間内に被曝しても(その結果)無視できるほどの影響しか受けないとされる放射線の量をいう.

**tolerant** adj. 寛容[寛大]な, 容認する, (~に対して)耐性[抵抗力]のある <of> (→ fault-tolerant) ◆radiation-tolerant chips 放射線に対する耐性を持ったチップ ◆make cowpeas more tolerant of heat カウピーをもっと暑さに強くする; 暑さに対するササゲの耐熱性をもっと上げる ◆Dynamic-type microphones are more tolerant of heat and shock. ダイナミック型のマイクは, 熱や衝撃に対してもっと耐性がある[丈夫だ].

**tolerate** ~を許容[容認, 黙認]する, ~への耐性がある ◆reduce the concentration of...to a level that can be tolerated ~の濃度を許容できるレベルまで下げる

**toll** 1 a ~ 通行料, 長距離電話料金, 使用料 ◆collect a toll 使用[通行]料金を徴収する ◆pay a toll 使用[通行]料金を支払う ◆a toll call 市外通話 ◆a toll road [highway] 有料道路 ◆automated toll-collection equipment 自動料金徴収装置(*有料道路などの) 2 a ~ 死傷者数, 犠牲者, 損害 ◆The accident took a toll of 230 lives. この事故は, 230人の命を奪った. 3 vt. (晩鐘, 弔鐘)を鳴らす, (弔い, 時)を鐘で告げる; vi. 〈鐘が〉鳴る; a ~, the ~ 鐘の音, 鐘を鳴らすこと

**tollbooth** a ~ (有料道路や橋の)料金徴収所, 料金所 ◆a tollbooth attendant [clerk] 料金徴収所の職員 ◆automatically pay tolls without stopping at a tollbooth 料金所で(一時)停止[停車]せずに自動的に料金を支払う ◆electronic toll collection (ETC)

**toll call** a ~ 市外通話, 区域外通話, 長距離電話[通話] ◆place a toll call to a neighboring town 隣の町に市外電話をかける

**toll-free** 《米》無料長距離電話の[で], フリーダイヤルの[で] ◆call us toll free at (800)914-4255 フリーダイヤル(800)914-4255番にお電話ください ◆For more information about CompuSpeak system, call toll-free, or write: ... もっと詳しくCompuSpeakシステムについて知りたい方は, フリーダイヤルでお電話くださるか, ご一筆ください: 〈会社名, 住所, 電話番号〉 ◆Just complete and mail this coupon. Or, for faster action, call our toll-free number! このクーポンに(必要事項を)記入して郵送してください. また, お急ぎの場合は, 弊社のフリーダイヤル番号にお電話ください.

**tollgate** a ~ (有料道路の)料金所

**tollway** a ~ 有料道路 ◆the Dallas North Tollway ダラスノース有料道路

**tomato** (a) ~ ◆a few cherry tomatoes 2~3個のチェリー[ミニ, プチ]トマト

**tomography** 《U》トモグラフィ, 断層撮影法, X線断層写真技術 ◆a positron emission tomography (PET) scanner 陽電子放出断層撮影装置[ポジトロンCT]

**tomorrow** n., adv. あす, 明日, 未来, 将来 ◆the day after tomorrow あさって, 明後日(に) ◆build tomorrow's world 明日の世界を築く ◆from tomorrow onward 明日から ◆he spends money like there is [there's] no tomorrow 彼は, 宵越しの金は持たない[明日は野となれ山となれ]的にお金を使う ◆lead the nation into a brighter tomorrow この国を明るい明日[未来]に導く ◆the creation of tomorrow 明日(の時代)の創造 ◆tomorrow's technology 未来[明日]の技術 ◆create the advanced new products of tomorrow 明日の高度な新製品を創造[開発]する ◆Everything depends on the weather, from tomorrow onward. 何もかも明日以降の天気次第だ. ◆"Never mind, tomorrow is another day." 「気にするな[心配するのはやめよう], 明日は明日の風が吹くさ」 ◆The application for which you need a mainframe computer today will most likely run on tomorrow's personal computers. 今日メインフレームコンピュータを必要とする[でなければ実行できない]アプリケーションが, 将来パソコンで走るようになるのは, ほぼ間違いない. ◆The division is marching smartly toward tomorrow, while its other sister divisions are only plodding through today. ほかの姉妹部門が今日を重い足取りで歩いている時に, この部門ははつらつと明日に向かって着実に歩いている.

**Tom Thumb** 親指トム, こびと ◆a Tom Thumb camera 超小型のカメラ

**ton** a ~ (単位)1トン; 《米》2,000ポンド, 907.18kg (short ton); 《英》2,240ポンド, 1016.05kg (long ton); メートルトン, 1,000kg, 2,204ポンド (metric ton); (船の大きさを示す)100ft³, 2.8317m³(= register ton); 積載トン, 40ft³, 1,1320m³(= measurement ton, freight ton); 排水トン, 35ft³, 990.5m³ (= displacement ton); a ~, ~s <of> 多量の ◆six tons of PCB-contaminated waste PCBで汚染されている廃棄物6トン ◆tons of steel 数トンの鋼鉄 ◆about 2,000 tons of toxic waste 約2,000トンの有毒廃棄物 ◆About 17-20 million tons of coal are produced each week in the United States. 約1,700~2,000万トンに上る石炭が, 米国で毎週生産されている.

**tonal** adj. 音の, 音調の; 色調の, 色合いの ◆This instrument resembles the oboe in shape and tonal quality. この楽器は形状と色[音質]がオーボエに似ている.

**tone** (a) ~ 音, 音声, (一定のピッチ[周波数]の)音, 音調, 口調, 色調, 色合い, 調子, 雰囲気, 気分, 趣勢, 音色; a tone color 色彩 ◆tone dialing (= pushbutton dialing) トーン[押しボタン式]ダイヤル(*ピ, ポ, パという, 各桁番号が固有の異なった周波数のtoneを出す方式. これに対して回転ダイヤル方式は, パルスの数によって番号を表す) ◆a tone control 音色調整(つまみ) ◆a tone-dialing caller 音声ダイヤル方式の発呼者(ハッコシャ)[発信者] ◆the tone of the stock market 株式市況 ◆a continuous tone printer 《コンピュ》連続階調プリンタ ◆a sepia tone セピア色の色合い[色調, 色相]; セピア調 ◆tone [push-button] signaling 《電話》トーン[プッシュボタン]信号方式 ◆a 10-kHz tone 10kHzの音[楽音] ◆a singular voice that has its own tone color 独特の声色

（コワイロ）［声音（コワネ）］を持つ無類の（歌）声 ◆change tone quality　音色［音質］を変える ◆continuous tone images such as photographs　写真などの連続階調画像 ◆the frequency and purity of the tones generated by the modem　モデムの発振音の周波数と純度 ◆Wait until you hear a high-pitched tone.　《通》高い（発振）音［ピーという音］が聞こえるまで待ってください。 ◆A photograph can appear with different tones of color than you thought you saw.　写真は、見たと思ったのとは［実際に見た感じとは］違った色調で現れることがある。 ◆The most obvious souping-up of the MU100R is the inclusion of a monophonic VL tone generator.　MU100Rの最も目につく強化は、モノフォニックVLトーンジェネレーター［音源］の搭載である。

**tone arm**　a～（レコードプレーヤーの）アーム［トーンアーム］

**toner**　①トナー、着色粉末（*複写機用やレーザープリンタ用の粉状インク）◆toner particles　トナー［着色］粉末

**tongs**　（複数扱い）物を挟んでつまむ道具、やっとこ

**tongue**　a～　舌、舌状のもの、言語［方言］、話し方 ◆with one's tongue in one's cheek;(with) tongue in cheek　本音を言わないで、奥歯に物がはさまったような言い方で; 不誠実に; 皮肉がましく ◆tongue-in-cheek explanations about...　～に対する不誠実な［ふざけぎみな、皮肉っぽい、奥歯に物がはさまったような］説明［釈明、弁明、弁解］

**tonic**　a～　強壮剤、強精剤、ヘアトニック［養毛剤］、元気づけるもの、炭酸飲料、《音楽》主音［トニック］の; adj.強壮［強精］の、元気づける、《筋肉の収縮》緊張性の、〈痙攣（ケイレン）が〉強直性の、《音楽》主音の ◆vending machines carry an array of tonic drinks with names like "Regain"　自動販売機は「リゲイン」といったような名前がついて目白押しに並んでいる強壮［疲労回復、体力増強］ドリンク剤を売っている

**tonnage**　(a)～トン数 ◆a higher tonnage of chemicals　より多量の化学薬品

**too**　1 adv.～もまた、しかも ◆I too am a big John Denver fan.　私もジョン・デンバーの大ファンです。
2 adv.あまりに、～すぎる ◆become too long　長くなりすぎる ◆be too good for daily use　日々使うには［上等すぎて］もったいない ◆pay too high a price for...　～のために高すぎる代償［代価、犠牲］を払う ◆they have too much time on their hands　彼らは時間［暇］を持て余している ◆too low a molding temperature　低すぎる成形温度 ◆without becoming too deeply involved in statistics　統計学に必要以上に深入りせずに ◆a hairline crack that is too small to be visible　小さすぎて見えない微細なひび割れ ◆handle processing that is too much for a small-business computer　オフィスコンピュータでは手に負えない［手に余る］ほどの大量の処理をする ◆if a lens has too short or too long a focus　レンズの焦点が短すぎたり長すぎたりすると ◆there are still two to three times too many people in the industry　この業界には、依然として人間が2倍から3倍余計にいる ◆The industry is carrying [saddled with] far too much capacity.　この業界はあまりにも大きな余剰生産能力を抱えて［背負い込んで］いる。 ◆This will cause too large a drop in the oil temperature.　このことは、油温の過度の低下を引き起こすことになる。 ◆It is better to have the gap a little too large than too small.　間隙は、大きめ［少し大きすぎるくらい］にしておくほうが小さすぎるよりも望ましい。

**tool**　1 a～　道具、工具、用具、器具、ツール、《コンピュ》ツール（*ちょっとした応用ソフトやルーチン）◆a tool <to do...>; a tool for... (-ing)　～する（ための）ツール［道具、工具］ ◆a tool box　工具［道具］箱 ◆an electric tool; a power tool　電動工具 ◆home workshop tools　日曜大工道具の類 ◆without the aid of a tool　道具を使わずに ◆click a tool on the Tool Palette　《コンピュ》ツールパレット（内）のツールをクリックする ◆It shall not be possible to remove the shield without the use of tools.　そのシールドは、工具を使わなければ取り外せないようになっていること。（*安全規格の表現）
2 vt.〈乗り物〉を運転する、道具を作る［仕上げる］、～に道具［機械、設備］を備え付ける; vi.車を運転する、オートバイに乗る、工場に設備を備え付ける <up> ◆while manufacturers tool up for production　メーカー各社が生産へ向けて設備を整えて［生産体制へ向けて準備をして］いる間に（*tool upは、生産に必要な設備の設計から据え付けまでを行う）

**toolbar**　a～《コンピュ》ツールバー ◆on the toolbar　《コンピュ》ツールバー（上）に

**tooling**　工具による仕上げ細工、工場の機械設備を設計・製作し据え付けること、工作機械および金型一式 ◆production tooling and setup　生産設備据え付けと段取り ◆Most of the tooling comes from Mazda.　ほとんどの生産設備はマツダから供給される。 ◆The company makes 80 different types of chips in a factory that can accommodate several tooling changes every day.　その会社は、毎日数回ライン切り換え［段取り換え］ができる工場で80タイプに上る異種ICを生産している。

**tooth**　a～(pl. teeth) 歯、歯状のもの、歯車の歯; teeth（施策などの）実効性、強制力、《take the teeth out of...「～を骨抜きにする」という言い回しでの》骨 ◆put teeth into [in]...　～を実効性［効力］のあるものにする、～に拘束力［強制力］を持たせる ◆(a) tooth depth　（歯車などの）歯丈; 全歯丈; (刃）溝の深さ ◆a tooth flank [plane, surface]　（歯車などの）歯面 ◆gear teeth　歯車の歯 ◆a fine-toothed saw blade　目の細かな鋸刃 ◆blade teeth　のこぎり歯 ◆cut teeth in a gear　（歯車をつくるために）歯車の歯を切る ◆in teeth-chattering cold　歯ががちがちする寒さの中で ◆one tooth of the blade　そのブレードの歯車1個 ◆put teeth into these laws　これらの法律に実効性［効力、拘束力］を持たせる; これらの法律の実効性を高める ◆take the teeth out of legislation　法律を骨抜きにする ◆with laws that have teeth　実効性［強制力］のある法律をもって ◆those who are long in the tooth　年を取っている［年老いた］人たち、老人、高齢者（*年齢が高くなると歯茎が後退することから。元々は馬の歯についての言い回し）

**toothless**　adj.歯のない、歯っ欠けの、実効性［効力、執行力、強制力、拘束力］を欠いた ◆render... toothless　～の実効性を削ぐ; ～を骨抜きにする ◆a toothless watchdog　実行力［執行力、実効性］を欠いた監査［監督、監視］機関、《直訳》歯のない番犬 ◆the laws are useless and toothless　これらの法律は役たたずで実効性がない

**top**　1 n.《通例the～》最上［最高］(部)、上部、頂点、上端、先端、首位、最高位、最上位、頂、表面、冒頭、最高度、ふた、栓、《本の》天、《机の》上、天板、a～（上半身に着る）トップス（*ブラウスなど）; adj. トップの ◆top side down　上面を下に向けて、裏表逆に、裏返しに、上下逆に、引っ繰り返して ◆come out on top　1番［1位、首位］になる ◆a top cover　上部カバー ◆the top part of...　～の頭部 ◆top finishers　1着［1等］の人たち ◆a top face [surface];the top face [surface] <of>　（～の）上面 ◆A, B and C are holding top slots　A, B, Cが上位を占めている ◆a cutaway top view of...　～の切開上面図 ◆a glass-top table　ガラス天板のテーブル ◆a top view of...　～の平面図［上面図］ ◆clockwise from top [→bottom]　左上［←左下］から時計回り（の順）に ◆hold the top spot　トップの座を占める ◆in the top-right of the window　窓［画面］の右上に ◆on the top line of the screen　画面の最上行に ◆rated [evaluated] as being in the top 5% of...　～の上位5%にランクインしていると評価されて ◆sink below the top 10　トップテン［ベストテン］から脱落する ◆the direction from top to bottom　上から下への方向 ◆the top bunk [bed] of a bunk bed　二段ベッドの上段 ◆the top end of the column　その支柱の上端 ◆the top of memory　《コンピュ》メモリーの最上位 ◆the top selling detergent of all　すべての洗剤の中で最もよく売れているもの ◆the world's top speed　世界最高速度; 世界最速 ◆they are top class　それら［彼ら］はトップクラスである ◆top 31 to 60 markets　上位31位から60位の市場 ◆top name-brand goods　最高級ブランド品 ◆top-quality tools　最高の品質の工具 ◆a four-drawer chest with plastic laminated top　天板がプラスチック化粧合板の4段整理ダンス ◆athletes from the world's top running superpowers, Ethiopia and Kenya　世界のランニング［《意訳》マラソン］大国エチオピアとケニヤの選

◆a top-ranked [top-level] player　トップランク[トップレベル, トップクラス, 最高水準]の選手　◆the world's top VBA programming experts　世界でトップクラスの[《世界最高峰の,《意訳》世界を代表する》]VBAプログラミング専門家　◆a layer of oil floating on top of a lake　湖の表面[水面]に浮いている油の膜　◆at the top of every page of a document　書類の各ページの上部に　◆climb to the top of the organization　組織のトップに上り詰める　◆climb to the top spot for the first time　初めて首位[1位]になる　◆during her climb to the top　彼女がトップの座に上り詰める過程で　◆flip... from top to bottom　《コンピュ》《図形など》を上下反転させる　◆he's no longer the company's top shareholder　彼はもはや同社の筆頭株主ではない　◆place A and B in the top 20 nationwide　AおよびBを全国トップ20にランクインさせる　◆place... at the top of the field　〜を分野の最高峰に位置付ける　◆place it in the top rank of today's DAT recorders　それを今日のDATレコーダーの最高位に位置付ける　◆show up on a top-50 list　上位50位までの番付に載る　◆the five-speed manual transmission's top three gears　5速マニュアル・トランスミッションの上位3速[ギア]　◆unscrew the top from the soy sauce bottle　醤油ビンの蓋を回してあける　◆a pink or red swelling appears on the top side of the skin　ピンクまたは赤い色の腫れ物[隆起]が皮膚の上にできる　◆a sticker glued to the top side of the gas tank underneath the body work　車体の下側にあるガソリンタンクの上面に貼り付けられているステッカー　◆earn the top position in controller technology for...　〜用の制御器技術で首位の座を獲得する　◆he rose from a poor rural background and climbed to the top of the political world　彼は、貧しい農村部から身を起こし政治の世界[政界]を上り詰めた　◆Toward the top of the hierarchy are... Toward the bottom are...　その階層構造[ピラミッド]の頂点の方にあるのは〜, 底辺の方にあるのは〜である.　◆It resembles the letter M when looked down on from the top.　上から見おろすとMの字のように見える.　◆Belgium ranks top among OECD member states for labor productivity.　ベルギーはOECD加盟国中労働生産性がトップである[最も高い].　◆It resembles the letter M when looked down on from the top.　上から見おろすとMの字のように見える.　◆Quiet performance puts it in the industry's top class.　それ(*その装置)は, 静音性能[静粛性]により業界トップクラスに位置付けられる.　◆Remove the wing nut located on the top of the motor.　モーターの上にある蝶ナットを取り除いてください.　◆The car has [does] a top speed of 260 km per hour.　この車の最高速度は時速260キロである.　◆Gregoire set one of the fastest speeds and now one of the top contenders.　グレゴアールは最速レベルのスピードを樹立し, 今やトップ選手の一人である.　◆According to a survey of chief information officers (CIOs) by CIO magazine, Sun Microsystems Inc., was placed top in most categories.　情報担当幹部を対象としたCIO誌の調査によると, サンマイクロシステムズ社がほとんどの部門で首位にランキングされた.　◆Mr. Grundhofer made it clear that the company will boost revenues, get rid of fat and continue to be one of the industry's top performers.　グルントフォーファー氏は, 同社が収益を増加させ, 贅肉を取り除き, 業界有数の優良企業であり続けるであろうことを明確にした.

**2** vt. 〜を覆う, 〜のてっぺんを形成する, 〜の上にのせる<with>, 〜の一番上に立つ, 〜を上回る, 突破する; vi. ◆top off fluid levels　液体を補充することにより)各液面の量を元に戻す　◆a flat-topped rod　上端[先]が平らな棒　◆an eraser-topped pencil　消しゴムがてっぺんについている鉛筆　◆her chart-topping debut album　ヒットチャート[人気順位表]1位の彼女のデビューアルバム　◆expect the annual rate of inflation to top 4% by year-end　インフレの年率が年末までに[年内]に4%を突破するだろうと予想する　◆Last year's sales topped $500 million, 30% higher than in 1989.　昨年の売り上げは, 5億ドルを回り, 1989年の30%増となった.

**3** n. a〜 (まわして遊ぶ)こま　◆spin like a top　独楽(コマ)のように回る

**from the top down**　トップダウンで, 上意下達(ジョウイカタツ)で (→ top-down)　◆Do you expect such changes from the top down or the bottom up?　そのような変革は, 上と下のどちらからもたらされると思いますか.

**from top to bottom**　上から下までありに, 徹底的に, 完全に (→ top-to-bottom)

**on top of...**　(= in addition to)　〜の上に[外に (ホカニ), 他に], 〜に加えて, 〜とともに; 〜をものに[掌握, 支配, 管理]して　◆on top of that　その上に, かつ, しかも, それに加えて, それに　◆On top of that,...　そこへ持ってきて; さらに; その上; しかも; その他で　◆On top of (all) that,... ; On top of this,... ; On top of it,...　その上に[, その他に, それに, かてて加えて, おまけに, しかも]　◆The need on top of all that is to <do...>　その上さらに必要なのは, 〜することである.　◆pay postage on top of the catalog prices　カタログに表示されている値段のほかに郵送料を払う　◆Then on top of that, she said, ".........."　そしてさらに, 彼女は「〜」と言った.

**top out**　《米》頭打ちになる[ピークに達して横ばいになる], ビルの骨組が完成する　◆Clock speeds will probably top out at about 500 MHz.　クロックスピードは, おそらく500MHzあたりで頭打ちになるだろう.

**top-class** adj. トップクラスの, 最高位の, 最高級の, 最上級の　◆a top-class restaurant　最高級のレストラン　◆a top-class PC system　トップクラスのパソコンシステム

**topcoat** a〜　薄手のオーバー, 間(アイ)オーバー, スプリングコート; (a〜)《塗装の》上塗り, 仕上げ塗り, 保護膜　◆a paint topcoat　ペンキの上塗り(塗膜)

**top dead center**　a〜　上死点 (*エンジンピストンの圧縮行程の最高位置)　◆reach top dead center　上死点に達する

**top dog**　a〜　《俗》overdog

**top-down**　トップダウンの, 上から下への, 上意下達(ジョウイカタツ)の　▶a top-down approachとは, 投資の場合でいえば, まず経済全体の動向を見て, それを基に投資する産業を選び, 次に企業を選ぶやり方である. 一方, コンピュータのプログラミングでは, まずプログラム全体のアウトラインを決め, だんだん細部に入り, 最後にコーディングする手法をいう. また, システム設計で, ユーザーインターフェースのレベルの設計から始めて次第に機械レベルに近づくこともいう.　◆a rigid top-down order　硬直した上意下達の序列　◆a top-down search　《ファイルなどの》前から後ろへの検索

**top-drawer** adj. 最上位の, 最上級の, 最高級の, 第一級の, 逸品の, 最重要な　◆top-drawer antiques　逸品[絶品]の骨董品[古美術品]　◆top-drawer quality　最高級品質

**top-end** adj. 最高位の, 最上位の, 最高峰の　◆a top-end model　最上位機種[最高級モデル]　◆top-end pro keyboards　プロ用最高峰キーボード楽器

**topflight** adj. 最優秀の, 一流の, 最高級の, 第一級の　◆a topflight tape recorder　最高級のテープレコーダー　◆The airline has achieved a topflight reputation for customer service.　この航空会社は, 顧客サービスで最高級の評判を得た.

**top-grade**　第一級の, 一流の, 最高級の　◆top-grade leather　最高級の皮革

**top-heavy** adj. 頭でっかちの, 頭の重い, 重心が上にある, 上層部の人員が多すぎる, 不安定な, 不均衡な　◆a top-heavy bureaucracy　上層部が肥大化している[頭でっかちな]官僚機構

**topic** a〜　話題, 論題, 演題, 主題　◆topics on...　〜についての話題　◆change the topic　話題を変える　◆a way to shift to another topic　話題を変える別の話題に移る手段　◆choose topics of debate　議論を選ぶ　◆debate three topics　3つのトピック[話題, 議題]をめぐって議論[論議]する　◆move on to another topic　他の話題, 別の話題にそらす　◆one topic up for discussion　討議[話し合い, 審議, 会議]にかける[上程される]ことになっている一つの議案[議題]　◆one topic of conversation in Beijing will be...　北京では〜が話題(の一つ)になるだろう　◆a major topic of debate in Congress　米議会での主要な議題の一つ　◆miscellaneous topics related to...　〜に関する種々雑多な話題[各種項目]　◆Seminars are offered in the following topics:...　セミナーは次のテーマ[論題, 主題]で開催されます:...　◆they have debated topics ranging from... to... 彼らは～から～に至るまで(幅広い)話題について議論した ◆a topic that has been a subject of conversation for some time now ここしばらくの間,話の種になっていた話題 ◆topics of conversation which crop up at office coffee breaks オフィスでのお茶の時間に出る[持ち上がる]話題 ◆It has become a topic of considerable interest. それは,かなり興味深い話題[関心の高いテーマ]になっている. ◆This topic is discussed in greater depth in Chapter 8. このテーマは,第8章でもっと深く掘り下げて論じられている. ◆The forum will focus on the topic of international cooperation in space. この公開討論会では,宇宙での国際協力というテーマに焦点を当てる.

**topical** adj. 時事問題の,話題の,トピック別の,《医》局部的な/局所の,《医》局所用の ◆arranged in topical form トピック別に[項目別に,話題ごとに]整理されて;《意訳》要点をかいつまんだ箇条書きにして ◆This drug is available in topical form and it can be applied directly to an infected area. この薬剤は局所用[局所剤]の形で市販されており,感染した患部に直接塗布できる[貼れる]. (*外用剤の中には,局所用ではなく皮膚や粘膜から吸収されて全身効果をもたらすものもある)

**Topix** (Tokyo Stock Exchange Stock Price Index) the ～ 東京証券取引所[東証]株価指数

**topless** adj. トップレスの,上面[屋根]のない,〈塔,山など〉非常に高い ◆a topless bar トップレスバー ◆a topless box 上蓋のない箱 ◆The original concept car was topless. 元々のコンセプトカーには屋根がなかった.

**top-level** トップレベルの,最高水準の,最高級[位]の,首脳級の ◆a top-level team トップレベル[最高水準]のチーム ◆sell top-level domain names トップレベルドメイン名を売る(*インターネットの住所ともいうべきドメイン名の最後の部分で.com, .net, .org, .jp など) ◆top-level government officials 最高幹部クラスの官僚;政府官僚

**top-loading** トップローディング式の,上から装填[充填]するつくりになっている ◆a top-loading precision balance; a precision toploader 上のせ式精密天秤 ◆a top-loading VCR 上面にテープを装着するタイプのビデオデッキ

**top management** トップ・マネジメント,最高経営陣,最高首脳部,最上層部 ◆people in top management; persons in top-management positions 経営トップ[トップ管理職]の人たち

**topmost** 一番上の,最高の(= uppermost) ◆topmost branches 一番上の[てっぺんの]枝 ◆the topmost scanning line 一番上の走査線

**top-mounted** 上部搭載の,上部に取り付けられた

**top-name** adj. 最高クラスの,トップレベル[トップランク]の,著名な,有名な,一流の,屈指の,大物の ◆top-name magicians 一流のマジシャン

**top-notch** 第一級の,一流の,最高級の ◆top-notch products 一級品 ◆a top-notch slide presentation 最高のスライド・プレゼンテーション ◆be considered to be top-notch 一流であると考えられている

**top-of-the-line** adj. (特定のメーカーの商品系列中で)一番上の[一番いい,最上位の,最高峰の,最高級の](⇔bottom-of-the-line) ◆a top-of-the-line model 最上位[最高峰,最高級]モデル ◆today's top of the line digital cameras 今日の最上位機種[最高峰,最高級,ハイエンド]デジタルカメラ ◆top-of-the-line cars haven't sold well this year 最上級車は,今年はよく売れなかった

**topographic** adj. 地形学の,地形上の,地形の,地勢の,〈診断の〉局所的な ◆a topographic map 地形図,地勢図 ◆a topographic survey 地形測量,地形調査 ◆topographic features 地形

**topology** 位相幾何学の,位相数学の,位相,地形学;空間上の位置関係,空間配列,配列,配置 ◆an Ethernet LAN in a star topology 星形(接続)形態のイーサネットLAN ◆the topology differences of the two circuits これら2つの回路の(構成部品の)配置の相違

**topple** vi. (重心が上にある感じで)ぐらつく,ひっくり返る,倒れる,倒壊する,崩壊する; vt. ～をぐらつかせる,倒す,転覆させる,打倒する ◆cause... to topple over ～を転倒させる[倒す] ◆heavy furniture toppled over 重い家具が転倒した[倒れた] ◆a water tower toppled over 貯水[給水]塔が倒れた ◆the 1989 U.S. invasion that toppled the government of Manuel Noriega マヌエル・ノリエガの政府を倒した1989年の米国侵攻

**top-quality** adj. 最高の品質の,最高品位の,最優良の,最高級の ◆top-quality seaweed 最高の品質の海藻

**top-ranked** 最高の,ベストの,極上の,最良の,一流の ◆our top-ranked research team 当社のトップレベルの研究チーム ◆top-ranked players 一流プレーヤー[選手] ◆the 50 top-ranked colleges 上位50校の(単科)大学

**top-ranking** adj. 一流の,第一級の,最高位の ◆top-ranking students (成績が)トップクラスの学生

**top-rated** adj. 最高級の,第一級の

**top runner** a～トップランナー,先頭走者,先頭[先端,最先端,最高水準]を行くもの; top-runner adj. ◆Japan's top-runner program [approach, scheme, system] 日本のトップランナー制度[方式] (*特定の製品分野において,今後開発・発売されるもの,現在商品化されているもののうち最もエネルギー消費効率に優れている機器の性能以上にしなければならないとする構想)

**top-secret** adj. 最高機密の,極秘(事項)の ◆top-secret documents 最高機密書類[文書]

**top-selling** adj. 一番売れている,売れ筋の

**top-shelf** adj. 最上位の,最上級の,最高の,最高級の,第一級の,逸品の,一流の ◆Lauder's top-shelf products ローダ社の一級の[選りすぐりの]製品

**topside** a～上側,上面;(通例～s)上甲板,乾舷(カンゲン)(*船舶の水面から上の舷側); Topside 上層幹部,首脳部; the ～ 電離層の上層;[英]牛の上等な腰肉; adj.上甲板の,上層部の; adv. 上甲板[で] ◆be located topside 甲板上にある;上面にある ◆topside terminal posts (自動車用バッテリーなど)上面の端子

**topsider** a～上層幹部,首脳部の人間,高官,上甲板・船橋担当の乗組員,(通例～s)デッキシューズ(*ゴム底,キャンバス地の) ◆wear topsiders [Topsiders] without socks 靴下なしでデッキシューズを履く ◆White House topsiders 米国政府の首脳部

**topsoil** 回表土 ◆cover... with a 4-inch layer of topsoil ～を4インチ厚の表土層でおおう

**topsy-turvy** adj. めちゃくちゃの,混乱した,(上下)逆さまの,ひっくり返った; adv. めちゃくちゃに,逆さまに ◆turn [go] topsy-turvy めちゃくちゃになる

**top ten, top 10** the ～トップテン,ベストテン,上位10者; top-ten, top-10 トップテンの ◆the lowest of the top-ten [top-10] countries 上位10カ国の最後[最下位] ◆eight of the top-ten software developers ソフト開発会社上位10社のうちの8社 ◆top-ten trading partners of the U.S. 米国の貿易相手上位10カ国

**top-tier** adj. 最上層に属する,最高級の,最優良の ◆a top-tier company 一流企業 ◆top-tier restaurants 最高級レストラン

**top-to-bottom** 上から下までの,徹底的な,全くの ◆a top-to-bottom restructuring of the company's operations この会社の諸事業部門の上から下までのリストラ[徹底的な構造改革]

**torch** a～たいまつ,トーチ,吹管; a～(= a cutting torch) 溶断トーチ ◆a welding torch 溶接トーチ

**tore** 《tear の過去形》

**torn** 《tear の過去分詞形》

**tornado** a～(pl. -es, -s)トルネード,大竜巻,暴風,烈風,旋風(ツムジカゼ,センプウ) (参考) Known as "The Tornado" because of his unorthodox pitching motion, Nomo has created a whirlwind of excitement as... 彼の特異な投球モーションゆえに「ト

ネード[竜巻]」として知られる野茂は、〜の際に興奮の旋風を巻き起こした。

**toroidal** adj. トロイドの(*トロイドはドーナツのような形)、環状の、トロイダルル ◆a toroidal coil 環状コイル ◆a donut-shaped toroidal core ドーナツ形をしたトロイダルコア ◆The container that confines the plasma has a toroidal shape. プラズマを閉じ込める容器はトロイド形[環状、ドーナツ形]をしている。

**torque** 1 *n.* (a) 〜 トルク、ねじりモーメント、回転力 ◆produce a reduction of torque トルクの低減を生じる ◆the direction of torque トルクの方向 ◆The engine produces 162 pound-feet of torque at 4500 rpm. このエンジンは、(回転数)4500rpmで162ポンド・フィートのトルクを発生させる。 ◆The motor has high starting torque. このモーターは、始動[起動]トルクが大きい。 ◆The engine develops 300 or more pound-feet of torque all the way from 2750 to 4800 rpm. このエンジンは、2750から4800rpmまでの全域にわたり300ポンド・フィート以上のトルクを発生させる。
2 *vt.* 〜にトルクを与える ◆Torque the screw to 1.0 to 1.3 mkg (7.0 to 9.5 ft. lb.). そのネジを、1.0から1.3mkg (7.0から9.5フィートポンド)のトルクで締めて下さい。

**torrential** adj. 激流の(ような)、激しい、猛烈な ◆give rise to (a) torrential rain; cause a torrential downpour 豪雨[土砂降り、大雨]を引き起こす ◆the torrential changes that have taken place in Russia in an action-packed week 激動の週間にロシアで起こった激変

**torsion** 回トーション、ねじり(力)、ねじれ、よじれ 《医》捻転 ◆torsion stress ねじり応力 ◆The new body is fully 70 percent more rigid in torsion (twisting). この新型ボディーはねじり剛性がまるまる70%アップしている。(*twistingはtorsionを平易な言葉で説明している)

**torsional** adj. ねじりの、ねじれの ◆high torsional rigidity 高いねじり剛性

**torso** *n.* a〜 人体の胴、トルソ(*頭と手足を除いた裸体の胴の部分の彫像)、未完成の作品 ◆the headrests do not extend high enough for persons with tall torsos これらのヘッドレスト[頭受け]は胴長の[座高の高い]人に丁度いい高さまで伸びない

**torture** *(n.)* 〜 拷問; *vt.* 〜を拷問にかける、〜をひどく苦しめる[悩ます] ◆water torture 水での拷問; 水責め ◆I'm torture-testing this machine using... 私は〜を使ってこの機械を拷問テスト[過酷な試験]にかけているところです。 ◆they run a risk of being subjected to torture or ill-treatment 彼らは、拷問あるいは虐待を受けかねない危険を冒す

**Torx** ◆a Torx driver [screwdriver] トルクスドライバ(*先端部の横断面が星形のネジ回し)

**toss** 1 *vt.* 〜を軽く投げる[ほうる]、〈調理材料など〉を軽くまぜる、〈船など〉を揺らす[ゆさぶる]; *vi.* 揺れる、ものを投げる、コイン投げをする ◆After thinking, tossing and turning in bed, I... 思い悩んで、眠れずに幾度も寝返りした末に[輾転反側(テンテンハンソク)する床の中で考えた末に]、私は〜 ◆toss a cigarette out of a car window クルマの窓からタバコをポイ捨てする ◆employers who treat workers as just another commodity to be used up and tossed aside 従業員をモノのように扱って(要らなくなったら)ポイと捨てる雇い主たち
2 a〜 ほうること[なげること]、揺れ、コイン投げ

**total** 1 a〜 合計、総計、総都; adj. 合計の、総合の、総括的の、延べでの、全体の、全面、総合、総体、総括]的な、全一、総合一、総一、一括一、トータルの、全くの、完全な、一貫した、徹底した、絶対的な、〈日食や月食について〉皆旣一 ◆in total 合計で ◆a total quantity 合計数量; 全数量; 総量[合計[集計]/(個数); 総数 ◆a total floor area [space] 延べ床面積 ◆total quality control (TQC) 総合的[全社的]品質管理 ◆(a) total harmonic distortion 総合高調波[歪み(率) ◆total leakage [leak] current 全漏れ電流 ◆a resultant total output (結果として得られた)合成出力 ◆a total of about $100 million 約1億ドルという合計(金額)/合計約1億ドル ◆a total of maybe 20,000 voters 都合[合計、総計]おそらく2万人にのぼる有権者 ◆in total darkness 真っ暗闇の中で ◆the total volume of compound 合成物の総量 ◆the total number of portable units shipped in the U.S. 米国における携帯型機の延べ出荷台数 ◆total in-house manufacturing すべて社内で製造すること[完全内製] ◆the team won a grand total of 40 games 同チームは通算で40試合に勝った ◆In order to provide [offer] a total solution to our customers [clients], ... 弊社の顧客にトータルソリューションを提供するために ◆the total number of miles driven since the last fill-up 前回の満タン給油からの通算走行マイル数 ◆the total number of voice channels is [becomes] 400 音声チャンネルの総数は400である[となる] ◆total manufacturing that begins with the rawest of materials and ends with the most finished of products 最も生の状態の材料から始まって最も完成した状態の製品で終わる一貫生産 ◆The total length of the line is 510 km. この線の総延長[全長、総距離、亘長(*電線路の場合)]は510kmである。 ◆By inking several boxes on the options list, I raised the total to $31,225. 私は、オプション品リストのいくつかの欄に印を付けて、(注文)合計金額を31,225ドルに膨らませてしまった。 ◆This stainless steel coin was minted from 1939 through 1941 in a total quantity of just 1.5 million. このステンレス鋼製硬貨は、1939年から1945年までに合計[総数]わずか150万個が鋳造された。 ◆And now to help you even more, we've opened two new design centers. That brings the total to seven in Europe. そして今、いっそうのサービス充実をはかって、弊社は2箇所にデザインセンターを新規開設致しました。これにより欧州において、都合[合計]7拠点ということになります。
2 *vt.* 〜を合計[総計]する、合計〜になる; 〜を完全に破壊する; *vi.* 合計〜になる <to> ◆their car was totaled 彼らの車は完全に壊れた[破壊された] ◆the problem of how to deal with toxic wastes, which now total an awesome 300 million tons generated each year 現在、総量で年に3億トンも生じている恐ろしい量の有害廃棄物にどのように対処するのかという問題 ◆His losses allegedly totaled more than $100,000. 彼の損失は、総額10万ドルを上回ると伝えられている。

**totalitarian** adj. 全体主義の、一国一党制の; a〜 全体主義者 ◆a totalitarian regime 全体主義的な政権[政府]

**totalitarianism** 回全体主義 ◆live under totalitarianism 全体主義の下で暮らす

**totality** 回完全[十分、全体]であること、全体、全数、総計 ◆use their combined channel capacity as a totality それらの合算チャンネル容量をひとまとまりとして使う

**totalize** *vt.* 〜全体をまとめて計算する、〜を合計[総計、積算、通算]する、〜を要約[総合、総括]する ◆a totalizing counter 積算カウンタ

**totalizer, totalizator** a〜 積算計、合計器、総合計[総合計器]、(航空機の)トータライザー[残燃料表示装置] ◆a digital fuel flow totalizer デジタル積算燃料流量計(*航空機の)

**totally** adv. 全く、すっかり、全面的に、完全に、まるで、非常に、全体として ◆a totally enclosed fan-cooled [fan-ventilated] motor 全閉外扇型モーター; 全閉外扇型電動機 ◆a musician totally committed to jazz ジャズ専門[一辺倒、一本槍]のミュージシャン; もっぱらジャズに打ち込んでいる音楽家 ◆be totally committed to developing [to the development of]... 〜の開発に全身全霊を傾注している ◆be totally false 全く間違っている ◆totally automatic picture-taking 完全自動の写真撮影 ◆totally aware of what the device can do その装置に何ができるか[何に使えるか]を十分に[よく]知って

**tote** *vt.* 《米》〜を(かついだり、かかえたりして)持ち運ぶ、(銃)を携帯する; n. 手にさげて運ぶこと; a〜 荷物、トートバッグ(= a tote bag) ◆a tote box 持ち運び箱 ◆a gun-toting robber 銃を携帯して[携行して、持って、所持して]いる強盗 ◆a suitcase-toting couple スーツケースを持ち運んでいる[手にしている]カップル ◆(be) toting a knapsack on one's back [over one shoulder] 《順に》リュックを背負って[(片方の)肩にかけて(持ち歩いて)]

**toter** a ~ 携行[携帯]する人, 持ち歩く人 ◆a gun toter 銃を携帯して[携行して, 帯びて]いる人 ◆a cellular phone [cell phone] toter 携帯電話[ケータイ]を持ち歩いている人

**totter** vi. よろよろ歩く, よろける, ふらつく, ぐらぐらする, ぐらつく, 〈国家や制度が〉揺らぐ; a ~ おぼつかない足取り, よろめき, ぐらつき ◆the Japanese economy is tottering on the verge of collapse 日本経済は崩壊の瀬戸際にあって足元がおぼつかない状態にある ◆under the tottering Yeltsin regime 足元のぐらついている[よろよろしている]エリツィン政権のもとで ◆a corporate giant tottering on the verge of bankruptcy 倒産[破綻]寸前でふらついて[ぐらついて, よろめいて]いる巨大企業 ◆California's state budget is tottering toward insolvency. カリフォルニア州予算はよろめきながら破綻に向かって進んでいる.

**tottering** adj. 〈今にも倒れそうな様子で〉よろよろ歩く, たどたどしい足取りの, ふらつく, よろける, 不安定な; 回よろめき, ぐらつき ◆take a few tottering steps 数歩よちよち[よろよろ, たどたどしい]歩きをする

**touch** 1 触覚, a ~ (物理的な)接触, 触れること, 手ざわり, 手ごたえ, 手ぎわ, 仕上げ, タッチ; a ~ <of> わずか, 気味 ◆a touch panel 《コンピュ》タッチパネル(*タッチ式の表示兼入力パネル) ◆the sense of touch 触覚 ◆a soft-touch keyboard; a keyboard with a soft touch ソフトタッチのキーボード(*打鍵感の柔らかい) ◆at[with] the touch of a button ボタンを押すだけで; ボタン一発で; ワンタッチで ◆be a touch typist タッチタイプ[キーを見ないで両手でタイプ]できる(*a touch typist は, touch typing ができる人) ◆examine .. by the touch ~を手で触れて[手の感触で]調べる ◆put [add] the final touches on... ~に最後の仕上げを加える[施す] ◆put the finishing touches on [to]...; apply [add] the finishing touches to...; give [bestow] a finishing touch to... ~に最後の仕上げをする[加える, 施す]; ~に画竜点睛(ガリョウテンセイ)を施す ◆until warm to the touch 触れて[さわって]みて温かく感じるまで ◆a touch of Paris fashion in... ~に見られるパリファッションの趣 ◆with a touch of the mouse 〈画面の〉マウスの(指で)押して ◆with touch-of-the-button simplicity ボタンを押すだけのたやすさ[簡単操作]で ◆with the touch of a stylus or finger on the pad スタイラスまたは指でパッドにふれることにより ◆a nice three-season jacket that is comfortable to the touch 触り心地[手触り, 肌触り]が良くて3シーズン着られるすてきなジャケット ◆It feels smooth and cool to the touch. それは滑らかで冷たい手触りがする. ◆The controls are light and crisp to the touch. これらのボタン・つまみ類は, 操作感が軽く小気味がいい. ◆The electronic keyboard responds to touch very nicely. その電子キーボード(楽器)は, タッチレスポンスが良い. ◆The keyboard is comfortable to the touch. このキーボードのタッチは快適である. ◆A light touch on the accelerator is all you need to maintain constant speed. アクセルに軽く(足で)触れている程度[だけ]で速度は十分維持できます. ◆Rare meat does not resist when pressed, medium-rare meat resists slightly, medium-done meat resists slightly more, and meat that is well-done is springy to the touch. レア の肉は[生焼け]の肉は若干押しごたえがありません. ミディアム・レアの肉は若干押しごたえがあります. ミディアム・ダンはもうちょっと手ごたえがあります. そしてウェルダンの肉は弾力性に富んだ感触がします.
2 回連絡[交信, 接触] ◆get in touch with... 〈人〉に連絡をとる ◆keep in touch with... ~についての最新情報に通じている; 〈人〉と絶えず連絡をとっている ◆out of touch with... ~との接触[連絡]がなくて[を断って], ~と没交渉で, ~と音信不通で, ~に疎く[から遊離で[乖離して, 浮いて, 浮き上がって], ~から離れて, ~とずれて ◆lose touch with... ~(の事情)に疎くなる, ~との連絡が途絶える ◆be in touch with what's going on 実情に通じて[事態を把握して]いる ◆keep [stay] in close touch with... 〈人〉と緊密な連絡を保っている ◆be out of [be not in] touch with reality 現実に即していない; 非現実的である; 現実ばなれしている ◆seem to be out of touch with society 社会から遊離している

ように思える ◆stay in closer touch with the tastes of one's customers 顧客の趣味により密着して[きめ細かく沿って]行く ◆traditional teaching methods have become increasingly out of touch with children 伝統的な教授法は, 子供たちからますます離れてきている
3 vt. ~に触れる[さわる], ~を接触させる, ~に接する, 達する, 及ぶ, ~に影響[作用]する, ~に言及する, 手を出す, ~を感動[怒ら]させる; vi. 触れる 接触する <at>, 接近する, 関連する; 言及する <on> ◆a pleasant-to-touch surface 手触りのいい表面 ◆ensure that two boxes touch 《幾何》2つの四角形が(確実に)接するようにする ◆without touching on the design parameters 設計パラメータに(ついて)は触れずに[は割愛して] ◆they are made of pure cotton which is pleasant to touch それらは肌触り[手触り]のいい純綿[まじりもののない木綿]製である ◆Don't touch it with your bare hands [with bare hand(s)]. それを素手で触れない[触らない]でください. ◆Fascinating subjects are touched on — like the problem of dark matter. 暗黒物質の問題といったような, 非常に興味深いテーマに触れられた[(意訳)]話が及んだ. ◆I shall only touch on a few of the topics now and refer to others in the issues that follow. 今回は2~3の演題についてのみ(簡単に)触れることにし, その他は今後の号で言及することにする.

**touch off** ~を発射する, 〈爆発物に点火するがごとく〉引き起こす, 誘発する, ~の起爆剤[原因]となる, 《比喩的に》~に火をつける, ~を触発する, ~を正確に描写[表現]する ◆touch off a major [spirited] controversy over... ~について大論争[活発な一大議論]を触発する ◆a landslide touched off by the quake その地震により引き起こされた[誘発された]地滑り ◆The confusion touched off a wave of panic buying. その混乱は, 波状的な恐慌買いを引き起こした. ◆If you smell gas, do not turn on any lights. An electrical arc from the switch can easily touch off an explosion. ガスの臭いがしたら, 電灯は(種類を問わず)つけないでください. スイッチの電気アーク[電弧]により爆発を誘発するおそれがあります.

**touch... up, touch up** ~に修整塗りを加える, 〈写真, 印刷など〉をタッチアップ[修整, 手直し]する

**touchable** adj. さわって[触れて]みれる, さわるのに適している, 感知させることができる ◆touchable exhibits (= touchables on display) 触ってみることのできる展示品

**touchdown** (a) ~ 〈航空機などの〉着陸, 着地, 接地; (a) ~ 〈フットボールなどでの〉タッチダウン ◆a touchdown site 着陸場 (*スペースシャトルなどの) ◆just before nose wheel touchdown 《航空》前車輪接地の直前に ◆shortly before touchdown 着陸直前に

**touch-screen** ◆a touch-screen display 《コンピュ》タッチスクリーン式のディスプレイ

**touch-sensitive** adj. 〈スイッチや入力装置などが〉触れると感知する, 〈電子楽器が〉弾く指の強さに応じて音量が変わる ◆a touch-sensitive display 《コンピュ》タッチセンシティブ[タッチセンス]ディスプレイ ◆a touch-sensitive screen 《コンピュ》タッチスクリーン (= a touch screen) ◆The model is more touch-sensitive この機種は, もっとタッチセンシティブである[タッチレスポンスがいい] (*電子キーボード楽器の話で)

**touch sensitivity** タッチ[触れたこと]の感知機能[能力], 〈電気製品の〉タッチセンス(機能), 〈電子キーボード楽器の〉タッチレスポンス

**touch-tone** 〈電話が〉押しボタン式の, プッシュホン式の, ▶ Touch-Tone, Touchtone とも綴る. 米国の旧電信電話会社 Bell System が開発した押しボタン式のダイヤル (pushbutton dialing, または tone dialing)方式を指す. ◆a touch-tone telephone 押しボタン式電話, プッシュホン

**touch typing** タッチタイピング, キーを見ないで両手でタイプすること

**touchup, touch-up** a ~ 小さな加筆[付加, 修正], 少し手を加えて仕上げること, 〈傷の修正 =〉修整 ◆a touchup applicator 補修[修正]塗装用の塗布具 ◆touch-up paint 修整

[修整]塗料(＊車体などの傷隠し用) ◆need little or no touch-up work 加筆修正[修整]をほとんど要しないか、全く必要としない ◆some touch-ups would be necessary to make... marketable ～を売り物になるようにするためには若干手を入れる[手直しする]必要がありそうだ ◆When the primer has dried, apply the top coat with a touch-up brush. 下塗りが乾いたら、上塗りを仕上げ用の刷毛を使って塗ります。

**tough** adj. 丈夫な、強靭(キョウジン)な、強健な、粘り強い、手ごわい、しぶとい、したたかな、不屈な、断固とした、強硬なしたたかな、困難な、難しい、厄介な、厳しい、過酷な、つらい、きつい、激しい、乱暴な ◆a tough negotiator 手ごわい[したたかな、しぶとい、こわもての]交渉相手 ◆a tough drunk-driving law 頑固な飲酒運転防止法 ◆a tough-to-budge bolt (固く錆び付くなどして)動かないボルト ◆get tough about conservation (自然環境や天然資源の)保護に関して厳しくなる[取り締まりや罰則を厳しくする] ◆in an increasingly tough business environment ますます厳しさを増すビジネス環境において ◆This is the toughest race I've had. これは私が経験した最も過酷なレースだ。◆tough stains 頑固な汚れ ◆tough-to-reproduce skin tones 再現するのが難しい肌色 ◆it's getting tough to make a buck 金を稼ぐのが難しくなってきている ◆solve tough water-rights disputes 難しい水利権をめぐる争い[水争い]を解決する ◆the surfaces are tough to scratch これらの表面は、スクラッチに対して強い[引っかき傷がつきにくい] ◆we have tough times [a tough road, a tough job] ahead 我々の前途は多難だ ◆It's tough to remove excess weight from existing components. 既存のコンポーネントの余分な重量を減らすのは難しい。◆I want to be a tough shopper. 私はしたたかな[賢い]消費者になりたい。◆He still has a tough road ahead of him with no guarantees of success. うまく行く保証もなく、彼の前途は依然として険しい。◆Although the economy is showing signs of strength, there will still be tough times ahead for a number of industries. 経済[景気]に力強さをうかがわせているものの、依然としていろいろな業種で厳しい時期[局面]が続くことになるだろう。

**toughness** 靱性(ジンセイ)、粘り強さ
**tour** 1 a ～ 小旅行、周遊旅行、視察[見学]、巡回、巡業、ツアー ◆a plant tour 工場見学[視察] ◆have [make, launch] one's first U.S. (concert) tour 初めての米国コンサートツアー[巡業公演]を行う ◆organize study tours to relevant agro-enterprises in the United States 米国の関連農業企業を訪問する視察旅行[見学ツアー]を組む[企画する] ◆Come on, follow me. I'll give you a tour of the house. さあ、私の後についてきてください。家の中をご案内しましょう。◆They are in the Washington area on a two-week study tour of the United States. 彼らは2週間のアメリカ見学ツアー[視察旅行]でワシントン地域にいる。2 vt. ～を見て回る、〈場所〉を旅行する、〈人〉を巡業させる; vi.
**tour de force** a ～ (pl. tours de force) 大傑作、力作、離れわざ ◆We can say with assurance that the AVX-2000 is an engineering tour de force. 我々は、AVX-2000は技術の力作であると自信を持って言うことができる。
**tourism** (観光)旅行、旅行案内[代理]業、(集合的)旅行客 ◆tourism balance 旅行収支(＊国際収支の話では) ◆tourism services 観光事業
**tourist** a ～ 旅行者、行楽客 ◆tourist destinations 観光客の目的地、観光地 ◆a tourist attraction 観光地[名所、名物]、観光の目玉[見所] ◆a tourist mecca 旅行の、メッカ、旅行者に人気の場所 ◆a tourist season 旅行シーズン、行楽シーズン ◆a tourist information center 旅行案内所 ◆the Irish Tourist Board アイルランド観光局
**tout** vt. ～を売り込む、大いに推奨する、しつこく勧誘[説得]する、さかんに宣伝する、ほめたてる、もてはやす; vi. しつこく勧誘する[求める]<for>、押し売りする ◆Germany and Japan, touted as the new economic superpowers, are... 新経済大国と言われていた[呼ばれていた]ドイツと日本が、...

touted as the most suitable of all of... ～の中でも最適の物であると手放しで推奨されている ◆widely touted as the way to go for RISC board designs RISCボード設計の定石として広くもてはやされている ◆She's often touted as the richest woman in the world. 彼女は、世界一リッチな女性であるとよく喧伝(ケンデン)されて[盛んに言われて]いる。◆Mercedes-Benz has spent millions of dollars and crashed hundreds of cars to develop what the company touts as the safest mass-produced automobile in the world. 《意訳》メルセデス・ベンツ社は、同社が同社が安全量産車であると触れ込んで[吹聴して、《意訳》自慢して]いる自動車の開発にあたって、何百万ドルも費やして何百台という車を(衝突実験で)つぶした。

**tow** 1 vt. ～を(綱、鎖で)引く、引っ張って[ひきずって]行く; vi. けん引されて行く ◆a towed vehicle (トレーラーハウスなど)牽引される車両 ◆tow a vehicle 車両を牽引する ◆towed sonar arrays 《軍》曳航(エイコウ)式ソナーアレイ 2 a ～ けん引、けん引される[する]もの; 囚けん引されている状態 ◆a tow truck [car] レッカー車 (= a wrecker) ◆parents with little children in tow 小さい子供連れの父母[親たち]
**toward, towards** (主に前者は米、後者は英)prep. ～の方へ[に]、～に向かって[向けて]、～に対して、～に向けて; 〈時、位置、数量〉近く (▶その数量や場所に達する直前を意味する) ◆pull the lever toward you レバーを手前に引く ◆since toward the end of the first century 1世紀末から ◆situated toward the front 前の方に位置している ◆the trend toward early retirement is growing 早期退職に向かう[早期退職化]傾向が大きくなっている ◆tilt the seat toward the front of the car 座席を車の前部方向に倒す ◆toward(s) the end of the year; toward year's end 年末にかけて ◆toward the end of this month 今月の終わり[今月末]にかけて、今月下旬 ◆It is on the right side of the engine, toward the front. それは、エンジンの右側前方[右前]にある。◆Pull out the cable toward the front of the car. ケーブルを車の前の方に引き出してください。◆The country has made some progress toward building a nuclear weapon. 同国は、核兵器製造に向けていくらか前進[進行、進展、進歩]した。◆The DoD is migrating [moving] toward greater use of non-government standards (NGS). 米国防総省は、非政府系[民間]の規格の一層の使用に向けて動いている[利用拡大を推進している]。◆Make sure to install the lithium battery with its silver terminals pointing inward, toward the back of the battery compartment. リチウムバッテリーは、必ず銀色をした端子を内側に、つまり電池室の奥の方に向けて装填してください。
**towel** a ～ タオル; v. タオルでふく
**tower** a ～ タワー、塔、櫓(ヤグラ); vi. 高くそびえる、そそり立つ、屹立(キツリツ)する、抜きん出る ◆a fire tower 火の見櫓(ヤグラ) ◆an 8-bay full tower case 《コンピュ》ベイが8個あるフルタワー筐体(キョウタイ) ◆towering cypress trees 屹立(キツリツ)する[高くそびえ立っている]イトスギの木々 ◆children are taught the three B's – Bach, Beethoven and Brahms – tower above the likes of Gershwin, Debussy and Ravel 子供たちは、3B、すなわちバッハ、ベートーベン、ブラームスが、ガーシュイン、ドビュッシー、ラベルなどをはるかに凌駕していると教えられている
**town** a ～ 町、街、都市、都会(ミアコ); adj. 町～、町営の、市-、都市-、市内～ ◆a town map [plan] タウンマップ[市街地図] ◆town gas 都市ガス ◆a one-company town 企業城下町(＊ほとんど一企業で成り立っているような町) ◆at a town meeting 住民集会[町民大会、町会]で ◆a Town Council meeting 町の評決機関の会議、町議会 ◆a Town Council member; a member of the town council 町議会議員 ◆become a talk of the town 町中の話題[市井の評判]になる; 話題の人になる; 巷[街]の噂になる; 世の中の評判[世評]になる ◆the old part of Düsseldorf; Düsseldorf's old town (Altstadt) デュッセルドルフの旧市街(アルトシュタット) ◆walk through an old part of a town ある町の旧市街(のうちの一つ)を歩いて通る ◆win a town council seat 町議会の議席を(選挙で)獲得する ◆a town guide to the small town of Leyland close to

Preston, Lancashire ランカシャー州プレストンに近い小さな町レイランドのタウンガイド[《意訳》地域情報]

**township** *a*~ 非白人居住区(*アパルトヘイト時代の南アフリカの), 郡区(*米国やカナダでcountyの下の行政区分) ◆a black township (南アの)旧黒人居住区

**toxic** *adj.* 毒の, 有毒な, 毒性の ◆toxic wastes 有毒[有害]廃棄物 ◆be significantly toxic to humans ヒトに著しく有毒である[極めて毒性が強い] ◆highly toxic vapors 毒性の高い(種々の)蒸気 ◆the toxic effects of these chemicals これらの化学薬品の有毒作用 ◆toxic heavy metals such as mercury and lead 水銀や鉛などの有毒な重金属 ◆the use of highly toxic degreasing solvents for cleaning equipment 機器を洗浄するための非常に毒性の高い脱脂溶剤の使用

**toxicity** 毒性 ◆low toxicity 低毒性 ◆possess some toxicity 多少の毒性がある ◆a device that will reduce the need to test the toxicity of drugs and cosmetics on animals 薬剤や化粧品の毒性[《意訳》有害性]を動物実験で調べる必要性を減らしてくれる(ことになる)装置

**toxicological** *adj.* 毒物学の, 毒物学上の, 毒性の, 毒素の ◆toxicological evaluations performed by the joint FAO/WHO meeting on pesticide residues (JMPR) (国連の)食糧農業機関(FAO)/世界保健機関(WHO)合同残留農薬(専門家)会議(JMPR)が実施した毒性評価

**toxin** (*a*)~ 毒素 ◆toxins of varying potency 強さがいろいろ異なる毒素

**toy** 1 *a*~ おもちゃ, 遊び道具; *adj.* 玩具(用)の ◆a toy store [retailer] 玩具屋 ◆a robot toy おもちゃのロボット, ロボット玩具
2 *vi.* <with> ~をおもちゃにする, ~をもてあそぶ, ~をいじくる ◆toy with an idea (決心はしないが, 本気ではなく, 真剣にではなく)考える◆考えを抱く ◆toy with a low-cost database 安価なデータベースを(遊びがてら)いじっている[かまって]みる ◆Anyone toying with the idea of buying an old house should study, not simply read, George Nash's Renovating Old Houses. 古い家を買うことを(一つの可能性として)考えて[買うのもいいかなと思って]いるなら, ジョージ・ナッシュ著の『古い家屋の改修』を, 単に読むのではなく研究しなくてはならない.

**TPA** (terephthalic acid) テレフタル酸

**TPDDI** (twisted pair distributed data interface)《通》(*LAN伝送路[伝送線]により対線を使うもの)

**TPFDD** (time-phased force and deployment data) 時間軸兵力展開データ

**TQC** (total quality control) 全社的[総合的]品質管理

**trace** 1 *vt.* ~の跡をたどる, ~をたどって[さかのぼって]調べる[つきとめる], 追跡する; *vi.* さかのぼる, もどる[たどる]; *vt.* 〈線, 図面〉を引く, 〈図〉を透写[敷写し]する, ~を(グラフ)の線で記録[モニター画面表示]する ◆trace the fuel lines all the way back to the fuel tank 燃料タンクに至るまで燃料配管を全長にわたってたどって行く ◆Experts traced the accident to a damaged metal bearing. 専門家らは, 事故は損傷した金属軸受[金属ベアリング]の損傷が原因だったことを突き止めた. ◆In most cases, the problem can be traced back to mishandled cartridges. ほとんどの場合, この問題の原因をたどると[調べてみると]カートリッジの誤った取り扱いにあることがわかる.
2 *n. a*~ 形跡[痕跡(コンセキ), 跡], 追跡; *a*~ 極微量; *a*~ 図面[線, 写図, 敷写し, 透写]; *a*~ 〈自動記録装置等〉の記録, (測定値のモニター画面表示の)パターン; *a*~ 《電気》(プリント配線基板の一本一本の)線[トレース, パターン] ▶電気のプリント配線基板のa patternが回路全体の形を意味するのに対し, a traceは一本一本の線を意味する. しかし日本の技術者の間では a patternをパターンと呼んでいる. ◆a trace quantity of... (極)微量の~ ◆trace widths (プリント配線基板パターンなどの)線幅 ◆a trace element 微量元素 ◆trace minerals 微量のミネラル ◆in trace amounts (極)微量[に] ◆trace constituents of the atmosphere 大気の微量成分 ◆vanish without trace 跡形もなく消えてなくなる

◆trace gases in the troposphere and the stratosphere 対流圏および成層圏の微量ガス ◆conductor traces on printed circuit boards プリント回路基板上の導体(回路, 配線)パターン ◆contain trace amounts of impurities 極微量の不純物を含んでいる ◆design the pattern of copper traces on a PC board プリント回路基板上の銅のトレース[配線, 導体回路]パターンを設計する ◆remove every trace of the old gasket 古いガスケットを跡形もないように[残らず, すっかりきれいに]除去する ◆By nightfall, every trace of land had disappeared. 日暮れまでに, 陸地は跡形もなく[すっかり, 全く, 完全に]消えて[見えなくなって]しまった. ◆No cutting of traces or soldering is involved. 《電気》(基板の)パターン切りやはんだ付けは伴わない[必要ない]. (*回路面の手直しで) ◆The institute found no traces of the pesticide above .05 parts per million. 同機関の検査で, この殺虫剤[農薬]の0.05PPMを超える残留はないことが分かった. ◆Traces of benzene, a known carcinogen, were found in the mineral water. 同ミネラルウォーター中に, 発癌性物質として知られるベンゼンが極微量検出された.

**traceability** トレーサビリティー, 追跡可能性[追跡可能度], 追跡性, 遡行性 ◆to ensure traceability of all cattle 牛全頭のトレーサビリティ[追跡可能性]を確保すべく《意訳》すべての牛の個体識別追跡を可能にするために ◆ensure traceability of calibration to a national or international standard of measurement 国家あるいは国際計量標準への較正トレーサビリティ[校正追跡性]を確保する ◆ensure the traceability of food and feed 食糧と飼料のトレーサビリティー[追跡可能性]を確保[徹底]する

**traceable** *adj.* (跡, 起源を)たどれる, ~に起因する[帰すことのできる]<to> ◆illnesses traceable to environmental pollution 環境汚染に起因した病気[公害病]

**tracing** 透写[敷き写し, トレーシング, トレース], 記録, 追跡[痕跡] ◆tracing paper (製図用の)トレーシングペーパー[トレース紙, 透写紙, トレペ]

**track** 1 *a*~ (踏みならされてできた)道, 通った跡[軌跡, 軌跡, 飛跡], 跡, 進路, 走路[トラック], 線路, 軌道, (車輪の)左右間隔[輪距]; *a*~ 〈磁気テープ〉のトラック(*テープの長さ方向に分割された記憶領域のひとつ), 〈情報記録ディスク〉のトラック(*データを記録する渦巻状の溝1本, または同心円状の筋の1周分); *a*~ 《AV》〈ディスクやテープ〉のトラック[曲, チャプター](*レコード面や巻いたテープのドーナツ形帯状の1区分, またはそこに録音・録画された内容) ◆in one's track(s) その場で(突然); その(行)途中の場所[位置])で ◆an endless track 無限軌道 ◆a track bed 《鉄道》道床(*レールと枕木を支える砕石層) ◆a test track テストトラック, (自動車の)試験路, (鉄道の)試験線 ◆a welded track section 《意訳》(線路の継ぎ目が)溶接されている区間[線区] ◆a single-track railroad 単線軌道の鉄道, 単線鉄道 ◆track maintenance work 《鉄道》保線作業 ◆because of flooded track beds 《意訳》道床[線路]が冠水したために ◆cross the track(s) (鉄道の)線路を渡る, 踏切を渡る ◆a drapery I-beam track I字形断面をしているカーテンレール ◆intro scan and twenty-track programming 《AV》(CDの)イントロスキャンおよび20トラック[曲]プログラミング[(再生順の)予約設定] ◆the elapsed time on the current track 《AV》現在(再生中の)トラック[曲]の経過時間 ◆the storm continues on the east-northeast track 嵐は引き続き東北東の進路を進んでいる
2 *vt.* ~の足跡をたどる, ~を追跡[追尾]する ◆track a failure to its source 障害の源[原因]を突き止める ◆track allied aircraft with radar 多国籍軍側の航空機をレーダーで追尾[追跡]する ◆track and obtain time and frequency data from Navstar Global Positioning System satellites 全地球測位システムのナブスター衛星から位置の座標時間と周波数のデータを追跡して得る ◆A line chart is good for tracking sales. 折れ線グラフは売り上げの推移[販売高の変遷]を見るのに向いている

**keep track of...** ~の跡[経過]を追う, ~の状況[推移, 動向]を常に把握している, 常時監視している, ~の記録をとる ◆

…can easily be kept track of also; can be easily kept track of as well　～を(追跡することにより)容易に把握[常時監視]していることも可能である　◆How is lag time kept track of?　時間遅れ[遅延時間]はどのように追跡され[継続的に記録が取られ]るのですか．　◆keep track of each individual battery's state of charge　個々の充電状態を常時監視している　◆keep track of employee behavior　従業員の業務遂行状態を常に把握している[の記録を取る]　◆keep track of the products sold　売れた商品のデータをとる[情報を管理する]　◆to keep track of the products that are selling and those that are not　どの商品が売れていてどの商品がそうでないかを絶えずつかんでおくために　◆keep careful track of the comet so its orbit can be more precisely calculated　その彗星(スイセイ)の軌道がもっと正確に計算できるように，進路を注意深く追跡する　◆A health spa in Denver employs a fingerprint scanner to keep track of how often its members use the facilities.　デンバーのある温泉ヘルスセンターでは，会員の施設利用状況を把握するために指紋スキャナーを用いている．　◆I learned long ago that the only way to be absolutely sure that all the little details are being kept track of is to keep track of them myself.　ずっと昔から，細々としたことをすべて確実に把握しておく唯一の方法は，自分自身で記録をつけることだということを経験で習った．

**lose track of...**　～を見失う，～を忘れる，～の動静[推移]が把握できなくなる　◆lose track of time　時間の観念を失う；時間(が経つの)を忘れる　◆it's so easy to lose track of the mouse pointer on an LCD screen　液晶ディスプレイ画面上では，マウスポインターをいとも簡単に見失ってしまう(＊反応の遅いディスプレイの話)

**on track**　軌道に乗って　◆get (back) on track　(再び)軌道に乗る　◆put [get] ... on track　～を軌道に乗せる　◆in an attempt to get negotiations back on track　交渉を再び軌道に乗せようとして　◆the production schedule is back on track　生産スケジュールは正常[定常状態]に戻って(推移して)いる　◆The company is reportedly on track toward its goal of ...-ing　伝えられるところによると，当該企業は～という目標に向かって予定通り[順調に]進んでいるとのことである．　◆There's time to move things back on track.　事態を軌道に戻す時間はまだある．　◆It is indicating that the housing-sector recovery is still on track.　それは住宅部門の回復が依然として回復基調をたどっていることを示している．

**track down**　追及する，突きとめる，追跡して捕らえる，探して見つける　◆diagnose and track down your car's ailments　(あなたの)車の不具合を診断しその原因を突き止める　◆track down missing debtors　行方をくらまして[失踪(シッソウ)して]いる債務者たちを捜し出す　◆track down the cause of an accident　事故の原因を追及する[追う，突き止める]　◆track down the location of...　～の場所を突き止める　◆track down the problem to...　問題(の原因)が～にあるということを究明する　◆a woman tracking down her missing husband　行方不明の夫の足取りを追っている女性　◆The company hasn't yet tracked down the problem's source, but...　その会社は，障害の原因をまだ突き止めては[((意訳))解明しては]いないが....　◆Much time is spent in tracking down the cause of errors.　多くの時間がエラーの原因究明に費やされる．

**trackability**　トラッカビリティ，追従性(＊再生信号がレコードの音溝をトレースする際の)

**trackball**　a～《コンピュ》トラックボール(＊a pointing device (の一種)　◆manipulate [rotate] a trackball with your thumb　トラックボールを親指で操作する[回す]

**tracking**　❶tracking, 追跡, 追尾, 追従, 追跡　◆a tracking radar　追尾[追跡]レーダー　◆a tracking servo　トラッキングサーボ(＝ a track-following servo)(＊光ディスクプレーヤーの)　◆a tracking station　追跡ステーション　◆a tracking resistance test　《電気》耐トラッキング試験　◆Many companies have recently begun to issue "tracking" stocks also known as "targeted" stocks in addition to their traditional common stock.　多くの企業は，最近になって従来の普通株の他に「連動[追跡]」株(別名ターゲッテッド・ストック)を発行し始めた．

**track record**　a～(これまでの)実績，業績；a～陸上競技での成績[結果，記録]　◆after establishing a track record　実績を作った[上げた]あとで；((意訳))実績を積み重ねた上で　◆based on usage [utilization] track records　使用[利用]実績に基づいて　◆have a long track record in [of] operating...　～には～の長い[長年の]運転[運用，稼働，操業，経営]実績がある　◆Volvo's track record to date　今日までのボルボ社の実績　◆Brighton's poor track record as a software company　ソフトウェア会社としては，芳しくないブライトン社の実績　◆There is a track record of using...　～を使用した実績がある　◆a manufacturer with a proven track record in semiconductor production　半導体生産で実績のあるメーカー　◆Nanotronics has an excellent track record in this field.　ナノトロニクス社は，この分野においてすばらしい実績を持っている．　◆They don't have a track record of developing systems.　彼らにはシステム開発の実績がない．　◆This new group has no track record.　この新しい企業グループには実績がない．

**tract**　a～〈土地や海などの〉広がり，(体の器官などの)管[系，道，路，域]；a～(宗教，政治の)小冊子　◆a tract of seabed　海底の一区画

**traction**　❶牽(ケン)引[牽引力，引っ張り]，車輪と路面などの間の滑べりを防ぐ力[摩擦]

**tractor**　a～牽引(ケンイン)車，牽引するもの[人]　◆a farm tractor　農場用トラクター[牽引車]　◆a tractor propeller　牽引[引張り]プロペラ(＊プロペラがエンジンや支持構造物の前方に設置されている)　◆a tractor-feed paper handler　《プリンタ》トラクタ給紙装置

**trade**　1　(a)～貿易, 通商, 交易, 商売, 売買, 売買, 交換; the～(集合的に)顧客[得意先]; the～(集合的に)同業者[一業界]; a～(特に職人と呼ばれるような)職業[仕事, 稼業]　◆a jack-of-all-trades (pl. jacks-of-all-trades)　何でもできる器用な人，何でも屋, 便利屋的な人　◆a trade directory　業種別業者録, 商工名鑑　◆a trade imbalance　貿易不均衡　◆a trade school　職業専門学校, 専修学校　◆a trade surplus [deficit]　貿易黒字[赤字]　◆a trade war　貿易戦争　◆his trade　彼の職業[商売]　◆the wholesale [retail] trade　卸売[小売]業　◆trade relations　通商関係　◆trade statistics; statistics on trade　貿易統計　◆a trade secret　営業上[取引上]の秘密; 企業秘密[機密]　◆trade protection policies　貿易保護(政策)　◆a trade-gap remedy　貿易不均衡是正　◆the ITC (International Trade Commission)　米国際貿易委員会　◆the Ministry of International Trade and Industry (MITI)　(日, 旧)通商産業省[通産省]((略語形に the は不要))　◆make payoffs for Energetek trade secrets　エナージェテック社の企業秘密を入手しようとして賄賂を贈る　◆trade statistics [figures] for December　12月の貿易統計　◆according to the RIAA, an industry trade group　工業業界団体である RIAA (米国レコード協会) によると　◆the U.S. foreign-trade deficit　米国の貿易赤字　◆a $10 billion trade surplus against the U.S.　100億ドルの対米貿易収支の黒字　◆settle trade disputes between Japan and the U.S.　日米(間の)貿易摩擦を解決する　◆the United States fiercely protects its own economy and to this end wages trade wars with Japan and China　米国は自国の経済を猛烈に保護しており, この目的のために対日・対中貿易戦争を仕掛けるのだ　◆Revenues from tourism have given the country a favorable balance of trade.　観光から上がる収入でこの国は, 貿易収支が黒字でやってきた．

2　vi. 商売[取引]する; vt. ～と貿易する, ～を(～と)売買する<with>, ～を(～と)交換する<with a person, for something>　◆trade [exchange] small talk with...　～と雑談を交わす　◆many smokers have "traded down" to cheaper brands　多くの愛煙家が, もっと安い銘柄に「乗り換えた」[グレードを落とした](＊タバコ値上げ後の話)　◆The dollar is currently trading around 106 yen.　ドルは現在106円前後で[を挟んで]取引されている．　◆At one point the dollar traded in New York at 137.20 yen, a 40-year low, and 1.721 West German marks, the lowest in seven years.　ドルは一時, ニューヨーク市場で40年ぶりの安値の137.20円と, 過去7年で最低の1.721西独マルクで取引された．　◆In the case of this model, a good deal of high-speed

stability has been traded away for its ultra-quick steering response. この車種の場合,高速安定性が超高速ステアリング・レスポンスと引き換えにかなり失われた.
**trade in** ~を下取りに出す
**trade off** ~を(~と)交換する<with a person, for something>; (~を得るために)~をあきらめる<for> ◆trade off speed for increased resolution 解像度を上げるためにスピードを犠牲にする ◆In selecting a particular storage technology, we trade off faster access against lower storage costs. 特定の(データ)記憶技術を選択するにあたって, 我々はアクセスの高速化と記憶装置コストの低減を天秤に掛ける.
**trade up** ◆customers wishing to trade up from xxx to yyy xxxを下取りに出してyyyにグレードアップしたいと思っている顧客たち(*ソフトウェアのバージョンアップなどにも用いられる表現で,必ずしも下取りが伴うとは限らない)
**trade balance** a~ 貿易収支 ◆have a positive trade balance 貿易収支が輸出超過[黒字]である ◆an improvement in the trade balance would take more than a year 貿易収支の改善には1年以上かかることだろう
**trade friction** (a)~ 貿易摩擦 ◆because of trade frictions between the two nations これら2カ国間の貿易摩擦のせいで ◆reduce trade friction 貿易摩擦を減らす
**trade imbalance** a~ 貿易不均衡 ◆the U.S.-Japan trade imbalance 米日貿易不均衡(*米国では米日の順)
**trade-in** a~ 下取り取引,下取り品 ◆$149.99 with [↔without] trade-in 下取り[↔下取り無し]価格で149ドル99セント ◆value used equipment for trade-in 下取りのために中古機を見積もる[査定する]
**trademark** a~ (登録)商標,トレードマーク,ブランド; vt. 〈製品〉に商標をつける,~を商標登録する ◆copyright and trademark notices 著作権表示および商標表示;(標題 Copyright and Trademark Notice [Information]の形で)著作権と商標について[著作権情報および商標情報] ◆UNIX is a trademark of Bell Laboratories. UNIXはベル研究所の商標です. ◆A, B, and C are either registered trademarks or trademarks of Xxx Corp. in the U.S. and/or other countries. A, B, およびCは, 米国Xxx Corp.の米国およびその他の国における登録商標または商標です. ◆A, B, and C are trademarks or registered trademarks of Xxx, Inc. in the United States and other countries. A, B, およびCは, (米国)Xxx, Inc.の米国およびその他の国における[米国およびその他の国における(米国)Xxx, Inc.の]商標または登録商標です.
**trade name** a~ 商品名[商標名,ブランド名], 社名[商号] ◆as a trade name for [of]... ~の商品名として ◆known under the trade name of... ~という商品名で知られている ◆marketed under the trade names of A, B, and C A, B, (ならびに)Cといった商品名で売られて ◆also known by the trade name Delrin デルリンという商標名[商品名]でも知られている ◆The company makes automatic inspection systems for printed circuit boards under the trade name of The Prying Eye. この会社はプリント基板用自動検査システムを The Prying Eye という商標名で作っている.
**tradeoff, trade-off** a~ (より必要なものとの)交換, 引き換え, 交換条件, 妥協, 相互に矛盾する[両立し得ない, あちらを立てれば, こちらが立たずの]事項の間の兼ね合い[折り合い, 相克] ◆a trade-off between A and B (~する) AとBのどちらを採るかの妥協[兼ね合い] ◆cost/speed tradeoffs コストと速度の兼ね合い ◆In view of these trade-offs,... これらの二律背反[相反する]事項を考慮して ◆a trade-off between policies to prevent recession and policies to prevent inflation (相容れない)景気後退防止政策とインフレ防止政策の間の調整[バランス] ◆What cost/performance tradeoffs will have to be made? どんなコスト・パフォーマンス上のトレードオフをしなければならないのであろうか ◆... reach a trade-off level, at which it becomes uneconomical to continue to use rented equipment 賃貸している機器を引き続き使うことが不経済となるトレードオフレベル[分岐点]に達する ◆The trade-off is correspondingly longer drawing times

for increasing degrees of realism. 《CG》(その反面)犠牲になる点は, リアル感を向上させるためにその分余計に長くかかる描画時間である. ◆At the core of the process of design is the art of trade-off and compromise. If you want more speed, you have to take less of something else. 《意訳》設計の過程の中核をなすものは, 相反する要求の折り合いをつけたり妥協を図ったりする技術である. もしも高速化を望むならば, なにか別の点をスペックダウンしなければならない.
**trader** a~ 市場取引担当者, 取引業者, 貿易業者
**trade union** a~ 《英》労働組合 (=(米)a labor union); a~ 職能別組合 (= a craft union) ◆form a labor [trade] union 労働組合をつくる
**trading** 回取引, 貿易, 通商; adj. ◆a trading company [firm] 貿易会社, 商事会社, 商社 ◆a trading floor (取引所の)立会場 ◆(a) trading volume (株の)出来高, 売買高 ◆conduct [perform] financial trading 金融取引を行う ◆if the stock exceeds a certain volume of trading 《意訳》その株の出来高が一定量を超えると ◆Japan's trading partners 日本の貿易相手国 ◆trading was light 《株》売買取引[商い]は少なかった ◆Australian companies seeking trading opportunities in Britain and Europe 英国および欧州で取引を希望している豪州の企業
**trading floor** a~ 立会所(*取引所の売買取引を行う場所), 場(バ) ◆most trades are executed [conducted] on a trading floor 大部分の売買取引は立会場で行われる
**tradition** (a)~ 伝統, 慣習, 因習 ◆As dictated by tradition, ... 伝統に則り(ノットリ) ◆follow (in) this tradition この伝統を踏襲する[受け継ぐ] ◆foster a new tradition of... -ing ~する新しい伝統を育てる ◆a tradition-bound community 伝統にとらわれて[縛られて]いる地域社会 ◆continue the tradition of using only the finest... 最高の~のみを使用するといった伝統を(守り)続ける ◆Following its tradition of announcing a product long before it is shipped, the company has announced... (実際に)製品が出荷されるよりもずっと前に[ずっと早い時点で]発表してしまうという伝統を踏襲し, 同社は~を発表した. (*vaporwareの話で) ◆the company's 90-year tradition of mechanical excellence この会社の卓越した機械技術の90年の伝統
**traditional** adj. 伝統的な, 因習的な, 従来の, これまでの, 在来の, 古来の, オーソドックスな, 普通の, 通常の, 慣習的な, 慣行的な, 昔ながらの ◆a traditional method 伝統的方法; 昔ながらのやり方 ◆traditional values 伝統的価値観 ◆a traditional-style color TV 伝統的スタイルのカラーテレビ ◆traditional printing practices これまで行われてきた印刷のやり方 ◆the shift from traditional through-hole mounting to surface mounting 従来のスルーホール実装から表面実装への移行(*プリント基板の話) ◆When the going gets tough in politics, the traditional remedy available to the prime minister is a Cabinet shuffle. 政局[政治における状況]が悪くなった場合に, 首相が利用できる伝統的[オーソドックス]な打開策とは内閣改造である.
**traditionally** adv. 伝統的に, 伝統に従って, 従来より, 昔ながら, 古くから, 古来 ◆try to boost sales in the traditionally slow summer months 伝統的に景気のさえない夏場に売り上げを増やしてみようとする
**traffic** 1 回交通, 往来, 交通量, 通行車, 走行車両, 通行人, 人通り, 車の流れ, (ある店への)来客数; 《通》(通信システム上の)通信データの流れ, トラフィック, トラヒック, トラフィック量[密度], 呼量, 通信量, 通信量, 総通信データ ◆a traffic jam 交通渋滞[まひ] ◆freight traffic 貨物輸送 ◆traffic intensity 《通》トラフィック密度; 呼量(*単位時間当たりのトラフィック量. 単位は call-seconds per hour, CCS per hour, call-hours per hour, erlangs など) ◆traffic laws 交通法 ◆traffic signs 交通標識 ◆oncoming traffic 対向車(線)の流れ ◆air-traffic control 航空交通管制 ◆centralized traffic control 《鉄道》列車集中制御 ◆the volume of air traffic 空の交通量[輸送量] ◆(communication) traffic volume 《通》トラフィック量(*一つの通信システム内で一定時間内に扱われる通話量や通信データの総和) ◆a telephone traffic jam 電話回

線の混雑[輻輳(フクソウ)]] ◆traffic violations and accidents 交通違反と交通事故 ◆a low traffic area 交通量の低い地域 ◆at heavy traffic hours (通信や交通が)混雑している時間帯に ◆customer traffic increased [dropped] 客足が増えた[落ちた] ◆paralyze traffic 交通を麻痺させる ◆vibrations from traffic (車などの)往来による振動 ◆watch out for traffic 車の往来に気をつける ◆write traffic tickets with a ballpoint pen ボールペンで交通違反呼出し状を書く ◆increases in the amount of traffic 交通量の増加 ◆traffic-clogged Tokyo 交通渋滞の東京 ◆a highway network where the densest traffic flows 最も交通量の多い道路網 ◆a network where the densest traffic flows 最も通信量の多い[回線の混む]ネットワーク ◆keep extension cords out of traffic 延長コードを人の往来の邪魔にならないようにしておく ◆to estimate the volume of traffic carried by Amtrak アムトラック[全米鉄道旅客輸送公社]が担っている輸送量を推定するために ◆use token passing to regulate traffic 通信(の流れ)を規制するために、トークンパッシング(方式)を用いる ◆when traffic is directed by a police officer 警察官によって交通整理が行われている場合は ◆inquiry-response systems with high volumes of data traffic 大量のデータトラフィックを扱う照会[問い合わせ]応答システム ◆Controllers handle more traffic in peak periods. 管制官は、ピーク時にはもっと多くの交通量[離着陸]をさばく。 ◆Much future traffic will move on optical fiber. 将来多くの呼量[通信]が光ファイバーで伝送されることになるだろう。 ◆Traffic may travel in one direction only. 一方向にのみ通行が許されている。 ◆Since 1962, intercontinental telephone traffic has multiplied 100-fold. 1962年以来、大陸間の電話通話量[呼量]が100倍に増えた。 ◆Today some of this data traffic is carried on the public switched telephone network (PSTN). 今日では、このデータトラフィック[通信データ]の一部は公衆交換電話網(PSTN)を通じて搬送されている。

**2** 回 (〜の)(不正)取引[交換、売買] <in>
**3** vi., vt. 取引[売買]で行き交う[行き交う、通行する] ◆drug trafficking 麻薬取引[密売] ◆shopping malls and other well-trafficked locations ショッピングモールやその他の人通りの多い場所

**trafficability** 回 (地面の)耐荷性[耐荷力]、走行性、走行能、交通能力、交通(通行)許容度 ◆soil trafficability; the trafficability of soil 土壌の耐荷力[走行度、交通able力](＊不整地やオフロードで土壌がトラクタ、土木・建設機械、戦車などの重量車両の走行に耐えうるかという) ◆execute a bridge reconnaissance to establish trafficability of the bridge その橋の走行性を確かめるために橋梁偵察を実施する(＊戦車などの重車両の)

**traffic light** a〜 交通信号灯[燈] ◆wait at traffic lights 信号待ちする

**traffic signal** a〜 交通信号 ◆The traffic signal is at red. 信号は赤になっている。

**tragedy** (a)〜 悲劇、惨事、惨劇

**trail** 1 a〜 (森や野山の)小道、進路[コース](人や動物が)通った形跡[足跡、臭跡]、あとに残る[続く、尾を引く]もの、(煙の)たなびき、⋯ ◆Other markets have also been on the comeback trail. 他の市場も、回復の一途をたどっていている。 ◆The U.S. dollar is on the comeback trail against the world's currencies. 米ドルは世界の諸通貨に対し回復の途にある[回復基調にある]。 ◆The freehand brush lays down a trail of black pixels as it is moved across the screen. 《CG》フリーハンドブラシは、画面上を縦横に動かされるにつれ黒い画素で軌跡を描く。 ◆This enabled us to blaze the trail in space and to undertake space research on a large scale. これによって我々は、宇宙に足跡をしるし、大規模な宇宙研究に着手することが可能になった。

**2** vt. 〜をひきずる、なびかせる、跡を残す、〜の跡をたどる、遅れてついて行く、(他)に遅れる; vi. ひきずる、垂れ下がる、遅れて[だらだら]行く[ついていく]、くねくねと続く、徐々に弱まる <off, away> ◆NBC always trails CBS in ratings on football NBCは、フットボールの視聴率では恒常的にCBS

の後塵を拝している ◆remove trailing blanks from a character string 《コンピュ》文字列の後ろ[後尾]の空白(文字)を取り除く(＊たとえば、"abc " を "abc" にするという意味) ◆Plastic optical fiber trails traditional glass fiber in terms of transmission distance supported. プラスチック光ファイバーは、カバーできる伝送距離の点で従来のガラスファイバーに比べて劣る。 ◆Trailing many of the market leaders, Taiwanics has finally announced its first notebook computers. 市場における多数の指導的企業の後に続いて、タイワニックス社はようやく自社初のノート型コンピュータを発表した。 ◆California's car-insurance rates are the third highest in the U.S., trailing only New Jersey's and Alaska's. カリフォルニア州の自動車保険料は、米国で3番目に高く、その上を行くのはニュージャージー州とアラスカ州のみである。(＊trail は「後を追う」、「〜に次ぐ」)

**trailblaze** v. (〜に)道しるべをつける、〈分野〉の道を切り開く、開拓する、他に先駆ける、先鞭をつける ◆a truly trailblazing product 真に先駆的な[《意訳》新生面を開くような]製品 ◆trailblazing efforts to create... 〜をつくるための先駆的[先駆的、草分け的]な取り組み ◆Micron's trailblazing use of EDO memory chips 《意訳》新生面を開く[先行して、いち早く]マイクロン社がEDOメモリーチップを使用したこと ◆Trailblazing is hard work. 未知の分野を開拓する[道を切り開いていく]ことは大変な仕事である。 ◆he received the Pulitzer Prize for his trailblazing achievement 彼は、先駆的功績を認められてピュリツァー[ピューリッツァー]賞を受賞している

**trailblazer** a〜 開拓者、先駆者、草分け ◆a trailblazer in laser research レーザーの研究における先駆者[草分け] ◆an aging rock 'n' roll trailblazer 年のいっているロックンロールの草分け[先達(センダツ)] ◆folk-rock trailblazer Bob Dylan フォーク・ロックの草分け[先達(センダツ)]であるボブ・ディラン

**trailer** a〜 トレーラー、被牽引車[付属車、付随車]、トレーラーハウス[移動住宅、モービルホーム、モービルハウス]、終端部、《植》蔓草(ツルクサ)(a trailing plant) ◆a trailer tape (録音テープなどの巻き終わりの)終端部(＊磁性体の塗布していない透明テープ)

**trailing** adj. 後ろに引きずる、後からついてくる、後続の、たなびく、従〜、従属-、追従-、付随-、遅行-、従動-、垂下-、後流-、後縁-、背向- ◆a trailing wheel (機関車などの)従輪(→a driving wheel 動輪) ◆Since the GNP is a trailing indicator, ... GNPは遅行指標なので、⋯

**trailing edge** a〜 〈パルスなどの〉立ち下がり、終端、〈翼の〉後縁 ◆the trailing edge of a tape テープの終端部分 ◆... from the trailing edge of the first INTA pulse to the trailing edge of the third pulse 《電子》INTAの最初のパルスの立ち下がりから3番目のパルスの立ち下がりまで

**train** a〜 列車[電車]、行列、列、連なり、(思考、出来事の)一連の過程、順序 ◆by train 列車で ◆a (magnetic) levitation train 磁気浮上式の列車[リニアモーターカー] ◆a train accident [disaster] 列車事故 ◆a train diagram 列車ダイヤ ◆a wave train 《電気》波列(＊一連の波) ◆an ATS (automatic train stop) system 自動列車停止装置 ◆an automatic train control (ATC) system 自動列車制御装置 ◆an automatic train operation (ATO) system 自動列車運転装置 ◆an automatic train operation control system 自動列車運行管理システム ◆a train of six cars 6両編成[連結]の列車 ◆disrupt train operations [service] 列車の運行を混乱させる ◆fully automatic train control 完全自動列車制御 ◆increase the number of train runs 列車の本数を増やす; 増便する ◆reduce the frequency of trains 列車の本数[運行]を減らす ◆a hyperfast magnet-propelled train 超高速磁気推進式列車[リニアモーターカー] ◆a train of equally spaced pulses パルス間隔が一定のパルス列 ◆the number of train-test runs carried out 実施された列車試験走行回数;《意訳》運行された試運転列車の本数 ◆when a train is 20 cars long 列車が20両編成[連結](の長さ)のときは ◆determine how much, if any, delay in train operations has currently occurred もしも列車運行の遅延が現在発生しているなら、遅れがどの位なのか突き止める ◆the rate at which pulses are transmitted in the pulse train パルス列〔パルス波のつらなり〕でパルスが伝送される速さ ◆An underground electrical accident shut down all train service to Grand Central Terminal for three hours yesterday, authorities said. 地下(で発生した)電気事故により、グランドセントラルターミナル駅に入るすべての列車運行が昨日3時間にわたり停止していたと、当局が発表した。

2 vt. 〈人, 動物など〉を訓練する[仕込む], 〈銃, カメラなど〉を(~に)向ける<on>, 〈植木〉を整える; vi. 練習[訓練]する ◆train one's sights on... ~をめざす ◆a trained nurse (看護学校を卒業した)正看護婦 (= a graduate nurse) ◆an M.I.T.-trained engineer マサチューセッツ工科大学仕込みの技術者 ◆people with trained eyes 目の肥えている人たち; 鑑識眼[鑑賞眼]を持つ人たち ◆train... in the use of software 〜にソフトの使い方を(練習させながら)教える[指導する] ◆a properly trained repair technician 訓練をきちんと受けた[しっかり積んだ]修理技能者[技師] ◆The camera is trained on... カメラは〜に向けられている ◆train the voice-recognition system to one's voice 音声認識システムに〈人〉の声を(認識できるよう)覚えさせる(*音声認識装置は、繰り返し発音して聞かせると認識率が上がる) ◆train the voice-recognition system to recognize the voice of the operator 音声認識システムにオペレータの声が認識できるように仕込む ◆The salesclerks are well trained. (そこの)店員(ら)は、良く(店ж)教育されている。 ◆You don't need a trained ear to notice the difference. 耳が肥えていなくても違いは聞き分けられる。 ◆Astronauts are trained in scientific observation of geological, oceanographic, environmental and meteorological phenomena. 宇宙飛行士たちは地質学的、海洋学的、環境学的および気象学的現象を対象にした科学観測のための訓練を受けている。

**trainee** a~ 訓練[研修]を受ける人, 訓練生, 研修生, 練習生, 軍事訓練を受ける人[新兵] ◆The simulator gives trainees training on the P-3 Orion maritime surveillance aircraft. このシミュレータは、練習生にP-3オリオン海上哨戒機に関する訓練を施すものである。

**training** (a)~ (単のみ)訓練, 修練, 養成, 仕込み, 薫陶(クントウ), しつけ, 〈選手の〉コンディション; 〈カメラなどを〉向けること ◆give [provide] training 訓練を施す ◆get [receive] training 訓練を受ける ◆a training center 訓練センター, 訓練所, 養成所, 研修会館 ◆a training guide トレーニングガイド[練習ガイド, 指導書] ◆a training manual トレーニングマニュアル(意訳)再販業者に(販売代理店)に対し技術養成および販売指導を実施する ◆The company's training in its aircraft was inadequate. その(航空)会社が行った、自社保有機(に習熟するため)の訓練は、十分だった。 ◆Hanako has been working very hard on her bride training ever since her father agreed to let her be engaged to Taro. 花子は、父親が太郎との婚約に同意してからというもの花嫁修業に一生懸命励んできた。

**in training** 〈選手が〉(試合や競技会に向けて)練習を積んだ[コンディションが整って]; 訓練中[の] ◆divers in training 訓練中の潜水夫 ◆keep in training by exercises 練習によってコンディションを保つ

**out of training** 〈選手の〉コンディションが悪い

**trajectory** a~ (pl. -ries) 弾道, 軌道, 飛行[飛翔(ヒショウ)]軌道, 流跡線, 通った跡[跡], 経路, 径路, (数)軌跡 ◆trajectory repeatability (機)軌道繰返し精度(*位置決め装置の) ◆trajectory accuracy (ロケット, ロボット)軌道精度 ◆intercept long-range missiles early in trajectory 長距離ミサイルを早期に弾道上で迎撃する

**tram** a~ (英)路面電車, 市街電車, 市電; a~ (米山)鉱車 ◆by tram 市街[路面]電車で ◆an electric tram; a tram (英)路面電車, 市街電車, 市電 (= (米)a streetcar) ◆a tram driver 路面[市街]電車の運転士 ◆I rode the tram 私は路面[市街]電車に乗った

**tramp** a~ 不定期貨物船, 放浪者, 身持ちの悪い女, 徒歩旅行; the~ (強く踏みする)足音; vi. 〔てくてく長距離を、重い足取りで〕歩く, 放浪する, vt. 〜をドシンドシンと歩く、〜を強く踏む ◆on a tramp steamer 不定期貨物船で

**trample** vi, vt 踏みつける, 踏みつぶす, 踏みにじる, 踏み荒らす, 蹂躙する, 侵す; n. ◆gallery-trampled grass (ゴルフの)観客に踏みつけられた芝草 ◆trample on the rights of others 他の人の権利を踏みにじる[蹂躙(ジュウリン)する, 侵す] ◆trample on the sovereignty of a nation ある国家の主権を蹂躙する

**trance** a~ 〈通例単数形で〉催眠状態に似た常態とは異なる精神状態, 忘我・恍惚の〔夢うつつ, 夢心地の, うっとりした〕状態, 有頂天, 神がかりの〔憑依(ヒョウイ)〕状態, 茫然自失, 失神[人事不省, 昏睡](状態) ◆fall [enter, get, go] into a trance トランス状態に陥る[入る, なる] ◆awake [come, get] out of a trance トランス〔夢うつつ, 失神, 昏睡〕状態から覚める ◆guide [send, put, throw] a person into a trance 人をトランス状態に導く[する] ◆induce a trance トランス状態を誘発する[引き起こす]

**tranquility** (E)平穏, 静けさ, 静謐(セイヒツ), 落ち着き ◆They walked on the Sea of Tranquility. 彼らは静かの海の上を歩いた。 (*月面の)

**tranquilizer** a~ トランキライザー, 精神安定剤, 鎮静剤 ◆a major [minor] tranquilizer メジャー[マイナー]トランキライザー; 強力[緩和](精神)安定剤

**trans-** prep. 越えて, 横切って, 通って, 通って, 別の状態[場所]へ, ~の向こうへ ◆a trans-national joint venture 国を越えての合弁事業

**transaction** a~ (業務の)処理[取り扱い], 取引[業務], (コンピュ)トランザクション(*対話形式によるユーザーからの個別の処理要求; データの整合性を保つため、プログラム上、複数の処理のすべてが成功しなければすべて元に戻すように扱われる一連のアクション); 〈会〜の〉内容を報告する〉会報[議事録, 紀要] ◆an overseas transaction 海外取引 ◆conduct business transactions 商取引を行う ◆conduct [make, carry out] financial transactions online with... 〜とオンライン金融取引を行う ◆interchange transaction scheduling (電気)電力融通業務の予定[計画]を立てる[立案する, 設定する]こと

**transatlantic** adj. 大西洋対岸の, (米から見て)欧州の, (英から見て)北米の, 大西洋横断の, 大西洋をまたいで[隔てて, 挟んで]の, 大西洋両岸を結ぶ ◆transatlantic flights [routes] 大西洋横断飛行便; 大西洋をまたぐルート ◆trans-Atlantic rates 欧米間の料金(国際電話の話で)

**transceiver** (transmitter·receiver) a~ トランシーバ, 送受信装置 ◆an optical transceiver module 光トランシーバ[送受信]モジュール

**transcend** vt. ~を越える, 超える, 超越する, 超絶する, ~をしのぐ, ~に勝る; vi. 卓越する, ぬきんでる ◆transcend culture shock カルチャーショックを超越する[乗り越える, 克服する]

**transcribe** vt. ~を書き写す, 〈口述など〉を筆記する, 〈音声情報〉を文字に起こす, 〈他の言語, 記号に〉書き換える, 〈遺伝情報〉を転写する, (コンピュ)転記する ◆transcribe data from human-readable source form into machine-readable form

**transcript** 《コンピュ》データを人間が読めるソース形式から機械可読形式に転記する

**transcript** *a*～〈手書き・タイプなどによる〉写し,複写,転写,謄本,音声情報を書き起こした[文字に起こした]もの ◆the recording is committed to print in the form of a transcript この録音は,転写物の形で[《意訳》書き起こした形で,文字に起こして]印刷される

**transcription** (*a*) ～筆写,転写,〈講演内容などの〉全文,《音楽》写譜,(他人の演奏の)模奏[コピー] ◆through reverse transcription of RNA genomes RNAゲノムの逆転写を通して

**transduce** *vt*.〈エネルギー,メッセージなど〉を変換する,〈遺伝子〉を形質導入する

**transducer** *a*～〈エネルギー〉変換器[変換部],変換素子,トランスデューサ ◆pressure transducers implanted in... ～に埋め込まれている圧力トランスデューサ

**transfer** 1 *vt*. ～を移す,移送する,移管する,転送する,転写する,〈金〉を振り込む,〈権限など〉を委譲する,〈権利,財産〉を譲渡する; *vi*. 移る,乗り換える ◆《コンピュ》データを転記する ◆transfer... into an account 〈金〉を口座に振り込む ◆transfer one's vehicle to... 〈人〉に車両を譲渡する ◆transfer power from A to B 動力をAからBに伝達する ◆transfer an incoming call to another number かかってきた電話を別の番号に転送する ◆transfer a product from research to production 製品を研究から生産へ移す ◆transfer funds between accounts 口座から口座へ資金を移動する[振り替える] ◆transfer many of one's job responsibilities to... 〈自分の〉職責の多くを〈人〉に委譲する[引き継いでもらう] ◆transfer power to the wheel 動力を車輪に伝達する ◆as many as half the workers in the targeted jobs are expected to transfer to positions elsewhere in the company (人員削減の)対象となっている仕事に就いている従業員の半数にものぼる人が社内の他の部署に配置転換されると見られている ◆the ink is transferred to a sheet of paper and fused into place 《OA》インク粉[トナー]は紙に転写され,そこで溶融定着される ◆transactions where banks transfer funds from one bank to another 銀行が銀行から資金を移動させる(業務)処理 ◆transfer employees to subsidiaries where salaries and benefits are lower 従業員を給料や付加給付がより低い子会社に(移籍)出向させる ◆when the ownership is transferred to a spouse directly by the owner 所有権が所有者から配偶者に直接譲渡された場合[[《意訳》名義が本人から直接配偶者に移った場合] ◆transfer a block of text from [out of] the current file to [into] another file 《コンピュ》テキストのブロックを現在のファイルから別のファイルへ移送する(*部分コピーする) ◆transfer records that are no longer accessed frequently from a current file into a historical or archive file 《コンピュ》頻繁に見ることのなくなったレコードを,現在のファイルから履歴ファイルまたはアーカイブ[記録保管]ファイルに移す ◆Video cameras can also be used to transfer your film slides and photos to video. ビデオカメラは,スライドや写真をビデオに転写することもできる. ◆You can request the IRS to transfer your refund electronically to your bank account by Direct Deposit. (米国)歳入庁が還付金を直接預入[振込]によって自分の銀行口座に電信振替してもらうよう要請できる. (*ほかに小切手送金してもらう方法がある)
2 (*a*) ～ 移動,移転,転移,受け渡し,転送,転写,移動の手段,譲渡[ジョウト],委譲,移管,《金融》書き換え,振替[送金],振込み,《米》転任[転属,移籍]者,乗り換え(地点),乗り継ぎ ◆a heat transfer coefficient 熱伝達係数 ◆a transfer characteristic 伝達特性 ◆a transfer function 伝達関数 ◆transfer speed [rate] 《コンピュ,通》転送速度 ◆a transfer system 搬送システム (*生産に必要な部品などを搬送するためのもの) ◆heat energy transfer 熱エネルギーの伝達 ◆heat-transfer properties 熱伝導[熱伝達,伝熱]特性 ◆a transfer student 転入生,転校生,編入生 ◆a transfer standard 《計測》仲介標準 ◆a transfer device 《計測》仲介装置 ◆a transfer of power 政権の移譲[バトンタッチ] ◆technology transfer; (the) transfer of technology [technologies] 技術移転[移転](*

日本のODAなどでの海外技術援助では「技術伝承」とも) ◆transfer of files between systems 《コンピュ》システム間のファイル転送 ◆the name of the bank sending wire transfer 電信為替送金する(送り手側の)銀行の名前 ◆use data compression to speed up data transfers [transfer] データ転送をスピードアップ[高速化]するためにデータ圧縮を用いる ◆payable by the buyer at the time of transfer 譲渡時に買い手により支払われることになっている ◆FireWire has a maximum transfer rate of 400 Mbps. FireWireは最大転送速度が400Mbpsである. ◆Remove all adherents, transfers and other foreign material from lift wall and door surfaces. エレベータの壁面および扉の表面からこびりつき(汚れ)[固着汚れ],転写汚れ(*印刷などが移ったもの),その他の異物をすべて除去すること. ◆To do an ownership transfer, you need to bring the following items with you: 所有権を移転[《意訳》名義書換]するには,次のものをお持ちいただく必要があります. ◆The Tokyo-based company is accelerating the transfer of copier production to its plants in France. 東京に本社を置くその会社は,フランスにある自社工場への複写機生産の移行のペースを速めている.

**transferable** *adj*. 移すことができる,譲れる,移譲できる,譲渡可能な,転写可能な,振替可能な ◆Vacation days are not transferable to subsequent years. 休暇(の未消化分)は翌年以降に持ち越すことはできない.

**transferee** *a*～ 移転者,移籍する人,譲受人,転任者,転属校生,転学生,転入生,編入生 ◆a (student) transferee 転校生,転学生,転入生,編入生

**transform** 1 *vt*. ～を変形[変換,変態,変容,変貌,変圧,変電]する,改造する,～を別の物質に変える,～(の形式,外観,性質,構造,機能)を変える; *vi*. 変わる ◆transformed to a high voltage 高い電圧に変圧された ◆transform power from one voltage to another 電力をある電圧から別の電圧に変電[変圧]する ◆a modular car that can be transformed into various guises いろいろな姿に変身できるモジュラーカー (*玩具の話) ◆A multiboard system can be transformed to a single board 多板式システムは,単板式に変えることができる. ◆The AV revolution is fast transforming living rooms across the country into sophisticated home entertainment centers. AV(音響映像)革命は,全国のお茶の間を高度なホームエンターテインメントセンターへと急速に変えつつある. ◆The digital signal can be transformed by microprocessors to achieve a variety of exotic effects. デジタル信号は,マイクロプロセッサによって変換して各種の奇抜な効果を得ることができる. ◆The company has successfully transformed itself from a transformer maker to a full-line audio manufacturer. この会社は,トランスメーカーから総合オーディオメーカーへと首尾よく変容を遂げた[面目を一新した]. ◆Within the span of one or two generations, America has been transformed from a cash society to a credit society. 1～2世代の間に,アメリカは現金主義社会からクレジット社会へと変わった[変貌をとげた].
2 *a*～《数》変換(されたもの),〈文などの〉(構文上)言いかえられた形 ◆perform a fast Fourier transform (FFT) 高速フーリエ変換を行う

**transformation** (*a*) ～変形,変換,変化,変態,変容,形質転換,〈電気の〉変圧,変電,(構文上の)言い変え ◆a transformation of American industry 米国の産業(構造)の転換 ◆by a high ratio of transformation 高い変圧比によって ◆the transformation ratios of transformers トランスの変圧比 ◆the transformation of lakes into swamps 湖が沼へと化すこと[沼化] ◆the transformation of society by high technology and mass communications ハイテクと大量情報通信による社会の変革 ◆Editing operations include transformations such as scaling and rotation. (画像の)編集操作には,変倍(拡大・縮小)や回転のような変換が含まれる. ◆The most important change during the last century has been the transformation of the United States from an agrarian to an industrial society. 前世紀の最も重大な変革は,米国の農業社会から工業[産業]社会への転換である.

**transformational** *adj*. 変形の ◆a transformational system 《コンピュ》変換系 (*プログラミング)

**transformer** a～《電気》変圧器[トランス]; a～ 変換[変換]させるもの[人] ◆a matching transformer 《電気》変成器(*負荷インピーダンス整合用) ◆a power transformer 電源トランス, 電源変圧器, 電力変圧器, パワートランス ◆a transformer-coupled amplifier 変成器[トランス]結合アンプ ◆a transformer ratio; the (voltage) ratio of a transformer 変圧比 ◆a step-up transformer 昇圧トランス[変圧器]

**transformerless** adj. トランス[変圧器, 変成器]を使用していない, トランスレスの ◆a transformerless output stage 《音響》トランスレス出力段

**transfuse** vt. ～を注ぐ[注ぎ込む], 《比喩的)吹き込む, ～に輸血[輸液]する

**transfusion** (a)～ 輸血(= a blood transfusion), 輸液, 輸注, 注入, 移注 ◆post-transfusion hepatitis 輸血後肝炎

**transgenic** adj. 遺伝子を導入した, 遺伝形質を転換した ◆a transgenic mouse トランスジェニック[遺伝子導入]マウス

**transgress** vt.〈限界〉を越える[逸脱する], ～に違反する[そむく]; vi.

**transgression** (a)～ 違反 ◆(a) marine transgression 《地》海進 ◆pollution transgressions 公害規制違反

**transient** 1 adj. 一時的な, 一過性の, 過渡的な, はかない, 利那的な, 過渡～, 《コンピュ》非常駐の ◆a transient event 過渡事象 ◆a transient phenomenon 過渡現象 ◆transient stability 《強電》過渡安定度 ◆the transient part of the command processor 《コンピュ》コマンドプロセッサの非常駐部分 2 a～ 短期滞在客[渡り労働者],《コンピュ》非常駐プログラム,《電気》過渡事象[過渡電流] ◆trap [capture] transients as short as two microseconds duration わずか2マイクロ秒という短い継続時間[持続]時間の過渡事象を捕捉する

**transistor** a～トランジスタ,石 ◆TTL (transistor-transistor logic) トランジスタトランジスタ論理 ◆an npn [an n-p-n, a negative-positive-negative] transistor NPNトランジスタ ◆a 6-transistor radio 6石トランジスタラジオ

**transit** 1 (回)通行, 運送[輸送, 運搬], 移行; a～ トランシット(*測量・測地用器械), 経緯儀 ◆a transit exchange 《電話》中継交換機(= a tandem, a transit switch)《電話》(市外)中継交換機(TS) ◆a transit system 交通機関 ◆a transit visa 通過ビザ[査証] ◆transit passengers (航空機の)乗り継ぎ[乗り換え]客; 通過客 ◆a transit switching center《電話》中継交換センター ◆in-transit property 回輸送[移送, 移動]中の物品 ◆international transit passengers 国際線(から国際線へ)のトランジット[通過,《意訳》乗り換え, 乗り換え]客 ◆use a notebook in transit 移動中にノート型パソコンを使う ◆data in transit over leased lines 専用線で伝送[搬送, 転送]中のデータ ◆goods in transit from Yokohama to Seattle 横浜からシアトルに向け輸送中の貨物 ◆to protect messages in transit over Internet インターネット上を通過中の[伝送中の, 流れている]メッセージを守るために ◆because a lot of letters get lost in transit 多数の手紙が輸送途上で[郵送中に]紛失してしまうので ◆to protect (them) against loss and damage in transit [during transit] (それらを)輸送中の紛失や損傷から守るために ◆use Nicaragua as a transshipment [transit] point for drugs ニカラグアを麻薬の積み替え地として使う ◆It was damaged in transit. それは, 輸送中[運搬時, 移送の際]に損傷を受けた. ◆Transit fees on other types of ships remain unchanged. その他の種類の船舶(河川)通行料は変わらない[据え置かれる]. 2 v. 通過[通行, 横断]する

**transition** (a)～ 移行, 移り変わり, 過渡, 遷移, 転移, 過渡期, 変わり目 ◆transition metals 遷移金属 ◆a state transition diagram 状態遷移図 ◆after a period [some period] of transition 過渡期[移行期]を経た後で ◆a society in transition 過渡期にある社会 ◆during the transition from one point to the next ある点から次の点に移行する間 ◆the last transition 《パルス》立ち下がり区間(*パルスの頂点から基底部までの部分) ◆when CEN makes a HIGH to LOW transition CEN (信号)が HIGH から LOW に遷移する時 CEN の立ち下がりで ◆a smooth transition from war to peace 戦争から平和[和平]

への円滑な移行[移り変わり] ◆the transition from a nation-centered society to a network-based society 国家中心の社会からネットワークをベースにした社会への変遷 ◆effect a transition in one direction 一方向へ遷移を起こさせる ◆maintain clean [smooth] scene transitions 《ビデオで》きれいにつなぎ撮りする ◆If the PC is left turned on during the transition from 1999 to 2000, ... パソコンが1999年から2000年への変わり目につけっぱなしになっていると, ◆cause the signal to transition from its high state to its low state 信号を High の状態から Low の状態に遷移させる ( ▶transition が動詞として使われている) ◆the voltage at which the transition takes place この遷移が起きる電圧 ◆as chip-on-board technology made its transition from Japan to the U.S., ... チップオンボード技術が日本から米国に転移[移転]するにつれ ◆China's transition period from the planned economy to a market economy 中国の計画経済から市場経済への移行期

**transitional** adj. 過渡の, 過渡期の, 移行期における, 移り変わりの ◆the so-called transitional economies of Eastern Europe and the former Soviet republics 東欧および旧ソ連共和国のいわゆる移行経済 ◆During the transitional period before an international (regional) carbon emissions rights trading market is established, ... 国際(地域)炭素排出権取引市場が創設される前の移行期間に

**transitory** adj. 一時的な, 長続きしない, 過渡的な ◆These measures are hard, painful but transitory. これらの措置は厳しくまた痛みを伴うが, 一時的なものである. ◆We are in a transitory stage from a controlled to a free economy. 我々は統制経済から自由経済への過渡期にある.

**translate** 1 vt. ～を(他の媒体, 言語, 形態に)変える[変換する], 翻訳[解釈]する, 訳出する,〈遺伝情報, コンピュータプログラム〉を翻訳する, ～を平行移動[並進]させる; vi. 翻訳する ◆translate [convert, change, put]... into digital form ～をデジタル化する ◆translate the results into readily usable form これらの結果をすぐに利用できる形に変える[変換する] ◆translate the video signal into a digital signal そのビデオ信号をデジタル信号に変換する ◆translate all received signals as the upper case 《通》受信するすべての信号を上段として解釈する ◆translate a program into executable code at 2,500 lines per second 《コンピュ》プログラムを実行可能なコードに毎秒2,500行のペースで翻訳[変換]する ◆The Assembler translates user-written source code modules into executable object code modules. 《コンピュ》アセンブラは, ユーザーの書いたソース・コード・モジュールを実行可能なオブジェクト・コード・モジュールに変換する.
2 vi. <to, into> ～につながる, (結局[言い換えれば, 換言すれば, 言葉を換えれば])～ということになる ◆That translates into [to] ... これは, 言い換えると[言葉を換えて言うならば]～ということになる; これは～と換言できる ◆The ASCII code DC1 translates to a hexadecimal value 11. アスキーコードのDC1は, (言い換えると)16進値では11になる. ◆Improved equipment efficiency translates into reduced cost, reduced waste, and reduced emissions. 《意訳》機器の効率向上はコストダウン, 無駄の削減, 排出の低減につながる. ◆And Texas Instruments' LSI density translates into fewer components, less size and weight, systems cost savings, and greater reliability. そしてテキサス・インスツルメンツ社のLSI密度は, 部品点数の削減, 小型軽量化, システムコストの節減, および信頼性の向上を意味する. ◆The biggest drawback is that $1,000 worth of new batteries have to be purchased once every 350 to 500 full charges, which translates into about once every two years. 最大の欠点は, 1,000ドルする新しいバッテリーをフル充電[満充電]回数にして350回から500回ごとに購入しなければならないことで, これは2年に1度に相当する. (*電気自動車の記)

**translation** (a)～ 翻訳, 通訳, 訳文, 例文, 言い換え, 変換,〈周波数, 信号の〉変換, 並進運動, 平行移動 ◆a translation agency [company, firm] 翻訳会社 ◆text-to-speech translation software テキストからスピーチへの変換ソフトウェア (*文字を音読してくれるソフト) ◆English-into-Japanese machine translation 英和機械翻訳 ◆determine the amount of translation in both the x and y axes X軸およびY軸両方向への平行移動量を求める

**translational** adj. 平行移動[並進]の, 翻訳の ◆(a) translational motion [movement] 並進[平行移動]運動

**translator** a～ 翻訳者[家], 訳者, 翻訳プログラム, 翻訳[変換]機構

**translucent** adj. 半透明な, 透光性の ◆a translucent LCD screen 透過型液晶ディスプレイ画面(＊バックライトが必要なタイプ) ◆a translucent panel 半透過性のパネル ◆translucent amber 半透明なこはく ◆a translucent ceramic material 透光性のセラミック材料

**transmissible** adj. 伝える[伝送する, 伝達する, 転送する, 送る, 送信する, 電送する]ことができる, 移す[伝染する, 感染させる]ことが可能な, 伝染性, 伝達性の ◆transmissible spongiform encephalopathy (TSE) 伝達性海綿状脳症(＊異常なタンパク質であるプリオンが原因とされる) ◆transmissible spongiform encephalopathies (TSEs) in animals 動物の伝達性[伝染性]海綿状脳症(＊タンパク質が異常を起こし脳がスポンジ状になり死に至る。牛の狂牛病や羊のスクレイピーなど) ◆the maximum transmissible data size is 64K (一度に)伝送[転送]できる最大データサイズは64K(バイト)です

**transmission** (a)～伝達, 伝送, 転送, 送信, 送電, 送出, 伝導, 伝播(デンパ), 伝染, (熱の)貫流, 送信装置, (車)トランスミッション[ミッション, 変速機, スピードチェンジギア, ギアボックス] ◆(a) data transmission データ伝送[転送, 送信](▶一般にtransmissionは「伝送」でtransferが「転送」ということになっているが, transmissionが「転送」としてもさしつかえない場合がしばしばある) ◆an automatic transmission [shift] (車)オートマチックトランスミッション[自動変速機](▶無冠詞ならば装置ではなく, 自動変速の意になる) ◆(a) facsimile transmission ファクシミリ電送 (a) transmission capacity (通)伝送容量; (強電)送電容量 ◆an electric power transmission line; a (power) transmission line 送電線 ◆a data transmission speed データ伝送速度 ◆a transmission electron microscope (TEM) 透過型電子顕微鏡 ◆(a) picture transmission 写真電送(= telephotography, phototelegraphy)(＊階調のある静止画像の転送) ◆heat transmission between... ...間の伝熱[熱貫流] ◆jam transmissions 妨害電波を発射して放送や送信を妨害する ◆make a facsimile transmission [fax transmissions] to... ...に宛ててファクシミリ電送をする[ファックスを送信する] ◆make a radio transmission 無線送信する ◆receive data by radio transmission 無線伝送によりデータを受信する ◆transmission of electric power 送電 ◆a Windows communications software package for facsimile transmission and reception ファクシミリ送受信用Windows版通信ソフトパッケージ ◆place the automatic transmission in Neutral オートマチックトランスミッションを「ニュートラル」に入れる ◆a 30-inch high-pressure gas-transmission line 口径30インチの高圧ガス輸送管 ◆a 5-speed transmission (車)5速[5段変速]トランスミッション ◆for real-time transmission of multimedia data マルチメディアデータのリアルタイム伝送のため ◆use electronic transmission of information from... to... (意訳)～から～へ情報を伝えるのに電子的な伝達方法を用いる ◆the modem has a maximum transmission speed of only 9600 baud このモデムの最高伝送速度は, 9600ボーしかない ◆the modem offers up to 9600 baud transmission speeds [baud transfer rates] このモデムは最高9600ボーまでの伝送[転送]速度に対応している ◆the transmission of knowledge is spurred through mechanisms such as joint ventures or multinational operations 知識の伝達[移転, 転易]は合弁事業あるいは国際企業などのメカニズムを通じて拍車がかかる ◆simultaneous transmission of voice, data, and video traffic along a common digital link (通)共通デジタルリンクでの音声, データ, およびビデオのトラフィックの同時伝送 ◆it permits the transmission of digital audio directly from source to destination with minimal signal loss (意訳)により, デジタルオーディオ(信号)を, ほとんど信号ロスなしに転送元から転送先にダイレクトに送ることができる ◆To date, there has been no report of the transmission of CJD by transfusion. 今日に至るまで, 輸血によるクロイツフェルト・ヤコブ病の伝染[感染]が起きたという報告はない。 ◆Transmission is accomplished by sending beams of data signals along a hair-thin optical fiber. 送信は, データ信号ビームを髪の毛ほどの細さの光ファイバーで送ることによって行われる。

**transmissivity** 透過率

**transmit** vt., vi. 伝える, 送る, 伝達[伝送, 転送, 送信, 送出, 送電, 伝導, 伝導, 透過, 伝染]する ◆a transmit/receive earth station 地上送受信局 ◆a transmitting antenna 送信アンテナ ◆transmit data between devices 装置間でデータを転送[送信]する ◆a light-transmitting fiber optic bundle 光を伝える[伝送する]光ファイバーバンドル ◆transmit information from terminal to terminal over 64-Kbps channels 情報を64Kbpsのチャネルで端末から端末へと伝送[転送]する ◆transmit data at distances of up to about 500 feet indoors and 800 feet outdoors データを屋内では約500フィートまで, 屋外では約800フィートまでの距離を転送する[送信] ◆This new bacteria is easily transmitted from person to person. この新顔の細菌は人から人に簡単にうつる[伝染]する。 ◆Hepatitis A is a viral disease transmitted principally by food and water contaminated with fecal matter. A型肝炎は主として糞便で汚染された食物や水によって伝播されるウイルス性疾患である。 ◆The facsimile scans in a paper document and transmits it by telephone line to another site. ファクシミリは, 紙の原稿を走査して読み込んで, それを他の場所に電話回線を通じて伝送する。 ◆Copier machines that use CCD digital imaging will be able to transmit images directly to other copiers over telephone lines. CCDデジタル画像読み取りを用いている複写機は, 画像を電話回線を通じて別の複写機に直接電送できるようになるだろう。 ◆Data is transmitted bidirectionally over normal telephone-wire pairs at a rate of 64 Kbps for voice data and 16 Kbps for signaling data. データは, 通常の電話対話線上を, 音声データは64Kbps, そして信号データは16Kbpsの速度で, 双方向[両方向]に伝送される。 ◆Modems are used to convert a stream of digital data to an analog signal at the transmitting end and to convert it back to a digital signal at the receiving end. モデムは[デジタルデータストリームをアナログ信号に変換し, また受端[受信側]でその信号を変換してデジタル信号に戻すのに使われる。

**transmittal** n. (= transmission) ◆the transmittal of a signal 信号の伝達

**transmittance** 伝送[伝達](= transmission); 透過率, 透過度 ◆operate in transmittance and reflectance modes 透過モードおよび反射モードで動作する ◆filter glasses with controlled spectral transmittance スペクトル透過率の調整・管理されたフィルター用各種ガラス(材料)

**transmittancy** 透過率, 透過度, 透光度

**transmitter** a～ 送信機, 送信器, 送波器, 発信装置, トランスミッタ

**transonic, transsonic** adj. 遷音速(センオンソク)の, 音速に近い(速度の)(＊ただし飛行体の周囲には音速よりも速い流れと遅い流れが混在する状態) ◆(a) transonic flight 遷音速飛行 ◆(a) transonic flow 遷音速流 ◆the transonic speed range 遷音速域

**transparency** 透明, 透明性, 透明度, 明白, 透過性, 透視度, (計測)無影響性; a～ 透明陽画, ポジ, スライド, トランスペアレンシー[OHPフィルム, 透明シート] ◆a color transparency film (スライド用の)カラー透明画フィルム ◆produce graphic output on acetate transparencies アセテート製のトランスペアレンシー[OHPフィルム, 透明シート]上にグラフィック出力を生成する ◆the transparency of Plexiglas プレクシグラスの透明性[透明度] ◆he warned of a lack of transparency that could cause doubts about... 彼は, ～について不審の念を抱きかねない透明性[明朗性]の欠如に対して警鐘を鳴らした ◆to ensure absolute transparency of information so that the public gets the truth 一般の人が本当のことを知ることができるよう, 情報の絶対的透明性を確保する[情報を徹底

してガラス張りする[ために] ◆Japan is trying to increase the transparency of its markets. 日本は市場の透明性を高めようとしている

**transparent** adj. 透明な[透き通った], 率直な, 明白な, 明朗な, 透いて見える, 素抜けの, 透過性の, 透過的な, トランスペアレントな, 《比喩的に》ガラス張りの, 見え透いた, 見え見えの ◆user-transparent ユーザーにトランスペアレントな[透過的な, 透明な]; ユーザーに見えない; ユーザーに存在を意識させない ◆become as transparent as Salome's diaphanous veils サロメの半透明のベールのように素抜けに近くなる ◆become transparent 透明になる, 透けて(見えるようになって)くる ◆be optically transparent 光学的に透明である ◆The speakers provide "clear, transparent sound." これらのスピーカーは, 「澄んだヌケの良い音」を出す. ◆These functions are transparent to the user. これらの機能はユーザーにトランスペアレントである[見えない, 存在を意識させない]. ◆The price structure in telecommunications is becoming less transparent. 通信の料金体系は不透明感を増している[体系に不透明さが広がっている]. ◆TRANSPARENCY: Preshipment inspection activities should be conducted in a transparent manner. 透明性: 船積み前検査作業はガラス張りで[透明性を確保して]実施すること.(＊輸出検査機関に対する規定より) ◆A user-transparent subroutine library automatically checks available processing and storage resources and divides the work among them. 《コンピュ》ユーザートランスペアレントなサブルーチンライブラリーは, 自動的に使用可能な処理資源や記憶資源を調べ, それらの資源に仕事を振り分ける. ◆Government intervention in the private sector is considered extensive, and in many cases regulations either are not clear or their enforcement is not transparent. 政府の民間部門への干渉は広範にわたっていると考えられ, 多くの場合, 規制が明確でないか規制の実施が透明性を欠いている[ガラス張りでない, 不透明である.]

**transpiration** 〔蒸散〕(＊植物内部の水分が水蒸気として空気中に排出されること)

**transplant** 1 vt.〈植物〉を移植する,《医》〈臓器など〉を移植する, 移住[移植]させる; vi. 移植に耐える, 移住する 2 (a)〜 移植, 移植手術; a〜 外国から進出してきた工場, 海外現地工場 ◆a heart-transplant patient 心臓移植患者 ◆perform xenotransplant surgery 異種移植手術を行う(＊たとえば動物の臓器を人間に移植すること) ◆Japanese transplants manufacturing in the United States 米国で製造を行っている, 日系(の海外進出)現地工場 ◆her only hope is a transplant of compatible bone marrow 彼女の唯一の希望は, 適合する骨髄を移植することだ ◆The Japanese transplants pose a challenge to the domestic U.S. industry. 日系の(海外)現地工場は, 米国の国内産業に競争を挑んで[脅威を与えて]いる.

**transplantation** (a)〜〔植物, 臓器の〕移植, 移住 ◆(a) bone-marrow transplantation 骨髄移植

**transponder** a〜トランスポンダー, 中継器[装置], 応答器[装置](＊transmitter-responderより) ◆an "Identify Friend or Foe" transponder 《軍》敵味方識別応答装置 ◆share common satellite transponders to save money 金を節約するために共通の衛星トランスポンダー[電波応答機,《意訳》中継器]を共同使用する

**transport** 1 vt. 〜を運ぶ, 輸送する, 移送する, 搬送する, 移す, 給送する ◆a truck-transported missile トラック輸送式ミサイル ◆transport specialized applications from one processor to another 《コンピュ》あるプロセッサから別のプロセッサに特化アプリケーションを移植する 2 n. 〔 輸送, 移送, 運送, 搬送,〈フィルムの〉給送;〔交通〕機関; a〜〈テープの〉駆動機構[駆動メカ], 航空機 ◆during transport 運搬中に; 輸送時に ◆a tape transport テープメカ; テープ駆動機構 ◆a transport [transportation] model 輸送モデル ◆the transport layer 〔通〕トランスポート層[伝送, 伝送]層(＊国際標準化機構(ISO)の開放型システム間相互接続(OSI)参照モデルの第4層) ◆transport speed 〔テープ等の〕走行速度 ◆a data transport network データ伝送網 ◆the Ministry of Transport 〔日, 旧〕運輸省 ◆建設省などとともに国土交通省に統合された) ◆a fly ash pneumatic transport system フライアッシュ気流[圧力]輸送方式 ◆a space-transport firm 宇宙輸送[運輸, 運送]会社(＊商業衛星打ち上げ企業) ◆travel by public transport 公共交通機関を使って移動する[行く] ◆use... for data transport データ転送[伝送]のために〜を用いる ◆a fully automatic film transport system 《カメラ》完全自動フィルム給送システム ◆by a conveyor or other transport mechanism コンベヤーまたはその他の移送機構によって ◆superjumbo commercial transports capable of carrying greater than 600 passengers 600名を上回る乗客を運べる超大型民間航空機

**transportable** adj. 可搬式の, 可搬型[形]の(＊ポケットやバッグに入れて携帯できるほどではないが, 車などを使えば気軽に持ち運べる程度を言う), 移動式の ◆transportable equipment 可搬型の機器 ◆a transportable personal computer ◆搬型のパソコン(＊デスクトップ機からラップトップ機への移行期に製造された, 手で運ぶには大きめで重量のある, 携帯型とは名ばかりの一昔前のパソコン)

**transportation** 輸送, 運輸, 運送, 搬送, 交通[輸送]機関[手段], 運賃 ◆public transportation 〔〔(無冠詞)〕公共の交通機関 ◆transportation by air; air transportation 航空[空路]輸送 ◆transportation charges 送料, 運賃, 運送費, 輸送費 ◆a means of transportation 交通[輸送, 運搬, 運送]手段 ◆a mode of transportation [transport] (pl. modes of transportation [transport]); a transportation mode 交通[輸送]機関の方式[方法, 様式];《意訳》交通手段 ◆transportation demand management 交通需要マネジメント ◆transportation infrastructural development 交通インフラ[基盤]の整備 ◆Indonesia's Ministry of Transportation インドネシアの運輸省 ◆provide transportation from A to B AからBまで輸送する ◆suffer damage during transportation 輸送中に損傷をこうむる[受ける]; 輸送途上で破損する ◆transportation and transfer cases 運搬用および移送用ケース ◆for the transportation of passengers and freight 貨客輸送のために ◆provide a substantial boost in transportation capacity〈鉄道など〉の輸送力の大幅な増強をもたらす ◆bicycles are the main mode of transportation in Uganda 《意訳》ウガンダでは, 自転車が主な交通手段である ◆a bus used for the transportation of mentally retarded adults to and from a training center 知的障害をもつ大人たちの訓練所への送り迎え[送迎]に使われているバス ◆Switching from coal- to gas-generated power would free up rail capacity for the transportation of people and non-coal freight. 石炭焚き発電電力からガス発電電力に転換することは, 鉄道の輸送力を乗客ならびに石炭以外の貨物の輸送に解放することになろう. ◆The need to move grain into use or into permanent storage may result in strong harvest-time demand for transportation capacity, particularly in Kansas and Nebraska. 穀物を利用場所または長期貯蔵場所に運ぶ必要性から(その結果として), 特にカンザス州とネブラスカ州で, 収穫期における輸送力の旺盛な需要が生まれるだろう.(＊capacity=設備や施設などの能力)

**transpose** vt. 〜の(順序, 位置)を入れ換える,〈数式の項〉を移項する,〈行列〉を転置する; vi.; n. (= transposition) ◆transposed numbers 順番が入れ替わっている数字

**transposition** (a)〜〔位置, 順序の〕入れ換え, 交換, 転置,《数》移項

**transsexual** a〜性倒錯者, 肉体の性と反対の性を精神的に自認する人, 〔性同一性障害に悩み〕外科手術によって性転換しようとしている人,〔性転換手術を済ませた〕性転換者; adj. 性倒錯[性転換](者)の, 両性に関する, 異性間の ◆bikini-clad or topless transsexuals dance side by side with normal bar girls ビキニ姿あるいはトップレスの性転換者[ニューハーフ]が, バーの普通の女性たちと並んで, ダンスをする

**transshipment** (a)〜 積み替え ◆the goods were unloaded at Dubai for transshipment to Iran 貨物はイランへ向けての積み替えのためにドバイで降ろされた

**transuranic** adj. (= transuranium); n. a〜 超ウラン元素 ◆transuranic [transuranium] elements 超ウラン元素 ◆the

disposal of transuranic [transuranium] (TRU) radioactive wastes 超ウラン放射性廃棄物の処理
### transuranium 超ウラン(元素)の
### transverse adj. 横の, 横断の, 横切る, 横-; a～ 横切るも の, 横軸, 《数》(双曲線)の交軸 (= a transverse axis) ◆a transverse wave 《音響》横波 ◆transverse vibration 横振動
### transversely adv. 横に, 横切って, 横方向に, 交差するよ うに, 横断的に ◆a transversely mounted powerplant 横置きにされているエンジン
### trap 1 *a*～ (動物を捕らえる)わな [-取り器]; a～ トラップ, 捕集装置, 防臭弁, 液溜〔め〕, -溜め; a～《コンピュ》トラップ[割込](= an interrupt) ◆a speed trap; a radar trap (警察の)交通取締り区間, ねずみ取り区間 ◆Those interrupts that originate within the CPU are called traps. CPU内部から生じる割込は, トラップと呼ばれる.
2 *vt.* ～を(わなで)捕らえる, ～を閉じ込める, ～を貯留する, ～にトラップをつける; *vi.* ◆air trapped in a plastic tube プラスチックチューブ内に閉じ込められて[混入して]いる空気 ◆trap in the heat 熱を閉じ込める ◆carbon dioxide and other heat-trapping gases 二酸化炭素やその他の熱を閉じ込める働きをするガス ◆oil and gas become trapped beneath thick beds of rock 石油とガスは厚い岩盤の下に貯留される[溜まる] ◆trap [capture] transients as short as two microseconds duration わずか2マイクロ秒という短い継続[持続]時間の過渡事象を捕捉する
### trapezium a～《米》不等辺四辺形,《英》台形
### trapezoid a～《米》台形,《英》不等辺四辺形
### trapezoidal adj. 台形の,《昔の言い方》梯形の ◆a trapezoidal wave 台形波 ◆trapezoidal distortion (ブラウン管面の)台形歪み
### trash ①《主に米》ごみ, くず, つまらない[価値のない, くだらない]もの; v.《俗》(手当たり次第に)壊す, ぶち壊す ◆improve trash collection ごみ収集を改善する ◆The front end of my car was trashed. (事故で)私の車の前端部が, めちゃめちゃになってしまった. ◆You can empty your entire Trash, or empty only selected items. 《コンピュ》ごみ箱全体を空にすることも, 選択した項目だけを削除することもできます. ◆Regular and recycled trash scheduled for Thursday pickup will be collected Friday, Nov. 12. 通常は木曜日に予定している普通ごみおよびリサイクル[資源]ごみは, 11月12日金曜日に収集します. (*祝日による予定変更のお知らせ) ◆All deleted mail and phone messages, appointments, tasks, documents, and notes are stored in the Trash. 《コンピュ》削除されたメール, 電話メッセージ, アポイント, タスク, ドキュメント, およびメモはすべて, ごみ箱に保存され[入れられ]ます.
### trauma a～ 外傷, (精神的)外傷 ◆(an) emotional trauma 心の傷[傷跡]; 精神的衝撃 ◆(a) (physical) trauma 外傷 ◆(a) psychological trauma 心理的な外傷[傷跡] ◆(a) sexual trauma 性的虐待の後遺症
### traumatize vt. ～を傷つける, ～に外傷を負わせる, ～に深い心の傷[精神的, 精神的外傷]を与える ◆be emotionally traumatized by... ～によって心が傷つけられる
### travel 1 *vt., vi.* (ある区間[コース]を)移動する[行く, 進む],《音, 光などが》伝わる, 旅行する,《物資が》輸送に耐える ◆travel by air 飛行機で行く; 飛行機にのる; 空路で旅行する; 空の旅をする ◆outstanding traveling stability 優れた走行安定性 ◆the traveling direction of the wave その波の進行方向 ◆travel abroad 海外旅行をする ◆travel between A and B A-B間を往復する ◆travel in a straight line 一直線に進む ◆travel to the U.S. 米国に行く ◆Traveling Direction to Mr. Lee's House (標題)リーさんのお宅への行き方 ◆separate traffic traveling in opposite directions 互いに逆方向に移動して[流れて]いる交通を分離する ◆the direction in which an object is traveling 物体の進行方向 ◆be perpendicular to the direction the waves are traveling 波の進行方向と直角[90°]の位置関係にある ◆light travels at a very high velocity 光は非常に速いスピードで進む ◆we have traveled 300 km 我々は(ここまで)300キロ移動した[進んだ, 走行した, 航

行した] ◆if you want printers that both travel and work well for occasional desktop use (もしもあなたが)携帯できて[持ち歩けて], たまにデスク上で使用するのにも十分役に立つプリンタが欲しいなら ◆Do not park on the traveled part [portion] of a highway. ハイウェイの車両通行部分に駐車してはならない. ◆Electrons travel up to ten times as fast through gallium arsenide. 電子はガリウム砒素(GaAs)中を最高10倍までの速さで移動する. ◆Glance at the page. Where does your eye travel first? このページをちょっと見てください. あなたの目はまずどこに行きますか. ◆I have traveled this road many times. この道を, 幾度となく通ったことがある. It gives readouts on distance traveled. それは走行距離[移動距離]を表示する. ◆Noise is basically a pressure wave traveling through the air. 騒音とは, 基本的には空気中を伝わっている圧力波である.
2 *n.* 回旅[旅行, 出張], 旅行者数[交通量]; ～s 長期旅行, 海外旅行, 遍歴; ①移動, 通行, 走行, (往復)運動, (a)～ (往復運動の1回の)移動範囲[動程, 移動量, 移動範囲, 動作距離, ストローク] ◆the direction of travel 進行方向 ◆travel expenses 旅費 ◆travel photos 旅行(先で撮った)写真 ◆stage travel accuracy 《機械》(位置決め)ステージの移動精度 ◆a falloff in travel [tourism] 旅行者[旅行客, 観光客]の減少 ◆the deterioration of the balance on tourist travel 旅行収支の悪化 (*国際収支の話で) ◆a suspension with 130 mm of travel ストローク[移動距離]が130mmあるサスペンション ◆the low-friction travel of the shift lever シフトレバーの摩擦の小さい動き ◆add nearly an inch of travel 1インチ近くのストローク[移動量]を与える ◆the limit of travel of the piston ピストンの移動範囲の限界 ◆to limit the amount of vertical travel 垂直[縦]方向の移動量を制限するために ◆if the clutch is engaging very high or very low in its travel もし(自動車の)クラッチが, 移動範囲の非常に低いまたは高い箇所で締結するようなら ◆there is a lot of travel on the control lever この操作レバーは動作[作動]距離が大きい ◆My work includes an enormous amount of travel. 私の仕事は非常に出張が多い. ◆The United States has a travel surplus with the rest of the world. 米国の国際旅行収支は黒字になっている.
### traveler, traveller 《後者は英》a～ ◆both business and pleasure travelers 出張者[ビジネス客]および旅行者双方 ◆cash traveler's checks トラベラーズチェック[旅行小切手]を現金化する
### traveling adj. 旅行(用)の, 巡回[巡業]の, 移動する, 動く, 走行の, 進行の, 移動できる, 可動の; n. 旅行すること ◆a traveling gantry crane 走行ガントリークレーン ◆a traveling salesman 外交(販売)員; 行商営業マン; 出張販売員 ◆a traveling-wave tube 進行波管 ◆a traveling salesman problem 《数》巡回セールスマン問題 (*決められた都市をすべて回って振り出し点に戻る最短行程を求める)
### traveling-wave ◆a traveling-wave tube amplifier (TWTA) 進行波管増幅器
### travelogue a～ (映像を見せながらの)旅行談, (ナレーション入りの)旅行[紀行]映像[ビデオ, 映画], 旅行記, 紀行 ◆a travelogue film 旅行[紀行]映画 ◆a travelogue about her latest trip to Africa 彼女が最近行ったアフリカ旅行についての旅行談[旅行記, 紀行文, 紀行映像]
### traverse 1 *vt., vi.* 横切る[横断する, 越える, 渡る], 反対[妨害]する, 左右に向きを変える[回転する](= swivel), (傾斜面を)ジグザグに下る[登る] ◆after traversing 5 cm of air 空気中を5cm突っ切った後で ◆traverse a bridge 橋を渡る ◆traverse the layers of the UNIX file system UNIXのファイルシステムの各層を横断する
2 a～ 横断, 横切ること[もの], 妨害, 邪魔, トラバース[多角, 折れ線]測量, トラバース測量された区域
### trawl a～ トロール網, 底引き網; a～ (a trawl line, a setline) 延縄(ハエナワ) (*釣り釣りの付いた釣り糸が多数間隔をおいて一本の縄に付けられている漁具); v.(魚を)トロール網[はえ縄]で獲る, 底引き漁をする, 底引き網を引く ◆a trawl boat; a trawler トロール船, 底引き網船 ◆catch fish with a trawl [a trawl net, a trawlnet] トロール網[底引き網]を使って魚を獲

**tray** a～ 盆, 盛り皿, 浅箱, トレイ, トレー, 用紙載置台 ◆in/out/pending trays 入/出/保留トレイ (*オフィスの机上などに置くもの) ◆The standard paper tray holds 250 sheets, and the auxiliary tray holds 500 sheets. 標準給紙トレイには250枚, 補助トレイには500枚セットできる.

**treacherous** adj. 裏切りの, 不誠実な, 当て[頼り]にならない, 足場[土台]の不安定な ◆a treacherous corner 危険なまがり角 ◆treacherous ice (一見安全そうだがその実は薄くて)危険な氷 ◆Fog makes the road treacherous. 霧で道路が危険になる. ◆Fog is treacherous and critically reduces drivers' vision. 霧は, (思いのほか)危険で, 運転者の視界を危険なまでに悪くする.

**tread** 1 vt. ～(の上)を歩く, ～を踏みつける, 踏みつぶす; vi. 歩く[行く], 踏む[踏みつける] ◆tread into the world of politics 政治の世界に足を踏み入れる
2 (a) ～タイヤの接地面[踏み面], 左右のタイヤの中心間の距離, 輪距(リンキョ), (集合的に)タイヤの溝; (a) ～ 踏む[歩く]こと; one's ～ 足音; a ～ (階段などの)踏み板, 踏みつく ◆a tread wear indicator (タイヤの)スリップサイン ◆the risers and treads of a stair [stairway] 階段の蹴込みと踏み板 ◆tires with a lot of tread 溝の深さがまだ十分にあるタイヤ

**treadmill** a～ エンドレスベルト式のランニングマシーン[ルームランナー], (医)(運動負荷心電図検査用の)トレッドミル, (ハムスターなど小動物用)回し車, (囚人の懲罰用に使用された)足踏み車, the ～ (比喩的に)単調[退屈]な仕事 ◆like a hamster on a treadmill 回し車に乗っているハムスターのように

**treasure** (a) ～ 宝物, 財産, 宝貝, 大切なもの; vt. ～を大切に(保存)する ◆a treasure island 宝島 ◆treasure hunting; a treasure hunt; a treasure search 宝探し ◆a treasure hunter 宝探し[掘り出し物探し]をする人 ◆be designated [declared] a national treasure 国宝の指定を受ける ◆a type of treasure-hunting activity 一種の宝探し的な作業[活動]

**treasure trove, treasure-trove** 回発掘された所有者不明の貴金属(誰が埋めたのかわからない)埋蔵物; a ～ 貴重な発見, 掘り出し物 ◆a treasure trove of information 情報の宝庫

**treasury** a～ 宝庫[金庫], (国や団体の)基金[資金, 財源], 国庫[公庫]; the T-(英)大蔵省, (米)財務省 (*正式には the Department of Treasury) ◆a Treasury bill [T-bill] (米)財務省短期証券 ◆the U.S. Department of (the) Treasury; the U.S. Treasury Department 米財務省 ◆Treasury Secretary Lloyd Bentsen (米)ベンツェン財務長官 ◆a 30-year Treasury bond (米)償還期限が30年の財務省発行の超長期債券[30年もの超長期国債] (*超長期国債は10年を超えるもの) ◆the [a] Secretary of the Treasury (米)財務長官 (*「ある」財務長官の場合は不定冠詞がつく) ◆Treasury notes of two to five years (米)2年～5年ものの中期国債 ◆Treasury bills are "discount" securities, issued in $10,000 minimum denominations and with maturities of 13, 26 or 52 weeks. 財務省短期証券は「割引」証券であり, 最低1万ドルの額面金額[1万ドル単位]で発行される, 期限は13週, 26週または52週である.

**treat** 1 vt. ～を扱う[待遇する, みなす], ～について論じる, ～を治療[処置]する, ～を(薬品などで)処理する, 〈人〉をもてなす, 〈人〉におごる[ごちそうする, 振る舞う], 〈人〉を供応する; vi.交渉[折衝]する ◆with>, ～について[扱う, 言う, 話す] <of> ◆heat treated steel 熱処理鋼 ◆can be effectively treated with medication 〈病気〉は投薬により有効治療が可能である ◆Chapter 2 treats... 第2章では, ～を扱う. ◆chemically treat the surface その表面に化学処理を施す ◆a drug-treated patient 薬物治療を受けている患者 ◆creosote-treated wood posts クレオソート(の含浸)処理が施されている木柱 ◆the firefighters were treated for first-degree burns 消防士らは1度の火傷で治療を受けた ◆treat bauxite with sulfuric acid to yield aluminum sulfate ボーキサイトを硫酸で処理して硫酸アルミニウムを生成する ◆treat the new circuit with the new initial conditions 新しい回路を新規の初期条件で扱う ◆we must treat him with respect 我々は敬意を払って[丁重に]彼に接しなければならない ◆Logic circuits are treated in Chapter 8. 論理回路については, 第8章で扱われて[論じられて]いる. ◆There has been a tendency to treat A and B as two distinct technologies. これまでAとBを2つの別個の[全く異なる]技術とみなす傾向があった. ◆Business leaders are expected to be treated far more leniently without having to serve prison sentences. 財界指導者らは, 実刑に服さずに済むはるかに寛大な[手ぬるい, 優しい]処遇を受けるものとみられている. ◆But abortion shouldn't be treated in the same way you would treat an operation for cancer. だが, 人工妊娠中絶[堕胎]は, 癌の手術と同列に扱われるべきではない.
2 a～ もてなし[歓待, おごり], 満足[喜び](を与えるもの)

**treatable** adj. 治療可能な, (取り)扱える, 処理できる ◆an easy method of detecting cancer in its earliest and most treatable stages できるだけ発生間もない最も(根治的)治療の可能性の高い段階で癌を発見するための簡便な方法

**treatise** a～ (学術)論文 ◆write a treatise on... ～について研究論文を書く

**treatment** 扱い[取り扱い, 扱い方] (handling, usage), 処置, 論じ方, 待遇, 処遇, あしらい, 応対; (薬品などによる)処理; (a) ～ 治療(法), 処置, 処理法, 処理剤 ◆a waste-treatment facility 廃棄物処理施設 ◆domestic and industrial wastewater treatment facilities 生活排水・産業[工場]廃水処理施設 ◆a treatment capacity of one million gallons per day 1日当たり100万ガロンの処理能力 ◆by heat treatment 熱処理により ◆China's MFN treatment 中国の最恵国待遇 ◆develop treatment plans 治療計画を立てる ◆effective treatment 有効な治療[処置, 処理] ◆go to a doctor for treatment 治療を受けに医者に行く ◆he was under treatment for depression 彼はうつ病[抑うつ症]の治療を受けていた ◆set [draw] up a treatment plan; formulate [devise] a treatment program 治療計画を立てる ◆those who are under treatment 治療中の人たち ◆first aid treatment for poisoning 中毒の応急処置 ◆the treatment of redundant employees [staff, workers] 余剰従業員[職員, 労働者]の処遇[扱い] ◆the difference between "before and after treatment" or "with vs without treatment" 「処置前後」すなわち「治療の有無」の違い ◆We came up with special surface treatments that cut screen glare to a minimum. 私どもは, 画面のぎらつきを最低限に抑える特殊表面処理法を開発しました. ◆The cargo door frames get rough treatment from baggage handlers and forklift drivers. 荷室のドアフレームは, 手荷物係やフォークリフト運転手から手荒な扱いを受ける. ◆Unique nose and tail treatments give the car a soft, flowing, and distinctive look. 独特な先細部および後部の(設計上の)処理は, 柔らかに流れるような, 他とは一線を画す外観をその車に与えている.

**treaty** a～ 条約, 協定, 盟約 ◆a legally binding treaty 法的拘束性がある条約 ◆honor a treaty 協定に従う ◆ratify a treaty [a pact, a convention, an agreement] 条約を批准する ◆agree to a treaty that calls for limiting the production of... ～の生産を制限する条約に同意する

**treble** 1 n. ◎《音響》高音域, 高域, 高音部(↔bass); a～《音楽》最高声部, 最高音域の楽器, ソプラノ歌手; adj. ◆I recorded it with the treble up and the bass down. 私は, 高音を上げ, 低音は下げてそれを録音した. ◆Defeatable tone controls are provided for bass, treble and midrange. (スイッチ操作でバイパスさせて効果を)無効にできる低音域, 中音域, 高音域の音質調整(つまみ)が備わっている.
2 adj. 3倍の, 三重の, 3段の, 3列の, 3部分から成る; n. a～; vt., vi. 3倍にする(なる) ◆computer crime has more than trebled since 1990 コンピュータ犯罪は1990年以来3倍以上増加した ◆result in a trebling of the transfer rate between the hard disk and the microprocessor 結果的にハードディスクとマイクロプロセッサ間の転送速度が3倍に上がる

**tree** a ~ 木, 樹木, 樹木[樹枝]状のもの, 枝分かれ図, 系統図, 系統樹, 系譜, 系図, 樹形曲線, 樹状結晶; vt. ~を木に追い上げる,〈人〉を窮地に追い込む ◆plant trees 木を植える; 植林[植樹]する ◆a tree structure 木[枝分かれ, 樹状, ツリー]構造 ◆a high [tall] tree, 《意訳》a large tree 喬木(キョウボク)[高木(コウボク)] ◆a tree-planting project [program] 植林事業; 植林計画 ◆sweet, juicy, tree-fresh oranges 甘くてジューシーな〈木から〉取れたて[もぎたて]のオレンジ ◆a 250-year-old tree 樹齢250年の木 ◆a decision-tree structure 決定樹構造 ◆a nationwide tree-planting campaign 全国規模の植林[《意訳》緑化]運動 ◆a tree-structured directory system 《コンピュ》ツリー構造のディレクトリシステム ◆cut down trees 木を切り倒す ◆Takes you one level higher in the tree structure. (このアイコン／コマンドは、ツリー構造[ツリー表示]で1レベル上の階層へ移動します。(＊主項が省略されている) ◆trees that are felled but not processed are referred to as "timber" or "raw logs" 伐採されただけで製材されていない樹木で,「木材」あるいは「生木の丸太」と呼ばれる ◆We have an old saying: You have to look at the forest, not the trees. In other words, you have to look at the whole picture, not just part of it. 私達には、1本1本の木を見るのではなく森を見なさいという古いことわざがあります。つまり、細かい部分ではなく全体[枝葉末節にとらわれずに全体像・全貌]を見なさいということです。

**treelike** adj. 木のような, 樹形の, 樹木状の, 樹枝状の ◆a treelike diagram 樹形図(＊系譜図のように木の形をなしている図) ◆a treelike chart 樹状構造[ツリー形, 樹脂化]チャート

**trek** vi. 難儀な[ゆっくり歩きの]旅をする, 徒歩で長旅をする,《口》テクシーで出かける[行く] ◆while the tourists were trekking in the mountains of southern Kashmir これらの観光客が南カシミール山中をトレッキング[山歩き, 麓(フモト)歩き, 軽登山]していた時に

**tremendous** adj. 巨大な, とてつもない, 途方もない, 極めて[非常に]大きい, ものすごい, すばらしい, すさまじい, 恐ろしい ◆a tremendous explosion in use すさまじい爆発的な利用の増加 ◆tremendous wheel vibration 強烈な車輪の振動 ◆It has the tremendous advantage of being able to use a standard 70-mm projector. それには、普通の標準の70mm映写機が使用できるという、大きな[すばらしい]長所がある。 ◆The range of varieties of soybean that the producer can select from is tremendous. There are over 800 different varieties of soybean. 農業生産者が選べる大豆の品種の幅は極めて広い[大きい]。800以上の品種がある。

**tremor** a ~ 身震い, 震え, 震動, 微動, 揺れ, 小さな地震 ◆a feeble [faint] (earth) tremor 微震 ◆ward off tremor damage 〈未然に地震の〉揺れによる被害を防ぐ

**trench** a ~ 深い溝, 塹壕(ザンゴウ), 発掘溝, 掘割り, あぜ溝, 峡谷, 海溝,《建築》根切り; vt. ~に溝[塹壕]を掘る; vi.〈~に〉接近する<on>,〈他人の領土, 権利など〉を侵害する<on, upon> ◆a deep-ocean trench 深海海溝 ◆an oceanic trench 海溝

**trend** 1 a ~ 動向, 趨勢, 傾向,（一般的[全般的]な）傾向, 風潮,《意訳》流れ, 気運, 流行の様式;（海岸線, 道路などの）向き[方向] ◆As a general trend in the industry, companies are... この業界における一般的な傾向として、企業は... ◆cater to the trend toward digitalization デジタル化へと向かう時代の流れに応える ◆follow the trends of the times 時代の[世の]趨勢に従う; 世の中の成り行きに流されるままにする; 時の流れに身を任せる ◆in keeping with the trend この傾向[動向]に合わせて ◆The March data showed that this trend is intensifying 3月のデータはこの傾向が強まっていることを示していた ◆This trend toward multifunctionality is driven by... この多機能化への傾向は、~によって進展する, 加速される, 強まる, 盛んになる, 増大する] ◆to reverse that trend その傾向を逆転させるために ◆trends in circuit reliability 回路の信頼性動向 ◆trend-loving Japanese customers 流行好きな[新しがり屋]の日本人顧客 ◆There has been a growing trend among...to<do...> ~の間で~する傾向が強まって[気運が高まって]きている ◆follow the latest trends in music and fashion 音楽とファッションの最新流行を追う ◆in accordance with the trend of the present times toward... ~に向かう今の時代[現代]の潮流に乗って[呼応して] ◆learn about future trends in demand and supply 需要と供給の今後の動向を知る[察知する] ◆she sees an upward trend in oil consumption 石油消費が上昇基調にあると彼女は見る ◆the trend toward more and more functions 機能をどんどん増やすといった[多機能化]傾向 ◆if world economic trends continue in the same direction 世界の経済動向が同じ方向を取り続けるならば ◆rates are on a general downward trend at the moment 料金は目下のところ全般的に[一般的に, 業界全体でみて]低下[下降, 下落]傾向にある ◆respect of human rights is a global trend of the times 人権の尊重は世界的な時代の趨勢である ◆there is a trend toward more and more microcontrollers in everything マイコンをありとあらゆるものの中に組み込む[搭載]する傾向[《意訳》流れ]がある ◆the trend is shifting toward 15-inch and larger models 傾向は、15インチ以上の機種に向かっている[変わってきている, 移りつつある] ◆timber harvests are already on a markedly downward trend 木材の切り出しはすでに大幅な減少基調[傾向]にある ◆It is unfortunate that there has been a growing trend in recent years to <do...> ~する傾向が近年増えて[高まって]きていることは残念[遺憾]である ◆The future trend seems to be the utilization of... ~を使用するというのが今後の動向のようである ◆One recent trend is a growing number of feature-rich models. 最近の一つの傾向としては、多機能の機種が多くなっていることである。 ◆Some analysts expect the market to resume an upward trend. 一部のアナリストは、市況が再び上昇傾向[基調]に転ずるものと見ている。 ◆The trend has been to replace A with B. AをBに置き換えるというのがこれまでの傾向である。 ◆You have to stay current with trends. 常にトレンド[動向, 趨勢]に遅れないようにして（最新情報を知って）いなければならない。 ◆There will be a continuation of the trends in banking automation into the future. バンキングオートメーションのこれらの傾向は、これから先[この先]も続くだろう。 ◆Yet, adding external components to protect against... goes against the trend toward smaller size. だが、~からの保護のために部品を外付けすることは、小型化傾向[《意訳》小型化への流れ]に逆行してしまう。 ◆If trends continue, it won't be long before obesity surpasses cigarette smoking as a cause of death in this country. 傾向が継続すると[動向がこのまま推移すると]、まもなくこの国の死因として肥満症が喫煙を追い抜くだろう。 ◆The trend has been for the storage capacity to increase and the seek time to decrease. これまでの傾向としては、記憶容量が増大しシークタイムが短縮した。 ◆The trend over the past dozen years or so has been toward faster and cheaper personal computers. ここ12年ほどの傾向は、パソコンの高速化と低価格化であった。 ◆Several standard recording densities are in use today, with the trend moving toward increasingly greater densities. ますます高密度化に向かう傾向の中で、数種の標準記録密度が今日用いられている。 ◆There is a trend in the design of industrial robots toward all electric drives, and away from hydraulic robots. 産業ロボットの設計においては、油圧式ロボットから完全電気駆動式ロボットに移行する傾向がある[への傾斜を強めている]。 ◆With the trend toward more and more software and less and less hardware, the importance of service and support is escalating. 《意訳》ハードウェアからソフトウェアへと重点がシフトする傾向の中で、サービスとサポートの重要性が高まってきている。 ◆One recent trend is that lots of sophisticated consumer electronics are coming out that people might not normally think of as computers, such as: 最近の傾向の一つとして、次に示すような、普通コンピュータを想起しないような高度民生電子機器が多く出現しつつある。 ◆When Congress first required that domestic flights of two hours or less be smoke-free in 1988, a trend already was underway to protect nonsmokers in public places and the workplace. 議会が初めて飛行時間2時間以内の国内便に禁煙を規定した1988年当時に、公共の場や職場において非喫煙者を保護しようという傾向[動向]はすで

に始まっていた． ◆The fundamental trend underlying the explosion in the use of personal computers is that they have become much cheaper and more powerful almost every year since the first machine was introduced in 1977. パソコンの利用の爆発的拡大の根底にある基本的動向[傾向]は，1977年に最初の機械が発売されて以来，ほとんど毎年と言ってよいほど大幅に価格が下がり，また性能が上がってきていることである． 2 vi. (特定の方向へ)傾く[向く, 伸びる]<to, toward> ◆the market will clearly trend upward 相場ははっきりと上昇基調をたどることになるであろう ◆the canyons trend northwest to southeast これらの峡谷は北西から南東に向かって(走っている) ◆Generally, however, prices seem to be trending higher. しかしながら，値段は概して上昇傾向にあるように思われる．

**trendsetter, trend-setter** a～ 新しい流行を作る[仕掛ける]人[雑誌，企業など]，流行を広める助けをする人 ◆The Taurus became a best seller as well as a design trend-setter. トーラスはベストセラー車になると共にデザイン上の流行形成の牽引役となった．

**trendsetting, trend-setting** adj. 新しい流行を創出する[仕掛ける]，今後の動向を決定する ◆a trendsetting annual exhibition (製品の)動向を決定する年一度の展示会 ◆a trend-setting ad agency 流行を仕掛ける広告代理店

**trendy** 流行の ◆build a car whose styling would appeal to hypertrendy consumers 流行の最先端を行く消費者に受けそうなデザインの車を作る

**trestle** a～ 構脚，構脚橋，架台，うま ◆cross a 791-foot trestle bridge over Fontana Lake フォンタナ湖にかかる全長[延長]791フィートの構脚橋を渡る

**triad** a～ 3人組，3つ組，三幅対(サンプクツイ)，3和音，3価元素，3者関係 ◆To create a white dot, the electron beams must accurately converge on a single color triad. 白ドットをつくるためには，電子ビームは正確にカラートリオの1点に集束する必要がある．(*a color triad とはRGB＝赤緑青の光の三原色のこと)

**triage** ロトリアージ，負傷者の選別(*被災地や戦場で限られた医療資源を有効に活用するために，負傷の程度で治療すべき患者の選別を行い優先順位をつけること); v. ◆practice triage トリアージ[優先順位付け]をする(*災害救急時における負傷者が) ◆a kind of triage on curricula 教科課程についての一種のウェート配分 ◆triage incoming patients 到来する患者を選別する(*災害や戦争などで負傷者が大量発生した場合に，治療する優先順位を決めるために) ◆a battlefield surgeon performing [conducting] triage どの負傷者が先に治療を受けるべきかトリアージ[優先順位付け]を行っている戦場の医師 ◆surgeons had to make many difficult triage decisions 負傷者は，(治療を施す優先順位付けのために)負傷者選別に際し困難な決断を数多くなされなければならなかった ◆victims were attached with triage tags denoting... 犠牲者たちには，～を示すトリアージ・タグ[治療を受ける優先度を示す認識票]がつけられ(ていた)

**trial** (a)～ 試し[試行，試用，試運転，試験，(実証)実験，試み，小手調べ]，実証実験[実用化実験]，試練，裁判[公判，審理]； adj. ◆by trial and error 試行錯誤で ◆go on trial 裁判にかけられる ◆on a trial basis 試しに，試験的に ◆a trial balance (複式簿記の)試算表 ◆a trial model 試作機 ◆a trial run 試運転 ◆trial users 試用ユーザー[(ソフトなどの)試用版のユーザー，モニター] ◆a second trial 2回目の裁判[二審]; 2度目の試み[(意図)挑戦] ◆after four years of trial use 4年に渡る試用の後に ◆based on three months of trial usage 3カ月間の試用に基づいて ◆make [do] a trial calculation of...  ～の試算をする ◆the conduct of ISDN trials 総合デジタル通信網の試用実験[試験]の実施 ◆The trial use of... was declared a success by... ～による試用は成功だったと～によって宣言された ◆Before construction work or trial boring operations commence,... 建設工事[作業]あるいは試掘作業が始まる前に，～ ◆be still in the trial phase まだ試験段階にあって ◆offer potential buyers a 30-day no-obligation trial period 見込み客に30日間の(購入義務の発生しない)返品が自由な試用期

間を提供する ◆these products are in the early phase of clinical trials これらの製品は臨床試験の初期段階にある ◆The first trial is scheduled to start this spring. 一審[第一審]は，今春始まる[開法する]予定である． ◆Use of ISDN increased fairly steadily throughout the two years of trial. ISDNの利用は，2年にわたる実用化実験の間かなり着実に増えた． ◆A number of the large telcos have initiated extensive test trials of Internet telephony with plans for full-fledged implementation in the coming year. これら大手電話会社の何社かが，インターネット電話技術の本格実施を来年に予定して大規模な試験運用[試用]に着手した． ◆The company plans to market the GSM/DECT phones to major customers on a trial basis. The trial aims to evaluate the new technology, its advantages and weaknesses. 同社では，GSM/DECT方式の電話機を大手の顧客を対象に試験販売することを計画している．この試験販売は，新技術について，その利点と弱点も含めて評価することが目的である．

**trial and error** n. 試行錯誤; trial-and-error adj. ◆after much trial and error 多くの試行錯誤を重ねた上で ◆depend on trial-and-error methods to achieve the desired curve 望み通りの曲線を得るために試行錯誤に頼る

**trial balloon** a～ 観測気球, (世間の反響や相手の出方をうかがうための)探り[アドバルーン](=a balloon observer) ◆float [launch, send up, put up, raise, hoist, send aloft] a trial balloon about [for] new taxes 新税に対する反応を見てみるために観測気球[アドバルーン]を揚げる[上げる] ◆the reports were a kind of "trial balloon" meant to test the reaction to... それらの報道は～に対する(世間の)反響を見る[反応を探る]ための一種の「アドバルーン[観測気球]」であった ◆The plan is still in the trial-balloon phase. 同計画は依然として瀬踏み段階にある．

**trial horse** a～ (大切な試合に備えてトレーニングする際に相手役を務める)練習パートナー，練習台 ◆act [serve] as a trial horse for... 〈選手など〉の練習台を務める[稽古台になる]

**triangle** a～ 三角形 ◆a regular triangle 正三角形 ◆a right triangle 直角三角形 ◆a shooting stemming from a lover's triangle 三角関係(のもつれ)が原因の銃撃事件

**triangular** 三角形の，三角の；三者間の，3部分から成る ◆a triangular wave 三角波

**triangulation** ロ三角測量 ◆Using radio triangulation techniques, the position of a mobile can be calculated to an accuracy of just a few feet. 無線による三角測量の手法を用い，移動体の位置をわずか数フィート以内の精度で計算[算出，測位]できる．

**tribal** adj. 部族の，種族の ◆a tribal area in northern Pakistan 北パキスタンの民族自治区

**tribology** 摩擦学，摩擦科学(*動的な面について friction摩擦, lubrication潤滑, および摩耗wearの分野を体系化する先端科学)

**tributary** a～ (河川の)支流, (～に)貢ぎ物を納める国[属国]<to>; adj. 支流の，属国の ◆minor tributaries of a major river 大きな川の小さな支流

**tribute** (a)～ <to> (～への)感謝[賞賛，称賛，尊敬]の印としてささげるもの[作品, 出版物, 催し]，～を称えるもの，トリビュート，献辞，弔辞，貢ぎ物 ◆pay tribute to the war dead 戦没者を追悼する

**trichloroethylene** 《化》トリクロロエチレン，トリクレン(*ドライクリーニングなどに用いられる不燃性の有機塩素系溶剤．有毒で地下水汚染が懸念されている) ◆trichloroethylene (used in metal cleaning) トリクロロエチレン(金属の洗浄に用いられている)

**trick** a～ たくらみ[策略，ごまかし]，見せかけ[錯覚]，手品[芸当]，こつ[秘訣]; vt. ～をだます[かつぐ]，～を飾りたてる; vi. ◆finance dirty tricks 卑劣な陰謀を実行するための金を出す ◆play a dirty trick on... 〈人など〉に汚い手を使う ◆trick the brain into hearing the sound as if it were coming from somewhere other than the two stereo speakers あたかも2本の

ステレオスピーカーとは異なる場所から音が聞こえてくるかのように脳を錯覚させる

**trickle** 1 vi. 〈液体が〉少しずつ流れる[したたる, ちょろちょろ流れる], 少しずつ出る[散る, 入る, 移動する]; vt. したたらせる, たらす ◆Orders began to trickle in, then to flow. 注文は, 最初少しずつ, それからどんどん入り始めた. ◆The company sold cars only in Japan at first, then trickled into the U.S. with economy cars. その会社は, 最初日本でだけ車を販売していたが, やがてアメリカ市場に少しずつ[徐々に]経済車を売り出した. ◆The company's automotive savvy, as expressed in its top-of-the-line model, hasn't yet trickled down to this car. この会社の最高峰車種に具現化されているクルマ造りのノウハウは, まだこの車にまで浸透していない.
2 a～〈of〉少量, したたり, しずく ◆a trickle-charged battery 細流充電式バッテリー ◆a trickle charger 細流充電器 ◆a trickle charge of low amperage 許容電流値での弱電流[トリクル]充電 ◆trickle-charge a battery during normal use 通常の使用中にバッテリーを少しずつ[ごくゆっくり]充電する

**trickle-down** adj. 《経済》通貨浸透説[トリクルダウン理論]の ◆a trickle-down effect of breakthroughs in technology 技術躍進のトリクルダウン(浸透)効果 ◆Technological trickle-down has already happened. 技術浸透は, すでに起きた. (＊経済の通貨浸透説では trickle-down theoryになぞらえ, 技術が高い所から低いところに浸透していくさまを technological trickle-downと言っている)

**tricky** adj. 〈物事が〉(見かけに反して)扱いに注意を要する, 込み入っている[扱いが難しい, 手の込んだ], 〈人が〉油断のならない[ずるい, 言い逃れのうまい] ◆tricky materials 取り扱いに注意を要する材料 ◆The differing densities of the products make cost comparisons in the supermarket tricky. これらの製品の濃度が異なるということは, スーパーでの価格の比較を複雑で間違えやすいものにしている.

**tried** (tryの過去, 過去分子形)adj. 実証済みの, 試験済みの, 証明済みの, 信頼できる

**tried and true** 信頼性の高さが実地で証明されて[実証されて]いる ◆our tried and true workhorse 弊社の実績ある主力製品 ◆tried-and-tested [tried-and-true] techniques 多くの試練を経た[実績ある, 枯れた, 実証・立証済みの]技術 ◆an antiquated but tried-and-true rocket 時代遅れにはなっているが実績があり信頼のおけるロケット ◆these units are tried and true これらのユニットは使用実績が豊富である ◆Most exhibitors were showing the tried and true. ほとんどの出展企業は, 実績豊富な製品を展示していた.

**trifle** a～ほとんど価値のない[くだらない, つまらない]もの, 取るに足らない[ささいな, 些末な, つまらない, 僅かな]こと; a～僅かな[少額の]金, (副詞的に)少し[わずかに], (a) ～《英》トライフル(＊デザートの一種); vt. (awayを伴って)浪費する[無駄な時間]を空費する[無駄に費やす]; vi. (～を)いじくり回す[いいかげんに扱う, もてあそぶ]〈with〉 ◆fret and fume about trifles つまらないことにやきもきする

**trifurcate** adj. 三つ又の; v. 三つ又にする[なる, 分岐する] ◆a trifurcated fiber optic bundle 三つ又に分岐している光ファイバーバンドル

**trifurcation** 三つ又分岐

**trigger** 1 a～引き金, きっかけ, 誘因, 《電子》トリガー ◆release the trigger switch 引き金式スイッチ[から指]を放す ◆Depressing the trigger turns the drill "ON". 引き金を引くと, ドリルの電源が入ります.
2 vt. ～を引き起こす[誘発する], ～(の引金)を引く, 作動させる, 起動する ◆trigger an international research effort 国際的な研究活動の引き金となる ◆trigger a reset リセットを引き起こす[トリガーする], リセットさせる ◆trigger the UPS's backup power 無停電電源装置のバックアップ電源を作動させる ◆the cocaine triggered a heart arrhythmia that led to cardiac arrest コカインが心拍停止を引き起こした不整脈の引き金となった ◆The first rising edge triggers the program counter to <do>... 《コンピュ》最初の立ち上がりに, プログラムカウンタをトリガして～させる ◆The glut of chips triggered sharp price cuttings. チップの供給過剰が大幅値下げを引き起こした.

**triglyceride** (a)～《化》トリグリセリド ◆Your blood triglyceride levels rise when you increase your intake of calories by eating lots of low-fiber low-fat foods, such as bread, pastry, cookies, spaghetti, and white rice. 血中トリグリセリド濃度は低ファイバー・低脂肪食品, たとえばパン, ペストリー, クッキー, スパゲティ, 白米等をたくさん食べてカロリーの摂取を増やすと上昇します. (＊triglycerides とは血中の中性脂肪)

**trillion** a～《米》1兆(＊10の12乗), 《英》100万兆, 100京(ケイ)(＊10の18乗) ◆$4.1 trillion 《米》4兆1000億ドル ◆a terabyte is one trillion bytes 1テラバイトは1兆バイトである

**trim** 1 vt. 〈枯れ枝, 不要な部分〉を切り落とす[切り捨てる, 削除する], 〈off〉, ～を刈り込む[手入れする], ～を切って丁度よい大きさにする, 〈予算〉を削減する, 《電子》〈意訳〉微調整する ◆a trim pot (＊pot = potentiometer) 《電子》トリマー[半固定]抵抗器 ◆trim $100 million from the budget 予算から1億ドル削る ◆trim the price of... 値下げする ◆deficit-trimming measures 赤字削減策 ◆the trimmed-down steel industry ぜい肉を落とした製鋼業界 ◆trim the budget by as much as 30% 予算を3割も削る ◆the cuts of beef are trimmed of excess fat その牛肉の切り身は, 余分な脂肪が取り除かれている ◆The budget has been trimmed by one-quarter, or $3 billion. 予算は, 4分の1, すなわち30億ドル削減された.
2 a～ (単のみ)刈り込み, 散髪; (a)～ 縁飾り, 〈車〉装備品, 内装[外装]; 凹整っている状態, 用意, 整頓, 調子, 気分; 凹〈航空機, 宇宙船, 船舶の〉トリム[姿勢, 平衡状態](＊機体や船体が水平線などの基準に沿っている度合), 特に前後方向の(傾より), 〈帆の風うけぐあい, 〈潜水艦などの〉浮力状態 ◆a fake-wood trim board 木に似せて作られている飾り板(＊飾り板はトリムとも呼ばれる. 細長い縁どりなどに用いられる)

**trimer** a～《化》三量体

**trimmer** a～刈る[調整する]人[道具], トリマ, 《電気》周波数微調整用回路素子[可変素子](＊特にトリマコンデンサ) ◆a trimmer potentiometer トリマー抵抗器 ◆a trimmer capacitor トリマーコンデンサ

**trimming** (a)～刈り込み, 手入れ, 調整, 飾り, 装飾 ◆a trimming potentiometer 半固定抵抗器

**Trinitron** トリニトロン(＊ソニーの商標) ◆use a Sony 0.26-mm-pitch Trinitron tube ソニー製0.26mmピッチ・トリニトロン(ブラウン)管を使用する

**trip** 1 a～ (小)旅行, 一往復 <to>, つまずき, 失敗, つまずかせること, 掲げ足取り, 《電気》引き外し(装置), トリップ, 遮断 ◆a business trip 出張旅行 ◆on a bad-weather trip 悪天候にたたられた旅行で ◆We found the car fine for cross-town trips. 私たちは, その車は町なかの移動[ちょっとした用足し]には格好であると思った.
2 vi. つまずく, つまずいて倒れる, 傾く, 〈継電器などが〉作動する; vt. ～をつまずかせる, 〈装置〉を作動させる ◆a tripping device 引き外し装置(= a trip) ◆trip over a cord コードにつまずく[足を引っかける, 足をとられる] ◆if the alarm system is tripped 警報装置が作動すると ◆otherwise the breaker will trip again そうでないとまたブレーカーが飛ぶ[落ちる, 切れる]ことになる ◆trip the circuit breaker そのサーキットブレーカーを遮断させる ◆he sustained a minor head injury when he tripped and fell in his home 転んだ際に頭部に軽傷を負った ◆Do not trip over self-created obstacles. Stick to the truth. 自らつくった障害につまずかない[足元をすくわれない]ようにすべし. 真実一路で行くこと. (＊口先でうまいことを言って墓穴を掘るなという意味)

**tripartite** adj. 3部から成る, 3部[3通]作成の, 三者間の, 三国間の (cf. bipartite) ◆a tripartite poem 3部から成る詩 ◆a tripartite Israel-US-Egyptian meeting イスラエル・米国・エジプトによる三者会談 ◆a tripartite treaty 三国協定 ◆the tripartite North American Free Trade Agreement 北米三国自由貿易協定 (＊米国, カナダ, メキシコの3カ国間の)

**triple** 1 adj. 3倍の, 3回の, 三重の, 3～, 3連～, 3段～, 3層～, 3枚～, 3部から成る; n. a～3倍(の数量), 三重のもの, 3つ組 ◆a

**triple antigen** 三種混合抗原 (*DTPワクチンなど) ◆triple-digit inflation 3ケタ[3桁][台]のインフレ ◆triple filtered Freon gas 3回濾過されたフロンガス ◆a carbon-to-carbon triple-bond linkage 炭素と炭素を結ぶ三重結合連鎖 ◆because of triple growth in the last eight years 過去8年間に3倍に成長したので ◆IEEE (pronounced I-triple-E) is a technical society. IEEE(アイ・トリプル・イーと発音)は技術協会である。 ◆The Japanese people save at triple the rate that Americans do. 日本人は、アメリカ人の3倍の貯蓄率で貯めている。
2 v. 3倍にする[なる] ◆the market tripled from 1996 to 1997 この市場(の規模)は1996年から1997年の間に3倍に拡大した ◆triple the number of users [phone lines] ユーザー[電話回線]の数を3倍に増やす

**triplet** a～ 3つ子, 三重項, 三重線

**triplicate** (cf. duplicate) vt. ～を3倍[重]にする, 3部構成にする, 〈書類〉を3通[3部]作成する; adj. 3倍の, 〈書類が〉3通[3部の, 〈複写された書類の〉3通目の; n. (in ～の形で)(全く同じ内容の)3通[3部, 3枚] ◆copy the letter in triplicate この手紙のコピーを3部とる

**triply** adv. 三重に, 3倍に ◆triply bonded carbon compounds 三重結合炭素化合物

**tripping** 《電気, 機械》引きはずし, トリッピング [遮断, 開路](動作)(*あらかじめ決められた条件でスイッチが自動的に切れること. =automatic opening) ◆a tripping mechanism トリッピング[引きはずし, 解除]機構(= a release mechanism) ◆the tripping of a mechanical switching device 機械式開閉装置のトリッピング動作

**tritium** ⑪トリチウム, 三重水素 (*水素の同位元素のうちの一つ) ◆dope biological material with tritium for use as a radioactive marker 生体物質に放射性マーカー[トレーサー]として使うトリチウム[三重水素]を添加する

**triumph** a～ (大)勝利, 大成功, 大業績, 偉業; ⑪ (大)勝利[成功]の喜び, 勝ち誇り; a～ (古代ローマ時代の)凱旋式; vi. (大)勝利を手中に収める[勝ちとる], 勝利の栄誉を得る, 勝ち誇る, 大勝利[大成功]に歓喜する ◆He hailed the new nation's independence as a triumph for democracy. 彼はこの新国家の独立を民主主義の勝利であると(呼び)歓迎した。

**triumvirate** a～ (単/複扱い)3人組, 3つ組, 三者連合政治 ◆the IBM-Apple-Motorola triumvirate; the triumvirate of IBM, Apple, and Motorola IBM, アップル, モトローラの三社連合

**trivalent** adj. 《化》〈原子が〉3価の ◆compounds of trivalent phosphorus; trivalent phosphorus compounds 3価のリン化合物 ◆This element is trivalent. この元素は, 3価である。

**trivia** (単/複扱い)つまらない[些細(ササイ)な], 些末(サマツ)な, どうでもいい]こと, 知っていてもあまり価値のない雑学的な事柄 ◆to make our brains less taxed with trivia こまごまとしたつまらないことでそれほど頭を悩ませないで済むように

**trivial** adj. 取るに足らない, ささいな, つまらない, 他愛ない, たわいもない ◆become almost trivial ほとんど問題にならなくなる ◆it becomes a trivial matter to <do...> ～するのは大したことではなくなる; お茶の子さいさいになる ◆The temperature increase is trivial, but it's there. 温度上昇は微々たるものの, 確かに認められる。 ◆Remember, it is the small and trivial matters that assume large proportions if left unattended. ほったらかしておくと大きく[大ごとに]なるのは小さい些末な事柄[瑣事]だということを忘れてはならない; ちょっとしたことでもいいかげんにしていると大変なことになるから心せよ。; 小事は大事

**trodden** 《tread の過去分詞》 ◆a well-trodden [well-traveled] road [path] 踏みならされた[往来の多い, よく使われる], 旅行者・旅人などがよく通る]道; 常套的に採られるやり方[方法]

**troika** a～トロイカ (*ロシアの三頭立ての馬車[馬ぞり]), 3人組, 3者連合, 3者共同, トロイカ方式, 3頭方式, 三頭制 ◆the IBM/Intel/Microsoft troika IBM／インテル／マイクロソフトの三社連合

**trolley** a～ 高架移動式滑車, トロリー,《主に英》手押し車[ワゴン],《米》路面電車 ◆a supermarket trolley （店内用)ショッピングカート ◆a shopping trolley 《主に英》キャスター付き買い物バッグ

**Tromp** ◆a Tromp curve 《鉱山, 炭鉱》(浮遊選鉱・選炭での)トロンプ配分率曲線 (= a partition curve 分配率曲線)

**TRON** (The Real-time Operating-system Nucleus) トロン

**troop** a～（単/複扱い)軍隊 [警官隊], 隊 [団, 群れ]; ～s (複数の)兵, 《米》の軍隊; vi. ぞろぞろと[群をなさて]移動する, 群をなす[集まる], 歩く[進む] ◆There are no moves afoot to deploy troops on a large scale. 軍隊を大規模展開しようとする動きはない。 ◆The figure of 47,000 refers to the number of U.S. troops throughout Japan. 4万7千という数字は, 日本全体に駐留している米兵員数のことである。 (*troops = 一人一人の兵士)

**trophy** a～ トロフィー, 優勝記念品 [杯, 盾, 像など], 賞品, 戦利品, (古代ギリシャ・ローマの)戦勝記念碑

**tropic** a～ 回帰線; the～ s (北回帰線と南回帰線にはさまれた)熱帯地方; adj. 熱帯の, 熱帯性 ◆the tropic of Cancer and the tropic of Capricorn; the tropics of Cancer and Capricorn; (あるいは単に) the tropics 北回帰線および南回帰線 ◆in tropic zones 熱帯地域において

**tropical** adj. 熱帯の, 熱帯地方の, 熱帯性の ◆tropical air masses 熱帯気団 ◆a tropical rain forest 熱帯雨林 ◆the tropical island of Saipan 南《(意訳)南国》の島サイパン ◆the tropical regions of the world 世界の熱帯地方 ◆tropical countries 熱帯地方の国々 ◆villages in tropical rain forest region 熱帯雨林地帯の村々

**tropopause** the～ 圏界面 (*対流圏とその上の成層圏が接する境界面) ◆fly above the tropopause 圏界面以上の高度を飛行する

**troposphere** the～ 対流圏 ◆in the middle and upper troposphere 対流圏中高層で ◆in the troposphere 対流圏に[の]

**tropospheric** adj. 対流圏の ◆tropospheric propagation 対流圏伝搬 ◆a seasonal increase in tropospheric methane 対流圏メタンの季節的な増大

**trot** a～ (人間の)早足, 速足, 急ぎ足, 小走り; a～（馬の)だく足; the～s《話》下痢; vt. ～を早足で駆けさせる; vi. 早足で[急ぎ足で]行く[駆ける] ◆they slowed to a trot 彼らはスピードを落として小走りになった ◆trot into...　～に小走りに走って入る

**trouble** 1 (a)～困難, 難儀, 災難, 苦労, 心配, 苦悩, ⑪不便, 手数, 厄介, 骨折り, 面倒, 造作(ゾウサ); (a)～紛争, 争議, 政争, 混乱, 騒ぎ, 騒乱, もめ事, ごたごた; (a)～悩みの種, 厄介なこと, 難儀, 問題; a～欠点; ⑪《機械などの》故障[障害, 異常]; (a)～病気, 疾患 ◆run into trouble こまったことになる ◆cause trouble トラブル[問題, ごたごた, もめごと, 悶着]を起こす; 波風を立てる, 波乱を巻き起こす; 迷惑をかける; 累を及ぼす ◆encounter trouble トラブルに遭遇する ◆avoid trouble トラブルを避ける ◆solve trouble(s) トラブル[問題, もめ事, ごたごた]を解決する ◆a trouble code《コンピュ》障害コード (*発生したトラブルの種類を表すコード番号) ◆mechanical trouble 機械的な事故[故障, 障害] ◆become a source of future trouble 今後のトラブルの元になる; 将来の禍根となる ◆frequent trouble occurrences 頻繁なトラブル[故障, 障害, 事故]の発生 ◆in case of trouble トラブル[故障, 障害]発生時に ◆in the event of trouble 万一トラブル[故障, 障害]が発生したら ◆save taxpayers time and trouble 納税者の手間(暇)[面倒]を省く ◆take the trouble to write to... わざわざ～に手紙を書く ◆trouble erupts over [about] ... ～に関してトラブル[もめ事, ごたごた, いざかい, 問題]が発生する ◆work without any trouble 何の支障もなく働く[動作する, 機能する] ◆a trouble-stricken African nation トラブルに見舞われた[紛争・混乱に襲われている]アフリカの国 ◆the trouble-plagued Hubble Space Telescope 障害に悩まされているハッブル宇宙望遠鏡 ◆trouble-prone kids 問題を起こしがちな子供たち; 問題児ら ◆trouble-prone parts 故障[障害]を起こしやすい部品; 故障多発部品 ◆have done away with the trouble of ... ing ～は、～する面倒（な作業）を不要にした；～する手数[手間]がかからなくした ◆save users the trouble of having to <do...> ～をユーザーが～しなくても済むようにしてくれる ◆Thank you for your trouble. どうもお世話さまです[わざわざありがとう].（＊何かしてもらったときのお礼の言葉） ◆We are sorry for the trouble. ご面倒[ご迷惑, お手数]をおかけしましてすみません. ◆he developed troubles at school 彼は学校で問題[トラブル]を起こした ◆if you run into any trouble 何かの問題にぶつかったら[出会ったら] ◆the plane developed engine trouble 同機はエンジントラブル[故障]を起こした ◆when trouble occurs; when troubles occur トラブル[故障, 問題, 不具合]が発生すると[起きると] ◆It's too much trouble even to speak [get up]. ものを言う[起き上がる]ことさえおっくうだ[面倒くさすぎてできやしない]. ◆otherwise you'll get yourself into serious trouble さもないと、深刻なトラブルに巻き込まれることになるかもしれません ◆Thank you for the time and trouble to <do...> わざわざお時間を割いて～していただき、どうもありがとうございます. ◆the company wants to save customers the trouble of ... ing by providing... この会社は～を提供することで顧客がわざわざ～しなくても済むようにしたいと考えている ◆this method will save you the trouble of ... ing この方法によれば～する手数[手間（テカズ）, 手間, 面倒, 労]が省ける ◆to thank your hosts for all the trouble they went to for you 招待してくれた相手に、その折は大変お世話になりましたというお礼をする ◆Ignition coils seldom produce trouble. 点火コイルはめったに故障しない. ◆The company is having trouble making ends meet. 同社は帳尻を合わせるのに苦労している[（意訳）資金難に陥っている]. ◆A clean, well-functioning computer is a joy to use. A trouble-ridden computer is a nightmare. 不具合なしで調子よく動作するコンピュータは使って嬉しい、やたらと不具合の多いコンピュータは最悪だ. ◆If trouble develops, report the problem as soon as possible. 障害[故障, 不具合]が発生したら、その故障[障害]をできるだけ速やかに通知すること. ◆The part usually lasts for the lifetime of the car without trouble. この部品は、通常車の寿命が尽きるまで故障知らずで長持ちします. ◆Voters can't afford to take the time and trouble to find out the truth. 有権者には、わざわざ時間をかけて真相を究明するなどといった悠長（ユウチョウ）なことをやっている余裕がない. ◆In every instance of trouble on a client machine, the first thing to do is check that the computer is virus-free. クライアントマシン上で問題に遭遇[障害]が発生した場合は必ず、そのコンピュータにウイルスがないことをまず確かめてください. ◆There was not a single instance of trouble caused by these people through the entire election campaign. 選挙運動全体を通じて、この人たちによる騒ぎや揉め事はただの一例[1件]もなかった. ◆The country has had little trouble acquiring arms and component parts from countries in Europe and North America. この国は、欧州や北米の国々から武器や部品を調達するのにほとんど苦労しなかった. **2** vt. ～を困らせる[苦しめる, 悩ます],〈水など〉をかき乱す,〈人〉に迷惑[手数]をかけて～(して)もらう <for, to do>; vi. 苦労する, 苦しむ, 心配する ◆shore up a troubled bank 経営不振に陥っている[調子がおかしい]銀行にてこ入れする ◆Novell, once a deeply troubled company, has resuscitated itself in large part with its NDS directory. かつて深刻な経営難に陥っていた企業ノベルは、主に（自社製品）NDSディレクトリのおかげで自力再生[自力更生]を果たした.

**trouble-free** 面倒のない,《機械》無故障の ◆run trouble-free 《車などが》故障知らずである ◆trouble-free data transmission 障害の無いデータ転送 ◆Solid-state electronic circuitry ensures long and trouble-free operation. ソリッドステート電子回路は、長期間無故障動作を保証します.

**troublemaker** a～ ごたごた[問題, 面倒, 紛争, 悶着（モンチャク）, もめごと]を起こす人, 厄介者 ◆The teen was known as a troublemaker. その10代の子は問題児として知られていた

**trouble-prone** 故障しがちな, 故障しやすい, 障害が発生しやすい ◆With more than 5,000 moving parts each, the engines are the most trouble-prone component of any jet aircraft. 各々5,000個を超える可動パーツから成るエンジンは、どのジェット機でも一番故障しやすい構成部分である.

**troubleshoot** vt., vi. トラブルへの対応・対処をする, 故障箇所をつきとめて修理する, 障害[異常]を診断して復旧する, 故障点検する, 紛争の解決をする ◆troubleshoot a problem 問題を解決する；異常[不具合]を直す ◆troubleshoot the cause of a problem 障害[異常]の原因を探る[解析する] ◆troubleshoot problems with cash registers and hotel front desk computers 金銭登録機やホテルの受付けのコンピュータの不具合を直す

**troubleshooter** a～ 故障修理技術者, 問題を解決する人, 紛争調停者, 争議処理の推進役, 仲裁者 ◆a computer troubleshooter コンピュータ修理技術者；コンピュータの不具合を直す人

**troubleshooting** n. 故障の診断・修理, 異常の原因の究明・除去, トラブルへの対応・対処, 問題解決, トラブルシューティング, トラブル撃退, 障害処理, 障害探索[障害探求], 紛争解決 ◆simplify troubleshooting 問題解決を簡単[容易]にする ◆Table b. Clutch Troubleshooting 表b. クラッチの不具合の解決（＊各欄にProblem - Probable Cause - Remedyの見出しがついた表のタイトル） ◆Chapter 7 Troubleshooting 第7章 故障・異常の見分け方と処置方法[おかしいなと思ったら、故障とお考えになる前に、修理をお申しつけの前に、異常時の点検, 異常時のチェック, 問題解決, トラブルシューティング] ◆All it will take is a couple of hours of troubleshooting to put your home's electrical system back in order. お宅の電気系統の復旧は2～3時間の復旧作業だけですみます.

**troublesome** adj. 面倒な, 厄介な, 困難な, 問題となる, わずらわしい ◆ask a troublesome question 厄介な質問をする ◆check a troublesome electrical circuit 障害のある電気回路を調べる ◆find the issue troublesome この問題を「面倒な問題だ」と考える ◆make printing less troublesome 印刷がもっと楽になるようにする ◆reinjure a troublesome ankle 障害のある足関節を再度傷める ◆troublesome neighbors うるさい隣人たち ◆troublesome noise problems 厄介な騒音問題 ◆Because the valves don't receive any cooling, they are the most troublesome. これらのバルブは全然冷却されないので、最も厄介である.

**trough** a～ 波の谷, 気圧の谷, 景気の谷, 浮き沈みのあるものの低迷期, おけ, 水そう, トラフ, 海底のくぼみ, 浅い海溝 ◆a migratory trough (of low pressure) 移動性低気圧の谷 ◆a trough of low pressure 低気圧の谷

**truancy** a～ 無断欠席, する休み, サボリ ◆a sudden surge in truancies 生徒のサボり[ずる休み, 無断欠席]の急増

**truant** a～《学校の》無断欠席者, ずる休み[ずる休み]の生徒, 仕事をサボる人, 職務怠慢者；adj. 無断欠席の, 職務怠慢の, 怠惰な; vi. ずる休みする, サボる ◆play truant 《英》《学校などを》サボる, ずる休みする(=《米》play hooky) ◆chronic truants 常習的な不登校児たち ◆truant children 不登校児たち

**truce** (a)～ 休戦, 停戦 ◆the U.N. Truce Supervision Organization (UNTSO) in the Middle East 中東の国連停戦監視機構

**truck 1** n. a～《米》貨物自動車[トラック]《=《英》a lorry》；a～ 手押し車; v. トラックに積む[で運ぶ],《口》進む ◆by truck トラックで ◆a long-haul truck 長距離便トラック ◆a large truck for hauling... ～運搬用の大型トラック[貨物自動車] ◆transport... by truck ～をトラックで輸送する ◆a truck-transported missile トラック輸送式ミサイル
**2** n. 《物々》交換[交易], 《口》取引[交際]；《集合的》交易品[商品, 小さな品],《米》市場向け野菜; vt.（物々）交換する, 交易する, 取引する

**trucker** a～ トラック運転手

**trucking** トラック運送 ◆a trucking company トラック運送会社

**true** adj. 真実の, 本当の, 本物の, 本来の, 事実で, 真の, 正しい, 本当の, 真性の, 真〈シン, マ〉の, 純、誠実な, 心からの, 当ては

**truly** adv. 全く,本当に[実際],実に,誠に,まさに,真に,心から;正確に,事実通りに,適切に,正当に ◆This monitor screen is truly flat. このモニター画面は、全くフラット[真っ平]である。

**trumped-up** adj. でっち上げた,捏造(ネツゾウ)した ◆he was arrested on trumped-up charges and tried in a kangaroo court 彼は、でっち上げられた罪に問われてつるし上げ[弾劾人民]裁判にかけられた

**trumpet** a ～ トランペット; v. トランペットを吹く,～を大声で宣伝する[吹聴する] ◆a trumpet blast; the blast of a trumpet トランペットの音[ひと吹き] ◆Many applications trumpet their WYSIWYG abilities. 多くのアプリケーションがWYSIWYG能力を吹聴している。(→ WYSIWYG)

**truncate** vt. ～の上部[先端]を切る,《コンピュ》《文字列など》の端を切り捨てる ◆a truncated cone [pyramid] 切頭円錐[角錐];円頭[角錐]台 ◆Any character-type label that is too long is truncated at the end of the label. 《コンピュ》長すぎる文字型のラベルは(どれも)、末尾が切り捨てられる。

**trunk** a ～ 幹,基幹,樹幹,体幹,幹線,動脈,主要部,《コンピュ》トランク,《通》中継線; a ～ 大型旅行カバン,《米》(自動車後部の)トランク;～パンツ[トランクス] ◆an incoming trunk circuit 《通》入トランク(中継)回線 ◆an intraoffice [intra-office] trunk 《電話》局内トランク ◆a trunk (line) 《通など》幹線;《米》中継線[《英》市外線](＊電話局と電話局を結ぶもの) ◆a trunk line railroad 幹線鉄道 ◆the trunk of a car 車の荷物入れ ◆a long-distance trunk line 《電話》長距離幹線 ◆an interoffice [inter-office] trunk 《通》局間中継線(＊ハイフン入りの inter-office は主に英国などで使用) ◆a trunk room 《車》トランクルーム ◆the trunk of an elephant 象の鼻 ◆high-capacity trunk communications between... ～間の高容量[大容量]基幹通信

**truss** a ～ トラス、三角形を単位として部材を組み合わせて作った骨組み構造、組桁、組梁、ブラケット、腕木、《英》干し草や藁の束、《船》帆桁を取り付けるためにロアー・マストに巻き付けられた鉄帯、ヘルニアバンド[脱腸帯]、花や果実の房; vt. ～をトラスで支える、～を縛る、束ねる、(調理の下準備として)《鳥》の翼や足などを結束する ◆a truss bridge トラス橋

**trust** 1 vt. ～を信用[信頼]する,～を当てにする,～をゆずる[まかせる],～を打ち明ける,～を確信する,～に掛け売り[信用貸し]をする ◆a name trusted in the industry 業界で信頼[信用]されている名前 2 信用,信頼,信任;(a)～ 委託,保管;⑪義務[責任],掛け(売り)[信用(貸し)]; a ～ 企業合同,トラスト ◆trust(-based) relationships 信頼(に基づいた)関係 ◆to preserve a relationship of trust 信頼関係を維持する[保つ]ために ◆strengthen the bond of trust between A and B AとBの間の信頼の絆を強める ◆to develop a relationship built on trust (and respect) (意")信頼関係を築くために ◆to restore trust among the citizenry 一般市民[庶民]の信頼を回復することを目的に ◆Trust is established over time. 信用[信頼]は長いこと時間をかけて築かれるのである。(参)antitrust laws 反トラスト法;独占禁止法

**trustee** a ～ 管財人,受託者,受託会社,保管人,被信託人; a ～ (法人、大学などの)理事、評議員 ◆the Board of Trustees of the Harry S Truman Scholarship Foundation ハリー・S・トルーマン奨学金基金の理事会

**trustworthiness** ⑪信頼[信用]できること,信頼性,信憑性(シンピョウセイ),当てにしてもいいこと,頼もしさ ◆deal with middlemen of questionable trustworthiness 信頼性の怪しい[胡散臭い(ウサンクサイ)]仲介業者らと取り引きする ◆question the trustworthiness of data which is hidden from public view 非公開データの信頼性に疑問を持つ[信憑性(シンピョウセイ)を疑う] ◆those who have a reputation for trustworthiness (信頼[信用、当てに]できるという)手堅い評判のある者たち ◆the notion that a psychotherapist must project an image of absolute trustworthiness 心理療法家は絶対的信頼[信用]を寄せてもらっていいんですよというイメー

---

まる[～と言える]; (the) ～ 正確な[調整された]状態、本当に、正しく、正確に、《生》純粋(な種)[純種,純血種]に;vt. 《true upで》～を正しく合わせる[調整する] ◆hold true for [of, with]... ～に当てはまる ◆a true-false test [exam] ○×式テスト ◆(a) true air speed (TAS) 《航空機》真対気速度 ◆a true ZIF (Zero Insertion Force) socket 完全ZIF(ゼロ挿入力)ソケット ◆a date later than the true date 実際の日付よりも後の日付 ◆breed true 《生》純血種を生む[育てる]、純種をつくる(＊この用例でのtrueは副詞) ◆It is true that... ～というのは本当[確か]である;実際～だ ◆the true nature of the problem その問題の本質 ◆the true state of the American economy 米国経済の実状[実情] ◆they might evince true character 彼らは本当の性格[本性,正体,地金,正体]を現す[出す]かもしれない ◆a true-color video camera for microscopy 顕微鏡分析用の元の色[原色]に忠実なビデオカメラ ◆That may be true if..., but not if... これは～の場合については正しいが、～の場合は当てはまらない ◆This is especially [particularly] true for... これは～について特に言えることだ[当てはまる] ◆jump at a chance too good to be true 信じられないほどのいいチャンスに飛びつく[跳びつく] ◆need a strong leader in the true sense of the [that] word 真の意味での強力な指導者を必要とする ◆she was always true to herself 彼女は常に自分自身に忠実だった ◆the illustration is so true to life that... このイラストは、あまりにも真に迫っていて～である ◆this is not a sale in the true sense これは真の(意味での)販売ではない ◆True to his campaign promise, President Clinton has already... 選挙公約を守って、クリントン大統領はすでに... ◆Always be true to your feelings. 常に、自身の感情に対して正直[素直]でいること;いつでも自分(の本心)をごまかさないように。 ◆Before you jump at an offer that seems too good to be true, ... 本当にしてはうますぎる[できすぎだ]と思われる話に飛びつく前に、 ◆I still doubt the true nature of the "new" party. 私は依然としてその新党もどきの実態[正体,真の姿]がどんなものなのか疑問を抱いている。 ◆It is roughly true in many different areas. これは、多数のいろいろな地域においてもほぼ当てはまる。 ◆The story may or may not be true, but they sound true. この話は本当かどうかはわからないが、もっともらしく思われる。 ◆This is not only true of Tokyo, but also for any large city. これは東京に限らず[東京にはむろんのこと]、どんな大都市にも当てはまる[言える]ことである。 ◆It's true that NATO in its present form has outlived its usefulness. 現在の形態での北大西洋条約機構(NATO)は役目を終えてしまっていることは確かである。 ◆When the true supply situation becomes clear, demand for silver could surge. 実際の供給状況が明らかになれば、銀の需要は急増する可能性がある。

**come true** 実現(化)する,現実化する,〈夢、願いなどが〉かなう;〈祈りなどが〉通じる,聞き届けられる;〈予想・予言〉当たる[的中する],本当になる ◆to make my dream come true 私の夢を実現させるために ◆his predictions don't always come true 彼の予想がいつも当たる[的中する]とは限らない ◆their worst nightmare had come true 彼らの最悪の悪夢が現実になった ◆Wishes can come true - if you... あなたが～すれば、願いはかなえられるでしょう。 ◆That could happen if all the bad dreams come true at the same time. それは、仮に悪い夢が全て同時に本当[現実]になったとき、起こり得る。

**tried and true** → tried and true

**true-to-** ～に迫る[肉薄する]

**true-to-life** 真に迫る、迫真の、実物そっくりの、本物さながらの ◆a true-to-life dinosaur 実物そのままの作り物の恐竜 ◆true-to-life audio 生の音[実際の音,原音]に肉薄するオーディオ;臨場感あふれるオーディオ ◆make the game more true-to-life ゲームをより臨場感のあるものに[現実っぽく] ◆cakes complete with true-to-life roses and orchids 本物そっくりのバラやランがあしらわれているケーキ ◆process 16.8 million colors for true-to-life coloration 《コンピュ》自然に近い発色を得るために1,680万色を処理する ◆the true-to-life performance of the characters これら登場人物の迫真の演技

**trustworthy** ◆The fact of matter is that CIA is not known for its trustworthiness and on occasions has even mislead both the president and Congress. 実状をいえば、中央情報局は信頼[信用]できるとは思われていないし、大統領と議会双方の判断さえも誤らせたことが時々あった。

**trustworthy** adj. 信頼できる, 信頼すべき, 当てになる, 頼りになる, 頼もしい, 確かな, 確実な, 手堅い ◆a trustworthy travel agency 信用の置ける[手堅い, 良心的な]旅行代理店 ◆trustworthy friends 信頼の置ける[信用できる]友人たち ◆How trustworthy is he? 彼はどれくらい信頼[信用, 当て]できる人ですか.

**trusty** adj. 信頼できる, 頼もしい, 当てになる ◇～ 信用[信頼]できる人[もの] ◆a trusty engine 信頼のおけるエンジン ◆my trusty old camera 私の頼もしい[頼りになる]古いカメラ

**truth** (a)～ 真実, 事実, 真理, 真相, 真実性, 現実, 実在, 実際 ◆a truth table 《論理》真理値表 ◆as a self-evident truth 自明な真理[自明の理, 公理]として ◆(the) truth is one 真実は1つ ◆For there being but one truth, 真実はたった[ただ]1つなので ◆a man of action who speaks plain truths regardless of consequences 結果がどうなろうと, ありのままの事実を述べる[事実をありていに話す]行動の男 ◆they tell us the plain truth about what has happened to them 彼らは, 彼らの身に起こったことについてありのままの事実を私たちに語る[有り体に話す] ◆Halfway between the truth and a lie is another lie. うそと誠[真実]の中間には, また別のうそがある. ◆The contents of this item are devoid of any truth whatsoever. この記事の内容にはひとかけらの真実もない. ◆There is a bit of truth in what he says. 彼の言うことにも一面の真理[一理]がある; 彼の言うことには当たっていることもある ◆Truth is stranger than fiction. 事実は小説よりも奇なり. (*一般にはバイロンが言った言葉として知られているが, 本当のバイロンの言葉はこれよりもずっと長い. これはバイロンの言葉をモジったものである)

**try** 1 a～ 試し, 試み, 試行 ◆for a try 試しに, 試みに ◆give it a try 一つ[ためしに, (ここ)一番]やってみる ◆have a try at... ～をやってみる[やってみる] ◆make a try to succeed on the new job 新しい仕事でうまくやっていけるよう努力する
2 vt. ～を試みる, (試しに)～してみる, ～を試行する, ～しようと努力する, ～を試用する <out>, ～を試す, ～を裁判[審理]する, 裁く; vi. やってみる, 努力する ◆the trying out of a new technique 新しい技法を試してみること ◆try a new car 新車を試して[新車に試乗して]見る ◆try other escape routes 他の逃げ道を試して見る ◆try to finish the job by Wednesday この仕事を水曜までに終わらせるようやってみる ◆be tried on a first-degree murder charge in the stabbing death of... ...を刺し殺したことによる第一級殺人罪で裁かれる ◆Two potential vaccines are being tried on humans in the U.S. ワクチンとして可能性のあるもの2種類が, 米国で目下ヒトを対象にしての臨床試験[治験]で試されている.

**trying** adj. つらい, 難儀な, 骨の折れる, 苦しい, 腹立たしい, 腹が立つ, しゃくに障る, 耐え難い, 我慢のできない ◆in extremely trying times 非常に苦しい時期に; 試練の時に ◆The last 10 days have been an extremely trying period for us all. 最後の10日間は私たち全員にとって試練の時でした. ◆This has been a very trying time for all of us.; It has proven to be a very trying time for all of us. このことは私達全員にとって大変な試練の時だった.

**tryout, try-out** a～ 試用, (車の)試乗 ◆give...a tryout ～を試用してみる ◆have a tryout (車の)試乗をする, (機械類などを)試し運転する

**TSOP** (thin small outline packaging; a thin small outline package) 《半導》

**T square** a～ T定規

**TSR** (terminate-and-stay-resident) 《コンピュ》常駐終了, メモリー常駐型の; a～ 常駐(終了型)プログラム

**TSTN** (triple-supertwist nematic) 《液晶》 TSTN(トリプル・スーパーツイスト・ネマチック)

**tsunami** a～ 津波 ◆tsunami prediction 津波の予報(をすること) ◆issue a tsunami warning 津波警報を出す

**TT** (telegraphic transfer) (a)～ 電信[電報]為替, 電信送金

**TTBT** (Threshold Test Ban Treaty) the ～ 地下核実験制限条約 (*直訳すると臨界実験禁止条約)

**TTL** 1 (transistor-transistor logic) 《電子》トランジスタトランジスタ論理 ◆a TTL output TTL出力(端子)
2 (through-the-lens) 《カメラ》TTL測光の ◆a camera with through-the-lens metering (TTL測光の)カメラ

**TTY** (teletypewriter) a～ テレタイプライター, 低速テレプリンタ ◆a TTY protocol テレタイプライター用の通信プロトコル; 無手順, たれ流し手順

**tube** a～ チューブ, 管(クダ, カン), 筒, パイプ, (歯磨き粉や絵の具の)チューブ, 口紅タイプの容器, 真空管, ブラウン管; the ～ 《米口》テレビ; the ～ 《英》地下鉄; vt. ～に管を付ける, ～を管[筒]に入れる, ～を管状[筒状]にする ◆a cathode-ray tube 陰極線[ブラウン]管 ◆a paper tube 紙筒 ◆a lightbulb-shaped tube 電球の形をした真空管; ナス管 (*ラジオの黎明期の) ◆a bamboo tube 竹筒 ◆a 5-tube superheterodyne radio 5球スーパーラジオ ◆a five-tube [5-tube] superheterodyne radio (receiver) 5球スーパーラジオ(受信機) ◆a roll of bandage and a tube of ointment 包帯1巻と[1本]とチューブ入り軟膏1本 ◆her mother's tube of orange lipstick 彼女の母親のオレンジ色の口紅(1本) ◆squeeze the tube of silicone チューブ入りのシリコーンをしぼり出す ◆a toilet paper tube トイレットペーパーの芯(*筒形なのでa tubeと呼ぶ) ◆It includes 6 ft. of flexible tubing. それには, 6フィート長の軟質チューブが付いています.

**tuberculosis** 《略》結核(*TBと略す) ◆tuberculous bacilli; the tuberculosis bacillus 結核菌 ◆contract pulmonary tuberculosis 肺結核[肺病, 肺炎, 労咳]にかかる

**tubing** ◆tube材料, 管類, パイプ類, 管材, 配管, 配管作業, 配管工事 ◆aluminum tubing アルミ管[管材, パイプ] ◆long lengths of tubing (複数本の)長尺チューブ[管] ◆a frame of aluminum or steel tubing アルミ製またはスチール製パイプの骨組み

**tubular** adj. 管の, 管状[筒状], パイプ状の, 管の付いた ◆a tubular solderless connector 円筒状の無はんだコネクタ, 圧着スリーブ (*= a crimp sleeve) ◆tubular steel legs スチールパイプ製の脚

**tuck** 1 vt. ～をしまい込む, たくし込む, 押し込む, 折り込む, 巻き込む, 〈衣服〉にタックをとる; vi. ひだ[しわ]になる, 〈衣服が〉ぴったりフィットする ◆tuck the excess cord into...余分なコードを～に押し込む
2 a～ 〈衣服の〉タック[つまみ]

**tuck away** しまい込む; 《英》大食いする[たらふく食べる] ◆be tucked away in the attic 屋根裏部屋に収められている ◆by tucking away $2,000 annually 毎年2000ドルずつ貯めることにより

**tuck-away** adj. しまえる, 格納式の ◆a tuck-away wiper 《車》格納式ワイパー

**tuff** 《地》凝灰岩 ◆crystal tuff 結晶凝灰岩

**tuffaceous** adj. 凝灰岩の性質を持つ, 凝灰岩で形成されている ◆(a) tuffaceous rock 凝灰質岩

**tug** vt. ～を強く引く, ぐいと引っ張る, 〈船〉を曳航(エイコウ)する; vi. 力を込めて引く, 争う, 一生懸命引く; a～ ぐいと引くこと

**tug of war, tug-of-war** a～ 綱引き, 主導権争い, 覇権争い ◆in a tug-of-war game 綱引き競技で ◆play tug-of-war in the park 公園で綱引き遊びをする ◆the tug-of-war going on within the leadership 指導部内で進行している主導権争い[権力闘争] ◆two superpowers are involved in a tug of war for standardization 巨大企業2社が標準化をめざして綱引き[覇権争い, 主導権争い, せめぎ合い]を演じている

**tuition** 授業料, 授業[教授] ◆be eligible for tuition assistance [aid] at Vermont State Colleges バーモント州の州立大学で授業料援助を受ける資格がある

**tumble** vi. ころがり落ちる, 転落する, 倒れる, 暴落する, 宙返りする; vt. ~を倒す[ひっくり返す, 転がす, 失脚させる], ~を乾燥機で乾燥する; n. ◆tumble down stairs 階段を転げ落ちる[転がり落ちる] ◆Meanwhile, the price has tumbled from $10,000 in 1980 dollars to $1,000 in 1990 dollars. そうこうしているうちに, 価格は1981年当時のドルで1万ドルから1990年時点のドルで1千ドルにまで暴落した.

**tumbledown** adj. 〈建物が〉今にも倒れそうな, 崩れかかった, 荒れ果てた, ガタガタの ◆a tumbledown shack ガタガタに傷んでいる小屋 ◆a tumbledown [dilapidated] apartment building 今にも倒壊し[崩れ落ち]そうなおんぼろマンション

**tumble dry** vt. 〈衣類〉を回転ドラム式乾燥機で乾燥する ◆Machine wash, tumble dry. 洗濯機, 乾燥機使用可. (*衣料品の表示文句)

**tumble dryer** a~ 〈衣類用の〉タンブル乾燥機, 回転ドラム式衣類乾燥機 (= tumbler)

**tumbler dryer** a~ (= a tumble dryer)

**tumor, tumour** 《前者は米, 後者は英》a~ 腫れ物, できもの, 腫瘍 (シュヨウ) ◆a brain tumor 脳腫瘍 ◆a tumor-bearing organ 腫瘍ができている臓器 ◆Women with small tumors that have not invaded the lymph nodes have a 90% chance of surviving at least five years. リンパ節にまで浸潤していない小さな腫瘍ができている女性の5年生存率は90%である.

**tuna** a~ マグロ, ツナ; 回マグロの肉[身] (= tuna fish) ◆ICCAT (the International Commission for the Conservation of Atlantic Tunas) 大西洋マグロ類保存国際委員会 (*略形にしては不要) ◆harvest tunas マグロを捕獲する[捕る]

**tunable** adj. 調整[同調, 調律]できる ◆The klystron amplifier shall be tunable over a frequency range of 6.9 GHz to 7.1 GHz. 本クライストロン増幅器は6.9GHz～7.1GHzの周波数範囲で同調可能であること.

**tundra** a~ ツンドラ, 凍土帯, 凍原 ◆the vast tundras of Canada and Russia カナダとロシアの広大なツンドラ[凍土帯, 凍原]

**tune** 1 a~ 曲, メロディー; 回律された状態, 同音, 協和, 一致; 同調 ◆the album's title tune そのアルバムのタイトル曲
2 vt. 〈楽器〉を調律[音合わせ]する, 〈ラジオなど〉を同調させる, チューニングする, 〈エンジンなど〉を調整する, 最適化する, ~を合わせる[合わせる, 一致させる]する, ◆a tuned amplifier 《無線》同調増幅器 ◆a poorly tuned engine 調整が不完全なエンジン ◆keep a car tuned 車を調整がとれた状態に維持する ◆Stay tuned. (ラジオの)ダイヤル[(テレビの)チャンネル]はそのままに. このあとも当局をお楽しみください; 今後の[進展[行方, 動向]]にご注目[期待]ください. ◆be specifically tuned for graphics applications 特にグラフィックスアプリケーション向けに合わせてある ◆The companies are working out legal details and "tuning" the agreement to meet regulatory requirements これらの企業が, 法的な細部の詰めを行うと共に, 同協定を規制条件に合致させるべく「調整[擦り合わせ, 摺り合わせ]」を行っているところである ◆Experts say if your engine is properly tuned, it will save you fuel. 専門家によると, 車のエンジンがちゃんとチューンアップ[調整]されていれば, 燃料の節約になるとのことです.

**in tune** 調整[調子]が合って, 調和して, 一致して <with>
**out of tune** 調整がずれて[狂って], 調子がはずれて[狂って], 一致[同調]しないで

**tune in** (ラジオやテレビの)チューニングを合わせる[同調する]; ~に波長を合わせる[耳を傾ける, 《比喩的に》アンテナを向ける] <to> ~に what is going on 現[況]に関心[アンテナ]を向ける[把握する]; 《意訳》現在何が起こっているのかを(敏感に)把握するためにアンテナを伸ばす

**tune out** 〈雑音など〉を(ラジオやテレビのチューニングを調整して)聞こえなくする, ~に注意を向けない[~を気にしない, ~を無視する]ようにする ◆tune out the noise and other distractions and focus on the task at hand 騒音などといった気が散る原因になるものを気にしない[から注意をそらす]ようにし, 目下の作業に集中する

**tune up** 〈エンジンなどの機械〉をチューンアップ[チューナップ, 整備調整]する, 〈楽器〉を音合わせ[調律, チューニング]する

**tuner** a~ チューナー, 調律師, 同調器, 調整用機器 ◆a BS/CS satellite tuner BS/CS衛星受信機

**tune-up** a~ 〈車のエンジンの〉調整, チューンアップ, チューナップ ◆perform a tune-up チューンアップする ◆Have regular engine tune-ups according to the car maker's recommendations. 車メーカーの勧めるところに従ってエンジンのチューンアップを定期的に実施してもらってください.

**tungsten** タングステン(元素記号: W) ◆tungsten-balanced slide film タングステン光[白熱電灯光]用スライドフィルム (*balanced の意味は, 適正なカラーバランスが得られるよう, 3つの感光層の感度が調整されているということ) ◆a tungsten (filament) lamp タングステン電球

**tuning** チューニング, 同調, 調律 ◆a tuning fork 音叉 ◆a host of careful tuning changes 《車》多数の入念な調整変更 ◆the tuning knob on your [the] radio ラジオの同調[選局]ツマミ ◆My car needs tuning. 私の車は, 調整[チューンアップ]が必要だ.

**tuning fork** a~ 音叉 (オンサ) ◆a tuning fork-type quartz crystal (resonator [oscillator]); a quartz crystal tuning fork 音叉型水晶振動子[発振器]

**tunnel** a~ トンネル, 隧道 (ズイドウ), 地下道, 地下通路, 風洞, (地下)坑道, 〈動物の〉巣穴, 《意訳》貫通している穴[空洞, 中空の部分], vt. ~にトンネルを掘る[通す]; vi. 通り抜ける ◆a tunnel diode (= an Esaki tunnel diode) トンネルダイオード[エサキダイオード] ◆a tunneling electron (junction) トンネル電子[接合] ◆a scanning tunneling microscope 走査型トンネル顕微鏡 ◆a tunnel boring machine トンネル掘進機 ◆tunneling magnetoresistance (TMR) トンネル磁気抵抗 ◆enter a tunnel トンネルに入る ◆go [drive] through a tunnel トンネルを通る ◆There is light at the end of the recessionary tunnel, economists say. 景気後退のトンネルの出口に光が見える[《意訳》不況からの出口が見えた]と, エコノミストらは言っている. ◆The government says the recession is over, that we can see the light at the end of the tunnel. 政府は, 景気後退は終わった, (トンネルの)出口(に光)が見える[脱出の目処はついた], と言っている.

**tuple** a~ 《コンピュ》タプル (*テーブルの1行のように扱われるひとまとまりのデータ)

**turbidimeter** a~ 濁度計, 濁り度計 ◆a portable turbidimeter 携帯型の濁度計

**turbidity** 濁り, 濁度, 混濁度, 濁り度 ◆a turbidity test 濁り具合を見る[濁度]テスト ◆a turbidity measuring system 濁度測定システム[装置] ◆measure the turbidity of a liquid 溶液の濁度を測る ◆measure the turbidity of a stream 川の濁度を測定する ◆produce turbidity [a dense turbidity] 濁り[濃い混濁]を生じさせる[起こさせる] ◆water with high turbidity 濁度[濁り度]の高い水 ◆a sudden undersea landslide called a turbidity current 混濁流[乱泥流, 懸濁流]と呼ばれる突然の海底(表層)地滑り ◆Impacts to water quality, such as an increase in turbidity, will only occur if... 水質への影響, たとえば濁り[濁度, 混濁度, 濁り度, 《意訳》見た目の汚れ]の増加が, ~の場合に起こる[見られる] ◆The samples showed an acceptable level of turbidity and no signs of cryptosporidia. 《意訳》これらの検査試料の濁度は容認できる程度でクリプトスポリジウムの存在は認められなかった.

**turbine** a~ タービン ◆a gas turbine engine ガスタービンエンジン ◆a turbine casing [cylinder] タービン車室 ◆a turbine generator タービン発電機 ◆a turbine wheel タービン羽根車[翼車]

**turbocharged** adj. ターボチャージャー[排気タービン駆動過給機]付きの ◆a turbocharged engine ターボチャー

ジ式[排気タービン過給機付き]エンジン　◆a new-for-1992 turbocharged version of the 2.0 liter engine　その2.0リッターエンジンの1992年型向け新開発ターボ過給式版

**turbocharger**　*a* ～(排気タービン駆動)過給機，ターボチャージャー　◆fit an intercooled turbocharger to the engine　そのエンジンにインタークーラー付きターボチャージャーを装着する

**turbulence**　回乱気流，乱水流，乱流，気流[水流]の乱れ，〈天候，海の〉大荒れ，〈社会の〉動乱，騒乱，混乱，不穏，激動，〈人生の〉波瀾万丈　◆(an) air [atmospheric] turbulence　大気乱流　◆clear-air turbulence　《気象》晴天乱気流[乱流]

**turbulent**　adj. 乱気の；大荒れの，荒れ狂う，激しく逆巻く，怒濤(ドトウ)の，激動の，動乱の，波瀾万丈の；〈群集などが〉騒々しい，乱暴な，手に負えない，乱流の，渦巻く～　◆a turbulent flow　乱流　◆Germany's turbulent history　ドイツの怒濤の歴史　◆through turbulent storms　荒れ狂う嵐を突いて　◆generate turbulent airflow　乱れた空気の流れ[乱気流]を生じさせる (＊空気の通り道に発生する乱流のこと)　◆her turbulent life　彼女の波瀾万丈の[波乱に満ちた]生涯　◆in the throes of turbulent change　激動の真っただ中で　◆in turbulent times　激動の[激しく揺れ動く]時代に　◆make an already-turbulent marriage worse　既に波風の立っている結婚を更に険悪なものにする　◆the merger was a turbulent one　この吸収合併は，波乱含みのものであった　◆the turbulent '60s　激動の60年代　◆because the air flow can become turbulent　この空気の流れ[気流]が乱流になる可能性があるので

**turf**　(pl. 《米》turfs, 《英》turves) *a* ～ 芝生片；回芝生；《米》勢力範囲，(暴力団や愚連隊の)縄張り，競馬，競馬場　◆artificial turf　人工芝　◆a turf battle　なわ張り争い，(官庁などの)権限争い　◆a question of turf fighting　縄張り争いの問題　◆be involved in a turf battle with…　～との縄張り争いに巻き込まれている　◆squabble over turf　なわ張り争う　◆he was killed because he had encroached on their turf　彼は，彼らの縄張り[島]を侵害したために殺された[消された]　◆navigate on unfamiliar turf where you often don't know the local customs or habits　現地の風俗や習慣が往々にして不案内の土地を行く　◆the two agencies sometimes engage in turf battles [fights] over…　この2つの庁は，時々～について縄張り争いを演じる　◆The company's battle for new turf is a tough one.　会社の新分野への参入の戦いには，厳しいものがある。　◆The newly industrialized countries are staking out their turf as low-cost producers of everything from steel to TV sets.　新興工業国は，鉄鋼からテレビ受像機に至るまでありとあらゆる物の低コスト生産国として地歩を固めつつある。(＊newly industrialized countries = NICs)

**turmoil**　(*a*)～騒ぎ，騒動，混乱，動乱，波乱，紛争　◆cause political turmoil　政治的混乱を引き起こす　◆disconnect phone service to regions in turmoil　混乱地域向けの通話サービスを遮断[(意訳)取り扱いを停止[中止]する　◆With the stock market in continuing turmoil,…　株式市場が引き続き混乱状態にあるため，　◆The company attributes much of the loss to the turmoil in the world's money markets over the last six months.　同社は，損失の多くは過去6ヵ月にわたる世界金融市場の混乱のせいであるとしている。

**turn**　1　[回転，向きの変更] vt. ～の向きを変える，〈寝ているものの〉体位交換をする，～を回す［回転させる，ひねる]，～を向ける[傾ける，注ぐ]<to, toward, on>，～を裏返す[めくる，転回させる]～を旋回する，～を〈旋盤，ろくろで〉丸く削る，～に丸みをつける；vi. 向きを変える，振り向く，回る[回転する]，曲がる，進路変更する，目[注意]を向ける <to, toward>，目[注意]をそらす <away, from>　◆a turned [preturned] item [part]　旋盤で製作した品物[部品]　◆turn a brake drum　ブレーキドラムに旋盤をかける，ブレーキドラムを旋盤で削る　◆a night of sleepless tossing and turning　眠れず寝返りばかり打っている[輾転反側(テンテンハンソク)の]夜　◆use diamond-turning to make lenses　レンズを作るのにダイヤモンド旋削を用いる　◆a car that has turned so many heads　そんなにも多くの人を(振り向かせ)注目させた車　◆

turn the handle toward the back of the stove　(鍋の)柄(エ)をレンジの後ろの方[向こう側]に向ける　◆turn the knob fully clockwise　ツマミを時計方向に回し切る[端まで回す，いっぱいに回す]　◆turn to the left or the right　左または右に曲がる　◆with the wheels turned to the left　車輪が左に向いている状態　◆patients develop bedsores when they are not turned　患者たちは体位交換しないと床ずれになる[褥瘡(ジョクソウ)ができる]　◆turn the book to that page; turn to that page in the book　本をめくってそのページを開く　◆turn the control knob fully (counterclockwise) to the OFF position　その調整つまみをいっぱい(反時計方向)に回してOFFの位置にする　◆the vehicle will travel in the direction the wheels are turned　車は，車輪が向けられている方向に進むことになる　◆Turn the screw one-quarter to one-half turn.　ネジを4分の1回転から半回転回して下さい。　◆Turn your body slightly in the seat.　座席に座ったまま，あなたの身体をかるくひねってください。　◆Close the pump knob by turning counterclockwise until tight.　そのポンプつまみをきつくなるまで反時計方向[左]に回してしめてください。　◆Now we should turn our eyes to the wide world and look ahead into the future.　今私たちは広い世界に目を向けて将来を見据えなければならない。　◆Turn the screw only slightly more (approximately a 1/4 of a turn).　ねじをさらにもう少しだけ(約1/4回転)回してください。　◆As U.S. industries face the growing problem of how to deal with toxic wastes, they have increasingly turned to new technologies.　米国の各業界が直面している，有害廃棄物にどのように対処するのかという問題が大きくなるにつれ，いっそう新技術に頼ろうとするようになってきた。

2　[状態・態度の変化] vt. ～を変える[変化させる]，～を(～にする)，(スイッチ)を〈～の設定に]する，《比喩的に》～を～を転向させる；vi. 変わる，態度[方針]を変える，(～の状態)になる　◆by turning on or turning off an electric current　電流を開閉することにより　◆Suddenly, the tide seemed to be turning in her favor.　突如として形勢は彼女にとって有利に回転[展開]し始めたようだ　◆the signal turns green　信号が青になる　◆a boxer-turned-politician　ボクサー上がり[崩れ]の政治屋　◆before the light turns red　信号が赤になる前に　◆car company balance-sheet numbers turned red　自動車会社の貸借対照表の数字[経営状態]が赤字に転じた　◆turn a table of dry numbers into graphics　無味乾燥な数字の羅列をグラフィック化する　◆Depressing the trigger turns the drill "ON".　引き金を引くと，ドリルの電源が入ります。　◆Turn the ignition key to the ON position.　イグニッション・キーをONにしてください。　◆Turn the mode selector to Normal.　モードセレクタをNormalにセットしてください。　◆While Poland's economy only recently has turned to a growth pattern, most people still struggle to make ends meet.　ポーランド経済は最近になってやっと成長パターンに転じたが，その一方でほとんどの人々は依然として家計のやりくりに四苦八苦している。　◆American industry has fallen behind in the race to turn scientific advances into products that are reliable, reasonably priced and directed toward the needs of consumers.　米国の産業界は，科学の進歩を信頼性があって手頃な価格で消費者のニーズに合わせた製品に商品化する競争で遅れをとってしまった。

3　*a* ～ 回転，進路変更[方向転換]，曲がり目[曲がり角，折り返し点]，変化，〈世紀，年などの〉変わり目，番[順番]　◆make a [one's] turn　曲がる，折り返す，《車》進路変更する　◆a turn and bank indicator　《航空機》旋回計　◆a snap turn　急旋回　◆a single turn of a rope around a pole　ポールに1回巻き付けたロープ　◆a tight turn　急カーブ　◆at the turn of the century　世紀の変わり目に　◆make a right-hand turn　右折する　◆negotiate a turn　なんとか[うまく]コーナーを曲がる　◆take a sharp turn for the better　一転して[一変して，がらりと]好転する；良い方に急変[急転]する；いい方向に急激に変化する　◆the turn of a page　ページをめくること　◆the turn of events surrounding Mr. Barry　バリー氏をとりまく事態の展開[局面の展開，事件の進展]　◆wait one's turn　番[順番]がくるのを待つ　◆a transformer with a turns ratio of 24 to 1　巻き線比24:1のトランス[変圧器]　◆a one-eighth turn of the steering wheel　ハンドルの8分の1回転　◆a sharp turn in the road　道路の急な曲がり角　◆he took a sharp turn for the worse yesterday　彼の容態[病状]は昨日急変した　◆open the valve three-quarters of a turn　バルブを4分の3回開ける　◆replace the living room rug in keeping with the turn of the seasons　居間のラグを季節[時候]の変わりに合わせて取り替える　◆with just the turn of some levers　いくつかのレバーを回すだけで　◆A quarter turn of the handle gives a positive grip.　その柄を1/4回転すると, 把持が確実になる.　◆Bob, now it's your turn.　ボブ, 今度は君の番だ.　◆Roll the car forward a half-turn of the wheels.　車を車輪の半回転分だけ前進させなさい.　◆Rotate the valve about a quarter turn.　バルブを約4分の1回転してください.　◆The car slowed nearly to a stop to make its right turn.　車は, 右折するためにほとんど止まってしまうほどまで速度を落とした.　◆Turn the coin-slotted fastener about five turns counter-clockwise.　コイン溝が切ってある留め具を(硬貨を使って)5回転ほど反時計方向に回してください.　◆What is the turns ratio of a transformer to match an audio amplifier having a 600-ohm output impedance to a speaker having an 8-ohm impedance?　出力インピーダンス600Ωのオーディオアンプをインピーダンス8Ωのスピーカにマッチング[整合]させるためのトランスの巻き線比はいくらか.

**at every turn**　事あるごとに, あらゆる場合に, 至る所で, 絶えず, いつも

**by turns**　交互に, 代わる代わる, 順に

**in turn**　順に, 順番に, 次々に, 交替[交代]で, 持ち回りで; その結果として, そして次に, ひいては, 敷衍(フエン)して, その結果として, そしてまた, 更には　◆each directory is checked in turn for the file　各々のディレクトリについて, そのファイルを含んでいるか順番に[順に, 次々と]チェックされる　◆Child windows may in turn have their own children.　《コンピュ》子ウィンドウは, そのまた下に子ウィンドウを持つこともある.　◆Sluggish consumer spending, in turn, has had a ripple effect on manufacturing.　消費者支出の低迷は, 次に[その結果として, そしてまた, 更には, 今度は]製造業に波及効果を及ぼした.　◆The easing of the fare wars has enabled major airlines to make a profit, which in turn has fostered better service.　運賃戦争の緩和は大手航空会社に利益を上げることを可能にし, ひいては[その結果]サービスの向上を促した.

**take turns**　交替でする, 順番にする, 持ち回りする　◆the members take turns chairing meetings　メンバーは持ち回りで(ミーティングの)議長を務める　◆successive regimes have taken turns misappropriating billions of oil dollars　歴代の政権は代わる代わる何十億ドルものオイルダラーの使い込みをした[オイルマネーの不正支出を, 石油輸出代金を横領した]　◆Many processes can co-reside in memory, taking their turns to run.　《コンピュ》いくつものプロセスが同時にメモリに常駐して, 順番に実行されていくことができる.

**turn about**　旋回する, 方向転換する

**turn around, turn round**　《後者が英》a)くるりと向きを変え, 回転する[させる], 転回する, 反対方向を向く[向ける], 方向転換する[させる]; 作業[処理]をこなす[終える](→ turnaround)　◆be able to turn around in an 82-ft. radius　《航空機が》半径82フィート内で旋回することができる　◆turn a vehicle around to travel in the opposite direction　反対の方向に走るために車を転回[Uターン]させる

**turn back**　引き返す[引き返させる], 戻る[戻す], 返す, 返り返す　◆to turn back the clock only one week　つい1週間前の状態に戻すために　◆turn back the clock to the days when...　～だった時代まで時計[時間]を逆戻りさせる　◆The country will soon reach a point from which it will be unable to turn back.　その国は, (後に)引き返せないところまでじきに行ってしまうだろう.

**turn down**　～(の音量)を小さくする, 下向きにする, 伏せる; 却下する[断る, 退ける, 突っぱねる]　◆turn down an offer　申し出を断る　◆turn down the volume on the radio　ラジオの音量をしぼる

**turn in**　〈犯人など〉を警察[当局]に密告する[突き出す], (turn oneself in)《警察》に自首する; 〈レポートなど〉を出

す[提出する]; vi.《俗》ベッドに潜り込む　◆forget to turn in (one's) homework　宿題を提出し忘れる　◆The lab report must be handed in at the beginning of the lab on the turn-in date.　実験レポートは, 提出日の実験の時間が始まるときに提出すること.

**turn into**　車で[歩いて]～に入る; ～に変える[変わる](→ turn 2)　◆turn into the passing lane　追い越し車線に入る

**turn off**　〈スイッチ, 電源〉を切る, 〈電気機器〉を消す[切る], 〈栓など〉を締める, 〈水道, ガス〉を止める; そらす[それる], 脇道へ入る, 分岐する　◆the turning off of the power [a power switch]　電源[電源スイッチ]の遮断[切断]　◆turn the engine off　エンジンを切る　◆turn the power off; turn off the power　電源を切る[遮断する, 落とす]　◆The day, hour, and minutes display will turn off.　日付・時刻表示が消えます.　◆The system turns off the display of typed characters on the terminal screen while the user types the password.　システムは, ユーザがパスワードを入力する間, 入力された文字を端末装置の画面に表示しないようにする[入力された文字の端末画面への表示を伏せる].

**turn on**　〈スイッチ, 電源〉を入れる, 〈電気機器〉をつける[入れる], 〈栓など〉を開ける, 〈水道, ガスなど〉を出す; ～を(急に)見せる[表す, 表示する]; 興奮する, 性的に興奮させる, しびれる[しびれさせる]　◆the turning-on of the power to the system　本システムの電源投入　◆turn the power on; turn on the power　電源を投入する, 電源を入れる, 電源をオンにする　◆Cellular telephones should be left turned on while...　～の間, 移動電話は電源をON[入れたまま]にしておかなければならない.

**turn out**　vi. 結局～になる[であることがわかる]; (集り, 会などに)出る; vt.〈電灯, ランプ〉を消す, ～を外側に向ける, ～を追い出す, ～を出す,〈ポケットなど〉をひっくり返す[裏返しにする], ～を(大量)生産[量産]する　◆it turned out that...　～であるということが判明した　◆turn out a constant, high-volume stream of products　絶え間なく大量の製品を生産　◆300,000 people turned out in the capital to hail him as a symbol of hope　30万人が彼を希望のシンボル[星]として迎えるために首都に集まった　◆The hypothesis turned out to be wrong.　仮説は間違っていたことが判明した.　◆Production began last December, with a work force of 1,000 turning out ten vehicles an hour.　生産は, 総従業員数1,000名, 毎時生産車数10台のペースで昨年の12月に始まった.

**turn over**　vt.～をくつがえす, ひっくり返す, (まわして)上下反対にする, 裏返す, めくる,〈資金, 在庫〉を回転させる, 入れ換える,〈金額〉の商売をする, 引き渡す, 転用する,〈エンジンなど回転するもの〉を始動する; vi. ひっくり返る, 続き裏にある, 裏面に続く　◆Please turn over.　裏返してください; 裏面へ続きます.: 裏面に続く　◆DO NOT TURN OVER　天地無用(*運送荷物などの表示)　◆He said he turned over the files in his possession to the lawyer.　彼は, 所有していたファイルがすべて弁護士に渡した[手渡した, 提出した]と言った.　◆The boat [car] turned over.　ボート[車]がひっくり返った.　◆Arnold lost his $50,000-a-year job at Xxxx in October when the company decided to turn his work over to an outside contractor.　アーノルド氏は, 勤め先であるXxxx社が彼の仕事を外部の請負会社に委託する[アウトソーシングする, 外注する]ことを決定した10月に, 年俸5万ドルの仕事[職]を失った.

**turn up**　生じる, 現れる, 出てくる, 上向きになる; ～をまくり上げる[折り返す];〈～(の音量, 明るさなど)〉を大きくする[強める]　◆turn up the radio　ラジオの音量を上げる

**turnaround, turnround**　《後者英》a)～(車が)転回[Uターン]できるだけのスペース, (方向, 状況, 態度の良い方への)転換[転向]; the ～ <of> ある作業・処理の所要時間(→ turnaround time)

**turnaround time**　(a)～(ある作業・処理の)所用時間 ▶具体的には: コンピュータがある仕事を開始してから出力するまでにかかる時間; 旅客機や船が到着してから乗客と積荷を降ろし次の客と荷を積み込むのに要する時間; 乗り物などが往復に要するトータル時間; 注文を受けてから商品が注文主の手に渡るまでの時間; 承認用図面が発注元に提出

**turned**

されてから承認印を押されて戻ってくるまでの時間; 配車で次の配達に出る前に行う荷の積みおろし, 積込に要する時間 - など. ◆Word processors save time when changes are needed in a document and thus shorten the overall turnaround time. ワープロは, 文書に変更が必要な時に時間を節約し, それによって文書作成全体にかかる時間を短縮する.

**turned** adj. 回した, 回転した, 旋削した; 逆さまの; 転身した, 転向した, 転じた ◆a Democrat-turned-Republican 民主党員から転向した共和党員 ◆an engineer-turned-psychologist 技術者から転じた[技術屋上がりの]心理学者 ◆a Democrat-turned-independent 民主党員から(転じて)無所属になった候補[議員] ◆a failed Kentucky lawyer turned smuggler ケンタッキーで弁護士をやってうまく行かず, (転身して)密輸人になった男

**turning** 回転, 方向転換, 反転, 変化, 転向; a～曲がり角[分岐点], 旋回; ～s 削り屑, (旋盤, ろくろでの)削り屑 ◆determines the turning speed of a machine 機械の回転速度を測定[計測]する ◆prevent the turning of... ～が回らないようにする

**turning point** a～転機, 転換期, 変わり目, 曲がり角, 変向点 ◆a turning point in scientific history 自然科学の歴史上の曲がり角[転換期] ◆find oneself at a crucial turning point 重大な転機に立って[迎えて]いることに気付く ◆a crucial turning point in the long uphill crusade by private environmental groups to <do> ～することを目指して民間環境保護団体が行っている長くて困難な運動にとっての重大な転換期[天王山] ◆she had reached a turning point in her life where she no longer wanted to <do...> 彼女は, もはや～したくないといた人生の転換点[分岐点]に到達した ◆The vote is a turning point on the long road back to democracy. この投票は, 民主主義への回帰の長い道のりの転換点である. ◆What we're seeing here is a turning point from a government-framed dialogue to a private-sector-framed dialogue. 我々がここで目の当たりにしているのは, 政府がお膳立てした対話から民間部門主導の対話への転換点である.

**turnkey** adj. 完成品引き渡しの(*ドアのキーを開けるだけで入居可能な新築住宅の意味から); a～看守 ◆a turnkey system ターンキーシステム(*キーを差し込んで回すだけで稼働開始が可能な, 組み立て済み完動状態で業者から引き渡されるシステム)

**turn-on** (a)～電源投入; a～動作[導通]開始, 点弧; a～《口》性的興奮を起こさせる[ムラムラこさせる]もの[人], 麻薬, ドラッグによる幻覚[トリップ]状態 ◆at turn-on 電源投入時に ◆delay [slow down] the turn-on of the output transistor 出力トランジスタのターンオン[動作開始, 立ち上がり]を遅らせる[遅くする] ◆The circuit has a turn-on time of about 10μs. この回路の立ち上がり時間は10μ秒である.

**turnout** a～人手[集り, 動員, 参加者(の数)], 生産量[高], 服装, 〈部屋などの〉整理(*整頓して不要なものを処分すること), 狭い道路の車がすれちがえる幅広の箇所; turn out すること ◆a low-turnout meeting 出足の悪い集り ◆most retailers were particularly anxious about shopper turnouts ほとんどの小売業者たちは, とりわけ買い物客の出足[人出]にやきもきしていた

**turnover** a～転覆[転倒], 転換[転向], 入れ換え[回転, 交代], 人事異動による再編成, 折り返した[裏返した]もの; a～(一定期間の)(商品, 回転, 資本の)(回転率, 出来高, 取引高, 人の入れ換え率, 離脱職者数[率] ◆staff turnover スタッフ[人員]の入れ換え, 社員の配置換え, 人事異動 ◆a high rate of turnover; a high turnover rate 高い回転率; 高い離脱者率; 高い労働移動率 ◆a rapid turnover of customers in a restaurant レストランの速い客の回転

**turnpike** a～ターンパイク, 有料高速道路 ◆a turnpike toll 有料道路の料金

**turn signal** a～方向指示器, ウインカー ◆a turn-signal lever 《車》方向指示スイッチレバー ◆a turn signal flasher unit 方向指示灯[ウインカー]の点滅装置

**turntable** a～(レコードプレーヤーの)ターンテーブル ◆a phonograph turntable レコードプレーヤー

**tutelage** 〔U〕(人の)保護(監督, 指導, 後見) ◆study piano under a person's tutelage [under the tutelage of a person] ～の指導のもとでピアノを勉強する; ～にピアノを師事する; ～門下で指導を受ける[～の生徒[弟子, 門弟, 門下生]としてピアノを習う ◆under the tutelage of... 〈人〉の指導のもとで ◆under the tutelage of several different masters 異なる数人の親方[マイスター, 巨匠, 大家, 大先生]の指導のもとで[に師事して, の門下で]; 《意訳》何人かの師匠の徒弟[弟子, 丁稚, 小僧, 門弟, 門人, 門下生, 見習い]として

**tutor** a～家庭[個人]教師, 個別指導教師[教官], コーチ, 《米》(大学で an instructorの下の)講師; v. 個別[個人]指導する を受ける ◆a language tutor 語学の先生

**tutorial** adj. 家庭教師による, 個別指導の; a～指導書, 手引き書, 練習用マニュアル, 入門書, (ディスク, テープなどの媒体で提供される)[練習用, 訓練用]ソフト, チュートリアル ◆a tutorial manual 取扱説明指導書 ◆a tutorial that walks you through the use of several sample files 《コンピュ》いくつかのサンプルファイルを使いながら指導してくれる練習用ソフト[チュートリアル]

**TV** (television) テレビジョン技術, テレビ放送, テレビ番組, テレビ業界; a～(= a TV set) テレビ受像機 ◆turn on [off] the TV テレビをつける[消す] ◆a TV remote control テレビのリモコン ◆see them on TV それらをテレビで見る ◆younger TV people 若い世代のテレビ人間, テレビっ子

**TV game** a～テレビゲーム(*操作ボタンやレバーのついたユニットをテレビに接続して使うタイプのゲーム)

**tweeter** a～《音響》ツイータ, 高音域[高域]用のスピーカ

**tweezers** 《複扱い》毛抜き, ピンセット, 鉗子(カンシ) ◆a pair of tweezers ピンセット1丁 ◆with tweezers ピンセットで ◆use tweezers to pick up... ～を拾い上げる[つまむ, くわえる]のにピンセットを使う ◆pull out [remove] bones from raw pieces of fish fillet using tweezers 毛抜きを使って鮮魚の切り身から骨を抜く[除く]

**twelfth** (12th) adj., n. adv. 12番目(の, のもの, に), 12分の1(の)

**twelve** n., adj. 12(の)

**twentieth** (20th) n., adj., adv. 20番目(の, のもの, に), 20分の1(の)

**twenty** 20; the twenties 20年代, 20(番, 度)台 ◆in one's twenties 20(歳)代で ◆the twenty-first [-second, -third, -fourth, -fifth, -sixth, -seventh, -eighth, -ninth] 第21[22, 23, 24, 25, 26, 27, 28, 29]の(▶the twenty-first 21st, 22nd, 23rd, 24th,)

**twenty-four** 24 ◆on a 24-hour basis 24時間休みなく; 24時間体制[態勢]で(*「体制」はシステムが観点の場合, 「態勢」は活動準備が整っていることを強調したい場合) ◆implement 24-hour production 24時間操業を行う ◆operate a plant 24 hours a day 工場を24時間操業する; 24時間体制で工場を操業する ◆Child rearing is a 24-hour-a-day job. 子育ては24時間仕事だ. ◆Fax your orders 24-hours a day. ご注文はファックスで24時間(いつでも)お受けしています.

**twentysomething** → something

**twice** adv. 2回, 2度, 2倍に ◆be twice as fast as... ～の2倍の速さである ◆make twice as much money 金を倍[2倍]儲ける ◆play at twice the normal speed 通常の速度の倍の速度でプレイする; 倍速再生する ◆run twice as fast as normal 通常の倍速く走る; 倍速で走る ◆twice-monthly [semimonthly] meetings 月2回のミーティング ◆twice-weekly [twice-monthly, twice-yearly] meetings 週[月, 年](に)2回の会議 ◆more than twice as much as he needs 彼が必要とする量の2倍を超える ◆Americans make nearly twice as many local calls as Australians アメリカ人はオーストラリア人の2倍近く[ほぼ倍]の回数[の頻度で]市内電話をかける. ◆Dublin, with more than a million people, has grown to be twice the size of Belfast. 人口百万を上回るダブリンは, ベルファストの2倍の大きさに成長した[2倍の規模になった]. ◆Waste generation in the year 2000 is expected to be twice what it was in 1975. ごみの発生量は、西暦2000年には1975年の2倍になるものと予想されている。

**twilight** ①日没後の薄明かり[たそがれ、夕暮れ、夕闇、宵闇、薄暮(ハクボ)、暮色]、日の出前の薄明かり; adj. たそがれの、薄暗い、はっきりしない ◆they know their industry is in its twilight years 彼らは自分たちの産業が黄昏(タソガレ)の[(消滅間近の)斜陽化]時代に入っていることを知っている ◆It is likely that Shakespeare spent many hours relaxing here in his twilight years. シェークスピアは晩年に、この場所でくつろぎながら長時間過ごしていたらしい。

**twin** a〜 双子[双生児]の片方、双晶;(限定的)対の(片方の)、双子一、ツイン一、双一; v. 〜を対にする、双晶にする[なる] ◆twin deficits 双子の赤字[▶「例の」という意味ではもちろん例の(がつく) ◆a single-aisle, medium-to-long-range, twin-jet transport 座席通路が一本の中長距離ツインジェット輸送機[((意訳))双発ジェット旅客機] ◆a twin-engine corporate jet 双発の社有ジェット機 ◆the lower lens of a twin-reflex camera 二眼レフカメラの下側のレンズ

**twine** vt. 〈ひも、糸〉をより合わせる、〜に巻き付ける[からみつかせる]、〜を編む; vi. からむ、巻き付く、(事実、意味)を曲げる ◆より糸[ひも]、ねじれ、もつれ、ぐるぐる巻き

**twinkle** v. きらきら光る[光らせる]、きらめく、瞬く;(the)〜きらめき; a〜 目の輝き、またたき ◆in the twinkle of an eye 瞬く間に

**twin-lens** adj. 二眼—(＊カメラが) ◆a twin-lens reflex camera 二眼レフカメラ

**twist** 1 vt. 〜をねじる[ひねる]、よる[より合わせる]、〈ねじ式のふたなど〉を回して、〜をゆがめる、(事実、意味)を曲げる、〈道〉を曲がりくねって進む、曲がりくねらせる; vi. ねじれる、よじれる、よじる、からみつく ◆a twisted nematic LCD ツイスト・ネマティック型液晶ディスプレイ ◆a twisted pair より対線(ヨリツイセン)[対より線、より線対、ツイストペア線] ◆the twisted minds of serial killers 連続殺人鬼のひねくれた[ねじ曲がった、ねじけた、ゆがんだ]心 ◆unsupported allegations and twisted truths 根も葉もない申し立てとねじ曲げられた[歪曲された]真実 ◆hand twisted conductor joints 電線を手でよじってつなげた接続箇所 ◆Insert a screwdriver blade between them and twist to remove. ねじ回しの平先をそれらの間に差し込んで、こじって取り外してください。 ◆To remove the bowl, grasp the bowl handle and twist firmly to the left to release the lock. ボウルを取り外すには、ボウルの取手を持って左に強く回してロックを解除してください。
2 a〜 ひねり、ねじれ、よじれ、より、より合わせ、回転、ねん糸、曲解、〈物語の〉意外な展開、〈アイデア上の〉ひねり[工夫]、ひと味ちがったもの ◆give it a twist それをーひねりする[回す] ◆a twist drill 〈機〉ひねり[ねじれ]ドリル(＊刃が螺旋状になっているもっとも一般的なもの) ◆add a new techno-twist 技術面での新軸を加える ◆a new twist on a common theme 月並みな決められた新手のひねり[((意訳))新しい切り口] ◆apply a twist to... 〜にひねりを加える[ねじる] ◆A simple push-twist locks it tight. ただ押して回すだけで、しっかり締まります。 ◆Edutainment software is defined as "entertainment software with an education twist" while infotainment is "entertainment software with an information twist." ((意訳))エデュテインメント・ソフトとは「娯楽ソフトに教育的要素を加味したもの」、一方インフォテインメント・ソフトとは「娯楽ソフトに情報提供的要素を加味したもの」と定義づけられる。 ◆Now some hoteliers are adding a twist: lending sporting goods and clothes to guests at no extra charge. 今や一部のホテル経営者らは、運動具や運動着を泊り客に追加料金無しで貸し出すなど、(サービスに)一ひねり[ひと工夫]加えるようになってきている。 ◆... and many twists and turns are expected before the proposed reform can be realized. そこで提案されている改革の実現までに幾多の紆余曲折が予想される。

**two** adj. n. 2(の) ◆in twos (= in pairs) 2人ずつで、2人ずつ連れ立って、2個[台、本、etc.]ずつ ◆(the) two of us; we

both; both of us 私たち二人 ◆we two [the two of us]; us two [the two of us] 私たち二人は[が]; 私たち二人を[に] ◆they two; them two 彼ら二人[あの]二人は[が]; 彼ら二人[あの]二人を[に] ◆in twos; two by two; in pairs 2人ずつで、二人ずつ連れ立って; 2個[台、本、etc.]ずつ ◆a two-door car ツードア車 ◆a sheet of paper folded into two (leaves) 2つ折りの紙 ◆in [within] a day or two; in [during] the next day or two 1〜2日のうちに、一両日中に ◆travel in twos 2人で旅行する; 二人旅をする ◆two days later (= the next day but one) 2日後に[翌々日に] ◆two or more mobile stations 複数の移動局 ◆two or more times a week 1週間に複数回 ◆two-in-one products that combine detergent and fabric softener 洗剤と衣料用柔軟仕上げ剤を組み合わせた複合商品[((意訳))2つの機能を1つにした商品] ◆go out in twos or threes at night instead of alone 1人でなく2人か3人ずつ連れ立って[一緒に、まとまって]夜間外出する ◆The most important points to make regarding... are two: 1)... 2)... 〜について指摘すべきもっとも大切な[最大の]点[要点]は2つある。第1に〜、第2に〜である。 ◆People stood in twos and threes at their gates. 人々は各々の家の門前に三々五々たたずんでいた。

**two-by-four** a〜 仕上げ前の断面が2×4インチの木材[角材、板材](＊ツーバイフォー[枠組み壁]工法で使用される規格部材); adj. 2×4(インチ)の、狭い[窮屈な]、つまらない、とるに足らない

**two-D, 2-D, 2D** (two-dimensional) 2次元の、平面の

**two-earner** 共稼ぎの、共働きの ◆two-earner deduction 共稼ぎ[共働き]控除

**two-edged** adj. 両刃の、諸刃(モロハ)の; 二つの[両方の]意味に取れる、一方では非常に役立つが使い方によっては害になる ◆Medication is a two-edged sword. 薬物療法は両刃[諸刃(モロハ)]の刃(ヤイバ)[剣(ツルギ)]である。

**twofold** 2倍の、二重の、2部から成る、2通りに分けられる(→ -fold) ◆The reason for this is twofold. これについての理由は2つある。

**two-income** adj. (= double-income) 二重の収入がある、収入源が二つある、共稼ぎの、共働きの ◆two-income families 共稼ぎ[共働き]世帯

**two-parent** adj. 〈家庭が〉二親そろっている

**twosome** a〜 二人組、二人連れ、カップル、ペアー、アベック、ご同伴、(ゴルフなどの)二人プレー; adj. 二人組[カップル、ペアー]で行う ◆in a twosome 二人組で

**two-star** adj. 二つ星(級)の、((口))少将の ◆a two-star officer [general, admiral] ((米口))少将

**two-state** adj. 2状態の、2値の、2状態[2値]をとり得る ◆The main storage is a collection of two-state devices. 主記憶装置は2状態[2値]素子の集合体である。

**two-tone** adj. ツートンカラーの、二色の、(1色で2段階の)濃淡をつけた ◆it features two-tone coloring それはツートンカラーを特徴として[((意訳))採用して]いる ◆paint a car in a two-tone color scheme 車をツートンカラー塗装する

**two-way** adj. 二方向の、双方向の、2元の、相互の ◆a two-way switch 二路スイッチ ◆two-way simultaneous communication 両方向同時通信(＊同義語として both-way communication, duplex communication, duplex operation がある) ◆a two-way speech path 双方向通話路 ◆two-way alternate communication (= either-way communication, simplex communication [operation, transmission], single-simplex operation, over-over communication [mode]) 両方向交互通信(＊両方向同時ではなく、片方向ずつ切り換えての通信)

**two-wire** adj. 二線式の ◆a two-wire line 《通》二線式伝送路[線路]

**TX** transmit, transmitter の略(＊「送信」関係の話に用いる)

**tycoon** a〜 《٨》大君(＊徳川将軍について)、(実業界や政界の)有力者、実力者、大物、大立て者、巨頭、重鎮(ジュウチン) ◆a business tycoon 実業界の大物[大立て者、巨頭、重鎮(ジュウチン)]

**type** 1 a〜 型、類型、定型、原型、タイプ、種類、区分、種別、種、機種、類、型、模範、—型、—式 ◆channel types チャンネル

種別 ◆n-type [N-type] GaAs 《半導》n[N]形ガリウムひ素 ◆Type II carriers 第2種通信事業者 ◆type tests; type testing 型式[形式](カタシキ)試験 ◆n-type silicon n型シリコン ◆ 80 different types of chips 80個のそれぞれ種類の異なるIC チップ ◆a new type of illiteracy 新しいタイプ[新種]のイリテラシー(*コンピュータやOA機器を使いこなす知識・能力の欠如など) ◆an instrument of the moving iron type 可動鉄片型の計器 ◆complete Type Certification tests on... ～の型式[形式](カタシキ)証明試験を完了する ◆depending on the type of contract 契約の種類[(意訳)方式]によって ◆questions of this type [kind]; this kind [type] of questions この種類の[この類の,この手の]質問[問題,論点] ◆receive type approval for... from... ～から～の型式[形式](カタシキ)承認を受けとる ◆the first of its type 従来にないタイプ ◆this type of suspension system このタイプのサスペンションシステム ◆win [have] FCC type approval 米連邦通信委員会の型式[形式](カタシキ)承認を取得する[得ている] ◆a piston-type reciprocating engine ピストン式レシプロエンジン ◆divide telecommunications carriers into Type I and Type II 電気通信事業者を第1種と第2種に分類する ◆take the best qualities of one type of plant ある種の植物の最も望ましい特質をとる ◆a value of floating type is converted to integral type 《コンピュ》浮動小数点型の値が整数型に変換される ◆Vehicle type: front-engine, rear-wheel-drive, 2・2 passenger, 3-door coupe 車種：フロントエンジン後輪駆動式2・2人乗り3ドアクーペ ◆The front wheel bearings are of the tapered roller type. 前輪の軸受は、勾配ころタイプである。 ◆However, she is not the type of individual [person] to back down. しかし、彼女は後に引く[引き下がる]タイプの人間ではない。 ◆The motor has volt-ampere characteristics of the type shown in Fig. 2. この電動機は、図3に示すタイプの電圧・電流特性を備えている。 ◆Ontario driver's licenses are classified according to the type of vehicle to be operated. オンタリオ州の運転免許は、運転される車両の種類[車種]によってクラス分けされている。 ◆Founded in 1983, the 100-pupil school, like others of its type, provides the state-required curriculum as well as Arabic lessons and classes in the Koran. 1983年に創立の生徒数100名のこの学校は、この種の他の学校と同様に、国定カリキュラムおよびアラビア語の授業とコーランのクラスがある。 ◆The engineers and entrepreneurs who once headed many companies have largely given way to finance and marketing types, who go for short-term profits at the expense of long-term investment. かつて会社のトップの地位にあった技術者や企業家たちは、長期投資を犠牲にしてでも短期に利益を上げようとする財務畑やマーケティング畑の人間に大方取って代わられた。

2 a ～(1個の)活字; (a) ～《集合的》活字, 字体, 印刷された文字 ◆a printing type 活字 ◆set type in upper [lower] case 大文字[小文字]で植字する

3 v. (～を)タイプ打ちする、(キーボードから)入力する<in>、キー入力する[タイプ入力する, 打ち込む]<in> (=key in)、～をタイプして挿入する<in>; ～を活字にする、～の典型となる ◆a typing pool 文書作成専門部署(*社外向けの高位仕上がりのタイプを行う。ワープロやDTP以前は大勢のタイピストを抱えていた) ◆touch typing タッチタイピング[タッチタイプ(入力)、キーを見ないで両手タイプすること](*ブラインドタッチでタイプすること。なお、「ブラインドタッチ」は和製英語) ◆a typing error [mistake] タイプミス;《意訳》入力ミス ◆type the letter Q to exit from the program 《コンピュ》Qを(キー)入力して[Qキーを押して]プログラムを終了する(*この表現は、Qキーを押すだけで、Enter, Returnなどのキーは押さないことを意味する場合が多い) ◆To change your selection, you can type over the displayed value. 《コンピュ》選択内容を変更するには、表示されている値に上書き入力します。 ◆Type in the word RUN and then press the RETURN key. RUNという語を(キー[タイプ])入力して、リターンキーを押します。 ◆Type RUN and hit RETURN. RUNとタイプ[入力]してリターン(キー)を押してください。

## typeball, type ball
a ～ 印字ボール(*電動タイプライタや活字プリンタのヘッドの一種。ほぼ球形で表面に活字が並んでいる) ◆the typeball in a Selectric-style typewriter セレクトリック式タイプライタの活字式印字ボール

## type certification
〈航空機・車などの〉型式[形式](カタシキ)証明(→type 1に用例)

## typeface
a ～ 書体、字体、活字の字面 ◆multiple-typeface text マルチフォントの[複数の書体を使った]テキスト[文章] ◆switch to a different typeface 違った書体に切り換える ◆typefaces in different weights and slopes 太さと傾きの異なる字体(*太字, 細字, イタリック体など) ◆choose a sans serif typeface for the title of the graph そのグラフの表題にサンセリフ書体を選ぶ ◆The printer has 26 typefaces from eight font families. そのプリンタは8字体分類、26種の字体を装備している。

## type-in
タイプして挿入すること; (キーボードからの)タイプ入力 ◆during type-in 《コンピュ》タイプ入力の最中に ◆select a type-in position for inserting text テキストを挿入するための(タイプ)入力箇所を選ぶ

## typeset
vt.〈原稿を〉活字で組む[植字する](*活字を並べてページ単位の版を作ること); adj. 植字された、活字に組まれた ◆preview typeset pages 《コンピュ》植字済みページをあらかじめ(印刷前に画面で)見る ◆The manuscripts were received back two days later in typeset form. 原稿は2日後に植字されて戻ってきた。

## typeset-quality
〈活字並みに〉高位(印字)の ◆a typeset-quality document 活字印刷品位の文書 ◆near-typeset-quality text 植字印刷の品位に近いテキスト

## typhoon
a ～ 台風 ◆Russia's Typhoon-class subs ロシアのタイフーン級潜水艦 ◆a typhoon, or tropical cyclone as they are known in south Asia had thrown a 20-foot tidal surge over the island 熱帯性低気圧「サイクロン」として南アジアで知られる台風が、この島に20フィートの高潮を打ち上げた

## typical
adj. 典型的な、代表的な、標準的な、象徴的な、基準的な、模式的な、定型的な、独特な、特有な、～式、一般的な〜みられる」、いかにも〜らしい、型にはまった、一般的な ◆be typical of... ～に特有のものである ◆typical users 一般的なユーザー ◆a typical hydraulic brake system 典型的な油圧ブレーキシステム ◆Frequency readout accuracy: 0.1% typical 周波数読み取り精度：代表値[標準値]で0.1% ◆R channel input characteristics (typical)：右チャンネル入力特性(代表値)； ◆Typical settling time: 500 ms 代表的[標準的]整定時間：500ms ◆Five years from today, 256Mb DRAMs will be available, and machines with 64MB of RAM will be typical. 今から5年後には、256MbのDRAMが使えるようになって、64MBのメモリーを積んだマシンが普通になるだろう。(*256Mb = 256メガビット、64MB = 64メガバイト) ◆Typical functions include image enhancement, measurement, feature extraction and character recognition. 代表的機能として画像強調、測定、特徴抽出、および文字認識がある。

## typically
adv. 一般に、一般的に言って、だいたい、(いつも)決まって、通常、概して、典型的[象徴的、代表的]に、多くの場合 ◆Source crosstalk: typically <-135 dB 《電子》ソースクロストーク：代表値で< -135 dB ◆the procedures aren't cheap, and insurance doesn't typically cover them これらの医療処置は安くはなく、一般的にいって保険はききません。

## typify
vt. ～の〈典型[象徴]〉となる、～を代表する、～の特徴[特色]を示す ◆Current 32-bit buses, typified by VMEbus and Multibus II, are... VMEバスやマルチバスIIに代表される現行32ビットバスは

## typo
a ～ (pl. typos) 《口》誤植、印字ミス、タイプミス、《意訳》入力ミス ◆use a spelling checker to help catch typos タイプミス[打ち損じ]を捕捉する助けにスペルチェック用ソフトを使う

## typographic, typographical
adj. 植字[印刷]上の ◆find a typographic [typographical] error in a book 本のミスプリ[誤植]を見つける ◆typographical niceties 印刷体裁上の細かい点 ◆correct typographic errors in the quotations 価

**tyrannize** vi., vt. 専制君主的に支配する，暴政を行う，〜を虐げる ◆when the helpless were tyrannized over by the powerful 無力の者たち[弱者]が強者によって虐げられていたときに

**tyro** a〜 初学者，初心者，入門者，ビギナー，素人，新米 ◆Tyros need not apply. 素人[初心者，(意訳)経験の未熟な者]は応募するに及ばず；実務経験者に限る．◆I was treated again like a tyro by the computer salesmen. コンピュータのセールスマンからまた素人[初心者，入門者]みたいに扱われてしまった．

## U

**U** ウラン(uranium)の元素記号

**UARS** (Upper Atmosphere Research Satellite) the 〜 高層大気研究衛星(*NASAの)

**UAW, U.A.W.** (United Automobile Workers) the 〜 全米自動車労働組合(*正式のフルネームは，the International Union of United Automobile, Aerospace, and Agricultural Implement Workers of America)

**ubiquitous** adj. (同時に)どこにでもある(＝omnipresent)，いたるところに存在する，いたるところで見られる(＝widespread)，広く普及している，遍在する ◆become ubiquitous いたるところにある[広く普及している]；普及する；広まる ◆in the case of the ubiquitous Coca-Cola (全世界の)いたるところにあるコカコーラ ◆the now-ubiquitous audio tape cassette 今ではどこにでもある[広く普及している]オーディオカセットテープ ◆it is a ubiquitous occurrence どこにでもあること[出来事]だ ◆Now the PC is as ubiquitous as the pen and pencil. 今やパソコンはペンや鉛筆のごとく広く普及している．

**ubiquity** Ⓝ (同時に)あまねく存在すること，どこにでもあること，遍在(ヘンザイ) ◆the ubiquity of mass culture 大衆文化の遍在

**UCS** (Union of Concerned Scientists) the 〜 憂慮する科学者同盟

**UFO** a〜 (pl. UFOs) (an unidentified flying object) (ユーフォー)，未確認飛行物体

**uglify** 〜をみにくくする，〜の外観[美観，体裁]を損なう ◆Smudges and glue glops uglify the armrest. 汚れや接着剤のねばねばした塊が，ひじ掛けの美観を損なわせている．

**ugly** (外見上または性質上)醜い，不細工な，ブスの，見苦しい，不快な，険悪な，ひどい，厄介な

**UHF** (ultrahigh frequency) 極超短波(の)，準マイクロ波(の)，デシメートル波(の) (*300MHz～3GHzでマイクロ波の下端に位置する) ◆(an) ultra-high-frequency [UHF] radar 極超短波[準マイクロ波，UHF]レーダー

**U.K.** (United Kingdom) the 〜 英国 ◆made in the U.K. 英国[イギリス，連合王国]製 ◆the U.K.'s... 英国の...

**UL** (Underwriters' Laboratories, Inc.)米国火災保険協会(*米国UL規格の発行元．保険会社の団体により設立された，電気材料・製品関係の安全性を試験するための非営利研究所)

**ulcer** an〜 (医)潰瘍(カイヨウ)；an〜 (比喩的に)開いている傷口のように腐敗するもの，弊害，悪弊，病弊 ◆non-ulcer dyspepsia (NUD) (いわゆる)神経性胃炎[上腹部不定愁訴] (*直訳は，潰瘍のない消化不良[障害]) ◆A peptic ulcer of the stomach is called a gastric ulcer. 胃の消化性潰瘍は胃潰瘍と呼ばれている．

**ULEV, U-LEV** a〜 (an ultra-low [ultralow] emission vehicle) 超低排出ガス車，超低公害車

**ulterior** adj. 隠れた，表に出ない，心の奥底の；向こうの，向こう側の；将来の ◆look for ulterior motives as to why people commit crimes 人々はなぜ犯罪を犯すのか，その隠された動機を探る ◆Someone who is generous could have ulterior motives. Be on guard! 気前のいい人には何か下心[魂胆]があるかも知れません．注意しましょう．

**ultimate** adj. 究極の，極限の，最終の，最も遠い，それ以上分析[分割，分離]できない，根本的な；the〜 究極(の)もの，極致，極み，根本的なもの <in> ◆the ultimate aim 究極目的 ◆the ultimate goal 究極の目的 ◆ultimate consumers 最終消費者 ◆ultimate strength 極限強さ；終局強度 ◆bear the ultimate responsibility for... 〜に対する最終責任を負う ◆make our ultimate dream come true 我々の究極の夢を実現させる ◆reach one's ultimate goal of...-ing 〜するという最終目標[究極の目的]に到達する ◆the ultimate aim of the deal is to <do> この取引の最終的なねらいは〜することにある ◆the ultimate purchasers of a company's products ある企業の製品の最終的な購入者 ◆the ultimate sports car 究極のスポーツカー ◆with the ultimate goal to <do...> [of...-ing] 〜するという最終目標[究極の目的]で ◆hold the key to the ultimate in speed and density 最高の速度と実装密度を達成するための鍵を握る ◆Supercomputers represent the ultimate in computing power. スパコンは，数値演算処理能力の極致[極み]である．

**ultimately** 最後に，最終的に，結局，挙げ句の果てに，ついに，究極的に，根本的に ◆Ultimately, all cemeteries will become full. 最終的には，すべての墓地[霊園]は満杯になるだろう．

**ultimatum** an〜 (pl. 〜s, -ta) 最終的提案，最後の通告，最後通牒(ツウチョウ)

**ultra, ultra-** adj. 極端な，過度の，過激な，超-，超高-，極超-，限外-，一外 ◆ultra-low emission vehicles (ULEVs) 超低公害車；超低排出ガス車

**ultracentrifuge** an〜 超遠心分離機(*ウラン濃縮に用いる)

**ultracheap** ◆an ultracheap material 極めて安い[ばか安]の材料

**ultrachic** ◆the Ginza's ultrachic boutiques 銀座の超シックなブティック ◆an ultrachic department store 非常にシックなデパート

**ultraclean** adj. 超清深-，超清浄-，無菌- ◆an ultraclean mirror surface 極めて清浄な鏡面

**ultra-compact** adj. 超小型の，超小形の

**ultracompetitive** adj. ◆the ultracompetitive food industry 競争が苛烈(カレツ)[熾烈(シレツ)，凄絶]を極める食品業界

**ultraconservative** adj. 超保守的な ◆ultraconservative rural areas 超保守的な農村部

**ultradense** adj. 極めて濃い[濃厚な，緻密な，密集した]，密度の極めて高い，超高密度の ◆ultradense clusters of circuit boards 超高密度の回路基板集合体

**ultrafast** adj. 超高速の ◆an ultrafast recharger 超高速[超速]充電器 ◆an ultra-fast car 超高速車 ◆ultrafast electronic components 超高速度の電子部品

**ultrafiltration** Ⓝ 限外ろ過

**ultrafine** adj. 超微-，超微細な，超極細の ◆an ultra-fine [ultrafine] particle 超微粒子 ◆ultrafine microfilaments 超極細マイクロフィラメント

**ultra-high, ultrahigh** adj. 極端[極度]に高い，極めて高い[大きい]，超高-，超極-，超大- ◆ultrahigh-tech 超最先端技術の ◆an ultra-high-voltage system (超)超高圧系統 (*80万～200万ボルトの) ◆(an) ultra-high voltage (uhv, uhv) 超高電圧 ◆an ultrahigh vacuum chamber; an UHV chamber 超高真空チャンバ ◆ultra-high interest rates 超高金利 ◆require ultra-high reliability 極端[極度]に高い信頼性を要求する ◆ultrahigh-speed cameras used for research 研究用の超高速[超高速撮影]カメラ ◆a multi-hull ultra-high [ultrahigh] capacity aircraft 多胴超大型旅客機 ◆enrich uranium using ultrahigh-speed centrifuges 超高速遠心分離機を使ってウランを濃縮する ◆straight line stability at ultrahigh speed 超高

速(度)時の直線安定性 ◆ultra-high purity polysilicon　超高純度ポリシリコン ◆The two new drives they introduced are both ultra-high-capacity, with 60 GB and 90 GB of storage space respectively.　これら企業が市場投入した新型ドライブ装置2機種は、共に超大容量で、それぞれ60GBと90GBの記憶容量を持つ。

**ultrahigh frequency**　(UHF)極超短波; ultrahigh-frequency 極超短波の

**ultra-high-performance**　超高性能の ◆an ultra-high-performance speaker system　超高性能スピーカーシステム

**ultralarge**　adj. 超大型の, 超大型の, 超々~ ◆an ultralarge-scale integration IC　超々LSI IC; 超々LSI集積回路

**ultralight**　◆an ultralight aircraft　超軽量航空機, 超軽量機 ◆an ultralight plane　ウルトラライトプレーン, ウルトラライト機, 超軽量機 ◆the UltraLight Steel Auto Body (ULSAB) program [project]　超軽量鋼製自動車車体計画[プロジェクト](＊世界の有力鉄鋼メーカーが進めている)

**ultralow**　adj. 超低~ ◆an ultralow power microprocessor　超低消費電力型のマイクロプロセッサ

**ultra-low-flying**　超低空飛行の

**ultraluxury**　ultraluxury European nameplates such as Porsche and Ferrari　ポルシェやフェラーリなどの超豪華[超高級]欧州ブランド

**ultramarine**　群青(グンジョウ), 群青色; adj. 群青の, 海の向こうの

**ultraminiature**　超小型の, 超小形の ◆Minox ultraminiature cameras　ミノックス(＊商標)の超小型カメラ

**ultraminiaturization**　超小型化

**ultramodern**　adj. 超現代的な, 超近代的な, 〈意訳〉最先端の ◆an ultramodern research institute　超近代的な[〈意訳〉最先端の]研究所

**ultraperformance**　adj. 超高性能の (= ultra-high-performance)

**ultra-precision, ultraprecision**　n. adj. 超高精度(の), 超精密(な) ◆ultraprecision machining　超精密加工 ◆ultraprecision cutting　超精密切削加工

**ultrapricy, ultrapricey**　adj. 《口》極めて高価な[高い, 金のかかる], 至極値の張る, 超高価な ◆many are ultrapricey　《口》多くは超高価である

**ultrapure**　超高純度の ◆ultrapure silicon　超高純度シリコン ◆ultrapure water　超純水 ◆an ultra-pure cleaning agent　超高純度の洗浄剤

**ultra-quick**　adj. 極めて速い[高速な], 超高速~ ◆ultra-quick steering response　《車》超高速ステアリング・レスポンス

**ultrarich**　adj. 超大金持ちの; the ~ 超大金持ち, 大富豪

**ultrasafe**　adj. 極めて安全性の高い ◆ultrasafe subways　極めて安全性の高い地下鉄

**ultrasecret**　adj. 極秘の ◆a safe containing ultrasecret code names of spies　スパイの極秘暗号名を保管している金庫

**ultra-sensitive**　adj. 極めて感度の高い, 高感度~ ◆an ultra-sensitive receiver　超高感度受信機

**ultra-slimline**　adj. 極めてほっそりしたデザイン[スタイル]の, 超スリムな, 超薄型の ◆an ultra-slimline casing　超薄型ケース

**ultrasmall, ultra-small**　adj. 極めて小さい[極小さい], 極小の], 零細の ◆an ultrasmall device　極小[超小]型デバイス ◆an ultrasmall sensor　超小型センサー ◆I run an ultra-small [ultrasmall] business in my home.　私は自宅で零細企業[吹けば飛ぶような会社]を営んでいる。

**ultrasonic**　adj. 超音波の, 超音波による; ~s (単扱い)超音波工学, (複扱い)超音波 ◆ultrasonic cleaning　超音波洗浄

**ultrasonically**　adv. 超音波によって, 超音波を使って ◆an ultrasonically applied rosin flux　超音波を用いて塗布されているロジンフラックス(＊はんだづけの) ◆an ultrasonically vibrating diamond blade　超音波振動ダイヤモンドブレード

**ultrasophisticated**　adj. 極めて高度な[高性能な, 高機能な, 精巧な]; 《意訳》最先端の, 最新鋭の ◆an ultrasophisticated medical robot　超高性能[超高機能, 最先端, 最新鋭の]医療ロボット

**ultrasound**　□超音波

**ultraspeed**　(an) ~ 超高速度; adj. 超高速度[超高速, 超速]の ◆run at ultraspeed　超高速度[超高速, 超速]で走る[走行する, 回転する, 動作する]

**ultrastructure**　(an) ~《生》超微細構造(＊光学顕微鏡より高い倍率でないと観察できないような) ◆cell ultrastructure　細胞の超微細構造 ◆a quantitative ultrastructure analyzer　超微細構造定量分析器

**ultra-thin, ultrathin**　adj. 超薄型の, 極薄の, 極細の ◆an ultrathin condom　極薄コンドーム ◆an ultrathin display　超薄型ディスプレイ ◆ultrathin glass fibers　極く細い[極細の]ガラスファイバー

**ultraviolet**　adj. 紫外(線)の; n. 紫外線 ◆by ultraviolet light　紫外線により ◆an ultraviolet lamp　紫外線ランプ ◆far-ultraviolet radiation　遠紫外放射; 遠紫外線 ◆near-ultraviolet light　近紫外線光 ◆an ultraviolet-erasable programmable read-only memory　紫外線消去可能プログラム可能読み出し専用メモリー(＊略 a UV EPROM, a UVPROM) ◆excessive doses of the sun's ultraviolet radiation　過剰量の太陽紫外線(を浴びること) ◆protect the eyes from ultraviolet light　紫外線(光)から目を守る ◆filter glasses with ranges from ultra-violet through infra-red with controlled spectral transmittance　紫外線域から赤外線域までの, スペクトル透過率の調整・管理されたフィルター用各種ガラス(材料) ◆The ozone layer protects living things from dangerous ultraviolet rays.　オゾン層は, 生命を危険な紫外線から守っている。

**UMA**　a ~ (an upper memory area)《コンピュ》

**UMB**　a ~ (an upper memory block)《コンピュ》 ◆3 K of UMB space　3Kバイトの UMB 領域 ◆a portion of EMM386 is loaded into UMBs　EMM386の一部がUMBにロードされる

**umbrella**　an ~ 傘, 雨傘, 洋傘, こうもり傘, 日傘, 保護[包括, 統括, 統轄]するもの; adj. 傘のような, 包括する; vt. ~を傘下に置く, ~を保護する, ~を含む ◆an umbrella organization　(いろいろな下部組織を傘下におさめている)包括的な団体組織 ◆come under Powertek umbrella　パワーテックの傘下[翼下, 統括下, 統轄下, 統轄下, 支配下]に入る ◆come under the umbrella of the new company　この新しい会社の傘下に入る ◆put them under one umbrella　それらを一元化(して統率するように)する ◆they are all brought under one umbrella　(ひとまとめに[集約]して統率[統括, 統轄, 総轄]する)そ れらはすべて一元化された

**UN, U.N.**　(United Nations) the ~ 国連, 国際連合 ◆U.N.-supervised elections　国連監視下の選挙

**unacceptable**　adj. 受け入れがたい, 受容[容認]できない, 承服しかねる ◆"Let me make clear that such a proposal is unacceptable."　「そのような提案は受け入れられない[容認できない, 承伏しかねる, のめない]ということをはっきり申し上げさせていただきます。」

**unacceptably**　adv. ◆an unacceptably high blood-alcohol level　容認できないほど高い血中アルコール濃度

**unaccountable**　adj. 説明できない, わけのわからない

**unaccounted for, unaccounted-for**　adj. 説明されていない, 説明のつかない, (行方などが)不明の, 〈お金などが〉使途不明な[不透明な]; 考慮に入れられていない ◆unaccounted-for servicemen　行方[消息]不明になっている兵士たち ◆Huge sums of money are unaccounted for.　巨額の金の使途が不明である。 ◆The Red Cross said that at least 200 people were unaccounted for.　赤十字は, 少なくとも200名以上の安否が確認されていない[行方がわからない]と伝えた。

**unaccustomed**　adj. 不慣れな, 慣れない, 手がけたことのない; 普通でない, 尋常でない, 普段[平生(ヘイゼイ)]とは違う, いつにない, 奇妙な, 異常な ◆be unaccustomed to... (ing)　〈物事〉に不慣れである[~することに慣れていない]

**unaddressed** adj. 宛先の表記がない（*郵便物などが）、対処がなされてない、対応がとられていない、話しかけられていない ◆a serious, unaddressed question 積み残しになっている深刻な問題 ◆these problems have been allowed to continue unaddressed for at least a dozen years これらの問題は、（何の対応[対処]もされないまま）少なくとも10余年の間放置されてきた

**unaffected** 1 adj. 影響[作用]を受けない ◆unaffected by acids, alkalies, or solvents 酸やアルカリや溶剤におかされない ◆unaffected by extreme cold 極寒に影響されない[びくともしない]
2 adj. 気どらない、ありのままの、素朴な、率直な、心からの

**unaffordable** adj. （高くて）手が出ない[出せない、入手不能な]、（金を出すだけの）余裕がない ◆varieties of goods that are unaffordable to the average consumer 平均的消費者には手が出ないさまざまな商品

**unaided** adj. 助けのない、援助なしの；裸眼の、肉眼の；adv.助けを借りずに、自力[独力]で ◆It cannot be distinguished by the unaided eye. それは、肉眼では見分けられない.

**UNAIDS** 《無冠詞》国連エイズプログラム

**unallocated** adj. 割り当てられていない ◆allocated and unallocated memory 《コンピュ》割り当てられているメモリーと空いている[未使用の]メモリー

**unanimously** adv. 満場[全員、全会]一致で（出席者）全員が賛成[同意]して、全員異議なしで、異口同音に、口をそろえて、一様に、一致して、こぞって ◆they almost unanimously said... 彼らはほぼ一様に[意見が一致して、口を揃えて、異口同音に、こぞって]～だと言った、～と[一様に]口をそろえる ◆The U.N. Security Council unanimously approved the dispatch of... 国連安全保障理事会[安保理]は、～の派遣を全会一致で承認した.

**unannounced** adj. 発表[公表]されていない、予告無しの ◆an unannounced visit of the inspector 検査官の抜き打ち立ち入り検査

**unanswered** adj. 返事が（返ってきてい）ない、返答[応答]のない、片便りの、反駁されていない、報いられていない ◆His suicide raised a question that goes unanswered to this day: Did all those crash diets push him over the edge? 彼の自殺は、今日まで答えの出ていない疑問を提起した。それらの急激なダイエットが彼を（死の）淵に押しやったのだろうか.

**unarchive** vt. ～を資料館[資料室、書庫]から取り出す《コンピュ》〈アーカイブされたデータ〉を復元する（ファイル、データを長期保存場所[書庫ファイル]から取り出す（→archive））◆unarchive the data 《コンピュ》そのデータを書庫ファイルから（復元[展開]して）取り出す ◆a self-unarchiving [self-extracting] file 《コンピュ》自己展開形式のファイル（*アーカイブされたファイルの一形式。別の展開プログラムを用いず、そのファイル自身を実行することによって、元のファイルが復元できる。自己解凍型ファイルとも呼ぶ）

**unarmed** adj. 武器を帯びていない、武器を持たない、丸腰の、無手での、素手の、無防備の、非武装の；《動植物》鱗・とげ・爪などの防護器官を持たない ◆thousands of unarmed civilians were killed 何千人という武器を持っていない[丸腰の、無防備の]市民が殺された

**unary** adj. 単一要素から成る、単一の要素に影響を及ぼす（=monadic）◆a unary [monadic] operator 《コンピュ》単項演算子 ◆a unary relation 《コンピュ》単項関係

**unassembled** adj. 〈家具などが〉組み立てられていない、アセンブルされていない

**unassigned** adj. （何の使用目的、機能、任務、担当も）割り当てられていない、未使用の、空きの、〈番号が〉欠番の ◆an unassigned number 欠番

**unattainable** adj. 達成できない、実現不可能な、遂げられない、成就できない、到達できない、届かない、手の届かない ◆absolute zero is unattainable 絶対零度に到達することは不可能である

**unattended** adj. 操作者[乗務員]がついていない、誰も見ていない、放置された ◆an unattended operation 無人運転

Never leave electric tools running unattended. 決して電動工具を動かしたまま放置しないで[その場を離れないで]ください. ◆The timer permits automatic unattended recording. タイマーにより留守録[無人録画]ができる.

**unauthorized** adj. 許可[認証、公認]されていない、認められていない、権限のない、無断の、不正な、不法[違法]な、無用の、関係者以外の、独断の ◆an unauthorized person 許可を持たない人からのアクセス（*立ち入りや、機器を運転するための許可を受けていない人間）◆unauthorized access 不正アクセス（*アクセス権を持たない人からのアクセス）◆unauthorized duplication 〈音楽やコンピュータのソフトの〉不正コピー[無断で複製すること] ◆an unauthorized "wildcat" strike （労働組合の中央指導部の）承認[許可]を得てない「山猫」ストライキ ◆unauthorized changes 無許可での変更 ◆Unauthorized usage [use] prohibited! 無断使用禁止！ ◆prevent unauthorized duplication of software ソフトウェアの不正[違法]コピーを防止する ◆prohibit them from unauthorized use of... 彼らに～を無断で使うことを禁止する[～の無断使用を禁ずる] ◆prohibit unauthorized entry into a restricted area 立ち入り禁止区域への無許可[不法、違法、無断]立ち入りを禁止する ◆to prevent unauthorized personnel from entering restricted areas of the plant 許可を受けていない職員[部外者]が工場の立入制限[禁止]区域に立ち入らないようにするために ◆The network is vulnerable to unauthorized attachment of equipment. そのネットワークは不正な[無断の]機器の接続に対する守りがあまい.

**unavailability** 《入手できない[手に入れられない、手に入らない、利用できない]こと、入手不可能、利用不能 ◆due to (the) unavailability of parts 部品が入手できないせいで

**unavailable** adj. 入手できない、利用できない ◆If he is unavailable to take your call,... あなたがかけた電話に彼が出られない場合、 ◆Pricing information was unavailable at press time. 値付け[価格に関する]情報は、（原稿が）印刷にまわる時点では入手できなかった[不明であった].

**unavoidable** adj. 避けがたい、不可避の、必至の、避けられない、逃れられない、免れない、のっぴきならない、やむを得ない、どうにもならない、仕方のない、余儀ない、よんどころない、よくよくの ◆a recession seems unavoidable 景気後退は避けられないもの[必至]とみられる ◆unavoidable mistakes やむを得ない間違い

**unbalance** vt. ～の均衡[平衡]をくずす、～を乱す; n. (=imbalance) ◆unbalance the bridge 《電気回路》ブリッジの平衡をくずす

**unbalanced** adj. アンバランスな、平衡[均衡]のとれていない、不平衡の、未決算の ◆an unbalanced signal [load] 不平衡信号[負荷] ◆an unbalanced diet 偏った食事 ◆the proportion of... had become more unbalanced 〜の比率がより不均衡に[釣り合わなく]なった；～の調和[バランス]がいっそう崩れた

**unbearably** adv. 耐えられない[我慢しがたい]ほどに、忍び難いほど ◆Without such tools, testing becomes unbearably expensive and time-consuming. そのようなツールがなかったら、試験は耐えきれないほど高いものについたり、我慢[容認]できないほど時間がかかるものになってしまう.

**unbeatable** adj. だれ[どれ、どこ]にも負けない（ほどすぐれて）◆an unbeatable price どこにも負けない価格

**unbelievable** adj. 信じがたい、信じられない（ような、ほど）◆at an unbelievable price tag 信じられないような値段で

**unbelievably** adv. 信じられないくらい[ほど](に) ◆unbelievably bright flashlight 信じられないほど明るい懐中電灯

**unbelted** adj. ベルトをしてない、ベルトのない ◆unbelted vehicle occupants シートベルトを（着用）していない乗員

**unbend** vt. 〈曲がったもの〉をまっすぐにする[伸ばす]、〈身〉をリラックスさせる[くつろがせる]、〈ロープ〉をゆるめる[ほどく、解く]; vi. まっすぐになる、くつろう

**unbiased** *adj.* 偏見のない、先入観のない、公平な、不偏不党な ◆an unbiased transistor バイアスのかかっていないトランジスタ ◆の偏見のない［公正な、公平な、公明正大な］評価 (impartial = 偏りのない) ◆By arming yourself with unbiased buying facts when you shop, you are encouraging merchants and manufacturers to provide better goods and services. 《意訳》《消費者が》偏りのない［中立的な］購買情報で武装して買い物をすることが、よりよいモノやサービスの提供を流通業者や製造業者に促すことになるのです.

**unbolt** *vt.* (ボルトを外して)～を開ける［取り外す］

**unbosom** *v.* (oneselfを伴って再帰的にも)打ち明ける、告白する、明かす、胸襟を開く、吐露する、(～に)胸の内を明かす［意中を打ち明ける］ ◆<to> ◆unbosom oneself to... of [on]... ～について〈人〉に胸襟を開く［心を打ち明ける］ ◆unbosom one's inner thoughts 心の中で考えていること［心の中］を打ち明ける；心の内を吐露する［告白する、見せる、明かす］；心中(シンチュウ)［胸中］を語る；胸襟(キョウキン)を開く

**unbranded** *adj.* 焼き印［烙印］が押されていない、〈商品が〉ブランド名がついていない［ノーブランドの］ ◆Samuel Augustus Maverick (1803-1870): His name is the origin of the term "maverick" for an unbranded cow, which later came to mean a political party dissident. サミュエル・オーガスタス・マベリック(1803-1870)：彼の名は、焼き印のない牛(= 異端者［異端児］)を表す「マベリック［無所属［一匹狼］］」という言葉の語源で、後に政党内の異分子を意味するようになった.

**unbundle** *v.* ～をばらす［分割する、解体する］、今までやってきた抱き合わせ販売をやめて個別に値段をつける［個別売りする、個別売りする ◆to pressure Microsoft into unbundling Internet Explorer from Windows Internet ExplorerをWindowsに抱き合わせることをマイクロソフト社にやめさせるよう圧力をかけるために ◆the giant enterprise was unbundled into five major and six smaller units その巨大企業は、5つの大きな企業体と6つの小さめの会社に解体［分割］された

**unbundling** 抱き合わせ販売をやめて個別に個別に値段をつける［別売りする、個別売りする］こと、(それぞれの構成に）分割［解体、切り離し、分離］すること ◆the unbundling of "Japan, Inc." 「日本株式会社」の解体 ◆The judge also suggested that an unbundling of the Internet Explorer Web browser from the Windows operating system could be a remedy. 判事はまた、Internet ExplorerウェブのWindowsオペレーティング・システムからの切り離し［分離する］ことがひとつの解決策になるのではないかと提案［示唆］した.

**unburned, unburnt** *adj.* 未燃焼～、未燃～、焼いてない、不焼成の(*煉瓦など) ◆unburned fuel 未燃焼燃料 ◆unburned gases 未燃焼ガス

**uncanny** *adj.* ずば抜けた、超人的な、超自然的な、神秘的な、異様で不気味な ◆the manufacturer's uncanny visionaries そのメーカーの並外れた先見性を持ったスタッフ

**unceremonious** *adj.* 儀式［四角、形式、格式］ばらない、くだけた、無造作な、ぞんざいな、無作法な、無遠慮な、ぶしつけな、突然の、荒っぽい ◆the unceremonious handling of the captured flags was probably not gratifying to the prisoners ぶんどった旗の無造作な［ぞんざいな］取り扱いが、捕虜たちにとってそぞかし愉快なことではなかっただろう

**unceremoniously** *adv.* 儀式［形式、格式、格式］ばらずに、無造作に、無作法に、ぞんざいに、荒っぽく ◆unceremoniously dump the band when ratings slide 人気度が落ちたら［《意訳》売れなくなったら］そのバンドをポイ捨てする

**uncertain** *adj.* 不確実な、未定の、不明の、断定できない、不確定な、変わりやすい、予測できない、不透明な ◆in no uncertain terms 紛れもなく、間違いなく ◆in these uncertain times この不確実性の時代において ◆its exact classification is uncertain それの正確な分類［区分］は、はっきりとは分かっていない ◆things are more uncertain now than they were in the early '80s 今のほうが80年代初めの頃よりも状況が不確実［不透明］になっている ◆Though final approval of the program remains uncertain, the need is clear. その計画の最終的な承認

**uncertainty** *n.* ①不確実性、不確定性、不透明さ、不明、あいまい、未知数であること、(しばしば ~ties)不確実なことがら ◆the Heisenberg Uncertainty Principle; Heisenberg's uncertainty principle ハイゼンベルグの不確定性原理 ◆because of increasing uncertainty about... ～についての不透明感が増しているために ◆deepen the uncertainty over the future of... ～の先行き不透明感を深める［増す］ ◆estimate [determine] measurement uncertainty [uncertainties] 測定の不確かさを推定［明らかにする、知る］ ◆in times of uncertainty 不確実性の時代に ◆lessen the uncertainties surrounding... ～を取り巻く先行き不透明感を和らげる［減らす］ ◆There is a lot of uncertainty about... ～については不明な点［不透明さ、疑問、分からないこと］が大いにある. ◆There is great uncertainty about... ～については大きな疑問がある. ◆uncertainties about the future of... 《意訳》～の先行き不透明感；～の今後の見通しの悪さ ◆We have entered an age of uncertainty. 我々は不確実性の時代に突入した. (▶ちなみにJohn Kenneth Galbraith著の有名な本『不確実性の時代』の原題は"The Age of Uncertainty") ◆because of the large uncertainty of the prediction この予測がかなりあやふやであるため ◆the company blamed the losses to the uncertainty of the market 会社は、欠損を市場の不透明さ［見通しの悪さ］のせいにした ◆there are too many uncertainties about... ～に関して不確定要素があまりにも多い ◆There is still some uncertainty about... ～について依然としてはっきりしないところがある；～には、まだなお不透明感が残る ◆uncertainties about global warming and sea-level rise abound 地球温暖化および海面上昇については不確かな［分からない］点はたくさんある［《意訳》不確実性が高い］ ◆at a time when uncertainty prevails in... 折しも～に不確実性［不透明性］が拡がっている時に ◆high-tech labor market uncertainties are affecting the hopes and dreams of many researchers and university graduates ハイテク労働市場の先行きの不透明さ［不透明感、不安感］は、多数の研究者や大学卒業者の希望や夢をしぼませている ◆because there is still considerable uncertainty as to the accuracy of data from computer simulations コンピュータシミュレーションで得られたデータの精度は依然としてかなりの不確定性があるので ◆There was considerable uncertainty in predicting the market. この市場を予測するには、かなり不確実な［不透明な、見通しが悪くて難しい］ところがあった. ◆There are too many uncertainties down the road including possible construction cost escalations that may increase the price of the project. 事業計画の価格を押し上げる原因となる建設費の上昇を始めとして、先行きの不透明な要因が多すぎる.

**unchanged** *adj.* 変わっていない、変化していない、不変の、もとのままの ◆leave prices [interest rates, fares] unchanged 価格［金利、料金］を据え置く ◆remain unchanged 変わらない、変化しない、不変である、そのままな ◆affect only the hue (leaving the brightness and saturation unchanged) (明るさと色の濃さはそのままにして)色［色合い、色調、色相］のみに変化を及ぼす ◆The makeup of Conner's crew will remain unchanged. コナーのクルー［艇員］の構成に変化はないだろう. ◆Left unchanged [If nothing is changed], this program will go bankrupt in 2005. このままだと［手をこまぬいていると］、この制度は2005年に破綻することになるだろう. ◆The company reduced the prices of xxx. However, the price for yyy remains unchanged at $120,000. 同社はxxxの価格を引き下げた。しかし、yyyの価格は1万2千ドルに据え置かれた. ◆The United States and Germany remained at the top of the list of world arms exporters in 1994, unchanged from the previous year. 1994年には、米国とドイツが前年同様に［前年に引き続いて］世界の武器輸出国のトップにつけていた. ◆If left unchanged, current immigration laws will trigger a mammoth increase in U.S. population over the next 60 years. もしこのまま改正［改訂］されなければ、現行の移民法は、今後60年にわたり米国人口のすさまじい増加を誘発することになるだろう.

**uncharged** adj. 充電してない，帯電してない，荷電してない，料金がかからない，告訴されて[罪を負わされて]いない，充填されてない，装填されてない，弾丸の込めてない ◆uncharged subatomic [elementary] particles called neutrinos ニュートリノ[中性微子]と呼ばれる電荷を帯びていない[帯電していない，中性の]素粒子

**uncharted** adj. 海図に載ってない，地図にない，未踏の，未知の，◆an expedition into uncharted land [territory] 人跡未踏[未開]の地への探検；未知の領域への調査[踏査]の旅 ◆launch out on an uncharted sea, filled with unknown hazards 未知の危険に満ちた，海図のない海に船出する[乗り出す]

**uncheck** vt.《コンピュ》~のチェックマーク[チェック印]をはずす(= deselect)

**unchecked** adj. 抑制されていない；検査[点検，確認]無しの，ノーチェックの ◆unchecked emissions of greenhouse gases like carbon dioxide 二酸化炭素のような温室効果ガスの歯止め[抑制]のない排出 ◆allow sloppy management to go unchecked 放漫経営[ずさんな管理]を(やめさせようとしないで)放って[野放しにして，そのままにして]おく

**UNCHS** (United Nations Center for Human Settlements) the ~ 国連人間居住センター(*通称 the HABITAT)

**unclean** adj. 汚れた，汚い，不潔な，不純な；(宗教上)不浄の，汚れた(ケガレタ) ◆unclean apartments 汚いアパート ◆unclean water 汚い[汚れている，不潔な]水 ◆become unclean or insanitary 不潔あるいは不衛生になる ◆"unclean" food like pork 豚肉などの「不浄な[けがらわしい]」食べ物(*イスラム教やユダヤ教からみて)

**unclear** adj. 不明瞭な，不明確な，不確かな，不明な，あいまいな ◆a speech disorder in which pronunciation is unclear although linguistic content and meaning are normal 言語としての意味内容は正常だが発音がはっきりしない[不明確な]言語障害 ◆It remains unclear. それは，依然としてはっきりしていない．

**unclutter** vt. ~を整頓する，~の混乱をなくす ◆keep...uncluttered 〈場所〉をいつもきれいに[片づけて，整理して]おく

**uncluttered** adj. 〈場所などが〉散らかっていない，ごちゃごちゃしてない，整っている，整理・整頓されている，きちんとしている，すっきりしている，さっぱりとしている ◆an uncluttered front panel (表示器，スイッチ，調整つまみ等がごちゃごちゃせずに)すっきりとまとめ上げられているフロントパネル ◆keep rooms neat, clean, organized and uncluttered 《意訳》部屋をいつもきちんとすっきり整理整頓しておく

**uncoil** vt., vi. 〈巻いてあるもの〉をほどく，ほどける，解ける

**uncollectible** adj. 回収不能の[不可能な]，焦げついた(*借金が)；収拾がつかない，n. 《銀行》回収不能なもの，取り立て不能の[焦げつき]債権，貸し倒れ金 ◆an uncollectible loan 焦げ付いた回収不能の[ローン]◆This resulted in a huge uncollectible situation. このことは(結果的に)多くのつかない大事態を招いた．◆About half of that money may have to be written off as uncollectible bad debt. その金の半額ほどは，回収不能不良債権[貸し倒れ金]として貸し処理されなければならないかもしれない．

**uncolored** adj. 色されていない，カラーでない ◆The sound from the speaker system is uncolored and very neutral. このスピーカーシステムの音は，色付けがなく非常に自然である．

**uncomfortable** adj. 不快な，やっかいな，居心地[使い心地]の悪い

**uncommon** adj. 珍しい，まれな，普通ではない[変わった，異常な，ただならぬ]，並外れた，希少な(キタイ)な，非凡な ◆it is not uncommon (for...) to <do...> (~が)する のは珍しいことではない ◆make an uncommon effort to <do...> ~するために並々ならぬ努力をする

**unconditional** adj. 無条件の，条件なしの，無制限の(unlimited)，絶対的な(absolute)，完全な(complete) ◆an unconditional branch 《コンピュ》無条件分岐 ◆Japan's unconditional surrender; the unconditional surrender of Japan 日本の無条件降伏

**unconditionally** adv. 無条件で，条件なしに，無制限に，絶対的に ◆unconditionally support a plan to <do...> ~する計画を無条件に支持する

**unconfirmed** adj. 未確認の，確認の取れていない，真偽のほどが確かめられていない ◆an unconfirmed (press) report on... ~に関する未確認情報 ◆there were unconfirmed reports this morning that... 今朝，~という未確認情報が入ってきた

**unconscious** adj. ~を意識しない <of>，無意識の，故意でない，意識不明の ◆become unconscious 意識を失う；意識不明になる；意識がなくなる；気絶する；人事不省に陥る

**unconsolidated** adj.《地質》(堆積物が)ルーズに配列した[成層していない]，未凝固[未固結]— ◆(an) unconsolidated sediment 未凝固[固結]堆積物 ◆unconsolidated sediments 未凝固堆積物

**uncontrollable** adj. 制御できない，抑制できない，手に負えない ◆keep the situation [prevent a crisis] from becoming uncontrollable 状況[危機]が手が付けられない[手に負えない，収拾がつかなくなる]状態にまで至らないようにする ◆uncontrollable circumstances やむを得ない[よんどころない]事情 ◆prevent [keep] it from becoming uncontrollable その制御[歯止め，抑制]が利かなくならないようにする；それが手に負えなくならない[暴走しない]ようにする

**uncontrolled** adj. 制御[管理，規制，統制]されていない，放置[野放しに]された ◆industrial pollution remains uncontrolled 産業公害は野放し(状態)になっている ◆to stop uncontrolled development 野放しの(不動産)開発をやめさせるために ◆an uncontrolled outflow of nuclear technology from the former Soviet states 旧ソ連を構成していた国々からの核技術の自由な[野放図な]流出 ◆the uncontrolled proliferation of billboards in Sydney シドニーにおける，規制されることのない[野放しの，野放図な，野放し状態の]大型広告看板の氾濫[蔓延，増殖] ◆the prospect of uncontrolled radioactivity beneath the sea 海面下に(管理されずに)放置されたままになっている放射能があるかもしれないという可能性 ◆This disease has the ability to destroy large sections of turfgrass if left uncontrolled. この病気は，そのままにして[放って]おくと芝生の広い部分を枯らす力がある[枯らしてしまう]．

**unconventional** adj. 型にはまらない，慣例に従わない，従来と異なった ◆unconventional means 型にはまらない[従来のやり方と違った]方法

**uncorrectable** adj. 直せない，訂正[修正]不能な，取り返しのつかない ◆an uncorrectable error 《コンピュ》訂正不能なエラー

**uncover** vt. ~のカバー[ふた]をとる，~を発見する，~を暴露[摘発]する，披露する ◆uncover (discover) new talent 新人を発掘する[見いだす]，(ある人の中にある)新しい才能を引き出す[発見する] ◆uncover information about... ~に関する情報を掘り出す ◆correct errors uncovered during the driving test 運転実技試験中に見つかった間違いを直す

**UNCTAD** (United Nations Conference on Trade and Development) the ~ 国連貿易開発会議

**UNDCP** (United Nations Drug Control Programme) the ~ 国連薬物統制計画(*ウィーンに本部を置く国連機関)

**undecided** adj. まだ決心がついていない[決まってない，定まってない，迷っている]，未決定[未定]の，未着の；n. an ~ 誰に投票するか決めていない有権者，浮動票の人 ◆be undecided whether to <do> ~すべきかどうかまだ決心がついていない[決めかねている，迷っている] ◆undecided voters (*誰に投票するか)決めて[定まって]いない有権者；浮動層 ◆undecideds who make up their minds on the day of balloting (*誰に入れるか)投票日(当日)に決める浮動層

**undefined** adj. 定義を与えられていない，未定義の，不確定の，不定の，ばくぜんとした ◆The result is undefined. 《コンピュ》結果は不定である．

**under** *prep.* ～の下に, ～より少なく, ～より劣って, ～のもとに[で], ～を受けて, ～に属して, ～の状態にあって; *adv.* 下に, ～より少なく, 不十分に; *adj.* 下の, 下部の, 従属の, 不足の, 過少[過小]の ◆under study 検討[調査,研究]中で[されているところで,対象の] ◆all units under test すべての被試験[試験対象]ユニット ◆be under development 開発途上にある ◆from under [beneath] the car 車の下から ◆get under the car 車の下に入る[もぐり込む] ◆in under an hour 1時間以下[以内]で ◆persons under 18 18歳未満の人たち ◆under a licensing agreement ライセンス契約のもとに[で] ◆under braking ブレーキ時に ◆under cover of authority 権力を笠に着て ◆under hard acceleration 急加速時に ◆under specified test conditions 指定試験条件下で ◆a software package under development 開発中のパッケージソフト ◆in the under-30 group 30歳未満の層では ◆under-utilized facilities 十分に活用されていない設備 ◆children under the age of five 5歳未満の子供 ◆operating surfaces under the repeated stresses of normal use 正常使用の繰返し応力がかかっている動作лю ◆a cable designed to be placed under the surface of the earth 地中埋設用ケーブル ◆the procedure described earlier under "To replace alternator" 前述の「交流発電機の交換」の節で述べた手順 ◆The first personal computer to be priced under $100.00 appeared in 1981 100ドル以下の値段がついた価格が100ドルを切る]パソコンが1981年に出現した。 ◆Mary studied under tutors and excelled in French, loved history, literature and philosophy. メアリーは家庭教師に就いて[ツイテ]フランス語がよくでき,歴史や文学や哲学が好きだった。 ◆The epicenter of the 6.6-magnitude earthquake was almost directly under the Northridge campus. このマグニチュード6.6の地震の震央[震源]はほぼノースリッジ・キャンパスの直下だった。

**underachieve** *vi.* (知能テストから)予想されるより低い成績をとる, 期待されるほどの成績をあげられない

**underage** *adj.* 必要な年齢に達していない, 未成年の ◆underage drinking 未成年の飲酒, 未成年者の飲酒 ◆underage workers 未成年就業者

**undercarriage** *an*～《車》下部(基本[基礎])構造, 車台, (英)着陸装置 ◆an aircraft undercarriage (英)航空機の着陸装置

**undercharge** *v.* 料金以下の請求をする, 不十分に充電する

**undercompensated** *adj.* 補償が足りない ◆an undercompensated output 《電気》十分に補償が施されていない[補償不足の]出力

**undercover** *adj.* 秘密の, 内密の, 秘密任務の, 秘密[おとり]捜査の, 覆面の, スパイ活動の ◆an undercover operation [investigation] おとり捜査 ◆犯人が犯罪を犯すタイプの捜査 ◆a special squad of undercover officers 覆面警察官から採用される特別部隊 ◆buy information on... from undercover agents おとり捜査官から～に関する情報を買う

**undercrank** *v.* 撮影時にカメラを(標準の毎秒24コマより)遅く回す[遅回しする] (＊映写時には映像の動きが速くなる) ◆many of Chaplin's effects had been achieved by undercranking the camera (＊テケテケと動く感じのチャップリン効果の多くは, カメラを遅回しすること[(意訳)コマ落とし撮影]により実現された。

**undercurrent** (*an*) ～不足電流; *an*～底流, 下層流, 潜流, 暗流(＝表立っては現れない風潮・動向) ◆an undercurrent relay 電流低下検出リレー; 不足電流継電器 ◆undercurrent tripping 不足電流引きがし

**undercut** *vt.* ～より安く売る, ～より安い賃金で働く, ～の下部を切る[切り取る, えぐり取る], ～の力や効果などを削ぐ, ～の価格を低下させる, 《ボール》に逆回転を与える(＊ゴルフやテニスで, バックスピンをかけるために); *vi.* 競争相手よりも安く売る[働く], アンダーカットする, 下側をくりぬく[えぐり取る]; *a*～下部を切り取る[下側をえぐる]こと, 《テニス・ゴルフ》アンダーカット, (英)(牛や豚の)ヒレ肉 ◆Aiwa cranks out minicomponent stereos in Southeast Asia and undercuts rivals on price. アイワは, ミニコンポステレオを東南アジアでどんどん[じゃんじゃん]製造して, ライバルより価格を下げて[に価格で優位に立って]いる。

**underdeveloped** *adj.* 《国, 地域が》低開発の, 十分に発達していない, 発達不十分の, 発育不良[不全]の, 現像不足の ◆underdeveloped areas [regions] 低開発地域

**underdog** *an*～負け犬, 負けると見られている者, 敗北者, 敗者, 弱虫, 弱者, 犠牲者

**underestimate** *vt.* ～を過小評価する, 下に[安く]見積りすぎる, 軽視する, 軽んじる, みくびる, あなどる, 甘く[軽く]みる, なめてかかる, 実際より低く[小さく]見積もる; *n.* ◆the size of these objects are under-estimated これらのオブジェクトのサイズは, 実際より小さく見積もられる ◆Don't underestimate the ability of 2 and 3-year olds to understand what is going on in the family. 家庭内で起こっている事態を2～3歳児が理解する能力を過小評価しては[何が起こっているのか2～3歳児にはたいして理解できないだろうと高をくくっていては]いけない。

**underexpose** *vt.* (フィルムなど)を露光[露出]不足にする ◆an underexposed [↔overexposed] image アンダー露光[露出不足]の画像; ↔露出オーバー[過多]の画像

**underexposure** 回露光不足, アンダー露光; *an*～露出不足のもの ◆at one stop underexposure 一絞りアンダー(露出[露光])で ◆Conversely, too little time or too small a diaphragm opening results in underexposure. 逆に[反対に], 露出時間が短か過ぎたり絞りが小さ過ぎたりすると露出不足になります。

**underflow** *an*～伏流, 底流, 《コンピュ》アンダーフロー[下位桁あふれ] ◆a signal gets [becomes] lost in (the) noise [in the underflow] 信号が(弱すぎて)ノイズに埋もれて[雑音でかき消されて]しまう (＊lost in the under flow には, 「測定限界以下で分離不能」の意味がある)

**underfrequency** *an*～周波数低下 ◆an underfrequency relay (UFR) 周波数低下検出リレー; 不足周波数継電器

**undergo** *vt.* ～を受ける, こうむる, 経験する, 経る, 《処理など》にかけられる, ～に耐える ◆as a result of undergoing a sudden change in temperature 急激な温度変化を受けたために] ◆he underwent a liver transplant 彼は肝移植[肝臓移植手術]を受けた ◆undergo acceleration 加速される[を受ける] ◆undergo oxidation 酸化を受ける; 酸化される, 酸化する ◆undergo a manufacturing operation or process 《製品の材料や部品が》製造作業や製造工程を経る ◆The company has already undergone a 25% downsizing. この会社は, すでに25%の事業の整理縮小[合理化, 人員削減]を行っている。 ◆The rope undergoes continuous flexing. ロープは絶えず曲げの力を受ける。 ◆Such projects must undergo environmental impact and historical significance assessments. そのようなプロジェクトは, 《環境影響評価および歴史(考古学)上の重要性という観点からの評価にかける必要がある (＊大規模開発で)

**undergraduate** *an*～学部生; *adj.* 学部の, 学部生の ◆an undergraduate program 学部での課程

**underground** *adj.* 地下の, 地中の, アングラの, 《鉱山》坑内の; *adv.* 地下[地中]に[で]; *n. the*～《単/複扱い》地下[アングラ]組織; *the*～地下[アングラ]運動; *the*～(英)地下鉄 ◆from underground 地下から ◆from underground 地下中から ◆go [remain] underground 地下に潜る[潜伏している] ◆an underground [a below-ground] storage tank 地下貯蔵タンク[貯槽] ◆an underground passageway 地下通路 ◆an underground pipe 地中[地下]パイプ[管] ◆an underground rock band アングラロックバンド ◆an underground testing program 地下実験計画 (＊核実験) ◆the underground economy 地下経済 ◆underground mining 坑内掘り[採掘] (＊山ならば「坑内採鉱」, 炭鉱ならば「採炭」とも訳せる) ◆underground coal gasification (UCG) 石炭地下ガス化 ◆a deep underground parking lot 大深度地下駐車場 ◆an underground cable 地下ケーブル ◆excavations in underground mines 坑

内堀り鉱山における掘削 ◆manufacturing plants built underground 地中[地底]深くに建設された製造工場 ◆the line runs underground here この線はここでは地下を走っている ◆a trip deep underground to an abandoned silver mine 銀山廃坑への地底小旅行 ◆the underground siting of nuclear reactors 原子炉の地下立地 ◆The center lies 20 feet underground. このセンターは地下20フィートにある. ◆a ring-shaped tunnel 27 km in circumference and an average of 110 meters underground 外周[周囲]が27kmあり, 平均で地下110mのところにある環状トンネル ◆the size of the underground [black, shadow, undeclared] economy is put at 20% of GNP or higher 地下経済[闇経済]の大きさはGNPの20パーセントを上回ると推察[推測, 推定]されている ◆He was trapped for four hours (at) 1,275 feet underground before he was rescued. 彼は救助されるまで地下1,275フィートの地点に4時間閉じ込められてしまった. ◆The house quivers as explosions pierce solid rock deep underground. この家は, 発破が硬い岩を地中深く突き破るたびに震動した. ◆Some of the students who participated in the demonstrations have gone underground. それらのデモに参加した学生の一部は, 地下に潜った[潜伏した].

**underinflated** adj. 十分に膨らんでいない, 空気圧が足りない, 空気が十分に入っていない ◆underinflated tires 空気圧の不足しているタイヤ; 内圧不足タイヤ

**underlie** vt. ～の下に横たわる, ～の根底[基盤, 基底]をなす ◆The concepts underlying the stock-control program are amazingly simple. この在庫管理プログラムの根底にある考え方は, 驚くほど単純である.

**underline** vt. ～にアンダーライン[下線]を引く, ～を強調する, ～を際立たせる; n. ～ 下線, アンダーライン ◆underline [underscore] the need for... ～の必要性を強調する a command to start [↔stop] underlining 《ワープロ》下線を開始する[↔終了する]コマンド

**underlying** adj. 下に横たわる, 基礎[根本, 底流, 基底]をなす, 基となる, 根源的な, 潜在的な ◆the underlying idea behind... ～の背後[背景]に横たわる考え[意図, 狙い, 目的] ◆the underlying purpose of... ～の根底[背後]にある意図

**undermine** vt. ～の下を掘る, ～の根元[土台]を削り取る, ～をじわじわと根底から揺るがす, 少しずつ崩す, ～を徐々に衰えさせる, ～を傷つける, 蝕む ◆undermine efforts to improve... 《意訳》～を改善しようという取り組みの効果を薄れさせる ◆undermine public support for... ～に対する一般大衆の支持をぐらつかせる[揺るがす] ◆undermine traditional values 伝統的価値観をじわじわと根底から揺るがす ◆undermine America's international competitiveness 米国の国際競争力を徐々に失わせる ◆undermine brand loyalty ブランドに対する忠誠心を弱める[崩す] ◆undermine the right to free speech 言論の自由を根底から揺るがす

**underneath** prep., adv. ～の下に, ～に隠れて, ひそかに ◆from underneath 下から ◆directly underneath a photograph (掲載)写真のすぐ下[真下]に ◆the components immediately underneath... ～の真下の部品 ◆It is mounted underneath the front of the car. それは, 車の前部の下側に取付けられている.

**underpants** 《複数扱い》ズボン下, パンツ

**underpass** an～ 地下通路, ガード下通路 ◆a low underpass 開口高さの低い地下道

**underperform** vi. 平均[予算点]以下の成果[業績, 成績]しか上げない, 期待以下の出来で[不振で]ある; vt. ～よりも振るわない, ～を下回る, ～に及ばない

**underperformance** ◆Despite the sector's significant underperformance over the last six to 12 months,... 過去6～12カ月にわたる同部門の著しい業績不振[低迷]にもかかわらず,

**underperforming** adj. 期待[平均]以下の成績[実績, 業績, 性能]の, 採算のとれない, 採算が合わない, 採算割れの, 不採算の, 〈資産などが〉不良の ◆an underperforming operation 不採算事業 ◆a bloated, underperforming industry 肥大化して業績が低迷している産業 ◆an underperforming computer 性能の悪い[劣る, 低い]コンピュータ ◆close underperforming stores 業績の悪い店舗を閉める; 不採算店を閉店する[たたむ, 店仕舞いする] ◆dispose of underperforming assets 不良資産を処理[処分]する

**underpinning** ①(建築物の)土台, 基礎; ～s (比喩的に)基礎, 基盤 ◆these cars' shared underpinnings これらの車の共通の車台(*underpinningsは建築物の基礎・土台) ◆the brewery has centuries-old underpinnings この醸造所には, 何百年にわたって培われた基盤がある

**underrate** vt. ～を過小評価する, ～を見くびる (= underestimate, undervalue)

**underrun** v. ～の下を走る[流れる, 通る], ～の下を修繕・検査のためにボートで通る, 大型車に追突してその下に潜り込む, 予定放送時間よりも短く終わる, 下回る, 容量以下で働かせる, 能力以下で動作させる; an～ 不足(分[量, 額]), 底流 ◆a technology that prevents buffer underruns バッファアンダーランを防ぐ技術(*CD-R/RWドライブ等)

**underscore** ～に下線を引く, ～を強調する; an～ 下線 ◆To underscore the point,... 要点を強調するために ◆underscore [underline] the need for... ～の必要性を強調する

**undersecretary** a～ 次官 ◆Undersecretary of State Lynn Davis リン・デービス国務次官

**underserved** adj. 十分にサービスを受けていない ◆people in rural areas are often medically underserved 農村部の住人は, 往々にして十分な医療サービスを受けられない(でいる)

**underside** an～, the～ <of> (～の)下面[下側の面, 裏面] (= undersurface), (～の)よくない面 ◆a fuselage undersurface; the underside of a fuselage 機体の下側の面[底面] ◆check the underside of a bridge 橋の下側を調べる ◆on the underside [= undersurface] of the case ケースの底面[裏面(リメン), 裏底]に ◆on the underside [= undersurface] of the wing 翼の下[下側の面; 《意訳》裏側, 裏底]に ◆eggs are usually laid on the underside [under surface] of a leaf 卵は通常葉っぱの下面[下側の面]に産みつけられている ◆Turn pancakes and cook until undersides are golden brown. パンケーキを裏返して下側[裏側]が狐色になるまで焼いてください.

**understand** vt. ～を理解する, 了解する, 心得とする, ～がわかる, 合点する[のみ込む], 汲み取る, ～と解釈する, ～と聞いている, 知る, 熟知している, 知り尽くしている; vi. be difficult [hard] to understand 理解するのが困難に, 分かりにくい, 難解である ◆cannot [do not] quite understand why... なぜ～なのかちょっと[どうもよく, いまいち]理解できない[分からない, 解せない, 合点が行かない, 納得できない, 腑に落ちない(フニオチナイ)] ◆I do not understand why... なぜ[どうして]～なのか私には理解できない[分からない, 合点が行かない] ◆make it easier to understand それをより分かりやすく[理解しやすく]する ◆please understand that... ～ということをご理解[ご了承, お汲みとり]ください ◆a highly illustrated and easy-to-understand guide イラストをふんだんに使った分かりやすい案内書 ◆in a mutually understood manner お互いに合意したやりかたで ◆the program is relatively easy to read and understand そのプログラムは比較的可読性がよく分かりやすい ◆Before you start, be sure you understand... 始める前に, ～についてよく理解しておいてください. ◆The mechanic understands the Thunderbird as if he were its mother. この(車の)修理工は, サンダーバードを生みの親のごとく知っている.

**understandable** adj. 理解できる, 分かる ◆It is perfectly understandable that... ～ということは完全に理解できる; 全くよく分かる[もっともだ, 無理はない, 分からないでもない, むべなるかなである]. ◆to make the topic more easily understandable このテーマをもっと簡単に理解できるように[分かりやすく]するため.

**understandably** adv. 理解できるように, 理解できる[分かる, もっとも, 当然の, 無理からぬ]ことだが, 当然のことながら ◆an emergency understandably upsets the schedule 突発事故は当然のことながらスケジュールを混乱させる

**understanding** (an) ~ 理解, 知識, 認識, 合意, 融和; 回理解力 ◆beyond understanding 理解を越えて ◆reach an understanding that... ~という見解に達する ◆reach an understanding with... 〈人〉と合意に達する[折り合いが付く, 理解し合うようになる] ◆a memorandum of understanding 了解事項覚書 ◆a comprehensive understanding of [about] ... ~(について)の総合的な理解 ◆aid (in) the understanding of... ~の理解を助ける ◆a lack of understanding 理解の無さ; 無理解; 認識不足 ◆a man of great understanding とても理解のある[物わかりのよい]人 ◆deepen (the [one's]) understanding of... ~(について)の理解を深める ◆enhance understanding of... ~に対する理解を高める ◆enrich our understanding of... ~に対する私たちの理解の幅を広げる ◆expand understanding of... ~についての知識を増やす ◆facilitate the understanding of... ~を理解し[分かり]やすくする ◆have great understanding とても理解がある ◆seek a comprehensive understanding with... 〈団体, 国など〉に総合的な理解を(示してくれるように)求める[要請する];(意訳)~に, 御高配を賜りたく存じます ◆There exists mutual understanding between A and B. AとBの間には相互理解[意思の疎通]がある。 ◆with the understanding (that)... ~であるという事情を理解[了解]した上で; ~であるといった認識のもとで ◆for the deepening of understanding and friendship with... ~との理解と友好を深めるために ◆Few people have an understanding of... ~について分かっている人はほとんどいない ◆on the understanding that... ~ということを前提にして ◆Thank you for your understanding. ご理解のほどよろしくお願いします[ご了承ください]。(*断り書きの最後によく用いる) ◆we seek your kind understanding なにとぞご理解くださいますようお願い申し上げます ◆with the understanding that... ~だということを理解した[知った, 了解した]上で; ~だという認識のもとに ◆deepen the understanding of those who watch 観賞する人たちの理解を深める ◆enlist understanding, cooperation and support of parents for... の[~に対する]親御さんの理解, 協力および支持を得る[賜る] ◆in order to provide a clear understanding of... ~をはっきりと理解できるようにするために ◆on the clear [distinct] understanding that... ~であるということをはっきりと了解した[理解した, 認識した, 知った]上で ◆try to gain the understanding of all Asian nations about... ~に対してのアジア諸国の理解を得ようとする ◆by gaining an understanding of what really happened during... ~の間に何が実際に起こったのか理解することにより ◆in accordance with the lines of the understanding laid out in Tokyo 東京で成立した申し合わせ[合意, 了解, 取り決め]の線に沿って ◆These methods yield a considerable understanding of how the device behaves. これらの方法により, その素子がどう挙動するかについてかなり理解することができる。 ◆He argues that there's a growing understanding of the need to protect the coral reefs, the most species-rich ecosystems under the sea. 彼は, 海中で最も豊富な生態環境である珊瑚礁を保護する必要性に対する理解[認識]が高まって[深まって, 広がって, 浸透して, 強まって, 進んで]きていると語る。 ◆It is the division's thorough understanding of this market that sets it apart from its sister divisions. その部門が他の姉妹部門を引き離す元となっているのは, この市場に精通しているということである。

**undersurface** an ~ 下面, 底面; adj. 表面下の, 水面下[水中]の, 地表の下[地下, 地中]の ◆below the undersurface [= underside] of... ~の下面[下側の面, 底面;(意訳)裏側, 裏面]の下に ◆on the undersurface of the tongue 舌の下側の面に; 舌の裏面[裏側]に ◆on the undersurface(s) of leaves 葉の裏側に

**undertake** vt. ~を引き受ける, ~を請け負う, 約束する, ~に乗り出す[着手する, 取りかかる], ~を保証する[請け合う]; vi. ◆undertake a job 仕事を引き受けて取りかかる ◆undertake the job of ... ing; take on the task of ... ing ~する仕事[作業]を引き受ける[請け負う]

**undertaking** 回引き受け; an ~ 請け負った仕事[業務]事業, 企業, 請け合い[保証]; 回葬儀(を引き受ける職)業

**under-the-counter** adj. 闇(取引)の,〈取引が〉不法な(→ counter)

**underthings** 《複扱い》婦人用あるいは女児用の下着

**undervoltage** (an) ~ 不足電圧, 低電圧; adj. ◆undervoltage protection 不足電圧保護(= low-voltage protection 低電圧保護) ◆an undervoltage relay 不足電圧[低電圧, 電圧低下検出]リレー[継電器]

**underwater** adj. 水中の, 水中用の, 水面下の; adv. 水面下に[で], 水中で[に] ◆an underwater camera 水中カメラ ◆an autonomous underwater vehicle (AUV) 自律型無人潜水機

**underway, under way** 進行中で,〈企画などが〉走って ◆get under way [get underway]; get started 始まる, 開始する, スタートする, 緒に就く(チェニック, ショニック), 進み始める;《意訳》進み出す, 動き出す, 軌道に乗りだす ◆although the investigation has been underway for some time 捜査は先週より進められて来たのだが ◆projects completed or underway 完了したプロジェクトあるいは進行中[実施中]のプロジェクト ◆the discussions under way at the meeting この会議で審議中の検討事項 ◆studies are already underway to develop better ways to combat computer viruses よりよいコンピュータ・ウイルス撲滅法を開発するための検討は既に進められて[研究はもう]走っている ◆Application development has been underway since March, 1998. アプリケーションの開発は1998年3月から推し進められてきている。 ◆A similar effort is underway in Japan. 同様な取り組みが日本で進行中である[進んでいる]。 ◆Construction is under way on a 63-story World Trade Center. 63階建て世界貿易センターが建設中である。 ◆Preparations got under way in May 1990. 1990年5月に準備が始まった。 ◆Training of salespeople is also underway. 販売員たちの訓練も進行中である。

**underwear** 回下着類, 肌着類

**underwrite** vt. ~の保険を引き受ける,〈新株, 債券など〉を一括して引き受ける,〈借金など〉の保証人になる, ~に同意[承認]する,〈書類など〉の下の方[末尾]に書く[署名する]; vi. 保険業を営む ◆underwrite insurance policies 保険を引き受ける

**underwriter** an ~ 保険引受人, 保険業者, 保証人, 証券引受業者 ◆an insurance underwriter 保険引受人

**undesirable** adj. 望ましく[好ましく]ない; an ~ (= an undesirable person) 好ましからざる人物 ◆an undesirable person 好ましからざる人物; 接受国(の政府)にとって容認できない人 ◆protest the immigration of undesirables (意訳)好ましからざる人達が移民として入ってくるのに反対する ◆set an undesirable [bad] precedent よくない[悪い]先例を作る

**undesired** adj. 望まれ[願われて, 求められて, 頼まれて]ない, 好ましくない, 不要、(《意訳》嬉しくない ◆undesired reflections 不要反射 ◆undesired speed variations 好ましくない速度むら

**undetected** adj. 検出[探知]されていない, 気付かれていない, 見破られていない ◆the as yet undetected Higgs boson いまだに検出されていないヒッグス・ボソン粒子

**undiluted** adj. 薄めてない, 希釈してない,(水などに)割ってない, 生(キ)の[原液の](ままの) ◆in undiluted form 希釈して[薄めて]ない状態で(の); 原液で, 原液のままの ◆wipe it off with undiluted ammonia アンモニアの原液を使ってそれを拭き取る ◆If the spot doesn't respond, try undiluted chlorine bleach. (それでも)染みがとれなかったら, 薄めてない[原液の]塩素漂白剤で試してみてください。

**undiscovered** adj. 発見されていない, 未知の ◆an as yet undiscovered form of exotic subatomic particle まだ発見されていない[確認されていない]形態の一風変わった素粒子

**undistorted** adj. ひずみのない, ゆがめられていない ◆an undistorted sine wave 無歪正弦波

**undo** vt. 〈一度したこと〉を元通りにする[取り消す], 解除する, ほどく, 開ける, 緩める; vi. 開く, ほどける;《come undoneの形で》緩む, ほどける, ばらばらになる,〈髪などが〉ばらける, ほころびる, 崩れる, 瓦解する,〈計画, 結

婚などが〉だめになる，決裂する ◆that balance comes undone その均衡が崩れてくる ◆the market came undone 相場が崩れた ◆undo the last edit (action [operation]) 《コンピュ》最後の[《意訳》]直前に実行した[編集[操作]]をアンドゥする[取り消して元に戻す] ◆use the Undo command to restore the text アンドゥコマンドを使ってその文章を復元する ◆Use a coin to undo the screw. そのネジを緩めるのに硬貨を使ってください.

**undocumented** adj. 記録に記載されていない，公式に登録されていない，資料による裏付けのない，マニュアルに書かれていない ◆undocumented workers もぐりの労働者，不法労働者，不法就労者 ◆undocumented and legal aliens 外国人登録してない在留外人と合法的な在留外人 ◆unfounded and undocumented 根拠も裏付け(資料)もない

**UNDRO** (United Nations Disaster Relief Coordinator's Office) the 〜 国連災害救済調整官事務所(＊the Office of the United Nations Disaster Relief Co-ordinatorとも)

**undue** adj. 必要以上の，過度の，道理に合わない，不当な；支払い期限がきていない ◆without undue constraint 不当な制約[束縛]を受けることなしに ◆without undue stress 必要以上のストレスを伴わずに[無理しないで]

**undulate** vi. 波打つ，波立つ，うねる，起伏する，波動する，(周期的に)変化する[動揺する](＊音量的あるいは音程的に)；vt. 〜を波打たせる，うねらせる ◆undulating fairways (ゴルフ場の)波打っているフェアウェー ◆The snake undulated away. その蛇は身をくねらせて逃げた. ◆undulate leaves 波形[波状，さざ波形]の葉縁を持つ葉 ◆undulating sand dunes うねるような起伏のある砂丘

**undulation** (an) 〜 波動，うねり，くねり，(波のような)起伏 ◆undulations of light 光の波動 ◆the undulations of the fairways これらのフェアウェーの起伏

**undulatory** adj. 波動の，起伏する，起伏[高低]のある，波のようにうねる，波打つ，波状の ◆the undulatory theory of light 光の波動説

**unduly** adv. 過度に，必要以上に，はなはだしく，不当に，不正に ◆unduly large deformations 不当な大きな変形

**unearned** adj. 〈所得などが〉働いて得たものではない，〈賞賛や批判が〉受けるに値しない[不当な，過分の] ◆unearned income 不労所得

**unearth** vt. 〜を発掘する，掘り出す，掘り起こす，〈新事実など〉を発見する，明るみに出す，曝露する，暴く，摘発する ◆archaeological finds unearthed [uncovered] in the city 同市で出土した[発掘された，発掘された，発見された]出土品 ◆unearth a treasure 宝物[財宝]を掘り出す ◆unearth information about... 〜についての情報を発掘する ◆unearth past history 過去の歴史を掘り起こす ◆... had been unearthed by looters looking for artifacts 〜は盗掘された(なくなった)でしまっていた

**unease** ①不快，不安，心配，困惑 ◆A sense of unease is still felt. 不安感は，依然として感じられる.

**uneasy** adj. 不安な，心配な，気がかりな，不安がる，懸念する，落ち着かない[やきもきする]，当惑した[戸惑った]，(身体的・精神的に)楽でない[きつい]，不快な，くつろげない，窮屈な，ぎこちない，ややまし ◆Employees feel uneasy about working without full knowledge of prices, products, and communication skills (which they should already know). 従業員らは，(あらかじめ知っておくべき)価格や製品や対話術[《意訳》接客のしかた]に関する十分な知識なしに働くことについて不安[とまどい]を感じている.

**uneconomic, uneconomical** adj. 不経済な，高くつき過ぎる，無駄な ◆... it has become uneconomical to use rented equipment 機器を賃貸して使うことが不経済になった

**unemployed** adj. 雇用されて[職が，仕事が]ない，職を失った，失職[失業]した，失業一，活用[利用，使用]されていない，遊んでいる，遊ばしてある，遊休一；the 〜《集合的に，複数扱い》失業者 ◆become unemployed 失業する

**unemployment** 失業(状態)，失業者数，失業率 ◆during unemployment 失業[失職]中に ◆collect unemployment in-surance benefits 失業保険給付を受ける[受け取る]；失業保険手当をもらう[得る] ◆to prevent [stave off] mass unemployment 大量失業[大失業，高失業]を防ぐ[避ける]ために

**UNEP** (the United Nations Environmental Program) 国連環境計画(略語形はtheが不要)(＊国連機関)

**unequal** 等しくない，不ぞろいの，不等一，不同一，不等辺の，不公平な ◆The car's front axle is an unequal-length-control-arm design. その車の前車軸は，不等長コントロールアーム[制御腕]設計となっている.

**unequaled, unequalled** 《前者は米，後者は主に英》adj. 匹敵するものがない，無比[無敵]の，無類の ◆It's another reason Hansematic's performance is unequaled by other systems. これが，ハンゼマチックの性能に匹敵する他のシステムが存在しないというもう一つの理由です.

**unequivocal** adj. あいまいで[紛らわしくない]ない，はっきりした，きっぱりとした，明確な，明白な，疑問の余地のない ◆an unequivocal antiwar position はっきりとした[明確な，鮮明な]戦争反対の態度 ◆provide an unequivocal answer 明快な答えを提示する[出す] ◆show [display] an unequivocal attitude 旗幟(キシ)鮮明な態度を見せる[示す] ◆the answer to that is an unequivocal "no" それの答えは，はっきりと「ノー」である[きっぱりと「否」である].

**unequivocally** adv. 曖昧さ[紛らわしさ，疑問の余地]を残さないように，はっきりと，きっぱりと，明確に，明白に ◆state... as unequivocally as one can 曖昧さを可能な限り排除するようにして〜を述べる

**unerring** adj. 誤りをおかさない，寸分違わない，的確な(= faultless, unfailing) ◆retain unerring control of the road 的確に路上走行運転を維持する ◆an unerring sixth sense which warned him of danger just before it occurred 彼に危険を未然に警告してくれた誤りのない[的確な，確かな]第六感

**unerringly** adv. 誤らずに，誤りなく，正確に，的確に ◆By all accounts, as president, Mr. Mandela has done everything unerringly right. だれから聞いても，マンデラ氏は大統領として何もかも誤りなく是正に行った.

**UNESCO** (the United Nations Educational, Scientific, and Cultural Organization) ユネスコ，国連教育科学文化機関(略語形はtheが不要)

**uneven** adj. でこぼこした，平坦でない，凸凹した，高低(差)のある，むらのある，不均一な，不均質な，一様でない，不揃いな，釣り合いがとれていない，不公平な ◆the world's uneven food distribution 世界の食糧の偏在 ◆an uneven spot on the road 路面の凹凸部分 ◆the uneven distribution of ore deposits in the Earth's crust 地球の地殻における鉱床の偏在

**unevenly** adv. でこぼこに，平ら[平坦]でなく，不規則に，不揃いに，一様でなく，不均一に，不均質に，むらになって，不平等に，ムラをもって ◆unevenly distributed resources 偏在している資源 ◆it is colored unevenly それに色が不均一についている ◆The population of Japan is unevenly distributed. 日本の人口は偏在している. ◆Over time, foundation supports may settle unevenly and create an unlevel condition. 時が経過するにつれて，基礎の支持材が不等沈下を起こし，でこぼこ状態を生じさせることがある.

**unevenness** ①ばらつき，むら，不揃い，まだら，濃淡差，明暗差，でこぼこ，高低差，目違い，大小差，不均一さ，不統一，不均等，不均斉，不釣り合い ◆address the unevenness of quality 品質のばらつき[むら，不揃い]に対処する ◆lead to unevenness in quality 品質のばらつき[むら，不揃い]につながる ◆smooth any unevenness でこぼこ[高低(差)]，不揃い，不統一，不均整，不揃い，むら]があればそれをならす ◆some unevenness results 多少の不揃い[不統一，不均一，むら，ばらつき，高低，でこぼこ]が(結果的に)生じる ◆unevenness has developed でこぼこが生じた；むらが発生した；むら[不均一，不揃い]になった ◆unevenness shows up むらが現れる；むら[まだら，不均一]になる ◆a wide ban is necessary to avoid unevenness of enforcement 《意訳》法律の執行に不均一[不平等，不均整]が生じるのを避けるために適用範囲の広い禁止令が必要である ◆The LCD display suffers badly from ghosting and an unevenness of background in its default black-on-white mode. 同液晶ディスプレイはゴーストがひどく、また白地に黒のデフォルトモードでの背景ムラもはなはだしく目立つ。

**unexpected** adj. 思いもよらない、不測の、予期しない、不意の、不時の、時ならぬ、不慮の、予想外の、望外の、意外な、案外な、奇想天外な、《(意訳)》途中の◆an unexpected event 思いもよらない[思わぬ]出来事◆an unexpected bonus 思いがけないおまけとして◆flash warnings when the unexpected happens 不測の[予期せぬ]事態が発生すると警報を点滅させる◆in the event of unexpected power loss 不測の停電時に;思いがけなく[(意訳)]突然[現に思ったら];不意に現に電気が止まったら◆it led to unexpected trouble 予期せぬトラブルにつながった◆unexpected delays 予期しない[予測の]遅れ◆A rainy-day fund will help you handle unexpected expenses. まさかの時に備えて貯めておいたお金は、不意の出費を捻出するときの足しになります。◆if the unexpected happens 予期しないことが起きたら◆to be sure nothing unexpected will occur when... 〜の際に決して予想外の[思いもよらない]ことが起きないようにするために◆The mountains here are unpredictable and unforgiving. A few hundred feet could mean a sudden and unexpected snow storm – even in late spring and early fall – so be prepared. 当地の山々は予報不能で非常に厳しいものがあります。数百フィート(登るだけ)で、晩春や初秋でさえ時ならぬ突然の吹雪に遭遇することがあります。よって準備を怠らないようにしてください

**unexpectedly** adv. 思いがけず、予期せずに、出し抜けに、不意に、意外に、意外と、とんだ、案外、存外、《(意訳)》途中で◆unexpectedly good tunes 予想外に[意外に、とんだ]いい曲◆They interrupt the work flow unexpectedly for lengthy periods. それらは作業の流れを不意に長い時間中断させる。

**unexperienced** adj. 〈人などが〉経験のない[未経験の]、〈出来事や感情が〉味わったことのない[経験したことのない]◆even unexperienced users will be able to <do...> 〈(意訳)〉慣れていない[未経験の、初めての]ユーザーでも〜できるでしょう

**unexplored** adj. まだ探検[調査、踏査、探査、解明]されていない、未開拓の、(人跡)未踏の、未開の◆These devices offer a new, unexplored horizon of applications. これらの素子は、未開拓の新規応用分野[応用の新地平]を開いてくれる。

**unfailing** adj. 尽きない、尽きる[絶える]ことのない、たゆまぬ、不断の、間違いない、(絶対)確実な、信頼できる◆become [prove to be] the most unfailing means for... ing 〜するのに最も確実な手段となる[間違いない方法だということが分かる]

**unfair** adj. 不公平な、公正でない、不当な◆(an) unfair dismissal 不当解雇◆unfair trade practices 不公正取引[貿易]慣行◆unfair business practices 不公正な商慣行[商慣習]

**unfamiliar** adj. よく知らない、なじみがうすい、見なれない、不慣れな、不案内の、珍しい、未知の◆be unfamiliar with... 〈物〉になじみが薄い[〈物〉をよく知らない]◆an unfamiliar area 不案内な土地◆consult a dictionary for definitions of unfamiliar words よく知らない単語の定義[(意訳)]語義]を調べるために辞書を引く◆He is not unfamiliar with COBOL. 彼は、COBOLをいくらか知っている。◆The engineers were unfamiliar with this type of measurement equipment. 技術者たちは、この種の測定器になじみがなかった。

**unfamiliarity** 図知らないこと、不慣れ、不案内◆due to my unfamiliarity with the measurement equipment その測定器に私が不慣れだったために

**unfasten** vt. 〜をはずす、ゆるめる、解く、解除する; vi. ◆Unfasten the cap from... 〜からキャップを取り外してください。

**unfathomable** adj. 測り難い、計り知れない、底の知れない[底知れない]、窺い知ることのできない(ほど深い)、深遠な、不可解[不可思議]な

**unfathomably** adv. 測り難い[底知れない、窺い知ることのできない]ほど◆an unfathomably rich country 計り知れないほど豊かな国

**unfavorable, unfavourable** 《前者は米、後者は英》 adj. 好ましくない、悪い、よくない、芳しくない、都合の悪い、不都合な、不利な、好意的でない、批判的な、不賛成の;〈国際収支が〉輸入超過の、赤字の、逆調の◆an unfavorable factor 好ましくない要因;〈相場などの〉悪材料[弱材料]◆experience an unfavorable balance of payments 貿易収支が輸入超過[入超]になっている◆have an unfavorable impression 良くない印象を持つ◆unfavorable exchange rates 不利な為替レート◆Australia now has a very unfavorable balance of trade オーストラリアが、現在貿易収支が大幅な輸入超過[入超]になっている◆The net income was unfavorable due to... 〜のせいで純所得[純益]は悪かった

**unfeasible** adj. 実行[実施、実現]できない、(実際問題として)不可能な◆abandon the project as unfeasible その計画を実行[実現]不可能であるとして断念する

**unfinished** adj. 未完(成)の、仕上げてない、終わっていない◆but I am left with a sense of unfinished business as... だが、私には〜という理由で未達成感[仕事をやり残したという思い]が残ってしまっている

**unfit** adj. 不適当な、不適任の、不向きの、能力[資格]のない◆render it unfit for its intended use それを使用目的に適さないものにしてしまう◆unfit for human habitation 人が住むのに不適で[な]◆unfit for public office 公職には不適任で[な]

**unflagging** adj. 衰えない、疲れを知らない、たゆまない、不断の、ゆるがない◆a constant unflagging multifaceted effort to <do...> 〜しようとする不断のたゆみない多面的な努力[取り組み]

**unfold** vt.〈折りたたんだものなど〉を広げる[開く]、〈包み〉を開ける、〜を(徐々に)明らかにする、述べる、繰り広げる[展開する]; vi. 広がる、〈展望などが〉開けてくる、明らかになる、見える、進展する、展開する◆the drama now unfolding is... 今繰り広げられて[展開して]いるドラマは、...◆the unfolding of blossoms 花が開くこと;開花◆Events then unfolded with stunning speed. 事態は、それから驚くべきスピードで展開した。

**unforeseen** adj. 予期せぬ、予測[予想、予知、予見]しない、不時の、予想外[予定外]の、思いがけない、意外な、不意の、〈事故などが〉不慮の、不測の、突発の◆due to unforeseen occurrences 予期せぬ出来事のために

**unforgiving** adj. 許さない、容赦しない、〈環境などが〉過酷な、非常に厳しい、執念深い◆Slide film is very unforgiving, and if your exposures are off the mark, you may be out of luck! スライドフイルムは非常に寛容範囲[露出範囲、ラチチュード]が狭いので、露出が適正露出から外れていると、不運な結果になりかねない。

**unformatted** adj. 《コンピュ》〈ディスクが〉フォーマット[初期化]されていない、アンフォーマット時の◆an unformatted floppy disk 初期化されていないフロッピーディスク◆760 megabytes of unformatted storage 760メガバイトのアンフォーマット時の記憶容量

**unfortunate** adj. 運の悪い、不運な、不遇の、数奇な、不幸な、恵まれない、薄幸の、気の毒な、残念な、遺憾な◆an unfortunate happening 不幸な出来事

**unfortunately** adv. 残念なことに、残念ながら、あいにく、折悪しく、不運にも、運悪く、悪いことには、困ったことに◆but unfortunately his strategy backfired だが不運[あいにく]彼の戦略は裏目に出た◆unfortunately for the manufacturers それらのメーカーにとって都合の悪いことには◆Unfortunately, such attacks are no longer a rare occurrence. 残念ながら、そのような襲撃事件はもはやまれなことではない。

**unfounded** adj. なんの根拠もない、事実無根の、根も葉もない、いわれのない、確立されていない◆an unfounded superstition 科学的根拠のない迷信◆It is absolutely unfounded and untrue それは全く事実無根で真実ではない[事実に反する]◆raise unfounded fears and concerns いわれのない恐怖や不安(の念)を起こさせる◆there is an unfounded [unsupported] rumor that... 〜という根も葉もない噂がある

**unfreeze** vi., vt. 解凍する,《ビデオ》〈画像などの〉静止状態を解除する

**unfriendly** adj. 敵対的な, 友情を欠いた, 薄情な, 優しくない, 不親切な, 都合の悪い, 不利な ◆an unfriendly error message 分かりにくいエラーメッセージ ◆driving to work is environmentally unfriendly 車通勤は環境に優しくない ◆thwart an unfriendly takeover 敵対的乗っ取り[企業買収]を阻止する ◆create an environment unfriendly to all businesses except the biotechnology companies 《意訳》バイオテクノロジー企業以外のあらゆる会社にとって不利な[都合の悪い]環境をつくる ◆their environmentally unfriendly practice of dousing vast stretches of banana lands with powerful chemicals バナナを栽培している広大な土地に強力な化学薬品を大量にまくといった, 彼らの環境に優しくない[環境への配慮を欠いた]慣行

**unfurl** vt. 〈傘, 帆, 翼など〉を広げる, 〈旗〉を掲げる[翻(ヒルガエ)す], 展開する, 繰り広げる; vi. 広がる, 展開する, 繰り広げられる ◆unfurl a wide array of new multimedia products under the flag "Xxx" 「Xxx」という旗印の下に[シリーズ名の]マルチメディア新製品を幅広く展開する

**ungrounded** adj. (= unfounded, groundless)根拠のない, 事実無根の, 根も葉もない, いわれのない; アースの取ってない, 接地されていない ◆ungrounded wiring アースの取ってない配線 ◆ungrounded circuits アースが取られていない[接地されていない, 非接地]回路

**unhappily** adv. 不幸に, みじめに;《文全体を修飾して》生憎(アイニク), 運悪く, 不幸[不運]にも, 残念ながら(regrettably)

**unhappy** adj. 不幸な, 悲しい, 不満な ◆even if they are unhappy with the status quo 彼らが現状に満足していなくてさえも ◆Because they are unhappy and take it out on others, ... 彼らは面白くなくて人に八つ当たりするので, ... ◆The employer was unhappy with the changes, and with not having been consulted beforehand. 雇い主は, これらの変更内容と, (変更について)həxrが何もなかったことに対して, 不満だった.

**UNHCR** (United Nations Office of High Commissioner for Refugees) the ～ 国連難民高等弁務官事務所

**unheard of, unheard-of** adj. 聞いたこともない, 知られていない, 前例のない, 空前の, 未聞の, 破天荒の, 希代の ◆unheard-of ethnic cleansing 前代未聞の[前例のない, 未曾有の, かつてない]民族浄化 ◆an event that was unheard of not so very long ago 少し前には聞いたこともないようなできごと

**unhindered** adj. 妨げられていない, 妨害[干渉, 邪魔, 制約, 束縛]されていない ◆work [function] unhindered 妨げられずに[邪魔されずに, (外的要因による)支障なく]働く[機能する]

**unhook** vt. ～の(留めかぎ)をはずす, ～をかぎから取り外す, ～を(電気的)接続からはずす ◆unhook the electrical connector その電気コネクタを外す

**uni-** 《接頭辞》単一の, 単一

**uniaxial** adj. 一軸の, 単軸の

**uniaxially** ◆uniaxially anisotropic 一軸異方性の

**unibody** a ～ モノコックボディ, 単殻車体; adj. モノコックボディの, 単殻車体の, 単体[張殻]構造 ◆unibody construction 《車》モノコック構造, 張殻構造 ◆seamless unibody construction 継ぎ目なしの単一車体構造

**UNICEF** (the United Nations Children's Fund) ユニセフ, 国連児童基金(略語形にthe は不要) ▶UNICEFは, 旧称の United Nations International Children's Emergency Fund 国連国際児童緊急基金の略称をそのまま使っている.

**unidentified** adj. (身元, 正体, 素性)不確認[不明]の ◆an unidentified flying object 未確認飛行物体, UFO ◆an unidentified boat [ship, vessel]; a mystery [mysterious] boat; a suspicious boat 未確認の[謎の, 疑しい, 不審な]船; 不審船 ◆about 2,000 tons of unidentified toxic waste 約2,000トンに上る得体の知れない[素性のわからない, 正体不明の]有害廃棄物

**UNIDIR** (United Nations Institute for Disarmament Research) the ～ 国連軍縮研究所

**unidirectional** adj. 単方向の, 一方向の, 一方向の, 単方向の, 単指向性の, 単一指向性の;〈パルスが〉単極性の ◆a unidirectional antenna 単指向性アンテナ[空中線] ◆a unidirectional bezel 逆回転防止型ベゼル ◆a unidirectional valve prevents... from re-entering... 一方向弁[一方弁]は～が再度～に入るのを防止する[入らないようにする] ◆a unidirectional microphone 単一指向性マイクロフォン ◆Check valves are unidirectional valves which automatically open with forward flow and close against reverse flow. チェックバルブは, 順方向の流れでは自動的に開いて, 逆方向の流れに対しては自動的に閉じる一方向弁[一方弁]です.

**UNIDO** (United Nations Industrial Development Organization) the ～ 国連工業開発機関

**UNIFEM, Unifem** (the United Nations Development Fund for Women) 国連婦人開発基金(略語形にthe は不要)

**unification** n. 一つにすること, 統一, 統合, 一体化, 一本化, 一元化,《論理》単一化 ◆European economic unification 欧州経済統合 ◆following the unification of the two Germanies 2つのドイツの統一に続いて ◆the economic unification of the EC (European Community) EC (欧州共同体)の経済統合

**unifocal** adj.《光学》焦点が一つの, 単焦点の;《医》病巣が一つの, 単巣性の, 単局発生の ◆a unifocal lens (メガネなどの)単焦点レンズ

**uniform** 1 adj. 均一の, 均質な, 均等な, 一様な, 画一的な, 一律の, 一貫した, 一定の, 一意の, 統一された, 平等の, 等々,《意訳》安定している ◆make [render] ～ uniform ～を均一化する ◆a uniform etch 均一食刻; 全面腐食 ◆the Uniform Code of Military Justice (米)統一軍法典(＊1950年に制定された陸, 海, 空軍共通の) ◆diamonds of a uniform size 均一な大きさ[粒径の]ダイヤ ◆grow at a uniform rate 一様な速度で成長する ◆move with a uniform speed 一定の速度で移動する ◆to ensure a uniform moisture content 水分が均一になるように ◆maintain uniform speed 一定のスピードを維持する ◆they have uniform thickness and quality それらは厚みと品質が一定している ◆fine magnetic particles of extremely uniform size 極めて均一な大きさの磁性微粒子 ◆The molecular alignment in graphite is not as uniform as in crystals. グラファイト中の分子の配列[並び, 配向]は結晶のものほどそろっていない[均一でない]. ◆Identical test boxes must be procured to insure [ensure] uniform temperature dependence and equilibration properties. 温度依存性および平衡特性の均一化を図る[特性を同一にする]ために, 同じ試験ボックスを調達しなければならない.
2 (a) ～ 制服
3 vt. ～を均一[一様]にする, ～に制服を着せる ◆a uniformed officer 制服を着た警察官[巡査]

**uniformalization, uniformization** n. uniform にすること

**uniformalize, uniformize** vt. uniform にする

**uniformity** n 均一性, 均質性, 均等性, 一様性, 画一性, 一貫性, 統一性, 整合性 ◆lot-to-lot uniformity ロット間の均一性[均質性];《意訳》ロット間でむら[ばらつき]がないこと ◆Commercially produced milk commonly undergoes pasteurization to check bacterial growth and homogenization for uniformity.《意訳》市場に出すために生産される牛乳は, 一般に細菌の繁殖を抑えるために低温殺菌され, また均質化のためにホモジナイザにかけられる. ◆Since complete uniformity in all by-laws does not exist, drivers should look for and obey signs that restrict local parking. すべての地方条例の間で完全に統一[まとまり, 整合]がとれているわけではないので, 運転者はその地域の駐車規制を示す標識を見落とさないよう注意して遵守しなければならない.

**uniformly** adv. 一様に, 満遍なく, 均一に, 均等に, 画一的に, 一律に ◆prices there were uniformly low そこの(店の)値段はおしなべて[全体的に, 総じて]低かった ◆slice them uniformly それらを均一に[厚み・大きさを揃えて]薄く切

る ◆the balls are spaced uniformly　ボールは等間隔で配置されている

**uniform resource locator** (URL) a～《ネット》(*インターネットのWeb上の特定のサイトや情報の場所を示す，アドレスのようなもの)

**unify** vt. ～を一つにする，ひとつにまとめる［束ねて統率する，束ねる］，統一する，逝合する，一体化する，一本化する，一元化する　◆a unified standard　統一標準規格　◆a unified common market　統一共同市場　◆a unified effort is needed　一丸となった取り組み［運動］が必要とされている　◆a unified view that...　～であるという統一見解　◆be unified into one xxx [a single xxx]　一つのxxxに統一される［まとめられる，束ねられる］；単一のxxxに統一［統合，一体化，一本化，一元化］する　◆operate in a more unified way　より一元的に運営する　◆unify product standards　製品規格を一本化する　◆Western Europe's integration into a unified market　西欧の統一［単一］市場へ向けての統合　◆The user's guides have been unified into a single, hardcover book.　(分冊の)ユーザーガイドはハードカバーの本一冊にまとめられました。

**unilateral** adj. 一方だけの，一方的な，一面的な，片務的な　◆unilateral conductivity　(整流器のように)単方向［一方向］のみに電気導通［伝導性］がある　◆the Bush Administration's unilateral foreign policy　ブッシュ政権の一国主義的［単独主義的］な外交［対外］政策

**unilateralism** 回一方的軍備縮小［廃棄］(論)，片務主義，単独行動主義［一国主義，自国至上主義］(*国際的な協力よりも自国のことを優先する)　◆The terrorist attacks have, after all, forced the Bush administration to abandon its unilateralism.　同時多発テロは結局，ブッシュ政権にユニラテラリズム［単独行動主義］を放棄させることとなった。

**unilluminated** adj. 照らされていない，曖昧な　◆an unilluminated sign　照光されていない標識

**unimaginable** adj. 想像できない，想像を絶する，及ばない，想像を絶する，思いもよらない，思いもつかない，考えられない，理解できない，とんでもない　◆the technology is enabling a surgical precision previously unimaginable　この技術は，以前には想像もつかなかった外科手術上の精度を可能にしている

**unimaginative** adj. 想像力［創造性］に欠ける［乏しい］，おもしろみに欠ける

**unimportant** adj. 重要でない，大切でない，取るに足らない，些末(サマツ)な，些細な　◆it is unimportant in the big picture　それは大局的見地から見たら些細な［取るに足らない，つまらない］ことだ　◆separate the important from the unimportant　重要［大切，大事］なこととそうでないことを分ける

**uninsured** adj. 保険がつけてない，無保険の　◆an uninsured vehicle　保険がかかっていない自動車

**unintentional** adj. 故意でない，意図的でない，作為のない，無作為での，知らず知らずの，不意の，無意識の，自然の，にげない，過失による　◆(an) unintentional homicide [murder]　過失致死　◆reduce the risk of unintentional starting　［機械など］不意の［不用意の，不測の，思いがけない，意図しない］始動の可能性を減らす

**unintentionally** adv. adj. 故意でなく，意図せずに，作為なしに，知らず知らずに，何気なしに，無意識に，うっかり，何気なく，誤って，過失で　◆if the blade is unintentionally contacted　うっかり［知らずに］切り刃に触れると

**uninteresting** adj. 面白くない，興味をそそらない，つまらない，味気ない，退屈な　◆repetitious, boring, and uninteresting work　反復性の［繰り返しが多く］退屈で面白くない［つまらない］仕事

**uninterrupted** adj. 連続の，とぎれない，絶え間ない　◆allow pedestrians free and uninterrupted passage　歩行者が自由に，かつ妨げられずに通行できるようにする

**uninterruptible** adj. 中途で遮断［中断，一時停止］できない，途中で止められない　◆an uninterruptible power supply [system] (UPS)　無停電電源装置(*a CVCF (Constant Voltage Constant Frequency) power supply「=定電圧定周波数電源装置」にバッテリーを組み合わせたもの)

**union** (a) ～結合，連合，融合，合体，一致団結，合併，《数》和集合；～組合，連合；a～継ぎ手；a～労働組合；the...Union《(固有名詞の一部として)》=連合，連邦　◆a union made between A and B　AとB間の結合　◆A forms C by direct union with B　Aは直接Bと結合してCを生じる　◆the firing of 1,000 striking union employees at the Chicago Tribune in 1986　1986年における，シカゴ・トリビューン新聞社でのストに加わっていた(労働)組合員1,000名の首切り［解雇］　◆Monetary union is expected this summer between the two Germanys.　二つのドイツ間の通貨の統合が今年の夏にあるだろうと見られている。(*東ドイツと西ドイツに分かれていた1990年当時の話)　◆The union of oxygen and hydrogen forms water.　酸素と水素の結合により水が生じる。

**unionize** vt. ～を労働組合化する，～を労働組合に加入させる；vi. 労働組合を結成する，労働組合に加入する　◆non-unionized workers should join unions　労働組合に入っていない労働者は組合に入るべきだ［加入すべきだ］　◆unionized workers earn more money than their unorganized counterparts　組織労働者は未組織労働者よりも多く金を稼ぐ

**unique** adj. ユニークな，他と同じものがない，またとない，唯一(無二)の，無比の，無類の，独特の，特有の，他に例を見ない，特別な，《意訳》～ならではの，類まれな，極めて稀な，《コンピュ》重複しない［ユニークな，一意の，固有の］　▶unique と重複して重複しない意味において，uniqueの前に程度を表すvery, quite, more などの修飾語をつけてはならない. unique に近い意味の unusual, rare, extraordinary などには very をつけてよい．(→ nearly)　◆be unique to...　～に特有［独得，固有］のものである　◆a unique file name　《コンピュ》(他と)重複しない［固有の，ユニークな，一意の］ファイル名　◆an identification card incorporating a unique bar code　固有のバーコードが載っている身分証明書　◆It is of unique scientific importance.　これは，科学上無類の重要な事柄である。　◆It's unique, unlike anything else.　それは，どの他のものとも違っていてユニークである。それは他とは一線を画している。　◆There is a unique reason for every unique person.　一風変わっている人それぞれに独特な理由［独自のわけ］がある。　◆Penguins are unique in that they are the only migratory birds that don't fly (they swim).　ペンギンは，飛ばない［飛翔しない］(で泳ぐ)唯一の渡り鳥であるということにおいてユニークである。

**uniquely** adv. ただ一つのものとして，一意的に，一意に，一義的に　◆be uniquely defined　一義的［一意的］に定義されている　◆create a look that is uniquely your own　あなただけのルックをつくる(*ファッションで)　◆uniquely customize cars　車を料理顔に個性化する(*一台一台に異なった特注改造を施す)　◆uniquely identify...　《コンピュ》～をユニーク［一意，固有］に識別する(*他と重複しない呼称や番号で識別する)

**unison** n. (in ～ の形で)斉唱［斉奏，ユニゾン］で，一斉に，声をそろえて［声を合わせて］，一致［調和，同調，賛成］して　<with>　◆fire in unison　一斉に発砲する；一斉射撃する　◆They all move in unison.　これらはすべて一斉［同時］に動く。

**unit** 1　a～，単位，単位数，単品；adj. 単位の　◆a unit operation 《化学工業》単位操作　◆the International System of Units (SI)　国際単位系(SI)　◆(a) unit price reduction　単価の引き下げ，単価ダウン　◆per unit area　単位面積当たり　◆per unit (of) time　単位時間当たり　◆(1000's of units)　(単位は千台)(*表中の表現)　◆the unit of impedance　インピーダンスの単位　◆a unit length of magnetic tape　磁気テープの単位長　◆price schedules by unit of measure　各計量単位に基づく料金表［料金体系］(*輸送業・倉庫業においては，たとえば，鉄は重量，綿は体積に基づいて料金を決める)　◆The time is measured in units of seconds.　時間は秒単位で測定される。　◆a set of process operations repeated as a unit　一つの単位として反復される一まとまりの処理工程　◆divide big collective farms into smaller units of acreage　大集団農場をより小さいエーカー数［面積］の単位に分割する(*登記簿上なら分割は「分筆(ブ

ンビツ)」) ◆the number of ions which pass outward through a unit area in a unit time　イオンが単位時間で単位面積を外に通り抜けるイオンの数　◆0 and 1 are the zero and unit elements of S(L), respectively.　0と1はそれぞれS(L)の零元と単位元である。　◆A producer's unit costs usually decline as quantities increase.　製造業者の単価は通常, 数量の増加に伴って低下する。　It may be expressed in various units.　それはいろいろな単位で表記できる。　◆Resistance is expressed in the unit ohm.　電気抵抗は, オームという単位で表される。　◆Available now from stock, it is unit-priced at $3 in lots of 1,000.　1000個単位のロットで単価3ドルにて, 在庫より即納できます。　◆Data can be transferred in relatively small units of 1000 bytes or less.　《コンピュ》データは1000バイト以下という比較的小さな単位で転送できる。　◆For expression of units, the International System of Units (SI) should be followed.　単位の表示については, 国際単位系(SI)に従うこと。　◆In Figure 10, the units of time for the transient analysis are in 100-μsec intervals.　図10において, 過渡解析の時間単位は100μ秒間隔 [刻み] である。　◆The number of bits which can be stored per unit length of magnetic tape is called the recording density.　磁気テープの単位長あたりに記憶できるビット数は記録密度と呼ばれる。　◆A unit of measure commonly used to describe the computing power of workstations is MIPS (millions of instructions per second).　ワークステーションの演算処理能力を言い表すのに通例用いられる度量単位の一つは, MIPS (百万命令／秒) である。

2　a ～ 最小構成単位, 一つにまとまったもの, (一つのまとまった機能を持つ) 装置 [器具], 一部, 〈発電設備の〉- (号) 機, 単体, 〈ユニット式家具の〉一点, 〈学習の〉単元; a ～ 班, 隊, 部隊, 部, 課, 部署; adj.　単位の, ユニット式の, 単一の　◆a (generating) unit　発電機 *発電所施設の区分単位で, a unitは1台または複数台の発電機とそれを駆動・制御するための設備一式で構成される)　◆a unit cell　単位胞 (*結晶の)　◆a unit heater　ユニットヒーター　◆two units of peripheral equipment　2台の周辺機器　◆200 units of public housing　200戸の公共住宅　◆build 1 million housing units for the poor　貧民層のための住宅を百万戸建てる　◆the system [main] unit of a computer　コンピュータの本体　◆the number of units shipped tripled　出荷台数 [数量, 個数] は3倍に増加した　◆the product is number two worldwide in units shipped　この製品は出荷台数 [数量] ベースで世界2位である　◆The voice-recognition unit in the computer system　そのコンピュータシステムの音声認識装置　◆print an entire line of characters as a unit　1行分の文字全部をひとまとめに印字する　◆replace the aging steam generators in Unit 1 at the nuclear power plant　その原子力発電所の1号機 [1号ユニット] の老朽化した蒸気発生器を交換する　◆The new system is a single-unit solution and is able to perform a large number of functions such as...　(意訳) この新型システムは, などの数多くの機能をこの1台で果たせるシングルユニットソリューションです。　◆A camcorder is a video camera and videocassette recorder combined in one unit.　カムコーダは, ビデオカメラとビデオデッキを一体化したものである。 (*camcorderは, カメラ一体型VTR [ビデオ] とも)

**UNITAR** (United Nations Institute for Training and Research) the ～　国連訓練調査研修所

**unitary** 単位の, 単一の, 単体の, ユニットの　◆a unitary air conditioner　ユニット式エアコン　◆The air conditioner is unitary.　このエアコンは, 一体型である。

**unite** vt., vi.　合体する, 結合する, 一体 [一元] 化する, 統合する, ひとつにまとめる [束ねて統率する, 束ねる], 接合する, 団結する, 連合する; vt.　兼ね備える, 合わせ持つ (= combine)　◆the contaminants unite with cloud droplets　汚染物質が雲粒とくっつく

**united** 連合した, 合併した, 統合された, 団結した, 団結し, 協力した, 提携した, 合同の　◆become united　結びついて一つになる, 団結する, 一体になる, 合体する, 結束する　◆the United States (of America); the U.S.A.; the U.S.　アメリカ合衆国; 米国

**united front** a ～ 統一戦線, 共同戦線　◆show a united front to <do>　～するために共同戦線を張る　◆bring them into a united front　彼らを共同戦線に組み入れる　◆create [form] a united front against...　～に対抗し統一 [共同] 戦線を組む　◆maintain a united front　統一 [共同] 戦線を維持する　◆present [set up, put up] a united front against...　～に対し共同 [統一] 戦線を張る　◆both are presenting a united front to their common enemy　両者は共通の敵に対し共同 [統一] 戦線を張っている

**United Kingdom** the ～ 連合王国 (*正式には the United Kingdom of Great Britain and Northern Ireland), (略称として) 英国 [イギリス]　◆across the United Kingdom　連合王国 [イギリス, 英国] 全土に [の]　◆a United Kingdom-based company　連合王国 [イギリス, 英国] に本社をおく企業

**United Nations** (UN, U.N.) the ～　国際連合, 国連　◆the United Nations Environmental Program　国連環境計画　◆the U.N. Secretary-General; the Secretary-General of the United Nations　国連事務総長　◆under the U.N. Charter; under the Charter of the United Nations　国連憲章の下で

**United States of America** the ～ アメリカ合衆国, 米国 (the United States, the U.S.A., the U.S.)　◆Shipping is limited to within the continental United States.; Shipping is limited to the 48 contiguous United States.; Shipping is limited to US delivery only (excluding Alaska and Hawaii).　お届け [配送先] は, 米国本土に限ります。

**unitize** ～を結合して一つのまとまりにする, ～を単位 [ユニット] に分ける　◆a unitized body　《車》単体構造の車体 [モノコックボディ]　◆Our plan calls for the five individual lots to be unitized into one and places the building in the center of the property.　我々の計画では, これらの5区画 [5筆] の土地を合併させて [合筆して] 一筆の土地にすることを求めており, この地所 [物件] の中央に建物を設置します。　◆Once the data have been unitized, units can be compared with other units and like units can be grouped together into categories.　データが個々のユニットに分けられると, これらのユニットどうしを比較し, 似たような複数個のユニットをカテゴリーとしてまとめる [くくる] ことができる。

**unity** (a) ～ 一つであること, まとまり, 統一性, 均一性, 個体, 1　◆emphasize unity and team spirit　和と団結心を大事にする (*和＝まとまりがとれている状態)　◆in a show of unity　団結 [結束, まとまり] を見せて　◆when the loop gain is greater than unity　ループ利得が1より大きいとき

**univalent** adj. 1価の

**universal** adj.　宇宙の, 普遍的な, すべてにおよぶ, 全般的な, (すべてに対して) 一様の, 統括的な, 共通の, 〈道具などが〉万能の [自在な], 汎用-, 普遍-, 総合-　◆a universal bank　ユニバーサルバンク (*銀行業務と証券業務を兼業する銀行, 欧州ではすでに存在するが, 米国や日本でも規制緩和により出現する可能性がある)　◆a universal chuck　連動チャック　◆a universal grinding machine　万能研削盤　◆a universal joint [coupling]　自在継手(ツギテ)　◆a universal language　普遍言語　◆a universal motor　交直両用モーター (*一般の電気製品の場合の「交直両用」にはAC/DC-poweredが使える)　◆a universal quantifier　全称記号 (*「すべての」を表す記号で, アルファベットのAをひっくりかえした∀という記号)　◆a universal remedy [cure]　万能薬　◆the Universal Product Code (UPC)　万国製品コード [統一商品コード, 商品分類コード, 一般製品コード]　◆universal suffrage　普通選挙　◆Universal Coordinated Time　《無冠詞》協定世界時 (*UTCと略し, CとTの順序が入れ替わることに注意)　◆offer universal banking services　総合金融サービスを提供する　◆have (a) universal applicability for couples who must...　～は～しなければならないカップルに普遍的に適用できる [共通して応用が効く]　◆Pollution is a universal problem.　公害は, 全世界 [全人類] の問題である。　◆Your e-mail is helping to damage the US Postal Service's ability to provide universal service.　あなたの電子メールが, 米郵政公社のユニバーサルサービスを提供する能力を破壊する一翼を担っているのです。 (*universal service ＝ 公平に利用しやすい全国一律料金の郵便サービス)　◆Critics argue that only the Postal Service can provide universal service throughout the whole country, and at universal, nationwide prices. 《米》批判者らは、郵政公社のみが全国あまねく（公平に）全国共通［一律］料金でサービスを提供できるのだと論じている.

**universal design** ユニバーサルデザイン（*年齢や障害のあるなしにかかわらずだれにでも使いやすいように製品や住空間などを設計すること．1980年代にRonald L. Maceがつくった用語）《設計された具体例は可算》◆the promotion of universal design ユニバーサルデザインの推進

**universality** [U]普遍性，一般性，万能性，広範であること，多岐に渡っていること，網羅していること，博識 ◆this theme is rich in universality このテーマは、大いに普遍性を持っている

**universe** the ～ 宇宙，全世界; a ～ 分野，領域，世界 ◆broaden your universe あなたの世界を広げる

**university** a ～ 総合大学 ◆encourage university-industry cooperation; encourage cooperation between academia and industry 産学協同［産学協力］を促進する ◆in North American universities 北米の大学において ◆lifelong learning in colleges and universities 単科大学および総合大学における生涯学習［教育］ ◆the University of Oxford オックスフォード大学 ◆She holds a BS from the Massachusetts Institute of Technology and an MS from Columbia University. 彼女はMITの理学学士号とコロンビア大学の理学修士号を持っている．

**univocal** adj. ひとつの意味にしか解釈できない，一義的な，一意的な；あいまいでない，明白な ◆a univocal answer 一義的［一意的］な答え

**Unix, UNIX** 《コンピュ》（ユニックス）（*ベル研究所が元来開発した強力なオペレーティングシステム）◆a UNIX-based system UNIXベースのシステム ◆The software runs on UNIX [under UNIX, in UNIX environments]. そのソフトはUNIXで走る［動作する］．◆The UNIX look-alikes have been developed to avoid royalty payments. 各種のUNIXライクなOSは、（AT&T社への）使用料の支払いを逃れるために開発された．

**unjam** ◆unjam the stuck door 突っかかったドアを直す

**unjustifiable** adj. 正当と認められない，言いわけの立たない，弁解のできない，道理に合わない，不当な ◆(an) unjustifiable murder 過剰防衛による殺人 ◆unjustifiable privileges 不当な特権

**unjustified** adj. 正当化されて［正しいと認められて］いない，不当な，根拠のない；《ワープロ》ジャスティファイ［両端揃え］されていない（*ページ中のすべての行の行頭と行末が継ぎ揃っていない）◆(an) unjustified homicide 過剰防衛による殺人 ◆Text should be unjustified (ragged right margin). 文章［原稿］は右端［行末］揃えしない（右マージンをでこぼこにしておく）．

**unkind** 不親切な，思いやりのない

**unknown** adj. 不明の，未知の，知られていない，名の知られていない，知られざる，認識されない; an ～ 無名の人，未知数，未知の［同定される］試料 ◆an unknown quantity 未知数，分からない量，不明な量 ◆a product unknown to the public 一般の人達に知られていない商品 ◆faces unknown to me 私の見知らぬ顔［人たち，人間］ ◆industrial wastes of unknown content 成分内容の分からない産業廃棄物 ◆most old ballads are of unknown authorship ほとんどの古い民謡は詠み人知らず［作者不詳、作者不明］である ◆venture into the unknown 未知の領域［世界］に分け入る［踏み込む］ ◆venture into the unknown 未知の世界［領域、分野］に足を踏み入れる［踏み込む，分け入る］ ◆an exploration into the world of the unknown 知られざる［未知の］世界への探検 ◆on [in, at] the Tomb of the Unknowns at Arlington National Cemetery アーリントン国立墓地の無名戦士の墓の上に［中に，で］（*かつて the Tomb of the Unknown Soldierと呼ばれていた）◆a then still unknown entrepreneur named Donald Trump ドナルド・トランプという名前の、当時まだ無名だった起業家 ◆He's an unknown quantity as a manager. 彼はマネージャとしては未

知数だ．◆solve two equations in two unknowns 未知数が2つある2つの（連立）方程式を解く

**unlatch** ～（の掛け金）をはずす［解除する，開ける］; vi. はずれる，開く ◆unlatch a seatbelt シートベルト（の掛け金）を外す ◆unlatch the lid そのふたのラッチ［掛け金］をはずす

**unlawful** 違法の，不法の，非合法の，合法的でない，不当な，正しくない，法に反する，法にかなっていない，法から外れた，道義に外れた ◆unlawful parking 違法駐車 ◆Reproduction of... is unlawful. ～の複写は違法である．◆Reproduction of any part of this book without the permission of the copyright owner is unlawful. 本書のいかなる部分も，著作権者の許可なくして転載することは，法に反します［法律によって禁じられています］．

**unlawfully** adv. 不法に，非合法に，違法的に，不当に，不正に，法から外れて，道義に反して ◆use... unlawfully ～を不法に使用する

**unleaded** adj.〈ガソリンなどが〉無鉛の；《印刷》行間に（間隔をあけるための薄板=）インテルを挿入してない，行間を詰めた ◆unleaded gas 無鉛ガソリン ◆operate on super-unleaded fuel スーパー無鉛燃料で働く［動作する］

**unlearn** v. 記憶から消し去る，忘れようとする，〈癖など〉を捨てる［なくす］ ◆unlearning bad habits takes longer than merely learning good ones 悪習［悪癖］を捨てる［根絶する，正す，直す］ことは単に良い習慣を身につけるよりも長くかかる

**unleash** vt. ～を解き放つ，～を逃す，～を束縛から解放する，～の抑制をやめる ◆unleash a price war 価格戦争［値下げ競争］を引き起こす ◆designed to unleash the power of your personal computer あなたのパソコンの持てる能力を最大限に引き出すよう作られて ◆One by one over the past decade, the U.S., Japan and Britain, as well as some other European countries, have liberalized or unleashed their telecommunications monopolies. ここ10年間に、米国、日本、英国、その他の一部欧州諸国が一国また一国と、電気通信独占企業体を自由化あるいは開放してきた．

**unless** もし～でなければ，～でない限り，～を除いては，～のほかは ◆unless otherwise specified 特にことわらない［別の定めのない］限り；特に明記してあるものを除いて［以外はすべて］ ◆unless there is a specific reason to the contrary [for not doing so, against it] 特に理由がない限り ◆All songs composed by Xxx unless otherwise specified. 作曲者は、特に明記してない曲は［特に明記してある曲以外は、特に表記してあるものを除いて］すべてXxx．◆Never turn on your water heater unless the tank is full. タンクが満杯の時以外は、絶対に給湯装置の電源を入れないでください．◆The glare on the screen is intense unless I draw the blinds. ブラインドを引かない限り、画面上のぎらつき反射は強烈である．

**unlicensed** adj. 無免許の、無資格の、免許［鑑札］を持っていない、無鑑札の、無認可の、無許可の、潜りの ◆an unlicensed surgeon 無免許の医師；もぐりの医者 ◆an unlicensed street vendor 無免許の［鑑札/許可証を持ってない］大道商人；無許可の露店［屋台］

**unlike** prep. ～とは異なって、～と違って、～らしくない; adj. 似ていない、異なった、違った ◆Unlike all electronic, optical mice, mechanical mice are susceptible to wear and damage. 全電子式の光学マウスとは異なり［違い］、機械式マウスは摩耗したり壊れたりしやすい．

**unlikely** adj. ありそうにもない、思いもよらない、起こりそうにない、見込みがない; adv. ありそうになく ◆even in the unlikely event of a catastrophic failure めったにない［極めて希に］破局的故障が発生した場合にさえ ◆In the unlikely event of the bulb rupturing, (まずは起こりそうもないが）万一電球が破裂した場合には, ◆it's unlikely that his ideas will be welcomed with open arms 彼の考えが諸手を挙げて歓迎［賛成、支持］されることは、まずないだろう ◆When businesses need trained workers, they know they can find them in an unlikely-looking place. 企業は、熟練労働者が必要になれば、思いもよらないような場所で見つけられることを知っている．(*少

年院に行けば優秀な労働力が確保できるという話で）◆It is very unlikely that we will see a vaccine available for widespread use any earlier than the mid-1990s.　広く一般の使用に供せられるワクチンが, 1990年代半ばより早く出現する見込みは非常に薄い[出現することはまずない].

**unlimited** 制限のない, 際限のない, 無限の, 広大な, 無条件の ◆an unlimited number of macro commands 無制限の数のマクロコマンド ◆an unlimited source of clean energy 無尽蔵の[尽き果てることのない]クリーンエネルギー源 ◆unlimited possibilities 無限の可能性 ◆serve an almost unlimited number of users in unlimited areas 限りなく広い地域に分布しているほとんど無数のユーザーの応対をする

**unlisted** 名簿[目録, 一覧表]に載っていない ◆unlisted shares [stocks] 非上場[場外, 未上場]株

**unload** vt. 〜から荷をおろす, 〈船荷〉を陸揚げ[荷揚げ, 荷下ろし]する, 〈乗客〉をおろす, 〈充填物〉を取り出す, 負荷を軽減する;《コンピュ》アンロードする,〈読み込まれたデータ〉を削除する, 書き出す;(比喩的)〈重荷〉をおろす, 吐露する; vi. ◆unload... from a freighter 〜を貨物船から荷下ろし[荷卸し, 荷揚げ, 陸揚げ, 揚陸(ヨウリク)]する ◆press Ctrl-Alt-Del to unload Excel and get back to Windows 《コンピュ》Ctrl-Alt-Delキーを(同時に)押して Excel(プログラム)をアンロードし, Windowsに戻る

**unloaded** adj. 無負荷の, 不載荷の, 未充填の,《コンピュ》ロードされていない ◆run unloaded 〈モーターなどが〉無負荷状態で回る

**unloading** □乗客や積み荷を降ろすこと, 荷下ろし[荷卸し, 船荷の]陸揚げ ◆the use of lighters in loading and unloading ships 本船の荷物の積み降ろしに艀(ハシケ)を利用すること

**unlock** vt. 〜を解錠[開錠]する, 〜開ける, 〜(のロック)を解除[開放]する, 〜を明らかにする; vi.〈錠などが〉開く, 解かれる ◆unlock a door ドアの鍵を開ける ◆unlock the secrets of the universe 宇宙の謎を解き明かす[解明する]

**unmanned** adj.〈人工衛星などが〉無人の ▶unmannedは, 1992年に性差別語として NASA(米航空宇宙局)の正式用語から外された. NASAでは代わりに uncrewed, unhabited を用いることに決定した. ◆an unmanned aircraft 無人(航空)機

**unmark** vt. 〜から印[記号, マーク]を取る[はずす], 〜のマークを解除する; unmarked adj. マークのつけられていない, 注目されていない ◆an unmarked patrol [police] car 覆面パトカー ◆if the lanes are unmarked 車線に標示が施されていない場合

**unmarried** adj. 結婚していない, 未婚の, 独身[独り者, 独り身]の ◆an older unmarried woman より高年齢の[比較的年のいった, 年かさの]未婚女性; ハイミス

**unmatched** adj. 他に並ぶものがない, 無比の, 無類の, 無二の, 二つとない,（天下）無双の, 他にかなう[匹敵する, 肩を張る]もののいない,（天下）無敵の, 他に類例を見ない; 釣り合わない, そぐわない, そろっていない, 不揃いの ◆unmatched beauty 比類なき美しさ ◆unmatched performance values 無比[無敵]の性能値 ◆his receiving ability is unmatched 彼のレシーブ力は他に並ぶものがない

**unmate** vt.〈コネクタなどの接続〉を外す(→mate)

**unmistakable** adj. 間違えようのない, 紛れもない, 歴然たる, 明白な, 明らかな, はっきりとした ◆until the economy shows unmistakable signs of recovery 経済が明らかな[確かな]回復の兆しを見せるまで

**unmodulated** adj. 変調がかかっていない, 無変調− ◆an unmodulated continuous wave radio signal 変調のかかっていない[無変調]連続波の無線[高周波]信号

**UNMOVIC** (the United Nations Monitoring, Verification and Inspection Commission)《省略形にtheは不要》国連監視検証査察委員会（＊イラクが大量破壊兵器を保有しないよう監視するための国連機関）

**unnatural** adj. 不自然な, 人為的な ◆die of unnatural causes; die an unnatural death 不自然な[普通でない]死に方をする; 変死する

---

**unopened**

**unnecessarily** adv. 必要以上に, 不必要に, 不必要なほど, 無用に, 無益に, 無駄に, いたずらに, やたらと ◆During the driving test, don't talk unnecessarily with the examiner.　運転実技試験中は, 試験官と無駄口をきかないようにすること. ◆ The manual is clear and concise, and it refrains from being unnecessarily technical.　マニュアルは明瞭かつ簡潔で, 不必要に[むやみに]技術的にならないようにしている.

**unnecessary** adj. 必要でない, 不必要な, 無駄な, 無益な, 無用な, 要りもしない, しなくてもよい, 余分な, 余計な, つまらない ◆become unnecessary 必要なくなる; 不必要[不要, 不用]になる ◆with as little unnecessary expense as possible 無駄な出費をできるだけ抑えて

**unnecessity** □必要がないこと, 要らないこと, 不要[不用]であること, 不必要 ◆due to the unnecessity of... 〜が要らない[不必要な, 不要な, 不用な]せいで ◆... revealed the unnecessity of doing that 〜は, それを行う必要がないことを浮き彫りにした

**unobserved** adj. 気付かれて[見られて, 観察されて]いない,（規則などが）守られて[遵守されて]いない ◆Personal computers are often left turned on for extended periods of time and left unobserved while turned on.　パソコンは長時間電源を入れたままほったらかされて[放置されて]いることがよくある.

**unobstructed** adj. 妨げられていない, 遮られていない ◆ be unobstructed by... 〜には遮られていない ◆Ensure that the ventilation slots remain unobstructed.　換気孔が, ふさがれることのないようにしてください.

**unobtrusive, inobtrusive** adj. 目だたない, 人目につかない, 控えめな, 目障り[邪魔]でない, うるさくない, でしゃばらない, さりげない, 慎み深い, 遠慮がちの, 地味な, 地道な ◆with an unobtrusive attention to detail さりげない細やかな気配りで ◆in a way that is unobtrusive to the user ユーザーに目立たないように;《意訳》使う人に存在を感じさせることがないよう ◆an inobtrusive notice (that) it's an IBM giveaway on the first page これはIBM社からの粗品ですと最初のページに書かれている遠慮がちな[控えめな]表示 ◆Above-ground electrical transformers should be located to be as unobtrusive as possible.　地上変圧器はできるだけ目立たない[目障りにならない]場所に設置すること.

**unobtrusively** adv. 目障りに[邪魔に]ならずに, 存在を感じさせずに, 出しゃばらずに, さりげなく, 気付かれないで, 人目につかない, 控え目に, 地味に, 地道に, 気づかない[無意識の, 知らず知らず]のうちに ◆an uninterruptible power supply that can fit unobtrusively on the desktop 机の上にさりげなく[邪魔にならずに]置ける無停電電源装置 ◆it can be mounted unobtrusively on...　それは,〜に目立たないように取り付けられる ◆the game is built around fairy tales and is designed to unobtrusively build reading skills　このゲームは, おとぎ話を元に作られていて知らず識らずのうちに読む力がつくようになっている ◆The engine goes about its business so unobtrusively.　このエンジンは, それほどにさりげなくけなげに働く.

**unoccupied** adj. 占有されていない,〈場所, 部屋が〉あいている ◆an unoccupied room 空き室[部屋]

**unofficial** adj. 非公式の, 私的な, 内々の, 非公認の,〈記録などが〉未公認の, 未確認の, 承認を受けてない,〈医薬品などが〉局方外の ◆Welcome to an unofficial Xxx home page [an unofficial home page of Xxx].　Xxxの非公式ホームページへようこそ. ◆The Republic of China and the United States still have unofficial diplomatic relations.　中華民国と米国は依然として非公式の外交関係を持ち続けている.

**unofficially** adv. 非公式に, 非公認で, 未公認で, 私的に, 未公認[未確認]ながら ◆It has been decided unofficially that...　: It had been unofficially [informally] decided...　〜と非公式に決定された[決まった]; 〜と内々で決まった

**unopened** adj. 開かれて[開けられて,（一般）公開されて]いない,〈手紙が〉未開封の[封を切ってない, 閉じられて[締められて, 閉鎖されて]いる,〈本・雑誌が〉アンカット[仮綴じ]の(＊仕上げ断ちされていない) ◆Papers received after the deadline will be returned to authors unopened. 締め切りが過ぎてから受け取った論文は、未開封のまま著者に返却されます.

**UNOS** (the United Network for Organ Sharing) 全米臓器分配ネットワーク(略語形にtheは不要)

**unpack** vt. 〈荷,包み〉をあける, 〜を荷解きする, 〜の梱包をとく, 〜を(包み,容器から)取り出す, 〈コンピュ〉〈圧縮されたデータ〉を展開する[復元する], 荷をおろす; vi. 荷解きする ◆unpack cartons カートンを開梱する ◆unpack crates クレート梱包を解体する ◆A pile of unpacked boxes awaited him at the home he had just moved into.  まだ荷解き(=ニホドキ)されてない箱の山が, 入居したばかりの家で彼を待っていた. ◆The unpack utility returns the file to its original state. 《コンピュ》アンパック[圧縮解除,展開]ユーティリティは, そのファイルを元の状態に復元する. ◆Unpack your Juicer with care.  お買い上げのジューサーを注意して開梱してください. ◆Carefully unpack the parts of the food processor from the shipping carton.  フードプロセッサーの部品を注意して輸送箱から取り出してください.

**unpackaged** ◆bulk [unpackaged] cargo; cargo in bulk ばら積みの荷, バラ荷

**unpaid** adj. 未払いの, 無給の ◆unpaid time off 無給休暇 ◆60 hours of unpaid work 60時間の無報酬労働[支払われない労働, 無償労働, ただ働き] ◆do [perform] unpaid work 無償労働[無報酬労働, 支払われない労働, ただ働き]をする ◆take an unpaid leave of absence from...  〜から無給休暇を取る ◆if a phone bill goes unpaid for a long time, 電話料金の請求書が長期間不払いになっていると ◆Should taxes remain unpaid after December 31st, ...  12月31日を過ぎても税金が支払われない[納付されない, 払い込まれない, 未納の]場合は, ◆the issue of "valuing" unpaid women's work, such as housework and child care 家事や育児などの女性の無償[無報酬, 支払われない]労働に「値段を付ける」といった問題

**unpalatable** adj. 口に合わない, まずい(= not palatable, distasteful); 気にくわない, 不快な ◆most people would find a "light" cheese unpalatable たいていの人は「低脂肪」チーズをまずいと感じるだろう

**unparalleled** 並ぶ[匹敵する, 比肩する]ものがない, 類[比類]のない, その比[他に類例]を見ない, 無比の, 無類の, 無二の, たぐい希な, 天下一品の, ずば抜けた, 前例[先例]のない, 前代未聞の, 古今未曾有の, 破天荒の; 前例[先例]のない, 前代未聞の, (古今)未曾有(ミゾウ)の ◆provide unparalleled training opportunities 訓練のためのまたとない機会[得難い機会, 千載一遇(センザイイチグウ)のチャンス]を提供する ◆A sale of this magnitude is unparalleled in history.  これほどの規模の売却は過去に例がない. ◆This is truly a phenomenon that is unparalleled in the history of our nation.  これは誠にもって我が国の歴史における前代未聞の現象である. ◆If you buy a riverfront site on the West Virginia side, you get an unparalleled view of river, canal and mountains.  ウエスト・バージニア側の河岸に面した土地を購入すれば, 川や運河や山々の見渡せる絶景を手に入れることができます.(*an unparalleled view = 絶景, 他に比たとえようのない景色, すばらしい眺望) ◆Harley-Davidson, riding a crest of popularity unparalleled in the motorcycle industry, has back-orders on all models.  ハーレー・ダビッドソンは, バイク業界でいまだかつて例を見ない人気の波に乗り, 全車種について注文残を抱えている.

**unpaved** adj. 舗装されていない, 未舗装の ◆an unpaved strip of ground  舗装が施されていない帯状の地面[区画]

**unplanned** adj. 行き当たりばったりの, 計画外の, 予定外の, 予想しない, 臨時の, 非計画[無計画]- ◆more than $1.7 million in unplanned spending  170万ドルを上回る予定外[計画外, 予想せぬ, 臨時]の支出[出費] ◆in the case of unplanned [accidental] pregnancy  計画外[予定外]妊娠をしてしまった人 ◆an unplanned interruption of critical information processing  重要情報処理の予期しない[突然の, 突発的な]停止

**unpleasant** adj. 不愉快な, 不快で, いやな, 好ましくない, 感じ[気持ち]の悪い, 楽しくない, 面白くない, 心地よくない, 〈性格が〉人好きのしない, 〈音などが〉耳障りな, 〈仕事などが〉不本意な ◆an unpleasant odor [smell]  不快な臭い ◆the occurrence of unpleasant odors  不快な臭いの出現,《意訳》悪臭の発生 ◆Sauerkraut smells unpleasant while cooking, but it's really yummy.  ザウアークラウトは料理中に不快な[いやな, ひどい]臭いがするけれど, 本当においしい.

**unplug** vt. 〈プラグ〉を(コンセント, ジャック等から)抜く, 〈電気製品〉の電源プラグをコンセントから抜く, 〜からプラグを抜く, 〜から障害物を取り除く ◆Unplug the tool.  工具の電源プラグを(コンセントから)抜いてください. ◆For safety reasons, unplug the appliance from the outlet when not in use.  安全上, 使用していないときは本装置の電源プラグをコンセントから抜いてください.

**unplugged** adj. コンセント[ジャック, ソケット]から外した, 栓を抜いた,《音楽》アンプによる増幅や音が電気的な加工をを施してない[アコースティックな, 生楽器による] ◆a live show (not unplugged)  生演奏ショー(ただし電気楽器を使用) ◆an unplugged evening  生楽器演奏のゆうべ ◆unplugged music (電気楽器でない)生楽器による音楽

**unpopular** adj. 人気がない, 不人気の, 人望のない, 評判が悪い, 不評判の, 不評の, はやらない ◆the highly unpopular consumption tax  きわめて不評判の[評判の良くない]消費税

**unpowered** ◆applications requiring short-time operation after long periods of unpowered storage (10 to 20 years) (10年から20年の)無通電[非通電]長期間保管の後に短時間の運転[動作]を要する用途[応用例]

**unprecedented** adj. 前例のない, 先例をみない, 空前の, 従来[今まで]にない, (いまだ)かつてない, 未曾有(ミゾウ)の, 破天荒の ◆at an unprecedented rate  いまだかつてないペースで ◆unprecedented losses  かつてない[今までにない]損失 ◆an unprecedented number of...  過去に例がないほどの数の〜 ◆an unprecedented opportunity to <do...>  異例の好機 ◆at an unprecedented low price  破格の値段で ◆unprecedented price wars  先例を見ない価格戦争 ◆despite a deficit of unprecedented magnitude  過去に例をみない巨額の赤字にもかかわらず ◆The U.S. economy shrugged off the October 1987 stock-market crash to record a sixth straight year of growth, a feat unprecedented during peacetime.  米国経済は, 1987年10月の株式市場の大暴落をも物ともせずに, 平時においては未曾有の快挙とも言うべき連続成長6年目を記録した.

**unprecedentedly** adv. 先例[前例]のないほど, 前代未聞に ◆at unprecedentedly high speeds  いまだかつて例をみない速いスピードで

**unpredictability** 〔□予言[予測, 予報]できないこと, 不確定性, 不確実性; an 〜 不確定要素, 不確実な事柄 ◆There is an unpredictability to it.  それには不確定要素[不確かなこと]が一つある. ◆In a situation like this, all of the unpredictabilities go off the scale.  このような状況の中にあっては, すべての不確定要素は測りようがない[全く見当さえつかない]ほど不確かなものになってしまう.

**unpredictable** adj. 予測[予知, 予言]できない ◆be unpredictable in advance  前もって予測[予知]できない ◆expose the industry to unpredictable market forces  予測がつかない動きをする[不透明な]市場の実勢にその業界をさらす[ゆだねさせる] ◆This can cause unpredictable results.  このことは, 予期しない結果を招きかねない. ◆Unpredictable results can occur.  予測[予知]できない結果になることもある.;《コンピュ》結果は不定である.

**unpremeditated** adj. 前もって計画されたものでない, 故意でない (an) unpremeditated murder  計画性のない殺人 ◆unpremeditated homicide  過失致死[致死罪]

**unprofitable** adj. 利益の出ない, 儲からない, 採算のとれない[合わない], 不採算-, 無益な ◆shed unprofitable divisions  不採算部門を切り捨てる ◆unprofitable government-owned businesses  採算のとれない国有企業

**UNPROFOR, Unprofor** (the United Nations Protection Force)《略語形にtheは不要》国連保護軍

**unpromising** adj. （前途）有望でない，見込みのない ◆ research that is technically sophisticated but economically unpromising　技術的には高度だが経済面では見込みのない[有望でない]研究

**unprotect** vt. 〜の保護[プロテクト，書き込み禁止]を解除する ◆ unprotect a file　《コンピュ》ファイルのプロテクト[（読み出し／書き込み）禁止]を解除する ◆ unprotect the floppy disk　そのフロッピーディスクのプロテクトを外す

**unprotected** adj. 保護[防護]されていない，むきだしの，《コンピュ》プロテクトされてない ◆ an unprotected version of Lotus 1-2-3　Lotus 1-2-3の（コピー）プロテクト無しのバージョン ◆ Never place unprotected CDs on lint-laden surfaces.　決してむきだしのCDをほこりっぽい面に置かないでください。

**unproved, unproven** adj. 証明[立証，実証，確認]されていない，実績のない，未確認の，未確認の証拠不十分の ◆ unproven equipment [components]　実績のない機器[部品] ◆ an as-yet-unproved technological advance　今のところ（効果の程は）まだ実証されて[試されて]いない技術進歩

**unpublished** adj. まだ出版されていない，公にされていない，隠れた，未発表の，未刊の，未出版の，未刊行の，未公刊の ◆ five unpublished numbers　未発表の5曲

**unqualified** adj. （〜の）資格のない<for>；制限のない，無条件の，全くの ◆ unqualified support　全面的な支持[援助] ◆ The film was an unqualified success.　この映画は文句なしの[完璧な，全くの，大]成功だった。

**unravel** vt. 〈もつれたもの〉を解く（ホドク）[解きほぐす，解きほどす，解き明かす，解明する]，〈難問など〉を解決する；vi. ほどける，ほぐれる，解明される ◆ It is to be expected that scientific research will proceed to unravel these mind-body relations.　科学的な研究が進展し，これらの心身関係を解明するものと期待されている。

**unreacted** adj. 未反応の ◆ unreacted ammonia　未反応のアンモニア

**unreactive** adj. 反応性の低い，反応を起こしにくい，《意訳》(*金属について)イオン化傾向の小さい ◆ gold is highly unreactive　金は非常に反応性が低い

**unreadable** adj. （面白くなくて）読むに堪えない[値しない，読んでつまらない，退屈な，難しすぎて読めない，読むに適さない，読み取りにくい，判読しにくい，読み取れない，読み取り不可[不能]の ◆ render it unreadable　それを読めなくしてしまう

**unreal** adj. 実在しない，現実にありそうにない，架空の，にせの；信じられないほどすばらしい

**unrealistic** adj. 非現実的な，現実的でない，現実性に欠ける，現実に即していない，現実から遊離[乖離(カイリ)]した，実現できそうにない，〈法律などが〉実効性のありそうもない；非現実主義的，非写実的な ◆ an unrealistic case　非現実的な事例 ◆ unrealistic expectations　現実とかけ離れた期待，かなわぬ期待

**unrealized** adj. まだ実現[理解]されていない，《経》未実現の，帳簿上の ◆ have a $6 million unrealized loss due to...　〜のせいで600万ドルの未実現の損失[評価損]を抱えている ◆ you have a $1,000 "paper" or "unrealized" profit　あなたは1,000ドルの「帳簿上の」利益すなわち「含み」益を持っている (*よって paper profit も「含み益」と訳せる)

**unreasonable** adj. 理屈に合わない，道理にかなわない，理由[筋道]が立たない，理不尽，不合理な，不当な，べらぼうな，無理難題ともいえる，むちゃくちゃな，過度の，ひどい，でたらめな，乱暴な，法外の，もってのほかの ◆ it is not an unreasonable request　それは筋道の通らない[理屈に合わない，理不尽な，むちゃな，めちゃくちゃな，乱暴な]要求ではない ◆ Thus, it is not unreasonable to assume that...　従って，〜だと考えても筋が通らない[理屈に合わない，不合理，理不尽だ]ということにはならない；だから，〜だと思ってもおかしくはない ◆ Do not give up to unreasonable laws without a fight.　理不尽[不当]な法律に対して，闘わずして[どうにもならないと]あきらめて[屈して]はいけない。 ◆ Steer clear of unreasonable people.　物の道理の分からない[《意訳》話の通じない]人達とかかわりをもたないようにすべし。

**unreel** vt. （リールなどから）〈テープなど〉を繰り出す

**unregistered** adj. 登録[登記]されていない，無記名《株式など》，内縁の，書留にされてない ◆ an unregistered seal　(印鑑)登録してないハンコ；認め印

**unrelated** adj. 関連のない，無関係の，脈絡のない，血でない，血縁関係にない，他人の；非関連-，異-，adj. (= not recounted, not told) 語られない ◆ unrelated people [persons]　血縁関係のない[血のつながりのない]人達；他人 ◆ It was apparently unrelated to the cause of the tragedy.　それは，どうやら惨事の原因とは無関係のようだった。

**unreliability** ⓝ 信頼[信用]できないこと，信頼性の欠如，信用の置けないこと，信じられないこと，信憑性(シンピョウセイ)がないこと，あてにできないこと ◆ unreliability causing usage drop-off　利用の激減を招いている信頼性のなさ

**unremitting** adj. 絶え間ない，絶えざる，間断のない，不断の，たゆまぬ，たゆみない，努めてやまない，根気のいい，辛抱強い，〈熱意，情熱などが〉衰えない，飽くなき ◆ unremitting efforts; unremitting labor　不断の[《意訳》たゆみない]努力 ◆ unremitting stress　絶え間ないストレス

**unrepairable** adj. 修理[修繕]不可能な，直せない，取り返しのつかない ◆ unrepairable damage　修繕できない[直せない，修理不能の]損傷

**unrequited** adj. 報われない，報いられない，一方的[一方通行的]な ◆ unrequited toil　報われない骨折り仕事[苦労] ◆ get [have] an unrequited crush on...　（口）一方的に〈人〉にほれる[首ったけである，のぼせ上がっている，ぞっこんまいっている] ◆ his unrequited love for her　彼の彼女に寄せる報われない恋[片思い]

**unrest** ⓝ (社会的な)不安，不穏，混乱（状態），（心の）不安，動揺，心配 ◆ produce mass unemployment and social unrest　大失業と社会不安を生む

**unreversed** adj. 逆に[裏返し]されていない，破棄されていない (*判決などが) ◆ The finder image is unreversed left to right as well as being right side up.　《カメラ》ファインダーの画像は，正しい側が上になっているだけでなく，左右も逆になっていない。(*ファインダー内の画像は正立像，つまり上下左右が被写体と同じになっている)

**UNRISD** (United Nations Research Institute for Social Development) the 〜　国連社会開発調査研究所

**UNRWA** (United Nations Relief and Works Agency for Palestine Refugees in the Near East) the 〜　国連パレスチナ難民救済事業機関

**unsafe** adj. 安全でない，危険な，物騒な，剣呑(ケンノン)な ◆ Unsafe at Any Speed by Ralph Nader　ラルフ・ネーダー著『どんなスピードでも自動車は危険だ』 ◆ if the vehicle is found unsafe　その車両が安全でないと認められた場合は

**unsalable, unsaleable** adj. 売物にならない ◆ render the unit unsalable　そのユニットを売り物にならなくする

**unsanitary** adj. 非衛生な，不衛生な，不潔な，健康[体]によくない ◆ Flies are unsanitary.　ハエは非衛生である。

**unsatisfactory** adj. 満足できるものではない，不満足な，不満な，意に満たない，思わしくない，気に食わない，物足りない，飽き足らない，不足の，不十分の，不具合な；要求・基準・規格・仕様などを満たして[満足して]いない，不合格の，不可の ◆ If your test turns out to be unsatisfactory, ...　もしテストの結果が思わしくなかったら，... ；試験の出来が悪かったら[で不可だったら，及第点とれなかったら，不合格になったら，に落ちたら]，... ◆ issue an unsatisfactory report 《教》学業成績が不可であるという内容の通信簿[通知表]を出す；《工業，軍》不具合報告書を発行する ◆ A student who receives an unsatisfactory report is normally required to withdraw.　不可の通知表を受け取る学生は，普通は退学する必要がある。

**unsaturated** adj. 不飽和の，飽和していない ◆ unsaturated hydrocarbons　不飽和炭化水素

**unscented** adj. 香りのない, 無香料[無香性]の ◆an unscented product 無香料[無香性]の製品 ◆unscented [fragrance-free] cosmetic products 無香料の化粧品

**unscheduled** adj. スケジュール[計画表, 時間表, 時刻表, 日程表, 予定表, 工程表,《鉄道》ダイヤ]に組み込まれていない, 計画外の, 予定外の, 不定期の, 臨時の ◆unscheduled maintenance 計画外[予定外,非定期,臨時]の整備;非計画保全 unscheduled shutdowns for safety reasons 安全上の計画外[予定外,不定期,臨時]の運転停止(*原発の話で) ◆make an unscheduled stop or an unusual slowdown 《鉄道》臨時停止[停車]あるいは臨時徐行を行う ◆a flat tire that forced an unscheduled overnight stay in Springfield 図らずもスプリングフィールドで一泊するはめになったタイヤのパンク

**UNSCOM** (the U.N. Special Commission overseeing the destruction of Iraqi [Iraq's] weapons of mass destruction) 《略語形にしてtheは不要》国連イラク大量破壊兵器廃棄特別委員会

**unscramble** vt. ～を解読する,《入り乱れたもの》を元通りにすっきり分ける,～(の混線,混信)をなおしてはっきりさせる ◆The new generation of digital-transmission technology is tough for analysts to unscramble. 新世代のデジタル送信技術は,分析専門家にとって解読が難しい.

**unscrew** vt. (ねじをはずして)～を取り外す,～のねじをゆるめる,～のふたを回してあける; vi. ねじがゆるむ[抜ける], ねじがゆるめられる ◆Unscrew the two screws that hold the transformer to the chassis. トランスをシャーシに留めている2本のネジを取り外してください.

**unseasonable** adj. 季節[時候]はずれの,(天候)不順な,時機が悪い,時機を失した,時ならぬ,時宜を得ない,場違いな ◆be hurt by unseasonable weather 時節外れの天候[時ならぬ天候,天候不順]に痛めつけられる

**unseasonably** adv. 季節外れに, 天候不順で, 時ならず, 時宜を得ず, 折悪しく ◆recent unseasonably mild winters 近年の季節に似合わず温暖な冬; (意訳)近年の異常な(気象)とも言える暖冬 ◆the weather in Moscow is unseasonably warm this week モスクワの天候は今週季節はずれに暖かい

**unseen** adj. 見えない, いままで見たことがない, まだ見ぬ-, 初見での, (準備なしの)即席での, 気付かれない ◆previously unseen yellow flecks of contamination これまでに見られなかった黄色い汚染の染み

**unserviceable** adj. 使いものにならない, 実用にならない ◆If the flywheel is unserviceable, replace it. はずみ車が使用不能なら交換します.

**unsettled** adj. 未解決の, 未決済の, 未済の, 未払いの, 結末[決着, 目鼻]が付いていない, 落ち着かない, 動揺している, 不安, 物騒な,《市況》が)迷いの,《天候》が)変わりやすい, 定まらない, ぐずついた, 不順な,《時代》が)動乱の, 乱世の-,《島など》が)人が定住していない, 住民のいない ◆unsettled matters 未決定[懸案]事項

**unsightly** adj. みかけが悪い, 見苦しい, 醜い, みっともない, 不体裁な, 目障りな ◆it doesn't attract dust and become unsightly それはほこりを寄せ付けて見苦しく[醜く]なることはない

**unsigned** adj. 署名なしの, 無署名の, 無名の, 無銘の,《数》符号なしの(*数に正負[プラスマイナス]を表す符号が付いていない)

**unskilled** adj. 未熟な, 未熟練の, 非熟練, 熟達してない, 技術不足の, 腕の立たない, 腕のにぶい, 熟練を要しない, 単純労働の ◆unskilled in... ～に不慣れで ◆unskilled jobs 単純労働の働き口 ◆unskilled workers 熟練[不熟練, 単純]労働者, 未熟練工

**unslashed** ◆print zeros unslashed ゼロに(英字のOとの区別用の)スラッシュを重ねないで印字する

**unsold** adj. 売れない, 売れていない, 売れ残った, 売れ残りの, 残品の ◆(an) unsold inventory 売れ残り在庫 ◆a retailer that buys up unsold inventory from manufacturers and sells it at big discounts メーカーから売れ残り在庫を買い上げ, 大幅に値引きして販売する小売業者[バッタ屋]

**unsolicited** adj. 求められていない, お節介の, 頼んでもいないのに勝手になされた[一方的に送りつけられた], 自発的な ◆give unsolicited directions to... 別にたのまれもしないのに〈人〉に余計な指図をする

**unsolvable** adj. 解けない, 解決できない, 解決不能[不可能]な ◆the problem is unsolvable この問題は解けない

**unsophisticated** adj. 洗練されていない, 高度でない, 複雑[精巧]でない, 簡単な; 世間ずれしてない, うぶな, ういういしい, 無邪気な, 純朴な, 朴直[朴訥]な, 純粋な, 混ぜもののない ◆an unsophisticated instrument 高度でない[ローテク, 簡単な]装置 ◆an unsophisticated user 慣れていない[未習熟な, 初級]ユーザー ◆unsophisticated search tools 簡易検索ツール ◆users who are technically unsophisticated 技術レベルの低い[技術的に高度でない,《意訳》初級レベルの]ユーザー

**unsound** adj. 不健全な, 不健康な, しっかりしていない, 腐っている, 欠陥のある,《精神が》異常な,《議論などが》根拠が薄弱な, 筋の通らない, 筋道の立っていない, 裏付けのない, 不合理な ◆a structurally unsound house 構造的に堅固でない[造りがしっかりしていない]家

**UNSP** (United Nations Special Fund) the ～

**unsplit** ◆unsplit the screen (分割されている)画面を非分割にする

**unstable** adj. 不安定な ◆become unstable 不安定になる ◆an unstable power source 不安定な電源

**unsteadiness** ◆the unsteadiness of an image 画像の不安定さ[(不規則な)動揺] ◆The longer the lens, the greater is the chance of unsteadiness. レンズ(の焦点距離)が長ければ長いほど, ブレる可能性が大きい.

**unsteady** adj. 不安定な, ぐらぐら[ふらふら]する, ふらつく, 変動する, むらのある, 定まらない, 不規則な, 当てにならない, 剣呑(ケンノン)な, 非定常-, 不定常-, 不定- ◆topple an unsteady administration 不安定な政権を倒す[転覆させる]

**unstick** vt. 〈くっついているもの〉をはがす ◆The stamp came unstuck along the edges. 切手は, 縁に沿ってはがれてきた.

**unstylish** adj. ハイカラで[粋で]ない, 野暮ったい, ダサい ◆an unstylish, unattractive person ダサくて魅力のない[野暮ったくてつまらない]人

**unsubstantiated** adj. 証拠立てられない, 根拠のない, 説明のつかない, (費用などが)使途不明の, 実体のない

**unsuccessful** adj. 不成功の, うまくいかない, 失敗の; -ly adv. ◆in the event of unsuccessful negotiations with the contractor 請負業者との交渉が万一思わしい進展を見せない[不調の]場合 ◆the talks have ended unsuccessfully 交渉は不調に終わった

**unsung** adj. 謳われない, 詩歌でほめたたえられた[賛美された]ことのない, 名前の知られていない, 無名の ◆unsung heroes and heroines 称えられることのない[無名の]功労者たち; 縁の下の力持ちたち

**unsupported** adj. 支えられて[支持されて, 扶養されて]いない, 支援[援助, 介助]なしの, 無支援の, 実証[立証]されてない, 裏付け[根拠]のない, (土木工事で土砂崩れを防ぐための)支保工(シホコウ)を使わない, 素掘りの, 補強なし[無補強]の ◆utterly unsupported allegations [assertions] 全く証拠のない[何の根拠もない]申し立て; 根も葉もない陳述 ◆they have achieved the longest unsupported crossing of Antarctica on foot 彼らはサポート[(補給などの)支援]なしでの南極大陸最長徒歩縦走を達成した

**unsurpassed** adj. この上ない, 無類の, 他の追随をゆるさない, 右に出る者がないほどの, 抜群の, 卓越した ◆unsurpassed ease of maintenance この上ない[最高の]保守の容易さ ◆unsurpassed purity 最高の[この上ない, 非常に高い, 抜群の]純度 ◆a ride that is almost unsurpassed in suppleness しなやかさではほとんど他の追随を許さない乗り心地

**UNTAC** ◆Yasushi Akashi, chief of the U.N. Transitional Authority in Cambodia (UNTAC) 明石康国連カンボジア暫定行政機構(UNTAC)代表 (*1992年当時の記事から)

**untapped** adj. 未開発の, まだ利用［活用］されてない, 未利用の, 未活用の, 手つかずの, 眠っている, 潜在=; adj.（樽などが）まだ栓が付いていない, まだ栓が開いてない, 未開栓の ◆untapped capabilities 潜在［未開発の, 眠っている］能力 ◆a pretty untapped market まだ相当に未開拓の状態の市場 ◆find an unknown and untapped ability 知られざる眠った能力を発見する ◆penetrate markets yet untapped 未開拓の市場に浸透する ◆as yet, untapped domestic market まだ手付かずの状態の国内市場 ◆believe that there is a large, untapped market today for... 今日まだ手付かずのままになっている〜の大きな［潜在］市場があるのではないかと思っている ◆see untapped potential in the China market 中国市場に（今後大市場に発展するのではという）まだ開発されていない可能性があることを見て取る ◆This area is virtually untapped at present. この分野は現在のところ, 事実上まだ手がつけられていない状態である. ◆The Japanese DOS/V market has enormous growth potential, most of which is untapped. 日本のDOS/V市場は, とてつもなく成長する可能性を秘めており, まだほとんど手付かずの状態である.

**untenable** adj. 攻撃から守れない, 擁護［防衛, 防御］できない, 支持［支援, 成立］できない, 成り立たない, 住むのに適さない, 居住［占有］できない ◆The theory is now known to be untenable, but it should be noted that... この理論は今では成り立たないことが分かっているが, 〜であることには留意しなければならない.

**unthinkable** adj. 考えられない, 思いも寄らぬ, 想像も及ばない, 想像を絶する, ありえない, 問題外の, 論外の, 全くない可能な, とうてい実行不可能な, 考慮に値しない, もってのほかの, とんでもない, めっそうもない ◆be no longer unthinkable 〜はもはや考えられないことではない ◆do the unthinkable 考えられないようなことをする ◆the unthinkable occurs 考えられないようなことが起きる ◆they did what would have been unthinkable only months ago 彼らは, ほんの何カ月か前だったら到底考えられなかったことをした ◆things that were considered unthinkable just a few years ago ほんの数年前には想像もできない［とてもありそうにない］と考えられていたこと ◆For Christians, divorce used to be unthinkable. キリスト教徒にとって, 離婚は考えられない［考えも及ばない］ことだった.

**untie** vt. 〜を解く（ホドク, トク）, 解き放つ, 解放する, 自由にする; vi. 解ける（ホドケル, トケル） ◆the laces of her skate became untied 彼女のスケートの紐がほどけて（き）た

**untied** adj. ほどけている, 縛られて［束縛されて, 制限されて］いない,〈借款が〉ひも付きでない ◆an untied Japanese loan 日本の紐付きでない借款［使途に制限のない融資］

**until** prep. conj. 〜まで（ずっと［継続して］）;（(否定語とともに)〜までは〜しない, 〜してはじめて［ようやく］〜する ◆until then その時まで(は) ◆until the time comes when... (up) until the time when... 〜の時が来るまで ◆until a few years ago 二, 三年［数年］前まで ◆until now 今まで, これまで ◆study until late at night 夜遅くまで勉強する ◆until after one's first birthday 1歳の誕生日を過ぎるまで ◆until DTP came along デスクトップパブリッシングが出現するまでは ◆lower the lever until the blade teeth are engaged in the surface ブレードの歯が表面に食い込むまでレバーを下げる ◆Until about 1981, it was thought that... 1981年ごろまで, 〜と考えられていた ◆prevent the operation of the equipment until after the expiration of a predetermined time interval 所定の時間［間隔(の長さ)］が過ぎるまで, その機器が動作しないようにしておく ◆It wasn't [was not] until many years later that they became required. それらは長い年月を経て初めて必要なものとなった. ◆The Soviet Union did not enter the war against Japan until Aug. 9, 1945. ソ連は1945年8月9日になって初めて［ようやく, やっと］対日戦に参戦した. ◆it was not until the end of the century that people started to see the need for... 人々が〜の必要性を感じ始めたのは, 世紀末になってからだった ◆Production operations are promptly corrected or shut down until corrected. 生産操業は, 即座に修正されるか, あるいは修正されるまで（の間）停止される. ◆Samples of the chip set are not expected until 1992. そのチップセットのサンプル［見本］は, 1992年までは出てこないものと思われる. ◆The disease often does not appear until five years or so after infection. その病気は, 感染後5年ほどしてから（はじめて）発病することがしばしば［よく］ある. ◆The first crews and equipment did not get to the spill until ten hours after the accident. 第一陣の作業員と機器が, 油流出現場に事故発生後10時間経過してようやく到着した. ◆Until recently, automatic focusing for professional-grade single-lens-reflex cameras has been lacking. 最近まで, プロ向けの一眼レフカメラには自動焦点機能が欠けて［欠如して］いた.

**untimely** adj. 折り悪しき, タイミングの悪い, 時ならぬ, 早過ぎる, 時期尚早の; adv. ◆the untimely deaths of close friends 親友の早すぎる死［早死に, 若死に, 早逝］

**untiringly** adv. 疲れ知らずで, 飽くことのなく, 倦まず弛まず（ウマズタユマズ）, 弛みなく ◆All this time he studied untiringly to perfect himself as a teacher, and in 1867 he was elected principal of the Bellefonte High School. この間ずっと彼は教師として己を全うすべく倦まず弛まず［倦まず撓まず］（ウマズタユマズ）研鑽し, 1867年にはベルフォンテ高校の校長に選任された.

**unto** prep.《古》(= to, until) ◆A printer is both a system unto itself and a component of a word processing system. プリンタは, それ自体システムであり, またワープロシステムの一つの構成部品でもある.

**untouchable** adj. 触ることのできない, 実体のない［無形の, 非物質的な］(immaterial), 手を触れては［取り扱っては］ならない, 批判［非難, 規制］の及ばない, 触れるのも汚らわしい; an〜 不可触賎民（*昔インドで最下層だった), 禁酒法時代にギャングの買収に応じなかった連邦捜査官 ◆the plight of the "untouchable" (or dalit, meaning "the oppressed")（*インドの）「不可触民」（すなわち,「虐げられた人々」を意味するダリットの人たち）の窮状

**untoward** adj. 運の悪い, 不都合な, 厄介な, 面倒な, 扱いにくい, 不利な, 不適当な ◆as long as nothing untoward happens 困ったことにならさえすれば ◆Listen to the engine and make sure that no untoward noises are coming from it. エンジン（の音）を聴いて, エンジンから聞き苦しい騒音［変な音, 異常な音］が出ていないことを確かめてください.

**untrained** adj. 訓練されていない, 練習を積んでいない, 未熟の, 教練［軍事訓練］を受けていない ◆The misalignment is subtle and not immediately visible to the untrained eye. 位置合わせ不良は軽微で分かりにくく, 素人目にはすぐには見て取れない.

**untrue** adj. 真実ではない, 事実に反する, 不正確極まりない, うそいつわりの, 虚偽の, 虚妄の; 不誠実な, 誠実［忠実］でない, 不実な ◆That is absolutely [totally, completely, simply] untrue. それは全く［完全に］事実と違う.

**UNTSO** (U.N. Truce Supervision Organization) the 〜 国連休戦監視機構（*1948年にパレスチナに派遣されたPKO第1号）

**UNU** (United Nations University) the 〜 国連大学

**unusable** adj. 使用不能な ◆become unusable due to deterioration 劣化のせいで使いものにならなくなる; 老朽化のため使用不可になる ◆be scheduled to be unusable from... to... due to maintenance 〜から〜までの間, 保守のために使えなく［利用できなく］なる予定である ◆Unfortunately, most of the usual neural algorithms are unusable for practical applications. 残念ながら, 通常のニューラルアルゴリズムのほとんどは実際的応用［実用］には使えない.

**unused** 1 adj. 使われていない, 新しい, 新品の, さらの, 未使用の, 使い残された, 用いられていない, 遊んでいる, 遊休の, 使用しない, 不使用の, 非使用の ◆a long-unused drug 長い間使用されずにきた薬 ◆cars sitting unused in a parking lot 使われないで駐車場にとめてある車

2 adj. <to>〜(に)慣れていない,（〜に）不慣れな,（〜し）つけないで,（〜の）経験がない

**unusual** adj. 普通でない、いつにない、珍しい、変わった、まれな、まれにみる、めったにない、只ならぬ、一通りでない、並はずれた、非凡な、異常な、異様な、異例の、異色の、特殊な、特有な、特異一、特殊一 ◆an unusual name 珍しい名前 ◆an unusual sound [noise] 異常な音［雑音］、異音 ◆if you hear an unusual noise 異常な音がするのを聞いたら、異状がしたら ◆if something unusual occurs 何か異状［異常］が発生すると ◆It indicates that an unusual event has occurred. それは異常［異状］が発生したことを示す。

**unusually** adv. 異常に、非常に、いつになく、普通よりも、著しく、ひどく；めったにないほど、珍しく、いつになく、いつもと違って ◆unusually long play in the brake pedal ブレーキペダルの異常に長い遊び ◆the company experienced unusually slow sales in March of last year この会社は昨年3月、いつになく売り上げ不振を経験した ◆State-of-the-art insulation materials have been installed in unusually high quantities. 最先端を行く断熱材が普通よりも［特別］多量に装填された。

**unveil** vt. ～のおおいを取る、～の除幕をする、～を明かす、明らかにする、公表する、初公開する；vi. 正体をあらわす ◆announce [disclose, reveal, unveil] a new product 新製品を発表する ◆an unveiling ceremony 除幕式 ◆unveil a plan to <do...> ～する計画を明らかにする［発表する］ ◆Xxx Corp. (Ottawa, Canada) has unveiled Yyy, an integrated data acquisition and analysis package for PCs. Xxx社（オタワ、カナダ）は、Yyyというパソコン用統合データ収集・分析パッケージ［ソフト］を発表した。

**unwanted** adj. 望まれない、不要な、不用な、欲しくもない、無用の、邪魔な、有り難くない、ありがた迷惑の、好ましくない、〈客などが〉来て欲しくない、あらずもがなの ◆unwanted electronic feedback 望ましくない電子的［〈意訳〉］電気的なフィードバック ◆reduce the number of abortions by preventing unwanted pregnancies 望まない妊娠を防ぐことにより人工妊娠中絶の件数を減らす ◆make more disk space available by erasing unwanted files 不要なファイルを消すことによって、使用可能なディスクスペース［空き領域］を広げる［増やす］

**unwelcome** adj. 歓迎されない、好ましくない、有り難くない、いやな、困る

**unwieldy** adj. 〈大きさ、重さ、複雑さなどのせいで〉扱いにくい、動かしにくい、運びにくい、使いにくい；かさばりすぎる、重すぎる、厄介な；〈客などが〉ばかでかい、ぶかっこうな、大きすぎる ◆the increasingly unwieldy size of the files 《コンピュ》これらのファイルの更なる［いっそうの］肥大化 ◆to avoid having to use unwieldy numbers of floppy disks 持て余す［手に余る、面倒すぎて扱っていられない、やってられない］ほどの枚数のフロッピーディスクを使う必要がないように ◆The group decided to keep their membership to eight in order to avoid becoming unwieldy. 同団体は、まとまり［収拾］がつかなくなるのを防ぐために会員数を8企業とすることに決定した。◆The name change is designed to shorten the unwieldy name of the current conference. 名称変更は、現在の会議の長ったらしく て体裁の悪い呼称を短くするのが目的である。

**unwilling** adj. ～したくない、気が進まない、不本意の、不承不承の、いやいやながらの、不承知の、抵抗する ◆be unwilling to acknowledge the severity of the problem その問題の重大さを容易に認めようとしない

**unwillingness** n. (= reluctance) ◆banks' unwillingness to make new loans 新規ローンに対する銀行の貸し渋り

**unwind** ◆the unwinding of cross-shareholding 株式持ち合いの解消

**unwittingly** そうとは［それとは］知らずに、知らず知らずの、〈わざとではなく〉知らずに、意図せずして、無意識に ◆unwittingly employ a spy そうとは知らずにスパイを雇ってしまう ◆diseases brought over by Europeans unwittingly killed no native people ヨーロッパ人が持ち込んだ病気は図らずも原住民を死なせることとなった ◆A few thousand Americans are arrested in foreign countries every year, many for crimes committed unwittingly. 数千人に上るアメリカ人が外国で毎年逮捕されている。その多くはそうとは知らずに［無意識に］犯してしまった罪が原因である。

**unwonted** adj. まれな、いつにない ◆speak with unwonted severity いつにない厳しさをもって話す

**unwontedly** adv. 珍しく、いつになく、いつもと違って、平生とは違って、ことのほか ◆He was unwontedly silent and pensive at dinner. 彼は夕食のとき、いつになく無口で物思いに沈んでいた。

**up** 1 adv. prep. adj. 上へ［上に］、上がって、高く、増して、向上して、上流［川上］へ［さかのぼって］、（中心地、当事者へ）近づいて［寄って］、北へ、立って、起きて、まきて、立ち上がって、活動して、稼働［動作］中で、準備が（十分）できて、勢いよく、興奮して、高揚して、高ぶって、すっかり、終わって、見えて、現れて、注目されてきて、話題にのぼって ◆an up line [up-line] 《鉄道》《日，英》上りの線（＊列車が首都に近づく方向に走る） ◆$170 and up per person 1人当たり170ドルから ◆ages 18 and up 18歳から；18歳以上 ◆an up shot 下から上を見上げるようにして撮影した写真 ◆from 1991 up 1991年以降 ◆move the lens up or down レンズを上下に動かす ◆move up and down 昇降する ◆$41 million, up 12 percent from a year ago 前年比12%伸びの4100万ドル ◆if the button is up もしそのボタンが押されていないときは［放されていれば］ ◆be available for anyone at prices from $100 on up ～は、下は100ドルからの価格で誰でも手に入れられる ◆imports were up sharply from Japan, China and the newly industrialized countries of Asia 日本、中国、およびアジアの新興工業諸国からの輸入が大きく伸びた［大増加した］ ◆with a reasonably fast shutter speed (preferably 1/125 sec. and up) かなり速いシャッタースピード（1/125秒以上が望ましい）で ◆Cars are moving up and down the road. 車が道路を往来している。◆It has no right-side up. それには上下［裏表］がない。◆The company's 1990 sales were up 12% over 1989. 同社の1990年の販売高は1989年の12%増だった。

2 vt. ～を上げる、増やす；vi. 上がる、立ち上がる、起き上がる ◆up the resolution of the scanner スキャナの解像度をアップする ◆Boost pressure is upped from 8 to 13 psi. ブースト圧は、8psiから13psiに上げられた。

3 an～ 上昇、向上、上り勾配（→ups and downs）

**up against** 〈問題〉に直面して［ぶつかって］；《up against it の形で》困って、困窮して

**up and running** 〈コンピュータなどが〉立ち上がって稼働中で［動作して］ ◆get the system up and running 《コンピュータ》システムを立ち上げ（て動作中の状態にする）で〈よく用いられる決まった表現〉 ◆the system [website] is up and running 《コンピュ、ネット》システム［Webサイト］は立ち上がって〈稼働して〉いる ◆The computer is up, running, and at your command. コンピュータは立ち上がっており、自由に使用できる状態にある。

**up front** adv. (→ upfront)

**up to** 〈範囲が〉〈数量、地点〉まで；～に達して、～に添って、～に適して、相並んで ◆up to that time その時まで（は） ◆Up to this point we have considered... 以上～について考察してきた。◆It can withstand temperatures of up to 900°C. それは（最高）900°Cまでの温度に耐える。◆The DAC accepts serial data input at up to 12.7 MHz. そのD/Aコンバータは、12.7MHzまでのシリアルデータ入力を受け付ける。◆Up to 8 hours of recording is possible. 最高8時間の録画［録音、記録］が可能です。

**up until [till]** （～に至る）までは、～までずっと ◆Up until a decade or so ago, health researchers and medical practitioners believed that... 10年ほど前まで［一昔前まで］医療研究者や医師［開業医］らは、～だと信じていた。

**up-and-coming** adj. 進取的な、新進の、前途有望な、のしてきている、重要になってきている ◆an up-and-coming technology 将来有望な技術；期待が持てそうな［有望株の］技術 ◆an up-and-coming film star 新進気鋭の映画スター

**up-and-down** adj. 上下する、浮き沈みのある、変動する、気まぐれな、起伏のある、〈列車の〉上り・下りの、上下便の

◆up-and-down movements　上下動　◆an up-and-down switch　昇降スイッチ

**upbeat**　*the* ～《on the ～ の形》上げ調子, 上昇, 回復; *an* ～《音楽》1拍裏［裏拍, 上拍,《特に》小節最後の拍(*アウフタクトを意味する)］; *adj.* 快活な, 陽気な, 楽天的な, 明るい　◆an upbeat beginning　快調［順調］な滑り出し　◆a relatively upbeat assessment of the U.S. economy　米国経済の比較的楽観的な評価　◆Associating with upbeat people will boost your spirits.　《意訳》陽気な［明るい, 快活な］人たちとつき合えば元気がもらえます.

**UPC**　(Universal Product Code) *the* ～ （バーコードの）商品統一（分類）コード, 万国製品コード, 一般製品コード　◆an identification number printed in UPC　商品統一分類コードで印刷された商品識別番号

**upcast**　*adj.* 上方へ向けられている, 上目遣いの　◆an upcast shaft　排気立て坑

**upcoming**　*adj.* 近づいている, 来たるべき, 今度の, 近く登場しつつ［発表されつつ］ある, 次に出る　◆in upcoming issues of Xxx Week　Xxxウィーク誌の今後の号で　◆upcoming application programs　これから出てくる［発売される］アプリケーションソフト

**update**　1　*vt.* ～を最新のものにする, ～を更新する;《コンピュ》～を更新する, アップデートする, 最新バージョンにする, バージョンアップする, 最新版をリリースする　◆be undergoing major updating　《直訳》～は大幅な改訂を受けつつある;《意訳》～は大改正中である　◆update a database　データベースを更新する　◆constant updating of nuclear systems is excessively expensive　核システムを常時更新し続けるということは過大なコストがかかる　◆update several related fields or records at the same time　《コンピュ》いくつかの関連したファイルまたはレコードを同時に更新する　◆The digital display updates 5 times/second.　このデジタル表示器は, 1秒間に5回（表示を最新値に）更新する.　◆It has recently been updated to Version 2.01, and Version 3.0 will be released soon.　それは最近バージョン2.01にアップデートされ, 近々バージョン3.0がリリースされる.　◆The Domain Name System (DNS) server is not updated with the address.　《コンピュ》《意訳》ドメインネームシステム(DNS)サーバーにアドレスの変更内容がまだ反映されていない.

2　(*an*) ～　更新, アップデート, 最新情報, 更新データ, 最新版, 新バージョン［リリース］　◆issue an update　《コンピュ》最新バージョン［バージョンを更新したもの］を出す　◆a free update　《コンピュ》（最新バージョンへの）無料アップデート［バージョンアップ］　◆an update to your old software　お手持ちの古いソフトのアップデート版　◆download updates from a BBS　《ネット》BBSから〈ソフトの〉アップデートをダウンロードする　◆during a database update　データベースの更新中に　◆file updates performed by...　～によって行われるファイルの更新　◆The last update was (done [made, performed, conducted]) on May 19, 2001.　（最新［最終］）更新日は2001年5月19日です.　◆So what started as a simple update ended up as a heavy makeover.　そんな訳で, 簡単な部分的更新として始まったのは大がかりな作り直しのはめになった, 次に.（*自動車の話》

**updating**　(*an*) ～　最新のもの［最新情報］にすること, 更新　◆For an additional modest monthly fee, we can maintain your Web Site and perform updating of information on your Web Site every month.　若干の追加月額料金で, 貴社ウェブサイトの保守と共にウェブサイトの月々更新のご用命を承らせていただきます.

**updraft**　(*an*) ～　上昇気流, 上向き通風［通気］, 吹き上げ　◆a strong updraft　強い上昇気流

**upfront, up-front, up front**　1　*adv.* 前に, 前面に, 前金で, 先行投資で, 目立って, 頭著に　◆ask for $500 up front　前金で500ドル要求する　◆make a payment up front　前金で払う　◆Tell him right up front that...　いの一番に［真っ先に, まっさきに］彼に～と伝えなさい.　◆State your views upfront.　意見を率直に［忌憚(キタン)なく, 腹蔵なく］述べること.　◆without spending a lot of cash up front　事前に大金を使わずに

◆spend large sums of money up front to develop...　～の開発に巨額の資金を先行投資する　◆boy's diapers have extra gel up front　男の子用のオムツは, 前の方に高分子吸収体［超吸水性材料］が余分に入っている

2　《*upfront*または*up-front*》*adj.* 前の, 最前部の, 重要な, 前金の, 率直な, オープンな　◆a $500,000 upfront payment; an upfront payment of $500,000　50万ドルの前払い　◆upfront cost　イニシアルコスト, 先行投資コスト　◆upfront money　前金　◆be upfront with a person about...　～について〈人〉に率直に［忌憚(キタン)なく, 腹蔵なく］話をする　◆an enormous upfront investment made by the Spanish government　スペイン政府による巨額の先行投資　◆Substantial upfront costs will limit the end-user market to certain specialists.　イニシャルコストがかなり大きいので, エンドユーザーマーケットは（対象が）特定の専門家に限られるだろう.

**upgradability, upgradeability**　⑪アップグレード［グレードアップ］性,（コンピュータなどの）拡張性

**upgrade**　1　*vt., vi.*<*to*>（～に）アップグレード［グレードアップ］する, 拡張する, 増強する, 向上させる, 改善する,（より高性能のものに）買い換える［乗り換える, 取り替える, 更新する］<*to*>,《コンピュ》アップグレードする　◆the upgrading of infrastructure　インフラの整備・更新　◆to significantly upgrade technology　技術を大幅に高める［向上させる, 改善する, 高度化する, 引き上げる］ために　◆upgrade the tactical nukes　これらの戦術核兵器を強化・改善する　◆upgrade a plan's status from provisional to full accreditation　計画（の地位）を暫定的なものから正式認可を受けたものへと格上げする　◆upgrade the company's rating to AA from AA-minus　会社の格付けをAAマイナス格からAA格に格上げする　◆upgrade the memory on the computer system　コンピュータシステムのメモリーを拡張［増設］する　◆upgrade the system with a faster hard disk　より高速なハードディスクでシステムを強化する　◆upgrade your 80286-based personal computer to the greater power of a 32-bit 80386 processor　手持ちの80286ベースのパソコンを, 32ビット80386プロセッサのより優れた処理能力にグレードアップする　◆make cover removal and upgrading of the processor as simple as possible　《コンピュ》カバーの取り外しおよびプロセッサのアップグレードができるだけ簡単にできるようにする　◆Few MS-DOS users upgraded to OS/2.　OS/2に乗り換えたMS-DOSユーザーは少なかった.　◆"Have you got plans for upgrading?"　「グレードアップの計画をお持ちですか」　◆In this lesson, you learn how to upgrade your central processing unit.　このレッスンでは,（あなたのパソコンの）CPUの（*交換［換装, 置き換え, 取り替え, 乗せ換え］による）グレードアップのしかたを学びます.　◆The country needs to upgrade its industrial structure.　その国は, 産業構造を整備する必要がある.　◆The domestic VCR market is expected to be brisk this year as households that bought their first VCRs several years ago begin upgrading to a newer, more sophisticated generation of products.　数年前にビデオデッキを初めて購入した世帯が, より高度化した新世代の商品にグレードアップし［買い替え, 更新し］始めるので, 国内のビデオデッキ市場は今年活発化するものと思われる.

2　～アップグレード［グレードアップ］, バージョンアップ, 拡張, 増設, 買い換え［乗り換え］, 更新; *an* ～　強化版, 増設機器, 増強用の交換部品, アップグレードキット　◆workstations requiring extensive memory upgrades　大幅なメモリーの拡張［増設］を必要としているワークステーション　◆The computer has built-in upgrade capability on the motherboard.　そのコンピュータは, マザーボード上にアップグレード［能力増強, パワーアップ, 高機能化］のための備え［対応］がなされている.（*マザーボードに拡張ボードなどの増設機器が接続できるようになっている》

**upheaval**　(*an*) ～　（社会的な）大変動, 激変, 大変革, 動乱, 大乱; (*an*) ～　隆起［持ち上がり, 盛り上がり］　◆an upheaval of the earth's surface　地表の隆起　◆during times of political or social upheaval　政治的あるいは社会的激動の時代の間に

**uphill** adv. 坂を登って; adj. 登り坂の, 困難な ◆go uphill 坂を上がる ◆an uphill battle [fight, race, struggle] 苦しい 闘い, 苦戦, 苦闘, 悪戦, 悪戦苦闘 ◆be fighting an uphill battle against... ～を相手に［～を食い止めようと］苦戦している ◆face an uphill battle in ～ing ～するのに苦戦する ◆have an uphill battle in ～ing ～するのに［苦闘］している

**upkeep** ①維持, 保守, 維持管理, 維持費 ◆estimate the cost of upkeep for... ～の維持費を見積もる ◆terra cotta tiles glazed for easy upkeep 手入れを楽にするために, 上薬をかけて焼いてあるテラコッタタイル ◆the upkeep of a cemetery 共同墓地の維持管理 ◆the upkeep of a motor vehicle 自動車の保守 ◆upkeep of Moscow's 450,000 km of roads モスクワの全長［延長］45万キロの道路の保守整備 ◆upkeep costs of the multinational force in the Gulf region 多国籍軍を湾岸地域に駐留させておくための維持費

**upload** vt.《コンピュ, 通》アップロードする,〈データ〉を（電子掲示板システム, 大型コンピュータ, ネットワークなどに）送る ◆prepare a letter offline and then upload it on electronic mail system オフラインで［通信が接続されていない状態で］手紙（のファイル）を作成してから, それを電子メールシステムにアップロードする

**upmarket, up-market** adj. (= upscale) 高所得者層［上の購買者層］向けの, 金持ち［富裕層］相手の, 高級品の, 高級・高品質の ◆upmarket products 高級・高品質の商品

**upon** prep. (= on) ◆on [upon] contact with... ～と接触するや否や, ～に触れたとたんに ◆upon receipt of this notification この知らせを受け取り次第 ◆upon switching to position 4 4の設定［位置］への切り換えと同時に ◆Upon application of the input signal, the capacitor discharges toward zero. 入力信号が印加されると, コンデンサは0に向かって放電していく。 ◆Upon executing the search, the program displays a Hit List, or a list of all the Cards where the specified words occur. 検索を実行し次第, プログラムはヒットリスト［検索結果の一覧表］, つまり指定された単語［キーワード］が出現するカードを網羅したリストを表示する。

**upper** adj. (↔lower) 上の方の, より上の, 上部の, 上段の, 上位の, 上級の, 上流の, 川上の, 上層の ◆have the upper hand 優位に立っている ◆the upper half of... ～の上半分［上部］ ◆upper-body 上半身の ◆a city located on the upper reaches of a river 川［河］の上流域［上流, 川上］に位置している市 ◆an upper-tier missile defense system 上層ミサイル防衛システム ◆in the upper reaches of the frequency spectrum 高い周波数［周波数帯, 周波数域］で ◆in the upper reaches of the State Department 国務省上層部に［の］ ◆in the upper troposphere 対流圏上層に ◆the upper-row photodiodes 上段のフォトダイオード ◆conduct an experiment in the upper reaches of the radio frequency 高い無線周波数［周波数帯, 周波数域］で実験を行う ◆included in the curriculum of the third and upper grades 3年生以上のカリキュラムに組み込まれて ◆The system box has a slot for cartridges on its upper surface. 本体筐体の上面にはカートリッジ用のスロットが設けられている。 ◆Computer companies are relatively scarce in the upper reaches of the profitability ranking. コンピュータ会社で収益性部門の番付で上位に食い込んでいるものは比較的少ない。 ◆The tax cuts are tilted heavily toward the upper end of the scale. これらの減税は, 上（の所得層）に行けば行くほど手厚くなる傾向が強い。

**uppercase, upper case** (↔lowercase) ①大文字, 大文字活字; upper(-)case adj. 大文字の; vt. ～を大文字で印刷する ◆(be) in uppercase 大文字で［書かれて］ ◆uppercase alphabetic characters 《コンピュ》アルファベットの大文字［英大文字］ ◆This option specifies case-independence, in which the uppercase and lowercase versions of a letter are considered to be equivalent. 《コンピュ》このオプションは大文字・小文字の区別をしないことを指定する。つまり, ある文字の大文字と小文字は等しいと見なされる。

**upperclassman** a ～（高校や大学の）上級生 ◆constant, heavy hazing by upperclassmen 上級生による絶え間ないひどいしごき

**upper hand** the ～ 優位, 優勢, 支配 ◆gain [get, take, win] the upper hand <of, over> 〈人など〉より 優位［優勢］に立つ; 勝つ; 優位になる; 支配的になる; 優越する; 上手(ｳﾜﾃ)を行く; 勝つ; 優位性を確保する ◆have [hold] the upper hand <of, over> 優位［優勢］である; 優位［優勢］に立って［上を占めて］いる; 支配的である; 優越している; 上手を行っている ◆keep the upper hand <of, over> 優位［優勢］を... ◆give... the upper hand; give the upper hand to... ～を優位［優勢］に立たせる ◆enjoy the upper hand <of, over> （～に対する）優位性を享受する ◆they are jockeying for the upper hand 彼らは優位［優勢］に立とうと躍起になって［争って］いる; 勢力争いをしている ◆undermine their upper-hand position and corner them in a defensive stance 彼らの優位［優勢, 優越的］な立場を突き崩し［弱体化させて］, 守りのスタンスにまで追い込む

**upper left** the ～ 左上; upper-left adj. 左上の ◆position the cursor at the upper[↔lower]-left corner of the box ボックスの左上［↔左下］（の隅）にカーソルを位置付ける

**upper limit** an ～ 上限, 最大寸法 ◆an upper limit to... ～の上限 ◆come in under the upper budget limit 予算の枠内に入る ◆There is no known upper limit on the number of ZF/3000 machines that might be incorporated in a cluster. 1つのクラスタに組み込めるZF/3000機の台数に制限はない。

**upper-middle** adj. 中産［中流］階級の上位の, 中の上の, 上流階級のすぐ下の層の ◆an upper-middle-class family 中流の上の家庭 ◆upper-middle-income households 中の上の収入［所得］がある世帯

**uppermost** adj. 一番上の, 最高の, 最上の; adv. ◆the uppermost line 一番上の行; 最上行 ◆with the drilling head in its uppermost position ドリルヘッドを最高位［最上端］にセットした状態で

**upper right** the ～ 右上; upper-right adj. 右上の ◆The page number is at the upper [↔lower] right. ページ番号は右上［↔右下］にある。

**upright** adj. 垂直な, 立った, 直立の, 縦型の; まっすぐな, 正直な; adv., n. ◆an upright cordless vacuum (cleaner) 縦型コードレス真空掃除機 ◆an upright piano 堅形［アップライト］ピアノ ◆an upright posture [position] 直立姿勢 ◆in an upright position 垂直に［（まっすぐ）縦に, 直立の姿勢で］ ◆can walk upright like men [a man] ヒトのように直立歩行できる

**uprising** an ～ 蜂起, 暴動, 反乱, 一揆; an ～ 上り坂(an upward slope), 上昇(an ascent) ◆a popular uprising rages against the Israeli occupation of the West Bank and the Gaza Strip （ヨルダン川）西岸地区とガザ地区のイスラエルによる占領に反対する民衆［大衆］蜂起が荒れ狂う［巻き起こる］

**UPS** a ～ (an uninterruptible power supply [system]) 無停電電源装置［システム］（＊定電圧定周波数電源装置 a CVCF (Constant Voltage Constant Frequency) power supplyにバッテリーを組み合わせたもの）

**ups and downs** 上昇と下降, 浮き沈み ◆the ups and downs of [in] life; life's ups and downs 人生の浮き沈み ◆the ups and downs of the economy 景気の上昇と後退［景気変動, 景気の波, 景気循環］ ◆he has had a lot of ups and downs in his life 彼は（これまで）浮き沈みの多い［七転び八起きの, 波瀾万丈の］人生を送ってきた

**upscale** adj. (= upmarket) 高所得者層の, 上の層［富裕層］向けの, 裕福で教育がありスタイリッシュな人たち向けの, 優良品［上等品］の, 高級・高品質の ◆go upscale 高級化する ◆an upscale shop 高級店 ◆an upscale brand name 高級ブランド ◆new machines at the lower end of upscale 上の下の新型機 ◆the increasingly upscale PS/2 machines ますます高級化してきているPS/2機 ◆upscale households 上流世帯 ◆upscale-looking 高級に見える, 高級品っぽく見える ◆upscale restaurants 高級レストラン ◆these appliances are designed for the truly upscale consumer これらの器具は, 真に裕福［ハイソ］な消費者向けに作られている ◆the upscale

Chrysler nameplate 高級イメージのあるクライスラーの銘板［クライスラー・ブランド］

**upset** vt. 〜をひっくり返す, ひっくり返してこぼす, 倒す, 転倒［転覆］させる, 〜(の調子)を狂わす［悪くする］, 不調にする, 〜をめちゃめちゃ［台無し, だめ］にする, 〈人〉の気を転倒させる, 〜をあわてて［狼狽］させる, 〜を悩ませる, 〈金属〉〜に据え込み加工を施す(swage)（＊金属棒などを鍛造やプレスによってつぶして太く短くする）; vi. ひっくり返る, 転覆する, 倒れる, こぼれる; adj. ひっくり返った, 気が転倒した, 台無しになった, 調子がおかしい; (a)〜 ひっくり返す［返る］こと, 転倒, 転覆, (特に胃の)不調; a〜 予期せぬ結果, 番狂わせ ◆might cause stomach upset 〜は胃の調子［具合］をおかしくすることがある; おなかを壊す(原因となる)ことがある

**upshot** the〜 結果, 結論, 結末, 要旨 ◆in the upshot 要するに; 結局; 挙げ句のはてに; とどのつまり; さしずめ ◆the upshot of the poll この世論調査の結果 ◆The upshot of this announcement is that... この発表の結論は〜ということである; この発表は, 要するに［とどのつまり］〜であるということを言っている.

**upside** an〜 上側, 上部 ◆turn... upside down 〜をひっくり返す; 〜を(上下に)裏返す ◆a track-ball resembles an upside-down mouse with a large ball トラックボールは大きなボール付きの(天地逆さまに)ひっくり返ったマウスに似ている

**upside down, upside-down** adv. 上下反対に, さかさに, 裏返しに, 転倒して, 乱雑な状態に; adj. be [turned] upside down 逆さになっている, ひっくり返っている, 裏返しになっている, 上下反転している ◆turn... upside down 上下反対にする; 天地逆さ［上下逆］向きにする; ひっくりかえす; 転倒させる; 〈システム〉を大改造する

**upsize** v. 〜を大型化する ◆the technology could permit up-sizing of cars without loss of economy その技術は, 経済性を損なわずに［燃費の悪化を招くことなく］車の大型化を可能にするかもしれない ◆Upsizing the tire diameter from fourteen to fifteen inches would improve both adhesion and ride. タイヤ径を14から15インチにサイズアップ［大径化, 大型化］することにより, 接着性と乗り心地の両面が改善されることになるであろう.

**upsizing** 〔〕規模拡大, 《コンピュ》上位機種［大型システム］への移行, グレードアップ ◆permit upsizing of... 〜の大型化を可能にする

**upskill** v. 〈人など〉のスキル［能力, 技能, 技術, 熟練度］を向上させる, スキルアップする ◆training for those wishing to upskill and advance their worth スキルアップして自らの価値を高めたいと願う人を対象とした研修

**upstream** adj., adv. (〜の)上流［川上］の［で, に］<to, from, of> ◆an upstream industry 川上産業 ◆upstream operations 上流工程［川上工程, 前工程］作業 ◆audit and improve the up-stream processes so that future production does not contain the potential for similar failures 今後の生産で同様の失敗が発生する可能性がないようにするために, 上流工程［前工程］を検査して改善する ◆The filters are used upstream from the DAC. それらのフィルターは, (電子回路の)D/Aコンバーターの手前で使用されている.

**upsurge** an〜 急増, にわかに高まること; vi. ◆an earlier M&A upsurge in the 1970s 先の1970年代における企業合併・買収の急増 ◆an upsurge of nationalism ナショナリズムの急激な高まり; 国家［民族, 国民］主義の急激な台頭 ◆bring an upsurge in the use of... 〜の使用の急激な増大をもたらす ◆an upsurge in the birth rate 出生率の急上昇 ◆a significant upsurge in population 急激な人口の大増加 ◆an upsurge of interest in... has occurred 〜に対する急激な関心の高まりが起きた

**upswing** an〜 上向き, 回復, 著しい上昇［向上, 増加, 発展］, 急増; vi. ◆his own sales have been steadily on the upswing 彼自身の販売は着実に伸びてきている ◆Spending on new plant and equipment, which stagnated in 1985-86, is finally on the upswing. 1985年から86年にかけて不振［低調］だった設備投資は, ようやく上向きになっている.

**uptake** the〜 理解, 理解力; (an)〜 取り上げる［持ち上げる, 吸い上げる］こと, 《生》取り込み, 摂取(量［率］), 吸収(量［率］); an〜 煙道 ◆a selective serotonin reuptake inhibitor (SSRI) 選択的セロトニン再取り込み阻害剤(＊抗うつ剤の一種, ハッピードラッグとも) ◆be quick [slow] on [at, in] the uptake 《口》理解が早い［遅い, 悪い］; のみ込み［物分かり, 頭の回転］が速い［遅い］

**uptick** an〜 上向き, 上昇, 改善, 前回の出来値よりも高い株取引［証券取引］ ◆if there is an uptick in demand 需要増があれば; 需要が増加［増大］すれば ◆Many securities firms, however, cast a dubious eye on the uptick. しかし, 証券会社の多くはこの(株価)上昇をけげんな目で見ている.

**uptight** adj. ひどく緊張して［張りつめて］いる, いらいら［ぴりぴり］した, 不安になっている, ひどく心配している, 経済状態が苦しい ◆Give an uptight supervisor a wide berth. ぴりぴりしている上司とは安全距離を保つべし.

**uptime, up time** 〔〕《コンピュータや機械の》稼働時間, 可用時間, 動作［使用, 稼働］可能時間 ◆maximize uptime or minimize downtime 稼働時間を最大化する, つまりダウンタイム［停止時間］を最小にする ◆for applications that demand around-the-clock "up time" 24時間休みなしのアップタイム［《意訳》無停止連続稼働, ノンストップ動作］を必要としているアプリケーションのための ◆The server has a 99.7 percent up time. このサーバーの(保証される)アップタイム［稼働時間, 可用時間］は99.7%である.

**up-to-date, up to date** adj. 最新(式)の, 最新情報を含んでいる, 現在にまでなじむ ◆the most up-to-date flight in-formation 最新のフライト情報(＊随時更新されている情報の最新のもの) ◆the CD-ROM contains the most up-to-date in-formation available on... このCD-ROMには〜に関し入手可能な最新情報が入っている

**up-to-the-minute** adj. 最新の ◆up-to-date より時間尺度が短い. 短いスパンで刻々と変化しているものについて用いられる. ◆up-to-the-minute flight information 最新のフライト情報 ◆up-to-the-minute foreign exchange rates 最新の外国為替相場

**uptown** an〜 アップタウン, 都市の中の地形的に高い地域, 《特に山の手[住宅地区]》; adj., adv. アップタウンの［へ］

**uptrend** an〜 《経》上昇傾向, 上向き(基調) ◆the manufacturing sector is still on a solid uptrend 製造業部門は依然として堅調な上昇傾向［基調］にある ◆these companies are in the middle of a seven- to 10-year uptrend that began in 1993 これらの企業は, 1993年に始まった7年から10年におよぶ上昇基調の真っただ中にある

**upturn** 1 an〜 上向き, 好転, 回復, 上昇 ◆take advantage of an upturn in that business その商売の上昇気流［機運］にうまく乗る
2 vt. 〜を上に向ける, 〜をひっくり返す; vi. 上を向く

**UPU** (Universal Postal Union) the〜 万国郵便連合(＊国連の機関)

**upward** adv. 上向きに, 上の方へ, より上に; adj. be re-vised upward 上方修正される ◆upward compatibility 上位互換性 ◆a leap upward in the frequency 周波数の(上限の)飛躍的な向上(＊半導体素子などの動作可能な周波数限界の大幅な上昇) ◆an upward-moving stream 上向きの流れ, 上昇流 ◆an upward trend in worldwide interest rates 全世界的な金利［利率］の上昇傾向［基調］ ◆in an upward direction 上の方へ; 上方へ ◆put upward pressure on the price(s) of... (s) 〜の価格に上昇圧力を加える［印加する］ ◆stocks kept the upward momentum at the beginning 株は当初上向きの勢いを保っていた ◆cost upward of $3,000 3,000ドル以上かかる ◆put upward pressure on interest rates 利率に上方圧力を加える ◆store ten CDs with their label sides facing upward CDを10枚レーベル面を上向きに［上に］して保管する ◆support upward migration to higher-performance networks よりパフォーマンスの高いネットワークへの上位移行［上位乗り換え, アップ

グレード]をサポートする ◆(the) upward migration of small quantities of magma into the upper crust 少量のマグマの上部地殻への上昇 ◆while economic advance mostly continued its upward course 経済発展がほとんど右肩上がりの状態で上昇を続けていた間に ◆Some industry insiders believe sales will regain an upward momentum sometime this year. 業界関係者の中には、販売は今年中に上昇の勢い[(意訳)]上昇傾向、上昇基調]を取り戻すと感じている向きもある。

**upwardly** adv. 上方向に、上方に、上方へ、上向きに ◆upwardly compatible with... ～と上位互換[上位コンパチ]の ◆an upwardly mobile trend 上昇志向傾向 ◆Documents you've prepared on version 3 are upwardly-compatible to version 4. バージョン3で作成した文書は、バージョン4に上位互換性があります。

**upward mobility** 回社会・経済的な上への動き[上昇志向]

**upwelling** (an)～(深海の海水の)湧昇(ユウショウ)、湧昇流、上昇流 ◆upwellings of water heated by volcanic activity on the ocean floor 海底火山活動により温められた海水の湧昇流[上昇流]

**uranium** ウラン(元素記号: U) ◆uranium-235 [U-235] ウラン235 ◆uranium dioxide 二酸化ウラン ◆uranium enrichment ウラン濃縮 ◆anti-tank ammunition containing depleted uranium 劣化ウランを含む対戦車弾薬[徹甲焼夷弾](テッコウショウイダン)

**urban** adj. 都会の、都市(部)の、市街の、都会的な ◆urban and suburban highways 都市部および郊外地の幹線道路 ◆urban design 都市計画 ◆urban development 市街地開発 ◆urban planning 都市計画(化) ◆urban problems 都市問題 ◆urban tourism 都市観光 ◆urban crime 都市(型の)犯罪 ◆urban redevelopment [renewal] 都市再開発 ◆combat urban waste problems 都市のゴミ[廃棄物]問題に懸命に取り組む ◆in urban areas 都市部で ◆in urban spaces 都市空間に ◆light pollution from urban areas 都市部からの光公害

**urbanize** vt. ～を都市化[都会化、都会風に]する、洗練する、～から野暮ったさをなくす、～を垢抜けさせる ◆Ireland has urbanized in ways which in some respects resemble urbanization in the "third world." アイルランドは、いくつかの点で「第三世界」における都市化に似た道のりを経て都市化した。

**urea** 回尿素 ◆(a) urea resin ユリア[尿素]樹脂(種類は可算)

**urge** 1 vt. ～をせきたてる、追いたてる、しきりに促す、熱心に[強く]勧める、しきりに催促する[迫る]、せっつく、懲憑(ショウヨウ)する、説得する、勧告する、主張する; vi. ◆at the urging of... 〈人〉にせかされて ◆urge a person to <do> 〈人〉に～するように強く勧める[迫る、促す、働きかける、仕向ける] ◆urge them to practice humility 謙虚さを実践するよう彼らを(懇々と)諭す(サトス)[説教する] ◆you are urged to <do> 是非～してください ◆some political figures began to urge an increase in... 一部の政治家達は～を増やせとせっつきだした[しつこく迫り始めた] ◆the agenda that many space experts have urged on NASA 多くの宇宙専門家がNASAに強く勧めた予定表 ◆urge them to use extreme caution 彼らに細心の注意を払うよう強く促す[(意訳)呼びかける] ◆Therefore, I urge you to read this entire handbook carefully. ですから、是非このハンドブックを入念にお読みください。 ◆They urge consumers to buy from companies with a proven track record, otherwise they should keep their initial orders at a minimum. 彼らは、実績のある企業から購入するよう、またそうでない場合は最初の注文は最小限に留めるよう消費者に勧告している。

2 an～ 駆りたてること、駆りたてるもの、衝動

**urgency** n. 緊急性、切迫、急迫 ◆the presence of urgency 緊急性があること、(トイレに行く必要など)緊急事態にあること ◆prioritize messages based on importance and urgency 重要度および緊急度[緊急性]に基づいてメッセージに優先順位をつける ◆a lack of a sense of urgency over implementing... ～を実施する必要性に対する切迫感の欠如; ～を実行しなければならないのに緊急感がないこと ◆add urgency to ISDN development ISDNの開発に緊急感を加える ◆give urgency to a problem that has long plagued... ～を長い間悩ませてきた問題を切実なものにする ◆They began addressing the problem [issue] with a sense of urgency. 彼らは切迫感[緊急感]をもって、その問題に取り組み始めた。 ◆The jump in exports will lessen the sense of urgency over passage of trade legislation. 輸出の急増は、貿易法案の通過に対する切迫感[緊急感]を和らげるであろう。

**urgent** adj. 緊急の、差し迫った、急を要する、のっぴきならない、喫緊(キッキン)の、切実な; しつこい ◆urgent matters 急務の事柄[案件] ◆And it has become urgent to improve our ability to <do...> そして、～するための我々の能力を向上させることが焦眉の急[急務]となった。 ◆be in urgent need of... ～を緊急に必要としている ◆in cases of urgent necessity 焦眉の急を要する場合には; 火急の時には ◆problems of an urgent nature; urgent problems 焦眉の問題 ◆take care of an important, urgent matter 重要かつ緊急の事柄を処理する; 喫緊の課題に当たる ◆The need to <do...> has become urgent. ～することが焦眉の急[急務]となった。 ◆a problem requiring urgent attention 緊急な対処を要する[焦眉の]問題 ◆emphasize the urgent necessity of putting a stop to... ～を止めさせることが急務であると強調する ◆various crucial issues requiring [issues that call for] urgent attention 緊急対応を要するさまざまな重要問題[案件]; 喫緊の諸問題 ◆Therefore gun control, especially handgun control, is an urgent necessity. 従って銃規制、特に拳銃の規制が急務である。 ◆An urgent priority is the upgrading of telecommunications capabilities and infrastructure in East European countries. 緊急優先課題は、東欧諸国の通信機能および通信基盤の整備・更新である。

**urgently** adv. 緊急に、至急に、しきりに ◆Prompt action is urgently necessary. 迅速な措置が緊急に必要だ[急務となっている]。 ◆You are urgently requested to <do...> 至急～してください。 ◆it has become necessary and urgently imperative that... ～ということが必要かつ絶対の急務[焦眉の急]になった

**urinary** adj. 尿の、泌尿器の、尿として[尿中に]排泄される ◆urinary incontinence 尿失禁[尿もれ、おもらし] (*排泄コントロール能力に欠ける状態)

**urination** 回排尿、放尿 ◆frequent urination 頻尿

**URL** (uniform resource locator) a～(pl. ～s, ～'s)《ネット》URL (= a home page address ホームページアドレス, a webpage address, a Web address) (*http://www などで始まる) ◆the URL (address) of a Web site [website] WebサイトのURL(アドレス)

**urologic, urological** adj. 泌尿器科(学)の ◆a urological problem 泌尿器科[排泄器、排出器]の障害 ◆(a) urologic disease 泌尿器[排泄器、排出器]の疾病 ◆a urologic surgeon 泌尿器科医

**urology** 回泌尿器科学、泌尿器科 ◆the urology division [department] at... 〈病院〉の泌尿器科

**us** 《人称代名詞 we の目的格》我々を[に]、私たちを、私どもを、自分たちを、うちらを、我等を、我が方を、当方を、こちらを、手前どもを; 余、朕、を; (意訳)当店を、当社を、弊社を、小社を、我が校[国、市、町、村]を ◆each and every one of us 私たち皆[一人一人]

**U.S.** (United States of America) the ～ 米国 ◆U.S.-Soviet 米ソ(間)の ◆the U.S. [U.S.'s] No. 1 carmaker 米国最大手の[随一の、きっての]自動車メーカー ◆the U.S. [U.S.'s] steel industry 米国の鉄鋼産業

**usability** 回使いやすさ、使い勝手、操作性、有用性、便利さ、利便さ ◆impair [enhance] usability 使いやすさを損なう[高める] ◆without sacrificing usability 使いやすさを犠牲にすることなしに ◆greatly enhance the usability of an application アプリケーション[応用ソフト]の使い勝手[使いやすさ、操作性]を大幅に良くする ◆greatly increase the product's usability この製品の使いやすさを大幅に向上させる ◆have [provide] excellent usability ～は使い勝手が非常に優れている[良い]

◆improve the usability of... 〜の使いやすさを向上させる; 〜の使い勝手を改善する ◆usability [ease-of-use] features 使いやすさ[使いやすさ, 操作性]を良くするための機能 ◆Battery life is an all-important measure of notebook usability. 電池の持ち[持続時間]はノートパソコンの有用性を測る上での極めて重要な目安である.

**usable, useable** 使用できる, 使って便利な ◆values of maximum usable frequency (MUF) 《無線》最高使用周波数の値 ◆usable from dc to 6 GHz operation 直流から(周波数)6ギガヘルツまでの動作にて使用可能 ◆when the information is available in readily usable form この情報がすぐに使える[利用できる]形になっている場合は ◆Models 1040 and 2040 provide maximum usable storage capacities of about 6.9 GB and 13.8 GB respectively. モデル1040および2040の最大使用可能記憶容量は, それぞれ約6.9GBと13.8GBである.(＊ハードディスクの機種) ◆Since I'm not a tax expert, I can't give you any usable tax information so see your tax accountant on that score. 私は税の専門家ではありませんので, 税金についてお役に立てる情報をお教えすることはできません. その点につきましては税理士にご相談ください.

**USAC** (United States Auto Club) *the* 〜 米国[アメリカ, 合衆国]自動車クラブ

**usage** ⓒ使用(のされ方), 使用量, 使用頻度, 取り扱い方, 用い方, 用法; (a) 〜 慣例, 慣習, 慣用法, 語法 ◆drop out of usage 使われなくなる ◆American usage 米語法[用法] ◆a usage charge 使用料 ◆ease of usage 使いやすさ ◆usage conditions 使用[利用]条件 ◆a 90% CPU usage ratio 《コンピュ》90%のCPU稼働率 ◆a computer usage charge amount コンピューター使用料金額[利用額] ◆an estimated usage value of $3,500 推定3,500ドルの使用料[利用料金] ◆based on the current usage pattern 現在の使用状況[利用形態]に基づいて ◆decrease the amount of gas usage ガスの使用量を減らす ◆evaluate [assess] the usage value of products 商品の使用[製品の利用]価値を評価[査定]する ◆in terms of usage [use] 利用という観点から; 使用上; 利用面で ◆proper usage 正しい使い方[用法] ◆regardless of the size and the usage purpose of the vessel 本船の大きさおよび使用目的[用途]に関係なく ◆the amount of usage of the Internet インターネットの使用量[利用量] ◆the development of usage-specific precision lenses 使用目的別の精密レンズの開発 ◆through normal usage 通常の[正常な]使用で ◆under normal usage 正常な使用のもとで; 通常使用される状態で ◆usage 使い方をして ◆usage [use] directions for products 製品の使用[活用]方法, 使い方](についての指示[説明書き]) ◆the trackball's fairly intuitive usage method このトラックボールのかなり直観的な利用方法 ◆usage-based telephone rates 従量制電話料金 ◆usage examples taken from everyday speech as well as literary works 日常会話ならびに文学作品から採取した用例 ◆gain wide usage in Japan 日本で広く用いられるようになる ◆keep track of the customer's heating oil usage 顧客の暖房用燃料油の使用量(の推移)を継続的に調べて把握しておく ◆to see what happens in real-world usage 実際の使われ方で何がおきるのかを調べてみるために ◆unreliability causing usage drop-off 利用の激減を招いている信頼性のなさ ◆write usage instructions for an electronic product 電子製品の使用方法を書く ◆connect many little-used data links to high-capacity high-usage links 《通》ほとんど使われていない多数のデータリンク[接続路]を, 大容量の多用されているリンクに接続する ◆Any unauthorized usage [use] (is) strictly prohibited by law. 無断での使用は法律で厳重に[法律により厳しく]禁止されています; 無断使用は法律により一切厳禁. ◆Perhaps I will reduce my usage of subways from now. たぶん, 私は今後は地下鉄を利用するのを減らす[地下鉄の利用を控える]ことになると思います. ◆Water regulation authorities demanded a reduction in water usage of at least 70%. 水資源規制当局は, 少なくとも70%の水使用量削減を求めた. ◆Your variable-speed wood lathe is engineered for extended usage with minimum maintenance. 《取扱説明書》お買い上げの可変速木工旋盤は, 最小限の保守で長

期間お使いいただけるよう設計されています. ◆Colbert and Madison counties each had a 78 percent safety belt usage rate, the highest rates of the surveyed counties. 《意訳》コルバート郡とマジソン郡における安全ベルト使用率[シートベルト装着率]はそれぞれ78%で, 調査対象となった郡の中でも最高の率だった.

**USAID** (the U.S. Agency for International Development) 米国際開発局[略語形にtheは不要]

**USB** (Universal Serial Bus) 《コンピュ》(ユー・エス・ビー), ユニバーサルシリアルバス ◆a PC with a USB port USBポートが装備されているパソコン ◆a USB-compliant device USB準拠[対応]の装置 ◆develop components that support USB USB対応のコンポーネントを開発する

**USDA** (*the*) 〜 (the U.S. Department of Agriculture, 略して the Agriculture Department) 米国農務省

**use** 1 vt. 〜を使用する, 用いる, 使う, 利用する, 用立てる, 行使する, 消費する, 取り扱う ◆be used as... 〜として用いられる ◆expand the use of new technologies 新技術の使用[利用]を拡大する ◆give [provide, offer] instructions on how to use... 〜の使い方[使用法, 使用方法]の指示を与える ◆energy-using equipment エネルギーを使う[消費する]機器 ◆May I use your...? 〜を使わせていただけますか[お借りできますか, 拝借したいのですが]. ◆learn how to use it safely その安全な使用法[使用方法]を知る ◆refrigerators and other CFC-using products 冷蔵庫その他の特定フロンを使っている製品 ◆Thank you for using BRITISH HISTORY ON CD-ROM 『CD-ROM版英国の歴史』をお使い[ご愛用]いただき, ありがとうございます (＊CD-ROM終了時の画面表示) ◆the guidelines come to be used as "yardsticks" on which plea bargaining is based これらのガイドラインは司法取引の際に依拠する[よりどころとなる]「判断基準」として使われるようになってきている ◆Acetylene is widely used in welding torches. アセチレンは, 溶接トーチに広く用いられている. ◆First off, we would like to thank you for using our product(s). はじめて, 弊社製品をご愛用いただき誠にありがとうございます ◆It uses a minimum of machined parts. それはできるだけ機械加工部品を使わずに作られている. ◆The device is easy to use and maintain. その装置は, 使い方が簡単で, 保守が容易だ. ◆The batteries will last ten hours or more between charges, depending on how they are used. バッテリーは, 使い方にもよるが, 1回の充電で10時間以上持つ.

2 ⓒ使用[利用]すること, 使用状況, 使用頻度, 使用量[, 一用, 使用する権利[自由, 能力], 有効[効用, 利益, 効果] ◆(a) greater use of... 〜をより多く使用[多用]すること ◆for use in [on, with]... 〜用の[に] ◆go out of use 使われなくなる; 廃止になる ◆put... to use 〜を使用に供する; 〜を使用[利用, 活用]する ◆take... out of use 〜を使用から外す; 〜の使用をやめる;《意訳》用途廃止する ◆through the use of... 〜を利用[使用]することによって ◆find use as... 〈物が〉〜として用いられる ◆come into wide use 広く使われるようになる; 一般化する; 普及する ◆go into actual use 実用化される ◆a use environment 《コンピュ》使用環境 ◆instructions for use 使用方法, 使用法, 使い方(書いたもの)] ◆the degree of use 使用の度合い (＊heavyやlightで表す) ◆the frequency of use 使用頻度 (＊ある限られた時間内のことならば「利用回数」でもある) ◆the use of firepower 火力の行使 ◆a land-use objective 土地の使用目的[利用目的, 用途] ◆a limited-use tool 使い道が限られている工具 ◆another common use of "assist" 「assist」のもう一つの一般的な用法 ◆a [the] lens in use 使用中の[使っている最中の]レンズ ◆during periods of use [↔non-use] 使用期間中[↔使っていない間]に ◆even under normal use たとえ普通[正常]に使用していても ◆intended for home [commercial, industrial] use 家庭[業務, 工業]用で ◆make extensive use of... 〜を広範に使用する ◆make full use of... 〜を存分に活用する[駆使する]; 〈能力など〉を遺憾なく発揮させる ◆make heavy use of... 〜をたくさん使う[多用する] ◆our use of leisure time 私たちの余暇の使い方 ◆pumps

(now) in use　（今）使用中の[《意説》既設の]ポンプ　◆spring into wide use　急激に普及する　◆the efficiency of use of...; the use efficiency of...　〜の使用[利用]効率　◆under normal household use　家庭での通常の使い方[使用状況]のもとで　◆wear with use　使用とともに[使うにつれて]摩滅する　◆without the use of...　〜を使用せず　◆with years of use　長年使用するにつれて　◆an outdoor use extension cord　屋外用延長コード　◆effective use of available bandwidth　利用可能な(周波数)帯域幅の有効使用；(意説)効率的な電波の利用　◆a tire designed for passenger car use　乗用車用タイヤ　◆land-use rights　土地使用権　◆the quantity and quality of water in specific places of use　特定の使用場所における水量と水質　◆Full use has been made of...　〜が最大限に活用された。　◆Good use could be made of...　〜の十分な活用が図られるかもしれない；〜が有効利用できる可能性がある　◆No use was made of...　〜は使用され[利用され 活用され、活かれ、用いられ]なかった　◆adapt the machines to home use　それらの機械を家庭用に改造する[(意説)開発し直す、転用する]　◆after about 1,000 hours of use　約1,000時間使用の後に　◆develop software applications for use with Windows　Windowsで使用するための応用ソフト[(意説)Windows対応のアプリケーションソフト]を開発する　◆get new techniques and materials into full use　新手法や新材料を駆使する　◆give satisfactory use to the customer　〈商品、サービスが〉顧客にとって十分役に立つ　◆make use of the system in problem solving　そのシステムを問題解決に活用[利用、使用]する　◆Not much use is made of...　〜はあまり使用されていない。　◆put the new technology to use　この新技術を実用化する　◆save these files for future use　《コンピュ》将来の使用のためにこれらのファイルを保存する　◆suitable for laboratory use　実験室での使用に適している；実験室用に向いている　◆suitable only for occasional use by...　〜によるときたまの[臨時、特別の場合の]使用にしか適さない　◆The last decade has seen an explosion in the use of the Internet.　この10年間にインターネット利用の爆発的増大を見た。　◆the material is finding increased use in...　その材料は〜においてよく用いられるようになった[使用が増加して]きている　◆throughout extended periods of use　長期にわたる使用期間全体を通して　◆through the use of voice commands　《コンピュ》音声コマンドを使って　◆high-performance lenses designed for professional use　プロユース向け[プロ用]に設計されている高性能レンズ　◆the rapidly expanding use of computers in offices　急速に拡大しているオフィスにおけるコンピュータの利用　◆a cleaning agent formulated for use in removing flux residues　フラックスかす除去用に配合されている洗浄剤　◆a shopping bag that had seen a lot of use　よく使い込まれてくたびれた(よれよれの)買い物袋　◆Chipped glassware should be taken out of use immediately and either disposed of safely or sent for repair.　欠けたガラス製品は、ただちに使用をやめて安全に処分するか修理に出さなければならない。　◆orient the employee to the use of the equipment　従業員にその機器の使い方を教えて使えるようにする[手ほどきする]　◆Use of ISDN was low at first.　ISDNの利用は当初少なかった。　◆conduct a survey on actual use (that is, the actual amount of photocopying of protected works that occurs in each institution)　(意説)実際の使用量(各学校で実際に著作権保護作品が写真複写[コピー]されている量)の調査を行う　◆The durable carry case protects...when not in use.　耐久性のあるキャリーケースは、(〜を)お使いにならない時〜を保護します。　◆Cost and technical glitches can hamper use [usage].　コストおよび技術面での不具合が使用上の妨げ[障害、支障]になることがある。　◆It had gone out of use.　それは、使われなくなってしまった。　◆Make the best possible use of your time, talents and money.　あなたの時間、才能、お金を最大限に[できるだけ]活かす[活用する]ようにしなさい。　◆The head eventually wears out from use.　しまいには、ヘッドは使用により摩耗する。　◆The market research company reported on VCR use.　市場調査会社はビデオデッキの使用状況について報告をした。　◆They became available and were put into use.　それらは手に入る[市販されている]ようになり、使用

され[使われ]るようになった。　◆What's the use of working so hard?　そんなに一生懸命働いて、何になるのか。　◆The more use it gets, the more cost-effective it is.　それを使うほど、費用効果が高くなる。　◆The technology is expected to grow in use.　その技術は、もっと盛んに用いられるようになるとみられている。　◆We have gotten a lot of use out of that old computer.　その古いコンピュータを、ずいぶんたくさん使ってきた。　◆Built-in rechargeable batteries give up to five hours of continuous use.　内蔵の充電式電池で、5時間までの連続使用が可能である。　◆In order to ensure optimum cost-effectiveness, use shall be made, for example, of such means as:　費用対効果の極大化を図るため、例として以下に示すような手段を用いるものとする。　◆Many disabled people have limited use of their hands and arms.　多くの身体障害者の人たちは、手や腕を十分に使えない。　◆Some would argue that communication is enhanced by full use of the language, ...　意思の疎通は言葉を駆使することにより図られると主張するむきもあるようだが、　◆The factory is making increasing use of automatic placement equipment.　この工場は、自動部品装着装置の利用を拡大しつつある。　◆Their use diminished, as better materials appeared on the market.　それら(の材料)は、よりよい材料が市場に出てくるにつれて、使われることがだんだん少なくなっていった。　◆The DNA typing technique is being put to use with growing frequency in the nation's courtrooms.　DNA鑑定法[遺伝子指紋法]は、この国の法廷で利用されることが多くなってきている。　◆Digital high-order FIR filters of over 120 taps are now going into use in CD players and DAT equipment.　120個以上のタップを持つデジタル高次FIRフィルターが、今ではCDプレーヤーやDAT機器に使用されるようになってきている。　◆Periodically, check the amount of use of each vehicle. To the extent possible, all vehicles should receive equal use.　定期的に各車両の使用量を調べてください。可能な限り、車両はすべて同程度の使用になるようにしてください。　◆The program's multiwindow management capability plays an important role in enabling effective use to be made of the screen's limited area.　そのプログラムのマルチウィンドウ管理機能は、限られた画面の面積[広さ]の有効利用を可能にする上で重要な役割を担っている。

**3** ａ〜用途、使途、使い道、使用目的、使い方(の具体例)(▶「使い方」が、使い道や使用途の意味であればuseは可算。それ以外の意味、すなわち使い用状況や使用の様子を表す時(→use 2)は、不可算である)　◆in a particular use　ある特定の用途[利用方法、使用法、使い道]においては　◆a tool of million uses　無数の用途に使える[万能の]工具　◆could not find a use for it　それの用途を見つけることができなかった　◆off-label uses of drugs　医薬品の効能書きに書かれている以外の用法[使い道、使い方]　◆the range of uses of modern computers　最新のコンピュータの用途の範囲　◆the uses of various devices　各種装置の用途　◆a particular use of the computer　コンピュータの(ある)特定の[特殊な]用途　◆it is fit for a wide range of uses　それは幅広い用途に適して[向いて]いる　◆the development of new uses for agricultural waste products (peanut hulls, wheat straw, etc.)　農業廃棄物(落花生の殻や小麦の麦わらなど)の新しい使い道の開拓　◆with the increasing range of uses for computers　コンピュータの応用範囲[用途]が広がるにつれ　◆increase [encourage, facilitate, promote] the development of new uses [applications] for carbon fibers and carbon fiber composites　カーボンファイバおよび炭素繊維複合材料(向け)の新しい用途の開発を促進する　◆Major uses of... are as A, B, and C.　〜の主要な用途は、A、BおよびCとしてである。　◆the range of potential uses for...is wide indeed　〜の潜在的な用途は実に幅広い[広範である]　◆the uses to which the recorder is put　レコーダーの用途[使用目的]　◆The laser is put to a number of uses.　レーザーは数多くの用途に役立てられている。　◆The most popular use for computers is as word processors.　コンピュータの最もポピュラーな使い方[用途]は、ワープロとしてである。　◆These devices have a multitude of uses.　これらの素子には、数多くの用途がある。　◆Self-adhesive tapes come in a wide variety of types, for a wide variety

of uses.　粘着テープは,幅広い用途向けに[さまざまな使用目的に合わせて]広範なタイプのものが揃って[売られて]いる.　◆The range of uses that it can be put to is limited only by the imagination.　それらの応用・利用範囲[用途]はアイデア次第で無限です.　◆You will find a multitude of uses for this small, compact zipper case.　小型でコンパクトなこのチャック付きケースは,数多くの使い方ができる[数多くの用途に使える]ことでしょう.　◆Only several years ago, uses for optical fibers were thought to be limited to long-haul communications and data transmission.　ほんの数年前,光ファイバーの用途は長距離通信やデータ伝送に限られていると考えられていた.
4 (a) ～ 慣習, 習慣
**have no use for...**　～には用がない; ～を必要としない; ～を要しない; ～を嫌っている.　～には我慢がならない　◆Avoid models loaded with superfluous options you have no use for.　あなたに必要でない余分なオプションを満載している車種は避けてください.　◆I figure that the people who don't buy computers today either have no use for PCs or can't afford them.　今日コンピュータを買わない人たちは,パソコンが必要ないかお買う余裕のない人たちではないかと私は思っている.
**(of) no use**　役に立たない, 無駄な　◆It is of no use to me in...-ing　私が～するのに, それは役に立たない[使いものにならない].　◆It won't be of much use to...　～にとってはたいして役に立たないであろう.　◆It is done, and there is no use in weeping.　済んでしまったことだ. 泣いていても始まらない.　◆There is no use complaining about a situation you cannot change.　変えようのない状況[境遇]をぼやいてみても無駄だ[始まらない].　◆There is no use crying over spilled milk or a missed opportunity.　済んでしまったことや,逃した機会のことをとやかく言っても仕方がない.　◆There is no use trying to force things when trends are contrary.　逆風が吹いている時に,ごり押ししようとしてもだめだ.　◆The past is over and gone. There's no use looking back when the future is so much better.　過去は終わって過ぎ去った. これから格段に良くなって行くという矢先に(過去を)振り返ってみても意味がない.

**used** 1　(use の自動詞で過去形. used to <do>の形で)よく～した, ～するのが常だった, 以前～だった　◆from what used to be East Germany　かつての東ドイツから　◆the Apple Macintosh (the machine that used to be predominantly used in art & design until a few years ago)　アップル社のマッキントッシュ(2～3年前までは美術・デザインで主として使用されていた機械)　◆I used to work at Disney.　私は,以前[かつて,昔]ディズニーで働いていた.　◆Lead times are cut to a fraction of what they used to be.　リードタイムは,以前の何分の1にも短縮される.
2 adj. ～に慣れて　◆become [get] used to...　～に慣れる[慣れてくる]　◆be used to... (ing)　～(すること)に慣れている　◆be not used to... (ing)　～(すること)に慣れていない　◆The computer's key placement takes some getting used to.　そのコンピュータのキー配置には,多少の慣れが必要だ.　◆I suggest you practice first – the timing of pressing the buttons will require some getting used to.　まず練習することを勧めます. というのは,ボタンを押すタイミングに少しばかり慣れが必要だからです.
3 adj. 中古の, 使用された　◆a used-parts catalog　中古部品のカタログ　◆a used-car dealer　中古車販売業者　◆write... on the back side of used paper　～を一度使った[使い古しの]紙の裏に書く

**used-to-be**　a ～ 盛りを過ぎた人, 役立たなくなったもの, すたれたもの　(= a has-been)

**useful**　adj. 有用な, 有効な, 役に立つ, 実用的な, 便利な, 有為な　◆come in useful　〈物や技能が〉(持っていると)便利[役に立つ]　◆(a) useful life　耐用寿命[年数]; 有効寿命; 実用寿命; 《化》保存[貯蔵]期間; 《化》可使期間　◆a very widely useful technique　非常に幅広く用いることのできる技法　◆obtain useful information from...　～から有益[役に立つ]情報を入れる　◆serve a useful function　有用な働きをする[便利な機能を果たす,大いに役立つ]　◆useful hints　知っていると便利な知識　◆give some really useful advice on...　～について本当に役に立つ[実に有益な]アドバイスを～に与える　◆have an estimated useful life of 5 years　～の推定[見積もり,予想]耐用年数は5年である　◆serve useful functions up to 1200°C　最高1200°Cまで有効な機能を果たす[(十分)使用できる]　◆the engine is past its statutory useful life　このエンジンは法定耐用年数を過ぎている　◆the method has proved useful in the detailed study of metal fatigue　この方法は金属疲労の詳細研究で役立つことを実証した　◆Its portability makes it useful in various environments.　それは携帯性があるので様々な環境で役立つ.　◆This might prove useful for the sake of future reference, if they should undertake any further joint publication.　このことは,彼らが将来また共同出版を手がけることがあれば,今後の参考に資するものと思われる.

**usefulness**　①役に立つこと, 有用性, 有効性, 実用性, 効用(性)　◆be of enormous usefulness in the manufacture of...　～の製造[生産]に極めて[はなはだ]有用である[役に立つ,役立つ,《意訳》利用価値が高い]　◆limit its range of usefulness　その有効範囲を限定する　◆the widespread usefulness of information processing systems　情報処理システムの広範な実用性[有用性]　◆these cartridges finally end up in industrial waste sites once their usefulness is finished　《意訳》これらのカートリッジは,用済みになったら産業廃棄物投棄場で最後を迎える　◆The agency has outlived its usefulness.　その政府機関の役目は終わり,無用の長物と化した.　◆These functions are provided to enhance the usefulness of the telephones attached to the office's telephone network.　これらの機能は,オフィスの電話網に接続されている電話をもっと便利にするために備えられている.

**useless**　adj. 無駄な, 無益な, 役に立たない, 無用な, 無能な　◆it is useless to <do>; it is useless...-ing　～して見ても意味がない[無駄なことだ,しかたない]　◆render...useless　～を使い物にならないように[役立たずに]する　◆be next to useless　ほとんど役立たない　◆cars are useless there　そこでは車は役に立たない　◆It is useless to them.　彼らにとって,それは用をなさない.

**user**　a ～ 使用者, 利用者, ユーザー, 需要家, 需用家　◆a user company　法人ユーザー　◆a user reference manual　ユーザーリファレンスマニュアル　◆user documentation　ユーザードキュメンテーション[ユーザー向けのマニュアル]（*取扱説明書などの文書や資料）　◆a growing user base　成長を続けているユーザーベース[ユーザー層]　◆a user population of half a million　50万のユーザー人口[使用者数,利用者数]　◆many Mac users　多くのMacユーザー　◆user demands [requests]　ユーザー[利用者]の要求[要望]　◆user-installable external hardware　ユーザーが(自分で)据え付け可能な外付けハードウェア　◆user-written subroutines　《コンピュ》ユーザーによって書かれたサブルーチン　◆both ends of the user spectrum　ユーザー層の両端[上端と下端]（*ハイエンドユーザーとローエンドユーザー）　◆when a product or service is sold to an end user　製品やサービスがエンドユーザー[末端の消費者,最終利用者]に売られる際に　◆The scanner enables users to <do...>; The scanner lets the user <do...>　このスキャナーによって[を使うと], (ユーザーは)～することができる.　◆be done automatically by the system without the user's intervention　ユーザーの介在なしのシステムにより自動的に実行される　◆Link-processor speeds are user selected.　リンクプロセッサの速度は,ユーザーによって設定される.　◆There's a great deal of inertia in the user community.　ユーザーの間にはかなりの惰性[慣性]がある.（*他のモデルやソフトにすぐに乗り換えられないことをいって）　◆There was notable growth in entry-level users over the past three years.　過去3年間にわたって,エントリーレベル[入門者,初心者]ユーザー層は著しく伸びた[(意訳)目覚ましく拡大した].（*usersのように複数形にするだけで「層」のような意味を表せる）　◆The laptop's 80286 microprocessor is user-switchable between 12 and 8 MHz.　このラップトップ機の80286マイクロプロセッサは,ユーザーが

12MHzと8MHzの間で切り換えることができる. ◆Using X is very similar to using Y, so if you are a Y user, using X is very easy. Xの使い方はYの使い方に非常によく似ていますから, Yをお使いの方ならXを使うのはとても簡単です.

**user-configurable** adj. ◆a user-configurable system ユーザーが設定(変更)できるシステム

**user-definable** adj. ユーザーが定義[設定, 指定]できる ◆user-definable input keys ユーザーによる設定が可能な入力キー ◆user-definable page sizes 《コンピュ》ユーザーが定義[設定, 指定]できる(いくつかの)ページサイズ

**user-defined** adj. ユーザーによって定義された[る], ユーザー定義の ◆a user-defined character ユーザー定義文字(= a custom character)

**user-friendly** adj. ユーザーフレンドリな, 使う人にやさしい, 使いやすい ◆a user-friendly computer ユーザーにとってやさしい[使いやすい]コンピュータ ◆user-friendly software ユーザーフレンドリなソフト ◆The system is, on the whole, user-friendly. そのシステムは概してユーザーフレンドリだ.

**user interface** a〜《コンピュ》ユーザーインターフェース ▶コンピュータとユーザーとの間に介在するもので, ユーザーがコンピュータから情報を受け取ったりコンピュータにデータや命令を渡すための方法や手段のことを漠然という. 広い意味では, コンピュータ以外の機械についても, そのスイッチや表示ランプなどがユーザーインターフェースといえる. ◆a graphical user interface (GUI) グラフィカルユーザーインターフェース(*コマンドをタイプ入力せず, アイコンによって操作するもの)

**user-replaceable** adj.〈部品などが〉ユーザーが自分で交換可能な

**user-selectable** adj. ユーザーが選択[設定]できる(ようになっている) ◆Resolutions of 200, 240, 300 dots/inch are user-selectable. 解像度は, 200, 240, 300dpiのうちからユーザーが選択できる.

**user-selected** adj. ユーザー選択[設定]の, ユーザーが選択[設定]した

**user-specified** adj. ユーザーによって指定[設定]された ◆perform a user-specified number of conversions 《コンピュ》ユーザーによって指定された回数の変換を行う

**USGS** (U.S. Geological Survey) the 〜 米地質調査所

**usher** vt., vi. 案内役をつとめる, 案内する, 先導する; an 〜 案内役, 案内人
**usher in** 〜の到来を告げる, 〜の先触れとなる, 〜を招く, 〜をもたらす ◆a market collapse could usher in a recession 市場の崩壊は, 景気後退を招くこともあり得る ◆The space plane has ushered in a new era in the history of Soviet space exploration. この宇宙機によって, ソ連の宇宙探査の歴史が新しい時代を迎えた.

**USIA** (U.S. Information Agency) the 〜 米広報庁; 米国広報文化交流局

**USO** (United Service Organizations) the 〜 米軍サービス機関 (▶1940年に米軍人の福利厚生を図る目的で創設)

**USTR** ◆the Office of the USTR (U.S. Trade Representative); the U.S. Trade Representative's Office (USTR) 米通商代表部 ◆Mickey Kantor, U.S. trade representative (USTR), announced that... ミッキー・カンター米通商代表部(USTR)代表は, 〜であると発表した

**usual** いつもの, 常の, 日常の, 平素の, 普段の, 通常の, 通例の, 例の, 普通の, ありふれた ◆as is usual [normal] <with, for, in> (〜には)よくあるように; (〜には)普通のことだが; (〜の)常として; 例の[いつもの]ごとく; 例によって; 例[ご多分]に漏れず; 通常; たいてい ◆as per usual 《口》いつものように, 例の通り, いつもの通り, 例によって 通常よりも ◆as is usual in such cases そのようなケースの常として; そういった場合によくあるように ◆in greater-than-usual numbers (数的に)いつも[通常]より多く ◆in the usual fashion 例のやり方で, いつものやり方で ◆in the usual manner いつものやり方で, いつもの通りに ◆heavier-than-usual concentrations of carbon dioxide 通常よりも高い濃度の炭酸ガス ◆The show was over but nobody moved. Instead of the audience rising from their seats and exiting as is usual, nobody moved. ショーは終わったが動くものは誰もいなかった. 普通[通常]ならば観客は席から立ち上がり歓喜するのだが, 誰も動こうとしなかった.
**as usual** 平常[平生, 普段, 通常]どおり, 例によって, 例のごとく ◆The institution's branches are scheduled to be open for business as usual this morning. この(金融)機関の支店は今日の朝, 平常どおり開く予定である.

**usually** 通例, 通常, 普通, 平素は, たいてい, いつも, 常々

**USWA** (United Steelworkers of America) the 〜 全米鉄鋼労組

**UTC** (Universal Coordinated Time; universal time coordinated; Coordinated Universal Time)《無冠詞》協定世界時(*略語の順序が入れ替わっているがこれで正しい)

**utensil** a 〜 用具, 器具, 道具, 《特に》台所[調理]用具 ◆cooking utensils 調理器具

**uterine** adj. 子宮の, 子宮内の, 〈兄弟姉妹が〉同母異父の, 種違いの ◆uterine myoma; a myoma of the uterus 子宮筋腫 ◆an intra-uterine contraceptive device 子宮内に入れて使用する避妊具

**utilitarian** adj. 実用的[実利的, 功利的]な, 実利[功利]主義の; a 〜 実利[功利]主義者 ◆a bare-bones utilitarian vehicle 必要最低限の装備しかない実用(一点張り)の車

**utility** 1 ①有用, 有益, 効用, 実用, 実用性; 《通例 〜ties》有用なもの; adj. 実用向けの, 実用本意の; 多用途に使える ◆a utility man 雑役夫 ◆a utility vehicle 多目的車 (*a sport-utility vehicleは日本でのRV車にあたる) ◆a utility model right [patent, application] (順に)実用新案権[特許, 申請] ◆a utility player (いくつかのポジションができる)ユーティリティープレーヤー, 万能選手 ◆be of great utility 大いに役立つ ◆as its products grow in utility and need worldwide 同社の製品が世界的に有用性と必要性が高まる[《意訳》実用性とニーズが拡大する]につれて ◆augment the utility of the case その入れ物の有用性を増す ◆applications that combine practical utility with sheer entertainment 実用性と純然たる娯楽を兼ね備えている(コンピュータの)応用プログラム ◆New value-added services constantly increase the network's utility. 新しい付加価値サービスは絶えずそのネットワークの有用性を高める. ◆This 100% lint-free wiper has high utility in assembly areas. 綿ぼこりを全く出さないこの拭き取り布は, 組立部門で実に便利である.
2 a 〜 公益企業 (*水道, ガス, 電力, 電話, 鉄道などの事業を行う会社);《通例 〜ties》公益事業, 公益事業設備; adj. 公益事業の ◆an electric power utility company (公共)電力会社 ◆an electric utility 電力会社 ◆a utility [utility-line] pole 電柱 ◆utility power (= commercial power) 公共電力会社からの電力; 商用電力;《意訳》商用電源 ◆an underground utility tunnel 地下共同溝 (*ガス, 電気, 通信, 電話, 水道, 地域冷暖房用の温水・冷水などの配管を収納する) ◆reduce some public utility charges 一部の公共料金を下げる ◆sell power to a utility 電力会社に電力を売る[売電する].
3 a 〜《コンピュ》ユーティリティプログラム (= a utility program) ◆utilities to access data from incompatible programs 《コンピュ》互換性のないプログラムで作成されたデータにアクセスするための(いくつかの)ユーティリティー(プログラム)

**utilization** 回利用 ◆water utilization purposes 利水用途 ◆increase [=decrease] the use [usage, utilization] value of... 〜の使用[利用]価値を高める[=下げる] ◆the development of more efficient utilization methods より効率的な利用[活用]方法の開発 ◆the utilization factor of a system システムの利用率 ◆「稼働率」と訳せる場合もある ◆because of low circuit utilization 低い回線利用のため;《意訳》回線の利用が少ないせいで ◆maximize the utilization of capital, equipment, and labor 資本, 機器, および労働力を最大限に活用する ◆the utilization rate varies from industry to industry 利用率[稼働

率]は産業によって異なる ◆Some of these plants are running at less than 50 percent capacity utilization. これらの工場のなかには稼働率[操業率]50%未満で操業しているものがある。◆There are many ingenious utilizations of video being employed by a wide variety of professionals and non-professionals. 多種多様なプロやノンプロの人たちにより,多くの独創的なビデオの利用法が採られている。◆To meet his stated goal of boosting GM's factories from their present levels of 75% capacity to full utilization by 1992, the company might have to close at least four of 26 North American assembly plants. GMの工場の現在の75%の操業率[稼働率]を1992年までにフル操業[稼働]に上昇させるという,彼の述べた目標を達成するには,GMは26ある北米組立工場のうち少なくとも4つを閉鎖しなければならないだろう。

**utilize** vi. 〜を利用する, 役立たせる, 用立てる ◆an already over-utilized landfill (意訳)すでに満杯状態を越えて[能力を超えて,パンクして]いるゴミ埋め立て処分場 ◆These high-reliability devices utilize hermetic ceramic packaging. これらの高信頼性デバイスは,ハーメチック[気密封止]セラミックパッケージ実装を用いている。

**utmost** adj. (通例 the 〜・不可算名詞)最大の, 最大限の, できる限りの, 最大限, 極限, 極力, 最善 ◆make [exert] one's utmost efforts to <do> 〜しようと精一杯[極力,できる限り,力の限り]努力する; 最大限の努力をする ◆use [exercise, practice] utmost caution 最大限の注意をする; 細心の注意を払う ◆with the utmost caution 細心の注意を払って; 極めて用心深く; 徹底した用心深さで ◆I hope that the utmost use will be made of... 私は〜が最大限に活用されるよう希望して[願って]います ◆It is of the utmost importance to me. それは,私にとって最も重要[一番,最高]に重要なことだ。

**utter** 1 vt., vi. 口に出す, 言う, 〈声, 言葉〉を発する, 述べる, 発言する
2 adj. 完全な, 全くの, 徹底的な

**utterly** adv. 全く, すっかり, 完全に, 全然, どだい, てんで

**U-turn** a 〜 Uターン, 転回, (180°の)方向転換, 折り返し ◆make [do, execute] a U-turn Uターンする ◆a U-turn back into recession 景気後退への後戻り ◆a dramatic U-turn on foreign policy 外交政策面での劇的な(180度の)方向転換 ◆No U-turn Uターン禁止 ◆and pretty soon robbers and murderers start making U-turns back to the straight life そして,じきに泥棒や人殺しは真っ当な暮らし[真面目な生活]に戻り始める ◆there would be no U-turn in the government's economic reform policies 政府の経済改革政策に方向転換はないだろう ◆In many areas, U-turns are prohibited. 多くの地域で,Uターンは禁止されている。

**UV** (ultraviolet) ◆a UV coating 紫外線(カット)コーティング ◆a UV dosimeter 紫外線線量計

## V

V バナジウム(vanadium)の元素記号

**vacancy** a 〜 あき, 空き地, 欠員, 空室, (結晶格子中の)空位, 空格子点(クウコウシテン), 空席; ① 空いていること, 空虚, 空間, 放心状態, うわの空 ◆a vacancy defect (結晶の)空格子点欠陥 ◆a vacancy sign 空き室[ご部屋がございますよう]表示 ◆have a vacancy rate of 20 percent 〜の空き室率は20パーセントである ◆office vacancy rates declined in most... オフィス空き室率は,ほとんどの〜で下がった ◆vacancy is high 空き室率が高い ◆hang out a no-vacancy sign 満室の看板を掲げる[出す] ◆the vacancy rate is roughly 30 percent to 35 空き室率は,およそ30から35パーセントである ◆The no-vacancy sign is out at the motel. そのモーテルには満室の看板が出ている。◆With a 70 percent vacancy rate, the glitzy complex resembles a futuristic ghost town. 70パーセントの空き室率で,超豪華[豪奢]な複合施設は超現代的なゴーストタウンのようである。

**vacant** 空いている, からの, 使用されていない, 空虚な, 〈人が〉ぼんやりした ◆a vacant room 空き室[部屋] ◆vacant land [ground]; a vacant lot 空き地, 更地, 未利用地

**vacation** (a) 〜 (まとまった)休み, (長期)休暇, 連続休業; vi. 休暇をとる, 休暇を過ごす ◆be on vacation 〈人が〉休暇中で[に] ◆a vacation resort 行楽地 ◆the nation's No. 1 vacation destination この国一番の休暇旅行先 ◆until he gets back from vacation 彼が休暇から戻るまで

**vacationer** a 〜 休暇を保養地[避暑地]で過ごす人, 行楽客 ◆summer vacationers 夏のバカンス客[行楽客]

**vaccinate** vt., vi. 予防接種をする, (特に)種痘をする

**vaccine** (a) 〜 ワクチン; a 〜 《コンピュ》ワクチン(*コンピュータウイルスによる被害を防止するソフト. an antiviral programとも呼ばれる) ◆vaccines against chickenpox and measles 水ぼうそうとはしかのワクチン

**vacillate** vi. 揺れる, 〈意見[考え]が〉ぐらつく, 動揺する, 定まらない, 迷う, 気迷いする, ためらう, 二の足を踏む, 右顧左眄(サコウベン)する, 逡巡する, 決めかねる, とつおいつする ◆a vacillating foreign policy 揺れ動いている[一定していない]外交政策 ◆After weeks of vacillating over [on] the issue,... その問題について数週間逡巡した末に ◆he vacillates between wanting to <do...> and wanting to <do...> 彼は, 〜したい気持ちと〜したい気持ちの間で揺れている ◆the company has been vacillating on whether to <do...> 同社は果たして〜していいものだろうかと気迷いして[決心がつかないで]きた ◆people who had been vacillating over the choice of a system (ああでもないこうでもないと)システムの選定で迷っていた人たち ◆we believe the market will continue to vacillate between 6,800 and 7,100 我々は相場を6,800から7,100の間を上下して推移する[する展開となる]と踏んでいる ◆Uncertain of its position in the modern world, Turkey long has vacillated between East and West. 近代世界における位置付けがはっきりしないためか, トルコは長いこと東西(陣営)の狭間で揺れ動いてきた。

**vacuum** 1 a 〜 真空, 真空状態, 真空度, 陰圧, 減圧, (比喩的)真空[空白], 空虚感, 虚無感; a 〜 掃除機, 魔法瓶; adj. ◆in a vacuum 真空中で ◆under vacuum 減圧下で; 真空状態で ◆be vacuum-sealed 真空シール[封止]されて(いる) ◆produce a vacuum 真空を生じさせる ◆a vacuum (bottle) 魔法瓶 ◆a vacuum (cleaner) 真空[電気]掃除機 ◆a vacuum filter 真空[減圧]濾過機[濾過器] ◆a vacuum switch [強電]真空開閉器 ◆prevent vacuum leaking; keep vacuum from "leaking" out 真空漏れを防止する; 真空が抜けるのを防ぐ ◆vacuum deposition 真空蒸着 ◆vacuum evaporation 真空蒸着[蒸発] ◆vacuum filtration 真空濾過 ◆vacuum plating 真空蒸着[めっき] ◆a vacuum (suction) truck バキュームカー(*屎尿くみ取り用とは限らない) ◆close to a perfect vacuum 完全真空に近い ◆create a leadership vacuum 指導力の欠如を生じる ◆create a partial vacuum in... 〜中に部分真空[(意訳)不完全な真空, 陰圧, 負圧]を生じさせる ◆for the maintenance of vacuum 真空(状態)を保つために ◆generate a vacuum 真空を発生させる ◆in a high vacuum 高真空中で ◆in (an) ultrahigh vacuum 超高真空中で ◆in the near vacuum of space 真空に近い宇宙空間で ◆produce 18" Hg of vacuum 18インチHgの陰圧を発生させる ◆a vessel maintained under vacuum 真空状態に保たれている容器 ◆the degree of vacuum in the electron tube この電子管内部の真空度 ◆in the near-vacuum of space 宇宙の真空に近い中で ◆a partial vacuum forms 不完全真空[陰圧]が生じる; 陰圧になる ◆because there is a power vacuum in the region 地域に力の真空が存在するために ◆be exhausted to as high a degree of vacuum as possible できるだけ高い真空度になるよう排気されている ◆It operates at 15" to 30" Hg of vacuum. これは, 15インチから30インチHgの真空にて動作します。◆The speed of light in a vacuum is 300,000 km per second. 真空中の光の速度は,毎秒30万kmである。◆A vacuum relief valve eliminates, when opened, any vacuum which has been established

within the container.　負圧調整弁は、開放されたとき、(もし)容器内に真空[負圧]が発生していればそれを解消する.
**2**　vt., vi. 掃除機をかける, 真空装置を使う, 吸い込む, 吸引する ◆vacuum a car　電気掃除機で車を掃除する ◆use dredges to vacuum the sand from the ocean floor and deposit it on the beach via large pipelines　浚渫(シュンセツ)船を使って海底から砂を吸い込み, それを太いパイプライン経由でなぎさに堆積させる

**vacuum pack, vacuum package**《間にハイフンを入れることもある》vt. ～を真空包装[真空パック]する ◆All items are individually vacuum packed [packaged] for your convenience.　どの品も, 便利なように個別に真空パック[真空包装]されています.

**vacuum tube**　a～ 真空管 ◆a vacuum-tube circuit 真空管回路

**vagabond**　a～ 放浪者, 浮浪者, さすらい人, 風来坊, 宿無し, 無宿人[者], 無頼の遊民; adj. 放浪[さすらい, 流浪, 漂泊]の ◆his vagabond dad 放浪者[浮浪者, ふうてん]をやっている彼のおやじ

**vaginal** adj.《動》膣(チツ)の,《植》鞘(サヤ)の, 鞘状の ◆rectal and external vaginal itching 《意訳》肛門・陰部周辺部のかゆみ

**vague** adj. ばくぜんとした, 曖昧(アイマイ)な, ぼやけた, ぼんやりとした, とらえどころ[つかみどころ]のない, 空漠たる,《意訳》具体的でない[を欠いている] ◆a vague law　曖昧模糊(モコ)とした[要領を得ない]法律

**vain** adj. 空虚な, 無駄な, 無益な, 実質のない; 虚栄心の強い, うぬぼれの強い ◆make vain efforts　無駄骨を折る, むなしい努力をする ◆a vain attempt　むなしい[無駄な]試み
**in vain** 効果なく, 効果が収められなくて, 効を奏さず, 甲斐なく, 無駄に, 無益に, いたずらに, 徒労に終わって, 不毛な結果に, 失敗に終わって, うまくいかずに (= vainly)

**vainly** adv. (= in vain) ◆he vainly fought to <do>... 彼は, ～しようと奮闘したがだめ[無駄]だった

**valence** a～ 原子価 (=《英》a valency) ◆a valence band《半導体》価電子帯 ◆a valence electron　価電子 ◆exhibit a valence of 4　プラス4の原子価を示す

**valid** adj. (法的に)有効な, 正当な, 妥当な, 根拠のある, 実証された, 適正な ◆be good [valid] for 30 days　～は30日間有効である; ～の有効期限[期間]は30日間です ◆valid until June 15, 1993　1993年6月15日までが有効 ◆have a valid Ontario driver's license　オンタリオ州発行の有効な運転免許を持っている ◆If the pixel P falls outside the valid range of intensities, ...　画素Pが輝度の有効範囲内から外れると ◆include the result as valid or reject it　《統計》その結果を有効データとして含めるか, あるいは棄却する ◆Numbers 1 through 99 are valid, and one is assumed if the parameter is invalid.　《コンピュ》1から99までの数が有効で, パラメータ(の指定)が無効[不正]なら1とみなされる.

**validate** vt. ～を(法的に)有効にする, 有効化する, 批准する, 確認する, 実証する, 確証する ◆validate the practicability of...　～の実現[実行]が可能であることを確認する ◆validate the eligible users 　(サービスなどを利用する)資格を有しているユーザーであることを確認する

**validation** (a)～ 確認, 批准, 実証, 《ソフトウェアや設計の》検証, 《ハードウェアの》動作確認; (a)～ 妥当性検査 ◆hardware validation; (the) validation of hardware　ハードウェアの動作確認 ◆(the) validation of software [hardware design(s)]　ソフトウェア[ハードウェア設計]の動作確認 ◆perform verification and validation of delivered software　納品されたソフトの検証[確認]および妥当性検査を行う ◆a credit card reader or other form of validation arrangement　クレジットカードリーダーまたはその他の種類の照合装置 ◆It is periodically subjected to validation.　それの確認が定期的に取られる.

**validity** 回妥当性, 正当性, 有効性, 合法性, 適法性, 信憑性(シンピョウセイ), 確実性, 効力 ◆be without validity　～は妥当性を欠いている ◆extend the term of validity of...　～の有効

期間を延長する[有効期限を延ばす] ◆the validity of benchmark tests　ベンチマークテストの妥当性 ◆check the validity of tickets presented for flights　提示航空券(が正しいものであるかどうか)の確認作業をする ◆it can be checked for validity by... -ing　それは, ～して正しい[正当, 有効, 妥当]なものであるかどうか調べることができる ◆there are very serious questions about the validity of these patents　これらの特許の有効性について, はなはだ大きな疑問がある ◆Rumors get passed on and nobody questions their validity.　噂はどんどん伝わって行くが, その信憑性を疑うものは誰一人としていない. ◆Adjustment clerks examine all pertinent information in order to determine the validity of a customer's complaint.　苦情受付係は顧客のクレームが正当なものであるのか判断するためにあらゆる関連情報を調べる.

**valley** a～ 谷 ◆from peak to peak or from valley to valley　山から山まで, あるいは谷から谷まで (*波長の話です) ◆waves of equal peak-to-valley amplitude　山から谷までの振幅が同じ波 ◆Thanks to a loyal customer basis and minimal competition, some companies fared well regardless of the economy's peaks and valleys.　浮気をしない客層がついているとか競争がほとんどないといった理由で, 企業の中には景気[経済]の山とか谷とかには左右されずにうまく[順調に]やってきたものもある.

**valuable** 貴重な, 尊い, 高価な, 価値のある, 値打ちのある, 有用な, 有益な, 大いに役立つ; ～s 貴重品, 有物 ◆a Most Valuable Player award　最高殊勲[最優秀]選手賞, MVP賞 ◆looters stripped him of valuables　略奪[強奪]者らは彼から貴重品[金品]を奪い取った ◆reclaim valuables such as metals and plastics from landfills　ゴミの埋立地から金属やプラスチックなどの有価物を回収する ◆recycle them as valuables　それらを有価物としてリサイクルする ◆valuable metals　《複数種の》有用な金属 ◆valuable suggestions　貴重な提言 ◆The recovery of valuables from shipwrecks provided impetus for the invention of a number of diving devices.　難破船からの金目のものの回収は, 多数の潜水具の発明に弾みをかけた. ◆Guests should always place money or valuables in the safe deposit box at the front desk of the hotel. Guest room safes are not secure.　利用客は, 常に現金や貴金品はホテルのフロントデスクの貸金庫に入れること. 客室の金庫は安全ではありません. ◆The Internet is an enormous expanse of information. The most significant problem is identifying valuable information from trash.　インターネットは情報の洪水[拡大]な広がりである. 最大の問題は, 価値ある[有益]情報とゴミを見分ける[区別する, 峻別する]ことである.

**value**　**1** (a)～ 価値, 値打ち, 金額, 意味, 意義, 大切さ, 重要さ ◆of superior [inferior] value　価値の高い[低い] ◆rise in value　価値[価格, 値打ち]が上がる; 価値が出る ◆an article of value　価値のあるお品物, 金目の物, 値段の, 大事なお品 ◆a sense of values　価値観 ◆traditional values　伝統的価値観 ◆add value to a commodity product　商品に付加価値を付ける ◆be far superior in value　はるかに価値が上である ◆be of great value as...　～として非常に有用である ◆be of great value to...　〈人など〉にとって大切[重要]である ◆be of no great value to...　～にとって少しも[全然]大切[重要]ではない ◆grow in value　価値が大きくなる[増す, 増える, 増加する, 出る] ◆have a face [nominal] value of $100　～の額面価格は百ドルである ◆have [be of] little value for...　～は～にとってたいした価値がない ◆increase 9% in value terms　金額ベースで9パーセント増加する ◆in terms of value of production　金額ベースでの生産高[収穫高, 漁獲高, 採掘量]から見て ◆make something of value　何か価値のあるものを生み出す ◆make value judgments about [on]...　～について価値判断をする ◆replace a home with another of equal value　ある住宅を同価格の別の住宅と(等価)交換する ◆their own sense of values　彼ら自らの価値観 ◆X and Y are of roughly equal value　XとYはほぼ同値[価格, 価値, 値打ち]が等しい; おおよそ等価[同値, 同価]である ◆lightweight products with high values　高額軽量商品 ◆add entertainment value to the car's tail　車の後尾の部分に遊びの要素を加える ◆be of no particular commercial value これと言った商業的価値がない ◆Cheap things are of no value. 安物は価値がない; 安物は安物だけのことしかない. ◆have great value in medical practice 医療分野において大きな価値を持っている ◆land has risen in value 土地の価格が上昇した ◆embrace values that by current standards seem downright radical 今日の基準からすると全く過激きわまりないような価値観を持っている ◆go back to the basic values from which we have departed 我々が失ってしまった基本的価値観に立ち返る ◆with someone whose basic values are the same as your own あなた自身と同じ基本的価値観を持っている誰かと ◆it jumped in value to $25,000 from $4,000 in the past few years それはここ数年で急に価値が出て4000ドルから2万5000ドルになった ◆the duration and test results are too late to be of value as a daily control over production quality, ... 検査に長い時間かかり、また検査結果が出るのが遅過ぎて、検査が生産品質の日々の管理としての価値がない場合は、~ ◆American antiques have enjoyed a steady rise in value アメリカン・アンティークは着実に値が上がって [価値が出て] きた. ◆Cogmos shares have more than doubled in value this year. コグモス社の株は今年 (金額ベースで) 倍以上に値上がりした. ◆This is where our values come into play. ここが私たちの価値が活かされるところなのです.; 我々の真価が発揮されるのはここだ. ◆Information management systems are of increasing tactical value to corporate executives. 情報管理システムは企業の管理職にとって、戦術面での価値が大きくなってきている. ◆Manufactured exports have higher value added, so they can garner higher prices in the international market, and traditionally, they are less sensitive to price movements. 工業輸出品にはより高い付加価値が付いているので、国際市場で高値を呼び、また昔から価格変動にも左右されにくい. ◆Such structures are rare in this town and I believe that it is of value to the community at large to preserve historic structures such as this building. こういった構造物はこの町では珍しいものですので、この建物のような歴史的な建築物を保存することは地域社会全体にとって価値がある [有意義なことだ] と私は確信しています.

2 a ~値 (アタイ), 数値 ◆a numeric value 数値 ◆component values 部品の値; 部品定数 (*数学でいう定数とは異なり、個々の部品の電気的な値のこと. たとえば電気回路の設計で技術者が慣用的に「ここの抵抗の値 (ティスウ、ジョウスウ) を100キロオームにする」などという使い方をする) ◆the values of components needed 必要な部品の値 ◆set the transmission retries to a large value 送信再試行回数を大きな値に設定する ◆valid values range from 0 to 255 〈コンピュ〉有効な値 (の範囲) は 0 から 255 までです ◆until the voltage reading reaches its highest value 電圧の読取値が最高値に達するまで ◆Valid values for ... range from 1 to 255. 〈変数〉の有効値は 1 から 255 までである. ◆Quasars exhibit high values of z (redshift). クェーサー (準恒星状天体) は、高い z (赤方偏移) 値を示す. ◆Then, the new x value is divided by 16. 次に、その新しい [得られた] x の値は 16 で割られる. ◆The values normally lie within the following bounds: それらの値は普通、以下の範囲内にある. ◆X takes on values from 0 to 1. X は、0から1までの (範囲の) 値をとる. ◆The display controller reads each bit from memory and interprets a 1 value as black and a 0 as white. ディスプレイコントローラは、メモリーから各ビットを読み、値が1のものを黒に、0のものを白に解釈する.

3 vt. ~を評価する; ~を高く評価する、~を重んじる、~を尊ぶ [貴ぶ] (タフト、トウトブ) ◆be valued highly as ... ~として高く評価されている ◆be valued highly by... 〈人〉から高く評価されている ◆value quality above everything else 何にも増して品質を重んじる ◆orders valued at $5 million 500万ドルの額の注文 ◆Prunes are valued for their high iron content. プルーンは鉄分が多いことで重宝されている. ◆These skills are highly valued now, and will become increasingly valued in the future. これらの技術は今高く評価されており、今後ますます重要視されていくことだろう.

**value-added** adj. 付加価値— ◆a value-added network 付加価値通信網 ◆a value-added reseller (VAR) 〈コンピュ〉付加価値再販売者 ◆a low-value-added product 低付加価値製品; 付加価値の低い商品 ◆high-value-added goods 高付加価値品

**valve** a ~弁、バルブ; adj. バルブの; vt. vi. ~に弁をつける、流れを弁で調節する、弁を使う ◆a control valve コントロールバルブ; 制御弁; 調節弁 ◆a motor-operated valve 電動弁 ◆a regulating [regulation, regulator] valve 調節弁; 調整弁; 加減弁 ◆a sixteen-valve engine 16バルブエンジン ◆a vacuum valve 《英》真空管 (*米国では a vacuum tube) ◆a manual or motorized valve 手動弁あるいは電動弁 ◆an air or electric operated valve 空気式あるいは電動式の弁 ◆control actuators that open and shut valves バルブ開閉操作 [作動] 機構を制御する ◆the opening and closing of the intake and exhaust valves 吸気 [吸い込み] 弁および排気 [排出] 弁の開閉 ◆close the valve with a wrench 弁をスパナで閉める ◆open the valve three-quarters of a turn バルブを4分の3回転開ける

**valver** ◆a four-valver 〈車〉各気筒にバルブが4つ付いているエンジン (の車)

**van** a ~ 箱型荷物室を備えているトラック、バン、有蓋 (ユウガイ) 車 ◆a bullion van 金塊輸送車

**VAN** (value-added network) a ~ (バン)、付加価値通信網

**vanadium** バナジウム (元素記号: V)

**vancomycin** 〈医〉バンコマイシン (*現在最も強力な抗生物質) ◆vancomycin-resistant Staphylococcus aureus (VRSA) バンコマイシン耐性黄色ブドウ球菌

**vandal** a ~ (公共物、自然景観、芸術品などの) 心ない破壊者、荒らしをする人; a Vandal 〈史〉バンダル人; the Vandals 〈史〉バンダル族 ◆a computer vandal コンピュータハッカー (▶コンピュータウイルスを放ったり、他人のコンピュータに侵入してデータを破壊したりする者の意味で)、人のコンピュータに対して荒らしを働く者

**vandalism** 〈 〉(芸術品、文化、公共や他人の建物、自然などの心ない) 故意の破壊行為、荒らし、汚損、蛮行 ◆be resistant to vandalism (不法な) 公共物破壊行為に対して強い ◆meters that are robust and can withstand vandalism 堅牢で公共物破壊行為に耐えられる計量器 ◆to reduce vandalism and petty theft 器物損壊行為およびこそ泥の被害を減らすために ◆practice vandalism by spraying swastikas on synagogues ユダヤ教会にスプレーペンキで鉤十字 [ハーケンクロイツ] を描く荒らし行為をする ◆Should somebody attempt an act of vandalism against the payphone, ... 何者かが公衆電話に対して破壊 [損壊] 行為を働こうとすると、◆There are more people committing vandalism on Window machines than Linux machines. リナックス機に対してよりもウィンドウズ機に対して荒らしを働く者が多い.

**vandalization** 〈 〉(芸術品、文化、公共や他人の建物、自然などを) 故意に破壊する [汚損する、荒らす] こと、荒らし、破壊行為 ◆(the) vandalization of an office 暴れてオフィスを荒らすこと

**vandalize** vt. 〈芸術品、文化、公共や他人の建物、自然などを〉故意に破壊する [汚損する、荒らす] ◆stores were vandalized and ransacked 店は破壊され略奪された [荒らされた] ◆the office has been vandalized 事務所が荒らされた ◆vandalize public buildings (狼藉 (ロウゼキ) を働いて) 公共の建物を損壊する

**vanguard** the ~ <of> 〈軍〉前衛、先兵、先駆け (研究、開発などの) 先頭 [先端、陣頭] ◆at the vanguard of ... ~の先陣 [先頭、最先端] に立って ◆be in the vanguard of progressive reform 急進的な改革の先頭に立っている ◆in the vanguard of electronics エレクトロニクスの最先端で ◆Hong Kong and Singapore are in the vanguard of the antismoking movement. 香港とシンガポールがこの禁煙運動の先陣を切っている. ◆While the semiconductor competition may already be lost, Europe hopes to return to the vanguard in the development of advanced applications for electronic technology. ヨーロッパは、半導体の競争にはもうすでに負けてしまったかもしれないが、電子技術の高度な応用の開発の第一線に返り咲くことを望んでいる.

**vanilla** n. バニラエッセンス; adj. バニラ風味の, 普通の ◆add a drop or two of vanilla extract バニラエッセンスを1〜2滴加える

**vanish** vi. (突然)見えなくなる, 消える, 失せる, 消え失せる, 消失する, 消滅する, (消えて)なくなる, 消え去る, 姿を消す, 消散する, ゼロになる ◆the conception of time vanishes 時間の概念が無くなる[消滅する] ◆If and when they vanish [disappear] into thin air, ... それらが跡形もなく消滅したら; もしそれらが雲散霧消した場合

**vanity** 回虚栄, むなしさ, 空虚さ, 無意味さ, 無益; 回虚栄心, 見栄, うぬぼれ; a〜 空しい[無意味な]もの[行為], 回 a vanity press [publisher] 自費出版専門の出版社 ◆vanity publishing of poetry 詩の自費出版 ◆All is Vanity. あらゆるものは虚しい。; いっさいのものは空(クウ)だ。; 色即是空(シキソクゼクウ); 諸行無常

**vantage point** a〜 見晴らしのきく位置, 見地, 観点, 立場 ◆from a historical vantage point 歴史的観点から ◆from my vantage point 私の立場からみれば; 私の目から見れば ◆view... from a unique vantage point 〜をユニークな視点[視座, 観点]からながめる[見る] ◆have the best vantage point from which to <do> 〜するのに最も有利な立場にある; 〜するのに最も優位に立っている ◆from a vantage point on the 15th floor of an apartment building マンションの15階の見晴らしのきく位置から ◆I want to operate from a vantage point of being on a committee 私は委員会メンバーとしての有利な立場に立って活動してみたい

**vapor, vapour** 《後者は英綴》(a)〜 蒸気, 気体, 気まぐれな[はかない]空想[幻想]; vi., vt. ◆a vapor phase 気相 ◆vapor deposition 蒸着 ◆chemical-vapor deposition (CVD) 《半導》化学気相成長, 化学気相蒸着法 ◆the vapor state 気体の状態 ◆the vapor pressure of a substance 物質の蒸気圧 ◆vapors from the acid in the solution 溶液中の酸から発生する蒸気

**vaporization** 気化, 蒸発, 揮発

**vaporize** 〜を蒸発[気化]させる; 蒸発[気化]する ◆vaporized gasoline 気化ガソリン ◆fully vaporized fuel 完全に気化している燃料

**vaporizer** a〜 蒸発器, 気化器, 輝発器, 霧吹き, 噴霧器, 加湿器, 《医》吸入器 ◆a steam-heated vaporizer 蒸気加湿式の気化器 ◆液化ガスを気化するための)

**vaporware** 《コンピュ》発売予定をとっくに過ぎても発売されないソフト, ベーパーウェア

**var** 無効電力の単位(*volt-ampere [voltampere] reactive より) ◆an SVC (a static var compensator) 《伝記》静止型無効電力補償装置 (*調相装置の一種)

**VAR** (value-added reseller) a〜 《コンピュ》(バー), 付加価値再販売業(者) (*他社製品のハードウェアやソフトウェアに付加価値を付けて売る業者)

**variability** 変動, 変動性, 変化性, ばらつき, 多様性, 変異性 ◆the variability of the parameters within a given type ある特定の品目内での, パラメータのばらつき状態 ◆distinguish between genetic abnormalities and normal human variability 遺伝的な異常とヒトの正常な変異性とを見分ける

**variable** 1 adj. 変わりやすい, 定まらない, 変えられる, 可変の, 不定の, 調節可能な, 変数の, 変異性の ◆a variable autotransformer 《電気》スライダック ◆variable costs 変動費 ◆variable costs 可変費用; 可変費 ◆a variable-rate loan 変動金利型のローン ◆a fixed or variable annuity 定額または変額年金 ◆a variable-length record (→a fixed-length record) 《コンピュ》可変長レコード ◆a variable speed zoom lens 可変スピードズームレンズ ◆a 60-minute variable auto shut-off timer 60分まで調節可能な自動電源切断タイマー ◆transform a fixed expense into variable costs that can be paid for as they used 固定費を, 使っただけ払えば済む可変費に変える(*正社員を契約社員に置き換えたり, 毎月家賃を払っている支店をレンタル・オフィスにしたりして経費を切りつめる話など) ◆a continuous variable tone which varies in frequency as the measured parameter rises or falls 測定パラメータの上昇・下降につれて周波数が連続的に変化する音 2 a〜 変数, 変量 ◆assign the segment and offset addresses to a pair of integer variables 《コンピュ》2つの整変数にセグメントアドレスとオフセットアドレスを代入する ◆There are many variables to take into account. 考慮に入れるべき不確定要素[変動要素]が数多くある。

**variable-speed** adj. 可変スピード[可変速]の, 速度可変式の, スピード[《意訳》回転速度]が変えられる ◆a variable-speed motor controller 可変速モーター[電動機]制御装置 ◆variable-speed drive (VSD) control 可変速駆動制御

**Variac** a〜《商標》《電気》スライダック

**variance** (a)〜 変化, 変動性, 多様性, 自由度, 差異, 違い, 相違, 不一致, 不和, 《統計》分散(量) ◆variance of temperature 気温の変動(の大きさ) ◆On the C Compiler test, Pentium Pro machines showed little performance variance with different amounts of memory installed. このCコンパイラテストで, これらのPentium Pro搭載機の間で実装メモリー容量の違いによる性能の差異はほとんど見られなかった。 ◆When material thickness variance can be critical, as in stacked laminations, a sensor is used to monitor small thickness variances while the press is running. 積層張り合わせ製品のように材料の厚みのばらつきがクリティカルに効いてくる場合には, プレス機の運転時に肉厚の小さなばらつきを監視するためのセンサーが用いられる。

**variant** a〜 変形体[物], 異形, 異型, 別形; adj. さまざまな, 種々の, 異なる, 相違する, 《コンピュ》可変 ◆a new variant of CJD (nvCJD) 新変異型クロイツフェルト・ヤコブ病 ◆a variant of the former type 前者のタイプの変種 ◆a variant species that will thrive in a climate that neither of its parent plants could survive どちらの親植物も生存できないような気候でよく育つ変種 ◆In light of the changeability of the AIDS virus, the vaccine would have to offer immunity against an almost infinite array of variant strains. エイズウイルスが千変万化していることを考えれば, ワクチンはほとんど無限ともいえる変種株に対する免疫性を与えるものでなければならないだろう。

**variation** 1 (a)〜 変化, 変動, 変動値, 変化量, 格差, 較差, 変分, (複数の変数値の変化の)関係; 〜s ばらつき[むら, 相違, 違い] (*大小, 濃淡, 出没不出来など) ◆a) direct [↔(an) inverse, (an) indirect] variation 正比例[↔反比例]の[関係] ◆due to a secular variation of... 〜の永年変化[経年変化, 《天文》永年差]のせいで ◆reduce product design variation 製品のデザインバリエーションを減らす ◆the extent of the speed variation その速度変化の程度 ◆the variations of light and shade (光の)明暗 (*場合によっては「光の強弱」) ◆undesired speed variations 好ましくない速度むら ◆variations in voltage 電圧の変化[変動] ◆thermal variation between transistors トランジスタ間の熱的なばらつき ◆Voltage variations across the load are... 負荷両端の電圧変動は, ◆a slight variation in the speed of a VCR ビデオデッキのスピードのわずかな変動 ◆exhibit a wide range of compositional variation 成分のばらつきが大きい ◆it expands and contracts with temperature variations それは温度の変化と共に膨張したり収縮したりする ◆smooth out year-to-year variations in the graph on personal income growth 《意訳》個人所得の伸びを表すグラフの年間の凹凸[でこぼこ]を(滑らかになるように)均す ◆unit-to-unit variation may result 結果としてユニット間にばらつきが生ずるおそれがある ◆variations in price from store to store 店による値段の違い ◆variations in the positions of the steel plates 鋼板の姿勢・位置のばらつき ◆wide temperature variations occur in the deserts 砂漠では大幅な温度変化[温度差]が生じる ◆withstand quite a variation in temperature かなりの温度変化に耐える ◆variation within plus or minus three sigma limits 《統計》±3σ限度内の偏差(*σ=標準偏差) ◆at any angle within a specified variation from the vertical 垂直線を基準にしてある指定された偏差内の任意の角度で ◆long-term variations in the wobbling of the earth's axis 地軸の揺らぎの長期変動 ◆record varia-

tions in the earth's magnetic field　地磁気の変動を記録する　◆variations in the rotational speed of the tape transport mechanism　テープ駆動メカの回転速度のむら　◆vary the sampling frequency to accommodate variations in the horizontal interval　水平走査間隔の変動を吸収するために標本化周波数を変化させる　◆variations in searching software from system to system and database to database　検索ソフトが，システムやデータベースごとに異なる［まちまちである］こと　◆The day/night temperature variation is too great.　昼夜の温度差［較差，変化，変動］が大き過ぎる．　◆The range of variation is narrow.　変動幅は狭い．　◆Variations in part size can be tolerated.　部品サイズのばらつきは許容できる．　◆Print density may be influenced by the age of the ink ribbon or variations in forms.　印字の濃さは，インクリボンの古さや用紙の違いに影響されることがある．　◆Video signals are transmitted electronically through variations in voltage.　ビデオ信号は電圧の変化として電子的に送信される．　◆How does the software accommodate the variations between different makes of CD-ROM drives?　そのソフトはどのようにして異なったメーカーのCD-ROMドライブ間の相違に対処しているのだろうか　◆Pons continues to insist that other laboratories have failed to duplicate his results because of variations in materials or procedure.　ポンス氏は，他の研究所が彼の（実験）結果を再現できなかったのは材料や手順の違いのせいであると主張し続けている．　◆Variations in resistor values due to poor temperature and voltage coefficients compound the accuracy problem.　厳密さを欠いた［甘い］温度係数と電圧係数に起因する抵抗値のばらつきは，精度の問題を複雑に悪化させる．
2　a～　変形物，異体，変種；～s（いろいろな異なった）種類；　200 different color variations　200種類のカラーバリエーション　◆an infinite number of font variations　数え切れないほどのフォントの種類　◆we can offer a wide range of product variations　弊社は幅広い製品バリエーションを提供できます

**varied**　(varyの過去，過去分詞形)；adj. 多様な，さまざまな，変化に富む，いろいろ異なる，変えられた，色とりどりの　◆use varied statistical techniques　さまざまな［いろいろな，種々の，多様な］統計的手法を用いる　◆This approach has varied success depending on the frequency of occurrence of the sampled data.　このアプローチは，標本化されたデータの発生頻度によって成功の度合いが異なる．

**variety**　1　回多様性，変化（に富むこと），種類の豊富さ，一様でないこと，相違；回バラエティー（ショー）；　◆for variety 変化をつけるために　◆a variety store バラエティストアー［ショップ］（＊単価の安い生活雑貨を売る店）　◆a TV variety show　テレビのバラエティショー　◆add variety to Europe's diet　ヨーロッパの食事に変化［バラエティ］を付ける［与える，持たせる］　◆an [the] expansion of variety of...　～の種類の拡大［拡充］；～のバラエティ化［多様化，多彩化］　◆be immensely rich in variety　とっても バラエティ［多様性，変化］に富む［満ちている］；非常にバラエティ豊かである　◆grow [increase] in variety　バラエティーが増す［種類が増える］　◆increase the variety of...　～の多様性を広げる；～を（いっそう）多様化する　◆reduce the variety of species　種の多様性を減らす　◆the variety of... is quite wide [broad]　～の種類はかなり広い；～はかなり多種多様である［変化に富んでいる］　◆a music-oriented variety program　音楽を多く盛り込んだバラエティー［ワイドショー］番組　◆The variety of... s is quite wide.　～の種類はかなり幅広い；～の種類は実に変化に富んでいる［さまざまだ］．　◆Consumers like variety.　消費者は多様性を好む．　◆due to the increasing variety of bonds available 購入可能な債券の種類が増えているので　◆consumer demands to broaden the range and variety of foods available in domestic markets　（意訳）国内市場で入手可能な食品の選択の幅とバラエティーを充実してほしいという消費者からの要求　◆Our tea selection has increased in variety and decreased in price.　弊社のお茶の品揃えの種類は増え値段は下がりました；弊社のお茶は，品揃えが豊富になって［充実して］価格がお安くなりました．　◆There's plenty of variety in the Beatles'

music.　ビートルズの音楽はバラエティに富んでいる［実に多種多彩である］．　◆Variety has increased along with quantity. 量とともに種類が増えた．　◆Residents here also have access to a wide variety of recreational facilities.　ここの住人は多彩な娯楽施設も利用できる．　◆The variety of tools in use became too great for the Educational Technology Center to support.　使用されているツールの種類が多くなりすぎて教育技術センターでは対処しきれなくなった．　◆On (the) average, a 100-percent increase in enrollment yields only a 17-percent increase in variety of curricular offerings.　平均で，入学者数の100％増加に対して（開設）講義科目の種類は17％しか増加しない．　◆The variety of uses for personal computers has increased steadily since their appearance in 1976.　パソコンが1976年に出現して以来，その用途の多様性は着実に拡大して［その用途は絶えず広がって］きた．
2　a～　種々の異なったもの（の集まり）　◆a variety of... - s　さまざまな［種々の，いろいろな，多彩な］～　◆a variety of clients　いろいろな顧客　◆a wide variety of computers　多種多様なコンピュータ　◆a wide variety of products　バラエティに富んだ［数々の］商品　◆in a variety of ways　さまざまな方法で　◆be used for a wide variety of sports events　各種スポーツ競技に用いられている　◆a product (suitable [designed, intended, formulated]) for a wide variety of uses; a product that is adaptable to a wide variety of applications　（意訳）幅広い用途向けの製品；汎用品（＊formulatedは化学製品などの場合）　◆a wide variety of image processing challenges　画像処理の実にさまざまな課題　◆choose from the variety of handles　いろいろ取りそろえられている柄［ハンドル］の中から選ぶ　◆... so consumers can have a wider variety of channels to choose from　そうゆう訳で消費者にとってチャンネルの選択の幅がより広くなる　◆Computers nowadays come in an increasing variety of sizes and shapes from which to choose.　コンピュータは，今日ますますサイズも形状も（選べる）種類が増え［選択の幅が広く］，多様化しつつある．
3　a～（同一分類中の一つの）種類，異種，変種　◆12 varieties of polygons　12種類の多角形［多辺形］　◆many varieties of excellent wines　数多くの種類の極上ワイン　◆high-yield varieties of grains　穀類の高収量品種　◆because virtually all pencils used in Japan are of the mechanical variety　（意訳）事実上日本で使われている鉛筆のほとんどがシャープペン式［タイプ］のものなので (a variety = 種類，品種，型など)　◆Choose disease-resistant varieties [types] whenever possible.　病害抵抗性の品種をできるだけ選ぶようにしてください．（＊園芸で）　◆Grafting is not a means of developing new varieties.　接ぎ木は新種を作り出すための方法［誕生させるための手段］ではない．　◆Three varieties of the tool are available.　本工具は，3種類［タイプ］そろっています．　◆In one store alone, 70 varieties of compact disk players, 160 different color television sets and 80 models of VCRs are all sold side by side.　一店舗だけであっても，70種類のCDプレーヤー，160種類のカラーテレビ，80機種のビデオデッキのすべてが並べられて売られている．　◆Though plastic optical fiber trails traditional glass fiber in terms of transmission distance supported, the plastic variety is decidedly easier to terminate and install.　プラスチック光ファイバーは，従来のガラスファイバーに比べてカバーできる伝送距離の点で劣るが，プラスチックタイプのものは成端や布設が断然簡単である．

**varifocal**　adj. 焦点距離が変えられる，可変焦点-　◆a varifocal camera lens　バリフォーカルカメラレンズ

**various**　adj. 種々の，いろいろの，さまざまの，変化に富んだ，それぞれ異なる，互いに異なる，別個の，（2個以上の）いくつかの　◆envelopes of various sizes　さまざまな大きさの封筒　◆in various graphic forms　種々のグラフ形式で　◆in various ways　いろいろなふうに；いろいろと；様々に；あれこれと；とやかくと；なんのかんのと；何かと［何くれと］　◆various kinds of data　さまざまな種類の［種々の］データ　◆various sized components　さまざまな［いろいろな］大きさの部品　◆a wide range of Ethernet adapters from various manufacturers　いろい

**variously** ろな製造業者が出している [《意訳》メーカー各社の] 幅広い (種類の) イーサネットアダプター (商品) ◆about 850 aircraft of various types　850機ほどの各種航空機 ◆round up the results of the various surveys　これらのいろいろな調査の結果をまとめる [集計する] ◆various shapes and sizes of grinding wheels　いろいろな形状や大きさの砥石車

**variously**　いろいろに, さまざまに ◆composed of variously sized devices　いろいろな大きさの素子で構成されている ◆receive signals from variously located broadcast stations　あちこちの放送局からの信号を受信する ◆a new kind of high-tech equipment known variously as automated answering systems, voice-messaging units or, most simply, voice mail　自動応答システム, ボイスメッセージシステム, あるいは最も簡単な呼び方でボイスメールなど, いろいろな呼び方で知られている新種のハイテク装置

**varnish**　[](《種類が》 a 〜)) ワニス, ニス; the 〜, a 〜 ニスを塗った表面, うわ薬, 光沢, つや; (a) 〜 《比喩的》上塗り; vt. 〜にニス (ワニス) を塗る, 〜のうわべを飾る ◆insulating varnish 絶縁ワニス ◆varnished wood　ニス [ワニス] が塗ってある木材

**vary**　vi. 変化する, 変動する, いろいろである, 一様でない, 異なる, 変異する; vt. 〜を変える, 変更する, 多様にする ◆... vary widely　〜には大きなぶれ [ばらつき] がある; 〜は (非常に) 多種多様 [千差万別, さまざま, まちまち] である; 〜はそれぞれに大きく異なる; 〜にはピンからキリまである ◆be available in varying sizes　〜は大小大きさである; 〜にはさまざまな大きさのものがある ◆in varying degrees　程度の差はあるにせよ, 大なり小なり, 多かれ少なかれ ◆Never vary from this rule!　決してこの原則を踏み外さないこと. ◆they vary greatly [very much] in appearance　それらの外観は実にいろいろ [様々, まちまち, 各様] である; 千差万別だ ◆vary greatly from state to state　各州の間で大きな隔たり [格差] がある ◆vary with time　時間と共に変化する; 経時変化する ◆lines of varying thickness　いろいろな太さの線 ◆waveforms of varying shapes　いろいろな形の波形 ◆a train of varying-amplitude pulses　《電子》振幅が変化するパルス列 ◆surrounded by teddy bears of varying sizes　大小さまざまな [いろいろな大きさの] クマのぬいぐるみに囲まれて ◆It comes in varying sizes for use in...　それは〜で使用できるようさまざまなサイズのものがある ◆Prices vary by model.　価格はモデルによって変わる ◆Reasons may vary.　理由はさまざまであろう. ◆Features vary with [among] models.　フィーチャーは機種によって異なる. ◆they were detained for varying lengths of time　彼らは, それぞれ異なった期間の拘留された (*刑期の長さがまちまちという意) ◆wages vary greatly among job descriptions　賃金は職種により大幅に異なる ◆Opinions vary widely [greatly, very much].　《直訳》意見は大幅に異なる.; 《意訳》意見は千差万別 [さまざま, (各人) 各様, 十人十色] である. ◆Estimates of the amount of... vary widely.　〜の量の見積もりには大きなばらつきがある. ◆Execution times vary from instruction to instruction.　実行時間は命令ごとに異なる. ◆Fees and commissions vary from company to company.　手数料および歩合は会社によって異なる. ◆Hardness can vary even in the same piece of wood.　同一の木材でさえ部位により堅さが違うことがある. ◆Methods of control vary among the devices.　制御の方法は装置間で異なる. ◆Performance varies depending on the microprocessor used.　性能は使用しているマイクロプロセッサにより異なる. ◆The readings should not vary greatly.　測定値は大きくばらついてはならない. ◆They are interrelated to varying degrees.　これらは, 程度の差はあるが相互に関係している [相関関係にある]. ◆They vary greatly in quality.　それらは, 品質的に大きな幅がある. ◆X varies linearly with Y.　X は Y に対して直線的に変化する.; X は Y に比例する. ◆A diode's resistance varies rather widely with its current.　《電気》ダイオードの抵抗は, ダイオード中を流れる電流によってかなり大幅に変わる. ◆Resolution for dot matrix printers varies from 60 to 160 dots per inch.　ドットマトリックス・プリンタの解像度は, 1インチ当

たり60から160ドットである. ◆They vary greatly in membership size, budget size, and scope of activity.　それら (団体) は, 会員数, 予算の大きさ, また活動範囲 [領域] の広さといった点でまちまちである. ◆Unless otherwise specified, finished dimensions may vary ±.010".　特に指定がない限り, 仕上げ寸法膜差は±0.010インチとする. ◆A computer varies the speed of the cooling fans according to the coolant temperature.　コンピュータは, 冷却剤の温度に応じて冷却ファンの速度を変化させる. ◆Computers currently on the market vary widely in terms of both price and performance capabilities.　現在市販されているコンピュータは, 価格と性能の点で多種多様 [さまざま, 千差万別] である. ◆Radio waves vary in frequency according to direction of motion.　電波は, 運動の方向により周波数が変わる. ◆The glaring difference in results may be explained by the varying sizes of the studies – and the doses of aspirin consumed.　結果のはなはだしい相違は, 調査の規模が, またアスピリンの投与量が, まちまちだったということで説明がつくかもしれない. ◆Magnetic disk devices vary widely in access speed, storage capacity, and cost – from small, inexpensive floppy disks used on personal computers to large, fast, and expensive hard disks used on mainframes.　磁気ディスク装置は, パソコンの小さくて廉価なフロッピーディスクからメインフレーム用の大型で高速, 高価なハードディスクまでと, アクセス速度, 記憶容量, コストの点でピンからキリまである.

**varying**　adj. 変わる, 変化する, 変動する, 可変- ◆For years, Noriega cooperated in varying ways with agencies of the U.S. government, including the CIA, the U.S. Southern Command and the DEA.　何年もの間, ノリエガはさまざまな方法で [《意訳》いろいろな形で] 中央情報局, 米南方軍, 麻薬取締局を始めとする米政府機関に協力した.

**vasectomy**　(a) 〜 輸精管切除 (術), パイプカット ◆most vasectomies are performed by urologists　大多数の精管 [結紮] 切断 [パイプカット, 断種手術, 男性の不妊手術] は泌尿器科医により行われている

**Vaseline**　[](《商標》) ワセリン ◆white Vaseline　白色ワセリン

**vassal**　a 〜 (《封建時代の》) 家臣, 家来, 臣下, 配下, 子分, 従者, 隷属者, 召使い, 奴隷; adj. 家臣の, 隷属化の ◆a vassal state (他の国に) 従属している国; 属国

**vast**　adj. 広大 (無辺) の, 空漠たる, 巨大な, ばく大な, 膨大な, 多大の, 甚大な, おびただしい ◆accumulate vast wealth　巨万の富を築く ◆all over vast Russia　広大なロシア全域にわたって; 広大なロシア全土で ◆a vast expanse of sand　広大な砂の広がり; どこまでも広がる一面の砂, 砂の海; 広大な砂漠 ◆save vast amounts of space　《コンピュ》極めて大きな記憶空間を節約する ◆a vast number of issues　数多くの問題点

**vastly**　adv. 広々と, 広大に, 非常に [大いに, はるかに] (= very, extremely, exceedingly) ◆be vastly superior to...　〜よりもはるかに優れている

**VAT**　(value-added tax) a 〜 (pl. VATs, value-added taxes) 付加価値税 (*欧州諸国の)

**vaudeville**　[](ボードビル, 寄席形式の演芸ショー, 歌と踊りを交えた喜劇 [風刺的喜劇] ◆a vaudeville theater　寄席演芸場, ミュージックホール ◆a vaudeville comedian　ボードビル [バラエティー] のコメディアン; 寄席の喜劇俳優 [お笑いタレント] ◆a vaudeville (also called "variety") show　ボードビル (またの名を「バラエティ」) ショー ◆he wrote vaudevilles of all sorts　彼はあらゆる種類の風俗劇を書いた

**vaudevillian**　a 〜 ボードビリアン, ボードビル [寄席] 芸人, 軽喜劇役者 ◆two bickering vaudevillians　言い争いている2人のボードビリアン; 掛け合いをしている2人の漫才師

**vault**　1　a 〜 金庫室, 貴重品保管室, (教会の) 地下埋葬室, アーチ形の天井; v. 〜に丸天井をつける
2　v. (手をついて, または棒を支えに) 飛ぶ, 飛び越す, 一気に達する; a 〜 ひと跳び, 跳馬 ◆he vaulted five spots to [into] second place　彼は5人飛び越して [抜いて] 2位へと大躍進した ◆The company has vaulted past four rivals to become

the third-ranking automaker, trailing only A and B. 同社は，ライバル社を一気に飛び越し［追い抜き］，あとはA社とB社の後を追うだけの業界3位の自動車メーカーになった．

**VCCI** (the Voluntary Control Council for Interference by Information Technology Equipment)《日》情報処理装置等電波障害自主規制協議会《省略形にtheは不要》

**V-chip** ◆a so-called violence chip or V-chip to block violent programming 暴力番組を阻止するいわゆるバイオレンスチップあるいはVチップ

**VCO** a ～ (voltage-controlled oscillator) 電圧制御発振器

**VCR** (videocassette recorder) a ～ カセットテープ式のVTR, ビデオカセットデッキ，ビデオデッキ，ビデオレコーダー，ビデオコーダー ▶日本ではビデオデッキのことをひとまとめにVTRと呼んでいるが，英語ではオープンリール式のものをVTR, カセット式のものをa VCRと区別しているようだ．◆I bought a VCR. 私はVTRを買った［ビデオデッキを購入した］．(＊a VCR = a videocassette recorder)

**VCTCXO** ◆a VCTCXO (voltage-controlled temperature-compensated crystal oscillator) for use in phase-locked loops PLL回路用の電圧制御型温度補償水晶発振器

**VCXO** ◆a 155.520-MHz voltage-controlled crystal oscillator (VCXO) （周波数）155.520MHzの電圧制御水晶発振器

**VDT** (video [visual] display terminal) a ～ 《コンピュ》画像表示端末装置(＊モニター装置，ディスプレイ装置と同義)

**vector** a ～ ベクトル，ベクタ，方向量 ◆a vector sum ベクトル和

**veer** vi. 方向［進路，向き］を変える ◆The rocket veered off course. そのロケットはコースから外れた．

**vegetable** a ～ (1種類の)野菜［青物］; a ～ 植物人間，無気力な人間; adj. 植物性の，野菜の，単調な ◆cultivate small vegetable gardens 小さな野菜畑［菜園］を耕す

**vegetarian** a ～ ベジタリアン，菜食主義者，草食動物(= a herbivore, a herbivorous animal) ◆a vegetarian dish [plate, offering] 菜食主義者用の料理［料理，精進料理］◆a gourmet guide to vegetarian cooking ベジタリアン向け［菜食，精進］料理法のグルメガイド ◆an individually adjusted vegetarian diet 《意訳》個々の患者の状態に応じ献立が変えられている菜食 ◆become a vegetarian 菜食主義者になる

**vegetarianism** 回菜食主義，菜食 ◆practice vegetarianism 菜食主義を実践する

**vegetation** 回植生，草木，植生 ◆vegetation patterns 植生パターン (▶地球資源衛星などにより観測した植生の分布状況) ◆the accumulation of lead in roadside vegetation 道路沿いの植物［植生］への鉛の蓄積

**vegetative** adj. 《植》植物の生育に関わる，成長可能な，成長の，栄養の，植物性の; 〈ウイルスや細胞が〉増殖［増殖性，増殖期］の; 意識がなく精神活動を示さない［植物状態の］◆vegetative propagation [reproduction] 栄養生殖，栄養体生殖，栄養繁殖，栄養増殖 ◆〈根，茎，葉などから分離した組織から新しい個体＝クローンを生ずる，一種の無性生殖〉◆a vegetative patient with no hope of recovery 回復の望みのない植物状態の患者 ◆he had been in a persistent vegetative state since May 1996 彼は1996年5月以来持続的な［ずっと］植物状態にあった

**vehemently** adv. 激しく，熱烈に，猛烈に，切に ◆vehemently oppose... ～に猛烈に反対する; 猛反対する

**vehicle** a ～ 乗り物 (＊車両，船舶，航空機，宇宙船など)，《特に》自動車，輸送手段，伝達手段; a ～ 展色剤［ビヒクル］◆a four-wheel vehicle 四輪車 ◆a new-vehicle dealer 新車ディーラー ◆a vehicle-mounted radar gun 車両搭載レーダーガン ◆the federal Motor Vehicle Safety Standards 米国連邦自動車安全基準; 米国車両安全基準 ◆a four-vehicle convoy 4両編成の輸送隊 ◆a vehicle-mounted GPS system 車両に搭載の［車載］GPS装置 ◆vehicle-installed mobile phones 車載型の自動車電話 ◆if vehicle speed is too great 車速が過大だと ◆communication equipment carried [installed] in [on] a motor vehicle 車載されている通信機器

**vehicular** adj. 車両の (→intervehicular) ◆vehicular emissions 車両排気ガス ◆vehicular traffic control 車両交通管制

**veil** a ～ ベール，ヴェール，覆(オオ)い，とばり，隠すもの，(うっすらとぼかすように)覆うもの; vt. ～を(うっすらと)おおう，～を隠す; vi. ベールをかぶる ◆a veil of secrecy surrounding... ～を取り巻いている秘密のベール［ヴェール］◆the program was veiled in secrecy until... ～までその計画は秘密のベールに包まれていた

**vein** 1 a ～ 静脈，血管，鉱脈 ◆a vein of gold; a gold vein; a gold-bearing vein 金の鉱脈，金脈 ◆search for a vein in which to insert the needle used to administer lethal injection 死刑執行用の注射の針を刺すために静脈を探す
2 (a) ～ 特質，調子，傾向，才能，調子，状態 ◆in this vein この調子で ◆in a similar [the same] vein 似たような［同じ］調子 ◆be in the right vein for... -ing ～するのに気が向いて ◆in the same vein (as...) (～と)同じ文脈［趣旨，論じ意味内容］で ◆I don't think you can put... in the same vein as... ～を～と同じ文脈で捕らえる［理解する，解釈する，論じる］ことはできないと私は思う ◆Three letters to the editor were in the same vein. 3通の投書は，同様の意味内容［趣旨］のものだった．

**Velcro** 《商標》マジックテープ (＊面ファスナーの商標); Velcroed [velcroed] adj. マジックテープの付いた，マジックテープで留められた ◆a Velcro closure [fastener] マジックテープ ◆a Velcro-secured flap マジックテープで留めてある［面ファスナー式］フラップ ◆the Velcro-fastened edges of the fabric マジックテープ［面ファスナー］で留めてあるその布地の端

**velocimeter** a ～ 速度計 ◆a laser Doppler velocimeter レーザードップラー速度計

**velocity** (a) ～ 速度，ベロシティ ◆develop [gain] velocity 速度を増す ◆lose velocity 速度を失う ◆at high velocity 高速で ◆a velocity sensor 速度センサー ◆at the velocity of sound [light] 音［光］の速さで; 音速［光速］で ◆be accelerated to a high velocity 高速に加速される ◆the velocity of flow of air 空気の流速 ◆the velocity of propagation in a gas ある気体中の伝播速度 ◆the velocity of an electron stream 電子の流れの速度 ◆at a velocity of 344 meters/second 毎秒344メートルの速度で ◆a mobile unit with a velocity of 15 mi/h 時速15マイルの速度の移動体 ◆the velocity with which it was carried out それが行われた速さ ◆The keyboard responds to finger pressure and velocity. そのキーボード楽器は，指の圧力［鍵盤を押しつける強さ］とベロシティ［鍵盤をたたく勢い］に反応する．

**velvet** ビロード，ベルベット

**velvety** adj. ビロードのような，ビロードのように柔らかな［滑らかな］手触り［風合い］の (声・音・色などが)柔らかで深みがある，(酒などが)まろやかな［芳醇な，口当たりがいい］◆a velvety feel and texture ベルベット［ベロア調］の風合い

**vending machine** a ～ 自動販売機 ◆a coin-operated videocassette vending machine コイン式ビデオカセット自動販売機

**vendor** a ～ 売り手［売り主，売却者］，供給業者，納入業者，（購入さるる側にとっての）仕入先，購入先，調達先，取り扱い業者，（供給）メーカー，製造業者，製造元，ベンダー，自動販売機，行商人，物売り，-売り ◆select vendors 仕入先を選ぶ ◆diverse vendors' VME products いろいろなメーカーのVME製品

**veneer** (a) ～ 化粧板，(ベニヤ板を作るための)薄板，単板 (＊ベニヤ板は英語ではplywood); a ～ うわべだけの見せかけ，虚飾; vt. ～に(～で)化粧張りする，～のうわべを(～で)飾る，～を(～で)覆い隠す <with> ◆Plywood is made by cross-laminating an odd number of wood veneers such as pine, spruce, fir and hemlock. 合板は，松，トウヒ，モミ，ツガなどの木材の奇数枚の薄板［ベニヤ］を(木目が)直交するように積層して製造される．

**vent** 1 a ～ 通気穴, 通気孔, 排気口, はけ口, ガス抜き穴; 《感情などの》表出 ◆air vents　通気孔;通風孔[口];換気口 ◆as a vent for products　製品のはけ口[販路]として ◆a vent cap　ガス抜き[通気孔, 通気穴]キャップ ◆find a vent for these goods abroad　これらの製品のはけ口[販路]を海外で探す ◆a vent for pent-up black frustrations　黒人の鬱積(ウッセキ)した欲求不満のはけ口
2 vt. 《気体, 液体》を抜く[逃す], ～に排出口をつける;《感情》を表に出す[ぶちまける, 発散する];vi. ◆vent one's pent-up rage [anger] at...　たまった憤懣(フンマン)を～にぶつけてガス抜きをする

**ventilate** ～を換気する, ～に換気設備をつける, ～に通気穴をつける;～を公の場に出して自由に論議する ◆a ventilating duct　通風[換気]ダクト ◆a ventilating fan　換気扇, 換気ファン, 送風機 ◆ventilating openings　換気[通気, 通風]孔 ◆Work only in a well-ventilated area.　作業は換気の良い場所でのみ行ってください。

**ventilation** 回通気, 換気, 通風, 空気の流通; 回世に問うこと, 自由討議, 公開討論 ◆provide ventilation　換気をする ◆natural ventilation　自然通気 ◆an adequate amount of ventilation to <do...>　～するのに十分な換気[通気, 通風]量 ◆a ventilating shaft in a mine　鉱山の換気縦坑 ◆by forced ventilation　強制[押し込み]換気により ◆to facilitate the ventilation [circulation] of air　空気の流通[換気]をよくするために ◆leave about five inches of space above the unit for ventilation　通気のためにユニットの上に5インチほどのスペースを空ける ◆Do not block the ventilation slots on top of the machine.　機械上面の通気孔をふさがないでください。 ◆Good ventilation must attend its use.　使用するときは換気に気をつける。

**ventilator** a ～ 換気扇, 換気装置, 通風機[器], 《医》人工呼吸器 ◆a ventilator-dependent quadriplegic patient　人工呼吸器に頼っている四肢麻痺の患者 ◆breathe on one's own without the assistance of a ventilator [respirator]　人工呼吸器の助けなしに自力で呼吸する

**venture** 1 a ～ 《新しい》冒険的な企て[試み, 事業], ベンチャー事業, 投機 ◆venture capital　投機資本 ◆a venture capitalist　投機資本家 ◆set up [create] a venture business　《先端分野における》ベンチャービジネス[研究開発型企業]を創設する ◆embark on a new business venture　冒険的な新規事業に乗り出す ◆the company is making its first venture into direct-mail sales　この企業は, 同社にとって初めてのダイレクトメール販売[通信販売]に乗り出そうとしている ◆these are – in varying degrees – ventures into the unknown　これらは, 程度の差こそあれ, 未知の領域[世界]への冒険である ◆The shipment is the company's first venture into exporting.　この出荷[船積み]は同社としては初めての輸出の試みである。 ◆The Odyssey is Honda's first venture into the crowded and popular minivan market.　Odysseyは《所狭しと多くの車種が》ひしめき合う人気の高いミニバン[RV]市場参入への本田初の果敢なる進出の試みであった。
2 vt. vi. 賭ける《カケル》, ～を危険にさらす, 危険をおかして[あえて]行く[行う, 乗り出す], 思い切って言う, 敢然と立ち向かう ◆venture into the electronic toy market　電子玩具市場への進出を果敢に試みる[市場に思い切って参入してみる] ◆venture into unknown realms　《危険を承知で》失敗を覚悟して], 未知の領域に踏み込む ◆venture into unknown land [unmapped territory]　未知の[地図のない]土地に《危険をおかして》踏み込む ◆business success will come from venturing into new territories　ビジネス面での成功は, 思い切って[果敢に]新分野に進出することによってもたらされる ◆Unlike many novelists who venture into the theater, he...　果敢に演劇界に進出した多くの小説家とは異なり, 彼は... ◆Don't venture into areas that are potentially dangerous.　あえて危険[危険が待ち受けているような]場所には行かないように。 ◆Most young men dread asking girls for dates for fear of rejection – but nothing ventured, nothing gained.　たいていの若い男は, 断られるのを恐れて女の子をデートに誘うことに怖じ気づく

**vent capital** 回ベンチャーキャピタル, 投機資本 ◆a venture capital firm [company]　民間投資会社(＊将来性はあるが経営基盤が弱く銀行融資を受けにくい株式未公開の中小ハイテク企業などを発掘し資本参加の形で資金を提供。経営のアドバイスをしながら育成し, 上場後に株式を売却して利益を得る) ◆venture capital investments　投機資本投資(＊ハイリスク・ハイリターンの投資である)

**venturi tube** a ～ ベンチュリー管

**venue** a ～ 会場, 開催地, 《場所の意味の》－スポット ◆a live venue　ライブ会場;ライブスポット ◆The venue for the 2000 Olympics, Sydney has been...　2000年のオリンピックの開催地シドニーは... ◆About half the Olympic venues are just a few minutes from town.　ほぼ半数のオリンピック競技会場は, 町からわずか数分のところにある。

**verb** a ～ 動詞

**verbal** 言葉の, 言葉による, 口頭の;動詞の ◆a verbal presentation　口頭発表 ◆verbal skills　会話《運用》能力 ◆engage in a verbal tug-of-war　舌戦[口論, 論戦, 口げんか, 言い争い, 言葉の応酬]を繰り広げる ◆Voice input and output are still in the experimental stages, but eventually people may be able to talk to computers and receive verbal responses.　音声入出力はまだ実験段階にあるが, いつかコンピュータに話しかけると口頭[音声]による答えが返ってくるようになるかもしれない

**verbally** adv. 口頭で, 言葉で, 一語一語[逐語的に] (word for word), 《文法》動詞的に[動詞として] ◆orders conveyed verbally　口頭で伝えられた命令

**verbatim** adv. 一語一句たがわず;adj. (語句の)そっくりそのままの ◆repeat verbatim　一語一語そのまま反復して言う ◆verbatim copies of this manual　本マニュアルの一字一句たがわない[まるごと]コピー

**verbose** adj. 言葉数が多い, 冗長な[冗漫な, くどい, 長たらしい], 詳細な, (コードや記号でなく)言葉[文字]で説明された ◆a verbose view　《コンピュ》詳細ビュー[表示]

**verboten** adj. (forbidden, prohibitedを意味するドイツ語)禁じられた, 禁止された ◆Freedom of speech is not completely restricted; only criticism of the president himself and the ABC Party is verboten.　言論の自由は完全に禁止されているわけではない。大統領自身とABC党の批判だけが禁止されている[ご法度だ]。(＊verbotenは独語なり。発音は "フェアボーテン")

**verdict** a ～ 《陪審員による》評決, 答申;a ～ 結論, 判断, 報告

**verge** a ～ 縁《フチ》, へり;the ～ 瀬戸際, 間際, 限界, 境界 ◆on the verge of...　～寸前[間近, 直前, 一歩手前]の[に], いまにも～しようとして[しかかって], ～に瀕して ◆operation on the verge of oscillation　発振寸前の[発振する手前のぎりぎりのところでの]動作 ◆reach the verge of extinction　消滅する一歩手前[直前]まで行く;絶滅の危機に直面するところまで行く ◆drive the amplifier to the verge of saturation　《電気》そのアンプを飽和寸前《の状態》までドライブする ◆they were brought to the verge of extinction in the 1980s　それら[の動物]は1980年代に絶滅の一歩手前にまで追い詰められた ◆Some years ago, the company was on the verge of extinction.　数年前, 同社は滅亡[消滅]の危機に瀕していた。 ◆The battered personal computer market may be on the verge of a rebound, the WALL STREET JOURNAL predicted last week.　疲弊したパソコン市場は回復傾向にあるのではないかという予測を先週ウォール・ストリート・ジャーナル紙は流した。

**verification** (a) ～ 検証, 実証, 確証, 証拠, 証言, 検査, 査察, 検定, 立証, 確認 ◆for verification　確認のために ◆a verification test　確認[検証]試験, 《ソフトウェア》の検定試験 ◆credit-card verifications　クレジットカードの確認(＊クレジットカードが有効であるか確かめること) ◆hardware-software coverification; hardware/software co-verification　ハードウェア・ソフトウェア協調検証 ◆by manual verification　手作業で

の確認により ◆conduct [perform, make] (an) experimental verification 実験検証を行う ◆conduct verification testing of... 〜の確認[検証, 確認] 試験を実施する ◆block U.S. verification of nuclear and biological weapons facilities 米国による核兵器施設および生物兵器施設の査察を妨害する[はばむ, 阻止する] ◆once the verbal verifications have been received 口頭での確認を受け取ったら ◆verification that they meet specifications それらが仕様を満たすということの確認[検証] ◆In most instances, the editors will make [perform, conduct] verification of resubmitted manuscripts. ほとんどの場合, 編集者らは再提出された原稿の検証を行う。 ◆Once verification has been made, access will be granted under the same conditions as those for current students. 《ネット》一度認証が済めば, 在学中の学生と同じ条件でアクセス権が与えられる。

**verify** vt. 〜を検証[検査, 査察]する, 〜(が正しいこと)を確認する, 〜(が真実[正確]であること)を確認[立証, 証明]する, 照合する ◆verify the accuracy of measuring equipment 測定器の精度を確かめる ◆verify the result of a calculation 計算の結果が正しいかどうかを確かめる; 検算する ◆the theory has to be verified by experiment 理論は実験により検証される必要がある ◆a beep tone that verifies entry into a computer コンピュータへの入力を確認するピッという電子音 ◆verify the user name and password against the list of authorized users 《コンピュ》ユーザー名とパスワードを正規[認可された]ユーザーのリストと照合する ◆the existence of... was experimentally verified 〜の存在が実験的に実証された ◆Verify that all parts are mounted on the board. 部品がすべて基板に取り付けられていることを確認せよ。 ◆His prediction has been conclusively verified experimentally. 彼の予言が当たっていたことが実験により決定的に実証された。 ◆It should be verified that all power supplies are connected and functioning properly. すべての電源が接続されて正常に機能していることを確かめて[確認して]ください。 ◆This test circuit allows you to verify the proper operation of the PC parallel port. この試験回路により, パソコンのパラレルポートの正常動作が確認できる。

**veritable** 《限定的》本当の, 真実の, 紛れもない ◆a veritable flood of laptop personal computers 紛れもないラップトップパソコンの大量出現

**vermin** 《集合的, 複数扱い》害獣, 害虫, 害鳥, 寄生小動物から身を守って暮らす嫌われ者[ダニども, 虫けら, 人間のくず] ◆vermin control 害獣・害虫の駆除[防除]

**vernacular** 《通例 the 〜》その国[土地, 分野]の言語[表現], 現地語, 方言, 専門語, 業界語; adj. その土地[社会]固有の ◆in the designer's vernacular 設計者の言い方[用語]では ◆the computer vernacular コンピュータ関係の用語・表現

**vernier** a 〜 副尺(フクシャク, ソエジャク), 遊尺, バーニヤ ◆a vernier caliper ノギス ◆a vernier dial バーニアダイヤル ◆a vernier scale 副尺

**versatile** 多芸多才な, 融通のきく, 応用のきく, 用途の広い, 多用途[多機能]の, 汎用性のある, 万能の, なんでもござれの, つぶしのきく ◆a versatile and feature-rich copier いろいろ[何でも]できる機能豊富な複写機 ◆a versatile engineer able to perform a variety of tasks いろいろな仕事がこなせる万能[守備範囲の広い]技術者

**versatility** 用途が広いこと, 多用性, 多角性, 多機能性, 多芸多才, 万能, 汎用性, 融通性, 柔軟性, 自由度 ◆general versatility 汎用性 ◆for versatility of adjustment 調整の融通[自由度]がきくようにするために ◆multi-function versatility 多機能であることによる汎用性; 多機能 ◆automated for ease of operation and versatility 《意訳》簡単操作[操作性向上]および多機能性を実現するために自動化されて ◆use a microprocessor for achieving greater versatility 《意訳》汎用性を高める[多機能化の]ためにマイクロプロセッサを使う ◆Several switches may be connected to foster versatility. 数個のスイッチを相互に接続すると, 用途が広がります。(*スイッチ部品の広告) ◆Because of its speed and versatility, this food processor will help you speed through food preparation tasks. こ

のフードプロセッサーは, そのスピードと多機能性で, 食品の下ごしらえ作業を速く済ませるお手伝いをします。

**verse** 回韻文, 詩, 詩歌; a 〜 詩の一行, 詩の連[節, 詩節](a stanza), (聖書の)節(*chapter「章」の下位区分で番号が振られている) ◆a fixed verse form; a fixed form of verse 定型詩

**versed** adj. (通例 (be) well-versed in [on, with]...で) 〜に] 精通[通暁(ツウギョウ)]している, 知悉(チシツ)している, 〜に] 通じている, 〜に] 明るい[詳しい], 《人》は〜は[〜なら]お手の物だ ◆be well-versed in many fields 多数の分野に精通[通暁(ツウギョウ)]している; 多数の分野について詳しく知っている ◆be well-versed on the issues 問題について精通している ◆a diplomat well-versed in several foreign languages 数カ国語に精通して[通じている]いる外交官 ◆a source well-versed in Japan-North Korea relations 日朝関係に詳しい消息筋 ◆attorneys well-versed in securities laws 証券法に精通[を熟知]している弁護士ら ◆Mr. Temple said he is well versed in how Congress works and how he can best represent the city. テンプル氏は, 議会の機能のしかたに精通しているのでどうすれば(*出身母体である)同市を一番うまく代表できるのかよく知っていると述べた。

**version** (略 ver.) a 〜 元[前, 基本形]を少し変えたもの, 同分類で細分された中の一つの種類[型, タイプ], 〜の一種 <of>, バージョン, -版, -編, (特定の観点に立っての)見解[意見], (独自の)解釈 ◆a Macintosh version of EzPaint 《コンピュ》EzPaintのMacintosh版 ◆a patch that updates Version 3.0 to 3.1 バージョン3.0から3.1にアップデート[バージョンアップ]するパッチ・プログラム ◆MS-DOS versions earlier than 3.3 《コンピュ》バージョン3.3より前の[以前の, 以下で] MS-DOS ◆the latest version of OS/2 OS/2の最新バージョン ◆ThyDraw, presently in its fifth version, is... 現在バージョン5になっているThyDrawは... ◆if the same problem occurs in version 5 《コンピュ》同じ問題がバージョン5でも発生するならば ◆a phosphate and a nonphosphate version of the same detergent brand 同じ洗剤ブランドの有りんタイプと無りんタイプ ◆system components available in tabletop or rack-mount versions 卓上版[型]とラックマウント版[型]が取りそろえられているシステムコンポーネント ◆The model comes in two versions. この機種[車種]には, 2つのバージョンがある。 ◆This problem has been resolved as of version 3.1.0. 《コンピュ》この問題[不具合]はversion 3.1.0で解決された。 ◆The new Version 5.0 is faster and easier to use than its predecessors. 新バージョン5.0は, 先行バージョンよりも速い, 使い方が簡単である。 ◆The Xxx Wizard performs a version upgrade using the options you specified. 《コンピュ》Xxxウィザードは, 指定されたオプションでバージョンアップを行います。 ◆A crossbar switch IC from Isee Logic Corp. is offered in 30- or 40-MHz clocked versions. アイシーロジック社のクロスバースイッチICは, 30MHzと40MHzのクロック周波数のタイプが売られている。 ◆The company has upgraded YouWrite to version 5.0 with improved ease-of-use features. 同社は, YouWriteを一段と使いやすくしてバージョン5.0にアップグレード[バージョンアップ]した。 ◆The system requires a version upgrade of both the operating system and the application software in order to become Year 2000 compliant. このシステムは, 2000年(問題)に向けて基本ソフトと応用ソフトの両方をバージョンアップする必要がある。 ◆MS-DOS 3.0 or greater [higher, later, later version] MS-DOS 3.0以上[以降](のバージョン)

**versus** prep. 〜対〜, 〜に対して ◆portables versus tabletops 携帯型対卓上型[据え置き型] ◆a temperature-vs.-heat-content curve 温度対含熱量曲線 ◆plot the results on a speed versus torque graph 回転速度対トルクのグラフに結果をプロットする ◆plot volume versus Kelvin temperature ケルビン温度に対する体積をプロットする

**vertex** a 〜 (pl. vertices, vertexes) 頂点, 角頂; 頂上, 絶頂

**vertical** adj. 垂直の, 鉛直の, 縦の, 上下の (cf. portrait); the 〜 垂線, 垂直面 ◆a vertical axis 縦軸; 垂直軸; 鉛直軸 ◆a vertical plane 鉛直面, 垂直面 ◆vertical blanking 《TV》垂直帰線消去 ◆vertical originals (コピーの)縦原稿 ◆vertical resolution 《TV》垂直解像度 ◆vertical stripes 縦縞 ◆vertical thinking 垂直思考 ◆vertical recording 垂直記録(*磁気記録方式の一種) ◆during (the) vertical retrace 《TV》垂直帰線消去の間に ◆hold the hydrometer in a vertical position 比重計を垂直に保持する ◆in a [the] vertical direction 垂直[鉛直]方向に ◆in a vertical position 縦向きの姿勢で ◆the seat's vertical position このシートの垂直位置[高さ] ◆the vertical travel of the drilling head ドリルヘッドの垂直[上下]方向の移動量 ◆a vertical-traveling, focal plane shutter 縦走りフォーカルプレーンシャッター ◆The seat's vertical position is power-adjustable. このシートの高さは、電動調整可能である。

**vertical axis** a～ 縦軸, 垂直軸, 鉛直軸 ◆a vertical-axis rotor 垂直軸ローター ◆rotate about [on] a vertical axis 縦軸[垂直軸]を中心に回転する

**vertically** adv. 垂直に, 鉛直に, 縦に, 上下に ◆vertically oriented pictures 縦長の画像[画面, 写真, 絵画] ◆The pad should be oriented so that the blue lines run vertically. パッドは、青い線が縦になるように置かなければならない。

**verve** 活気, 気迫, 熱情 ◆This car handles with verve and precision. この車の操縦性には、活気と正確さがある。

**very** adv. 大いに, 非常に, とても, とんだ, こよなく, 至って, 至極, すこぶる, たいへん, いとも, しきりに, ずいぶん, 全く, 真に; adj. まさしく, ちょうど, 全くの, ～そっち, ～自身の ◆very large scale integration (VLSI) 超大規模集積回路 ◆a VLBI (very long baseline interferometer) 超長基線電波干渉計 ◆a very-high-voltage substation 超高圧変電所 ◆a very-large-scale mainframe computer 超大型メインフレーム・コンピュータ ◆on that very day 81 years earlier 81年前のまさに[ちょうど]その日 ◆shake the very foundations of our nation 我が国の基盤そのものを揺るがす ◆and those are the very things that need...most そして、これらこそが～を最も必要とするものなのである ◆after very many years of comparative stability 長年[永年]の比較的安定していた状態が続いた後に ◆It is the very best of its kind. それは、その類ではまさに最高の[最も優れた]ものだ; それは類い希な絶品[逸品]である。 ◆I have to 'fess up: I did the very thing I warn every car buyer against doing. I bought a car I'd never sat in. 私は白状しなければならない。クルマを買うすべての人に向かってやってはいけないと忠告しているまさにそのことを私はやってしまった。乗ってみたこともない車を買ったのだ。

**vessel** a～（液体）容器, 血管, 大型の船 ◆a pressure vessel 圧力容器

**vested interest** a～ 既得権益, 既得権, 私利私欲のための強い関心[興味], 利権, 《法》確定権利, ～利害がらみの強い関心を持っている集団, 既得権益集団, 利権屋 ◆a powerful vested interest group 強力な既得権益集団 ◆those who have a vested interest in... ～に既得権益を持つ人々

**vested right** a～ 《法》既得権, 確定的権利

**veteran** a～ 老練家[ベテラン], 帰還兵, 復員兵, 古参兵[老兵], 退役軍人, 旧軍人; adj. ベテランの, 長年使っている ◆a veteran golfer ベテランゴルファー ◆Veterans [Veterans', Veteran's] Day 復員軍人の日, 退役軍人の日

**veterinarian** a～ 獣医師, 獣医 (=《口》a vet) (=《英》a veterinary surgeon) ◆the veterinarians and staff at Dunkirk Animal Clinic ダンキルク動物病院の獣医と職員

**veterinary** adj. 獣医学の, 獣医の ◆a veterinary specialist 獣医, 獣医師

**vex** ～をいらいらさせる, 苦しめる, 悩ませる

**vexation** 《口》いらだち, 困惑, いらいらさせること, 厄介, 迷惑; a～ いらい ら[悩み] のたね

**VFW** (Veterans of Foreign Wars) the～ 米在郷軍人会

**VFX** ◆the art of producing visual effects or VFX 視覚効果すなわちVFXをつくりだす術[技] ◆《意訳》SFX技術(*CGやデジタル映像合成を駆使してハイテクに特撮効果を生み出す)

**VGA** (video graphics array) the～ 《コンピュ》(*DOS時代のIBMパソコン用ディスプレイ表示アダプタ。いくつかのグラフ

ィックスモードをサポートするが、最も一般的な解像度は640×480ドットである) ◆The subnotebook features a 256-color, 8" diagonal, half-VGA size active-matrix screen and a keyboard with nearly full-size keys. このサブノート機は、256色8インチハーフVGAサイズのアクティブマトリックス画面、およびフルサイズに近いキーを持つキーボードを特徴とし《意訳》搭載している。

**VHDL** ◆VHDL is the acronym for Very High Speed Integrated Circuit(s) Hardware Description Language. VHDLは超高速集積回路ハードウェア記述言語の頭字語である

**VHF** (very high frequency) 超短波(*30MHz～300MHz) ◆operate in the VHF radio waveband 《意訳》超短波帯で動作する[働く] (*radio＝無線の意) ◆stations on VHF; VHF stations 超短波局

**VHS** (video home system) 《AV》VHS(方式の) ◆a VHS(-format) VCR VHS方式のビデオカセットデッキ ◆the VHS system VHSシステム

**via** 1 prep. ～経由で, ～を通って; ～を介して, (手段)によって ◆a television-via-satellite system 衛星中継テレビシステム ◆Electrical connections are via screw terminals. 電気的接続は、ねじ込み端子を介してなされて(い)る。
2 a～ (=a via hole) ◆Vias are holes drilled through the printed wiring board. バイアとは、プリント配線板に貫通してドリル開けされた穴のことである。

**viability** 生存[生育]能力; (=feasibility) 実行可能性, 存立の可能性, 経済的に成り立つこと ◆its commercial viability その製品化の可能性 ◆examine [assess] the technical and economic viability of the E1 network 《意訳》E1ネットワークが技術的かつ経済的にみて立ち行けるものかどうかを調べる[評価する] ◆a comprehensive study of the technical feasibility and financial viability of brackish water shrimp culture in Guyana ガイアナにおける汽水エビの養殖の技術的実現可能性および経済的存立可能性に関する総合的調査 ◆That information will be used to decide on the viability of rolling out the service nationally. その情報は同サービスが全国展開してやって行ける[立ち行ける]かどうかを見極める[判断する, 判定する]のに利用されることになっている。

**viable** adj. 生育[成長]可能な, 生存[存続]できる, 存立不可能な, 実行可能な ◆a viable and attractive investment destination 有効で魅力ある投資先 ◆become economically viable 経済的に[財政的に]成り立つ[成り立つ]ようになる ◆on an economically viable basis (経済的に)採算がとれるように ◆to make the program economically viable この制度を財政的に[経済的に]成り立つ[成り立つ]ようにするために ◆He offered suggestions that didn't appear viable. 彼は実行不可能にみえる[非現実的な]提言をした。 ◆If you don't think this theory is viable tell me why not. あなたがこの理論は成り立たないと考えるなら、どうして成立しないのかその理由を教えてください。

**Viagra** 《口》バイアグラ ◆Viagra tablets [pills] バイアグラの錠剤(*男性性機能的不能[インポテンス]治療薬。成分はsildenafil citrate)

**via hole** a～ 《プリント基板》バイアホール, ビア[ビヤー]ホール(*多層プリント基板で部品面、はんだ面、および内層の相互接通通信のために、スルーホールめっきされている貫通穴)

**vial** a～ (ガラス製の)小瓶, ガラス瓶; 水薬瓶 ◆a vial of blood－the equivalent of two tablespoons－is collected 小瓶1本の血液、すなわち大さじ2杯相当が採血された

**via point** a～ 通過点 (*工業ロボットの保持する工具が停止せずに通過する点＝a way point)

**vibrancy** a～ 活気, バイタリティー, (音の)響き[共鳴, 反響], (色などの)鮮やかさ ◆Hong Kong has a vibrancy all its own. 香港には、独特の[香港ならではの]活気がある

**vibrant** adj. 振動する; 活気に満ちた, 生気[バイタリティー]あふれる, 精力的な, 力強い ◆a vibrant seaport town 活気に満ちた[活気溢れる]町 ◆pictures with more vibrant blues より

り鮮やかな青を再現している写真 ◆A strong and vibrant social economy is a necessary foundation of a healthy human society. 力強く活気あふれる社会経済は、健全な人間社会の欠くべからざる基盤である。(＊necessary = absolutely needed)

**vibrate** vi. 振動[震動]する, 震える; vt. ～を振動[震動]させる ◆an ultrasonically vibrating diamond blade 超音波振動ダイヤモンドブレード

**vibration** (a) ～振動, 震動, 動揺 ◆a vibration isolator 防振装置 ◆mechanical vibrations 機械的振動 ◆vibration isolation; isolation from vibration 振動絶縁, 防振, (意訳)除振 ◆vibration isolation hardware 防振[除振]用の金物 (＊機械などからの振動が伝わらないようにするもの) ◆four vibration-isolating feet 4個の防振[除振]足 ◆resistance to vibration 耐振動性 ◆strong [violent] vibrations 強い[激しい]振動 ◆a vibrationproof lamp 振動に対する対策が施されている[耐振]ランプ ◆sound and vibration insulation 防音と防振[振動絶縁] ◆systems for vibration damping 振動を減衰させるためのシステム; 防振[制振]装置 ◆under vibration [vibrating] conditions 振動状態のもとで; 振動下で ◆vibrations from traffic 車の往来による振動 ◆create additional noise- and vibration-insulating effects ～は更なる騒音防止効果と防振効果を生む ◆in a vibration-free environment 振動のない環境で ◆products for sound and vibration deadening 音と振動を減衰させるための製品; 防音・防振[制振]製品 ◆conduct vibration tests using large electrodynamic shakers 大型電動加振機[振動発生機]を使って振動試験を行なう ◆due to the vibrations created by the engine エンジンが起こす振動のせいで ◆have a low [←high] natural frequency of vibration (ばねなどの機械部品が)固有振動数が低い[↔高い] ◆have high shock and vibration resistance 高い耐衝撃性および耐振動性[耐振性]を持っている ◆many pagers can be set to operate in a silent, vibrating alert mode 数多くのポケベルは、無音の振動による着信お知らせ[バイブレーションコール]モードで動作するよう設定できる

**Vibrio, vibrio** a～ (pl. -s) ビブリオ (＊グラム陰性桿菌(カンキン)の一種) ◆a natural, microscopic organism called Vibrio vulnificus, which lives in warm sea water and accumulates in the flesh of shellfish 《意訳》腸炎ビブリオと呼ばれる、温暖な海水中に棲息し貝類の肉の部分に蓄積する自然界の微生物 (＊vulnificusはラテン語で「傷」)

**vibrograph** a～ 振動記録計
**vibrometer** a～ 振動[震動]計(= a vibration meter)

**vicarious** adj. 代理な[名代(ミョウダイ), 代わり, 代行, 身代わり]の, 他人の身になって受ける, 自分のことのように感じる, 疑似経験する, 《医》代償性の ◆a computer simulated business management game which puts you through the vicarious experience of managing a company 会社経営を擬似的に体験させてくれる事業経営コンピューターシミュレーションゲーム

**vicariously** adv. 代理で, 身代わりに ◆to enable them to vicariously experience... 彼らが～を疑似体験できるようにするために

**vice** 1 (a) ～悪徳, 邪悪, 不道徳; a～ 欠陥, 欠点 ◆the vices usually associated with large cars 大型車にふつう付き物の欠点[良くない点, マイナス点] ◆many of the problems and vices associated with the older designs have now been eliminated 比較的古い設計の問題点やよくない点[悪い点, 欠点]の多くが今までに解消された
2 a～ 《英》万力
3 (vice- の形でも)次席の, 代理の, 次ー, 副ー ◆a Senior Vice Minister 《日》副大臣 (＊中央省庁再編後の2001年1月6日から) ◆the Parliamentary Vice-Minister of Posts and Telecommunications 《日, 旧》郵政政務次官 (＊Parliamentaryは「議会出身の＝閣僚級の」の意) ◆the Vice-Minister of Land, Infrastructure and Transport 《日》国土交通事務次官

**vice president** a～《役職を表す場合は無冠詞》副社長, 副会長, 副総裁, 副頭取, 副事業部長, 副部長; (a) ～《しばしば V-P-》副大統領, 国家副主席 ◆"vice president" は、副社長だけでなく事業部長や部長クラスにも用いられる。日本で言う副社長をはっきり表すには、Senior Executive Vice President(筆頭副社長), Executive Vice President (副社長) などの表現がある。 ◆serve as executive vice president 副社長[専務]として務める ◆Craig Barrett, vice president of Intel, said... インテル社副社長、クレイグ・バレットは～と述べた。

**vice versa** adv. 逆に, 反対に, 《(and ～の形で)逆の場合も同様に[で]》 ◆switch the circuit from on to off, and vice versa 回路をオンからオフに、またその逆に、切り替える ◆You cannot play a VHS cassette on a Beta machine and vice versa. VHSテープをベータ式の装置にかけて再生することはできません し、またその逆もやはり再生はできません。

**vicinity** (a) ～近所, 近傍, 周辺, 付近, 近辺; 近いこと, 近接 ◆in the vicinity of... ～の付近に ◆citizens living in the vicinities of these plants これら工場のそばで暮らして[近所に住んで]いる市民 ◆in close vicinity to the station 駅のすぐ近くに ◆in London and its vicinity ロンドンとその近郊において ◆in the closest vicinity of... ～の最も近くに; ～に一番近づけ ◆in the immediate vicinity of... ～のすぐ近くに ◆operate in the vicinity of 100 MHz 100MHz近辺[付近, あたり]で動作する

**vicious** adj. 悪徳の, 悪意のある, 悪しき, 悪性の, 誤り[欠点]のある

**vicious circle, vicious cycle** a～ 悪循環 ◆and it became a vicious circle そしてそれは悪循環になった ◆be caught in a vicious cycle of poverty and despair 貧困と絶望の悪循環に陥っている ◆break a vicious circle that has delayed the widespread adoption of multimedia マルチメディアの広範な普及を遅らせている悪循環を断ち切る ◆These symptoms feed on each other in a vicious circle. これらの症状が相互に影響し合って[増強し合って]悪循環している。

**VICS** (the Vehicle Information Communication System) 《日》道路交通情報通信システム (＊1996年4月に運用開始)

**victaulic** victaulic-type fittings ビクトリックタイプの接続口[継手](＊ポンプの)

**victim** a～ 犠牲者, 被害者, 遭難者, 餌食(エジキ), いいカモ ◆earthquake victims 地震の被害[被災]者 ◆a crime-victim(s) support group 犯罪の被害者援護団体 ◆a Parkinson's disease victim パーキンソン病の犠牲者[患者] ◆as long as there is a "victim" mentality [mind-set] 「被害者」意識がある限り ◆become victims of crime 犯罪の犠牲者になる ◆fall victim to slow sales 売れ行き不振の犠牲になる ◆flood (disaster) victims; victims of a flood 水害の罹災者[被害者, 犠牲者] ◆promote a "helpless victim" mentality that undermines self-respect and initiative 《意訳》自尊心や自発性をだめにしてしまう、《自分は》「哀れな犠牲者」(なのだ)的な意識を増長させる ◆18 percent said they had been victims of a computer virus 18パーセントの人が、コンピュータウイルスの被害にあったことがあると言った。 ◆The company is still a long shot as a takeover victim. この会社は乗っ取りのいいカモ[餌食, 好餌]になるにはまだ程遠い。

**victor** a～ 勝利者, 戦勝者, 優勝者, 勝者, 覇者 ◆former President Reagan is hailed as victor of the Cold War レーガン元大統領は冷戦の勝利者と称されている

**victory** (a) ～<in, over> 勝利, 優勝, 克服 ◆claim three straight victories against... ～から3連勝を奪う[もぎとる] ◆get consecutive victories over... ～(を相手に)連勝する ◆pull off a victory (困難な状況下で)勝利を収める ◆to secure a victory over... ～を下して勝利を収める[得る, あげる, ものにする]ために ◆win a landslide (election) victory 地滑り的勝利[大勝利, 圧勝]を収める; 圧倒的勝利を勝ち取る, 大勝する (＊選挙で) ◆one's head-to-head victory over... 大接戦の末に～を破って獲得した勝利 ◆It's a little bit premature to be declaring victory until we've had a large enough number of clinical trials. 十分な件数の臨床試験の実績をつくるまでは、(私たちが今)勝利宣言をするには幾分時期尚早である。

**video** 1 n. U (テレビ・ビデオの) 映像; a～ ビデオ装置, ビデオテープ, ビデオ録画(された内容); adj. テレビ映像の,

ビデオの,コンピュータディスプレイ表示の ◆in reverse [inverse] video (↔in normal [standard] video) 反転表示されて ◆a color video printer カラービデオプリンタ ◆a video [an amusement, a penny] arcade ゲームセンター,ゲーセン ◆a video journalist 映像記者(＊小型テレビ・カメラを携えて映像取材し記事を書き,編集までこなす) ◆a video presentation ビデオを使っての発表 ◆the home-video market ホームビデオ市場 ◆video-moviemaking ビデオによる映画制作 ◆video signals 映像信号 ◆a video game machine ビデオゲーム機,テレビゲーム機 ◆a video-lending outlet 貸しビデオ店 ◆a video-shooting photographer ビデオ撮影[撮り]カメラマン ◆during a recent video shoot つい先頃のビデオ撮り[撮影]の時に ◆the Sony Video Walkman GV-300 ソニービデオウォークマンGV-300(＊4型液晶テレビ一体型8ミリビデオ) ◆view a video of a gear being cut (意訳)歯車切削の様子を撮影したビデオを観る ◆watch music videos of Madonna マドンナの音楽ビデオを見る ◆8-millimeter video products 8ミリビデオ製品 ◆a made-for-home-video cassette 家庭用ビデオデッキを使って観賞するために制作されたカセット(テープ)[ビデオソフト] ◆the biggest-selling movie on video ビデオ化されたベストセラー映画 ◆VIDEO Plus+ numbers printed in TV listings テレビ番組表に掲載されているGコード(＊VIDEO Plus+はGemstar Development Corporationの商標) 2 (英)〜をビデオ録画する (=(米)videotape)

**videocassette, video cassette** a〜 ビデオカセット ◆a videocassette recorder (VCR) カセット(テープ)式のビデオデッキ[ビデオコーダー](＊家庭用のビデオデッキは英語でこのように呼ばれる。カセット式のビデオデッキはVTRと呼ぶのは和製英語である)

**videoconference** a〜 テレビ会議 ◆videoconference facilities テレビ会議設備[施設]

**videoconferencing** テレビ会議 ◆a videoconferencing room テレビ会議室

**videodisc, video disc** a〜 ビデオディスク ◆a videodisc player ビデオディスクプレーヤー ◆distribute HDTV programming on high-capacity videodiscs 高品位HDTVの番組を大容量のビデオディスクで配布する

**video game, videogame** a〜 ビデオ[テレビ]ゲーム(機)(＊computer games や TV games を含む) ◆a home videogame machine 家庭用ビデオ[テレビ]ゲーム機 ◆get hooked on video games ビデオ[テレビ]ゲームにハマる ◆a video game with some fantasy role-playing elements 空想的なRPGの要素を多少盛り込んだビデオゲーム

**videographer** a〜 ビデオ撮影家[者],ビデオカメラマン

**videophile** a〜 videophile ビデオ愛好家,ビデオマニア

**videophone** a〜 テレビ電話

**videotape** (a)〜 ビデオテープ; vt. 〜を録画する, (ビデオテープに)収録する, ビデオ撮りする ◆capture... on videotape 〈シーン,映像〉をビデオに捕らえる ◆a 20 minute demonstration on VHS videotape VHSビデオテープに収録された[収録された]20分の長さの実演

**videotex** ビデオテックス(＊公衆回線を用い,テレビやパソコン,専用端末で見ることができる1980年代初期に登場した双方向文字図形情報サービス)

**vidicon** a〜 ビジコン(＊テレビカメラなどの撮像管)

**vie** vi. 競う,競り合う,張り合う,太刀打ちする,争う <with, for, in> ◆X was vying with Y for the status as number-one detergent. (製品)Xは,(製品)Yと洗剤ナンバーワンの地位[座]を争っていた。

**Vietnam** ベトナム ◆during the Vietnam War era ベトナム戦争時代に

**Vietnamese** adj. ベトナムの,ベトナム人の,ベトナム語の; a〜 (単複同形)ベトナム人; ⦿ベトナム語

**view** 1 見えること,視界,視界,視力; a〜 <of> (単のみ)見ること[機会]; a〜 見えるもの[眺め,風景,景観],風景 ◆コンピュ ビュー[表示] ◆come into view (= come into [in] sight) 見えてくる[視界]に入る,目に入る,現れる[現す],現れる ◆a stereoscopic 3-D view 立体感のある3D図[画像] ◆be on public view 一般公開されている ◆hidden from view 人目につかないように隠されて[伏せられて] ◆in full view of everyone 皆の見ているところで[皆の目前で] ◆keep... out of view 〜を見えない[目に付かない,目立たない]ようにしておく; 〜を隠して[隠ぺいして]おく ◆take a wide [broad] view of... 〜を広く全体的に[大きく]見る; 〜を大観[概観]する; 〜を大局的に見る ◆as the views become far and wide 眺望[景色]が遠くまで広々と見渡せるようにひらけてくるにつれて ◆bring hidden portions of a spreadsheet into view 《コンピュ》スプレッドシートの隠れて見えなかった部分を見えるように(表示)する ◆if the driver's view is obstructed by... ドライバの視界が〜によって遮られていると ◆split [divide] the spreadsheet into view 《コンピュ》スプレッドシートの(画面)表示を分割する ◆the position of the view within the document 《ワープロ》文書中の(画面上に)表示位置(＊文頭,中程,文末など,どの部分が表示されているかということ。= your position in the document とも表現できる) ◆give [afford] the driver a clear view to the front 運転者に前方がよく見えるようにする ◆WOW! What a priceless view. わぁ、すごい! 何という素晴らしい景色だ。 ◆I like the view out that window. 私はその窓からの眺め[眺望]が好きだ。 ◆Lowering the screen blocks the blackboard from view. スクリーンを下げると黒板が見えなくなる。 ◆The slim jaws allow a clear view of the work area. (＊ラジオペンチの)細身のあごのおかげで[(意訳)ジョーが細いから],視界が遮られることなく)作業箇所がよく見える。 ◆Portrait view is preferable to landscape view for word processing applications. ワープロアプリケーションには横長画面よりも縦長画面の方が望ましい[好ましい]。 ◆The full-page view shows the entire page, but with body text reduced to shaded bars. 《コンピュ》フルページ表示は,本文を小さく黒い線にしてページ全体(の文字配置イメージ)を表示する。 ◆Never park on a highway unless there is a clear view for at least 400 ft (125 m) in both directions. 両方向[前後]に少なくとも400フィート(125m)の見通しがきかない限り、決してハイウェイに駐車してはいけません。 2 《修飾語を伴って》a... view 〜の形で)(特定の位置から見た)図 ◆an internal view 内部構造図,内面図 ◆a two-view [three-view] drawing 二面図; 三面図 ◆Fig. 3 Phono cartridge (a) in perspective view and (b) sectional view. 第3図 レコード再生用カートリッジ (a)透視図 (b)断面図 3 a〜 意見,考え,見解,所信,(ある問題や状況の)見方,とらえ方[感覚],(情況)把握,読み,認識,考察,概観; (a)〜 意図[目的,ねらい], 見込み[(将来の)展望]; in my view 私の意見[見解]では ◆take the long view 長い目で見る[遠い将来まで考えて見る] ◆a point of view 見地,立場,視点,視座, the point of view に用例 ◆in my humble view 卑見を述べさせていただければ ◆Many industry insiders share that view. (直訳)多くの業界内部の人間はその見解を分かち合っている: (意訳)業界関係者の多くは,それと同じ見方をしている[見解/意見である]。 ◆take a (very) long view of... 〜を達観する ◆a child's-eye view of... 子供の目から見た〜 ◆a man-centered world view 人間中心の世界観 ◆However, there are also views that... しかしながら、〜という見方もある。 ◆If you have a view about [on, over, concerning, regarding]... 〜についてご意見があれば ◆One widely held view is that... 大方の(見方の)ひとつは,〜 ◆step back and take long view 後ろに引いて長い目で見る ◆the view that inflation will heat up インフレが過熱するであろうという見方 ◆We have no difference of views with the party. 我々と党の間に,見解の相違は無い。 ◆We share the view that deficit reduction and balancing the budget should come first. 私たちは,赤字削減と財政均衡を最優先にすべきであるという共通認識を持っている。 4 vt. 〜を見る,ながめる,(特定の見方で)見る[とらえる],考察する,(画面上で)閲覧する,(意訳)(画面に)表示する[(見て)確認する] ◆the viewing of the cherry blossoms (桜)の花見 ◆view... in list, statistical, or graphical formats 《データ》

をリスト，統計，あるいはグラフにして見る ◆We view home computing as an extension of business and education. 私たちは，ホームコンピューティングというものをビジネスや教育の延長線上にあるものという見方をして[と捉えて]います．◆Saw teeth should point in the clockwise direction when viewed from the installation position. 丸ノコの歯は，取り付け位置から見て時計方向を向いていなければならない．

**in view** <of> (〜を)考慮して，(〜が)見えるところに ◆in view of the circumstances 事情を考慮して ◆with no settlement in view 決着のめどが[見通し，見込み]が立たないまま；解決へ向けての展望がひらけないまま ◆with this in view これを視野に入れて，これをにらんで ◆do research with a new improved product in view 新型改良品の[の開発]をめざして研究する ◆in view of the fact that... 〜であるといった事実[《意訳》現状]にかんがみて

**with a view to [toward]...(ing)** 〜(すること)を意図して，〜(すること)の目的で ◆with a view towards saving time 時間の節約を目指して ◆The organization was established with a view to...-ing この団体は〜することを主眼に創設された．

**viewability** 〈計器などの〉視認性，見やすさ，《意訳》可読性 ◆have [offer, provide] excellent viewability 《意訳》ディスプレイモニターなど〉が視認性に優れている ◆antireflective treatment for excellent outdoor viewability 屋外で優れた視認性を得る[《意訳》戸外で見やすくする]ための反射防止処理（*液晶ディスプレイなど） ◆for better viewability （ディスプレイなどの）視認性を高めるために；もっと見やすくするために ◆Portable computers have poor viewability in daylight. 携帯型コンピュータは，昼光のもとでは視認性が悪い[見にくい]．◆Sunlight can degrade the viewability of the display for all users. 日光は，すべてのユーザーにとってディスプレイの視認性を低下させる（ことがある）[見やすさを損なう原因になります]．◆The AV2040 is ideal for outdoor and portable use as it affords high viewability in high ambient light levels. AV2040は，明るい場所（《非学術的》高輝度下，高照度下）での視認性が高い[で非常に見やすい]ので，屋外および携帯[携行，出張先，出先]での使用に最適です．（*ambient light=周囲[環境]光）

**view camera** a 〜 ビューカメラ（*焦点合わせを直接ピントグラスを見て行う大型カメラ）

**viewdata** 《通》 ビューデータ（*videotexの一種で，電子メールやホームショッピングもできた．1979年に開始された英国のPrestelをはじめとして，仏のTeletel，カナダのTelidon，日本のCAPTAINなどがあった）

**viewer** a 〜 見る人［閲覧者］，（カメラの）ファインダー，《コンピュ》ビューア［ビューワ，閲覧ソフト］ ◆a graphics viewer グラフィックス・ビューア［画像閲覧ソフト］ ◆sensational viewer-getting topics such as the paranormal 超常現象など視聴率の稼げるセンセーショナルな番組タイトル

**viewership** 視聴者（層），視聴者数，視聴率

**viewfinder** a 〜 《カメラ》ファインダ，ビューファインディング ◆an optical [electronic] viewfinder 光学式[電子式]ファインダー ◆in the center of the viewfinder ファインダーの中央に

**viewing** 見ること，《特に》テレビを見ること ◆freeze-frame viewing 静止画再生 ◆a sloped display for easy viewing 楽に見えるように傾斜が付けられている表示器 ◆This movie became required viewing in many school districts. この映画は，多くの学区で必見のものとなった．

**viewing angle** a 〜 視る角度，(液晶画面などの)視野角 ◆the display has [provides, delivers] a wide viewing angle このディスプレイは視野角が広い ◆The LCD has a viewing angle of 50 to 130 degrees. その液晶ディスプレイの視野角は50度から130度である．◆The liquid-crystal display has good contrast and is easily readable from a wide range of viewing angles. この液晶ディスプレイはコントラストが良好で，広い視野角にわたって読み取りやすい．

**viewphone** a 〜 (動画式の)テレビ電話

**viewpoint** a 〜 (= a point of view, a standpoint) 観点，視点，視座，見地，観察眼，立場，見方，物の見方［考え方］ ◆from the viewpoint of... 〜の観点からして，〜的に見て，〜面からして ◆from a production viewpoint 生産上（の観点[見地]から) ◆from the viewpoint of strengthening... 〜を強化するという観点[見地]から ◆from this viewpoint; from this point of view この観点[視座，視点，見地，立場]から(みると[考えると]) ◆from the viewpoints of those who are actually experiencing it それを実際に体験している人たちの視点［視座］から ◆meet with people whose backgrounds or viewpoints differ from your own あなた自身とは経歴あるいは視点［視座，《意訳》ものの見方］の異なる人たちと会う ◆Show respect for other viewpoints lest you inadvertently hurt someone's feelings. 何の気なしに人の感情を害してしまうことのないよう，他の視点[《意訳》違った見方]を尊重するようにしなさい．

**vignetting** 《カメラ》けられ（*レンズ鏡筒自身の構造上の問題や長すぎるレンズフードの使用などにより，入射光束が遮られ画面周辺部の光量が低下し暗くなる現象)

**vigor, vigour** 《後者は英綴》⒜力強さ，体力，精神力，気力，元気，精気，活気，勢い，迫力，強烈 ◆restore the company's vigor その会社に活気を取り戻す[を再活性化する]．◆In an age when Internet technology is being pursued with increasing vigor, ... インターネット技術がますます力こぶを入れて[《意訳》熱心に，活発に]追求[研究]されている時代にあって ◆The vigor of the job-market recovery in 1983 surprised economists. 1983年当時の雇用市場の回復の力強さは経済専門家らを驚かせた．

**vigorous** 精力的な，力強い，活気のみなぎった，活気ある，勢いのある ◆a vigorous sales campaign 精力的なセールスキャンペーン ◆a vigorous workout 激しい運動

**vigorously** adv. 勢力的に，力強く，元気に，勢いよく ◆attack the problem vigorously 精力的にこの問題に取り組む ◆It reacts vigorously with water. これは，水と激しく反応する．◆Some communities are starting to enforce antinoise ordinances more vigorously. 一部の地域社会は，騒音防止条例をより精力的[積極的]に執行し始めようとしている．

**village** a 〜 村，里，村里 (ムラザト)，人里，村落，村邑 (ソンユウ)，集落，部落; the 〜 《集合的に》村民，村人; adj. ◆an agricultural village 農村 ◆a village chief [headman]; the chief of a village 村長 ◆Mwami Ndeze, chief of the village of Rwankwi ルワンクイ村の村長ムワミ・ンデゼ

**villain** a 〜 悪者，悪漢，悪党，悪役，わんぱく小僧，《英口》犯人 ◆This film continues the long Hollywood tradition of having evil villains with British accents. この映画はイギリス英語なまりの悪党[悪玉]を使う長年のハリウッドの伝統を継承[《意訳》踏襲]している．

**vine** a 〜 つる植物，つる，ブドウの木，直立できず横に広がるジャガイモやトマトなどの草本性植物 ◆strawberries, grapes or raspberries picked [plucked] fresh from the vine もぎたての(新鮮な)イチゴ，ブドウ，またはラズベリー

**vintage** (a) 〜 醸造年入り高級ワイン，⒜ワインの醸造年，〜年物; a 〜 特定の葡萄畑・地域・年度のブドウ収穫高，あるいはワイン生産高; (a) 〜 製造物の製作時期[年度，年代]，(特定の年度の)型，年式 ◆a vintage car ビンテージ・カー，年代物のクルマ；古典的名車 ◆a vintage year for port ポートワインの当たり年 ◆1991 has been a vintage year for stocks 1991年は株の当たり年であった ◆a vintage year on the label indicates the wine's age ラベルに記載されている収穫年はワインが何年物であるかを示している

**vinyl** (a) 〜 《化》ビニル(基)，ビニル化合物の重合体，ビニル; ⒜レコード (= vinyl records); adj. ビニル基をもつ ◆vinyl sheeting; a sheet of vinyl ビニールシート（*床材やビニールタイルに使うような厚ぼったいもの．日本でビニールシートと呼んでいるものは，むしろplastic sheetingやa plastic sheet に近い）◆hard vinyl [polyvinyl] chloride 硬質塩化ビニール［ビニル］ ◆sheet-vinyl flooring ビニールフローリング[床仕上] ◆a vinyl carrying case ビニール製の携帯ケース

◆Prince released "Purple Rain" on vinyl. プリンスは「パープルレイン」のレコードを出した.

**violate** vt. 違反する[破る, そむく], 侵害[妨害, 侵入]する, 犯す, 踏みにじる ◆violate patient confidentiality 患者に関する秘密を守る(守秘)義務に違反する ◆violate the assumption その仮説に反する ◆violate the principle of the constitution 憲法の原則を犯す ◆if its limit is violated by the operand もしもオペランド[演算数]がこの限界を超えると ◆violate the legal rights of others 他人の法的権利を侵害する

**violation** (a) ~ 違反, 侵害, 妨害, 侵入, 侵犯, (機密の)漏洩(ロウエイ) ◆a violation of privacy プライバシーの侵害 ◆combat software copyright violations ソフトウェアの著作権侵害を撲滅させようと努める ◆traffic violation 交通違反 ◆In the event of a violation of this rule, ... この規則に対する違反が起きた場合; もしこの規則が破られた[犯され]たら ◆drivers with accident-and-violation-free records 無事故・無違反ドライバーたち ◆The business is in violation of a zoning law. その会社は, 土地利用規制法に違反している. ◆Violation of those limits could result in fines ranging from $50 to $500. これらの制限に違反すると[《意訳》上限を守らないと], 50ドルから500ドルの罰金が課せられることがある.

**violator** a ~ 違反者, 侵害者 ◆traffic violators 交通違反者

**violence** 回乱暴, 暴力, 腕力, 狼藉(ロウゼキ), 激しさ, 荒々しさ, (自然の)猛威, (文書の)改竄(カイザン) ◆domestic violence prevention 家庭内暴力の防止 ◆resort to violence 暴力を使う; 暴力に訴える ◆broadcast programs with a high content of violence 暴力シーンを多く含んでいる放送番組

**violent** adj. 乱暴な, 暴力の, 暴力による, 激しい, 興奮した ◆a violent gust of wind 強烈[猛烈]な突風 ◆in the event of violent storms 万一激しい嵐になった場合 ◆in the event of violent weather もし大荒れの天候[荒天]になった場合

**violently** adv. 激しく, ひどく, 猛烈に, すさまじく, すごい剣幕で, 乱暴に, 手荒に, 荒々しく, 暴力的に, 力ずくで ◆brake violently 荒っぽく急ブレーキをかける

**VIP** a ~ (very important person) 丁重に扱わなければならない客, 要人, 大物, 偉い人, 賓客, 貴賓, 特別客, 大事なお客様 ◆get VIP treatment ビップの扱い[特別待遇]を受ける ◆We give your pets the VIP treatment they deserve while you're away. お出かけになっている間, お客様のペットにふさわしい特別の待遇をいたします.

**viral** adj. ウイルスの, ウイルス性の, ウイルスによって起こる ◆type B viral hepatitis B型ウイルス性肝炎

**virgin** a ~ 処女; adj. 処女の, 清純な, 未開拓の, 使用されていない[真新しい], 再生されたもの[再生品]でない ◆virgin pulp バージンパルプ(＊再生品でないパルプ) ◆a virgin medium 未使用[真っさら]の(情報記憶)媒体(＊これに対して an empty medium は, これからデータがはいっていかは使用されたことはあるかもしれないもの) ◆venture deeper into virgin territory 人跡未踏の領域に更に奥深く踏み込む ◆Material: low density, virgin polyethylene 材料 – 再生されたものでない[初使用の]低密度ポリエチレン

**virtual** adj. (名目上はそうではないが)事実上の, 実際の, 実質上の; 仮想の, 仮の ◆(a) virtual height [mass] 見掛けの高さ[質量] ◆a Virtual Private Network (VPN) 《通》仮想閉域網 ◆Create and customize your own animated avatar and live in a virtual world. 君の好きなアニメ化身[分身]をつくってカスタマイズし, バーチャルな[仮想の, 虚構の]世界で暮らそう.

**virtually** adv. 事実上, 実質上, 実質的に, 実際には, 実際のところ, ほぼ, ほとんど, ほとんど, -同然に ◆virtually everyone ほとんどすべての人たち ◆virtually indistinguishable from the real thing 本物とほとんど区別がつかない ◆nonrepetitive runouts that are virtually zero 事実上ゼロに等しい非反復性の(回転軸の)心振れ ◆Mexican law virtually prohibits imported cars. メキシコの法律は, 輸入車を事実上禁止している. ◆Giving up cigarettes is tough for the weak of will and virtually impossible for the emotional wreck. タバコをやめることは意志薄弱なものにとってはつらいものであり, 精神衰弱者に至っては実質的に[実質上]不可能である.

**virtual reality** 《CG》バーチャルリアリティ, 仮想[人工]現実(感), (中国語)虚似現実 ◆virtual-reality simulations 仮想[人工]現実感を利用したシミュレーション ◆Pilots or crew can experience reality through virtual reality. 操縦士あるいは乗組員はバーチャルリアリティを通して現実感を体験[現実を疑似体験]できる.

**virtue** (a) ~ 美徳, 善, 美点, 長所, 特長, よさ, 価値 ◆by virtue of... ~のおかげで, ~によって, ~のせいで, ~の余慶を蒙って[余慶にあずかって] ◆by virtue of being connected to other computers 他のコンピュータに接続されているおかげで[せいで, ために] ◆However crude its appearance or operation, it did have its virtues. 外観[見た目]や働きがいかにまずくても, それにはそれの長所[よさ]が確かにあった. ◆This chapter illustrates some of the virtues and vices associated with inductive modeling. 本章では, 帰納的モデリングの良い点と悪い点[善し悪し, メリットとデメリット, 利点と欠点, 功罪]についていくつか例証[明らかに, 説明]する.

**virulent** adj. (病菌などが)有毒の, 毒性の強い, 猛毒の, 《医》悪性の, 命にかかわる; (言葉などが)悪意[敵意]に満ちた, 毒々しい, 毒舌[毒筆]の ◆Melanoma is a particularly virulent cancer untreatable in advanced stages. 黒色腫は, 進行した段階では治療ができない, 著しく悪性の癌である.

**virus** a ~ ウイルス, コンピュータウイルス ◆a software virus 《コンピュ》ソフトウェアウイルス ◆a virus control server 《通》ウイルス管理サーバ(＊controlには駆除や抑制の意味もある) ◆a virus-ridden disk 《コンピュ》ウイルス感染しているディスク ◆infected with AIDS virus エイズ・ウイルスに感染している ◆prevent a particular virus from infecting the disk 《コンピュ》ある特定のウイルスがそのディスクを冒す[感染させる]のを防ぐ ◆the most pervasive and destructive viruses in circulation 現在流行している最も感染力の強い[広がりやすい]破壊的な[悪性の]ウイルス(＊コンピュータウイルスの話) ◆repair the infected file by deleting only the virus program code 《コンピュ》感染したファイルを, ウイルスプログラムのコードだけを削除することによって修復する ◆Every 30th day of each month the virus activates its payload. 毎月30日に, このウイルスは発動する. ◆The virus proved to be benign and didn't damage any of the data. 《コンピュ》そのウイルスは良性であることが分かり, データは全く損なわれなかった.

**visa** a ~ 査証, ビザ ◆an entry visa 入国ビザ[査証] ◆obtain a visa ビザ[査証]を取る ◆visa-free visits to the zones will soon be possible 同地域へのビザなし訪問は間もなくで可能になるだろう ◆No visa is required to enter Hungary, but be sure to have a valid passport. ハンガリーへ入国するのにビザは必要ありませんが, 必ず有効なパスポートをお持ちください. ◆Plans are in the works for visa-free travel between Xxx and Yyy. XxxxとYyy国との間で無査証旅行[《意訳》ビザ無し交流]を認めようという計画が進んでいる[進行中である]. ◆Once the immigrant visa is issued, the permanent resident may then travel freely on the visa, and may accept employment without restrictions. 移民ビザが交付[発給]されると永住者はそのビザで自由に旅行できます. また制限を受けることなしに就職することも可能です.

**viscoelastic** adj. 粘弾性の, 粘弾性をもつ
**viscoelasticity** 回粘弾性
**viscometer** a ~ 粘度計, 粘度測定装置
**viscosity** a ~ 粘性, 粘度, 粘性率 ◆a medium-viscosity sealant 中粘性[粘度]のシーリング剤 ◆measure the viscosity of a fluid 流体[液体]の粘度を計る ◆the viscosity of the air 空気の粘性
**viscous** adj. 粘性の, 粘度の, 粘りけのある, ねばねばした, どろどろした ◆become viscous 粘性を帯びてくる ◆viscous drag 粘性抵抗 ◆viscous friction 粘性摩擦
**vise** (英 vice)a ~ 万力
**visibility** 回目に見えること, 見やすさ, 可視性, 視認性[度], 視感度, 視程, 視界; 回(社会的)露出度, 認知, 認知度, 知

名度 ◆poor visibility 視界不良 ◆a high-visibility figure 露出度[《意訳》認知度]の高い人物,《意訳》著名[有名]人 ◆a high-visibility lamp 視認性に優れている[良く見える]ランプ ◆a high-visibility patrol which is a deterrent （犯罪）抑止力となる目立ったパトロール ◆have a wide angle of visibility ◆[液晶画面や発光体など]の視界を持っている ◆impair visibility 視界を悪くする ◆install high-visibility signs 視認性に優れた[《意訳》見えやすい,見やすい]標識を設置する ◆in zero visibility 視界が全くきかない状態[視界ゼロ]で ◆under conditions of low visibility （霧などで）見通しの悪い状態で ◆under low visibility （濃霧の発生などによる）視界不良時に ◆a bright LCD with good outdoor visibility 屋外での視認性が良好な明るい液晶ディスプレイ ◆radiant electromagnetic energy within the limits of human visibility 人間の可視域内の放射電磁エネルギー ◆visibility suddenly dropped to zero during the sandstorm 砂嵐の間に視程[視界]が急にゼロに下がった ◆when visibility and road conditions are good 見通し[視界]がよくきき,かつ路面状態が良い時に ◆a marketing plan to gain name recognition and more visibility in the software market ソフトウェア市場でブランド知名度[認知度]を上げ,もっと人目につく[社会的認知を受ける]ようにするためのマーケティング計画 ◆Industrial smoke reduces visibility. 工場煤煙は,見通しを悪くする. ◆A touch of a button makes the electroluminescent LCD readout glow for increased visibility. ボタン一つで,EL付き液晶表示器が明るく視認性が増します[見やすくなります]. ◆The windshield of both aircraft became covered with ice which restricted the forward visibility of the occupants in both aircraft. 両方の飛行機の風防ガラスが氷に覆われて,両機の乗員の前方視界が制限された[妨げられた,不良になった,悪くなった,悪化した].

**visible** adj. 目に見える,可視の,明らか,見やすい,一覧の ◆the visible region 可視域 ◆a visible-light laser 可視光レーザー ◆be easily legible and visible to the consumer 消費者にとって読みやすくかつ見やすい ◆in the visible portion of the spectrum そのスペクトルの可視部分において ◆make... visible ～を視覚化する ◆the red end of the visible spectrum 可視スペクトルの赤色端 ◆visible defects 目に見える欠陥 ◆without visible degradation in quality 見て分かるほどの（画質の）劣化なしに ◆be visible without a microscope 顕微鏡を使用せずに[《意訳》肉眼で]見える ◆emit light in the visible range of frequencies 可視周波数域の光を発する ◆until it is just visible それがかろうじて見える（状態になる）まで ◆a hairline crack that is too small to be visible 小さ過ぎて見えない微細なひび割れ ◆... shall be so placed as to be easily visible to passing pedestrians. ～は通っていく歩行者[移動中の通行人]に容易に[《意訳》よく]見えるよう設置する. ◆These retaining screws are visible from outside the car. これらの止めねじは,車の外側から見える. ◆This scrollbar is not visible. 《コンピュ》スクロールバーは,非表示に設定されています. ◆Give correct signals in such a way as to be plainly visible to other drivers. 正しい合図を他の運転者にはっきり見えるようにする.

**vision** 1 回視覚,視力,視野,《AV》（音に対照して）映像,洞察力 ◆a computer [machine] vision system 計算機[機械]視覚システム ◆appeal to vision 視覚に訴える ◆a vision screening （運転免許申請者などが受ける）視力検査 ◆meet vision standards （要求されている）視力基準を満たす ◆take a vision test 視力検査を受ける ◆use the persistence of your vision to <do...> ～するために残像を利用する ◆vision correction through surgery 手術による視力矯正 ◆increase the range of vision （凸面鏡などが）目に見える範囲[視野]を広げる ◆when snow limits vision 雪で視界が制限される場合は ◆The hatch limits over-the-shoulder vision. 《車》このハッチ（後部はねあげ式ドア）は,肩越しの[後方]視界を制限して[狭めて]いる. ◆Outside dirt or inside smoke haze can restrict your vision, especially at night. 外の砂ぼこりや車内のタバコの煙は,特に夜間あなたの視界を悪くします. ◆The sensor may be used in the future for vision systems in industrial robots. そのセンサーは,やがて産業ロボットの視覚システムに用いられるかもしれない. ◆Wide-angle vision is insured to the front and rear by panorama-glazing. 《車》前方および後方の広角度の視野が,パノラマ窓により確保されている.
2 a～ 心に描く像,幻覚[幻影],構想,未来像,夢,将来の見通し[展望] ◆actualize your vision あなたのビジョン[構想,将来に対する夢]を実現させる ◆a lack of vision ビジョン[理念]の欠如 ◆a vision of the future 将来像;未来像;将来構想 ◆turn their vision into reality 彼らのビジョン[構想,目標]を現実のものにする[実現させる] ◆under Pol Pot's bizarre vision of ultracommunism ポルポトの超共産主義という奇異[奇妙]なビジョン[展望]の下で ◆they began the process of turning their vision into a reality 彼らは自分たちのビジョンを現実のものとするためのプロセスを始めた[過程に着手した] ◆our ability to implement our vision in the form of viable product concepts （直訳）我々のビジョンを実現可能な製品コンセプトという形に実施すること[《意訳》私たちの夢を市場性のある商品構想に具体化すること]弊社の能力（＊viable＝（市場に出て）生き残れる,立ち行くことができる） ◆U.S. aerospace companies have been working for several years toward making that vision a reality. 米航空宇宙企業は,そのビジョン[構想]を現実のものにすべく数年間努力してきた.

**visionary** adj. 空想的な,幻の,非現実的な,空論的な;洞察力のある;a～ 洞察力のある人,先見性のある人 ◆the manufacturer's uncanny visionaries and their unceasing hard work ～のメーカーの並外れた先見の明[洞察力]を持つスタッフと彼らの絶え間ないハードワーク

**visit** 1 vt. ～を訪問する[訪れる,訪ねる], ～（のところ）に[へ～,～に来訪する, ～に行く,出向く,足を運ぶ, ～を視察に行く, ～を巡視する, ～を見舞う; vi. 訪れる,行く,（客として短期間）滞在[逗留]する<at, in>;（米）〈人を〉訪ねる<with> ◆visit a given Web site [website] 特定のウェブサイトを訪れる[探訪]する（＊インターネットの） ◆visit the Library of Congress （米）国会図書館に行く[出向く,足を運ぶ] ◆a cold snap visits 寒波が襲来する[襲う] ◆Customers who have visited our store are our strongest advertisement. 当店においてくださった[お越しになった,ご来店された]ことのあるお客様が私どもの最強の宣伝です. ◆Mr. Koizumi has indicated his intention to visit the Yasukuni Shrine in Tokyo. 小泉氏は,東京の靖国神社を参拝する意向を表明した.
2 a～ 訪問,行くこと,見舞い,短期滞在,逗留,視察,往診,来訪,来駕[ライガ],来臨 ◆make [pay] a visit to...〈人〉を訪問する, ～のところに行く ◆an unannounced visit of the inspector 検査官の抜き打ち立ち入り検査 ◆in advance of the visit （その）訪問に先立って ◆make daily visits to... ～に日参する ◆make unannounced hangar visits 抜き打ちの[予告なしの]格納庫立ち入り検査をする

**visitation** a～ 公式訪問,視察,巡視,巡回,臨検,見舞い; a～ 天の配剤,天罰,天災,災害,災難 ◆his visitation rights with his daughter （離婚した妻に育てられている）彼の娘に会うための面会権

**visiting** 回訪問,見舞い,参り,面会,視察,巡視,巡視; adj. 訪問の,見舞いの,面会の,視察の,巡回の,遠征の（＊スポーツチームが） ◆a visiting nurse program 巡回[訪問]看護婦[保健婦]制度 ◆visiting rights 面会権 ◆as a visiting professor at Carleton University in Canada カナダのカールトン大学の客員教授として

**visitor** a～ 訪問者[客],訪れる人,訪れる客,来訪者,来客,来賓[来館者,来観者,来遊者,来園客,入館者,入園者],見学者,参観者,観光客 ◆a visitors' book 来訪者名簿;来客名簿 ◆visitors at [to] a fair 見本市入場[来場]者

**vista** a～ 展望,眺望,見晴らし,（将来の）展望,見通し ◆open (up) a new vista 新たな展望を開く ◆New vistas open up. 新たな展望が開ける.

**visual** 1 adj. 視覚の,図・写真・画像の,外観（上）の ◆a visual check 外観[目視]検査 ◆a visual hallucination 幻視 ◆(a) visual inspection; a visual check [examination] 目視[外観,

肉眼による]検査 ◆visual imagery 画像 ◆visual recognition 視ため, 視覚認識 ◆make (a) visual identification 目で確認[識別]をする; 視認する ◆make visual observations 目視観測をする ◆people with visual impairments 視覚障害を持つ人たち ◆show data in a visual form [way] データを視覚的に見せる ◆make a visual inspection of hoses and belts ホースやベルトの目視[外観]検査を行う ◆procedures for (the) visual examination of individual shoots or pieces of asparagus 個々の幼芽,具体的にはアスパラガスを,一本一本目視[外観,肉眼]検査するための要領 ◆A few visual clues to differentiate the car from... その車を～と区別する外観上のいくつかの手がかり ◆Make a visual check of all controls. 制御スイッチ類すべてを目視点検せよ. ◆The device presents information in visual form. この装置は情報を視覚化して表示する.
2 n.《通例 ～s の形》(視覚的に説明するための)図・写真・映像,《AV》(音と区別して)画像,映像 ◆convert visuals into numbers 画像[映像]を数値化する ◆incorporate visuals into business materials 《コンピュ》ビジネス資料に図表(や写真)[視覚的要素]を入れる

**visual aid** a～ 視覚的な面から理解を助けるもの, 視覚教材, 視覚資料 ▶多くの辞典では「視覚教材」とのみ書かれているが,教材でない場合にも用いられる. visual aids とは,言葉による説明を助けるための,図表,写真,模型,OHP,スライド,ビデオなどといった視覚に訴えるもののことをいう.

**visual angle** a～ 視角 ◆your visual angle あなたの(目の)視角 ◆per degree of visual angle 視角1度当たり

**visualization** 思い描くこと,視覚[映像]化 ◆The graphic card gives you tremendous flexibility for engineering drawings, scientific visualizations, or 3D modeling. このグラフィックス基板は,技術製図,科学分野での視覚[映像]化,あるいは3次元モデリングに,とてつもない柔軟性[自由度]をもたらす.

**visualize** vi., vt. 視覚[映像]化する,思い描く,心に描く,思い浮かべる

**visually** adv. 視覚的に, 目に見えるように, 映像[画像]的に ◆a visually impaired person 視覚障害者 ◆visually identify... ～を目で確認[識別]する; 視認する ◆Visually check the cap to see that... ～であることを確認するためにキャップを目視検査する. ◆Because they can be visually seen without the aid of a sonar,... それらはソナーの助けを借りなくとも視覚的に観察できる[(意訳)視認できる,目に見える]ので, ◆Visually check it for fluid leaks. それを,液漏れがないか外観上に検査して[目視検査して]ください. ◆Visually check the hose connections. ホースの接続を目視検査せよ.

**vital** adj. 生命の,生命の維持に必要な,不可欠な,きわめて重要な,枢要な,致命的な,死活的な,生き生きした,活気のある,活況の ◆a vital means of supporting world peace 世界平和を維持するのにきわめて重要な手段 ◆be vital to the safety of life 生命の安全にとって必要不可欠である

**vitality** 生命のあること,生命力,生気,活気,活力,精力,存続力,持続力 ◆sap vitality from the company's product line その会社の商品ラインから活気を奪う ◆inject vitality into the country's laggard consumer goods and services industries 同国の停滞している消費財産業やサービス産業に活を入れる[活力を与える]

**vitally** adv. 命取りになるほど,致命的に,極めて(重大に),この上なく,非常に ◆data backup is vitally important データのバックアップをとることは極めて重要である

**vitamin** a～(ある一種の)ビタミン ▶ビタミンA, C, D, E は不可算. B については,B_1, B_2などの細分類を意識して通例可算扱いされる. ◆a vitamin drink ビタミン飲料; 栄養ドリンク剤 ◆natural vitamin C 天然ビタミンC ◆take vitamin supplements (錠剤タイプの)ビタミン強化栄養補助食品[栄養補給剤]を摂取する ◆the B vitamins; the vitamin B group ビタミンB群(類) ◆the vitamins of the B series ビタミンB系 ◆vitamins C and K ビタミンCとビタミンK ◆Beef is rich in B vitamins. 牛肉にはビタミンB類が豊富に含まれている.

**vitrification** ガラス固化(＊高レベル放射性廃棄物をガラスと共に固めること) ◆the (glass) vitrification of nuclear waste(s) 核廃棄物のガラス固化[固定化]

**vitrify** vt. ～をガラス質に変える,ガラス状にする,ガラス化する; vi. ガラス質[状]になる,ガラス化する ◆vitrify high-level radioactive waste(s) for long-term storage 高レベル放射性廃棄物を長期保存のためにガラス固化する

**viva** a～《イタリア語》万歳の叫び(声);《間投詞》万歳 ◆"Viva Mandela, viva!" they roared. 「万歳,マンデラ万歳!」と彼らは歓声をあげた.

**vivid** adj. adv. 鮮やかな,鮮明な,鮮烈な,目の覚めるような,強烈な,真に迫った,迫真の,生き生きとした,はつらつとした,〈感覚などが〉旺盛な,活発な ◆be rendered in vivid colors 鮮やかな色で描かれている ◆deliver the war's glory and gore globally in vivid real-time この戦争の栄光や流血を全世界に生々しく即時速報する ◆leave a (very) vivid impression on a person('s mind) 〈人(の心に)〉〈非常に〉鮮烈な印象を与える ◆a vivid impression of living in Japan 日本に住んでの鮮烈な印象

**vividly** adv. 鮮やかに, 鮮明に, まざまざと, ありありと, 真に迫って, 生き生きと, はつらつと ◆vividly recall... ～をまざまざと思い出す ◆I remember the incident so vividly 私は,その出来事を鮮明に覚えている

**VLBI** (very long baseline interferometry) 《電波, 天文》超長基線電波干渉法; (very long baseline interferometer) a～ 超長基線電波干渉計(＊相互に遠く隔てて配置したいくつかの電波望遠鏡を組み合わせて用いる)

**VLCC** (very large crude carrier) a～ 大型[超大型]石油タンカー[油槽船, 油送船] (＊25万トンから30万トンクラスの)

**VLF** (very low frequency) 超長波(＊10kHz ～ 30kHz) ◆a very-low-frequency (VLF) radio receiver 超長波無線受信機 ◆the propagation of very low frequency (VLF) radio waves 超長波電波の伝搬(デンパン)[伝播(デンパ)]

**VLSI** (very large scale integration) 《電子》超大規模集積回路 ◆a VLSI chip 超LSIチップ[IC] ◆a VLSI circuit 超大規模集積回路 ◆VLSI technology VLSI技術

**VOA** (Voice of America) the ～ アメリカの声(＊米政府の海外向けラジオ放送局)

**VOC** (volatile organic compound) a～ 揮発性有機化合物

**vocabulary** (a) ～ (pl. -laries) 語彙, ある一つの言語のすべての単語,ある特定の人[集団,職業など]によって用いられるすべての単語; a ～ 単語表, 単語集, 語彙集(a glossary) ◆the International Electro-technical Vocabulary IEV161-01-07 国際電気標準用語IEV161-01-07

**vocal** adj. 声の[音声の],《音楽》ボーカルの,〈人が〉意見をはっきり言う[声高の]; ～s《音楽》ボーカル ◆the company has a very vocal audience その会社には,はっきりと意見を言い要求を出してくる顧客層がついている ◆they are becoming increasingly vocal in requesting [in demanding/claiming that]... 彼らは～に対する[～しろという]要求をますます強めてきている ◆Anti-French feeling in the Pacific is likely to become even more vocal. 太平洋における反仏感情は,ますますもって声高になりそうな雲行きである.

**vocalist** a～ ボーカリスト,声楽家,歌手 ◆an opera singer [vocalist] オペラ歌手; 歌劇の声楽家

**vocational** adj. 職業の,職業上の,〈学校が〉実業～ ◆a vocational school 職業学校, 専修学校, 専門学校 ◆vocational-education students 実業教育を受けている生徒たち ◆a vocational (senior) high school 実業高校, 実高

**vociferous** adj. 大声の,声高の,やかましい,うるさい,かまびすしい,騒がしい,騒々しい ◆in response to vociferous creditor complaints concerning... ～に関する債権者の声高な[うるさい, しつこい]苦情申し立てを受けて

**vogue** (a) ～ 流行,はやっているもの ◆in vogue 流行して,はやって, 人気がある ◆the technology currently in vogue for mass storage on laptops ラップトップコンピュータの大容量記憶装置用として現在主流となっている[人気のある]技術

**voice** (a) ～ 声, 音声, 話す能力, 発声, 発言 (権), 意見, 表明,《文法》態; vt. ～を声に出す [表明する] ◆at the top of one's voice 声を振り絞って; 声を限りに; 大声で ◆a voice print [pattern] 声紋 ◆a voice talent [actor, actress]; a voice-over talent [artist, actor, actress, performer] 声優 (＊talentは, 不可算名詞として集合的にも使用. an actorとan actressは声優の性別によって使い分ける. a voice-over [voiceover] は, ナレーションや登場人物の心の声) ◆a voice timbre 声の音色; 声色; 声音 ◆voice control 音声(による)制御 ◆voice mail ボイスメール ◆voice synthesis 音声合成 ◆voice input and output 音声入力と音声出力 ◆voice command system 音声コマンドシステム (＊人の声による命令で作動する) ◆a voice response unit (= an audio response unit) 音声応答装置 ◆a voice-entry system 《コンピュ》音声入力システム ◆a voice-messaging unit ボイスメッセージ装置 ◆a voice-activated dialing telephone 音声(による指示)でダイヤルできる電話 ◆a voice-activated tape recorder 自動音声スタート [音声作動] 式テープレコーダ ◆DSVD (digital simultaneous voice and data) technology (モデムで)音声とデータを同時に伝送する技術 ◆voice-grade telephone lines 音声級 [音声用] 電話回線 (＊周波数帯域の狭い旧来の電話線) ◆call by voice (音声の)電話をする (＊電話回線によるコンピュータ通信と区別して) ◆non-voice telecommunications services 非音声系通信サービス ◆synthesized human voice 合成して作られた人間の声 ◆operate the computer entirely by voice コンピュータを完全に音声のみで操作する ◆remote voice-actuated control via telephones 電話回線を介した音声作動式の [音声による] 遠隔操作 ◆The system operates under voice control. 本システムは, (音声認識により)音声制御で動く. ◆The association serves as the voice for automakers in regulatory matters. この協会は, 法的な規制の案件に関し自動車メーカーの声を代弁するものである.

**voice recognition** 音声認識 ◆a voice recognition device 音声認識装置

**void** 1 adj. (法的に)無効の, 空いた, からの, ～に欠ける, 空虚な ◆become void 無効になる; 失効する; 切れる ◆a 30-day return privilege becomes void as soon as the product is opened 商品を開けたとたんに, 30日以内ならば返品できるという権利がなくなる [消滅する]
2 a ～ 空隙 (クウゲキ), 間隙, 割れ目, すき間, 空間, 空所, 空き, 欠如, 空虚 ◆voids in... ～中の空隙
3 vt. ～を無効にする, 空にする, 取り除く ◆Modifications to your Food Processor will void your warranty. お買い上げのフードプロセッサーに改造を施され [手を加え] ますと, 保証は無効になります.

**volatile** adj. 揮発の, 揮発性の, 気化性の; 変化しやすい, 一時的な, 気まぐれな ◆a volatile organic compound (VOC) 揮発性有機化合物 ◆volatile liquids 揮発性液体

**volatility** 〔U〕揮発性, 揮発度, 非持続性;〔U〕《経》(予想)変動率, 不安定さ, 変わりやすさ

**volatilization** 揮発

**volcanic** adj. 火山の, 火山性の, 火山によって生じる, 火成の; 非常に激しい, 激烈な, 猛烈な ◆(a) volcanic rock 火山岩 ◆a volcanic zone 火山帯 ◆volcanic ash 火山灰 ◆volcanic dust 火山塵 (カザンジン) ◆volcanic gases 火山ガス (＊複数形はいろいろな種類のガスの意) ◆intense volcanic activity 激しい火山活動 (＊volcanic activityは不可算名詞で, 必ず単数形で用いられる) ◆many of the islands are of volcanic origin これら諸島の多くは火山島である ◆volcanic ash from Pinatubo ピナトゥボ火山からの火山灰 ◆she gave him a dressing-down that was volcanic 彼女はかんかんになって彼を叱りつけた [叱責した] ◆Mr. Glicken headed for Unzen on Sunday to observe volcanic activity. グリッケン氏は火山活動を観察するために日曜に雲仙に向かった. ◆There were no visible signs of volcanic activity yesterday, due partly to cloud cover. 昨日は, 雲がかかっていたこともあって火山活動の様子は見られなかった.

**volcano** a ～ 火山, 噴火口 ◆a volcano that erupted under a glacier 氷河の下で噴火した火山 [爆発した噴火口] ◆volcano-related earth tremors 火山性地震

**volt** a ～, one ～ (pl. ～s) 《電気》ボルト (＊電圧の単位) ◆a volt-ohm-milliammeter 《電気》テスター ◆be expressed in volts ボルトで表されている;《(原文)訳》電圧で表記 [表示] されている ◆a 1-volt drop occurs in the line 1Vの電圧降下がこの電線に生じる ◆The capacitor is charged to 185 volts. そのコンデンサは, 185ボルトに充電されている. ◆Two 1.5-volt "C" cells placed in series were discharged to about 1.8 volts (0.9 volts each cell) and then charged. 直列接続されている1.5ボルトの単2電池2本を, 約1.8ボルト (電池1個当たり0.9ボルト) になるまで放電させてから充電を行った.

**voltage** (a) ～ 電圧, 電圧値; (感情の) ◆ボルテージ ◆a voltage drop 電圧降下 ◆voltage regulation 電圧変動率; 電圧調整 ◆a withstand voltage test 耐電圧 [耐圧] 試験 ◆changes in voltage 電圧の変化 ◆a voltage doubler 倍電圧器 ◆a voltage-controlled oscillator (VCO) 電圧制御発振器 ◆a variable voltage source 可変電圧電源 ◆a voltage-sensing power pack 自動電源電圧切り換え式の電源アダプター [ユニット] (＊たとえば, 電圧切り替え操作なしで100V～240Vの範囲内でそのまま使用可能) ◆large output voltages 大きな出力電圧 ◆step down the voltage (主に変圧器で)電圧を下げる [降圧する] ◆the capacitor C rises in voltage コンデンサCの電圧が上昇する ◆ionize the gas through the application of a voltage of about 180 volts そのガスに約180Vの電圧をかけることによってイオン化する ◆see if there is voltage available to the nonfunctioning component 機能していないその部品に電圧がかかっているか調べる ◆When the voltage at the outlet drops below a certain level,... コンセントの電圧が一定のレベルよりも落ちる [降下, 低下] すると ◆A voltage is placed between the two electrodes. その2つの電極間に電圧が印加される. ◆Each address line carries a voltage of +5 or 0 to designate the address. 《電子》各アドレス線には, アドレスを指定する+5または0Vの電圧がかかっている. ◆In the case of a series with two bulbs, more voltage is required to push the current through the resistor (the bulbs). 電球を2個使った直列の場合, 抵抗(電球)に電流を流すのにもっと [より高い] 電圧が必要である. ◆The voltage tester will test for the presence of voltages from 2 to 10,000 volts AC or DC. この電圧テスタは, 2ボルトから10,000ボルトまでの交流電圧または直流電圧がきているかどうかを調べるためのものです. (＊測定器のカタログより)

**voltmeter** a ～ 電圧計 ◆The voltmeter reads 12.5 volts. 電圧計は, 12.5ボルトを指している.

**voluble** adj. おしゃべりな, 口の良く回る, 口軽な, 口まめな, 多弁な, 饒舌な, 達者な, 弁舌さわやかな, よどみなく流れる, 流暢な ◆a voluble congresswoman 弁舌さわやかな女性国会 [連邦議会 (下院)] 議員

**volume** 1 (a) ～ 体積, 容積, かさ, 量, 数量, 音量, –量, –高, –数;《通例 ～s》大量 ◆in (high) volume 大量に ◆a volume control 音量調節器 [つまみ] ◆volume calculations 体積計算 ◆a [the] volume of sales; (a) sales volume 販売高, 販売数, 売上数量, 売上台数 [本数], 販売高 [売上高] ◆(a) trading volume 《株》取引量 [出来高, 売買高] (＊株数で表す) ◆a volume control tank 《原発》体積制御タンク ◆be reduced in volume 減容化される ◆low-volume input 少量 (データ)の入力 ◆the needed volume of... ～の必要な量 ◆the volume of air traffic 空の交通量 [輸送量] ◆the volume of mergers 企業合併の(合計)件数 ◆the volume of these bonds それらの社・公債の出来高 ◆turn [(口)crank] the volume up as high as it can go ボリュームを最大に上げる; 音量を最大にする ◆the volume of water in the tank タンクに入っている水の量 [水量] ◆constitute 50% by volume 体積 [かさ] で50%を占める ◆a low-volume, occasional-use copier コピーをたまに少枚数ずつ取るための複写機 ◆adjust [control, alter] the volume of [on] your color TV カラーテレビの音量を調整する [調節する, 操作する, 変える] ◆adjust the volume of the ringing signal 呼び出し信号音のボリューム[音量]を調節する ◆be specified by volume percentages 体積百分率で示される ◆calculate the volume of each section 各部の体積[容積]を計算する ◆I turned down the volume on my television set 私はテレビの音量を下げた ◆keep prices down by manufacturing in volume 大量生産して価格を低く保つ[維持する, 抑える] ◆measure small volumes of liquids 少量の液体を計量する ◆spew out high volumes of carbon dioxide 大量の二酸化炭素を吐き出す[排出する] ◆trading volume was relatively light 《株》(売買)出来高は比較的少なかった ◆when the sound is at high-volume levels (サウンドが)大音量の時に ◆a dietary fiber that can increase to 17 times its volume 体積が17倍に増える)食物繊維 ◆because the workstation market is small in volume (although not in value) ワークステーション市場は数量的[台数的]に規模が小さいので(金額的にはそうではないが) ◆measure the volume of fuel that is passing through a nozzle ノズルの中を流れている燃料の流量を量る ◆play the sound track at a volume level that you set サウンドトラックをあなたが設定した音量で再生する ◆products that can be effectively manufactured in low volumes 効果的に少量生産できる製品 ◆spew out high volumes of carbon dioxide 大量の二酸化炭素を吐き出す ◆the world's eleventh largest volume of exports 世界11位の輸出高 ◆need a minicomputer rather than a micro because of the volume of processing required 要求される処理の量のために[処理が大量なので], マイクロコンピュータではなくミニコンピュータを必要とする ◆The carmaker projects a 500,000-unit sales volume worldwide. この自動車メーカーは, 全世界で50万台の販売数量[販売車数]を見込もっている. ◆Xxx is enjoying continued volume growth. Xxx社は数量[台数]ベースでの継続した成長[続伸]を享受している. ◆A year ago, volume on the New York Stock Exchange often exceeded 200 million shares a day. 1年前には, ニューヨーク証券取引所で1日当たりの出来高が2億株を上回ることがよくあった. ◆In terms of volume, domestic shipments and exports reached 1,449,000 and 498,000 units, respectively. 台数[数量]ベースで, 国内出荷および輸出はそれぞれ, 1,449,000台と498,000台に達した. ◆Mortgage applications are running at nearly five times the normal volume. 住宅抵当ローンの申し込みが, 通常の件数のほぼ5倍で推移している. ◆Consequently, all radioisotope users are asked to make a conscious effort to minimize the volume of radioactive wastes generated in their laboratories. 従って, ラジオアイソトープを使用する者はすべて, 研究所内で発生する放射性廃棄物の量を最小限に[可能な限り減容化]するよう意識的に努力するよう求められている. ◆U.S. pork exports to the world have increased by approximately 45 percent in volume terms and 75 percent in value terms from 1994 levels. 世界へ向けての米国の豚肉輸出が, 1994年当時の水準と比較して数量ベースで約45%, 金額ベースで約75%増加した. ◆The market for packaged air conditioning equipment increased by some 5% during 1997 in volume terms reflecting the increased demand in the residential sector, in offices and in retail outlets. パッケージ型エアコン機器市場は, 住宅部門, 事務所, および小売店舗における需要の増加を反映して, 1997年の間に数量[台数]ベースで約5%拡大した.

2 a〜巻, 冊, 書物, 《コンピュ》ボリューム ▶情報記録[記憶]装置の単位. a volume は, 書籍1冊, 巻き物1巻, CD1枚, カセットテープ1本, ディスク1枚などを指す. コンピュータ分野では, 磁気テープ1本, フロッピーディスク1枚, ハードディスク1台(パーティションが切られている場合はその中の1区画)などを, 1つのボリュームとして管理する. ◆the volume containing the file 《コンピュ》そのファイルを格納しているボリューム ◆the volume(s) the file is contained on 《コンピュ》そのファイルが格納されている(1つまたは複数個の)ボリューム(*大きなファイルが複数ボリュームにまたがる場合もある) ◆The volume in drive B has no label. 《コンピュ》Bドライブのボリュームにはラベルがついていない. (*ラベルとは, 名前のようなもの) ◆A diskette file can consist of a data area on one or more volumes. 《コンピュ》ディスケッ

トファイルは, 1つのボリューム上のまたは複数のボリュームにまたがる1つのデータ領域から成る.

3 adj. 大量の, 多量の ◆volume purchase discounts 大量購入割引 ◆volume shipment(s) of parts 部品の大量出荷

**volume-produced** adj. 量産[大量生産]された ◆a volume-produced model 量産機種[車種]

**volume production** 囮量産, 大量生産 ◆begin high volume production of... 〜の大量生産を開始する ◆enter [go into, get into] volume production for OEMs OEM向けの量産に入る ◆as volume production brings costs down 量産によりコストが下がるにつれて;《意訳》量産効果が出てくるにつれて ◆the product is now in volume production この製品は現在量産されている[量産中である] ◆with volume production due to start in January 1月に生産の開始予定で ◆with volume production scheduled [planned] for the first quarter of 2001 2001年第1四半期の量産開始予定で ◆Volume production of... is scheduled to start in the fourth quarter of 1999. 〜の量産は1999年第4四半期に開始の予定である. ◆The price cuts are due to volume production savings. 《意訳》これらの値下げは量産効果によるものである. ◆Volume production will commence in the fourth quarter. 量産開始は第4四半期の予定. ◆The cost of the membrane is expected to drop as demand increases and higher volume production is implemented. この膜のコストは, 需要が増えて量産される量が増加するにつれて下がるものとみられている.

**volumetric** adj. 容積[体積]測定の, 嵩(カサ)〜 ◆a volumetric flask メスフラスコ ◆the volumetric capacity of... 〜の容積 ◆a volumetric expansion coefficient; a coefficient of volumetric expansion 体膨張率; 体積膨張係数

**voluminous** adj. 容積の大きい, たっぷりした, ゆったりした; 巻数[冊数]の多い, 大部(タイプ)の, 大著の; 膨大な, 豊富な, 大量の, 多数の; 〈作家が〉多作の ◆a voluminous dictionary かさばる[大きな]辞書 ◆a voluminous vault 容積の大きな保管室 ◆voluminous secret files 大量の機密ファイル ◆handle voluminous bales of mail every day 毎日多量[大量]の郵便物を扱う ◆voluminous skirts fashionable in the 1850s and 1860s 1850年代から1860年代に流行した大きく広がったスカート

**voluntarily** adv. 自発[自主]的に, 自ら進んで[買って出て], 任意で, 希望して ◆retire [leave] voluntarily 任意[希望, 自己の都合で]退職する

**voluntary** adj. 自発[自主]的な, 自由意志による, 自ら進んで[買って出て, 希望して]の, ボランティアの, 任意の, 随意の ◆on a voluntary basis 任意で, 任意に, 自由意志で, 自由意志の下に ◆a voluntary resignation 任意[希望]退職 ◆a voluntary-separation program 選択定年制 ◆a voluntary early retirement program 希望早期退職制; 早期退職優遇制度; 選択定年制 ◆under the Voluntary Restraint Agreement restricting... 〜を制限している自主規制協定のもとで ◆voluntary cutbacks in weapons sales by the leading nations 主要先進諸国による武器売買の自主的な制裁 ◆This is a non-profit 100% voluntary organization. There is not even a single paid employee in the whole organization. これは100%ボランティアの非営利団体です. 組織全体の中で報酬をもらっている従業員は誰一人としていません[皆無です].

**volunteer** 1 a〜 ボランティア, (助けなどを)買って出る人, 自発的無償労働提供者, 無償の奉仕者[奉仕活動家], 篤志奉仕家, 有志, 志願者, 志願兵, 義勇兵; adj. 自発的な, ボランティアの, 奉仕の, 志願の, 志願[義勇]兵の ◆volunteer firefighters ボランティアの消防士たち ◆work [serve] as a volunteer <...ing, at, for, with> 無償の奉仕者として働く,《意訳》ボランティア[手弁当]で働く ◆an all-volunteer organization 構成員が全員ボランティアの団体[組織] ◆ask volunteers from all parts of the city to submit samples of household tap water 市内全域から家庭の水道水の試料を(無償で)提出してくれる人を募る(*飲み水の水質を調べるという話で)

2 vi. vt. <for, to do> (奉仕, 助力を)手弁当で[進んで]する, 買って出る[申し出る], 志願兵になる ◆he volunteered as a medic 彼は衛生兵に志願した

**vomit** vi. (食べた物を)吐く[もどす]; vt.〈人〉に吐かせる, ~を噴出する[吐き出す]; a ~ 吐く[戻す]こと, 嘔吐; 囗嘔吐して戻した物[吐瀉物(トシャブツ), 吐物, ゲロ, ヘド] ◆ If swallowed, do not induce vomiting. 万一飲み込んだ場合は, 吐かせないでください.

**von Neumann** (人名)フォン・ノイマン(→ Neumann) ◆ a von Neumann processor フォンノイマン型プロセッサ

**voodoo** 囗ブードゥー教(*ハイチや米国南部の黒人が信じている魔術的原始宗教); a ~ ブードゥー教の魔術師, お守り; adj. ブードゥーの ◆ voodoo economics ブードゥー経済学(*インチキ経済学とか経済学的信仰といった意味. 魅力的に見えるがつじつまの合わない経済学的考え方) ◆ Is cold fusion voodoo science or the salvation of mankind? 常温核融合は呪術((以下比喩的))インチキ, いかさま, まやかしの, 似非(エセ))科学かそれとも人類の救世主か?

**voracious** adj. がつがつ食う, 大食いの, 大食の, 健啖(ケンタン)な, 飽くことを知らぬ, 食欲な ◆ a voracious appetite for reading 飽くことを知らない[貪欲な(ドンヨク)な]読書欲

**vortex** a ~ (pl. vortexes, vortices) 渦, 渦巻き, 渦流 ◆ be caught in [drawn into, sucked into, sucked down in] a vortex 渦に巻き込まれる[引きずり込まれる, 吸い込まれる] ◆ be at a vortex of conflict 闘争の渦中にあって ◆ he got sucked into a vortex of despair (意訳)彼は絶望の淵に沈んだ

**vorticity** (a) ~ うず度, 渦度(カド), 流体の渦巻き運動(=vortical motion)状態 ◆ potential vorticity 《流体》ポテンシャル渦度(渦ポテンシャル)

**vote** 1 (a) ~ 投票[票決]; a ~ (個々の)票[投票]; the ~ 投票総数, 投票権 ◆ vote-counting stations 開票所 ◆ vote counting; the counting of the vote; the counting of the ballots 票の集計; 開票 ◆ capture the undecided vote 浮動票をつかむ(*voteは単数形であるが複数の票の意) ◆ the one-man-one-vote principle 1人1票の原則 ◆ the "one-person, one-vote" principle 「一人一票[1票等価]」の原則 ◆ two prominent candidates who have the potential of splitting the vote 票割れを起こしそうな著名候補2名 ◆ Abraham won the primary by a vote ratio of 59-41. アブラハムは得票率59対41で予備選に勝った. ◆ The Senate opposed the sale by a vote of 73 to 22. 上院は73対22の投票結果で売却を否決した.
2 vi. 投票する<for, against, on>; vt. ~に投票する[入れる], ~を投票で決める ◆ a voting day 投票日 ◆ voting districts 選挙(投票)区 ◆ voting-age population 投票年齢[有権者]人口 ◆ nonvoting [non-voting] preferred stocks [shares] 無議決権優先株[株式] ◆ renounce one's voting rights [one's right to vote] 投票権[選挙権, 議決権]を捨てて行使しない; ((意訳))投票[選挙]を棄権する ◆ vote 10 to 5 to approve... ~を10対5(の投票結果)で承認[可決]する ◆ The Senate voted 69 to 26 to block the sale. 上院は73対26で売却阻止を票決[売却を否決]した. ◆ Sixty-five-year olds vote at nearly three times the rate of eligible voters under 24. 65歳の人の投票率は, 24歳以下の有権者の3倍近くである.

**voter** a ~ 投票者, 有権者, 選挙人, (議会に)投票する議員, ((意訳))票 ◆ a large number of floating voters 大勢の浮動層; ((意訳))多数の浮動票 ◆ at the time of voter registration 有権者の[選挙人]登録時に ◆ Voters still want change, but in small doses. 有権者は, 依然として変化を望んではいるが, 小幅な変化しか望んでいない.

**vow** a ~ 誓い, 誓約, 誓願; vt. ~を誓う, 誓約する; <to do> ~すると固く約束[言明, 断言]する, 必ず~すると誓う; <that> ~と誓って言う ◆ the #3 computer maker vows to become #1 第3位のコンピュータメーカーが, 第1位になると明言する ◆ President Bush promised [pledged, vowed] retaliation. ブッシュ大統領は報復を約束した[誓った].

**VQC** (voltage and reactive power control) 電圧無効電力制御 (Q = reactive power)

**VRA** (Voluntary Restraint Agreement, voluntary restraint agreement) a ~ 自主規制協定

**vs., vs** (versus)((単にv.とすることも))~対~, ~に対して

**VSAT** a ~ (very small aperture terminal) 超小型衛星通信地球局(*俗に a micro earth station とも)

**VSB** (vestigial-sideband) 《無線》 ◆ VSB modulation VSB (残留側波帯)変調

**VSWR** ◆ a VSWR (voltage standing wave ratio) of 1.25:1 1.25:1の電圧定在波比

**VTOL** (Vertical Takeoff and Landing) 垂直離着陸式の ◆ a VTOL fighter 垂直離着陸戦闘機

**VTR** (videotape recorder) a ~ オープンリール式のビデオレコーダ[ビデオデッキ]のこと, オープンリール式のVTR ▶ カセットテープを使うビデオデッキは, 英語ではa VTR でなく, a VCRと呼ぶ. 家庭用のビデオデッキのことをVTRと呼ぶのは日本特有で, 英語として通用しない.

**VU** ◆ the response speed of VU meters 音量メーターの応答速度 (VU = volume unit)

**vulcanization** 囗加硫 ◆ chemicals for cold vulcanization of rubber ゴムの冷加硫のための化学薬品

**vulcanize** vt.〈生ゴム〉を加硫[硫化]する, vi. 加硫[硫化]処理される ◆ vulcanized rubber 加硫ゴム

**vulgar** adj. 低俗な, 趣味の悪い, 下品な, いやらしい; 一般的な, 平凡な, 庶民の, 通俗的な

**vulnerability** (a) ~ 攻撃に対して無防備なこと, ガードの甘さ, 被攻撃性, 批判[攻撃]を受けやすいこと, 外部からの影響[作用]を受けやすいこと, 傷つきやすさ, 付け込まれやすさ, 弱さ, 弱点, もろさ, 脆弱性(ゼイジャクセイ), 抵抗力のなさ, 脆弱点, 弱点 ◆ one's emotional vulnerability 感情[情緒]面での弱さ ◆ vulnerability to unauthorized access 不正アクセスに対する守り[防備, ガード]の甘さ ◆ determine the electromagnetic susceptibility/vulnerability (EMS/V) of weapons 兵器の電磁的感受性・脆弱性(の程度)を(測定により)判断する[見極める].

**vulnerable** adj. (~を)受けやすい <to>, 弱い, 脆弱(ゼイジャク)な, 無防備な, 攻撃を受けやすい, ガードが甘い ◆ a vulnerable point 弱み, 弱点, 泣き所 ◆ be vulnerable to disaster (地域などが)災害に対して弱い[脆弱である] ◆ become more vulnerable to layoffs いっそう一時解雇の対象にされやすくなる ◆ be vulnerable to price fluctuations 価格変動による被害を受けやすい; 価格変動の影響をこうむりやすい ◆ The nation is as vulnerable to its enemies as a flipped turtle. ひっくり返った亀のごとく, その国は敵に対して無防備だ. ◆ The network is vulnerable to tapping of confidential information files. そのネットワークは, 機密情報ファイルの盗聴に対する守りが甘い. ◆ The more you know about an opponent the more vulnerable that person becomes, and the more likely you are to win. 敵をよく知るほど弱点がわかって攻めやすくなり, 勝ちやすくなる.

**VWAP** ◆ the computation of a daily VWAP (volume weighted average price) 《株》一日のVWAP(出来高加重平均価格)の計算

**vying** → vie

# W

**W** 1 (watt, watts) ワット
2 タングステン(tungsten)の元素記号

**wad** a ~ 〈綿, 紙, 繊維などの〉柔らかい塊, 小さな塊, 詰めもの; a ~ 大量, 多額(の金); vt. ~に詰める, ~を丸める ◆ a thick wad of low-denomination bills 低額紙幣の厚い札束

**wade** vi. (水などの中を)歩く, 苦労して[やっと]進む; vt. ~を通り抜ける(渡る)

**wafer** a ~ ウェハース(*菓子), 《半導》ウェハー, ウェーハ(*半導体結晶を薄くスライスしたもので, ICチップの製造に用いられる基板) ◆ a communion wafer 《カトリック》ホスチア, 聖餅(セイベイ) ◆ a silicon wafer 《半導》シリコンウェーハ ◆ a vanilla wafer バニラ味のウエハース(*アイスクリームなどにのせるための)

**wafer-thin** adj. 非常に薄い, 僅差の ◆by a wafer-thin margin 僅差(キンサ)で ◆our margins are wafer-thin 私たちのマージン[利益(幅)]は非常に薄い

**waft** v. ~をふわりと動かす[運ぶ], 軽く投げる[ふわりと動く, 漂う] ◆the aromas wafting from the kitchen 台所から漂ってくるいい匂い ◆the smell of gunpowder wafted through the air 鉄砲の火薬の臭いが空中を漂った

**wag** vt., vi. 〈尾, 首, 指など〉を振る ◆a tail-wagging puppy 尾を振っている子犬

**wage** 1 a ~ 賃金, 給料, 給金, 労賃 ◆a wage earner 賃金所得[賃金労働]者 ◆clerical wages 事務員の賃金 ◆wage increases 賃上げ ◆those on low wages 低賃金労働者たち ◆move production from high-wage countries 賃金[労賃, 人件費]の高い国々から生産を移す[移行させる]
2 vt. 〈戦争, 運動などの活動〉を行う[する]; vi. 起こっている, 行われている ◆wage a war against [with]... ~に戦争を仕掛ける[戦いを挑む] ◆wage [mount] a campaign to publicize... ~を宣伝告知するためのキャンペーンを行う[実施する]; 《意訳》展開する, 張る]

**wagon, waggon** 《後者は英国スペル》a ~ ワゴン車, 四輪車, ステーションワゴン, 《英》貨車, 車両

**waist** 《通例 one's ~》胴のくびれた部分, ウエスト; a ~ 胴着 ◆wear a sword on one's waist 刀を腰につける; 帯刀する ◆a waist-level finder 《カメラ》ウエストレベルファインダー (＊低い位置にカメラを置いて上から見下ろすようになっているファインダー。これに対して, カメラの後ろからのぞくタイプが an eye-level finder) ◆a man (who is) paralyzed from the waist down 腰から下が麻痺している[下半身麻痺] ◆If you wear pants with a waist size of 34 inches or smaller, ... ウエスト[腰回り]サイズが34インチ以下のズボンを履いている場合 ◆The pants come with an elasticized waist and drawstring. このパンツのウエストは, ゴム仕様でドロストリング入りです。

**wait** 1 vi. 待つ<for>, 《be ~ing <for> の形で》用意されている, 〈物事が〉放っておかれる, 〈目下に普通の〉目待[応対]する <on a person, on table>; vt. 《時間間隔》をおく,〈ある時間の長さ〉待つ, ~を待ち受ける, ~を(~のために)遅らせる<for>, 給仕する < ~ table> ◆wait until... ~まで待つ ◆months of waiting time 何カ月もの待ち時間 ◆wait a few minutes 数分間待つ ◆wait a time interval ある時間間隔を(待って)あける[おく] ◆wait for instructions 《コンピュ》命令を待つ ◆take a wait-and-see stance 静観の構えを採る ◆adopt [take] a wait-and-see attitude toward... ~に対し日和見的な[姿勢]をとる, 模様眺めを決め込む[当座は静観視する, さしあたり様子見をする] ◆wait for the display to warm up ディスプレイがウオームアップするまで待つ(＊スイッチ投入後にブラウン管式表示装置のヒーターが暖まって映るようになるまで待つ) ◆after having waited well over a year to receive a suitable organ 適合する臓器が手に入るまで1年を優に超す時間待たされたあげく ◆Let the work wait until he gets back from vacation. その仕事は, 彼が休暇から戻ってくるまでほうっておこう。 ◆We've waited a long time for... to <do> 私たちは〈人など〉が~してくれるのを長い間待った。 ◆A typical day on the slopes of the resort requires four hours of waiting in lift lines for 45 minutes of skiing. そのリゾート地のスロープでは, 典型的に[ごく普通の]1日で, 45分のスキーをするのに4時間リフトの列に並んで待たなければならない。 ◆But considering that jobs are hard to find and. . . , if I were you, I'd wait about five years before criticizing the corporate culture. (Translation: Go with the flow.) だけど, 職を見つけにくいことや~を考えると, 私に言わせれば会社の企業風土のことを非難するのは5年は早いと思いますよ。(つまり, 流れにまかせろってこと。)
2 (a) ~ 待ち, 待機; a ~ 待ち時間; 回待機状態, 待ち伏せ ◆a wait of several hours 数分間の待ち時間 ◆during the wait for rescuers 救助隊員を待っている間 ◆during the wait in the barber-shop その床屋[理容室]で順番待ちをしていた時に ◆without a wait for. . . ~を待たずに ◆a 30- to 45-minute wait to <do>

~するための30分から45分の待ち時間 ◆some improvements that may make it worth the wait (今すぐに製品を購入せずに)待つだけの価値があるかも知れない何点かの改良

**wait and see** 待って成り行きを見守る ◆adopt a wait-and-see attitude 静観を決め込む, 成り行き静観の態度[姿勢]をとる ◆I prefer to wait and see how things go. 私は, どちらかというと成り行き[趨勢]を見守ってみたい。

**wait in the wings** 舞台の袖に控えて出番を待つ, 待機している ◆Waiting in the wings is. . . 《次に》控えているのは~である。

**wait out** ◆wait out a storm 嵐が止むまで待つ ◆wait out bad times 不景気[不況, 悪い時代]が終わるまで待つ[じっと持つ, しのぐ]

**waiting** 待つこと, 待ち, 待機, 給仕, 仕えること; adj. 待っている, 仕えている ◆a waiting room (病院, 開業医, 駅などの)待合室 ◆280 minutes of waiting time 280分の待ち時間 ◆a waiting period of 60 or 90 days 60日ないし90日間の待機期間[待つ期間] ◆Searches must be specific in order to avoid lengthy waiting periods. 延々と待たずにすむようにするには, 検索はなるべく具体的的に指定する[的を絞る]必要がある。 ◆The Brady law, which took effect in March 1994, requires a five-day waiting period before the sale of a handgun. 1994年3月に発効したブレイディ法は, 拳銃の販売に5日間の待機期間を要求して[義務付けて]いる。

**in waiting** 宮仕えの, はべって, 侍して, 仕えて, かしずいて ◆a lady-in-waiting (pl. ladies-in-waiting) 女官 ◆a lord-in-waiting (pl. lords-in-waiting) 侍従

**waiting list** a ~ 順番待ちの予約リスト, 待機者の名簿, (航空会社などの)キャンセル待ちリスト ◆with another 900 customers on a waiting list さらに900人の客が順番待ち[待機]していて ◆Waiting lists run as long as six months. 順番待ちの人[待機者]が多く, 6カ月も先まで待たなければならない。

**waitless** adj. 待つ必要のない ◆waitless delivery 即納

**wait state** a ~ 《通例 ~s》待ち状態 ◆the CPU stalls in a wait state CPUがウェイトステートでストールする ◆a 20MHz 386SX-based laptop system with no wait states 20MHz版386SX搭載のノーウェイトのラップトップシステム ◆microprocessors that have no wait states ノーウェイトのマイクロプロセッサ

**waiver** (a) ~ 権利放棄(証書) ◆a Request for Waiver (pl. requests for waiver(s)); a waiver request; an RFW (pl. RFWs) ウェーバー申請(書) (＊製造・生産に入ってから, 規格や仕様に適合していないことが判明したが, そのままの状態であるいは手直しで納品させてくださいという旨の特別採用[特採]のお願い) ◆a provision for cross-waiver liability; a cross-waiver provision 相互賠償放棄条項(＊国際宇宙ステーション計画などで, 当事国同士が多額の保険をかけて, よその国のせいで自国のモジュールが故障・損傷してもお互いに損害賠償請求権を放棄して訴訟にはしないとする旨の) ◆requests for waivers/deviations 特別採用[特採]あるいは(暫定的)規格外れを認めてもらうための願い出[申請, 要求] (＊waiverは, 仕様や規格の適用除外の意, すなわち規格外れの採用を表す) ◆the player was placed on waivers この選手はウェーバーにかけられた (＊大リーグ野球やバスケットボールで) ◆request a waiver from the provisions of the Federal Travel Regulations 連邦旅行規程集の条項からの適用除外を願い出る ◆Contractors must request an Ada waiver if any language other than Ada is proposed for all or part of the development tasks. 契約業者は, 開発作業の全体あるいは一部にAda以外の言語を使用しようとする場合, Ada言語の適用除外[使用免除]を願い出る必要がある。

**wake** 1 vi. 目ざめる, 起きる, 気付く <up>; vt. ~の目をさます, ~を起こす, 気付かせる ◆wake to the flapping of 300 pigeons 300羽の場のはばたき(の音)で目覚める ◆The magazine waked my interest in electronics. その雑誌が, 私のエレクトロニクスに対する興味を目覚めさせてくれた[私にエレクトロニクスへの興味を持たせてくれた]。 ◆People are slowly waking up to the need for security where computer systems are

**walnut**

concerned. 人々は、コンピュータシステムに関して徐々にセキュリティの必要性に目覚めてきている。◆Start Up: The regulator wakes up in float mode with Bmax set to 2.1V/cell. This assumes a fully charged battery at startup. 起動［始動］: 本（電圧）調整器が、Bmaxが素電池1個当たり2.1Vに設定された状態の浮動充電モードで立ち上がります。これにより、立ち上げ時には蓄電池は満充電されているものと見なされます。
**2** *the*～（船などが残す）波の跡［航跡］、～の（通った）跡、（流体中を物体が移動してできる）伴流［後流］◆in the wake of... ～の跡を追って、～のすぐ後に、～に引き続いて、～にならって ◆in the wake of the oil crisis 石油危機に引き続いて ◆wake vortex turbulence from the exhaust of other planes 他の航空機の排気による後方渦気流［渦伴流の大気擾乱（ジョウラン）］◆A small lie always brings a bigger one in its wake. 小さなうそは、その後にもっと大きなうそを招く、小さなうそは大きなうその始まり。

**wake-up** 目を覚ますこと、起床、a～眠気覚ましの薬、注意を怠らない人、adj.（ホテルの）目覚まし電話サービスの ◆rapid wake-up to minimize call set-up times 〈通〉呼設定時間を最低限にするための迅速な立ち上がり［起動］◆Could you please give me a wake-up call at six? 6時にモーニングコールしてください。◆It served as a wake-up call for Detroit. （意訳）それはデトロイトに目を覚まさせる電話の役をした。;（意訳）それは米国自動車産業への警告となった。

**walk 1** vi. 歩く、歩行する、徒歩で行く、散歩［散策、逍遥（ショウヨウ）］する; vt.（場所、距離）を歩く、歩かせる、～を歩いて移動させる ◆walk off the job 職場放棄する; ストライキをする; ストを打つ; ストに突入する ◆walk along the main street 目抜き通りを歩く ◆The interactive tutorial walks you through the creation of an annual report with step-by-step examples. 《コンピュ》対話形式の練習ソフトは、年次営業報告書の作成（の仕方）を、ひとつずつ手順を追って例を示しながら案内してくれる。
**2** a～歩行、歩き、散歩、散策、逍遥、宇宙遊泳、歩行時間、歩き方、歩道、遊歩道、《野球》四球; a～処世［世渡り］、職業［身分］、活動分野、（社会の各）方面 ◆people from all walks of life あらゆる職業［職種］および社会的地位の人々; ありとあらゆる社会的背景の人々 ◆take a walk in space 宇宙遊泳する ◆Americans from every walk of life 各界［各方面、それぞれの方面］の米国人 ◆representatives from almost all walks of Burmese life ビルマのほとんどあらゆる層［方面］からの代表者 ◆new entrepreneurs come from every walk of life 新しい起業家は社会のあらゆる層から出てきている ◆The gates of the Palace are only a short walk from the station. 宮殿のゲートは駅からちょっと歩くだけで［徒歩ですぐ近くの場所に］あります］。◆A walk through a design example shows how a multiboard system can be transformed to a single board. 《電子》(回路基板の）設計例を（たどるように順を追って）調べれば、どのようにして多基板システムが単基板に姿を変えることができるのか分かる。

**walk down** vt. ～を歩いて行く ◆walk down a corridor 廊下を歩いて行く

**walk out** 〈抗議のため〉退場する［立ち去る］◆Workers at a half a dozen firms in the town also walked out. この町の6社ほどの企業の従業員も、職場放棄を行った。

**walkabout** a～徒歩旅行、《政治家などが》庶民に接する目的で人々の中を歩くこと; a～ウォーカマンタイプの小型携帯用（AV）機器; adj.（機械などの）持ち歩きでの、携帯用の ◆a walkabout computer 持ち歩き用［携帯型、モバイル］コンピュータ ◆a DAT walkabout 携帯型のウォークマンタイプのDAT［デジタルオーディオテープ］機器 ◆walkabout radios and tape recorders ウォークマンタイプのラジオとテープレコーダ

**walk-in** adj. 歩いて入れる大きさの、〈集合住宅などが〉ロビーを通らずに直接入れる、〈医院など〉予約なしに立ち寄れる［行ける］、〈客が〉予約なしの［振りの］; a～ウォークインクローゼット、道路から直接各戸に入れるアパート、人が入れる大型冷蔵庫、予約なしで診てもらえるクリニック; らくらくと手中に収めた勝利［楽勝］; 予約なしの［ふりの、立ち寄り］客 ◆a walk-in closet ウォークインクローゼット

**walking** ～歩行、競歩; adj. 歩行できる、歩行用の、歩きながら使う、〈機械などが〉移動式の ◆take [go on] a walking tour of... 〈見学地など〉を歩いて回る［視察する］; 徒歩コースを巡る;（*画面上などで)～について（の紹介［案内］)を見ていく［閲覧する］◆He is a walking encyclopedia of [about, when it comes to]... 彼は、～の［～に関する、～にかけては］歩く百科事典［生き字引、百科全書的教養人］だ。◆restaurants of all descriptions are within walking distance ありとあらゆる種類のレストランが歩いて行けるところにある ◆She is a walking dictionary of classic 1950's and 1960's rock. 彼女は1950〜60年代のクラシックロックの生き字引だ。

**walking papers**《複扱い》(口）解雇通知 (= a walking ticket) I got my walking papers. 解雇通知をもらった。

**Walkman**《ソニーの商標名》ウォークマン; a～ (pl. Walkmans) ソニーのウォークマン機器（*ヘッドホンステレオカセットプレーヤーなど）

**walkout** a～(抗議の）退場、ストライキ ◆stage a walkout 職場放棄［スト］に踏み切る

**walk-up** a～エレベーターのない建物［アパート］; adj. エレベーターのない、歩道に面している接客窓口（*関係者などの）◆a walk-up apartment エレベーターのない共同住宅［マンション］

**wall 1** a～壁、壁壁、障害 ◆bang [beat, hit, knock] one's head against a brick wall 不可能なことをやろうとして無駄な努力をしたり自分自身を傷つけたりする ◆a fire wall 防火壁（→ firewall）◆the Great Wall (of China) 万里の長城 ◆a wall-hung TV 壁掛けテレビ ◆a wall-mounted unit 壁掛け式ユニット ◆a wall-mounting kit 壁面取り付け［壁掛け］用キット ◆a through-the-wall air conditioner 壁貫通気式エアコン ◆a wall thickness of 1/16 in. 16分の1インチの肉厚 ◆hang... on a wall ～を壁に掛ける ◆install it as a wall unit それを壁掛けユニットとして取り付ける ◆protective high tariff walls 高い保護関税障壁 ◆require a heavy wall thickness 厚い肉厚を必要とする ◆the wall thickness of these products これらの製品の肉厚 ◆thin-walled tubing 肉厚の薄いチューブ ◆a flat, hang-on-the-wall television 平面型の壁掛けテレビ ◆a room packed wall to wall with bookcases 本棚が壁一面に並んでいる［占拠している］部屋 ◆a wall-size map 壁面大の地図 ◆a flat television set which can be hung on a wall 壁に掛けられる平面テレビ ◆Each apartment has [features] wall-to-wall carpeting. マンション各戸には壁から壁まで［(意訳)隅から隅まで、端から端まで、床一面に］カーペットが敷かれている。◆The casing is drilled for wall mounting. ケースは穴開けされていて壁に掛けられるようになっている。◆The telephone is wall mountable. その電話は、壁掛けタイプだ［壁に掛けられる］。◆The wall that separates commercial banks and investment houses crumbled a bit last week. 商業銀行と投資会社を隔てている壁が、先週少し低くなった。
**2** vt. ～を壁で囲む［仕切る］◆a walled-in area 壁で囲まれた場所

**wallet** a～財布、札入れ、紙入れ ◆wallet software 金銭管理ソフト ◆be easy on the wallet ～は財布に優しい; あまり懐を痛めずに（手軽に）買える［手に入る］◆his wallet, which has $50 in it; his wallet with $50 in it 50ドル入っている彼の札入れ［財布、紙入れ］◆those with tight [→thick] wallets 懐が寂しい［→暖かい］人達; 懐具合の悪い［→良い］人達

**wall-mount** 壁面取り付け式［取付型］の、壁掛け式の ◆a wall-mount air cleaner 壁面式空気清浄器 ◆designed for wall-mount installation 壁面に取り付けるように設計されている

**wallow** vi. 〈状態、感情などに〉ふける［ひたる、くれる、どっぷり浸かる］〈in〉;（～の中で）転げ回る［のたうち回る、のたうつ、もがく、おぼれる、あっぷあっぷする］〈in〉;〈船などが〉横に揺れる ◆wallow in red ink 赤字であっぷあっぷする

**walnut** a～クルミの実、クルミの木、回クルミ材

**WAN** (wide area network) a～ 広域通信網, ワイドエリアネットワーク

**wand** a～ 魔法のつえ, つえ, 棒 ◆use a wand to read the bar code ワンドを使ってバーコードを読み取る

**wander** vi. さまよう, 歩き回る, 徘徊する, ぶらつく, ほっつく, 漫歩する, さすらう, 放浪[流浪, 漂泊]する, 脱線する, (脇道へ)それる, 迷走する, 散漫する, 落ち着かない, とりとめがない, 混乱する, 曲がりくねる; vt. ～を歩き回る, ほっつき歩く, さまよう, 放浪する ◆the track may wander back and forth as much as 60 μm (光ディスクの)トラックは前後に60マイクロメートルほどもゆらぐことがある

**wandering** adj. 歩き回る, 流浪[放浪, 漂泊, 徘徊]の,《医》移動性[遊走性]の; n. (ゼロ調整の)ふらつき, (パルスの)時間的ゆらぎ; ～s 放浪, (心の旅) ◆keep the data-reading spot on the wandering track データ読み取り光点を, ゆらいでいるトラック上に保ち続けて(追従する)る (*光ディスクからの読み取り)

**wane** vi. 〈月が〉欠ける, 衰える, 弱まる, 低下する, 漸減する, 逓減する ◆the waning years of this century 今世紀末 ◆Already, interest is waning. すでに, 関心は薄れつつある[興味は失われつつある］

**Wankel engine** a～ ワンケルエンジン, バンケルエンジン, ロータリーエンジン(= a rotary [rotary-combustion] engine)

**want** 1 vt. ～がほしい, ～を望む, ～を必要とする, ～を欠く;<to do>～したい, (～に)～してほしい; vi. 不足する[要とする]<for>, 望む, 欲する ◆If you want,… あなたが希望すれば；お望みなら, 必要に応じて ◆She does not want me to <do…> 彼女は私に～して欲しくないと思っている[～するのに反対している］ ◆people want to remain healthy 人々は常に健康でありたいと願っている ◆Sports information you want when YOU want it 《広告》欲しいスポーツ情報が聞きたときに ◆you can select what you want to hear 聞きたいものを選べます ◆give the customers what they want 顧客に, 欲しているものを提供する ◆everything went as I had wanted すべては私の望んでいた通りに運んだ ◆The Engine leaves us wanting for more. このエンジンは, 物足りない感じだ. ◆This dictionary wants mending. この辞書は, 補修する必要がある. ◆I just wanted to [I would like to ] thank you for all your help. いろいろご協力[助けて]いただいたお礼を申し上げたかったのです. [申し上げたくて…];いろいろとお世話になり, ありがとうございました. ◆Select the option that you want, and click OK. 目的のオプションを選択し, OKをクリックします. ◆When the list you have created is what you want, enter… 作成したリストがそれでよければ, ～を入力します. ◆I'm right-wing not because I want to be, but because circumstances have forced my thinking that way. 私は右翼になりたくて[好きで]なったわけじゃない, 状況が私の思想をそのように形成したからだ.

2 (a)～ 不足, 欠乏, なさ ◆欲しい物, 欲求, 願望 ◆have a want of… ～が不足している ◆for want of… ～が足りないせいで;～不足のために;～が欠乏[欠如]しているので ◆my material wants 私の物欲 ◆satisfy human wants 人間の欲求を満たす ◆cranes can not be used for want of space スペースが不足しているために[((意訳))狭くて]クレーンは使用できない

**want ad, want-ad** a～ (pl. want ads)「求む」広告欄(*求職, 求人, 物品を「買います」といった類の欄)

**wanted** adj. 求められている, 入用の, 指名手配されている[指名手配中の, お尋ねの,《新聞広告などで》)求む, -募集中 ◆a wanted poster (写真や似顔絵を載せた)指名手配のポスター ◆Wanted: Dead or Alive お尋ね者[指名手配], 生死不問[生死を問わず]

**war** (a)～ 戦争(状態), 戦役, 戦い, いくさ, 干戈(カンカ) 有事, 交戦, 戦乱；回軍事, 軍務 ◆in the event of (a) war 万一戦争が勃発した場合 ◆in the event of a war with… 万一～と戦争になった場合に ◆a war correspondent 従軍記者 ◆a war room 作戦室 ◆Hitler's war machine ヒトラーの戦争マシン ◆the art of war 戦法 ◆military [war] supplies [materials, stores] 軍需品 ◆an act of war against [on]… ～に対する[～を相手にした] (宣戦布告なき)戦争[戦闘]行為 ◆anti-terrorism war; war against [on] terrorism テロとの戦い;対テロ戦 ◆engage in suicidal price wars 自滅的な価格競争[激安戦争]に入る ◆if and when war comes もし戦争になれば;戦争になった場合 ◆in case of war or other national emergency 戦争あるいはその他の国家的緊急時に ◆start [unleash, kick off] a price war 価格[激安]戦争に火をつける; -戦争の火蓋を切って落とす ◆win the war for talent 人材獲得戦争に勝つ ◆Class-A war criminals such as wartime Prime Minister Hideki Tojo 戦時下の東条英機首相などのA級戦犯 ◆Josef Stalin's entry into the war against Japan after Germany's surrender ドイツ降伏後におけるジョゼフスターリンの対日戦への参戦 ◆a cemetery where 17,000 U.S. war dead are buried 1万7千体にのぼる米国の戦死者[戦没者]が埋葬されている墓地 ◆both sides agreed to swap prisoners of war as soon as possible through the International Committee of the Red Cross 双方は, 捕虜交換を出来るだけ早く赤十字国際委員会(ICRC)を通じて行うことに同意した ◆Switzerland leads the way in a European war against cars. スイスは, 欧州の車撲滅戦争の先頭に立っている[急先鋒である]. ◆There were 32 countries at war when this year began. 今年の年頭で, 32カ国が戦火の最中にあった. ◆In days bygone, we had World Wars, brushfire wars and Cold Wars. Today we have Trade Wars against Japan or Mexico. 過ぎ去りし日に[以前, 昔], 世界大戦があり, 局地戦があり, そして冷戦があった. 今日, 我が国は日本やメキシコと貿易戦争をしている. ◆About 1 million of the war dead were North Vietnamese soldiers, and the remaining 2 million were soldiers and civilians of the South. 戦死者[戦没者]のうちの約100万が北ベトナム兵士で, 残りの200万が南ベトナムの兵士と民間人である.

**WARC** (World Administrative Radio Conference) a～ 世界無線通信主管庁会議(*国際電気通信連合 ITU の機関の一つで, 国際無線通信条約・規則の策定, 国別の周波数割り当てを決定する)

**war chest** a～ 軍資金, 運動資金, 活動資金 ◆she accumulated a war chest of more than a million dollars 彼女は百万ドル以上の軍資金を貯めた

**ward** 1 n. a～《行政区》, 病棟, (大部屋の)病室, 監房, 被後見人, 被保護者, 防御手段 ◆in the pediatrics ward of the hospital 同病院の小児科病棟に[の]

2 vt. <off> 回避する, 避ける, よける, かわす, 退ける, 防御する ◆ward off bankruptcy 経済的な破綻を回避する ◆ward off the cold 風邪を防ぐ[予防する, 寄せ付けない] ◆use insect repellants to ward off mosquitoes 蚊を寄せ付けないようにするために虫除け剤を使う ◆gamma globulin that wards off several infectious diseases 数種の感染症を防ぐガンマ・グロブリン

**ware**《集合的》回製品, 製作品, 細工品, 器物, 金物;～s 商品, 売り物

**warehouse** a～ 倉庫, 上屋(ウワヤ)，《英》間屋［大型店］; vt. 倉庫に入れる[たくわえる] ◆a warehouse-like mega-store 倉庫のような大型店 ◆a mechanized material[s] handling warehouse system 《直訳》機械化されたマテハン倉庫システム,《意訳》立体倉庫システム (*製造業における部品や材料[資材]の保管管理用)

**war footing** a～ 戦時体制[編成] ◆move rapidly toward a war footing 急速に戦時体制へと移行する ◆put [place]… on a war footing 〈軍隊など〉を戦時体制にする;〈国, 経済など〉を戦時体制にする ◆shift to [move toward, move to, go to] a war footing 戦時体制[編成]へと移行する ◆they went on a war footing this week against… 彼らは今週～を相手に戦時編制に進んだ[((意訳))戦闘準備態勢に入った]

**warlord** a～ 最高司令官, (交戦相手の)君主, 将軍, 軍司令官, (大)元帥,《中国史》督軍(トクグン) (a tuchun) (*地方軍政長官 military governor のことで, たいていの場合軍閥の領袖になった) ◆a [the] rivalry of powerful warlords 強大な勢力をもつ諸侯[列侯, 戦国大名]が張り合うこと; 群雄割拠

**warm** 1 adj. 暖かい、温かい、ぽかぽかの、温暖な、暖色の；心あたたまる、親愛な ◆a warm-water port 不凍港 ◆a warm color 暖色 ◆a warm start [boot] 《コンピュ》ウォームスタート（＊電源を切らずにシステムを立ち上げ直すこと）◆a warm core tropical cyclone 熱帯性温暖低気圧 ◆the warm sound of vacuum tubes 真空管(式オーディオ装置)の暖かみのある音 ◆warm-weather countries 気候の温暖な国々 ◆Cold water can absorb more ammonia than warm water. 冷水のほうが温水よりもアンモニアを多く吸収[含むことが]できる。◆The transformer was quite warm to the touch. トランスは、触るとかなり温かかった[熱を持っていた]。◆If an extension cord feels warm to the touch, replace it with a heavier one. 延長コードを触ってみて温かかったら[熱を持っていたら]、もっと太いのに替えてください。
2 vt., vi. 温める、温まる ◆global warming trends 地球の温暖化傾向 ◆the world is warming 世界は温暖化している ◆warm oneself up 体を暖める[暖かくする] ◆the warming of the earth's atmosphere 地球の大気の温暖化 ◆the earth-warming effect of excess carbon dioxide ($CO_2$) and other gases generated by industry and agriculture 工業や農業により発生する過剰な二酸化炭素($CO_2$)やその他のガスの地球温暖化効果 ◆A doubling of atmospheric $CO_2$ would eventually lead to a 9°F warming of the globe. 大気中の二酸化炭素が倍加すると、ゆくゆくは華氏9度の地球の温暖化につながるだろう。
**warm up** 準備運動をする、暖機運転をする、ウォームアップする ◆warm (up) an engine エンジンを暖機運転する ◆Allow the unit to warm up for 10 minutes. ユニットを10分間ウォームアップします。
**warm-blooded** adj. (動物の)温血[定温、恒温]の、熱烈な、熱心な、激しやすい[興奮しやすい] ◆a warm-blooded animal 温血[定温、恒温]動物
**warming** 回暖める[暖まる]こと、加温、熱入れ、昇温、燗をつけること（＊酒に）；a ～ 打ちのめすこと[殴打] (trouncing)、むち打ち (thrashing) ◆the well-known "urban heat island" effect, which is the local warming indirectly caused by economic activity 経済活動により間接的に引き起こされる局地的高温化であるところの、周知の「都市ヒートアイランド」現象
**warmth** 温かさ、暖かさ、温暖、ぬくもり、ほてり、あたたかみ、心の温かさ 温情、思いやり、熱っぽさ、ほとぼり、熱心、熱情、激しさ、激情、熱烈、興奮 ◆They burned their books for cooking or warmth. 彼らは、煮炊きのためや暖を取るために本を燃やした。
**warm-up** a ～ 準備運動、暖機運転、ウォームアップ ◆warm-up time ウォームアップ[予熱、安定所要、起動]時間 ◆have a warm-up time of five minutes ～の立ち上げ[予熱]5分である（＊電熱を利用した装置などの場合）◆be tested after a warm-up period of at least 15 minutes 最低15分のウォームアップ[暖機運転]時間後に試験されている ◆In order to avoid careless injury, always perform a warm-up before starting your workout 不用意な負傷を避けるために、必ず運動[練習、トレーニング]開始前に準備運動を行ってください。◆Older vehicles may require longer warm-up periods. However, newer vehicles require almost no warm-up except in extremely cold weather. 古めの車は、長めのウォームアップ[暖機運転]時間を要するかもしれない。けれども比較的新しい車の場合、極端に寒い天候でもなければウォームアップはほとんど必要ない。
**warn** vt., vi. 警告する、警報を鳴らす ◆the Meteorological Agency warned of typhoon conditions （意訳)気象庁は台風注意報を出した[発令した、発表した] ◆warn of the dangers of too much borrowing 借り過ぎの危険を警告する ◆STOP signs warn you of any procedures which require special care to prevent possible injury. STOP標示は、万一の傷害を避けるために特別注意を要する手順であることを警告するものです。（＊取り扱い説明書より）
**warning** (a) ～ 警告、警告メッセージ、警報、警戒、注意、注意報、(前もっての)通告[予告]、前兆[兆候]; adj. ◆a warning about... ～についての警告[注意] ◆a warning light 警

[警報、警報]灯 ◆a warning sign 警戒標識[注意表示] ◆a word of warning 警告の言葉、注意書き、注意を喚起する文章 ◆a collision-warning device 衝突警報装置 ◆a voice-warning system 音声警報システム ◆give a warning of the approach of... ～の接近を警報する ◆give [receive] an advance warning 事前警告をする[受ける] ◆First, a word of warning:... まず、次のことに注意してください：～ ◆signs that give warning 警戒を喚起する標識 ◆sound a beep as a warning ピッという電子音を警告音として鳴らす ◆warnings of heavy snow were issued for Michigan and Ohio 大雪警報[注意報]がミシガン州とオハイオ州に対して出された ◆A low level could be a warning that there may be a leak in the brake system. 液面が低いということは、ブレーキ系統に漏れがあるかもしれないという警報[注意すべき徴候]である可能性がある。◆Storm and flood warnings were issued across most of Japan's eastern coastal and central areas. 暴風雨洪水警報[注意報]が日本の太平洋沿岸および中部区域のほぼ全域にわたって出された[発令された]。

**warp** 1 a ～ そり、ゆがみ、曲がり、ねじれ、よれ、たわみ、変形、狂い、(比喩的)歪曲[ずれ、ゆがみ]; the ～ (集合的)織物の)たて糸 ◆warp-prone plastic front fenders そり[曲がり]やすいプラスチック製フロントフェンダー ◆There is a warp in the board. 板板にゆがみがある。
2 vt. 〈板など〉をそらせる[ゆがめる、曲げる、よじらせる]、〈事実〉を曲げる、〈糸〉を整経する; vi. ◆a warped record 反っているレコード盤 ◆cause... to become warped ～をよじれさせる
**warpage** 回そり、ゆがみ、曲がり、たわみ、変形、狂い ◆warpage occurs 反り[ゆがみ、曲がり、歪み]が起きる
**warping** 回反り、ゆがみ; 回整経（＊織機の縦糸を整えること）◆the disc suffers some warping during manufacture ディスクは製造中に若干反る ◆suffer warping は直訳すると「反りを受ける」
**warrant** 1 回正当な理由、根拠、保証; a ～ 許可証、証明書、令状[一状]、ワラント、新株引き受け権証券[証書]、株式買取権証書
2 vt. ～を正当であるとする、～の根拠となる[理由になる]、(意訳)に値する、保証する、認可する、是認する ◆consolidate similar items, and screen out those items that do not warrant further consideration 類似事項をひとくくりにして、これ以上検討するだけの理由/根拠のない[(意訳)今後の審査に値しない]ものをふるい落とす ◆Kaufmann warrants the product for one year from the purchase date to the owner against defects in material or workmanship. カウフマン社は、製品をお買い上げの日から1年間、(製品の)所有者に対して、材料もしくは仕上げ上の瑕疵(カシ)[欠陥]について保証致します。◆This product is warranted to the retail consumer for three years from date of retail purchase against defects in material and workmanship. 本製品は、小売りで購入した消費者に対し、小売りでの購入日から向こう3年間製造上の欠陥をカバーする保証が付いています。◆To the original purchaser of this product, Grex Inc. warrants that any part of the product which proves to be defective within two years from the date of purchase will be repaired or replaced, free of charge. 本製品の一次購入者に対し、グレックス社は、購入日から2年以内に欠陥であることが判明したかかる部分も、無償にて修理または交換することを保証します。

**warranty** a ～ 保証、〈製品の〉保証書 ◆a warranty card 保証カード、保証書（＊製品の）◆a five-year warranty period 5年の保証期間 ◆an out-of-warranty vehicle 保証の切れている車両 ◆The car is still under warranty. この車はまだ保証期間内だ[保証がきいている]。◆with no warranty of any kind なんらの保証もなしに ◆make no warranties whatsoever, (either) express or implied 明示的暗示的を問わず、いかなる保証も設けない[一切保証は致しません] ◆my car is out of warranty 私の車の保証(期間)が切れている ◆a car still covered by the new-car warranty 新車保証期間内の車 ◆a 1-year warranty against defects in workmanship and materials ワークマン

シップおよび材料の欠陥に対する1年保証　◆a one-year unconditional warranty on all parts and workmanship　部品のすべておよび製品仕上り品質に対する1年間無条件保証　◆Both were fixed under warranty.　両方(の故障)とも保証が効いて[適用されて](無償で)修理された。　◆The MDM250 comes with a one-year warranty.　MDM250型機には、1年の保証がついている[ついている]。　◆The disk drive is fully backed with a five-year limited warranty.　このディスクドライブは、5年間の限定保証で完全サポートされている。　◆Both trips to the dealer's service department were covered under warranty.　《車》そのディーラーの整備部門への持ち込み(修理)の両件とも保証でカバーされた。　◆If your refrigerator is under warranty, you must use an authorized service company.　あなたの冷蔵庫は保証期間内[期限内]なら、(メーカーの)指定[正規、特約]修理会社を使うべきである。　◆This warranty does not apply to accessories and attachments.　本保証は、付属品および装着部品には適用されません。　◆The sole remedy for breach of this warranty is the repair or replacement of the defective product at Royal's option.　(弊社の)本保証を履行することができない場合の唯一のロイヤルが適当と認める欠陥製品の修理もしくは交換です。　◆Any replacement Program will be warranted for the remainder of the original warranty period or thirty (30) days, whichever is longer.　《意訳》(欠陥のせいでの)交換はこのプログラムの保証期間は、元の保証期間の残存期間または30日間のいずれか長い方とします。

**warren** a～(特に英)(ウサギやキジの)飼育場[飼育地、群生地]、《英》獣鳥獣野禽特許地、(前記の動物における)狩猟権；a～立て込んで密集した界隈、過密地域、狭苦しくごみごみした建物、迷路　◆like the tunnels of a rabbit warren　入り組んだウサギの穴のトンネルのように

**warring** adj.(互いに)戦争して[相争って]いる(mutually contending)、交戦中の、戦争状態の、不和の、敵対[反目]している　◆warring factions　互いに戦いを交えている[敵対し合う]勢力、対立勢力；反目し合う派閥　◆the warring factions in Bosnia reached a peace agreement　ボスニアの対立勢力が和平協定にこぎ着けた

**warrior** a～戦士、武人、兵士、勇士、猛者(モサ)、強者(ツワモノ)

**warship** a～軍艦、戦艦、軍船、いくさぶね、艦船(モウセン)　◆an American [a U.S.] warship　米艦艇、米軍艦　◆shot down by U.S. warship Vincennes　米軍艦ビンセンスに撃ち落と[撃墜]された

**wart** a～いぼ、欠点　◆warts and all　欠点もありのまま隠さずに；洗いざらい；包み隠さず[一切合切]のままに　◆the car's warts and rough edges　この車の欠点や荒削りなところ

**wary** adj.(～に)警戒している、用心深い、油断のない、慎重な＜of＞　◆a crime-wary public　犯罪に対し警戒を怠らない人々

**wash** 1 vt.～を洗う[洗浄する]、水拭きする、洗い落とす[洗い流す、押し流す]＜away, off, out＞、～にめっきをする、～に平塗りをする、薄く塗る、《鉱山》選炭する；vi.〈汚れなどが〉(洗って)落ちる、〈衣類などが〉洗たくがきく、洗浄力がある、(手や顔を)洗う、洗濯をする、洗い流される　◆a washing machine; a (clothes) washer　洗濯機　◆Luis killed 12 persons, washed away roads and sank 200 boats.　(ハリケーン)ルイスは12人の命を奪い、道路を流失させ、船を200隻沈没させた。　◆Thoroughly wash the wound with hydrogen peroxide or water.　すっかりきれいになるまで傷口を過酸化水素水[オキシドール、オキシフル]か水で洗浄してください。　◆Wash all parts except the motor base and dry them well.　モーターベースを除くすべての部品を洗浄し、良く乾かしてください。　◆"Like the PC, the Internet is like a tidal wave. It will wash over the computer industry and many others, drowning those who don't learn to swim in its waves." Bill Gates　「パソコン同様、インターネットは津波のようなもの。この波はコンピュータ業界を始めその他多くの業界に押し寄せるだろう。波の中で泳ぐことを習得しないものは溺れて淘汰されるだろう」ビル・ゲイツ

2 (a)～洗うこと、洗浄、洗濯；the ～, a～1回分の洗濯物；a～薄い1回塗り、ひと塗り、塗装　◆wash out, wash...out vi.(洗って)落ちる、色あせる；vt.～を洗い落とす、〈容器〉の中を洗う　◆LCDs do not wash out in bright sunlight.　液晶ディスプレイは、明るい日光の下であせない。(＊表示コントラストが低下しない)

**washability** [U]洗濯が効くこと、耐水洗性、耐洗浄性、《鉱山、炭鉱》可選性　◆a washability curve　《鉱山、炭鉱》可選(性)曲線

**washable** (ものが)洗ってもよい、洗濯のきく、水拭きできる　◆non-washables　洗濯のできない[きかない]もの　◆machine washables　機械洗いのきく[洗濯機で洗える]もの　◆machine washable　〈衣類などが〉洗濯機で洗える　◆a chest with washable paint　水拭きできる[水拭きしても落ちない]塗料を塗った整理タンス

**washer** a～洗う人、洗濯機、洗い物；a～座金、ワッシャー　◆a flat washer　平座金　◆a spring washer　スプリングワッシャー；ばね座金

**washery** a～洗い場、選炭場、選炭工場、選鉱場、選鉱工場　◆a (coal) washery　選炭工場；選炭場

**Washingtonian** a～ワシントン市[州]の住人；adj.

**wastage** (a)～(避けられる、無駄な)損失[損耗、消耗]、浪費、くず　◆with minimum wastage of...　できるだけ～を無駄にしないように

**waste** 1 vt, vi. 浪費する、空費する、無駄にする[なる]、次第に消耗する[減少する]　◆let nothing go to waste　何にも無駄にしない　◆without wasting energy　エネルギーを浪費[無駄遣い]することなく　◆with the least wasted space　むだなスペース[空間]をできるだけ作らないように　◆an energy-wasting car　エネルギー浪費型の車　◆the amount of wasted space grows　むだなスペース[空間]が増える　◆waste too much time on unimportant things　取るに足らないことに時間をむだ使いし過ぎる　◆plan the factory's materials usage so that nothing is wasted　無駄を一切出さないようにその工場の材料使用計画を立てる　◆so as not to waste the time of a valuable mainframe　高価な大型コンピュータの時間を無駄に[空費]しないための　◆Washington wasted no time in showing its support.　米国政府はすぐさま[ただちに、時を移さず]支持を表明した。

2 (a)～浪費、無駄にすること、(無駄になって)もったいないこと；[U]または(～s で種々のものを集合的に)廃棄物、ごみ、廃物、くず、《意訳》カス、ウエス、ウェス、ぼろ布；[U](=waste rock)《鉱山・炭鉱》廃石(ハイセキ)、捨石(ステイン)　◆cut wastes　無駄を減らす　◆eliminate waste　無駄をなくす　◆avoid waste　無駄を省く　◆liquid waste(s)　液体[液状]廃棄物　◆waste heat；heat waste　廃熱　◆waste oil　廃油　◆waste rock　廃石、捨石、ずり；[= debris, refuse, waste, 《鉱》tailings]　◆waste water; wastewater　廃水；汚水；下水　◆waste-disposal problems　ごみ[廃棄物]処理問題　◆radioactive waste water　放射性廃液　◆a waste-heat boiler (= a gas-tube boiler)　廃熱ボイラー　◆a waste processing problem; a waste treatment issue; a waste disposal question　廃棄物処理問題(＊disposalは投棄処分の意が強い)　◆a toxic-waste dump　有害廃棄物投棄[廃棄]場　◆a waste-choked sewage drain　ごみが詰まっている下水[汚水]排水溝　◆a waste pipe　排水パイプ　◆human waste [excrement] and urine　人間のふん尿　◆metal scrap and waste materials　金属スクラップ[金屑]と廃棄物　◆minimize waste　無駄をできる限り省く[なくす]　◆six tons of PCB-contaminated waste　PCBで汚染されている廃棄物6トン　◆the waste-disposal industry　廃棄物処理業[産業]　◆use heat waste of [from]...　～[から]の廃熱を利用する　◆heat must be exhausted into...　廃熱は～に排出する必要がある　◆waste for cleaning machinery　機械をふく拭くためのウエス[ぼろきれ]　◆a waste-treatment facility　廃棄物処理施設　◆cut down on excess overhead and other forms of waste　余計な間接費およびほかの形での無駄を減らそうとする　◆the utilization of waste gas for electrical generation　廃ガスの発電への活用　◆it is a waste of money [time, energy]　《順に》

それは, お金[時間, エネルギー]の無駄遣いだ[の浪費だ, が もったいない] ◆reduce the production of wastes destined for final disposal 最終処分に回される廃棄物の発生を抑制する[廃棄物を減量化する] ◆Unhappily, the golden opportunity has gone to waste. 残念ながら, 絶好のチャンス[好機]が無駄になってしまった. ◆Some people think the space program was a big waste of money. 宇宙計画は, 大きな浪費だったと考える向きもある. ◆Waste minimization has been pursued with increasing vigour. Measures taken include:... 《意訳》廃棄物の減量化・減容化[権力廃棄物を低減させようという取り組み]は, ますます熱意を持って推し進められ[積極的に推進されつつある. 講じられている対策としては以下のようなものがある.

### wastewater, waste water 汚水, 廃水, 廃液, 下水,《意訳》排水 ◆a wastewater [waste water] treatment system 廃水[排水, 汚水, 下水]処理システム ◆industrial waste water; industrial wastewater 工業[工場, 産業]廃水

### watch 1 vt., vi. じっと[注意深く]見ている, 注視する, 用心する, 注意する, 警戒する, 見張り, 番をする, 待ち受ける ◆watch TV [music videos] テレビ[音楽ビデオ]を観る ◆watch... with interest 関心をもって〜を見ている; 〜に注目している ◆shift the program to a less-watched time period その番組を視聴率のより低い時間帯に移す ◆Since there is so much to watch for, ... 気をつけなければならないことがあまりにも多いので, ... ◆those who need to watch the volume of the television, such as apartment dwellers アパート[マンション]の住人のようにテレビの音量に気を使う必要のある人たち ◆Watch for maximum speed signs. 最高速度標識を見落とさぬよう注意して[気をつけて]いること. ◆Watch what you are doing. 《直訳》自分のしていることに注意しなさい.;《意訳》注意(して作業)しなさい. ◆We cannot sit idly by and watch this happen. ◆We will watch to see what happens. 何が起きるか(成り行き[趨勢])を見守ることにしよう. ◆While it is true that no parent can watch his child every minute of every day, it appears a fair number of teen-agers are running amok. 確かにどんな親だって毎日片時も子どもから目を離さないで[四六時中子どもを監督して]いることはできないが, かなり多くの十代の少年少女が荒れて手に負えなくなっているように見受けられる.
2 a 〜[懐中]時計, クロノメータ; (a) 〜 見ていること, 注視, 観察, 監視, 見張り, 用心, 注意; (a) 〜 当直[当番]; a 〜 番人, 見張り人,《集合的》警備員[隊] ◆keep (a) watch on...; 〜を監視する; 〜に目を光らせている ◆keep a close watch on interest rates 利率(の動き)を常によく見ている ◆keep (a) constant watch on [over] ... 〜を常時見張って[監視して]いる ◆keep constant watch on earthquake activity throughout the world 世界中の地震活動を常時監視している ◆he is being held in isolation under special watch at the jail 彼は, 監獄で独居房に入れられ, 特別監視下におかれている

**watch out** 気をつける, 用心する, 見張る, 警戒する<for> ◆Watch out for pickpockets. スリに気を付ける[用心する, 警戒する.]

### watchdog a 〜 番犬, 番人, 監視するもの, 監視役, お目付け役 ◆a watchdog timer 《電子機器》ウォッチドッグタイマー(*プログラムによって設定されるタイマー. 装置が無限ループに入り込んだりした場合に, 設定時間が来たら強制的にループの実行を中止させる)

### watcher a 〜 監視人, 観察家,《コンピュ》ウォッチャ;《通例 〜s》《政情などの》観測家, 専門家 ◆industry watchers 業界観測筋

### watchful adj. 用心深い, 注意する, 気をつける, 警戒する, 戒心する, 《気を引き締めて》油断を怠らない ◆they can practice their teaching skills under the watchful eye of an expert 彼らは専門家の監督下で教授技術を練習することができる(*a watchful eye = 注意深く観察する[見守る, 監視]の目) ◆Be doubly watchful in parking lots. 駐車場ではくれぐれも注意すること.

### watchman 1 a 〜 警備員, ガードマン
2 Watchman《商標名》ウォッチマン(*ソニーの携帯型テレビ・モニターの商標)

### watchword a 〜 標語, 標榜語, スローガン, モットー

### water 1 n. 水; (a) 〜 水剤, 水溶液, -水; 水面, 潮位; 〜s 領海, 海域, 水域, 川水; the 〜s 鉱泉; (a) 〜 体液, 分泌液, 水増しや株の発行; 水増し評価額; 〜s《複雑な, 困難な》状況; 副詞, 宝石の透明度; adj. ◆a body of water (pl. bodies of water) 水域 ◆an expanse of water 水域 ◆a water budget 《地球》水収支 ◆a water column 水柱 ◆a water creature 水生生物 ◆a water gauge 水位計; 水面計; 水準計; 量水標; 水位標; 験水管; 験水計; 水流計 ◆a water leak; water leakage 水漏れ[漏水] ◆a water (level) gauge 水位計 ◆a water level gauge 水位計; 水面計; 水準計 ◆a water meter 水道メーター ◆water gardening 水耕栽培[水耕栽培法]による園芸 ◆water gas 水ガス; 水性ガス(*都市ガスの一種) ◆water pollution 水質汚濁[汚染] ◆water resources 水資源 ◆water vapor《化学, 気象》水蒸気 ◆(a) free-water content 含水率; (石油などの)水分; (石炭などの)付着水分 ◆a water-soluble [↔water-insoluble] dye 水溶性[↔非水溶性]の染料 ◆a water absorption test 吸水試験 ◆a water immersion test 水中浸漬試験 ◆a water-thinned [water-base] paint 水性ペンキ ◆a water flowmeter 水用の流量計; 水量計 ◆a water base detergent 水性洗剤 ◆a water-only cyclone (WOC) 《鉱山》ウォーター・サイクロン ◆a water supply dam [reservoir] 利水ダム ◆resistance to water; water resistance 防水性, 耐水性 ◆inland transportation by water 内陸[内国, 内地の]水路輸送 ◆a low-head water turbine 低揚程[低水頭]タービン[水車](*水力発電所の) ◆a water seal type [water-sealed] air compressor 水封式のエアーコンプレッサ ◆water-use issues 水利問題 ◆water contamination problems 水質汚染問題 ◆absorb water from the air 空気中の水分を吸収する ◆a PWR (pressurized water reactor) 加圧水型原子炉; 加圧水型軽水炉; 加圧水炉 ◆a water-absorbing agent 水分吸収剤, 吸水剤 ◆a water meter under the sidewalk 歩道の下に(埋設されている)量水器 ◆be beneath [below] the surface of water 水面下にある(*比喩的な意味ではない) ◆be impervious to water 水を通さない; 不透水性である ◆determine a water balance 《地球》水収支を(計算によって)求める ◆have an acute water shortage 《意訳》深刻な渇水に苦しんでいる ◆impart water solubility 水溶性を持たせる[与える] ◆laws regulating water quality 水質汚濁規制法 ◆monitor water quality 水質を監視する ◆oil-fouled waters 油で汚染された水域[海域] ◆pour cold water on the idea そのアイデアに水を差す ◆propagation over (the) water (電波の)水上伝播 ◆rinse under [in] cold water 冷水で洗う ◆the contamination of water supplies 上水道の汚染 ◆the waters off Manhattan マンハッタン沖の海域 ◆at water depths of interest 《意訳》観測[研究, 調査]対象水深にて ◆a water pistol filled with water 水の入った水鉄砲 ◆have a high water [moisture] content 水分を多く含む; 水分(量)が多い ◆in the event of low water on the river もしもこの河の水位が低下したら ◆the production of electricity by water power 水力による発電 ◆a city water system 都市の給水系統[上水道システム] ◆a large water-filled tub 水を張った大きなたらい ◆a power plant's warm-water discharge channel 発電所の温水排水路 ◆during on-the-water exercises 水上での練習中 ◆low-flow showerheads and water-saving tankless toilets 低流量型のシャワーヘッド, ならびにタンクを使用しない節水[省水]型トイレ ◆water-laden air 湿気を含んだ空気 ◆stray into North Korean waters 知らないうちに北朝鮮の領海[海域]に紛れ込む ◆these farmers have water rights これらの農業経営者らは水利権を持っている ◆water use increased by 20 percent on Saturday 水の使用(量)が土曜日に20%増えた ◆Japan's policy of stopping imported cars and rice at the water's edge 外国からの車および米を水際で食い止めるという日本の政策 ◆the water tables are now falling in several states 地下水面は現在いくつかの州で下がりつつある ◆scores of riverside towns and cities remained under water

**waterborne, water-borne**

after days of heavy rain 何日間もの激しい雨[大雨]で, 川沿いの多くの町が水につかった[水没した, 冠水した] ◆He said the ships were in international waters. 彼は, これら船舶は公海上にあったと説明した. ◆The factory suffered heavy water damage. その工場は, ひどい水浸しの[水つきの]被害にあった. ◆The water quality of the Potomac River has improved dramatically since the early 1970s. ポトマック川の水質は1970年代初頭からかた劇的に改善した. ◆Weighted down by debt, the country struggles to keep its head above water. 借金の重みで, この国はあっぷあっぷの状態であえいで[もがき苦しんで]いる. ◆Pets can be finicky about the water they drink, and like humans sometimes get upset stomachs when they drink water they aren't used to. ペットは飲み水にうるさいことがある. そして人間同様あれない水を飲むとおなかをこわす[水あたりする]ことがままある.
2 *vt.* ～に水を供給する[与える], ～を水で薄める, ～を水増しする; *vi.* 水の供給を受ける, 涙を出す ◆a mouth-watering recipe よだれの出るような[おいしそうな]レシピ ◆water a garden 庭に水をまく[散水する] ◆Water sparingly until it begins to grow again. それが再び成長し始めるまで, 水は控えめ[少なめ]にやってください.

**waterborne, water-borne** *adj.* 水上の, 海上の, 水上[船舶]輸送の, 水で運ばれる, 水を担体とする ◆water-borne transportation 水上輸送[運送, 運搬] ◆a water-borne metallic paint 水性メタリック・エナメルペイント ◆water-borne traffic 水上輸送, 水上交通, 水運

**water-cooled** 水冷(式)の ◆a water-cooled engine 水冷エンジン ◆The refractory walls of the oven are water-cooled. 炉の耐火れんが壁は, 水冷されている.

**water cooling** 水冷

**waterfront** *a～* ウォーターフロント, (都市の)水際[水辺]地区, 臨海(地域) ◆waterfront development ウォーターフロント[水辺の地域の]開発 ◆a condo on the San Francisco waterfront サンフランシスコのウォーターフロント地区にある分譲マンション ◆live by the waterfront 水辺に住む ◆develop a waterfront area ウォーターフロント地区[地域]を開発する

**water hammer** ⓤウォーターハンマー, 水撃現象[作用], 水槌(ミズヅチ) ◆water hammer occurs [happens] ウォーターハンマーが起こる; 水撃作用[現象]が発生する ◆A pressure-reducing valve can stop water hammer by lowering water pressure to the house. 減圧弁で家に入ってくる水圧を下げることによりウォーターハンマー[水撃作用, 水槌]を止めることができる. ◆Water hammer is common with washers and dish washers that have automatic valves that turn water on and off quickly. 《意訳》ウォーターハンマー[水撃作用, 水槌]は, 急激に水を止めたり流したりする自動弁を備えた洗濯機や皿洗い機ではよくある(現象だ).

**water heater** *a～* 水沸かし器, 給湯器, 給湯装置, 温水器 ◆residential, commercial and industrial water heaters 住宅用水沸かし器, 業務用給湯装置, および産業用温水器[加熱器] ◆an instantaneous tankless hot-water heater タンクのない瞬間湯沸かし器

**watering hole** *a～* (動物の)水飲み場, 社交場(*バーやホテルなどアルコールの飲める場所) ◆an elephant watering hole 象の水飲み場 ◆a celebrity watering hole [place, spot] 有名人の集まる社交場

**watermark** *a～* 量水標, 水位標, 透かし(模様); *vt.* ～に透かしを入れる ◆the music industry adopts digital watermarking technology 音楽業界はデジタル透かし技術を採用する

**waterpower, water power** ⓤ水の力, 水力 ◆the use of waterpower 水力の利用

**waterproof** *adj.* 防水性の, 防水加工されている, 耐水性の; *vt.* ～を防水処理する ◆a waterproofing agent 防水剤 ◆make it waterproof それを防水にする ◆render... waterproof ～を防水にする, ～に耐水性を持たせる

**water repellency** はっ水性

**water-repellent** *adj.* はっ水性の, 水をはじく; a water repellent n. はっ水剤 ◆make [render]... water-repellent ～をはっ水性にする, 《物》～に撥水加工をする[施す]

**water-resistant** 防水性の, 耐水性の (= waterproof) ◆The watch is water-resistant to 30 meters. その時計は水深30mまでの防水性がある.

**watertight** *adj.* 水密の, 防水の, 水の中に入らないようになっている, 水も漏らさない, すきのない, 抜かりない, 完璧な ◆make... watertight ～を防水[水密]にする ◆a watertight switch 防水[耐水]形スイッチ ◆make boats or casks watertight by caulking the seams using tar or oakum fibre タールあるいは槇肌(マイハダ)の繊維を継ぎ目に充填[填充(テンジュウ)]することにより, 船や桶(樽)を水が漏れないように[水密に]する

**watertightness** ⓤ水密性, 耐水性 ◆a watertightness test 水密性[耐水性]試験 ◆check the watertightness of buoyancy tanks 浮力タンクの水密性[耐水性]を調べる

**waterway** *a～* (船舶の航行可能な)水路, 水道, 航路, 運河 ◆inland waterway transportation 内陸[内国, 内地の]水路輸送

**waterworks** 《通例単扱い》(上)水道(設備全体); 《通例複扱い》噴水

**watery** *adj.* 水の, 水のような, 水っぽい, 水分の多い, (うすまって味の)薄い, 雨模様の, 湿っぽい, 涙ぐんだ; 〈色が〉薄い, 淡い; 水中での, 大海の ◆go (down) to a watery grave 溺れ死にする; 水死する; 溺死する ◆send... to a watery grave ～を水死[溺死]させる ◆Some infants prefer cereal almost watery. 赤ちゃんによっては, 穀物(粥)下が水っぽいのを好む.

**watt** (W) a [one] ～ (*pl.* watts) 《電気》ワット, ワットの単位 ◆500 watts of power 500ワットの電力 ◆The input rating of the power tool is given in watts. その電動工具の入力定格は, ワットで示されている. ◆The laptop draws [consumes] less than 3.5 watts of power. このラップトップ機が消費する電力は, 3.5ワット未満である.

**wattage** (a) ～ 《電気》ワット数 ◆a wattage rating 定格ワット数 ◆Work in good light. Use bulbs of sufficient wattage. 良好な照明のもとで作業すること. 十分なワット数の電球を使用すること.

**watt-hour** (whr) *a～, one～* (*pl.* watt-hours) 《電気》ワット時 ◆a watt-hour meter (= an integrating wattmeter) 積算電力計, 電力量計

**wattmeter** *a～* ワット計, 電力計 ◆a radio frequency wattmeter; an RF wattmeter 高周波電力計

**wave** 1 *a～* 波, 波浪, 電波, 波動, -波, 起伏, うねり, ウェーブ, 高まり, 押し寄せ, 急増, 急激な変動 ◆a wave plate (= a retardation plate [sheet]) 《光》波長板 ◆a wave train 《電気》波列(*一連の波) ◆wave drag 《流体力学》波動抗力[抵抗] ◆a new wave of corporate downsizings 企業合理化の新しい波 ◆a wave-solder bath ウェーブソルダー槽 ◆by wave disturbances 波動擾乱[により] ◆by wave or wind action 波や風の作用により ◆Europe's latest merger wave 欧州の最近の企業合併の波 ◆his conservative, make-no-waves approach 波風は起こさない彼の保守的[墨守的, 守旧的]なアプローチ ◆ride the crest of a media wave マスコミの波に乗る ◆ride the wave of this trend この傾向[動向]の波に乗る ◆waves of night attacks 夜間の波状攻撃 ◆a wave-generating circuit 波形発生回路 ◆a wave-shaping circuit 波形整形回路 ◆a wave of privatization is sweeping the Third World 民営化の波が第三世界に押し寄せている ◆on the crest of a wave of popularity 人気の(波の)絶頂にあって ◆the first wave of a new range of products 新しい製品群の第1弾 ◆a huge wave of corporate [company] downsizings that has been going on more than a decade 10年以上続いている企業合理化の大きな波[うねり] ◆Diving is riding a wave of popularity. ダイビングは人気の波に乗っている. ◆now that corporations have completed the first wave of downsizing 今では企業は人員削減の第一波をやり終えたので ◆The first of a new wave of synthetic CDOs came to market in early December. 合成債務担保証券の

ニューウェーブの第一波が12月初旬に市場に押し寄せた。◆ Most colleagues are adhering to a philosophy of don't make waves, keep your head low and keep pumping out the work. ほとんどの同僚は、波風は立てるな、頭を低くしていろ、しこしこと仕事に精出せという考え方［基本姿勢］に徹している
**2** vi., vt. 揺れる, 波立つ, 振る, 揺り動かす, 波立たせる, 振って合図する ◆wave goodbye [good-bye, bye-bye, farewell] (to...); wave (...) goodbye [bye-bye]; (人に)手を振ってさよならの合図をする［バイバイをする］

**waveform** *a* 〜 波形(= a waveshape) ◆an arbitrary waveform generator (AWG) 任意波形発生器 ◆a waveform shaping circuit 波形整形回路 ◆a complex waveform 複合波形 ◆create, acquire, and manipulate waveforms of any size 任意の大きさの波形を作ったり, 取り込んだり, 操作したりする

**waveguide** *a* 〜 導波管, 導波路 ◆an optical waveguide 光導波路

**wavelength** *a* 〜 波長,《口》意思の通じ具合［ものの考え方］◆wavelength division multiplexing (WDM) 《光通》波長分割多重 ◆a wavelength division multiplexed optical network 波長多重光ネットワーク ◆a pulse of a very short wavelength 非常に波長の短いパルス ◆a wavelength of about 0.9 $\mu$m 約0.9マイクロメートルの波長 ◆decrease with increasing wavelength 波長の増大にともなって減少する ◆over all wavelengths 全波長にわたって ◆electromagnetic waves of long wavelength 波長の長い電磁波 ◆light of wavelengths in the visible region 可視域の波長の［可視波長］光 ◆red light with wavelengths of 693 to 705 nm 波長が693から705ナノメートルの赤色光 ◆an incandescent lamp emits incoherent light of varying wavelengths 白熱ランプは波長の異なる［《意訳》さまざまな波長を含んだ］不可干渉性の光を出す ◆we appear to be on a different wavelength 私たちは（お互いに）波長が合わない［ノリが合わない］ようだ ◆shift the wavelength of the emitted light more deeply into the red end of the visible spectrum 発せられた光を可視スペクトルの赤色端により深く追い込むような波長に変える ◆We're just not on the same wavelength. 私たちは、全く波長が合っていない［お互いの考えが理解できないでいる］。◆He's the only football player on this team who is on the same wavelength as me. 彼は、このチームで私と波長［《以下意訳》馬, 反り, 相性, 気, フィーリング］が合う唯一のフットボール選手だ。◆These infrared lasers operate at wavelengths of 1064nm and at 1320nm. これらの赤外線レーザーは、1064ナノメートルと1320ナノメートルの波長で動作する ◆State radio announced yesterday that Radio Russia was being moved to a different wavelength. 国営ラジオが昨日、ラジオロシアは別の波長に変更されると発表した。◆We have found there is a tremendous amount of conflict between dealers and vendors. They are not communicating on the same wavelength. 私たちは、ディーラーとメーカーの間に激しい対立があることを知った。彼らは同じ波長での意思の疎通ができていない［互いに別の次元で話している］。(＊双方の主張が平行線をたどって［すれ違って］いる)

**wavelike** adj. 波のような, 波状［波動］の ◆a wavelike motion 波打つ, 波立つ, うねる, 揺れ動く］ような動き; 波状運動; 波動

**waver** vi. 〈物, 心が〉揺れる,〈光などが〉ちらつく

**waveshape** *a* 〜 波形(= a waveform) ◆input and output waveshapes 入出力波形

**wavy** 波状の, 起伏のある, 波打っている ◆a leaf that has wavy [undulating, repand] margins 波形［波状, さざ波状］の葉縁を持つ葉 ◆as wavy as a flag in the wind 風の中の旗のようにはためいて［(翻翻(ヘンポン)と)翻って, 波を打って, うねって] ◆cause... to become wavy 〜を波打たせる

**wax** **1** □《種類が*a*〜》ワックス, ろう, 耳あか; vt. 〜にワックスをかける; adj. ◆a wax-coated pill ろうを被せてある丸薬 ◆a no-wax vinyl floor ワックスがけの要らないビニール床

**2** vi.〈月が〉満ちる,〈勢力, 大きさなどが〉増大する, 大きくなったり小さくなったりする ◆wax nostalgic about [for]... 〜をなつかしく思う気持ちが次第につのる

**waxy** adj. 蝋(ロウ)のような, 蝋様の, 蝋状の, なめらかな,〈顔などが〉青白い ◆(a) waxy ink 溶融インク (＊熱転写プリンタの話で)

**way** **1** *a* 〜 道, 道筋, 通り道, 進路［方向］, 進行, 方法, 手段, やり方, 様式, 風,〜*s* 慣習, 習慣 ◆by way of... 〜を経由して［介して］◆find [make] one's way into... 〜に進出する［侵入する, 入り込む］;《意訳》〈部品など〉が〜に搭載［内蔵］される ◆in a big way 大規模に, 大々的に, 本格的に ◆(in) one way or another 何らかの方法で［何らかの点で, どうにかして, どっち道, どの道, とにかく, いずれにせよ］◆(in) this way この方法で; こうやって; この手で; こうゆうふうに; こんな具合に ◆one way or the other どっちみち, どのみち, いずれにせよ(結局は) ◆open a way 道を開く ◆grease the way to... 〜を容易にする ◆a via point; a way point 通過点 (＊工業ロボットの保持する工具が停止せずに通過する点) ◆a way in [→out] 入口［↔出口, 解決策］(→ way in, way out) ◆get tickets one way or another 入場券を何とかして［あの手この手で, どうにかこうにかして, いろいろと手を回して, あれこれやって］手に入れる ◆in a small way 小規模に ◆in the following way 以下のごとく ◆just the way you are （あなたの）ありのまま［素のまま, そのまま, 自然体, 飾らない, 素顔のまま］で ◆prepare the way for... 〜への道を開く［つける］◆provide a way for... to <do> 〜が〜するための道を開く［〜することを可能にする］◆search for ways to cope with... 〜に対処する方法を探す ◆Billy Joel's "Just the Way You Are" ビリー・ジョエルの「素顔のままで」(＊曲名) ◆members of the Brotherhood of Maintenance of Way Employees 《鉄道》《米》保線労働組合員 ◆... could go the way of eight-track tapes and Betamax videocassettes 〜はエイトトラックテープやBetamaxビデオカセットの道をたどることになる可能性がある (＊つまり, すたれてしまうかもしれないの意) ◆find a way out of this problem この問題の出口を見つける ◆in much the way that experts do 専門家がするのとほとんど同様の方法で ◆operate in environmentally sound ways (自然)環境にとって健全な風に［やさしいように］操業する ◆the way the company does business その企業のビジネスのやり方 ◆the way to go for RISC board designs RISCボード設計の定石 ◆develop ways to use recycled materials in manufacturing リサイクルによって得られた原料の製造における使い方［活用法, 利用方法, 用途］を開発する ◆Without... , there is no way out of the situation. 〜なくしては, この状況から脱出する道はない。(→ way out) ◆look for ways to give disabled people a greater opportunity to be productive 《意訳》身体障害者の人たちに生産的活動に従事する［仕事を持つ］機会をもっと与える道を探る ◆All are artists in their own way. 皆それぞれの道[方面]でアーティストである。◆Buy time any way you can. どんなやり方ででも構わないから, とにかく時間稼ぎをすること。◆I believe we've got to find ways with which to work together. 力を結集して仕事をする方法を私たちは探すべきだと私は思っています。◆I don't care for the way these curtains hang down. 私は, これらのカーテンのつるし方が気に入らない。◆If..., you would have no way of knowing it from the screen. もし〜ということになっても, 画面からそのことを知るすべがない［画面上ではそれが全くわからない］。◆revolutionize the way we handle and transfer documents 私たちの文書の取り扱い方や転送の仕方を革命的に変える ◆That's not the right [proper] way to go about this task. それはこの作業[仕事]を行うための正しいやり方[適切な方法]ではない。◆The bridge requires a 75-cent toll each way, per car. この橋は, 車1台につき片道75セントの通行料金がかかる。◆The old concept of... is giving way to a more modern system. 〜という昔からの概念は, より新しいシステムに取って代わられようとしている。◆The user has no way of rectifying the mistake. ユーザーには, このミスの訂正の仕様がない。◆We have no way of knowing what has become of them. 私たちに

は彼らがどうなったのか知る由〈ヨシ〉［術〈スベ〉］，手段，手だて，方法］もない． ◆At the time, I didn't feel that was the way to go about it. But he was right.　その時は，それがしかるべきやり方だとは思っていなかった．けれど彼は正しかった． ◆Digital CCD technology has found its way into video signal processing.　デジタルCCD技術はビデオ信号処理に応用されている． ◆Farmers are getting smarter in the way they go about their business.　農業生産者らは，ビジネスのやり方が賢く［スマートに］なってきている． ◆If the truck was not equipped the way you ordered it, you should not have taken delivery.　トラックが注文どおりに装備が施されていなかったのなら，引き取るべきではありませんでした． ◆The electronic keyboard is affecting the way music is learned and appreciated.　電子キーボード楽器は，音楽の学習と鑑賞の仕方に影響を及ぼしつつある． ◆These mice open ways of studying human immune systems under experimental circumstances that were impossible before.　これらのマウスは，以前にはなかった実験の場で人間の免疫機構を研究する道を開いている． ◆The development and manufacture of complex machines, notably in the textile industry, had prepared the way for the production of delicate mechanisms for telephone switching.　特に繊維産業においての複雑な機械の開発・製造は，精巧な電話交換用の機械の生産のきっかけを作った．

**2**　（in… way(s) の形で）観点，点，局面，面，項目，意味　◆in most ways　ほとんどの点［面］で　◆the ways we examine [approach, view] problems　私たちの問題の検討のしかた［（順）に］アプローチのしかた，捉え方］（*場合によっては「切り口」と意訳できる）　◆A differs from B in several ways.　Aは，いくつかの点でBと異なる． ◆In many ways, in fact, it's quite a refined car.　多くの点で，実際のところ，これはかなり洗練された車である． ◆It was very emotional for me in so many different ways.　それは私にとって，実にいろいろな意味で感動的だった． ◆The key to successful accident-free driving can be summarized in several ways.　無事故運転を達成する鍵は，いくつかの点にまとめられる．

**3**　a～道のり，行程，距離，時間的な隔たり ◆come a long way　遠くからはるばるやって来る，（過去のある時点から）大いに進歩［向上］する ◆go a long way　遠くまで行く，長持ちする，重要な役割を果たす，大いに効力がある <toward, to about> ◆when about half way down the brake failed to work　ほぼ半ばまで下ったところでブレーキが効かなくなった ◆a smile that offered a great time on the way down　これずっと，すばらしいひとときを持たせてくれた笑顔 ◆Internationalization [commercialization] is a long way off.　国際化までにはほど遠い［商品化は前途遼遠〈リョウエン〉］である］． ◆Such applications are a long way off.　そのような応用が可能になるまでの道のりはまだ遠い． ◆The fast-moving biking business may have a long way to roll.　動きが早いバイクの商売は，この先長く回転し続けて行くだろう． ◆The scanner went a long way toward solving these problems.　スキャナーは，これらの問題の解決に大いに役立った． ◆The technology still has a way to go.　その技術が完成するまでの道のりはまだある． ◆We are still a long way from being out of this situation.　我々がこの状態から抜け出るまでには，依然としてほど遠い． ◆Machine translation has a long way to go before reaching maturity.　機械翻訳が成熟するまでにはまだ長い道のりがある． ◆Of course, there are a number of challenges and issues to be considered along the way, むろんその過程で，多々考えるべき課題と問題点がある．たとえば次の事項である． ◆the company hopes to reap some benefits from supporting this research, though the payoff might be a long way out　会社は，この研究を支援することで何らかの恩恵に浴したいと期待してはいるものの，見返りが得られるようになるまでには長い道のりがありそうだ ◆Particle accelerators have come a long way since the 1930s, when they are literally no larger than a bread box.　粒子加速器は，文字通りパン箱の大きさほどもなかった1930年代から格段の進歩を遂げた．

**4**　((the ～ <of>，または a person's ～ の形で)作業・動作・進行に必要な空間 ◆clear the way for…　障害を取り除いて～

を容易にする［スムーズにする］ ◆get [stand] in the way of…　～の妨げ［支障，障害，邪魔］になる ◆get… out of the way　（邪魔，障害，邪魔）～をどける ◆get out of the way　邪魔にならないようどく［どいて道をあける］ ◆keep out of the way <of>　（～の）邪魔にならないようにしている ◆move out of the way　邪魔にならないようどく ◆I don't think it gets in the way of my work　それが私の仕事の障害になるとは思っていません ◆move aside to get out of the inspector's way.　検査官の邪魔にならないよう脇にどく ◆A lot of things get in the way of trying to change things.　多くのことが，変革しようとする際に支障になる． ◆The knob is out of the way of the swinging frame.　そのつまみは，スイングフレームの邪魔にならないようになっている． ◆Ease-of-use features should not get in the way of experienced users.　使い方をわかっている人のための機能がベテランユーザーの邪魔［足手まとい］になるようなことがあってはならない． ◆Nothing important stands in the way of concluding a peace settlement.　和平協定の締結に向けてなんら重大な障害はない． ◆The welding goggles can be raised out of way of normal vision when not needed.　この溶接保護めがねは，使わない時に物を普通に見るのに邪魔にならないように上にあげておくことができる．

**5**　分割される部分 ◆divide… two [three] ways　～を2つ［3つ］に分ける

**6**　adv. あちらへ；（副詞，前置詞を強めて）はるかに，ずっと ◆the reforms have gone way beyond the point of no return　これらの改革は引き返し不能点をとっくに通り越してしまっている ◆the company introduced a highly sophisticated PC that was way ahead of its time　その会社は，はるかに時代の先を行く極めて高性能なパソコンを市場投入した ◆It is way out of the range of the home video user.　それはホームビデオ・ユーザーの価格帯からはるかに外れている．；それはホームビデオ・ユーザーには全く手が届かない．

**all the way**　（ある範囲を，ある期間で）ずっと，（限度）いっぱいに，最後まで，完全に ◆all the way from 2750 to 4800 rpm　（回転速度）2750から4800rpmまでの全域にわたり ◆have come all the way from…　はるばる～からやって来た ◆press the shutter button all the way down [all the way in]　シャッターボタンを完全に押し切る［最後まで押す，奥まで押す］ ◆when the tube is pushed all the way to the base　チューブが，ベースの方へ止まるまで［突き当たるまで，一番奥まで］押し込まれると ◆trace the fuel lines all the way back to the fuel tank　燃料タンクに至るまで燃料配管を全長にわたりたどって行く ◆if the brake pedal sinks all the way to the floor　ブレーキペダルが完全に床まで沈んでしまう場合は ◆Slide the seat all the way back until it stops.　座席をずっと後方に，行き止まるところまでずらしてください． ◆The snubber circuit is so gross that the FET will never turn all the way on or all the way off.　そのスナバ回路はあまりにもお粗末なので，FET（電界効果トランジスタ）を決して完全にはON/OFFしない．

**by way of…**　～を経由して，～を介して；～という目的［意図］で（例，前置，おわび）として ◆by way of a satellite link　衛星リンク［中継］を介して

**find [make] one's way**　<to, into, out of> 行く，進む，入る，出ていく，～に達する，届く，やっとたどり着く，骨折って進む ◆make one's way into a market　市場に参入する ◆China is very eager to make its way into the World Trade Organization.　中国はしきりに世界貿易機関に入り［加入し］たがっている． ◆On wide-open roads, the car with the way to a 151-mph terminal velocity.　広々と空いている道路上では，この車は最高時速151マイルの最終速度に達することもあるだろう． ◆Automotive innovations emerging from Japanese laboratories and assembly lines have been steadily finding their ways overseas through such ventures as…　日本の研究所および組立ラインから生まれる自動車技術の新機軸は，～などのベンチャー事業を通して着実に海外に広まっている．

**give way**　道を譲る<to>，譲歩する<to>，負ける<to>，取って代わられる<to>，（感情）に身をまかせてしまう<to>，自制を失う，退く，壊れる，崩壊する，外れる，（株）が値下がりする，（健康）がすぐれなくなる ◆a 10ft-high embankment gave way

高さ10フィートの土手が崩れた[堤防が崩壊した] ◆give way to pedestrians 歩行者に道を譲る ◆These natural dyes have largely given way to synthetic dyes. これらの天然染料は,おおかた合成染料に取って代わられてしまった. ◆The floppy disk has given way to the 600MB CD which will soon give way to the 16GB DVD, etc. フロッピーディスクは600メガバイトのCDに取って代わられた,そのCDもまもなく16ギガバイトのDVDなどに道を譲ろうとしている.

**in no way** 決して[少しも,全く,全然,1切]～ない,どの点からしても～でない ◆"We are in no way connected with Mr. Helms," he said. 「私達はヘルムズ氏とは一切[まったくつながりは]ありません」と彼は言った. ◆The new nose is more gently rounded, but in no way compromises the car's lines. この新規の機首部分は丸みがよりゆるやかにつけられているが,決して車の線を損なってはいない.

**in the way** 《in the [a person's] way で》道をふさいで,邪魔[障害]になって (→way 4);《in the way of》～の点で,～について (→way 2);～に有望で

**lead the way** 先導する,道案内する,先頭に立つ,先端を行く,先に立つ,(他に)先駆ける,先鞭(センベン)をつける,率先する,率先垂範(スイハン)する,指導する ◆Canada has led the way in North America in the changeover to metric. 北米ではカナダがメートル法への切り替えで先鞭をつけた.

**make way** (どいて)道をあける,道を譲る,道をつける <for>;進む,はかどる

**on the [one's] way** 中途で,途中で,進行中で,近づいて,《もの》が》発売予定で[登場しつつあって] ◆(well) on one's way to... ～を達成しつつあって,もう少しで～になることろで ◆be already well on its way to becoming... もうかなり～になりつつある ◆be on one's way to greater reliability (より)信頼性が増し[上がり,向上し,あるいは,増大し,増し]つつある ◆on the way from work 仕事から帰る途中[道すがら] ◆Feedwater is raised in temperature on its way to the boiler. ボイラーに行く途中で給水の温度が上げられる. ◆More advanced aircraft are on the way. より進歩した航空機が開発中である. ◆Through this program, Nanotronics is well on its way to becoming a billion-dollar company next year. この計画によって,ナノトロニクスは来年10億ドル規模の会社になろうとしている. ◆If you learn the basics in this handbook and practice them, you'll be well on your way to becoming a good driver. この教則本に書いてある基本を習って実践すれば,よい運転者になれることは請け合いです.

**take the easy way out** 安易[安直]な[打開策,解決方法,逃げ道]を探る (→way out)

**under way** 進行中で (→underway) ◆get the program under way 計画を発足させる

**-way** 《数を表す言葉に続いて》《情報などの流れが》～方向,～方通行の,～者間の;～分割の,～個に分かれた ◆a three-way split 3分割 ◆a three-way speaker system スリーウェイスピーカーシステム (*周波数帯域を低域,中域,高域に3分し,3種類のスピーカーを使う》 ◆a four-way valve 4方向弁,四方弁

**way in** a～ 入口 ◆find a way in 入口を見つける

**way out** a～ 出口,脱出法,解決法,打開策,活路 ◆a no-way-out situation 出口の見えない[解決の見込みがない,手詰まり,膠着,閉塞,活路を断たれた]状態 ◆look for an easy way out 安直[安易]な解決の道をさがす ◆look for a way out 出口[打開策,解決策]をさがす,活路を見いだそうとする ◆It's an easy way out to blame... ～を悪者にすることで解決をはかろうとすることは安易[安直]に過ぎる ◆there is no way out for you except to <do> ～する以外,あなたは手詰り],逼塞(ヒッソク)状態のままだ ◆the country sees no way out of a civil war その国は内戦解決の方策が見いだせないでいる ◆Here's one way out. (ここに)ひとつの(行き詰まり状態から)抜け出す方法[解決法,活路]がある. ◆plunge into a labyrinth of difficulty from which there is no way out by retreating 退却するに以外打開の道

がない,極めてやっかいな状況に陥る ◆The gates are closed. There is no way out. 門は閉ざされた.出口[脱出するすべ]はない. ◆An estimated 2,000 guerrillas were said to be holed up in Jaffna with no way out. 推定2,000人のゲリラが,にっちもさっちもいかないまま[行き詰まって動きがとれない状態で,退路を断たれて,逃げ場を失い,脱出口がなくなって,展望が開けないまま,逼塞(ヒッソク)状態に陥り]ジャフナ(半島内)に封じ込められているとのことである.

**ways and means** 手段;財源 ◆The House Ways and Means Committee has oversight authority over the Treasury Department. 《米》下院財政委員会は財務省に対する監督権を有する.

**wayside** the ～ 道端,路傍,路辺(ロヘン);adj.道端の,路傍の ◆drop [fall] by the wayside (ついてゆけなくなって)脱落[落伍,離脱]する;《意訳》ギブアップする;《意訳》中途リタイアする;《意訳》淘汰(トウタ)される

**WBC** (World Boxing Council) the ～ 世界ボクシング評議会

**WBGT** (wet bulb-globe temperature) 暑熱指標

**W-CDMA** (Wideband-Code Division Multiple Access) 広帯域符号分割多元接続 (*デジタル携帯電話の一変調方式)

**we** pron.《複我々は[が],私たちは,私どもは,自分たちは,うちらは,うちは,我等は,我は,我が方は,当方は,こちらは,手前どもは;余は,朕は;《意訳》当店は,当社は,弊社は,小社は,我が校[国,市,町,村]は ◆we really tried our best 我々は正にベストを尽くした;自分らは本当に精一杯やった ◆At Nanotronics we've been producing... 当社ナノトロニクスは,～の生産に携わってまいりました

**weak** adj.弱い,微弱な,軟弱な,弱々,得意でない,《相場が》軟調の,下がり気味の,下向きの ◆a (very) weak [faint] signal 微弱信号 ◆a weak economy 弱い経済 ◆a weak password (ガードの)弱い[破られやすい]パスワード ◆an economy that has a weak tone 軟調な経済 ◆cite weak scientific evidence 薄弱な科学的証拠[根拠]を挙げる ◆weak demand 力強さに欠ける需要,需要薄 ◆the signal reception becomes very weak 信号の受信が非常に弱まってくる ◆The mid-range computer market is weak this year. ミッドレンジ・コンピュータ市場は今年軟調である. ◆The weak and elderly are left behind. (社会的)弱者および高齢者は取り残される[置き去りにされる]. ◆The larger the incident angle of the reflected wave, the weaker the reflected wave. 反射波の入射角が大きければ大きいほど,反射波は弱まる.

**weaken** vt.弱める,微弱化,軟化する,脆弱(ゼイジャク)にする,減衰させる,薄める,《相場など》を軟調にする,軟化させる,《塩漬けのもの》を《水に浸して塩抜きにして》戻す;vi. ◆weaken the carbon-carbon bonds それらの炭素-炭素結合を弱める ◆weaken the direct wave 直接波を弱める ◆The prospect is for an increase in supply during 2001, which may also lead to a weakening of the market. 見通しとしては2001年の間に供給の増加があり,市況の軟化につながる可能性があります.

**weakening** (a) ～ 脆弱(ゼイジャク)化,弱体化,減衰,軟化,軟調化 ◆a weakening of the country's military capability 同国の軍事力の弱体化 ◆due to a weakening of... ～がぜい弱化したことによって弱くなった ◆Lack of estrogen can cause bone weakening called osteoporosis. エストロゲン[卵胞ホルモン]の欠乏は骨粗鬆症(コツソショウショウ)という骨の脆弱化を引き起こすおそれがある. ◆The doctor discovered an aneurysm, a weakening in an artery supplying blood to the brain. 医師は動脈瘤,すなわち脳に血を送っている動脈のぜい弱化,を発見した.

**weakness** 弱いこと;(a) ～ 弱点,欠点;a～ 大好きなこと,(～に)目がないこと <for> ◆take advantage of weaknesses in others 他人の弱みに付け込む[乗じる] ◆expose structural and administrative weaknesses in the crude oil stockpile 原油備蓄に構造的および行政管理的な脆弱性(ゼイジャクセイ)があることを暴く ◆The plan is not without its weaknesses. For one thing, ... この計画に弱点[欠点]がないわけではない. 一つには,～ ◆Through a study of applications of distributed systems, we can understand their strengths and weaknesses. 分散型システ

ムの応用例を検討することによって、それらが持つ強みと弱み[長所と短所]を理解することができる。

**weak point** a～ 弱点, 弱味, 泣き所 ◆find a weak point in... ～の弱点を見つける ◆it has at least one weak point それには少なくとも1つ弱点[弱味]がある

**wealth** 富, 財, 富豪, 繁栄; a[the] ～ <of> 多量[多数](の) ◆create wealth 富を成す ◆amass wealth 蓄財する ◆wealth accumulation 富の蓄積 ◆acquire a wealth of expertise and experience in... ＜分野＞において豊富な専門知識[技術]と経験を得る ◆a wealth of opportunities 豊富な機会 ◆our national wealth accumulated over centuries 何世紀にもわたって蓄積されてきた我が国の富 ◆the accumulation of wealth 富の蓄積 ◆to build wealth 富を築くために ◆he accumulated a wealth of information 彼は豊富な情報を蓄積した[集めた]。 ◆Our wealth of experience and expertise is without equal in the industry. 弊社の豊富な経験と豊かな専門知識は、業界で他の追随を許しません。

**wealthy** 裕福な, 豊富な, 富んだ

**weapon** a～ 兵器, 武器, 武具, 剣術（ケンゲキ）, 《比喩的》武器[強み], 干戈（カカン） ◆a semiautomatic weapon 半自動式小火器 ◆a weapons violation 銃刀法違反 ◆deprive them of weapons [arms] 彼らから武器を剥奪する[取り上げる]; 彼らを武装解除する ◆U.S. Marines stripped weapons from about 200 guerrillas 米海兵隊員はゲリラ約200名から武器を取り上げた[を武装解除した] ◆weapons-grade uranium 兵器級ウラン（*核兵器を作るのに適している濃縮度の高い）

**wear** 1 vt. 着る, 着用する, 身につける, まとう, 装う, 装着する, ＜表情など＞を表す ◆after just one wearing たった1回着た[はいた、かぶった、着用した、身につけた、身にまとった]だけで ◆the wearing of goggles ゴーグルの着用 ◆wear a helmet ヘルメットをかぶる[着用する] ◆wear a seatbelt シートベルトを着用する ◆wear shoes 靴をはく ◆Never wear loose-fitting clothes or dangling jewelry when using power tools. 電動工具を使用する際は、だぶだぶした衣服や垂れ下がりタイプの宝飾品[装飾品]は決して着用を許しません。
2 vt. vi. 摩耗[損耗, 摩損, 摩滅, 消耗, 疲労]する; vi.《物が》長持ちする[時]がだらだら過ぎる ◆the wearing away of... ～の摩耗 ◆wear away the heads ヘッドをすり減らす[摩耗させる] ◆wear tires タイヤを摩耗させる ◆long wearing carbide steel blade 長寿命の超硬質鋼鉄製の刃 ◆a muscle-wearing clutch pedal 筋肉を疲れさせるクラッチペダル ◆a guest who wore out his welcome 居長すぎた[長っちりの]客 ◆More problems cropped up as winter wore on. 冬が過ぎ行くにつれ、もっと多くの故障[障害]が発生した。 ◆The head eventually wears out from use. しまいには、ヘッドは使用により摩耗[摩滅]して使えなくなる。 ◆There is a wearing down of the cartilage pads that cushion bones. 骨と骨との間でクッションの役目をする軟骨パッドの摩滅[摩耗, 磨り減り]がある。
3 《衣類》着用, 使用, 摩耗[損耗, 摩損, 摩滅, 消耗, 疲労]; 耐久性 ◆resistance to wear 耐摩耗性 ◆have high wear resistance 高い耐摩耗性を備えている ◆nippers with long wear characteristics 長寿命性を備えたニッパー ◆reduce engine wear エンジンの摩耗を減らす ◆soft extended-wear lenses 連続装用ソフト・レンズ（*コンタクトレンズ） ◆wear in brake shoes ブレーキシューの摩滅[摩耗, 摩損] ◆wear-resistant tools 耐摩耗性工具 ◆clothes for casual winter wear 冬に普段着る衣服 ◆a rubber forepart pad for traction, shock absorbency, and long wear 牽引力増強, 衝撃吸収, 長寿命化のためのゴム製前部パッド ◆Adjustments to the brakes may be required as wear occurs. 摩耗する[すり減る]につれ、ブレーキの調整が必要になることがある。 ◆It shows signs of wear. それには摩耗[損耗, 摩損, 摩滅, 消耗]の様子が認められる。 ◆Mechanical mice are susceptible to wear and damage. 《コンピュ》機械式のマウスは、（光学式にくらべて）摩滅したり損傷を受けたりやすい。

**wear out** 疲れされる, 使用できないほど摩耗[損耗]する[させる]; ～より長持ちする, ～の間持ちこたえる; ～をだらだら過ごす ◆the wearing out of machinery 機械の摩耗[消耗]

◆without wearing out すり減らずに ◆worn-out brake pads 摩耗したブレーキパッド[摩擦材] (参考) a wear-out failure period 摩耗故障期間

**wearable** adj. 着用[使用]できる, 着用[使用]に適した, 使用に耐える, 耐久性がある, 持つ; ～s 衣類, 衣服 ◆a wearable floatation device 着用できる[身に着けて用いる]浮き具（*救命胴衣など） ◆wear a wearable computer ウェアラブル[身につけられる]コンピュータを着る[装着する] ◆The Xxx is a wearable personal computer with a miniature display which provides the image quality of a standard desktop monitor. 《意訳》Xxxは装着型のパソコンで、通常のデスクトップ型モニターと同じ画質を持つ小型ディスプレイがついている。

**wear and tear** (使用するにつれて生じる) 傷み[すり切れ, 損耗, 劣化, 価値低落, 損傷, 疲労, 疲れ, くたびれ, 老化, 老化, 経年変化] ◆before wear and tear sets in 傷み[損耗, 疲労]が発生しだす前に; くたびれ始める前に; 老朽化[劣化]が始まる前に ◆cause wear and tear on... ～にいたみ[自然消耗]を来す原因となる（*使うことにより当然起こる正常な摩耗）◆check... for wear and tear ～に傷みがないか[～のくたびれ具合を、～が疲労を起こしてないか]調べる ◆damages above and beyond the normal wear and tear 通常の傷み[疲れ, 疲労, 摩耗, 摩滅, すり切れ]の範囲を超えている諸々の損傷 ◆reduce [cut down on] wear and tear on... ～の傷みを減らす ◆survive [resist] wear and tear ～には耐久力がある, ～は使用に耐える ◆the wear and tear clause in lease contracts 賃貸契約の損傷に関する条項 ◆the wear and tear on my body 私の身体のがた[老化] ◆to reduce wear and tear to a minimum 傷みを最小[最小限, 最低限]にするために ◆wear-and-tear items like windshield wipers フロントガラス用ワイパーなどの消耗品 ◆cause additional wear and tear on our nation's roads and bridges ～は我が国の道路や橋をより一そう老朽化させる原因となる ◆because paintings are merely looked at and do not generally suffer wear and tear 絵画は単に見られるものであり一般的には損傷を受けないものなので ◆charge trucks a toll related to the wear and tear they impose on the highway surface 路面損傷にまつわる通行料をトラックから徴収する ◆remove airliners from service after a specified level of wear and tear 大型定期旅客機を、規定の消耗水準に達したら運航から外す ◆arthritis used to be considered to result from general wear and tear because it affects so many old people 関節炎は、非常に多くの老齢者に起こることから全般的な老化[疲労]が原因だとかつては考えられていた ◆Buildings are beginning [starting] to show (signs of) wear and tear. 建物に、ガタがき[傷み, くたびれ, 老朽化し]始めている。 ◆It was just wear and tear from long use. それは長期にわたる使用から生じた単なる摩滅[摩損]だった。 ◆The Japanese economy is starting to show signs of wear and tear, burdened by an aging population and growing numbers of layoffs. 日本経済は高齢化に向かう人口と増加の一途をたどるレイオフ[人員整理]件数の重荷で、制度[構造的]疲労の様相を呈し始めている。 ◆A right-angle finder saves a lot of wear and tear on your back when shooting flowers that are low to the ground. 地面に近い低い位置の花を撮影する際に、アングルファインダーを使えば背中の疲れをだいぶ減らせる。 ◆Because young children can put a lot of wear and tear on a doll, it's also important to think about durability when buying a doll. 小さい子供は人形をひどく傷める[損傷させる]ことがあるので、人形を購入する際には耐久性を考慮することも大事である。

**wearer** a～ 着用者, 携帯者; a～ 摩滅[消耗, 摩耗]させるもの ◆eyeglass wearers めがね着用者

**weariness** 退屈, 倦怠, 飽き, 疲労, 疲れ, やつれ ◆the war-weariness of the Afghan people アフガニスタンの人々の戦争に対する疲れと嫌気《意訳》厭戦気分 ◆there is a feeling of war-weariness 厭戦気分がある

**weary** adj. 疲れた, 疲労した, くたびれた, 飽きた, 退屈な, 飽き飽きさせる, うんざりさせる ◆become [get, grow] weary [sick, tired] of... ～がいやになる; ～に疲れる; 嫌気が差し

てくる; 飽き飽きする; うんざりする; 辟易（ヘキエキ）する; 閉口する

**weasel word** a 〜, 〜s（逃げ口上的な）曖昧な言葉［表現］ weasel-worded adj. ◆an ambiguous and weasel-worded statement （曖昧模糊とした）玉虫色の声明 ◆use weasel words to <do...> 〜するために意識的に［わざと］ぼかした言葉を使う

**weather** 1 n. (the) 〜 天気, 天候, 気象, 空模様, 陽気, 日和（ヒヨリ） ◆a weather balloon 気象観測用気球［ゾンデ］ ◆a weather forecast 天気予報 ◆a weather [meteorological] station 気象観測所; 測候所 ◆a weather phenomenon 気象現象 ◆(a) weather radar 気象レーダー ◆a weather ship （定点）気象観測船 ◆weather information 気象情報 ◆weather observations 気象観測 ◆weather reports 気象通報 ◆an accelerated weather [weathering, weatherability] test 屋外暴露試験; 促進耐候性試験; 促進暴露試験; 加速風化試験 ◆due to abnormal [unusual] weather 異常気象のせいで ◆even in hot weather 天候の暑い時にさえ; 酷暑［猛暑］の時でさえ ◆in bad weather (conditions) 悪天候の時に ◆in extremely cold weather 非常に寒い（天候の）ときに; 寒さの厳しい時候に ◆on a weather map 天気図上で ◆the current weather conditions 現在の天気概況 ◆under [in] any weather conditions どんな天候においても ◆unusual weather events [features] 異常気象現象（*events [features] の代わりに phenomena が用いられると、鉄塔の倒壊などといった気象が原因の異常な出来事を表す） ◆a pigment with excellent weather fastness properties 耐候性（特性）に優れた顔料 ◆drive on bad-weather days 天候の悪い日に運転する ◆if the weather is favorable 好天に恵まれれば ◆if the weather permits [allows] もし天気［天候, 空模様］が許せば［よければ］ ◆made to protect against weather 耐候性のある［どんな天気にも耐えられる］ように作られている ◆show general weather conditions for the entire country 全国の天気概況を表示する ◆they are especially able to withstand hostile weather conditions それらは, 過酷な気象条件に耐えられる［（意訳）悪天候に優れている］ ◆a rugged, watertight switch you can splash, spray, soak, freeze and subject to all types of weather 水をはねかけたり吹き付けたり, あるいは水につけたり, 氷点下に冷やしたり, どんな天候にさらすこともできる［全天候型の］, 丈夫な防水型のスイッチ ◆It has been weather-damaged from outside storage. それは、屋外［野積み］保管により風雨にさらされ傷んでしまっていた。 ◆Weather permitting, walking is a great way to see Washington. 天気がよければ, 歩いてワシントンを見るのがいいでしょう。

2 v. 風化［変色］する［させる］, (外気, 風雨に)さらす［さらされる, 耐える］, (困難)を切り抜ける［乗り切る］ ◆a weathered surface 風化している表面 ◆weather business cycles 景気循環を乗り切る［切り抜ける］ ◆We weathered the storm. 我々は嵐に耐え［嵐を乗り切った］。 ◆you've weathered the worst of times if... 〜であるならば, あなたは最悪の時期を乗り切って［脱出して］いる ◆shale that, when weathered, splits easily into very thin layers 風化すると容易に薄い層状に剥離する頁岩［泥板岩］ ◆A good marriage, especially one that has weathered some time, is a unique partnership. よい結婚, 特にいくらかの年月を風雪に耐えてきた結婚は, 無類の協同関係である。

**weatherability** ⓤ 耐候性, 風雨［風化］に対する強度 ◆the poor weatherability of this paint このペンキの不十分な耐候性

**weathering** n. 風化作用, 暴露（*風雨に直接さらす［さらされる］こと）; adj. 風化-, 耐候性-, 耐水-, 暴露- ◆by weathering 風化（作用）によって ◆be highly resistant to sunlight and weathering 〜は日光および風雨にさらされることに対する耐性が高い; 〜には優れた耐直射日光性と耐候性がある ◆a shale that becomes clay on weathering 風化すると粘土になる種類の頁岩（ケツガン）［泥板岩］ ◆protected from weathering by a coat of whitewash のろ［白色の石灰性塗料］の塗膜により風化しないよう保護されて

**weatherization** ⓤ（省エネ化のために住宅やビルなどに）耐候性を持たせること, 耐候性化, 耐気候構造化 ◆award a contract for the weatherization of homes 住宅に耐候性を持たせる（ための工事の）［住宅の耐気候構造化］契約を出す

**weatherize** vt. 〜に耐候性を持たせる, 〜を耐候性化する, 耐気候構造化する ◆weatherize homes 住宅に耐候性を持たせる（*断熱材を追加したり, 隙間をふさぐなどの工事により）

**weatherproof** adj. 風雨・風雪に耐える, 耐候性の (cf. all-weather); （意訳）屋外（設置）用の, 防水性の, 〜を悪天候に耐えられるよう改造する, 〜に耐候性をもたせる, 全天候型にする ◆a weatherproof housing 耐候性の収納箱 ◆a weatherproof speaker 《意訳》屋外設置用防水型スピーカー

**weather resistance** ⓤ (= weatherproofness, weatherability) 耐候性, 風雨・悪天候・風化に対する強度

**weather-resistant** adj. 耐候性の, 風化に強い ◆a weather-resistant finish 風化しにくい［耐候性］仕上げ

**weave** 1 v. 〈糸, 織物〉を織る, 〈ひも〉を編む, 作る［まとめる］, 縫うように進む ◆a wave splice 編継ぎ（*ロープやケーブルの接続法） ◆a woven metal shield 《電気》編み組み［編み線］金属シールド ◆a blanket woven of acrylic アクリル製［素材］の毛布 ◆spinning and weaving machinery 糸を紡ぎ布［織物］を織る機械; 紡織機 ◆weave from lane to lane 車線から車線へと縫うように走行する ◆an airline's tightly woven schedule 航空会社の過密編成のダイヤ ◆a skirt of rough-woven wool 粗く［ざっくり］織ったウールのスカート ◆similar ideas are woven into this new novel 同様な考えがこの新しい小説に織り込まれている ◆weave in and out of heavy traffic 〈バイクなどが〉混んでいる車の流れを縫って走る

2 a 〜 織り方, 編み方 ◆a tight weave 密な織り方

**web** 1 a 〜 織物, クモの巣（状のもの）, -網, 入り組んだもの, (梁, 桁の)腹部, ウェブ

2 〜, the Web (World Wide Web)（ウェブ）《ネット》（*インターネット上で利用できる中心的な機能の一つ。いわゆるホームページはこのWeb上で提供される） ◆a Web site [a website]; a site on the Web 《ネット》Web［ウェブ］サイト; （俗に）ホームページ（*「ホームページ」は, 「ウェブサイト」で通じないまれのある相手に使用できるが, 正確な表現ではない） ◆a Web-enabled [web-enabled, Web-ready, Web-capable] cell phone; a Web cell phone インターネット（対応）［ネット対応, ネット対応型, ネット接続型］携帯電話 ◆companies pursuing Web sales of goods 物品のネット販売を推し進めている企業 ◆Web-based business ネット［インターネット］ビジネス ◆open [start up] a website (圏 start a new website) ウェブサイト［ホームページ］を開設する［立ち上げる］ ◆Each web site contains a home page, multiple webpages [web pages], and data files. 各ウェブサイトには, 1つのホームページと（それ以外の）複数のウェブページ, そしてデータファイルがある。(▶「ホームページ」は, 特に日本でウェブサイトの意味で用いられることが多いが, 正確にはサイト入り口にあたるトップページのみを指す）

**webmaster, Webmaster** a 〜 ウェブマスター, Webサイト管理者［管理人］（*コンテンツの編集・管理者。場合によってはサーバーのシステム管理もする）（女性形: a webmistress）(圏 a web director, a website operator; a webpage owner [master, coordinator])

**webmistress, Webmistress** a 〜 《a webmasterの女性形》

**webpage, web page** 《W- とも表記》a 〜 《ネット》Webページ, ウェブページ

**webring, web ring** 《W- とも表記》a 〜 《ネット》Webリング, ウェブリング（*同じテーマを扱った複数のサイトが循環式にリンクを張っているもの）

**website, web site** 《W- とも表記》a 〜 《ネット》Webサイト, ウェブサイト

**WECPNL** (weighted equivalent continuous perceived noise level) (a) 〜 加重等価平均感覚騒音レベル (＊航空機騒音の大きさなどを示し俗に「うるささ指数」とも呼ばれる)

**wed** vt. 〈牧師〉が〜と結婚させる，〈人〉を(〜と)結婚させる<to>, 〜と結婚する (＊現在は新聞用語になっている古い言い方，一般的にはmarryを用いる); vi. 結婚する (＊古語あるいは新聞用語として) ◆by wedding DNS and WINS into something called Dynamic DNS　DNSとWINSを融合させてDynamic DNSと呼ばれるものにまとめ上げることで

**wedding** a〜 結婚式，婚礼　結婚記念日; a〜 融合，結合，合体，合併，複合化，一体化，一本化 ◆a wedding anniversary 結婚記念日 ◆a wedding ceremony 結婚式；婚礼 ◆a wedding reception [banquet] 結婚披露宴 ◆at one's golden wedding celebration 金婚式を迎えて; a wedding of two firms 2社の合併 ◆celebrate one's 50th [golden] wedding anniversary 結婚50周年[金婚式]を祝う ◆an unplanned pregnancy and a shotgun wedding [marriage] 予期せぬ妊娠と「できちゃった」結婚 ◆there will be a wedding of these two products somewhere down the road この先どこかで[いつか将来], これら2つの製品は融合[合体, 一つにまとまって複合化, 一体化]することになるだろう ◆Recently I attended the wedding of a fellow employee. 最近私は従業員仲間の結婚式に出席した。

**wedge** 1 vt. 〜を(くさびなどで)固定する, 〜を押し込む<into>; vi. 割り込む, くい込む ◆Software houses are trying to wedge into the Lotus 1-2-3 market. ソフトハウスはこぞって, Lotus 1-2-3市場に食い込もうとしている。 ◆Wedged into a corner of one of the used car's storage bins were several old repair orders. その中古車のストレージビンの一つの隅に押し込まれていたのは, 数枚の古い修理発注票であった。
2 a〜 くさび, ウェッジ, くさび形のもの ◆a wedge value (円グラフで構成比を示す)円グラフの部分の数値 ◆drive a bigger wedge between the "haves" and the "have-nots" 「持てる者」と「持たざる者」の格差を拡大する ◆drive a wedge right through the Democratic Party 民主党を二分すべくさびを打ち込む ◆they're trying to drive a wedge between us 彼らは我々の仲を裂こうとしている ◆the missile test has driven another wedge into relations with North Korea ミサイル実験は, 北朝鮮との関係にくさびをもう一本打ち込むこととなった

**wedlock** 〔U婚姻関係, (二人が)結婚していること ◆in wedlock 婚姻[結婚]関係にある, 嫡出で ◆out of wedlock 婚姻[結婚]関係にない, 婚外の, 非嫡出で ◆a child born in (lawful) wedlock 嫡出子 ◆a baby born out-of-wedlock 非嫡出子として生まれた赤ちゃん ◆glamorize unwed [out-of-wedlock, single] motherhood 非婚の母であることがすばらしいことのように表現する ◆(an) out-of-wedlock birth [childbirth] 婚外出生 ◆an out-of-wedlock child [baby] 非嫡出子(ヒチャクシュツシ)[婚外児] ◆(an) out-of-wedlock teen pregnancy 未婚の10代の妊娠 ◆She had decided to have a baby out of wedlock. 彼女は未婚のまま出産を決心した。

**weed** a〜 雑草; (a) 〜 水草, 海藻; a〜 役にたたないもの, やせて弱そうなもの; v. (雑草を)取り除く ◆a broadleaf weed killer 広葉雑草用の除草剤 ◆weed out errors エラーを除去する[取り除く] ◆a weed-infested garden 雑草がはびこっている庭

**week** a [one] 〜 週, 週間 ◆every other week; every second week; every two weeks 隔週に[2週間に1度] ◆adopt four-day work weeks 週4日制を採用する ◆the week nears a close 週末に近づいている ◆late last week 先週末頃に ◆move to four-day work weeks 週4日制に移行する ◆a week-at-a-glance pop-up calendar 《コンピュ》週間一覧ポップアップカレンダー ◆Condolences can be sent via modem to 123-456-7890, from 7 PM to 7 AM, 7 days a week. お悔やみの言葉[弔辞, 弔問]は, モデムで123-456-7890まで, 午後7時から午前7時まで週7日[曜日に関係なく]送れる。

**weekday** a〜 (土日を除く, または平日を除く)平日 ◆a dedicated phone line which is manned from 9 am to 5 pm every weekday 毎平日午前9時から午後5時まで受け付けしている専用電話ライン

**weekdays** adv. 平日は (いつも), 平日 (のいつか) に

**weekend** n. a〜 週末, 土曜と日曜, 金曜の夕方に仕事や学校が終わってから月曜の朝まで; adj. 週末の; 〜s adv. 週末ごとに, (ある)週末に (=(米)on weekends, 《英》at weekends); vi. 週末を過ごす

**weekly** adj. adv. 週に1回(の), 毎週(の), 週単位の[で]; n. 〜 (pl. -lies)週刊誌 ◆on a weekly basis 毎週, 週ごとに, 週決めで, 週単位で ◆weekly checks 毎週の点検 ◆a twice-weekly [twice-monthly] newspaper 週[月]2回発行の新聞

**weigh** vi. (〜の)重量がある, 計量する, 重視される, 重荷となってのしかかる, 慎重に検討する; vt. 〜を計量[計重, 秤量(ヒョウリョウ)]する, 〜を重くする, 〜よりも重い, 〜を平衡させる, 〜を評価する, 〜を比較検討する ◆weighing capacity 秤量 ◆always weigh heavy on a person [on one's heart] 常に〈人の〉心に重くのしかかっている ◆weigh all requirements すべての要求条件を考察する ◆children weighing less than 23 kg. (50 lbs.) 体重23キロ(50ポンド)未満の子供たち ◆weigh one consideration against another ある考えを別の考えと比較検討する ◆X weighs about twice as much as Y XはYの倍重い[2倍の重量がある] ◆overwhelming debt that weighs down the economy 経済[景気]の足を引っ張っている巨額の債務 ◆The multimeter weighs 1.4 lbs. 本マルチメータの重量[重さ]は1.4ポンドである。

**weigh in** 《スポ》試合前に計量する, 計量で〜の重量がある ◆The laptop weighs in at just a hair under 14 pounds. 本ラップトップ機の重量は14ポンドをわずかに切る。(＊スポーツ選手が計量を受ける意の weigh in を, 機械などの話では weigh の代わりに遊び心で使うことがある)

**weigher** a〜 重量[目方]を計る人[装置], 秤量器, 検量人 ◆a microprocessor-controlled weigher マイコン制御式の秤量器

**weight** 1 n. (a) 〜 重量, 重さ, 重み, 目方, 量目, 重要性; a〜 おもり, 重錘(ジュウスイ), 荷重, 加重値, 負担(に感じること) ◆carry (a lot of) weight (理由, 意見などが) (大いに)納得させるに足る ◆the total [gross] weight of... 〜の総重量 ◆the weight percentage of [for]... 〜の重量百分率[重量パーセント] ◆weight calculations 重量計算 ◆weight reduction 軽量化[減量] ◆crane test weights クレーン[起重機]テスト用の重り[錘] ◆a weight-loss diet; a diet to lose weight 減量食 (＊体重を減らすための) ◆the International Committee of Weights and Measures (CIPM) 国際度量衡委員会 (＊略語のスペルは頭字とは異なりCIPMで正しい) ◆assign weights to... 〜に重み付けする ◆carry a great deal of weight 〜には大いに説得力がある ◆come down in weight (重さ・重量・体重が)軽くなる, 減量する, 軽量化する ◆constitute 30% by weight 重量で30%を占める ◆for significant reduction in weight 大幅な軽量化[減量]のために ◆objects of a certain size and weight ある大きさと重量[重さ]の物体 ◆offer a weight reduction of about 20 percent 20パーセント前後の軽量化をもたらす ◆put all one's weight on... 全体重を〜にかける ◆the weight of a body 物体の重量 ◆the weight of a character 《印刷》文字の太さ ◆typefaces in different weights 太さの異なった字体 ◆a low-weight premature infant 低体重の早産児[未熟児] ◆weight-bearing physical activities such as running and walking ランニングや競歩などの体重がかかる運動 ◆achieve light weight 軽量化[軽量化]を実現する[達成する, 果たす] ◆be specified by weight-percentage concentrations 重量百分率濃度で示される ◆it sinks under its own weight それは自重で沈む ◆men of the same weight 同じ体重の男性たち ◆To achieve the weight reduction, engineers... この軽量化を達成するために, 技術者らは... ◆try to fly with the minimum amount of fuel in order to reduce weight 重量を減らす[軽くする]ために最低限の(量の)燃料で飛行しようとする ◆usually expressed in percent by weight 通常重量パーセントで表される ◆if you live in a building with weight limits imposed on the balconies 《意読》住んでいる建物のバルコ

ニーに重量制限がある場合には ◆the weight reduction of the rear wheels is about 20 percent 後輪の軽量化は約20%である ◆use lots of heavy weight on a block of wood to hold down the fix for a few hours その修理箇所を数時間押さえつけておくために、板切れ(を載せて更にそ)の上に重量のある重しをたくさん載せて使う ◆the weight of the engine is over the front wheels エンジンの重量は前輪にかかっている ◆I can't put any weight on the ankle. 足首に全然体重をかけられ I [のせられ]ない。 ◆The pipe is 2 meters long and 2 kilos in weight. このパイプは、長さ2メートルで、重さは2キロある。 ◆The roof caved in under the weight of snow. 雪の重みで屋根が陥没してしまった。 ◆They are light in weight. それらの重量は軽い。 ◆In a neural network, each connection has a weight. 人工神経回路網において、各リンクは重みを持って[重み付けされて]いる。 ◆Men tend to place more weight on performance, while women seek reliability and safety features. 男性は性能に大きな比重を置く[性能を重視する]傾向があり、一方女性は信頼性と安全機能を求める。(＊車選びで) ◆She has come down in weight from 157 lbs to 147 lbs, and says she feels good. 彼女は157ポンドから147ポンドに減量して、快調だと言っている。 ◆The signals are modified by these weights prior to being summed. 信号は、これらの重み(付け)により合算に先立って修正される。 ◆This dramatic reduction in size and weight has been due to advances in computing power and miniaturization. この劇的な小型軽量化は、演算処理能力および小型化の進歩のおかげである。 ◆To be successful at permanent weight reduction, any weight-loss attempt should include exercise. 永続的に減量を成功させるためには、どんな減量法をとるにしろ運動も取り入れなくてはだめだ。 ◆Bitches that are too obese should undergo weight reduction prior to breeding. Obesity decreases rate of conception and increases risk for whelping complications. 太りすぎの雌犬は繁殖に先立ち減量しなければならない。肥満は胎児率を低下させ、またお産の合併症を起こす危険性を増大させる。

2 vt. 〜に重みをかける、〜に重荷を負わせる、〜の重さを計る、重み付けする、〜に加重値を与える、ウェートを置く ◆place [put, lay] weight on... 〜にウェート[ウェイト, 重き, 重心]をおく、〜を重んじる、〜を重要視[重大視]する ◆a weighting network (電気)聴感補正回路(＊人間の聴覚特性に近似させる等の目的で、騒音などを測定する際に用いる。周波数に依存し減衰量の変化する回路で、測定目的に応じA, B, Cなどの特性カーブを持ったものがある) ◆be weighted down by debt 借金の重荷で苦しんで[債務が重荷となって]いる ◆centerweighted metering 《カメラ》中央部重点測光 ◆obtain a weighted average of... 〜の加重平均を求める ◆their weighted mean それらの値の加重平均 ◆power line pylons weighted down with snow toppled down (意訳)雪の重みで送電塔が倒れた ◆the test is weighted heavily toward science and math この試験は、科学と数学に傾倒した格好で重点[より大きな比重]が置かれている ◆The A-weighted noise output was -115 dB, referred to a 0-dB signal level. (周波数等化)特性Aにて聴感補正した騒音出力は、0デシベルの信号レベルを基準として -115デシベルであった。

**weightless** adj. 重量のほとんどない、無重力の
**weightlessness** 回無重量, 無重力, 無重力状態 ◆under conditions of weightlessness 無重力下で
**weir** a〜堰(セキ) ◆a fish weir 梁(ヤナ) ◆a V-notch weir 三角堰
**weird** adj. 異様な、不気味な、気持ち悪い；《口》奇妙な、(何か)変な、風変わりな ◆I ate lunch with him once. He has weird eating habits. 私は一度、昼食を彼と一緒にしたが、彼は変な食べ方をする(癖がある)。
**welcome** 1 vt. 〜を歓迎[歓待]する、〜を喜んで迎える[受け入れる]、〜に歓迎の挨拶をする ◆a welcoming ceremony 歓迎式(典) ◆it was welcomed with open arms by people who... それは〜といった人たちに諸手をあげて受け入れられた[大歓迎された] ◆we welcome them with open arms 彼らを諸手をあげて[大、心から]歓迎する ◆Since your needs

are our needs, we welcome your input. お客様のニーズは弊社のニーズですから、お客様からのご意見[ご指摘]を歓迎いたします[どうぞ[遠慮なく]お寄せください]。
2 a〜歓迎(の言葉)、(出迎えの)挨拶、歓待；(歓迎の言葉) ようこそ、いらっしゃい(ませ); adj. 歓迎すべき、喜んで迎えられる ◆a welcome break from the norm 決まった型からの歓迎すべき脱却 ◆give... a warm welcome to... 〈人〉を〈場所〉へ暖かく歓迎する[暖かく出迎える] ◆even after we had overstayed our welcome 私たちが長居[長っちり]をして迷惑がられていた後でさえも
**weld** 1 vt. 〜を溶接[溶着, 鍛接]する、結合[融合, 一体化]させる ◆(a) welded connection. 溶接接続 ◆long [continuous] welded rails ロングレール(＊継目が溶接してつないである) ◆welded joints 溶接による接続[接続部, 接続箇所] ◆weld steel rails to the walls 壁面にスチール製レールを溶接する ◆a welded-shut compartment 溶接閉ざされたコンパートメント ◆a tube welded into the bottom of the tank タンクの底に差し込むようにして溶接してある管 ◆weld two conductors together by the application of pressure 圧力を印加することによって2つの導体を溶接する
2 a〜溶接箇所, 溶接部, 溶着部 ◆a weld [welding] symbol 《製図》溶接記号 ◆crack at the welds 溶接箇所でひび割れる
**weldability** 溶接性
**welder** a〜溶接機, 溶接工, 溶接士 ◆a gas welder ガス溶接機
**welding** 回溶接, 溶着 ◆a welding machine 溶接機 ◆a welding robot 溶接ロボット ◆a welding rod; a welding electrode 溶接棒 ◆ultrasonic welding 超音波溶接[溶着, 圧接] ◆welding equipment 溶接装置
**welfare** 幸福, 繁栄, 安泰, 福利, 福祉, 《米》生活保護 ◆a welfare state 福祉国家 ◆the Ministry of Health, Labour and Welfare 厚生労働省(＊旧厚生省は the Ministry of Health and Welfare) ◆an animal welfare advocate 動物愛護(活動)家 ◆receive [obtain] health and welfare benefits 福利厚生を受ける
**well** 1 adv. 十分に, 多分(に), 満足に, 申し分なく, 適切に, 程よく, 相当に, かなり, 結構, はっきりと; adj. 健康[健在, 達者, 元気]な, 申し分ない, よろしい, 満足すべき; int. ところで, さて, ええと, おや, まあ, へえー, うーんと, そうですかー ◆a well-lighted area 十分に明るく照明されている場所 ◆both now and well into the future 現在また今後[この先, 将来]もずっと(長いこと) ◆fare well in a race レースで先頭を[好成績を上げる] ◆specific gravities well below 1.0 1.0をかなり下回る比重値 ◆if all goes well 万事うまく行けば；順調[順当]に行けば；(すべて)うまく行ったら ◆they are well over 50 years old 彼らは50歳を優に[楽々]超えている ◆the countdown itself was going well 秒読み中の最終点検自体は順調に行っていた ◆Export industries have been doing well. 輸出産業は好調にやってきている。 ◆It has been well said [put] that a good book is a great treasure. 良書は素晴らしい宝物だとはうまいこと言ったものだ[至言である]。 ◆The car even accelerates well in top gear. この車は、トップギアでも申し分なく[ごとに]加速する。 ◆Within three years, the number of orphans in her charge had grown to well over 400. 3年も経たないうちに、彼女が面倒をみた[世話した]孤児は、優に400名を超す数にまで増加した。
2 a〜井戸, 窪(クボ)み, (石油や天然ガスの)坑井; v. わき出る, わき出させる ◆an exploratory [a prospect, a test, a wildcat] well (石油や天然ガスの)探査坑井(コウセイ); 試掘井 ◆a well pump 井戸ポンプ ◆the welling of emotion 感情がわき上がる[込み上げる]こと ◆wells 10 to 20 m deep 深さ10mから20mの井戸 ◆dig a well in the ground [earth] 地面に井戸を掘る ◆molded-in hand wells for easy carrying 運搬が楽なように一体成形されている手をひっ掛けるためのくぼみ
**as well** (as...) その上に, 加えて, 〜もまた, 同様に；同程度に, 同じくらい良く (→ so)
**do well** りっぱに[見事に]やる, よくできる, 成功する, うまく行く, 調子よくいく, 成績[出来, 景気, 肥立ち]がいい、

よく売れる, 病後[予後]の経過が良好[順調]である, 賢明である (→ do の下の do well に用例)

**well off** 裕福で, 富裕で, 暮らし向きがよい, 生活[生計]が豊かで[楽で], 恵まれた生活をして, 金回りが良くて, 景気がよくて, 生活[経済的]に余裕のある, 何不自由ない, 順境にある, 十分な備えがあって

**well-appointed** adj. 設備の(十分に)整った, 装備の良く整っている ◆a well-appointed car 装備の良く整っている車 ◆the kitchen is well-appointed enough to be used for catering この台所は仕出しに使えるほど設備が十分に整っている[完備している]

**well-being** Ⓝ幸福, 健康, 安寧, 安泰, 快適, 繁栄, 福利, 福祉, 満足な状態 ◆enjoy physical well-being 身体的な快適さを享受する ◆Adequate nourishment and rest are important to your well-being. 健康のために十分な栄養と休養が大切です.

**well-built** adj. よく[うまく, 入念に]つくられている, (建物に)しっかりした造りの[建てられている], 頑丈な, 体格のよい ◆an impressive and well-built camera すばらしい, 入念に製作されたカメラ ◆a well-built building しっかりとした造りのビル; 頑丈[堅固]な建物 ◆a well-built person 体格のいい[がっしりした体軀の, 体つきのたくましい]人

**well-conceived** adj. 〈計画などが〉よく考えられた, よく練られている

**well-considered** ◆his well-considered reform proposals 練り上げられた[よく考えられた]彼の改革案

**well-controlled** ◆The car's suspension combines a supple ride with well-controlled body motions. この車のサスペンション[懸架装置]は, しなやかな乗り心地と抑えのよくきいた車体の動きを兼ね備えている.

**well-crafted** adj. 非常に巧妙に[手際良く]作られている ◆a concise, well-crafted phrase 簡潔でよく練られた表現

**well-defined** adj. (輪郭が)はっきりした, 明確な ◆metals having no well-defined yield point 明確な降伏点を持たない[降伏点が不明確な]金属 ◆sharper and more well-defined images もっと鮮明で[輪郭が]よりくっきりとした画像 ◆procedures are well-defined courses of action 手順とは, 行動のしかたを明確に規定したものである

**well-documented** adj. 詳細に記録が残された, 満足な参考資料が添付された ◆a well-documented cholesterol raiser 調べが良くついているコレステロールを上昇させる食品 ◆a well-documented record 詳細に残された記録 ◆a well-documented software product ドキュメンテーション(*マニュアルなど)が良くできているソフトウェア製品

**well-earned** adj. 当然の報いとしての, 受けるに値する, 相応の, 実力で勝ち取った ◆a well-earned reputation for quality and value 品質と値打ちで正当に勝ち取った評判

**well-engineered** adj. うまく設計された

**well-equipped** adj. 設備が良く整っている, 十分な装備が整って[備わって, 施されて]いる ◆a well-equipped car 装備を十分に具備[《意訳》満載]している車 ◆a well-equipped intensive care unit 設備が良く整っている集中治療室

**well-established** adj. 十分に確立した, しっかりと根付いた[定着した], 定評のある, 老舗の, 揺るぎない, 論拠のしっかりした ◆a popular well-established resort; a well-established popular holiday area 定評あるリゾート地[行楽地]

**well-founded** adj. 確かな[十分な]根拠のある, 事実に基づいた

**well-guarded** adj. よく[固く, 十分に]守られている, 警備の厳しい[厳重な]

**well-informed** adj. 博識の, 物知りの, 博聞の, 精通[熟知, 暁通(ギョウツウ), 通暁(ツウギョウ)]している ◆scientists and well-informed personalities 科学者や有識者

**well-intentioned** adj. 善意にされる, 悪気のない

**well-kept** adj. うまく守られている, 手入れ[世話, 管理, 維持管理, 保守, 整備, 《場合によっては》掃除]の行き届いた ◆well-kept machinery よく手入れ[保守, 整備]されている機械類 ◆well-kept tombstones 手入れ[管理]の行き届いた墓碑

**well-known** adj. 有名な, 名の通った, よく名の知られた, 広く知れ渡っている, 人口に膾炙(カイシャ)している, はっきり分かっている

**well-learned** ◆a very well-learned person 非常に博識な[博学の, 篤学の, 教養ある, 精通している]人物

**well-lit** adj. 十分に照明[照光]されている ◆a well-lit display 明るいディスプレイ

**well-mannered** adj. 行儀のよい, 上品な, 品のよい, 礼儀正しい ◆a well-dressed and well-mannered woman 身なりのきちんとした上品な女性 ◆conservatively dressed and well-mannered 地味な服装をしていて上品な[礼儀正しい]

**well-off** adj. →(wellの下のwell off) ◆a well-off[well-to-do, wealthy] family 裕福な家庭

**well-organized** adj. よく組織された, よく系統立てられた, きちんと整理された

**well-planned** ◆It was a well-planned, well-thought-out operation. 《意訳》それは, 入念かつ周到に計画された作戦だった.

**well-read** adj. 多読の, 博識の, 精通[熟知, 暁通(ギョウツウ), 通暁(ツウギョウ)]している ◆an intelligent, well-read person 知的で博学な[博識の, 教養のある, 篤学の, 精通している]人

**well-received** adj. 十分に受け入れられている, 歓迎されている ◆a well-received debut album 大受けの[大好評の, 非常に評判のよい, 反響がいい]デビューアルバム ◆a well-received novel 好評を博している小説 ◆these dance performances were well-received これらのダンス公演は, 好評を博した ◆While the album only sold around 100,000 copies, the songs are very well received by fans, especially those attending his concerts. このアルバムは10万部ほどしか売れなかったが, 曲はファンに, それも彼のコンサートに行った人たちに, 大受けした[大好評だった, 大評判だった].

**well-rounded** adj. 欠ける点のない, まんべんなく満たされた, 多彩で豊富な, 幅広く充実した, 多方面にわたる, 包括的な; (人の体付きが)ふくよかな, 丸々とした ◆a well-rounded practical car いろいろな点でバランスが良くとれている実用向きの車

**well-scrubbed** adj. よく磨かれた, こぎれいな[こざっぱりした, みぎれいな], あか抜けた, 洗練された(→ scrub)

**well-seasoned** adj. → season

**well-stated** ◆his well-stated arguments regarding the article この記事に関してうまく述べられた彼の議論

**well-stocked** adj. たくさん備えてある, 十分に蓄えてある, 在庫[品揃え]の豊富な ◆a well-stocked stream[lake] 魚[魚介類]がたくさんいる小川[湖] ◆a well-stocked shop 在庫[品揃え]の豊富な店

**well-structured** adj. よく構成されている, 構成がしっかりしている ◆well-structured tasks 合理化された[よく系統立てられた]業務

**well-tended** adj. 手入れのよく行き届いた ◆a well-tended shrine 手入れの行き届いている神社

**well-tested** adj. 十分にテストされた, 十分試験済みで実績がある, 多くの試練に耐えてきた ◆I consider this a well-tested, well-controlled, well-thought-out medical procedure. これは十分試験[テスト]済みの, 管理の行き届いた, よく考案された医療処置だと私は思う.

**well-thought-out** adj. よく考えられた[考案された, 工夫をこらしてある], 熟慮された, 良く練られた[練り上げられている], 綿密な ◆a well-thought-out decision 十分に考え抜いた[熟考の, 熟慮の]上での決定 ◆a very well-thought-out and original system 非常に創意工夫がこらされているシステム ◆a well-thought-out keyboard that minimizes the finger-twisting (タイプの)指がねじれそうになる[指に無理がかかる]のを最小限におさえる, (キー配列が)よく考えられているキーボード ◆You should have a well-thought-out plan to fund your child's education. お子さまの教育のために綿密な(進学)資金計画が必要です.

**well-to-do** adj. 裕福な, 暮らし向きのいい ◆well-to-do people 裕福な人たち

**well-trafficked** adj. 〈道, 場所などが〉交通量の多い, 往来の激しい

**well-tried** adj. 幾多の試練に耐え実績のある, 十分に試験済みの, 十分にテストされた ◆his well-tried tactic of ... ing 〜するという彼の充分試験済みの[実証済みの, 実績ある]戦術[戦法, 駆け引き]

**well-used** adj. よく[多く, 頻繁に]使用される, うまく[効果的に]使われている ◆a well-used fountain pen よく使い込まれている万年筆

**well-worked-out** adj. うまく[入念に]練られた

**well-worn** adj. すり切れた, 磨り減った〈タイヤなど〉, 履き古した〈靴など〉, 使い古した, 〈表現などが〉月並みな[ありふれた, 陳腐な]; 〈古〉適切に着用された(worn properly [becomingly]) ◆on well-worn tires 〈かなり〉磨り減ったタイヤを履いて

**wend** vt., vi. 進む, 進路を向ける ◆As neural networks wend their way from theory to practical application, ... 人工神経回路網[ニューロコンピュータ]が理論から実用への道を歩むにつれ, (* a neural networkは脳の神経回路網のことであるが, ニューロコンピュータの別称にもなっている)

**were** (be動詞. 複数および二人称単数の過去形) ◆if it were not for... もし〜がなかったら ◆if I were you もし私があなた〈の立場〉だったら

**west** 1 the 〜 西, 西側, 西の方; the W- 西側諸国, 西部地方 ◆in the west-to-east direction 西から東の方向に
2 adj. 西の, 西方向きの, 西からくる; adv. 西へ ◆in West Java 西ジャワに[の] ◆the West Japan Railway Company; JR West 〈日〉西日本旅客鉄道株式会社; JR西日本

**westbound** adj. 西へ向かう, 西行きの, 西方[西の方角]への, 西回りの ◆a westbound car 西行きの車 ◆the car was traveling westbound on Nebraska Avenue その車はネブラスカ通りを西へ向かって走行していた

**westerly** adj. 西の, 西への, 〈風が〉西から吹く; adv. 西に, 西へ, 〈風が〉西から; westerlies n. 〈複数形〉偏西風; a 〜 wind 西風[偏西風]

**western** adj. 西の, 西向きの, 西方の; W- adj. 西側の, 西洋の, 西部の; n. a 〜 〈しばしば a W-)西部劇, 西部物 ◆countries of the Western Hemisphere 西半球の国々 ◆in western Japan 西日本に[の] ◆the Western world 西側世界 ◆perform [do] a Western blot test [assay] for the detection [presence] of prions プリオンを検出する[プリオンの存在を調べる]ためのウエスタンブロット検査を実施する[行う]

**wet** 1 adj. ぬれた, 湿った, 湿式の, 湿-, 湿り-, 湿潤-; the 〜 雨天, 湿気, 水 ◆a wet cyclone 湿式サイクロン(*排煙中の粒子を除去する装置や選別工場で微粉炭を選別するための装置など) ◆a wet-process cement kiln 湿式セメント〈生産用〉キルン ◆on wet roads ウェット路で ◆to protect it from getting wet それを濡れないように[保護]するために ◆Don't use them in damp or wet locations. これらを, 湿気の多い場所や水気のある場所で使用しないでください. ◆The window panes become wet as condensation occurs. 結露が起こると窓ガラスが濡れてくる.
2 vt., vi. 〜をぬらす, 湿らす, ぬれる, 湿る ◆wet one's hands under cold water 手を冷たい水で濡らす ◆I almost wet my pants (from) laughing so hard. 私はあまりに大笑いして, もう少しでお漏らしする[ちびる]ところだった.

**wetback** a 〜 〈口, 侮蔑的〉(アメリカとメキシコの国境をなすthe Rio Grande川を渡るなどして米国に)不法入国するメキシコ人 ◆The term WETBACK refers to those who swim the Rio Grande to enter the US illegally. 「ウェットバック」とは, 米国に不法入国するためにリオグランデ川を泳いでわたる者のことを指す. (* a wetback (不法侵入者)には, さげすんだ響きがある. リオグランデ川はメキシコとの国境をなす)

**wet blanket** a 〜 濡れた毛布, 水を差すもの[人], けちをつける[座を白けさせる, 興ざめさせる, 人の意欲を削ぐ]人, 興ざまし ◆throw a wet blanket over [on]... 〜に冷水を浴びせる, 水を差す, 〜を興ざめさせる, 〜を白けさせる, 〜を台なし[ぶち壊し]にする ◆wet blankets at the party パーティーで座を白けさせる人たち ◆next year's tax increases could throw a wet blanket over the economy 来年の増税は経済に冷水を浴びせる[水を差す]ことになりかねない

**wet bulb** a 〜 湿球; wet-bulb adj. ◆a wet-bulb thermometer reading 湿球温度計の読み[取り値][示度, 測定値] ◆when the wet-bulb temperature is above 80 degrees 湿球温度が〈華氏〉80度以上ある時は

**wetland** a 〜 〈しばしば 〜s〉湿地, 湿原 ◆the preservation [conservation] of wetlands; wetlands preservation 湿地の保全 ◆WRP (Wetlands Reserve Program) 〈米〉湿地復元プログラム (*農地を湿地に戻す制度. 90年農業法に導入)

**wetness** n 湿り気, 湿気, 水分, 湿り度, 湿潤度 ◆if wetness recurs after you have cleaned the battery バッテリーをきれいにしても, また染みて[にじんで]くるようなら

**wettability** n ぬれ性, 湿潤性 ◆surface wettability 表面濡れ性[湿潤性] ◆enhance solder wettability 半田の濡れ性を向上させる ◆to enhance [improve, promote] solder wettability はんだ濡れ性を高める[向上させる]ために

**wetting** a 〜 ずぶぬれ[びしょ濡れ]〈になること〉, 寝小便, おねしょ ◆a wetting agent 湿潤剤, 界面活性剤, 浸漬剤 ◆have excellent solder wetting characteristics 優れた半田濡れ性を有している ◆He got a wetting in a heavy rain. 彼は土砂降りのすぶぬれに[豪雨の中ずぶ濡れに]なった.

**WEU** (Western European Union) the 〜 西欧同盟

**WFC** (World Food Council) the 〜 〈国連の〉世界食糧理事会

**WFP** (World Food Program) the 〜 世界食糧計画 (*国連の食糧援助機関. 本部はローマにある)

**whale** n 〜 (pl. 〜, 〜s) クジラ, 勇魚 (イサナ); vi. 捕鯨に行く, 捕鯨に従事する ◆a whaling nation 捕鯨国 ◆whale meat くじらの肉, 鯨肉 (ゲイニク) ◆whale-watching workshops run by IFAW 国際動物福祉基金によって運営されているクジラ観察ワークショップ (*IFAW = the International Fund for Animal Welfare)

**what** 1 《疑問を表して》何, 何の, どの, どんな, 何だって[何ですって]; adv. どれほど, どれだけ, 〈関係詞〉〜するもの, 〜こと, 〜だけの ◆decide what to do どうするか決める ◆be in touch with what's going on 実情に通じて[事態を把握して]いる ◆check and see what was entered earlier 何が既に入力されているのか調べて見る ◆find out what is inside 中に何が入っているのか[中身が何なのか]調べる ◆learn what it takes to win 勝つために何が必要なのかを知る ◆Under what conditions will...? どんな条件のもとで, 〜となるだろうか? ◆what is going on in the business world 実業界の情勢[実情] ◆remain within the bounds of what natural systems can sustain 自然系が維持できる範囲内にとどまる ◆the implementation of what has been agreed on [upon] 合意〈された〉内容の実施[施行] ◆WHAT TO DO IN CASE OF AN ACCIDENT 《見出し》万一の事故の場合にどうすべきか[の対処, の処置] ◆He started a plant nursery in what was once a junkyard. 彼は, かつて廃品置き場だったところで苗木畑を始めた. ◆Some daycare centers feature cameras that let you watch what is going on with your kids. 一部の保育園[託児所]は, 自分たちの子どもの様子が見られるカメラをウリ[目玉]にしている. (*ネット経由でリアルタイムで観られるライブカメラのこと) ◆The hue is what most people call the color. 色相とは, たいていの人が色と呼んでいるものである. ◆What if I am a non/new resident of New York? もし私がニューヨークの非/新居住者であるとしたら, どうなるのだろう? ◆What if it rains halfway through the game? ゲームの途中で雨が降ったらどうするだろう. ◆What size capacitor must we use? どの容量のコンデンサを使わなければならないだろうか. ◆What was new was the idea of linking them in large chains. 何が新しいかというと, それらを大きな鎖でつなごうという考えだ. ◆

What would you do if you were him? もしあなたが彼の立場だったらどうしますか。 ◆They are not dirt cheap but bargain prices considering what they are. それらは激安ではないけれど、こういう物にしては[物が物だけに]特売価格[特価]である。 ◆U.S. aid to East Asia has dropped to one-third of what it was in 1975. 米国の対東アジア援助は、1975年当時の3分の1にまで減少した。 ◆I can't help but wonder what will become of this child who was abandoned by his mother at such a young age. 私は、こんなに幼くして母親に捨てられたこの子の(行く末)はどうなるのだろうと思わずにはいられない。

2 《感嘆文で》何という、どんなにか ◆What a great idea! なんてすばらしい考えなんだ。 ◆What an idiotic question (this is)! (これは)なんて[なんという]ばかな質問なんだ。 ◆What a waste of research funds! なんという[なんたる]研究費のむだ遣い[浪費]だろう。

**whatever** 〜は何でも、いかなる〜も、たとえ〜でも、何もかも(何であれ)現在奨められている療法を採用する[採り入れる] ◆for whatever reason 理由のいかんを問わず ◆of no practical use whatever 全く[まるで、全然]実用にならない ◆whatever happens 何が起ころうとも ◆whatever happens 何事が起ころうとも、是非 ◆whatever the cost 費用がいくらかかろうとも ◆without any reason whatever; for no reason whatever 何らの理由もなしに ◆create a new directory within whatever is the current working directory 現在の作業ディレクトリ(が何であれ、そこ)に新しいディレクトリを作成する ◆if your computer, of whatever size, doesn't... どんなサイズのコンピュータであろうと、もしも〜しないならば... ◆whatever their age (is [may be]) 彼らの年齢のいかんを問わず ◆Whatever their age, women with small tumors... 年齢を問わず、小さな腫瘍のできている女性は...

**whatnot** 口何やかや、いろいろなもの; a〜 (骨董品、装身小物などを載せる多段開放型の)置き棚、得体の知れないもの ◆... and [or] whatnot 《事項を列記した後につけて》〜など、その他いろいろ

**whatsoever** (= whatever) ◆I have no relationship(s) whatsoever with any of these companies. 私は、これら企業のどれとも何らの[何の、いかなる]関係もない[一切無関係だ]。 ◆It is of no importance whatsoever. それは、全然[全く]重要ではない。 ◆Never remove the guard for any reason whatsoever. いかなる理由があろうとも、防護具を取り外さないでください。 ◆There is no difference whatsoever. 差異は一切ない。

**Wheatstone** ◆use a Wheatstone bridge to measure a strain gauge fastened to a cantilever [電気]片持ち梁に固定した歪みゲージ(の抵抗値)を測定するのにホイートストーンブリッジを用いる

**wheel** 1 a〜 車輪、ホイール、 -輪; the〜 (車の)ハンドル; 〜s 原動力、中枢機構、推進力 ◆on wheels 〈物が〉車輪[キャスター]付きの ◆sit behind the wheel (of a car) 運転席に座る[車のハンドルを握る] ◆a wheel cover (= hubcap) ホイールキャップ ◆4-wheel independent suspension 《車》四輪独立懸架 ◆a two-wheel horse-drawn carriage 馬に引かせる二輪車; 二輪馬車 ◆a round-and-round hamster wheel くるくる回るハムスターの回し車 ◆two-wheel(ed) vehicles such as motorbikes and mopeds オートバイ[単車]やモペット[原付自転車(の一種)]などの二輪車 ◆turn back the wheels of history 歴史の歯車を逆転させる

2 〜に車輪[キャスター]を付ける、〜を(同じ場所で)回転させる、〜を旋回させる、〈車のあるもの〉を押す、〜を車輪付きのもので運ぶ; vi. 弧を描く、回転する

**wheelbarrow** 2〜一輪車、一輪手車、手押し車、手車、猫車、ひとつ車、押し車、箱車 ◆push a wheelbarrow laden with 220 pounds of flour 小麦粉220ポンドを積んだ手押し車を押す

**wheelbase, wheel base** 2〜《車》ホイールベース、軸距(*前輪と後輪の中心点を結んだ距離のことで、車の大きさを表す尺度でもある)

**wheelchair** 2〜 車椅子 ◆in a wheelchair 〈人が〉車椅子に乗って ◆a motorized [motor-driven, power] wheelchair 電動いす ◆persons confined to wheelchairs 車椅子に腰掛けたきりの[車椅子に(いつも)乗っている]人たち ◆The toilet is designed for wheelchair access. そのトイレは車椅子で入れるように設計されている。

**wheeling** ◆wholesale [retail] wheeling 《順に》(電力の)卸[小売り]託送

**when** 〜の時[時期、時分、際、折り]、〜の場合; いつ ◆the date when it began それが始まった日 ◆when stopping or starting abruptly 急停止または急発進時に ◆When to replace a roof? [標題]いつ屋根を葺き替えるか ◆determine when the oil needs changing or parts need replacing オイルや部品の交換時期を判断する ◆If you have lots of tapes left from way back when that you can't seem to part with, I suggest a tape player with CD changer capabilities. [惜別の念にかられる往年の]とても手放せそうにない昔のテープをたくさんお持ちなら、CDチェンジャ機能付きのテーププレーヤーにしてみてはいかがでしょう。

**whenever** 〜の時はいつも、〜するたびに; いつでも ◆whenever necessary 随時、必要に応じて ◆the catalyst is heated electrically whenever its temperature drops below a predetermined limit 触媒はあらかじめ設定されている下限温度よりも下がるたびに電気的に加熱される ◆Take public transportation whenever possible. 可能な時には必ず[出来ることなら]公共交通機関を使うようにしましょう。 ◆A light on the dashboard lets you know whenever the shock absorbers are in the firm position. ダッシュボード上のライトは、ショック・アブソーバーが堅い設定になっているときは常時(点灯して)そのことを知らせてくれる[表示する]。

**where** 1 どこに; どこで、どこへ、何処(イズコ) ◆learn about where to implement improvements 《意訳》どこを改良すればいいのかを[改善すべき箇所を]知る ◆no matter where they are どこに彼らがいようとも ◆indicate where the current view is in relation to the rest of the list 《コンピュ》現在表示されている箇所が、そのリストの他の(表示されていない)部分(全体)に対してどこに当たるかを示す ◆make a determination of where xxx should [will] be placed 〜をどこに置くべきかを決める、〜をどこに配置する[位置付ける、設置する]べきかを決める ◆talk about where we are now and where we are headed 我々が今どこにいて、どこへ向かっているのかについて話し合う ◆wonder where one would find the time to <do...> 〜する時間なんかどこにあるのかと思ってしまう ◆The American taxpayers deserve to know where their money is going. 米国の納税者は、金の行く先[使途]を知ってしかるべきだ[知る権利がある]。 ◆"Where to?" She said. "Over to that bank." I pointed. 「どこに行くの[どちらへ]?」と彼女は言った。「あの銀行まで」と私は指さした。 ◆If you do not qualify, the test report will show where improvements are needed. 不合格の場合、試験成績報告書はどこ[どの点]を改善すべきなのかを示してくれます。

2 〜する場所、どこに、〜するところ、〜の場合、〜の場合には必ず ◆especially where transmission speed is concerned 特に転送速度に関しては[速度の点で] ◆in the great majority of cases where <S・V> 〜である大多数の場合において[大部分の場合には] ◆where finish is an important factor 仕上げが重要な要素[ポイント]である場合に ◆where limited by measurement equipment 測定器(の性能の限界)による制約がある ◆keep NATO's nuclear forces up to date where necessary 必要に応じて北大西洋条約機構の核戦力を最新のものに更新・維持しておく ◆move information to where it is needed [in demand] 情報を必要としているところに送る ◆it will be several years before deer numbers return to where they were before... 鹿の数が〜以前の頭数にまで回復するにはあと数年かかるだろう ◆Basically, Taiwan is where Japan was 10 years ago. 基本的に台湾は10年前の日本と同じところにいる。 ◆Where drivers are concerned, the less said the safer. 運転者について言えば、口数が少なければ少ないほど安全である。 ◆Where salespeople are concerned, time is money. 営業担当の人間に関して言えば、時は金なりである。 ◆Be dili-

**whip**

gent where a health matter is concerned. An ounce of prevention is worth a pound of cure.　こと健康に関しては留意しましょう．予防に勝る医療はないのだから．◆This cooling method is employed where higher humidities can be tolerated.　この冷却方法は，湿度が高めでも許される場合に採用される．◆Some microprocessor-controlled machines are used where a high degree of precision is needed.　高い精度が要求されるところには，マイコン制御の機械が一部使用されている．◆Computers have been downsized to where one can almost put the capacity and processing of a main frame right on a desktop.　コンピュータは，大型計算機の能力と処理を正に机の上に置くことができるところまで小型化された．
**3**　そしてそこで　◆where n is any integer　ただしnは任意の整数である（＊数式の説明で）◆where T = absolute temperature, f = frequency　ここで，Tは絶対温度，fは周波数である（＊数式の説明）◆Positive ions in the water move away from the anode and are absorbed into the cathode, where by a still mysterious process they fuse to form helium and give off heat.　水中の陽イオンは陽極から遊離して陰極に吸収され，そこで陽イオンはまだ説明のついていないプロセスにより融合してヘリウムになり，熱を発する．
**4**　〜に対して，〜のかぎりでは　◆Where America has four domestic automakers for twice the population and six times the road network of Japan, this country is home to 11 independent automobile producers.　日本の2倍の人口と6倍の道路網を持つアメリカに対して4社の国内自動車メーカーがあるのに対して，この国（日本）は11社の独立した自動車製造業者を擁している．

**whereabouts**　《疑問副詞》どの辺［あたり］に［で］; n.《単（複扱い）》居場所，所在，居所，行方，消息，（ものの）位置，ありか ◆an open letter to the King Kong (whereabouts unknown)　キングコング（住所不明）に宛てた公開質問状　◆in order to track down its whereabouts　その所在を突きとめるために　◆the whereabouts of criminals　犯人の居所　◆to keep track of employees' whereabouts　従業員の居場所を常時つかんでおくために　◆His father's whereabouts are unknown.　彼の父親の所在は不明である．◆The whereabouts of the missing plane remained a mystery.　その行方不明機の位置は分からなかった．

**whereas**　conj.　〜であるのに対して，しかるに，ところが ◆Most West European trade is within the European Community, not with the U.S., whereas 35.2% of Japan's shipments are U.S.-bound.　ほとんどの西側ヨーロッパの貿易は米国とではなく欧州共同体域内で行われているのに対して，35.2％の日本の海外向け船積みは米国向けである．

**wherever**　conj.　〜であるところならどこ（へ）でも，〜の場合は必ず，〜であるどんなところでも; adv.　◆wherever possible　可能な限りどんな［いかなる］場合でも　◆wherever the cursor is placed　カーソルがどこにあっても　◆allow consumers to conveniently search from wherever they are on the Internet　客がインターネット上のどこからでも便利に検索できるようにする

**whet**　vt.〈刃物〉を研ぐ，〈興味，関心，食欲など〉をそそる［刺激する］◆teach parents how to read books to small children to whet appetites for learning　学習意欲を刺激する［そそる］には，幼児にどんな風に本を読んでやればよいのかを親御（オヤゴ）さんたちに教える

**whether**　conj.　〜かどうか，〜であろうとなかろうと　◆on the basis of whether...; based on whether (or not)...　〜かどうかに基づいて　◆the debate about [over] whether to change [transform, turn] Australia from a constitutional monarchy into a republic　《意訳》オーストラリアを立憲君主制から共和制に移行することの是非についての議論　◆whether on land or at sea　陸上においてであろうと［いようが］海上においてで［いようが］　◆it can be used as the basis for a go/no-go decision as to whether or not to perform....　それは〜を行うべきか否かの判断の叩き台として使える［下敷きになる］; 〜の実施の可否［是非，可否］，正当であるか不当か］の判断材料となる（＊ここでの当否 = 適切か不適切か，正当であるか不当か）　◆whether to put a bullet or number in front　（＊各項目の）頭に黒丸印を付け

るかそれとも番号を振るか　◆Whether or not to do so depends on cost factors.　そうするかどうかは，コスト要因にかかっている．

**whey**　⦅n⦆ホエー，乳清，乳漿（ニュウショウ）

**which**　どちら，どれ，どちらの，どの; 〜するところのもの，そしてそれは，そしてそのことは　◆recognize which is which　どちらがどちらなのか識別する［見極める］　◆private schools that select which students to admit and which teachers to hire, using criteria impermissible in public schools　どの学生を入学させ，どの先生を雇い入れるかを，公立学校だったら許されないような判断基準で決めている私立学校　◆How much of which kind of lead additive did you add to what grade of gas?　どの［どんな］種類の鉛添加剤をどの位の量，どのグレードのガソリンに加えたのですか．◆The reversible disc will slice or shred depending on which side is up.　この裏表ともに使える円形刃は，どちら側が上になっているかによりスライスしたり千切りしたりします．

**whichever**　〜するどちら［どれ］でも，どちらが〜であっても　◆use either A or B, whichever is less costly　AとBのいずれか安い方を使用する　◆whichever direction the stock market goes　株式市場がどちらの方向に向かおうとも　◆whichever lubricant you use　《直訳》あなたは，どの潤滑剤を使おうと《意訳》潤滑剤の種類を問わず　◆whichever site is chosen　《直訳》どの開催地が選ばれようとも;《意訳》開催地がどこに決まろうと　◆you can choose whichever you like　どちらでもお好きな方をお選びいただけます　◆have to save Windows files either as graphics (.TIF) files or as text, whichever is appropriate　Windowsファイルをグラフィックスファイル（拡張子 .TIF）またはテキストとして，いずれか適切な形式で保存しなければならない　◆They will receive 25 percent of their annual income or $6,000 – whichever is greater.　彼らは年収の25％または6000ドルのいずれか多い方を受けとることになっている．

**while**　**1** conj.　〜する間，〜である以上は，〜する限りは; 〜と同時に，それと同時に; 更に，その上，そして; 〜である一方で，〜に対して他方では，〜であるがこれに対して，〜とはいえ，〜でありながら　◆while doing so　そうしている間で　◆while you change film　フィルム交換している間　◆click on the right mouse button while holding down the Control key　コントロールキーを押しながらマウスの右ボタンをクリックする　◆have much better performance while maintaining a low chip count　チップ数を少なくしながらもはるかに高い性能を持つ　◆while the bridge alternately conducts and opens　ブリッジ回路が交互に導通したり開いたりしている時に
**2** n. a 〜間［時間，期間］　◆all that while　その間ずっと　◆all this [the] while　この間ずっと　◆for a while [awhile]　しばらく（の間）　◆after a while　しばらくして；しばらくすると　◆after such a short while　そのような短い間［期間］（経った後）

**whim**　a 〜 気まぐれ，むら気，移り気，出来心　◆be left to the whim or personal vagaries of the persons in charge　担当者らの思い付き，あるいは個人的な気まぐれ［恣意，《意訳》分量］に委ねられている;《意訳》〜は担当者の胸三寸［さじ加減一つ，胸一つ，腹ひとつ］で決まる

**whine**　a 〜〈風，機械などの〉高く長い音，長くひっぱるような泣き声; v.〈機械などが〉かん高い連続したうなり音を出す，哀れな鼻声を出す，愚痴をこぼす　◆the whine of electrical transformers　変圧器のうなり音　◆the whine of a four-valve, twin-cam engine　4バルブ・ツインカムエンジンの（かん高い連続した）うなり音［エンジン音］

**whip**　a 〜 むち，御者; (a) 〜 ホイップ（して作ったデザート）; a 〜 泡立て器，〈狩猟での〉猟犬指揮係，（政党の）院内幹事，《英》（重要案件が予定されている場合に議会への出席を促す）登院命令（書）; 急な動き，（むちのような）しなやかさ; vt. むち打つ，かき回して泡立てる，急に動かす［動く］　◆a flexible whip antenna　フレキシブルホイップ［むち形］アンテナ

**whip up** 〈料理など〉を手早く作る, ～を刺激する[励ます, かき立てる], 〈馬など〉にむちをあててとばす ◆make [fix, whip up] an omelette　オムレツをこしらえる

**whirlwind**　a ～ 旋風, つむじ風, 《比喩的》嵐, あわただしい[目まぐるしい]行動; adj. あわただしい, あっという間の, 〈旅行, 地方遊説など〉の強行軍の, ハードスケジュールの, 駆け足の ◆Sow the wind, reap the whirlwind. 悪いことをしたら, その何倍もの罰を受けることになる. ◆They married after a whirlwind romance. 彼らは急進展のロマンス[大恋愛]の末結婚した.

**whisk**　～をさっと払う, ～をはたく, さっと動く[行く]; a ～ さっと動かすこと, 一払い, 一振り ◆Add chocolate and whisk until melted and smooth. チョコレートを加え, 溶けてなめらかになるまで泡立てます.

**whistle**　a ～ 〈合図などに用いられる〉笛[ホイッスル]〈の音〉, 口笛〈の音〉; v. 口笛を吹く, ホイッスルを吹く[鳴らす] ◆a whistle-blower 《俗》告発者, 内部告発者[通報者], 密告者 ◆he blew the whistle on the scandal 彼はその不祥事を内部告発[通報]した ◆the engineer said he blew the (train) whistle and put on the brakes 機関士は, 警笛[汽笛]を鳴らしてブレーキをかけたと言った

**whistle-blowing**　《俗》告発, 密告, 垂れ込み, 内部告発, 内部通報

**white**　adj. 白い; n. ①白, 白色; (a) ～ 白いもの, 卵白; a ～ 白人 ◆white noise 《通》ホワイトノイズ[白色雑音]《*対象とする周波数範囲内で周波数特性がフラットな雑音》 ◆the emission of white light 白色光の放出; 白色発光 ◆a plain white road 真っ白な[白一色の]道(*雪で) ◆a plain white wall 白壁 ◆a vast expanse of white 一面の銀世界《*広大な雪に覆われた景色を形容している》 ◆off-white walls オフホワイトの壁 ◆people that call white, black and what is right, wrong 白を黒といい, 正しいことを間違っているという人たち ◆perform a white-balance calibration 《TV》ホワイト・バランス較正[校正]を行う ◆the white and colored races 白色人種と有色人種(*後者は特に黒人を指して) ◆typed on (a piece of) plain white paper (罫のない)白紙にタイプ打ちされて ◆pictures with truer whites and accurate pastels より純白に近い白と正確なパステルカラーを再現している写真 ◆white supremacist [supremacy] groups such as the Ku Klux Klan クー・クラックス・クランなどの白人至上主義者のグループ[団体] ◆a beautiful girl in a plain white wedding dress 白無垢のウェディングドレス[花嫁衣装, 婚礼衣装]を着た美しい少女 ◆a white patch on a printed sheet caused by insufficient deposition of toner トナーの乗りが不十分なために生じた印刷ページの白抜け箇所 ◆invert the screen (white-on-black becomes black-on-white) 画面を反転表示させる(黒地に白が白地に黒になる) ◆when coals are white hot 石炭が白熱している時に ◆turn black pixels white and vice versa 《画像処理》白黒反転させる[黒い画素を白く白い画素を黒にする]

**white blood cell**　a ～ 白血球(= a white blood-corpuscle; a leucocyte) ◆infection-fighting white blood cells 感染と戦う白血球

**whiteboard**　a ～ ホワイトボード, 白い黒板 ◆an electronic whiteboard [blackboard, copyboard] 電子黒板[白板](*白板上に書かれたものをそのまま紙にコピーしたり電気信号として送信する)

**white-collar**　adj. ホワイトカラー[頭脳労働者]の ◆white-collar work 頭脳労働[事務系の仕事, オフィスワーク]の (→blue-collar work) ◆a white-collar worker ホワイトカラー[事務系, 頭脳]労働者 (→a blue-collar worker) ◆white-collar productivity ホワイトカラー[事務系職員]の生産性

**white elephant**　a ～ 白い象, 〈維持するために金がかかる〉持て余しもの[厄介なもの, 無用の長物], 不用品 ◆how Denver got saddled with a white elephant of an airport どのようにしてデンバーは無用の長物[利用価値がなく金のかかる持て余しもの]の空港を背負い込むようになったのか ◆military bases have become white elephants 軍事基地は無用の長物と化した

**white goods**　《複扱い》白物家電品(*冷蔵庫, 冷凍庫, 洗濯機, 衣類乾燥機等の大型家電品. 伝統的に白色塗装されていることから), 綿やリンネルの白い布地またそれを使って作ったテーブルクロス, タオル, シーツ, カーテンなどの製品

**white heat**　(a) ～ 〈金属の〉白熱, 極度の緊張[興奮], 激情

**white-hot**　白熱の, 激しい ◆work at white-hot pitch 猛烈なペースで働く

**White House**　the ～ ホワイトハウス, 米国大統領官邸, 米国政府

**white knight**　a ～ 白い騎士, 英雄, 勇者, 非友好的買収に直面している企業を救済する会社, 〈危機から救ってくれる〉白馬の騎士[救世主(的な人[会社])], 自社が無能な人 ◆To avoid a hostile takeover, the target company may seek a "white knight," another company with which it would prefer to merge. 敵対的買収を避けるために, 〈乗っ取り〉対象企業は, 合併するのにもっとましな別の企業であるところの「ホワイトナイト[白馬の騎士, 救世主]」を探すことがある.

**whiten**　白くする, 白くなる

**whitener**　a ～ 白くするもの, 漂白剤, 増白剤, 脱色剤 ◆a fluorescent whitener 蛍光増白剤

**whiteout**　a ～ ホワイトアウト, 一面の雪の乱反射により方向や距離がわからなくなること ◆lose vision in a whiteout ホワイトアウトで視界を見失う

**white spruce**　(a) ～ ホワイトスプルース, シロトウヒ, カナダトウヒ ◆white spruce forests in northern Alberta (カナダ)アルバータ州北部のホワイトスプルース[シロトウヒ]の森林

**whitewash**　①水しっくい, のろ; ②～ うわべのごまかし; ～にしっくいを塗る, ～を取り繕う ◆a whitewashed wall 白塗りの壁, 白壁 ◆This is surely a whitewash of a problem. これはまさに問題のもみ消しだ. ◆Some opposition politicians have complained that the commission's probe will be a whitewash. 反対派の政治家の一部は, 委員会の調査は世間に対する見せかけだと不満を表明した.

**whitish**　adj. 白っぽい, やや白い, 白みがかった ◆a whitish liquid 白濁した液体 ◆The reaction produces lead sulfate, a whitish powder. この反応で硫酸鉛の白っぽい粉末ができる.

**whittle**　vt., vi. ～を(ナイフなどで)削る, 少しずつ削る ◆The entry of such competitors as A and B has whittled C's market share from a monopoly in the late 1980s to about 50% today. A社やB社のような競争相手の参入は, C社の市場占有率を1980年代後半の独占状態から今日の50%へと削り落とすこととなった.

**whiz**　(a) ～ ヒューッ, ビューッ; a ～ 名人, やり手, 達人; vt., vi. ヒューッと音をたてる, ビューっと進む[動かす], ブーンと回転させる

**whiz kid**　a ～ 若手のやり手[達人], 麒麟児(キリンジ), (人並みはずれて才能のすぐれている若い人)怪物 ◆a whiz-kid governor 若手の敏腕知事 ◆a 19-year-old guitar whiz kid 19歳のギターの天才〈少年〉 ◆a team of "whiz kids" from Harvard University ハーバード大学出の「エリート」集団 ◆a whiz kid at music 音楽がずば抜けてできる子; 音楽の天才〈神童〉 ◆the Wall Street whiz-kid traders of the Reagan boom 《意訳》レーガン大統領時代の好景気に沸いていたウォール街のやり手〈風雲児, 寵児〈チョウジ〉, 流行児〉トレーダーら

**whizzer**　a ～ 遠心脱水機(*産業用の)

**who**　だれ; ～するところの人 ◆prove that the sender is really who they say they are 送信者が本当に名乗っているとおりの人物である[人である]ことを証明する

**WHO**　(World Health Organization) the ～ 世界保健機関(*国連の機関)

**whole**　the ～ <of> 全部, 全体; a ～ 完全体, 統一体, 一つのまとまったもの ◆as a whole 全体的に見て ◆a whole report 全体報告 ◆whole-body 全身の ◆whole milk 全乳 ◆across the whole of Europe 欧州全土[全体]にわたって ◆see it as nearly whole as possible それをできるだけ全部[全て残らず, 余すところなく, すっかり]見る ◆tell the whole story of what happened 起こったことの全貌を伝える; 事の一部始終[顛末]を話す ◆the whole what, where, why, when, and how of... ～のすべて ◆become a part of the whole 全体の一部分を成す ◆dates from June 25, 1985 up to and including the whole of October 1985 1985年6月25日から1985年10月いっぱいまでの日付 ◆an integrated whole that is composed of A, B, and C からなる統合化されている総体［統一体］ ◆a set of atoms that cannot cohere to a greater whole 結合してより大きな一つのまとまりになることができない一組の原子 ◆the message is copied as a whole into the other message その メッセージは、ほかのメッセージにまるごとコピーされる ◆The whole idea behind doing this is to help the kids. そもそも、このことをする背後にある考え[狙い]は子供たちを助けることにある。 ◆The whole quantity of water used in this experiment was 216 lbs. この実験で使用した水の全量は216ポンドであった。 ◆The problem is, you can't see the whole picture from where you're standing. 問題は、君の立場［置かれている状況、立脚点、視座、視点、観点］からは全体像が見えない［全容が分からない］ということだ。 ◆There is a danger that the whole area will be contaminated by the untreated waste. 未処理の汚水で地域全域が汚染される危険がある。 **on the whole** 概して、全体として、全体的に見て、全般的に言って、総じて、総体的に、だいたいにおいて、ひっくるめて言えば、総括してみて

**whole-body** adj. 全身の ◆a whole-body counting system [counter] 全身放射能計測装置［計測器］

**wholehearted** adj. 心からの、全身全霊を傾けた、全幅の、全面的な

**wholeheartedly** adv. 心から、心を込めて、誠意をもって、誠心誠意、(全身)全霊を打ち込んで、一意専心、本気で、本腰を入れて、一途に、全面的に ◆I agree wholeheartedly with your opinion on the matter. この件について、私は心からあなたの意見に賛成します。

**whole number** a ～整数(= an integer) ◆positive and negative whole numbers 正と負の整数

**wholesale** adj. 卸売りの、卸商の、卸問屋の、問屋の、(必要じょうに)大量の［大規模な］、十把ーからげの; n. 卸し(売り) ◆the wholesale trade 卸売り業 ◆as a wholesale electric utility 卸電気事業者として ◆a wholesale payroll-cutting campaign 大規模な無差別人員削減運動 (*wholesale は「区別をせずに大々的に」) ◆sell electric energy at wholesale 卸売り電力を売る ◆sell it for a wholesale price of $3.80 それを3ドル80セントの卸値［卸売価格、下代］で販売する ◆sell them at wholesale prices それらを卸値［卸売り価格、下代］で販売する ◆supply wholesale power to... 卸売り電力を～に供給する ◆wholesale purchasers of electric energy 卸売り電力購入者 ◆work in wholesale banking 大口［法人］金融部門に勤務している ◆wholesale revision of our earlier projections 私たちの以前の予測の大幅な修正［大修正］ ◆be sold in wholesale quantities to supermarkets 卸売り数量でスーパーに大量に売り送されている

**wholesome** adj. 健康的な、健全な、有益な ◆wholesome entertainment 健全な娯楽 ◆wholesome foods [foodstuffs] 健康にいい食品 ◆wholesome, healthy and drug-free lifestyles 健全で健康的なドラッグ抜きのライフスタイル ◆Disney, which has a reputation for wholesomeness （提供している娯楽の)健全さで定評のあるディズニー ◆A skating rink provides wholesome recreation. スケートリンクは、健康［((意訳))身体］にいいレクリエーションを提供してくれる。

**wholly** adv. 全く、完全に、もれなく、全面的に、全体として、もっぱら、悉皆(シッカイ) ◆a wholly-owned subsidiary of X Corp. Xの完全所有［全額出資、100%[下記]子会社 ◆If A Corp. owns 100 percent of B Co.'s stock, B is a wholly-owned subsidiary of A. 仮にA社がB社の株式を百パーセント所有しているとすれば、B社はA社の完全所有［全額出資、100%出資、100%］子会社である。

**whom** だれを; ～するところの人

**whopping** 《口》ものすごく大きい、ばかでかい、べらぼうな ◆spending on... grew by a whopping 25 percent ～の支出は25%増の大幅な伸び［大増幅］となった; ～が25パーセント増と大幅拡大した ◆a whopping 11.5:1 compression ratio 11.5対1というものすごく大きな圧縮比

**whose** 《who の所有格》誰の、誰のもの;《関係代名詞 who, which の所有格》～するところの、そしてその... ◆Select the node whose style you want to change. どのノードのスタイルを変更したいか［スタイルを変更したいノード］を選択します。

**who's who** a ～ 人名事典、紳士録、名士録 ◆be listed in Who's Who in robotics ロボット工学の紳士録に載っている

**why** conj. adv. なぜ、何故に(ナニユエ)に、なぜ～であるか; a ～ 疑問、質問、理由 ◆The reason why the bill was not paid was because... どうして勘定が支払われなかったのかというと～ ◆That's why I came up with the idea. それで私はこのアイデアを思い付いたのです。 ◆the hows and whys of autofocusing 自動焦点調節の方法と原理 ◆That's why we are trying to... そんなわけで、私たちは～しようとしている。 ◆Your driving judgment is particularly affected by alcohol, and this is why situations calling for quick driver reaction often result in collisions. あなたの運転する際の判断力はとりわけアルコールによって鈍り、このため、運転者のとっさの反応が要求される状況がよく衝突事故といった結果を招くのである。

**wick** a ～ (ろうそく、ランプなどの)芯; vt. ～を(毛管作用で)運ぶ［吸い取る］

**wicking** 回 (ロウソクやランプの)芯をつくるための材料、毛管[毛細管]現象(による這い上がり[吸い上げ]) ◆to ward off solder [flux] wicking （毛細管現象による)はんだ［フラックス］のはい上がり［吸い上がり］を防ぐために ◆the connector's rear is sealed with epoxy to protect the contacts from solder wicking コネクタの裏面は(毛細管現象による)はんだの這い上がりから接点を守るためにエポキシを使って封止されている

**wide** adj. 幅[間口]の広い、幅広い、広幅の、幅が～ある、大きく開いた、広々とした; adv. 広く ◆30μsec-wide pulses 30μsec幅のパルス ◆a 5.5-inch-wide wheel 5.5インチ幅のホイール ◆a wide margin of safety 大きな［大幅な］安全余裕 ◆a wide selection of power tools 電動工具の豊富な品揃え ◆a wide [wide-angle] conversion [converter] lens ワイド[広角]コンバージョン［コンバーター］レンズ(*カメラのレンズの前に装着して画角を広角側に広げる) ◆come into wide use 広く使われるようになる; 一般化する; 普及する ◆over [across] a wide area 広い地域[広域]にわたって ◆with wide-open eyes 目を大きく開いて; 目を見開いて ◆a 65" 16:9 wide-screen display 65型縦横比16:9のワイド 画面ディスプレイ(*横16:縦9の比率が、「縦横比」の言い方が普通。65型とはテレビ用の呼び方で、コンピュータ用ディスプレイならば65インチと呼ぶことが多い) ◆a wide-screen television (set) ワイド・テレビ ◆a light beam no wider than a human hair 人間の髪の毛の太さほどもない細い光線 ◆can work on a wide frequency band 広い周波数帯[広帯域]で動作可能である ◆techniques that have wide applicability 広範に適用できる[幅広く応用の効く]テクニック ◆the keyboard is only 11.7" wide そのキーボードは、横わずか11.7インチである ◆there is a wide variety of vendors and hardware to choose from 仕入先の選択とハードウェアの選定の幅が大きい ◆the rolling-element bearing which has found wide use 広く用いられている転動体軸受 ◆Doorways are wide enough to admit wheel-chairs. 出入口は、車いすが通るのに十分な間口がある。

**-wide** ～全体の、～全般にわたる、～を挙げての、～ぐるみでの ◆on a company-wide basis 全社を挙げて; 会社全体を巻き込んで ◆a building-wide network ビル全体に張り巡らされているネットワーク ◆an economy-wide recession (一国や一地域の)経済全般にわたる景気後退 ◆implement a company-wide quality management program 全社的な品質管理体制を実施する ◆industry-wide revenues 業界全体の収益

**wide-angle** 広角の ◆a wide-angle lens 広角レンズ ◆a wide-angle shot 広角撮影

**wide-area** adj. 広域の ◆a wide-area network (WAN) 広域通信網 [ワイドエリアネットワーク]

**wideband, wide-band** adj. 広帯域の ◆a wide-band antenna 広帯域アンテナ ◆a wide-band communication system 広帯域通信システム ◆a wide-band transformer 広帯域トランス [変成器] ◆a wideband [wide-band] amplifier 広帯域増幅器

**widely** 広く, 広範にわたって ◆it is a widely held belief that... 〜というのが一般的な考えである ◆A [One] widely held view is that... 一般的な見解 [見方, 認識] のひとつとして, 〜 ◆his analysis is widely accepted as correct 彼の分析は, 正しいものとして一般に受け入れられている ◆It is still widely used. それは, 依然として広く用いられている. ◆They vary widely in complexity. それらは, 複雑さの点で大きな幅がある [大幅に異なる].

**wide-mouth** adj. 口の広い ◆a wide-mouth intake 《車》口の広い(空気)取入れ口

**widen** v. 広くする, 広くなる ◆a road-widening plan [project] 道路拡幅 [拡張] 計画 [事業] ◆widen column B to 10 characters 《コンピュ》列Bの幅を10文字に広げる ◆widen roads to four lanes 道路を4車線に拡張 [拡幅] する ◆widen the generation gap 世代間の断絶を広げる ◆the road needs widening because of heavy traffic entering... この道路は〜に進入する交通量が非常に多いため拡張 [幅員を広げる必要がある] ◆The black-white gap is widening. 黒人と白人の間の格差は拡大している.

**widening** (a) 〜 広がる [広げる] こと ◆the widening of roads 道路の幅を広げること; 道路の幅員の拡大; 道路の拡大 ◆by a widening of America's trade deficit 米国の貿易赤字の拡大により ◆construction work continues on widening of the road その道路の幅員を広げる [拡張, 拡幅] 工事が引き続き行われる ◆a further widening of the Yugoslav conflict has been prevented ユーゴ紛争の拡大 [拡大化] が防ぎ止められた

**wide-open** adj. 広く開いた, (警察などによる)取り締まりのゆるい ◆on wide-open roads すかすかに空いた [広々とした] 道路上では

**wide-range** adj. 《音響》ワイドレンジの, レンジの広い (*周波数レンジとダイナミックレンジが広い) ◆wide-range hi-fi 《音響》ワイドレンジの [レンジの広い] ハイファイ

**wide-ranging** 広範にわたる, 広範囲の ◆wide-ranging cooperation 幅広 [多方面] にわたる協力 ◆wide-ranging experience 幅広い経験 ◆launch a wide-ranging study to determine if... 〜かどうか調べるために広範にわたる研究に着手する

**widescreen, wide-screen** adj. ワイドスクリーンの, 画面の広い, ワイド画面の ◆a wide-screen motion picture ワイドスクリーン映画 ◆purchase a widescreen television (set); buy a widescreen TV ワイドテレビを購入する [買う]

**widespread** adj. 広範にわたる, 広く一般の, 一般に普及した ◆become (more) widespread (より)普及する, (もっと)広まる, (いっそう)一般化する ◆achieve widespread use 普及する ◆enter [come into] widespread use 普及する ◆it is now in widespread use among... それは現在〜のあいだで広く用いられている ◆the widespread practice of using new communication technologies for the dissemination of... 〜を広めるのに新しい通信技術を利用することが広範に [《意訳》一般的に] 行われていること ◆the widespread use of computers in publishing 出版におけるコンピュータ利用の普及 ◆achieve [gain] widespread acceptance in the market [marketplace] 〈製品やサービス〉が市場 [市場に] で広く受け入れられる ◆the widespread usage of the term electronic mail 電子メールという単語が広く一般に用いられていること ◆get workstations into widespread use in offices ワークステーションをオフィスに普及させる ◆It has come into widespread use [usage]. それは, 広く使用される [広範に用いられる] ようになった.; 《意訳》それの適用が拡大した. ◆Robbery and extortion have become widespread. 強盗とゆすりが横行してきた. ◆By the year 2000 64-bit personal computers will be in widespread use 西暦2000年までに, 64ビットパソコンは広く用いられるようになるだろう. ◆It was not until the mid 1970s that its use became widespread. 1970年代の中頃になってようやく普及してきた. ◆More extensive field trials are necessary before the vaccine can be put into widespread use. このワクチンの広範な使用 [普及] が可能になるまでに, より広範にわたる実地での試行が必要である. ◆The method didn't come into widespread practice until 1998 when the company built... この方法は, 同社が〜をつくる1998年まで広く実践されるようにならな [《意訳》普及し拡大をみな] かった. ◆The operating system is likely to find widespread use on engineering workstations. このOSは, エンジニアリングワークステーション用として普及しそうである. ◆A survey of homes shows that high levels of cancer-causing radon are more widespread than was believed. 住宅の調査により, (住宅内の)高レベルの発ガン性のラドンが, 考えられていたよりも範囲に及んでいることが判明した.

**widow** a 〜 未亡人, やもめ, 寡婦(カフ), 後家, 《ワープロ》段落の最後の1行だけ次ページ [次段] 頭に送られた部分(→ orphan); vt. (通例受身)〜を未亡人にする, 〜から(〜を)奪う <of>

**width** (a) 〜 幅, 横幅, 幅員, 広さ, 横(の長さ) ◆a pulse-width modulation driving circuit パルス幅変調駆動回路 ◆a track of constant width 幅が一定の(磁気テープ)の録音帯 ◆circuit boards of all widths ありとあらゆる幅の回路基板 ◆single-width and double-width characters 半角文字と全角文字 ◆the width of a road 道路の幅 [幅員] ◆trace widths (プリント配線基板パターンなどの)線幅 ◆Title of Rule: Rear-view mirrors for overwidth vehicles (formerly: Side mirrors for overwide vehicles) 規則の名称: 幅広の積み荷のためのバックミラー (旧: 広幅車両用サイドミラー) ◆a width factor that will compress or expand the characters relative to their height 文字高さを基準にして文字幅を狭めたり広げたりする幅係数 [縦横比] ◆The dead zone has a width of ±30 volts. 不感帯の幅は, ±30ボルトである.

**wield** vt. 〈道具など〉を巧みに効果的に使用する [用いる], 使いこなす, 〈剣など〉をふるう [振り回す], 〈権力など〉をふるう [行使する], 〈影響力など〉を行使する ◆wield a knife ナイフを振り回す; 包丁を使う [振るう] ◆wield a very large influence over... 〜に非常に大きな影響を及ぼす ◆wield great influence within... 〜内で大きな影響力を行使する ◆wield power 権力を振るう ◆Allowing pilots to wield guns would... パイロットに銃の使用を認めることは, 〜 ◆the secret to successfully wielding the paint brush 絵筆を使いこなすための秘訣 ◆Watching these chefs wield a knife was truly amazing. これら料理人の包丁さばきを観て, まったく驚嘆させられた.

**wife** a 〜 夫人, 妻, 細君 [妻君], 女房, カミさん, よめはん, カカア, 奥方, 奥様 ◆man and wife; husband and wife 夫妻 [夫婦] ◆he lives with his wife of 50-plus years 彼は50年余り連れ添った妻と一緒に暮らしている ◆In the recent past, all-female private institutions were frequently a training ground for wives-to-be for upper-echelon men. 少し前は, 私立女子大は上流階級の男性に嫁ぐ奥様予備軍を訓練するための場 [花嫁学校] であることが多かった.

**wiggle** (上下または左右に)振り動かす, 揺れ動く ◆a cockroach wiggles its feelers ゴキブリが触角をぴくぴく動かす ◆wriggle out of tough situations のらりくらりと道及をかわして難しい状況をすり抜ける [窮地から逃れる] ◆cause a needle to wiggle on a wax cylinder 針を蝋管の上で小刻みに震わせる ◆I think these responses are a great way to wriggle out of answering directly without leaving the impression that... これらの応答は, 〜といった印象を(相手に)残さずに, 率直に答えるのをのらりくらりとかわすにすばらしい方法だと思います

**wiggly** 揺れ動く, 波動する ◆draw a wiggly line 波線を引く

**wild** 野生の, 天然ものの, 荒っぽい, 激しい, 自由奔放な, 当てずっぽうの, 荒唐無稽な ◆wild flora and fauna　野生の動植物 (*floraが植物そしてfaunaが動物) ◆cause wild temperature changes　激しい温度の変化[温度の激変・乱高下]を引き起こす ◆a wild-idea man　突拍子もないことを考えている男 ◆create a gene bank of frozen sperm from wild salmon　野生[(意訳)天然]のサケから採取した冷凍精液(を保存しておくため)の遺伝子銀行をつくる

**wild card, wildcard** a～(トランプの)自由札[鬼札], 《コンピュ》ワイルドカード [a～《比喩的に》]未知の要因, 不確定要素 ◆部分一致検索またはパターン一致検索で伏せ字のように使う記号を, ワイルドカードと呼ぶ. 代表的な例として, 任意の文字列を表す＊と任意の1文字を表す？がある. たとえば wa?e を検索すると wage, wake, ware, wave, …などに, また work* を検索すると work, workable, workbench, workbook, … などが該当データとなる. ◆wildcard matching　ワイルドカード[パターン一致, 部分一致, 曖昧]検索 ◆a wildcard character　ワイルドカード文字 ◆single-character and multiple-character wildcards 《コンピュ》単一文字ワイルドカードと複数文字ワイルドカード ◆the continued tensions in the Middle East made the future direction of oil prices too much of a wild card　長引く中東の緊張は, 石油価格の行方をあまりにも不透明なものにしてしまった ◆It remains a wild card.　それは, 未知の要因のままである[相変わらず不確定要素である, (意訳)依然として予断を許さない]. ◆Wildcard searches can be performed.　ワイルドカード検索[パターン一致, 部分一致検索]が可能である. ◆The wildcards are the asterisk (*), which indicates any number of characters, and the question mark (?), which indicates a single character.　ワイルドカードは, 任意の数の(任意の)文字を表すアステリスク(*), および任意の1文字を表す疑問符(?)です. (＊部分一致検索などに用いられる)

**wildcat** a～　山猫, 短気で凶暴な人, (石油や天然ガスの)試掘井; adj. (事業や計画が)無謀な, 信頼の置けない, 危険な, 危ない, 非合法な ◆stage [hold] a wildcat strike　山猫ストを打つ

**wilderness** the～《古雅, 聖書》荒れ野, 荒野, 荒地; a～　果てしない広がり; a～　雑多と[ごちゃごちゃ, ごたごた]した集まり, おびただしと, 無数 ◆an unsettled wilderness area　住む人のいない原野[荒野] ◆drill for oil in the Alaskan wilderness　石油採掘のためにアラスカの荒野でボーリングをする ◆access to mining claims located in national forest wilderness areas　国が所有している未開の森林[原生林]地帯にある鉱区へのアクセス ◆a wilderness of buildings extends street after street as far as the eye can see　見渡す限り, 無数の[おびただしい数の]ビルがごちゃごちゃと通りから通りへと広がっている

**wildfire** 野火, 燎原(リョウゲン)の火 ◆spread like wildfire　野火[燎原の火]のごとく広がる; すさまじい勢いでたちどころにひろがる ◆A tremendous explosion in use, and the usual drop in price will spread picturephones like wildfire.　すさまじい爆発的な利用の増加と通例の価格低下により, テレビ電話は野火のごとく普及するだろう.

**wildlife** 《集合的に》野生の動植物 [生物]; the～　area's wildlife　その地域の野生の動植物 ◆Hunting is prohibited within areas posted as wildlife sanctuaries.　野生動物保護区[禁猟区]と掲示されている地域内での猟は禁止されている.

**wildly** adv. 野生的に, 粗野に, 乱暴に, 獰猛に, 凶暴に, 激しく, 激烈に, 大幅に, 甚だ, ひどく, ものすごく, やみくもに, でたらめに, でまかせに ◆a wildly popular character　ものすごい人気[大人気]のキャラクター ◆a wildly overpriced workstation　べらぼうな値段[法外な値]がつけられているワークステーション ◆be wildly inaccurate　ひどく不正確である; はなはだ精度が悪い ◆The prices vary wildly depending on…　価格は, …によって大いに異なる[隔たる]の. ◆the wildly successful 100MB Iomega Zip drive　大成功を収めたアイオメガ社の100メガバイトZipドライブ

**will** 1 n. 意志, 意志力, 願望, おぼしめし; (adj.) 堅い決意, 志(ココロザシ); a～ 遺書, 遺言 ◆against a person's will; against one's will　意[意向]に反して; 不本意ながら, 心ならずも ◆against my will　私の意[意向]に反して, 不本意ながら, 本意ではないが, 心ならずも[心ならずも], 仕方なく, やむを得ず ◆of one's own (free) will　自発的に, 自由意志で, 自分から進んで ◆He has the will to <do…>　彼には, 〜する意志[決意]がある. ◆through the force of one's will　意志の力で ◆she did it of her own (free) will　彼女はそれを自由意志で[自主的に, 主体的に]行った ◆Where there's a will, there's a way.　意志[志, やる気]があれば, 道は必ずや開けるものだ[方法は必ず見つかる]; 願えば, 必ず〜を成し遂げる ◆Set your sights high; will power carries you to victory!　目標は高く設定しなさい. そうすれば意志の力があなたを勝利に導きます! ◆This is God's will, we have to understand that, good, bad, whatever.　これは神の思し召しだ. 私たちはよしにつけ悪しきにつけそのことを悟らなければならない.

2 v. ～が〜することを望む <to do>, 意志の力で〜しようとする [〜を成し遂げる]

3 《未来, 意志, 予告, 習慣, 傾向, 必然性を表す助動詞》〜する(ことになっている), 〜ことになる, 〜はずである, 〜つもりだ, (あくまで)〜しようとする, (ふつう)〜するものだ, よく[いつも]〜する ◆Wet wood won't burn.　ぬれている薪は燃えない.

**at will** 意のままに, 思い通りに, 好きなように, 自由に, 自在に ◆You can change their shape and size at will.　それらの形と大きさを意のままに[自由に]変えることができる.

**willed** 意志のある, 《-willedの形で》〜の意志を持った ◆iron-willed　鉄の意志の; 意志の強い ◆strong-willed　意志強固な; 強い意志を持った

**willful, wilful** 《前者は米, 後者は英》adj. 故意の, 意図的な; 意地っぱりな, 強情な ◆willful acts of destruction　故意の破壊行為 ◆willful destruction of data　故意のデータ破壊

**willing** adj. <to do, for 人 to do, that> 喜んで[進んで, 快く]〜する気持ちの, 自発的に〜する, 〜するのをいとわない, (人が) 自ら進んでする, 自発的な, やる気のある, 意欲的な ◆become less willing to <do…>　〜することへの乗り気がしなくな[気が進まなく, 消極的に]なる ◆hard-pressed banks are no longer willing to lend　財政が逼迫している銀行は, もはや進んで貸し付けをしなくなっている ◆they are willing to delegate authority to capable managers　彼らは有能な管理職らに権限を委譲することにやぶさかではない(*〜にやぶさかでない＝喜んで[快く]〜する) ◆a fair price is what a willing buyer pays to a willing seller　適正価格とは乗り気をしている買い手が乗り気の売り手に[(意訳)買いたい側が売りたい側に]支払う価格のことである ◆immigrant workers willing to do menial tasks that normally require few language skills　通例ほとんど言語能力を必要とされないような面白くない仕事をすることもいとわない[嫌がらない]移民労働者たち ◆Be willing to listen to constructive criticism.　苦言を[耳が痛いことも]喜んで聞く[有り難く受け止める]ようにしましょう.

**willingness** 喜んで[快く, 喜んで]すること, 進んで(〜しようとする)気持ち <to do>, 意欲 ◆indicate [display, show] a willingness to <do…>　〜しようという意欲[意思, 積極性, 乗り気]を示す[見せる] ◆indicate [show, express] a [one's] willingness to <do…>　進んで〜する気持ちを見せる; 〜したいという意向[意欲]を示す[表明する]; 喜んで〜しましょうと申し出る ◆show a willingness to work　働く意欲[仕事をやる気]を見せる ◆But a willingness to take such risks is what separates the winners from the losers.　だが, あえてそのような危険を冒す[リスクを取る]という姿勢が勝者と敗者を分ける[隔てる]のだ. ◆Discussions have been held with Taiwanese authorities who have expressed their willingness to cooperate in document verification.　書類の確認で快く協力する意を表明していた[(意訳)協力を積極的に申し出ていた]台湾当局と話し合いが持たれた. ◆one's willingness to do…＝進んで[率先して]〜する気持ち

**wimp** a～《口》臆病者, 腰抜け(野郎), 弱虫, 女々しい奴, 意気地なし, ろくでなし, 無能者 ◆They are all nuts and a bunch of wimps.　彼らはみなばかな弱虫[腰抜け]どもだ.

**wimpy** adj. 《口》めめしい, 弱虫な, 臆病な, 意気地なしの, 能無しの ◆Compared to MacDraw, this program has a wimpy feeling. MacDrawと比較して, このプログラムは頼りない[心もとない]感じがする.

**win** 1 vt., vi. 勝つ, 勝る, 優勝[制覇]する, 入選[当選, 入賞]する, 得る[勝ち取る, 獲得する, 射止める], 達成する,〈名声など〉を博す, 獲得する,〈支持者など〉を得る[つかむ],〈人〉を引きつける[引き入れる], 説得する ◆win big 大勝する ◆win a prize 賞を受賞[獲得]する ◆win one's eighth straight game 8連勝目を上げる ◆win the contract in competition with... ～と張り合ってこの契約を勝ち取る[獲得する] ◆his hard-won U.S. market 彼の苦労して獲得した米国市場 ◆Daniel is a bright young man with a winning smile. ダニエルは, 人を引きつける魅力的なほほえみの[笑顔が魅力的な]聡明な若者だ.
2 a ～ 勝利, 制覇
**win over** 〈人〉を説得して〈味方に〉引き入れる<to>, ～に勝つ ◆they are trying to win the public over to their side 彼らは一般大衆を味方につけよう[引き込もう]としている

**Winchester disk** a～《コンピュ》ウィンチェスターディスク (*ハードディスクの古風な呼び名)

**wind** 1 (a)～ 風, 傾向, 動向, 気配; v. a wind power system 風力発電システム ◆(a) wind velocity [speed] 風の速度;風速 ◆wind-bells; wind chimes (通例複数)ウインドベル [*日本の風鈴とは構造が異なる] ◆wind-speed changes 風速の変化[変動] ◆(a soft, gentle) breeze; a (soft) breath of air [wind]; a zephyr 微風;そよ風 ◆wind and snow(-induced) damage; damage induced [caused] by wind and snow 風雪害 ◆wind loading calculations 風圧荷重の計算 ◆measure wind velocity 風速を測る ◆minimize wind damage 風による被害[風害]を最小にする ◆provide protection against winds 風に対する防備をする[風害を防ぐ] ◆the generation of electricity by [from] wind power 風力発電 ◆issue a high-wind warning 強風警報を発する;強風注意報を発表する[出す] ◆the calculation of wind loads on buildings during the design stage 設計段階における建物にかかる風圧荷重の計算 ◆wind-generated electricity 風力発電による電気 ◆drive with wind in the hair 風に髪をなびかせてドライブする ◆keep road and wind noise to a minimum 〈車〉路面騒音と風切り音を出来るだけ小さく抑える ◆move freely in the wind なんの束縛も受けずに風にそよぐ ◆our dish is secured against high [strong] winds 《意訳》我が家のパラボラアンテナは, 強風に耐えるようしっかりと固定されている ◆electric power generated by wind turbines (the contemporary version of windmills) 風車の現代版[現代版風車]である風力タービンにより発電された電気 ◆in winds that peaked at 105 mph 《意訳》時速105マイルの最大瞬間風速を記録した強風の中で ◆the winds of change have swept through Europe 変革の風は欧州を吹き渡る ◆This building is designed to stand winds of up to 100 m.p.h. この建物は, 時速100マイルまでの風に耐えるように設計されている. ◆The winds shifted and picked up a little. 風の向きが変わり少し強まった ◆We think the winds of change are in our favor. 私たちは, 風向きが自分たちにとって良いほうに向いてきていると感じています.
2 "ワイン d" と発音. vt. ～を巻く, ～を曲がりくねって進む; vi. 巻き付く, 曲がりくねる ◆wind text around fractional ads (1ページに満たない)小さな広告の周囲を埋めるように文章を配置する[流し込む] ◆wind the tape around the pole ポールにテープを巻く ◆Wind 24 turns of AWG 26 enameled wire on the rod in a single layer, close-spaced. 太さAWG 26番のエナメル線をロッドに24回間隔を詰めて単層[1層]巻きします. ◆The coil is made from 3 turns of No. 18 tinned wire, wound on a 1/2"-diameter coil form and spread out about 1/2". このコイルは, 1/2インチ径の巻き型に18番すずめっき線を3回巻いて約1/2インチに広げて作ってある.

**wind down** (時計の)ぜんまいがゆるむ, 遅れてくる, 漸減する, 徐々に静まる, 〈車の窓など〉を(ハンドルを回して)降ろす ◆After five year's record growth, the country's economy too is starting to wind down somewhat. 5年にわたる記録的な成長の後に, この国の経済もいくらか減速し始めている.

**wind up, wind... up** 巻き上げる, すっかり巻く, しめくくる, 終わりにする, 〈自動車の窓〉を(ハンドルを回して)上げる; ～ということで終わりになる ◆Wind up unfinished tasks as early as possible, then... まだ終わっていない作業[やりかけの仕事]はできるだけ早くすませ[片付け]なさい, そして次に... ◆Use cord spools to wind up loose and excess cord lengths. コードのたるんで余っている(長さ)分はコード巻き取り器を使って巻き取るようにしてください. ◆BCCI accountants and lawyers wound up helping the bank to conceal the true nature of its activities. BCCIの会計士と弁護士が, 結局その銀行[同行]の業務の本質を隠ぺいする手助けをする羽目になってしまったのだ.

**windage** ①気流, 風損, 飛翔体が起こす乱気流[あおり], 風による飛翔体の偏流[偏差], (偏流を補正するための)偏差修正[修正](量), 照準の調整, 弾丸の径と発射筒内径の差[間隙], 船体の風にさらされる面 ◆windage (loss) 《機械》風損 ◆an antenna plus mountings having a windage area of 0.3 sq.m 風圧荷重を受ける面積が取付け込みで0.3平方メートルあるアンテナ

**windfall** a～ 風で落ちた果物 (*特に, 落ちリンゴ), 風倒木, 飛翔木が積み重なってできた山, 立ち木が強風で吹き倒されている区域, 思いがけなく転がり込む幸運, 予期せぬ授かり物, 思いがけない儲け, 棚ぼた ◆(a) windfall profit (derived) from... ～からの[～から上がった]棚ぼた利益[意外の利潤, 望外の利益, 偶発利益, とんだ儲け] ◆turn windfall apples into cider 風で落ちたリンゴ[《意訳》落ち林檎]をサイダーにする ◆wait [look] for a windfall to fall [drop] into one's lap 棚ぼたが落ちてくる[思いがけない儲けものが降って湧く]のを待つ[狙う, 目指す]

**windfarm** a～ 風力発電所[発電基地] ◆turbines on [in, at] a windfarm 風力発電所のタービン[《意訳》風車]

**winding** (a)～ 巻くこと, 巻かれたもの, 巻き線; adj. 曲がりくねっている ◆a winding road つづら折りの[曲がりくねった]道路 ◆measure the resistance of a transformer [motor] winding 変圧器の巻線の抵抗を測定する (*いくつかある巻き線のうちのどれか1つ) ◆the primary winding of a transformer トランスの一次巻線

**window** 1 a～ 窓, ウィンドウ ◆a sales window 販売窓口 ◆a window envelope 窓付き封筒 ◆a window frame 窓枠 ◆window guidance; (a) window operation (日) (*日本銀行が市中金融機関に対して行う)窓口指導[規制] ◆window-service hours 〈郵便局などの〉窓口業務取り扱い時間, 営業時間 ◆look through a window 窓から (*窓を通して向こう側を)見る ◆natural light from a window 窓からの自然光 ◆The finding opens a window of hope for... (ing) この発見は, ～への可能性を開くものである. ◆I like the view out that window. 私はその窓からの眺め[眺望]が好きだ. ◆the so-called "window period" – the time shortly after infection when a person is capable of transmitting HIV, although tests cannot detect the antibodies いわゆるウインドーピリオド[空白期], すなわち感染後間もなくの, 抗体検査には引っかからないもののHIV[エイズウイルス]を(他の人に)移す[伝染させる]ことができる時期 ◆This is just throwing money out the window. これは, まさに金をどぶに捨てるようなものだ. ◆The market window or the period of time a product is saleable has shrunk from two or three years down to six months to one year. マーケットウィンドウ, すなわちある製品が売れる期間が, 2～3年だったのが6カ月から1年にまで縮んでしまった.
2 a～《コンピュ》ウィンドウ (*画面に表示される窓) ◆overlapping [overlaid, cascading] windows 重なり合ったウィンドウ (*特に, cascading windowsは, 各ウィンドウ上部のタイトルが見えるように, 奥のウィンドウから手前のウィンドウに向かって少しずつ下にずらして重ねたもの) ◆create a new overlapping window 重なるウィンドウを新しく作成する ◆move a window to the top or bottom of the stack あるウィンドウを, (積み)重ねたウィンドウの一番手前[前面]または一番奥[後方]に移動させる (*このことをそれぞれ, popping, pushingと呼ぶ) ◆A root window is partially or completely covered by

child windows. ルートウィンドウは、子ウィンドウによって部分的にまたは完全に覆われる;《意訳》親ウィンドウ内の一部にまたは親ウィンドウいっぱいに、子ウィンドウが表示される. ◆Double-clicking on the icon at the left of the entry opens up a window. その項目の左側のアイコンを(マウスで)ダブルクリックするとウィンドウが開きます. ◆Windows overlap on the screen, with the currently selected window taking top priority. ウィンドウは画面上で重なり合い、現在選択されているウィンドウが最優先[最も手前]になる.
3 *vt.* 〜に窓を付ける ◆a windowing feature ウィンドウ機能

**Windows** (Microsoft Windows, MS-Windows)《コンピュ》(ウィンドウズ)(*米マイクロソフト社が開発したオペレーティング・システム) ◆the [a] Windows OS (pl. Windows OSes)(バージョン別にとらえると可算)Windows OS ◆Microsoft's various versions of Windows Microsoftのwindowsの各種バージョン ◆program in Windows Windowsでプログラムする ◆run on [under, in] Windows 〈プログラムが〉Windowsで走る[動作する] ◆upgrade to the latest version of Windows as soon as it becomes available ウィンドウズの最新版が発売され[手に入り]次第それに乗り換える

**windproof** *adj.* 風を通さない、防風(性)の、〈建築物などが〉耐風(性)の; *vt.* 〈衣類など〉に防風性を持たせる、〈建造物など〉を耐風化[耐風構造に]する; *a*〜 風を通さない[防風性の]もの(*衣料品など), 耐風性のもの ◆create a windproof barrier in garments 衣服内に風を通さない障壁を作る

**wind shear, windshear** (*a*)〜ウィンドシアー(*)◆specialized Doppler weather radars to detect dangerous wind shear conditions at airports 空港における危険な(突然的に発生する)低空乱気流状態を探知するための特殊ドップラー気象レーダー ◆timely detection of wind shear, also known as microbursts マイクロバーストとも呼ばれるウィンドシアーのタイムリーな探知 ◆So called "wind shear," a violent gust of wind, can cause a plane to plummet to the ground. いわゆるウィンドシアー[背風]とよばれる強い突風が、飛行機を墜落させてしまうことがある.

**windshield** *a*〜 風防ガラス、(自動車の)フロントガラス
**wind tunnel** *a*〜 風洞、風洞内で ◆in a wind-tunnel experiment [test] 風洞実験[試験]で
**windup** 巻き上げ式の、ぜんまい仕掛けの、仕上げの、しめくくりの ◆a windup clock 手巻き式の時計 ◆a windup toy ぜんまい仕掛けの玩具

**windward** 回風上(↔leeward); *adj.* 風上の、風上にある; *adv.* 風上へ ◆get to windward of... 〜の風上に回る; 〜よりも優位に立つ[有利な位置に出る] (=gain an advantage over...); 〜を出し抜く ◆they can sail to windward faster than... 彼らは、〜よりも速い速度で風上に向かって帆走できる ◆he lives on the windward side of the island of Maui 彼はマウイ島の風上側に住んでいる

**wine** 回(種類はa〜)ワイン
**wing** 1 *a*〜 翼(ツバサ、ヨク)、羽、翼状のもの、建物の突き出た部分、一館、党派、陣営; 〜s (舞台の)そで ◆in the wings 待機して、出番を待って ◆under the wing of... 〜の保護下で[世話のもとで] ◆a wing screw [nut] 蝶ネジ[ナット] ◆a wing-tip vortex (pl. wing-tip vortices) 翼端渦(ヨクタンウズ) ◆located in the main wing of the hotel そのホテルの本館にある ◆Our building has four wings radiating out from a central wing. 私たちの建物は、中央館[本館]から4棟の別館が放射状に突き出した配置になっている ◆Waiting in the wings is a new generation of TV sets. 次に控えている[登場してくる]のは、新世代のテレビ受像機である. ◆Nanotronics currently has 15 affiliated firms under its wing. ナノトロニクスは現在、15の関連会社を翼下におさめている.
2 *vt., vi.* 〜に翼(状のもの)をつける、飛ばす、飛ぶ ◆a winged orbiter 有翼軌道船(*スペースシャトル本体の別称でもある) ◆a delta-winged jet fighter 三角翼ジェット戦闘機 ◆Then she winged north 6,000 km to Moscow. 彼女はそれから北へ6000km (飛んで)飛んでモスクワへ行った.

**winner** *a*〜 優勝者、勝利者、覇者、成功者、〈選挙の〉当選者、受賞者[作]、入選者[作]、勝ち馬 ◆a Nobel Prize winner ノーベル賞受賞者 ◆a winner of a prize (ある賞の)受賞者 ◆create a winner-take-all phenomenon 勝者がすべてを取る[一人勝ち]現象を生む

**winter** (*a*)〜 冬、冬期、冬場、寒い季節; *vi.* 冬を過ごす ◆in (the) winter 冬に、冬には ◆the Winter Olympic Games 冬季オリンピック ◆a winter tourism lull 観光(産業)の冬枯れ ◆during the winter months 冬期[冬季]の(数ヵ月の)あいだに ◆冬場に ◆the onset [oncoming] of winter 冬の到来 ◆through the dark days of winter 冬の薄暗い日々を通して ◆when the February winter doldrums were in full swing 2月の冬枯れの真っただ中に

**wintertime** 回冬、冬期、冬場 ◆during wintertime 冬の間に[の]、冬の期間に[の]、冬場[冬季]に[の]

**win-win** *adj.* 双方の側が得する、両者に満足の行く、関係者全員にとって良い[有利な、歓迎すべき] ◆a win-win situation for both sides [parties] 双方の側[両者]にとって有利な[得する]状況 ◆The creation of this joint venture is a win-win proposition for everyone involved. このジョイントベンチャーの創設は、関係者全員にとってとても良い[歓迎すべき]ことである. ◆The first year of NAFTA was a win-win-win situation for the U.S., Canada and Mexico. ナフタ(北米自由貿易協定)の初年度は、米国、カナダ、メキシコ(3カ国の[三方])すべてにとって好ましい[良い]状況であった.(*三者の場合はwin-win-winと3連結することが多い)

**wipe** 1 *vt., vi.* ふく、ぬぐう ◆wipe the mounting surface clean 取付け面をきれいにふく ◆wipe water off a surface 表面から水を拭き取る ◆wipe it dry with a clean dry cloth 清浄な乾いた布で、それの水気を拭き取る ◆It should be wiped clean of dust. それのほこりを取ること。 ◆Wipe it clean of dirt with a clean towel or rag. きれいなタオルではぼろ布で、それのほこりをぬぐい取ってください. ◆Wipe the base with a damp cloth. 湿らせた布[ぬれ雑巾、ぬれ布巾]で基底部をふいてください. ◆wipe the dust or grime off the cylinder with a soft, dry cloth 柔らかな乾布を用いシリンダーからほこりや汚れを(乾拭きして)ぬぐい取る
2 *a*〜 ふくこと、ふき取り用の布; (*a*)〜《AV》ワイプ(*画面を拭き取るように消しながら次の場面に移ること) ◆equipment cleaning wipes 機器のふき掃除用の布など ◆movie-type special effects like dissolves and wipes ディゾルブとかワイプとかいった映画で使う類の特殊効果

**wipe out** 〜をぬぐい取る[落とす、去る]、拭き上げる、全滅[絶滅、根絶、撲滅]する、一掃する、掃討[掃蕩(ソウトウ)]する、帳消しにする、〈汚名など〉をそそぐ[晴らす] ◆wipe out a debt 負債[借金]を帳消しに[一掃]する ◆wipe out every trace of... 〜を跡形もなく[すっかり、全く、完全に]拭い去る[一掃する] ◆wipe out the deficits これらの赤字[欠損]を一掃する ◆an inflation rate of 3,000 percent has been wiped out by the introduction of... 3,000%のインフレが、〜の導入により解消された ◆All her 45 years of savings has been wiped out by inflation. 彼女の45年間の貯蓄はインフレですべてなくなって[蓄えはすっからかんになって]しまった.

**wiper** *a*〜 ワイパー、窓ふき器ブレード、ぞうきん、ふきん、ふく人; *a*〜 (可変抵抗器などの)摺動子(シュウドウシ)、摺動ブラシ ◆a car's windshield wiper 車のフロント・ガラスのワイパー ◆a highly absorbent, 100% cotton wiper 吸水性の高い純綿のふき取り布

**wiping** 拭くこと、拭い取り、摺動(シュウドウ) ◆wipings from the tip (はんだごての)先端からぬぐい取られたくず

**WIPO** (the World Intellectual Property Organization) 世界知的所有権機関(略語形にtheは不要)(*国連機関)

**wire** 1 (*a*)〜 針金、電線、ワイヤー、線、素線; (*a*)〜《口》電報 ◆a piece [length] of wire 1本の針金 ◆install [lay] electric wires 電線を布設する ◆string wires 電線を架設[架線、布設]する ◆a wire-transfer section 電信送金課 ◆elemental [constituent, individual] wires《意訳》素線(*撚り線を構成す

一本一本の線 ◆(a) rectangular wire; (a) flat-type wire 平角線 ◆a 2-wire cord 2芯コード ◆a foot-long length of soft wire 1フィートの長さの軟らかい針金 ◆a two-wire circuit 2線式回線 ◆a wire-rod plant 線材工場 ◆fine wires 細い針金 ◆form loops in wire 針金の途中に環[輪]をつくる ◆news stories, fresh off the wire 入信したばかりのニュース記事 ◆payment by wire transfer 電信送金[為替]による支払い ◆the current in the wire この電線中を流れる電流 ◆AWG 30 wire-wrapping wire AWG30番のワイヤーラッピング用ワイヤー ◆a wire-wound resistor 巻線抵抗(器) ◆an anchor started reading a Reuter story fresh off the wire ニュースキャスターは、入ってきた[入信した]ばかりのロイター記事を読み上げ始めた ◆be connected to a wire by soldering or wire wrapping はんだ付けまたはワイヤーラッピングにより電線に接続されている ◆strip off some insulation from the wire その電線の絶縁被覆をいくらか~剥く[適当な長さだけはがす] ◆provide all of these communications services over a single pair of wires to the user これらの通信サービスすべてを一対の線を通じてユーザーに提供する ◆The heaviest-gauge wire practical should be used for... ~には、(実際的な範囲内で)できるだけ太い電線を使わなければならない ◆Stranded conductor: A conductor consisting of a number of individual circular wires helically laid up together. より線 — 円形断面をもつ多数の素線がらせん状に撚り合わされてできている導体。(*(a) circular wire = 丸線)
**2** vt., vi. 針金を通す[付ける]、電線を付ける、配線する、(電線で)接続[結線]する、電報を打つ ◆wire remote control 有線式[コード付き]のリモコン ◆the pins have to be wired [tied] to either -5 volts or ground ピンは、-5ボルトに接続されているか接地されているかのいずれかでなければならない

**wire frame, wireframe** (a) ~ 《CG》ワイヤーフレーム(▶手法やモードの意味では無冠詞) ◆a wire-frame image ワイヤーフレーム画像 ◆a 3-D wire-frame model 《コンピュ》3次元ワイヤーフレームモデル

**wireless** 針金[電線]のない、コードのない、無線の ◆a wireless keyboard 《コンピュ》ワイヤレス[コードレス]キーボード ◆a wireless mouse 無線式[ワイヤレス、コードレス]マウス ◆wireless communication 無線通信 ◆a wireless remote control 無線式のリモコン ◆radio a distress position to all ships within wireless range 無線[無電, (意訳)電波]が届く範囲内のすべての船舶に遭難位置を無線連絡する

**wiretapper** a ~ (電話・電信・有線通信の)盗聴者 ◆an illegal wiretapper 違法な盗聴者

**wiretapping** 回(通信の)盗聴、(電話などの)盗み聞き、交信を秘密裏に傍受すること ◆wiretapping activities 盗聴活動 ◆have an anti-wiretapping feature 盗聴防止[秘話]機能を持っている

**wireway** a ~ (ふた付きの硬質)電線ケース、電線トラフ(*トラフのスペルは a trough)

**wiring** 配線、電線の引き回し、布設; adj. ◆a wiring board 配線基板 ◆a wiring diagram 配線図 ◆a wiring arrangement for power distribution; an arrangement of wires used for electric distribution 配電用の布線(の配置) ◆carry out wiring 配線をする ◆electrical wiring 電気配線 ◆install the necessary wiring 必要な配線を布設[敷設]する ◆make a wiring mistake 誤配線をする(*結線を間違える); 配線上の間違いをする(*指定とは違った電線を使うなど) ◆test the receptacle for correct wiring コンセントを正しく配線されているかどうか試験する ◆Remember to check all wiring between them. それらの間を結んでいる全配線を点検することを忘れないでください。 ◆Electronic signal multiplexing reduces wiring, thus fewer connectors and weight. 電信信号の多重化で配線を減少させるのでコネクタ点数の減少と軽量化につながる。 ◆NASA engineers have discovered faulty wiring in one of Columbia's electrical systems. NASAの技術者は、コロンビア号の電気系統の一つに配線不良があることを見つけた。 ◆Once a transfer switch is installed, check the wiring with a multimeter to see that it is correct. 切り替えスイッチの設置が終

了したら、テスターで配線が正しいことを調べて[((意訳))配線が正くなされているか確認して]ください。

**wisdom** 回賢明であること、知恵、知識、英知[英智、叡知、叡智] ◆the accumulated wisdom of the human race 人類が築いてきた知恵 ◆a totally rotten wisdom tooth 完全に腐っている親不知(オヤシラズ) ◆question the wisdom of eyes-closed support to... ~を盲目的に支援することが賢明[妥当]なことかどうか疑問視する ◆I value her long experience, the wisdom that comes from long experience. 私は彼女の長年の経験、すなわち長年の経験から来る聡明さ[判断力]を高く買っている。

**wise** adj. 賢明な ◆She would have been wiser to <do...> 彼女は、~していた方がよかったのに(残念である)

**-wise** ~のように、~的に; ~に関して、~の面で ◆Size-wise it's about the same as... サイズ的には[大きさは]、~とほぼ同じである。 ◆Laborwise, think of Mexico as a budding South Korea with salsa. 労働力的には、メキシコは発展初期の韓国にサルサ音楽を取って付けたようなものと考えてください。

**wisely** adv. 賢く、賢明に、抜け目なく、(文全体を修飾して)賢明にも ◆It is wisely said that... ~とは至言だ.

**wise man** a ~ 賢い[賢明な]人、知恵者、知者、賢人、賢者、学者、哲学者、魔法使い、(*ベツレヘムの星に導かれて誕生地もないキリストを礼拝にきた)東方の3博士(the wise men from the East)[三賢王(the Magi)]のうちの一人 ◆In the late 1970s, President Carter and Prime Minister Ohira established the "Wise Men's Group" as a forum for enhanced discussion of economic issues. 1970年代後半に、カーター大統領と大平首相は経済問題の高度な討論の場として「賢人会議」を設置した。

**wish 1** (a) ~ 希望、要望、要請、願い、望み、志(ココロザシ)、所望(ショモウ)、おぼしめし、希望するもの ◆at a person's wish (人)の希望で ◆express one's wishes 希望を述べる ◆make a wish on a shooting star 流れ星に願いをかける[願い事をする] ◆my wish is to <do...> 私の望みは~することです ◆his wish is that... 彼が望んでいることは~といったことです ◆So far one of my wishes has come true. これまでに、私の願いの内の一つがかなった。 ◆We will respect your wishes. 私どもは、皆様のご要望に沿えるように致す所存です。
**2** vt., vi. 望む、願う、祈る、欲する、思う、希望する ◆wish him success 彼の成功を祈る ◆it is to be wished that... ~であるといったことが望まれる ◆Should you not wish to subscribe, please select "No". 購読をご希望されない場合「No」を選択してください。 ◆More recent polls show that most Denverites wish the new airport had never been built. より最近の世論調査で、ほとんどのデンバー市民は新空港は建設されなければよかったと思っていることが分かった。 ◆At last, YouWrite gives you everything you've wished for in a word processing system. YouWrite (ソフト)は遂に、ワープロシステムに求められている機能のすべてを提供いたします。

**wishful thinking** 希望的観測、空夢

**wish list** a ~ 希望する[欲しい]ものを並べたリスト、希望事項 ◆High on the wish list is [are]...(is/are は、後ろに続く個数による) (なかでも)強く求められているのは[要求されているのが]~である。 ◆it was the very first item on their wish list of things to be incorporated into... それは彼らにとって、なかでも最も~に採り入れて欲しいもの[~に搭載して欲しいもの中でも筆頭となるもの]だった。 ◆It is the first item on the wish list. それは、最も強く求められている[要求されている、望まれる]ことである。

**wisp** a ~ <of> 一房の、一握りの(髪など)、一筋の〈煙など〉、かすかな ◆a wisp of the nasal spray その鼻スプレーの一吹き

**wit** 回機知、ウィット; 回または~s 回知恵、知性; a ~ ウィットにあふれた人 ◆Exercise your wits, win cool prizes! 頭[知恵]を働かせて素晴らしい賞品を獲得してください。 ◆The ever-escalating war of wits between shoplifters and merchants reaches a peak during the holiday season. 万引き対商店主のとどまるところを知らない知恵比べは、クリスマスシーズン中にたけなわとなる。

**witch** a ～ 魔女(↔a wizard), 魔法使いの女, 不思議な力をもった女; a ～ 醜い老女, 鬼婆(オニババ); a ～《口》魅惑的な乙女 [女性] ◆witches wear black hats and fly around on broomsticks 魔女は黒い帽子をかぶり, ほうきの柄に乗って飛び回る

**with** 1 ～と共に, ～と一緒に, ～に同伴して; ～に賛成で, ～と一致して; ～の一員として, 〈会社〉に勤務して; ～のところで, ～の手元に; ～と〔合わせて[混ぜて, 加えて]〕, ～に添付されて ◆I'm with you on this one [that one]. これ[それ]については同感です[賛同します, 私もそう思います]。(▶with の直前に definitely, totally, right, certainly, really, actually, almost, mostly などの修飾語を使用できる)
2 〈もの〉を持って[身につけて, 持ち合わせて], ～付きで; 〈性質, 特徴〉を示して[持って], 〈状況〉をともなって ▶with ease 容易に ◆an industry with excess capacity 過剰設備を抱えている産業 ◆buy a bird with feet on 〔料理用に〕足付きの鳥を買う ◆by a Mobile Pentium III 700 MHz processor with Intel SpeedStep technology インテルSpeedStep(テクノロジ)対応のモバイルPentium III プロセッサ700MHzによって ◆computers with megabytes of main memory 《コンピュ》何メガバイトものメインメモリーを持つ[メインメモリーが何メガバイトもある]コンピュータ ◆tires with an aspect ratio taller than 55 アスペクト比[偏平率, 扁平率, アスペクトレシオ]が55以上のタイヤ ◆a VCR with an audio system that comes close to matching the quality of digital recording デジタル録音の音質に肉薄するオーディオ系統を備えているビデオデッキ ◆An AC adaptor comes standard with the laptop. ACアダプターはこのラップトップ機に標準で付いてくる。 ◆be available with or without cache memory キャッシュメモリー付きまたは無しで入手できる[買える]
3 ～と同時に, ～に伴って, ～につれて, ～に比例して ◆decrease with height 高度と共に[高度が高くなるほど]減少する ◆vary with time 時間と共に変化する; 経時変化する ◆decrease with increasing temperature; decrease with increase in temperature 温度の上昇に伴って減少する ◆The current varies with illumination. 照度に応じて電流が変化する。 ◆Temperature decreases rapidly with increasing altitude. 温度は, 高度が増すにつれて急激に下がる。 ◆Welding speeds increase with laser power and drop with increases in sheet thickness. 溶接速度はレーザー出力と共に増加し, シートの肉厚の増大につれて減少する。
4 〈動作や関心の対象を示して〉～を相手に, ～に対して, ～に反対して, ～について, ～から, ～と〔別れて〕, ～から〔離れて〕; ～と〔比べて〕 ◆contact with... ～との接触[連絡]
5 〈道具, 手段, 材料〉で[でもって, を使って, を用いて]; 〈原因, 理由〉のせいで ◆carrots brown with rot 腐って茶色く変色したニンジン ◆with the change of a catalyst 触媒を取り替えることにより
6 〈付帯状況〉(〜が)〜した状態で, 〜して[しながら]; 《付帯条件》(もし)〜であれば, ～ということで, ～でありながら; 〈状況〉を示して[ともなって] ◆Do it with the engine cold. これは, エンジンが冷えている状態で[ときに]行ってください。 ◆The circular saw was shipped with the motor arm locked down in the "carrying" position. その丸ノコ盤は, 「運搬」の位置にモーターアームを押し下げてロックした状態で出荷されています。 ◆With water supplies contaminated, there is a fear of an outbreak of cholera, dysentery and other diseases. 飲み水が汚染されているので, コレラや赤痢またはその他の病気の発生の恐れがある。 ◆Interaction with a computer is a two-way process, with the computer presenting information to the user and the user presenting commands and data to the computer. コンピュータとの対話は二方向のやりとりである。すなわち, コンピュータはユーザーに情報を呈示し, ユーザーはコンピュータにコマンドとデータを供給するのである。

**withdraw** vt. 引っ込める, 取り外す, 引き抜く, 撤回する, 撤収する, 取り消す, 〈預金など〉を引き出す; vi. 引っ込む, 退く, 撤退する, やめる ◆be withdrawn from sale [marketing, a market] 〔製品が〕店頭[市販, 市場]から回収される ◆socially withdrawn kids 引きこもりの子どもたち ◆withdraw a bill 法案を撤回する ◆withdraw from business ビジネスから退く ◆withdraw from membership in the organization その団体から脱会[脱退]する ◆withdraw from pure research 基礎研究から手を引く ◆withdraw [retract] a remark 発言を撤回する[引っ込める] ◆withdraw from the German PC market [the U.K., the project] ドイツのパソコン市場[英国, そのプロジェクト]から撤退する ◆a lonely, depressed person who had withdrawn into the world of computers following his mother's death 母親の死後コンピュータの世界に引き[閉じ]こもった孤独で暗い人 ◆Effective immediately, the 807PX is withdrawn from sale. 807PX型機は, 即刻販売から除外される[外される]。 ◆A student who has withdrawn from the University and who wishes to re-enter shall apply for permission under the same conditions as any other applicant. 本大学を退学[中退]した学生で, 再入学を希望する者は他の志願者と同じ条件で(入学)許可申請をするものとする。

**withdrawal** (a) ～ 引っ込める[引っ込む]こと, 撤退, 撤回, 撤収, 〈預金の〉引き出し ◆a cash withdrawal from a bank account 銀行口座からの現金の引き出し ◆during insertion and withdrawal 〔プラグなどの〕挿入および引き抜き[挿抜(ソウバツ), 着脱, 脱着]時に ◆make deposits and withdrawals 預金したり引き出したりする ◆(near-total) social withdrawal 〔ほぼ完全な〕社会からの隠遁(イントン)[引きこもり] ◆the withdrawal of a remark 発言の撤回 ◆ex-smokers suffering from withdrawal symptoms 離脱[禁断]症状に苦しんでいる元喫煙者 ◆cigarette smokers in the throes of withdrawal 禁断症状に苦しんでいる喫煙者 ◆the occurrence of withdrawal symptoms following cessation of drug use 薬物使用中断後における離脱[禁断]症状の発生 ◆In early June, the company said that it was considering withdrawal from the organization. 6月初めに, この会社は同団体からの脱退を考えていると述べていた。 ◆... could lead to the withdrawal of a petition to put the company under Chapter 11 of the U.S. Bankruptcy Code ～は, 米国破産法第11条をその会社に適用するよう申し立てている請願書の取り下げにつながる可能性がある。 ◆Patients can have mild withdrawal symptoms when they end regular use, though marijuana is not classified as addictive. マリファナ[大麻]は, 習慣性として分類されてはいないものの, 患者は日常使用をやめると軽度の禁断症状を起こすことがある。 ◆You may also choose to conveniently pay from your bank account each month through an automatic withdrawal program. お客様の銀行口座から毎月自動引き落としで便利にお支払いいただく方法もお選びいただけます。

**withhold** 1 vt., vi. 差し控える, 抑える ◆withhold orders 注文を(出すのを)差し控える, 発注を差し控える ◆Name Withheld by Request 匿名希望により名前は伏せてあります ◆withhold from use all incoming supplies pending verification that they meet specifications すべての納入品の使用を, 仕様に合致しているという確認が取れるまで見合わせる ◆Nighttime incontinence can be lessened by withholding fluids at night. 夜間の失禁は夜分に流動物[(意訳)水分]を控えることにより軽減可能である。
2 〈源泉徴収税〉を天引きする[差し引く] ◆determine the net pay by withholding amounts for taxes and pension 手取り給料を, 税金や年金の分を天引きして計算する

**within** 1 prep. ～の内部[中, 内側]に, ～のうちで; adv. 内に, 内側に, 心の中で ◆from within (...) (～の)内[内側, 内部]から ◆an elite within an elite エリート中のエリート ◆drive the ball deep to within inches of the line ラインから数インチ以内に深く球を打ち込む ◆list the notebook computers alphabetically within CPU groups ノートブックコンピュータをCPUの種類別[種類ごと]にアルファベット順に列記する ◆various minerals that have been mined from deep within the earth 地中深くから採掘された数々の鉱物 ◆Mr. Major has lost support from within and without his political party. メージャー氏は所属政党の内外の支持を失った。 ◆The charm comes from somewhere deep within. その魅力は内面のどこか深いところから発せられている。 ◆This sign is electrically illuminated

from within. この標識は、電気で内部から照光されている。 ◆You can access the utility from within any program. そのユーティリティー(プログラム)には、どのプログラム内でもアクセスすることができる。
**2** prep. 〈範囲、限度〉を越えないで、〜以内[以下]で[に]、〜だけ隔たって[差が開いて] ◆hysteresis must fall within .05% ヒステリシスは0.05%以内に収まらなければならない ◆within 5 days of today 今日から5日以内に ◆within reason 常識の範囲内で、理に[道理に]かなっている限り、理不尽[不条理、無理]でない(限り) ◆within specs 規格内に収まっている ◆within three minutes of the alarm 警報発生から3分以内に ◆within three days of going on sale 発売されてから3日のうちに; 発売後3日のうちに ◆be well within the capacity of... 〜の容量に十分収まる[〜に十分入る]; 〜の最大能力[限度]まで余裕がある ◆the minute hand came within two ticks of midnight 分針は午前0時の2目盛手前のところまで来た ◆two buildings within steps of one another 互いに数歩以内の距離の[数歩しか隔てていない]2つの建物 ◆restoration of electrical power within 5 seconds of power interruption 停電後5秒以内での復電 ◆The planes passed within 500 ft. of each other vertically. これらの飛行機が、500フィート以内の相互垂直隔離距離ですれ違った。 ◆when they come within a certain distance of each other 互いに、ある一定の距離まで近づくと ◆within several thousandths of an inch of a desired target location 希望する目標位置から千分の数インチ以内の精度で ◆All cells must be within .050 of each other. すべての単電池は、互いに0.050(の比重の ばつき値)内に収まっていなければならない。 ◆Delivery is currently limited to (within) the UK. お届け[配送先]は現在のところイギリス国内に限ります。 ◆I don't see it becoming a reality within 10 years' time. 私は、それが10年以内に実現するとは見ていない。 ◆I lost both my parents within two weeks of each other. 私は両親を2週間のうちに相次いで亡くした。 ◆Responses started to come in within three hours. 3時間も経たないうちに反響が入り始めた。 ◆The Mirage is within 25 pounds of being the lightest car here. ミラージュは、ここにある中で最も軽量な車との差が25ポンド以下[最も軽い車より25ポンド重いだけである]。 ◆The output has settled back within 10% within just 30 μsec. 出力は、わずか30μsecもかからずに(変動雷)10%以内のレベル状態に戻った[整定した]。 ◆These cars tallied within a few points of one another in the "overall rating" column. これらの車種は、「総合評価」欄において互いに数点の開き[点差]しかなかった。 ◆His parents and five of his seven siblings died within a few years of one another, leaving him an orphan when he was about ten. 両親や、7人兄弟のうちの5人は、2〜3年の間に次々と[相次いで]世を去り、彼は10才の頃孤児になった。 ◆Rack-and-pinion gearing helps the plotter repeat its movements to within 0.2 mm. ラックとピニオンによる動力伝達法のおかげで、本プロッタは0.2mm以内で動作を繰り返すことができる[0.2mm以内の繰り返し精度が得られる]。 ◆This deadly super flue infected half the world's population and killed 25 million people within days of their getting sick. (意訳)この大猛威を振った流感は、世界の人口の半分を侵し、2500万人がかかってから数日のうちに死亡させた。

## without
**1** 〜なしで、〜することなしに、〜しないで ◆without having to use... 〜を使う必要なしに[使うことなく] ◆to find out the difference between with and without a condom コンドームの有無の違いを調べるために ◆with or without cache memory キャッシュメモリー付きまたはキャッシュメモリー無しで ◆without itself being consumed それ自体は消費されないで ◆without the need to replenish paper frequently 頻繁な紙の補充を要さずに ◆He is not without his detractors and political enemies. 彼にだって彼なりの[それなりに]中傷者や政敵がいないわけではない。 ◆Never leave home without it. 出かけるときは、忘れずにそれを持っていきなさい。 ◆Once you've got it you'll wonder what you did without it. いったんこれを手にすれば、これ無しで何をやっていたんだろうと思うことでしょう。 ◆An electronic anti-lock brake system is the sort of equipment that no self-respecting driver's car should be without. 電子式アンチロックブレーキシステムは、自分を大切にするドライバーの車にはなくてはならない類の装置である。
**2** 《withinの反対》prep. 〜の外[外部、外側]に、〜の範囲を越えて; adv. 外部へ ◆from within and [or] without the university 大学の内外から ◆from within rather than from without 外側[外部]からでなく内側[内部]から
**(be) not without...** 〜がないわけではない、〜がなくもない、〜が無きにしもあらずだ ◆new technologies are not without the potential for exciting new problems 新しい技術が、新たな問題を惹起する可能性がなきにしもあらずである ◆The shift to high-speed modems is not without its drawbacks. 高速モデムへの移行は、それなりの問題がない訳ではない。 ◆The ambitious project is not without its critics. その意欲的なプロジェクトに、批判的な者がいないというわけではない。 ◆It is not without good reason that the word "WARNING" appears on the cigarette package. タバコの箱に「警告」という言葉が表示されているのには、正当な[ちゃんとした、それなりの]理由がある。 ◆The exciting part of writing about a fast-moving technology is the possibility that what one writes may not be without influence on the path of development. 日進月歩の技術について書く上でわくわくする部分は、著者が書き著す事柄が開発の進展過程にまんざら影響を及ぼさなくもないということである。

## withstand
vt. 〜に耐える、持ちこたえる、〜に耐性がある; 《形容詞的に》《電気》耐ー、耐圧ー ◆(a) withstand voltage 耐電圧 ◆a withstand voltage test 《電気》耐圧[耐電圧]試験 ◆The SF4208 terminal can withstand exposure to temperatures from 0 ° to 50°C; relative humidity from 10 to 95 per cent (non-condensing) and altitudes up to 4500m. In addition, it withstands shocks up to 20 gravities. SF4208端末機は、0°C〜50°Cの温度、10%〜95%の相対湿度(結露しないこと)、ならびに4500mまでの高度に耐えます。また、20G[重力の20倍]までの衝撃に耐えます。

## witness
**1** a 〜 目撃者、立会い人、証人、参考人; (a) 〜 証拠(物)、立証 <to, of> ◆on-the-scene witnesses 現場に居合せた目撃者 ◆James Nichols was arrested as a material witness in the bombing. ジェームズ・ニコルズが、爆破事件の重要参考人(《意訳》捜査対象者、被疑者)として逮捕された。
**2** vt. 〜を目撃する、〜の証拠となる、(テレビなどを通じてでなく)生で観る[この目で見る]; vi. 証言[証明]する ◆witness tests 試験[検査]に立ち会う ◆witness the death throes of communism 共産主義の断末魔の苦しみを見届ける ◆witness the testing and operation of building systems for compliance with plans and specifications 図面および仕様に則っているかどうか確認するためにビルシステムの検査および運転に立ち会う ◆he witnessed the hollowing out of the Warsaw Pact 彼はワルシャワ条約機構が空洞化[有名無実化、形骸化]するのを目の当たりに見た ◆This work includes the witnessing of non-destructive testing performed by the Fabricator. 当作業には、製造業者が行なう非破壊検査の立ち会いが含まれる。

## wittingly
adv. 知っていながら、わざと、故意に ◆Wittingly or unwittingly,... 知ってか知らずか[知らずしてか、知らずにか]; わざと[故意に]なのか無意識に[うっかりして]なのかはわからないが

## wizard
a 〜 (男の)魔法使い(↔a witch); a 〜 (〜の)天才[すご腕、鬼才、怪物] <with>

## wizardry
(I)魔法、すばらしくも不思議なもの ◆a new type of high-tech wizardry 新しいタイプのハイテク装置(▶wizardry は魔法の箱のようなすばらしい機械という意味で、高度先進電子機器を表すのにしばしば用いられる)

## WMO
(World Meteorological Organization) the 〜 世界気象機関(*国連の機関)

## wobble
vi. 〈イス、テーブルが〉ぐらぐらする、ぐらつく、ガタガタする、〈車軸が〉ぶれる、〈声が〉震える、よろよろ歩く、よろめく; vt. 〜をぐらつかせる; (a) 〜 ぐらつき、よろめき、声の震え、(気持ちの)動揺 ◆develop a wheel wobble 車輪

のブレ[振動,動揺,揺動]を起こす ◆the disc rotates without wobbling ディスクは(面)ブレを起こさずに回転する ◆ensure that side-to-side runout ("wobbling") is small 横ブレ[揺れ,動揺]が確実に小さくなるようにする(＊回転軸の)

**wobbly** adj. ぐらぐらする,よろよろする,ガタガタする,不安定な,無定見な ◆a wobbly chair ぐらぐらする[がたがたする,ぐらつきのある]いす

**woman** a ～ (pl. women) 女性,婦人,女人(ニョニン);回女性というもの ◆an office cleaning woman [lady] 事務所掃除[清掃]のおばさん ◆a woman driver 女性ドライバー ◆no women admitted; no admittance to women (標示)女性(の入山[入学,入場,入室]は)禁止;女人禁制;女性お断り ◆outstanding women writers 傑出した女性[女流]作家たち ◆women's clothing 婦人ものの衣料品

**womb** a ～ (しばしばthe ～)子宮,小袋,子壺; a ～ 発生[成長,生育]場所 ◆to detect abnormalities of babies in the womb 子宮内の赤ちゃん[胎内の赤ちゃん,胎児]の異常を発見するために

**wonder** 1 vt., vi. 感嘆[驚嘆]する,目を見張る,驚く<at>;不思議[疑問]に思う ◆he wonders about the feasibility of the proposal 彼は,その提案が実行可能かどうかいぶかって[怪しいと思って]いる ◆Once you start using M-Write, you may just wonder how you ever got the job done before. M-Writeを使い始めたら,今までどうやって仕事がこなせていたんだろうと思うことでしょう.

2 a ～ すばらしいもの[こと],驚くべきこと,目を見張らせるもの,驚異,奇跡;回驚嘆[驚異]の念 ◆a wonder child with the ability to <do...> ～する能力を持った神童[麒麟児(キリンジ),怪物] ◆a wonder drug for migraine 片頭痛[偏頭痛]の特効薬 ◆bursting with electronic wonders 目を見張るような電子機能を満載して(＊wonders は,個々の特徴,機能,見所,セールスポイントなど) ◆one of the seven wonders of the world 世界の七不思議の一つ(＊the Seven Wonders of the Worldと大文字で始める場合もある) ◆the wonders of ABS brakes ABSブレーキの(感嘆すべき点 ◆A small gift works wonders. 小さな贈り物は,驚くほどの効果がある. ◆New drugs are remarkably effective and sometimes work wonders. 新薬には著しい効力があり,ときとして劇的[奇跡的]に効くことがある. ◆The medication worked wonders with me. It's made a new man out of me. その薬は驚くべき[劇的な]効果を発揮して,私はまるで生まれ変わった感じになりました. ◆A swap to the superb fuel-injected powerplant would have worked wonders. そのすばらしい燃料噴射式エンジンに取り替えれば,驚くほどの[すばらしい]効果があがったかもしれない.

**woo** vt. (女性)に求愛する,言い寄る,求婚する,～をくどく;((woo a person to do の形で))〈人〉に～するようせがむ[説得する,懇願する,懇請する,強く求める,誠意を込めて頼む] ◆to woo Japanese companies 日本企業を誘致するために ◆woo new customers 新規顧客の獲得に努める ◆Hotels in Hawaii are wooing honeymooners. ハワイのホテルは,新婚旅行客に(熱い)秋波を送って[投げかけて]いる.

**wood** 回(種類は a ～)木材,材木,(材料としての)木,たきぎ;～(s) 森; adj. 木製の,木造の,木-,木の,木工用の;～(s) 森の ◆a wood screw 木ねじ ◆varnished wood ニス[ワニス]塗りの木 ◆a shaving of wood 木の削り[かんな]くず ◆curls of wood 丸まった木くず[かんなくず] ◆a wood-block print 木版画 ◆a scrap piece of wood 木っ端[木片,くず] ◆a slim piece of wood 細い木片[板] ◆be of wood [wooden] construction 木造[木製]である ◆short lengths of wood (複数個の)短い木片[木切れ,木っ端] ◆a flexible structure made [built, consisting] of wood 木造[木製]の柔構造物 ◆Because waste wood is considered a solid waste,... 廃木材[廃材]は固形[固体]廃棄物であると考えられているので,(＊日本語の「廃材」にはコンクリート廃材や建設廃材の意味もあるので注意) ◆make extremely smooth cuts in wood 木材を極めて滑らかに切る ◆burn clean scrap wood as a primary fuel for heat recovery 熱を回収するために,きれいな廃材を一次燃料として燃やす(＊clean＝ペイント塗装や化学処理されていないの意) ◆a straight piece of wood approximately 4" high x 15 1/2" wide x 1/2" thick 4インチ高×15 1/2インチ幅×1/2インチ厚のまっすぐな板 ◆The company is already out of the woods. 会社は,既に難局を切り抜け[危機を脱し]ている.

**wooden** 木製の,木造の;融通のきかない,ぎこちない,無表情な ◆a wooden construction 木構造,木製の工作物,木造の構造物[建築物,建設物] ◆a wooden boat 木造ボート

**woodgrain** 木目仕上げの,木目調の ◆woodgrain finish 木目(調)仕上げ ◆a simulated woodgrain cabinet 模造木目[木目調]キャビネット ◆a composition board with walnut woodgrain finish くるみの木目仕上げが施されている合成板

**woofer** a ～ (音響)ウーファ,低音用スピーカ ◆an acoustic-suspension woofer アクースティック[アコースティック]・サスペンション・ウーファー

**wool** 回羊毛,羊毛製品(＊毛糸,毛織物など),(植物などの)綿毛,回(ロ)縮れた頭髪,縮れ毛;((形容詞的に))ウールの,羊毛の,毛織物の ◆an all-wool suit 純毛のスーツ

**word** 1 a ～ 単語,言葉,発言,文章;～s 言ったこと,言葉,話,歌詞;回便り,知らせ,伝言; the ～ 命令; one's ～ 約束 ◆in a word 一言で言うと,簡単にいうと,要するに ◆in other words 換言すれば,言い換えると,言葉を換えれば,すなわち ◆in the words of... 〈人,会社など〉の談によれば ◆formulate [express] ... in words ～を言葉にする ◆a word from the author 著者から一言 ◆coin a new word 新語を作る ◆make careful use of words 単語を注意深く使用する;((意訳))言葉遣いに注意する[言葉を慎重に選んで使う] ◆Music and Words by... 〈人名〉作詞・作曲 ◆The first words out of his mouth were, "..." 彼が開口一番に言った言葉は「...」だった. ◆the latest word on workstations ワークステーションに関する最新情報 ◆a 100,000-word spelling checker 《コンピュ》10万語の(辞書を持つ)スペルチェックプログラム ◆leave word at the front desk フロント[受付]にメッセージ[伝言,言づて]を残す[預ける,言づける] ◆One word of caution: ... ここで注意を一言: ◆he has been true to his word 彼はこれまで自分の言ったこと[約束]は守ってきた ◆match one's words with action 言葉と行動[言行,言動]を一致させる;有言実行を実践する ◆Word about... was spread only by word of mouth to... ～についての知らせは,もっぱら口づて[口伝え,口コミ]により～に伝え広められた ◆During the talks, the two sides got into a word fight over how to define... 交渉中に,双方が～についてどのように定義するかを巡って口喧嘩[口論,言い争い,激しい言葉の応酬,舌戦]になった ◆the words "do not pass when signals flashing" 「信号点滅時の追い越し禁止」という文言 ◆In the words of Margaret Thatcher, "Consensus is the negation of leadership." マーガレット・サッチャーの弁によると,「全体意見は,リーダーシップを否定することである.」 ◆It is too wonderful for words. それは言葉に絶する[言葉にならない,いえない,いわれぬ]すばらしさである. ◆Mandela is a gentleman in the true sense of the word "gentleman." マンデラは,「紳士」という語の真義において紳士である[(意訳)文字通り本物の紳士だ]. ◆"You took the words right out of my mouth." 「私がそう言おうと思っていたことをあなたに先に言われてしまいました.」 ◆Her superior should hold her accountable for her words and actions. 彼女に彼女(自身)の言動の責任を取らせるべきである. ◆In the beginning was the Word, and the Word was with God, and the Word was God. 初めに言葉ありき,言葉は神と共にありき,言葉は神であった.(＊新約聖書ヨハネによる福音書,第1章の第1節) ◆It is easy to offend someone if we are not careful in our choice of words. 私たちは言葉を慎重に選ぶように[言葉遣いに注意]しないと人の感情を簡単に害してしまう. ◆Although my family does not believe a word of it, they have generously supported me in making this book possible. 私の家族は,本人たちは少しも信じてくれないが,本書の実現にあたり私に惜しみない支援をしてくれた. ◆Word usage has changed considerably: "black" is now "African-American," "Oriental" is "Asian," "Latino" is "Hispanic" and "Indians" are "Native Americans.」言葉遣いは大きく変わった.「黒人」は今では「アフリカ系アメリカ人」,「東洋人」は「アジア人」,「中南米人」は「ヒスパニック」,「インディアン」は「先住アメリカ人」という具合である.　**2** vt. ～を言葉で表現する ◆a carefully worded apology from the United States 合衆国からの慎重に言葉[言i葉]を選んでの謝罪 ◆a vaguely worded communiqué （わざと）要領を得ないような[曖昧な]文言で書かれている声明書

**wording** 言い回し,（言葉による）表現（のしかた）, 言葉づかい ◆the wording in the petition was improper 請願書の[言葉遣い]が適切でなかった ◆a tire with the wording "competition circuit use only" 「競走路専用」と表記されているタイヤ ◆choose precise wording for the text to minimize the likelihood of misunderstanding 誤解される可能性を最小限にするために, 文章に明確[厳密]な表現[言葉遣い]を選ぶ

**word of mouth, word-of-mouth** 口伝え, 口づて, 口コミ, 口頭; adj. 口頭での, 口コミによる ◆by word of mouth [word-of-mouth] 口コミで; 口頭で ◆through word of mouth; through word-of-mouth 口コミを通じて ◆word-of-mouth advertising 口コミによる宣伝 ◆the best advertising is word of mouth 最も良い宣伝は口コミである ◆But word traveled fast by word of mouth. しかし, 知らせ[情報]は速い速度で口コミに伝わった.

**word processing** ワードプロセシング, ワープロでの文書作成 ◆do simple tasks, such as word processing 文書作成[処理]などの簡単な作業をする

**word processor** a ～ ワードプロセッサ, ワープロ

**word wrap, word wrapping** （ワープロ）ワードラップ[単語送り]（機能）（*行の折り返しで行末にくる単語が分析されることのないよう, その語全体を自動的に次の行に送る機能）(cf. wraparound) ◆perform word wrap ワードラップする[（自動）折り返しを行う] ◆word rapping from a long string to several shorter strings 長いストリング[文字列]をより短い数行のストリングにするワードラッピング

**work　1** 回仕事, 執務, 労業, 営み, 所業, 努め[任務, 課題], 作務（サム）（*禅宗での作業）, 働きロ, 作業, 労力, 研究, ふり, 働き[作用, 効果], 製品[工作物, 作品, 著作物], 仕事量; ～s（機械の）動く部分, 工場, 建築[土木]工事 ◆put...to work ～を使用に供する[利用, 活用]する; ～を役立てる ◆be in the works 準備中[計画中, 進行中, 発展途上]である ◆go to work 仕事に行く ◆conduct work 仕事を（遂行）する, 作業を（実施）する ◆do work 仕事をする ◆a work area 仕事をする場所[作業場] ◆（コンピュ）作業領域（= workspace）◆a working surface; a work surface; a work-top [worktop] 作業面; 作業台 ◆work clothes [uniforms]; work clothing; working clothes 仕事着, 作業着, 勤務着, 作業服 ◆work rules 服務規程 ◆a sturdy tool for electrical work 電気工事用の頑丈[丈夫]な工具 ◆● Description of the Work ● Term of Work （見出し） 工事の内容・工期（*話題によっては, これらとは全く異なる訳がつくことがある）◆drive to and from work 車で通勤する ◆during execution of work 作業[実施]中に; 業務執行中に; 施工中に ◆for work with plutonium powder 粉末プルトニウムの取り扱いのために ◆in order to secure a work visa 就労ビザを取得するために ◆start work on a chemical plant 化学工場の建設に着工する ◆the blast turned out to be the work of terrorists 爆発はテロリストの仕業ということが判明した ◆work awaiting attention; unfinished work 未処理の仕事 ◆get a passing grade without doing much work たいして勉強しないで合格点を取る ◆Nevertheless, a great deal of further work needs to be done [carried out] (in order) to <do...> それでもなお, ～するために更に多大な作業が行われる必要がある[今後多くの研究が必要である] ◆own a home some distance from work 職場[勤務先]からある程度離れた所に住宅を所有する ◆put thousands of workers out of work 大勢の労働者の職を奪う ◆require many years of hard work 何年にもわたる骨の折れる[大変な, 困難な]作業[取り組み]を必要とする ◆while they look for other work 彼らが他の仕事[職]を探すあいだ ◆cut the work week from 40 hours to 30 hours, with no cut in pay 賃金カットなしで1週間の労働[勤務]時間を40時間から30時間に短縮[時短]する ◆There has been considerable work devoted to preparing... ～の製造に向けてかなりの研究が注ぎ込まれてきた ◆warn motorists of highway work operations ahead 前方でハイウェイの工事であることを自動車運転者に警告する ◆work on the project did not begin until 1992 このプロジェクトの作業は1992年まで始まらなかった[このプロジェクトは1992年まで着手されなかった] ◆you can save yourself some work by... -ing ～することによって多少手間が省ける ◆reduce the manual work currently being performed by office workers 現在事務職員により行われている手作業処理業務を削減する ◆How long have you been using the Internet for work purposes? どの位長く[《直訳》何年ぐらい] インターネットを仕事に[で]使っていますか. ◆Keep the work area well lighted. 作業場[作業区域]を, 明るくしておいてください. ◆The car's suspension system needs no further work. この車のサスペンション・システムは, これ以上の手を加える必要がない. ◆Work on new releases continues at a high pitch. 新製品発売に向けての作業は, 急ピッチで続いている. ◆Work will soon begin on the superhighway. その高速道路は間もなく着工される. ◆The ISO carries out its work through more than 160 technical committees and 2,300 subcommittees and working groups. ISO（国際標準化機構）は, 160以上の技術委員会, ならびに2,300以上の小委員会と作業部会を通して活動している. ◆The roots of all these systems go back to work done at the research institute in the 1960s. これらのシステムすべてのルーツは, その研究所で1960年代に行われた研究にさかのぼる.

**2** a ～（芸術・文学）作品, 回（= workpieces, workparts）（製造中の）加工物, 被加工物, 仕掛かり品, 仕掛け品, 作業対象物 ◆a work surface （被）加工面, 被削面 ◆a batch of work （製造）1ロット分の仕掛かり品[仕掛け品] ◆position a piece of work 1個のワーク[被加工物]を所定の位置に置く ◆secure work （被）加工物をしっかり固定する ◆original avant-garde works by Chinese artists 中国人アーティストによる前衛オリジナル作品 ◆place bar code labels on work in process in the plant 工場の仕掛かり品[仕掛け品]にバーコードラベルを貼る ◆How much of someone else's work may I use without asking permission? どのくらいだったら許可を乞わずに[無断で, 断りなしで]他の人の作品[著作物]を使用できますか.

**3** vi. 仕事をする, 作業する, 〈作業〉に取り組む[あたる] <on>, 勤める, 働く, 機能する, （機械が）動作する, 作用する, 効く, 効き目[効果]を現す, 功を奏する, 研究する, ～（の状態・形）に次第になる <into>; vt. ～を働かす, ～を働かせる[問題]を解く, ～を（～状態）にする <into> ◆work hard 一生懸命働く[勉強する]; 仕事[学業]に励む[精を出す, せっせと[熱心に, まめに, 孜々（シシ）として, 営々と, 大いに]働く, 懸命になる[努力する] ◆work toward improving... ～の向上に努める ◆it works うまいこといく, 功を奏する, 成功する; 効果[効き目, 実効, 効能, 効力, 効]がある ◆when working outdoors 野外で作業を行う際に ◆work on a project concerned with calculating... ～の計算にかかわるプロジェクトに携わる[従事する, 就く] ◆work twelve-hour days 毎日12時間労働する ◆put this guide to work on your car このガイドブックをあなたの車の手入れ]に役立てる ◆The plan worked to perfection. 計画は完全[完璧]にうまく行った. ◆to keep the rationing system working 配給制度が機能し続けるよう ◆work toward a Ph.D. in sociology 社会学の博士号をめざして努力する ◆He who does not work shall not eat. 働かざる者, 食うべからず. ◆the number of hours worked shown on a time card タイムカードに示されている労働時間数 ◆A pressure cooker works on this principle. 圧力鍋は, この原理で機能するのである. ◆Deregulation initially worked as it was intended to work. 規制緩和は, 当初ねらい通りの功をなした. ◆Let us accept this as our target and work toward that end. これを私たちの達成目標[ノルマ]として受け入れて, その目標に向かって努力しましょう. ◆This may not be the ideal solution, but it works. これは理想的な解決策ではないかもしれないけど, 効果[効き目]はある. ◆This large corporation has over 50 payroll clerks working full-time. この大企業には50人以上の給与担当事務員が常勤で勤務している. ◆It must be made lucidly clear that terrorism does not work and does not pay. テロはうまく行かない[成功しない]割に合わないということを,極めて明確に打ち出す必要がある. ◆Software is available that automatically backs up (saves) any data that is being worked on when the UPS becomes activated. 無停電電源装置が作動する時に作業中のデータがあれば自動的にバックアップ(セーブ[保存])してくれるソフトウェアが用意されています. ◆If you are interested in putting our expertise and capabilities to work for you, write or phone today for all the details. 弊社の専門技術ならびに能力が(貴社の)お役にたてそうでしたら,今日にでも詳細な内容についてお手紙か電話にてお問い合わせください.(＊広告文) ◆Aspirin works by blocking the manufacture of hormone-like chemicals called prostaglandins that are instrumental in the formation of blood clots. アスピリンは,プロスタグランジンと呼ばれる血を凝固させる作用のあるホルモン様化学物質の産生を妨げて,作用する[効き目をあらわす].

4 vt. 〈道〉を苦労して進む; vi. ゆっくり進む,苦労して進む ◆If the technology works its way into lower-priced products, ... この技術がより低価格の製品に浸透していくならば,～

**at work** 仕事に就いている[働いている]最中で,仕事中[就労中,就業中,執務中,作業中,稼動中,操業中,運転中,運用中,活動中,機能中,作用中]で ◆robots at work 仕事に就いている[就業中,作業中,稼動中,動作中]のロボット ◆the securing of safety at work 仕事中における[就労時の,就業時の]安全確保

**in the works** 準備中で,計画中で,進行中で,発展途上で ◆Plans are already in the works for... すでに～の計画の準備は進行している. ◆The company has two computers in the works, both slated for introduction in early April. この会社はコンピュータ2機種を開発中で,いずれも4月早々に市場投入の予定である. ◆Other cost-saving measures in the works include reducing long-distance calls, taking away cellular phones from about 3,000 employees, and... そのほかのコスト節約策としては,長距離・市外電話の削減,約3,000名の従業員から移動電話を没収すること,そして～などが計画されている.

**work around** 〈人,もの〉をうまく避けて作業する[仕事する,行う] ◆To work around this problem, ... この問題を回避するには,～

**work in** ～に入る,収まる;～に入れる,組み込む

**work into** ～の状態になる;～にうまく入れる

**work off** ～をなくす,取り除く,片付ける ◆manufacturers will cut production until the oversupply gets worked off 製造業者は,供給過剰[過多]状態が次第に解消するまで生産を削減するだろう

**work on** 働き続ける,仕事[作業]を続ける;～に取り組む,～を対象にする[扱う,処理する,操作する];～に作用する[効く];〈人〉を説得する ◆parts being worked on in manufacture 製造途上にある部品,製造中の被加工物,仕掛け品,仕掛かり品,被工作物 ◆there is no external force working on the object この物体に働いて[作用して,加わって]いる外力はない ◆they are designed to be easily worked on これらは容易に作業が受けられるように[加工しやすいように,(意訳)作業性を考えて]設計されている ◆The part is being worked on. この部品は,加工を受けている最中である. ◆The car they drive is easy to get parts for and easy to work on. 彼らが乗っている車は,部品が入手しやすくまた作業の手を加えやすい. ◆The plant physiologist is working on a way to make cowpeas more tolerant of heat. その植物生理学者は,ササゲを暑さに対してもっと強く[抵抗力があるように]する方法を研究している.

**work out** うまく行く,～という結果になる,〈人間が〉解決する,〈体を動かして〉運動する,〈スポーツの〉練習をする,合計[～になる <to, at>];～を実行する,～を成就する[まっとうする],～を案出する[練る],～を算出する[弾き出す],〈問題〉を解決する,～を取り除く ◆a carefully worked out plan ～の綿密[入念,周到]な計画 ◆work out as planned 計画ど

おりに(うまく)行く[運ぶ] ◆a well-worked-out plan よく練られている計画 ◆adopt a laissez-faire policy and let things work themselves out 自由放任主義的な政策を採って物事を成り行きに任せる ◆buy time until a better solution to the problem is worked out より良い解決策が考え出されるまで(検討)時間を稼ぐ ◆The data shown in Table 3 was worked out by observations of... 表3のデータは～の観察にもとづいて算出されたものである. ◆But these problems will no doubt work themselves out. だがこれらの問題は,自然に[ひとりでに]解決するだろう. ◆He said there are still lots of details to work out, including the fate of Xxx employees and the name of the merged company. 彼は,Xxx社の従業員の身の振り方や合併してできた会社の社名など,依然として詰めなければならないことが多くあると述べた. ◆We work out this sort of simple problems in our heads without much concern for the math behind it. 我々は,この種の簡単な問題を,背景にある数学を意識せずに頭の中で解いている.

**work up** 〈人〉(の感情)をあおる,興奮させる,引き起こす,生じさせる,発展させる,上達させる;～(の状態)に達する<to>;<～ one's way> 出世する ◆She has worked her way up to become a manager of a retail clothing store. 彼女は,苦労して(出世して)衣料品小売店の役付きにまでなった.

**work with** ～を持って[使って]仕事[作業]する,～を扱う[処理する,操作する] ◆work with a live wire 通電している電線[活線]を扱う ◆the material is difficult to work with この材料は扱うのが難しい;取り扱いにくい;作業[処理]しにくい;加工[切削]するのが困難である(＊文脈によりいろいろと訳しる)

**workability** 作業の容易さ,作業性,施工性,加工性 ◆a policy's workability 政策の実現可能性 ◆improve the workability of... ～を作業性を向上させる ◆question the workability of maintaining... ～を維持して行くことが実際に[現実問題として]可能なのか疑問視する ◆add a little Portland cement to this mix for workability 施工性を向上させるためにこの配合物にポルトランドセメントを少量加える ◆result in an improvement in workability 結果として作業性の改善につながる

**workable** 実行[実現]可能な;使用可能な ◆a workable solution 実行可能な解決方法 ◆the establishment of workable procedures 実行可能な手順の確立 ◆Be sure that the plan is workable. 計画が実行可能であることを確かめること. ◆From a workable standpoint, this has failed. 実用的観点から見て[実用上]これは失敗に終わった.

**workaday** 仕事日の,実際的な,ありふれた ◆go into the workaday world 実社会に出る[社会人になる]

**workaholic** a～ 仕事中毒の人,仕事依存症にかかっている人,仕事人間,仕事の鬼,仕事魔; adj. ◆workaholic society 仕事中毒社会

**workalike** a～ 互換製品,働きを本物に似せて作ったハードウェアまたはソフトウェア製品 ◆an AT-workalike (IBM) ATパソコンの互換機 ◆a Lotus 1-2-3 workalike Lotus 1-2-3そっくりの(機能を持つ)ソフトウェアプログラム

**work-around, workaround** a～ 回避策,対策 ◆illegal workarounds 違法な回避策;(問題を)回避するための違法な対策 ◆A workaround to this problem is to <do...> この問題を回避する方法[問題の解決策]の一つとしては,～することである. ◆a workaround for the year-2000 problem affecting some Microsoft Access applications 一部のMicrosoft Accessアプリケーションにかかわる2000年問題についての回避策[対策,解決法] ◆Is there any workaround for this problem? この問題の回避策[対処法,解決策]はあるだろうか.

**workbench** a～ 作業台

**workcell** a～ ワーク[作業]セル(＊1台のロボットが作業する領域で,ロボットとその関連装置から成る.類語に a workstation)

**workday** a～ 出勤日,仕事日,平日; 1日の就業[勤務,労働]時間

**worker** a ～ 従業員, 就業者, 勤労者, 勤務者, 《(意訳)》サラリーマン, 職員, 労働者, 就労者, 職工, 工人, 作業員, 働く人, 研究［勉強］する人, 従事する人 ◆underage workers 未成年就業者 ◆a given worker's output ある作業者の生産高 ◆a worker-friendly company 従業員にとって優しい［《(意訳)》働きやすい］会社 ◆the relationship between workers and employers 労使関係 ◆but the widely heralded shortage of workers has not happened しかし広く報道［前宣伝］されていた労働者［人手］不足は起こらなかった ◆Large projects require a great many workers. 大きなプロジェクトは, 非常に多数の人員を要する.

**workforce, work force** the ～ 労働［就業, 就労］人口, (全)労働者数, (全)従業員数, 総人員, 労働力, (集合的に)(全)従業員 ◆the clerical workforce (国の)事務系職就業者(層); (企業の)事務職員(数) ◆a work force reduction of approximately 10 percent 約10パーセントの従業員削減 ◆reduce the workforce at two plants in Puerto Rico by 300 people プエルトリコの2工場の運営人員を300人減らす ◆Japan has a declining work force and increasing numbers of elderly people. 日本の就業人口は減少し高齢者人口が増加している. ◆The company pared its workforce by some 5,000 jobs so far this year. 同社は, 今年これまでに約5,000人の雇用を削減する人員整理を行った. ◆Current estimates are that between 5% and 13% of the U.S. workforce abuses drugs other than alcohol. 現在の見積もりで, 米国の全労働人口の5%から13%がアルコール以外の薬物を乱用している. ◆He is seeking to reduce his work force from 2,000 to 1,500 even while doubling production. (＊社長である)彼は, 生産を2倍に上げながらも人員を2000人から1500人に削減しようと企てている.

**work group** a ～ (工場などの)作業班［チーム］, 作業を共にする人たちの一団, 作業部会

**workhorse** a ～ 役馬, 馬車馬のように働く人, 頼りになる働き者, 丈夫で信頼できる車や機械, 大いに役立つ機械, 組織の中で大半の仕事をこなす人, 主力となるもの ◆our tried and true workhorse 弊社の実績ある真の主力製品 ◆Magnetic disk remains the workhorse of computer secondary storage. 磁気ディスクが依然としてコンピュータ補助記憶装置の主力［中心的存在］である. ◆Mercury cadmium telluride, the proven workhorse material for infrared detectors, is on its way to greater reliability. 赤外線検出器用として実績がある働き者の「中心的」材料である水銀カドミウムテルルは, 信頼性がいっそう向上しつつある.

**working** 1 adj. 仕事をもっている, 就労の, 作業の, 勤労の, 仕事の, 作業の, の, 炭鉱 稼行(カコウ)－; 作用する, 実用［実際］に役立つ［使える］, 実践的な, (部品などが)(機械を)動かす ◆a working distance (光)対物距離 ◆a working drawing [plan, diagram, sketch] (製造のために工場で使用する)製作［工作］図; (建設・組み立てのための)施工［実施設計］図 ＊普通複数部作成されるので通例複数形で用いられる ◆a working electrode (電気(化学))作用電極 ◆a working place 作業［仕事］場; (鉱石や石炭の)採掘場［(採炭, 採鉱)現場, 切り羽, 切り場］ ◆a working value 感動値(＊リレーなどが作動する電流や電圧などの値) ◆working pressure 使用［常用, 動作, 作動, 排気, ボイラー］圧 ◆a working drawing [plan, diagram, sketch] 施工図 (▶通例複数部作成されるので複数形で用いられる) ◆an underground working face [working place, worksite] 坑内［採掘, 採炭, 採鉱］現場 ◆a working standard 《計測》実用基準 ◆at a working dinner ワーキングディナー［夕食会］(の席)で ◆a working-level meeting 実務［実務者］レベルの会合 ◆have a good working knowledge of... ～の実務［実践］に役立つ深い知識を身につけている ◆working conditions as they are 現状のままの労働条件 ◆working-level talks [discussions] 実務［実務者］レベルの協議［話し合い］ ◆a working voltage of 350 volts D.C. 直流350Vの使用［動作］電圧 ◆a grass roots working women's organization 働く女性の草の根団体［組織］ ◆a working full-scale model 実物大［1/1］の実動モデル［模型］(＊実際に動かすことのできる模型) ◆hydraulic excavators with a working weight of from 0.5t to 85t 全備重量が0.5～85トンの油圧ショベル ◆working-age adults 就業［就労］(可能)年齢の成人 ◆increase users' theoretical and working knowledge of...～に対するユーザーの理論面また運用［実践］面での知識を高める ◆prepare (a set of) working drawings for the renovation その改修［修理・復元］工事用の施工図(一式)を作成する ◆Once the user pulls the flash up to its working position,... ユーザーがストロボを動作位置まで引き上げると, 2 n. ～s 働き, 作用(のしかた), 機能(のしかた); ～s (機械, 団体組織の)機構, 仕組み, 動作原理 ◆a mine working 鉱山の切り羽 ◆be familiar with the workings of nature 自然の営みについて良く知っている ◆the inner workings of the equipment その装置の内部機構 ◆the shady workings of the company その会社のいかがわしい会社経営のやり口［手口］ ◆the working of metal into a rod 金属を棒状にする加工 ◆understand the working of an engine エンジンの動作を理解する ◆his extensive knowledge of the brain and its workings 脳とその働きについての彼の広範な知識 ◆explain the workings of machine guns 機関銃の仕組みを説明する ◆Its inner workings are unknown. それの中の仕組みは知られていない. ◆Microcode controls the inner workings of the microprocessor. マイクロコードは, マイクロプロセッサの内部働作を制御する. ◆PET scans produce colorful pictures of the inner workings of the brain. 陽電子放射層撮影は脳内部の働きをカラフルな画像にして見せてくれる.

**in working order** (機械などが)正常に働く［機能する］状態で, 調子よく使える［稼働する］状態で, 良好な運転状態で, (事が)順調に運んで

**out of working order** (機械などが)故障して, 運転不能で, 不調で, うまく機能しない［不良］状態で

**working-class** 労働者階級の

**working group** a ～ (専門［特別］)審議会［調査委員会］, 作業部会, 作業委員会, 特別作業部 ◆members of both standards development working groups 両規格開発審議会［作業部会, 作業委員会, 作業分科会］の委員

**working hours** 勤務時間, 就業時間, 労働時間 ◆during working hours 勤務時間中に

**workingman** a ～ (pl. workingmen) 労働者

**working party** a ～ (＝a working group) ◆Joint Working Party on ISDN デジタル総合サービス網についての合同作業部会

**workingperson** a ～ 労働者

**workingwoman** a ～ (pl. -women) 女性［婦人］労働者, 働く女性

**workload** a ～ (ある人や機械がなすべき)仕事量, 作業量, 業務量, 作業負荷 ◆good methods for measuring variations in workload 仕事量［作業量, 業務量］の変化を測るのにいい方法 ◆to handle a steadily growing workload 着々と増え続ける仕事量［作業量］を(処理するために) ◆A good translation program can greatly lighten the workload for a human translator 良い翻訳プログラムは, 人間の翻訳者の仕事の負担を大いに軽く［軽減］してくれる. ◆As the number of clients grew, so did the firm's accounting workload. 顧客数の増加につれて, その会社の経理の仕事量［業務量］も増えた. ◆The effect of the recession therefore is felt to a greater extent by those firms whose workload derives principally from the private sector. 従って, 景気後退の影響をより強く感じているのは, 民間部門から主に仕事を請けている企業である.

**workman** a ～ 労働者, 職人, 職工, 熟練労働者 ◆A workman bent on good work will first sharpen his tools. いい仕事を(するのに)しか頭にない職人［熟練工, 名匠］は, はじめに自分の道具を研ぐものだ.

**workmanship** ⑪ (職人の)腕［技量］, 出来ばえ［仕上がり, 手際, 細工, 施工, 造作］(の善し悪し), ワークマンシップ; ⑫細工, 作品 ◆shoddy [sloppy] workmanship ぞんざいな仕上がり; 施工不良 ◆defects in material and workmanship 製造上の不良［不都合点］ ◆Check the workmanship and material carefully. (製品の)出来不出来［良否］と材料を良くチェッ

クしてください. ◆Their report identified poor [shoddy] construction workmanship as a contributing factor. 彼らの報告書は, 建築[建設]時の施工不良が要因の一つ[一因]であることを突き止めた.

**workout** a ~ スポーツのトレーニング, 身体の鍛錬, 訓練, 練習, 運動, 体操; a ~ (能力, スタミナ, 適性などの) 試し, 試験, 検査, 検定 ◆a moderate workout 適度の運動

**workpart** a ~ → workpiece ◆a raw workpiece [workpart] これから加工される[未加工の]素材

**work permit** a ~ 労働許可, 就労許可 ◆a counterfeit work permit 偽造労働許可証

**workpiece** a ~ 製造中の加工品, (被)加工物, (被)工作物, (研削中や研磨途中の)素材, ワーク

**workplace** a ~, the ~ 作業場, 仕事場, 職場 ◆at their workplace 彼らの職場で

**work-sharing** ワークシェアリング, 仕事を分かち合うこと (*雇用を守る目的で, 賃金をカットし, かつ労働時間を短縮化する手法を探る)

**worksheet** a ~ (作業の指示・手順を書き込む)作業票, (書きながら考えをまとめるための)紙, 精算表, 計算書

**workshop** a ~ (製作や修理の)作業場[室], 仕事部屋, 工房, 製作所, 工作場[所], 工場; a ~ ワークショップ, (出席者参加型の)講習会, 実習会, (集中的に行う)研究会[セミナー], 研究グループ ◆a joint workshop 合同研究集会 ◆conduct a workshop 実習会[研修会, 講習会]を執り行う[開催する, 催す] ◆in the next and later workshops 次回以後のワークショップ[研究集会, 講習会]で ◆an interface specifications workshop インターフェース仕様研究会

**workshy, work-shy** adj. 仕事嫌いの

**worksite** a ~ 仕事[作業, 労働]をする現場, 職場, 建築場[場], 生産現場, 工場 ◆at every worksite 全ての作業現場[職場]で ◆work-site [worksite] safety 作業現場[職場]における安全

**workspace** (a) ~ ワークスペース, 作業空間, 《コンピュ》(メモリー内の)作業用記憶域[作業空間] ◆temporary workspace 《コンピュ》一時的な作業用記憶域[作業空間]

**workstation** a ~ ワークステーション, オフィスで1人の人が作業をする場所, ロボット1台が受け持つ作業場所, 生産ラインにおけるロボット作業工程の一つ, 《コンピュ》作業端末[ワークステーション] ▶コンピュータ分野でのワークステーションとは, 端末機, または端末としてではなくコンピュータの意味で使われることもあれば, 性能的にパソコンより少し上のものを指すこともある. 性能面においては, 今日, パソコンとの区別が曖昧になってきている. ◆an engineering workstation エンジニアリングワークステーション ◆an office workstation オフィスワークステーション

**world** the ~ 世界, 人類, 世間, 世, -界; a ~, the ~, ~s <of> 多数の, 多量の, たくさんの ◆all across the world 全世界[世界中]で ◆bring... into the world ～を生み出す; ～を誕生させる ◆come into [to] the world 生まれる, 産まれる, 誕生する, 世(の中)に出る, 出版される, (刑務所などから)娑婆(シャバ)に出る<back> ◆the plant world 植物界 ◆the World Heritage Committee (ユネスコの)世界遺産委員会 ◆the world over 世界中に[の], 世界随所に ◆be born into the world; come into the world この世に生まれる[生まれ出る, 生まれ落ちる] ◆become a UNESCO World Heritage site ユネスコの世界遺産(登録)地域となる ◆become a world standard for TV broadcasting テレビ放送の世界標準(規格)になる ◆before I came into the world 私が生まれる前に[この世に生まれ落ちる以前に] ◆bring a child [baby] into the world 子供[赤ん坊]を生む ◆from all parts of the world [globe] 世界各地[世界中]から(の) ◆from anywhere in the world 世界中どこからでも ◆in the world of automobiles 自動車界では ◆it represents a world first それは世界初(のもの)である ◆mobilize the world [international] community to help... ～を援助するために国際社会を動員する ◆on a world scale 世界的な規模で ◆sell them the world over それらを世界中[全世界]で売る ◆send it (out) into the world それを世に送り出す ◆the eyes of the world have focused on... 世界の目は～に注がれた ◆the high-tech world of biomedicine バイオメディスン[生物医学]というハイテクの世界 ◆the Western world 西側世界 ◆a world-scale enterprise 世界規模の[世界的な, 国際]企業 ◆the once world-spanning Pan Am かつて世界中を結んでいたパンナム航空 ◆the world's No. 1 creditor nation 世界一の債権国 ◆used by "net surfers" the world over 世界中の「インターネットサーファー」に使われて ◆worldwide [world] demand for... is strong 〈商品など〉の世界需要は多い[《(意訳)》堅調である] ◆a world conference on robotics research ロボット工学研究についての世界会議 ◆a world leader in computer technology コンピュータ技術における世界のリーダー ◆citizens need to understand the current conditions of the world 《(意訳)》国民は現在の世界情勢を理解する[世界の現状について知る]必要がある ◆exchange E-mail with people from around the world 世界中の人々と電子メールをやり取りする ◆in a world of ever-changing technology たえまなく変化する技術の世界にあって ◆millions of people throughout the world 世界中の何百万人もの人々 ◆some survival suggestions for the real world 実世界[実社会]でのいくつかの処世訓 ◆the most sought-after wine in the world 世界で一番需要のある[求められている]ワイン ◆throughout much of the world ほとんど世界中で, 《(意訳)》世界の多くの国で, 世界の大方の国々で ◆15 years after they had graduated and gone out into the world 彼らが卒業し社会[世の中]に出てから15年後の ◆one of the world's most modern telecommunications networks 世界で最も近代的な電気通信ネットワークの一つ ◆open the door to a brave new world in which S・V ～である素晴らしい新世界への扉を開ける ◆the center is [represents] the first of its kind in the world to study... 《(意訳)》このセンターは, 同類の機関としては～を研究する世界初のものです ◆the couple's newborn came into the world 5 weeks premature この夫婦の新生児は予定日より5週間早く生まれた[5週(間)早産だった] ◆the digital revolution taking place in the music and video worlds 音楽とビデオの世界で起こりつつあるデジタル革命 ◆the DVD-L50 is one of the world's smallest and lightest portable DVD players DVD-L50は世界最小・最軽量クラスの携帯型DVDプレーヤーだ ◆the world's first television set the size of a pack of cards 世界初のトランプの箱大のテレビ ◆the world we live in today is shaping the world of tomorrow 今日私たちが暮らすこの世界は, 明日の世界を形作りつつあるのです ◆Our network spans the entire world. 我々のネットワークは, 全世界に広がっている. ◆Supercomputers open up new worlds of possibility. スーパーコンピュータは新しい可能性の世界を開く. ◆That home run was just unbelievable, out of this world. その本塁打[大アーチ]は, まったく信じられない, この世のものとは思えない[人間わざとは思えない, 神わざ的な]ものだった. ◆The company has a reputation for making the highest quality vacuums in the world. この企業は, 世界一の品質の真空掃除機を製造することで定評がある. ◆The satellite signals can be received anywhere around the world. これらの衛星信号は, 世界中どこででも受信可能である.

**World Bank** the ~ 世界銀行, 世銀 ◆The UN's International Bank for Reconstruction and Development (IBRD), commonly known as the World Bank, is... 一般に[俗に, 通称]世界銀行として知られる国連の国際復興開発銀行は,...

**world-class** adj. 世界級の, 世界的に超一流の, 国際的に卓越した[優れている], 世界の檜舞台で通用する ◆a world-class architect 世界に通用する建築家 ◆a world-class racehorse 世界最高[最高峰]レベルの競走馬 ◆The facilities are world-class. これらの施設は, 世界的にみてもたいそう立派なもの[一流]である.

**world-famous** adj. 世界的に有名な, 世間に[天下に]名高い

**world-renowned** adj. 世界的に有名[高名]な, 世(界)(的)に名の知れた[名の通った], 世界に名だたる[名高い] ◆a world-renowned sculptor 世界的に有名な[名の知れた, 名の通った]彫刻家; 世界史に名だたる[名高い]彫刻家

**world's fair** a～ 世界博, 万国博覧会, 万博 (= an international exposition) ◆the 1992 World's Fair in Seville セルビアで開催の1992年万国博覧会

**world war** (a)～ 世界大戦 ◆during World War II 第二次世界大戦中に

**Worldwatch Institute** the ～ ワールドウォッチ研究所 (*Lester R. Brown 所長。ワシントンDCにある環境NGOで, State of the World「地球白書」を発行している)

**worldwide** adj. 世界的な, 世界中の; adv. (= throughout the world) 世界中に, 全世界に ◆a worldwide recession 世界的な景気後退 ◆become a worldwide standard 世界共通標準規格[世界の標準]になる ◆become the first manufacturer worldwide to <do...> ～する世界初のメーカーになる;《意訳》メーカーとして世界に先駆けて～し始める ◆cause worldwide changes in climate 世界規模の気候の変動[変化]を引き起こす ◆develop a worldwide standard for... に適応する世界標準(規格)を開発する ◆teach people worldwide about... 全世界[世界中]の人々に～について教える[啓蒙する] ◆to achieve worldwide standardization 全世界共通の標準化を達成[実現]するために ◆to improve one's worldwide competitiveness 国際競争力を向上させる[高める]ために ◆a network spanning 110 countries worldwide 世界110カ国にまたがる[広がる]ネットワーク ◆the first manufacturer worldwide of... 世界で最初に～を生産し始めたメーカー;《意訳》～を世界に先駆けて生産した製造業者 ◆Texas Instrument's hundreds of thousands of data terminals shipped worldwide 世界中に出荷されている何十万台ものテキサス・インスツルメンツ社のデータ端末機

**World Wide Web, World-Wide Web** the ～ ワールドワイドウェブ (*日本でも英語表記のまま用いるのが普通。単に the Web とも)

**worm** a～ いも虫, 青虫, うじ, ひるなどの下劣な人間, コイル状の機械部品, (棒状部品にらせん状の溝が切られている)山部,《コンピュ》ワーム (型のウイルス) ◆a worm gear ウォーム・ギア, 芋虫歯車 ◆a worm hole 虫食い穴 ◆worm gearing ウォーム・ギア[歯車]装置

**WORM** (write-once, read-many-times; write-once-read-many; write once, read many)〈情報記憶媒体を〉追記型の

**worn** ((wear の過去分詞形)) すり減った, 摩耗[摩滅]した, 疲れきった ◆as the brakes become worn ブレーキがすり減ってくるにつれて ◆Inspect the brakes periodically and replace if worn. ブレーキを定期的に点検して, 摩耗[摩滅]していたら交換してください.

**worn-out** adj. すり減った, 使い古された, くたびれた, ガタの来ている ◆an old, worn-out machine 使い古されてくたびれて[ガタの来て]いる機械

**worried** adj. 心配している, 当惑した, 気をもんで, くよくよして

**worrisome** adj.〈物事が〉心配な, 気にかかる, 厄介な, 悩みの種の;〈人が〉心配症の, くよくよする

**worry** 1 vi. 心配する, 気にやむ, 憂慮する, 苦労して進む, 苦戦する; vt. ～の気をもませる, 悩ます, 困惑させる;〈動物が〉～にかっつく, ～をつつく ◆be worried that... (will [may, could])... ～ではないかと心配する ◆He always worries when... ～の時は, 彼はいつも心配する. ◆I began to worry that... 私は, ～ではないかと心配し始めた. ◆There is no need to worry about... ～のことで心配する必要はない[心配には及ばない] ◆worry about getting laid off 一時解雇されるのではないかと気をもむ ◆Don't worry about it! そのことは気にするな[心配するな]. ◆there really is nothing to worry about 心配することは実際何もない ◆worry about delays attendant upon obtaining permission from... ～からの許可取得にまつわる遅れを心配[懸念, 焦慮]する ◆You don't have to worry about that. そのことを気にする必要はない. そのことを気にする

はない. ◆So long we have..., we shouldn't worry about the future. ～がある限り, 先のこと[先行き, 将来]について思い悩んでも始まらない[仕方がない] ◆they have forged ahead with their plans without worrying about the obstacles 彼らは, それらの障害を顧みず自分らの計画を推進した ◆worry about it becoming obsolete in a couple of years それが2～3年のうちに陳腐化してしまうのではないかと心配する ◆Do not worry yourself by thinking of it now. 今それを考えて[そのことで]くよくよするのはやめなさい. ◆Not to worry. There are other trains to be caught. ご心配にはおよびません. 乗れる列車は他にもありますから. ◆We don't have to worry about running out of space on our bookshelves. 我々は, 本棚のスペースがなくなることを心配する必要はない.
2 回心配, 不安, 気がかり; a～ 心配の種, 心配事, 屈託 ◆cause... a lot of worry 〈人〉にたいそう心配をかける ◆free of any worries 何の心配事もない; 一切心配なしに; 屈託なく ◆live worry-free 心配なしに[安心して, 屈託なく]暮らす ◆There is worry that... ～ではといった心配がある ◆a worry-free no-time-limit warranty 心配無用の無期限保証 ◆make air journeys just a tad more worry-free than they are today 空の旅を, 今日よりはほんの少し安心できるようにする ◆Cancellation of the order is our chief worry. 注文取り消しが, 私たちの一番の心配事です. ◆Finances are a constant worry. 財政状態[財務的状態, 懐(フトコロ)具合]は, 恒常的な悩みの種である. ◆The respondents said their main worries are inflation and rising health-care costs. 回答者たちは, インフレと高額化している医療費が主だった心配事であると言った. ◆There are worries that the oil residue being processed could run off into Lake Erie, ten miles away. 10マイル離れているエリー湖に, 処理中の残留油が流入する可能性があると心配されている.

**worse** ((bad, ill の比較級)) さらに[なお, いっそう]悪い[ひどい, 劣る] ◆change for the worse 悪化する ◆a change for the worse 悪化 ◆its condition becomes worse それの状態がさらに悪くなる[悪化する] ◆make a bad situation worse 悪い状況[情勢, 事態, 事情, 形勢]を更に悪化させる ◆make a terrible situation even worse ひどい状況をいっそう悪化させる; ひどい状況に輪をかける ◆prevent the situation from becoming worse 状況が悪化しないようにする ◆what's worse さらに悪いことには ◆worse still 更に[なお, もっと, その上]悪い[困った]ことに ◆Worse yet,... さらに悪いことに. ◆To make matters worse for Japanese manufacturers,... 日本のメーカーにとってさらに悪いことには,... ◆The market is in even worse shape than it was a month ago. 市場[市況]は, 1カ月前よりももっと悪い状態[よりいっそう不調]になっている.

**worsen** 悪化させる[する] ◆the economy has worsened 経済[景気]は悪化した

**worsening** (a)～ 悪化, 低下 ◆fear a worsening of relations with Islamic countries イスラム諸国との関係が悪化するのではないかと恐れる[懸念する]

**worship** 回崇拝, 礼拝, 参拝, 賛美, 尊敬; vi., vt. 崇拝[礼拝, 参拝, 参詣, お詣り]する, 崇める, 尊敬する, 熱愛する ◆defile a place of worship by...ing ～して信仰の場所を汚す(ケガス) ◆guarantee freedom of worship 信仰[宗教]の自由を保障する ◆there is absolute freedom of worship 完全な信仰[宗教]の自由がある

**worst** ((bad, ill の最上級))最悪の, 最低の, 最もひどい ◆(the) worst 最悪の場合 ◆《米》if worse comes to worst;《英》if the worse comes to the worst 万一の場合に; 最悪の事態になったら ◆during [in] the worst of times 最悪[最低, どん底]の(状況の)時期に ◆if the worst happens 最悪の事態になったら; 万一の場合 ◆keep the worst at bay 万一[万一の際]の事態を防ぐ ◆prepare for the worst 最悪の事態に備える; 万一に備える ◆prepare oneself for the worst 最悪の事態に備える; 万一に備える ◆under the worst conditions 最悪の状況下で ◆a useful guide should the worst come to pass もしも[万一, (意訳)まさか]の時に役立つ案内書 ◆rank as the worst 最

下位を占める［最低である，最悪である］ ◆At worst, it could cause a transmission failure or even a fire. 最悪の場合，それはトランスミッション［変速機］の故障あるいは（車両）火災にさえつながりかねない． ◆This is government waste at its worst. これは政府による無駄遣いの最悪のケースである．

**worst case** the〜最悪の事態［場合］; worst-case adj. 最悪の事態［場合］の，最悪の事態を想定した ◆a worst-case scenario 最悪のシナリオ ◆design... to the worst case 最悪［万一］の場合を想定して，〜を設計する ◆It may cost as much as $20,000 in the worst case. それは最悪の場合2万ドルほどもかかってしまうだろう． ◆That could increase the prospect of the worst-case scenario coming true. それは，予想される最悪の事態を現実のものにしかねない．

**worth** 1 adj., prep. 〜の価値［値打ち，値］がある，（価値の上で）〜に匹敵する，〜を受けるに足る;(it is worth (while)...ingの形で)〜するだけの価値がある ◆a suggestion well worth heeding 十分聞くに足る提案 ◆It's probably not worth your while to <do...> たぶん，〜することは［〜しても］割りに［間尺に］合わないでしょう，恐らく〜する（だけの）価値［値打ち，やりがい］はないでしょう ◆some improvements that may make it worth the wait 今すぐに製品を購入せずに）待つだけの価値があるかも知れない何点かの改良 ◆It's a software package worth looking at. これは一見の価値があるソフトウェアパッケージだ． ◆The software package is worth studying for its approach to the problem of... そのソフトは，〜という問題をどう処理しているかという点で，研究してみる価値がある． ◆A single MiniDisc can hold a full CD's worth of music, and costs no more than a decent quality cassette tape. ミニディスク1枚にCDまるまる1枚分の音楽が入り，コストもせいぜい良質のカセットテープ1本分で済む．
2 n. 価値，値うち，有益さ ◆prove one's worth 〈人，機械などが〉真価［(《意訳》)本質，本当の強み，実力，威力］を発揮する ◆a century's worth of data 1世紀分のデータ ◆$1 trillion worth of armaments 1兆ドル分［相当］の軍備 ◆a billion dollars' worth of cocaine 10億ドル相当のコカイン ◆millions of dollars' worth of real estate 何百万ドルもの値打ち［価値］がある不動産

**worthiness** ①価値のあること，立派さ，相応であること，ふさわしさ ◆defects that affect the seaworthiness of a boat 船の耐航性［堪航性］に悪い影響を与える欠陥 ◆the launchworthiness of the external tank, the boosters and the main engines of each shuttle 各シャトルの外部タンク，ブースターロケット，および主エンジンの打ち上げ耐性

**worthless** adj. 価値のない，無駄な，役に立たない ◆air particles can render a chip worthless 空気中のゴミの粒子がチップを価値の無いものにする［(《意訳》)チップをだめにしてしまう，チップをオシャカにする］ことがある（*IC製造の話から） ◆a worthless person なんの値打ちもない［ろくでもない，くだらない］人間

**worthwhile** adj. 〜だけの価値がある，時間［お金，労力］を注ぐだけの値がある，意味のある，やりがいのある ◆worthwhile activities やるだけの価値がある［意味のある，有意義な］活動 ◆It is worthwhile continuing discussion of... 〜の討議を継続していくだけの価値はある ◆make... too time consuming to be worthwhile 〜を時間がかかり過ぎて［金銭勘定的に］引き合わないものにする ◆Besides being a worthwhile end in itself, the study of the history of economics provides a fuller and richer understanding of the present state of economic theory and policy. 経済学の歴史を勉強することは，それ自体が意味のある目的［有意義］である上に，経済理論と経済政策の現状についてより深く理解することができる．

**worthy** adj. 〜する［〜を受ける］に足る，〜にふさわしい，〜の価値がある; 価値ある，りっぱな

**worthy-** 〜に適した，〜に値する，〜に（用いるのに）耐性のあある

**would** 《will の過去形》，《婉曲，ていねいな依頼を表す》 ◆far higher than would normally be expected 通常予想［期待されるよりもはるかに高く ◆I would be very grateful if you would... していただけるとたいへん有り難いのですが

**would-be** 〜志望の，自称の，つもりの，みせかけの; 未遂の，未完の ◆a would-be translator 翻訳者を目指している人; 翻訳家志望者; 自称翻訳者 ◆filled with charts and diagrams for astronomers and would-be astronomers 天文学者およびアマチュア天文家向けの図表が満載で

**wound** 1 a〜傷，外傷，（心の）痛手 ◆receive a wound in the hand 手に傷を負う ◆inflict a wound on a person [one's head, the head of a person] 人［頭部］に傷［けが］を負わせる
2 vt., vi. 傷をつける ◆be wounded in the leg 足にけがをしている
3 《wind の過去，過去分子形》 ◆a wound (magnetic) core 巻鉄心; 巻き鉄芯 ◆a wound-rotor induction motor 巻線形［捲線形］誘導電動機

**wounded** adj. 傷ついた，傷を負った，負傷した，怪我した，手負いの，傷心の; n. the〜《集合的に，複扱い》負傷者，怪我をした人たち ◆A wounded bear can be very dangerous. 手負いのクマは，とかく非常に危険です．

**woven** 《weave の過去，過去分子形》

**wow and flutter** 《AV》ワウフラッタ，ワウフラ，回転（速度）むら（*結果として音揺れが生じる） ▶wow も flutter も アナログ式再生装置の回転速度のむらのことであるが，前者は0.5〜6Hz, 後者は6〜100Hzの周期のものを指す． ◆any dirt in the drive is likely to produce [cause] wow and flutter 《意訳》駆動機構内にほこりがあるとワウフラッター［ワウフラ，回転むら］を生じさせる可能性がある［引き起こしかねない］ ◆wow and flutter from the audio track of a VCR ビデオデッキの音声トラックのワウフラッタ［ワウフラ］

**wrap** 1 vt. 〜に巻き付ける<around>, 〜を巻く，〜を包む<in>, 〜を折り返す; vi. 巻き付く，くるまる ◆be wrapped in small packets いくつかの小さな包に包装されている ◆wrap the excess cord around... 余分なコードを〜に巻き付ける ◆wrap electrical tape around the outside of the wire 電気工事用テープで電線の外側をぐるりと巻く ◆a bedroom-cum-library with all four walls wrapped in bookcases 壁四面がすべて書棚で覆われている寝室兼書斎 ◆It has been wrapped [cloaked, shrouded, veiled] in secrecy almost from the beginning. それはほとんど最初から秘密に包まれていた．
2 n. a〜包み，おおい，肩掛け; ①《種類は a〜》ラップ (= plastic wrap), 折り返し; 〜s（《under〜s の形で》)機密，秘密 ◆automatic word wrap and justification 《ワープロ》自動ワードラップ［単語送り］および行端揃え機能（*ワードラップは，行の折り返しで行末にくる単語が分析されることのないようその語全体を自動的に次の行に送る機能） ◆a wrap-soldered splice 巻きはんだ付け組継ぎ（*金属ロープ/ケーブルの接合法） ◆wrap [cover]... in plastic wrap 〜をラップでくるむ［包む］ ◆cover... with microwave-safe (plastic) wrap 〜に，電子レンジの使用に耐えるラップをかける ◆They can be kept fresh for an hour or two with a loose cover of plastic wrap. それらは，（食品用の）ラップを軽くかけておけば，1〜2時間は新鮮に保つことができる．

**wrap around** 〜に巻き付ける［巻き付く］(→wrap); (wrap-around とも綴る) 《コンピュ》ラップする，〈終端で止まらずに〉折り返して先頭に戻る，折り返す; n. ◆aluminum foil wrapped around cables for EMI shielding purposes 電磁妨害をシールドするためにケーブルに巻き付けられているアルミフォイル ◆wrap text around illustrations 《ワープロ》文章を図のまわりに［図にかからないように］ワードラップさせる ◆Moving too far to the right will cause the cursor to wrap-around or go down to the next line. 《コンピュ》右に行き過ぎると，カーソルは（左端に）折り返す，つまり次の行に行く． ◆... the cursor wraps around to the first column of the next line カーソルは，折り返して次の行の最初のカラムに行く

**wrap up** 〜を終わりにする，〜を閉会にする，〈取引など〉をうまくまとめる，〜を包む;〈暖かく〉着込む，くるまる;《英口》黙る，静かにする ◆after wrapping up the conference 会議の締めくくりをつけた後で ◆wrap up the show ショーを閉幕

[閉会]する ◆They stood silently for a moment, each wrapped up in their own thoughts.　彼らはしばし無言でたたずみ、それぞれの思いにふけっていた。　◆Ladies and gentlemen, before wrapping up my comments on fisheries, I want to talk briefly about fish habitat.　皆さん、漁場に関する私の話を締めくくる前に[話の最後に]、魚の生息環境について少し述べたいと思います。

**wraparound** a～巻きスカート、巻き付くようにして覆うもの; 《コンピュ》ラップアラウンド、折り返し、回り込み; adj.

**wrap-around** v. (= wrap around)

**wrapper** a～包み紙、帯封(オビフウ)、包むもの、包装する人、《コンピュ》ラッパー

**wrath** 回激しい怒り、激怒、逆鱗 □天罰 ◆incur the wrath of a lot of people　大勢の人たちの激しい怒りを買う[逆鱗(ゲキリン)に触れる]

**wreath** a～花輪、花冠; a～(雲、煙などの)渦巻き ◆lay a wreath [flowers] on the Tomb of the Unknown Solder　無名戦士の墓に花輪を置く[献花する]

**wreck** vt. 難破させる、壊す、だいなしにする、解体する; vi. (a)～難破、破損、挫折、解体、解体; n.～難破船、破損した事故車、壊れたもの、残骸

**wreckage** 回難破、破損、破滅; 回《集合的に》破壊された残骸; the～<of>(～の)砕かれた夢の跡 ◆the wreckage of two U.S. Blackhawk helicopters shot down in Mogadishu　モガディシュで撃ち落とされた米ブラックホークヘリコプター2機の残骸

**wrecker** a～(米)レッカー車(= a tow truck, a tow car)、救援車; a～海難救助活動をする人, 救助船; a～破壊する人、建物解体業者; a～(略奪目的で船を難破させる)海賊、難船略奪者

**wrecking** 回建物解体[取り壊し、破壊]作業、救難[救援、救護]活動、倒産[破滅、壊滅、骨抜き]; ～に追い込むこと; adj. ◆a wrecking crew　解体作業班[チーム]、救難隊 ◆a wrecking yard　解体業者[の作業場、部品置き場]

**wrench** 1 a～レンチ、スパナ、《通例単数形》ねじり、ひねり ◆an adjustable wrench; a movable jaw wrench　自在スパナ、モンキーレンチ(＊a monkey wrenchは、アゴと柄が垂直なもの、これに対し、a Crescent(-type) wrenchは30度程度のもの) ◆a box [box-end] wrench　めがねレンチ ◆These wrenches are often double-ended, with a different size on each end. これらのスパナは、一つの本体に異なるサイズの付いた両口タイプが多い。

2 vi. 急にねじれる、ぐいと強くひねる <at>; vt.～をねじる、ひねる、ぐいと引く、力を入れてもぎ取る、曲解する

**wrestle** vi. 格闘する、《問題などに》取り組む、《ものを》格闘するようにして扱う <with>; vt. (= wrestle with) ◆wrestle with a problem　問題に取り組む

**wriggle** vi. のた、のた、のたうち回る、身体をくねらせて[よじらせて]進む、にょろにょろ[モゾモゾ]と進む、なんとか(～から)逃れる[抜け出す、脱出する] <out of>; vt.～をうごめかす; a～のたくり、のたうち、もがき ◆his ability to wriggle out of tight corners　窮地からはい出る彼の能力

**Wright**　the Wright Brothers; the Wrights　ライト兄弟(＊米国の動力飛行機開発者)

**wring** 1 vt. (含まれた水分を出すために)絞る、《液体など》を搾り取る、ねじる、ひねる ◆wring poetry　詩をひねる ◆wring the water out of the dust cloth　雑巾の水を絞る

2 a～しぼること、ぐいとねじること、ねじり

**wrinkle** 1 a～しわ、《板金》挫屈 ◆a brown wrinkle finish　《表面仕上げ》茶色ちりめん仕上げ ◆to soothe the skin and prevent wrinkles　肌をすべすべにし、しわを防ぐために ◆a wrinkle that occurs at some midpoint in a videotape　ビデオテープのどこか途中にできるしわ ◆to make wrinkles fade away or stop them forming in the first place　しわを消したり、はじめからしわができないようにするために

2 v.～にしわをよせる、しわよる ◆keep it from becoming wrinkled　それがしわにならないようにする

**wrist** a～手首

**wristwatch** a～腕時計 ◆a wristwatch-sized LCD TV set　腕時計サイズの液晶テレビ

**writable** adj. 書込み可能な ◆a writable disk　書き込み可能ディスク

**write** vt., vi. 書く、書き込む、執筆する、著わす、手紙を書く、揮毫(キゴウ)する; n. (a)～《コンピュ》《媒体への》書き込み、《画面への》表示 <to> ◆at (the) time of writing; at the time of this writing　これを[《意訳》この原稿を]書いている時点で[の]; 記事執筆段階では ◆a write-protect switch; a switch for write protection　ライトプロテクト[書き込み禁止、書き込み保護]スイッチ ◆write and debug a program　プログラムを書いてデバッグする ◆write data on a tape　テープにデータを書き込む ◆user-written programs　ユーザーによって書かれたプログラム ◆read and write cassette tapes　カセットテープを読み書きする ◆write data into the shared memory　その共用記憶装置にデータを書き込む ◆write this block of text to [into] a new file named "bubun"　《ワープロ》このブロックの文章を bubun という名の新しいファイルに書き出す ◆a layer of organic dye which is written to during the recording process　記録するプロセス中に書き込みが行われる有機染料の層(＊recordable CD discs　書き込み可能CDの話) ◆during reading from or writing to an auxiliary storage device　《コンピュ》補助記憶装置から読み出ししたり、補助記憶装置に書き込んだりしている最中に[補助記憶装置の読み書きの最中に] ◆if a power failure takes your system down during a write operation　もし停電が書き込み動作中に(あなたの)システムをダウンさせると ◆one of the most talked about and written about software packages　最も話題になった[り書き立てられたり]したソフトウェアパッケージのひとつ ◆the reading and writing of data from and to files　《コンピュ》ファイルからのデータの読み出しおよびファイルへのデータの書き込み ◆The disk is to be written upon.　ディスクは、書き込まれるようになっている[書き込むためのものだ]。 ◆There has been much written about drugs recently.　最近麻薬についてよく書かれて[紙面で話題になって]いる。

**write down**　書き留める、程度を下げて読みやすく書く、低い評価を書く ◆They are written down along with dates, times and locations.　これらは日付、時間、場所と共に書き留められる[併記される]。

**write off, write... off**　帳消しにする、償却する; (～宛に)書いて送る <to>; ないものとする、無価値とみなす; ～とみなす[～として片付ける] <as> ◆write off bad loans against unrealized profits　不良債権を含み益で帳消しに[相殺、《意訳》処理]する ◆write off building costs on a 50-year timetable　建設費を50年で償却する ◆It takes 6 years to write off your business car.　事業用の車[営業車]を減価償却するには6年かかる。 ◆Japan's banks have been trying to write off bad debt but are still saddled with more than $471 billion in bad loans.　日本の銀行は、貸倒金を損金処理しようとしてきたが、依然として4,710億ドルを上回る不良債権を背負い込んで[抱えて]いる。 ◆The plan would be tantamount to debt forgiveness, which would force banks to write off the loan-loss reserves they have set aside against the possibility of defaults.　この計画は、万が一の債務(返済)不履行の場合に備えて別にとっておいた貸倒準備金[引当金]を帳消しすることを銀行に余儀なくさせる債務免除[債権放棄]にも等しいものになるだろう。

**write out**　～を完全に詳しく書く、《小切手、領収書など》を書く[書いてサインする] ◆write out an order　注文書を書く

**write over**　書き直す、重ね書きする、《コンピュ》上書きする ◆write over existing characters　すでに書いてある文字の上に書く[上書きする] ◆erase the line by writing white over it　《コンピュ》線の部分に白を上書きすることにより消去する

**write up**　(詳細に)書いてまとめる、書き上げる、ほめて書く、～の帳簿価格を引き上げる ◆He has written up a whole report on this year's Consumer Electronics Show in Las Vegas.　彼は、ラスベガスで開かれた今年のコンシューマ・エレクトロニクス・ショーについての全体報告を書き上げた[まとめた]。

**write-off** *a* ～ 帳消し, 減価償却 ◆a $3.2 billion write-off 32億ドルの帳消し ◆as a tax write-off 税金控除の対象 (項目) として

**write-once** *adj.* 〈情報記憶媒体が〉追記型の, 一度書き込んだものは書き変えられない (→WORM, DRAW) ◆a write-once optical disk 追記型光ディスク (*ディスクがいっぱいになるまで書き加えていけるが, 一度書き込んだものは書き換えられないタイプ) ◆burn a write-once CD-ROM 追記型CD-ROMを焼く

**write protect** *vt.* 〈情報記憶媒体, ファイルなど〉を書き込み禁止にする, ～の内容が書き換えられないよう保護する; write-protect *adj.* 書き込み禁止 (用) の ◆cover the write-protect notch on a 5.25-inch floppy disk 5.25インチフロッピーディスクの書き込み禁止用切り欠き (にシールで覆って) ふさぐ ◆flip [move, slide] the sliding tab [write-protect tab, slide] to open the write-protect notch on a 3.5-inch disk 3.5インチ (フロッピー) ディスクの書き込み禁止ノッチ [穴] が見えるようにスライド片をカチッと動かす [スライドさせる] ◆The magnetic tape unit will not write data on a tape unless the write-protect ring is in place. 書き込み禁止リングが所定位置にない限り, 磁気テープ装置はテープにデータを書き込まない.

**write protection** *n.* 書き込み禁止 (*記憶されているデータが書き変えられないよう保護すること)

**writer** *a*～ライター, (データ) 書き込み装置, 物書き, 書き手, 著述家, 著者, 作者, 作家, 文士, 文筆業者, 記者 ◆the BBWAA (Baseball Writers' Association of America) 全米野球記者協会

**write-up** *a*～書いてまとめたもの [原稿, レポート], 好意的な追求, 〈資産の〉評価増し ◆experiment write-ups turned in for credit 履修単位をとるために提出された実験レポート

**writing** ▢書くこと; (*a*)～書かれたもの; one's ～筆跡 ◆formulate... in writing ～を文書にする ◆a piece of writing 書き物 ◆writing pressure; handwriting pressure 筆圧 ◆an error [a mistake, a fault, a slip] (made) in writing [in a writing] 書き誤り, 誤記 ◆as of this writing [これを書いている時点では] at this writing これ [この文書, 原稿] を書いている時点では ◆for convenience in writing 表記のための便宜上 ◆the writings of J.D. Salinger J.D.サリンジャーの著述 [作品] ◆up to [up until] the time of this writing この原稿を書いている [この記事の執筆] 時点まで ◆unless advised otherwise in writing by Elster エルスター社から書面にて別途 (特別な, 特に) 指示が無い限り ◆perform such functions as writing and printing simultaneously 文書作成や印刷などの機能を同時に実行する

**written** 《write の過去分詞形》 *adj.* 書面での, 筆記の ◆pass written exams [tests] in German, math and English ドイツ語と数学と英語の筆記試験に通る [合格する] ◆put... in written form ～を書面に書き表す ◆take a written examination [exam, test] 筆記試験 [ペーパーテスト] を受ける ◆apply the law as it is written その法律を, 書かれている通りに [文言通り, 《意図》一字一句厳密に] 適用する ◆without prior written permission from the publisher 発行元からの書面による事前の許可を得ずに ◆Inspections and tests are performed in accordance with written inspection and test instruction sheets. 検査や試験は, 成文 [明文] 化されている検査や試験指示書に従って実施される.

**wrong** *adj.* 誤った, 間違った, 不適切な, 悪しき, 〈当該ではなく〉関係ない, 不調な, (何か) 変だ [おかしい]; *adv.*; *n.* ▢悪, 不正, 非道; *a*～悪行, 悪行, 権利の侵害, 不法行為, 不当な扱い ◆redress wrongs (諸) 悪を正す ◆dial a wrong number 間違っている電話番号をダイヤルする ◆do (something) wrong (何か) 悪いこと [曲がったこと] をする; 悪事 [不正] を働く ◆fall [get] into the wrong hands 「悪い人」, 不正行為を働く」人の手にわたる ◆make a distinction between right and wrong 善か悪かを見分ける; 善悪・正邪を識別 [区別] する ◆wear... wrong side out ～を裏返しに着る ◆"I'm sorry, you have the wrong number." 「電話」「番号が違います」。

(*write up は出展企業や製品をほめそやす「ちょうちん記事」を書いたとも取れる)

"番号違いですよ."; ◆"Oh, I'm sorry, I dialed the wrong number."; "Woops! Sorry I have the wrong number." 《電話》「あっ, すいません. (電話) 番号を間違えてかけてしまいました.」 ◆Something is wrong [awry] with... ～が何かおかしい; ～に (何らかの) 異状 [異常] がある ◆acknowledge the errors and wrongs of the past 過去の過ちや間違いを認める ◆if anything is wrong with the files これらのファイルに (何か) 異常があると ◆if things go wrong 万一何か間違い [良くないこと, 悪いこと] でも起きたら ◆try to find out what went wrong during a years-long process of grinding and polishing 何年にもわたった研削・研磨の過程で何がおかしくなったのか究明しようとする ◆I think the company was wrong to <do...> 私は, 会社が～したことは間違っていたと思っている ◆There's nothing wrong with using a knife and a fork to cut... ～を切るのにナイフとフォークを使って構わない ◆I don't think there's anything wrong with teaching ethics in school 私としては倫理を学校で教えても悪いことはない [構わない] と思っている ◆Don't get me wrong. I am not advocating breaking the law. 誤解しないでほしい. 何も私は法を破ることを勧めているわけではないのだ. ◆Grafting was done at the wrong time. 接ぎ木が間違った [不適切な, まずい] 時期に行われた. ◆She is wrong on one crucial point. 彼女は一つ重大な間違いを犯している. ◆There is something wrong with the camera. このカメラは何か異状 [異常] がある [どこかおかしい]. ◆There's nothing wrong with this bridge structurally. この橋は構造的にどこも悪いところ [別状, 異状, 異常] はない; この橋梁は構造的に大丈夫である. ◆You are wrong about him. あなたは彼を間違って見ている. ◆He approaches his job with the attitude that right is right and wrong is wrong. 彼は是々非々の態度で仕事に当たる. ◆Investigators were still trying to determine precisely what went wrong. 調査官らは依然として, 何がおかしくなったのか (状況, 原因) を厳密に突き止めようとしていた. ◆Anyone involved with explosives – whether at work or leisure – has a duty to keep them from falling into the wrong hands. 仕事 [職務] 上であれ余暇においてであれ, 爆発物に関与する人はすべて, 爆発物が間違った人間の手 [悪の手] に落ちないようにする義務を負っている. ◆He has become burned out in the job, so tired he doesn't notice when things are going wrong. 彼は仕事で燃え尽きてしまっていて, 事態がまずい方に行っていても気が付かないほど疲労している. ◆The new lithium battery slides in just as easily, but it will fit wrong way around. 新しいリチウムバッテリーは, (取り出しと) 同様に簡単に入れられるが, 反対 [逆] 向きに入ってしまうこともあるかもしれない.

**wrongdoing** (*a*)～悪事, 悪行, 悪業, 非行, 犯罪, 不正行為 ◆he blew the whistle on financial wrongdoing 彼は, 経理上の不正を内部告発した

**wrought iron** 錬鉄 [錬鉄] (レンテツ), 鍛鉄 (タンテツ) ◆a wrought-iron base 錬鉄製の台座

**WSTS** (World Semiconductor Trade Statistics) the ～世界半導体 (市場) 統計

**wt.** (weight) ◆a liquid containing 10.8 wt% P and 36.7 wt% Cl 10.8重量パーセントの燐と36.7重量パーセントの塩素を含む液体 ◆a white solid containing 58.8 wt% of bromine 58.8重量パーセントの臭素を含む白色固体

**WTI** (West Texas Intermediate) ウエストテキサス・インターメディエート (*米国の標準油種 the benchmark U.S. crude である)

**WTO** (World Trade Organization) the ～世界貿易機関 [機構] (*暫定的な国際協定だったガット=関税貿易一般協定を引き継ぐ国際機関として1995年1月に発足)

**WWF** (World Wildlife Fund) the ～世界野生生物保護基金; (World Wide Fund for Nature) the ～世界自然保護基金

**WYSIWYG** (what you see is what you get) "ウィズィウィグ" と発音. *adj.* 《コンピュ》WYSIWYG (ウィジウィグ) の, 画面表示通りの印刷結果が得られる, 印刷して得られるイメージのままに画面表示する (*今ではそれが当然になった) ◆a WYSIWYG format WYSIWYG形式 ◆true screen-to-printer

**WYSIWYG** results 画面からプリンタへの真のWYSIWYG印字出力結果 ◆With the program's WYSIWYG editing capability, you can preview typeset pages. このプログラムのWYSIWYG編集機能により、植字済みページを前もって画面で見ることができる. （参見）WYGIBTWYS (what you get is better than what you see) 《コンピュ》画面上の表示よりも〔解像度など〕高品位の印刷結果が得られる 《コンピュ》WYSIAWYG (what you see is almost what you get) 《コンピュ》WYSIAWYG (WYSIWYGに近い) ◇WYSDWYG (what you see describes what you get) WYSDWYG (*WYSIWYGの変化形)

## X

**x, X** an～エックス、ローマ数字の10、チェック欄や表中の欄で日本での丸(○)に相当する記号、手紙などでキスを表す記号; ①未知数エックス;《数字の後ろについて》—倍 ◆the X axis; the x-axis ×軸［横軸］ ◆an 8X CD-ROM drive 8倍速CD-ROMドライブ

**Xe** キセノン(xenon)の元素記号

**xenon** キセノン(元素記号: Xe)

**xenophobia** ①ゼノフォビア、（病的な）外国［外国人］恐怖症（嫌い）、他人嫌い、《意》自国中心主義

**xenotransplantation** (a)～異種移植 ◆Xenotransplantation is the transfer of cells, tissues, or organs from one species to another. 異種移植とは、細胞、組織、あるいは臓器をある種から別の種に移植することである．

**xerographic** （乾式）電子写真（技術）の、（乾式）電子写真方式の ◆a xerographic photocopier 乾式写真方式［電子写真式］の複写機 ◆the xerographic process of the photocopier 写真複写機の乾式電子写真方法 ◆put a xerographic image on a piece of ordinary paper 《レーザープリンタ》電子写真像を普通紙に印字出力する、《普通紙コピー機》乾式複写像を普通紙に印字する

**xerography** （乾式）電子写真（技術）(electrophotography), 乾式複写（方式）、ゼログラフィ

**Xerox** （商標名）ゼロックス; a～コピー機 (= a xerographic copier),（電子写真）コピー; vt. vi.《ゼロックス》コピーする、複写する ◆Xerox the memo そのメモを（ゼロックス複写機で）コピーする

**XLPE** （cross-linked polyethylene) 架橋結合ポリエチレン

**XML** 《コンピュ》(the eXtensible Markup Language)《省略形》theはThe否

**XMS memory** （eXtended Memory Specification memory) 《コンピュ》XMSメモリー (*日本でプロテクトメモリーと呼ばれるものに相当)

**XON/XOFF** 《通》(*プロトコルの一種、XONは相手側に送信を許可、XOFFは禁止する信号) ◆send an X-ON code (transmit ON) to... ～にX-ON（送信オン）コードを～へ送信する ◆use the X-ON/X-OFF protocol X-ON/X-OFFプロトコルを使用する

**XOR** (exclusive OR) (EORとも略記される)《コンピュ》an～排他的論理和（演算子）; v. (XORed) 排他的論理和演算をする、～のXORをとる

**X-rated** adj. (映画が) 成人向けの; 露骨な性表現の、わいせつな ◆an X-rated movie 成人向け映画

**x-ray, X-ray, X ray** an～《しばしば～s》X線、レントゲン写真、X線撮影; x-ray (x-rayed, x-raying) vt.～をX線撮影する、X線治療する; adj. ◆read [interpret] X-rays 読影する ◆an X-ray picture X線写真 ◆a radiologic technologist; a radiological technician; a radiographer; an X-ray technician レントゲン[X線]撮影（放射線）技師 ◆get a chest X ray 胸部レントゲン撮影を受ける ◆investigated by X-rays X線で調べられた ◆produce X-rays X線を発生させる ◆the application of X rays; exposure to X rays X線の照射 ◆The instrument produces a highly collimated pinhole beam of x-rays. この測定器は、高度に平行化されたX線のピンホール・ビームを作る．

**x-y, X-Y, XY** ◆an x-y plotter XYプロッター ◆an XY recorder XY記録計 ◆a high precision X-Y [XY] positioning stage 高精度X-Y位置決めステージ

**xylitol** ①(化) キシリトール (*シラカバなどを原料とした虫歯を防ぐ天然甘味料) ◆chewing xylitol-sweetened gum can help reduce tooth decay キシリトールで甘味をつけたガムを噛めば虫歯を減らす助けになる［減らす効果がある］

## Y

**y** ◆the Y axis; the y axis; the y-axis Y［縦］軸

**Y** イットリウム(yttrium)の元素記号; Y字形の(の) ◆(a) Y connection Y結線［接続］; 星形結線［接続］(= (a) star connection) ◆a 3-dimension Y/C separation circuit 三次元Y/C分離回路 (*YはΘ度信号、Cはchromaを表す．Yが輝度のわけは国際照明委員会(CIE)の表色系のYが輝度を表すことに由来)

**YAG, yag** (yttrium aluminum garnet, yttrium-aluminum-garnet) ◆a YAG [yag] laser ヤグレーザー

**yank** vt., vi. (強く) ぐいと引っ張る、ぐいっと引き抜く ◆yank on the cord コードをつかんでぐいっと引っ張る ◆Never yank the cord to disconnect from the receptacle. 決して、コードを引っ張ってコンセントから抜くことはしないでください．

**yard 1** a～ (pl. ~s) ヤード (*長さの単位．3 feet = 36 inches = 約91.4 cm に相当) **2** a～構内、庭; a～作業場、(物) 置き場 ◆Freight yards were large interchanges where incoming trains were broken down and reassembled into new trains. 貨車操作場とは、到着列車を分解し新しい列車に編成し直す［再編成する］大規模車両交換場だった．

**yard goods** 《複扱い》反物 (= piece goods)

**yardstick** a～判断基準、尺度、ヤード尺 ◆a yardstick for measuring...～を測る物差し［度器、尺度、基準］ ◆use it as a yardstick against which... is measured; use it as a yardstick to measure...～を測る尺度［物差し、（判断）基準、規準、標準、よりどころ］としてそれを使う ◆Sales per square foot of space, a basic retail performance yardstick, is about double the average for the industry. 小売成績［業績］の基本的な物差し［評価尺度］である（売り場面積）1平方フィート当たりの売り上げは、業界平均のほぼ倍である．

**yawing** 飛行機や船の垂直軸を中心にした左右水平揺れ、ヨーイング、偏揺れ、片揺れ ◆produce [create, cause] a yawing moment about the vertical axis 垂直軸まわりに偏揺れモーメントを生じさせる

**Yb** イッテルビウム(ytterbium) の元素記号

**year** a～年、1年、年度、学年、年齢; ~s 長年、何年もの間、長い年月; ~s really ◆all the year around 一年中 ◆a year ago 1年前に; 昨年の今頃は; 前年の同じ頃に ◆every year [each year, year after year, from year to year] 毎年; 年々 ◆in (the) coming years この先何年かは; 将来; 今後 ◆in the years ahead この先数年のうちに; 将来 ◆through the years 年々; ここ数年にわたって［近年］ ◆year after year 年々、毎年、来る年 (も) 来る年 (も) ◆year in, year out; year in and year out 年々［年々歳々、毎年毎年、年がら年中、始終］ ◆a first-year player 新人1年目の選手 ◆a [the] year of manufacture [production]; a manufacture [production] year 製造年 ◆the Year 2000 [Y2K] problem [issue]; the Y2K bug; the Millennium Bug 《コンピュ》（西暦）2000年問題 ◆2000 has been a year of phenomenal growth for... 2000年は、～にとって驚異的な成長の年だった ◆4-year colleges and universities 4年制の単科大学と総合大学 ◆a 77-percent increase in year-on-year terms 前年比（ベースでの）77%増 ◆after 19 years of marriage 結婚19年にして ◆as compared to the same period the year before （対）前年同期比 ◆at an ideal time of year 1年のうちでも理想的な時期に ◆at the beginning of this year 今年の初め [年頭、年初] に ◆a year or two ago 1~2年前に ◆be available year around 一年中手に入る ◆by [before] year's end [year-end] 年末までに; 年内に ◆by the end of the year 年末 [年度末] ま

でに; 今年中に; 年のうちに; 年内に ◆during his years abroad 彼の海外滞在[勤務]中に; 彼が海外にいた間に ◆during the almost three-year-long trial ほぼ3年にわたる[及んだ]その裁判の間に ◆during the Bush years ブッシュ政権時代に ◆during the past dozen years 過去十二、三年の間に ◆during the years 2005-2010 2005〜2010年の間に ◆for a great many years 永年[長年]の間に; 非常に長い年月にわたり ◆for many years to come 今後何年にもわたって; これから先ずっと; 末永く ◆for the first time in two years 2年ぶりに ◆for the first time in years 何年ぶりかで ◆in a year or two; in [within] one or two years; within the next year or two; in the next [coming] year or two; a year or two down the road この1〜2年で, 一両年中に ◆in a year's time 1年で ◆in [during, over] the course of a year 1年たつ[1年が過ぎる]間[1年に1度]; 1年を通して; 年中 ◆in the early years of the 19th century 19世紀初期[初頭]に ◆in (the) years to come この先何年も, 将来にわたって ◆in (the year) two thousand two 2002年に ◆... is 4 percent up on the year 〜は前年比4%増である ◆... is up [down] 14 percent on the year 〜は対前年比14%増[減]である ◆over the years (過去)何年にもわたって; 長年[多年]にわたって; 長年の間に; これまで何年も, 年が経つにつれて; 年を追って; 年々 ◆prize amounts vary from year to year 賞金の額は年々変わる ◆sales by year 年度別の売り上げ; ((グラフ表題などでの意訳))売上高の推移, 年次売り上げ統計; ((意訳))販売高[売上量]の経年変化 ◆since the beginning of the year 年初以来 ◆the waning years of this century 今世紀末 ◆this represents a 29 percent year-on-year increase これは前年比[対前年比]29%増にあたる ◆up 22 percent from the year before 対前年比22%増 ◆with increasing [advancing] years; with advancing age 年が増すにつれて; 年を取るに従って; 年齢が進む[加齢]とともに ◆his wife of 33 years 彼の33年連れ添った妻 ◆100 years of photographic expertise 100年にわたって蓄積された写真工業技術のノウハウ[知見] ◆26 years of one-party rule 26年にわたる一党(独裁)支配 ◆an increase of 147 percent over the same quarter the year before 対前年同四半期比で147%の増加(*四半期ベースでみての前年同期比) ◆a year-to-date profit and loss (P&L) statement 今年これまでの損益計算書 ◆grew 9% on a year-over-year basis (対)前年比9%伸びた[伸長した, 増幅した] ◆one year (12 issues) of Car Review 1年分のCar Review誌(12冊) ◆thirty five years of German engineering genius 35年間にわたって培われたドイツの傑出[卓越]した技術力 ◆backed by years of expertise 長年にわたって蓄積された専門技術[ノウハウ, 知見]に裏打ちされて ◆be expected to grow 25 percent year-on-year in 1999 〜は1999年に(対)前年比で25%成長[増加, 拡大]する見通しである ◆But years from now, after you're married and... けれど何年もたって, あなたが結婚して〜したら ◆during his five years in office 彼の5年間の在職[政権担当]中に ◆during the bleak years of the Great Depression 大恐慌の厳しい期間の間に ◆during the first full year of production 生産初年度全体[年間]を通じて ◆even after a lapse of years 何年もの年月を経った後でさえも ◆if inflation runs 3% per year インフレが年率3%で推移すると ◆life spans and retirement years are increasing 寿命と退職後の期間が延びている(▶yearが複数形になると「期間」を表す) ◆the $230 billion-a-year U.S. auto marketplace 年間2,300億ドル規模の米国自動車市場 ◆with a month left before year's end 年の瀬も余すところ1カ月と押し迫って ◆a five-year plan for the decontrol of all prices すべての価格の統制解除[自由化]へ向けての5カ年計画 ◆Despite the fact that we have been growing at a year-on-year rate of more than 50 percent, ... 弊社は前年比50%以上の率で成長してきているにもかかわらず ◆roadholding qualities born of years of racing research 何年にもわたる(自動車)レースの研究から生まれたロードホールディング特性 ◆the company's 90-year tradition of mechanical excellence この会社の卓越した機械技術の90年の伝統 ◆after 57 years of making pinball machines パチンコ機械製作57年にして ◆Although new home sales are still up on the year, ... 新設住宅販売は依然として前年を上回っているものの ◆profits were nearly half of what they were the year before 収益は対前年比で約半分だった ◆the celebration of Computer Review's fifteenth year of publication コンピュータレビュー誌出版15年目の祝賀 ◆we will have to wait until toward the end of this year for... 私たちは年末頃[今年の末近く]まで〜を待たなくてはならない[〜にはお預けを食う]ことになるだろう ◆any applicant who is 16 years of age is required to <do...> 年齢16歳のすべての申請者は〜する必要がある ◆since the introduction eight years ago of spring-loaded plastic gate poles 8年前のばね式のプラスチック製ゲート・ポールの導入以来 ◆And year by year, the population kept growing. そして年々, 人口は増加し続けた. ◆Both dormitories are suffering from years of wear and tear. 両寄宿舎とも積年[長年, 多年]の痛みでがたが来ている[老朽化が進んでいる]. ◆It is a year to 18 months away from completion. 完成まであと1年から1年半かかる. ◆It varies according to year and model. 《車》それは, 年式と車種によって異なる. ◆SAC bombing missions entered their seventh year in 1971. 米戦略空軍の爆撃任務は1971年に7年目に入った[を迎えた]. ◆Sales of ... are running more than 20 percent ahead of a year ago. 〜の売り上げ[販売高]は前年比2割増以上で推移している. ◆The area receives heavy snowfall in most years. この地域には, ほとんど例年といっていいくらい[ほぼ毎年]大雪が降る. ◆The book is the result of almost 20 years of work. その本はほぼ20年にわたる研究の成果である. ◆The project, now in its fourth year, seems stalled. そのプロジェクトは, 今や4年目にして行き詰まった感がある. ◆Today keyboards are about a $600 million-a-year business. 今日, キーボード楽器は年約6億ドル規模のビジネスである. ◆With advancing years, bones take longer to knit. 年齢が進む[年を取る]につれて, (折れた)骨が接合するのにより長くかかるようになる. ◆Years of planning went into the project. このプロジェクトは, 企画立案に何年も(の歳月)が費やされた. ◆Consumer spending is growing at a relatively robust pace of 3 percent a year. 消費者支出は, 3パーセントといった比較的力強い年率で伸びている. ◆Gross profit was up 200 percent year-over-year, at about $1.6 million. 粗利は前年比200%増の約160万ドルであった. ◆It is built to last for many years of tough, trouble-free service. 本機は, 長年にわたる苛酷な使用に故障知らずで持ちこたえる[((意訳))ご愛用いただける]よう作られています. ◆Success with the design will require many years of hard work. その設計を成功させるには, 何年にもわたる膨大な作業を要するだろう. ◆The show is pretty much the same this year as it was last year and the year before. 今年のショーは昨年[前年]および一昨年[おととし]とほとんど同じである. ◆The weather is very changeable throughout the year, so prepare accordingly. 天候は年間[一年]を通して非常に変わりやすいので[不順なので], それなりの準備をして[行って]ください. ◆We are on call 24 hours a day, 365 days a year. 1日24時間, 年間365日の((意訳))年中無休の24時間)態勢[体制]で待機して[受け付けて]おります. ◆Within Japan, shipments of televisions rose 8.3% compared with a year ago. 日本国内のテレビ出荷は前年比8.3%増[8.3%の増加]であった. ◆Year-to-date sales reached 1,861, which is 7 percent more than the 1,744 of this time last year. 今年これまでの(累計)販売戸数は, 1,861件に達した. これは昨年同時期の1,744件に比べて7%増になる. (*住宅の話では) ◆Many workstations are substantially more powerful than the mainframes of just ten years ago. 多くのワークステーションは, ほんの10年前のメインフレームよりなり性能が上である. ◆The company expects to assemble about 500,000 units during the first full year of production. この会社は, 生産初年度全体を通じて約500,000台組み立てる計画[予定]である. ◆Think about what you would like to be doing in one year's time, in five years' time and in ten years' time. 1年後, 5年後, そして10年後に, 自分が何をしていたいのか考えなさい. (*「〜年先に, 〜年後ったら」とも) ◆We also put on the largest auto show in the state, namely the Texas Heat Wave which is going on to its seventh year now. 私たちは, 州随一のオートショーで現在7年目になるテキサス・ヒート・ウェーブも催しています. ◆Year-to-date (through July), Hawaii welcomed

4,131,249 visitors, 4.7 percent ahead of the same period last year. 年初来(7月までに)ハワイは、前年同期を4.7%上回る[(対)前年同期比4.7%増の]4,131,249人に上る訪問客を迎えた。 ◆A domestically produced Toyota subcompact, for example, costs $9,732 – the equivalent of almost 20 years' income for an average working man in Indonesia. たとえば、(インドネシア)国内で生産されたトヨタのサブコンパクト車は9,732ドルであるが、これはインドネシアの平均的な就労男性のほぼ20年分の収入に相当する額である。 ◆Comparisons between 1985 and 1997 show clear signs of reduced fitness among 10- to 11-year-olds and a significantly higher proportion of overweight or obese children. 1985年と1997年を比較すると、10～11歳児の間における健康の明らかな低下、ならびに太りすぎの子供つまり肥満児の比率の著しい増加[大増幅]が認められる。 ◆Group sales, mostly in food, pharmaceuticals, beverages and other consumer products, hit $3.1 billion at the end of the March 31 fiscal year, up 17% over the previous year. 主として食料品、医薬品、飲料およびその他の民生品で占めるグループ売上高は、3月31日決算期の会計年度末で前年度比17%増の31億ドルに達した。(＊「前3月期のグループ売上高は〜」とも訳せる) [参考] 1992 cars 1992年型[年式]の車 ◇$600 in 1960 dollars 1960年当時の価値にして600ドル

**year by year** 年ごとに、年々 (→ year-by-year)

**year in, year out** 年々、年々歳々、毎年毎年 ◆those years-in, years-out traumas それらの積年の精神的痛手

**year-by-year** adj. 年毎の、年別の、年度毎の、年々の ◆future economic assistance will be dispensed on a year-by-year basis 今後の経済援助は、単年度ベースで供与されることになっている ◆the chart shows year-by-year real average income 　　グラフは年別の実質平均所得の推移を示す ◆Here's a look at the year-by-year winners. ここで、年度別の勝者を見てみることにします。

**year-end** adj. 年の終わりの、年別の、歳末の、暮れの、年度末の、期末の ◆year-end discounts 　　年末[歳末]割り引き ◆a year-end break from mid-December to mid-January 12月中旬から1月半ばまでの年末休業 ◆before [by] year-end 　　年末までに[年内に] ◆The company had 567 employees at year-end. 会社には年末の時点で567名の従業員がいた。 ◆year-end bonuses for employees 　　従業員の年末の賞与[《意訳》冬のボーナス] ◆Here's what you need to keep in mind as you make your year-end gifts. 以下に年末の付け届けをする[歳末の贈り物をする、お歳暮を贈る]際の留意点を挙げます。

**yearlong** adj. 1年間の、1年間続く、1年間にわたる

**yearly** adj. 年ごとの、毎年の、年1回の; adv. 毎年 ◆a yearly [an annual] amount 　　年間の金額; 年間量 ◆a $90 yearly fee 年間90ドルの利用料 ◆a yearly membership fee of $50 　　50ドルの年会費 ◆its twice-yearly meeting 　　その(団体の)年2回の会議 ◆yearly sales of $200 million to $300 million 2億ドルから3億ドルの年間売り上げ[年商] ◆as we have done yearly since... 　　以来毎年行ってきましたとおり ◆small businesses with a yearly turnover [an annual turnover] of between £50,000 and £1,000,000 　　年商5万ポンドから100万ポンドの中小企業

**yearn** vi. あこがれる、慕う、切望する <for, to do>

**year-round** adj. 年間を通した、1年間の、一年中の、通年制の、年中の; adv. ◆a year-round air conditioner 　　通年型エアコン ◆the average year-round air temperature 　　平均年間気温 ◆The golf course remains open year-round, weather permitting. このゴルフコースは、天候さえ良ければ年中開いている。 ◆California is blessed with conditions that make year-round carrot farming possible. カリフォルニアはニンジンの周年栽培を可能にする条件に恵まれている[《意訳》条件が整っている]。

**yell** v. 大声で叫ぶ、大声[金切り声]を上げる、どなる、わめく、〜を叫んで言う[大声で言う]; n. 叫び声、金切り声、わめき ◆Never use ALL CAPITAL LETTERS BECAUSE IT IS YELLING. 《コン通》決して大文字だけを使ってはいけない

**yellow** adj. 黄色の、黄色人種の; n. ①黄色; a 〜 黄色いもの、黄色人種; vt. 〜を黄ばむ; vi. 黄ばむ ◆yellow phosphorus 黄燐、黄リン(= white phosphorus) ◆uranium oxide; urania; uranic oxide; 《俗に》yellowcake [yellow cake] 二酸化ウラン ◆the yellow press 《集合的に》赤新聞 (＊興味本位の低俗な内容の) ◆discolor... yellow 〜を黄色く変色させる、〜を黄ばませる ◆yellowed newspaper clippings 黄ばんだ新聞の切り抜き ◆a flashing yellow traffic light 点滅している黄色の交通信号灯

**yellow journalism** セックス、スキャンダル、ゴシップ、犯罪事件などの扇情的な記事を売り物にしたジャーナリズム

**yellow pages, Yellow Pages** the 〜 職業別電話帳、電話帳の職業別欄 (= the yellow-pages phone book) ◆Consult your yellow pages under "Electric Appliances-Small-Repairing" for your nearest Nanotronics authorized service station. 最寄りのナノトロニクス社特約サービスステーションを探すには、職業別電話帳の「電気器具小修理」の欄をお調べください。

**Yellow Sea** the 〜 黄海

**yen** a 〜 1円 (pl. yen); the 〜 (日本)円 ◆the high-rolling [highly valued] yen 強い円 ◆the yen's ascent [appreciation] 円の上昇、円高 ◆an amount denominated in yen 円建て金額 ◆at 100 yen to the dollar 1ドル100円(の為替レート)で ◆because of the high [strong] yen 円高のために ◆due to a [the] strong yen 強い円[円高]のせいで; 《意訳》円が強いため に ◆high-yen problems 円高問題 ◆millions of dollars worth of yen 何百万ドルにも相当する円 ◆on a yen basis 円ベースで[円建て]で ◆pour billions of yen into developing... 〜の開発に何十億円も注ぎ込む ◆the rise in the value of the yen 円の価値の上昇、円高 ◆the yen has been in a downward slide since January 円は1月以降下落[円安]傾向にある[円安に振れている] ◆buttressed by a strong yen 強い円[円高]に支えられて ◆counteract the effects of the surging yen 円高の影響を相殺する ◆pour billions of yen, or tens of millions of dollars, into... 〜に何十億円、すなわち何千万ドル(という大金)を投入する ◆the rapid appreciation of the yen 円の急騰、急激な円高 ◆the yen's rapid rise against the dollar ドルに対する円の急騰、急激な円高ドル安 ◆the yen's sharp rise against the dollar ドルに対する円の急騰[急激な円高] ◆Japanese manufacturers, despite being squeezed by a weak yen, have held... 日系メーカーは、弱い円[円安]に苦しめられながらも、〜を維持した ◆the decline in value of the yen against the dollar 円のドルに対する下落、円安ドル高 ◆the yen's soaring by 29% against the dollar 円のドルに対する29%の急騰; 対米ドルで29%の急激な円高 ◆Yen loans constitute a key element of Japan's ODA. 円借款は日本のODAの主要な要素をなしている[一大要素を構成して]いる。(＊Japan's ODA = Japanese Official Development Assistance; 日本の政府開発援助のことで、主に開発途上国のインフラ整備を主眼にしているという) ◆Companies like Toyota and Sony say they lose millions of dollars each time the dollar falls 1 yen. トヨタやソニーなどの企業は、ドルが1円下がるごとに何百万ドルもの損失をこうむるという。

**yes** はい、左様、しかり; a 〜 肯定[了承]の返事; v. イエスと言う、承諾する ◆"yes" men who move up through the ranks 昇進する「イエス」マンたち ◆"Are you serious?" he asked me. "Yes," I said. 「本気なのか[マジかよ]」と彼は聞いた。「そうだ」と私は言った。

**yesterday** adv. n. 昨日、昨今; 〜s 過去 ◆remember it as if it were yesterday それを昨日のことのように憶えている ◆the God-fearing moral standard of yesterday 神を恐れていた過去の道徳基準

**yet** 1 adv. 《否定文で》まだ; 《疑問文で》もう; 《肯定文で》まだ、今から〜する<to do>; まださらに、なおいっそう、しかも<to do> ◆Has he left yet? 彼はもう[すでに]帰ってしまいましたか ◆it has yet to be used それはまだ使われたことがない; それは未使用である ◆Whether... is yet to be seen. 〜かどうかは、予断を許さない。 ◆However, it has [is] yet to be checked [investigated] whether...　しかしながら、〜かどう かについてはまだ調べられていない［調査／捜査されていな い、未確認である］◆Prices have not yet been fixed.; No price has been fixed yet.; Pricing has yet to be fixed.; Pricing has not yet been fixed.　価格はまだ決まって［設定されて］いない；価格は 未定である◆none yet appears to be quite as sophisticated as... どれもまだ〜と全く同じくらい洗練されてはいないように思 われる◆Actual performance figures are not yet available.　実 際の性能値（データ）は、まだ手に入らない［今のところ入手で きていない］。◆Finally, we outline some of the challenges yet to be addressed.　最後に、まだ対処されていない［これから処理 すべき、今後の、残されている、対応が待たれる］課題のいくつ かについて概略説明致します。◆We won't see them for a few years yet.　それらの出現までにはあと数年かかるだろう。

2　adv., conj.　にもかかわらず、それでも、しかもなお、〜なが らも、それでいて、そのくせ◆a sturdy yet flexible frame　頑 丈でありながらしなやかな枠［フレーム］◆they live apart yet love together　彼らは別居しながらも愛し合っている◆She eats heartily, yet keeps her weight around 50 kg.　彼女はたくさ ん食べながら体重を50キロ前後に保っている。

**yet-to-be**　《後ろに動詞の過去分子形をともなって》まだ〜 されていない◆a yet-to-be unveiled film　未発表の映画◆ Chrysler's yet-to-be-released two-seat roadster　クライスラー のまだ発売になっていない2人乗り（ほろ付き）オープンカー ◆yet-to-be-introduced cars and trucks　市場投入前の車やト ラック◆yet-to-be-invented [yet-to-be-developed] technologies まだ発明されてない［これから開発される］技術；《意訳》今後 の技術

**yield**　1　vi.　屈する、負ける、折れる、応じる、（道を）譲る <to>、（物理的に）降伏する <to>、産する、報酬をもたらす； vt.　〜を産出する、生じる、〜の（出力）を出す［生む、発生させ る］、もたらす、与える、〜が出る、〜が取れる［得られる］、〜 を譲る、手放す◆high-yielding securities　高利回り証券◆ an energy-yielding nuclear-fusion reaction　エネルギーを発生す る核融合反応◆yield about a hundredfold improvement in performance　約100倍の性能の改善をもたらす◆ripe avocados with firm flesh that yields to gentle pressure　堅く締まっていて 軽く押すとへこむ果肉がつまっている熟れたアボカド◆A T-120 cassette yields two hours of recording in the standard play mode.　T-120カセットテープは、標準再生モードで2時間録 画できる。◆At pedestrian crossovers, drivers must yield right-of-way to pedestrians.　横断歩道では、運転者は歩行者に道を 譲らなければならない。◆With clear skies, the pair of solar panels yielded 6-7 Amps downstream of the regulator.　晴天で、 この2枚の太陽電池パネルはレギュレータの下流にて［後ろを（測ったところ）］6〜7アンペアの出力を発生させた［6〜7A 得られた］。◆A boneless or canned ham will yield four to five servings per pound, while a bone-in ham gives you two to three servings per pound.　ボンレスハムか缶詰のハムだと1ポンド 当たり4〜5人前とれ、骨付きハムだと1ポンドにつき2〜3人分 とれる。

2　a　〜　産出高［量］、生産高［量］、収穫高［量］、〈原油など の〉湧出量、生産力、収益、歩留まり、収率；降伏、譲歩◆yield strength　耐力◆tensile yield strength　引張降伏［耐力］強度 ◆high-yield junk bonds　高利回りのジャンク債◆a high-yield wheat　高収量の品種の小麦◆enhance yield　歩留まりを上 げる［向上させる］◆estimate manufacturing yield　製造の歩 留まりを推定する◆expected yield improvements　見込まれ る歩留まりの改善◆improve [increase] yields　歩留まりを向 上させる◆increase its yield by a factor of five　それの歩留ま りを5倍上げる◆maximize yield　歩留まりを最大限［できる だけ］上げる◆provide a five-fold improvement in yield　歩留 まりの5倍の改善をもたらす◆raise yields up to six times　歩留まりを6倍にまで上げる◆reduce yields　歩留まり を低下［（意訳）悪化］させる◆tensile strength at yield　引張 降伏（点）強さ［強度］；降伏引張り強さ［強度］◆the yields of these devices　これらのデバイスの歩留まり◆the yield tensile strength of copper (Cu)　銅の降伏引っ張り強さ［引張 度］◆to maximize yield per acre　エーカー当たりの収量［収穫量］を極力上げるために◆it is a major reason why yields are low　これが歩留まりが低いかという主な理由である ◆these CPUs have poor yield rates above 1GHz　《意訳》これ らCPUは1ギガヘルツを超えると歩留まり率が悪い◆production yields are eventually expected to reach 90%　生産の歩留ま りは、最終的には90%に達するものと思われる◆improve the yield rates, or percentages of products that survive the manufacturing process without having to be discarded due to error　欠陥 があるということで破棄されることなしに製造工程を生き残 る製品の百分率、すなわち歩留まり率を向上させる◆Ductile carbon steel has a well-defined yield point.　延性炭素鋼は明確 な降伏点を持つ。◆A yield sign means you must reduce speed on approaching the intersection.　先を譲れ［前方優先道路］標識 は、交差点に接近する際に減速しなければならないということ を示している。◆He says that Phase 1 chip yields are currently running in the 2%-to-3% range and the yield-enhancement programs could raise that range to 20% to 30%.　彼は、第一段 階のチップの歩留まりは現在のところ2%から3%の範囲を推 移しており、また歩留まり向上計画によりその範囲を20%か ら30%に上げることができるだろうと言っている。

**yip**　vi.　〈犬など〉がキャンキャンと鳴く［鳴き続ける］、短い 甲高い叫び声を上げる；a 〜　キャンキャンと鳴く声、甲高い叫 び声◆yip therapy　《ゴルフ》イップスを治す療法（＊短い パットなのに外すのではという恐怖心から体がひくつくことを なくなる神経症。短いパットを外した時に出すめき声を 犬のキャンキャンいう鳴き声 yip になぞらえて）◆The yips start with poor results and missing short putts. The player then progresses to the fear of missing and the fear of putting.　イッ プスは成績不振と短いパットに幾度となく失敗することから 発症する。プレーヤーはそれから、(パットを）外すのではな いかという恐れとパットをすることに対して恐怖を抱くよう になる。

**Yoido (Island)**　汝矣島（ヨイド）（＊韓国ソウルの証券・金 融の中心地）

**yoke**　1　a　〜　ヨーク、くびき、かすがい、継鉄（ケイテツ）、枠 2　vt.　〈牛、馬〉にくびきをかける［をくびきでつなぐ］；〈考 えなどを〉つなぎあわせる、結合する；vi.

**yolk**　(a)〜　卵黄

**you**　あなた、君、お前、貴殿、汝、そち、そなた、お主、あなたがた、 あなたたち、皆様、諸君、君ら、貴社、御社、お客様、そちら様、そ こ、お宅（様）◆you two　あなたがた2人［お二人］は［が、に、 を］（▶you two girls など of the use 用い方もする）◆each and every one of you　あなた方（全員）の一人一人［個人個人、だれも］ ◆Many of you are...　皆様の多く［多くの皆様］は、◆Most of you are...　たいていの皆様は、◆Since a number of you are thinking about upgrading...　多くの皆様が〜のグレード アップをお考えになっていますので◆For some of you, this year will mean change of abode, change of your work situation or change of relationships.　皆様のなかには、今年は住所が変 わったり、仕事の状況が変わったり、また人間関係に変化があ る年になる方もいるでしょう。

**young**　adj. 若い、年少の、幼い、始まって間もない、歴史が浅 い、《地質》《youngerの形で》新期の◆die young　若くして 死ぬ、若死にする、早世（ソウセイ）する、夭折（ヨウセツ）《夭逝（ヨ ウセイ）、夭死（ヨウシ）、短折、中夭》する、〈優れた若い人〉が玉折 （ギョクセツ）する◆a young herring　ニシンの幼魚◆to learn how to stay young forever　不老長寿の方法を習うために◆ under younger sediments　新期堆積物の下に［の］◆Both the young and the young at heart [the young and young-at-heart] will enjoy...　若い人も、気の若い人も、〜を楽しめます。◆I just feel young at heart. I hang out with young people.　私は本当 に気が若くて、若い人たちとつきあってるんですよ。◆When you're young, you think a lot about the future.　若いころは、い ろいろ将来を考えるものだ。◆Some of them are young, but many of them are older citizens who are young at heart.　彼らの 中には一部若い者もいるが多くは気の若い年輩者たちである。

**Young's modulus**　ヤング係数、ヤング率

**youngster** *a* ～《口》若者, (特に)子供 ◆reclusive youngsters 引きこもり(がち)の若者[青年, 少年, 青少年]たち ◆Youngsters thrive on affection. 子供は愛情で育つ.

**your** あなたの, 貴社の, そちらの, (意訳)お持ちの[使用している, お買いあげの, ご自分の, 自分の] ◆Read this booklet to learn how to use your juicer safely. あなたの[(意訳)お買い上げの]ジューサーの安全な使い方を知るためにこの小冊子をお読みください.

**yours** (yourの所有代名詞)あなたの[あなたたちの, 君の, 君たちの, 貴社の, そちら様の, お宅の]もの ◆this proposal of yours あなたの この提案

**yourself** (*pl. yourselves*) あなた自身が[に, を], (あなたが)自分で ◆install-it-yourself gifts for the car 贈られた人が自分で取り付ける種類の自動車用品のギフト

**youth** 若さ; one's ～ 青春時代, 初期, 発育期; the ～ (集合的, 複数扱い)若者たち, 若年層; a ～ 若者, 青年 ◆a delinquent youth 非行少年[少女] ◆a plant alleged to restore youth and vigor 若さと活力を取り戻してくれると言われている植物 ◆inner-city black youths スラム街の黒人の若者たち ◆youths [children] under 14 14歳未満の少年少女[子ども] ◆a trauma I suffered as a youth 私が若い頃に受けたトラウマ[心の深い傷]

**youthful** *adj.* 青年の, 若い, 若年[弱年]の, 若々しい, (若者らしく)元気はつらつとした, 新しい[初期の, 早い段階の, 早期の] ◆youthful social withdrawal 若者の引きこもり

**ytterbium** イッテルビウム (元素記号: Yb)

**yttrium** イットリウム (元素記号: Y)

**yuan** *a* ～ 1元; the ～ (中国の貨幣単位であるところの)人民元 ◆expressed in (Chinese) Renminbi Yuan (中国の)人民元表記で

**yummy** *adj.*《口》(元々は幼児語)おいしい, うまそうな, すてきな ◆It's yummy!; It's yummy yummy.《幼児語, 口語》おいしいな[おいちいね]; おいちいおいちい, うまうま.

## Z

**zap** *vt.* ～を素早く動かす,〈テレビのリモコンスイッチ〉をせわしなく切り換える, ～を電子レンジでチンする;《口》(特にコンピュータゲームで)～を殺す,《コンピュ》全データを消す,〈ファイル, 画面〉を殴る;*vi.* 速く[ビュッと]動く ◆zap a device デバイスをパー[おしゃか]にする (*特に, 静電気によるCMOS半導体の破壊. 破壊の意味では不良, 壊れるも悪) ◆zap the power on and off fast enough to duplicate the event その事象を再現するために十分な速さで(せわしなく)電源をオンオフする ◆zap commercials either by fast forwarding through them or by using the pause button to avoid recording them 《AV》(再生時に)早送りするか, ポーズボタンを使って録画[録音]しないようにすることによって, コマーシャルを飛ばす

**ZD** ～ a ZD [zero defect, zero-defect(s)] program 《生産管理》無欠点プログラム, 無欠陥計画,《口》ZD[ゼロ・ディフェクツ]運動

**zenith** the ～《天文》天頂; a ～ 頂点, 絶頂, 頂上, 全盛, 最高潮, 最高, 極致,《比喩的》極点 ◆reach [hit] one's zenith 絶頂[頂点]に達する; 全盛[隆盛, 栄華]を極める; 最盛期となる; 最盛期を迎える ◆When McCarthy's power was at its zenith in 1954, ... マッカーシーの権力が全盛を迎えていた[権勢が絶頂にあった, 飛ぶ鳥を落とす勢いだった]1954年当時に,

**zero** 1 (a)～ (*pl.* ～s, ～es)ゼロ, 零; *adj.* ゼロの, 零の ◆zeroth ゼロ番目の, 最初の ◆a slashed zero スラッシュ[斜線] (/)を入れた[重ねた]ゼロ (↔an unslashed zero)(*英字のオーと区別しやすくしたゼロの文字) ◆automatic zero tracking 自動ゼロ(点)調整 ◆a zero-coupon bond ゼロクーポン債 ◆zero suppression 《コンピュ》ゼロ抑制 ◆a zero-crossing counter 零交差カウンター ◆(a) non-zero dispersion-shifted fiber (NZDSF)《光通》ノンゼロ分散シフトファイバ ◆about 0.454 kilogram(s) 約0.454キロ ◆a series of 0s and 1s 一連の0と1 (*デジタル信号の話では) ◆at zero volts ゼロボルトにおいて ◆a voltage close to zero ゼロに近い電圧 ◆a zero element of the Boolean algebra ブール代数の零元[ゼロ元] ◆a zero-maintenance battery 全く保守を必要としないバッテリー ◆become nearly [practically] zero ほぼゼロになる ◆be reduced to zero ゼロになる(まで減少される) ◆clear it to zero それをゼロに(クリア)する (*了破算にする) ◆create a file with 0 bytes in it 0バイトのファイルを作る (*中身が空のファイルの意) ◆drop below zero ゼロよりも下に落ちる; 零下[マイナス]になる ◆in a zero resistance state 抵抗がゼロの状態で ◆print zeros unslashed ゼロにスラッシュ(/)を重ねないで印字する ◆start at zero time 時間ゼロからスタートする ◆a zero-adjustment knob ゼロ[零位]調整つまみ ◆zero-percent financing 利子ゼロ[無利子]での融資 (*割賦払いなど) ◆bring the counter to 0000 カウンターを0000にする ◆The new Mercedes-Benz SL can propel you from 0 to 100 km/h in a startling 6.2 seconds. この新型メルセデスベンツSLは0→100km/h加速を驚くべき6.2秒で推進することができる. ◆We took our prototype to the test track and recorded a 0-to-60 mph time of 5.4 seconds, a top speed of 155 mph, and a 70-to-0-mph stop of 181 feet. 我々は試作車をテストトラックに持ち出し, 0→60mphゼロ発進加速タイム5.4秒, 最高速度155mph, および70→0mph停止の制動距離181フィートを記録した.

2 *vt.*〈目盛り, カウンタ〉をゼロにする ◆zero the counter カウンタをゼロに(リセット)する 参考 The instrument incorporates autoranging and autozeroing. 本測定器は, 自動レンジ切り換え機能と自動ゼロ設定機能を備えた.

**zero in** *vi.* <on> (～に)照準を合わせる, ねらいを定める, 的を絞る, 集中する,〈物事〉(の核心)に迫る,〈数値が上回りも下回りもしないよう〉正確に割り出す; *vt.* ～の照準を～に合わせる <at>

**zero adjuster** *a* ～ (計器類の)零位調整装置, ゼロ[ゼロ点]調節[調整]器

**zero defects**《工場管理》無欠点[無欠陥]運動, ZD(ゼットディー)運動 ◆All cables are 100 % tested as part of our zero-defect program. ケーブルはすべて, 弊社の無欠点プログラム[無欠陥計画,《意訳》ZD運動]の一環として全数検査されております.

**zero-emission** *adj.*〈自動車などが〉排ガスなしの, 廃棄物を出さない ◆zero-emission vehicles (ZEVs) 有害な排気ガスを全く出さない車両; 無公害車

**zero growth** ゼロ成長; zero-growth *adj.* ◆a zero-growth budget plan ゼロ成長の予算案

**zero wait state, zero-wait state**《コンピュ》(通例 ～s)ゼロウェイト[ノーウェイト]ステート; zero-wait-state *adj.* 待ち状態無しの, ゼロウェイト[ノーウェイト]の ◆operate at zero wait states 《コンピュ》ノーウェイトで動作する ◆operate with zero-wait states ノーウェイトで動作する ◆zero-wait-state RAM ノーウェイトRAM ◆run at 33.33 MHz with zero wait states 《コンピュ》ノーウェイトで33.33MHzで動作する

**ZEV** *a* ～ (zero-emission vehicle) 排出[排気]ガス・ゼロ自動車

**ZIF** ◆a 320-pin ZIF (Zero Insertion Force) socket　320ピンZIF (ゼロ挿入力) ソケット

**zigzag** a～ ジグザグ形, 千鳥(チドリ)形; adj. ジグザグ[千鳥状, 稲妻形, つづら折り]の; adv. ジグザグに; v. ジグザグにする[なる, 進む]　◆(a) zigzag connection　《電気》千鳥形結線[接続]　◆a zigzag pattern　ジグザグ模様　◆zigzag reflections　《電波》ジグザグ反射　◆zigzag stitching　千鳥縫い　◆walk on zigzag mountain trails　つづら折りの山道を歩く　◆the zigzag relationship of adjacent carbon-carbon bonds　隣接する炭素・炭素結合のジグザグな配置関係

**zinc** 亜鉛 (元素記号: Zn)　◆zinc oxide　酸化亜鉛　◆distribution-type metal oxide (zinc oxide) lightning arresters [arrestors]　配電用酸化金属(酸化亜鉛)耐雷素子[避雷器]; 《意訳》半導体雷防護素子

**zine** a～ ミニコミ[同人]誌　◆an online [electronic] magazine (or "e-zine")　オンライン[電子]雑誌 (すなわち「電子ミニコミ誌[同人誌]」)

**Zionism** シオニズム, ユダヤ人の郷土復帰・国家建設運動, (1948年のイスラエル建国以降の) イスラエル支持運動

**zip** 1 vi. 勢いよく動く, ピュッ[シュッ, ピュン, ピッ]と音をたてて進む; vt. ～に勢い[スピード]をつける, ～に風味[活気]を与える　◆My car zipped around Ann Arbor and environs.　私の車はアナーバーとその近郊[周辺]をスピードを出して]走り回った。　◆The car can zip to 60 mph in eight seconds flat.　この車は8秒フラットで時速60マイルに疾走できる。; この車の0～60mph加速性能は8秒フラットである。
2 vt. ～のジッパー[ファスナー]を締める[開ける], 〈チャック〉を締める[開ける], ～を(ファスナーを締めて)入れる; vi. (ジッパーで)締まる[開く, 取り付けられる], ジッパーを操作する
3 a～ ジッパー(= a zipper, a zip fastener), ピュッという音, スピード, 元気[活気]
4 《しばしばZIP》 a～《米》(= a zip code); vt. ◆a ZIP [zip] code《米》郵便番号

**.zip, .ZIP** 《コンピュ》(*ファイル圧縮プログラムPKZIPで圧縮されたファイルの名前に付く拡張子 (PKUNZIPプログラムで元のファイルに復元することができる)

**zipper** a～ ジッパー[ファスナー, チャック]; vt. (→zip 2)

**zippered** ファスナー付きの　◆a zippered nylon carrying case　ファスナー付きのナイロン携帯ケース

**zippy** 快活な, きびきびした　◆the software is zippy and responsive　このソフトはサクサクと動き, 応答性がよい[反応が速い]　◆The turbocharged engine makes the car feel zippy.　ターボチャージャー付きエンジンは, 車をきびきびとした感じにしている。　◆The printer is capable of a zippy 288 characters per second (cps) with a 96 cps LQ (letter quality) function.　このプリンタは288字／秒の高速印字が可能で, 96字／秒の高品位印字機能を備えている。

**zirconate** 《化》ジルコン酸塩　◆lead zirconate titanate (PZT)　ジルコン酸チタン鉛 (*圧電材料。頭字のPは鉛の元素記号Pbより)

**zirconium** ジルコニウム (元素記号: Zr)

**Zn** 亜鉛(zinc)の元素記号

**zone** 1 a～ 区間, 地区, 区域, 地域, 地帯, 一帯, (地球を気温によって区分した)帯　◆a designated no-parking zone　駐車禁止に指定されている区域　◆enter a construction zone　(道路の)工事区間に入る　◆establish a no-fly zone over Bosnia　ボスニア上空に飛行禁止区域を設定する　◆increase... to a target zone　～を目標圏内に入るよう上げる　◆keep... within the target zone　～を目標圏[範囲]内に維持する[保つ]　◆Canada's 200-nautical-mile economic zone　カナダの200海里経済水域
2 v. ～を地区に分ける, 区分[区画]する, (規制)区域[区画]に指定する, 帯で囲む

**zoning** 区域指定制, (都市計画の俗称としての)線引き; 区画化, 区分け　◆a zoning code [law]　市街地調整区域法

**zoom** 1 vt., vi. 《OA, AV》〈画像など〉を拡大／縮小(表示)[倍率変更, 変倍]する 〈in, out〉, 《カメラ》ズームする 〈in on, out〉, ブーンという音をたてて素早く動く, 急騰[急伸, 急増]する　◆zoom in on...　～をクローズアップ[拡大]する　◆zoom in or out　拡大または縮小する　◆a window zooms open　《コンピュ》ウィンドウが(*クローズアップするように)開く　◆Sales zoomed.　売り上げは急増[急伸]した。　◆Its price zoomed to $50 within six months, then slipped to $30.　その価格は6カ月のうちに50ドルに急騰して, その後30ドルに下落した[落ち込んだ]。　◆The monitor has pan and zoom capabilities.　《コンピュ》そのモニターにはスクロールと拡大縮小機能がある。　◆You can zoom into any small section of the screen and edit the picture, pixel by pixel.　画面の小さなどんな部分でも拡大ズームして, ピクセル単位で絵を編集できます。　◆Although hard disks have zoomed ahead in capacity and density, they have been less successful in reducing average access times.　ハードディスクは容量と密度の点で急伸したが, 平均アクセス時間の短縮化ではさほどうまくいかなかった。　◆Basic menu and function keys allow viewing of global network status or zooming in on specific problem areas.　《コンピュ》基本メニューとファンクションキーによって, (画面上で)ネットワーク全体の状況を見たり, ある特定の問題箇所を拡大して見ることができる。　◆In addition to displaying multiple channels, the circuits can freeze frames or zoom in for close-ups.　《AV》複数のチャンネルの表示に加え, この回路はコマを静止させることも, ズームインで[徐々に拡大して]クローズアップすることもできる。　◆The lens permits you to zoom in and out on a subject, moving from wide-angle shots to close-ups smoothly and elegantly.　そのレンズは, 被写体にズームインしたりズームアウトしたりでき, 広角からクローズアップ撮影まで切れ目なく滑らかに移ることができる。　◆The volume of these bonds has zoomed from less than $1 billion in 1981 to more than $175 billion today.　それらの公・社債の出来高は, 1981年の10億ドル未満から今日の1,750億ドル超へと急増した。　◆If these figures were accounted for in the employment statistics, America's unemployment rate would zoom to about 12 per cent, putting it on (a) par with France and Germany.　仮にこれらの数字が失業率統計に組み込まれたら, 米国の失業率は約12%に膨らんでフランスやドイツと同水準になる。
2 a～ 《OA, AV》拡大／縮小(表示)[倍率変更, 変倍], 《カメラ》ズーミングすること[ズーミングしながらの映画撮影], 車両の高速走行(の時のエンジンのうなり)　◆a 35～105mm f/3.5-4.5 zoom [a 35-105 f3.5/4.5 zoom]　《カメラ》35-105mm f3.5/4.5ズーム(レンズ)　◆an 8:1 power macro zoom lens　8倍電動マクロズームレンズ　◆Zoom Range: 48%－205% in 1% increments　(任意)倍率: 1%刻みで48%～205% (*複写機などで)　◆a 6:1 zoom lens with macro capability　6倍比のマクロ機能付きズームレンズ

**zooplankton** 回動物プランクトン (cf. phytoplankton)　◆Small shrimp-like animals known as zooplankton feed on phytoplankton.　動物プランクトンと呼ばれるエビに似た小さな動物は, 植物プランクトンを食べている。

**Zr** ジルコニウム(zirconium)の元素記号

## ビジネス技術 実用英和大辞典

2002年11月25日 第1刷発行

編　者／海野文男・海野和子
発行者／大髙利夫
発　行／日外アソシエーツ株式会社
　　　　〒143-8550 東京都大田区大森北1-23-8 第3下川ビル
　　　　電話(03)3763-5241(代表)　FAX(03)3764-0845
　　　　URL http://www.nichigai.co.jp/
発売元／株式会社紀伊國屋書店
　　　　〒163-8636 東京都新宿区新宿3-17-7
　　　　電話(03)3354-0131(代表)
　　　　ホールセール部(営業) 電話(03)5469-5918

電算漢字処理／日外アソシエーツ株式会社
印刷・製本／株式会社マルチプリント

©Fumio Unno & Kazuko Unno 2002
不許複製・禁無断転載　　　　　　　《中性紙北越キンマリV使用》
(落丁・乱丁本はお取り替えいたします)
ISBN4-8169-1743-8　　　　　　　　Printed in Japan, 2002

本書はディジタルデータでご利用いただくことができます。詳細はお問い合わせください。

## よく使う長さ・距離・重さの換算

| | | |
|---|---|---|
| 1 inch | | = 2.54 cm |
| 1 foot | = 12 inches | = 30.48 cm |
| 1 yard | = 3 feet | = 91.44 cm |
| 1 mile | = 1,760 yards | = 1.609 km |
| 1 cm | | = 0.3937 inch |
| 1 meter | = 39.37 inches | = 1.094 yards |
| 1 km | | = 0.6214 mile |
| 1 kg | | = 2.2046 pounds |
| 1 pound (lb.) | = 16 ounces (oz.) | = 0.454 kg |

### 温度換算表

| ℃ | °F |
|---|---|
| 300 | 572 |
| 250 | 482 |
| 200 | 392 |
| 150 | 302 |
| 100 | 212 |
| 95 | 203 |
| 90 | 194 |
| 85 | 185 |
| 80 | 176 |
| 75 | 167 |
| 70 | 158 |
| 65 | 149 |
| 60 | 140 |
| 55 | 131 |
| 50 | 122 |
| 45 | 113 |
| 40 | 104 |
| 35 | 95 |
| 30 | 86 |
| 25 | 77 |
| 20 | 68 |
| 15 | 59 |
| 10 | 50 |
| 5 | 41 |
| 0 | 32 |
| -5 | 23 |
| -10 | 14 |
| -15 | 5 |
| -17.8 | 0 |
| -20 | -4 |
| -25 | -13 |
| -30 | -22 |
| -35 | -31 |

### 体温換算表

| ℃ | °F |
|---|---|
| 41.4 | 106.5 |
| 41.2 | 106.2 |
| 41.0 | 105.8 |
| 40.8 | 105.4 |
| 40.6 | 105.1 |
| 40.4 | 104.7 |
| 40.2 | 104.4 |
| 40.0 | 104.0 |
| 39.8 | 103.6 |
| 39.6 | 103.3 |
| 39.4 | 102.9 |
| 39.2 | 102.6 |
| 39.0 | 102.2 |
| 38.8 | 101.8 |
| 38.6 | 101.5 |
| 38.4 | 101.1 |
| 38.2 | 100.8 |
| 38.0 | 100.4 |
| 37.8 | 100.0 |
| 37.6 | 99.7 |
| 37.4 | 99.3 |
| 37.2 | 99.0 |
| 37.0 | 98.6 |
| 36.8 | 98.2 |
| 36.6 | 97.9 |
| 36.4 | 97.5 |
| 36.2 | 97.2 |
| 36.0 | 96.8 |
| 35.8 | 96.4 |
| 35.6 | 96.1 |
| 35.4 | 95.7 |
| 35.2 | 95.4 |
| 35.0 | 95.0 |

### 換算式

華氏→摂氏
$(°F - 32) \dfrac{5}{9} = °C$

摂氏→華氏
$\dfrac{9}{5} °C + 32 = °F$